dtv

Das umfassende Nachschlagewerk mit seinen rund 55 000 Einträgen ist auf dem aktuellsten Stand. Es enthält über 1 000 Neologismen, die in den letzten Jahren Eingang in die Alltagssprache gefunden haben. Alle Stichwörter haben exakte Bedeutungserklärungen und detaillierte Angaben zur Rechtschreibung, Aussprache, Betonung, Worttrennung, Grammatik, zu Synonymen und Gegensätzen. Anwendungsbeispiele liefern wichtige Hinweise zum fehlerlosen Gebrauch der Fremdwörter.
Mit Info-Kästen zur Neuregelung der Fremdwortschreibung.

Dr. Renate Wahrig-Burfeind, geboren 1959, studierte Germanistik und arbeitete an der Universität Bremen als wissenschaftliche Mitarbeiterin. Die promovierte Linguistin besitzt langjährige Erfahrung in der Betreuung von Wörterbüchern, u. a. hat sie das ›Wörterbuch der deutschen Sprache‹ 1997 bei dtv neu herausgegeben (dtv 3366).

Wahrig
Fremdwörterlexikon

Herausgegeben, grundlegend überarbeitet und erweitert
von Dr. Renate Wahrig-Burfeind

Deutscher Taschenbuch Verlag

An der ersten Ausgabe des *Wahrig-Fremdwörterlexikons*
von 1974 haben unter Leitung von Prof. Dr. Gerhard Wahrig†
mitgearbeitet
Etymologie: Hans-Peter Wahrig
Redaktion: Cornelia Drucklieb, Gudrun Guckler
Marta Kučerová, Heide Rebel, Charlotte Warnecke u. a.

Die Neuausgabe 1983 wurde bearbeitet von
Ursula Hermann, Klaus Rüme und Norbert Raum

Die Neuausgabe 1991 wurde bearbeitet von
Dr. Renate Wahrig-Burfeind

Die Leitung der Neuausgabe 1999 hatte Dr. Renate Wahrig-Burfeind

Redaktionsleitung: Dr. Sabine Krome
Redaktion: Stefan Grosser, Dr. Heiko Hartmann, Oliver Mingers
Redaktionelle Mitarbeit: Claudia Haschke, Dr. Ulrike Hönsch, Paul Kaltefleiter

März 1999
5. Auflage Oktober 2002
Deutscher Taschenbuch Verlag GmbH & Co. KG, München
www.dtv.de

ISBN 3-577-10603-4
Umschlagkonzept: Balk & Brumshagen
Umschlaggestaltung unter Verwendung des WAHRIG-Logos von Groothuis, Lohfert, Consorten (glcons.de)
Druck und Bindung: Druckerei C. H. Beck, Nördlingen
Gedruckt auf säurefreiem, chlorfrei gebleichtem Papier
Printed in Germany · ISBN 3-423-32516-X

VORWORT

Mit der hier vorgelegten Neubearbeitung erscheint das *Wahrig-Fremdwörterlexikon,* das 1974 von Prof. Dr. Gerhard Wahrig begründet und herausgegeben wurde, bereits in der 4. Auflage.
Das Inkrafttreten der Neuregelung der deutschen Rechtschreibung am 1.8.1998 machte eine grundlegende Überarbeitung des Wörterbuchs erforderlich. Das *Wahrig-Fremdwörterlexikon* folgt dabei dem amtlichen Regelwerk zur neuen deutschen Rechtschreibung und den Empfehlungen der »Zwischenstaatlichen Kommission für deutsche Rechtschreibung«. Im Zuge dieser Neubearbeitung wurde jedoch das Stichwortverzeichnis nicht nur auf die neue Rechtschreibung umgestellt, sondern auch im Umfang erheblich erweitert: die Anzahl der Stichwörter und erklärten Begriffe wurde von 40000 auf mehr als 55000 erhöht.
Während der vergangenen Jahre wurden viele Begriffe neu in die deutsche Standardsprache integriert. Bei einem großen Teil dieser Neologismen handelt es sich um allgemein gebräuchliche Anglizismen. Dies verwundert nicht, da das Englische unangefochten an der Spitze der international gebrauchten Sprachen steht. Besonders aus den Bereichen EDV (Internet), Wirtschaft, Politik, Ökologie, Medizin, TV und Sport, die unseren Zeitgeist und - daraus resultierend - auch unsere Sprache stark prägen, wurden sehr viele Neologismen in das *Wahrig-Fremdwörterlexikon* neu aufgenommen (z.B. *Auditing, Basics, Bitmap, Bug, Browser, Ethernet, Finetuning, Font, Freelancer, Fundraising, Gameshow, Gateway, Globalplayer, Goldengoal, Hotkey, hypen, Hypermedia, Imprint, Infoline, just in time, Link, Liveact, mailen, Matching, Novelfood, Outplacement, Outsourcing, Primetime, Sleeper, Soapopera, Wakeboarding, WWW* usw.).
Es wird mitunter vor einer Überfremdung des Deutschen mit Anglizismen gewarnt. Betrachtet man jedoch den Anteil der Anglizismen an der Gesamtmenge der in der deutschen Sprache verwendeten Fremdwörter, so kann durchaus nicht von einer Überproportionalität die Rede sein. Da die Anglizismen allerdings häufig den entwicklungsträchtigsten Bereichen unseres »modernen Lebens« entstammen, implizieren sie - in vielen Fällen als Schlagwörter - besonders stark den Trend gesellschaftlicher und sprachlicher Neuerungen.
Da ein einbändiges Nachschlagewerk im Umfang begrenzt ist, muss immer auch eine Auswahl der Stichwörter getroffen werden, demzufolge sind nicht alle Fremdwörter sämtlicher Fachgebiete aufgeführt. Viele Termini spezieller Fachsprachen sind heute in den entsprechenden Fachwörterbüchern verzeichnet und dort nachzuschlagen. Grundsätzlich verzeichnet das *Wahrig-Fremdwörterlexikon* die in der deutschen Allgemein- bzw. Standardsprache gebräuchlichen Fremdwörter und gibt diese in der Regel in der standard-

sprachlichen Schreibung und Lautung an. (Ausnahmen sind Fachschreibungen wie z.B. *cost and freight.*)
Das *Wahrig-Fremdwörterlexikon* informiert jedoch nicht nur über die Orthographie der Fremdwörter, sondern gibt bei allen Stichwörtern auch genaue Angaben zur Worttrennung, Aussprache, Betonung (jeweils einschließlich bereits gebräuchlicher bzw. neu eingeführter Varianten) sowie zur Wortart und Flexion. Die Bedeutung der Fremdwörter wird ausführlich erklärt und häufig mit Wendungen und Beispielsätzen veranschaulicht. Außerdem wird auf orthographische Varianten, auf Synonyme und auf Gegensätze verwiesen, und es werden Hinweise auf weiterführende Begriffe gegeben. Auch die Herkunft der Fremdwörter ist ausführlich nachgewiesen.
Mit Inkrafttreten der neuen deutschen Rechtschreibung wurde erstmalig auch die Fremdwortschreibung grundlegend geregelt, die wichtigsten Neuerungen werden nachfolgend im Abschnitt »Die Neuregelung der Fremdwortschreibung« dargestellt. Darüber hinaus wird die geänderte Fremdwortschreibung im Stichwortverzeichnis anhand von Informationskästen exemplarisch erläutert.
Mein Dank gilt den Mitgliedern der »Zwischenstaatlichen Kommission für deutsche Rechtschreibung«, die bei der Regelung von Zweifelsfällen mit der Redaktion kooperiert haben. Besonders bedanken möchte ich mich bei den Mitarbeitern und Mitarbeiterinnen der Wörterbuchredaktion des Bertelsmann Lexikon Verlages, die in sehr großem Maße zum Gelingen der vorliegenden Neuausgabe des Werkes beigetragen haben.

Renate Wahrig-Burfeind

DIE NEUREGELUNG DER FREMDWORTSCHREIBUNG

Die neue amtliche Regelung der deutschen Rechtschreibung, die am 1.7.1996 beschlossen wurde und am 1.8.1998 in Kraft getreten ist, beinhaltet auch Richtlinien zur Fremdwortschreibung. Mit der Neuregelung wird die orthographische Integration von Fremdwörtern in die deutsche Standardsprache erleichtert und vereinheitlicht. Die Grundsätze der Rechtschreibreform sind im amtlichen Regelwerk (*Deutsche Rechtschreibung. Regeln und Wörterverzeichnis. Text der amtlichen Regelung, Gunter Narr Verlag, Tübingen 1995*) niedergelegt, auf dessen Paragraphen im Folgenden ergänzend hingewiesen wird.

Die Eindeutschung eines Fremdwortes ist ein Prozess unterschiedlicher Dauer, wobei der Integrationsgrad eines Fremdwortes in die deutsche Sprache insbesondere von der Art und Häufigkeit seiner Verwendung abhängt. So wurden häufig gebrauchte Wörter wie *Telephon, Photo, Choreographie, Doublé, Mayonnaise* usw. bereits vor Inkrafttreten der Rechtschreibreform in der deutschen Schriftsprache sowohl in der fremdsprachigen als auch in einer integrierten Schreibweise (*Telefon, Foto, Choreografie, Doublee, Majonäse*) verwendet. Auch bei fachsprachlichen Begriffen (z.B. *Acetat/Azetat*) ist bereits in der Vergangenheit eine solche Variantenschreibung praktiziert worden. In vielen weiteren Fällen ist jetzt aufgrund der Neuregelung der deutschen Rechtschreibung sowohl eine integrierte als auch eine fremdsprachige Schreibung der Fremdwörter möglich (z.B. bei allen Wörtern mit den Morphemen *-phon, -phot* und *-graph* bzw. *-fon, -fot* und *-graf*).

Die integrierte Schreibung von Fremdwörtern basiert auf den neu geregelten **Laut-Buchstaben-Zuordnungen** des amtlichen Regelwerkes (vgl. die Vorbemerkungen zum Regelbereich Laut-Buchstaben-Zuordnungen im amtlichen Regelwerk sowie bes. § 20, § 21 und § 32). Neben der grundsätzlichen Regelung dieses Bereiches, der eine orthographische Integration von fremdsprachigen Schreibungen ermöglicht, sind hier auch einige der neu eingeführten integrierten Schreibungen begründet (z.B. *Schikoree, Tunfisch, Spagetti* usw.). Mithilfe der Neuregelung werden bereits bestehende orthographische Angleichungen ausgeweitet, z.B. Neuschreibungen wie *Nessessär* (neben bisher: *Necessaire*) analog zu der bereits gebräuchlichen Schreibweise *Dränage* (neben *Drainage*) eingeführt. In der Regel sind künftig beide Schreibweisen, sowohl die fremdsprachige als auch die integrierte, zulässig. Im Stichwörterverzeichnis des *Wahrig-Fremdwörterlexikons* sind jeweils beide Varianten verzeichnet.

Neben der Laut-Buchstaben-Zuordnung bzw. der integrierten Schreibung ist die Fremdwortorthographie noch von der Neuregelung der Groß- und

Kleinschreibung, der Getrennt- und Zusammenschreibung, der Bindestrichschreibung sowie der Worttrennung betroffen.
Die neuen Richtlinien für die **Getrennt- und Zusammenschreibung** sowie für die - besonders im Bereich Fremdwortschreibung damit verbundene - **Groß- und Kleinschreibung** gelten auch für Fremdwörter. Deshalb sind grundsätzlich fremdsprachige wie deutsche Komposita zusammenzuschreiben. Bei fremdsprachigen Zusammensetzungen kann jedoch auch der zweite Wortbestandteil großgeschrieben werden, wenn er in der Herkunftssprache ein Substantiv ist. Diese Regelung ändert teilweise auch die bisherige Schreibweise einiger Fremdwörter, z.B. *Alma Mater* (statt bisher: *Alma mater*) oder *Corpus Delicti* (statt bisher: *Corpus delicti*). Laut Regelwerk ist außerdem grundsätzlich eine Zitatschreibung möglich, d.h. alle Wörter können wie in der Herkunftssprache kleingeschrieben werden (als Zitat demnach auch möglich: *alma mater* oder *corpus delicti*). Für viele Anglizismen, deren zweiter Wortbestandteil ein Substantiv ist, ergeben sich dadurch mehrere regelkonforme Schreibvarianten, z.B. *easy living* (Zitatschreibung) oder *Easyliving* (generelle Zusammenschreibung) bzw. *Easy Living* (herkunftsorientierte Getrenntschreibung). Um die Variantenschreibung im Stichwortverzeichnis des *Wahrig-Fremdwörterlexikons* zu begrenzen, wurde auf die Darstellung der Zitatschreibung im Wörterverzeichnis verzichtet. (Im Regelwerk sind bezüglich der Groß- und Kleinschreibung bzw. der Getrennt- und Zusammenschreibung bes. § 37(1) einschließlich E1 sowie § 55 relevant.)
Neu geregelt wurde auch die **Bindestrichschreibung**: Obligatorisch ist die Bindestrichschreibung bei Verbindungen mit Einzelbuchstaben, Abkürzungen oder Ziffern (z.B. *G-String*). Außerdem werden Bindestriche in substantivisch gebrauchten Komposita mit Infinitiven (Aneinanderreihungen) gesetzt (z.B. *Blow-up*), hier ist jedoch als orthographische Variante auch die Zusammenschreibung möglich (*Blowup*). Darüber hinaus ist es grundsätzlich zulässig, Bindestriche zu setzen, wenn verschiedene Bestandteile eines Kompositums sichtbar gemacht werden sollen oder wenn Komposita Eigennamen enthalten, z.B. *Desktop-Publishing* neben *Desktoppublishing* oder *Gallup-Methode* neben *Gallupmethode* (vgl. auch §§ 40-45 und § 50 im Regelwerk).
Die Redaktion hat sich in dem vorliegenden Fremdwörterlexikon dafür entschieden, nur die obligatorischen Bindestrichschreibungen (wie *Blow-up*) und die fakultativ mit Bindestrich zu schreibenden Verbindungen aus Eigennamen und Substantiv sowie unübersichtliche Komposita mit Bindestrich aufzuführen, da die Angabe aller möglichen Bindestrichvarianten den Umfang eines einbändigen Fremdwörterlexikons sprengen würde.
Ein großes Problem stellt die Neuregelung der **Worttrennung** für die lexikographische Arbeit dar. Da im amtlichen Regelwerk keine hierarchische Ordnung der Worttrennungsparagraphen gegeben ist, sind in diesem Bereich viele Varianten möglich (vgl. §§ 107-112 des Regelwerkes). So ist bei vielen Fremdwörtern sowohl eine Trennung nach Wortbestandteilen (Morphemen) als auch nach Silben oder eine konsonantische Trennung (bei der jeweils der letzte

Konsonant einer Konsonantenabfolge auf die nächste Zeile gesetzt wird) möglich. Das Wort *interessant* kann beispielsweise nach der Wortherkunft (morphologisch) *in|ter|es|sant* [< lat. *inter* »zwischen« + *esse* »sein«] oder nach Silben *in|te|res|sant* getrennt werden. Im Wörterverzeichnis des *Wahrig-Fremdwörterlexikons* wurden alle begründbaren Varianten angegeben, wobei grundsätzlich die morphologische Trennung an erster Stelle und nachfolgend die silbische oder konsonantische aufgeführt ist. Um das Stichwortverzeichnis von der Vielzahl der Trennungsvarianten zu entlasten, wurden Buchstabenfolgen eingeführt, die für eine größere alphabetische Abfolge von Stichwörtern Gültigkeit besitzen (z.B. kann, wenn nicht morphologisch begründet, die Buchstabenfolge *kon|str...* auch *kons|tr...* oder *konst|r...* getrennt werden).

Fachsprachliche Begriffe unterliegen grundsätzlich nicht der Neuregelung der deutschen Rechtschreibung, sondern sind den speziellen Fachsprachen entsprechend zu schreiben. Mitunter ist es schwierig, fachsprachliche von allgemeinsprachlichen Begriffen abzugrenzen, auch hier sind die Grenzen häufig fließend. Grundsätzlich wurde jedoch davon ausgegangen, dass die im *Wahrig-Fremdwörterlexikon* verzeichneten Wörter der deutschen Standardsprache angehören und dementsprechend nach der deutschen Orthographie geschrieben werden.

Um den Benutzern und Benutzerinnen des *Wahrig-Fremdwörterlexikons* die neuen Schreibungen der Fremdwörter zu erleichtern, wurden dem Stichwortverzeichnis exemplarische Informationskästen zu allen wichtigen Bereichen integriert.

HINWEISE ZUR BENUTZUNG

1. Die **Stichwörter** sind streng nach dem Alphabet geordnet, Umlaute werden wie nicht umgelautete Buchstaben behandelt, ä, ö, ü entsprechen also a, o, u. Das gesamte Stichwortverzeichnis wurde auf die neue Rechtschreibung umgestellt.

1.1 Die **Worttrennung** wird durch das Zeichen | angegeben; z. B.

qua|li|fi|zie|ren

1.1.1 Orthographische oder Worttrennungsvarianten sind durch den Hinweis ⟨auch⟩, der dem zweiten Stichworteintrag vorangeht, gekennzeichnet oder es wird – wenn sie der alphabetischen Abfolge zuwiderlaufen – im Stichworttext auf sie verwiesen (→a. 4.1); z. B.

Cold|cream, ⟨auch⟩ **Cold Cream**
Co|gnac, ⟨auch⟩ **Cog|nac**

1.2 Die **Betonungszeichen** stehen im Stichwort oder in der Lautschrift unter dem betonten Vokal.

1.2.1 Wird der Vokal kurz gesprochen, so ist er mit einem Punkt gekennzeichnet; z.B.

Kan|tor

Lange Vokale sind dagegen unterstrichen; z.B.:

Ich|thy|ol

2. Die **Aussprache** wird, wenn sie von den Regeln der deutschen Aussprache abweicht, in der internationalen Transkription (s. Tabelle S. 13) angegeben.

3. Die **Wortart** (Abkürzungen s. S. 14 ff.) steht am Anfang der spitzen Klammer oder – sofern angegeben – hinter der Betonung oder Aussprache; z. B.

intonieren ⟨V.⟩
parallel ⟨Adj.⟩

3.1 Bei Substantiven ist anstelle der Wortart das **Genus** (grammatisches Geschlecht) angegeben (m. = maskulinum, f. = femininum, n. = neutrum). Das Stichwort selbst steht im Nominativ Singular; im Anschluss an das Genus sind von der **Deklination** der Genitiv Singular und der Nominativ Plural angeführt.
Daraus lassen sich alle übrigen Kasus (Fälle) ableiten; z. B. bedeutet:

Formation ⟨f.; -, -en⟩

die/eine Formation	(Nominativ Singular)
der/einer Formation	(Genitiv Singular)
die/- Formationen	(Nominativ Plural)

3.1.1 Auf die adjektivische Deklination wird durch eine Ziffer hingewiesen; z. B.

Leptosome(r) ⟨m. 1⟩, **Illustrierte** ⟨f. 2⟩, **Isomere(s)** ⟨n. 3⟩

Die Ziffern bedeuten:

1 Maskulinum

stark	Singular		Plural
Nom.	ein	Leptosomer	Leptosome
Gen.	eines	Leptosomen	Leptosomer
Dat.	einem	Leptosomen	Leptosomen
Akk.	einen	Leptosomen	Leptosome
schwach			
Nom.	der	Leptosome	die Leptosomen
Gen.	des	Leptosomen	der Leptosomen
Dat.	dem	Leptosomen	den Leptosomen
Akk.	den	Leptosomen	die Leptosomen

2 Femininum

stark

Nom.	eine	Illustrierte	Illustrierte
Gen.	einer	Illustrierten	Illustrierter
Dat.	einer	Illustrierten	Illustrierten
Akk.	eine	Illustrierte	Illustrierte

schwach	Singular		Plural
Nom.	die	Illustrierte	die Illustrierten
Gen.	der	Illustrierten	der Illustrierten
Dat.	der	Illustrierten	den Illustrierten
Akk.	die	Illustrierte	die Illustrierten

3 Neutrum

stark

Nom.	ein	Isomeres	Isomere
Gen.	eines	Isomeren	Isomerer
Dat.	einem	Isomeren	Isomeren
Akk.	ein	Isomeres	Isomere

schwach

Nom.	das	Isomere	die Isomeren
Gen.	des	Isomeren	der Isomeren
Dat.	dem	Isomeren	den Isomeren
Akk.	das	Isomere	die Isomeren

3.2 Substantive, die nur im Singular üblich sind, werden durch den Hinweis »unz.« (= unzählbar) gekennzeichnet. Manchmal gilt diese Einschränkung nur für bestimmte Bedeutungen. Im Zweifelsfall wird der Hinweis »zählb.« (= zählbar) gegeben, d. h., dass sowohl Singular als auch Plural üblich sind; z. B.

Medizin ... **1** ⟨unz.⟩ … *Wissenschaft* … **2** ⟨zählb.⟩ *Heilmittel* …

4. **Synonyme** (Wörter gleicher Bedeutung) und **Antonyme** (Wörter mit in wesentlichen Merkmalen entgegengesetzten oder komplementären Bedeutungen) sind durch die Abkürzungen »Sy« und »Ggs« gekennzeichnet. Dabei bleiben der Gefühlswert der Wörter und ihre Verwendungsweisen in unterschiedlichen Situationen unberücksichtigt; z. B.

Induktion ... **1** ...; Sy *Epagoge;* Ggs *Deduktion*

4.1 Auf Synonyme und orthographische Varianten (s. u.) wird durch das Zeichen = hingewiesen; z. B.

Otologe ... **2** = *Otiater*
Moreske = *Maureske*

4.2 Bei Begriffen aus der **Biologie** sind die wissenschaftlichen lateinischen Benennungen am Ende einer Worterklärung hinter einem Doppelpunkt eingefügt; z. B.

Ortolan ...: *Emberiza hortulana*

4.3 **Orthographische Varianten** (rechtschreibliche Doppelformen) sind durch die Abkürzung »oV« gekennzeichnet (→a. 1.1.1); z. B.

Chicorée ...; oV *Schikoree*

4.4 Am Ende der Worterklärung sind in manchen Fällen noch verwandte oder weiterführende Begriffe angefügt; z. B.

Infertilität ...; →a. *Sterilität*

5. Angaben zum **Stil** stellen keine Wertungen dar, sondern sind Hinweise darauf, dass manche Wörter oder Wendungen nicht in jeder beliebigen Situation verwen-

det werden. Kennzeichnungen wie »poetisch«, »umgangssprachlich« usw. sollen keine Vorschriften für die Verwendung der Wörter sein, sondern darüber informieren, in welcher Art von gesprochenen oder geschriebenen Texten entsprechende Ausdrücke gefunden werden.

5.1 **Fachsprache** und **Sondersprache** werden, wenn nötig, angegeben, und zwar
a) Fachsprache; z. B.

Medium ..... **2** ⟨Phys.⟩... **5** ⟨Gramm⟩...

b) Sondersprache; z. B.

medio ..... ~ Mai ⟨Kaufmannsspr.⟩...

Wenn der fachliche oder sondersprachliche Bereich, in den ein Stichwort gehört, eindeutig aus der Definition hervorgeht, wird er nicht angegeben.

6. Der **Aufbau eines Wörterbuchartikels** richtet sich nach den Bedeutungen eines Wortes, die mit den halbfetten Ziffern **1, 2, 3** usw., eventuell auch mit einer Untergliederung **1.1, 1.2, 1.3** usw. nummeriert werden. Auf diese Ziffern wird auch bei Rückverweisen verwiesen (die Ziffer steht dann in Klammern); z. B.

Circulus vitiosus ..... **1** .....; Sy *Hysteron-Proteron*... **2** .....
Hysteron-Proteron = *Circulus vitiosus(1)*

6.1 Wörter, die buchstabengetreu gleich geschrieben werden, sich aber durch ihre Herkunft (Etymologie) unterscheiden, werden dagegen mit hochgestellten Ziffern nummeriert; z. B.

Messe^{1}
Messe^{2}

6.2 Die **Tilde** (~) ersetzt das Stichwort innerhalb eines Artikels.

6.3 Die **Schriften** bedeuten:
a) **halbfett** für das Stichwort oder für Wörter, die innerhalb eines Artikels besonders herausgehoben werden sollen
b) gerade in der Grundschrift für Wörter, die zusammen mit dem Stichwort vorkommen können, sowie für Beispiele, die den Gebrauch des Stichwortes verdeutlichen sollen
c) *kursiv* für die Bedeutungserklärungen
d) Hinweise zu Grammatik, Stil, Situation, Fachgebiet u. a. Erklärungen zur Verwendung der Wörter stehen in Grundschrift in spitzen Klammern ⟨⟩.

7. Die Angaben zur **Etymologie** (Herkunft der Wörter) sind am Ende eines Wortartikels in eckigen Klammern [] angegeben. Im Wesentlichen werden für die Wörter – und zwar nur für die Grundwörter, nicht für die Ableitungen und Zusammensetzungen – die Formen angegeben, die sie in ihrer historischen Entwicklung einmal gehabt haben. Hat sich im Laufe der sprachlichen Entwicklung auch die Bedeutung geändert, so werden auch diese Änderungen dargestellt.
Die Sprachen, aus denen ein Wort stammt, sind gerade gedruckt, die historischen Formen und die verwandten Wörter *kursiv,* während die Angaben zur Bedeutung eines Wortes gerade und in Anführungszeichen (»... «) gesetzt sind. Das Zeichen < bedeutet: »... stammt aus der ... Sprache, hat sich aus dem folgenden Wort entwickelt, ist aus den folgenden Wörtern gebildet worden«. Das Zeichen * bedeutet, dass es sich um eine durch Sprachvergleich erschlossene Form handelt. Im Allgemeinen wird zu einem in den etymologischen Angaben aufgeführten Wort die Bedeutung angegeben. Fehlt diese Angabe, so bedeutet es, dass das Wort dieselbe Bedeutung hat wie das vorangehende fett gedruckte Stichwort.

8. Abkürzungen und Zeichen sind – sofern nicht im Wörterverzeichnis vorhanden – auf S. 14ff. aufgeführt.

TABELLE DER AUSSPRACHEZEICHEN

I. Vokale

[:]	der Doppelpunkt bezeichnet die Länge eines Vokals; Vokale ohne Doppelpunkt sind kurz bis halblang zu sprechen
[a]	kurzes a (wie in k*a*nn)
[a:]	langes a (wie in H*ah*n)
[æ]	sehr offenes, meist kurzes, dem [a] zuneigendes ä (wie in G*a*ngway [gæŋwɛi])
[ʌ]	dumpfes, kurzes a (wie in C*u*p [kʌp])
[ã]	nasaliertes a (wie in Ren*an* [rənã:])
[ai]	Zwielaut (wie in Br*ei*, L*ai*b])
[au]	Zwielaut (wie in k*au*m)
[e]	kurzes, geschlossenes e (wie in D*e*but)
[e:]	langes, geschlossenes e (wie in R*eh*)
[ə]	kurzes, dumpfes e (wie in Pini*e* [-iə], G*e*birg*e*]
[ə:]	langes, dumpfes e (wie in *Ea*rl [ə:l])
[ɛ]	kurzes, offenes e (wie in F*e*st, G*ä*nse)
[ɛ:]	langes, offenes e (wie in B*ä*r)
[ɛ̃]	nasaliertes e (wie in französ. jard*in* [ʒardɛ̃:])
[ɛi]	Zwielaut (wie in Homep*a*ge [houmpɛidʒ])
[i]	kurzes i (wie in b*i*n)
[i:]	langes i (wie in W*ie*n)
[ɔ]	kurzes, offenes o (wie in R*o*ss)
[ɔ:]	langes, offenes o, ein dem angenähertes o (wie in W*a*llstreet [wɔ:lstri:t])
[ɔ̃]	offenes, nasales o (wie in M*on*t Blanc [mɔ̃blã:])
[ɔi]	Zwielaut (wie in L*eu*te)
[o]	kurzes, geschlossenes o (wie in V*o*kal)
[o:]	langes, geschlossenes o (wie in L*oh*n, L*o*s)
[œ]	kurzes ö (wie in K*ö*ln)
[ø:]	langes ö (wie in K*öh*ler)
[œ̃]	nasales ö (wie in Verd*un* [vɛrdœ̃:])
[u]	kurzes u (wie in r*u*nd)
[u:]	langes u (wie in Gr*uß*)
[y]	kurzes ü (wie in J*ü*nger)
[y:]	langes ü (wie in f*üh*ren)

II. Konsonanten

[ç]	ch (wie in i*ch*)
[ŋ]	ng (wie in Lä*ng*e, Ba*n*k [baŋk])
[s]	stimmloses s (wie in mü*ss*en)
[ʃ]	stimmloses sch (wie in *Sch*af)
[ʒ]	stimmhafter sch-Laut (wie in Eta*g*e [eta:ʒə])
[θ]	stimmloser Lispellaut (wie in engl. *th*ing [θiŋ])
[ð]	stimmhafter Lispellaut (wie in engl. mo*th*er [mʌðə(r)])
[v]	w (wie in *W*asser)
[w]	mit stark vorgewölbten Lippen gesprochenes englisches w (wie in *W*ells [wɛlz]) oder flüchtiges, gleitendes u (wie in Złoty [zwɔti])
[x]	ch (wie in ma*ch*en)
[z]	stimmhaftes s (wie in Wei*s*e)

Buchstaben, die zwei Laute wiedergeben, werden in der Lautschrift durch zwei Zeichen dargestellt, z.B.

[ts]	z wie in rei*z*en [raitsən]
[ks]	x wie in He*x*e [hɛksə]

ABKÜRZUNGEN UND ZEICHEN

a.	auch
Abk.	Abkürzung
Adj.	Adjektiv
Adv.	Adverb
adv.	adverbial
aengl.	altenglisch
a.fig.	auch figürlich (d.h. im übertragenen Sinne)
afrik.	afrikanisch
afrz.	altfranzösisch
ägypt.	ägyptisch
ahd.	althochdeutsch
aind.	altindisch
Akk.	Akkusativ
akkad.	akkadisch
alem.	alemannisch
allg.	allgemein
amerik.	amerikanisch
amhar.	amharisch
Anat.	Anatomie
anord.	altnordisch
Anthrop.	Anthropologie
apers.	altpersisch
aram.	aramäisch
Arch.	Architektur
Archäol.	Archäologie
Art.	Artikel
Astrol.	Astrologie
Astron.	Astronomie
AT	Altes Testament
attr.	attributiv
Ausspr.	Aussprache
babyl.	babylonisch
Bakt.	Bakteriologie
Bankw.	Bankwesen
Bauw.	Bauwesen
bes.	besonders
Bez.	Bezeichnung
Bgb.	Bergbau
Bibliotheksw.	Bibliothekswesen
Biol.	Biologie
Börsenw.	Börsenwesen
Bot.	Botanik
Buchw.	Buchwesen
bulg.	bulgarisch
bzw.	beziehungsweise
ca.	circa
Chem.	Chemie
chin.	chinesisch
Chir.	Chirurgie

Dat.	Dativ
dgl.	dergleichen
d.h.	das heißt
dt.	deutsch
Dtschld.	Deutschland
EDV	Elektronische Datenverarbeitung
ehem.	ehemalig
eigtl.	eigentlich
Eisenb.	Eisenbahn
El.	Elektrizität
engl.	englisch
erg.	ergänze
eskim.	eskimoisch
europ.	europäisch
ev., evang.	evangelisch
f.	femininum
fachspr.	fachsprachlich
Fem.	Femininum
fig.	figürlich, im übertragenen Sinne
Finanzw.	Finanzwesen
finn.	finnisch
finn.-ugr.	finnisch-ugrisch
Flugw.	Flugwesen
Forstw.	Forstwirtschaft
Fot.	Fotografie
frz.	französisch
Funkw.	Funkwesen
Fußb.	Fußball(spiel)
gallorom.	galloromanisch
Gartenb.	Gartenbau
geh.	gehoben
Gen.	Genitiv
Geogr.	Geographie
Geol.	Geologie
Geom.	Geometrie
Geophys.	Geophysik
germ.	germanisch
Gesch.	Geschichte
Ggs	Gegensatz
Gramm.	Grammatik
grch.	griechisch
hebr.	hebräisch
Her.	Heraldik
hind.	Hindi
hl.	heilig
hott.	hottentottisch

i.Allg.	im Allgemeinen
idg.	indogermanisch
i.e.S.	im engeren Sinne
Ind.	Industrie
Inf.	Infinitiv
insbes.	insbesondere
Int.	Interjektion
intr.	intransitiv
ir.	irisch
isl.	isländisch
ital.	italienisch
i.w.S.	im weiteren Sinne
Jagdw.	Jagdwesen
jap.	japanisch
jav.	javanisch
Jh.	Jahrhundert
jmd.	jemand
jmdm.	jemandem
jmdn.	jemanden
jmds.	jemandes
Jur.	Jura
Kart.	Kartenspiel
Kartogr.	Kartographie
kath.	katholisch
Kfz	Kraftfahrzeug(technik)
Kochk.	Kochkunst
Konj.	Konjunktion
Kosmol.	Kosmologie
Kunstw.	Kunstwort
Kurzw.	Kurzwort
Kyb.	Kybernetik
Landw.	Landwirtschaft
lat.	lateinisch
lit.	litauisch
Lit.	Literatur(wissenschaft)
Luftf.	Luftfahrt
m.	maskulinum
MA	Mittelalter
mal.	malaiisch
Mal.	Malerei
Mar.	Marine
Mask.	Maskulinum
Math.	Mathematik
mdt.	mitteldeutsch
Med.	Medizin
melan.	melanesisch
mengl.	mittelenglisch
Met.	Metallurgie
Meteor.	Meteorologie
mfrz.	mittelfranzösisch
mgrch.	mittelgriechisch
mhd.	mittelhochdeutsch

mil.	militärisch
Mil.	Militärwesen
Min.	Mineralogie
mlat.	mittellateinisch
mnddt.	mittelniederdeutsch
mndrl.	mittelniederländisch
Mus.	Musik
Myth.	Mythologie
n.	neutrum
nddt.	niederdeutsch
ndrl.	niederländisch
Neutr.	Neutrum
nhd.	neuhochdeutsch
nhebr.	neuhebräisch
ngrch.	neugriechisch
nlat.	neulateinisch
Nom.	Nominativ
norddt.	norddeutsch
norw.	norwegisch
NT	Neues Testament
Num.	Numerale
o.Ä.	oder Ähnliche(s)
oberdt.	oberdeutsch
Obj.	Objekt
od.	oder
Okk.	Okkultismus
Ökol.	Ökologie
Opt.	Optik
ostdt.	ostdeutsch
österr.	österreichisch
oV	orthographische Variante
Päd.	Pädagogik
Parapsych.	Parapsychologie
Part.	Partizip
Path.	Pathologie
Perf.	Perfekt
pers.	persisch
Pharm.	Pharmazie
Pharmakol.	Pharmakologie
Philol.	Philologie
Philos.	Philosophie
phön.	phönizisch
Phon.	Phonetik
Phonol.	Phonologie
Phys.	Physik
Physiol.	Physiologie
Pl.	Plural
poet.	poetisch
Pol.	Politik
port., portug.	portugiesisch
präd.	prädikativ
Präf.	Präfix
Präp.	Präposition

Präs.	Präsens
Pron.	Pronomen
prov.	provenzalisch
Psych.	Psychologie
rätorom.	rätoromanisch
Raumf.	Raumfahrt
rd.	rund, etwa
Rechtsw.	Rechtswesen
refl.	reflexiv, rückbezüglich
Rel.	Religion
relig.	religiös
Rhet.	Rhetorik
rom.	romanisch
rotw.	rotwelsch
Sammelbez.	Sammelbezeichnung
scherzh.	scherzhaft
Schiff.	Schifffahrt
Schulw.	Schulwesen
schweiz.	schweizerisch
serbokr.	serbokroatisch
Sg., Sing.	Singular
skand.	skandinavisch
slaw.	slawisch
Soziol.	Soziologie
Sp.	Sport
Spr., ...spr.	Sprache, ...sprache
Sprachw.	Sprachwissenschaft
Sprichw.	Sprichwort
Stat.	Statistik
s.u.	siehe unten
Subst.	Substantiv
süddt.	süddeutsch
Sy	Synonym
syr.	syrisch
Tech.	Technik
Tel.	Telekommunikation
Textilw.	Textilwesen
Theat.	Theater
Theol.	Theologie
tibet.	tibet(an)isch
turktat.	turktatarisch
TV	Fernsehen
Typ.	Typographie
u.	und
u.a.	unter anderem, und anderes
u.Ä.	und Ähnliche(s)
übl.	üblich
u.dgl.	und dergleichen
ukr.	ukrainisch
umg.	umgangssprachlich
undekl.	undeklinierbar
ung.	ungarisch

unz.	unzählbar (von Substantiven, die keinen Plural haben)
urspr.	ursprünglich
usw.	und so weiter
V.	Verb
Vet.	Veterinärmedizin
vgl.	vergleiche
viell.	vielleicht
Völkerk.	Völkerkunde
volksetym.	volksetymologisch
Volksk.	Volkskunde
Vors.	Vorsilbe
vulg.	vulgär
vulgärlat.	vulgärlateinisch
Waffenk.	Waffenkunde
Web.	Weberei
westdt.	westdeutsch
Wirtsch.	Wirtschaft
wiss.	wissenschaftlich
Wissth.	Wissenschaftstheorie
zählb.	zählbar (von Substantiven, die einen Plural haben)
z.B.	zum Beispiel
Zeitungsw.	Zeitungswesen
Zig.	Zigeunersprachen
Zool.	Zoologie
Zus.	Zusammensetzung
þ	Runenzeichen (»Thorn«) für den Laut [θ]
→	siehe
→a.	siehe auch
=	Hinweis auf ein Wort mit gleicher Bedeutung
*	durch Sprachvergleich erschlossene Form eines Wortes; bei Personen: geboren
<	kommt aus der Sprache ..., hat sich aus dem folgenden Wort entwickelt, ist aus den folgenden Wörtern gebildet worden
†	veraltet; bei Personen: gestorben
Ⓦⓩ	Warenzeichen

Die Endungen -isch und -lich sind oft abgekürzt.
Weitere Abkürzungen befinden sich im Wörterverzeichnis als Stichwörter.

A

a 1 ⟨Abk. für⟩ *Ar* **2** ⟨Phys.; Astron.; Abk. für⟩ *annus (Jahr)* **3** ⟨bei Maßeinheiten Abk. für⟩ *Atto-*

A 1 ⟨Abk. für⟩ *Anno* **2** ⟨Phys.; Zeichen für⟩ *Ampere* **3** ⟨auf der Stellscheibe von Uhren Abk. für⟩ = *Avance(5) (zeigt an, dass man eine Schraube od. einen Hebel in der bezeichneten Richtung verstellen muss, um ein Schnellergehen der Uhr zu bewirken);* Sy *F(1);* Ggs *R(5)*

à ⟨Adv.⟩ *(für) je;* 20 Stück ~ 3 DM [frz.]

Å ⟨Spektrogr.; Zeichen für⟩ *Ångström-Einheit, nicht mehr zulässige Lichtwellen-Längeneinheit*

a-, A- (*Einzelvokalabtrennung*) Einzelvokale können als einzelne Silben behandelt werden und eine eigene Trennfuge bilden. Dies gilt am Wortanfang und im Wortinnern, jedoch nicht am Wortende.
In vielen Fällen stimmt die so entstehende Trennung mit der Herkunft des Wortes überein (→*Abasie*, <grch. Vorsilbe *a…* »nicht« + *bainein* »gehen«), sie kann ihr jedoch auch zuwiderlaufen (→*Abolition*). Grundsätzlich bleibt es in diesen Fällen dem Schreibenden überlassen, wo er die Trennfuge setzt. Es ist jedoch zu beachten, dass eine mechanisch vorgenommene Einzelvokalabtrennung unter Umständen sinnentstellend wirken kann.

a…¹, A…¹ ⟨vor Vok.⟩ an…¹, An…¹ ⟨Vors.⟩ *nicht (verneinende Vors.)* [grch.]

a…², A…² ⟨Vors.⟩ = *ab…, Ab…* [lat.]

āā ⟨auf Arztrezepten Zeichen für⟩ *ana partes aequales* [grch. + lat., »zu gleichen Teilen, in gleicher Menge«]

ab…, Ab… ⟨vor einigen Konsonanten⟩ a…², A…² ⟨vor t u. c (= z)⟩ abs…, Abs… ⟨Vors.⟩ *ab…, ent…, weg…* [lat.]

A|ba ⟨f.; -, -s⟩ *ärmelloser Mantelumhang der Araber* [arab.]

A|bad|don ⟨m.; - od. -s; unz.⟩ **1** ⟨AT⟩ *Totenwelt, Ort der Verdammnis* **2** ⟨NT⟩ *Engel des Verderbens* [hebr.]

a|bais|sie|ren ⟨[-bɛs-] V.⟩ *senken* [<frz. *abaisser* »senken«]

a|bais|siert ⟨[-bɛs-] Adj.; Her.⟩ ~e Adlerflügel *mit den Spitzen nach unten gerichtete Adlerflügel*

A|ba|ka ⟨m.; -s; unz.⟩ *zu Tauen, Matten u. Hüten verwendete Faserbanane: Musa textilis;* Sy *Manilahanf* [indones.]

A|ba|kus ⟨m.; -, -⟩ **1** *Rechenbrett* **2** *Säulendeckplatte über dem Kapitell* [<lat. *abacus* <grch. *abax* »Brett«]

Ab|a|li|e|na|ti|on ⟨f.; -, -en⟩ *Entfremdung, Veräußerung*

ab|a|li|e|nie|ren ⟨V.⟩ *entfremden, veräußern* [<lat. *abalienare*]

A|ban|don ⟨[-bãdɔ̃:] m.; -s, -s⟩ *Preisgabe von Rechten od. Vermögenswerten, bes. in der Seeversicherung;* Sy *Abandonnement* [<frz. *abandon* <ahd. *bann* »Verbot«]

A|ban|don|ne|ment ⟨[-bãdɔnəmã:] n.; -s, -s⟩ = *Abandon* [frz.]

a|ban|don|nie|ren ⟨[-bãdɔ-] V.⟩ *preisgeben*

A|ba|sie ⟨f.; -; unz.⟩ *Unfähigkeit zu gehen (bei erhaltener Körperkraft)* [<grch. *a…* »nicht« + *bainein* »gehen«]

A|ba|te ⟨m.; -n, -n od. -ti; Titel für⟩ *italienischer Weltgeistlicher;* oV *Abbate* [ital.]

A|ba|ton ⟨m.; -s, -ta; grch.-orthodoxe Kirche⟩ *das Allerheiligste* [grch.]

Ab|ba ⟨m.; im NT Anrede für⟩ *Gott* [aram., »Vater«]

Ab|ba|te ⟨m.; -n, -n od. -ti⟩ = *Abate*

Ab|bé ⟨m.; -s, -s⟩ *niederer katholischer französischer Weltgeistlicher* [frz., »Abt, Priester«]

Ab|be|vil|li|en ⟨[abəviljɛ̃:] n.; -s; unz.⟩ *Kulturstufe der frühen Altsteinzeit Westeuropas;* →a. *Chelléen* [nach dem Fundort *Abbeville* in NW-Frankreich]

Ab|bre|vi|a|ti|on ⟨[-vi-] f.; -, -en⟩, **Ab|bre|vi|a|tur** ⟨[-vi-] f.; -, -en⟩ *Abkürzung*

ab|bre|vi|ie|ren ⟨[-vi-] V.⟩ *abkürzen* [<lat. *abbreviare;* zu *brevis* »kurz«]

Abc-Code ⟨[-ko:d] m.; -s; unz.⟩ *auf dem Abc beruhender, internationaler Telegrammschlüssel*

ab|che|cken ⟨[-tʃɛkən] V.; verstärkend⟩ *checken, prüfen, kontrollieren*

ABC-Staa|ten ⟨Pl.⟩ *Argentinien, Brasilien u. Chile (seit Abschluss des Schiedsgerichtsvertrages zwischen ihnen am 25. 5. 1915)*

ABC-Waf|fen ⟨Pl.⟩ *atomare, biologische u. chemische Kampfmittel;* Ggs *konventionelle Waffen*

Ab|de|rit ⟨m.; -en, -en⟩ *einfältiger Mensch* [nach den Einwohnern der altgrch. Stadt *Abdera* in Kleinasien, den Schildbürgern des Altertums]

ab|de|ri|tisch ⟨Adj.⟩ *einfältig (wie ein Abderit)*

Ab|di|ka|ti|on ⟨f.; -, -en⟩ *Abdankung* [<lat. *abdicatio;* zu *abdicere* »lossagen«]

ab|di|zie|ren ⟨V.⟩ *abdanken* [<lat. *abdicere*]

Ab|do|men ⟨n.; -s, - od. -mi|na⟩ **1** ⟨Anat.⟩ *Bauch, Unterleib* **2** ⟨Zool.⟩ *Hinterleib;* ~ der Insekten [lat.]

ab|do|mi|nal ⟨Adj.⟩ *zum Abdomen gehörend, das Abdomen betreffend* [→*Abdomen*]

Ab|do|mi|nal|gra|vi|di|tät ⟨[-vi-] f.; -, -en; Med.⟩ *Bauchhöhlenschwangerschaft*

Ab|do|mi|no|sko|pie, ⟨auch⟩ **Ab|do|mi|nos|ko|pie** ⟨f.; -, -n; Med.⟩ = *Laparoskopie*

Ab|duk|ti|on ⟨f.; -, -en⟩ **1** *Abspreizen;* ~ beweglicher Körperteile, besonders der Gliedmaßen **2** ⟨Philos.⟩ *Wahrscheinlichkeitsschluss in der Art des Syllogismus* [zu lat. *abducere* »wegführen«]

Ab|duk|tor ⟨m.; -s, -to|ren⟩ *Abspreizmuskel*

Ab|du|zens ⟨m.; -; unz.; Anat.⟩ *6. Gehirnnerv,*

der die äußeren geraden Augenmuskeln versorgt
ab|du|zie|ren ⟨V.⟩ **1** *abspreizen* **2** *eine Abduktion(2) durchführen* [→ *Abduktion*]
A|bel|mo|schus ⟨m.; -; unz.⟩ *tropischer Strauch, Gattung der Malvazeen* [nlat., < arab. *abual-misk* »Vater des Moschus«]
Ab|er|ra|ti|on ⟨f.; -, -en⟩ **1** *Abirrung, Abweichung* **2** ⟨Astron.⟩ *scheinbare Ortsveränderung der Gestirne infolge Erdbewegung* **3** ⟨Optik⟩ *Abbildungsfehler, der durch Linsen usw. hervorgerufen wird u. ein Bild verzerrt wiedergibt* **3.1** *Abbildungsfehler, bei dem die Bilder farbige Säume zeigen;* chromatische ~ = *Farbabweichung* [< lat. *aberratio;* zu *aberrare* »abirren«]
Ab|er|ra|ti|ons|zeit ⟨f.; -, -en; Astron.⟩ *Lichtzeit*
ab|er|rie|ren ⟨V.⟩ *abweichen* [→ *Aberration*]
Ab|es|siv ⟨a. ['---] m.; -s, -e [-və]⟩ *Kasus in den finnisch-ugrischen Sprachen, der das Fehlen von etwas bezeichnet* [zu lat. *abesse* »fehlen«]
ab|ge|fuckt ⟨[-fʌkt] Adj.; umg.; derb⟩ *heruntergekommen, verwahrlost;* eine ~e Kneipe [zu engl. *fuck* »ficken, koitieren«]
ab|hor|res|zie|ren, ab|hor|rie|ren ⟨V.; †⟩ *verabscheuen* [< lat. *abhorrescere*]
A|bi|li|ty ⟨[əbiliti] f.; -, -s; Psych.⟩ *Eignung, Begabung, Können, (aufgrund der Veranlagung bedingte) Leistungsfähigkeit* [engl.]
A|bi|o|ge|ne|se, A|bi|o|ge|ne|sis ⟨f.; -; unz.⟩ *Urzeugung;* Sy *Archigonie* [< *A...*[1] + *bio...* + *Genese*]
A|bi|o|se ⟨f.; -; unz.⟩ *Lebensunfähigkeit, Leblosigkeit* [< *A...*[1] + grch. *bios* »Leben«]
a|bi|o|tisch ⟨Adj.⟩ *ohne Leben, leblos* [< *a...*[1] + grch. *bios* »Leben«]
A|bi|o|tro|phie ⟨f.; -, -n⟩ *vorzeitiges Absterben einzelner Gewebe u. Organe aus Mangel an Widerstandskraft* [< *A...*[1] + grch. *bios* »Leben« + ... *trophie*]
Ab|i|tur, ⟨auch⟩ **A|bi|tur** ⟨n.; -s, -e; Pl. selten⟩ *Abschlussprüfung an Oberschule u. Gymnasium, Reifeprüfung* [< lat. *abire* »abgehen«]
Ab|i|tu|ri|ent, ⟨auch⟩ **A|bi|tu|ri|ent** ⟨m.; -en, -en⟩ *männl. Person, die die Reifeprüfung ablegen will od. abgelegt hat*
Ab|i|tu|ri|en|tin, ⟨auch⟩ **A|bi|tu|ri|en|tin** ⟨f.; -, -tin|nen⟩ *weibl. Person, die die Reifeprüfung ablegen will od. abgelegt hat*
Ab|ju|di|ka|ti|on ⟨f.; -, -en; Rechtsw.⟩ *Aberkennung*
ab|ju|di|zie|ren ⟨V.; Rechtsw.⟩ *aberkennen* [< lat. *abiudicare* »richterlich aberkennen«]
Ab|ju|ra|ti|on ⟨f.; -, -en⟩ *Abschwörung*
ab|ju|rie|ren ⟨V.⟩ *abschwören* [< lat. *abiurare* »abschwören«]
ab|ka|pi|teln ⟨V.; †⟩ jmdn. ~ *jmdn. heftig schelten, schimpfen* [→ *Kapitel(2.2)*]
ab|kom|man|die|ren ⟨V.⟩ jmdn. ~ *(durch Befehl) zu einer besonderen Tätigkeit bestimmen, irgendwohin beordern, abordnen*
Ab|lak|ta|ti|on ⟨f.; -, -en⟩ *Vorgang, Tätigkeit des Ablaktierens, Abstillung*
ab|lak|tie|ren ⟨V.⟩ **1** *abstillen* **2** Kulturpflanzen ~ *dadurch veredeln, dass man sie zusammenwachsen lässt* [< lat. *ablactare* »entwöhnen«]
Ab|la|ti|on, ⟨auch⟩ **A|bla|ti|on** ⟨f.; -, -en⟩ **1** *Abtragung der Erdoberfläche durch Wasser u. Wind* **2** *Abschmelzung von Gletschern durch Sonneneinstrahlung* **3** *Abtragung von Material durch große Hitzeeinwirkung, die z.B. bei der Ablationskühlung von Weltraumfahrzeugen beim Wiedereintritt in die Erdatmosphäre genutzt wird* **4** ⟨Med.⟩ *Ablösung;* ~ der Netzhaut [< lat. *ablatio;* → *Ablativ*]
Ab|la|tiv, ⟨auch⟩ **A|bla|tiv** ⟨m.; -s, -e [-və]; Gramm.⟩ *Kasus der indogerman. Sprachen, der die Richtung »von ... weg« bezeichnet, im Latein auch als Instrumentalis gebraucht;* ~ des Mittels [verkürzt < lat. *casus ablativus* »Fall, der die Entfernung, die Trennung bezeichnet«; zu *ablatus* »fortgetragen, entfernt, getrennt«]
Ab|la|ti|vus ab|so|lu|tus, ⟨auch⟩ **A|bla|ti|vus ab|so|lu|tus** ⟨[-vus] m.; - -, -vi -ti; Gramm.⟩ *eine syntaktische Konstruktion im Lateinischen, die aus einem Ablativ u. einem Partizip im gleichen Kasus besteht, im Deutschen meist mit einem Nebensatz wiedergegeben*
Ab|le|gat ⟨m.; -en, -en⟩ *päpstlicher Gesandter zweiten Ranges* [zu lat. *ablegare* »wegschicken«]
A|blep|sie, ⟨auch⟩ **Ab|lep|sie** ⟨f.; -; unz.; Med.⟩ *Blindheit* [< *A...*[1] + grch. *blepein* »sehen«]
ab|lu|ie|ren ⟨V.⟩ *abwaschen, abspülen, reinigen* [< lat. *abluere* »abspülen, abwaschen«]
Ab|lu|ti|on ⟨f.; -, -en⟩ **1** *Abtragung von noch nicht verfestigten Meeresablagerungen durch Meeresströmung* **2** *liturgische Handwaschung des kath. Priesters u. Reinigung des Messkelches* [< lat. *ablutio* »das Abwaschen, Abspülen«]
ABM **1** ⟨[ɛibiɛm] Abk. für engl.⟩ *Anti-Ballistic-Missile (Abwehrrakete)* **2** ⟨Abk. für⟩ *Arbeitsbeschaffungsmaßnahme*
Ab|mo|de|ra|ti|on ⟨f.; -, -en; TV⟩ *Schlussworte des Moderators;* Ggs *Anmoderation*
ab|mo|de|rie|ren ⟨V.; TV⟩ *als Moderator die Schlussworte sprechen;* Ggs *anmoderieren;* eine Sendung ~
ab|norm ⟨Adj.⟩ **1** *nicht normal, gegen die Regel* **2** *krankhaft, ungewöhnlich* [< lat. *abnormis;* zu *norma* »Richtschnur«]
ab|nor|mal ⟨Adj.; österr. umg.; schweiz.⟩ *nicht normal*
Ab|nor|mi|tät ⟨f.; -, -en⟩ **1** *Regelwidrigkeit* **2** *ungewöhnliche krankhafte Erscheinung*
A|bo ⟨n.; -s, -s; kurz für⟩ *Abonnement*
ab|o|lie|ren, ⟨auch⟩ **a|bo|lie|ren** ⟨V.⟩ **1** etwas ~ *abschaffen, aufheben* **2** jmdn. ~ *begnadigen* [< lat. *abolere* »vernichten, aufheben«]
Ab|o|li|ti|on, ⟨auch⟩ **A|bo|li|ti|on** ⟨f.; -, -en⟩ **1** *Abschaffung, Aufhebung der Sklaverei in den USA* **2** ⟨Rechtsw.⟩ ~ eines Verfahrens *Einstellung, Verzicht auf Weiterführung, Niederschlagung*

Ab|o|li|ti|o|nist, ⟨auch⟩ **A|bo|li|ti|o|nist** ⟨m.; -en, -en⟩ *Anhänger der Abolition(1)*

ab|o|mi|na|bel, ⟨auch⟩ **a|bo|mi|na|bel** ⟨Adj.⟩ *abscheulich, widerwärtig;* ein abominables Verbrechen [<frz. *abominable* <lat. *abominari* »wegwünschen«]

A|bon|ne|ment ⟨[-n(ə)mã:]; schweiz a. [-nəmɛnt] n.; -s, -s⟩ **1** *Bezug von Waren (meist Zeitungen, Zeitschriften, Bücher) auf bestimmte Zeit* **2** *Bezug von Theater-, Kino-, Konzertkarten für die Dauer einer Spielzeit, Anrecht* **3** *Dauerfahrkarte, Zeitkarte* [frz.]

A|bon|ne|ment|preis ⟨[-n(ə)mã:-] m.; -es, -e⟩ *Vorzugspreis für Abonnenten*

A|bon|ne|ment|vor|stel|lung ⟨[-n(ə)mã:-] f.; -, -en⟩ *Theateraufführung für Abonnenten*

A|bon|nent ⟨m.; -en, -en⟩ *Inhaber eines Abonnements* [→ *abonnieren*]

A|bon|nen|tin ⟨f.; -, -tin|nen⟩ *Inhaberin eines Abonnements*

a|bon|nie|ren ⟨V.⟩ *ein Abonnement abschließen, eingehen über;* (auf) eine Konzertreihe ~; eine Zeitschrift ~ *eine Z. im Abonnement beziehen* [<frz. *abonner*]

Ab|o|ri|gi|ne, ⟨auch⟩ **A|bo|ri|gi|ne** ⟨[æbəridʒini:] m.; -s, -s; meist Pl.⟩ *Ureinwohner Australiens* [engl., <lat. *Aborigines* »Stammvolk der Latiner«, viell. unregelmäßig zu *ab origine* »(Einwohner) von Beginn an«]

Ab|ort, ⟨auch⟩ **A|bort** ⟨m.; -s, -e; Med.⟩ *Fehlgeburt;* Sy *Abortus* [<lat. *abortus,* Part. Perf. zu *aboriri* »abgehen«]

ab|or|tie|ren, ⟨auch⟩ **a|bor|tie|ren** ⟨V.; Med.⟩ *eine Fehlgeburt haben*

ab|or|tiv, ⟨auch⟩ **a|bor|tiv** ⟨Adj.; Med.⟩ *von einem Abort(us) herrührend, abtreibend*

Ab|or|ti|vum, ⟨auch⟩ **A|bor|ti|vum** ⟨[-vum] n.; -s, -va [-va]; Med.⟩ **1** *Mittel zur Herbeiführung einer Fehlgeburt* **2** *Mittel, das die Dauer einer Krankheit verkürzt* [→ *Abort*]

Ab|or|tus, ⟨auch⟩ **A|bor|tus** ⟨m.; -, -ti; Med.⟩ = *Abort*

ab o|vo ⟨[-vo]⟩ *von Anfang an; weit ausholend* [lat., nach Horaz, Satire 3, 6: *ab ovo usque ad mala* »vom Ei (= Vorspeise) bis zu den Äpfeln (= Nachspeise)«]

ab|qua|li|fi|zie|ren ⟨V.⟩ jmdn. ~ *abwertend beurteilen*

Ab|ra|si|on ⟨f.; -, -en⟩ **1** ⟨Geol.⟩ *durch die Meeresbrandung bewirkte Abschleifung, Abtragung der Küste* **2** ⟨Med.⟩ ~ der Gebärmutter *Ausschabung, Auskratzung* [<lat. *abrasio;* zu *abradere* »abkratzen«]

A|bra|xas, ⟨auch⟩ **Ab|ra|xas** ⟨m.; -; unz.⟩ *mystisches Wort der Gnostiker, Zauberformel auf Amuletten* [lat. <grch.]

ab|re|a|gie|ren ⟨V.⟩ **1** eine Spannung od. Erregung ~ *durch eine Reaktion zum Abklingen bringen* **2** sich ~ *durch eine Reaktion eine Spannung, Erregung loswerden*

Ab|re|ak|ti|on ⟨f.; -, -en⟩ *das Abreagieren, das Sichabreagieren*

A|bri, ⟨auch⟩ **Ab|ri** ⟨m.; -s, -s⟩ *steinzeitliche Wohnstelle unter Felsvorsprüngen* [frz., »Schutz, Unterschlupf« <lat. *apricare* »warm halten«]

Ab|ro|ga|ti|on ⟨f.; -, -en⟩ **1** ~ eines Gesetzes *Abschaffung, Aufhebung* **2** ~ eines Auftrages *Zurücknahme, Zurückziehung*

ab|ro|gie|ren ⟨V.; †⟩ *abschaffen, aufheben zurücknehmen* [<lat. *abrogare* »abschaffen«]

ab|rupt, ⟨auch⟩ **a|brupt** ⟨Adj.⟩ **1** *abgebrochen, zusammenhanglos* **2** *plötzlich* [<lat. *abruptus,* Part. Perf. zu *abrumpere* »abreißen«]

abs…, Abs… ⟨Vors.⟩ *ab…, Ab…*

ab|sa|ven ⟨[-sɛivən] V.; umg.⟩ **1** ⟨allg.⟩ etwas ~ *prüfen, sichern* **2** ⟨EDV⟩ *Computerdaten sichern, (ab-)speichern* [<engl. *save* »retten, aufbewahren, sparen«]

Ab|sence ⟨[absã:s] f.; -, -n; bes. Med.⟩ *geistige Abwesenheit, kurze Bewusstseinstrübung* [frz., »Abwesenheit« <lat. *absentia*]

ab|sent ⟨Adj.⟩ *abwesend;* Ggs *präsent* [<lat. *absens* »abwesend«]

Ab|sen|ter ⟨m.; -s, -; †⟩ *ständig von seinen Gütern abwesender Grundbesitzer*

ab|sen|tie|ren ⟨V.; umg.; †⟩ sich ~ *sich entfernen* [<frz. *s'absenter* »sich entfernen«; zu frz. *absent* »abwesend« <lat. *absens*]

Ab|sen|tis|mus ⟨m.; -, -men; †⟩ *Abwesenheit;* ~ eines Grundbesitzers von seinen Gütern

Ab|senz ⟨f.; -, -en; †⟩ **1** *Abwesenheit* **2** ⟨schweiz.⟩ = *Absence* [<lat. *absentia* »Abwesenheit«]

Ab|sinth ⟨m.; -(e)s, -e⟩ *Trinkbranntwein aus Wermut* [<grch. *absinthion* »Wermut« <pers. *sipand*]

Ab|sin|thin ⟨n.; -s; unz.⟩ *Alkaloid der Wermutpflanze*

ab|so|lut ⟨Adj.⟩ **1** *unabhängig, losgelöst, für sich, einzeln betrachtet;* Ggs *relativ* **1.1** ~e **Atmosphäre** ⟨Zeichen: ata⟩ *veraltete, nicht mehr zulässige Druckeinheit, ersetzt durch die Einheit Bar(1)* **1.2** ~e **Bewegung** *(physikalisch nicht denkbare) Bewegung ohne Bezugssystem* **1.3** ~e **Feuchtigkeit** *Feuchtigkeitsgehalt der Luft* **1.4** ~es **Gehör** *Fähigkeit, ohne vergleichbare Töne die Höhe eines Tones zu erkennen* **1.5** ~e **Helligkeit** *Helligkeit eines Sternes, ungeachtet der durch seine Entfernung bedingten Sichtbarkeit am Himmel* **1.6** ~e **Mehrheit** *Mehrheit von mehr als 50%* **2** *unbeschränkt, völlig* **2.1** ~er **Superlativ** = *Elativ* **2.2** ~e **Monarchie** = *Absolutismus* **2.3** ~es **Vertrauen** *unbedingtes Vertrauen ohne jede Einschränkung* **2.4** ~es **Maßsystem** *auf den Grundgrößen Zentimeter, Gramm u. Sekunde beruhendes physikal. Maßsystem, heute abgelöst durch das MKSA-System;* Sy *CGS-System* **2.5** ~er **Nullpunkt** *die tiefste erreichbare Temperatur (–273,15 °C)* **2.6** ~e **Temperatur** *auf den absoluten Nullpunkt bezogene Temperatur* **2.7** ~e **Zahl** *eine ohne Vorzeichen betrachtete Zahl* **3** *unbedingt* **3.1** ~e **Kunst** *ungegenständl., abstrakte K.* **3.2** ~e **Musik** *Musik, der keine außermusikalischen Vorstellungen zugrunde liegen* **3.3** ~e **Rechte** *Rechte, die gegenüber jedem wirksam sind* **3.4** ~er **Scheidungsgrund**

S., der ein Verlangen nach Scheidung rechtfertigt, ohne Rücksicht darauf, ob die Ehe zerrüttet ist **4** *rein;* ~er **Alkohol** *wasserfreier Äthylalkohol* **5** 〈Adv.〉 *durchaus, gänzlich, überhaupt, völlig;* das ist ~ unmöglich [< lat. *absolutus,* Part. Perf. zu *absolvere* »loslösen«]
Ab|so|lu|te(s) 〈n.3; unz.; Philos.〉 *das in sich ruhende Sein*
Ab|so|lut|heit 〈f.; -; unz.〉 *absolute Beschaffenheit;* etwas mit ~ wissen
Ab|so|lut|heits|an|spruch 〈m.; -(e)s, -sprüche〉 *Beanspruchung absoluter Gültigkeit der eigenen Meinung;* diese Lehre erhebt einen ~
Ab|so|lu|ti|on 〈f.; -, -en; bes. Rel.〉 *Freisprechung, Lossprechung von Sünden;* jmdm. ~ erteilen [< lat. *absolutio*]
Ab|so|lu|tis|mus 〈m.; -; unz.〉 *Alleinherrschaft durch einen Monarchen, der oberster Gesetzgeber, Gerichtsherr, Regierungsoberhaupt u. Militärbefehlshaber war;* Sy *absolute Monarchie* [→ *absolut*]
Ab|so|lu|tist 〈m.; -en, -en〉 *Anhänger des Absolutismus*
ab|so|lu|tis|tisch 〈Adj.〉 *den Absolutismus betreffend* [→ *absolut*]
Ab|so|lu|to|ri|um 〈n.; -s, -rien; †〉 **1** *Urteil od. Bescheinigung über Freispruch od. Lossprechung* **2** 〈österr.〉 *Bescheinigung über die Reifeprüfung* [→ *absolut*]
Ab|sol|vent 〈[-vent] m.; -en, -en〉 *jmd., der eine Ausbildung, Schule, einen Lehrgang, ein Studium erfolgreich beendet hat* [zu lat. *absolvere* »loslösen«]
Ab|sol|ven|tin 〈[-ven-] f.; -, -tin|nen〉 *weibl. Person, die eine Ausbildung, Schule, einen Lehrgang, ein Studium erfolgreich beendet hat*
ab|sol|vie|ren 〈[-vi:-] V.〉 **1** *befreien, los-, freisprechen* **2** eine Ausbildung, einen Lehrgang, ein Pensum ~ *durchlaufen, erfolgreich beenden, abschließen* **3** ein Gastspiel ~ *geben, beenden, ableisten* [< lat. *absolvere* »loslösen«]
Ab|sor|bens 〈n.; -, -ben|ti|en od. -ben|tia; Chem.〉 *Stoff, der bei der Absorption einen anderen aufnimmt* [lat., Part. Perf. zu *absorbere* »verschlucken«]
ab|sor|bent 〈Adj.〉 *aufsaugend*
Ab|sor|ber 〈m.; -s, -〉 **1** *Einrichtung, Anlage zum Absorbieren(1);* Ggs *Kompressor(1)* **1.1** *Kühlschrank mit Absorptionsverfahren;* Ggs *Kompressor(2)* **2** 〈Höchstfrequenztechnik〉 *Widerstand zur Dämpfung von Zentimeterwellen in Leitern, die als Rohre ausgebildet sind* [engl., zu lat. *absorbere* »verschlucken«]
ab|sor|bie|ren 〈V.〉 **1** etwas ~ *einsaugen, aufsaugen, aufzehren* **2** jmdn. ~ *völlig in Anspruch nehmen* [< lat. *absorbere* »verschlucken«]
Ab|sorp|ti|on 〈f.; -, -en〉 **1** *Einsaugung, Aufsaugung, Aufzehrung* **2** 〈Chem.〉 *Aufnahme eines Gases od. Dampfes durch feste Körper od. Flüssigkeit unter vollständiger Durchdringung* **3** 〈Phys.〉 *Energieabgabe einer Wellen- od. Teilchenstrahlung an einen Stoff, durch den die Strahlen gehen* [zu lat. *absorbere* »verschlucken«]
Ab|sorp|ti|ons|spek|trum, 〈auch〉 **Ab|sorp|ti|ons|spekt|rum** 〈n.; -s, -tren od. -tra; Phys.〉 *eine Substanz kennzeichnende Anzahl von Absorptionslinien* [< *Absorption* + *Spektrum*]
ab|sorp|tiv 〈Adj.〉 *auf Absorption beruhend, sie bewirkend* [→ *absorbieren*]
Ab|sorp|tiv 〈n.; -(e)s, -e [-və]; bes. Chem.〉 *Stoff, der von einem anderen bei der Absorption aufgenommen wird*
ab|sti|nent, 〈auch〉 **abs|ti|nent** 〈Adj.〉 **1** *enthaltsam* **1.1** *Rauschmittel meidend* **1.2** *auf Geschlechtsverkehr verzichtend* [< lat. *abstinens;* Part. Perf. zu *abstinere* »abhalten, zurückhalten«]
Ab|sti|nenz, 〈auch〉 **Abs|ti|nenz** 〈f.; -; unz.〉 *Enthaltsamkeit, das Fasten* [→ *abstinent*]
Ab|sti|nenz|ler, 〈auch〉 **Abs|ti|nenz|ler** 〈m.; -s, -〉 *jmd., der abstinent lebt*

■ Die Buchstabenfolge **ab|str...** kann auch **abs|tr...** getrennt werden.

■ **Ab|stract** 〈[æ:bstrækt] m.; -s, -s〉 *kurze (meist schriftlich abgefasste) Inhaltsangabe eines Vortrages, Artikels o.Ä.* [engl., »Abriss, Auszug«]
■ **ab|stra|hie|ren** 〈V.〉 **1** 〈†〉 *abziehen* **2** *von etwas absetzen* **3** *das Wesentliche aus dem Zufälligen herausheben* **4** *zum Begriff erheben, verallgemeinern* [< lat. *abstrahere* »wegziehen«]
■ **ab|strakt** 〈Adj.〉 **1** *von der Wirklichkeit abgetrennt, begrifflich verallgemeinert, nur gedacht, unanschaulich;* Ggs *konkret* **1.1** ~e **Kunst** *Kunstrichtung, die durch frei erfundene Formen Eigenes schaffen will, das seine Vorlage unabhängig von der uns umgebenden Wirklichkeit findet* **1.2** ~es **Rechtsgeschäft** *ein selbständiges, vom Rechtsgrund unabhängiges Rechtsgeschäft* [< lat. *abstractus;* Part. Perf. zu *abstrahere* »wegziehen«]
■ **Ab|strak|ti|on** 〈f.; -, -en〉 **1** *Verallgemeinerung zum Begriff, Begriffsbildung* **2** *allgemeiner Begriff* [→ *abstrakt*]
■ **Ab|strak|tum** 〈n.; -s, -ta〉 **1** *durch Abstraktion gewonnener, allgemeiner, ungegenständl. Begriff* **2** 〈Gramm.〉 *begriffl. Substantiv;* Ggs *Konkretum* [→ *abstrakt*]
■ **ab|strus,** 〈auch〉 **abst|rus** 〈Adj.〉 *verworren, schwer verständlich;* ein ~es Gerede [< lat. *abstrusus* »verborgen, heimlich«]
ab|surd 〈Adj.〉 *abwegig, widersinnig; unsinnig, unvernünftig* [< lat. *absurdus* »misstönend«]
Ab|sur|di|tät 〈f.; -, -en〉 *Unsinn, Widersinn, Unvernunft* [→ *absurd*]
ab|sze|die|ren, 〈auch〉 **abs|ze|die|ren** 〈V.〉 **1** *sich absondern, entfernen* **2** *eitern, einen Abszess bilden* [< lat. *abscedere* »weggehen«]
Ab|szess, 〈auch〉 **Abs|zess** 〈m.; -es, -e〉 *durch Einschmelzung entstandene Eiteransammlung im Gewebe* [< lat. *abscessus* »Weggang, Entfernung«]
ab|szin|die|ren, 〈auch〉 **abs|zin|die|ren** 〈V.〉 *(ab)trennen* [< lat. *abscindere* »abreißen«]

Ab|sziṣ|se, ⟨auch⟩ **Abs|ziṣ|se** ⟨f.; -, -n⟩ *parallel zur Abszissenachse abgemessener Linienabschnitt;* Ggs *Ordinate* [<lat. *abscissus,* Part. Perf. zu *abscindere* »abreißen«]

Ab|sziṣ|sen|ach|se, ⟨auch⟩ **Abs|ziṣ|sen|ach|se** ⟨f.; -, -n; Math.⟩ *waagerechte Achse im Koordinatensystem;* Sy *x-Achse;* Ggs *Ordinatenachse*

ạb|tör|nen ⟨V.⟩ = *abturnen*

ạb|trai|nie|ren ⟨[-trɛ-] V.⟩ Gewicht ~ *hartes Training betreiben, um Gewicht zu verlieren*

ạb|tur|nen ⟨[-tə:-] V.; umg.⟩ *die Begeisterung nehmen, lustlos machen;* oV *abtörnen;* Ggs *anturnen(2)* [zu engl. *turn* »drehen, wenden«]

A̲|bu ⟨in arab. Eigennamen⟩ *Vater des...;* ~ Hassan

A|bu|li̲e ⟨f.; -, -n; Med.⟩ *Willenlosigkeit, Willensschwäche, Unentschlossenheit* [< *A...*[1] + grch. *bulesthai* »wollen«]

a|bu̲|lisch ⟨Adj.; Med.⟩ *auf Abulie beruhend, willenlos*

ab|un|dạnt, ⟨auch⟩ **a|bun|dạnt** ⟨Adj.⟩ *reichlich (vorhanden), häufig, überflüssig* [<lat. *abundare* »reichlich vorhanden sein«]

Ab|un|dạnz, ⟨auch⟩ **A|bun|dạnz** ⟨f.; -; unz.⟩ **1** ⟨Biol.⟩ *durchschnittliche Zahl tierischer od. pflanzlicher Individuen, bezogen auf eine bestimmte Flächen- bzw. Raumeinheit* **2** ⟨EDV; Math.⟩ *Überschuss von Zeichen über die zur einwandfreien Übertragung od. Darstellung der Information notwendige Zeichenmenge hinaus* **3** ⟨Sprachw.⟩ *Überfülle des Ausdrucks;* Sy *Pleonasmus* [<lat. *abundantia* »Überfluss«]

ab ụr|be cọn|di|ta ⟨Abk.: a. u. c.⟩ *»seit Gründung der Stadt (Rom)«, altröm. Zeitrechnung ab 753 v. Chr.* [lat.]

Ab|u̲|sus ⟨m.; -, -⟩ *Missbrauch, übermäßige Dosierung von Arznei- od. Genussmitteln* [lat., urspr. »Verbrauch«, dann »Missbrauch«]

a|bys|sa̲l ⟨Adj.⟩ *zum Tiefseebereich gehörend, in großer Tiefe* [grch. *abyssos* »Abgrund«]

A|bỵs|sus ⟨m.; -; unz.⟩ *Abgrund, Tiefe der Erde, Unergründliches* [lat., »grundlose Tiefe, Meeresgrund« <grch. *abyssos* »Abgrund«]

a c. ⟨Abk. für⟩ *a conto*

a. c. ⟨Abk. für⟩ *anni currentis*

Ac ⟨chem. Zeichen für⟩ *Actinium*

à c. ⟨Abk. für⟩ *à condition*

A|ca|de|my A|ward ⟨[əkæ:demi əwɔ:d] m.; - - od. - -s, - -s⟩ = *Oscar* [engl., »Preis der Akademie«]

A|ca|jou|nuss ⟨[-ʒu:-] f.; -, -nüs|se⟩ = *Cashewnuss* [portug.]

a cap|pẹl|la ⟨Mus.⟩ **1** *nach Art der Sängerkapellen, auch mit Instrumentalbegleitung* **2** *für Singstimmen allein, ohne Instrumente* [ital., »wie in der Kapelle oder Kirche«]

A-cap|pẹl|la-Chor ⟨[-ko:r] m.; -(e)s, -Chö|re; Mus.⟩ *Chor, der ohne Begleitung von Instrumenten singt*

a ca|pric|cio, ⟨auch⟩ **a cap|ric|cio** ⟨[-kaprịtʃo:] Mus.⟩ *nach Belieben, im freien Zeitmaß (zu spielen)* [ital.]

accel. ⟨[atʃẹl] Abk. für⟩ *accelerando*

ac|ce|le|rạn|do ⟨[atʃɛ-] Mus.; Abk.: accel.⟩ *schneller werdend, beschleunigend (zu spielen)* [ital.]

Ac|cent ai|gu ⟨[aksãtɛgy:] m.; - -, -s -s; Zeichen: ´⟩ = *Akut* [frz. »scharfes Ton-, Aussprachezeichen«]

Ac|cent cir|con|flexe ⟨[aksãsịrkɔ̃flɛks] m.; - -, -s -s; Zeichen: ˆ⟩ = *Zirkumflex* [frz. »gebogenes Ton-, Aussprachezeichen«]

Ac|cent grave ⟨[aksãgra:v] m.; - -, -s -s; Zeichen: `⟩ = *Gravis* [frz. »schweres Ton-, Aussprachezeichen«]

Ac|ces|soire ⟨[aksɛsoa:(r)] n.; -s, -s; meist Pl.⟩ *modisches Zubehör* [<frz. *accessoir* »Nebensache, Zubehör«]

Ac|com|pa|gna|to, ⟨auch⟩ **Ac|com|pag|na|to** ⟨[-nja̲-] n.; -s, -s od. -ti⟩ *vom Orchester begleitetes Rezitativ;* Ggs *Seccorezitativ* [zu ital. *accompagnare* »begleiten«]

Ac|cor|da|tu̲|ra ⟨f.; -; unz.⟩ *übliche Einstimmungsweise von Saiteninstrumenten* [ital.]

Ac|count ⟨[əka̲unt] m. od. n.; -s, -s; EDV⟩ *(aus Benutzernamen u. Kennwort bestehende) Zugangsberechtigung zu einem Netzwerk- od. Onlinesystem* [engl., »Konto; Rechnung«]

Ac|coun|tant ⟨[əka̲untənt] m.; - od. -s, -s; in Großbritannien u. Irland⟩ *Wirtschaftsprüfer* [engl.]

Ac|count|ma|na|ger ⟨[əka̲untmænidʒə(r)] m.; -s, -⟩ *Kundenberater (in einer Handelskette)* [engl.]

Ac|count|ser|vice ⟨[əka̲untsə:vis] m.; - od. -s; unz.⟩ *Kundenberatung (in einer Handelskette)* [engl.]

accresc. ⟨Abk. für⟩ *accrescendo*

ac|cre|scen|do ⟨[-krɛʃẹndo:] Abk.: accresc.; Mus.⟩ = *crescendo* [ital., »anwachsend«]

Ac|cro|cha|ge ⟨[akroʃa̲:ʒ(ə)] f.; -, -n; Mal.⟩ *Ausstellung eigener Bestände (in einer Privatgalerie)* [frz., »Befestigen, Aufhängen«]

Ace ⟨[ẹis] n.; -s [-siz], -s [-siz] Sp.⟩ **1** = *Ass(4)* **2** ⟨Golf⟩ *das Erreichen des Loches mit einem Schlag* [engl., »Ass«]

A|ce|ro̲|la ⟨[-tse-] f.; -, -s⟩ *aus Mittelamerika stammende Kirschenart (Westindische Kirsche), die den höchsten Vitamin-C-Gehalt aller Früchte besitzt* [span. <arab. *az-zu'rur*]

A|ce̲t|al|de|hyd ⟨m.; -s; unz.⟩ *stechend riechende, nicht beständige Flüssigkeit, aus Acetylen gewonnen, Zwischenprodukt für Essigsäuresynthese, Bunagewinnung u.a., chem. Formel CH_3CHO;* oV *Azetaldehyd;* Sy *Äthanal* [<lat. *acetum* »Essig« + *Aldehyd*]

A|ce|ta̲t ⟨n.; -s, -e⟩ *Salz od. Ester der Essigsäure;* oV *Azetat* [<lat. *acetum* »Essig«]

A|ce|ta̲t|sei|de ⟨f.; -, -n⟩ *aus Cellulose mit Hilfe von Essigsäure gewonnene Chemiefaser mit seidenähnl. Eigenschaften;* oV *Azetatseide*

A|ce|to Bal|sa̲|mi|co ⟨[-tʃe̲:to-] m.; - -; unz.⟩ *(aus Traubenmost u. Weinessig gewonnener) milder Essig, Balsamessig* [<ital. *aceto* »Essig« + *balsamico* »würzig, balsamisch«]

A|ce|to̲n ⟨n.; -s; unz.⟩ *einfachster Vertreter der*

Verbindungsklasse der Ketone, chem. Formel CH_3-O-CH_3, farblose Flüssigkeit, gutes Lösungsmittel für zahlreiche organ. Verbindungen; oV *Azeton* [< lat. *acetum* »Essig«]
A|ce|ton|ä|mie, ⟨auch⟩ **A|ce|to|nä|mie** ⟨f.; -, -n⟩ *Auftreten von Aceton im Blut;* oV *Azetonämie* [< *Aceton* + *...ämie*]
A|ce|ton|u|rie, ⟨auch⟩ **A|ce|to|nu|rie** ⟨f.; -, -n⟩ *Auftreten von Aceton im Harn;* oV *Azetonurie* [< *Aceton* + *...urie*]
A|ce|ty|len ⟨n.; -s; unz.⟩ *farbloses, eigentümlich riechendes, brennbares Gas, das aus Calciumcarbid u. Wasser entsteht, chem. Formel C_2H_2;* oV *Azetylen;* Sy *Äthin* [< lat. *acetum* »Essig«]
A|chä|ne ⟨[-xɛ:-] f.; -, -n⟩ *Schließfrucht von Korbblütlern, die nur einen Samen trägt* [< *A...*[1] + grch. *chainein* »gähnen, klaffen«]
A|chat ⟨[-xa:t] m.; -(e)s, -e⟩ *Mineral, Edelstein, aus Kieselsäurelösungen entstanden, häufig in Lagen verschiedener Färbung aufgebaut* [nach dem Fluss *Achates* im südl. Sizilien, in dem der Achatstein zuerst gefunden worden sein soll]
A|cheu|lé|en ⟨[-ʃøleɛ̃:] n.; -s; unz.⟩ *Kulturstufe der älteren Altsteinzeit* [nach dem Fundort *St.-Acheul* bei Amiens in Frankreich]
a|chla|my|de|isch, ⟨auch⟩ **ach|la|my|de|isch** ⟨[axla-] Adj.⟩ *ohne Blütenhülle* [< *a...*[1] + grch. *chlamys* »Mantel, Kleid«]
A|chlor|hy|drie, ⟨auch⟩ **A|chlor|hyd|rie** ⟨[-klo:r-] f.; -; unz.⟩ *Mangel an Magensaft* [< *A...*[1] + grch. *chloros* »hellgrün, gelb« + *hydor* »Wasser«]
A|chlor|op|sie, ⟨auch⟩ **A|chlo|rop|sie** ⟨[-klo:r-] f.; -, -n⟩ *Grünblindheit;* Sy *Deuteranopie* [< *A...*[1] + grch. *chloros* »grün« + *...opsie*]
A|cho|lie ⟨[-xo-] f.; -; unz.⟩ *fehlende Ausscheidung von Gallenflüssigkeit* [< *A...*[1] + grch. *chole* »Galle«]
a.Chr. (n.) ⟨Abk. für⟩ *ante Christum (natum)*
A|chro|ma|sie ⟨[-kro-] f.; -, -n⟩ *Ausgleich der Farbverzerrung in optischen Instrumenten durch Kombination von Prismen od. (u.) Linsen;* Sy *Achromatismus* [< *A...*[1] + grch. *chroma* »Farbe«]
A|chro|mat ⟨[-kro-] m.; -(e)s, -e od. n.; -(e)s, -e⟩ *gegen Farbverzerrung korrigierte Linse*
A|chro|ma|tin ⟨[-kro-] n.; -s; unz.⟩ *nicht färbbarer Teil der Zellkernsubstanz*
a|chro|ma|tisch ⟨[-kro-] Adj.⟩ *die Eigenschaft eines Achromats habend, auf ihm beruhend*
A|chro|ma|tis|mus ⟨[-kro-] m.; -, -men⟩ = *Achromasie*
A|chro|mat|op|sie, ⟨auch⟩ **A|chro|ma|top|sie** ⟨[-kro-] f.; -; unz.⟩ *Farbenblindheit* [< *A...*[1] + grch. *chroma* »Farbe« + *opsis* »das Sehen«]
A|chro|mie ⟨[-kro-] f.; -; unz.⟩ *das Fehlen von Pigmenten in der Haut* [< *A...*[1] + grch. *chroma* »Farbe«]
a|chro|nis|tisch ⟨[-kro-] Adj.; Sprachw.⟩ *ohne Berücksichtigung eines zeitlichen Zusammenhangs verwendet;* ~e Zeitform [< *a...*[1] + grch. *chronos* »Zeit«]
A|chy|lie ⟨[-xy-] od. [-çy-] f.; -; unz.⟩ *mangelhafte od. fehlende Magensaftbildung* [< *A...*[1] + grch. *chylos* »Saft«]
A|cid ⟨[æsid] n.; - od. -s,; unz.⟩ **1** ⟨Drogenszene⟩ *LSD (ein Halluzinogen)* **2** ⟨kurz für⟩ *Acidhouse* [engl., »Säure; ätzend«]
A|cid|house, ⟨auch⟩ **A|cid House** ⟨[æsidhaus] n.; (-) -; unz.; Mus.⟩ *(eine in den 80er Jahren in amerikan. Großstädten entstandene) Musikrichtung mit tiefen u. schnellen Bassrhythmen u. begleitendem Sprechgesang, Vorläufer des Techno;* Sy ⟨kurz⟩ *Acid(2)* [< *Acid* + engl. *house* »Haus«]
A|ci|di|me|trie, ⟨auch⟩ **A|ci|di|met|rie** ⟨f.; -; unz.⟩ *Verfahren zur Bestimmung der Konzentration von Säuren in einer Lösung durch Neutralisationsreaktionen;* oV *Azidimetrie* [< lat. *acidus* »sauer« + *...metrie*]
A|ci|di|tät ⟨f.; -; unz.⟩ *Säuregrad einer Lösung;* oV *Azidität* [< lat. *acidus* »sauer«]
A|ci|do|se ⟨f.; -, -n⟩ *krankhafte Steigerung des Säuregehaltes im Blut;* oV *Azidose*
Ack|ja ⟨m.; - od. -s, -s⟩ *bootförmiger (Rettungs-)Schlitten der Lappen* [schwed.]
à cond. ⟨Abk. für⟩ *à condition*
à con|di|tion ⟨[-kɔ̃disjɔ̃:] Abk.: à c.; à cond.; bes. im Buchhandel⟩ *auf Bedingung, nicht fest (zu liefern od. geliefert)* [frz.]
a con|to ⟨Abk.: a c.⟩ **1** *auf Rechnung von ..., des ...* **2** einen Betrag ~ schreiben lassen *nicht bar zahlen, sondern vom Konto abschreiben lassen;* → a. *Akonto* [ital.]
Ac|quit ⟨[-ki:] n.; -s, -s; †⟩ *Empfangsbescheinigung;* Sy *Quittung(1)* [frz., »Freimachung, Quittung«]

■ Die Buchstabenfolge **a|cr...** kann auch **ac|r...** getrennt werden.

■ **A|cre** ⟨[ɛikə(r)] m.; -s, -s⟩ *englisches u. nordamerikanisches Flächenmaß, 4046,8 m^2* [engl., verwandt mit *Acker*]
■ **A|cri|din** ⟨n.; -s; unz.⟩ *aus Anthracenöl gewonnene Verbindung, Ausgangsstoff für Arzneimittel*
■ **A|cro|le|in** ⟨n.; -s; unz.⟩ *ungesättigter, aliphatischer Aldehyd, CH_2= CH-CHO, stechend riechende, augenreizende Flüssigkeit, zur Herstellung von Parfümen, Lacken u. zur Synthese von Glycerin sowie als Tränengas verwendet;* oV *Akrolein* [zu lat. *acer* »scharf« + *olere* »riechen«]
■ **a|cross the board** ⟨[əkrɔs ðə bɔ:d]⟩ **1** *jeden betreffend, allgemein* **2** ⟨TV⟩ *an mehreren aufeinander folgenden Tagen zur gleichen Zeit gesendet;* ein ~ gesendeter Werbespot [engl., »allgemein, generell«]
■ **A|cryl** ⟨n.; -s; unz.; Kurzw. für⟩ *Polyacrylnitril*
■ **A|cryl|glas** ⟨n.; -es; unz.⟩ = *Plexiglas*
■ **A|cryl|harz** ⟨n.; -es, -e; meist Pl.⟩ ~e *Gruppe von Kunstharzen, die durch Polymerisation von Acrylsäure, CH_2= CH-COOH, od. Methacrylsäure, CH_2= C(CH_3)-COOH, gewon-*

nen werden; klare, durchsichtige, thermoplastische, wetterfeste Massen, die leicht spanabhebend zu bearbeiten sind; oV *Akrylharze* [< lat. *acer* »scharf«]

■ **A|cryl|säu|re** ⟨f.; -, -n⟩ *einfachste, ungesättigte Carbonsäure;* oV *Akrylsäure*

Act ⟨[ækt] m.; -s, -s; Jugendspr.⟩ **1** *(besonders) bekannte od. erfolgreiche Popmusikgruppe;* Main~; Top~ **2** *Liveauftritt einer Band;* Live~ [engl., »Akt, (Programm-)Nummer«]

Ac|ta ⟨Pl.; Sing. Actum; im antiken Rom⟩ **1** *schriftl. fixierte Amtshandlungen, Verordnungen, Protokolle, Tagesberichte, Akten* **2** ~ **Apostolorum** *die Apostelgeschichte des NT* **2.1** ~ **Sanctorum** *Sammlung von Berichten u. Legenden über christl. Heilige* [< lat. *acta,* Pl. zu *actus* »Handlung, Tat«; *apostolorum,* Gen. Pl. zu *apostolus* »Apostel«; *sanctorum,* Gen. Pl. zu *sanctus* »Heiliger«]

Ac|tin ⟨n.; -s, -e; Biochem.⟩ = *Aktin*

Ac|ting|ma|na|ger ⟨[æktiŋmænidʒə(r)] m.; -s, -; im amerikan. Theat.⟩ *Organisator, Leiter einer Tournee* [< engl. *acting* »Darstellung, Schauspielerei« + *Manager*]

Ac|ting-out, ⟨auch⟩ **Ac|ting|out** ⟨[æktiŋaut] n.; - od. -s, -s⟩ *Abreagieren (von Aggressionen o.Ä.)* [engl.]

Ac|ti|ni|den ⟨Pl.; †⟩ = *Actinoide;* oV *Aktiniden*

Ac|ti|ni|um ⟨n.; -s; unz.; chem. Zeichen: Ac⟩ *radioaktives chemisches Element, Ordnungszahl 89;* oV *Aktinium* [nlat. < grch. *aktinos* »Strahl«]

Ac|ti|no|i|de ⟨Pl.; Sammelbez. für⟩ *die im Periodensystem der chem. Elemente auf das Actinium folgenden Elemente mit den Ordnungszahlen 90-103, alle radioaktiv, zum Teil nur künstlich herstellbar;* oV *Aktinoide;* Sy *Actiniden, Aktiniden*

Ac|tion ⟨[ækʃn] f.; -; unz.⟩ *(Film-)Handlung, in der Ereignisse rasch aufeinander abfolgen* [engl.]

Ac|tion di|recte ⟨[aksjɔ̃: dirɛkt] f.; - -; unz.⟩ *(bis in die 1960er Jahre aktive) links gerichtete terroristische Vereinigung in Frankreich* [frz., eigtl. »unmittelbare Handlung«]

Ac|tion|film ⟨[ækʃn-] m.; -s, -e⟩ *Spielfilm, meist Kriminalfilm, mit spannungs- u. abwechslungsreicher Handlung u. wenig Dialog* [< engl. *action* »Handlung«]

Ac|tion|pain|ting ⟨[ækʃnpɛintiŋ] n.; - od. -s; unz.⟩ *moderne Richtung innerhalb der amerikanischen abstrakten Malerei, in der der physische Schaffensprozess sichtbar wird* [engl., »Aktionsmalerei«]

Ac|tion|thril|ler ⟨[ækʃnθrilə(r)] m.; -s, -⟩ *Thriller (Buch od. bes. Film) mit abwechslungsreicher, turbulenter Handlung* [engl.]

Ac|tress, ⟨auch⟩ **Act|ress** ⟨[æktris] f.; -, -es [-siz]⟩ *Schauspielerin, Darstellerin* [engl.]

a|cy|clisch, ⟨auch⟩ **a|cyc|lisch** ⟨Adj.⟩ ~e Verbindungen = *aliphatische Verbindungen*

ad ⟨Präp.⟩ *zu;* → a. *ad acta* [lat.]

Ad ⟨[æd] n.; -s, -s; umg.; salopp; kurz für⟩ *Advertisement* [engl.]

AD ⟨m.; -s, -s; Abk. für⟩ *Artdirector*

ad…, Ad… ⟨vor f⟩ af…, Af…, ⟨vor g⟩ ag…, Ag… ⟨vor k (eingedeutscht)⟩ ak…, Ak…, ⟨vor l⟩ al…, Al…, ⟨vor n⟩ an…, An…, ⟨vor p⟩ ap…, Ap…, ⟨vor r⟩ ar…, Ar…, ⟨vor s⟩ as…, As…, ⟨vor t⟩ at…, At…, ⟨Vors.⟩ *an, zu, heran* [lat.]

a.D. ⟨Abk. für⟩ *außer Dienst (hinter den Namen von Beamten od. Offizieren)*

A.D. ⟨Abk. für⟩ *Anno Domini (im Jahre des Herrn)*

ADA, A|da ⟨f.; -; unz.; EDV⟩ *eine von Pascal abgeleitete Programmiersprache* [nach Augusta *Ada* Byron, 1815–1852]

ad ab|sur|dum eine Behauptung ~ führen *jmdm. die Unsinnigkeit einer Behauptung beweisen, indem man ihm ihre (unmöglichen) Folgen vor Augen führt u. sie dadurch lächerlich macht* [lat., »zur Untauglichkeit (führen)«]

ad ac|ta *zu den Akten;* etwas ~ legen ⟨fig.⟩ *als erledigt betrachten, weglegen* [lat.; → *Acta*]

a|da|gio ⟨[-dʒo:] Adj.; Mus.⟩ *langsam, ruhig (zu spielen)* [ital.]

a|da|gis|si|mo ⟨[-dʒis-] Mus.⟩ *sehr langsam (zu spielen)* [→ *adagio*]

A|dak|ty|lie ⟨f.; -; unz.⟩ *angeborenes Fehlen von Fingern od. Zehen* [< *A…*[1] + grch. *daktylos* »Finger«]

A|da|man|ti|nom ⟨n.; -s, -e⟩ *von den schmelzbildenden Zellen ausgehende Kiefergeschwulst* [zu grch. *adamantinos* »stählern, fest, hart«]

A|da|mit ⟨m.; -en, -en; Rel.⟩ *Angehöriger einer religiösen Sekte im 2. Jh., die den paradiesischen Zustand des Menschen wiederherstellen wollte u. angeblich nackt zu den Gottesdiensten erschien* [nach *Adam,* dem ersten Menschen nach biblischer Überlieferung]

■ Die Buchstabenfolge **ad|ap…** kann auch **a|dap…** getrennt werden.

■ **ad|ap|ta|bel** ⟨Adj.⟩ *passend, Anpassungsvermögen besitzend;* adaptables Verhalten

■ **Ad|ap|ta|bi|li|tät** ⟨f.; -, -en⟩ *Anpassungsvermögen* [→ *adaptieren*]

■ **Ad|ap|ta|ti|on** ⟨f.; -, -en⟩ **1** *Anpassung(svermögen) an Umweltverhältnisse* **2** *Anpassung von Sinnesorganen an äußere Reize;* ~ des Auges an Licht; Sy *Adaption* [→ *adaptieren*]

■ **Ad|ap|ta|ti|ons|syn|drom** ⟨n.; -s, -e⟩ *Gesamtheit aller unspezifischen Reaktionen des Organismus auf Stress, Anpassungssyndrom*

■ **Ad|ap|ter** ⟨m.; -s, -⟩ *Vorrichtung, um elektrische Geräte an eine von der Betriebsspannung abweichende Netzspannung anschließen zu können, auch zum Koppeln mehrerer Geräte mit unterschiedlicher Betriebsspannung* [engl., »Verbindungsstück«]

■ **ad|ap|tie|ren** ⟨V.⟩ **1** *anpassen;* an die Umwelt ~ **2** ⟨österr.⟩ *herrichten;* eine Wohnung ~ [< lat. *adaptare* »anpassen«]

■ **Ad|ap|ti|on** ⟨f.; -, -en⟩ = *Adaptation*

■ **Ad|ap|ti|ons|po|ten|ti|al** ⟨n.; -s, -e⟩ = *Adaptionspotenzial*
■ **Ad|ap|ti|ons|po|ten|zi|al** ⟨n.; -s, -e⟩ *Maß für das Vermögen eines Naturraumes, für den Menschen Lebensbedingungen zu bieten, denen er sich ohne Schwierigkeiten anpassen kann;* oV *Adaptionspotential;* Sy *Naturraumpotenzial*
■ **ad|ap|tiv** ⟨Adj.⟩ *auf Adaptation beruhend*

■ Die Buchstabenfolge **ad|ä|qu...** kann auch **a|dä|qu...** getrennt werden.

■ **Ad|ä|quanz** ⟨f.; -; unz.⟩ *Angemessenheit, Üblichkeit (einer Verhaltensweise)* [→ *adäquat*]
■ **Ad|ä|quanz|the|o|rie** ⟨f.; -; unz.; Rechtsw.⟩ *Theorie zur Bestimmung der Schadensersatzpflicht, wenn die Entstehung eines Schadens unter generellen (u. nicht unter besonderen) Umständen verursacht wird;* → a. *Äquivalenztheorie(1)*
■ **ad|ä|quat** ⟨Adj.⟩ *angemessen, entsprechend;* Ggs *inadäquat* [<lat. *adaequatus* »gleich gemacht«; zu *adaequare*]
■ **Ad|ä|quat|heit** ⟨f.; -; unz.⟩ *adäquate Beschaffenheit*
■ **Ad|ä|qua|ti|on** ⟨f.; -, -en⟩ **1** ⟨†⟩ *Angleichung, Anpassung* **2** *Übertragung sozialwissenschaftlicher Begriffe in statistische Größen*
a da|to ⟨auf Wechseln⟩ *vom Tag (der Ausstellung) an* [lat. »vom gegebenen (Tag) an«; < *a* »von, von her« + *dare* »geben«]
ad ca|len|das grae|cas *bis zu den griechischen Kalenden, bis zu einem niemals eintretenden Zeitpunkt;* etwas ~ verschieben *etwas verschieben, um es niemals zu tun* [<lat. *calendae,* die römische Benennung der ersten Monatstage; die Griechen hatten keine Kalenden]
Ad|cock|an|ten|ne, ⟨auch⟩ **Ad|cock-An|ten|ne** ⟨[ædkɔk-] f.; -, -n⟩ *Antenne zur Funkpeilung* [nach dem Erfinder F. *Adcock*]
Ad|dend ⟨m.; -en, -en⟩ = *Summand* [<lat. *addendus* »was hinzugefügt werden muss«; zu *addere* »hinzufügen«]
Ad|den|dum ⟨n.; -s, -da⟩ *Nachtrag, Zusatz, Ergänzung* [<lat. *addendus;* → *Addend*]
Ad|di|bi|li|tät ⟨f.; -; unz.⟩ *Vermehrbarkeit* [→ *Addition*]
ad|die|ren ⟨V.⟩ **1** *hinzufügen* **2** *zusammenzählen;* Zahlen, Summen, Belege ~ [<lat. *addere* »hinzufügen«]
Ad|ding-up-The|o|rem ⟨[ædiŋʌp-] n.; -s; unz.; Wirtsch.⟩ *gewinnloses Produktionsverfahren, bei dem die Produktionskosten dem Gesamterlös entsprechen, Euler'sches Theorem* [zu engl. *add-up* »zusammenzählen«]
ad|dio ⟨ital. für⟩ *adieu, auf Wiedersehen*
Ad|di|ta|men|tum ⟨n.; -s, -ta; Buchw.⟩ *Anhang, Ergänzung* [lat., »Zugabe, Zusatz«]
Ad|di|ti|on ⟨f.; -, -en⟩ **1** *das Addieren, Zusammenzählen* **2** *Ergebnis des Addierens* [<lat. *additio* »Hinzufügen, Zusammenzählung«]
ad|di|ti|o|nal ⟨Adj.⟩ *zusätzlich, nachträglich* [→ *Addition*]
Ad|di|ti|ons|al|go|rith|mus ⟨m.; -, -men; Math.⟩ *Vorschrift zur Addition von Zahlen (im Dualsystem)*
ad|di|tiv ⟨Adj.⟩ *auf Addition beruhend;* ~e Gesamtschule *Typ der Gesamtschule, bei dem verschiedene, nebeneinander bestehende Schularten in gemeinsamen Gebäuden untergebracht sind;* Sy *kooperative Gesamtschule;* Ggs *integrative Gesamtschule*
Ad|di|tiv ⟨n.; -s, -e [-və]⟩ *Zusatz, der die gewünschte Eigenschaft eines chem. Stoffes wesentlich verbessert, z.B. zur Steigerung der Oktanzahl bei Treibstoffen*
ad|di|zie|ren ⟨V.⟩ *zuerkennen, zusprechen, zuschreiben;* ein Gemälde, das keine Signatur trägt, einem Maler ~ [<lat. *addicere*]
Ad|duk|ti|on ⟨f.; -; unz.⟩ *das Anziehen, Anlegen von Gliedmaßen, bewegl. Körperteilen an den Körper* [zu lat. *adducere* »heranführen«]
Ad|duk|tor ⟨m.; -s, -to|ren⟩ *an den Körper heranziehender Muskel, Schließmuskel* [zu lat. *adducere* »heranführen«]
ad|du|zie|ren ⟨V.⟩ *anziehen, heranziehen* [<lat. *adducere*]
a|de ⟨volkstüml. Form von⟩ *adieu, leb wohl;* jmdm. ~/Ade sagen [<mhd. *ade* <frz. *adé* <lat. *ad Deum* »ich empfehle (dich) Gott«]
A|de ⟨n.; -s, -s⟩ *Abschieds-, Lebewohlgruß;* jmdm. ein ~ zurufen, zuwinken
A|del|phie ⟨f.; -, -n⟩ *Verwachsung von Staubblättern bei Blütenpflanzen zu Bündeln* [<grch. *adelphos* »Bruder«]
A|del|pho|ga|mie ⟨f.; -, -n⟩ **1** *Bestäubung zwischen zwei aus einer gemeinsamen Mutterpflanze hervorgegangenen Geschwisterpflanzen* **2** *Geschwisterehe, eine Form der Inzucht bei manchen Ameisen- u. Termitenarten* [<grch. *adelphos* »Bruder« + *...gamie*]
A|del|pho|kar|pie ⟨f.; -, -n⟩ *Fruchtbildung durch Adelphogamie* [<grch. *adelphos* »Bruder« + *karpos* »Frucht«]
A|de|nin ⟨n.; -s, -e⟩ *Purinbase, wichtiger Baustein von Nukleinsäuren;* → a. *Thymin* [<grch. *aden* »Drüse«]
A|de|ni|tis ⟨f.; -, -ti|den; Med.⟩ *Lymphknotenentzündung* [<grch. *aden* »Drüse«]
a|de|no..., **A|de|no...** ⟨in Zus.⟩ *drüsen..., Drüsen...* [→ *Adenom*]
A|de|no|ge|ne|sis ⟨f.; -; unz.; Med.⟩ *Drüsenbildung* [< *Adeno...* + *Genesis*]
A|de|no|hy|po|phy|se ⟨f.; -, -n⟩ *Vorderlappen der Hypophyse* [< *Adeno...* + *Hypophyse*]
a|de|no|id ⟨Adj.⟩ *drüsenähnlich, lymphknotenähnlich* [→ *Adenom*]
A|de|no|id|kar|zi|nom ⟨n.; -s, -e; Med.⟩ *mit drüsenartiger Struktur wachsendes Karzinom (Krebs): Carcinoma adenomatosum* [< *Adeno...* + *Karzinom*]
A|de|nom ⟨n.; -s, -e⟩, **A|de|no|ma** ⟨n.; -s, -ta; Med.⟩ *gutartige Geschwulst, die vom Drüsengewebe ausgeht* [<grch. *aden* »Drüse«]
a|de|no|ma|tös ⟨Adj.; Med.⟩ *adenomartig*

A|de|no|sin ⟨n.; -s; unz.⟩ *Baustein der Ribonucleinsäure, wirkt als Pharmazeutikum gefäßerweiternd* [→ *Adenom*]

A|de|no|sin|tri|phos|phat ⟨n.; -s; unz.; Abk.: ATP⟩ *Nucleosid, aufgebaut aus Adenin, Ribose u. 3 Molekülen Phosphorsäure, eine Speicherform von Energie in der Zelle* [< *Adeno...* + grch. *tria* »drei« + *Phosphat*]

A|de|no|to|mie ⟨f.; -; unz.⟩ *operative Entfernung der vergrößerten Rachenmandel* [< *Adeno...* + *...tomie*]

A|de|no|vi|rus ⟨[-viː-] m.; -, -ren⟩ *Erreger von Halsentzündungen* [< *Adeno...* + *Virus*]

Ad|ept, ⟨auch⟩ **A|dept** ⟨m.; -en, -en⟩ **1** *Meister seines Fachs, Eingeweihter* **2** *dessen Jünger, Schüler, Gehilfe* [< lat. *adeptus* »wer etwas erreicht hat«, Part. Perf. zu *adipisci* »erreichen«]

A|der|min ⟨n.; -s; unz.⟩ *Vitamin B_6, hauptsächlich in der Hefe vorkommend, notwendig für den Stoffwechsel von Aminosäuren*

A|des|po|ta ⟨Pl.⟩ *Schriften unbekannter Verfasser* [< *A...*[1] + grch. *despotes* »Herr«]

Ad|es|siv ⟨m.; -s, -e [-və]; Sprachw.⟩ *Kasus (in den finnisch-ugrischen Sprachen), der ausdrückt, woran od. wobei sich jmd. od. etwas befindet* [< lat. *adesse* »da, vorhanden sein«]

à deux mains ⟨[a dø mɛ̃ː] Mus.⟩ *zweihändig (zu spielen)* [frz., »mit beiden Händen«]

Ad|hä|rens ⟨n.; -, -ren|ti|en⟩ *Anhaftendes, Zubehör* [< lat. *adhaerens,* Part. Präs. zu *adhaerere* »anhangen, anhaften«]

ad|hä|rent ⟨Adj.⟩ *anhaftend, aneinander hängend*

Ad|hä|renz ⟨f.; -, -en⟩ *das Anhangen, Anhänglichkeit* [→ *adhärieren*]

ad|hä|rie|ren ⟨V.⟩ **1** *anhängen, anhaften* **2** *zustimmen* [< lat. *adhaerere* »anhängen, anhaften«]

Ad|hä|si|on ⟨f.; -, -en⟩ **1** *Beitritt, Mitgliedschaft* **2** ⟨Med.⟩ *Verwachsung zweier Organe miteinander* **3** ⟨Phys.⟩ *das Haften verschiedener flüssiger u. fester Stoffe aneinander, z.B. Kreide an der Tafel, Wasser an der Tasse, Vergoldung am Silber* [< lat. *adhaesio* »das Anhängen, Anhaften«; → *adhärieren*]

Ad|hä|si|ons|klau|sel ⟨f.; -, -n⟩ *Zusatzklausel in einem Völkervertrag, nach der weitere Staaten dem Vertrag beitreten können*

ad|hä|siv ⟨Adj.⟩ *haftend, anklebend, auf Adhäsion beruhend* [→ *adhärieren*]

ad hoc *eigens zu diesem Zweck, hierfür* [lat., »für dieses«]

ad|hor|ta|tiv ⟨Adj.⟩ *ermahnend, auffordernd* [zu lat. *adhortari* »ermahnen«]

Ad|hor|ta|tiv ⟨m.; -s, -e [-və]⟩ *Imperativ der 1. Person Plural,* z.B. »fangen wir an!«

A|di|a|ba|te ⟨f.; -, -n⟩ *Kurve, die das Verhalten einer abgeschlossenen Gasmenge hinsichtlich Druck u. Volumen beschreibt, wenn kein Wärmeaustausch mit der Umgebung stattfindet* [< *A...*[1] + grch. *diabasis* »Übergang, Durchgang«]

a|di|a|ba|tisch ⟨Adj.⟩ *ohne Wärmeaustausch mit der Umgebung verlaufend* [< *a...*[1] + grch. *diabainein* »hindurch-, hinübergehen«]

A|di|a|fon ⟨n.; -s, -e; Mus.⟩ = *Adiaphon*

A|di|a|phon ⟨n.; -s, -e; Mus.; früher⟩ *Tasteninstrument, bei dem Stimmgabeln anstelle von Saiten angeschlagen werden;* oV *Adiafon*

A|di|a|pho|ron ⟨n.; -s, -ra⟩ *(vom sittl. Standpunkt aus) Gleichgültiges, Erlaubtes, Belangloses, weder Gutes noch Böses* [< *A...*[1] + grch. *diaphoros* »verschieden«]

a|di|eu ⟨[adjøː] Abschiedsgruß⟩ *lebe wohl!, auf Wiedersehen!;* jmdm. ~/Adieu sagen [< frz. *à Dieu* »Gott befohlen«; → *ade*]

A|di|eu ⟨[adjøː] n.; -s, -s⟩ *Lebewohl-, Abschiedsgruß;* jmdm. ein ~ zurufen, zuwinken

Ä|di|ku|la ⟨f.; -, -lä⟩ **1** *kleine Kapelle* **2** ⟨in Kirchen⟩ *Nische für Standbilder, Sarkophage* [< lat. *aedes* »Haus, Tempel«]

Ä|dil ⟨m.; -en od. -s, -en⟩ *altrömischer hoher Polizeibeamter, dem Polizeiaufsicht, Lebensmittelversorgung u. Ausrichtung der öffentl. Spiele oblagen* [< lat. *aedilis*]

ad in|fi|ni|tum *bis ins Unendliche, unaufhörlich;* und so weiter ~; Sy *in infinitum* [lat., »bis ins Grenzenlose, Unendliche«]

a|di|pös ⟨Adj.⟩ *(tierisches) Fett enthaltend, fettreich*

A|di|po|si|tas ⟨f.; -; unz.⟩ *Fettleibigkeit, Fettsucht* [< lat. *adepas,* Gen. *adipis* »Fett«]

A|di|tiv ⟨m.; -s, -e [-və]; Sprachw.⟩ *Kasus, der die Bewegungsrichtung anzeigt* [< lat. *aditus* »Annäherung«]

A|di|u|re|ti|kum ⟨n.; -s, -ka; Med.⟩ *Mittel, das übermäßigen Harndrang hemmt* [< *A...*[1] + grch. *diourein* »harnen«]

a|di|u|re|tisch ⟨Adj.; Med.⟩ *übermäßigen Harndrang hemmend*

Ad|jek|tiv ⟨n.; -s, -e [-və]; Gramm.⟩ *Wortart, die ein Substantiv od. Verb näher bestimmt u. meist dekliniert werden kann, Eigenschaftswort* [< lat. *adiectio* »Hinzufügung«]

ad|jek|ti|vie|ren ⟨[-viː-] V.; Gramm.⟩ ein Substantiv od. Verb ~ *zu einem Adjektiv machen, z.B. Wind – windig*

Ad|jek|ti|vie|rung ⟨[-viː-] f.; -, -en; Gramm.⟩ *das Adjektivieren*

ad|jek|ti|visch ⟨Adj.⟩ *das Adjektiv betreffend, als Adjektiv verwendet;* ~e Form; ~er Gebrauch; ein Wort ~ gebrauchen

Ad|ju|di|ka|ti|on ⟨f.; -, -en⟩ *das Adjudizieren, Zuerkennen*

ad|ju|di|ka|tiv ⟨Adj.⟩ *zuerkennend*

ad|ju|di|zie|ren ⟨V.⟩ *zuerkennen* [< lat. *adiudicare* »richterlich zuerkennen«]

Ad|junkt ⟨m.; -en, -en⟩ *Helfer, Amtsgehilfe* [< lat. *adiunctus,* Part. Perf. zu *adiungere* »an-, hinzufügen«]

Ad|junk|ti|on ⟨f.; -, -en⟩ **1** = *Disjunktion (3)* **2** *Hinzufügung* [→ *Adjunkt*]

Ad|jus|ta|ble|peg, ⟨auch⟩ **Ad|jus|tab|le Peg** ⟨[ədʒʌstəbl-] m.; (-) -s, (-) -s⟩ *stufenweise Regulierung der Währungsparität* [< engl. *adjustable* »verstellbar, variabel« + *peg* »Pflock, Haken«]

Ad|jus|ta|ge ⟨[-ʒ(ə)] f.; -, -n; Tech.⟩ **1** *Einrichtung, Einstellung einer Maschine od. eines Werkzeuges* **2** *Abteilung in einem Walzwerk, in der Bleche bearbeitet werden* [→ *adjustieren*]

ad|jus|tie|ren ⟨V.⟩ **1** *anpassen, zurichten* **2** ⟨Techn.⟩ *eichen, berichtigen* **3** ⟨österr.⟩ *ausrüsten, mit Dienstkleidung versehen* [< *ad...* + *justieren*]

Ad|jus|tie|rung ⟨f.; -, -en⟩ **1** *das Adjustieren, Anpassung, Zurichtung* **2** *Eichung, Berichtigung* **3** ⟨österr.⟩ *Dienstkleidung, Uniform*

Ad|just|ment ⟨[ədʒʌstmənt] n.; -s; unz.; Psych.⟩ *Anpassung* [engl.]

Ad|ju|tant ⟨m.; -en, -en⟩ **1** *einem höheren Offizier beigeordneter Offizier, Helfer des Kommandeurs;* persönlicher ~ **2** ⟨schweiz.⟩ *Kompaniefeldwebel* [< lat. *adiutans,* Part. Präs. zu *adiutare* »helfen, unterstützen«]

Ad|ju|tan|tur ⟨f.; -, -en⟩ *Amt des Adjutanten*

Ad|ju|tor ⟨m.; -s, -to|ren⟩ *Helfer, Gehilfe* [lat., »Gehilfe, Helfer«]

Ad|ju|tum ⟨n.; -s, -ten⟩ *Zuschuss, Beihilfe* [< lat. *adiuvare* »helfen«]

Ad|ju|vans ⟨[-vans] n.; -, -van|tia od. -van|zien⟩ *die Wirkung verstärkender bzw. unterstützender Zusatz zu einer Arznei* [< lat. *adiuvare* »helfen, unterstützen«]

ad l. ⟨Abk. für⟩ *ad libitum*

Ad|la|tus ⟨m.; -, - od. -ten⟩ *Beistand, Helfer; Amtsgehilfe* [< lat. *ad latus* »zur Seite, zur Hilfe« (stehend)]

ad li|bi|tum ⟨Abk.: ad l.⟩ *nach Belieben;* ⟨Mus.⟩ Ggs *obligat(2)*

Ad-li|bi|tum-Be|set|zung ⟨f.; -, -en; Mus.⟩ *Besetzung, bei der ein Instrument nach Belieben benutzt od. weggelassen werden kann* [lat.]

ad ma|io|rem dei glo|ri|am ⟨[-de:i-] Abk.: A.M.D.G.⟩ *zur höheren Ehre Gottes (Wahlspruch der Jesuiten)* [lat.]

Ad|mi|nis|tra|ti|on, ⟨auch⟩ **Ad|mi|nist|ra|ti|on** ⟨f.; -, -en⟩ *Verwaltung, Verwaltungsbehörde* [< lat. *administratio* »Leitung, Verwaltung«]

ad|mi|nis|tra|tiv, ⟨auch⟩ **ad|mi|nist|ra|tiv** ⟨Adj.⟩ *zur Verwaltung gehörend, auf dem Verwaltungswege* [→ *administrieren*]

Ad|mi|nis|tra|tor, ⟨auch⟩ **Ad|mi|nist|ra|tor** ⟨m.; -s, -to|ren⟩ *Verwalter, Vertreter, Bevollmächtigter* [lat., »Leiter, Verwalter«]

ad|mi|nis|trie|ren, ⟨auch⟩ **ad|mi|nist|rie|ren** ⟨V.⟩ **1** *verwalten, anordnen* **2** das Sakrament ~ *austeilen, spenden* [< lat. *administrare* »leiten, verwalten«]

ad|mi|ra|bel ⟨Adj.⟩ *bewundernswert* [< lat. *admirabilis*]

Ad|mi|ral ⟨m.; -s, -e; österr.: m.; -s, -rä|le⟩ **1** *Offizier der Seestreitkräfte im Generalsrang* **2** *Tagesschmetterling mit rotem Band u. weißen Flecken auf schwarzen Flügeln: Vanessa atalanta* **3** ⟨Kochk.⟩ *Rotwein mit Vanille (od. anderen Gewürzen) erhitzt u. mit Eigelb verquirlt* [< arab. *amir al bahr* »Fürst, Befehlshaber auf dem Meere«]

Ad|mi|ra|li|tät ⟨f.; -, -en⟩ *Gesamtheit der Admirale, Marineleitung*

Ad|mi|ral|stab ⟨m.; -s, -stä|be⟩ *oberste Leitung der Seestreitkräfte*

Ad|mis|si|on ⟨f.; -, -en⟩ *Zulassung, Zutritt* [< lat. *admissio*]

Ad|mit|tanz ⟨f.; -, -en; Phys.⟩ *Kehrwert des komplexen Wechselstromwiderstandes* [zu lat. *admittere* »zulassen«]

ad|mo|nie|ren ⟨V.; †⟩ *ermahnen, verwarnen* [< lat. *admonere* »ermahnen«]

Ad|mo|ni|ti|on ⟨f.; -, -en; †⟩ *Ermahnung, Verwarnung* [< lat. *admonitio* »Erinnerung, Ermahnung«]

Ad|nek|to|mie ⟨f.; -, -n; Med.⟩ = *Adnexektomie*

Ad|nex ⟨m.; -es, -e⟩ **1** *Anhang* **2** ⟨Anat.⟩ *Eierstock u. Eileiter der Frau, als Anhängsel der Gebärmutter* [< lat. *adnexus* »Verbindung«]

Ad|nex|ek|to|mie ⟨f.; -, -n; Med.⟩ *operative Entfernung der Eileiter u. Eierstöcke;* Sy *Adnektomie* [< *Adnex* + *Ektomie*]

Ad|ne|xi|tis ⟨f.; -, -ti|den; Med.⟩ *Entzündung des Adnexes(2)*

ad|no|mi|nal ⟨Adj.⟩ ~es Wort, ~es Attribut, ~er Kasus *zu einem Nomen gehörig;* ~er Ausdruck *einem Nomen entsprechend* [< *ad...* + *nominal*]

ad no|tam etwas ~ nehmen *zur Kenntnis nehmen, vormerken, beachten* [lat., »zum Kennzeichen«]

ad o|cu|los etwas ~ demonstrieren *vor Augen führen, durch Augenschein beweisen* [lat., »vor Augen«]

a|do|les|zent ⟨Adj.⟩ *in der Adoleszenz stehend, im Heranwachsen begriffen, im jugendl. Alter stehend* [→ *Adoleszenz*]

A|do|les|zent ⟨m.; -en, -en⟩ *Jugendlicher, Heranwachsender*

A|do|les|zenz ⟨f.; -; unz.⟩ *Jugendalter* [< lat. *adolescentia* »Jünglingsalter, Jugend«]

a|do|les|zie|ren ⟨V.⟩ *heranwachsen* [< lat. *adolescere*]

A|do|nai ⟨m.; -; unz.; Bibel⟩ *mein Herr (Anrede Gottes im AT)* [hebr., eigentl. »meine Herren«]

A|do|nis ⟨m.; -, -se⟩ *schöner Jüngling, schöner Mann;* er ist ein ~ [nach *Adonis,* dem schönen Jüngling der grch. Sage]

a|do|nisch ⟨Adj.⟩ **1** *schön (wie Adonis)* **2** ~er Vers *altes griechisches Versmaß aus Daktylus u. Trochäus;* Sy *Adonius*

A|do|nis|rös|chen ⟨n.; -s, -⟩ *Gattung der Hahnenfußgewächse: Adonis*

A|do|ni|us ⟨m.; -, unz.⟩ = *adonischer Vers*

■ Die Buchstabenfolge **ad|op...** kann auch **a|dop...** getrennt werden.

■ **ad|op|tie|ren** ⟨V.⟩ **1** *sich aneignen* **2** ein Kind ~ *an Kindes statt annehmen* [< lat. *adoptare* »erwählen, als etwas annehmen«]

■ **Ad|op|ti|on** ⟨f.; -, -en⟩ **1** *Aneignung* **2** ~ eines Kindes *Annahme an Kindes statt* [< lat. *adoptio*]

■ **ad|op|tiv** ⟨Adj.⟩ *auf Adoption beruhend*

■ **Ad|op|ti̲v|el|tern** ⟨Pl.⟩ *Eltern durch Adoption, Pflegeeltern*
■ **Ad|op|ti̲v|kind** ⟨n.; -(e)s, -er⟩ *als Eigen angenommenes Kind*
ad|o|ra̲|bel, ⟨auch⟩ **a|do|ra̲|bel** ⟨Adj.⟩ *anbetungswürdig* [< lat. *adorabilis*]
Ad|o|rạnt, ⟨auch⟩ **A|do|rạnt** ⟨m.; -en, -en⟩ *Anbetender; anbetende, kniende Gestalt (in Kunstwerken)* [< lat. *adorans,* Part. Präs. zu *adorare* »anbeten«]
Ad|o|ra|ti|o̲n, ⟨auch⟩ **A|do|ra|ti|o̲n** ⟨f.; -, -en⟩ *Anbetung* [< lat. *adoratio*]
ad|o|rie̲|ren, ⟨auch⟩ **a|do|rie̲|ren** ⟨V.⟩ *anbeten* [< lat. *adorare*]
ad re|fe|rẹn|dum *zur Berichterstattung* [lat., »zum Berichten«]
ad rem *zur Sache* [lat.]
Ad-rẹm-Ver|fah|ren ⟨n.; -s; unz.⟩ *Methode zur Analyse von Werbung u. Werbemitteln mit Hilfe von Testpersonen*

■ Die Buchstabenfolge **a|dr...** kann auch **ad|r...** getrennt werden.

■ **A|dre|na|li̲n** ⟨n.; -s; unz.⟩ *im Nebennierenmark gebildetes Hormon* [< *Ad...* + lat. *renes* »Nieren«]
■ **A|dre|no|ste|ro̲n,** ⟨auch⟩ **Ad|re|nos|te|ron** ⟨n.; -s; unz.⟩ *Hormon der Nebennierenrinde* [< *Ad...* + lat. *renes* »Nieren« + grch. *stereos* »starr, hart, fest«]
■ **A|dres|sạnt** ⟨m.; -en, -en⟩ ~ einer Postsendung *jmd., der eine Sendung adressiert, Absender* [→ *Adresse*]
■ **A|dres|sa̲t** ⟨m.; -en, -en⟩ *jmd., an den eine (Post-)Sendung adressiert ist, Empfänger* [→ *Adresse*]
■ **A|drẹs|se** ⟨f.; -, -n⟩ **1** *Anschrift, Namens- u. Wohnungsangabe;* per ~ ⟨auf Briefen; Abk.: p.A., p.adr.⟩ *an die Anschrift (einer dritten Person), zu erreichen über;* Herrn Heinrich Schulze, p.A. Familie Müller **2** *schriftl. Kundgebung, Eingabe* **3** *Glückwunschschreiben;* Glückwunsch~; eine ~ an jmdn. richten **4** ⟨Gentech.⟩ chromosomale ~ *durch eine DNA-Sequenz markierte Stelle mit einmaligem Vorkommen im Genom* **5** ⟨EDV⟩ *Nummer eines bestimmten Speicherortes od. -systems* [< frz. *adresse* < lat. *ad* »zu« + mlat. *directiare* »richten, lenken«]
■ **a|dres|sie̲|ren** ⟨V.⟩ *mit der Adresse, Anschrift versehen*
■ **a|drẹtt** ⟨Adj.⟩ *hübsch u. zugleich nett, sauber;* ein ~es Mädchen; ~ angezogen sein [< frz. *adroit* »geschickt« < lat. *ad* »zu« + *directus,* Part. Perf. zu *dirigere* »gerade richten«]
Ad|sọr|bens ⟨n.; -, -bẹn|tia od. -bẹn|zi|en⟩ *Stoff, der einen anderen Stoff adsorbiert;* oV *Adsorber*
Ad|sọr|ber ⟨m.; -s, -⟩ = *Adsorbens*
ad|sor|bier|bar ⟨Adj.⟩ *zur Adsorption fähig*
ad|sor|bie̲|ren ⟨V.⟩ Gase oder gelöste Stoffe ~ *auf der Oberfläche fester Stoffe verdichten, anlagern* [< *ad...* + lat. *sorbere* »hinunterschlucken, in sich ziehen«]
Ad|sorp|ti|o̲n ⟨f.; -, -en⟩ *das Adsorbieren, das Adsorbiertwerden* [→ *adsorbieren*]
Ad|sorp|ti|o̲ns|a|na|ly|se ⟨f.; -, -n; Chem.⟩ *Analyse, die auf der unterschiedlichen Adsorbierbarkeit chemischer Verbindungen beruht*
ad|sorp|ti̲v ⟨Adj.⟩ *zur Adsorption fähig*
Ad|sorp|ti̲v ⟨n.; -s, -e [-və]⟩ *Stoff, der von einem anderen Stoff adsorbiert wird;* → a. *Absorbens*
Ad|strịn|gens ⟨n.; -, -gẹn|zi|en od. -gẹn|tia⟩ *zusammenziehendes, blutstillendes Heilmittel* [lat., Part. Präs. zu *adstringere* »festbinden, zusammenziehen«]
ad|strin|gie̲|ren ⟨V.⟩ *zusammenziehen* [< lat. *adstringere* »festbinden, zusammenziehen«]
a due ⟨[-du̲:ə] Mus.⟩ *in doppelter Besetzung (zu spielen);* Sy *due* [ital., »zu zweit«]
A|du|la̲r ⟨m.; -s, -e; Min.⟩ *reiner, weißer Feldspat, Halbedelstein* [fälschl. nach dem Bergrücken *Adula* am St. Gotthard, wo er nicht vorkommt]
a|dụlt ⟨Adj.⟩ *erwachsen, geschlechtsreif* [< lat. *adultus,* Part. Perf. von *adolescere* »heranwachsen«]
A|dult ⟨[ædʌlt] m.; -s, -s⟩ *Erwachsene(r)* [engl.]
A|dult Ed|u|ca|tion, ⟨auch⟩ **A|dult E|du|ca|tion** ⟨[ædʌlt ɛdjuke̲ı̲ʃn] f.; - -; unz.⟩ *Erwachsenenbildung* [engl.]
ad us. prop. ⟨Abk. für⟩ *ad usum proprium*
ad u̲|sum *zum Gebrauch von ...;* ~ **Delphini,** in usum Delphini *zum Gebrauch für den Schüler,* ⟨eigtl.⟩ *zum Gebrauch des Dauphins, des französ. Kronprinzen;* ~ **medici** *zum ärztlichen Gebrauch (auf ärztlichen Rezepten);* ~ **proprium** *zum eigenen Gebrauch (auf ärztlichen Rezepten)* [lat. *ad usum* »zum Gebrauch«; mlat. *Delphini,* Gen. zu *Delphinus* »Dauphin«; lat. *medici,* Gen. zu *medicus* »Arzt«; lat. *proprium,* Neutrum von *proprius* »eigen«]
ad va|lo̲|rem ⟨[-va-]⟩ *dem Werte nach* [lat.]
Ad|van|tage ⟨[ədva̲:ntıdʒ] m.; -s, -s; Sp.; Tennis⟩ *Pluspunkt, Vorteil nach dem Einstand;* → a. *Deuce* [engl., »Vorteil«]
Ad|vek|ti|o̲n ⟨[-vɛk-] f.; -, -en⟩ *die überwiegend horizontale Heranführung von Luftmassen;* Ggs *Konvektion(1)* [< lat. *advectio* »das Heranbringen«]
ad|vek|ti̲v ⟨[-vɛk-] Adj.⟩ *auf Advektion beruhend*
Ad|vent ⟨[-vẹnt] m.; -(e)s, -e⟩ *Zeit vor Weihnachten;* erster ~ *der erste der vier Sonntage vor Weihnachten, Beginn des Kirchenjahres* [< lat. *adventus* »Ankunft«]
Ad|ven|tịs|mus ⟨[-vɛn-] m.; -; unz.; Rel.⟩ *Glaubenslehre der Adventisten*
Ad|ven|tịst ⟨[-vɛn-] m.; -en, -en; Rel.⟩ *Angehöriger der evangel. Freikirche der Adventisten, die die Wiederkunft Christi erwarten*
Ad|ven|ti̲v|knos|pe ⟨[-vɛn-] f.; -, -n⟩ *Nebenknospe an ungewöhnl. Stelle, z.B. am Stamm, am Blatt* [zu lat. *advenire* »hinzukommen«]
Ad|ven|ti̲v|kra|ter ⟨[-vɛn-] m.; -s, -⟩ *Nebenkrater*

Ad|ven|ti|v|wur|zel ⟨[-vɛn-] f.; -, -n⟩ *Nebenwurzel an ungewöhnl. Stelle, z.B. am Spross*

Ad|verb ⟨[-vɛrb] n.; -s, -en od. -bi|en; Gramm.⟩ *Wortart, die ein Adjektiv, Verb od. anderes Adverb genauer bestimmt, Umstandswort;* Sy *Adverbium* [< lat. *adverbium* »Umstandswort«]

ad|ver|bi|al ⟨[-vɛr-] Adj.⟩ *das Adverb betreffend, in der Art eines Adverbs, umstandswörtlich;* oV *adverbiell;* ein Wort ~ gebrauchen

Ad|ver|bi|al|be|stim|mung ⟨[-vɛr-] f.; -, -en; Gramm.⟩, **Ad|ver|bi|a|le** ⟨[-vɛr-] n.; -s, -a|li|en⟩ *Satzglied, das angibt, unter welchen Umständen (Ort, Zeit, Art u. Weise) ein im Satz ausgedrücktes Geschehen sich abspielt, Umstandsbestimmung;* Sy *adverbielle Bestimmung*

Ad|ver|bi|al|satz ⟨[-vɛr-] m.; - es, -sät|ze⟩ *Nebensatz, der anstelle einer Adverbialbestimmung steht, Umstandssatz*

ad|ver|bi|ell ⟨[-vɛr-] Adj.⟩ = *adverbial;* ~e Bestimmung = *Adverbialbestimmung, Adverbiale*

Ad|ver|bi|um ⟨[-vɛr-] n.; -s, -bi|en; †⟩ = *Adverb*

Ad|ver|sa|ri|um ⟨[-vɛr-] n.; -s, -ri|en od. -ria⟩ *unverarbeitete Aufzeichnung, Kladde* [< lat. *adversaria* »Rechnungsbuch, Kladde«]

ad|ver|sa|tiv ⟨[-vɛr-] Adj.⟩ *gegensätzlich, entgegensetzend, entgegenstellend* [< lat. *adversus* »gegenüberstehend«]

Ad|ver|tain|ment ⟨[ædvətɛinmənt] n.; -s; unz.; TV⟩ *auf Werbung ausgerichtete Art der Unterhaltung* [engl., verkürzt < *adver*tisement »Werbung« + enter*tainment* »Unterhaltung«]

Ad|ver|tise|ment ⟨[ədvə:tismənt] od. [ædvətais-] n.; -s, -s; Abk.: Ad⟩ *Werbung, Anzeige, Inserat* [engl.]

Ad|ver|ti|sing ⟨[ædvətaiziŋ] n.; -s, -s⟩ **1** *Werbung durch Anzeigen* **2** *Werbeindustrie* [engl.]

> **Advertisingagency, Advertising Agency** (*Getrennt- u. Zusammenschreibung*)
> Grundsätzlich gilt für aus Fremdsprachen entlehnte oder übernommene Komposita die im Deutschen übliche Zusammenschreibung.
> Verbindungen aus Adjektiv und Substantiv können jedoch auch entsprechend der Herkunftssprache getrennt geschrieben werden.

Ad|ver|ti|sing|a|gen|cy, ⟨auch⟩ **Ad|ver|ti|sing A|gen|cy** ⟨[æ:dvətaisiŋɛidʒənsi] f.; (-) -, (-) -s⟩ *Werbeagentur* [engl.]

Ad|vo|ca|tus Dei ⟨[-vo-- de:i] m.; --, -ti -; kath. Kirche⟩ *der die Anerkennung Betreibende im Heilig- od. Seligsprechungsprozess der kathol. Kirche* [lat., »Anwalt Gottes«]

Ad|vo|ca|tus Di|a|bo|li ⟨[-vo-] m.; - -, -ti -; kath. Kirche⟩ **1** *der die Bedenken geltend Machende im Heilig- od. Seligsprechungsprozess* **2** ⟨fig.⟩ *jmd., der (ohne Bedenken od. innere Teilnahme) eine schlechte Sache vertritt* [lat., »Anwalt des Teufels«]

Ad|vo|kat ⟨[-vo-] m.; -en, -en; †⟩ *Anwalt, Rechtsanwalt* [< lat. *advocatus* »der Herbeigerufene; Rechtsbeistand«]

Ad|vo|ka|tur ⟨[-vo-] f.; -, -en; †⟩ **1** *Stand, Amt eines Advokaten, Anwaltschaft* **2** *Kanzlei eines Advokaten*

A|dy|na|man|drie, ⟨auch⟩ **A|dy|na|mand|rie** ⟨f.; -; unz.⟩ *Unfruchtbarkeit von Pollen auf der Narbe der eigenen Blüte* [< *A...*[1] + grch. *dynamis* »Kraft« + *aner,* Gen. *andros* »Mann«]

A|dy|na|mie ⟨f.; -, -n⟩ *Kraftlosigkeit* [< *A...*[1] + grch. *dynamis* »Kraft«]

a|dy|na|misch ⟨Adj.⟩ *auf Adynamie beruhend, kraftlos, schwach*

A|dy|na|mo|gy|nie ⟨f.; -; unz.; Bot.⟩ *Funktionsunfähigkeit der weiblichen Fortpflanzungsorgane von Blüten* [< *A...*[1] + grch. *dynamis* »Kraft« + *gyne* »Weib«]

A|dy|na|ton ⟨n.; -s, -ta; Rhet.⟩ *Form der Begriffsumschreibung durch den Vergleich mit einer offensichtlichen Unmöglichkeit* [grch., »das Unmögliche«]

A|dy|ton ⟨n.; -s, -ta; in grch. u. röm. Tempeln⟩ *das Allerheiligste* [< *A...*[1] + grch. *dyein* »betreten«]

AE ⟨Abk. für⟩ *astronomische Einheit*

A|er|ä|mie, ⟨auch⟩ **A|e|rä|mie** ⟨[aer-] f.; -, -n⟩ *Bildung von Stickstoff im Blut* [< grch. *aer* »Luft« + *...ämie*]

A|er|en|chym, ⟨auch⟩ **A|e|ren|chym** ⟨[aer-] n.; -s, -e⟩ *Durchlüftungsgewebe der Wasserpflanzen* [< *Aero...* + grch. *egchein* »eingießen, einfüllen«]

A|e|ri|al ⟨[ae-] n.; -s; unz.⟩ *der freie Luftraum als Lebensraum der Landtiere*

a|e|ro..., **A|e|ro...** ⟨[ae:ro], a. [ɛ:ro] vor Vok.⟩ aer..., Aer... ⟨in Zus.⟩ *Luft, Gas* [< lat. *aer* »Luft« < grch. *aer*]

a|e|rob ⟨[ae-] Adj.; Biol.⟩ *mit Sauerstoff lebend;* Ggs *anaerob* [< *aero...* + grch. *bios* »Leben«]

Ae|ro|bic ⟨[ɛ-] n.; -; unz.⟩ *tänzerische Gymnastik* [engl., »nur mit Sauerstoff lebensfähig«]

A|e|ro|bi|er ⟨[ae-] m.; -s, -⟩ *von freiem Sauerstoff der Luft lebendes Lebewesen;* Sy *Aerobiont;* Ggs *Anaerobier, Anaerobiont* [< *Aero...* + grch. *bios* »Leben«]

A|e|ro|bi|o|lo|gie ⟨[ae-] f.; -; unz.⟩ *Teilgebiet der Biologie, das sich mit der Erforschung der Mikroorganismen in der Atmosphäre befasst* [< *Aero...* + *Biologie*]

A|e|ro|bi|ont ⟨[ae-] m.; -en, -en⟩ = *Aerobier*

A|e|ro|bi|os ⟨[ae-] m.; -; unz.⟩ *Gesamtheit der Lebewesen des freien Luftraums* [< *Aero...* + grch. *bios* »Leben«]

A|e|ro|bi|o|se ⟨[ae-] f.; -; unz.⟩ *auf Luftsauerstoff angewiesene Lebensvorgänge;* Ggs *Anaerobiose* [< *Aero...* + *...biose*]

A|e|ro|bus ⟨m.; -ses, -se⟩ *Hubschrauber im Zubringerdienst* [verkürzt < *Aero...* + Omnibus]

A|e|ro|drom ⟨[ae-] n.; -s, -e; †⟩ *Flugplatz* [< *Aero...* + grch. *dromos* »Lauf«]

A|e|ro|dy|na|mik ⟨[ae-] f.; -; unz.⟩ *Lehre von*

den strömenden Gasen u. den ihnen zugrunde liegenden Gesetzmäßigkeiten [< *Aero... +* grch. *dynamis* »Kraft«]

a\|e\|ro\|dy\|na\|misch ⟨[ae-] Adj.⟩ *die Aerodynamik betreffend, auf ihr beruhend;* ~er Widerstand *Widerstand, den ein bewegter Körper durch die ihn umströmende Luft erfährt, Luftwiderstand*

A\|e\|ro\|e\|las\|tik, A\|e\|ro\|e\|las\|ti\|zi\|tät ⟨[ae-] f.; -; unz.⟩ *Zweig der Mechanik, der sich mit dem Verhalten elastischer Bauteile gegenüber aerodynamischen Kräften (Flattern, Schwingen) bei Flugzeugen befasst* [< *Aero... + Elastizität*]

A\|e\|ro\|fon ⟨[ae-] n.; -s, -e⟩ = *Aerophon*

A\|e\|ro\|fo\|to\|gra\|fie ⟨[ae-] f.; -; unz.⟩ *Luftbild; Luftbildwesen*

A\|e\|ro\|fo\|to\|gramm\|me\|trie ⟨auch⟩ **A\|e\|ro\|fo\|to\|gramm\|met\|rie** ⟨[ae-] f.; -; unz.⟩ = *Aerophotogrammmetrie*

a\|e\|ro\|gen ⟨[ae-] Adj.⟩ **1** ⟨Biol.⟩ *Gas bildend (bei Mikroorganismen)* **2** ⟨Med.⟩ *durch die Luft übertragen, z.B. bei Infektionen* [< *aero...* + grch. *gennan* »erzeugen«]

A\|e\|ro\|gramm ⟨[ae-] n.; -s, -e; †⟩ *Luftpostleichtbrief* [< *Aero... + ...gramm*]

A\|e\|ro\|kar\|to\|graf ⟨[ae-] m.; -en, -en⟩ = *Aerokartograph*

A\|e\|ro\|kar\|to\|graph ⟨[ae-] m.; -en, -en⟩ *Gerät, das Luftbildaufnahmen entzerrt u. so ihre kartographische Auswertung ermöglicht;* oV *Aerokartograf*

A\|e\|ro\|kli\|ma\|to\|lo\|gie ⟨[ae-] f.; -; unz.⟩ *Klimatologie der freien Atmosphäre*

A\|e\|ro\|klub ⟨[ae-] m.; -s, -s; Sp.⟩ *Luftsportverein* [< *Aero... + Klub*]

A\|e\|ro\|lith ⟨[ae-] m.; -en, -en⟩ = *Meteorit* [< *Aero... + ...lith*]

A\|e\|ro\|lo\|gie ⟨[ae-] f.; -; unz.⟩ *meteorolog. Erforschung der höheren, von den Bodenschichten unbeeinflussten Atmosphäre* [< *Aero... + ...logie*]

a\|e\|ro\|lo\|gisch ⟨[ae-] Adj.⟩ *die Aerologie betreffend, auf ihr beruhend*

A\|e\|ro\|me\|cha\|nik ⟨[ae-] f.; -; unz.⟩ *Lehre von der Mechanik der Gase* [< *Aero... + Mechanik*]

A\|e\|ro\|me\|di\|zin ⟨[ae-] f.; -; unz.⟩ *Teilgebiet der Medizin, das sich mit den physischen Einwirkungen der Luftfahrt auf den Organismus befasst*

A\|e\|ro\|me\|ter ⟨[ae-] n.; -s, -⟩ *Gerät zum Messen von Dichte u. Gewicht der Luft* [< *Aero... + ...meter*]

A\|e\|ro\|naut ⟨[ae-] m.; -en, -en; †⟩ *Luftschiffer, Flieger* [< *Aero... + ...naut*]

A\|e\|ro\|nau\|tik ⟨[ae-] f.; -; unz.; †⟩ *Luftfahrt* [< *Aero... + Nautik*]

a\|e\|ro\|nau\|tisch ⟨[ae-] Adj.; †⟩ *die Aeronautik betreffend, auf ihr beruhend*

A\|e\|ro\|no\|mie ⟨[ae-] f.; -; unz.⟩ *Lehre von den elektr. Erscheinungen in der Ionosphäre u. der Exosphäre* [< *Aero... + ...nomie*]

A\|e\|ro\|pha\|gie ⟨[ae-] f.; -; unz.⟩ *krankhaftes Schlucken von Luft* [< *Aero... + ...phagie*]

A\|e\|ro\|phon ⟨[ae-] n.; -s, -e; Mus.⟩ *Musikinstrument, das durch Luft zum Tönen gebracht wird,* z.B. Blasinstrument; oV *Aerofon* [< *Aero...* + grch. *phone* »Stimme«]

A\|e\|ro\|phor ⟨[ae-] m.; -s, -e; Mus.⟩ *Gerät, mit dem Blasinstrumente unabhängig vom Atem gespielt werden können* [< *Aero... + ...phor*[1]]

A\|e\|ro\|pho\|to\|gramm\|me\|trie, ⟨auch⟩ **A\|e\|ro\|pho\|to\|gramm\|met\|rie** ⟨[ae-] f.; -; unz.⟩ *Herstellung von Landkarten mit Hilfe von aus der Luft aufgenommenen Fotografien, Luftbildmessung;* oV *Aerofotogrammmetrie*

A\|e\|ro\|phyt ⟨[ae-] m.; -en, -en⟩ *Pflanze, die auf einer anderen Pflanze (z.B. auf einem Baum) lebt* [< *Aero... + ...phyt*]

A\|e\|ro\|plan ⟨[ae-] m.; -(e)s, -e; †⟩ *Flugzeug* [< *Aero...* + frz. *planer* »schweben«; zu lat. *planus* »eben, flach«]

A\|e\|ro\|sol ⟨[ae-] n.; -s, -e; Wz⟩ *kolloidal verteilte, unsichtbare, feste od. flüssige Schwebstoffe in Luft u.a. Gasen*

A\|e\|ro\|son\|de ⟨[ae:-] f.; -, -n⟩ *von einem Ballon in die oberen Schichten der Atmosphäre getragenes meteorolog. Messinstrument*

A\|e\|ro\|sphä\|re, ⟨auch⟩ **A\|e\|ros\|phä\|re** ⟨[ae-] f.; -; unz.⟩ *Atmosphäre* [< *Aero... + Sphäre*]

A\|e\|ro\|stat ⟨[ae-] m.; -en, -en; †⟩ *Luftfahrzeug, das leichter als Luft ist* [< *Aero... + ...stat*]

A\|e\|ro\|sta\|tik ⟨[ae-] f.; -; unz.⟩ *Lehre von den Gleichgewichtszuständen der Gase*

a\|e\|ro\|sta\|tisch ⟨[ae-] Adj.⟩ *auf Aerostatik beruhend*

A\|e\|ro\|ta\|xis ⟨[ae-] f.; -; unz.; Biol.⟩ *durch Sauerstoff ausgelöste Taxie* [< *Aero... + Taxie*]

a\|e\|ro\|therm ⟨[ae-] Adj.⟩ *mit Hilfe von heißer Luft hergestellt, behandelt*

a.f. ⟨Abk. für⟩ *anni futuri*

af..., Af... ⟨Vors.⟩ = *ad..., Ad...*

a\|fe\|bril, ⟨auch⟩ **a\|feb\|ril** ⟨Adj.⟩ *fieberfrei* [< *a...*[1] + lat. *febris* »Fieber«]

Af\|fä\|re ⟨f.; -, -n⟩ **1** *Angelegenheit, (unangenehmer) Vorfall, Streitsache* **2** *Liebesverhältnis, -abenteuer;* Liebes~ [< frz. *affaire* »Angelegenheit«]

Af\|fekt ⟨m.; -(e)s, -e⟩ *heftige Gemütsbewegung;* im ~ handeln; etwas im ~ tun [< lat. *affectus* »Gemütsstimmung, Erregung«]

Af\|fek\|ta\|ti\|on ⟨f.; -, -en⟩ *Ziererei, Getue* [< lat. *affectatio* »eifriges Streben, Künstelei«]

af\|fek\|tie\|ren ⟨V.⟩ sich ~ *sich zieren, sich gekünstelt benehmen* [< lat. *affectare* »nach etwas greifen, eifrig nach etwas trachten«]

af\|fek\|tiert ⟨Adj.⟩ *geziert, gekünstelt;* ~es Benehmen, Reden; ~e Person; ~er Stil

Af\|fek\|ti\|on ⟨f.; -, -en⟩ **1** *Erregung, Reizung* **2** *Zuneigung, Gunst* **3** *Liebhaberei* [< lat. *affectio* »Einwirkung, Beschaffenheit, Stimmung, Neigung«]

af\|fek\|ti\|o\|niert ⟨Adj.⟩ *aus Affektion handelnd, geschehend* [→ *Affektion*]

Af\|fek\|ti\|ons\|in\|ter\|es\|se, ⟨auch⟩ **Af\|fek\|ti\|ons\|in\|te\|res\|se** ⟨n.; -s, -n⟩, **Af\|fek\|ti\|ons\|wert** ⟨m.; -(e)s, -e⟩ *Liebhaberwert*

af|fek|ti̱v ⟨Adj.⟩ = *emotional* [→ *Affekt*]
Af|fek|ti|vi|tä̱t ⟨[-vi-] f.; -; unz.⟩ *Ansprechbarkeit des Gefühls, Gesamtheit der Gefühlsregungen*
Af|fe̱kt|pro|jek|ti|on ⟨f.; -, -en; Psych.⟩ *Übertragung eigener Affekte auf andere Personen, Tiere od. Dinge*
Af|fe̱kt|psy|cho|se ⟨f.; -, -n⟩ *manisch-depressive Erkrankung*
af|fe|re̱nt ⟨Adj.⟩ *zuführend, zuleitend (bes. von Nervenbahnen, die von einem Sinnesorgan zum Zentralnervensystem führen);* Ggs *efferent* [< lat. *afferre* »herbeitragen«]
Af|fe|re̱nz ⟨f.; -, -en⟩ *Leitung von Sinneswahrnehmungen durch die Sinnesorgane über die Nervenfasern zum Zentralnervensystem;* Ggs *Efferenz*
af|fet|tu|o|so ⟨Adv.; Mus.⟩ *gemütvoll, empfindungsstark, mit viel Ausdruck (zu spielen)* [ital.]
Af|fi|che ⟨[afiʃ(ə)] f.; -, -n; †⟩ *Aushang, Anschlagzettel, Plakat* [frz.]
af|fi|chie|ren ⟨[-ʃi:-] V.; †⟩ *durch Affiche bekannt geben, anschlagen, plakatieren*
Af|fi|da|vit ⟨n.; -s, -s; Rechtsw.⟩ **1** *eidesstattl. Erklärung* **2** *Bürgerschaftserklärung für einen Einwanderer* [mlat., »er hat versichert«]
af|fi|gie|ren ⟨V.; Sprachw.⟩ Wortstämme ~ *mit einem Affix versehen*
Af|fi|gie|rung ⟨f.; -, -en⟩ *das Affigieren*
Af|fi|li|a|ti|o̱n ⟨f.; -, -en⟩ *Aufnahme, Annahme, Angliederung* [< *Ad...* + lat. *filius* »Sohn«]
af|fi|li|ie|ren ⟨V.⟩ *aufnehmen, annehmen, angliedern* [→ *Affiliation*]
af|fi̱n ⟨Adj.⟩ *auf Affinität beruhend, Affinität betreffend* [< lat. *affinis* »angrenzend«]
Af|fi|na|ti|o̱n ⟨f.; -; unz.; Chem.⟩ *Scheidung von legierten Metallen*
af|fi|nie|ren ⟨V.; Chem.⟩ *scheiden;* Metall aus Legierungen ~ [< frz. *affiner* »reinigen«, zu *fin* »fein«]
Af|fi|ni|tä̱t ⟨f.; -, -en⟩ **1** *Verwandtschaft durch Heiratsschwägerschaft* **2** *Neigung zur Verbindung, Annäherung* **3** ⟨Chem.⟩ *chem. Verwandtschaft, Kraft, sich mit Atomen od. Gruppen von Atomen zu verbinden* **4** ⟨Geom.⟩ *Verwandtschaft zwischen einem ebenen Bild u. dessen Abbildung auf eine andere Ebene durch Parallelprojektion* [→ *affin*]
Af|fi|ni|ty|group ⟨[əfinitigru:p] f.; -, -s⟩ *soziale Bezugsgruppe* [< engl. *affinity* »Verbundenheit, Affinität« + *group* »Gruppe«]
Af|fi|ni|ty|mar|ke|ting ⟨[əfiniti-] n.; -s; unz.⟩ *Form des Marketings, die Beziehungen zu bestimmten Affinitygroups auszunutzen sucht* [< engl. *affinity* »Verbundenheit, Affinität« + *Marketing*]
Af|fir|ma|ti|o̱n ⟨f.; -, -en⟩ *Bejahung;* Ggs *Negation* [< lat. *affirmatio* »Beteuerung«]
af|fir|ma|ti̱v ⟨Adj.⟩ *bejahend;* Ggs *negativ* [< lat. *affirmare* »bekräftigen«]
Af|fir|ma|ti̱|ve ⟨f.; -, -n⟩ *bejahende Meinung, Aussage*
af|fir|mie|ren ⟨V.⟩ *bejahen;* Ggs *negieren* [< lat. *affirmare* »bekräftigen«]

Af|fix ⟨a. ['--] n.; -es, -e⟩ *vorangesetzter od. angefügter Wortteil (Morphem), Präfix u. (od.) Suffix* [< lat. *affixus,* Part. Perf. zu *affigere* »anheften«]
af|fi|zie|ren ⟨V.⟩ **1** *(auf die Sinne) einwirken, erregen* **2** ⟨Med.⟩ *krankhaft verändern, reizen* [< lat. *afficere* »einwirken«]
Af|fo|di̱ll ⟨m.; -s, -e; Bot.⟩ *ein Liliengewächs, Gattung der Liliazeen: Asphodelus;* Sy *Asphodill, Asphodele*
Af|fri|ka̱|ta ⟨f.; -, -tä⟩, **Af|fri|ka̱|te** ⟨f.; -, -n⟩ *Explosivlaut mit nachfolgendem, der Artikulationsstelle entsprechendem Spiranten, angeriebener Laut,* z.B. [pf], [ts] [< lat. *affricare* »anreiben«]
af|fri|zie|ren ⟨V.; Phon.⟩ einen Verschlusslaut ~ *in eine Affrikata verwandeln*
Af|front ⟨[afrɔ̃:] m.; -s, -s⟩ *Beleidigung, Kränkung, Verhöhnung* [frz., »Beschimpfung«]
af|frö̱s ⟨Adj.; †⟩ *abscheulich, hässlich* [frz. *affreux* »abscheulich«]
Af|gha̱n ⟨m.; - od. -s, -s⟩ *meist aus Afghanistan stammender, handgeknüpfter Wollteppich mit streng geometr. Musterung*
Af|gha̱|ne ⟨m.; -n, -n⟩ *Windhunderasse* [nach *Afghanistan,* wo er zuerst gezüchtet wurde]
Af|gha̱|ni ⟨m.; - od. -s, - od. -s⟩ *afghan. Währungseinheit*
A|fla|to|xi|ne, ⟨auch⟩ **Af|la|to|xi|ne** ⟨Pl.⟩ *Stoffwechselprodukte verschiedener Schimmelpilze* [verkürzt < lat. *A*spergillus *fla*vus + *Toxin*]
a|fo|ka̱l ⟨Adj.⟩ *ohne Brennpunkt* [< *a...*[1] + lat. *focus* »Feuerstätte, Herd«]
à fonds per|du ⟨[a fɔ̃: pɛrdy:]⟩ *auf Verlustkonto, ohne Aussicht auf Wiedererlangen* [frz., »bei verlorenem Kapital«]
A|fo|nie ⟨f.; -; unz.; Med.⟩ = *Aphonie*
à for|fait ⟨[a fɔrfɛ:]⟩ *ohne Rückgriff (Klausel zur Aufgabe von Rechten beim Ankauf von Forderungen, die bes. einen Rückgriff auf den vorherigen Eigentümer ausschließen)* [frz., »Pauschal..., in Bausch u. Bogen«]
AFP ⟨Abk. für frz.⟩ *Agence France Presse (französische Nachrichtenagentur)*

■ Die Buchstabenfolge **a|fr...** kann auch **af|r...** getrennt werden.

■ **A|fri|ka̱ans** ⟨n.; -; unz.⟩ *Sprache der Buren in Südafrika*
■ **A|fri|ka̱|na** ⟨Pl.⟩ *Bücher, Bilder usw. über Afrika* [< lat. *Africanus* »afrikanisch«]
■ **A|fri|ka|ni̱st** ⟨m.; -en, -en⟩ *Kenner, Erforscher, Lehrer, Student der Afrikanistik*
■ **A|fri|ka|nis|tik** ⟨f.; -; unz.⟩ *die Wissenschaft von der Kultur, der Geographie u. den Sprachen Afrikas*
■ **A|frik|a̱n|thro|pus,** ⟨auch⟩ **Af|ri|ka̱nth|ro|pus** ⟨m.; -; unz.⟩ *in Afrika gefundene, aus der Altsteinzeit stammende Frühform des Menschen* [< *Afrikana* + grch. *anthropos* »Mensch«]
■ **a|fro...,** **A|fro...** ⟨in Zus.⟩ *Afrika betreffend, von dort stammend;* afroasiatisch; Afrolook
■ **A|fro|a|me|ri|ka̱|ner** ⟨m.; -s, -⟩ *aus Afrika*

stammender Amerikaner, amerikanischer Schwarzer

■ **a|fro|a|me|ri|ka|nisch** ⟨Adj.⟩ **1** *die Afroamerikaner betreffend, von ihnen stammend* **2** *Afrika u. Amerika betreffend*

■ **a|fro|a|si|a|tisch** ⟨Adj.⟩ *zu Afrika u. Asien gehörig, beide betreffend*

■ **A|fro|look** ⟨[-luk] m.; -s, -s⟩ *Frisur mit sehr dichtem gekräuseltem Haar, das vom Kopf absteht* [< *Afro…* + engl. *look* »Aussehen«]

Af|ter|shave ⟨[-tə(r)ʃɛiv] n.; -s, -s⟩, **Af|ter|shave|lo|tion** ⟨[-louʃn] f.; -, -s⟩ *Rasierwasser* [< engl. *after* »nach« + *shave* »rasieren« + *lotion* »Lotion, Gesichtswasser«]

ag…, Ag… ⟨Vors.⟩ = *ad…, Ad…*

Ag ⟨chem. Zeichen für⟩ *Silber (Argentum)*

AG, AG., A.G., A.-G. ⟨Abk. für⟩ *Aktiengesellschaft*

A|ga ⟨m.; -s, -s; in der früh. Türkei⟩ oV *Agha* **1** *unterer feudaler u. Offiziersrang* **2** *türk. Gutsbesitzer od. Kaufmann* [türk., »Herr«]

A|ga|lak|tie ⟨f.; -, -n⟩ *Fehlen der Milchbildung* [< *A…*[1] + grch. *gala*, Gen. *galaktos* »Milch«]

a|gam ⟨Adj.⟩ *ohne vorausgehende Befruchtung zeugend* [< grch. *agamos* »ungeschlechtlich«]

A|ga|me ⟨f.; -, -n⟩ *Vertreterin einer Familie der Echsen: Agamidae* [< *A…*[1] + *…game*]

A|ga|met ⟨m.; -en, -en⟩ *Zelle niederer Lebewesen, die durch Agamogonie entstanden ist u. der Fortpflanzung dient* [< *A…*[1] + *Gamet*]

A|ga|mie ⟨f.; -; unz.⟩ *Ehelosigkeit* [< *A…*[1] + *…gamie*]

a|ga|misch ⟨Adj.⟩ **1** *ehelos* **2** *ungeschlechtlich* [< grch. *agamos* »unverheiratet«]

A|ga|mo|ge|ne|se ⟨f.; -; unz.; Biol.⟩ *ungeschlechtliche Vermehrung durch Zellteilung* [< grch. *agamos* »unverheiratet« + *Genese*]

A|ga|mo|go|nie ⟨f.; -; unz.⟩ *Fortpflanzung ohne Befruchtung* [< grch. *agamos* »unverheiratet« + *…gonie*]

A|ga|pe ⟨f.; -, -n⟩ **1** ⟨unz.⟩ *die Liebe Gottes* **2** ⟨zählb.; in altchristl. Gemeinden⟩ *Liebesmahl mit Armenspeisung* [grch., »Liebe«]

A|gar-A|gar ⟨m. od. n.; -s; unz.⟩ *sülzartiger Stoff aus Rotalgenarten für Nährböden von Bakterienkulturen, z.B. als Gelatine* [mal.]

A|ga|ve ⟨[-və] f.; -, -n⟩ *Gattung der Amaryllisgewächse in Amerika* [< grch. *agauos* »edel, ruhmvoll«]

A|gen|cy|the|o|rie ⟨[ɛidʒənsi-] f., -; unz.; Wirtsch.⟩ *Bereich der Wirtschaftstheorie, der sich mit der Beziehung zwischen Agent u. Auftraggeber (z.B. Anteilseigner u. Vorstand) beschäftigt u. von der Annahme ausgeht, dass jeder Agent auch ein Eigeninteresse verfolgt u. damit nicht immer im Sinne des Auftraggebers agiert* [< engl. *agency* »Agentur« + *Theorie*]

A|gen|da ⟨f.; -, -den⟩ **1** *Schreibtafel* **2** *Merkbuch, Notizkalender* **3** *Tagesordnung* [lat., »das zu Betreibende«; → *agieren*]

A|gen|de ⟨f.; -, -n⟩ *Handbuch für die Gottesdienstordnung* [→ *Agenda*]

A|ge|ne|sie ⟨f.; -; unz.⟩ *Fehlen od. Verkümmerung einer Organanlage* [< *A…*[1] + grch. *genesis* »Entstehung«]

A|gens ⟨n.; -, A|gen|zi|en⟩ **1** *handelnde Kraft* **2** ⟨Philos.⟩ *tätiges, wirksames, handelndes Prinzip* **3** ⟨Med.⟩ *Mittel, das eine Wirkung, einen Einfluss ausübt* **4** ⟨Sprachw.⟩ *Träger eines Geschehens innerhalb eines Satzes;* Ggs *Patiens* [lat., Part. Präs. zu *agere;* → *agieren*]

A|gent ⟨m.; -en, -en⟩ **1** *Vertreter, Vermittler, Beauftragter, der z.B. Künstlern Engagements od. Auftritte vermittelt* **2** *Spion* [< lat. *agens*, Part Präs. zu *agere;* → *agieren*]

A|gen|tie ⟨f.; -, -n; österr.⟩ *Geschäftsstelle, z.B. der Donau-Dampfschifffahrtsgesellschaft* [→ *Agent*]

a|gen|tie|ren ⟨V.; österr.⟩ *als Handlungsagent arbeiten*

A|gen|tin ⟨f.; -, -tin|nen⟩ *weibl. Agent*

A|gen|tiv ⟨m.; -s, -e [-və]; Sprachw.; in der Kasusgrammatik⟩ *Träger der Verbalhandlung* [→ *agieren*]

> **Agent Provocateur / Agent provocateur** (*Groß- und Kleinschreibung*) In mehrteiligen, getrennt geschriebenen fremdsprachigen Substantiven richtet sich die Groß- und Kleinschreibung nach der Wortart des zweiten Bestandteils. Kann der zweite Teil einer solchen Fügung als Substantiv oder als Adjektiv angesehen werden, sind beide Schreibvarianten zulässig.

A|gent Pro|vo|ca|teur, ⟨auch⟩ **A|gent pro|vo|ca|teur** ⟨[aʒã: prɔvokatø:r] m.; - -, -s -s [aʒã: prɔvokatø:r]⟩ *Lockspitzel* [frz., »Unruhestifter«]

A|gen|tur ⟨f.; -, -en⟩ **1** *Vertretung, Geschäftsnebenstelle* **2** *Geschäftsstelle eines Agenten, Vermittlungsstelle* [→ *Agent*]

A|gen|zi|en ⟨Pl. von⟩ *Agens*

A|ge|ra|tum ⟨n.; -s; unz.⟩ *Leberbalsam, ein Korbblütler* [lat., < grch. *ageratos* »nicht alt werdend«]

A|geu|sie ⟨f.; -, -n; Med.⟩ *Verlust des Geschmacksvermögens;* → a. *Hypergeusie, Hypogeusie* [< *A…*[1] + grch. *geusis* »Geschmack«]

Ag|fa ⟨f.; -; unz.; Ⓦⓩ; Abk. für⟩ *Aktiengesellschaft für Anilinfabrikation (Warenzeichen für fotografische Artikel)*

Ag|glo|me|rat ⟨n.; -(e)s, -e⟩ **1** *aus eckigen u. scharfkantigen Lavabrocken bestehende Gesteinsmasse* **2** ⟨Met.⟩ *Vorprodukt der Hüttenfabrikation aus oberflächl. zusammengeschmolzenen, feinkörnigen Erzen* [→ *agglomerieren*]

Ag|glo|me|ra|ti|on ⟨f.; -, -en⟩ *Anhäufung, Zusammenballung* [→ *agglomerieren*]

ag|glo|me|rie|ren ⟨V.⟩ *(sich) anhäufen, (sich) zusammenballen* [< lat. *agglomerare* »fest anschließen«]

Ag|glu|ti|na|ti|on ⟨f.; -, -en⟩ **1** *Verklebung, Verklumpung, Zusammenballung* **2** ⟨Gramm.⟩ *Anhängen von Wortteilen (Morphemen) an den unveränderten Stamm* [→ *agglutinieren*]

ag|glu|ti|nie|ren ⟨V.⟩ **1** *zusammballen, verklumpen, verkleben* **2** ~de Sprachen *Sprachen, bei denen die grammat. Beziehungen durch Agglutination ausgedrückt werden, z.B. die altaischen Sprachen u. das Ungarische* [<lat. *agglutinare* »ankleben«]
Ag|glu|ti|nin ⟨n.; -s, -e; Med.⟩ *im Blutserum gebildeter Stoff, der die Agglutination der Blutkörperchen bewirkt* [→ *agglutinieren*]
Ag|glu|ti|no|gen ⟨n.; -s, -e; Med.⟩ *Antigen, das die Bildung von Agglutinin anregt* [<lat. *agglutinare* »ankleben« + *…gen*[2]]
Ag|gra|va|ti|on ⟨[-va-] f.; -, -en⟩ *Erschwerung, Verschlimmerung* [→ *aggravieren*]
ag|gra|vie|ren ⟨[-vi:-] V.⟩ *verschlimmern, verschlechtern, erschweren* [<lat. *aggravare* »schwerer machen, vergrößern«]
Ag|gre|gat ⟨n.; -(e)s, -e⟩ **1** *Anhäufung, mehrgliedriges Ganzes* **2** ⟨Math.⟩ *durch* „+" *od.* „–" *verbundene mehrgliedrige Größe* **3** ⟨Techn.⟩ *Koppelung mehrerer Maschinen, bes. von Kraft- u. Arbeitsmaschinen* [<lat. *aggregare* »beigesellen«]
Ag|gre|ga|ti|on ⟨f.; -, -en⟩ *Vereinigung mehrerer Moleküle zu einem größeren Molekül* [zu lat. *aggregare* »beigesellen«]
Ag|gre|gat|zu|stand ⟨m.; -(e)s, -stän|de⟩ *eine der drei Erscheinungsformen der Materie;* gasförmiger, flüssiger, fester ~ [→ *Aggregation*]
ag|gre|gie|ren ⟨V.⟩ *zu einer Masse vereinigen, anhäufen* [<lat. *aggregare* »beigesellen«]
Ag|gres|si|on ⟨f.; -, -en⟩ *Angriff, Überfall* [<lat. *aggredi* »hinzugehen, angreifen«]
ag|gres|siv ⟨Adj.⟩ **1** *angreifend* **2** *angriffslustig, streitsüchtig* [→ *Aggression*]
ag|gres|si|vie|ren ⟨[-vi:-] V.⟩ *aggressiv machen*
Ag|gres|si|vi|tät ⟨[-vi-] f.; -; unz.⟩ *aggressive Art, Angriffslust, streitsüchtiges Verhalten;* sein Verhalten ist oft von starker ~ gekennzeichnet
Ag|gres|sor ⟨m.; -s, -so|ren⟩ *Angreifer* [→ *Aggression*]
A|gha ⟨m.; -s, -s⟩ = *Aga*
A|gho|ra ⟨verhüllende Bez. für⟩ *Schiwa*
Ä|gi|de ⟨f.; -; unz.⟩ *Obhut, Schutz, Leitung;* unter der ~ von [<lat. *aegis*, Gen. *aegidis* <grch. *aigis* »der Schild des Zeus«]
a|gie|ren ⟨V.⟩ *handeln;* ~ als *wirken als, eine Rolle darstellen* [<lat. *agere* »handeln, treiben, wirken«]
a|gil ⟨Adj.⟩ *flink, gewandt, beweglich* [<lat. *agilis* »beweglich«]
A|gi|li|tät ⟨f.; -; unz.⟩ *agiles Wesen, Flinkheit, Gewandtheit, Beweglichkeit*
A|ging ⟨[ɛɪdʒɪŋ] n.; -s; unz.⟩ *das Reifen (bestimmter Tabaksorten)* [amerik.-engl. (engl. Schreibweise *ageing*), »Altern, Älterwerden«]
A|gio ⟨[-dʒio] a. [-dʒo] n.; -s, -s⟩ **1** *Aufgeld, Aufschlag* **2** *Betrag, um den der Kurs einer Währung od. eines Wertpapiers über dem Nennwert steht;* Ggs *Disagio* [<ital. *aggio;* zu *aggiungere* »hinzufügen« <lat. *adiungere* »hinzufügen« od. <ital. *aggio* »Bequemlichkeit«]
A|gi|o|ta|ge ⟨[-dʒiota:ʒə] f.; -, -n⟩ *Börsenspekulation unter Ausnutzung des Agios*
A|gi|o|teur ⟨[-dʒiotø:r] m.; -s, -e⟩ *Börsenspekulant, der das Agio ausnutzt*
a|gi|o|tie|ren ⟨[-dʒio-] V.⟩ *unter Ausnutzung des Agios an der Börse spekulieren*
A|gi|ta|ti|on ⟨f.; -, -en⟩ *aggressive politische Werbung, politische Propaganda* [<lat. *agitatio* »Betreiben, Tätigkeit«]
a|gi|ta|to ⟨[-dʒi-] Mus.⟩ *sehr bewegt, erregt (zu spielen)* [ital.]
A|gi|ta|tor ⟨m.; -s, -to|ren⟩ *jmd., der (für etwas) agitiert*
a|gi|ta|to|risch ⟨Adj.⟩ *die Agitation betreffend, auf ihr beruhend, mit ihrer Hilfe*
a|gi|tie|ren ⟨V.⟩ *werben, polit. Propaganda treiben;* für eine Idee, eine Sache ~ [<lat. *agitare* »in Bewegung setzen«]
A|git|prop ⟨f. od. m.; - od. -s; unz.⟩ *klassenkämpferische Agitation* [verkürzt < *Agit*ation + *Prop*aganda]

■ Die Buchstabenfolge **a|gn…** kann auch **ag|n…** getrennt werden.

■ **A|gnat** ⟨m.; -en, -en; im alten Rom⟩ **1** *jeder, der durch Geburt od. Adoption der väterl. Gewalt unterstand;* Ggs *Kognat(2)* **2** *männl. Verwandter im Mannesstamm* [<lat. *agnatus* »Verwandter väterlicherseits«]
■ **A|gni|ti|on** ⟨f.; -, -en⟩ *Anerkennung* [<lat. *agnito*]
■ **A|gno|men** ⟨n.; -s, -mi|na⟩ *Beiname;* ~ eines berühmten Mannes, z.B. der Große, Asiaticus [lat.]
■ **A|gno|sie** ⟨f.; -, -n⟩ **1** ⟨Path.⟩ *Unfähigkeit, sich das sinnl. Wahrgenommene bewusst zu machen, Seelenblindheit, -taubheit* **2** ⟨Philos.⟩ *das Nichtwissen* [<*A…*[1] + *…gnosie*]
■ **A|gnos|ti|ker** ⟨m.; -s, -⟩ *Anhänger des Agnostizismus*
■ **a|gnos|tisch** ⟨Adj.⟩ *zum Agnostizismus gehörend, auf ihm beruhend;* oV *agnostizistisch*
■ **A|gnos|ti|zis|mus** ⟨m.; -; unz.⟩ *Lehre von der Unerkennbarkeit des wahren Seins, d.h. der übersinnl. Welt od. (nach Kant) des Dinges an sich* [<*A…*[1] + *Gnostizismus*]
■ **a|gnos|ti|zis|tisch** ⟨Adj.⟩ = *agnostisch*
■ **a|gnos|zie|ren** ⟨V.⟩ **1** *anerkennen* **2** ⟨österr.⟩ Tote ~ *identifizieren* [<lat. *agnoscere* »anerkennen«]
■ **A|gnus Dei** ⟨[-de:i] n.; - -; unz.⟩ *Lamm Gottes (Bez. Christi nach Joh. 1,29)* [lat.]
A|go|gik ⟨f.; -; unz.; Mus.⟩ *lebendige Gestaltung eines Musikstückes, im Unterschied zur mechanisch-exakten Wiedergabe (wie bei der Spieldose)* [<grch. *agoge* »Führung«; zu *agein* »führen«]
a|go|gisch ⟨Adj.; Mus.⟩ *die Agogik betreffend, auf ihr beruhend*
à go|go ⟨umg.⟩ *in Hülle u. Fülle;* Hits ~ [frz.]
A|gon ⟨m.; -s, -e; im antiken Griechenland⟩ **1** *sportl. od. geistiger Wettkampf* **2** *Hauptteil der attischen Komödie* [grch., »Wettkampf«]

A|go|ne ⟨f.; -, -n⟩ *Verbindungslinie zwischen Orten, an denen die Kompassnadel keine Missweisung zeigt* [<*A...*[1] + grch. *gonia* »Winkel, Ecke«]
A|go|nie ⟨f.; -, -n⟩ *Todeskampf* [<grch. *agonia* »Kampf; Angst«]
A|go|nist ⟨m.; -en, -en⟩ *Wettkämpfer* [<grch. *agonistes* »Kämpfer«]
A|go|nis|tik ⟨f.; -; unz.⟩ *Wettkampfkunde* [→ *Agon*]
A|go|ra ⟨f.; -; unz.; in altgrch. Städten⟩ *Markt- u. politischer Versammlungsplatz* [grch.]
A|go|ra|pho|bie ⟨f.; -; unz.; Med.⟩ *krankhafte Furcht, einen freien Platz zu überqueren, Platzangst* [<grch. *agora* »öffentlicher Platz« + *Phobie*]

> ■ Die Buchstabenfolge **a|gr...** kann auch **ag|r...** getrennt werden.
> Davon ausgenommen sind Zusammensetzungen, in denen die fremdsprachigen bzw. sprachhistorischen Bestandteile deutlich als solche erkennbar sind, z.B. *-grammatismus* (→a. *Ideogramm*).

■ **A|graf|fe** ⟨f.; -, -n⟩ **1** ⟨urspr.⟩ *Spange zum Zusammenhalten von mehreren Kleidungsstücken* **2** ⟨danach⟩ *Schmuckspange, Brosche* **3** ⟨Med.⟩ *Wundklammer* [<frz. *agrafe* »Haken, Spange«]
A|gra|fie ⟨f.; -, -n⟩ = *Agraphie*
A|gram|ma|tis|mus ⟨m.; -, -men; Sprachw.⟩ **1** ⟨unz.⟩ *krankheits- od. entwicklungsbedingte Sprachstörung, bei der grammatische Zusammenhänge fehlerhaft ausgedrückt werden* **2** ⟨zählb.⟩ *grammatikalisch falsche Wortbildung (als Erscheinung des Unvermögens, Wörter richtig zu verbinden)* [<*A...*[1] + *Grammatik*]
A|gra|nu|lo|zy|to|se ⟨f.; -, -n⟩ *Mangel an, Schwund der weißen Blutkörperchen* [<*A...*[1] + lat. *granulum* »Körnchen« + grch. *kytos* »Höhlung, Zelle«]
A|gra|pha ⟨nur Pl.⟩ *Aussprüche Christi, die nicht in den Evangelien überliefert sind* [<*A...*[1] + grch. *graphein* »schreiben«]
A|gra|phie ⟨f.; -, -n⟩ *durch Ausfall bestimmter Zentren der Hirnrinde verursachte Unfähigkeit zu schreiben, Schriftblindheit*; oV *Agrafie* [<*A...*[1] + *...graphie*]
■ **a|grar...**, **A|grar...** ⟨in Zus.⟩ *landwirtschaftlich, Landwirtschafts...* [<lat. *agrarius* »zu den Feldern gehörig«; zu *ager* »Acker, Feld«]
■ **A|grar|bi|o|lo|gie** ⟨f.; -; unz.⟩ = *Agrobiologie*
■ **A|grar|che|mie** ⟨[-çe-] f.; -; unz.⟩ = *Agrikulturchemie*
■ **A|grar|ex|port** ⟨m.; -(e)s, -e⟩ *Export von landwirtschaftlichen Erzeugnissen*
■ **A|grar|ge|o|gra|fie** ⟨f.; -; unz.⟩ = *Agrargeographie*
■ **A|grar|ge|o|gra|phie** ⟨f.; -; unz.⟩ *Teilgebiet der Geographie, das sich mit den landwirtschaftlich erschlossenen Gebieten der Erdoberfläche befasst*; oV *Agrargeografie*
■ **A|gra|ri|er** ⟨m.; -s, -⟩ **1** *Landwirt, Gutsbesitzer* **2** ⟨im kaiserl. Dtschld.⟩ *Vertreter landwirtschaftl. Interessen, bes. des Großgrundbesitzes* [<lat. *agrarius*; → *Agrar...*]
■ **A|grar|im|port** ⟨m.; -(e)s, -e⟩ *Import von landwirtschaftlichen Erzeugnissen*
■ **a|gra|risch** ⟨Adj.⟩ *landwirtschaftlich*
■ **A|grar|land** ⟨n.; -es, -län|der⟩ **1** ⟨unz.⟩ *landwirtschaftl. genutzter Boden* **2** ⟨zählb.⟩ = *Agrarstaat*
■ **A|grar|po|li|tik** ⟨f.; -; unz.⟩ *Maßnahmen zur Förderung der Landwirtschaft*
■ **A|grar|pro|dukt** ⟨n.; -(e)s, -e⟩ *in der Landwirtschaft hergestelltes Erzeugnis*
■ **A|grar|re|form** ⟨f.; -, -en⟩ *eine landwirtschaftl. Reform*, z.B. Bodenreform
■ **A|grar|sek|tor** ⟨m.; -s; unz.⟩ *Landwirtschaftssektor*
■ **A|grar|staat** ⟨m.; -(e)s, -en⟩ *Staat mit überwiegend landwirtschaftl. Erzeugung*; Sy *Agrarland(2)*; Ggs *Industriestaat*
■ **A|grar|tech|nik** ⟨f.; -, -en⟩ *in der Landwirtschaft angewendete Technik (zur Bodenbearbeitung)*; oV *Agrotechnik*
■ **A|grar|wis|sen|schaft** ⟨f.; -, -en⟩ *Landwirtschaftswissenschaft*
■ **A|gree|ment** ⟨[əgri:ment] n.; -s, -s⟩ *Vereinbarung, formlose, aber bindende Übereinkunft* [engl., »Übereinstimmung« <frz. *agrément* »Zustimmung«; zu *gré* »Gefallen« <lat. *gratum* »das Angenehme«]
■ **a|gre|ie|ren** ⟨V.⟩ *genehmigen* [<frz. *agréer* »genehmigen«; <*gré* »Gefallen« <lat. *gratum* »das Angenehme«]
■ **A|gré|ment** ⟨[agremã:] n.; -s, -s⟩ *Zustimmung einer Regierung zum Empfang eines ausländ. Diplomaten* [frz.; → *Agreement*]
■ **a|gri...**, **A|gri...** ⟨in Zus.⟩ *landwirtschaftlich, Landwirtschafts...* [<lat. *ager* »Feld, Acker«]
■ **ä|gri|e|ren** ⟨V.; †⟩ *erbittern* [<frz. *aigre* »sauer« <lat. *acrum*; zu *acer* »scharf«]
■ **A|gri|kul|tur** ⟨f.; -; unz.⟩ *Ackerbau, Landwirtschaft*
■ **A|gri|kul|tur|che|mie** ⟨[-çe-] f.; -; unz.⟩ *Chemie des Ackerbaus*; Sy *Agrarchemie, Agrochemie*
■ **A|gro...**, **A|gro...** ⟨in Zus.⟩ *landwirtschaftlich, Landwirtschafts...* [<grch. *agros* (lat. *ager*) »Feld, Acker«]
■ **A|gro|bi|o|lo|gie** ⟨f.; -; unz.⟩ *Lehre von den biologischen Aspekten u. Phänomenen der Landwirtschaft*; oV *Agrarbiologie*
■ **A|gro|che|mie** ⟨[-çe-] f.; -; unz.⟩ = *Agrikulturchemie*
■ **A|gro|nom** ⟨m.; -en, -en⟩ *landwirtschaftl. Sachverständiger, Wissenschaftler auf dem Gebiet der Landwirtschaft*
■ **A|gro|no|mie** ⟨f.; -; unz.⟩ *Ackerbaulehre* [→ *Agronom*]
■ **A|gros|to|lo|gie** ⟨f.; -; unz.⟩ *Gräserkunde* [<grch. *agros* »Feld, Acker« + *...logie*]

■ **A|gro|tech|nik** ⟨f.; -, -en⟩ = *Agrartechnik*
■ **A|gro|ty|pus** ⟨m.; -, -pen⟩ *Kulturpflanzensorte (als Produkt einer Pflanzenzüchtung)*
■ **A|gru|men, A|gru|mi** ⟨Pl.⟩ *die Zitrusgewächse* [<mlat. *agrumen* »säuerlich, scharf schmeckende Früchte«, <lat. *acer* »scharf«]
■ **A|gryp|nie** ⟨f.; -; unz.⟩ *Schlaflosigkeit* [<grch. *agrypnia*]
A|gu|ti ⟨m. od. n.; -s, -s⟩ *Goldhase, Angehöriger einer Gattung südamerik. Nagetiere von Kaninchengröße mit nur je drei Zehen an den Hinterfüßen: Dasyprocta;* Sy *Paka*
Ä|gyp|to|lo|ge ⟨m.; -n, -n⟩ *Kenner, Erforscher, Lehrer, Student der Ägyptologie* [<lat. *Aegyptus,* grch. *Aigyptos* »Ägypten« + *...loge*]
Ä|gyp|to|lo|gie ⟨f.; -; unz.⟩ *Wissenschaft von Sprache u. Kultur des ägyptischen Altertums*
ä|gyp|to|lo|gisch ⟨Adj.⟩ *die Ägyptologie betreffend, zu ihr gehörig*
Ah ⟨Zeichen für⟩ *Amperestunde*
A|has|ver ⟨[-vɛ:r] a. [-'--] m.; -, -s od. -e⟩ oV *Ahasverus* **1** ⟨†⟩ *ruhelos umherirrender Mensch* **2** ⟨unz.⟩ *der ewige Jude* [Sagengestalt des Mannes, der Jesus auf dem Weg nach Golgatha roh abgewiesen haben soll, worauf er verflucht wurde, so lange ruhelos zu wandern, bis Jesus wiederkehrt; nicht zu verwechseln mit *Achaschverosch,* hebr. Form des Namens des pers. Königs *Xerxes* (486–465 v.Chr.), der nach dem Buch Esther die Juden vor ihren Feinden rettete]
a|has|ve|risch ⟨[-vɛ:-] Adj.⟩ *ruhelos umherirrend* [→ *Ahasver;* zu hebr. *ahaschverosch*]
A|has|ve|rus ⟨[-vɛ:-] m.; -, -se⟩ = *Ahasver*
a|he|re|di|tär ⟨Adj.⟩ *nicht erblich (bes. von Krankheiten);* Ggs *hereditär*
a|his|to|risch ⟨Adj.⟩ *nicht historisch, ohne geschichtliche Gesichtspunkte;* eine ~e Betrachtungsweise [< *a...*[1] + *historisch*]
ai ⟨Abk. für⟩ *amnesty international*
Ai ⟨n.; -s, -s⟩ *in Südamerika beheimatetes Dreizehenfaultier* [lautmalend]
Aide-mé|moire ⟨[ɛ:dmemoa:r] n.; -, - od. -s⟩ *nachträgl. Niederschrift mündl. diplomatischer Erklärungen* [frz., »Hilfe (für das) Gedächtnis«]

> **AIDS, Aids** (*Abkürzungen*) Für die Schreibung von Abkürzungen, die aus Fremdsprachen übernommen sind, im Deutschen aber häufig wie ein eigenes Wort behandelt werden, gibt es keine eindeutige Regelung.
> Daher ist in solchen Fällen die Schreibung in Großbuchstaben ebenso zulässig wie die Schreibung nach den für deutsche Wörter verbindlichen Regeln. Bei mehrsilbigen Abkürzungen ist eine Worttrennung der Schreibung mit Großbuchstaben nicht üblich (→a. *NATO/Na-to*).

AIDS, Aids ⟨[ɛidz] ohne Artikel; Abk. für⟩ *Acquired Immune Deficiency Syndrome (erworbenes Immunschwächesyndrom), durch ein Virus hervorgerufenes Syndrom von Immunschwäche, das im Verlauf der Krankheit zum Zusammenbruch des körpereigenen Abwehrsystems führen kann* [engl.]
Ai|gret|te, ⟨auch⟩ **Aig|ret|te** ⟨[ɛgrɛtə] f.; -, -n⟩ *Federbusch (als Hut- od. Kopfschmuck)* [<prov. *aigreta;* zu *aigron* = nordfrz. *heron* »Reiher« <fränk. **haigiro*; <ahd. *heigir*]
Ai|gui|è|re ⟨[ɛgjɛ:rə] f.; -, -n⟩ *zierliche Wasserkanne aus Edelmetall mit Schnabel, Henkel u. Fuß, bes. in der französ. Renaissance beliebt* [frz., »Wasserkanne«]
Ai|ken|code, ⟨auch⟩ **Ai|ken-Code** ⟨[ɛikən ko:d] m.; -s; unz.; EDV⟩ *Code, bei dem jeder Dezimalziffer eine aus vier Binärziffern aufgebaute Zahl zugeordnet wird* [nach dem amerikan. Mathematiker Howard H. *Aiken,* 1900–1973]
Ai|ki|do ⟨n.; -s; unz.; Sp.⟩ *(als Sport betriebene) Form der Selbstverteidigung;* → *a. Jiu-Jitsu* [jap.]
Air[1] ⟨[ɛ:r] n.; -s, -s⟩ **1** *Aussehen; Haltung; Benehmen* **2** sich ein ~ geben *vornehm tun, sich wichtig machen, angeben;* sich ein ~ von Künstlertum geben [frz., »Aussehen, Auftreten« <afrz. *aire* »Wesen, Natur, Herkunft« <lat. *ager* «Grundstück; Heimat«]
Air[2] ⟨[ɛ:r] n.; -s, -s; Mus.⟩ **1** *Lied, Arie* **2** *liedartiges Instrumentalstück* [frz., »Melodie« <ital. *aria* »Weise, Melodie«]
air..., Air... ⟨[ɛ:r] in Zus.⟩ *luft..., Luft...;* Airbag; Airline [engl.]
Air|bag ⟨[ɛ:rbæg] m.; -s, -s⟩ **1** *mit Luft gefülltes Kissen* **2** *in der Lenksäule (u. oft auf der Beifahrerseite) von Kraftfahrzeugen untergebrachte Kunststoffhülle, die sich im Falle eines Aufpralles innerhalb von Sekundenbruchteilen aufbläst u. den Aufprall des Fahrers auf das Lenkrad dämpft* [<engl. *air* »Luft« + *bag* »Tasche, Sack«]
Air|brush ⟨[ɛ:rbrʌʃ] n.; -s; unz.⟩ *Stilrichtung in Malerei u. Grafik, in der eine Spritzpistolentechnik angewendet wird* [<engl. *air* »Luft« + *brush* »bürsten; Bürste, Pinsel«]
Air|bus ⟨[ɛ:r-] m.; -ses, -se; Serienname für⟩ *von einem europäischen Gemeinschaftsunternehmen entwickeltes Flugzeug für Nah- u. Mittelstrecken* [<engl. *air* »Luft« + *Bus*]
Air|con|di|tion ⟨[ɛ:rkɔndiʃn] f.; -; unz.⟩ *Regelung von Raumtemperatur u. Luftfeuchtigkeit durch eine Klimaanlage* [<engl. *air* »Luft« + *condition* »Bedingung, Beschaffenheit«]
Aire|dale|ter|ri|er ⟨[ɛ:rdeil-] m.; -s, -⟩ *mittelgroße Hunderasse mit kurzem, gelocktem Fell, hellbraun, Rücken u. Oberseite von Hals u. Kopf schwarz* [<engl. *Airedale,* Tal des Flusses *Aire* in Yorkshire, Nordengland]
Air Force ⟨[ɛ:r fɔ:rs] f.; - -; unz.; in England u. Amerika Bez. für⟩ *Luftstreitkräfte;* → a. *Royal Air Force* [engl.]
Air|fresh ⟨[ɛ:rfrɛʃ] n.; -s, -s⟩ *Mittel zur Verbesserung der Luft im Raum* [<engl. *air* »Luft« + *fresh* »frisch«]
Air|glow ⟨[ɛ:rglou] n.; -s, -s⟩ *Leuchterschei-*

nung von Gasen in der Atmosphäre zwischen 70 u. 300 km, Luftleuchten [engl.]

Air|lift ⟨[ɛːr-] m.; -(e)s, -e od. -s⟩ **1** *Beförderung auf dem Luftweg* **2** *Verfahren zur Förderung von Erdöl durch den Druck von eingepresster Luft od. Edelgas* [engl.]

Air|line ⟨[ɛːrlain] f.; -, -s⟩ *Fluggesellschaft, Fluglinie* [engl.]

Air|mail ⟨[ɛːrmɛil] f.; -; unz.⟩ *Luftpost* [engl.]

Air|play ⟨[ɛːrplɛi] n.; -s; unz.⟩ *(häufiges) Spielen eines Musiktitels im Rundfunk* [engl.]

Air|port ⟨[ɛːr-] m.; -s, -s⟩ *Flughafen* [engl.]

Air|show ⟨[ɛːrʃou] f.; -, -s⟩ *Flugschau, Darbietung von Kunstflügen* [engl.]

Air|shut|tle, ⟨auch⟩ **Air|shutt|le** ⟨[ɛːrʃʌtl] m. od. n.; -s, -s⟩ *zwischen zwei Orten hin- u. herfahrendes Transportmittel im Luftverkehr* [engl.]

A|ja|tol|lah ⟨m.; -, -s⟩ = *Ayatollah*

à jour ⟨[-ʒuːr]⟩ **1** *auf dem Laufenden;* mit einer Arbeit ~ sein **2** *durchsichtig, durchbrochen (bei Gewebe)* **3** *(ein)gefasst (bei Edelsteinen)* [frz., »zeitgemäß; durchbrochen«, zu *jour* »Tag«]

A|jour|ar|beit ⟨[-ʒuːr-] f.; -, -en⟩ *durchbrochene Arbeit (bei Stickerei)*

ak…, Ak… ⟨Vors.⟩ = *ad…, Ad…*

A|ka|de|mie ⟨f.; -, -n⟩ **1** *Vereinigung, Gesellschaft von Gelehrten, Dichtern u.Ä.;* ~ der schönen Künste; ~ der Wissenschaften; Dichter~, Sprach~ **2** *Fachschule; Anstalt zur Förderung der Wissenschaften, Lehr- u. Forschungsanstalt;* Berg~; Kunst~; Musik~ **3** ⟨österr.⟩ *literar. od. musikal. Veranstaltung* [< grch. *akademia,* angebl. nach dem Heros *Akademos* benannter Lusthain bei Athen, wo Plato lehrte]

Aka|de|mi|ker ⟨m.; -s, -⟩ **1** ⟨selten⟩ *Mitglied einer Akademie* **2** ⟨allg.⟩ *jmd., der auf einer Akademie, bes. auf der Universität, studiert hat*

A|ka|de|mi|ke|rin ⟨f.; -, -rin|nen⟩ *weibl. Akademiker*

a|ka|de|misch ⟨Adj.⟩ **1** *eine Akademie betreffend, zu ihr gehörig, auf ihr beruhend* **2** *einer Hochschule zukommend, von ihr stammend, zu ihr gehörend;* die ~e Jugend *die Studierenden;* ~e Bildung; ~ ausgebildet **2.1** ~e **Freiheit** *Freiheit des Studierenden, sich seinen Studienplan selbst zusammenzustellen u. sich die Hochschule auszuwählen; die Lehrfreiheit des Dozenten* **2.2** ~er **Grad** *Stufe in der Laufbahn des Hochschullehrers nach bestimmten Prüfungen, z.B. Doktor* **2.3** ~es **Viertel** *Viertelstunde nach der (für den Beginn der Vorlesungen) angegebenen Zeit* **3** ⟨fig.⟩ *weltfremd, trocken, überlieferungstreu, irrelevant* [→ *Akademie*]

a|ka|de|mi|sie|ren ⟨V.; meist abwertend⟩ *betont wissenschaftlich betreiben, verwissenschaftlichen;* eine Fragestellung, ein Thema ~ [→ *Akademie*]

A|ka|de|mi|sie|rung ⟨f.; -, -en⟩ *das Akademisieren*

A|ka|de|mis|mus ⟨m.; -; unz.⟩ *weltfremde, in Regeln erstarrte Ausübung bzw. Auffassung einer Kunst od. Wissenschaft*

a|ka|lo|risch ⟨Adj.⟩ *keine Kalorien enthaltend*

A|kan|tha|ri|er ⟨Pl.; Zool.⟩ *im Meer lebende Einzeller* [< grch. *akantha* »Dorn«]

A|kan|thit ⟨m.; -s; unz.⟩ *dunkelgraues Mineral, chem. Silbersulfid, Ag_2S, Glaserz, Silberglanz* [< grch. *akantha* »Dorn«]

A|kan|thus ⟨m.; -, -; Bot.⟩ *Gattung der Akanthusgewächse, deren mediterrane Arten als Zierpflanzen gezogen werden, Bärenklau* [< grch. *akantha* »Dorn«]

A|ka|ri|a|sis ⟨f.; -; unz.⟩ *durch Milben hervorgerufene Hautkrankheit* [< spätgrch. *akari* »Milbe«]

A|ka|ri|zid ⟨n.; -s, -e⟩ *Mittel zur Bekämpfung von Milben* [< spätgrch. *akari* »Milbe« + *…zid*[2]]

A|ka|ro|id|harz ⟨n.; -es, -e⟩ *gelbes u. rotes Naturharz, das aus den Stämmen von Bäumen der austral. Gattung Xanthorrhoea gewonnen wird, Rohstoff für die Herstellung von Firnissen* [< spätgrch. *akari* »Milbe«]

A|ka|ry|o|bi|ont ⟨m.; -en, -en⟩ *Mikroorganismus, dem ein abgegrenzter Zellkern fehlt;* Sy *Anukleobiont* [< *A…*[1] + *karyo…* + grch. *bios* »Leben«]

A|ka|ry|ont ⟨m.; -en, -en⟩ *kernlose Zelle* [< *A…*[1] + *karyo…*]

a|ka|ta|lek|tisch ⟨Adj.; Metrik⟩ *unverkürzt, vollständig;* Ggs *katalektisch;* ~er Vers *(antiker) Vers mit vollständigem letztem Fuß* [< *a…*[1] + *katalektisch*]

A|ka|tho|lik ⟨m.; -en, -en; Rel.⟩ *Nichtkatholik*

a|ka|tho|lisch ⟨Adj.⟩ *nicht katholisch*

a|kau|sal ⟨Adj.⟩ *nicht kausal, ohne Grund, ohne Ursache* [< *a…*[1] + *kausal*]

A|ka|zie ⟨[-tsjə] f.; -, -n⟩ **1** *Gattung der Mimosengewächse (Mimosaceae) mit zahlreichen Bäumen u. Sträuchern der wärmeren Klimazonen: Acacia* **2** falsche ~ = *Robinie* [< grch. *akakia,* zu *ake* »Spitze«]

A|ke|lei ⟨f.; -, -en; Bot.⟩ *Gattung der Hahnenfußgewächse: Aquilegia;* Gemeine ~ *30-70 cm hohe Pflanze mit violettblauen, rosa od. weißen Blüten: Aquilegia vulgaris* [< ahd. *agaleia, ag(e)leia* < mlat. *aquileia;* vermutlich zu lat. *aquila* »Adler«; zu idg. **ak-* »spitz«]

A|ki ⟨f.; -, -s⟩ *westafrikanische Frucht mit einer glatten, orangefarbenen Schale, die bei voller Reife in drei Fächer mit je einem braunen Samen aufspringt, genießbar ist nur der Samenmantel: Blighia sapida* [< engl. *akee,* frz. *akée d'Afrique*]

A|ki|do|pei|ras|tik ⟨f.; -, -en⟩ = *Akupunktur* [< grch. *akidos* »Spitze, Splitter« + *peiran* »versuchen, auf die Probe stellen«]

A|ki|na|kes ⟨m.; -, -⟩ *altpers.- u. skyth. Kurzschwert* [grch. < pers.]

A|ki|ne|sie ⟨f.; -, -n; Med.⟩ **1** *Bewegungslosigkeit, Bewegungshemmung* **2** ~ von Tieren *Totstellen* [< *A…*[1] + grch. *kinesis* »Bewegung«]

a|ki|ne|tisch ⟨Adj.⟩ *die Akinesie betreffend, auf ihr beruhend*

Ak|kla|ma|ti|on ⟨f.; -, -en⟩ **1** *bestimmender Zuruf;* jmdn. durch ~ wählen *durch Zuruf wählen* **2** *Beifall* [< lat. *acclamatio* »Zuruf«]
ak|kla|mie|ren ⟨V.⟩ jmdn. ~ *jmdm. beistimmen, jmdn. (durch Zuruf) annehmen, ihm Beifall spenden* [< lat. *acclamare* »zurufen«]
Ak|kli|ma|ti|sa|ti|on ⟨f.; -; unz.⟩ *das Akklimatisieren, das Sichakklimatisieren, Gewöhnung, Anpassung an veränderte Klima- od. Umweltbedingungen;* Sy *Akklimatisierung*
ak|kli|ma|ti|sie|ren ⟨V.⟩ sich ~ *an veränderte Klima- od. Umweltbedingungen gewöhnen, sich diesen anpassen*
Ak|kli|ma|ti|sie|rung ⟨f.; -; unz.⟩ = *Akklimatisation*
Ak|ko|la|de ⟨f.; -, -n⟩ **1** *zeremonielle Umarmung beim Ritterschlag u. bei der Aufnahme eines Ritters in einen Orden* **2** ⟨Zeichen: { }⟩ *geschweifte Klammer* [< frz. *accolade* »Umarmung«; < lat. *ad* »zu« + *collum* »Hals«]
ak|kom|mo|da|bel ⟨Adj.⟩ **1** *anpassungsfähig* **2** *zweckmäßig* [< frz. *accommodable;* → *akkommodieren*]
Ak|kom|mo|da|ti|on ⟨f.; -; unz.⟩ *Anpassung, Scharfeinstellung des Auges durch Anpassung der Augenlinse an die Entfernung des Gegenstandes* [< frz. *accommodation* »Anpassung«; → *akkommodieren*]
ak|kom|mo|die|ren ⟨V.⟩ **1** *anpassen, angleichen* **2** *durch Anpassung an die erforderliche Entfernung die Sehschärfe der Augenlinse (unwillkürlich) einstellen* [< frz. *accommoder* »in Ordnung bringen, zurechtmachen«]
Ak|kom|pa|gne|ment, ⟨auch⟩ **Ak|kom|pag|nement** ⟨[-panjəmã:] n.; -s, -s; Mus.; †⟩ *Begleitung* [< frz. *accompagnement*]
ak|kom|pa|gnie|ren, ⟨auch⟩ **ak|kom|pag|nieren** ⟨[-panji:-] V.; Mus.; †⟩ *begleiten* [frz. *accompagner*]
Ak|kom|pa|gnist, ⟨auch⟩ **Ak|kom|pag|nist** ⟨[-panjist] m.; -en, -en; Mus.; †⟩ *Begleiter*
Ak|kord ⟨m.; -(e)s, -e⟩ **1** *Übereinstimmung* **2** ⟨Rechtsw.⟩ *Vergleich, Vereinbarung (mit Gläubigern);* einen ~ abschließen **3** ⟨Mus.⟩ *Zusammenklang von drei od. mehr Tönen verschiedener Höhe;* einen ~ anschlagen, greifen **4** ⟨unz.; kurz für⟩ *Akkordlohn;* im ~ arbeiten [< frz. *accord* »Übereinstimmung«; < lat. *ac* »zu« + *cor,* Gen. *cordis* »Herz«]
ak|kor|dant ⟨Adj.; Geol.⟩ *die Akkordanz betreffend, auf ihr beruhend*
Ak|kor|dant ⟨m.; -en, -en; schweiz.⟩ *Kleinunternehmer (bes. im Bauwesen)*
Ak|kor|danz ⟨f.; -; unz.; Geol.⟩ *Anpassung jüngerer Gesteine an vorhandene Strukturelemente der Erdkruste* [< vulgärlat. **accordare* »in Übereinstimmung bringen«]
Ak|kor|de|on ⟨n.; -s, -s; Mus.⟩ *Handharmonika mit gleichem Ton bei Zug u. Druck* [→ *Akkord,* Kunstwort des Erfinders]
ak|kor|die|ren ⟨V.⟩ **1** *vereinbaren* **2** *einen Lohnvertrag übernehmen* **3** *einen Akkord(2) abschließen über* [< frz. *accorder* »in Einklang bringen«; → *Akkord*]
ak|kor|disch ⟨Adj.; Mus.⟩ *in Akkorden, mit Akkorden*
Ak|kord|lohn ⟨m.; -s, -löh|ne; kurz: Akkord⟩ *nach der Menge der geleisteten Arbeit bemessener Lohn, Stücklohn, Leistungslohn*
ak|kre|di|tie|ren ⟨V.⟩ **1 jmdn.** ~ *jmdm. Kredit einräumen od. verschaffen* **2 Diplomaten** ~ *bevollmächtigen, beglaubigen* **3** eine **Bank** ~ *zur Zahlung an jmdn. anweisen* [< frz. *accréditer* »in Ansehen bringen«; < lat. *credere* »glauben«]
Ak|kre|di|tie|rung ⟨f.; -, -en⟩ *das Akkreditieren*
Ak|kre|di|tiv ⟨n.; -s, -e [-və]⟩ **1** *Kreditbrief* **2** *Zahlungsauftrag, Anweisung;* ~ an eine Bank **3** *Beglaubigungsschreiben;* ~ für Diplomaten [→ *akkreditieren*]
Ak|kres|zenz ⟨f.; -, -en⟩ *Anwachsen, Zuwachs;* ~ eines Erbteils [zu lat. *accrescere* »hinzuwachsen«]
ak|kres|zie|ren ⟨V.⟩ *anwachsen, sich vergrößern, z.B. ein Erbteil* [lat. *accrescere* »hinzuwachsen«]
Ak|kre|ti|on ⟨f.; -, -en; Astron.⟩ *durch die Gravitation bedingte Zunahme an Masse durch Aufsammeln von Materie (von Sternen)* [< lat. *accretio* »Zuwachs«]
ak|kre|tiv ⟨Adj.⟩ *zunehmend, anwachsend* [→ *Akkretion*]
Ak|ku ⟨m.; -s, -s; kurz für⟩ *Akkumulator*
Ak|kul|tu|ra|ti|on ⟨f.; -, -en; Völkerk.⟩ *die gegenseitige od. auch einseitige Angleichung von Kulturen verschiedener Herkunft aneinander aufgrund enger Berühung, Kulturkontakt* [< *Ad...* + *Kultur*]
ak|kul|tu|rie|ren ⟨V.; Völkerk.⟩ *anpassen, angleichen*
Ak|ku|mu|la|ti|on ⟨f.; -, -en⟩ **1** *Anhäufung* **2** ⟨Geol.⟩ **2.1** *Aufschüttung von vulkan. Lockermassen zu Vulkankegeln od. von Gesteinsmaterial durch Flüsse (Schotter) od. Gletscher (Moränen)* **2.2** *Anreicherung von Erdöl in Strukturen (Antiklinalen u.a.) der Erdkruste* **3** ⟨Wirtsch.⟩ *Anhäufung von Gewinn zur Bildung von Kapital* [< lat. *accumulare* »anhäufen«]
Ak|ku|mu|la|tor ⟨m.; -s, -to|ren; kurz: Akku⟩ **1** *Gerät zum Speichern elektr. Energie mittels elektrochem. Vorgänge* **2** *ein Druckwasserbehälter mit konstantem Wasserdruck für hydraulische Pressen* [< lat. *accumulator* »Anhäufer«]
ak|ku|mu|lie|ren ⟨V.⟩ *anhäufen, sammeln, speichern* [< lat. *accumulare* »aufhäufen«]
ak|ku|rat ⟨Adj.⟩ *genau, sorgfältig, sehr ordentlich;* Ggs *inakkurat;* ~ arbeiten; es ist ~ so! ⟨umg.⟩ *genauso ist es!* [< lat. *accuratus* »sorgfältig«]
Ak|ku|ra|tes|se ⟨f.; -; unz.⟩ *Genauigkeit, Sorgfalt* [< ital. *accuratezza;* < lat. *accuratus* »sorgfältig«]
Ak|ku|sa|tiv ⟨m.; -s, -e [-və]; Gramm.⟩ *4. Fall (Kasus) der Deklination, Wenfall* [< lat. *casus accusativus* »der die Anklage betreffende Fall«; nicht korrekt übersetzt < grch. *ptosis*

aitiatike »der die Ursache u. die Wirkung betreffende Fall«]

Ak|ku|sa|tiv|ob|jekt ⟨n.; -(e)s, -e; Gramm.⟩ *Satzergänzung im Akkusativ bes. nach transitiven Verben, erfordert ggf. bestimmte Präpositionen;* er trägt »einen Hut«; sie gewinnt »den Preis«

Ak|me ⟨f.; -; unz.⟩ *Höhepunkt (bes. einer Krankheit)* [grch., »Spitze; höchste Blüte«]

Ak|ne ⟨f.; -, -n⟩ *eine von den Talgdrüsen ausgehende, bes. in den Entwicklungsjahren vorkommende eitrige Hauterkrankung: Acne vulgaris* [grch., vermutl. Entstellung von *Akme* »Blüte«]

A|ko|luth ⟨m.; -s od. -en, -en⟩ *kath. Geistlicher im 4. (obersten) Grad der niederen Weihen* [zu grch. *akoluthos* »folgend«]

A|ko|nit ⟨n.; -s, -e⟩, **A|ko|ni|tin** ⟨n.; -(e)s, -e⟩ *sehr giftiger Wirkstoff aus den Knollen des blauen Sturmhutes (Aconitum napellus) als Heilmittel gegen Gesichtsreißen, Fiebermittel der Homöopathie* [< grch. *akoniton* < *akone* »Felsstück«]

A|kon|to ⟨n.; -s, -s od. -ten; bes. österr.⟩ *Anzahlung;* → a. *a conto*

A|kon|to|zah|lung ⟨f.; -, -en⟩ *Zahlung zum Löschen eines Teils einer Schuld* [→ *a conto*]

A|ko|rie[1] ⟨f.; -; unz.; Med.⟩ *Iris ohne Pupille* [< *A…*[1] + grch. *kore* »Puppe; Pupille«]

A|ko|rie[2] ⟨f.; -; unz.; Med.⟩ *Fehlen des Sättigungsgefühls, Unersättlichkeit* [< *A…*[1] + grch. *koros* »Sättigung«]

a|ko|ty|le|don ⟨Adj.; Bot.⟩ *keimblattlos* [< *a…*[1] + grch. *kotyledon* »Keimblatt«]

A|ko|ty|le|do|ne ⟨f.; -, -n; Bot.⟩ *keimblattlose Pflanze*

ak|qui|rie|ren ⟨V.⟩ **1 etwas ~** *anschaffen, erwerben* **2 Kunden ~** *gewinnen* [< lat. *acquirere* »dazuerwerben«]

Ak|qui|si|teur ⟨[-tøːr] m.; -s, -e⟩ *Werber von Kunden für Anzeigen in einer Zeitung* [< frz. *acquisiteur;* < lat. *acquirere* »dazuerwerben«]

Ak|qui|si|ti|on ⟨f.; -, -en⟩ **1** *Anschaffung, Erwerbung* **2** *Werbung* [< lat. *acquisitio* »Erwerb«; zu *acquirere* »dazuerwerben«]

ak|qui|si|tiv ⟨Adj.⟩ *angenommen, erworben*

ak|qui|si|to|risch ⟨Adj.⟩ *in der Art von, mit Hilfe von Kundenwerbung* [→ *Akquisiteur*]

■ Die Buchstabenfolge **a|kr…** kann auch **ak|r…** getrennt werden. Davon ausgenommen sind Zusammensetzungen, in denen die fremdsprachigen bzw. sprachhistorischen Bestandteile deutlich als solche erkennbar sind, z.B. *-kritisch* (→ a. *hyperkritisch*).

■ **A|kra|ni|er** ⟨m.; -s, -⟩ *Gruppe von Wirbeltieren ohne Schädel, Schädellose;* Ggs *Kraniote* [< *A…*[1] + mlat. *cranium* »Schädel« < grch. *kranion*]

■ **A|kren|ze|pha|lon** ⟨n.; -s, -la⟩ = *Telenzephalon* [< grch. *akros* »zuoberst« + *egkephalos* »Gehirn«]

■ **A|kri|bie** ⟨f.; -; unz.⟩ *peinliche Genauigkeit, höchste Sorgfalt* [< grch. *akribeia*]

■ **a|kri|bisch** ⟨Adj.⟩ *sehr sorgfältig u. gründlich* [→ *Akribie*]

a|kri|tisch ⟨Adj.⟩ *unkritisch, kritiklos*

■ **A|kro|bat** ⟨m.; en, -en⟩ *Turner, der besondere körperl. Kraft, Gewandtheit u. Beweglichkeit erfordernde Übungen vollbringt, Turnkünstler, Schlangenmensch, Seil-, Trapezkünstler* [< grch. *akros* »zuoberst« + *bainein* »gehen«]

■ **A|kro|ba|tik** ⟨f.; -; unz.⟩ *besondere körperl. Kraft, Gewandtheit u. Beweglichkeit erfordernde Turnkunst, Kunstturnen, Trapezkunst* [→ *Akrobat*]

■ **A|kro|ba|tin** ⟨f.; -, -tin|nen⟩ *weibl. Akrobat*

■ **a|kro|ba|tisch** ⟨Adj.⟩ *die Akrobatik betreffend, zu ihr gehörig, wie ein(e) Akrobat(in)*

■ **A|kro|dy|nie** ⟨f.; -, -n⟩ *Schmerz in den Gliederenden* [< grch. *akros* »spitz« + *odyne* »Schmerz«]

■ **A|kro|dys|to|nie** ⟨f.; -, -n⟩ *Krampf u. Lähmung an den Gliederenden* [< grch. *akros* »spitz« + *Dystonie*]

■ **a|kro|ke|phal** ⟨Adj.⟩ *mit nach oben spitz zulaufendem Schädel versehen, spitzköpfig;* oV *akrozephal* [< grch. *akros* »spitz« + *…kephal*]

■ **A|kro|ke|pha|lie** ⟨f.; -, -n; Anat.⟩ *spitz nach oben verlaufende Schädelform, Spitzköpfigkeit;* oV *Akrozephalie* [→ *akrokephal*]

■ **A|kro|le|in** ⟨n.; -s; unz.⟩ = *Acrolein*

■ **A|kro|lith** ⟨m.; -s, -en⟩ *grch. Statue, bei der die bekleideten Körperteile aus bemaltem od. vergoldetem Holz u. die unbekleideten aus Marmor bestehen* [< grch. *akros* »zuoberst« + *lithos* »Stein«]

■ **A|kro|me|ga|lie** ⟨f.; -, -n⟩ *hormonal bedingte Form des Riesenwuchses, die etwa vom 3. Lebensjahr an auftritt u. auf einer Überproduktion des Wachstumshormons der Hypophyse beruht;* Sy *Pachyakrie* [< grch. *akros* »zuoberst« + *megas,* Gen. *megalon* »groß«]

■ **A|kro|nym** ⟨n.; -s, -e⟩ *aus den Anfangsbuchstaben mehrerer Wörter gebildetes Kurzwort,* z.B. Agfa [< grch. *akros* »der höchste, äußerste« + *onyma* »Name«]

■ **a|kro|pe|tal** ⟨Adj.⟩ Ggs *basipetal* **1** ⟨allg.⟩ *aufwärts strebend* **2** ⟨Bot.⟩ *aufsteigend (der jüngste Spross einer Pflanze ist oben, der älteste unten)* [< grch. *akros* »zuoberst« + lat. *petere* »erstreben«]

■ **A|kro|po|lis** ⟨f.; -, -po|len⟩ *altgriech., auf einem Hügel gelegene Stadtburg (bes. die von Athen)* [< grch. *akros* »oberst« + *polis* »Stadt«]

■ **A|kros|ti|chon** ⟨[-çɔn] n.; -s, -chen od. -cha⟩ *Gedicht od. Lied, bei dem die Anfangsbuchstaben bzw. -wörter der Strophen od. Verszeilen ein Wort bzw. einen Satz ergeben* [< grch. *akros* »der Höchste, Äußerste« + *stichos* »Zeile, Vers«]

■ **A|kro|te|rie** ⟨[-riə] f.; -, -n⟩, **A|kro|te|ri|on,** **A|kro|te|ri|um** ⟨n.; -s, -ri|en⟩ *Verzierung von*

Tempelgiebeln od. kleinen Denkmälern durch Reliefs in Form von Ranken, Blättern u.a. [< grch. *akroteria,* zu *akros* »spitz«]

■ **A|kro|ty|leu|ton** ⟨n.; -s, -ten od. -ta; Metrik⟩ *Gedicht aus einer Verbindung von Akrostichon u. Telestichon, bei dem die Anfangs- u. Endbuchstaben das gleiche Wort ergeben* [< grch. *akroteleution* »Refrain«, zu *akros* »der Äußerste« + *teleute* »Schluss«]

■ **a|kro|ze|phal** ⟨Adj.⟩ = *akrokephal*

■ **A|kro|ze|pha|lie** ⟨f.; -, -n⟩ = *Akrokephalie*

■ **A|kryl|harz** ⟨n.; -es, -e; meist Pl.⟩ = *Acrylharz*

■ **A|kryl|säu|re** ⟨f.; -, -n⟩ = *Acrylsäure*

Akt 1 ⟨m.; -(e)s, -en⟩ = *Akte;* suchen Sie mir bitte den ~ »Meyer« heraus **2** ⟨m.; -(e)s, -e⟩ **2.1** *Handlung, Vorgang, Tätigkeit, Tat;* ein ~ der Menschlichkeit, Höflichkeit, Verzweiflung; ein symbolischer, feierlicher ~ **2.2** *Vorführung;* Zirkus~ **2.3** *Teil eines Bühnenwerkes, Aufzug;* ein Drama mit fünf ~en **2.4** *Darstellung des nackten menschl. Körpers;* einen ~ zeichnen, malen; ein männlicher, weiblicher ~ **2.5** ⟨kurz für⟩ *Geschlechtsakt, Begattung, Koitus* [< lat. *actus* »Handlung, Geschehen«; zu *agere* »handeln, betreiben«]

Ak|tant ⟨m.; -en, -en; Sprachw.⟩ **1** *Handelnder, Sprecher* **2** *vom Verb gefordertes Satzglied* [< frz. *actant* »Handelnder«]

Ak|te ⟨f.; -, -n⟩ *schriftl. Unterlagen eines geschäftl. od. gerichtl. Vorgangs;* Sy *Akt(1);* Gerichts~, Polizei~, Prozess~; jmdn. in den ~n führen *Unterlagen über ihn besitzen;* etwas zu den ~n legen *zu den schon vorhandenen, gesammelten Schriftstücken über den gleichen Vorgang od.* ⟨fig.⟩ *als erledigt betrachten* [< lat. *acta* »Handlungen, Taten«; → *Acta*]

Ak|tei ⟨f.; -, -en⟩ *Sammlung von Akten* [→ *Akte*]

Ak|teur ⟨[-tøːr] m.; -s, -e⟩ **1** *Handelnder* **2** *Schauspieler* [< frz. *acteur* »Schauspieler«; < lat. *agere* »handeln, betreiben«]

Ak|tie ⟨[-tsiə] f.; -, -n⟩ *Urkunde über den Anteil am Grundkapital einer Aktiengesellschaft;* die ~n stehen (nicht) gut; die ~n steigen, fallen ⟨a. fig.⟩ *die Aussichten sind gut (schlecht);* sein Geld in ~n anlegen [< lat. *actio* »Handlung, Tätigkeit«]

Ak|ti|en|ge|sell|schaft ⟨f.; -, -en; Abk.: AG, AG., A.G., A.-G.⟩ *Handelsgesellschaft, deren Grundkapital aus den Einlagen der Gesellschafter besteht, mit denen diese (beschränkt od. voll) haften u. aus denen sie in Form von Dividenden Erträge beziehen*

Ak|ti|en|in|dex ⟨m.; - od. -es, -e od. -di|ces od. -di|zes⟩ *Messzahl des durchschnittlichen Börsenkurses der Aktien der bedeutendsten Aktiengesellschaften, deren Aktien regelmäßig an der Börse notiert werden*

Ak|tin ⟨n.; -s, -e; Biochem.⟩ *am Aufbau der Muskelstruktur beteiligtes Eiweiß;* oV *Actin*

Ak|ti|ni|den ⟨Pl.⟩ = *Actinoide;* oV *Actiniden*

Ak|ti|nie ⟨[-niə] f.; -, -n⟩ *Ordnung der Hexacorallia, festsitzende, meist lebhaft gefärbte, einzeln lebende Polypen des Meeres: Actiniaria, Seerose* [< grch. *aktis,* Gen. *aktinos* »Strahl«]

ak|ti|nisch ⟨Adj.⟩ *durch Strahlung hervorgerufen* [< grch. *aktis,* Gen. *aktinos* »Strahl«]

Ak|ti|ni|um ⟨n.; -s; unz.⟩ = *Actinium*

ak|ti|no..., Ak|ti|no... ⟨in Zus.⟩ *Strahl* [< grch. *aktis,* Gen. *aktinos* »Strahl«]

Ak|ti|no|graf ⟨m.; -en, -en⟩ = *Aktinograph*

Ak|ti|no|graph ⟨m.; -en, -en⟩ *mit einem Aktinometer verbundenes Schreibgerät;* oV *Aktinograf* [< *Aktino...* + *...graph*]

Ak|ti|no|i|de ⟨Pl.⟩ = *Actinoide*

Ak|ti|no|lith ⟨m.; -s od. -en, -e od. -en⟩ *dunkelgrünes Mineral aus der Gruppe der Hornblendeasbeste, Strahlstein* [< grch. *aktis,* Gen. *aktinos* »Strahl« + *lithos* »Stein«]

Ak|ti|no|me|ter ⟨n.; -s, -⟩ *Apparat zum Messen der Strahlung von Lichtquellen, hauptsächl. der Sonne* [< *Aktino...* + *...meter*]

Ak|ti|no|me|trie, ⟨auch⟩ **Ak|ti|no|met|rie** ⟨f.; -, -n⟩ **1** ⟨Phys.⟩ *Strahlungsmessung* **2** ⟨Astr.⟩ *Sternenkatalog mit genauer Angabe der Helligkeit;* Göttinger ~, Yerkes-~ [< *Aktino...* + *...metrie*]

ak|ti|no|morph ⟨Adj.⟩ *strahlungssymmetrisch* [< *aktino...* + *...morph*]

Ak|ti|no|my|ko|se ⟨f.; -, -n⟩ *Strahlenpilzkrankheit: Actinomycosis* [< *Aktino...* + *Mykose*]

Ak|ti|no|my|zet ⟨m.; -en, -en⟩ *Strahlenpilz* [< *Aktino...* + *...myzet*]

Ak|ti|no|my|zin ⟨n.; -s, -e⟩ *ein aus Streptomycesarten gewonnenes Antibiotikum* [< *Aktino...* + grch. *mykes* »Pilz«]

Ak|ti|on ⟨f.; -, -en⟩ **1** *Handlung, Vorgehen, Unternehmung;* eine gemeinsame ~ starten; in ~ treten *zu handeln, zu wirken beginnen* **2** *Maßnahme; Ereignis, Geschehnis* [< lat. *actio* »Handlung«; zu *agere* »handeln, betreiben«]

Ak|ti|o|när ⟨m.; -s, -e⟩ *Aktienbesitzer, Teilhaber, Mitglied einer Aktiengesellschaft* [→ *Aktie*]

Ak|ti|o|nis|mus ⟨m.; -; unz.⟩ **1** *Versuch, durch (künstlerische, revolutionäre) Aktionen das Bewusstsein der Menschen od. gesellschaftliche Zustände zu verändern* **2** *übermäßiger Tätigkeitsdrang* [→ *Aktion*]

Ak|ti|ons|art ⟨f.; -, -en; Gramm.⟩ *die durch das Verb ausgedrückte Handlung in Bezug auf ihren zeitl. Verlauf, Handlungsart,* z.B. Beginn (Inchoativum), Dauer (Durativum), Vollendung (Perfektivum), Wiederholung (Iterativum)*;* → a. *Kausativum*

Ak|ti|ons|ra|di|us ⟨m.; -, -di|en⟩ **1** *Strecke, die ein Fahr- od. Flugzeug zurücklegen kann, ohne neuen Treibstoff aufzunehmen;* einen großen, kleinen ~ haben **2** ⟨fig.⟩ *Reichweite, Wirkungsbereich*

Ak|ti|ons|strom ⟨m.; -(e)s, -strö|me⟩ *Fluss elektr. Stromes in biolog. Geweben*

Ak|ti|ons|tur|bi|ne ⟨f.; -, -n⟩ *Turbine, bei der vor dem Laufrad die gesamte Nutzfallhöhe (Gesamtenergie) in Bewegungsenergie umgesetzt wird*

Ak|ti|ons|zen|trum, ⟨auch⟩ **Ak|ti|ons|zent|rum** ⟨n.; -s, -tren; Meteor.⟩ *Gebiet überwiegend hohen od. tiefen Luftdrucks, das nach Intensität, Ausdehnung u. beschränkt veränderlicher Lage für die Witterung größerer Teile der Erdoberfläche maßgebend ist*

ak|tiv ⟨a. ['--] Adj.⟩ **1** *tätig, wirksam, unternehmend;* Ggs *passiv;* ~e **Handlungsbilanz** *H. eines Landes, bei der die Ausfuhr die Einfuhr übersteigt;* ~e **Immunisierung** ⟨Med.⟩ *Immunisierung durch Übertragung lebender od. abgetöteter Krankheitserreger, wobei der Körper selbst Antikörper bildet;* ~es **Wahlrecht** *das Recht zu wählen;* ~er **Wortschatz** *W., den jmd. in einer Sprache beherrscht u. auch verwendet* **2** ⟨Gramm.⟩ *zum Aktiv(1) gehörig, im Aktiv stehend* **3** ⟨Mil.⟩ *ständig im Dienst stehend;* Ggs *inaktiv;* ~er Offizier; die ~e Truppe [<lat. *activus* »tätig«; zu *agere* »handeln, betreiben«]

Ak|tiv ⟨n.; -s; unz.⟩ **1** *Ausdrucksform des Verbs, bei der das Subjekt syntaktisch Träger eines Geschehens ist; Tatform, Tätigkeitsform;* Sy *Aktivum;* Ggs *Passiv* **2** ⟨[-'-] n.; -s, -s od. -e; DDR⟩ *Gruppe von Personen, die gemeinsam eine gesellschaftl. Aufgabe erfüllen*

Ak|ti|va ⟨[-va] Pl.; Sing.: -vum⟩ *Vermögenswerte, Guthaben, Sollseite;* Ggs *Passiva;* ~ und Passiva *Vermögenswerte u. Schulden* [→ *aktiv*]

Ak|ti|va|tor ⟨[-va:-] m.; -s, -to|ren⟩ **1** *Stoff, der das Reaktionsvermögen eines anderen Stoffes steigert; Beimengung zu einem Katalysator, der dessen Wirksamkeit erhöht* **2** *Substanz, die einem für sich allein nicht fluoreszenz- od. phosphoreszenzfähigen Stoff nach Bestrahlung mit Licht zu einem Leuchtstoff macht* [→ *aktiv*]

Ak|tiv|bür|ger ⟨m.; -s, -⟩ *Staatsbürger, der das Wahlrecht besitzt u. gewählt werden kann;* Ggs *Passivbürger*

Ak|tiv|ge|schäft ⟨n.; -(e)s, -e; Wirtsch.⟩ *aktives Wertpapier- u. Kreditgeschäft der Banken;* Ggs *Passivgeschäft* [→ *aktiv*]

ak|ti|vie|ren ⟨[-vi:-] V.⟩ *in Tätigkeit setzen, in Schwung bringen, zu größerer Wirkung bringen;* Ggs *inaktivieren* [→ *aktiv*]

Ak|ti|vie|rung ⟨[-vi:-] f.; -, -en⟩ *das Aktivieren*

Ak|ti|vie|rungs|a|na|ly|se ⟨[-vi:-] f.; -, -n⟩ = *Neutronenaktivierungsanlayse*

ak|ti|visch ⟨[-visch] Adj.; Gramm.⟩ = *aktiv*

Ak|ti|vis|mus ⟨[-vis-] m.; -; unz.⟩ *Tätigkeitsdrang; betont zielbewusstes Handeln* [→ *aktiv*]

Ak|ti|vist ⟨[-vist] m.; -en, -en⟩ **1** *polit. tatkräftiger Mensch* **1.1** *zielbewusst Handelnder* **2** ⟨DDR⟩ *Arbeiter od. Angestellter, der für überdurchschnittl. Leistungen ausgezeichnet worden ist* [→ *aktiv*]

Ak|ti|vis|tin ⟨[-vis-] f.; -, -tin|nen⟩ *weibl. Aktivist*

Ak|ti|vi|tät ⟨[-vi-] f.; -, -en⟩ Ggs *Inaktivität* **1** *aktives Verhalten, Tätigkeit, Geschäftstätigkeit* **2** *Wirksamkeit, Wirkungsfähigkeit*

Ak|tiv|koh|le ⟨f.; -, -n⟩ *durch Verkohlen von Holz (Holzkohle), Knochen (Knochenkohle) od. Tierblut (Blutkohle) gewonnene Kohle mit großer Oberfläche, verwendet als Adsorptionsmittel*

Ak|tiv|pos|ten ⟨Pl.⟩ *Aktiva*

Ak|tiv|ru|der ⟨n.; -s, -⟩ *Steuerruderblatt, an dessen hinterem Ende zusätzlich ein über einen Elektromotor angetriebener kleiner Propeller eingebaut ist, bewirkt durch ständige Umströmung des Ruderblattes mit Wasser eine verbesserte Manövrierfähigkeit, vor allem für große Schiffe*

Ak|ti|vum ⟨n.; -s; unz.⟩ **1** = *Aktiv(1)* **2** ⟨Sing. von⟩ *Aktiva*

Ak|tiv|zin|sen ⟨Pl.⟩ *aus dem Aktivgeschäft erwirtschaftete Zinsen, Sollzinsen*

Ak|tri|ce, ⟨auch⟩ **Akt|ri|ce** ⟨[-tri:s(ə)] f.; -, -n⟩ *Schauspielerin* [<frz. *actrice*]

ak|tu|al ⟨Adj.⟩ **1** *wirklich vorhanden, tatsächlich gegeben, sich vollziehend;* Ggs *potenzial(1)* **2** *eine Tatsache ausdrückend, eindeutig;* Ggs *potenzial(2)*

ak|tu|a|li|sie|ren ⟨V.⟩ *aktuell, zeitnah machen*

Ak|tu|a|lis|mus ⟨m.; -; unz.⟩ *Auffassung, dass die Kräfte u. Gesetze der Natur- u. Kulturentwicklung in früheren Zeitaltern auf die gleiche Weise wirksam waren, wie sie es heute sind* [<mlat. *actualis* »tatsächlich«, zu lat. *actus* »Handlung«]

Ak|tu|a|li|tät ⟨f.; -; unz.⟩ *Bedeutung für die Gegenwart, Zeitnähe* [<lat. *actualitas* <lat. *actus* »Handlung«]

Ak|tu|ar ⟨m.; -s, -e⟩ **1** ⟨†⟩ *Gerichtsangestellter* **2** ⟨schweiz.⟩ *Schriftführer einer Behörde od. eines Vereins* [<lat. *actuarius* »Schreiber bei Verhandlungen«, zu *actus* »Handlung«]

ak|tu|ell ⟨Adj.⟩ *für die Gegenwart bedeutsam, zeitgemäß;* eine ~e Frage, ein ~es Theaterstück [<frz. *actuel* »wirklich« <mlat. *actualis* <lat. *actus* »Handlung«]

Ak|tus ⟨m.; -, -; †⟩ *Festlichkeit, Feier, öffentl. Schulfeier* [<lat. *actus* »Handlung«, zu *agere* »handeln«]

A|ku|em ⟨n.; -s, -e⟩ **1** ⟨Psych.⟩ *einen psychischen Zustand durch Laute kennzeichnendes Merkmal* **2** ⟨Phonol.⟩ *dem Phonem entsprechender Affektausdruck* [<grch. *akouein* »hören«]

A|ku|i|tät ⟨f.; -; unz.⟩ *akuter Krankheitsverlauf*

A|ku|me|trie, ⟨auch⟩ **A|ku|met|rie** ⟨f.; -; unz.⟩ = *Audiometrie* [<grch. *akouein* »hören« + ...*metrie*]

A|ku|pres|sur ⟨f.; -, -en⟩ *der Akupunktur entsprechende Heilbehandlung, wobei anstelle der Nadeln der Druck der Finger benutzt wird* [zu lat. *acus* »Nadel« + *pressare* »drücken, pressen«]

A|ku|punk|teur ⟨[-tø:r] m.; -s, -e⟩ *jmd., der eine Akupunktur durchführt*

a|ku|punk|tie|ren ⟨V.⟩ *mittels Akupunktur behandeln*

A|ku|punk|tur ⟨f.; -, -en⟩ *jahrtausendealtes chines., heute auch in Europa wiederaufgenommenes Heilverfahren, bei dem durch Einstich goldener u. silbener Nadeln an lehrmäßig* *festgelegten Hauptpunkten erkrankte innere Organe beeinflusst werden, heute u.a. zur Anästhesie verwendet;* Sy *Akidopeirastik* [<lat. *acus* »Nadel« + *punktura* »das Stechen«]

A|kus|tik ⟨f.; -; unz.⟩ **1** *Lehre vom Schall* **1.1** ⟨Mus.⟩ *Lehre von den Tönen* **2** *Klangwirkung, Beschaffenheit eines Raumes bezügl. des Widerhalls von Klang;* der Saal hat eine gute ~ [<grch. *akouein* »hören«]

A|kus|ti|ker ⟨m.; -s, -⟩ *Wissenschaftler, Techniker auf dem Gebiet der Akustik*

A|kus|tik|kopp|ler ⟨m.; -s, -⟩ *Gerät zur Übertragung von Daten über das Fernsprechnetz*

a|kus|tisch ⟨Adj.⟩ **1** *die Akustik betreffend, auf ihr beruhend* **2** *das Gehör, den Schall betreffend* **3** *mit dem Gehör wahrnehmbar;* ~e Sinneseindrücke **4** ~er Typ *Menschentyp, der sich Gehörtes besser merken kann als Gesehenes;* Ggs *visueller Typ*

a|kut ⟨Adj.⟩ **1** *plötzlich auftretend, scharf, heftig; vordringlich* **2** ⟨Med.⟩ *rasch u. heftig verlaufend;* Ggs *chronisch* [<lat. *acutus* »scharf, spitz«]

A|kut ⟨m.; -(e)s, -e; Zeichen: ´⟩ *Zeichen für Länge, Betonung od. geschlossene Aussprache eines Vokals, z.B. im Ungar. u. Französ.;* Sy *Accent aigu* [→ *akut*]

ak|ze|die|ren ⟨V.⟩ jmdm. ~ *beipflichten, zustimmen* [<lat. *accedere* »hinzutreten, beipflichten«]

Ak|ze|le|ra|ti|on ⟨f.; -, -en⟩ *Beschleunigung* [→ *akzelerieren*]

ak|ze|le|rie|ren ⟨V.⟩ *beschleunigen* [<lat. *accelerare*]

Ak|zent ⟨m.; -s, -e; Zeichen: ´, `, ^⟩ **1** *Zeichen für Betonung, Qualität od. Quantität eines Lautes, Akut, Gravis, Zirkumflex;* einen Buchstaben mit einem ~ versehen **2** *Betonung, Nachdruck;* auf ein Wort, eine Aussage besonderen ~ legen; ~e setzen; der ~ liegt auf der ersten Silbe, dem ersten Wort **3** *Aussprache, Tonfall, Sprachmelodie;* mit ausländischem, englischem, süddeutschem ~ sprechen [<lat. *accentus* »Betonung«]

Ak|zen|tu|a|ti|on ⟨f.; -, -en⟩ *das Akzentuieren, Betonen*

ak|zen|tu|ie|ren ⟨V.⟩ **1** *mit Nachdruck betonen* **2** *abgemessen, genau aussprechen;* akzentuiert sprechen [→ *Akzent*]

Ak|zept ⟨n.; -(e)s, -e⟩ **1** *durch Unterschrift angenommener Wechsel* **2** *schriftl. Annahmeerklärung auf dem Wechsel;* einen Wechsel mit ~ versehen [<lat. *acceptus,* Part. Perf. zu *accipere* »annehmen«]

ak|zep|ta|bel ⟨Adj.⟩ *so beschaffen, dass man es akzeptieren kann, annehmbar;* Ggs *inakzeptabel;* der Vorschlag ist (nicht) ~ [<frz. *acceptable* »annehmbar« <lat. *acceptare* »annehmen«]

Ak|zep|tant ⟨m.; -en, -en⟩ *jmd., der einen Wechsel akzeptiert, Bezogener* [<frz. *acceptant,* Part. Präs. zu *accepter* »annehmen« <lat. *acceptare*]

Ak|zep|tanz ⟨f.; -; unz.⟩ *das Akzeptieren, das Bereitsein, etwas anzunehmen;* in der Bevölkerung besteht keine ~ für den weiteren Ausbau der Atomenergie [→ *Akzeptant*]

Ak|zep|ta|ti|on ⟨f.; -, -en⟩ *das Akzeptieren, Annahme* [<frz. *acceptation* <lat. *acceptare* »annehmen«]

ak|zep|tie|ren ⟨V.⟩ *annehmen;* einen Vorschlag, Wechsel ~ [<frz. *accepter* »annehmen« <lat. *acceptare*]

Ak|zept|kre|dit ⟨m.; -(e)s, -e⟩ *Recht, auf Dritte Wechsel zu ziehen*

Ak|zep|tor ⟨m.; -s, -to|ren⟩ **1** ⟨Phys.⟩ *Störstelle im Kristallgitter eines Isolators od. Halbleiters, die ein Elektron einfangen kann;* Ggs *Donator* **2** ⟨Chem.⟩ *Stoff, der bei einer chem. Reaktion frei werdende Atome bindet* **3** ⟨Kyb.⟩ *System, das Elemente od. Informationen von einem anderen System aufnimmt;* Ggs *Donator* [<lat. *acceptus,* Part. Perf. zu *accipere* »annehmen«]

Ak|zess ⟨m.; -es, -e⟩ **1** *Zutritt* **2** ⟨österr.⟩ *Zulassung (zum Gerichts- u. Verwaltungsdienst)* [<lat. *accessus* »Zutritt«; zu *accedere* »hinzukommen, hinzutreten«]

Ak|zes|si|on ⟨f.; -, -en⟩ **1** *Zugang, Erwerb* **2** ⟨Völkerrecht⟩ *der Beitritt eines Staates zu einem bereits von anderen Staaten abgeschlossenen Vertrag* [<lat. *accessio* »Zutritt«]

Ak|zes|sist ⟨m.; -en, -en⟩ **1** ⟨Barockzeit⟩ *Anwärter auf eine Musikantenstelle, Hilfsmusiker* **2** ⟨österr.⟩ *Anwärter für den Gerichts- u. Verwaltungsdienst* [<lat. *accessus* »Zutritt«; zu *accedere* »hinzukommen, hinzutreten«]

Ak|zes|sit ⟨n.; -s, -s; †; bei Preisangaben⟩ *zweiter Preis od. Nebenpreis* [<lat. *accessit* »er ist hinzugetreten«; → *Akzess*]

Ak|zes|so|ri|e|tät ⟨[-ri:e-] f.; -; unz.⟩ **1** *Zugänglichkeit* **2** *Zulassbarkeit* **3** ⟨Rechtsw.⟩ *die Abhängigkeit des Nebenrechts von einem Hauptrecht* [→ *akzessorisch*]

ak|zes|so|risch ⟨Adj.⟩ **1** *hinzutretend* **2** *nebensächlich* **3** ~e Mineralien *in einem Gestein geringfügig vorkommende, für die Gesteinsart unbedeutende Mineralien* [<lat. *accedere* »hinzukommen, hinzutreten«]

Ak|zes|so|ri|um ⟨n.; -s, -ri|en⟩ **1** *Nebensache, Beiwerk* **2** *Nebenanspruch* [→ *akzessorisch*]

Ak|zi|dens ⟨n.; -, -den|zi|en⟩ *Hinzukommendes, unwesentl. Eigenschaft* [<lat. *accidens,* Part. Präs. zu *accidere* »sich ereignen«]

Ak|zi|den|ta|li|en ⟨Pl.⟩ *Nebenpunkte (bei Rechtsgeschäften);* Ggs *Essenzialien* [→ *Akzidens*]

ak|zi|den|tell, ak|zi|den|ti|ell ⟨[-tsjɛl] Adj.⟩ *zufällig (eintretend, hinzutretend), unwesentlich* [<frz. *accidentel* »unwesentlich« <lat. *accidere* »sich ereignen«]

Ak|zi|denz ⟨f.; -, -en⟩ **1** *bes. wirkungsvoll gestalteter, meist im Handsatz hergestellter Druck,* z.B. Zeitungskopf, Werbeanzeige, Geschäfts- od. Privatdrucksache **2** *Nebeneinnahme, Gelegenheitsauftrag* **3** ⟨Mus.⟩ *Versetzungszeichen* [→ *Akzidens*]

Ak|zi|se ⟨f.; -, -n⟩ **1** ⟨bis zum 19. Jh.⟩ *indirekte Steuer* **2** ⟨DDR⟩ *Preisaufschlag auf die in den Läden der Handelsorganisation (HO) verkauften Waren* [<frz. *accise* »Verbrauchsteuer« <lat. *accidere* »anschneiden, beschneiden«]

Al ⟨Zeichen für⟩ *Aluminium*

Al. ⟨Abk. für⟩ *Alinea*

al..., Al... ⟨Vors.⟩ = *ad..., Ad...*

à la *nach Art von;* er versucht einen Stil ~ Thomas Mann zu schreiben; ~ **baisse** [bɛːs] spekulieren *spekulieren, indem man mit dem Fallen der Kurse rechnet* [frz.; → *Baisse*]; ~ **bonne heure** [-bɔnøːr] *recht so, bravo* [frz., eigtl. »(das kommt) zur rechten Stunde«]; ~ **carte** [kaː(r)t] essen *nach der Speisekarte, nicht das Menü essen* [frz.]; ~ **hausse** [oːs] spekulieren *spekulieren, indem man mit dem Steigen der Kurse rechnet* [frz.; → *Hausse*]; ~ **jardinière** [ʒardinjɛːr(ə)] *bunt angerichtet, mit Gemüse u.a.* [frz., »nach Art der Gärtnerin«]; ~ **longue** [lɔ̃ːg] *auf die Dauer;* sich ~ **mode** [mɔd] kleiden *sich nach der Mode kleiden;* → a. *alla* [frz.]

A|la|bas|ter ⟨m.; -s, -⟩ **1** *marmorähnliche, feinkörnige, reinweiße, durchscheinende Abart des Gipses, monoklin, chemische Formel* $CaSO_4$ *–* $2H_2O$ **2** *weißer od. gelber, durchscheinender Kalksinter, härter als Gips, Werkstoff für Schalen, Vasen u.a. Kunstgegenstände* [<grch. *alabastron,* nach der oberägypt. Stadt *Alabastron*]

A|la|lie ⟨f.; -; unz.⟩ *Unfähigkeit, artikuliert zu sprechen* [< *A...*[1] + grch. *lalein* »reden«]

A|la|mode|li|te|ra|tur ⟨[-mɔd-] f.; -; unz.⟩ *die Unterhaltungsliteratur des 17. Jh. in Dtschld., von ausländ. Vorbildern, bes. vom gekünstelten Stil der vorherrschenden französ. Lit. beeinflusst* [→ *à la mode*]

A|la|nin ⟨n.; -s, -e⟩ *in Eiweißkörpern vorkommende Aminosäure, die aus α-Chlorpropionsäure u. Ammoniak hergestellt werden kann, chemisch α-Aminopropionsäure,* $CH_3 = CH(NH_2)–COOH$ [Kunstwort]

A|larm ⟨m.; -(e)s, -e⟩ **1** *Ruf zur Bereitschaft, Warnung, Gefahrmeldung, Gefahrensignal;* Feind~, Feuer~, Flieger~; ~ blasen, geben, läuten, schlagen; blinder, falscher ~ **2** ⟨im 2. Weltkrieg auch⟩ *die Zeit der Gefahr, vom Signal bis zur Entwarnung;* dreistündiger, kurzer, langer ~ [<frz. *à l'arme!* »zur Waffe!«]

a|lar|mie|ren ⟨V.⟩ **1** jmdn. ~ *jmdm. Alarm geben, jmdn. warnen, zum Einsatz aufrufen;* die Feuerwehr, Funkstreife, Polizei ~ **2** ⟨fig.⟩ *beunruhigen* [→ *Alarm*]

A|lau|ne ⟨Pl.⟩ *als Doppelsalze auskristallisierende Sulfate ein- u. dreiwertiger Metalle, die bes. schön geformte (meist oktaedrische) Kristalle bilden, am bekanntesten das Kaliumaluminiumsulfat* $KAl(SO_4)_2$*, das meist als Alaun bezeichnet wird* [<mhd. *alun,* engl. *alum* <lat. *alumen*]

Al|ba[1] ⟨f.; -, Al|ben⟩ *langes, weißes liturg. Hemd;* oV *Albe* [<ahd. *alba* »weißes Chorhemd«, engl. *alb* <lat. *albus* »weiß«]

Al|ba[2] ⟨f.; -, -s⟩ *Tagelied der Troubadoure* [<afrz. »Morgenröte«; <lat. *albus* »hell«]

Al|ba|tros, ⟨auch⟩ **Al|bat|ros** ⟨m.; - od. -ses, -se⟩ **1** *Angehöriger einer Familie der Sturmvögel, vorzügliche, ausdauernde Segelflieger der Südozeane: Diomedeidae* **2** ⟨Sp.; Golf⟩ *das Spielen des Loches mit drei Schlägen weniger als vorgegeben* [<engl. *albatross* <port. *alcadroz* <span. *alcaduz* »Brunnenrohr« <arab. *al kadus* »der Krug« (wegen der hornigen Röhre, in der sich die Nasenhöhle des Vogels auf dem Oberschnabel fortsetzt)]

Al|be ⟨f.; -, -n⟩ = *Alba*[1]

Al|be|do ⟨f.; -, -s⟩ *Verhältnis des auf eine nicht spiegelnde Fläche auffallenden Lichtes zum zurückgestrahlten Licht, Rückstrahlung* [<lat. *albere* »weiß sein«]

Al|ben ⟨Pl. von⟩ *Album*

Al|ber|go ⟨n.; -s, -s od. -ghi⟩ *Gasthaus, Hotel, Herberge* [<ital. *albèrgo,* zu *albergare* »beherbergen, Unterkunft gewähren«]

Al|bi|gen|ser ⟨m.; -s, -⟩ = *Katharer*

Al|bi|nis|mus ⟨m.; -; unz.; Physiol.⟩ *Unfähigkeit od. mangelhafte Fähigkeit, in Augen, Haut u. Haaren Farbstoff zu bilden;* Sy *Leukodermie* [→ *Albino*]

Al|bi|no ⟨m.; -s, -s⟩ *Mensch od. Tier mit mangelhafter od. fehlender Farbstoffbildung, Weißling* [<port. <span. *albo* »weiß« <lat. *albus*]

al|bi|no|tisch ⟨Adj.⟩ *den Albinismus betreffend, auf ihm beruhend, in der Art eines Albinos*

Al|bit ⟨m.; -s; unz.⟩ *zur Gruppe der Feldspate gehörendes weißes od. schwach gefärbtes Mineral* [zu lat. *albus* »weiß«]

Al|bum ⟨n.; -s, -Al|ben⟩ *Gedenkbuch, Sammelbuch;* Foto~, Poesie~ [lat., »das Weiße« (bei den Römern eine weiße Tafel zum Eintragen öffentl. Verordnungen, Namenlisten usw.)]

Al|bu|men ⟨n.; -s; unz.⟩ *Eiweiß der Eier von Vögeln u. Reptilien* [<lat. *albus* »weiß«]

Al|bu|min ⟨n.; -s, -e⟩ **1** ⟨i.e.S.⟩ *bekanntester Eiweißstoff, Hühnereiweiß* **2** ⟨i.w.S.⟩ *in Wasser lösliches, schwefelreiches Eiweiß, in Eiern, Milch, Blutserum u. verschiedenen Pflanzen enthalten* [<lat. *albus* »weiß«]

al|bu|mi|no|id ⟨Adj.⟩ *eiweißähnlich, wie Eiweiß* [< *Albumin* + *...id*]

al|bu|mi|nös ⟨Adj.⟩ *eiweißhaltig* [→ *Albumin*]

Al|bu|min|u|rie, ⟨auch⟩ **Al|bu|mi|nu|rie** ⟨f.; -, -n⟩ *Ausscheidung von Eiweiß im Harn* [< *Albumin* + *...urie*]

Al|bu|mo|se ⟨f.; -, -n⟩ *Produkt der Eiweißspaltung* [<lat. *albus* »weiß«]

Al|bus ⟨m.; -; unz.⟩ *Weißpfennig, vom 14. bis zum 19. Jh. in West- u. Südwestdtschld. gebräuchl. Scheidemünze, 6-10 Pfennig* [<lat. *albus* »weiß«]

al|cä|isch ⟨Adj.⟩ = *alkäisch*

Al|can|ta|ra ⟨n.; - od. -s; unz.⟩ *ein textiler*

Kunststoff mit samtiger, veloursléderartiger Oberfläche (für Kostüme, Mäntel u.Ä.)
Al|che|mie ⟨[-çe-] f.; -; unz.⟩ = *Alchimie*
Al|che|mist ⟨[-çe-] m.; -en, -en⟩ = *Alchimist*
Al|chi|mie ⟨[-çi-] f.; -; unz.⟩ *mittelalterl. Chemie, bes. Goldmacherkunst;* oV *Alchemie* [< arab. *al-kimia* < grch. *chemeia;* → *Chemie*]
Al|chi|mist ⟨[-çi-] m.; -en, -en⟩ *jmd., der sich mit Alchimie beschäftigt, Goldmacher;* oV *Alchemist*
al|cy|o|nisch ⟨Adj.⟩ oV *alkyonisch, halkyonisch* **1** *friedlich, ruhig* **2** *windstill* [< grch. *halkyon* »Eisvogel«, da dieser in einer meist windstillen Zeit brütet]
Al|de|hyd ⟨m.; -s, -e⟩ *aliphat. od. aromat. chem. Verbindung, die die Aldehydgruppe (-CHO) enthält* [verkürzt < nlat. *al*cohol *dehyd*rogenatus »eines Teils seines Wasserstoffs beraubter Alkohol«]
al den|te ⟨Kochk.⟩ *bissfest, nicht ganz weich gekocht (von Nudeln);* Spaghetti ~ [ital., »halb gar, körnig«]
Al|di|ne ⟨f.; -, -n⟩ *durch hervorragende Qualität ausgezeichneter Druck (bes. antiker Klassiker) des venezianischen Druckers Aldus Manutius (1450-1515)*
Al|do|he|xo|se ⟨f.; -, -n; Chem.⟩ *organ.-chem. Verbindung mit sechs Kohlenstoffatomen, die zur Gruppe der Monosaccharide zählt u. eine endständige Aldehydgruppe (-CHO) trägt* [< *Aldol* + *Hexose*]
Al|dol ⟨n.; -s, -e; Chem.⟩ *aliphat. Aldehyd, der sich wie Alkohol u. Aldehyd zugleich verhält, Zwischenprodukt zur Herstellung von Butanol, Buna, Aldehydharzen u. Buttersäure* [verkürzt < *Ald*ehyd + Alkoh*ol*]
Al|do|sen ⟨n.; -s, -e⟩ *Gruppe einfacher Zucker mit einer Aldehydgruppe im Molekül*
Ale ⟨[ɛil] n.; -s; unz.⟩ *helles englisches Bier* [engl.]
a|lea iac|ta est *der Würfel ist gefallen (angebl. Ausspruch Cäsars, als er 49 v. Chr. den Rubikon überschritt u. damit den Bürgerkrieg veranlasste)* [lat.]
A|le|a|to|rik ⟨f.; -; unz.⟩ *Kompositionstechnik, die den musikal. Verlauf in groben Zügen festlegt, dem Zufall aber einen gewissen Raum lässt* [< lat. *alea* »Würfel«]
a|le|a|to|risch ⟨Adj.⟩ *vom Zufall abhängend*
A|lep|po|beu|le ⟨f.; -, -n⟩ = *Orientbeule* [nach der syr. Stadt *Aleppo*]
a|lert ⟨Adj.⟩ *munter, flink, aufgeweckt* [< frz. *alerte* < ital. *all'erta* »auf der Hut«]
A|leu|kä|mie, ⟨auch⟩ **A|leuk|ä|mie** ⟨f.; -; unz.⟩ *Auftreten von unreifen Leukozyten im Blut, jedoch ohne Vermehrung derselben* [< *A...* + *Leukämie*]
A|leu|ron ⟨n.; -s; unz.; Chem.⟩ *die Backfähigkeit von Mehl bewirkender Eiweißstoff, Kleber;* Sy *Gluten* [grch., »Weizenmehl«]
A|lex|an|dri|ner[1], ⟨auch⟩ **A|le|xand|ri|ner** ⟨m.; -s, -⟩ **1** *Einwohner von Alexandria* **2** *unter den röm. Kaisern in Alexandria (Ägypten) geprägtes Provinzialgeld aus legiertem Silber*
A|lex|an|dri|ner[2], ⟨auch⟩ **A|le|xand|ri|ner** ⟨m.; -s, -⟩ *alexandrin. Vers, sechsfüßiger, jambischer, gereimter Vers mit 12 od. 13 Silben* [nach den frz. Epen des 12. Jh. um *Alexander* den Großen, in denen er bes. verwendet wurde]
a|lex|an|dri|nisch, ⟨auch⟩ **a|le|xand|ri|nisch** ⟨Adj.⟩ **1** *Alexandria betreffend, aus ihm stammend, zu ihm gehörig* **2** *in der Art eines Alexandriners*[2]
A|lex|an|drit, ⟨auch⟩ **A|le|xand|rit** ⟨m.; -s, -e⟩ *grüne, bei Lampenlicht rote, fettig wie Glas glänzende Abart des Chrysoberylls* [nach dem russ. Zaren *Alexander* II]
A|le|xie ⟨f.; -, -n; Neurol.⟩ *Unfähigkeit, trotz vorhandenen Sehvermögens Buchstaben u. Wörter zu erkennen (bei bestimmten Gehirnkrankheiten), Wortblindheit, Buchstabenblindheit, Leseblindheit* [< *A...*[1] + grch. *lexis* »Rede, Wort«]
A|le|xin ⟨n.; -s, -e; meist Pl.⟩ *eiweißartiger Schutzstoff im Blutserum gegen Bakteriengifte* [zu grch. *alexein* »fernhalten«]
a|le|zi|thal ⟨Adj.; Biol.⟩ *ohne Dotter, dotterarm (von Eiern)* [< *a...*[1] + *Lezithin*]
Al|fa|gras ⟨n.; -es, -grä|ser⟩ = *Espartogras;* oV *Halfagras* [< grch. *halfa*]
Al|fal|fa ⟨f.; -; unz.⟩ = *Luzerne* [span. < arab. *al-faṣfaṣah*]
Al|fe|nid ⟨n.; -s; unz.⟩ *versilberte Neusilberlegierung (60 % Kupfer, 30 % Zink, 10 % Nickel), Chinasilber* [nach dem Erfinder *Alphen*]
al fi|ne *(nochmals) bis zum Schluss (eines Musikstückes zu spielen);* da capo ~ [ital.]
al fres|co *auf frischen Kalk, auf die feuchte Kalkwand (malen);* Ggs *al secco* [< ital. *a, al* »an, auf« + *fresco* »frisch«]
Al|ge ⟨f.; -, -n; Bot.⟩ *chlorophyllhaltige niedere Pflanze aus der sehr arten- u. formenreichen gleichnamigen Gruppe Phycophyta* [< lat. *alga* »Seegras, Tang«]
Al|ge|bra, ⟨auch⟩ **Al|geb|ra** ⟨[österr. [-'--] f.; -; unz.; Math.⟩ *Lehre von den Gleichungen* [< arab. *aldschebr* »Verbindung getrennter Teile«]
al|ge|bra|isch, ⟨auch⟩ **al|geb|ra|isch** ⟨Adj.⟩ *die Algebra betreffend, zu ihr gehörig, auf ihr beruhend, mit ihrer Hilfe*
Al|gen|pilz ⟨m.; -es, -e⟩ *Klasse der echten Pilze, niedere Pilze, Fadenpilze: Phycomycetes*
Al|ge|sie ⟨f.; -, -n⟩ *Schmerz, Schmerzempfindlichkeit* [< grch. *algos* »Schmerz«]
Al|ge|si|o|lo|gie ⟨f.; -; unz.; Med.⟩ *Lehre vom Schmerzempfinden*
...al|gie ⟨zur Bildung v. Substantiven; in Zus.⟩ *Schmerz* [< grch. *algos*]
Al|gi|na|te, Al|gi|ne ⟨Pl.; Biol.⟩ *Salze u. Ester der Alginsäure*
Al|gin|säu|re ⟨f.; -, -n; Biol.⟩ *gallertartiges Polysaccharid der Algenzelle*
ALGOL ⟨n.; -; unz.; EDV⟩ *Programmiersprache für mathemat., naturwissenschaftl. u. techn. Probleme* [verkürzt < engl. *algo*rithmic *l*anguage]

Al|go|la|gnie, ⟨auch⟩ **Al|go|lag|nie** ⟨f.; -; unz.⟩ *sexuelles Lustempfinden beim Zufügen od. Erleiden von Schmerzen, übergeordneter Begriff für Sadismus u. Masochismus* [< grch. *algos* »Schmerz« + *lagneia* »Wollust«]

Al|go|lo|ge ⟨m.; -n, -n⟩ *Algenforscher*

Al|go|lo|gie ⟨f.; -; unz.⟩ *Lehre von den Algen* [< *Alge* + *...logie*]

Al|gon|kin ⟨m.; - od. -s, - od. -s⟩ **1** *Angehöriger einer Gruppe nordamerik. Indianerstämme* **2** ⟨n.; -s; unz.⟩ *nordamerik. Sprachfamilie*

al|gon|kisch ⟨Adj.⟩ **1** *das Algonkium betreffend* **2** *die Algonkin(1) od. ihre Sprache betreffend, von ihnen stammend, zu ihnen gehörig*

Al|gon|ki|um ⟨n.; -s; unz.⟩ *zweitälteste Formation der Erdgeschichte, jüngerer Abschnitt des Proterozoikums mit ersten Lebensspuren, vor 1,2 Mrd. bis 580 Mill. Jahren;* Sy *Eozoikum* [nach dem nordamerik. Indianerstamm der *Algonkin*]

al|go|rith|misch ⟨Adj.⟩ *den Algorithmus betreffend, zu ihm gehörend;* ~e Sprache ⟨EDV⟩

Al|go|rith|mus ⟨m.; -, -men⟩ *Anleitung für Rechenverfahren* [nach Abu-Ja'far Mohammed Ibn-Musa *Al-Chwarizmi,* pers. Mathematiker des 9. Jh.]

Al|gra|fie ⟨f.; -, -n⟩ = *Algraphie*

Al|gra|phie ⟨f.; -, -n⟩ *Flachdruckverfahren mit geätzten Aluminiumplatten an Stelle von Zinkplatten, Aluminiumdruck;* oV *Algrafie* [verkürzt < *Al*uminium + *...graphie*]

Al|hi|da|de ⟨f.; -, -n⟩ *bewegl. Ablesevorrichtung (Zeiger, Nonius u. dgl.) an Winkelmessern, Sextanten, Oktanten usw.* [zu mlat. *alhidadah* < arab. *al-hidadah*]

a|li|as ⟨Adv.⟩ *anders; eigentlich;* Hans Weber ~ Schulze [zu lat. *alius* »ein anderer«]

A|li|as ⟨[ɛiliəs] n.; -, -⟩ *falscher Name, Pseudonym* [engl.]

A|li|a|sing ⟨[ɛiliəsiŋ] n.; -s, -s⟩ **1** *verfälschtes Signal* **2** ⟨EDV⟩ *gezacktes Erscheinungsbild bestimmter Grafikelemente aufgrund der begrenzten Auflösungsfähigkeit des Bildschirms* [engl.]

A|li|bi ⟨n.; -s, -s⟩ *Nachweis der Abwesenheit vom Tatort zur Tatzeit;* ein (kein) ~ haben; sein ~ nachweisen [lat., »anderswo«]

A|li|bi|funk|ti|on ⟨f.; -, -en⟩ *einer Sache od. einer Person zugeteilte Funktion, die einen Tatbestand od. Missstand verschleiern soll*

alicyclisch, alizyklisch (*orthographische Varianten*) Viele ursprünglich ausschließlich fachsprachlich verwandte Begriffe sind durch häufigen Gebrauch zumindest teilweise in die Standardsprache eingegangen. Dies hat in einigen Fällen zu unterschiedlichen Schreibungen geführt. Während das Adjektiv *alicyclisch* in der Schreibung mit *c* eher im fachsprachlichen Kontext verwendet wird, ist die lautlich an die deutsche Aussprache angepasste Schreibung mit *z* bzw. *k* ebenso zulässig.

a|li|cy|clisch, ⟨auch⟩ **a|li|cyc|lisch** ⟨Adj.; Chem.⟩ ~e Verbindungen *gesättigte, organ. Verbindungen mit bis zu 30 ringförmig angeordneten Kohlenstoffatomen, allg. Formel C_nH_{2n};* oV *alizyklisch;* Sy *Naphthene;* Ggs *aliphatische Verbindungen* [verkürzt < *ali*phatisch + *cyclisch*]

A|li|en ⟨[ɛiliən] m. od. n.; -s, -s⟩ *außerirdisches Lebewesen* [engl.]

A|li|e|na|ti|on ⟨[-li:e-] f.; -, -en⟩ **1** *Entfremdung* **2** *Veräußerung, Verkauf* **3** ⟨Med.⟩ *Geistesabwesenheit* [< lat. *alienatio* »Entfremdung«]

a|li|e|nie|ren ⟨[-li:e-] V.⟩ **1** *entfremden* **2** *veräußern, verkaufen* [< lat. *alienare* »entfremden«]

A|li|gne|ment, ⟨auch⟩ **A|lig|ne|ment** ⟨[-linjəmã:] n.; -s, -s⟩ *Absteckung einer Richtlinie (beim Eisenbahn- od. Straßenbau)* [frz. »Ausrichtung«; zu *ligne* »Linie«]

a|li|gnie|ren, ⟨auch⟩ **a|lig|nie|ren** ⟨[-linji:-] V.⟩ *abmessen, abstecken* [< frz. *aligner* »ausrichten«; zu *ligne* »Linie«]

A|li|ment ⟨n.; -(e)s, -e; meist Pl.⟩ *Unterhaltsbeitrag, bes. Unterhaltspflicht gegenüber unehelichen Kindern* [< lat. *alimentum* »Nahrung«]

A|li|men|ta|ti|on ⟨f.; -, -en⟩ *Gewährung von Lebensunterhalt, von Alimenten* [zu lat. *alimentum* »Nahrung«]

a|li|men|tie|ren ⟨V.⟩ jmdn. ~ *jmdm. Lebensunterhalt gewähren, für jmdn. Alimente zahlen*

A|li|nea ⟨n.; -s, -s; Abk.: Al.⟩ *Absatz, neue Zeile* [< lat. *a linea* »von der Zeile«]

a|li|ne|ie|ren ⟨V.; †⟩ *absetzen, eine neue Zeile beginnen* [→ *Alinea*]

A|li|pha|ten ⟨Pl.⟩ = *aliphatische Verbindungen*

a|li|pha|tisch ⟨Adj.⟩ ~e Verbindungen *Gruppe organischer Verbindungen, deren das Grundgerüst bildende Kohlenstoffatome zu geraden oder verzweigten (aber nicht in sich geschlossenen) Ketten angeordnet sind, Hauptbestandteile der Fette und Wachse;* Sy *Aliphaten, acyclische Verbindungen;* Ggs *aromatische od. alicyclische Verbindungen* [< grch. *aleiphar,* Gen. *aleiphatos* »Fett«]

a|li|quant ⟨Adj.⟩ *nicht ohne Rest teilend;* ~er Teil einer Zahl *Teil einer Zahl, durch den sie nur mit Rest teilbar ist* [< lat. *aliquantum* »irgendwieviel«]

a|li|quot ⟨Adj.⟩ *ohne Rest teilend;* ~er Teil einer Zahl *Teil einer Zahl, durch den sie ohne Rest teilbar ist* [< lat. *aliquot* »einige, mehrere«, *aliquotus* »einige Mal«]

A|li|quo|te ⟨f.; -, -n⟩ *gleichteilende Zahl, die im Ganzen ohne Rest aufgeht* [→ *aliquot*]

A|li|quot|flü|gel ⟨m.; -s, -; Mus.⟩ *Hammerflügel (Klavier) mit über den Anschlagsaiten angebrachten, höher mitschwingenden Aliquotsaiten*

A|li|quot|sai|te ⟨f.; -, -n; Mus.⟩ *Resonanzsaite, mit der angeschlagenen Saite mitschwingende Saite*

A|li|quot|ton ⟨m.; -(e)s, -tö|ne; Mus.⟩ *mitschwingender Oberton*

A|li|ud|lie|fe|rung ⟨f.; -, -en; Wirtsch.⟩ *Falschlieferung* [<lat. *aliud* »etwas anderes«]
A|li|za|rin ⟨n.; -s; unz.⟩ *Naturfarbstoff in der Krappwurzel, synthetisch durch Schmelzen von anthrachinonsulfosaurem Natrium mit Natriumhydroxid u. Kaliumchlorat gewonnen: 1,2-Dioxianthrachinon* [< *Alzari* »Krappwurzel« <span. *alizari* »levant. Krapp«]
a|li|zy|klisch, ⟨auch⟩ **a|li|zyk|lisch** ⟨Adj.⟩ = *alicyclisch*
Alk ⟨m.; -(e)s, -en⟩ *Angehöriger einer Familie der regenpfeiferartigen Vögel, Schwimmvogel der Nordozeane: Alcidae* [<isl. u. schwed. *alka*]
Al|ka|hest ⟨m. od. n.; -(e)s, -e⟩ *alchimist. Mittel, angebl. zur Lösung aller Stoffe* [nlat.]
al|kä|isch ⟨Adj.⟩ oV *alcäisch* **1** *den griech. Dichter Alkaios (um 600 v. Chr.) betreffend, von ihm stammend* **1.1** ~e **Strophe** *Strophe der griech. Ode aus vier alkäischen Versen* **1.2** ~er **Vers** *altgriech. Versmaß aus 8–11 Silben*
Al|kal|de ⟨m.; -n, -n⟩ *span. Gemeindevorsteher, Bürgermeister* [<span. *alcalde* »Schultheiß, Richter eines Dorfes in Spanien« <arab. *al-qa'di* »der Richter«]
Al|ka|li ⟨n.; -s, -li|en⟩ = *Base* [<arab. *al-qalaj* »die salzhaltige Asche, die man aus der Pflanze Salicornia gewinnt«; zu arab. *qalaj* »rösten«]
Al|ka|li|me|tal|le ⟨Pl.⟩ *die Elemente Lithium, Natrium, Kalium, Rubidium, Caesium u. Francium*
Al|ka|li|me|trie, ⟨auch⟩ **Al|ka|li|met|rie** ⟨f.; -, -n⟩ *Verfahren der Maßanalyse zur Bestimmung von Basen od. basischen Salzen durch Neutralisation mit Säuren bekannter Konzentrationen* [< *Alkali* + *…metrie*]
al|ka|lisch ⟨Adj.⟩ = *basisch*
al|ka|li|sie|ren ⟨V.⟩ *Alkalien zusetzen*
Al|ka|lo|id ⟨n.; -(e)s, -e⟩ *alkalisch reagierende giftige (heterocyclische) Verbindungen, z.B. in Pflanzen, Genuss-, Rausch- u. Heilmitteln (Coffein, Chinin, Morphin, Cocain, Nicotin)* [< *Alkali* + *…id*]
Al|ka|ne ⟨Pl.⟩ = *Paraffine*
Al|kan|na ⟨f.; -; unz.⟩ **1** *Gattung der Raublattgewächse* **2** *die Wurzel der Alcanna tinctoria, die den harzigen roten Farbstoff Henna enthält* [<span. *alcana* <arab. *alhinna* »eine rotfärbende Wurzel«]
Al|ka|zar ⟨[-sar] od. [-θar], a. [--'-] m.; -s, -e⟩ *Burg, Schloss, Palast in Spanien* [<span. *alcazar* »Burg, Schloss« <arab. *al-qasr* »die Burg« <lat. *castrum* »Kastell, befestigter Platz«]
Al|ke|ne ⟨Pl.⟩ = *Olefine*
Al|ki|ne ⟨Pl.⟩ *Gruppe aliphat., organ. Verbindungen, die durch eine Dreifachbindung im Molekül gekennzeichnet sind, einfachster Vertreter: Acetylen,* $CH \equiv CH$
Al|ko|hol ⟨m.; -s, -e⟩ **1** ⟨i.w.S.⟩ *organ. chem. aliphat. od. aromat. Verbindung, in der ein od. mehrere Wasserstoffatome durch eine od. mehrere Hydroxyl-(OH-)Gruppen ersetzt sind, allg. Formel für einwertige, aliphat., gesättigte Alkohole* $C_nH_{2n+1}\text{-}OH$*, Ausgangsprodukte für org. Synthesen, gute Lackzusätze, Lösungsmittel* **2** ⟨m.; -; unz.; i.e.S.⟩ = *Äthylalkohol* [<arab. *alkohol* »Bleiglanz zum Färben der Brauen«]
Al|ko|ho|lat ⟨n.; -(e)s, -e⟩ *salzartige Verbindung, die durch Einwirkung von Alkalimetall (z.B. Natrium) auf einen Alkohol unter Wasserstoffabspaltung entsteht u. nur unter Feuchtigkeitsausschluss beständig ist, z.B. Natriumäthylat,* C_2H_5ONa
Al|ko|ho|li|ka ⟨nur Pl.⟩ *alkoholische Getränke*
Al|ko|ho|li|ker ⟨m.; -s, -⟩ *jmd., der dem Alkohol verfallen ist, gewohnheitsmäßiger Trinker*
Al|ko|ho|li|ke|rin ⟨f.; -, -rin|nen⟩ *weibl. Person, die dem Alkohol verfallen ist, gewohnheitsmäßige Trinkerin*
al|ko|ho|lisch ⟨Adj.⟩ **1** ~es **Getränk** *Alkohol enthaltendes Getränk* **2** ~e **Gärung** *Gärung, bei der Alkohol entsteht*
al|ko|ho|li|sie|ren ⟨V.⟩ **1** Most ~ *mit Alkohol versetzen, vermischen, um die Gärung zu unterbrechen* **2** jmdn. ~ ⟨umg.⟩ *betrunken machen*
Al|ko|ho|lis|mus ⟨m.; -; unz.⟩ **1** *Trunksucht* **2** *Erkrankung durch übermäßigen Alkoholgenuss*
Al|ko|ho|lo|me|ter ⟨n.; -s, -⟩ *Messgerät zur Ermittlung des Alkoholgehalts einer Flüssigkeit* [< *Alkohol* + *…meter*]
Al|ko|hol|spie|gel ⟨m.; -s, -⟩ *Menge des im Blut enthaltenden Alkohols;* ein ~ von 1,5‰
Al|ko|ven ⟨[-vən] m.; -s, -⟩ **1** *Bettnische* **2** *sehr kleiner Nebenraum an einem Zimmer* [<span. *alcoba* »Schlafgemach« <arab. *al-qobbah* »Gemach, Gewölbe«]
Al|kyl ⟨n.; -s, -e⟩, **Al|kyl|grup|pe** ⟨f.; -, -n⟩ = *Alkylradikal*
al|ky|lie|ren ⟨V.⟩ chem. Verbindung ~ *mit Alkylradikal versetzen*
Al|kyl|ra|di|kal ⟨n.; -s, -e⟩ *einwertiger aliphatischer Kohlenwasserstoffrest der allgemeinen Form* C_nH_{2n+1}-*, der nur äußerst kurz beständig ist;* Sy *Alkyl, Alkylgruppe* [verkürzt < *Alkali* + *…yl*]
al|ky|o|nisch ⟨Adj.⟩ = *alcyonisch*
al|la ⟨Adv.⟩ *nach Art, in der Art von;* ~ **breve** ⟨[-və]; Mus.⟩ *auf kurze Weise, mit verkürztem Tempo im Alla-breve-Takt;* ~ **marcia** [ma:rtʃa] *in der Art eines Marsches, im Marschtempo;* ~ **misura** ⟨Mus.⟩ *wieder im Takt;* ~ **polacca** *in der Art einer Polonäse, im Polonäsenrhythmus;* ~ **prima** ⟨Mal.⟩ *auf erste Art;* ~ prima malen *in nur einer Farbschicht ohne Unter- od. Übermalen od. Lasieren;* ~ **tedesca** *nach Art eines deutschen Tanzes;* ~ **turca** *nach türk. Art, in der Art der Janitscharenmusik;* ~ **zingarese** *nach Art der Zigeunermusik;* →a. *à la* [ital.]
Al|la-bre|ve-Takt ⟨m.; -(e)s; unz.; Mus.⟩ *Takt, bei dem statt 4/4 nur 2/2 gezählt werden, um ein bewegteres Tempo zu erreichen*
Al|lah ⟨a. [-'-] m.; -s; unz.; im Islam⟩ *Gott* [arab.]
Al|lan|to|in ⟨n.; -s, -e⟩ *(bei manchen Wirbeltie-*

ren) Endprodukt des Harnstoffwechsels [<grch. *allas,* Gen. *allantos* »Wurst«]

Al|lan|to|is ⟨[-to:is] f.; -; unz.⟩ *embryonaler Harnsack* [<grch. *allas,* Gen. *allantos* »Wurst«]

al|lar|gan|do ⟨Mus.⟩ *breiter u. langsamer werdend (zu spielen);* Sy *largando* [zu ital. *allargare* »erweitern, ausdehnen«]

al|la rin|fu|sa ⟨Wirtsch.⟩ *in unverpacktem Zustand, lose zu verladen* [ital., »durcheinander«]

Al|la|tiv ⟨m.; -s, -e [-və]; Sprachw.⟩ *Kasus, der das Ziel angibt* [zu lat. *allatum* »herbeigebracht«]

Al|lee ⟨f.; -, -n⟩ *von Bäumen gesäumte Straße, von Bäumen eingefasster Weg* [frz.; zu *aller* »gehen«]

Al|le|gat ⟨n.; -(e)s, -e⟩ **1** *Berufung (auf ein Schriftwort)* **2** *zitierte Stelle* [zu lat. *allegare* »vorbringen, geltend machen«]

Al|le|ga|ti|on ⟨f.; -, -en⟩ *Zitat, Anführung, Berufung auf*

al|le|gie|ren ⟨V.⟩ eine Schriftstelle ~ *anführen, zitieren* [<lat. *allegare* »vorbringen, geltend machen«]

Al|le|go|re|se ⟨f.; -, -n⟩ *allegorische Deutung eines Textes* [→ *Allegorie*]

Al|le|go|rie ⟨f.; -, -n; bildende Kunst, Dichtung⟩ *bildhafte Darstellung eines Begriffs od. Vorgangs mit enger, erkennbarer Verbindung zu diesem, Sinnbild, Gleichnis,* z.B. Frau mit Waage u. verbundenen Augen für »Gerechtigkeit«; Ggs *Symbol(4)* [<grch. *allegoria,* zu *allegorein* »etwas anderes sagen«]

Al|le|go|rik ⟨f.; -; unz.⟩ **1** *Gesamtheit der allegor. Elemente (einer künstler. Darstellung)* **2** *allegor. Darstellungsweise*

al|le|go|risch ⟨Adj.⟩ *in der Art einer Allegorie, mit ihrer Hilfe, sinnbildlich, gleichnishaft*

al|le|go|ri|sie|ren ⟨V.⟩ *durch eine Allegorie darstellen, verdeutlichen, gleichnishaft darstellen, versinnbildlichen*

Al|le|go|ris|mus ⟨m.; -, -men⟩ *Anwendung einer allegorischen Darstellungsweise*

al|le|gret|to, ⟨auch⟩ **al|leg|ret|to** ⟨Mus.⟩ *ein wenig allegro, mäßig bewegt (zu spielen)* [Verkleinerungsform zu *allegro*]

Al|le|gret|to, ⟨auch⟩ **Al|leg|ret|to** ⟨n.; -s, -s od. -gret|ti⟩ *mäßig bewegtes Musikstück od. Teil eines solchen*

al|le|gro, ⟨auch⟩ **al|leg|ro** ⟨Mus.⟩ *schnell, lebhaft (zu spielen)* [ital., »munter«]

Al|le|gro, ⟨auch⟩ **Al|leg|ro** ⟨n.; -s, -s od. -gri⟩ *schnelles, lebhaftes Musikstück od. Teil davon*

al|lel ⟨Adj.⟩ *sich entsprechend;* ~er Chromosomensatz

Al|lel ⟨n.; -s, -e⟩ *eines der einander entsprechenden Gene eines diploiden Chromosomensatzes,* z.B. die Erbanlage für die Augenfarbe des männl. u. weibl. Elternteils [<grch. *allelon* »einander, gegenseitig«]

al|le|lu|ja = *halleluja*

Al|le|lu|ja ⟨n.; -s, -s⟩ = *Halleluja*

Alle|man|de ⟨[almã:d(ə)] m.; -, -⟩ **1** ⟨16. Jh.⟩ *ruhiger alemann. Volkstanz im $^4/_4$-Takt* **2** ⟨danach⟩ *Gesellschaftstanz im $^3/_4$-Takt* **3** *ruhiger Tanzsatz, bes. als Teil der Suite* [<frz. *(danse) allemande* »deutsch(er Tanz)«]

> ■ Die Buchstabenfolge **all|erg...** kann auch **al|lerg...** getrennt werden.

■ **all|erg** ⟨Adj.⟩ = *allergisch*

■ **All|er|gen** ⟨n.; -s, -e⟩ *eine allerg. Krankheit bewirkender Stoff* [< *Allo...* + *...gen*]

■ **All|er|gie** ⟨f.; -, -n⟩ *Überempfindlichkeit gegen bestimmte Stoffe* [< *Allo...* + grch. *ergon* »Werk«]

■ **All|er|gi|ker** ⟨m.; -s, -⟩ *jmd., der allergisch auf bestimmte Stoffe reagiert*

■ **All|er|gi|ke|rin** ⟨f.; -, -rin|nen⟩ *weibl. Person, die allergisch auf bestimmte Stoffe reagiert*

■ **all|er|gisch** ⟨Adj.⟩ **1** *auf Allergie beruhend;* ~e Reaktion **2** *überempfindlich gegen bestimmte Stoffe;* ~ gegen Erdbeeren sein

■ **All|er|go|lo|gie** ⟨f.; -; unz.⟩ *Lehre von den Allergien* [< *Allergie* + *...logie*]

■ **All|er|go|se** ⟨f.; -, -n⟩ *allergische Krankheit* [→ *Allergie*]

al|lez! ⟨[ale:] Int.⟩ *vorwärts!* [frz.]

Al|li|ance ⟨[aliã:s] f.; -, -n⟩ = *Allianz* [frz.]

Al|li|anz ⟨f.; -, -en⟩ *Bündnis, Vereinigung, Interessengemeinschaft;* oV *Alliance;* die Heilige ~ *Bündnis zwischen Preußen, Russland u. Österreich 1815* [<frz. *alliance* »Bündnis«]

Al|li|cin ⟨n.; -s; unz.⟩ *Wirkstoff des Knoblauchs, der beruhigend auf den Bakterienhaushalt des Magen-Darm-Kanals einwirkt;* oV *Allizin* [<lat. *allium* »Knoblauch«]

Al|li|ga|tor ⟨m.; -s, -to|ren⟩ *Angehöriger einer Familie der Krokodile mit verhältnismäßig kurzer Schnauze: Alligatoridae* [<span. *el lagarto* »die Eidechse« <lat. *lacerta* »Eidechse«]

al|li|ie|ren ⟨V.⟩ sich ~ *eine Allianz schließen, sich verbünden, sich vereinigen* [<frz. *s'allier* »sich verbünden«]

Al|li|ier|te(r) ⟨f. 2 (m. 1)⟩ *Angehörige(r) einer Allianz, Verbündete(r);* die ~n *die gegen Dtschld. verbündeten Länder im Ersten u. Zweiten Weltkrieg*

Al|li|in ⟨n.; -s; unz.⟩ *im Knoblauch vorkommende geruchlose Verbindung, die keine antibakterielle Wirkung besitzt, Vorstufe des Allicins* [zu lat. *allium* »Knoblauch«]

Al|li|te|ra|ti|on ⟨f.; -, -en⟩ *Gleichklang, Gleichheit der Anfangsbuchstaben mehrerer (mittelbar od. unmittelbar) aufeinander folgender Wörter,* z.B. Stabreim [< *Ad...* + lat. *littera* »Buchstabe«]

al|li|te|rie|ren ⟨V.⟩ *den gleichen Anlaut haben* [→ *Alliteration*]

Al|li|zin ⟨n.; -s; unz.⟩ = *Allicin*

al|lo..., **Al|lo...** ⟨vor Vokalen⟩ all..., All... ⟨in Zus.⟩ *anders* [<grch. *allos*]

Al|lo|bar ⟨n.; -s, -e; Phys.⟩ *Element mit einer nicht natürlich vorkommenden Isotopenzusammensetzung*

Al|lo|cho|rie ⟨[-ko-] f.; -; unz.⟩ *Verbreitung von Samen u. Früchten bei Pflanzen durch Außenkräfte, z.B. durch Wind, Wasser u. Tiere* [< *Allo...* + grch. *chorizein* »verbreiten«]
al|lo|chro|ma|tisch ⟨[-kro-] Adj.⟩ ~e Mineralien *durch geringe Beimengung anderer Stoffe von ihrer eigentlichen Farbe abweichende Mineralien* [< *allo...* + *chromatisch*]
al|lo|chthon, ⟨auch⟩ **al|loch|thon** ⟨[alɔxtoːn] Adj.⟩ Ggs *autochthon* **1** *von fremdem Boden od. aus fremdem Land stammend* **2** ⟨Geol.⟩ *aus ortsfremdem Material gebildet* [< *allo...* + grch. *chthon* »Erde«]
Al|lo|fon ⟨n.; -s, -e; Phon.⟩ = *Allophon*
al|lo|gam ⟨Adj.⟩ *fremdbestäubend, von anderen Pflanzen bestäubt werdend;* oV *allogamisch* [< *allo...* + *...gam*]
Al|lo|ga|mie ⟨f.; -; unz.⟩ *Fremdbestäubung* [→ *allogam*]
al|lo|ga|misch ⟨Adj.⟩ = *allogam*
Al|lo|graf ⟨n.; -s, -e; Sprachw.⟩ = *Allograph*
Al|lo|graph ⟨n.; -s, -e; Sprachw.⟩ *Variante eines Graphems, z.B. das ou od. u in »Bravour« u. »Bravur« od. die Großschreibung eines sonst kleingeschriebenen Wortes am Satzanfang;* oV *Allograf* [zu grch. *allos* »anders« + *graphein* »schreiben«]
Al|lo|i|so|me|rie ⟨f.; -; unz.; Chem.⟩ = *Cis-trans-Isomerie*
Al|lo|kar|pie ⟨f.; -, -n⟩ *Fruchtbildung nach Fremdbestäubung* [< *Allo...* + grch. *karpos* »Frucht«]
Al|lo|ka|ti|on ⟨f.; -, -en; Wirtsch.⟩ *(kostengünstige) Verteilung finanzieller Mittel* [< *Al...* + lat. *locus* »Ort, Platz, Stelle«]
Al|lo|ku|ti|on ⟨f.; -, -en⟩ *Ansprache des Papstes an die Kardinäle über eine kirchliche od. politische Angelegenheit* [< frz. *allocution* »Ansprache«]
al|lo|morph ⟨Adj.⟩ = *allotrop*
Al|lo|morph ⟨n.; -s, -e; Sprachw.⟩ *Variante eines Morphems, z.B. die Formen »gab« und »gib« des Verbums »geben«* [zu grch. *allos* »anders« + *...morph*]
Al|lo|mor|phie ⟨f.; -; unz.⟩ = *Allotropie* [< *allo...* + *...morphie*]
all'on|ga|re|se ⟨Mus.⟩ = *all'ungherese*
Al|lon|ge ⟨[alɔ̃ːʒ(ə)] f.; -, -n⟩ *Verlängerungsstreifen (an Wechseln für zusätzl. Erklärungen)* [frz., »Verlängerungsstück«]
Al|lon|ge|pe|rü|cke ⟨[alɔ̃ːʒ(ə)-] f.; -, -n; 17. u. 18. Jh.⟩ *Männerperücke mit langen Locken*
al|lons! ⟨[alɔ̃ː]⟩ *vorwärts!, auf!* [frz., »gehen wir!, lasst uns gehen!«]
all|o|nym, ⟨auch⟩ **al|lo|nym** ⟨Adj.⟩ *den Namen eines anderen (als Decknamen) tragend*
All|o|nym, ⟨auch⟩ **Al|lo|nym** ⟨n.; -s, -e⟩ *Name eines anderen als Deckname für sich selbst* [< *Allo...* + grch. *onyma* »Name«]
Al|lo|path ⟨m.; -en, -en⟩ *Vertreter, Anhänger der Allopathie, nach der Allopathie arbeitender Arzt;* Ggs *Homöopath* [< *Allo...* + *...path*]
Al|lo|pa|thie ⟨f.; -; unz.⟩ *das (übliche) Heilverfahren, gegen eine Krankheit Mittel anzuwenden, die eine der Krankheitsursache entgegengesetzte Wirkung haben;* Ggs *Homöopathie* [< *Allo...* + *...pathie*]
al|lo|pa|thisch ⟨Adj.⟩ *die Allopathie betreffend, zu ihr gehörig, auf ihr beruhend, mit ihrer Hilfe;* Ggs *homöopathisch;* ~er Arzt; ~es Mittel
Al|lo|phon ⟨n.; -s, -e; Phon.⟩ *Variante eines Phonems,* z.B. ch [ç] u. [x] in »ich« u. »ach«; oV *Allofon* [< *Allo...* + *...phon*[1]]
Al|lo|plas|tik ⟨f.; -, -en; Med.⟩ **1** *Verfahren, Gewebe durch körperfremde leblose Stoffe zu ersetzen;* Sy *Heteroplastik* **2** *das Ersatzstück für das Gewebe;* Ggs *Homöoplastik* [< *Allo...* + *Plastik*]
al|lo|plas|tisch ⟨Adj.⟩ *mit Hilfe einer Alloplastik*
Al|lor|rhi|zie ⟨f.; -, -n⟩ *von einer Hauptwurzel ausgehendes Wurzelsystem der Dikotylen* [< *Allo...* + grch. *rhiza* »Wurzel«]
Al|lo|sem ⟨n.; -s, -e; Sprachw.⟩ *Variante eines Semems* [< *Allo...* + *Sem*]
al|lo|thi|gen ⟨Adj.⟩ *durch tekton. Vorgänge (Wind- u. Wassereinwirkung) von ihrem Entstehungsort entfernt (bei Gesteinen u. Mineralien);* Ggs *authigen* [< grch. *allothi* »anderswo« + *...gen*[1]]
Al|lo|tria, ⟨auch⟩ **Al|lot|ria** ⟨n.; -s, - od. Pl.⟩ **1** ⟨urspr.⟩ *nicht zur Sache gehörige Dinge* **2** ⟨allg.⟩ *Unfug, Unsinn, Dummheiten;* ~ treiben [zu grch. *allotrios* »fremd, fremdartig«]
al|lo|trop ⟨Adj.⟩ *in der Art der Allotropie (auftretend);* Sy *allomorph* [< *allo...* + *...trop*[1]]
Al|lo|tro|pie ⟨f.; -; unz.; Chem.⟩ *das Vorkommen eines chem. Elements in zwei verschiedenen festen Zustandsformen (Modifikationen), beim Kohlenstoff z.B. Graphit u. Diamant;* Sy *Allomorphie* [< *Allo...* + *...tropie*]
all'ot|ta|va ⟨Abk.: all'ott. od. 8va; Mus.⟩ **1** *eine Oktave höher (zu spielen)* **2** ~ bassa *eine Oktave tiefer (zu spielen)* [ital., »in der Oktave«]
All-o|ver-... ⟨[ɔːlouvə(r)] in Zus.⟩ *gänzlich, ganzflächig;* ~Musterung [engl.]
All-Risks-Ver|si|che|rung ⟨[ɔːl-] f.; -, -en⟩ *Versicherung, die grundsätzlich alle Gefahren umfasst* [< engl. *all* »alle« + *risk* »Risiko, Gefahr«]
All|round... ⟨[ɔːlraund] in Zus.⟩ *sehr vielseitig, auf vielen Gebieten Bescheid wissend od. Fertigkeiten habend* [< engl. *all* »alles« + *round* »rund(um)«]
All|round|man ⟨[ɔːlraundmæn] m.; - od. -s, -men [-mən]⟩ *jmd., der auf vielen Fachgebieten Bescheid weiß u. die verschiedensten Aufgaben erfüllen kann* [< *Allround...* + engl. *man* »Mann, Mensch«]
All|round|sport|ler ⟨[ɔːlraund-] m.; -s, -⟩ *Sportler, der in verschiedenen Sportarten gleichermaßen erfolgreich ist*
All-Star-... ⟨[ɔːlstaː(r)] in Zus. mit Subst.⟩ *aus berühmten Künstlern (oft Musikern) bestehend;* ~Band; ~Trio [engl.]
all'un|ghe|re|se ⟨Mus.⟩ *nach Art der ungarischen Musik;* oV *all'ongarese* [ital.]

all'u|ni|so|no = *unison*
Al|lü|ren ⟨Pl.⟩ *(ungewöhnliches) Benehmen, (auffallende) Umgangsformen, Gewohnheiten;* ~ haben [<frz. *allure* »Gangart«]
al|lu|vi|al ⟨[-vi-] Adj.; Geol.⟩ *das Alluvium betreffend, aus ihm stammend, zu ihm gehörig, angeschwemmt;* Sy *holozän*
Al|lu|vi|on ⟨[-vi-] f.; -, -en; Geol.⟩ *Anschwemmung; angeschwemmtes Land* [→ *Alluvium*]
Al|lu|vi|um ⟨[-vi-] n.; -s; unz.; Geol.⟩ = *Holozän* [<lat. *alluere* »anspülen«]
Al|lyl ⟨n.; -s, -e⟩, **Al|lyl|grup|pe** ⟨f.; -, -n⟩, **Al|lyl-ra|di|kal** ⟨n.; -s, -e⟩ *ungesättigte aliphatische Verbindung, einwertiger Rest CH_2= CH-CH_2-, wie er im Allylalkohol CH_2= CH-CH_2-OH zu finden ist* [<lat. *allium* »Knoblauch« + ...*yl*]
Al|ma Ma|ter ⟨f.; - -; unz.; poet.⟩ *Hochschule, Universität* [lat., »nährende Mutter«]
Al|ma|nach ⟨m.; -s, -e⟩ **1** *Kalender* **2** *Jahrbuch mit Bildern* **3** *Verlagsverzeichnis mit Textproben aus neuen Büchern* [<mlat. *almanachus* <grch. *alemenichiaka* »Kalender«]
Al|man|din ⟨m.; -s, -e⟩ *blutrotes bis schwarzes, glas- od. harzglänzendes Mineral, in Gneis u. Glimmerschiefer, chem. Formel $Fe_3Al_2SiO_4$* [nach dem Fundort *Alabanda* in Kleinasien]
A|lo|dine-Ver|fah|ren ⟨[-dain-] n.; -s; unz.; Ⓦⓩ⟩ *Verfahren zum Schutz von Aluminium vor Korrosion durch künstl. Erzeugung dünner Oxidschichten (die auch färbbar sind) auf der Oberfläche, vor allem bei der Verwendung von Aluminium als Außenhaut von Gebäudefassaden*
A|loe ⟨[-loe:] f.; -, -n⟩ *Gattung der Liliengewächse mit stammartigen Achsen, die rosettig angeordnete, meist dickfleischige Blätter tragen* [lat. <grch. *aloe* <hebr. *ahalim*]
a|lo|gisch ⟨Adj.⟩ *unlogisch, nicht logisch, der Logik widersprechend* [< *a...*[1] + *logisch*]
A|lo|pe|zie ⟨f.; -; unz.⟩ *Haarschwund, Kahlheit* [<grch. *alopekia* »Fuchsräude«]
Al|pa|ka[1] ⟨n.; -s, -s⟩ **1** *südamerikan. Kamelschaf, das zur Fleisch- u. Wollgewinnung in den Anden halbwild gehalten wird: Lama pacos* **2** ⟨unz.⟩ *dessen Wolle* [<span. *alpaca* <Aymara *allpaca*]
Al|pa|ka[2] ⟨n.; -s; unz.; Ⓦⓩ⟩ *oberflächlich versilberte Neusilberlegierung mit etwa 55 bis 60% Kupfer, 16 bis 26% Nickel, 19 bis 31% Zink*
al pa|ri ⟨Wirtsch.⟩ ~ kaufen, ~ stehen *zum Nennwert (von Wertpapieren)* [ital. »zum gleichen (Wert)«]
Al|pha ⟨n.; -s, -s; Zeichen: α, A⟩ *erster Buchstabe des griech. Alphabets;* das ~ und das Omega *der Anfang und das Ende*
Al|pha|bet ⟨n.; -(e)s, -e⟩ **1** *die geordnete Folge der Buchstaben einer Sprache, das Abc;* Wörter, Namen nach dem ~ ordnen **2** musikalisches ~ *die Buchstabenfolge zur Bezeichnung der 7 Stammtöne c, d, e, f, g, a, h od. ut (do), re, mi, fa, sol, la, si* [<lat *alphabetum* <grch. *alphabetos;* zu *alpha* + *beta* <hebr. *aleph* + *beth,* den beiden ersten Buchstaben des Alphabets]
al|pha|be|tisch ⟨Adj.⟩ *nach dem Alphabet, in der Ordnung des Alphabets;* Namen, Wörter in ~er Reihenfolge aufschreiben
al|pha|be|ti|sie|ren ⟨V.⟩ **1** Begriffe, Namen, Wörter ~ *nach dem Alphabet ordnen* **2** *im Lesen und Schreiben unterrichten;* Analphabeten ~
Al|pha|feh|ler ⟨m.; -s, -; Wirtsch.⟩ *Entscheidungsfehler (erster Art) bei statistischen Testverfahren, bei denen eine Voraussetzung od. Annahme trotz ihrer Richtigkeit verworfen od. ausgeschlossen wird;* → a. *Betafehler*
al|pha|nu|me|risch ⟨Adj.⟩ ~e Zeichen ⟨EDV⟩ *Zeichen aus Dezimalziffern u. Buchstaben* [< *Alpha* + *Numerus*]
Al|pha|strahl ⟨m.; -(e)s, -en⟩, **Al|pha|teil|chen** ⟨n.; -s, -⟩ *Kern des Heliumatoms, bestehend aus zwei Neutronen u. zwei Protonen, der bei vielen Kernreaktionen wegen seiner großen Stabilität als selbständiges Teilchen aus größeren Atomkernen abgespalten wird* [nach *alpha,* dem ersten Buchstaben des grch. Alphabets]
al|pi|disch ⟨Adj.⟩ *zu den Alpen gehörig, die Alpenbildung betreffend*
al|pin ⟨Adj.⟩ *die Alpen, das Hochgebirge betreffend, Alpen-, Hochgebirgscharakter zeigend, in der Art der Alpen*
Al|pi|na|ri|um ⟨n.; -s, -ri|en⟩ *Naturwildpark im Hochgebirge*
Al|pi|ni ⟨Pl.; Sing.: -no⟩ *die italien. Alpen-, Gebirgsjäger*
Al|pi|nis|mus ⟨m.; -; unz.⟩ = *Alpinistik*
Al|pi|nist ⟨m.; -en, -en⟩ *jmd., der Alpinistik betreibt, Bergsteiger in den Alpen, im Hochgebirge*
Al|pi|nis|tik ⟨f.; -; unz.⟩ *sportlich betriebenes Bergsteigen (in den Alpen, im Hochgebirge);* Sy *Alpinismus*
Al|pi|num ⟨n.; -s, -s⟩ *Steingarten mit Alpenpflanzen*
al|right ⟨[ɔ:lrait]⟩ *in Ordnung!; es ist recht!; wird gemacht!; einverstanden!* [engl., »(es ist) alles recht; in Ordnung«]
Al|se ⟨f.; -, -n⟩ *Maifisch, Heringsfisch, der bes. im Mai in Schwärmen auftritt: Alosa alosa* [<frz. *alose* <lat. *alausa*]
al sec|co *auf trockenen Putz, auf die trockene Kalkwand (malen);* Sy *Seccomalerei;* Ggs *al fresco* [ital., »auf das Trockene«]
al se|gno, ⟨auch⟩ **al seg|no** ⟨[-zɛnjo] Mus.⟩ *vom Zeichen an (noch einmal zu spielen)* [ital., »bis zum Zeichen«]
Alt ⟨m.; -s, -e; Mus.⟩ **1** ⟨unz.⟩ *tiefe Stimmlage bei Frauen u. Knaben;* Sy *Altstimme;* sie hat einen sehr schönen ~ **2** ⟨unz.⟩ *Gesamtheit der Altstimmen im Chor* **3** ⟨zählb.⟩ *Sänger od. Sängerin, der od. die Partien für Altstimme singt* **4** ⟨unz.⟩ *tiefe Tonlage bei Musikinstrumenten;* ~flöte, ~klarinette [<ital. *alto* »hoch« <lat. *altus* (urspr. Bezeichnung einer sehr hohen Männerstimme)]

Al|ta Mo|da ⟨f.; - -; unz.⟩ *italien. Modeschöpfung* [ital., »hohe Mode«]

Al|tan ⟨m.; -(e)s, -e⟩, **Al|ta|ne** ⟨f.; -, -n⟩ *unterstützter balkonartiger Vorbau am oberen Geschoss eines Hauses, Söller* [<ital. *altana*]

Al|tar ⟨m.; -s, -tä|re⟩ *Opferstein, Opferstätte; block- od. tischartiger Platz zur Darbietung von Opfern* [<ahd. *altari, altar(e), altre, alter,* engl. *altar* <lat. *altare* »Opfertisch«]

Al|tar|sa|kra|ment, ⟨auch⟩ **Al|tar|sak|ra|ment** ⟨n.; -(e)s, -e⟩ *das Sakrament des Abendmahles*

Al|te|ra|ti|on ⟨f.; -, -en⟩ **1** *Gemütsbewegung, Aufregung, Erregung* **2** *Verwirrung* **3** *Abänderung* **4** ⟨Med.⟩ = *alterative Entzündung* **5** ⟨Mus.⟩ *chromat. Veränderung* [<frz. *altération* »Veränderung, Verschlimmerung, Schreck«; zu lat. *alter* »der andere«]

al|te|ra|tiv ⟨Adj.; Med.⟩ ~e **Entzündung** *E. mit Gewebeschädigung;* Sy *Alteration(4)*

Al|ter E|go 1 *das andere Ich, zweites Ich* **2** ⟨fig.⟩ *treuer Freund* [lat., »das andere Ich«]

al|te|rie|ren ⟨V.⟩ **1** ⟨†⟩ *erregen;* sich ~ *sich aufregen, sich erregen, sich ärgern* **2** *verändern;* einen Akkord ~ *ihn chromatisch verändern;* alterierte Akkorde [<lat. *alterare* »verändern«]

Al|ter|nan|te ⟨f.; -, -n; Sprachw.⟩ *Variante, alternierendes Element eines Graphems, Morphems od. Phonems* [<lat. *alternare* »abwechseln«]

Al|ter|nanz ⟨f.; -, -en⟩ **1** = *Alternation* **2** ⟨Bot.⟩ *Wechsel zwischen Ertrag bringenden u. ertraglosen Jahren (bei Obstbäumen)*

Al|ter|nat ⟨n.; -(e)s; unz.⟩ *bei Staatsverträgen üblicher Wechsel der Unterschrift, wobei jeder Beteiligte die für ihn bestimmte Vertragsurkunde zuerst unterschreibt*

Al|ter|na|ti|on ⟨f.; -, -en⟩ Sy *Alternanz(1)* **1** *Wechsel zwischen zwei Möglichkeiten, Dingen usw.* **2** ⟨Metrik⟩ *Wechsel zwischen einsilbiger Hebung u. Senkung* [frz., »Abwechslung«; zu lat. *alter* »der andere«]

al|ter|na|tiv ⟨Adj.⟩ **1** *zwischen zwei Möglichkeiten, Dingen usw. abwechselnd, wahlweise, wechselweise* **2** ⟨umg.⟩ *anders als die übrigen, anders als üblich;* ~e Lebens-, Ernährungsweise; ~ leben [<frz. *alternatif* »abwechselnd«; zu lat. *alter* »der andere«]

Al|ter|na|ti|ve ⟨[-və] f.; -, -n⟩ *Wahl, Entscheidung zwischen zwei Möglichkeiten, Dingen, Personen usw.;* vor einer ~ stehen; jmdn. vor die ~ stellen, das eine oder das andere zu tun [frz., »Wahl zwischen zwei Dingen«; zu lat. *alter* »der andere«]

Al|ter|na|ti|ve(r) ⟨f. 2 (m. 1)⟩ *jmd., der eine alternative(2) Auffassung vertritt*

Al|ter|na|tiv|e|ner|gie ⟨f.; -, -n⟩ *sich erneuernde, regenerative Energie,* z.B. Wind- od. Sonnenenergie

Al|ter|na|tor ⟨m.; -s, -to|ren; El.; EDV⟩ *alternierendes Schaltelement*

al|ter|nie|ren ⟨V.⟩ **1** *wechseln, abwechseln zwischen zweien;* ~d singen **1.1** ⟨Metrik⟩ *regelmäßig zwischen einsilbiger Hebung u. Senkung wechseln* **1.2** ⟨Math.⟩ *das Vorzeichen wechseln;* ~de **Reihe** *Reihe mit wechselnden Vorzeichen der einzelnen Glieder* **1.3** ~der **Strom** *Wechselstrom* **1.4** ~des **Fieber** *Wechselfieber* [frz. *alterner* »regelmäßig abwechseln«; zu lat. *alter* »der andere«]

Al|ters|dis|po|si|ti|on ⟨f.; -; unz.⟩ *Anfälligkeit bzw. Überempfindlichkeit für bestimmte Krankheiten auf Grund des Lebensalters*

Al|thee ⟨[-teː(ə)] f.; -, -n [-teːən]⟩ **1** *Eibisch, malvenähnl. Heilpflanze: Althaea officinalis* **2** ⟨unz.⟩ *aus deren Wurzel gewonnenes Hustenmittel* [<frz. *althée* <grch. *althai;* zu *althein* »heilen«]

Al|ti|graf ⟨m.; -en, -en; Meteor.⟩ = *Altigraph*

Al|ti|graph ⟨m.; -en, -en; Meteor.⟩ *Höhenschreiber, registrierender Höhenmesser;* oV *Altigraf* [<lat. *altus* »hoch« + *...graph*]

Al|ti|me|ter ⟨n.; -s, -; Meteor.⟩ *Höhenmesser* [<lat. *altus* »hoch« + *...meter*]

Al|tist ⟨m.; -en, -en; Mus.⟩ *Knabe mit Altstimme, Altsänger* [→ *Alt*]

Al|tis|tin ⟨f.; -, -tin|nen; Mus.⟩ *Sängerin mit Altstimme, Altsängerin*

Al|to|ku|mu|lus ⟨m.; -, -li⟩ *mittelhohe Haufenwolke* [<lat. *altus* »hoch« + *Kumulus*]

Al|to|stra|tus ⟨m.; -, -ti⟩ *mittelhohe Schichtwolke* [<lat. *altus* »hoch« + *Stratus*]

Al|tru|is|mus, ⟨auch⟩ **Alt|ru|is|mus** ⟨m.; -; unz.⟩ *durch Rücksicht auf andere gekennzeichnete Denk- u. Handlungsweise, Selbstlosigkeit, Uneigennützigkeit;* Ggs *Egoismus* [<frz. *altruisme* »Nächstenliebe«; zu lat. *alter* »der andere«]

Al|tru|ist, ⟨auch⟩ **Alt|ru|ist** ⟨m.; -en, -en⟩ *selbstloser, uneigennütziger Mensch* [<frz. *altruiste* »Menschenfreund«; zu lat. *alter* »der andere«]

al|tru|is|tisch, ⟨auch⟩ **alt|ru|is|tisch** ⟨Adj.⟩ *auf Altruismus beruhend, selbstlos, uneigennützig;* Ggs *egoistisch*

Alt|stim|me ⟨f.; -, -n; Mus.⟩ = *Alt(1)*

Al|tus ⟨m.; -, -ti; Mus., früher für⟩ *Alt*

A|lu¹ ⟨n.; - od. -s; unz.; kurz für⟩ *Aluminium*

A|lu² ⟨f.; -, -s; Biochem.⟩ *Gruppe genetischer Sequenzen im menschlichen Genom*

A|lu|mi|nat ⟨n.; -(e)s, -e⟩ *bei der Reaktion des wasserunlöslichen, amphoteren Aluminiumhydroxids mit Alkalihydroxiden entstehende wasserlösliche Verbindung,* z.B. Natrium~, $NaAlO_2$ [<lat. *alumen* »Alaun«]

A|lu|mi|nit ⟨m.; -s; unz.⟩ *Aluminiummineral, kristallisiertes Aluminiumsulfat* [<lat. *alumen* »Alaun«]

A|lu|mi|ni|um ⟨n.; -s; unz.; chem. Zeichen: Al⟩ *chem. Element, silberweißes Leichtmetall, Ordnungszahl 13* [<lat. *alumen* »Alaun«]

A|lu|mi|no|ther|mie ⟨f.; -; unz.⟩ *chem. Verfahren, bei dem (sonst schwer reduzierbaren) Metalloxiden der Sauerstoff durch eine Zumischung von Aluminiumpulver u. anschließendes Entzünden des Gemisches entzogen wird, auch zum Verschweißen der Stoßlücken* *von Eisenbahnschienen, Thermitverfahren* [< *Aluminium* + *…therm*]

A|lum|nat ⟨n.; -(e)s, -e⟩ **1** = *Internat* **2** ⟨österr.⟩ *Ausbildungsstätte mit Internat für Geistliche* [→ *Alumnus*]

A|lum|ne ⟨m.; -n, -n⟩, **A|lum|nus** ⟨m.; -, -nen⟩ *Zögling, Schüler eines Alumnats* [lat. *alumnus* »Zögling«; verwandt mit *Alimente, Alma Mater*]

A|lun|dum ⟨n.; -s; unz.⟩ *blättrig-kristallines, als Schleifmittel verwendetes Aluminiumoxid* [verkürzt < *Al*uminiumoxid + Kor*undum*]

al|ve|o|lar ⟨[-ve-] Adj.; Phon.⟩ *einen Alveolar betreffend* [→ *Alveole*]

Al|ve|o|lar ⟨[-ve-] m.; -s, -e; Phon.⟩ *mit der Zungenspitze am Zahndamm der Schneidezähne gebildeter Konsonant, z.B. d, t, n, sch*

al|ve|o|lär ⟨[-ve-] Adj.; Med.⟩ *in Form einer Alveole (gebildet)*

Al|ve|o|le ⟨[-ve-] f.; -, -n⟩ **1** *Zahnfach* **2** *Lungenbläschen* [< lat. *alveolus*, Verkleinerungsform zu *alveus* »Höhlung«]

Am ⟨chem. Zeichen für⟩ *Americium*

AM ⟨Abk. für⟩ *Amplitudenmodulation*

a.m. ⟨Abk. für⟩ **1** *ante meridiem (vormittags)* **2** *anno mundi, im Jahre (nach der Erschaffung) der Welt*

a|ma|bi|le ⟨Mus.⟩ *liebenswürdig, lieblich (zu spielen)* [ital.]

a|ma|gne|tisch, ⟨auch⟩ **a|mag|ne|tisch** ⟨Adj.⟩ *nicht magnetisch;* ~er Stahl *S., der bes. im Kriegsschiffbau verwendet wird, um eine Ortung durch den Gegner auszuschließen*

a ma|io|ri ad mi|nus ⟨sprichwörtl.⟩ *vom Größeren aufs Kleinere* [lat.]

A|mal|gam ⟨n.; -s, -e⟩ *Lösung von Metall in Quecksilber, bzw. Legierung von Metall in Quecksilber, z.B. für Zahnfüllungen* [< arab. *al-malgham* < grch. *malagma* »Erweichung«]

A|mal|ga|ma|ti|on ⟨f.; -, -en⟩ *Gewinnung von Gold u. Silber aus Erz durch Quecksilber*

a|mal|ga|mie|ren ⟨V.⟩ Gold, Silber ~ *mit Quecksilber legieren, mit Quecksilber aus Erzen gewinnen*

A|mant ⟨[amã:] m.; -s, -s; †; scherzh.⟩ *Liebhaber* [frz.]

A|ma|nu|en|sis ⟨m.; -, -ses⟩ **1** ⟨im antiken Rom⟩ *Sklave für Schreibarbeiten* **2** ⟨danach⟩ *Gehilfe, Sekretär eines Gelehrten* [lat., »Schreiber, Sekretär«; zu lat. *a, ab* »von« + *manus* »Hand«]

A|ma|rant ⟨m.; -s, -e⟩ *den Gänsefußgewächsen nahe stehende Pflanzengattung: Amarantus* [< grch. *amrantos* »unverwelklich« < *a…*[1] + grch. *marainein* »welken«]

a|ma|rant, a|ma|ran|ten ⟨Adj.⟩ *dunkelrot* [→ *Amarant*]

A|ma|rel|le ⟨f.; -, -n⟩ *eine Art Sauerkirsche* [< ital. *amarello;* zu lat. *amarus* »bitter«; verwandt mit *Ammer* »Sauerkirsche«, *Marille*]

A|ma|ret|to ⟨m.; -, -⟩ *ital. Mandellikör* [zu ital. *amaretto* »etwas bitter«]

A|ma|rum ⟨n.; -s, -ra; meist Pl.⟩ *Bittermittel, das die Bildung von Speichel u. Magensaft fördert* [zu lat. *amarus* »bitter«]

A|ma|ryl ⟨m.; -s, -e⟩ *künstl. hergestellter hellgrüner Saphir* [< grch. *Amaryllis;* zu *amarryssein* »glänzen«]

A|ma|ryl|lis ⟨f.; -, -ryl|len⟩ *Gattung der Amaryllisgewächse, den Liliengewächsen ähnl. einkeimblättrige Stauden* [< grch. *amaryssein* »glänzen«]

A|ma|teur ⟨[-tø:r] m.; -s, -e⟩ *jmd., der eine Beschäftigung aus Liebhaberei, nicht als Beruf betreibt;* ~fotograf; ~sportler [frz., »Liebhaber, Verehrer, Freund«]

A|ma|teu|rin ⟨[-tø:-] f.; -, -rin|nen⟩ *weibl. Amateur;* Amateurfotografin; Amateursportlerin

A|ma|teur|re|gi|o|nal|li|ga ⟨[-tø:r-] f.; -, -ligen; Sp.⟩ *höchste Spielklasse der Amateure im Fußball*

A|ma|ti ⟨f.; -, -s; Mus.⟩ *Geige aus der Werkstatt der ital. Geigenbauerfamilie Amati (bes. 16. u. 17. Jh.)*

A|mau|ro|se ⟨f.; -, -n; Path.⟩ *völlige Blindheit ohne jede Lichtempfindlichkeit, schwarzer Star* [< grch. *amauros* »dunkel«]

A|mau|se ⟨f.; -, -n; mittelalterl. Name für⟩ *Email u. künstl. Schmucksteine aus Glas* [< frz. *émaux*, Pl. zu *émail* »Email«]

A|ma|zo|ne ⟨f.; -, -n⟩ **1** ⟨grch. Myth.⟩ *Angehörige eines krieger. Frauenvolkes in Kleinasien* **2** ⟨fig.⟩ *Reiterin, Kriegerin* [< grch. *amazon*, < *A…*[1] »nicht« + *mazos* »weibl. Brust«]

A|ma|zo|nit ⟨m.; -s, -e⟩ *grüner Edelstein aus der Gruppe der Feldspate* [→ *Amazone*, da der Stein in Südamerika gefunden wurde, wo es der indian. Sage nach *Amazonen* gegeben hat]

Am|bas|sa|de ⟨frz. [ãbasa:d(ə)] f.; -, -n; †⟩ *Botschaft, Gesandtschaft* [frz.; verwand mit *Amt*]

Am|bas|sa|deur ⟨[-dø:r] m.; -s, -e; †⟩ *Botschafter, Gesandter* [frz.; → *Ambassade*]

Am|be ⟨f.; -, -n⟩ **1** ⟨Lotto⟩ *Doppeltreffer;* oV ⟨österr.⟩ *Ambo*[1] **2** ⟨Math.⟩ *Verbindung zweier Größen in der Kombinationsrechnung* [< ital., lat. *ambo* »beide«]

Am|ber ⟨m.; -s, -n od. Am|bra⟩ = *Ambra* [< frz. *ambre;* → *Ambra*]

am|bi…, Am|bi… ⟨in Zus.⟩ *doppel…, Doppel…, nach beiden Seiten* [zu lat. *ambo* »beide«]

am|bi|dex|ter ⟨Adj.⟩ *mit beiden Händen gleich geschickt* [< lat. *ambo* »beide« + *dexter* »rechts«]

Am|bi|dex|trie, ⟨auch⟩ **Am|bi|dext|rie** ⟨f.; -; unz.⟩ *gleiche Geschicklichkeit beider Hände, Beidhändigkeit* [→ *ambidexter*]

Am|bi|en|te ⟨n.; -; unz.⟩ **1** ⟨Mal.⟩ *das eine Gestalt Umgebende (Licht, Gegenstände usw.)* **2** ⟨allg.⟩ *die Umgebung, in der jmd. lebt, Umwelt* [< ital., lat. *ambi* »um herum«]

am|big ⟨Adj.⟩ *zweideutig, doppelsinnig;* oV *ambigue* [< lat. *ambiguus* »zwei-, doppeldeutig«]

am|bi|gue ⟨[-guə] Adj.⟩ = *ambig*

Am|bi|gu|i|tät ⟨f.; -, -en⟩ *Doppelsinn, Zwei-, Mehrdeutigkeit* [< lat. *ambiguitas*]

am|bi|gu|os ⟨Adj.⟩ *zweideutig* [→ *ambig*]

Am|bi|ti|on ⟨f.; -, -en⟩ *Ehrgeiz, Bestrebung;* in dieser Richtung habe ich keine ~en [< lat. *ambitio* »regelmäßige Bewerbung um ein Amt, Ehrgeiz«]

am|bi|ti|o|niert ⟨Adj.⟩, **am|bi|ti|ös** ⟨[-tsjø:s] Adj.⟩ *ehrgeizig, sehr strebsam*

Ạm|bi|tus ⟨m.; -, -⟩ *Umfang einer Melodie vom tiefsten bis zum höchsten Ton* [lat., »Umlauf, Kreisbahn«]

am|bi|va|lẹnt ⟨[-va-] Adj.⟩ ~e Gefühle *doppelwertige, zwiespältige Gefühle* [zu lat *ambo* »beide« + *valent*]

Am|bi|va|lẹnz ⟨[-va-] f.; -, -en⟩ *Doppelwertigkeit, Möglichkeit bei Gefühlen, ihr Gegenteil mit einzuschließen, z.B. Hassliebe* [→ *ambivalent*]

Am|bly|o|pie, ⟨auch⟩ **Amb|ly|o|pie** ⟨f.; -; unz.⟩ *Schwachsichtigkeit* [< grch. amblys »stumpf« + ...opie]

Ạm|bo[1] ⟨m.; -s, -s od. -ben; österr.⟩ = *Ambe(1)*

Ạm|bo[2], **Ạm|bon** ⟨m.; -s, -bo|nen⟩ *erhöhtes Lesepult frühchristl. Kirchen, Vorläufer der Kanzel* [< grch. *ambon;* zu *ambainein, anabainein* »hinaufsteigen«]

Ạm|bra, ⟨auch⟩ **Ạmb|ra** ⟨f.; -, -s od. m.; -s, -s⟩ *Ausscheidung des Pottwals, die in der Parfümerie verwendet wird;* Sy *Amber* [<arab. *anbar*]

Am|bro|sia, ⟨auch⟩ **Amb|ro|sia** ⟨f.; -; unz.⟩ **1** ⟨grch. Myth.⟩ *Speise der Götter, der sie ihre Unsterblichkeit verdanken* **2** ⟨fig.⟩ *köstliche, wohlschmeckende Speise* [< grch. *ambrosios* »unsterblich«]

am|bro|si|a|nisch, ⟨auch⟩ **amb|ro|si|a|nisch** ⟨Adj.⟩ **1** *auf den Kirchenlehrer Aurelius Ambrosius (um 340-397) zurückgehend, von ihm geschaffen* **1.1** ~e **Liturgie** *vom hl. Ambrosius geschaffene L.* **1.2** ~er **Lobgesang** *das Tedeum (angebl. auf Ambrosius zurückgehend)*

am|bro|sisch, ⟨auch⟩ **amb|ro|sisch** ⟨Adj.⟩ **1** *himmlisch, göttlich* **2** *Unsterblichkeit verleihend;* ~e **Götter 3** *köstlich;* ~e **Düfte** [< grch. *ambrosios* »unsterblich«]

am|bu|lạnt ⟨Adj.⟩ **1** *herumziehend, wandernd;* Ggs *stationär(3)* **1.1** ~es **Gewerbe** *das im Umherziehen von Ort zu Ort betriebene G.;* ~er **Handel 2** ⟨Med.⟩ *zur Behandlung jeweils den Arzt aufsuchend;* Sy *ambulatorisch;* Ggs *stationär(3)* **2.1** ~e **Behandlung** *B. während der ärztl. Sprechstunde* [zu lat. *ambulare* »einher-, umhergehen«]

Am|bu|lạnz ⟨f.; -, -en⟩ **1** ⟨urspr.⟩ *leicht bewegl. Feldlazarett;* Sy *Ambulatorium* **2** ⟨heute⟩ *Einrichtung für ambulante Behandlung in einem Krankenhaus* **3** = *Ambulanzwagen* [→ *ambulant*]

Am|bu|lạnz|wa|gen ⟨m.; -s, -⟩ *Krankenwagen;* Sy *Ambulanz(3)*

am|bu|la|to|risch ⟨Adj.⟩ = *ambulant(2)* [< lat. *ambulatorius* »beweglich«; zu *ambulare* »einhergehen«]

Am|bu|la|to|ri|um ⟨n.; -s, -ri|en; †⟩ = *Ambulanz(1)* [< lat. *ambulatorius* »beweglich«; zu *ambulare* »einhergehen«]

A. M. D. G. ⟨Abk. für⟩ *Ad Maiorem Dei Gloriam*

A|me|lie ⟨f.; -, -n; Med.⟩ *angeborenes Fehlen von Gliedmaßen* [< *A...*[1] + grch. *melos* »Glied«]

A|me|li|o|ra|ti|on ⟨f.; -, -en⟩ *Verbesserung;* ~ des Bodens [< frz. *amélioration* »Verbesserung«, < lat. *melior* »besser«]

a|me|li|o|rie|ren ⟨V.⟩ *verbessern;* den Boden ~ [< frz. *améliorer* »(sich) verbessern«; zu lat. *melior* »besser«]

A|men ⟨n.; -s, -⟩ *Zustimmung der Gemeinde zu Rede, Segen, Gebet usw., Gebets-, Segensschluss;* sein ~ zu etwas geben ⟨fig.⟩ *sein Einverständnis erklären;* zu allem Ja und ~ sagen ⟨fig.⟩ *mit allem einverstanden sein, sich allem fügen* [hebr., »wahrhaftig, gewisslich, so sei es, so geschehe es« (aus der israelit. Rechtsordnung in den christl. u. islam. Gottesdienst übernommen)]

A|mende|ment ⟨[amãdmã:] n.; -s, -s⟩ *Zusatz-, Abänderungs-, Berichtigungsvorschlag zu einem Gesetz;* oV *Amendment* [frz., »Verbesserung«; zu lat. *mendum* »Fehler«]

a|men|die|ren ⟨V.⟩ *ein Amendement einreichen zu, verbessern, berichtigen* [< frz. *amender* »verbessern«; zu lat. *mendum* »Fehler«]

A|men|die|rung ⟨f.; -, -en⟩ *das Amendieren*

A|mend|ment ⟨[əmẹndmənt] n.; s, -s⟩ = *Amendement* [engl.]

A|me|nor|rhö ⟨f.; -, -en⟩, **A|me|nor|rhöe** ⟨[-rø:] f.; -, -n; Med.⟩ *Ausbleiben der Menstruation* [< *A...*[1] + *Menorrhö*]

a|me|nor|rho|isch ⟨Adj.⟩ *auf Amenorrhö beruhend*

A|mẹn|tia ⟨f.; -, -ti|en⟩, **A|mẹnz** ⟨f.; -, -zi|en⟩ *vorübergehende geistige Verwirrtheit* [< lat. *amentia*]

A|me|ri|ca|na ⟨Pl.⟩ *Amerika betreffende Sammlung, Bücher über Amerika*

A|me|ri|can Bar ⟨[əmẹrikən-] f.; - -, - -s⟩ *bereits vormittags geöffnete (Hotel-)Bar* [engl.]

A|me|ri|can Foot|ball ⟨[əmẹrikən fụtbɔ:l] n.; - -s; unz.⟩ *amerikan. Mannschaftsspiel, eine Variante des Rugby;* Sy *Football* [engl.]

A|me|ri|can Way of Life ⟨[əmẹrikən wɛı ɔf laif] m.; - - - -; unz.⟩ *amerikan. Art zu leben, amerikan. Lebensstil* [engl.]

A|me|ri|ci|um ⟨n.; -s; unz.; chem. Zeichen: Am⟩ *künstl. hergestelltes radioaktives Element, Ordnungszahl 95;* oV *Amerizium* [nach *Amerika*]

a|me|ri|ka|ni|sie|ren ⟨V.⟩ *Sitten u. Gebräuche der USA einführen*

A|me|ri|ka|nis|mus ⟨m.; -, -men⟩ **1** *Eigentümlichkeit des amerikan. Englisch* **2** *dem amerikan. Englisch nachgebildete Spracheigentümlichkeit in einer anderen Sprache* **3** *die Eigenart der Bevölkerung der USA in Geisteshaltung, Lebensstil, Kultur- u. Wirtschaftsform;* ein ausgeprägter ~

A|me|ri|ka|nist ⟨m.; -en, -en⟩ *Wissenschaftler der Amerikanistik*

A|me|ri|ka|nis|tik ⟨f.; -; unz.⟩ **1** *Lehre von den Sprachen u. der Kultur der indian. Urbevölkerung Amerikas* **2** *Lehre von den Sprachen u. der Kultur der USA*

a|me|ri|ka|nis|tisch ⟨Adj.⟩ *die Amerikanistik betreffend, auf ihr beruhend*

A|me|ri|zi|um ⟨n.; -s; unz.⟩ = *Americium*

a me|tà *zur Hälfte, Gewinn u. Verlust geteilt;* conto ~, conto metà *auf halbe Rechnung* [ital., »zur Hälfe«]

a|me|tho|disch ⟨Adj.⟩ *unmethodisch, planlos*

A|me|thyst ⟨m.; -(e)s, -e⟩ *Mineral, Halbedelstein von violetter Farbe, Abart des Quarzes* [< grch. *amethystos,* < *A…*[1] »nicht« + *methyein* »trunken sein« (galt als Talisman gegen Trunkenheit); verwandt mit *Met*]

A|me|trie, ⟨auch⟩ **A|met|rie** ⟨f.; -, -n⟩ *Ungleichmäßigkeit, Missverhältnis* [< *A…*[1] + *metrie*]

a|me|trisch, ⟨auch⟩ **a|met|risch** ⟨Adj.⟩ *ungleichmäßig, ungleich*

A|me|tro|pie ⟨f.; -; unz.⟩ *Abweichung von der normalen Brechkraft des Auges* [< grch. *ametros* »ungleichmäßig« + *…opie*]

A|meu|ble|ment, ⟨auch⟩ **A|meub|le|ment** ⟨[amøbləmã:] n.; -s, -s⟩ *Zimmer-, Wohnungseinrichtung* [frz., »Mobiliar, Hauseinrichtung«]

A|mi[1] ⟨m.; -, -s; meist im Nom.⟩ **1** *Freund, Geliebter* **2** mon ami *mein Lieber* [frz.]

A|mi[2] ⟨m.; -s, -s; umg.; kurz für⟩ *Nordamerikaner, bes. als Besatzungssoldat*

A|mi|ant ⟨m.; -s, -e⟩ *langfaseriges, grasgrünes, seidenglänzendes Mineral* [< grch. *amiantos* »unbefleckt, rein« < *A…*[1] »nicht« + *miainein* »beflecken«]

A|mid ⟨n.; -(e)s, -e; Chem.⟩ *Derivat organ. Säuren, bei dem die Hydroxylgruppe der Carboxylgruppe durch eine Aminogruppe ersetzt ist,* z.B. Acet~, CH_3-CH-NH_2 [verkürzt < *Am*moniak + *…id*]

A|mi|da|se ⟨f.; -, -n⟩ *Amide spaltendes Enzym* [< *Amid* + *…stase*]

A|mi|do… ⟨in Zus.; Chem.⟩ = *Amino…*

A|mi|do|phe|nol ⟨n.; -s; unz.⟩ = *Aminophenol*

…ä|mie, …hä|mie ⟨f.; -, -n; in Zus.⟩ *Blutkrankheit* [< grch. *haima* »Blut«]

A|mi|go ⟨m.; -s, -s; umg.⟩ *Freund, Vertrauter (bes. in geschäftl. Hinsicht)* [span.]

a|mi|kal ⟨Adj.; geh.⟩ *freundschaftlich, wohlwollend;* ~es Prinzip [< frz. *amical,* zu lat. *amicus* »Freund«]

a|mi|kro|sko|pisch, ⟨auch⟩ **a|mik|ros|ko|pisch** ⟨[a. '-----] Adj.⟩ *mit dem Mikroskop nicht mehr erkennbar* [< *a…*[1] + *Mikroskop*]

A|min ⟨n.; -s, -e; Chem.⟩ *basisch reagierendes Derivat des Ammoniaks, bei dem ein od. mehrere Wasserstoffatome durch Alkyle od. Aryle ersetzt sind,* z.B. Methyl~, CH_3NH_2 [→ *Ammoniak*]

a|mi|nie|ren ⟨V.; Chem.⟩ *eine Aminogruppe zufügen;* eine organische Verbindung ~

A|mi|nie|rung ⟨f.; -, -en; Chem.⟩ *Zufügen einer Aminogruppe in eine organische Verbindung*

A|mi|no… ⟨in Zus.; Chem.⟩ *organ. Radikal mit der Aminogruppe* – NH_2 *(organ. Verbindungen);* oV *Amido…* [→ *Amin*]

A|mi|no|ben|zol ⟨n.; -s; unz.; Chem.⟩ = *Anilin*

A|mi|no|grup|pe ⟨f.; -, -n; Chem.⟩ *die Atomgruppierung* -NH_2*, die vor allem in vielen organ. Verbindungen als die die Eigenschaften des Moleküls bestimmende Gruppe auftritt*

A|mi|no|phe|nol ⟨n.; -s; unz.; Chem.⟩ *Derivat des Phenols, bei dem Wasserstoff durch die Aminogruppe ersetzt wird;* Sy *Amidophenol*

A|mi|no|plast ⟨n.; -(e)s, -e; Chem.⟩ *durch Polykondensation von Formaldehyd u. Harnstoff hergestelltes Harnstoffharz* [< *Amin* + grch. *plastos* »gebildet, geformt«]

A|mi|no|säu|re ⟨f.; -, -n; Chem.⟩ *organ. Säure, bei der der Wasserstoff der Kohlenstoffkette durch die Aminogruppe ersetzt ist,* z.B. Aminoessigsäure, $CH_2(NH_2)$-COOH

A|mi|to|se ⟨f.; -, -n; Biol.⟩ *Zellteilung ohne vorhergehende Auflösung der Kernmembran u. ohne gesetzmäßige Verteilung der Chromosomen;* Ggs *Mitose* [< *A…*[1] + grch. *mitos* »Faden, Kette«]

a|mi|to|tisch ⟨Adj.⟩ *die Amitose betreffend, auf ihr beruhend;* Ggs *mitotisch*

Am|min|salz ⟨n.; -es, -e⟩ = *Ammoniakat*

Am|mon ⟨n.; -s, -e; kurz für⟩ *Ammonium*

Am|mo|ni|ak ⟨a. ['----] n.; -s; unz.; Chem.⟩ *farbloses, stechend riechendes Gas,* NH_3 [< grch. *ammoniakon,* eine Pflanze, die in der Nähe des dem Jupiter *Ammon* geweihten Tempels in der Oase *siwa* (im Altertum *Ammonion*) in Libyen wuchs]

am|mo|ni|a|ka|lisch ⟨Adj.⟩ *Ammoniak enthaltend, basisch reagierend*

Am|mo|ni|a|kat ⟨n.; -(e)s, -e; Chem.⟩ *chem. Verbindung aus Ammoniak u. Metallsalzen;* Sy *Amminsalz*

Am|mo|ni|ak|sal|ze ⟨a. ['------] Pl.⟩ = *Ammoniumsalze*

Am|mo|nit ⟨m.; -en, -en⟩ *ausgestorbener Kopffüßer mit sehr großen Kalkschalen, als Versteinerungen erhalten;* Sy *Ammonshorn(1)* [nach den Widderhörnern des ägypt. Gottes *Ammon*]

Am|mo|ni|um ⟨n.; -s; unz.; kurz für⟩ *Ammoniumgruppe*

Am|mo|ni|um|car|bo|nat ⟨n.; -(e)s; unz.; Chem.⟩ *Hirschhornsalz, Salz der Kohlensäure mit der Ammoniumgruppe, chem. Formel* $(NH_4)_2CO_3$*;* oV *Ammoniumkarbonat*

Am|mo|ni|um|grup|pe ⟨f.; -, -n; Chem.⟩ *die in ihrem chem. Verhalten den Alkalimetallen entsprechende Molekülgruppe* NH_4^+*, bildet sich beim Einleiten von Ammoniak in Wasser* [→ *Ammoniak*]

Am|mo|ni|um|kar|bo|nat ⟨n.; -(e)s; unz.⟩ = *Ammoniumcarbonat*

Am|mo|ni|um|sal|ze ⟨Pl.; Chem.; Sammelbez. für⟩ *die aus Säuren u. der Ammoniumgruppe aufgebauten Salze,* z.B. Ammoniumcarbonat,

$(NH_4)_2CO_3$; Ammoniumchlorid (Salmiak), NH_4Cl

Am|mons|horn ⟨n.; -s, -hör|ner⟩ **1** = *Ammonit* **2** *hornartig gekrümmter Teil im Großhirn der Säugetiere*

A|mne|sie, ⟨auch⟩ **Am|ne|sie** ⟨f.; -, -n; Med.⟩ *Gedächtnisstörung, (vorübergehender) Gedächtnisverlust* [< *A...*[1] + grch. *mnesis* »Erinnerung«; verwandt mit *Amnestie*]

A|mnes|tie, ⟨auch⟩ **Am|nes|tie** ⟨f.; -, -n⟩ *Straferlass, Begnadigung für eine ganze Gruppe von Gefangenen* [< grch. *amnestia* »Vergessen«; verwandt mit *Amnesie*]

a|mnes|tie|ren, ⟨auch⟩ **am|nes|tie|ren** ⟨V.⟩ jmdn. ~ *durch Gesetz begnadigen, jmdm. die Strafe erlassen*

a|mnes|ty in|ter|na|tio|nal, ⟨auch⟩ **am|nes|ty in|ter|na|tio|nal** ⟨[æmnəsti intərnæʃənəl] f.; --; unz.; Abk.: ai⟩ *internationale Menschenrechtsorganisation, die sich um die Freilassung polit. Gefangener bemüht* [engl.]

Am|ni|on ⟨m.; -s; unz.⟩ *innerste, gefäßlose Embryonalhülle der höheren Wirbeltiere* [< grch. *amnos* »Lamm«]

Am|ni|o|skop, ⟨auch⟩ **Am|ni|os|kop** ⟨n.; -s, -e⟩ *Endoskop zur Fruchtwasserbetrachtung* [< grch. *amnos* »Lamm« + *skopein* »sehen«]

Am|ni|o|sko|pie, ⟨auch⟩ **Am|ni|os|ko|pie** ⟨f.; -, -n⟩ *Fruchtwasserbetrachtung mit Hilfe des Amnioskops zur Überwachung erhöht gefährdeter Feten* [→ *Amnioskop*]

Am|ni|o|te ⟨m.; -n, -n⟩ *Angehöriger einer der drei obersten Wirbeltierklassen (Reptilien, Vögel u. Säugetiere), die sich mit Amnion entwickeln;* Ggs *Anamnier*

am|ni|o|tisch ⟨Adj.⟩ *das Amnion betreffend, auf ihm beruhend, sich mit ihm entwickelnd*

Am|ni|o|zen|te|se ⟨f.; -, -n; Med.⟩ *Punktion der Fruchtblase für eine Fruchtwasseruntersuchung während der Schwangerschaft* [< *Amnion* + grch. *kentesis* »das Stechen«]

A|mö|bä|um ⟨n.; -s, -bäa⟩ = *Amoibaion*

A|mö|be ⟨f.; -, -n⟩ *Gattung der einfach gebauten, einzelligen Wurzelfüßer: Amoeboidae, Amoebozoae* [< grch. *amoibe* »Wechsel«]

A|mö|bi|a|sis ⟨f.; -, -sen⟩ *durch Amöben hervorgerufene Krankheit, Amöbenruhr*

a|mö|bo|id ⟨Adj.⟩ *amöbenartig, von wechselnder Gestalt* [< *Amöbe* + *...id*]

A|moi|bai|on ⟨n.; -s, -baia⟩ *Wechselgesang in der griech. Tragödie;* oV *Amöbäum* [grch.]

A|mok... ⟨in Zus.⟩ *in einem Anfall von affektbetonter Geistesverwirrung blindwütig zerstörend u. tötend,* z.B. Amokläufer, -fahrer, -schütze [< mal. *amuk* »Wut«]

A|mok|lau|fen ⟨n.; -s; unz.⟩ *Geistesstörung, bei der ein Bewaffneter blindwütig Menschen erschießt od. niedersticht, die ihm in den Weg kommen;* jmd. läuft Amok

A|mom ⟨n.; -s, -e⟩, **A|mo|mum** ⟨n.; -s, -ma⟩ *südostasiatische Gewürzpflanze* [< grch. *amomon*]

A|mo|ral ⟨f.; -; unz.⟩ *Unmoral, Fehlen von Moral*

a|mo|ra|lisch ⟨a. [--'--] Adj.⟩ **1** *sich über die Moral hinwegsetzend, unmoralisch* **2** *jenseits der Moralbegriffe* [< *a...*[1] + *moralisch*]

A|mo|ra|lis|mus ⟨m.; -; unz.⟩ **1** *Gleichgültigkeit gegenüber der (herrschenden) Moral* **2** *Ablehnung aller Moralgesetze;* Ggs *Moralismus;* → *a. Antimoralismus*

a|mo|ra|lis|tisch ⟨Adj.⟩ *in der Art des Amoralismus*

A|mo|ra|li|tät ⟨f.; -; unz.⟩ *Lebenshaltung, die keine Moralgesetze für sich gelten lässt;* Ggs *Moralität(1)*

A|morces ⟨[amɔrs] Pl.⟩ **1** *Zündblättchen* **2** *Abfälle von belichteten Filmen* [frz., »Zündpulver, Lunte«]

A|mo|ret|te ⟨f.; -, -n; bildende Kunst⟩ *der Liebesgott als geflügeltes Kind;* Sy *Eros(3)* [< ital. *amoretto,* Verkleinerungsform zu *amore* »Liebe«]

> **Amor Fati/Amour fou** (*Groß- u. Kleinschreibung*) In Substantivkomposita, die aus Fremdsprachen übernommen worden sind, richtet sich die Groß- bzw. Kleinschreibung nach der Wortart des zweiten Bestandteils.
> Während z.B. der lateinische Begriff *Amor Fati* (»Liebe zum Schicksal«) aus zwei Substantiven oder Sentenzen besteht, liegt beim französischen Begriff *Amour fou* (»verrückte Liebe«) eine Verbindung aus Substantiv und Adjektiv vor.
> Als Zitatwörter gemeinte Substantive aus anderen Sprachen können auch kleingeschrieben werden, z.B. *cherchez la femme.*

A|mor Fa|ti ⟨m.; - -; unz.; Philos.; bei Nietzsche⟩ *Bejahung des Notwendigen, Unausweichlichen* [lat., »Liebe zum Schicksal«]

a|mo|ro|so ⟨Mus.⟩ *zärtlich, zart, innig (zu spielen)* [ital., »verliebt, zärtlich«]

a|morph ⟨Adj.⟩ oV *amorphisch* **1** *formlos, gestaltlos, ohne Kristallform;* Ggs *kristallin, kristallisch* **2** ~e Sprachen = *isolierende Sprachen* [< *a...*[1] + grch. *...morph*]

A|mor|phie ⟨f.; -, -n⟩ **1** *Gestaltlosigkeit, Formlosigkeit* **2** ⟨Phys.⟩ *Zwischenstufe zwischen festem u. flüssigem Aggregatzustand* [< *A...*[1] + *...morphie*]

a|mor|phisch ⟨Adj.⟩ = *amorph*

A|mor|phis|mus ⟨m.; -; unz.⟩ *Formlosigkeit, Gestaltlosigkeit*

a|mor|ti|sa|bel ⟨Adj.⟩ *durch Amortisation tilgbar (bei Anleihen)* [→ *amortisieren*]

A|mor|ti|sa|ti|on ⟨f.; -, -en⟩ oV *Amortisierung* **1** ~ einer Schuld *allmähl. Abtragung, Tilgung, Abschreibung* **2** *Abwerfen von Gewinn* [→ *amortisieren*]

a|mor|ti|sie|ren ⟨V.⟩ **1** *tilgen, abschreiben* **2** *Gewinn abwerfen* [< mlat. *amortisare* < *ad* + lat. *mors* »Tod«]

A|mor|ti|sie|rung ⟨f.; -, -en⟩ = *Amortisation*

A|mour ⟨[amu:r] f.; -, -en⟩ **1** *Liebe* **2** ⟨nur Pl.⟩ ~en *Liebschaften, Liebeleien* [frz., »Liebe«]

A|mour bleu ⟨[amuːr blø:] f.; - -; unz.⟩ *Liebe zwischen Männern* [frz., eigtl. »blaue Liebe«]

A|mour fou ⟨[amuːr fu] f.; - -; unz.; geh.⟩ *leidenschaftliche (u. verhängnisvolle) Liebe* [frz., »verrückte Liebe«]

a|mou|rös ⟨[-mu-] Adj.⟩ *eine Liebschaft betreffend, auf ihr beruhend; verliebt;* ~es Abenteuer; ~e Beziehungen [< frz. *amoureux* »verliebt«]

Am|pe|lo|gra|fie ⟨f.; -; unz.⟩ = *Ampelographie*

Am|pe|lo|gra|phie ⟨f.; -; unz.⟩ *Rebsortenkunde;* oV *Ampelografie* [< lat. *ampelos* »Weinstock« + ...*graphie*]

Am|pere ⟨[ampɛːr] n.; - od. -s, -; Zeichen: A⟩ *Maßeinheit der elektr. Stromstärke* [nach dem frz. Mathematiker u. Physiker André Marie *Ampère,* 1775-1836]

Am|pere|me|ter ⟨[ampɛːr-] n.; -s, -⟩ *Gerät zum Messen der elektr. Stromstärke*

Am|pere|se|kun|de ⟨[ampɛːr-] f.; -, -n; Zeichen: As⟩ *die elektr. Ladung, die transportiert wird, wenn Strom von einem Ampere eine Sekunde lang fließt*

Am|pere|stun|de ⟨[ampɛːr-] f.; -, -n; Zeichen: Ah⟩ *die elektr. Ladung, die transportiert wird, wenn ein Strom von einem Ampere eine Stunde lang fließt, entspricht 3600 Amperesekunden*

Am|pex|ver|fah|ren ⟨n.; -s; unz.⟩ *Verfahren zur Aufzeichnung von Bildfolgen auf Magnetband (bes. beim Fernsehen)* [verkürzt < engl. *a*utomatic *p*rogramming system *ex*tended »erweitertes automatisches Programmiersystem«]

Am|phet|a|min, ⟨auch⟩ **Am|phe|ta|min** ⟨n.; -s; unz.⟩ *Weckamin mit zentral erregender Wirkung*

am|phi..., **Am|phi...** ⟨in Zus.⟩ *zweifach, doppel...* [< grch. *amphi* »zweifach; von beiden, allen Seiten, um ... herum«]

am|phib ⟨Adj.⟩ = *amphibisch*

Am|phi|bie ⟨[-biə] f.; -, -n⟩ *Tier, das im Wasser u. auf dem Land leben kann, Lurch;* oV *Amphibium* [< grch. *amphibion,* < *Amphi*... »zweifach« + *bios* »Leben«]

Am|phi|bi|en|fahr|zeug ⟨n.; -(e)s, -e⟩ *Kraftfahrzeug, das auf dem Wasser u. auf dem Land fahren kann*

Am|phi|bi|en|flug|zeug ⟨n.; -(e)s, -e⟩ *Flugzeug mit Fahrgestell u. Schwimmkörpern, das sowohl auf dem Wasser als auch auf dem Land starten u. landen kann*

am|phi|bisch ⟨Adj.⟩ oV *amphib* **1** *die Amphibien betreffend, ihnen eigentümlich* **2** *im Wasser u. auf dem Land lebend, sich bewegend*

Am|phi|bi|um ⟨n.; -s, -bi|en⟩ = *Amphibie*

am|phi|bol ⟨Adj.⟩ = *amphibolisch*

Am|phi|bol ⟨m.; -s, -e⟩ = *Amphibolit*

Am|phi|bo|lie ⟨f.; -, -n⟩ *Mehrdeutigkeit, Doppelsinn*

am|phi|bo|lisch ⟨Adj.⟩ *mehrdeutig, doppelsinnig;* oV *amphibol* [< grch. *amphibolos* »zweideutig«; zu *amphie* »zweifach« + *ballein* »werfen«]

Am|phi|bo|lit ⟨m.; -s, -e⟩ *Hornblende;* oV *Amphibol* [→ *amphibolisch*]

Am|phi|brach ⟨m.; -(e)s od. -en, -e od. -en⟩,

Am|phi|bra|chys ⟨m.; -, - od. -bra|chen; Metrik⟩ *dreisilbiger, antiker Versfuß nach dem Silbenschema kurz – lang – kurz* [grch., »auf beiden Seiten kurz«]

Am|phi|go|nie ⟨f.; -; unz.⟩ *zweigeschlechtige Fortpflanzung durch Ei u. Samenzelle;* Ggs *Monogenese, Monogonie* [< *Amphi*... + ...*gonie*]

Am|phi|kar|pie ⟨f.; -; unz.; Biol.⟩ **1** *Vorhandensein von zweierlei Fruchtformen an einer Pflanze* **2** *Fruchtreife über u. unter der Erde* [< *Amphi*... + grch. *karpos* »Frucht«]

Am|phi|kty|o|ne, ⟨auch⟩ **Am|phik|ty|o|ne** ⟨m.; -n, -n⟩ *Mitglied einer Amphiktyonie* [< grch. *amphiktyones* »Umwohner« (des delphischen Apollotempels)]

Am|phi|kty|o|nie, ⟨auch⟩ **Am|phik|ty|o|nie** ⟨f.; -, -n⟩ *altgrch. kult.-polit. Verband von Stämmen od. (Stadt-)Staaten zum Schutz eines Heiligtums u. zu gemeinsamen religiösen Feiern* [→ *Amphiktyone*]

am|phi|mik|tisch ⟨Adj.⟩ *durch Amphimixis entstanden*

Am|phi|mi|xis ⟨f.; -; unz.⟩ *Vermischung väterl. u. mütterl. Erbanlagen durch Amphigonie* [< *Amphi*... + grch. *mixis* »Vermischung«]

Am|phi|o|le ⟨f.; -, -n; Med.⟩ *Ampulle mit spritzfertigem Arzneimittel* [vermutl. verkürzt < *Am*pulle + *Phiole*]

Am|phi|o|xus ⟨m.; -; unz.⟩ *niedrigste Form der Wirbeltiere, auf dem Meeresgrund lebend, Lanzettfisch* [< *Amphi*... + grch. *oxys* »scharf«]

Am|phi|po|de ⟨m.; -n, -n⟩ *Angehöriger einer Ordnung der Krebstiere, Flohkrebs* [< *Amphi*... + ...*pode*]

Am|phi|pro|sty|los, ⟨auch⟩ **Am|phi|pros|ty|los** ⟨m.; -, -sty|len⟩ *altgriech. Tempel mit je einer Säulenvorhalle an der Vorder- und Rückseite* [< *Amphi*... + *Prostylos*]

Am|phi|the|a|ter ⟨n.; -s, -⟩ **1** ⟨in der Antike⟩ *Theater unter freiem Himmel mit kreisrundem od. elliptischem Grundriss u. ansteigenden Sitzreihen* **2** ⟨allg.⟩ *Theater mit im Halbkreis ansteigenden Sitzreihen* [< grch. *amphitheatron,* < *amphi* »auf allen Seiten, um ... herum« + *theatron* »Schauspielhaus«]

am|phi|the|a|tra|lisch, ⟨auch⟩ **am|phi|the|at|ra|lisch** ⟨Adj.⟩ *im Kreis od. Halbkreis ansteigend*

Am|pho|ra, Am|pho|re ⟨f.; -, -pho|ren⟩ *grch. Vase in Form eines Krugs mit zwei Henkeln* [< lat. *amphora,* < grch. *amphoreus* »Gefäß, das auf beiden Seiten einen Henkel hat«, < *amphie* »auf beiden Seiten« + *pherein* »tragen«; verwandt mit *Ampel, Ampulle*]

am|pho|ter ⟨Adj.⟩ *in einer sauren Lösung basisch, in einer basischen Lösung sauer reagierend* [< grch. *amphoteros* »beide, beidseitig«]

Am|pli|fi|ka|ti|on ⟨f.; -, -en⟩ *Erweiterung, Ausdehnung; weitere Ausführung (einer Rede usw.)* [< lat. *amplificatio* »Erweiterung, Vergrößerung«]

Am|pli|fi|ka|ti̱v|suf|fix ⟨n.; -es, -e⟩ = *Augmentativsuffix*
am|pli|fi|zi̱e|ren ⟨V.⟩ eine Rede, Erzählung ~ *erweitern, vergrößern, weiter ausdehnen* [<lat. *amplificare* »erweitern, vergrößern«]
Am|pli|tu̱|de, ⟨auch⟩ **Amp|li|tu̱|de** ⟨f.; -, -n⟩ *größter Ausschlag eines Schwingungsvorgangs, z.B. beim Pendel* [frz., »Umfang in Länge u. Breite«]
Am|pli|tu̱|den|mo|du|la|ti|on, ⟨auch⟩ **Amp|li|tu̱|den|mo|du|la|ti|on** ⟨f.; -, -en; Abk.: AM⟩ *Modulation niederfrequenter Wellen auf die Amplitude hochfrequenter Wellen, die als Trägerwellen dienen*
Am|pu̩l|le ⟨f.; -, -n⟩ **1** *bauchiges Gefäß, bauchige Flasche* **1.1** *zugeschmolzenes Glasröhrchen mit sterilen Lösungen zum Einspritzen* **2** ⟨Anat.⟩ *kolbenartig erweiterter Teil röhrenförmiger Organe (Mastdarm, Eileiter)* [<lat. *ampulla* »kleine Flasche« <**amporla,* Verkleinerungsform zu *amp(h)ora;* → *Amphora;* verwandt mit *Ampel, Amphora*]
Am|pu|ta|ti|o̱n ⟨f.; -, -en; Med.⟩ *operative Entfernung;* ~ eines Körpergliedes [<lat. *amputatio* »das Abschneiden«]
am|pu|ti̱e|ren ⟨V.⟩ ein Körperglied ~ *durch Operation abtrennen* [<lat. *amputare* »ringsum beschneiden, abschneiden«]
A|mu|le̩tt ⟨n.; -(e)s, -e⟩ *kleiner Gegenstand, der als vermeintl. Zauberschutzmittel gegen böse Mächte am Körper getragen wird (meist um den Hals)* [vermischt <lat. *amdimentum* »Abwehrmittel« + lat. *amylum* »Speise, Brei aus Kraftmehl«]
a|mü|sa̩nt ⟨Adj.⟩ *unterhaltsam, belustigend* [<frz. *amusant*]
A|muse|gueule, ⟨auch⟩ **A|muse-Gueule** ⟨[amyzgœ̱:l] n.; -, - od. -s [-gœ̱:l]; Kochk.⟩ *leckere Kleinigkeit, Appetithäppchen (besonders als Zwischengericht bei Menüs);* ein ~ servieren [<frz. *amuser* »unterhalten« + *gueule* »Mund«]
A|mü|se|ment ⟨[-mã̱:] n.; -s, -s⟩ *Belustigung, Unterhaltung, heiterer Zeitvertreib* [<frz. *amusement* »Unterhaltung, Belustigung«]
a|mü|si̱e|ren ⟨V.⟩ *unterhalten, belustigen, vergnügen;* die Geschichte hat mich amüsiert; wir haben uns prächtig, königlich amüsiert [<frz. *amuser* »unterhalten, belustigen«]
a̩|mu|sisch ⟨Adj.⟩ *unempfänglich für Kunst, ohne Kunstverständnis;* Ggs *musisch* [<*a...*[1] + *musisch*]
A|myg|da|li̱n ⟨n.; -s; unz.; Biol.⟩ *in den Kernen von bitteren Mandeln u. Kernobst enthaltenes blausäurehaltiges Glukosid* [<grch. *amygdale* »Mandel«]
A|my̱l ⟨n.; -s; unz.⟩ *einwertiger aliphatischer Kohlenwasserstoffrest,* C_5H_{11}- [<grch. *amylon* »Stärke« + *...yl*]
A|my|a|ce|tat ⟨n.; -s; unz.⟩ *aus Essigsäure u. Amylalkohol hergestellter Ester von birnenartigem Geschmack, Birnenäther, Birnenöl, Fruchtäther*
A|my̱l|al|ko|hol ⟨m.; -s; unz.⟩ *im Fuselöl vorkommender, giftiger Alkohol,* C_5H_{11}*-OH*
A|my|la̱|se ⟨f.; -, -n⟩ = *Diastase(1)*
A|my|le̱n ⟨n.; -, -e; Chem.⟩ *Kohlenwasserstoff mit 5 Kohlenstoffatomen sowie einer Doppelbindung*
a|my|lo..., **A|my|lo...** ⟨in Zus.⟩ *stärke..., Stärke...* [<grch. *amylon* »Stärke«]
a|my|lo|i̱d ⟨Adj.⟩ *stärkeähnlich*
A|my|lo|i̱d ⟨n.; -(e)s, -e⟩ *eiweißartiger Stoff, der sich als Zeichen der Gewebsentartung bei verschiedenen Krankheiten bildet* [<*Amylo...* + *...id*]
A|my|lo|ni|tri̱t, ⟨auch⟩ **A|my|lo|nit|ri̱t** ⟨n.; -s, -e; Pharm.⟩ *eine gelbliche, fruchtartig riechende Flüssigkeit, Mittel zur Blutdrucksenkung*
A|my|lo̱|se ⟨f.; -; unz.⟩ *wasserlöslicher Bestandteil der Stärke* [<grch. *amylon* »Stärke«]
an...[1], **An...**[1] ⟨Vors.⟩ = *a...*[1], *A...*[1]
an...[2], **An...**[2] ⟨Vors.⟩ = *ana..., Ana...*
a|na..., **A|na...** ⟨vor Vok.⟩ an...[2], An...[2] ⟨Vors.⟩ *auf, hinauf, zurück, wieder, nach Art von* [grch.]
...a̱|na, ...i|a̱|na ⟨Pluralendung⟩ *an einen Eigennamen angefügt als Titel für Sammlungen, die sich mit der betreffenden Person od. Sache befassen,* z.B. Amerikana, Goetheana, Mozartiana
A|na|bap|ti̩s|mus ⟨m.; -; unz.⟩ *Lehre der Wiedertäufer*
A|na|bap|ti̩st ⟨m.; -en -en⟩ *Wiedertäufer* [<*Ana...* + *Baptist*]
A|na̱|ba|sis ⟨f.; -; unz.⟩ **1** ⟨urspr.⟩ *Hinaufmarsch, bes. Kriegszug vom Meer in die asiatische Hochebene* **2** ⟨danach⟩ *Titel eines Geschichtswerks von Xenophon* [grch., »das Aufsteigen«]
a|na|ba̱|tisch ⟨Adj.⟩ ~e Winde ⟨Meteor.⟩ *vom Boden aufsteigende Winde* [<grch. *anabasis* »das Hinaufsteigen«]
A|na|bi|o̱|se ⟨f.; -; unz.⟩ *Wiederaufleben von Pflanzen u. niederen Tieren nach Eintreten günstiger Lebensbedingungen, nachdem zuvor durch lang andauernde Hitze, Kälte od. Trockenheit die Lebenstätigkeit auf ein Minimum herabgesetzt war* [<*Ana...* + *...biose*]
a|na|bo̱l ⟨Adj.⟩ *auf Anabolie beruhend*
A|na|bo|li̱e ⟨f.; -, -n⟩ **1** *Aufbaustoffwechsel* **2** *Abänderung während der späten ontogenet. Entwicklung* [<grch. *anabole* »Erdaufwurf«]
A|na|bo̱|li|kum ⟨n.; -s, -ka⟩ *den Aufbaustoffwechsel fördernder Wirkstoff* [<grch. *anabole* »Erdaufwurf«]
A|na|bo|li̩s|mus ⟨m.; -; unz.; Biol.⟩ *Gesamtheit der aufbauenden Stoffwechselprozesse;* Ggs *Katabolismus*
A|na|cho|re̱t ⟨[-xo-] m.; -en, -en; im Frühchristentum⟩ *Einsiedler* [<grch. *anachorein* »zurückweichen«]
a|na|cho|re̱|tisch ⟨[-xo-] Adj.⟩ *einsiedlerisch*
A|na|chro|ni̩s|mus ⟨[-kro-] m.; -, -men⟩ **1** *einem Zeitabschnitt nicht Entsprechendes* **2** *das Verlegen von Erscheinungen u. Sachen, die für die*

Gegenwart kennzeichnend sind, in die Vergangenheit u. umgekehrt [<grch. *anachronizein* »in eine andere Zeit versetzen«; zu *chronos* »Zeit«]

a|na|chro|nis|tisch ⟨[-kro-] Adj.⟩ *zeitlich falsch eingeordnet, in den betreffenden Zeitabschnitt nicht hineingehörend*

A|na|dy|o|me|ne ⟨f.; -; unz.⟩ *»die aus dem Meer Auftauchende«, Beiname der grch. Göttin Aphrodite, da sie nach der Sage aus dem Meeresschaum geboren wurde* [lat., grch. *anadyomene* »die Auftauchende«]

an|a|e|rob ⟨[-ae-] Adj.⟩ ~e Bakterien *ohne Sauerstoff lebende Bakterien;* Ggs *aerob* [<*a…*[1] + *aerob*]

An|a|e|ro|bi|er ⟨[-ae-] m.; -s, -⟩, **An|a|e|ro|bi|ont** ⟨[-ae-]; m.; -en, -en⟩ Ggs *Aerobier, Aerobiont* **1** fakultativer ~ *Bakterium, das sowohl in Gegenwart als auch in Abwesenheit von Sauerstoff wachsen kann* **2** obligater ~ *Bakterium, das nur in Abwesenheit von Sauerstoff wächst* [→ *anaerob*]

An|a|e|ro|bi|o|se ⟨[-ae-] f.; -; unz.⟩ *Lebensvorgänge, die ohne Luftsauerstoff ablaufen;* Ggs *Aerobiose* [<*A…*[1] + *aero…* + *…biose*]

A|na|ge|ne|se ⟨f.; -; unz.; Biol.⟩ *Höherentwicklung der Lebewesen im Lauf der Stammesentwicklung* [<*Ana…* + *Genese*]

A|na|gly|phen|druck ⟨m.; -(e)s, -e⟩ *Druckverfahren, bei dem ein Bild in zwei Komplementärfarben übereinander gedruckt wird u. beim Betrachten mit einer zweifarbigen Brille einen räumlichen Eindruck vermittelt* [<grch. *ana* »auf ihn, über ihn« + *glyphe* »Skulpturwerk«]

A|na|go|ge ⟨f.; -; unz.⟩ **1** ⟨Philos.⟩ *Aufstieg des Geistes vom Besonderen zum Allgemeinen (Induktion)* **2** *Auslegung von Texten, die zu einer höheren Deutung führt* [<*Ana…* + grch. *agein* »führen, leiten«]

a|na|go|gisch ⟨Adj.⟩ *in der Art der Anagoge, sie betreffend*

A|na|gramm ⟨n.; -s, -e⟩ **1** *Buchstabenversetzrätsel* **2** *Wortumbildung durch Buchstaben od. Silbenversetzung,* z.B. Lampe - Palme [<grch. *anagramma;* zu *anagraphein* »umschreiben«]

a|na|gram|ma|tisch ⟨Adj.⟩ *in der Form, nach der Art eines Anagramms*

A|na|kar|die ⟨[-diə] f.; -, -n⟩ *Nierenbaum, Gattung von Bäumen u. Sträuchern mit nierenförmigen Steinfrüchten: Anacardia* [<*Ana…* + grch. *kardia* »Herz«]

A|na|ki|ter ⟨Pl.; Rel.⟩ = *Enakiter*

A|na|kla|sis ⟨f.; -; unz.; Rhet.⟩ **1** *(emphatische) Wiederholung des gleichen Wortes im Dialog* **2** ⟨Metrik⟩ *Wechsel des Versfußes innerhalb eines Metrums* [grch., »Umbiegung, Brechung«]

a|na|klas|tisch ⟨Adj⟩ *die Anaklasis betreffend, sie enthaltend*

a|na|kli|tisch ⟨Adj.; Med.⟩ ~e Depression *depressives Syndrom, das bei Säuglingen aufgrund der Trennung von Bezugspersonen auftritt, Vorform des Hospitalismus* [zu grch. *anaklinein* »anlehnen«]

An|a|ko|luth, ⟨auch⟩ **A|na|ko|luth** ⟨m.; -s, -e⟩ *folgewidrige Fortsetzung einer angefangenen Satzkonstruktion, als Stilmittel gebraucht* [<*a…*[1] + grch. *akoluthein* »folgen«]

A|na|kon|da ⟨f.; -, -s⟩ *südamerikan. ungiftige Riesenschlange*

A|na|kre|on|tik ⟨f.; -; unz.; Lit.⟩ *literar. Richtung des 18. Jh., die den altgrch. Dichter Anakreon (um 500 v.Chr.), seinen heiteren, tändelnden Stil, mit dem er die Liebe u. den Wein besang, nachahmte*

A|na|kre|on|ti|ker ⟨Pl.; Lit.⟩ *Dichtergruppe der Anakreontik*

a|na|kre|on|tisch ⟨Adj.; Lit.⟩ *die Anakreontik betreffend, in der Art der Anakreontik*

A|na|kru|sis ⟨f.; -, -sen; Verslehre⟩ *unbetonte Silbe am Anfang eines Verses, Auftakt* [<grch. *anakrouein* »aufschlagen«]

A|naks|söh|ne ⟨Pl.; Rel.⟩ = *Enakssöhne*

An|a|ku|sis, ⟨auch⟩ **A|na|ku|sis** ⟨f.; -; unz.⟩ *Taubheit* [<*An…*[1] + grch. *akouein* »hören«]

a|nal ⟨Adj.⟩ *den After betreffend, in seiner Nähe liegend* [<lat. *anus* »After«]

An|al|cim, ⟨auch⟩ **A|nal|cim** ⟨m.; -s, -e; Min.⟩ *wasserhaltiges Silikat, farbloses Mineral* [zu grch. *analkis* »kraftlos«]

A|na|lek|ta, A|na|lek|ten ⟨Pl.⟩ *Auslese od. Sammlung von Aufsätzen, Gedichten, Sinnsprüchen usw.* [<grch. *analekta;* zu *analegein* »auflesen, sammeln«]

a|na|lek|tisch ⟨Adj.⟩ *auswählend*

A|na|lep|ti|kum ⟨n.; -s, -ka⟩ *Anregungsmittel für den Kreislauf,* z.B. Koffein, Kampfer [zu grch. *analeptikos* »wiederherstellend«]

a|na|lep|tisch ⟨Adj.⟩ *anregend, belebend*

A|nal|e|ro|tik ⟨f.; -; unz.⟩ **1** *Interesse am eigenen analen Körperbereich im frühkindl. Entwicklungsstadium* **2** *Fixierung der sexuellen Wünsche auf den After u. dessen Bereich*

A|nal|e|ro|ti|ker ⟨m.; -s, -⟩ *jmd., dessen sexuelle Wünsche auf den Afterbereich ausgerichtet sind*

A|nal|fis|sur ⟨f.; -, -en; Med.⟩ *schmerzhafter Hautriss am After* [<*anal* + *Fissur*]

A|nal|fis|tel ⟨f.; -, -n; Med.⟩ *After- od. Mastdarmfistel* [<*anal* + *Fistel*]

An|al|gen ⟨n.; -s, -e⟩ = *Analgetikum*

An|al|ge|sie ⟨f.; -, -n; Med.⟩ *Schmerzlosigkeit, Aufhebung der Schmerzempfindung;* Sy *Analgie* [<grch. *analgesia* <*an…* »nicht« + *algos* »Schmerz«]

An|al|ge|ti|kum ⟨n.; -s, -ka; Pharm.⟩ *schmerzstillendes Mittel;* Sy *Analgen*

an|al|ge|tisch ⟨Adj.⟩ *schmerzstillend*

An|al|gie ⟨f.; -, -n⟩ = *Analgesie* [<*A…*[1] + *…algie*]

an|al|lak|tisch ⟨Adj.⟩ *unveränderlich* [<*a…*[1] + grch. *allattein* »verändern« (<*allos* »anders«)]

a|na|log ⟨Adj.⟩ *entsprechend, ähnlich, sinngemäß (anwendbar);* oV *analogisch;* etwas ~ einer Vorlage gestalten [<*ana…* + *…log*[3]]

A|na|lo|gat ⟨n.; -(e)s, -e; Philos.⟩ *analoges Begriffsverhältnis*

A|na|log-Di|gi|tal-Wand|ler ⟨m.; -s, -; EDV⟩ *Gerät, das analoge Eingangssignale in digitale Ausgangssignale umwandelt;* →a. *Digital-Analog-Wandler*

A|na|lo|gie ⟨f.; -, -n⟩ **1** *Beziehung zwischen Dingen, Vorstellungen, Relationen u. komplexen Systemen, die in gewisser Hinsicht übereinstimmen, Ähnlichkeit, Entsprechung* **2** *sinngemäße Anwendung, Übertragung* [→ *analog*]

A|na|lo|gie|bil|dung ⟨f.; -, -en; Sprachwiss.⟩ *Wortform, die nicht nach grammat. Regeln, sondern nach dem Muster ähnl. Wörter gebildet ist,* z.B. »morgendlich« mit eingeschobenem »d« analog zu »abendlich«

A|na|lo|gie|rech|ner ⟨m.; -s, -⟩ = *Analogrechner*

A|na|lo|gie|schluss ⟨m.; -es, -schlüs|se; Logik⟩ *nicht zwingender, aber häufig angewendeter Schluss von der Ähnlichkeit zweier Dinge auf die Ähnlichkeit zweier anderer od. aller;* Sy *Analogismus*

A|na|lo|gie|zau|ber ⟨m.; -s, -⟩ *magische Handlung, durch die eine ähnl. Wirkung hervorgerufen werden soll,* z.B. Bildung von Wolken u. damit Regen durch Entwicklung von Rauch

a|na|lo|gisch ⟨Adj.; selten⟩ = *analog*

A|na|lo|gis|mus ⟨m.; -, -men⟩ = *Analogieschluss*

A|na|lo|gon ⟨n.; -s, -ga⟩ *ähnlicher Fall, ähnlicher Gegenstand* [→ *analog*]

A|na|log|rech|ner ⟨m.; -s, -; EDV⟩ *Rechenanlage auf der Grundlage des Analogieprinzips, die mit kontinuierlichen Größen arbeitet;* Sy *Analogierechner, Differentialanalysator;* Ggs *Digitalrechner*

An|al|pha|bet ⟨a. ['----] m.; -en, -en⟩ *jmd., der nicht lesen u. schreiben kann* [< *A…*[1] + *Alphabet*]

an|al|pha|be|tisch ⟨a. ['-----] Adj.⟩ *Schreiben u. Lesen nicht beherrschend*

An|al|pha|be|tis|mus ⟨m.; -; unz.⟩ *Zustand derer, die nicht schreiben u. lesen können*

A|nal|ver|kehr ⟨m.; -s; unz.⟩ *Geschlechtsverkehr, bei dem der Penis in den After eingeführt wird*

A|na|ly|sand ⟨m.; -en, -en; Psychol.⟩ *jmd., der in einer psychotherapeut. Behandlung analysiert wird* [→ *Analyse*]

A|na|ly|sa|tor ⟨m.; -s, -to|ren⟩ **1** ⟨Psychol.⟩ *jmd., der in einer psychotherapeut. Behandlung jmdn. analysiert* **2** ⟨Phys.⟩ *Vorrichtung zum Zerlegen einer unregelmäßigen Schwingung in ihre regelmäßigen, d.h. sinusförmigen Grundschwingungen* **3** ⟨Phys.⟩ *Einrichtung zum Nachweis von polarisiertem Licht*

A|na|ly|se ⟨f.; -, -n⟩ *Zergliederung eines Ganzen in seine Teile, genaue Untersuchung der Einzelheiten, Auflösung;* **qualitative** ~ ⟨Chem.⟩ *Bestimmung eines Stoffes nach der Art seiner Bestandteile;* **quantitative** ~ ⟨Chem.⟩ *Bestimmung eines Stoffes nach der mengenmäßigen Zusammensetzung;* Ggs *Synthese* [< grch. *analysis* »Auflösung«; zu *analyein* »auflösen«]

a|na|ly|sie|ren ⟨V.⟩ *eine Analyse machen von, zergliedern, in Einzelteile zerlegen, untersuchen*

A|na|ly|sis ⟨f.; -; unz.; Math.⟩ **1** *Zweig der Mathematik, der hauptsächlich Untersuchungen über Grenzwerte anstellt* **2** *Gebiet, das die Infinitesimalrechnung benutzt* [grch.; → *Analyse*]

A|na|lyst ⟨m.; -en, -en; a. engl. [ænəlist] m.; -s, -s; Börsenw.⟩ *berufsmäßiger Börsenfachmann*

A|na|ly|tik ⟨f.; -; unz.⟩ **1** *Lehre, Kunst od. Verfahren der Analyse;* Ggs *Synthetik* **2** ⟨Math.⟩ *zergliederndes, bes. rechnerisches Verfahren bei math. Problemen* [→ *Analyse*]

A|na|ly|ti|ker ⟨m.; -s, -⟩ **1** *die Analytik beherrschender Wissenschaftler* **2** ⟨kurz für⟩ *Psychoanalytiker*

a|na|ly|tisch ⟨Adj.⟩ *die Analyse betreffend, auf ihr beruhend, mit ihrer Hilfe zergliedernd, in Einzelteile zerlegen;* Ggs *synthetisch;* ~e **Chemie** *der Teil der C., der die Analyse zum Gegenstand hat;* ~e **Geometrie** *rechnerische G., die geometr. Gebilde, wie Kurven u. Flächen, untersucht u. mit Hilfe von Funktionsgleichungen darstellt;* ~e **Sprachen** *S., in denen die Flexion durch mehrere Wörter ausgedrückt wird, z.B »ich habe gelesen« im Unterschied zu lat. »legi«, od. »des Vaters« im Unterschied zu lat. »patris«;* Ggs *synthetische Sprachen;* ~es **Urteil** *U., das durch Zergliederung der in einem Begriff enthaltenen Merkmale gewonnen wird*

An|ä|mie, ⟨auch⟩ **A|nä|mie** ⟨f.; -, -n⟩ *Mangel an roten Blutkörperchen, Blutarmut* [< *A…*[1] + *…ämie*]

an|ä|misch, ⟨auch⟩ **a|nä|misch** ⟨Adj.⟩ *auf Anämie beruhend, mit Anämie einhergehend, an Anämie leidend, blutarm*

A|na|mne|se, ⟨auch⟩ **A|nam|ne|se** ⟨f.; -, -n⟩ **1** ⟨Med.⟩ *Vorgeschichte einer Krankheit* **2** ⟨Philos.; bes. Plato⟩ *Wiedererkennung der (vorgeburtl.) Ideen* [< *Ana…* + grch. *mnesis* »Erinnerung«]

a|na|mnes|tisch, ⟨auch⟩ **a|nam|nes|tisch, a|na|mne|tisch,** ⟨auch⟩ **a|nam|ne|tisch** ⟨Adj.; Med.⟩ *die Anamnese betreffend, auf ihr beruhend, mit ihrer Hilfe*

An|am|ni|er, ⟨auch⟩ **A|nam|ni|er** ⟨m.; -s, -⟩ *Wirbeltier, das sich ohne Amnion entwickelt;* Ggs *Amniote* [< *A…*[1] + grch. *amnos* »Lamm«]

A|na|mor|pho|se ⟨f.; -, -n; Mal.⟩ *verzerrt erscheinende Darstellung eines Gegenstandes* [zu spätgrch. *anamorphoun* »umwandeln«]

A|na|mor|phot ⟨m.; -en, -en; Kinotechnik⟩ *optische Vorrichtung zur Erzeugung eines Breitwandbildes* [< grch. *anamorphotes* »umwandelnd«]

a|na|mor|pho|tisch ⟨Adj.⟩ *verzerrt, verkehrt, umgestaltet;* ~e Optik *Linsensystem, das die Bilder verzerrt u. (bei Breitwandfilmen) bei der Vorführung wieder entzerrt*

A|na|nas ⟨f.; -, - od. -se⟩ **1** *ausdauernde Tropenpflanze mit kurzem, dickem Stamm: ananas comosus* **2** *essbare Frucht dieser Pflanze mit gelbem, saftigem Fruchtfleisch u. kurzen, derben Blütenblättern* [< port. *ananas* < indian. (Tupi, Brasilien)]

An|an|kas|mus, ⟨auch⟩ **A|nan|kas|mus** ⟨m.; -, -men; Psych.⟩ *Zwangsvorstellung, Zwangsneurose* [→ *Ananke*]

An|an|ke, ⟨auch⟩ **A|nan|ke** ⟨f.; -; unz.; Philos.⟩ *Notwendigkeit, Schicksal, Zwang* [grch.]

A|na|nym ⟨n.; -(e)s, -e⟩ *Form des Pseudonyms, die aus den rückwärts gelesenen Buchstaben des wirklichen Namens besteht, z.B. Keisgreb für Bergsiek* [< *Ana...* + grch. *onyma* »Name«]

A|na|päst ⟨m.; -(e)s, -e⟩ *Versfuß mit zwei kurzen u. einer langen Silbe* [< grch. *anapaistos* »zurückgeschlagen«; zu *anapaiein* »zurückschlagen«]

A|na|pha|se ⟨f.; -, -n⟩ *bestimmtes Stadium der Kernteilung einer Zelle* [< *Ana...* + *Phase*]

A|na|pher ⟨f.; -, -n⟩, **A|na|pho|ra** ⟨f.; -, -rä; Rhet.⟩ **1** *Wiederholung des Anfangswortes in aufeinander folgenden Sätzen od. Satzteilen,* z.B. »das Wasser rauscht, das Wasser schwoll«; Ggs *Epiphora* **2** ⟨Sprachw.⟩ *sprachliche Einheit, die auf etwas Vorausgegangenes verweist,* z.B. »es« in dem Satz »Das Essen war gut, es war jedoch sehr reichhaltig.« [< grch. *anaphora* »Beziehung«, zu *anapherein* »herauftragen, zurückbringen, zurückbeziehen«]

A|na|pho|re|se ⟨f.; -, -n; Chem.⟩ *Wanderung negativ geladener Teilchen zur Anode* [zu grch. *anapherein* »herauftragen, zurückbringen«]

a|na|pho|risch ⟨Adj.; Rhet.⟩ **1** *auf einer Anapher beruhend; eine Anapher ausdrückend* **2** ⟨Sprachw.⟩ *zurückverweisend;* → a. *kataphorisch*

a|na|phy|lak|tisch ⟨Adj.⟩ *die Anaphylaxie betreffend;* ~er Schock *Schockreaktion gegen wiederholt zugeführte Allergene*

A|na|phy|la|xie ⟨f.; -, -n⟩ *Allergie gegen wiederholt eingespritztes artfremdes Eiweiß* [< *Ana...* + grch. *phylassein* »(be)wachen«]

A|na|plas|mo|se ⟨f.; -, -n⟩ *durch Anämie u. Gelbsucht gekennzeichnete Tierseuche* [< *Ana...* + *Plasma*]

an|arch, ⟨auch⟩ **a|narch** ⟨Adj.; selten für⟩ *anarchisch*

An|ar|chie, ⟨auch⟩ **A|nar|chie** ⟨f.; -, -n⟩ **1** *die vom Anarchismus geforderte Gesellschaftsordnung* **2** *Zustand der Gesetzlosigkeit, (polit.) Unordnung* [< *A...*[1] + *...archie*]

an|ar|chisch, ⟨auch⟩ **a|nar|chisch** ⟨Adj.⟩ *auf Anarchie beruhend;* oV *anarch*

An|ar|chis|mus, ⟨auch⟩ **A|nar|chis|mus** ⟨m.; -; unz.⟩ *polit. Lehre, die jede staatl. Ordnung ablehnt u. das menschl. Zusammenleben nur vom Willen u. von der Einsicht des Einzelnen bestimmt wissen will*

An|ar|chist, ⟨auch⟩ **A|nar|chist** ⟨m.; -en, -en⟩ *Anhänger, Vertreter des Anarchismus*

an|ar|chis|tisch, ⟨auch⟩ **a|nar|chis|tisch** ⟨Adj.⟩ *den Anarchismus betreffend, auf ihm beruhend*

An|ar|cho, ⟨auch⟩ **A|nar|cho** ⟨m.; -s, -s; umg.⟩ *jmd., der die bestehende bürgerliche Gesellschaftsordnung ablehnt (u. dem Anarchismus nahe steht)*

An|ä|re|sis, ⟨auch⟩ **A|nä|re|sis** ⟨f.; -, -re|sen; Rhet.⟩ *Widerlegung der gegnerischen Behauptung* [grch., »Aufhebung«]

A|na|sta|sis, ⟨auch⟩ **A|nas|ta|sis** ⟨f.; -; unz.; Kunst⟩ *Darstellung der Auferstehung Christi* [< grch. *ana* »wieder« + *stasis* »das Stehen«]

a|na|sta|tisch, ⟨auch⟩ **a|nas|ta|tisch** ⟨Adj.⟩ *wiederauffrischend, neubildend;* ~er Druck *veraltetes Verfahren zur Herstellung einer neuen Druckform von alten Drucken durch Umdruck auf Stein od. Metall* [< grch. *ana* »wieder« + *statisch*]

An|äs|the|sie, ⟨auch⟩ **A|näs|the|sie** ⟨f.; -, -n; Med.⟩ **1** ⟨unz.⟩ *Unempfindlichkeit gegen Schmerzen* **2** ⟨zählb.⟩ *Betäubung von Schmerzen* [< *A...*[1] + *...ästhesie*]

an|äs|the|sie|ren, ⟨auch⟩ **a|näs|the|sie|ren** ⟨V.; Med.⟩ *schmerzunempfindlich machen, betäuben;* oV *anästhetisieren*

An|äs|the|si|o|lo|gie, ⟨auch⟩ **A|näs|the|si|o|lo|gie** ⟨f.; -; unz.⟩ *Lehre von der Schmerzbetäubung u. den Narkoseverfahren* [< *A...* + *...ästhesie* + *...logie*]

An|äs|the|sist, ⟨auch⟩ **A|näs|the|sist** ⟨m.; -en, -en⟩ *Narkosefacharzt*

An|äs|the|sis|tin, ⟨auch⟩ **A|näs|the|sis|tin** ⟨f.; -, -tin|nen⟩ *Narkosefachärztin*

An|äs|the|ti|kum, ⟨auch⟩ **A|näs|the|ti|kum** ⟨n.; -s, -ka⟩ *Arzneimittel, das schmerzunempfindlich macht* [→ *Anästhesie*]

an|äs|the|tisch, ⟨auch⟩ **a|näs|the|tisch** ⟨Adj.⟩ *auf Anästhesie beruhend, mit ihrer Hilfe*

an|äs|the|ti|sie|ren, ⟨auch⟩ **a|näs|the|ti|sie|ren** ⟨V.⟩ = *anästhesieren*

An|a|stig|mat, ⟨auch⟩ **An|as|tig|mat** ⟨m.; -s, -e; Fot.⟩ *Objektiv, das fehlerfreie (unverzerrte) Abbildungen gibt* [< *Ana...* + grch. *stigma* »Stich, Punkt«]

an|a|stig|ma|tisch, ⟨auch⟩ **an|as|tig|ma|tisch** ⟨Adj.⟩ *keine auf Astigmatismus beruhenden Fehler aufweisend*

A|na|sto|mo|se, ⟨auch⟩ **A|nas|to|mo|se** ⟨f.; -, -n⟩ **1** ⟨Anat.⟩ *Verbindung von Blutgefäßen, Lymphgefäßen od. Nerven untereinander* **2** ⟨Med.⟩ *operative Verbindung von Hohlorganen* **3** ⟨Bot.⟩ *Querverbindung zwischen Blattnerven* [< grch. *anastomoun* »eine Mündung bilden«; zu *stoma* »Mund«]

A|na|stro|phe, ⟨auch⟩ **A|nas|tro|phe, A|nast|ro|phe** ⟨f.; -, -stro|phen; Sprachw.⟩ *Umstellung der normalen Wortfolge, z.B. Röslein rot* [zu grch. *anastrephein* »umwandeln«]

A|na|them ⟨n.; -s, -e⟩, **A|na|the|ma** ⟨n.; -, -the|ma|ta⟩ *Verfluchung, Kirchenbann* [zu grch. *anatithenai* »(öffentlich) aufstellen, ausstellen«]

a|na|the|ma|ti|sie|ren ⟨V.⟩ *mit Anathem(a) belegen, verfluchen*

a|na|ti|o|nal ⟨a. ['-----] Adj.⟩ *gleichgültig gegenüber Volk u. Nationalität, nicht national gesinnt* [< *a...*[1] + *national*]

A|na|tom ⟨m.; -en, -en⟩ *Kenner, Lehrer der Anatomie* [zu grch. *anatemnein* »zerschneiden«]

A|na|to|mie ⟨f.; -, -n⟩ **1** ⟨unz.⟩ *Wissenschaft, Lehre vom Körperbau der Lebewesen (der Pflanzen, Tiere u. des Menschen)* **2** ⟨zählb.⟩ *wissenschaftl. Institut für anatom. Studien* **3** ⟨i.w.S.⟩ *Strukturbestimmung* [→ *Anatom*]

a|na|to|mie|ren ⟨V.⟩ *zergliedern*

a|na|to|misch ⟨Adj.⟩ *die Anatomie betreffend, auf ihr beruhend, mit ihrer Hilfe*

A|na|to|zis|mus ⟨m.; -, -men⟩ *Verzinsung rückständiger Zinsen* [zu grch. *anatokizein* »wieder verzinsen«]

an|a|xi|al ⟨a. ['----] Adj.⟩ *nicht in Achsenrichtung, ungleichachsig angeordnet;* Ggs *axial* [< *a...*[1] + *axial*]

a|na|zy|klisch, ⟨auch⟩ **a|na|zyk|lisch** ⟨Adj.⟩ *vorwärts u. rückwärts gleichlautend (von Wörtern u. Sätzen),* z.B. »Reittier«; → a. *Palindrom*

ANC ⟨m.; -; unz.; Abk. für engl.⟩ *African National Congress (afrikan. Nationalkongress), 1912 gegründete Organisation des schwarzen Freiheitskampfes in Südafrika, die von 1960–1990 verboten war u. seit den Parlamentswahlen 1994 die stärkste Partei bildet* [engl.]

An|chor|man ⟨[æŋkə(r)mæn] m.; - od. -s, -men [-mən]⟩ **1** ⟨bes. TV⟩ *Koordinator, Ansager, Moderator* **2** *wichtige Person, Schlüsselfigur* [engl., »Koordinator; Eckpfeiler«]

An|chor|wo|man ⟨[æŋkə(r)wumən] f.; -, -women [-wimin]⟩ *weibl. Anchorman* [engl., »Koordinatorin; Eckpfeiler«]

An|cho|ve ⟨[-ço:və] f.; -, -n⟩ = *Anschove*

An|cho|vis ⟨[-ço:vis] f.; -, -⟩ = *Anschovis*

An|ci|en|ni|tät ⟨[ãsiɛni-] f.; -, -en⟩ **1** *Dienstalter* **2** *Dienst-, Altersfolge* [< frz. *ancienneté* »Alter, Dienst-, Amtsalter«]

An|ci|en Ré|gime ⟨[ãsjɛ̃: reʒi:m] n.; - -; unz.⟩ **1** ⟨urspr.⟩ *das absolutist. Frankreich vor der Revolution 1789* **2** ⟨danach⟩ *alte, überalterte Regierungsform od. Gesellschaftsordnung;* das sind Vorstellungen eines ~ [frz., »alte Regierungsform«]

An|da|lu|sit ⟨m.; -s, -e⟩ *olivgrünes bis gelbliches, matt glänzendes Mineral, chem. Formel* $Al_2(SiO_5)$ [nach dem ersten Fundort in *Andalusien*]

an|dan|te ⟨Mus.⟩ *gehend, ruhig (zu spielen);* ~ con moto *gehend, (doch) mit Bewegung (zu spielen)* [ital., »gehend«]

An|dan|te ⟨n.; - od. -s, - od. -s; Mus.⟩ *Musikstück, Satz im Andante-Tempo*

an|dan|ti|no ⟨Mus.⟩ *etwas rascher als andante (zu spielen)* [ital., Verkleinerungsform zu *andante*]

An|dan|ti|no ⟨n.; -s, -s od. -ni; Mus.⟩ *kurzes Andante, Musikstück od. Satz im Andantino-Tempo*

An|de|sin ⟨m.; -s, -e⟩ *Mineral, Kalknatronfeldspat* [nach den *Anden,* dem Hauptgebirge in Südamerika]

An|de|sit ⟨m.; -s, -e⟩ *jüngeres Ergussgestein von dichter Grundmasse u. mit Einsprenglingen von Plagioklas* [nach den *Anden,* dem Hauptgebirge in Südamerika]

an|do|cken ⟨V.⟩ *ankoppeln;* ein Raumschiff dockt an

■ Die Buchstabenfolge **an|dr...** kann auch **and|r...** getrennt werden.

■ **An|dra|go|gik** ⟨f.; -; unz.⟩ *Erwachsenenbildung* [< grch. *aner,* Gen. *andros* »Mensch, Mann« + *agein* »führen«]

■ **an|dra|go|gisch** ⟨Adj.⟩ *die Andragogik betreffend, zu ihr gehörig, mit ihrer Hilfe*

■ **an|dro...,** **An|dro...** ⟨in Zus.⟩ *männlich* [< grch. *aner,* Gen. *andros* »Mann«]

■ **An|dro|di|ö|zie** ⟨f.; -; unz.⟩ *Auftreten von Pflanzen mit nur männl. Blüten neben solchen mit zwittrigen Blüten bei der gleichen Art* [< *Andro...* + *Diözie*]

■ **An|dro|ga|met** ⟨m.; -en, -en⟩ *männl. Keimzelle;* Ggs *Gynogamet* [< *Andro...* + *Gamet*]

■ **an|dro|gen** ⟨Adj.⟩ *in der Art des Androgens, von der Wirkung des Androgens*

■ **An|dro|gen** ⟨n.; -s; unz.⟩ *männl. Geschlechtshormon* [< *Andro...* + *...gen*[2]]

■ **an|dro|gyn** ⟨Adj.⟩ *die Merkmale der Androgynie zeigend;* oV *androgynisch* [< *andro...* + grch. *gyne* »Weib«]

■ **An|dro|gy|nie** ⟨f.; -; unz.⟩ **1** *Zweigeschlechtigkeit, mit weibl. Erscheinungsbild u. männl. Keimdrüsen: Pseudohermaphroditismus masculine* **2** *Zwitterbildung bei Pflanzen*

■ **an|dro|gy|nisch** ⟨Adj.⟩ = *androgyn*

■ **An|dro|gy|no|phor** ⟨n.; -s, -en⟩ *stielartige Verlängerung der Blütenachse, die den Stempel u. die Staubblätter trägt* [< *Andro...* + *Gynophor*]

■ **An|dro|i|de** ⟨m.; -n, -n⟩ *künstlicher Mensch* [grch. *aner,* Gen. *andros* »Mann« + *...logie*]

■ **An|dro|lo|ge** ⟨m.; -en, -en⟩ *Facharzt für Andrologie*

■ **An|dro|lo|gie** ⟨f.; -; unz.⟩ *Lehre von den Männerkrankheiten;* → a. *Gynäkologie* [< *Andro...* + *...logie*]

■ **an|dro|lo|gisch** ⟨Adj.⟩ *die Andrologie betreffend, zu ihr gehörig*

■ **An|dro|mon|ö|zie,** ⟨auch⟩ **And|ro|mo|nö|zie** ⟨f.; -; unz.⟩ *Vorkommen männlicher u. zwittriger Blüten auf derselben Pflanze* [< *Andro...* + *Monözie*]

■ **An|dro|sper|mi|um** ⟨n.; -s, -mi|en⟩ *ein Y-Chromosom enthaltendes, männl. Spermium*

■ **An|dro|spo|re** ⟨f.; -, -n⟩ *Spore, aus der eine männl. Pflanze hervorgeht* [< *Andro...* + *Spore*]

■ **An|dro|ste|ron,** ⟨auch⟩ **And|ros|te|ron** ⟨n.; -s; unz.⟩ *Abbauprodukt des Testosterons mit schwach androgener Wirkung* [verkürzt < *Andro...* + Testo*steron*]

■ **An|drö|ze|um** ⟨n.; -s; unz.⟩ *männl. Blütenteile, Gesamtheit der Staubblätter* [< grch. *aner,* Gen. *andros* »Mann«]
An|ek|do|te, ⟨auch⟩ **A|nek|do|te** ⟨f.; -, -n⟩ *kurze, witzige, unbeglaubigte, aber charakterist. Erzählung od. Begebenheit, meist eine bekannte Persönlichkeit od. ein histor. Ereignis betreffend* [< *A...*[1] + grch. *ektodon* »herausgegeben«]
an|ek|do|tisch, ⟨auch⟩ **a|nek|do|tisch** ⟨Adj.⟩ *in der Art einer Anekdote*
a|ne|mo..., **A|ne|mo...** ⟨Vors.; in Zus.⟩ *wind..., Wind...* [< grch. *anemos* »Wind«]
A|ne|mo|cho|rie ⟨[-ko-] f.; -; unz.⟩ *Verbreitung von Samen u. Früchten durch den Wind* [< *Anemo...* + grch. *chora* »Gegend, Land«]
a|ne|mo|gam ⟨Adj.⟩ *durch den Wind bestäubt;* Sy *anemophil* [< *anemo...* + *...gam*]
A|ne|mo|ga|mie ⟨f.; -, -n⟩ *Bestäubung durch Wind* [< *Anemo...* + *...gamie*]
A|ne|mo|graf ⟨m.; -en, -en⟩ = *Anemograph*
A|ne|mo|graph ⟨m.; -en, -en⟩ *selbstschreibendes Anemometer;* oV *Anemograf* [< grch. *anemos* »Wind« + *...graph*]
A|ne|mo|me|ter ⟨n.; -s, -⟩ *Gerät zum Messen der Windstärke, Windmesser* [< grch. *anemos* »Wind« + *...meter*]
A|ne|mo|ne ⟨f.; -, -n⟩ *Gattung der Hahnenfußgewächse, Windröschen* [< grch. *anemone;* zu *anemos* »Wind«]
a|ne|mo|phil ⟨Adj.⟩ = *anemogam* [< *anemo...* + *...phil*]
An|e|ner|gie ⟨f.; -, -⟩ = *Anergie*
an|e|ner|gisch ⟨Adj.⟩ = *anergisch*
A|ner|gie ⟨f.; -; unz.⟩ *bei Energieumwandlungen derjenige Teil der eingesetzten Energie, der durch Reibungs- u. Wärmeverluste für eine nachfolgende weitere Nutzung verloren geht;* oV *Anenergie* [< *A...*[1] + *Energie*]
a|ner|gisch ⟨Adj.⟩ *die Anergie betreffend, auf ihr beruhend;* oV *anenergisch*
An|e|ro|id, ⟨auch⟩ **A|ne|ro|id** ⟨n.; -(e)s, -e⟩, **An|e|ro|id|ba|ro|me|ter,** ⟨auch⟩ **A|ne|ro|id|ba|ro|me|ter** ⟨n.; -s, -⟩ *Barometer ohne Flüssigkeit, bei dem eine luftleere Blechdose durch den Luftdruck verformt wird* [< *A...*[1] + grch. *neros* »nass« + *...id*]
An|e|ry|throp|sie, ⟨auch⟩ **A|ne|ryth|rop|sie** ⟨f.; -; unz.⟩ *Rotblindheit* [< *A...*[1] + grch. *erythros* »rot« + *opsis* »das Sehen«]
An|e|thol ⟨n.; -s; unz.⟩ *Methyläther des p-Propenylphenols, u.a. in der Likörfabrikation verwendet* [< lat. *anethum* »Dill« + *...ol*]
an|eu|plo|id, ⟨auch⟩ **an|eup|lo|id** ⟨Adj.⟩ *eine ungleiche Anzahl der Chromosomen od. ein nicht ganzzahliges Vielfaches davon aufweisend;* Ggs *euploid* [< *an...*[1] + grch. *eu* »reichlich« + di*ploid*]
An|eu|plo|i|die, ⟨auch⟩ **An|eup|lo|i|die** ⟨f.; -; unz.⟩ *Auftreten von unnormalen Chromosomenzahlen* [→ *aneuploid*]
A|neu|rin, ⟨auch⟩ **An|eu|rin** ⟨n.; -s; unz.⟩ *das Vitamin B_1* [< *A...*[1] + grch. *neuron* »Nerv«]
An|eu|rys|ma, ⟨auch⟩ **A|neu|rys|ma** ⟨n.; -s, -men od. -ma|ta⟩ *örtl. begrenzte, sackartige Erweiterung eines Blutgefäßes (bes. Arterien, auch Herz)* [zu grch. *aneurynein* »erweitern«]
an|fi|xen ⟨V.⟩ **1** ⟨Wirtsch.⟩ *Baissespekulation betreiben* **2** ⟨Drogenszene⟩ jmdn. ~ *jmdm. zum ersten Mal ein Rauschmittel injizieren*
An|ge|li|ka ⟨f.; -, -ken⟩ *Engelwurz, Heiliggeistwurz, Angehörige einer Gattung der Doldengewächse, deren Wurzeln arzneilich u. als aromatisches Bittermittel verwendet werden: Angelica*
An|ge|lo|lo|gie ⟨f.; -; unz.⟩ *Lehre von den Engeln* [→ *Angelus*]
An|ge|lus ⟨m.; -; unz.⟩ *Engel, Bote, Gesandter;* ~ Domini *Erzengel Gabriel (Verkündigungsengel)* [lat. < grch. *angelos* »Bote«; nach dem Anfang des Gebets *Angelus Domini* nuntiavit Mariae... (der Engel des Herrn brachte Maria die Botschaft...)]
An|ge|lus|läu|ten ⟨n.; -s; unz.⟩ *Glockenläuten zum abendl. Dankgebet (für Christi Menschwerdung)*
An|gi|i|tis ⟨f.; -, -i|ti|den od. -i|ti|des⟩ *Gefäßentzündung* [< grch. *angeion* »Gefäß« + *...itis*]
An|gi|na ⟨f.; -, -gi|nen; Med.⟩ *entzündl., fieberhafte Erkrankung des Halses mit Schwellung des Rachens u. der Mandeln* [lat., »Beklemmung; Halsentzündung«]
An|gi|na Pec|to|ris ⟨f.; - -; unz.⟩ *Anfälle von heftigen Herzschmerzen, Beklemmung der Brust u. Todesangst, auf einer chron. Minderdurchblutung des Herzmuskels beruhend,* Sy *Stenokardie* [lat., »Brustbeklemmung«]
an|gi|nös ⟨Adj.⟩ *in der Art einer Angina, auf Angina beruhend*
An|gi|o... ⟨Vors.⟩ *Gefäß...* [< grch. *aggeion* »Gefäß«]
An|gi|o|gra|fie ⟨f.; -, -n⟩ = *Angiographie*
An|gi|o|gra|phie ⟨f.; -, -n⟩ *röntgenolog. Darstellung von Gefäßen nach Injektion eines Kontrastmittels;* oV *Angiografie* [< *Angio...* + *...graphie*]
An|gi|o|lo|ge ⟨m.; -n, -n⟩ *Wissenschaftler auf dem Gebiet der Angiologie*
An|gi|o|lo|gie ⟨f.; -; unz.⟩ *Lehre von den Blut- u. Lymphgefäßen* [< *Angio...* + *...logie*]
an|gi|o|lo|gisch ⟨Adj.⟩ *die Angiologie betreffend*
An|gi|om ⟨n.; -s, -e⟩ *vom Gefäßgewebe (der Blut- od. Lymphgefäße) ausgehende Geschwulst* [< grch. *aggeion* »Gefäß«]
An|gi|o|pa|thie ⟨f.; -, -n⟩ *Erkrankung der Blut- od. Lymphgefäße* [< *Angio...* + *...pathie*]
An|gi|o|se ⟨f.; -, -n⟩ *auf Stoffwechselstörungen beruhende Gefäßerkrankung*
An|gi|o|sper|men ⟨Pl.⟩ *bedecktsamige Blütenpflanzen;* Ggs *Gymnospermen* [< *Angio...* + *Sperma*]

■ Die Buchstabenfolge **an|gl...** kann auch **ang|l...** getrennt werden.

■ **An|glaise** ⟨[ãglɛ:z] f.; -, -n⟩ *aus dem engl. Volkstanz entwickelter, mäßig schneller Ge-*

sellschaftstanz im 18./19. Jh., meist im ²/₂-Takt [frz., »englisch(er Tanz)«]

■ **an|gli|ka|nisch** ⟨Adj.⟩ *die engl. Staatskirche betreffend, ihr angehörend;* ~e Kirche *die engl. Staatskirche* [< mlat. *Anglicanus;* zu lat. *Angli* »die Angeln, Engländer«]

■ **An|gli|ka|nis|mus** ⟨m.; -; unz.⟩ *Lehre u. Ordnung der anglikan. Kirche*

■ **an|gli|sie|ren** ⟨V.⟩ *dem engl. Wesen, der engl. Sprache, den engl. Sitten angleichen* [zu lat. *Angli* »die Angeln, Engländer«]

■ **An|glist** ⟨m.; -en, -en⟩ *Wissenschaftler, Student der englischen Sprache u. Literatur* [< lat. *Angli* »Angeln (= Engländer)«]

■ **An|glis|tik** ⟨f.; -; unz.⟩ *Lehre von der engl. Sprache u. Literatur*

■ **An|glis|tin** ⟨f.; -, -tin|nen⟩ *Wissenschaftlerin, Studentin der englischen Sprache u. Literatur*

■ **an|glis|tisch** ⟨Adj.⟩ *die Anglistik betreffend, zu ihr gehörig*

■ **An|gli|zis|mus** ⟨m.; -, -men⟩ *engl. Spracheigentümlichkeit, bes. deren Übertragung in eine andere Sprache, z. B. »einmal mehr« aus »once more« (= noch einmal)*

■ **An|glo|a|me|ri|ka|ner** ⟨m.; -s, -⟩ **1** *Amerikaner englischer Abstammung* **2** ⟨nur Pl.⟩ *Sammelbezeichnung für Engländer u. Amerikaner (hinsichtlich ihrer gemeinsamen Politik, bes. im 2. Weltkrieg)*

■ **an|glo|a|me|ri|ka|nisch** ⟨Adj.⟩ *die Angloamerikaner betreffend, zu ihnen gehörig, von ihnen stammend*

■ **An|glo|ma|nie** ⟨f.; -; unz.⟩ *übertriebene Vorliebe für alles Englische* [< lat. *Angli* »Angeln« (= Engländer) + grch. *mania* »Begeisterung«]

■ **an|glo|phil** ⟨Adj.⟩ *englandfreundlich*

■ **An|glo|phi|lie** ⟨f.; -; unz.⟩ *Vorliebe für alles Englische* [< lat. *Angli* »Angeln« (= Engländer) + *...philie*]

■ **an|glo|phob** ⟨Adj.⟩ *allem Englischen abgeneigt*

■ **An|glo|pho|bie** ⟨f.; -, -n⟩ *Abneigung gegen alles Englische* [< lat. *Angli* »Angeln« (= Engländer) + *Phobie*]

An|go|ra|wol|le ⟨f.; -; unz.⟩ *aus den Haaren der Angoraziege od. Angorakatze gewonnene Wolle mit bes. langem u. feinem Flor*

An|gos|tu|ra ⟨m.; -s, -s; Wz⟩ *aus der Rinde des Angosturabaumes (Cusparia trifoliata) gewonnenes, bitter-würziges Aroma zur Bereitung von Likör;* Sy *Angosturabitter* [nach dem venezolan. Flusshafen *Angostura* (jetzt Ciudad Bolívar)]

An|gos|tu|ra|baum ⟨m.; -(e)s, -bäu|me⟩ *südamerikan. Art der Rautengewächse, aus der der Rohstoff für Angosturabitter gewonnen wird: Cusparia trifoliata*

An|gos|tu|ra|bit|ter ⟨m.; -, -⟩ = *Angostura*

An|gry Young Men, ⟨auch⟩ **Ang|ry Young Men** ⟨[æŋgri jʌŋ mən] Pl.⟩ *Vertreter einer sozialkrit. literar. Richtung in England nach 1955* [engl., »zornige junge Männer«]

Ång|ström, ⟨auch⟩ **Ångs|tröm, Ångst|röm** ⟨[ɔŋstrø:m] n.; - od. -s, -; Zeichen: Å⟩ *nicht mehr zulässige Maßeinheit für die Wellenlänge der Lichtstrahlen;* $1\,Å = 10^{-10}\,m = 0{,}1\,nm$ [nach dem schwed. Astronomen u. Physiker Anders Jonas *Ångström,* 1814-1874]

an|gu|lar ⟨Adj.⟩ **1** *den Winkel betreffend* **2** *eckig* [< lat. *angularis* »winklig«; zu *angulus* »Winkel«]

An|gus|rind ⟨[æŋgəs-] n.; -(e)s, -er⟩ *aus Schottland stammendes Fleischrind der Angusrasse* [nach der schott. Stadt *Angus*]

An|hi|dro|se, ⟨auch⟩ **An|hid|ro|se** ⟨f.; -, -n⟩ *Verminderung od. Fehlen der Schweißabsonderung* [< *A...*[1] + grch. *hidros* »Schweiß«]

An|hy|drid, ⟨auch⟩ **An|hyd|rid** ⟨n.; -s, -e⟩ *Oxid, das mit Wasser reagiert u. dann eine Säure od. Base bildet* [< *A...*[1] + grch. *hydor* »Wasser«]

An|hy|drit, ⟨auch⟩ **An|hyd|rit** ⟨m.; -s, -e⟩ *ein Mineral, chem. Calciumsulfat, Formel* $CaSO_4$ [< *A...*[1] + grch. *hydor* »Wasser«]

An|hy|dro|bi|o|se, ⟨auch⟩ **An|hyd|ro|bi|o|se** ⟨f.; -, -n⟩ *bei manchen Tieren nach Wasserentzug künstlich herbeiführbarer od. im Wechsel der Jahreszeiten natürlich einsetzender Zustand verminderter Lebensaktivität, bei dem die Körperflüssigkeit auf das eben noch tragbare Mindestmaß herabgesetzt u. alle Lebensprozesse verlangsamt werden, Trockenstarre* [< *A...*[1] + *hydro...* + *...biose*]

Ä|nig|ma ⟨n.; -s, -ta od. -men⟩ *Rätsel;* oV *Enigma* [< lat. *aenigma* < grch. *ainigma* »Rätsel«]

ä|nig|ma|tisch ⟨Adj.⟩ *rätselhaft;* oV *enigmatisch*

A|ni|lin ⟨n.; -s; unz.; Chem.⟩ *Ausgangsstoff für viele Farb-, Kunststoffe u. Arzneimittel, chem. Formel* $C_6H_5NH_2$; Sy *Phenylamin, Aminobenzol* [< *Anil* (Indigopflanze in Indien) < arab. *an-il* »das Blaue« < Sanskrit *nila* »blau«]

A|ni|lin|druck ⟨m.; -(e)s, -e⟩ *Lichtpausverfahren, bei dem Anilindämpfe als Entwickler dienen*

A|ni|ma ⟨f.; -; unz.; Philos.; Psych.⟩ *die Seele, das Innere (der menschl. Persönlichkeit)* [lat., »Wind, Atem, Seele«]

a|ni|ma|lisch ⟨Adj.⟩ **1** *tierisch, den Tieren eigentümlich* **2** *belebt* **3** *leiblich, (grob-)sinnlich* [< lat. *animal* »Lebewesen, Geschöpf«]

a|ni|ma|li|sie|ren ⟨V.⟩ **1** *in tierische Substanz verwandeln* **2** Zellulosefasern ~ *so behandeln, dass sie den tierischen Fasern (Wolle) ähnlich werden u. mit diesen zusammen weiterverarbeitet werden können* [< lat. *animal* »Lebewesen, Geschöpf«]

A|ni|ma|lis|mus ⟨m.; -; unz.⟩ *Verehrung als heilig angesehener Tiere*

A|ni|ma|li|tät ⟨f.; -; unz.⟩ *das Tiersein, tierische Wesensart* [< lat. *animal* »Lebewesen, Geschöpf«]

A|ni|ma|teur ⟨[-tø:r] m.; -s, -e⟩ *Angestellter eines Reiseunternehmens, der für die Unterhaltung u. Freizeitgestaltung einer Reisegesellschaft zuständig ist;* oV *Animator* [frz., »Unterhalter«]

A|ni|ma|teu|rin ⟨[-tøː-] f.; -, -rin|nen⟩ *weibl. Animateur;* oV *Animatorin*
A|ni|ma|ti|on ⟨f.; -, -en⟩ **1** *(von einem Animateur organisierte) Unterhaltung u. Freizeitgestaltung für Urlauber* **2** ⟨EDV; Film⟩ *Verfahren zur Belebung u. Bewegung von Bildern u. Figuren im Trickfilm* [frz., »Unterhaltung«]
A|ni|ma|tis|mus ⟨m.; -; unz.⟩ = *Animismus*
a|ni|ma|tiv ⟨Adj.⟩ *unterhaltend, anregend*
a|ni|ma|to ⟨Mus.⟩ *belebt (zu spielen)* [ital.]
A|ni|ma|tor ⟨m.; -s, -to|ren⟩ **1** *Trickfilmzeichner* **2** = *Animateur* [→ *animieren*]
A|ni|ma|to|rin ⟨f.; -, -rin|nen⟩ **1** *Trickfilmzeichnerin* **2** = *Animateurin*
A|ni|mier|da|me ⟨f.; -, -n⟩ *Frau in aufreizender Aufmachung, die (in Nachtlokalen) die Gäste zum Trinken animiert*
a|ni|mie|ren ⟨V.⟩ *beleben, ermuntern, anregen, in Stimmung bringen;* jmdn. zu einem Streich ~ [< lat. *animare* »beleben«]
A|ni|mier|lo|kal ⟨n.; -s, -e⟩ *Gaststätte, Nachtlokal mit Animierdamen*
A|ni|mis|mus ⟨m.; -; unz.⟩ *Glaube an die Beseeltheit der Natur u. an die Existenz von Geistern;* oV *Animatismus* [< lat. *animus* »Geist, Seele«]
a|ni|mis|tisch ⟨Adj.⟩ *den Animismus betreffend, zu ihm gehörig*
A|ni|mo ⟨n.; -s; unz.; österr.; umg.⟩ *Lust, Stimmung, Schwung* [ital., »Geist, Seele« < lat. *animus*]
a|ni|mos ⟨Adj.⟩ *feindselig, gereizt* [< lat. *animus* »Geist, Seele«]
A|ni|mo|si|tät ⟨f.; -, -en⟩ *Gereiztheit, Feindseligkeit, Abneigung* [→ *animos*]
a|ni|mo|so ⟨Mus.⟩ *bewegt, beherzt (zu spielen)* [ital.]
A|ni|mus ⟨m.; -, -mi⟩ **1** *Geist, Seele* **2** *Neigung* **3** *Wille* **4** ⟨umg.; scherzh.⟩ *Ahnung* [lat., »Geist, Seele«]
An|i|on, ⟨auch⟩ **A|ni|on** ⟨n.; -s, -en⟩ *negativ geladenes Teilchen, das im elektr. Feld zur (positiv geladenen) Anode wandert;* Ggs *Kation* [zu grch. *anienai* »hinaufgehen«]
A|nis ⟨a. [-'-] m.; -es, -e⟩ *Gewürz- u. Arzneipflanze: Pimpinella anisum* [< mlat. *anis, enis* < frz. *anis* < lat. *anisum* < grch. *anison*]
A|ni|sett ⟨m.; -s, -s⟩ *mit Anis gewürzter Likör*
An|i|so|ga|mie ⟨f.; -, -n⟩ *Fortpflanzung niederer Pflanzen durch verschieden große Geschlechtszellen* [< *An...*[1] + *Isogamie*]
An|i|so|ko|rie ⟨f.; -; unz.; Med.⟩ *unterschiedliche Pupillenweite* [< *An...*[1] + *iso...* + grch. *kore* »Pupille«]
an|i|so|trop ⟨Adj.⟩ *nicht nach allen Richtungen hin gleiche (chem.-physikal.) Eigenschaften aufweisend;* Ggs *isotrop* [< *an...*[1] + *isotrop*]
An|i|so|tro|pie ⟨f.; -; unz.⟩ *Abhängigkeit der physikal. Eigenschaften eines Körpers (z.B. eines Kristalls) von der Richtung;* Ggs *Isotropie*
An|ka|the|te ⟨f.; -, -n; im rechtwinkligen Dreieck⟩ *eine der beiden dem rechten Winkel anliegenden Seiten*
An|ky|lo|se ⟨f.; -, -n⟩ *durch Verwachsung von Knochengewebe hervorgerufene Gelenkversteifung* [zu grch. *ankylos* »gekrümmt«]
an|ky|lo|tisch ⟨Adj.⟩ *auf Ankylose beruhend, sie betreffend, versteift*
An|mo|de|ra|ti|on ⟨f.; -, -en; TV⟩ *Begrüßungsworte des Moderators;* Ggs *Abmoderation*
an|mo|de|rie|ren ⟨V.; TV⟩ *die Begrüßungsworte als Moderator sprechen;* Ggs *abmoderieren* eine Sendung ~
An|na|len ⟨Pl.⟩ **1** ⟨im MA⟩ *geschichtl. Jahrbücher* **2** ⟨allg.⟩ *(zeitgenöss.) Geschichtsbericht* [< lat. *annales* »Jahrbücher«; zu *annus* »Jahr«]
An|na|lin ⟨n.; -s; unz.⟩ *fein pulverisierter Gips*
An|na|list ⟨m.; -en, -en; im MA⟩ *Verfasser von Annalen*
An|na|ten ⟨Pl.; früher⟩ *jährliche Abgaben eines neuen kirchlichen Amtsinhabers an den Papst* [zu lat. *annus* »Jahr«]
an|nek|tie|ren ⟨V.⟩ einen Staat, Teil eines Staates ~ *sich einverleiben, sich (gewaltsam) aneignen, in Besitz nehmen* [< lat. *annectere* »an-, hinzufügen«]
An|nek|tie|rung ⟨f.; -, -en⟩ = *Annexion*
An|ne|li|de ⟨f.; -, -n⟩ *Angehörige eines Stammes geringelter, wurmförmiger Tiere: Annelida;* Sy *Gliederwürmer, Ringelwürmer* [< lat. *anellus,* Verkleinerungsform von *anulus* »Ring« + *...id*]
An|nex ⟨m.; -es, -e⟩ **1** *Zubehör, Anhängsel, Beilage, Anhang* **2** *Anbau, Nebengebäude* [< lat. *annexum,* Part. Perf. zu *annectere* »an-, hinzufügen«]
An|ne|xi|on ⟨f.; -, -en; Pol.⟩ ~ von Staatsgebiet *Einverleibung, (gewaltsame) Aneignung, Besitzergreifung;* Sy *Annektierung* [lat. *annexio* »Verbindung«]
An|ne|xi|o|nis|mus ⟨m.; -; unz.⟩ *Aneignung fremder Gebiete als politisches Ziel*
An|ne|xi|o|nist ⟨m.; -en, -en⟩ *Anhänger, Vertreter des Annexionismus*
an|ni cur|ren|tis ⟨Abk.: a.c.⟩ *des laufenden Jahres* [lat.]
an|ni fu|tu|ri ⟨Abk.: a.f.⟩ *des kommenden Jahres* [lat.]
An|ni|hi|la|ti|on ⟨f.; -, -en⟩ **1** *Nichtigkeitserklärung* **2** ⟨Atomphysik⟩ *Umwandlung von Masse in Energie durch Zusammentreffen eines Teilchens mit dem entsprechenden Antiteilchen* [→ *annihilieren*]
an|ni|hi|lie|ren ⟨V.⟩ **1** *für nichtig erklären* **2** ⟨Phys.⟩ Masse ~ *in Energie umwandeln* [< *ad...* + lat. *nihil* »nichts«]
an|ni prae|te|ri|ti ⟨Abk.: a.p.⟩ *des vergangenen Jahres* [lat.]
An|ni|ver|sar ⟨[-vɛr-] n.; -s, -e⟩, **An|ni|ver|sa|ri|um** ⟨[-vɛr-] n.; -s, -ri|en; kath. Kirche⟩ *jährlich wiederkehrende Gedächtnisfeier, z.B. Seelenmesse* [< lat. *anniversarius* »jedes Jahr wiederkehrend«]
an|no, An|no ⟨Abk.; a., A.⟩ **1** *im Jahre* **1.1** Anno **dazumal** ⟨umg.⟩ *in alter Zeit, einstmals* **1.2** anno od. Anno **Domini** 1492 ⟨Abk.: a.D. od. A.D.⟩ *im Jahre des Herrn 1492, 1492*

nach Christi Geburt **1.3** anno od. Anno **Tobak** ⟨umg., scherzh.⟩ *in alter Zeit* [lat.]
An|non|ce ⟨[-nɔ̃ːsə] f.; -, -n⟩ *Zeitungs-, Zeitschriftenanzeige;* Sy *Inserat;* eine ~ in einer Zeitung, Zeitschrift aufgeben [frz., »Ankündigung, Anzeige«]
an|non|cie|ren ⟨[-nɔ̃siː-] V.⟩ **1** *durch Annonce veröffentlichen, ausschreiben, z.B. eine Stelle usw.* **2** *eine Zeitungsanzeige veröffentlichen lassen, aufgeben;* Sy *inserieren* [<frz. *annoncer* »ankündigen, anzeigen«]
An|no|ta|ti|on ⟨f.; -, -en⟩ *(schriftliche) Anmerkung, Vermerk, Aufzeichnung, Einzeichnung* [<lat. *annotatio* »schriftliche Bemerkung, Anmerkung«]
an|no|tie|ren ⟨V.⟩ *aufzeichnen, vermerken*
an|nu|ell ⟨Adj.⟩ **1** ~e Pflanzen *einjährige P.* **2** *jährlich* [<frz. *annuel* »jährlich« <lat. *annualis*]
An|nu|el|le ⟨f.; -, -n⟩ *einjährige Pflanze* [<frz. *annuel* <lat. *annualis* »jährlich«]
An|nu|i|tät ⟨f.; -, -en⟩ **1** *jährl. Zahlung zur Tilgung u. Verzinsung einer Schuld* **2** *jährl. Einkommen* [<engl. *annuity* »Jahresrente«; zu lat. *annus* »Jahr«]
an|nul|lie|ren ⟨V.⟩ *für ungültig, für nichtig erklären, außer Kraft setzen* [<frz. *annuler* »für ungültig erklären« <lat. *ad* »zu« + *nullus* »keiner«]
An|nul|lie|rung ⟨f.; -, -en⟩ *das Annullieren*
A|no|de ⟨f.; -, -n⟩ *positive Elektrode;* Ggs *Kathode* [<grch. *anodos* »Aufgang«]
A|no|den|span|nung ⟨f.; -, -en⟩ *Spannung zwischen Kathode u. Anode in Elektronenröhren*
A|no|den|strahl ⟨m.; -(e)s, -en⟩ *Ionenstrahl, der von einer glühenden Anode ausgeht*
A|no|den|strom ⟨m.; -(e)s; unz.⟩ *der zur Anode einer Elektronenröhre führende Strom*
a|no|disch ⟨Adj.⟩ *die Anode betreffend, mit ihr im Zusammenhang stehend;* ~e Oxidation ⟨Chem.⟩ *Abgabe von Elektronen aus Ionen od. Atomen an der Anode bei der Elektrolyse* [→ *Anode*]
a|no|gen ⟨Adj.; Geol.⟩ *aus der Tiefe an die Erdoberfläche gehoben, z.B. bei Eruptivgestein* [<grch. *ana* »hinauf« + *…gen*[1]]
a|no|mal, ⟨auch⟩ **an|o|mal** ⟨Adj.⟩ *nicht der Regel entsprechend, nicht normal;* oV ⟨umg.⟩ *anormal* [<grch. *anomalos* »uneben«]
A|no|ma|lie, ⟨auch⟩ **An|o|ma|lie** ⟨f.; -, -n⟩ **1** *Regelwidrigkeit, Abweichung von der Regel;* ~ des **Wassers** *Erscheinung, dass das Wasser im Unterschied zu allen anderen Stoffen seine größte Dichte bei 4 °C hat* **2** ⟨Biol.⟩ *Missbildung, Abweichung von der Norm* (Körperteil, Organ) **3** ⟨Phys.⟩ *Abweichung der Schwerkraft vom Normalwert* **4** ⟨Astron.⟩ *Winkelabstand eines Planeten od. Kometen vom Perihel seiner Bahn* [→ *anomal*]
a|no|ma|lis|tisch, ⟨auch⟩ **an|o|ma|lis|tisch** ⟨Adj.⟩ *auf gleicher Anomalie(4) beruhend*
A|no|mie, ⟨auch⟩ **An|o|mie** ⟨f.; -, -n⟩ **1** *Fehlen von Gesetzen u. Normen* **2** *Fehlen der Fähigkeit, sich in die gesellschaftl. Ordnung einzufügen* [<grch. *a* »nicht« + *nomos* »Gesetz«]
an|o|nym, ⟨auch⟩ **a|no|nym** ⟨Adj.⟩ *ungenannt, namenlos, ohne Namensangabe;* ~er Brief *B. ohne Namensunterschrift;* das Buch ist ~ erschienen *ohne Angabe des Verfassers* [<grch. *anonymos* »namenlos«, <*an…* »nicht« + *onyma* »Name«]
An|o|ny|mi|tät, ⟨auch⟩ **A|no|ny|mi|tät** ⟨f.; -; unz.⟩ *Verschweigung, Nichtangabe des Namens, Namenlosigkeit* [→ *anonym*]
An|o|ny|mus, ⟨auch⟩ **A|no|ny|mus** ⟨m.; -, -mi⟩ *Anonymer, Ungenannter* [→ *anonym*]
An|o|phe|les|mü|cke, ⟨auch⟩ **A|no|phe|les|mü|cke** ⟨f.; -, -en⟩ *Gattung der Stechmücken, die die Malaria übertragen, Fiebermücke* [grch., »die Schädliche«]
An|o|pie, ⟨auch⟩ **A|no|pie, An|op|sie,** ⟨auch⟩ **A|nop|sie** ⟨f.; -; unz.⟩ *das Nichtsehen, Untätigkeit der gesunden Netzhaut* [<*A…*[1] + grch. *ops,* Gen. *opis* »Auge«]
A|no|rak ⟨m.; -s, -s⟩ *Windbluse, Windjacke, meist mit Kapuze* [<eskim. *anoraq*]
An|or|ga|nik ⟨f.; -; unz.⟩ *anorganische Chemie*
an|or|ga|nisch ⟨Adj.⟩ *unbelebt, nicht von Lebewesen stammend, nicht durch Lebewesen entstanden, nicht Kohlenstoff enthaltend;* Ggs *organisch(2);* ~e Chemie *Lehre von den Verbindungen, die keinen Kohlenstoff enthalten, von den Oxiden u. Metallverbindungen* [<*a…*[1] + *organisch*]
a|nor|mal ⟨Adj.; umg.⟩ = *abnorm, anomal*
An|or|thit, ⟨auch⟩ **A|nor|thit** ⟨m.; -(e)s; unz.⟩ *ein Mineral, Kalkfeldspat, chem. Formel* $CaAl_2Si_2O_8$ [<*A…*[1] + *orthos* »gerade«]
An|os|mie, ⟨auch⟩ **A|nos|mie** ⟨f.; -, -n⟩ *Fehlen des Geruchsvermögens* [<*An…*[1] + grch. *osme* »Geruch, Duft«]
An|os|to|se, ⟨auch⟩ **A|nos|to|se** ⟨f.; -; unz.⟩ *Knochenschwund* [<*An…*[1] + grch. *osteon* »Bein, Knochen«]
A|no|ther|mie ⟨f.; -; unz. Geophys.⟩ *Abnahme der Wassertemperatur in Gewässern mit zunehmender Wassertiefe;* Ggs *Katothermie* [<*Ana…* + grch. *therme* »Wärme«]
An|ox|ä|mie, ⟨auch⟩ **An|o|xä|mie** ⟨f.; -; unz.⟩ *Sauerstoffmangel im Blut* [<*A…*[1] + grch. *oxys* »scharf, sauer« + *…ämie*]
An|o|xie, ⟨auch⟩ **A|no|xie** ⟨f.; -; unz.⟩ *Sauerstoffmangel in den Geweben* [<*A…*[1] + grch. *oxys* »scharf, sauer«]
An|scho|ve ⟨[-və] f.; -, -n⟩, **An|scho|vis** ⟨[-vis] f.; -, -⟩ *pikant zubereitete Sardelle od. Sardine;* oV *Anchove, Anchovis* [<ndrl. *ansjovis* <bask. *anchu*]
ANSI ⟨Abk. für engl.⟩ *American National Standards Institute, nationales amerikanisches Standardisierungsinstitut*
ant…[1], **Ant…**[1] ⟨Vors.⟩ = *ante…, Ante…*
ant…[2], **Ant…**[2] ⟨Vors.⟩ = *anti…, Anti…*
Ant|a|ci|dum ⟨n.; -s, -da⟩ *Medikament, das überschüssige Magensäure neutralisiert;* oV *Antazidum* [<*Ant…*[2] + lat. *acidus* »sauer«]

Ant|a|go|nis|mus, ⟨auch⟩ **An|ta|go|nis|mus** ⟨m.; -, -men⟩ **1** *Widerstreit, (unversöhnl.) Gegensätzlichkeit* **2** *Prinzip von Wirkung u. Gegenwirkung* [→ *Antagonist*]

Ant|a|go|nist, ⟨auch⟩ **An|ta|go|nist** ⟨m.; -en, -en⟩ *Gegner, Gegenspieler, Widersacher* [< *Anti...* + grch. *agonistes* »Kämpfer«]

Ant|a|go|nis|tin, ⟨auch⟩ **An|ta|go|nis|tin** ⟨f.; -, -tin|nen⟩ *Gegnerin, Gegenspielerin, Widersacherin*

ant|a|go|nis|tisch, ⟨auch⟩ **an|ta|go|nis|tisch** ⟨Adj.⟩ **1** *auf Antagonismus beruhend* **2** *widerstreitend, gegensätzlich*

Ant|ark|ti|ka ⟨f.; -; unz.⟩ *Südpolarkontinent*

Ant|ark|tis ⟨f.; -; unz.⟩ *Gebiet um den Südpol* [< *Anti...* + *Arktis*]

ant|ark|tisch ⟨Adj.⟩ *die Antarktis betreffend, in der Antarktis gelegen*

Ant|a|zi|dum ⟨n.; -s, -da⟩ = *Antacidum*

an|te ⟨Präp.⟩ *vor* [lat.] ~ **Christum (natum)** ⟨Abk.: a. Chr. (n.)⟩ *vor Christi (Geburt)* [lat.]; ~ **diem** *vor der festgesetzten Zeit* [lat., »vor dem (festgesetzten) Tage«]; ~ **meridiem** ⟨Abk.: a.m.⟩ *vormittags* [lat., »vor Mittag«]; ~ **portas** *im Kommen, im Anmarsch* [lat., »vor den Toren«]

an|te..., An|te... ⟨vor Vokalen⟩ ant..., Ant... ⟨Vors.⟩ *vor* [lat.]

An|te|bra|chi|um ⟨[-xi-] n.; -s, -chia⟩ *Unterarm* [lat.]

an|te|da|tie|ren ⟨V.⟩ ein Schriftstück ~ *vordatieren, mit einem späteren Datum versehen* [< *ante...* + *datieren*]

An|ten ⟨Pl.; Arch.⟩ *die verlängerten Längswände des altgriech. Tempels* [< lat. *ante* »vor«]

An|ten|ne ⟨f.; -, -n⟩ **1** *ein od. mehrere elektr. Leiter zum Empfang od. Senden elektromagnet. Wellen* **2** ⟨Zool.⟩ *Fühler* **3** ⟨umg.⟩ *Sinn, Feinfühligkeit;* dafür habe ich keine ~ [< lat. *antenna* «Segelstange, Rahe«]

An|ten|tem|pel ⟨m.; -s, -⟩ *altgriech. Tempel mit Vorhalle, die von Anten gebildet wird*

An|te|pän|ul|ti|ma ⟨f.; -, -mä od. -men⟩ *drittletzte Silbe* [< *Ante...* + lat. *paene* »fast« + *ultima* »die Letzte«]

An|te|pen|di|um ⟨n.; -s, -di|en⟩ *Altarbekleidung* [< *Ante...* + lat. *pendere* »hängen«]

an|te|po|nie|rend ⟨Adj.; Med.⟩ *vorzeitig, verfrüht auftretend* [zu lat. *anteponere* »voranstellen«]

an|te por|tas → *ante*

An|te|po|si|ti|on ⟨f.; -, -en; Med.⟩ **1** *Verlagerung eines Organs nach vorne* **2** *vorzeitiges Auftreten einer erblich bedingten Krankheit*

An|te|ze|dens ⟨n.; -, -den|zi|en⟩ **1** *Grund, Ursache, Vorausgegangenes* **2** *Prämisse* **3** ⟨nur Pl.; †⟩ *Vorleben* [< lat. *antecedens,* Part. Präs. zu *antecedere* »vorausgehen«]

An|te|zes|sor ⟨m.; -s, -so|ren⟩ *Vorgänger (im Amt)* [< lat. *antecessor* »Vorläufer«]

Ant|hel|min|thi|kum ⟨n.; -s, -ka; Pharm.⟩ *Medikament gegen Wurmbefall der Eingeweide* [< *Ant...*[2] + *Helminthe*]

An|them ⟨[ænθəm] n.; -s, -s⟩ *englisches, der Motette od. Kantate ähnliches Werk der Kirchenmusik* [engl., < altengl. *antefn* < lat. *antiphona* »Wechselgesang«; → *Antiphonie*]

An|the|mi|on ⟨n.; -s, -mi|en; griech. Arch.⟩ *Schmuckfries aus Palmblättern u. Lotosblüten* [< grch. *anthos* »Blume«]

An|the|mis ⟨f.; -, -⟩ *Gattung gelb blühender Korbblütler, Hundskamille* [< grch. *anthos* »Blume«]

An|the|re ⟨f.; -, -n; Bot.⟩ *Staubbeutel* [zu grch. *antheros* »blühend«]

An|the|ri|di|um ⟨n.; -s, -di|en⟩ *männl. Geschlechtsorgan niederer Pflanzen* [zu grch. *antheros* »blühend«]

an|tho..., An|tho... ⟨Vors.; in Zus.⟩ *Blume(n)..., Blüte(n)...* [< grch. *anthos* »Blume«]

An|tho|cy|an ⟨n.; -s; unz.⟩ *roter, violetter od. blauer Farbstoff in Pflanzenzellen, bes. zum Färben der Blüten u. Blätter;* oV *Anthozyan* [< *Antho...* + lat. *cyanus* »dunkelblau« (< grch. *kyanos*)]

An|tho|lo|gie ⟨f.; -, -n⟩ *Sammlung von Gedichten, Sprüchen od. Prosastücken;* Sy *Florilegium* [< *Antho...* + *...logie*]

an|tho|lo|gisch ⟨Adj.⟩ *in der Art einer Anthologie, ausgewählt*

An|tho|ly|se ⟨f.; -, -n; Bot.⟩ *Auflösung der Blüte einer Pflanze durch Umwandlung ihrer Blütenteile in grüne Blätter* [< *Antho...* + *...lyse*]

An|tho|xan|thin ⟨n.; -s; unz.⟩ *gelber Blütenfarbstoff* [< *Antho...* + *Xanthin*]

An|tho|zo|on ⟨n.; -s, -zo|en⟩ *Korallentier* [< *Antho...* + *Zoon*]

An|tho|zy|an ⟨n.; -s; unz.⟩ = *Anthocyan*

■ Die Buchstabenfolge **an|thr...** kann auch **anth|r...** getrennt werden.

■ **An|thra|cen** ⟨n.; -s, -e⟩ *aus den höchst siedenden Fraktionen des Steinkohlenteers gewonnener aromat. Kohlenwasserstoff, Ausgangsstoff für viele Farbstoffe;* oV *Anthrazen* [< grch. *anthrax* »Kohle«]

■ **An|thra|chi|non** ⟨[-çi-] n.; -s; unz.; Chem.⟩ *Zwischenprodukt für die Herstellung von Anthracen aus Steinkohlenteer* [verkürzt < *Anthra*cen + *Chinon*]

■ **An|thrax** ⟨m.; -; unz.; Med.⟩ *Milzbrand* [grch., »Kohle«]

■ **An|thra|zen** ⟨n.; -s, -e⟩ = *Anthracen*

■ **an|thra|zit** ⟨Adj.; undekl.⟩ = *anthrazitfarben, anthrazitfarbig*

■ **An|thra|zit** ⟨m.; -s, -e⟩ *sehr harte, glänzende Steinkohle mit hohem Heizwert* [< grch. *anthrax* »Kohle«]

■ **an|thra|zit|far|ben, an|thra|zit|far|big** ⟨Adj.⟩ *schwarzgrau;* Sy *anthrazit*

■ **an|thro|po..., An|thro|po...** ⟨Vors.; in Zus.⟩ *Mensch..., menschlich...* [< grch. *anthropos* »Mensch«]

■ **An|thro|po|bi|o|lo|gie** ⟨f.; -; unz.⟩ *Lehre von der biolog. Beschaffenheit des Menschen*

■ **An|thro|po|cho|rie** ⟨[-ko-] f.; -; unz.⟩ *Verbreitung von Samen u. Früchten durch den Menschen* [< *Anthropo…* + grch. *chora* »Gegend, Land«]

■ **an|thro|po|gen** ⟨Adj.⟩ *vom Menschen geschaffen, von ihm beeinflusst* [< *anthropo…* + *…gen*]

■ **An|thro|po|ge|ne|se** ⟨f.; -, -n⟩, **An|thro|po|ge|nie** ⟨f.; -, -n⟩ *Lehre von der stammesgeschichtl. Entwicklung des Menschen* [→ *anthropogen*]

■ **An|thro|po|ge|ne|tik** ⟨f.; -; unz.⟩ *Humangenetik*

■ **an|thro|po|id** ⟨Adj.⟩ *menschenähnlich* [< *anthropo…* + *…id*]

■ **An|thro|po|id, An|thro|po|i|de** ⟨m.; -(e)n, -(e)n⟩ *Menschenaffe* [< *Anthropo…* + *…id*]

■ **An|thro|po|la|trie,** ⟨auch⟩ **Anth|ro|po|lat|rie** ⟨f.; -; unz.⟩ *kultische Verehrung eines Menschen* [< *Anthropo…* + *…latrie*]

■ **An|thro|po|lo|ge** ⟨m.; -n, -n⟩ *Wissenschaftler auf dem Gebiet der Anthropologie*

■ **An|thro|po|lo|gie** ⟨f.; -; unz.⟩ *Wissenschaft vom Menschen, von den Menschenrassen* [< *Anthropo…* + *…logie*]

■ **An|thro|po|lo|gin** ⟨f., -, -gin|nen⟩ *Wissenschaftlerin auf dem Gebiet der Anthropologie*

■ **an|thro|po|lo|gisch** ⟨Adj.⟩ *die Anthropologie betreffend, zu ihr gehörig*

■ **An|thro|po|me|trie,** ⟨auch⟩ **Anth|ro|po|met|rie** ⟨f.; -; unz.⟩ *Lehre von den Maßverhältnissen des menschl. Körpers* [< *Anthropo…* + *…metrie*]

■ **an|thro|po|me|trisch,** ⟨auch⟩ **anth|ro|po|met|risch** ⟨Adj.⟩ *die Anthropometrie betreffend, zu ihr gehörig*

■ **an|thro|po|morph** ⟨Adj.⟩ *von menschl. Gestalt, menschenähnlich, vermenschlicht* [< *anthropo…* + *…morph*]

■ **An|thro|po|mor|phis|mus** ⟨m.; -, -men⟩ *Vermenschlichung*

■ **An|thro|po|nym** ⟨n.; -s, -e⟩ *Personenname* [< grch. *anthropos* »Mensch« + *onyma* »Name«]

■ **An|thro|po|pha|gie** ⟨f.; -; unz.; bei Naturvölkern⟩ *das rituelle Verzehren von Teilen des getöteten Feindes, um sich dessen Eigenschaften zu eigen zu machen;* Sy *Kannibalismus* [< *Anthropo…* + *…phagie*]

■ **An|thro|po|pho|bie** ⟨f.; -; unz.⟩ *Menschenscheu* [< *Anthropo…* + *Phobie*]

■ **An|thro|po|soph** ⟨m.; -en, -en⟩ *Anhänger der Anthroposophie*

■ **An|thro|po|so|phie** ⟨f.; -; unz.⟩ *von R. Steiner (1861-1925) begründete Lehre vom Menschen in seiner Beziehung zur übersinnl. Welt* [< *Anthropo…* + *…sophie*]

■ **An|thro|po|so|phin** ⟨f.; -, -phin|nen⟩ *Anhängerin der Anthroposophie*

■ **an|thro|po|so|phisch** ⟨Adj.⟩ *die Anthroposophie betreffend, auf ihr beruhend*

■ **an|thro|po|zen|trisch,** ⟨auch⟩ **anth|ro|po|zent|risch** ⟨Adj.⟩ *den Menschen in den Mittelpunkt setzend*

■ **An|thro|pus** ⟨m.; -; unz.⟩ *fossiler Frühmensch,* z.B. Pithekanthropus [latinisiert < grch. *anthropos* »Mensch«]

An|thu|rie ⟨f.; -, -n⟩, **An|thu|ri|um** ⟨n.; -s, -ri|en⟩ *Flamingoblume (Aronstabgewächs)* [< grch. *anthos* »Blume« + *oura* »Schwanz, Schweif«]

an|ti…, An|ti… ⟨vor Vok.⟩ ant…[2], Ant…[2] ⟨Vors.⟩ *gegen…, Gegen…* [grch.]

An|ti|al|ko|ho|li|ker ⟨a. ['-------] m.; -s, -⟩ *Alkoholgegner* [< *Anti…* + *Alkohol*]

an|ti|al|ko|ho|lisch ⟨a. ['------] Adj.⟩ *keinen Alkohol, keine alkoholischen Zutaten enthaltend;* ~es Getränk; ~er Cocktail

an|ti|au|to|ri|tär ⟨Adj.⟩ *nicht autoritär, gegen Autorität eingestellt, Autorität ablehnend;* ~e Erziehung

An|ti|ba|by|pil|le ⟨[-be:bi-] f.; -, -n⟩ *empfängnisverhütendes Arzneimittel auf hormoneller Grundlage*

an|ti|bak|te|ri|ell ⟨Adj.⟩ *gegen Bakterien wirkend* [< *anti…* + *bakteriell*]

An|ti|bap|tist ⟨m.; -en, -en⟩ *Gegner der Taufe*

An|ti|bar|ba|rus ⟨m.; -, -ri; früher⟩ *Titel von Büchern, die gegen Sprachverstöße kämpfen* [< *Anti…* + lat. *barbarus* »ausländisch, fremd«]

An|ti|bi|ont ⟨m.; -en, -en⟩ *Mikroorganismus, von dem die Antibiose ausgeht* [< *Anti…* + grch. *bios* »Leben«]

An|ti|bi|o|se ⟨f.; -; unz.⟩ *hemmende od. abtötende Wirkung eines Mikroorganismus auf einen anderen* [< *Anti…* + *…biose*]

An|ti|bi|o|ti|kum ⟨n.; -s, -ka⟩ *Stoff, der Antibiose bewirkt, als Arzneimittel verwendet,* z.B. Penicillin

an|ti|bi|o|tisch ⟨Adj.⟩ *auf Antibiose beruhend, sie bewirkend*

An|ti|blo|ckier|sys|tem ⟨n.; -s, -e; Abk.: ABS; bei Kfz⟩ *Vorrichtung, die das Blockieren der Räder beim Bremsvorgang verhindert u. dadurch eine optimale Bremsleistung ermöglicht*

an|ti|cham|brie|ren, ⟨auch⟩ **an|ti|chamb|rie|ren** ⟨[-ʃã-] V.⟩ **1** *im Vorzimmer warten* **2** ⟨fig.⟩ *um Gunst betteln, sich einschmeicheln* [< frz. *antichambre* »Vorzimmer« < lat. *ante* »vor« + *camera* »(gewölbter) Raum«]

An|ti|chlor ⟨[-klo:r] n.; -s; unz.⟩ *chem. Stoff, der Chlor unwirksam macht u. Chlor (aus Geweben nach dem Bleichen) entfernt*

An|ti|christ ⟨[-krist]⟩ **1** ⟨m.; -en, -en⟩ *Gegner des Christentums* **2** ⟨m.; -s, -e⟩ *Widerchrist, der Teufel* [< *Anti…* + *Christus*]

An|ti|de|pres|si|vum ⟨[-vum] n.; -s, -va [-va]; Pharm.⟩ *Medikament zur Behandlung von Depressionen*

An|ti|dot ⟨n.; -(e)s, -e⟩, **An|ti|do|ton** ⟨n.; -s, -ta⟩ *Gegengift* [< grch. *antidoton* »dagegen gegeben«, < *anti* »gegen« + *didonai* »geben«]

An|ti|en|zym ⟨n.; -s, -e⟩ *gegen Enzyme gerichteter Antikörper;* Sy *Antiferment*

An|ti|fak|tor ⟨m.; -s, -en⟩ *natürlicher Hemmstoff der Blutgerinnung* [< *Anti…* + *Faktor*]

An|ti|fa|schis|mus ⟨m.; -; unz.⟩ *polit. Gegnerschaft sowie Bewegung gegen Nationalsozialismus u. Faschismus*

an|ti|fa|schis|tisch ⟨Adj.⟩ *den Antifaschismus betreffend, zu ihm gehörig*
An|ti|fe|brin, ⟨auch⟩ **An|ti|feb|rin** ⟨n.; -s, -e⟩ *Arzneimittel gegen Fieber* [< *Anti...* + lat. *febris* »Fieber«]
An|ti|fer|ment ⟨n.; -(e)s, -e⟩ = *Antienzym*
An|ti|fer|ro|ma|gne|tis|mus, ⟨auch⟩ **An|ti|fer|ro|mag|ne|tis|mus** ⟨m.; -; unz.; Phys.⟩ *verborgener Magnetismus einiger Stoffe, z.B. der Eisenoxide;* Ggs *Ferromagnetismus*
An|ti|fon ⟨f.; -, -en⟩ = *Antiphon*
An|ti|fo|nar ⟨n.; -s, -ri|en⟩ = *Antiphonar*
An|ti|fo|ne ⟨f.; -, -n⟩ = *Antiphone*
An|ti|fo|nie ⟨f.; -, -n⟩ = *Antiphonie*
an|ti|fo|nisch ⟨Adj.⟩ = *antiphonisch*
An|ti|form ⟨f.; -, -en; Chem.; Med.⟩ = *Trans-Form*
An|ti|fou|ling ⟨[-fau-] n.; -s; unz.⟩ *Anstrich für den unter Wasser liegenden Teil von Schiffsrümpfen, um das Ansiedeln von tierischen u. pflanzlichen Organismen zu verhindern* [< engl. *fouling* »Verunreinigung«]
An|ti|fou|ling|far|be ⟨[-fau-] f.; -, -n⟩ *Anstrichstoff für den unter Wasser liegenden Teil von Schiffsrümpfen, der eine Besiedlung mit Algen od. Muscheln verhindern soll*
An|ti|gen ⟨n.; -s, -e⟩ *artfremder Eiweißstoff, der im Blut von Mensch u. Tier die Bildung von Antikörpern anregt* [< *Anti...* + *...gen*]
an|ti|gliss ⟨Adj.; undekl.⟩ *rutschsicher (bes. von Skianzügen)*
An|ti|held ⟨m.; -en, -en; bes. mod. Drama, Roman⟩ *negativ wirkende, sich passiv verhaltende Hauptfigur, im Unterschied zum traditionell aktiv handelnden Helden*
An|ti|his|ta|mi|ni|kum, ⟨auch⟩ **An|ti|hist|a|mi|ni|kum** ⟨n.; -s, -ka⟩ *Medikament gegen eine bestimmte Allergie* [< *Anti...* + *Histamin*]
an|tik ⟨Adj.⟩ **1** *die Antike betreffend, zu ihr gehörend, aus ihr stammend* **2** *alt, altertümlich* [< frz. *antique* »altertümlich« < lat. *antiquus* »alt«]

> **Antikaglien** (*Worttrennung am Zeilenende*) In Fremdwörtern finden sich z.T. konsonantische Lautverbindungen, die sich nicht mit Hilfe der deutschen Laut-Buchstaben-Zuordnung darstellen lassen. Dies gilt z.B. für die italienische Konsonatenverbindung *-gl-*, die [-lj-] gesprochen wird. Es bleibt dem Schreibenden überlassen, ob er diese Verbindungen den Sprechsilben entsprechend ungetrennt beibehält oder die Trennfuge zwischen den beiden Konsonanten setzt.

An|ti|ka|gli|en, ⟨auch⟩ **An|ti|kag|li|en** ⟨[-kaljən] Pl.⟩ *kleine, antike Kunstwerke* [< ital. *anticaglia,* Verkleinerungsform zu *antica* »Antike«]
An|ti|ka|tho|de ⟨f.; -, -n⟩ *die der Kathode gegenüberstehende Anode der Röntgenröhre, von der aus die Röntgenstrahlen ausgehen;* Sy *Gegenkathode*
An|ti|ke ⟨f.; -, -n⟩ **1** ⟨unz.⟩ *das griech.-röm. Altertum u. seine Kultur* **2** ⟨nur Pl.⟩ ~n *Denkmäler des Altertums, antike Kunstwerke* [→ *antik*]
an|ti|kisch ⟨Adj.⟩ *der Antike nachstrebend, die Antike nachahmend*
an|ti|ki|sie|ren ⟨V.⟩ *nach antikem Vorbild gestalten, altertümlich machen*
an|ti|kle|ri|kal ⟨Adj.⟩ *gegen den Klerus gerichtet, kirchenfeindlich*
An|ti|kli|max ⟨f.; -, -e; Stilistik⟩ *Übergang vom stärkeren zum schwächeren Ausdruck;* Ggs *Klimax(1)*
an|ti|kli|nal ⟨Adj.; Geol.⟩ *sattelförmig* [< *anti...* + grch. *klinein* »beugen, neigen«]
An|ti|kli|na|le ⟨f.; -, -n⟩ *Sattel einer geolog. Falte;* oV *Antikline(1)*
An|ti|kli|ne ⟨f.; -, -n⟩ **1** = *Antiklinale* **2** *senkrechte Zellwand einer Pflanze*
An|ti|ko|a|gu|lans ⟨n.; -, -lan|tia od. -lan|zi|en⟩, **An|ti|ko|a|gu|lan|ti|um** ⟨n.; -s, -tia⟩ *die Blutgerinnung hemmendes od. verhinderndes Arzneimittel* [< *Anti...* + mlat. *coagulare* »gerinnen lassen«]
An|ti|kom|mu|nis|mus ⟨m.; -; unz.⟩ *gegen den Kommunismus gerichtete Ideologie*
An|ti|kon|zep|ti|on ⟨f.; -; unz.⟩ *Empfängnisverhütung* [< *Anti...* + *Konzeption*]
an|ti|kon|zep|ti|o|nell ⟨Adj.⟩ *empfängnisverhütend*
An|ti|kon|zep|ti|vum ⟨n.; -s, -va⟩ *empfängnisverhütendes Mittel* [→ *Antikonzeption*]
An|ti|kör|per ⟨m.; -s, -⟩ *durch ein Antigen im Körper gebildeter Schutzstoff gegen Krankheitserreger;* Sy *Immunkörper*
An|ti|kri|tik ⟨f.; -, -en⟩ *Antwort auf eine Kritik, Gegenkritik*
An|ti|le|go|me|non ⟨n.; -s, -na⟩ **1** ⟨unz.⟩ *Schrift aus dem NT, deren Zugehörigkeit in den Kanon früher umstritten war* **2** ⟨nur Pl.⟩ *Werke antiker Schriftsteller, deren Echtheit umstritten ist* [< *Anti...* + grch. *legein* »sagen«]
An|ti|lo|gie ⟨f.; -, -n; Philos.⟩ *Auseinandersetzung über das Für u. Wider eines Lehrsatzes* [< grch. *antilogia* »Gegenrede«]
An|ti|lo|pe ⟨f.; -, -n⟩ *Unterfamilie der Rinder in Asien u. Afrika, zierlich gebaut, rasch laufend: Antilopinae* [< frz. *antilope* < engl. *antelope* < mlat. *antalopus* < spätgrch. *antholops* »Blumenauge«]
An|ti|ma|te|rie ⟨[-riə] f.; -; unz.⟩ *theoretisch mögliche u. als einzelne Atome auch bereits gewonnene Form der Materie, die sich nur aus Antiteilchen aufbaut, d.h. negativ geladene Atomkerne u. positiv geladene Elektronenhüllen aufweist (Existenz größerer Mengen im Weltraum bisher nicht bewiesen)*
an|ti|me|ta|phy|sisch ⟨Adj.⟩ *der Metaphysik entgegengesetzt, ihr abgeneigt*
An|ti|mi|li|ta|ris|mus ⟨m.; -; unz.⟩ *Haltung, Einstellung sowie Bewegung gegen den Militarismus*
An|ti|mon ⟨a. ['---] n.; -s; unz.; chem. Zeichen: Sb⟩ *chem. Element, ein Metall, silberweiß*

glänzend, in Legierungen für Letternmetall u. für lichtelektr. Zellen verwendet, Ordnungszahl 51; Sy *Stibium* [<mlat. *antimonium* <arab. *al-ithmidun* »Spießglanz«]

an|ti|mon|ar|chisch, ⟨auch⟩ **an|ti|mo|nar|chisch** ⟨Adj.⟩ *gegen die Monarchie gerichtet, ihr feindlich gesinnt*

an|ti|mon|ar|chis|tisch, ⟨auch⟩ **an|ti|mo|nar|chis|tisch** ⟨Adj.⟩ *gegen den Monarchismus gerichtet, ihm feindlich gesinnt*

An|ti|mon|blü|te ⟨f.; -, -n⟩ *kristallisches Mineral, chem. Antimonoxid, Formel Sb_2O_3*

An|ti|mon|glanz ⟨m.; -es; unz.⟩ *wichtiges Antimonerz, chem. Antimonsulfid, Sb_2S_3, das in Form grau glänzender Kristalle auftritt*

An|ti|mo|nit ⟨n.; -s, -e⟩ *wichtiges Antimonerz, bildet stahlgraue, glänzende Kristalle, chemisch Antimontrisulfid, Sb_2S_3*

An|ti|mo|ra|lis|mus ⟨m.; -; unz.⟩ *gegen die herrschende Moral gerichtete Einstellung;* → *a. Amoralismus*

An|ti|neur|al|gi|kum, ⟨auch⟩ **An|ti|neu|ral|gi|kum** ⟨n.; -s, -ka⟩ *schmerzlinderndes Arzneimittel, das auf das Zentralnervensystem einwirkt* [<*Anti...* + *Neuralgie*]

An|ti|neu|tron, ⟨auch⟩ **An|ti|neut|ron** ⟨n.; -s, -tro|nen⟩ *das Antiteilchen des Neutrons, das sich von diesem durch das entgegengesetzte Vorzeichen seines magnet. Moments unterscheidet*

An|ti|no|mie ⟨f.; -, -n⟩ **1** *Widerspruch innerhalb eines Satzes* **2** *Unvereinbarkeit zweier gültiger Sätze* [<*Anti...* + *...nomie*]

an|ti|no|misch ⟨Adj.⟩ *in der Art einer Antinomie, widersprüchlich*

An|ti|o|xi|dans ⟨n.; -, -dan|ti|en od. -dan|zi|en⟩ *Stoff, der die in anderen Substanzen ablaufenden oxidativen u. damit schädl. Reaktionen unterbricht, wird z.B. Parfümen, Ölen, Kunststoffen zugesetzt* [<*Anti...* + *oxidieren*]

an|ti|o|xi|dan|tie|ren ⟨V.⟩ Lebensmittel ~ *Antioxidantien zuführen*

an|ti|par|al|lel, ⟨auch⟩ **an|ti|pa|ral|lel** ⟨Adj.; Geom.⟩ *parallel, aber mit entgegengesetzter Richtung der Normalen*

An|ti|par|ti|kel ⟨f.; -, -n⟩ = *Antiteilchen*

An|ti|pas|sat ⟨m.; -(e)s, -e; Meteor.⟩ *die jeweils obere Strömung der beiden Passatwinde, Gegenpassat*

An|ti|pas|to ⟨n. od. m.; -s, -ti; ital. Kochk.⟩ *Vorspeise*

An|ti|pa|thie ⟨f.; -, -n⟩ *Abneigung, Widerwille;* Ggs *Sympathie* [<*Anti...* + *...pathie*]

an|ti|pa|thisch ⟨Adj.⟩ *auf Antipathie beruhend, unsympathisch;* Ggs *sympathisch(1)*

An|ti|phlo|gis|ti|kum ⟨n.; -s, -ka; Pharm.⟩ *Arzneimittel zur lokalen Behandlung von Entzündungen*

An|ti|phon ⟨f.; -, -en⟩ = *Antiphonie;* oV *Antifon*

An|ti|pho|nar ⟨n.; -s, -ri|en⟩ *Sammlung von Antiphonien;* oV *Antifonar*

An|ti|pho|ne ⟨f.; -, -n⟩ = *Antiphonie;* oV *Antifone*

An|ti|pho|nie ⟨f.; -, -n⟩ *liturg. Wechselgesang;* oV *Antifonie;* Sy *Antiphon, Antiphone* [<*Anti...* + *...phonie*]

an|ti|pho|nisch ⟨Adj.⟩ *in der Art der Antiphonie, sie betreffend;* oV *antifonisch*

An|ti|phra|se ⟨f.; -, -n⟩ *Stilmittel, bei dem das Entgegengesetzte von dem gemeint ist, was gesagt wird, z.B. »das ist ja heiter« für etwas Unangenehmes*

An|ti|po|de ⟨m.; -n, -n⟩ **1** *auf dem entgegengesetzten Punkt der Erdkugel lebender Mensch, Gegenfüßler* **2** ⟨fig.⟩ *Mensch, der den entgegengesetzten Standpunkt vertritt, Mensch von gegensätzlicher Natur, Eigenart* [<*Anti...* + *...pode*]

An|ti|pol ⟨m.; -(e)s, -e⟩ *Gegenpol*

An|ti|pro|ton ⟨n.; -s, -to|nen⟩ *Antiteilchen des Protons mit der Elementarladung –1*

An|ti|py|re|ti|kum ⟨m.; -s, -ka⟩ *Arzneimittel gegen Fieber* [<*Anti...* + grch. *pyretos* »Fieber« (<*pyr* »Feuer«)]

an|ti|py|re|tisch ⟨Adj.⟩ *fiebersenkend* [→ *Antipyretikum*]

An|ti|qua ⟨f.; -, -s⟩ *rundbogige Lateinschrift;* Sy *Italienne* [lat., fem. Form von *antiquus* »alt«]

An|ti|quar ⟨m.; -s, -e⟩ **1** *jmd., der mit gebrauchten (oft wertvollen) Büchern handelt* **2** ⟨selten⟩ *Antiquitätenhändler* [<lat. *antiquarius* »Altertümler, Liebhaber der alten Literatur«]

An|ti|qua|ri|at ⟨n.; -(e)s, -e⟩ **1** *Handel mit gebrauchten (oft wertvollen) Büchern* **2** *Ladengeschäft dafür* **3** *Handel mit Antiquitäten;* Kunst~; modernes ~

an|ti|qua|risch ⟨Adj.⟩ *alt, gebraucht, aus zweiter Hand*

An|ti|qua|ri|um ⟨n.; -s, -ri|en⟩ *Sammlung von Altertümern* [→ *Antiquar*]

an|ti|quie|ren ⟨V.⟩ *veralten, nicht mehr zeitgemäß sein*

an|ti|quiert ⟨Adj.⟩ *veraltet;* ~er Brauch; ~e Denkweise [<lat. *antiquus* »alt«]

An|ti|quiert|heit ⟨f.; -; unz.⟩ *antiquierte Beschaffenheit, das Antiquiertsein, altmodischer Brauch*

An|ti|qui|tät ⟨f.; -, -en⟩ *altertüml. Kunstwerk, altertüml. (kostbarer) Gegenstand* [<lat. *antiquus* »alt«]

An|tir|rhi|num ⟨n.; -s; unz.; Bot.⟩ *Löwenmaul*

An|ti|se|mit ⟨m.; -en, -en⟩ *Judengegner, Judenfeind;* Ggs *Philosemit* [<grch. *anti* »gegen« + *Semit*]

an|ti|se|mi|tisch ⟨Adj.⟩ *judenfeindlich*

An|ti|se|mi|tis|mus ⟨m.; -; unz.⟩ *Judenfeindschaft* [→ *Antisemit*]

An|ti|sep|sis, An|ti|sep|tik ⟨f.; -; unz.; Med.⟩ *Abtötung von Krankheitserregern* [<*Anti...* + *Sepsis*]

An|ti|sep|ti|kum ⟨n.; -s, -ka⟩ *Arzneimittel zur Antisepsis*

an|ti|sep|tisch ⟨Adj.⟩ *die Antisepsis betreffend, auf ihr beruhend*

An|ti|se|rum ⟨n.; -s, -ren od. -ra⟩ *Heilserum, das Antikörper gegen spezielle Krankheitserreger od. Gifte enthält*

An|ti|ska|ting ⟨[-skɛi-] n.; -s; unz.⟩ *(am Tonarm von Schallplattenspielern befestigte) Vorrichtung, die durch Auftragen einer Flüssigkeit ein frühzeitiges Abnutzen der Schallplatten verhindert* [< *Anti...* + engl. *skate* »gleiten«]
An|ti|spas|mo|di|kum ⟨n.; -s, -ka⟩ *Arzneimittel gegen Krampf;* Sy *Spasmolytikum* [< *Anti...* + nlat. *spasmodicus* »krampfig, örtlichen Krämpfen ausgesetzt«; → *spasmodisch*]
an|ti|spas|tisch ⟨Adj.⟩ *krampflösend*
An|ti|sta|tik|mit|tel ⟨n.; -s, -⟩ *Verbindung, die auf die Oberfläche von Kunststoffen, Schallplatten od. Folien aufgetragen wird u. deren elektrostat. Aufladung u. dadurch staubanziehende Wirkung verhindern soll*
an|ti|sta|tisch ⟨Adj.⟩ *sich elektrisch nicht aufladend*
An|tis|tes ⟨m.; -, -ti|tes⟩ **1** *Titel des kath. Bischofs u. Abtes* **2** ⟨Antike⟩ *Priestertitel* **3** ⟨in der Schweiz früher⟩ *Titel des reformierten Oberpfarrers* [lat., »Vorsteher«]
An|ti|stro|phe ⟨f.; -, -n; Lit.⟩ **1** *die von der zweiten Hälfte des antiken Chores gesungene Gegenstrophe* **2** *der zweite Teil der pindarischen Ode*
An|ti|teil|chen ⟨n.; -s, -⟩ *Elementarteilchen mit sehr kurzer Lebensdauer, das gegenüber den »normalen« Elementarteilchen eine Vertauschung von Ladung, Drehmoment u.a. Zustandsgrößen aufweist;* Sy *Antipartikel*
An|ti|the|se ⟨a. ['----] f.; -, -n⟩ *der These gegenübergestellte Behauptung, Gegenbehauptung, Entgegenstellung*
an|ti|the|tisch ⟨Adj.⟩ *gegensätzlich, entgegenstellend*
An|ti|to|xin ⟨n.; -s, -e; Med.⟩ *im Blutserum enthaltener Antikörper* [< *Anti...* + *Toxin*]
An|ti|tus|si|vum ⟨[-vum] n.; -s, -va [-va]; Pharm.⟩ *Arzneimittel gegen Husten* [< *Anti...* + lat. *tussis* »Husten«]
an|ti|zi|pan|do ⟨Adj.⟩ *vorwegnehmend, im Voraus* [< lat. *anticipando* »durch Vorwegnahme«; zu *anticipare* »vorwegnehmen«]
An|ti|zi|pa|ti|on ⟨f.; -, -en⟩ *Vorwegnahme* [< lat. *anticipatio* »ursprüngliche Vorstellung, Vorbegriff«]
an|ti|zi|pa|tiv ⟨Adj.⟩ *etwas vorwegnehmend, vorgreifend* [→ *antizipieren*]
an|ti|zi|pa|to|risch ⟨Adj.⟩ *etwas (bewusst) vorwegnehmend, (absichtlich) vorgreifend*
an|ti|zi|pie|ren ⟨V.⟩ *vorwegnehmen* [< lat. *anticipare* »vorwegnehmen«]
an|ti|zy|klisch, ⟨auch⟩ **an|ti|zyk|lisch** ⟨Adj.⟩ *unregelmäßig wiederkehrend*
An|ti|zy|klo|ne, ⟨auch⟩ **An|ti|zyk|lo|ne** ⟨f.; -, -n; Meteor.⟩ *Gebiet hohen Luftdrucks, Hochdruckgebiet;* Ggs *Zyklone*
An|ti|zy|mo|ti|kum ⟨n.; -s, -ka⟩ *gärungshemmendes Mittel* [< *Anti...* + grch. *zyme* »Gärstoff«]
Ant|o|no|ma|sie, ⟨auch⟩ **An|to|no|ma|sie** ⟨f.; -, -n⟩ *Umschreibung eines Eigennamens durch eine Eigenschaft od. Umschreibung eines Gattungsbegriffs durch einen Eigennamen,* z.B. »der deutsche Dichterfürst« für Goethe od. »ein Adonis« für »ein schöner Jüngling« [< *Anti...* + grch. *onomazein* »nennen«]
ant|o|nym, ⟨auch⟩ **an|to|nym** ⟨Adj.; Sprachw.⟩ *eine gegensätzliche Bedeutung habend;* ~e Wörter
Ant|o|nym, ⟨auch⟩ **An|to|nym** ⟨n.; -s, -e; Sprachw.⟩ *Wort von entgegengesetzter Bedeutung,* z.B. »hell« im Gegensatz zu »dunkel« [< *Anti...* + grch. *onyma* »Name«]
Ant|o|ny|mie, ⟨auch⟩ **An|to|ny|mie** ⟨f.; -; unz.; Sprachw.⟩ *Lehre von den Antonymen*
an|tör|nen ⟨V.⟩ = *anturnen*
an|tur|nen ⟨[-tə:-] V.; umg.⟩ oV *antörnen* **1** *Drogen nehmen* **2** *in einen Rauschzustand versetzen, begeistern;* diese Musik turnt mich an; Ggs *abturnen* [zu engl. *turn* »wenden«]
A|nu|kle|o|bi|ont, ⟨auch⟩ **A|nuk|le|o|bi|ont** ⟨m.; -en, -en⟩ = *Akaryobiont* [< *A...*[1] + *Nukleus* + grch. *bios* »Leben«]
An|u|ren, ⟨auch⟩ **A|nu|ren** ⟨Pl.⟩ *Froschlurche* [< *A...*[1] + grch. *oura* »Schwanz«]
An|u|rie, ⟨auch⟩ **A|nu|rie** ⟨f.; -, -n⟩ *Unfähigkeit, Harn zu lassen, Harnsperre* [< *A...*[1] + *...urie*]
A|nus ⟨m.; -, -⟩ *After;* ~ praeter *künstlicher Darmausgang* [lat.]
an|vi|sie|ren ⟨[-vi-] V.⟩ **1** *ins Visier nehmen* **2** *sich als Ziel setzen, anstreben*
A. O. C. ⟨Abk. für⟩ *Appellation d'origine controlée, kontrollierte Herkunftsbezeichnung für die Kennzeichnung von Weinen* [frz.]
AOL ⟨Abk. für engl.⟩ *America Online, kommerzieller Online-Dienst*
ä|o|lisch ⟨Adj.⟩ **1** ⟨Geol.⟩ *durch Windeinwirkung entstanden* **2** ⟨Mus.⟩ ~er **Kirchenton** *Kirchentonart mit dem Grundton a* **3** ⟨antike Metrik⟩ ~er **Vers** *Vers mit fester Silbenzahl, der aus verschiedenen Metren (Daktylus, Jambus, Trochäus) gemischt erscheint* [nach *Äolus,* latinisiert < grch. *Aiolos,* dem grch. Gott der Winde]
Ä|ols|har|fe ⟨f.; -, -n⟩ *Harfe, deren Saiten durch Luftzug zum Schwingen gebracht werden, Windharfe* [nach *Aeolus,* grch. *Aiolos,* dem Gott der Winde]
Ä|on ⟨m.; -s, -en⟩ **1** *unendl. Zeitraum, Ewigkeit* **2** *Abschnitt der Weltgeschichte, Zeitalter, Weltalter* [< grch. *aion* »unermesslich lange Zeit, Ewigkeit«]
A|o|rist ⟨m.; -(e)s, -e; Gramm.⟩ *Verbalform der indoeurop. Sprachen, die eine einmalige, abgeschlossene Handlung bezeichnet* [< grch. *a...* »nicht« + *horizein* »begrenzen«]
A|or|ta ⟨f.; -, -ten⟩ *Hauptschlagader* [< grch. *aorte;* zu *aeirein* »emporheben«]
A|ort|al|gie, ⟨auch⟩ **A|or|tal|gie** ⟨f.; -, -n⟩ *Schmerz, der von der Wand der Hauptschlagader ausgeht* [< *Aorta* + *...algie*]
A|or|ten|bo|gen ⟨m.; -s, -bö|gen⟩ *Verbindungsstück zwischen aufsteigender u. absteigender Aorta*
A|or|ti|tis ⟨f.; -, -ti|ti|den⟩ *Entzündung der Aorta* [< *Aorta* + *...itis*]
a.p. ⟨Abk. für⟩ *anni praeteriti*

AP ⟨Abk. für engl.⟩ *Associated Press, ein US-amerikan. Nachrichtenbüro*

ap .., Ap... ⟨Vors.⟩ = *ad..., Ad...*

A|pa|che ⟨[apatʃə] m.; -n, -n⟩ *Angehöriger eines Indianerstammes im Westen der USA;* oV *Apatsche*

ap|a|go|gisch, ⟨auch⟩ **a|pa|go|gisch** ⟨Adj.⟩ *indirekt beweisend;* ~er Beweis *indirekter Beweis (durch Aufzeigen der Unrichtigkeit des Gegenteils)* [< grch. *apagein* »wegführen«]

A|pa|na|ge ⟨[-ʒə] f.; -, -n⟩ *Unterhalt für Angehörige regierender Fürsten* [frz., »Leibgedinge, Erbteil« < mlat. *appanagium;* zu *appanare* »ausstatten«; zu lat. *ad* »zu« + *panis* »Brot«]

a|part ⟨Adj.⟩ **1** *eigenartig, reizvoll;* ein ~es Kleid **2** *ungewöhnlich, besonders;* ein ~es Geschenk, eine ~e Idee **3** *abgesondert, beiseite* [frz. *à part* »beiseite«]

à part ⟨[-pa:r] Theat.⟩ *beiseite (sprechend)* [frz.]

A|part|heid ⟨f.; -; unz.⟩ *(bis 1991 offiziell praktizierte) Rassentrennung (in der Republik Südafrika)* [< Afrikaans < frz. *à part* »getrennt« + ndrl. Endung *-heid* (= nhd. *-heit*)]

A|part|ho|tel ⟨engl. [əpa:(r)t-] n.; -s, -s; Kurzw.⟩ *Hotel mit Appartements (anstelle von Einzelzimmern)* [< *Apart*ment + *Hotel*]

A|part|ment ⟨engl. [əpa:(r)tmənt] n.; -s, -s⟩ = *Appartement(2)* [engl., »Zimmer, Wohnung« < frz. *appartement* »Wohnung«]

A|part|ment|haus ⟨[əpa:(r)tmənt-] n.; -es, -häuser⟩ *Mietshaus mit einzelnen Kleinstwohnungen*

A|pa|thie ⟨f.; -; unz.⟩ **1** *Teilnahmslosigkeit, Gleichgültigkeit* **2** *Abstumpfung, Abgestumpftsein* [< *A...*[1] + *...pathie*]

a|pa|thisch ⟨Adj.⟩ **1** *teilnahmslos, gleichgültig* **2** *abgestumpft* [→ *Apathie*]

A|pa|tit ⟨m.; -s, -e⟩ *kristall. Mineral, chem. ein Calcium-Fluor- od. Calcium-Chlor-Phosphat, Formel $Ca_5F(PO_4)_3$ od. $Ca_5Cl(PO_4)_3$* [< grch. *apatan* »trügen«]

A|pa|to|sau|ri|er ⟨m.; -s, -⟩ **A|pa|to|sau|rus** ⟨m.; -, -ri|er⟩ *Pflanzen fressender Riesensaurus aus der unteren Kreidezeit Nordamerikas;* Sy ⟨früher⟩ *Brontosaurus* [zu grch. *apate* »Täuschung«]

A|pat|sche ⟨m.; -n, -n⟩ = *Apache*

A|per|çu ⟨[-sy:] n.; -s, -s⟩ *geistreiche Bemerkung* [frz., »Überblick, (geistreiche) Bemerkung«; zu *apercevoir* »bemerken«]

a|pe|ri|o|disch ⟨Adj.⟩ *nicht periodisch, zeitlich unregelmäßig*

A|pe|ri|tif ⟨m.; -s, -s⟩ *alkohol. Getränk vor dem Essen* [frz., »appetitanregend«; zu lat. *aperire* »öffnen«]

A|pe|ri|ti|vum ⟨[-vum] n.; -s, -va [-va]⟩ **1** *leichtes Abführmittel* **2** *appetitanregendes Mittel* [< lat. *aperire* »öffnen«]

A|pe|ro, A|pé|ro ⟨m.; -s, -s; bes. schweiz.; kurz für⟩ *Apéritif*

A|per|tur ⟨f.; -, -en⟩ *Öffnungsverhältnis der Blende eines Objektivs, dient zur Angabe der Leistungsfähigkeit (Lichtstärke) der Objektive* [< lat. *apertus,* Part. Perf. zu *aperire* »öffnen«]

a|pe|tal ⟨Adj.⟩ *keine Blumenkrone besitzend* [< *a...*[1] + grch. *petalon* »Blatt«]

A|pe|ta|le ⟨f.; -, -n⟩ *Pflanze, deren Blüte keine Kronblätter aufweist* [→ *apetal*]

A|pex ⟨m.; -, A|pi|zes⟩ **1** *Spitze, Gipfel* **2** ⟨Astron.⟩ *Zielpunkt einer Gestirnbewegung* **3** ⟨Gramm.⟩ *Zeichen für die Länge eines Vokals,* z.B. Doppelpunkt dahinter: [a:] oder Strich darüber: [ā] [lat., »Spitze, Gipfel«]

Aph|ä|re|se, ⟨auch⟩ **A|phä|re|se,** ⟨f.; -, -n⟩, **Aph|ä|re|sis,** ⟨auch⟩ **A|phä|re|sis** ⟨f.; -, -sen; Gramm.⟩ *Schwund des Anlautes,* z.B. »'s geht« statt »es geht«; Sy *Deglutination;* Ggs *Apokope* [zu grch. *aphairein* »abnehmen«]

A|pha|sie ⟨f.; -, -n⟩ **1** ⟨Philos.⟩ *Enthaltung des Urteils* **2** ⟨Med.⟩ *Verlust des Sprechvermögens infolge einer Störung im Gehirn* [< *A...*[1] + grch. *phanai* »sprechen«]

Ap|hel, ⟨auch⟩ **A|phel, Aph|el** ⟨[aphe:l] od. [afe:l] n.; -s, -e⟩ *Punkt der größten Entfernung eines Himmelskörpers von der Sonne, Sonnenferne;* Sy *Aphelium;* Ggs *Perihel(ium)* [< *Apo...* + grch. *helios* »Sonne«]

Ap|he|li|um, ⟨auch⟩ **A|phe|li|um, Aph|e|li|um** ⟨[aphe:-] od. [afe:-] n.; -s, -li|en⟩ = *Aphel*

A|phi|den, A|phi|di|nen ⟨Pl.⟩ *Blattläuse*

A|pho|nie ⟨f.; -; unz.; Med.⟩ *Stimmlosigkeit, tonloses Sprechen;* oV *Afonie* [< *A...*[1] + *...phonie*]

A|pho|ris|mus ⟨m.; -s, -men⟩ *in sich geschlossener, kurz u. treffend formulierter Gedanke, geistreicher Sinnspruch* [< grch. *aphorizein* »abgrenzen«; → a. *Horizont*]

A|pho|ris|tik ⟨f.; -; unz.⟩ *Kunst, Aphorismen zu verfassen*

A|pho|ris|ti|ker ⟨m.; -s, -⟩ *Verfasser von Aphorismen*

a|pho|ris|tisch ⟨Adj.⟩ *in der Art eines Aphorismus, kurz u. geistreich, treffend*

A|phro|di|si|a|kum, ⟨auch⟩ **Aph|ro|di|si|a|kum** ⟨n.; -s, -ka⟩ *den Geschlechtstrieb anregendes Mittel* [nach *Aphrodite,* der griech. Göttin der Liebe]

A|phro|di|sie, ⟨auch⟩ **Aph|ro|di|sie** ⟨f.; -; unz.⟩ *krankhaft gesteigerte geschlechtl. Erregbarkeit* [nach *Aphrodite,* der griech. Göttin der Liebe]

a|phro|di|sisch, ⟨auch⟩ **aph|ro|di|sisch** ⟨Adj.⟩ **1** = *aphroditisch* **2** *den Geschlechtstrieb steigernd*

a|phro|di|tisch, ⟨auch⟩ **aph|ro|di|tisch** ⟨Adj.⟩ oV *aphrodisisch* **1** *die Liebesgöttin Aphrodite betreffend* **2** *auf die Liebe bezüglich*

Aph|the ⟨f.; -, -n; meist Pl.⟩ *Mundfäule, Bläschenausschlag im Mund* [< grch. *aphthai* »böser Ausschlag, bes. im Mund, Schwämmchen«]

Aph|then|seu|che ⟨f.; -; unz.⟩ *Maul- u. Klauenseuche*

A|phyl|lie ⟨f.; -; unz.⟩ *Blattlosigkeit* [< *A...*[1] + grch. *phyllon* »Blatt«]

a|phyl|lisch ⟨Adj.⟩ *blattlos* [→ *Aphyllie*]

a pi|a|ce|re ⟨[-tʃeː-] Mus.⟩ *nach Belieben (zu spielen)* [ital.]

A|pi|a|ri|um ⟨n.; -s, -ri|en⟩ *Bienenhaus, -stand* [< lat. *apis* »Biene«]

a|pi|kal ⟨Adj.⟩ *den Apex betreffend, an der Spitze gelegen* [→ *Apex*]

A|pi|zes ⟨Pl. von⟩ *Apex*

A|pla|nat ⟨m.; -s, -e; Opt.⟩ *Linsensystem, durch das die Aberration verhindert wird* [< *A…*[1] + grch. *planasthei* »irren«]

a|pla|na|tisch ⟨Adj.⟩ *die Aberration von Lichtstrahlen in Linsensystemen verhindernd* [→ *Aplanat*]

A|pla|sie ⟨f.; -, -n; Med.⟩ *angeborenes Fehlen eines Organs od. Gliedes* [< *A…*[1] + *…plasie*]

a|plas|tisch ⟨Adj.; Med.⟩ *in der Art einer Aplasie*

Ap|lit, ⟨auch⟩ **A|plit** ⟨m.; -s, -e; Geol.⟩ *aus Feldspat u. Quarz bestehendes feinkörniges Ganggestein* [zu grch. *haplos* »einfach«]

A|plomb, ⟨auch⟩ **Ap|lomb** ⟨[aplɔ̃ː] m.; -(s); unz.⟩ **1** *sicheres Auftreten, Dreistigkeit;* mit (großem) ~ erscheinen **2** *Nachdruck* **3** ⟨Ballett⟩ *Abfangen einer Bewegung* [frz., »senkrechte Stellung« < *à plomb* »wie ein Bleilot«]

A|pnoe, ⟨auch⟩ **Ap|noe** ⟨[-noːə] f.; -, -n; Med.⟩ *Atemstillstand* [< *A…*[1] + grch. *pnoia;* zu *pnein* »atmen«]

A|po 1 ⟨f.; -; unz.⟩ *außerparlamentarische Opposition* **2** ⟨m.; -s, -s⟩ *Angehöriger einer dieser Gruppen*

a|po…, A|po… ⟨vor Vokalen⟩ ap…, Ap…, ⟨vor h⟩ aph…, Aph… ⟨Vors.⟩ *von, weg, ab* [grch.]

A|po|chro|mat ⟨[-kro-] m.; -s, -e; Opt.⟩ *für Farbauszüge in der Reproduktionstechnik entwickeltes Objektiv, das die Aberration der Farben korrigiert* [< *Apo…* + grch. *chroma* »Farbe«]

a|po|chro|ma|tisch ⟨[-kro-] Adj.⟩ *durch den Apochromat bewirkt, auf ihm beruhend*

a|pod ⟨Adj.; Zool.⟩ *fußlos* [grch.]

A|po|den ⟨Pl.; Zool.; Sammelbez. für⟩ *Aale u. Muränen*

A|po|dik|tik ⟨f.; -; unz.; Philos.⟩ *Lehre vom Beweis* [zu grch. *apodeiknynai* »aufzeigen«]

a|po|dik|tisch ⟨Adj.⟩ **1** *die Apodiktik betreffend, auf ihr beruhend* **2** *unwiderleglich, unumstößlich* **3** *keinen Widerspruch duldend*

A|po|do|sis ⟨f.; -, -do|sen; Gramm.⟩ *Nachsatz, bes. der nachgestellte Hauptsatz eines Konditionalsatzes;* Ggs *Protasis* [zu grch. *apodidonai* »zurückgeben«]

A|po|en|zym ⟨n.; -s, -e⟩ *hochmolekularer Eiweißbestandteil eines Enzyms;* Sy *Apoferment* [< *Apo…* + *Enzym*]

A|po|fer|ment ⟨n.; -s, -e⟩ = *Apoenzym*

A|po|ga|lak|ti|kum ⟨n.; -s, -ken⟩ *Punkt der größten Entfernung vom Zentrum des Milchstraßensystems während des Umlaufs eines Sternes um das Zentrum* [< *Apo…* + *Galaxie*]

a|po|gam ⟨Adj.; Bot.⟩ *sich ungeschlechtlich fortpflanzend* [→ *Apogamie*]

A|po|ga|mie ⟨f.; -, -n; Bot.⟩ *ungeschlechtl. Fortpflanzung* [< *Apo…* + *…gamie*]

A|po|gä|um ⟨n.; -s, -gä|en; Astron.⟩ *Punkt der größten Entfernung eines Himmelskörpers von der Erde, Erdferne;* Ggs *Perigäum* [< *Apo…* + grch. *gaia, ge* »Erde«]

A|po|ka|lyp|se ⟨f.; -, -n⟩ **1** ⟨unz.; Rel.⟩ **1.1** *prophet. Schrift über das Weltende; prophetische Offenbarung im NT* **2** ⟨zählb.⟩ *bildl. Darstellung des Weltuntergangs* [zu grch. *apokalyptein* »enthüllen«, < *apo* »von, weg« + *kalyptein* »verhüllen«]

A|po|ka|lyp|tik ⟨f.; -, -en⟩ **1** *Gesamtheit der Schriften über die Apokalypse* **2** *Lehre vom Weltende*

A|po|ka|lyp|ti|ker ⟨m.; -s, -⟩ *Verfasser od. Ausleger einer Apokalypse*

a|po|ka|lyp|tisch ⟨Adj.⟩ **1** ⟨Rel.⟩ *die Apokalypse betreffend, auf ihr beruhend, in der Apokalyptik vorkommend;* die Apokalyptischen Reiter *die vier in der Offenbarung des Johannes geschilderten, Pest, Krieg, Hungersnot u. Tod symbolisierenden Reiter* **2** *geheimnisvoll, dunkel*

a|po|karp ⟨Adj.; Bot.⟩ *aus mehreren, jeweils aus einem Fruchtblatt gebildeten Stempeln bestehend* [< *apo…* + *…karp*]

A|po|kar|pi|um ⟨n.; -s, -pi|en⟩ *aus einzelnen Früchten zusammengesetzter Fruchtstand* [< *Apo…* + grch. *karpos* »Frucht« mit latein. Endung]

A|po|koi|nu ⟨n.; - od. -s, -s; Rhet.⟩ *Stilfigur, bei der sich ein Satzteil od. Wort sowohl auf den vorangegangenen als auch auf den folgenden Satzteil bezieht,* z.B. »die Tücher knattern im heißen Wind treibst du« (Enzensberger) [grch., »vom Gemeinsamen«]

A|po|ko|pe ⟨[-pe] f.; -, -n; Gramm.⟩ *Auslautschwund,* z.B. »im Haus« statt »im Hause«; Ggs *Aphärese* [< grch. *apokoptein* »abhauen, abschneiden«]

a|po|ko|pie|ren ⟨V.; Gramm.⟩ ein Wort ~ *durch Apokope verkürzen*

a|po|krin ⟨Adj.⟩ ~e Schweißdrüsen *neben Schweiß auch Teile ihrer Zellen absondernde Schweißdrüsen* [< grch. *apokrinein* »absondern«]

A|po|kryph ⟨n.; -es, -en⟩ = *Apokryphe*

a|po|kryph ⟨Adj.⟩ **1** *zu den Apokryphen gehörend* **2** *unecht, später hinzugefügt;* ~e Bücher *(bes. der Bibel);* Ggs *kanonische Bücher*

A|po|kry|phe ⟨f.; -, -n⟩ *unechte, später hinzugefügte Schrift, bes. der Bibel;* oV *Apokryph;* Ggs *Kanon(8)* [< grch. *apokryphos* »verborgen, untergeschoben« < *apo* »von, weg« + *kryptein* »verbergen«]

a|po|li|tisch ⟨Adj.⟩ *unpolitisch (in der Einstellung, Haltung)*

a|pol|li|nisch ⟨Adj.⟩ **1** *den grch. Gott Apoll(on) betreffend* **2** *harmonisch, maßvoll;* Ggs *dionysisch*

A|pol|lo ⟨m.; -s, -s⟩, **A|pol|lo|fal|ter** ⟨m.; -s, -⟩ *Angehöriger einer Gattung der Tagfalter: Parnassius*

A|po|log ⟨m.; -s, -e⟩ *(lehrhafte) Fabel od. Erzählung* [< *Apo…* + *…log*[1]]

A|po|lo|get ⟨m.; -en, -en⟩ *Verteidiger eines Bekenntnisses, einer Anschauung od. Lehre (bes. des christl. Glaubens)* [< grch. *apologeisthai* »sich mit Worten verteidigen«; zu *logos* »Wort, Rede«]

A|po|lo|ge|tik ⟨f.; -, -en⟩ **1** *Verteidigung eines Bekenntnisses usw.* **2** *Rechtfertigungslehre, Fundamentaltheologie* [→ *Apologet*]

a|po|lo|ge|tisch ⟨Adj.⟩ *verteidigend, rechtfertigend* [→ *Apologet*]

A|po|lo|gie ⟨f.; -, -n⟩ *(bes. in religiösen Auseinandersetzungen) Verteidigungs-, Rechtfertigungsrede, -schrift, Verteidigung, Rechtfertigung*

a|po|lo|gisch ⟨Adj.⟩ *(kurz u. treffend) erzählend* [→ *Apologet*]

a|po|lo|gi|sie|ren ⟨V.⟩ *verteidigen, rechtfertigen* [→ *Apologet*]

a|po|mik|tisch ⟨Adj.⟩ *sich ohne Befruchtung fortpflanzend* [< *apo*… + grch. *miktos* »vermischt«]

A|po|mi|xis ⟨f.; -; unz.; Oberbegriff für⟩ *verschiedene Formen der ungeschlechtlichen Fortpflanzung* [< *Apo*… + grch. *mixis* »Vermischung, Begattung«]

A|po|mor|phin ⟨n.; -s; unz.⟩ *aus Morphin gewonnenes Brechmittel*

A|po|neu|ro|sis ⟨f.; -, -sen⟩ *Sehnenhaut, flächenhafte Sehne* [< grch. *aponeurosis*]

a|po|phan|tisch ⟨Adj.⟩ **1** *darlegend, behauptend* **2** *nachdrücklich* [< grch. *apophantikos*]

A|po|phtheg|ma, ⟨auch⟩ **A|poph|theg|ma** ⟨n.; -s, -men od. -ma|ta⟩ *witziger, treffender Ausspruch, Sinnspruch* [< grch. *apophtheggesthai* »seine Meinung aussprechen«]

A|po|phy|se ⟨f.; -, -n⟩ **1** ⟨Anat.⟩ *Knochenfortsatz im Übergang zu den Muskeln* **2** ⟨Geol.⟩ *seitl. Fortsetzung eines (erzhaltigen) Ganges* **3** ⟨Bot.⟩ *Verdickung auf den Zapfenschuppen der Kiefer, Anschwellung unterhalb der Mooskapsel* [< *Apo*… + …*physe*]

A|po|plek|ti|ker ⟨m.; -s, -⟩ *jmd., der zur Apoplexie neigt*

a|po|plek|tisch ⟨Adj.⟩ *zur Apoplexie neigend*

A|po|ple|xie ⟨f.; -, -n; Med.⟩ *Schlaganfall* [< grch. *apoplexia;* zu *apoplessein* »niederschlagen«]

A|po|rem ⟨n.; -s, -e od. -re|ma|ta; Philos.⟩ *logische Schwierigkeit, unlösbares Problem* [< grch. *aporos* »ratlos, schwierig«]

a|po|re|ma|tisch ⟨Adj.; Philos.⟩ *zweifelhaft, schwierig* [→ *Aporem*]

A|po|re|tik ⟨f.; -; unz.⟩ *Auseinandersetzung mit philosoph. Problemen* [→ *Aporem*]

A|po|re|ti|ker ⟨m.; -s, -⟩ **1** *jmd., der Aporetik betreibt* **2** *Zweifler, Skeptiker*

a|po|re|tisch ⟨Adj.⟩ **1** *die Aporetik betreffend, zu ihr gehörig* **2** *zweifelnd*

A|po|rie ⟨f.; -, -n⟩ **1** *Ausweglosigkeit* **2** *Unmöglichkeit, eine philosoph. Frage zu lösen* [< grch. *aporia;* zu *aporos* »weglos, ratlos«]

A|po|ro|ga|mie ⟨f.; -, -n⟩ *Befruchtungsvorgang bei Blütenpflanzen, bei dem der vom Pollen vorgetriebene Schlauch die Samenanlage auf einem Umweg erreicht* [< grch. *aporos* »unwegsam« + …*gamie*]

A|po|si|o|pe|se ⟨f.; -, -n; Rhet.⟩ *Stilmittel, bei dem der Satz nicht beendet u. dem Hörer die Vollendung überlassen wird,* z.B. dir werde ich gleich … [< grch. *aposiopesis;* zu *aposiopan* »verstummen«]

A|po|spo|rie ⟨f.; -; unz.⟩ *Überspringen der Sporenbildung bei Farnen u. Blütenpflanzen im Generationswechsel* [< *Apo*… + grch. *spora* »Same«]

> ■ Die Buchstabenfolge **a|po|st…** kann auch **a|pos|t…** getrennt werden. Davon ausgenommen sind Zusammensetzungen, in denen die fremdsprachigen bzw. sprachhistorischen Bestandteile deutlich als solche erkennbar sind, z.B. *Aposteriori.*

■ **A|po|sta|sie** ⟨f.; -, -n⟩ *Abfall (vom Glauben)* [< grch. *apostasia* < *apo* »ab, weg« + *histanai* »stehen«]

■ **A|po|stat** ⟨m.; -en, -en⟩ *Abtrünniger, vom Glauben Abgefallener* [→ *Apostasie*]

■ **A|po|stel** ⟨m.; -s, -⟩ **1** *Sendbote, Verkünder einer neuen Lehre, Vorkämpfer* **2** *Jünger Jesu* [< grch. *apostolos* < *apo* »von, weg« + *stellein* »senden«]

A|pos|te|ri|o|ri ⟨n.; -, -⟩ *a posteriori aufgestellte Aussage, Erfahrungssatz;* Ggs *Apriori* [→ *a posteriori*]

a pos|te|ri|o|ri ⟨Philos.⟩ **1** *aus der Erfahrung stammend* **2** *nachträglich, später;* Ggs *a priori* [lat., »vom Späteren her«]

a|pos|te|ri|o|risch ⟨Adj.⟩ *a posteriori gegeben;* Ggs *apriorisch*

■ **A|po|stilb** ⟨n.; -s, -; Zeichen: asb⟩ *nicht mehr zulässige Maßeinheit der Leuchtdichte;* $1\ asb = 10^{-4}/\pi$ *Stilb (sb)*

■ **A|po|sto|lat** ⟨n.; -(e)s, -e⟩ **1** *Amt eines Apostels* **2** *geistl. Auftrag*

■ **A|po|sto|li|ker** ⟨m.; -s, -⟩ **1** ⟨MA⟩ *Angehöriger einer sektiererischen Bewegung der christlichen Kirche, die ihr christliches Verständnis an der apostolischen Zeit orientierte, Apostelbruder* **2** *Angehöriger der neuapostolischen Gemeinde*

■ **A|po|sto|li|kum** ⟨n.; -s; unz.⟩ *das Apostolische Glaubensbekenntnis* [< lat. *symbolum apostolicum,* < grch. *aposteles;* → *Apostel*]

■ **a|po|sto|lisch** ⟨Adj.⟩ *die Apostel od. ihre Lehre betreffend;* Apostolischer **Delegat** *päpstl. Gesandter;* das Apostolische **Glaubensbekenntnis** *ältestes Bekenntnis des Christentums;* Apostolischer **Stuhl** *Päpstlicher Stuhl, Heiliger Stuhl, der Bischofssitz in Rom;* ~e **Väter** *die Verfasser einiger Schriften des nachapostol. Zeitalters, die den Schriften des NT im Rang meist gleichgestellt bzw. ihnen zugezählt werden*

■ **A|po|stroph,** ⟨auch⟩ **A|post|roph** ⟨m.; -s, -e; Zeichen: ’⟩ *Zeichen für einen ausgefallenen Vokal (bes. e), z.B. »er ist’s« statt »er ist es«,*

Auslassungszeichen [< *Apo*... + *strephein* »wenden«]

■ **A|po|stro|phe,** ⟨auch⟩ **A|post|ro|phe** ⟨a. [--'--] f.; -, -stro|phen⟩ *feierl. Anrede an abwesende Personen od. auch an Dinge* [→ *Apostroph*]

■ **a|po|stro|phie|ren,** ⟨auch⟩ **a|post|ro|phie|ren** ⟨V.⟩ **1** *mit einem Apostroph versehen* **2** *mit einer Apostrophe feierl. anreden;* jmdn. ~ als *bezeichnen als*

A|po|the|ci|um ⟨n.; -s, -ci|en⟩ *Fruchtkörper bei Flechten u. Schlauchpilzen* [< *Apo*... + grch. *theke* »Behälter«]

A|po|the|ke ⟨f.; -, -n⟩ **1** *Verkaufs- u. Herstellungsstelle für Arzneimittel* **2** ⟨umg.; scherzh.⟩ *Geschäft mit hohen Preisen* [< *Apo*... + grch. *tithenai* »legen«]

A|po|the|ker ⟨m.; -s, -⟩ *jmd., der (nach Hochschulstudium u. Praktikantenzeit) berechtigt ist, eine Apotheke zu leiten*

A|po|the|ker|ge|wicht ⟨n.; -(e)s, -e⟩ *im Handel sonst ungebräuchl. Gewichtsgröße für Arzneimittel,* z.B. Gran, Lot, Unze

A|po|the|o|se ⟨f.; -, -n⟩ **1** *Vergöttlichung* **2** *Verherrlichung* **2.1** ⟨Theat.⟩ *verherrlichendes Schlussbild* [< grch. *apotheoun* »vergöttern«, < *Apo*... »ver...« + *theos* »Gott«]

A|po|thyl|lit ⟨m.; -s, -e⟩ *ein Mineral aus der Gruppe der Hornblenden* [< *Apo*... + grch. *phyllon* »Blatt«]

a po|ti|o|ri *größtenteils, der Hauptsache nach* [lat., »vom Stärkeren her«]

Ap|pa|rat ⟨m.; -(e)s, -e⟩ **1** *aus mehreren Teilen zusammengesetztes Gerät* **2** ⟨kurz für⟩ *Telefon~, Foto~ usw.* **3** kritischer ~ *Anmerkungsteil der wiss. Ausgabe eines Werkes mit den verschiedenen Lesearten, Auslegungen, Kommentaren usw.* **4** ⟨fig.⟩ *Gesamtheit aller für eine Tätigkeit od. Arbeit nötigen Hilfsmittel u. Personen;* Verwaltungs~ [< lat. *apparatus* »Zubereitung, Werkzeug« < *ad* »zu« + *parare* »bereiten«]

ap|pa|ra|tiv ⟨Adj.⟩ *mit Hilfe eines Apparates;* ~e Diagnostik *Diagnostik mit Hilfe von technischen Geräten*

Ap|pa|rat|schik ⟨m.; -s, -s; abwertend⟩ *Staats- bzw. Parteifunktionär in kommunistisch regierten Staaten*

Ap|pa|ra|tur ⟨f.; -, -en⟩ **1** *Gesamtheit von Apparaten* **2** *aus mehreren Apparaten zusammengesetztes Werk*

Ap|pa|ri|ti|on ⟨f.; -, -en⟩ ~ von Gestirnen *Erscheinung, Sichtbarwerden* [frz., »Erscheinung«; zu *apparaître* »erscheinen«]

Ap|par|te|ment ⟨[apart(ə)mã:] od. [-mɛnt] n.; -s, -s⟩ **1** ~ im Hotel *Zimmerflucht aus Wohn- u. Schlafzimmer, meist mit Bad* **2** *Kleinstwohnung aus 1 Zimmer, Bad u. Küche bzw. Kochnische;* oV *Apartment* [frz., »Wohnung«]

ap|pas|si|o|na|to ⟨Mus.⟩ *leidenschaftlich (zu spielen);* oV *passionato* [ital., »leidenschaftlich« < lat. *pati* »leiden«]

Ap|peal ⟨[əpi:l] m.; -s; unz.⟩ *Anziehungskraft, Anreiz* [engl.]

Ap|pease|ment ⟨[əpi:z-] n.; -s; unz.; abwertend⟩ *Beschwichtigungspolitik, Politik des Nachgebens* [engl., »Beschwichtigung«]

Ap|pell ⟨m.; -s, -e⟩ **1** *Aufruf, Mahnruf;* einen ~ an jmdn. richten **2** ⟨Mil.⟩ *das Versammeln; Antreten;* zum ~ blasen, antreten; Fahnen~ **3** ⟨Jägerspr.⟩ *Gehorsam des Hundes;* guten, schlechten, keinen ~ haben [frz. *appel* »Anruf«]

ap|pel|la|bel ⟨Adj.⟩ *durch Berufung anfechtbar;* Ggs *inappellabel* [→ *appellieren*]

Ap|pel|lant ⟨m.; -en, -en⟩ **1** *jmd., der an etwas appelliert, an jmdn. einen Appell richtet* **2** ⟨Rechtsw.⟩ *Berufungskläger* [→ *appellieren*]

Ap|pel|lat ⟨m.; -en, -en; Rechtsw.⟩ *Berufungsbeklagter* [→ *appellieren*]

Ap|pel|la|ti|on ⟨f.; -, -en⟩ *Berufung*

Ap|pel|la|ti|ons|ge|richt ⟨n.; -(e)s, -e⟩, **Ap|pel|la|ti|ons|hof** ⟨m.; -es, -hö|fe⟩ *Berufungsgericht*

Ap|pel|la|tiv ⟨n.; -s, -e [-və]⟩, **Ap|pel|la|ti|vum** ⟨[-vum] n.; -s, -va [-va]; Gramm.⟩ *Nomen, das ein zu Benennendes als Vertreter einer Klasse von Dingen, Personen, Vorgängen usw. begreift, Gattungsname;* Ggs *Eigenname;* → a. *Kollektivum* [→ *appellieren*]

ap|pel|lie|ren ⟨V.⟩ **1** ~ an *sich wenden an, jmdn. od. etwas anrufen* **2** ⟨†⟩ *Berufung einlegen bei* [< lat. *appellare* »anreden, anrufen«]

Ap|pend|ek|to|mie, ⟨auch⟩ **Ap|pen|dek|to|mie** ⟨f.; -, -n; Med.⟩ *operative Entfernung des Wurmfortsatzes des Blinddarms, (fälschlich für) Blinddarmoperation* [< *Appendix* + *Ektomie*]

Ap|pen|dix ⟨m.; -, -di|zes⟩ **1** *Anhang, Zusatz* **2** *Wurmfortsatz des Blinddarms* [lat., »Anhang«, zu *appendere, adpendere* »zuwägen«]

Ap|pen|di|zi|tis ⟨f.; -, -ti|den⟩ *Entzündung des Appendix(2), (fälschlich für) Blinddarmentzündung;* → a. *Typhlitis* [→ *Appendix*]

Ap|per|ti|nen|zi|en ⟨Pl.; Sg.: -nens⟩ *Zubehör* [< lat. *appertinere* »gehören zu«; zu *tenere* »halten«]

Ap|per|zep|ti|on ⟨f.; -, -en⟩ *bewusste Wahrnehmung eines Sinneseindrucks;* Ggs *Perzeption;* ~ eines Gegenstandes [< *Ad*... + lat. *perceptio* »Wahrnehmung«]

ap|per|zi|pie|ren ⟨V.⟩ *bewusst wahrnehmen* [< *ad*... + lat. *percipere* »wahrnehmen«]

Ap|pe|tenz|ver|hal|ten ⟨n.; -s, -; bei Tieren⟩ *Suchen nach der Auslösesituation für die den Trieb befriedigende Behandlung* [zu lat. *appetere* »anstreben«]

Ap|pe|tit ⟨m.; -(e)s; unz.⟩ *Verlangen nach einer Speise* [< frz. *appétit* < lat. *appetitus* »Begehren«; zu *appetere* »anstreben«]

ap|pe|tit|lich ⟨Adj.⟩ **1** *appetitanregend, lecker* **2** *ansprechend, angenehm*

Ap|pe|ti|zer ⟨[æpətaizə(r)] m.; -s, -⟩ *Aperitif* [engl., »appetitanregendes Getränk«]

ap|pla|nie|ren ⟨V.⟩ *(ein)ebnen, ausgleichen* [< frz. *aplanir* »(ein)ebnen« < lat. *ad* »zu« + *planus* »flach, eben«]

ap|plau|die|ren ⟨V.⟩ jmdm. ~ *Beifall spenden, klatschen* [< lat. *applaudere* »schlagen, Beifall schlagen« < *ad* »zu« + *plaudere* »klatschend schlagen«]

Ap|plaus ⟨m.; -es, -e; Pl. selten⟩ *Beifall, Händeklatschen;* begeisterter, donnernder, starker ~; ~ (auf offener Szene) erhalten [< lat. *applausus,* Part. Perf. zu *applaudere;* → *applaudieren*]

ap|pli|ka|bel ⟨Adj.⟩ *anwendbar* [→ *applizieren*]

Ap|pli|ka|bi|li|tät ⟨f.; -; unz.⟩ *Anwendbarkeit*

Ap|pli|kant ⟨m.; -en, -en⟩ *Bewerber, Bittsteller* [< lat. *applicans,* Part. Präs. zu *applicare;* → *applizieren*]

Ap|pli|ka|ti|on ⟨f.; -, -en⟩ **1** ⟨†⟩ *Gesuch, Bittschrift* **2** ~ von Heilmitteln *Anwendung, Verabreichung* **3** *aufgenähtes Muster* **4** ⟨EDV⟩ *Anwendung, Programm zur Ausführung bestimmter Funktionen;* eine ~ zur Bildbearbeitung [→ *applizieren*]

Ap|pli|ka|tiv ⟨m.; -s, -e [-və]; Gramm.⟩ *Form des Verbs in afrikanischen od. kaukasischen Sprachen, die eine für das Objekt günstige Handlung bezeichnet*

Ap|pli|ka|tur ⟨f.; -, -en⟩ **1** *zweckmäßiger Gebrauch* **2** ⟨Mus.⟩ *Fingersatz (beim Instrumentalspiel)* [→ *applizieren*]

ap|pli|zie|ren ⟨V.⟩ **1 Stoff, Gewebe** ~ *aufnähen* **2 Heilmittel** ~ *anwenden, verabreichen* **3 Farben** ~ *auftragen* [< lat. *applicare* »zusammenfügen«, < *ad* »zu« + *plicare* »zusammenfalten«]

Ap|pog|gia|tur ⟨[-dʒa-] f.; -, -en; Mus.⟩ *langer Vorschlag* [< ital. *appoggiare* »stützen«, < lat. **adpodiare;* zu *podium* »Erhöhung«]

Ap|point ⟨[apoɛ̃:] m.; -s, -s⟩ **1** *Ausgleich, Rest einer Schuld* **2** *Wechsel, der eine restl. Schuld deckt* **3** *Scheidemünze* [frz. *à point* »auf den Punkt (genau)«]

Ap|point|ment ⟨[əpɔintmənt] n.; -s, -s⟩ *Verabredung, Termin* [engl.]

ap|port *such!; bring (es) her! (Befehl an den Hund)* [< frz. *apporte* »bring her!«]

Ap|port ⟨m.; -s, -e⟩ **1** ⟨bei Kapitalgesellschaften⟩ *Sach- statt Bargeldeinlage* **2** ⟨Jagdw.⟩ *das Herbeibringen des erlegten Wildes durch den Hund* **3** ⟨Okkultismus⟩ *angebliches Herbeibringen von Gegenständen durch Geisterhand* [→ *apportieren*]

ap|por|tie|ren ⟨V.⟩ der Hund apportiert erlegtes Wild *bringt es herbei* [< frz. *apporter* »herbeibringen«]

Ap|po|si|ti|on ⟨f.; -, -en⟩ *ein substantivisches Attribut, das im gleichen Kasus steht wie das Substantiv od. Personalpronomen, zu dem es gehört, Beisatz* [< lat. *apponere* »hinzufügen« < *ad* »zu« + *ponere* »setzen, stellen«]

ap|po|si|ti|o|nell ⟨Adj.⟩ *als Apposition verwendet*

Ap|po|si|ti|ons|au|ge ⟨n.; -s, -n⟩ *Einzelauge des Facettenauges, das durch einen vielzelligen Pigmentmantel isoliert ist* [< lat. *apponere* »hinzufügen«]

ap|po|si|tiv ⟨Adj.⟩ *als Apposition verwendet*

Ap|pre|hen|si|on ⟨f.; -, -en⟩ **1** *Erfassung eines Gegenstandes durch die Sinne, Auffassung* **2** *Besorgnis, Furcht* [< lat. *apprehendere* »ergreifen« < *ad* »zu« + *prehendere* »greifen«]

ap|pre|hen|siv ⟨Adj.⟩ **1** *furchtsam* **2** *reizbar, leicht gekränkt* [→ *Apprehension*]

Ap|pret ⟨n. od. m.; -s, -s⟩ **1** *Mittel zur Appretur* **2** *appretierte Stoffeinlage* [< frz. *apprêt* »Zurichtung, Ausrüstung«; zu frz. *prêt* »bereit«]

Ap|pre|teur ⟨[-tø:r] m.; -s, -e⟩ *Facharbeiter, der Gewebe appretiert* [< frz. *apprêteur* »Zurichter, Ausrüster«; zu *prêt* »bereit«]

ap|pre|tie|ren ⟨V.⟩ Textilien ~ *bearbeiten, um ihnen besseres Aussehen, Glanz, höhere Festigkeit zu verleihen* [< frz. *apprêter* »zubereiten«; zu *prêt* »bereit«]

Ap|pre|tur ⟨f.; -, -en⟩ **1** *das Appretieren* **2** *Ort, an dem Textilien appretiert werden* [→ *appretieren*]

Ap|proach ⟨[əproutʃ] m.; -s, -s; geh.⟩ **1** *Vorgehensweise, Ansatz, Annäherung (an wissenschaftliche Probleme)* **2** *wirkungsvoller Werbespruch* **3** ⟨Sp.; Golf⟩ *Annäherungsschlag* **4** ⟨Flugw.⟩ *Landeanflug* [engl., »Annäherung, Herangehen«]

Ap|pro|ba|ti|on ⟨f.; -, -en⟩ **1** *Genehmigung, Bewilligung, Zuerkennung* **2** *staatl. Genehmigung zur Berufsausübung für Ärzte u. Apotheker* **3** ⟨kath. Kirche⟩ **3.1** *Bestätigung eines Priesters, Ordens usw.* **3.2** *amtl. kirchl. Erlaubnis zum Druck von Schriften* [< lat. *approbatio* »Billigung, Zustimmung«]

ap|pro|bie|ren ⟨V.⟩ *genehmigen, bewilligen;* einen Arzt, Apotheker ~ *zur Berufsausübung zulassen;* approbierter Arzt [< lat. *approbare* »billigen«]

Ap|pro|pri|a|ti|on, ⟨auch⟩ **Ap|prop|ri|a|ti|on** ⟨f.; -, -en⟩ *Zuneigung, Abneigung, Besitzergreifung* [< lat. *appropriare* »sich zuneigen« < *ad* »zu« + *proprius* »eigen«]

ap|pro|vi|si|o|nie|ren ⟨[-vi-] V.; österr.; Mil.⟩ *mit Lebensmitteln versorgen* [< frz. *approvisionner* »versorgen«; zu *provision* »Vorrat«]

Ap|pro|xi|ma|ti|on ⟨f.; -, -en⟩ **1** *Annäherung* **2** ⟨Math.⟩ *Näherungswert* [< lat. *approximare* »sich annähern«, < lat. *ad* »zu« + *proximus* »der nächste«]

ap|pro|xi|ma|tiv ⟨Adj.⟩ *annähernd*

■ Die Buchstabenfolge **a|pr...** kann auch **ap|r...** getrennt werden. Davon ausgenommen sind Zusammensetzungen, in denen die fremdsprachigen bzw. sprachhistorischen Bestandteile deutlich als solche erkennbar sind, z.B. *Apriori* (→ a. *Aposteriori*).

■ **A|près-Ski** ⟨[aprɛʃi:] n.; -; unz.⟩ **1** *bequeme, modische Kleidung nach dem Skilaufen* **2** *geselliges Beisammensein mit Tanz am Abend nach dem Skilaufen* [< frz. *après* »nach« + *Ski*]

■ **a|pri|cot** ⟨[-ko:] Adj.⟩ *aprikosefarben* [frz.]

■ **A|pri|ko|se** ⟨f.; -, -n⟩ *Frucht des Aprikosenbaumes* [< ndrl. *abrikoos,* engl. *apricot,* frz.

abricot < arab. *albarkok* < lat. *praecocium* »das Frühreife«]

■ **A|pri|ko|sen|baum** ⟨m.; -(e)s, -bäu|me⟩ *Steinobstgewächs aus der Familie der Rosengewächse mit eiförmigen, orangefarbenen Früchten: Prunus armeniaca*

■ **A|pril** ⟨m.; - od. -s, -e⟩ *vierter Monat des Jahres* [< lat. *Aprilis*]

a pri|ma vis|ta ⟨[-vis-] Mus.⟩ etwas ~ spielen *vom Blatt, ohne vorheriges Üben* [ital., »auf den ersten Anblick«]

a pri|o|ri ⟨Philos.⟩ *ohne Erfahrungsgrundlage (gegeben), allein aus der Vernunft, dem Denken stammend, rein begrifflich, von vornherein;* Ggs *a posteriori* [< lat., »vom Früheren her«]

A|pri|o|ri ⟨n.; -, -⟩ *a priori aufgestellte Aussage, Vernunftsatz;* Ggs *Aposteriori* [→ *a priori*]

a|pri|o|risch ⟨Adj.⟩ *a priori gegeben;* Ggs *aposteriorisch*

A|pri|o|ris|mus ⟨m.; -, -men⟩ *Lehre, die eine von der Erfahrung unabhängige Erkenntnis annimmt* [→ *a priori*]

a|pro|pos ⟨[-po:] Adv.⟩ *nebenbei (bemerkt), übrigens, was ich noch sagen wollte* [< frz. *à propos* »bei passender Gelegenheit«; zu *propos* »Gesprächsthema«]

Ap|si|de ⟨f.; -, -n⟩ **1** ⟨Astron.⟩ *kleinste od. größte Entfernung eines Planeten von dem Zentralgestirn, um das er sich bewegt* **2** ⟨Arch.⟩ = *Apsis*

ap|si|di|al ⟨Adj.⟩ *in der Art einer Apsis*

Ap|sis ⟨f.; -, -si|den; Arch.⟩ *Altarnische, äußerstes Ende des Chors;* Sy *Apside(2), Konche(2)* [< grch. *hapsis* »Verbindung, Führung, Rundung, Wölbung«]

A|pte|rie, ⟨auch⟩ **Ap|te|rie** ⟨f.; -; unz.; bei Insekten⟩ *Flügellosigkeit* [< *A...*[1] + grch. *pteron* »Flügel«]

a|pte|ry|got, ⟨auch⟩ **ap|te|ry|got** ⟨Adj.⟩ *flügellos* [< *a...*[1] + grch. *pteryx*, Gen. *pterygos* »Flügel«]

A|pte|ry|go|ten, ⟨auch⟩ **Ap|te|ry|go|ten** ⟨Pl.⟩ *flügellose Insekten* [→ *apterygot*]

ap|tie|ren ⟨V.⟩ *anpassen, herrichten* [< lat. *aptare* »genau anfügen, anpassen«]

Ap|ti|tude ⟨[æptitju:d] f.; -; unz.; Psych.⟩ *(anlagebedingte) Lern- u. Leistungsfähigkeit* [engl.]

A|py|re|xie, ⟨auch⟩ **A|pyr|e|xie** ⟨f.; -, -n; Med.⟩ *fieberfreie Zeit* [< *A...*[1] + *Pyrexie*]

aq. dest. ⟨Abk. für⟩ *Aqua destillata*

a|qua..., **A|qua...** ⟨Vors.; in Zus.⟩ *wasser..., Wasser...* [< lat. *aqua*]

A|qua des|til|la|ta, ⟨auch⟩ **A|qua de|stil|la|ta** ⟨n.; - -; unz.; Abk.: aq. dest.⟩ *destilliertes Wasser* [lat.]

A|quä|dukt ⟨n.; -(e)s, -e⟩ *altröm. Wasserleitung in Gestalt einer Brücke, die eine Rinne trägt* [< lat. *aquaeductus;* zu *aqua* »Wasser« + *ducere* »führen«]

A|qua|far|ming ⟨n.; -s; unz.⟩ *Art der Fischzucht in Gehegen im Meerwasser, bei der den Fischen häufig Medikamente, bes. Antibiotika verabreicht werden* [< lat. *aqua* »Wasser« + engl. *farming* »Landwirtschaft, Viehzucht«]

A|qua|kul|tur ⟨f.; -, -en⟩ **1** *systemat. Bewirtschaftung des Meeres* **2** *Anlage zur Fischzüchtung u. -produktion* [< *Aqua...* + *Kultur*]

ä|qual ⟨Adj.⟩ *gleich, entsprechend, ebenso* [< lat. *aequalis* »gleich, gleichartig«]

A|qua|ma|ni|le ⟨n.; -s, -n; im MA⟩ *Gefäß, aus dem während der gottesdienstl. Handlungen dem Priester Wasser über die Hände gegossen wurde* [< *Aqua...* + *manus* »Hand«]

A|qua|ma|rin ⟨m.; -s, -e⟩ *Edelstein, meergrün- od. blaugefärbter Beryll* [< lat. *aqua marina* »Meereswasser«]

A|qua|naut ⟨m.; -en, -en⟩ *Tiefseeforscher*

A|qua|nau|tik ⟨f.; -; unz.⟩ **1** *Tiefseeforschung* **2** *Erforschung der Möglichkeiten für längere Aufenthalte von Menschen unter Wasser* [< *Aqua...* + *Nautik*]

A|qua|pla|ning ⟨n.; - od. -s; unz.⟩ *Gleiten, Rutschen der Reifen eines Kraftfahrzeuges auf einer nassen Fahrbahn* [< *Aqua...* + engl. *planing* »Gleiten« (zu *plane* »gleiten«)]

A|qua|rell ⟨n.; -s, -e; Mal.⟩ *mit Wasserfarben gemaltes Bild* [< ital. *acquerello* »Wasserfarbe« < lat. *aqua* »Wasser«]

a|qua|rel|lie|ren ⟨V.⟩ ein Bild ~ *mit Wasserfarben malen* [→ *Aquarell*]

A|qua|rel|list ⟨m.; -en, -en⟩ *Künstler, der Aquarelle malt*

A|qua|rell|ma|le|rei ⟨f.; -; unz.⟩ *Malerei mit Wasserfarben*

A|qua|ri|a|ner ⟨m.; -s, -⟩ *Aquarienliebhaber*

A|qua|ris|tik ⟨f.; -; unz.⟩ *Aquarienkunde*

A|qua|ri|um ⟨n.; -s, -ri|en⟩ **1** *Glasbehälter, in dem Fische u.a. Wassertiere gehalten od. gezüchtet werden* **2** *Gebäude (Museum) für kleine Wassertiere* [< lat. *aquarius* »das Wasser betreffend«]

A|qua|strip|ping ⟨n.; -s, -s⟩ *(bei Flugzeugen angewendetes) Verfahren zur Entfernung von Farbschichten mittels Wassers* [< *Aqua...* + engl. *strip* »abstreifen«]

A|qua|tin|ta ⟨f.; -, -tin|ten⟩ *Kupferstichart, bei der die Zeichnung aus einer mit Kolophoniumstaub präparierten Platte herausgeätzt wird* [< *Aqua...* + ital. *tinta* »gefärbt«]

a|qua|tisch ⟨Adj.⟩ *dem Wasser zugehörig, im Wasser lebend;* ~e Lebewesen [< lat. *aqua* »Wasser«]

Ä|qua|tiv ⟨m.; -s, -e [-və]; Gramm.⟩ *Vergleichsstufe des Adjektivs (im Keltischen) od. des Kasus (in den kaukasischen Sprachen)* [zu mlat. *aequatio* »Entsprechung, Vergleich«]

A|qua|tone|ver|fah|ren ⟨[-to:n-] n.; -s; unz.⟩ *ein Offsetdruckverfahren* [< *Aqua...* + engl. *tone* »einfärben, tonen«]

Ä|qua|tor ⟨m.; -s, -to|ren; Pl. selten⟩ *größter Breitenkreis auf der Erd- od. Himmelskugel;* Sy *Linie(5)* [zu lat. *aequare* »gleichmachen«]

ä|qua|to|ri|al ⟨Adj.⟩ *zum Äquator gehörig, in Äquatornähe befindlich*

Ä|qua|tor|tau|fe ⟨f.; -, -n⟩ *Brauch auf Schiffsfahrten, dass jeder, der zum ersten Mal über* *den Äquator fährt, »getauft«, d.h. unter Wasser getaucht wird*

A|qua|vit ⟨[-vi:t] m.; -s, -e⟩ *mit Kümmel gewürzter, farbloser Branntwein* [< lat. *aqua vitae* »Lebenswasser«]

ä|qui…, Ä|qui… ⟨Vors.; in Zus.⟩ *gleich* [< lat. *aequus*]

A|qui|clud ⟨m.; -s; unz.; fachspr.⟩ *grundwasserstauende Schicht* [< *Aqua…* + lat. *cludere* »schließen«]

Ä|qui|den|si|ten ⟨Pl.⟩ *Linien gleicher Schwärzung od. Helligkeit auf fotograf. Aufnahmen, die aus normal aufgenommenen Fotos durch besondere Verfahren ausgesondert werden, sie ermöglichen bei Aerogrammen eine bessere Deutung u. Auswertung der Fotos* [< *Äqui…* + lat. *densitas* »Dichtheit«]

ä|qui|dis|tant ⟨Adj.⟩ *gleich weit voneinander entfernt*

Ä|qui|dis|tanz ⟨f.; -, -en⟩ *gleich großer Abstand* [< *Äqui…* + *Distanz*]

ä|qui|fa|zi|al ⟨Adj.⟩ ~e Blätter *auf Ober- u. Unterseite gleichartig gebaut* [< *äqui…* + *fazial*]

A|qui|fer ⟨m.; -s; unz.; Geol.; fachspr.⟩ *Grundwasserleiter* [< *Aqua…* + lat. *ferre* »verbreiten«]

Ä|qui|li|bris|mus, ⟨auch⟩ **Ä|qui|lib|ris|mus** ⟨m.; -; unz.⟩ *philosoph. Lehre, dass menschl. Handlungsfreiheit nur beim völligen Gleichgewicht aller Willensmotive herrschen soll* [→ *Äquilibrium*]

Ä|qui|li|brist, ⟨auch⟩ **Ä|qui|lib|rist** ⟨m.; -en, -en⟩ *Artist, der seinen eigenen Körper (z.B. beim Seiltanz) so wie auch von ihm balancierte Gegenstände im Gleichgewicht hält, Gleichgewichtskünstler;* oV *Equilibrist* [→ *Äquilibrium*]

Ä|qui|li|bris|tik, ⟨auch⟩ **Ä|qui|lib|ris|tik** ⟨f.; -; unz.⟩ *Kunst des Äquilibristen*

ä|qui|li|bris|tisch, ⟨auch⟩ **ä|qui|lib|ris|tisch** ⟨Adj.⟩ *die Äquilibristik betreffend, zu ihr gehörend, mit ihrer Hilfe*

Ä|qui|li|bri|um, ⟨auch⟩ **Ä|qui|lib|ri|um** ⟨n.; -s; unz.⟩ *Gleichgewicht* [< *Äqui…* + lat. *libra* »Waage, Gewicht«]

ä|qui|mo|lar ⟨Adj.⟩ *die gleiche Anzahl von Molen in einer bestimmten Volumeneinheit enthaltend* [< *äqui…* + *Mol*]

ä|qui|nok|ti|al ⟨Adj.⟩ *das Äquinoktium betreffend, zu ihm gehörig*

Ä|qui|nok|ti|al|ge|gen|den ⟨Pl.⟩ *Tropenländer*

Ä|qui|nok|ti|um ⟨n.; -s, -ti|en⟩ *Tagundnachtgleiche (21. März u. 23. Sept.)* [< lat. *aequinoctium* < *äqui…* + *nox* »Nacht«]

ä|qui|pol|lent ⟨Adj.; Philos.⟩ *von gleicher Bedeutung, aber verschieden ausgedrückt* [< *Äqui…* + lat. *pollere* »vermögen«]

Ä|qui|pol|lenz ⟨f.; -, -en; Philos.⟩ *gleiche Bedeutung bei verschiedener Formulierung*

Ä|qui|tät ⟨f.; -; unz.⟩ *Billigkeit, Rechtlichkeit* [< lat. *aequitas* »Gleichheit«]

ä|qui|va|lent ⟨[-va-] Adj.⟩ *gleichwertig* [< *äqui…* + *valent*]

Ä|qui|va|lent ⟨[-va-] n.; -(e)s, -e⟩ *Gegenwert; Entschädigung, vollwertiger Ersatz*

Ä|qui|va|lent|do|sis ⟨[-va-] f.; -, -do|sen⟩ *Größe zur Beschreibung biol. Wirkungen verschiedener Strahlenarten, Quotient aus Energiedosis u. Bewertungsfaktor (im Strahlenschutz)*

Ä|qui|va|lent|ge|wicht ⟨[-va-] n.; -(e)s, -e⟩ *Zahl, die sich als Quotient aus dem Atomgewicht eines Elementes u. der Wertigkeit, mit der es in einer bestimmten Verbindung auftritt, ergibt*

Ä|qui|va|lenz ⟨[-va-] f.; -, -en⟩ *Gleichwertigkeit* [→ *äquivalent*]

Ä|qui|va|lenz|prin|zip ⟨[-va-] n.; -s; unz.⟩ **1** ⟨Wirtsch.⟩ *Grundsatz der Ausgeglichenheit von öffentlich erhobenen Gebühren, Beiträgen u. Steuern* **2** ⟨Phys.⟩ *Prinzip der Relativitätstheorie, wonach schwere u. träge Masse einander äquivalent sind*

Ä|qui|va|lenz|the|o|rie ⟨[-va-] f.; -; unz.⟩ **1** ⟨Rechtsw.⟩ *Theorie zur Bestimmung des Erfolges einer Handlung, wobei alle Bedingungen des Erfolges als äquivalent (gleichwertig) betrachtet werden;* → a. *Adäquanztheorie* **2** *Steuerrechtfertigungslehre*

ä|qui|vok ⟨[-vo:k] Adj.⟩ *zwei-, mehrdeutig, doppelsinnig* [< *äqui…* + lat. *vox* »Stimme«]

Ä|qui|vo|ka|ti|on ⟨[-vo-] f.; -, -en⟩ *Mehrdeutigkeit, Doppelsinnigkeit* [< *Äqui…* + *Vokation*]

ar…, Ar… ⟨Vors.⟩ = *ad…, Ad…*

Ar[1] ⟨chem. Zeichen für⟩ *Argon*

Ar[2] ⟨Zeichen: a; n.; -s, -e od. selten m.; -s, -e⟩ *Flächenmaß, 100 Quadratmeter;* oV ⟨*schweiz.*⟩ *Are* [< frz. *are* »Flächenraum« < lat. *area*]

A|ra ⟨m.; -s, -s⟩ *südamerikan. Papageiengattung mit langem, keilförmigem Schwanz;* oV *Arara* [nlat., vermutl. < Tupi *arara*]

Ä|ra ⟨f.; -, Ä|ren⟩ *Zeitalter, Zeitabschnitt, Amtszeit;* die ~ Adenauer; eine neue ~ zieht herauf; die wilhelminische ~ [< lat. *aera* »Zeitalter«]

A|ra|ber ⟨a. [-'--] m.; -s, -⟩ **1** *Bewohner Arabiens* **2** *arabisches Vollblutpferd*

A|ra|be|rin ⟨a. [-'---] f.; -, -rin|nen⟩ *Bewohnerin Arabiens*

A|ra|bes|ke ⟨f.; -, -n⟩ **1** *Blatt- u. Rankenornament, Schnörkel* **2** *heiteres Musikstück* **3** ⟨Ballett⟩ *Körperhaltung, bei der ein Bein waagerecht nach hinten gestreckt wird;* oV *Arabesque* [< frz. *arabesque* »(arabische) Verzierung«, < ital. *arabesco* »arabisch«]

A|ra|besque ⟨[-bɛsk] f.; -, -s; Ballett⟩ = *Arabeske(3)*

A|ra|bis|tik ⟨f.; -; unz.⟩ *Wissenschaft von der arab. Sprache u. Literatur*

A|rach|ni|den ⟨Pl.⟩ = *Arachnoiden*

A|rach|ni|tis ⟨f.; -, -ti|den⟩ = *Arachnoiditis*

a|rach|no|id ⟨Adj.⟩ *spinnenähnlich* [< grch. *arachne* »Spinne« + *eidos* »Aussehen«]

A|rach|no|i|dea ⟨f.; -; unz.⟩ *mittlerer Teil der Hirnhaut, Spinnwebenhaut* [→ *arachnoid*]

A|rach|no|i|den ⟨Pl.⟩ *Spinnentiere;* oV *Arachniden* [→ *arachnoid*]

A|rach|no|i|di|tis ⟨f.; -, -ti|den⟩ *Entzündung der Arachnoidea;* oV *Arachnitis*

A|rach|no|lo|gie ⟨f.; -; unz.⟩ *Spinnenkunde* [< grch. *arachne* »Spinne« + *…logie*]

A|ra|go|nit ⟨m.; -s; unz.⟩ *kristall., rhomb. Mineral, chem. Calciumcarbonat, chem. Formel* $CaCO_3$ [nach *Aragon*, Landschaft im nordöstl. Spanien]
A|ra|lie ⟨[-liə] f.; -, -n⟩ *stachelige Zierpflanze aus der Familie der Efeugewächse: Aralia* [< nlat. *Aralia*]
A|ran|zi|ni ⟨Pl.⟩ *überzuckerte Orangenschalen* [< ital. *arancia* »Orange«]
A|rä|o|me|ter ⟨n.; -s, -⟩ *Gerät zum Messen der Dichte od. des spezifischen Gewichts von Flüssigkeiten, Senkwaage* [< grch. *araios* »dünn« + *…meter*]
Ä|rar ⟨n.; -(e)s, -e⟩ **1** *Staatsschatz, Staatsvermögen, Staatskasse* **2** *Staatsarchiv* [< lat. *aerarium;* zu *aes*, Gen. *aeris* »Erz, Gold«]
A|ra|ra ⟨m.; -s, -s⟩ = *Ara*
ä|ra|risch ⟨Adj.⟩ *das Ärar betreffend, zu ihm gehörig, aus ihm stammend*
A|rau|ka|rie ⟨[-riə] f.; -, -n⟩ *Nadelbaumgattung Südamerikas u. Australiens: Araucarai* [nach dem südamerikan. Indianervolk der *Araukaner*]
A|raz|zo ⟨m.; -s, -raz|zi⟩ *flandr. Wandteppich;* oV *Arrazzo* [ital., nach der Stadt *Arras*]
Ar|bi|tra|ge, ⟨auch⟩ **Ar|bit|ra|ge** ⟨[-ʒə] f.; -, -n⟩ **1** *Schiedsspruch, -gericht;* Sy *Arbitration* **2** *Ausnutzung von Kursunterschieden im Börsengeschäft* [frz., »Schiedsspruch« < lat. *arbiter* »Schiedsrichter«]
ar|bi|trär, ⟨auch⟩ **ar|bit|rär** ⟨Adj.⟩ *willkürlich, nach Ermessen* [< lat. *arbitrarius* »willkürlich angenommen«]
Ar|bi|tra|ti|on, ⟨auch⟩ **Ar|bit|ra|ti|on** ⟨f.; -, -en⟩ = *Arbitrage(1)*
ar|bi|trie|ren, ⟨auch⟩ **ar|bit|rie|ren** ⟨V.⟩ *Kursunterschiede nutzen*
Ar|bi|tri|um, ⟨auch⟩ **Ar|bit|ri|um** ⟨n.; -s, -tria⟩ *Schiedsspruch, Schiedsgutachten* [lat., »Spruch des Schiedsrichters«]
Ar|bo|re|tum ⟨n.; -s, -ten⟩ *Baumschule* [zu lat. *arbor* »Baum«]
Ar|bu|se ⟨f.; -, -n⟩ *Wassermelone* [< lat. *arbutum* »Erdbeere«]
arc ⟨Zeichen für⟩ *arkus*
Ar|ca|de|spiel ⟨n.; -(e)s, -e; EDV⟩ *ein interaktives Computerspiel für einen od. mehrere Mitspieler*
…arch ⟨m.; -en, -en; in Zus.⟩ *Herrscher, Anführer* [< grch. *archon*]
Ar|cha|i|kum, Ar|chä|i|kum ⟨[-ça:-] od. [-çɛ:-] n.; -s; unz.⟩ *älteste Formation der Erdgeschichte, Teil des Proterozoikums, Erdurzeit* [< grch. *archaios* »alt«]
ar|cha|isch ⟨[-ça:-] Adj.⟩ *aus der Frühzeit einer Kunst stammend, frühzeitlich, altertümlich;* eine ~e Denkweise ⟨fig.⟩ *eine altertümliche, altmodische Denkweise* [zu grch. *archaios* »alt, uranfänglich«; zu *arche* »Anfang«]
ar|chä|isch ⟨[-çɛ:-] Adj.⟩ *das Archaikum betreffend, aus ihm stammend* [< grch. *archaios;* → *archaisch*]
ar|cha|i|sie|ren ⟨[-ça:i-] V.⟩ *altertüml. Sprach- u. Kunstformen verwenden, altertümlich machen, das Altertümliche nachahmen, altertümeln* [zu grch. *archaios* »alt«]
Ar|cha|is|mus ⟨[-ça:-] m.; -, -men⟩ **1** *Wiederbelebung altertüml. Formen, Altertümelei* **2** *altertüml. Form* [< grch. *archaios* »alt«]
Ar|cha|ist ⟨[-ça-] m.; -en, -en⟩ *Anhänger, Vertreter des Archaismus*
ar|cha|is|tisch ⟨[-ça:-] Adj.⟩ *den Archaismus betreffend, auf ihm beruhend*
Ar|chä|o|lo|gie ⟨[-çɛ:-] f.; -; unz.⟩ *Wissenschaft von den nicht schriftlich überlieferten Kulturzeugnissen, bes. den durch Ausgrabungen gewonnenen Bodenfunden aus dem Altertum u. der Frühgeschichte* [< grch. *archaios* »alt« + *…logie*]
ar|chä|o|lo|gisch ⟨[-çɛ:-] Adj.⟩ *die Archäologie betreffend, zu ihr gehörig, auf ihr beruhend*
Ar|chä|o|pte|ris, ⟨auch⟩ **Ar|chä|op|te|ris** ⟨[-çɛ-] f.; -, -ri|den⟩ *ausgestorbener Farn des Devons* [< grch. *archaios* »alt« + *pteris* »Farnkraut«, zu *pteron* »Feder, Flügel«]
Ar|chä|o|pte|ryx, ⟨auch⟩ **Ar|chä|op|te|ryx** ⟨[-çɛ-] f. od. m.; -, -e od. -pte|ry|ges⟩ *Urvogel mit Reptilienmerkmalen* [< grch. *archaios* »alt« + *pteryx* »Flügel«]
Ar|chä|o|zo|i|kum ⟨[-çɛ-] n.; -s; unz.⟩ = *Paläozoikum* [< grch. *archaios* »alt« + *…zoikum*]
Ar|che|go|ni|a|ten ⟨[-çə-] Pl.; zusammenfassende Bez. für⟩ *Moose u. Farne, die ein Archegonium ausbilden*
Ar|che|go|ni|um ⟨[-çə-] n.; -s, -ni|en⟩ *weibl. Fortpflanzungsorgan bei Moosen u. Farnen* [< grch. *archegonos* »uranfänglich, zuerst entstanden«]
Ar|che|spor ⟨[-çə-] n.; -s; unz.⟩ *Zellschicht, aus der die Sporen der Moose u. Farne sowie die Pollen der Blütenpflanzen hervorgehen* [< grch. *archegonos* »uranfänglich, zuerst entstanden« + *spora* »Same«]
Ar|che|typ ⟨[-çə-] m.; -s, -en⟩ = *Archetypus*
ar|che|ty|pisch ⟨[-çə-] Adj.⟩ *dem Archetyp entsprechend, urbildlich, vorbildlich, mustergültig*
Ar|che|ty|pus ⟨[-çə-] m.; -, -ty|pen⟩ **1** *Urform, Urbild* **2** *älteste erreichbare Vorlage einer Handschrift od. eines Druckes* **3** *Muster, Vorbild* [< grch. *arche* »Anfang« + *Typ*]
Ar|chi|di|a|kon ⟨[-çi-] m.; -s, -e⟩ **1** ⟨kath. Kirche, 5.-16. Jh.⟩ *Vorsteher des ministrierenden Klerus u. Stellvertreter des Bischofs, Erzdiakon* **2** ⟨evang. Kirche⟩ *zweiter Geistlicher* [< grch. *archein* »anfangen, herrschen« + *Diakon*]
Ar|chi|di|a|ko|nat ⟨[-çi-] n.; -(e)s, -e⟩ **1** *Amt des Archidiakons* **2** *Amtsbereich des Archidiakons*
…ar|chie ⟨f.; -, -n; in Zus.⟩ *Herrschaft* [< grch. *arche*]
Ar|chi|go|nie ⟨[-çi-] f.; -; unz.⟩ = *Abiogenese* [< grch. *archein* »der erste sein, vorangehen« + *…gonie*]
Ar|chi|le|xem ⟨[-çi-] n.; -s, -e; Sprachw.⟩ *Wort, das die allgemeine Bedeutung eines Wortfeldes bezeichnet,* z.B. »Baum« zu »Eiche, Linde, Buche« usw. [< grch. *archein* »vorangehen« + *Lexem*]

Ar|chi|man|drit, ⟨auch⟩ **Ar|chi|mand|rit** ⟨[-çi-] m.; -en, -en; in der Ostkirche⟩ **1** *Vorsteher eines Klosters, Abt* **2** *Titel höherer Geistlicher* [< grch. *archein* »der Erste sein, vorangehen« + *mandra* »Kloster«]

ar|chi|me|disch ⟨[-çi-] Adj.⟩ **1** *von Archimedes entdeckt, erfunden* **1.1** ~es **Prinzip** *die Tatsache, dass der Auftrieb gleich dem Gewicht der von einem Körper verdrängten Flüssigkeitsmenge ist* **1.2** ~e **Schraube** *ein Schneckenrad für die Landbewässerung* [nach dem grch. Physiker u. Mathematiker *Archimedes* (um 287–212 v.Chr.)]

Ar|chi|pel ⟨[-çi-] m.; -s, -e⟩ **1** ⟨urspr.⟩ *Archipelagos, die Inseln zwischen Griechenland u. Kleinasien* **2** *Name auch anderer Inselgruppen;* Malaiischer ~ [< grch. *archein* »der Erste sein, herrschen« + *pelagos* »Meer«]

Ar|chi|tekt ⟨[-çi-] m.; -en, -en⟩ *Baufachmann, -künstler, der Bauwerke entwirft u. ihre Fertigstellung überwacht* [< lat. *architectus* < grch. *architekton,* eigtl. »oberster Zimmermann«; zu *archein* »anfangen, herrschen« + *tekton* »Zimmermann«]

Ar|chi|tek|tin ⟨[-çi-] f.; -, -tin|nen⟩ *weibl. Architekt*

Ar|chi|tek|to|nik ⟨[-çi-] f.; -, -en⟩ **1** *Wissenschaft von der Baukunst* **2** *Aufbau eines Bau- od. Kunstwerkes* [→ *Architekt*]

ar|chi|tek|to|nisch ⟨[-çi-] Adj.⟩ *die Architektonik od. Architektur betreffend, zu ihr gehörig, auf ihr beruhend, baulich, baukünstlerisch*

Ar|chi|tek|tur ⟨[-çi-] f.; -, -en⟩ **1** *Baukunst* **2** *Baustil* [→ *Architekt*]

Ar|chi|trav, ⟨auch⟩ **Ar|chit|rav** ⟨[-çitra:f] m.; -s, -e; antike Arch.⟩ *auf Säulen ruhender, den Oberbau tragender Querbalken;* Sy *Epistyl* [< frz., ital. *architrave,* eigtl. »Hauptbalken«, < grch. *archein* »anfangen, herrschen« + lat. *trabs* »Balken«]

Ar|chiv ⟨[-çi:f] n.; -s, -e [-və]⟩ **1** *Sammlung von Schriften, Dokumenten, Urkunden* **2** *Raum zum Aufbewahren einer solchen Sammlung* [< lat. *archivum* < grch. *archeion* »Obrigkeits-, Rathaus«]

Ar|chi|va|li|en ⟨[-çiva:-] Pl., Sing.: -li|um⟩ *Urkunden, Schriftstücke, Archivakten*

ar|chi|va|lisch ⟨[-çiva:-] Adj.⟩ *zu einem Archiv gehörend, urkundlich;* oV *archivarisch*

Ar|chi|var ⟨[-çiva:r] m.; -s, -e⟩ *Angestellter, Leiter eines Archivs*

ar|chi|va|risch ⟨[-çiva:-] Adj.⟩ = *archivalisch*

ar|chi|vie|ren ⟨[-çivi:-] V.⟩ **1** eine Urkunde, ein Dokument ~ *in ein Archiv aufnehmen* **2** ⟨EDV⟩ *speichern, kopieren (von Computerprogrammen, Dateien)*

ar|chi|visch ⟨[-çi:viʃ] Adj.⟩ *das Archiv betreffend, zu ihm gehörig*

Ar|chi|vis|tik ⟨[-çivis-] f.; -; unz.⟩ *Wissenschaft von der Einrichtung u. Führung von Archiven*

Ar|chi|vol|te ⟨[-çivɔl-] f.; -, -n⟩ **1** *meist bandartig profilierte Stirnseite eines Rundbogens* **2** *Bogen eines roman. od. got. Portals, oft mit Figuren besetzt* [< ital. *archivolto;* zu *architrave* (→ *Architrav*) + *volto* »gebogen« (< lat. *volutus,* Part. Perf. zu *volvere* »wälzen, drehen«)]

Ar|chon ⟨[-ço:n] m.; -s, -chon|ten⟩, **Ar|chont** ⟨[-çɔnt] m.; -en, -en; im antiken Athen⟩ *einer der 9 höchsten Beamten* [< grch. *archein* »herrschen«]

ar|den|te ⟨Mus.⟩ *feurig, lebhaft (zu spielen)* [ital.]

A|re ⟨f.; -, -n; schweiz.⟩ = *Ar*[2]

A|rea ⟨f.; -, A|re|en [-re:ən]⟩ *lateinamerikan. Flächenmaß, in Kolumbien 10m², in Argentinien 100m²* [span.]

a|re|al ⟨Adj.⟩ *Verbreitungsgebiete betreffend* [→ *Areal*]

A|re|al ⟨n.; -s, -e⟩ **1** *Fläche, Bezirk* **2** *Siedlungsgebiet* **3** *Verbreitungsgebiet;* von Tieren od. Pflanzen besiedeltes, bewachsenes ~ [< lat. *area* »freier, ebener Platz«]

A|re|al|kun|de ⟨f.; -; unz.⟩ *Lehre von der Verbreitung der Lebewesen in einem bestimmten Gebiet*

A|re|al|lin|gu|is|tik ⟨f.; -; unz.⟩ = *Sprachgeographie*

a|re|al|lin|gu|is|tisch ⟨Adj.⟩ *die Areallinguistik betreffend, zu ihr gehörig*

A|re|ka|nuss ⟨f.; -, -nüs|se⟩ = *Betelnuss* [nlat. *areca* < port. < drawid.]

A|re|ka|pal|me ⟨f.; -, -n⟩ = *Betelpalme*

a|re|li|gi|ös ⟨Adj.⟩ *nicht religiös*

A|re|na ⟨f.; -, -A|re|nen⟩ **1** *mit Sand bestreuter Kampfplatz im Amphitheater* **2** *Sportplatz mit Zuschauersitzen* **3** ⟨Zirkus⟩ = *Manege(2)* **4** ⟨österr.⟩ *Sommerbühne* [lat., »Sand«]

A|ren|ga|pal|me ⟨f.; -, -n⟩ *Zuckerpalme, Angehörige einer Gattung der Palmen in Indien u. Malaysia, die einen zuckerhaltigen Saft sowie Sago u. Fasern liefern: Arenga* [< jav. *arén*]

A|re|o|pag ⟨m.; -s, -e; im antiken Athen⟩ *höchster Gerichtshof* [< grch. *Areiopagos* < *Areios* »dem Ares (= Mars) geweiht« + *pagos* »Hügel«, auf dem die Sitzungen abgehalten wurden]

Ar|ga|li ⟨m. od. n.; - od. -s, -s; Zool.⟩ *großes Wildschaf im vorder- u. zentralasiat. Hochgebirge* [< mongol. *argol* »trockener Dung«]

Ar|gen|tan ⟨n.; -s; unz.⟩ *Neusilber* [< lat. *argentum* »Silber«]

Ar|gen|tit ⟨m.; -s; unz.⟩ *Silberglanz, dunkelgraues Mineral, chem. Silbersulfid,* Ag_2S [→ *Argentum*]

Ar|gen|to|me|trie, ⟨auch⟩ **Ar|gen|to|met|rie** ⟨f.; -; unz.⟩ *Verfahren der chem. Maßanalyse, das die Schwerlöslichkeit vieler Silbersalze zum Nachweis von Metallen ausnützt* [< lat. *argentum* »Silber« + …*metrie*]

Ar|gen|tum ⟨n.; -s; unz.; chem. Zeichen: Ag⟩ *Silber* [lat.]

Ar|gon ⟨n.; -s; unz.; chem. Zeichen: Ar⟩ *chem. Grundstoff, ein Edelgas, Ordnungszahl 18, in Leuchtröhren u. Glühlampen verwendet* [zu grch. *argos* »untätig«]

Ar|go|naut ⟨m.; -en, -en; grch. Sage⟩ *Angehöriger der Besatzung des Schiffes »Argo«*

Ar|got ⟨[-go:] n.; -s, -s⟩ **1** ⟨urspr.⟩ *die französ.*

Gaunersprache **2** *Sondersprache einer bestimmten sozialen Gruppe od. Schicht, z.B. Schülersprache* [frz., »Rotwelsch«]

Ar|go|tis|mus ⟨m.; -, -men⟩ *Wort od. Redewendung der Umgangssprache* [→ *Argot*]

Ar|gu|ment ⟨n.; -(e)s, -e⟩ **1** *stichhaltige Entgegnung, Beweis, Beweisgrund* **2** ⟨Math.⟩ *unabhängige Veränderliche einer Funktion* [<lat. *argumentum* »Gehalt, Beweis«]

Ar|gu|men|ta|ti|on ⟨f.; -, -en⟩ *Beweisführung, Begründung*

ar|gu|men|ta|tiv ⟨Adj.⟩ *Argumente betreffend, auf Argumenten beruhend*

ar|gu|men|ta|to|risch ⟨Adj.⟩ *in der Art eines Arguments, begründend, beweisend*

ar|gu|men|tie|ren ⟨V.⟩ *Argumente vorbringen, durch Schlüsse beweisen;* mit jmdm. über etwas ~ [→ *Argument*]

Ar|gus|au|ge ⟨n.; -s, -n⟩ etwas mit ~n beobachten *mit scharfem, wachsamem Blick darüber wachen* [nach dem vieläugigen Riesen *Argus* aus der grch. Sage]

A|rhyth|mie ⟨f.; -, -n⟩ = *Arrhythmie*

A|ri|ad|ne|fa|den ⟨m.; -s; unz.⟩ *rettendes Mittel, Hilfe aus der Wirrnis, Leitfaden* [nach der grch. Sage von *Ariadne*]

a|rid ⟨Adj.⟩ ~er Boden, ~es Klima *trocken, dürr* [<lat. *aridus* »trocken«]

A|ri|di|tät ⟨f.; -; unz.⟩ *Trockenheit, Dürre*

A|rie ⟨[-riə] f.; -, -n⟩ *kunstvolles Sologesangsstück mit Instrumentalbegleitung* [<ital. *aria* »Wind, Melodie«, <lat. *aer* »Luft«]

A|ri|er ⟨m.; -s, -; Bez. für⟩ **1** *Inder u. Iraner* **2** ⟨fälschlich für⟩ *nicht semitische Angehörige der weißen Rasse* [<grch. *Arioi;* zu idg. **ario-* »Herr, Gebieter«, indoiran. *arya-* »rechtmäßig, edel«; wurde zum Namen der idg. Einwohner auf pers. u. ind. Boden, im Unterschied zur farbigen Bevölkerung. Danach der Ländername Iran. Verwandt wohl auch mit grch. *aristos* »der Beste«]

A|ri|et|ta, A|ri|et|te ⟨f.; -, -n⟩ *kleine Arie* [ital.]

a|ri|os ⟨Adj.⟩ *sanglich, melodiös, arienartig;* oV *arioso* [→ *Arie*]

a|ri|o|so ⟨Mus.⟩ = *arios*

A|ri|o|so ⟨n.; -s, -s od. -si⟩ **1** *melodiöser, selbständig gewordener Teil des Rezitativs* **2** *kleines arien-, liedartiges Sologesangs- od. auch Instrumentalstück* [→ *Arie*]

a|risch ⟨Adj.⟩ *die Arier betreffend, zu ihnen gehörig, von ihnen stammend;* ~e Sprachen *der indoiran. Zweig der indogermanischen Sprachfamilie*

a|ri|sie|ren ⟨V.; nationalsozialist. Sprachgebrauch⟩ jüdisches Eigentum ~ *durch Enteignung deutschen Eigentümern zuführen*

A|ris|tie ⟨f.; -, -n⟩ *literar. Preisung einer Heldentat (bes. in der Ilias)* [<grch. *aristeia;* zu *aristos* »der Beste«]

A|ris|to|krat ⟨m.; -en, -en⟩ **1** *Adliger* **2** ⟨fig.⟩ *Mann von vornehmer Gesinnung*

A|ris|to|kra|tie ⟨f.; -, -n⟩ **1** *Adel* **2** *Adelsherrschaft* **3** *Oberschicht;* Geld~, Geistes~ [zu grch. *aristos* »der Beste« + ...*kratie*]

A|ris|to|kra|tin ⟨f.; -, -tin|nen⟩ **1** *Adlige* **2** ⟨fig.⟩ *Frau von vornehmer Gesinnung*

a|ris|to|kra|tisch ⟨Adj.⟩ **1** *die Aristokratie betreffend, zu ihr gehörig, von ihr stammend, ihr gemäß, adelig* **2** *vornehm*

A|ris|to|lo|chia ⟨f.; -, -chi|en⟩ *Gattung der Osterluzeigewächse, angeblich die Geburt fördernd* [<grch. *aristos* »der Beste« + *locheia* »Geburt«]

a|ris|to|pha|nisch ⟨Adj.⟩ **1** *Aristophanes u. seine Komödien betreffend* **2** *ironisch, zeitkritisch* [nach dem grch. Komödiendichter *Aristophanes* (ca. 445-385 v. Chr.)]

A|ris|to|te|li|ker ⟨m.; -s, -; Philos.⟩ *Anhänger der aristotelischen Lehre*

a|ris|to|te|lisch ⟨Adj.; Philos.⟩ *Aristoteles u. seine Lehre betreffend* [nach dem grch. Philosophen *Aristoteles*]

A|rith|me|tik ⟨f.; -; unz.⟩ *Lehre vom Rechnen mit Zahlen u. Buchstaben* [<grch. *arithmos* »Zahl«]

A|rith|me|ti|ker ⟨m.; -s, -⟩ *Wissenschaftler der Arithmetik*

a|rith|me|tisch ⟨Adj.⟩ *die Arithmetik betreffend, zu ihr gehörig;* ~es Mittel *die Summe mehrerer Zahlen geteilt durch ihre Anzahl*

A|rith|mo|griph ⟨m.; -en, -en⟩ *Zahlenrätsel* [<grch. *arithmos* »Zahl« + *griphos* »Netz, Rätsel«]

Ar|ka|de ⟨f.; -, -n⟩ *auf Säulen od. Pfeilern ruhender Bogen; Bogenreihe, Bogengang* [<frz. *arcade* »Schwibbogen«, <lat. *arcus* »Bogen«]

Ar|ka|di|en ⟨n.; -s; unz.⟩ **1** *Landschaft in Griechenland* **2** ⟨sinnbildl. für⟩ *Ort eines glücklichen, beschaulichen Lebens (auf dem Lande)*

ar|ka|disch ⟨Adj.⟩ **1** *Arkadien betreffend, zu ihm gehörig* **2** *ländlich, idyllisch, nach Art der Hirten;* ~e Dichtung *D. der Arkadier, Hirten-, Schäferdichtung*

Ar|kan|sit ⟨m.; - od. -s; unz.⟩ *Mineral mit metallartigem Glanz, chem. Titandioxid, chem. Formel TiO_2* [nach dem Staat *Arkansas* in den USA]

Ar|ka|num ⟨n.; -s, -na⟩ **1** *Geheimlehre in religiösen Gemeinschaften* **2** ⟨Pharm.⟩ *Geheimmittel* [zu lat. *arcanus* »geheim«]

Ar|ke|bu|se ⟨f.; -, -n⟩ **1** ⟨urspr.⟩ *eine Armbrust* **2** ⟨15. Jh.⟩ *Handfeuerwaffe, beim Schießen in einen Haken zu hängen, Hakenbüchse* [<frz. *arquebuse* »Büchse« <ital. *archibuso* <ndrl. *haakbus* »Hakenbüchse«; beeinflusst von lat. *arcus* »Bogen«]

Ar|ke|bu|sier ⟨m.; -s, -e⟩ *Soldat mit Arkebuse*

Ar|ko|se ⟨f.; -; unz.⟩ *Feldspat u. Glimmer enthaltendes Sedimentgestein*

Ark|ti|ker ⟨m.; -s, -⟩ *Bewohner der Arktis*

Ark|tis ⟨f.; -; unz.⟩ *Nordpolargebiet* [zu grch. *arktos* »Bär«]

ark|tisch ⟨Adj.⟩ *die Arktis betreffend, zu ihr gehörig, aus ihr stammend*

Ar|kus ⟨m.; -, -; Zeichen: arc; Math.⟩ ~ eines Winkels *Bogen, Bogenmaß* [<lat. *arcus* »Bogen«]

Ar|lec|chi|no ⟨[arlɛkiːno] m.; -s, -s od. -ni⟩

Harlekin der italien. Commedia dell'arte, Geliebter der Kolombine [ital.]

Ar|ma|da ⟨f.; -, -s od. -ma|den⟩ **1** *Kriegsflotte, bes. die Flotte Philipps II. von Spanien* **2** ⟨umg.⟩ *Pulk, Anhäufung* [span. <mlat. *armata* »Flotte, Heer«]

Ar|ma|gnac, ⟨auch⟩ **Ar|mag|nac** ⟨[-njak] m.; -s, -s⟩ *ein französischer Weinbrand* [nach der gleichnamigen frz. Landschaft]

Ar|ma|tur ⟨f.; -, -en⟩ **1** *Zubehör von Maschinen u. technischen Anlagen* **2** *Bedienungsteil von Maschinen u. Apparaten* [<lat. *armatura* »Bewaffnung«; zu *armare* »bewaffnen, ausrüsten«]

Ar|ma|tu|ren|brett ⟨n.; -(e)s, -er⟩ *Schaltbrett, Tafel mit Schalt- u. Messgeräten*

Arm|co-Ei|sen ⟨n.; -s; unz.; Wz⟩ *korrosionsbeständige Eisensorte mit einem Gehalt von über 99,85 % Eisen* [nach der *Armco Steel,* Middeltown, USA, von der es in den Handel gebracht wurde]

Ar|mee ⟨f.; -, -n⟩ **1** *Gesamtheit der (Land-, Luft-, u. See-)Streitkräfte* **1.1** *Heer* **1.2** *Truppenverband aus mehreren Divisionen* **2** ⟨fig.⟩ *große Menge von Menschen;* eine ~ von Reportern [<frz. *armée* »Heer«; zu frz. *armer* »bewaffnen«]

Ar|mee|korps ⟨[-ko:r] n.; - [-ko:rs], - [-ko:rs]⟩ *größter taktischer Truppenverband*

ar|mie|ren ⟨V.⟩ **1 Mannschaften, Befestigungen** ~ *ausrüsten, bewaffnen* **2 Beton, Kabel** ~ *mit Stahleinlagen ausrüsten* [<lat. *armare* »bewaffnen«]

Ar|mie|rung ⟨f.; -, -en⟩ **1** *das Armieren* **2** *Stahleinlage*

Ar|mie|rungs|trup|pe ⟨f.; -, -n⟩ *meist unbewaffnete Truppe für Befestigungsarbeiten*

Ar|mil|lar|sphä|re ⟨f.; -, -n; Astron.⟩ *altes, aus mehreren Ringen bestehendes, astronom. Instrument zum Messen der Sternkoordinaten* [<lat. *armille* »Armreif« + *Sphäre*]

Ar|mi|ni|a|ner ⟨m.; -s, -⟩ *Angehöriger einer niederländischen Glaubensgemeinschaft liberal-evangelischer Gesinnung* [nach dem ndrl. Theologen Jakob *Arminius,* 1560–1609]

ar|mi|ni|a|nisch ⟨Adj.⟩ *dem Arminianismus entsprechend, zu ihm gehörig*

Ar|mo|ri|al ⟨n.; -s, -e⟩ *Wappenbuch* [frz., »heraldisch«, zu *armoiries* »Wappen«; zu *arme* »Waffe«]

Ar|ni|ka ⟨f.; -, -s⟩ *Gattung gelb blühender Korbblütler (Wohlverleih), Heilpflanze mit anregender Wirkung: Arnica (montana)* [<nlat. *arnica,* eigtl. »Schafkraut« <grch. *arnos* »Lamm«]

A|ro|ma ⟨n.; -s, -A|ro|men od. -s⟩ **1** *würziger Wohlgeruch od. Wohlgeschmack* **2** *künstl. hergestellter Geschmackstoff für Speisen* [grch., »Würze«]

A|ro|ma|ten ⟨Pl.; Chem.⟩ = *aromatische Kohlenwasserstoffe* [→ *Aroma*]

A|ro|ma|the|ra|pie ⟨f.; -; unz.; Naturheilkunde⟩ *die therapeutische Anwendung von unverfälschten ätherischen Ölen, Dufttherapie*

a|ro|ma|tisch ⟨Adj.⟩ **1** *voller Aroma, wohlriechend, wohlschmeckend, würzig* **1.1** ~e Wässer *Auszüge von Blüten u. Kräutern mit Duftstoffen* **2** ⟨Chem.⟩ ~e Kohlenwasserstoffe, ~e Verbindungen *ringförmige Kohlenwasserstoffe mit bestimmter Anordnung der Bindungen innerhalb des Ringes;* Sy *Aromaten;* Ggs *aliphatische Verbindungen*

a|ro|ma|ti|sie|ren ⟨V.⟩ *mit Aroma versehen*

A|ron|ge|wächs ⟨n.; -es, -e⟩ *Angehöriger einer Familie der Kolbenblütler: Aracea* [zu lat. *arum* <grch. *aron,* nach einer ägypt. Bezeichnung, nicht nach dem Hohen Priester *Aaron,* dessen Stab grünt u. blüht (4. Mose 17,23)]

A|ron|stab ⟨m.; -(e)s; unz.⟩, **A|ron|wur|zel** ⟨f.; -; unz.⟩ *Arongewächs mit tütenförmigem, grünem Hochblatt, violettem Blütenkolben u. Beerenfrüchten: Arum maculatum*

Ar|pa|net ⟨n.; -s; unz.; EDV⟩ *in den 60er Jahren in den USA eingerichtetes Computernetzwerk;* → a. *Internet* [verkürzt <engl. *A*dvanced *R*esearch *P*rojects *A*gency + *net*work »Netzwerk«]

Ar|peg|gia|tur ⟨[-pɛdʒa-] f.; -, -en; Mus.⟩ *Reihe von Arpeggien* [→ *arpeggio*]

ar|peg|gie|ren ⟨[-dʒi:-] V.⟩ einen Akkord ~ *arpeggio spielen*

ar|peg|gio ⟨[-pɛdʒo:] Mus.⟩ die Töne eines Akkords ~ spielen *einzeln nacheinander, harfenartig* [<ital. *arpeggiare* »auf der Harfe spielen«; zu *arpa* »Harfe«]

Ar|peg|gio ⟨[-pɛdʒo:] n.; -s, -s od. -peg|gi|en⟩ *Akkord, dessen Töne arpeggio gespielt werden*

Ar|peg|gio|ne ⟨[-dʒo:nə] f.; -, -n⟩ *altes sechssaitiges Streichinstrument* [→ *arpeggio*]

Ar|rak ⟨m.; -s, -s od. -e⟩ *Branntwein aus Reis, Zuckerrohr u. Palmwein* [<arab. *araq* »Saft«]

Ar|ran|ge|ment ⟨[arãʒ(ə)mã:] n.; -s, -s⟩ **1** *Anordnung, Vorbereitung* **2** *Vergleich; Übereinkommen, Abmachung* **3** *Bearbeitung eines Musikstücks für andere Instrumente* [frz., »Anordnung, Einrichtung«]

Ar|ran|geur ⟨[arãʒø:r] m.; -s, -e⟩ *jmd., der ein Musikstück arrangiert*

ar|ran|gie|ren ⟨[arãʒi:-] a. [araŋʒi:-] V.⟩ **1 etwas** ~ *anordnen, vorbereiten* **2 sich** ~ *sich vergleichen, übereinkommen, abmachen* **3 Musikstücke** ~ *für andere Instrumente bearbeiten* [<frz. *arranger* »(an)ordnen, einrichten«]

Ar|ray ⟨[ərɛi] m. od. n.; -s, -s⟩ **1** *Anordnung, Anreihung gleichartiger Dinge* **2** ⟨EDV⟩ *Liste von Datenwerten gleichen Typs* **3** ⟨El.⟩ *reihenartige Anordnung gleichartiger elektronischer Bauelemente* [engl., »Aufstellung, Ansammlung; (Daten-)Feld«]

Ar|ray|pro|zes|sor ⟨m.; -s, -en⟩, **Ar|ray|rech|ner** ⟨[ərɛi-] m.; -s; EDV⟩ *Rechner mit mehreren Rechenwerken, die miteinander verbunden sind u. parallel arbeiten*

Ar|raz|zo ⟨m.; -s, -zi⟩ = *Arazzo*

Ar|rest ⟨m.; -(e)s, -e; Rechtsw.⟩ **1** ~ **für Personen** *Haft, Freiheitsentzug, leichte Freiheitsstrafe;* jmd. bekommt drei Tage leichten, schweren, verschärften ~ **1.1 persönlicher** ~

Verhaftung eines Schuldners **2** ~ von **Sachen** *vorläufige Beschlagnahme;* ein Schiff, Waren mit ~ belegen **2.1 dinglicher** ~ *vorläufige Pfändung, Eintragung einer Zwangshypothek zur Sicherung von Forderungen eines Gläubigers*[<mlat. *arrestum* »Verhaftung« <lat. *ad* »zu« + *restare* »bleiben«]

Ar|res|tant ⟨m.; -en, -en; Rechtsw.; †⟩ *jmd., der in Arrest(1–1.2) gehalten wird, Häftling, Gefangener*

Ar|res|tat ⟨m.; -en, -en; †⟩ *jmd., der festzunehmen ist* [→ *Arrest*]

Ar|res|ta|ti|on ⟨f.; -, -en; †⟩ *Festnahme* [→ *Arrest*]

ar|re|tie|ren ⟨V.⟩ **1** ⟨†⟩ *mit Arrest belegen, in Arrest nehmen, festnehmen, verhaften, einsperren* **2** ⟨Techn.⟩ bewegliche Teile eines Gerätes ~ *sperren, blockieren* [<frz. *arrêter* »an-, aufhalten, verhaften«]

Ar|re|tie|rung ⟨f.; -, -en⟩ **1** *das Arretieren* **2** *Hemmung in der Uhr*

Ar|rhe|no|ge|nie ⟨f.; -, -n⟩ *Erzeugung ausschließlich männlicher Nachkommen;* Ggs *Thelygenie* [<grch. *arrhen* »männlich + ...*genie*]

ar|rhe|no|id ⟨Adj.⟩ *männl. Merkmale aufweisend* [<grch. *arrhen* »männlich« + ...*oid*]

Ar|rhe|no|i|die ⟨f.; -, -n⟩ *Vermännlichung weiblicher Individuen* [→ *arrhenoid*]

Ar|rhe|no|to|kie ⟨f.; -, -n⟩ *Entstehung männlicher Tiere aus unbefruchteten Eiern;* Ggs *Thelytokie* [<grch. *arrhen* »männlich« + *tokos* »Geburt«]

ar|rhe|no|to|kisch ⟨Adj.⟩ *nur männliche Nachkommen besitzend* [<grch. *arrhen* »männlich« + *tokos* »Geburt«]

Ar|rhyth|mie ⟨f.; -, -n⟩ oV *Arhythmie* **1** *Störung im Rhythmus, Mangel an Ebenmaß* **2** ⟨Med.⟩ *Unregelmäßigkeit des Herzschlages* [< *A*...[1] + grch. *rythmos;* → *Rhythmus*]

ar|rhyth|misch ⟨Adj.⟩ *ohne Rhythmus, unrhythmisch*

Ar|ri|ère|gar|de ⟨[ariɛːrgaː(r)d(ə)] f.; -, -n⟩ **1** *Gruppe von Personen, die (verspätet) jeden modischen Trend imitiert* **2** *Nachhut* [frz. *arrièregarde* »Nachhut«]

Ar|ri|val ⟨[əraivəl] n.; -s, -s; auf Flughäfen⟩ *Ankunftshalle* [engl., »Ankunft«]

ar|ri|ve|der|ci ⟨[-vedɛːrtʃi]⟩ *auf Wiedersehen* [ital.]

ar|ri|vie|ren ⟨[-viː-] V.⟩ *Erfolg haben, beruflich vorwärtskommen, anerkannt werden;* arrivierter Komponist, Schriftsteller [<frz. *arriver* »ankommen«]

Ar|ri|vier|te(r) ⟨[-viːr-] f. 2 (m. 1)⟩ *jmd., der beruflich u. gesellschaftlich anerkannt u. erfolgreich ist*

Ar|ri|vist ⟨[-vist] m.; -en, -en; abwertend⟩ *jmd., der beruflich erfolgreich ist* [→ *arrivieren*]

ar|ro|gant ⟨Adj.⟩ *anmaßend, dünkelhaft, eingebildet, hochnäsig* [frz., »anmaßend«, <lat. *ad* »zu« + *rogare* »verlangen, fragen«]

Ar|ro|ganz ⟨f.; -; unz.⟩ *Anmaßung, Dünkel* [→ *arrogant*]

ar|ron|die|ren ⟨[-rɔ̃-] V.⟩ Grundbesitz ~ *abrunden, zusammenlegen* [<frz. *arrondir* »abrunden«; zu *rond* »rund«]

Ar|ron|die|rung ⟨[-rɔ̃-] f.; -, -en⟩ *Abrundung, Zusammenlegung (mehrerer nicht aneinander grenzender Grundstücke)*

Ar|ron|dis|se|ment ⟨[-rɔ̃dis(ə)mãː] n.; -s, -s⟩ *Unterabteilung eines frz. Departements, kleinerer Verwaltungsbezirk* [frz., »Abrundung, Zusammenlegung«; zu frz. *arrondir* »abrunden«]

Ar|ro|sie|rung ⟨f.; -, -en⟩ *Erhöhung der Verzinsung u. Aufschub der Rückzahlung (von Staatsanleihen)* [zu frz. *arroser* »begießen; bestechen«, <lat. *arrosare, arrorare*]

Ar|ro|si|on ⟨f.; -, -en; Med.⟩ *allmähl. fortschreitende Zerstörung (von Hohlorgan- u. Blutgefäßwänden)* [zu lat. *arrodere* »benagen«]

Ar|row|root ⟨[æ̨rouruːt] n.; -; unz.⟩ *aus Knollen u. Wurzeln der Pfeilwurzel gewonnenes, als Nahrungsmittel verwendetes Stärkemehl* [<engl. *arrowroot* »Pfeilwurzel«]

Ars A|man|di ⟨f.; - -; unz.⟩ *Liebeskunst* [lat.]

Ars an|ti|qua ⟨f.; - -; unz.⟩ *die mehrstimmige Musik des 13. Jh. in Nordfrankreich;* Ggs *Ars nova* [lat., »alte Kunst«]

Ar|schin ⟨m.; -s, - od. -en⟩ *früheres russ. Längenmaß (71 cm)* [<russ. *aršin* <türk.-tatar.]

Ar|sen ⟨n.; -s; unz.; chem. Zeichen: As⟩ *ein chem. Grundstoff, Ordnungszahl 33, gefährliches Gift* [<grch. *arsenikos* »männlich«]

Ar|se|nal ⟨n.; -s, -e⟩ **1** *Geräte-, Waffenlager* **2** *Ansammlung, Anhäufung* [frz. <ital. *arsenale* <arab. *dar(es)-sina's* »Haus der Handwerksarbeit, Schiffswerft«]

ar|se|nig ⟨Adj.⟩ *arsenikhaltig;* ~e Säure = *Arsensauerstoffsäure*

Ar|se|nik ⟨n.; -(e)s; unz.⟩ *Verbindung des Arsens mit Sauerstoff, chem. Formel As_2O_3, sehr giftig* [→ *Arsen*]

Ar|se|nit ⟨n.; -(e)s; unz.; Chem.⟩ *Salz der Arsensauerstoffsäure, Verwitterungsprodukt des Arsenkieses, chem. Formel $HAsO_3$, als »Giftmehl« zur Schädlingsbekämpfung verwendet* [→ *Arsen*]

Ar|sen|kies ⟨m.; -es; unz.⟩ *Mineral, chem. Eisen-Arsen-Sulfid, Formel FeSAs*

Ar|sen|o|xid ⟨n.; -s, -e⟩ *Verbindung des Arsens mit Sauerstoff, chem. Formel As_2O_3 od. As_4O_6*

Ar|sen|sau|er|stoff|säu|re, Ar|sen|säu|re ⟨f.; -, -n⟩ *chem. Verbindung von Arsenoxid mit Wasser, chem. Formel H_3AsO_3 od. H_3AsO_4;* Sy *arsenige Säure*

Ar|sis ⟨f.; -, -Ar|sen⟩ **1** ⟨urspr.⟩ *das Aufheben des Fußes beim Taktschlagen* **2** ⟨antike Metrik⟩ *unbetonter Teil des Versfußes;* Ggs *Thesis(1)* **3** ⟨Mus.⟩ *unbetonter, von einer Aufwärtsbewegung der Arme begleiteter Taktteil* [<grch. *airein* »heben«]

Ars no|va ⟨[-va] f.; - -; unz.; Mus.⟩ *die von Florenz u. Frankreich ausgehende kontrapunktisch-mehrstimmige Musik des 14./15. Jh.;* Ggs *Ars antiqua* [lat., »neue Kunst«]

Art brut ⟨[aːr bryː] f.; - -; unz.⟩ *Stilrichtung der bildenden Kunst, die das Unbewusste, Spontane zum Qualitätsmerkmal stilisiert* [verkürzt <frz. *art brutale* »brutale, rohe Kunst«]
Art dé|co ⟨[aːr deːko] f.; - -; unz.⟩ *dem Jugendstil u. dem Futurismus folgende Stilrichtung in der Kunst u. bes. im Kunstgewerbe von etwa 1920 bis 1940* [verkürzt <frz. *art décorative* »dekorative Kunst«]
Art|di|rec|tor ⟨[aː(r)tdirɛktə(r)] m.; -s, -s; Abk.: AD⟩ *künstlerischer Leiter einer Werbeabteilung* [<engl. *art* »Kunst« + *director* »Direktor«]
Ar|te|fakt ⟨n.; -(e)s, -e⟩ **1** *Erzeugnis menschlichen Könnens, Kunsterzeugnis* **2** *vorgeschichtl. Werkzeug* **3** ⟨Med.⟩ *künstl. hervorgerufener Körperschaden* [<lat. *arte factum* »mit Kunst gemacht«]
ar|te|fi|zi|ell ⟨Adj.⟩ = *artifiziell*
Ar|tel ⟨[-tjəl] n.; -s, -e; UdSSR⟩ *einfache Form der Kollektivwirtschaft, Produktionsgenossenschaft* [russ.]
Ar|te|rie ⟨[-riə] f.; -, -n⟩ *vom Herzen wegführendes Blutgefäß, Schlagader;* Ggs *Vene* [<grch. *arteria*]
ar|te|ri|ell ⟨Adj.⟩ *die Arterie betreffend, aus ihr stammend;* ~es Blut *Sauerstoff enthaltendes Blut*
Ar|te|ri|en|ver|kal|kung ⟨f.; -, -en; Med.⟩ *Verhärten u. Verengen der Arterien durch Kalkablagerung;* Sy *Arteriosklerose*
Ar|te|ri|i|tis ⟨f.; -, -ti|den⟩ *Entzündung von Arterien* [→ *Arterie*]
Ar|te|ri|o|gra|fie ⟨f.; -, -n⟩ = *Arteriographie*
Ar|te|ri|o|gra|phie ⟨f.; -, -n⟩ *röntgenolog. Darstellung von Arterien mit Hilfe eines Kontrastmittels;* oV *Arteriografie* [< *Arterie* + ...*graphie*]
Ar|te|ri|o|le ⟨f.; -, -n⟩ *kleinste Arterie*
Ar|te|ri|o|lo|skle|ro|se ⟨f.; -, -n⟩ *Arteriolenverkalkung* [< *Arterie* + *Sklerose*]
Ar|te|ri|o|skle|ro|se ⟨f.; -, -n⟩ = *Arterienverkalkung* [< *Arterie* + *Sklerose*]
ar|te|ri|o|skle|ro|tisch ⟨Adj.⟩ *auf Arteriosklerose beruhend*
ar|te|sisch ⟨Adj.⟩ ~er Brunnen *durch Druck zutage tretendes Grundwasser, natürl. Springbrunnen od. Bohrbrunnen, dessen Wasser durch Überdruck steigt* [nach der Grafschaft *Artois* in Frankreich]
Ar|tes li|be|ra|les ⟨Pl.⟩ *die sieben freien Künste, d.h. die im MA eines freien Mannes würdigen Künste: Grammatik, Dialektik, Rhetorik, Arithmetik, Geometrie, Astronomie, Musik* [lat., »freie Künste«]

■ Die Buchstabenfolge **ar|thr...** kann auch **arth|r...** getrennt werden.

■ **Ar|thral|gie** ⟨f.; -, -n⟩ *Gelenkschmerz* [<grch. *arthron* »Gelenk, Glied« + ...*algie*]
■ **Ar|thri|ti|ker** ⟨m.; -s, -⟩ *jmd., der an Arthritis leidet*
■ **Ar|thri|tis** ⟨f.; -, -ti|den⟩ *Gelenkentzündung* [<grch. *arthron* »Glied, Gelenk«]
■ **ar|thri|tisch** ⟨Adj.⟩ *in der Art einer Arthritis, mit Arthritis einhergehend*
■ **Ar|thro|pa|thie** ⟨f.; -, -n⟩ *Gelenkerkrankung* [<grch. *arthron* »Glied, Gelenk« + ...*pathie*]
■ **Ar|thro|po|de** ⟨m.; -n, -n⟩ *Gliederfüßer, Angehöriger eines Tierstammes mit einem Körper aus einer größeren Zahl gleichartiger, z.T. mit Füßen versehener Elemente: Arthropoda* [<grch. *arthron* »Glied, Gelenk« + ...*pode*]
■ **Ar|thro|se** ⟨f.; -, -n⟩ *degenerative Gelenkerkrankung* [<grch. *arthron* »Glied, Gelenk«]
■ **ar|thro|tisch** ⟨Adj.⟩ *auf Arthrose beruhend*
ar|ti|fi|zi|ell ⟨Adj.⟩ *künstlich, gekünstelt;* oV *artefiziell* [<frz. *artificiel* »künstlich« <lat. *artificium* »Kunstwerk«]
Ar|ti|kel ⟨a. [-ti-] m.; -s, -⟩ **1** *das grammat. Geschlecht bezeichnende Wortart, Geschlechtswort* **2** *kleiner Aufsatz;* einen ~ schreiben; Zeitungs~ **3** *Abschnitt, z.B. eines Gesetzes, Vertrages* **4** *Glaubenssatz;* Glaubens~ **5** *Warengattung* [<lat. *articulus* »Gelenk«, Verkleinerungsform zu *artus* »Gelenk, Glied«]
ar|ti|ku|lar ⟨Adj.; Anat.⟩ *zum Gelenk gehörig* [<lat. *artus* »Glied, Gelenk«]
Ar|ti|ku|la|te ⟨m.; -n, -n⟩ *Gliedertier*
Ar|ti|ku|la|ti|on ⟨f.; -, -en⟩ **1** ⟨Anat.⟩ *Gliederung, Gelenkverbindung* **1.1** ⟨Zahnmed.⟩ *Art der Bewegung der unteren Zahnreihe gegen die obere* **2** ⟨Phon.⟩ **2.1** *Lautbildung* **2.2** *(deutl. u. gegliederte) Aussprache* **3** ⟨Mus.⟩ *beim Gesang Wiedergabe der Vokale u. Konsonanten, beim Instrumentalspiel Gliederung, Verbindung, Betonung der Töne (legato, staccato usw.)* [→ *artikulieren*]
ar|ti|ku|la|to|risch ⟨Adj.⟩ *die Artikulation betreffend, auf ihr beruhend*
ar|ti|ku|lie|ren ⟨V.⟩ **1 Laute** ~ *(deutlich) aussprechen* **2** beim Singen **Töne** ~ *(sinnvoll) gliedern, verbinden, betonen* **3 Gedanken** ~ *mit Worten wiedergeben;* **sich** ~ *sich ausdrücken* [<lat. *articulare* »gliedern, deutlich aussprechen« <lat. *articulus;* → *Artikel*]
ar|ti|ku|liert ⟨Adj.⟩ *gegliedert, deutlich;* Ggs *inartikuliert*
Ar|ti|ku|lie|rung ⟨f.; -, -en⟩ *das Artikulieren;* → a. *Artikulation(2,3)*
Ar|til|le|rie ⟨f.; -, -n; Mil.⟩ **1** *Geschützausrüstung* **2** *mit Geschützen ausgerüstete Truppe;* leichte, schwere, reitende ~ [frz., eigtl. »Bestückung eines Festungswerks«; zu prov. *artilla* »Festungswerk« <mlat. *articula;* zu lat. *ars* »Kunst«]
Ar|til|le|rist ⟨m.; -en, -en⟩ *der Artillerie angehörender Soldat*
ar|til|le|ris|tisch ⟨Adj.⟩ *die Artillerie betreffend, zu ihr gehörig*
Ar|ti|scho|cke ⟨f.; -, -n⟩ *in wärmeren Ländern angebaute, zu den Korbblütlern gehörende Gemüsepflanze: Cynara scolymus* [<ital. *articiocco* <frz. *artichaut* <span. *alcarchofa* <arab. *alcharsof*]
Ar|tist ⟨m.; -en, -en⟩ *Varieté- od. Zirkuskünst-*

ler [<frz. *artiste* »Künstler« <lat. *ars* »Kunst«]

Ar|tis|ten|fa|kul|tät ⟨f.; -, -en⟩ *mittelalterl. Fakultät der Universität (Vorläuferin der philosoph. Fakultät)*

Ar|tis|tik ⟨f.; -; unz.⟩ **1** *Kunst der Artisten* **2** ⟨fig.⟩ *große Geschicklichkeit*

Ar|tis|tin ⟨f.; -, -tin|nen⟩ *Varieté- od. Zirkuskünstlerin*

ar|tis|tisch ⟨Adj.⟩ **1** *die Artistik betreffend, zu ihr gehörend* **2** *künstlerisch*

Art nou|veau ⟨[a:r nuvo:] f.; - -; unz.; in England u. Frankreich Bez. für⟩ *Jugendstil* [frz., »neue Kunst«]

Ar|to|thek ⟨f.; -, -en⟩ *Sammlung von Werken der bildenden Kunst, die ausgeliehen werden* [<lat. *ars,* Gen. *artis* »Kunst« + *...thek*]

A|ryl|grup|pe ⟨f.; -, -n⟩ *einwertiger Rest eines aromat. Kohlenwasserstoffs*

a/s ⟨Abk. für⟩ *account of sales (Verkaufsrechnung)* [engl.]

as..., As... ⟨Vors.⟩ = *ad..., Ad...*

As[1] ⟨Zeichen für⟩ **1** *Amperesekunde* **2** ⟨chem. Zeichen für⟩ *Arsen*

As[2] ⟨m.; As|ses, As|se⟩ *altröm. Gewichts- u. Münzeinheit (12 Unzen)* [→ *Ass*]

ASA ⟨Abk. für engl.⟩ *American Standards Association, Maß für die Lichtempfindlichkeit von Filmen*

asb ⟨Abk. für⟩ *Apostilb*

As|best ⟨m.; -es, -e⟩ *faseriges, grausilbernes Mineral, Verwitterungsprodukt von Hornblende od. Serpentinstein, wärmedämmend, jedoch gesundheitsgefährdend* [<grch. *asbestos* »unauslöschlich«; zu grch. *a...* »nicht« + *sbennyein* »löschen«]

As|bes|to|se ⟨f.; -, -n⟩ *durch Asbeststaub verursachte Krankheit der Lunge* [→ *Asbest*]

A|schan|ti|nuss ⟨f.; -, -nüs|se; österr.⟩ *Erdnuss* [nach dem westafrikan. Volk der *As(c)hanti*]

Asch|ke|na|sim ⟨Pl.⟩ *die mittel- u. osteuropäischen Juden;* → *a. Sephardim* [zu hebr. *Aschkenas* »Deutscher«; urspr. Bez. für ein Volk in Kleinasien, nach *Aschkenas,* dem Urenkel Noahs]

Asch|ram ⟨m. od. n.; -s, -s⟩ = *Ashram*

ASCII, ASCII-Code ⟨[aski(ko:d)] m.; -s; unz.; Abk. für engl.⟩ *American Standard Code for Information Interchange, amerikan. Code für Datenaustausch, ein Code für Fernschreiber (auch für den Dialog zwischen Computern u. für Bildschirmtexte)*

As|ci|tes ⟨m.; -s; unz.⟩ = *Aszites*

As|cor|bin|säu|re ⟨f.; -, -n⟩ *in Hagebutten, Zitronen, Kartoffeln u.a. enthaltenes Vitamin (C);* oV *Askorbinsäure* [< *A...*[1] + *Skorbut*]

ASEAN ⟨Abk. für engl.⟩ *Association of South-East Asian Nations (Vereinigung südostasiatischer Staaten)*

A|se|bie ⟨f.; -, -n⟩ *Frevel gegen die Götter, Gottlosigkeit;* Ggs *Eusebie* [<grch. *asebeia* »Gottlosigkeit, Frevel«]

A|sep|sis ⟨f.; -; unz.; Med.⟩ **1** *Keimfreiheit* **2** = *Aseptik* [< *A...*[1] + *Sepsis*]

A|sep|tik ⟨f.; -; unz.; Med.⟩ *keimfreie Wundbehandlung;* Sy *Asepsis(2)*

a|sep|tisch ⟨Adj.; Med.⟩ *keimfrei*

a|se|xu|al ⟨a. [---'-] Adj.⟩ = *asexuell*

A|se|xu|a|li|tät ⟨a. [-----'-] f.; -; unz.⟩ **1** *Fehlen des sexuellen Verlangens* **2** *Fehlen der Geschlechtsdrüsen* [< *A...*[1] + *Sexualität*]

a|se|xu|ell ⟨a. [---'-] Adj.⟩ *sexuell nichts empfindend, sexuell zurückgeblieben;* oV *asexual*

Ash|ram ⟨[aʃ-] m. od. n.; -s, -s; im Hinduismus⟩ *religiöses Zentrum zur Meditation;* oV *Aschram* [Sanskr.]

A|si|a|nis|mus ⟨m.; -; unz.⟩ *um 250 v. Chr. bis 1. Jh. n. Chr. in Kleinasien gebräuchlicher, schwülstiger, witziger Redestil;* → a. *Attizismus*

A|si|a|ti|ka ⟨Pl.⟩ *Bücher, Bilder usw. über Asien* [<mlat. *asiaticus* »Asien betreffend, asiatisch«]

As|ka|ris ⟨f.; -, -ri|den⟩ *im Verdauungskanal von Menschen u. Tieren schmarotzende Gattung der Fadenwürmer, Spulwurm* [<grch. *askaris* »Spulwurm«]

As|ke|se ⟨f.; -; unz.⟩ *streng enthaltsame Lebensweise, Selbstüberwindung, Entsagung, Bußübung, um Begierden abzutöten u. Laster zu überwinden;* oV *Aszese* [zu grch. *askein* »üben«]

As|ket ⟨m.; -en, -en⟩ *jmd., der Askese übt;* oV *Aszet* [<grch. *asketes* »Büßer«; zu *askein* »üben«]

As|ke|tik ⟨f.; -; unz.⟩ *Lehre von der Askese*

As|ke|ti|ker ⟨m.; -s, -⟩ *Vertreter, Anhänger, Lehrer der Asketik*

as|ke|tisch ⟨Adj.⟩ *zur Askese gehörend, darauf beruhend, enthaltsam*

as|kle|pi|a|de|isch, ⟨auch⟩ **ask|le|pi|a|de|isch** ⟨Adj.⟩ = *asklepiadisch*

As|kle|pi|a|de|us, ⟨auch⟩ **Ask|le|pi|a|de|us** ⟨m.; -, -dei od. -de|en; Metrik⟩ = *asklepiadischer Vers*

as|kle|pi|a|disch, ⟨auch⟩ **ask|le|pi|a|disch** ⟨Adj.⟩ oV *asklepiadeisch* **1** ~er Vers *auf Abwandlungen des Choriambus beruhende antike Vers- u. Strophenform;* Sy *Asklepiadeus* **2** *den Dichter Asklepiades betreffend* [nach dem grch. Dichter *Asklepiades,* 3. Jh. v. Chr.]

As|ko|gon ⟨n.; -s, -e; Bot.⟩ *weibl. Geschlechtsorgan der höheren Schlauchpilze* [zu lat. *ascus* »Blase« + *gonium* <grch. *gonos* »Keim«]

As|ko|my|zet ⟨m.; -en, -en⟩ *Schlauchpilz* [<grch. *askos* »Schlauch« + *Myzet*]

As|kor|bin|säu|re ⟨f.; -, -n⟩ = *Ascorbinsäure*

Äs|ku|lap|stab ⟨m.; -(e)s, -stä|be⟩ *der mit der Schlange, dem heiligen Tier des grch. Gottes der Heilkunde, Asklepios (lat. Aesculapius), umwundene Stab, Sinnbild der Heilkunde, heute noch Abzeichen der Ärzte*

As|kus ⟨m.; -, As|zi⟩ *schlauchförmiger Sporenbehälter der Schlauchpilze* [<grch. *askos* »Schlauch«]

a|so|ma|tisch ⟨Adj.⟩ *nicht somatisch, unkörperlich* [< *a...*[1] + *somatisch*]

ä|so|pisch ⟨Adj.⟩ *von dem altgriechischen Fabeldichter Äsop stammend, in der Art des Äsop*

a|so|zi|al ⟨Adj.⟩ *nicht sozial, unfähig zum Leben in der menschl. Gemeinschaft, die menschl. Gemeinschaft schädigend;* Ggs *sozial(2)*
A|so|zi|a|le(r) ⟨f. 2 (m. 1)⟩ *jmd., der asozial ist*
A|so|zi|a|li|tät ⟨f.; -; unz.⟩ *asoziales Verhalten*
As|pa|ra|gin ⟨n.; -s; unz.⟩ *im Spargel enthaltene Aminosäure* [→ *Asparagus*]
As|pa|ra|gus ⟨a. [--'--] m.; -, -⟩ *Spargel* [<grch. *asparagos* »Spargel«]
As|pekt, ⟨auch⟩ **A|spekt** ⟨m.; -(e)s, -e⟩ **1** *Blickrichtung, Ansicht, Gesichtspunkt* **2** ⟨Gramm.⟩ *Aktionsart des Verbums, die einen Vorgang danach bezeichnet, ob er vollendet ist od. nicht* **3** ⟨Astron.⟩ *bestimmte Stellung von Sonne, Mond u. Planeten zur Erde* [<lat. *aspectus* »Anblick«]
as|pek|tisch, ⟨auch⟩ **a|spek|tisch** ⟨Adj.⟩ *den Aspekt(2) betreffend*
As|per|gill, ⟨auch⟩ **A|sper|gill** ⟨n.; -s, -e⟩ *Weihwasserwedel* [<lat. *aspergillum;* zu *aspergere* »benetzen«]
As|per|gil|lus, ⟨auch⟩ **A|sper|gil|lus** ⟨m.; -; unz.⟩ *Gattung der Schlauchpilze, Gießkannenschimmel* [<lat. *aspergere* »benetzen«]
a|sper|ma|tisch ⟨Adj.⟩ *ohne Samenzellen (beim Ejakulat)* [< *a...*[1] + *Sperma*]
A|sper|ma|tis|mus ⟨m.; -; unz.⟩ *fehlender Samenerguss trotz Orgasmus* [< *A...*[1] + *Sperma*]
A|sper|mie ⟨f.; -, -n⟩ *völliges Fehlen von Samenzellen im Ejakulat* [< *A...*[1] + *Sperma*]
As|per|si|on, ⟨auch⟩ **A|sper|sion** ⟨f.; -, -en⟩ *Besprengung mit Weihwasser* [<lat. *aspersio* »das Besprengen«]
As|phalt ⟨a. ['--] m.; -(e)s, -e⟩ **1** *Rückstand der Erdöl- u. Teerdestillation, als Isoliermittel gegen Feuchtigkeit, im Straßenbau u.a. verwendet* **2** ⟨Geol.⟩ *aus Erdöl entstandenes, natürl., braunschwarzes Pech, Bergpech* [<lat. *asphaltus* »Erdpech« <grch. *asphaltos*]
as|phal|tie|ren ⟨V.⟩ *mit einer Asphaltdecke versehen*
As|pho|de|le ⟨f.; -, -n⟩, **As|pho|dill** ⟨m.; -s, -e⟩ = *Affodill* [< *A...*[1] + grch. *sphodros, sphedandos* »heftig, stürmisch«]
a|sphyk|tisch, ⟨auch⟩ **as|phyk|tisch** ⟨Adj.⟩ *die Asphyxie betreffend, auf ihr beruhend*
A|sphy|xie, ⟨auch⟩ **As|phy|xie** ⟨f.; -, -n⟩ *drohende Erstickung infolge Lähmung des Atemzentrums* [<grch. *asphyktos* »pulslos«; < *a...* »nicht« + *sphyzein* »heftig schlagen«]

■ Die Buchstabenfolge **as|pi...** kann auch **a|spi...** getrennt werden.

■ **As|pik** ⟨m. od. (bes. österr.) n.; -s, -e⟩ *Sülze mit Fisch- od. Fleischeinlage;* Ente in ~ [<lat. *aspis* »Natter« <grch. *aspis*]
■ **As|pi|rant** ⟨m.; -en, -en⟩ **1** *Anwärter, Bewerber* **2** ⟨DDR⟩ *Nachwuchswissenschaftler an der Hochschule, Anwärter auf ein Hochschullehramt* [<lat. *aspirare* »zu einer Person oder Sache zu gelangen suchen«]
■ **As|pi|ran|tur** ⟨f.; -, -en; DDR⟩ **1** *Einrichtung zur Ausbildung des wissenschaftl. Nachwuchses* **2** *Stelle eines Aspiranten* [→ *Aspirant*]
■ **As|pi|ra|ta** ⟨f.; -, -ten od. -tä⟩ *mit einem deutlich hörbaren h ausgesprochener (behauchter) Laut,* z.B. griech. rho, norddt. t [<lat. *aspirare* »zu-, einhauchen«]
■ **As|pi|ra|teur** ⟨[-tø:r] m.; -s, -e⟩ *Maschine, die in Müllereien das Getreide vor dem Mahlen durch Siebe u. mit Luftzug reinigt* [frz., »Absaugvorrichtung«; zu *aspire* »einatmen«]
■ **As|pi|ra|ti|on** ⟨f.; -, -en⟩ **1** *Streben, Bestrebung* **2** *Ehrgeiz, Hoffnung; ehrgeiziger Plan* **3** *Ansaugung von Luft, Flüssigkeiten usw.* **4** ⟨Sprachw.⟩ *behauchte Aussprache (eines Lautes)* [<lat. *aspiratio* »das Hauchen«]
■ **as|pi|rie|ren** ⟨V.⟩ **1** *erstreben, anstreben, erhoffen* **2** *ansaugen* **3** einen Konsonanten ~ *behaucht aussprechen* **4** ⟨österr.⟩ auf etwas ~ *sich um etwas bewerben, etwas anstreben* [<lat. *aspirare* »einhauchen«]
■ **As|pi|rin** ⟨n.; -s; unz.; Pharm.; Ⓦⓩ⟩ *ein Schmerz- u. Fiebermittel, chem. Acetylsalicylsäure* [verkürzt < *A*cetyl + *Spir*säure]
■ **As|pi|ro|me|ter** ⟨n.; -s, -⟩ *Gerät zum Bestimmen der Luftfeuchtigkeit* [<lat. *aspirare* »zu-, einhauchen« + *...meter*]
Ass ⟨n.; -As|ses, -As|se⟩ **1** ⟨urspr.⟩ *die Eins auf dem Würfel* **2** *Spielkarte mit dem höchsten Wert;* Sy *Daus* **3** ⟨fig.⟩ *Spitzenkönner auf einem Gebiet, bes. im Sport;* ein od. das ~ im Boxen, auf der Geige **4** ⟨Tennis⟩ *ein für den Gegner unerreichbarer Aufschlag;* Sy *Ace* [<frz. <lat. *as* »Einheit bei Münzen u. Gewichten«]
Ass. ⟨Abk. für⟩ **1** *Assessor* **2** *Assistent(in)*
as|sai ⟨Mus.⟩ **1** *sehr, viel* **2** *genug, ziemlich;* vivace ~ *sehr, ziemlich lebhaft (zu spielen)* [ital.]
As|sam ⟨m.; -s, -s⟩ *eine würzige Teesorte* [nach dem ind. Bundesstaat *Assam*]
as|sa|nie|ren ⟨V.⟩ **1** *gesunde Bodenverhältnisse schaffen für, z.B. durch Entwässerung* **2** eine Stadt ~ *für hygien. Verhältnisse sorgen* [<lat. *ad* »zu« + *sanus* »gesund«]
As|sa|nie|rung ⟨f.; -, -en⟩ *das Assanieren*
As|sas|si|ne ⟨m.; -n, -n⟩ **1** *Angehöriger einer mittelalterliche Sekte der Mohammedaner* **2** *Haschischesser* **3** ⟨fig.; †⟩ *Meuchelmörder* [<arab. *Haschischin;* zu *Haschisch*]
As|saut ⟨[aso:] m.; -s, -s; Sp.; Fechten⟩ *Kampf, Gefecht* [frz., »Angriff, Ansturm«, <lat. *ad* »zu« + *saltus* »Sprung«]
As|se|ku|rant ⟨m.; -en, -en⟩ *Versicherer, Träger einer Versicherung* [→ *assekurieren*]
As|se|ku|ranz ⟨f.; -, -en; häufig als Firmenname⟩ *Versicherung, Versicherungsgesellschaft* [→ *assekurieren*]
As|se|ku|rat ⟨m.; -en, -en⟩ *Versicherter*
as|se|ku|rie|ren ⟨V.⟩ *versichern* [<ital. *assicurare* »versichern« <lat. *ad* »zu« + *securus* »sicher«]
As|sem|bla|ge, ⟨auch⟩ **As|semb|la|ge** ⟨[asãbla:ʒ(ə)] f.; -, -n [-ʒən]; Kunst⟩ *aus verschiede-*

nen Materialien zusammengefügtes reliefartiges Kunstobjekt [frz., »Zusammenfügen«]
As|sem|blee, ⟨auch⟩ **As|semb|lee** ⟨[asã-] f.; -, -n⟩ *Versammlung* [frz. *assamblée*]
As|sem|bler, ⟨auch⟩ **As|semb|ler** ⟨[əsɛmblə(r)] m.; -s, -⟩ *eine maschinenorientierte, d.h. in ihrer Struktur einfache, Programmiersprache für Computer* [< engl. *assemble* »zusammenstellen«]
As|sem|bling, ⟨auch⟩ **As|semb|ling** ⟨[əsɛmblıŋ] n.; -s, -s⟩ *Vereinigung, Zusammenschluss von Industriebetrieben zwecks Rationalisierung* [zu engl. *assemble* »versammeln, zusammenziehen«]
as|sen|tie|ren ⟨V.⟩ **1** *bei-, zustimmen* **2** ⟨österr.⟩ *für tauglich zum Militärdienst erklären* [< lat. *assentiri* »bestimmen«]
as|se|rie|ren ⟨V.; Philos.⟩ *feststellen, behaupten* [< lat. *asserare* »bestimmen, erklären, aussprechen«]
As|ser|ti|on ⟨f.; -, -en⟩ *Feststellung, einfache, bestimmte Behauptung* [< lat. *assertio* »gerichtl. Behauptung, dass jmd. frei sei«]
as|ser|to|risch ⟨Adj.⟩ *feststellend, bestimmt behauptend;* ~e Aussage ⟨Philos.⟩ *eine A., deren Prädikat ihrem Subjekt wirklich zukommt* [→ *Assertion*]
As|ser|vat ⟨[-vaːt] n.; -s, -e⟩ *amtlich aufbewahrter Gegenstand (z.B. für eine Gerichtsverhandlung)* [zu lat. *asservare* »aufbewahren, bewachen«]
As|ser|va|ten|kon|to ⟨[-vaː-] n.; -s, -ten od. -s⟩ **1** *Konto für interne Buchungen* **2** *(zweckbestimmtes) Sonderkonto* [< *Asservat* + *Konto*]
as|ser|vie|ren ⟨[-viː-] V.⟩ *(amtlich) aufbewahren* [< lat. *asservare* »aufbewahren«]
As|sess|ment|cen|ter ⟨[əsɛsməntsɛntə(r)] n.; -s, -⟩ *psycholog. Testverfahren (bes. zur Prognose der Eignung von Führungskräften)* [< engl. *assessment* »Einschätzung« + *center, centre* »Zentrum, Mittelpunkt«]
As|ses|sor ⟨m.; -s, -so|ren⟩ *Anwärter auf die Beamtenlaufbahn im höheren Staatsdienst* [lat., »Beisitzer, Gehilfe im Amt«; zu *assidere* »beisitzen«]
As|ses|so|rin ⟨f.; -, -rin|nen⟩ *weibl. Assessor*
as|ses|so|risch ⟨Adj.⟩ *zu einem Assessor od. einer Assessorin gehörig*
As|set ⟨[æsət] m.; -s, -s⟩ *Vermögenswert eines Unternehmens (um Schulden begleichen zu können);* → a. *Aktiva* [engl.]
As|si|bi|la|ti|on ⟨f.; -, -en⟩ **1** *Verwandlung eines Verschlusslautes in einen Reibelaut,* z.B. got. »ik« zu nhd. »ich« **2** *Bildung eines Reibelautes zwischen Verschlusslaut u. nachfolgendem Vokal (i,e),* z.B. das [s] in Nation [natsion]; Sy *Zetazismus* [→ *assibilieren*]
as|si|bi|lie|ren ⟨V.⟩ *in einen Reibelaut verwandeln, als Reibelaut aussprechen* [< *ad*... + lat. *sibilare* »zischen«]
As|si|bi|lie|rung ⟨f.; -, -en⟩ *das Assibilieren, Assibilation*
As|si|et|te ⟨f.; -, -n; †⟩ **1** *flache Schüssel, Teller* **1.1** ⟨österr.⟩ *Vorspeise* **2** *Gemütsstimmung, Fassung* **3** *Lage, Stellung* [frz., »Teller, Lage, Platz« < lat. **adsedere* »hinzusetzen«]
As|si|gnant, ⟨auch⟩ **As|sig|nant** ⟨[asinjant] m.; -en, -en⟩ *jmd., der eine Geldanweisung ausstellt* [→ *assignieren*]
As|si|gnat, ⟨auch⟩ **As|sig|nat** ⟨[asinjaːt] m.; -en, -en⟩ *jmd., der auf eine Geldanweisung hin zahlen muss, der Angewiesene* [→ *assignieren*]
As|si|gna|te, ⟨auch⟩ **As|sig|na|te** ⟨[asinjaː-] f.; -, -n⟩ *Papiergeldschein der Französ. Revolution* [< frz. *assignat* »Anweisung auf die frz. Nationalgüter« (1790-1796)]
As|si|gna|ti|on, ⟨auch⟩ **As|sig|na|ti|on** ⟨[asinja-] f.; -, -en⟩ *Geld-, Zahlungsanweisung* [→ *assignieren*]
as|si|gnie|ren, ⟨auch⟩ **as|sig|nie|ren** ⟨[asinjiː-] V.⟩ Geld ~ *anweisen* [< frz. *assigner* »an-, zuweisen«]
As|si|mi|lat ⟨n.; -(e)s, -e⟩ *durch biolog. Assimilation(2) entstandenes Produkt,* z.B. Stärke
As|si|mi|la|ti|on ⟨f.; -, -en⟩ Sy *Assimilierung* **1** *Anpassung, Angleichung* **2** ⟨Biol.⟩ *die Bildung körpereigener organischer aus von außen aufgenommener anorgan. Substanz;* Ggs *Dissimilation* **3** ⟨Pol.⟩ *das Aufgehen einer nationalen Minderheit in einem anderen Volk* **4** ⟨Psych.⟩ *Verschmelzung einer Vorstellung mit einer anderen, bereits vorhandenen* **5** ⟨Gramm.⟩ *Angleichung eines Lautes an den benachbarten,* z.B. mhd. »zimber« an »Zimmer« [< lat. *assimilatio* »Angleichung« < *assimilare* »angleichen« < *ad* »an« + *similis* »ähnlich«]
as|si|mi|la|to|risch ⟨Adj.⟩ *auf Assimilation beruhend, durch Assimilation*
as|si|mi|lie|ren ⟨V.⟩ **1** *angleichen* **2** *einverleiben, verschmelzen* [< lat. *assimilare* »angleichen«, < *ad* »an, zu« + *similis* »ähnlich«]
As|si|mi|lie|rung ⟨f.; -, -en⟩ = *Assimilation*
As|si|se ⟨f.; -, -n; Frankreich u. Schweiz⟩ **1** *Schwurgericht* **2** *dessen Sitzungen* [< frz. *cour d'assises* »Schwurgericht«; zu *assise* »Setzung, Festsetzung«; zu *asseoir* »(fest)setzen«]
As|sis|tent ⟨m.; -en, -en⟩ **1** *(bes. wissenschaftl.) Helfer, Mitarbeiter* **2** *einem Lehrstuhl zugeordneter Nachwuchswissenschaftler, der den Lehrstuhlinhaber in Forschung u. Lehre unterstützt;* Hochschul~; Labor~ [< lat. *assistens,* Part. Präs. zu *assistere;* → *assistieren*]
As|sis|ten|tin ⟨f.; -, -tin|nen⟩ *weibl. Assistent*
As|sis|tenz ⟨f.; -, -en⟩ *Mitarbeit, Mitwirkung, Mithilfe;* ~ leisten; die ~ übernehmen (bei) [→ *Assistent*]
As|sis|tenz|arzt ⟨m.; -es, -ärz|te⟩ *Hilfsarzt in Klinik od. Praxis*
As|sis|tenz|pro|fes|sor ⟨m.; -s, -so|ren⟩ *junger Wissenschaftler, Assistent, der zeitlich befristet mit den Aufgaben eines Hochschullehrers betraut wird*
as|sis|tie|ren ⟨V.⟩ *beistehen, helfen, mitarbeiten;* bei einer Operation ~ [< lat. *assistere* »sich dazustellen, dabeistehen«]
As|so|ci|a|ted Press ⟨[əsoʊʃiɛitid-] f.; - -; unz.⟩

ein US-amerikanisches Nachrichtenbüro [engl., »vereinigte Presse«]

As|so|cié ⟨[asɔsje:] m.; -s, -s⟩ *Teilhaber, Gesellschafter* [frz., »Gesellschafter, Teilhaber«, < lat. *socius* »Gefährte«]

As|so|lu|ta ⟨f.; -, -s⟩ *weiblicher Ballett- od. Opernstar* [ital., Fem. zu *assoluto* »absolut, unbeschränkt«]

As|so|nanz ⟨f.; -, -en⟩ **1** *Gleichklang* **2** *unvollständiger Reim, bei dem sich nur die Vokale reimen* [< *ad…* + lat. *somus* »Schall, Klang«]

as|sor|tie|ren ⟨V.⟩ **1** *mit Waren versehen, vervollständigen;* ein gut assortiertes Lager **2** *nach Warengattungen ordnen;* assortiert in *geordnet in, eingeteilt in* [< frz. *assortir* »passend zusammenstellen«; zu *sorte* «Art, Gattung«]

As|so|zi|a|ti|on ⟨f.; -, -en⟩ **1** *Vereinigung, Zusammenschluss;* Ggs *Dissoziation* **2** ⟨Psych.⟩ *(unwillkürl.) Aneinanderreihung, Verknüpfung von Vorstellungen* **3** ⟨Chem.⟩ *Vereinigung mehrerer Moleküle in Flüssigkeiten zu größeren Gebilden, die durch zwischen den Molekülen wirkende Kräfte zusammengehalten werden* **4** ⟨Bot.⟩ *Pflanzengesellschaft* **5** ⟨Astron.⟩ *Gruppe von dicht beieinander stehenden Sternen mit ähnl. Eigenschaften* [< frz. *association* »Verbindung, Vereinigung«, < lat. *ad* »zu« + *socius* »Gefährte«]

as|so|zi|a|tiv ⟨Adj.⟩ *verbindend, verknüpfend*

As|so|zi|a|tiv|ge|setz ⟨n.; -es, -e⟩ *Verknüpfungsgesetz, Gesetz der Mathematik, das besagt, dass es bei mehrmals nacheinander ausgeführten mathemat. Operationen nicht auf die Reihenfolge der Einzeloperationen ankommt; dem Assoziativgesetz gehorchen z.B. die Addition u. die Multiplikation, daher gilt:* $a + b + c = a + c + b$ *bzw.* $a \cdot b \cdot c = a \cdot c \cdot b$

as|so|zi|ie|ren ⟨V.⟩ **1** *verbinden, verknüpfen* **2** sich ~ *zu einer Handelsgesellschaft vereinigen* [< frz. *associer* »zugesellen, verbinden«, < lat. *ad* »zu« + *socius* »Gefährte«]

As|so|zi|ie|rung ⟨f.; -, -en⟩ **1** *das Assoziieren, Assoziation* **2** *vertraglicher Zusammenschluss* **3** *(auf Teilbereiche beschränktes) Bündnis*

as|su|mie|ren ⟨V.⟩ *annehmen, gelten lassen, zugestehen* [< lat. *assumere* »annehmen«]

As|sump|ti|o|nist ⟨m.; -en, -en⟩ *Angehöriger der 1840 gegründeten französ. Kongregation der Augustiner von der Himmelfahrt Mariä* [< lat. *assumptio;* → *Assumtion*]

As|sum|ti|on ⟨f.; -, -en⟩ *Himmelfahrt Mariä* [< lat. *assumptio* »Annahme, Aufnahme (Marias in den Himmel)«]

As|sun|ta ⟨f.; -, -ten⟩, **As|sun|zi|o|ne** ⟨f.; -, -n⟩ *Darstellung der Himmelfahrt Mariä in der Kunst* [ital., »die in den Himmel aufgenommene (Maria)« < lat. *assumere* »annehmen«]

As|sy|ri|o|lo|ge ⟨m.; -n, -n⟩ *Wissenschaftler der Assyriologie*

As|sy|ri|o|lo|gie ⟨f.; -; unz.⟩ *Wissenschaft von der assyr.-babylon. Kultur u. Sprache*

as|sy|ri|o|lo|gisch ⟨Adj.⟩ *die Assyriologie betreffend, zu ihr gehörig*

as|sy|risch ⟨Adj.⟩ *die Assyrer betreffend, zu ihnen gehörend, von ihnen stammend;* ~e Sprache *zum ostsemit. Zweig der hamitisch-semit. Sprachfamilie gehörende Sprache*

■ Die Buchstabenfolge **a|sta…** kann auch **as|ta…** getrennt werden.

■ **A|sta|sie** ⟨f.; -, -n⟩ *Unfähigkeit zu stehen;* → a. *Abasie* [< *A…*[1] + grch. *stasis* »das Stehen«]

■ **a|sta|sie|ren** ⟨V.; Phys.⟩ ein (elektr.) Messgerät ~ *vor störender Beeinflussung durch äußere Kräfte (z.B. des Erdmagnetfeldes) schützen* [→ *Astasie*]

■ **A|sta|sie|rung** ⟨f.; -, -en; Phys.⟩ *das Astasieren*

■ **A|stat** ⟨n.; -s; unz.; nicht mehr zulässige Bez. für⟩ *Astatin*

■ **A|sta|tin** ⟨n.; -s; unz.; chem. Zeichen: At⟩ *radioaktiver, künstl. hergestellter chem. Grundstoff, Ordnungszahl 85* [< grch. *astatos* »unstet«; zu *a…* »nicht« + *statos* »gestellt«]

■ **a|sta|tisch** ⟨Adj.⟩ **1** ⟨Med.⟩ *unruhig, unstet* **2** ⟨Phys.⟩ *in jeder Lage im Gleichgewicht befindlich* [< grch. *astatos* »unstet«; zu *a…* »nicht« + *statos* »gestellt«]

As|ter ⟨f.; -, -n⟩ *Gattung der Korbblütler mit sternförmig angeordneten Blütenblättern, Sternblume* [grch., »Stern«]

as|te|risch ⟨Adj.⟩ *sternähnlich* [< grch. *aster* »Stern«]

As|te|risk, As|te|ris|kus ⟨m.; -, -ken; Zeichen: *⟩ **1** ⟨Typ.⟩ *Sternchen (als Hinweis auf eine Anmerkung)* **2** ⟨Sprachw.⟩ *Markierung einer erschlossenen, nicht belegten Wortform* [< grch. *asteriskos* »kleiner Stern«]

As|te|ro|id ⟨m.; -s od. -en, -en⟩ = *Planetoid* [< grch. *aster* »Stern« + *…id*]

A|sthe|nie, ⟨auch⟩ **As|the|nie** ⟨f.; -, -n; Med.⟩ *allgemeine Körperschwäche, Kraftlosigkeit* [< *A…*[1] + *sthenos* »Kraft«]

A|sthe|ni|ker, ⟨auch⟩ **As|the|ni|ker** ⟨m.; -s, -⟩ *jmd., der an Asthenie leidet*

a|sthe|nisch, ⟨auch⟩ **as|the|nisch** ⟨Adj.⟩ *die Asthenie betreffend, auf ihr beruhend, an ihr leidend*

Äs|the|sie ⟨f.; -; unz.⟩ *Empfindungsvermögen* [zu grch. *aistanesthai* »empfinden«]

Äs|the|si|o|lo|gie ⟨f.; -; unz.⟩ *Lehre von den Sinnesorganen u. ihren Funktionen* [< grch. *aistanesthai* »empfinden« + *…logie*]

äs|the|si|o|lo|gisch ⟨Adj.⟩ *die Ästhesiologie betreffend, zu ihr gehörig*

Äs|thet ⟨m.; -en, -en,⟩ *(zuweilen schwärmerischer) Kenner u. Liebhaber des Künstlerischen sowie des ästhetisch Vollkommenen* [→ *Ästhetik*]

Äs|the|tik ⟨f.; -; unz.⟩ *Lehre von den Gesetzen u. Grundlagen des Schönen, bes. in Natur u. Kunst* [< grch. *aisthetike;* zu *aistanesthai* »empfinden«]

Äs|the|ti|ker ⟨m.; -s, -⟩ *Erforscher, Kenner, Lehrer der Ästhetik*
Äs|the|tin ⟨f.; -, -tin|nen⟩ *(zuweilen schwärmerische) Kennerin u. Liebhaberin des Künstlerischen sowie des ästhetisch Vollkommenen*
äs|the|tisch ⟨Adj.⟩ **1** *die Ästhetik betreffend, ihren Forderungen entsprechend, zu ihr gehörig, auf ihr beruhend* **2** *ausgewogen schön, geschmackvoll* **3** *appetitlich, ansehnlich, ansprechend*
äs|the|ti|sie|ren ⟨V.⟩ *einseitig nach den Gesetzen der Ästhetik urteilen od. gestalten*
Äs|the|ti|zis|mus ⟨m.; -; unz.⟩ *Lebenshaltung, die sich hauptsächlich am Schönen u. am Kunstgenuss orientiert u. sich sozialen Bindungen verweigert*
Äs|the|ti|zist ⟨m.; -en, -en⟩ *Anhänger des Ästhetizismus*
äs|the|ti|zis|tisch ⟨Adj.⟩ *auf dem Ästhetizismus beruhend*
Ạsth|ma ⟨n.; -s; unz.⟩ *krampfhaft u. anfallsweise auftretende Atemnot, Kurzatmigkeit infolge einer Erkrankung entweder der Bronchien od. des Herzens;* Bronchial~, Herz~ [grch., »Engbrüstigkeit«]
Asth|ma|ti|ker ⟨m.; -s, -⟩ *an Asthma Leidender*
Asth|ma|ti|ke|rin ⟨f.; -, -rin|nen⟩ *an Asthma Leidende*
asth|ma|tisch ⟨Adj.⟩ *Asthma betreffend, darauf beruhend, daran leidend*
a|stig|ma|tisch, ⟨auch⟩ **as|tig|ma|tisch** ⟨Adj.⟩ *Astigmatismus betreffend, darauf beruhend*
A|stig|ma|tis|mus, ⟨auch⟩ **As|tig|ma|tis|mus** ⟨m.; -; unz.⟩ **1** *Abbildungsfehler opt. Systeme, die an Stelle eines Punktes zwei verschiedene Linien zeigen* **2** *Brechungsfehler des Auges, so dass es in keiner Entfernung deutlich sieht* [< *A…*[1] + grch. *stigma* »Stich, Punkt«]
A|stil|be, ⟨auch⟩ **As|til|be** ⟨f.; -, -n; Bot.⟩ *Zierpflanze aus der Familie der Steinbrechgewächse, Prachtspiere* [< *A…*[1] + grch. *stilbein* »glänzen«]
Äs|ti|ma|ti|on ⟨f.; -, -en⟩ *Schätzung, Hochachtung, Achtung, Würdigung*
äs|ti|mie|ren ⟨V.⟩ *hoch achten, schätzen, würdigen* [< lat. *aestimare* »schätzen, würdigen«]
Ạs|ti spu|mạn|te ⟨m.; - -; unz.⟩ *ital. Schaumwein* [nach der ital. Provinz *Asti* + ital. *spumante* »schäumend«]

> ■ Die Buchstabenfolge **as|tr…** kann auch **ast|r…** getrennt werden. Davon ausgenommen sind Zusammensetzungen, in denen die fremdsprachigen bzw. sprachhistorischen Bestandteile deutlich als solche erkennbar sind, z.B. *-strophisch.*

■ **Ạs|tra|chan** ⟨[-xa:n] m.; -s, -s⟩ *südruss. Lammfell; Plüschgewebe mit eisblumenartiger Musterung* [nach der Stadt *Astrachan* in Südrussland]
■ **as|tral** ⟨Adj.⟩ *die Sterne betreffend, zu ihnen gehörig, von ihnen stammend* [< lat. *astrum* »Gestirn, Sternbild« < grch. *astron*]
■ **As|tral|leib** ⟨m.; -(e)s, -er; Okkultismus⟩ *zweiter, ätherischer Leib des Menschen, Umhüllung der Seele*
■ **As|tral|licht** ⟨n.; -(e)s; unz.⟩ *Lichtschimmer zwischen den Sternen der Milchstraße*
■ **As|tra|lon** ⟨n.; -s, -e⟩ *durchsichtiger Kunststoff, der in der Landkartenbearbeitung verwendet wird*
■ **as|tro…, As|tro…** ⟨Vors.; in Zus.⟩ *Stern* [< grch. *astron* »Gestirn«]
■ **As|tro|bi|o|lo|gie** ⟨f.; -; unz.⟩ *Wissenschaft, die sich mit dem Leben außerhalb der Erde (im Weltall u. auf anderen Planeten) befasst*
■ **As|tro|bo|ta|nik** ⟨f.; -; unz.⟩ *Zweiggebiet der Astronomie, das sich mit dem Vorhandensein von Pflanzen auf anderen Sternen beschäftigt* [< *Astro…* + *Botanik*]
■ **As|tro|gno|sie ,** ⟨auch⟩ **Ast|rog|no|sie** ⟨f.; -, -n⟩ *Beschreibung der Sternbilder u. des Sternhimmels* [< *Astro…* + *…gnosie*]
■ **As|tro|graf** ⟨m.; -en, -en⟩ = *Astrograph*
■ **As|tro|gra|fie** ⟨f.; -; unz.⟩ = *Astrographie*
■ **as|tro|gra|fisch** ⟨Adj.⟩ = *astrographisch*
■ **As|tro|graph** ⟨m.; -en, -en⟩ *fotograf. System für die Beobachtung des Sternenhimmels mit mehreren Linsen u. großem Öffnungswinkel;* oV *Astrograf* [< *Astro…* + *…graph*]
■ **As|tro|gra|phie** ⟨f.; -; unz.⟩ *Beschreibung der Sterne;* oV *Astrografie*
■ **as|tro|gra|phisch** ⟨Adj.⟩ *die Astrographie betreffend, zu ihr gehörig;* oV *astrografisch*
■ **As|tro|la|bi|um** ⟨n.; -s, -bi|en⟩ *von den Arabern erfundenes Gerät zur Sternmessung* [< *Astro…* + grch. *labis* »Zange«]
■ **As|tro|lo|ge** ⟨m.; -n, -n⟩ *jmd., der sich auf die Astrologie versteht, Sterndeuter* [< *Astro…* + *…loge*]
■ **As|tro|lo|gie** ⟨f.; -; unz.⟩ *Lehre vom (angebl.) Einfluss der Gestirne auf das menschl. Schicksal, Sterndeutung* [< *Astro…* + *…logie*]
■ **as|tro|lo|gisch** ⟨Adj.⟩ *die Astrologie betreffend, zu ihr gehörig*
■ **As|tro|man|tie** ⟨f.; -; unz.⟩ *Kunst des Wahrsagens aus Planeten u. Tierkreiszeichen* [< *Astro…* + *…mantie*]
■ **As|tro|me|trie,** ⟨auch⟩ **Ast|ro|met|rie** ⟨f.; -; unz.⟩ *Zweig der Astronomie, der sich mit der Bestimmung der Stellung der Gestirne beschäftigt* [< *Astro…* + *…metrie*]
■ **As|tro|naut** ⟨m.; -en, -en⟩ *Raumfahrer* [< *Astro…* + *…naut*]
■ **As|tro|nau|tik** ⟨f.; -; unz.⟩ *Wissenschaft von der Raumfahrt sowie diese selbst* [< *Astro…* + *Nautik*]
■ **As|tro|nau|tin** ⟨f.; -, -tin|nen⟩ *Raumfahrerin*
■ **as|tro|nau|tisch** ⟨Adj.⟩ *die Astronautik betreffend, zu ihr gehörig*
■ **As|tro|na|vi|ga|ti|on** ⟨[-vi-] f.; -; unz.⟩ *Verfahren zur Ortsbestimmung durch Vermessen der Standorte bekannter Gestirne*
■ **As|tro|nom** ⟨m.; -en, -en⟩ *Kenner, Erforscher, Lehrer, Student der Astronomie, Sternkundiger, Himmelskundiger* [< *Astro…* + *…nom*]

■ **As|tro|no|mie** ⟨f.; -; unz.⟩ *Wissenschaft von den Himmelskörpern, Sternkunde, Himmelskunde;* Sy ⟨†⟩ *Uranologie* [→ *Astronom*]

■ **as|tro|no|misch** ⟨Adj.⟩ **1** *die Astronomie betreffend, zu ihr gehörig, auf ihr beruhend* **1.1** ~ **Einheit** ⟨Abk.: AE⟩ *mittlere Entfernung der Erde von der Sonne, 1 AE = 149,6 Mill. km* **1.2** ~e **Zeichen** *Z. für Tage, Himmelskörper, Sternbilder, Konstellationen u. Mondphasen* **1.3** ~e **Navigation** *Standort- u. Richtungsbestimmung von Schiffen u. Flugzeugen durch Beobachtung der Gestirne* **1.4** ~er **Ort** *Richtung nach einem Gestirn vom Erdmittelpunkt aus;* Sy *Position(3.2)* **1.5** ~e **Uhr** *Präzisionsuhr für Sternwarten usw.* **2** ⟨fig.⟩ *riesenhaft, ungeheuer, sehr hoch;* er nannte für die Verluste ~e Zahlen; ⟨scherzh.⟩ eine ~e Miete zahlen

a|stro|phisch ⟨Adj.⟩ *nicht strophisch gegliedert* [< *a...*[1] + *strophisch*]

■ **As|tro|phyl|lit** ⟨m.; -s, -e⟩ *Mineral aus der Gruppe der Borosilicatmineralien* [< *Astro...* + grch. *phyllon* »Blatt«]

■ **As|tro|phy|sik** ⟨f.; -; unz.⟩ *Wissenschaft von der physikal. Beschaffenheit der Himmelskörper, Zweig der Astronomie*

■ **as|tro|phy|si|ka|lisch** ⟨Adj.⟩ *die Astrophysik betreffend, zu ihr gehörig*

■ **As|tro|phy|si|ker** ⟨m.; -s, -⟩ *Wissenschaftler der Astrophysik*

■ **As|tro|spek|tro|sko|pie,** ⟨auch⟩ **Ast|ro|spekt|ros|ko|pie** ⟨f.; -; unz.⟩ *Untersuchung der Spektren von Sternen*

Äs|tu|ar, Äs|tu|a|ri|um ⟨n.; -s, -ri|en; Geogr.⟩ *trichterartig erweiterte Flussmündung, z.B. der Elbe* [< lat. *aestuarium* »buchtartige Flussmündung«]

A|syl ⟨[azy:l] n.; -s, -e⟩ **1** *Freistätte, Zufluchtsort (für Verfolgte);* politisches ~ *Obdach für polit. Flüchtlinge;* um ~ bitten, nachsuchen **2** *Heim (für Obdachlose);* jmdm. ~ gewähren [< grch. *asylon* »unberaubt, unverletzt«; zu *a...* »nicht« + *sylan* »berauben«]

A|sy|lant ⟨[azy-] m.; -en, -en⟩ *jmd., der sich aus polit. Gründen um Asyl bewirbt*

A|sy|lan|tin ⟨[azy-] f.; -, -tin|nen⟩ *Frau, die sich aus polit. Gründen um Asyl bewirbt*

A|sy|lie|rung ⟨[azy-] f.; -, -en⟩ *Aufnahme u. Unterkunft in einem Asyl*

A|syl|recht ⟨[azy:l-] n.; -(e)s; unz.⟩ *Recht eines Verfolgten auf Gewährung von Asyl an einem verfolgungssicheren Ort*

A|sym|me|trie, ⟨auch⟩ **A|sym|met|rie** ⟨a. ['----] f.; -, -n⟩ *Fehlen der Symmetrie, Uneben-, Ungleichmäßigkeit*

a|sym|me|trisch, ⟨auch⟩ **a|sym|met|risch** ⟨a. ['----] Adj.⟩ *nicht symmetrisch, uneben-, ungleichmäßig*

A|sym|pto|te, ⟨auch⟩ **A|symp|to|te** ⟨f.; -, -n; Math.⟩ *Gerade, der sich eine Kurve nähert, ohne sie (im Endlichen) zu erreichen* [< grch. *asymptotos* »nicht zusammenfallend« < *A...* »nicht« + *syn...* »zusammen« + *piptein* »fallen«]

a|sym|pto|tisch, ⟨auch⟩ **a|symp|to|tisch** ⟨Adj.⟩ *die Asymptote betreffend, sich wie eine Asymptote verhaltend*

a|syn|chron ⟨[-kro:n] Adj.⟩ *nicht gleichzeitig;* Ggs *synchron*

A|syn|chron|mo|tor ⟨[-kro:n-] m.; -s, -to|ren⟩ *Elektromotor, der sich nicht im gleichen Takt mit dem Drehfeld dreht;* Ggs *Synchronmotor*

a|syn|de|tisch ⟨Adj.⟩ *auf einem Asyndeton beruhend, unverbunden;* Ggs *polysyndetisch*

A|syn|de|ton ⟨n.; -s, -ta⟩ *Stilfigur, das Aneinanderreihen von Wörtern od. Sätzen ohne Konjunktionen,* z.B. Alles rennet, rettet, flüchtet; Ggs *Polysyndeton* [< *A...*[1] + *syn...* + grch. *deein* »binden«]

A|syn|er|gie, ⟨auch⟩ **A|sy|ner|gie** ⟨f.; -, -n⟩ *Koordinationsstörung bei Muskelbewegungen* [< *A...*[1] + *syn...* + *ergon* »Werk, Arbeit«]

A|sys|to|lie ⟨f.; -, -n⟩ *fehlende Zusammenziehung des Herzmuskels* [< *A...*[1] + *Systole*]

as|zen|dent, ⟨auch⟩ **a|szen|dent** ⟨Adj.; Geol.⟩ *aufsteigend;* Ggs *deszendent*

As|zen|dent, ⟨auch⟩ **A|szen|dent** ⟨m.; -en, -en⟩ Ggs *Deszendent* **1** *Vorfahr* **2** ⟨Astron.⟩ **2.1** *aufgehendes Gestirn* **2.2** *Aufgangspunkt eines Gestirns* [< lat. *ascendens,* Part. Präs. zu *ascendere* »hinaufsteigen«]

As|zen|denz, ⟨auch⟩ **A|szen|denz** ⟨f.; -, -en⟩ Ggs *Deszendenz* **1** *Verwandtschaft in aufsteigender gerader Linie* **2** ⟨Astron.⟩ *Aufgang eines Gestirns* [→ *Aszendent*]

as|zen|die|ren, ⟨auch⟩ **a|szen|die|ren** ⟨V.⟩ **1** *aufsteigen;* ~des Gestirn **2** ⟨†⟩ *befördert werden* [< lat. *ascendere* »hinaufsteigen«]

As|zen|si|on, ⟨auch⟩ **A|szen|si|on** ⟨f.; -, -en⟩ *Himmelfahrt Christi* [< lat. *ascensio* »das Hinaufsteigen«]

As|ze|se ⟨f.; -; unz.⟩ = *Askese*

As|zet ⟨m.; -en, -en⟩ = *Asket*

As|zi|tes ⟨m.; -; unz.⟩ *Ansammlung von Serumflüssigkeit in der Bauchhöhle durch Stauungen im Kreislaufsystem, Bauchwassersucht;* oV *Ascites* [< grch. *askos* »Schlauch«]

at[1] ⟨[æt] Zeichen: @; EDV⟩ *Zeichen, das bei E-Mail-Adressen hinter den Empfänger- bzw. Sendernamen gesetzt wird, um auszudrücken, dass die genannte Person »bei« der danach genannten Institution (Betrieb, Universität, Server usw.) zu erreichen ist* [< engl. *at* »bei«]

at[2] ⟨Abk. für⟩ *die nicht mehr zulässige Druckeinheit »technische Atmosphäre«, heute ersetzt durch die Einheit Bar*

At ⟨chem. Zeichen für⟩ *Astatin*

at..., At... ⟨Vors.⟩ = *ad..., Ad...*

ata ⟨Abk. für⟩ *die nicht mehr zulässige Druckeinheit »absolute Atmosphäre«, heute ersetzt durch die Einheit Bar*

a|tak|tisch ⟨Adj.⟩ *auf Ataxie beruhend, ungleichmäßig, unregelmäßig* [→ *Ataxie*]

A|ta|man ⟨m.; -s, -e⟩ *Stammes- u. militär. Führer der Kosaken* [russ.]

A|ta|ra|xie ⟨f.; -; unz.; grch. Philos.⟩ *Seelenruhe, Gleichmut, Unerschütterlichkeit* [< *A...*[1] + grch. *tarassein* »aufrühren, erregen«]

A|ta|vis|mus ⟨[-vis-] m.; -, -men; Biol.⟩ **1** *plötz-*

liches Wiederauftreten stammesgeschichtlich früherer Merkmale **2** ⟨fig.⟩ *Rückfall in primitives Verhalten* [< lat. *atavus* »Vater des Großvaters, Vorfahr«]

a|ta|vis|tisch ⟨[-vis-] Adj.⟩ *den Atavismus betreffend, auf ihm beruhend*

A|ta|xie ⟨f.; -, -n⟩ *Störung der geordneten Bewegung in Form von ausfahrenden, schleudernden Bewegungen (bei Erkrankungen des Zentralnervensystems)* [< *A...*[1] + grch. *tassein* »stellen, ordnen«]

a|tek|to|nisch ⟨Adj.⟩ *nicht den Gesetzen der Tektonik entsprechend, auf ihnen beruhend;* Ggs *tektonisch* [< *a...*[1] + *Tektonik*]

A|te|li|er ⟨[-lje:] n.; -s, -s⟩ **1** *Werkstatt (eines Künstlers od. Fotografen)* **2** *Raum für Filmaufnahmen;* Film~ **3** *Modegeschäft, in dem Damenkleidung nach Maß angefertigt wird;* Mode~ [< frz. »Werkstatt«; zu mlat. *astella* »Holzsplitter, Span«]

A|tel|la|ne ⟨f.; -, -n⟩ *altröm. volkstüml. Stegreiflustspiel* [nach der Stadt *Atella*]

a tem|po ⟨Mus.⟩ **1** *wieder im gleichen Tempo (zu spielen)* **2** ⟨umg.⟩ *schnell, sofort; lauf!;* aber ~! [ital., »zur Zeit, im Zeitmaß«]

Ä|than ⟨n.; -s; unz.⟩ *als Heizgas verwendetes, geruch- u. geschmackloses Gas, chem. ein Kohlenwasserstoff,* CH_3*-*CH_3*;* oV *Ethan* [< grch. *aither* »die obere Luft«; → *Äther*]

Ä|tha|nal ⟨n.; -s; unz.⟩ = *Acetaldehyd;* oV *Ethanal*

A|tha|na|sie ⟨f.; -, unz.⟩ *Unsterblichkeit* [< grch. *athanasia*]

Ä|tha|nol ⟨n.; -s; unz.⟩ = *Äthylalkohol;* oV *Ethanol* [< *Äthan* + *...ol*]

Ä|than|säu|re ⟨f.; -, -n⟩ *Essigsäure;* oV *Ethansäure*

A|the|is|mus ⟨m.; -; unz.⟩ *Weltanschauung ohne Gott, Ablehnung, Verneinung der Existenz Gottes* [< *A...*[1] + *Theismus*]

A|the|ist ⟨m.; -en, -en⟩ *Vertreter, Anhänger des Atheismus*

a|the|is|tisch ⟨Adj.⟩ *den Atheismus betreffend, auf ihm beruhend*

a|the|ma|tisch ⟨Adj.⟩ Ggs *thematisch* **1** ⟨Mus.⟩ *ohne Thema, das Thema nicht verarbeitend* **2** ⟨Sprachw.⟩ ~ es Verb *Verb ohne Themavokal,* z.B. er geht

Ä|then ⟨n.; -s; unz.⟩ = *Äthylen;* oV *Ethen*

A|the|nä|um ⟨n.; -s, -nä|en⟩ **1** *Tempel der Göttin Athene* **2** ⟨unz.⟩ *Titel der von Fr. u. A. W. Schlegel herausgegebenen Literaturzeitschrift (1798-1800)* [nach der grch. Göttin Pallas *Athene*]

Ä|ther ⟨m.; -s, -; unz.⟩ **1** *Himmel, Himmelsluft* **2** ⟨Chem.⟩ *organ. Verbindung, bei der zwei gleiche od. verschiedene Alkyle über ein Sauerstoffatom miteinander verbunden sind* **2.1** ⟨Med.⟩ *Narkosemittel;* oV *Ether;* Äthyl~ [< grch. *aither* »die obere Luft« (nach grch. Vorstellung Feuerluft, in der die Sterne schweben u. die Götter wohnen)]

ä|the|risch ⟨Adj.⟩ **1** *ätherhaltig, flüchtig;* ~e **Öle** *meist stark aromat. riechende, vollständig verdunstende, aus Pflanzen zu gewinnende Öle* **2** *himmlisch* **3** ⟨fig.⟩ *hauchzart, durchgeistigt*

ä|the|ri|sie|ren ⟨V.⟩ *mit Äther behandeln;* oV *etherisieren*

a|ther|man ⟨Adj.⟩ *nicht durchlässig für Wärmestrahlen;* Ggs *diatherman* [verkürzt < *adiatherman,* < *a...*[1] + *dia...* + grch. *thermainein* »wärmen«]

A|the|rom ⟨n.; -s, -e⟩ *Talgdrüsen-, Haarbalggeschwulst* [< grch. *athere* »Brei aus Weizengraupen«]

A|the|sie ⟨f.; -, -n; geh.⟩ **1** ⟨unz.⟩ *Zustand des Zweifelns* **2** *Unbeständigkeit, Treulosigkeit* [< *A...*[1] + grch. *thesis* »Behauptung, Lehrsatz«]

Ä|thin ⟨n.; -s; unz.⟩ = *Acetylen;* oV *Ethin*

Ath|let ⟨m.; -en, -en⟩ **1** *Kraftmensch* **2** *sportlich trainierter Mensch, Sportler, Wettkämpfer;* Leicht~, Schwer~ [< grch. *athletes* »Wettkämpfer«; zu *athlos* »Wettkampf«]

Ath|le|tik ⟨f.; -; unz.⟩ **1** *Wettkampflehre* **2** *sportl. Wettkampf* **3** *Leibesübungen*

Ath|le|ti|ker ⟨m.; -s, -⟩ *starkknochiger, muskulöser Konstitutionstyp* [→ *Athlet*]

Ath|le|tin ⟨f.; -, -tin|nen⟩ *trainierte Sportlerin, Wettkämpferin;* Leicht~; Schwer~

ath|le|tisch ⟨Adj.⟩ *stark, starkknochig, kraftvoll, muskulös* [→ *Athlet*]

Ä|thyl ⟨n.; -s, -e; kurz für⟩ *Äthylgruppe;* oV *Ethyl*

Ä|thyl|al|ko|hol ⟨m.; -s, -e⟩ *brennbare Flüssigkeit, trinkbar, wenn mit Wasser verdünnt, wirkt berauschend, Formel* CH_3*-*CH_2*-OH;* oV *Ethylalkohol;* Sy *Spiritus, Alkohol(2), Äthanol*

Ä|thyl|chlo|rid ⟨[-klo:-] n.; -(e)s, -e⟩ *sehr flüchtige Flüssigkeit, die, auf die Haut gesprüht, zur Vereisung u. somit zur örtl. Betäubung führt, chem. Formel* C_2H_5Cl*;* oV *Ethylchlorid;* Sy *Chloräthyl*

Ä|thy|len ⟨n.; -s; unz.⟩ *ungesättigter Kohlenwasserstoff, als Ausgangsprodukt für Kunstharze verwendet, chem. Formel* $CH_2 = CH_2$*;* oV *Ethylen;* Sy *Äthen*

Ä|thyl|grup|pe ⟨f.; -, -n⟩ *einwertiger Kohlenwasserstoffrest vieler organ. Verbindungen, chem. Formel* CH_3*-*CH_2*;* oV *Ethylgruppe* [< grch. *aither* »die obere Luft« + *...yl*]

Ä|ti|o|lo|gie ⟨f.; -; unz.⟩ *Lehre von den Ursachen, bes. der Krankheiten* [< grch. *aitia* »Ursache« + *...logie*]

ä|ti|o|lo|gisch ⟨Adj.⟩ *die Ätiologie betreffend, auf ihr beruhend, zu ihr gehörig*

At|lant ⟨m.; -en, -en; Arch.⟩ *Männergestalt, die auf Haupt od. emporgehobenen Armen Gebäudeteile trägt;* Ggs *Karyatide* [nach dem Riesen *Atlas* der grch. Sage, der die Welt auf seinen Schultern trägt]

At|lan|ten ⟨Pl. von⟩ *Atlant od. Atlas*

At|lan|tik ⟨m.; -s; unz.⟩ *der Atlantische Ozean* [< grch. *Atlantis* »Atlantischer Ozean«; nach dem Riesen *Atlas;* → *Atlant*]

at|lan|tisch ⟨Adj.⟩ *den Atlantik betreffend, zu ihm gehörig*

At|las[1] ⟨m.; - od. -las|ses, -lan|ten od. -las|se⟩

1 *Sammlung von Landkarten in Buchform* **2** *umfangreiches Buch mit Abbildungen aus einem Wissensgebiet;* Anatomie~ [nach Mercators kartographischem Werk *Atlas,* Duisburg 1595, das nach dem Riesen *Atlas* von Mauretanien benannt war; → *Atlant*]

Ạt|las[2] ⟨m.; -; unz.⟩ *der oberste, den Kopf tragende Halswirbel der höheren Wirbeltiere* [→ *Atlant*]

Ạt|las[3] ⟨m.; - od. -las|ses, -las|se⟩ **1** ⟨unz.; Web.⟩ *Bindung mit glänzender Oberseite, auf der nur Kette od. Schuss sichtbar sind, u. matter, glatter Rückseite* **2** ⟨zählb.⟩ *Gewebe, meist Seide, in dieser Bindung* [arab., »glatt«]

ạt|las|sen ⟨Adj.⟩ *aus Atlas*[3]

atm ⟨Abk. für⟩ *die nicht mehr zulässige Druckeinheit »physikalische Atmosphäre«, ersetzt durch die Einheit Bar*

Ạt|man ⟨m. od. n.; - od. -s; unz.; indische Philos.⟩ *Lebensprinzip, Seele des Individuums* [Sanskr., »Hauch; Seele, höchster Geist«]

At|mo|me|ter ⟨n.; -s, -⟩ *Gerät zum Messen der Wasserverdunstung* [< grch. *atmis* »Dampf« + *...meter*]

> **Atmosphäre** (*Worttrennung am Zeilenende*) Auch Fremdwörter sollen in der Regel zwischen ihren einzelnen etymologischen Bestandteilen getrennt werden, also z.B. zwischen *Atmo-* [zu grch. *atmos* »Dampf«] und *-sphäre* [zu grch. *sphaira* »Kugel, Ball«]. Häufig sind jedoch diese ursprünglichen Bestandteile für den Benutzer nicht mehr erkennbar oder nicht nachvollziehbar. In diesen Fällen ist auch eine Trennung gemäß der Sprechsilben statthaft, also *At-mos-phä-re.*

At|mo|sphä|re, ⟨auch⟩ **At|mos|phä|re** ⟨f.; -, -n⟩ **1** *Gashülle eines Planeten, bes. die Lufthülle der Erde* **2** *nicht mehr zulässige Maßeinheit für den Luftdruck* **2.1 physikalische** ~ ⟨atm⟩ *nicht mehr zulässige Druckeinheit, definiert als der Druck einer Quecksilbersäule von 760 mm Länge, zu ersetzen durch die Einheit Bar; 1 atm = 1,013 bar* **2.2 technische** ~ ⟨Abk.: at⟩ *nicht mehr zulässige Druckeinheit, definiert als der Druck von 1* kg/cm^2*, zu ersetzen durch die Einheit Bar; 1 at = 0,980 bar* **3** ⟨fig.⟩ *Umwelt, Einfluss, Stimmung;* eine ~ des Friedens, der Harmonie; zwischen den beiden herrscht eine gespannte ~ [< grch. *atmis* »Dampf« + *Sphäre*]

At|mo|sphä|ren|ü|ber|druck, ⟨auch⟩ **At|mos|phä|ren|ü|ber|druck** ⟨m.; -s; unz.; Abk.: atü⟩ *nicht mehr zulässige Druckeinheit, bezeichnete die Druckdifferenz zwischen dem Druck von einer Atmosphäre u. dem in einem Gefäß herrschenden höheren Druck, z.B. entsprach ein Druck von 3 atü einem Gesamtdruck von 4 at*

At|mo|sphä|ri|li|um, ⟨auch⟩ **At|mos|phä|ri|li|um** ⟨n.; -s, -li|en⟩ *in der uns umgebenden Luft enthaltender Stoff*

at|mo|sphä|risch, ⟨auch⟩ **at|mos|phä|risch** ⟨Adj.⟩ *die Atmosphäre(1) betreffend, zu ihr gehörig, auf ihr beruhend;* ~e **Dampfmaschine** *auf dem Luftdruck beruhende alte Form der D.;* ~e **Elektrizität** *die in der Luft enthaltene E., z.B. bei Gewitter;* ~e **Störungen** *elektromagnet. Wellen u. Entladungen, die den Rundfunkempfang stören;* ~e **Zirkulation** *Kreislauf der Luft innerhalb der Lufthülle der Erde*

A|tọll ⟨n.; -s, -e⟩ *ringförmige Koralleninsel in den trop. Gebieten des Stillen Ozeans* [< mal. *atolu*]

A|tom ⟨n.; -(e)s, -e⟩ **1** *kleinstes Teilchen eines chem. Elements* **2** ⟨fig.⟩ *winziges Teilchen, Winzigkeit* [< grch. *atomos* »unteilbar«, < *a...* »nicht« + *tome* »Schnitt«]

A|tom|an|trieb ⟨m.; -(e)s, -e⟩ *Antrieb eines Fahrzeugs (vor allem eines Schiffes) durch die mit einem Kernreaktor erzeugte Energie;* Sy *Kernenergieantrieb*

a|to|mar ⟨Adj.⟩ oV ⟨schweiz.⟩ *atomisch* **1** *das Atom betreffend, auf ihm beruhend* **2** *die Atomwaffen betreffend, auf ihnen beruhend, mit ihrer Hilfe*

A|tom|bat|te|rie ⟨f.; -, -n⟩ **1** ⟨†⟩ = *Kernreaktor* **2** *durch den radioaktiven Zerfall bestimmter Atome mit Energie belieferte Batterie, heute meist als Radionuklidbatterie bezeichnet*

A|tom|bom|be ⟨f.; -, -n⟩ **1** *Bombe mit Kernsprengstoff als Ladung* **2** ⟨i.e.S.⟩ *Kernspaltungsbombe, im Gegensatz zur Kernverschmelzungsbombe, Wasserstoffbombe*

A|tom|e|ner|gie ⟨f.; -; unz.⟩ *durch Kernspaltung od. -verschmelzung gewonnene Energie;* Sy *Kernenergie*

A|tom|ge|ne|ra|tor ⟨m.; -s, -en⟩ = *Radionuklidbatterie*

A|tom|ge|wicht ⟨n.; -(e)s, -e⟩ *Masse eines Atoms*

A|tom|git|ter ⟨n.; -s, -⟩ *Kristallgitter, dessen Gitterplätze nicht mit Ionen, sondern mit ungeladenen Atomen besetzt sind, tritt auf beim Diamanten u. vielen organ. Verbindungen*

a|to|misch ⟨Adj.; schweiz.⟩ = *atomar*

A|to|mi|seur ⟨[-zøːr] m.; -s, -e⟩ *Zerstäuber;* oV *Atomizer* [frz., »Spraydose«]

a|to|mi|sie|ren ⟨V.⟩ *in Atome zerkleinern, völlig zerstören, vernichten*

A|to|mis|mus ⟨m.; -; unz.⟩ = *Atomistik*

A|to|mịst ⟨m.; -en, -en⟩ *Vertreter, Anhänger der Atomistik*

A|to|mịs|tik ⟨f.; -; unz.⟩ *von Demokrit begründete Lehre, dass alle Materie aus kleinsten unteilbaren Teilchen (Atomen) aufgebaut sei, Vorläuferin der materialist. Philosophie;* Sy *Atomismus* [→ *Atom*]

a|to|mịs|tisch ⟨Adj.⟩ *die Atomistik betreffend, zu ihr gehörig, auf ihr beruhend*

A|to|mi|zer ⟨[ætəmaizə(r)] m.; -s, -⟩ = *Atomiseur* [engl., »Zerstäuber«]

A|tom|kern ⟨m.; -s, -e⟩ *zentraler Kern eines Atoms, um den die Elektronen kreisen*

A|tom|kern|re|ak|ti|on ⟨f.; -, -en⟩ *Umwandlung, die in einem Atomkern vor sich geht*

A|tom|kraft|werk ⟨n.; -(e)s, -e⟩ *Kraftwerk, das*

seine Energie durch die Spaltung von Uranatomen gewinnt; Sy *Kernkraftwerk, Kernreaktor*

A|tom|mei|ler ⟨m.; -s, -; umg.⟩ = *Kernreaktor*

A|tom|phy|sik ⟨f.; -; unz.⟩ *Lehre von den Atomen u. ihrer Umwandlung*

A|tom|re|ak|tor ⟨m.; -s, -ren⟩ = *Kernreaktor*

A|tom|stopp ⟨m.; -s; unz.; umg.⟩ *Einstellung der Produktion von Atomenergie u. Atomwaffen*

A|tom|strom ⟨m.; -s; unz.⟩ *elektr. Strom, der in Kernkraftwerken erzeugt wird*

A|tom|the|o|rie ⟨f.; -; unz.⟩ *Lehre, dass alle irdischen Stoffe aus kleinsten Teilen, den Atomen, bestehen*

A|tom|uhr ⟨f.; -, -en⟩ *auf der Eigenschwingungszahl bestimmter Atome beruhende Uhr höchster Genauigkeit*

A|tom|vo|lu|men ⟨[-vo-] n.; -s, - od. -mi|na⟩ *der Raum, den ein Grammatom eines Stoffes einnimmt* [< *Atom* + *Volumen*]

A|tom|waf|fe ⟨f.; -, -n⟩ *auf Atomkernumwandlung beruhende Waffe,* z.B. die Atombombe

A|tom|wär|me ⟨f.; -; unz.⟩ *Produkt aus spezif. Wärme u. Atomgewicht*

a|to|nal ⟨Adj.⟩ *nicht tonal, zwölftonig, nicht auf einen Grundton bezogen, gleichberechtigt (von den Tönen der Tonleiter);* ~e **Musik** *Musik, die die 12 Töne der Tonleiter gleichberechtigt nebeneinander u. ohne Bezug auf einen Grundton verwendet, Zwölftonmusik;* Sy *Dodekaphonie* [< *a...*[1] + *Ton*]

A|to|na|list ⟨m.; -en, -en⟩ *Vertreter der atonalen Musik*

A|to|na|li|tät ⟨f.; -; unz.⟩ *atonale Kompositionsweise;* Ggs *Tonalität*

A|to|nie ⟨f.; -, -n; Med.⟩ *Erschlaffung;* ~ des Zellgewebes der Muskeln [< *A...*[1] + *...tonie*]

a|to|nisch ⟨Adj.⟩ *die Atonie betreffend, auf ihr beruhend*

A|to|non ⟨n.; -s, -na⟩ *unbetontes Wort, das sich verkürzt an ein vorgehendes od. folgendes betontes Wort anlehnt,* z.B. „können S'" statt „können Sie" [< *a...*[1] + grch. *tonos* »Spannung, Spannkraft«]

A|tout ⟨[atu:] m.; -s, -s od. n.; -s, -s; Kart.⟩ *Trumpf* [< frz. *à tout* »auf alles, für alles«]

à tout prix ⟨[a tupri:]⟩ *um jeden Preis* [frz.]

a|to|xisch ⟨Adj.⟩ *ungiftig* [< *a...*[1] + *toxisch*]

A|to|xyl ⟨n.; -s; unz.⟩ *nicht mehr gebräuchl. Arzneimittel zur Bekämpfung der Schlafkrankheit* [< *atoxisch* + *...yl*]

ATP ⟨Abk. für⟩ *Adenosintriphosphat*

A|tre|sie, ⟨auch⟩ **At|re|sie** ⟨f.; -, -n⟩ *angeborenes Fehlen einer Körperöffnung;* ~ von Mund od. After [< *A...*[1] + grch. *tran* »durchbohren«]

A|tri|um, ⟨auch⟩ **At|ri|um** ⟨n.; -s, A|tri|en⟩ **1** *Hauptraum u. Mittelpunkt des altrömischen Hauses* **2** *offener, auf 3–4 Seiten umbauter Hof od. Garten eines Gebäudes* **3** *Säulenvorbau altchristl. Kirchen* **4** ⟨Anat.⟩ *Vorhof des Herzens* [lat., »Vorsaal, Vorhalle«]

A|tri|um|haus, ⟨auch⟩ **At|ri|um|haus** ⟨n.; -es, -häu|ser⟩ *um einen Innenhof od. Garten herumgebaute Wohnanlage* [→ *Atrium(2)*]

A|tro|phie ⟨f.; -, -n; Med.⟩ *Schwund, Schrumpfung von Muskeln, Zellgewebe od. Organen* [< *A...*[1] + *...trophie*]

a|tro|phie|ren ⟨V.⟩ *schwinden, schrumpfen*

a|tro|phisch ⟨Adj.⟩ *die Atrophie betreffend, auf ihr beruhend*

A|tro|pin, ⟨auch⟩ **At|ro|pin** ⟨n.; -s; unz.⟩ *Arzneimittel, in der Tollkirsche enthaltenes starkes Gift, chem. das in der Atropa (Tollkirsche) entdeckte Alkaloid* [< grch. *atropos* »unabwendbar« (wegen der tödl. Wirkung); < grch. *a...* »nicht« + *trepein* »wenden«]

at|tac|ca ⟨Mus.⟩ *unmittelbar (an das vorhergehende Stück) anschließend* [ital., »häng an, befestige«; zu *attacare*]

At|ta|ché ⟨[-ʃe:] m.; -s, -s⟩ *Begleiter eines Gesandten, meist Nachwuchsdiplomat; Berater einer Auslandsvertretung;* Kultur~; Militär~ [< frz. *attacher* »befestigen«]

At|tache|ment ⟨[ataʃmã:] n.; -s, -s⟩ **1** *Zuneigung* **2** *militär. Abteilung, die zur bes. Verwendung abkommandiert ist* [frz., »Anhänglichkeit«; zu *attacher* »befestigen«]

at|ta|chie|ren ⟨[-ʃi:-] V.; †⟩ *zuteilen, zu-, beigesellen* [frz., *attacher* »befestigen«]

At|tack ⟨[ətæk] f.; -, -s; Mus.⟩ **1** ⟨Jazz⟩ *lautes u. nachhaltiges Anspielen eines Tones* **2** *Anschwellen des Tones bis zur maximalen Tonstärke (beim Synthesizer)* [engl., »Angriff, Attacke«]

At|ta|cke ⟨f.; -, -n⟩ **1** ⟨urspr.⟩ *Angriff mit der blanken Waffe, Reiterangriff;* ~ reiten (gegen) **2** *Angriff, Anfall, bes. Krankheitsanfall;* Herz~ [< frz. *attaque* »Angriff«]

at|ta|ckie|ren ⟨V.⟩ **1** jmdn. ~ *angreifen* **2** ⟨fig.⟩ *jmdm., zusetzen, jmdn. stark bedrängen* [< frz. *attaquer* »angreifen«]

At|ten|tat ⟨a. ['---] n.; -(e)s, -e⟩ *(polit.) Mordanschlag, Gewalttat;* ein ~ auf jmdn. verüben; ein ~ auf jmdn. vorhaben ⟨umg.; scherzh.⟩ *jmdn. um eine (große) Hilfeleistung bitten wollen* [frz., »Anschlag« < lat. *attentatum*; zu *attentare* »abtasten, beizukommen suchen«]

At|ten|tä|ter ⟨a. ['----] m.; -s, -⟩ *jmd., der ein Attentat verübt (hat)* [volksetymolog. umgebildet nach *Missetäter, Übeltäter*]

At|ten|ti|on ⟨[atãsjɔ̃:] f.; -; unz.⟩ *Aufmerksamkeit, Achtung, Obacht (meist als Ausruf, Mahnung zur Vorsicht)* [frz., »Aufmerksamkeit«]

At|ten|tis|mus ⟨m.; -; unz.⟩ *Haltung eines Menschen, der mit seiner Entscheidung bis zum Ende eines Streites zwischen zwei Parteien wartet, um sich dann der erfolgreichen Partei anzuschließen* [< lat. *attentio* »Anspannung des Geistes zu einem bestimmten Zweck, Aufmerksamkeit«]

at|ten|tis|tisch ⟨Adj.⟩ *in der Art des Attentismus, abwartend*

At|test ⟨n.; -(e)s, -e⟩ *schriftl. (bes. ärztl.) Bescheinigung, Zeugnis* [< lat. *attestari* »bezeugen«, < *ad* »zu« + *testis* »Zeuge«]

At|tes|ta|ti|on ⟨f; -, -en; DDR⟩ **1** *Bescheini-*

gung unter Erlass eines Prüfungsnachweises **2** *Titelverleihung als Anerkennung für langjährige Berufspraxis*

at|tes|tie|ren ⟨V.⟩ *ein Attest ausstellen über, bescheinigen*

At|tes|tie|rung ⟨f.; -, -en⟩ *das Attestieren, Bescheinigung*

At|ti|ka ⟨f.; -, -ken; Baukunst⟩ *wandartiger, meist bildhauerisch verzierter Aufbau über dem Hauptgesims eines Gebäudes* [<lat. *atticus* »attisch, athenisch«]

At|ti|la ⟨m.; -s, -s od. f.; -, -s⟩ *schnürenbesetzte kurze Jacke, bes. Husarenjacke* [umg., nach dem Hunnenkönig *Attila*]

at|tisch ⟨Adj.⟩ **1** *die griech. Halbinsel Attika betreffend, zu ihr gehörig, von ihr stammend* **2** ~es Salz *geistreiche, witzige Bemerkung; feiner Witz, Geist*

At|ti|tude ⟨[-tyːd] f.; -, -n; Ballett⟩ *Körperhaltung, wobei ein Bein waagerecht nach hinten erhoben u. der Unterschenkel zu 90° abgewinkelt ist* [frz.; → *Attitüde*]

At|ti|tü|de ⟨f.; -, -n⟩ **1** *ausdrucksvolle Körperhaltung, Stellung, Gebärde* **2** *(innere) Einstellung* [<frz. *attitude* »Haltung, Stellung(nahme)«]

At|ti|zis|mus ⟨m.; -; unz.⟩ *Gegenbewegung gegen des Asianismus vom 1. Jh. v. Chr. bis 2. Jh. n. Chr., Pflege u. Nachahmung der attischen Dichter* [nach der grch. Landschaft *Attika*]

At|to- ⟨Abk.: a; vor Maßeinheiten⟩ *ein Trillionstel, 10^{-18}, der betreffenden Grundeinheit, z.B. 1 am = 10^{-18} Meter* [norw., dän. *atten* »achtzehn«]

At|trac|tants ⟨[ətræktənts]⟩, **At|trak|tan|zi|en** ⟨Pl.⟩ *Lockstoffe für Insekten* [zu engl. *attract* »anziehen«]

At|trak|ti|on ⟨f.; -, -en⟩ **1** *Anziehung, Anziehungskraft* **2** ⟨Theat.⟩ *Zugstück* **3** ⟨Zirkus⟩ *Glanznummer* **4** *bes. gut gehende Ware* [<frz. *attraction* »Anziehung(skraft)«]

at|trak|tiv ⟨Adj.⟩ *anziehend, anziehungskräftig* [→ *Attraktion*]

At|trak|ti|vi|tät ⟨[-vi-] f.; -; unz.⟩ *attraktive Beschaffenheit, Anziehungskraft*

At|trap|pe ⟨f.; -, -n⟩ **1** *Falle, Schlinge* **2** *(täuschend ähnl.) Nachbildung, Schaupackung;* Sy *Dummy* **3** *trüger. Schein* **4** ⟨scherzh.⟩ *Mensch, hinter dem nichts steckt, Blender* [<frz. *attrape* »Falle«]

at|trap|pie|ren ⟨V.; †⟩ **1** *überlisten* **2** *ertappen* [<frz. *attraper* »fangen«]

at|tri|bu|ie|ren ⟨V.; Gramm.⟩ **1** *zum Attribut machen, als Attribut gebrauchen;* attribuiertes Adjektiv **2** *mit einem Attribut versehen*

At|tri|but ⟨n.; -(e)s, -e⟩ **1** *wesentl. Merkmal, bleibende Eigenschaft* **2** *Kennzeichen, Beigabe, sinnbildl. zugehöriges Zeichen;* der Dreizack als ~ Neptuns **3** ⟨Gramm.⟩ *zu einem Nomen od. Verbum tretendes Wort, Satzteil od. Satz, Beifügung* [<lat. *attributum*, Part. Perf. zu *attribuere* »zuschreiben, beilegen«]

at|tri|bu|tiv ⟨Adj.; Gramm.⟩ *als Attribut gebraucht, beigefügt*

At|tri|but|satz ⟨m.; -(e)s, -sät|ze⟩ *Attribut in Form eines Gliedsatzes, Beifügungssatz*

At|tri|ti|on ⟨f.; -; unz.; kath. Kirche⟩ *die noch nicht vollkommene, nur aus Furcht vor Strafe empfundene Reue;* Ggs *Kontrition* [<lat. *attritio;* zu *atterere* »anfassen, berühren«]

a|tü ⟨Zeichen für⟩ *die nicht mehr zulässige Druckeinheit Atmosphärenüberdruck*

a|ty|pisch ⟨Adj.⟩ *nicht typisch, von der Regel abweichend*

Au ⟨chem. Zeichen für⟩ *Gold (Aurum)*

au|ber|gine ⟨[obɛrʒiːn] Adj.; undekl.⟩ *dunkellila*

Au|ber|gi|ne ⟨[obɛrʒiːnə] f.; -, -n⟩ *gurkenförmige, kürbisähnliche Frucht der Eierpflanze (Solanum melongena), Eierfrucht* [frz. <katalan. *alberginia* <arab.]

a.u.c. ⟨Abk. für⟩ *ab urbe condita*

au|di|a|tur et al|te|ra pars ⟨Rechtsw.⟩ *auch der andere Teil muss gehört werden (bei Rechtsstreitigkeiten)* [lat.]

Au|di|ence|flow ⟨[ɔːdiənsflou] m.; -s; unz.; TV⟩ *Versuch der Fernsehsender, eine hohe Einschaltquote während der Werbung zu erzielen, indem sie die Werbeblöcke z.B. an den spannungsreichsten Stellen eines Films einbauen* [engl., »Publikums-, Zuschauerfluss«]

Au|di|enz ⟨f.; -, -en⟩ **1** *feierl. offizieller Empfang* **2** *Unterredung (mit hohen Würdenträgern)* [<lat. *audientia* »Aufmerksamkeit, Gehör«]

Au|di|fon ⟨n.; -s, -e⟩ = *Audiphon*

Au|di|max ⟨n.; -; unz.; verkürzt für⟩ *Auditorium maximum*

Au|di|me|ter ⟨m.; -s, -⟩ *Apparat, der die Einschaltzeit u. -dauer an Rundfunk- u. Fernsehgeräten (für statistische Zwecke) aufzeichnet* [<lat. *audire* »hören« + *...meter*]

Au|di|o|file ⟨[-fail] m.; -s, -s; EDV⟩ *Datei unterschiedlichen Formates, die digitalisierte Töne enthält, z.B. als Geräuschkulisse für Computerspiele* [<lat. *audire* »hören« + engl. *file* »Akte, Ordner«]

au|di|o|lin|gu|al ⟨Adj.⟩ *das gehörte Wort als Grundlage nehmend (im Fremdsprachenunterricht)* [<lat. *audire* »hören« + *lingua* »Zunge«]

Au|di|o|lo|gie ⟨f.; -; unz.⟩ *Lehre vom Hören, vom menschl. Gehör* [<lat. *audire* »hören« + *...logie*]

Au|di|o|me|trie, ⟨auch⟩ **Au|di|o|met|rie** ⟨f.; -; unz.⟩ *Prüfung des Gehörs mit Hörmessgeräten;* Sy *Akumetrie* [<lat. *audire* »hören« + *...metrie*]

Au|di|on ⟨n.; -s, -s od. -o|nen⟩ *Schaltung in Rundfunkempfängern mit Elektronenröhren zum Trennen der niederfrequenten (hörbaren) Schwingungen von der Trägerfrequenz* [<lat. *audire* »hören«]

Au|dio-Vi|deo-Tech|nik ⟨[-viː-] f.; -; unz.⟩ *Technik des Übertragens u. Empfangens von Ton u. Bild;* →a. *AVI-Format* [<lat. *audire* »hören« + *videre* »sehen«]

Au|di|o|vi|si|on ⟨[-vi-] f.; -; unz.⟩ *Technik des*

Speicherns u. Wiedergebens von Ton u. Bild [<lat. *audire* »hören« + *visio* »das Sehen«]
au|di|o|vi|su|ell ⟨[-vi-] Adj.⟩ *das Hören u. Sehen betreffend* [<lat. *audire* »hören« + *visuell*]
Au|di|phon ⟨n.; -s, -e⟩ *Hörapparat für Schwerhörige;* oV *Audifon* [<lat. *audire* »hören« + grch. *phonos* »Stimme«]
Au|dit ⟨[ɔ:dit] n. od. m.; -s, -s; häufig in Zus.⟩ oV *Auditing* **1** *Prüfung, Überprüfung, Revision* **2** *(an Unternehmen, Kommunen u.Ä. verliehenes) Zertifikat, Auszeichnung für besondere Verdienste in einem bestimmten Wirkungsbereich;* Umwelt~; Öko~ [engl., <lat. *auditio* »Anhören, Zuhören«]
Au|di|teur ⟨[oditø:r] m.; -s, -e; früher⟩ *Rechtsgelehrter beim Militärgericht* [frz., »Zuhörer«]
Au|di|ting ⟨[ɔ:ditiŋ] n.; -s, -s⟩ = *Audit* [engl.]
Au|di|ti|on¹ ⟨f.; -; unz.; bes. Theol.⟩ *Hören von Lauten, Worten od. Botschaften mit dem inneren Ohr* [zu lat. *audire* »hören«]
Au|di|tion² ⟨[ɔdiʃən] f.; -, -s⟩ *Probesprechen, Vorsingen od. Vortanzen für ein Engagement;* an einer ~ teilnehmen [engl.]
Au|di|tie|rung ⟨f.; -, -en⟩ *Verleihung eines Audits, Auszeichnung mit einem Audit*
au|di|tiv ⟨Adj.⟩ **1** *das Hören betreffend, auf ihm beruhend, mit seiner Hilfe, zum Hören dienend* **2** *vorwiegend mit Gehörsinn begabt;* ein ~er Typ [<lat. *audire* »hören«]
Au|di|tor ⟨m.; -s, -to|ren⟩ **1** *Richter, Beamter der Kurie* **2** ⟨schweiz.⟩ *Vorsitzender eines Militärgerichts* [lat., »Zuhörer«]
Au|di|to|ri|um ⟨n.; -s, -ri|en⟩ **1** *Hörsaal;* ~ maximum *größter Hörsaal eines Universitätsgebäudes* **2** *Zuhörerschaft* [lat., »Hörsaal«]
auf|ok|troy|ie|ren, ⟨auch⟩ **auf|okt|ro|yie|ren** ⟨[-troa-] V.⟩ = *oktroyieren*
au four ⟨[ofu:r]⟩ *im Ofen gebraten, gebacken* [frz., »im Backofen«]
Au|gen|mi|grä|ne, ⟨auch⟩ **Au|gen|mig|rä|ne** ⟨f.; -, -n⟩ = *Flimmerskotom*
Au|gi|as|stall ⟨m.; -(e)s, -stäl|le⟩ **1** *verschmutzter Raum* **2** *unordentl., vernachlässigte Arbeit* [nach dem sagenhaften König *Augias* von Elis, der eine Herde von 3000 Rindern besaß, deren in 30 Jahren nicht gereinigten Stall Herkules in einem Tag ausmistete, indem er einen Fluss hindurchleitete]
Au|git ⟨m.; -s, -e⟩ *Mineral aus einem Silicat, dessen Kristallgitter in bestimmter Weise angeordnet ist;* Sy *Pyroxen* [<grch. *auge* »Licht, Glanz«]
Aug|ment ⟨n.; -(e)s, -e⟩ **1** *Zuwachs, Zusatz* **2** ⟨Gramm.⟩ *dem Verbstamm vorangesetzter Wortbildungsteil, bes. im Griechischen* [<lat. *augmentum* »Vermehrung, Zuwachs«; zu *augere* »vermehren«]
Aug|men|ta|ti|on ⟨f.; -, -en⟩ **1** *Vermehrung, Zusatz* **2** ⟨Mus.⟩ *Vergrößerung der Notenwerte des Themas* [→ *Augment*]
Aug|men|ta|tiv|suf|fix ⟨n.; -es, -e⟩ *Vergrößerungssuffix, Nachsilbe, die eine Vergrößerung bezeichnet,* z.B. ital. -one in casone »großes Haus«, zu casa »Haus«; Sy *Amplifikativsuffix;* Ggs *Diminutivsuffix*
aug|men|tie|ren ⟨V.⟩ *vermehren, vergrößern*
Au|gur ⟨m.; -en, -en⟩ *altröm. Priester u. Wahrsager* [lat., »Vogelschauer, Wahrsager aus dem Flug u. Geschrei der Vögel« <lat. *avis* »Vogel« + kelt. *gur* »Mann«]
Au|gu|ren|lä|cheln ⟨n.; -s; unz.⟩ *verständnisinniges Lächeln unter Eingeweihten* [nach den oft selbst ungläubigen *Auguren*]
Au|gust ⟨m.; -(e)s, -e⟩ *der achte Monat im Jahr* [<lat. *Augustus;* zu *Augustus* »der Erhabene, Ehrwürdige«, Ehrenname des Kaisers Oktavian; zu *augere* »vermehren«]
au|gus|te|isch ⟨Adj.⟩ *den röm. Kaiser Augustus u. sein Zeitalter betreffend;* ~es Zeitalter *kunstfreundliches Zeitalter* [nach der Blütezeit der röm. Kunst und Literatur unter *Augustus;* → *August*]
Au|gus|ti|ner ⟨m.; -s, -⟩ *Mönch des Augustinerordens* [nach dem hl. *Augustinus,* 354-430 n. Chr.]
Auk|ti|on ⟨f.; -, -en⟩ *Versteigerung* [<lat. *auctio* »Vermehrung, Versteigerung«]
Auk|ti|o|na|tor ⟨m.; -s, -to|ren⟩ *Versteigerer*
auk|ti|o|nie|ren ⟨V.⟩ *versteigern* [<lat. *auctionari* »Versteigerung halten«; zu *augere* »vermehren«]
auk|to|ri|al ⟨Adj.; Lit.⟩ ~er Erzähler *aus einer übergeordneten, allwissenden Perspektive eingreifender Erzähler* [<lat. *auctor* »Vermehrer, Urheber«]
Au|la ⟨f.; -, Au|len⟩ **1** *Vorhof des griechischen Hauses* **2** *Festsaal in Schule od. Universität* [<lat. *aula* <grch. *aule* »Vorhof an grch. Gebäuden; Königspalast«]
Au|le|tik ⟨f.; -; unz.⟩ *solistisches Spielen des Aulos*
Au|los ⟨m.; -, Au|loi od. Au|len⟩ *antikes griech., der Schalmei ähnliches Blasinstrument mit doppeltem Rohrblatt* [grch.]
au na|tu|rel ⟨[o natyrɛl]⟩ *ohne künstl. Zusatz, natürlich (bei Speisen u. Getränken)* [frz., »im natürlichen (Zustand)«]
au pair ⟨[o pɛ:r]⟩ *Leistung gegen Leistung, auf Gegenleistung, ohne Bezahlung* [frz., »zum gleichen (Wert)«]

> **Aupairmädchen, Au-pair-Mädchen** (*Getrennt- u. Zusammenschreibung*) Zusammengesetzte Begriffe aus Fremdsprachen werden grundsätzlich wie deutsche Komposita behandelt und daher zusammengeschrieben. Allerdings kann der Schreibende zwischen den einzelnen Bestandteilen einen Bindestrich setzen, wenn einzelne Wörter hervorgehoben oder unübersichtliche Verbindungen vermieden werden sollen. (→ a. *Desktoppublishing/Desktop-Publishing*).

Au|pair|mäd|chen, ⟨auch⟩ **Au-pair-Mäd|chen** ⟨[opɛ:r-] n.; -s, -⟩ *Mädchen, das gegen Unter-*

kunft, Verpflegung u. Taschengeld in einer Familie arbeitet u. zusätzlich ihre Sprachkenntnisse verbessert [→ *au pair*]

au por|teur ⟨[o pɔrtøːr]⟩ *auf den Inhaber lautend (bei Wertpapieren)* [frz., »auf den Träger (des Namens)«]

Au|ra ⟨f.; -, Au|ren⟩ **1** *okkulte Strahlungserscheinungen, die einen Menschen (angeblich) umgeben* **2** ⟨fig.⟩ *Gesamtheit der Wirkungen, die von einem Menschen ausgehen* **3** *Sinnesempfindungen verschiedener Art vor Anfällen aller Art, auch vor See- u. Luftkrankheit* [lat., »Lufthauch, Luft«]

au|ral ⟨Adj.⟩ = *aurikular* [< lat. *auris* »Ohr«]

Au|ra|min ⟨n.; -s; unz.⟩ *gelber Teerfarbstoff* [< lat. *aurum* »Gold«]

Au|rar ⟨Pl. von⟩ *Eyrir*

Au|re|o|le ⟨f.; -, -n⟩ **1** *Heiligenschein (um die ganze Gestalt)* **2** ⟨Astron.; Meteor.⟩ = *Halo* **3** ⟨Bgb.⟩ *bläul. Lichterkranz an Grubenlampen bei Auftreten von Grubengas* [< lat. *aureolus* »golden, schön, herrlich«; zu *aurum* »Gold«]

Au|re|us ⟨m.; -, -rei⟩ *altröm. Goldmünze* [lat.]

Au|ri|gna|ci|en, ⟨auch⟩ **Au|rig|na|ci|en** ⟨[ɔrinjasjɛ̃ː] n.; -s; unz.⟩ *Stufe der jüngeren Altsteinzeit* [nach der südfranzösischen Stadt *Aurignac*]

Au|ri|gnac|ras|se, ⟨auch⟩ **Au|rig|nac|ras|se** ⟨[ɔrinjaːk-] f.; -; unz.⟩ *Menschenrasse des Aurignacien*

Au|ri|kel ⟨f.; -, -n⟩ *Art der Primel: Primula auricula* [< lat. *auricula* »Öhrchen«; zu *auris* »Ohr«]

au|ri|ku|lar, au|ri|ku|lär ⟨Adj.⟩ *das Ohr betreffend, zu ihm gehörig;* Sy *aural* [< lat. *auricularius* »zum Ohr gehörig«; zu *auris* »Ohr«]

Au|ri|pig|ment ⟨n.; -(e)s; unz.⟩ *goldgelbes Arsenmineral, chem. Arsentrisulfid, Rauschgelb* [< lat. *aurum* »Gold« + *Pigment*]

Au|ro|ra ⟨f.; -; unz.⟩ *Morgenröte* [nach der röm. Göttin der Morgenröte]

Au|ro|ra|fal|ter ⟨m.; -s, -⟩ *zu den Weißlingen gehörige Schmetterlingsart: Anthocaris cardamines*

Au|rum ⟨n.; - od. -s; unz.; chem. Zeichen: Au⟩ *Gold* [lat.]

aus|a|gie|ren ⟨V.; Psych.⟩ eine Emotion ~ *in Handlung umsetzen*

aus|bal|do|wern ⟨V.; umg.⟩ *erkunden, auskundschaften* [→ *Baldower*]

aus|che|cken ⟨[-tʃɛkən] V.; Flugw.⟩ *nach dem Verlassen des Flugzeugs die Kontrollen passieren* [→ *checken*]

aus|flip|pen ⟨V.; umg.⟩ **1** *sich (durch auffälliges Verhalten) den von der Gesellschaft gegebenen Normen u. Zwängen entziehen;* plötzlich brach er die Ausbildung ab u. flippte völlig aus **2** *die Nerven verlieren, sich über etwas sehr aufregen (und übermäßig darauf reagieren);* als er von ihrer Kündigung hörte, flippte er total aus **3** *sich für etwas stark begeistern, sich sehr über etwas freuen;* die Gewinnerin flippte vor Freude völlig aus [zu engl. *flip* »wegschnipsen«]

aus|kno|cken ⟨[-nɔ-] V.⟩ **1** ⟨Sp.; Boxen⟩ *durch Knockout besiegen* **2** ⟨fig.⟩ *übertrumpfen, ausstechen*

Aus|kul|tant ⟨m.; -en, -en; Rechtsw.⟩ **1** ⟨†; eigtl.⟩ *Zuhörer* **2** *Beisitzer ohne Stimmrecht* [< lat. *auscultans,* Part. Präs zu *auscultare* »horchen«]

Aus|kul|ta|ti|on ⟨f.; -, -en; Med.⟩ *Abhorchen der Körpergeräusche mit Ohr od. Hörrohr;* ~ von Herz und Lunge [< lat. *auscultatio* »das Horchen«]

Aus|kul|ta|tor ⟨m.; -s, -to|ren; Rechtsw.⟩ *Gerichtsreferendar*

aus|kul|ta|to|risch ⟨Adj.; Med.⟩ *durch Auskultation, mit ihrer Hilfe*

aus|kul|tie|ren ⟨V.⟩ *abhorchen (von Körpergeräuschen)* [< lat. *auscultare* »zuhören, horchen«]

aus|log|gen ⟨V.; EDV⟩ *beenden, abschalten (Programm, Computer);* Ggs *einloggen* [zu engl. *log* »eintragen«]

Aus|pi|zi|um ⟨n.; -s, -zi|en; meist Pl.; bei den alten Römern⟩ **1** *Voraussage nach der Deutung des Vogelfluges* **2** *Aussicht, Hoffnung* **3** *Obhut, Leitung;* unter günstigen Auspizien [lat., »Beobachtung der Wahrzeichen«]

aus|po|wern[1] ⟨V.⟩ **1** jmdn., ein Land ~ *ausplündern* **2** *arm machen, ausbeuten* [< frz. *pauvre* »arm«]

aus|pow|ern[2], ⟨auch⟩ **aus|po|wern**[2] ⟨[-pauərn] V.; salopp⟩ jmdn. ~ *ausschalten, ausbeuten;* ausgepowert sein *erschöpft, kraftlos sein* [zu engl. *power* »Kraft, Macht«]

aus|quar|tie|ren ⟨V.⟩ jmdn. ~ *aus einer Unterkunft entfernen*

Aus|quar|tie|rung ⟨f.; -, -en⟩ *das Ausquartieren*

aus|ran|gie|ren ⟨[-raŋʒiː-] od. [-rãːʒiː-] V.⟩ **1** ⟨Eisenb.⟩ *durch Rangieren entfernen, abwegschieben* **2** ⟨fig.⟩ *aussondern, aussortieren, wegwerfen;* alte Kleider ~

aus|staf|fie|ren ⟨V.⟩ *ausstatten, ausrüsten, einkleiden;* festlich ~; jmdn. neu ~

aus|ta|rie|ren ⟨V.⟩ *ins Gleichgewicht bringen;* eine Waage ~

Aus|te|nit ⟨m.; -s, -e⟩ *Eisenmischkristall, chem. Eisencarbid* [nach dem Namen des engl. Forschers Roberts-*Austen* (1843-1902)]

Aus|ter ⟨f.; -, -n⟩ *essbare Muschel in warmen u. gemäßigten Meeren: Ostreidae* [< nddt. *uster* < ndrl. *oester,* engl. *oyster* < lat. *osterum* < grch. *osteron* < idg. **ost(h)* »Knochen«]

Aus|te|ri|ty ⟨[ɔstɛriti] f.; -; unz.; Pol.⟩ *wirtschaftliche Sparsamkeit* [engl., »Strenge, Härte«]

■ Die Buchstabenfolge **aus|tr...** kann auch **aust|r...** getrennt werden.

■ **aus|tral** ⟨Adj.⟩ *südlich, auf der südl. Halbkugel* [< lat. *australis* »zum Südwind gehörig«; zu *auster* »Südwind, Süden«]

■ **aus|tra|lid** ⟨Adj.⟩ *die Australiden betreffend, zu ihnen gehörig, Rassenmerkmale der Australiden zeigend* [→ *austral*]
■ **Aus|tra|li|de** ⟨m.; -n, -n⟩ *Angehörige(r) einer in Australien lebenden Menschenrasse, Ureinwohner Australiens*
■ **aus|tra|lo|id** ⟨Adj.⟩ *den Australiden ähnlich* [→ *austral*]
■ **Aus|tra|lo|i|de** ⟨m.; -n, -n⟩ *Mensch mit den Australiden ähnl. Rassenmerkmalen*
■ **Aus|tra|lo|pi|the|kus** ⟨m.; -; unz.⟩ *Angehöriger der ältesten u. ursprünglichsten Hominiden vom menschlichen Typus* [< *austral* + grch. *pithekos* »Affe«]
■ **Aus|tri|a|zis|mus** ⟨m.; -, -men⟩ *nur im österr. Sprachraum übliche Spracheigentümlichkeit* [zu *Austria,* dem neulat. Namen für Österreich]
aus|trick|sen ⟨V.; umg.⟩ jmdn. ~ *durch einen Trick überlisten, kaltstellen, ausschalten* [→ *Trick*]
aut..., Aut... ⟨Vors.⟩ *auto..., Auto...*
aut|ark, ⟨auch⟩ **au|tark** ⟨Adj.⟩ *unabhängig, selbständig;* oV *autarkisch;* ~e Wirtschaft [→ *Autarkie*]
Aut|ar|kie, ⟨auch⟩ **Au|tar|kie** ⟨f.; -, unz.⟩ *wirtschaftl. Selbständigkeit, Unabhängigkeit (vom Ausland)* [< grch. *autarkeia* < *autos* »selbst« + *arkein* »genügen«]
aut|ar|kisch, ⟨auch⟩ **au|tar|kisch** ⟨Adj.⟩ = *autark*
Au|then|tie ⟨f.; -, -n⟩ = *Authentizität*
au|then|ti|fi|zie|ren ⟨V.⟩ *die Echtheit bezeugen, beglaubigen;* ein Dokument ~ [< *authentisch* + *...fizieren*]
au|then|tisch ⟨Adj.⟩ *verbürgt, echt, zuverlässig;* ~e Nachricht [< grch. *authentikos* »gültig, echt, glaubwürdig«]
au|then|ti|sie|ren ⟨V.⟩ *glaubwürdig machen*
Au|then|ti|zi|tät ⟨f.; -, -en⟩ *Echtheit, Glaubwürdigkeit, Zuverlässigkeit;* Sy *Authentie* [→ *authentisch*]
au|thi|gen ⟨Adj.⟩ *am heutigen Fundort entstanden (bei Mineralien u. Gesteinen);* Ggs *allothigen* [< grch. *authigenes* »an Ort und Stelle entstanden«]
Au|tis|mus ⟨m.; -; unz.; Psych.⟩ *krankhafte Ichbezogenheit, das Sichabschließen von der Umwelt u. dauernde Beschäftigung mit der eigenen Fantasie, bes. bei Schizophrenie* [< grch. *autos* »selbst«]
Au|tist ⟨m.; -en, -en⟩ *jmd., der an Autismus leidet*
au|tis|tisch ⟨Adj.⟩ *auf Autismus beruhend*
Au|to[1] ⟨n.; -s, -s; kurz für⟩ **1** *Automobil* **2** *Autotypie*
Au|to[2] ⟨n.; -s, -s⟩ *einaktiges religiöses Schauspiel in Spanien u. Portugal, bes. im 12./13. Jh. bis zum 18. Jh.* [span. < lat. *actus* »Akt, Handlung«]
au|to..., Au|to... ⟨vor Vok.⟩ aut..., Aut... ⟨Vors.; in Zus.⟩ *selbst..., Selbst...* [< grch. *autos* »selbst«]
Au|to|an|ti|kör|per ⟨m.; -s, -⟩ *Antikörper, der gegen körpereigene Substanzen wirkt* [< *Auto...* + *Antikörper*]
Au|to|bi|o|graf ⟨m.; -en, -en⟩ *jmd., der eine Autobiografie schreibt;* oV *Autobiograph*
Au|to|bi|o|gra|fie ⟨f.; -, -n⟩ *Selbstbeschreibung, Beschreibung des eigenen Lebens;* oV *Autobiographie*
Au|to|bi|o|gra|fin ⟨f.; -, -fin|nen⟩ *Frau, die eine Autobiografie schreibt;* oV *Autobiographin*
au|to|bi|o|gra|fisch ⟨Adj.⟩ *eine Autobiografie betreffend, auf ihr beruhend, in der Art einer Autobiografie;* oV *autobiographisch*
Au|to|bi|o|graph ⟨m.; -en, -en⟩ = *Autobiograf*
Au|to|bi|o|gra|phie ⟨f.; -, -n⟩ = *Autobiografie*
Au|to|bi|o|gra|phin ⟨f.; -, -phin|nen⟩ = *Autobiografin*
au|to|bi|o|gra|phisch = *autobiografisch*
Au|to|bus ⟨m.; -ses, -se⟩ = *Omnibus* [verkürzt < *Auto*mobil + Omni*bus*]
Au|to|car ⟨m.; -s, -s; schweiz.; Kurzw.⟩ *Reisebus, Autobus für Gesellschaftsreisen* [< *Automobil* + engl. *car* »Wagen«]
Au|to|cho|rie ⟨[-ko-] f.; -; unz.⟩ *Verbreitung von Samen u. Früchten durch die Pflanze selbst* [< *Auto...* + grch. *chora* »Gegend, Land«]
Au|to|chrom ⟨[-kroːm] n.; -s, -e⟩ *veraltetes Verfahren der Farbenfotografie durch mehrfarbiges Überdrucken* [< *Auto...* + *...chrom*]
au|to|chthon, ⟨auch⟩ **au|toch|thon** ⟨[-tɔxtoːn] Adj.⟩ *alteingesessen, bodenständig, eingeboren;* Ggs *allochthon* [< *auto...* + grch. *chthon* »Erde«]
Au|to|chtho|ne(r), ⟨auch⟩ **Au|toch|tho|ne(r)** ⟨[-tɔxtoː-] f. 2 (m. 1)⟩ *Ureinwohner(in), Eingeborene(r)*
Au|to|cross, ⟨auch⟩ **Au|to-Cross** ⟨n.; -; unz.⟩ *Geschicklichkeits- u. Vielseitigkeitswettbewerb für Autofahrer im Gelände* [< *Auto*[1] + engl. *cross* »quer« im Sinne von »querfeldein«]
Au|to|cue ⟨[ɔːtəkjuː] m.; -s, -s; TV⟩ = *Teleprompter* [engl.]
Au|to|da|fé ⟨[-feː] n.; -s, -s⟩ **1** ⟨Spanien; 12./13. Jh.–18. Jh.⟩ *öffentl. Bekanntgabe u. Vollstreckung von Ketzergerichtsurteilen* **2** ⟨fig.⟩ *öffentliche Verbrennung verbotener Bücher* [< port. *auto da fé* < lat. *actus fidei* »Akt des Glaubens«]
Au|to|di|dakt ⟨m.; -en, -en⟩ *jmd., der sich durch Selbstunterricht bildet od. gebildet hat* [< *Auto...* + grch. *didaskein* »lehren«]
au|to|di|dak|tisch ⟨Adj.⟩ *in der Art eines Autodidakten, sich im Selbstunterricht bildend*
Au|to|di|ges|ti|on ⟨f.; -, -en⟩ = *Autolyse* [< *Auto...* + *Digestion*]
Au|to|drom ⟨n.; -s, -e⟩ **1** *ringförmige Straße für Renn- u. Testfahrten* **2** ⟨österr.⟩ *Fahrbahn für Autoskooter* [< *Auto...* + grch. *dromos* »Lauf«]
au|to|dy|na|misch ⟨Adj.⟩ *selbstwirkend*
Au|to|e|ro|tik ⟨a. [---'--] f.; -; unz.⟩ *auf die eigene Person gerichtete Erotik, z.B. Selbstbefriedigung;* → a. *Autosex, Masturbation* [< grch. *autos* »selbst« + *Erotik*]

Au|to|fo|kus ⟨m.; -, -; bei Fotokameras⟩ *automatische Schärfeneinstellung* [< *Auto…* + *Fokus*]

au|to|gam ⟨Adj.; Bot.⟩ *sich selbst befruchtend* [< *auto…* + *…gam*]

Au|to|ga|mie ⟨f.; -, -n⟩ *Selbstbefruchtung* [< *Auto…* + *…gamie*]

au|to|gen ⟨Adj.⟩ *ursprünglich, selbsttätig;* ~es **Schweißen und Schleifen** *Bearbeitung von Metall durch die Stichflamme eines Gemisches von Brenngas u. Sauerstoff;* ~es **Training** *(meist allein auszuführende) auf die eigene Person konzentrierte Entspannungsübungen* [< *auto…* + *…gen*[1]]

Au|to|gi|ro ⟨[-ʒiː-] n.; -s, -s⟩ *Tragschrauber, Vorläufer des Hubschraubers* [< *Auto…* + grch. *gyros* »Kreis«]

Au|to|gno|sie, ⟨auch⟩ **Au|tog|no|sie** ⟨f.; -; unz.; Philos.⟩ *Selbsterkenntnis* [< *Auto…* + *…gnosie*]

Au|to|graf ⟨n.; -s, -e⟩ = *Autograph*

Au|to|gra|fie ⟨f.; -, -n⟩ = *Autographie*

au|to|gra|fie|ren ⟨V.⟩ = *autographieren*

au|to|gra|fisch ⟨Adj.⟩ = *autographisch*

Au|to|gramm ⟨n.; -s, -e⟩ *handschriftl. Namenszug* [< *Auto…* + *…gramm*]

Au|to|graph ⟨n.; -s, -e⟩ *eigenhändig geschriebenes Schriftstück (einer bedeutenden Persönlichkeit), Urschrift;* oV *Autograf* [< *Auto…* + *…graph*]

Au|to|gra|phie ⟨f.; -, -n⟩ *veraltetes Vervielfältigungsverfahren durch Umdruck;* oV *Autografie;* Sy *Autolithographie*

au|to|gra|phie|ren ⟨V.⟩ oV *autografieren* **1** *eigenhändig schreiben* **2** *durch Autographie anfertigen*

au|to|gra|phisch ⟨Adj.⟩ oV *autografisch* **1** *eigenhändig geschrieben* **2** *die Autographie betreffend, auf ihr beruhend, mit ihrer Hilfe*

Au|to|gra|vü|re ⟨[-vyː-] f.; -, -n; Typ.⟩ *Tiefdruck mit Raster* [< *Auto…* + *Gravüre*]

Au|to|hyp|no|se ⟨f.; -, -n⟩ *Selbsthypnose, Hypnose ohne fremde Hilfe*

Au|to|in|fek|ti|on ⟨f.; -, -en⟩ *Infektion des eigenen Körpers durch einen Erreger, der bereits im Körper vorhanden ist*

Au|to|in|to|xi|ka|ti|on ⟨f.; -, -en⟩ *Selbstvergiftung (durch Fäulnisprodukte im eigenen Körper, z.B. im Darm)*

Au|to|kar|pie ⟨f.; -; unz.⟩ *Fruchtbildung nach Selbstbestäubung* [< *Auto…* + grch. *karpos* »Frucht«]

Au|to|ka|ta|ly|se ⟨f.; -, -n⟩ **1** *selbsttätig ablaufende katalyt. Reaktion* **2** *Beschleunigung einer chem. Reaktion durch einen Stoff, der durch die Reaktion selbst gebildet wird*

Au|to|ke|pha|lie ⟨f.; -, -n⟩ *kirchl. Unabhängigkeit, Eigenständigkeit (bes. der Ostkirche);* oV *Autozephalie* [< *Auto…* + *…kephalie*]

Au|to|ki|ne|se ⟨f.; -; unz.; Psych.⟩ *scheinbare Bewegung eines (im Dunkeln fixierten) Gegenstandes aufgrund der Eigenbewegung der Augen* [< *Auto…* + grch. *kinesis* »Bewegung«]

Au|to|ki|no ⟨n.; -s, -s⟩ = *Drive-in-Kino*

Au|to|klav ⟨m.; -s, -en [-vən]⟩ *Stahlgefäß für Arbeiten bei hohem Überdruck u. hoher Temperatur* [< *Auto…* + lat. *clavis* »Schlüssel«]

Aut|ö|ko|lo|gie ⟨f.; -; unz.⟩ *Teilgebiet der Ökologie, das sich mit den Wirkungen der Umweltfaktoren auf ein einziges Individuum beschäftigt* [< *Auto…* + *Ökologie*]

Au|to|kor|rek|tur ⟨f.; -, -en; EDV⟩ *(bei Textverarbeitungsprogrammen) automatische Funktion, die vom Programm nicht (als richtig) erkennbare Wörter markiert u. ggf. Verbesserungsvorschläge liefert* [< *Auto…* + *Korrektur*]

Au|to|kor|so ⟨m.; -s, -s⟩ *aus Autos bestehende Auffahrt als festliche Begleitung, z.B. bei einem Staatsempfang, aus Autos bestehender Demonstrationszug*

Au|to|krat ⟨m.; -en, -en⟩ *Selbstherrscher, Alleinherrscher, selbstherrliche Person* [→ *Autokratie*]

Au|to|kra|tie ⟨f.; -, -n⟩ *Selbst-, Alleinherrschaft* [< *Auto…* + *…kratie*]

au|to|kra|tisch ⟨Adj.⟩ *die Autokratie betreffend, auf ihr beruhend, unumschränkt*

Au|to|li|tho|gra|fie ⟨f.; -, -n⟩ = *Autolithographie*

Au|to|li|tho|gra|phie ⟨f.; -, -n⟩ = *Autographie;* oV *Autolithografie*

Au|to|ly|se ⟨f.; -, -n⟩ *Selbstauflösung abgestorbener Lebewesen ohne Beteiligung von Bakterien od. anderen Lebewesen;* Sy *Autodigestion* [< *Auto…* + *…lyse*]

au|to|ly|tisch ⟨Adj.⟩ *sich selbst auflösend*

Au|to|mat ⟨m.; -en, -en⟩ **1** ⟨Kyb.⟩ *ein System (z.B. Maschine), das Informationen aus der Umgebung aufnimmt, speichert, verarbeitet u. Informationen an die Umgebung abgibt* **2** *selbsttätiger Arbeits- od. Verkaufsapparat;* Musik~; Waren~ **3** *selbsttätige Maschine* [< grch. *automatos* »aus eigener Bewegung handelnd, freiwillig«]

Au|to|ma|tie ⟨f.; -, -n⟩ *unwillkürliche Tätigkeit von Organen (z.B. Darmtätigkeit), unbewusst ablaufender Vorgang (z.B. Atmung)*

Au|to|ma|tik ⟨f.; -, -en⟩ **1** ⟨unz.⟩ *Lehre von der Selbsttätigkeit* **2** ⟨zählb.⟩ *automat. arbeitende Steuer- od. Kontrollvorrichtung* **3** ⟨Kurzw. für⟩ *Automatikgetriebe*

Au|to|ma|ti|on ⟨f.; -; unz.⟩ = *Automatisierung(2)*

au|to|ma|tisch ⟨Adj.⟩ **1** *mit Hilfe eines Automaten; selbsttätig* **2** ⟨fig.⟩ *wie ein Automat, unwillkürlich, zwangsläufig*

au|to|ma|ti|sie|ren ⟨V.⟩ *automatisch machen, mit Automaten ausstatten*

Au|to|ma|ti|sie|rung ⟨f.; -, -en⟩ **1** *das Automatisieren* **2** *Einführung automatischer Arbeitsgänge;* Sy *Automation*

Au|to|ma|tis|mus ⟨m.; -, -men⟩ *dem Bewusstsein entzogener Ablauf von Bewegungen u. Sinneseindrücken, z.B. in der Hypnose*

Au|to|mi|xis ⟨f.; -; unz.⟩ *Vereinigung zweier Keimzellen gleicher Herkunft* [< *Auto…* + grch. *mixis* »Vermischung, Begattung«]

Au|to|mo|bil ⟨n.; -s, -e; kurz: Auto⟩ *Personenkraftwagen* [< *Auto*… + lat. *mobilis* »beweglich«]
Au|to|mo|bi|list ⟨m.; -en, -en; österr. u. schweiz.⟩ *Kraftfahrer, Autofahrer*
au|to|mo|bi|lis|tisch ⟨Adj.⟩ *das Automobil betreffend, zu ihm gehörig*
Au|to|mo|bil|sa|lon ⟨[-lɔ̃ː] od. [-lɔŋ], österr. a. [-loːn] m.; -s, -s⟩ = *Autosalon*
au|to|morph ⟨Adj.⟩ = *idiomorph* [< *auto*… + …*morph*]
au|to|nom ⟨Adj.⟩ *selbständig, unabhängig, nach eigenen Gesetzen lebend;* Ggs *heteronom;* ~es Nervensystem = *vegetatives Nervensystem* [< *auto*… + …*nom*[1]]
Au|to|no|me(r) ⟨f. 2 (m. 1)⟩ *Mitglied einer Gruppe von Anarchisten, die nach eigenen (staatsfeindlichen) Gesetzen leben u. teilweise an gewalttätigen Auseinandersetzungen teilnehmen*
Au|to|no|mie ⟨f.; -, -n⟩ **1** ~ von Gemeinden od. Ländern *Recht, sich eigene Gesetze zu geben, Selbstverwaltung* **2** *Unabhängigkeit, Eigengesetzlichkeit;* Ggs *Heteronomie*
Au|to|no|mist ⟨m.; -en, -en⟩ *Anhänger der Autonomie, Kämpfer für die Autonomie*
aut|o|nym, ⟨auch⟩ **au|to|nym** ⟨Adj.⟩ = *orthonym*
Au|to|phi|lie ⟨f.; -, unz.⟩ *Selbst-, Eigenliebe* [< *Auto*… + *philie*]
Au|to|pi|lot ⟨m.; -en, -en⟩ *Einrichtung an Flugzeugen, die einen einmal vorgegebenen Kurs nach Richtung u. Flughöhe selbsttätig einhält* [< *Auto*… + *Pilot*]
Au|to|plas|tik ⟨f.; -, -en; Med.⟩ *Verpflanzung von Gewebe auf denselben Körper* [< *Auto*… + *Plastik*]
au|to|poi|e|tisch ⟨Adj.⟩ *das eigene Schaffen, Wirken betreffend* [< *auto*… + grch. *poiesis* »Dichtung, Dichtkunst«]
Au|to|pol|ling ⟨n.; -s, -s; EDV⟩ = *Polling*
Au|to|po|ly|plo|i|die ⟨[-ploːi-] f.; -; unz.⟩ *Vervielfachung des arteigenen Chromosomensatzes* [< *Auto*… + *Polyploidie*]
Aut|op|sie, ⟨auch⟩ **Au|top|sie** ⟨f.; -, -n⟩ **1** *Selbstbeobachtung, Selbstwahrnehmung, (eigener) Augenschein* **2** *Betrachtung, Beobachtung des Kranken, ohne diesen zu befragen* **3** *Leichenschau, Leichenöffnung* [< *Auto*… + …*opsie*]
Au|tor ⟨m.; -s, -to|ren⟩ *Verfasser, Urheber;* ~ eines Kunst- od. Schriftwerkes [<frz. *auteur* »Verfasser«, <lat. *auctor* »Vermehrer, Urheber«]
Au|to|ra|dio ⟨n.; -s, -s⟩ *in ein Auto eingebautes Radio*
Au|to|ra|di|o|gra|fie ⟨f.; -, -n⟩ = *Autoradiographie*
Au|to|ra|di|o|gra|phie ⟨f.; -, -n; Biochem.⟩ *Technik zur radiologischen Markierung u. Darstellung von DNA-Fragmenten;* oV *Autoradiografie*
Au|to|re|peat ⟨[-ripiːt] n.; -s; unz.⟩ *Wiederholautomatik (bei CD-Playern u. Kassettenrecordern)* [< *Auto*… + engl. *repeat* »wiederholen«]
Au|to|re|verse ⟨[-rivəːs] n.; -; unz.⟩ *automatische Umstellung der Bandlaufrichtung (bei Tonbandgeräten u. Kassettenrecordern)* [<grch. *autos* »selbst« + engl. *reverse* »Rückseite«]
Au|to|rin ⟨f.; -, -rin|nen⟩ *Verfasserin, Urheberin;* Roman~
Au|to|ri|sa|ti|on ⟨f.; -, -en⟩ *Ermächtigung, Bevollmächtigung* [→ *Autor*]
au|to|ri|sie|ren ⟨V.⟩ *(als einzigen zu etwas) ermächtigen, Vollmacht erteilen;* jmdn. zu etwas ~; autorisierte Übersetzung [→ *Autor*]
Au|to|ri|sie|rung ⟨f.; -, -en⟩ *das Autorisieren, Bevollmächtigung*
au|to|ri|tär ⟨Adj.⟩ **1** *auf Autorität beruhend* **2** *mit (unumschränkter) Autorität herrschend;* ~es Regime; ~er Staat [<frz. *autoritaire* »diktatorisch, herrisch«]
Au|to|ri|tät ⟨f.; -, -en⟩ **1** ⟨unz.⟩ *Geltung, Ansehen, maßgebender Einfluss;* jmds. ~ untergraben; sich ~ verschaffen; seine ~ wahren **2** ⟨zählb.⟩ *Person mit maßgebendem Einfluss, Person, deren Wissen u. Urteil allgemein anerkannt wird, anerkannter Fachmann;* eine ~ auf einem Gebiet sein [<frz. *autorité* »Machtbefugnis«, <lat. *autoritas* »Bürgschaft, Sicherheit, Ermächtigung«]
au|to|ri|ta|tiv ⟨Adj.⟩ **1** *auf Autorität beruhend, mit Hilfe einer Autorität* **2** *entscheidend, maßgebend*
Au|tor|kor|rek|tur ⟨f.; -, -en; Typ.⟩ *Korrektur durch den Autor selbst*
Au|to|sa|lon ⟨[-lɔ̃ː] od. [-lɔŋ], österr. a. [-loːn] m.; -s, -s⟩ *Ausstellung bzw. Ausstellungsort neuer Automodelle;* Sy *Automobilsalon*
Au|to|save ⟨[-sɛiv] n.; -; unz.; EDV⟩ *automatische Speicherung* [< *Auto*… + engl. *save* »retten, sichern«]
Au|to|se|man|ti|kum ⟨n.; -s, -ka; Sprachw.⟩ *Wort, das eine eigene lexikalische Bedeutung besitzt,* z.B. »Stuhl«, »laufen«; → a. *Synsemantikum* [< *Auto*… + grch. *semantikos* »bezeichnend, bedeutend«]
Au|to|sen|si|bi|li|sie|rung ⟨f.; -, -en⟩ *Bildung von Antikörpern im Organismus aufgrund körpereigener Substanzen*
Au|to|sex ⟨m.; - od. -es; unz.⟩ **1** *auf die eigene Person ausgerichtete Sexualität, z.B. Masturbation* **2** ⟨umg.⟩ *im Auto vollzogene geschlechtliche Handlung* [< *Auto*… + lat. *sexus* »Geschlecht«]
Au|to|skoo|ter ⟨[-skuː-] m.; -s, -⟩ = *Skooter*
Au|to|sko|pie, ⟨auch⟩ **Au|tos|ko|pie** ⟨f.; -, -n⟩ *direkte Kehlkopfuntersuchung (ohne Spiegel)* [< *Auto*… + …*skopie*]
Au|to|som ⟨n.; -s, -e⟩ *nicht geschlechtsgebundenes Chromosom* [< *Auto*… + grch. *soma* »Körper«]
Au|to|stra|da ⟨f.; -, -s⟩ *Autobahn* [ital.]
Au|to|sug|ges|ti|on ⟨f.; -; unz.⟩ *Selbstbeeinflussung, Erweckung von Vorstellungen ohne äußere Einflüsse*

au|to|sug|ges|tiv ⟨Adj.⟩ *sich selbst beeinflussend* [→ *Autosuggestion*]

Au|to|to|mie ⟨f.; -, -n⟩ *Selbstverstümmelung (von Tieren)* [< *Auto…* + grch. *tome* »Schnitt«]

Au|to|to|xin ⟨n.; -s, -e⟩ *im Körper selbst entstehender Giftstoff* [< *Auto…* + *Toxin*]

Au|to|trans|fu|si|on ⟨f.; -, -en⟩ *Eigenblutübertragung* [< *Auto…* + *Transfusion*]

au|to|troph ⟨Adj.; Bot.⟩ *sich von anorganischen Stoffen ernährend;* Ggs *heterotroph* [< *auto…*+ *…troph*]

Au|to|tro|phie ⟨f.; -; unz.⟩ *Fähigkeit der grünen Pflanzen, sich von anorganischen Stoffen zu ernähren;* Ggs *Heterotrophie*

Au|to|tro|pis|mus ⟨m.; -; unz.; Bot.⟩ *Bestreben der Pflanze, eine einmal erfolgte Krümmung durch Reize wieder auszugleichen u. in die Normallage zurückzukehren*

Au|to|ty|pie ⟨f.; -, -n; Buchdruck; Kurzw.: Auto⟩ **1** *Druckstock* **2** *das davon hergestellte Druckbild, mit durch Raster entstandenen Halbtönen im Gegensatz zur Strichätzung;* Sy *Rasterätzung* [< *Auto…* + *…typie*]

Aut|o|xi|da|ti|on ⟨f.; -, -en⟩ *durch Einwirkung von Luftsauerstoff bei nur wenig erhöhten Temperaturen ablaufende Oxidationsvorgänge in manchen Stoffen, z.B. das Rosten von Eisen od. das Vermodern organischer Stoffe* [< *Auto…* + *Oxidation*]

Au|to|ze|pha|lie ⟨f.; -, -n⟩ = *Autokephalie*

Au|to|zid|me|tho|de ⟨f.; -; unz.⟩ *Methode der biolog. Schädlingsbekämpfung, bei der die Anzahl der unbefruchteten Eier durch den Zusatz sterilisierter Männchen erhöht wird* [< *Auto…* + *…zid*[1]]

Au|to|zoom ⟨[-zu:m] n.; -s, -s⟩ *Zoomobjektiv mit automat. Schärfeneinstellung* [< grch. *autos* »selbst« + *Zoom*]

au|tum|nal ⟨Adj.⟩ *Herbst…, herbstlich* [< lat. *autumnus* »Herbst, herbstlich«]

Au|tu|nit ⟨n.; -s; unz.⟩ *ein Uranmineral* [nach dem Fundort in der Nähe der frz. Stadt *Autun*]

Au|xa|no|me|ter ⟨n.; -s, -⟩ *Messgerät für das Pflanzenwachstum* [< grch. *auxanein* »vermehren« + *…meter*]

aux fines herbes ⟨[o:finzɛrb] Kochk.⟩ *mit feingehackten Kräutern (u. Pilzen)* [frz., »mit feinen Kräutern«]

au|xi|li|ar ⟨Adj.⟩ *zur Hilfe dienend, helfend, Hilfs…* [< lat. *auxiliaris* »helfend«]

Au|xi|li|ar|verb ⟨n.; -s, -en⟩ *Hilfsverb,* z.B. haben, sein, werden

Au|xin ⟨n.; -s, -e; Bot.⟩ *Pflanzenwuchsstoff* [< grch. *auxin* »wachsen«]

a v. ⟨Abk. für⟩ *a vista*

A|val ⟨[-va:l] m.; -s, -e od. selten n.; -s, -e⟩ *Wechselbürgschaft* [frz.]

a|va|lie|ren ⟨[-va-] V.⟩ *als Wechselbürge unterschreiben* [→ *Aval*]

A|van|ce ⟨[avã:s(ə)] f.; -, -n⟩ **1** *Vorsprung* **2** *Vorteil, Gewinn* **3** *(Geld-)Vorschuss* **4** *Entgegenkommen, Ermutigung;* jmdm. ~n machen *sich jmdm. annähern, jmdm. Komplimente machen* **5** ⟨Abk.: A; Zeichen: + ; auf der Stellscheibe von Uhren⟩ *Zeichen, dass man eine Schraube od. einen Hebel in der bezeichneten Richtung stellen muss, um ein Schnellergehen der Uhr zu bewirken* [frz., »das Vordringen, Vorsprung«]

A|van|ce|ment ⟨[avãs(ə)mã:] n.; -s, -s; bes. Mil.⟩ *Beförderung* [frz., »Vorrücken«]

a|van|cie|ren ⟨[avãsi:rən] V.; bes. Mil.⟩ *vorrücken, in eine höhere Stellung, einen höheren Rang aufrücken* [< frz. *avancer* »vorrücken«]

A|van|ta|ge ⟨[avãta:ʒ(ə)] f.; -, -n⟩ **1** *Vorteil, Nutzen* **2** *Vorgabe* [frz.]

A|van|ta|geur ⟨[avãtaʒø:r] m.; -s, -e⟩ *Fahnenjunker, Offiziersanwärter* [→ *Avantage*]

A|vant|gar|de ⟨[avã-] f.; -; unz.⟩ **1** ⟨bes. Mil.⟩ *Vorhut* **2** *Gruppe von Vorkämpfern (für eine Idee od. Bewegung)* **3** ⟨Lit.⟩ *literarische Richtung gegen Ende des 19. Jhs., die für neue Ideen u. Formen eintrat* [frz., »Vorhut (einer Streitmacht)«]

A|vant|gar|dist ⟨[avã-] m.; -en, -en⟩ *Angehöriger der Avantgarde, Vorkämpfer*

a|vant|gar|dis|tisch ⟨[avã-] Adj.⟩ *zur Avantgarde gehörig, vorkämpferisch*

a|van|ti! ⟨[-van-]⟩ *vorwärts!* [ital.]

avdp ⟨Abk. für⟩ *Avoirdupois*

A|ve ⟨[-ve]⟩ **1** *sei gegrüßt!, lebe wohl!* **2** ⟨verkürzt für⟩ *Avemaria*

A|ve|ma|ria ⟨[-ve-] n.; - od. -s, - od. -s⟩ *nach seinen Anfangsworten »Ave Maria« (Gegrüßt seist du, Maria) benanntes kath. Gebet, englischer Gruß;* ein ~ beten

A|ven|tu|rin ⟨[-vɛn-] m.; -s, -e⟩ *von zahlreichen kleinen Rissen durchzogener, gelber, roter od. brauner Quarz* [< frz. *aventure* »unerwartetes Ereignis« (nach seiner zufälligen Entstehung)]

A|ve|nue ⟨[avəny:] f.; -, -n⟩ *Prachtstraße, Allee* [frz., »breite Zufahrtsstraße«]

A|ve|rage ⟨[ævəridʒ] m.; -, -s⟩ **1** ⟨zählb.⟩ *Durchschnittswert* **2** ⟨Mar.; unz.⟩ *Havarie* [engl., »Durchschnitt, Mittelwert« < frz. *avarie* < ital. *avaria,* entlehnt < arab. *'awar* »Schaden«]

A|ver|bo ⟨[-vɛ:r-] n.; -s, -s od. -bi⟩ *Gesamtheit der Stammformen des Verbums, aus denen sich die übrigen Formen ableiten lassen,* z.B. laufen, lief, gelaufen [< lat. *a verbo* »vom Tätigkeitswort«]

A|vers ⟨[-vɛ:rs]; m.; -es, -e⟩ Ggs *Revers(2)* **1** ~ einer **Münze** *Vorderseite* **2** ~ einer **Medaille** *Bildseite* [frz.]

A|ver|sal|sum|me ⟨[-vɛr-] f.; -, -n⟩ = *Aversum*

A|ver|si|on ⟨[-vɛr-] f.; -, -en⟩ *Abneigung, Widerwille* [< lat. *aversio* »das Abwenden«; zu *avertere* »abwenden«]

A|ver|si|o|nal|sum|me ⟨[-vɛr-] f.; -, -n⟩ = *Aversum*

a|ver|si|o|nie|ren ⟨[-vɛr-] V.; †⟩ *abfinden* [< lat. *emptio per aversionem* »Kauf mit Abwendung, ohne genaue Besichtigung«]

A|ver|sum ⟨[-vɛr-] n.; -s, -sa; †⟩ *Abfindungssumme;* Sy *Aversalsumme, Aversionalsumme* [→ *aversionieren*]

a|ver|tie|ren ⟨[-vɛr-] V.⟩ **1** *benachrichtigen* **2** *einen Wink geben* [<frz. *avertir* »benachrichtigen«]

A|ver|tis|se|ment ⟨[avɛrtis(ə)mã:] n.; -s, -s⟩ *Benachrichtigung; Wink* [frz., »Benachrichtigung, Warnung«]

A|vi|a|ri|um ⟨[-vi-] n.; -s, -ri|en⟩ *großes Vogelhaus* [<lat. *avis* »Vogel«]

A|vi|a|tik ⟨[-vi-] f.; -; unz.; †⟩ *Flugtechnik, Flugwesen* [<lat. *avis* »Vogel«]

A|vi|a|ti|ker ⟨[-vi-] m.; -s, -; †⟩ *Flieger, Kenner des Flugwesens*

AVI-For|mat ⟨n.; -(e)s, -e; EDV; Abk. für engl.⟩ *Audio Video Interleaved, Format zur Speicherung von Bild u. Ton, welches das Abspielen von entsprechend bearbeiteten Videosequenzen auf dem Bildschirm ermöglicht;* →a. *Audio-Video-Technik* [zu engl. *interleave* »durchschießen, durchsetzen«]

a|vi|ru|lent ⟨[-vi-] Adj.⟩ *nicht virulent, nicht ansteckend, nicht ansteckungsfähig;* Ggs *virulent*

A|vis ⟨[avi:] n.; -, - [avi:] od. [avi:s] m.; -es [-zəs], -e [-zə]⟩ oV ⟨österr.⟩ *Aviso*[1] **1** *Nachricht, Anzeige, schriftl. Ankündigung (einer Sendung)* **2** *briefl. Mitteilung über die Ausstellung eines Wechsels an denjenigen, der die Zahlung leisten soll* [frz., »Benachrichtigung«]

a|vi|sie|ren ⟨[-vi-] V.⟩ jmdm. etwas ~ **1** *jmdn. benachrichtigen, in Kenntnis setzen von etwas* **2** ⟨†⟩ *schriftlich ankündigen* [→ *Avis*]

A|vi|so[1] ⟨[-vi:-] n.; -s, -s; österr.⟩ = *Avis*

A|vi|so[2] ⟨[-vi:-] n.; -s, -s⟩, **A|vi|so|boot** ⟨[-vi:-] n.; -(e)s, -e⟩ *schnelles, kleines Kriegsschiff* [span. od. ital., »Eilschiff zur schnellen Nachrichtenübermittlung«]

a vis|ta ⟨[-vis-] Finanzw.⟩ **1** *auf od. bei Sicht, bei Vorlage fällig (z.B. Wechsel)* **2** ⟨Mus.⟩ *vom Blatt (zu spielen);* ein Stück ~ spielen [ital., »bei Sicht«]

A|vis|ta|wech|sel ⟨[-vis-] m.; -s, -⟩ *Sichtwechsel* [→ *a vista*]

A|vi|ta|mi|no|se, ⟨auch⟩ **A|vit|a|mi|no|se** ⟨[-vit-] f.; -, -n⟩ *Vitaminmangelkrankheit* [<*A...*[1] + *Vitamin*]

A|vi|va|ge ⟨[-viva:ʒə] f.; -, -n⟩ *Nachbehandlung von Geweben, um ihnen Glanz zu geben*

a|vi|vie|ren ⟨[-vivi:-] V.⟩ gefärbtes Gewebe ~ *ihm Glanz geben* [<frz. *aviver* »beleben«]

A|vo|ca|do ⟨[-vo-] f.; -, -s⟩ oV *Avokado* **1** *kleiner Baum aus der Familie der Lorbeergewächse mit birnenförmigen, dunkelgrünen bis braunroten Früchten: Persea gratissima* **2** *dessen Frucht* [<span. *aguacate* <Nahuatl *ahuacatl*; gekürzt aus: *ahuacatl* »Hoden« + *cuahuitl* »Baum« (als Aphrodisiakum angesehen)]

A|voir|du|pois ⟨frz. [-voa:rdypoa:], engl. [ævədəpɔis] n.; -; unz.; Abk.: avdp⟩ *nordamerik. u. engl. Handelsgewichtseinheit, 453,593 g* [frz., eigtl. *avoir du poids* »Gewicht haben«]

A|vo|ka|do ⟨[-vo-] f.; -, -s⟩ = *Avocado*

A|vus ⟨[-vus] f.; -; unz.⟩ *Autorennstrecke bei Berlin* [verkürzt <*A*utomobil-*V*erkehrs- und *Ü*bungs*s*traße]

AWACS ⟨Abk. für engl.⟩ *Airborne Warning and Control System, von den USA entwickeltes Radar-Früherkennungssystem, das in Flugzeuge vom Typ Boeing 707 eingebaut wurde* [engl., »Bord- (eigtl.: in der Luft befindl.) Warn- und Kontrollsystem«]

A|wes|ta ⟨n.; -; unz.⟩ *Sammlung heiliger Schriften der Parsen* [<pers. *Apastak* »Grundtext«]

a|wes|tisch ⟨Adj.⟩ *das Awesta betreffend, zu ihm gehörig*

a|xi|al ⟨Adj.⟩ **1** *auf eine Achse bezogen* **2** *symmetrisch angeordnet;* ~er Schriftsatz; Ggs *anaxial* [<lat. *axis* »Achse«]

A|xi|a|li|tät ⟨f.; -; unz.⟩ *Bezogenheit auf eine Achse, axiale Anordnung, axiale Beschaffenheit*

a|xil|lar ⟨Adj.⟩ **1** *die Achselhöhle betreffend, zu ihr gehörig, in ihr gelegen* **2** ⟨Bot.⟩ *in der Blattachsel stehend* [<lat. *axilla* »Achselhöhle«]

A|xil|lar|knos|pe ⟨f.; -, -n⟩ *in der Blattachsel stehende Knospe*

A|xi|nit ⟨m.; -s, -e⟩ *ein Silicatmineral von unterschiedl. Färbung, oft als Schmuckstein verwendet*

A|xi|o|lo|gie ⟨f.; -; unz.; Philos.⟩ *Wertlehre* [<grch. *axios* »wert(voll)« + *...logie*]

a|xi|o|lo|gisch ⟨Adj.⟩ *die Axiologie betreffend, auf ihr beruhend*

A|xi|om ⟨n.; -s, -e⟩ **1** *grundlegender Lehrsatz, der ohne Beweis einleuchtet* **2** *Annahme als Grundlage eines wissenschaftl. Systems* [<grch. *axioma;* zu *axioun* »für recht halten«]

A|xi|o|ma|tik ⟨f.; -; unz.⟩ *Lehre von den Axiomen*

a|xi|o|ma|tisch ⟨Adj.⟩ **1** *auf Axiomen beruhend* **2** *gewiss, unmittelbar einleuchtend*

a|xi|o|ma|ti|sie|ren ⟨V.⟩ *zum Axiom erklären;* eine mathematische Tatsache ~

A|xo|lotl ⟨m.; -s, -⟩ *mexikan. Wassermolch, der schon im Larvenstadium fortpflanzungsfähig ist: Amblystoma mexicanum* [aztek., »Diener des Wassers«]

A|xon ⟨n.; -s, A|xo|ne⟩ *Neurit der Nervenzelle* [<grch. *axon* »Achse«]

A|ya|tol|lah ⟨m.; -, -s; Islam⟩ *hoher Geistlicher der Schiiten;* oV *Ajatollah* [pers. *ayatullah* »Zeichen Gottes«]

Aye-Aye ⟨[ajai] n.; -, -s⟩ *50 cm langer, geschweifter, nachts aktiver Halbaffe Madagaskars mit langen, schlanken Fingern (Fingertier): Daubertonia madagaskariensis* [<frz. <madegass. *ajai*]

A|yur|ve|da ⟨[-ve:-] m.; - od. -s; unz.⟩ *Sammlung der bedeutendsten Lehrbücher der altindischen Medizin (bei der ärztlichen Behandlung werden überwiegend pflanzliche Arzneien angewendet);* oV *Ayurweda* [<Sanskrit *weda* »Wissen«]

A|yur|we|da ⟨m.; - od. -s; unz.⟩ = *Ayurveda*
A|za|lee ⟨[-leːə] f.; -, -n [-leːən]⟩ *Gattung der Erikagewächse, meist immergrüne Sträucher, mit dem Rhododendron verwandt;* oV *Azalie* [<grch. *azaleos* »dürr«]
A|za|lie ⟨[-liə] f.; -, -n⟩ = *Azalee*
a|zen|trisch, ⟨auch⟩ **a|zent|risch** ⟨Adj.⟩ *nicht auf ein Zentrum bezogen*
a|ze|o|trop ⟨Adj.⟩ ~es Gemisch ⟨Chem.⟩ *aus zwei oder mehr Flüssigkeiten bestehendes Gemisch, das einen konstanten Siedepunkt aufweist, der von den Siedepunkten der Einzelbestandteile abweicht* [< *a…*[1] + grch. *zein* »sieden« + *…trop*[1]]
A|zet|al|de|hyd ⟨m.; -s; unz.⟩ = *Acetaldehyd*
A|ze|tat ⟨n.; -(e)s, -e⟩ = *Acetat*
A|ze|tat|sei|de ⟨f.; -, -n⟩ = *Acetatseide*
A|ze|ton ⟨n.; -s; unz.⟩ = *Aceton*
A|ze|ton|ä|mie, ⟨auch⟩ **A|ze|to|nä|mie** ⟨f.; -, -n⟩ = *Acetonämie*
A|ze|ton|u|rie, ⟨auch⟩ **A|ze|to|nu|rie** ⟨f.; -, -n⟩ = *Acetonurie*
A|ze|ty|len ⟨n.; -s; unz.⟩ = *Acetylen*
A|ze|tyl|säu|re ⟨f.; -, -n⟩ = *Acetylsäure*
A|zid ⟨n.; -(e)s, -e⟩ *Salz der Stickstoffwasserstoffsäure* [→ *Azot*]
A|zi|di|me|trie, ⟨auch⟩ **A|zi|di|met|rie** ⟨f.; -; unz.⟩ = *Acidimetrie*
A|zi|di|tät ⟨f.; -; unz.⟩ = *Acidität*
A|zi|do|se ⟨f.; -, -n⟩ = *Acidose*
A|zi|mut ⟨n.; -s, -e; od. m.; -s, -e⟩ *Winkel, den ein Vertikal- od. Höhenkreis mit dem Meridian bildet* [<arab. *as-sumut* »die Wege«]
a|zi|mu|tal ⟨Adj.⟩ *auf den Azimut bezogen, ihn betreffend*
A|zi|ne ⟨Pl.; Chem.⟩ *Stickstoffverbindungen (Grundstoff für Azinfarbstoffe)* [→ *Azot*]
a|zo…, A|zo… ⟨in Zus.⟩ *stickstoff…, Stickstoff…* [<frz. *azote* <grch. *a…* »nicht« + *zoe* »Leben«]
A|zo|farb|stoff ⟨m.; -(e)s, -e⟩ *Stoff aus einer Gruppe von Teerfarbstoffen, die eine bes. Stickstoffgruppe (chem. Formel -N= N-) enthalten u. zum Färben von Wolle, Baumwolle, Seide u. Leinen verwendet werden, in zahlreichen Farbtönen herstellbar* [→ *Azot*]
A|zo|grup|pe ⟨f.; -, -n⟩ *chem. Verbindungen, die die Stickstoffverbindung -N= N- enthalten* [→ *Azot*]
A|zo|i|kum ⟨n.; -s; unz.⟩ *ältestes Erdzeitalter ohne Lebewesen* [< *A…*[1] + *…zoikum*]
a|zo|isch ⟨Adj.⟩ *das Azoikum betreffend, zu ihm gehörig*
A|zo|o|sper|mie ⟨[-tsoːo-] f.; -; unz.⟩ *Fehlen der Samenzellen in der Samenflüssigkeit* [< *A…*[1] + *Zoon* + *Sperma*]
A|zot ⟨n.; -s; unz.⟩ *Stickstoff* [<frz. *azote*, <grch. *a…* »nicht« + *zoe* »Leben«]
a|zo|tie|ren ⟨V.⟩ organische Verbindungen ~ *Stickstoff in organ. Verbindungen einführen* [→ *Azot*]
A|zo|to|bak|ter ⟨m. od. n.; -s, -⟩ *Knöllchenbakterium, Stickstoffbakterium* [< *Azot* + *Bakterium*]
A|zot|u|rie, ⟨auch⟩ **A|zo|tu|rie** ⟨f.; -, -n⟩ *vermehrte Ausscheidung von Stickstoff im Harn* [< *Azot* + *…urie*]
A|zu|le|jos ⟨[-sulɛxɔs] Pl.⟩ *bunte (bes. blaue) span. Wandfliesen, von den Mauren eingeführt* [span.; zu *azul* »blau«]
A|zu|len ⟨n.; -s, -e⟩ *aromat. Kohlenwasserstoff mit blauer bis violetter Farbe u. keimtötender Wirkung, kommt im Kamillenöl vor* [<span. *azul* »blau«]
A|zur ⟨m.; -s; unz.⟩ *Himmelsblau, -bläue* [<frz. *azur* <ital. *azzurro* <pers. *ladschuward* »Lazurstein, Blaustein«]
A|zu|ree|li|ni|en ⟨Pl.⟩ *waagerechtes Linienfeld in Vordrucken für Wertangaben*
a|zu|riert ⟨Adj.⟩ *mit Azureelinien versehen*
A|zu|rit ⟨m.; -s, -e⟩ *Mineral, chem. basisches Kupfercarbonat, Formel $Cu_3((OH)_2(CO_3)_2)$, Kupferlasur* [→ *Azur*]
a|zurn ⟨Adj.⟩ *azurblau, azurfarben, himmelblau*
A|zy|an|op|sie, ⟨auch⟩ **A|zy|a|nop|sie** ⟨f.; -; unz.⟩ *Farbenblindheit für blaue Farben* [< *A…*[1] + grch. *kyaneos* »dunkelblau« + *…opsie*]
a|zy|klisch, ⟨auch⟩ **a|zyk|lisch** ⟨Adj.⟩ **1** *nicht zyklisch, nicht kreisförmig;* →a. *acyclisch* **2** *zeitl. unregelmäßig* **3** ⟨Med.⟩ *unregelmäßig verlaufend (ohne die übl. Zwischenräume)* **4** ⟨Bot.⟩ *spiralig*
A|zy|mon ⟨n.; - od. -s, -ma; jüd. Rel.⟩ *ungesäuertes Brot, Matze* [< *A…*[1] + grch. *zyme* »Sauerteig, Gärungsstoff«]
Az|zur|ri ⟨Pl.; Sp.⟩ *italienische Fußballnationalmannschaft, die traditionell mit blauen Trikots u. blauen Stutzen spielt* [<ital. *azzurro* »blau«]

B

B 1 ⟨chem. Zeichen für⟩ *Bor* **2** ⟨EDV; Abk. für⟩ *Byte* **3** ⟨Abk. für⟩ *Baht*
Ba ⟨chem. Zeichen für⟩ *Barium*
Baal ⟨m.; -s, -e od. -im; im Vorchristentum Bez. für⟩ *Gottheit* [hebr.]
Baas ⟨m.; -es, -e; niederdt.⟩ *Herr, Meister, Vorgesetzter* [ndrl.]
Ba|ba[1] ⟨m.; -, -⟩ *türkischer relig. Ehrentitel, angesehener Geistlicher* [türk., »alter Vater«]
Ba|ba[2] ⟨f.; -, -s; slawische Kurzform u. Kosename für⟩ *Großmutter* [zu russ. *babuschka* »Großmutter, Mütterchen«]
Ba|ba[3] ⟨f.; -, -s⟩ *russisch-poln. hoher Napfkuchen, der mit Rum getränkt wird* [poln.]
Bab|bitt|me|tall ⟨n.; -s, -e; Sammelbez. für⟩ *eine Gruppe von Blei- u. Zinnbronzen*
Ba|be|si|en ⟨Pl.; Med.⟩ *durch Zeckenbiss auf Mensch u. Tier übertragbare einzellige Krank-*

heitserreger, z.B. des weltweit verbreiteten Texasfiebers der Rinder [nach dem rumän. Mediziner V. *Babes,* 1854–1926]

Ba|bis|mus ⟨m.; -; unz.; Rel.⟩ *ursprünglich islamische Sekte, gegründet von Mirza Ali Mohammed (1819–1850), der mit seiner Offenbarung hervortrat u. sich »bab« (Tor) nannte, durch das man in die Erlösung eingehen werde;* → a. *Bahaismus* [< arab. *bab* »Tor«]

Ba|bist ⟨m.; -en, -en; Rel.⟩ *Anhänger des Babismus*

Ba|bu ⟨m.; -s, -s⟩ **1** ⟨unz.⟩ *(gebildeter) Mann, Herr (als Titel in Indien)* **2** ⟨zählb.⟩ *Träger dieses Titels* [hind., »Fürst«]

Ba|bu|sche ⟨f.; -, -n⟩ *Stoffpantoffel, Hausschuh;* oV *Pampusche* [<frz. *babouche* »Schlappschuh« <arab. *bâbûs* <pers. *pâpûs*]

> **Baby** (*Deklination von Fremdwörtern*) Fremdwörter, die in die deutsche Standardsprache eingegangen sind, werden nach den für deutsche Wörter geltenden Regeln dekliniert. Dementsprechend lautet der Plural des Wortes *»Baby«* im Deutschen *»Babys«* und nicht wie im Englischen *»Babies«* (→a. *Hobby*).

Ba|by ⟨[be:bi] n.; -s, -s⟩ *Säugling, kleines Kind* [engl.]

Ba|by... ⟨[be:bi] in Zus.⟩ *Säuglings...;* ~sprache *vereinfachte Sprache, die mit Kleinkindern gesprochen wird* [engl.]

Ba|by|boom ⟨[be:bibu:m] m.; -s; unz.; umg.⟩ *plötzliches Ansteigen der Geburtenrate* [< *Baby* + engl. *boom* »Aufschwung«]

Ba|by|jahr ⟨[be:bi-] n.; -s, -e⟩ *auf die Rente von Frauen angerechnetes Jahr für die Erziehung eigener Kinder*

ba|by|lo|nisch ⟨Adj.⟩ *Babylonien betreffend, zu ihm gehörig, aus ihm stammend;* ~e Sprache *zu den ostsemit. Sprachen gehörende Sprache der Babylonier;* ~e Sprachverwirrung *Sprachendurcheinander (nach Gen. 11,9)*

ba|by|sit|ten ⟨[be:bi-] V.⟩ *als Babysitter tätig sein*

Ba|by|sit|ter ⟨[be:bi-] m.; -s, -⟩ *jmd., der während der Abwesenheit der Eltern auf das Baby Acht gibt* [< *Baby* + engl. *sit* »sitzen«]

Ba|by|sit|te|rin ⟨[be:bi-] f.; -, -rin|nen⟩ *weibl. Person, die während der Abwesenheit der Eltern auf das Baby Acht gibt*

Ba|by|strich ⟨[be:bi-] m.; -(e)s; unz.; umg.⟩ *Prostitution Minderjähriger;* auf den ~ gehen

Bac|ca|rat ⟨[-ra] n.; -s; unz.⟩ = *Bakkarat*

Bac|cha|nal ⟨[-xa-] n.; -(e)s, -e⟩ **1** *Fest zu Ehren des röm. Weingottes Bacchus* **2** ⟨fig.⟩ *wüstes Trinkgelage*

Bac|chant ⟨[-xant] m.; -en, -en⟩ **1** *Diener des Bacchus* **2** *trunkener Schwärmer*

bac|chan|tisch ⟨[-xan-] Adj.⟩ *ausgelassen, ausschweifend, trunken*

bac|chisch ⟨[-xiʃ] Adj.⟩ *Bacchus betreffend, zu ihm gehörig*

Bac|chi|us ⟨[-xi-] m.; -, -chi|en; Sprachw.⟩ *antiker, bes. röm. Versfuß aus einer Hebung u. zwei Senkungen*

Ba|che|lor ⟨[bætʃələ(r)] m.; - od. -s, -s⟩ = *Bakkalaureus* [engl., »Bakkalaureus; Junggeselle«]

Ba|cil|lus ⟨m.; -, -cil|len⟩ = *Bazillus*

back ⟨Adv.; seemänn.⟩ *zurück, hinten* [engl., »zurück«]

Back ⟨[bæk] m.; -s, -s; schweiz.; Sp.; Fußb.⟩ *Verteidiger* [engl.]

Back|bord ⟨n.; -s; unz.⟩ *linke Schiffsseite;* Ggs *Steuerbord* [< engl. *backboard;* zu *back* »Rücken« (in alter Zeit war das Steuer auf der rechten Seite des Schiffes, sodass die linke dem Steuermann im Rücken lag) + *board* »Brett, Schiffsbord«]

back|bord(s) ⟨Adv.; Mar.⟩ *links;* Ggs *steuerbord(s)*

Back|fire|an|ten|ne ⟨[bækfaiə(r)-] f.; -, -n⟩ *Antenne, die die von ihr empfangene Sendeenergie rückwärts gerichet auf eine Reflexionswand wieder abstrahlt* [< engl. *backfire* »Gegenfeuer; Fehlzündung«]

Back|gam|mon ⟨[bækgæmən] n.; - od. -s; unz.⟩ *Brettspiel* [< engl. *back* »zurück« + vermutl. mengl. *gamen, gammon* »Spiel«]

Back|ground ⟨[bækgraund] m.; - od. -s; unz.⟩ **1** *Hintergrund* **2** ⟨fig.⟩ *ursächl. Zusammenhang* **3** ⟨auch⟩ *Lebenserfahrung* **4** ⟨Jazz⟩ *Klanghintergrund beim Solo* **5** ⟨Theat.⟩ *Projektion als Hintergrund der Bühne* **6** *Hintergrund bei Film- u. Fernsehaufnahmen* [engl.]

Back|ground|mu|sic ⟨[bækgraundmju:zik] f.; -; unz.⟩ *leise (Hintergrund-)Musik als Untermalung von Gesprächen*

Back|ground|sän|ger ⟨[bækgraund-] m.; -s, -⟩ *Sänger einer Pop- od. Rockgruppe, dessen Gesang die Musik untermalt;* Ggs *Leadsänger*

Back|ground|sän|ge|rin ⟨[bækgraund-] f.; -, -rin|nen⟩ *Sängerin einer Pop- od. Rockgruppe, deren Gesang die Musik untermalt;* Ggs *Leadsängerin*

Back|hand ⟨[bækhænd] f.; -, -s; Sp.; bes. Tennis⟩ *Rückhand(schlag);* Ggs *Forehand* [engl.]

Back|list ⟨[bæk-] f.; -, -s⟩ *Verzeichnis der (neben den Neuerscheinungen) lieferbaren Bücher eines Verlages* [< engl. *back* »zurück« + *list* »Liste«]

Back|spin ⟨[bæk-] m.; -s, -s; Sp.; Golf; Tennis⟩ *mit Rückwärtsdrall geschlagener Ball* [< engl. *back* »zurück« + *spin* »wirbeln, drehen«]

Back|spring ⟨[bæksprıŋ] m.; -s, -s; Sp.; Boxen⟩ *sprungähnliche Rückwärtsbewegung, um einem gegnerischen Schlag auszuweichen od. sich aus der Reichweite seines Gegners zu entfernen* [< engl. *back* »rückwarts« + *spring* »springen«]

Back|stop|tech|no|lo|gie ⟨[bækstɔp-] f.; -; unz.; Wirtsch.⟩ *Technologie, die auf den Einsatz nicht recycelbarer Energien verzichtet, Auffangtechnologie* [engl.]

Back|tra|cking ⟨[bæktrækiŋ] n.; -s; unz.; EDV⟩ *Programmier- bzw. Suchstrategie, die von bestimmten Problempunkten ausgehend Lösungswege entwickelt, wobei der bis dahin aktuelle (Daten-)Bestand gesichert (u. gegebenenfalls rückverfolgt) wird, falls sich der Weg als eindeutig falsch erweist* [engl., »Rückverfolgung«]

Back-up, ⟨auch⟩ **Back|up** ⟨[bækʌp] n. od. m.; -s, -s; EDV⟩ *Sicherungskopie von Computerdateien auf einem zweiten Speichermedium (neben der Festplatte) od. in komprimierter Form* [< engl. *backup* »Rückendeckung, Unterstützung; Sicherheitskopie«]

Back-up-Line, ⟨auch⟩ **Back|up|line** ⟨[bækʌplain] f.; -, -s; Wirtsch.⟩ *Gesamtheit der Kreditmöglichkeit, die ein Kreditnehmer im Bedarfsfall (vor allem bei einer kurzfristigen Anleihe von Aktien) beanspruchen kann* [< engl. *backup* »Unterstützung, Hilfe« + *line* »Linie, Strategie«]

Ba|con ⟨[bɛikən] m.; -s; unz.⟩ *durchwachsener Speck* [engl.]

Badge ⟨[bædʒ] n.; -s, -s [-dʒiz]⟩ **1** *ansteckbares Namensschildchen* **2** ⟨f.; -, -s [-dʒiz] od. m.; -s, -s [-dʒiz]; Her.⟩ *Abzeichen, Symbol im Wappen* [engl.]

Ba|dia ⟨f.; -, -di|en⟩ *Abtei, Abteikirche* [ital.]

Ba|di|na|ge ⟨[-ʒə] f.; -, -n⟩, **Ba|di|ne|rie** ⟨f.; -, -n⟩ *schneller, heiterer Satz der Suite, bes. im 18. Jh.* [frz., »Spaß, Schäkerei«]

Bad|lands ⟨[bæ:dlændz] Pl.; Geol.⟩ **1** ⟨urspr.⟩ *Name eines karg bewachsenen Gebietes im heutigen US-Bundesstaat South Dakota* **2** ⟨danach⟩ *vegetationsarme, häufig durch Felsgestein u. Felsformationen gekennzeichnete Landschaftsform* [engl., »Ödland«]

Bad|min|ton ⟨[bædmintən] n.; -s; unz.; Sp.⟩ *Federballtennis* [nach *Badminton,* dem Besitztum des Herzogs von Beaufort in England]

Bad|trip, ⟨auch⟩ **Bad Trip** ⟨[bæ:d-] m.; (-) -s, (-) -s⟩ = *Horrortrip* [engl., »schlechte Reise«]

Ba|fel ⟨m.; -s; unz.⟩ **1** *Ausschussware* **2** *Gerede, Geschwätz* [< talmud. *babel, Bafel* »minderwertige Ware«]

Ba|ga|ge ⟨[-ʒ(ə)] f.; -, -n⟩ **1** *(Reise-)Gepäck* **2** ⟨Mil.⟩ *Tross* **3** ⟨fig.; umg.⟩ *Gesindel, Pack* [frz., »Reisegepäck«]

Ba|gas|se ⟨f.; -, -n⟩ *Rückstand bei der Rohzuckergewinnung;* oV *Begasse* [frz., »ausgepresster Stängel des Zuckerrohrs«]

Ba|ga|tell|de|likt ⟨n.; -(e)s, -e⟩ *kleineres Vergehen mit geringer Schuld des Täters*

Ba|ga|tel|le ⟨f.; -, -n⟩ **1** *kurzes, leicht spielbares Musikstück* **2** *Kleinigkeit, Geringfügigkeit* [frz., »Kleinigkeit«; zu lat. *baca* »Beere«]

ba|ga|tel|li|sie|ren ⟨V.⟩ *als Bagatelle behandeln, als geringfügig hinstellen*

Ba|ga|tell|sa|che ⟨f.; -, -n; österr.; schweiz.⟩ *geringfügige Rechtssache, Streitigkeit* [→ *Bagatelle*]

Bag|ger ⟨m.; -s, -⟩ *Maschine zum Bewegen (Lösen, Heben u. Ausschütten) von Erdreich* [zu mndrl. *baggher* »Schlamm«]

bag|gern ⟨V.⟩ **1** *mit dem Bagger arbeiten* **2** *mit dem Bagger ausheben, ab-, wegtragen*

Ba|gno, ⟨auch⟩ **Bag|no** ⟨[banjo] n.; -s, -s od. Ba|gni; in Italien u. Frankreich⟩ *Kerker* [ital., »Badehaus«]

Bag|pipe ⟨[bægpaip] f.; -, -s⟩ *Dudelsack* [engl., »Sackpfeife«]

Ba|guette ⟨[-gɛt]⟩ **1** ⟨f.; -, -n⟩ *Schliffform für Brillanten u. andere Edelsteine* **2** ⟨n.; -s, -s⟩ *langes, dünnes frz. Weißbrot* [frz., »dünner Stab«]

Ba|ha|is|mus ⟨m.; -; unz.; Rel.⟩ *Religionsgemeinschaft, die sich aus dem Babismus entwickelt hat, begründet von Mirza Hussein Ali Nuri (1817–1892), der den Ehrentitel Baha'u'llah trug* [zu arab. *Baha'u'llah* »Glanz Gottes«]

Ba|har ⟨m. od. n.; - od. -s, - od. -s⟩ *ostindisches Handelsgewicht* [arab.]

Ba|hir ⟨m.; -s; unz.⟩ *Buch der Kabbala* [hebr.]

Bahn|card ⟨f.; -, -s⟩ *kostenpflichtiger Ausweis der Dt. Bahn für die Ermäßigung des Fahrtarifes* [< engl. *card* »Karte«]

Baht ⟨m.; -, -; Abk.: B⟩ *Währungseinheit in Thailand, 100 Satang*

Bai ⟨f.; -, -en⟩ *Meeresbucht* [< frz. *baie* »Bucht«]

Bai|ram ⟨m.; -s, -s⟩ *türk. Fest am Ende des Fastenmonats Ramadan;* oV *Beiram* [< türk. *bairam* »Fest«]

Bai|ser ⟨[bɛze:] n.; -s, -s⟩ *Schaumgebäck aus Eischnee u. Zucker;* Sy *Meringe, Meringel* [frz., »Kuss«]

Baisse ⟨[bɛ:s] f.; -, -n; Börse⟩ *Kurssturz, niedriger Stand (von Aktien), Preisfall;* Ggs *Hausse;* auf (die) ~ spekulieren *fallende Kurse ausnützen, Wertpapiere bei niedrigem Stand einkaufen, um sie dann bei höherem Stand wieder zu verkaufen* [frz., »Senkung, Abstieg«]

Baisse|klau|sel ⟨[bɛ:s-] f.; -, -n; Wirtsch.⟩ **1** *Handelsklausel, nach der der Käufer zurücktreten darf, wenn er die Ware von anderer Seite billiger beziehen kann* **2** *Handelsklausel, nach der Preisnachlässe, die in der Zeit zwischen Vertragsabschluss u. Lieferungstermin eintreten, zugunsten des Käufers bei der Preisgestaltung berücksichtigt werden* [< frz. *baisse* »Senkung, Abstieg«]

Baisse|spe|ku|lant ⟨[bɛ:s-] m.; -en, -en⟩ *jmd., der auf Baisse spekuliert*

Bais|si|er ⟨[bɛsje:] m.; -s, -s⟩ *Baissespekulant;* Ggs *Haussier*

Ba|ja|de|re ⟨f.; -, -n⟩ *ind. Tempeltänzerin* [< port. *bailadeira* »Tänzerin«]

Ba|ja|do ⟨[-xa:-] m.; -s, -s; Geogr.⟩ *Trockenfluss im Mittelmeergebiet, der aufgrund seiner tendenziell flachen Schottersohle im Sommer meist komplett ausdörrt;* → a. *Torrente* [< span. *bajada* »Gefälle, Talfahrt« od. *bajamar* »Ebbe«]

Ba|jaz|zo ⟨m.; -s, -s⟩ *Spaßmacher, Hanswurst* [< ital. *pagliaccio* »Strohsack« (wegen seiner sackähnl. Bekleidung)]

Ba|jo|nett ⟨n.; -s, -e⟩ *an der Seite getragene, auf den Gewehrlauf aufsteckbare Stoß- u. Stichwaffe für den Nahkampf, Seitengewehr;* das ~ auf den Gewehrlauf stecken [<frz. *baïonnette,* nach dem Herstellungsort, der Stadt *Bayonne* im südwestl. Frankreich]

Ba|jo|nett|fas|sung ⟨f.; -, -en⟩ *Fassung für elektr. Glühlampen mit Bajonettverschluss*

ba|jo|net|tie|ren ⟨V.⟩ **1** *mit dem Bajonett kämpfen* **2** jmdn. ~ *mit dem B. aufspießen*

Ba|jo|nett|ver|schluss ⟨m.; -es, -schlüs|se⟩ *dem Aufstecken des Bajonetts ähnl., leicht lösbares Verbindungsstück von Rohren, Hülsen, elektr. Lampen usw.*

Ba|ke|lit ⟨n.; -s, -e⟩, **Ba|ke|li|te** ⟨n.; -s, -⟩ **1** ⟨Wz⟩ *von der Bakelite Gesellschaft mbH hergestellter Kunststoff verschiedener Zusammensetzung* **2** ⟨urspr.⟩ *einer der ersten Kunststoffe, eine Pressmasse aus Phenolharzen* [nach dem Erfinder, dem belg. Chemiker L.H. *Baekeland*]

Bak|ka|lau|re|at ⟨n.; -s, -e; in England, Frankreich u. den USA⟩ *unterster akadem. Grad* [→ *Bakkalaureus*]

Bak|ka|lau|re|us ⟨m.; -, -rei [-re:i]⟩ *Inhaber des Bakkalaureats;* Sy *Bachelor* [<mlat. *baccalarius,* eigtl. »Ritter, der einem anderen untergeordnet ist, Knappe«; beeinflusst von lat. *laurea* »Lorbeer«]

Bak|ka|rat ⟨[-ra] n.; -s; unz.⟩ *Glücksspiel mit zwei Whistkartenspielen, wobei ein Bankhalter gegen zwei Partner spielt;* oV *Baccarat* [<frz. *baccara*]

Bak|ken ⟨m.; - od. -s, -; Sp.⟩ *(Skisprung-) Schanze* [norw.]

Ba|kla|va, ⟨auch⟩ **Bak|la|va** ⟨[-va] f.; -, -s⟩ *süße Blätterteigpastete mit Nüssen od. Pistazien u. Zuckersirup* [grch. <türk.]

Bak|schisch ⟨n.; -s, -e⟩ **1** *kleines Geschenk, Almosen, Trinkgeld* **2** *Bestechungsgeld* [<pers. *bakschisch* »Geschenk«]

Bak|te|ri|ä|mie ⟨f.; -, -n⟩ *Vorhandensein von Bakterien im Blut* [< *Bakterium* + …*ämie*]

Bak|te|rie ⟨[-riə] f.; -, -n; umg. für⟩ *Bakterium*

bak|te|ri|ell ⟨Adj.⟩ *die Bakterien betreffend, durch Bakterien hervorgerufen*

Bak|te|ri|en|kul|tur ⟨f.; -, -en⟩ *auf einem Nährboden gezüchtete Bakterien* [< *Bakterium* + *Kultur*]

Bak|te|ri|o|lo|ge ⟨m.; -n, -n; Med.⟩ *Wissenschaftler auf dem Gebiet der Bakteriologie*

Bak|te|ri|o|lo|gie ⟨f.; -; unz.⟩ *Wissenschaft von den Bakterien, Erforschung der Bakterien* [< *Bakterium* + …*logie*]

bak|te|ri|o|lo|gisch ⟨Adj.⟩ *die Bakteriologie betreffend, auf ihr beruhend, mit ihrer Hilfe*

Bak|te|ri|o|ly|se ⟨f.; -, -n⟩ *Auflösung von Bakterien durch Antikörper* [< *Bakterium* + …*lyse*]

Bak|te|ri|o|ly|sin ⟨n.; -s, -e; meist Pl.; Med.⟩ *Antikörper, der sich im Blut entwickelt u. mit Hilfe von Proteinen bestimmte Bakterien vernichtet* [< *Bakterium* + *Lysin*]

bak|te|ri|o|ly|tisch ⟨Adj.⟩ *Bakterien auflösend, vernichtend* [→ *Bakteriolyse*]

bak|te|ri|o|phag ⟨Adj.; Med.⟩ *Bakterien zerstörend* [< *Bakterium* + …*phag*]

Bak|te|ri|o|pha|ge ⟨m.; -n, -n⟩ *Bakterien zerstörendes Virus* [< *Bakterium* + …*phage*]

Bak|te|ri|o|se ⟨f.; -, -n⟩ *durch Bakterien verursachte Pflanzenkrankheit*

Bak|te|ri|o|sko|pie, ⟨auch⟩ **Bak|te|ri|os|ko|pie** ⟨f.; -, -n; Med.⟩ *Erforschung von Bakterien* [< *Bakterium* + …*skopie*]

Bak|te|ri|o|sta|se, ⟨auch⟩ **Bak|te|ri|os|ta|se** ⟨f.; -, -n⟩ *Hemmung des Wachstums u. der Vermehrung von Bakterien* [< *Bakterium* + …*stase*]

bak|te|ri|o|sta|tisch, ⟨auch⟩ **bak|te|ri|os|ta|tisch** ⟨Adj.⟩ *das Wachstum u. die Vermehrung von Bakterien hemmend, ohne sie dabei zu vernichten*

Bak|te|ri|um ⟨n.; -s, -ri|en⟩ *einzelliges, stäbchenförmiges, pflanzl. Lebewesen, Gärungs-, Fäulnis-, Krankheitserreger, Spaltpilz* [<lat. *bacterium* <grch. *bakterion* »Stäbchen«]

bak|te|ri|zid ⟨Adj.⟩ *Bakterien tötend* [< *Bakterium* + …*zid*[1]]

Bak|te|ri|zid ⟨n.; -s, -e⟩ *Bakterien tötender Stoff*

Ba|la|din ⟨[-dɛ̃:] m.; -s, -s [-dɛ̃:s]⟩ *Schmierenkomödiant, Witzbold, Grotesk(ballett)tänzer des alten französischen Theaters* [frz.]

Ba|la|dine ⟨[-di:n] f.; -, -n⟩ *Possenreißerin, Schmierenkomödiantin, Balletttänzerin* [frz.]

Ba|la|lai|ka ⟨f.; -, -s od. -ken; Mus.⟩ *russ. Zupfinstrument mit drei Saiten, dreieckigem Klangkörper u. langem Hals* [russ. <tatar.]

Ba|lan|ce ⟨[balã:s(ə)] f.; -, -n⟩ *Gleichgewicht;* die ~ halten; die ~ verlieren [frz., »Waage«]

Ba|lan|ce|akt ⟨[balã:s(ə)-] m.; -(e)s, -e⟩ **1** *Vorführung einer schwierigen Gleichgewichtsübung auf dem Seil* **2** ⟨fig.⟩ *schwierige, einfühlsame Handlungsweise, bei der man nach mehreren Seiten hin Rücksicht nehmen u. vorsichtig sein muss*

Ba|lan|ce|ment ⟨[balãs(ə)mã:] n.; -s; unz.; beim Klavichordspiel⟩ *Bebung, Schwingung durch rasch wechselnden Druck auf die Taste* [frz., »Wiegen, Hin- u. Herschwanken, Schwingung«]

Ba|lance of Pow|er, ⟨auch⟩ **Ba|lance of Po|wer** ⟨[bæləns ɔv pauə(r)] f.; - - -; unz.; Pol.⟩ **1** *kontinental- od. globalmilitärischer Zustand, bei dem keine Großmacht eine entscheidende Vormachtstellung gegenüber anderen Nationen od. Großmächten hat* **2** *ein daraus resultierender kontinental- od. globalpolitischer Zustand, bei dem keine einzelne Nation eine diplomatische Schlüsselfunktion ausüben kann* [engl., »Gleichgewicht der Kräfte«]

Ba|lan|ci|er ⟨[balãsje:] m.; -s, -s⟩ **1** *waagerechter Balken einer Waage* **2** *Unruhegangregler an Uhren* **3** *zwischen Kolben u. Pleuelstange befindlicher Schwinghebel an älteren Dampfmaschinen* [frz., »Pendel«]

ba|lan|cie|ren ⟨[-lãsi:-] V.⟩ **1** *(sich) im Gleichgewicht halten;* auf einem dünnen Baumstamm ~ **1.1** ⟨fig.⟩ *ausgeglichen sein;* der Etat balanciert **2** etwas ~ *im Gleichgewicht halten;* einen Ball (auf einem Finger) ~ [<frz. *balancer* »schaukeln«]

Ba|la|ni|tis ⟨f.; -, -ti|den⟩ *Entzündung der Eichel des männl. Gliedes* [<grch. *balanos* »Eichel«]

Ba|la|ta ⟨a. [-'--] f.; -; unz.⟩ *dem Naturkautschuk ähnlicher Stoff (wird u.a. für die Herstellung von Golfbällen verwendet)* [span. <karib.]

Ba|la|tum ⟨a. [-'--] n.; -s; unz.; Ⓦz⟩ *mit Kautschuklösung getränkte Wollfilzpappe als Fußbodenbelag* [→ *Balata*]

bal|bie|ren ⟨V.; Nebenform von⟩ *barbieren;* jmdn. über den Löffel ~ ⟨fig.⟩ *jmdn. (rücksichtslos) betrügen* [vielleicht nach der unzarten, unhöflichen Angewohnheit mancher Barbiere, alten Kunden beim Rasieren einen Löffel in die Wangen zu stecken, um sich die Arbeit zu erleichtern; urspr. also »rücksichtslos behandeln«]

Bal|boa ⟨m.; - od. -s, - od. -s⟩ *Währungseinheit in Panama* [nach dem span. Entdecker Vasco Nuñez de *Balboa,* 1475–1517]

Bal|da|chin ⟨[-xin] m.; -s, -e⟩ **1** *Dach aus Stoff über einem Thron, einem Bett* **2** *Traghimmel (bei Prozessionen)* **3** ⟨Arch.⟩ *Altarüberdachung* **4** *steinernes Schutzdach über got. Standbildern* [<ital. *baldacchino,* eigtl. »golddurchwirkter Seidenstoff aus Bagdad«; zu *Baldacco,* ital. Bezeichnung für *Bagdad*]

Bal|do|wer ⟨m.; -s, -⟩ *Gauner, Betrüger* [<hebr. *baal* »Mann« + *dowor* »Wort«; eigtl. »Herr des Wortes, Betrüger, Mensch, der zu überreden sucht«]

Ba|les|ter ⟨m.; -s, -⟩ *Armbrust, bei der mit Kugeln (statt mit Pfeilen) geschossen wird* [<ital. *balestra* »Armbrust« <lat. *ballistarium* »Wurfmaschine«; → *Balliste*]

Ba|les|tra, ⟨auch⟩ **Ba|lest|ra** ⟨f.; -, -tren; Sp.⟩ *Angriff beim Fechten, bei dem der Arm mit der Waffe u. das entsprechende Bein nach vorne bewegt werden* [ital., »Armbrust«]

bal|ka|ni|sie|ren ⟨V.⟩ ein Land ~ *in Kleinstaaten aufteilen, zersplittern* [nach der *Balkanhalbinsel* in Südosteuropa, die nach der Auflösung des Osmanischen Reichs u. der Donaumonarchie in Kleinstaaten aufgeteilt wurde]

Bal|ka|ni|sie|rung ⟨f.; -, -en⟩ *die Aufteilung, Zersplitterung eines Landes in Kleinstaaten, das Balkanisieren*

Bal|ka|nis|tik ⟨f.; -; unz.⟩ = *Balkanologie*

Bal|ka|no|lo|gie ⟨f.; -; unz.⟩ *Wissenschaft von den Sprachen u. Kulturen des Balkans;* Sy *Balkanistik*

Bal|kon ⟨[-kɔ̃:] od. [-kɔŋ] m.; -s, -s; od. [-ko:n] m.; -s, -e⟩ **1** *durch Gitter od. Brüstung abgeschlossener Vorbau eines Hauses* **2** *erster Rang (im Theater);* Mittel~; Seiten~ [<frz. *balcon* <ital. *balcone* <langobard. **balko-*; verwandt mit *Balken*]

Ball ⟨m.; -(e)s, Bäl|le⟩ *(größeres) Tanzvergnügen;* einen ~ eröffnen; einen ~ geben; auf den ~ gehen [<frz. *bal* »Tanz«; zu lat. *ballare* »tanzen«; verwandt mit *Ballade, Ballett, Ballerina, Bajadere*]

Bal|la|de ⟨f.; -, -n⟩ **1** ⟨urspr.⟩ *Tanzlied* **2** *episches, dramatisch bewegtes Gedicht* [<engl. *ballad* »erzählendes Gedicht sagenhaften Inhalts« <afrz. *balade* »Tanzlied« <prov. *balada* »Tanz«; zu *balar* »tanzen«; → *Ball*]

bal|la|desk ⟨Adj.⟩ *balladenhaft*

Bal|lad|o|pe|ra ⟨[bælədɔpərə] f.; -, -s; Theat.⟩ *im 18. Jh. in England entstandene Form der Oper, in der volkstümliche Stoffe u. Melodien (vielfach aus zeitgenössischen Balladen entnommen) verwendet werden* [<engl. *ballad* »Ballade« + *opera* »Oper«]

Bal|last ⟨m.; -(e)s, -e⟩ **1** *wertlose Fracht zum Ausgleich des Gewichts od. (bei Schiffen) des Tiefgangs* **2** ⟨fig.⟩ *unnützes Beiwerk, Bürde, Last, Belastung* [erster Wortteil unklar: entweder <*bar* »bloß« oder <aengl. *bearm scipes* »Schoß des Schiffes« od. <anord. *barmr* »Rand« oder <ahd. *balu* »schlecht«]

Bal|last|i|o|nen ⟨Pl.; Geol.⟩ *(für die Nährstoffabdeckung der Pflanzen sekundäre) auswechselbare Ionen im Erdboden, die über die Wurzelenden aufgesogen werden* [<*Ballast* + *Ion*]

Bal|la|watsch ⟨m.; -(e)s; unz.; österr.⟩ oV *Pallawatsch* **1** *Durcheinander* **2** *Unsinn* [ital.]

Bal|le|ri|na, Bal|le|ri|ne ⟨f.; -, -nen⟩ *Ballettsolistin, Tänzerin* [ital., »Kunsttänzerin«; zu *ballo* »Tanz, Tanzfest«; → *Ball*]

Bal|le|ri|no ⟨m.; -s, -s⟩ *(Solo-)Tänzer im Ballett* [ital., »Kunsttänzer«]

Bal|let de Cour ⟨[-lɛ də ku:r] n.; - - -, -s [-lɛ] - -⟩ *glanzvoll ausgestattes Ballett der französischen Barockepoche* [frz., eigtl. »(Fürsten-)Hofballett«]

Bal|lett ⟨n.; -(e)s, -e⟩ **1** *Bühnentanz* **2** *Bühnentanzgruppe* [<ital. *balleto* »kleines Tanzfest«]

Bal|lett|en|sem|ble, ⟨auch⟩ **Bal|lett|en|sembl|e** ⟨[-ãsã:bl] n.; -s, -s⟩ *alle Tänzer(innen) eines Balletts* [→ *Ensemble*]

Bal|let|teu|se ⟨[-tø:zə] f.; -, -n⟩ *Balletttänzerin* [<*Ballett* + frz. Endung]

Bal|lett|korps ⟨[-ko:r] m.; - [-ko:rs], - [-ko:rs]⟩ *Tänzer(innen)gruppe, die die Solist(inn)en umrahmen* [→ *Korps*]

Bal|lett|meis|ter ⟨m.; -s, -⟩ *Leiter, Ausbilder eines Balletts*

Bal|lett|tanz ⟨m.; -es, -tän|ze⟩ *(klassischer) Tanz auf einer Bühne*

Bal|lis|mus ⟨m.; -; unz.; Med.⟩ *Krankheit, bei der plötzliche, überaus heftige u. schwer kontrollierbare Schleuderbewegungen der Arme u. Beine auftreten* [zu grch. *ballizein* »tanzen«]

Bal|lis|te ⟨f.; -, -n⟩ *antike Wurfmaschine* [<lat. *ballista* »Wurfmaschine«; zu grch. *ballein* »werfen«]

Bal|lis|tik ⟨f.; -; unz.⟩ *Lehre von den Flugbahnen geworfener od. geschossener Körper* [→ *Balliste*]

Bal|lis|ti|ker ⟨m.; -s, -⟩ *Wissenschaftler, der sich mit der Ballistik beschäftigt*

bal|lis|tisch ⟨Adj.⟩ *die Ballistik betreffend, zu ihr gehörig, auf ihr beruhend;* ~e Kurve *Bahn, die ein geworfener od. geschossener Körper unter dem Einfluss der Luftreibung beschreibt*
Bal|lis|to|kar|di|o|gra|fie ⟨f.; -, -n; Med.⟩ = *Ballistokardiographie*
Bal|lis|to|kar|di|o|gra|phie ⟨f.; -, -n; Med.⟩ *Verfahren, die Bewegungskurven der Arme u. Beine aufgrund der Herztätigkeit aufzuzeichnen;* oV *Ballistokardiografie* [< *Ballistik* + *Kardiographie*]
Bal|lo|e|lek|tri|zi|tät, ⟨auch⟩ **Bal|lo|e|lekt|ri|zi|tät** ⟨f.; -; unz.⟩ *durch Aufladung feiner Wassertröpfchen beim freien Fall bewirkte Luftelektrizität*
Bal|lon ⟨[balɔ̃:] od. [balɔŋ] m.; -s, -s; od. [balo:n] m.; -s, -e⟩ **1** *mit Gas gefüllter Ball aus dünner Gummihaut, Kinderspielzeug;* Luft~ **2** *mit Gas (od. Heißluft) gefülltes, ballförmiges Luftfahrzeug, leichter als Luft;* Frei~; Fessel~; Heißluft~ **3** *große, bauchige Flasche (zum Aufbewahren von Säuren, Herstellen von Most usw.)* [frz., »großer Ball« < ital. *pallone;* zu *palla* »Kugel«; beeinflusst von frz. *balle* »Kugel, Ball« < fränk. **balla*]
Bal|lon|as|tro|no|mie, ⟨auch⟩ **Bal|lon|ast|ro|no|mie** ⟨[balɔ̃:-] od. [balɔŋ-] od. [balo:n-] f.; -; unz.; Astron.⟩ *Wissenschaftsbereich der Astronomie, in dem kosmische Objekte aus Stratosphärenballons heraus fotografiert u. untersucht werden*
Bal|lo|nett ⟨n.; -(e)s, -e⟩ *Luftsack im Inneren von Luftschiffen u. Fesselballonen*
Bal|lon|ka|the|ter ⟨[balɔ̃:-] od. [balɔŋ-] od. [balo:n-] m.; -s, -; Med.⟩ *aus Weichgummi bzw. Kunststoff bestehender Katheter, dessen Ende in einen Ballon führt,* z.B. der Swan-Ganz-Katheter [< *Ballon* + *Katheter*]
Bal|lon|rei|fen ⟨[-lɔ̃:-] od. [-lɔŋ-] od. [-lo:n-] m.; -s, -⟩ *Reifen mit relativ weicher Laufsohle u. niedrigem Luftdruck für Fahrräder u. andere Fahrzeuge geringerer Geschwindigkeit*
Bal|lon|te|le|skop, ⟨auch⟩ **Bal|lon|te|les|kop** ⟨[balɔ̃:-] od. [balɔŋ-] od. [balo:n-] n.; -s, -e⟩ *Teleskop, das durch Stratosphärenballons bis in 40 Kilometer Höhe getragen wird u. bei der Fotografie von Sonne, Planeten u. neuerdings im Bereich der Infrarotastronomie Anwendung findet* [< *Ballon* + *Teleskop*]
Bal|loo|ning ⟨[bəlu:nɪŋ] n.; -s; unz.; Sp.; Golf⟩ *das Verschlagen des Balles in die Höhe* [zu engl. *balloon* »hoch in die Luft schlagen«; zu *balloon* »(Luft)Ballon«]
Bal|lot[1] ⟨[balo:] n.; -s, -s⟩ *kleiner Warenballen* [frz., »kleiner Ballen«; zu *balle* »Kugel, Warenballen« < fränk. **balla* »Kugel, Ball«]
Bal|lot[2] ⟨[bælət] n.; -s, -s; in England u. den USA⟩ *geheime Abstimmung* [< engl. *ballot* »Wahlkugel, Stimmzettel« < frz. *ballotte* »kleine Kugel«; zu *balle* »Kugel« < fränk. **balla* »Kugel, Ball«]
Bal|lo|ta|de ⟨f.; -, -n; Sp.⟩ *Sprungübung des Pferdes in der hohen Schule, bei der die Vorderbeine angezogen u. alle vier Hufe nach hinten gerichtet werden* [zu frz. *ballotter* »hin u. her werfen, schaukeln«; zu *ballotte* »kleine Kugel«; → *Ballot*[2]]
Bal|lo|ta|ge ⟨[-ʒ(ə)] f.; -, -n⟩ *geheime Abstimmung durch verdeckte Abgabe von weißen od. schwarzen Kugeln* [frz., »Stichwahl«; zu *ballotte* »kleine Kugel, Stimmkugel«; → *Ballot*[2]]
bal|lo|tie|ren ⟨V.⟩ *durch Ballotage abstimmen* [→ *Ballot*[2]]
Bal|ly|hoo ⟨[bælihu:] n.; - od. -s; unz.⟩ *lautstarke Propaganda, aufdringliche Reklame* [engl.]
bal|neo..., **Bal|neo...** ⟨in Zus.⟩ *bad..., Bad...* [< lat. *balneum* »Badezimmer, Badewanne, Bad«]
Bal|ne|o|gra|fie ⟨f.; -; unz.⟩ = *Balneographie*
Bal|ne|o|gra|phie ⟨f.; -; unz.⟩ *Beschreibung der Wirkung von Heilbädern;* oV *Balneografie* [< lat. *balneum* »Bad« + *...graphie*]
Bal|ne|o|lo|gie ⟨f.; -; unz.⟩ *Bäderkunde* [< lat. *balneum* »Bad« + *...logie*]
Bal|ne|o|the|ra|pie ⟨f.; -, -n⟩ *Behandlung mit Heilbädern* [< lat. *balneum* »Bad« + *Therapie*]
Bal pa|ré ⟨[-pare:] m.; - -, -s -s [-pare:]⟩ *bes. festl. Ball* [frz., »geschmückter Ball«]
Bal|sa ⟨n.; -s; unz.⟩ **1** *Holz des Balsabaumes;* Sy *Balsaholz* **2** ⟨f.; -, -s⟩ *Floß der südamerikan. Indianer aus Balsaholz od. Binsenbündeln;* oV *Balse* [span.]
Bal|sa|baum ⟨m.; -(e)s, -bäu|me⟩ *Baum aus dem trop. Amerika, der außerordentl. leichtes, festes Holz liefert: Ochroma lagopus*
Bal|sa|holz ⟨n.; -es; unz.⟩ = *Balsa(1)*
Bal|sam ⟨m.; -s; unz.⟩ **1** *natürl. Gemisch von Harzen u. ätherischen Ölen* **2** ⟨fig.; poet.⟩ *Linderung, Wohltat* [< ahd. *balsamo,* engl. *balm* < lat. *balsamum* < grch. *balsamon* < hebr. *basam* »Balsamstrauch u. sein Harz«]
bal|sa|mie|ren ⟨V.⟩ *mit Balsam behandeln, einsalben*
Bal|sa|mi|nen|ge|wächs ⟨n.; -es, -e⟩ *einjähriges Kraut mit aufspringenden Kapselfrüchten (z.B. Springkraut): Balsaminaceae* [< lat. *balsamina* < grch. *balsamine;* → *Balsam*]
bal|sa|misch ⟨Adj.⟩ *von Balsam herrührend, wie Balsam; wohlriechend, lindernd;* ~e Düfte
Bal|se ⟨f; -, -s⟩ = *Balsa(2)*
Bal|tis|tik ⟨f.; -; unz.⟩ *Wissenschaft der baltischen Sprachen u. Literaturen;* Sy *Baltologie* [nach dem lat. Namen *Baltia,* der ein Bernsteingebiet im Ostseeraum bezeichnet]
Bal|to|lo|ge ⟨m.; -n, -n⟩ *Wissenschaftler, der sich mit der Baltologie beschäftigt*
Bal|to|lo|gie ⟨f.; -; unz.⟩ = *Baltistik*
bal|to|lo|gisch ⟨Adj.⟩ *die Baltologie betreffend, zu ihr gehörig, auf ihr beruhend*
Ba|lus|ter ⟨m.; -s, -⟩ *kleine Säule als Geländerstütze* [< frz. *balustre* »Geländersäule, Gitterstab« < ital. *balaustro* < mlat. *balaustium* < grch. *balaustion* »Blüte des wilden Granatbaumes« (nach der ähnl. Form auf die Verzierung des Geländers übertragen)]
Ba|lus|tra|de, ⟨auch⟩ **Ba|lust|ra|de** ⟨f.; -, -n⟩

1 *Geländer, Brüstung mit Balustern* **2** *Balkon mit Balustergeländer* [frz., »Geländer«, <ital. *balaustrata;* zu *balaustro;* → *Baluster*]

Ba|lyk ⟨m.; -; unz.⟩ *getrockneter Rücken des Störs* [russ.]

Bam|bi|no ⟨m.; -s, -ni⟩ *kleines Kind* [ital.]

Bam|bu|le ⟨f.; -, -n⟩ *Aufruhr in Heimen od. Strafanstalten;* ~ machen [<frz. *bamboula* »Trommel der Schwarzen, Tanz der Schwarzen zur Trommel«]

Bam|bus ⟨m.; -ses, -se⟩ *tropische Riesengraspflanze, deren Stängel verholzen* [<mal. *bambu, manbu*]

Ba|mi|go|reng ⟨n.; - od. -s, -s⟩ *indones. Nudelgericht mit Fleisch u. Gemüse*

Ban[1] ⟨m.; -s, -e⟩ oV *Banus* **1** *ungar. Statthalter der südl. Grenzmarken* **2** ⟨bis 1918⟩ *kroat. Würdenträger neben dem Fürsten* [serbokroat., »Herr«]

Ban[2] ⟨m.; -s, -i⟩ *rumän. Münze, $^1/_{100}$ Leu*

ba|nal ⟨Adj.⟩ *alltäglich, geistlos, abgedroschen, nichts sagend, fade* [frz., »gemeinnützig, alltäglich, gewöhnlich« <afrz. *ban* »Gerichtsbezirk« <fränk. **ban* »Gerichtsbarkeit u. deren Gebiet«]

ba|na|li|sie|ren ⟨V.⟩ *(einen Sachverhalt) ins Banale herabziehen*

Ba|na|li|tät ⟨f.; -, -en⟩ **1** ⟨unz.⟩ *Alltäglichkeit, Geistlosigkeit, Fadheit* **2** ⟨zählb.⟩ *banale Bemerkung, banaler Witz*

Ba|na|ne ⟨f.; -, -n⟩ **1** *Gattung trop. Pflanzen, die Früchte od. Fasern liefern: Musa* **2** ⟨i.e.S.⟩ *krautartige Pflanze, die länglich gelbe Früchte liefert: Musa paradisiaca;* Sy *Pisang* **3** *deren Frucht* [<frz. *banane* <port. *banana* <Kongospr. *banam*]

Ba|na|nen|re|pu|blik, ⟨auch⟩ **Ba|na|nen|re|pub|lik** ⟨f.; -, -en; fig.; abwertend⟩ *Land, in dem die wirtschaftlichen, politisch-moralischen od. rechtlichen Verhältnisse unsicher od. korrupt sind*

Ba|na|nen|split ⟨n.; -s, -s⟩ *Eisbecher mit einer halbierten Banane, Sahne u. Schokoladensoße* [<engl. *banana split* »geteilte Banane«]

Ba|na|nen|ste|cker ⟨m.; -s, -⟩ *kleiner, schmaler Stecker für elektr. Leitungen*

Ba|nat ⟨n.; -(e)s, -e; urspr.⟩ *einem Ban unterstehende ungar. Grenzmark*

Ba|nau|se ⟨m.; -n, -n⟩ *Mensch ohne Kunstverständnis, ohne Sinn für Kunst, Spießbürger* [<grch. *banausos* »Handwerker«]

ba|nau|sisch ⟨Adj.⟩ *wie ein Banause, ohne Sinn für Kunst*

Band ⟨[bænd] f.; -, -s; Mus.⟩ *Kapelle für Pop-, Rock-, Schlagermusik od. Jazz* [engl., »Schar; Kapelle« <frz. *bande* »Schar«; verwandt mit (Verbrecher-)*Bande*]

Ban|da ⟨f.; -, Ban|de⟩ **1** *Gruppe der Blechblasinstrumente eines Orchesters* **2** *Bühnen(blas)orchester (in der Oper)* [ital.]

Ban|da|ge ⟨[-ʒə] f.; -, -n⟩ **1** *elastische Binde zum Wickeln (als Stütz- od. Schutzverband)* **2** *Stahlreifen für Räder von Eisenbahnwagen u. Lokomotiven* [frz., »Verband«; zu *bander* »verbinden« <got. *bindan* od. fränk. **bindan;* verwandt mit *binden*]

ban|da|gie|ren ⟨[-ʒiː-] V.⟩ *eine Bandage anlegen;* den Fuß ~; einem Pferd die Vorderbeine ~

Ban|da|gist ⟨[-ʒist] m.; -en, -en⟩ *ausgebildeter Hersteller od. Verkäufer von Bandagen u. künstl. Gliedmaßen*

Ban|de ⟨f.; -, -n⟩ **1** *innere Umrandung des Billardtisches* **2** *Einfassung der Reitbahn u. der Zirkusmanege* **3** *seitl. Begrenzung einer Kegelod. Eisbahn* [<frz. *bande* »Binde« <got. *binda* »Binde«; → *Bandage*]

Ban|ded|pack, ⟨auch⟩ **Ban|ded Pack** ⟨[bændədpæk] n.; (-) -s, (-) -s; Wirtsch.⟩ *verkaufsfördernde Strategie, bei der zwei od. mehr sich ergänzende Produkte in einer Verpackung offeriert werden,* z.B. Unterhemd mit Boxershorts, Hemd mit Krawatte [<engl. *banded pack* »zusammengeschnürtes Bündel, Paket«]

Ban|den|spek|trum, ⟨auch⟩ **Ban|den|spekt|rum** ⟨n.; -s, -tren⟩ *aus vielen einzelnen Linien od. zu Bändern verschmolzenen Linien bestehendes Spektrum*

Ban|de|ril|la ⟨[-rilja] f.; -, -s⟩ *geschmückter Spieß mit Widerhaken, den der Stierkämpfer dem Stier in den Nacken stößt* [span., Verkleinerungsform zu *banda* »Fahne«]

Ban|de|ril|le|ro ⟨[-riljeːro] m.; -s, -s⟩ *Stierkämpfer, der den Stier mit Banderillas reizt*

Ban|de|ro|le ⟨f.; -, -n⟩ **1** *Steuerband, bes. an Tabakwaren* **2** *Spruchband* [frz., »Wimpel, Streifband« <ital. *banderuola;* zu *bandiera* »Fahne«]

ban|de|ro|lie|ren ⟨V.⟩ *mit Banderole(n) versehen, versteuern*

Band|ge|ne|ra|tor ⟨m.; -s, -en⟩ *elektrostatisches Gerät zur Erzeugung einer sehr hohen Gleichspannung, wird meist zur Beschleunigung elektrisch geladener Teilchen verwandt*

Ban|dit ⟨m.; -en, -en⟩ **1** *gewerbsmäßiger Verbrecher, Räuber* **2** ⟨fig.⟩ *zügelloser Herumtreiber* [<ital. *bandito* »des Landes Verwiesener«; zu *bandire* »verbannen«]

Band|lea|der ⟨[bændliːdə(r)] m.; -s, -; Mus.⟩ **1** ⟨i.e.S.⟩ *im traditionellen Jazz Mitglied einer Band, das die Führungsstimme (Lead), meist Trompete od. Kornett, übernimmt* **2** ⟨i.w.S.⟩ *Leiter einer Jazz-, Rock- od. Popband* [engl.]

Ban|do|la ⟨f.; -, -len; Mus.⟩ = *Bandurria* [span., »Laute«]

Ban|do|la Rio ⟨f.; - -, -len -s; Mus.⟩ *südamerikanisches Zupfinstrument* [<span. *bandola* »Laute« + *rio* »Fluss«]

Ban|do|ne|on, Ban|do|ni|on ⟨n.; -s, -s⟩ *im Querschnitt quadrat. Handharmonika mit Knopfreihen an beiden Seiten* [nach dem Erfinder Heinrich *Band,* 1821-1860]

Ban|du|ra ⟨f.; -, -s; Mus.⟩ *aus der Ukraine stammendes, lautenartiges Saiteninstrument, das meist 12 od. 36 Saiten aufweist* [russ., <ital. *pandura* <lat., grch. *pandura* »dreisaitiges Musikinstrument«]

Ban|dụr|ria ⟨f.; -, -s; Mus.⟩ *spanisches Zupfinstrument mit einem birnenähnlichen Korpus, einem kurzen, breiten Hals u. zwölf Saiten, das mit einem Muschelplektron gespielt wird;* Sy *Bandola* [span.]

Ba|ni ⟨Pl. von⟩ *Ban*[2]

Bạn|jan ⟨Pl.⟩ *Angehörige der Kaste der indischen Geschäftsleute, bes. in den früheren Provinzen Bombay u. Bengalen* [Sanskrit]

Bạn|jo ⟨a. engl. [bændʒo] n.; -s, -s; Mus.⟩ *fünf- bis neunsaitiges Zupfinstrument der nordamerikan. Schwarzen mit kreisrundem Klangkörper u. langem Hals* [→ *Bandura*]

Bạnk ⟨f.; -, -en⟩ **1** *Anstalt, Unternehmen für Geldverkehr;* Deutsche ~; Dresdner ~ (Namen); Geld auf die ~ einzahlen; Geld von der ~ holen; ein Konto bei einer ~ eröffnen; bei der ~ sein *Bankangestellter sein* **2** ⟨Glücksspiel⟩ *die vom Bankhalter verwaltete Kasse;* →a. *Spielbank;* die ~ halten *das Amt des Bankhalters ausüben, gegen alle Mitspieler spielen;* die ~ sprengen *das gesamte Geld des Bankhalters gewinnen* [< ital. *banca,* mhd. *banc* »Tisch des Wechslers, Wechselbank«]

Bạnk|ak|zept ⟨n.; -s, -e; Bankw.⟩ *Annahme eines Wechsels durch eine Bank* [zu frz. *accepter* »annehmen«]

Bạn|ker ⟨a. engl. [bæŋ-] m.; -s, -e⟩ *Bankkaufmann, Bankfachmann* [engl.; → *Bank*]

Ban|ke|rọtt ⟨m.; -s, -e⟩ = *Bankrott*

Ban|kẹtt[1] ⟨n.; -(e)s, -e⟩ *Festmahl, Festessen* [< frz. *banquet* »Festmahl« < ital. *banchetto;* → *Bank*]

Ban|kẹtt[2] ⟨n.; -(e)s, -e⟩ **1** *unterster Absatz einer Grundmauer* **2** *Auftritt für Schützen (in der Festung)* **3** *waagerechter Absatz einer Böschung;* Sy *Berme* **4** *schmaler Seitenweg neben einem Fahrweg* [< frz. *banquette* »Schützenauftritt, Gehweg«]

ban|ket|tie|ren ⟨V.⟩ *ein Bankett*[1] *abhalten, festl. tafeln*

Ban|ki|er ⟨[baŋkjeː] m.; -s, -s⟩ *Inhaber einer Bank* [< frz. *banquier* »Bankier«]

Ban|king ⟨[bæŋkiŋ] n.; - od. -s; unz.⟩ *Bankwesen, Geldhandel* [engl.]

Bạnk|kon|to ⟨n.; -s, -ten od. -s; Bankw.⟩ *Geschäftsverbindung in der Form eines Kontokorrents zwischen einem Kreditinstitut u. einem Unternehmen od. einer Privatperson, über die der bargeldlose Zahlungsverkehr abgewickelt wird* [→ *Konto*]

Ban|ko|mat ⟨m.; -en, -en⟩ *Geldautomat eines Kreditinstituts, an dem auch außerhalb der Geschäftszeiten Geld abgehoben werden kann* [verkürzt < *Bank* + Aut*omat*]

bank|rọtt, ⟨auch⟩ **ban|krọtt** ⟨Adj.⟩ *zahlungsunfähig (von Geschäftsleuten), pleite;* ~ sein, werden

Bank|rọtt, ⟨auch⟩ **Ban|krọtt** ⟨m.; -(e)s, -e⟩ *Zahlungsunfähigkeit, finanzieller Zusammenbruch, Pleite;* oV *Bankerott;* seinen ~ erklären; ~ gehen, machen *zahlungsunfähig werden;* betrügerischer ~ *strafbare Bankrotterklärung mit der Absicht, seine Gläubiger zu benachteiligen, indem man noch vorhandenes Vermögen verheimlicht* [< ital. *bancarotta* »zerbrochene Bank«; → *Bank*]

Bank|rot|teur, ⟨auch⟩ **Ban|krot|teur** ⟨[-tøːr] m.; -s, -e⟩ *jmd., der Bankrott gemacht hat*

bank|rot|tie|ren, ⟨auch⟩ **ban|krot|tie|ren** ⟨V.⟩ *Bankrott machen*

Ban|ner|head|line ⟨[bænə(r)hædlain] f.; -, -s⟩ *in großen Buchstaben gedruckte Überschrift des Leitartikels in Zeitungen* [< engl. *banner* »Spruchband« + *headline* »Schlagzeile«]

Ban|schaft ⟨f.; -, -en⟩ *ehemals Verwaltungsbezirk im Königreich Jugoslawien* [→ *Ban*[1]]

Bạn|tam|ge|wicht ⟨n.; -es, -e⟩ *Gewichtsklasse in der Schwerathletik* [nach dem zum Hahnenkampf benutzten *Bantam*huhn]

Bạn|tam|huhn ⟨n.; -s, -hüh|ner⟩ *engl. Zwerghuhnrasse* [nach der Hafenstadt *Bantam* an der Nordwestküste Javas]

Bạn|tu ⟨m.; -, - od. -s⟩ *Angehöriger der Gruppe von etwa 200 Eingeborenenstämmen in Mittel- u. Südafrika*

Ban|tu|ịst ⟨m.; -en, -en⟩ *Wissenschaftler, Student der Bantuistik*

Ban|tu|is|tik ⟨f.; -; unz.⟩ *Wissenschaft der Sprachen u. Kulturen der Bantu*

Bạn|tu|spra|che ⟨f.; -, -n⟩ *Familie von Sprachen in Mittel- u. Südafrika mit Agglutination u. grammatischen Klassen,* z.B. (Ki)Suaheli, Sulu [→ *Bantu*]

Ba|nus ⟨m.; -, -⟩ = *Ban*[1]

Ba|o|bab ⟨m.; -s, -s⟩ *Affenbrotbaum* [vermutl. afrikan. Name]

Bap|tịs|mus ⟨m.; -; unz.⟩ *Lehre christl. Gemeinschaften, die nur Erwachsene taufen* [< grch. *baptizein* »untertauchen, taufen«]

Bap|tịst ⟨m.; -en, -en⟩ *Anhänger des Baptismus*

Bap|tis|te|ri|um ⟨n.; -s, -ri|en⟩ **1** *Taufkirche, Taufkapelle* **2** *antikes Schwimmbad* [lat. < grch. *baptisterion* »Badeplatz«]

bap|tịs|tisch ⟨Adj.⟩ *zum Baptismus gehörend, die Baptisten betreffend*

Bar[1] ⟨n.; -, -; Meteor; Zeichen: bar⟩ *neben der Einheit Pascal allein zulässige Maßeinheit des Druckes, 1 bar = 10^5 Newton/Quadratmeter (N/m^2) = 0,986 atm* [< grch. *baros* »Schwere«]

Bar[2] ⟨f.; -, -s⟩ **1** *Gaststätte od. Raum mit erhöhter Theke zur Einnahme von Getränken* **1.1** *intimes Nachtlokal* **1.2** *der Schanktisch selbst* **2** *engl. Anwaltskammer* [engl., »Stange, Schranke, Schanktisch«; verwandt mit *Barren, Barre, Barriere*]

Ba|ra|cke ⟨f.; -, -n⟩ *einfacher, flacher, nicht unterkellerter Bau (als Notwohnung od. Schuppen)* [< frz. *baraque*]

Ba|rạtt ⟨m.; -s; unz.⟩ *Warentausch* [< ital. *baratto* < mlat. *baratum* »Handel, Tausch« < grch. *prattein* »handeln«]

Ba|rat|te|rie ⟨f.; -, -n; Mar.⟩ **1** *Unredlichkeit des Kapitäns u. der Schiffsmannschaft gegenüber Reeder u. Eigentümer der Fracht* **2** *durch die Besatzung verschuldeter Schaden* [< ital.

baratteria »Tauschhandel, Betrug« <mlat. *barataria;* → *Baratt*]

Ba|ratt|han|del ⟨m.; -s; unz.⟩ *Tauschhandel*

ba|rat|tie|ren ⟨V.⟩ Waren ~ *austauschen* [→ *Baratt*]

Bar|ba|ka|ne ⟨f.; -, -n⟩ *bei Befestigungsanlagen des Mittelalters ein Außenwerk vor dem Festungstor* [rom.]

Bar|bar ⟨m.; -en, -en⟩ *Ungebildeter, Rohling* [<lat. *barbarus* <grch. *barbaros* »Nichtgrieche, Ausländer«]

Bar|ba|rei ⟨f.; -, -en⟩ **1** *Rohheit, Unmenschlichkeit, Grausamkeit* **2** *völlige Unbildung, Kulturlosigkeit*

Bar|ba|res|ken|staat ⟨m.; -(e)s, -en; 16./19. Jh.⟩ *einer der mohammedan. Seeräuberstaaten der Berber* [<ital. *barbaresco* »berbisch«]

bar|ba|risch ⟨Adj.⟩ **1** *unmenschlich, roh, grausam* **2** *völlig ungebildet, unkultiviert* [→ *Barbar*]

Bar|ba|ris|mus ⟨m.; -, -men⟩ **1** *Verstoß gegen die Sprachregeln od. die Sprachreinheit* **2** *sprachwidriger Ausdruck*

Bar|be ⟨f.; -, -n⟩ **1** *Karpfenfisch (sub)tropischer Gewässer* **2** ⟨früher⟩ *ein Band aus Spitze an Frauenhauben* [<ahd. *barbo* <lat. *barba* »Bart«]

Bar|be|cue ⟨[-bikju:] n.; -s, -s⟩ **1** *Gartenfest mit gegrilltem Fleisch* **2** *Gerät zum Grillen ganzer Tiere* [amerik.]

Bar|bier ⟨m.; -s, -e⟩ *Bart- u. Haarschneider* [frz.; zu *barbe* »Bart«]

bar|bie|ren ⟨V.; †⟩ *rasieren;* → a. *balbieren* [→ *Barbier*]

Bar|bi|ton ⟨n.; -s, -s⟩, **Bar|bi|tos** ⟨m. od. f.; -, -toi; Mus.⟩ *altgrch. harfenartiges Saiteninstrument* [grch.]

Bar|bi|tu|rat ⟨n.; -s, -e⟩ *Medikament, das als Schlaf- u. Beruhigungsmittel verabreicht wird* [nach der *Barbitursäure,* die von dem dt. Chemiker Adolf von Baeyer (1835-1917) zum ersten Mal dargestellt u. von ihm nach dem weibl. Vornamen *Barbara* benannt wurde]

Bar|bi|tur|säu|re ⟨f.; -, -n⟩ *aus Malonsäureester u. Harnstoff hergestelltes Schlaf- u. Beruhigungsmittel* [nach dem wiss. Namen der Bartflechte: Usnea *barbata*]

Bar|boy ⟨[-bɔi] m.; -s, -s⟩ *knie- od. hüfthoher, beweglicher Schanktisch* [<*Bar*[2]*(1.2)* + *Boy*[1]*(2)*]

Bar|ca|ne, Bar|co|ne ⟨f.; -, -n⟩ = *Barkane*

Bar|chan ⟨[-ça:n] m.; -s, -e; Geogr.⟩ *Binnendüne in der Form eines Bogens* [russ.]

Bar|chent ⟨m.; -s, -e⟩ *einseitig angerautes Baumwoll-, Flanellgewebe* [<mhd. *barchan(t)* <mlat. *barraccanus* <arab. *barrakan* »grober Stoff«]

Bar|ches ⟨m.; -, -⟩ *Sabbatbrot, süßes Weißbrot im jüdischen Kult- u. Hausgebrauch* [hebr.]

Bar|code ⟨[-ko:d] m.; -s, -s⟩ *Strichcode, eine Form der Verschlüsselung binärer Daten über die Darstellung von Balken mit verschiedenen Breiten u. Zwischenräumen,* z.B. der EAN-Code [engl., »Balkencode«]

Bar|de[1] ⟨m.; -n, -n⟩ **1** *kelt. Dichter u. Sänger* **2** ⟨fig.⟩ *Heldensänger* [frz., <mlat. *bardus* <kelt. *bard* »Sänger«]

Bar|de[2] ⟨f.; -, -n; Kochk.⟩ *Speckscheibe um gebratenes Geflügel* [frz., »Speckschnitte« (zum Braten von Vögeln) <span. *albarda* »Saumsattel, Speckschnitte« <arab. *albarda;* zu *barda ah* »Sattelunterlage«]

bar|die|ren ⟨V.⟩ *mit einer Barde*[2] *umwickeln*

Bar|diet, Bar|dit ⟨n.; -(e)s, -e⟩ **1** *vaterländ. Lied im Ton der Barden*[1] **2** *Drama mit Gesängen der Barden*[1] [von Klopstock geprägte Bez. <lat. *barditus* »Schlachtgesang der alten Germanen, mit dem zur Verstärkung des Schalles an den Mund gehaltenen Schilde«]

Bar|di|glio, ⟨auch⟩ **Bar|dig|lio** ⟨[-diljo] m.; -s; unz.⟩ *ungewöhnlich fester, weißer Marmor, der in der Umgebung von Florenz gewonnen wird* [ital.]

bar|disch ⟨Adj.⟩ *in der Art der Barden*[1]*, sie betreffend, von ihnen stammend*

Ba|rett ⟨n.; -(e)s, -e⟩ *schirmlose, flache Kopfbedeckung (bes. zur Amtstracht von Geistlichen, Richtern, Professoren usw.)* [<frz. *barrette* »zusammenlegbare Mütze« <ital. *baretta* <mlat. *barretum, birretum;* zu lat. *birrus* »Oberkleid, Mantel mit Kapuze«]

Bar|gai|ning ⟨[-gɛiniŋ] n.; - od. -s; unz.; Wirtsch.⟩ **1** ⟨allg.⟩ *jede Form von Verhandlung zwischen zwei Parteien in der freien Wirtschaft* **1.1** *erfolgreicher Abschluss dieser Verhandlungen* **2** ⟨i.e.S.⟩ *Verhandlungen zwischen Gewerkschaftsfunktionären u. Arbeitgebervertretern über Flächentarife;* Collective ~ [<engl. *bargain* »Geschäft, Handel«]

Ba|ri|bal ⟨m.; -s, -s; Zool.⟩ *braun bis schwarz gefärbter Bär Nordamerikas, der bis zu zwei Metern groß wird* [lat. <grch.]

Ba|ri|o|la|ge ⟨[-ʒ(ə)] f.; -, -n; Mus.⟩ *beim Violinspiel mit bes. Klangwirkung gespielte schnelle Tonfolge, wobei die höheren Töne auf der tiefer gestimmten Saite u. umgekehrt gespielt werden* [frz., <lat. *variolagium* »Abwechslung«]

ba|risch ⟨Adj.⟩ *den Luftdruck betreffend, auf ihm beruhend;* ~es **Windgesetz** ⟨Meteor.⟩ *Regel, nach der sich die Luft von einem Gebiet hohen zu einem Gebiet niederen Luftdrucks bewegt u. dabei auf der Nordhalbkugel der Erde eine Ablenkung nach rechts, auf der Südhalbkugel nach links erfährt* [<grch. *baros* »Schwere«]

Ba|ri|ton ⟨m.; -s, -e⟩ **1** *Männerstimme in der Mittellage* **2** *Sänger mit dieser Stimme* **3** = *Baryton* [<ital. *baritono;* zu grch. *barys* »schwer, tief« + *tonos* »Ton«]

ba|ri|to|nal ⟨Adj.; Mus.⟩ *in der Stimmlage Bariton*

Ba|ri|um ⟨n.; -s; unz.; chem. Zeichen: Ba⟩ *chem. Element, Erdalkalimetall, Ordnungszahl 56* [zu grch. *barys* »schwer«]

Ba|ri|um|sul|fat ⟨n.; -(e)s, -e⟩ *Bariumsalz der Schwefelsäure, chem. Formel* $BaSO_4$*, in mineral. Form als »Schwerspat« bezeichnet (ver-*

wendet als weiße Malerfarbe u. Zusatz für Schwerbeton); Sy *Baryt*

Bark ⟨f.; -, -en⟩ *Segelschiff mit mindestens drei Masten* [<engl. *bark* »Barke, Nachen«, frz. *barque* »Kahn, Boot«]

Bar|ka|ne ⟨f.; -, -n⟩ *zwei- od. dreimastiges Fischereifahrzeug im Mittelmeer;* oV *Barcane, Barcone, Barkone* [<ital. *barcone;* Vergrößerungsform zu *barca* »Barke«]

Bar|ka|ro|le ⟨f.; -, -n; in mittelmeer. Ländern⟩ oV *Barkerole* **1** *Ruderboot* **2** *Lied des Barkenführers, Schiffer-, Gondellied* [<ital. *barcarola* »Liedchen der venezian. Gondolieri«]

Bar|kas|se ⟨f.; -, -n⟩ **1** *größtes Beiboot von Kriegsschiffen* **2** *kleines Boot, Hafenverkehrsboot* [<ndrl. *barkas,* span. *barcaza,* ital. *barcaccia,* Vergrößerungsform zu *barca* »Barke«]

Bar|ke ⟨f.; -, -n; bes. in mittelmeer. Ländern; a. poet.⟩ *kleines Boot, Kahn* [<frz. *barque* »Kahn, Boot«]

Bar|kee|per ⟨[-ki:pə(r)] m.; -s, -⟩ **1** *Besitzer einer Bar* **2** *Kellner an, hinter der Bar* [< *Bar*[2] + engl. *keeper* »Besitzer«]

Bar|ke|ro|le ⟨f.; -, -n⟩ = *Barkarole*

Bar|ko|ne ⟨f.; -, -n⟩ = *Barkane*

Bar|mi|xer ⟨m.; -s, -⟩ *jmd., der Getränke an der Bar mixt*

Bar-Miz|wa 1 ⟨m.; -s, -s; Rel.⟩ *jüdischer Junge nach seinem 13. Geburtstag, der verpflichtet ist, die religiösen Vorschriften zu beachten* **2** ⟨f.; -, -s; Rel.⟩ *Tag der Aufnahme eines 13-jährigen jüdischen Jungen in die Glaubensgemeinschaft* [hebr., »Gebotspflichtiger«]

Barn ⟨n.; -s, -s⟩ *Maßeinheit für Wirkungsquerschnitte, die nicht gesetzlich ist (bes. in der Kernphysik), Zeichen: b; 1b =* 10^{-28} m^2 [engl.]

Bar|na|bit ⟨m.; -en, -en⟩ *Angehöriger der 1530 in Mailand gegründeten Kongregation der Barnabiten* [ital.; nach ihrem Sitz, dem *Barnabaskloster* in Mailand]

ba|ro…, Ba|ro… ⟨in Zus. ⟩ *den Luftdruck od. die Schwere betreffend;* barotrop; Barometer [<grch. *baros* »Schwere«]

ba|rock ⟨Adj.⟩ **1** *zum Barock gehörend, aus ihm stammend* **2** ⟨fig.⟩ *verschnörkelt, überladen*

Ba|rock ⟨n. od. m.; -s; unz.⟩ **1** *schmuckreicher, schwungvoller Kunststil vom Anfang des 17. bis zur Mitte des 18. Jh.* **2** *das Zeitalter selbst* [zu port. *barroco* »schiefrund«]

ba|ro|ckal ⟨Adj.⟩ *barockgemäß, dem Barock entsprechend*

Ba|rock|per|le ⟨f.; -, -n⟩ *eine Perle mit Ungleichmäßigkeiten*

Ba|ro|graf ⟨m.; -en, -en⟩ = *Barograph*

Ba|ro|gramm ⟨n.; -s, -e⟩ *die Luftdruckaufzeichnung des Barographen* [< *Baro…* + *…gramm*]

Ba|ro|graph ⟨m.; -en, -en⟩ *selbstaufzeichnendes Barometer;* oV *Barograf* [<grch. *baros* »Schwere« + *…graph*]

ba|ro|klin ⟨Adj.; Meteor.⟩ *atmosphärisch geschichtet, wenn sich die Flächen gleichen Luftdrucks u. gleicher Höhe schneiden, besonders beim Aufeinandertreffen warmer u. kalter Luftmassen* [< *baro…* + grch. *klinein* »neigen«]

Ba|ro|me|ter ⟨n.; -s, -⟩ *Gerät zum Messen des Luftdrucks, Luftdruckmesser* [< *Baro…* + *…meter*]

Ba|ro|me|trie, ⟨auch⟩ **Ba|ro|met|rie** ⟨f.; -, -n⟩ *Luftdruckmessung* [< *Baro…* + *…metrie*]

ba|ro|me|trisch, ⟨auch⟩ **ba|ro|met|risch** ⟨Adj.⟩ *das Barometer betreffend, mit seiner Hilfe;* ~e Höhenstufe *Höhenunterschied zweier Punkte mit einem Unterschied des Barometerstandes von 1 mm Quecksilbersäule (Durchschnitt 11 m) od. 1 Millibar (Durchschnitt 8 m)*

Ba|ron ⟨m.; -s, -e⟩ **1** *unterster dt. Adelstitel, Freiherr* **2** ⟨urspr.⟩ *Adliger, der sein Lehen unmittelbar vom König erhalten hat* **3** ⟨fig.⟩ *jmd., der als Besitzender in einem Wirtschaftszweig führend ist;* Kohlen~ [<frz. *baron* <mlat. *baro* »streitbarer Mann«]

Ba|ro|nat ⟨n.; -(e)s, -e⟩ *Würde sowie Stammsitz eines Barons*

Ba|ro|nesse ⟨[-nɛ̣s] f.; -, -n [-nɛ̣sən]⟩ *unverheiratete Tochter eines Barons, Freiin* [französisierend zu *Baron,* statt frz. *baronne*]

Ba|ro|net ⟨[bæ̣rənət] m.; -s, -s, Abk.: Bart.⟩ *vererbbarer Titel des engl. unteren Adels in der männl. Folge* [<engl. *baronet;* zu frz. *baron;* → *Baron*]

Ba|ro|nie ⟨f.; -, -n⟩ = *Baronat* [<frz. *baronnie* »Freiherrschaft«]

Ba|ro|nin ⟨f.; -, -nin|nen⟩ *Frau eines Barons, Freifrau*

ba|ro|ni|sie|ren ⟨V.⟩ *zum Baron machen*

Ba|ro|ther|mo|graf ⟨m.; -en, -en⟩ = *Barothermograph*

Ba|ro|ther|mo|graph ⟨m.; -en, -en⟩ *Verbindung von Barograph u. Thermograph;* oV *Barothermograf*

Ba|ro|trau|ma ⟨n.; -s, -men od. -ta; Med.⟩ *Taucherschaden, Luftdruckschaden, der aufgrund zu hoher Druckdifferenz zwischen lufthaltigen Körperhöhlen u. des sie umgebenden Wassers entsteht,* z.B. ein Trommelfellriss [< *Baro…* + *Trauma*]

ba|ro|trop ⟨Adj.; Meteor.⟩ *atmosphärisch geschichtet, wenn die Flächen gleichen Luftdrucks u. gleicher Temperatur parallel zueinander verlaufen* [< *baro…* + *…trop*]

Bar|ra|ge ⟨[-ʒ(ə)] f.; -, -n; österr.⟩ **1** *Abdämmung, Sperrung* **2** *Schlagbaum* [frz., »Absperrung«]

Bar|ra|ku|da ⟨m.; -s, -s⟩ *räuberischer Knochenfisch, Pfeilhecht* [span.]

Bar|ran|co ⟨Pl.; Geogr.⟩ **1** *Kleinformen linienhafter Erosionen* **2** ⟨auf den Kanarischen Inseln⟩ *an vulkanischen Kegelbergen radial angeordnete Erosionsrinnen* [span., »Schlucht, Klamm«]

Bar|ran|da ⟨f.; -, -s⟩ *Absperrbarriere in Stierkampfarenen* [<span. *barra* »(Metall-)Barren, Stange«]

Bar|ras ⟨m.; -; unz.; süddt.⟩ **1** *Kommissbrot*

2 ⟨fig.⟩ *Militär(wesen)* [<jidd. *baras* »Fladenbrot«, dann »Militärbrot«]

Bar|re ⟨f.; -, -n⟩ **1** *Sandbank, Schlammbank an Flussmündungen* **2** *Querstange, Metallstange, Schlagbaum, Schranke* [frz., »Schranke«]

Bar|ré ⟨[-re:] n.; -s, -s; Mus.⟩ *Grifftechnik beim Gitarre- u. Lautenspiel, bei der mehrere od. alle Saiten auf das Griffbrett niedergedrückt werden;* Sy *Barrégriff* [zu frz. *barrer* »verriegeln, verschließen«]

Bar|ré|griff ⟨[-re:-] m.; -s, -e⟩ = *Barré*

Bar|rel ⟨[bærəl] n.; -s, -s⟩ *engl. u. nordamerikan. Hohlmaß (158,7 l), z.B. für Bier, Öl* [engl., »Fass, Tonne«]

Bar|ren ⟨m.; -s, -⟩ **1** *Gussform (Stangen, Ziegel) der Edelmetalle als Zahlungsmittel;* Gold~; Silber~ **2** *Turngerät aus zwei feststehenden, waagerechten Stangen* [<frz. *barre* »Stab, Stange«]

Bar|ri|e|re ⟨f.; -, -n⟩ **1** *Schranke, Schlagbaum, Sperre* **2** ⟨fig.⟩ *Hemmnis, Erschwernis* [frz. *barrière* »Schranke«; zu *barre* »Stange«]

Bar|ri|ka|de ⟨f.; -, -n⟩ **1** *Schanze, Hindernis, Straßensperre (bes. zur Verteidigung)* **2** *Sinnbild der Revolution;* auf die ~n gehen, steigen ⟨fig.⟩ *sich erheben, empören;* dafür würde ich auf die ~n gehen *dafür würde ich meine ganze Kraft u. mein Leben einsetzen* [<frz. *barricade* (angelehnt an *barrique* »Stückfass«) <ital. *barricata* <galloroman. **barra* »absperrender Balken«]

Bar|rique ⟨[-rik] n.; -s, -s⟩ **1** *225 Liter fassendes Weinfass aus Eichenholz* **2** *früheres französisches Weinmaß* [frz.]

Bar|rique|wein ⟨[-rik-] m.; -s, -e⟩ *im Barrique gereifter Wein von meist gehobener Qualität*

Bar|soi ⟨m.; -s, -s⟩ *russ. Windhund, Hetzhund* [<russ. *borsoi* »schnell«]

Bar|sor|ti|ment ⟨n.; -s, -e⟩ *Form des Zwischenbuchhandels, Verkaufslager von Büchern, um den Buchhändlern den Bezug von Büchern aus verschiedenen Verlagen zu erleichtern (urspr. nur gegen Barzahlung)*

Bart. ⟨Abk. für⟩ *Baronet*

ba|ry..., **Ba|ry...** ⟨in Zus.⟩ *schwer..., Schwer...;* Barymetrik [grch.]

Ba|ry|me|trik, ⟨auch⟩ **Ba|ry|met|rik** ⟨f.; -; unz.⟩ *Berechnung des Lebendgewichtes von Schlachttieren aus dem Gewicht des Rumpfes* [<grch. *barys* »schwer« + *...metrie*]

Ba|ry|o|nen ⟨Pl.; Sg.: Ba|ry|on⟩ *Gruppe von Elementarteilchen, deren Masse über der des Protons liegt* [zu grch. *barys* »schwer«]

Ba|ry|sphä|re, ⟨auch⟩ **Ba|rys|phä|re** ⟨f.; -; unz.⟩ *der Erdkern* [<grch. *barys* »schwer« + *Sphäre*]

Ba|ryt ⟨m.; -(e)s, -e⟩ = *Bariumsulfat* [zu grch. *barys* »schwer«]

Ba|ry|ton ⟨n.; -s, -e; Mus.⟩ *sechssaitiges Streichinstrument im 18. Jh., ähnl. dem Cello;* oV *Bariton(3)* [→ *Bariton*]

Ba|ry|to|ne|se ⟨f.; -, -n; Metrik⟩ *Vorverlegung des Akzents vom Wortende weg* [<grch. *barys* »schwer« + *tonos* »Spannung«]

Ba|ry|to|non ⟨a. [--'--] n.; -s, -to|na od. -to|ne; Sprachw.⟩ *Wort, dessen letzte Silbe unbetont ist* [grch.-lat.]

Ba|ryt|weiß ⟨n.; -; unz.⟩ *Bariumsulfat od. Schwerspat (als Malerfarbe verwendet)*

ba|ry|zen|trisch, ⟨auch⟩ **ba|ry|zent|risch** ⟨Adj.⟩ *das Baryzentrum betreffend*

Ba|ry|zen|trum, ⟨auch⟩ **Ba|ry|zent|rum** ⟨n.; -s, -tren⟩ *Schwerpunkt* [<grch. *barys* »schwer« + *Zentrum*]

ba|sal ⟨Adj.; Anat.; Geol.⟩ *unten, an der Grundfläche (Basis) gelegen, sie betreffend, von ihr stammend* [→ *Basis*]

Ba|sa|li|om ⟨n.; -s, -e; Med.⟩ *Hauttumor* [→ *Basis*]

Ba|salt ⟨m.; -(e)s, -e⟩ *schwärzl. Vulkangestein in charakterist. säulenförmigen Absonderungen* [<lat. *basaltes* <*basanites;* nach der Landschaft *Basan* im Osten Palästinas]

Ba|sal|tem|pe|ra|tur ⟨f.; -, -en; Med.⟩ *Temperatur morgens nach dem Erwachen, vor dem Aufstehen, die zur Feststellung des Ovulationszyklus gemessen wird*

ba|sal|ten ⟨Adj.⟩ *aus Basalt*

Ba|sar ⟨m.; -s, -e⟩ **1** *oriental. Markt* **2** *offene Kaufhalle, Kaufhaus* **3** *Verkauf zu Wohltätigkeitszwecken;* Wohltätigkeits~; oV *Bazar* [<pers., türk. *bazar* »Markt«]

Basch|lik, Basch|lyk ⟨m.; -s, -s⟩ *kaukas. Wollkapuze* [türk., »Kopfbedeckung«]

Ba|se ⟨f.; -, -n⟩ *Stoff, der in Wasser Hydroxidionen (OH^-) bildet u. dadurch basisch wirkt (pH-Wert unter 7), in erster Linie die Hydroxide der Elemente der 1. u. 2. Gruppe des Periodensystems wie Lithium, Natrium, Kalium, Rubidium, Caesium sowie Magnesium, Calcium, Strontium u. Barium;* Sy *Alkali* [zu grch. *basis* »Schritt; der betretene Boden«]

Base|ball ⟨[bɛisbɔ:l] m.; -s; unz.; Sp.⟩ *nordamerikan., dem Schlagball ähnl. Ballspiel* [<engl. *base* »Grundlage, Mal« + *ball* »Ball«]

Base|bal|ler ⟨[bɛisbɔ:lə(r)] m.; -s, -; Sp.⟩ *Sportler, der als Amateur od. als Profi das Baseballspiel betreibt* [→ *Baseball*]

ba|se|dow|sche Krank|heit, ⟨auch⟩ **Ba|sedow'sche Krank|heit** ⟨f.; -; unz.⟩ *Schilddrüsenerkrankung* [nach dem Arzt Karl v. *Basedow,* 1799–1854]

Base|line ⟨[bɛislain] f.; -, -s⟩ **1** ⟨allg.⟩ *Grundlinie, Basis* **2** ⟨Sp.⟩ *beim Baseball die Verbindungslinie zwischen zwei Malen* **3** *die unterste Zeile, der Schlusssatz einer Anzeige;* Ggs *Headline* [<engl. *base line* »Grundlinie«]

Base|man ⟨[bɛismæn] m.; - od. -s, -men [-mən]; Sp.⟩ *Spieler der in der Defensive befindlichen Mannschaft beim Baseball, der an einem der Eckpunkte eines Baseballfeldes als Fänger fungiert* [→ *Baseball*]

Base|ment ⟨[bɛis-] n.; -s, -s⟩ *unter dem Straßenniveau liegendes Geschoss, Tiefgeschoss, bes. in Kaufhäusern* [engl.]

Base|ment|store ⟨[bɛismən tstɔ:(r)] m.; -s, -s⟩ **1** *Verkaufsraum od. Geschäft im Souterrain*

2 *in einem Untergeschoss befindliche Verkaufsfläche* [<engl. *basement* »Kellergeschoss, Untergeschoss« + *store* »Laden, Geschäft, Kauf-, Warenhaus«]

Ba|sen|paar ⟨n.; -(e)s, -e; Biochem.⟩ *durch schwache Bindungen gekoppelte Basen (Adenin u. Thymin od. Guanin u. Cytosin), die zwei DNA-Stränge in Form einer Doppelhelix miteinander verbinden*

BASIC ⟨[bɛɪsik] Abk. für engl.⟩ *Beginner's All Purpose Symbolic Instruction Code (für Anfänger geeigneter Allzweck-Symbol-Instruktions-Code), eine weit verbreitete Programmiersprache zur Programmierung von Mikrocomputern*

Ba|sic Eng|lish, ⟨auch⟩ **Ba|sic En|glish** ⟨[bɛɪsik ıŋgliʃ] n.; - -; unz.⟩ *von C.K. Ogden (1889-1957) entwickelte, vereinfachte Form des Englischen mit 850 Grundwörtern (Versuch, Englisch zur Welthilfssprache zu machen)* [engl., »Grundenglisch«]

Basic Needs (*Getrennt- und Zusammenschreibung*) Grundsätzlich gilt für fremdsprachliche Komposita die im Deutschen übliche Zusammenschreibung. Von dieser Regel sind fachsprachlich verwendete oder nur in Fachsprachen gebrauchte Begriffe ausgenommen.
Bei solchen (im Fremdwörterlexikon meist gekennzeichneten) Begriffen richtet sich die Schreibung in der Regel nach der in der Herkunftssprache üblichen Schreibweise.

Ba|sic Needs ⟨[bɛɪsik niːds] Pl.; Wirtsch.⟩ *Grundbedürfnisse (bes. in der Entwicklungspolitik von Bedeutung)* [engl., »Grundbedürfnisse«]

Ba|sics ⟨[bɛɪsiks] Pl.; umg.⟩ *wichtige Bestandteile der menschlichen Grundversorgung,* z.B. Nahrung, Wohnung usw. [engl., »das Wesentliche«]

Ba|si|die ⟨[-diə] f.; -, -n⟩ *Sporenträger der Ständerpilze* [<grch. *basis* »Grundlage«]

Ba|si|di|o|spo|re ⟨f.; -, -n⟩ *von der Basidie abgeschnürte Spore* [<*Basidie* + *Spore*]

ba|sie|ren ⟨V.⟩ ~ auf *beruhen, sich gründen, sich stützen auf* [→ *Basis*]

ba|si|klin ⟨Adj.; Bot.⟩ *häufiger auf alkalischem als auf saurem Boden wachsend (von Pflanzen)* [<*Base* + grch. *klinein* »beugen, neigen«]

Ba|si|li|a|ner ⟨m.; -s, -⟩ *Angehöriger eines griechisch-orthodoxen Mönchsordens* [nach *Basilius* dem Großen, um 330–379]

Ba|si|lie ⟨[-liə] f.; -, -n⟩, **Ba|si|li|en|kraut** ⟨n.; -(e)s; unz.⟩ = *Basilikum*

Ba|si|li|ka ⟨f.; -, -ken⟩ 1 *altgriech. Amtsgebäude, altröm. Markt- u. Gerichtshalle* 2 *altchristl. Versammlungsraum der Gemeinde, Kirche mit Mittelschiff u. zwei niedrigeren Seitenschiffen, später vielfach abgewandelt* [<grch. *stoa basilike* »Königshalle«; zu *basilikos;* → *Basilikum*]

ba|si|li|kal ⟨Adj.⟩ *eine Basilika betreffend, zu ihr gehörig, in der Art einer Basilika*

Ba|si|li|kum ⟨n.; -s; unz.⟩ *Basilikumöl enthaltender Lippenblütler, Würzpflanze, Hirnkraut: Ocimum basilicum;* Sy *Basilie, Basilienkraut* [<grch. *basilikos* »königlich«; zu *basileus* »König«]

Ba|si|lisk ⟨m.; -en, -en⟩ 1 *auf Bäumen lebender Leguan in Mittel- u. Südamerika: Basiliscus* 2 *schlangenhaftes Fabeltier oriental. Sagen mit tödl. Blick* [<mhd. *basiliske* <lat. *basiliskos* »asiat. Königseidechse« (nach einem weißen, einer Krone ähnelnden Fleck auf dem Kopf); → *Basilikum*]

ba|si|pe|tal ⟨Adj.⟩ Ggs *akropetal* 1 ⟨allg.⟩ *abwärts strebend* 2 ⟨Bot.⟩ *absteigend (der jüngste Spross einer Pflanze ist unten, der älteste oben)* [<*Base* + lat. *petere* »abwärts streben«]

Ba|sis ⟨f.; -, Ba|sen⟩ 1 *Grundlage, Ausgangspunkt* 1.1 *Unterlage, Stützpunkt* 2 ⟨Math.⟩ *Grundzahl;* ~ einer Potenz od. eines Logarithmus 2.1 ⟨Geom.⟩ *Grundlinie, Grundfläche* 3 ⟨Arch.⟩ *Grundlage, Sockel, Unterbau* 4 ⟨Sprachw.⟩ *Grundwort, Wortwurzel* 5 ⟨histor. Materialismus⟩ *die ökonom. Struktur einer Gesellschaftsordnung (im Unterschied zum Überbau)* 6 ⟨Pol.⟩ *breite Mitgliederschicht im Gegensatz zu den Führungsgremien u. Vorständen, z.B. in einer Partei, den Kirchen od. Verbänden* [grch., »Schritt; der betretene Boden, Sockel, Fundament, Grundlage«]

ba|sisch ⟨Adj.; Chem.⟩ 1 *einen pH-Wert von unter 7 aufweisend durch Gehalt an Hydroxidionen;* Sy *alkalisch* 2 ⟨Geol.⟩ ~e Gesteine *Gesteine mit sehr niedrigem Kieselsäuregehalt*

Ba|sis|de|mo|kra|tie ⟨f.; -, -n⟩ *Art der Demokratie, in der die Bevölkerung aktiv mitarbeitet u. mitentscheidet*

ba|sis|de|mo|kra|tisch ⟨Adj.⟩ *in der Art der Basisdemokratie, im Sinne der Basisdemokratie*

Ba|sis|frak|tur ⟨f.; -, -en⟩ *Schädelbasisbruch*

Ba|sis|grup|pe ⟨f.; -, -n⟩ *(linksorientierte) Gruppe, die im Sinne der Basisdemokratie politische Aktivitäten entwickelt*

Ba|si|zi|tät ⟨f.; -; unz.; Chem.⟩ *Gehalt einer Lösung an Alkali als Maß für die Neutralisationskraft einer Säure* [→ *basisch*]

Bas|ker|ville ⟨engl. [bæskə(r)vil] f.; -; unz.⟩ *die Druckschriften Antiqua u. Kursiv* [nach dem engl. Drucker u. Schriftgießer John *Baskerville,* 1706–1775]

Bas|ket|ball ⟨m.; -(e)s; unz.; Sp.⟩ *Korbball(spiel), das von zwei Mannschaften zu je fünf Spielern u. (regelgerecht) ohne körperl. Berührung gespielt wird* [<engl. *basket* »Korb« + *ball* »Ball«]

Bas|kü|le ⟨f.; -, -n⟩ 1 *Fensterverschluss, bei dem ein drehbarer Griff je eine Stange nach oben u. unten in zwei Vertiefungen od. an der Füllung befestigte Ösen schiebt* 2 *gute Manier (angezogene Vorderbeine u. runder Rücken) des Pferdes beim Überwinden eines Hindernisses* [<frz. *bascule* »Klappe, Wippe«]

Bas|ma|ti ⟨m.; -; unz.⟩ *langkörnige, aromatische Reissorte aus Indien* [hind.]
ba|so|phil ⟨Adj.⟩ *mit basischen Farbstoffen färbbar;* ~e Zellkulturen, ~e Mikroorganismen [< *Base* + *...phil*]
Bas|re|li|ef ⟨[baːrəljɛf] n.; -s, -s od. -e⟩ *flaches od. halb erhabenes Relief;* Ggs *Hautrelief* [< frz. *bas* »niedrig« + *Relief*]
Bass ⟨m.; -es, Bäs|se; Mus.⟩ **1** ⟨kurz für⟩ *Kontrabass* **2** *tiefste Tonlage bei Musikinstrumenten;* ~flöte; ~klarinette; ~trompete **3** = *Basso continuo* **3.1** bezifferter ~ *Basso continuo, mit Ziffern über od. unter den einzelnen Noten zur Ausführung auf einem Tasteninstrument* **4** *tiefste Tonlage der männl. Stimme* **5** *Sänger der tiefsten Stimmlage, Bassist* **6** *Gesamtheit der tiefen Stimmen bzw. Instrumente im Chor bzw. Orchester* [< ital. *basso* < mlat. *bassus* »niedrig«]
bas|sa ⟨Adj.; Mus.⟩ *tief, niedrig;* 8 ~, 8va ~ *eine Oktave tiefer zu spielen* [ital., Fem. zu *basso;* → *Bass*]
Bass|ba|ri|ton ⟨m.; -s, -e; Mus.⟩ **1** *Stimmlage zwischen Bass u. Bariton* **2** *Sänger mit dieser Stimmlage*
Bass|buf|fo ⟨m.; -s, -s od. -fi; Mus.⟩ *Sänger komischer Bassrollen*
Basse|lisse ⟨[baslis] od. [baslis] f.; -, -n⟩ *Wand- od. Bildteppich, der mit waagerechter Kette gewebt ist;* Ggs *Hautelisse* [< frz. *basse lice* »tiefer Schaft«]
Basse|lisse|we|be|rei ⟨[baslis-] od. [baslis-] f.; -, -en⟩ *Weberei am niederschäftigen Webstuhl mit waagerechter Kette;* Ggs *Hautelisseweberei*
Bas|se|na ⟨f.; -, -s; österr.⟩ *von mehreren Mietparteien genutztes Wasserbecken im Flur eines alten Wohnhauses* [österr.; → *Bassin*]
Bas|set ⟨frz. [basɛ], engl. [bæsit] m.; -s, -s⟩ *kurzbeinige Jagdhunderasse* [frz., eigtl. »kurzbeinig«; zu *bas* »niedrig«]
Bas|sett|horn ⟨n.; -s, -hör|ner; Mus.⟩ *Klarinette in Alttonlage, Altklarinette* [→ *Bass*]
Bas|sin ⟨[basɛ̃ː] n.; -s, -s⟩ *künstlich ausgemauertes Wasserbecken;* Schwimm~ [frz., »Becken«]
Bas|sist ⟨m.; -en, -en; Mus.⟩ **1** *Sänger mit Bassstimme* **2** *Spieler der Bassgeige*
Bass|kla|ri|net|te ⟨f.; -, -n; Mus.⟩ *um eine Oktave tiefer gestimmte Klarinette*
Bas|so ⟨m.; -, Bas|si; Mus.⟩ **1** *Bass* **1.1** ~ **continuo** ⟨17. u. 18. Jh.⟩ *Bassstimme zur Begleitung von Instrumentalstücken, meist auf Gambe od. (wenn beziffert) Tasteninstrument gespielt;* Sy *Bass(3), Generalbass* **1.2** ~ **ostinato** *ständig wiederkehrendes, variiertes Motiv im Bass;* oV *ostinater Bass* [ital.]
bas|ta! *genug!, Schluss jetzt!;* und damit ~ *und nun genug davon* [ital.]
Bas|tard ⟨m.; -(e)s, -e⟩ **1** ⟨Biol.⟩ *Nachkommen von Eltern unterschiedl. Rasse, Gattung od. Art, Mischling;* → a. *Hybride* **2** *unehel. Kind, bes. von Eltern verschiedener Gesellschaftsschichten* [< afrz. *bastard* »anerkannter Sohn eines Adligen, der nicht von der rechtmäßigen Frau stammt«]
bas|tar|die|ren ⟨V.⟩ **1** ⟨Biol.⟩ *mischen, kreuzen* **2** ⟨fig.⟩ *die Art verderben*
Bas|tar|die|rung ⟨f.; -, -en⟩ *Erzeugung, Züchtung von Bastarden, Kreuzung*
Bas|te ⟨f.; -, -n⟩ *zweithöchste Trumpfkarte* [frz. < span. *basto* »Treff«]
Bas|tei ⟨f.; -, -en⟩ = *Bastion* [< ital. *bastia* »Bollwerk«; → *Bastion*]
Bas|til|le ⟨[-tiːjə] f.; -, -n⟩ **1** *befestigtes Schloss in Frankreich* **2** *die als Staatsgefängnis benutzte Burg in Paris;* die Stürmung der ~ *(bei der Frz. Revolution 1789)* [frz., »Bastei«]
Bas|ti|on ⟨f.; -, -en⟩ *vorspringender Teil eines Festungsbauwerkes;* Sy *Bastei* [< ital. *bastione,* Vergrößerungsform von *bastia;* → *Bastei*]
bas|ti|o|nie|ren ⟨V.⟩ *mit Bastionen versehen, befestigen*
Bas|to|na|de ⟨f.; -, -n⟩ *früher im Orient übl. Prügelstrafe, Hiebe mit dem Stock, bes. auf die Fußsohlen* [< frz. *bastonnade* »Stockstreiche«]
Bat. ⟨†; Abk. für⟩ *Bataillon*
Ba|tail|lon ⟨[-taljoːn] n.; -s, -e; Abk.: Bat.⟩ *Truppenabteilung, Teil eines Regiments* [frz.; zu *bataille* »Schlacht«]
Ba|ta|te ⟨f.; -, -n⟩ *Windengewächs aus Südamerika, dessen süße Wurzelknollen gegessen werden: Ipomaea batatas, Knollenwinde, Süßkartoffel* [< span. *patata* < Taino *batata*]
Batch|pro|ces|sing ⟨[bætʃprousɛsiŋ] n.; -s; unz.; EDV⟩ *Arbeitsweise eines Computers, bei der eine Aufgabe nach der anderen erledigt wird, Stapelverarbeitung;* Ggs *Parallelbetrieb* [< engl. *batch* »Schub, Stapel« + *processing* »Verarbeitung«]
Ba|tho|me|ter ⟨n.; -s, -⟩ = *Bathymeter* [< grch. *bathos* »Tiefe« + *...meter*]
Ba|tho|pho|bie ⟨f.; -; unz.⟩ *Schwindelgefühl beim Anblick großer Tiefen od. Höhen* [< grch. *bathys* »tief« + *Phobie*]
ba|thy..., Ba|thy... ⟨in Zus.⟩ *tief..., Tief...* [< grch. *bathys* »tief«]
ba|thy|al ⟨Adj.; Geol.⟩ *zum Bathyal gehörend, in ihm vorhanden*
Ba|thy|al ⟨n.; -s; unz.; Geol.⟩ *der Lebensbereich des Meeres in der wenig od. gar nicht mehr vom Licht beeinflussten Tiefe (unterhalb von etwa 200 Metern)* [zu grch. *bathys* »tief«]
Ba|thy|bi|us ⟨m.; -; unz.⟩ *schleimiger Niederschlag in der Tiefsee, früher für Lebewesen gehalten* [< *Bathy...* + grch. *bios* »Leben«]
Ba|thy|gra|fie ⟨f.; -; unz.⟩ = *Bathygraphie*
ba|thy|gra|fisch ⟨Adj.⟩ = *bathygraphisch*
Ba|thy|gra|phie ⟨f.; -; unz.⟩ *Tiefseeforschung;* oV *Bathygrafie* [< *Bathy...* + *...graphie*]
ba|thy|gra|phisch ⟨Adj.⟩ *die Bathygraphie betreffend, auf ihr beruhend, mit ihrer Hilfe, tiefseekundlich;* oV *bathygrafisch*
Ba|thy|me|ter ⟨n.; -s, -⟩ *Gerät zum Messen der Meerestiefe;* oV *Bathometer* [< *Bathy...* + *...meter*]

Ba|thy|skaph ⟨m.; -en, -en⟩ *von Piccard geschaffenes unterseebootartiges Tiefseetauchgerät* [< *Bathy…* + grch. *skaphos* »Wanne, Schiff«]
Ba|thy|sphä|re, ⟨auch⟩ **Ba|thys|phä|re** ⟨f.; -, -n⟩ **1** *Bereich der Tiefsee* **2** *magmahaltige Tiefenzone der Erde* **3** *von einem Begleitschiff aus bewegte Tiefseetauchkugel*
Ba|tik ⟨f.; -, -en od. m.; -s, -en⟩ **1** ⟨unz.⟩ *auf Java entwickeltes, kunstvolles Färbeverfahren für Gewebe, bei dem die Muster mit Wachs abgedeckt u. nacheinander gefärbt werden* **2** ⟨zählb.⟩ *gebatiktes Gewebe* [javan., »gesprenkelt«]
ba|ti|ken ⟨V.⟩ *mit Hilfe der Batik färben*
Ba|tist ⟨m.; -(e)s, -e⟩ *feines, leinwandartiges Gewebe* [<frz. *batiste,* vermutl. nach einem Leinwandweber *Baptiste,* der im 13. Jh. in Cambrai gelebt haben soll]
ba|tis|ten ⟨Adj.⟩ *aus Batist*
Batt. ⟨Abk. für⟩ *Batterie(1)*
Bat|ta|glia, ⟨auch⟩ **Bat|tag|lia** ⟨[-talja] od. [-taːja] f.; -, -gli|en [-taljən] od. [-taːjən]; Mus.⟩ *klangmalerische Darstellung eines Kampfes, Aufmarsches o.Ä.* [ital., »Schlacht«]
Batte|ment ⟨[batmãː] n.; -s, -s; Mus.⟩ *trillerähnliches Vibrato* [frz., »Schlagen, Klopfen«]
Bat|ter ⟨[bætə(r)] m.; -s, -; Sp.; Baseball⟩ *derjenige Spieler, der am Schlag ist* [<engl. *bat* »Schläger, Schlagknüppel«]
Bat|te|rie ⟨f.; -, -n⟩ **1** ⟨Mil.; Abk.: Batt(r).⟩ *aus mehreren Geschützen (mit Bedienungsmannschaft) bestehende kleinste Artillerieeinheit* **2** ⟨Tech.⟩ *mehrere gleichartige Geräte, die hinter- od. nebeneinander gekuppelt od. zusammengeschlossen werden, um ihre Leistung zusammenzufassen;* Koksofen~; Dampfkessel~ **3** ⟨El.⟩ *zu einer Stromquelle zusammengeschlossene elektr. Elemente;* Akkumulatoren~; Taschenlampen~ [frz., »Artillerie«; zu *battre* »schlagen«]
Battr. ⟨Abk. für⟩ *Batterie(1)*
Bat|tu|ta, ⟨auch⟩ **Bat|tu|te** ⟨f.; -, -ten⟩ **1** ⟨Mus.⟩ *Taktschlag;* a battuta *den vorherigen Taktschlag wiederaufnehmend* **2** ⟨Sp.; Fechten⟩ *mit der Mitte der eigenen Klinge geführter Schlag gegen die gegnerische Klinge* [ital.]
Baud ⟨a. [boːd] n.; -s, -; Abk.: Bd⟩ *Maßeinheit für die Schrittgeschwindigkeit der Datenübertragung, 1 Bit/Sekunde* [nach dem frz. Ingenieur E. *Baudot,* 1845–1903]
Bau|mé|grad, ⟨auch⟩ **Bau|mé-Grad** ⟨[bomeː-] m.; -(e)s, -e; Zeichen: °Bé⟩ *(nicht mehr zulässige) Maßeinheit für die Dichte von Flüssigkeiten* [nach dem frz. Chemiker Antoine *Baumé,* 1728-1804]
Bau|mé|spin|del, ⟨auch⟩ **Bau|mé-Spin|del** ⟨[bomeː-] f.; -, -n⟩ *nach Baumégraden geeichtes Aräometer zur Bestimmung der Dichte von Flüssigkeiten* [→ *Baumégrad*]
Bausch|quan|tum ⟨n.; -s, -ten; österr.⟩ = *Pauschquantum*
Bau|ta|stein ⟨m.; -(e)s, -e⟩ *den Runensteinen verwandter, unbearbeiteter Gedenkstein in Skandinavien aus der Bronzezeit, ohne Inschrift* [<anord. *bauta*]
Bau|xit ⟨m.; -s, -e⟩ *wichtiges Aluminiummineral, Eisen- u. Titanoxid enthaltende Tonerdehydroxide, chem. Formel z.B.* $Al_2O_3 \cdot H_2O$ [nach dem ersten Fundort *Les Baux* in Südfrankreich]
Ba|zar ⟨[-zaːr] m.; -s, -e⟩ = *Basar*
ba|zil|lär ⟨Adj.⟩ *Bazillen betreffend, durch Bazillen hervorgerufen*
Ba|zil|le ⟨f.; -, -n; umg. für⟩ *Bazillus*
Ba|zil|lus ⟨m.; -, -zil|len⟩ *stäbchenförmiger Spaltpilz, Sporen bildendes Bakterium;* oV *Bacillus* [<lat. *bacillus* »Stäbchen«]
Ba|zoo|ka ⟨[-zuːka] f.; -, -s⟩ *amerikan. Panzerfaust* [engl., urspr. ein Musikinstrument]
BBC ⟨[bibisiː] Abk. für engl.⟩ *British Broadcasting Corporation, brit. Rundfunkgesellschaft*
B.c. ⟨Abk. für⟩ *Basso continuo*
B.C. ⟨Abk. für⟩ *before Christ (vor Christus)* [engl.]
BCD-Code ⟨[-koːd] m.; -s, -s; Abk. für engl.⟩ *Binary Coded Decimals Code (binär kodierter Dezimalzahlencode), ein in der EDV verwendeter 4-Bit-Code mit der Stellenfolge 8421*
Bd ⟨Abk. für⟩ *Baud*
Be ⟨chem. Zeichen für⟩ *Beryllium*
Bé ⟨Zeichen für⟩ *Baumé;* →a. *Baumégrad*
Beach|vol|ley|ball ⟨[biːtʃvɔlɛi-] n. od. m.; -s; unz.; Sp.⟩ *besondere Form des Volleyballs mit leicht modifizierten Regeln, die meist in Zweierteams auf Sand gespielt wird* [<engl. *beach* »Strand« + *Volleyball*]
Bea|gle, ⟨auch⟩ **Beag|le** ⟨[biːg(ə)l] m.; -s, - od. -s⟩ *kurzbeinige, schwarz, braun u. weiß gescheckte Spürhunderasse* [engl.]
Beam ⟨[biːm] m.; -s, -s⟩ *Zielstrahl eines Satelliten* [engl.]
Beam|an|ten|ne ⟨[biːm-] f.; -, -n⟩ *Richtantenne mit besonders großer Empfangscharakteristik* [<engl. *beam* »Strahl«]
Beat ⟨[biːt] m.; -s, -s; Mus.⟩ *Art des Drive, Betonung eines Taktteiles od. rhythm. Verschiebung* [engl., »Schlag«]
bea|ten ⟨[biː-] V.; Mus.⟩ **1** *Musik im Beatstil spielen* **2** *zu dieser Musik tanzen* [→ *Beat*]
Beat|fan ⟨[biːtfæn] m.; -s, -s; Mus.⟩ *jmd., der gern u. oft Beatmusik hört* [→ *Beat*]
Beat|ge|ne|ra|tion ⟨[biːtdʒɛnərɛiʃn] f.; -; unz.⟩ *Gruppe junger nordamerikan. Künstler nach dem 2. Weltkrieg, die in Ablehnung von Staat u. bürgerl. Gesellschaft, Neigung zum Zen-Buddhismus u. rauschhaftem Lebensstil nach metaphys. Erkenntnis strebte* [engl., »geschlagene Generation«; zu *beat* »Schlag«]
Be|a|ti|fi|ka|ti|on ⟨f.; -, -en⟩ *Seligsprechung* [<lat. *beatus* »glückselig« + *…fikation*]
be|a|ti|fi|zie|ren ⟨V.⟩ *selig sprechen* [→ *Beatifikation*]
Bea|tle, ⟨auch⟩ **Beat|le** ⟨[biːtl] m.; -s, -s⟩ **1** ⟨Mus.⟩ *Angehöriger der ehemaligen engl. Beatgruppe »The Beatles«* **2** ⟨fig.; umg.⟩ *junger Mann mit Pilzkopffrisur ähnlich der der Beatles*

Beat|mu|sik ⟨[biːt-] f.; -; unz.⟩ *Stil der Rockmusik, der stark rhythmisch geprägt ist* [< engl. *beat* »Schlag«]
Beat|nik ⟨[biːt-] m.; -s, -s⟩ *Angehöriger der Beatgeneration*
Beat|pad ⟨[biːtpæd] m.; -s, -s⟩ *Stelle, wo man Drogen kaufen kann* [< engl. *beat* »Revier, Bereich« + *pad* »Weg, Pfad«]
Beau ⟨[boː] m.; -s, -s; scherzh.; spött.⟩ *schöner (u. eitler) Mann, Stutzer, Geck* [frz., »schön«]
Beau|fort|ska|la, ⟨auch⟩ **Beau|fort-Ska|la** ⟨[boːfɔt-] od. [bofɔːr-] f.; -; unz.⟩ *früher 12-, heute 18-teilige Skala zur Einteilung der Windstärke* [nach dem engl. Admiral Sir Francis *Beaufort,* 1774-1857]
Beau|jo|lais ⟨[boʒɔlɛ] m.; -, -⟩ *aus der französischen Landschaft Beaujolais stammender Rotwein*
Beau|té ⟨[boteː] f.; -, -s⟩ *eine Schönheit, schöne Frau* [frz., »Schönheit«]
Beau|ty ⟨[bjuːti] f.; -, -s⟩ *Schönheit, schöne Frau* [engl.]
Beau|ty|case ⟨[bjuːtikeis] n. od. m.; - od. -s [-siz], -s [-siz]⟩ *kleiner Handkoffer für Damen, der alle notwendigen Schmink- u. Pflegeutensilien enthält* [< engl. *beauty* »Schönheit« + *case* »Koffer«]
Beau|ty|cen|ter ⟨[bjuːtisɛn-] n.; -s, -⟩ *Geschäft, in dem Körperpflege- u. Kosmetikartikel gekauft u. meist unter fachkundiger Anweisung auch angewendet werden können* [< engl. *beauty* »Schönheit« + *Center*]
Beau|ty|farm ⟨[bjuːti-] f.; -, -en⟩ *Kuranstalt für kosmetische Behandlungen u. Schönheitspflege* [< engl. *beauty* »Schönheit« + *farm* »Bauernhof«]
Beau|ty|flu|id ⟨[bjuːti-] n.; -s, -s⟩ *Creme zur Gesichtspflege* [< engl. *beauty* »Schönheit« + *Fluid*]
Bé|bé ⟨[bebeː] n.; -s, -s; schweiz.⟩ *kleines Kind, Säugling* [frz.]
Be|bop ⟨[biːbɔp] m.; -s, -s⟩ *seit 1940 entwickelter, kunstvoller nordamerikan. Jazzstil* [engl.; die bedeutungslosen Silben »be-bop« sollen die verminderte Quinte, die bei dieser Jazzspielweise im Vordergrund steht, sprachl. nachahmen]
Bé|cha|mel|kar|tof|feln ⟨[beʃamɛl-]; Pl.⟩ *Kartoffelscheiben in Béchamelsoße* [nach dem französischen Haushofmeister Ludwig XIV., Marquis de *Béchamel*]
Bé|cha|mel|so|ße ⟨[beʃamɛl-] f.; -, -n⟩ *Soße aus Butter, Mehl, Milch u. Gewürzen* [nach dem französischen Haushofmeister Ludwigs XIV., Marquis de *Béchamel*]
be|cir|cen ⟨V.⟩ = *bezirzen*
Bec|que|rel ⟨[bɛkərɛl] n.; - od. -s, -; Zeichen: Bq⟩ *SI-Einheit für die Stärke der Radioaktivität: 1 Bq entspricht einem radioaktiven Zerfallsakt pro Sekunde* [nach dem frz. Physiker H.A. *Becquerel,* 1852–1908]
Bed and Break|fast ⟨[bɛd ənd brɛkfəst] n.; - - -; unz.⟩ *preisgünstige Form der Übernachtung in angelsächsischen Ländern (bes. in Großbritannien), bei der der Reisende in einem Privathaus Unterkunft u. Frühstück erhält* [engl., »Bett und Frühstück«]
Be|du|i|ne ⟨m.; -n, -n⟩ *nomadisch od. halbnomadisch lebender Araber* [< arab. *bedawi* »in der Wüste umherstreifend«]
Beef|ea|ter ⟨[biːfiːtə(r)] m.; -s, -⟩ *Leibgardist des engl. Königshauses* [engl., eigtl. »Rindfleischesser«]
Beef|steak ⟨[biːfsteːk], engl. a. [-stɛik] n.; -s, -s⟩ **1 engl.** ~ *gebratene Lendenscheibe vom Rind* **2 deutsches** ~ *gebratenes Fleischklößchen* **3** ~ **à la Tatare** *Tatarenbeefsteak* [< engl. *beef* »Rindfleisch« + *steak* »Fleischschnitte«]
Beef|tea ⟨[biːftiː] m.; -s, -s⟩ *Rindfleischbrühe* [< engl. *beef* »Rind« + *tea* »Tee«]
Be|el|ze|bub ⟨[beeltsə-] od. [beːl-] od. [bɛl-] m.; -; unz.; NT⟩ *Teufel;* den Teufel mit dem ~ austreiben *ein Übel durch ein schlimmeres bekämpfen* [< hebr. *baal* »Herr« + *s'bub* »Fliege«; eigtl. »Fliegenfürst, Oberteufel«]
Bef|froi, ⟨auch⟩ **Beff|roi** ⟨[bɛfroa] m.; -s, -s⟩ *Bergfried* [frz., »Wachtturm, Glockenstuhl«]
Beg ⟨m.; -s, -s⟩ = *Bei*
Be|gard ⟨m.; -en, -en⟩, **Be|gar|de** ⟨m.; -n, -n; im MA⟩ *Angehöriger einer mönchisch lebenden, aber nicht durch Gelübde gebundenen Vereinigung;* → a. *Begine* [vermutlich nach dem Gründer Lambert le *Bègue* (»der Stotterer«, 12. Jh.) mit männlicher Endung *…(h)ard*]
Be|gas|se ⟨f.; -, -n⟩ = *Bagasse*
Be|ghard, Be|ghar|de ⟨m.; -(e)n, -(e)n⟩ = *Begard*
Be|ghi|ne ⟨f.; -, -n⟩ = *Begine*
Be|gi|ne ⟨f.; -, -n⟩ *Angehörige einer klösterlich lebenden, aber nicht durch Gelübde gebundenen Frauenvereinigung;* oV *Beghine* [vermutlich nach Lambert le *Bègue,* mit weiblicher Endung *…ine;* → *Begard*]
Be|go|nie ⟨[-niə] f.; -, -n⟩ *trop. Pflanzengattung, Zierpflanze mit unsymmetrischen Blättern, Schiefblatt: Begonia* [nach Michel *Bégon,* †1710, Gouverneur von Santo Domingo]
Be|gum ⟨f.; -, -en⟩ *Titel ind. Fürstinnen* [< Hindi *begam* »Mohammedanerin hohen gesellschaftl. Rangs«]
Be|ha|is|mus ⟨m.; -; unz.⟩ = *Bahaismus*
Be|ha|vi|o|ris|mus ⟨[bihɛivjə-] m.; -; unz.⟩ *von J.B. Watson begründete Richtung der Psychologie, die sich nur auf das Verhalten von Mensch u. Tier in wechselnder Umwelt stützt* [< engl. *behavio(u)r* »Verhalten«]
be|ha|vi|o|ris|tisch ⟨[bihɛivjə-] Adj.⟩ *den Behaviorismus betreffend, auf ihm beruhend*
Be|hen|nuss ⟨f.; -, -nüs|se⟩ = *Bennuss* [< span. < port. *behén* < pers., arab. *behmen*]
Be|hind ⟨[bihaind] n.; -s; unz.; schweiz.; Sp.⟩ *der hinter der Torlinie befindliche Auslauf an beiden Enden eines Fußballfeldes* [engl., »(da-)hinter«]
Bei ⟨m.; -s, -s od. -e⟩ *Herr, türk. Titel;* oV *Beg, Bey* [< türk. *beg* »Herr«]

beige ⟨[bɛ:ʒ] od. [be:ʒ] Adj.⟩ *von der natürlichen Farbe der Wolle, sandfarben, gelbbraun* [frz., »ungefärbt«]
Beige ⟨[bɛ:ʒ] od. [be:ʒ] n.; -; unz.⟩ *beige Farbe;* einen Raum in ~ halten [→ *beige*]
Bei|gnet, ⟨auch⟩ **Beig|net** ⟨[bɛnje:] m.; -s, -s⟩ *ein Fettgebäck (mit Früchten)* [frz., »Krapfen«]
Bei|ram ⟨m.; -s, -s⟩ = *Bairam*
Be|kas|si|ne ⟨f.; -, -n⟩ *Schnepfenvogel der nördl. Halbkugel mit langem Schnabel, Sumpfschnepfe: Gallinago* [<frz. *bécassine;* zu *bec* »Schnabel«]
Be|ki|sche ⟨f.; -, -n⟩ = *Pekesche(1)*
Bel ⟨n.; - od. -s, -; Zeichen: B⟩ *auf dem dekadischen Logarithmus beruhendes Maß für die Dämpfung von Schwingungen* [nach dem Erfinder des Telefons, dem engl.-amerikan. Physiologen A.G. *Bell,* 1847-1922]
Bel|a|mi ⟨m.; - od. -s, -s; scherzh.⟩ *Liebling der Frauen, Frauenheld* [<frz. *bel ami* »schöner Freund«]
Bel|can|tist ⟨m.; -en, -en⟩ = *Belkantist*
Bel|can|to ⟨m.; -; unz.⟩ = *Belkanto*
Be|lem|nit ⟨m.; -en, -en⟩ *als Versteinerung erhaltene ausgestorbene Ordnung der Kopffüßer: Belemnoidea* [<grch. *belemnon* »Geschoss« (nach dem Volksglauben durch Blitzschlag od. Donner entstanden; mit Unheil abwehrender Wirkung)]
Bel|es|prit, ⟨auch⟩ **Bel|esp|rit** ⟨[bɛlɛspri:] m.; -s, -s⟩ *Schöngeist* [<frz. *bel esprit*]
Bel|e|ta|ge ⟨[bɛleta:ʒ(ə)] f.; -, -n; †⟩ *erstes Stockwerk* [<frz. *bel étage* »schönes Stockwerk«]
Be|li|al ⟨m.; -s; unz.⟩ *Teufel* [<hebr. *b'li* »nicht« + *ja'al* »Nutzen«]
Bel|kan|tist ⟨m.; -en, -en⟩ *Belkantosänger;* oV *Belcantist* [→ *Belkanto*]
Bel|kan|to ⟨m.; -s; unz.; urspr.; bes. im 17. bis 19. Jh.⟩ *italien. Kunstgesang, bei dem der Hauptwert auf Klangschönheit gelegt wird;* oV *Belcanto* [<ital. *bel canto* »schöner Gesang«]
Bel|la|do|nin ⟨n.; -s; unz.; Pharm.⟩ *Alkaloid, das aus der Tollkirsche gewonnen wird;* →a. *Belladonna*
Bel|la|don|na ⟨f.; -, -don|nen⟩ **1** *Tollkirsche* **2** ⟨Pharm.⟩ *das aus der Tollkirsche gewonnene Alkaloid Belladonin* [<ital. *bella donna* »schöne Frau« (weil der in die Augen geträufelte Extrakt die Pupillen weitet u. dem Augapfel ein interessantes Aussehen gibt)]
Belle É|poque ⟨[bɛlepɔk] f.; - -; unz.⟩ *Epoche eines geistigen u. wirtschaftlichen Aufschwunges in Frankreich zu Beginn des 20. Jh.* [frz., »schöne Epoche«]
Bel|le|trist, ⟨auch⟩ **Bel|let|rist** ⟨m.; -en, -en⟩ *Schriftsteller der Belletristik*
Bel|le|tris|tik, ⟨auch⟩ **Bel|let|ris|tik** ⟨f.; -; unz.⟩ *schöngeistiges Schrifttum, Unterhaltungsliteratur* [<frz. *belles lettres* »schöne Literatur«]
bel|le|tris|tisch, ⟨auch⟩ **bel|let|ris|tisch** ⟨Adj.⟩ *in der Art der Belletristik, zu ihr gehörig*
Belle|vue ⟨[bɛlvy:]⟩ →a. *Belvedere* **1** ⟨f.; -, -n [-vy:ən]; †⟩ *Aussichtspunkt* **2** ⟨n.; - od. -s, -s⟩ *Name von Schlössern, die eine weit reichende Aussicht auf die umliegende Landschaft bieten* [<frz. *belle vue* »schöner Blick, schöne Aussicht«]
Bel|li|zist ⟨m.; -en, -en;⟩ *Anhänger, Befürworter des Krieges;* Ggs *Pazifist* [zu lat. *bellicus* »zum Krieg gehörend«]
bel|li|zis|tisch ⟨Adj.⟩ *kriegstreiberisch, den Krieg befürwortend* [<lat. *bellicus* »kriegerisch«]
Bel Pa|e|se ⟨(als Ⓦ a.: Bel|pa|e|se) m.; - -; unz.⟩ *ein ital. Weichkäse* [<ital. *bello* »schön« + *paese* »Land, Dorf«]
Be|lu|ga ⟨f.; -, -s⟩ *bis 5 m langer Gründel(zahn)wal an den Nordküsten der nördl. Halbkugel, Weißwal: Delphinapterus leucas* [<russ. *bjelyj* »weiß«]
Bel|ve|de|re ⟨[-ve-] n.; - od. -s, -s⟩ →a. *Bellevue* **1** ⟨†⟩ *Aussichtspunkt* **2** *Name verschiedener Schlösser, die eine weit reichende Aussicht auf die umliegende Landschaft bieten* [<ital. *bel vedere* »schöne Aussicht«]
Ben ⟨vor hebr. u. arab. Eigennamen⟩ *Sohn, Engel;* ~ Gurion; ~ Bella
Bench|mark ⟨[bɛntʃ-] f.; -; unz.; EDV⟩ *Maßeinheit zur Ermittlung der Leistungsfähigkeit von Computern* [engl., »Nivellierungszeichen« (z.B. an Messlatten); zu *bench* »Schicht« + *mark* »Zeichen«]
Bench|mar|king ⟨[bɛntʃ-] n.; -s; unz.; Wirtsch.⟩ *Ausrichtung an den jeweils höchsten Werten von konkurrierenden Unternehmen (als Orientierungshilfe in der Wirtschaftsführung)* [<engl. *benchmark* »Maßstab; Nivellierungszeichen«]
be|ne ⟨Adj.⟩ *gut, schön* [ital.]
be|ne|dei|en ⟨V.; poet.⟩ *segnen;* gebenedeit seist du, Maria [<mhd. *benedien* <lat. *benedicere* »Gutes wünschen, segnen«]
Be|ne|dic|tus ⟨n.; -, -; in der kath. Messe u. luther. Abendmahlsordnung⟩ *Lobgesang nach Lukas 1,68* [lat., Part. Perf. zu *benedicere* »Gutes wünschen, loben, preisen«]
Be|ne|dik|ti|ner ⟨m.; -s, -⟩ **1** *Mönch des ältesten katholischen Ordens des Abendlandes, Ordo Sancti Benedicti, der im 6. Jh. gegründet wurde* **2** *französischer Kräuterlikör, nach einem Rezept der Benediktinerabtei Fécamp von 1510* [lat., nach *Benedikt* von Nursia, dem Ordensgründer]
Be|ne|dik|ti|on ⟨f.; -, -en⟩ *Segnung* [<lat. *benedictio* »Segnen«]
be|ne|di|zie|ren ⟨V.⟩ *segnen* [<lat. *benedicere*]
Be|ne|fiz ⟨n.; -es, -e⟩ **1** = *Benefizvorstellung* **2** *Pfründe* **3** = *Benefizium* [<frz. *bénéfice* »Vorteil, Nutzen« <lat. *beneficium* »Wohltat«]
Be|ne|fi|zi|ant ⟨m.; -en, -en⟩ **1** *Wohltäter* **2** *Nutznießer einer Benefizvorstellung*
Be|ne|fi|zi|ar ⟨m.; -s, -e⟩ = *Benefiziat*
Be|ne|fi|zi|at ⟨m.; -en, -en⟩ **1** *Pfründner* **2** *Inhaber eines Benefiziums*

Be|ne|fi|zi|um ⟨n.; -s, -zi|en; MA⟩ *zur Nutzung überlassenes erbl. Land, Lehen;* oV *Benefiz(3)*

Be|ne|fiz|vor|stel|lung ⟨f.; -, -en⟩ *Theater- od. Musikaufführung zugunsten eines Künstlers od. eines wohltätigen Zweckes;* Sy *Benefiz(1)*

Be|ne|lux|län|der ⟨Pl.⟩ *die Länder Belgien, Niederlande und Luxemburg* [verkürzt < *Bel*gique, *Ne*derland, *Lux*emburg]

ben|ga|lisch ⟨Adj.⟩ *Bengalen betreffend, zu ihm gehörend, aus ihm stammend*

be|ni|gne, ⟨auch⟩ **be|nig|ne** ⟨Adj.; Med.⟩ *gutartig;* eine ~ Geschwulst; Ggs *maligne* [< lat. *benignus* »gutmütig«]

Be|ni|gni|tät, ⟨auch⟩ **Be|nig|ni|tät** ⟨f.; -; unz.⟩ **1** *Güte, Leutseligkeit, Milde* **2** ⟨Med.⟩ *Gutartigkeit;* ~ einer Geschwulst; Ggs *Malignität* [→ *benigne*]

Ben|ja|min ⟨m.; -s, -e; scherzh.⟩ *Jüngster;* der ~ der Famlie [hebr., in der Bibel jüngster Sohn Jakobs]

Ben|nuss ⟨f.; -, -nüs|se⟩ oV *Behennuss* **1** *Baum, der am Rande der arab. Wüste vorkommt u. dessen Früchte ein Speise- u. Schmieröl liefern: Moringa arabica* **2** *Frucht dieses Baumes* [< arab. *ban*]

Ben|thal ⟨n.; -s; unz.⟩ *der Meeresboden als Lebensraum* [< grch. *benthos* »Tiefe«]

ben|tho|nisch ⟨Adj.⟩ *zum Benthos gehörig*

Ben|thos ⟨n.; -; unz.⟩ *Lebewesen (Tier- u. Pflanzenwelt) auf dem Boden von Gewässern* [grch., »Tiefe«]

Ben|to|nit ⟨m.; -s, -e⟩ *Tonmineral, das sich durch hohe Quell- u. Adsorptionsfähigkeit auszeichnet u. durch Verwitterung vulkanischer Tuffe entstanden ist, Quellton* [nach der ersten Fundstätte bei Fort *Benton,* USA]

Benz|al|de|hyd ⟨m.; -s, -e⟩ *nach bitteren Mandeln riechender Aldehyd, Abkömmling des Benzols, kommt in Aprikosen- u. Bittermandelkernen vor,* C_6H_5CHO*, Bittermandelöl* [< *Benzol* + *Aldehyd*]

Ben|zi|din ⟨n.; -s; unz.⟩ *Grundsubstanz für die Herstellung der Diazofarbstoffe zum Färben von Baumwolle, chemisch: p-Diaminodiphenyl*

Ben|zin ⟨n.; -s, -e⟩ *die bis 200 °C siedenden Bestandteile des Erdöls, als Motorentreibstoff, Fleckentferner u. Lösungsmittel verwendet* [→ *Benzoe*]

Ben|zo|at ⟨n; -(e)s, -e⟩ *Salz der Benzoesäure*

Ben|zoe ⟨[-tso:e:] f.; -; unz.⟩ *wohlriechendes Harz des auf den Sundainseln vorkommenden Benzoebaumes;* Sy *Benzoeharz* [< frz. *benjoin* < arab. *luban dschawi* »javan. Weihrauch«]

Ben|zo|e|baum ⟨[-tso:e:-] m.; -(e)s, -bäu|me⟩ *Baum aus der Familie der Styraxgewächse Indiens u. Malaysias: Styrax benzoin*

Ben|zo|e|harz ⟨[-tso:e:-] n.; -es, -e⟩ = *Benzoe*

Ben|zo|e|säu|re ⟨[-tso:e:-] f.; -, -n⟩ *einfachste aromatische Carbonsäure, chem. Formel* C_6H_5COOH

Ben|zol ⟨n.; -s; unz.⟩ *zur Darstellung vieler organ. Verbindungen verwendete, stark lichtbrechende, leicht entzündl. Flüssigkeit, einfachster Vertreter der Kohlenwasserstoffe der aromatischen Reihe, chem. Formel* C_6H_6 [verkürzt < *Benzo*e + Alkoh*ol*]

Ben|zol|ring ⟨m.; -(e)s, -e⟩ *die ringförmige Verknüpfung der sechs, das Grundgerüst des Benzols bildenden Kohlenstoffatome*

Ben|zo|yl ⟨n.; -s; unz.; Chem.⟩ *die einwertige chemische Gruppierung* $-CO-C_6H_5$ [verkürzt < *Benzo*e + grch. h*yl*e »Materie«]

Benz|py|ren ⟨n.; -s; unz.⟩ *aus fünf Benzolringen aufgebauter Kohlenwasserstoff mit Krebs erzeugender Wirkung, kommt im Tabakrauch u. Holzkohlerauch vor* [< *Benzol* + grch. *pyr* »Feuer«]

Ben|zyl|al|ko|hol ⟨m.; -s, -e⟩ *einfachster aromat. Alkohol, chem. Formel* $C_6H_5CH_2OH$*, tritt in vielen Blütenölen auf, in der Parfümindustrie verwendet* [< *Benzoe* + *...yl*]

Ben|zyl|grup|pe ⟨f.; -, -n⟩ *Restgruppe eines Moleküls mit der Struktur* C_6H_5*-*CH_2*-* [< *Benzoe* + *...yl*]

Beo ⟨m.; -s, -s⟩ *südostasiatischer schwarzer Singvogel mit orangefarbenem Schnabel, der menschliche Laute täuschend echt nachahmen kann* [indones.]

Ber|ber ⟨m.; -s, -⟩ **1** *Angehöriger einer nordafrikanischen hamitischen, mohammedanischen Völkergruppe* **2** *nordafrikanische Pferderasse* **3** *in Nordwestafrika hergestellter Teppich* **4** ⟨umg.⟩ *Nichtsesshafter, Obdachloser, Landstreicher* [→ *Barbar*]

Ber|be|rin ⟨n.; -s; unz.⟩ *gelber Farbstoff für Seide, Baumwolle u. Leder aus den Wurzeln zahlreicher Pflanzen, besonders aus der Berberitze*

Ber|be|rit|ze ⟨f.; -, -n⟩ **1** ⟨i.w.S.⟩ *Gattung der Berberitzengewächse: Berberis* **1.1** ⟨i.e.S.⟩ *die in Deutschland heimische Art, Sauerdorn: Berberis vulgaris* [< mlat. *berberis* < arab. *berbaris*]

Ber|ceu|se ⟨[-sø:zə] f.; -, -n⟩ *Wiegenlied* [frz.]

Bé|ret ⟨[berɛ] n.; -s, -s; bes. schweiz.⟩ *Baskenmütze* [frz.]

Ber|ga|mas|ka ⟨f.; -, -ken⟩ *Tanzlied im 17. u. 18. Jh.* [nach der oberital. Stadt *Bergamo*]

Ber|ga|mot|te ⟨f.; -, -n⟩ **1** *Pomeranzensorte mit längl., blassgelben, glattschaligen Früchten: Citrus aurantium var. bergamia* **2** *eine Birnensorte* [< frz. *bergamote* < ital. *bergamotta* < türk. *beg armudy* »Herrenbirne«; beeinflusst vom Namen der ital. Stadt *Bergamo*]

Ber|ga|mott|öl ⟨n.; -s; unz.⟩ *aus der Schale der Bergamotte (Pomeranze) gewonnenes Öl für Parfüme* [→ *Bergamotte*]

Be|ri|be|ri ⟨f.; -; unz.⟩ *eine Vitaminmangelkrankheit (bei Fehlen von Vitamin* B_1*)* [< singhales. *beri* »Schwäche«]

BERI-In|dex ⟨m.; -es od. -, -e od. -di|ces od. -di|zes; Wirtsch.; Abk. für engl.⟩ *Business Environment Risk Index, Index zur Beurteilung der ökonomischen u. politischen Situation eines Staates*

Ber|ke|li|um ⟨n.; -s, unz.; chem. Zeichen: Bk⟩ *künstl. hergestelltes, radioaktives chem. Ele-*

ment, Ordnungszahl 97 [nach der Universitätsstadt *Berkeley* in Kalifornien]

Ber|li|na|le ⟨f.; -, -n; Film⟩ *alljährlich in Berlin veranstaltete Filmfestspiele* [analog zu *Biennale* gebildet]

Ber|lo|cke ⟨f.; -, -n⟩ *kleiner Schmuckanhänger (für Uhrenketten usw.)* [<frz. *berloque, breloque* »zierl. Kleinigkeit«]

Ber|me ⟨f.; -, -n⟩ = *Bankett²(3)* [<ndrl. *berm*]

Ber|mu|das ⟨Pl.; Kurzw. für⟩ *Bermudashorts*

Ber|mu|da|shorts ⟨[-ʃɔːrts] Pl.⟩ *knielange Shorts;* Sy ⟨kurz⟩ *Bermudas* [nach den *Bermuda*-Inseln im Atlantischen Ozean]

Ber|noul|li|prin|zip, ⟨auch⟩ **Ber|noul|li-Prin|zip** ⟨[-nuːl-] n.; -s, -pi|en; Wirtsch.⟩ *Lösungsverfahren für Entscheidungsverhalten in Risikofällen, das besonders rationale Handlungsmuster bevorzugt* [nach dem Schweizer Mathematiker Daniel *Bernoulli,* 1700–1782]

Ber|sa|gli|e|re, ⟨auch⟩ **Ber|sag|li|e|re** ⟨[-salјeːrə] m.; - od. -s, -ri⟩ *ital. Scharfschütze mit Filzhut u. Federbusch* [<ital. *bersaglio* »Ziel«]

Ber|ser|ker ⟨m.; -s, -⟩ **1** ⟨altnord. Myth.⟩ *Mann von außergewöhnl. Kraft, der in der Raserei ohne Waffe kämpft* **2** ⟨fig.⟩ *wütender Kämpfer* [<anord. *berserkr;* eigtl. »in Bärenfell gehüllter Krieger«; zu **beri* »Bär« + *serkr* »Gewand«]

Be|ryll ⟨m.; -s, -e⟩ *Edelstein, durchsichtiges od. durchscheinendes, glasglänzendes Mineral, chem. Beryllium-Aluminium-Silicat* [<grch. *beryllos* <Sanskrit *waidûrya* »Meerwasserstein, Meergrünstein«]

Be|ryl|li|o|se ⟨f.; -, -n; Med.⟩ *Staublungenerkrankung, die durch eingeatmeten Staub von Berylliumoxyd-Rauch od. anderen flüchtigen Berylliumverbindungen eintreten kann*

Be|ryl|li|um ⟨n.; -s; unz.; chem. Zeichen: Be⟩ *chem. Element, zweiwertiges Erdalkalimetall, Leichtmetall, Ordnungszahl 4* [→ *Beryll*]

Be|san ⟨m.; -s, -e⟩ *Gaffelsegel am Besanmast* [<ital. *mezzana* <arab. *mazzan* »Mast, dessen Segel das Schiff in gleichmäßiger Fahrt hält«]

Be|san|mast ⟨m.; -es, -e⟩ *der hinterste Mast*

Be|san|se|gel ⟨n.; -s, -⟩ = *Besan*

Be|sem|schon ⟨n.; -s; unz.; †⟩ **1** *Gewichtsverlust, der beim Auspacken von Ware dadurch entsteht, dass Reste in der Verpackung hängen bleiben* **2** *Vergütung für Gewichtsverlust* [<ndrl. *bezemschoon* »besenrein«]

> **Bessemerbirne / Bessemer-Birne** (*Schreibung mit Bindestrich*) Ein Eigenname, der erster Bestandteil einer Zusammensetzung ist, kann mit Bindestrich abgetrennt werden, wenn er besonders hervorgehoben werden soll (→a. *Gallupmethode / Gallup-Methode*).

Bes|se|mer|bir|ne, ⟨auch⟩ **Bes|se|mer-Bir|ne** ⟨f.; -, -n; Met.⟩ *ein feuerfest ausgekleideter Konverter, in dem geschmolzenes Roheisen mittels hindurchgeblasener Luft von Verunreinigungen befreit wird* [nach dem engl. Ingenieur Sir Henry *Bessemer,* 1813-1898]

bes|se|mern ⟨V.⟩ *nach dem Verfahren mit der Bessemerbirne herstellen*

bes|ti|a|lisch ⟨Adj.⟩ *viehisch, unvorstellbar roh, grausam* [<lat. *bestialis* »tierisch«; zu *bestia;* → *Bestie*]

Bes|ti|a|li|tät ⟨f.; -, -en⟩ *viehische Rohheit, entsetzl. Grausamkeit*

Bes|ti|a|ri|um ⟨n.; -s, -ri|en; im MA⟩ *Sammlung von Tierbeschreibungen* [zu lat. *bestiarius* »wilde Tiere betreffend«]

Bes|tie ⟨[-tiə] f.; -, -n⟩ **1** *wildes Tier* **2** ⟨fig.⟩ *roher, grausamer Mensch* [<lat. *bestia* »wildes Tier«]

best of *Zusammenstellung der bekanntesten, erfolgreichsten Werke von Künstlern, bes. im Musikbereich;* ~ Depeche Mode; ~ Tschaikowsky [engl., »(das) Beste von«]

be|strei|ken ⟨V.⟩ *mit Streik belegen, durch Streik arbeitsunfähig machen, dem Streik aussetzen;* einen Betrieb ~; bestreikter Betrieb

Best|sel|ler ⟨m.; -s, -⟩ *Buch mit großem Verkaufserfolg (in einem bestimmten Zeitabschnitt)* [<engl. *best* »am besten« + *sell* »verkaufen«]

Be|ta ⟨n.; -s, -s; Zeichen: β, B⟩ *der zweite Buchstabe des griech. Alphabets* [grch.]

Be|ta|blo|cker ⟨m.; -s, -; Kurzw. für⟩ *Betarezeptorenblocker*

Be|ta|feh|ler ⟨m.; -s, -; Wirtsch.⟩ *Entscheidungsfehler (zweiter Art) bei statistischen Testverfahren, bei denen eine Voraussetzung od. Annahme trotz ihrer Fehlerhaftigkeit nicht verworfen bzw. ausgeschlossen wird;* →a. *Alphafehler*

Be|ta|ko|ef|fi|zi|ent ⟨m.; -en, -en; Wirtsch.⟩ *Beta-Faktor, der das Verhältnis des Gewinns des Kapitalmarkts u. einer Aktie in einem bestimmten Zeitraum beschreibt;* →a. *Portefeuille(4)*

Be|ta|re|zep|tor ⟨m.; -s, -en; Med.⟩ *Rezeptor in der Membran von Zellen, der vom Transmitter Noradrenalin beeinflusst wird, die Erregbarkeit dieser Membranen kann durch bestimmte Pharmaka spezifisch gehemmt werden* [< *Beta* + *Rezeptor(3)*]

Be|ta|re|zep|to|ren|blo|cker ⟨m.; -s, -⟩ *Substanz bzw. Medikament, das eine Hemmwirkung auf bestimmte Rezeptoren(3) ausübt, z.B. bei Bluthochdruck*

Be|ta|strahl ⟨m.; -(e)s, -en⟩ *aus schnellen Elektronen bestehender Teilchenstrahl;* Sy *Betateilchen* [→ *Beta*]

Be|ta|teil|chen ⟨n.; -s, -⟩ = *Betastrahl*

Be|ta|tron, ⟨auch⟩ **Be|tat|ron** ⟨n.; -s, -e; Kernphysik⟩ *einfacher kreisförmiger Beschleuniger für Elektronen* [< *Beta*strahlen + *…tron*]

Be|tel ⟨m.; -s; unz.⟩ *südostasiat. Genussmittel, in Scheiben geschnittene Nüsse der Arekapalme, vermischt mit Betelpfeffer u.a. Zusätzen, werden gekaut* [port. <mal. *butul* »echt, wahr; einfaches, bloßes Blatt«]

Be|tel|nuss ⟨f.; -, -nüs|se⟩ *Frucht der Betelpalme;* Sy *Arekanuss*

Be|tel|pal|me ⟨f.; -, -n⟩ *10-15 m hohe Palme Südostasiens: Areka catechu;* Sy *Arekapalme*

Be|ti|se ⟨[bɛtiːz(ə)] f.; -; -n; †⟩ *Dummheit* [<frz. *bêtise,* zu *bête* »Tier«]

Be|ton ⟨[-tɔŋ] m. -s, -s od. [betoːn] m.; -s, -e⟩ *Mörtel aus Sand mit Zement, meist in Schalungen od. Formen eingebracht, ein Baustoff* [frz., <lat. *bitumen* »Erdharz«]

Be|to|nie ⟨[-niə] f.; -, -n⟩ *zur Familie der Lippenblütler gehörende Wiesenblume* [lat.]

be|to|nie|ren ⟨V.⟩ *mit Beton befestigen, mit Beton ausfüllen*

Be|to|nie|rung ⟨f.; -, -en⟩ *das Betonieren, Befestigung mit Beton, das Betoniertsein*

be|tucht ⟨Adj.; umg.⟩ *wohlhabend* [<jidd. *betuche* »sicher«]

Be|va|tron, ⟨auch⟩ **Be|vat|ron** ⟨a. [-va'-] n.; -s, -s od. -tro|ne; Phys.⟩ **1** *Teilchenbeschleuniger* **2** *Bezeichnung für das in Berkeley (USA) stehende Protonen-Synchrotron, das Protonen mit Energien über 1000 Megaelektronenvolt liefert* [verkürzt <engl. *b*illion + *e*lectron + *v*olts + synchro*tron*]

Bey ⟨m.; -s, -s od. -e⟩ = *Bei*

be|zir|zen ⟨V.; umg.; scherzh.⟩ *bezaubern, verführen;* oV *becircen* [nach der sagenhaften griechischen Zauberin *Circe* od. *Kirke,* die Odysseus u. seine Gefährten in Schweine verwandelte]

Be|zo|ar, Be|zo|ar|stein ⟨m.; -s, -e⟩ *kleiner Ballen aus Haaren, Pflanzenfasern u.a. im Magen mancher Säugetiere (Ziege, Gämse, Lama), früher als Heilmittel benutzt* [<frz. *bezoard* <arab. <pers. *bâdzahr* »Gegengift«]

Be|zo|ar|wur|zel ⟨f.; -, -n⟩ *Wurzel eines südamerik. Maulbeergewächses, als Mittel gegen Schlangenbiss verwendet*

Be|zo|ar|zie|ge ⟨f.; -, -n⟩ *graue bis schwarzbraune Wildziegenart aus Asien: Capra aegagrus*

Bha|ga|wad|gi|ta ⟨f.; -; unz.⟩ *indisches Lehrgedicht im 6. Buch des Mahabharata, das im Kern aus dem zweiten Jh. vor Christus stammt, gehört zu den meistgelesenen Schriften der Hindu* [Sanskrit, »Gesang des Erhabenen«]

Bhag|van, Bhag|wan ⟨[-van] m.; -s, -s; im Hinduismus⟩ *(Träger des) Ehrentitel(s) für religiöse Lehrer* [Sanskrit, »der Erhabene«]

Bhik|ku ⟨m.; -s, -s⟩ *buddhistischer Bettelmönch* [Sanskrit, »Bettler«]

bi ⟨Adj.; umg.; kurz für⟩ *bisexuell(2)* [lat.]

Bi ⟨chem. Zeichen für⟩ *Wismut (Bismutum)*

bi..., Bi... ⟨vor Vok. a.⟩ bin..., Bin... **1** ⟨Vors.⟩ *zwei..., doppel..., Zwei..., Doppel...* **2** ⟨†; Chem.⟩ = *Hydrogen...* [<lat. *bis* »zweimal, doppelt«]

Bi|ar|chie ⟨f.; -, -n⟩ *Doppelherrschaft, gleichzeitiges Herrschen zweier Regenten* [< *Bi...(1)* + grch. *arche* »Herrschaft«]

Bi|as ⟨[baiəs] n.; -, -⟩ *(durch falsche Untersuchungsmethoden) verzerrte statistische Erhebung* [engl., »schief«]

Bi|ath|let ⟨m.; -en, -en; Sp.⟩ *Sportler, der den Biathlon ausübt* [< *Bi...(1)* + grch. *athletes* »Wettkämpfer«]

Bi|ath|le|tin ⟨f.; -, -tin|nen; Sp.⟩ *Sportlerin, die den Biathlon ausübt* [< *Bi...(1)* + grch. *athletes* »Wettkämpfer«]

Bi|ath|lon ⟨n. od. m.; -s, -s; Sp.⟩ *olympische Disziplin aus Skilanglauf (20 km) u. vier eingeschobenen Schießübungen* [< *Bi...* + grch. *athlon* »Kampf«]

Bi|bel ⟨f.; -, -n⟩ **1** *Buch der Bücher, Heilige Schrift, heiliges Buch der Christen* **2** ⟨fig.⟩ *wichtiges, bedeutsames Buch;* der »Ulysses« ist seine ~ [<mhd. *biblie* <kirchenlat. *biblia* <grch. *biblia,* Pl. von *biblion* »Buch«; nach dem phönik. Hafen *Byblos* (heute Dschebel), von dem der Papyrus kam]

Bi|bel|kon|kor|danz ⟨f.; -, -en⟩ *Verzeichnis aller in der Bibel vorkommenden wichtigen Wörter (Verbalkordanz) od. Begriffe (Realkonkordanz) u. der dazugehörigen Stellen*

Bi|be|ret|te ⟨f.; -, -n⟩ **1** *Stoff mit aufgerauter, plüschartiger Oberfläche* **2** *auf Biber gearbeitetes Kaninchenfell*

Bi|ber|nel|le ⟨f.; -, -n⟩ = *Pimpernell*

■ Die Buchstabenfolge **bi|bl...** kann auch **bib|l...** getrennt werden.

■ **Bi|blia Pau|pe|rum** ⟨f.; - -, -bli|ae -; im MA⟩ *Bilderbibel* [<lat. *biblia* <grch. *biblion* »Buch«, lat. *pauper* »der, die Arme«]

■ **bi|bli|o..., Bi|bli|o...** ⟨in Zus.⟩ *Buch..., Bücher...* [<grch. *biblion* »Buch«]

■ **Bi|bli|o|graf** ⟨m.; -en, -en⟩ *Kenner, Verfasser von Bibliografien;* oV *Bibliograph*

Bibliografie / Bibliographie (*orthographische Varianten*) Für fremdsprachige Präfixe und Suffixe, die durch eine deutsche Laut-Buchstaben-Zuordnung dargestellt werden können, gibt es häufig neben der etymologischen Schreibung auch eine integrierte Schreibweise. Dies betrifft insbesondere die Silben *»fon... / phon...; foto... / photo...* sowie *graf... / graph«* (→a. *Orthographie / Orthografie*).

■ **Bi|bli|o|gra|fie** ⟨f.; -, -n⟩ oV *Bibliographie* **1** *Bücherkunde, Lehre von den Bücher- u. Literaturverzeichnissen* **2** *das Bücherverzeichnis selbst* [< *Biblio...* + *...graphie*]

■ **bi|bli|o|gra|fie|ren** ⟨V.⟩ *Titel, Verfasser, Erscheinungsjahr u. -ort, Auflage, Seiten- u. Bändezahl von Büchern aufschreiben, erfassen;* oV *bibliographieren*

■ **Bi|bli|o|gra|fin** ⟨f.; -, -fin|nen⟩ *Kennerin, Verfasserin von Bibliografien;* oV *Bibliographin*

■ **bi|bli|o|gra|fisch** ⟨Adj.⟩ oV *bibliographisch* **1** *bücherkundlich* **2** *die Bibliografie(2) betreffend* **3** *dem Büchernachweis dienend*

■ **Bi|bli|o|graph** ⟨m.; -en, -en⟩ = *Bibliograf*

■ **Bi|bli|o|gra|phie** ⟨f.; -, -n⟩ = *Bibliografie*

■ **bi|bli|o|gra|phie|ren** ⟨V.⟩ = *bibliografieren*
■ **Bi|bli|o|gra|phin** ⟨f.; -, -phin|nen⟩ = *Bibliografin*
■ **bi|bli|o|gra|phisch** ⟨Adj.⟩ = *bibliografisch*
■ **Bi|bli|o|ma|ne** ⟨m.; -n, -n⟩ *krankhaft leidenschaftl. Büchersammler, Büchernarr*
■ **Bi|bli|o|ma|nie** ⟨f.; -; unz.⟩ *Büchersammelwut* [< *Biblio...* + *Manie*]
■ **bi|bli|o|ma|nisch** ⟨Adj.⟩ *der Bibliomanie verfallen*
■ **Bi|bli|o|man|tie** ⟨f.; -; unz.⟩ *Wahrsagen durch wahllos aufgeschlagene Buchstellen* [< *Biblio...* + *...mantie*]
■ **Bi|bli|o|pha|ge** ⟨m.; -n, -n⟩ *leidenschaftl. Leser, Bücherfresser* [< *Biblio...* + *...phage*]
■ **bi|bli|o|phil** ⟨Adj.⟩ **1** *Bücher liebend* **2** *für Bücherliebhaber gemacht;* ~e Ausgabe *kostbar u. sorgfältig ausgestattete, häufig bes. schön illustrierte Ausgabe eines Buches* [< *biblio...* + *...phil*]
■ **Bi|bli|o|phi|le(r)** ⟨f. 2 (m. 1)⟩ *Bücherliebhaber(in);* Ggs *Bibliophobe*
■ **Bi|bli|o|phi|lie** ⟨f.; -; unz.⟩ *Bücherliebhaberei;* Ggs *Bibliophobie* [< *Biblio...* + *...philie*]
■ **Bi|bli|o|pho|be(r)** ⟨f. 2 (m. 1)⟩ *Bücherfeind(in);* Ggs *Bibliophile* [< *Biblio...* + *...phob*]
■ **Bi|bli|o|pho|bie** ⟨f.; -; unz.⟩ *Abneigung gegen Bücher;* Ggs *Bibliophilie* [< *Biblio...* + *...phobie*]
■ **Bi|bli|o|thek** ⟨f.; -, -en⟩ **1** *Büchersammlung, Bücherei* **2** *Raum od. Gebäude, in dem diese aufbewahrt wird;* Fach~; Leih~; Universitäts~; Werks~ [< *Biblio...* + *...thek*]
■ **Bi|bli|o|the|kar** ⟨m.; -s, -e⟩ *Angestellter in einer Bibliothek mit drei- oder mehrjähriger Spezialausbildung*
■ **Bi|bli|o|the|ka|rin** ⟨f.; -, -rin|nen⟩ *Angestellte in einer Bibliothek mit drei- od. mehrjähriger Spezialausbildung*
■ **bi|bli|o|the|ka|risch** ⟨Adj.⟩ *den Bibliothekarsberuf betreffend, zu ihm gehörend*
■ **bi|blisch** ⟨Adj.⟩ *die Bibel betreffend, zu ihr gehörend, aus ihr stammend;* ~es Alter ⟨fig.⟩ *sehr hohes Alter*
■ **Bi|bli|zis|mus** ⟨m.; -; unz.⟩ *ein ungeschichtliches, wörtliches Bibelverständnis, dem die ganze Bibel gleichmäßig als wahres u. unverbindliches Wort Gottes gilt*
■ **Bi|bli|zist** ⟨m.; -en, -en⟩ *Person, die die Bibel wörtlich auslegt, die den Biblizismus vertritt*
Bi|car|bo|na|te ⟨Pl.; †⟩ *Salze der Kohlensäure, H_2CO_3, bei denen nur ein Wasserstoffatom durch ein Metallatom ersetzt wurde, inzwischen als Hydrogencarbonate bezeichnet;* oV *Bikarbonate*
bi|chrom ⟨[-kro:m] Adj.⟩ *zweifarbig* [< *bi...(1)* + *...chrom*]
Bi|chro|ma|te ⟨[-kro-] Pl.⟩ = *Dichromate* [< *Bi...(1)* + *Chrom*]
Bi|chro|mie ⟨[-kro-] f.; -; unz.⟩ *Zweifarbigkeit*
Bi|ci|ni|um ⟨n.; -s, -ni|en; Mus.⟩ *kurzes, zweistimmiges Vokal- od. Instrumentalstück* [lat.]; oV *Bizinie*
bi|cy|clisch, ⟨auch⟩ **bi|cyc|lisch** ⟨Adj.⟩ *aus zwei verknüpften Benzolringen od. zwei anderen Kohlenstoffringen aufgebaut;* oV *bizyklisch*
Bi|da ⟨f.; -; unz.; Rel.⟩ *alle islamischen Handlungsweisen u. Glaubensvorstellungen, die in der Sunna gebilligt werden* [arab., »Neuerung«]
Bi|det ⟨[-de:] n.; -s, -s⟩ *Sitzbadebecken* [frz., »kleine Waschwanne«]
Bid|jar ⟨m.; -s, -s od. -e⟩ *ein schwerer, im Iran geknüpfter Teppich, der ein Blüten- od. Rankenmuster zeigt;* oV *Bidschar* [nach der gleichnamigen Stadt im Iran]
Bi|don ⟨[-dɔ̃:] n.; -s, -s; schweiz.⟩ **1** *Blech- od. Kunststoffeimer mit gutem Verschluss* **2** *Benzinkanister* [frz., »Kanne, Kanister«]
Bi|don|ville ⟨[-dɔ̃vil] n.; -s, -s⟩ *nordafrikan. Slum, Elendsviertel* [< frz. *bidon* »Kanne, Kanister« + *ville* »Stadt«]
Bid|schar ⟨m.; -s, -s od. -e⟩ = *Bidjar*
bi|enn ⟨Adj.; Bot.⟩ *zweijährig, von zweijähriger Lebensdauer;* oV *biennal(2)* [→ *Biennium*]
bi|en|nal ⟨Adj.⟩ **1** *zweijährlich, alle zwei Jahre stattfindend* **2** = *bienn* [→ *Biennium*]
Bi|en|na|le ⟨f.; -, -n; Film⟩ *internationale Ausstellung der bildenden Kunst u. Musik mit Filmschau in Venedig* [→ *Biennium*]
Bi|en|ne ⟨f.; -, -n⟩ *zweijährige Pflanze*
Bi|en|ni|um ⟨n.; -s, -ni|en⟩ *Zeitraum von zwei Jahren* [lat., < *bis* »zweimal« + *annus* »Jahr«]
bi|fi|lar ⟨Adj.; Tech.⟩ *zweifädig, zweifach;* ~e Wicklung [< *bi...(1)* + lat. *filum* »Faden«]
Bi|fi|lar|wick|lung ⟨f.; -, -en; Tech.⟩ *eine induktionsfreie Doppelwicklung für Widerstände, ein in der Mitte zusammengelegter Wicklungsdraht wird von dieser Stelle aus doppeldrahtig aufgewickelt, so dass die durchfließenden elektrischen Ströme zueinander entgegengesetzt verlaufen* [→ *bifilar*]
Bi|fo|kal|glä|ser ⟨Pl.; Opt.⟩ *Brillengläser mit zwei verschiedenen Linsen für Nah- u. Fernsicht;* → a. *Trifokalgläser* [< *bi...(1)* + *fokal*]
bi|form ⟨a. ['--] Adj.⟩ *doppelgestaltig*
Bi|fur|ka|ti|on ⟨f.; -, -en⟩ **1** *Gabelung* **1.1** *Aufteilung in zwei Äste;* ~ der Luftröhre **1.2** *Spaltung eines Flusses in zwei Flusssysteme* [< frz. *bifurcation* »Gabelung, Zweiteilung«; zu lat. *bifurcus* »zweizackig«; verwandt mit *Forke*]
Bi|ga ⟨f.; -, Bi|gen⟩ *Zweigespann* [lat.]
Bi|ga|mie ⟨f.; -, -n⟩ *(strafbare) Doppelehe* [< *Bi...(1)* + *...gamie*]
bi|ga|misch ⟨Adj.⟩ *in der Art der Bigamie;* oV *bigamistisch*
Bi|ga|mist ⟨m.; -en, -en⟩ *Mann, der in Bigamie lebt*
Bi|ga|mis|tin ⟨f.; -, -tin|nen⟩ *Frau, die in Bigamie lebt*
bi|ga|mis|tisch ⟨Adj.⟩ = *bigamisch*
Big|band, ⟨auch⟩ **Big Band** ⟨[-bænd] f.; (-) -, (-) -s; Mus.⟩ *großes Jazzorchester* [< engl. *big* »groß« + *Band*]
Big|bang ⟨auch⟩ **Big Bang** ⟨[-bæŋ] m.; (-) -s, (-) -s⟩ *Urknall* [< engl. *big* »groß« + *bang* »Knall«]

Big|busi|ness, ⟨auch⟩ **Big Busi|ness** ⟨[-biznis] n.; (-) -; unz.⟩ **1** *Gesamtheit der Großunternehmen (u. ihre Geschäftswelt);* die Interessen des ~ **2** *einträgliches, großes Geschäft* [< engl. *big* »groß« + *business* »Geschäft«]

Bi|ge|mi|nie ⟨f.; -, -n; Med.⟩ *Doppelherzschlag aufgrund einer Extrasystole (vorzeitiges Zusammenziehen des Herzens innerhalb der normalen Herzschlagfolge auf einen ungewöhnlichen Reiz hin);* → a. *Extrasystole* [< *Bi...(1)* + lat. *geminus* »doppelt«]

Big|fon ⟨ohne Artikel; Abk. für⟩ *Breitbandiges Integriertes Glasfaser-Fernmeldeortsnetz, seit 1983 laufender Großversuch der Deutschen Bundespost bzw. Telekom, bei dem Telefongespräche, Teletextverbindungen, Rundfunk- u. Fernsehsendungen über ein Glasfasernetz übertragen werden* [< engl. *big* »groß« + Tele*fon*]

Big|foot|ski, ⟨auch⟩ **Big-Foot-Ski** ⟨[-futʃiː] m.; -s, -er od. (süddt.) -⟩ *Ski mit kurzem, breitem Brett* [< engl. *big* »groß« + *foot* »Fuß«]

Big|mouth ⟨[-mauθ] n.; -, -s [-mauðz]; Jugendspr.⟩ *Großmaul, Angeber(in), Schwätzer(in), Klatschbase* [engl.]

Bi|gno|nie, ⟨auch⟩ **Big|no|nie** ⟨[-niə] f.; -, -n⟩ *tropische Liane, die bes. im Urwald wächst u. ihn undurchdringlich macht: Bignonia* [nach dem frz. Abbé *Bignon,* †1743]

Bi|gos ⟨[-gɔʃ] m. od. n.; -; unz.⟩ *polnischer Eintopf mit Schweinefleisch, Speck, Zwiebeln, Weißkohl u. Pilzen;* Sy *Bigosch* [poln.]

Bi|gosch ⟨m. od. n.; -s; unz.⟩ = *Bigos*

bi|gott ⟨Adj.⟩ *blindgläubig, frömmelnd, scheinheilig* [< frz. *bigot* »abergläubisch, fromm, buchstabengläubig« < aengl. *bi god* »bei Gott«]

Bi|got|te|rie ⟨f.; -; unz.⟩ *bigottes Verhalten, Frömmelei*

Big|point, ⟨auch⟩ **Big Point** ⟨[-pɔint] m.; (-) -s, (-) -s; Sp.⟩ **1** ⟨bes. Tennis⟩ *(besonders) wichtiger Punkt, der wegen seiner psychologischen Bedeutung wesentlich zum Ausgang eines Spiels beiträgt (z.B. Punkt zum Satzgewinn, Punkt nach langem Ballwechsel usw.);* → a. *Breakball* **2** ⟨allg.⟩ *ein wichtiger Kampf od. ein wichtiges Spiel, z.B. gegen den Abstieg aus einer Liga* [< engl. *big* »groß« + *point* »Punkt«]

Big|push, ⟨auch⟩ **Big Push** ⟨[-puʃ] m.; (-) -, (-) -s; Wirtsch.⟩ *hohe Kapitalunterstützung für ein Entwicklungsland, um ein langfristig ausgewogenes Wachstum zu fördern* [< engl. *big* »groß, kräftig« + *push* »Stoß«]

Bi|jou ⟨[-ʒuː] m.; -s, -s od. n.; -s, -s⟩ *Kleinod, Juwel, Kostbarkeit* [frz.]

Bi|jou|te|rie ⟨[-ʒu-] f.; -, -n⟩ **1** *Schmuckgegenstände* **2** *Schmuckwarengeschäft* [frz.]

Bi|jou|ti|er ⟨[-ʒutjeː] m.; -s, -s; schweiz.⟩ *Schmuckwarenhändler* [frz.]

Bi|kar|bo|na|te ⟨Pl.⟩ = *Bicarbonate*

Bike ⟨[baik] n.; -s, -s⟩ *Sportfahrrad* [engl., »Fahrrad«]

bi|ken ⟨[baikən] V.; umg.⟩ **1** *mit dem Fahrrad (vor allem Mountainbike) fahren* **2** *mit dem Motorrad fahren* [< engl. *bike* »Fahrrad, Motorrad«]

Bi|ker ⟨[baikə(r)] m.; -s, -; umg.⟩ **1** *(Mountainbike-)Fahrradfahrer* **2** *Motorradfahrer*

Bi|ki|ni ⟨m.; -s, -s⟩ *sehr knapper zweiteiliger Badeanzug für Damen* [nach dem Atoll *Bikini* der Ralikinseln in der Gruppe der Marshall-Inseln]

Bi|kom|po|si|tum ⟨n.; -s, -si|ta; Sprachw.⟩ *Verb od. Verbalsubstantiv mit zwei Präfixen,* z.B. „aus-er-wählen“, „Über-be-wertung“ [< *Bi...(1)* + *Kompositum*]

bi|kon|kav ⟨Adj.; Opt.⟩ ~e Linse *beiderseits hohl geschliffene Linse*

bi|kon|vex ⟨[-vɛks] Adj.; Opt.⟩ ~e Linse *beiderseits erhaben geschliffene Linse*

bi|la|bi|al ⟨Adj.⟩ *mit beiden Lippen gebildet;* ~e Laute: b, m, p

Bi|la|bi|al ⟨m.; -s, -e⟩ *mit beiden Lippen gebildeter Konsonant, Lippenlaut,* z.B. b, m, p [< lat. *bis* »zweimal« + *Labium*]

Bi|lanz ⟨f.; -, -en⟩ **1** *Übersicht über zwei verschiedene Zahlenreihen* **2** *das durch den Vergleich zweier verschiedener Zahlenreihen gewonnene Ergebnis* **3** *jährl. Kontenabschluss* **4** ⟨fig.⟩ *abschließender Überblick;* die ~ aufstellen, (die) ~ ziehen ⟨a. fig.⟩ *sich einen Überblick (über Vergangenes, Geschehenes) verschaffen, die Auswirkungen betrachten* [< ital. *bilancio;* zu *bilancia* »Waage, Gleichgewicht«; verwandt mit *Balance*]

bi|lan|zie|ren ⟨V.⟩ *eine Bilanz aufstellen*

Bi|lan|zie|rung ⟨f.; -, -en⟩ *das Aufstellen einer Bilanz, das Bilanzieren*

bi|la|te|ral ⟨Adj.⟩ *zweiseitig;* ein ~er Vertrag [< lat. *bis* »doppelt« + *latus* »Seite«]

Bi|la|te|ra|lia, Bi|la|te|ria ⟨Pl.⟩ *zweiseitig-symmetrisch gebaute, vielzellige Tiere* [→ *bilateral*]

Bi|la|te|ra|lis|mus ⟨m.; -; unz.⟩ *(auf der Basis von Staatsverträgen vereinbarte) Außenhandelsbeziehung zwischen zwei Ländern;* → a. *Multilateralismus* [< *Bi...(1)* + lat. *lateral* »die Seite betreffend«]

Bild|fre|quenz ⟨f.; -, -en; Film⟩ **1** *Zahl der in einer Sekunde aufgenommenen bzw. vorgeführten Bilder (Stummfilm 16, Tonfilm 24)* **2** *Zahl der in einer Sekunde gesendeten Bilder (Europa 25, USA 30)*

Bil|ge ⟨f.; -, -n⟩ *Kielraum des Schiffes* [engl., »Schiffsbauch«]

bi|li|är ⟨Adj.⟩ *durch Galle hervorgerufen* [< lat. *bilis* »Galle«]

bi|li..., **Bi|li...** ⟨in Zus. ⟩ *Galle(n)...;* biliös, Bilirubin [< lat. *bilis*]

bi|li|fer ⟨Adj.⟩ *Gallenflüssigkeit leitend* [< lat. *bilis* »Galle« + *ferre* »tragen, führen«]

bi|lin|gu|al ⟨Adj.⟩ *zweisprachig* [< *bi...* + lat. *lingua* »Sprache«]

Bi|lin|gu|a|lis|mus ⟨a. ['------] m.; -; unz.⟩ *Zweisprachigkeit;* Sy *Bilinguität, Bilinguismus* [→ *bilingual*]

Bi|lin|gue ⟨[-guə] f.; -, -n⟩ *in zwei Sprachen od.*

Schriften überliefertes Denkmal (Handschrift, Inschrift)
bi|lin|gu|isch ⟨a. ['----] Adj.⟩ *zweisprachig* [< *bi...* + lat. *lingua* »Sprache«]
Bi|lin|gu|is|mus ⟨a. ['-----] m.; -; unz.⟩ = *Bilingualismus*
Bi|lin|gu|i|tät ⟨a. ['-----] f.; -; unz.⟩ = *Bilingualismus*
bi|li|ös ⟨Adj.⟩ *gallig, gallehaltig* [zu lat. *bilis* »Galle«]
Bi|li|ru|bin ⟨n.; -s; unz.⟩ *roter Gallenfarbstoff, der durch Abbau des Hämoglobins entsteht* [< lat. *bilis* »Galle« + *Rubin*]
Bi|lis ⟨f.; -; unz.⟩ *Gallenflüssigkeit, Galle* [lat.]
Bi|li|ver|din ⟨[-vɛr-] n.; -s; unz.⟩ *grüner Gallenfarbstoff* [< lat. *bilis* »Galle« + *viridis* »grün«]
Bill ⟨f.; -, -s⟩ *Gesetz, Gesetzentwurf (im brit. Parlament)* [engl., »Gesetzesvorlage«]
Bil|lard ⟨[biljart], österr. a. [bija:r] n.; -s, -e od. -s⟩ **1** *(auch als internat. Sport betriebenes) Spiel, bei dem Kugeln mit Hilfe eines Stabes (Queue) auf einem stoffbezogenen Tisch mit federndem Rand (Bande) gestoßen werden* **2** *der Tisch dafür* [frz., »krummer Stab«; zu *bille* »Kugel«]
bil|lar|die|ren ⟨[biljar-] V.⟩ *Billard in unzulässiger Weise spielen*
Bil|lard|queue ⟨[biljartkø:], österr. a. [bija:rkø:] n.; -s, -s⟩ = *Queue(1)* [frz.]
Bill|ber|gia ⟨f.; -, -gi|en⟩, **Bill|ber|gie** ⟨[-giə] f.; -, -n⟩ *Gattung der Ananasgewächse, häufig Zierpflanze* [nach dem schwed. Botaniker G.J. *Billberg,* 1772–1844]
Bil|le|teur ⟨[biljɛtø:r] m.; -s, -e od. -s⟩ **1** ⟨österr.⟩ *Platzanweiser in Theater u. Kino* **2** ⟨schweiz.⟩ *Kartenausgeber, Schaffner* [→ *Billett*]
Bil|lett ⟨[biljɛt] n.; -s, -s od. -e⟩ **1** *Fahrkarte, Eintrittskarte* **2** *kurzes Schreiben, Zettel mit Nachricht, Briefchen* **3** ⟨österr. a.⟩ *Briefkarte* [frz., »kleines (versiegeltes) Handschreiben«; verwandt mit *Bill, Bulle, Bulletin*]
Bil|li|ar|de ⟨f.; -, -n⟩ *1000 Billionen;* Sy ⟨USA⟩ *Quadrillon* [< *Bi...(1)* + *Milliarde*]
Bil|li|on ⟨f.; -, -en⟩ **1** ⟨Dtschld.; Engl.⟩ 10^{12}*, eine Million Millionen* **2** ⟨Frankr. bis 1948, USA, Russland⟩ 10^{9}*, 1000 Millionen = 1 Milliarde* [< *Bi...(1)* + *Million*]
Bil|lon ⟨[biljɔ̃:] m. od. n.; -s, -s⟩ **1** *geringwertige Gold- od. Silberlegierung* **2** *Münze aus geringwertigem Metall* [frz., »Metallbarren«]
Bi|lux|lam|pe ⟨f.; -, -n⟩ *Lampe mit zwei Glühwendeln, für Fern- u. Abblendlicht in Kfz-Scheinwerfern verwendet* [< *Bi...(1)* + lat. *lux* »Licht«]
bi|ma|nu|ell ⟨a. ['----] Adj.⟩ *zweihändig* [< *bi...(1)* + *manuell*]
Bi|mes|ter ⟨n.; -s, -⟩ *Zeitraum von zwei Monaten;* → a. *Semester, Trimester* [< lat. *bimestris* »zweimonatlich«]
Bi|me|tall ⟨n.; -s, -e⟩ *zwei aufeinander geschweißte Metallstreifen mit verschiedenen Ausdehnungskoeffizienten*
bi|me|tal|lisch ⟨Adj.⟩ **1** *auf zwei Metalle bezogen, sie betreffend* **2** *aus zwei Metallen bestehend* [→ *Bimetall*]
Bi|me|tal|lis|mus ⟨m.; -; unz.⟩ *Doppelwährung (Gold u. Silber);* Ggs *Monometallismus*
bin..., Bin... ⟨Vors.⟩ = *bi..., Bi...*
bi|när ⟨Adj.⟩ oV *binarisch* **1** ⟨allg.⟩ *aus zwei Einheiten (Stoffen, Ziffern usw.) bestehend* **2** ⟨Biol.⟩ ~e Nomenklatur *die aus zwei Namen bestehende N. für die wissenschaftl. Systematik des Tier- u. Pflanzenreiches* **3** ⟨Math.⟩ ~es System *Darstellung eines Dualsystems, wie es z.B. in elektron. Rechensystemen verwendet wird* [< frz. *binaire* »aus zwei Einheiten bestehend«; zu lat. *bini* »je zwei«]
Bi|när|code ⟨[-ko:d] m.; -s, -s; EDV⟩ *aus zwei Zeichen bestehender Code*
Bi|när|sys|tem ⟨n.; -s; unz.; Math.⟩ *Dualsystem, dyadisches System, Ziffernsystem mit der Grundzahl 2, bestehend aus den Ziffern 0 u. 1, mit denen alle natürlichen Zahlen dargestellt werden können* [→ *binär*]
Bi|när|zif|fer ⟨f.; -, -n; EDV⟩ *aus nur zwei verschiedenen Zeichen aufgebaute Zahl, z.B. nur aus 0 u. 1*
Bi|na|ris|mus ⟨m.; -; unz.; Sprachw.⟩ *Theorie, die Sprachsysteme auf eine geringe Menge binärer Oppositionen reduziert* [→ *binär*]
bi|na|risch ⟨Adj.⟩ = *binär*
bi|na|ti|o|nal ⟨a. ['-----] Adj.⟩ *zwei Nationen od. Staaten betreffend* [< *bi...(1)* + *national*]
bin|go! ⟨Int.; umg.⟩ *getroffen, geschafft, es hat geklappt!* [nach dem Ruf, mit dem ein Spieler beim *Bingo* die Übereinstimmung der genannten Zahlen mit den auf seiner Spielkarte vorhandenen anzeigt]
Bin|go ⟨n.; - od. -s; unz.⟩ *Glücksspiel, bei dem jeder Mitspieler eine od. mehrere Karten mit unterschiedlichen Zahlenreihen erhält u. derjenige gewinnt, der als Erster eine zusammenhängende Reihe von fünf Zahlen vorzuweisen hat u. »Bingo« ruft* [nach dem Ausruf des Gewinners; viell. zu engl. *bing* »kling (lautmalend, den Klang einer angestoßenen Glocke nachahmend)«]
Bin|go|card ⟨[-ka:d] f.; -, -s⟩ *eine Karte mit darauf aufgedrucktem Zahlenfeld, aus dem ein(e) Spieler(in) eine bestimmte Anzahl von Zahlen durch Ankreuzen auswählen kann*
Bin|o|de, ⟨auch⟩ **Bi|no|de** ⟨f.; -, -n⟩ *zwei Systeme von Elektronenröhren innerhalb eines Glaskolbens* [< lat. *bini* »zwei auf einmal« + grch. *hodos* »Weg«]
Bin|o|kel, ⟨auch⟩ **Bi|no|kel** ⟨n.; -s, -⟩ *Brille, Fernrohr, Mikroskop für beide Augen* [< frz. *binocle;* zu lat. *bini* »zwei auf einmal« + *oculus* »Auge«]
bin|o|ku|lar, ⟨auch⟩ **bi|no|ku|lar** ⟨Adj.⟩ *für das Sehen mit beiden Augen eingerichtet* [< *Binokel*]
Bin|o|ku|lar, ⟨auch⟩ **Bi|no|ku|lar** ⟨n.; -s, -e⟩ *für das Sehen mit beiden Augen eingerichtetes Vergrößerungsgerät (Lupe, Fernglas, Mikroskop)*

Bi|nom ⟨n.; -s, -e⟩ **1** ⟨Math.⟩ *mathemat. Ausdruck mit zwei Gliedern,* z.B. (a + b) **2** ⟨Biol.⟩ *zweigliedriger Tier- od. Pflanzenname* [< *Bi…(1)* + *…nom²*]

Bi|no|mi|al|ko|ef|fi|zi|ent ⟨m.; -en, -en; Math.⟩ *Koeffizient eines Gliedes im binomischen Lehrsatz*

bi|no|misch ⟨Adj.; Math.⟩ *in der Art eines Binoms, zweigliedrig;* ~er Lehrsatz *L. zur Entwicklung der Potenz eines Binoms,* z.B. $(a + b)^2 = a^2 + 2ab + b^2$

bi|o…, Bi|o… ⟨in Zus.⟩ *leben(s)…, Leben(s)…* [< grch. *bios* »Leben«]

bi|o|ak|tiv ⟨Adj.⟩ *biologisch aktiv*

Bi|o|al|ko|hol ⟨m.; -s, -e⟩ *als Treib- u. Brennstoff verwendeter Äthylalkohol, der aus biologischen Abfällen gewonnen wird*

Bi|o|as|tro|nau|tik, ⟨auch⟩ **Bi|o|ast|ro|nau|tik** ⟨f.; -; unz.⟩ *zusammenfassende Bezeichnung für biologische Fragestellungen u. dazugehörige Experimente, die in Raumstationen u. -fahrzeugen u. auch auf anderen Planeten durchgeführt werden* [< *Bio…* + *Astronautik*]

Bi|o|bi|bli|o|gra|fie, ⟨auch⟩ **Bi|o|bib|li|o|gra|fie** ⟨f.; -, -n⟩ *Verzeichnis aller Schriften über eine Persönlichkeit u. ihre Werke;* oV *Biobibliographie* [< *Bio…* + *Bibliografie*]

Bi|o|bi|bli|o|gra|phie, ⟨auch⟩ **Bi|o|bib|li|o|gra|phie** ⟨f.; -, -n⟩ = *Biobibliografie*

Bi|o|che|mie ⟨a. [-çemiː] f.; -; unz.⟩ **1** *Lehre von chem. Vorgängen im Organismus* **1.1** ⟨i.e.S.⟩ *Lehre vom Einfluss der Fermente auf die chem. Vorgänge in Organismen* **2** ⟨Med.⟩ *Heilverfahren aufgrund der Annahme, dass alle Krankheiten auf Störungen des Mineralsalzhaushalts beruhen*

Bi|o|che|mi|ker ⟨a. [-çeː-] m.; -s, -⟩ *jmd., der sich mit Biochemie beschäftigt, Kenner, Erforscher der Biochemie*

bi|o|che|misch ⟨a. [-çeː-] Adj.⟩ *auf Biochemie beruhend, zu ihr gehörig*

Bi|o|chip ⟨[-tʃip] m.; -s, -s⟩ *Computerchip, der aus organischen Verbindungen mit Halbleitereigenschaften besteht, eine sehr hohe Schaltelementdichte aufweist u. in Zukunft den Siliziumchip ersetzen wird* [< *Bio…* + *Chip(4)*]

Bi|o|chor ⟨[-koːr] n.; -s, -en⟩, **Bi|o|cho|re** ⟨[-koː-] f.; -, -n⟩, **Bi|o|cho|ri|on** ⟨[-koː-] n.; -s, -ri|en⟩ *engerer Lebensbereich innerhalb eines bestimmten Biotops* [< *Bio…* + grch. *chora* »Raum, Ort, Land«]

Bi|o|dy|na|mik ⟨f.; -; unz.⟩ *Wissenschaft von der Wirkung von Außeneinflüssen auf Lebewesen*

bi|o|dy|na|misch ⟨Adj.⟩ **1** *auf Biodynamik beruhend, zu ihr gehörig* **2** ⟨i.e.S.⟩ *ohne Zusatz von chemischen Stoffen;* ~er Landbau

Bi|o|e|lek|tri|zi|tät ⟨auch⟩ **Bi|o|e|lekt|ri|zi|tät** ⟨f.; -; unz.⟩ *Gesamtheit der elektrischen Erscheinungen im lebenden Organismus* [< *Bio…* + *Elektrizität*]

Bi|o|e|le|ment ⟨n.; -(e)s, -e⟩ *Mineralstoff, der von Lebewesen nur in sehr geringer Menge benötigt wird, Spurenelement*

Bi|o|e|ner|ge|tik ⟨f.; -; unz.⟩ *Teilgebiet der Biophysik, das sich mit der Gewinnung u. Umwandlung von Energie im Organismus befasst* [< *Bio…* + *Energetik*]

> **Bioethik** (*Abtrennung von Einzelvokalen*) Einzelvokale können als einzelne Silben behandelt werden und eine eigene Trennfuge bilden. Dies gilt prinzipiell auch für Einzelvokale in Komposita.
> Irreführende Trennungen wie etwa »*Bioethik*« oder »*Bi-oethik*« sollten jedoch nach Möglichkeit vermieden werden.

Bi|o|e|thik ⟨f.; -; unz⟩ *Lehre, die sich mit moralischen Fragen hinsichtlich bestimmter Entwicklungstendenzen der biologisch-medizinischen Forschung u. Therapie beschäftigt* [< *Bio…* + *Ethik*]

Bi|o|feed|back ⟨[-fiːdbæk] n.; -s, -s⟩ *Rückkoppelung innerhalb eines Regelkreises biologischer Systeme* [< *Bio…* + engl. *feedback* »Rückmeldung, Rückkoppelung«]

Bi|o|feed|back|me|tho|de ⟨[-fiːdbæk-] f.; -; unz.⟩ *Verfahren, um selbständige, vom Menschen kaum wahrgenommene Körperfunktionen durch Apparate zu kontrollieren u. aufgrund der aufgezeichneten Ergebnisse zu beeinflussen*

Bi|o|gas ⟨n.; -es, -e⟩ *bei der Vergärung organischer Abfälle entstehendes Gas*

bi|o|gen ⟨Adj.⟩ *von Lebewesen stammend* [< *bio…* + *…gen¹*]

Bi|o|ge|ne|se ⟨f.; -, -n⟩ Sy *Biogenie* **1** *Entstehung des Lebens* **2** *Entstehungsgeschichte der Lebewesen* [< *Bio…* + *Genese*]

bi|o|ge|ne|tisch ⟨Adj.⟩ *die Biogenese betreffend, zu ihr gehörig, auf ihr beruhend;* ~e Grundregel *Regel, nach der die Entwicklung eines Einzelwesens einer verkürzten Stammesentwicklung entspricht*

Bi|o|ge|nie ⟨f.; -; unz.⟩ = *Biogenese*

Bi|o|ge|o|gra|fie ⟨f.; -; unz.⟩ = *Biogeographie*

bi|o|ge|o|gra|fisch ⟨Adj.⟩ = *biogeographisch*

Bi|o|ge|o|gra|phie ⟨f.; -; unz.⟩ *Lehre von der Verbreitung der Lebewesen auf der Erde, bes. der Tiere u. Pflanzen;* oV *Biogeografie*

bi|o|ge|o|gra|phisch ⟨Adj.⟩ *die Biogeographie betreffend, zu ihr gehörig, auf ihr beruhend;* oV *biogeografisch*

Bi|o|graf ⟨m.; -en, -en; Lit.⟩ *Verfasser einer Biografie;* oV *Biograph*

Bi|o|gra|fie ⟨f.; -, -n; Lit.⟩ *Lebensbeschreibung;* oV *Biographie* [< *Bio…* + *…grafie*]

Bi|o|gra|fin ⟨f.; -, -fin|nen; Lit.⟩ *Verfasserin einer Biografie;* oV *Biographin*

bi|o|gra|fisch ⟨Adj.⟩ *auf die Biografie, Lebensbeschreibung bezogen, auf ihr beruhend, sie betreffend;* oV *biographisch*

Bi|o|gramm ⟨n.; -s, -e⟩ *Aufzeichnung der Lebensläufe der Mitglieder einer zusammengehörigen Gruppe u. der sich darin abspielenden Vorgänge* [< *Bio…* + *…gramm*]

Bi|o|graph ⟨m.; -en, -en; Lit.⟩ = *Biograf*

Bi|o|gra|phie ⟨f.; -, -n; Lit.⟩ = *Biografie*
Bi|o|gra|phin ⟨f.; -, -phin|nen; Lit.⟩ = *Biografin*
bi|o|gra|phisch ⟨Adj.⟩ = *biografisch*
Bi|o|ka|ta|ly|sa|tor ⟨m.; -s, -en⟩ *Wirkstoff, der in kleinsten Mengen Stoffwechselvorgänge steuert*
bi|o|kli|ma|tisch ⟨Adj.⟩ *die Bioklimatologie betreffend, zu ihr gehörig*
Bi|o|kli|ma|to|lo|gie ⟨f.; -; unz.⟩ *Wissenschaft vom Einfluss des Klimas auf Lebewesen*
Bi|o|ky|ber|ne|tik ⟨f.; -; unz.⟩ *Wissenschaft von den Steuerungs- u. Regelungsvorgängen in biolog. Systemen*
bi|o|ky|ber|ne|tisch ⟨Adj.⟩ *auf Biokybernetik beruhend, zu ihr gehörig*
Bi|o|lith ⟨m.; -s od. -en, -e od. -en⟩ *von Lebewesen stammendes Sediment* [< *Bio...* + *...lith*]
Bi|o|lo|ge ⟨m.; -n, -n⟩ *Wissenschaftler auf dem Gebiet der Biologie*
Bi|o|lo|gie ⟨f.; -; unz.⟩ *Wissenschaft vom Leben u. von den Lebewesen* [< *Bio...* + *...logie*]
Bi|o|lo|gin ⟨f.; -, -gin|nen⟩ *Wissenschaftlerin auf dem Gebiet der Biologe*
bi|o|lo|gisch ⟨Adj.⟩ **1** *die Biologie betreffend, zu ihr gehörig, auf ihr beruhend* **2** *naturbedingt, natürlich;* ~e Waffen *Bakterien, Viren u.a. Seuchen verbreitende Mittel einer (bisher nicht angewendeten) Kriegsführung*
bi|o|lo|gisch-dy|na|misch ⟨Adj.⟩ *Aussaat, Pflege u. Anbau von Kulturpflanzen ohne chemische Stoffe betreffend;* ~er Gemüseanbau
Bi|o|lo|gis|mus ⟨m.; -; unz.; meist abwertend⟩ *Verwendung biologischer Begriffe u. Vorstellungen in anderen Wissenschaftsgebieten* [< *Bio...* + *Logismus(2)*]
bi|o|lo|gis|tisch ⟨Adj.⟩ *den Biologismus betreffend, auf ihn bezogen, in seinem Sinn*
Bi|o|lu|mi|nes|zenz ⟨f.; -, -en⟩ *durch biochemische Vorgänge hervorgerufene Eigenleuchterscheinung bestimmter Lebewesen, z.B. bei Tiefseefischen u. Bakterien*
Bi|o|ly|se ⟨f.; -, -n⟩ *Zersetzung von organ. Substanz durch lebende Organismen* [< grch. *bios* »Leben« + *lysis* »Lösung«]
bi|o|ly|tisch ⟨Adj.⟩ *auf Biolyse beruhend*
Bi|om ⟨n.; -s, -e⟩ *Gesamtheit der in einem Lebensraum in Abhängigkeit voneinander existierenden Lebensgemeinschaften* [< grch. *bios* »Leben«]
Bi|o|mant ⟨m.; -en, -en⟩ *Person, die sich mit der Biomantie beschäftigt*
Bi|o|man|tie ⟨f.; -; unz.⟩, **Bi|o|man|tik** ⟨f.; -; unz.⟩ *Voraussagen über die Lebensdauer aus körperl. Zeichen oder Vorgängen, z.B. Handlinien, Pulsschlag* [< *Bio...* + *...mantie*]
Bi|o|man|tin ⟨f.; -, -nen⟩ *weibliche Person, die sich mit der Biomantie beschäftigt*
Bi|o|mas|se ⟨f.; -, -n⟩ *Gesamtheit der durch Lebewesen entstehenden organischen Substanz*
Bi|o|me|cha|nik ⟨a. [-ça:-] f.; -; unz.⟩ *Lehre von den mechanischen Vorgängen in Organismen*
bi|o|me|cha|nisch ⟨a. [-ça:-] Adj.⟩ *die Biomechanik betreffend, auf ihr beruhend*
Bi|o|me|trie, ⟨auch⟩ **Bi|o|met|rie** ⟨f.; -; unz.⟩ *Sterblichkeitsberechnung* [< *Bio...* + *...metrie*]
Bi|o|me|trik, ⟨auch⟩ **Bi|o|met|rik** ⟨f.; -; unz.⟩ *Lehre von den Maß- und Zahlenverhältnissen der Lebewesen;* Sy *Biostatistik*
bi|o|me|trisch, ⟨auch⟩ **bi|o|met|risch** ⟨Adj.⟩ *die Biometrie betreffend, auf ihr beruhend*
Bi|o|mo|ni|to|ring ⟨[-mɔnitərıŋ] n.; -s, -s⟩ *Verfahren zur Beurteilung der Umweltbelastung eines bestimmten Gebietes mittels Erhebung von Daten zur Luft-, Wasser- u. Bodenverschmutzung, Beobachtung u. Untersuchung der Tier- u. Pflanzenwelt;* → a. *Monitoring* [< *Bio...* + engl. *monitor* »überwachen«]
bi|o|morph ⟨Adj.⟩ *von den natürlichen Lebensvorgängen beeinflusst* [< *bio...* + *...morph*]
Bi|o|mor|pho|se ⟨f.; -; unz.⟩ *im Laufe eines Lebens auftretende Veränderung eines Organismus* [< *Bio...* + *Morphose*]
bi|o|mor|pho|tisch ⟨Adj.⟩ *die Biomorphose betreffend, auf ihr beruhend*
Bi|o|mo|tor ⟨m., -s, -en⟩ *Apparat zur künstl. Lungenbeatmung* [< *Bio...* + *Motor*]
Bi|o|nik ⟨f.; -; unz.⟩ *neues Wissenschaftsgebiet, das technische Probleme nach dem Vorbild der Funktion von Körperorganen zu lösen versucht* [verkürzt < *Bio*logie + Tech*nik*]
bi|o|nisch ⟨Adj.⟩ *die Bionik betreffend, zu ihr gehörig*
Bi|o|no|mie ⟨f.; -; unz.⟩ *Lehre von den Gesetzen des organischen Lebens* [< *Bio...* + *...nomie*]
Bi|ont ⟨m.; -en, -en⟩ *(selbständiges) Lebewesen* [< grch. *bios* »Leben« + *on*, Gen. *ontos* »seiend«]
bi|o|phar|ma|zeu|tisch ⟨a. ['------] Adj.⟩ *die Biopharmazie betreffend, zu ihr gehörend*
Bi|o|phar|ma|zie ⟨a. ['-----] f.; -; unz.⟩ *Fachgebiet der Pharmazie, in dem die physikalisch-chemischen Eigenschaften der Arzneien untersucht u. Schlüsse auf ihre Wirkung gezogen werden* [< *Bio...* + *Pharmazie*]
Bi|o|pho|ne|tik ⟨a. ['-----] f.; -; unz.⟩ *Lehre von Art u. Erzeugung der Laute im Hinblick auf die biologischen Voraussetzungen* [< *Bio...* + *Phonetik*]
Bi|o|phy|sik ⟨a. ['----] f.; -; unz.⟩ *Wissenschaft von den physikalischen Vorgängen in Lebewesen*
bi|o|phy|si|ka|lisch ⟨a. ['------] Adj.⟩ *die Biophysik betreffend, auf ihr beruhend*
Bi|o|pro|tek|ti|on ⟨f.; -, -en⟩ *Bemühung, sowohl den Lebensraum als auch die Lebewesen in ihm vor Schäden aller Art zu bewahren*
Bi|op|sie ⟨f.; -, -n⟩ *Untersuchung von Gewebe, das einem lebenden Organismus entnommen ist* [< *Bio...* + *...opsie*]
bi|op|tisch ⟨Adj.⟩ *auf Biopsie beruhend, zu ihr gehörig*

Bi̲|o|rhyth|mik ⟨f.; -; unz.⟩, **Bi̲|o|rhyth|mus** ⟨m.; -, -men⟩ *der rhythmische Lebensablauf von Organismen*

Bi̲|os ⟨m.; -; unz.⟩ *das Leben* [grch.]

Bi̲|o|sa|tel|lit ⟨m.; -en, -en⟩ *mit Tieren besetzter Satellit zur Erforschung der Lebensbedingungen in der Schwerelosigkeit* [< *Bio…* + *Satellit(2)*]

…bi|o̲|se ⟨in Zus.⟩ *Lebensweise* [< grch. *biosis* »Lebensweise« < *bios* »Leben«]

Bi|o̲|se ⟨f.; -, -n⟩ *Kohlenhydrat mit zwei Sauerstoffatomen,* z. B. Glykolaldehyd

Bi|o|sen|sor ⟨m.; -s, -so|ren⟩ *elektronisches Messgerät für chemische u. physikalische Vorgänge im Körper* [< *Bio…* + *Sensor*]

Bi|o|sko̲p, ⟨auch⟩ **Bi|os|ko̲p** ⟨n.; -s, -e⟩ *von dem Franzosen Demeny 1891 erfundener kinematograph. Apparat* [< *Bio…* + *skop*]

Bi|o|so|zi|o|lo|gie ⟨a. [------'-] f.; -; unz.⟩ *Lehre von den Gemeinschaften der Lebewesen*

bi̲|o|so|zi|o|lo|gisch ⟨a. [-----'--] Adj.⟩ *die Biosoziologie betreffend, zu ihr gehörend*

Bi|o|sphä̲|re, ⟨auch⟩ **Bi|os|phä̲|re** ⟨f.; -, -n⟩ *der von Lebewesen bewohnte od. bewohnbare Raum* [< *Bio…* + *Sphäre*]

Bi|o|sta|ti̲s|tik ⟨f.; -; unz.⟩ = *Biometrik*

Bi|o|syn|the̲|se ⟨f.; -, -n⟩ *Aufbau organischer Substanzen in der lebenden Zelle*

Bi|o|tẹch|nik ⟨f.; -; unz.⟩ *die physikal. Grundsätze in Bau u. Funktion organ. Körper, die für die Technik vorbildlich wurden*

bi|o|tẹch|nisch ⟨Adj.⟩ *die Biotechnik betreffend, zu ihr gehörig, auf ihr beruhend*

Bi|o|tech|no|lo|gi̲e ⟨f.; -; unz.⟩ *Erforschung der wirtschaftl. Bedeutung von Mikroorganismen*

bi|o|tech|no|lo̲|gisch ⟨Adj.⟩ *die Biotechnik betreffend, zu ihr gehörig, auf ihr beruhend*

Bi|o|ti̲n ⟨n.; -s; unz.⟩ *das Vitamin H* [< grch. *bios* »Leben«]

bi|o̲|tisch ⟨Adj.⟩ *auf Lebewesen, auf das Leben bezüglich, lebens…, Lebens…* [zu grch. *bios* »Leben«]

Bi|o|ti̲t ⟨m.; -s, -e⟩ *dunkle Abart des Glimmers* [nach dem frz. Physiker J.B. *Biot*]

Bi̲|o|to|nus ⟨m.; -; unz.; Psych.⟩ *die Beschaffenheit der Spannung u. Energie des menschlichen Körpers* [< *Bio…* + *Tonus(1)*]

Bi|o|to̲p ⟨m. od. n.; -s, -e⟩ *Lebensraum von Tier- u. Pflanzenarten, die ähnl. Umweltbedingungen verlangen* [< *Bio…* + grch. *topos* »Ort, Raum«]

bi|o|tro̲p ⟨Adj.⟩ *aufgrund klimatischer od. physikalischer Veränderungen den Körper beeinflussend* [< *bio…* + *…trop*[1]*(1)*]

Bi|o|tro|pi̲e ⟨f.; -, -n⟩ *Empfindlichkeit des Organismus gegenüber Wetterschwankungen* [< *Bio…* + *…tropie* »Veränderung«]

Bi|o|ty̲p ⟨m.; -s, -en⟩ *reinerbige Nachkommenschaft* [< *Bio…* + *Typ*]

Bi̲|o|wis|sen|schaf|ten ⟨Pl.⟩ *Gesamtheit der mit biologischen Forschungen beschäftigten Wissenschaften, wie Biologie, Medizin, Pharmazie, Pharmakologie, Land- u. Forstwirtschaft*

bi|o|zẹn|trisch, ⟨auch⟩ **bi̲|o|zent|risch** ⟨Adj.⟩ *das Leben in den Mittelpunkt stellend;* Ggs *logozentrisch*

Bi|o|zi̲d ⟨n.; -s, -e⟩ = *Pestizid* [< grch. *bios* »Leben« + *…zid*[2]]

Bi|o|zö|no|lo|gi̲e ⟨f.; -; unz.⟩ *Wissenschaft von den biolog. Lebensgemeinschaften* [< *Bio…* + grch. *koinos* »gemeinsam« + *…logie*]

Bi|o|zö|no̲|se ⟨f.; -, -n⟩ *Lebensgemeinschaft verschiedener Arten von Lebewesen, die ähnl. Umweltbedingungen verlangen* [< *Bio…* + grch. *koinos* »gemeinsam«]

bi|o|zö|no̲|tisch ⟨Adj.⟩ *die Biozönose betreffend, auf ihr beruhend*

Bi|pe̲|de ⟨m.; -n, -n⟩ *Zweifüßer* [zu lat. *bipes* »zweifüßig«]

bi|pe̲|disch ⟨Adj.⟩ *zweifüßig*

Bi|phe|ny̲l ⟨n.; -s, -e⟩ *kristallisierender Kohlenwasserstoff* C_6H_5-C_6H_5*, der u. a. zur Konservierung von Zitrusfrüchten verwendet wird* [< *Bi…* + *Phenyl*]

bi|po|la̲r ⟨Adj.⟩ *zweipolig*

Bi|po|la|ri|tä̲t ⟨f.; -, -en⟩ *Zweipoligkeit*

Bi̲|qua|drat, ⟨auch⟩ **Bi̲|quad|rat** ⟨n.; -(e)s, -e⟩ *Quadrat des Quadrats, 4. Potenz, z.B.* $(5^2)^2 = 5^4$

bi|qua|dra̲|tisch, ⟨auch⟩ **bi|quad|ra̲|tisch** ⟨Adj.⟩ *in die 4. Potenz erhoben*

Bir|die ⟨[bə:di] n.; -s, -s; Sp.; Golf⟩ *Erreichen des Golfloches mit einem Schlag weniger als vorgeschrieben* [engl., eigtl. »Vögelchen«]

Bi̲|sam ⟨m.; -s, -e od. -s⟩ **1** *Fell der Bisamratte* **2** ⟨unz.⟩ = *Moschus*

Bi|sẹk|trix, ⟨auch⟩ **Bi|sẹkt|rix** ⟨f.; -, -tri|zes⟩ *Winkelhalbierende zwischen den optischen Achsen eines Kristalls* [< *Bi…* + lat. *sector* »Zerschneider«]

bi|se|ri̲ert ⟨Adj.⟩ ~e Magnesia *doppelt gebrannte Magnesia* [< *bi…* + lat. *serum* »Flüssigkeit nach dem Absetzen fester Stoffe«; eigtl. »zweimal getrocknet«]

Bi|se|xu|a|li|tä̲t ⟨f.; -; unz.⟩ **1** *Zweigeschlechtigkeit* **2** *Zuneigung zum eigenen als auch zum anderen Geschlecht*

bi̲|se|xu|ell ⟨Adj.⟩ **1** *zweigeschlechtig* **2** *mit beiden Geschlechtern verkehrend, sowohl homoals auch heterosexuell;* Sy ⟨umg.⟩ = *bi*

Bis|kọt|te ⟨f.; -, -n; österr.⟩ *Biskuitkleingebäck* [→ *Biskuit*]

Bis|kuit ⟨[-kvịt] n. od. m.; -s, -s od. -e⟩ *leichtes, feines Gebäck aus Eiern, Mehl u. Zucker ohne Fett* [< frz. *biscuit* < ital. *biscotto* < lat. *bis* »doppelt« + *coctus* »gebacken«]

Bis|kuit|por|zel|lan ⟨[-kvịt-] n.; -s, -e⟩ *zweimal gebranntes, unglasiertes Porzellan*

Bis|mu|ti̲t ⟨m.; -s, -e⟩ *gelblich grünes, graues od. strohgelbes Mineral, chem. ein basisches Wismutcarbonat*

Bis|mu̲|tum ⟨n.; -s; unz.; Zeichen: Bi⟩ *das chem. Element Wismut* [latinisiert < *Wismut*]

Bi̲|son ⟨m.; -s, -s⟩ *in Nordamerika heimisches, braunes Wildrind mit schwarzer Mähne: Bison bison* [lat. < germ. **wisund;* verwandt mit *Wisent*]

bi|sta|bil ⟨a. ['---] Adj.⟩ *doppelt stabil, durch zwei dauerhafte Zustände gekennzeichnet, insbes. von elektronischen Bauelementen* [< *bi...(1)* + *stabil(2)*]

Bis|ter ⟨m. od. n.; -s; unz.⟩ *aus Ruß gewonnener brauner Aquarellfarbstoff* [< frz. *bistre* »schwarzbraun«]

Bis|tou|ri ⟨[-tu:-] m. od. n.; -s, -s; Med.⟩ *ärztl. Operationsmesser mit bewegl. Klinge* [frz.; zu *bistourner* »verdrehen«]

Bis|tro, ⟨auch⟩ **Bist|ro, Bis|trot,** ⟨auch⟩ **Bist|rot** ⟨[-tro:] n.; -s, -s; in Frankreich⟩ *kleines Gasthaus* [frz., »Wein-, Gartenhändler«]

Bi|sul|fat ⟨n.; -(e)s, -e; † für⟩ *Hydrogensulfat*

bi|syl|la|bisch ⟨Adj.⟩ *zweisilbig*

Bit ⟨n.; - od. -s, -s od. bei Mengenangaben: -; EDV; Zeichen: bt⟩ *Maßeinheit für den Informationsgehalt, entsprechend einer Binärziffer 0 od. 1* [verkürzt < engl. *binary digit* »Binärziffer«]

Bit|map ⟨[-mæp] f.; -, -s; EDV⟩ *(ein von der amerikanischen Firma Microsoft entwickeltes) Datenformat, mit dessen Hilfe eine aus Pixeln bestehende Grafik direkt im Arbeitsspeicher des Computers od. der Grafikkarte abgebildet wird* [< engl. *bit* »kleinste Dateneinheit im Computer« (kurz für *binary digit*) + *map* »Bild, Karte, Mappe«]

bi|to|nal ⟨Adj.⟩ **1** ⟨Mus.⟩ *auf zwei gleichzeitig verwendete Tonarten bezogen* **2** ⟨Med.⟩ *doppelt tönend;* ~er Husten [< *bi...(1)* + *tonal*]

Bi|to|na|li|tät ⟨f.; -; unz.; Mus.⟩ *gleichzeitiges Verwenden zweier Tonarten, häufigste Form der Polytonalität*

Bit|ter|le|mon, ⟨auch⟩ **Bit|ter Le|mon** ⟨[-lεmən] n.; (-) - od. (-) -s, (-) -⟩ *chininhaltige Limonen- u. Zitronenlimonade* [engl., »bittere Zitrone«]

Bi|tu|men ⟨n.; -s, -⟩ *natürlich vorkommendes Gemisch aus Fetten, Wachsen, Harzen, Lignin, Eiweißstoffen u. Kohlenhydraten, das aus niedrigen Organismen entstanden ist* [lat.; → *Beton*]

bi|tu|mig ⟨Adj.⟩ *bitumenhaltig, bitumenartig*

bi|tu|mi|nie|ren ⟨V.⟩ *mit Bitumen bestreichen, behandeln*

bi|tu|mi|nös ⟨Adj.⟩ *bitumenhaltig*

Bi|u|ret|re|ak|ti|on ⟨f.; -; unz.; Med.⟩ *allgemeine Eiweißreaktion zum analytischen Nachweis von Harnstoff, Peptonen, Polypeptiden u. Proteiden* [< *Bi...* + lat. *urina* »Harn«]

Bi|val|via ⟨[-valvia] Pl.⟩ *Muscheln* [lat., »Zweitürige«]

bi|va|lent ⟨[-va-] Adj.⟩ *zweiwertig* [< *bi...* + *...valent*]

Bi|va|lenz ⟨[-va-] f.; -; unz.⟩ *Zweiwertigkeit*

Bi|wak ⟨n.; -s, -e od. -s⟩ **1** *Lager im Freien* **2** ⟨Mil.⟩ *Feldlager* [< frz. *bivouac* < nddt. *biwake* »Beiwache im Freien neben der in einem Bau untergebrachten Hauptwache«]

bi|wa|kie|ren ⟨V.; a. Mil.⟩ *ein Biwak aufschlagen, im Freien lagern*

bi|zarr ⟨Adj.⟩ **1** *seltsam, ungewöhnlich* **2** *wunderlich, verschroben* [< frz. *bizarre* »seltsam« < ital. *bizarro*]

Bi|zar|re|rie ⟨f.; -, -n⟩ **1** *bizarres Wesen, ungewöhnl. wunderl. Verhalten* **2** *Grille, Schrulle*

Bi|zeps ⟨m.; - od. -es, -e⟩ *zweiköpfiger Muskel, z.B. am Oberarm u. am Oberschenkel* [< lat. *biceps* »zweiköpfig«; zu *bis* »doppelt« + *caput* »Kopf«]

Bi|zi|nie ⟨[-niə] f.; -, -n⟩ = *Bicinium*

bi|zy|klisch, ⟨auch⟩ **bi|zyk|lisch** ⟨Adj.⟩ = *bicyclisch*

Bk ⟨chem. Zeichen für⟩ *Berkelium*

Black|box, ⟨auch⟩ **Black Box** ⟨[blæk-] f.; (-) -, (-) -es [-bɔksiz]; Kyb.⟩ **1** *System, das nicht od. nicht vollständig bekannt ist, auf dessen Verhalten man aber durch Beobachtung von Eingabe u. Ausgabe schließen kann* **2** *Gerät zur Aufzeichnung von Flugdaten, Flugschreiber* [engl., »schwarzer Kasten«]

Black|box|sys|tem ⟨[blæk-] n.; -s; unz.; Kyb.⟩ *Methode, mit der unbekannte Systeme erfasst werden*

Black|jack, ⟨auch⟩ **Black Jack** ⟨[blækdʒæk] n.; (-) -, (-) -⟩ *ein amerikanisches Kartenglücksspiel (Siebzehn u. Vier)* [< engl. *black* »schwarz« + *jack* »Bube (im Kartenspiel)«]

Black|mail, Black|mai|ling ⟨[blækmεil(iŋ)] n.; -s; unz.⟩ *Erpressung* [engl.]

Black-out, ⟨auch⟩ **Black|out** ⟨[blækaut] n.; -s, -s⟩ **1** ⟨Theat.⟩ **1.1** *kurze, meist witzige Szene, bei der unmittelbar nach der Pointe das Licht ausgeschaltet wird* **1.2** *plötzl. Verdunkeln der Bühne beim Szenenschluss* **2** ⟨umg.⟩ *plötzl. vorübergehende Bewusstseinstrübung* **3** ⟨Raumf.⟩ **3.1** *vorübergehender Verlust der Sehfähigkeit infolge hoher Beschleunigung* **3.2** *vorübergehendes Aussetzen der Funkverbindung mit Raumfahrzeugen beim Eintritt in die Atmosphäre* [< engl. *blackout* »Ohnmachtsanfall«]

Black|pan|ther, ⟨auch⟩ **Black Pan|ther** ⟨[blækpænθə(r)] m.; (-) -s, (-) -⟩ **1** *eine kleine, militante Organisation der schwarzen Bürgerrechtsbewegung in den USA* **2** *Angehörige(r) der Black Panther Organisation* [engl., »schwarzer Panther«]

Black|po|wer, ⟨auch⟩ **Black Pow|er** ⟨[blækpauə(r)] f.; (-) -; unz.⟩ *Freiheitsbewegung der nordamerik. Schwarzen* [engl., »schwarze Macht, Kraft«]

Blanc de Blancs ⟨[blã de blã:] m.; - - -, -s - - [-blã:]⟩ *ein frz. Weißwein, der nur aus weißen Trauben gekeltert wird* [< frz. *blanc* »weiß; Weißwein«]

bla|ma|bel ⟨Adj.⟩ *eine Blamage verursachend, beschämend* [< frz. *blâmable* »tadelnswert«]

Bla|ma|ge ⟨[-ʒə] f.; -, -n⟩ *beschämende, peinl. Bloßstellung, Schande* [frz.; zu *blâmer* »tadeln«]

bla|mie|ren ⟨V.⟩ *bloßstellen, zum Gespött machen;* da habe ich mich ja schön blamiert!; jmdn. vor allen Leuten ~ [< frz. *blâmer* »tadeln«]

Blanc fixe ⟨[blã fiks] n.; - -; unz.⟩ = *Permanentweiß*

blan|chie|ren ⟨[blãʃi:-] V.⟩ Speisen ~ *abbrü-*

hen; Geflügel, Mandeln ~ [<frz. *blanchir* »weiß machen«]

bland ⟨Adj.⟩ **1** *reizlos, mild;* ~e Diät **2** *ruhig verlaufend;* ~e Krankheit [<lat. *blandus* »gewinnend, sanft«]

Blank ⟨[blæŋk] n.; -s, -s; EDV⟩ *Leerstelle, Leerstellentaste* [engl., »leer; Lücke«]

Blan|ket ⟨[blæŋkit] n.; -s, -s [-kiz]; Phys.⟩ *(bei Kern- bzw. Brutreaktoren) Inkubationszone inner- od. außerhalb der Spaltzone* [<engl. *blanket* »Decke«]

Blan|kett ⟨n.; -s, -e⟩ *nicht vollständig ausgefülltes, unterschriebenes Formular* [→ *blanko*]

blan|kie|ren ⟨V.⟩ *verkaufen, was man selbst noch nicht gekauft hat* [→ *blanko*]

blan|ko ⟨Adj.⟩ *leer, nicht vollständig ausgefüllt;* Formulare, Schecks ~ unterschreiben [<ital. *bianco* »weiß, unbeschrieben«]

Blan|ko|ak|zept ⟨n.; -(e)s, -e⟩ *Akzept auf einem nicht vollständig ausgefüllten Wechsel*

Blan|ko|scheck ⟨m.; -s, -s⟩ *Scheck, bei dem der Betrag nicht eingesetzt ist*

Blan|ko|voll|macht ⟨f.; -, -en⟩ *unbeschränkte Vollmacht*

Blank|vers ⟨m.; -es, -e⟩ *reimloser fünffüßiger Jambus* [<engl. *blank verse* »reiner, leerer, reimloser Vers«]

bla|siert ⟨Adj.⟩ *eingebildet, hochnäsig, eitel (ohne wirklich etwas darzustellen);* ein ~es Gehabe, Getue [<frz. *blasé* »übersättigt«]

Bla|son ⟨[-zɔ̃:] m.; -s, -s⟩ *Wappen(schild)* [frz., »Wappen«]

bla|so|nie|ren ⟨V.⟩ ein Wappenschild ~ *kunstgerecht beschreiben od. ausmalen* [<frz. *blasonner* »Wappen malen, erklären«]

Blas|phe|mie ⟨f.; -, -n⟩ *Beschimpfung, Verhöhnung von Heiligen, Gotteslästerung* [<grch. *blasphemia* »Lästerung«]

blas|phe|mie|ren ⟨V.⟩ *eine Blasphemie aussprechen, Gott lästern*

blas|phe|misch ⟨Adj.⟩ *in der Art einer Blasphemie, Gott lästernd, lästerlich, Heiliges verletzend od. verhöhnend;* oV *blasphemistisch*

Blas|phe|mist ⟨m.; -en, -en⟩ *Gotteslästerer* [→ *Blasphemie*]

blas|phe|mis|tisch ⟨Adj.⟩ = *blasphemisch*

...blast ⟨in Zus.⟩ *Keim, Zelle, Knospe* [<grch. *blastos* »Keim, Spross, Gewächs; Abkömmling«]

Blas|tem ⟨n.; -s, -e⟩ *aus undifferenzierten Zellen bestehendes Bildungsgewebe* [<grch. *blastos* »Spross, Keim«]

Blas|to|derm ⟨n.; -s; unz.⟩ *epithelartig angeordnete Furchungszellen der Blastula* [<grch. *blastos* »Spross, Keim« + *...derm*]

Blas|to|ge|ne|se ⟨f.; -, -n⟩ **1** *ungeschlechtl. Vermehrung durch Knospung des Muttertieres* **2** *bei der geschlechtl. Vermehrung das früheste Embryonalstadium vor dem Beginn der Organbildung* [<grch. *blastos* »Spross, Keim + *Genese*]

Blas|tom ⟨n.; -s, -e⟩ *Neubildung von Gewebe, Geschwulst* [<grch. *blastos* »Spross, Keim«]

Blas|to|me|re ⟨f.; -, -n⟩ *Furchungszelle im ersten Entwicklungsstadium einer Blastula* [<grch. *blastos* »Spross, Keim« + *...mer*]

Blas|to|my|ko|se ⟨f.; -, -n⟩ *durch Sprosspilze hervorgerufene Erkrankung der Haut u. Schleimhaut* [<grch. *blastos* »Spross« + *Mykose*]

Blas|to|my|zet ⟨m.; -en, -en⟩ *Sprosspilz* [<grch. *blastos* »Spross« + *Myzel*]

Blas|to|zöl ⟨n.; -s, -e⟩ *Furchungshöhle der Blastula* [<grch. *blastos* »Spross, Keim« + *koilos* »hohl«]

Blas|to|zy|te ⟨f.; -, -n; Biol.⟩ *undifferenzierte Zelle des Lebewesens im embryonalen Stadium* [<grch. *blastos* »Spross, Keim« + mlat. *cytus* »Zelle« <grch. *kytos* »Höhlung, Urne«]

Blas|tu|la ⟨f.; -; unz.⟩ *frühe embryonale Entwicklungsstufe der mehrzelligen Tiere, Keimblase* [<grch. *blastos* »Spross, Keim«]

Bla|zer ⟨[ble:zə(r)], engl. a. [bleizə(r)] m.; -s, -⟩ *hüftlange Jacke mit aufgesetzten Taschen* [engl.]

Blea|ching ⟨[bli:tʃiŋ] n.; -s; unz.; Zahnmed.⟩ *Bleichen (der Zähne)* [engl.]

Blei|o|xid ⟨n.; -(e)s, -e⟩ *Sauerstoffverbindung des Bleis, chem. Bleioxid PbO, Ausgangsstoff zur Herstellung von Mennige;* Sy *Massicot, Lithargyrum*

Blend ⟨m. od. n.; -s, -s⟩ *Verschnitt, Mischung aus verschiedenen Sorten (von Tee, Tabak, Whiskey u.a.);* ~ed Whiskey [engl., »vermischen; Mischung«]

Blen|nor|rhö ⟨f.; -, -en⟩, **Blen|nor|rhöe** ⟨[-rø:] f.; -, -n⟩ *eitrige Schleimhautabsonderung, bes. bei Tripper* [<grch. *blenna* »Schleim« + *...rrhö*]

Ble|pha|ri|tis ⟨f.; -, -ti|den; Med.⟩ *Lidentzündung* [zu grch. *blepharon* »Augenlid«]

bles|sie|ren ⟨V.⟩ *verletzen, verwunden* [<frz. *blesser* »verwunden«]

Bles|sur ⟨f.; -, -en⟩ *das Blessiertsein, Verletzung, Verwundung* [<frz. *blessure* »Wunde, Verwundung«]

bleu ⟨[blø:] Adj.⟩ *grünlich blau* [frz., »blau«]

Bleu ⟨[blø:] n; -s; unz.⟩ *(oft blasse) grünlich blaue Farbe;* ein Kleid in ~ [frz., »Blau«]

Blind|date, ⟨auch⟩ **Blind Date** ⟨[blainddeit] n.; (-) -s, (-) -s; umg.⟩ *Treffen, Verabredung mit einer Person, die man nicht persönlich kennt (vor allem bei der Partnersuche)* [<engl. *blind* »blind« + *date* »Termin, Verabredung, Rendezvous«]

Blis|ter ⟨m.; -s, -⟩ **1** ⟨unz.⟩ *ein salbenähnliches Mittel zur Versorgung u. Therapie von Verletzungen im Beinbereich von Pferden* **2** *Produktverpackung aus (durchsichtiger) Kunststofffolie* [engl., »Blase«; zu *blister pack* »Klarsichtpackung«]

blis|tern ⟨V.⟩ *(bei Lahmheit) Pferdebeine mit einem scharfen Mittel einreiben, um eine die Durchblutung fördernde künstliche Entzündung hervorzurufen (wird auch verbotenerweise bei Springpferden angewendet, um eine größere Schmerzempfindlichkeit beim Berüh-*

ren von Hindernissen zu bewirken) [< engl. *blister* »Zugmittel auflegen«]

Bliz|zard ⟨[blizə(r)d] m.; -s, -s⟩ *Schneesturm in Nordamerika* [engl.]

Blo|cka|de ⟨f.; -, -n⟩ **1** *Absperrung eines Staatsgebiets von jegl. Zufuhr;* Hunger~ **2** ⟨Med.⟩ *Ausschaltung von Teilen des Nervensystems zu Heilzwecken* **3** ⟨Typ.⟩ *blockierte Stelle* [< ital. *bloccata;* → a. *blockieren*]

Block|bus|ter ⟨[-bʌstə(r)] m.; -s, -⟩ *Knüller, Renner, Kassenerfolg;* der Film ist ein ~ [engl.]

blo|ckie|ren ⟨V.⟩ **1** *sperren, absperren* **2** ⟨Eisenb.⟩ *durch Block sperren* **3** ⟨Typ.⟩ eine fehlende Stelle im Wort od. Satz ~ *durch auf den Kopf gestellte Typen kennzeichnen* [< frz. *bloquer* »blockieren, sperren«; → *Block*]

Block|kon|den|sa|tor ⟨m.; -s, -en⟩ *Kondensator, der aus einem blockförmig gewickelten Metallfolienband besteht*

Block|sys|tem ⟨n.; -s, -e⟩ *Sperr- u. Signalsystem zur Sicherung von Eisenbahnstrecken*

blond ⟨Adj.⟩ **1** *hell, gelblich;* ~es **Haar** **2** *hellhaarig;* ~es **Mädchen** **3** ein ~es **Gift** ⟨umg.; scherzh.⟩ *eine stark zurechtgemachte Frau mit blondiertem Haar* **4** ein (kühles) **Blondes** ⟨umg.; scherzh.⟩ *ein Glas helles Bier* [frz.]

blon|die|ren ⟨V.⟩ Haar ~ *künstlich aufhellen*

Bloo|dy Ma|ry ⟨[blʌdi mæri] f.; - -, - -s⟩ *alkoholisches Cocktailgetränk, zu dessen Bestandteilen neben Wodka u. Tomatensaft auch verschiedene Gewürze gehören* [< engl. *bloody* »blutig« + *Mary* »Maria, Marie«]

Blou|son ⟨[bluzɔ̃:] m. od. n.; -s, -s⟩ *weit geschnittene Sportjacke mit auf den Hüften eng anliegendem Bund* [frz.; zu *blouse* »Bluse«]

Blow-out, ⟨auch⟩ **Blow|out** ⟨[blouaut] m.; -s, -s⟩ *unkontrolliertes Entweichen von Erdöl oder Erdgas aus einem Bohrloch* [engl., »Ölausbruch; Schlemmerei«]

> **Blow-up / Blowup** (*Schreibung mit Bindestrich*) Abweichend von der generellen Regelung, nach der auch fremdsprachliche Komposita zusammengeschrieben werden, sind Aneinanderreihungen, die als substantivischer Infinitiv gebraucht werden, in der Regel durch Bindestrich zu trennen.
> Es steht dem Schreibenden allerdings frei, die Grundregel auch auf solche Zusammensetzungen anzuwenden (→ a. *Black-out / Blackout*).

Blow-up, ⟨auch⟩ **Blow|up** ⟨[blouʌp] n.; - od. -s, -s⟩ **1** *Aufbauschung, Vergrößerung* **2** *Vergrößerung eines Fotos od. Fernsehbildes* [engl., »Vergrößerung«]

Blue|ba|by, ⟨auch⟩ **Blue Ba|by** ⟨[blu:be:bi] n.; (-) -s, (-) -s; Med.⟩ *Neugeborenes mit angeborenem schwerem Herzfehler, das deshalb zur Blausucht neigt* [< engl. *blue* »blau« + *baby* »Neugeborenes, Säugling«]

Blue|box, ⟨auch⟩ **Blue Box** ⟨[blu:-] f.; (-) -, (-) -es [-bɔksiz:]; TV⟩ *Projektionsgerät für das Blueboxverfahren* [< engl. *blue* »blau« + *box* »Kasten, Kiste, Schachtel«]

Blue|box|ver|fah|ren ⟨[blu:-] n.; -s, -; TV⟩ *Projektionsverfahren für Aufnahmen in Fernsehstudios, bei dem ein zuvor gefilmter od. fotografierter Hintergrund auf eine blau gefärbte (heute auch andersfarbige) Spezialwand projiziert u. von dort als Hintergrund in die Aufnahmekamera weitergeleitet wird;* Sy *Bluescreenverfahren* [→ *Bluebox*]

Blue|chip, ⟨auch⟩ **Blue Chip** ⟨[blu:tʃip] m.; (-) -s, (-) -s; meist Pl.; Wirtsch.⟩ *sichere, Gewinn bringende Investition (bes. in Form von Wertpapieren)* [< engl. *blue chip* »blaue Wertmarke (beim Glücksspiel im Casino); erstklassig, sicher«]

Blue|jeans, ⟨auch⟩ **Blue Jeans** ⟨[blu:dʒi:nz] a. ['--] Pl.⟩ *blaue Drillichhosen, Jeans* [< engl. *blue* »blau« + *Jeans*]

Blue|note, ⟨auch⟩ **Blue Note** ⟨[blu:nout] f.; (-) -, (-) -s; Mus.⟩ *beim Blues der um einen Halbton erniedrigte 3. bzw. 7. Ton der Durtonleiter* [< engl. *blue* »blau« + *note* »(Musik-) Note«]

Blues ⟨[blu:z] m.; -, -; Mus.⟩ **1** *schwermütiges Tanzlied der nordamerikan. Schwarzen* **2** *daraus hervorgegangener langsamer Gesellschaftstanz im ⁴/₄-Takt* [verkürzt < engl. *blue devils* »Anfall von Schwermut«]

Blue|screen|ver|fah|ren ⟨[blu:skri:n-] n.; -s; unz.; TV⟩ = *Blueboxverfahren*

Bluff ⟨[blʌf] od. [blœf] m.; -s, -s⟩ **1** *auf Prahlerei beruhende Irreführung* **2** *durch dreistes Auftreten, Verblüffung erzielte Täuschung* [engl., »Täuschung«]

bluf|fen ⟨[blʌfən] od. [blœfən] V.⟩ *durch prahlerische Behauptungen, dreistes Auftreten, Verblüffung irreführen, täuschen* [< engl. *bluff* »täuschen«]

blü|me|rant ⟨Adj.; †; umg.⟩ *schwindlig, schwach;* mir ist, wird ganz ~ (zumute) [< frz. *bleumourant* »mattblau«, eigtl. »sterbendes Blau«]

BMX-Rad ⟨n.; -(e)s, -Rä|der⟩ *kleines, geländegängiges Sportfahrrad mit Spezialrädern, die ein grobes Profil besitzen (bes. bei Radrennen im offenen Gelände verwendet)* [verkürzt < engl. *bicycle motocross*]

Bö ⟨f.; -, -en⟩ *heftiger Windstoß;* oV *Böe;* eine Wind~; Sturm~ [< ndrl. *bui, buy(de)e*]

Boa ⟨f.; -, -s⟩ **1** *Riesenschlange* **2** ⟨umg.⟩ *langer, schmaler Damenpelz zum Umlegen* **3** *Umhang aus Straußenfedern* [lat., »Wasserschlange«]

Board ⟨[bɔ:d] n.; -s, -s⟩ **1** ⟨Wirtsch.⟩ *Führungsgremium, Aufsichtsrat einer Firma od. eines Konzerns, der über die globale Unternehmensführung entscheidet* **2** ⟨umg.; kurz für⟩ *Skateboard, Surfboard, Snowboard* **3** ⟨Sp.; Squash⟩ *Playboard, die Fehlerzone an der Frontwand;* Sy *Tin* [< engl. *board* »Brett; Ausschuss, Komitee«]

boar|den ⟨[bɔ:dən] V.; Touristik⟩ *den Sitzplatz (im Schiff, Flugzeug usw.) einnehmen;*

Passagiere ~ [< engl. *board* »den Sitzplatz einnehmen«]

Boar|ding ⟨[bɔ:diŋ] n.; -s, -s; Touristik⟩ *Vorgang des Boardens;* die Fluggäste werden zum ~ aufgerufen [engl.]

Boar|ding|house ⟨[bɔ:diŋhaus] n.; -, -s [-hauziz]⟩ *Fremdenheim, Familienpension* [engl.]

Boar|ding|school ⟨[bɔ:diŋsku:l] f.; -, -s⟩ *Schulform (insbes. in Großbritannien), bei der die Schüler ähnlich wie in einem Internat auf dem Schulgelände leben u. in Alters- u. Zimmergemeinschaften organisiert sind* [< engl. *boarding-school* »Internat«]

Boat|peo|ple, ⟨auch⟩ **Boat|peop|le** ⟨[boutpi:pl] Pl.⟩ *auf Booten beförderte Flüchtlinge (bes. aus Vietnam)* [engl., eigtl. »Bootsmenschen«]

Bọb ⟨m.; -s, -s; kurz für⟩ *Bobsleigh*

bọb|ben ⟨V.⟩ *beim Fahren mit dem Bobsleigh den Oberkörper regelmäßig u. ruckweise nach vorn bewegen, um die Geschwindigkeit zu vergrößern*

Bọb|by ⟨m.; -s, -s; volkstüml. engl. Bez. für⟩ *Polizist* [nach dem Reorganisator der engl. Polizei, Robert *(Bobby)* Peel]

Bo|bi|ne ⟨f.; -, -n⟩ **1** ⟨Web.⟩ *Garnspule* **2** ⟨Bgb.⟩ *Trommel für Förderbänder* [frz., »Spule«]

Bo|bi|nẹt ⟨n.; -s, -s⟩ *engl. Tüll* [verkürzt < engl. *bobbin* »Spule« + *net* »Netz«]

Bọb|sleigh ⟨[-slɛi] m.; -s, -s; kurz: Bob⟩ *lenkbarer Rennschlitten für 2-6 Personen* [< engl. *bob* »sich ruckweise bewegen« + *sleigh* »Schlitten«]

Bọb|tail ⟨[-tɛil] m.; -s, -s⟩ *langhaariger, zottiger, grauer Hütehund* [engl., eigtl. »gestutzter Schwanz«; zu *bob* »Quaste, Gehänge« + *tail* »Schwanz«]

Bo|cage-Land|schaft ⟨[-ka:ʒ-] f.; -; unz.⟩ *west- u. nordfranzösische Heckenlandschaft, meist beweidete Parzellen, die von Wällen u. Hecken umgeben sind* [frz., »durchschnittenes Gelände, Knicklandschaft«]

Boc|cia ⟨[bɔtʃa] n.; -s; unz. od. f.; -; unz.⟩ *ital. Rasenspiel, bei dem eine Kugel mit anderen Kugeln getroffen werden muss* [ital., »Kugel«]

Boche ⟨[bɔʃ] m.; -, -s; frz. Schimpfwort für⟩ *Deutsche(r)* [frz.; zu *alboche* < *allemoche,* umg. für *allemand* »deutsch, Deutscher« + *caboche* »großer Kopf«, *tête de boche* »Holzkopf«]

Bo|de|ga ⟨f.; -, -s⟩ **1** *span. Weinstube* **2** *Keller, Weinlager* [span., »Weinschenke« < grch. *apotheke* »Behälter«; verwandt mit *Apotheke, Budike, Bottich*]

Bo|dhi|satt|wa ⟨m.; -s, -s; Buddhismus⟩ *Heiliger, oft Nothelfer, Vorstufe zum Buddha* [Sanskrit, »für die Erleuchtung bestimmtes Wesen, zukünftiger Buddha«]

Bo|dy ⟨[bɔdi] m.; -s, -s⟩ **1** ⟨allg.; umg.⟩ *Körper, Leib, Rumpf* **2** ⟨Textilw.⟩ = *Bodysuit* [engl., »Körper«]

Bo|dy|buil|der ⟨[bɔdibil-] m.; -s, -⟩ *jmd., der Bodybuilding betreibt* [→ *Bodybuilding*]

Bo|dy|buil|ding ⟨[bɔdibil-] n.; - od. -s; unz.⟩ *körperl. Training zur Ausbildung guter Körperformen* [engl., »Körperaufbau«]

Bo|dy|care ⟨[bɔdikɛ:(r)] f.; -; unz.⟩ *Körperpflege* [engl.]

Bo|dy|check ⟨[bɔditʃɛk] n.; -s; unz.; Sp.; Eishockey⟩ *zulässiges Anrempeln des Gegners mit dem am eig. Körper angelegten Arm* [< engl. *body* »Körper« + *check* »anhalten, zum Stillstand bringen«]

Bo|dy|dou|ble, ⟨auch⟩ **Bo|dy|doub|le** ⟨[bɔdidu:bl] n.; -s, -s; Film⟩ *Darsteller, der den Star eines Films in Szenen, in denen lediglich der Körper zu sehen ist (insbes. Sexszenen), vertritt* [< *Body(1)* + *Double*]

Bo|dy|guard ⟨[bɔdiga:d] m.; -s, -s⟩ *Beschützer, Leibwächter (einer möglichen Gewalttaten ausgesetzten Persönlichkeit)* [< engl. *body* »Körper« + *guard* »beschützen«]

Bo|dy|lo|ti|on ⟨[bɔdi-] f.; -, -en; od. engl. [bɔdilouʃn] f.; -, -s⟩ *flüssiges, pflegendes Kosmetikum für den Körper* [< engl. *body* »Körper« + *lotion* »Gesichtswasser«]

Bo|dy|pain|ting ⟨[bɔdipɛintiŋ] n.; -s; unz.⟩ *(Aktions-)Kunstrichtung, in der der menschliche Körper bemalt wird* [engl., »Körperbemalung«]

Bo|dy|sty|ling ⟨[bɔdistailiŋ] n.; -s; unz.⟩ *gymnastisch-sportliches Training, das vor allem der Straffung der Muskulatur u. der Erhaltung des Äußeren dient* [< *Body(1)* + *Styling*]

Bo|dy|suit ⟨[bɔdisju:t] m.; - od. -s, -s; Textilw.⟩ *eng am Körper anliegende, einteilige Unterbekleidung für Frauen u. Mädchen, die den Rumpf bedeckt, meist aus Baumwolle;* Sy *Body(2)* [< engl. *body* »Körper« + *suit* »Anzug, Kostüm«]

Bö̲e ⟨f.; -, -n⟩ = *Bö*

Bœuf Strọ|ga|noff ⟨[bœf-] n.; - -, - -; Kochk.⟩ *geschnetzeltes, gut gewürztes Rinderfilet in einer mit saurer Sahne abgeschmeckten Soße* [< frz. *bœuf* »Rind«; nach dem Grafen Sergej Grigorjewitsch *Stroganow,* der einem russ. Kaufmannsgeschlecht entstammte, das im 16. Jh. im Ural herrschte]

Bo|gey ⟨[bougi] m.; -s, -s; Sp.; Golf⟩ *Loch, das mit einem Schlag mehr als festgelegt gespielt wird* [engl.]

Bọg|head|koh|le ⟨[-hɛd-] f.; -; unz.⟩ *dunkelbraune Abart der Braunkohle* [nach dem Fundort *Boghead* in Schottland]

Bo|heme ⟨[boɛ:m] f.; -; unz.⟩ *unbürgerl. Welt od. ungebundenes Leben der Studierenden u. Künstler* [< frz. *bohème* »Künstlerwelt, Künstlerleben«; zu *Bohème* »Böhme; Zigeuner«]

Bo|he|mi|en ⟨[boemjɛ̃:] m.; -s, -s⟩ *Angehöriger der Boheme, jmd., der in der Art der Boheme lebt* [zu frz. *bohémien* »böhmisch; zigeunerisch«]

Bo̲i ⟨m.; -s, -s⟩ *Woll- od. Baumwollflanell;* oV *Boy* [< frz. *boi* »Wollstoffart« (die früher in Amiens hergestellt wurde)]

bö̲|ig ⟨Adj.⟩ **1** *in Böen wehend;* ~er Wind **2** *mit Böen einhergehend;* ~es Wetter [→ *Bö*]

Boi|ler ⟨m.; -s, -⟩ *elektr. Warmwasserbereiter* [engl., »Kessel«; zu *boil* »kochen« (Wasser)]
boi|sie|ren ⟨[boa-] V.⟩ *mit Holz verkleiden, täfeln* [<frz. *boiser* »täfeln«]
Bo|jar ⟨m.; -en, -en⟩ *Angehöriger des hohen Adels im alten Russland, Ratgeber der Großfürsten u. Zaren* [<russ. *bojarin* »vornehmer Herr«]
Bo|je ⟨f.; -, -n⟩ *verankerter Schwimmkörper, Seezeichen* [<mndrl. *bo(e)ye* <afrz. *boye* <niederfränk. **bokan* »Zeichen« <germ. **baukna-;* verwandt mit *Bake*]
Bok|mål ⟨[-mɔːl] n.; - od. -s; unz.⟩ = *Riksmål* [norweg., »Buchsprache«]
Bol ⟨m.; -(e)s, -e⟩ = *Bolus(1)*
Bo|la ⟨f.; -, -s⟩ *südamerikan. Schleuderwaffe* [span., »Kugel«]
Bo|le|ro ⟨m.; -s, -s⟩ **1** ⟨Mus.⟩ *mäßig schneller span. Tanz im 3/4-Takt* **1.1** *Orchesterstück von M. Ravel* **2** ⟨['---] schweiz.⟩ *kurzes Damenjäckchen* [span., <*bola* »Kugel; Lüge; Fantasie« <frz. *boule* »Kugel« <lat. *bulla* »Blase«]
Bo|le|tus ⟨m.; -, -ti⟩ *Pilz der Gattung der Röhrlinge,* z.B. Steinpilz [<lat. *boletus* »Pilz«]
Bo|lid ⟨m.; -s od. -en, -e od. -en⟩ **1** *großer, heller Meteor, Feuerball, Feuerkugel* **2** *schwerer Rennwagen;* oV *Bolide* [<grch. *bolis* »Geschoss«]
Bo|li|de ⟨m.; -n, -n⟩ = *Bolid(2)*
Bo|li|var ⟨[-var] m.; -s, -⟩ *Währungseinheit in Venezuela, 100 Centimos* [nach dem südamerikanischen Nationalhelden Simón *Bolívar,* 1783–1830]
Bo|li|vi|a|no ⟨[-vi-] m.; - od. -s, - od. -s⟩ *Währungseinheit in Bolivien, 100 Centavos*
Bol|lan|dist ⟨m.; -en, -en⟩ *Mitarbeiter u. Nachfolger des Jesuiten Johann Bolland (1596–1665), des Herausgebers von Heiligenlegenden*
Bol|let|te ⟨f.; -, -n; österr.⟩ *amtl. Bescheinigung* [<ital. *boletta;* zu *bollo* »Siegel«; verwandt mit *Bulle*]
Bo|lo|gne|se, ⟨auch⟩ **Bo|log|ne|se** ⟨[bɔlɔnjeːzə] m.; -n, -n⟩ **1** *Zwerghunderasse* **2** Spaghetti ~ ⟨Pl.⟩ *Spaghetti mit einer Hackfleischsoße mit Tomaten* [nach der ital. Stadt *Bologna*]
Bo|lo|me|ter ⟨n.; -s, -⟩ *Gerät zum Messen von Strahlungsenergie* [<grch. *bole* »Wurf, Strahl« + *...meter*]
bo|lo|me|trisch, ⟨auch⟩ **bo|lo|met|risch** ⟨Adj.⟩ *mittels eines Bolometers*
Bol|sche|wik ⟨m.; -en, -en⟩ **1** ⟨1917–1952⟩ *Angehöriger der Kommunist. Partei der Sowjetunion;* oV *Bolschewist* **2** ⟨abwertend für⟩ *Kommunist* [<russ. *bolšinstwo* »Mehrheit«]
bol|sche|wi|kisch ⟨Adj.⟩ = *bolschewistisch*
bol|sche|wi|sie|ren ⟨V.⟩ *den Bolschewismus einführen*
Bol|sche|wis|mus ⟨m.; -; unz.⟩ *auf der leninschen Auslegung des Marxismus beruhende Doktrin der Kommunist. Partei der Sowjetunion;* Ggs *Menschewismus*
Bol|sche|wist ⟨m.; -en, -en⟩ = *Bolschewik(1)*
bol|sche|wis|tisch ⟨Adj.⟩ *den Bolschewismus betreffend, zu ihm gehörig, auf ihm beruhend;* Sy *bolschewikisch*
Bo|lus ⟨m.; -, Bo|li⟩ **1** ⟨unz.⟩ *fette, rotbraungelbe Tonerde;* oV *Bol* **2** ⟨Med.; zählb.⟩ *Bissen, der durch meist längeres Kauen schluckgerecht geformt wird* **3** ⟨Pharm.; zählb.⟩ *Pille von überdurchschnittlicher Größe* [<grch. *bolos* »Klumpen«]
Bo|lus|in|jek|ti|on ⟨f.; -, -en; Pharm.⟩ *intravenöse Schnellinjektion*
Bo|lus|tod ⟨m.; -es; unz.⟩ *Schocktod durch Ersticken aufgrund eines verschluckten Fremdkörpers* [→ *Bolus(2)*]
Bom|ba|ge ⟨[-ʒə] f.; -, -n⟩ **1** *Aufwölbung der Deckel von Konservendosen infolge Zersetzung des Inhalts* **2** *Umbördeln von Blech* [→ *bombieren*]
Bom|bar|de ⟨f.; -, -n⟩ **1** *altes Steinschleudergeschütz* **2** ⟨Mus.⟩ *tiefes Orgelregister* **3** ⟨Mus.⟩ *der Schalmei ähnl. Holzblasinstrument;* Sy *Pommer* [frz. <ital. *bombarda* »Bassbrummer«]
Bom|bar|de|ment ⟨[-mãː] n.; -s, -s⟩ *Beschießung mit schweren Waffen od. Abwurf von Bomben* [frz.]
bom|bar|die|ren ⟨V.⟩ **1** *mit Bomben angreifen, belegen* **2** ⟨umg.; scherzh.⟩ *bewerfen* **3** ⟨fig.⟩ *bedrängen;* jmdn. mit Fragen, Vorwürfen ~ [<frz. *bombarder* »beschießen, bombardieren«; zu *bombarde* »Donnerbüchse«]
Bom|bar|don ⟨[-dɔ̃ː] n.; -s, -s; Mus.⟩ *Blechblasinstrument, Vorläufer der Basstuba* [<ital. *bombarda* »Bassbrummer«]
Bom|ba|sin ⟨m.; -s, -e⟩ *Gewebe aus Halbseide* [<frz. *bombasin* <lat. *bombacium* <grch. *bombyx* <pers. *panba* »Baumwolle«]
Bom|bast ⟨m.; -es; unz.⟩ **1** ⟨urspr.⟩ *Baumwollstoff zum Aufbauschen der Kleider* **2** *Schwulst (des Rede- od. Schreibstils), Wortschwall* **3** *Prunk, Überladenheit* [engl., »Wortschwall, Schwulst«; → *Bombasin*]
bom|bas|tisch ⟨Adj.⟩ **1** *mit viel Bombast, schwülstig, hochtrabend* **2** *prunkvoll, überladen;* eine ~e Feier
Bom|be ⟨f.; -, -n⟩ **1** *mit Sprengstoff gefüllter, geschlossener Metallbehälter mit Zünder;* Brand~; Spreng~; ~n abwerfen, zünden; eine ~ platzt, schlägt ein, detoniert; eine Stadt mit ~n belegen *bombardieren* **2** ⟨fig.⟩ *runder Gegenstand;* Eis~ **3** *unerhörtes, unerwartetes Ereignis;* die Nachricht schlug wie eine ~ ein; die ~ ist geplatzt, ging hoch ⟨a. fig.⟩ *es hat einen Skandal gegeben; die Wahrheit ist ans Licht gekommen;* ~n und Granaten! ⟨†; umg.⟩ *das ist erstaunlich!* [frz. <ital. *bomba* <lat. *bombus* »dumpfes Geräusch«]
bom|bie|ren ⟨V.⟩ **1** *wölben, umbördeln;* Blech ~ **2** *sich wölben, auftreiben;* Konservendosen ~ [<frz. *bomber* »wölben, ausbauchen«]
bon ⟨[bɔ̃ː] Adj.⟩ *gut, wohl* [frz.]
Bon ⟨[bɔ̃ː] od. [bɔŋ] m.; -s, -s⟩ **1** *Gutschein* **2** *Kassenzettel* [frz., »gut; Gutschein«]

bo|na fi|de ⟨Adv.⟩ *guten Glaubens, auf Treu u. Glaube* [lat., »in gutem Glauben«]
Bo|na|par|tis|mus ⟨m.; -; unz.⟩ *polit. Richtung in Frankreich, die für die Wiedereinsetzung des Hauses Bonaparte eintrat*
Bo|na|par|tist ⟨m.; -en, -en⟩ *Anhänger des Bonapartismus*
Bon|bon ⟨[bɔ̃bɔ̃:] od. [bɔŋbɔŋ] n. od. m.; -s, -s⟩ *kleines Zuckerzeug, Zuckerware* [frz.; zu *bon* »gut«]
Bon|bo|ni|e|re ⟨[bɔ̃bɔnjɛ:rə] f.; -, -n⟩ = *Bonbonniere*
Bon|bon|ni|e|re ⟨[bɔ̃bɔnjɛ:rə] f.; -, -n⟩ *Geschenkpackung mit Pralinen;* oV *Bonboniere* [frz.]
Bond ⟨m.; -s, -s⟩ *engl. u. amerikan. verzinsl. Schuldverschreibung* [engl., »Schuldverschreibung«]
Bon|dage ⟨[bɔndidʒ] f.; -; unz.⟩ *sadomasochistische Sexualpraktik, bei der ein Partner durch Stricke o.Ä. gefesselt u. in seiner Bewegungsfreiheit stark eingeschränkt wird* [< engl. *bondage* »Fesselung; Leibeigenschaft«]
Bon|der ⟨m.; -, -⟩ *Phosphorsäurelösung zur Behandlung von Rostflecken auf Metalloberflächen*
bon|dern ⟨V.⟩ *mit einem Bonder behandeln*
Bonds|ra|te ⟨f.; -, -n⟩ *Kapitalmarktzins;* Ggs *Diskontrate, Diskontsatz*
bon|gen ⟨V.; umg.⟩ **1** *einen Bon an der Registrierkasse ausstellen (bes. in Gastwirtschaften);* Sy *bonieren* **2** *festmachen, verabreden;* das ist gebongt ⟨umg.⟩ *das geht in Ordnung* [→ *Bon*]
Bon|go ⟨[bɔŋgo] n.; -s, -s od. f; -, -s; Mus.⟩ *kuban. Trommel im Jazzorchester, paarweise verwendet, mit den Fingern geschlagen* [span. (kuban.)]
Bon|go|si, Bon|gos|si ⟨n.; -s; unz.⟩ *dunkelbraunes, sehr schweres Laubholz aus Afrika*
Bon|heur ⟨[bɔnø:r] m.; -s; unz.⟩ *Glück, Zufall;* →a. *à la bonne heure* [frz., »Glück«]
Bon|ho|mie ⟨[bɔnɔmi:] f.; -; unz.⟩ *Gutmütigkeit, Einfalt, Biederkeit* [frz.]
Bon|homme ⟨[bɔnɔm] m.; -s, -s⟩ *gutmütiger, einfältiger Mensch, Biedermann* [frz.]
bo|nie|ren ⟨V.⟩ = *bongen(1)* [→ *Bon*]
Bo|ni|fi|ka|ti|on ⟨f.; -, -en⟩ **1** *Entschädigung, Vergütung* **1.1** ⟨bes. Kaufmannsspr.⟩ *Entschädigung für unbrauchbare Ware* **2** *Rückvergütung von Einfuhrzöllen u. Steuerrückerstattung bei Ausfuhrgeschäften* [< frz. *bonification* »Vergütung«]
bo|ni|fi|zie|ren ⟨V.⟩ *vergüten, entschädigen* [< frz. *bonifier* »vergüten«]
Bo|ni|tät ⟨f.; -, -en⟩ **1** ⟨allg.⟩ *Güte, innerer Wert* **2** ⟨Forstw.⟩ *Bodengüte* **3** ⟨Kaufmannsspr.⟩ *Zahlungsfähigkeit, Sicherheit* **4** *kaufmänn. Ruf* [< lat. *bonitas* »gute Beschaffenheit einer Sache, Güte«]
bo|ni|tie|ren ⟨V.⟩ *veranschlagen, schätzen;* Grundstücke, die Bodenqualität ~ [→ *Bonität*]
Bo|ni|tie|rung ⟨f.; -, en⟩ **1** ⟨allg.⟩ *das Bonitieren* **2** ⟨Bot.⟩ *Beobachtung u. Beurteilung der Pflanzen in einem Zuchtgarten als Grundlage für die Auslese von Einzelpflanzen, aus denen neue Sorten entstehen* [→ *Bonität*]
Bo|ni|to ⟨m.; -s, -s⟩ *ungenießbare Thunfischart: Thynnus pelamys* [< span. *bonito* < arab. *bainit*]
Bon|mot ⟨[bɔ̃mo:] n.; -s, -s⟩ *treffende geistreiche Wendung, witzige Bemerkung* [< frz. *bon mot* »Witz«]
Bon|ne ⟨f.; -, -n; früher Bez. für⟩ *Amme, Kindermädchen, Erzieherin* [frz.]
Bon|ne|te|rie ⟨f.; -, -n; schweiz.⟩ *Kurzwarenhandlung* [frz., »Trikotagen(industrie)«]
Bon|sai ⟨m.; -, -s⟩ *durch Verschneiden der Wurzeln und Zweige künstlich klein gehaltener Baum, japan. Zwergbaum* [jap., »Baum im Topf«]
Bo|nus ⟨m.; - od. -ses, - od. -se od. -ni⟩ **1** *zusätzl. Gewinnanteil* **2** *Sondervergütung, z.B. an Groß- od. Dauerabnehmer als zusätzl. Rabatt* **3** *staatl. Prämien für förderungswürdige Geschäfte;* Export~ **4** *aufwertender Zuschlag auf Zensuren;* Ggs *Malus* [lat., »gut«]
Bon|vi|vant ⟨[bɔ̃vivã:] m.; -s, -s⟩ **1** *Lebemann* **2** ⟨Theat.⟩ *Rollenfach des eleganten Salonhelden* [< frz. *bon* »gut« + *vivre* »leben«]
Bon|ze ⟨m.; -n, -n⟩ **1** *lamaist. Priester, Mönch* **2** ⟨fig.; umg.; abwertend⟩ *engstirniger, überheblicher, einflussreicher Funktionär;* Partei~; Gewerkschafts~ [< jap. *bonso* »buddhist. Priester«]
Bon|zo|kra|tie ⟨f.; -, -n; abwertend⟩ *Bonzenherrschaft* [< *Bonze* + *…kratie*]
Boof|ke ⟨m.; -s, -s⟩ *Tölpel, Dummkopf* [vermutl. Vermischung < talmud. *bafel* »minderwertige Ware« u. nhd. *bofel* »minderwertig« (Nebenform zu *Pöbel*) + nddt. *…ke*]
Boo|gie-Woo|gie ⟨[bugiwugi] m.; - od. -s, -s⟩ *nordamerikan. Swingtanz, dessen Melodie im Bass wiederholt wird* [< engl. (amerik. Slang) *boogie* »Schwarzendarsteller« + (dazu durch Reim gebildetes) *woogie*]
Book|let ⟨[buklit] n.; -s, -s⟩ *Broschüre, Büchlein* [engl.]
boole|sche Al|ge|bra, ⟨auch⟩ **Boole'sche Al|geb|ra** ⟨[bu:l-] f.; -n -; unz.; Math.; Kyb.⟩ *zum Zweck logischer Untersuchungen entwickelte abstrakte, formale Algebra* [nach dem englischen Mathematiker George *Boole,* 1815–1864]
Boom ⟨[bu:m] m.; -s, -s; Kaufmannspr.⟩ *plötzl. kurzer wirtschaftl. Aufschwung;* Rüstungs~ [engl., »Hochkonjunktur«]
boo|men ⟨[bu:-] V.; umg.⟩ *einen plötzlichen Aufschwung erleben, florieren;* das Geschäft boomt [→ *Boom*]
Boom|town ⟨[bu:mtaun] f.; -, -s; Wirtsch.⟩ *Stadt, die (z.B. durch Ansiedelung neuer Industrien) innerhalb einer vergleichsweise kurzen Zeitspanne einen starken wirtschaftlichen Aufschwung nimmt, z.B. viele Handelsmetropolen Asiens wie Singapur, Kuala Lumpur, Shanghai od. Bangkok* [< engl. *boom* »Aufschwung,

Hochkonjunktur« + *town* »Stadt« u. *boom town* »Goldgräberstadt«]

Boos|ter ⟨[bu:s-] m.; -s, -⟩, **Boos|ter|an|trieb** ⟨m.; -(e)s, -e⟩ **1** ⟨allg.⟩ *Zusatzteil, das leistungsverstärkend wirkt* **2** *Erststufe von mehrstufigen Raketen* [< engl. *booster* »Zusatzgerät, Verstärker«]

Boos|ter|di|o|de ⟨[bu:s-] f.; -, -n; Tech.⟩ *eine Diode im Hochspannungsteil eines Fernsehempfängers, mit der ein Teil der Energie bei der Erzeugung des horizontalen Ablenkstromes zurückgewonnen wird* [< *Booster(1)* + *Diode*]

Boos|ter|ef|fekt ⟨[bu:s-] m.; -(e)s, -e; Med.⟩ *gesteigerte Bildung von Antikörpern im Blut durch wiederholte Einwirkung des gleichen spezifischen Antigens auf den menschlichen Organismus, z.B. bei einer Zweitimpfung gegen Tetanus* [< *Booster(1)* + *Effekt(2)*]

boo|ten ⟨[bu:tən] V.; EDV⟩ *einen Computer mittels der Resettaste od. unter Zuhilfenahme eines weiteren Laufwerks (z.B. Diskettenlaufwerk) erneut starten* [< engl. *boot;* eigtl. »jmd. od. etw. einen Tritt versetzen«]

Boot|leg ⟨[bu:t-] m.; - od. -s, -s; Mus.⟩ *ein verbotenerweise aufgezeichneter Mitschnitt eines Rock- od. Popkonzerts, der auf dem Schwarzmarkt vertrieben wird* [zu engl. *bootleg* »schwarz gebrannt; schwarz mitgeschnitten«]

Boot|leg|ger ⟨[bu:t-] m.; -s, -; amerik. Bez. für⟩ **1** *Alkoholschmuggler* **2** *jmd., der illegal Schnaps brennt (insbes. zur Zeit der Prohibition)* [engl., »Schwarzhändler«]

Boots ⟨[bu:ts] Pl.⟩ *über die Knöchel reichende Schuhe zum Schnüren* [engl., »Stiefel«]

Boot|strap|ping ⟨[bu:tstræpiŋ] n.; -s, -s; EDV⟩ *Computerstart(programm), bei dem der Betriebssystemkern mit Hilfe des Urladers in den Hauptspeicher des Rechners geladen wird* [< engl. *boot* »laden, urladen« + *strapp(ing),* eigtl. »festschnallen; stramm«]

Bọp ⟨m.; -s, -s; kurz für⟩ *Bebop*

Bor ⟨n.; -s; unz.; chem. Zeichen: B⟩ *chem. Element mit der Ordnungszahl 5, schwärzlich graues, sehr hartes Nichtmetall, kommt in der Natur nur in Verbindungen vor* [< frühnhd. *borros* < spätmhd. *buras* < mlat. *boray;* → *Borax*]

Bo|ra ⟨f.; -, -s⟩ *ein kalter Fallwind, bes. an der Nordostküste der Adria* [vermutl. < slaw. *burja* »Sturm«; verwandt mit grch.-lat. *boreas* »Nordostwind«]

Bo|ra|go ⟨m.; -s; unz.⟩ = *Borretsch*

Bo|ra|ne ⟨Pl.⟩ *Wasserstoffverbindungen des Bors, die höhermolekularen Borane werden als Raketentreibstoff verwendet*

Bo|rat ⟨n.; -(e)s, -e⟩ *Salz der Borsäure*

Bo|rax ⟨n.; -es; unz.⟩ *Natriumsalz der Borsäure* [mlat. < arab. *burak* < pers. *burah* »borsaures Natron«]

Bo|ra|zit ⟨m.; -s, -e⟩ *farbloses od. bläulich, grünlich, gelblich glasglänzendes Mineral* [→ *Bor, Borax*]

Bọrd[1] ⟨m.; -(e)s, -e⟩ **1** ⟨allg.⟩ *Deckplatte, Seitenplatte* **1.1** *Rand, Einfassung* **1.2** *oberster Rand des Schiffes* **2** ⟨Her.⟩ *Schildrand* [< ahd. *bort,* engl. *board;* vielleicht verwandt mit *Bord*[2]]

Bọrd[2] ⟨n.; -(e)s, -e⟩ *Gestell, Regal, Brett;* Bücher~; Wand~ [< nddt. *b(o)ord,* engl. *board;* vielleicht verwandt mit *Bord*[1]]

Bọrd|case ⟨[-kɛis] n.; -, - od. -s [-siz]⟩ *kleiner, flacher Koffer (als Handgepäck im Flugzeug)* [< *Bord*[1] + engl. *case* »Kasten, Behälter«]

Bọrd|com|pu|ter ⟨[-pju:-] m.; -s, -⟩ *Computeranlage auf Schiffen, in Autos, Flugzeugen u. Raumfähren zur Datenauswertung u. -anzeige*

bor|deaux ⟨[bɔrdo:] Adj.; undekl.⟩ = *bordeauxrot*

Bor|deaux ⟨[bɔrdo:] m.; -, -⟩ **1** *Rotwein aus der Umgebung der frz. Stadt Bordeaux* **2** ⟨n.; -; unz.⟩ = *Bordeauxrot*

bor|deaux|rot ⟨[bɔrdo:-] Adj.⟩ *weinrot, dunkelrot;* Sy *bordeaux*

Bor|deaux|rot ⟨[bɔrdo:-] n.; -s, - od. -s⟩ *bordeauxrote Farbe;* Sy *Bordeaux(2)*

Bor|dẹll ⟨n.; -s, -e⟩ *Einrichtung zur Ausübung der Prostitution, Freudenhaus* [< frz. *bordel,* urspr. »Hütte« < mlat. *bordellum;* zu mhd. *bort* »Brett«]

Bor|de|reau ⟨[bɔrdəro:] m. od. n.; -s, -s⟩ *Verzeichnis, Liste eingereichter Wechsel od. Wertpapiere* [frz., »Verzeichnis«]

Bor|der|line ⟨[bɔ:də(r)lain] f.; -, -s; Med.⟩ **1** ⟨kurz für⟩ *Borderlinesyndrom* **2** *Gewebe an der Grenze zum Bösartigen* [engl., »Grenze, Grenzlinie«]

Bor|der|line|syn|drom ⟨[bɔ:də(r)lain-] n.; -s, -e; Med.⟩ *eine psychische Erkrankung mit (alternierenden) neurotischen u. psychotischen Symptomen*

Bọr|der|preis ⟨m.; -es, -e; Wirtsch.⟩ *Preis (für Erdgas) bis zur Grenze des Abnehmerstaates* [< engl. *border* »Grenze«]

Bor|di|a|mant ⟨m.; -en, -en⟩ *eine Bor-Aluminium-Kohlenstoff-Verbindung, die annähernd dieselbe Härte u. den gleichen Glanz aufweist wie ein echter Diamant*

bor|die|ren ⟨V.⟩ *mit Borte besetzen, einfassen;* oV ⟨selten⟩ *bortieren* [< frz. *border* »den Rand besetzen, einfassen« < altfränk. **bord* »Rand«]

Bor|dun ⟨m.; -s, -e; Mus.⟩ **1** *Orgelpunkt (lang ausgehaltener Basston, über dem sich die übrigen Stimmen bewegen)* **2** *tiefes Orgelregister* [< lat. *bordunus*]

Bor|dü|re ⟨f.; -, -n⟩ **1** *Einfassung, Besatz (für Kleider)* **2** *den Rand betonende Musterung (bei Geweben)* **3** *umrahmendes Ornament (eines Bildes)* [< frz. *bordure* »Rand, Saum«; → *bordieren*]

Bo|re ⟨f.; -, -n; Geogr.⟩ *eine Gezeitenwelle, die in trichterförmigen Flussmündungen zu einer Brandungswelle umgeformt wird, z. B. in den engl. Flüssen Severn u. Trent sowie in den frz. Flüssen Seine u. Gironde u. bes. im indischen Ganges* [ind., »Sprungwelle«]

bo|re|al ⟨Adj.⟩ *nördlich, kalt-gemäßigt* [→ *Boreas*]
Bo|re|al ⟨n.; -s; unz.⟩, **Bo|re|al|zeit** ⟨f.; -; unz.⟩ *erste Wärmeperiode nach der Eiszeit*
Bo|re|as ⟨m.; -; unz.⟩ *kalter Nordwind* [grch.-lat., »Nordostwind, Nordwind«]
Bo|retsch ⟨m.; -es; unz.⟩ = *Borretsch*
Bor|gis ⟨f.; -; unz.⟩ *ein Schriftgrad (9 Punkt)* [< frz. *bourgeois* »Bürger«]
Bo|rid ⟨n.; -s, -e; Chem.⟩ *Verbindung aus Bor u. einem Metall, Einlagerungsverbindung* [→ *Bor*]
Bor|ne|ol ⟨n.; -s; unz.⟩ *Alkohol mit kampfer- u. pfefferminzähnlichem Duft, der in den Ölen spezieller Bäume auf Borneo enthalten ist* [nach der Sundainsel *Borneo*]
bor|niert ⟨Adj.⟩ *geistig beschränkt, engstirnig* [< frz. *borné* »beschränkt«]
Bor|re|li|en ⟨Pl.; Med.⟩ *Gattung von gramnegativen Spiralmikroben, die aktiv flexibel sind* [nach dem frz. Bakteriologen Amédée *Borrel*, 1867–1936]
Bor|re|li|o|se ⟨f.; -, -n; Med.⟩ *von Borrelien hervorgerufene Infektionskrankheit, die besonders durch Läuse od. Zecken übertragen wird, Rückfallfieber*
Bor|retsch ⟨m.; -es; unz.⟩ *als Salatgewürz verwendete Gartenpflanze mit kurzröhriger, radförmiger od. breitglockenförmiger, von den Staubblättern überragter Blumenkrone;* Gemeiner ~: *Borrago officinalis;* oV *Boretsch;* Sy *Borago* [< frz. *bourrache* < mlat. *borago* < arab. *abu'araq* »Vater des Schweißes«; → *Arrak*]
Bor|sa|li|no ⟨m.; -s, -s⟩ *breitkrempiger Herrenhut aus Filz* [nach dem ital. Fabrikanten Teresio *Borsalino*, 1867-1939]
Bor|säu|re ⟨f.; -, -n⟩ *wässerige Lösung von Bortrioxid, chem. Formel H_3BO_3, eine schwache Säure, natürl. Vorkommen in vielen vulkan. Quellen, als mildes Antiseptikum in Form von Borsalbe od. Borwasser u. zur Lebensmittelkonservierung verwendet*
Borschtsch ⟨m.; -; unz.⟩ *russische Kohlsuppe mit Fleisch, roten Rüben u.a.* [russ., »Roterübensuppe« sowie Bez. für die Pflanze »Bärenklau«]
Bör|se ⟨f.; -, -n⟩ **1** *Geldbeutel, Geldtäschchen;* Geld~ **2** ⟨Kaufmannsspr.⟩ *regelmäßige Zusammenkunft von Händlern bestimmter Warengattungen od. Effekten zu Geschäftsabschlüssen;* Waren~; Wertpapier~ **3** *Gebäude hierfür* [< mlat. *bursa* »Geldbeutel«; zu grch. *byrsa* »Leder«]
Bör|si|a|ner ⟨m.; -s, -⟩ *jmd., der an der Börse spekuliert*
Bo|rus|sia ⟨f.; -; unz.⟩ *Frauengestalt als Versinnbildlichung Preußens (oft auch Namenspatronin für Vereine)* [lat., »Preußen«]
Bo|sat|su ⟨m.; -; unz.⟩ *japanischer Titel buddhistischer Heiliger, entspricht dem Titel Bodhisattwa* [Sanskrit]
Bos|kett ⟨n.; -s, -e⟩ *Parkwäldchen, Buschwäldchen* [< ital. *boschetto*, Verkleinerungsform zu *bosco* »Wald« < ahd. *busc* »Busch«]
Bos|kop ⟨m.; -s, -⟩ *eine Apfelsorte* [nach dem ndrl. Ort *Boskoop*]
Bo|so|nen ⟨Pl.⟩ *Gruppe von Elementarteilchen mit ganzzahligem Spin* [nach dem ind. Physiker S.N. *Bose*]
Boss ⟨m.; -es, -e⟩ **1** *Arbeitgeber, Chef* **2** *Parteiführer* **3** *Anführer einer Bande* [< engl. *boss* »Meister, Arbeitgeber, Vorgesetzter« < ndrl. *baas* »Herr, Meister«]
Bos|sa No|va ⟨[-va] m.; - -, - -s⟩ *lateinamerikan. Modetanz* [port., eigtl. »neue Neigung, neue Tendenz«]
bos|se|lie|ren ⟨V.⟩ = *bossieren*
bos|sie|ren ⟨V.⟩ oV *bosselieren* **1** Stein ~ *grob behauen, meißeln* **2** weiches Material ~ *formen* [< frz. *bosseler* »Reliefarbeit machen«; zu *bosse* »Beule, Reliefarbeit«; < altfränk. **botan* »(aus)schlagen, sprießen«]
Bos|sie|rer ⟨m.; -s, -⟩ *Former (von weichem Material)*
Bos|sier|wachs ⟨n.; -es, -e⟩ *Wachs zum Modellieren*
Bos|ton ⟨n.; -s; unz.⟩ **1** *Kartenspiel unter 4 Spielern (mit 104 Whistkarten)* **2** ⟨m.; -s, -s⟩ *langsamer amerikanischer Walzer* [nach der Stadt *Boston*, Hauptstadt des Staates Massachusetts, USA]
Bo|ta|nik ⟨f.; -; unz.⟩ *Pflanzenkunde* [< grch. *botane* »Kraut, Gewächs«]
Bo|ta|ni|ker ⟨m.; -s, -⟩ *Pflanzenkundler, -forscher*
bo|ta|nisch ⟨Adj.⟩ *die Botanik betreffend, zu ihr gehörig;* ~er Garten *G., in dem Pflanzen aus allen Erdteilen gezogen u. zu Unterrichtszwecken verwendet werden;* ~es Institut *Pflanzenforschungsstelle*
bo|ta|ni|sie|ren ⟨V.⟩ *Pflanzen sammeln* [zu grch. *botane* »Kraut, Gewächs«]
Bo|tel ⟨n.; -s, -s⟩ *zum Hotel ausgebautes Schiff* [verkürzt < *Bo*ot + Ho*tel*]
Bo|try|o|my|ko|se, ⟨auch⟩ **Bot|ry|o|my|ko|se** ⟨f.; -, -n⟩ *Traubenpilzkrankheit* [< grch. *botrys* »Traube« + *Mykose* < grch. *mykes* »Pilz«]
Bot|te|lier ⟨[-liːr] m.; -s, -s; Mar.⟩ *Verwalter der Verpflegungsvorräte auf einem Schiff;* oV *Bottler* [ndrl. < frz. *bouteillier* »Kellermeister«; → *Bouteille, Butler*]
Bot|tle|neck, ⟨auch⟩ **Bott|le|neck** ⟨[bɔtlnɛk] m.; -s, -s; Mus.; bes. Reggae⟩ *Form des Gitarrespiels, bei der ein Metall- od. Hartplastikhut über einen Finger der Griffhand gestülpt u. an den Saiten entlang geführt wird, wodurch ein anhaltender, hoher Ton (ähnlich dem einer „singenden Säge") erzeugt wird* [< engl. *bottleneck* »Flaschenhals«, weil urspr. abgebrochene Flaschenhälse für diese Art des Gitarrespiels verwendet wurden]
Bot|tle|par|ty, ⟨auch⟩ **Bott|le|par|ty** ⟨[bɔtl-] f.; -, -s⟩ *Party, zu der die Gäste ihre Getränke selbst mitbringen müssen* [< engl. *bottle* »Flasche« + *Party*]
Bott|ler ⟨m.; -s, -⟩ = *Bottelier*

Bo|tu|lis|mus ⟨m.; -; unz.⟩ *Fleisch-, Wurstvergiftung* [< lat. *botulus* »Wurst«]

Bou|clé, ⟨auch⟩ **Bouc|lé** ⟨[bukle:] n.; -s, -s⟩ oV *Buklee* **1** *frotteeartiges Garn mit Knoten u. Schlingen* **2** ⟨m.; -s, -s⟩ *daraus hergestelltes Gewebe od. Teppiche;* Mantel~; ~teppich [frz., »gelockt, gringelt«]

Bouclé / Buklee (*Laut-Buchstaben-Zuordnung*) In die Alltagssprache eingegangene Fremdwörter können in vielen Fällen künftig neben der in der Herkunftssprache üblichen Schreibung auch eine integrierte Schreibung aufweisen, die sich an der deutschen Laut-Buchstaben-Zuordnung orientiert. Häufig sind integrierte Schreibweisen schon seit langem Bestandteil des Deutschen (→a. *Bouquet / Bukett*).
Zudem können diakritische Zeichen in Fremdwörtern auch durch unmarkierte Buchstaben ersetzt werden. Dies gilt auch für das aus dem Französischen entlehnte »*é*«, das im Deutschen durch die Doppelung des entsprechenden Vokals gekennzeichnet wird.

Bou|doir ⟨[budoa:r] n.; -s, -s⟩ *kleines, elegantes privates Damenzimmer* [frz.]

Bouf|fon|ne|rie ⟨[buf-] f.; -, -n; bes. Theat.⟩ *Ulk, Scherz, Possenreißerei* [frz.]

Bou|gain|vil|lea ⟨[bugɛ̃vilea] f.; -, -s⟩ *als Topfpflanze kultivierter, in den Tropen u. im südl. Mittelmeergebiet heim. Kletterstrauch mit rosa-violetten Blütenständen* [nach L.A. *Bougainville,* frz. Seefahrer, 1729–1811]

Bou|gie ⟨[buʒi:] f.; -, -s; Med.⟩ *Stab für Erweiterung bzw. Dehnung krankhaft verengter Gänge, z.B. der Harnröhre* [frz., »Kerze; Sonde, Katheter«]

bou|gie|ren ⟨[buʒi:-] V.⟩ *mit der Bougie dehnen, erweitern*

Bouil|la|baisse ⟨[bujabɛ:s] f.; -, -s [-bɛ:s]⟩ *stark gewürzte provenzalische Fischsuppe* [provenzal.]

Bouil|lon ⟨[buljɔ̃:], österr. [bujɔ̃:] f.; -, -s⟩ *Fleischbrühe* [frz.]

Boule ⟨[bu:l] n.; - od. -s; unz. od. f.; -; unz.⟩ *französisches Kugelspiel (ähnlich dem Boccia)* [frz., »Kugel«]

Bou|le|vard ⟨[bul(ə)va:(r)] m.; -s, -s⟩ *Ring-, Prachtstraße, urspr. anstelle früherer Festungswerke (bes. in Paris)* [frz. < mndrl. *bolwerc;* verwandt mit *Bollwerk*]

Bou|le|var|di|er ⟨[bul(ə)va(r)die:] m.; - od. -s, -s; †⟩ *Autor leichter, unterhaltsamer Theaterstücke* [frz., eigtl. »Lebemann«]

bou|le|var|di|sie|ren ⟨[bul(ə)va(r)-] V.⟩ *die wichtigsten Inhalte zusammenfassen u. illustrieren, z.B. durch die Schriftgröße* [→ *Boulevard*]

Bou|le|vard|pres|se ⟨[bul(ə)va:(r)-] f.; -; unz.⟩ *in hohen Auflagen gedruckte, billige Sensationszeitungen u. -zeitschriften* [< *Boulevard,* da diese Zeitungen früher überwiegend auf der Straße angeboten wurden]

Bounce ⟨[bauns] f. od. m.; -; unz.; Mus.⟩ *Art der Jazzmusik, bei der der Rhythmus besonders betont wird* [zu engl. *bounce* »hopsen, springen«]

Bounce|light ⟨[baunslait] n.; -s, -s; Fot.⟩ *Aufnahmetechnik für Fotografien mit Blitzlicht, bei der das Licht nicht auf den zu fotografierenden Gegenstand, sondern auf eine Reflexionsfläche gerichtet wird, wodurch sich die Lichtwellen gleichmäßig im Raum verteilen* [< engl. *bounce* »hopsen« + *light* »Licht«]

boun|cen ⟨[baunsən] V.; Fot.⟩ *eine Fotografie mit Hilfe des Bouncelights anfertigen* [→ *Bouncelight*]

Bou|quet ⟨[buke:] n.; -s, -s⟩ *Duft, Blume des Weins;* oV *Bukett(3)* [frz.]

Bou|qui|nist ⟨[buki-] m.; -en, -en⟩ *Büchertrödler;* oV *Bukinist* [< frz. *bouquiniste;* zu *bouqin* »Schmöker«]

Bour|bon ⟨[bə:rbən] m.; -s, -s⟩ *amerikan. Whiskey, dessen Rohmasse zu mindestens 51% aus Mais besteht* [nach dem Bezirk *Bourbon* im US-Bundesstaat Kentucky]

bour|geois ⟨[burʒoa] Adj.⟩ *die Bourgeoisie betreffend, zu ihr gehörend, bürgerlich*

Bour|geois ⟨[burʒoa] m.; -, -⟩ *(wohlhabender) Bürger* [frz., »Bürger«]

Bour|geoi|sie ⟨[burʒoazi:] f.; -, -n⟩ *das (besitzende) Bürgertum (als Klasse)* [frz., »Bürgerstand«]

Bour|rée ⟨[bure:] f.; -, -s⟩ *altfrz., der Gavotte ähnl. Tanz mit synkopiertem Rhythmus* [frz., »ländlicher Tanz in der Auvergne«]

Bour|ret|te ⟨[burɛt(ə)] f.; -, -n⟩ **1** *Abfall bei der Seidengewinnung* **2** *Gewebe hieraus* [frz., »rohe Seide (erste Lage am Kokon)«]

Bou|teil|le ⟨[butɛ:j(ə)] f.; -, -n⟩ *Flasche* [frz. < spätlat. *buticula;* Verkleinerungsform zu lat. *buttis* »Fass« < grch. *buttis* »Tonne«; verwandt mit *Buddel, Bütte, Butler, Bottelier*]

Bou|tique ⟨[buti:k] f.; -, -n [-kən]⟩ *kleiner Laden (für Modeartikel);* oV *Butike* [frz.; → *Budike*]

Bou|ton ⟨[butɔ̃:] m.; -s, -s⟩ *Brillantknopf (als Ohrschmuck), bes. in Form einer Knospe* [frz., »Knospe«]

Bow|den|zug, ⟨auch⟩ **Bow|den-Zug** ⟨[baudən-] m.; -s, -zü|ge; Tech.⟩ *in biegsamen Hohlkörpern (Rohren, Spiralen od. Schläuchen) geführter Draht (auch Drahtkabel) zum Übertragen von Zugkräften* [nach dem engl. Erfinder Sir *Bowden,* 1880–1960]

Bo|wie|mes|ser, ⟨auch⟩ **Bo|wie-Mes|ser** ⟨n.; -s, -⟩ *langes Jagdmesser* [nach dem amerik. Oberst James *Bowie,* 1796–1836]

Bow|le ⟨[bo:lə] f.; -, -n⟩ **1** *Getränk aus Wein, Früchten, Gewürzen u. Zucker mit Sekt* **2** *Gefäß, in dem das Getränk angesetzt wird* [< engl. *bowl* »Napf, Schale«]

bow|len ⟨[bo:-] V.⟩ *Bowling spielen* [< engl. *bowl* »kegeln«]

Bow|ler ⟨[bo:-] m.; -s, -⟩ *steifer Herrenhut, Melone* [engl., nach dem engl. Hutmacher *Bowler*]

Bow|ling ⟨[boːliŋ] n.; -s, -s⟩ **1** *amerik. Art des Kegelspiels mit 10 Kegeln, die in einem gleichseitigen Dreieck angeordnet sind* **2** *engl. Kugelspiel auf Rasenplätzen* [engl.; zu *bowl* »Kugel«]

Bow|ling|green ⟨[boːliŋgriːn] n.; -s, -s; in England⟩ *Rasenfläche, auf der Bowling gespielt wird* [< *Bowling* + engl. *green* »Grün, Rasenfläche«]

Box ⟨f.; -, -en⟩ **1** *Abteil im Pferdestall od. in der Garage;* Auto~; Stall~ **2** *Unterstellraum* **3** *Behältnis, Schachtel* **4** *einfache fotograf. Kamera in Kastenform* [engl., »Kasten«]

Box|calf ⟨n.; -s, -s; schweiz.⟩ = *Boxkalf*

bo|xen ⟨V.; Sp.⟩ **1** *den sportl. Faustkampf nach bestimmten Regeln ausüben* **2** *schlagen, prügeln* [< engl. *box* »mit der Hand schlagen, boxen«]

Bo|xen ⟨n.; -s; unz.; Sp.⟩ *sportlicher Faustkampf, der zwischen zwei Personen in einem quadratischen Boxring (Seitenlänge zw. 4,90 m u. 6,10 m) nach bestimmten Regeln u. unter Aufsicht eines Schiedsrichters ausgetragen wird* [→ *boxen*]

Bo|xer ⟨m.; -s, -⟩ **1** ⟨Sp.⟩ *Faustkämpfer* **2** *gedrungener, doggenartiger Hund mit gestutztem Schwanz*

bo|xe|risch ⟨Adj.; Sp.⟩ *das Boxen betreffend, zu ihm gehörend*

Bo|xer|mo|tor ⟨m.; -s, -en⟩ *Kolbenmotor mit einander gegenüberliegenden Zylindern*

Box|kalf ⟨a. engl. [-kaːf] n.; -s, -s⟩ *chromgegerbtes, feinnarbiges Kalbsleder für Schuhe;* oV *Boxcalf* [< engl. *box calf* »in Lattenverschlägen (= *box*) versandtes Kalbsleder«]

Boy[1] ⟨[bɔi] m.; -s, -s⟩ *Laufjunge, Bote, jugendl. Angestellter in Hotels* [engl., »Knabe, junger Mann, Diener, Angestellter, Soldat«]

Boy[2] ⟨[bɔi] m.; -s, -s⟩ = *Boi*

Boy|friend ⟨[bɔifrɛnd] m.; -s, -s; umg.⟩ *Freund, Liebhaber eines Mädchens (vor allem bei Teenagern)* [engl.]

Boy|group ⟨[bɔigruːp] f.; -, -s; Mus.⟩ *aus Teenagern od. jungen Männern bestehende Band, die erfolgreich Popmusik (der 90-er Jahre) spielt u. sich dabei vor allem an einem weibl. Publikum orientiert* [< engl. *boy* »Junge« + *group* »Gruppe«]

Boy|kott ⟨[bɔi-] m.; -(e)s, -e⟩ *wirtschaftl., soziale od. polit. Verrufserklärung, Absperrung, Weigerung des Warenein- od. -verkaufs;* jmdm. den ~ erklären; den ~ über etwas verhängen; jmdn. mit ~ belegen [nach dem irischen Gutsverwalter *Boycott,* über den die irische Landliga 1880 ihren Bann aussprach, so dass niemand für ihn arbeitete oder mit ihm verkehrte]

boy|kot|tie|ren ⟨[bɔi-] V.⟩ *mit Boykott belegen* [→ *Boykott*]

Boy|scout, ⟨auch⟩ **Boy-Scout** ⟨[bɔiskaut] m.; -s, -s⟩ *Pfadfinder* [< engl. *boy* »Knabe, Junge« + *scout* »Weggefährte« < mengl. *scouten* < afrz. *escouter* < lat. *auscultare* »zuhören«]

bpi ⟨[bipiai] Abk. für engl.⟩ *bit per inch, Maß für die Speicherfähigkeit eines Magnetbandes, gemessen in Zahl der Bits pro Zoll (inch) des Bandes*

bps ⟨[bipiɛs] Abk. für engl.⟩ *bit per second, Maß für die Übertragungsleistung einer Nachrichtenstrecke, gemessen als Zahl der pro Sekunde (second) übermittelten Bits*

Bq ⟨Zeichen für⟩ *Becquerel*

Br ⟨chem. Zeichen für⟩ *Brom*

bra|chi|al ⟨[-xi-] Adj.⟩ **1** *den Oberarm betreffend, zu ihm gehörig* **2** *mit grober, brutaler Gewalt* [< lat. *bracchialis* »zum Arm gehörig, Arm-«; zu *braccium* »Arm«; verwandt mit *Bratsche, Brasselett*]

Bra|chi|al|ge|walt ⟨[-xi-] f.; -; unz.⟩ *rohe Körperkraft;* eine Tür mit ~ öffnen

Bra|chi|al|gie ⟨[-xi-] f.; -, -n⟩ *Schmerz im Arm* [< grch. *brachion* »Arm« + *...algie*]

Bra|chi|o|sau|rus ⟨[-xi-] m.; -, -ri|er⟩ *Pflanzen fressender Dinosaurier mit langen Vorderbeinen* [< grch. *brachion* »Arm« + *sauros* »Eidechse«]

bra|chy..., Bra|chy... ⟨[-xy] in Zus.⟩ *kurz..., Kurz...* [< grch. *brachys* »kurz«]

bra|chy|dak|tyl ⟨[-xy-] Adj.; Med.⟩ *kurzfingerig* [→ *Brachydaktylie*]

Bra|chy|dak|ty|lie ⟨[-xy-] f.; -, -n⟩ *angeborene Kurzfingerigkeit* [< *Brachy...* + grch. *daktylos* »Finger«]

bra|chy|ke|phal ⟨[-xy-] Adj.⟩ *kurz-, rundköpfig;* oV *brachyzephal* [< *brachy...* + *...kephal*]

Bra|chy|ke|pha|lie ⟨[-xy-] f.; -, -n⟩ *Rund-, Kurzköpfigkeit;* oV *Brachyzephalie*

Bra|chy|lo|gie ⟨[-xy-] f.; -, -n⟩ *gedrängte Kürze, Knappheit des Ausdrucks, Einsparung gleicher Wörter u. Wortteile;* Sy *Breviloquenz*

bra|chy|ze|phal ⟨[-xy-] Adj.⟩ = *brachykephal*

Bra|chy|ze|pha|lie ⟨[-xy-] f.; -, -n⟩ = *Brachykephalie*

> **Brackets** (*Worttrennung am Zeilenende*) Analog zur Worttrennung im Deutschen gilt auch für Fremdwörter, dass die Konsonantenverbindung »*ck*« ungetrennt bleibt.

Bra|ckets ⟨[brækits] Pl.; Zahnmed.⟩ *an den Zähnen befestigte Metallklammern (für kieferorthopäd. Korrekturen)* [engl., »Klammern«]

bra|dy..., Bra|dy... ⟨in Zus.; Med.⟩ *langsam..., Verlangsamungs...;* Bradykinesie [< grch. *bradys*]

Bra|dy|ki|ne|sie ⟨f.; -, -n⟩ *allgemeine Verlangsamung der Bewegungen* [< grch. *bradys* »langsam« + *kinesis* »Bewegung«]

Bra|dy|phre|nie ⟨f.; -, -n⟩ *Verlangsamung der geistigen Funktionen* [< grch. *bradys* »langsam« + *phren* »Verstand, Gemüter«]

Brah|ma ⟨n.; -; unz.⟩ **1** *Grundbegriff der ind. Weltdeutung, urspr. vedischer Zauberspruch beim Opfer, dann beherrschendes Weltprinzip, Urgrund allen Seins* **2** ⟨m.; -, -s⟩ *Verkörpe-*

rung in einer männl. Gottheit [Sanskrit, »das höchste Wesen, der Weltschöpfer«]

Brah|ma|ne ⟨m.; -n, -n⟩ *Angehöriger der obersten Kaste der Hindus, Priester, Gelehrter;* oV *Brahmine* [→ *Brahma*]

brah|ma|nisch ⟨Adj.; Rel.⟩ *den Brahmanismus betreffend, zu ihm gehörig, von ihm stammend*

Brah|ma|nis|mus ⟨m.; -, unz.; Rel.⟩ *ind. Religion, Kult des Brahma*

Brah|mi|ne ⟨m.; -n, -n⟩ = *Brahmane*

Brail|le|schrift ⟨[bra:j(ə)-] f.; -; unz.⟩ *Blinden-(Punkt-)Schrift* [nach ihrem Erfinder, dem frz. Blindenlehrer Louis *Braille*]

Brain|drain ⟨[brɛɪndrɛɪn] m.; -s; unz.⟩ *Abwanderung von führenden Wissenschaftlern ins Ausland* [< engl. *brain* »Verstand« + *drain* »trockenlegen, entwässern«]

Brain|stor|ming ⟨[brɛɪnstɔ:mɪŋ] n.; -s; unz.⟩ *Methode (bei Konferenzen, Versammlungen), durch das Sammeln u. Auswerten spontan vorgebrachter Einfälle zu einem Problem die beste Lösung zu finden* [< engl. *brain* »Verstand« + *storming* »das Stürmen«]

Brain|trust ⟨[brɛɪntrʌst] m.; -(e)s, -e od. -s⟩ *Gruppe von Wissenschaftlern, die eine Regierung in wirtschaftl. Fragen beraten* [< engl. *brain* »Gehirn« + *Trust*]

Brain|wa|shing ⟨[brɛɪnwɔʃɪŋ] n.; -s; unz.⟩ *zwanghaft ausgeübte Umerziehung des menschlichen Denkens u. Willens in weltanschaulicher od. politischer Hinsicht, Gehirnwäsche* [engl.]

Brak|te|at ⟨m.; -en, -en; im MA⟩ *einseitig geprägte Münze* [< lat. *bracteatus* »mit Goldblech überzogen«]

Bram ⟨f.; -, -en⟩ *zweitoberste Verlängerung des Mastes* [vermutl. < ndrl. *bram* »Prunk«]

Bra|mar|bas ⟨m.; -, -se⟩ *Prahler, Großsprecher* [Name eines Großsprechers in der anonymen Satire »Cartell des *Bramarbas* an Don Quixote« (1710); < span. *bramar* »schreien, heulen« < ahd. *breman* »schreien«]

bra|mar|ba|sie|ren ⟨V.⟩ *prahlen, großtun*

Bran|che ⟨[brã:ʃə] f.; -, -n; Kaufmannsspr.⟩ **1** *Geschäfts-, Wirtschaftszweig* **2** *Fachgebiet* [frz., »Zweig«]

Bran|chi|at ⟨[-çi-] m.; -en, -en⟩ *durch Kiemen atmendes Glieder- od. Wirbeltier* [< grch. *branchos* »Kehle«]

Bran|chie ⟨[-çiə] f.; -, -n⟩ *Kieme* [< grch. *branchis* »Kiemen«]

Bran|chi|o|sau|rus ⟨[-çi-] m.; -, -ri|er⟩ *Vertreter ausgestorbener geschwänzter Amphibien des Karbons* [< *Branchie* + grch. *sauros* »Eidechse«]

Bran|chi|u|re ⟨[-çi-] m.; -n, -n⟩ *Angehöriger einer meist an Fischen schmarotzenden Ordnung der niederen Krebse, Kiemenschwanz, Fischlaus* [→ *Branchie*]

Bran|ding ⟨[brændɪŋ] n.; -s; unz.⟩ **1** ⟨Wirtsch.⟩ *Kennzeichnung von (neuen) Produkten mit Markennamen* **2** *das Einbrennen von Mustern in die Haut mittels Nadeln* [< engl. *brand* »Marke, Brandzeichen, Brandmal«]

Bran|dy ⟨[brændi] m.; -s, -s⟩ *Branntwein* [< engl. *brandy* < *brand(y)wine* »Branntwein«]

Bra|sil ⟨m.; -s, -e od. -s⟩ **1** *Tabak-, Kaffeesorte* **2** ⟨f.; -, -⟩ *Zigarre aus dunklem Brasiltabak*

Bra|si|let|to|holz ⟨n.; -es; unz.⟩ *unechtes Brasilholz* [span.]

Bra|sil|holz ⟨n.; -es, -höl|zer⟩ *Farbholz verschiedener Arten der Caesalpinia, das seinen Farbstoff Brasilin leicht an kochendes Wasser abgibt*

Bra|si|lin ⟨n.; -s; unz.⟩ *aus Brasilholz gewonnener roter Beizenfarbstoff für Wolle u. Baumwolle*

Brass|band, ⟨auch⟩ **Brass Band** ⟨[bra:sbænd] f.; (-) -, (-) -s; Mus.⟩ **1** *Jazzband* **2** *Marschkapelle mit Blechblasinstrumenten u. Schlagzeug* [engl., »Blaskapelle, Blechmusik«]

Bras|se ⟨f.; -, -n; Mar.⟩ *Haltetau zum Drehen (Brassen) der Rahen* [< ndrl. *bras* < frz. *bras* »Arm«]

Bras|se|lett ⟨n.; -s, -s⟩ **1** *Armband* **2** ⟨Pl.; Gaunerspr.⟩ ~s *Handschellen* [< frz. *bracelet* »Armband«]

bras|sen ⟨V.; Mar.⟩ Segel ~ *die Rahen mit der Brasse nach dem Wind drehen* [→ *Brasse*]

Bras|se|rie ⟨f.; -, -n⟩ *Gastwirtschaft* [frz., »(Bier-)Brauerei; Speisehaus«]

Bras|si|è|re ⟨[brasjɛ:rə] f.; -, -n⟩ *sehr kurzes Oberteil, das nur bis zur Taille reicht* [frz., eigtl. »(Baby-)Jäckchen, Leibchen]

Brat|sche ⟨f.; -, -n⟩ *das Alt-Instrument im Streichquartett;* Sy *Viola(2), Viola da braccio* [verkürzt < *Bratschgeige,* übersetzt < ital. *viola da braccio* »Armgeige«, verwandt mit *brachial, Brasse, Brasselett*]

Brat|scher ⟨m.; -s, -; Mus.⟩, **Brat|schist** ⟨m.; -en, -en; Mus.⟩ *Bratschenspieler*

Brat|schis|tin ⟨f.; -, -tin|nen; Mus.⟩ *Bratschenspielerin*

Brau|nel|le[1] ⟨f.; -, -n⟩ *Angehörige einer Gattung den Finken ähnlicher Singvögel: Prunella* [< lat. *prunella;* zu *prunum* »Pflaume«]

Brau|nel|le[2] ⟨f.; -, -n⟩ *Lippenblütler mit aufsteigendem Stängel u. in Scheinähren stehenden Blüten mit blauvioletter Krone, Braunheil: Prunella vulgaris;* oV *Brunelle* [< spätmhd. *brunelle,* eigtl. »Heilmittel gegen Bräune« < frz. *brunelle«;* zu *brun* »braun«]

bra|vis|si|mo ⟨[-vis-]⟩ *ausgezeichnet, vortrefflich (als Beifallskundgebung)* [ital., Superlativ zu *bravo*]

bra|vo ⟨[-vo]⟩ ~! *gut! (als Beifallskundgebung)* [ital., »meisterhaft, tüchtig«]

Bra|vo[1] ⟨[-vo] n.; -s, -s⟩ *Beifallsruf*

Bra|vo[2] ⟨[-vo] m.; -s, -s⟩ *Meuchelmörder, Räuber* [ital., eigtl. »Meister in seinem Handwerk als Haudegen od. Mörder«]

Bra|vour ⟨[-vu:r] f.; -, -en⟩ oV *Bravur* **1** *Geschicklichkeit, Meisterschaft* **2** *Kühnheit;* etwas mit großer ~ meistern [< frz. *bravoure* »Tapferkeit«; verwandt mit *brav*]

bra|vou|rös ⟨[-vu-] Adj.⟩ *großes technisches Können erfordernd, technisch meisterhaft;* oV *bravurös;* ~es Musikstück; sie hat es ~ gespielt [→ *Bravour(1)*]

Bra|vour|stück ⟨[-vu:r-] n.; -(e)s, -e⟩ oV *Bravurstück* **1** ⟨Mus.⟩ *technisch schwieriges Musikstück, dessen Wiedergabe Virtuosität erfordert* **2** ⟨allg.⟩ *Glanzstück*

Bra|vur ⟨[-vu:r-] f.; -, -en⟩ = *Bravour*

Bra|vur|stück ⟨[-vu:r] n.; -(e)s, -e⟩ = *Bravourstück*

Break[1] ⟨[brɛik]⟩ **1** ⟨n.; -s, -s; Jazz⟩ *ein Gesangs- od. Instrumentalsolo, das im Jazz mit scharf entgegengesetztem Rhythmus das Spiel der anderen Musiker unterbricht* **2** ⟨n.; -s, -s; Sp.; allg.⟩ = *Fastbreak* **2.1** ⟨Tennis⟩ *Spielgewinn bei gegnerischem Aufschlagsrecht* **3** ⟨m.; -s, -s; EDV⟩ *Beendigung bzw. Unterbrechung eines laufenden Programms* [engl., »Durchbruch, Wechsel, Umschwung«]

Break[2] ⟨[brɛik] m. od. n.; -s, -s⟩ *offene, lange Kutsche für Jagd- u. Gesellschaftsfahrten* [engl., »Wagen zum Einfahren junger Pferde, Kremser«]

Break|ball ⟨[brɛik-] m.; -(e)s, -bäl|le; Sp.; bes. Tennis⟩ *Ball bzw. Punkt, der dem Rückschläger fehlt, um das gegnerische Aufschlagspiel zu gewinnen;* → a. *Bigpoint* [→ *Break*]

Break|dance ⟨[brɛikda:ns] od. amerikan. [-dæns] m.; -; unz.⟩ *amerikan. Modetanz, bei dem roboterhafte, akrobatische Bewegungen nach gleich bleibenden Rhythmen ausgeführt werden* [< engl.-amerikan. *break* »(zer)brechen; Bruch, Unterbrechung« + *dance* »Tanz«]

brea|ken ⟨[brɛikən] V.; Sp.; Tennis⟩ *ein Spiel bei gegnerischem Aufschlag gewinnen* [→ *Break*]

Break|e|ven ⟨[brɛiki:vən] m.; -s, -; Pl. selten; Wirtsch.⟩ = *Breakevenpunkt*

Break|e|ven|a|na|ly|se, ⟨auch⟩ **Break-e|ven-A|na|ly|se** ⟨[brɛiki:vən-] f.; -, -n; Wirtsch.⟩ *Feststellung des Gesamtumsatzbetrags, der die Gewinn- bzw. Verlustschwelle einer Firma bezeichnet*

Break|e|ven|punkt, ⟨auch⟩ **Break-e|ven-Punkt** ⟨[brɛiki:vən-] m.; -(e)s, -e; Pl. selten; Wirtsch.⟩ *Zeitpunkt, zu dem der Gewinn aus dem Verkauf eines Produktes die während der Produktionszeit entstandenen Vorabinvestitionen deckt, Kostendeckungspunkt;* Sy *Breakeven* [engl., »Gewinnschwelle«]

Break|fast ⟨[brɛkfəst] n.; -s, -s⟩ *Frühstück* [engl.]

Brec|cie ⟨[brɛtʃə] f.; -, -n⟩ *zertrümmertes Sedimentgestein* [< ital. *breccia* < frz. *brèche;* → *Bresche*]

Bre|douil|le ⟨[-duljə] f.; -; unz.; umg.⟩ *Verlegenheit, Bedrängnis;* in der ~ sein; in die ~ geraten [frz., »Matsch beim Tricktrackspiel«]

Bree|ches ⟨[bri:tʃiz] nur Pl.⟩ *oben weite, um die Waden eng anliegende Kniehose, Reithose* [engl., »Knie-, Reithose«]

Bree|der ⟨[bri:-] m.; -s, -⟩ = *Brutreaktor* [engl.; zu *breed* »brüten«]

Breg|ma ⟨n.; -s, -ta od. -men; Med.⟩ **1** *Bereich des Schädels, an dem beide Stirnbeinhälften u. beide Scheitelbeine zusammentreffen* **2** *(nach Aristoteles) Schädelschnittpunkt der Pfeil- u. Kreuznaht* [grch., »Vorderkopf, Oberschädel«]

Brek|tie ⟨[-tsiə] f.; -, -n⟩ = *Breccie*

Brenz|ca|te|chin ⟨[-çi:n] n.; -s; unz.⟩ *organ. Verbindung aus der Klasse der Phenole, als Pelz- u. Haarfärbemittel u. fotograf. Entwickler verwendet, chem. Formel* $C_6H_4(OH)_2$ [< oberdt. *Brenz* »Destillat« (zu *brenzlig, brennen*) + *Catechin* »im Katechu enthaltener Farbstoff«]

Bre|sche ⟨f.; -, -n⟩ **1** ⟨Mil.⟩ *Lücke in einer Befestigung, an der man angreifen kann;* eine ~ schlagen *eine Lücke in eine Befestigung od. Front schlagen, den Weg zum Angriff freimachen* **2** ⟨fig.⟩ *Widerstand überwinden, Bahn brechen;* in die ~ springen ⟨fig.⟩ *einspringen, zu Hilfe kommen* [< frz. *brèche* »Bruch, Riss, Scharte« < fränk. **breka* »Bruch«; verwandt mit *brechen*]

Bre|ve ⟨[-və] n.; -s, -s od. -n⟩ *(kurzes) päpstl. Schreiben* [lat., »kurz«]

Bre|vet ⟨[-ve:] n.; -s, -s⟩ **1** *Gnadenbrief des frz. Königs* **2** ⟨heute⟩ *Verleihungsurkunde für Diplome, Patente u.Ä.* [frz., »offener Gnadenbrief des Königs, Diplom«; zu *bref* »kurz«; verwandt mit *Brief, Brevier, Brimborium*]

bre|ve|tie|ren ⟨[-ve-] V.⟩ *ein Brevet ausstellen über*

Bre|vi|ar, Bre|vi|a|ri|um ⟨[-vi-] n.; -s, -ri|en⟩ *kurze Übersicht, Auszug* [< lat. *breviarium* »kurzes Verzeichnis«; zu *brevis* »kurz«]

Bre|vier ⟨[-vi:r] n.; -s, -e⟩ **1** *Gebetbuch der kath. Geistlichen* **2** *kleine Auswahl aus den Werken eines Dichters;* Goethe-~ [< lat. *breviarium;* → *Breviar*]

Bre|vi|lo|quenz ⟨[-vi-] f.; -; unz.⟩ = *Brachylogie* [< lat. *breviloquentia* »Kürze im Ausdruck«, < *brevis* »kurz« + *loqui* »sprechen«]

bre|vi ma|nu ⟨[-vi-] Abk.: b.m., br.m.⟩ *kurzerhand* [lat., »mit kurzer Hand«]

Bre|vis ⟨[-vis] f.; -; Bre|ves [-ve:s]; Mus.⟩ *Note im Wert von zwei ganzen Noten, dargestellt als quer liegendes Rechteck;* → a. *Alla-breve-Takt* [ital.]

Bri|ard ⟨[-a:r] m.; - od. -s, -s⟩ *große frz. Schäferhundrasse*

Bric-à-brac ⟨[brikabrak] n.; - od. -s; unz.⟩ **1** *Trödel(kram), Ramsch, Gerümpel* **2** *Sammlung von kleinen Kunstgegenständen* [frz.]

Bridge ⟨[bridʒ] n.; -; unz.⟩ *aus dem Whist entstandenes Kartenspiel zu viert mit frz. Karten* [engl., eigtl. »Brücke«]

Brie ⟨m.; -s, -s⟩ *frz. Weichkäsesorte* [nach der frz. Landschaft *Brie,* östlich von Paris]

brie|fen ⟨V.⟩ **1** *informieren* **2** *Anweisungen, Instruktionen erteilen* [< engl. *brief* »kurz; beauftragen«]

Brie|fing ⟨n.; -s, -s⟩ **1** *Information, Anweisung,*

Informationsgespräch **2** *Lagebesprechung* [engl.; → *briefen*]

Bri|ga|de ⟨f.; -, -n⟩ **1** ⟨Mil.⟩ *Einheit aus mehreren Truppenteilen derselben Waffe* **2** ⟨DDR⟩ *Gruppe mehrerer Arbeiter od. Angestellter im Wettbewerb* **3** ⟨Kochk.⟩ *die Gesamtheit der in einem Betrieb beschäftigten Köche von mindestens fünf selbständig arbeitenden Köchen unter der Leitung eines Küchenmeisters* [frz., »Trupp« <ital. *brigata* »Streithaufen«]

Bri|ga|di|er 1 ⟨[-dje:] m.; -s, -s⟩ *Brigadegeneral* **2** ⟨a. [-di:r] m.; -s, -s od. -e; DDR⟩ *Leiter einer Brigade*

Bri|gant ⟨m.; -en, -en⟩ *Räuber, Bandit* [<ital. *brigante* »Fußsoldat; Straßenräuber«]

Bri|gan|ti|ne ⟨f.; -, -n; im 15. u. 16. Jh.⟩ **1** *Schuppenpanzerhemd* **2** *Segelschiff, Briggschoner* [→ *Brigg*]

Brigg ⟨f.; -, -s⟩ *Segelschiff mit zwei Masten* [<engl. *brig* <*brigantine* »Brigantine, kleiner Zweimaster« <ital. *brigantino* »Raubschiff«]

Bri|ghel|la ⟨[-gɛla] m.; -, -s od. -ghel|le⟩ *Figur in der italienischen Commedia dell'arte, die einen intriganten Diener verkörpert* [ital.]

Bri|kett ⟨n.; -(e)s, -s od. -e⟩ *in Form gepresste Braun- od. Steinkohle* [<frz. *briquette,* Verkleinerungsform zu *brique* »Backstein, Ziegel«]

bri|ket|tie|ren ⟨V.⟩ *in Briketts pressen*

Bri|ko|le ⟨f.; -, -n; Sp.; Billard⟩ *Rückprall des Balles von der Bande* [frz.]

bri|ko|lie|ren ⟨V.; Sp.; Billard⟩ *durch Brikole treffen*

bril|lant ⟨[briljant] Adj.⟩ *glänzend, hervorragend* [frz., »glänzend«; verwandt mit *Beryll;* → a. *brillieren*]

Bril|lant ⟨[briljant] m.; -en, -en⟩ **1** *geschliffener Edelstein, bes. Diamant* **2** ⟨Typ.⟩ *ein Schriftgrad (3 Punkt)* [→ *brillant*]

bril|lan|te ⟨[briljan-] Adj.; Mus.⟩ *bravourös, virtuos, perlend (zu spielen)* [ital.]

Bril|lan|tin ⟨n.; -s, unz.; österr.⟩, **Bril|lan|ti|ne** ⟨[briljan-] f.; -, -n⟩ *Haarpomade, parfümiertes Haarfett* [→ *brillant*]

Bril|lanz ⟨[briljants] f.; -; unz.⟩ **1** *Glanz* **2** *gestochene Schärfe von Fotos* **3** *virtuose Fertigkeit (künstler. Darbietung)* [→ *brillant*]

bril|lie|ren ⟨[brilji:rən] V.⟩ *sich durch bes. Leistungen hervortun, glänzen* [<frz. *briller* »glänzen, strahlen«]

Brim|bo|ri|um ⟨n.; -s; unz.; umg.⟩ *unnützes Zeug, Umschweife, Geschwätz* [<frz. *brimborion* »Kleinigkeit, Lappalie« <lat. *breviarium;* → *Breviar*]

Bri|nell|här|te ⟨f.; -; unz.; Abk.: HB⟩ *Maß der Härte eines Werkstoffs* [nach dem schwedischen Eiseningenieur Johann August *Brinell,* 1849–1925]

Brink|man|ship ⟨[briŋkmænʃip] f.; -; unz.⟩ *politische Haltung, die sich durch eine bes. hohe Risikobereitschaft (bei diplomatischen Verhandlungen usw.) auszeichnet* [engl., »Spiel mit dem Feuer«]

Bri|oche ⟨[-ɔʃ] f.; -, -s⟩ *ein Hefegebäck* [frz.]

bri|o|so ⟨Mus.⟩ = *con brio* [ital., »lebhaft«]

bri|sant ⟨Adj.⟩ *zermalmend, mit großer Sprengkraft* [zu frz. *briser* »zerschlagen, zerbrechen«]

Bri|sanz ⟨f.; -, -en⟩ **1** *Sprengkraft* **2** ⟨unz.; fig.⟩ *zündende Aktualität;* ein Thema von großer ~ *ein heikles Thema* [→ *brisant*]

Bri|se ⟨f.; -, -n⟩ *gleichmäßiger Wind mittlerer Geschwindigkeit, guter Segel-, Fahrtwind;* eine frische, steife ~ [<engl. *breeze* »leichter Wind«]

Brise|so|leil ⟨[bri:zsɔlɛj] m.; - od. -s, -s⟩ *aus Lamellen bestehendes, leichtes Rollo außen am Fenster* [frz., eigtl. »Sonnenbrecher«; zu *briser* »zerbrechen« + *soleil* »Sonne«]

Bri|so|lett ⟨n.; -s, -e⟩, **Bri|so|let|te** ⟨f.; -, -n⟩ *gebratenes Kalbfleischklößchen* [frz.; zu *briser* »zerkleinern«]

Bri|tan|ni|a|me|tall ⟨n.; -s; unz.⟩ *Legierung mit silberähnlichem Glanz aus Zinn, Antimon u. Kupfer*

Broad|cas|ting ⟨[brɔ:dka:stiŋ] n.; - od. -s; unz.⟩ *das Senden, Ausstrahlen (von Rundfunk- u. Fernsehprogrammen)* [zu engl. *broadcast* »senden«]

Broad|side|tech|nik ⟨[brɔ:dsaid-] f.; -, -en; Motorsp.⟩ *Driften* [<engl. *broadside,* eigtl. »Breitseite« + *Technik*]

Broad|way ⟨[brɔ:dwɛi] m.; -s; unz.⟩ *Hauptverkehrsstraße von New York, Sitz zahlreicher Theater, bes. für Musicals* [engl.; zu *broad way* »breiter Weg«]

Broc|co|li ⟨a. [bro:-] Pl.⟩ = *Brokkoli*

bro|chie|ren ⟨[-ʃi:-] V.⟩ = *broschieren*

Bro|de|rie ⟨f.; -, -n⟩ *Stickerei, gestickte Einfassung* [frz., »Stickerei«]

bro|die|ren ⟨V.⟩ *sticken, einfassen, verbrämen* [<frz. *broder* »sticken«]

Broi|ler ⟨m.; -s, -; DDR⟩ *gegrilltes Hähnchen* [engl.; zu *broil* »schmoren«]

Bro|kat ⟨m.; -(e)s, -e⟩ *schwerer, gemusterter Seidenstoff mit eingewebten Gold- od. Silberfäden;* Gold~; Silber~ [<ital. *broccato* »mit Kräuselungen versehen«; zu *brocco* »Kräuselung«]

Bro|ka|tell ⟨m.; -s, -e⟩ *schwerer, halbseidener Stoff mit erhabenem Muster*

bro|ka|ten ⟨Adj.⟩ *aus Brokat bestehend, hergestellt*

Bro|kat|glas ⟨n.; -es; unz.⟩ *Glas, in das im noch flüssigen bis halbweichen Zustand Gold- u. Silberfäden eingedrückt wurden*

Bro|ker ⟨[brou-] m.; -s, -⟩ **1** *berufsmäßiger Wertpapierhändler u. -berater, bes. in den angelsächsischen Ländern u. Japan* **2** ⟨i.e.S.⟩ *an der Londoner Börse zugelassener Wertpapierhändler, der Aufträge durchführen darf;* Ggs *Jobber(1)* [engl., »Vermittler, Makler«]

Brok|ko|li ⟨a. [bro:-] Pl.⟩ *dem Blumenkohl ähnliches Gemüse mit grünen, langstieligen Blütensprossen* [<ital. *broccolo* »Kohlsprossen, eine Art Blumenkohl«]

Brom ⟨n.; -s; unz.; chem. Zeichen: Br⟩ *chem.*

Element, ein Halogen, Ordnungszahl 35, rotbraune, die Schleimhaut reizende Dämpfe entwickelnde Flüssigkeit [<grch. *bromos* »Gestank«]

Brom|ak|ne ⟨f.; -; unz.⟩ *akneartiger Hautausschlag, oft bei längerem Gebrauch von Brompräparaten auftretend*

Bro|mat ⟨n.; -(e)s, -e⟩ *Salz der Bromsäure*

Brom|ä|thyl ⟨n.; -s, -e⟩ *Bromwasserstoffsäureester des Äthylalkohols, zur Inhalationsnarkose verwendet*

Bro|ma|to|lo|gie ⟨f.; -; unz.⟩ *Lehre von den Zubereitungsmethoden der Nahrungs- u. Genussmittel* [<grch. *broma* »Speise« + *…logie*]

Bro|me|lie ⟨[-liə] f.; -, -n⟩ *Ananasgewächs* [nach dem schwedischen Botaniker Olaf *Bromel,* † 1705]

Bro|mid ⟨n.; -(e)s, -e⟩ *Salz der Bromwasserstoffsäure*

bro|mie|ren ⟨V.; Chem.⟩ *Brom einführen;* eine organische Verbindung ~ [→ *Brom*]

Bro|mis|mus ⟨m.; -, -men⟩ *Bromvergiftung*

Bro|mit ⟨m.; -s, -e⟩ *im Wesentl. aus Bromsilber bestehendes Mineral*

Brom|ka|li|um ⟨n.; -s; unz.⟩ = *Kaliumbromid*

Bro|mo|form ⟨n.; -(e)s; unz.⟩ *süßlich riechende Flüssigkeit, Beruhigungsmittel, chem. Formel* $CHBr_3$ [< *Brom* + *…form*[2]]

Brom|sil|ber ⟨n.; -s; unz.; † für⟩ *Silberbromid*

Bron|che ⟨[-çə] f.; -, -n⟩ = *Bronchie*

bron|chi|al ⟨[-çi-] Adj.⟩ *die Bronchien betreffend, Luftröhren…*

Bron|chi|al|asth|ma ⟨[-çi-] n.; -s; unz.⟩ *krampfhafte Anfälle von Atemnot, bes. Erschwerung der Ausatmung*

Bron|chi|al|ka|tarr ⟨[-çi-] f.; -s, -e⟩ = *Bronchialkatarrh*

Bron|chi|al|ka|tarrh ⟨[-çi-] m.; -s, -e⟩ = *Bronchitis;* oV *Bronchialkatarr*

Bron|chie ⟨[-çiə] f.; -, -n⟩ *Ast der Luftröhre;* oV *Bronche, Bronchus*

Bron|chi|ek|ta|sie ⟨[-çi-] f.; -, -n⟩ *röhren- od. sackartige Erweiterung einzelner bzw. zahlreicher Bronchien* [< *Bronchie* + grch. *ektasis* »Ausdehnung«]

Bron|chi|o|le ⟨[-çi-] f.; -, -n⟩ *feiner Zweig der Bronchien*

Bron|chi|tis ⟨[-çi:-] f.; -, -ti|den⟩ *entzündl. Erkrankung der Schleimhaut der Bronchien;* Sy *Bronchialkatarrh*

Bron|cho|gra|fie ⟨[-ço-] f.; -, -n⟩ = *Bronchographie*

Bron|cho|gra|phie ⟨[-ço-] f.; -, -n⟩ *Röntgenaufnahme der Bronchien;* oV *Bronchografie* [< *Bronchie* + *…graphie*]

Bron|cho|skop, ⟨auch⟩ **Bron|chos|kop** ⟨[-ço-] n.; -s, -e⟩ *Gerät mit Spiegel zur Untersuchung der Bronchien* [< *Bronchie* + *…skop*]

Bron|cho|sko|pie, ⟨auch⟩ **Bron|chos|ko|pie** ⟨[-ço-] f.; -, -n⟩ *Untersuchung der Bronchien mit dem Bronchoskop* [< *Bronchie* + *…skopie*]

Bron|cho|to|mie ⟨[-ço-] f.; -, -n⟩ *operative Öffnung einer Bronchie* [< *Bronchie* + *…tomie*]

Bron|chus ⟨[-çus] m.; -, -chen⟩ = *Bronchie*

Bron|to|sau|ri|er ⟨m.; -s, -⟩ = *Brontosaurus*

Bron|to|sau|rus ⟨m.; -, -ri|er⟩ *riesiger, Pflanzen fressender Dinosaurier aus der unteren Kreidezeit Nordamerikas;* oV *Brontosaurier* [<grch. *bronte* »Donner» + *sauros* »Eidechse«]

Bron|ze ⟨[brɔ̃:sə] od. [brɔŋsə] f.; -, -n⟩ **1** *eine Kupferlegierung* **2** *daraus hergestellter Kunstgegenstand* **3** ⟨unz.⟩ *rotbrauner Farbton* **4** *Mischung von Metallstaub mit Anstrichmitteln zur Erzielung eines Metalleffektes* [frz. <mlat. *bronzium*; vielleicht <pers. *biring* »Kupfer«]

bron|zen ⟨[brɔ̃:sən] od. [brɔŋsən] Adj.⟩ *aus Bronze, bronzefarben* [→ *Bronze*]

bron|zie|ren ⟨[brɔ̃si:-] od. [brɔŋ-] V.⟩ *mit Bronzefarbe überziehen*

Bron|zit ⟨m.; -s, -e⟩ *Mineral der Pyroxengruppe (Augit)* [→ *Bronze*]

Bro|sche ⟨f.; -, -n⟩ *Schmuckstück mit Nadel zum Anstecken* [<frz. *broche* »Spieß«]

bro|schie|ren ⟨V.⟩ oV *brochieren* **1** einen Druckbogen ~ *heften;* broschierte Bücher *nur geheftete, nicht gebundene Bücher* **2** Gewebe ~ *Stickereieffekt in Gewebe einweben* [<frz. *brocher*]

Bro|schur ⟨f.; -, -en⟩ **1** ⟨unz.⟩ *das Heften* **2** ⟨zählb.⟩ *das Geheftete* [<frz. *brochure*]

Bro|schü|re ⟨f.; -, -n⟩ **1** *geheftetes Buch* **2** *kleine, nicht eingebundene Druckschrift od. Flugschrift* [<frz. *brochure* »Broschüre, kleine Schrift«]

Bros|sa|ge ⟨[-ʒə] f.; -; unz.⟩ *das Aufbürsten des Flors bei der Tuchherstellung* [frz., »Bürsten«; zu *brosser* »(aus)bürsten«]

Brow|ning ⟨[brau-] m.; -s, -s⟩ *Selbstladepistole, Handfeuerwaffe mit mehrschüssigem Magazin* [nach dem amerik. Erfinder J.M. *Browning*]

Brow|ser ⟨[brau-] m.; -s, -; EDV⟩ *Programm, das einen Zugriff auf das World Wide Web im Internet ermöglicht* [zu engl. *browse* »schmökern«]

BRT ⟨Abk. für⟩ *Bruttoregistertonne*

Bru|cel|la ⟨[-tʃɛla] f.; -, -cel|len; meist Pl.; Med.⟩ *gramnegative, unbewegliche Bakterien (als Gattungsbez.)* [nach dem engl. Mediziner D. *Bruce,* 1855–1931]

Bru|cel|lo|sen ⟨Pl.; Med.; Sammelbez. für⟩ *meldepflichtige Erkrankungen bei Mensch u. Tier, die durch Brucellen hervorgerufen werden* [→ *Brucella*]

Bru|cin ⟨n.; -s; unz.⟩ *zu den Alkaloiden gehörende, sehr giftige, in der Wirkung dem Strychnin ähnl. chem. Verbindung;* oV *Bruzin*

Bru|i|tis|mus ⟨[bryi-] m.; -; unz.⟩ *musikalische Stilrichtung, die alltägliche Geräusche in Kompositionen verwendet* [zu frz. *bruit* »Geräusch, Lärm«]

Brunch ⟨[brʌntʃ] m. od. n.; -(e)s, -(e)s od. -e⟩ *Frühstück u. Mittagessen zugleich am späten Vormittag;* einen ~ einnehmen [verkürzt

<engl. *b*reakfast »Frühstück« + l*unch* »Mittagessen«]
brun|chen ⟨[brʌntʃən] V.⟩ *an einem Brunch teilnehmen, einen Brunch veranstalten* [→ *Brunch*]
Bru|nel|le ⟨f.; -, -n⟩ = *Braunelle*[2]
brü|nett ⟨Adj.⟩ *bräunlich, braunhaarig* [<frz. *brunette* »braunhaarig«; zu *brun* »braun«]
Brü|net|te(r) ⟨f. 2 (m. 1)⟩ *braunhaarige Person mit bräunlicher Gesichtshaut* [→ *brünett*]
brü|nie|ren ⟨V.; Chem.⟩ Metallteile ~ *auf chem. Wege zum Schutze der Oberfläche mit einer dünnen bräunl. (auch bläul. schwarzen) Oxidschicht überziehen* [<frz. *brunir* »bräunen, braun färben«]
brüsk ⟨Adj.⟩ *barsch, schroff* [<frz. *brusque*]
brüs|kie|ren ⟨V.⟩ *brüsk, kränkend behandeln* [<frz. *brusquer* »barsch anfahren, schroff behandeln«]
brut ⟨[bryt] Adj.⟩ *trocken (von Champagner)* [frz., »roh, unbearbeitet«]
bru|tal ⟨Adj.⟩ *roh, gewaltsam, rücksichtslos* [<lat. *brutalis* »unvernünftig«; zu *brutus* »schwerfällig, gefühllos«]
bru|ta|li|sie|ren ⟨V.⟩ *brutal machen, zu Brutalität führen* [<frz. *brutaliser* »grob behandeln, misshandeln«]
Bru|ta|li|tät ⟨f.; -, -en⟩ *Rohheit, Gewaltsamkeit, Rücksichtslosigkeit*
Brut|re|ak|tor ⟨m.; -s, -en; Atomphys.⟩ *ein Kernreaktor, der während seiner Betriebszeit mehr spaltbares Material erzeugt als er selbst zur Aufrechterhaltung einer Energie liefernden Kettenreaktion verbraucht;* Sy *Breeder*
brut|to ⟨Adj.; Kaufmannsspr.⟩ Ggs *netto* **1** *einschl. Verpackung* **2** *ohne Abzug von Rabatt* **3** *ohne Steuerabzug (bei Gehältern)* [ital., »roh« <lat. *brutus* »schwerfällig«]
Brut|to|er|trag ⟨m.; -(e)s, -er|trä|ge⟩ *Gesamtertrag ohne Abzüge;* Sy *Bruttogewinn;* Ggs *Nettoertrag* [→ *brutto*]
Brut|to|ge|wicht ⟨n.; -(e)s, -e⟩ *Gewicht einer Ware einschließlich der Verpackung*
Brut|to|ge|winn ⟨m.; -(e)s, -e⟩ = *Bruttoertrag;* Ggs *Nettogewinn*
Brut|to|pro|duk|ti|on ⟨f.; -, -en⟩ *Produktion von Gütern u. Diensten einschl. Eigenverbrauch zuzügl. der Bestandsveränderungen an Halb- u. Fertigwaren aus eigener Produktion u. der selbst erstellten Anlagen*
Brut|to|re|gis|ter|ton|na|ge ⟨[-ʒə] f.; -, -n⟩ *Aufnahmefähigkeit eines Schiffes, ausgedrückt in Bruttoregistertonnen*
Brut|to|re|gis|ter|ton|ne ⟨f.; -, -n; Abk.: BRT⟩ *Raummaß für Schiffe (2,8316 m^3);* Ggs *Nettoregistertonne*
Brut|to|so|zi|al|pro|dukt ⟨n.; -(e)s, -e⟩ *die Summe der von den ständigen Bewohnern des Wirtschaftsbereiches (Inländern) im In- u. Ausland erzielten Nettoproduktionswerte, bewertet zu Marktpreisen*
Bru|xis|mus ⟨m.; -; unz.; Med.⟩ *Zähneknirschen während des Schlafes* [grch.]
Bruy|ère|holz, ⟨auch⟩ **Bru|yère|holz** ⟨[bryjɛ:r-] n.; -es; unz.⟩ *rötl. gemasertes Wurzelholz der Baumheide* [<frz. *bruyère* »Heidekraut«]
Bru|zin ⟨n.; -s; unz.⟩ = *Brucin*
Bry|o|lo|gie ⟨f.; -; unz.⟩ *Lehre von den Moosen* [<grch. *bryon* »Moos« + *…logie*]
Bry|o|nie ⟨[-niə] f.; -, -n⟩ *Kletterpflanze, Gattung der Kürbisgewächse: Bryonia* [<grch. *bryonia;* zu *bryein* »üppig wachsen«]
Bry|o|phyt ⟨m.; -en, -en⟩ *Moospflanze* [<grch. *bryon* »Moos« + *…phyt*]
Bry|o|zo|on ⟨n.; -s, -zo|en⟩ *Moostierchen* [<grch. *bryon* »Moos« + *Zoon*]
BSE ⟨Abk. für engl.⟩ *Bovine Spongiform Encephalopathy, tödlich verlaufende Gehirnerkrankung (durch infiziertes Tiermehl verursachte Rinderseuche)*
bt ⟨Zeichen für⟩ *Bit*
btto. ⟨Abk. für⟩ *brutto*
Btx ⟨Abk. für⟩ *Bildschirmtext*
Bub|ble|gum, ⟨auch⟩ **Bubb|le|gum** ⟨[bʌblgʌm] m. od. n.; -s, -s⟩ *Kaugummi* [<engl. *bubble* »Blase« + *gum* Gummi«]
Bu|bo ⟨m.; -s, -bo|nen⟩ *entzündl. Schwellung der Lymphknoten in der Leistengegend, bes. bei Geschlechtskrankheiten, bei der Beulenpest usw.* [<grch. *boubon* »Unterleib«]
Bu|bo|nen|pest ⟨f.; -; unz.⟩ *Beulenpest*
Bu|cin|to|ro ⟨[-tʃin-] m.; -s, -s⟩ = *Buzentaur* [ital. <grch.]
Buck|ram ⟨m.; -s; unz.⟩ *Bucheinbandstoff aus gepresstem Leinen- oder Baumwollgewebe mit dichter u. glatter Oberfläche* [engl.; nach der Stadt *Buchara* in Usbekistan]
Buck|skin ⟨m.; -s, -s⟩ **1** *weiches Schaf- od. Hirschleder* **2** *Gewebe in Köperbindung von meliertem Aussehen* [engl., »Bockshaut«]
Bud|dha ⟨m.; -s, -s⟩ *Begründer (560–480 v. Chr.) der nach ihm benannten indischen Religion, des Buddhismus* [zu Sanskrit *buddha* »erwacht, erleuchtet« <*bodhati, bodhate* »er erwacht, versteht«]
Bud|dhis|mus ⟨m.; -; unz.⟩ *die von Buddha gestiftete Religion*
Bud|dhist ⟨m.; -en, -en⟩ *Anhänger des Buddhismus*
bud|dhis|tisch ⟨Adj.⟩ *auf dem Buddhismus beruhend, zu ihm gehörend*
Bud|dy ⟨[bʌdi] m.; -s, -s; umg.⟩ *Freund, Kumpel, Gefährte* [amerik.-engl.]
Bud|get ⟨[bydʒe:] (österr. u. schweiz. nur so) od. engl. [bʌdʒət] n.; -s, -s⟩ *Haushaltsplan od. Voranschlag öffentlicher Körperschaften* [<engl. *budget* »Vorrat, verfügbare Mittel, Staatshaushaltsplan«]
bud|ge|tär ⟨[bydʒe-] Adj.⟩ *das Budget betreffend, auf das Budget bezogen*
bud|ge|tie|ren ⟨[bydʒe-] V.⟩ *ein Budget aufstellen, einen Voranschlag machen*
Bud|ge|tie|rung ⟨[bydʒe-] f.; -, -en⟩ *Aufstellung eines Budgets, das Budgetieren* [→ *Budget*]
Bu|di|ke ⟨f.; -, -n; †⟩ **1** *kleiner Laden, Kramladen;* →a. *Boutique* **2** *Kneipe* [<frz. *boutique* »Kaufmannsladen« <grch. *apotheke* »Speicher«]

Bu|do ⟨n.; -; unz.; Sp.; Sammelbegriff für⟩ *die jap. Sportarten Judo, Aikido, Karate, Jiu-Jitsu, Kendo, Kyudo u. Taekwondo* [jap.]

Bu|do|ka ⟨m.; -s, -s; Sp.⟩ *jmd., der Budo betreibt*

Bü|fett ⟨n.; -(e)s, -e; österr. n.; -s, -s⟩ oV *Buffet, Büffet* **1** *Anrichte, Porzellan- u. Glasschrank* **2** *Schanktisch* **3** kaltes ~ *Tisch zum Selbstbedienen mit kalten Speisen* **3.1** *die auf diese Weise gereichten kalten Speisen* [<frz. *buffet* »Speiseschrank, Anrichte, Schenktisch«]

Bü|fet|ti|er ⟨[-tje:] m.; -s, -s; †⟩ *jmd., der hinter dem Schanktisch Speisen u. Getränke ausgibt*

Buf|fa ⟨f.; -, -s⟩, **Buf|fa|o|per** ⟨f.; -, -n⟩ = *Opera buffa*

Buf|fer|stock ⟨[bʌfə(r)stɔk] m.; -s, -s; Wirtsch.⟩ *Maßnahme, durch die bei Produktionsüberschüssen bzw. -engpässen (bes. von Agrarerzeugnissen) durch An- bzw. Verkäufe versucht wird, den Rohstoffpreis stabil zu halten sowie die weltweite Versorgung zu sichern* [engl., »Rohstofflager«]

Buf|fet, Büf|fet ⟨[byfe:], schweiz. a. [byfe:] n.; -(e)s, -s⟩ = *Büfett*

Buf|fi ⟨Pl. von⟩ *Buffo*

Buf|fo ⟨m.; -s, -s od. Buf|fi⟩ *Sänger einer komischen Rolle in der Oper;* Tenor~; Bariton~; Bass~ [ital.]

buf|fo|nesk ⟨Adj.⟩ *die Buffooper betreffend, im Stil der Buffooper, komisch*

Buf|fo|o|per ⟨f.; -, -n⟩ = *Opera buffa*

Bug ⟨[bʌg] m.; -s, -s; EDV⟩ *Fehler in einem Softwareprogramm, der dessen Funktionsfähigkeit einschränkt od. es unbenutzbar macht* [<engl. *bug* »Käfer, Wanze, Bazillus«]

Bug|gy ⟨[bʌgi] m.; -s, -s⟩ *leichter, zusammenklappbarer Kindersportwagen* [engl.]

bug|sie|ren ⟨V.⟩ **1** ⟨Mar.⟩ *ins Schlepptau nehmen, lotsen, lenken* **2** ⟨fig.; umg.⟩ *an einen bestimmten Ort, ans Ziel geleiten;* jmdn. nach Hause ~ [<ndrl. *boegseeren;* zu *boeg* »Bug«, <lat. *pulsare* »stoßen«]

Bug|sie|rer ⟨m.; -s, -⟩ *Schleppdampfer*

Bu|ka|ni|er ⟨m.; -s, -⟩ = *Flibustier* [<frz. *boucanier* »Büffeljäger, Seeräuber«]

Bu|kett ⟨n.; -(e)s, -e⟩ **1** *Blumenstrauß* **2** *Duft von Parfümgemischen* **3** = *Bouquet* [<frz. *bouquet* »Blumenstrauß«]

Bu|ki|nist ⟨m.; -en, -en⟩ = *Bouquinist*

buk|kal ⟨Adj.⟩ *zur Backe gehörend, auf der Backenseite* [<lat. *bucca* »Backe«]

Bu|klee, ⟨auch⟩ **Buk|lee** ⟨n.; -s, -s⟩ = *Bouclé*

Bu|ko|lik ⟨f.; -; unz.⟩ *Hirtendichtung* [grch. *bukolos* »Rinderhirt, Hirt«]

Bu|ko|li|ka ⟨Pl.⟩ *Hirtengedichte*

Bu|ko|li|ker ⟨m.; -s, -⟩ *Hirtendichter*

bu|ko|lisch ⟨Adj.⟩ *schäferlich, ländl. idyllisch;* ~e Dichtung *Hirtendichtung*

bul|bär ⟨Adj.⟩ *zum verlängerten Mark gehörend* [→ *Bulbus*]

Bul|bär|pa|ra|ly|se ⟨f.; -, -n⟩ *Lähmung des verlängerten Rückenmarks*

Bul|bär|spra|che ⟨f.; -, -n⟩ *durch Sprachstörungen verwaschene Sprache*

bul|bös ⟨Adj.⟩ *knollig* [<lat. *bulbus* »Zwiebel«]

Bul|bül ⟨m.; -s, -s⟩ *Angehöriger einer wegen ihres Gesangs beliebten Familie der Singvögel: Pychnonotidae* [<pers. <arab.]

Bul|bus ⟨m.; -, Bul|bi od. Bul|ben⟩ **1** *Anschwellung, dickere Stelle* **2** ~ oculi *Augapfel* **3** ⟨Bot.⟩ *Zwiebel* [lat., »Zwiebel«]

Bu|let|te ⟨f.; -, -n⟩ *gebratenes Fleischklößchen* [frz. *boulette,* eigtl. »Kügelchen«]

Bu|li|mie ⟨f.; -; unz.; Med.⟩ *psychosomatische Erkrankung, bei der versucht wird, Heißhungerattacken mit unkontrollierter Nahrungsaufnahme durch künstlich herbeigeführtes Erbrechen zu korrigieren* [<grch. *bulimia* »Heißhunger, Ochsenhunger«]

Bulk ⟨m.; -s, -e; schweiz.⟩ *Fahrzeug mit besonderen Ladevorrichtungen;* Mehl~; Zement~ [engl., »lose Schiffsladung«]

Bulk|car|ri|er ⟨[bʌlkkæriə(r)] m.; -s, -⟩ *Frachter für Schüttgüter* [<engl. *bulk* »lose Schiffsladung« + *carrier* »Beförderer«]

Bulk|la|dung ⟨f.; -, -en; Mar.⟩ *Schüttgut*

Bul|la ⟨f.; -, Bul|lae [-lɛ:]⟩ *Blase (in den Hautschichten)* [<lat. *bulla* »Blase, Buckel«]

Bull|au|ge ⟨n.; -s, -n⟩ *rundes Fenster an Schiffen* [<engl. *bull's eye* »Ochsenauge«]

Bull|dog ⟨m.; -s, -s⟩ *Zugmaschine mit einem Einzylindermotor* [<engl. *bulldog;* → *Bulldogge*]

Bull|dog|ge ⟨f.; -, -n⟩ *stämmige engl. Hunderasse* [<engl. *bulldog,* urspr. »Hund für Stierhetze«]

Bull|do|zer ⟨[-do:zə(r)] m.; -s, -⟩ *Raupenfahrzeug, das mit einer horizontalen Stahlschneide das Gelände einebnet, Geländehobel* [engl.]

Bul|le ⟨f.; -, -n⟩ **1** *Kapsel für Urkundensiegel* **1.1** *das Siegel selbst* **2** *Urkunde mit Metallsiegel;* Goldene ~ *kaiserl. bzw. königl. Urkunde* **2.1** *päpstl. Erlass* [<lat. *bulla* »Blase, Buckel, Kapsel«]

Bul|le|tin ⟨[byl(ə)tɛ̃:] n.; -s, -s⟩ **1** *Tagesbericht* **1.1** *Kriegsbericht* **2** *öffentl. Bekanntmachung* **3** *Zeitschriftentitel* [<frz., »Wahlzettel, Bericht« <ital. *bolettino* »Zettel, Blatt«, Verkleinerungsform zu lat. *bulla*]

Bul|li|on ⟨a. engl. [buljən] n.; -s, -s⟩ *Gold- od. Silberbarren* [engl.]

bul|lös ⟨Adj.⟩ *blasig* [→ *Bulla*]

Bull|shit ⟨[bulʃit] m.; -s; unz.; derb⟩ *Unsinn, Scheiße* [engl.; eigtl. »Bullenscheiße«]

Bull|ter|ri|er ⟨m.; -s, -⟩ *eine Hunderasse, Kreuzung von Bulldogge u. Terrier*

Bul|ly ⟨n.; -s, -s; Sp.⟩ *Freistoß beim Eishockey nach einer Spielunterbrechung* [engl.]

Bul|ly|ing ⟨n.; -s; unz.⟩ *(von Kindern u. Jugendlichen ausgeübte) verbale od. körperliche Gewalt gegenüber einem Mitschüler;* → a. *Mobbing* [engl.; zu *bully* »Tyrann; tyrannisieren«]

Bu|me|rang ⟨m.; -s, -e od. -s⟩ *gekrümmtes Wurfholz, das zum Werfer zurückkehrt, wenn es sein Ziel verfehlt* [<austral. *wumera* »Wurfbrett«]

Bu|na ⟨m. od. n.; -s; unz.; Wz⟩ *synthet., durch Polymerisation von Butadien hergestellter Kautschuk* [verkürzt < *Butadien* + *Natrium*]
Bun|ga|low ⟨[buŋgalo:] m.; -s, -s⟩ **1** ⟨urspr.⟩ *leicht gebautes, einstöckiges Haus der Europäer in Indien* **2** ⟨i.w.S.⟩ *ein- od. anderthalbstöckiges Wohnhaus mit flachem Dach* [engl. < ind. (bengali) *bangla*]
Bun|gee|jum|ping ⟨[bʌndʒidʒʌmpiŋ] n.; -s; unz.⟩ *(als Sportart betriebenes) Springen aus großer Höhe an einem am Fuß befestigten elastischen Halteseil, das den Springenden kurz vor Erreichen des Bodens abfängt* [engl., < *bungee* »elastische Schnur« + *jump* »springen«]
Bun|ker ⟨m.; -s, -⟩ **1** *Schutzraum, betonierter Unterstand;* Luftschutz~ **2** *Sammelbehälter für Kohle, Getreide, Öl usw.* **3** *Sandloch beim Golfspiel* [engl., »Kohlenbunker«]
bun|kern ⟨V.; Mar.⟩ Kohle, Massengüter ~ *in den Bunker laden, dort speichern*
Buph|thal|mie ⟨f.; -, -n⟩ *krankhafte Vergrößerung des Augapfels* [< grch. *bous* »Rind, Ochse« + *ophthalmos* »Auge«]
Buph|thal|mus ⟨m.; -; unz.⟩ *Augenwassersucht;* Sy *Hydrophthalmus* [< grch. *bouphthalmon* »Ochsenauge«]
Bur|ber|ry ⟨[bə:bəri] m.; -, -s⟩ **1** *sehr fester englischer Kammgarnstoff* **2** *Mantel aus diesem Stoff* [nach dem engl. Tuchhändler Thomas *Burberry*]
Bu|re ⟨m.; -n, -n⟩ *Südafrikaner niederländ. Herkunft* [< ndrl. *boer* »Bauer«]
Bu|reau ⟨[byro:] n.; -s, -s; †; frz. Schreibung für⟩ *Büro* [frz.; → *Büro*]
Bü|ret|te ⟨f.; -, -n⟩ *Glasröhrchen zum Abmessen von Flüssigkeiten* [< frz. *burette* »Krug, Kännchen, bes. Maßkännchen«]
...bur|ger ⟨[bə:gə(r)] Suffix zur Bez. für⟩ *in der Art eines Hamburgers gefülltes Brötchen;* Cheese~; Fisch~ [< engl. ham*burger*]
Bur|gun|der ⟨m.; -s, -⟩ *sehr guter französischer Rot- od. Weißwein aus Burgund* [< frz. *Bourgogne* »Burgund« (frz. Region mit der Hauptstadt Dijon)]
bu|risch ⟨Adj.⟩ *die Burenstaaten u. die Buren betreffend, zu ihnen gehörig*
Bur|lak ⟨m.; -en, -en; im alten Russland⟩ *Treidler an der Wolga* [russ.]
bur|lesk ⟨Adj.⟩ *possenhaft, derb, komisch* [< ital. *burlesco;* zu *burla* »Posse«]
Bur|les|ke ⟨f.; -, -n⟩ *Posse, Schwank*
Burn-in, ⟨auch⟩ **Burn|in** ⟨[bə:n-] n.; -s; unz.⟩ *Verfahren zur Steigerung der Zuverlässigkeit von technischen Produkten, das durch (längere) probeweise Inbetriebnahme das Risiko eines Frühschadens minimiert* [zu engl. *burn in* »einbrennen«]
Bur|ning-out, ⟨auch⟩ **Bur|ning|out** ⟨[bə:niŋaut] n.; -s, -s⟩ *andauernder Erschöpfungszustand aufgrund körperlicher, geistiger u. seelischer Überanstrengung (durch Beruf, Familie u.a.)* [< engl. *burn* »brennen« + *out* »aus«]
Burn-out, ⟨auch⟩ **Burn|out** ⟨[bə:naut] n.; - od. -s; unz.⟩ **1** *Brennschluss bei Raketen* **2** *durch unzureichende Kühlung bewirktes Durchschmelzen der Hüllrohre von Brennelementen in Kernreaktoren* [< engl. *burn* »brennen« + *out* »aus«]
Bur|nus ⟨m.; - od. -ses, -se⟩ *Mantel (mit Kapuze) der Beduinen* [< frz. *burnous* < arab. *burnus*]
Bü|ro ⟨n.; -s, -s⟩ **1** *ein od. mehrere Räume, in denen schriftl. Arbeiten erledigt werden;* oV ⟨†⟩ *Bureau* **1.1** *kleine Firma;* Schreib~ **1.2** *Geschäftsstelle* **2** *Gesamtheit der in einem Büro(1) Tätigen* [< frz. *bureau* »Schreib-, Arbeitstisch«; zu *bure* »grober Wollstoff«, da ursprünglich mit diesem Stoff überzogen]
Bü|ro|krat ⟨m.; -en, -en⟩ **1** *Angehöriger der Bürokratie* **2** *Buchstabenmensch, Pedant* [< *Büro* + *...krat*]
Bü|ro|kra|tie ⟨f.; -, -n⟩ **1** *Beamtenherrschaft* **2** *der gesamte, aus den Beamten bestehende Verwaltungsstab* **3** ⟨fig.⟩ *engstirnige Beamtenwirtschaft*
bü|ro|kra|tisch ⟨Adj.⟩ **1** *in der Art einer Bürokratie* **2** *beamtenhaft* **3** ⟨fig.⟩ *kleinlich, schematisch*
bü|ro|kra|ti|sie|ren ⟨V.⟩ *bürokrat. Ordnung einführen, einen Vorgang od. Sachverhalt genauen Formen u. Schemata unterwerfen*
Bü|ro|kra|tis|mus ⟨m.; -, unz.⟩ *umständliche Wortklauberei bei Behörden, engstirnige Auslegung von Vorschriften*
Bü|ro|kra|ti|us ⟨m.; -; unz.; umg.; scherzh.⟩ *personifizierte Kleinigkeit von Behörden, Amtsschimmel;* heiliger ~!
Bü|ro|list ⟨m.; -en, -en; schweiz.; †⟩ *Büroangestellter*
Bur|sa ⟨f.; -, Bur|sae [-zɛ:]⟩ **1** ⟨Med.⟩ *Hohlraum des Körpers in Form einer Tasche od. eines (Schleim-)Beutels* **2** ⟨Rel.⟩ *Tasche in Gottesdienstgewändern* [grch.-lat.]
bur|schi|kos ⟨Adj.⟩ **1** *jungenhaft ungezwungen, formlos* **2** *studentisch flott* [zu *Bursche* »Student« + grch.-lat. Endung]
Bur|schi|ko|si|tät ⟨f.; -; unz.⟩ *ungezwungenes Benehmen*
Bur|se ⟨f.; -, -n⟩ **1** ⟨im MA⟩ *Geldbeutel, Säckel* **2** ⟨danach⟩ *Studentenheim, in dem die Bewohner aus einer gemeinsamen Kasse lebten* [< mlat. *bursa* »Geldbeutel« < grch. *byrsa* »Fell, Leder«]
Bur|si|tis ⟨f.; -, -ti|den⟩ *Schleimbeutelentzündung* [< lat. *bursa* »Beutel«]
Burst ⟨[bə:st] m.; -s, -s⟩ *plötzl. Strahlungsausbruch der Sonne im Radiowellenbereich durch eine Sonneneruption* [< engl. *burst* »bersten, platzen, sprengen; Sprengung«]
Bus ⟨m.; -ses, -se; kurz für⟩ **1** *Autobus, Omnibus* **2** ⟨engl. [bʌs] unz.⟩ *Sammelleitung für den Datenaustausch zwischen den einzelnen Komponenten eines EDV-Systems;* → a. *Bussystem*
Bü|se ⟨f.; -, -n; Mar.⟩ *Boot zum Heringsfang* [< ndrl. *buis*]

Bu|shel ⟨[-ʃəl] m.; -s, -s od. -⟩ *engl.-amerik. Trockenhohlmaß, 36,37 bzw. 35,24 Liter* [engl., »Scheffel«]
Busi|ness ⟨[bịznis] n.; -; unz.⟩ *Geschäft* [< engl. *business*]
Busi|ness|class ⟨[bịzniskla:s] f.; -; unz.; im Flugverkehr⟩ *Beförderungsklasse für Geschäftsreisende* [engl.]
Busi|ness|man ⟨[bịznizmæn] m.; -, -men [-mən]⟩ *(erfolgreicher) Geschäftsmann, Manager* [engl.]
Bụs|sard ⟨m.; -(e)s, -e⟩ *Unterfamilie der Raubvögel mit kräftiger Gestalt u. breiten Flügeln: Buteonina* [< frz. *busard* »Feldweih«]
Bus|so|le ⟨f.; -, -n⟩ **1** ⟨Mar.⟩ *Kompass* **2** ⟨El.⟩ *elektr. Messgerät, in dem der durch eine Spule hindurchgehende Strom eine Magnetnadel ablenkt* [< frz. *boussole*]
Bus|sys|tem ⟨[bʌs-] n.; -s, -e; EDV⟩ *Geräteeinheit zur Übertragung von Informationen in EDV-Systemen über spezielle Datensammelwege;* → a. *Bus(2)* [engl.]
Bus|ti|er ⟨[bystje:] n. od. m.; -s, -s⟩ *sehr kurzes, ärmelloses, eng anliegendes Oberteil für Frauen;* → a. *Bodysuit* [< frz. *buste* »Oberkörper«]
Bu|stro|phe|dọn, Bus|tro|phe|dọn, ⟨auch⟩ **Bust|ro|phe|dọn** ⟨n.; -s; unz.⟩ *alte griechische Furchenschrift, abwechselnd links- u. rechtsläufig* [< grch. *bustrophedon;* zu *bus* »Rind« + *strephein* »wenden«]
Bu|su|ki ⟨f.; -, -s; Mus.⟩ *griechisches, der Laute ähnl. Zupfinstrument*
Bu|ta|di|en ⟨n.; -(e)s; unz.⟩ *ungesättigter Kohlenwasserstoff, Ausgangsstoff für Kunstkautschuk (Buna), chem. Formel* $CH_2=CH-CH=CH_2$ [→ *Butan*]
Bu|tan ⟨n.; -(e)s; unz.⟩ *gasförmiger, aus Erdöl u. Erdgas gewonnener, aliphatischer gesättigter Kohlenwasserstoff,* $CH_3-CH_2-CH_2-CH_3$, *verwendet für Heizzwecke, als Motorentreibstoff sowie zur Herstellung von Butadien* [zu lat. *butyrum* »fette Bestandteile der Milch«]
Bu|ta|nol ⟨n.; -s; unz.⟩ *vom Butan abgeleiteter Alkohol, chem. Formel* C_4H_7OH*;* Sy *Butylalkohol*
butch ⟨[butʃ] Adj.; undekl.; umg.⟩ *von markant maskulinem Äußeren od. mit bes. maskulinen Attributen ausgestattet* [engl., »maskulin«]
Bu|ten ⟨n.; -s; unz.⟩ *ein Kohlenwasserstoff mit vier Kohlenstoffatomen und einer Doppelbindung, chem. Formel* C_4H_8*;* Sy *Butylen*
Bu|ti|ke ⟨f.; -, -n⟩ = *Boutique*
But|ler ⟨[bʌt-] m.; -s, -⟩ *Haushofmeister* [engl., »Kellermeister« < frz. *boutellier;* zu *bouteille* »Flasche«]
But|ter|fly ⟨[bʌtə(r)flai] m.; - od. -s, -s; Sp.⟩ **1** ⟨Kunstturnen⟩ *ein seitwärts gestreckt ausgeführter Salto* **2** ⟨Eiskunstlauf⟩ *ein ähnlich der oben genannten Turnfigur angelegter Spreizsprung* **3** ⟨Schwimmen; unz.⟩ *Schmetterlingsstil* [engl., »Schmetterling(-sstil)«]
But|ter|fly|stil ⟨[bʌtə(r)flai-] m.; -s; unz.; Sp.⟩ *Schwimmstil, bei dem die Arme von hinten im Kreis nach vorn geführt werden, Schmetterlingsstil;* Sy *Butterfly(3)* [< engl. *butterfly* »Schmetterling«]
But|ton ⟨[bʌtn] m.; -s, -s⟩ **1** *Plakette mit Aufschrift, durch die der Träger seine Meinung zu einer (meist polit.) Frage kundgibt* **2** ⟨umg.; bes. EDV⟩ *Betätigungsknopf, -schalter* [engl., »Knopf«]
Bu|tyl ⟨n.; -s; unz.⟩ *vom Butan abgeleiteter, zweiwertiger Alkylrest:* $-C_4H_9$ [verkürzt < lat. *butyrum* »fette Bestandteile der Milch« + *...yl*]
Bu|tyl|al|ko|hol ⟨m.; -(e)s; unz.⟩ = *Butanol*
Bu|ty|len ⟨n.; -s; unz.⟩ = *Buten*
Bu|ty|ro|me|ter ⟨n.; -s, -⟩ *Gerät zum Messen des Fettgehaltes der Milch* [< lat. *butyrum* »fette Bestandteile der Milch« + *...meter*]
Buy-out, ⟨auch⟩ **Buy|out** ⟨[baiaut] m. od. n.; -s, -s; Wirtsch.; kurz für⟩ *Management-Buy-out* [engl., »Aufkauf«]
Bu|zen|taur ⟨m.; -en, -en⟩ oV *Bucintoro* **1** *Sagenungeheuer, Stiermensch der griech. Sage* **2** *venezian. Prunkschiff* [< grch. *bus* »Stier« + *kentauros* »Zentaur«]
bye-bye! ⟨[baibai] umg.⟩ *auf Wiedersehen!* [engl., Weiterbildung von *good bye* »auf Wiedersehen«]
By|pass ⟨[bai-] m.; -es, -es od. -päs|se; Med.⟩ *Umgehungstransplantat (bei Herzoperationen)* [engl., »Umgehung«]
By|ro|nis|mus ⟨[bairə-] m.; -; unz.⟩ *die Nachahmung der weltschmerzlichen Dichtung des englischen Lords Byron (1788–1824)*
Bys|sus ⟨m.; -; unz.⟩ **1** ⟨Antike⟩ *feines Gewebe* **1.1** *baumwollener Netzhemdenstoff* **2** *von Muscheln (Bivalvia) erzeugte, zähe, hornartige Fäden, mit deren Hilfe sich die frei auf dem Untergrund liegenden Tiere anheften können, z.B. die Miesmuschel* [< grch. *byssos* »feine Leinwand«]
Byte ⟨[bait] n.; - od. -s, - od. bei Zahlenangaben: -; Zeichen: B; EDV⟩ *kleinste Recheneinheit einer EDV-Anlage, umfasst meist acht Bit als Datenträger u. ein od. zwei Prüfbits* [engl.; erweiterte Form zu *Bit*]
By|zan|ti|ner ⟨m.; -s, -⟩ **1** *Einwohner von Byzanz (Konstantinopel)* **2** ⟨fig.; †⟩ *Schmeichler, Kriecher*
by|zan|ti|nisch ⟨Adj.⟩ **1** *Byzanz betreffend, zu Byzanz gehörig* **2** ⟨fig.; †⟩ *schmeichlerisch, unterwürfig*
By|zan|ti|nis|mus ⟨m.; -, unz.⟩ **1** *byzantin. Hof-, Staatsform* **2** ⟨fig.; †⟩ *kriecher. Unterwürfigkeit gegenüber Höherstehenden*
By|zan|ti|nist ⟨m.; -en, -en⟩ *Wissenschaftler der Byzantinistik*
By|zan|ti|nis|tik ⟨f.; -; unz.⟩ *Wissenschaft von der Geschichte u. Kultur des Byzantinischen Reiches* [nach der Stadt *Byzanz,* heute Istanbul]
By|zan|ti|nis|tin ⟨f.; -, -tin|nen⟩ *Wissenschaftlerin der Byzantinistik*

C

c ⟨Zeichen für⟩ *Zenti...*

C 1 ⟨röm. Zahlzeichen für⟩ *hundert* [lat. *centum*] **2** ⟨in röm. Inschriften Abk. für⟩ *Caesar, Gajus (Cajus), Censor u.a.* **3** ⟨Phys.; Zeichen für⟩ *Coulomb, Celsius (°C)* **4** ⟨chem. Zeichen für⟩ *Kohlenstoff (Carboneum)* **5** ⟨postal. Zeichen für⟩ *Zentrum(3)* **6** ⟨EDV⟩ *vielseitig verwendbare, maschinennahe Programmiersprache, die zusammen mit dem Betriebssystem Unix entwickelt wurde*

ca. ⟨Abk. für⟩ *zirka*

Ca 1 ⟨chem. Zeichen für⟩ *Calcium* **2** ⟨Med.; Abk. für⟩ *Karzinom*

Ca|ba|let|ta ⟨f.; -, -s od. -let|ten; Mus.⟩ **1** *kurze Arie mit einem einfachen, gleichbleibenden Rhythmus* **2** *Wiederholungs- od. Zwischenteil einer Arie* **3** *rhythmisch gesteigerter Schlussteil einer Arie;* →a. *Stretta* [ital.; zu frz. *couplet* »Strophe« <lat. *copula* »Band«]

Ca|bal|le|ro ⟨[kavaljɛ:ro] m.; -s, -s; span. Bez. für⟩ **1** *Ritter* **2** ⟨in der Anrede⟩ *Herr* [span., »Ritter; Herr«]

Ca|ba|nos|si ⟨f.; -, -⟩ = *Kabanossi*

Ca|ba|ret ⟨[kabare:] od. [kabare:] n.; -s, -s⟩ = *Kabarett*

Ca|ble|trans|fer, ⟨auch⟩ **Cab|le|trans|fer** ⟨[kɛibl trænsfə:(r)] m.; (-) -s, (-) -s⟩ *telegrafische Geldübermittlung* [<engl. *cable* »Kabel« + *transfer* »(Geld-)Übertragung«]

Ca|bo|chon ⟨[kaboʃɔ̃:] m.; -s, -s⟩ *rund geschliffener Edelstein* [frz.; zu *caboche* »Kuppe«]

Ca|bo|ta|ge ⟨[-ʒə] f.; -, -n⟩ = *Kabotage*

Ca|brio, ⟨auch⟩ **Cab|rio** ⟨n.; -s, -s⟩ = *Kabrio*

Ca|bri|o|let, ⟨auch⟩ **Cab|ri|o|let** ⟨[-le:] n.; -s, -s⟩ = *Kabriolet*

Cac|cia ⟨[katʃa] f.; -, -s; Mus.⟩ **1** ⟨allg.⟩ *Jagdstück* **2** *mit zwei Solostimmen besetzter Kanon (in der italienischen Musik des 14.-16. Jh.);* →a. *Ars nova* [ital., »Jagd«]

Cache ⟨[kæʃ] od. [kaʃ] m.; -, -s; EDV⟩ *zwischen Arbeitsspeicher u. Prozessor geschaltete Speichereinheit, Pufferspeicher* [engl. u. frz., »Versteck«]

Ca|che|lot ⟨[-ʃəlɔt] m.; -s, -s⟩ = *Kaschelott*

Ca|che|nez ⟨[kaʃ(ə)ne:] n.; -, - [-ne:s]⟩ *Halstuch* [frz. »Schal«]

Ca|chet ⟨[kaʃe:] n.; -s, -s⟩ **1** *Siegel* **2** *Gepräge, Eigenart* [frz., »Handstempel, Siegel«]

ca|chie|ren ⟨[-ʃi:-] V.⟩ = *kaschieren*

Ca|chou ⟨[kaʃu:] n.; -s, -s⟩ **1** *Lakritzsaft, Hustenmittel* **2** *gerbstoffhaltiger Pflanzensud* [frz. <mal. *kachu*]

Ca|chu|cha ⟨[-tʃu:tʃa] f.; -, -s⟩ *dem Bolero ähnlicher, andalusischer Solotanz im Dreivierteltakt* [span.]

Cac|ta|ce|ae ⟨[-tse:ɛ:] Pl.; Bot.⟩ = *Kakteen;* oV *Kaktazeen* [→ *Kaktus*]

CAD ⟨[cæd] od. [si:idi:] EDV; Abk. für engl.⟩ *Computer-Aided Design, computerunterstütztes Konstruieren od. Entwerfen von Bauteilen, wobei die Bauteile mittels eines Computers u. Bildschirms aufgebaut u. den auftretenden Belastungszuständen unterworfen werden;* →a. *CAM*

Ca|da|ve|rin ⟨[-ve-] n.; -s; unz.⟩ = *Kadaverin*

Cad|die ⟨[kædi] m.; -s, -s⟩ **1** *Junge, der die Schläger von Golfspielern trägt* **2** ⟨Ⓦⓩ⟩ *Einkaufswagen (in Lebensmittelmärkten)* [engl.]

cad|mie|ren ⟨V.⟩ *mit einer Schicht Cadmium überziehen;* oV *kadmieren;* Sy *verkadmen*

Cad|mi|um ⟨n.; -s; unz.; chem. Zeichen: Cd⟩ *silberweißes Metall, chem. Element, Ordnungszahl 48;* oV *Kadmium* [<grch. *kadmia, kadmeia* »Zinkerz«]

Ca|dre|par|tie, ⟨auch⟩ **Cad|re|par|tie** ⟨[-drə-] f.; -, -n; Sp.⟩ *bestimmte Partie im Billard, bei der die Spielfläche in Felder aufgeteilt ist;* oV *Kaderpartie* [<frz. *cadre* »Rahmen« + *Partie*]

CAE ⟨EDV; Abk. für engl.⟩ *Computer-Aided Engineering (computerunterstütztes Ingenieurwesen)*

Cae|cum ⟨n.; -s, -ca; Med.⟩ = *Zäkum*

Cae|re|mo|ni|a|le ⟨n.; -, -li|en od. -lia; kath. Kirche⟩ *amtliche Sammlung von Anweisungen für die Liturgie feierlicher Gottesdienste* [zu lat. *caeremonia* »heilige Handlung«]

Cae|si|um ⟨n.; -s; unz.; chem. Zeichen: Cs⟩ *chem. Element, silberweißes, sehr weiches Alkalimetall, Ordnungszahl 55;* oV *Cäsium, Zäsium* [<lat. *caesius* »blaugrau«]

Ca|fé ⟨[-fe:] n.; -s, -s⟩ *Kaffeehaus, Konditorei* [frz., »Kaffee, Café«]

Ca|fé com|plet, ⟨auch⟩ **Ca|fé comp|let** ⟨[-kɔ̃:plɛ] m.; - -, -s [-fe:] - [kɔ̃:plɛ]; schweiz.⟩ *Kaffee mit Brötchen, Butter u. Marmelade* [<frz. *café* »Kaffee« + *complet* »vollständig«]

Ca|fé crème ⟨[-kre:m] m.; - -, -s [-fes] - [-kre:m]; schweiz.⟩ *Kaffee mit Sahne* [<frz. *café* »Kaffee, Café« + *crème (fraîche)* »(frische) Sahne«]

Ca|fe|te|rie, Ca|fe|te|ria ⟨f.; -, -ri|en⟩ *kleines Lokal, Kaffeehaus (bes. innerhalb von Betrieben, Universitäten u.Ä.)* [<span. *cafeteria* »Kaffeehaus«]

Ca|fe|ti|er ⟨[-tje:] m.; -s, -s; †⟩ *Kaffeehauswirt* [frz., »Inhaber eines Cafés«]

Ca|fe|ti|e|re ⟨[-tjɛ:rə] f.; -, -n; †⟩ **1** *Kaffeehauswirtin* **2** *Kaffeekanne* [frz.]

CAI ⟨EDV; Abk. für engl.⟩ **1** *Computer-Aided Instruction (computerunterstützter Unterricht);* →a. *CAL* **2** *Computer-Aided Industry (computerunterstützter Industriebetrieb)*

Cais|son ⟨[kɛsɔ̃:] m.; -s, -s⟩ *unten offener Kasten für Arbeiten unter Wasser, Senkkasten* [frz., »Kastenwagen, Senkkasten«]

Cais|son|krank|heit ⟨[kɛsɔ̃:-] f.; -, -en⟩ *Taucherkrankheit, Durchblutungsstörungen infolge Bildung von Gasbläschen bei plötzl. Rückgang des Luftdrucks, z.B. beim Ausstieg aus einem Caisson, nach dem Tauchen usw.*

Cake ⟨[kɛik] m.; -s, -s; schweiz.⟩ *in einer länglichen Form gebackene Sandkuchenart* [engl., »Kuchen«]

Cake|walk ⟨[kɛɪkwɔ:k] m.; - od. -s, -s; Mus.⟩ **1** ⟨urspr.⟩ *traditioneller Rundtanz nordamerikanischer Sklaven um einen dabei zu gewinnenden Kuchen* **2** ⟨danach⟩ *(zu Anfang des 20. Jh. in Europa eingeführter) mit Jazzrhythmen unterlegter Gesellschafts- u. Bühnentanz ohne Partner* [< engl. *cake* »Kuchen« + *walk* »Schritt, Spaziergang «]

cal ⟨Abk. für⟩ *die nicht mehr zulässige Energieeinheit Kalorie*

CAL ⟨EDV; Abk. für engl.⟩ *Computer Aided Learning (computerunterstütztes Lernen);* → a. *CAI*

Ca|la|ma|res ⟨Pl.; Kochk.⟩ *frittierte Tintenfischringe* [< span. *calamar* »Kalamar«]

Ca|la|mus ⟨m.; -, -mi⟩ **1** ⟨im Altertum⟩ *rohrförmiges Schreibgerät* **2** *unterer, hohler Teil der Vogelfeder, Spule* [< lat. *calamus* »Rohr, Stängel«]

ca|lan|do ⟨Mus.⟩ *abnehmend in Tempo u. Lautstärke (zu spielen)* [ital., »nachlassend«]

Cal|ca|ne|us ⟨m.; -, -nei [-neiː]⟩ *Fersenbein* [< lat. *calcaneum* »Ferse«]

Cal|ce|o|la|ria ⟨f.; -, -ri|en⟩ = *Kalzeolarie*

Cal|ci|fe|rol ⟨n.; -s, -e⟩ *Vitamin D;* oV *Kalziferol* [zu *Calcium* + lat. *ferre* »tragen«]

Cal|ci|na|ti|on ⟨f.; -, -en⟩ **1** ⟨unz.⟩ *das Calcinieren* **2** ⟨zählb.⟩ *Produkt des Calcinierens;* oV *Kalzination* [< lat. *calx,* Gen. *calcis* »Kalk«]

cal|ci|nie|ren ⟨V.⟩ feste Stoffe ~ *zum Entfernen von Kristallwasser od. zum Abspalten von Kohlendioxid erhitzen (brennen)*

Cal|ci|spon|giae ⟨[-giɛ:] Pl.⟩ *Kalkschwämme* [< lat. *calx,* Gen. *calcis* »Kalk« + *Spongia*]

Cal|cit ⟨m.; -s, -e⟩ *Kalkspat;* oV *Kalzit* [zu lat. *calx,* Gen. *calcis* »Kalk«]

Calcium / Kalzium (*orthographische Varianten*) Viele Fremdwörter haben über verschiedene Fachsprachen Eingang in die deutsche Standardsprache gefunden. Daher gibt es für eine Reihe ursprünglich fachsprachlich verwendeter Termini neben der an der Herkunftssprache orientierten fachsprachlichen Schreibung auch eine integrierte Schreibweise mit integrierter Laut-Buchstaben-Zuordnung (→a. *Coupon/ Kupon*).

Cal|ci|um ⟨n.; -s; unz.; chem. Zeichen: Ca⟩ *chem. Element, Erdalkalimetall, Ordnungszahl 20;* oV *Kalzium* [< lat. *calx,* Gen. *calcis* »Kalk«]

Cal|ci|um|bro|mid ⟨n.; -s, unz.⟩ *Calciumsalz der Bromwasserstoffsäure,* $CaBr_2$*;* oV *Kalziumbromid*

Cal|ci|um|car|bid ⟨n.; -(e)s, -e⟩ *Ausgangsstoff für viele chem. Synthesen u. zur Darstellung von Acetylen, chem. Formel* CaC_2*;* oV *Kalziumkarbid;* Sy ⟨i.e.S.⟩ *Carbid*

Cal|ci|um|car|bo|nat ⟨n.; -(e)s, -e⟩ *Calciumsalz der Kohlensäure,* $CaCO_3$*, in mineral. Form als Kalk weit verbreitet;* oV *Kalziumkarbonat*

Cal|ci|um|chlo|rid ⟨[-klo:-] n.; -(e)s, -e⟩ *hygroskopisches Abfallprodukt beim Ammoniaksodaverfahren, Trockenmittel,* $CaCl_2$*;* oV *Kalziumchlorid;* Sy *Chlorcalcium*

Cal|ci|um|flu|o|rid ⟨n.; -(e)s, -e⟩ *Flussmittel in Hüttenwerken, Glasätzmittel, Antiseptikum, chem. Formel* CaF_2*; in mineral. Form als Fluorit bezeichnet;* oV *Kalziumfluorid*

Cal|ci|um|hy|dro|xid, ⟨auch⟩ **Cal|ci|um|hyd|roxid** ⟨n.; -s; unz.⟩ *starke Base,* $Ca(OH)_2$*, entsteht durch Auflösen von gebranntem Kalk in Wasser;* oV *Kalziumhydroxid*

Cal|ci|um|o|xid ⟨n.; -(e)s, -e⟩ *gebrannter Kalk;* oV *Kalziumoxid*

Cal|ci|um|phos|phat ⟨n.; -(e)s, -e⟩ *Düngemittel, chem. Formel* $Ca(H_2PO_4)_2$ ⟨od.⟩ $CaHPO_4$*;* oV *Kalziumphosphat*

Cal|ci|um|sul|fat ⟨n.; -(e)s, -e⟩ *Gips;* oV *Kalziumsulfat*

Cal|de|ra ⟨f.; -, -ren⟩ *durch Einsturz od. explosionsartigen Auswurf von Material entstandener Vulkantrichter* [span., »Kessel«]

Ca|len|dae ⟨Pl.⟩ = *Kalenden*

Ca|len|du|la ⟨f.; -, -lae [-lɛ:]⟩ *Ringelblume aus der Familie der Korbblütler* [spätlat.]

Calf ⟨a. engl. [ka:f] n.; -s; unz.⟩ *Kalbsleder* [engl., »Kalb«]

Ca|li|che ⟨[kali:tʃə] f.; -; unz.⟩ *Ausgangsstoff für die Gewinnung von Chilesalpeter* [span., »Kalkflocke«]

Ca|li|for|ni|um ⟨n.; -s; unz.; chem. Zeichen: Cf⟩ *künstl. hergestelltes chem. Element mit der Ordnungszahl 99;* oV *Kalifornium* [nach *California,* Bundesstaat der USA]

Ca|li|na ⟨f.; -, -s; Meteor.⟩ *(während des Sommers auftretende) Lufttrübung durch heiße Staubmassen im Innenland Spaniens* [span., »Dunst«]

Cal|la ⟨f.; -, -s⟩ = *Kalla*

Cal|la|ne|tics ⟨[kælənɛ:tiks] Pl.⟩ *gymnastisches Training bestimmter Muskelschichten* [nach der Amerikanerin *Callan* Pickney]

Cal|la|i|nit ⟨m.; -s, -e⟩ = *Variszit*

Call|boy ⟨[kɔ:lbɔi] m.; -s, -s⟩ *Prostituierter, den man telefonisch bestellt* [engl., eigtl. »Hotelpage«, zu *call* »anrufen« + *boy* »Junge«]

Call|cen|ter ⟨[kɔ:lsɛntə(r)] n.; -s, -; Wirtsch.⟩ **1** *Telemarketingbetrieb, in dem Anrufe der Kunden entgegengenommen u. bearbeitet werden* **2** *Abteilung eines Unternehmens, die Fragen u. Reklamationen entgegennimmt* [< engl. *call* »anrufen« + *Center*]

Call|girl ⟨[kɔ:lgə:rl] n.; -s, -s⟩ *Prostituierte, die man telefonisch bestellt* [< engl. *call* »(an)rufen« + *girl* »Mädchen«]

Call-in ⟨[kɔ:lin] n.; - od. -s, -s; TV⟩ *Sendung, während der die Zuschauer anrufen können* [< engl. *call* »anrufen«]

Call|ing|card ⟨[kɔ:liŋka:d] f.; -, -s⟩ **1** *Visitenkarte* **2** *international gültige Telefonkarte* [< engl. *call* »anrufen« + *card* »Karte«]

Cal|lus ⟨m.; -, -lus|se⟩ = *Kallus*

cal|ma|to ⟨Mus.⟩ *beruhigend, beruhigt (zu spielen)* [ital.]

Cal|me ⟨f.; -, -n⟩ = *Kalme*
Ca|lor ⟨m.; -s; unz.; Med.⟩ *Wärme, Hitze (als Folge einer Entzündung)* [lat.]
ca|lo|ri|sie|ren ⟨V.⟩ = *kalorisieren*
Ca|lu|met ⟨n.; -s, -s⟩ = *Kalumet*
Ca|lu|tron, ⟨auch⟩ **Ca|lut|ron** ⟨n.; -s, -e od. -s; Kernphys.⟩ *Gerät zur Trennung von Isotopen* [verkürzt <engl. *Cal*ifornia *U*niversity Cyclo*tron*]
Cal|va ⟨[-va] f.; -, -ven; Anat.⟩ = *Kalva*
Cal|va|dos ⟨[kalva-] m.; -, -⟩ *ein Apfelbranntwein* [frz., nach dem gleichnamigen frz. Département in der Normandie]
Cal|va|ria ⟨[-va:-] f.; -, -ri|ae [-riɛ:]⟩ *knöchernes Schädeldach* [<lat. *calvus* »kahl«]
Cal|vi|nis|mus ⟨[-vi-] m.; -; unz.⟩ = *Kalvinismus*
Cal|vi|nist ⟨[-vi-] m.; -en, -en⟩ = *Kalvinist*
cal|vi|nis|tisch ⟨[-vi-] Adj.⟩ = *kalvinistisch*
Cal|vi|ti|es ⟨[-vi:-] f.; -; unz.; Med.⟩ *Kahlheit* [lat.]
Calx ⟨f.; -, Cal|ces⟩ **1** *Kalk* **2** *Ferse* [<lat. *calx* »Kalkstein; Ferse, Huf«]
Ca|ly|ces ⟨Pl. von⟩ *Calyx*
ca|ly|ci|nisch ⟨Adj.⟩ *kelchartig (von der Blütenhülle)* [→ *Calyx*]
Ca|lyp|so ⟨m.; -s, -s⟩ **1** ⟨urspr.⟩ *Tanz der Schwarzen in Mittelamerika* **2** ⟨danach⟩ *Modetanz im Samba- u. Rumbarhythmus* **3** ⟨grch. Mythol.⟩ *Nymphe aus der homerischen Odyssee, die Odysseus einige Jahre gefangen hielt* [Herkunft nicht bekannt]
Ca|lyp|tra, ⟨auch⟩ **Ca|lypt|ra** ⟨f.; -, -tren⟩ = *Kalyptra*
Ca|lyx ⟨m.; -, -ly|ces⟩ **1** *Blütenkelch* **2** *Körperteil der Haarsterne* [<grch. *kalyx* »Kelch«]
CAM ⟨[kæm] EDV; Abk. für engl.⟩ *Computer Aided Manufacturing (computerunterstützte Herstellung von Werkzeugen u. Maschinen);* →a. *CAD*
Cam|bi|a|ta ⟨f.; -, -ten; Mus.⟩ *Wechselnote, die den auf dem leichten Taktteil stehenden dissonanten Nebenton bezeichnet u. in einen konsonierenden Ton abspringt* [zu ital. *cambiare* »wechseln«]
Cam|bio ⟨m.; -s, -s; ital. Bez. für⟩ *Geldumtausch*
Cam|bi|um ⟨n.; -s, -bi|en⟩ = *Kambium*
Cam|cor|der ⟨[kamkɔ:də(r)] od. [kæmkɔ:də(r)] m.; -s, -⟩ *tragbare Kamera zur Aufzeichnung von Videoaufnahmen, die auch über eine Abspiel- u. Ansichtsfunktion verfügt;* Sy *Kamerarekorder* [<engl. *cam*era »Kamera« + re*corder* »Rekorder«]
Ca|mem|bert ⟨[kamãbɛ:r] m.; -s, -s⟩ *vollfetter Weichkäse mit leichtem Schimmelbelag u. champignonartigem Geschmack* [nach dem frz. Ort *Camembert* in der Normandie]
Ca|meo ⟨[kæmiou] m.; -s, -s⟩ *kurzer Auftritt eines bekannten Schauspielers, Schriftstellers o.Ä. in einem Film od. auf der Bühne* [engl., eigtl. »Miniatur(-rolle)«]
Ca|me|ra ob|scu|ra, ⟨auch⟩ **Ca|me|ra obs|cu|ra** ⟨f.; - -, -rae -rae⟩ *einfachste Form einer Kamera mit kleinem Loch statt Linse, Lochkamera* [lat., »dunkle Kammer«]
Ca|mi|on ⟨[kamjɔ̃:] m.; -s, -s; schweiz.⟩ *Lastkraftwagen* [frz., »Lastwagen«]
Ca|mi|on|na|ge ⟨[kamjɔna:ʒə] f.; -; unz.; schweiz.⟩ *Spedition* [frz., »An- u. Abfuhr (von Kaufmannsgütern)«]
Ca|mi|on|neur ⟨[kamjɔnø:r] m.; -s, -e; schweiz.⟩ *Spediteur* [frz., »Lastwagenfahrer«]
Ca|mor|ra ⟨f.; -; unz.⟩ = *Kamorra*
Ca|mou|fla|ge, ⟨auch⟩ **Ca|mouf|la|ge** ⟨[kamufla:ʒ(ə)] f.; -, -n⟩ *Irreführung, Täuschung, Tarnung* [frz., »Tarnung«]
Camp ⟨[kæmp] n.; -s, -s⟩ *Feld-, Zelt-, Gefangenenlager;* ⟨auch⟩ *US-amerikan. Militärstützpunkt* [engl.]
Cam|pa|gne, ⟨auch⟩ **Cam|pag|ne** ⟨[-panjə] f.; -, -n⟩ = *Kampagne*
Cam|pai|gner, ⟨auch⟩ **Cam|paig|ner** ⟨[-pɛinə(r)] m.; -s, -⟩ *jmd., der an einer Kampagne(3) teilnimmt;* Werbe~ [engl.]
Cam|pa|ni|le ⟨m.; -, -⟩ = *Kampanile*
Cam|pa|nu|la ⟨f.; -, -lae⟩ *Glockenblume;* oV *Kampanula* [ital., »Glockenblume«; zu *campana* »Glocke«]
Cam|pa|ri ⟨m.; -s, -s; Ⓦⓩ⟩ *roter, wermuthaltiger Bitterlikör* [nach der ital. Firma D. *Campari*]
Cam|pe|che|holz ⟨[kampɛtʃə-] n.; -es; unz.⟩ *Blauholz* [nach dem mexikanischen Staat *Campeche*]
cam|pen ⟨[kæm-] V.; umg.⟩ *zelten* [→ *Camp*]
Cam|per ⟨[kæm-] m.; -s, -⟩ **1** *jmd., der Camping betreibt* **2** *motorisierter Wohnwagen, Wohnmobil*
Cam|pe|si|no ⟨m.; -s, -s; span. Bez. für⟩ *Bauer, Landarbeiter*
Cam|phen ⟨n.; -s; unz.⟩ *aus Terpentinöl gewonnenes, in ätherischen Ölen vorkommendes Terpen,* $C_{10}H_{16}$*;* oV *Kamphen* [<engl. *camphene,* verkürzt <*camphor* »Kampfer« + *terpene* »Terpen«]
cam|pie|ren ⟨V.; schweiz.⟩ = *campen*
Cam|pi|gni|en, ⟨auch⟩ **Cam|pig|ni|en** ⟨[kãpinjɛ̃:] n.; - od. -s; unz.⟩ *Kulturstufe am Ende der Mittelsteinzeit* [nach dem Hügel *Campigny* bei Blagny-sur-Bresle im Département Seine-Inférieure, Frankreich]
Cam|ping ⟨[kæm-] n.; -s, -s⟩ *Freizeit- u. Feriengestaltung mit Zelt od. Wohnwagen;* zum ~ ans Meer fahren [engl.]
Cam|ping|platz ⟨[kæm-] m.; -es, -plät|ze⟩ *Platz zum Aufstellen von Zelten u. Wohnwagen (meist mit sanitären Anlagen)*
Camp|mee|ting ⟨[kæmpmi:tiŋ] n.; -s, -s; bes. in den USA⟩ *im Freien od. in einem Zelt abgehaltener Gottesdienst* [engl., zu *camp* »Lager« + *meeting* »Treffen, Zusammenkunft«]
Cam|po ⟨m.; -s, -s; meist Pl.; Geogr.⟩ *baumloses Grasland im Inneren Südamerikas* [span., portug., »Feld«]
Cam|po|san|to ⟨m.; -s, -s od. -ti⟩ *Friedhof* [ital.]

Cam|pus ⟨m.; -; unz.⟩ *Universitäts-, Collegegelände* [engl. <lat. *campus* »Lager«]
Ca|nail|le ⟨[kanaljə] f.; -, -n⟩ *Lump, Schurke* [frz., »Gesindel, Lumpenpack« <lat. *canis* »Hund«]
Ca|na|le ⟨m.; -s, -li⟩ *Kanal;* ~ Grande [ital.]
Ca|na|lis ⟨m.; -, -les; Med.⟩ *Körperkanal*[lat.]
Ca|na|pé ⟨[-pe:] n.; -s, -s⟩ = *Kanapee*
Ca|nas|ta ⟨n.; -s; unz.⟩ *in Südamerika erfundenes Kartenspiel mit 2 mal 52 Karten u. 6 Jokern für 2 bis 6 Personen;* oV *Kanaster* [span., »Körbchen«]
Can|can ⟨[kãkã:] m.; -s, -s⟩ *Bühnentanz in schnellem Tempo mit Hochwerfen der Beine* [Herkunft unsicher]
can|celn ⟨[ka:nsəln] od. [kæ:nsəln] V.⟩ *absagen;* eine Reise, einen Flug ~ [<engl. *cancel* »absagen, entwerten« <lat. *cancellare* »mit Gittern durchstreichen«; zu *cancelli* »Gitter, Schranken]
Can|cer ⟨m.; -s, -⟩ *Krebs(geschwür)* [<lat. *cancer* »Krebs«]
can|ce|ro|gen ⟨Adj.⟩ = *kanzerogen*
Can|ce|ro|gen ⟨m.; -(e)s, -e; Med.⟩ = *Kanzerogen*
Can|ce|ro|id ⟨n; -s, -e; Med.⟩ = *Kanzeroid*
Can|ci|ón ⟨[-çiɔn] od. [-θiɔn] n.; -s, -s; Lit.⟩ **1** ⟨urspr.⟩ *fünfzeiliges spanisches Lied des 15./16. Jh.* **2** ⟨danach⟩ *lyrisches Gedicht mit regelmäßigem Strophenaufbau* [span., »Lied«]
cand. ⟨Abk. für⟩ *candidatus (= Kandidat)*
Can|de|la ⟨[-de:-] f.; -, -; Zeichen: cd⟩ *Einheit der Lichtstärke, 1 cd wird von einem schwarzen Körper bei einer Temperatur von 2042,5 K (Erstarrungstemperatur von reinem Platin) mit einer Öffnung von $^1/_{60}$ cm² ausgesandt* [lat., »Wachslicht«]
Can|di|da ⟨f.; -, -dae [-dɛ:]⟩ *Gattung der Sprosspilze, auf Haut u. Schleimhaut von Mensch u. Tier schmarotzend* [<lat. *candidus* »weiß, glänzend«]
Can|dle|light|din|ner, ⟨auch⟩ **Cand|le|light-Din|ner** ⟨[kændəllait-] n.; -s, -⟩ *abendl. Festessen bei Kerzenlicht* [engl., zu *candle* »Kerze« + *light* »Licht« + *dinner* »Abendmahlzeit«]
Ca|ni|nus ⟨m.; -, -ni⟩ *Eckzahn* [<lat. *caninus* »bissig«]
Ca|ni|ti|es ⟨f.; -; unz.; Med.⟩ *Veränderung der Haarfarbe, Ergrauen* [lat.]
Can|na ⟨f.; -, -s⟩ = *Kanna*
Can|na|bis ⟨m.; -; unz.⟩ **1** *Hanf* **2** *Haschisch, Marihuana* [<lat. *cannabis* »Hanf«]
Can|nae ⟨n.; -, -; geh.⟩ *verheerende Niederlage;* oV *Kannä* [nach der Schlacht bei *Cannae,* wo Hannibal 216 v. Chr. das röm. Heer vernichtend schlug]
Can|nel|lo|ni ⟨Pl.⟩ *Röllchen aus Nudelteig, mit Hackfleisch gefüllt u. mit Käse überbacken* [ital., Pl. zu *cannellone,* Vergrößerungsform zu *cannello* »Röhrchen«]
Can|ning ⟨[kæniŋ] n.; -s, -s; Phys.⟩ *Brennstoffumhüllung in Kernreaktoren* [engl., eigtl. »Konservenherstellung«; zu *can* »Konserve, Blechkanne«]
Ca|ñon ⟨[kanjɔn] od. [kanjo:n], engl. [kænjən] m.; -s, -s⟩ *enges, steiles Flusstal, Schlucht;* oV *Canyon* [<span. *cañón* »Röhre«]
Ca|no|ni|cus ⟨m.; -, -ci⟩ = *Kanoniker* [ital.]
Ca|nos|sa|gang ⟨m.; -s, -gän|ge⟩ = *Kanossagang*
Cant ⟨[kænt] m.; -s; unz.⟩ **1** ⟨urspr.⟩ *Gaunersprache* **2** ⟨dann⟩ *Heuchelei* [engl.]
can|ta|bi|le ⟨[-le:] Mus.⟩ *gesangvoll, beseelt (zu spielen);* Andante ~ [ital., »singbar; beseelt«]
can|tan|do ⟨Mus.⟩ *singend (zu spielen)* [ital.]
Can|ta|te ⟨f.; -, -n⟩ **1** = *Kantate*[1] **2** ⟨ohne Art.⟩ = *Kantate*[2]
Can|tha|ri|din ⟨n.; -s; unz.⟩ = *Kantharidin*
Can|ti|le|na ⟨f.; -, -nen⟩ = *Kantilene*
Can|to ⟨m.; -s, -s od. -ti⟩ *Gesang* [ital.]
Can|tus fir|mus ⟨m.; - -, - -mi; Mus.⟩ *Hauptmelodie im kontrapunktischen Satz* [lat.]
Can|vas|sing ⟨[kænvæsiŋ] n.; - od. -s; unz.⟩ **1** *Stimmenwerbung, Wahlpropaganda* **2** *Kundenwerbung, Reklame* [engl.]
Can|yon ⟨[kænjən] m.; -s, -s ⟩= *Cañon;* der Grand ~ des Colorado River [engl., »Schlucht«]
Can|yo|ning ⟨[kænjəniŋ] n.; -s; unz.⟩ *Bungeejumping in Schluchten*
Can|zo|ne ⟨f.; -, -n; Mus.⟩ = *Kanzone* [ital.]
Ca|o|da|is|mus ⟨a. [kau-] m.; -; unz.⟩ *vietnamesische Religion mit buddhistischen, christl., taoistischen u. a. Elementen* [nach der Gottheit *Cao-Dai*]
CAP ⟨[cæp] EDV; Abk. für engl.⟩ **1** *Computer-Aided Planning (computerunterstützte Planung)* **2** *Computer-Aided Publishing (computerunterstütztes Erstellen von Publikationen);* → a. *Desktoppublishing*
Ca|pa ⟨f.; -, -s⟩ *farbiger Mantel des Stierkämpfers* [span.]
Cape ⟨[ke:p] n.; -s, -s⟩ *ärmelloser Umhang* [engl., »Umhang«]
Ca|pe|a|dor ⟨m.; -s, -es⟩ *Stierkämpfer, der den Stier mit der Capa herausfordert;* oV *Kapeador* [span.]
ca|pi|to? ⟨umg.⟩ *(hast du es) begriffen?* [ital.; zu *capire* »verstehen«; → *kapieren*]
Ca|pi|tu|lum ⟨n.; -s, -la⟩ *Gelenkköpfchen* [lat. *capitulum* »Köpfchen«; zu *caput* »Kopf«]
Ca|po|ei|ra ⟨[kapoɛ:ra] f.; -; unz.; urspr.⟩ *Freiheits-, Kampftanz afrikan. Sklaven in Brasilien;* ⟨heute⟩ *moderner disziplinierter Kampf- u. Lebensstil, der die Beherrschung von Geist u. Körper umfasst* [portug., eigtl. »Hühnerstall«]
Cap|puc|ci|no ⟨[-tʃi:-] m.; - od. -s, - od. -s⟩ *ital. Kaffee mit wenig Milch u. Schlagsahne obenauf* [ital., »Kapuziner«, nach der braunen Farbe der Kutte]

■ Die Buchstabenfolge **ca|pr...** kann auch **cap|r...** getrennt werden.

■ **Ca|pric|cio** ⟨[-pritʃɔ] n.; -s, -s⟩ **1** *heiteres, eigenwilliges Musikstück* **2** *Laune, Grille;* oV *Caprice* [ital., »Laune«]

■ **ca|pric|cio|so** ⟨[-tʃoː-] Mus.⟩ *launig, heiter (zu spielen)* [ital.]
■ **Ca|pri|ce** ⟨[-sə] f.; -, -n⟩ = *Capriccio(2)* [frz., »Laune, launischer Einfall«]
■ **Ca|pro|lak|tam** ⟨n.; -s; unz.⟩ = *Kaprolaktam*
■ **Ca|pron|säu|re** ⟨f.; -, -n⟩ = *Kapronsäure*
Cap|si|cum ⟨n.; -s; unz.⟩ = *Kapsikum*
Cap|si|en ⟨[-siɛ̃ː] n.; - od. -s; unz.⟩ *Kulturstufe der Alt- u. Mittelsteinzeit* [nach dem Fundort *Capsa* (= Gafsa) in Tunesien]
Cap|ta|tio Be|ne|vo|len|ti|ae ⟨f.; - -; unz.⟩ *Werbung um die Gunst des Zuhörers od. Lesers* [lat., »das Trachten nach Wohlwollen«]
Ca|pu|chon ⟨[-pyʃɔ̃ː] m.; -s, -s⟩ *(Damen-)Mantel mit Kapuze* [frz., »Kapuze, Kappe«]
Ca|put ⟨n.; -, Ca|pi|ta⟩ **1** ⟨†⟩ *Kapitel (eines Buches)* **2** *Kopf* **3** *Gelenk- od. Muskelkopf* [< lat. *caput* »Kopf, Haupt«]
Ca|put mor|tu|um ⟨n.; - -; unz.; Chem.⟩ *das beim Glühen von Eisen-III-sulfat entstehende braunrote Eisen-III-oxid, zum Polieren von Glas u. Metallen u. als Malerfarbe verwendet, Venezianischrot;* Sy *Kolkothar* [lat., »toter Kopf«]
CAQ ⟨Abk. für engl.⟩ *Computer Aided Quality (computerunterstützte Qualitätskontrolle)*
Car ⟨m.; -s, -s; schweiz.⟩ *Wagen, Auto* [engl.]
Ca|ra|bi|ni|e|re ⟨[-njeːrə] m.; - od. -s, -ri⟩ = *Karabiniere*
Ca|ra|cal|la ⟨f.; -, -s; in der Antike⟩ *langer Kapuzenmantel* [lat.]
Car al|pin ⟨[kaːr alpɛ̃ː] m.; - -, -s -s [-pɛ̃ː]; schweiz.⟩ *Bergfahrtwagen* [frz., »Alpen-Reiseomnibus«]
Ca|ram|ba! *Verdammt!, Donnerwetter!* [span. Fluchwort]
Ca|ram|bo|la ⟨f.; -, -s⟩ = *Karambola*
Ca|ra|van ⟨a. [-vaːn] m.; -s, -s⟩ **1** *Kombiwagen* **2** *Wohnwagenanhänger für Kraftwagen* [engl., »Wohnwagen«]
Ca|ra|va|ning ⟨[-va-] n.; -s; unz.⟩ *das Reisen u. Leben im Caravan;* er ist ein Freund des ~s [engl.]
Ca|ra|vel|le ⟨[-vɛl-] f.; -, -n⟩ = *Karavelle*
carb…, Carb… ⟨in Zus.; vor Vok.⟩ = *carbo…, Carbo…*
Carb|a|mid, ⟨auch⟩ **Car|ba|mid** ⟨n.; -s; unz.⟩ *Diamid der Kohlensäure, H_2N-CO-NH_2, Endprodukt des Eiweißabbaues im Säugetierorganismus, Harnstoff;* oV *Karbamid* [< *Carbid* + *Amid*]
Carb|a|zol, ⟨auch⟩ **Car|ba|zol** ⟨n.; -s; unz.⟩ *chemische Verbindung, die als Ausgangsstoff zur Herstellung von Kunst- u. Farbstoffen verwendet wird;* oV *Karbazol*
Car|bid ⟨n.; -(e)s, -e⟩ **1** *Verbindung von Kohlenstoff mit einem Metall od. Halbmetall;* oV *Karbid* **2** ⟨i.e.S.⟩ = *Calciumcarbid* [zu lat. *carbo* »Kohle« + *…id*]
car|bo…, Car|bo… ⟨in Zus.⟩ *Kohle…, Kohlen…,* [< lat. *carbo* »Kohle«]
car|bo|cy|clisch, ⟨auch⟩ **car|bo|cyc|lisch** ⟨Adj.⟩ = *isoyclisch*
Car|bo|dy|na|mit ⟨n.; -s; unz.⟩ *Dynamit mit Holzkohle aus Kork, die Wasser aufsaugend wirkt* [< *Carbo* + *Dynamit*]
Car|bo|li|ne|um ⟨n.; -s; unz.⟩ *aus Braunkohlenteer gewonnenes, braunes, schweres, karbolsäurehaltiges Öl, Anstrichmittel zur Erhaltung des Holzes od. zur Bekämpfung von Baumschädlingen u. gegen Wildfraß;* oV *Karbolineum* [→ *Karbol*]
Car|bo|nat ⟨n.; -(e)s, -e⟩ *Salz der Kohlensäure;* oV *Karbonat* [< lat. *carbo* »Kohle«]
Car|bo|ne|um ⟨n.; -s; unz.; Zeichen: C⟩ *Kohlenstoff* [lat.]
Car|bo|ni|sa|ti|on ⟨f.; -; unz.⟩ *Umwandlung in Karbonat*
car|bo|ni|sie|ren ⟨V.⟩ *in Carbonat verwandeln, verkohlen lassen;* oV *karbonisieren*
car|bo|ni|trie|ren, ⟨auch⟩ **car|bo|nit|rie|ren** ⟨V.⟩ Werkstücke ~ *gleichzeitig Kohlenstoff u. Stickstoff an der Oberfläche von W. aus Stahl durch Glühen in Kohlenstoff u. Stickstoff abgebenden Mitteln anreichern;* oV *karbonitrieren* [< *Carbo…* + *nitrieren*]
Car|bon|säu|re ⟨f.; -, -n⟩ *organische Säure, die die Carboxylgruppe COOH enthält;* oV *Karbonsäure*
Car|bo|ny|le ⟨Pl.⟩ *Gruppe metall-organischer Verbindungen, bei denen die CO-Gruppe direkt an Metallatome gebunden ist;* oV *Karbonyle*
Car|bo|nyl|grup|pe ⟨f.; -, -n⟩ *die zweiwertige Atomgruppe CO in organischen Verbindungen;* oV *Karbonylgruppe;* Sy *Ketogruppe*
Car|bo|rund ⟨n.; -(e)s; unz.⟩ *natürlich vorkommendes Mineral großer Härte, chem. Siliciumcarbid, SiC;* oV *Karborund* [< *Carbo…* + *Korund*]
Car|bo|run|dum ⟨n.; -s; unz.⟩ *künstlich hergestelltes Schleifmittel aus Silicium- u. Aluminiumverbindungen* [< *Carbo…* + *Korund*]
Carb|o|xyl|grup|pe, ⟨auch⟩ **Car|bo|xyl|grup|pe** ⟨f.; -; unz.⟩ *in den Carbonsäuren enthaltene Gruppe COOH;* oV *Karboxylgruppe* [< *Carbon* + *Oxid* + *…yl*]
Car|di|gan ⟨[kaːrdigən] m.; -s, -s⟩ *sportliche, geknöpfte Strickweste* [engl., nach J.T. Brudenell (1797-1868), Graf von *Cardigan*]
CARE ⟨[kɛːr]⟩ **1** ⟨1946–1958; Abk. für engl.⟩ *Cooperative for American Remittances to Europe, US-amerikanische Vereinigung zur Organisation von Hilfssendungen (Care-Pakete) in das Nachkriegsdeutschland* **2** ⟨ab 1958; Abk. für engl.⟩ *Cooperative for American Relief to Everywhere, US-amerikan. Vereinigung zur Organisation von Hilfssendungen in Notlagengebiete in aller Welt*
care of ⟨[kɛːr ɔv] Abk.: c/o; in engl. u. amerik. Anschriften⟩ *wohnhaft bei* [engl.]
ca|rez|zan|do ⟨Mus.⟩ *zärtlich, liebkosend (zu spielen)* [ital.]
Car|go ⟨m.; -s, -s⟩ = *Kargo*
CARICOM ⟨Abk. für engl.⟩ *Caribbean Community, Wirtschafts- u. Handelsgemeinschaft karibischer Staaten*

Ca|ri|es ⟨f.; -; unz.⟩ = *Karies*
Ca|ril|lon ⟨[karijɔ̃ː] n.; -s, -s; Mus.; frz. Bez. für⟩ **1** *Glockenspiel* **2** *Musikstück für Glockenspiel od. in Art eines Glockenspiels*
Ca|ri|na ⟨f.; -, -nae [-nɛː]⟩ *Kamm auf dem Brustbein von Vögeln, der als Ansatzfläche für die Flugmuskulatur dient* [< lat. *carina* »Schiffskiel«]
ca|rin|thisch ⟨Adj.⟩ *kärntnerisch, Kärnten betreffend;* Carinthischer Sommer *kulturelle Festwochen in Kärnten* [lat., nach der röm. Provinz *Cartana*]
Ca|ri|o|ca ⟨f.; -, -s⟩ *ein lateinamerikan. Modetanz* [port., < Tupi]
Ca|ri|tas ⟨f.; -; unz.⟩ = *Karitas;* ⟨kurz für⟩ *Deutscher Caritasverband* [lat., »Hochschätzung, aus Hochachtung entspringende Liebe«]
Ca|ri|tas|ver|band ⟨m.; -(e)s; unz.⟩ *kath. Verband zur Wohlfahrtspflege*
ca|ri|ta|tiv ⟨Adj.⟩ *wohltätig* [→ *Caritas*]
Car|ja|cking ⟨[kaːdʒækiŋ] n.; -s, -s⟩ *das Rauben eines Autos unter Anwendung von Gewalt gegenüber dem Fahrer* [< engl. *car* »Wagen, Auto« + hi*jacking* »Flugzeugentführung«]
Car|ma|gno|le, ⟨auch⟩ **Car|mag|no|le** ⟨[-manjoːlə] f.; -, -n⟩ **1** *frz. Revolutions- u. Tanzlied* **2** *kurzes Wams* **3** *Jakobinerjacke* [vermutl. < lat. *carminare* »Wolle krempeln«]
Car|men ⟨n.; -s, -mi|na⟩ = *Karmen*
Car|nal|lit ⟨m.; -s; unz.⟩ = *Karnallit*
Car|net de Pas|sa|ge ⟨[karnɛː də pasaːʒ] n.; - - -, -s [karnɛː] - -⟩ *Sammelheft für Zollpassierscheine für Kraftfahrzeuge* [< frz. *carnet* »Notizheft« + *passage* »Durchgang, Durchfahrt«]
Ca|rol ⟨[kærəl] n.; -s, -s; Mus.; seit dem 16. Jh.⟩ *englisches Volkslied;* Christmas ~ *Weihnachtslied* [engl.]
Ca|ro|tin ⟨n.; -s; unz.⟩ *gelbroter Pflanzenfarbstoff, dient im Organismus als Ausgangsstoff für den Aufbau von Vitamin A;* oV *Karotin* [< lat. *carota* »Karotte«]
Ca|ro|ti|no|i|de ⟨Pl.; Sammelbez. für⟩ *eine Gruppe gelbroter Pflanzenfarbstoffe;* oV *Karotinoide*
Ca|ro|tis ⟨f.; -, -ti|den⟩ = *Karotis*
Car|pac|cio ⟨[-patʃo] n.; -s, -s; ital. Kochk.⟩ *Speise aus sehr fein geschnittenem rohem Fleisch*
Car|pa|lia ⟨Pl.⟩ *die Handwurzelknochen* [→ *Carpus*]
Car|park ⟨m.; -s, -s⟩ *Areal für das Parken von Kraftfahrzeugen* [engl., »Parkplatz«]
Car|pe di|em! ⟨geh.⟩ *nutze, genieße den Tag!* [lat.; Spruch aus einer Ode des Horaz]
Car|port ⟨m.; -s, -s⟩ *überdachtes Areal für das Abstellen von Kraftfahrzeugen* [engl.]
Car|pus ⟨m.; -, -pi⟩ *Handwurzel* [latinisiert aus grch. *karpos* »Handwurzel«]
Car|ri|er ⟨[kæriə(r)] m.; -s, -; internationale Bez. für⟩ **1** *Transport-, Luftverkehrsgesellschaft* **2** = *Vancarrier* [engl., »Spediteur, Beförderer«]
Car|sha|ring ⟨[kaːʃɛriŋ] n.; -s; unz.⟩ *abwechselnde (leihweise) Nutzung eines Kraftfahrzeugs von mehreren Personen* [< engl. *car* »Wagen, Auto« + *share* »teilen«]
Carte blanche ⟨[kart blɑ̃ːʃ] f.; - -, -s -s [kart blɑ̃ːʃ]⟩ *unbeschränkte Vollmacht* [frz., »weiße Karte«]
car|te|si|a|nisch ⟨Adj.; Phil.⟩ = *kartesianisch*
Car|te|si|a|nis|mus ⟨m.; -; unz.; Phil.⟩ = *Kartesianismus*
Car|tha|min ⟨n.; -s; unz.⟩ = *Karthamin*
Car|toon ⟨[kartuːn] m.; -s, -s⟩ **1** *gezeichnete od. gemalte, häufig satirische Geschichte in Bildern* **2** = *Comicstrip* [engl.]
Car|too|nist ⟨[-tu-] m.; -en, -en⟩ *jmd., der Cartoons zeichnet*
car|ven ⟨[-vən] V.⟩ *Ski laufen mit Big-Foot-Skiern* [< engl. *carve* »schnitzen, einritzen; bahnen«]
Car|ving ⟨n.; -s; unz.⟩ *das Carven*
Ca|sa|no|va ⟨[-va] m.; -s, -s⟩ *Frauenheld;* er benimmt sich wie ein ~ [nach dem ital. Abenteurer u. Schriftsteller Giacomo Girolamo *Casanova,* 1725-1798]
Cä|sa|r(e)o|pa|pis|mus ⟨m.; -; unz.⟩ *Vereinigung der weltl. u. kirchl. Macht in der Hand eines weltl. Herrschers* [< *cäsarisch* + *Papismus*]
cä|sa|risch ⟨Adj.⟩ **1** *kaiserlich* **2** *diktatorisch* [nach dem röm. Feldherrn u. Diktator Gajus Julius *Caesar,* 100–44 v.Chr.]
Cä|sa|ris|mus ⟨m.; -; unz.⟩ *Diktatur, Alleinherrschaft* [→ *cäsarisch*]
Ca|se|in ⟨n.; -s; unz.⟩ *in Milch u. Milchprodukten enthaltener Eiweißbestandteil;* oV *Kasein*
Case|work ⟨[keiswəːk] f.; -, -s; Soziol.⟩ *individuelle Betreuung eines Einzelfalles (einschließlich des Studiums von Vorgeschichte u. Milieu einzelner Personen od. Familien)* [engl., »Einzelfallarbeit«]
Cash ⟨[kæʃ] n.; -; unz.⟩ **1** *gegen Barzahlung, Bargeld, Barzahlungs…* **2** *kleine chines. Münze* [engl., »Bargeld«]
cash and car|ry ⟨[kæʃ ənd kæri] Wirtsch.; Abk.: C und C⟩ *Vertriebsform des Handels, bei der der Käufer die Ware selbst transportiert u. bar bezahlt* [engl., »zahle bar und transportiere (selbst)«]

> **Cash-and-carry-Klausel** (*Schreibung mit Bindestrich*) In mehrteiligen Zusammensetzungen, die eine Wortgruppe mit Bindestrich enthalten, setzt man zwischen jeden einzelnen Bestandteil einen Bindestrich.

Cash-and-car|ry-Klau|sel ⟨[kæʃ ənd kæri-] f.; -; unz.⟩ *Vertragsklausel, nach der der Käufer die Ware beim Verkäufer abholen u. sofort bar bezahlen muss* [engl., »zahle bar u. transportiere (selbst)«]
cash be|fore de|li|ve|ry ⟨[kæʃ bifɔːr dilivəri] Wirtsch.⟩ *Vertriebsform des Handels, bei der der Kaufpreis für eine Ware vor ihrer Übergabe zu bezahlen ist* [engl., »Bezahlung vor Lieferung«]

Ca|shew|nuss ⟨[kæʃu:-]; f. -, -nüs|se⟩ *Frucht des brasilian. Baumes, Elefantenlaus: Anacardium occidentale;* Sy *Acajounuss* [<engl. *cashew* <port. *acaju* <indian.]
Cash|flow ⟨[kæʃflou] m.; -s; unz.; Wirtsch.⟩ *nach Abzug aller Unkosten verbleibender Gewinn, Überschuss* [<engl. *cash-flow* »Kassenzufluss, Bruttoertragsziffer« <*cash* »Geld, Bargeld« + *flow* »fließen; Fluss«]
cash on de|li|ve|ry ⟨[kæʃ ɔn dilivəri] Wirtsch.⟩ *Vertriebsform des Handels, bei der der Kaufpreis für eine Ware bei ihrer Übergabe zu bezahlen ist* [engl., »Bezahlung bei Lieferung, per Nachnahme«]
Cä|si|um ⟨n.; -s; unz.⟩ = *Caesium*
Cas|sa ⟨f.; -; unz.⟩ *Kasse, Bargeld;* per ~ *in bar* [ital., »Kasten, Kiste«]
Cas|sa|ta ⟨f. od. n.; -, -s⟩ *ital. Eis mit kandierten Fruchtstücken u. Krokant* [ital., »Gefrorenes«]
Cas|set|te ⟨f.; -, -n⟩ = *Kassette*
Cas|sis ⟨m.; -; unz.⟩ *frz. Johannisbeerlikör* [frz.]
Cas|sou|let ⟨[kasulɛ:] n.; - od. -s, -s; Kochk.⟩ *französischer Eintopf aus weißen Bohnen, Schweine- u. Geflügelfleisch* [frz., <südfrz. *cassolo,* Verkleinerungsform zu *casso* »Kasserole, Topf«]
Cast, Cas|ting ⟨n.; -s; unz.⟩ *Auswahl der Mitwirkenden (Schauspieler, Techniker usw.) für einen Film*
Ca|stle, ⟨auch⟩ **Cast|le** ⟨[ka:sl] n.; -, -s⟩ *Schloss, Burg* [engl.]
Ca|su|al|wear, ⟨auch⟩ **Ca|su|al Wear** ⟨[kæʒuəlwɛ:(r)] f.; (-) -; unz.⟩ *Freizeitkleidung, sportliche Kleidung für den Alltag* [engl., *casual* »lässig« + *wear* »Kleidung«]
Ca|su|a|ri|na ⟨f.; -, -nen⟩ = *Kasuarina*
Ca|sus ⟨m.; -, -⟩ **1** = *Kasus* **2** ~ **Belli** *Kriegsursache, zum Krieg führendes Ereignis* [lat., »Kriegsfall«] **3** ~ **Foederis** *Ereignis, das ein Bündnis in Kraft setzt* [lat., »Bündnisfall«] **4** ⟨Gramm.⟩ **4.1** ~ **obliquus** *abhängiger Fall, jeder Beugungsfall außer dem Nominativ* [lat., »schiefer Fall«] **4.2** ~ **rectus** *unabhängiger Fall, Nominativ u. Vokativ* [lat., »gerader Fall«]
Cat ⟨m.; -s, -s; Wassersp.⟩ = *Kat(2)*
Ca|tal|pa ⟨f.; -, -pen⟩ = *Katalpe*
Cat|boot ⟨[kæt-] n.; -(e)s, -e⟩ *kleines, einmastiges Segelboot* [zu engl. *catboat*]
Catch ⟨[kætʃ] m.; -; unz.; Abk. für⟩ *Catch-as-catch-can(1)* [engl. »Fang, Fangen«]
Catch-as-catch-can ⟨[kætʃ əz kætʃ kæn] n.; -; unz.⟩ **1** *von Berufsringern ausgeübte Abart des Freistilringens* **2** ⟨fig.⟩ *Handlungsweise, bei der jeder für sich das meiste und Beste zu erringen sucht* [engl., »greif, wie (du) greifen kannst«]
cat|chen ⟨[kætʃən] V.⟩ *im Freistil ringen* [<engl. *catch* »fangen«]
Cat|cher ⟨[kætʃə(r)] m.; -s, -; Sp.⟩ *Freistilringkämpfer* [engl.]
Ca|te|chin ⟨[-çi:n] n.; -s, -e; meist Pl.; Chem.⟩ *in Pflanzen enthaltene organische Verbindung, die als Grundlage für natürliche Gerbstoffe verwendet wird* [lat.]
Ca|ter|pil|lar ⟨[kætə(r)pilə(r)] m.; -s, - od. -s; Tech.⟩ *(beim Straßenbau eingesetzter) Raupenschlepper* [engl., eigtl. »Raupe«]
Cat|gut ⟨a. [kætgʌt] n.; -s, -s⟩ *aus Schafsdarm gewonnener, für chirurg. Nähte verwendeter Faden, der vom Körper absorbiert wird* [engl., »Darmsaite«]
Cat|li|nit ⟨m.; -s, -e; Min.⟩ *rötlicher Tonstein (von den nordamerikanischen Indianern für die Fertigung von Pfeifenköpfen verwendet)* [nach dem amerik. Maler George *Catlin,* 1796-1872]
Cat|suit ⟨[kætsju:t] m.; -s, -s⟩ *eng am ganzen Körper anliegendes, einteiliges Kleidungsstück, Hosenanzug* [engl.]
Catt|le|ya ⟨[-laia], engl. [kætlɛia] f.; -, -le|yen; Bot.⟩ *Angehörige einer im tropischen Amerika beheimateten Orchideengattung* [nach dem engl. Orchideenzüchter William *Cattley,* †1832]
Cau|da ⟨f.; -, -dae [-dɛ:]⟩ **1** ⟨Med.⟩ *Endstück eines Organs od. Körperteils* **2** ⟨Mus.⟩ **2.1** ⟨in der Mensuralnotation⟩ *senkrechter Strich am Notenkopf, der die Veränderung des Notenwertes anzeigt* **2.2** *selbständige Melodiezeile als Liedanhang;* → a. *Koda* **3** *Schleppe (an liturgischen Gewändern)* [lat., »Schweif, Schwanz«]
Cau|dex ⟨m.; -, -di|ces⟩ **1** ⟨Anat.⟩ *tiefer gelegener Teil des Gehirns beim Menschen u. bei Säugetieren* **2** ⟨Bot.⟩ *nicht verholzender Stamm der Palmen* [lat., »Baumstamm«]
Cau|dil|lo ⟨[kaudiljo] m.; -s, -s⟩ *politischer (u. militärischer) Machthaber, Diktator* [span., urspr. »Häuptling«]
Cau|sa ⟨f.; -, -sae [-sɛ:]⟩ **1** *Ursache, Grund* **2** *Rechtsgrund, Rechtsfall* [lat., »Ursache, Angelegenheit, Rechtssache«]
Cause cé|lè|bre, ⟨auch⟩ **Cause cé|lèb|re** ⟨[ko:z selɛ:brə] f.; - -, -s -s [ko:z selɛ:brə]⟩ *Aufsehen erregender Rechtsfall* [frz., »berühmter Rechtsstreit, berühmte Angelegenheit«]
Cau|se|rie ⟨[kozə-] f.; -, -n⟩ *Plauderei, leichte Unterhaltung* [frz., »Plauderei«]
Cau|seur ⟨[kozø:r] m.; -s, -e⟩ **1** *Plauderer* **2** *Schwätzer* [frz., »gesprächiger Mensch« (männlich)]
Cau|seu|se ⟨[kozø:zə] f.; -, -n⟩ **1** *Plauderin, Schwätzerin* **2** *kleines Sofa* [<frz., »gesprächiger Mensch« (weiblich); »Sofa für zwei Personen«]
Caus|ti|cum ⟨n.; -s, -ka⟩ = *Kaustikum*
Ca|va|ti|ne ⟨[-va-] f.; -, -n⟩ = *Kavatine*
ca|ve ca|nem ⟨[-və]⟩ *Vorsicht, bissiger Hund (als Aufschrift an altröm. Häusern)* [lat.]
Ca|vi|tät ⟨[-vi-] f.; -, -en⟩ = *Kavität*
Ca|vum ⟨n.; -s, -va⟩ *Höhlung, Hohlraum* [lat. *cavum* »Höhlung«]
Ca|yenne|pfef|fer ⟨[kajɛn-] m.; -s; unz.⟩ *scharfes Gewürz aus gemahlenen Chillies (Capsicum frutescens), einer paprikaähnl. Beerenfrucht eines in Afrika, Indien u. Japan ange-*

bauten Nachtschattengewächses [nach *Cayenne,* der Hauptstadt von Französisch-Guayana]
CB-Funk ⟨m.; -s; unz.⟩ *gebührenfreier Amateurfunk* [CB: Abk. für engl. *Citizen's Band* »Frequenzband des Bürgers«]
cbm ⟨früher Abk. für⟩ *Kubikmeter*
CC ⟨Abk. für⟩ *Corps consulaire*
CCD ⟨Abk. für engl.⟩ *Charge Coupled Device (ladungsgekoppeltes Bauelement), als Bildsensor u. Strahlungsempfänger eingesetztes Ladeverschiebeelement (bei Videokameras)*
ccm ⟨früher Abk. für⟩ *Kubikzentimeter*
cd ⟨Zeichen für⟩ *Candela*
Cd ⟨Zeichen für⟩ *Cadmium*
c.d. ⟨Abk. für⟩ *colla destra*
CD ⟨Abk. für⟩ **1** *Corps diplomatique (diplomat. Korps)* **2** *Compactdisc*
cdm ⟨früher Abk. für⟩ *Kubikdezimeter*
cDNA ⟨Gentech.; Abk. für engl.⟩ *complementary (od. copy) DNA, künstlich erzeugte Kopie der Sequenzen eines Gens* [< engl. *complementary* »ergänzend« + *copy* »Kopie« + *DNA*]
CD-Play|er, ⟨auch⟩ **CD-Pla|yer** ⟨[tse:de:plɛijər] m.; -s, -⟩ *Gerät zum Abspielen von Compact Discs;* oV *CD-Spieler* [< *CD* + engl. *player* »Abspielgerät«]
CD-ROM ⟨f.; -, -s; EDV; Abk. für engl.⟩ *Compact Disc Read Only Memory, eine optische Speicherplatte mit großer Speicherkapazität, die nur gelesen, aber nicht beschrieben werden kann* [engl., »kompakte Platte (mit) nur Lesespeicher«]
CD-Spie|ler ⟨m.; -s, -⟩ = *CD-Player*
Ce ⟨Zeichen für⟩ *Cer*
Ce|ci|die ⟨f.; -, -n⟩ = *Zezidie*
Ce|dil|le ⟨[sedi:j(ə)] f.; -, -n [-jən]⟩ *diakritisches Zeiches, Häkchen unter dem c (ç) in frz. u. portugies. Wörtern, in denen vor a, o, u das c wie s auszusprechen ist, od. im Türk., Rumän. u.a. Sprachen, in denen ç wie tsch ausgesprochen wird* [span., »kleines c«]
Ce|le|bret, ⟨auch⟩ **Ce|leb|ret** ⟨n; -s, -s; kath. Kirche⟩ = *Zelebret*
Ce|les|ta ⟨[tʃɛ-] f.; -, -s od. -ten; Mus.⟩ *Glockenspiel mit hohlen Stahlstäben in klavierähnl. Gehäuse, mit Tasten gespielt* [< ital. *celeste* »himmlisch«]
Cel|la ⟨f.; -, -lae⟩ oV *Zella* **1** *Kultraum im antiken Tempel mit dem Götterbild* **2** *Mönchszelle, Klause* **3** *Vorratskammer* [lat., »Kammer, Zelle«]
Cel|list ⟨[tʃɛl-] m.; -en, -en⟩ *Musiker, der Cello spielt* [verkürzt < *Violoncellist*]
Cel|lis|tin ⟨[tʃɛl-] f.; -, -tin|nen⟩ *Musikerin, die Cello spielt*
Cel|lo ⟨[tʃɛl-] n.; -s, -s od. -li; Mus.⟩ *Streichinstrument in der Form einer Violine, doch größer, beim Spielen zwischen den Knien gehalten u. auf einem Stachel ruhend* [verkürzt < *Violoncello*]
Cel|lo|phan ⟨n.; -s; unz.⟩ *durchsichtige, glasklare Folie aus Viskose;* oV *Zellophan*
Cel|lu|la ⟨f.; -, -lae [-lɛ:]; Anat.⟩ *kleine Körperzelle* [lat., Verkleinerungsform zu *cella* »Zelle«]
Cel|lu|li|tis ⟨f.; -, -ti|den⟩ = *Zellulitis*
Cel|lu|loid ⟨n.; -(e)s; unz.⟩ = *Zelluloid*
Cel|lu|lo|se ⟨f.; -; unz.⟩ = *Zellulose*
Cel|lu|lo|se|ni|trat, ⟨auch⟩ **Cel|lu|lo|se|nit|rat** ⟨n; -(e)s, -e⟩ = *Nitrozellulose;* oV *Zellulosenitrat*
Cel|si|us ⟨Zeichen: °C⟩ *internationale Maßeinheit der Temperatur, z.B. + 10° C* [nach dem schwed. Naturforscher Anders *Celsius,* 1701–1744]
Cel|si|us|ska|la ⟨f.; -; unz.⟩ *Temperaturskala mit 100-Grad-Einteilung*
Cem|ba|list ⟨[tʃɛm-] m.; -en, -en⟩ *Musiker, der Cembalo spielt*
cem|ba|lis|tisch ⟨[tʃɛm-] Adj.⟩ **1** *das Cembalo betreffend, zu ihm gehörig* **2** *in der Art des Cembalos*
Cem|ba|lo ⟨[tʃɛm-] n.; -s, -s od. -li⟩ *altes Tasteninstrument, bei dem die Saiten nicht angeschlagen, sondern angerissen werden;* Sy *Klavizimbel* [ital. < lat. *cymbalum* »Zimbel«]
Ce|no|man ⟨n.; -; unz.⟩ *unterste Stufe der oberen Kreideformation* [nach der röm. Stadt *Cenomanum,* heute Le Mans]
Cent ⟨m.; -s, -s od. - (bei Zahlenangaben); Abk.: c. od. ct.⟩ *hundertster Teil verschiedener Währungseinheiten (z. B. in den USA, Kanada, den Niederlanden u. a.);* Euro~ [< lat. *centum* »hundert«]
Cen|ta|vo ⟨[sɛnta:vo] span. [θɛn-] m.; - od. -s, -s od. - (bei Zahlenangaben)⟩ *kleine Münze in verschiedenen Ländern (Süd- u. Mittelamerika u.a.)* [lat. *centum* »hundert«]
Cen|te|nar ⟨m.; -s, -e⟩ = *Zentenar*
Cen|te|nar|fei|er ⟨f.; -, -n⟩ = *Zentenarfeier*
Cen|ter ⟨[sɛntə(r)] n.; -s, -⟩ *Ort, Mittelpunkt bestimmter Tätigkeiten od. Dienstleistungen;* Vergnügungs~, Eros~, Einkaufs~, Garten~ [engl. (amerik.) »Mittelpunkt« < frz. *centre* < lat. *centrum;* → *Zentrum*]
Cen|te|si|mo ⟨[tʃɛn-] m.; - od. -s, -mi⟩ *frühere italien. Münze* [< lat. *centum* »hundert«]
Cen|té|si|mo ⟨[sɛnte:-] m.; - od. -s, -s od. - (bei Zahlenangaben)⟩ *Münze in Panama u. Uruguay* [< lat. *centum* »hundert«]
Cen|time ⟨[sãti:m] m.; - od. -s [-ti:ms], -s [-ti:m] od. - (bei Zahlenangaben); Abk.: ct.; Pl.: cts.⟩ *französ., belg., luxemburg. Münze* [< lat. *centum* »hundert«]
Cén|ti|mo ⟨[sɛn-] span. [θɛn-] m.; - od. -s, -s od. - (bei Zahlenangaben)⟩ *Münze in Spanien, Venezuela, Paraguay u. Costa Rica* [< lat. *centum* »hundert«]
Cen|ti|mor|gan ⟨[-mɔ:gən] Gentech.⟩ *Maßeinheit der Rekombinationsfähigkeit (1 C. entspricht beim Menschen ca. 1 Million Basenpaaren)* [< lat. *centum* »hundert« + nach dem amerik. Genetiker Thomas Hunt *Morgan,* 1866-1945]
Cen|tre|court, ⟨auch⟩ **Cent|re-Court** ⟨[sɛntə(r)-kɔ:t] m.; -s, -s; Sp.; Tennis⟩ *Hauptspielfeld bei*

Tennisturnieren [< engl. *centre* »Mittelpunkt« + *court* »Spielfeld«]

Cen|tre|for|ward, ⟨auch⟩ **Cent|re-For|ward** ⟨[sɛntə(r)fɔːrwərd] m.; -s, -s; schweiz.⟩ *Mittelstürmer* [engl.]

Cen|tre|half, ⟨auch⟩ **Cent|re-Half** ⟨[sɛntə(r)-haːf] m.; -, -halves [-haːvz]; schweiz.; Sp.⟩ *Mittelläufer* [engl.]

Cen|tro|som, ⟨auch⟩ **Cent|ro|som** ⟨n.; -s, -e⟩ = *Zentrosom*

Cen|tu|rie ⟨[-riə] f.; -, -n⟩ = *Zenturie* [lat.]

ce|pha|lo..., **Ce|pha|lo...** ⟨in Zus.⟩ = *zephalo..., Zephalo...*

CEPT ⟨Abk. für frz.⟩ *Conférence Européenne des Administrations des Postes et des Télécommunication, ständige Konferenz der Postverwaltungen der europäischen Länder*

Cer ⟨n.; -s; unz.; chem. Zeichen: Ce⟩ *chem. Element, silberweißes Metall aus der Gruppe der Seltenen Erden, Ordnungszahl 58;* oV *Zer, Zerium* [nach dem Asteroiden Ceres (1801 entdeckt), dieser nach der röm. Göttin *Ceres*]

Ce|ra ⟨f.; -, -ren⟩ *Bienenwachs* [< lat.]

Cer|be|rus ⟨m.; -s, -rus|se⟩ = *Zerberus*

Cer|cle, ⟨auch⟩ **Cerc|le** ⟨[sɛrkl] m.; -s, -s⟩ **1** *kleiner Kreis, geschlossene Gesellschaft* **2** ⟨österr.⟩ *die vorderen Reihen im Theater od. Konzertsaal* [frz., »Kreis«]

Ce|re|a|li|en ⟨Pl.⟩ = *Zerealien(1)* [lat.]

Ce|re|bel|lum ⟨n.; -s, -la⟩ = *Zerebellum*

Ce|re|bro|spi|nal|flüs|sig|keit, ⟨auch⟩ **Ce|reb-ro|spi|nal|flüs|sig|keit** ⟨f.; -; unz.⟩ *in Gehirn u. Rückenmark enthaltene Flüssigkeit* [< lat. *cerebrum* »Gehirn« + *spinal*]

Ce|re|brum, ⟨auch⟩ **Ce|reb|rum** ⟨n.; -s, -bra⟩ = *Zerebrum*

Cer|ei|sen ⟨n.; -s; unz.⟩ *Legierung aus Cer u. Eisen für Gasglühstrümpfe, Feuersteine in Feuerzeugen u.a.*

Ce|re|sin ⟨n.; -s; unz.⟩ *aus hochmolekularen Kohlenwasserstoffen bestehende, wachsähnliche Verbindung, genutzt als Schmiermittel;* oV *Zeresin;* Sy *Ozokerit*

Ce|rit ⟨m.; -s, -e; Min.⟩ *graubraunes bis graurotes Mineral;* oV *Zerit* [→ *Cer*]

Cer|met ⟨n.; -s, -s⟩ *durch Erhitzen verfestigter Werkstoff aus Metall u. Keramik* [engl., verkürzt < *ceramics* »Keramik« + *metal* »Metall«]

CERN ⟨Abk. für frz.⟩ *Conseil Européen pour la Recherche Nucléaire (Europäische Organisation für Kernforschung)*

Ce|ro|tin|säu|re ⟨f.; -, -n⟩ = *Zerotinsäure*

Cer|to|sa ⟨[tʃɛr-] f.; -, -sen⟩ *Kartäuserkloster* [ital., »Kartause«]

Ce|ru|men ⟨n.; -s; unz.⟩ = *Zerumen*

Ce|rus|sit ⟨m.; -s, -e; Min.⟩ *bes. in Blei-Zink-erz-Lagerstätten vorkommendes Mineral, Weißbleierz;* oV *Zerussit* [zu lat. *cerussa* »Bleiweiß«]

Cer|ve|lat ⟨[sɛrvəla] m.; -s, -s; (selten) f.; -, -s; schweiz.⟩ *Brühwurst aus Rindfleisch mit Schwarten- u. Speckstückchen;* oV *Servela;* → a. *Zervelatwurst* [< frz. *servelas*]

Cer|vix ⟨f.; -, Cer|vi|ces⟩ *Hals (der Gebärmutter)* [< lat. *cervi* »Nacken, Hals«]

c'est la guerre! ⟨[sɛlagɛːr]⟩ *so ist der Krieg!; im Krieg hört jede Rücksicht auf* [frz., »das ist der Krieg!«]

c'est la vie! ⟨[sɛlaviː]⟩ *so ist das Leben (nun einmal)!* [frz., eigtl. »das ist das Leben«]

c'est le ton qui fait la mu|sique ⟨[sɛlətɔ̃ːkifɛlamyziːk]⟩ *der Ton macht die Musik* [frz.]

ce|te|ris pa|ri|bus *unter sonst gleichen Bedingungen* [lat.]

ce|te|rum cen|seo ⟨geh.⟩ *im Übrigen bin ich der Meinung ... (als Einleitung einer wiederholt vorgebrachten Überzeugung)* [lat., verkürzt < *ceterum censeo Carthaginum esse delendam* »im Übrigen bin ich der Meinung, dass Karthago zerstört werden muss« (Schlusssatz einer Rede des Cato)]

Će|vap|či|ći, ⟨auch⟩ **Ce|vap|ci|ci** ⟨[tʃevaptʃitʃi] Pl.⟩ *scharf gewürzte, gegrillte Hackfleischröllchen* [mit serb. Verkleinerungsform < türk. *kebab* »gegrilltes Fleisch«]

cf ⟨Seehandel; Abk. für⟩ *cost and freight (Verladekosten u. Fracht im Preis eingeschlossen)* [engl.]

Cf ⟨chem. Zeichen für⟩ *Californium*

cf., cfr. ⟨Abk. für⟩ *confer!*

cg ⟨Zeichen für⟩ *Zentigramm*

CGS-Sys|tem ⟨n.; -s; unz.⟩ *auf den Einheiten Zentimeter, Gramm u. Sekunde beruhendes physikal. Maßsystem, heute durch das SI-System ersetzt;* Sy *MKSA-System*

Cha|blis, ⟨auch⟩ **Chab|lis** ⟨[ʃabliː] m.; -, -⟩ *frz. Weißwein aus Burgund* [nach der frz. Stadt *Chablis*]

Cha-Cha-Cha ⟨[tʃa-] m.; - od. -s, -s⟩ *Gesellschaftstanz aus Südamerika mit zwei langsamen und drei schnellen Schritten* [span.]

Cha|co|na ⟨[tʃa-] f.; -, -s⟩ oV *Ciacona* **1** *alter span. Reigentanz* **2** *Variationssatz der Barocksuite* [frz., < span. *chacona* »Reigentanz«]

Cha|conne ⟨[ʃakɔn] f.; -, -s od. -n [-nən]⟩ = *Chacona*

cha|cun à son goût ⟨[ʃakœ̃ːnasɔ̃guː]⟩ *jeder nach seinem Geschmack* [frz.]

Cha|gas|krank|heit, ⟨auch⟩ **Cha|gas-Krankheit** ⟨[ʃaːgas-] f.; -, -en⟩ *tropische Infektionskrankheit* [nach dem brasilian. Bakteriologen C. *Chagas*]

Cha|grin, ⟨auch⟩ **Chag|rin** ⟨[ʃagrɛ̃ː] n. od. m.; -s; unz.⟩ **1** *ein Seidengewebe in Taftbindung* **2** = *Chagrinleder*

cha|gri|nie|ren, ⟨auch⟩ **chag|ri|nie|ren** ⟨[ʃa-] V.⟩ Leder ~ *künstl. mit einer Narbung versehen*

Cha|grin|le|der, ⟨auch⟩ **Chag|rin|le|der** ⟨[ʃagrɛ̃ː-] n.; -s, -⟩ *Leder, dem die Narbung eines anderen Leders maschinell aufgeprägt ist* [frz., »narbiges Leder aus der Haut von Pferden, Eseln, Seehunden u.a.« < türk. *sagri* »Pferderücken«]

Chair|man ⟨[tʃɛːrmæn] m.; -s, -men [-mən]⟩ *Vorsitzender* [engl.]

Chai|se|longue ⟨[ʃɛːz(ə)lɔ̃ːg] f.; -, -n [-gən]⟩

Liegesofa ohne Rückenlehne [<frz. *chaise longue* »langer Stuhl, Liegestuhl«]

Cha|la|zi|on, Cha|la|zi|um ⟨n.; -s, -zi|en⟩ *Entzündung am Augenlid, Hagelkorn* [<grch. *chalaza* »Hagel«]

Chal|ce|don ⟨[kal-] m.; -s, -e⟩ *Quarzmineral;* oV *Chalzedon* [nach der Landschaft *Chalzedonien* in Kleinasien]

Cha|let ⟨[ʃalɛ:] n.; -s, -s⟩ *schweiz. Landhaus* [frz., »Schweizerhaus, Sennhütte«]

Cha|li|ko|se ⟨[ça-] f.; -, -n⟩ *Erkrankung der Lunge durch Kalkablagerungen beim ständigen Einatmen von Kalkstaub, Kalklunge* [<grch. *chalix,* Gen. *chalikos* »Kalk«]

chal|ko..., Chal|ko... ⟨[çal-] in Zus.⟩ *Erz..., Metall..., Kupfer...* [<grch. *chalkos* »Erz, Kupfer«]

Chal|ko|che|mi|gra|fie ⟨[çal-] f.; -; unz.⟩ = *Chalkochemigraphie*

Chal|ko|che|mi|gra|phie ⟨[çal-] f.; -, unz.⟩ *die Kunst, Metalle zu gravieren;* oV *Chalkochemigrafie* [< *Chalko...* + *Chemie* + *...graphie*]

Chal|ko|gen ⟨[çal-] n.; -s, -e; meist Pl.; Chem.⟩ *Element der 6. Hauptgruppe des Periodensystems* [< *Chalko...* + *...gen*²]

Chal|ko|graf ⟨[çal-] m.; -en, -en⟩ = *Chalkograph*

Chal|ko|gra|fie ⟨[çal-] f.; -, -n⟩ = *Chalkographie*

Chal|ko|graph ⟨[çal-] m.; -en, -en⟩ *Kupferstecher;* oV *Chalkograf* [< *Chalko...* + *...graph*]

Chal|ko|gra|phie ⟨[çal-] f.; -, -n⟩ oV *Chalkografie* **1** ⟨unz.; †⟩ *Kupferstechkunst* **2** ⟨zählb.⟩ *Kupferstich* [→ *Chalkograph*]

Chal|ko|lith ⟨[çal-] m.; -s od. -en, -e od. -en⟩ *ein Uranmineral, Kupferuranglimmer* [< *Chalko...* + *...lith*]

Chal|ko|li|thi|kum ⟨[çal-] n.; -s; unz.⟩ *Kupferzeit* [< *Chalko...* + *...lithikum*]

Chal|ko|se ⟨[çal-] f.; -, -n; Med.⟩ **1** *Verkupferung des Auges* **2** *Ablagerung von Kupfer im Blut* [<grch. *chalkos* »Erz, Kupfer«]

Chal|wa ⟨[xal-] n.; - od. -s; unz.⟩ = *Halwa*

Chal|ze|don ⟨[kal-] m.; -s, -e⟩ = *Chalcedon*

chal|ze|do|nisch ⟨[kal-] Adj.⟩ **1** *Chalzedonien betreffend, von ihm stammend* **2** Chalzedonische Lichtnelke *Feuernelke*

Cha|mä|le|on ⟨[ka-] n.; -s, -s⟩ **1** *Baumeidechse mit Klebzunge, die ihre Hautfarbe der Umgebung anpassen kann* **2** ⟨umg.⟩ *seine Überzeugung oft wechselnder Mensch* [<grch. *chamai* »am Boden« + *leon* »Löwe«]

Cham|bre sé|pa|rée, ⟨auch⟩ **Chamb|re sé|pa|rée** ⟨[ʃã:brə separe:] n.; - -, -s -s [ʃã:brə separe:]⟩ *kleiner Raum in Restaurants, in dem man ungestört ist* [frz., »abgetrenntes Zimmer«]

cha|mois ⟨[ʃamoa] Adj.⟩ *gämsfarben, gelbbraun*

Cha|mois ⟨[ʃamoa] n.; -; unz.⟩, **Cha|mois|leder** ⟨n.; -s, -⟩ *Gämsleder, Sämischleder* [<frz. *chamois* »Gämse«]

Champ ⟨[tʃæmp] m.; -s, -s; kurz für⟩ *Champion*

cham|pa|gner, ⟨auch⟩ **cham|pag|ner** ⟨[ʃampanjər] Adj.⟩ *zart gelblich*

Cham|pa|gner, ⟨auch⟩ **Cham|pag|ner** ⟨[ʃampanjər] m.; -s, -⟩ *frz. Sekt;* Sy ⟨umg.; scherzh.⟩ *Schampus* [nach der frz. Landschaft *Champagne*]

Cham|pi|gnon, ⟨auch⟩ **Cham|pig|non** ⟨[ʃampinjɔ̃:] od. [ʃãpinjɔ̃:] m.; -s, -s⟩ *Speisepilz, Egerling: Psalliota* [frz., »Pilz«, <lat. *campus* »Feld«]

Cham|pi|on ⟨[tʃæmpjən] frz. [ʃãpjɔ̃:] m.; -s, -s⟩ *Meistersportler, z.Z. erfolgreichster Sportler einer Sportart* [engl., frz., »Meister (Sport), Vorkämpfer«, <lat. *campus* »Feld«]

Cham|pi|o|nat ⟨[ʃam-] n.; -(e)s, -e⟩ *Meisterschaft im Sport* [<frz. *championnat*]

Cham|pi|on|ship ⟨[tʃæmpiənʃip] f.; -, -s; Sp.; bes. Tennis⟩ *Meisterschaft* [engl.]

Champ|le|vé ⟨[ʃãləve:] n.; -; unz.⟩ *Emailarbeit, bei der die flüssige Emailmasse in ausgestochene Vertiefungen des Metalls eingeschmolzen wird, Grubenschmelz* [frz.]

Chan ⟨m.; -s, -e⟩ = *Khan*

Cha|nat ⟨n.; -s, -e⟩ = *Khanat*

Chan|ce ⟨[ʃã:s(ə)] f.; -, -n⟩ *günstige Gelegenheit, Aussicht auf einen glücklichen Zufall;* eine ~ haben, das Spiel zu gewinnen; ~n auf einen Gewinn, bei einem Wettkampf; jmdm. eine ~ bieten *Möglichkeit zur Bewährung geben;* er hat bei ihr (keine) ~n *er ist ihr (nicht) sehr sympathisch* [frz., »Zufall«]

Chan|cel|lor ⟨[tʃa:nsələr] m.; -s, -; engl. Bez. für⟩ *Kanzler*

Chan|cen|gleich|heit ⟨[ʃã:sən-] f.; -; unz.; Bildungspol.⟩ *Gleichheit aller (schulischen u. beruflichen) Chancen;* ~ für alle

Change ⟨[tʃɛindʒ] m.; -; unz.⟩ **1** *Tausch, Wechsel* **2** *Geldwechsel* [engl., »Wechsel, Wandel« <frz. *change;* → a. *changieren*]

chan|geant ⟨[ʃãʒã:] Adj.⟩ *schillernd (von Stoffen)*

Chan|geant ⟨[ʃãʒã:] m.; -s, -s⟩ *in verschiedenen Farben schillerndes Gewebe* [frz., »veränderlich«]

chan|gie|ren ⟨[ʃãʒi:-] V.⟩ **1** *schillern* **2** ⟨Reitsp.; †⟩ *vom Rechts- zum Linksgalopp übergehen oder umgekehrt* **3** ⟨Jägerspr.⟩ Jagdhunde ~ *wechseln von einer Fährte auf eine andere* [frz. *changer* »(sich) verändern«]

Chan|nel|sur|fing ⟨[tʃænəlsə:fiŋ] n.; - od. -s; unz.; umg.⟩ *häufiges Hin- und Herschalten zwischen verschiedenen Fernsehkanälen;* → a. *Zapping* [<engl. *channel* »Kanal« + *surfing* »Wellenreiten«]

Chan|son ⟨[ʃãsɔ̃:] n.; -s, -s⟩ **1** ⟨urspr.⟩ *singbares lyrisches od. ep. Gedicht in der altfrz. Dichtung* **2** *Lied im Kabarett* [frz., »Lied«]

Chan|son de geste ⟨[ʃãsɔ̃: de ʒɛst] n.; - - -, -s [ʃãsɔ̃:] - -⟩ *afrz. ep. Heldenlied, das bes. die Taten Karls d. Gr. besingt* [frz.]

Chan|so|net|te ⟨[ʃãsɔnɛt(ə)] f.; -, -n⟩ = *Chansonnette*

Chan|so|ni|er ⟨[ʃãsɔnje:] m.; -s, -s⟩ = *Chansonnier*

Chan|so|ni|è|re ⟨[ʃãsɔnjɛːrə] f.; -, -n⟩ = *Chansonnière*

Chan|son|net|te ⟨[ʃãsɔnɛt(ə)] f.; -, -n⟩ oV *Chansonette* **1** ⟨eigtl.⟩ *kleines Lied, meist komischer od. frivoler Art* **2** ⟨im Dt. meist⟩ *Sängerin im Kabarett* [frz., »Liedchen, Couplet«]

> **Chansonnier / Chansonier** (*Laut-Buchstaben-Zuordnung*) In die Alltagssprache eingegangene Fremdwörter können in vielen Fällen künftig neben der in der Herkunftssprache üblichen Schreibung auch eine integrierte Schreibung aufweisen, die sich an der deutschen Laut-Buchstaben-Zuordnung orientiert (→a. *Chansonnette / Chansonette*).

Chan|son|ni|er ⟨[ʃãsɔnjeː] m.; -s, -s⟩ *Sänger im Kabarett;* oV *Chansonier* [frz., »Chansondichter, -sänger«]

Chan|son|ni|è|re ⟨[ʃãsɔnjɛːrə] f.; -, -n⟩ = *Chansonnette(2);* oV *Chansonière*

Chan|til|ly|spit|ze ⟨[ʃãtijiː-] f.; -, -n⟩ *feine Klöppelspitze aus weißer od. schwarzer Seide* [nach der frz. Stadt *Chantilly,* dem früheren Herstellungsort]

Cha|nu̧k|ka ⟨[xa-] f.; -; unz.; jüd. Rel.⟩ *achttägiges Lichterfest zur Erinnerung an die Tempelweihe im Dezember* [hebr., »Einweihung, Weihe«]

Cha|os ⟨[kaːɔs] n.; -; unz.⟩ **1** ⟨Myth.⟩ *der ungeordnete Urstoff vor der Weltschöpfung* **2** ⟨i.w.S.⟩ *Durcheinander, Wirrwarr* [grch., »wirre, gestaltlose Masse«]

Cha|os|the|o|rie ⟨[kaːɔs-] f.; -; unz.⟩ *mathematisch-physikalische Theorie, die die Eigenschaften u. Gesetzmäßigkeiten chaotischer Systeme in Natur u. Gesellschaft untersucht*

Cha|ot, Cha|o|te ⟨[ka-] m.; -(e)n, -(e)n; umg.⟩ *jmd., der Unruhe u. Durcheinander verbreitet, ungezielt handelt*

Cha|o|tik ⟨[ka-] f.; -; unz.⟩ *chaotische Beschaffenheit*

cha|o|tisch ⟨[ka-] Adj.⟩ *ungeordnet, wirr* [→ *Chaos*]

Cha|peau Claque, ⟨auch⟩ **Cha|peau claque** ⟨[ʃapoklak] m.; - -, -x -s [ʃapoklak]⟩ *zusammenklappbarer Zylinder* [frz., zu *chapeau* »Hut« + *claque* »Schlag (mit der Hand)«]

Cha|pli|na|de, ⟨auch⟩ **Chap|li|na|de** ⟨[tʃap-] f.; -, -n⟩ *komisches Auftreten, groteskes Vorkommnis* [nach dem engl. Filmschauspieler Charlie *Chaplin,* 1889-1977]

cha|pli|nesk, ⟨auch⟩ **chap|li|nesk** ⟨[tʃa-] Adj.⟩ *von ähnlicher Komik wie die Darstellungen des engl. Filmschauspielers Charlie Chaplin*

Chaps ⟨[tʃæps] Pl.⟩ *lederne Überziehhosen zum Reiten* [engl.]

chap|ta|li|sie|ren ⟨[ʃap-] V.⟩ Wein ~ *durch Zuckerzusatz verbessern* [nach dem frz. Arzt u. Chemiker Antoine *Chaptal,* 1756–1832]

Cha|rak|ter ⟨[ka-] m.; -s, -e [--'--]⟩ **1** ⟨unz.⟩ *Merkmal, Gepräge, Eigenart;* der ~ einer **Landschaft**, einer Schrift; die Besprechungen trugen **vertraulichen** ~ **2** ⟨unz.⟩ *sittl. Veranlagung, Wesensart;* einen **ausgeprägten**, guten, schwierigen, starken ~ haben; ein Mann **von** ~ *ein M., der zu seiner Meinung steht;* ~ **beweisen** *eine feste Haltung einnehmen;* er **hat** keinen ~ *ist wankelmütig* **3** ⟨zählb.⟩ *Mensch von ausgeprägter Eigenart* **4** *Schriftzeichen* [grch., »Gepräge«]

cha|rak|te|ri|sie|ren ⟨[ka-] V.⟩ *kennzeichnen, schildern*

Cha|rak|te|ris|tik ⟨[ka-] f.; -, -en⟩ **1** *Kennzeichnung, treffende Beschreibung* **2** ⟨Math.⟩ *Kennziffer*

Cha|rak|te|ris|ti|kum ⟨[ka-] n.; -s, -ka⟩ *kennzeichnendes Merkmal*

cha|rak|te|ris|tisch ⟨[ka-] Adj.⟩ *kennzeichnend, unterscheidend*

cha|rak|ter|lich ⟨[ka-] Adj.⟩ *den Charakter (eines Menschen) betreffend;* ~e Schwächen

Cha|rak|te|ro|lo|ge ⟨[ka-] m.; -n, -n⟩ *Forscher auf dem Gebiet der Charakterologie*

Cha|rak|te|ro|lo|gie ⟨[ka-] f.; -; unz.⟩ *Wissenschaft von Wesen u. Entwicklung des Charakters, Persönlichkeitsforschung, Charakterkunde* [< *Charakter* + *...logie*]

cha|rak|te|ro|lo|gisch ⟨[ka-] Adj.⟩ *die Charakterologie betreffend, auf ihr beruhend*

Cha|rak|ter|rol|le ⟨[ka-] f.; -, -n⟩ *Bühnenrolle eines Menschen mit bes. ausgeprägtem Charakter*

Cha|rak|ter|stück ⟨[ka-] n.; -(e)s, -e⟩ **1** *Schauspiel, dessen Handlung sich im wesentl. aus dem Charakter des Helden entwickelt* **2** *kurze Instrumentalkomposition, meist für Klavier, mit für das Thema charakterist. Ausdruck,* z.B. Träumerei

Char|don|nay ⟨[ʃardɔnɛ] m.; -s; unz.⟩ *französische Rebsorte gehobener Qualität (für Weißweine u. Champagner)* [frz.]

Char|ge[1] ⟨[ʃarʒə] f.; -, -n⟩ **1** *Würde, Rang, Amt;* ~ in einer Studentenverbindung **2** ⟨Mil.⟩ *Dienstgrad* **3** ⟨Tech.⟩ *Beschickung eines metallurg. Ofens, z.B. des Hochofens* [frz., »Last, Bürde«]

Char|ge[2] ⟨[ʃarʒə] f.; -, -n; Theat.⟩ *kleine, aber scharf ausgeprägte Charakterrolle, die übertreibend dargestellt wird* [frz., »Übertreibung«]

Char|gen|spie|ler ⟨[ʃarʒən-] m.; -s, -⟩ *Schauspieler, der kleine, aber sehr ausgeprägte Rollen spielt;* ein ~ ersten Ranges [→ *Charge*[2]]

char|gie|ren[1] ⟨[ʃarʒiː-] V.⟩ **1** einen Hochofen ~ *füllen* **2** *jmdn. beauftragen* **3** ⟨Studentenspr.⟩ *in Amtstracht od. Farben erscheinen* [< frz. *charger* »beladen, beauftragen«]

char|gie|ren[2] ⟨[ʃarʒiː-] V.⟩ *eine Rolle überdeutlich gestalten, in der Darstellung übertreiben* [< frz. *charger* »übertreiben«]

Char|gier|te(r) ⟨[ʃarʒiːr-] m.⟩ *Amtsträger in einer Studentenverbindung*

Cha|ris|ma ⟨[çaː-], a. [-'--] n.; -, -ris|ma|ta od. -ris|men⟩ *göttl. Gnadengabe, Berufung* [grch., »Gnadengeschenk«]

cha|ris|ma|tisch ⟨[ça-] Adj.⟩ *einem Charisma entsprechend*

Cha|ri|té ⟨[ʃarite:] f.; -; unz.⟩ *Krankenhaus (bes. in Berlin u. Paris)* [frz., »Nächstenliebe«]

Cha|ri|va|ri ⟨[ʃariva:-] n.; -s, -s⟩ **1** *Wirrwarr; Katzenmusik* **2** ⟨in Frankreich Bez. für⟩ *Polterabend* [frz. »Wirrwarr, Lärm, Polterabend«; vermutl. lautmalend]

Charles|ton ⟨[tʃa:rlstən] m.; -s, -s⟩ **1** *Tanz nordamerikan. Schwarzer* **2** *1926 eingeführter Modetanz im 4/4-Takt* [nach der Stadt *Charleston* in Südkarolina, USA]

Char|lot|te ⟨[ʃar-] f.; -, -n; Kochk.⟩ *kalte Süßspeise aus Früchten od. Fruchtmus in einer mit Biskuits ausgelegten Form* [frz.]

char|mant ⟨[ʃar-] Adj.⟩ *von gewinnendem Wesen, liebenswürdig, bezaubernd;* oV *scharmant*

Charme ⟨[ʃarm] m.; -s; unz.⟩ *Zauber, Liebreiz, gewinnendes Wesen;* oV *Scharm*

Char|meur ⟨[ʃarmø:r] m.; -s, -s⟩ *Schmeichler, betont liebenswürdiger Mensch* [frz., »Zauberer, bezaubernder Mensch«]

Char|meuse ⟨[ʃarmø:z] f.; -, -n⟩ **1** *Seidenstoff* **2** *kunstseidenes Trikotgewebe* [frz.]

char|ming ⟨[tʃa:miŋ] Adj.; salopp⟩ *liebenswürdig, charmant, entzückend* [engl.]

Chä|ro|ma|nie ⟨[çɛ-] f.; -; unz.⟩ *krankhafte Heiterkeit* [< grch. *chairein* »sich freuen« + *Manie*]

Char|ta ⟨[kar-] f.; -, -s⟩ **1** ⟨in der Antike⟩ *Papierblatt zum Schreiben* **2** ⟨im MA⟩ *Urkunde* **2.1** ⟨heute⟩ *Verfassungsurkunde;* ~ der Vereinten Nationen [lat. *charta* »Papier«, < grch. *chartes* »Blatt der Papyrusstaude«, vermutl. < ägypt.; verwandt mit *Karte, Karton, Charter*]

Char|te ⟨[ʃartə] f.; -, -n⟩ *Verfassungsurkunde* [frz., »Urkunde«, < lat. *charta;* → *Charta*]

Char|ter ⟨[(t)ʃar-] m.; -s, -s⟩ **1** *Schutzbrief, Freibrief* **2** *Miete eines Schiffes od. Schiffsraums zum Befrachten* **3** *Frachtvertrag* [engl., »Urkunde«, < lat. *charta;* → *Charta*]

Char|te|rer ⟨[(t)ʃar-] m.; -s, -⟩ *Mieter eines Schiffes od. Flugzeugs* [engl., »Mieter eines Schiffes«; → *Charter*]

Char|ter|ma|schi|ne ⟨[(t)ʃar-] f.; -, -n⟩ *gechartertes Flugzeug*

char|tern ⟨[(t)ʃar-] V.⟩ **1** ein Schiff od. Flugzeug ~ *zur Beförderung von Fracht od. Personen mieten* **2** sich ein Fahrzeug ~ *es sich zu Beförderungszwecken sichern* [< engl. *charter* »(Schiff) mieten«; → *Charter*]

Char|tis|mus ⟨[kar-] m.; -; unz.⟩ *erste engl. Arbeiterbewegung (1835–1850)* [→ *Charta*]

Char|treuse, ⟨auch⟩ **Chart|reuse** ⟨[ʃartrø:z] m.; -; unz.; Ⓦz⟩ *ein Kräuterlikör;* Sy *Kartäuser(2)* [nach dem Kartäuserkloster Grande *Chartreuse* bei Grenoble (Frankreich), wo der Likör zuerst hergestellt wurde]

Charts ⟨[tʃa:ts] Pl.⟩ *Liste der Spitzenschlager;* in die ~ kommen [engl.]

Cha|ryb|dis ⟨[ça-] f.; -; unz.; grch. Myth.⟩ **1** *Felsenschlund mit Meeresstrudel* **2** zwischen Scylla und ~ ⟨sprichwörtl.⟩ *zwischen zwei bedrohlichen Übeln* [lat.-grch., Name für einen Meeresstrudel gegenüber der → *Scylla* in der Straße von Messina]

Cha|san ⟨[xa-] m.; -s, -e; jüd. Rel.⟩ *Vorbeter in der Synagoge* [hebr.]

Chase ⟨[tʃɛiz] n. od. f.; -; unz.; Jazz⟩ *Improvisation zweier sich abwechselnder Solisten* [engl., »Jagd, Verfolgung«]

chas|mo|gam ⟨[ças-] Adj.; Bot.⟩ *auf Chasmogamie beruhend, durch sie gekennzeichnet;* ~e Pflanzen; Ggs *kleistogam*

Chas|mo|ga|mie ⟨[ças-] f.; -, -n; Bot.⟩ *Fremdbestäubung bei sich öffnender Blüte;* Ggs *Kleistogamie* [< grch. *chasma* »Spalt, Schlund« + …*gamie*]

Chasse ⟨[ʃas] f.; -; unz.⟩ **1** *Billardspiel mit 15 Kugeln* **2** ⟨Mus.; im 14. Jh. in Frankreich⟩ *dreistimmiger Kanon* **3** *Jagdstück* [frz., »Jagd«]

Chas|si|dim ⟨[xas-] Pl.⟩ *Anhänger einer jüd. osteurop. Sekte* [hebr., »die Frommen«]

Chas|si|dis|mus ⟨[xas-] m.; -; unz.; Rel.⟩ → a. *Kabbala* **1** ⟨allg.⟩ *jüdische religiöse Bewegung, im mittelalterlichen Deutschland eine mystische, aber populäre Parallelströmung zur Kabbala* **2** ⟨i.e.S.⟩ *in der Mitte des 18. Jh. von Israel ben Elieser (1699–1760) begründeter osteuropäischer C., der aus Ressentiments gegen die offizielle, rabbinisch beherrschte Religion sich wieder an die volkstümliche, lebendigere Form der Kabbala des 16./17. Jh. annäherte* [→ *Chassidim*]

Chas|sis ⟨[ʃasi:] n.; - [ʃasi:s], - [ʃasi:s]⟩ **1** *Fahrgestell;* Ggs *Karosserie;* ~ eines Kraftwagens **2** *Gestell, das die Bauteile trägt;* ~ eines Rundfunkempfängers [< frz. *châssis* »Einfassung, Rahmen«]

Chat ⟨[tʃæt] m.; -s, -s; EDV; umg.⟩ *Unterhaltung, Kommunikation (im Internet);* ~räume für Internetbenutzer [< engl. *chat* »Plauderei«]

> **Château / Chateau** (*Schreibung mit diakritischen Zeichen*) Es bleibt in der Regel dem Schreibenden überlassen, ob er die in der Herkunftssprache üblichen diakritischen Zeichen wie etwa den französischen Accent circonflexe berücksichtigt oder auf diesen verzichtet. Allerdings sollte durch einen etwaigen Verzicht auf diakritische Zeichen nicht die Bedeutung eines Begriffes in Frage gestellt werden, wie dies etwa bei frz. »*Collège*« und engl. »*College*« der Fall wäre (→ a. *Čevapčići / Cevapcici*).

Châ|teau, ⟨auch⟩ **Cha|teau** ⟨[ʃato:] n.; -s, -s⟩ *Schloss, Land-, Weingut* [frz., »Schloss«]

Cha|teau|bri|and ⟨[ʃatobriã:] n.; - od. -s, -s⟩ *gebratene Rindslende* [nach dem frz. Schriftsteller François-René Vicomte de *Chateaubriand,* 1768–1848]

chat|ten ⟨[tʃætən] V.; EDV; umg.⟩ *im Internet kommunizieren* [< engl. *chat* »plaudern«]

Chau|deau ⟨[ʃodo:] m.; -s, -s; Kochk.⟩ *Sauce aus Wein, Eischnee, Eidotter u. Zucker mit Zitronensaft, wird zu Mehlspeisen u. Puddings serviert, dient auch als Getränk* [frz.]

Chauf|feur ⟨[ʃɔfø:r] m.; -s, -e⟩ *Kraftwagenfahrer, der beruflich Prominente, Politiker(innen) u. Vorgesetzte (von meist größeren Unternehmen) fährt* [frz., urspr. »Lokomotivheizer«]

Chauf|feu|se ⟨[ʃɔfø:zə] f.; -, -n⟩ *Kraftwagenfahrerin, die beruflich Prominente, Politiker(innen) u. Vorgesetzte (von meist größeren Unternehmen) fährt*

chauf|fie|ren ⟨[ʃɔ-] V.⟩ *einen Kraftwagen lenken, den Beruf des Chauffeurs, der Chauffeuse ausüben* [→ *Chauffeur*]

Chaul|moo|gra|öl, ⟨auch⟩ **Chaul|moog|ra|öl** ⟨[tʃɔ:lmu:gra-] n.; -s, -e⟩ *Samenöl des ind. Baumes Hydnocarpus kurzii, als Mittel gegen Lepra verwendet u. in Form der darin wirksamen Chaulmoograsäure auch synthet. hergestellt* [< Bengali *ca(u)lmugra*]

Chaus|see ⟨[ʃɔs-] f.; -, -n; †⟩ *Landstraße* [frz. *chaussée* »Fahrdamm, Straßendecke«; verwandt mit *Kalk*]

Chau|vi ⟨[ʃo:vi] m.; -s, -s; umg.⟩ *Vertreter des männlichen Chauvinismus*

Chau|vi|nis|mus ⟨[ʃovi-] m.; -; unz.⟩ *übertriebene Liebe zum eigenen Vaterland, verbunden mit Hass u. Verachtung gegen andere Völker;* männlicher ~ *Zurschaustellen männlicher Überlegenheit gegenüber der Frau* [nach dem Rekruten *Chauvin,* einer Figur in dem 1831 in Paris aufgeführten Lustspiel »La cocarde tricolore« der Brüder Cogniard]

Chau|vi|nist ⟨[ʃovi-] m.; -en, -en⟩ *Anhänger des Chauvinismus*

chau|vi|nis|tisch ⟨[ʃovi-] Adj.⟩ *auf Chauvinismus beruhend, ihm anhängend*

Check ⟨[tʃɛk] m.; -s, -s; Eishockey⟩ *erlaubte Behinderung eines Gegenspielers* [engl., »Hindernis, Hemmnis; Probe, Kontrolle«]

che|cken ⟨[tʃɛkən] V.; umg.⟩ *vergleichen, vergleichend prüfen, abstimmen;* Texte, Termine ~ [< engl. *check*]

Che|cker ⟨[tʃɛkə(r)] m.; -s, -⟩ *jmd., der etwas checkt, eine Kontrollliste o.Ä. führt bzw. überprüft* [engl., »Prüfer«]

Check-in ⟨[tʃɛkin] n. od. m.; -s, -s⟩ *Abfertigung der Fluggäste vor dem Flug* [< engl. *check* »Prüfung, Kontrolle« + *in* »hinein«]

Che|cking ⟨[tʃɛ-] n.; -s, -s⟩ *das Checken*

Check|list ⟨[tʃɛk-] f.; -, -s⟩, **Check|lis|te** ⟨f.; -, -n⟩ *Kontrollliste (bes. zur Überprüfung techn. Apparate)* [< engl. *check* »Prüfung, Kontrolle« + *list* »Liste«]

Check-out ⟨[tʃɛkaut] n.; -s, -s⟩ **1** *Abfertigung der Fluggäste nach dem Flug* **2** *(nach der Herstellung erfolgende abschließende) Kontrolle u. Funktionsprüfung von techn. Geräten* [< engl. *check* »Prüfung, Kontrolle« + *out* »aus, heraus«]

Check|point ⟨[tʃɛk-] m.; -s, -s⟩ *Kontrollpunkt an der Grenze* [< engl. *check* »Prüfung, Kontrolle« + *point* »Punkt, Stelle«]

Check-up ⟨[tʃɛkʌp] m.; -s, -s⟩ **1** ⟨allg.⟩ *Inspektion, Untersuchung, Wartung* **2** ⟨Med.⟩ *sorgfältige, umfassende Vorsorgeuntersuchung* **3** ⟨Tech.⟩ *Abschlusskontrolle in der Luft- u. Raumfahrt zwecks optimaler Funktionstüchtigkeit u. Fehlerlosigkeit der Betriebssysteme (bes. bei bemannter Raumfahrt)* [engl.]

Ched|dar ⟨[tʃɛdər] m.; -s; unz.⟩ *fette Hartkäsesorte* [nach dem engl. Ort *Cheddar*]

Che|der ⟨[xe:-] f.; -; unz.⟩ *jüdische Kinder- od. Knabenschule, die seit der Aufklärung nur noch in streng orthodoxen Gemeinschaften vorkommt, Chederschule* [< hebr. *cheder* »Stube, Zimmer«]

chee|rio ⟨[tʃiriou]⟩ *zum Wohl!; Auf Wiedersehen!* [engl., zu *cheer* »Hurra, Beifallsruf«]

Cheer|lea|der ⟨[tʃi:rli:də(r)] m.; -s, -; Sp.⟩ *Mitglied einer Gruppe von jungen Mädchen od. Frauen, die bei sportlichen Großveranstaltungen während der Spielpausen einstudierte Choreografien u. Sprechgesänge vortragen u. dadurch die Zuschauer zur Unterstützung der Heimmannschaft anfeuern* [< engl. *cheer* »Anfeuerungsruf, Beifall« + *leader* »Anführer, Leiter«]

Cheese|bur|ger ⟨[tʃi:zbə:gə(r)] m.; -s, -⟩ *Hamburger mit einer Scheibe Käse* [< engl. *cheese* »Käse« + Ham*burger*]

Chef ⟨[ʃɛf] m.; -s, -s⟩ **1** *Vorgesetzter* **2** *Vorsteher, Leiter einer Dienststelle* **3** *Arbeitgeber, Unternehmer* **4** ⟨umg.; scherzh.⟩ *Anführer* [frz., »Führer, Oberhaupt«]

Chef|arzt ⟨[ʃɛf-] m.; -es, -ärz|te; Med.⟩ *leitender Arzt (eines Krankenhauses)*

Chef|ärz|tin ⟨[ʃɛf-] f.; -, -tin|nen; Med.⟩ *leitende Ärztin (eines Krankenhauses)*

Chef|coach ⟨[ʃɛfkoutʃ] m.; -s, -s; Sp.⟩ = *Cheftrainer* [engl.]

Chef de Cu|i|sine ⟨[ʃɛf də kyizi:n] m.; - - -, -s [ʃɛf] - -; frz. Bez. für⟩ *Küchenchef*

Chef de Mis|si|on ⟨[ʃɛf də misjɔ̃:] m.; - - -, -s [ʃɛf] - -⟩ *(bei Großveranstaltungen) verantwortlicher Leiter einer, meist nationalen, sportlichen Abteilung, z.B. bei Weltmeisterschaften od. der Olympiade* [frz., »Leiter der Mission, Delegation«]

Chef|dol|met|scher ⟨[ʃɛf-] m.; -s, -⟩ *führender, verantwortlicher Übersetzer;* er war bei der internationalen Handelsmesse der ~

Chef|dol|met|sche|rin ⟨[ʃɛf-] f.; -, -rin|nen⟩ *führende, verantwortliche Übersetzerin*

Chef|e|ta|ge ⟨[ʃɛfeta:ʒə] f.; -, n⟩ **1** ⟨allg.⟩ *Stockwerk in einem Firmengebäude, in dem sich die Büros der Geschäftsführung befinden* **2** ⟨fig.; umg.⟩ *metaphorischer Ausdruck für eine Führungsposition;* sie hat den Sprung in die ~ geschafft

Che|feu|se ⟨[ʃɛfø:zə] f.; -, -n; umg.; scherzh.⟩ *Chefin*

Chef|i|de|o|lo|ge ⟨[ʃɛf-] m.; -n, -n; umg.⟩ **1** ⟨allg.⟩ *maßgeblicher Theoretiker u. Wortführer einer politischen Richtung od. Partei* **2** ⟨westl. Bez. für⟩ *wichtiger Ideologe einer kommunistischen Partei od. Regierung*

Chef|i|de|o|lo|gie ⟨[ʃɛf-] f.; -, -n; umg.⟩ *Leitlinie einer politischen Richtung od. Partei, die der Regierungs- bzw. Parteichef vorgibt*
Che|fin ⟨[ʃɛ-] f.; -, -fin|nen⟩ **1** *weibl. Chef* **2** *Ehefrau des Chefs*
Chef|in|ge|ni|eur ⟨[ʃɛfinʒənjø:r] m.; -s, -e⟩ *leitender technischer Angestellter*
Chef|lek|tor ⟨[ʃɛf-] m.; -s, -en⟩ *Leiter eines Verlagslektorats*
Chef|lek|to|rin ⟨[ʃɛf-] f.; -, -rin|nen⟩ *Leiterin eines Verlagslektorats*
Chef|pi|lot ⟨[ʃɛf-] m.; -s, -en⟩ *erster, leitender Pilot im Flugzeug*
Chef|pi|lo|tin ⟨[ʃɛf-] f.; -, -tin|nen⟩ *erste, leitende Pilotin im Flugzeug*
Chef|re|dak|teur ⟨[ʃɛf-] m.; -s, -e⟩ *Hauptschriftleiter einer Zeitung, Abteilungsleiter einer Verlagsredaktion*
Chef|re|dak|teu|rin ⟨[ʃɛf-] f.; -, -rin|nen⟩ *Hauptschriftleiterin einer Zeitung, Abteilungsleiterin einer Verlagsredaktion*
Chef|se|kre|tär ⟨[ʃɛf-] m.; -s, -e⟩ **1** *erster, verantwortlicher Sekretär eines leitenden Vorgesetzten* **2** = *Generalsekretär*
Chef|se|kre|tä|rin ⟨[ʃɛf-] f.; -, -rin|nen⟩ *erste, verantwortliche Sekretärin eines leitenden Vorgesetzten*
Chef|trai|ner ⟨[ʃɛftre:-] m.; -s, -; Sp.⟩ *wichtigster, leitender Trainer einer Mannschaft bzw. eines Sportvereins;* Sy *Chefcoach*
Chei|li|tis ⟨[çɛi-] f.; -, -ti|den⟩ = *Cheilose* [grch. *cheilos* »Lippe«]
Chei|lo|plas|tik ⟨[çai-] f.; -, -en⟩ *Lippenplastik, Eingriff zum Verschluss von Lippendefekten* [< grch. *cheilos* »Lippe« + *Plastik*]
Chei|lo|se ⟨[çai-] f.; -, -n⟩ *Entzündung an der Lippenschleimhaut;* Sy *Cheilitis* [< grch. *cheilos* »Lippe«]
Chei|ro|no|mie ⟨[çai-] f.; -; unz.⟩ oV *Chironomie* **1** ⟨Mus.⟩ *Leitung eines Chores durch festgelegte Handzeichen, die neben dem Tempo auch den Melodieverlauf angeben* **2** *(in der Tanzkunst gebräuchliche) Ausdrucksweise für Gedanken, Gefühle u. Geschehen, die über die mimische u. gestikulierende Symbolsprache der Handbewegungen verläuft* [< grch. *cheir*, Gen. *cheiros* »Hand« + …*nomie*]
chei|ro|no|misch ⟨[çai-] Adj.⟩ *zur Cheironomie gehörig, auf ihr beruhend, mit Hilfe ihrer Methoden arrangiert;* oV *chironomisch*
Chei|ro|spas|mus ⟨[çɛi-] m.; -, -men⟩ = *Chirospasmus*
Che|li|ze|re ⟨[çe-] f.; -, -n⟩ *Kieferfühler, gehört zu den Mundgliedmaßen der Spinnen* [< grch. *chele* »Schere« + *keras* »Horn«]
Chel|lé|en ⟨[ʃɛleɛ̃:] n.; - od. -s; unz.⟩ = *Abbevillien* [nach der alten frz. Bezeichnung *Chelléen* für Westeuropa]
Chel|sea|por|zel|lan ⟨[tʃɛlsi-] n.; -s; unz.; Sammelbez. für⟩ *Erzeugnisse der um 1745 gegründeten, ältesten englischen Porzellanfabrik in Chelsea, die neben bunt bemaltem Geschirr auch Mode- u. Schmuckwaren herstellt* [nach dem Londoner Stadtteil *Chelsea* + *Porzellan*]
Che|mi|cal|mace, ⟨auch⟩ **Che|mi|cal Mace** ⟨[kɛmikəlmɛis] f.; (-) -, (-) -s [-mɛisiz]; engl. Bez. für⟩ *chemische Keule, von der Polizei verwendetes Gerät zum Versprühen von Reizstoffen*
Che|mie ⟨[çe-] f.; -; unz.⟩ *Wissenschaft von den chem. Grundstoffen u. den chem. Verbindungen sowie deren Veränderungen, soweit sie nicht auf Atomkernreaktionen beruhen* [< grch. *chemeia, chymeia;* zu *chymos* »Flüssigkeit«]
Che|mie|fa|ser ⟨[çe-] f.; -, -n; Textilw.⟩ *auf chemischem Weg hergestellter Faserstoff, sowohl aus Naturstoffen (z.B. Kunstseide) wie auch aus vollsynthetischen Produkten (z.B. Nylon, Perlon)*
Che|mie|la|bo|rant ⟨[çe-] m.; -en, -en⟩ *chemisch-technischer Assistent, der in Forschungs- u. Entwicklungslaboratorien chemische bzw. chemisch-physikalische Analysen durchführt*
Che|mie|la|bo|ran|tin ⟨[çe-] f.; -, -tin|nen⟩ *chemisch-technische Assistentin, die in Forschungs- u. Entwicklungslaboratorien chemische bzw. chemisch-physikalische Analysen durchführt*
Che|mi|graf ⟨[çe-] m.; -en, -en; Typ.⟩ = *Chemigraph*
Che|mi|gra|fie ⟨[çe-] f.; -; unz.⟩ = *Chemigraphie*
che|mi|gra|fisch ⟨[çe-] Adj.; Typ.⟩ = *chemigraphisch*
Che|mi|graph ⟨[çe-] m.; -en, -en; Typ.⟩ *jmd., der mit chemischen Mitteln Druckstöcke anfertigt;* oV *Chemigraf;* → a. *Klischee(1)* [< *Chemie* + …*graph*]
Che|mi|gra|phie ⟨[çe-] f.; -; unz.⟩ *Verfahren zur Herstellung von Druckstöcken für den Hochdruck auf fotograf. Weg;* oV *Chemigrafie* [< *Chemie* + …*graphie*]
che|mi|gra|phisch ⟨[çe-] Adj.; Typ.⟩ *mittels der Chemigraphie entwickelt, auf ihr beruhend, sie betreffend;* oV *chemigrafisch*
Che|mi|ka|lie ⟨[çe-] f.; -, -li|en⟩ *auf chem. Weg hergestelltes Erzeugnis*
Che|mi|kant ⟨[çe-] m.; -en, -en⟩ *in der chemischen Industrie tätiger Facharbeiter*
Che|mi|ker ⟨[çe:-] m.; -s, -⟩ *auf dem Gebiet der Chemie arbeitender Wissenschaftler*
Che|mi|lu|mi|nes|zenz ⟨[çe:-] f.; -, -en⟩ *durch chem. Reaktionen bewirkte Lumineszenz;* oV *Chemolumineszenz*
che|misch ⟨[çe:-] Adj.⟩ *die Chemie betreffend, mit Stoffumwandlung verbunden;* ~es **Element**, ~er **Grundstoff** *einer der mit Hilfe chem. Methoden nicht weiter in einfachere Stoffe zerlegbaren Grundbestandteile der Materie;* ~e **Formel** *symbol. Darstellung der chem. Verbindungen;* ~e **Gleichung** *in Form einer Gleichung geschriebene symbol. Darstellung einer chem. Reaktion;* ~e **Reaktion** *Vorgang, durch den verschiedene chem. Stoffe od. Verbindungen ineinander überführt werden;* ~es **Zeichen** *für chem. Grundstoffe verwendete(r) Buch-*

stabe(n); ~e **Verbindung** *Vereinigung der Atome mehrerer chem. Elemente zu einem Molekül;* ~e **Reinigung** *R. von Kleidungsstücken durch chem. Lösungsmittel*
Che|mi|sett ⟨n.; -(e)s, -s od. -e⟩, **Che|mi|sette** ⟨[ʃemizɛt]; f.; -, -n⟩ *Vorhemdchen* [< frz. *chemisette* »Vorhemdchen, Mieder«]
Che|mi|si|er|kleid ⟨[ʃemizjeː-] n.; -(e)s, -er; schweiz.⟩ *Hemdblusenkleid* [< frz. *chemisier* »Hemdbluse«]
Che|mis|mus ⟨[çeː-] m.; -; unz.; österr.⟩ *Ablauf chem. Stoffumsetzungen (bes. im Tier- u. Pflanzenkörper)* [→ *Chemie*]
che|mo..., Che|mo... ⟨[çeː-] in Zus.⟩ *auf der Chemie beruhend, mit ihrer Hilfe*
Che|mo|bi|o|nik ⟨[çeː-]⟩ *Teilbereich der Bionik, der das Verhalten von Stoffen in biologischen Systemen (z.B. Zellen) erforscht, um die prinzipielle Übertragbarkeit des Stoffverhaltens auf chemische Verfahren zu prüfen* [< *Chemo...* + *Bionik*]
Che|mo|keu|le ⟨[çeː-] f.; -, -n; umg.⟩ *Sprühgerät, dessen Inhaltsstoff Haut- u. Augenreizungen verursacht u. bei polizeilichen Großeinsätzen gegen Demonstrierende eingesetzt wird*
Che|mo|lu|mi|nes|zenz ⟨[çeː-] f.; -, -en⟩ = *Chemilumineszenz*
Che|mo|nas|tie ⟨[çeː-] f.; -, -n⟩ *durch chem. Mittel ausgelöste Nastie*
Che|mo|plas|te ⟨[çeː-] Pl.⟩ *aushärtbare Kunstharze*
Che|mo|re|sis|tenz ⟨[çeː-] f.; -, -en⟩ *Resistenz von Bakterienstämmen gegenüber Chemotherapeutika*
Che|mo|re|zep|tor ⟨[çeː-] m.; -s, -en⟩ *Sinneszelle, die auf chem. Reize anspricht*
Che|mo|se ⟨[çeː-] f.; -, -n; Med.⟩ *Ödem der Bindehaut des Auges;* oV *Chemosis* [zu grch. *cheme* »Gienmuschel«]
Che|mo|sis ⟨[çeː-] f.; -, -sen od. fachspr.: -ses; Med.⟩ = *Chemose*
Che|mo|syn|the|se ⟨[çeː-] f.; -, -n⟩ *Fähigkeit verschiedener Bakterien, hochmolekulare organ. Verbindungen aus anorgan. Stoffen ohne Sonnenlicht herzustellen*
che|mo|tak|tisch ⟨[çeː-] Adj.⟩ *auf Chemotaxis beruhend*
Che|mo|ta|xis ⟨[çeː-] f.; -, -xi|en⟩ *durch chem. Mittel ausgelöste Taxie*
Che|mo|tech|nik ⟨[çeː-] f.; -; unz.⟩ *Technik der Chemie*
Che|mo|tech|ni|ker ⟨[çeː-] m.; -s, -⟩ *an einer Fachschule ausgebildeter Chemiker*
Che|mo|the|ra|peu|ti|kum ⟨[çeː-] n.; -s, -ka; Pharm.⟩ *Medikament gegen Krankheitserreger, das aus chemischen Stoffen hergestellt ist*
che|mo|the|ra|peu|tisch ⟨[çeː-] Adj.; Pharm.⟩ *die Chemotherapie betreffend, ihr entsprechend, auf ihr beruhend*
Che|mo|the|ra|pie ⟨[çeː-] f.; -; unz.⟩ *Heilverfahren mit chemischen Stoffen (Chemotherapeutika)*
Che|mo|tro|pis|mus ⟨[çeː-] m.; -, -men⟩ *durch chem. Mittel ausgelöster Tropismus*
Chem|ur|gie, ⟨auch⟩ **Che|mur|gie** ⟨[çeː-] f.; -; unz.⟩ *Lehre von der Gewinnung chemischer Produkte aus organ. Substanzen, die der Land- u. Forstwirtschaft entstammen* [< *Chemie* + grch. *ergon* »Werk«]
Che|nil|le ⟨[ʃəniljə] od. [ʃəniːjə] f.; -, -n⟩ *Garn mit abstehenden Fasern, ein Raupenzwirn* [frz., »Raupe«]
cher|chez la femme! ⟨[ʃɛrʃeː la fam]⟩ *hinter dieser Angelegenheit steckt bestimmt eine Frau!* [frz., eigtl. »sucht die Frau!«]
Che|ri|mo|ya ⟨[tʃɛ-] f.; -, -s⟩ *Rahmapfel, südamerikanische Frucht mit weißem, säuerlichem Fruchtfleisch, das überwiegend püriert verzehrt wird: Annona cherimola;* oV *Chirimoya* [engl., < span. *chirimoya*]
Cher|ry|bran|dy ⟨[tʃɛribrændi] m.; -s, -s⟩ *Kirschlikör* [engl. *cherry* »Kirsche« (< frz. *cerise*) + *brandy* (→ *Brandy*)]
Che|rub ⟨[çeː-] m.; -s, -bim od. -bi|nen; AT⟩ *Engel, Paradieswächter* [hebr., urspr., »geflügeltes Wundertier mit menschlichem Antlitz«]
che|ru|bi|nisch ⟨[çeː-] Adj.⟩ *engelhaft, engelgleich* [→ *Cherub*]
Ches|ter ⟨[tʃɛstə(r)] m.; -s, -⟩, **Ches|ter|kä|se** ⟨m.; -s, -⟩ *harter Fettkäse* [nach der engl. Stadt *Chester*]
che|va|le|resk ⟨[ʃəva-] Adj.⟩ *ritterlich* [< frz. *chevaleresque*]
Che|va|li|er ⟨[ʃəvaljeː] m.; -s, -s⟩ *Ritter, Edelmann (frz. Adelstitel)* [frz., »Ritter«]
Che|vi|ot ⟨[ʃɛviɔt] m.; -s, -s⟩ *Kleiderstoff aus Schafwolle* [nach den *Cheviot*bergen zwischen England u. Schottland wegen der Wolle der dort gezüchteten Schafe]
Che|vreau, ⟨auch⟩ **Chev|reau** ⟨[ʃəvroː] n.; -s; unz.⟩ *feines Ziegenleder (für Schuhe)* [frz. *chevreau* »Zicklein«]
Che|vron, ⟨auch⟩ **Chev|ron** ⟨[ʃəvrɔ̃ː] m.; -s, -s⟩ **1** *frz. Dienstgradabzeichen* **2** *Mantelstoff mit diagonalem, fischgrätenähnlichem Muster* **3** *pfeilspitzenähnliche Verbindung zweier Schrägbalken im Wappen, Sparren* [frz., »Dachsparren«]
Chew|ing|gum, ⟨auch⟩ **Che|wing Gum** ⟨[tʃuːiŋgam] m.; (-) - od. (-) -s, (-) -s; engl. Bez. für⟩ *Kaugummi*
Chi ⟨[çiː] n.; - od. -s, -s; Zeichen: χ, X⟩ *der 22. Buchstabe im grch. Alphabet* [grch.]
Chi|an|ti ⟨[kjan-] m.; -s, -s⟩ *ein ital. Rotwein* [nach der gleichnamigen Weingegend in der Toskana, Italien]
Chi|as|ma ⟨[çi-] n.; -s, -men⟩ *Überkreuzung der Chromatiden eines Chromosomenpaares während der Reduktionsteilung* [→ *Chiasmus*]
Chi|as|mus ⟨[çi-] m.; -; unz.⟩ *Stilmittel, kreuzweise Gegenüberstellung von Gegensatzpaaren od. gleichen Begriffen* [nach dem ein Kreuz bildenden grch. Buchstaben *Chi*]
chi|as|tisch ⟨[çi-] Adj.⟩ *über Kreuz gestellt* [→ *Chiasmus*]
chic ⟨[ʃik] Adj.; frz. Schreibung von⟩ *schick(1)*
Chic ⟨[ʃik] m.; -s; unz.⟩ = *Schick* [frz.]

Chi|ca|go|jazz, ⟨auch⟩ **Chi|ca|go Jazz** ⟨[ʃika:godʒæs] m.; (-) -; unz.; Mus.⟩ *Jazzstil der 1920er-Jahre, mit dem weiße Musiker den Jazz der Schwarzen (bes. L. Armstrong u. King Oliver) zu imitieren versuchten u. der zur Entwicklung des Swing beitrug;* Sy *Chicagostil*

Chi|ca|go|stil ⟨[ʃika:go-] m.; -s; unz.; Mus.⟩ = *Chicagojazz*

Chi|cha ⟨[tʃi:tʃa] f.; -, -s⟩ *bierähnliches Rauschgetränk aus Mais (selten auch Reis od. Obst) im südamerikanischen Andengebiet u. in Mittelamerika* [indian.]

Chi|chi ⟨[ʃiʃi:] n.; - od. -s, - od. -s; umg.⟩ **1** ⟨unz.⟩ *umständliches Gebaren, Verhalten* **2** ⟨zählb.; meist Pl.⟩ *falsche Locken* [frz.]

Chi|co ⟨[tʃi:ko] m.; - od. -s, -s ⟩ *kleiner Junge, kleiner Kerl* [span.]

Chicorée / Schikoree (*Laut-Buchstaben-Zuordnung*) Diakritische Zeichen in Fremdwörtern können auch durch unmarkierte Buchstaben ersetzt werden. Dies gilt auch für das aus dem Französischen entlehnte *»é«*, das eine Vokallänge kennzeichnet, die im Deutschen durch die Doppelung des entsprechenden Vokals gekennzeichnet wird. Zusätzlich kann neben der ursprünglichen Schreibung eine integrierte Schreibweise mit angepasster Laut-Buchstaben-Zuordnung entstehen.
Dabei werden die Laute [ʃ] bzw. [k], die in Fremdsprachen häufig durch den Buchstaben *»ch«* bzw. *»c«* wiedergegeben werden, durch die deutschen Buchstaben *»sch«* bzw. *»k«* ersetzt. (→a. *Pappmaché / Pappmaschee*).

Chi|co|rée ⟨[ʃikɔre:] a. ['---] m. od. f.; - od. -s; unz.⟩ *als Salat u. für Gemüse verwendeter bleicher Wintertrieb der Zichorie;* oV *Schikoree* [frz.]

Chief ⟨[tʃi:f] m.; -s, -s⟩ *Anführer, Chef* [engl., »Chef, Häuptling; haupt...«]

Chif|fon ⟨[ʃifɔ̃:] m.; -s, -s⟩ *sehr dünnes, schleierartiges Gewebe aus Seide od. Kunstseide* [frz., »Lumpen, Lappen, Chiffon(stoff)«]

Chif|fo|ni|er ⟨[ʃifɔnje:] m.; -s, -s; †⟩ = *Chiffonnier*

Chif|fo|ni|e|re ⟨[ʃifɔnjɛ:rə] f.; -, -n; †⟩ = *Chiffonniere*

Chif|fon|ni|er ⟨[ʃifɔnje:] m.; -s, -s; †⟩ *Schreibsekretär;* oV *Chiffonier* [frz., »Lumpensammler, Aufsatzkommode, Nähtischchen«]

Chif|fon|ni|e|re ⟨[ʃifɔnjɛ:rə] f.; -, -n; †⟩ oV *Chiffoniere* **1** *Nähtisch* **2** ⟨schweiz.⟩ *Kleiderschrank* [→ *Chiffonnier*]

Chif|fre, ⟨auch⟩ **Chiff|re** ⟨[ʃifər] od. [ʃifrə] f.; -, -n⟩ **1** *Ziffer, Zahl* **2** *Namenszeichen, Monogramm* **3** *Geheimzeichen* **4** *Kennziffer in Anzeigen* [frz., »Ziffer, Zahl«]

chif|frie|ren, ⟨auch⟩ **chiff|rie|ren** ⟨[ʃif-] V.⟩ *in Geheimschrift schreiben, verschlüsseln*

Chif|frie|rung, ⟨auch⟩ **Chiff|rie|rung** ⟨[ʃif-] f.; -, -en⟩ *Verschlüsselung;* Ggs *Dechiffrierung*

Chi|gnon, ⟨auch⟩ **Chig|non** ⟨[ʃinjɔ̃:] m.; -s, -s⟩ **1** *Nackenknoten, Nackenzopf* **2** *Haarunterlage* [frz., »Haarknoten«]

Chi|hu|a|hua ⟨[tʃiwa:wa] m.; -s, -s⟩ *kleiner, dem Zwergpinscher ähnelnder Hund* [nach dem gleichnamigen mexikan. Bundesstaat]

Chi|le|sal|pe|ter ⟨[tʃi:-] od. [çi:-] m.; -s; unz.⟩ *aus den Nordprovinzen von Chile u. Peru stammender Natronsalpeter*

Chi|li ⟨[tʃi:li] m.; -s, -s⟩ *paprikaähnliche Beerenfrucht eines in Afrika, Indien u. Japan angebauten Nachtschattengewächses, aus der Cayennepfeffer gewonnen wird: Capsicum frutescens;* ~ con Carne *scharf gewürztes Rinderragout* [zu span. *chile* < Nahuatl]

Chi|li|a|de ⟨[çi-] f.; -, -n⟩ **1** *Zahl, Reihe, Sammlung von Tausend* **2** *Jahrtausend* [grch. *chilioi* »tausend«]

Chi|li|as|mus ⟨[çi-] m.; -; unz.⟩ *Glaube an ein Tausendjähriges Reich (nach Christi Wiederkunft)* [< grch. *chilioi* »tausend«]

Chi|li|ast ⟨[çi-] m.; -en, -en⟩ *Anhänger des Chiliasmus*

chi|li|as|tisch ⟨[çi-] Adj.⟩ *dem Chiliasmus entsprechend, zu ihm gehörig*

Chi|na|cra|cker ⟨[çi:nakrækə(r)] m.; -s, -⟩ *ein Knall- bzw. Feuerwerkskörper, oft Chinakracher genannt* [nach dem Land *China* + *Cracker(2)*]

Chi|na|gras ⟨[çi:-] od. süddt., österr. [ki:-] n.; -es, -grä|ser⟩ = *Ramie(2)*

Chi|na|rin|de ⟨[çi:-] f.; -; unz.; Med.⟩ *chininhaltige Rinde des Chinarindenbaumes (Cinchona), einer Gattung der Rötegewächse (Rubiaceae) mit fieberheilender Wirkung: Cortex Chinae;* →a. *Cinchona* [< peruan. *quinaquina* »Rinde der Rinden«, d.h. »die Beste der Rinden«]

Chi|na|town ⟨[tʃainataun] f.; -, -s⟩ *Viertel einer Großstadt (vor allem in Europa u. Nordamerika), das überwiegend von chinesischen Emigranten bewohnt wird;* die ~ in Newcastle upon Tyne gehört zu den Sehenswürdigkeiten der Stadt [< engl. *china* »China« + *town* »Stadt«, vermutlich in Anlehnung an die *Chinatown* von New York]

Chi|na|white ⟨[tʃainawait] n.; -s; unz.; umg.⟩ *Heroin von großer Reinheit* [< engl. *china* »China« + *white* »weiß, rein«]

Chi|mä|ra ⟨[çi-] f.; -, -ren⟩, **Chi|mä|re** ⟨[çi-] f.; -, -n⟩ **1** *griech. Sagenungeheuer (vorn Löwe, in der Mitte Ziege, hinten Drache)* **2** *Pflanze mit genotyp. verschiedenen Geweben, bedingt durch Plastidenspaltung, Mutationen, irreguläre Mitose oder künstl. Gewebeverschiebung durch Pfropfung, Pfropfbastard* **3** = *Schimäre* [< grch. *chimaira* »Ziege«]

chi|mä|risch ⟨[çi-] Adj.⟩ = *schimärisch*

Chin|chil|la ⟨[tʃintʃilja:] f.; -, -s; österr. n., -s, -s⟩ **1** *südamerikan. Nagetier aus der Familie der Hasenmäuse von 30 cm Körperlänge mit 20 cm langem, buschigem Schwanz: Lagidium viscaccia* **2** *Pelz der Chinchilla* [span., »maulwurfähnliches Tier«]

Chi|nin ⟨[çi-] n.; -s; unz.⟩ *Alkaloid der Chinarinde (gegen Malaria)* [peruan. *quinaquina* »Rinde der Rinden«, d.h. »die Beste der Rinden«]
Chi|noi|se|rie ⟨[ʃinoazə-] f.; -, -n⟩ **1** *Kunstgewerbe in chines. Manier* **2** ⟨fig.⟩ *Abgeschmacktheit* [frz.; < *chinois* »chinesisch«]
Chi|no|lin ⟨[çi-] n.; -s; unz.; Kunstw.; Med.⟩ *antibakterieller Wirkstoff, der vor allem gegen Durchfall angewendet wird* [< *Chin*in + *...ol* + *...in*]
Chi|no|ne ⟨[çi-] Pl.⟩ *Gruppe aromatischer, gelb bis rot gefärbter Verbindungen, wegen ihrer Reaktionsfreudigkeit Ausgangsstoffe für zahlreiche chem. Synthesen*
Chi|nook ⟨[tʃinuːk] m.; -s, -s⟩ **1** *warmer, trockener Wind auf der Ostseite der Rocky Mountains* **2** *warmer, feuchter Südwestwind an der Küste im Nordwesten der USA* [nordamerik. Indianerspr.]
Chintz ⟨[tʃints] m.; -(e)s, -e⟩ *durch Wachsüberzug glänzend gemachter Baumwollstoff, meist bunt gemustert* [engl., eigtl. »bedruckter od. bemalter Kattun aus Indien« < Hindi *chint*]
chint|zen ⟨[tʃintsən] V.⟩ Stoff ~ *mit dünnem Wachsüberzug versehen*
Chi|o|lith ⟨[çi-] m.; -s od. -en, -e od. -en; Min.⟩ *schneefarbenes, körniges Mineral* [< grch. *chion* »Schnee« + *...lith*]
Chi|o|no|graf ⟨[çi-] m.; -en, -en; Meteor.⟩ = *Chionograph*
Chi|o|no|graph ⟨[çi-] m.; -en, -en; Meteor.⟩ *Messapparat, der zur (Mengen-)Registrierung von Niederschlägen (insbes. Schnee) dient;* oV *Chionograf* [< grch. *chion* »Schnee« + *...graph*]
chi|o|no|phil ⟨[çi-] Adj.; Bot.⟩ ~e Pflanzen *Pflanzen, die während des Winters eine feste, schützende Schneedecke benötigen, Schnee liebende Pflanzen* [< grch. *chion* »Schnee« + *...phil*]
Chip ⟨[tʃip] m.; -s, -s⟩ **1** *Splitter, Span* **2** ⟨Roulett⟩ *Spielmarke* **3** ⟨nur Pl.⟩ ~s *in Fett gebackene Scheibchen roher Kartoffeln, pikant gewürzt* **4** *Grundplatte einer elektron. Halbleiterschaltung* **5** ⟨Golf⟩ = *Chip-and-run* [engl.]
Chip-and-run ⟨[tʃip ənd rʌn] m.; -, -; Golf⟩ *aus dem Handgelenk geschlagener niedriger Annäherungsschlag, bei dem der Ball auf dem Grün noch weiterrollt;* Sy *Chip(5)* [engl., eigtl. »anschlagen und rollen«]
Chip|kar|te ⟨[tʃip-] f.; -, -n⟩ *(nahezu fälschungssichere) Plastikkarte mit integriertem Schaltkreis u. Mikroprozessor, die u.a. als Bargeldersatz eingesetzt wird,* z.B. als Kreditkarte, Telefonkarte usw.; Sy *Smartcard;* → a. *Chip(4)*
Chip|pen|dale ⟨[tʃipəndɛil] n.; - od. -s; unz.⟩ *um 1750 in England entstandener Möbelstil* [nach dem engl. Kunsttischler Thomas *Chippendale,* 1718–1779]
Chip|py ⟨[tʃipi] m.; -s, -s; umg.⟩ **1** ⟨Drogenszene⟩ *jmd., der bei seinen ersten Drogenerfahrungen nur geringe Mengen konsumiert, Drogenneuling* **2** ⟨umg.; bes. Großbritannien⟩ *Imbissbude, Pommes-Frites-Bude* [Verkleinerungsform zu engl. *chip* »Chip; Stück; Pommes frites«]
chir..., **Chir...** ⟨[çir] in Zus.⟩ = *chiro..., Chiro...*
Chir|a|gra, ⟨auch⟩ **Chi|rag|ra** ⟨[çir-] n.; -s, unz.⟩ *Gicht in den Handgelenken* [< *Chiro...* + grch. *agra* »Fang«]
Chi|ri|mo|ya ⟨[tʃi-] f.; -, -s ⟩ = *Cherimoya* [span.]
chi|ro..., **Chi|ro...** ⟨[çiro] vor Vokalen⟩ chir..., Chir... ⟨in Zus.⟩ *Hand...* [< grch. *cheir,* Gen. *cheiros* »Hand«]
Chi|ro|graf ⟨[çi-] n.; -en, -en⟩ = *Chirograph*
chi|ro|gra|fisch ⟨[çi-] Adj.⟩ = *chirographisch*
Chi|ro|gra|fum ⟨[çi-] n.; -s, -gra|fen od. -ro|grafa⟩ = *Chirographum*
Chi|ro|graph ⟨[çi-] n.; -en, -en⟩ = *Chirographum;* oV *Chirograf*
chi|ro|gra|phisch ⟨[çi-] Adj.⟩ *handschriftlich;* oV *chirografisch* [< *chiro...* + *...graphisch*]
Chi|ro|gra|phum ⟨[çi-] n.; -s, -gra|phen od. -ro|gra|pha⟩ oV *Chirografum* **1** ⟨Spätantike⟩ *Handschreiben* **2** *päpstl. Erlass an eine Einzelperson*
Chi|ro|lo|gie ⟨[çi-] f.; -; unz.⟩ = *Chiromantie* [< *Chiro...* + *...logie*]
Chi|ro|mant ⟨[çi-] m.; -en, -en ⟩ *Handliniendeuter* [< *Chiro...* + *...mant*]
Chi|ro|man|tie ⟨[çi-] f.; -; unz.⟩ *Kunst, aus den Linien der Handfläche u. der Form der Hand den Charakter zu deuten, Handlesekunst;* Sy *Chirologie* [< *Chiro...* + *...mantie*]
chi|ro|man|tisch ⟨[çi-] Adj.⟩ *auf Chiromantie beruhend*
Chi|ro|no|mie ⟨[çi-] f.; -; unz.⟩ = *Cheironomie*
chi|ro|no|misch ⟨[çi-] Adj.⟩ = *cheironomisch*
Chi|ro|prak|tik ⟨[çi-] f.; -; unz.⟩ *Handheilverfahren für unvollständige Wirbelverrenkungen* [< *Chiro...* + *Praktik*]
Chi|ro|prak|ti|ker ⟨[çi-] m.; -s, -⟩ *Spezialist im Fachbereich der Chiropraktik*
Chi|ro|pte|ra, ⟨auch⟩ **Chi|rop|te|ra** ⟨[çi-] Pl.⟩ *Fledermäuse* [< *Chiro...* + grch. *pteron* »Flügel«]
Chi|ro|spas|mus ⟨[çi-] m.; -, -men⟩ *Schreibkrampf;* oV *Cheirospasmus* [< *Chiro...* + *Spasmus*]
Chi|ro|the|ra|pie ⟨[çi-] f.; -; unz.⟩ *von einem Arzt angewandte Chiropraktik* [< *Chiro...* + *Therapie*]
Chi|ro|the|ri|um ⟨[çi-] n.; -s, -ri|en⟩ *nach handförmigen Abdrücken im Buntsandstein Thüringens benannte Saurierfährten eines primitiven Archosauriers* [< *Chiro...* + grch. *therion* »Tier«]
Chir|urg, ⟨auch⟩ **Chi|rurg** ⟨[çir-] m.; -en, -en⟩ **1** ⟨†⟩ *Wundarzt* **2** *Facharzt für Chirurgie;* → *a. Operateur* [< grch. *cheirurgos,* eigtl. »Handarbeiter« < *cheir* »Hand« + *ergon* »Werk«]
Chir|ur|gie, ⟨auch⟩ **Chi|rur|gie** ⟨[çir-] f.; -; unz.⟩ **1** *Heilkunst durch operative Eingriffe* **2** *chirurgische Klinik, chirurgische Station* [→ *Chirurg*]

chir|ur|gisch, ⟨auch⟩ **chi|rur|gisch** ⟨[çir-] Adj.⟩ *zur Chirurgie gehörig, operativ*
Chi|tar|ro|ne ⟨[ki-] m.; -s, -s od. -ro|ni od. f.; -, -n; Mus.⟩ *(aus Italien stammende) größte Form der Laute, die über zwei Wirbelkästen verfügt u. im 17. Jh. das Generalbassinstrument war* [Vergrößerungsform zu ital. *chitarra* »(Schlag-)Gitarre« < grch. *kithara* »Zitter«]
Chi|tin ⟨[çi-] n.; -(e)s; unz.⟩ *stickstoffhaltiger Grundstoff des Panzers der Gliederfüßer* [< grch. *chiton* »Gewand, Panzer«]
chi|ti|nig, chi|ti|nös ⟨[çi-] Adj.⟩ *aus Chitin bestehend*
Chi|ton ⟨[çi-] m.; -s, -e⟩ *altgriech. Gewand aus einem Stück, um die Hüften gegürtet od. lose fallend* [< grch. *chiton* »Gewand, Panzer«]
chlad|ni|sche Klang|fi|gur, ⟨auch⟩ **Chladni'sche Klang|fi|gur** ⟨[klad-] f.; -n -, -n -en⟩ *Figur, die entsteht, wenn man eine Platte mit Sand bestreut, an einem Punkt befestigt und - z.B. durch Anstreichen mit einem Geigenbogen - in Schwingungen versetzt* [nach dem dt. Physiker Ernst Florens Friedrich *Chladni,* 1756–1827]
Chla|my|do|bak|te|ri|um ⟨[çla-] n.; -s, -ri|en⟩ *Fadenbakterium* [< grch. *chlamys,* Gen. *-ydos* »Mantel« + *Bakterium*]
Chla|mys ⟨[çla:] f.; -, -⟩ *altgriech. kurzer Überwurfmantel für Männer* [grch., »Oberkleid, Mantel«]
Chlo|an|thit ⟨[klo-] m.; -s, -e⟩ *zinnweißes, oft apfelgrün beschlagenes, metallglänzendes Mineral, Weißnickelkies* [< *Chlor* + grch. *antheros* »blühend«]
Chlo|as|ma ⟨[klo-] n.; -s, -men; meist Pl.; Med.⟩ *klar begrenzter, braungelber Hautfleck, der bes. während der Schwangerschaft od. bei schweren Allgemeinerkrankungen auftreten kann* [zu grch. *chloazein* »sprossen, grünen«]
Chlor ⟨[klo:r] n.; -s; unz.; chem. Zeichen Cl⟩ *chem. Element, Ordnungszahl 17, gelbgrünes, stechend riechendes Gas, das in der Natur nicht frei vorkommt* [< grch. *chloros* »hellgrün, gelb«]
Chlo|ral ⟨[klo-] n.; -s; unz.⟩ *durch Oxidation u. Chlorierung von Äthylalkohol mit Chlorkalk hergestellte, stechend riechende, farblose Flüssigkeit, chem. Trichloracetaldehyd, CCl_3-CHO* [→ *Chlor*]
Chlo|ral|hy|drat, ⟨auch⟩ **Chlo|ral|hyd|rat** ⟨[klo-] n.; -(e)s; unz.⟩ *mit Wasser aus Chloral entstehende farblose Kristalle, $CCl_3CH(OH)_2$*
Chlor|a|min, ⟨auch⟩ **Chlo|ra|min** ⟨[klo:r-] n.; -s; unz.; Chem.⟩ *farbloses, keimtötend wirkendes Kristall, das u.a. zur Wasserentkeimung verwendet wird, chem. Formel NH_2Cl* [< *Chlor* + *Amin*]
Chlo|rat ⟨[klo-] n.; -(e)s, -e⟩ *Salz der Chlorsäure, $HClO_3$, farblos, in Wasser leicht löslich, spaltet beim Erhitzen leicht Sauerstoff ab* [→ *Chlor*]
Chlor|ä|thyl ⟨[klo:r-] n.; -s; unz.⟩ = *Äthylchlorid*
Chlor|cal|ci|um ⟨[klo:r-] n.; -s; unz.; † für⟩ *Calciumchlorid*
Chlor|di|o|xid ⟨[klo:r-] n.; -(e)s; unz.; Chem.⟩ *Chlorverbindung, die als Bleichmittel u. zur Vernichtung von Krankheitserregern benutzt wird, chem. Formel CiO_2* [< *Chlor* + *Dioxid*]
Chlo|rel|la ⟨[klo-] f.; -, -rel|len⟩ *Gattung der Grünalgen* [< grch. *chloros* »grün«]
chlo|ren ⟨[klo:-] V.⟩ *durch Behandlung mit Chlor keimfrei machen;* Sy *chlorieren(2)*
Chlor|gas ⟨[klo:r-] n.; -es; unz.⟩ = *Chlor*
Chlo|rid ⟨[klo-] n.; -(e)s, -e⟩ *Salz der Salzsäure* [→ *Chlor*]
chlo|rie|ren ⟨[klo-] V.⟩ **1** *eine chem. Verbindung mit Chlor eingehen lassen* **2** = *chloren*
chlo|rig ⟨[klo:-] Adj.⟩ *Chlor enthaltend, dem Chlor ähnlich;* ~e **Säure** *leicht zersetzliche Chlorsauerstoffsäure, chem. Formel $HClO_2$*
Chlo|rit ⟨[klo-] n.; -s, -e⟩ **1** *Salz der chlorigen Säure* **2** *Mineral, grünes, wasserhaltiges Magnesiumsilicat*
Chlor|kalk ⟨[klo:r-] m.; -s; unz.⟩ *Sauerstoff-Chlor-Verbindung des Calciums, chem. Formel CaCl(OCl), Verwendung als Bleich- und Desinfektionsmittel*
Chlor|kau|tschuk, ⟨auch⟩ **Chlor|kaut|schuk** ⟨[klo:r-] m.; -s; unz.⟩ *chlorierter Naturkautschuk für chemikalienfeste Anstriche* [< *Chlor* + *Kautschuk*]
Chlor|knall|gas ⟨[klo:r-] n.; -es, -e⟩ *Gemisch aus gleichen Volumina Chlor u. Wasserstoff, das unter dem Einfluss des Lichtes explosionsartig unter Bildung von Chlorwasserstoff reagiert*
Chlor|na|tri|um, ⟨auch⟩ **Chlor|nat|ri|um** ⟨[klo:r-] n.; -s; unz.⟩ = *Natriumchlorid*
Chlo|ro|form ⟨[klo-] n.; -s; unz.⟩ *farblose, alkohol- u. ätherlösliche, nicht brennbare Flüssigkeit, die früher bei Narkosen verwendet wurde, chem. Trichlormethan, $CHCl_3$* [< *Chlor* + *...form²*]
chlo|ro|for|mie|ren ⟨[klo-] V.⟩ *mit Chloroform betäuben*
Chlo|ro|leuk|ä|mie, ⟨auch⟩ **Chlo|ro|leu|kä|mie** ⟨[klo-] f.; -, -n; Med.⟩ = *Chlorom* [< *Chlor* + *Leukämie*]
Chlo|rom ⟨[klo-] n.; -(e)s, -e; Med.⟩ *(von Tumorbildung begleitete) akute Form der Leukämie, wobei das Tumorgewebe häufig eng an der Knochenhaut (bes. Schädelhaut) liegt u. grünlich gefärbt erscheint;* Sy *Chloroleukämie* [< *Chlor* + *...om*]
Chlo|ro|me|la|nit ⟨[klo-] m.; -s, -e⟩ *dunkelgrünes Mineral* [< grch. *chloros* »gelbgrün« + *melas* »schwarz«]
Chlo|ro|phan ⟨[klo-] m.; -s, -e⟩ *dunkelgrüner Edelstein bzw. Korund* [< grch. *chloros* »gelbgrün« + *phanein* »zeigen«]
Chlo|ro|phyll ⟨[klo-] n.; -s; unz.⟩ *grüner Farbstoff der Pflanzen, Blattgrün* [< grch. *chloros* »hellgrün« + *phyllon* »Blatt«]
Chlo|ro|phy|tum ⟨[klo-] n.; -s, -phy|ten⟩ *Grünlilie, eine Zierpflanze* [< grch. *chloros* »grün« + *phyton* »Pflanze«]

Chlo|ro|phy|zee ⟨[klorofytseː:ə] f.; -, -n⟩ *Grünalge* [< grch. *chloros* »grün« + …*phyzee*]
Chlo|ro|plast ⟨[klo-] m.; -en, -en⟩ *Organell der Pflanzenzelle, das Chlorophyll für die Fotosynthese enthält* [< grch. *chloros* »grün« + *plastes* »Bildner«]
Chlo|ro|se ⟨[klo-] f.; -; unz.⟩ *Bleichsucht* [< grch. *chloros* »hellgrün«]
Chlor|o|xid ⟨[kloːr-] n.; -(e)s, -e⟩ *Verbindung zwischen Chlor und Sauerstoff*
chlor|sau|er ⟨[kloːr-] Adj.; Chem.⟩ *den Chlorsäuren angehörend, sie betreffend, mit Chlorsäure angereichert*
Chlor|sau|er|stoff|säu|re ⟨[klor-] f.; -, -n; Chem.⟩ *eine der vier Sauerstoffsäuren des Chlors: unterchlorige Säure ($HClO$), chlorige Säure ($HClO_2$), Chlorsäure ($HClO_3$), Perchlorsäure ($HClO_4$)*
Chlor|säu|re ⟨[kloːr-] f.; -, -n; Chem.⟩ *die Chlorsauerstoffsäure mit der chem. Formel $HClO_3$*
Chlo|rür ⟨[klo-] n.; -s, -e⟩ *Salz der Salzsäure* [< frz. *chlorure;* → *Chlor*]
Cho|a|ne ⟨[ko-] f.; -, -n⟩ *hintere Nasenöffnung zum Rachenraum* [< grch. *choane* »Trichter«]
Choke ⟨[tʃouk] m.; -s, -s⟩, **Cho|ker** ⟨[tʃou-] m.; -s, -⟩ *Luftklappe im Vergaser, die beim Start bei tiefen Temperaturen geschlossen wird, um ein fetteres u. damit zündfreudigeres Gemisch einzustellen* [engl., »Starterklappe«, zu *choke* »drosseln«]
Choke|boh|rung ⟨[tʃouk-] f.; -, -en; Waffenk.⟩ *spitz zulaufende Verengung der Schrotflintenmündung zur Minimierung der Schussstreuung* [< engl. *choke* »drosseln«]
chol…, Chol… ⟨[xol-] in Zus.; vor Vok.; Med.⟩ = *chole…, Chole…*
Chol|a|go|gum, ⟨auch⟩ **Cho|la|go|gum** ⟨[xola-] n.; -s, -ga⟩ *galletreibendes Medikament;* Sy *Cholekinetikum* [< grch. *chole* »Galle« + *agogos* »(herbei)führend, anregend«]
Chol|ä|mie, ⟨auch⟩ **Cho|lä|mie** ⟨[xol-] f.; -, -n⟩ *Übertritt von Gallenflüssigkeit ins Blut* [< grch. *chole* »Galle« + …*ämie*]
Chol|an|gi|om, ⟨auch⟩ **Cho|lan|gi|om** ⟨[xol-] n.; -s, -e⟩ *Geschwulst im Bereich der Gallenwege* [< grch. *chole* »Galle« + *Angiom*]
Chol|an|gi|tis, ⟨auch⟩ **Cho|lan|gi|tis** ⟨[xol-] f.; -, -i|ti|den⟩ *Entzündung der Gallengänge* [< grch. *chole* »Galle« + *aggeion* »Gefäß«]
Cho|lan|säu|re ⟨[xol-] f.; -; unz.; Biochem.⟩ *(beim Menschen am häufigsten vorkommende) Basissäure der Gallensäuren, die in der Leber gebildet u. in der Galle gespeichert wird;* oV *Cholsäure* [< grch. *chole* »Galle«]
cho|le…, Cho|le… ⟨vor Vokalen⟩ chol…, Chol… ⟨[xo-] in Zus.; Med.⟩ *gallen…, Gallen…* [grch., »Galle«]
Cho|le|gra|fie ⟨[xo-] f.; -; unz.; Med.⟩ = *Cholegraphie*
cho|le|gra|fisch ⟨[xo-] Adj.; Med.⟩ = *cholegraphisch*
Cho|le|gra|phie ⟨[xo-] f.; -; unz.; Med.⟩ *Sammelbezeichnung für die röntgenographische Darstellung der Gallenblase od. -gänge;* oV *Cholegrafie;* intravenöse ~; endoskopische ~ [< *Chole…* + grch. *graphein* »schreiben«]
cho|le|gra|phisch ⟨[xo-] Adj.; Med.⟩ *zur Cholegraphie gehörend, sie betreffend, auf sie bezogen;* oV *cholegrafisch*
Cho|le|ki|ne|ti|kum ⟨[xo-] n.; -s, -ka; Med.⟩ = *Cholagogum* [< *Chole…* + grch. *kinetikos* »die Bewegung betreffend«]
Cho|le|li|thi|a|sis ⟨[xo-] f.; -; unz.; Med.⟩ *vielfach auftretende Gallensteinkrankheit, d.h. Schädigung der Gallenblase od. -gänge* [< *Chole…* + grch. *lithos* »Stein«]
Cho|le|ra ⟨[koː-] f.; -; unz.⟩ **1 asiatische** od. **echte** ~ *schwere Infektionskrankheit mit heftigem Erbrechen, starkem Durchfall u. schnellem Kräfteverfall* **2 europäische** od. **unechte** ~ *Brechdurchfall, Sommercholera* [grch., »Gallensucht«; zu *chole* »Galle, Zorn«]
Chol|e|re|ti|kum, ⟨auch⟩ **Cho|le|re|ti|kum** ⟨[xol-] n.; -s, -ka; meist Pl.; Med.⟩ *Stoff, der eine erhöhte Gallensäurenabsonderung in der Leber fördert* [< *Chol…* + grch. *erethizein* »reizen«]
chol|e|re|tisch, ⟨auch⟩ **cho|le|re|tisch** ⟨[xol-] Adj.; Med.⟩ *die Gallensäurenabsonderung fördernd*
Cho|le|ri|ker ⟨[ko-] m.; -s, -⟩ *aufbrausender, jähzorniger Mensch* [→ *Cholera*]
Cho|le|ri|ne ⟨[ko-] f.; -, -n⟩ *leichte Art der Cholera*
cho|le|risch ⟨[ko-] Adj.⟩ *aufbrausend, jähzornig* [→ *Choleriker*]
Cho|le|sta|se, ⟨auch⟩ **Cho|les|ta|se** ⟨[xo-] f.; -, -n⟩ *Abflussstörung der Gallenflüssigkeit;* oV *Cholostase* [< grch. *chole* »Galle« + *stasis* »Stehen, Stillstand«]
cho|le|sta|tisch, ⟨auch⟩ **cho|les|ta|tisch** ⟨[xo-] Adj.; Med.⟩ *durch eine Abflussstörung der Gallenflüssigkeit verursacht;* oV *cholostatisch*
Cho|les|te|rin ⟨[xo-] od. [ko-] n.; -s; unz.⟩ *ein zuerst in der Galle gefundenes Fett aus der Klasse der Lipide, Hauptbestandteil der Gallensteine* [< grch. *chole* »Galle« + *stear* »Fett«]
Cho|le|zyst|ek|to|mie, ⟨auch⟩ **Cho|le|zys|tek|to|mie** ⟨[xo-] f.; -, -n; Med.⟩ *operatives Herausschneiden der Gallenblase (meist in der beschwerdefreien Zeit)* [< *Chole…* + *Zyste(1)* + *Ektomie*]
Chol|iam|bus ⟨[xoljam-] m.; -, -ben⟩ *in Spottgedichten angewandter jamb. Vers mit Trochäus im 6. Fuß;* → a. *Hinkjambus* [< grch. *cholos* »lahm« + *Jambus*]
Cho|lin ⟨[xo-] n.; -s; unz.; Pharm.⟩ *(für Medikamente genutzter) Gallenwirkstoff, der u.a. die Fettablagerung im Körper vermindert* [< *Chol…* + …*in*]
cho|lin|erg, ⟨auch⟩ **cho|li|nerg** ⟨[xo-] Adj.; Pharm.⟩ *auf Cholin reagierend, durch Cholin angeregt* [< *Cholin* + grch. *ergon* »Tätigkeit«]
cho|lo…, Cho|lo… ⟨[xo-] in Zus., Med.; selten⟩ *gallen…, Gallen…*

Cho|lo|sta|se, ⟨auch⟩ **Cho|los|ta|se** ⟨[xo-] f.; -, -n⟩ = *Cholestase*
cho|lo|sta|tisch, ⟨auch⟩ **cho|los|ta|tisch** ⟨[xo-] Adj.; Med.⟩ = *cholestatisch*
Chol|säu|re ⟨[xo:l-] f.; -; unz.; Biochem.⟩ = *Cholansäure*

■ Die Buchstabenfolge **chon|dr...** kann auch **chond|r...** getrennt werden.

■ **chon|dr..., Chon|dr...,** ⟨[xɔn-] in Zus.; vor Vokalen; Med.⟩ = *chondro..., Chondro...*
■ **chon|dral** ⟨[xɔn-] Adj.; Med.⟩ *den Knorpel betreffend, zu ihm gehörend* [< grch. *chondros* »Knorpel«]
■ **Chon|dren** ⟨[xɔn-] Pl.; Geol.; Min.⟩ *grauweiße, feinkörnige Gemenge od. Kügelchen (Olivin, Bronzit, Nickel-Eisen) in Steinmeteoriten* [< grch. *chondros* »Korn«]
■ **chon|dri(o)..., Chon|dri(o)...** ⟨[xɔn-] in Zus.; Med.⟩ = *chondro..., Chondro...*
■ **Chon|drin** ⟨[xɔn-] n.; -s; unz.⟩ *Knorpelleim, der aus der Substanz des Knorpelgewebes entnommen wird*
■ **Chon|dri|o|i|de** ⟨[xɔn-] Pl.; Biol.⟩ = *Mesosomen*
■ **Chon|dri|o|som** ⟨[xɔn-] n.; -s, -en; meist Pl.; Biol.⟩ = *Mitochondrium*
■ **Chon|drit** ⟨[xɔn-] m.; -s, -e; Geol.; Min.⟩ *Steinmeteorit, dessen Grundmasse aus Olivin, Orthopyroxen, Nickel-Eisen od. (selten) Glas besteht* [→ *Chondren*]
■ **Chon|dri|tis** ⟨[xɔn-] f.; -, -ti|den; Med.⟩ *Knorpelentzündung* [< grch. *chondros* »Knorpel«]
■ **chon|dri|tisch** ⟨[xɔn-] Adj.; Geol.; Min.⟩ *wie ein Chondrit aufgebaut, in einer ähnlichen Weise strukturiert*
■ **chon|dro..., Chon|dro...** ⟨vor Vokalen⟩ chondr..., Chondr... ⟨[xɔn-] in Zus.; Med.⟩ *knorpel..., Knorpel...; körnchen..., Körnchen...;* Chondren; Chondroblastom [< grch. *chondros* »Knorpel; Korn«]
■ **Chon|dro|blast** ⟨[xɔn-] m; -en, -en; meist Pl.; Med.⟩ *Zelle, die die Knorpelbildung auslöst;* Ggs *Chondroklast* [< *Chondro...* + *...blast*]
■ **Chon|dro|blas|tom** ⟨[xɔn-] n.; -s, -e⟩ *Knorpelgeschwulst;* Sy *Chondrom* [< grch. *chondros* »Knorpel« + *Blastom*]
■ **Chon|dro|klast** ⟨[xɔn-] m; -en; -en; meist Pl.; Med.⟩ *Zelle, die Knorpel vernichtet;* Ggs *Chondroblast* [< *Chondro...* + grch. *klaein* »zerbrechen«]
■ **Chon|drom** ⟨[xɔn-] n.; -s, -e⟩ = *Chondroblastom*
■ **Chon|dru|len** ⟨[xɔn-] Pl.; Min.⟩ *kleine, runde Gesteinskörper in Meteoriten* [→ *Chondren*]
Chop ⟨[tʃɔp] m.; -s, -s, Tennis⟩ *kurz geschlagener Ball mit Rückwärtsdrall* [engl., »(kurzer) Schlag«]
Chop|per ⟨[tʃɔp-] m.; -s, -⟩ = *Easyrider(1)* [engl., eigtl. »Hackmesser, Hackbeil«]
Chop|suey ⟨[tʃɔpsui] n.; - od. -s, -s⟩ *chinesisches Reisgericht mit Fisch oder Fleisch und verschiedenen Gemüsen* [< chin. *shap sui* »Überreste« < *shap* »gemischt« + *sui* »Stücke«]
Chor ⟨[ko:r] m.; -(e)s, Chö|re⟩ **1** ⟨Antike⟩ *Platz für den Kultgesang u. -tanz* **2** *Kulttanzgruppe* **3** ⟨grch. Theat.⟩ *derjenige Teil der Tragödie, der - von mehreren Sprechern gleichzeitig gesprochen - die Meinung des Volkes ausdrücken soll* **4** ⟨Mus.⟩ **4.1** *mehrstimmige Gesangsgemeinschaft, größere Sängergruppe*; Knaben~, gemischter ~ **4.2** *eine Vereinigung gleicher od. verwandter Instrumente;* Bläser~ **4.3** *gemeinsamer, meist mehrstimmiger Gesang* **4.4** *Musikstück für eine Sängergruppe* **5** ⟨selten auch n.; -s, -e⟩ *den Geistlichen vorbehaltener, das Kirchenschiff abschließender Raum mit Hochaltar u. Chorgestühl;* Sy *Presbyterium(1)* [< lat. *chorus* »Rundtanz, Reigen, Chor« < grch. *choros* »Reigentanz, Chor der Tänzer u. Sänger«]
Cho|ral ⟨[ko-] m.; -(e)s, -rä|le⟩ **1** gregorianischer ~ *einstimmiger, unbegleiteter Chorgesang der röm. Kirche* **2** *protestant. Kirchenlied* [verkürzt < *Choral*gesang, übersetzt < lat. cantus *choralis;* → *Chor*]
Cho|ral|kan|ta|te ⟨[ko-] f.; -, -n; Mus.⟩ *Kirchenkantate, die auf einem od. mehreren Chorälen beruht* [< *Choral* + *Kantate(1)*]
Cho|ral|no|ta|ti|on ⟨[ko-] f.; -, -en; Mus.⟩ *Notenschrift des gregorianischen Chorals, in der nur die Tonhöhe u. nicht die Tondauer aufgezeichnet ist* [< *Choral* + *Notation*]
...chord ⟨[-kɔrd] in Zus.⟩ **1** *Saite* **2** ⟨Mus.⟩ *Intervall* [< grch. *chorde* »Saite«]
Chor|da ⟨[kɔr-] f.; -, -den⟩ oV *Chorde* **1** *Sehne, Darmsaite* **2** ~ dorsalis *knorpelige Vorstufe der Wirbelsäule beim Embryo der Wirbeltiere, Rückensaite* [< grch. *chorde* »Darm, Darmsaite«]
Chor|da|te ⟨[kɔr-] m.; -n, -n⟩ *Angehöriger eines Tierstammes aus der Gruppe der Rückenmarktiere, deren Kennzeichen die Chorda dorsalis ist: Chordata;* Sy *Chordatier*
Chor|da|tier ⟨[kɔr-] n.; -(e)s, -e⟩ = *Chordate* [→ *Chorda*]
Chor|da|to|nal|or|gan ⟨[kɔr-] n.; -(e)s, -e⟩ *Sinnesorgan der Insekten für Erschütterung od. Schall, Saitensinnesorgan* [< grch. *chorde* »Darmsaite« + *tonal*]
Chor|de ⟨[kɔr-] f.; -, -n⟩ = *Chorda*
Chor|do|fon ⟨[kɔr-] n.; -s, -e; Mus.⟩ = *Chordophon*
Chor|dom ⟨[kɔr-] n.; -s, -e; Med.⟩ *etwa kirschgroßer Tumor an der Schädelbasis, der von den Resten der Chorda dorsalis ausgeht* [→ *Chorda(2)*]
Chor|do|phon ⟨[kɔr-] n.; -s, -e; Mus.⟩ *Instrument, das durch Saitenschwingungen klingt,* z.B. Gitarre, Klavier; oV *Chordofon* [< *Chorda(1)* + *...phon*]
Cho|rea ⟨[ko-] f.; -; unz.⟩ *Veitstanz* [< grch. *choreia* »Tanz, Reigen«]

Cho|reg(e) ⟨[ko-] m.; -(e)n, -(e)n⟩ *für die Ausbildung u. den Unterhalt des altgrch. Chors verantwortl. Bürger* [< grch. *choregos* »Chorführer«]
Cho|re|o|graf ⟨[ko-] m.; -en, -en⟩ *jmd., der Tänze für Balletteinstudierungen entwirft;* oV *Choreograph* [< grch. *choreia* »Tanz« + …*graph*]
Cho|re|o|gra|fie ⟨[ko-] f.; -, -n⟩ oV *Choreographie* **1** *Schrift zum Beschreiben von Tänzen* **2** *Entwurf von Balletttänzen*
cho|re|o|gra|fie|ren ⟨[ko-] V.⟩ *Balletttänze entwerfen u. einstudieren;* oV *choreographieren*
cho|re|o|gra|fisch ⟨[ko-] Adj.⟩ *die Choreografie betreffend, zu ihr gehörig, auf ihr beruhend;* oV *choreographisch*
Cho|re|o|graph ⟨[ko-] m.; -en, -en⟩ = *Choreograf*
Cho|re|o|gra|phie ⟨[ko-] f.; -, -n⟩ = *Choreografie*
cho|re|o|gra|phie|ren ⟨[ko-] V.⟩ = *choreografieren*
cho|re|o|gra|phisch ⟨[ko-] Adj.⟩ = *choreografisch*
Cho|re|us ⟨[ko-] m.; -, -re|en⟩ = *Trochäus* [< grch. *choreia* »Tanz, Reigen«]
Cho|reut ⟨[ko-] m.; -en, -en⟩ *Tänzer, Chortänzer* [< grch. *choreutes* »Chortänzer«]
Cho|reu|tik ⟨[ko-] f.; -; unz.⟩ *Tanzkunst* [< grch. *choreuein* »Reigen tanzen«]
cho|reu|tisch ⟨[ko-] Adj.⟩ *die Choreutik betreffend, dazu gehörend, darauf beruhend*
Chor|herr ⟨[ko:r-] m.; -en, -en⟩ **1** *Mitglied eines Domkapitels od. Stifts* **2** = *Kanoniker*
Chor|iam|bus ⟨[ko:rjam-] m.; -, -ben⟩ *aus einem Choreus u. einem Jambus bestehender Versfuß, der häufig in der dramatischen Chorlyrik verwendet wird* [< *Choreus* + *Jambus*]
Cho|ri|o|i|dea ⟨[ko-] f.; -; unz.⟩ *Aderhaut des Auges* [< *chorion* + grch. *eidos* »Form«]
Cho|ri|on ⟨[ko:-] n.; -s; unz.⟩ **1** *äußerste Hülle des Embryos von Mensch u. Säugetieren, Zottenhaut* **2** *Hülle der Insekteneier* [grch., »Fell«]
Cho|ri|on|bi|op|sie ⟨[ko:-] f.; -, -n; Med.⟩ *Gewebeentnahme aus dem Chorion des Embryos während der Frühschwangerschaft zur Bestimmung von Erbschäden* [< *Chorion* + *Biopsie*]
cho|risch ⟨[ko:-] Adj.⟩ *durch einen Chor ausgeführt*
Cho|rist ⟨[ko-] m.; -en, -en⟩ *Mitglied eines Chors, Chorsänger*
Chör|lein ⟨[kø:r-] n.; -s, -⟩ *kleiner Erker* [→ *Chor* (diente urspr. als Kapelle)]
Cho|ro|gra|fie ⟨[ko-] f.; -, -n⟩ = *Chorographie*
Cho|ro|gra|phie ⟨[ko-] f.; -, -n⟩ oV *Chorografie* **1** ⟨Geogr.⟩ *Raum-, Landschafts-, Länderbeschreibung* **2** ⟨Biol.⟩ *Lehre von Standort u. Verbreitung der Tiere u. Pflanzen* [< grch. *chora* »Landstrich, Gegend, Boden« + …*graphie*]
Cho|ro|lo|gie ⟨[ço-] od. [ko-] f.; -; unz.⟩ = *Chorographie* [zu grch. *chora* »Landstrich, Gegend, Boden« + …*logie*]
cho|ro|lo|gisch ⟨[ço-] od. [ko-] Adj.⟩ *die Chorologie betreffend, auf ihr beruhend, mit ihrer Hilfe;* ~e Pflanzengeographie
Cho|rus ⟨[ko:-] m.; -, Chö|re⟩ **1** *Sängerchor* **2** *gemeinsames Lied* **3** *Refrain im Jazz* [lat., »Rundtanz, Reigen, Chor«; → *Chor*]
Cho|se ⟨[ʃo:zə] f.; -, -n⟩ = *Schose*
Chow-Chow ⟨[tʃautʃau] m.; -s, -s⟩ *chines. Spitz mit blauer Zunge* [engl. < chin.]
Chres|to|ma|thie ⟨[krɛs-] f.; -, -n⟩ *Auswahl von (vorbildl.) Prosawerken verschiedener Schriftsteller, bes. für den Unterricht* [< grch. *chrestos* »brauchbar« + … *mathie*]
Chri|sam ⟨[çri:zam] n. od. m.; -s; unz.⟩ *geweihtes Öl, Salböl* [< grch. *chriein* »salben«]
Christ ⟨[krist]⟩ **1** ⟨m.; -; unz.; Rel.; volkstüml. für⟩ *Christus;* der heilige ~ *Christkind* **2** ⟨m.; -en, -en⟩ *Anhänger des Christentums; Getaufter* [→ *Christus(1)*]
Christ|de|mo|kra|tie ⟨[krist-] f.; -, -n; Pol.⟩ *Staatsform, die sich an christlich-demokratischen Grundsätzen orientiert*
Chris|ten|tum ⟨[kris-] n.; -s; unz.; Rel.⟩ *religiöse, auf Jesus Christus zurückgeführte Lehre; christlicher Glaube, die gelebte Lehre Christi* [→ *Christus(1)*]
chris|ti|a|ni|sie|ren ⟨[kris-] V.⟩ *zum Christentum bekehren* [< lat. *christianus* »christlich«]
Chris|ti|an Sci|ence ⟨[kristʃən saiəns] f.; - -; unz.⟩ *von Mary Baker Eddy 1866 gegründete relig. Weltanschauung u. metaphys. Heilmethode* [engl., »Christliche Wissenschaft«]
Chris|tin ⟨[kris-] f.; -, -tin|nen; Rel.⟩ *Anhängerin des Christentums; Getaufte*
christ|lich ⟨[krist-] Adj.; Rel.⟩ *dem Christentum entsprechend, zu Christus u. dem Christentum gehörend, von Christus stammend, auf Christus gerichtet*
Christ|mas|ca|rol, ⟨auch⟩ **Christ|mas-Ca|rol** ⟨[krisməskærəl] n.; -s, -s⟩ *traditionelles engl. Weihnachtslied* [engl.]
Christ|met|te ⟨[krist-] f.; -, -n; Rel.⟩ *Gottesdienst in der Christnacht*
Chris|to|gramm ⟨[kris-] n.; -s; unz.⟩ = *Christusmonogramm*
Chris|to|la|trie, ⟨auch⟩ **Chris|to|lat|rie** ⟨[kris-] f.; -; unz.⟩ *übertriebene Christusverehrung, Anbetung Christi* [< *Christus* + …*latrie*]
Chris|to|lo|gie ⟨[kris-] f.; -, -n⟩ *die Lehre von der Person u. dem Werk Christi als dem Gottmenschen* [< *Christus* + …*logie*]
chris|to|lo|gisch ⟨[kris-] Adj.⟩ *die Christologie betreffend, zur Christologie gehörig, ihr entsprechend*
Chris|tus ⟨[kris-] m.; -ti; unz.⟩ **1** *der Messias, Ehrenname Jesu* **2 nach** ~, nach Christo, nach Christi Geburt *nach der Zeitrechnung;* **vor** ~, vor Christo, vor Christi Geburt *vor der Zeitrechnung* [< grch. *Christos* »der Gesalbte«, zu *chriein* »salben«]
Chris|tus|mo|no|gramm ⟨[kris-] n.; -(e)s; unz.⟩ *die ineinander gesetzten griech. Anfangsbuch-*

staben des Namens Jesus Christus, Chi u. Rho; Sy *Christogramm*

...chrom ⟨[kroːm] in Zus.⟩ *farbig, Farbe* [< grch. *chroma* »Farbe«]

Chrom ⟨[kroːm] n.; -s; unz.; chem. Zeichen: Cr⟩ *Schwermetall, chem. Element, Ordnungszahl 24* [< grch. *chroma* »Farbe«]

chro|ma..., **Chro|ma...** ⟨[kroː-] in Zus.⟩ *farb..., Farb...* [< grch. *chroma* »Farbe«]

chrom|af|fin ⟨[kroːm-] Adj.; Biochem.⟩ *mit Chromsalzen anfärbbar;* ~e Zellen [< *Chrom* + *affin*]

Chro|mat ⟨[kro-] n.; -(e)s, -e⟩ *Salz der Chromsäure*

Chro|ma|ti|de ⟨[kro-] f.; -, -n⟩ *Chromosomenspalthälfte* [< grch. *chroma* »Farbe«]

chro|ma|tie|ren ⟨[kro-] V.; Chem.; Tech.⟩ *Metalle mit einer Schutzschicht aus Chromaten überziehen;* oV *chromatisieren* [→ *Chromate*]

Chro|ma|tik ⟨[kro-] f.; -; unz.⟩ **1** ⟨Mus.⟩ **1.1** *die Erhöhung oder Erniedrigung der Stammtöne einer Tonleiter um einen halben Ton* **1.2** *durch Halbtonfolgen charakterisierte Musik;* Ggs *Diatonik* **2** ⟨Opt.⟩ *Farbenlehre* [< grch. *chroma* »Farbe«]

Chro|ma|tin ⟨[kro-] n.; -s, -e⟩ *bei basischen Färbungen sich bes. stark färbende Zellkernbestandteile* [< grch. *chroma* »Farbe«]

chro|ma|tisch ⟨[kro-] Adj.; Mus.⟩ **1** *in Halbtönen fortschreitend;* ~e Tonleiter *aus den 12 Halbtönen gebildete Tonleiter;* Ggs *diatonisch* **2** ⟨Opt.⟩ *auf Farbenzerlegung beruhend;* ~e Aberration [< grch. *chroma* »Farbe«]

chro|ma|ti|sie|ren ⟨[kro-] V.; Chem.; Tech.⟩ = *chromatieren*

chro|ma|to..., **Chro|ma|to...** ⟨[kro-] in Zus.⟩ *farb..., Farb...* [< grch. *chroma*, Gen. *chromatos* »Farbe«]

Chro|ma|to|gra|fie ⟨[kro-] f.; -, -n⟩ = *Chromatographie*

chro|ma|to|gra|fie|ren ⟨[kro-] V.; Chem.⟩ = *chromatographieren*

chro|ma|to|gra|fisch ⟨[kro-] Adj.; Chem.⟩ = *chromatographisch*

Chro|ma|to|gramm ⟨[kro-] n.; -s, -e; Chem.⟩ *farbliche Darstellung des Analyseergebnisses einer Chromatographie* [< *Chromato...* + *...gramm*]

Chro|ma|to|gra|phie ⟨[kro-] f.; -, -n⟩ *auf unterschiedl. Wanderungsgeschwindigkeiten von Stoffen in einem Lösungsmittel beruhendes analyt. Nachweisverfahren, wobei die einzelnen Substanzen durch Farbreaktionen erkennbar gemacht werden;* oV *Chromatografie* [< *Chromato...* + *...graphie*]

chro|ma|to|gra|phie|ren ⟨[kro-] V.; Chem.⟩ *durch Chromatographie trennen;* oV *chromatografieren; ein Stoffgemenge ~*

chro|ma|to|gra|phisch ⟨[kro-] Adj.; Chem.⟩ *die Chromatographie betreffend, auf ihr beruhend, mit ihrer Hilfe durchgeführt;* oV *chromatografisch;* ~e Methoden

Chro|ma|to|me|ter ⟨[kro-] n.; -s, -⟩ *Messgerät für Farbstärke* [< *Chromato...* + *...meter*]

Chro|ma|to|phor ⟨[kro-] m.; -s, -e⟩ *bei Tieren mit Farbstoff gefüllte Zelle, die eine Farbveränderung der Haut hervorrufen kann (Chamäleon)* [< *Chromato...* + *...phor*[2]]

Chro|mat|op|sie, ⟨auch⟩ **Chro|ma|top|sie** ⟨[kro-] f.; -, -n⟩ *Sehstörung, die mit falschen Farbwahrnehmungen verbunden ist;* Sy *Chromopsie* [< *Chromato...* + *...opsie*]

Chro|ma|to|se ⟨[kro-] f.; -, -n⟩ *abnorme Pigmentierung der Haut;* Sy *Dyschromie* [< grch. *chroma* »Farbe«]

Chro|ma|tron, ⟨auch⟩ **Chro|mat|ron** ⟨[kroː-] n.; -(e)s, -e⟩ *braunsche Röhre für die Wiedergabe von farbigen Fernsehbildern* [< *Chroma...* + *...tron*]

Chrom|gelb ⟨[kroːm-] n; -s; unz.⟩ *eine Chromfarbe, gelbe Maler- u. Druckfarbe*

Chrom|grün ⟨[kroːm-] n; -s; unz.⟩ *eine Chromfarbe, grüne Maler- u. Druckfarbe*

...chro|mie ⟨[kro-] in Zus.⟩ **1** *Färbung, Verfärbung* **2** *farbiger Druck* [< grch. *chroma* »Farbe«]

chro|mie|ren ⟨[kro-] V.⟩ **1** *mit Chrom überziehen, verchromen* **2** Wolle ~ *mit Chromsalzlösung behandeln* [< grch. *chroma* »Farbe«]

Chro|mit ⟨[kro-] m.; -s, -e⟩ *einziges wichtiges Chromerz, chemische Formel:* $FeOCr_2O_3$

Chrom|le|der ⟨[kroːm-] n; -s; unz.⟩ *mit Chromsalzen gegerbtes u. dadurch widerstandsfähig gemachtes Leder*

chro|mo..., **Chro|mo...** ⟨[kro-] in Zus.⟩ *farb..., Farb...* [< grch. *chroma* »Farbe«]

Chro|mo|lith ⟨[kro-] m.; -s, -e od. -en⟩ *unglasiertes, farbiges Steinzeug* [< *Chromo...* + *...lith*]

Chro|mo|li|tho|graf ⟨[kro-] m.; -en, -en⟩ = *Chromolithograph*

Chro|mo|li|tho|gra|fie ⟨[kro-] f.; -, -n⟩ = *Chromolithographie*

Chro|mo|li|tho|graph ⟨[kro-] m.; -en, -en⟩ *in der Chromolithographie Tätiger;* oV *Chromolithograf*

Chro|mo|li|tho|gra|phie ⟨[kro-] f.; -, -n⟩ oV *Chromolithografie* **1** ⟨unz.⟩ *Mehrfarben-Steindruck* **2** ⟨zählb.⟩ *nach diesem Verfahren hergestelltes Druckerzeugnis;* ~n herstellen [< *Chromo...* + *Lithographie*]

Chro|mo|mer ⟨[kro-] n.; -s, -en; meist Pl.; Genetik⟩ *bestimmte Erbinformationen tragender Abschnitt des Chromosoms, der stark färbbar ist* [< *Chromo...* + *...mer*]

Chro|mo|ne|ma ⟨[kro-] n.; -s, -men⟩ *spiralig aufgebauter Faden im Chromosom, Träger der Erbanlagen* [< *Chromo...* + grch. *nema* »Faden«]

Chro|mo|pa|pier ⟨[kroː-] n.; -s, -e⟩ **1** ⟨urspr.⟩ *glattes Papier für den farbigen Steindruck* **2** ⟨heute⟩ *einseitig weiß gestrichenes Papier, z.B. für Flaschenetiketten*

Chro|mo|plast ⟨[kro-] m.; -en, -en⟩ *Farbstoffträger verschiedener Pflanzenzellen, der die Gelb- bis Rotfärbung zahlreicher Blüten u. Früchte bewirkt* [< *Chromo...* + grch. *plastes* »Bildner«]

Chro|mo|pro|te|id ⟨[kro:-] n.; -(e)s, -e⟩ *Eiweißkörper, der Farbstoff (z.B. Hämoglobin, Chlorophyll) enthält* [< *Chromo*... + ...*Proteid*]

Chrom|op|sie, ⟨auch⟩ **Chro|mop|sie** ⟨[kro-] f.; -, -n⟩ = *Chromatopsie*

Chro|mo|som ⟨[kro-] n.; -s, -en⟩ *hauptsächl. aus Chromatin bestehendes, bei der Kernteilung auftretendes Teilstück der Zellkernmasse, Träger der Erbanlagen, Kernschleife* [< *Chromo*... + *Soma*]

chro|mo|so|mal ⟨[kro-] Adj.⟩ *das Chromosom betreffend, zu ihm gehörig*

Chro|mo|so|men|ab|er|ra|ti|on ⟨[kro-] f.; -, -en; Genetik⟩ *Abweichung von der normalen Chromosomenzahl od. -form, die Fehlgeburten od. Missbildungen verursacht* [< *Chromosom* + *Aberration(1)*]

Chro|mo|so|men|an|o|ma|lie, ⟨auch⟩ **Chro|mo|so|men|a|no|ma|lie** ⟨[kro-] f.; -, -n; Genetik⟩ *auf Mutation beruhende Chromosomenveränderung* [< *Chromosom* + *Anomalie*]

Chro|mo|so|men|mu|ta|ti|on ⟨[kro-] f.; -, -en; Genetik⟩ *Strukturänderung im Erbgefüge der Chromosomen, Änderung des Erbguts* [< *Chromosom* + *Mutation*]

Chro|mo|so|men|re|duk|ti|on ⟨[kro-] f.; -, -en; Genetik⟩ *Halbierung des Chromosomenbestandes durch indirekte Zellkernteilung* [< *Chromosom* + *Reduktion*]

Chro|mo|so|men|re|kom|bi|na|ti|on ⟨[kro-] f.; -, -en⟩ = *Crossing-over*

Chro|mo|sphä|re, ⟨auch⟩ **Chro|mos|phä|re** ⟨[kro-] f.; -; unz.⟩ *obere Schicht der Sonnenatmosphäre, besteht aus leichten Gasen, hauptsächl. aus Wasserstoff* [< *Chromo*... + *Sphäre*]

Chro|mo|ty|pie ⟨[kro-] f.; -; unz.⟩ *das Drucken mit mehr als einer Farbe (Mehrfarbendruck, oft Drei- u. Vierfarbendruck)* [< *Chromo*... + grch. *typos* »Druck, Schlag«]

Chrom|rot ⟨[kro:m-] n.; -s; unz.⟩ *eine Chromfarbe, rote Maler- u. Druckfarbe, chemisch basisches Bleichromat*

Chrom|säu|re ⟨[kro:m-] f.; -, -n⟩ *nicht beständige Säure des sechswertigen Chroms,* H_2CrO_4; ⟨*häufig auch Bez. für*⟩ *das Anhydrid dieser Säure, das Chrom(VI)-Oxid* (CrO_3)

Chro|nik ⟨[kro:-] f.; -, -en⟩ *Bericht über geschichtl. Vorgänge in der Reihenfolge ihres Geschehens* [< grch. *chronika biblia* »Zeitbuch«; zu *chronos* »Zeit«]

Chro|ni|ka ⟨[kro:-] Pl.⟩ *die beiden jüngsten Geschichtsbücher des AT;* die Bücher der ~

chro|ni|ka|lisch ⟨[kro-] Adj.⟩ *in zeitl. Reihenfolge*

Chro|nique scan|da|leuse ⟨[krɔni:k skãdalø:z] f.; - -; unz.⟩ *Skandalgeschichte (nach dem Titel einer Schrift von Jean de Roye, 1488)* [frz., »Skandalchronik«]

chro|nisch ⟨[kro:-] Adj.; Med.⟩ *langsam verlaufend, schleichend;* Ggs *akut* [< grch. *chronos* »Zeit«]

Chro|nist ⟨[kro-] m.; -en, -en⟩ *Verfasser einer Chronik*

Chro|ni|zi|tät ⟨[kro-] f.; -; unz.; Med.⟩ *chronischer Verlauf einer Krankheit;* Ggs *Akuität* [→ *chronisch*]

chro|no..., **Chro|no...** ⟨[kro-] in Zus.⟩ *zeit..., Zeit...* [< grch. *chronos* »Zeit«]

Chro|no|bi|o|lo|gie ⟨[kro:-] f.; -; unz.⟩ *Wissenschaft von den zeitlichen Abläufen im Körper von Lebewesen, z.B. des Herzschlags, des Stoffwechsel- u. des Schlaf-Wach-Rhythmus* [< *Chrono*... + *Biologie*]

Chro|no|di|sti|chon, ⟨auch⟩ **Chro|no|dis|ti|chon** ⟨[kro-] n.; -s, -chen⟩ *Chronogramm in der Form eines aus einem Hexameter u. einem Pentameter zusammengesetzten Verses* [< *Chrono*... + *Distichon*]

Chro|no|graf ⟨[kro-] m.; -en, -en⟩ = *Chronograph*

Chro|no|gra|fie ⟨[kro-] f.; -, -n⟩ = *Chronographie*

chro|no|gra|fisch ⟨[kro-] Adj.⟩ = *chronographisch*

Chro|no|gramm ⟨[kro-] n.; -s, -e⟩ *lat. Satz, häufig in Versform, in dem die lat. Buchstaben, die gleichzeitig die Funktion von Zahlen haben, nach Addition die Jahreszahl eines Ereignisses ergeben* [< *Chrono*... + ...*gramm*]

Chro|no|graph ⟨[kro-] m.; -en, -en⟩ *Messgerät zur Aufzeichnung der Zeitdauer eines Vorgangs;* oV *Chronograf* [< *Chrono*... + ...*graph*]

Chro|no|gra|phie ⟨[kro-] f.; -, -n⟩ *Geschichtsschreibung nach der Zeitfolge;* oV *Chronografie*

chro|no|gra|phisch ⟨[kro-] Adj.⟩ *in der Art der Chronographie;* oV *chronografisch*

Chro|no|lo|ge ⟨[kro-] m.; -n, -n⟩ *Wissenschaftler, der sich mit der Chronologie befasst*

Chro|no|lo|gie ⟨[kro-] f.; -, -n⟩ **1** *Zeitkunde* **2** *Zeitfolge, zeitl. Ablauf;* eine ~ des vergangenen Jahrzehnts verfassen [< *Chrono*... + ...*logie*]

Chro|no|lo|gin ⟨[kro-] f.; -, -gin|nen⟩ *Wissenschaftlerin, die sich mit der Chronologie befasst*

chro|no|lo|gisch ⟨[kro-] Adj.⟩ *nach dem zeitl. Ablauf*

Chro|no|me|ter ⟨[kro-] n.; -s, -⟩ **1** *Zeitmesser, Taktmesser* **2** *sehr genau gehende Uhr* [< *Chrono*... + ...*meter*]

Chro|no|me|trie, ⟨auch⟩ **Chro|no|met|rie** ⟨[kro-] f.; -, -n⟩ *Zeitmessung*

chro|no|me|trisch, ⟨auch⟩ **chro|no|met|risch** ⟨[kro-] Adj.⟩ *auf genauer Zeitmessung beruhend*

Chro|no|pa|tho|lo|gie ⟨[kro-] f.; -; unz.⟩ *Lehre vom gestörten Zeitablauf der Lebensvorgänge* [< *Chrono*... + *Pathologie*]

chro|no|pa|tho|lo|gisch ⟨[kro-] Adj.⟩ *die Chronopathologie betreffend, auf ihr beruhend, zu ihr gehörig*

Chro|no|phy|si|o|lo|gie ⟨[kro-] f.; -; unz.⟩ *Lehre vom Zeitablauf der Lebensvorgänge bei Mensch u. Tier* [< *Chrono*... + *Physiologie*]

chro|no|phy|si|o|lo|gisch ⟨[kro-] Adj.⟩ *die*

Chronophysiologie betreffend, auf ihr beruhend, zu ihr gehörig

Chro|no|skop, ⟨auch⟩ **Chro|nos|kop** ⟨[kro-] n.; -s, -e⟩ *Gerät zum Messen kleiner Zeitspannen* [< *Chrono…* + *…skop*]

Chro|no|sti|chon, ⟨auch⟩ **Chro|nos|ti|chon** ⟨[kro-] n.; -s, -chen⟩ *Chronogramm in Versform* [< *Chrono…* + grch. *stichos* »Reihe, Vers«]

Chro|no|tron, ⟨auch⟩ **Chro|not|ron** ⟨[kro:-] n.; -s, -tro|nen⟩ *sehr genaues Messgerät zur Ermittlung des Zeitunterschiedes zwischen zwei Impulsen im Nanosekundenbereich* [< *Chrono…* + *…tron*]

chro|no|trop ⟨[kro-] Adj.⟩ *die Schlagfrequenz des Herzens beeinflussend;* ~ wirkende Medikamente [< *Chrono…* + *…trop(1,1)*]

Chrot|ta ⟨[krɔ-] f.; -, -s od. -ten; Mus.⟩ = *Crwth* [lat.]

Chry|sa|li|de ⟨[çry-] f.; -, -n; Zool.⟩ *Puppe einiger Schmetterlingsarten mit goldglänzenden Flecken, z.B. Pfauenauge;* oV *Chrysalis* [zu grch. *chrysos* »Gold«]

Chry|sa|lis ⟨[çry:-] f.; -, -li|den; Zool.⟩ = *Chrysalide*

Chrys|an|the|me, ⟨auch⟩ **Chry|san|the|me** ⟨[krys-] a. [çrys-] f.; -, -n⟩ *Gattung der Korbblütler, Wucherblume: Chrysanthemum* [< *Chryso…* + grch. *anthemion* »Blume«]

Chry|so…, Chry|so… ⟨[çry-] od. [kry-] vor Vokalen⟩ chrys…, Chrys… ⟨in Zus.⟩ *gold…, Gold…* [< grch. *chrysos* »Gold«]

Chry|so|be|ryll ⟨[çry-] od. [kry-] m.; -en, -en⟩ *durchscheinendes bis durchsichtiges grünes Mineral, Schmuckstein, chem. Formel* Al_2BeO_4 [< *Chryso…* + *Beryll*]

Chry|so|der|ma ⟨[çry-] n.; -s, -ta⟩ = *Chrysose* [< grch. *chrysos* »Gold« + grch. *derma* »Haut«]

Chry|so|i|din ⟨[çry-] od. [kry-] n.; -s; unz.⟩ *orangegelber Azofarbstoff, der zum Färben von Leder, Jute u. Kokosfaser sowie in der Mikroskopie verwendet wird* [< grch. *chrysos* »Gold«]

Chry|so|lith ⟨[çry-] od. [kry-] m.; -en od. -s, -e; Geol.⟩ = *Olivin* [< *Chryso…* + *…lith*]

Chry|so|pras, ⟨auch⟩ **Chry|sop|ras** ⟨[çry-] od. [kry-] m.; -es, -e⟩ *apfelgrüne Abart des Chalcedons* [< *Chryso…* + grch. *prason* »Lauch«]

Chry|so|se ⟨[çry-] f.; -, -n; Med.⟩ *gelbliche Hautverfärbung aufgrund von Goldablagerungen nach der Behandlung mit Goldpräparaten, die lebenslang Bestand hat;* oV *Chrysosis; Sy Chrysoderma* [zu grch. *chrysos* »Gold«]

Chry|so|sis ⟨[çry-] f.; -, -sen; Med.⟩ = *Chrysose*

chtho|nisch ⟨[çto:-] Adj.⟩ *der Erde angehörend, irdisch;* ~e Götter G. *der Unterwelt* [< grch. *chthon* »Erde«]

Chut|ba ⟨[xut-] f.; -, Chut|ben⟩ *Predigt in islamischen Gottesdienten an Frei- u. Feiertagen* [arab.]

Chut|ney ⟨[tʃʌtni] n.; - od. -s, -s⟩ *dickflüssige, scharf gewürzte Sauce aus Früchten;* Mango~ [engl., < Hindi *catni,* zu *catt-* »kosten, lecken«]

Chuz|pe ⟨[xuts-] f.; -; unz.⟩ *Dreistigkeit, Unverschämtheit* [jidd.]

Chy|lus ⟨[çy:-] m.; -; unz.⟩ *an emulgierten Fetten reiche Lymphe* [< grch. *chylos* »Saft«]

Chy|mi|fi|ka|ti|on ⟨[çy-] f.; -, -en⟩ *Umwandlung der aufgenommenen Nahrung in den verflüssigten Speisebrei* [< *Chymus* + *…fikation*]

Chy|mo|sin ⟨[çy-] n.; -s; unz.⟩ *Lab* [→ *Chymus*]

Chy|mus ⟨[çy:-] m.; -; unz.⟩ *der mit Magensalzsäure durchsetzte Speisebrei im Magen* [< grch. *chymos* »Flüssigkeit«]

Ci ⟨Abk. für⟩ *die Maßeinheit der radioaktiven Strahlung Curie*

CIA ⟨[si:aiɛi] Abk. für engl.⟩ *Central Intelligence Agency, der US-amerikanische Geheimdienst* [engl.]

Cia|co|na ⟨[tʃako:na] f.; -, -s⟩ = *Chacona* [ital.]

ciao! ⟨[tʃau]⟩ = *tschau* [ital.]

Ci|bo|ri|um ⟨[tsi-] n.; -s, -ri|en⟩ = *Ziborium*

CIC ⟨Abk. für⟩ *Codex Iuris Canonici*

C.I.C. ⟨Abk. für engl.⟩ *Counter Intelligence Corps, Dienststelle der Regierung der USA zur Spionageabwehr*

Ci|ce|ro ⟨[tsi:tse-] f.; -; unz.⟩ *ein Schriftgrad (12 Punkt)* [nach dem röm. Staatsmann u. Redner Marcus Tullius *Cicero,* 106-43 v.Chr.]

Ci|ce|ro|ne ⟨[tʃitʃe-] m.; - od. -s, -s od. -ni⟩ *Fremden-, Kunstführer* [ital., »Fremdenführer«; wegen ihrer Redseligkeit nach dem röm. Redner *Cicero*]

Ci|ce|ro|ni|a|ner ⟨[tsitse-] m.; -s, -⟩ *Anhänger des mustergültigen Stils des röm. Schriftstellers Cicero*

ci|ce|ro|ni|a|nisch, ci|ce|ro|nisch ⟨[tsitse-] Adj.⟩ *in der Art des röm. Staatsmannes u. Schriftstellers Cicero, mustergültig*

Ci|cis|beo ⟨[tʃitʃis-] m.; - od. -s, -s⟩ *Hausfreund, Liebhaber* [ital., »Begleiter u. Gesellschafter verheirateter Frauen«]

Ci|dre, ⟨auch⟩ **Cid|re** ⟨[si:drə] m.; -; unz.⟩ *frz. Apfelwein;* →a. *Zider* [frz., < lat. *sicera* < grch. *sikera* < hebr. *schekar* »berauschendes Getränk«; zu *schachar* »sich berauschen«]

Cie. ⟨Abk. für⟩ *Kompanie*

cif ⟨Abk. für engl.⟩ *cost, insurance, freight (Handelsklausel beim Überseekauf, nach der Fracht, Versicherungs- u. Ladekosten im Kaufpreis enthalten sind)* [engl., »Kosten, Versicherung, Fracht«]

CIM ⟨Abk. für engl.⟩ *Computer Integrated Manufacturing (computergesteuerte Fertigung)*

Cin|cho|na ⟨[sintʃo:na] f.; -, -nen⟩ *Gattung der Rötegewächse, dessen Rinde als Fiebermittel verwendet wird, Chinarindenbaum;* →a. *Chinarinde* [nach der Gemahlin des Grafen *Cinchon,* Vizekönig von Peru im 17. Jh.]

Cin|cho|nin ⟨[-tʃo-] n.; -s; unz.⟩ *bei der Herstel-*

lung von Chinin gewonnenes Alkaloid der Chinarinde [→ *Cinchona*]
Ci|ne|ast ⟨[si-] m.; -en, -en⟩ *Filmfachmann, Filmschaffender; Filmfan*
Ci|ne|as|tik ⟨[si-] f.; -; unz.⟩ *Filmkunst* [zu frz. *cinéma* »Kino«]
ci|ne|as|tisch ⟨[si-] Adj.⟩ *die Cineastik betreffend, auf ihr beruhend, zu ihr gehörig*
Ci|ne|ma|gic ⟨[sinəmædʒik] n.; -; unz.⟩ *das Mixen von Trick- u. Realaufnahmen für Trickfilmproduktionen* [<engl. *cinema* »Kino« + *magic* »Magie, Zauberei, Zauberkunst«]
Ci|ne|ma|scope, ⟨auch⟩ **Ci|ne|mas|cope** ⟨[sinemasko:p] n.; -; unz.; (Wz)⟩ *auf einer breiten Konkavleinwand wiedergegebener, räuml. wirkender Film mit stereofoner Tonwiedergabe* [<engl. *cinema* »Kino« + *...scope* (→ *...skop*)]
Ci|ne|ma|thek ⟨[si-] f.; -, -en⟩ *Sammlung von Filmen* [<frz. *cinéma* »Kino« + *...thek*]
Ci|ne|ra|ma ⟨[si-] n.; -s; unz.; (Wz)⟩ *amerikan. System des dreidimensionalen Films, bei dem durch drei Vorführapparate drei verschiedene Kopien desselben Films gleichzeitig auf eine halbkreisförmige Leinwand geworfen werden* [<engl. *cinema* »Kino« + *Panorama*]
Cin|gu|lum ⟨[tsiŋ-] n..; -s, -s od. -la⟩ = *Zingulum*
Cin|que|cen|tist ⟨[tʃiŋkvetʃɛn-] m.; -en, -en⟩ *Künstler des Cinquecentos*
Cin|que|cen|to ⟨[tʃiŋkvetʃɛnto] n.; -s; unz.⟩ *künstler. Stilepoche des 16. Jh. in Italien (Hochrenaissance)* [ital., »500 (Jahre nach 1000 n.Chr.)«]
Cin|za|no ⟨[tʃin-] m.; - od. -s, -s; (Wz)⟩ *ein (roter od. weißer) ital. Wermut*
Ci|pol|la|ta ⟨[tʃi-] f.; -, -s od. -ten⟩ **1** *italienisches Gericht mit Zwiebeln, Möhren, Maronen, Speck u. Bratwürstchen* **2** *kleines Würstchen, das aus ähnlichen Zutaten wie Weißwürste hergestellt wird* [ital., »Zwiebelgericht«]
Ci|pol|lin ⟨[tʃi-] m.; -s; unz.⟩ *mit Streifen durchsetzter Marmor* [<ital. *cipollino,* Verkleinerungsform zu *cipolla* »Zwiebel«]
cir|ca ⟨Abk.: ca.⟩ = *zirka*
Cir|ce ⟨[tsirtsə] f.; -, -n⟩ *Zauberin, Verführerin* [nach der grch. sagenhaften Zauberin *Kirke* (Homer, Odyssee); → a. *becircen*]
cir|cen|sisch ⟨[tsirtsɛn-] Adj.⟩ = *zirzensisch*
Cir|cuit|trai|ning ⟨[sɶ:rkittre:niŋ] n.; -s, -s⟩ *Trainingssystem zur Verbesserung der allgem. Kondition (Kreislaufleistung, Atmungsfähigkeit, Muskelkraft u. -ausdauer) aus 24 Standardübungen an verschiedenen Geräten, die im Kreis aufgestellt sind;* Sy *Zirkeltraining* [<engl. *circuit* »Umdrehung, Kreislauf« + *Training*]
Cir|cu|lus vi|ti|o|sus ⟨[vitsio-] m.; - -, -li -si⟩ **1** *Zirkelschluss, Aussage, in der etwas zu Beweisendes schon zur Beweisführung benutzt wird, z.B. Kaffee regt an, da er eine anregende Wirkung hat;* Sy *Hysteron-Proteron* **2** *Beseitigung eines Übels durch Einführung eines anderen Übels, Teufelskreis;* sich in einem ~ befinden [lat., »Teufelskreis«]
Cir|cus ⟨m.; -, -cus|se⟩ = *Zirkus(2)*
Cir|rus|wol|ke ⟨[tsir-] f.; -, -n; Meteor.⟩ = *Zirruswolke*
cis-..., **Cis-...** ⟨in Zus.; Chem.; Med.⟩ *diesseits, auf derselben Seite einer Ebene liegend;* Cis-Form; Ggs *trans-..., Trans-...* [lat.]
CISC ⟨EDV.; Abk. für engl.⟩ *Complex Instruction Set Computing, Prozessor, der über eine große Anzahl von Maschinenbefehlen verfügt;* → a. *RISC*
Cis-trans-I|so|me|rie ⟨f.; -, -n; Chem.⟩ *an doppelten Kohlenstoff-Kohlenstoff-Doppelbindungen vorhandene Stereoisomerie;* Sy *Alloisomerie* [< *Cis-...* + lat. *trans* »jenseits« + *Isomerie*]
ci|ta|to lo|co ⟨[tsi-] Abk.: c.l.; †⟩ *am angeführten Ort* [lat.]

Citoyen (*Worttrennung am Zeilenende*) Im Französischen wird der Laut »*y*« verwendet, um einen vorausgehenden an einen folgenden Vokal zu binden. Im Deutschen bleibt es dem Schreibenden überlassen, ob er vor dem Konsonanten trennt oder die Buchstabengruppe »*oy*« als eigenen Laut [oaj] auffasst und dementsprechend hinter dem Konsonanten trennt (→ a. *Clairvoyance*).

Ci|toy|en, ⟨auch⟩ **Ci|to|yen** ⟨[sitoajɛ̃:] m.; -s, -s⟩ *Staatsbürger* [frz.]
Ci|trat, ⟨auch⟩ **Cit|rat** ⟨[tsi-] n.; -(e)s, -e; Chem.⟩ = *Zitrat*
Ci|trin, ⟨auch⟩ **Cit|rin** ⟨[tsi-] n.; -s, -e⟩ = *Zitrin*
Ci|trus, ⟨auch⟩ **Cit|rus** ⟨m.; -; unz.⟩ *Pflanzengattung, die große Bedeutung für den Obstanbau besitzt* [<lat. *citrus* »Zitronenbaum«]
Ci|trus|frucht, ⟨auch⟩ **Cit|rus|frucht** ⟨f.; -, -früch|te⟩ = *Zitrusfrucht*
Ci|ty ⟨[siti] f.; -, -s⟩ *Stadtkern, Zentrum einer Großstadt, Geschäftsviertel* [engl., »Stadt; Altstadt«]
Ci|ty|bike ⟨[sitibaik] n.; -s, -s⟩ *Motorrad od. Motorroller von geringer Leistung, das bzw. der sich in erster Linie für den Stadtverkehr eignet* [<engl. *city* »Stadt, Innenstadt« + motor*bike* »Motorrad«]
Ci|ty|call ⟨[sitikɔ:l] m.; -s, -s⟩ *Sende- u. Empfangssystem, mit dessen Hilfe kurze Text- od. Zahlennachrichten gesendet werden können od. der Träger über Ereignisse informiert bzw. zum Rückruf aufgefordert werden kann;* Sy *Cityruf* [<engl. *city* »Stadt« + *call* »Ruf«]
Ci|ty|ruf ⟨[sitI-] m.; -s, -e⟩ = *Citycall*
Ci|vet ⟨[sivɛ:] n.; -s, -s⟩ *ein Wildfleischragout* [frz.]
ckm ⟨früher Abk. für⟩ *Kubikkilometer*
cl ⟨Abk. für⟩ *Zentiliter*
Cl ⟨chem. Zeichen für⟩ *Chlor*
Claim ⟨[klɛim] n.; -s, -s⟩ **1** *Anspruch, Anrecht* **2** *Anteil (bes. an einer Goldmine)* [engl.]
Clai|ret ⟨[klɛrɛ:] n.; -s, -s⟩ = *Klarett*

Clair|ob|scur, ⟨auch⟩ **Clair|obs|cur** ⟨[klɛ:rɔpskyːr] n.; -; unz.; Mal.⟩ *Stilmittel, bei dem die Wirkung durch den Kontrast von Hell u. Dunkel erreicht wird, Helldunkel* [frz.]

Clai|ron ⟨[klɛrɔ̃ː] n.; -s, -s; Mus.⟩ **1** *Bügelhorn, Signalhorn* **2** = *Clarino* [< frz. *clair* »hell, hell klingend«]

Clair|voy|ance, ⟨auch⟩ **Clair|vo|yance** ⟨[klɛ:rvoajãːs] f.; -; unz.⟩ **1** *Hellsehen* **2** *Klarsicht, Weitblick* [frz.]

Clan ⟨[klæːn] m.; -s, -s⟩ **1** *alter schott. u. ir. Sippenverband* **2** ⟨Völkerkunde⟩ *Stammesgruppe* **3** ⟨umg.⟩ *Gruppen-, Familienverband mit festem Zusammenhalt*; er ist mit seinem ganzen ~ erschienen [engl., »schottischer Lehns- u. Stammverband«]

Cla|que ⟨[klak] f.; -; unz.; Theat.⟩ *Gruppe bezahlter Beifallklatscher* [frz.; zu *claquer* »klatschen«]

Cla|queur ⟨[-køːr] m.; -s, -e; Theat.⟩ *bezahlter Beifallklatscher* [→ *Claque*]

Cla|ri|no ⟨n.; -s, -s od. -ni⟩ **1** *hohe Trompete, Bachtrompete* **2** *trompetenähnliche Zungenstimme der Orgel* **3** *hohes Register der Klarinette* [ital., »helle Trompete«; zu lat. *clarus* »hell«]

Clau|su|la ⟨f.; -, -lae [-lɛː]⟩ *Klausel, Abmachung* [lat.]

Cla|ve|cin ⟨[-vəsɛ̃ː] n.; -s, -s⟩ = *Cembalo* [frz.]

Cla|ves ⟨[-ves] Pl.⟩ *kubanisches, hell klingendes Rhythmusinstrument, das aus zwei harten Rundhölzchen besteht, die aneinander geschlagen werden* [span., »Rumbastäbchen«]

Cla|vi|cem|ba|lo ⟨[-vitʃɛmbalo] n.; -s, -s od. -ba|li; Mus.⟩ = *Cembalo* [< lat. *clavis* »Schlüssel, Taste« + *Cembalo*]

Cla|vi|chord ⟨[-vikɔrd] n.; -(e)s, -e⟩ = *Klavichord*

Cla|vi|cu|la ⟨[-viː-] f.; -, -lae [-lɛː]⟩ *Schlüsselbein;* oV *Klavikula* [< lat. *clavicula* »Schlüsselchen«, zu *clavis* »Schlüssel«]

Cla|vis ⟨[-vis] f.; -, - od. -ves [-vəs]; Mus.⟩ **1** *Orgel-, Klaviertaste* **2** *Notenschüssel* [lat., »Schlüssel«]

Cla|vus ⟨[-vus] m.; -, -vi [-vi]⟩ **1** *Besatzstreifen aus Gold od. Purpur an der römischen Tunica, der gleichzeitig den Rang angab* **2** ⟨Med.⟩ *Hühnerauge, Hornverdickung der Fußhaut;* oV *Klavus* [lat., »Nagel«]

clean ⟨[kliːn] Adj.; umg.⟩ *nicht mehr rauschgiftsüchtig* [engl., »sauber«]

Clea|ner ⟨[kliːnə(r)] m.; -s, -⟩ **1** *Firma od. einzelne Person, die für die Reinigung u. Pflege von öffentlichen Gebäuden u. Büros zuständig ist* **2** *Reinigung, Reinigungsmittel* **3** ⟨umg.; bes. USA⟩ *professioneller Auftragsmörder;* → a. *Killer* [engl., »Reinigung(-sfirma), Reiniger; (Auftrags-)Killer«]

Clean|pro|duc|tion, ⟨auch⟩ **Clean Pro|duc|tion** ⟨[kliːn prɔdʌkʃn] f.; (-) -; unz.; Wirtsch.⟩ *umweltverträgliche Produktionsweise* [< engl. *clean* »sauber« + *production* »Produktion«]

Clean|ser ⟨[kliːn-] m.; -s, -⟩ *Lotion zur Gesichtsreinigung* [engl., »Reinigungscreme«]

Clear-Air-Tur|bu|lenz ⟨[kliːrɛːr-] f.; -, -en; Meteor.⟩ *Turbulenz im wolkenfreien Raum* [< engl. *clear air* »klare Luft« + *Turbulenz*]

Clea|rance ⟨[kliːrəns] f.; -, -s [-siz]⟩ **1** *Unbedenklichkeitserklärung (nach Überprüfung einer Person, einer Maschine), z.B. im Militärwesen* **2** ⟨Med.⟩ *Maß für die Ausscheidung einer Substanz aus dem Blut* [engl., »Reinigung, Beseitigung«]

Clea|ring ⟨[kliːriŋ] n.; -s, -s⟩ *Verrechnungsverfahren* [engl.; zu *clear* »klar machen, klären«]

Clea|ring|ab|kom|men ⟨[kliːriŋ-] n.; -s, -; Wirtsch.⟩ *Verrechnungsverfahren, das meist zwischen Staaten abgeschlossen wird;* bilaterales ~ [→ *Clearing*]

Cle|ma|tis ⟨f.; -, -⟩ = *Klematis*

Cle|men|ti|ne ⟨f.; -, -n⟩ = *Klementine*

Clen|bu|te|rol ⟨n.; -s; unz.⟩ *entkrampfend wirkender Stoff, der in einigen Asthma- u. Hustenmitteln medizinisch eingesetzt wird (gelegentlich gesetzeswidrig als Anabolikum zur Leistungssteigerung im Spitzensport u. bei der Kälbermast verwendet)*

cle|ver ⟨[klɛvə(r)] Adj.⟩ *schlau, durchtrieben, gewandt* [engl., »klug«]

Cle|ver|ness ⟨[klɛvə(r)nɛs] f.; -; unz.⟩ *Schlauheit, Gewandtheit, Durchtriebenheit* [engl., »Klugheit«]

Cli|ché ⟨[-ʃeː] n.; -s, -s⟩ = *Klischee(3)*

Cli|ent ⟨[klaiənt] m.; -s, -s; EDV⟩ *Personalcomputer, der als Teil der Client/Server-Struktur dem Benutzer alle (individuellen) Anwendungen ermöglicht (in dem als Server genutzten Computer ist dagegen die Datenverwaltung, die allen als Client genutzten Computern zur Verfügung steht, zentralisiert)* [engl., »Kunde, Klient«]

Cliff|dwel|ler ⟨[klif-] m.; -s, -s⟩ *vorgeschichtl. Höhlenbewohner im Colorado-Cañon (USA)* [engl., »Felsenbewohner«]

Cliff|han|ger ⟨[-hæŋə(r)] m.; -s, -⟩ *spannungsgeladenes Ende einer Fernseh- od. Radiofolge, das neugierig macht auf die Fortsetzung* [engl., eigtl. »Superthriller«]

Clinch ⟨[klintʃ] od. [klinʃ] m.; -es; unz.⟩ **1** ⟨Boxen⟩ *Umklammerung des Gegners* **2** ⟨allg.⟩ *allzu feste, unangenehme Verbindung, Streit;* im ~ liegen *sich streiten* [engl.]

Clip ⟨m.; -s, -s⟩ **1** = *Klipp(2)* **2** ⟨kurz für⟩ *Videoclip*

Clip|per ⟨m.; -s, -; Ⓦⓩ⟩ *schnelles amerikanisches Verkehrsflugzeug, das Überseestrecken fliegt* [engl., eigtl. »Schnellsegler«]

Cli|que ⟨[klikə] od. [kliːk] f.; -, -n⟩ *durch gemeinsame Interessen verbundene (selbstsüchtige) Gruppe, Sippschaft, Bande, Klüngel* [frz., »Sippschaft«]

Cli|via ⟨[-via] f.; -, -vi|en⟩ *Gattung der Amaryllisgewächse, beliebte Zierpflanze mit langen, schmalen Blättern u. roten od. orangefarbenen Blüten;* oV *Klivie* [nach einer engl. Herzogin, Lady *Clive*]

Clo|chard ⟨[klɔʃaːr] m.; -s, -s⟩ *Vagabund in Großstädten, bes. in Paris, Stadtstreicher* [frz.]

Cloche ⟨[klɔʃ] f.; -, -s⟩ *Metallhaube, unter der Gerichte warm gehalten werden u. die besonders in besseren Restaurants verwendet wird* [frz., »(Glas-)Glocke«]
Clog ⟨m.; -s, -s; meist Pl.⟩ *pantoffelähnlicher Schuh mit Holzsohle* [engl.]
Cloi|son|né ⟨[kloazɔne:] n.; -s, -s⟩ *Emailarbeit, bei der das flüssige Email in kleine Zellen aus Metallstegen gegossen wird, Zellenschmelz* [frz.; < *cloisonner* »abschlagen, durch eine Scheidewand trennen«]
Clon ⟨m.; -s, -e⟩ = *Klon*
clo|nen ⟨V.⟩ = *klonen(2)*
Clo|ning ⟨n.; -s, -s⟩ = *Kloning*
Clo|nus ⟨m.; -, -nus|se⟩ = *Klon*
Clo|qué ⟨[klɔke:] m.; -s, -s⟩ *Gewebe mit blasenartig erhöhtem, eingewebtem Muster* [frz.; < *cloquer* »blasig werden«; zu *cloque* »Wasserblase«]
Closed|shop-Be|trieb, ⟨auch⟩ **Closed-Shop-Be|trieb** ⟨[klouzd ʃɔp-] m.; -s, -e; Wirtsch.; in GB u. den USA⟩ *von einer Gewerkschaft kontrolliertes od. unter dem Einfluss einer Gewerkschaft stehendes Unternehmen, das nur Gewerkschaftsmitglieder beschäftigt* [< engl. *closed* »geschlossen« + *shop* »Produktionsstätte«]
Close-up ⟨[klousʌp] n.; -s, -s; Film⟩ *Nah- bzw. Großaufnahme einer Person, eines Gegenstands od. einer Lokalität;* die Szene endete mit einem ~ der Hauptdarstellerin [< engl. *close-up* »Nah-, Großaufnahme«]
Clos|tri|di|um, ⟨auch⟩ **Clost|ri|di|um** ⟨n.; -s, -dien⟩ *Gattung anaerober, Sporen bildender Bakterien (Krankheitserreger)* [latinisiert < grch. *kloster* »Spindel« + *eidos* »Form, Gestalt«]
Cloth ⟨[klɔθ] m.; -; unz.⟩ *dichtes Atlasgewebe* [engl. *cloth* «Tuch«]
Clou ⟨[klu:] m.; -s, -s⟩ **1** *Höhepunkt* **2** *Zugstück, Schlager*; das war der ~!; der ~ des Abends, der Saison, der Vorstellung; der ~ vom Ganzen [frz., »Nagel, Stift, Höhepunkt«]
Clown ⟨[klaun] m.; -s, -s⟩ **1** ⟨urspr.⟩ *die lustige Person der engl. Bühne* **2** ⟨heute⟩ *Spaßmacher in Zirkus u. Varietee* [engl.]
Clow|ne|rie ⟨[klau-] f.; -, -n⟩ *Betragen eines Clowns, Spaßmacherei, Albernheit*
clow|nesk ⟨[klau-] Adj.⟩ *in der Art eines Clowns;* ~es Verhalten
Club ⟨m.; -s, -s⟩ = *Klub*
Club of Rome ⟨[klʌb ɔf roum] m.; - - -; unz.; 1968 in Rom gegründeter⟩ *internationaler Zusammenschluss von Politikern, Industriellen u. Wissenschaftlern, die sich mit den Problemen u. der Zukunft der Menschheit beschäftigen* [engl.]
Clus|ter ⟨[klʌs-] m.; -s, -⟩ **1** ⟨Mus.⟩ *flächenhafter Klang (durch übereinander geschichtete Intervalle)* **2** ⟨Phys.⟩ *System, Menge von Einzelteilchen* **3** ⟨Sprachw.⟩ *Häufung, ungeordnete Menge (semantischer Merkmale)* **4** ⟨EDV⟩ *aus mehreren Rechnern bestehendes Netzwerk* [engl., »Büschel, Haufen, Menge«]
Clus|ter|a|na|ly|se ⟨[klʌs-] f.; -, -n; Stat.⟩ *Verfahren, durch das große Elementmengen durch Bildung homogener Klassen u. Gruppen sinnvoll strukturiert werden sollen;* →a. *Dendrogramm*
cm ⟨Abk. für⟩ *Zentimeter*
Cm ⟨chem. Zeichen für⟩ *Curium*
cm^2 ⟨Abk. für⟩ *Quadratzentimeter*
cm^3 ⟨Abk. für⟩ *Kubikzentimeter*
cm/s ⟨Abk. für⟩ *Zentimeter in der Sekunde (Geschwindigkeitseinheit)*
CNC ⟨EDV; Abk. für engl.⟩ *Computerized Numerical Control, numerische Steuerung per Computer (von Werkzeugmaschinen)*
c/o ⟨Abk. für⟩ *care of*
Co 1 ⟨chem. Zeichen für⟩ *Kobalt* **2** ⟨Abk. für⟩ *Kompanie*
Coach ⟨[koutʃ] m.; -s, -s⟩ *Trainer von Sportlern* [gekürzt < engl. *coachman* »Kutscher, jmd., der die Pferde lenkt«]
coa|chen ⟨[koutʃən] V.⟩ jmdn. ~ *als Coach betreuen, trainieren* [→ *Coach*]
Coa|ching ⟨[koutʃiŋ] n.; -s; unz.; Sp.⟩ *das Betreuen eines Sportlers od. einer Mannschaft, insbesondere während einer Sportveranstaltung* [→ *Coach*]
Co|a|gu|lum ⟨n.; -s, -la⟩ = *Koagulum*
Coat ⟨[kout] m.; -s, -s⟩ *Mantel, Jacke; Kittel* [engl.]
Coa|ted|par|ti|cles, ⟨auch⟩ **Coa|ted Par|tic|les** ⟨[koutidpa:tiklz] Pl.; Kernphys.⟩ *(in Hochtemperaturreaktoren verwendeter) Brennstoff, dessen Uranoxid-, Urancarbid- u. Thoriumoxidpartikel zum Schutz gegen Austritt von Spaltprodukten mit Graphit- od. Siliciumcarbidschichten umgeben sind* [engl., »beschichtete Partikel«]
Coa|ting ⟨[koutiŋ] m.; -s, -s⟩ **1** ⟨unz.⟩ *Kammgarnstoff in der Webart »Köperbindung«* **2** ⟨zählb.⟩ *Schutzbeschichtung für Kleidungsstücke* **3** ⟨zählb.⟩ *Wachs- bzw. Harzbelag, der u.a. Lebensmittel vor qualitätsbeeinträchtigender Aufnahme von Wasser u. tierischen Schädlingen sowie negativen Auswirkungen durch Transport u. Lagerung schützen soll* [engl., »Überzug, Schicht; Anstrich«]
Cob ⟨m.; -s, -s⟩ *kleines, gedrungenes Pferd, das zum Reiten u. Fahren eingesetzt wird* [engl., »kleines Pferd«]
Co|balt ⟨n.; -(e)s; unz.; chem. Zeichen: Co⟩ *graues, glänzendes, magnetisches Metall, Ordnungszahl 27, in Legierungen u. als Katalysator verwendet;* oV *Kobalt* [zu Kobold (Stall-, Hausgeist), nach dem früheren Bergmannsglauben, das für wertlos angesehene *Cobalt* sei von Bergsteigern untergeschoben worden, nachdem das wertvolle Silber geraubt wurde]
Co|bal|tit ⟨m.; -(e)s, -e; Chem.⟩ *silberweißes Mineral, chem. Cobalt-Arsen-Sulfid (CoAsS);* Sy *Kobaltglanz*
Cob|ler, ⟨auch⟩ **Cob|bler** ⟨m.; -s, -s⟩ *alkoholhaltiges Erfrischungsgetränk mit Kristalleis u. Früchten* [engl.]

COBOL ⟨n.; -; unz.; EDV⟩ *Programmiersprache für kommerzielle u. betriebswirtschaftliche Aufgaben* [verkürzt < engl. *co*mmon *b*usiness *o*riented *l*anguage]
Coca-Cola ⟨n. od. f.; -, -s; Wz⟩ *ein mit Kohlensäure versetztes, koffeinhaltiges Erfrischungsgetränk* [*Coca* < indian., nach dem in der Andenkette Südamerikas heimischen Strauch Erythroxylon *coca* (→ a. Kokain); *Cola* < westafrik. Eingeborenensprache, nach der im tropischen Afrika heimischen *Kola*nuss]
Coc|ci|di|o|se ⟨f.; -, -n⟩ = *Kokzidiose*
Coc|co|lo|ba ⟨f.; -, -s⟩ *aus Südamerika stammender Strauch aus der Familie der Nachtschattengewächse mit pflaumengroßen Früchten: Moringa coccoloba* [span.]
Coc|cus ⟨m.; -, Coc|cen⟩ = *Kokkus*
Co|che|nil|le ⟨[-ʃəniːjə] f.; -, -n⟩ = *Koschenille*
Coch|lea ⟨[kɔx-] f.; -, -le|ae [leɛː]⟩ *Teil des Innenohrs, Hörschnecke* [lat. »Schnecke«]
Co|cker|spa|ni|el ⟨m.; -s, -⟩ *engl. Jagdhundrasse* [engl. *cocker* »Schnepfenjäger« (zu *woodcock* »Schnepfe«) + *Spaniel*]
Cock|ney ⟨[kɔkni]⟩ **1** ⟨n.; - od. -s; unz.⟩ *Dialekt der unteren Schichten im Osten Londons* **2** ⟨m.; -s, -s⟩ *jmd., der zu diesen Schichten gehört* [engl.]
Cock|pit ⟨n.; -s, -s⟩ **1** ⟨Mar.⟩ *tief gelegener Sitz des Steuermanns* **2** *Vorratsraum des Schiffes* **3** ⟨Luftf.⟩ *Sitz des Piloten* [engl., eigtl. »Kampfplatz (urspr. für Hahnenkämpfe)«]
Cock|tail ⟨[kɔktɛil] m.; -s, -s⟩ *alkohol. Mischgetränk* [engl.]
Cock|tail|kleid ⟨[kɔktɛil-] n.; -(e)s, -er⟩ *festliches Kleid mit kurzem Rock*
Cock|tail|par|ty ⟨[kɔktɛil-] f.; -, -s⟩ *zwanglose Geselligkeit in den frühen Abendstunden*
COCOM, Co|com ⟨Abk. für engl.⟩ *Coordinating Committee for East-West-Trade-Policy (Koordinierungskomitee für den Ost-West-Handel), 1950 gegründetes Komitee der NATO, das die Ausfuhr von militär. u. strategisch nutzbaren Waren u. Technologien in die Ostblockstaaten regelt;* → a. *Cocomliste*
Co|com|lis|te ⟨f.; -; unz.⟩ *Verzeichnis von Waren u. Technologien (z.B. Computer), die aufgrund ihrer militär. u. strategischen Nutzbarkeit nicht in die Ostblockstaaten exportiert werden dürfen*
Co|coo|ning ⟨[kəkuːniŋ] n.; -s; unz.; Psych.⟩ *vollständiger Rückzug in die Privatsphäre als Angst- od. Abwehrreaktion* [< engl. *cocoon* »Kokon«]
Co|cot|te ⟨[kɔkɔtə] f.; -, -n; †⟩ = *Kokotte(1)* [frz.]
cod., Cod. ⟨Abk. für⟩ *Kodex, Codex*
Co|da ⟨f.; -, -s⟩ = *Koda*
Code ⟨[koːd] m.; -s, -s⟩ *Gesetzbuch;* ~ **civil** [koːd siviːl] *auf Veranlassung von Napoleon 1804 geschaffenes frz. Zivilgesetzbuch;* ~ **Napoléon** ⟨[koːd napoleɔ̃ː]⟩ *Code civil im ersten u. zweiten frz. Kaiserreich* [frz. »(Bürgerliches) Gesetzbuch«, < lat. *codex;* → *Codex*]
Co|de|in ⟨n.; -s; unz.⟩ *ein Alkaloid der Morphingruppe, das als hustenstillendes Mittel, aber auch als Ersatzdroge verwendet wird;* oV *Kodein*
Co|der ⟨[koːdə(r)] m.; -s, -⟩ **1** ⟨Fernsehtechnik⟩ *Einrichtung zur Erzeugung eines Farbfernsehsignals* **2** ⟨Rundfunktechnik⟩ *Einrichtung zur Erzeugung eines Stereosignals aus dem Rechts- u. Linkssignal einer Stereoaufnahmeeinrichtung;* → a. *Decoder* [→ *Code*]
Code|swit|ching ⟨[koːdswitʃiŋ] n.; -s, -s; Sprachw.⟩ *Wechsel von einer Sprachform in eine andere (bes. Übergang von der Hochsprache zum Dialekt)* [engl., zu *code* < frz. *code* »Gesetzbuch, Vorschriftensammlung« + *switching* »Übergang, Wechsel«]
Co|dex ⟨m.; -, -di|ces [-tseːs]⟩ *handgeschriebenes Buch im MA;* → *a. Kodex;* ~ **argenteus** *got. Bibelhandschrift des Wulfila (6. Jh) in silberverziertem Einband;* ~ **aureus** *mittelalterl. Prachthandschrift mit goldverziertem Einband;* ~ **Iuris Canonici** ⟨Abk. CIC⟩ *Gesetzbuch der kath. Kirche von 1917;* ~ **Rubricarum** *ein von Papst Johannes XXIII. veröffentlichtes Reformwerk zur Rubrikenvereinfachung, ab 1.1.1961* [lat., »Rechnungsbuch, Verzeichnis«]
co|die|ren ⟨V.⟩ = *kodieren;* Ggs *decodieren*
Co|die|rung ⟨f.; -, -en⟩ = *Kodierung;* Ggs *Decodierung*
Co|don ⟨n.; -s, -do|ne(n); Biochem.⟩ *Einheit aus drei aufeinander folgenden Basen der Nukleinsäure des genetischen Codes, die die verschlüsselte Information für eine Aminosäure trägt*
Coe|cum ⟨[tsøː-] n.; -s, -ca⟩ = *Zäkum;* oV *Zökum*
Coe|no|bit ⟨[tsø-] m.; -en, -en⟩ = *Zönobit*
Coe|no|bi|um ⟨[tsø-] n.; -s, -bi|en⟩ = *Zönobium*
Coeur ⟨[køːr] n.; - od. -s, - od. -s; Kart.⟩ *Spielkartenfarbe, Herz, Rot* [frz., »Herz«]
Cof|fee|shop ⟨[kɔfiʃɔp] m.; -s, -s⟩ **1** *Cafeteria, Imbissraum (bes. innerhalb von Betrieben, Universitäten od. Hotels)* **2** ⟨verhüllend für⟩ *Lokal, in dem Haschisch u. Marihuana verkauft wird (bes. in den Niederlanden)* [engl., zu *coffee* »Kaffee« + *shop* »Laden«]
Cof|fe|in ⟨n.; -s; unz.⟩ = *Koffein*
Cof|fi|nit ⟨n.; -s; unz.⟩ *uran- u. radiumhaltiges, stark radioaktives Mineral* [nach dem amerik. Geologen R.C. *Coffin*]
Co|gi|to, er|go sum *Ich denke, also bin ich (Hauptgrundsatz des frz. Philosophen Descartes)* [lat.]
co|gnac, ⟨auch⟩ **cog|nac** ⟨[kɔnjak] Adj.; undekl.⟩ = *cognacfarben*
Co|gnac, ⟨auch⟩ **Cog|nac** ⟨[kɔnjak] m.; -s, -s od. -e⟩ *in Cognac hergestellter Weinbrand;* → a. *Kognak* [nach der frz. Stadt *Cognac* an der Charente]
co|gnac|far|ben, ⟨auch⟩ **cog|nac|far|ben** ⟨[kɔnjak-] Adj.⟩ *in der Farbe des Cognacs, goldbraun;* eine ~e Jacke; Sy *cognac*

Co|gno|men, ⟨auch⟩ **Cog|no|men** ⟨m.; -s, - od. -mi|na⟩ = *Kognomen*
Coif|feur ⟨[koafø:r] m.; -s, -e⟩ *Friseur, Haarkünstler* [frz.]
Coif|feu|se ⟨[koafø:z(ə)] f.; -, -n⟩ *Friseuse* [frz.]
Coif|fure ⟨[koafy:r] f.; -, -n⟩ *kunstvolle Frisur, Haarputz* [frz.]
Coin|treau, ⟨auch⟩ **Coint|reau** ⟨[koɛ̃tro:] m.; -s; unz.; ⓌⓏ⟩ *frz. Orangenlikör*
Co|ir ⟨f.; -; unz. od. n.; - od. -s; unz.⟩ *Kokosfasergarn* [< Tamil *kayiru* »Seil«]
Co|i|tus ⟨m.; -; unz.⟩ **1** = *Koitus* **2** ~ interruptus *unterbrochener Geschlechtsverkehr, bei dem das männl. Glied vor dem Samenerguss aus der Scheide gezogen wird;* Sy *Interruptus* [→ *Koitus*]
Coke ⟨[kouk] n. od. f.; -, -s; umg. Abk. für⟩ *Coca Cola*
col. ⟨Buchw.; Abk. für⟩ *columna (Spalte)* [lat.]
Co|la ⟨f.; -, -s od. n.; - od. -s, -s; kurz für⟩ *Coca-Cola*
Col|chi|cin ⟨[-çitsi:n] n.; -s; unz.⟩ *giftiges Alkaloid des Herbstzeitlosensamens;* oV *Kolchizin* [nach *colchicum autumnale* »Herbstzeitlose«]
cold ⟨[kould] Adj.; Drogenszene⟩ *nüchtern, nicht unter dem Einfluss von Drogen stehend* [engl., eigtl. »kalt«]
Cold|cream, ⟨auch⟩ **Cold Cream** ⟨[kouldkri:m] f.; (-) -, (-) -s⟩ *viel Feuchtigkeit enthaltende u. dadurch kühlende Fettcreme* [engl., »Kühlsalbe«]
Cold|rub|ber, ⟨auch⟩ **Cold Rub|ber** ⟨[kouldrʌbə(r)] m.; (-) - od. (-) -s; unz.⟩ *Synthetikkautschuk, dessen Fabrikation eine sehr niedrige Temperierung erfordert* [engl., »kalter Kautschuk, kaltes Gummi«]
Cold|tur|key, ⟨auch⟩ **Cold Tur|key** ⟨[kouldtə:ki] f. od. n.; (-) - od. (-) -s, (-) -s [-kiz]; umg.⟩ **1** *radikale Drogenentziehungskur, die mit einem sofortigen völligen Entzug beginnt* **2** *das Befinden desjenigen, der die Entziehungskur macht* [engl., eigtl. »kalter Truthahn«, fig., umg. a. »ohne Umschweife«]
Co|le|o|pte|ra, ⟨auch⟩ **Co|le|op|te|ra** ⟨f.; -, -pte|re(n); Biol.⟩ = *Koleoptere*
Co|li|tis ⟨f.; -, -ti|den⟩ = *Kolitis*
col|la des|tra, ⟨auch⟩ **col|la dest|ra** ⟨Mus.; Abk. c.d.⟩ *mit der rechten Hand (zu spielen)* [ital., »mit der Rechten«]
Col|la|ge ⟨[-ʒə] f.; -, -n⟩ *aus Papier od. anderem Material geklebtes Bild* [frz., »Klebearbeit«; zu *colle* »Klebstoff«]
col|la|gen ⟨Adj.⟩ = *kollagen*
col|la|gie|ren ⟨[-ʒi:-] V.⟩ *eine Collage anfertigen, zu einer Collage zusammenfügen;* Fotografien ~
col|la par|te ⟨Mus.⟩ *mit der Hauptstimme im Einklang (zu spielen)* [ital., »mit der Hauptstimme«]
coll'ar|co ⟨Mus.; Abk.: arc.⟩ *(für Streichinstrumente) mit den Bogenhaaren (zu streichen)* [ital., »mit dem Bogen«]
Col|lar|gol ⟨n.; -s; unz.; Pharm.; ⓌⓏ⟩ *Salbe zur Abtötung von Bakterien*
col|la si|nis|tra, ⟨auch⟩ **col|la si|nist|ra** ⟨Mus.; Abk.: c.s.⟩ *mit der linken Hand (zu spielen)* [ital., »mit der Linken«]
col|lé ⟨Adj.⟩ *(beim Billardspiel) nahe an der Bande platziert* [frz., »angeklebt, angeleimt«]
Col|lec|ta|nea, Col|lec|ta|ne|en ⟨a. [--'---] Pl.⟩ = *Kollektanea, Kollektaneen*
Col|lège ⟨[kɔlɛ:ʒ] n.; - od. -s, -s; Frankreich, Belgien, frz. Schweiz⟩ *höhere Schule* [frz., »Kollegium, städtische höhere Schule«]
Col|lege ⟨[kɔlidʒ] n.; - od. -s [-dʒiz], -s [-dʒiz]⟩ **1** ⟨England⟩ *Haus, in dem die Studenten u. Lehrer zusammen wohnen, vielfach den Universitäten angegliedert, mit Stipendien u. Freistellen* **1.1 University** ~ *Unterrichts- u. Forschungsinstitut der Universitäten bzw. die Universität selbst* **1.2** *Akademie, die noch nicht Volluniversität ist* **2** ⟨USA⟩ **2.1** *höhere Lehranstalt, die, auf der Highschool aufbauend, nach 4-jährigem Kurs zur Bachelor-Prüfung führt* **2.2** *Universitätsinstitut od. Fachhochschule einzelner Fakultäten* [engl., »Kollegium, Kolleg, Universität«]
Col|le|gi|um ⟨n.; -s, -gia⟩ **1** = *Kollegium* **2** ~ **Germanicum** *1552 gegründetes dt. Priesterseminar in Rom* [lat., »Deutsches Kollegium«] **3** ~ **musicum 3.1** ⟨i.e.S⟩ *Musikvereinigung an Universitäten, bes. im 17. u. 18. Jh.* **3.2** ⟨i.w.S.⟩ *Vereinigung von Musikern, die sich der Pflege alter Musik widmen* [lat., »Musikkollegium«] **4** ~ **publicum** *öffentl. Universitätsvorlesung* [lat., »öffentliches Kollegium«]
col le|gno, ⟨auch⟩ **col leg|no** ⟨[-lenjo] Mus.⟩ *musikalische Anweisung für Streicher, mit dem Holz des Bogens zu spielen* [ital., »mit dem Holz«]
Col|li|co ⟨m.; -s, -s⟩ *von der Dt. Bahn AG verwendete Transportkiste mit genormten Abmessungen*
Col|lie ⟨m.; -s, -s⟩ *schott. Schäferhund* [engl. < kelt.]
Col|li|er ⟨[kɔlje:] n.; -s, -s⟩ = *Kollier*
Col|lo|qui|um ⟨n.; -s, -qui|en⟩ = *Kolloquium*
Col|lum ⟨n.; -s, Col|la; Med.⟩ *Hals* [lat.]
Co|lón ⟨[kolɔn] m.; - od. -s, -s; bei Zahlenangaben⟩ *Währungseinheit in Costa Rica u. El Salvador* [nach der span. Form des Namens *Kolumbus*]
Co|lo|nel ⟨engl. [kə:nəl] frz. [kɔlɔnɛl] m.; -s, -s⟩ *Oberst* [engl. u. frz., »Oberst«]
co|lor…, Co|lor… ⟨a. ['--] in Zus.⟩ *farbig, in Farbe;* Colorgerät *Farbfernsehgerät* [lat., »Farbe, Färbung«]
Co|lo|ra|do|kä|fer ⟨m.; -s, -⟩ = *Koloradokäfer*
Co|lor|bild ⟨a. ['---] n.; -(e)s, -er; Fot.⟩ *Farbbild* [< *Color…* + *Bild*]
Co|lor|film ⟨a. ['---] m.; -s, -e; Fot.⟩ *Farbfilm* [< *Color…* + *Film*]
Co|lor|ge|rät ⟨n.; -(e)s, -e⟩ *Farbfernsehgerät*
Co|los|to|mie ⟨f.; -, -n; Med.⟩ = *Kolostomie*
Colt ⟨[kolt] m.; -s, -s; ⓌⓏ⟩ *ein Revolver* [nach dem amerikan. Ingenieur Samuel *Colt*, 1814–1862]

Com|bine|pain|ting, ⟨auch⟩ **Com|bine Painting** ⟨[kɔmbainpɛintiŋ] n.; (-) -s; unz.; Mal.⟩ *(von R. Rauschenberg entwickelter) Montagestil, der Collagen u. Malerei mit dreidimensionalen Objekten verschiedenster Art kombinierte u. damit Einfluss auf die → Pop-Art nahm* [engl., »kombiniertes Malen«]
Com|bo ⟨f.; -, -s; Jazz⟩ *Kapelle mit kleiner Besetzung* [engl., zu *combination* »Vereinigung, Verknüpfung«]
Come-back, ⟨auch⟩ **Come|back** ⟨[kʌmbæk] n.; - od. -s, -s⟩ *Wiederauftreten eines bekannten Künstlers, Politikers od. Sportlers nach längerer Pause* [engl., »Rückkehr, Zurückkommen«]
COMECON, ⟨auch⟩ **Co|me|con** ⟨[kɔmәkɔn] m. od. n.; -; unz.; Abk. für engl.⟩ *Council for Mutual Economic Assistance (Aid), Rat für gegenseitige Wirtschaftshilfe (frühere Wirtschaftsorganisation der Ostblockstaaten; 1991 aufgelöst)*
Come-down, ⟨auch⟩ **Come|down** ⟨[kʌmdaun] n.; -s, -s⟩ *Zeitraum, über den die Wirkung einer harten Droge nachlässt* [< engl. *come down* »herunterkommen, sich beruhigen«]
Co|me|dy ⟨[kɔmәdi] f.; -, -s; TV⟩ **1** *als Einzelbeitrag od. (häufiger) als Serie produzierte Komödie* **2** ⟨kurz für⟩ *Comedyshow* [engl., »Komödie«]
Co|me|dy|show ⟨[kɔmәdiʃou] f.; -, -s; TV⟩ *Unterhaltungssendung im Fernsehen, deren Programm vor allem aus einzelnen Sketch- und Gageinlagen besteht u. in der verschiedene Schauspieler(innen) kurze, witzige Szenen spielen*
Co|mes ⟨m.; -, - od. Co|mi|tes; Mus.⟩ *Beantwortung (bzw. Wiederholung) des Fugenthemas;* → a. *Dux* [lat., »Begleiter«]
co|me so|pra, ⟨auch⟩ **co|me sop|ra** ⟨Mus.⟩ *wie oben, wie zuletzt (zu spielen)* [ital.]
Co|mes|ti|bles, ⟨auch⟩ **Co|mes|tib|les** ⟨[kɔmɛsti:bl] Pl.; schweiz.⟩ *Esswaren, Feinkost* [frz., »Lebensmittel«]
Co|me|ta|bo|lis|mus ⟨m.; -; unz.; Biol.⟩ *Teil des Stoffwechsels, der den Organismus von eingedrungenen Fremdstoffen entgiftet (wichtig für den Abbau von Umweltchemikalien)* [< lat. *con…* »(zusammen) mit« + *Metabolismus*]
Co|mic ⟨[kɔmik] m.; -s, -s; kurz für⟩ *Comicstrip*
Co|mic|strip ⟨[kɔmikstrip] m.; -s, -s⟩ *gezeichnete Bilderfolge in Streifen mit komischem od. abenteuerlichem Inhalt;* Sy *Cartoon(2)* [engl., eigtl. »drolliger Streifen«]
Co|ming|man, ⟨auch⟩ **Co|ming Man** ⟨[kʌmiŋmæn] m.; (-) - od. (-) -s, (-) -men bzw. -Men [-mәn]⟩ *jmd. der großes Talent od. besondere Anlagen u. Fähigkeiten besitzt u. von dem allgemein erwartet wird, dass er eine glänzende Karriere vor sich hat* [engl., »der kommende Mann«]
Co|ming-out, ⟨auch⟩ **Co|ming|out** ⟨[kʌmiŋaut] n.; - od. -s, -s⟩ **1** *öffentliches Bekanntmachen, Herausstellen, Herauskommen;* das ~ eines neuen Filmstars **2** ⟨umg.⟩ *öffentliches Bekenntnis zur eigenen Homosexualität* [engl.]

> **comme çi, comme ça** (*Schreibung von Zitaten und zitatähnlichen Fügungen*) Die Schreibung von Zitaten und zitatähnlichen Fügungen, die unverändert aus einer Fremdsprache übernommen werden, richtet sich in der Regel nach den in der jeweiligen Herkunftssprache gültigen Regeln.

comme çi, comme ça ⟨[kɔmsikɔmsa]⟩ *mittelmäßig, nicht besonders* [frz.]
Com|me|dia dell'Ar|te ⟨f.; - -; unz.⟩ *um 1550 entstandenes ital. Stegreiflustspiel* [ital., eigtl. »Kunstlustspiel«]
comme il faut ⟨[kɔmilfo:]⟩ *wie es sich gehört, musterhaft, vorbildlich* [frz., »wie es (sein) muss«]
Com|mer|cial ⟨[kɔmә:ʃәl] m. od. n.; -s, -s⟩ *kurzer Werbefilm im Kino od. im Fernsehen* [engl., »Werbefilm, Werbespot«]
Com|mis ⟨[-mi:] m.; -, -⟩ = *Kommis*
com|mit|ten ⟨V.; umg.⟩ *sich zu etwas verpflichten* [< engl. *commit*]
com|mo|do ⟨Mus.⟩ = *comodo*
Com|mon Law ⟨[kɔmәn lɔ:] n.; - -; unz.; Rechtsw.⟩ *das durch den Gebrauch vor ordentlichen Gerichten weiterentwickelte u. kodifizierte englische Gewohnheitsrecht* [engl., »allgemeines Recht«]
Com|mon|sense, ⟨auch⟩ **Com|mon Sense** ⟨[kɔmәn sɛns] m.; (-) -; unz.⟩ *gesunder Menschenverstand;* → a. *Sensus communis* [engl.]
Com|mon|wealth ⟨[kɔmәnwɛlθ] n.; -; unz.⟩ *Gemeinwesen, Völkergemeinschaft, Staatenbund;* ~ **of Australia** [-ɔv ɔ:streiljә] das australische ~, der Austral. Bund (Australien u. Tasmanien); ~ **of Nations** [-ɔv nɛiʃәnz] *die Staatengemeinschaft des Brit. Empires* [engl., »Gemeinwesen, Freistaat«, insbes. »der Britische Staatenbund«]
co|mo|do ⟨Mus.⟩ *ruhig, gemäßigt (zu spielen);* oV *commodo* [ital.]
Com|pact|disc, ⟨auch⟩ **Com|pact Disc** ⟨[kɔmpɛkt disk] f.; (-) -, (-) -s; Abk.: CD⟩ *kleine optische Speicherplatte, die zum Lesen der digitalen Daten mit einem Laserstrahl abgetastet wird, wodurch eine störungs- u. rauschfreie Wiedergabe gewährleistet ist* [engl., eigtl. »kompakte, dichte Platte«]
Com|pa|gnie, ⟨auch⟩ **Com|pag|nie** ⟨[-pani:] f.; -, -n⟩ = *Kompanie*
Com|pa|gnon, ⟨auch⟩ **Com|pag|non** ⟨[-panjɔ̃:] a. ['--] m.; -s, -s⟩ *Kompagnon*
Com|pi|ler ⟨[-pai-] m.; -s, -⟩ *Computerprogramm, das ein in einer anderen Maschinensprache geschriebenes Programm in eine für die betreffende EDV-Anlage verwertbare Programmiersprache übersetzt* [< engl. *compile* »zusammenstellen«]
Com|pli|ance ⟨[-plaiәns] f.; -; unz.⟩ **1** ⟨Psych.⟩ *Maß der Bereitschaft des Patienten, die dia-*

gnostischen u. therapeutischen Vorgaben od. wohlwollenden Empfehlungen des Therapeuten zu befolgen **2** ⟨Med.⟩ pulmonale ~ *(bes. die Lunge betreffende) Maßangabe der Volumendehnbarkeit* [engl., »Einverständnis«]

Com|po|ser ⟨m.; -s, -⟩ *moderne Schreibmaschine mit Kugelkopf u. verstellbarem Zwischenraum zwischen den Wörtern, die ein satzähnliches Manuskript liefert* [< engl. *compose* »zusammensetzen«]

Com|pound|kern ⟨[-paund-] m.; -(e)s, -e⟩ *durch Beschuss eines Atomkernes mit einem Teilchen entstehender neuer, hochangeregter Kern, der nach kurzer Zeit durch Kernumwandlung weiterreagiert*

Com|pound|ma|schi|ne ⟨[-paund-] f.; -, -n⟩ *Verbunddampfmaschine* [engl., »zusammengesetzt«]

Com|pound|öl ⟨[-paund-] n.; -s, -e; Tech.⟩ *Mineralöl mit hohem Fettgehalt u. damit einhergehender hoher Schmierfähigkeit* [< engl. *compound* »Verbindung«]

Com|pound|trieb|werk ⟨[-paund-] n.; -(e)s, -e; Tech.⟩ *Flugzeugtriebwerk mit Verbundmotor(en) zur Verstärkung der Leistung* [< engl. *compound* »Verbindung«]

Comp|ton|ef|fekt, ⟨auch⟩ **Comp|ton-Ef|fekt** ⟨[kɔmptən-] m.; -(e)s; unz.⟩ *die Erscheinung, dass Lichtwellen mit Elektronen in Wechselwirkung treten können, verbunden mit Impulsänderung der Elektronen u. Erniedrigung der Wellenlänge des Lichts* [nach dem amerik. Physiker A. H. *Compton* (1892–1962)]

Com|pu|serve ⟨[kɔmpjusərv] m.; -; unz.; Ⓦⓩ⟩ *kommerzieller Online-Dienst* [verkürzt < engl. *computer* »Computer« + *service* »Dienst«]

Com|pur|ver|schluss ⟨m.; -es, -schlüs|se⟩ *Zentralverschluss für Fotokameras, bei dem sich die Lamellen sternförmig von der Mitte aus öffnen*

Com|pu|ter ⟨[-pju:-] m.; -s, -⟩ *elektron. Datenverarbeitungsmaschine* [engl.]

Com|pu|ter|a|ni|ma|ti|on ⟨[-pju:-] f.; -, -en; EDV⟩ *bewegte, mehrdimensionale computererzeugte Bildsequenz, die z. B. in Videoclips u. Kinofilmen verwendet wird*

Com|pu|ter|di|a|gnos|tik, ⟨auch⟩ **Com|pu|ter|di|ag|nos|tik** ⟨[-pju:-] f.; -; unz.⟩ *Teilgebiet der Diagnostik, in dem die EDV zur Krankheitserkennung eingesetzt wird*

Com|pu|ter|ge|ne|ra|ti|on ⟨[-pju:-] f.; -, -en⟩ **1** ⟨i. e. S.⟩ *Zeitabschnitt in der Computerentwicklung, der durch eine bestimmte Konstruktionsart gekennzeichnet ist* **2** ⟨i. w. S.⟩ *Generation(3), die durch den frühen u. häufigen Gebrauch von Computern gekennzeichnet ist*

com|pu|te|ri|sie|ren ⟨[-pju:-] V.⟩ **1** *für die Eingabe in einen Computer aufbereiten, lesbar machen* **2** *mit Hilfe eines Computers bearbeiten, speichern*; Daten, Informationen ~

Com|pu|ter|kid ⟨[-pju:-] n.; -s, -s⟩ *Kind od. Jugendlicher, das bzw. der schon frühzeitig mit der Handhabung eines Computers vertraut ist;* die neue Generation der ~s

Com|pu|ter|kri|mi|na|li|tät ⟨[-pju:-] f.; -; unz.⟩ *Straftaten, die im Zusammenhang mit EDV-Anlagen stehen, z. B. Computersabotage, Datenmissbrauch*

Com|pu|ter|kunst ⟨[-pju:-] f.; -; unz.; Sammelbez. für⟩ *mittels Computers hergestellte musikalische, literarische od. grafische Kunstwerke*

Com|pu|ter|lin|gu|is|tik ⟨[-pju:-] f.; -; unz.⟩ *Teilgebiet der Linguistik, das die EDV zur Auswertung u. Beschreibung sprachlicher Phänomene nutzt*

com|pu|tern ⟨[-pju:-] V.; umg.⟩ *am Computer arbeiten, den Computer benutzen*

Com|pu|ter|si|mu|la|ti|on ⟨[-pju:-] f.; -, -en⟩ *Methode, bei der von einem Vorgang eine vom Computer zu bearbeitende Modellvorstellung entwickelt wird, um Informationen über den Verlauf des Vorgangs zu gewinnen*

Com|pu|ter|sys|tem ⟨[-pju:-] n.; -s, -e; EDV⟩ *Gesamtheit der externen u. internen Komponenten (Hard- u- Software) eines Computers*

Com|pu|ter|to|mo|gra|fie ⟨[-pju:-] f.; -, -n; Med.⟩ = *Computertomographie*

Com|pu|ter|to|mo|gra|phie ⟨[-pju:-] f.; -, -n; Med.⟩ *computerunterstütztes Röntgenschichtverfahren mit hoher Kontrastauflösung;* oV *Computertomografie*

Com|pu|ter|vi|rus ⟨[-pju:tə(r)vi-] m. od. n.; -, -vi|ren⟩ *(in zerstörerischer Absicht) in ein Computersystem unbemerkt eingeschaltetes Programm, welches das System verändern u. schädigen kann*

Comte ⟨[kɔ̃:t] m.; -, -s⟩ *französischer Graf* [frz.]

con…, Con… ⟨in Zus.⟩ = *kon…, Kon…* [< lat. *con, cum* »mit«]

con a|mo|re ⟨Mus.⟩ *innig, zärtlich (zu spielen);* Sy *amoroso* [ital.]

con|a|xi|al ⟨Adj.⟩ = *koaxial*

con brio ⟨Mus.⟩ *mit Feuer, lebhaft (zu spielen)* [ital., »mit Lebhaftigkeit«]

Con|cen|tus ⟨[-tsɛn-] m.; -, -; Mus.⟩ *melodisch vorgetragene Variante des Gregorianischen Chorals in der katholischen u. evangelischen Liturgie* [< lat. *concentus* »Einklang, Harmonie, Gesang«]

Con|cept|art, ⟨auch⟩ **Con|cept-Art** ⟨[-sɛpt-] f.; -; unz.; Kunst⟩ *moderne Kunstrichtung, in der der Entwurf für ein Projekt das eigentliche Kunstwerk ersetzt* [engl.]

con|cer|tan|te ⟨[-tʃɛrtantə] Adj.⟩ = *konzertant* [ital.]

Con|cer|to gros|so ⟨[-tʃɛr-] n.; - -, -ti gros|si⟩ *Konzert für Orchester u. Soloinstrumente in der Barockmusik* [ital., »großes Konzert«]

Con|ci|erge ⟨[kɔ̃sjɛrʒ] m. od. f.; -, -s [kɔ̃sjɛrʒ] od. -n [-sjɛrʒən]⟩ *Hausmeister(in), Pförtner(in)* [frz.]

con|ci|ta|to ⟨[kɔntʃi-] Mus.⟩ *erregt, aufgeregt (zu spielen)* [ital.]

Con|cours hip|pique ⟨[kɔ̃ku:r ipik] m.; - -, - -s [ipik]⟩ *pferdesportl. Turnier, bes. mit Springwettbewerben* [frz.]

con|di|tio si|ne qua non ⟨f.; - - - -; unz.⟩ *unerlässliche Bedingung* [lat., »Bedingung, ohne die (etwas) nicht (eintreten kann)«]
Con|dot|ti|e|re ⟨[-tje:-] m.; -s, -ri⟩ = *Kondottiere*
Con|duc|tus ⟨m.; -, -; Mus.; im MA⟩ *ursprünglich einstimmiger, die Liturgie begleitender Gesang in lat. Sprache, später auch mehrstimmig mit weltlichem Inhalt* [lat., »Geleit; Eingangslied«]
Con|du|i|te ⟨[kɔ̃dyi:t(ə)] f.; -; unz.; †⟩ = *Konduite*
con es|pres|si|o|ne ⟨Mus.⟩ *ausdrucksvoll (zu spielen);* Sy *espressivo* [ital.]
conf. ⟨Abk. für⟩ *confer!*
con|fer! ⟨Abk.: cf., cfr., conf.⟩ *vergleiche! (in wissenschaftl. Arbeiten zur Angabe von Belegstellen)* [lat.]
Con|fé|rence ⟨[kɔ̃ferã:s] f.; -, -n⟩ *witzig-unterhaltende Ansage in Rundfunk u. Kabarett* [frz., »Konferenz; Vortrag«]
Con|fé|ren|ci|er ⟨[kɔ̃ferãsje:] m.; -s, -s⟩ *unterhaltender Ansager* [frz., »Vortragender«]
con|fe|rie|ren ⟨V.; österr.⟩ *Darbietungen ansagen;* → *a. konferieren* [< frz. *conférer,* in der Bedeutung beeinflusst von *Conférencier*]
Con|fes|sio ⟨f.; -, -si|o|nes; Theol.⟩ **1** *Bekenntnis des Glaubens, Bekenntnisschrift* **2** *Sündenbekenntnis, Beichte* [lat., »Eingeständnis, Bekenntnis«]
Con|fi|se|rie ⟨f.; -, -n⟩ = *Konfiserie*
Con|foe|de|ra|tio Hel|ve|ti|ca ⟨[-ve:-] f.; - -; unz.; Abk.: CH⟩ *Schweizerische Eidgenossenschaft* [lat.]
con for|za ⟨Mus.⟩ *mit Kraft (zu spielen)* [ital.]
con fu|o|co ⟨Mus.⟩ *mit Feuer (zu spielen)* [ital.]
Con|ga ⟨f.; -, -s⟩ **1** *(bes. im modernen Jazz verwendete) kuban. Trommel* **2** *ein kuban. Tanz* [amerikan.-span., nach dem afrik. Staat *Kongo*]
Con|ge|li|frak|ti|on ⟨f.; -, -en; Geol.⟩ **1** *Verwitterung durch Frosteinwirkung* **2** *Absprengung von Gesteinsblöcken durch Frostwechsel* [< *Con…* + lat. *gelidus* »eisig, eiskalt« + *Fraktion(3)*]
con im|pe|to ⟨Mus.⟩ *stürmisch, ungestüm, heftig (zu spielen);* Sy *impetuoso* [ital.]
con mo|to ⟨Mus.⟩ *bewegt (zu spielen)* [ital., »mit Bewegung«]
Con|nais|seur ⟨[-nɛsø:r] m.; -s, -s⟩ *Kenner, qualifizierter Begutachter, Sachverständiger, Feinschmecker;* ein ~ guten Weines [frz., zu *connaître* »kennen«]
Con|nec|tions ⟨[kɔnɛkʃəns] Pl.; umg.; bes. Jugendspr.⟩ *Beziehungen, Kontakte, Verbindungen;* er hat gute ~ zur Chefetage [engl.]
con pi|e|tà ⟨Mus.⟩ *mitleidsvoll, andächtig (zu spielen);* Sy *pietoso* [ital.]
Con|se|cu|tio Tem|po|rum ⟨f.; - -; unz.; Gramm.⟩ *Zeitenfolge im zusammengesetzten Satz* [lat., »Zeitfolge«]
Con|seil ⟨[kɔ̃sɛ:j] m.; -s, -s⟩ *Rat, Ratsversammlung* [frz., »Berat(schlag)ung, Rat, beratende Versammlung«]
Con|sen|sus ⟨m.; -, -⟩ = *Konsens*
con sen|ti|men|to ⟨Mus.⟩ *gefühlvoll, mit Gefühl (zu spielen)* [ital.]
Con|si|li|um ⟨n.; -s, -li|en⟩ = *Konsilium;* ~ Abeundi [-e:un-] n.; - -; unz. *Androhung der Verweisung von einer höheren Schule* [lat., »Rat abzugehen«]
Con|sis|ten|cy ⟨[-sis-] f.; -, -s⟩ *Grad der Gleichförmig- bzw. Einheitlichkeit der Angaben innerhalb einer Befragungsreihe* [engl., »Folgerichtigkeit, Übereinstimmung«]
Con|som|mé ⟨[kɔ̃:sɔ-] f.; -, -s od. n.; -s, -s⟩ *bes. kräftige, klare Fleischbrühe;* oV *Konsommee* [zu frz. *consommer* »verbrauchen, aufzehren«, weil die Brühe während des Kochens den gesamten Fleischsaft aufzehrt]
con sord. ⟨Abk. für⟩ *con sordino*
con sor|di|no ⟨Abk.: con sord.; Mus.⟩ *mit Dämpfer, gedämpft (zu spielen)* [ital.]
con spi|ri|to ⟨Mus.⟩ *spritzig, geistvoll (zu spielen)* [ital., »mit Geist«]
Cons|ti|tu|ante ⟨[kɔ̃stitya:t] f.; -, -s [-ã:t]⟩ *grundlegende, verfassungsgebende Nationalversammlung, bes. die der Französ. Revolution von 1789;* oV *Konstituante(1)* [frz., »bildend, konstituierend«]
Con|sul|ting ⟨[kɔnsʌltiŋ] n.; -s; unz.; Wirtsch.⟩ *(Unternehmens-)Beratung* [< engl. *consult* »beraten, konsultieren, zu Rate ziehen« < lat. *consultare* »beraten«]
Con|ta|do|ra-Staa|ten ⟨Pl.⟩ *zum Zwecke einer friedlichen Lösung des Nicaraguakonfliktes zusammengeschlossene mittel- u. südamerikan. Staaten* [nach dem Gründungsort, der Pazifikinsel *Contadora*]
Con|tai|ner ⟨[-tɛi-] m.; -s, -⟩ *Großbehälter zur Güterbeförderung od. zum Sammeln von Abfall;* Altglas~ [engl., »Behälter«]
con|tai|ne|ri|sie|ren ⟨[-tɛi-] V.⟩ *in Containern transportieren (von Waren od. Fluggepäck)*
Con|tai|ner|schiff ⟨[-tɛi-] n.; -(e)s, -e⟩ *für die Beförderung von Containern bes. eingerichtetes Schiff*
Con|tai|ner|ter|mi|nal ⟨[-tɛinə(r)tə:minəl] m.; -s, -s⟩ *Hafen zum Umschlag von Containern* [engl.]
Con|tain|ment ⟨[-tɛin-] n.; -s, -s⟩ **1** *äußere Betonhülle um Kernreaktoren* **2** *Politik der Eindämmung, Beschwichtigung*
Con|te ⟨m.; -, -ti od. -s⟩ *Graf* [ital.]
Con|te|nance ⟨[kɔ̃:tənã:s] f.; -; unz.⟩ *Selbstbeherrschung, Haltung, Fassung, Gelassenheit (in schwierigen Situationen);* oV *Kontenance* [frz., < lat. *continentia* »Selbstbeherrschung, Mäßigung«]
con te|ne|rez|za ⟨Mus.⟩ *zärtlich, zart (zu spielen);* Sy *teneramente* [ital.]
Con|ter|gan ⟨n.; -s; unz.; Pharm.; (Wz)⟩ *das Schlaf- u. Beruhigungsmittel Thalidomid, das 1961 aus dem Handel gezogen wurde, da es bei schwangeren Frauen schwere Schädigungen des Kindes verursachte*

Con|ter|gan|kind ⟨n.; -(e)s, -er; umg.⟩ *missgebildetes Kind, dessen Mutter in der Schwangerschaft Contergan eingenommen hat*
Con|tes|sa ⟨f.; -, -tes|sen⟩ *Gräfin* [ital.]
Con|test ⟨m.; -s, -s⟩ *(musikalischer od. sportlicher) Wettbewerb* [engl.]
Con|ti|nuo ⟨kurz für⟩ *Basso continuo*

■ Die Buchstabenfolge **con|tr...** kann auch **cont|r...** getrennt werden.

■ **con|tra** ⟨Präp. m. Akk.⟩ *gegen;* oV *kontra;* Ggs *pro(1)* [lat.]
■ **Con|tra|dic|tio in Ad|jec|to** ⟨f.; - - -; unz.⟩ *Widerspruch in der Beifügung, z.B. kleinere Hälfte* [lat., »Widerspruch in der (adjektivischen) Beifügung«]
■ **Con|tras** ⟨Pl.⟩ *Gegner der Sandinisten im nicaraguanischen Bürgerkrieg* [→ *contra*]
■ **Con|tra|te|nor** ⟨m.; -s, -te|nö|re; im frühen mehrstimmigen Satz; Mus.⟩ *Gegenstimme zum Tenor innerhalb des Bereichs der Tenorstimmlage;* oV *Kontratenor;* → a. *Countertenor*
■ **Con|tre|coup** ⟨[kɔ̃trəku:] m.; -s, -s; †⟩ *Gegenstoß, Rückstoß* [frz., »Gegenschlag, Gegenstoß«]
■ **Con|tre|tanz** ⟨[kɔ̃trə-] m.; -es, -tän|ze⟩ = *Kontertanz*
■ **Con|trol|ler** ⟨[-troulə(r)] m.; -s, -⟩ **1** *Prüfer* **2** *Leiter des Rechnungswesens* **3** = *Kontroller* [engl.]
■ **Con|trol|ling** ⟨[kɔntrou-] n.; -s; unz.; Wirtsch.⟩ *von der Unternehmensleitung ausgeübte Planungs- u. Kontrollfunktionen* [engl., »Überwachung, Prüfung«]
Con|ur|ba|tion ⟨[kɔnəbeiʃn] f.; -, -s⟩ *spezielle Form der städtischen Zusammenballung durch bauliche Konzentration u. hohe Bevölkerungsdichte, Ballungsgebiet;* oV *Konurbation* [engl., »Ballungsgebiet, Ballungsraum«]
Co|nus ⟨m.; -, Co|ni⟩ = *Konus*
Con|ve|ni|ence|food ⟨[kənvi:njənsfu:d] n.; - od. -s; unz.⟩ *(meist nährstoffarmes) Nahrungsmittel, das ohne großen Zeit- u. Arbeitsaufwand zuzubereiten ist, Fertiggericht* [engl., eigtl. »Fertiggericht«]
Con|vent ⟨[-vɛnt] m.; -s, -e⟩ = *Konvent*
Con|ver|ter ⟨[-vɛr-] m.; -s, -⟩ = *Konverter*
Con|ver|ti|ble|bonds, ⟨auch⟩ **Con|ver|tib|le Bonds** ⟨[kənvə:tiblbɔndz] Pl.; Wirtsch.⟩ *(in England u. den USA übliche) Schuldverschreibungen, die ab einem vorbestimmten Termin jederzeit vom Inhaber in Aktien umgetauscht werden können* [< engl. *convertible* »wechselbar« + *Bond*]
Con|vey|er, ⟨auch⟩ **Con|ve|yer** ⟨[kɔnveiјə(r)] m.; -s, -⟩ *auf Schienen laufendes Becherwerk, das zum Transport verschiedener Materialien innerhalb großer Fabriken usw. dient, Pendelbecherwerk* [engl., »Beförderungsmittel, laufendes Band«]
Coo|kie ⟨[kuki] m.; -s, -s⟩ **1** *Keks, Plätzchen;* ~s essen **2** ⟨EDV⟩ *Datei, die von Anbietern des World Wide Web auf der Festplatte hinterlassen wird* [engl.]
cool ⟨[ku:l] Adj.⟩ **1** *kühl, nicht erregt, distanziert, lässig;* ein ~es Verhalten; ein ~er Typ ⟨umg.⟩ *jmd., der sich (trotz einer schwierigen Situation) gelassen verhält;* Sy *funkig;* Ggs *uncool* **2** ⟨Drogenszene⟩ *glückselig im Drogenrausch* [engl., »kühl«]
Cool-down, ⟨auch⟩ **Cool|down** ⟨[ku:ldaun] n.; - od. -s; unz.; Sp.⟩ *Regenerationsphase bzw. -programm zur Abkühlung u. Lockerung der beanspruchten Muskelpartien nach langer, intensiver sportlicher Betätigung* [engl., »Abkühlen«]
Cool|jazz, ⟨auch⟩ **Cool Jazz** ⟨[ku:ldʒæs] m.; (-) -; unz.; Mus.⟩ *moderne, undynamische Form des Jazz*
Cool|ness ⟨[ku:lnɛs] f.; -; unz.; umg.⟩ **1** *Kaltblütigkeit, Kaltschnäuzigkeit* **2** *Kühle* [engl.]
Cool|wool, ⟨auch⟩ **Cool Wool** ⟨[ku:lwu:l] f.; (-) -; unz.⟩ *leichter Sommerwollstoff* [engl.]
Co|or|di|nates ⟨[-neits] Pl.; Mode⟩ *mehrere farblich u. stilgerecht aufeinander abgestimmte Kleidungsstücke, die verschiedenartig kombinierbar sind* [engl., zu *coordinate* »koordinieren, aufeinander abstimmen«]
Cop ⟨m.; -s, -s; umg. amerikan. Bez. für⟩ *Polizist*
Co|pi|lot ⟨m.; -en, en⟩ = *Kopilot*
Co|ping ⟨[koupiŋ] n.; -s, -s⟩ *versuchte (Stress-) Bewältigung, z.B. durch vorgetäuschte Krankheit od. Bagatellisierung von stressintensiven Arbeitsanforderungen* [zu engl. *cope* »zurechtkommen, bewältigen«]
Co|py|right ⟨[kɔpirait] n.; -s, s⟩ *Urheberrecht* [engl.]
Co|py|shop ⟨[kɔpiʃɔp] m.; -s, -s⟩ *Geschäft, in dem man Kopien anfertigen (lassen) kann* [< engl. *copy* »kopieren, verfielfältigen« + *shop* »Geschäft«]
Co|py|test ⟨[kɔpi-] m.; -s, -s od. -e⟩ *verschiedene Testverfahren der Media- u. Werbewirkungsforschung zur Untersuchung des Mediennutzungsverhaltens durch Ermittlung von Kontaktwahrscheinlichkeiten* [engl.]
Coq au Vin ⟨[kɔkovɛ̃] m. od. n.; - - -; unz.; Kochk.⟩ *Hähnchen in Burgundersoße* [frz.]
Co|quil|le ⟨[koki:jə] f.; -, -n⟩ **1** *Muschelschale* **2** ⟨Kochk.⟩ *in einer Muschelschale serviertes Fisch- bzw. Muschelragout* [frz., »Muschel«]
Cor ⟨n.; -; unz.; Anat.⟩ *Herz* [lat.]
co|ram pu|bli|co, ⟨auch⟩ **co|ram pub|li|co** *in aller Öffentlichkeit;* etwas ~ aussprechen, sagen [lat.]
Cord ⟨m.; -(e)s, -e od. -s⟩ = *Kord*
Cor|don bleu ⟨[-dɔ̃blø:] n.; - -, -s -s [-dɔ̃blø:]⟩ *zwei dünne, zusammengeklappte Kalbsschnitzel, gefüllt mit Schinken u. Käse, paniert u. gebraten* [frz., »blaues Band« (als Ausdruck für die besondere Wertschätzung dieses Gerichts)]
Core ⟨[kɔ:(r)] n.; -s, -s; Phys.⟩ *innerer Teil eines Kernreaktors, in dem die Kernreaktion abläuft* [engl., »Kern, Kerngehäuse«]

Co|ri|o|lis|kraft ⟨f.; -, -kräf|te; Phys.⟩ *Trägheitskraft, die auf einen Körper wirkt, der sich in einem rotierenden Bezugssystem bewegt u. die über die Erde strömenden Luftmassen beeinflusst* [nach dem frz. Physiker u. Ingenieur Gustave G. *Coriolis,* 1792–1843]

Co|ri|um ⟨n.; -s; unz.⟩ *Lederhaut* [lat.]

Cor|nea ⟨f.; -; unz.⟩ = *Kornea*

Cor|ned|beef, ⟨auch⟩ **Cor|ned Beef** ⟨[kɔ:rn(ə)dbi:f] n.; (-) -; unz.⟩ *gepökeltes Rindfleisch (in Büchsen)* [engl., »eingesalzenes Rindfleisch«]

Cor|ner ⟨[kɔ:nə(r)] m.; -s, -⟩ **1** ⟨Sp.⟩ **1.1** *Ringecke beim Boxen* **1.2** ⟨österr., schweiz.; Fußb.⟩ *Eckstoß, Ecke beim Fußball* **2** ⟨Finanzw.⟩ *provozierter Kursanstieg an Effekten- u. Warenbörsen* [engl., »Ecke, Winkel«]

Cor|net|to ⟨n.; -s, -s u. -ti⟩ = *Kornett(1)*

Corn|flakes ⟨[kɔ:rnflɛiks] Pl.⟩ *knusprig geröstete Maisflocken* [< engl. *corn* »Mais« + *flake* »Flocke«]

Cor|ni|chon ⟨[kɔrniʃɔ̃:] n.; -s, -s⟩ *kleine Pfeffergurke* [frz.]

Cor|no ⟨n.; -s, -ni; Mus.⟩ *Horn;* ~ da Caccia *Jagdhorn* [ital., < lat. *cornu* »Horn«]

Co|rol|la ⟨f.; -, -rol|len⟩ oV *Korolla* **1** *Gesamtheit der Kronblätter einer Blüte* **2** *Gesamtheit aller Blütenblätter einer Blüte* [lat., »Kränzchen«; zu *corona* »Kranz«]

Co|ro|ner ⟨[-rənə(r)] m.; -s, -s ⟩ *Beamter, der Todesfälle mit nicht eindeutig geklärter Todesursache untersucht* [engl., eigtl. »Untersuchungsrichter, Leichenbeschauer«]

Cor|po|ra ⟨Pl. von⟩ *Corpus*

Cor|po|rate I|den|ti|ty ⟨[kɔpərit aidɛntiti] f.; - -; unz.⟩ *Selbstdarstellung, Präsentation eines Unternehmens in der Öffentlichkeit (durch Kenntlichmachung, Verpackung ihrer Produkte u. Ä.)* [engl., »Unternehmensidentität«, zu *corporate* »gemeinsam, korporativ« + *identitiy* »Identität«]

Corps ⟨[ko:r] n.; -, -⟩ oV *Korps;* ~ **consulaire** ⟨[kɔ̃sylɛ:r] - -, - -s [-lɛ:r] Abk.: CC⟩ *die Angehörigen der Konsulate fremder Staaten in einem Land;* ~ **de Ballet** ⟨[-də balɛ:] n.; - - -, - - -⟩ *(nicht solistische) Ballettgruppe;* ~ **diplomatique** ⟨[-tik] n.; - -, - -s [-tik]; Abk.: CD⟩ *diplomatisches Korps* [frz.]

Cor|pus ⟨n.; -, -po|ra⟩ oV *Korpus;* **1** ~ **Delicti** **1.1** *Beweisstück, Tatbestand* **1.2** *Gegenstand eines Verbrechens* **2** ~ **Iuris** *Rechtsbuch, Gesetzsammlung* [lat., »Gesamtwerk«, (eigtl. »Körper«)]

Cor|ren|te ⟨f.; -, -n⟩ *Courante* [ital.]

Cor|ri|da de To|ros ⟨f.; - - -, -s - -⟩ *Stierkampf* [span.]

Cor|ri|gen|dum ⟨n.; -s, -da⟩ = *Korrigendum*

cor|ri|ger la for|tune ⟨[kɔriʒe: la fɔrty:n]⟩ *falsch spielen, betrügen* [frz., »das Glück verbessern«]

Cor|so ⟨m.; -s, -s⟩ = *Korso*

Cor|tes ⟨Pl.⟩ *spanisches Parlament* [span., Plural von *corte* »Hof, Gerichtshof« < mlat. *curtis*]

Cor|tex ⟨m.; -es, -e⟩ oV *Kortex* **1** *Rinde, Borke* **2** *Faserschicht des Haares* [lat., »Rinde«]

Cor|ti|co|ste|ron, ⟨auch⟩ **Cor|ti|cos|te|ron** ⟨n.; -s, -e; Med.⟩ *in der Nebennierenrinde gebildetes Steroidhormon;* oV *Kortikosteron* [→ *Cortex*]

cortisches / Corti'sches Organ (*Groß- und Kleinschreibung von Eigennamen*) Adjektivisch gebrauchte Ableitungen von Eigennamen sind in der Regel wie normale Adjektive zu behandeln und werden kleingeschrieben.
Wird jedoch die Grundform des Eigennamens durch die Verwendung eines Apostrophs besonders hervorgehoben, so gilt dies als Substantivierung und man schreibt dementsprechend groß (→ a. *d'hondtsches / D'Hondt'sches System*).

cor|ti|sche(s) Or|gan, ⟨auch⟩ **Cor|ti'sche(s) Or|gan** ⟨n.; -n -(e)s, -n -e⟩ *Organ in der Schnecke des Innenohres, das die schallempfindlichen Sinneszellen enthält* [nach dem ital. Anatomen *Corti,* 1822–1876]

Cor|ti|son ⟨n.; -s, unz.⟩ = *Kortison*

Co|ry|za ⟨f.; -; unz.; Med.⟩ = *Koryza*

cos ⟨Abk. für⟩ *Kosinus*

Co|sa Nos|tra, ⟨auch⟩ **Co|sa Nost|ra** ⟨f.; - -; unz.⟩ *kriminelle Vereinigung in den USA, organisiert nach dem Vorbild der sizilianischen Mafia* [ital., »unsere Sache«]

cosec ⟨Abk. für⟩ *Kosekans*

Cos|mea ⟨f.; -, -me|en; Bot.⟩ *Korbblütler mit gespaltenen Blättern u. schmückenden Blüten* [nlat. < grch. *kosmos* »Schmuck, Zierde«]

Cos|mid ⟨n.; -s, -e; Biochem.⟩ *künstlich hergestellter Klonierungsträger, der das zu klonierende DNA-Segment enthält u. in Plasmide von Bakterienwirten eingebaut werden kann* [< *cos*-Gen + Plas*mid*]

Cos|mid|kar|te ⟨f.; -, -n; Biochem.⟩ *aus ca. 100 000 Bakterien u. der ihnen eingebauten Cosmide bestehende physikalische Karte*

Cos|mo|tron, ⟨auch⟩ **Cos|mot|ron** ⟨n.; -s, -s od. -tro|ne⟩ = *Kosmotron*

Cos|ta[1] ⟨f.; -, -tae [-tɛ:]; Anat.⟩ *Rippe* [lat.]

Cos|ta[2] ⟨f.; -, -s; Geogr.⟩ *Küste;* ~ Brava, ~ del Sol [span.]

cost and freight ⟨[kɔst ənd frɛit]⟩ = *cf*

Cos|ting ⟨[kɔs-] n.; -s, -s⟩ *Kalkulation* [engl., »Kostenberechnung «]

cost, in|su|rance, freight ⟨[kɔst inʃu:rəns frɛit]⟩ = *cif*

cot, cotg ⟨Abk. für⟩ *Kotangens*

Co|til|lon ⟨[kɔtiljɔ̃:] od. [kɔtijɔ̃:] m.; -s, -s⟩ = *Kotillon*

Cot|tage ⟨[kɔtidʒ] n.; -, -s [-dʒiz]⟩ **1** *(kleines) Landhaus* **2** ⟨österr.⟩ *Villenviertel* [engl., »Hütte, Haus, Kate, Landhaus«]

Cot|tage Cheese ⟨[kɔtidʒ tʃi:z] m.; - -; unz.⟩ *Hüttenkäse (körnig zubereiteter Quark)* [engl.]

Cot|ton ⟨[kɔtən] m. od. n.; -s; unz.⟩ *Baumwolle;* → a. *Kattun* [engl., »Baumwolle«]

Cot|ton|ma|schi|ne, ⟨auch⟩ **Cot|ton-Ma|schi|ne** ⟨[kɔtən-] f.; -, -n⟩ *Rundstrickmaschine zur Herstellung von Strümpfen* [nach dem brit. Ingenieur William *Cotton,* 1786–1866]

Couch ⟨[kautʃ] f. od. (schweiz.) m.; -, -(e)s od. -en⟩ *breites Liegesofa mit niedriger Lehne* [engl., »Liegesofa«]

Couch|po|ta|to ⟨[kautʃpəteito] f.; -, -es [-tos]; umg.; abwertend⟩ *jmd., der gerne fernsehend auf der Couch sitzt od. liegt, Stubenhocker* [engl., »Dauerglotzer«]

Cou|é|is|mus ⟨[kue:is-] m.; -; unz.⟩ *autosuggestive Heilmethode* [nach dem frz. Apotheker Emile *Coué,* 1857– 1926]

Cou|leur ⟨[kulø:r] f.; -, -s od. -en⟩ **1** *Farbe* **2** ⟨Kart.⟩ *Trumpf* **3** *Farbe einer student. Verbindung* [frz., »Farbe«]

Cou|lis ⟨[kuli:] f.; -, -⟩ *durchgeseihter Fleischsaft, Gemüsebrühe u.Ä. als Grundlage für Soßen u. Suppen* [zu frz. *couler* »fließen«]

Cou|loir ⟨[kuloa:r] m.; -s, -s⟩ **1** *Flur, Wandel, Verbindungsgang* **2** *Schlucht, Rinne, Eisbruch* [frz., »Gang, Flur«]

Cou|lomb ⟨[kulɔ̃:] n.; -s, -; chem. Zeichen: C⟩ *Maßeinheit der elektr. Ladung; 1 C ist diejenige Ladungsmenge, die von einem elektr. Strom von 1 Ampere (A) Stärke in 1 Sekunde (s) transportiert wird; 1 C = 1 As* [nach dem frz. Physiker Charles A. de *Coulomb,* 1736–1806]

Count ⟨[kaunt] m.; -s, -s; in England⟩ *Titel der nicht engl. Grafen;* →a. *Earl* [engl., »Graf«]

Count-down, ⟨auch⟩ **Count|down** ⟨[kauntdaun] n.; -s; unz.⟩ **1** *lautes Rückwärtszählen von einer beliebigen Ausgangsziffer bis zum Start eines Vorgangs, um die bis dahin verbleibende Zeit anzuzeigen; z.B. beim Start von Raketen* **2** *die dafür festgelegte Zeitspanne* [engl., »herunterzählen«]

Coun|ter ⟨[kauntə(r)] m.; -s, -⟩ *Abfertigungsschalter auf Flughäfen* [engl., »Ladentisch, Theke, Schalter«]

Coun|ter|dis|play ⟨[kauntə(r)displɛi] n.; -s, -s⟩ *werbende Abbildung einer Ware auf dem Ladentisch od. als Thekenaufsteller;* Sy *Thekendisplay*

Coun|ter|part ⟨[kaun-] m.; -s, -s⟩ *Ergänzung(sstück), Gegenstück, Pendant* [engl.]

Coun|ter|te|nor ⟨[kaun-] m.; -s, -te|nö|re⟩ *männl. Altstimme, hoher Tenor;* →a. *Contratenor* [< engl. *counter* »entgegengesetzt« + *Tenor*]

Coun|tess ⟨[kauntis] f.; -, -tes|sen od. -tes|ses [-siz]⟩ *Gräfin (Frau eines Earls od. Counts)* [engl., »Gräfin«]

Coun|try|mu|sic, ⟨auch⟩ **Count|ry|mu|sic** ⟨[kʌntrimju:sik] f.; -; unz.⟩ *amerikan. Volksmusik* [engl.]

Coun|ty ⟨[kaunti] f.; -, -s⟩ *engl. Grafschaft (Verwaltungsbezirk)* [engl.]

Coup ⟨[ku:] m.; -s, -s⟩ **1** *Schlag, Hieb* **2** *Trick, Kunstgriff* **3** *überraschendes Vorgehen;* ~ d'État [ku:deta] *Staatsstreich* [frz., »Schlag, Stoß«]

Cou|pé ⟨[kupe:] n.; -s, -s; noch österr.⟩ **1** *Eisenbahnabteil* **2** *geschlossener Wagen (Auto od. Kutsche)* **2.1** *sportl. Personenkraftwagen mit abgeflachtem Dach* [< frz. *coupé* »abgeschnitten, durchschnitten«]

Cou|plet, ⟨auch⟩ **Coup|let** ⟨[kuple:] n.; -s, -s⟩ *witzig-satir. od. polit. Lied mit Kehrreim, bes. im Kabarett* [frz., »Strophe, Lied, Couplet«]

Cou|pon ⟨[kupɔ̃:] m.; -s, -s⟩ = *Kupon*

Cour ⟨[ku:r] f.; -; unz.; †⟩ **1** *Hof, Hofhaltung* **2** *feierl. Empfang bei Hofe* **3** einer Dame die ~ machen, schneiden *ihr den Hof machen* [frz., »Hof«]

Cou|ra|ge ⟨[kura:ʒə] f.; -; unz.⟩ *Mut, Entschlossenheit* [frz.]

cou|ra|giert ⟨[kuraʒi:rt] Adj.⟩ *mutig, tapfer*

Cou|ran|te ⟨[kurã:t(ə)] f.; -, -n⟩ oV *Corrente* **1** *altfrz. Tanz* **2** *schneller Satz der Suite* [frz., »eilend, laufend«]

Cour|bet|te ⟨[kurbɛt(ə)] f.; -, -n; hohe Schule⟩ = *Kurbette* [frz.]

Cour|ma|cher ⟨[ku:r-] m.; -s, -; †⟩ **1** *jmd., der einer Dame den Hof macht* **2** *Schmeichler, Liebhaber*

Course ⟨[kɔ:s] m.; -, -s [-siz]; Sp.; Golf⟩ *Golfbahn* [engl., »Strecke, Rennbahn«]

Court ⟨[kɔ:t] m.; -s, -s; Sp.⟩ *Spielfeld (bei Tennis- u. Squashturnieren);* →a. *Centrecourt* [engl.]

Cour|ta|ge ⟨[kurta:ʒə] f.; -, -n⟩ *Maklergebühr bei Börsen- u. Immobiliengeschäften* [frz.]

Cour|toi|sie ⟨[kurtoa:zi:] f.; -, -n⟩ *ritterl. Höflichkeit* [frz., »Höflichkeit«; zu *cour;* → *Cour*]

Cous|cous ⟨[kuskus] m.; -; unz.⟩ = *Kuskus*

Cou|sin ⟨[kuzɛ̃:] m.; -s, -s⟩ *Vetter* [frz.]

Cou|si|ne ⟨[ku-] f.; -, -n⟩ = *Kusine* [frz.]

Cou|tu|ri|er ⟨[kutyrje:] m.; -s, -s⟩ *Schneider* [frz.]

Cou|veu|se ⟨[kuvø:zə] f.; -, -n; Med.⟩ *Brutschrank (Wärmebett) für Frühgeborene* [frz., »Bruthenne, Brutkasten«]

Co|ver ⟨[kʌvə(r)] n.; -s, -⟩ **1** *Schallplattenhülle* **2** *Titelseite (von Illustrierten)* [engl., eigtl. »Bedeckung«]

Co|ver|boy ⟨[kʌvə(r)bɔi] m.; -s, -s⟩ *Bild eines (meist attraktiven) jungen Mannes auf der Titelseite von Illustrierten;* →a. *Covergirl* [< engl. *cover* »Deckel, Einband, Umschlag« + *boy* »Junge«]

Co|ver|coat ⟨[kʌvə(r)kout] m.; - od. -s, -s⟩ **1** *imprägnierter Wollstoff für Regenbekleidung* **2** *leichter Herrenmantel aus diesem Stoff* [engl., »Übermantel«]

Co|ver|girl ⟨[kʌvə(r)gə:l] n.; -s, -s⟩ *Bild eines (meist attraktiven) Mädchens auf der Titelseite von Illustrierten;* →a. *Coverboy* [< engl. *cover* »Deckel, Einband, Umschlag« + *girl* »Mädchen«]

Co|ve|ring ⟨[kʌvə(r)iŋ] n.; - od. -s; unz.; Wirtsch.⟩ *Risikoausschaltung bei Devisengeschäften durch den Abschluss eines Devisentermingeschäfts* [engl., »Abdeckung«]

co|vern ⟨[kʌvə(r)n] V.⟩ *nachspielen, imitieren;* einen Musiktitel ~ [engl., eigtl. »bedecken«]

Co|ver|sto|ry ⟨[kʌvə(r)stɔri] f.; -, -s⟩ *der Bericht einer Zeitung od. Zeitschrift, der auf dem Titelblatt angekündigt bzw. besonders herausgestellt wird* [engl., »Titelgeschichte«]

Co|ver-up, ⟨auch⟩ **Co|ver|up** ⟨[kʌvə(r)ʌp] n.; -s, -s⟩ **1** ⟨Sp.; Boxen⟩ *das Einnehmen einer vollständig gedeckten Position durch Anwinkeln beider Arme vor dem Körper u. Schützen des Gesichtsfeldes durch die geballten Fäuste* **2** ⟨allg.⟩ *Vertuschung, Verschleierung, z. B. eines Skandals* [< engl. *cover-up* »Vertuschung, Verheimlichung«]

Co|ver|ver|sion ⟨[kʌvə(r)vəːʃn] f.; -, -s; Mus.⟩ *erneute, häufig »modernisierte« Aufnahme eines älteren Musiktitels durch einen anderen Interpreten;* Pappa Bear wurde durch seine ~ von Stings »Every Breath You Take« bekannt [< engl. *cover* »Deck…« + *version* »Version«]

Cow|boy ⟨[kaubɔi] m.; -s, -s⟩ *berittener nordamerikan. Rinderhirt;* → a. *Vaquero* [engl. (amerikan.), »Rinderhirt«]

Cow|per|ap|pa|rat, ⟨auch⟩ **Cow|per-Ap|pa|rat** ⟨[kau-] m.; -(e)s, -e⟩ *Winderhitzer für Hochofenanlagen* [nach dem engl. Ingenieur Edward Alfred *Cowper,* 1819–1893]

Co|xa ⟨f.; -, -xae [-ksɛː]⟩ *Hüfte* [lat., »Hüfte«]

Cox|al|gie, ⟨auch⟩ **Co|xal|gie** ⟨f.; -, -n⟩ = *Koxalgie*

Cox|i|tis, ⟨auch⟩ **Co|xi|tis** ⟨f.; -, -ti|den; Med.⟩ = *Koxitis*

Cox O|range ⟨[-orãːʒ] m.; - -, - -⟩ *Winterapfelsorte mit rötlich gelber Schale*

Co|yo|te ⟨m.; -n, -n⟩ = *Kojote*

CPU ⟨EDV; Abk. für engl.⟩ *Central Processing Unit (zentrale Verarbeitungseinheit) eines Computers, übernimmt die Ablaufsteuerung der Zentraleinheit*

Cr ⟨chem. Zeichen für⟩ *Chrom*

cr. ⟨Abk. für⟩ *currentis*

Crab|meat ⟨[kræbmiːt] n.; -s; unz.⟩ *Krabbenfleisch* [< engl. *crab* »Krabbe, Krebs« + *meat* »Fleisch«]

Crab|ne|bel ⟨[kræb-] m.; -s; unz.; Astron.⟩ *krabbenförmiger Nebel im Sternbild des Stiers, der Radio- u. Röntgenstrahlen aussendet* [< engl. *crab* »Krabbe, Krebs«]

Crack[1] ⟨[kræk] m.; -s, -s; Sp.⟩ **1** *Spitzensportler* **2** *hervorragendes Rennpferd* [engl., »Elite, erstklassiger Sportler«]

Crack[2] ⟨[kræk] n.; -s; unz.; Drogenszene⟩ *(bes. in den USA verbreitetes) kokainhaltiges Rauschmittel* [engl., eigtl. »zerspringen«]

cra|cken ⟨[kræ-] V.⟩ hoch siedende Bestandteile des Erdöls ~ *durch Einsatz von Katalysatoren u. Hitze in niedrig siedende Komponenten spalten, angewandt zur Erhöhung der Benzinausbeute aus Erdöl;* oV *kracken* [< engl. *crack* »knacken, spalten«]

Cra|cker ⟨[kræ-] m.; -s, -s⟩ **1** *hartes, sprödes, gesalzenes Kleingebäck* **2** *Knallkörper, Feuerwerkskörper* **3** ⟨EDV⟩ = *Crasher* [engl.]

Cra|co|vi|enne ⟨[krakoviɛn] f.; -, -s⟩ = *Krakowiak*

Cram|pus ⟨m.; -, -pi⟩ = *Krampus*[1]

Cra|ni|um ⟨n.; -s, -nia⟩ *der menschliche Schädel;* oV *Kranium* [lat., »Schädel«]

Cra|que|lé ⟨[krakəleː] m.; -s, -s⟩ oV *Krakelee* **1** *Kreppgewebe mit rissiger, narbiger Oberfläche* **2** ⟨unz.⟩ *Haarrisse in der Glasur von Glas u. Keramik* **2.1** ⟨zählb.⟩ *Porzellan mit feinen Haarrissen* [frz., »Töpferware mit rissiger Glasur; rissig«]

Crash ⟨[kræʃ] m.; -s, -s⟩ **1** ⟨umg.⟩ *Zusammenstoß, (Auto-)Unfall* **2** ⟨bes. EDV⟩ *Zusammenbruch (bes. von EDV-Systemen)* **3** ⟨Wirtsch.⟩ *plötzlicher Zusammenbruch eines Unternehmens od. des Effektenhandels;* Börsen~ **4** ⟨Textilw.⟩ *knittriges, leicht gekräuseltes Gewebe* [engl.]

cra|shen ⟨[kræʃən] V.⟩ **1** ⟨allg.⟩ *zusammenstoßen* **2** ⟨Textilw.⟩ *kräuseln, mit knittriger Oberfläche versehen* [→ *Crash*]

Cra|sher ⟨[kræʃə(r)] m.; -s, -; umg.; EDV⟩ *jmd., der in Rechnernetze eindringt u. dort willkürlich Datenbestände u. Programme zerstört;* Sy *Cracker(3);* → a. *Computervirus*

Crash|kid ⟨[kræʃ-] n.; -s, -s⟩ *Jugendlicher, der Autos aufbricht, um sie anschließend beim Fahren zu zerstören*

Crash|kurs ⟨[kræʃ-] m.; -es, -e⟩ *Intensivkurs zur Vermittlung von komprimiertem Unterrichtsstoff*

Crash-o|ver, ⟨auch⟩ **Crash|o|ver** ⟨[kræʃouvər] m.; -s, -⟩ *plötzliches, explosionsartiges Ausbreiten eines Feuers* [< *Crash* + engl. *over* »über«]

Crash|test ⟨[kræʃ-] m.; -s, -s od. -e⟩ *Test, mit dem das Verhalten von Kraftfahrzeugen bei Unfällen erprobt wird* [→ *Crash(1)*]

Crawl ⟨[krɔːl] n.; -s od. -; unz.⟩ = *Kraul* [engl.]

craw|len ⟨[krɔːlən] V.⟩ = *kraulen*

Crawl|stil ⟨[krɔːl-] m.; -s; unz.; Sp.⟩ = *Kraulstil* [engl.]

Cra|yon, ⟨auch⟩ **Cray|on** ⟨[krɛjɔ̃ː] m.; -s, -s; †⟩ = *Krayon*

Cream ⟨[kriːm] f.; -; unz.⟩ *Creme, Sahne, Rahm* [engl.]

Cré|a|tion ⟨[kreasjɔ̃ː] f.; -, -s⟩ = *Kreation*

Cre|do ⟨n.; -s, -s⟩ *das Apostol. Glaubensbekenntnis, Teil der kath. Messe;* ⟨allg.⟩ *Glaubensbekenntnis;* oV *Kredo;* diese Auffassung ist sein ~ [lat. *credo* »ich glaube«, nach der Einleitung des Apostol. Glaubensbekenntnisses *Credo in unum deum* »Ich glaube an den einen Gott«]

Creek ⟨[kriːk] m.; -s, -s⟩ *nur zur Regenzeit Wasser führender Fluss* [engl., »Bucht«; engl. (amerik.) »kleiner Fluss«]

creme ⟨[krɛːm] od. [kreːm] Adj.⟩ *gelblich weiß*

Creme ⟨[krɛːm] od. [kreːm] f.; -, -s⟩ oV *Kreme* **1** ⟨zählb.⟩ **1.1** *steife, die Form haltende, schlagsahne- od. salbenähnl. Flüssigkeit* **1.2** *feine, mit Sahne zubereitete Süßspeise als Füllung für Süßigkeiten u. Torten* **2** *Hautsalbe* **3** ⟨fig.⟩ *das Erlesenste;* die ~ der Gesellschaft *gesellschaftl. Oberschicht* [< frz. *crème* < lat.

chrisma < grch. *chrisma;* zu grch. *chrienin* »salben«]

Creme / Krem / Kreme (*Laut-Buchstaben-Zuordnung*) Viele aus Fremdsprachen übernommene Begriffe weisen im Laufe der sprachlichen Entwicklung neben der normierten Schreibung eine integrierte Schreibung nach deutschen Lautungsregeln auf. Dabei werden die Laute [k] und [ts], die in Fremdsprachen häufig durch den Buchstaben »*c*« wiedergegeben werden, im Deutschen durch die Buchstaben »*k*« bzw. »*z*« ersetzt. Es bleibt dem Schreibenden überlassen, welche Schreibweise er vorzieht (→a. *Calcit / Kalzit; Club / Klub*).

Crème de la crème ⟨[krɛːm də la krɛːm] f.; - - - -; unz.; umg.; meist abwertend od. iron.⟩ *erlesener Kreis der gesellschaftlichen Oberschicht;* bei dem Empfang war die ganze ~ vertreten [frz., eigtl. »Sahne der Sahne«]

Crème dou|ble, ⟨auch⟩ **Créme doub|le** ⟨[krɛːm duːbəl] f.; - -, -s -s⟩ *Sahne mit mindestens 40 % Fettgehalt, Doppelrahm* [< *Creme* + frz. *double* »doppelt«]

Crème fraîche ⟨[krɛːm frɛʃ] f.; - -, -s -s [krɛːm frɛʃ]; Kochk.⟩ *(bes. zur Verfeinerung von Soßen verwendete) sehr fetthaltige saure Sahne* [frz., »frische Sahne«]

cre|men ⟨V.; kurz für⟩ *eincremen, mit Creme einreiben;* sich die Hände ~

Cre|o|le ⟨f.; -, -n⟩ *ringförmiger Ohrring;* oV *Kreole(3)*

Crêpe ⟨[krɛp] m.; -s, -s⟩ **1** = *Krepp;* ~ de **Chine** [~ də ʃiːn] *leichter Seiden- od. Kunstseidenkrepp in Taftbindung, Chinakrepp;* ~ **Georgette** [~ ʒɔrʒɛt] *durchsichtiger Seiden- od. Kunstseidenkrepp;* ~ **Satin** [~ satɛ̃ː] *doppelseitig verwendbarer Krepp in Atlasbindung* **2** ⟨m.; -s, -s od. f.; -, -s⟩ *sehr dünner Eierkuchen, der mit verschiedenen Zutaten gefüllt und mit Alkohol flambiert werden kann* [frz.]

Cre|pon ⟨[-pɔ̃ː] m.; -s, -s⟩ = *Krepon*

cresc. ⟨Abk. für⟩ *crescendo*

cre|scen|do ⟨[krɛʃɛndo] Abk.: cresc.; Mus.; Zeichen: <⟩ *lauter werdend, anschwellend (zu spielen);* Sy *accrescendo;* Ggs *decrescendo* [ital., »wachsend«]

Cre|scen|do ⟨[krɛʃɛndo] n.; -s, -s od. -di; Mus.⟩ *Anschwellen im Ton, zunehmende Lautstärke;* Ggs *Decrescendo*

Cre|tonne ⟨[-tɔn] f.; -, -s od. m: -, -⟩ *Baumwollgewebe in Leinwandbindung;* oV ⟨österr.⟩ *Kreton* [nach dem frz. Dorf *Creton*]

Cre|vette ⟨[-vɛt] f.; -, -n⟩ = *Krevette* [frz.]

Crew ⟨[kruː] f.; -, -s⟩ **1** *Besatzung (eines Schiffes od. Flugzeugs)* **2** *Gruppe, Team* [engl., »Schiffsmannschaft, Belegschaft«]

Cri|cket ⟨n.; -s, -s; Sp.⟩ = *Kricket*

Crime ⟨[kraim] n.; -s, -s⟩ **1** *Verbrechen, Gewalttat* **2** ⟨unz.; Sammelbez. für⟩ *Kriminalität;* →a. *Sex and Crime* [engl.]

Cris|to|ba|lit ⟨m.; -s, -e; Min.⟩ *unter hohen Temperaturen milchig weiße Kristalle ausbildendes Mineral;* oV *Kristobalit* [nach dem mexikanischen Fundort San *Christóbal*]

Croft ⟨m.; -s, -e od. -s⟩ *landwirtschaftlicher Nebenerwerbsbetrieb in Schottland* [engl., »kleines Pachtgut«]

Croi|sé ⟨[kroazeː] n.; - od. -s, -s⟩ **1** *ein Gewebe in Köperbindung;* →a. *Coating(1)* **2** *ein Tanzschritt mit kreuzweisem Übersetzen des einen Fußes neben den anderen* [frz., »gekreuzt«]

croi|siert ⟨[kroa-] Adj.⟩ *geköpert* [< frz. *croiser* »kreuzen«]

Crois|sant ⟨[kroasãː] n.; -s, -s⟩ *Hörnchen aus Blätterteig* [frz., eigtl. »Halbmond«]

Cro|ma|gnon|ras|se, ⟨auch⟩ **Cro|mag|non|rasse** ⟨[kroːmanjɔ̃ː-] f.; -; unz.⟩ *Menschenrasse der jüngeren Altsteinzeit* [nach dem Fundort der Skelette bei *Crô-Magnon* in Südwestfrankreich]

Crom|ar|gan, ⟨auch⟩ **Cro|mar|gan** ⟨n.; -s; unz.; Ⓦⓩ⟩ *rostfreie Legierung aus Chrom u. Nickel mit silberartigem Glanz, für Besteck u. Geschirr verwendet* [< *Chrom* + *Argentan*]

Crom|lech ⟨a. [-lɛk] m.; -s, -e od. -s⟩ = *Kromlech*

Croo|ner ⟨[kruː-] m.; -s, -; Mus.; meist abwertend⟩ *Schnulzensänger, Interpret sentimentaler Lieder* [→ *Crooning*]

Croo|ning ⟨[kruː-] n.; -s; unz.; Mus.; meist abwertend⟩ *übertrieben sentimentaler Schlagergesang, Schnulze* [< engl. *croon* »leise, sanft singen«]

Cro|quet|te ⟨[krɔkɛtə] f.; -, -n⟩ = *Krokette*

Cro|quis ⟨[krɔkiː] n.; -, -⟩ = *Kroki*

cross ⟨[krɔs] Adj.; Sp.⟩ *diagonal* [engl.]

Cross ⟨[krɔs] m.; -, -⟩ **1** ⟨Sp.; Tennis⟩ *Ball, der diagonal über den Platz geschlagen wird;* Ggs *Longline* **2** ⟨kurz für⟩ *Crosscountry* [engl.]

Cross|coun|try, ⟨auch⟩ **Cross|count|ry** ⟨[krɔskʌntri] n.; -s, -s; Sp.⟩ Sy *Cross(2)* **1** *Geländelauf* **2** *Querfeldeinrennen der Pferde* [< engl. *cross-country* »querfeldein«]

Cros|sing-o|ver, ⟨auch⟩ **Cros|sing|o|ver** ⟨[krɔsiŋouvə(r)] n.; -s; unz.⟩ *Mechanismus, der zum Austausch von Chromosomensegmenten führt;* oV *Crossover;* Sy *Chromosomenrekombination* [engl., »Überkreuzen«]

Cross-o|ver, ⟨auch⟩ **Cross|o|ver** ⟨[krɔsouvə(r)] n.; -s; unz.⟩ = *Crossing-over*

Cross|pro|mo|tion ⟨[krɔspromouʃn] f.; -, -s; Wirtsch.⟩ *Marketingstrategie, bei der zwei Unternehmen in ihren Werbemaßnahmen jeweils auch für ein Produkt des anderen Unternehmens werben* [< engl. *cross* »Kreuz« + *Promotion(2)*]

Cross|rate ⟨[krɔsrɛit] f.; -; unz.; Wirtsch.⟩ *Vergleichsabrechnung zweier Währungen unter Bezugnahme auf die offizielle Parität (meist US-Dollar) zwecks Feststellung des echten Wertes einer Währung im Vergleich zur amtlich festgesetzten Parität;* →a. *Parität(2)* [engl., eigtl. »Kreuzkurs«]

Cro|ton|öl ⟨n.; -s; unz.⟩ = *Krotonöl*

Crou|pa|de ⟨[kru-] f.; -, -n⟩ = *Kruppade*
Crou|pi|er ⟨[krupjeː] m.; -s, -s⟩ *Bankhalter (einer Spielbank)* [frz.]
Croû|ton ⟨[krutõː] m.; -s, -s⟩ *gerösteter Brotbrocken (als Suppeneinlage o.Ä.)* [frz., »Brotkruste«; zu *croûte* »Kruste, Rinde«]
Cru ⟨[kryː] n.; -s, -s⟩ *(Qualitätsbezeichnung für) Lage u. Wachstum französischer Weine;* Grand ~ [frz., »Gewächs«, zu *croître* »wachsen«]
Cru|ci|fe|rae ⟨Pl.; Bot.⟩ = *Kruzifere*
Cruise|mis|sile, ⟨auch⟩ **Cruise-Mis|sile** ⟨[kruːz misail] n.; -s, -s⟩ *gelenkter Flugkörper der US-amerikan. Streitkräfte, der von Schiffen od. vom Boden aus eingesetzt werden kann* [<engl. *cruise* »kreuzen, segeln« + *missile* »Geschoss«]
crui|sen ⟨[kruːzən] V.; Flugw.; Mar.⟩ *mit Reisegeschwindigkeit fliegen od. fahren*
Crui|ser ⟨[kruːzə(r)] m.; -s, -; Mar.⟩ *Kreuzer;* Day~ (Sportmotorboot) [engl.]
Crui|sing ⟨[kruːziŋ] n.; -s, -s; umg.⟩ *die Suche nach einem Sexualpartner* [zu engl. *cruise* »kreuzen, fahren«]
Crus ⟨n.; -, Cru|ra; Anat.⟩ **1** *Schenkel* **2** *schenkelartiger Teil eines menschlichen Organs;* ~ Laterale *seitlicher Schenkel des Zwerchfells* [lat.]
Crus|ta ⟨f.; -, -tae [-tɛː]; Med.⟩ *Kruste, Schorf* [lat., »Erstarrtes«]
Crux ⟨f.; -; unz.⟩ *Kreuz;* ⟨fig.⟩ *Last, Bürde, Kummer, Leid;* das ist eine ~! *das ist ein Kreuz, eine schwierige Sache!;* oV *Krux* [lat., »Kreuz«]
Cru|zei|ro ⟨[-zɛiru] od. [-zeːro] m.; - od. -s, -s; bei Zahlenangaben -⟩ *Währungseinheit in Brasilien, 100 Centavos* [<port. *cruz* »Kreuz«]
Crwth ⟨[kruːθ] f.; -, -; Mus.⟩ *keltisches Saiteninstrument der Barden, das noch bis ins 19. Jh. gespielt wurde;* Sy *Chrotta* [kelt., <mittelirisch *crott* »Harfe«]
Cs ⟨chem. Zeichen für⟩ *Caesium*
c.s. ⟨Abk. für⟩ *colla sinistra*
Csár|dás, ⟨auch⟩ **Csar|das** ⟨[tʃaːrdaʃ] m.; -, -⟩ *ungar. Nationaltanz im* ²/₄*-Takt;* oV *Tschardasch*
ČSFR ⟨[tʃeː-] 1990–1992 Abk. für⟩ *Československa Socialistiká Federativní Republika, Tschechoslowakische Sozialistische Föderative Republik*
CSI ⟨n.; - od. -s, - od. -s; Abk. für frz.⟩ *Concours de Saut d'Obstacle International, internationales Reit- u. Springturnier*
Csi|kós ⟨[tʃikoːʃ] m.; -, -⟩ *ungar. Pferdehirt;* oV *Tschikosch*
CSIO ⟨n.; - od. -s, - od. -s; Abk. für frz.⟩ *Concours de Saut d'Obstacle International Officiel, internationales offizielles Reit- u. Springturnier, das jedes europäische Land nur einmal veranstalten darf u. bei dem ein Preis der Nationen ausgeschrieben ist (in der Bundesrepublik Deutschland in Aachen ausgetragen)*
ČSR ⟨[tʃeː-] 1918-1960 Abk. für⟩ *Československá Republika, Tschechoslowakische Republik*
CSSR ⟨[tʃeː-] 1960–1990 Abk. für⟩ *Československá Socialistická Republika, Tschechoslowakische Sozialistische Republik*
ct. ⟨Abk. für⟩ *Cent, Centime*
c.t. ⟨Abk. für⟩ *cum tempore*
CTG ⟨Abk. für⟩ *Kardiotokograph*
cts. ⟨Abk. für⟩ *Centimes*
Cu ⟨chem. Zeichen für⟩ *Kupfer;* → a. *Cuprum*
Cui bo|no? *wem nützt es?, wer hat davon einen Vorteil?* [lat., »wem (dient es) zum Guten?«]
Cu|ius re|gio, e|ius re|li|gio *wessen Land, dessen Religion (Formel für das Recht des Landesherren, die Konfession seiner Untertanen zu bestimmen)* [lat.]
Cul de Pa|ris ⟨[kyː də pariː] m.; - - -, -s [kyː] - -; im 18. u. 19. Jh.⟩ *hinten unter dem Kleiderrock getragenes Gestell, Gesäßpolster* [frz., »Pariser Gesäß«]
Cu|lot|te ⟨[kylɔt(ə)] f.; -, -n⟩ *von der (französischen) Aristokratie im 18. Jh. getragene Kniehose;* → a. *Sansculotte* [zu frz. *cul* »Gesäß«]
Cul|pa ⟨f.; -; unz.⟩ **1** ⟨Rechtsw.⟩ *Schuld, Verschulden, Fahrlässigkeit* **1.1** ~ **lata** *grobe Fahrlässigkeit* **1.2** ~ **levis** *leichte Fahrlässigkeit* **2 mea** ~ ⟨umg.⟩ *Eingeständnis der eigenen Schuld (eigentlich Bestandteil des kath. Glaubensbekenntnisses)* [lat., »Schuld«]
Cu|ma|rin ⟨n.; -s; unz.⟩ = *Kumarin*
Cu|ma|ron ⟨n.; -s; unz.⟩ = *Kumaron*
Cum|ber|land|so|ße ⟨[kʌmbə(r)lænd-] f.; -, -n; Kochk.⟩ *dickflüssige süßliche Gewürzsoße aus Johannisbeergelee u.a. Zutaten (bes. zu kaltem Wild)* [nach dem engl. Herzog von *Cumberland*]
cum gra|no sa|lis *nicht ganz wörtlich zu nehmen, mit einer gewissen Einschränkung zu verstehen* [lat., »mit einem Körnchen Salz«]
cum lau|de *mit Auszeichnung (bestanden) (bei akadem. Prüfungen)* [lat., »mit Lob«]
cum tem|po|re ⟨Abk.: c.t.⟩ *mit dem akadem. Viertel, eine Viertelstunde nach der angegebenen Zeit;* Ggs *sine tempore* [lat., »mit Zeit«]
Cu|mu|lus ⟨m.; -, -li⟩, **Cu|mu|lus|wol|ke** ⟨f.; -, -n⟩ = *Kumulus, Kumuluswolke*
Cun|ni|lin|gus ⟨m.; -, -gi⟩ *sexuelle Stimulierung der Klitoris durch Lecken* [<lat. *cunnus* »weibl. Scham« + *lingere* »lecken«]
Cup ⟨[kʌp] m.; -s, -s⟩ **1** *Pokal* **2** *Ehrenpreis bei Sportwettkämpfen* **3** *der Wettkampf selbst;* Davis~ **4** *Körbchengröße von Büstenhaltern* [engl., »Pokal; Schale«]
Cu|pi|do ⟨f.; -; unz.; †⟩ = *Kupido*
Cu|pra|ma, ⟨auch⟩ **Cup|ra|ma** ⟨f.; -; unz.⟩ *eine Kupferzellwolle* [<lat. *cuprum* »Kupfer« + *Ammoniak*]
Cu|pre|sa, ⟨auch⟩ **Cup|re|sa** ⟨f.; -; unz.; Kunstw.⟩ *eine Kupferkunstseide* [zu lat. *cuprum* »Kupfer«]
Cu|prum, ⟨auch⟩ **Cup|rum** ⟨n.; -s; unz.; chem. Zeichen: Cu⟩ *Kupfer* [lat.]
Cu|pu|la ⟨f.; -, -lae [-lɛː]⟩ **1** ⟨Biol.⟩ *Fruchtbecher bei Buchen* **2** ⟨Anat.⟩ *gallertartige Schicht*

in den Gleichgewichtsorganen von Menschen u. Wirbeltieren [lat., »kleine Tonne«]
Cu|ra|çao ⟨[kyrasa:o] m.; - od. -s, -s; Ⓦz⟩ *aus den Schalen einer Pomeranzenart hergestellter Likör, Apfelsinenlikör* [nach der Insel *Curaçao* im Karibischen Meer]
Cu|ra|re ⟨n.; -s od. -; unz.⟩ = *Kurare*
Cur|cu|ma ⟨a. ['---] f.; -, -men⟩ = *Kurkuma*
Cu|ré ⟨[kyre:] m.; -s, -s [kyre:]⟩ *katholischer Geistlicher in Frankreich* [frz., »Pfarrer«]
Cu|ret|ta|ge ⟨[kyrəta:ʒə] f.; -, -n; Med.⟩ *Ausschabung (der Gebärmutter)* [frz.]
Cu|rie ⟨[kyri:] n.; -, -; chem. Zeichen: Ci⟩ *früher gebrauchte Maßeinheit der radioaktiven Strahlung, 1 Ci entspricht $3{,}7 \cdot 10^{10}$ Zerfallsakten je Sekunde in einem radioaktiven Material* [nach dem frz. Physiker-Ehepaar Pierre, 1859–1906 u. Marie *Curie,* 1867–1934]
Cu|ri|um ⟨n.; -s; unz.; chem. Zeichen: Cm⟩ *künstl. hergestelltes chem. Element, Ordnungszahl 96* [nach dem Ehepaar *Curie*]
Cur|ling ⟨[kə:liŋ] n.; -s; unz.⟩ *schott. Eisschießen* [engl., nach *curling stone,* »eiförmiger Stein«]
cur|ren|tis ⟨Abk.: cr.⟩ *des laufenden Jahres od. Monats* [lat.]
cur|ri|cu|lar ⟨Adj.⟩ *das Curriculum betreffend, zu ihm gehörig, auf ihm beruhend*
Cur|ri|cu|lum ⟨n.; -s, -la⟩ **1** *Lehrplan einschließlich der Inhalte u. Ziele, Methoden u. Ergebnisse* **2** ~ Vitae *Lebenslauf* [lat., »Lebenslauf«]
Cur|ry ⟨[kʌri] od. [kœri] m. od. n.; -; unz.⟩ *Mischung scharfer indischer Gewürze* [engl., < Tamil *kari*]
Cur|sor ⟨[kə:sə(r)] m.; -s, -; EDV⟩ *bewegliche Markierung auf dem Bildschirm, die anzeigt, an welcher Stelle des Bildschirmes neue Zeichen od. Informationen eingegeben werden können* [engl., eigtl. »Läufer«]
Cus|tard ⟨[kʌstəd] m.; -, -s; engl. Kochk.⟩ *eine Süßspeise mit Milch u. Ei* [engl.]
Cus|to|di|an ⟨[kʌstoudjən] m.; -s, -s⟩ *Verwalter eines unter fremdstaatlicher Verfügung stehenden Vermögens* [engl., »Wächter«]
Cut[1] ⟨[kʌt] m.; -s, -s; umg.; Film⟩ **1** *Schnitt in Ton- u. Filmaufnahmen* **2** *Bearbeitung von Ton- u. Filmaufnahmen durch den Cutter od. den Regisseur;* → a. *Director's Cut* [engl., »Schnitt, Schnittwunde«]
Cut[2] ⟨[kʌt] m.; - od. -s, -s⟩, **Cut|a|way** ⟨[kʌtəwɛi]; m.; - od. -s, -s⟩ *Herrenschoßrock mit vorn stark abgerundeten Schößchen* [< engl. *cutaway coat;* < *cut away* »wegschneiden«]
Cu|ti|cu|la ⟨f.; -, -lae [-lɛ:]⟩ oV *Kutikula* **1** *bei bestimmten Tieren u. Pflanzen ein von den Zellen der Körperoberfläche ausgeschiedenes, dünnes Häutchen* **2** *Schuppenschicht des Haares* [lat., »Häutchen«; Verkleinerungsform von *cutis* »Haut«]
Cu|tis ⟨f.; -; unz.⟩ oV *Kutis* **1** *die Haut, bestehend aus Ober- u. Lederhaut* **2** *nachträglich verkorktes Pflanzengewebe* [lat., »Haut«]
cut|ten ⟨[kʌtən] V.⟩ Tonband- oder Filmaufnahmen ~ *aus dem Tonband od. Filmstreifen herausschneiden, nach künstler. Gesichtspunkten umstellen u. wieder zusammenkleben;* oV *cuttern* [< engl. *cut* »schneiden«]
Cut|ter ⟨[kʌtə(r)] m.; -s, -⟩ **1** *Mitarbeiter bei Film u. Rundfunk, der Film- od. Magnetbandstreifen durch Herausschneiden von Teilen nach künstler. Gesichtspunkten gestaltet, Schnittmeister* **2** *Gerät mit rotierenden Messern zum Zerkleinern von Fleisch* [engl., »Schneidender«]
Cut|te|rin ⟨[kʌt-] f.; -, -rin|nen⟩ *weibl. Cutter(1), Schnittmeisterin*
cut|tern ⟨[kʌt-] V.⟩ = *cutten* [engl.]
Cu|vée ⟨[kyve:] f.; -, -s od. n.; -s, -s⟩ *Mischung von Weinen zur Herstellung von Schaumwein einer bestimmten Qualität* [frz.]
Cy|a|nat ⟨n.; -(e)s, -e; Chem.⟩ *Salz der Cyansäure;* oV *Zyanat;* Kalium~
Cy|an|grup|pe ⟨f.; -, -n⟩ *die Molekülgruppe CN, die in vielen anorgan. u. organ. Verbindungen enthalten ist, mit Wasserstoff bildet sie Cyanwasserstoff (Blausäure), eine hochgiftige Verbindung;* oV *Zyangruppe*
Cy|a|ni|de ⟨Pl.⟩ *Salze der Blausäure, hochgiftige Verbindung, z.B. Kaliumcyanid, KCN (Zyankali);* oV *Zyanide*
Cy|an|ka|li ⟨n.; -s; unz.⟩ = *Zyankali*
Cy|a|no|se ⟨f.; -, -n⟩ = *Zyanose*
Cy|an|säu|re ⟨f.; -, -n⟩ *wässerige Lösung von Cyanwasserstoff, stark giftig, bildet mit Metallen die Cyanide, Blausäure;* oV *Zyansäure*
Cy|an|was|ser|stoff ⟨m.; -(e)s; unz.⟩ *gasförmige Verbindung der Formel HCN, stark giftig, bildet mit Wasser die Cyansäure;* oV *Zyanwasserstoff*
Cy|ber|sex ⟨[saibə(r)-] m.; -; unz.; EDV⟩ **1** ⟨i.e.S.⟩ *mithilfe von speziellen Geräten im virtuellen Raum vollzogene sexuelle Handlungen* **2** ⟨i.w.S.⟩ *mithilfe digitaler Medien (Internet, CD-ROM usw.) verbreitete Darstellung sexueller Handlungen od. elektronisches Anbieten von sexuellen Handlungen* [engl., < grch. *kybernetike* »Steuermannskunst« + *Sex*]
Cy|ber|space ⟨[saibə(r)spɛis] m.; -; unz.; EDV⟩ *nur in einem EDV-System existenter Raum, in dem Wahrnehmung u. Fortbewegung mithilfe spezieller Geräte (wie Datenhandschuhe, Raumbrille usw.) möglich sind;* Sy *digitale Welt* [engl., < grch. *kybernetike* »Steuermannskunst« + engl. *space* »Raum«]
Cy|borg ⟨[saibɔ:(r)g] m.; -s, -s⟩ *menschliches Wesen, dessen organische Struktur durch Einsatz von künstlichen od. industriell gefertigten Körperbestandteilen besonders widerstandsfähig gemacht wird* [< engl. *cybernetic* + engl. organism »Organismus«]

■ Die Buchstabenfolge **cy|cl...** kann auch **cyc|l...** getrennt werden.

■ **cy|clam** ⟨Adj.⟩ = *zyklam*
■ **Cy|cla|mat** ⟨n.; -(e)s, -e⟩ = *Zyklamat*
■ **Cy|cla|men** ⟨n.; -s, -⟩ = *Zyklamen*

■ **cy|clisch** ⟨Adj.; Chem.⟩ *ringförmig;* ~e Verbindung *chem. Verbindung mit ringförmiger Anordnung der Atome;* oV *zyklische Verbindung*
■ **Cy|clo|al|ka|ne** ⟨Pl.⟩ *Gruppe gesättigter organischer Verbindungen mit ringförmiger Anordnung der Kohlenstoffatome;* oV *Zykloalkane*
■ **Cy|clops** ⟨m.; -, -pi|den⟩ *niederer Krebs* [lat. < grch. *kyklops* »Rundauge«]
Cym|bal ⟨n.; -s, -e od. -s; Mus.⟩ = *Zimbal*
cy|ril|lisch ⟨Adj.⟩ = *kyrillisch*
Cys|ti|zer|ko|se ⟨f.; -, -n; Med.⟩ = *Zystizerkose*
Cy|to|sin ⟨n.; -s; unz.; Biol.⟩ *wichtiger Bestandteil der Nukleinsäure, bildet zusammen mit Guanin eines der beiden Basenpaare, die als Sprossenverbindung in der Doppelhelix vorhanden sind;* → a. *Adenin, Thymin* [< grch. *kytos* »Höhlung, Urne«]

D

d 1 ⟨Math.; Zeichen für⟩ *Differenzial* **2** ⟨Zeichen für⟩ *Durchmesser* **3** ⟨Abk. für⟩ *Denar; Penny, Pence* **4** ⟨vor Maßeinheiten Zeichen für⟩ *dezi 1/10* **5** ⟨Phys. u. Astr.; Abk. für⟩ *Tag* **6** ⟨Chem.; Zeichen für⟩ *dextrogyr*
D 1 ⟨röm. Zahlzeichen für⟩ *fünfhundert* **2** ⟨chem. Zeichen für⟩ *Deuterium* **3** ⟨Abk. für⟩ *Dezimalpotenz (zur Bezeichnung der Verdünnung 1:10 von homöopath. Medikamenten)*
D. ⟨Abk. für⟩ *Deutschverzeichnis*
da ⟨Abk. für⟩ *Deziar, Deka…*
da ca|po ⟨Mus.; Abk.: d.c.⟩ *noch einmal von vorn*; ~ rufen, ~ singen oder spielen [ital., »vom Kopfe (= Anfang) an«)]

da capo al fine (*Groß- und Kleinschreibung von fachsprachlichen Begriffen*) Fachsprachliche Begriffe sind häufig länderübergreifend gebräuchlich oder auf internationaler Ebene festgelegt.
Ihre Schreibung richtet sich daher meist nach den Regeln der jeweiligen Herkunftssprache.
Dies gilt beispielsweise auch für musikalische Fachausdrücke, die mehrheitlich aus dem Italienischen übernommen sind.

da ca|po al fi|ne ⟨Mus.⟩ *vom Anfang bis hierher wiederholen* [ital., »vom Kopf (= Anfang) bis zum Ende«)]
Da|ca|po|a|rie, ⟨auch⟩ **Da|ca|po-A|rie** ⟨[-a:riə] f.; -, -n; Mus.⟩ *zu wiederholende Arie;* oV *Dakapoarie*
d'ac|cord ⟨[dakɔ:r]⟩ *einig, einer Meinung;* mit jmdm. ~ gehen [frz.]
Da|da ⟨m.; - od. -s; unz.; kurz für⟩ **1** *Dadaismus* **2** *Vertreter des Dadaismus*
Da|da|is|mus ⟨m.; -; unz.⟩ *literar.-künstler. Bewegung nach dem 1. Weltkrieg, die bewusste Sinnentfremdung pflegte* [nach dem Stammellaut *dada*]
Da|da|ist ⟨m.; -en, -en⟩ *Anhänger des Dadaismus*
da|da|is|tisch ⟨Adj.⟩ *den Dadaismus betreffend, in der Art des Dadaismus;* ein Kunstwerk mit ~en Zügen
Dad|dy ⟨[dædi] m.; -s, -s; umg. für⟩ *Vater, Papa* [engl.]
dag ⟨Abk. für⟩ *Dekagramm*
Da|guer|reo|ty|pie ⟨[-gɛro-] f.; -, -n⟩ **1** ⟨unz.⟩ *eine jodierte Silberplatte benutzendes fotograf. Verfahren* **2** ⟨zählbar⟩ *danach hergestelltes Lichtbild* [nach dem frz. Erfinder Louis *Daguerre,* 1787-1851]
Dah|lie ⟨[-liə] f.; -, -n⟩ *Angehörige der Familie der Korbblütler* [nach dem schwedischen Botaniker A. *Dahl*]
Dai|ly|soap, ⟨auch⟩ **Dai|ly Soap** ⟨[deili soup] f.; (-) -, (-) -s; TV⟩ *während der Woche täglich ausgestrahlte Fernsehserie mit einfach strukturierter Handlung u. festen Charakteren,* z.B. „Marienhof", „Gute Zeiten, Schlechte Zeiten"; → a. *Soap, Soapopera* [< engl. *daily* »täglich« + *soap* »Seife; Seifenoper«]
Da|ka|po ⟨n.; -s, -s; Mus.⟩ *Wiederholung;* → a. *da capo*
Da|ka|po|a|rie, ⟨auch⟩ **Da|ka|po-A|rie** ⟨[-a:riə] f.; -, -n; Mus.⟩ = *Dacapoarie*
Da|kry|o|a|de|ni|tis, ⟨auch⟩ **Dak|ry|o|a|de|ni|tis** ⟨f.; -, -ti|den; Med.⟩ *Entzündung der Tränendrüsen* [< grch. *dakryon* »Träne« + *Adenitis*; zu grch. *aden* »Drüse«]
dak|ty|lie|ren ⟨V.⟩ *sich durch Gebärden- u. Zeichensprache verständigen* [zu grch. *daktylos* »Finger«]
dak|ty|lisch ⟨Adj.⟩ *im Versmaß des Daktylus abgefasst, auf ihn bezogen* [< grch. *daktylos* »Finger«]
Dak|ty|li|tis ⟨f.; -, -ti|den⟩ = *Panaritium* [< grch. *daktylos* »Finger«]
Dak|ty|lo ⟨f.; -, -s; schweiz.; kurz für⟩ *Daktylographin*
dak|ty|lo…, Dak|ty|lo… ⟨in Zus.⟩ *finger…, Finger…, schreibmaschinen…, Schreibmaschinen…* [< grch. *daktylos* »Finger«]
Dak|ty|lo|gra|fie ⟨f.; -; unz.; schweiz.⟩ = *Daktylographie*
Dak|ty|lo|gra|fin ⟨f.; -, -fin|nen; schweiz.⟩ = *Daktylographin*
Dak|ty|lo|gramm ⟨n.; -s, -e⟩ *Fingerabdruck* [< *Daktylo…* + *…gramm*]
Dak|ty|lo|gra|phie ⟨f.; -; unz.; schweiz.⟩ *das Maschineschreiben;* oV *Daktylografie* [< *Daktylo…* + *…graphie*]
Dak|ty|lo|gra|phin ⟨f.; -, -phin|nen; schweiz.⟩ *Maschinenschreiberin;* oV *Daktylografin*
Dak|ty|lo|lo|gie ⟨f.; -; unz.⟩ *Finger- u. Gebärdensprache der Taubstummen* [< *Daktylo…* + *…logie*]

Dak|ty|lo|sko|pie, ⟨auch⟩ **Dak|ty|los|ko|pie** ⟨f.; -, -n⟩ *Fingerabdruckverfahren* [< *Daktylo...* + *...skopie*]

dak|ty|lo|sko|pisch, ⟨auch⟩ **dak|ty|los|ko|pisch** ⟨Adj.⟩ *die Daktyloskopie betreffend, auf ihr beruhend*

Dak|ty|lus ⟨m.; -, -ty|len⟩ *Versfuß aus einer langen, betonten u. zwei kurzen, unbetonten Silben* [< grch. *daktylos* »Finger«]

dal ⟨Abk. für⟩ *Dekaliter*

Da|lai-La|ma ⟨m.; - od. -s, -s⟩ *kirchl. Oberhaupt der Tibeter* [< mongol. *dalai* »Meer« + *Lama*]

Dalk ⟨m.; -(e)s, -e⟩ *Umhang eines Mönchs od. Derwischs* [< pers. *dalq*]

Dal|les ⟨m.; -; unz.; umg.⟩ *Geldmangel, Geldverlegenheit, Armut;* den ~ haben; im ~ sein [< hebr. *dalluth* »Armut«]

Dal|ma|ti|ka ⟨f.; -, -ken; kath. Kirche⟩ *festl., liturg. Gewand* [nach der Landschaft *Dalmatien* (Jugoslawien), wo das Gewand zuerst getragen wurde]

Dal|ma|ti|ner ⟨m.; -s, -⟩ **1** *Einwohner von Dalmatien* **2** *eine Hunderasse* **3** *Wein aus Dalmatien*

dal se|gno, ⟨auch⟩ **dal seg|no** ⟨[-njo] Abk.: d.s.; Mus.⟩ *vom Zeichen an (zu wiederholen)* [ital.]

Dal|to|nis|mus ⟨m; -; unz.; Med.⟩ *angeborene Farbenblindheit* [nach dem engl. Physiker John *Dalton,* 1766–1844]

Da|ma|ga|zel|le ⟨f.; -, -n⟩ *Antilopenart von etwa 90 cm Schulterhöhe, die mit mehreren lokalen Formen im Sudan u. in Nordafrika verbreitet ist: Gazella dama*

Da|mast ⟨m.; -(e)s, -e⟩ *Gewebe mit eingewebtem gleichfarbigem Muster* [nach der syrischen Hauptstadt *Damaskus*]

da|mas|ten ⟨Adj.⟩ *aus Damast, wie Damast beschaffen*

Da|mas|ze|ner|stahl ⟨m.; -es; unz.⟩ *durch Zusammenschweißen dünner, harter u. weicher Stahlstäbe u. deren Bearbeiten (Damaszieren) hergestellter Stahl mit adrigem od. flammigem Ziermuster* [nach der syrischen Hauptstadt *Damaskus*]

da|mas|zie|ren ⟨V.⟩ Stahl ~ *in der Art des Damaszenerstahls bearbeiten*

Da|me[1] ⟨f.; -, -n⟩ **1** ⟨zählb.; urspr.⟩ *adlige Frau;* ⟨danach⟩ *vornehme, kultivierte Frau od. Mädchen aus guter Familie; Tischnachbarin, Tanzpartnerin; höchster Stein des Damespiels;* ⟨Schach⟩ *die Königin;* ⟨Kart.⟩ *dritthöchste Spielkarte;* meine ~n und Herren! *(Anrede);* nach dem Tanz führt der Herr seine ~ an ihren Platz zurück; die ~ des Hauses *Hausherrin, Gastgeberin;* die ~ seines Herzens ⟨scherzh.⟩; ⟨Kart.⟩ die ~ ausspielen; ⟨umg.⟩ die vornehme ~ hervorkehren, spielen; eine alte, ältere, junge, jüngere, vornehme, würdige ~; eine junge ~ möchte Sie sprechen; ~n (Aufschrift auf Toiletten) **2** ⟨unz.; kurz für⟩ *Damespiel;* wollen wir (eine Partie) ~ spielen? [frz., urspr. »Frau von Stande«]

Dame[2] ⟨[dɛim] f.; -; unz.⟩ *Titel für Ordensträgerinnen im Ritterstand* [engl., »Frau, Dame, Ordensträgerin«]

Dam|mar ⟨n.; -s; unz.⟩ = *Dammarharz*

Dam|mar|fich|te ⟨f.; -, -n⟩ = *Kaurifichte*

Dam|mar|harz ⟨n.; -es; unz.⟩ *schwach aromatisch riechendes Harz der hauptsächl. auf Sumatra wachsenden Öldrüsenpflanze Shorea wiesneri, als Bindemittel für Lacke u.a. verwendet;* Sy *Dammar* [< mal. *damar* »Harz«]

dam|na|tur ⟨Buchw.⟩ *Formel der früheren Zensur, durch die der Druck eines Buches untersagt wurde;* Ggs *imprimatur* [lat., »es wird verworfen«]

Dam|no ⟨m. od. n.; -s; unz.⟩, **Dam|num** ⟨n.; -s; unz.; bes. Bankw.⟩ *Schaden, Einbuße, Verlust* [< ital. *damno* »Schaden, Verlust«]

Da|mo|kles|schwert, ⟨auch⟩ **Da|mok|les-schwert** ⟨n.; -(e)s; unz.; sinnbildl.⟩ *die im Glück ständig drohende Gefahr;* ein ~ schwebt über seinem Haupt [nach *Damokles,* Höfling des jüngeren Dionysos von Syrakus, 396 bis 337 v.Chr.]

Dä|mon ⟨m.; -s, -mo|nen⟩ **1** *Teufel, böser Geist* **2** *übermenschliches Wesen, guter oder böser Geist;* von seinem ~ getrieben [< grch. *daimon* »Gott, Teufel, Schicksal«]

Dä|mo|nie ⟨f.; -, -n⟩ *die unüberschaubare Gefährlichkeit (einer Person od. Sache)*

dä|mo|nisch ⟨Adj.⟩ **1** *teuflisch* **2** *urgewaltig* **3** *unheimlich, im Besitz übernatürl. Kräfte*

dä|mo|ni|sie|ren ⟨V.⟩ *jmdm. od. etwas übernatürliche Kräfte zusprechen, in einen Dämon verwandeln;* eine Person ~

Dä|mo|nis|mus ⟨m.; -; unz.⟩ **1** *Geisterglaube* **2** = *Satanismus(1)*

Dä|mo|ni|um ⟨n.; -s, -ni|en⟩ *innere Stimme* [< grch. *daimonion* »göttliches Wesen, Dämon, böser Geist, göttliche Fügung«]

Dä|mo|no|lo|gie ⟨f.; -, -n⟩ *Lehre von den Dämonen* [< *Dämon* + *...logie*]

Da|na|er|ge|schenk ⟨n.; -es, -e⟩ *Unglück bringendes Geschenk (wie das Trojanische Pferd),* ⟨umg.⟩ *unwillkommenes Geschenk* [< *Danaer,* Bezeichnung der Griechen bei Homer]

Da|na|i|den|ar|beit ⟨f.; -, -en⟩ *mühsame, vergebl. Arbeit* [nach den *Danaiden,* den 50 Töchtern des Danaos, die Wasser in ein durchlöchertes Fass schöpfen mussten]

Dance|floor ⟨[da:nsflɔ:(r)] a. [dæns-] m.; -s, -s; Jugendspr.⟩ **1** *Tanzfläche (vor allem einer Diskothek)* **2** ⟨kurz für⟩ *Dancefloormusic, ein Musikstil der 80er Jahre, bei dem insbes. die Tanzbarkeit der Musikstücke berücksicht wird* [< engl. *dancefloor* »Tanzfläche«]

Dan|cing ⟨[da:nsiŋ] a. [dæn-] n.; -s, -s; umg.⟩ *Tanz (in Diskotheken u.Ä.)* [engl., »das Tanzen«]

Dan|dy ⟨[dændi] m.; -s, -s⟩ *Angeber, Geck, Modenarr* [engl.]

dan|dy|haft ⟨[dændi-] Adj.⟩ *in der Art eines Dandys*

Da|ne|brog, ⟨auch⟩ **Da|neb|rog** ⟨m.; -s; unz.⟩ *die dänische Flagge* [dän., »Dänentuch«]

Danse ma|ca|bre, ⟨auch⟩ **Danse ma|cab|re** ⟨[dã:s maka:brə] m.; - -, -s -s [dã:s maka:brə]⟩ *Totentanz* [<frz. *danse* »Tanz« + *macabre* »makaber«]

dan|tesk ⟨Adj.⟩ *von der Größe, Bedeutung des ital. Dichters Dante Alighieri (1265–1321)*

Daph|ne ⟨f.; -, -n⟩ *Seidelbast* [grch., »Lorbeerbaum«]

Daph|nia, Daph|nie ⟨f.; -, -n⟩ *Wasserfloh* [nach der grch. Sagengestalt *Daphne,* Tochter des Flussgottes Peneus]

Dar|jee|ling ⟨[-dʒi:-] m.; -s, -s⟩ *indische Teesorte* [nach der indischen Distriktshauptstadt *Darjiling*]

Dark|room, ⟨auch⟩ **Dark Room** ⟨[da:(r)kru:m] m.; (-) -s, (-) -s⟩ *in von Homosexuellen frequentierten Gaststätten od. Diskotheken eingerichtetes Zimmer zur sexuellen Kontaktaufnahme* [engl., eigtl. »Dunkelkammer«]

Dar|ling ⟨m.; -s, -s; umg.⟩ *Liebling* [engl.]

Darm|flo|ra ⟨f.; -, -ren⟩ *Gesamtheit der im Darm lebenden Bakterien*

Darts ⟨Pl.⟩ *engl. Wurfspiel, bei dem kleine Pfeile auf eine runde Scheibe geworfen werden* [<engl. *dart* »Wurfspieß, Speer«]

Dar|wi|nis|mus ⟨m.; -; unz.⟩ *die Annahme, dass die zu große Zahl der Nachkommen von Lebewesen auf der Erde zu einem Kampf ums Dasein führt, bei dem nur die am besten angepassten überleben* [nach dem engl. Naturforscher Charles *Darwin,* 1809 - 1882]

Dar|wi|nist ⟨m.; -en, -en⟩ *Anhänger des Darwinismus*

dar|wi|nis|tisch ⟨Adj.⟩ *auf dem Darwinismus beruhend*

Dash ⟨[dæʃ] m.; -s, -s⟩ *kleine Menge Flüssigkeit, Spritzer (bei der Zubereitung von Getränken)* [<engl. *dash* »Beimischung, Zuschuss«]

Da|sy|me|ter ⟨n.; -s, -⟩ *Gaswaage* [<grch. *dasys* »dicht« + ...*meter*]

DAT ⟨Abk. für engl.⟩ *Digital Audio Tape (Digitaltonband)*

dat. ⟨Abk. für⟩ *datum*

Date ⟨[dɛit] n.; -s, -s; umg.⟩ *Verabredung, Termin,* ⟨auch⟩ *Person, mit der man sich trifft;* er hat heute Abend ein ~ [engl., »Datum«]

Da|tei ⟨f.; -, -en⟩ **1** *Sammlung sachlich zusammengehöriger Daten* **2** *ein auf EDV gespeicherter Bestand an Daten* [verkürzt <*Da*ten + Kar*tei*]

Da|tel ⟨f. od. n.; -s; unz.; internationale Bez. für⟩ *öffentliches Fernsprechnetz zur Übermittlung von Daten* [verkürzt <engl. *da*ta *tele*communications »Fernmeldewesen«]

Da|ten ⟨Pl. von⟩ *Datum*

Da|ten|bank ⟨f.; -, -en; kurz für⟩ *Datenbanksystem*

Da|ten|bank|sys|tem ⟨n.; -s, -e⟩ *System aus einer EDV-Anlage, einer Menge von Daten einschließlich der Menge von Beziehungen zwischen diesen Daten u. speziellen Verwaltungsprogrammen, die mehreren Benutzern einen schnellen Zugriff auf die Daten ermöglichen;* Sy *Datenbank*

Da|ten|high|way ⟨[-haiwɛi] m.; -s, -s; EDV⟩ *technisch hoch entwickeltes Kabelnetz (meist unter Nutzung der Glasfasertechnik) zur schnellen Übertragung von Datenmengen od. zur Telekommunikation allgemein,* z.B. das ISDN-Netz der Deutschen Telekom [<*Daten* + engl. *highway* »Schnellstraße, Autobahn«]

Da|ten|pool ⟨[-pu:l] m.; -s, -s⟩ *zentraler Datenbestandteil einer Datenbank, Datenbasis* [zu engl. *pool* »Kasse, Zentrale«]

Da|ten|trä|ger ⟨m.; -s, -; EDV⟩ *Mittel (Lochkarte, -streifen, Magnetband, Diskette usw.) zum Speichern von Daten, die maschinell lesbar sind*

Da|ten|trans|fer ⟨m.; -s, -s; EDV⟩ *alle Bewegungen von Daten innerhalb einer od. mehrerer Datenverbarbeitungseinheiten*

Da|ten|ty|pis|tin ⟨f.; -; -tin|nen⟩ *weibl. Person, die Daten(4) auf Datenträger überträgt*

Da|ten|ver|ar|bei|tung ⟨f.; -; unz.; Abk.: DV⟩ *Sammeln, Sichten, Speichern u. Auswerten von (digitalisierten) Informationen, die als Größen u. Werte miteinander in Beziehung gesetzt werden können*

Da|ten|ver|ar|bei|tungs|ma|schi|ne ⟨f.; -, -n⟩ *elektron. Maschine zur Datenverarbeitung*

Da|tex-Netz ⟨n.; -(e)s; unz.⟩ *Datennetz der Deutschen Telekom zur Übertragung großer Informationsmengen mit hoher Geschwindigkeit (frühere Bez. für T-Online)* [verkürzt <engl. *da*ta *ex*change »Datenaustausch«]

da|tie|ren ⟨V.⟩ **1** *mit Datum versehen (Brief)* **2** *die Entstehungszeit bestimmen* **3** ~ von *stammen, herrühren von* [→ *Datum*]

Da|tie|rung ⟨f.; -, -en⟩ *Angabe des Datums*

Da|tiv ⟨m.; -s, -e [-və]; Abk.: Dat.; Gramm.⟩ *3. Fall der Beugung, Wemfall* [verkürzt <lat. *casus dativus* »Gebefall«; zu lat. *dare* »geben«; → *Datum*]

Da|tiv|ob|jekt ⟨n.; -(e)s, -e⟩ *Satzergänzung im Dativ,* z.B. sie reicht „ihm" die Schüssel; → a. *Objekt(3)*

da|to ⟨Adv.; Kaufmannsspr.⟩ **1** *heute;* bis ~ **2** drei Monate ~ *binnen drei Monaten* [→ *datum*]

Da|to|wech|sel ⟨m.; -s, -⟩ *Wechsel, dessen Einlösetermin auf einen bestimmten Termin nach der Ausstellung festgelegt wurde, Fristwechsel*

DAT-Re|cor|der ⟨m.; -s, -⟩ = *DAT-Rekorder*

DAT-Re|kor|der ⟨m.; -s, -⟩ *Aufnahme- u. Wiedergabegerät für Digitaltonbänder;* oV *DAT-Recorder*

Dat|scha, ⟨auch⟩ **Da|tscha** ⟨f.; -, -s od. -schen⟩

Dat|sche, ⟨auch⟩ **Da|tsche** ⟨f.; -, -n⟩ *russ. Landhaus, Sommerwohnung* [<russ. *dača*]

da|tum ⟨Abk.: dat.⟩ *geschrieben, verfügt* [lat., »gegeben«, <*litteras dare* »einen Brief schreiben«]

Da|tum ⟨n.; -s, -ten⟩ **1** *bestimmter Zeitpunkt;* die Daten der Weltgeschichte; Daten aus dem Leben eines Künstlers **2** *Angabe eines Tages nach dem Kalender;* ~ des Poststempels; unter dem heutigen ~; welches ~ haben wir heute? **3** ⟨meist Pl.⟩ *Tatsache, Angabe*

4 ⟨Informatik; Pl.⟩ Daten *Informationen über Größen u. Werte* [lat., Part. Perf. zu *dare* »geben«]

Dau|las ⟨n.; -; unz.⟩ = *Dowlas*

Dau|phin ⟨[dofɛ̃:] m.; -s, -s⟩ *Titel des französ. Thronfolgers 1349-1830* [frz.]

Daus ⟨m.; -es, -e od. Däu|ser⟩ **1** ⟨dt. Kartenspiel⟩ *Ass* **2** ⟨Würfelspiel⟩ *zwei Augen* [< spätahd. *dus* < südfrz. *daus* »zwei Augen im Würfelspiel« (= frz. *deux)* < lat. *duo* »zwei«]

Da|vis|cup, ⟨auch⟩ **Da|vis-Cup** ⟨[dɛiviskʌp] m.; -s; unz.⟩, **Da|vis|po|kal,** ⟨auch⟩ **Da|vis-Pokal** ⟨[dɛivis-] m.; -s; unz.; Sp.⟩ *(seit 1900 ausgespielter) Wanderpreis im Tennis* [nach dem amerik. Stifter Dwight F. *Davis*]

Da|vit ⟨[dɛivit] od. [da:vit] m.; -s, -s; Mar.⟩ *schwenk- od. kippbarer eiserner Kranbalken zum Bewegen kleiner Lasten an Bord, für Rettungsflöße, paarweise für Bei- u. Rettungsboote* [engl.]

dB ⟨Abk. für⟩ *Dezibel*

d.c. ⟨Abk. für⟩ *da capo*

DD ⟨Abk. für⟩ *Differenzialdiagnose*

Dd. ⟨Abk. für⟩ *Doktorand (doctorandus)*

D-Day ⟨[di:dɛi] m.; -s, -s; Mil.⟩ **1** ⟨urspr.⟩ *Tag der Landung alliierter Truppen in der Normandie, 6. Juni 1944* **2** ⟨danach⟩ *Auftakt, erster Tag einer größeren militärischen Operation* [Herkunft umstritten, wahrscheinlich kurz für engl. *decision day* »Tag der Entscheidung«]

DDT ⟨Abk. für⟩ *Dichlordiphenyltrichlormethylmethan, ein Berührungsgift für Insekten*

de..., De... ⟨vor Vokalen⟩ des..., Des... ⟨Vors.⟩ *von, weg, ent...* [lat., frz. < lat. *de*]

Dead|heat, ⟨auch⟩ **Dead Heat** ⟨[dɛdhi:t] n.; (-)-s, (-)-s; Sp.⟩ *Rennen, das wegen des gleichzeitigen Einlaufs zweier od. mehrerer Teilnehmer nicht gewertet werden kann u. wiederholt werden muss* [< engl. *dead* »tot« + *heat* »(Ausscheidungs-)Lauf«]

Dead|line ⟨[dɛdlain] f.; -, -s⟩ *letztmöglicher Termin, äußerste Frist* [engl., eigtl. »Grenzlinie«]

Dead|lock ⟨[dɛd-] m.; -s; unz.⟩ *Situation, in der eine Beschlussfassung od. Einigung nicht (mehr) möglich ist, weil beide verhandelnden Parteien nicht zu weiteren Kompromissen bereit sind, z.B. bei Tarifverhandlungen od. zwischenstaatlichen Verträgen* [engl., »Stillstand, toter Punkt; Sackgasse«]

Dead|weight ⟨[dɛdwɛit] n.; -s, -s; meist Sg.; Schiff.⟩ *maximale Tragfähigkeit eines Schiffes* [engl.]

de|ak|ti|vie|ren ⟨[-vi:-] V.⟩ Ggs *aktivieren* **1** *aus- od. abschalten* **2** = *desaktivieren* [< *de...* + lat. *agere* »treiben, handeln«]

Deal ⟨[di:l] m.; -s, -s; umg.⟩ *Handel, Geschäft (mit Rauschgift)* [engl.]

dea|len ⟨[di:-] V.; umg.⟩ *mit Drogen handeln* [< engl. *deal* »handeln«]

Dea|ler ⟨[di:-] m.; -s, -⟩ *Drogenhändler* [engl.]

De|ba|kel ⟨n.; -s, -⟩ *Zusammenbruch, Niederlage* [< frz. *débâcle* »Zusammenbruch«]

De|bar|deur ⟨[-dø:r] m.; -s, -e⟩ *Auslader (von Schiffen)* [< frz. *débadeur* »Transport-, Dockarbeiter«]

de|bar|die|ren ⟨V.⟩ *ausladen* (Schiffe), *die Ladung löschen* [< frz. *débarder* »abladen«]

De|bat|te ⟨f.; -, -n⟩ **1** *Erörterung;* zur ~ stehen *erörtert werden;* etwas zur ~ stellen *veranlassen, dass etwas erörtert wird* **2** *Wortgefecht;* sich in eine ~ einlassen **3** *Verhandlung vor einem Parlament;* Bundestags~ [frz. *débat* »Debatte, Diskussion«]

de|bat|tie|ren ⟨V.⟩ etwas od. über etwas ~ *etwas mündlich verhandeln, erörtern*

De|bet ⟨n.; -s, -s⟩ *Soll, Schuldposten, die linke Seite, Sollseite des Kontos;* Ggs *Kredit(3);* einen Betrag in das ~ stellen [lat., »er schuldet«]

de|bil ⟨Adj.⟩ *an Debilität leidend* [< frz. *débile* »schwächlich« < lat. *debilis* »schwach«]

De|bi|li|tät ⟨f.; -; unz.⟩ **1** *körperl. od. geistige Schwäche* **2** ⟨Med.⟩ *leichteste Form des Schwachsinns* [< lat. *debilitas* »Gebrechlichkeit, Entkräftung«]

De|bit ⟨m.; -s; unz.⟩ **1** *Warenabsatz* **2** *Ausschank* [< frz. *débit*]

de|bi|tie|ren ⟨V.; Kaufmannsspr.⟩ **1** *verkaufen* **2** *ein Konto belasten* [< frz. *débiter*]

De|bi|tor ⟨m.; -s, -to|ren⟩ *Schuldner;* Ggs *Kreditor* [lat.]

de|blo|ckie|ren ⟨V.⟩ **1** *berichtigen, ergänzen* **2** *eine Blockade aufheben* **3** ⟨Typ.⟩ blockierte Buchstaben oder Ziffern ~ *durch die endgültigen ersetzen*

De|bre|czi|ner, ⟨auch⟩ **Deb|rec|zi|ner** ⟨[-tsi-] n.; -s, -; meist Pl.⟩ *scharf gewürztes Würstchen;* oV *Debreziner* [nach der ungar. Stadt *Debrecen*]

De|bre|zi|ner, ⟨auch⟩ **Deb|re|zi|ner** ⟨n.; -s, -; meist Pl.⟩ = *Debrecziner*

De|bug|ging ⟨[dibʌgiŋ] n.; -s, -s; EDV⟩ *Fehlersuche im Programm* [engl. umg., »Entstörung«]

De|büt ⟨[deby:] n.; -s, -s⟩ **1** *erstes öffentl. Auftreten, bes. auf der Bühne* **2** *erste Vorstellung bei Hofe;* sein ~ geben, liefern [< frz. *début* »Anspiel, erstes Auftreten«]

De|bü|tant ⟨m.; -en, -en⟩ *jmd., der sein Debüt gibt* [< frz. *débutant* »Anfänger, Neuling«]

De|bü|tan|tin ⟨f.; -, -tin|nen⟩ **1** *Frau, die ihr Debüt gibt* **2** ⟨i.e.S.⟩ *junges Mädchen, das in die Gesellschaft eingeführt wird*

de|bü|tie|ren ⟨V.⟩ *sein Debüt geben;* sie debütierte am Stadttheater in Bielefeld [< frz. *débuter* »(Spiel) anfangen, zum ersten Mal an die Öffentlichkeit treten«]

De|cha|nat ⟨[-ça-] n.; -(e)s, -e⟩ = *Dekanat(4)*

De|cha|nei ⟨[-ça-] f.; -, -en⟩ = *Dekanei*

De|chant ⟨[-çant] m.; -en, -en⟩ = *Dekan*

de|chif|frie|ren, ⟨auch⟩ **de|chiff|rie|ren** ⟨[-ʃifri:-] V.⟩ **1** *entziffern* **2** *entschlüsseln* [< frz. *déchiffrer*]

De|chif|frie|rung, ⟨auch⟩ **De|chiff|rie|rung** ⟨[-ʃifri:-] f.; -, -en⟩ *das Dechiffrieren;* ~ eines

Geheimtextes; Ggs *Chiffrierung;* →a. *Decodierung*

De|co|der ⟨m.; -s, -⟩ *Gerät zum Entschlüsseln kodierter Nachrichten* [→ *dekodieren*]

de|co|die|ren ⟨V.; fachsprachl. für⟩ *dekodieren*

De|co|die|rung ⟨[-ko-] f.; -, -en⟩ *Entschlüsselung;* ~ einer verschlüsselten Information; oV *Dekodierung;* Ggs *Codierung;* →a. *Dechiffrierung*

De|co|ding ⟨engl. [dikou-] n.; -s, -s⟩ *das Entschlüsseln einer Nachricht;* Ggs *Encoding* [< lat. *De…* + engl. *code* »Chiffre, Schlüssel«]

Dé|colle|té ⟨[dekɔlte:] n.; -s, -s⟩ = *Dekolleté*

de|cou|ra|gie|ren ⟨[dekuraʒi:rən] V.; geh.⟩ *entmutigen, verzagt, mutlos machen* [< frz. *décourager*]

de|cou|vrie|ren, ⟨auch⟩ **de|couv|rie|ren** ⟨[-ku-] V.⟩ = *dekuvrieren*

de|cre|scen|do ⟨[dekrɛʃɛndo] Abk.: decresc.; Zeichen: >; Mus.⟩ *leiser werdend (zu spielen);* oV *dekrescendo;* Sy *diminuendo;* Ggs *crescendo* [ital., »abnehmend«]

De|cre|scen|do ⟨[dekrɛʃɛndo] n.; -s, -s od. -di; Mus.⟩ *Abnahme der Lautstärke, allmähliches Verklingen;* oV *Dekrescendo;* Sy *Diminuendo;* Ggs *Crescendo* [ital.]

De|di|ka|ti|on ⟨f.; -, -en⟩ **1** *Widmung, Zueignung* **2** *Geschenk* [< lat. *dedicatio* »Weihung, Widmung«]

de|di|tie|ren ⟨V.⟩ *eine Schuld tilgen* [< *de…* + lat. *ditare* »bereichern«]

de|di|zie|ren ⟨V.⟩ **1** *widmen, zueignen* **2** *schenken* [< lat. *dedicare* »weihen, widmen«]

De|duk|ti|on ⟨f.; -, -en; Philos.⟩ *Ableitung des Besonderen aus dem Allgemeinen;* Ggs *Induktion* [< lat. *deductio* »Hinführung«]

de|duk|tiv ⟨Adj.⟩ *das Besondere aus dem Allgemeinen erschließend, folgernd;* Ggs *induktiv* [< lat. *deductus,* Part. Perf. zu *deducere;* → *deduzieren*]

de|du|zie|ren ⟨V.; Philos.⟩ *deduktiv ableiten, folgern;* Ggs *induzieren(1)* [< lat. *deducere* »fortführen, ableiten«]

De|em|pha|sis ⟨f.; -; unz.; Funkw.⟩ *Beseitigung der Vorverzerrung;* Ggs *Preemphasis* [< *De…* + *Emphase*]

Deep|free|zer ⟨[di:pfri:zə(r)] m.; -s, -⟩ *Tiefkühltruhe* [engl.]

De|es|ka|la|ti|on ⟨f.; -, -en⟩ *stufenweise Verringerung, Abschwächung (bes. bei militärischen Konflikten)* [< *De…* + *Eskalation*]

de|es|ka|lie|ren ⟨V.⟩ *sich stufenweise abschwächen, verringern;* Ggs *eskalieren;* einen Streit ~

de fac|to ⟨Adv.; Rechtsw.⟩ *tatsächlich, den Tatsachen entsprechend, nach Lage der Tatsachen;* Ggs *de jure* [lat., »von der Tatsache aus«]

De|fai|tis|mus ⟨[defɛ:-] m.; -; unz.⟩ = *Defätismus*

De|fä|ka|ti|on ⟨f.; -, -en⟩ *Kotentleerung* [< lat. *defaecatio* »Reinigung, Abklärung«]

de|fä|kie|ren ⟨V.; Med.⟩ *Kot ausscheiden;* oV *defäzieren* [< lat. *defaecare* »reinigen«]

De|fa|ti|ga|ti|on ⟨f.; -, -en; †⟩ *Überanstrengung, Ermüdung* [< lat. *defatigatio* »Ermüdung«]

De|fä|tis|mus ⟨m.; -; unz.⟩ *Unglaube an den Sieg, Schwarzseherei, Untergangsstimmung, Miesmacherei;* oV *Defaitismus* [< frz. *défaitisme* »Überzeugung, militärisch geschlagen zu werden«]

De|fä|tist ⟨m.; -en, -en⟩ *Schwarzseher, Miesmacher* [< frz. *défaitiste* »einer, der von der militärischen Niederlage überzeugt ist«]

de|fä|tis|tisch ⟨Adj.⟩ *in der Art des Defätismus, schwarzseherisch*

de|fä|zie|ren ⟨V; Med.⟩ = *defäkieren*

de|fekt ⟨Adj.⟩ **1** *fehlerhaft, mangelhaft* **2** *beschädigt, schadhaft* [< lat. *defectus* »geschwächt, mangelhaft«]

De|fekt ⟨m.; -(e)s, -e⟩ **1** *Mangel, Fehler, Gebrechen;* körperlicher, geistiger ~ **2** *Beschädigung, Schaden;* Motor~; Reifen~ **3** *Ausfall, Fehlbetrag* [→ *defekt*]

De|fekt|e|lek|tron, ⟨auch⟩ **De|fekt|e|lekt|ron** ⟨n.; -s, -en⟩ *Lücke, unbesetzter Platz in der Elektronenhülle eines Atoms od. im Kristallgitter eines Halbleiters*

de|fek|tiv ⟨Adj.⟩ **1** *fehlerhaft* **2** *lückenhaft* **3** ⟨Gramm.⟩ ~es Nomen, Verbum = *Defektivum*

De|fek|ti|vi|tät ⟨[-vi-] f.; -; unz.⟩ *Mangelhaftigkeit, Fehlerhaftigkeit* [→ *defekt*]

De|fek|ti|vum ⟨[-vum] n.; -s, -va [-va]⟩ *flektierbares Wort, bei dem Flexionsformen fehlen,* z.B. Dank, Leute, rosa [→ *defekt*]

De|fe|mi|na|ti|on ⟨f.; -, -en; Med.⟩ *Frigidität, Verlust der weiblichen (Geschlechts-)Empfindungen* [< *De…* + lat. *femina* »Frau«]

de|fen|siv ⟨Adj.⟩ *abwehrend, verteidigend;* Ggs *offensiv(1)* [< lat. *defendere* »verteidigen«]

De|fen|si|ve ⟨[-və] f.; -, -n⟩ *Abwehr, Verteidigung, Abwehrstellung;* Ggs *Offensive* [< frz. *défensive* »Verteidigungsstellung«]

De|fen|si|vi|tät ⟨[-vi-] f.; -; unz.⟩ *zurückhaltendes, abwehrendes Verhalten;* Ggs *Offensivität* [→ *defendere*]

De|fen|sor ⟨m.; -s, -so|ren⟩ *Verteidiger, Sachwalter* [lat., »Verteidiger«]

De|fen|sor Fi|dei ⟨[-dei] m.; - - od. -s -; unz.⟩ *Ehrentitel des engl. Königs, der erstmals 1521 an Heinrich VIII. wegen seines Eintretens für den kath. Glauben verliehen wurde* [lat., »Verteidiger des Glaubens«]

De|fe|ren|ti|tis ⟨f.; -, - ti|den⟩ *Entzündung des Samenleiters* [< lat. *deferre* »herabführen«]

de|fe|rie|ren ⟨V.⟩ **1** Eid ~ *zuschieben* **2** Gesuch ~ *bewilligen* [< frz. *déférer* »übertragen, zuerkennen, willfahren«]

De|fer|ves|zenz ⟨[-vɛs-] f.; -; unz.⟩ *Nachlassen des Fiebers, Entfieberung* [< *De…* + lat. *fervescere* »heiß, glühend werden«]

De|fi|bra|tor, ⟨auch⟩ **De|fib|ra|tor** ⟨m.; -s, -toren⟩ *Maschine zur Zerfaserung von Holz mit Hilfe von Heißdampf zur Herstellung von*

Holzfaserplatten u. Halbzellstoff [< *De*... + *Fiber*]
de|fi|bri|nie|ren, ⟨auch⟩ **de|fib|ri|nie|ren** ⟨V.⟩ *von Fibrin befreien u. dadurch ungerinnbar machen;* defibriniertes Blut [< *de*... + *Fibrin*]
De|fi|cit|spen|ding ⟨[dɛfisitspɛndiŋ] n.; - od. -s; unz.; Wirtsch.⟩ **1** *Finanzierung notwendiger öffentlicher Investitionen durch Neuverschuldung* **2** *Haushaltsplan, der Verluste vorsieht* [< engl. *deficit* »Defizit, Fehlbetrag« + *spend* »ausgeben, verauslagen«]
De|fi|lé ⟨n.; -s, -le|en [-leːən] od. -s; österr. u. schweiz. für⟩ *Defilee*
De|fi|lee ⟨n.; -s, -s⟩ **1** ⟨Geogr.⟩ *Engpass, Hohlweg* **2** ⟨Mil.⟩ *Vorbeimarsch* [< frz. *défilé*]
de|fi|lie|ren ⟨V.⟩ **1** *einen Engpass durchziehen* **2** ⟨Mil.⟩ *vorbeimarschieren* [< frz. *défiler*]
De|fi|ni|en|dum ⟨n.; -s, -da⟩ *zu definierender Begriff, das, was definiert werden soll;* Ggs *Definiens*
De|fi|ni|ens ⟨n.; -, -en|tia⟩ *Begriff, der etwas definiert, etwas, das zur Definition dient;* Ggs *Definiendum*
de|fi|nie|ren ⟨V.⟩ *(genau) erklären, begrifflich bestimmen, festlegen* [< lat. *definire* »abgrenzen, bestimmen«]
de|fi|nit ⟨Adj.⟩ *bestimmt, festgelegt, endgültig;* eine ~e Menge [→ *definitiv*]
De|fi|ni|ti|on ⟨f.; -, -en⟩ **1** *Begriffsbestimmung* **2** ⟨kath. Kirche⟩ *unfehlbare Entscheidung in dogmat. Fragen* [< lat. *definitio* »Begriffsbestimmung«]
de|fi|ni|tiv ⟨Adj.⟩ *endgültig, bestimmt;* ein ~er Beschluss; eine ~e Entscheidung [< lat. *definitivus* »bestimmend, entscheidend«]
De|fi|ni|ti|vum ⟨n.; -s, -va⟩ *endgültiger Zustand* [→ *definitiv*]
de|fi|ni|to|risch ⟨Adj.⟩ *mit Hilfe einer Definition*
de|fi|zi|ent ⟨Adj.; geh.⟩ *unvollständig* [< frz. *déficient* »ungenügend entwickelt, schwächlich«]
De|fi|zi|ent ⟨m.; -en; -en; †⟩ *Dienstuntauglicher* [zu lat. *deficiens* »ermattend, schwach werdend«]
De|fi|zit ⟨a. [--'-] n.; -s, -e⟩ **1** *Mangel* **2** *Fehlbetrag* **3** *Einbuße, Verlust* [< lat. *deficit* »es fehlt«]
de|fi|zi|tär ⟨Adj.; schweiz.⟩ *ein Defizit ergebend* [< frz. *déficitaire* »mit Verlust abschließend«]
De|fla|gra|ti|on, ⟨auch⟩ **Def|lag|ra|ti|on** ⟨f.; -, -en⟩ *verhältnismäßig langsames Abbrennen eines Sprengstoffes ohne Explosion;* → a. *Detonation* [zu lat. *deflagrare* »niederbrennen«]
De|fla|ti|on ⟨f.; -, -en⟩ **1** ⟨Wirtsch.⟩ *starke Einschränkung des Geldumlaufs ohne entsprechende Verringerung der Produktion;* Ggs *Inflation;* eine Zeit der ~ **2** ⟨Geol.⟩ *Abtragung von lockerem Gestein u. Sand* [< *De*... + *Inflation*]
de|fla|ti|o|när ⟨Adj.; Wirtsch.⟩ = *deflatorisch;* Ggs *inflationär*
de|fla|ti|o|nie|ren ⟨V.; Wirtsch.⟩ *durch die Senkung des Geldumlaufs eine Deflation bewirken;* Ggs *inflationieren*
de|fla|ti|o|nis|tisch ⟨Adj.; Wirtsch.⟩ = *deflatorisch;* Ggs *inflationistisch*
de|fla|to|risch ⟨Adj.; Wirtsch.⟩ *eine Deflation bewirkend;* ~e Eingriffe in die Wirtschaft; oV *deflationär, deflationistisch;* Ggs *inflatorisch*
De|flek|tor ⟨m.; -s, -to|ren⟩ *Rauchkappe, Luftsaugkappe als Schornsteinaufsatz* [< lat. *deflectere* »ablenken«]
De|flo|ra|ti|on ⟨f.; -, -en⟩ *Entjungferung* [→ *deflorieren*]
de|flo|rie|ren ⟨V.⟩ *entjungfern* [< lat. *deflorare,* eigtl. »der Blüte berauben«]
de|form ⟨Adj.⟩ *missgestaltet, verunstaltet* [< *de*... + lat. *forma* »Form, Gestalt«]
De|for|ma|ti|on ⟨f.; -, -en⟩ **1** *Form-, Gestaltveränderung* **2** *Verunstaltung* **3** *Missbildung* [< lat. *deformatio* »Entstellung«]
de|for|mie|ren ⟨V.⟩ **1** *verformen* **2** *verunstalten, entstellen* [< lat. *deformare* »entstellen«]
De|for|mie|rung ⟨f.; -, -en⟩ **1** *das Deformieren* **2** *das Deformiertsein*
De|for|mi|tät ⟨f.; -, -en⟩ *Missbildung* [< lat. *deformitas* »Missgestalt«]
De|frau|dant ⟨m.; -en, -en; †⟩ *jmd., der eine Defraudation begeht* [< lat. *defraudans,* Part. Präs. zu *defraudare* »betrügen«]
De|frau|da|ti|on ⟨f.; -, -en; †⟩ *Betrug, Unterschlagung* [< lat. *defraudatio* »Betrug«]
de|frau|die|ren ⟨V.; †⟩ *unterschlagen, hinterziehen* [< lat. *defraudare* »betrügen«]
De|fros|ter ⟨m.; -s, -⟩ **1** *am Kraftwagen Heizvorrichtung zum Freihalten der Schutzscheibe von Schnee u. Eis* **2** *am Kühlschrank Vorrichtung zum Abtauen des Gefrierfachs* [engl.]
De|ga|ge|ment ⟨[-gaːʒ(ə)mãː] n.; -s, -s⟩ **1** *Befreiung (von einer Verpflichtung)* **2** *Zwanglosigkeit* [< frz. *dégagement* »Beseitigung, Loslösung«]
de|ga|gie|ren ⟨[-ʒiː-] V.⟩ jmdn. ~ *(von einer Verpflichtung) befreien* [< frz. *dégager* »beseitigen, loslösen«]
de|ga|giert ⟨[-ʒiːrt] Adj.⟩ **1** *frei, befreit, losgelöst* **2** *zwanglos*
De|ge|ne|ra|ti|on ⟨f.; -, -en⟩ *Rückbildung, Entartung;* Ggs *Regeneration(1)* [< lat. *degeneratio*]
de|ge|ne|ra|tiv ⟨Adj.⟩ *auf Degeneration beruhend*
de|ge|ne|rie|ren ⟨V.⟩ *sich zurückbilden, entarten;* Ggs *regenerieren(1)* [< lat. *degenerare* »entarten«]
De|glu|ti|na|ti|on ⟨f.; -, -en⟩ = *Aphärese* [< *De*... + lat. *glutinare* »zusammenleimen«]
De|gor|ge|ment ⟨[-ʒ(ə)mãː] n.; -s, -s⟩ *das Degorgieren*
de|gor|gie|ren ⟨[-ʒiː-] V.⟩ **1** *Heferückstände aus dem Flaschenhals entfernen (bei Schaumwein)* **2** *wässern (von Fleisch)* [< frz. *dégorger* »spülen, reinigen«]
De|gout ⟨[-guː] m.; -s; unz.⟩ *Ekel, Widerwille, Abneigung* [< frz. *dégoût*]

de|gou|tant ⟨[-gu-] Adj.⟩ *ekelhaft, abstoßend, widerlich* [<frz. *dégoûtant*]
de|gou|tie|ren ⟨[-gu-] V.⟩ *anekeln, anwidern, sich ekeln vor* [<frz. *dégoûter*]
De|gra|da|ti|on ⟨f.; -, -en⟩ **1** ⟨Mil.⟩ = *Degradierung* **2** ⟨Landw.⟩ ~ des Bodens *Verschlechterung des Bodens durch Entzug wertvoller Nährstoffe* **3** ⟨Phys.⟩ ~ der Energie *Zerstreuung der Energie* **3.1** *Aufspaltung einer Energie in andere, weniger nutzbare Energiearten* [<frz. *dégradation* »Degradierung, Herabwürdigung«]
de|gra|die|ren ⟨V.⟩ **1** ⟨Mil.⟩ jmdn. ~ *im Rang herabsetzen;* einen Offizier zum Gefreiten ~ **2** den Boden ~ *durch Entzug wertvoller Nährstoffe verschlechtern* **3** ⟨Phys.⟩ Energie ~ *zerstreuen* [<frz. *dégrader* »degradieren, herabsetzen«]
De|gra|die|rung ⟨f.; -, -en⟩ *das Degradieren, das Degradiertwerden;* Sy *Degradation(1)*
de|grais|sie|ren, ⟨auch⟩ **deg|rais|sie|ren** ⟨[degrɛ-] V.; Kochk.⟩ *Fett abschöpfen (von Soßen, Brühen u. Suppen)* [<frz. *dégraisser* »entfetten«]
De|gres|si|on ⟨f.; -, -en⟩ **1** *Verringerung des Steuersatzes bei abnehmendem Einkommen* **2** *Kostenverringerung bei steigender Produktion* [<frz. *dégression* »Abnahme«]
de|gres|siv ⟨Adj.⟩ **1** *nachlassend, abnehmend, sinkend* **2** ~e Werte *im Verhältnis zu einer Bezugsgröße weniger werdende Werte;* → a. *linear(2), progressiv(2)* **3** ~e Abschreibung *A., bei der ein Prozentsatz auf den Restbuchwert bezogen wird* [<frz. *dégressif* »abnehmend«]
De|gus|ta|ti|on ⟨f.; -, -en; bes. schweiz.⟩ *Kostprobe* [frz.]
de gus|ti|bus non est dis|pu|tan|dum *über Geschmack(sfragen) lässt sich nicht streiten* [lat.]
de|gus|tie|ren ⟨V.; schweiz.⟩ *probieren, kosten, versuchen* [<frz. *déguster* »probieren, kosten, genießen«]
De|hors ⟨[dəɔ:r] nur Pl.⟩ *äußerer Schein, gesellschaftl. Anstand;* die ~ wahren [frz., »draußen«]

■ Die Buchstabenfolge **de|hy|dr...** kann auch **de|hyd|r...** getrennt werden.

■ **De|hy|dra|se** ⟨f.; -, -n; Chem.⟩ *Ferment, das aus einer zu oxidierenden Substanz Wasserstoff abspaltet u. ihn auf eine andere überträgt;* Sy *Dehydrogenase* [<*De...* + grch. *hydor* »Wasser«]
■ **De|hy|dra|ta|ti|on** ⟨f.; -, -en; Chem.⟩ *Entzug von Wasser* [<*De* + *Hydratation*]
■ **De|hy|dra|ti|on** ⟨f.; -, -en⟩ *Entzug von Wasserstoff;* oV *Dehydrierung* [→ *dehydrieren*]
■ **de|hy|dra|ti|sie|ren** ⟨V.⟩ chem. Verbindungen ~ *Wasser aus chem. V. abspalten*
■ **de|hy|drie|ren** ⟨V.⟩ *Wasserstoff entziehen* [<*de...* + *hydrieren*]
■ **De|hy|drie|rung** ⟨f.; -, -en⟩ = *Dehydration*
■ **De|hy|dro|ge|na|se** ⟨f.; -, -n⟩ = *Dehydrase*

De|i|fi|ka|ti|on ⟨f.; -, -en⟩ **1** *Vergötterung* **2** *Vergottung* [→ *deifizieren*]
de|i|fi|zie|ren ⟨V.⟩ **1** *vergöttern* **2** *vergotten* [<*Deus* + *...fizieren*]
Dei gra|tia ⟨[de:i-] Abk.: D.G.⟩ *von Gottes Gnaden (beim Titel von geistl. u. weltl. Würdenträgern)* [lat.]
deik|tisch ⟨a. [de:ik-] Adj.⟩ *hinweisend, zeigend, durch Beispiele lehrend;* ~ begründet [<grch. *deiktikos* »hinweisend«]
De|in|king ⟨engl. [di-] n.; -s; unz.⟩ *das Entfernen von Druckerschwärze während des Altpapierrecyclings* [<*De...* + engl. *ink* »Tinte, Druckfarbe«]
De|is|mus ⟨m.; -; unz.⟩ *religionsphilos. Anschauung, die aus Vernunftsgründen einen Weltschöpfer anerkennt, aber den Glauben an sein weiteres Einwirken auf das Weltgeschehen ablehnt* [<lat. *deus* »Gott«]
De|ist ⟨m.; -en, -en⟩ *Anhänger des Deismus*
de|is|tisch ⟨Adj.⟩ *den Deismus betreffend, zu ihm gehörig, in seinem Sinne verfahrend*
Dei|xis ⟨a. [de:i-] f.; -; unz.; Sprachw.⟩ *Hinweisfunktion (von Wörtern)* [zu grch. *deiknynai* »zeigen«]
Dé|jà-vu ⟨[deʒavy:] n.; - od. -s, -s⟩ *Begebenheit, von der man glaubt, diese schon einmal erlebt zu haben, Erinnerungstäuschung* [<frz. *déja* »schon« + *vu* »gesehen«]
De|jekt ⟨n.; -(e)s, -e⟩ *Auswurf, Kot* [<lat. *deiectus,* Part. Perf. zu *deicere* »abwerfen«]
De|jek|ti|on ⟨f.; -, -en⟩ *Entleerung (von Kot, Auswurf)* [<lat. *deiectio* »Ausstoßung«]
de ju|re ⟨Adv.⟩ *von Rechts wegen, auf rechtl. Grundlage;* Ggs *de facto* [<lat. *de iure* »vom Recht her«]
De|ka ⟨n.; -(s), -; österr.; kurz für⟩ *Dekagramm*
de|ka..., **De|ka...** ⟨vor Vokalen⟩ dek..., Dek... ⟨Abk.: da⟩ *zehn..., Zehn...; bei Maßeinheiten das Zehnfache der genannten Einheit;* Dekameter [<grch. *dek* »zehn«]
De|ka|brist, ⟨auch⟩ **De|kab|rist** ⟨m.; -en, -en⟩ **1** ⟨eigtl.⟩ *Dezembermann* **2** *Teilnehmer am Aufstand von 26.(14.)12.1825 in Sankt Petersburg gegen Zar Nikolaus I.* [<russ. *dekabr* »Dezember«]
De|ka|de ⟨f.; -, -n⟩ **1** *zehn Stück* **2** *Zeitraum von zehn Tagen* [<frz. *décade* »Dekade«; <grch. *deka* »zehn«]
de|ka|dent ⟨Adj.⟩ *kulturell, sittlich heruntergekommen, entartet* [<frz. *décadent*]
De|ka|denz ⟨f.; -; unz.⟩ *kultureller Niedergang, sittl. Verfall, Kraftlosigkeit, Entartung* [<frz. *décadence*]
de|ka|disch ⟨Adj.⟩ *auf der Zehn beruhend, zehnteilig;* ~es System = *Dezimalsystem* [→ *Dekade*]
De|ka|e|der ⟨n.; -s, -⟩ *ein von zehn (kongruenten) Vielecken begrenzter Körper, Zehnflach, Zehnflächner* [<*Deka...* + *...eder*]
De|ka|gon ⟨n.; -s, -e⟩ *Zehneck* [<*Deka...* + *...gon*]

De|ka|gramm ⟨n.; -(e)s, -; Abk.: dag, österr.: dkg⟩ *zehn Gramm*

De|ka|li|ter ⟨n.; -s, -; Abk.: dal⟩ *zehn Liter*

De|kal|kier|pa|pier ⟨n.; -s; unz.⟩ *Papier für Abziehbilderdruck* [< frz. *décalquer* »(Bild) abziehen«]

De|ka|log ⟨m.; -(e)s; unz.⟩ *die Zehn Gebote* [< *Deka... + ...log*[1]]

Dek|a|me|ron, ⟨auch⟩ **De|ka|me|ron, Dek|a|me|ro|ne,** ⟨auch⟩ **De|ka|me|ro|ne** ⟨n.; -s; unz.⟩ *Boccaccios Sammlung von Novellen, die an zehn Tagen erzählt wurden* [< *Deka...* + grch. *hemera* »Tag«]

De|ka|me|ter ⟨n.; -s, -; Abk.: dam⟩ *zehn Meter*

De|kan ⟨m.; -s, -e⟩ **1** *Leiter einer Hochschulfakultät* **2** ⟨ev. Kirche⟩ *Superintendent* **3** ⟨kath. Kirche⟩ *Vorsteher eines geistl. Kollegiums, Erzpriester;* oV *Dechant* [< lat. *decanus* »Führer von 10 Mann; Vorgesetzter von 10 Mönchen«; zu *decem* »zehn«]

De|ka|nat ⟨n.; -(e)s, -e⟩ **1** *Verwaltung einer Fakultät* **2** *Amt, Würde eines Dekans(1)* **3** ⟨ev. Kirche⟩ *Würde, Amtsbezirk eines Superintendenten* **4** ⟨kath. Kirche⟩ *Würde, Amtsbezirk eines Dekans(3);* oV *Dechanat*

De|ka|nei ⟨f.; -, -en⟩ *Wohnung eines Dekans(3);* oV *Dechanei*

de|kan|tie|ren ⟨V.; Chem.⟩ Flüssigkeit ~ *vom Bodensatz abgießen* [< frz. *décanter* »abklären, abgießen«]

de|ka|pie|ren ⟨V.⟩ geglühte Metalle ~ *auf chem. Wege vom Zunder reinigen* [< frz. *décaper* »abbeizen, entrosten«]

De|ka|po|de ⟨m.; -n, -n; Med.⟩ *Zehnfußkrebs* [< *Deka... + ...pode*]

Dek|ar, ⟨auch⟩ **De|kar** ⟨n.; -(e)s, -e; bei Zahlenangaben⟩ *zehn Ar;* oV ⟨schweiz.⟩ *Dekare* [< *Deka + Ar*]

Dek|a|re, ⟨auch⟩ **De|ka|re** ⟨f.; -, -n; schweiz.⟩ = *Dekar*

de|kar|tel|lie|ren, de|kar|tel|li|sie|ren ⟨V.⟩ Kartelle ~ *entflechten* [< *de... + kartellieren*]

De|ka|ster ⟨m.; -s, -e od. -s; bei Zahlenangaben: -⟩ *zehn Ster (zehn Kubikmeter, ein veraltetes Holzmaß)* [< *Deka... + Ster*]

De|ka|teur ⟨[-tøːr] m.; -s, -e⟩ *jmd., der Stoffe dekatiert;* Sy *Dekatierer*

de|ka|tie|ren ⟨V.⟩ Stoffe ~ *mit Wasserdampf behandeln, damit sie nach der Verarbeitung nicht mehr einlaufen* [< frz. *décatir* »dekatieren, krimpen«]

De|ka|tie|rer ⟨m.; -s, -⟩ = *Dekateur*

De|ka|tron, ⟨auch⟩ **De|kat|ron** ⟨n.; -s, -tro|ne; EDV⟩ *in Rechen- u. Zählschaltungen vorhandene Gasentladungsröhre mit zehn Kathoden zur Verarbeitung u. Darstellung der Ziffern 0 bis 9* [< grch. *deka* »zehn« + *...tron*]

De|kla|ma|ti|on ⟨f.; -, -en⟩ **1** *kunstgerechter Vortrag,* z.B. einer Dichtung **2** ⟨Mus.⟩ *Einheit von sprachl. u. musikal. Gestaltung* **3** ⟨umg.; scherzh.⟩ *übertreibender, pathetischer sprachlicher Ausdruck* [< lat. *declamatio* »Redeübung, Vortrag«]

De|kla|ma|tor ⟨m.; -s, -to|ren⟩ **1** *Vortragskünstler* **2** ⟨umg.; scherzh.⟩ *jmd., der mit übertriebenem Pathos redet*

de|kla|ma|to|risch ⟨Adj.⟩ **1** *in der Art einer Deklamation(1,2)* **2** ⟨umg.; scherzh.⟩ *übertrieben pathetisch* [< lat. *declamatorius* »rednerisch«]

de|kla|mie|ren ⟨V.⟩ **1** *ausdrucksvoll vortragen* **2** *deutlich sprechen, z.B. beim Gesang* **3** ⟨umg.; scherz.⟩ *übertrieben pathetisch sprechen* [< lat. *declamare* »laut vortragen«]

De|kla|rant ⟨m.; -en, -en⟩ *jmd., der eine Deklaration abgibt* [< lat. *declarans,* Part. Präs. zu *declarare;* → *deklarieren*]

De|kla|ra|ti|on ⟨f.; -, -en⟩ **1** *offizielle Erklärung* **2** *Zoll-, Steuererklärung* **3** *Inhalts-, Wertangabe* [< lat. *declaratio* »Kundgebung, Erklärung«]

de|kla|ra|tiv ⟨Adj.⟩ *in Art und Form einer Deklaration;* oV *deklaratorisch*

de|kla|ra|to|risch ⟨Adj.⟩ = *deklarativ*

de|kla|rie|ren ⟨V.⟩ **1** *eine Deklaration abgeben über, erklären* **2** *Inhalt, Wert angeben von* [< lat. *declarare* »deutlich machen, zeigen, ausdrücken, darlegen, erklären«]

de|klas|sie|ren ⟨V.⟩ jmdn. ~ *in eine (sozial) niedrigere Klasse verweisen, herabsetzen* [< frz. *déclasser* »umordnen, aus der Bahn werfen, die Standesunterschiede verwischen«]

de|kli|na|bel ⟨Adj.; Gramm.⟩ *durch Flexion veränderbar;* Ggs *indeklinabel* [< lat. *declinabilis* »abbiegbar, abänderbar, beugbar«]

De|kli|na|ti|on ⟨f.; -, -en⟩ **1** ⟨Gramm.⟩ ~ des Nomens, Pronomens *Beugung, Flexion;* starke ~; schwache ~ **2** ⟨Astron.⟩ *Winkelabstand eines Gestirns vom Himmelsäquator* **3** ⟨Geophysik⟩ *Abweichung der Richtung einer Magnetnadel von der wahren Nordrichtung, Missweisung* [< lat. *declinatio* »Abbiegung, Beugung«]

De|kli|na|tor ⟨m.; -s, -to|ren⟩, **De|kli|na|to|ri|um** ⟨n.; -s, -ri|en⟩ *Kompass zum Messen der Abweichung der Magnetnadel* [zu lat. *declinare* »abweichen«]

de|kli|nie|ren ⟨V.; Gramm.⟩ ein Nomen, Pronomen ~ *seine vier Fälle bilden, beugen* [< lat. *declinare* »abbiegen, abändern, beugen«]

de|ko|die|ren ⟨V.⟩ einen Text, eine Nachricht ~ *die Zuordnung zu einem Kode(1 od. 2) rückgängig machen;* oV *decodieren;* Ggs *kodieren*

De|ko|die|rung ⟨f.; -, -en⟩ = *Decodierung*

De|kokt ⟨n.; -(e)s, -e; Pharm.⟩ *Abkochung* [< lat. *decoctus,* Part. Perf. zu *decoquere* »ab-, auskochen«]

De|kolle|té, De|kolle|tee ⟨[-kɔlteː] n.; -s, -s⟩ *tiefer Kleidausschnitt;* oV *Décolleté* [< frz. *décolleté*]

de|kolle|tie|ren ⟨[-kɔl-] V.⟩ *mit einem Dekolleté versehen* [< frz. *décolleter*]

de|ko|lo|rie|ren ⟨V.⟩ *entfärben, ausbleichen* [< *de... + kolorieren*]

De|kom|pen|sa|ti|on ⟨f.; -, -en⟩ *deutlich erkennbares Nachlassen der Leistungsfähigkeit eines Organs, bes. des Herzens, das durch*

Kompensation überbeansprucht wurde; Ggs *Kompensation(3)*

de|kom|po|nie|ren ⟨V.⟩ *in seine Bestandteile auflösen, zerlegen*

De|kom|po|si|ti|on ⟨f.; -, -en⟩ *Auflösung*

De|kom|po|si|tum ⟨n.; -s, -ta od. -si|ten⟩ **1** *Ableitung von einem zusammengesetzten Wort,* z.B. „schriftstellern" **2** *mehrfach zusammengesetztes Wort,* z.B. „Mitternachtssonne"

De|kom|pres|si|on ⟨f.; -, -en⟩ *Druckabfall, Druckentlastung* [< *De...* + *Kompression*]

De|kom|pres|si|ons|kam|mer ⟨f.; -, -n⟩ *abgeschlossener Raum, in dem für einen Organismus eine allmähliche Druckreduzierung erfolgt, nachdem dieser sich längere Zeit in Überdruckräumen aufgehalten hat*

de|kom|pri|mie|ren ⟨V.; Tech.⟩ *von etwas den Druck reduzieren;* Ggs *komprimieren* [< *de...* + *komprimieren*]

De|kon|struk|ti|vis|mus, ⟨auch⟩ **De|kons|truk|ti|vis|mus, De|konst|ruk|ti|vis|mus** ⟨[-vis-] m.; -; unz.⟩ *eine, z.B. in der Literatur u. Architektur, seit den siebziger bzw. achtziger Jahren auftretende Strömung, die herkömmliche Texttechniken bzw. Baumaterialien aufgliedert u. in neue Bezüge zueinander stellt;* → a. *Postmoderne*

De|kon|ta|mi|na|ti|on ⟨f.; -, -en⟩ *Reinigung von Lebewesen oder Gegenständen von radioaktiv strahlenden Stoffen;* Sy *Dekontaminierung;* Ggs *Kontamination(2)*

de|kon|ta|mi|nie|ren ⟨V.; Kernphysik⟩ **1** Spaltprodukte, die Neutronen absorbieren, ~ *aus einem Kernreaktor entfernen* **2** *von radioaktiven Stoffen reinigen*

De|kon|ta|mi|nie|rung ⟨f.; -, -en⟩ = *Dekontamination*

De|kon|zen|tra|ti|on ⟨auch⟩ **De|kon|zent|ra|ti|on** ⟨f.; -, -en⟩ *Zerstreuung, Zersplitterung, Auflösung, Verteilung;* Ggs *Konzentration*

de|kon|zen|trie|ren, ⟨auch⟩ **de|kon|zent|rie|ren** ⟨V.⟩ *zerstreuen, zersplittern, auflösen;* Ggs *konzentrieren*

De|kor ⟨m. od. n.; -s, -s od. -e⟩ **1** *Schmuck, Verzierung, Muster (auf Glas- u. Tonwaren)* **2** *Ausstattung (eines Theaterstücks)* [< frz. *décor*]

De|ko|ra|teur ⟨[-tøːr] m.; -s, -e⟩ **1** *Handwerker für die Ausstattung von Innenräumen* **2** ⟨Theater u. Film⟩ *Handwerker für die Ausstattung der Bühne u. Szenen* [< frz. *décorateur*]

De|ko|ra|ti|on ⟨f.; -, -en⟩ **1** *Ausschmückung, Schmuck;* oV *Dekorierung* **2** *Ausstattung;* Bühnen~ **3** *Orden, Ehrenzeichen* [< frz. *décoration* »Ausschmückung, Ausstattung«]

de|ko|ra|tiv ⟨Adj.⟩ *wirkungsvoll schmückend* [< frz. *décoratif*]

de|ko|rie|ren ⟨V.⟩ **1** *schmücken, verzieren* **2** *ausstatten* **3** *auszeichnen;* er ist mit einem Orden dekoriert worden [< frz. *décorer*]

De|ko|rie|rung ⟨f.; -, -en⟩ *das Dekorieren;* oV *Dekoration(1)*

De|kort ⟨a. [-koːr] m.; -s, -e; bei Zahlungen⟩ *Abzug* [< *De...* + ital. *corto* »kurz«]

de|kor|tie|ren ⟨V.⟩ einen Betrag der Rechnung ~ *abziehen, kürzen* [→ *Dekort*]

De|ko|rum ⟨n.; -s; unz.; †⟩ *äußerer Schein, Anstand;* das ~ wahren [< lat. *decorus* »schicklich, passend«]

De|ko|stoff ⟨m.; -(e)s, -e⟩ *Gewebe für Vorhänge, Möbelbezug, Schaufenster- u. Bühnenausschmückung* [verkürzt < *Dekoration* + *Stoff*]

de|kre|di|tie|ren ⟨V.⟩ *den Kredit herabsetzen von* [< frz. *décréditer* »diskreditieren, in Verruf bringen«]

De|kre|ment ⟨n.; -(e)s, -e⟩ **1** *Abnahme, Verminderung, Verfall* **2** ⟨Math.⟩ *kleine Abnahme einer Größe;* Ggs *Inkrement* [< lat. *decrescere* »abnehmen, sich vermindern«]

De|kre|pi|ta|ti|on ⟨f.; -, -en⟩ *Zerfall, Zerplatzen von Kristallen beim Erhitzen, was mit knisterndem Geräusch verbunden ist* [< frz. *décrépitation* »das Knistern«]

de|kre|pi|tie|ren ⟨V.⟩ *zerfallen, zerplatzen* [< frz. *décrépiter* »knistern, prasseln«]

de|kre|scen|do ⟨[-ʃɛn-]; Mus.⟩ = *decrescendo*

De|kre|scen|do ⟨[-ʃɛn-] n.; -s, -s od. -di; Mus.⟩ = *Decrescendo*

De|kres|zenz ⟨f.; -, -en⟩ *Abnahme* [< lat. *decrescere* »an Wachstum abnehmen, sich vermindern«]

De|kret ⟨n.; -(e)s, -e⟩ *behördl. Verordnung, Verfügung;* ein ~ erlassen [< lat. *decretum* »Beschluss, Verordnung«]

De|kre|ta|le ⟨n.; -, -n od. -li|en⟩ *päpstl. Entscheidung* [< lat. *decretum* »Beschluss, Verordnung«]

de|kre|tie|ren ⟨V.⟩ *ein Dekret erlassen über, verordnen, verfügen* [< mlat. *decretare* »beschließen, verordnen«]

de|kryp|tie|ren ⟨V.⟩ *ohne Kenntnis des Schlüssels einen Geheimtext zu entschlüsseln versuchen* [< *de...* + grch. *kryptos* »versteckt, verborgen«]

de|ku|pie|ren ⟨V.⟩ *mit der Dekupiersäge abschneiden, aussägen, ausschneiden* [< frz. *découper* »zer-, ausschneiden«]

De|ku|pier|sä|ge ⟨f.; -, -n⟩ *Tischlersäge mit senkrecht stehendem, sehr schmalem Blatt*

de|kus|siert ⟨Adj.; Bot.⟩ ~e Blattstellung *kreuzweise gegenständige B.* [< lat. *decussare* »kreuzweise abteilen«]

De|ku|vert ⟨[-vɛːr] n.; -s, -s⟩ **1** *Ausfall einer Einnahme* **2** *unbeglichene Schuld* **3** *Mangel an Wertpapieren* [< frz. *découvert,* eigtl. »aufgedeckt, entblößt«]

de|ku|vrie|ren, ⟨auch⟩ **de|kuv|rie|ren** ⟨[-vriː-] Adj.⟩ oV *decouvrieren* **1** etwas ~ *aufdecken, offenbaren, verraten* **2** jmdn. ~ *erkennen, entlarven, entdecken* [< frz. *decouvrir* »auf-, entdecken«]

del. ⟨Abk. für⟩ **1** *deleatur, Deleatur* **2** *delineavit*

de|le|a|tur ⟨Abk.: del.; Zeichen: ₰; Typ.⟩ *es werde getilgt, gestrichen (Anweisung zum Streichen beim Schriftsatz)* [lat., »es möge zerstört werden«]

De|le|a|tur ⟨n.; -s, -; Abk.: del.; Zeichen: ₰⟩ *Tilgungszeichen*
De|le|gat ⟨m.; -en, -en⟩ **1** *Abgeordneter* **2** *päpstl. Bevollmächtigter* [<lat. *delegatus,* Part. Perf. zu *delegare* »überweisen, zuweisen«]
De|le|ga|ti|on ⟨f.; -, -en⟩ **1** *Abordnung* **2** *Übertragung (einer Vollmacht, Befugnis, Schuld)* [<lat. *delegatio* »Zuweisung, Überweisung«]
de|le|gie|ren ⟨V.⟩ **1** *abordnen;* jmdn. zu einer Tagung ~ **2** ⟨Rechtsw.⟩ *übertragen* [<lat. *delegare* »zuweisen, überweisen«]
De|le|gier|te(r) ⟨f.2 (m.1)⟩ *jmd., der zu etwas delegiert ist, Abgeordnete(r), Mitglied einer Delegation;* eine Delegiertenversammlung einberufen
De|le|gie|rung ⟨f.; -, -en⟩ *das Delegieren, das Delegiertwerden*
de|lek|tie|ren ⟨V.; †⟩ sich an etwas ~ *sich ergötzen, laben;* er delektiert sich an Süßigkeiten [<lat. *delectare* »erfreuen«]
De|le|ti|on ⟨f.; -, -en⟩ **1** ⟨Sprachw.⟩ *Weglassprobe zur Bestimmung syntaktischer Strukturen* **2** ⟨Med.⟩ *Verlust eines Chromosomenabschnittes* [<lat. *deletio* »Vertilgung«]
Del|fin ⟨m.; -s, -e⟩ = *Delphin*
Del|fi|na|ri|um ⟨n.; -s, -ri|en⟩ = *Delphinarium*
De|li|be|ra|ti|on ⟨f.; -, -en⟩ *Beratung, Überlegung* [<lat. *deliberatio* »Erwägung, Überlegung«]
De|li|be|ra|tiv|stim|me ⟨f.; -, -n; in polit. Körperschaften⟩ *nur beratende Stimme;* Ggs *Dezisivstimme*
de|li|be|rie|ren ⟨V.⟩ *beraten, überlegen* [<lat. *deliberare* »erwägen, überlegen«]
de|li|kat ⟨Adj.⟩ **1** *köstlich, lecker;* ~e Speise **2** *empfindlich, zart fühlend;* Ggs *indelikat* **3** *heikel, behutsam zu behandeln;* eine ~e Angelegenheit [<frz. *délicat*]
De|li|ka|tes|se ⟨f.; -, -n⟩ **1** ⟨zählb.⟩ *köstliche Speise* **2** ⟨unz.⟩ *Behutsamkeit;* eine Sache mit ~ behandeln [<frz. *délicatesse*]
De|likt ⟨n.; -(e)s, -e⟩ *strafbare Handlung* [<lat. *delictum* »Vergehen, Fehltritt«]
de|li|ne|a|vit ⟨Abk.: del. od. delin.⟩ *er hat (es) gezeichnet (bes. auf Kupferstichen nach dem Namen des Künstlers)* [lat.]
de|lin|quent ⟨Adj.⟩ *straffällig*
De|lin|quent ⟨m.; -en, -en⟩ *Misse-, Übeltäter, Verbrecher* [<lat. *delinquens,* Part. Präs. zu *delinquere* »sich vergehen, einen Fehltritt begehen«]
De|lin|quenz ⟨f.; -; unz.⟩ *Straffälligkeit*
de|li|rie|ren ⟨V.⟩ *irre reden, irre sein* [<lat. *delirare* »wahnwitzig sein«]
De|lir, De|li|ri|um ⟨n.; -s, -ri|en⟩ *Zustand der Verwirrung mit Wahnvorstellungen (im Fieber, Rausch)* [<lat. *delirium* »Wahnsinn«] ~ tremens *nach chron. Alkoholvergiftung akut auftretende, schwere Bewusstseinstrübung mit Sinnestäuschungen, Wahnerlebnissen u.Ä., Säuferwahnsinn* [lat., »zitternder Wahnsinn«]
de|li|zi|ös ⟨Adj.⟩ *fein, köstlich* [frz. *délicieux*]
Del|kre|de|re ⟨n.; -, -⟩ *Haftung für eine Forderung;* ~ stehen für... [<ital. *del credere* »(Bürgschaft) des Glaubens«]
de|lo|gie|ren ⟨[-ʒiː-] V.; bes. österr.⟩ *zum Räumen, Ausziehen aus der Wohnung zwingen, vertreiben* [<frz. *déloger* »(aus einer Wohnung) ausziehen, ausquartieren«]
De|lo|gie|rung ⟨[-ʒiː-] f.; -, -en⟩ *das Delogieren, das Delogiertwerden*

Delphin / Delfin (*Laut-Buchstaben-Zuordnung*) Die aus dem Griechischen stammende ph-Schreibung kann bei den Silben »*-fon / -phon, -fot / -phot, -graf / -graph*« durch die integrierte Schreibung mit »f« ersetzt werden.
Ebenso kann künftig in weiteren Einzelfällen die integrierte Schreibweise verwendet werden (→ a. *Megaphon / Megafon*).

Del|phin ⟨m.; -s, -e⟩ *Angehöriger einer Familie der Zahnwale mit schnabelartig verlängertem Schädel, beide Kiefer mit zahlreichen kegelförmigen Zähnen, vornehmlich Fischfresser: Delphinida;* oV *Delfin* [<lat. *delphinus* <grch. *delphis*]
Del|phi|na|ri|um ⟨n.; -s, -ri|en⟩ *Aquarium für Delphine;* oV *Delfinarium* [→ *Delphin;* nach dem Muster von *Aquarium* u.Ä. gebildet]
del|phisch ⟨Adj.⟩ *Delphi betreffend, zu ihm gehörig, von ihm stammend, von, in Delphi;* ein ~es Orakel *ein doppelsinniges Orakel;* ⟨aber⟩ das ~e Orakel *das in Delphi gesprochene Orakel* [nach der antiken grch. Stadt *Delphi,* grch. *Delphoi*]
Del|ta 1 ⟨n.; -s od. -, -s; Zeichen: δ, Δ⟩ **1.1** *grch. Buchstabe* **1.2** ⟨Math.⟩ *Symbol für das Dreieck od. den Zuwachs einer Größe* **2** ⟨n.; -s, -s od. -ten⟩ **2.1** *dreieckförmige Flussmündung* **2.2** *das von den äußeren Mündungsarmen umschlossene Gebiet* [nach der Form des grch. großen Buchstabens *Delta* (Δ)]
Del|ta|me|tall ⟨n.; -s, -e⟩ *Kupfer-Zink-Legierung mit rd. 55 bis 60% Kupfer, 36-42% Zink u. bis 2% Eisen sowie Mangan- u. Bleizusätzen*
Del|ta|mus|kel ⟨m.; -s, -⟩ *etwa dreieckiger Oberarmmuskel*
Del|ta|strah|len ⟨m.; Pl.⟩ *Elektronenstrahlen, die nicht direkt von einer radioaktiven Substanz ausgesandt werden, sondern z.B. von den Gammastrahlen beim Stoß auf Atome (sekundär) ausgelöst sind*
Del|to|id ⟨n.; -(e)s, -e⟩ *Viereck aus zwei gleichschenkligen Dreiecken, Drachenviereck* [<*Delta* + ...*id*]
Del|to|id|do|de|ka|e|der ⟨n.; -s, -⟩ *Kristallform, die von zwölf Deltoiden begrenzt wird*
de Luxe ⟨[də lyks] Adv.⟩ *aufs Beste ausgestattet, bes. fein (als Zusatz zur Markenbezeichnung von Waren)* [<frz. *de* »mit« + *luxe* »Luxus«]
dem..., Dem... ⟨in Zus.⟩ = *Demo..., demo...*
Dem|a|go|ge, ⟨auch⟩ **De|ma|go|ge** ⟨m.; -n, -n⟩ **1** ⟨urspr.⟩ *Volksführer* **2** ⟨heute abwertend für⟩

Aufwiegler, Volksverführer [< *Demo*… + grch. *agein* »führen«]
Dem|a|go|gie, ⟨auch⟩ **De|ma|go|gie** ⟨f.; -; unz.⟩ *Aufwiegelung, Volksverführung* [→ *Demagoge*]
dem|a|go|gisch, ⟨auch⟩ **de|ma|go|gisch** ⟨Adj.⟩ *hetzerisch, die Wahrheit verfälschend;* ~e Reden
De|mant ⟨m.; -(e)s, -e; poet. für⟩ = *Diamant*
de|man|ten ⟨Adj.; poet. für⟩ *diamanten*
De|man|to|id ⟨m.; -(e)s, -e⟩ *grüner Kalkeisengranat* [< *Diamant* + …*id*]
De|mar|che ⟨[-marʃ(ə)] f.; -, -n⟩ *diplomat. Schritt, polit. Vorgehen;* eine ~ unternehmen (bei) [< frz. *démarche* »Schritt, Maßnahme«]
De|mar|ka|ti|on ⟨f.; -, -en⟩ *Abgrenzung, Ortsbestimmung* [< frz. *démarcation* »Grenzziehung, Abgrenzung, Trennungsstrich«]
De|mar|ka|ti|ons|li|nie ⟨[-niə] f.; -, -n⟩ *vereinbarte Grenze, auch zwischen verschiedenen Interessengebieten*
de|mar|kie|ren ⟨V.⟩ *begrenzen, eine Grenze festsetzen;* → a. *markieren* [→ *Demarkation*]
de|mas|kie|ren ⟨V.⟩ **1** jmdn. ~ *jmdm. die Maske abnehmen* **2** ⟨fig.⟩ *jmdn. entlarven* **3** Geschütze ~ *die Tarnung von G. entfernen* [< frz. *démasquer*]
De|men|ti ⟨n.; -s, -s⟩ **1** *Ableugnung* **2** *Widerruf* **3** *Richtigstellung (einer Nachricht)* [< frz. *démenti*]
De|men|tia ⟨f.; -, -ti|ae [-tsjɛ:]⟩ *erworbene Geistesschwäche, Schwachsinn, Blödsinn;* oV *Demenz* [< lat. *dementia* »Wahnsinn«]
de|men|tie|ren ⟨V.⟩ **1** *leugnen, bestreiten* **2** *widerrufen* **3** *berichtigen* [< frz. *démentir* »Lügen strafen, dementieren, widerlegen, ableugnen«]
De|menz ⟨f.; -, -en⟩ = *Dementia*
de|mi|li|ta|ri|sie|ren ⟨V.⟩ = *entmilitarisieren*
De|mi|li|ta|ri|sie|rung ⟨f.; -, -en⟩ = *Entmilitarisierung*
De|mi|monde ⟨[dəmimɔ̃:d] f.; -; unz.⟩ *Halbwelt* [frz.]
De|mi|ne|ra|li|sa|ti|on ⟨f.; -; unz.⟩ *Verarmung des Körpers an Salzen* [< *De*… + *Mineral*]
de|mi|ne|ra|li|sie|ren ⟨V.⟩ etwas ~ *die Mineralsalze aus etwas entfernen;* Ggs *mineralisieren*
de|mi|nu|tiv ⟨Adj.⟩ = *diminutiv*
de|mi|sec ⟨[dəmisɛk] Adj.⟩ *halbtrocken (von Weinen)* [< frz. *demi* »halb« + *sec* »trocken«]
De|mis|si|on ⟨f.; -, -en⟩ oV ⟨außer schweiz. u. österr.⟩ *Dimission* **1** *Abdankung, Rücktritt;* die ~ eines Ministers **2** *Entlassung, Verabschiedung* [< frz. *démission*]
De|mis|si|o|när ⟨m.; -s, -e⟩ *jmd., der seine Demission nimmt*
de|mis|si|o|nie|ren ⟨V.⟩ *seine Demission nehmen, abdanken, zurücktreten* [< frz. *démissionner* »seinen Rücktritt erklären, zurücktreten«]
De|mi|urg ⟨m.; -s od. -gen; unz.⟩ *Weltschöpfer* [< grch. *demiurgos;* < *demos* »Volk« + *ergon* »Werk, Tat«]
De|mo ⟨f.; -, -s; umg.; kurz für⟩ *Demonstration(3)*
de|mo…, De|mo… ⟨vor Vokalen⟩ dem…, Dem… ⟨in Zus.⟩ *Volk* [< grch. *demos* »Volk«]
De|mo|bi|li|sa|ti|on ⟨f.; -, -en⟩ = *Demobilisierung* [< frz. *démobilisation*]
de|mo|bi|li|sie|ren ⟨V.⟩ *vom Kriegs- in den Friedenszustand zurückführen, abrüsten;* Ggs *mobilisieren(2)* [< frz. *démobiliser*]
De|mo|bi|li|sie|rung ⟨f.; -, -en⟩ *das Demobilisieren, Abrüsten;* Sy *Demobilisation, Demobilmachung*
De|mo|bil|ma|chung ⟨f.; -, -en⟩ = *Demobilisierung*
De|mo|du|la|ti|on ⟨f.; -, -en⟩ *Auftrennung modulierter Schwingungen in ihre Einzelbestandteile, d.h. Abtrennung eines einer niederfrequenten Schwingung aufmodulierten Hochfrequenzteiles*
De|mo|du|la|tor ⟨m.; -s, -to|ren⟩ *Gerät zur Demodulation von Schwingungen*
de|mo|du|lie|ren ⟨V.⟩ Schwingungen ~ *die Information enthaltende Modulationsfrequenz aus der modulierten Schwingung rückgewinnen* [< *de*… + lat. *modulari* »einrichten, regeln«]
De|mo|graf ⟨m.; -en, -en⟩ = *Demograph*
De|mo|gra|fie ⟨f.; -, -n⟩ = *Demographie*
de|mo|gra|fisch ⟨Adj.⟩ = *demographisch*
De|mo|graph ⟨m.; -en, -en⟩ *Kenner, Erforscher, Lehrer, Student der Demographie, Bevölkerungskundler;* oV *Demograf*
De|mo|gra|phie ⟨f.; -, -n⟩ *Beschreibung, Darstellung von Struktur u. Bewegung der Bevölkerung aufgrund der Bevölkerungsstatistik, Bevölkerungslehre;* oV *Demografie* [< *Demo*… + …*graphie*]
de|mo|gra|phisch ⟨Adj.⟩ *zur Demographie gehörend;* oV *demografisch*
De|moi|selle ⟨[dəmoazɛl] f.; -, -n; †⟩ *Fräulein* [frz.]
Dem|ö|ko|lo|gie ⟨f.; -; unz.⟩ *Teilgebiet der Ökologie, das sich mit den Wirkungen der Umweltfaktoren auf die Gesamtheit einer Population befasst* [< grch. *demos* »Land, Gebiet, Volk« + *Ökologie*]
De|mo|krat ⟨m.; -en, -en⟩ *Anhänger, Vertreter der Demokratie* [→ *Demokratie*]
De|mo|kra|tie ⟨f.; -, -n⟩ *Volksherrschaft, Staatsform, bei der ein Staat nach dem Willen des Volkes regiert wird* [< *Demo*… + …*kratie*]
de|mo|kra|tisch ⟨Adj.⟩ *der Demokratie entsprechend, nach den Grundsätzen der Demokratie verfahrend*
de|mo|kra|ti|sie|ren ⟨V.⟩ **1** *zur Demokratie machen;* einen Staat ~ **2** *nach demokrat. Gesichtspunkten umformen*
De|mo|kra|ti|sie|rung ⟨f.; -, -en⟩ *das Demokratisieren*
de|mo|lie|ren ⟨V.⟩ *niederreißen, zerstören* [< frz. *démolir* »ab-, niederreißen«]
de|mo|ne|ti|sie|ren ⟨V.⟩ Münzen ~ *einziehen,*

entwerfen [< frz. *démonétiser,* < lat. *de* »von, weg« + *moneta* »Münze«]

■ Die Buchstabenfolge **de|mons|tr...** kann auch **de|monst|r...** getrennt werden.

■ **De|mons|trant** ⟨m.; -en, -en⟩ *Teilnehmer an einer Demonstration* [< lat. *demonstrans,* Part. Präs. zu *demonstrare* »genau zeigen«]
■ **De|mons|tran|tin** ⟨f.; -, -tin|nen⟩ *Teilnehmerin an einer Demonstration*
■ **De|mons|tra|ti|on** ⟨f.; -, -en⟩ **1** *Beweisführung, Darlegung* **2** *anschaul. Schilderung, Schau, Vorführung;* Flotten~ **3** *Massenkundgebung, Protestkundgebung* [< lat. *demonstratio* »das Zeigen, Darlegung«]
■ **de|mons|tra|tiv** ⟨Adj.⟩ **1** *beweisend* **2** *anschaulich darlegend* **3** *absichtlich, auffallend, betont, drohend;* ~er Beifall; ~ zustimmen **4** ⟨Gramm.⟩ *hinweisend*
■ **De|mons|tra|tiv** ⟨n.; -s, -e [-və]⟩, **De|mons|tra|ti|vum** ⟨[-vum] n.; -s, -va [-va]⟩ *Pronomen, das auf ein od. mehrere bestimmte Exemplare einer durch ein Wort benannten Klasse von Personen, Gegenständen od. Sachverhalten hinweist, hinweisendes Fürwort,* z.B. diese(r)
■ **De|mons|tra|tor** ⟨m.; -s, -to|ren⟩ **1** *jmd., der etwas demonstriert* **2** *Beweisführer* **3** *Vorführer*
■ **de|mons|trie|ren** ⟨V.⟩ **1** *anschaulich vorführen, darlegen, beweisen;* etwas ad oculos ~ *etwas anschaulich vor Augen führen* **2** *eine Demonstration(3) veranstalten, an ihr teilnehmen* [< lat. *demonstrare* »genau zeigen, aufmerksam machen«]
De|mon|ta|ge ⟨[-ʒə] f.; -, -n⟩ *Abbau, Abbruch, bes. von Industrieanlagen* [< frz. *démontage* »Abbau, Abbruch«]
de|mon|tie|ren ⟨V.; Tech.⟩ **1** *in seine Bestandteile zerlegen* **2** *abbauen, abtragen, z.B. industrielle Anlagen nach dem 2. Weltkrieg* [< frz. *démonter* »abbauen«]
De|mo|ra|li|sa|ti|on ⟨f.; -; unz.⟩ *Untergrabung, Zersetzung der Moral, Sittenverfall* [< frz. *démoralisation* »Entsittlichung, Verderbnis«]
de|mo|ra|li|sie|ren ⟨V.⟩ **1** jmdn. ~ *jmds. Moral u. Sitte untergraben* **2** *entmutigen* [< frz. *démoraliser* »verderben, demoralisieren«]
De|mos ⟨m.; -, De|men⟩ **1** *altgrch. Stadtstaat* **2** ⟨heute⟩ *kleinste grch. Verwaltungseinheit* [grch., »Volk«]
De|mo|skop, ⟨auch⟩ **De|mos|kop** ⟨m.; -en, -en⟩ *Meinungsforscher*
De|mo|sko|pie, ⟨auch⟩ **De|mos|ko|pie** ⟨f.; -, -n⟩ *Meinungsforschung* [< *Demo...* + *...skopie*]
de|mo|sko|pisch, ⟨auch⟩ **de|mos|ko|pisch** ⟨Adj.⟩ *die Meinungsforschung betreffend, auf ihr beruhend;* ~es Institut *Institut für Meinungsforschung*
de|mo|tisch ⟨Adj.⟩ ~e Schrift *altägypt. kursive Gebrauchsschrift* [< grch. *demotikos* »volkstümlich«; zu *demos* »Volk«]
De|mo|ti|va|ti|on ⟨[-va-] f.; -; unz.⟩ *das Demotivieren, Abschwächung der Motivation, des Interesses für eine Sache;* schlechte Noten sind häufig eine ~ für Schüler
de|mo|ti|vie|ren ⟨[-viː-] V.⟩ *die Motivation, das Interesse für eine Sache geringer machen;* solche Tadel ~ sie
De|mul|ga|tor ⟨m.; -s, -to|ren; Chem.⟩ *Substanz, die die Entmischung einer Emulsion bewirkt, Emulsionsspalter;* oV *Dismulgator;* Ggs *Emulgator*
de|mul|gie|ren ⟨V.; Chem.⟩ *eine Emulsion entmischen;* Ggs *emulgieren* [< *de...* + lat. *mulgere* »melken«]
De|nar ⟨m.; -s, -e; Abk.: d⟩ **1** *kleine altröm. Silbermünze* **2** ⟨MA⟩ *Silbermünze, der spätere Pfennig* [< lat. *denarius* (röm. Hauptsilbermünze), eigtl. »je zehn enthaltend«]
De|na|tu|ra|li|sa|ti|on ⟨f.; -, -en; †⟩ *Ausbürgerung;* Ggs *Naturalisation*
de|na|tu|ra|li|sie|ren ⟨V.; †⟩ *ausbürgern;* Ggs *naturalisieren* [< *de...* + *naturalisieren*]
de|na|tu|rie|ren ⟨V.⟩ **1** Alkohol ~ *vergällen, ungenießbar machen* **2** Eiweißstoffe ~ *irreversibel verändern* [< frz. *dénaturer* »vergällen, verfälschen«]

■ Die Buchstabenfolge **den|dr...** kann auch **dend|r...** getrennt werden.

■ **Den|drit** ⟨m.; -en, -en⟩ **1** *bäumchenartig verzweigter Plasmafortsatz an der Oberfläche von Nervenzellen* **2** *durch Mangan- od. Eisenlösungen in Gesteinen hervorgerufene pflanzenähnl. Zeichnung* [< grch. *dendron* »Baum«]
■ **den|dri|tisch** ⟨Adj.⟩ *verzweigt, verästelt*
■ **den|dro...,** **Den|dro...** ⟨in Zus.⟩ *Baum, Holz* [< grch. *dendron* »Baum«]
■ **Den|dro|bi|um** ⟨n.; -s; unz.⟩ *in Südasien u. Polynesien heimische, sehr artenreiche Orchideengattung, Baumwucherer* [< grch. *dendron* »Baum«]
■ **Den|dro|chro|no|lo|gie** ⟨[-kro-] f.; -; unz.⟩ *Wissenschaft der Altersbestimmung von Bäumen* [< *Dendro...* + *Chronologie*]
■ **Den|dro|gramm** ⟨n.; -(e)s, -e; Wirtsch.⟩ *Baumdiagramm zur hierarchischen Darstellung von Elementenmengen (Clustern)* [< *Dendro* + *...gramm*]
■ **Den|dro|lo|gie** ⟨f.; -; unz.; Bot.⟩ *Lehre von den Bäumen und anderen Holzgewächsen* [< *Dendro* + *...logie*]
■ **Den|dro|me|ter** ⟨n.; -s, -⟩ *Gerät zum Messen von Höhe u. Stärke stehender Bäume* [< *Dendro...* + *...meter*]
De|ner|vie|rung ⟨[-viː-] f.; -, -en; Med.⟩ *Entfernung der Nerven eines Organes;* Sy *Enervierung(2)* [< *De...* + *enervieren*]
Den|gue|fie|ber ⟨[dɛŋgə-] n.; -s, -⟩ *in den Tropen u. Mittelmeerländern auftretende, durch Stechmücken übertragene Viruskrankheit, gekennzeichnet durch hohes Fieber zu Beginn u. seltsam gespreizten Gang*
De|ni|er ⟨[dənjeː] n.; - od. -s, -; Abk.: den⟩ *Maß für die Feinheit einer Textilfaser, in Gramm angegebenes Gewicht eines 9000 m*

langen Fadens [frz., »Heller, Denier« < lat. *denarius* »je zehn enthaltend«]

De|nim ⟨[dɛ̞-] m. od. n.; -s; unz.; (Wz)⟩ *blauer Jeansstoff* [< frz. *de Nîmes* »aus (der Stadt) Nîmes«]

de|ni|tri|e|ren, ⟨auch⟩ **de|nit|ri|e|ren** ⟨V.; Chem.⟩ organische Verbindungen ~ *die Nitrogruppe* $-NO_2$ *aus organischen Verbindungen entfernen* [→ *Nitrat*]

De|ni|tri|fi|ka|ti|on, ⟨auch⟩ **De|nit|ri|fi|ka|ti|on** ⟨f.; -; unz.⟩ *durch Bakterien hervorgerufene, unerwünschte Umwandlung von Nitraten u. Nitriten (z.B. in Kunstdünger) in Stickoxide bzw. Stickstoff, die für die Düngung keine Bedeutung haben*

de|no|bi|li|tie|ren ⟨V.⟩ jmdn. ~ *jmdm. den Adelstitel entziehen* [< *de...* + *nobilitieren*]

De|no|mi|na|ti|on ⟨f.; -, -en⟩ **1** *Benennung, Vorschlag* **2** *Anzeige* **3** *Ernennung zu einem Amt* **4** ⟨amerik. Bez. für⟩ *relig. Bekenntnis* [< lat. *denominatio* »Benennung«]

De|no|mi|na|tiv ⟨n.; -s, -e [-və]⟩, **De|no|mi|na|ti|vum** ⟨[-vum] n.; -s, -va [-va]⟩ *von einem Nomen abgeleitetes Wort,* z.B. „bäuerlich"

de|no|mi|nie|ren ⟨V.⟩ *ernennen, benennen* [< lat. *denominare*]

De|no|tat ⟨n.; -s, -e; Sprachw.⟩ *das Bezeichnete, das (vom Sprecher) Gemeinte* [zu lat. *denotare* »bezeichnen«]

De|no|ta|ti|on ⟨f.; -, -en; Sprachw.⟩ *Bedeutung (eines Wortes), Grundbedeutung; Begriffsumfang;* Ggs *Konnotation* [zu lat. *denotare* »bezeichnen«]

de|no|ta|tiv ⟨a. ['----] Adj.⟩ *die Denotation betreffend*

de|no|tie|ren ⟨V.; Sprachw.⟩ *bezeichnen, den Begriffsumfang (eines sprachlichen Zeichens) bestimmen* [< lat. *denotare* »bezeichnen«]

Den|si|me|ter ⟨n.; -s, -⟩ *Gerät zur Bestimmung der Dichte von Flüssigkeiten* [< lat. *densus* »dicht« + *...meter*]

Den|si|tät ⟨f.; -, -en⟩ *Dichte, Dichtigkeit* [< lat. *densitas* »Dichtheit«]

Den|si|to|me|ter ⟨n.; -s, -⟩ *Instrument zum Messen der Schwärze (Dichte) fotografischer Schichten* [< lat. *densitas* »Dichtheit« + *...meter*]

Den|si|to|me|trie, ⟨auch⟩ **Den|si|to|met|rie** ⟨f.; -; unz.⟩ *Bestimmung der Dichte von Stoffen*

den|tal ⟨Adj.⟩ *zu den Zähnen gehörig* [< lat. *dens* »Zahn«]

Den|tal ⟨m.; -s, -e⟩ *mit der Zungenspitze an den Schneidezähnen gebildeter Konsonant, Zahnlaut,* z.B. engl. „th" [ð]

Dent|al|gie, ⟨auch⟩ **Den|tal|gie** ⟨f.; -, -n⟩ *Zahnschmerz* [< lat. *dens* Gen. *dentis* »Zahn« + *...algie*]

Den|ti|fi|ka|ti|on ⟨f.; -, -en; Med.⟩ *Zahnbildung* [zu lat. *dens,* Gen. *dentis* »Zahn« + *facere* »machen«]

Den|tin ⟨n.; -s; unz.⟩ *Zahnbein* [< lat. *dens* »Zahn«]

Den|ti|no|blast ⟨m.; -en, -en; Med.; meist Pl.⟩ = *Odontoblast*

Den|tist ⟨m.; -en, -en; bis 1952⟩ *Zahntechniker mit Fachschulausbildung, der in begrenztem Umfang die Zahnheilkunde ausüben durfte* [< lat. *dens,* Gen. *dentis* »Zahn«]

Den|ti|ti|on ⟨f.; -, -en⟩ *Zahndurchbruch, das Zahnen* [< lat. *dens,* Gen. *dentis* »Zahn«]

den|to|gen ⟨Adj.; Med.⟩ *von den Zähnen herrührend;* ~e Schmerzen; Sy *odontogen*

Den|to|lo|gie ⟨f.; -; unz.⟩ *Zahnheilkunde* [< lat. *dens,* Gen. *dentis* »Zahn« + *...logie*]

De|nu|da|ti|on ⟨f.; -, -en⟩ **1** *Entblößung* **2** ⟨Geol.⟩ **2.1** ⟨i.w.S.⟩ *Abtragung verwitterter Gesteinstrümmer durch Wasser, Gletschereis und Wind* **2.2** ⟨i.e.S.⟩ *flächenhafte Abtragung von Gesteinen an Wasserscheiden;* Ggs *Erosion* [< lat. *denudare* »entblößen«]

De|nun|zi|ant ⟨m.; -en, -en⟩ *jmd., der andere denunziert* [< lat. *denuntians,* Part. Präs. zu *denuntiare* »ankündigen, anzeigen«]

De|nun|zi|a|ti|on ⟨f.; -, -en⟩ *Anzeige aus niedrigen, meist persönl. Beweggründen* [zu *denuntiare* »ankündigen, anzeigen«]

de|nun|zie|ren ⟨V.⟩ *aus niedrigen Beweggründen anzeigen* [< lat. *denuntiare* »ankündigen, anzeigen«]

Deo ⟨n.; -s, -s; kurz für⟩ *Deodorant*

De|o|do|rant ⟨n.; -s, -e od. -ti|en; umg. kurz: Deo⟩ *kosmet. Mittel gegen Körpergeruch;* oV *Desodorans, Desodorant* [engl. < lat. *de* »von, weg« + *odor* »Geruch«]

De|o|do|rant|spray ⟨[-ʃpreː] od. [-sprɛi] n.; -s, -s⟩ *Flüssigkeit (im Zerstäuber) gegen Körpergeruch*

de|o|do|rie|ren ⟨V.⟩ = *desodorieren*

De|o|do|rie|rung ⟨f.; -, -en⟩ = *Desodorierung*

de|o|do|ri|sie|ren ⟨V.⟩ = *desodorieren*

De|o|do|ri|sie|rung ⟨f.; -, -en⟩ = *Desodorierung*

Deo gra|ti|as! *Gott (sei) Dank!* [lat.]

De|on|tik ⟨f.; -, unz.; Philos.⟩ *(von J. Bentham beeinflusste) Form der Modallogik, die sich mit dem sprachlichen, logischen Aufbau von Sollensaussagen u. Imperativen in der Ethik u. Rechtswissenschaft auseinander setzt* [< grch. *deon,* Gen. *deontos* »das Nötige«]

de|on|tisch ⟨Adj.; Philos.⟩ *die Deontik betreffend, zu ihr gehörig, auf ihr beruhend*

De|on|to|lo|gie ⟨f.; -; unz.; Philos.⟩ *Pflichtenlehre im Bereich menschlicher Ethik* [< grch. *deon* »das Seinsollende« + *...logie*]

Deo op|ti|mo ma|xi|mo ⟨Abk.: D. O. M.⟩ *einleitende Weihinschrift;* → a. *Iovi optimo maximo* [lat., »Gott, dem Besten und Größten«]

De|o|rol|ler ⟨m.; -s, -⟩ *Deodorant in Form eines rollbaren Deostiftes*

De|o|spray ⟨[-ʃpreː] od. [-sprɛi] n.; -s, -s; kurz für⟩ *Deodorantspray;* ein ~ benutzen

De|o|stick ⟨m.; -s, -s⟩ *Deodorant in Form eines Stabes, Deostift* [engl., verkürzt < *deo*dorant + *stick* »Stock, Stab«]

De|parte|ment ⟨[departmãː] schweiz. a. [-mɛnt] n.; -s, -s⟩ **1** *Verwaltungs-, Geschäftsbezirk* **2** ⟨Schweiz⟩ *Ministerium* **3** ⟨Frankreich⟩ *Regierungsbezirk* [< frz. *département*]

De|par|ture ⟨[dipa:tʃə(r)] f.; -; unz.; auf Flughäfen⟩ *Abflughalle* [engl., »Weggehen, Abreise, Abflug«]

De|pen|dance ⟨[depãdã:s] f.; -, -n; schweiz. für; schweiz. nur so⟩ *Dependenz*

de|pen|den|ti|ell ⟨Adj.⟩ = *dependenziell*

De|pen|denz ⟨f.; -, -en⟩ oV ⟨schweiz.⟩ *Dependance* **1** *Abhängigkeit, Unselbständigkeit;* Ggs *Independenz* **2** *Nebengebäude (bes. eines Hotels)* [<frz. *dépendance*]

De|pen|denz|gram|ma|tik ⟨f.; -; unz.⟩ *Grammatik, die das Verb bei der syntaktischen Analyse in den Mittelpunkt stellt* [zu lat. *dependere* »abhängen«]

de|pen|den|zi|ell ⟨Adj.⟩ *sich auf die Dependenzgrammatik beziehend, ihr methodisch folgend;* oV *dependentiell*

De|per|so|na|li|sa|ti|on ⟨f.; -, -en⟩ **1** *Entpersönlichung* **2** *Entfremdungserlebnis, Herabsetzung des Persönlichkeitsgefühls u. Wirklichkeitsbewusstseins* [< *De...* + *Person*]

De|pe|sche ⟨f.; -, -n⟩ *Eilnachricht, Telegramm, Funkspruch* [<frz. *dépêche*]

de|pe|schie|ren ⟨V.; †⟩ *Eilnachricht senden*

De|phleg|ma|ti|on ⟨f.; -, -en⟩ *Abkühlen eines Dampfgemischs auf eine bestimmte Temperatur, so dass der niedriger siedende Anteil der Dämpfe kondensiert*

De|phleg|ma|tor ⟨m.; -s, -to|ren⟩ *Gerät, das zur Dephlegmation dient* [< *De...* + grch. *phlegein* »brennen, verbrennen«]

De|pig|men|tie|rung ⟨f.; -, -en⟩ *Entfernung od. Verlust der Pigmentierung der Haut*

De|pi|la|ti|on ⟨f.; -, -en⟩ **1** *(künstl.) Enthaarung* **2** *(krankhafter) Haarausfall* [< *De...* + lat. *pilus* »Haar«]

De|pi|la|to|ri|um ⟨n.; -s, -ri|en⟩ *Enthaarungsmittel* [< *De...* + lat. *pilus* »Haar«]

de|pi|lie|ren ⟨V.⟩ *enthaaren* [< *de...* + lat. *pilus* »Haar«]

De|place|ment ⟨[deplasmã:] n.; -s, -s⟩ **1** *Umstellung, das Verrücken, Verschiebung* **2** ⟨Mar.⟩ *die vom Schiffskörper verdrängte Wassermenge* [<frz. *déplacement* »Verschiebung, Ortsveränderung, Wasserverdrängung«]

De|plan|ta|ti|on ⟨f.; -, -en⟩ *Umpflanzung, Verpflanzung* [<frz. *déplantation*]

de|plan|tie|ren ⟨V.⟩ *umpflanzen, verpflanzen* [<frz. *déplanter*]

de|plat|zie|ren ⟨V.⟩ **1** *versetzen, an eine andere Stelle setzen* **2** *verdrängen* [<frz. *déplacer* »umstellen, verschieben, versetzen«]

de|plat|ziert ⟨Adj.⟩ *unangebracht, fehl am Platze, unpassend*

De|ple|ti|on, ⟨auch⟩ **Dep|le|ti|on** ⟨f.; -, -en; Med.⟩ *Verminderung, Entleerung körpereigener Stoffe* [zu lat. *deplere* »ausleeren«]

De|po|la|ri|sa|ti|on ⟨f.; -, -en⟩ **1** *Aufhebung der chem. Polarisation in galvan. Elementen* **2** *Umwandlung polarisierten Lichts in unpolarisiertes, d.h. natürliches Licht*

De|po|la|ri|sa|tor ⟨m.; -s, -to|ren⟩ **1** *Stoff, der in einem galvan. Element eine Depolarisation bewirkt* **2** *Gerät zur Depolarisation von Licht*

de|po|la|ri|sie|ren ⟨V.⟩ *eine Polarisation aufheben bei* [< *de...* + *polarisieren*]

De|po|nat ⟨n.; -s, -e⟩ *etwas, das deponiert, hinterlegt wurde* [<lat. *deponere* »hinterlegen«]

De|po|nens ⟨n.; -, -nen|ti|en od. -nen|tia⟩ *Verbum in passiver Form mit aktiver Bedeutung,* z.B. lat. hortari „ermahnen“ [lat., Part. Präs. zu *deponere* »niederlegen«]

De|po|nent ⟨m.; -en, -en⟩ *jmd., der etwas deponiert* [<lat. *deponens,* Part. Präs. zu *deponere* »niederlegen«]

De|po|nie ⟨f.; -, -n⟩ *Lager(platz);* Müll~ [→ *deponieren*]

de|po|nie|ren ⟨V.⟩ *hinterlegen, in Verwahrung geben* [<lat. *deponere* »niederlegen«]

De|po|nie|rung ⟨f.; -; unz.⟩ *das Deponieren*

De|port ⟨[depo:r] od. [depɔrt] m.; -, -s od. -e; Börse⟩ *Unterschied zwischen dem Tages- u. dem niedrigeren Lieferungskurs, Kursabschlag* [<frz. *déport*]

De|por|ta|ti|on ⟨f.; -, -en⟩ *Zwangsverschickung, Verbannung* [<frz. *déportation* »Zwangsverschleppung«]

de|por|tie|ren ⟨V.⟩ *zwangsverschicken, verbannen* [<frz. *déporter* <lat. *deportare* »forttragen«]

De|por|tie|rung ⟨f.; -, -en⟩ = *Deportation*

De|po|si|tar, De|po|si|tär ⟨m.; -s, -e⟩ *jmd., der deponierte Werte verwahrt* [<frz. *dépositaire* »Depositar, Verwahrer, Treuhänder«]

De|po|si|ten ⟨nur Pl.⟩ *als Einlagen verzinsl. angelegte Guthaben* [<lat. *depositus,* Part. Perf. zu *deponere* »niederlegen«]

De|po|si|ti|on ⟨f.; -, -en⟩ **1** *Hinterlegung* **2** *Absetzung (bes. von Geistlichen)* [<lat. *depositus;* → *Depositen*]

De|po|si|to|ri|um ⟨n.; -s, -ri|en⟩ *Hinterlegungsort, Tresor* [→ *Depositen*]

De|po|si|tum ⟨n.; -s, -ta od. -si|ten⟩ **1** *etwas, das deponiert wird, das Hinterlegte* **2** *Einlage* [<lat. *depositus;* → *Depositen*]

De|pot ⟨[depo:] n.; -s, -s⟩ **1** *Niederlage, Aufbewahrungsort;* Bank~ **2** *die im Depot(1) einer Bank aufbewahrten Gegenstände* **3** *Straßenbahnhof;* Straßenbahn~ **4** *Archiv, Magazin, Lager* **5** ⟨Med.⟩ *Speicher, Ansammlung, Ablagerung* **6** *Behandlung mit Depotpräparaten* **7** *Einsatz, Hinterlage für Geliehenes, Pfand;* Flaschen~ [<frz. *dépôt* »Verwahrung, verwahrter Gegenstand, Verwahrungsort«]

De|pot|be|hand|lung ⟨[depo:-] f.; -, -en⟩ *Verabreichung von Depotpräperaten*

De|pot|fett ⟨[depo:-] n.; -(e)s; unz.⟩ *bes. im Unterhautzellgewebe gespeichertes Fett, das bei Hunger als Energielieferant dient*

De|pot|fund ⟨[depo:-] m.; -es, -e⟩ *Fund von mehreren vorgeschichtl. Gegenständen*

De|pot|ge|schäft ⟨[depo:-] n.; -(e)s, -e⟩ *Verwahrung u. Verwaltung von Wertgegenständen u. -papieren, bes. durch eine Bank*

De|pot|prä|pa|rat ⟨[depo:-] n.; -(e)s, -e⟩ *Arzneimittel, dessen bes. chem. u. physikal. Eigenschaften nach einmaligem Einnehmen lang anhaltende Wirkung ermöglicht*

De|pra|va|ti|on, ⟨auch⟩ **Dep|ra|va|ti|on** ⟨[-va-] f.; -, -en⟩ **1** *Verderbnis, Entartung* **2** *Verschlechterung eines Krankheitszustandes* **3** *Verringerung des Edelmetallgehalts von Münzen* [< lat. *depravatio* »Verdrehung, Entstellung«]

de|pra|vie|ren, ⟨auch⟩ **dep|ra|vie|ren** ⟨[-vi:-] V.⟩ *entarten, (sich) verschlechtern* [< lat. *depravare* »verdrehen, verderben«]

De|pres|si|on ⟨f.; -, -en⟩ **1** *Niedergeschlagenheit, gedrückte Stimmung;* ~en haben, bekommen **2** ⟨Wirtsch.⟩ *Konjunkturphase mit fallender Tendenz;* Ggs *Prosperität(2)* **3** ⟨Meteor.⟩ = *Zyklone* **4** ⟨Geogr.⟩ *unter dem Meeresspiegel liegendes Land* **5** ⟨Astron.⟩ *der unter dem Horizont liegende Teil des Höhenkreises eines Gestirns* **6** ⟨Bgb.⟩ *Unterdruck bei der Grubenbewetterung* **7** ⟨Phys.⟩ *Absinken unter einen Normalwert* [< lat. *depressus,* Part. Perf. zu *deprimere* »niederdrücken«]

de|pres|siv ⟨Adj.⟩ *an Depressionen leidend, niedergeschlagen, verstimmt* [< lat. *depressus;* → *Depression*]

De|pres|si|vi|tät ⟨[-vi-] f.; -; unz.⟩ *Niedergeschlagenheit* [→ *depressiv*]

de|pri|mie|ren ⟨V.⟩ *niederdrücken, entmutigen* [< lat. *deprimere* »niederdrücken«]

De|pri|va|ti|on ⟨[-va-] f.; -, -en⟩ **1** *Absetzung (eines Geistlichen)* **2** ⟨Psych.⟩ *Entzug, bes. Liebesentzug* [< *De…* + *Privation*]

De|pri|va|ti|ons|syn|drom ⟨[-va-] n.; -s, -e⟩ *seelische u. körperliche Entwicklungsstörung bei Kindern infolge fehlender mütterlicher Zuwendung;* → a. *Hospitalismus*

de|pri|vie|ren ⟨[-vi:-] V.⟩ *jmdn. etwas entbehren lassen, jmdm. etwas (z.B. eine Bezugsperson) entziehen* [< *de…* + lat. *privare* »berauben«]

De pro|fun|dis ⟨n.; - -; unz.⟩ *Klageruf* [lat., »Aus der Tiefe rufe ich, Herr, zu dir«, Anfangsworte des 130. Psalms]

De|pu|rans ⟨n.; -, -ran|tia od. -ran|zi|en; Med.⟩ *Abführmittel* [zu lat. *depurare* »reinigen«]

De|pu|tant ⟨m.; -en, -en⟩ *jmd., der auf ein Deputat Anspruch hat*

De|pu|tat ⟨n.; -(e)s, -e⟩ **1** *in Naturalien entrichteter Teil des Lohnes;* ~kohle **2** *zukommender Anteil* [< lat. *deputatum* »zugewiesener Anteil«; zu *deputare* »einem etwas zuweisen«]

De|pu|ta|ti|on ⟨f.; -, -en⟩ *Abordnung, Ausschuss* [< lat. *deputare* »einem etwas zuweisen«]

de|pu|tie|ren ⟨V.⟩ *abordnen* [< lat. *deputare* »einem etwas zuweisen«]

De|pu|tier|te(r) ⟨f.2 (m.1)⟩ *jmd., der deputiert ist, Abgeordnete(r), Mitglied einer Deputation*

De|qua|li|fi|zie|rung ⟨f.; -, -en⟩ *als Folge von gesteigerten Rationalisierungs- u. Automatisierungsmaßnahmen abnehmende Nutzung und zunehmende Entwertung zur Verfügung stehender beruflicher Qualifikationen* [< *De…* + *qualifizieren*]

de|ran|gie|ren ⟨[-rãʒi:-] V.; †⟩ *stören, verwirren, zerrütten, verschieben, in Unordnung bringen* [< frz. *déranger*]

Der|by ⟨engl. [də:bi] od. [da:bi] n.; -s, -s; Sp.⟩ **1** *Pferderennen* **2** *Wettkampf* [nach Lord *Derby,* der das Rennen 1780 gründete]

de|re|gu|lie|ren ⟨V.⟩ *Normen u. Regeln aufheben;* Ggs *regulieren* [< *de…* + lat. *regulare* »regeln, einrichten«]

De|re|gu|lie|rung ⟨f.; -, -en⟩ *das Deregulieren;* Ggs *Regulierung*

De|ri|van|tia ⟨[-van-] Pl., Sg.: De|ri|vans⟩ *ableitende Mittel, Hautreizmittel (zur Förderung der Durchblutung von Organen)* [< lat. *derivare* »ableiten«]

De|ri|vat ⟨[-va:t] n.; -(e)s, -e⟩ **1** *chem. Verbindung, die aus einer anderen durch Ersatz (Substitution) von Atomen durch andere Atome oder Atomgruppen abgeleitet u. dargestellt wird* **2** *durch Derivation(1) gebildetes Wort* [< lat. *derivatus,* Part. Perf. zu *derivare* »ableiten«]

De|ri|va|ti|on ⟨[-va-] f.; -, -en⟩ **1** *Ableitung neuer Wörter aus einem Ursprungswort u. einem Affix sowie (od.) Umlaut od. Ablaut,* z.B. Bau - bauen **2** *seitl. Abweichung eines Geschosses von der Visierlinie* [< lat. *derivatio* »Ableitung«]

De|ri|va|ti|ons|win|kel ⟨[-va-] m.; -s, -⟩ *Winkel, den die Längsachse eines drehenden Schiffes mit der Ausgangsfahrtrichtung bildet*

de|ri|va|tiv ⟨[-va-] Adj.⟩ *durch Derivation entstanden* [< lat. *derivare* »ableiten«]

De|ri|va|tiv ⟨[-va-] n.; -s, -e [-və]⟩ *durch Derivation gebildetes Wort*

De|ri|va|ti|vum ⟨[-vum] n.; -s, -va [-va]⟩ *durch Derivation(1) gebildetes Wort*

De|ri|va|tor ⟨[-va:-] m.; -s, -to|ren; Geom.⟩ *Gerät zur Bestimmung der Tangente an einer gezeichnet vorliegenden Kurve*

de|ri|vie|ren ⟨[-vi:-] V.⟩ Wörter ~ *durch Derivation bilden* [< lat. *derivare* »ableiten«]

…derm 1 ⟨in Zus.⟩ *Haut, …haut, …häute* **2** *Keimblatt* [< grch. *derma* »Haut«]

Der|ma ⟨n.; -s, -ta⟩ *Haut* [grch.]

der|mal ⟨Adj.⟩ *die Haut betreffend, zur Haut gehörig* [→ *Derma*]

Derm|al|gie, ⟨auch⟩ **Der|mal|gie** ⟨f.; -, -n⟩ *Hautnervenschmerz* [< Derma… + *…algie*]

der|ma|tisch ⟨Adj.⟩ *die Haut betreffend, zur Haut gehörig, haut…* [< grch. *derma* »Haut«]

Der|ma|ti|tis ⟨f.; -, -ti|den⟩ *Hautentzündung*

der|ma|to…, Der|ma|to… ⟨in Zus.⟩ *haut…, Haut…* [< grch. *derma,* Gen. *dermatos* »Haut«]

Der|ma|to|gen ⟨n.; -(e)s; unz.⟩ *die Haut erzeugendes Bildungsgewebe* [< *Dermato…* + *…gen*]

Der|ma|to|lo|ge ⟨m.; -n, -n⟩ *Facharzt für Hautkrankheiten*

Der|ma|to|lo|gie ⟨f.; -; unz.⟩ *Lehre von den Hautkrankheiten* [< *Dermato…* + *…logie*]

Der|ma|tom ⟨n.; -s, -e; Med.⟩ **1** *Hautabschnitt, Hautsegment, Hautgeschwulst* **2** *Instrument zur Ablösung von Hautlappen für Transplantationszwecke* [< grch. *derma* »Haut«]

Der|ma|to|my|ko|se ⟨f.; -, -n⟩ *Pilzerkrankung der Haut*
Der|ma|to|my|om ⟨n.; -s, -e⟩ *Hautgeschwulst*
Der|ma|to|phyt ⟨m.; -en, -en⟩ *Hautpilz*
Der|ma|to|plas|tik ⟨f.; -, -en⟩ = *Dermoplastik*
Der|mat|op|sie, ⟨auch⟩ **Der|ma|top|sie** ⟨f.; -; unz.⟩ *Fähigkeit, mit der Körperoberfläche Licht wahrzunehmen, Hautlichtsinn* [< *Dermato… + …opsie*]
Der|ma|to|se ⟨f.; -, -n⟩ *Hautkrankheit* [< grch. *derma* »Haut«]
Der|ma|to|zo|on ⟨n.; -s, -zo|en⟩ *Tier, das auf der Haut schmarotzt,* z.B. Milbe, Zecke [< *Dermato… + Zoon*]
Der|ma|to|zo|o|no|se ⟨[-tso:o-] f.; -, -n; Med.⟩ *Hautkrankheit, die durch Dermatozoen hervorgerufen wird*
…der|mie ⟨in Zus.⟩ *Veränderung, Krankheit der Haut* [< grch. *derma* »Haut«]
…der|mis ⟨in Zus.⟩ *Haut, Gewebe, Zellschicht* [< grch. *derma* »Haut«]
der|mo…, Der|mo… ⟨in Zus.⟩ = *dermato…, Dermato…* [< grch. *derma* »Haut«]
Der|mo|gra|fie ⟨f.; -, -n⟩, **Der|mo|gra|fis|mus** ⟨m.; -; unz.⟩ = *Dermographie, Dermographismus*
Der|mo|gra|phie ⟨f.; -, -n⟩, **Der|mo|gra|phis|mus** ⟨m.; -; unz.⟩ *Entstehung einer deutlich sichtbaren, vorübergehenden Hautreaktion auf einen leichten mechan. Reiz, auf einer Überregbarkeit der Gefäßnerven beruhend, Hautschrift;* oV *Dermografie, Dermografismus* [< *Dermo… + …graphie*]
Der|mo|plas|tik ⟨f.; -, -en⟩ oV *Dermatoplastik* **1** *Übertragung eines Stückes Haut von einer gesunden auf eine verletzte Stelle, Hautverpflanzung, Hautplastik* **2** *Verfahren zum möglichst lebensgetreuen Präparieren größerer Tiere*
Der|ni|er Cri ⟨[dɛrnje: kri:] m.; - -, -s -s [-nje: kri:]⟩ *letzte Modeneuheit, das Allermodernste* [frz., »letzter Schrei«]
De|ro|ga|ti|on ⟨f.; -, -en; Rechtsw.⟩ **1** *Beeinträchtigung, Beschränkung* **2** *(teilweise) Aufhebung eines Gesetzes durch ein neues* [< lat. *derogatio* »teilweise Aufhebung, Abschaffung«]
de|ro|ga|tiv ⟨Adj.; Rechtsw.⟩ **1** *beschränkend, beeinträchtigend* **2** *(teilweise) aufhebend;* Sy *derogatorisch* [< lat. *derogare* »teilweise entziehen, abschaffen«]
de|ro|ga|to|risch ⟨Adj.⟩ = *derogativ*
de|ro|gie|ren ⟨V.⟩ **1** *einschränken* **2** *aufheben* [< lat. *derogare* »teilweise entziehen, abschaffen«]
De|rou|te ⟨[-ru:t(ə)] f.; -, -n⟩ **1** ⟨Mil.⟩ *Auflösung, Zusammenbruch, wilde Flucht* **2** ⟨Finanzw.⟩ *Kurs-, Preissturz* [< frz. *déroute* »wilde Flucht, Zusammenbruch«]
Der|rick|kran ⟨m.; -s, - krä|ne⟩ *als Gittermastkonstruktion ausgeführter, sehr hoher Kran für den Hochbau*
Der|wisch ⟨m.; -(e)s, -e⟩ *mohammedan. Bettelmönch* [< frz. *derviche* < türk. *derviš* »mohammedan. Bettelmönch« < pers. *darwes* »Bettler«]
des. ⟨Abk. für⟩ *designatus*
des…, Des… ⟨Vors.⟩ = *de…, De…*
des|ak|ti|vie|ren ⟨[-vi:-] V.; Chem.⟩ *in einen nicht aktiven Zustand versetzen;* ein Atom ~; oV *deaktivieren;* Ggs *aktivieren*
des|a|mi|nie|ren ⟨V.; Chem.⟩ *eine Aminogruppe aus einer organischen Verbindung abtrennen;* Ggs *aminieren* [< *des… + Amin*]
des|ar|mie|ren ⟨V.⟩ *entwaffnen* [< frz. *désarmer* »entwaffnen, abrüsten»]
De|sas|ter ⟨n.; -s, -⟩ *Unglück, Unheil, Zusammenbruch* [< frz. *désastre* »Katastrophe, Unheil, Zusammenbruch«]
des|a|vou|ie|ren, ⟨auch⟩ **de|sa|vou|ie|ren** ⟨[-vu-]⟩ **1** *ableugnen, missbilligen* **2** *für unbefugt erklären* **3** *bloßstellen* [< frz. *désavouer* »widerrufen, nicht anerkennen«]
De|sen|si|bi|li|sa|tor ⟨m.; -, -to|ren⟩ *Farbstoff, der fotograf. Schichten gegen Licht unempfindlich macht*
de|sen|si|bi|li|sie|ren ⟨V.⟩ **1** *eine Überempfindlichkeit herabsetzen* **2** ⟨Fot.⟩ *lichtunempfindl. machen* [< *de… + sensibilisieren*]
De|sen|si|bi|li|sie|rung ⟨f.; -, -en⟩ *das Desensibilisieren*
De|ser|teur ⟨[-tø:r] m.; -s, -e⟩ *Fahnenflüchtiger* [< frz. *déserteur*]
de|ser|tie|ren ⟨V.⟩ *Fahnenflucht begehen;* zum Feind ~ *überlaufen* [< frz. *déserter* »verlassen, im Stich lassen«]
De|ser|ti|fi|ka|ti|on ⟨f.; -, -en⟩ *das Vordringen der Wüste durch übermäßige Nutzung u. Ausbeutung des Bodens* [zu lat. *desertus* »verlassen, leer, öde«]
De|ser|ti|on ⟨f.; -, -en⟩ *Fahnenflucht* [< frz. *désertion*]
Dés|ha|bil|lé ⟨[dezabije:] n.; - od. -s, -s; †⟩ **1** *eleganter Morgenrock* **2** ⟨Mode; bes. im 18. Jh.⟩ *im Stil der Reifrockmode gehaltenes Haus- u. Morgenkleid* [zu frz. *déhabiller* »(sich) entkleiden, ausziehen«]
de|si|de|ra|bel ⟨Adj.; geh.⟩ *wünschenswert, erstrebenswert* [< lat. *desiderabilis*]
de|si|de|rat ⟨Adj.⟩ **1** *eine Lücke schließend, einen Mangel behebend* **2** *dringend erforderlich;* ein ~er Buchband; → a. *Desiderat*
De|si|de|rat ⟨n.; -(e)s, -e; bes. bei Büchern in Bibliotheken⟩ *Gewünschtes, Fehlendes, Lücke;* → a. *desiderat, Desiderativum* [< lat. *desideratus* »das Gewünschte«]
De|si|de|ra|ti|vum ⟨[-vum] n.; -s, -va [-va]; Sprachw.⟩ *einen Wunsch, ein Verlangen ausdrückendes Verb;* → a. *Desiderat*
De|sign ⟨[dizain] n.; -s, -s⟩ *Form, Entwurf, Modell* [engl.]

> ■ Die Buchstabenfolge **de|si|gn…** kann auch **de|sig|n…** getrennt werden.

■ **De|si|gnat** ⟨n.; -(e)s, -e; Sprachw.⟩ *das durch eine Bezeichnung Bezeichnete;* → a. *Signifikat*

■ **De|si|gna|ti|on** ⟨f.; -, -en⟩ **1** *Bestimmung, Bezeichnung* **2** *vorläufige Ernennung* [<lat. *designatio* »Bezeichnung«]
■ **de|si|gna|tus** ⟨Adj.; Abk.: des.⟩ *bestimmt, im Voraus ernannt, vorgesehen, z.B. für ein Amt* [lat., Part. Perf. zu *designare* »bezeichnen«]
■ **de|si|gnen** ⟨[dizainən] V.⟩ *entwerfen, gestalten, eine funktionelle Form geben;* ein neues Modell ~ [engl.]
■ **De|si|gner** ⟨[dizainə(r)] m.; -s, -⟩ *jmd., der für ein Produkt eine Form, ein Muster entwirft;* Sy *Dessinateur* [engl.]
■ **De|si|gner|dro|ge** ⟨[dizainə(r)-] f.; -, -n⟩ *auf chemischer Basis synthetisch hergestelltes Rauschmittel,* z.B. Ecstasy [< *Designer* + *Droge*]
■ **De|si|gner|food** ⟨[dizainə(r)fu:d] n.; - od. -s; unz.⟩ **1** ⟨Sp.⟩ *speziell auf den Nährstoffausgleich bei sportlichem Training abgestimmtes Nahrungsmittel* **2** ⟨scherzh.⟩ *Gesamtheit aller gentechnisch erzeugten od. behandelten Lebensmittel* [< *Designer* + engl. *food* »Nahrung(-smittel)«]
■ **De|si|gner|mo|de** ⟨[dizainə(r)-] f.; -, -n⟩ *Kleidung, die von Modedesignern entworfen u. ursprünglich nur in geringer Stückzahl produziert wurde* [zu *Designer* + *Mode*]
■ **de|si|gnie|ren** ⟨V.⟩ *für ein Amt vorsehen, bestimmen;* designierter Nachfolger [<lat. *designare* »bezeichnen«]
Des|il|lu|si|on ⟨f.; -, -en⟩ *Ernüchterung;* Ggs *Illusion(1)* [<frz. *désillusion* »Enttäuschung«]
des|il|lu|si|o|nie|ren ⟨V.⟩ *die Illusionen nehmen, ernüchtern, enttäuschen* [<frz. *désillusionner*]
Des|il|lu|si|o|nis|mus ⟨m.; -; unz.⟩ *nüchterne, illusionslose Betrachtung der Wirklichkeit* [< *Des...* + *Illusionismus*]
Des|in|fek|ti|on ⟨f.; -, -en⟩ **1** *Vernichtung von Krankheitserregern mit chem. od. physikal. Mitteln* **2** *Entseuchung* [< *Des...* + *Infektion*]
Des|in|fek|tor ⟨m.; -s, -to|ren⟩ **1** *jmd., der desinfiziert* **2** *das Gerät zum Desinfizieren* [→ *Desinfektion*]
Des|in|fi|zi|ens ⟨n.; -, -zi|en|ti|en od. -zi|en|tia⟩ *Mittel zum Desinfizieren* [< *Des...* + lat. *inficiens,* Part. Präs. zu *inficere* »vergiften, anstecken«]
des|in|fi|zie|ren ⟨V.⟩ **1** *durch Desinfektion keimfrei machen* **2** *entseuchen* [< *des...* + *infizieren*]
Des|in|for|ma|ti|on ⟨f.; -, -en⟩ *(bewusst) falsche Information* [<lat.-frz. *des-* »weg von« + *Information*]
Des|in|sek|ti|on ⟨f.; -, -en⟩ *Bekämpfung von Ungeziefer, bes. von Insekten* [< *Des...* + *Insekt*]
Des|in|te|gra|ti|on, ⟨auch⟩ **Des|in|teg|ra|ti|on** ⟨f.; -, -en⟩ *Auflösung, Aufteilung eines Ganzen, Zerstreuung, Zerspaltung;* Ggs *Integration (1)* [< *Des...* + *Integration*]
Des|in|ter|es|se, ⟨auch⟩ **Des|in|te|res|se** ⟨n.; -s; unz.⟩ *mangelndes Interesse, Gleichgültigkeit* [< *Des...* + *Interesse*]
des|in|ter|es|siert, ⟨auch⟩ **des|in|te|res|siert** ⟨Adj.⟩ **1** *nicht interessiert, gleichgültig;* bei dem Gespräch zeigte er sich ~ **2** *unbeteiligt, unparteiisch*
Des|ja|ti|ne ⟨f.; -, -n⟩ = *Dessjatine*
Desk|re|search ⟨[-rizə:tʃ] n.; - od. -s, - od. -es [-rizə:tʃiz]; Markt-, Meinungsforschung⟩ *Auswertung von (empirisch gewonnenen) Daten am Schreibtisch;* Ggs *Fieldresearch* [engl., »Schreibtischarbeit«]
de|skri|bie|ren, ⟨auch⟩ **des|kri|bie|ren, desk|ri|bie|ren** ⟨V.⟩ *beschreiben;* ein Bild ~ [<lat. *describere* »beschreiben«]
De|skrip|ti|on, ⟨auch⟩ **Des|krip|ti|on, Desk|rip|ti|on** ⟨f.; -, -en⟩ *Beschreibung* [<lat. *descriptio* »Abriss, Beschreibung«]
de|skrip|tiv, ⟨auch⟩ **des|krip|tiv, desk|rip|tiv** ⟨Adj.⟩ *beschreibend;* Ggs *präskriptiv;* ~e Sprachwissenschaft *diejenige Einstellung zur Sprache, die die überlieferten Ausdrucksformen der wissenschaftlichen Untersuchung zugrunde legt u. logische Widersprüche im System in Kauf nimmt* [→ *Deskription*]
De|skrip|tor, ⟨auch⟩ **Des|krip|tor, Desk|rip|tor** ⟨m.; -s, -to-|ren⟩ **1** ⟨Bibliotheksw.⟩ *eines der Schlüsselworte, mit denen die Informationen in einem Dokument inhaltlich beschrieben werden* **2** ⟨EDV⟩ *Schlüsselwort, durch das der Inhalt einer Information im Speicher eines Computers charakterisiert wird*
Desk|top ⟨m.; -s, -s; EDV⟩ **1** *auf dem Schreibtisch installierter Personalcomputer;* → a. *Laptop, Tower* **2** *Benutzeroberfläche von Softwareprodukten, über die durch das Anwählen von Symbolen auf dem Bildschirm bestimmte Funktionen aufgerufen werden können* [engl., »Schreibtischplatte«]
Desk|top|pu|bli|shing, ⟨auch⟩ **Desk|top-Pub|lishing** ⟨[-pʌbliʃiŋ] n.; -s; unz.; Abk.: DTP⟩ *Textgestaltung bis zur Veröffentlichungsreife per Computer* [<engl. *desktop* »Schreibtischplatte« + *publish* »veröffentlichen«]
Des|min ⟨m.; -s, -e; Min.⟩ *farbloses, gelblich braunes, glasglänzendes Mineral, Strahlziolith;* Sy *Stilbit* [<grch. *desme* »Büschel«]
Des|mo|dont ⟨n.; -s; unz.; Med.⟩ *Wurzelhaut des Zahnes (als Bestandteil des Zahnhalteapparates)* [<grch. *desmos* »Band« + *odon* Gen. *odontos* »Zahn«]

■ Die Buchstabenfolge **des|o|do...** kann auch **de|so|do...** getrennt werden.

■ **Des|o|do|rans** ⟨n.; -, -ran|ti|en⟩ = *Deodorant* [< *Des...* + lat. *odorans,* Part. Präs. zu *odorare* »riechend machen«]
■ **Des|o|do|rant** ⟨n.; -s, -s⟩ = *Deodorant*
■ **des|o|do|rie|ren** ⟨V.⟩ etwas ~ *den schlechten Geruch von etwas beseitigen od. überdecken;* oV *deodorieren, deodorisieren, desodorisieren* [< *des...* + lat. *odorare* »riechend machen«]
■ **Des|o|do|rie|rung** ⟨f.; -, -en⟩ *das Desodorieren;* oV *Deodorierung, Deodorisierung, Desodorisation, Desodorisierung*

■ **Des|o|do|ri|sa|ti|on** ⟨f.; -, -en⟩ = *Desodorierung*
■ **des|o|do|ri|sie|ren** ⟨V.⟩ = *desodorieren*
■ **Des|o|do|ri|sie|rung** ⟨f.; -, -en⟩ = *Desodorierung*
de|so|lat ⟨Adj.⟩ **1** *einsam, öde* **2** *hoffnungslos, traurig;* sie fand ihn in einem ~en Zustand [< lat. *desolatus* »vereinsamt, verödet«]
Des|or|dre, ⟨auch⟩ **De|sord|re** ⟨[dezɔrdrə] n. od. m.; -s, -s; geh.⟩ *Unordnung, Durcheinander* [< frz. *désordre*]
Des|or|ga|ni|sa|ti|on ⟨f.; -, -en⟩ **1** *Auflösung, Zerrüttung (einer Ordnung)* **2** *mangelhafte Organisation* [< *Des...* + *Organisation*]
des|or|ga|ni|sie|ren ⟨V.⟩ *die Ordnung auflösen von, in Unordnung bringen* [< *des...* + *organisieren*]
Des|or|ga|ni|sie|rung ⟨f.; -, -en⟩ *das Desorganisieren;* Ggs *Organisierung*
des|o|ri|en|tie|ren ⟨V.⟩ *(bewusst) falsch unterrichten, verwirren* [< *des...* + *orientieren*]
Des|o|ri|en|tie|rung ⟨f.; -, -en⟩ **1** *das Desorientieren, das Desorientiertsein* **2** ⟨Med.⟩ *Störung im Zeit- und Raumempfinden, was zu realitätsentfremdeten Verhaltensweisen führen kann;* Ggs *Orientierung*
De|sorp|ti|on ⟨f.; -, -en⟩ *das Freisetzen eines adsorbierten oder absorbierten Stoffes, z.B. das Entweichen absorbierter Gase aus Flüssigkeiten durch Erhitzen* [< lat. *desorbere* »verschlingen«]
Des|o|xi|da|ti|on ⟨f.; -, -en⟩ *Entzug von Sauerstoff aus einer chem. Verbindung* [< *Des...* + *Oxidation*]
des|o|xi|die|ren ⟨V.⟩ *Sauerstoff entziehen*
Des|o|xy|ri|bo|nu|cle|in|säu|re, ⟨auch⟩ **Des|o|xy|ri|bo|nuc|le|in|säu|re** ⟨f.; -, -n; Abk: DNA, DNS⟩ *Hauptbestandteil der Chromosomen*
Des|o|xy|ri|bo|se ⟨f.; -; unz.⟩ *Zuckerbestandteil der Desoxyribonucleinsäure* [< *Des...* + *oxi...* + *Ribose*]
de|spek|tier|lich, ⟨auch⟩ **des|pek|tier|lich** ⟨Adj.⟩ *unehrerbietig, respektlos, verächtlich* [< lat. *despectare* »herabsehen, verachten«]
De|spe|ra|do, ⟨auch⟩ **Des|pe|ra|do** ⟨m.; -s, -s⟩ **1** *jmd., der zu jeder Verzweiflungstat fähig ist* **2** *Bandit, Umstürzler* [span., »verzweifelt«]
de|spe|rat, ⟨auch⟩ **des|pe|rat** ⟨Adj.⟩ *verzweifelt, hoffnungslos* [< lat. *desperatus*]
Des|pot ⟨m.; -en, -en⟩ *Gewaltherrscher, Willkürherrscher* [< grch. *despotes* »Herr, Herrscher«]
Des|po|tie ⟨f.; -, -n⟩ *Gewaltherrschaft, willkürl. Herrschaft eines Einzelnen* [→ *Despot*]
des|po|tisch ⟨Adj.⟩ **1** *herrisch, rücksichtslos* **2** *gewalttätig, willkürlich* [< grch. *despotikos* »herrisch«]
des|po|ti|sie|ren ⟨V.⟩ *despotisch behandeln, despotisch herrschen über*
Des|po|tis|mus ⟨m.; -; unz.⟩ *System der Gewaltherrschaft* [→ *Despot*]
De|squa|ma|ti|on, ⟨auch⟩ **Des|qua|ma|ti|on** ⟨f.; -, -en⟩ **1** *Abschuppung, Ablösung schaliger Gesteinsplatten durch große Temperaturunterschiede u. andere Verwitterungseinflüsse* **2** *Abstoßen von Oberhautzellen (Haut- u. Kopfschuppen)* **3** *Abstoßen der obersten Schicht der Gebärmutterschleimhaut bei der Menstruation* [< lat. *desquamatio;* zu *de* »von, weg« + *squama* »Schuppe«]
Des|sert ⟨[dɛsɛːr] n.; -s, -s [dɛsɛːrs]⟩ *Nachtisch* [frz.]
Des|sert|wein ⟨[dɛsɛːr-] m.; -s, -e⟩ *Südwein, Süßwein*
Des|sin ⟨[dɛsɛ̃ː] n.; -s, -s⟩ **1** *Zeichnung* **2** *Muster, Vorlage* **3** *Entwurf* [< frz.]
Des|si|na|teur ⟨[-tøːr] m.; -s, -e⟩ = *Designer*
des|si|nie|ren ⟨V.⟩ *(ab)zeichnen, entwerfen, z.B. Muster* [< frz. *dessiner*]
des|si|niert ⟨Adj.⟩ *mit einem Muster versehen, gemustert;* ein ~er Stoff [< frz. *dessiner* »(ab)zeichnen, entwerfen«]
Dess|ja|ti|ne ⟨f.; -, -n⟩ *russ. Feldmaß (1,093 ha);* oV *Desjatine* [< russ. *desjatina*]
Des|sous ⟨[dəsuː] n.; -, - [-suːs]⟩ *Damenunterwäsche* [frz., »unterhalb«]
de|sta|bi|li|sie|ren ⟨V.⟩ *instabil, unbeständig machen;* Ggs *stabilisieren;* politische od. familiäre Beziehungen, Verhältnisse ~ [< *de...* + *stabilisieren*]
De|sta|bi|li|sie|rung ⟨f.; -, -en⟩ *das Destabilisieren;* Ggs *Stabilisierung*

■ Die Buchstabenfolge **de|sti...** kann auch **des|ti...** getrennt werden.

■ **De|stil|lat** ⟨n.; -(e)s, -e⟩ *Produkt der Destillation* [< lat. *destillatus* »herabgeträufelt«]
■ **De|stil|la|teur** ⟨[-tøːr] m.; -s, -e⟩ **1** *Branntweinbrenner* **2** *Schankwirt* [< *Destillation* + frz. Endung]
■ **De|stil|la|ti|on** ⟨f.; -, -en⟩ **1** *Schankwirtschaft* **2** *Verdampfung u. anschließende Kondensation (Wiederverflüssigung durch Abkühlen) einer Flüssigkeit zur Abtrennung einer Flüssigkeit von darin gelösten Feststoffen u. zur Trennung verschiedener Flüssigkeiten* [< lat. *destillare* »herabträufeln«]
■ **De|stil|le** ⟨f.; -, -n; umg.⟩ *kleine Schankwirtschaft* [verkürzt < *Destillation(sanstalt)*]
■ **de|stil|lie|ren** ⟨V.⟩ *durch Destillation trennen*
■ **De|sti|na|tar, De|sti|na|tär** ⟨m.; -s, -e; auf Seefrachtbriefen⟩ *Empfänger von Schiffsfrachten* [< frz. *destinataire* »Empfänger«]
■ **De|sti|na|ti|on** ⟨f.; -, -en⟩ *Bestimmung, Bestimmungsort, Endzweck* [frz., »Bestimmung, Bestimmungsort«]
Des|to|se ⟨f.; -; unz.⟩ *Süßstoff, der aus rohem Stärkesirup gewonnen wird*

■ Die Buchstabenfolge **de|stru...** kann auch **des|tru...** oder **dest|ru...** getrennt werden.

■ **De|stru|ent** ⟨m.; -en, -en; Ökol.⟩ *Endglied einer Nahrungskette, der organische in anorganische Substanz umwandelt*

■ **de|stru|ie|ren** ⟨V.⟩ *zerstören* [< lat. *destruere* »vernichten«]
■ **De|struk|ti|on** ⟨f.; -, -en⟩ *Zerstörung* [< lat. *destructio*]
■ **de|struk|tiv** ⟨Adj.⟩ *zerstörend, zersetzend, auf Umsturz bedacht* [→ *Destruktion*]
■ **De|struk|ti|vi|tät** ⟨[-vi-] f.; -; unz.⟩ *destruktive, zerstörerische Art od. Handlungsweise*
de|szen|dent, ⟨auch⟩ **des|zen|dent** ⟨Adj.; Geol.⟩ *absteigend;* Ggs *aszendent*
De|szen|dent, ⟨auch⟩ **Des|zen|dent** ⟨m.; -en, -en⟩ **1** *Abkömmling, Nachkomme* **2** ⟨Astron.⟩ **2.1** *untergehendes Gestirn* **2.2** *Punkt, an dem ein Gestirn untergeht;* Ggs *Aszendent* [< lat. *descendens,* Part. Präs. zu *descendere* »herabsteigen«]
De|szen|denz, ⟨auch⟩ **Des|zen|denz** ⟨f.; -, -en⟩ **1** ⟨unz.⟩ *Abstammung, Nachkommenschaft* **2** ⟨Astron.; zählb.⟩ *Untergang eines Gestirns;* Ggs *Aszendenz* [zu lat. *descendere* »herabsteigen«]
de|szen|die|ren, ⟨auch⟩ **des|zen|die|ren** ⟨V.⟩ *absteigen, sinken* [< lat. *descendere* »herabsteigen«]
dé|ta|ché ⟨[detaʃe:] Adj.; Mus.⟩ *kräftig, kurz, zwischen Auf- und Abstrich des Bogens gesetzt (zu spielen)* [frz., »lose, getrennt«]
Dé|ta|ché ⟨[detaʃe:] n.; -s, -s; Mus.⟩ *Bogenstrich, der kurz u. kräftig zwischen Auf- u. Abstrich gesetzt wird*
De|ta|cheur ⟨[-ʃø:r] m.; -s, -e⟩ **1** ⟨Müllerei⟩ *Maschine zur Auflockerung des Mahlguts* **2** ⟨chem. Reinigung⟩ *Fachmann für Fleckenentfernung* [frz. → *detachieren*]
De|ta|cheu|se ⟨[-ʃø:zə] f.; -, -n⟩ *Fachfrau für Fleckenentfernung*
de|ta|chie|ren ⟨[-ʃi:-] V.⟩ **1** ⟨Mil.⟩ Soldaten, Truppenteile ~ *für eine Sonderaufgabe abordnen, abzweigen;* Ggs *attachieren* **2** ⟨Müllerei⟩ Mahlgut ~ *zerbröckeln* **3** ⟨Chem.⟩ Textilien ~ *Flecken aus T. entfernen* [< frz. *détacher* »lösen, abtrennen«]
De|tail ⟨[-ta(:)j] n.; -s, -s⟩ *etwas Einzelnes, Einzelheit;* → a. *en détail;* ins ~ gehen; bis ins kleinste ~ berichten [< frz. *détail*]
De|tail|han|del ⟨[-ta(:)j-] m.; -s; unz.; †⟩ *Einzelhandel, Kleinhandel;* Ggs *Engroshandel*
De|tail|händ|ler ⟨[-ta(:)j-] m.; -s, -; †⟩ *Einzelhändler;* Sy *Detaillist;* ⟨österr.⟩ *Engrossist*
de|tail|lie|ren ⟨[-taji:-] V.⟩ **1** *bis ins Detail erklären, darstellen* **2** ⟨Kaufmannsspr.⟩ *in kleinen Mengen, stückweise verkaufen*
de|tail|liert ⟨[-taji:rt] Adj.⟩ *in allen Einzelheiten, bis ins Detail, ausführlich, genauestens*
De|tail|list ⟨[-tajist] m.; -en, -en; †⟩ = *Detailhändler*
De|tek|tei ⟨f.; -, -en⟩ *Büro eines Detektivs*
de|tek|tie|ren ⟨V.⟩ *durch zielgerichtetes Untersuchen und Recherchieren herausfinden od. aufspüren;* → a. *Detektiv*
De|tek|tiv ⟨m.; -s, -e [-və]⟩ *privater, berufsmäßiger Ermittler von Straftaten u. zivilrechtl. Angelegenheiten;* Privat~; → a. *detektieren* [< engl. *detective;* → *Detektor*]
de|tek|ti|visch ⟨[-viʃ] Adj.⟩ *der Art eines Detektivs ähnlich*
De|tek|tor ⟨m.; -s, -to|ren⟩ *Gleichrichter für Hochfrequenzströme;* Sy *Kristall(1.2)* [< lat. *detector* »Enthüller, Aufdecker«; zu *detegere* »aufdecken, enthüllen«]
De|tek|tor|emp|fän|ger ⟨m.; -s, -⟩ *veralteter Rundfunkempfänger mit Kristalldetektor*
Dé|tente ⟨[detã:t] f.; -; unz.⟩ *Entspannung (bes. politisch)* [frz.]
De|ter|gens ⟨n.; -, -gen|zi|en od. -gen|tia [-tsja]⟩ **1** *die Oberflächenspannung des Wassers herabsetzender Stoff, in Waschmitteln enthalten* **2** *wundreinigendes Mittel* [zu lat. *detergere* »abwischen, reinigen«]
De|te|ri|o|ra|ti|on ⟨f.; -, -en⟩ *Verschlechterung* [zu lat. *deterior* »geringer, minder würdig, weniger gut«]
de|te|ri|o|rie|ren ⟨V.⟩ *verschlechtern, verfallen lassen* [< lat. *deterior* »geringer, minder würdig, weniger gut«]
De|ter|mi|nan|te ⟨f.; -, -n⟩ **1** *Teilchen ungeklärter chemischer Natur, das die Entwicklung eines Eies oder Embryos bestimmt* **2** *Rechenhilfsmittel der Algebra, wird als quadratisches Schema aus den Koeffizienten von linearen Gleichungen gebildet* [< lat. *determinans,* Part. Präs. zu *determinare* »begrenzen, bestimmen«]
De|ter|mi|na|ti|on ⟨f.; -, -en⟩ **1** *Begriffsbestimmung, Abgrenzung* **2** *der Vorgang, durch den eine bestimmte Entwicklungsrichtung eines Körperteils festgelegt wird* [< lat. *determinatio* »Begrenzung«]
de|ter|mi|na|tiv ⟨Adj.⟩ *bestimmend, eingrenzend, festlegend* [→ *determinieren*]
De|ter|mi|na|tiv|kom|po|si|tum ⟨n.; -s, -ta; Sprachw.⟩ *Kompositum, bei dem das erste Glied das zweite näher bestimmt,* z.B. Arztpraxis = die Praxis eines Arztes
De|ter|mi|na|tiv|pro|no|men ⟨n.; -s, - od. -mina⟩, **De|ter|mi|na|ti|vum** ⟨[-vum] n.; -s, -va [-va]; Gramm.⟩ *Demonstrativpronomen mit bes. hervorhebender, auswählender Funktion,* z.B. derjenige, derselbe
de|ter|mi|nie|ren ⟨V.⟩ *bestimmen, abgrenzen, entscheiden* [< lat. *determinare* »begrenzen, bestimmen«]
De|ter|mi|niert|heit ⟨f.; -; unz.⟩ *das Determiniertsein*
De|ter|mi|nis|mus ⟨m.; -; unz.; Philos.⟩ *Lehre, dass der menschl. Wille von äußeren Ursachen bestimmt u. daher nicht frei sei;* Ggs *Indeterminismus* [< lat. *determinare* »begrenzen, bestimmen«]
De|ter|mi|nist ⟨m.; -en, -en⟩ *Anhänger des Determinismus*
de|ter|mi|nis|tisch ⟨Adj.⟩ *den Determinismus betreffend, in seinem Sinne aufgefasst, Willensfreiheit ausschließend*
de|tes|ta|bel ⟨Adj.; †⟩ *verabscheuenswert, abscheulich* [< frz. *détestable* < lat. *detestabilis*]
De|to|na|ti|on ⟨f.; -, -en⟩ *eine unter Knallerscheinung u. Gasentwicklung sehr rasch vor*

sich gehende, schneller als eine Deflagration, aber langsamer als eine Explosion verlaufende, chem. Reaktion [<frz. *détonation*]

De|to|na|tor ⟨m.; -s, -to|ren⟩ *Zünder, der eine Sprengladung zündet* [frz. *détonateur* + lat. Endung]

de|to|nie|ren ⟨V.⟩ **1** *in Form einer Detonation verbrennen;* → a. *explodieren* **2** *unrein singen, spielen* [<frz. *détoner*]

De|tri|ment, ⟨auch⟩ **Det|ri|ment** ⟨n.; -(e)s, -e⟩ *Schaden, Verlust (bes. durch Abnutzung), Einbuße* [<frz. *détriment* »Schaden, Nachteil«]

De|tri|tus, ⟨auch⟩ **Det|ri|tus** ⟨m.; -; unz.; Biol.⟩ *feinste Teilchen anorgan. Substanzen u. zerfallender Tier- u. Pflanzenreste als Schwebestoffe od. Bodensatz im Wasser* [lat., Part. Perf. zu *deterere* »ab-, zerreiben«]

det|to ⟨österr.⟩ = *dito* [ital., »das Besagte, Vorgenannte«]

De|tu|mes|zenz ⟨f.; -, -en⟩ *Abschwellung, z.B. einer entzündl. Schwellung, bes. der Geschlechtsteile nach dem Geschlechtsakt;* Ggs *Intumeszenz* [< *De...* + *tumescere* »schwellen«]

Deuce ⟨[dju:s] m.; -; unz.; Sp.; bes. Tennis⟩ *Einstand;* → a. *Advantage* [engl., eigtl. »Zwei (im Kartenspiel)« <afrz. *deus* <lat. *duos* »zwei«]

De|us ⟨m.; -, Dei [de:i]⟩ *Gott;* ~ ex Machina **1** ⟨im antiken Theater⟩ *Göttergestalt, die durch eine mechan. Vorrichtung erschien u. den Konflikt löste* **2** ⟨fig.⟩ *plötzl. erscheinender Helfer, überraschende Lösung aus Konflikten* [lat., »der Gott (aus der Maschine)«]

Deu|ter|a|go|nist, ⟨auch⟩ **Deu|te|ra|go|nist** ⟨m.; -en, -en⟩ *der zweite Schauspieler im altgriech. Theater;* → a. *Protagonist(1), Tritagonist* [<grch. *deuteros* »zweite(r, -s)« + *Agonist*]

Deu|ter|a|no|ma|lie, ⟨auch⟩ **Deu|te|ra|no|ma|lie** ⟨f.; -, -n⟩ *Grünschwäche, herabgesetzte Grünempfindlichkeit;* oV *Deuteroanomalie* [<grch. *deuteros* »zweiter« + *Anomalie*]

Deu|ter|an|o|pie, ⟨auch⟩ **Deu|te|ra|no|pie** ⟨f.; -, -n⟩ *Rotgrünblindheit;* Sy *Achloropsie;* oV *Deuteroanopie* [<grch. *deuteros* »zweite(r, -s)« + *Anopie*]

Deu|te|ri|um ⟨n.; -s; unz.; Zeichen: D od. ^{2}H⟩ *ein Isotop des Wasserstoffs mit dem Atomgewicht 2,015, natürl. Vorkommen im schweren Wasser, Verwendung als Fusionsmaterial für Wasserstoffbomben und zukünftige Fusionsreaktoren* [<grch. *deuteros* »der zweite«]

Deu|te|ro|a|no|ma|lie ⟨f.; -, -n⟩ = *Deuteranomalie*

Deu|te|ro|an|o|pie, ⟨auch⟩ **Deu|te|ro|a|no|pie** ⟨f.; -, -n⟩ = *Deuteranopie*

Deu|te|ron ⟨n.; -s, -ro|nen⟩ *Atomkern des Deuteriums, bestehend aus einem Neutron u. einem Proton* [grch., »das zweite«]

Deu|te|ro|no|mi|um ⟨n.; -s; unz.; AT⟩ *das fünfte Buch Mosis* [lat., eigtl. »Wiederholung des Gesetzes« <grch. *deuteros* »der zweite« + *nomos* »Gesetz, Vorschrift«]

Deu|te|ro|plas|ma ⟨n.; -s, -men; Biol.⟩ = *Deutoplasma*

Deu|te|ro|sto|mi|er ⟨auch⟩ **Deu|te|ros|to|mi|er** ⟨m.; -s, -⟩ *Tier, bei dem der Urmund zum After wird, während der Mund am anderen Ende des Urdarms neu entsteht* [<grch. *deuteros* »der zweite« + *Stoma*]

Deu|to|plas|ma ⟨n.; -s, -men; Biol.⟩ *im Plasma einer Zelle als Reservestoffe gespeicherte Eiweiße, Fette u.a.;* oV *Deuteroplasma* [<grch. *deuteros* »der zweite« + *Plasma*]

Deux-pi|èces ⟨[dø:pjɛ:s] n.; -, -; †⟩ *zweiteiliges Damenkleid* [frz., »zwei Teile«]

De|va|lu|a|ti|on ⟨[-va-] f.; -, -en; Wirtsch.⟩ = *Devalvation*

De|val|va|ti|on ⟨[-valva-] f.; -, -en⟩ *Abwertung, Herabsetzen des Wertes einer Währung;* oV *Devaluation* [<frz. *dévaluation*]

de|val|va|ti|o|nis|tisch, de|val|va|to|risch ⟨[-valva-] Adj.⟩ *Devalvation bewirkend, abwertend;* ~e Maßnahmen

de|val|vie|ren ⟨[-valvi:-] V.⟩ eine Währung ~ *den Wert einer W. herabsetzen, eine W. abwerten* [<frz. *dévaluer*]

De|va|na|ga|ri ⟨[-va-] f.; -; unz.⟩ *wichtigste Schrift im heutigen Indien;* oV *Dewanagari* [Sanskrit]

> **Devastation** (*Worttrennung am Zeilenende*) Analog zur Worttrennung im Deutschen gilt auch für Fremdwörter, dass die Konsonantenverbindung »*st*« künftig zu trennen ist, da sie nicht für einen Einzellaut steht.

De|vas|ta|ti|on ⟨[-vas-] f.; -, -en⟩ *Verwüstung, Verheerung* [zu lat. *devastare* »gänzlich verwüsten«]

de|vas|tie|ren ⟨[-vas-] V.⟩ *verwüsten, verheeren;* eine Stadt, ein Land ~ [<lat. *devastare* »gänzlich verwüsten«]

De|ve|lo|per ⟨[divɛləpə(r)] m.; -s, -; Fot.⟩ *chem. Flüssigkeit zur Entwicklung von Fotografien* [engl., »Entwickler«]

De|ver|ba|tiv, De|ver|ba|ti|vum ⟨[-vɛr-] n.; -s, -va [-va]⟩ *von einem Verb abgeleitetes Wort (Substantiv od. Adjektiv),* z.B. „Schenkung" von „schenken" [< *De...* + lat. *verbum* »Wort«]

de|ves|tie|ren ⟨[-vɛs-] V.⟩ *Lehen od. Priesterwürde entziehen* [<lat. *devestire* »entkleiden«]

De|ves|ti|tur ⟨[-vɛs-] f.; -, -en⟩ *Entziehung des Lehens od. der Priesterwürde* [<lat. *devestire* »entkleiden«]

de|vi|ant ⟨[-vi-] Adj.; Soziol.⟩ *von der Norm abweichend* [<lat. *devians,* Part. Präs. von *deviare* »abweichen«]

De|vi|anz ⟨[-vi-] f.; -; unz.; Soziol.⟩ *Abweichung von der Norm*

De|vi|a|ti|on ⟨[-vi-] f.; -; -en⟩ **1** *Abweichung von der Richtung, vom vorgeschriebenen Weg* **2** *Ablenkung der Kompassnadel* **3** ⟨Stat.⟩ *Abweichung vom Mittelwert* **4** ⟨Genetik⟩ *Abweichung*

der Merkmale einer Art von denen ihrer Stammart [→ *deviieren*]
de|vi|ie|ren ⟨[-vi-] V.⟩ *abweichen* [< lat. *deviare* »vom rechten Wege abweichen«; zu *via* »Weg«]
De|vi|se ⟨[-vi:-] f.; -, -n⟩ **1** *Wahlspruch* **2** ⟨meist Pl.⟩ ~n *Zahlungsmittel in ausländ. Währung* [frz.]
De|vi|sen|swap ⟨[-vi:-swɔp] m.; -s, -s; Wirtsch.⟩ *zeitgleiche Durchführung eines Kassa- u. eines Termingeschäfts am Devisenmarkt;* → a. *Swapgeschäft* [< *Devise* + engl. *swap* »(aus)tauschen«]
de|vi|tal ⟨[-vi-] Adj.⟩ *leblos, abgestorben* [< *de...* + lat. *vita* »Leben«]
De|vo|lu|ti|on ⟨[-vo-] f.; -; -en⟩ *Übergang eines Rechtes od. Besitzes an einen anderen* [→ *devolvieren*]
de|vol|vie|ren ⟨[-vɔlvi:-] V.; Rechtsw.⟩ **1** *abwälzen* **2** *an eine höhere Instanz gehen* [< lat. *devolvere* »herabwälzen, herabrollen«]
De|von ⟨[-vo:n] n.; -s od. -; unz.⟩ *Formation des Paläozoikums vor 360-290 Mill. Jahren mit Meeresüberflutungen u. beginnender variszischer Gebirgsbildung* [nach der engl. Grafschaft *Devon*shire]
de|vo|nisch ⟨[-vo:-] Adj.⟩ *zum Devon gehörend, aus dem Devon stammend*
de|vot ⟨[-vo:t] Adj.⟩ *unterwürfig, übertrieben ehrerbietig, kriecherisch, diensteifrig, ergeben* [< lat. *devotus* »treu ergeben«]
De|vo|ti|on ⟨[-vo-] f.; -; unz.⟩ *Ergebenheit, Unterwürfigkeit, hingebende Verehrung* [< lat. *devotio* »Weihung, das Geloben«]
De|vo|ti|o|na|li|en ⟨[-vo-] nur Pl.⟩ *Andachtsgegenstände,* z.B. Rosenkranz [→ *Devotion*]
De|wa|na|ga|ri ⟨f.; -; unz.⟩ = *Devanagari*
De|xi|o|gra|fie ⟨f.; -; unz.⟩ = *Dexiographie*
de|xi|o|gra|fisch ⟨Adj.⟩ = *dexiographisch*
De|xi|o|gra|phie ⟨f.; -; unz.⟩ *das Schreiben von links nach rechts;* oV *Dexiografie* [< grch. *dexios* »rechts« + *...graphie*]
de|xi|o|gra|phisch ⟨Adj.⟩ *zur Dexiographie gehörend, auf ihr beruhend;* oV *dexiografisch*

■ Die Buchstabenfolge **dex|tr...** kann auch **dext|r...** getrennt werden.

■ **Dex|trin** ⟨n.; -s, -e⟩ *Kohlenhydratgemisch wechselnder Zusammensetzung, das durch Einwirkung von Fermenten, Hitze od. Säuren auf Stärke entsteht, u.a. zur Herstellung von Klebstoffen für Appreturzwecke u. zum Verdicken von Druckfarben verwendet* [< lat. *dexter* »recht(s)«]
■ **dex|tro|gyr** ⟨Adj.; Phys.; Zeichen: d⟩ *die Ebene des polarisierten Lichtes im Uhrzeigersinne drehend, rechts drehend* [< lat. *dexter* »recht(s)« + grch. *gyros* »Ring, Kreis, Windung«]
■ **Dex|tro|kar|die** ⟨f.; -; unz.⟩ *Verlagerung des Herzens auf die rechte Seite des Brustkorbs* [< lat. *dexter* »recht(s)« + grch. *kardia* »Herz«]
■ **Dex|tro|pur** ⟨n.; -s; unz.; Wz⟩ *ein Traubenzuckerpräparat* [< lat. *dexter* »recht(s)« + *purus* »rein«]
■ **Dex|tro|se** ⟨f.; -; unz.⟩ = *Glucose*
Dez. ⟨Abk. für⟩ *Dezember*
De|zem ⟨m.; -s, -s; Gesch.; vom MA bis ins 19. Jh.⟩ *Zehnt, Abgabe des zehnten Teils vom Ertrag eines Grundstücks an die katholische Kirche* [< lat. *decem* »zehn«]
De|zem|ber ⟨m.; -s od. -, -; Abk.: Dez.⟩ *der 12. Monat des Jahres* [< lat. *december* »der zehnte (Monat) des mit dem März beginnenden altröm. Jahres«; zu *decem* »zehn«]
De|zem|vir ⟨[-vir] m.; -s od. -n, -n⟩ *Mitglied des Dezemvirats* [< lat. *decemviri* »Zehn-Männer-Kollegium, Zehn-Männer-Rat«]
De|zem|vi|rat ⟨[-vi-] n.; -(e)s, -e; im alten Rom⟩ *Zehn-Männer-Kollegium* [< lat. *decemviratus* »Amt des Zehn-Männer-Rates«]
De|zen|ni|um ⟨n.; -s, -ni|en⟩ *Jahrzehnt* [< lat. *decennium* »Jahrzehnt«; zu *decem* »zehn« + *annus* »Jahr«]
de|zent ⟨Adj.⟩ Ggs *indezent* **1** *anständig, geziemend, schicklich* **2** *unauffällig, unaufdringlich* [< lat. *decens* »schicklich, geziemend«]
de|zen|tral, ⟨auch⟩ **de|zent|ral** ⟨Adj.⟩ *vom Mittelpunkt weg verlegt;* Ggs *zentral(1)* [< *de...* + *Zentrum*]
De|zen|tra|li|sa|ti|on, ⟨auch⟩ **De|zent|ra|li|sa|ti|on** ⟨f.; -, -en⟩ *Aufgliederung, Übertragung von Aufgaben u. Befugnissen auf untergeordnete Behörden, Abteilungen od. Institutionen zur Selbstverwaltung;* oV *Dezentralisierung;* Ggs *Zentralisation*
de|zen|tra|li|sie|ren, ⟨auch⟩ **de|zent|ra|li|sie|ren** ⟨V.⟩ *auseinander legen, aufgliedern;* Ggs *zentralisieren*
De|zen|tra|li|sie|rung, ⟨auch⟩ **De|zent|ra|li|sie|rung** ⟨f.; -, -en⟩ = *Dezentralisation*
De|zenz ⟨f.; -; unz.⟩ Ggs *Indezenz* **1** *Anstand, Schicklichkeit* **2** *Unauffälligkeit, Unaufdringlichkeit* [< lat. *decentia* »Schicklichkeit, Anstand«]
De|zer|nat ⟨n.; -(e)s, -e⟩ *Aufgaben-, Sachgebiet, Amts-, Geschäftsbereich* [verkürzt u. irrtümlich aufgefasst aus dem lat. Aktenvermerk: *Decernat collega N.* »Kollege N. möge entscheiden«]
De|zer|nent ⟨m.; -en, -en⟩ *Leiter eines Dezernats, Berichterstatter für eine übergeordnete Behörde* [< lat. *decernens,* Part. Präs. zu *decernere* »entscheiden, bestimmen«]
De|zett ⟨n.; -(e)s, -e; Mus.⟩ *Komposition für zehn Soloinstrumente* [< lat. *decem* »zehn«]
De|zi... ⟨Abk.: d; vor Maßeinheiten⟩ *Zehntel...* [< lat. *decem* »zehn«]
De|zi|ar ⟨n.; -s, -e; bei Zahlenangaben Pl.: -; Abk.: da⟩ *1/10 Ar*
De|zi|bel ⟨n.; -s, -; Abk.: dB⟩ *1/10 Bel*
de|zi|die|ren ⟨V.⟩ *entscheiden* [< lat. *decidere* »entscheiden«]
de|zi|diert ⟨Adj.⟩ *entschieden, bestimmt*
De|zi|gramm ⟨n.; -s, -e, bei Zahlenangaben: -; Abk.: dg⟩ *1/10 Gramm*

De|zi|li|ter ⟨n. od. m.; -s, -; Abk.: dl⟩ *1/10 Liter*
de|zi|mal ⟨Adj.⟩ *auf der Zahl Zehn beruhend* [< lat. *decimus* »der Zehnte«]
De|zi|mal|bruch ⟨m.; -(e)s, -brü|che⟩ *durch Komma bezeichneter Bruch, dessen Nenner aus einer Zehnerpotenz (10, 100, 1000) gebildet ist,* z.B. 0,52 = 52/100
De|zi|ma|le ⟨f.; -, -n⟩ *rechts vom Komma eines Dezimalbruchs stehende Zahl, Dezimalzahl, Dezimalstelle* [< lat. *decimus* »der zehnte (Teil)«; zu *decem* »zehn«]
de|zi|ma|li|sie|ren ⟨V.⟩ *auf das Dezimalsystem umstellen;* ein Gewichtssystem ~
De|zi|mal|klas|si|fi|ka|ti|on ⟨f.; -; unz.; Abk.: DK⟩ *von dem amerik. Bibliothekar M. Dewey erfundenes System zur Ordnung des gesamten Wissens in 10 Klassen mit je 10 Divisionen u. wieder je 10 Sektionen usw.*
De|zi|mal|po|tenz ⟨f.; -, -en; Pharm.⟩ *Verdünnungsgrad von homöopathischen Arzneimitteln, der auf der Zahl 10 beruht*
De|zi|mal|rech|nung ⟨f.; -; unz.⟩ *Rechnung mit Dezimalbrüchen*
De|zi|mal|sys|tem ⟨n.; -s; unz.⟩ *auf der Zahl Zehn beruhendes Zahlen- u. Rechensystem;* Sy *dekadisches System*
De|zi|mal|waa|ge ⟨f.; -, -n⟩ *Waage, bei der das Verhältnis von Last u. aufgelegtem Gewicht 10:1 ist*
De|zi|me ⟨f.; -, -n; Mus.⟩ **1** *der zehnte Ton der diaton. Tonleiter* **2** *zehnstufiges Intervall* [< lat. *decima,* Fem. zu *decimus* »der Zehnte«; zu *decem* »zehn«]
De|zi|me|ter ⟨m. od. n.; -s, -; Abk.: dm⟩ *1/10 Meter*
de|zi|mie|ren ⟨V.⟩ **1** ⟨eigtl.⟩ *jeden zehnten Mann töten* **2** ⟨danach⟩ *stark vermindern, große Verluste zufügen* [< lat. *decimare* »den zehnten Mann bestrafen«]
De|zi|si|on ⟨f.; -, -en; geh.⟩ *Entscheidung* [< lat. *decisio* »Abkommen, Vergleich«]
de|zi|siv ⟨Adj.⟩ *entscheidend, bestimmt* [< frz. *décisif*]
De|zi|siv|stim|me ⟨f.; -, -n; in polit. Körperschaften⟩ *zur Abstimmung berechtigte Stimme;* Ggs *Deliberativstimme*
De|zi|ster ⟨m.; -s od. -, -e od. -s; bei Zahlenangaben: -⟩ *1/10 Kubikmeter* [< *Dezi…* + *Ster*]
De|zi|ton|ne ⟨f.; -, -n; Abk.: dt⟩ *1/10 Tonne* [< *Dezi…* + *Tonne*]
dg ⟨Abk. für⟩ *Dezigramm*
Dg ⟨früher Abk. für⟩ *Dekagramm*
D.G. ⟨Abk. für⟩ *Dei gratia*
Dham|ma ⟨[dạma] n. od. m.; -s, -s⟩ = *Dharma*
Dhar|ma ⟨n. od. m.; -s, -s⟩ oV *Dhamma; Zentralbegriff indischer Philosophien u. Religionen* **1** *die einer Sache innewohnende Eigengesetzlichkeit* **2** ⟨Hinduismus⟩ *göttliches Recht u. Pflicht zur Einhaltung der Gesetze* **3** ⟨Buddhismus⟩ *die Lehre Buddhas u. die wesenlosen Daseinselemente, die im Weltprozess zusammenwirken* [Sanskrit, »Stütze, Halt, Gesetz«]

d'Hondt'sche(s) Sys|tem, ⟨auch⟩ **d'hondtsche(s) Sys|tem** ⟨n.; -n -s; unz.⟩ *System der Sitzverteilung bei Verhältniswahlen* [nach dem Rechtswissenschaftler Victor *d'Hondt,* 1841–1901]
di…[1], **Di…**[1] ⟨Vors.⟩ = *dis…, Dis…*
di…[2], **Di…**[2] ⟨Vors.⟩ *doppelt, zwei* [< grch. *dis* »zweimal«; zu *dyo* »zwei«]
di…[3], **Di…**[3] ⟨Vors.⟩ = *dia…, Dia…*
Dia ⟨n.; -s, -s; kurz für⟩ *Diapositiv*
di|a…, Di|a… ⟨Vors.⟩ **1** *durch, hindurch* **2** *auseinander, getrennt* [grch.]
Di|a|bas ⟨m.; -es, -e⟩ *zähes, dunkelgrünes od. schwarzes, subvulkanisches Gestein aus Plagioklas, Augit, Hornblende, Olivin, als Pflasterstein u. Schottermaterial verwendet* [< grch. *diabasis* »Übergang, Durchgang«]
Di|a|be|tes ⟨m. (umg. f.); -; unz.⟩ *mit starker Wasserausscheidung verbundene Krankheit, Harnruhr;* ~ **insipidus** *Erkrankung durch Störung des Zwischenhirns u. der Hirnanhangdrüse, führt zu starker Wasserausscheidung u. großem Durst, Wasserharnruhr;* ~ **mellitus** *Störung des Kohlenhydratstoffwechsels durch mangelnde Insulinbildung im Körper, Zuckerharnruhr, Zuckerkrankheit;* ~ **renalis** *eine Nierenanomalie, bei der die Niere bei normalem Kohlenhydratstoffwechsel vermehrt Zucker durchlässt, Nierendiabetes* [grch., »Zirkel«; zu *diabainein* »hindurch-, hinübergehen«; nlat. *insipidus* »geschmacklos«; < lat. *in…* »nicht« + *sapidus* »schmeckend«; lat. *mellitus* »honigsüß«; lat. *renalis* »die Nieren betreffend«; zu *ren,* Gen. *renis* »Niere«]
Di|a|be|ti|ker ⟨m.; -s, -⟩ *an Diabetes Erkrankter*
Di|a|be|ti|ke|rin ⟨f.; -, -rin|nen⟩ *an Diabetes Erkrankte*
di|a|be|tisch ⟨Adj.⟩ *den Diabetes mellitus (Zuckerkrankheit) betreffend, zu ihm gehörig, von ihm stammend* [→ *Diabetes*]
Di|a|be|to|lo|ge ⟨m.; -n, -n⟩ *Wissenschaftler, der sich mit Diabetes befasst*
Di|a|be|to|lo|gie ⟨f.; -; unz.⟩ *Wissenschaft, die sich mit der Erforschung der Diabetes befasst*
Di|a|bo|lie ⟨f.; -; unz.; geh.⟩ *satanisches, teuflisches Naturell, gehässiger Charakter, diabolisches Verhalten;* Sy *Diabolik*
Di|a|bo|lik ⟨f.; -; unz.⟩ = *Diabolie*
di|a|bo|lisch ⟨Adj.⟩ *teuflisch* [< grch. *diabolos* »Teufel«, eigtl. »Verleumder, Zwietrachtstifter«]
Di|a|bo|lo ⟨n.; -s, -s⟩ *Spiel mit einem Doppelkegel, der mit Hilfe einer gespannten Schnur in Drehung versetzt, in die Höhe geworfen u. wieder aufgefangen wird* [zu ital. *diavolo* < grch. *diabolos* »Teufel«]
Di|a|bo|lus ⟨m.; -; unz.; geh.⟩ *der Teufel* [nlat.]
di|a|chron ⟨[-kro:n] Adj.; Sprachw.⟩ = *diachronisch*
Di|a|chro|nie ⟨[-kro-] f.; -; unz.; Sprachw.⟩ *historisch-vergleichende Sprachwissenschaft;* → *a. Synchronie* [< grch. *dia* »hindurch« + *chronos* »Zeit«]
di|a|chro|nisch ⟨[-kro:-] Adj.; Sprachw.⟩ *den*

Aspekt der sprachgeschichtlichen Entwicklung betreffend; Sy *diachron;* → *a. synchronisch*

Di|a|dem ⟨n.; -s, -e⟩ *Stirnschmuck* [< grch. *diadema* »Binde; das um den Turban des Perserkönigs geschlungene blau-weiße Band«]

Di|a|do|che ⟨[-xə] m.; -n, -n⟩ **1** ⟨urspr.⟩ *einer der Feldherren u. Nachfolger Alexanders d. Gr.* **2** *Nachfolger eines Herrschers od. einer leitenden Persönlichkeit* [< grch. *diadochos* »Nachfolger«]

Di|a|fo|nie ⟨f.; -, -n; Zus.⟩ = *Diaphonie*

Di|a|ge|ne|se ⟨f.; -, -n⟩ *langfristige Gesteinsverfestigung durch chemische u. physikal. Vorgänge;* Sy *Metamorphose(1)* [< *Dia...* + *Genese*]

■ Die Buchstabenfolge **di|a|gn...** kann auch **di|ag|n...** getrennt werden.

■ **Di|a|gno|se** ⟨f.; -, -n⟩ **1** *Erkennung, Feststellung (einer Krankheit); eine ~ stellen* **2** *Bestimmung der systemat. Stellung einer Tier- od. Pflanzenart nach ihren Merkmalen* [zu grch. *diagnoskein* »genau untersuchen, unterscheiden«]

■ **Di|a|gno|se|zen|trum,** ⟨auch⟩ **Di|ag|no|se|zent|rum** ⟨n.; -s, -tren⟩ *Klinik mit überwiegend diagnost. Aufgaben*

■ **Di|a|gnos|tik** ⟨f.; -; unz.⟩ *Lehre von der Diagnose(1)*

■ **Di|a|gnos|ti|ker** ⟨m.; -s, -⟩ *jmd., der eine Diagnose stellt*

■ **di|a|gnos|tisch** ⟨Adj.⟩ *eine Diagnose betreffend*

■ **di|a|gnos|ti|zie|ren** ⟨V.⟩ *erkennen;* eine Krankheit als Scharlach ~

di|a|go|nal ⟨Adj.⟩ **1** *zwei nicht benachbarte Ecken eines Vielecks od. Vielflachs geradlinig verbindend* **2** *weder waagerecht noch senkrecht, sondern schräg laufend;* ein Buch ~ lesen ⟨umg.⟩ *sehr flüchtig* [< lat. *diagonalis,* < grch. *dia* » hindurch« + *gonia* »Winkel«]

Di|a|go|nal ⟨m.; - od. -s, -s; Text.⟩ *Kleiderstoff mit Schrägstreifenbindung*

Di|a|go|na|le ⟨f.; -, -n⟩ *Verbindungslinie zweier nicht benachbarter Ecken eines Vielecks od. Vielflächners*

Di|a|graf ⟨m.; -en, -en⟩ = *Diagraph*

Di|a|gramm ⟨n.; -s, -e⟩ **1** *grafische Darstellung von zahlenmäßigen Abhängigkeiten zwischen zwei od. mehreren Größen, Schaubild* **2** *schemat. Grundriss der Blüte;* Blüten~ [< grch. *diagramma* »Zeichnung, geometr. Figur«]

Di|a|graph ⟨m.; -en, -en⟩ *Gerät zum Zeichnen von Körperumrissen;* oV *Diagraf* [< grch. *diagraphein* »mit Linien umziehen, abzeichnen«]

Di|a|kaus|tik ⟨f.; -, -en⟩ *durch opt. Linsen hervorgerufene Kaustik;* Ggs *Katakaustik*

di|a|kaus|tisch ⟨Adj.⟩ *die Diakaustik betreffend, auf ihr beruhend, von ihr stammend*

Di|a|kon ⟨m.; -s od. -en, -en od. -e⟩ **1** *niederer kath. Geistlicher* **2** ⟨evang. Kirche⟩ *Gemeindehelfer* [< grch. *diakonos* »Diener«]

Di|a|ko|nat ⟨n.; -(e)s, -e⟩ **1** *Amt eines Diakons* **2** *Wohnung eines Diakons*

Di|a|ko|nie ⟨f.; -; unz.; in der evang. Kirche⟩ *sozialer Hilfs- u. Pflegedienst an Armen u. Bedürftigen* [→ *Diakon*]

di|a|ko|nisch ⟨Adj.⟩ *die Diakonie betreffend, zu ihr gehörig, auf ihr beruhend;* Diakonisches Werk *Hilfs- u. Missionsorganisation der Evang. Kirche in Deutschland (seit 1957)*

Di|a|ko|nis|se ⟨f.; -, -n⟩, **Di|a|ko|nis|sin** ⟨f.; -, -sin|nen; evang. Kirche⟩ *Gemeindeschwester, Armen- u. Krankenpflegerin* [< kirchenlat. *diaconissa* »Kirchendienerin«; → *Diakon*]

Di|a|ko|nus ⟨m.; -, -ko|nen⟩ *evang. Hilfsgeistlicher* [→ *Diakon*]

Di|a|kri|se, Di|a|kri|sis ⟨f.; -, -kri|sen⟩ *Trennung, Unterscheidung (bes. von Krankheiten);* Ggs *Synkrise, Synkrisis* [< grch. *diakrisis* »Trennung, Unterscheidung«]

di|a|kri|tisch ⟨Adj.⟩ *unterscheidend, zur Unterscheidung dienend;* Ggs *synkritisch;* ~es Zeichen *einem Buchstaben hinzuzufügendes Zeichen für Unterschiede der Aussprache, z.B. die Cedille u. die Akzente* [zu grch. *diakrisis* »Unterscheidung«]

Di|a|lekt ⟨m.; -(e)s, -e⟩ *Mundart* [< grch. *dialektos* »Unterredung, Redeweise«]

di|a|lek|tal ⟨Adj.⟩ *mundartlich*

Di|a|lekt|ge|o|gra|fie ⟨f.; -; unz.⟩ = *Dialektgeographie*

Di|a|lekt|ge|o|gra|phie ⟨f.; -; unz.; Sprachw.⟩ *Forschung, die die Ausbreitung u. Grenzen der Dialekte feststellt;* oV *Dialektgeografie*

Di|a|lek|tik ⟨f.; -; unz.⟩ **1** *Kunst der wissenschaftl. Gesprächsführung, Fähigkeit zu diskutieren* **2** *Methode, durch Denken in Gegensatzbegriffen zur Erkenntnis u. zur Überwindung der Gegensätze zu gelangen* [verkürzt < grch. *dialektike techne* »Kunst des (bes. wissenschaftlichen) Streitgesprächs«]

Di|a|lek|ti|ker ⟨m.; -s, -⟩ **1** *jmd., der die Rede, Diskutierkunst beherrscht* **2** *Vertreter der Dialektik(2)*

di|a|lek|tisch ⟨Adj.⟩ **1** *mundartlich* **2** *die Dialektik betreffend, in der Art der Dialektik;* ~er Materialismus ⟨umg. Kurzwort: Diamat⟩ *philosoph. Anschauung, nach der jede Entwicklung als Ergebnis der sich ständig dialektisch verwandelnden u. in Wechselbeziehung zueinander stehenden Formen der Materie anzusehen ist*

Di|a|lek|tis|mus ⟨m.; -, -men; Sprachw.⟩ *dialektaler Ausdruck eines hochsprachlichen Wortes*

Di|a|lek|to|lo|gie ⟨f.; -; unz.⟩ *Mundartforschung* [< *Dialekt* + *...logie*]

di|a|lek|to|lo|gisch ⟨Adj.⟩ *zur Dialektologie gehörend, auf ihr beruhend*

Di|al|le|le ⟨f.; -, -n; Philos.⟩ *logisch falscher Schluss* [zu grch. *dia allelon* »durcheinander«]

Di|a|log ⟨m.; -(e)s, -e⟩ **1** *Gespräch zwischen zweien od. mehreren, Wechselrede;* Ggs *Monolog* **2** *philosophische Erörterung* **3** ⟨EDV⟩

Wechsel zwischen Frage u. Antwort im Rechnersystem [< *Dia… + …log*[1]]

di|a|lo|gisch ⟨Adj.⟩ *in Dialogform*

di|a|lo|gi|sie|ren ⟨V.⟩ *in Dialogform (um)setzen*

Di|a|lo|gis|mus ⟨m.; -, -men; Lit.; Rhet.⟩ *als Stilmittel eingesetztes Selbstgespräch, in dem der Redner Fragen an sich selbst richtet u. diese auch selbst beantwortet*

Di|a|ly|sat ⟨n.; -s, -e⟩ *Produkt der Dialyse*

Di|a|ly|sa|tor ⟨m.; -s, -to|ren⟩ *Gerät zum Durchführen einer Dialyse*

Di|a|ly|se ⟨f.; -, -n⟩ **1** *Verfahren zur Trennung niedermolekularer von höhermolekularen Stoffen (Kolloiden) mittels einer halb durchlässigen (semipermeablen) Hülle* **2** ⟨Med.⟩ *Reinigung des Blutes von Giftstoffen bei mangelhafter Nierenfunktion* [< grch. *dialysis* »Auflösung«]

Di|a|ly|se|ap|pa|rat ⟨m.; -(e)s, -e⟩ *Gerät zur Reinigung des Blutes von Giftstoffen (z.B. Harnstoff)*

Di|a|ly|se|zen|trum, ⟨auch⟩ **Di|a|ly|se|zent|rum** ⟨n.; -s, -tren⟩ *Spezialklinik, in der Dialysen durchgeführt werden*

di|a|ly|sie|ren ⟨V.⟩ *durch Dialyse trennen*

di|a|ly|tisch ⟨Adj.⟩ *auf Dialyse beruhend*

di|a|ma|gne|tisch, ⟨auch⟩ **di|a|mag|ne|tisch** ⟨Adj.⟩ *den Diamagnetismus betreffend, auf ihm beruhend;* Ggs *paramagnetisch*

Di|a|ma|gne|tis|mus, ⟨auch⟩ **Di|a|mag|ne|tis|mus** ⟨m.; -; unz.⟩ *Eigenschaft von Stoffen, deren Atome kein magnet. Moment aufweisen;* Ggs *Paramagnetismus*

Di|a|mant ⟨m.; -en, -en⟩ **1** *aus reinem Kohlenstoff bestehendes, härtestes Mineral, ein wertvoller Edelstein wegen der hohen Lichtbrechung seiner Kristalle;* schwarze ~en ⟨fig.⟩ *Steinkohle* **2** ⟨f.; -; unz.⟩ *ein Schriftgrad (4 Punkt)* [< frz. *diamant* < vulgärlat. **adiamante,* Kreuzung von grch. *adamas,* Gen. *adamantos* »der Unbezwingliche« + *diaphainein* »durchscheinen«]

Di|a|mant|boh|rer ⟨m.; -s, -⟩ *Bohrer mit Diamantspitze, z.B. in der Zahnmedizin verwendet*

di|a|man|ten ⟨Adj.⟩ *aus einem oder mehreren Diamanten bestehend, beschaffen, funkelnd wie ein Diamant;* von ~em Glanze ⟨poet.⟩; ~e Hochzeit *60. Hochzeitstag* ⟨landsch. a.⟩ *75. Hochzeitstag*

Di|a|mat ⟨m.; -; unz.; umg. Kurzw. für⟩ *dialektischer Materialismus*

Di|a|me|ter ⟨m.; -s, -⟩ *Durchmesser* [< *Dia… + …meter*]

di|a|me|tral, ⟨auch⟩ **di|a|met|ral** ⟨Adj.⟩ **1** *entgegengesetzt;* ~e Punkte *beide Endpunkte eines Kreis- od. Kugeldurchmessers* **2** ⟨fig.⟩ *völlig anders* [→ *Diameter*]

di|a|me|trisch, ⟨auch⟩ **di|a|met|risch** ⟨Adj.⟩ *dem Durchmesser entsprechend, auf den Durchmesser bezüglich* [→ *Diameter*]

Di|a|mid ⟨n.; -(e)s; unz.⟩ = *Hydrazin* [< *Di…*[2] + *Amid*]

Di|a|mi|ne ⟨Pl.⟩ *Stoffklasse organischer Verbindungen, die in ihrem Molekülgerüst zwei Aminogruppen (NH_2) enthalten* [< *Di…*[2] + *Amin*]

Di|a|ne|tik ⟨f.; -; unz.⟩ *(stark umstrittene) Theorie, nach der alle Krankheitsbilder durch den Einsatz bestimmter psychotherapeutischer Mittel geheilt werden können (vertreten von dem Scientologen L. R. Hubbard)* [< grch. *dia* »durch« + *nous* »Seele, Denken«]

Di|a|pa|son ⟨m. od. n.; -s, -s od. -so|ne; Mus.⟩ **1** *altgrch. Oktave* **1.1** *Orgelregister* **2** ⟨m.; -s, -s⟩ *Normalstimmungshöhe (Kammerton)* **2.1** *Stimmgabel* [< grch. *dia pason* »durch alle hindurch« (d.h. alle acht Saiten od. Töne)]

Di|a|pau|se ⟨f.; -, -n; bei wirbellosen Tieren⟩ *Phase ausgeprägter Entwicklungsruhe mit herabgesetztem Stoffwechsel* [< grch. *diapausis* »das Dazwischenausruhen«]

Di|a|pe|de|se ⟨f.; -, -n⟩ *Austritt von Blutkörperchen durch die unverletzte Gefäßwand* [zu grch. *diapedaein* »hindurchdringen«]

di|a|phan ⟨Adj.⟩ *durchscheinend, durchsichtig* [< grch. *diaphainein* »durchscheinen lassen«]

Di|a|pha|nie ⟨f.; -, -n⟩ *durchscheinendes, auf Glas gemaltes Bild* [→ *diaphan*]

Di|a|pha|ni|tät ⟨f.; -; unz.; Meteor.⟩ *auf Lichtstrahlen bezogene Durchlässigkeit*

Di|a|pha|no|skop, ⟨auch⟩ **Di|a|pha|nos|kop** ⟨n.; -s, -e⟩ *Gerät zur Ausleuchtung von Körperhöhlen* [< *diaphan* + *…skop*]

Di|a|pha|no|sko|pie, ⟨auch⟩ **Di|a|pha|nos|ko|pie** ⟨f.; -, -n⟩ *Ausleuchtung von Körperhöhlen* [→ *Diaphanoskop*]

Di|a|pho|nie ⟨f.; -, -n; Mus.⟩ *Missklang;* oV *Diafonie* [< grch. *diaphonia* »Widerspruch, Disharmonie«]

Di|a|pho|ra ⟨f.; -; unz.; Rhet.⟩ **1** *Betonung des Unterschiedes (zweier Dinge), Unstimmigkeit* **2** *Wiederholung eines Wortes innerhalb eines Satzes, jedoch mit anderer od. verstärkender Bedeutung* [zu grch. *diapherein* »auseinander tragen, einen Unterschied machen«]

Di|a|pho|re|se, Di|a|pho|re|sis ⟨f.; -; unz.⟩ *das Schwitzen* [< grch. *diaphorein* »verbreiten, zerteilen«]

Di|a|pho|re|ti|kum ⟨n.; -s, -ka⟩ *schweißtreibende Arznei*

di|a|pho|re|tisch ⟨Adj.⟩ *schweißtreibend* [→ *Diaphorese*]

Di|a|phrag|ma ⟨n.; -s, -men⟩ **1** ⟨Anat.⟩ *Scheidewand zwischen Körperhöhlen* **1.1** *Zwerchfell* **2** ⟨Tech.⟩ *poröse Scheidewand als Filter für Flüssigkeiten od. Gase* **3** ⟨Opt.⟩ *Blende* **4** *mechanisches Empfängnisverhütungsmittel* [< grch. *diaphragma* »Scheidewand«]

Di|a|phy|se ⟨f.; -, -n⟩ *Mittelstück des Röhrenknochens* [< *Dia… + …physe*]

Di|a|pir ⟨m.; -s, -e; Geol.⟩ *zumeist aus Salz bestehender Gesteinskörper, der bei Faltungen durch höhere Gesteinsschichten gepresst wurde, Salzdom, Salzhorst, Salzstock* [zu grch. *diapeirein* »durchbohren«]

Di|a|po|si|tiv ⟨a. [----'-] n.; -s, -e [-və]; kurz:

Dia⟩ *durchsichtiges Lichtbild auf Glas od. Film (zur Projektion)* [< *Dia*skop + *positiv*]

Di|a|pro|jek|tor ⟨m.; -s, -en⟩ *Projektor für Diapositive;* Sy *Diaskop*

Di|ä|re|se, Di|ä|re|sis ⟨f.; -, -re|sen⟩ **1** *Trennung, Zerreißung* **2** *getrennte Aussprache zweier nebeneinander stehender Vokale, von denen einer oft durch ein Trema bezeichnet wird,* z.B. „Alë|uten" **3** ⟨Metrik⟩ *Gliederung, Einschnitt durch Zusammentreffen von Versfuß u. Wortende* [< grch. *diaresis* »Trennung«]

Di|a|ri|um ⟨n.; -s, -ri|en⟩ **1** *Notizbuch* **2** *Tagebuch* **3** *Kladde* **4** *Schul-, Schreibheft* [lat., »Buch für tägl. Eintragungen«; zu *dies* »Tag«]

Di|ar|rhö ⟨f.; -, -en⟩, **Di|ar|rhöe** ⟨[-rø:] f.; -, -n.; Med.⟩ *Durchfall* [< *Dia*… + …*rrhö*]

di|ar|rhö|isch ⟨Adj.; Med.⟩ *mit Diarrhö verbunden*

Di|ar|thro|se, ⟨auch⟩ **Di|arth|ro|se** ⟨f.; -, -n⟩ *Gelenk* [zu grch. *diarthroein* »gliedern«]

di|a|schist ⟨[-sçist] Adj.; Geol.⟩ *nicht übereinstimmend mit der chem. Mischung artähnlicher Gesteine;* Ggs *aschist* [< *dia*… + grch. *schisis* »Spaltung, Trennung«]

Di|a|skop, ⟨auch⟩ **Di|as|kop** ⟨n.; -s, -e⟩ = *Diaprojektor* [< *Dia*… + …*skop*]

Di|a|sko|pie, ⟨auch⟩ **Di|as|ko|pie** ⟨f.; -, -n⟩ *Röntgendurchleuchtung* [→ *Diaskop*]

Di|a|spo|ra, ⟨auch⟩ **Di|as|po|ra** ⟨f.; -; unz.⟩ **1** *die Mitglieder einer Kirche u. ihre zerstreuten Gemeinden im Gebiet einer andersgläubigen Bevölkerung* **2** *kirchliche od. völkische Minderheit;* in der ~ leben [< grch. *diaspora* »Zerstreuung«]

Di|a|sta|se, ⟨auch⟩ **Di|as|ta|se** ⟨f.; -, -n⟩ **1** *Ferment des Kohlenhydratabbaus, das Stärke in Maltose umwandelt;* Sy *Amylase* **2** *das Auseinanderklaffen von Muskeln od. Knochen* [< *Dia*… + …*stase*]

Di|a|ste|ma, ⟨auch⟩ **Di|as|te|ma** ⟨n.; -s, -ma|ta⟩ *bei Säugetieren vorkommender Zwischenraum in der Zahnreihe, Affenlücke* [< grch. *diastema* »Zwischenraum, Abstand«]

Di|a|sto|le, ⟨auch⟩ **Di|as|to|le** ⟨f.; -, -sto|len⟩ **1** *die auf die Kontraktion folgende Erweiterung der Herzkammern;* Ggs *Systole* **2** *Dehnung kurzer Vokale aus Verszwang* [< grch. *diastole* »Trennung, Unterschied«]

di|a|sto|lisch, ⟨auch⟩ **di|as|to|lisch** ⟨Adj.⟩ *auf Diastole beruhend;* Ggs *systolisch*

Di|a|sys|tem ⟨n.; -s, -e; Sprachw.⟩ *einem od. mehreren Systemen übergeordnetes System* [< *Dia*… + *System*]

di|ät ⟨Adj.⟩ *der Diät entsprechend, mäßig;* er lebt ~

Di|ät ⟨f.; -, -en⟩ *eine der Konstitution (des Kranken) gemäße Lebens- u. Ernährungsweise, Schonkost, Krankenkost;* (strenge) ~ (ein)halten; eine ~ verordnen; nach einer bestimmten ~ leben [< lat. *diaeta* »vom Arzt verordnete Lebensweise« < grch. *diaita* »Leben, Lebensweise«]

Di|ät|as|sis|ten|tin ⟨f.; -, -tin|nen; in Krankenhäusern, Heimen⟩ *Frau, die nach ärztlicher Anweisung Diätpläne für Patienten zusammenstellt (Berufsbezeichnung);* Sy *Diätistin*

Di|ä|ten ⟨nur Pl.⟩ *Tagegelder, Aufwandsentschädigung, Reisespesen, z.B. für Abgeordnete* [< mlat. *dieta* »Tagelohn« < lat. *dies* »Tag«]

Di|ä|te|tik ⟨f.; -; unz.⟩ *Lehre von der gesunden Ernährung u. Lebensweise* [< grch. *diaitetike techne* »Kunst der gesunden Lebensweise«]

Di|ä|te|ti|kum ⟨n.; -s, -ka⟩ *die Gesundheit förderndes Nahrungsmittel*

di|ä|te|tisch ⟨Adj.⟩ *die Diät betreffend, auf sie bezüglich, ihr gemäß*

Di|a|thek ⟨f.; -, -en⟩ *Sammlung von Diapositiven* [< *Dia*positiv + …*thek*]

di|a|ther|man ⟨Adj.⟩ *durchlässig für Wärmestrahlen;* Ggs *atherman* [→ *Diathermie*]

Di|a|ther|mie ⟨f.; -; unz.; Med.⟩ *Wärmebehandlung mit hochfrequentem Wechselstrom* [< *Dia*… + grch. *therme* »Wärme«]

Di|a|the|se ⟨f.; -, -n⟩ *besondere Empfänglichkeit für eine Krankheit* [< grch. *diathesis* »Einrichtung, Ordnung«]

di|ä|tisch ⟨Adj.⟩ *die Ernährung betreffend, zu ihr gehörig*

Di|ä|tis|tin ⟨f.; -, -tin|nen⟩ = *Diätassistentin*

Di|a|to|mee ⟨[-me:ə] f.; -, -n⟩ *braune, einzellige Alge von mannigfaltigen Formen, Kieselalge: Diatomeae* [< grch. *diatomos* »halb durchgeschnitten«]

Di|a|to|me|en|er|de ⟨f.; -; unz.⟩ *sehr leichtes, hellgraues od. rötliches Pulver, das sich bei niederen Temperaturen im Süßwasser durch Ablagerung von Diatomeen bildet, Kieselgur*

Di|a|to|mit ⟨m.; -s; unz.⟩ *poröses, toniges Diatomeengestein, technisch zur Wärmeisolierung verwendet*

Di|a|to|nik ⟨f.; -; unz.; Mus.⟩ **1** *Tonfolge, die sich überwiegend durch Ganztonschritte bewegt* **2** *das abendländ. Dur-Moll-System;* Ggs *Chromatik* [zu grch. *diatonos* »durchtönend, verschieden tönend«]

di|a|to|nisch ⟨Adj.; Mus.⟩ **1** *sich überwiegend durch Ganztonschritte bewegend* **2** *in der Tonfolge einer Dur- od. Molltonleiter;* Ggs *chromatisch;* ~es Tonsystem = *Diatonik*

di|a|to|pisch ⟨Adj.; Sprachw.⟩ *regional, ortsspezifisch;* ~e Sprachvariante [< grch. *dia* »(hin)durch« + *topos* »Ort«]

Di|a|tri|be, ⟨auch⟩ **Di|at|ri|be** ⟨f.; -, -n; Lit.⟩ *Streit-, Schmähschrift, gelehrte Abhandlung od. Unterhaltung* [< grch. *diatribe* »Zeitverlust, Zeitvertreib, Beschäftigung, Gespräch«]

Di|a|vo|lo ⟨[-vo-] m.; -, -li⟩ *Teufel* [ital.]

Di|a|zi|ne ⟨Pl.⟩ *Gruppe organischer Verbindungen mit sechsgliedrigen Ringsystemen, bei denen zwei Stickstoffatome in das Ringgerüst eingebaut sind* [< *di*…[2] + *Azot*]

Di|a|zo|ver|bin|dung ⟨f.; -, -en⟩ *organ.-chem. Verbindung, die im Gegensatz zu den Azoverbindungen die Azogruppe (-N = N-) an ringförmige Kohlenwasserstoffreste gebunden enthält* [< *Di*…[2] + *Azot*]

di|b|beln ⟨V.; Landwirtsch.⟩ *die Aussaat (mit Hilfe einer Maschine) in Reihen mit großen Zwischenräumen einbringen* [engl.]

Di|b|buk ⟨m.; - od. -s, -s; in der Kabbalistik⟩ *Besessenheit durch die Seelenkräfte eines Verstorbenen, die den Besessenen quälen;* oV *Dybbuk* [hebr., »Anhaftung«]

Di|bra|chys ⟨[-xys] m.; -, -⟩ *antiker Versfuß, der aus zwei Kürzen besteht* [< grch. *di* »zweimal« + *brachys* »kurz«]

Di|cen|tra, ⟨auch⟩ **Di|cent|ra** ⟨f.; -, -trae⟩ *zur Familie der Mohngewächse gehörige Gattung, zu der z.B. die Gartenzierpflanze „Tränendes Auge" gehört* [< grch. *di* »zweimal« + *kentron* »Sporn«]

Di|cha|si|um ⟨[-ça-] n.; -s, -si|en⟩ *Sprosssystem, bei dem zwei Seitenzweige eines Hauptsprosses die Verzweigung in gleicher Weise fortsetzen* [< grch. *dicha* »zweifach, getrennt«]

Di|cho|ga|mie ⟨[-ço-] f.; -; unz.; Bot.⟩ *zeitlich getrennter Reifeprozess der weiblichen u. männlichen Geschlechtsorgane bei einer Zwitterblüte, wodurch eine Selbstbefruchtung verhindert wird;* Ggs *Homogamie;* → a. *Heterogamie* [< grch. *dicha* »auseinander, zweifach, getrennt« + ...*gamie*]

Di|cho|re|us ⟨[-ço-] m.; -, -re|en⟩ *antiker Versfuß, der aus zwei Choreen besteht* [< grch. *di* »zweimal« + *choreia* »Tanz«]

di|cho|tom ⟨[-ço-] Adj.⟩ *gabelartig, zweiteilig;* oV *dichotomisch* [< grch. *dicha* »zweifach« + *tome* »Schnitt«]

Di|cho|to|mie ⟨[-ço-] f.; -, -n⟩ **1** ⟨Bot.⟩ *gabelartige Verzweigung, einfache Aufspaltung in Richtung der Längsachsen* **2** ⟨Philos.⟩ *Zweiteilung, Gliederung nach zwei Gesichtspunkten*

di|cho|to|misch ⟨[-ço-] Adj.⟩ = *dichotom*

Di|chro|is|mus ⟨[-kro-] m.; -; unz.⟩ *die Eigenschaft doppelbrechender Kristalle, nach ihren beiden opt. Richtungen im polarisierten Licht verschiedene Farben zu zeigen* [< grch. *dichroos* »zweifarbig«]

di|chro|i|tisch ⟨[-kro-] Adj.⟩ *den Dichroismus betreffend, auf ihm beruhend*

Di|chro|ma|sie ⟨[-kro-] f.; -, -n⟩ = *Dichromatopsie*

Di|chro|ma|te ⟨[-kro-] n.; Pl.⟩ *Salze der Dichromsäure mit dem Säurerest Cr_2O_7;* Sy ⟨†⟩ *Bichromate* [< *Di...*[2] + *Chromat*]

di|chro|ma|tisch ⟨[-kro-] Adj.⟩ *zweifarbig*

Di|chro|mat|op|sie, ⟨auch⟩ **Di|chro|ma|top|sie** ⟨[-kro-] f.; -, -n⟩ *angeborene Farbenblindheit, bei der nur zwei der drei Grundfarben wahrgenommen werden;* Sy *Dichromasie* [< *Di...*[2] + grch. *chroma* »Farbe« + ...*opsie*]

Di|chro|mie ⟨[-kro-] f.; -, -n⟩ *unterschiedliche Färbung von Tieren der gleichen Art, die in den häufigsten Fällen vom Geschlecht abhängt* [< *Di...2* + ...*chromie*]

dic|tan|do ⟨Adv.⟩ *diktierend, beim Diktieren;* oV *diktando* [lat., »durch Vorsprechen, in die Feder sagend«]

Dic|ti|on|naire ⟨[diksjonɛ:r] n.; -s, -e od. m.; -s, -e⟩ = *Diktionär* [frz.]

Dic|tum ⟨n.; -s, -ta⟩ = *Diktum*

Di|dak|tik ⟨f.; -; unz.⟩ *Theorie des Unterrichts, Unterrichtslehre* [< grch. *didaktike techne* »zum Unterricht gehörende, belehrende Kunst«; zu *didaskein* »lehren«]

Di|dak|ti|ker ⟨m.; -s, -⟩ **1** *jmd., der in der Didaktik erfahren ist* **2** *jmd., der sich wissenschaftlich mit Didaktik beschäftigt*

di|dak|tisch ⟨Adj.⟩ **1** *die Didaktik betreffend, auf ihr beruhend* **2** *belehrend, lehrhaft*

di|dak|ti|sie|ren ⟨V.⟩ *einen Lehrstoff im Hinblick auf seine didaktische Vermittelbarkeit vorbereiten*

Di|dak|ti|sie|rung ⟨f.; -, -en⟩ *das Didaktisieren*

Di|dge|ri|doo, ⟨auch⟩ **Did|ge|ri|doo** ⟨[didʒəridu:] n.; -s, -s; Mus.⟩ *ein dem Aussehen nach dem Alphorn ähnliches, aus Holz od. Bambus gefertigtes, rohrartiges Blasinstrument der austral. Ureinwohner* [Ursprung unklar, vermutlich aus der Aboriginessprache]

Di|dym ⟨n.; -s; unz.⟩ *aus den beiden Metallen der seltenen Erden, Neodym u. Praseodym, bestehendes Mineralgemisch* [< grch. *didymos* »zweifach«]

Di|dy|mi|tis ⟨f.; -, -ti|den⟩ *Hodenentzündung* [< grch. *didymos* »zweifach, doppelt«]

Di|e|lek|tri|kum, ⟨auch⟩ **Di|e|lekt|ri|kum** ⟨n.; -s, -ka⟩ = *Isolator(2)* [< *dielektrisch;* → *elektrisch*]

di|e|lek|trisch, ⟨auch⟩ **di|e|lekt|risch** ⟨Adj.⟩ *nicht leitend, isolierend* [< *dia...* + *elektrisch*]

Di|e|lek|tri|zi|täts|kon|stan|te, ⟨auch⟩ **Di|e|lekt|ri|zi|täts|kons|tan|te** ⟨f.; -, -n⟩ *Zahl, die bezeichnet, um wie viel höher ein Kondensator aufgeladen werden kann, bei dem zwischen den Kondensatorplatten an Stelle von Luft ein Dielektrikum verwendet wird*

Di|e|ne ⟨Pl.⟩ *Gruppe ungesättigter Kohlenwasserstoffe mit zwei Doppelbindungen im Molekül;* Sy *Diolefine*

Di|es a|ca|de|mi|cus ⟨m.; - -; unz.⟩ *Feiertag an der Universität* [lat., »akademischer Tag«]

Di|e|se ⟨f.; -, -n⟩ = *Diesis*

Di|es I|rae ⟨m.; - -; unz.⟩ *Tag des Zorns* [lat., Anfang eines lat. Hymnus auf das Weltgericht]

Di|e|sis ⟨f.; -, -e|sen; Zeichen: #; Mus.⟩ *Zeichen für die Erhöhung um einen halben Ton, Kreuz;* oV *Diese* [zu grch. *diienai* »durchlassen«]

Dif|fa|ma|ti|on ⟨f.; -, -en⟩ *Verleumdung, Herabsetzung* [→ *diffamieren*]

dif|fa|ma|to|risch ⟨Adj.⟩ *herabsetzend, verleumderisch* [→ *diffamieren*]

Dif|fa|mie ⟨f.; -, -n⟩ *verleumderische Äußerung, herabsetzende Behauptung*

dif|fa|mie|ren ⟨V.⟩ *herabsetzen, Übles nachreden, verleumden;* jmdn. (bei anderen) ~ [< lat. *diffamare* »unter die Leute bringen, in üblen Ruf bringen«]

Dif|fa|mie|rung ⟨f.; -, -en⟩ *das Diffamieren*

dif|fe|rent ⟨Adj.⟩ *unterschiedlich, verschieden, ungleich* [< lat. *differe* »verschieden sein«; → *Differenz*]

dif|fe|ren|ti|al ⟨Adj.⟩ = *differenzial*
Dif|fe|ren|ti|al ⟨n.; -s, -e⟩ = *Differenzial*
Dif|fe|ren|ti|al|a|na|ly|sa|tor ⟨m.; -s, -en⟩ = *Differenzialanalysator*
Dif|fe|ren|ti|al|di|a|gno|se, ⟨auch⟩ **Dif|fe|ren|ti-al|di|ag|no|se** ⟨f.; -, -n; Abk.: DD⟩ = *Differenzialdiagnose*
Dif|fe|ren|ti|al|di|a|gnos|tik, ⟨auch⟩ **Dif|fe|ren|ti-al|di|ag|nos|tik** ⟨f.; -; unz.⟩ = *Differenzialdiagnostik*
Dif|fe|ren|ti|al|ge|o|me|trie, ⟨auch⟩ **Dif|fe|ren|ti-al|ge|o|met|rie** ⟨f.; -s; unz.⟩ = *Differenzialgeometrie*
Dif|fe|ren|ti|al|ge|trie|be ⟨n.; -s, -⟩ = *Differenzialgetriebe*
Dif|fe|ren|ti|al|glei|chung ⟨f.; -, -en⟩ = *Differenzialgleichung*
Dif|fe|ren|ti|al|quo|ti|ent ⟨m.; -, -en⟩ = *Differenzialquotient*
Dif|fe|ren|ti|al|rech|nung ⟨f.; -; unz.⟩ = *Differenzialrechnung*
Dif|fe|ren|ti|a|ti|on ⟨f.; -, -en⟩ = *Differenziation*
dif|fe|ren|ti|ell ⟨Adj.⟩ = *differenziell*
Dif|fe|renz ⟨f.; -, -en⟩ **1** ⟨allg.⟩ *Unterschied* **2** ⟨Math.⟩ *Ergebnis einer Subtraktion;* die ~ zwischen 10 u. 15 ist 5 **3** *Rest, Restposten, Fehlbetrag* **4** *Meinungsverschiedenheit, Streit;* → a. *Divergenz* [< lat. *differentia* »Verschiedenheit, Unterschied«; zu *differe* »verschieden sein«]
Dif|fe|ren|zen|rech|nung ⟨f.; -; unz.⟩ *Zweig der Analysis(1), der die Grundlagen der veränderlichen Funktionen im Hinblick auf die Variablen untersucht, von denen sie abhängen;* → a. *Integralrechnung*

> **differenzial / differential** (*Laut-Buchstaben-Zuordnung*) Bei der Schreibung abgeleiteter Adjektive wird künftig stärker das Stammprinzip berücksichtigt.
> Lässt sich die flektierte Form auf ein Substantiv, das auf »*z*« endet, wie z.B. »*Differenz*«, zurückführen, gilt künftig die Stammschreibung als Hauptvariante (→ a. *dependenziell / dependentiell*).

dif|fe|ren|zi|al ⟨Adj.⟩ *einen Unterschied begründend, einen Unterschied darstellend;* oV *differential, differenziell* [→ *different*]
Dif|fe|ren|zi|al ⟨n.; -s, -e⟩ oV *Differential* **1** *sehr kleine Größe in der Differenzialrechnung* **2** = *Differenzialgetriebe* [→ *different*]
Dif|fe|ren|zi|al|a|na|ly|sa|tor ⟨m.; -s, -en⟩ = *Analogrechner;* oV *Differentialanalysator*
Dif|fe|ren|zi|al|di|a|gno|se, ⟨auch⟩ **Dif|fe|ren|zi-al|di|ag|no|se** ⟨f.; -, -n; Abk.: DD⟩ *verfeinerte, gegen ähnliche Krankheiten abgrenzende Diagnose;* oV *Differentialdiagnose*
Dif|fe|ren|zi|al|di|a|gnos|tik, ⟨auch⟩ **Dif|fe|ren|zi-al|di|ag|nos|tik** ⟨f.; -; unz.; Abk.: DD⟩ *die Unterscheidung zwischen zwei od. mehreren Krankheiten, deren Symptome sich sehr ähneln bzw. gleichen;* oV *Differentialdiagnostik*
Dif|fe|ren|zi|al|ge|o|me|trie, ⟨auch⟩ **Dif|fe|ren|zi-al|ge|o|met|rie** ⟨f.; -; unz.⟩ *Zweig der Geometrie, der geometrische Eigenschaften von Kurven u. Flächen mit Hilfe der Infinitesimalrechnung untersucht;* oV *Differentialgeometrie*
Dif|fe|ren|zi|al|ge|trie|be ⟨n.; -s, -⟩ *Planetengetriebe, das den Antrieb zweier Wellen von einer Antriebswelle aus mit gleichem od. verschiedenem Drehmoment gestattet, wobei die angetriebenen Wellen mit verschieden großer Umdrehung laufen können, Ausgleichsgetriebe;* oV *Differentialgetriebe;* Sy *Differential*
Dif|fe|ren|zi|al|glei|chung ⟨f.; -, -en⟩ *Gleichung zwischen den Variablen einer Funktion u. deren Ableitungen;* oV *Differentialgleichung*
Dif|fe|ren|zi|al|quo|ti|ent ⟨m.; -, -en⟩ *in Differenzialgleichungen auftretende Größe;* oV *Differentialquotient*
Dif|fe|ren|zi|al|rech|nung ⟨f.; -; unz.⟩ *Teilgebiet der Mathematik, das sich mit dem Übergang von endlichen zu unendlich kleinen Größen der mathemat. Analysis befasst;* oV *Differentialrechnung;* Sy *Differenziation(3)*
Dif|fe|ren|zi|a|ti|on ⟨f.; -, -en⟩ oV *Differentiation* **1** *Aussonderung, verschiedenartige Entwicklung* **2** ⟨Geol.⟩ *Zerfall eines Magmas in stofflich verschiedene Gesteine, z.B. Granitmagma in Diorit, Syenit, Gabbro, Serpentin* **3** ⟨Math.⟩ = *Differenzialrechnung* [→ *differenzieren*]
dif|fe|ren|zi|ell ⟨Adj.⟩ = *differenzial;* oV *differentiell*
Dif|fe|ren|zier|bar|keit ⟨f.; -; unz.⟩ *Eigenschaft mathematischer Funktionen, die sich differenzieren lassen*
dif|fe|ren|zie|ren ⟨V.⟩ **1** *unterscheiden, Unterschiede betonen zwischen, trennen* **2** *abstufen, verfeinern;* ein differenzierter Charakter; eine differenzierte Maschine **3** sich ~ *Gestalt, Form, Konturen gewinnen* [→ *Differenz*]
Dif|fe|ren|zie|rung ⟨f.; -, -en⟩ **1** *Betonung der Unterschiede* **2** *Verfeinerung, Abstufung* **3** *Auseinanderentwicklung, Herausbildung von Unterschieden, von Abweichungen, Sonderung, Aufspaltung, Gliederung*
dif|fe|rie|ren ⟨V.⟩ *verschieden sein, abweichen, anderer Meinung sein* [frz. *différer* »aufschieben, verzögern, voneinander abweichen« < lat. *differe*]
dif|fi|zil ⟨Adj.⟩ **1** *schwierig* **2** *sehr genau* **3** *heikel* [< lat. *difficilis,* frz. *difficile* »schwierig«]
Dif|flu|enz ⟨f.; -, -en; Geol.⟩ *Teilung eines Gletscherstromes;* Ggs *Konfluenz* [zu lat. *diffluentia* »das Zerfließen«]
dif|form ⟨Adj.⟩ *missgestaltet* [< frz. *difforme;* < lat. *forma* »Gestalt«]
Dif|for|mi|tät ⟨f.; -, -en⟩ *Missgestalt, Missbildung*
dif|frakt ⟨Adj.⟩ *zerbrochen* [< lat. *diffractus*]
Dif|frak|ti|on ⟨f.; -, -en; †; Opt.⟩ *Abweichung vom geradlinigen Strahlengang, Beugung*
dif|fun|die|ren ⟨V.⟩ *eine Diffusion erfahren* [< lat. *diffundere* »ausgießen, ausbreiten«]
dif|fus ⟨Adj.⟩ **1** *zerstreut* **2** *nicht klar abge-*

grenzt, wirr, verschwommen; ~es Gerede [< lat. *diffusus* »ausgedehnt, weitläufig, zerstreut«]

Dif|fu|si|on ⟨f.; -, -en⟩ **1** *Zerstreuung* **2** *Verschmelzung* **3** *die auf der Wärmebewegung (brownschen Bewegung) der Moleküle beruhende, selbständige Vermischung von Gasen, Lösungen od. mischbaren Flüssigkeiten*

Dif|fu|si|o|nis|mus ⟨m.; -; unz.⟩ **1** *Arbeitsrichtung vor allem der nordamerikan. Völkerkunde, die die Weiterverbreitung u. eventuelle gleichzeitige Veränderung einzelner Kulturelemente u. -komplexe untersucht unter Außerachtlassung von Zeit, Ursache u. Art u. Weise* **2** *eine völkerkundl. Theorie, die jede frühe Kulturentwicklung auf einen einzigen Entstehungsherd (Ägypten) zurückführen will;* Sy *heliolithische Theorie*

Dif|fu|si|ons|pum|pe ⟨f.; -, -n⟩ *Öl- od. Quecksilberdampfstrahlpumpe zur Erzeugung höchster Vakua, wobei das wegzupumpende Gas diffundiert*

Dif|fu|sor ⟨m.; -s, -so|ren⟩ **1** *Rohrteil mit sich erweiterndem Querschnitt* **2** *transparente Plastikscheibe zur gleichmäßigen Helligkeitsverteilung des einfallenden Lichts*

di|gen ⟨Adj.; Biol.⟩ *entstanden durch die Verschmelzung zweier Zellen* [< *di...*[2] + *...gen*]

di|ge|rie|ren ⟨V.⟩ **1** *auslaugen* **2** *verdauen* [< lat. *digerere* »auseinander bringen, trennen, einteilen«]

Di|gest ⟨[daidʒəst] n.; -s, -s⟩ *Auswahl, Überblick, Zusammenstellung von Auszügen aus Zeitschriften, Büchern u.a.* [engl., »Abriss, Auszug, Sammlung« < lat. *digesta* »Geordnetes, Sammlung«; Neutr. Pl. des Part. Perf. zu *digerere;* → *digerieren*]

Di|ges|tif ⟨a. [-ʒɛs-] m.; -s, -s⟩ *alkoholisches Getränk nach dem Essen zur Verdauungsförderung* [frz., »verdauungsfördernd«, zu lat. *digerere* »verdauen«; analog zu *Aperitif*]

Di|ges|ti|on ⟨f.; -, -en⟩ **1** *Auszug* **2** *Auslaugung* **3** *Verdauung* [→ *digerieren*]

di|ges|tiv ⟨Adj.⟩ *die Verdauung betreffend* [→ *digerieren*]

Di|ges|ti|vum ⟨[-vum] n.; -s, -va [-va]⟩ *verdauungsförderndes Mittel* [→ *digestiv*]

dig|gen ⟨V.⟩ **1** ⟨umg.⟩ etwas ~ *begreifen, durchschauen* **2** ⟨Drogenszene⟩ *Drogen konsumieren* [< engl. *dig* »begreifen«, eigtl. »graben«]

Dig|ger ⟨m.; -s, -; früher⟩ *(Eigen-)Bezeichnung der Goldschürfer* [< engl. *digger* »Gräber« < *dig* »graben«]

Di|git ⟨[-dʒit] n.; -s, -s; EDV⟩ *(Stelle einer) Ziffer auf elektronischen Anzeigegeräten* [engl.; zu lat. *digitus* »Finger«]

di|gi|tal ⟨Adj.⟩ **1** *in Ziffern darstellbar, mittels Ziffern* **2** ⟨EDV⟩ ~e Signale *Signale, bei denen ein Wert stufenweise durch Ziffern angezeigt wird;* Ggs *kontinuierliche Signale;* ~e Welt = *Cyberspace* [< lat. *digitus* »Finger«]

Di|gi|tal-A|na|log-Kon|ver|ter ⟨[-vɛr-]⟩, **Di|gi|tal-A|na|log-Wand|ler** ⟨m.; -s, -; EDV⟩ *elektronisches Gerät zur Umsetzung digitaler in analoge Signale;* Ggs *Analog-Digital-Konverter, Analog-Digital-Wandler*

Di|gi|tal|auf|nah|me ⟨f.; -, -n⟩ *Schallplattenaufnahme, bei der die Schallwellen zunächst in einem Zahlencode gespeichert u. dann durch einen Decoder in Schallwellen zurückverwandelt werden*

Di|gi|ta|lis ⟨f.; -; unz.⟩ *Fingerhut, giftige, als Herz- u. Kreislaufmittel verwendete, Glykoside enthaltende Gattung der Rachenblütler: Digitalis* [< lat. *digitus* »Finger«]

di|gi|ta|li|sie|ren ⟨V.⟩ **1** ⟨Med.⟩ *eine Krankheit mit Digitalispräparaten behandeln* **2** ⟨EDV⟩ *Daten u. Ziffern von der analogen in die digitale Darstellung umsetzen*

Di|gi|tal|rech|ner ⟨m.; -s, -; EDV⟩ *mit diskreten Einheiten (Ziffern, Buchstaben) arbeitende Rechenanlage, Ziffernrechner;* Ggs *Analogrechner*

Di|gi|tal|tech|nik ⟨f.; -; unz.⟩ **1** *Umwandlung kontinuierlicher in digitale Werte* **2** ⟨Messtechnik⟩ *die Umsetzung von Zeigerausschlägen in Ziffern* **3** ⟨Regeltechnik⟩ *Auflösung des Regelwerts in einzelne Schritte*

Di|gi|tal|ton|band ⟨n.; -(e)s, -bän|der⟩ *schmales Magnetband, das Schallsignale in digitalisierter Form aufnimmt*

Di|gi|tal|uhr ⟨f.; -, -en⟩ *Uhr, die die Zeit nicht mit Zeigern auf einem Ziffernblatt, sondern in drei- od. vierstelligen Ziffern angibt, z.B. 13:04*

Di|gi|to|xin ⟨n.; -s; unz.; Pharm.⟩ *Glykosid, das aus den Digitalisblättern gewonnen wird und insbesondere zur Behandlung von Herzkrankheiten eingesetzt wird* [< *Digi(talis)* + *Toxin*]

Di|gi|tus ⟨m.; -, -ti⟩ **1** *Finger* **2** *Zehe* [lat.]

Di|glos|sie ⟨f.; -, -n⟩ *Existenz mehrerer Sprachen (die als Hoch- u. Umgangssprache verwendet werden) in einem Gebiet* [< grch. *di* »zweimal« + *glossa* »Sprache, Zunge«]

Di|glyph ⟨m.; -s, -e; Arch.⟩ *Block mit zwei senkrechten Rinnen auf einem Architrav* [< *Di...*[2] + grch. *glyphis* »Kerbe«]

Di|gni|tar, ⟨auch⟩ **Di|gni|tar** ⟨m.; -s, -e⟩ *Würdenträger* [< frz. *dignité* »Würde«]

Di|gni|tät, ⟨auch⟩ **Di|gni|tät** ⟨f.; -, -en⟩ *hohes Amt, hohe Würde* [< frz. *dignité* »Würde«]

> **Digraf / Digraph** (*Laut-Buchstaben-Zuordnung*) Für die Silben »*-fon, -fot, -graf*« kann die eingedeutschte (integrierte) Lautschreibung künftig generell verwendet werden. Die Schreibung mit »*ph*« bleibt jedoch auch weiterhin, vor allem in fachsprachlichen Texten, zulässig (→a. *Diktafon / Diktaphon*).

Di|graf ⟨m.; -s, -e od. -en⟩ = *Digraph*

Di|graph ⟨m.; -s, -e od. -en⟩ *Verbindung von zwei Buchstaben zur Wiedergabe eines Lautes,* z.B. [ch] im Deutschen; oV *Digraf;* Sy *Diagramma* [< *Di...* + *...graph*]

Di|gres|si|on ⟨f.; -, -en⟩ *Abweichung, Ab-*

schweifung; astronomische ~ *der Winkel zwischen dem Vertikalkreis eines polnahen Sterns u. der Nordrichtung* [< lat. *digressio* »das Auseinandergehen, Abschweifung (in der Rede)«]

di|gyn ⟨Adj.; Bot.⟩ *mit zwei Griffeln ausgestattet* [< *di...*² + grch. *gyne* »Frau«]

di|hy|brid, ⟨auch⟩ **di|hyb|rid** ⟨Adj.⟩ *in zwei erblichen Merkmalen sich unterscheidend* [< *di...*² + *hybrid*]

Di|hy|bri|de, ⟨auch⟩ **Di|hyb|ri|de** ⟨m.; -n, -n; Biol.⟩ *Bastard, dessen Eltern sich in zwei Merkmalen unterscheiden*

Di|iam|bus, Di|jam|bus ⟨m.; -, -ben⟩ *doppelter Jambus, ein antiker Versfuß* [< *Di...*² + *Jambus*]

Di|ka|ry|ont ⟨n.; -s; unz.; Bot.⟩ *Zweikernstadium, in dem vor der Befruchtung bei höher entwickelten Pilzen die Zelle jeweils einen männlichen u. einen weiblichen haploiden Kern enthält* [< *Di...*² + grch. *karyon* »Nuss, Fruchtkern«]

Di|ke|ri|on ⟨n.; -s, -ri|en⟩ *zu den Insignien des Bischofs in den Ostkirchen gehörender zweiarmiger Leuchter* [< *Di...*² + grch. *kerion* »Wachslicht«]

di|klin ⟨Adj.; Bot.⟩ ~e Blüten *eingeschlechtliche Blüten, die entweder nur Staubblätter od. nur Fruchtblätter enthalten* [< *di...*² + grch. *kline* »Lager«]

di|ko|tyl ⟨Adj.; Bot.⟩ *zweikeimblättrig;* Ggs *monokotyl* [< *di...*² + grch. *kotyl* »Höhlung«]

Di|ko|ty|le, Di|ko|ty|le|do|ne ⟨f.; -, -n⟩ *zweikeimblättrige Pflanze* [< *Di...*² + grch. *kotyledon* »hohles Knöpfchen, Keimblatt«]

Dik|ta|fon ⟨n.; -s, -e⟩ = *Diktaphon*

Dik|tam ⟨m.; -s; unz.⟩ = *Diptam*

dik|tan|do ⟨Adv.⟩ = *dictando*

Dik|ta|phon ⟨n.; -s, -e⟩ *Diktiergerät, Diktiermaschine;* oV *Diktafon* [Kurzw. < *Diktat* + Mikro*phon*]

Dik|tat ⟨n.; -s, -e⟩ **1** *Ansage (zum Nachschreiben)* **2** *Nachschrift nach Ansage (als Rechtschreibeübung in der Schule)* **3** ⟨fig.⟩ *aufgezwungene Verpflichtung, aufgezwungener Friede* [< lat. *dictare;* → *diktieren*]

Dik|ta|tor ⟨m.; -s, -to|ren⟩ **1** ⟨im antiken Rom⟩ *in Notzeiten für sechs Monate eingesetztes Regierungsoberhaupt mit höchster Gewalt* **2** ⟨allg.⟩ *Herrscher mit unbeschränkter Gewalt* [< lat. *dictator*]

dik|ta|to|risch ⟨Adj.⟩ **1** *in der Art eines Diktators* **2** *herrisch, keinen Widerspruch duldend* [< lat. *dictatorius*]

Dik|ta|tur ⟨f.; -, -en⟩ *Herrschaft eines Diktators, unbeschränkte Gewalt;* ~ des Proletariats; unter einer ~ leben, stehen [< lat. *dictatura* »Diktatur, Würde eines Diktators«]

dik|tie|ren ⟨V.⟩ **1** *zum Nachschreiben vorsprechen;* jmdm. einen Brief ~ **2** *aufzwingen, befehlen;* jmdm. einen Vertrag, Bedingungen ~ [< lat. *dictare* »vorsprechen; vorschreiben«; zu *dicere* »sagen«]

Dik|ti|on ⟨f.; -; unz.⟩ *Stil, Schreibart, Ausdrucksweise, Sprechweise* [< lat. *dictio* »das Sagen, Aussprechen, Vortrag, Redeweise«]

Dik|ti|o|när ⟨n. od. m.; -s, -e⟩ *(bes. fremdsprachl.) Wörterbuch;* oV *Dictionnaire* [< frz. *dictionnaire*]

Dik|tum ⟨n.; -s, -ta⟩ *(bedeutsamer) Ausspruch* [< lat. *dictum,* Part. Perf. zu *dicere* »sagen«]

Dik|ty|o|ge|ne|se ⟨f.; -, -n; Geol.⟩ *großflächiger Faltungsprozess der Erdkruste, Gerüstbildung* [< grch. *diktyon* »Netz« + *Genese*]

di|la|ta|bel ⟨Adj.⟩ *dehnbar;* dilatable Buchstaben [< lat. *dilatabilis,* frz. *dilatable* »dehnbar«]

Di|la|ta|ti|on ⟨f.; -, -en⟩ **1** *Ausdehnung, Dehnung* **2** *Vergrößerung des Kambiumringes beim Dickenwachstum von Holzgewächsen* **3** *Erweiterung von Hohlorganen* [frz., »Ausdehnung, Ausweitung«; < lat. *dilatare* »ausbreiten, ausdehnen«]

Di|la|ta|ti|ons|fu|ge ⟨f.; -, -n; Arch.⟩ *Dehnungsfuge in lang gestreckten Bauwerken zum Ausgleich von Spannungen im Bauwerk durch unterschiedliche Bodensetzung* [< frz. *dilitation* »Ausdehnung«]

Di|la|ta|tor ⟨m.; -s, -to|ren⟩ **1** *erweiternder Muskel* **2** *Instrument zum Erweitern von Körperhöhlen*

di|la|tie|ren ⟨V.⟩ *erweitern* [< lat. *dilatare*]

Di|la|ti|on ⟨f.; -, -en⟩ *Aufschub, Frist, Verzögerung* [< lat. *dilatio*]

Di|la|to|me|ter ⟨n.; -s, -⟩ *Gerät zum Bestimmen der Längenausdehnung von Körpern bei Temperaturerhöhungen* [< lat. *dilatare* »ausdehnen, erweitern« + *...meter*]

di|la|to|risch ⟨Adj.⟩ *aufschiebend, verzögernd, hinhaltend;* Ggs *peremptorisch*; ~e Einrede (vor Gericht) [→ *Dilation*]

Di|lem|ma ⟨n.; -s, -s od. -ma|ta⟩ *schwierige Wahl (zwischen zwei Übeln), Zwangslage;* sich in einem ~ befinden [< *Di...*² + grch. *lemma* »Annahme«]

Di|let|tant ⟨m.; -en, -en⟩ **1** *jmd., der eine Tätigkeit nicht berufsmäßig, sondern aus Liebhaberei betreibt, Laie, Liebhaber, Nichtfachmann* **2** ⟨abwertend⟩ *Pfuscher* [< ital. *dilettante* »Liebhaber einer Kunst, die er nur zum Vergnügen betreibt«; zu *dilettare* »erfreuen, ergötzen«]

di|let|tan|tisch ⟨Adj.⟩ **1** *in der Art eines Dilettanten, laienhaft, als od. aus Liebhaberei* **2** ⟨abwertend⟩ *sachunkundig, oberflächlich, pfuscherhaft*

Di|let|tan|tis|mus ⟨m.; -; unz.⟩ **1** *nichtberufl. Betätigung, z.B. aus Liebhaberei* **2** ⟨abwertend⟩ *Pfuscherei*

di|let|tie|ren ⟨V.⟩ *sich als Dilettant, aus Liebhaberei mit od. in etwas betätigen;* in einer Kunst o.Ä. ~

Di|li|gence ⟨[-ʒã:s] f.; -, -n; früher⟩ *Eilpostwagen* [frz., »Schnelligkeit«]

di|lu|ie|ren ⟨V.⟩ *verdünnen* [< lat. *diluere* »auflösen«]

Di|lu|ti|on ⟨f.; -, -en⟩ *Verdünnung*

di|lu|vi|al ⟨[-vi-] Adj.⟩ *das Diluvium betreffend, zu ihm gehörig, aus ihm stammend, eiszeitlich*

Di|lu|vi|al|zeit ⟨[-vi-] f.; -, -en⟩, **Di|lu|vi|um** ⟨n.; -s, -vi|en⟩ *Eiszeit;* Sy *Pleistozän* [lat., »Überschwemmung, Wasserflut«]

dim. ⟨Abk. für⟩ *diminuendo*

Dime ⟨[daim] m.; -s, -s; bei Zahlenangaben Pl.: -⟩ *nordamerikan. Münze, 10 Cent* [engl. <frz. *dîme* »Zehnt« (Steuer) <lat. *decima* »der zehnte (Teil)«]

Di|men|si|on ⟨f.; -, -en⟩ **1** *Richtungserstreckung eines Körpers (Breite, Höhe, Tiefe), Ausdehnung* **2** ⟨a. fig.⟩ *Erstreckung, Abmessung;* ein Raum von ungeheuren ~en [<lat. *dimensio* »Ausmessung«]

di|men|si|o|nal ⟨Adj.⟩ **1** *auf eine Dimension bezüglich* **2** *Dimensionen besitzend;* drei~, zwei~

di|men|si|o|nie|ren ⟨V.; selten⟩ *abmessen, die Dimension(en) bestimmen*

di|mer ⟨Adj.⟩ *zweiteilig, zweigliedrig;* ~e Moleküle [< *di...*² + *...mer*]

Di|mer ⟨n.; -s, -e⟩, **Di|me|re(s)** ⟨n. 3⟩ *Polymeres aus zwei Grundmolekülen* [< *Di...*² + *...mer*]

Di|me|rie ⟨f.; -, -n⟩ *Eigenschaft eines Dimeren*

Di|me|ri|sa|ti|on ⟨f.; -, -en; Chem.⟩ *Verbindung zweier gleicher Moleküle zu einem Molekül* [→ *Dimer, Dimere(s)*]

Di|me|ter ⟨m.; -s, -⟩ *Versform aus zwei gleichen Versfüßen* [< *Di...*² + *...meter*]

di|mi|nu|en|do ⟨Abk.: dim.⟩ = *descrescendo* [ital., »schwächer werdend«]

Di|mi|nu|en|do ⟨n.; -s, -s od. -di; Mus.⟩ = *Decrescendo*

di|mi|nu|ie|ren ⟨V.⟩ *verkleinern, verringern, vermindern* [<lat. *deminuere, diminuere*]

Di|mi|nu|ti|on ⟨f.; -, -en⟩ **1** *Verkleinerung, Verminderung* **2** ⟨Mus.⟩ *Wiederholung eines Themas mit kürzeren Notenwerten* [<lat. *deminutio* »Verringerung, Verminderung«]

di|mi|nu|tiv ⟨Adj.⟩ *verkleinernd;* oV *deminutiv* [<lat. *deminuere* »vermindern«]

Di|mi|nu|tiv|suf|fix ⟨n.; -es, -e⟩ *Verkleinerungssuffix, Nachsilbe, die eine Verkleinerung bezeichnet,* z.B. „-chen", „-lein", frz. „-ette"; Ggs *Augmentativsuffix*

Di|mi|nu|ti|vum ⟨[-vum] n.; -s, -va [-va]⟩ *Verkleinerungsform,* z.B. Häuschen, Männlein

Di|mis|si|on ⟨f.; -, -en⟩ = *Demission*

Dim|mer ⟨m.; -s, -⟩ *Lichtschalter zur stufenlosen Regelung der Helligkeit von Glühlampen* [zu engl. *dim* »verdunkeln, abblenden«]

di|morph ⟨Adj.; Biol.⟩ *zweigestaltig* [< *di...*² + *...morph*]

Di|mor|phie ⟨f.; -; unz.⟩, **Di|mor|phis|mus** ⟨m.; -; unz.; Biol.⟩ *Neben- od. Nacheinanderbestehen zweier verschiedener Formen der gleichen Tier- od. Pflanzenart* [→ *dimorph*]

DIN 1 ⟨urspr. Abk. für⟩ *Deutsche Industrie-Norm* **2** *Zeichen für die in den Publikationen des Deutschen Normenausschusses veröffentlichten Arbeitsergebnisse u. Empfehlungen*

Di|nar ⟨m.; -s, -e⟩ *Währungseinheit im früheren Jugoslawien (100 Para), im Irak (1000 Fils) u. Iran (¹/100 Rial)* [<pers. *dinar* <lat. *denarius;* → *Denar*]

di|na|risch ⟨Adj.⟩ *einem Menschentyp aus dem europiden Rassenkreis angehörend* [nach den *Dinarischen* Alpen]

Di|ner ⟨[-ne:] n.; -s, -s⟩ **1** *Mittagessen* **2** *festl. Essen, Festmahl* **3** ⟨in Frankreich⟩ *die am Abend eingenommene Hauptmahlzeit des Tages* [<frz. *dîner* »Abendessen«]

DIN-For|mat ⟨n.; -(e)s, -e⟩ *nach DIN festgelegtes Papierformat*

Din|ghi, Din|gi ⟨n.; -s, -s⟩ *kleines Beiboot für zwei od. drei Mann* [<bengal. *dingi*]

Din|go ⟨m.; -s, -s⟩ *austral. Rasse wilder Hunde: Canis familiaris dingo* [austral.]

DIN-Grad ⟨m.; -(e)s, -e⟩ *nach DIN festgelegte Maßeinheit für die Lichtempfindlichkeit eines Films*

di|nie|ren ⟨V.⟩ *ein Diner einnehmen, (festlich) zu Mittag od. Abend speisen* [<frz. *dîner* »zu Abend essen«]

Di|ning|room ⟨[daininru:m] m; -s, -s⟩ *Speise-, Esszimmer* [engl.]

Dinks ⟨Pl.; Sg.: Dink⟩ *Partner einer kinderlosen Ehe- od. Lebensgemeinschaft, in der beide berufstätig sind* [engl., Abk. für *double income, no kids* »doppeltes Einkommen, keine Kinder«]

Din|ner ⟨n.; -s, -; in England⟩ *die am Abend eingenommene Hauptmahlzeit des Tages* [engl.]

Din|ner|ja|cket ⟨[-dʒækit] n.; -s, -s⟩ *weißes Smokingjackett für gesellschaftliche Anlässe* [<engl. *dinner* »Abendmahlzeit, Festessen« + *jacket* »Jacke«]

Di|no ⟨m.; -s, -s, umg.; kurz für⟩ *Dinosaurier, Dinosaurus*

Di|no|sau|ri|er ⟨m.; -s, -⟩, **Di|no|sau|rus** ⟨m.; -, -ri|er; umg. Kurzw.: Dino⟩ *Angehöriger der ausgestorbenen Reptilordnungen Saurischia u. Ormithischia* [<grch. *deinos* »furchtbar« + *sauros* »Eidechse«]

Di|no|the|ri|um ⟨n.; -s, -ri|en⟩ *ausgestorbene Gattung 5 m hoher Elefanten* [<grch. *deinos* »furchtbar« + *therion* »wildes Tier«]

Di|o|de ⟨f.; -, -n⟩ *früher eine Elektronenröhre, heute ein Halbleiterbauelement mit einer Grenzschicht zwischen zwei Halbleitermaterialien zum Gleichrichten von Strömen, da ein Stromdurchgang nur in einer Richtung möglich ist* [< *Di...*² + *...ode*]

Di|o|le|fi|ne ⟨Pl.⟩ = *Diene*

Di|o|len ⟨n.; -s; unz.; Wz⟩ *eine Polyesterfaser*

Di|o|ny|si|en ⟨Pl.; im antiken Athen⟩ *Dionysosfest, Fest zu Ehren des Gottes Dionysos (im März/April) mit dramat. Aufführungen*

di|o|ny|sisch ⟨Adj.⟩ **1** *Dionysos betreffend, zu ihm gehörig* **2** ⟨fig.⟩ *rauschhaft, wild;* Ggs *apollinisch* [< *Dionysos,* dem grch. Gott der Ekstase]

di|o|phan|tisch ⟨Adj.; in der Fügung⟩ ~e Gleichung *G. mit mehreren Unbekannten u. unbestimmt vielen Lösungen* [nach dem grch. Mathematiker *Diophantos,* um 250 n. Chr.]

Di|op|ter ⟨m.; -s, -⟩ *Visiervorrichtung, bes. an optischen Geräten* [< *Dia...* + grch. *optos* »sichtbar«]
Di|op|trie, ⟨auch⟩ **Di|opt|rie** ⟨f.; -, -n; Abk.: dptr⟩ *Maßeinheit der optischen Brechkraft* [< *Dia...* + grch. *optos* »sichtbar«]
di|op|trisch, ⟨auch⟩ **di|opt|risch** ⟨Adj.⟩ **1** *die Dioptrie betreffend, mit ihrer Hilfe* **2** *lichtbrechend, durchsichtig* [→ *Dioptrie*]
Di|o|ra|ma ⟨n.; -s, -ra|men⟩ **1** ⟨eigtl.⟩ *plast. Darstellung mit gemaltem Hintergrund* **2** *Bild auf durchscheinendem Stoff, mit Lichteffekten zur Schaustellung benutzt* [< *Dia* + grch. *horama* »Anblick«]
Di|o|ris|mus ⟨m.; -, -men⟩ *Begriffsbestimmung* [< grch *diorizein* »abgrenzen«]
Di|o|rit ⟨m.; -s, -e⟩ *dunkles bis schwarzes Tiefengestein* [< grch. *diorezein* »abgrenzen, unterscheiden«]
Di|os|ku|ren ⟨Pl.⟩ **1** *Zwillingsgötter, bes. die beiden Söhne des Zeus, Kastor u. Pollux* **2** ⟨fig.⟩ *unzertrennl. Freunde* [< grch. *Dios,* Gen. zu *Zeus* + *kouros* »Knabe, Sohn«]
Di|o|xan ⟨n.; -s; unz.⟩ *organisch-chem. Verbindung, ein Lösungsmittel*
Di|o|xid ⟨a. [--'-] n.; -(e)s, -e⟩ *Oxid mit zwei Sauerstoffatomen*; oV *Dioxyd* [< *Di...*[2] + *Oxid*]
Di|o|xin ⟨n.; -s, -e⟩ **1** ⟨i.e.S.⟩ *das hochgiftige 2,3,7,8-Tetrachlordibenzodioxin (TCDD), das als unerwünschtes Nebenprodukt bei bestimmten industriellen Verfahren u. bei Verbrennungsprozessen auftreten kann* **2** ⟨i.w.S.⟩ ~e *Gruppe von 75 verschiedenen chem. Verbindungen, bei denen zwei Benzolringe durch zwei Sauerstoffatome miteinander verknüpft sind*
Di|o|xyd ⟨a. [--'-] n.; -(e)s, -e⟩ = *Dioxid*
di|ö|ze|san ⟨Adj.⟩ *zu einer Diözese gehörend, von ihr ausgehend*
Di|ö|ze|san ⟨m.; -en, -en⟩ *Angehöriger einer Diözese*
Di|ö|ze|se ⟨f.; -, -n⟩ *Amtsbereich eines Bischofs* [< grch. *dioikesis* »Haushaltung, Verwaltung«]
Di|ö|zie ⟨f.; -; unz.⟩ *Vorkommen von männl. u. weibl. Blüten auf verschiedenen Individuen derselben Art, Getrenntgeschlechtigkeit, Zweihäusigkeit;* Sy *Diözismus;* Ggs *Monözie* [< *Di...*[2] + grch. *oikos* »Haus«]
di|ö|zisch ⟨Adj.⟩ *Diözie aufweisend, getrenntgeschlechtig, zweihäusig;* Ggs *monözisch*
Di|ö|zis|mus ⟨m.; -; unz.⟩ = *Diözie*
Dip ⟨m.; -s, -s⟩ *dicke, gewürzte Soße, in die man kleine Bissen (Brot, Fleisch u.a.) eintaucht* [zu engl. *dip* »eintauchen«]
Di|pep|tid ⟨n.; -s, -e⟩ *Verbindung zweier Aminosäuren* [< *Di...*[2] + *Peptid*]
Di|pep|ti|da|se ⟨f.; -, -n⟩ *Enzym, das Dipeptide spaltet* [< *Di...*[2] + *Peptidase*]
Diph|the|rie ⟨f.; -, -n⟩ *infektiöse Hals- u. Rachenerkrankung, Rachenbräune* [< grch. *diphthera* »Fell, Leder«]
diph|the|risch ⟨Adj.⟩ *zur Diphtherie gehörend, auf ihr beruhend*
Diph|the|ri|tis ⟨f.; -; unz.; fälschl. für⟩ *Diphtherie*
Di|phthong, ⟨auch⟩ **Diph|thong** ⟨m.; -s, -e⟩ *Zwielaut aus zwei Vokalen, die bei der Aussprache ineinander übergehen;* Ggs *Monophtong* [< *Di...*[2] + grch. *phthongos* »Laut«]
di|phthon|gie|ren, ⟨auch⟩ **diph|thon|gie|ren** ⟨V.⟩ *vom einfachen Vokal zum Diphthong werden;* Ggs *monophthongieren*
di|phthon|gisch, ⟨auch⟩ **diph|thon|gisch** ⟨Adj.⟩ *als Diphthong lautend;* Ggs *monophthongisch*
di|phy|le|tisch ⟨Adj.; Biol.⟩ *stammesgeschichtlich aus zwei Ursprüngen herleitbar;* Ggs *monophyletisch;* → a. *polyphyletisch* [< *di...*[2] + grch. *phyle* »(Volks-)stamm«]
Di|phy|o|don|tie ⟨f.; -; unz.; Med.; Biol.⟩ *zweimalige Dentition;* Ggs *Monophydontie;* → a. *Polyphydontie* [zu grch. *diphyes* »zweifach, doppelt« + *odon,* Gen. *odontis* »Zahn«]
Dipl. ⟨Abk. für⟩ *Diplom*

■ Die Buchstabenfolge **di|pl...** kann auch **dip|l...** getrennt werden.

■ **Di|ple|gie** ⟨f.; -, -n⟩ *doppelseitige Lähmung* [< *Di...*[2] + grch. *plege* »Schlag«]
Dipl.-Ing. ⟨Abk. für⟩ *Diplomingenieur*
■ **di|plo|id** ⟨Adj.⟩ *mit normalem (doppeltem) Chromosomensatz;* Ggs *haploid* [< grch. *diploos* »doppelt, paarweise« + *...id*]
■ **Di|plo|i|die** ⟨f.; -; unz.; Biol.⟩ *das Auftreten des normalen (doppelten) Chromosomensatzes in der Zelle;* Ggs *Haploidie* [→ *diploid*]
■ **Di|plo|kok|kus** ⟨m.; -, -kok|ken⟩ *zu einem Paar vereinigte Kokken* [< grch. *diploos* »doppelt« + *Kokkus*]
■ **Di|plom** ⟨n.; -(e)s, -e; Abk.: Dipl.⟩ **1** ⟨urspr.⟩ *amtl. Schriftstück* **2** ⟨heute⟩ *Zeugnis, Urkunde über eine Auszeichnung od. abgelegte Prüfung, bes. von einer höheren Schule od. Universität* [< grch. *diploma,* urspr. »gefaltetes (Schreiben)«; zu *diploun* »doppelt zusammenlegen«]
■ **Di|plo|mand** ⟨m.; -en, -en⟩ *Student, der im Begriff steht, sein Diplom zu machen*
■ **Di|plo|mat** ⟨m.; -en, -en⟩ **1** ⟨urspr.⟩ *Hersteller von Diplomen* **2** ⟨heute⟩ *Staatsmann, höherer Beamter des auswärtigen Dienstes* **3** ⟨fig.; umg.⟩ *geschickt u. vorsichtig verhandelnder Mensch* [< frz. *diplomate;* → *Diplom*]
■ **Di|plo|ma|tie** ⟨f.; -; unz.⟩ **1** *Regelung zwischenstaatl. Beziehungen* **2** *Gesamtheit der Diplomaten* **3** ⟨fig.⟩ *geschickte Berechnung, vorsichtiges Verhandeln*
■ **Di|plo|ma|tik** ⟨f.; -; unz.⟩ *Urkundenlehre* [→ *Diplomat*]
■ **Di|plo|ma|ti|ker** ⟨m.; -s, -⟩ *Urkundenforscher, -kenner*
■ **di|plo|ma|tisch** ⟨Adj.⟩ **1** *die Diplomatie betreffend, zu ihr gehörig, auf ihr beruhend* **2** *zwischenstaatlich;* ~es Korps *die bei einem Staat akkreditierten Vertreter anderer Staaten*
■ **di|plo|mie|ren** ⟨V.⟩ *ein Diplom erteilen*

■ **Di|plọnt** ⟨m.; -en, -en⟩ *Organismus, dessen Körperzellen den doppelten Chromosomensatz aufweisen* [< grch. *diploos* »doppelt, paarweise« + *on,* Gen. *ontos* »seiend«]

■ **Di|plo|pie** ⟨f.; -, -n⟩ *Sehstörung, bei der die beiden von den Augen aufgenommenen Bilder infolge Augenmuskellähmung od. Gehirnerkrankung nicht miteinander verschmolzen werden, Doppeltsehen, Doppelsichtigkeit* [< grch. *diploos* »doppelt« + *opsis* »das Sehen«]

■ **di|plo|ste|mon,** ⟨auch⟩ **dip|los|te|mon** ⟨Adj.; Bot.⟩ *mit zwei Staubblattkreisen ausgestattet, deren äußerer über den Kelchblättern u. deren innerer über den Kronblättern versetzt steht* [< grch. *diplos* »doppelt« + *stemon* »Kettfäden, Kette (am Webstuhl)«]

Di|po|die ⟨f.; -, -n⟩ *Einheit aus zwei gleichen Versfüßen, bes. Jamben oder Trochäen;* Ggs *Monopodie;* → a. *Tripodie* [< grch. *di...*² »doppelt« + *pous,* Gen. *podos* »Fuß«]

di|po|disch ⟨Adj.⟩ *in der Art einer Dipodie, aus zwei gleichen Versfüßen bestehend*

Di|pol ⟨m.; -s, -e⟩ *zwei gleich große, einander entgegengesetzte elektr. od. magnet. Ladungen* [< *Di...*² + *Pol*]

Di|pol|an|ten|ne ⟨f.; -, -n⟩ *für UKW-Rundfunk, Fernsehen u. Radar verwendete, aus einem Dipol bestehende Antenne*

Di|pol|mo|ment ⟨n.; -(e)s, -e⟩ *beim elektr. Dipol das Produkt aus Ladung u. Abstand* [< *Di...*² + *Pol*]

dip|pen ⟨V.⟩ **1** *eintauchen, eintunken;* Brot in eine Soße ~ **2** die Flagge ~ *zum Gruß niederholen u. wieder hissen* [< engl. *dip* »senken, eintauchen«]

Dip|so|ma|nie ⟨f.; -, -n⟩ *periodische Trunksucht, Alkoholabhängigkeit* [< grch. *dipsa* »Durst« + *Manie*]

Dip|tam ⟨m.; -s; unz.⟩ *auf Kalkboden wachsendes, bis 1 m hohes Rautengewächs: Dictamnus albus;* oV *Diktam* [< mlat. *diptamus* < grch. *diktamnos*]

Di|pte|re, ⟨auch⟩ **Dip|te|re** ⟨m.; -n, -n⟩ *Zweiflügler (Insekt)* [< *Di...*² + *...ptere*]

Di|pte|ros, ⟨auch⟩ **Dip|te|ros** ⟨m.; -, -roi⟩ *grch. Tempel mit doppeltem Säulenumgang* [< grch. *di...* »doppelt« + *pteron* »Flügel«]

Di|pty|chon, ⟨auch⟩ **Dip|ty|chon** ⟨n.; -s, -chen od. -cha⟩ **1** ⟨Antike⟩ *Paar von rechteckigen, zusammenklappbaren Holz-, Elfenbein- od. Edelmetalltäfelchen mit Wachseinlage zum Schreiben* **2** ⟨MA⟩ *Altarbild aus zwei Flügeln* [< grch. *diptychos* »doppelt gefaltet«]

Di|rae ⟨Pl.; Lit.⟩ *altrömische Schmähverse u. Verwünschungsgedichte*

Di|rect|cos|ting, ⟨auch⟩ **Di|rect Cos|ting** ⟨[dairɛkt kɔs-] n.; (-) -s, (-) -s; Wirtsch.⟩ *Verfahren der Teilkostenrechnung, bei dem nicht alle Kosten den einzelnen Kostenträgern zugerechnet werden* [engl., »direkte Kostenberechnung«]

Di|rect|mai|ling, ⟨auch⟩ **Di|rect Mai|ling** ⟨[dairɛkt mɛi-] n.; (-) -s, (-) -s; Werbung⟩ *Form der briefl. Direktwerbung;* → a. *Directmarketing* [engl., »direkter Postversand«]

Di|rect|mar|ke|ting, ⟨auch⟩ **Di|rect Mar|ke|ting** ⟨[dairɛkt-] n.; (-) -s; unz.; Wirtsch.⟩ *sich ohne Zwischenstufen direkt an bestimmte Zielgruppen richtende Werbe- u. Distributionsmethode;* oV *Direktmarketing;* → a. *Direktmailing* [engl., »direktes Marketing«]

Di|rec|toire ⟨[dirɛktoa:r] n.; -s; unz.⟩ = *Direktorium(2)* [frz.]

Di|rec|tor's Cut ⟨[dirɛktəs kʌt] m.; - -s, - -s; Film⟩ *(meist längere) Version eines (Spiel-) Films, die abweichend von der offiziellen Filmstudiofassung vom Regisseur favorisiert u. zeitversetzt im Kino u. (od.) auf Video aufgeführt wird* [< engl. *director* »Regisseur« + *Cut(1)*]

di|rẹkt ⟨a. ['--] Adj.⟩ **1** *geradlinig, ohne Umweg,* eine ~e Verbindung von H. nach M.; wenden Sie sich ~ an den Chef; ich komme ~ von zu Hause **2** *ganz nahe bei;* ~ am Flugplatz **3** *unmittelbar;* Ggs *indirekt;* ~e **Rede** *wörtlich (in Anführungszeichen) angeführte R.;* Ggs *indirekte Rede;* Sy *Oratio recta;* ~e **Steuer** *von einer Person od. Gruppe von P.en erhobene S.;* ~**wahl** *W. eines Kandidaten ohne Mittelsperson* **4** ⟨Adv.⟩ *geradezu;* du hast ja ~ einen Roman erlebt; das ist mir ~ peinlich **5** *genau;* der Ball flog mir ~ ins Gesicht [< lat. *directus* »gerade gerichtet, geleitet«, Part. Perf. zu *dirigere* »leiten, lenken«]

Di|rek|ti|on ⟨f.; -, -en⟩ *Leitung, Verwaltung, Vorstand* [< lat. *directio* »Richtung, Leitung«]

di|rek|tiv ⟨Adj.⟩ *Regeln (des Verhaltens) festsetzend* [< frz. *diretif, directive* »leitend«]

Di|rek|ti|ve ⟨[-və] f.; -, -n⟩ *Weisung, Anweisung, Richtlinie, Verhaltensmaßregel* [< frz. *directive* »Richtlinie, Weisung«]

Di|rẹkt|man|dat ⟨n.; -(e)s, -e⟩ *Wählerauftrag in direkter Wahl*

Di|rẹkt|mar|ke|ting ⟨n.; -s; unz.; Wirtsch.⟩ = *Directmarketing*

Di|rẹk|tor ⟨m.; -s, -to|ren; Abk.: Dir.⟩ *Leiter, Vorsteher;* Bank~; Fabrik~; Schul~ [< lat. *director* »der Leitende«; zu *dirigere* »leiten, lenken«]

Di|rek|to|rat ⟨n.; -(e)s, -e⟩ **1** *Amt des Direktors* **2** *Dienstraum des Direktors*

di|rek|to|ri|al ⟨Adj.⟩ *den Direktor betreffend, zu ihm gehörig, ihm zustehend, von ihm veranlasst*

Di|rek|to|rin ⟨f.; -, -rin|nen⟩ *Leiterin, Vorsteherin;* Schul~

Di|rek|to|ri|um ⟨n.; -s, ri|en⟩ **1** *aus mehreren Personen bestehender Vorstand, leitende Behörde* **2** *oberste französ. Staatsbehörde 1795–99;* Sy *Directoire* [→ *Direktor*]

Di|rek|tri|ce, ⟨auch⟩ **Di|rekt|ri|ce** ⟨[-tri:s(ə)] f.; -, -n⟩ *leitende Angestellte, Abteilungsleiterin (bes. in Bekleidungsgeschäften)* [< frz. *directrice* »Direktorin, Leiterin«]

Di|rẹk|trix, ⟨auch⟩ **Di|rẹkt|rix** ⟨f.; -; unz.⟩ *senkrecht auf der Hauptachse eines Kegelschnitts* *stehende Gerade, die zur Definition des Kegelschnitts dienen kann, Leitlinie* [< lat. *directrix* »die Leitende«; → *Direktor*]

Di|rex ⟨m.; -, -e; Schülerspr.⟩ *Direktor*

Di|ri|gat ⟨n.; -s, -e⟩ *(einmaliges) Dirigieren (eines Konzertes, einer Oper)*

Di|ri|gent ⟨m.; -en, -en⟩ *Leiter eines Orchesters od. Chores* [< lat. *dirigens,* Part. Präs. zu *dirigere* »leiten, lenken«]

di|ri|gie|ren ⟨V.⟩ **1** *Takt schlagen* **2** *leiten*; ein Orchester, einen Chor ~ **3** *verwalten* **4** ⟨umg.⟩ jmdn. ~ *in eine Richtung, an einen Ort weisen* [< lat. *dirigere* »leiten, lenken«]

Di|ri|gis|mus ⟨m.; -; unz.⟩ *Lenkung der Wirtschaft durch den Staat*

di|ri|gis|tisch ⟨Adj.⟩ *auf Dirigismus beruhend, in der Art des Dirigismus*

di|ri|mie|ren ⟨V.⟩ **1** *entfremden, trennen* **2** ⟨österr.⟩ *im Fall einer Stimmgleichheit zu einer Entscheidung führen* [< lat. *dirimare* »entfremden, trennen««]

Dirt-Track-Ren|nen ⟨[dœːrttræk-] n.; -s, -⟩ *Rennen für Fahr- od. Krafträder auf der Aschen- od. Schlackenbahn;* Sy *Speedwayrennen* [< engl. *dirt-track* »Aschenbahn, weiche Sandbahn«, eigtl. »Schmutzbahn«]

dir|ty ⟨[dœːti] Adj.; Drogenszene⟩ **1** *bei der Polizei registriert* **2** *süchtig, abhängig von Rauschmitteln* [engl., »dreckig«]

dis…, Dis… ⟨Vors.⟩ **1** *auseinander* **2** *hinweg* **3** *gegensätzlich* [lat.]

Di|sac|cha|rid, Di|sa|cha|rid ⟨[-saxa-] n.; -(e)s, -e⟩ *aus zwei Monosacchariden entstandenes Kohlenhydrat* [< *Di…*[2] + *Saccharid*]

Dis|a|gio ⟨[-aːdʒo] n.; -s; unz.⟩ *Betrag, um den ein Kurs unter dem Nennwert liegt;* Ggs *Agio* [ital., »Abschlag«]

dis|am|bi|gu|ie|ren ⟨V.; Sprachw.⟩ **1** *ein sprachliches Zeichen einer Mehrdeutigkeit entheben, indem man es in bestimmte syntaktische u. semantische Kontexte einordnet* **2** *Uneindeutigkeiten auflösen;* →a. *Ambiguität* [< *dis…* + lat. *ambigare* »etwas in Zweifel ziehen, streiten«]

Dis|can|tus ⟨m.; -, - [-tuːs]; Mus.⟩ = *Diskant*

Dis|ci|ples of Christ, ⟨auch⟩ **Dis|cip|les of Christ** ⟨[disaipəls ɔv kraist] Pl.⟩ *eine Gruppe innerhalb der baptistischen Kirche (vor allem in Kanada u. den USA)* [engl., »Anhänger, Jünger Christi«]

Disc|jo|ckey ⟨[-dʒɔki] od. [-dʒɔke] m.; -s, -s⟩ = *Diskjockei*

Disc|man ⟨[dįskmæn] m.; -s, -s; Ⓦz⟩ *ein nach dem Vorbild des Walkmans entwickelter tragbarer CD-Spieler mit Knopfkopfhörern* [< engl. *disc* »Platte, Scheibe« + Walk*man*]

Dis|co ⟨[-ko] f.; -, -s⟩ = *Disko*

Dis|co|fox ⟨[-ko-] m.; - od. -es, -e⟩ = *Diskofox*

Dis|co|queen ⟨[-kokwiːn] f.; - , -s⟩ = *Diskoqueen*

Dis|co|rol|ler ⟨[-koroulə(r)] m.; -s , -⟩ = *Diskoroller*

Dis|co|sound ⟨[-kosaund] m.; -s, -s; Mus.⟩ = *Diskosound*

Dis|count ⟨[-kaunt] m.; -s, -s⟩ *Verkauf von Waren zu einem niedrigen Preis* [< engl. *discount* »Rabatt«]

Dis|coun|ter ⟨[-kaun-] m.; -s, -⟩ *Inhaber, Geschäftsführer eines Discountladens*

Dis|count|ge|schäft ⟨[-kaunt-] n.; -(e)s, -e⟩ *Einzelhandelsgeschäft (meist Teil einer Kette), in dem Markenartikel z.T. unter Weitergabe des Großhandelsrabatts zu günstigen Preisen an Endverbraucher weiterverkauft werden* [zu engl. *discount* »Preisnachlass, Rabatt, Skonto«]

Dis|count|la|den ⟨[-kaunt-] m.; -s, -lä|den⟩ *einfach eingerichteter Laden, in dem Waren zu niedrigen Preisen verkauft werden* [< engl. *discount* »Rabatt«]

Dis|en|gage|ment ⟨[-ɛngɛidʒ-] n.; -s; unz.⟩ *militär. Auseinanderrücken von Staatsmächten* [engl.; < lat. *dis-* »ent-« + engl. *engagement* »Verpflichtung, Verbindlichkeit«]

Di|seur ⟨[-zøːr] m.; -s, -e⟩ *Vortragskünstler im Kabarett* [frz., »Vortragskünstler« < *dire* »sprechen«]

Di|seu|se ⟨[-zøː-] f.; -, -n⟩ *Vortragskünstlerin im Kabarett*

dis|gru|ent ⟨Adj.⟩ *nicht übereinstimmend;* Ggs *kongruent* [< *dis…* + lat. *congruens,* Part. Präs. von *conguere* »übereinstimmen«]

Dis|har|mo|nie ⟨f.; -, -n⟩ **1** *unharmonischer Klang, Missklang* **2** ⟨fig.⟩ *Unstimmigkeit, Uneinigkeit;* Ggs *Harmonie* [< *Dis…* + *Harmonie*]

dis|har|mo|nie|ren ⟨V.⟩ Ggs *harmonieren* **1** *eine Disharmonie bilden, nicht od. schlecht zusammenklingen* **2** ⟨fig.⟩ *uneinig sein*

dis|har|mo|nisch ⟨Adj.⟩ **1** *in der Art einer Disharmonie, misstönend* **2** ⟨fig.⟩ *uneinig;* Ggs *harmonisch*

Dis|junk|ti|on ⟨f.; -, -en⟩ **1** *Trennung, Sonderung, Scheidung* **2** *Gegenüberstellung sich ausschließender, aber zusammengehörender Begriffe,* z.B. Mann – Frau, schwarz – weiß **3** ⟨Logik⟩ *Aussagenverbindung in Form einer Alternative, die die Gestalt »entweder p oder q« hat;* Sy *Adjunktion;* Ggs *Konjunktion(2)* [< lat. *disiunctio* »Trennung, Abweichung«]

dis|junk|tiv ⟨Adj.⟩ *einander ausschließend, trennend, gegensätzlich;* Ggs *konjunktiv;* ~e **Begriffe** *einander ausschließende, aber in einer höheren Gattung zusammengehörige Begriffe;* ~e **Konjunktion** *Konjunktion, die eine Alternative ausdrückt,* z.B. entweder - oder [→ *Disjunktion*]

Dis|kant ⟨m.; -s, -e; Mus.⟩ oV *Discantus* **1** = *Sopran(1)* **2** *höchste Tonlage eines Instrumentes* **3** *rechte Hälfte der Tastatur des Klaviers u. ähnl. Instrumente* **4** *Melodieseite der Handharmonika* [< mlat. *discantus,* eigtl. »Gegengesang«]

Dis|kant|schlüs|sel ⟨m.; -s; unz.; Mus.⟩ *C-Schlüssel, Sopranschlüssel*

Dis|ket|te ⟨f.; -, -n⟩ *flexible Magnetplatte zur Datenaufzeichnung für Computer* [mit frz. Verkleinerungsform zu *disk* »Scheibe«]

Dis|jo|ckei ⟨[-dʒɔki] od. [-dʒɔke] m.; -s, -s; Abk.: DJ⟩ *Conférencier, der im Rundfunk, Fernsehen, in Diskotheken usw. Schallplatten präsentiert;* oV *Discjockey* [<engl. *disc* »Schallplatte« + *Jockey*]

Dis|ko ⟨f.; -, -s; kurz für⟩ *Diskothek(2);* oV *Disco*

Dis|ko|fox ⟨m.; - od. -es, -e⟩ *ein an den Foxtrott angelehnter Tanz mit schnellerem Rhythmus, der zu Popmusik getanzt wird;* oV *Discofox* [< *Disko*thek + *Fox*trott]

Dis|ko|gra|fie ⟨f.; -, -n⟩ = *Diskographie*

Dis|ko|gra|phie ⟨f.; -, -n⟩ oV *Diskografie* **1** *der Bibliografie ähnl. Katalogisierung von Schallplatten u.a. Tonträgern* **2** *Schallplattenkatalog* [<engl. *disc* »Schallplatte« + *...graphie*]

Dis|ko|lo|gie ⟨f.; -; unz.⟩ *Lehre von den Möglichkeiten der Interpretation u. Aufzeichnung von Musik im Bereich der Tonträger sowie von deren Vertrieb* [<engl. *disc* »Scheibe, Schallplatte« + *...logie*]

Dis|ko|look ⟨[-luk] m.; -s; unz.; umg.⟩ *Kleidung (mit Zubehör), wie sie in den 70er-Jahren in Diskotheken getragen wurde (z.B. Jacken aus glänzenden Stoffen, kleine Täschchen)* [< *Diskothek* + engl. *look* »Aussehen«]

Dis|ko|my|zet ⟨m.; -en, -en⟩ *Scheibenpilz* [< grch. *diskos* »Scheibe« + *Myzet*]

Dis|kont ⟨m.; -s, -e⟩ *Zinsabzug bei Zahlung einer noch nicht fälligen Forderung;* oV *Diskonto* [<ital. *disconto* »Abrechnung, Abzug«; → *Konto*]

Dis|kon|ten ⟨Pl.; Bankw.⟩ *Wechsel des Inlands*

Dis|kont|ge|schäft ⟨n.; -(e)s, -e⟩ *Wechselgeschäft*

dis|kon|tie|ren ⟨V.; Bankw.⟩ **1** *den Diskont abziehen von* **2** Wechsel ~ *vor Fälligkeit mit Zinsabzug kaufen*

dis|kon|ti|nu|ier|lich ⟨Adj.⟩ *mit zeitl. od. räuml. Unterbrechungen aufeinander folgend;* Ggs *kontinuierlich*

Dis|kon|ti|nu|i|tät ⟨f.; -, -en⟩ *zeitl. od. räuml. unterbrochener Zusammenhang;* Ggs *Kontinuität*

Dis|kon|to ⟨m. od. n.; -s od. -ti⟩ = *Diskont*

Dis|kont|ra|te ⟨f.; -, -n⟩ = *Diskontsatz*

Dis|kont|satz ⟨m.; -(e)s, -sät|ze ⟩ *Zinssatz, der beim Kauf von Wechseln u.a. Diskontpapieren gültig ist, Bankrate;* Ggs *Bondsrate;* Sy *Diskontrate*

Dis|ko|queen ⟨[-kwi:n] f.; -, -s⟩ oV *Discoqueen* **1** *eine Interpretin, die durch Lieder im Funk- u. Diskostil bekannt ist;* Amanda Lear war die ~ der 70er Jahre **2** *attraktives Mädchen od. junge Frau, die durch ihr Aussehen, Tanzen u. Verhalten in Diskotheken auffällt u. häufig von Männern angesprochen wird;* an diesem Abend war sie mal wieder die ~ [< *Disko* + engl. *queen* »Königin«]

dis|kor|dant ⟨Adj.⟩ *nicht übereinstimmend;* Ggs *konkordant;* ~er **Akkord** *auf Dissonanzen (nicht Dur od. Moll) aufgebauter A.;* ~e **Gesteinsschichten** *ungleichmäßig, ungleichförmig gelagerte G.* [<lat. *discordans,* Part. Präs. zu *discordare* »uneinig sein, nicht übereinstimmen«]

Dis|kor|danz ⟨f.; -, -en⟩ **1** *Ungleichmäßigkeit;* Ggs *Konkordanz(1)* **2** *diskordant aufgebauter Akkord* **3** *diskordant gelagerte Gesteinsschichten* **4** *nicht übereinstimmende Merkmale, z.B. bei Zwillingen* **5** *Uneinigkeit, Misshelligkeit* [<lat. *discordare* »uneinig sein, nicht übereinstimmen«]

Dis|ko|rol|ler ⟨a. [-roulə(r)] m.; -s, -⟩ *Rollschuh mit knöchelhohem, meist in Neonfarben gehaltenem Schaft u. vier in zwei Reihen parallel angeordneten, besonders breiten u. oft bunten Rollen u. vorne gelegenem Stopper;* oV *Discoroller* [< *Disko* + engl. *roll* »rollen«]

Dis|ko|sound ⟨[-saund] m.; -s, -s; Mus.⟩ oV *Discosound* **1** ⟨allg.; unz.⟩ *Musikstil, der den Rhythmus bes. betont, die Melodie durch den oft weibl. Gesang unterstützt u. bes. zum Tanzen geeignet ist* **2** ⟨zählb.⟩ *Titel im Diskosound(1)* [< *Disko* + engl. *sound* »Musik«, eigtl. »Geräusch«]

Dis|ko|thek ⟨f.; -, -en⟩ **1** *Schallplatten-, CD-Sammlung* **2** *Lokal, in dem zu Musik von CDs getanzt wird* [<engl. *disc* »Schallplatte« + *...thek*]

Dis|ko|the|kar ⟨m.; -s, -e⟩ *Verwalter einer Diskothek(1)*

Dis|kre|dit ⟨m.; -s; unz.⟩ *Misskredit, schlechter Ruf;* Ggs *Kredit(2);* jmdn. in ~ bringen

dis|kre|di|tie|ren ⟨V.⟩ *in Diskredit, in Misskredit bringen, in Verruf bringen, verleumden*

dis|kre|pant ⟨Adj.⟩ *abweichend, unstimmig, zwiespältig, widersprüchlich* [<lat. *discrepans,* Part. Präs. zu *discrepare* »uneinig, verschieden sein; nicht übereinstimmen«]

Dis|kre|panz ⟨f.; -, -en⟩ *Abweichung, Unstimmigkeit, Zwiespalt, Widerspruch, Missverhältnis* [<lat. *discrepantia* »Uneinigkeit«]

dis|kret ⟨Adj.⟩ **1** *verschwiegen, taktvoll, unauffällig;* Ggs *indiskret;* ~es Benehmen; ~e Behandlung; ~en Gebrauch von einer Mitteilung machen; eine Angelegenheit ~ behandeln **2** Ggs *kontinuierlich* **2.1** ⟨Math.⟩ *nicht zusammenhängend, vereinzelt, gesondert* **2.2** ⟨Phys.⟩ *unstetig, in endlichen Schritten* [<frz. *discret* »zurückhaltend, taktvoll«]

Dis|kre|ti|on ⟨f.; -; unz.⟩ *diskretes Wesen, diskrete Behandlung, Verschwiegenheit, Takt, Unauffälligkeit;* Ggs *Indiskretion;* ~ Ehrensache! *unauffällige u. taktvolle Behandlung wird zugesichert* [<frz. *discrétion*]

Dis|kri|mi|nan|te ⟨f.; -, n⟩ *Größe, die zur Unterscheidung od. Kennzeichnung der bei der Lösung einer algebraischen Aufgabe auftretenden Spezialfälle dient* [<lat. *discriminans,* Part. Präs. zu *discriminare* »absondern, trennen«]

Dis|kri|mi|na|ti|on ⟨f.; -; unz.⟩ = *Diskriminierung*

dis|kri|mi|nie|ren ⟨V.⟩ **1** *aussondern, unterschiedlich behandeln* **2** *herabsetzen, herabwürdigen* [<lat. *discriminare* »trennen«]

Dis|kri|mi|nie|rung ⟨f.; -, -en⟩ *das Diskriminieren*

dis|kur|rie|ren ⟨V.; †⟩ *lebhaft verhandeln, eifrig etwas erörtern, sich unterhalten* [< frz. *discourir* »lang u. breit reden, sich unterhalten«]

Dis|kurs ⟨m.; -es, -e⟩ *lebhafte Erörterung* [< frz. *discours* »Ansprache, Abhandlung«]

dis|kur|siv ⟨Adj.⟩ Ggs *intuitiv* **1** *gesprächsweise* **2** ⟨Philos.⟩ *schlussfolgernd* [< frz. *discursif*]

Dis|kus ⟨m.; - od. -ses, -ken od. -se⟩ *hölzerne Wurfscheibe mit Metallbeschlag* [< grch. *diskos* «Wurfscheibe«]

Dis|kus|si|on ⟨f.; -, -en⟩ *lebhafte Erörterung, Meinungsaustausch* [< frz. *discussion* »Erörterung«; → *diskutieren*]

dis|ku|ta|bel ⟨Adj.⟩ *so beschaffen, dass man darüber diskutieren kann od. sollte, erwägenswert, annehmbar;* Ggs *indiskutabel* [< frz. *discutable* »bestreitbar, anfechtbar«]

Dis|ku|tant ⟨m.; -en, -en; geh.⟩ *jmd., der an einer Diskussion teilnimmt*

dis|ku|tie|ren ⟨V.⟩ *lebhaft erörtern, Meinungen austauschen (über)* [< lat. *discutere* »auseinander schlagen, auflösen«]

Dis|lo|ka|ti|on ⟨f.; -, -en⟩ **1** *Verlegung, Verteilung (von Truppen)* **2** *Störung der Lagerung im Gestein* **3** ⟨Med.⟩ *Lageveränderung, Verschiebung, z.B. der Bruchenden bei Knochenbrüchen* [< lat. *dislocation* »Verteilung«]

Dis|lo|ka|ti|ons|be|ben ⟨n.; -s, -; Geol.⟩ *durch tektonische Bewegungen hervorgerufenes Erdbeben*

Dis|lo|ka|ti|ons|me|ta|mor|pho|se ⟨f.; -, -n⟩ = *Dynamometamorphose*

dis|loy|al, ⟨auch⟩ **dis|lo|yal** ⟨[-loaja:l] Adj.⟩ *gegen die (eigene) Regierung eingestellt* [< *dis...* + *loyal*]

dis|lo|zie|ren ⟨V.⟩ **1** *verlagern, verteilen* **2** *auseinander legen* **3** ⟨Med.⟩ *sich verschieben, seine Lage verändern* [< mlat. *dislocare*]

Dis|mem|bra|ti|on, ⟨auch⟩ **Dis|memb|ra|ti|on** ⟨f.; -, -en⟩ *Zerstückelung, z.B. von Ländereien bei Erbschaften* [< *Dis...* + lat. *membrum* »Glied«]

Dis|mem|bra|tor, ⟨auch⟩ **Dis|memb|ra|tor** ⟨m.; -s, -to|ren⟩ *Mühle mit Schlagstiften zum Zerkleinern weniger harter Materialien, wie Ton u. Kalk* [< *Dis...* + lat. *membrum* »Glied, Körperglied«]

Dis|mul|ga|tor ⟨m.; -s, -to|ren; Chem.⟩ = *Demulgator*

Dis|mu|ta|ti|on ⟨f.; -, -en⟩ *chem. Reaktion, bei der sich aus Aldehyden Alkohol abspaltet, z.B. bei der alkohol. Gärung* [< *Dis...* + lat. *mutatio* »Veränderung«]

Dis|pa|che ⟨[-paʃ(ə)] f.; -, -n⟩ *anteilige Berechnung von Seeschäden für die Beteiligten* [frz., »Seeschadensregelung«]

Dis|pa|cheur ⟨[-ʃø:r] m.; -s, -e⟩ *Sachverständiger, der eine Dispache aufstellt* [frz., »Schiedsrichter für Seeschadensregelung«]

dis|pa|chie|ren ⟨[-ʃi:-] V.⟩ *eine Dispache aufstellen über*

dis|pa|rat ⟨Adj.⟩ *ungleichartig, nicht zueinander passend, sich widersprechend* [< lat. *disparatum,* Part. Perf. zu *disparare* »absondern, trennen«]

Dis|pa|ri|tät ⟨f.; -, -en⟩ *Ungleichheit, Abweichung;* Ggs *Parität* [< lat. *dispar* »ungleich, verschieden«]

Dis|pat|cher ⟨[-pætʃə(r)] m.; -s, -⟩ *leitender Angestellter in Großbetrieben, der die Arbeiten der Produktionsabteilungen aufeinander abstimmt* [< engl. *dispatch* »abschicken, erledigen, ausführen«]

Dis|pens ⟨m.; -es, -e; kath. Kirchenrecht nur f.; -, -en⟩ *Befreiung (von einer Verpflichtung), Ausnahmebewilligung;* ~ einholen, erhalten [< kirchenlat. *dispensa* »Erlass einer Pflicht«]

dis|pen|sa|bel ⟨Adj.; †⟩ *erlässlich;* Ggs *indispensabel*

Dis|pen|sa|ri|um ⟨n.; -s, -ri|en⟩ *Arzneibuch;* Sy *Dispensatorium* [< lat. *dispensare* »gleichmäßig austeilen, einrichten, austeilend abwägen«]

Dis|pen|sa|ti|on ⟨f.; -, -en⟩ **1** *Befreiung (von einer Verpflichtung), Ausnahmebewilligung* **2** *Herstellung u. Abgabe von Arznei* [< lat. *dispensatio* »genaue, gleichmäßige Einteilung, Verwaltung, Bewirtschaftung«]

Dis|pen|sa|to|ri|um ⟨n.; -s, -ri|en⟩ = *Dispensarium*

Dis|pen|ser ⟨m.; -s, -⟩ **1** *(Vorrats-)Behälter zur Verteilung von kleinen Mengen einer Ware* **2** *zur Verkaufsförderung eingesetztes Hilfsmittel bei Sonderaktionen,* z.B. Stellregal, Verkaufsbox [< engl. *dispenser* »Automat; Austeiler, Verteiler«]

dis|pen|sie|ren ⟨V.⟩ **1** *befreien, beurlauben;* jmdn. vom Amt, vom Dienst, von der Arbeit ~ **2** Arzneien ~ *zubereiten u. abgeben* [< lat. *dispensare* »gleichmäßig austeilen, einrichten, austeilend abwägen«]

Dis|pen|sie|rung ⟨f.; -, -en⟩ **1** *Befreiung, Beurlaubung* **2** *Zubereitung u. Abgabe einer Arznei* [→ *dispensieren*]

Dis|per|gens, ⟨auch⟩ **Di|sper|gens** ⟨n.; -, -genzi|en od. -gen|tia⟩ *Stoff, in dem eine Dispersion vorgenommen wird* [zu lat. *dispergere* »zerstreuen«]

dis|per|gie|ren, ⟨auch⟩ **di|sper|gie|ren** ⟨V.⟩ *zerstreuen, fein verteilen, verbreiten* [< lat. *dispergere* »zerstreuen«]

Di|sper|mie ⟨f.; -, -n⟩ *Eindringen zweier Spermien in dieselbe Eizelle* [< *Di...*[2] + *Sperma*]

dis|pers, ⟨auch⟩ **di|spers** ⟨Adj.⟩ *auf Dispersion beruhend, zerstreut, fein verteilt* [< lat. *dispersus* »zerstreut«]

Dis|per|si|on, ⟨auch⟩ **Di|sper|si|on** ⟨f.; -, -en⟩ **1** *Zerstreuung, Verbreitung* **2** *Brechung von Licht in verschiedene Farben* **3** *feinste Verteilung eines Stoffes in einem anderen in der Art, dass seine Teilchen in dem anderen schweben* **4** *Verteilung verschiedener Individuen einer Art innerhalb eines Lebensraumes* **5** *Streuung der Werte in der Wahrscheinlichkeitsrechnung* [< lat. *dispersio* »Zerstreuung«]

Dis|per|si|tät, ⟨auch⟩ **Di|sper|si|tät** ⟨f.; -, -en⟩ **1** *Zerteilung* **2** *Zerteilungsmöglichkeit* [→ *dispers*]
Dis|placed Per|son ⟨[displɛist pə:rsn] f.; - -, - -s; Abk.: DP⟩ *im 2. Weltkrieg nach Deutschland (od. in die von deutschen Truppen besetzten Gebiete) verschleppte Person* [engl.]
Dis|play ⟨[-plɛi] n.; -s, -s⟩ **1** *optisch wirksames Zurschaustellen (von Waren, Werbematerial u.a.)* **2** *Anzeigeeinheit an elektron. Geräten (z.B. Taschenrechnern u. Computern), heute entweder mit Leuchtdioden od. als Flüssigkristallanzeige* [engl.]
Dis|play|er, ⟨auch⟩ **Dis|pla|yer** ⟨[-plɛiə(r)] m.; -s, -⟩ *Grafiker(in) od. Schauwerbegestalter(in), der od. die hauptsächlich mit dem Entwurf von Warenverpackungen od. (Schaufenster-)Dekorationen (für den Einzelhandel) beschäftigt ist* [< engl. *display* »Schaukasten, Schaufenster«]
Dis|po ⟨m.; -s, -s; kurz für⟩ *Dispositionskredit*

Dispondeus / Disponenden (*Worttrennung am Zeilenende*) Besteht ein Fremdwort aus einer Vorsilbe und einem eigenständigen zweiten Morphem wie z.B. »*Spondeus*«, so ist die Trennfuge zwischen den einzelnen Bestandteilen zu setzen.
Ist dagegen keine Zusammensetzung erkennbar, wird nach Sprechsilben bzw. zwischen zwei aufeinander folgenden Konsonanten getrennt.

Di|spon|de|us ⟨m.; -, -de|en⟩ *antiker Versfuß, der aus zwei Spondeen besteht* [< *Di...*[2] + *Spondeus*]
Dis|po|nen|den ⟨nur Pl.⟩ *vom Sortimenter nicht verkaufte Bücher, die er mit Genehmigung des Verlegers weiter bei sich lagert* [< lat. *disponenda* »das zu Verteilende, Einzuteilende«; zu *disponere*]
Dis|po|nent ⟨m.; -en, -en⟩ *Angestellter, Abteilungsleiter mit begrenzter Vollmacht* [< lat. *disponens,* Part. Präs. zu *disponere* »einteilen, verteilen«]
dis|po|ni|bel ⟨Adj.⟩ *so beschaffen, dass man darüber disponieren kann, verfügbar;* Ggs *indisponibel* [< lat. *disponere* »einteilen, verteilen«]
Dis|po|ni|bi|li|tät ⟨f.; -; unz.⟩ *disponible Beschaffenheit, Verfügbarkeit*
dis|po|nie|ren ⟨V.⟩ **1** *ordnen, gliedern, einteilen* **2** *verfügen (über)* [< lat. *disponere* »verteilen, einteilen, anordnen«]
dis|po|niert ⟨Adj.⟩ **1** *gestimmt, aufgelegt, bereit, imstande;* der Sänger ist (nicht) disponiert *(nicht) gut bei Stimme;* Ggs *indisponiert* **2** *empfänglich (für eine Krankheit)*
Dis|po|si|ti|on ⟨f.; -, -en⟩ **1** *freie Verfügung;* zur ~ stehen **2** *Plan, Einteilung, Gliederung, Anordnung von gesammeltem Material* **3** *phys. u. psych. Verfassung, Anlage, Empfänglichkeit;* ~ für eine Krankheit **4** zur ~ stellen ⟨Abk.: z.D.⟩ *in den Wartestand od. einstweiligen Ruhestand versetzen* [< lat. *dispositio* »Einteilung, Anordnung«]
dis|po|si|ti|ons|fä|hig ⟨Adj.⟩ *geschäftsfähig, einsatzfähig*
Dis|po|si|ti|ons|fonds ⟨[-fɔ̃:] m.; - [-fɔ̃:s], - [-fɔ̃:s]⟩ *Fonds zur freien Verfügung (in Staatshaushalt u. Kommunalwirtschaft)*
Dis|po|si|ti|ons|kre|dit ⟨m.; -(e)s, -e⟩ *Kredit, über den ein Kontoinhaber jederzeit verfügen kann, Überziehungskredit*
dis|po|si|tiv ⟨Adj.⟩ *anordnend, bestimmend, planend;* ~es Recht *Recht, das vertraglich abgeändert werden kann* [< lat. *dispositus* »wohl geordnet«]
Dis|po|si|tiv ⟨n.; -s, -e [-və]⟩ **1** *Willenserklärung* **2** *Gesamtheit aller für einen Einsatz zur Disposition stehenden Personen u. Mittel*
Dis|pro|por|ti|on ⟨f.; -, -en⟩ *schlechte Proportion, Missverhältnis;* Ggs *Proportion*
Dis|pro|por|ti|o|na|li|tät ⟨f.; -; unz.⟩ *Missverhältnis*
dis|pro|por|ti|o|niert ⟨Adj.⟩ *schlecht proportioniert, unverhältnismäßig, ungleich;* Ggs *proportioniert*
Dis|pro|por|ti|o|nie|rung ⟨f.; -, -en⟩ *chem. Reaktion, bei der ein Ausgangsstoff gleichzeitig in eine Verbindung höherer und niedrigerer Wertigkeit übergeht*
Dis|put ⟨m.; -(e)s, -e⟩ *Streitgespräch, Wortgefecht* [< frz. *dispute* »Wortwechsel, Wortgefecht«; < lat. *disputare* »erörtern«]
dis|pu|ta|bel ⟨Adj.⟩ *so beschaffen, dass man darüber disputieren muss, strittig;* Ggs *indisputabel* [< frz. *disputable* »bestreitbar«]
Dis|pu|tant ⟨m.; -en, -en⟩ *Teilnehmer an einem Disput* [< lat. *disputans,* Part. Präs. zu *disputare* »erörtern«]
Dis|pu|ta|ti|on ⟨f.; -, -en⟩ *Meinungsaustausch, wissenschaftl. Streitgespräch* [< lat. *disputatio* »Erörterung, Abhandlung«]
dis|pu|tie|ren ⟨V.⟩ **1** *in Worten (gelehrt) streiten* **2** *seine Meinung gegeneinander verfechten* [< lat. *disputare* »erörtern«]
Dis|qua|li|fi|ka|ti|on ⟨f.; -, -en⟩ Sy *Disqualifizierung* **1** *Untauglichkeit* **2** *Untauglichkeitserklärung* **3** ⟨Sp.⟩ *Ausschluss von sportl. Wettkämpfen als Strafe wegen Vergehens gegen die sportl. Regeln*
dis|qua|li|fi|zie|ren ⟨V.⟩ **1** *für untauglich erklären* **2** *vom Wettkampf (zur Strafe) ausschließen*
Dis|qua|li|fi|zie|rung ⟨f.; -, -en⟩ = *Disqualifikation*
Diss. ⟨f.; -, -; umg. Abk. für⟩ *Dissertation*
Dis|se|mi|na|ti|on ⟨f.; -, -en⟩ *Verbreitung;* ~ von Krankheitserregern im Körper, ~ einer Seuche [< lat. *disseminare* »aussäen«]
dis|se|mi|nie|ren ⟨V.⟩ *verbreiten;* Krankheitserreger, Seuchen ~ [< lat. *disseminare* »aussäen, ausstreuen«]
Dis|sens ⟨m.; -es, -e⟩ *Meinungsverschiedenheit, z.B. beim Abschluss eines Vertrages;* Ggs *Konsens* [< lat. *dissensus* »Meinungsverschiedenheit«; zu *dissentire* »anders denken, anderer Meinung sein«]

Dis|sen|ter ⟨m.; -s, -s; in England⟩ *nicht der anglikan. Staatskirche angehörender Protestant;* Sy *Dissident(2), Nonkonformist(2);* Ggs *Konformist(2)* [engl.]

dis|sen|tie|ren ⟨V.⟩ **1** *anderer Meinung sein;* Ggs *konsentieren* **2** *sich von einer Kirche trennen* [< lat. *dissentire* »anderer Meinung sein, nicht beistimmen«]

Dis|se|pi|ment ⟨n.; -(e)s, -e⟩ **1** *Scheidewand im Körper von Korallen* **2** *falsche Scheidewand in der Frucht* [< *dis...* + lat. *saepimentum* »Zaun, Wall«]

Dis|ser|tant ⟨m.; -en, -en⟩ *jmd., der an einer Dissertation arbeitet;* → a. *Doktorand*

Dis|ser|ta|ti|on ⟨f.; -, -en; Abk.: Diss.⟩ *wissenschaftl. Arbeit (bes. zum Erlangen der Doktorwürde)* [< lat. *dissertatio* »Erörterung«]

dis|ser|tie|ren ⟨V.⟩ *eine Dissertation schreiben;* über ein Thema ~ [< lat. *dissertare* »auseinander setzen«]

dis|si|dent ⟨Adj.⟩ *anders denkend, von der herrschenden Meinung abweichend* [< lat. *dissidens,* Part. Präs. zu *dissidere* »beiseite sitzen, uneinig sein«]

Dis|si|dent ⟨m.; -en, -en⟩ **1** *jmd., der zu keiner staatl. anerkannten Religionsgemeinschaft gehört* **2** = *Dissenter* **3** ⟨allg.⟩ *jmd., der von einer offiziellen Lehrmeinung od. Ideologie abweicht*

Dis|si|denz ⟨f.; -, -en⟩ *eine oppositionell bzw. widerständisch ausgerichtete Bewegung*

dis|si|die|ren ⟨V.⟩ **1** *anders denken* **2** *aus der Kirche austreten* [< lat. *dissidere* »mit jmdm. uneinig sein«, eigtl. »beiseite sitzen«]

Dis|si|mi|la|ti|on ⟨f.; -, -en⟩ **1** *Beseitigung, Verlust der Ähnlichkeit;* Ggs *Assimilation* **2** *das Unähnlichwerden zweier benachbarter ähnl. Konsonanten,* z.B. nhd. fünf < mhd. fimpf **3** *das Ausstoßen eines von zwei gleichen od. ähnl. Konsonanten,* z.B. nhd. Welt < mhd. werlt **4** ⟨Biol.⟩ *Stoffwechselvorgänge, bei denen unter Freisetzung von Energie höhere organ. Verbindungen in niedere zerlegt werden;* Ggs *Assimilation(2)* [→ *dissimilieren*]

dis|si|mi|lie|ren ⟨V.⟩ *einer Dissimilation unterwerfen* [< lat. *dissimilis* »unähnlich«]

Dis|si|mu|la|ti|on ⟨f.; -, -en⟩ *absichtliche Verheimlichung von Krankheitszeichen;* Ggs *Simulation(1)* [< lat. *dissimulatio* »Verstellung, Verheimlichung«]

dis|si|mu|lie|ren ⟨V.⟩ *Krankheitszeichen verheimlichen;* Ggs *simulieren(1)* [< lat. *dissimulare* »verheimlichen, sich verstellen«]

Dis|si|pa|ti|on ⟨f.; -, -en⟩ *Aufspaltung einer Energie in mehrere andere; ist dafür verantwortlich, dass Energieumwandlungen niemals vollständig in einer Richtung verlaufen, da immer ein Teil der eingesetzten Energie als Reibungsenergie oder dgl. verloren geht und nicht mehr für die weitere Nutzung zur Verfügung steht* [< lat. *dissipatio* »Zerstreuung«]

dis|si|pie|ren ⟨V.; Phys.; Kyb.⟩ *zerstreuen, streuen, umwandeln* [< lat. *dissipare* »auseinander werfen, zerstreuen«]

dis|so|lu|bel ⟨Adj.⟩ *löslich, schmelzbar, zerlegbar* [< lat. *dissolubilis* »auflösbar«]

dis|so|lut ⟨Adj.⟩ *haltlos, zügellos* [< lat. *dissolutus* »aufgelöst, ungebunden, liederlich«]

Dis|so|lu|ti|on ⟨f.; -, -en⟩ **1** *Auflösung, Trennung* **2** ⟨fig.⟩ *Zügellosigkeit* [< lat. *dissolutio* »Auflösung, Ungebundenheit, Leichtsinn«]

Dis|sol|ven|tia ⟨[-vɛn-] Pl.; Sg.: Dis|sol|vens⟩ *auflösende (Arznei-)Mittel* [< lat. *dissolvere* »auflösen, zerlegen«]

dis|so|nant ⟨Adj.; Mus.⟩ **1** *misstönend, nicht zusammenklingend* **2** *nach Auflösung verlangend;* Ggs *konsonant* [→ *dissonieren*]

Dis|so|nanz ⟨f.; -, -en⟩ **1** *Missklang;* Ggs *Konsonanz(1)* **2** ⟨fig.⟩ *Unstimmigkeit* [→ *dissonant*]

dis|so|nie|ren ⟨V.; Mus.⟩ **1** *in einer Dissonanz zusammenklingen* **2** ⟨fig.⟩ *nicht übereinstimmen* [< *dis...* + lat. *sonare* »tönen, ertönen, erschallen«]

Dis|sous|gas ⟨[disu:-] n.; -es; unz.⟩ *in Aceton gelöstes, in Stahlflaschen aufbewahrtes Acetylen als Brenngas für Schweißvorgänge* [< frz. *dissous* »aufgelöst«]

Dis|so|zi|a|ti|on ⟨f.; -, -en⟩ **1** *Trennung, Zerfall;* Ggs *Assoziation* **2** ⟨Psych.⟩ *Auflösung von im Bewusstsein zusammenhängenden Vorstellungen* **3** ⟨Chem.⟩ **3.1** *Spaltung von Molekülen in geladene Ionen unter dem Einfluss eines Lösungsmittels* **3.2** *Spaltung von Molekülen bei hohen Temperaturen* [< frz. *dissociation* »Zerfall, Trennung« < lat. *dis...* »auseinander« + *socius* »Gefährte«]

Dis|so|zi|a|ti|ons|kon|stan|te, ⟨auch⟩ **Dis|so|zi|a|ti|ons|kons|tan|te** ⟨f.; -, -n; Chem.⟩ *Konstante, die das Gleichgewicht zwischen den getrennten Teilchen (Ionen od. Atome) ausdrückt*

dis|so|zi|a|tiv ⟨Adj.⟩ *die Dissoziation betreffend, auf ihr beruhend*

dis|so|zi|ie|ren ⟨V.⟩ **1** *trennen, auflösen* **2** ⟨Chem.⟩ **2.1** *in Ionen zerfallen* **2.2** *chemisch aufspalten;* ein Gemisch ~ [< frz. *dissocier* »zersetzen, trennen«; → *Dissoziation*]

■ Die Buchstabenfolge **dis|t...** kann auch **di|st...** getrennt werden. Davon ausgenommen sind Zusammensetzungen, in denen die fremdsprachigen bzw. sprachhistorischen Bestandteile deutlich als solche erkennbar sind, z.B. *-trahieren, -tribuieren* (→ a. *kontrahieren, kontribuieren*).

■ **dis|tal** ⟨Adj.⟩ *vom Mittelpunkt, von der Mittellinie des Körpers entfernt;* Ggs *proximal* [< lat. *distare* »entfernt sein«]

■ **Dis|tanz** ⟨f.; -, -en⟩ *Abstand, Entfernung;* einen Gegenstand auf eine ~ von 10 km erkennen; das Rennen geht über eine ~ von 5000 m; ~ wahren (von od. zu jmdm.) *Vertraulichkeit vermeiden* [< lat. *distantia* »Abstand, Verschiedenheit«; zu *distare* »entfernt sein«]

■ **Dis|tanz|ge|schäft** ⟨n.; -(e)s, -e; Wirtsch.⟩

Geschäft zwischen Personen an verschiedenen Orten, Fernkauf bzw. -verkauf; Ggs *Lokogeschäft*

■ **dis|tan|zie|ren** ⟨V.⟩ **1** *(im Wettkampf) überbieten, hinter sich lassen* **2** sich **von** etwas od. jmdm. ~ *von etwas od. jmdm. abrücken, nichts damit od. mit ihm zu tun haben wollen;* davon distanziere ich mich [→ *Distanz*]

■ **dis|tan|ziert** ⟨Adj.⟩ *Abstand wahrend, Zurückgezogenheit bevorzugend*

■ **Dis|tanz|re|lais** ⟨[-rəlɛː] n.; - [-lɛːs], - [-lɛːs]⟩ *Relais, das als Schutzrelais in Hochspannungssystemen fungiert;* Sy *Impedanzrelais*

■ **Dis|tanz|ritt** ⟨m.; -(e)s, -e⟩ *Dauerritt, Ritt über eine sehr lange Strecke*

■ **Di|sthen** ⟨m.; -s, -e⟩ *Mineral, chem. Aluminiumsilicat, $Al_2O(SiO_4)$;* Sy *Kyanit, Zyanit* [< *Di…*[2] + grch. *sthenos* »Kraft«]

■ **dis|tich** ⟨Adj.; Bot.⟩ *in zwei gegenüberstehenden Reihen angeordnet* [< *di…*[2] + grch. *stichos* »Reihe«]

■ **dis|ti|chisch, dis|ti|chi|tisch** ⟨[-çi-] Adj.⟩ *das metrische Schema zweier verschiedener Verse im Wechsel gebrauchend;* Ggs *monostichisch, monostichitisch*

■ **Dis|ti|chon** ⟨[-çɔn] n.; -s, -chen⟩ *aus einem Hexameter u. einem Pentameter zusammengesetzte Verseinheit;* → a. *Elegeion* [< *Di…*[2] + grch. *stichos* »Reihe, Vers«]

■ **dis|tin|gu|ie|ren** ⟨a. [-giː-] V.⟩ *unterscheiden, auszeichnen, hervorheben* [< frz. *distinguer* »unterscheiden«]

■ **dis|tin|gu|iert** ⟨a. [-tiŋgiːrt] Adj.⟩ *(aus der Allgemeinheit) hervorgehoben, ausgezeichnet, vornehm;* ein ~es Benehmen, Verhalten [< frz. *distinguer* »unterscheiden«]

■ **dis|tinkt** ⟨Adj.⟩ *unterschieden, deutlich (erkennbar), verständlich* [< lat. *distinctus* »gesondert, bestimmt, deutlich«]

■ **Dis|tink|ti|on** ⟨f.; -, -en⟩ **1** *Auszeichnung, (hoher) Rang, Würde* **2** ⟨österr.⟩ *Rangabzeichen* [< lat. *distinctio* »Sonderung, Unterscheidung«]

■ **dis|tink|tiv** ⟨Adj.⟩ **1** *unterscheidend* **2** *auszeichnend* [→ *distinkt*]

dis|to|nie|ren ⟨V.; Mus.⟩ *vom Ton abweichen, den Ton herauf- od. herunterziehen* [< *dis…* + grch. *tonos* »Ton«]

Dis|tor|si|on ⟨f.; -, -en⟩ **1** ⟨Med.⟩ *Verstauchung* **2** ⟨Opt.⟩ *Verzerrung, Verzeichnung* [frz., »Verzerrung« < lat. *distortio* »Verzerrung«]

dis|tra|hie|ren ⟨V.⟩ *auseinander ziehen, trennen, zerstreuen* [< lat. *distrahere* »auseinander ziehen, trennen«]

Dis|trak|ti|on ⟨f.; -, -en⟩ **1** *das Auseinanderziehen, Zerstreuung* **2** *seitl. Auseinanderweichen von Erdschollen* **3** *Behandlung von Knochenbrüchen mit Streckverbänden* [< lat. *distractio* »Trennung«; zu *distrahere* »auseinander ziehen, trennen«]

Dis|trak|tor ⟨m.; -s, -to|ren⟩ *eine der falschen Anworten, die bei einem Multiplechoiceverfahren angeboten werden* [→ *Distraktion*]

Dis|tri|bu|ent ⟨m.; -en, -en; †⟩ *Verteiler* [< lat. *distribuens* »zuteilen, verteilend«; zu *distribuere*]

dis|tri|bu|ie|ren ⟨V.⟩ *verteilen, austeilen* [< lat. *distribuere* »verteilen, zuteilen«]

Dis|tri|bu|ti|on ⟨f.; -, -en⟩ **1** *Verteilung, Austeilung, Auflösung* **2** ⟨Logik⟩ *Gültigkeit für jedes Objekt, das unter einen bestimmten Begriff fällt* [< lat. *distributio* »Verteilung, Einteilung«; zu *distribuere* »verteilen, austeilen«]

dis|tri|bu|tiv ⟨Adj.⟩ *auf eine Distribution bezüglich, verteilend*

Dis|tri|bu|tiv|ge|setz ⟨n.; -es; unz.; Math.⟩ *Gesetz, das die Handhabung mathematischer Größen bei Addition u. Subtraktion koordiniert*

Dis|tri|bu|ti|vum ⟨[-vum] n.; -s, -va [-va]; Gramm.⟩, **Dis|tri|bu|tiv|zahl** ⟨f.; -, -en; Gramm.⟩ *Einteilungszahl zur Einteilung in jeweils gleiche Mengen, z.B. je 3*

■ **Dis|trikt,** ⟨auch⟩ **Dist|rikt** ⟨m.; -s, -e⟩ **1** *Verwaltungsbezirk* **2** *abgeschlossener Bereich* [< mlat. *districtus* »Gerichtszwang, Gerichtsgebiet«; < lat. *distringere* »auseinander ziehen, straff spannen, zwingen«]

■ Die Buchstabenfolge **dis|zi|pl…** kann auch **dis|zip|l…** getrennt werden.

■ **Dis|zi|plin** ⟨f.; -, -en⟩ **1** ⟨unz.⟩ *Zucht, Ordnung, Einordnung, Unterordnung;* ~ halten; die ~ wahren; eiserne ⟨fig.⟩, strenge ~; Ggs *Indisziplin* **2** ⟨zählb.⟩ **2.1** *wissenschaftl. Fachrichtung* **2.2** *Sportart* [< lat. *disciplina* »Unterricht; Zucht, Ordnung«]

■ **dis|zi|pli|när** ⟨Adj.⟩ *eine Disziplin(2) betreffend, zu ihr gehörend*

■ **Dis|zi|pli|nar|ge|walt** ⟨f.; -; unz.⟩ *die dem Staat seinen Beamten u. Soldaten gegenüber zustehende Gewalt u. das Recht, Disziplinarstrafen zu verhängen, Dienststrafgewalt*

■ **dis|zi|pli|na|risch** ⟨Adj.⟩ **1** *die Disziplin od. Disziplinargewalt betreffend, auf ihr beruhend, mit Hilfe einer Disziplinarstrafe;* oV *disziplinell* **2** ⟨fig.⟩ *streng*

■ **Dis|zi|pli|nar|stra|fe** ⟨f.; -, -n⟩ *Strafe für ein Vergehen eines Beamten od. Soldaten gegen dienstl. Anordnungen od. Befehle, Dienststrafe*

■ **dis|zi|pli|nell** ⟨Adj.⟩ = *disziplinarisch*

■ **dis|zi|pli|nie|ren** ⟨V.⟩ **1** *in Disziplin halten, an Disziplin gewöhnen* **2** *maßregeln*

■ **dis|zi|pli|niert** ⟨Adj.⟩ *an Disziplin gewöhnt*

■ **Dis|zip|li|nie|rung** ⟨f.; -, -en⟩ *das Disziplinieren, das Dizipliniertwerden*

■ **dis|zip|lin|los** ⟨Adj.⟩ *ohne Disziplin, keine Disziplin haltend*

Di|thy|ram|be ⟨f.; -, -n⟩ oV *Dithyrambus* **1** *Chor- u. Reigenlied auf den Gott Dionysos* **2** *kunstvolles, stroph. gegliedertes Festlied (seit 600 v.Chr.)* **3** *unregelmäßig gebaute, odenartige Hymne* **4** ⟨fig.⟩ *Loblied, überschwängl. Lied* [< grch. *dithyrambos;* urspr. Beiname des Dionysos]

di|thy|ram|bisch ⟨Adj.⟩ **1** *wie eine Dithyrambe* **2** ⟨fig.⟩ *begeistert, überschwänglich*

Di|thy|ram|bus ⟨m.; -, -ben⟩ *Dithyrambe*

di|to ⟨Adv.; Abk.: do., dto.⟩ *gleichfalls, ebenso;* oV ⟨österr.⟩ *detto, ditto (wird gebraucht, um sich auf Rechnungen usw. mehrmals vorkommende Bezeichnungen od. Erklärungen zu ersparen)* [< ital. *ditto, detto* < lat. *dictum;* → *Diktum*]

Di|tro|chä|us ⟨[-xɛ:-] m.; -, -en⟩ *doppelter Trochäus* [< *Di…*[2] + *Trochäus*]

dit|to ⟨Adv.; österr.⟩ = *dito*

Dit|to|gra|fie ⟨f.; -, -n⟩ = *Dittographie*

Dit|to|gra|phie ⟨f.; -, -n⟩ oV *Dittografie* **1** *Doppellesart bei antiken Schriftstellern* **2** *fehlerhafte Doppelschreibung eines od. mehrerer Buchstaben im Text;* Ggs *Haplographie* [< grch. *dittos* »doppelt« + *graphein* »schreiben«]

Di|u|re|se ⟨f.; -, -n⟩ *Harnausscheidung* [zu grch. *diourein* »harnen«]

Di|u|re|ti|kum ⟨n.; -s, -ka⟩ *harntreibende Arznei* [→ *Diurese*]

di|u|re|tisch ⟨Adj.⟩ *die Harnausscheidung anregend, harntreibend* [→ *Diurese*]

Di|ur|nal ⟨n.; -s, -e⟩, **Di|ur|na|le** ⟨n.; -s, -lia⟩ *Gebetbuch kathol. Geistlicher mit den Stundengebeten, Auszug aus dem Brevier* [< lat. *diurnus* »täglich«; zu *dies* »Tag«; verwandt mit *Journal*]

div. ⟨Abk. für⟩ *divisi*

Di|va ⟨[-va] f.; -s, -s od. -ven [-vən]⟩ *gefeierte Künstlerin, bes. bei Bühne u. Film* [ital., »die Göttliche«]

Di|ver|bia ⟨[-vɛr-] Pl.; Lit.⟩ *die in der altrömischen Komödie und dem altrömischen Drama gesprochenen Dialog- u. Wechselgesprächpartien* [< lat. *diverbium*]

di|ver|gent ⟨[-vɛr-] Adj.⟩ *auseinander strebend, in entgegengesetzter Richtung verlaufend;* Ggs *konvergent* [frz., »gegensätzlich, abweichend«]

Di|ver|genz ⟨[-vɛr-] f.; -, -en⟩ Ggs *Konvergenz* **1** *Auseinanderstreben* **2** *Meinungsverschiedenheit* [< frz. *divergence* »Verschiedenheit«]

di|ver|gie|ren ⟨[-vɛr-] V.⟩ Ggs *konvergieren* **1** *auseinander gehen, abweichen* **2** *anderer Meinung sein* [< frz. *diverger* »auseinander gehen«]

di|vers ⟨[-vɛrs] Adj.⟩ **1** *verschieden* **2** ~e *mehrere* **3** Diverses *verschiedene Gegenstände, die man (in Aufstellungen usw.) nicht in die gegebenen Rubriken einordnen kann* [< lat. *diversus* »abgekehrt, entgegengesetzt«]

Di|ver|sa ⟨[-vɛr-] Pl.⟩ *Vermischtes, Mixtur;* oV *Diverse;* → a. *divers*

Di|ver|sant ⟨[-vɛr-] m.; -en, -en; DDR⟩ *Saboteur, Störer* [< lat. *diversus* »abgekehrt, entgegengesetzt«]

Di|ver|se ⟨[-vɛr-] Pl.⟩ = *Diversa*

Di|ver|si|fi|ka|ti|on ⟨[-vɛr-] f.; -, -en⟩ *Vorgang, Ergebnis des Diversifizierens*

di|ver|si|fi|zie|ren ⟨[-vɛr-] V.⟩ ein Unternehmen, einen Konzern ~ *auf verschiedene Wirtschaftszweige umstellen, um von Entwicklungsschwankungen einzelner Branchen unabhängig zu werden* [< *divers* + *…fizieren*]

Di|ver|si|fi|zie|rung ⟨[-vɛr-] f.; -, -en⟩ *das Diversifizieren*

Di|ver|si|on ⟨[-vɛr-] f.; -, -en⟩ **1** *Ablenkung, Richtungsänderung* **2** ⟨DDR⟩ *polit. Störung, Sabotage, Versuch der Spaltung* [zu lat. *diversus* »abgekehrt, entgegengesetzt«]

Di|ver|si|tät ⟨[-vɛr-] f.; -; unz.⟩ *Vielfältigkeit, Vorhandensein eines breiten Spektrums, Mannigfaltigkeit*

di|ver|tie|ren ⟨[-vɛr-] V.; †⟩ *belustigen, ergötzen* [< frz. *divertir* »ablenken, zerstreuen, belustigen« < lat. *devertere* »sich abwenden, abschweifen«]

Di|ver|ti|kel ⟨[-vɛr-] n.; -s, -⟩ *Ausstülpung, Ausbauchung von Hohlorganen od. Körperhöhlen* [< lat. *diverticulum* »Abweichung, Seitenweg«]

Di|ver|ti|ku|li|tis ⟨[-vɛr-] f.; -, -ti|den; Path.⟩ *Entzündung eines Divertikels*

Di|ver|ti|ku|lo|se ⟨[-vɛr-] f.; -, -n; Med.⟩ *Vermehrtes Auftreten von bis zu haselnussgroßen Divertikeln im Darm*

Di|ver|ti|men|to ⟨[-vɛr-] n.; -s, -s od. -ti⟩ *mehrstimmiges, mehrsätziges, unterhaltsames Musikstück* [ital., »Vergnügen«]

Di|ver|tis|se|ment ⟨[-vɛrtis(ə)mã:] n.; -s, -s; frz. Form von⟩ *Divertimento* [frz., »Unterhaltung, Belustigung«]

di|vi|de et im|pe|ra! ⟨[-vi-]⟩ *teile und herrsche!, stifte Unfrieden unter deinen Feinden, um sie zu beherrschen! (Grundprinzip der Außenpolitik im antiken Rom)* [lat.]

Di|vi|dend ⟨[-vi-] m.; -en, -en⟩ *Zahl, durch die eine andere Zahl zu teilen ist; Zähler (eines Bruches);* Ggs *Divisor* [< lat. *dividendus (numerus)* »die zu teilende (Zahl)« < *dividere;* → *dividieren*]

Di|vi|den|de ⟨[-vi-] f.; -, -n⟩ *auf eine Aktie entfallender Gewinnanteil* [< lat. *dividenda* »die zu teilende (Summe)« < *dividere*]

di|vi|die|ren ⟨[-vi-] V.; Math.⟩ *der Division unterziehen, teilen* [< lat. *dividere* »teilen«]

Di|vi|na|ti|on ⟨[-vi-] f.; -, -en⟩ *Ahnung, Ahnungsvermögen* [< lat. *divinatio* »Ahnung, Sehergabe«]

di|vi|na|to|risch ⟨[-vi-] Adj.⟩ *seherisch, vorahnend* [→ *Divination*]

Di|vi|ni|tät ⟨[-vi-] f.; -; unz.⟩ **1** *Göttlichkeit* **2** *göttl. Wesen* [< lat. *divinitas* »Göttlichkeit«]

Di|vis ⟨[-vi:s] n.; -es, -e⟩ *Bindestrich, Silbentrennungszeichen* [frz., »geteilt« < lat. *divisus,* Part. Perf. zu *dividere* »teilen«]

di|vi|si ⟨[-vi:-] Abk.: div.; bei Doppelgriffen auf Streichinstrumenten⟩ *geteilt, d.h. von zwei Instrumenten zu spielen* [ital., Pl. zu *diviso* »geteilt«]

di|vi|si|bel ⟨[-vi-] Adj.⟩ *so beschaffen, dass man es dividieren kann, dividierbar, teilbar* [< frz. *divisible* »teilbar«]

Di|vi|si|nist ⟨[-vi-] m.; -en, -en⟩ *Anhänger, Vertreter des Divisionismus*

Di|vi|si|on ⟨[-vi-] f.; -, -en⟩ **1** ⟨Math.⟩ *Aufteilung einer Zahl (Dividend) in so viele gleiche Teile, wie eine andere Zahl (Divisor) angibt* **2** ⟨Mar.⟩ *Teil der Schiffsbesatzung in Stärke einer Kompanie* **3** ⟨Mil.⟩ *großer Kampfverband* [< lat. *divisio* »Teilung«]

Di|vi|si|o|nis|mus ⟨[-vi-] m.; -; unz.⟩ *neoimpressionistische Richtung der modernen französ. Malerei (punktartiges Nebeneinandersetzen der Farbpartikel);* → a. *Pointillismus* [< lat. *divisio* »Teilung«]

Di|vi|sor ⟨[-viː-] m.; -s, -so|ren⟩ *Zahl, durch die eine andere Zahl geteilt wird, Nenner (eines Bruches);* Ggs *Dividend* [< lat. *divisor (numerus)* »teilende Zahl«; zu *dividere* »teilen«]

Di|vot ⟨[-vət] m. od. n.; -s, -s; Sp.; Golf⟩ *mit dem Golfschläger herausgeschlagenes Rasenstück* [engl.]

Di|wan ⟨m.; -s, -e⟩ **1** *gepolsterte Liege ohne Rückenlehne* **2** *ehemaliger türkischer Staatsrat* **3** *oriental. Gedichtsammlung;* Westöstlicher ~ *(von Goethe)* [< frz. *divan* < pers. *diwan* »Geheimer Staatsrat des Herrschers, Gerichtshof, Schriftensammlung«]

Di|xie ⟨m.; - od. -s; unz.; Mus.; kurz für⟩ *Dixieland(2)*

Di|xie|land ⟨[dịksilænd] n.; - od. -s; unz.⟩ **1** *die Südstaaten der USA* **2** ⟨m.; - od. -s; unz.; Mus.⟩ *früheste Art des Jazz;* Sy *Dixie* [nach *Dixie,* dem Namen für die Südstaaten der USA in dem gleichnamigen Lied von Daniel D. Bennet (1859)]

di|zy|got ⟨Adj.⟩ *zweieiig;* ~e Zwillinge *Zwillinge, die sich aus zwei befruchteten Eizellen entwickelt haben;* Ggs *monozygot* [< grch. *di-* »doppelt« + *zygon* »Joch«]

DJ ⟨[diːdʒɛi] m.; -s, -s; kurz für⟩ *Diskjockei* [engl.]

Dji|had ⟨m.; -s; unz.⟩ = *Dschihad*

DK ⟨Abk. für⟩ *Dezimalklassifikation*

dkg ⟨österr. Abk. für⟩ *Dekagramm*

dkr ⟨Abk. für⟩ *dänische Krone*

dl ⟨Abk. für⟩ *Deziliter*

Dl ⟨früher Abk. für⟩ *Dekaliter*

dm ⟨Abk. für⟩ *Dezimeter*

d.m. ⟨Abk. für⟩ *destra mano (rechte Hand);* → a. *mano dextra*

Dm ⟨früher Abk. für⟩ *Dekameter*

dm^2 ⟨Abk. für⟩ *Quadratdezimeter*

dm^3 ⟨Abk. für⟩ *Kubikdezimeter*

DNA ⟨Abk. für⟩ *Desoxyribonucleinsäure*

DNA-Fin|ger|ab|druck ⟨m.; -(e)s, -drü|cke⟩ *molekulartechnische Analyse der DNA eines Individuums*

DNS ⟨Abk. für⟩ *Desoxyribonucleinsäure*

Do ⟨n.; -, -; Mus.⟩ *Ton C, in der Tonika-Do-Methode jeweils der Grundton einer Tonleiter;* → a. *Solmisation* [ital., frz.]

do. ⟨Abk. für⟩ *dito*

doch|misch ⟨Adj.⟩ *in der Art eines Dochmius*

Doch|mi|us ⟨m.; -, -mi|en⟩ *fünffüßiger, aus Jambus u. Kretikus zusammengesetzter Versfuß* [< grch. *dochmios* »in die Quere gehend«]

Dock ⟨n.; -(e)s, -s od. -e⟩ *Anlage zum Trockensetzen von Schiffen, entweder als Schwimmkörper* (Schwimm~*) od. als Becken, das leer gepumpt wird* (Trocken~) [engl.]

do|cken ⟨V.⟩ **1** *ins Dock legen* **2** *im Dock liegen*

Do|cker ⟨m.; -s, -⟩ *Dockarbeiter* [engl.]

Do|cking|ma|nö|ver ⟨[-vɛr] n.; -s, -; Raumf.⟩ *Flugmanöver, bei dem ein Raumfahrzeug an ein anderes angekoppelt wird;* das ~ zwischen Spaceshuttle u. Mir verlief ohne Komplikationen [zu engl. *dock* »andocken, koppeln«]

do|cu|men|ta ⟨f.; -, -s; in der Stadt Kassel⟩ *in mehrjährigen Abständen veranstaltete Ausstellung zeitgenössischer Kunst*

Do|de|ka|dik ⟨f.; -; unz.⟩ = *Duodezimalsystem*

do|de|ka|disch ⟨Adj.⟩ = *duodezimal* [< grch. *dodeka* »zwölf«]

Do|de|ka|e|der ⟨n.; -s, -s⟩ *von zwölf Flächen begrenzter Körper, Zwölfflach, Zwölfflächner;* → a. *Pentagondodekaeder* [< grch. *dodeka* »zwölf« + ...*eder*]

Do|de|ka|fo|nie ⟨f.; -; unz.⟩ = *Dodekaphonie*

Do|de|ka|pho|nie ⟨f.; -; unz.⟩ = *atonale Musik;* oV *Dodekafonie* [< grch. *dodeka* »zwölf« + ...*phonie*]

Do|ga|res|sa ⟨f.; -, -res|sen; Gesch.⟩ *Frau des Dogen* [ital.]

Dog|cart ⟨m.; -s, -s⟩ *offener, zweirädriger Einspänner* [engl., eigtl. »Hundewagen«]

Do|ge ⟨[doːʒə] ital. [dɔdʒə] m.; -n, -n⟩ *Oberhaupt der ehem. Republiken Venedig u. Genua* [ital. < lat. *dux* »Führer«]

Dog|ge ⟨f.; -, -n⟩ *Angehörige einer Gruppe von Hunderassen, große schlanke* (deutsche ~) *bis kurzbeinige, schwere Arten* (Bull~) [< engl. *dog* »Hund«]

Dog|ger[1] ⟨m.; -s; unz.⟩ *mittlere Abteilung des Juras, brauner Jura* [engl., Gesteinsbezeichnung engl. Steinbrucharbeiter in der Grafschaft Yorkshire]

Dog|ger[2] ⟨m.; -s, -⟩, **Dog|ger|boot** ⟨n.; -(e)s, -e⟩ *niederländ. Fischerfahrzeug* [< ndrl. *dogger* »Kabeljau«]

Dog|ma ⟨n.; -s, -men⟩ **1** *festgelegte Meinung, die nicht angezweifelt wird* **2** *systematisch formulierte, aber nicht bewiesene Anleitung zum Handeln* **3** *von einer Glaubensgemeinschaft formulierte u. offiziell proklamierte Grundlage eines Bekenntnisses, Glaubenssatz* [grch., »Meinung, Verordnung, Lehrsatz«]

Dog|ma|tik ⟨f.; -, -en⟩ *Lehre vom Dogma*

Dog|ma|ti|ker ⟨m.; -s, -⟩ **1** *Lehrer der Dogmatik* **2** *starrer Verfechter bestimmter Dogmen*

dog|ma|tisch ⟨Adj.⟩ **1** *ein Dogma betreffend, zu ihm gehörig, darauf beruhend, daran gebunden* **2** ⟨fig.⟩ *ohne Prüfung der Voraussetzungen, unkritisch, starr an einem Dogma festhaltend*

dog|ma|ti|sie|ren ⟨V.⟩ *zum Dogma machen*

Dog|ma|tis|mus ⟨m.; -; unz.⟩ **1** *starres Festlegen von od. Festhalten an Dogmen* **2** *unkrit., unselbständiges Denken, starre Buchstabengelehrsamkeit*

Dog|skin ⟨n.; -s; unz.⟩ *aus Schaffell gefertigtes, kräftiges Leder* [eigtl. »Hundefell«, <engl. *dog* »Hund« + *skin* »Haut«]

> **Do-it-yourself-Bewegung** (*Schreibung mit Bindestrich*) Zwischen allen Bestandteilen mehrteiliger Zusammensetzungen, in denen eine Wortgruppe mit Bindestrich auftritt, wird ein Bindestrich gesetzt.

Do-it-your|self-Be|we|gung ⟨[du:itjɔ:(r)sɛlf-] f.; -; unz.⟩ *von den USA ausgehende Bewegung der handwerkl. Eigenarbeit* [engl., »tu es selbst«]

Do|ki|ma|sie ⟨f.; -; unz.⟩, **Do|ki|mas|tik** ⟨f.; -; unz.⟩ **1** ⟨im antiken Griechenland⟩ *Prüfung der Männer für den Staatsdienst* **2** *Prüfung eines Stoffes auf seinen Gehalt an Edelmetallen* [<grch. *dokimazein* »prüfen, untersuchen«]

do|ki|mas|tisch ⟨Adj.⟩ *die Dokimasie betreffend, auf ihr beruhend*

Dok|tor ⟨m.; -s, -to|ren; Abk.: Dr.⟩ **1** *akadem. Grad u. Titel nach besonderer Prüfung* **1.1** Dr. agr. (agronomiae), Dr. sc. agr. (scientiarum agrariarum) ~ *der Landwirtschaft* **1.2** Dr. disc. pol. (disciplinarum politicarum) ~ *der Sozialwissenschaften* **1.3** Dr. forest. (scientiae rerum forestalium) ~ *der Forstwirtschaft* **1.4** Dr. habil (habilitatus) *habilitierter* ~ ⟨in Verbindungen wie⟩ Dr. phil. habil. **1.5** Dr. h. c. (honoris causa) ~ *ehrenhalber (nur verliehener Titel)* **1.6** Dr.-Ing. ~ *der Ingenieurwissenschaften* **1.7** Dr. i.u. (iuris utriusque) ~ *beider Rechte (des weltl. u. kanon. Rechts)* **1.8** Dr. jur. (juris) ~ *der Rechte* **1.9** Dr. jur. utr. → Dr. i.u. **1.10** Dr. med. (medicinae) ~ *der Medizin* **1.11** Dr. med. dent. (medicinae dentariae) ~ *der Zahnheilkunde* **1.12** Dr. med. univ. (medicinae universae) ⟨österr.⟩ ~ *der gesamten Medizin* **1.13** Dr. med. vet. (medicinae veterinariae) ~ *der Tierheilkunde* **1.14** Dr. nat. techn. (rerum naturalium technicarum) ⟨österr.⟩ ~ *der Bodenkultur* **1.15** Dr. oec. (oeconomiae) ~ *der Wirtschaftswissenschaften* **1.16** Dr. oec. publ. (oeconomiae publicae) ~ *der Volkswirtschaft* **1.17** Dr. öc. troph. ~ *der Ökotrophologie* **1.18** Dr. paed. (paedagogiae) ~ *der Pädagogik* **1.19** Dr. pharm. (pharmaciae) ~ *der Pharmazie* **1.20** Dr. phil. (philosophiae) ~ *der Philosophie* **1.21** Dr. phil. nat. (philosophiae naturalis), Dr. rer. nat. (rerum naturalium), Dr. sc. nat. (scientiarum naturalium) ~ *der Naturwissenschaften* **1.22** Dr. rer. camer. (rerum cameralium) ⟨schweiz.⟩ ~ *der Staatswissenschaften* **1.23** Dr. rer. comm. (rerum commercialium) ⟨österr.⟩ ~ *der Handelswissenschaften* **1.24** Dr. rer. hort. (rerum hortensium) ~ *der Gartenbauwissenschaft* **1.25** Dr. rer. mont. (rerum montanarum) ~ *der Bergbauwissenschaften* **1.26** Dr. rer. nat. → Dr. phil. nat. **1.27** Dr. rer. oec. (rerum oeconomicarum) ~ *der Wirtschaftswissenschaften* **1.28** Dr. rer. pol. (rerum politicarum), Dr. sc. pol. (scientiarum politicarum) ~ *der Staatswissenschaften* **1.29** Dr. rer. publ. (rerum publicarum) ~ *der Zeitungswissenschaft* **1.30** Dr. rer. soc. oec. (rerum socialium oeconomicarumque) ⟨österr.⟩ ~ *der Sozial- u. Wirtschaftswissenschaften* **1.31** Dr. rer. techn. (rerum technicarum), Dr. sc. math. (scientiarum mathematicarum) ~ *der mathemat. Wissenschaften* **1.32** Dr. sc. (scientiarum) ⟨DDR⟩ ~ *der Wissenschaften (entspricht dem Dr. habil.)* **1.33** Dr. sc. agr. → Dr. agr. **1.34** Dr. sc. math. → Dr. rer. techn. **1.35** Dr. sc. nat. → Dr. rer. nat. **1.36** Dr. sc. pol. → Dr. rer. pol. **1.37** Dr. sc. techn. (scientiarum technicarum) ⟨österr.⟩ ~ *der techn. Wissenschaften* **1.38** Dr. theol. (theologiae) ~ *der Theologie* **2** ⟨umg.⟩ *Arzt* [<lat. *doctor* »Lehrer«; zu *docere* »lehren«; → *Dozent*]

Dok|to|rand ⟨m.; -en, -en⟩ *jmd., der im Begriff steht, die Doktorprüfung abzulegen*

Dok|to|ran|din ⟨f.; -, -din|nen⟩ *weibl. Person, die im Begriff steht, die Doktorprüfung abzulegen*

dok|to|rie|ren ⟨V.⟩ *die Doktorprüfung ablegen*

Dok|to|rin ⟨f.; -, -rin|nen⟩ *weibl. Doktor*

> ■ Die Buchstabenfolge **dok|tr...** kann auch **dokt|r...** getrennt werden.

■ **Dok|trin** ⟨f.; -, -en⟩ **1** *Lehre, Lehrsatz* **2** ⟨fig.⟩ *starre Meinung* [<lat. *doctrina* »Unterricht, Wissenschaft«]

■ **dok|tri|när** ⟨Adj.⟩ **1** *auf einer Doktrin(1) beruhend, in der Art einer Doktrin* **2** *sich auf starre Meinungen versteifend, einseitig theoretisch, engstirnig* [<frz. *doctrinaire*]

■ **Dok|tri|när** ⟨m.; -s, -e⟩ *Verfechter einer Doktrin, jmd., der starr an einer Lehre festhält*

■ **Dok|tri|na|ris|mus** ⟨m.; -; unz.⟩ *starres, wirklichkeitsfremdes Festhalten an einer Lehrmeinung*

■ **dok|tri|nell** ⟨Adj.⟩ *eine Doktrin betreffend, in der Art einer Doktrin*

Do|ku|ment ⟨n.; -(e)s, -e⟩ **1** *Aufzeichnung, Schriftstück, das als Grundlage für weitere Arbeiten dienen kann* **2** *Urkunde, amtl. Bescheinigung, amtl. Schriftstück* **3** *als Beweis dienendes Schriftstück* **4** ⟨EDV⟩ *Einheit einer formatierten Menge von Daten, Datei* [<lat. *documentum* »Lehre, Beispiel, Beweis, Zeugnis«]

Do|ku|men|ta|list ⟨m.; -en, -en; DDR⟩ *fachlich ausgebildeter Mitarbeiter einer Einrichtung für Dokumentation*

Do|ku|men|ta|lis|tik ⟨f.; -; unz.⟩ *wissenschaftliche Disziplin, die sich mit der Sammlung, Speicherung u. Abrufung von Informationen befasst*

Do|ku|men|tar ⟨m.; -s, -e⟩ *in der Dokumentation(3) fachlich od. wissenschaftlich ausgebildeter Mitarbeiter*

Do|ku|men|tar|film ⟨m.; -s, -e⟩ *Film, der tatsächl. Begebenheiten realistisch, überzeugend u. beweiskräftig darbietet*

do|ku|men|ta|risch ⟨Adj.⟩ *auf Grund von, mit Hilfe von Dokumenten, durch Dokumente belegbar, urkundlich*

Do|ku|men|ta|ri|um ⟨n.; -s, -ri|en⟩ *Dokumentensammlung*
Do|ku|men|tar|spiel ⟨n.; -(e)s, -e; TV⟩ *Fernsehsendung, die histor. od. aktuelle Geschehnisse dramaturgisch bearbeitet u. in Form eines Spielfilms od.* ⟨umg.⟩ *Doku(mentations)dramas ausgestrahlt wird*
Do|ku|men|ta|ti|on ⟨f.; -, -en⟩ **1** *Beweisführung durch Dokumente* **2** *Beurkundung* **3** *Sammlung u. Nutzung von Dokumenten aller Art*
do|ku|men|tie|ren ⟨V.⟩ **1** *durch Dokumente belegen, beweisen* **2** *beurkunden*
Do|lan ⟨n.; -s; unz.; (Wz)⟩ *Fasern auf der Basis von Polyacrylnitrilen*
Dol|by|sys|tem, ⟨auch⟩ **Dol|by-Sys|tem** ⟨n.; -s; unz.; Mus.⟩ *System der elektromagnet. Tonaufzeichnung u. -wiedergabe zur Unterdrückung von Störgeräuschen wie Rauschen od. Klirren* [nach dem engl. Elektrotechniker R.M. *Dolby*]
dol|ce ⟨[-tʃə] Adj.⟩ **1** ⟨Mus.⟩ *sanft, süß, lieblich (zu spielen)* **2 Dolce far niente** *süß (ist es), nichts zu tun* **3 Dolce stil nuovo** *»süßer neuer Stil«, im 13. Jh. der den Minnesang ablösende Stil der ital. Liebeslyrik* **4 Dolce Vita** *»süßes Leben«, müßiggänger. Leben gewisser oberer Gesellschaftskreise* [ital.]
Dol|ce|far|ni|en|te ⟨[-tʃə-] n.; -; unz.⟩ *süßes Nichtstun* [ital.]
Dol|ci|an ⟨m.; -(e)s, -e; seit dem 15. Jh.⟩ oV *Dulzian* **1** *ein der Schalmei ähnl. Blasinstrument* **2** ⟨nach 1600 auch Bez. für⟩ *Fagott* **3** *ein Orgelregister* [<ital. *dolce* »süß«]
Dol|drum ⟨a. engl. [-drəm] n.; -s, -s⟩ *windstille Zone am Äquator* [<engl. *doldrums* (Pl.) »Stilliegen, Windstille«]
do|li|cho|ke|phal ⟨[-ço-] Adj.⟩ *langköpfig;* oV *dolichozephal* [<grch. *dolichos* »lang« + ...*kephal*]
Do|li|cho|ke|pha|lie ⟨[-ço-] f.; -; unz.⟩ *Langköpfigkeit;* oV *Dolichozephalie*
do|li|cho|ze|phal ⟨[-ço-] Adj.⟩ = *dolichokephal*
Do|li|cho|ze|pha|lie ⟨[-ço-] f.; -; unz.⟩ = *Dolichokephalie*
do|lie|ren ⟨V.⟩ = *dollieren*
Do|li|ne ⟨f.; -, -n⟩ *trichterförmige Einsenkung, die durch Auflösung von Kalkstein im Karstgebiet entstanden ist* [<slaw. *dolina* »Tal«]
Dol|lar ⟨m.; -s, -s; bei Zahlenangaben: -; Zeichen: $⟩ *Währungseinheit in den USA, 100 Cents* [engl. <nddt. *daler* »Taler«]
dol|lie|ren ⟨V.⟩ Felle ~ *innen abschleifen;* oV *dolieren* [<frz. *doler* »hobeln, dünn schaben«]
Dol|ly ⟨m.; -s, -s⟩ *fahrbares Gestell mit aufmontierter Kamera* [engl., eigtl. »Püppchen«]
Dol|men ⟨m.; -s, -⟩ *vorgeschichtl. große Steingrabkammer* [<breton. *dol* »Tafel« (od. <neubreton. *toul* »Loch«) + *men* »Stein«]
Dol|metsch ⟨m.; -es, -e⟩ **1** *Fürsprecher* **2** ⟨österr. a.⟩ = *Dolmetscher*
dol|met|schen ⟨V.⟩ *als Dolmetscher tätig sein, mündlich übersetzen*
Dol|met|scher ⟨m.; -s, -⟩ *jmd., der mündlich übersetzt, das Gespräch zwischen zwei Personen übermittelt, die nicht dieselbe Sprache sprechen* [<mhd. *tolmetsche* <ungar. *tolmács* <türk. *tilmač, tilmadz* <Mitannispr. *talami* »Dolmetsch«]
Do|lo|mit ⟨m.; -s, -e⟩ **1** *gelbes od. braunes Mineral, chem. Calcium-Magnesium-Carbonat,* $CaCO_3$ **2** *Gestein, das überwiegend aus dem Mineral Dolomit besteht* [nach dem frz. Mineralogen *Dolomieu,* †1810]
do|lo|ros, do|lo|rös ⟨Adj.⟩ *schmerzhaft, schmerzlich* [zu lat. *dolor* »Schmerz«]
do|lo|ro|so ⟨Mus.⟩ *schmerzlich, klagend (zu spielen)* [ital.; zu *dolore* »Schmerz« <lat. *dolor*]
do|los ⟨Adj.⟩ **1** *heimtückisch, arglistig, auf Täuschung bedacht* **2** *vorsätzlich* [<lat. *dolosus* »arglistig, trügerisch«]
Do|lus ⟨m.; -; unz.⟩ **1** *Arglist, auf Täuschung gerichteter Wille* **2** *Vorsatz;* ~ eventualis *bedingter Vorsatz* [<lat. *dolus* »List, Täuschung«; lat. *eventualis* »etwaig, bedingt«]
D.O.M. ⟨Abk. für⟩ *Deo Optimo Maximo, Gott, dem Besten u. Größten*
Dom[1] ⟨m.; -(e)s, -e⟩ **1** *Bischofskirche* **2** *Hauptkirche einer Stadt* [verkürzt < *Domkirche,* Kirche, die zum *domus (ecclesiae)* gehört, zum »Gemeinde- u. Wohnhaus der Geistlichen«]
Dom[2] ⟨m.; -(e)s, -e⟩ **1** *gewölbte Decke* **2** *gewölbter Aufsatz, Kappe, Haube (auf Dampfkesseln)* [<frz. *dôme* <lat. *doma* »Dachform« <grch. *doma* »Söller«]
Dom[3] ⟨m.; -; unz.⟩ *»Herr« (portugies. Titel)* [<lat. *dominus* »Herr«]
Do|ma ⟨n.; -s, Do|men⟩ *zwei dachartig geneigte, symmetrisch angeordnete Kristallflächen* [lat., »Dachform«, grch. *doma* »Söller«]
Do|main ⟨[doumεın] f. od. n.; - od. -s, -s; EDV⟩ **1** *miteinander verbundene Gruppe von Computern in einem Netzwerk* **2** *logisch (z.B. nach Anbietern von Onlinediensten) abgegrenztes Teilsystem im Internet* [engl., »Domäne«]
Do|mä|ne ⟨f.; -, -n⟩ **1** *staatl. od. landesherrliches Landgut* **2** ⟨fig.⟩ *Arbeitsgebiet, Wissensgebiet, auf dem man bes. gut Bescheid weiß* [<frz. *domaine* »(staatl.) Landgut« <lat. *dominium* »Herrschaft«]
do|ma|ni|al ⟨Adj.⟩ *eine Domäne betreffend, zu ihr gehörig*
Do|mes|tik ⟨m.; -en, -en; heute meist abwertend⟩ *Dienstbote, Diener;* oV *Domestike* [<frz. *domestique* »Hausangestellte(r)« <lat. *domesticus* »häuslich«]
Do|mes|ti|ka|ti|on ⟨f.; -; unz.⟩ **1** *Zähmung wild lebender Tiere zu Haustieren* **2** *Züchtung wild wachsender Pflanzen zu Kulturpflanzen* [zu lat. *domesticus* »häuslich«]
Do|mes|ti|ke ⟨m.; -n, -n⟩ = *Domestik*
Do|mes|ti|kin ⟨f.; -, -kin|nen⟩ *masochistisch veranlagte Frau, Masochistin*
do|mes|ti|zie|ren ⟨V.⟩ **1** wilde Tiere ~ *zu Haustieren zähmen* **2** wilde Pflanzen ~ *zu Kultur-*

pflanzen züchten [<lat. *domesticus* »häuslich«]

Do|mi|na ⟨f.; -, -mi|nae [-nɛ:]⟩ **1** ⟨†⟩ *Hausherrin* **2** *Kloster-, Stiftsvorsteherin* **3** ⟨umg.⟩ *Prostituierte, die ihre Kunden züchtigt* [<lat., »Herrin«]

do|mi|nant ⟨Adj.⟩ **1** *vorherrschend, beherrschend* **2** *andere Erbanlagen überdeckend;* Ggs *rezessiv* [<lat. *dominans,* Part. Präs. zu *dominari* »herrschen«]

Do|mi|nant|ak|kord ⟨m.; -(e)s, -e; Mus.⟩ *Akkord auf der Dominante* [→ *dominant*]

Do|mi|nan|te ⟨f.; -, -n⟩ **1** *vorherrschendes Merkmal* **2** ⟨Mus.⟩ *fünfter Ton einer Tonleiter* **3** ⟨Mus.⟩ *Dreiklang über diesem Ton*

Do|mi|nant|sept|ak|kord ⟨m.; -(e)s, -e; Mus.⟩ *Akkord aus Dur-Dreiklang u. zusätzlicher kleiner Septime auf der Dominante*

Do|mi|nanz ⟨f.; -, -en; Vererbungslehre⟩ *Vorherrschen bestimmter Merkmale;* Ggs *Rezessivität* [zu lat. *dominari* »herrschen«]

Do|mi|ni|ca ⟨f.; -; unz.; kath. Kirche⟩ *Sonntag* [lat., verkürzt < *dominica dies* »der Tag des Herrn«]

do|mi|nie|ren ⟨V.⟩ *herrschen, vorherrschen* [<lat. *dominari* »herrschen«]

Do|mi|ni|ka|ner ⟨m.; -s, -s; offiz. Abk.: O.P.⟩ *Angehöriger des vom hl. Dominikus 1215 gegründeten Bettel- u. Predigerordens*

do|mi|ni|ka|nisch ⟨Adj.⟩ *die Dominikaner betreffend, zu ihnen gehörig, von ihnen stammend*

Do|mi|ni|on ⟨[-njən] n.; -s od. -ni|en⟩ *überseeischer Teil des Brit. Reiches mit eigener Regierung* [engl., »Herrschaft, Herrschaftsgebiet« <lat. *dominium* »Herrschaft«]

Do|mi|ni|um ⟨n.; -s, -s od. -ni|en⟩ *Domäne, Rittergut* [lat., »Herrschaft«]

Do|mi|no 1 ⟨m.; -s, -s⟩ **1.1** *Maskenanzug mit langem, weitem Mantel u. Kapuze* **1.2** *Person in diesem Anzug* [ital., »Herr, Geistlicher; langer Winterrock des Geistlichen«, <lat. *dominus* »Herr«, mlat. »Dom-, Stiftsherr«] **2** ⟨n.; -s, -s⟩ *Spiel mit 28 Steinen, von denen jeder zwei Felder (mit 0-6 Augen) hat, die jeweils mit der gleichen Augenzahl aneinander gelegt werden müssen, es gewinnt derjenige, der zuerst alle Steine gelegt hat* [ital., »Herr« (Bezeichnung für den Sieger)]

Do|mi|nus ⟨m.; -, -ni⟩ *Herr, Gebieter;* ~ vobiscum! *»der Herr sei mit euch« (in der kath. Liturgie Gruß des Priesters an die Gemeinde)* [lat.]

Do|mi|zil ⟨n.; -s, -e⟩ **1** *Wohnsitz* **2** *Zahlungsort (bei Wechseln)* [<lat. *domicilium* »Wohnung, Wohnsitz«]

do|mi|zi|lie|ren ⟨V.⟩ **1** *seinen Wohnsitz haben, ansässig sein* **2** Wechsel ~ *an einem anderen Ort als dem Wohnsitz des Bezogenen zur Zahlung anweisen* [→ *Domizil*]

Dom|ka|pi|tel ⟨n.; -s, -; kath. Kirche⟩ *Mitglieder des Domstiftes, Kollegium der Geistlichen eines Domes als bischöfl. Beirat*

Domp|teur ⟨[-tø:r] m.; -s, -e⟩ *jmd., der wilde Tiere dressiert u. Dressurakte vorführt, Tierbändiger* [frz., »Tierbändiger«]

Domp|teu|se ⟨[-tø:zə] f.; -, -n⟩ *weibl. Person, die wilde Tiere dressiert u. Dressurakte vorführt, Tierbändigerin* [frz.]

Dom|ra ⟨f.; -, -s od. -ren⟩ *russisches Zupfinstrument* [russ. <türk.]

Don ⟨m.; -s, -s⟩ *Herr (span. Anrede; in Italien Ehrentitel für Geistliche u. Adelige)* [span., »Herr« <lat. *dominus* »Herr«]

Do|ña ⟨[dɔnja] f.; -, -s⟩ *Frau (span. Anrede)* [span., »Herrin« <lat. *domina* »Herrin«]

Do|na|tar ⟨m.; -(e)s, -e; †⟩ *Empfänger einer Schenkung* [zu lat. *donatio* »Schenkung« u. frz. *donataire* »Beschenkter«]

Do|na|ti|on ⟨f.; -, -en⟩ *Schenkung* [<lat. *donatio* »Schenkung«]

Do|na|tor ⟨m.; -s, -to|ren⟩ **1** ⟨†⟩ *Geber, Schenkender* **2** *Störstelle im Kristallgitter eines Isolators od. Halbleiters, die ein Elektron abgeben kann;* Ggs *Akzeptor* **3** ⟨Kyb.⟩ *System, das Elemente od. Informationen an ein anderes System abgibt;* Ggs *Akzeptor* [lat., »Geber eines Geschenkes«]

Dö|ner, Dö|ner|ke|bab ⟨m.; - od. -s, - od. -s⟩ *türk. Gericht mit Fleischstückchen, die von einem am senkrechten Drehspieß gegrillten Stück Hammelfleisch abgeschnitten werden* [<türk. *döner kebap* »Hammel-, Spießbraten«; zu *döner* »sich drehend«]

Don|ja ⟨f.; -, -s; eindeutschend für⟩ **1** *Doña* **2** ⟨scherzh.; leicht abwertend⟩ *Geliebte, Freundin*

Don Ju|an ⟨[dɔn xuan] m.; - - od. - -s, - -s⟩ *Frauenheld, Verführer;* er ist ein ~; sich wie ein ~ benehmen, aufführen [nach einer Gestalt der span. Literatur]

Don|key ⟨[dɔŋki] m.; -s, -s; Seefahrt⟩ *häufig auf Handelsschiffen eingebauter, kleiner Zusatzkessel, mit dessen Hilfe bei Bedarf die Lade- u. Entladeeinrichtungen (Kräne usw.) des Schiffes betrieben werden können* [engl., eigtl. »Esel«]

Don|na ⟨f.; -, -s od. Don|nen; in der ital. Anrede; †⟩ *Frau, Fräulein* [<lat. *domina* »Herrin«]

Don|qui|chot|te|rie ⟨[-kiʃɔtəri:] f.; -, -n⟩ *ein durch weltfremden Idealismus zum Scheitern verurteiltes Unternehmen* [nach *Don Quichotte,* span. *Don Quijote,* dem Helden des satir. Romans »Don Quijote de la Mancha« von Miguel de Cervantes Saavedra, 1547-1616]

Dont|ge|schäft ⟨[dɔ̃:-] n.; -(e)s, -e⟩ *Börsengeschäft, von dem der Käufer gegen eine best. Zahlung (Dontprämie) zurücktreten kann* [<frz. *dont* »davon (im Sinne von Prämie)«]

Do|nut ⟨[dounʌt] m.; -s, -s⟩ *ringförmiges Hefeteilchen, auch mit Füllung u. einer Zucker- od. Schokoladenglasur;* oV *Doughnut* [engl.-amerikan.]

doo|deln ⟨[du:dəln] V.⟩ *während des Verrichtens anderer Tätigkeiten (z.B. beim Telefonieren) nebenbei geometrische Figuren o.Ä. auf*

Papier od. andere Unterlagen zeichnen od. kritzeln [< engl. *doodle* »Männchen malen«]
Dope ⟨[do:p] n.; -s; unz.; umg.⟩ *Rauschmittel* [engl.]
do|pen ⟨V.; Sp.⟩ jmdn. ~ *durch verbotene Anregungsmittel zur Höchstleistung zu bringen versuchen* [< engl. *dope* »Rauschgift, Narkotikum«]
Do|per ⟨m; -s, -; umg.⟩ **1** *Drogenhändler* **2** *jmd., der drogenabhängig ist* [→ *Dope*]
Do|ping ⟨n.; -s, -s; Sp.⟩ *unerlaubte Anwendung von Anregungsmitteln vor Wettkämpfen* [engl.]
Dop|pel|he|lix ⟨f.; -; unz.⟩ *doppelt wendelförmige Struktur der DNA (Desoxyribonucleinsäure)* [→ *Helix*]
Dop|pik ⟨f.; -; unz.⟩ *doppelte Buchführung*
Do|ra|de ⟨f.; -, -n⟩ *räuberischer Makrelenfisch mit sehr schmackhaftem Fleisch, Goldmakrele: Coryphaena hippurus* [frz., »Vergoldete«; zu *dorer* »vergolden«]
Do|ra|do ⟨n.; -s, -s⟩ = *Eldorado(2)*
do|risch ⟨Adj.⟩ *zu den Dorern gehörig, von ihnen stammend;* ~e Säule *altgrch. Säule mit kanneliertem Schaft und wulstförmigem Kapitell;* ~e Tonart *altgrch. Tonart, erste Kirchentonart* [nach dem nordwestgrch. Volksstamm der *Dorer*]
Dor|mi|to|ri|um ⟨n.; -s, -ri|en; †⟩ *Schlafsaal der Mönche* [mlat.]
Do|ro|ni|cum ⟨n.; -s, -; Bot.⟩ *zur Gattung der Korbblütler gehörende Pflanze mit großen gelben Blüten, Gämswurz* [< grch. *doron* »Geschenk« + *nike* »Sieg«]
dor|sal ⟨Adj.⟩ *den Rücken betreffend, nach dem Rücken zu gelegen* [zu lat. *dorsum* »Rücken«]
Dor|sal ⟨m.; -s, -e⟩ *mit dem Zungenrücken gebildeter Konsonant,* z.B. g, k; Sy *Dorsallaut* [< lat. *dorsum* »Rücken«]
Dor|sa|le ⟨n.; -s, -⟩ *Rückwand des Chorgestühls*
Dor|sal|laut ⟨m.; -(e)s, -e⟩ = *Dorsal*
dor|si|ven|tral, ⟨auch⟩ **dor|si|vent|ral** ⟨[-vɛn-] Adj.; bei Pflanzen u. Tieren⟩ *mit spiegelbildl. Seitenteilen, aber verschiedener Bauch- u. Rückenseite* [< lat. *dorsum* »Rücken« + *venter* »Bauch«]
dor|so|ven|tral, ⟨auch⟩ **dor|so|vent|ral** ⟨[-vɛn-] Adj.; Anat.⟩ *in Richtung vom Rücken zum Bauch hin gelegen* [< lat. *dorsum* »Rücken« + *venter* »Bauch»]
DOS ⟨kurz für⟩ *MS-Dos*
dos à dos ⟨[dozado:] Adv.; Ballett⟩ *Rücken an Rücken* [frz.]
do|sie|ren ⟨V.⟩ *zumessen, zuteilen* [→ *Dosis*]
Do|sie|rung ⟨f.; -, -en⟩ **1** ⟨unz.⟩ *das Dosieren* **2** ⟨zählb.⟩ *das Dosiertsein, Dosis;* auf die richtige ~ achten
Do|si|me|ter ⟨n.; -s, -⟩ *Gerät zur Messung von radioaktiven Strahlungen* [< *Dosis* + *...meter*]
Do|si|me|trie, ⟨auch⟩ **Do|si|met|rie** ⟨f.; -; unz.⟩ *Bemessung von Dauer u. Stärke der Röntgenstrahlen* [< *Dosis* + *...metrie*]
Do|sis ⟨f.; -, Do|sen⟩ **1** *bestimmte Menge eines die Gesundheit beeinflussenden Stoffes* **2** *ärztlich verordnete Menge für die jeweilige Einzelgabe einer Arznei;* eine kleine, hohe, geringe ~ Chinin [grch., »Gabe«]
Dos|si|er ⟨[dɔsje:] m. od. schweiz. n.; -s, -s⟩ *alle zu einem Vorgang gehörigen Akten, Aktenbündel* [frz., »Rückenlehne, Aktenbündel«]
dos|sie|ren ⟨V.⟩ *abschrägen* [< frz. *dossier* »Rückenlehne«]
Dos|sie|rung ⟨f.; -, -en; fachspr.⟩ **1** *das Dossieren* **2** *flache Böschung*
Do|ta|ti|on ⟨f.; -, -en⟩ *Schenkung, Zuwendung, bes. für öffentl. Einrichtungen od. (an Personen) für besondere Verdienste um den Staat* [< lat. *dotare* »aussteuern, ausstatten«]
do|tie|ren ⟨V.⟩ **1** *schenken, zuwenden, mit Einkünften versehen* **2** einen Preis mit 5000 DM ~ *ausschreiben, ausstatten* **3** *eine Dotierung durchführen* [< lat. *dotare* »ausstatten« u. frz. *doter* »aussteuern, dotieren«]
Do|tie|rung ⟨f.; -; unz.⟩ *Zusetzen von Fremdatomen zu einem Halbleitermaterial zur Erhöhung der elektr. Leitfähigkeit*
Dou|ane ⟨[dua:n] f.; -, -n⟩ *Zoll, Zollamt* [< frz. »Zoll(amt), -verwaltung«]
Dou|a|ni|er ⟨[duanje:] m.; -s, -s⟩ *Zollaufseher, Zollbeamter* [frz., »Zollbeamter«]
dou|beln ⟨[du:-] V.⟩ **1** *eine Rolle als Double spielen;* einen Schauspieler ~ **2** = *synchronisieren* [→ *Double*]

■ Die Buchstabenfolge **dou|bl...** kann auch **doub|l...** getrennt werden.

■ **Dou|ble** ⟨[du:bl] n.; -s, -s⟩ **1** *Doppel* **2** *Doppelgänger* **3** *Schauspieler od. Artist, der dem Hauptdarsteller ähnelt u. ihn bei Proben u. Aufnahmen ersetzt, wenn dieser die vorgeschriebenen Aufgaben (artist. Übungen) nicht selbst darstellen kann* **4** ⟨Mus.⟩ *Variation eines Satzes der Suite* [frz., »doppelt« < lat. *duplex* »zweifach«]
■ **Dou|blé** ⟨[duble:] n.; -s, -s⟩ **1** ⟨Mus.⟩ *Doppelschlag* **2** ⟨schweiz.⟩ = *Dublee(1)* **3** ⟨Billard⟩ = *Dublee(2)* [zu frz. *doubler* »verdoppeln«]
■ **Dou|ble|face** ⟨[du:blfa:s] n.; -; unz.⟩ *aus natürl. od. künstl. Fasern bestehendes Gewebe mit unterschiedlich farbigen Seiten* [< frz. *double* »doppelt« + *face* »Gesicht«]
■ **Dou|blet|te** ⟨[du-] f.; -, -n⟩ = *Dublette*
■ **dou|blie|ren** ⟨[du-] V.⟩ = *dublieren*
Dough|nut ⟨[dounʌt] m.; -s, -s; engl. Schreibung von⟩ *Donut*
Dou|gla|sie ⟨[dugla:siə]⟩, **Dou|glas|fich|te, Dou|glas|tan|ne,** ⟨auch⟩ **Doug|las...** ⟨[du:-] f.; -, -n⟩ *nordamerik. Kieferngewächs* [nach dem schott. Botaniker D. *Douglas*]
Dou|ri|ne ⟨[duri:nə] f.; -, -n⟩ *Beschälseuche der Pferde;* oV *Durine* [frz. < arab. *darin* »schmutzig«]
Do ut des *ich gebe, damit du (auch) gibst* [lat.]
Dow-Jones-In|dex ⟨[daudʒounz-] m.; - od. -es; unz.; seit 1897⟩ *täglich ermittelter Durch-*

schnittskurs der wichtigsten an der New Yorker Börse gehandelten Aktien; der ~ steht hoch [nach den Amerikanern Charles H. *Dow,* 1851-1902 u. Edward D. *Jones,* 1856-1920]

Dow|las ⟨[daulәs] n.; -; unz.⟩ *dichtes Baumwollgewebe für Wäsche;* oV *Daulas* [engl., »grobe Leinwand«; nach der Stadt *Daoulas* in der Bretagne]

down ⟨[daun] Adj.; nur präd.; umg.⟩ **1** *erschöpft;* ich bin ~ **2** *bedrückt, niedergeschlagen* [engl.]

Down|cy|cling, ⟨auch⟩ **Down|cyc|ling** ⟨[daunsaikliŋ] n.; -s; unz.⟩ *Form des Recyclings, bei der ein minderwertiges Produkt entsteht* [< engl. *down* »unten, herunter« + *cycle* »Kreislauf, Zyklus«]

Dow|ner ⟨[dau-] m.; -s, - od. Downs [dauns]; Drogenszene⟩ *beruhigendes Arzneimittel* [engl.; zu *down* »unten, herunter«]

Dow|ning Street ⟨[dauniŋ stri:t] f.; - -; unz.⟩ *Amtssitz des englischen Premierministers* [nach dem engl. Diplomaten Sir George *Downing,* 1624–1684]

Down|load ⟨[daunloud] n. od. m.; -s, -s; EDV⟩ Ggs *Upload* **1** *Programm, das ein Herunterladen von Dateien (z.B. aus dem Internet) auf die Festplatte ermöglicht* **2** *die heruntergeladenen Dateien selbst* [< engl. *down* »unter; herab, herunter« + *load* »laden«]

down|loa|den ⟨[daunloudәn] V.; EDV⟩ *Dateien von einem anderen Computer od. Netz (z.B. Internet) auf die eigene Festplatte herunterladen* [→ *Download*]

Down|si|zing ⟨[daunsaiziŋ] n.; -s; unz.⟩ **1** ⟨Wirtsch.⟩ **1.1** *Reduktion von Arbeitskräften* **1.2** *Verringerung der Produktion* **2** ⟨EDV⟩ *Ersetzen eines zentralen Rechnersystems durch kleinere, miteinander vernetzte Systeme* [< engl. *down* »hinunter, herunter« + engl. *size* »größenmäßig ordnen«]

Down|syn|drom, ⟨auch⟩ **Down-Syn|drom** ⟨[daun-] n.; -s; unz.⟩ = *Mongolismus* [nach dem brit. Arzt. J.L.H. *Down* + *Syndrom*]

Do|xa|le ⟨n.; -s, -s⟩ *in Barockkirchen kunstvoll gearbeitetes Gitter zwischen Chor u. Hauptschiff* [< grch. *doxa* »Glaube, Ruhe, Ehre, Glanz, Herrlichkeit«]

Do|xo|lo|gie ⟨f.; -, -n⟩ *formelhafter Lobpreis der Dreifaltigkeit* [< grch. *doxa* »Ruhm, Ehre, Glanz, Herrlichkeit« + *…logie*]

Doy|en, ⟨auch⟩ **Do|yen** ⟨[doajɛ̃:] m.; -s, -s⟩ *dienstältester Leiter eines diplomat. Korps* [frz., »Dienst-, Rangältester, Dekan«]

Do|zent ⟨m.; -en, -en⟩ *Lehrer an einer Hochschule od. Volkshochschule* [< lat. *docens,* Part. Präs. zu *docere* »lehren«; → *Doktor*]

Do|zen|tin ⟨f.; -, -tin|nen⟩ *Lehrerin an einer Hochschule od. Volkshochschule*

Do|zen|tur ⟨f.; -, -en⟩ *Lehrauftrag als Dozent*

do|zie|ren ⟨V.⟩ **1** *lehren, Vorlesungen halten* **2** ⟨fig.⟩ *lehrhaft vortragen* [→ *Dozent*]

dpi ⟨Abk. für engl.⟩ *dots per inch (Punkte pro Zoll), Messgröße für die Auflösung eines Bildschirms od. Ausdrucks*

d.R. ⟨Abk. für⟩ *der Reserve*

Dr. ⟨Abk. für⟩ *Doktor*

Drach|me ⟨f.; -, -n⟩ **1** *alt- u. neugriech. Währungseinheit,* ⟨heute⟩ *100 Lepta* **2** *altes Apothekergewicht, 1/8 Unze, 3,75 g* [grch.]

Dra|gée, ⟨auch⟩ **Dra|gee** ⟨[-ʒe:] n.; -s, -s od. f.; -, -n⟩ **1** *überzuckerte Frucht* **2** *mit Zuckermasse überzogene Pille* [frz., urspr. »Mandel mit Zuckerüberzug«]

dra|gie|ren ⟨[-ʒi:-] V.⟩ *mit einer Zuckerglasur überziehen* [→ *Dragée*]

Dra|go|man ⟨m.; -s, -e⟩ *Einheimischer in den Gebieten des Nahen Ostens, der als Fremdenführer u. Dolmetscher tätig ist, Übersetzer* [arab.]

Dra|go|ner ⟨m.; -s, -⟩ **1** ⟨Mil.⟩ *leichter Reiter* **1.1** ⟨urspr.⟩ *berittener Infanterist* **1.2** ⟨dann⟩ *Kavallerist* **2** ⟨österr.⟩ *Rückenspange an Rock oder Mantel* **3** ⟨fig.; umg.; scherzh.⟩ *sehr energische, derbe (bes. weibl.) Person* [< frz. *dragon* »(Feuer speiender) Drache«, Name einer Feuerwaffe, mit der im 16. Jh. leichte Reiter ausgerüstet wurden, dann diese selbst]

Drag|queen ⟨[dræ:gkwi:n] f.; -, -s; umg.⟩ **1** ⟨allg.⟩ *Mann, der sich gerne in Frauenkleidern zeigt, Transvestit* **2** ⟨i.e.S.⟩ *männl. Performancekünstler, der eine Frau darstellt* [< engl. *drag* »Frauenkleidung« + *queen* »Königin«]

Dr. agr. → *Doktor*

Drain ⟨[drɛin] od. [drɛ̃:] m.; -s, -s⟩ = *Drän* [engl., »Abfluss, künstl. Abflusskanal«]

Drai|na|ge ⟨[drɛna:ʒә] f.; -, -n⟩ = *Dränage* [engl., »Entwässerung«]

drai|nie|ren ⟨[drɛ-] V.⟩ = *dränieren* [< engl. *drain* »(Wasser) abfließen lassen«]

Drai|si|ne ⟨[drɛ-] f.; -, -n⟩ oV *Dräsine* **1** *Laufmaschine, Vorläufer des Fahrrades* **2** *kleines Schienenfahrzeug zur Kontrolle von Eisenbahnstrecken* [nach dem Erfinder Karl Friedrich *Drais* Frh. v. Sauerbronn, 1785–1851]

dra|ko|nisch ⟨Adj.⟩ *sehr streng, rücksichtslos;* ~e Maßnahmen ergreifen [nach dem athen. Gesetzgeber *Drakon* (Gesetzgebung 621 v.Chr.)]

Dra|lon ⟨n.; -s; unz.; Ⓦz⟩ *Fasern auf der Basis von Polyacrylnitrilen*

Dra|ma ⟨n.; -s, Dra|men⟩ **1** *Schauspiel;* ~ in fünf Akten; ein ~ von Shakespeare **2** *Gesamtheit der dramatischen Dichtungen (eines Landes);* das deutsche ~; das ~ zur Zeit Shakespeares **3** *aufregendes, häufig trauriges Geschehen;* das Unglück ist das reinste ~! [grch., »Handlung«]

Dra|ma|tik ⟨f.; -; unz.⟩ **1** *Dichtkunst, die sich mit dem Schauspiel beschäftigt* **2** ⟨fig.⟩ *Spannung, Lebendigkeit, bewegter Ablauf;* die ~ eines Stückes, einer Darstellung

Dra|ma|ti|ker ⟨m.; -s, -⟩ *Dichter von (Theater-) Schauspielen*

dra|ma|tisch ⟨Adj.⟩ **1** *das Schauspiel od. die Dramatik betreffend, dazu gehörig, darauf beruhend* **2** ⟨fig.⟩ *spannend, bewegt, lebendig, mitreißend*

dra|ma|ti|sie|ren ⟨V.⟩ **1** *zu einem Schauspiel umarbeiten;* einen Roman ~ **2** ⟨fig.⟩ etwas ~ *übertreiben*

Dramatis Personae (*Groß- und Kleinschreibung*) In fremdsprachlichen Fügungen, die als Ganzes die Funktion eines Substantivs haben, werden alle substantivischen Bestandteile großgeschrieben (→a. *Alter Ego*).

Dra|ma|tis Per|so|nae ⟨Pl.⟩ **1** *die in einem Schauspiel auftretenden Personen* **2** ⟨fig.⟩ *die an einem Unternehmen beteiligten Personen* [lat.]

Dra|ma|turg ⟨m.; -en, -en⟩ *Mitarbeiter am Theater u. Fernsehen, der Schauspiele aussucht u. bearbeitet u. bei der Aufführung beratend mitwirkt* [< *Drama* + grch. *ergon* »Werk«]

Dra|ma|tur|gie ⟨f.; -; unz.⟩ **1** *Wissenschaft vom Schauspiel u. seiner Gestaltung auf der Bühne, Schauspielkunde* **2** *Tätigkeit des Dramaturgen* **3** *Sammlung von Theaterkritiken,* z.B. Lessings Hamburgische ~

dra|ma|tur|gisch ⟨Adj.⟩ *die Dramaturgie betreffend, zu ihr gehörig, mit Hilfe der Dramaturgie(2)*

Dram|ma per mu|si|ca ⟨f.; - - -, Dram|mae [-mɛ:] - -⟩ *Drama mit (eigtl. für) Musik, die früheste, in Oberitalien entwickelte Form der Oper* [ital.]

Drän ⟨m.; -s, -s od. -e⟩ oV *Drain* **1** *Entwässerungsgraben, Abwasserröhre* **2** ⟨Med.⟩ *Gummiröhrchen mit seitl. Öffnungen zur Dränage* [< frz. *drain* »Abzugsrohr, -kanal«]

Drä|na|ge ⟨[-ʒə] f.; -, -n⟩ oV *Drainage, Dränung* **1** *Entwässerung* **2** *Entwässerungsanlage* **3** ⟨Med.⟩ *Ableitung von Wundflüssigkeit od. Eiter mittels Gummiröhrchen od. Gazestreifen* [< frz. *drainage* »Entwässerung« < engl. *drainage;* → *Drainage*]

drä|nie|ren ⟨V.⟩ oV *drainieren* **1** *durch Röhren entwässern* **2** ⟨Med.⟩ *durch Dräns ableiten* [< frz. *drainer* »entwässern« < engl. *drain*]

Drä|nung ⟨f.; -, -en⟩ = *Dränage*

Drap ⟨[dra] m.; -; unz.⟩ *lederähnlich gemachtes Gewebe* [frz., »Tuch, Stoff, Gewebe«]

Dra|pé, ⟨auch⟩ **Dra|pee** ⟨[-pe:] m.; -s, -s⟩ *feines, dichtes Wollgewebe in Atlasbindung* [< frz. *drap* »Tuch«]

Dra|pe|rie ⟨f.; -, -n⟩ *Faltenwurf* [frz., »Draperie, Vorhang, Gewandung, Faltenwurf«]

dra|pie|ren ⟨V.⟩ **1** *wirkungsvoll in Falten legen* **2** *schmücken, ausschmücken, behängen* [< frz. *draper* »mit Tuch überziehen, in Falten legen, verhüllen«]

Dra|pie|rung ⟨f.; -, -en⟩ **1** *das Drapieren* **2** = *Draperie*

drapp ⟨Adj.; österr.; kurz für⟩ *drappfarben*

drapp|far|ben ⟨Adj.; österr.⟩ *sandfarben;* Sy *drapp* [zu frz. *drap* »Tuch«]

Drä|si|ne ⟨f.; -, -n⟩ = *Draisine*

Dras|tik ⟨f.; -; unz.⟩ *drastische Beschaffenheit;* die ~ dieser Szene

Dras|ti|kum ⟨n.; -s, -ka⟩ *starkes Abführmittel* [verkürzt < lat. *remedium drasticum* »wirksames Mittel«; → *drastisch*]

dras|tisch ⟨Adj.⟩ **1** *schnell u. stark wirkend, durchgreifend;* ~es Mittel; ~e Maßnahme **2** *derb, deutlich, handgreiflich;* einen Sachverhalt ~ ausdrücken, erklären [< grch. *drastikos* »wirksam«; zu *dran* »tun«; verwandt mit *Drama*]

Draw|back ⟨[drɔ:bæk] n.; - od. -s, -s⟩ *Rückvergütung des Einfuhrzolls (bes. bei Waren, die wieder ausgeführt werden)* [engl.]

dra|wi|disch ⟨Adj.⟩ *die vorderind. Völkergruppe der Drawida betreffend, zu ihr gehörig, von ihr stammend;* ~e Sprachen *Gruppe von hauptsächlich in Vorderindien gesprochenen ind. Sprachen,* z.B. Tamil, Telugu

Draw|ing|room ⟨[drɔ:iŋru:m] m.; -s, -s⟩ **1** *Empfangszimmer, Aufenthaltsraum (eines Landsitzes o.Ä.)* **2** *Malzimmer* [< engl. *withdraw* »sich zurückziehen« bzw. *draw* »malen, zeichnen« + *room* »Raum, Zimmer«]

Dra|zä|ne ⟨f.; -, -n; Bot.⟩ *Angehörige einer trop. Gattung baum- od. strauchartiger Liliengewächse, Drachenbaum* [< nlat. *dracaena* < grch. *drakaina* »weibl. Drache, weibl. Schlange«]

Dr. disc. pol. → *Doktor*

Dread|locks ⟨[drɛd-] Pl.⟩ *Haarfrisur (bes. für Männer), bei der das Haupthaar zu kleinen, oft mit farbigen Kugeln befestigten Zöpfchen verflochten wird, Bestandteil der Rastafari- bzw. Reggaekultur* [< engl. *dread* »Angst, Furcht« + *lock* »(Haar-)Locke«]

Dread|nought ⟨[drɛdnɔ:t] m.; -s, -s⟩ **1** *erster engl. Schlachtschifftyp von 1906* **2** ⟨allg.; †⟩ *Großkampfschiff* [engl., eigtl. »fürchte nichts«]

Dream|team ⟨[dri:mti:m] n.; -s, -s; Sp.⟩ *aus besonders guten Spielern einer Sportart zusammengesetzte Mannschaft, Traummannschaft* [< engl. *dream* »Traum« + *team* »Mannschaft«]

Dredge ⟨[drɛdʒ] f.; -, -n⟩, **Dred|sche** ⟨f.; -, -n⟩ *Schleppnetz für Austern u. andere am Meeresboden lebende Tiere;* Sy *Dregge(2)* [engl., »Grund-, Schleppnetz«]

Dreg|ge ⟨f.; -, -n⟩ **1** *kleiner Anker* **2** = *Dredsche* [< engl. *drag* »Hemmung, Bremse«]

dreg|gen ⟨V.⟩ *mit der Dredge fischen*

Dreh|kon|den|sa|tor ⟨m.; -s, -to|ren⟩ *elektr. Kondensator mit stetig veränderbarer Kapazität*

Dress ⟨m.; - od. -es, -e; Sp.⟩ **1** *Anzug, bes. der des Jockeys beim Pferderennen* **2** ⟨allg.⟩ *Sportkleidung;* Sport~ [engl., »Kleidung«]

Dres|sat ⟨n.; -(e)s, -e⟩ **1** *einstudierte Tierdressur* **2** ⟨Psych.⟩ *Reaktions- u. Verhaltensweise, die automatisch vollzogen wird* [zu frz. *dresser* »abrichten«]

Dres|seur ⟨[-sø:r] m.; -s, -e⟩ *jmd., der Tiere dressiert, Tierlehrer* [frz., »Dressierer«]

dres|sie|ren ⟨V.⟩ **1 Tiere** ~ *lehren, abrichten* **2 Speisen** ~ *gefällig anrichten* **3 Filzhüte** ~ *in eine Form pressen* [< frz. *dresser* »abrichten«]

Dres|sing ⟨n.; -s, -s⟩ *gewürzte Soße oder Gewürzmischung für Salate, Braten u.a.* [engl., »Soße, Füllung, Zubereitung«; zu *dress* »anrichten, zubereiten«]

Dres|sing|gown ⟨[drɛsiŋgaun] m.; -s, -s⟩ *großzügig geschnittener, mit einem Hochkragen u. Gürtel versehener, Bade- bzw. Morgenmantel (meist für Herren)* [< engl. *dressing* »Ankleiden« + *gown* »Kleid, Zwirn«]

Dress|man ⟨[-mæn] m.; -s, -men [-mən]⟩ *männl. Mannequin* [< engl. *dress* »Kleidung« + *man* »Mann«]

Dres|sur ⟨f.; -, -en⟩ *Abrichtung (von Tieren)* [→ *dressieren*]

Dr. forest., Dr. habil., Dr. h. c. → *Doktor*

drib|beln ⟨V.; Sp.; Fußb.⟩ *den Ball in kurzen Stößen vor sich her u. an gegner. Spielern vorbeitreiben* [< engl. *dribble* »tröpfeln«]

Drib|bler ⟨auch⟩ **Dribb|ler** ⟨m.; -s, -; Sp.; bes. Fußb.⟩ *technisch versierter Spieler, der gut mit dem Ball am Fuß laufen kann;* → a. *dribbeln*

Drib|bling, ⟨auch⟩ **Dribb|ling** ⟨n.; -s, -s; Sp.; bes. Fußb.⟩ *das Dribbeln*

Dr.-Ing. → *Doktor*

Drink ⟨m.; -s, -s⟩ *Trunk, alkohol. Getränk,* ⟨*bes.*⟩ *Mixgetränk* [engl.]

Dr. iu., Dr. jur., Dr. jur. utr. → *Doktor*

Drive ⟨[draiv] m.; -s, -s⟩ **1** ⟨Jazz⟩ *rhythm. Intensität u. Spannung mittels Beats od. Breaks* **2** ⟨Sp.; Golf; Tennis⟩ *Treibschlag* [< engl. *drive* »treiben«]

Drive-in ⟨[draiv-] n.; -s, -s; kurz für⟩ *Drive-in-Kino, Drive-in-Restaurant* [engl., »hineinfahren«]

Drive-in-Ki|no ⟨[draiv-] n.; -s, -s⟩ *Kino, bei dem man im Auto hineinfahren u. sitzen bleiben kann, Autokino* [< engl. *drive in* »hineinfahren«]

Drive-in-Res|tau|rant ⟨[draivinrɛstorã:] n.; -s, -s⟩ *Restaurant, Imbiss, bei dem man am Auto bedient wird* [< engl. *drive in* »hineinfahren«]

dri|ven ⟨[draivən] V.; Sp.; Golf⟩ *einen Ball mittels eines zum Abschlagen u. Treiben geeigneten Golfschlägers über eine weite Distanz spielen* [→ *Drive*]

Dri|ver ⟨[draivə(r)] m.; -s, -; Sp.⟩ *Golfschläger, der für den Drive verwendet wird* [engl., eigtl. »Fahrer«]

Dri|ving|range ⟨[draiviŋrɛindʒ] f. od. n.; -, -s [-dʒiz]; Sp.; Golf⟩ *Übungsplatz* [< engl. *drive* »treiben, fahren« + *range* »Platz, Fahrbahn«]

Dr. med., Dr. med. dent., Dr. med. univ., Dr. med. vet., Dr. nat. techn., Dr. oec., Dr. oec. publ., Dr. öc. troph. → *Doktor*

Dro|ge ⟨f.; -, -n⟩ **1** *pflanzl. od. tier. Erzeugnis, das zu Arzneien verwertet wird, auch das daraus hergestellte Präparat* **2** *Rauschgift* [< frz. *drogue* »chemisches Material« (14. Jh.), nddt. *droge* »trocken«]

Dro|gen|dea|ler ⟨[-di:-] m.; -s, -⟩ = *Dealer*

Dro|ge|rie ⟨f.; -, -n⟩ *Ladengeschäft für Drogen, Chemikalien u.Ä.*

Dro|gist ⟨m.; -en, -en⟩ *Inhaber oder Angestellter einer Drogerie mit dreijähriger Ausbildung*

Dro|le|rie ⟨f.; -, -n⟩ **1** *Drolligkeit, Lustigkeit* **2** *Schnurre, kurze, komische Erzählung od. Szene* **3** *drollige Darstellung von Menschen, Tieren, Fabelwesen am Chorgestühl* [frz., »Spaßhaftigkeit«]

Dro|me|dar ⟨a. [--'-] n.; -s, -e⟩ *Kamel mit einem Höcker: Camelus dromedarius* [< mlat. *dromedarius* »Kamelreiter« u. afrz. *dromedaire* »Dromedar« < grch. *dromas* »laufend«]

Dron|te ⟨f.; -, -n⟩ *Familie ausgerotteter großer flugunfähiger Tauben: Raphida* [frz.; angebl. aus einer Eingeborenenmundart der Insel Mauritius]

Drop|kick ⟨[drɔp-] m.; -s, -s; Sp.⟩ *beim Fußball u. Rugby das Wegschlagen des Balls im Augenblick seines Aufprallens auf den Boden* [< engl. *drop* »Tropfen« + *kick* »Schuss«]

Drop|out ⟨[drɔpaut]⟩ **1** ⟨m.; - od. -s, -s⟩ *jmd., der sich aus seiner sozialen Schicht gelöst hat od. ausgebrochen ist* **2** ⟨n.; -s, -s; EDV⟩ *Ausfall eines Signals* **3** ⟨m.; - od. -s, -s; bei Tonbandgeräten⟩ *kurzes Aussetzen der Tonaufzeichnung* [< engl. *drop out* »herausfallen«]

drop|pen ⟨V.; Sp.; Golf⟩ *einen neuen Spielball einbringen (durch die Art des Fallenlassens kenntlich gemacht)* [< engl. *drop* »fallen lassen«]

Drops ⟨m.; -, -; meist Pl.⟩ *saures Fruchtbonbon* [engl., »Tropfen« (Pl.)]

Drop|shot ⟨[-ʃɔt] m.; -s, -s; Sp.⟩ **1** ⟨Tennis⟩ *ein relativ hart geschlagener, unterschnittener Stoppball, der gleich nach Überquerung des Netzes mit extremem Rückwärtsdrall auftippt* **2** ⟨Squash⟩ *für den Gegner unerreichbarer Ball, der knapp oberhalb des Tins die Wand berührt* [< engl. *drop* »Tropfen« + *shot* »Schuss«]

Drosch|ke ⟨f.; -, -n⟩ **1** Pferde~ *leichtes Pferdefahrzeug, Mietpferdekutsche* **2** ⟨†⟩ Auto~ *Mietauto, Taxi* [< russ. drožki »leichter Wagen« < *daroga* »Weg«]

Dro|se|ra ⟨f.; -, -se|rae [-rɛ:]⟩ *Sonnentau, eine Fleisch fressende Pflanze* [< grch. *droseros* »tauig, betaut«]

Dro|so|phi|la ⟨f.; -, -phi|lae [-lɛ:]⟩ *Taufliege, beliebtes Versuchstier für die Vererbungsforschung* [< grch. *drosos* »Tau« + …*phil*]

Dr. paed., Dr. pharm., Dr. phil., Dr. phil. nat., Dr. rer. camer., Dr. rer. comm., Dr. rer. hort., Dr. rer. mont., Dr. rer. nat., Dr. rer. oec., Dr. rer. pol., Dr. rer. publ., Dr. rer. soc. oec., Dr. rer. techn., Dr. sc., Dr. sc. agr., Dr. sc. math., Dr. sc. nat., Dr. sc. pol., Dr. sc. techn., Dr. theol. → *Doktor*

Drug|store ⟨[drʌgstɔ:(r)] m.; -s, -s⟩ *amerikan. Gemischtwarengeschäft* [engl.]

Dru|i|de ⟨m.; -n, -n⟩ *kelt. Priester* [< lat. *druides* (Cäsar), *druidae* (Cicero u. Tacitus) < urkelt. **dru-uid-* »eichenkundig«; < **d(a)ru-* »Eiche« + idg. **ueid-* »sehen«]

Dru|i|den|or|den ⟨m.; -s; unz.; Gesch.⟩ *im 18. Jh. in England gegründete Gesellschaft, die sich am altkeltischen Druiden- u. Bardentum orientierte u. humanitäre Ziele verfolgte*
dru|i|disch ⟨Adj.⟩ *zu den Druiden gehörend, von ihnen stammend*
Drum ⟨[drʌm] f.; -, -s⟩ **1** *Trommel* **2** ⟨Pl.; Popmus.; Jazz⟩ ~s *Schlagzeug* [engl.]
Drum|com|pu|ter ⟨[drʌmkɔmpju:tə(r)] m.; -s, -; Mus.⟩ *prozessorgesteuerte Recheneinheit zur Erzeugung synthetischer Töne, mit denen man Liedern einen vorprogrammierten Beatrhythmus unterlegen kann* [< engl. *drum* »Trommel, Schlagzeug« + *Computer*]
Drum|lin ⟨engl. [drʌm-] m.; -s, -s⟩ *linsenförmige Aufschüttung von Grundmoränenmaterial aus der Eiszeit* [ir.]
Drum|mer ⟨[drʌmə(r)] m.; -s, -; Popmus.; Jazz⟩ *Schlagzeuger* [→ *Drum*]
Dru|se ⟨m.; -n, -n⟩ *Angehöriger einer syr.-islam. Sekte* [< arab. *Durus,* nach dem Gründer *Ad-Darasi,* 1017 n.Chr.]
dry ⟨[drai] Adj.⟩ *trocken, herb, ohne Zuckerzusatz (bei Wein u. Sekt)* [engl.]
Dry|a|de ⟨f.; -, -n; Myth.⟩ *griech. Baumnymphe* [< grch. *drys* »Eiche, Baum«]
Dry|as ⟨f.; -; unz.⟩ *zur Gattung der Rosengewächse gehörender Zwergstrauch, der bes. in Hochgebirgen, arktischen u. subarktischen Gebieten wächst, Silberwurz* [lat., »Baumnymphe«]
Dry|far|ming, ⟨auch⟩ **Dry Far|ming** ⟨[draifa:miŋ] n.; (-) -s; unz.; Landwirtsch.⟩ *Anbaumethode in Gebieten mit einer ungewöhnlich niedrigen Niederschlagsrate, bei der auf ein normales Anbaujahr ein Jahr ohne Nutzung der Fläche folgt, damit diese genug Feuchtigkeit für die nächste Wachstumsperiode sammeln kann* [< engl. *dry* »trocken« + *farming* »Landwirtschaft«]
d.s. ⟨Mus.; Abk. für⟩ *dal segno*
Dschai|na ⟨m.; -s, -s⟩ = *Jaina*
Dschai|nis|mus ⟨m.; -; unz.⟩ = *Jainismus*
Dschi|had ⟨m.; -s; unz.; im Islam⟩ *„heiliger Krieg", der gegen Ungläubige (Anhänger anderer Glaubensrichtungen) geführt wird;* oV *Djihad* [arab., »zielgerichtetes Mühen«]
Dschinn ⟨m.; -s, - od. -en⟩ *Geist, Dämon* [arab.]
Dschiu-Dschit|su ⟨n.; - od. -s; unz.⟩ = *Jiu-Jitsu*
Dschon|ke ⟨f.; -, -n⟩ = *Dschunke*
Dschun|gel ⟨m. od. n.; -s, -⟩ **1** *subtropischer Urwald* **2** ⟨a. fig.⟩ *undurchdringliches Dickicht;* Daten~; Paragraphen~ [< engl. *jungle* < Hindi *dschangal* »öder, unbebauter Boden«]
Dschun|ke ⟨f.; -, -n⟩ *chines. Segelschiff* [< mal. *dschung* »großes Schiff«]
D. theol. ⟨Abk. für⟩ *Doctor theologiae, Doktor der Theologie (ehrenhalber), im Unterschied zum Dr. theol.*
dto. ⟨Abk. für⟩ *dito*
DTP ⟨Abk. für⟩ *Desktoppublishing*
du|al ⟨Adj.⟩ *eine Zweiheit, etwas Zweifaches bildend;* ~es System *System der Müllverwertung, bei dem wiederverwertbarer Abfall getrennt von dem übrigen Abfall gesammelt wird*
Du|al ⟨m.; -s, -e⟩ *Numerus, der eine Zweiheit, ein Zweifaches ausdrückt,* z.B. bair. „enk" = euch beiden; → a. *Singular, Plural* [zu lat. *duo* »zwei«]
Du|a|lis ⟨m.; -, -le⟩ = *Dual*
du|a|li|sie|ren ⟨V.⟩ *verdoppeln, verzweifachen*
Du|a|lis|mus ⟨m.; -; unz.⟩ **1** *jede Lehre, die zwei Grundprinzipien des Seins annimmt, z.B. Licht u. Finsternis, männl. u. weibl. Prinzip, Yin u. Yang, Geist u. Materie usw.* **2** *der Widerstreit von zwei einander entgegengesetzten Kräften;* Ggs *Singularismus* **3** ⟨Phys.⟩ *Auftreten elektromagnetischer Strahlung in Form von Wellen od. Teilchen in Abhängigkeit vom jeweiligen Experiment*
Du|a|list ⟨m.; -en, -en⟩ *Anhänger des Dualismus*
du|a|lis|tisch ⟨Adj.⟩ **1** *die Dualität betreffend, auf ihr beruhend* **2** *den Dualismus betreffend, auf ihm beruhend;* ein ~es Prinzip
Du|a|li|tät ⟨f.; -; unz.⟩ **1** *zwei eng zusammengehörige Einheiten, Begriffe; Zweiheit* **2** *Vertauschbarkeit, Wechselseitigkeit* [zu lat. *duo* »zwei«]
Du|al|sys|tem ⟨n.; -s; unz.⟩ *auf der Basis 2 aufbauendes Zahlensystem, das nur die Ziffern 1 u. 0 zur Darstellung von Zahlen benutzt;* Sy *binäres Zahlensystem, Dyadik*
du|bi|os, du|bi|ös ⟨Adj.⟩ *zweifelhaft* [< lat. *dubiosus* »zweifelhaft«]
Du|bi|o|sen ⟨Pl.; Sg. Du|bi|o|sum⟩ **1** *zweifelhafte Dinge* **2** *unsichere Außenstände*
du|bi|ta|tiv ⟨Adj.⟩ *Zweifel ausdrückend* [< lat. *dubitare* »zweifeln«]

■ Die Buchstabenfolge **du|bl...** kann auch **dub|l...** getrennt werden.

■ **Du|blee** ⟨n.; -s, -s⟩ **1** *Metall mit Edelmetallüberzug;* oV ⟨schweiz.⟩ *Doublé* **2** ⟨Billard⟩ *Stoß, bei dem der Ball die Bande einmal berührt;* oV *Doublé(3)* [< frz. *doublé(e)* »plattierte Arbeit«; < *double* »doppelt«]
■ **Du|blet|te** ⟨f.; -, -n⟩ oV *Doublette* **1** *Doppelstück (bes. in Sammlungen)* **2** *zusammengesetzter Edelstein, Nachahmung* **3** ⟨Billard⟩ *Doppeltreffer* **4** ⟨Typ.⟩ *schlechter, unscharfer, durch doppelten Rand des Schriftbildes gekennzeichneter Druck* [< frz. *doublet*]
■ **du|blie|ren** ⟨V.⟩ oV *doublieren* **1** *verdoppeln* **2** *Dublee herstellen von* **3** **Garne** ~ *aus mehreren Fäden zusammendrehen* **4** einen **Ball** ~ ⟨Billard⟩ *so spielen, dass er von der Bande abprallt* [< frz. *doubler* »verdoppeln«]
■ **Du|blo|ne** ⟨f.; -, -n⟩ *alte span. Goldmünze, 1 Pistole* [< frz. *doubon* < span. *doblon* »Doppelstück«]
■ **Du|blü|re** ⟨f.; -, -n⟩ *Unterfutter, Aufschlag an Uniformen* [< frz. *doublure* »Unterfutter«]
Duc ⟨[dyk] m.; - od. -s, -s; frz. Adelstitel für⟩

Herzog; → a. Duchesse [< lat. *dux,* Gen. *ducis* »Führer«]

Du|ca ⟨m.; -, -s od. Du|chi; ital. Adelstitel für⟩ *Herzog; → a. Duchessa* [< lat. *dux,* Gen. *ducis* »Führer«]

Du|ce ⟨[duːtʃe] m.; -s; unz.⟩ *Titel des italienischen Diktators B. Mussolini (1883–1945)* [ital. »Führer«]

Du|cen|to ⟨[-tʃɛnto] n.; - od. -s; unz.⟩ = *Duecento*

Du|chess ⟨[dʌtʃis] f.; -, -es [-tʃisiz]; engl. Adelstitel für⟩ *Herzogin* [< lat. *dux,* Gen. *ducis* »Führer«]

Du|ches|sa ⟨[-kɛs-] f.; -, -se; ital. Adelstitel für⟩ *Herzogin* [→ *Duca*]

Du|chesse ⟨[dyʃɛs] f.; -, -n [-sən]; frz. Adelstitel für⟩ *Herzogin; → a. Duc* [< lat. *dux,* Gen. *ducis* »Führer«]

Du|chesse|spit|ze ⟨[dyʃɛs-] f.; -, -n⟩ *Spitze, die aus aneinander genähten, einzeln geklöppelten Mustern besteht*

Duck|dal|be, Dück|dal|be ⟨f.; -, -n; meist Pl.⟩ *in Hafenbecken od. längs des Kais eingerammter Pfahl zum Festmachen von Schiffen* [< ndrl. *dukdalf* < frz. *Duc d'Albe* »Herzog von Alba«; im Jahr, nachdem Herzog Alba 1567 niederländ. Boden betreten hat, erscheint in dem ihm anhängenden Amsterdam *duc Dalba* für »Pfahlgruppen, die zur Befestigung von Schiffen in den Hafen eingerammt sind«; viell. auch zu *dallen* »Pfähle« + *ducken* »sich neigen« (nach Kluge, Etymolog. Wörterbuch)]

Duc|tus ⟨m.; -, -; Med.⟩ *Gang, Kanal* [< lat. *ductus* »Zug, Führung«; zu *ducere* »führen«]

due ⟨[duːə] Mus.⟩ = *a due*

Du|e|cen|tist ⟨[-tʃɛn-] m.; -en, -en⟩ *Künstler des Duecentos*

Du|e|cen|to ⟨[-tʃɛnto] n.; - od. -s; unz.⟩ *künstlerische Stilepoche des 13. Jh. in Italien;* oV *Ducento* [ital., »200 (Jahre nach 1000 n.Chr.)«]

Du|ell ⟨n.; -s, -e⟩ *Zweikampf;* ein ~ auf Pistolen, Säbel [< lat. *duellum* (ältere Form von *bellum* »Krieg«; volksetym. an *duo* »zwei« angelehnt]

Du|el|lant ⟨m.; -en, -en⟩ *Kämpfer im Duell*

du|el|lie|ren ⟨V.⟩ sich ~ *im Duell bekämpfen;* sich auf Pistolen ~

Du|ett ⟨n.; -(e)s, -e⟩ *Musikstück für zwei Singstimmen od. zwei gleiche Instrumentalstimmen;* Flöten~; im ~ spielen, singen; → a. *Duo* [< ital. *duetto* »Gesang zu Zweien«]

Düf|fel ⟨m.; -s, -⟩ *dickes, raues Halbwollgewebe* [nach der belg. Stadt *Duffel*]

Duf|fing ⟨[dʌf-] n.; -s, -s; Golf⟩ = *Sclaffing* [engl., viell. zu umg. *duff* »fester Pudding mit Rosinen u.a.; (verrotteter) Waldboden« < hochspr. *dough* »Teig«]

Duf|fle|coat, ⟨auch⟩ **Duff|le|coat** ⟨[dʌflkout] m.; -s, -s⟩ *dreiviertellanger, meist mit Schlingen u. Knebeln zu schließender Mantel aus Popeline od. Garbardine* [engl., »Mantel aus Düffel«; → *Düffel*]

Du|ka|ten ⟨m.; -s, -⟩ *alte, urspr. italien. Goldmünze von hohem Feingehalt, in Dtschld. knapp zehn Mark* [< mhd. *ducate* < ital. *ducato,* nach dem Beinamen Kaiser Konstantins X., *Dukas,* der während seiner Regierungszeit (1059–1067) den byzantin. Goldmünzen aufgeprägt wurde; dann umgedeutet < mlat. *ducatus* »Herzogtum«]

Duke ⟨[djuːk] m.; -s, -s⟩ *Herzog (höchster engl. Adelsrang); →* a. *Duchess* [engl., < lat. *dux* »Führer«]

duk|til ⟨Adj.⟩ *gut verformbar durch Walzen, Ziehen, Hämmern* [< frz. *ductile* »dehnbar, streckbar«; < lat. *ducere* »ziehen, führen«]

Duk|ti|li|tät ⟨f.; -; unz.⟩ *Verformbarkeit (bes. metall. Werkstoffe)*

Duk|tus ⟨m.; -, -⟩ **1** *Schriftart* **2** *die Art, beim Schreiben die Feder zu führen;* magerer, teigiger, zügiger ~ [< lat. *ductus* »Zug, Führung«; zu *ducere* »führen«]

Dul|zi|an ⟨m.; -(e)s, -e⟩ = *Dolcian*

Dul|zi|nea ⟨f.; -, -s od. -ne|en; fig.; scherzh.⟩ *Freundin, Geliebte* [nach der Geliebten Don Quijotes]

Du|ma ⟨f.; -, -s⟩ **1** ⟨im zarist. Russland⟩ *russ. Ratsversammlung der fürstl. Gefolgsleute* **2** *das russ. Parlament 1906–17* **3** *Stadtverordnetenversammlung* **4** ⟨seit 1994 wieder⟩ *russ. Parlament* [russ., »Gedanke, Rat«]

Dumb|show, ⟨auch⟩ **Dumb Show** ⟨[dʌmʃou] f.; (-) -, (-) -s⟩ **1** ⟨allg.⟩ *pantomimische Einlage* **2** *(früher im engl. Drama) häufig der eigentl. Vorstellung vorangestellte pantomimische Erläuterung der Handlung* [< engl. *dumb* »stumm« + *show* »Veranstaltung, Vorführung«]

Dum|dum ⟨n.; - od. -s, - od. -s⟩, **Dum|dum|geschoss** ⟨n.; -es, -e⟩ *wie ein Sprenggeschoss wirkendes Infanteriegeschoss mit abgekniffener Spitze u. dadurch freiliegendem Bleikern, verursacht schwere Wunden* [< ind. *damdam* »Hügel, Erdwall«, nach dem Standort der bengal. Artillerie bei Kalkutta, in dem die Geschosse zuerst hergestellt wurden]

Dum|ka ⟨f.; -, -ki⟩ **1** *balladenartiges slaw. Volkslied* **2** *Instrumentalstück in Moll* [Verkleinerungsform zu ukrain. *duma* »Lied«]

Dum|my ⟨[dʌmi] m.; -s, -s⟩ **1** *Schaupackung;* Sy *Attrappe* **2** *Exemplar eines in Vorbereitung befindl. Buches mit größtenteils leeren Seiten, einzelnen Textproben, Illustrationen usw.* **3** *Puppe in Lebensgröße zu Testzwecken;* Test~ **4** ⟨Kart.⟩ *Strohmann* [engl.]

Dum|ping ⟨[dʌm-] n.; -s; unz.⟩ *Verkauf von Waren unter dem Marktpreis (im Ausland)* [engl., »Unterbieten der Preise«]

Dum|ping|preis ⟨[dʌm-] m.; -es, -e⟩ *Preis einer Ware, der erheblich unter dem Marktpreis liegt*; etwas zu ~en verkaufen [→ *Dumping*]

Dun|king ⟨[dʌnkiŋ] n.; -s, -s; Sp.; Basketball⟩ *»Legen« des Balles von oben herab in den Korb (während des Sprungs)* [zu engl. *dunk,* eigtl. »(ein)tauchen«]

Duo ⟨n.; -s, -s; Mus.⟩ **1** *Musikstück für zwei*

selbständige, meist verschiedene Instrumentalstimmen **2** *die beiden ein Duo(1) spielenden Musiker* [lat., »(für) zwei«]

du|o|de|nal ⟨Adj.⟩ *das Duodenum betreffend, zu ihm gehörig, von ihm ausgehend*

Du|o|de|ni|tis ⟨f.; -, -ti|den⟩ *Zwölffingerdarmentzündung*

Du|o|de|num ⟨n.; -s, -na⟩ *Zwölffingerdarm* [< lat. *duodecim* »zwölf«]

Du|o|dez ⟨n.; -es; unz.; Zeichen: 12°⟩ *als Buchformat eingefalzter Papierbogen mit 12 Blättern (24 Seiten)* [< lat. *duodecim* »zwölf«]

Du|o|dez|fürst ⟨m.; -en, -en⟩ *Herrscher eines Duodezstaates*

du|o|de|zi|mal ⟨Adj.⟩ *zwölfteilig, in der Art des Duodezimalsystems, auf ihm beruhend;* Sy *dodekadisch*

Du|o|de|zi|mal|sys|tem ⟨n.; -s, -e⟩ *Zahlensystem mit der Zahl zwölf als Recheneinheit;* Sy *Dodekadik* [< lat. *duodecim* »zwölf«]

Du|o|de|zi|me ⟨f.; -, -n⟩ **1** *zwölfter Ton der diatonischen Tonleiter* **2** *Intervall im Abstand von zwölf diaton. Tonstufen* [< lat. *duodecima,* Fem. zu *duodecimus* »der Zwölfte«; < *duo* »zwei« + *decimus* »der zehnte«]

Du|o|dez|staat ⟨m.; -(e)s, -en⟩ *lächerlich kleiner Staat, Zwergstaat, Ländchen* [< lat. *duodecim* »zwölf, Dutzend«, eigtl. »Dutzendstaat«]

Du|o|di|o|de ⟨f.; -, -n⟩ *Doppelzweipolröhre, die aus der Vereinigung zweier Dioden entsteht* [< *Duo...* + *Diode*]

Du|o|kul|tur ⟨f.; -, -en; Landw.⟩ *Anbau von zwei verschiedenen Kulturpflanzen auf demselben Feldstück* [< lat. *duo* »zwei« + *Kultur*]

Du|o|le ⟨f.; -, -n⟩ *musikal. Figur mit zwei anstatt drei gleichwertigen Noten* [< lat. *duo* »zwei« + *...ole*]

dü|pie|ren ⟨V.⟩ *täuschen, übertölpeln, zum Besten haben, foppen* [< frz. *duper* »hintergehen, betrügen«]

Du|plet ⟨[duple:] n.; -s, -s⟩ *aus zwei Linsen zusammengesetzte Lupe* [< lat. *duplex* »doppelt«]

Du|plex ⟨n.; -; unz.⟩ *zwei aus Wirkstoffen zusammengeklebte Bahnen zur Herstellung von Stoffhandschuhen* [lat., »doppelt«]

Du|plex... ⟨in Zus.⟩ *Doppel...* [→ *Duplex*]

Du|plex|be|trieb ⟨m.; -(e)s; unz.⟩ *heute fast ausschließlich übliches Verfahren der Telegrafie, das eine Nachrichtenübermittlung in beiden Richtungen gleichzeitig zulässt*

du|plie|ren ⟨V.⟩ *verdoppeln* [< lat. *duplus* »zweifach«]

Du|plik ⟨f.; -, -en⟩ *Antwort, Gegenantwort auf eine Replik* [< lat. *duplicare* »verdoppeln«]

Du|pli|kat ⟨n.; -(e)s, -e⟩ **1** *Doppel (einer Urkunde, eines Schriftstücks)* **2** *Abschrift, Kopie, Durchschlag* [< lat. *duplicatus,* Part. Perf. zu *duplicare* »verdoppeln«]

Du|pli|ka|ti|on ⟨f.; -, -en⟩ *das Duplizieren, Verdoppelung* [< lat. *duplicatio* »Verdoppelung«]

Du|pli|ka|tur ⟨f.; -, -en⟩ *Verdoppelung, Doppelbildung* [< lat. *duplicare* »verdoppeln«]

du|pli|zie|ren ⟨V.⟩ *verdoppeln* [< lat. *duplicare* »verdoppeln«]

Du|pli|zi|tät ⟨f.; -, -en⟩ *Zweiheit, Zweimaligkeit;* ~ der Fälle *zufälliges Zusammentreffen zweier gleicher od. ähnl. Ereignisse* [< lat. *duplex* »doppelt« u. frz. *duplicité* »Doppelheit«]

Du|plum ⟨n.; -s, -pla⟩ *Doppel, Duplikat* [lat.]

Du|pren, ⟨auch⟩ **Dup|ren** ⟨n.; -s; unz.; Ⓦⓩ⟩ *ein synthet. Kautschuk*

Du|que ⟨[du:kə] m.; - od. -s, -s⟩ *höchster spanischer Adelsrang* [span. < lat. *dux* »Führer«]

Du|que|sa ⟨[duke:sa] f.; -, -s⟩ *Titel der Frau des Duque*

Dur ⟨n.; -s; unz.; Mus.⟩ *(männl.) Tongeschlecht mit großer Terz im Dreiklang der Tonika;* Ggs *Moll* [< mlat. *b durum* »der Ton h«, eigtl. »hartes b«]

Du|ra ⟨f.; -; unz.⟩ *die harte äußere Hirnhaut;* Sy *Dura Mater* [zu lat. *durus* »hart«]

du|ra|bel ⟨Adj.⟩ *dauerhaft, beständig (wetter)fest* [< lat. *durabilis* »dauerhaft«]

Du|ra|bi|li|tät ⟨f.; -; unz.⟩ *durable Beschaffenheit, Dauerhaftigkeit, Beständigkeit*

du|ral ⟨Adj.⟩ *zur Dura gehörend, diese betreffend*

Dur|a|lu|min, ⟨auch⟩ **Du|ra|lu|min** ⟨n.; -(e)s; unz.; Ⓦⓩ⟩ *härtbare Aluminiumlegierung* [< lat. *durus* »hart« + *Aluminium*]

Du|ra Ma|ter ⟨f.; - -; unz.⟩ = *Dura* [< lat. *dura mater,* eigtl. »harte Mutter«]

du|ra|tiv ⟨a. [--'-] Adj.⟩ *verlaufend, dauernd*

Du|ra|tiv ⟨n.; -s, -e [-və]⟩, **Du|ra|ti|vum** ⟨[-vum] n.; -s, -va [-va]⟩ **1** *Aktionsart des Verbums, bezeichnet die Dauer eines Vorgangs od. Zustandes ohne zeitl. Begrenzung* **2** *Verbum in dieser Aktionsart,* z.B. blühen, leben, schlafen, wohnen [zu lat. *durare* »dauern«]

durch|che|cken ⟨[-tʃɛkən] V.; umg.⟩ *gründlich checken, genau überprüfen, genau untersuchen, durchdenken;* ich muss das nochmal ~

durch|sty|len ⟨[-stai-] V.; umg.⟩ *nach der neuesten Mode ausstatten, in einem einheitlichen Stil gestalten*; sie ist völlig durchgestylt; einen Wohnraum neu ~ [→ *stylen*]

Du|ri|an|baum ⟨m.; -(e)s, -bäu|me; Bot.⟩ *in Malaysia wachsendes Wollbaumgewächs, dessen kastaniengroße Samen zwar wohlschmeckend, aber auch von einem übel riechenden Samenkern umzogen sind* [< mal. *durian*]

Du|ri|ne ⟨f.; -, -n⟩ = *Dourine*

Du|rit ⟨m.; -s, -e; Geol.⟩ *aus stark zersetzten Pflanzen entstandene Streifenkohle mit hohem Ascherückstand* [Kunstw.; zu lat. *durus* »hart«]

Du|ro|plas|te ⟨Pl.⟩ *Gruppe von Kunststoffen, die zwar nach dem Zusammenmischen ihrer Komponenten einmal durch Hitze aushärtbar sind, sich aber nicht wieder erweichen lassen*

Dur|ra ⟨f.; -; unz.⟩ *in Afrika u. Indien angebaute Hirse, Mohrenhirse: Sorghum durra* [< arab. *dhura*]

Dü|se ⟨f.; -, -n⟩ **1** *Rohrleitung mit allmählich*

abnehmendem Querschnitt, wodurch sich die Geschwindigkeit eines hindurchströmenden Mediums erhöht, sein statischer Druck dagegen abnimmt **2** *Vorrichtung zum Zerstäuben von Flüssigkeit* [< tschech. *duše* »Seele, das Innere (von Geschützrohren)«]

Dust ⟨[dʌst] m.; - od. -s; unz.⟩ *besonders fein gesiebte Teemischung* [< engl. *dust,* eigtl. »Staub«]

Du|ty-Free-Shop ⟨[dju:ti fri: ʃɔp] m.; -s, -s; auf Flugplätzen u.Ä.⟩ *Laden, in dem Waren zollfrei verkauft werden* [engl.]

Du|um|vir ⟨[-vir] m.; -n, -n od. -vi|ri⟩ **1** *altröm. Behörde aus zwei Beamten für die verschiedensten Ämter* **2** *altröm. Beamtentitel* [lat., »Mitglied eines Zwei-Männer-Rates«]

Du|um|vi|rat ⟨[-vi-] n.; -(e)s, -e⟩ *Amt, Würde der Duumvirn* [< lat. *duumviratus* < *duo* »zwei« + *vir* »Mann«]

Du|vet ⟨[dyvɛ:] n.; -s, -s; schweiz.⟩ *Daunendecke, Federbett* [frz., »Flaum«]

Duve|tine ⟨[dyvti:n] m.; -s, -s⟩ *samtiges Gewebe aus Baumwolle (Kette) u. Wolle (Schuss)* [< frz. *duvet* »Flaum«]

Dux ⟨m.; -, Du|ces; Mus.⟩ *Grundgestalt eines Fugenthemas;* → a. *Comes* [lat., »Führer«]

Dvan|dva, Dwan|dwa ⟨n.; - od. -s, - od. -s; Sprachw.⟩ *Wortzusammensetzung, bei der durch die Aneinanderreihung der einzelnen Glieder eine neue Bedeutung entsteht,* z.B. Kopfnuss, siebzehn [Sanskrit, »Paar«]

dwt ⟨Abk. für⟩ *Pennyweight*

Dy ⟨chem. Zeichen für⟩ *Dysprosium*

Dy|a|de ⟨f.; -, -n⟩ *Zusammenfassung von zwei Einheiten* [< grch. *dyas* »Zweiheit«]

Dy|a|dik ⟨f.; -; unz.⟩ *Dualsystem*

dy|a|disch ⟨Adj.⟩ **1** *das Dualsystem betreffend, auf ihm beruhend, aus zwei Einheiten bestehend* **2** ⟨Geol.⟩ *zur Dyas gehörend, aus ihr stammend*

Dy|as ⟨f.; -, -a|den⟩ **1** *zwei eng zusammengehörige Einheiten, Begriffe, Paar, Zweiheit* **2** ⟨unz.; Geol.; †⟩ *die zwei Abschnitte des Perms* [grch., »Zweiheit«]

Dyb|buk ⟨m.; - od. -s, -s⟩ = *Dibbuk*

dyn ⟨Zeichen für⟩ *Dyn*

Dyn ⟨n.; -s, -; Zeichen: dyn⟩ *nicht mehr zulässige Maßeinheit für Kräfte, 1 dyn = 1 g* cm/s^2 = 10^{-5} *Newton* [verkürzt < grch. *dynamis* »Kraft«]

Dy|na|mik ⟨f.; -; unz.⟩ **1** *Lehre von der Bewegung von Körpern unter dem Einfluss von Kräften;* Ggs *Statik* **2** ⟨Mus.⟩ *Lehre von der Abstufung der Tonstärke* **2.1** *die Abstufung selbst* **3** ⟨fig.⟩ *Triebkraft, Kraftentfaltung, Schwung, Lebendigkeit, lebendige, lebhafte, rhythm. Bewegung* [< grch. *dynamis* »Kraft«]

Dy|na|mis ⟨f.; -; unz.; Philos.⟩ *Kraft, Vermögen* [grch.]

dy|na|misch ⟨Adj.⟩ **1** *die Dynamik betreffend, auf ihr beruhend;* Ggs *statisch* **2** *triebkräftig, voll innerer Kraft, lebendig wirksam, lebendig, lebhaft, bewegt;* eine ~e Entwicklung; ein ~es Auftreten

dy|na|mi|sie|ren ⟨V.⟩ *vorantreiben, dynamisch gestalten, dem veränderten Lebensstandard anpassen;* Renten ~

Dy|na|mis|mus ⟨m.; -; unz.⟩ **1** *Lehre, dass alle Erscheinungen auf der Wirkung von Kräften beruhen* **2** ⟨bei Naturvölkern⟩ *der Glaube, dass manchen Menschen u. Dingen übernatürl. Kräfte innewohnen* [→ *Dynamik*]

dy|na|mis|tisch ⟨Adj.⟩ *in der Art des Dynamismus, ihn betreffend, zu ihm gehörig*

Dy|na|mit ⟨n.; -s; unz.⟩ *Sprengstoff auf der Basis von Glycerintrinitrat* [< grch. *dynamis* »Kraft«]

Dy|na|mo ⟨a. ['---] m.; -s, -s⟩, **Dy|na|mo|ma|schi|ne** ⟨a. ['------] f.; -, -n⟩ = *Generator(1)* [< grch. *dynamis* »Kraft«]

Dy|na|mo|graf ⟨m.; -en, -en; Tech.⟩ = *Dynamograph*

Dy|na|mo|graph ⟨m.; -en, -en; Tech.⟩ *registrierendes Dynamometer;* oV *Dynamograf*

Dy|na|mo|me|ta|mor|pho|se ⟨f.; -, -n; Geol.⟩ *durch tektonische Vorgänge verursachte Umformung von Mineralien u. Gesteinen;* Sy *Dislokationsmetamorphose*

Dy|na|mo|me|ter ⟨n.; -s, -⟩ *Vorrichtung zum Messen von Kräften u. mechan. Leistung, Kraftmesser* [< grch. *dynamis* »Kraft« + *...meter*]

Dy|nast ⟨m.; -en, -en⟩ *(regierender) Angehöriger einer Dynastie, Herrscher (über ein kleineres Gebiet), kleiner Fürst* [< grch. *dynastes* »Machthaber, Fürst«]

Dy|nas|tie ⟨f.; -, -n⟩ *Herrscherhaus, Herrscherfamilie* [< grch. *dynasteia* »Macht, Herrschaft«]

dy|nas|tisch ⟨Adj.⟩ *eine Dynastie betreffend, zu ihr gehörig, auf ihr beruhend*

Dyn|o|de, ⟨auch⟩ **Dy|no|de** ⟨f.; -, -n⟩ *Elektronenröhre mit mehreren zusätzlichen Elektroden zur besseren Steuerung und Verstärkung des zugeführten Stromes* [< grch. *dynamis* »Kraft, Stärke« + *...ode*]

dys..., Dys... ⟨in Zus.⟩ *schlecht, schwer, schwierig, widrig* [< grch.]

Dys|a|ku|sis ⟨f.; -; unz.; Path.⟩ **1** *krankhafte Empfindlichkeit des Gehörs gegenüber bestimmten Tönen* **2** *Gehörabnahme bis zur Schwerhörigkeit* [< *Dys...* + grch. *akouein* »hören«]

Dys|ar|thrie, ⟨auch⟩ **Dys|arth|rie** ⟨f.; -, -n; Med.⟩ *Störung der Sprachkoordination (Gliederung, Aussprache) aufgrund organischer Fehlfunktionen im Bereich der Sprechwerkzeuge;* → a. *Dysglossie* [< *Dys...* + grch. *arthroun* »gliedern; artikulierte Laute hervorbringen«]

Dys|ba|sie ⟨f.; -; unz.⟩ *Gehstörung, erschwertes Gehen* [< *dys...* + *basis* »Gang«]

Dys|cho|lie ⟨[-ko-] f.; -, -n⟩ *krankhafte Veränderung der Gallenflüssigkeit* [< *Dys...* + grch. *chole* »Galle«]

Dys|chro|mie ⟨[-kro-] f.; -; -n; Med.⟩ = *Chromatose*

Dys|en|te|rie, ⟨auch⟩ **Dy|sen|te|rie** ⟨f.; -, -n⟩ *in-*

fektiöse Darmerkrankung, die durch mehrere Typen von Bakterien od. einzellige Lebewesen übertragen wird, Ruhr [< *Dys...* + grch. *enteron* »Darm, Eingeweide«]

dys|en|te|risch, ⟨auch⟩ **dy|sen|te|risch** ⟨Adj.⟩ *ruhrartig*

Dys|er|gie, ⟨auch⟩ **Dy|ser|gie** ⟨f.; -; unz.⟩ *verminderte körperliche Widerstandskraft* [< *Dys...* + grch. *ergon* »Tat, Arbeit«]

Dys|funk|ti|on ⟨f.; -, -en⟩ *Funktionsstörung*

dys|funk|ti|o|nal ⟨Adj.⟩ *eine Dysfunktion betreffend, auf einer Dysfunktion beruhend*

Dys|glos|sie ⟨f.; -, -n; Med.⟩ *Störung der Sprachartikulation durch Fehlbildungen der Sprechwerkzeuge;* → a. *Dysarthrie* [< *Dys...* + grch. *glossa* »Sprache«]

Dys|gna|thie ⟨f.; -, -n; Med.⟩ *Fehlentwicklung, die zu abnormer Zahnstellung, Kieferverformungen u. Funktionsstörungen des Kiefers führt* [< *Dys...* + grch. *gnathos* »Kiefer«]

Dys|kal|ku|lie ⟨f.; -; unz.; Med.⟩ *(zumeist bei Kindern auftretende) Rechenschwäche, die durch mangelndes Logik-, Mengen- u. Zahlenverständnis verursacht wird u. oft von Orientierungs- u. Rechts-Links-Unterscheidungsschwierigkeiten begleitet ist* [< *Dys...* + lat. *calculatio* »Berechnung«]

Dys|kal|ku|li|ker ⟨m.; -s, -; Med.⟩ *jmd., der an Dyskalkulie leidet*

Dys|ki|ne|sie ⟨f.; -, -n; Med.⟩ *ohne ersichtliche organische Störung auftretende funktionelle Störung* [< *Dys...* + grch. *kinesis* »Bewegung«]

Dys|kra|nie ⟨f.; -, -n⟩ *Schädelmissbildung;* → a. *Dyszephalie* [< *Dys...* + lat. *cranium* »Schädel«]

Dys|kra|sie ⟨f.; -, -n⟩ *fehlerhafte Zusammensetzung der Körperflüssigkeiten;* Ggs *Eukrasie(1)* [< *Dys...* + grch. *krasis* »Mischung, Verbindung«]

Dys|la|lie ⟨f.; -, -n⟩ *Stammeln* [< *Dys...* + grch. *lalia* »Gerede, Geplauder«]

Dys|le|xie ⟨f.; -, -n; ältere Bez. für⟩ *Legasthenie* [< *Dys...* + grch. *lexis* »Redeweise, Ausdruck«]

Dys|me|lie ⟨f.; -, -n⟩ *angeborene Missbildung der Gliedmaßen* [< *Dys...* + grch. *melos* »Glied«]

Dys|me|nor|rhö ⟨f.; -, -en⟩, **Dys|me|nor|rhöe** ⟨[-rø:] f.; -, -n⟩ *gesteigerte Schmerzhaftigkeit der Menstruation* [< *Dys...* + *Menorrhö*]

Dys|on|to|ge|nie ⟨f.; -, -n⟩ *Entwicklungsstörung, Fehlbildung* [< *Dys...* + *Ontogenie*]

Dys|os|mie ⟨f.; -, -n; Med.⟩ *Störung od. Beeinträchtigung der Geruchsfähigkeit* [< *Dys...* + grch. *osme* »Geruch«]

Dys|os|to|se ⟨f.; -, -n⟩ *Störung des Knochenwachstums, mangelhafte Knochenbildung* [< *Dys...* + grch. *osteon* »Bein, Knochen«]

Dys|pep|sie ⟨f.; -, -n⟩ *Verdauungsstörung* [< grch. *dyspepsia*]

Dys|pha|gia ⟨f.; -, -gi|ae⟩, **Dys|pha|gie** ⟨f.; -, -n; Med.⟩ *Schluckstörung* [< *Dys...* + grch. *phagein* »essen«]

Dys|pha|sie ⟨f.; -, -n⟩ *gestörtes Sprechen* [< *Dys...* + grch. *phasis* »Sprache«]

Dys|pho|nie ⟨f.; -, -n; Med.⟩ *Stimmstörung mit heiserer, belegter Stimme* [< *Dys...* + grch. *phone* »Stimme«]

Dys|pla|sie ⟨f.; -, -n⟩ *Fehlbildung, Unterentwicklung* [< *Dys...* + *...plasie*]

Dys|pnoe ⟨[-pno:e] f.; -; unz.; Med.⟩ *erschwerte Atemtätigkeit, Kurzatmigkeit, Atemnot* [< grch. *Dys...* »schwierig« + grch. *pnoe* »Atem«]

Dys|pro|si|um ⟨n.; -s; unz.; Zeichen: Dy⟩ *chem. Element aus der Reihe der Metalle der Seltenen Erden, Ordnungszahl 66* [< grch. *dysprositos* »schwer zu erlangen«]

Dys|re|gu|la|ti|on ⟨f.; -, -en⟩ *Regulationsstörung* [< *Dys...* + *Regulation*]

Dys|te|le|o|lo|gie ⟨f.; -; unz.⟩ *Lehre von der Zweckwidrigkeit (in der Natur);* Ggs *Teleologie* [< *Dys...* + *Teleologie*]

Dys|thy|re|o|se ⟨f.; -, -n⟩ *gestörte Schilddrüsenfunktion* [< *Dys...* + grch. *thyreos* »Schild«]

Dys|to|kie ⟨f.; -, -n; Med.⟩ *Störung beim Verlauf einer Geburt;* Ggs *Eutokie* [< *Dys...* + grch. *tokos* »Geburt«]

Dys|to|nie ⟨f.; -, -n⟩ *Störung des normalen Verhaltens;* ~ der Muskeln, Gefäße, Nerven; Ggs *Eutonie* [< *Dys...* + *...tonie*]

Dys|to|pie ⟨f.; -, -n; Med.⟩ *Fehl- bzw. Verlagerung von Organen;* Ggs *Eutopie* [< *Dys...* + grch. *topos* »Ort«]

dys|troph ⟨Adj.⟩ *auf Dystrophie beruhend, sie bewirkend*

Dys|tro|phie ⟨f.; -, -n⟩ **1** *Ernährungsstörung* **2** *ungenügende Versorgung von Organen, Muskeln usw. mit Nährstoffen, Ernährungskrankheit* [< *Dys...* + *...trophie*]

Dys|u|rie, ⟨auch⟩ **Dy|su|rie** ⟨f.; -, -n⟩ *gestörte Harnentleerung* [< *Dys...* + grch. *ouron* »Harn«]

Dys|ze|pha|lie ⟨f.; -, -n; Med.⟩ *Oberbegriff für verschiedene Formen der Schädelmissbildung;* → a. *Dyskranie* [< *Dys...* + grch. *kephale* »Kopf«]

E

e ⟨Abk. für⟩ *Elektron bzw. elektrische Elementarladung*

E ⟨Abk. für⟩ (engl.) *East,* (frz.) *Est (Osten)*

e..., **E...** ⟨Vors.⟩ = *ex...*[2], *Ex...*[2]

Ea|gle, ⟨auch⟩ **Eag|le** ⟨[i:gl] m.; -s, -s⟩ **1** ⟨Sp.; Golf⟩ *Erreichen des Loches mit zwei Schlägen weniger als vorgegeben* **2** *alte amerikan. 10-Dollar-Goldmünze* [engl., »Adler«]

EAN-Code ⟨[e:a:ɛnko:d] m.; -s; unz.; Kurzw. für⟩ *Europäischer Artikelnummer-Code, in-*

nerhalb der EG standardisierter Strichcode für Lebensmittel und andere Handelsgüter in computerlesbarer Ausführung; → a. *Barcode*

Earl ⟨[ə:l] m.; -s, -s⟩ *Graf (engl. Adelsrang)*

Earl Grey ⟨[ə:l grɛi] m.; - -s; unz.⟩ *Teesorte, die mit dem Öl der Bergamotte aromatisiert ist* [nach dem engl. Politiker Sir Edward Viscount *Grey* of Fallodon, 1862-1933]

Ear|ly Eng|lish ⟨[ə:li iŋgliʃ] n.; - -; unz.⟩ *Stilepoche der engl. Frühgotik (ca. 1175-1250)* [engl., »frühes Englisch«]

EARN ⟨Abk. für engl.⟩ *European Academic Research Network, ein geschlossenes Computernetzwerk, an dem fast alle europäischen sowie einige nord- und südamerikanische Universitäten beteiligt sind*

East ⟨[i:st] m.; -; unz.; Abk.: E⟩ *Osten* [engl.]

ea|sy ⟨[i:zi] Adj.; undekl.; umg.⟩ *angenehm u. leicht, einfach, locker* [engl.]

Easyliving / Easy Living (*Getrennt- und Zusammenschreibung*) Fremdsprachliche Zusammensetzungen mit Substantiven werden wie deutsche Komposita zusammengeschrieben. Besteht ein Kompositum aus einem Adjektiv und einem Substantiv kann in Anlehnung an die Herkunftssprache auch getrennt geschrieben werden. Hat der zweite Wortbestandteil die Funktion eines Substantivs sind beide Bestandteile großzuschreiben (→ a. *Fairplay / Fair Play; Fastfood / Fast Food*). Wenn fremdsprachliche Fügungen als Zitatwörter gemeint sind, können sie auch als Ganzes kleingeschrieben werden (*easy living*).

Ea|sy|li|ving, ⟨auch⟩ **Ea|sy Li|ving** ⟨[i:zi liviŋ] n.; (-)- od. (-)-s; unz.; salopp⟩ *angenehme, unbeschwerte Lebensweise;* eine neue Art des ~ [< engl. *easy* »leicht« + *live* »leben«]

Ea|sy|ri|der, ⟨auch⟩ **Ea|sy Ri|der** ⟨[i:zi raidə(r)] m.; (-) -s, (-) -⟩ **1** *Motorrad mit hoher, in der Mitte geteilter Lenkstange und Rückenlehne;* Sy *Chopper* **2** *Jugendlicher, der ein solches Motorrad fährt* [engl. *easy* »leicht« + *rider* »Reiter, Fahrer«]

Eat-Art ⟨[i:ta:rt] f.; -; unz.⟩ *Kunstrichtung, deren Kunstobjekte zum Genuss als Nahrungsmittel geeignet sind* [< engl. *eat* »Essen« + *art* »Kunst«, < lat. *ars* »Kunst«]

Eau de Co|lo|gne, ⟨auch⟩ **Eau de Co|log|ne** ⟨[o: də kolɔnjə] n.; - - -, -x [o:] - -⟩ *Lösung von natürl. ätherischen Ölen in 75-85% Alkohol zum Erfrischen und Parfümieren, Kölnischwasser* [frz., »Wasser aus Köln«]

Eau de Ja|vel ⟨[o: də ʒavɛl] n.; - - -, -x [o:] - -⟩ *Bleich- u. Desinfektionsmittel, wässrige Lösung von Kaliumhypochlorit u. Kaliumchlorid* [frz., »Wasser aus Javel«, nach der Ortschaft *Javel* (heute ein Stadtteil von Paris)]

Eau de Par|fum ⟨[o: də parfœ̃:] n.; - - -, -x [o:] - -⟩ *Duftwasser, das stärker ist als Eau de Toilette u. schwächer als Parfüm* [< frz. *eau* »Wasser« + *de* »von« + *parfum* »Parfüm«]

Eau de Toi|lette ⟨[o: də toalɛt] n.; - - -, -x [o:] - -⟩ *Duftwasser, das stärker ist als Eau de Cologne u. schwächer als Parfüm* [< frz. *eau* »Wasser« + *de* »von« + *toilette* »Aufmachung, Kleidung; Toilette«; → *Toilette*]

Eau de Vie ⟨[o: də vi:] n.; - - -, -x [o:] - -⟩ *Branntwein, Schnaps* [frz.]

E|bi|o|nit ⟨m.; -en, -en⟩ *Mitglied einer (von Paulus abgelehnten) Sekte der Judenchristen aus dem 1. u. 2. Jh. n. Chr., die sich an Moses' Weisungen orientierte* [hebr., »der Arme«]

E|bo|la|fie|ber ⟨n.; -s; unz.⟩ *(durch das Ebolavirus verursachte) seuchenartige, akute Infektionskrankheit mit meist tödlichem Ausgang, deren Übertragung durch Körperflüssigkeiten erfolgt* [nach dem Fluss *Ebola* in Zaire]

E|bo|nit ⟨n.; -s; unz.⟩ *aus Kautschuk durch Vulkanisation mit hohem Schwefelanteil gewonnenes Hartgummi*

E|bur|ne|a|ti|on, E|bur|ni|fi|ka|ti|on ⟨f.; -, -en⟩ *elfenbeinartige, übermäßige Verknöcherung* [< lat. *ebur* »Elfenbein«]

e.c. ⟨Abk. für⟩ *exempli causa*

EC ⟨Abk. für⟩ *Eurocity*

E|cart ⟨[eka:r] m.; -s, -s⟩ = *Ekart*

E|car|té ⟨[ekarte:] n.; -s, -s⟩ = *Ekarté*

Ec|ce ⟨[ɛktsə] n.; -, -⟩ *jährl. Totengedenkfeier* [lat., »siehe da«]

Ec|ce-Ho|mo ⟨[ɛktsə-] n.; - od. -s, - od. -s⟩ *Darstellung Christi mit der Dornenkrone (als Motiv der Kunst, z.B. in Andachtsbildern)* [lat., »Seht, (welch) ein Mensch!« (Ausspruch des Pilatus angesichts des dornengekrönten Jesus)]

Ec|cle|sia ⟨[ɛkle:-] f.; -; unz.⟩ *Gemeinde, Kirche;* ~ **militans** *die streitbare Kirche;* ~ **triumphans** *die triumphierende Kirche, die Kirche im Zustand der Vollendung;* oV *Ekklesia;* → a. *Ekklesiastik* [lat., »Kirche« < grch. *ekklesia* »Volksversammlung«]

E|chap|pé ⟨[eʃape:] n.; -s, -s⟩ *Sprungfigur (im Ballett), die aus einer geschlossenen Fußposition heraus in einer geöffneten endet* [< frz. *échappé* »Entsprungene(r), Entlaufene(r)«]

E|chap|pe|ment ⟨[eʃap(ə)mã:] n.; -s, -s⟩ **1** *Flucht* **2** *Auslösung (einer Mechanik)* **3** *Hemmung (in der Uhr)* [frz., »das Ausströmen, Entweichen, Hemmung«]

e|chauf|fie|ren ⟨[eʃɔfi:-] V.⟩ sich ~ *sich erhitzen, aufregen* [< frz. *échauffer* »erhitzen, erregen«]

E|che|ve|ria ⟨[ɛtʃɛve:-] f.; -, -ri|en⟩ *Angehörige einer Gattung der Dickblattgewächse: Crassulacea* [nach dem mexikan. Pflanzenzeichner *Echeverria,* 19. Jh.]

E|chi|nit ⟨[ɛçi-] m.; -s od. -en, -e od. -en⟩ *versteinerter Seeigel* [< grch. *echinos* »Igel«]

e|chi|no..., E|chi|no... ⟨[ɛçi-] in Zus.⟩ *Igel, Stachel* [< grch. *echinos* »Igel«]

E|chi|no|der|me ⟨[ɛçi-] m.; -n, -n⟩ *radial-symmetrisches meeresbewohnendes Tier, dessen Haut meist von starren Stacheln aus Kalk bedeckt ist, Stachelhäuter* [< *echino...* + *...derm*]

E|chi|no|kak|tus ⟨[ɛçi-] m.; -, -te|en⟩ *Kaktus mit meist kugelförmigem Stamm: Echinocactus, Igelkaktus* [< *Echino…* + *Kaktus*]
E|chi|no|kok|kus ⟨[ɛçi-] m.; -, -kok|ken⟩ *Art des Bandwurms, Blasenwurm* [< *Echino…* + *…kokkus*]
E|chi|nus ⟨m.; -, -⟩ **1** *Seeigel* **2** *Wulst am Kapitell der dorischen Säule* [lat., »Seeigel«]
E|cho ⟨[ɛço] n.; -s, -s⟩ **1** *reflektierte Schallwellen, die an ihrem Ausgangspunkt wieder wahrgenommen werden, Widerhall;* ein einfaches, mehrfaches ~ **2** *Beachtung, Anteilnahme;* der Vortrag fand begeistertes, lebhaftes ~; der Zwischenfall fand sein ~ in der Presse **3** ⟨fig.⟩ *Anklang, Zustimmung;* das Stück fand kein ~ bei den Zuschauern **4** ⟨fig.; umg.⟩ *Nachbeter fremder Meinungen;* sie ist nur das ~ ihres Mannes [grch., »Schall«]
e|cho|en ⟨[-ço-] V.⟩ **1** *widerhallen* **2** ⟨fig.⟩ *etwas nachsagen, nachbeten, wiederholen*
E|cho|en|ze|pha|lo|gra|fie ⟨[-ço-] f.; -, -n; Med.⟩ = *Echoenzephalographie*
E|cho|en|ze|pha|lo|gra|phie ⟨[-ço-] f.; -, -n; Med.⟩ *Verwendung des Impuls-Echo-Verfahrens zur Diagnostik intrakranieller Prozesse, z.B. von Blutungen unterhalb der Hirnhaut;* oV *Echoenzephalografie* [< *Echo* + grch. *egkephalos* »Gehirn« + *…graphie*]
E|cho|gra|fie ⟨[-ço-] f.; -, -n⟩ = *Echographie*
E|cho|gra|phie ⟨[-ço-] f.; -, -n⟩ *in der Medizin u. Werkstoffprüfung angewandtes Verfahren, bei dem die Dichte eines Gewebes oder Stoffes mit Hilfe von (Ultra-)Schallwellen erfasst wird;* oV *Echografie* [< *Echo* + *…graphie*]
E|cho|kar|di|o|gra|fie ⟨[-ço-] f.; -, -n; Med.⟩ = *Echokardiographie*
E|cho|kar|di|o|gra|phie ⟨[-ço-] f.; -, -n; Med.⟩ *Herzdiagnostik mittels Ultraschall;* oV *Echokardiografie;* Sy *Ultraschallkardiographie* [< *Echo* + *kardio…* + *…graphie*]
E|cho|la|lie ⟨[-ço-] f.; -, -n; Med.; Psych.⟩ *mechanisches, manchmal zwanghaftes Nachsprechen von Gehörtem ohne inhaltlichen u. situativen Bezug (bes. bei Schizophrenie);* Sy *Echophrasie* [< *Echo* + grch. *lalein* »reden, schwätzen«]
Echo|lot ⟨[-ço-] n.; -(e)s, -e⟩ *Gerät zur Entfernungs- u. Tiefenmessung mit Hilfe von Schallwellen;* Sy *Behmlot*
E|cho|phra|sie ⟨[-ço-] f.; -, -n; Med.; Psych.⟩ = *Echolalie* [< *Echo* + grch. *phrasis* »das Sprechen, der Ausdruck«]
E|clair, ⟨auch⟩ **Ec|lair** ⟨[eklɛːr] n.; -s, -s⟩ *längliches Gebäck mit Cremefüllung u. Glasur od. Schokoladenüberzug* [< frz. *éclair* »Blitz, Liebesknochen (Gebäck)«]
E|co|no|mi|ser ⟨[ıkɔnəmaizə(r)] m.; -s, -⟩ = *Ekonomiser*
E|co|no|my|class ⟨[ikɔnəmiklaːs] f.; -; unz.; im Flugverkehr⟩ *billigste Beförderungsklasse;* oV *Economyklasse* [< engl. *economy* »Wirtschaftlichkeit« + *class* »Klasse«]
E|co|no|my|klas|se ⟨[ikɔnəmi-] f.; -; unz.⟩ = *Economyclass*
E|cos|sai|se ⟨[ekɔsɛzə] f.; -, -n⟩ = *Ekossaise*

> **Economyclass / Economyklasse** (*integrierte Schreibweisen*) Für viele aus Fremdsprachen ins Deutsche übernommene Begriffe bilden sich im Laufe der Zeit integrierte Schreibweisen. Dies betrifft nicht nur die Laut-Buchstaben-Zuordnung, sondern kann auch dazu führen, dass ganze Wortbestandteile eingedeutscht werden. In der Regel bleibt es dem Schreibenden überlassen, welche Schreibvariante er wählt.

E|cra|sé|le|der, ⟨auch⟩ **Ec|ra|sé|le|der** ⟨n.; -s, -⟩ *gefärbtes, grobnarbiges Ziegenleder* [< frz. *écraser* »zerquetschen«]
e|cru, ⟨auch⟩ **ec|ru** ⟨[ekry] Adj.⟩ = *ekrü*
Ec|sta|sy, ⟨auch⟩ **Ecs|ta|sy** ⟨[ɛkstəsi] n.; -s od. f.; -; beides unz.⟩ *eine Designerdroge, künstlich synthetisiertes Rauschmittel, das auch in der Psychotherapie angewendet wird* [engl., »Ekstase«]
ECU, É|cu ⟨[eky] m.; - od. -s, - od. -s; bei Zahlenangaben -; Abk. für⟩ *European Currency Unit (Europäische Währungseinheit), Bezugsgröße für den Wechselkurs*
ed. ⟨auf Titelblättern von Büchern Abk. für⟩ *ediert (herausgegeben)* ⟨*od. für*⟩ *edidit, hat (es) herausgegeben* [lat.]
Ed. ⟨Abk. für⟩ *Edition, Editor*
E|da|fon ⟨n; -s; unz.⟩ = *Edaphon*
e|da|phisch ⟨Adj.⟩ *die physikal. u. chem. Eigenschaften des Bodens betreffend, davon abhängig*
E|da|phon ⟨n.; -s; unz.⟩ *Bodenorganismen (pflanzl. u. tier. Lebewesen, die in den oberen Erdschichten leben);* oV *Edafon* [< grch. *edaphos* »Erdboden«]
edd. ⟨auf Titelblättern von Büchern Abk. für⟩ *ediderunt, haben (es) herausgegeben* [lat.]
E|den ⟨n.; -s; unz.⟩ **1** ⟨AT⟩ *Paradies;* Garten ~ **2** ⟨fig.⟩ *herrlicher Ort* [hebr., »Wonne, Lust«]
E|den|ta|ten ⟨Pl.⟩ *Ordnung der zahnarmen Säugetiere, zu denen Ameisenbären, Faultiere u. Gürteltiere gehören* [< *E…* + lat. *dens,* Gen. *dentis* »Zahn«]
…eder ⟨Suffix zur Bez. für⟩ *…flächner* [< grch. *hedra* »Sitz; Fläche«]
EDG ⟨Abk. für⟩ *Elektrodermatogramm*
e|die|ren ⟨V.⟩ *herausgeben, veröffentlichen (Bücher, Musikalien)* [< lat. *edere* »herausgeben«]
e|diert ⟨Adj.; Abk.: ed.⟩ *herausgegeben (von)*
E|dikt ⟨n.; -(e)s, -e⟩ **1** *Erlass* **2** *behördl. Verordnung od. Bekanntmachung;* Regierungs~ [< lat. *edictum* »amtliche Bekanntmachung«]
E|di|son|fas|sung, ⟨auch⟩ **E|di|son-Fas|sung** ⟨f.; -, -en; El.⟩ *Fassung mit Rundgewinde an den Sockeln der elektr. Glühlampen* [nach dem Erfinder Thomas Alva *Edison,* 1847–1931]
e|di|tie|ren ⟨V.; EDV⟩ Daten ~ *Daten eintippen, bearbeiten, umwandeln* [< engl. *edit,* eigtl. »herausgeben«]

E|di|ti|on ⟨f.; -, -en; Abk.: Ed.⟩ *Ausgabe, Auflage (von Büchern, Musikalien)* [< lat. *editio* »Herausgabe«]

E|di|tio prin|ceps ⟨f.; - -, -ti|o|nes -ci|pes⟩ *Erstausgabe (eines Buches)* [lat.]

E|di|tor¹ ⟨m.; -s, -to|ren; Abk.: Ed.⟩ *Herausgeber* [zu lat. *edere* »herausgeben«]

E|di|tor² ⟨[ɛditə(r)] m.; -s, -s; EDV⟩ *Programm, mit dessen Hilfe Texte u. Programme in den Computer eingegeben u. korrigiert werden können* [engl., eigtl. »Herausgeber«]

E|di|to|ri|al ⟨a. engl. [-tɔriəl] n.; -s, -s ⟩ **1** *Vorbemerkung des Herausgebers* **2** *Leitartikel (einer Zeitung)* [< lat. *editio* »Herausgabe«]

e|di|to|risch ⟨Adj.⟩ **1** *eine Edition betreffend* **2** *die Arbeit des Herausgebers betreffend*

E|du|ka|ti|on ⟨f.; -, -en; geh.⟩ *Erziehung* [< lat. *educatio* »Erziehung«]

E|dukt ⟨m.; -(e)s, -e⟩ *aus Rohstoffen ausgeschiedener Stoff, Auszug,* z.B. Zucker aus Zuckerrüben [< lat. *eductus,* Part. Perf. zu *educere* »herausziehen«]

Ed|u|tain|ment, ⟨auch⟩ **E|du|tain|ment** ⟨[ɛdjutɛin-] n.; -s; unz.⟩ *interaktive Form der Wissensvermittlung, bei der Lerninhalte u. kulturelle Informationen über eine Mischung aus Text, Bild, Ton u. Filmsequenzen auf CD-ROM spielerisch u. unterhaltsam vermittelt werden;* → a. *Infotainment* [engl., verkürzt < *edu*cation »Erziehung, (Aus-)bildung« + enter*tainment* »Unterhaltung«]

EDV ⟨Abk. für⟩ *elektronische Datenverarbeitung*

EEG ⟨Abk. für⟩ *Elektroenzephalogramm, Elektroenzephalographie*

Ef|fekt ⟨m.; -(e)s, -e⟩ **1** *Wirkung, Eindruck;* Licht~ **2** *Ergebnis, Erfolg* **3** ⟨Phys.⟩ *Arbeitsleistung* [< lat. *effectus* »Wirkung, Erfolg«]

Ef|fek|ten ⟨nur Pl.⟩ **1** *Wertpapiere, Urkunden über langfristige Kapitalanlagen* **2** *bewegl. Habe, Besitz (an Waren)*

Ef|fek|ten|bör|se ⟨f.; -, -n⟩ *Börsenabteilung, in der überwiegend der Effektenhandel stattfindet*

ef|fek|tiv ⟨Adj.⟩ **1** *tatsächlich, wirklich;* ~e Leistung ⟨*bei Maschinen*⟩ *die nutzbare Leistung;* Ggs *indizierte Leistung* **2** *wirksam;* Ggs *ineffektiv* [→ *Effekt*]

Ef|fek|tiv ⟨n.; -s, -e [-və]; Sprachw.⟩ *Verb, das eine Veränderung des Substantivs, von dem es abgeleitet ist, ausdrückt,* z.B. »standardisieren« (= einem Standard anpassen) [< lat. *effectivus* »bewirkend«]

Ef|fek|tiv|do|sis ⟨f.; -, -do|sen⟩ *der tatsächlich wirksame Anteil einer zugeführten Strahlen- od. Medizindosis, liegt niedriger als die zugeführte Gesamtmenge*

ef|fek|ti|vie|ren ⟨[-viː-] V.⟩ etwas ~ *die Wirksamkeit, Wirkkraft von etwas erhöhen, steigern*

Ef|fek|ti|vi|tät ⟨[-vi-] f.; -; unz.⟩ *Wirksamkeit, Wirkkraft*

Ef|fek|tiv|lohn ⟨m.; -(e)s, -löh|ne⟩ *tatsächlich bezahlter Lohn, der mindestens mit dem Tariflohn übereinstimmt, im Allgemeinen aber Sonderleistungen enthält*

Ef|fek|tiv|wert ⟨m.; -(e)s, -e⟩ *quadratischer Mittelwert einer sich zeitlich ändernden Wechselstromgröße*

Ef|fekt|koh|le ⟨f.; -; unz.⟩ *in Bogenlampen verwendeter Kohlenstab mit Mineralsalzzusatz zur Verbesserung der spektralen Zusammensetzung des Bogenlichts*

Ef|fek|tor ⟨m.; -s, -to|ren⟩ *Nerv, der Reize zu den Organen weiterleitet u. dort Reaktionen hervorruft* [< lat. *effector* »Schöpfer, Urheber«]

ef|fek|tu|ie|ren ⟨V.; Kaufmannsspr.⟩ **1** *ausführen, bewerkstelligen* **2** *leisten, zahlen* **3** *versenden*

Ef|fe|mi|na|ti|on ⟨f.; -; unz.⟩ *weibliche Sexualempfindung beim Mann* [< lat. *effiminare* »weiblich machen, verweichlichen«]

ef|fe|mi|nie|ren ⟨V.⟩ *verweiblichen* [→ *Effemination*]

ef|fe|mi|niert ⟨Adj.⟩ *(als Mann) verweiblicht,* z.B. in (Sexual-)Empfindungen

ef|fe|rent ⟨Adj.⟩ *herausführend (bei Organen);* Ggs *afferent* [< lat. *effere* »hinausführen«]

Ef|fe|renz ⟨f.; -, -en; Med.⟩ *Herausleitung von Sinneswahrnehmungen vom Zentralnervensystem zur Peripherie (bes. zu Muskeln);* Ggs *Afferenz*

Ef|fet ⟨[ɛfɛː] od. [ɛfeː] m. od. n.; -s, -s⟩ **1** *Wirkung* **2** ⟨Billard u.a. Sp.⟩ *Drehung des Balles, so dass er beim An- od. Aufschlagen von der Richtung abweicht* [frz., »Wirkung«; → *Effekt*]

ef|fet|tu|o|so ⟨Mus.⟩ *wirkungsvoll (zu spielen)* [ital.]

Ef|fi|cien|cy ⟨[ifiʃnsi] f.; -; unz.⟩ *größtmögliche Wirkung, Wirtschaftlichkeit, Leistungsfähigkeit* [engl.]

ef|fi|lie|ren ⟨V.⟩ Haar ~ *gleichmäßig herausschneiden, ausdünnen* [< frz. *effiler* »ausfransen, ausfasern«]

ef|fi|zi|ent ⟨Adj.⟩ *wirksam, wirkungsvoll;* Ggs *ineffizient* [< engl. *efficient*]

Ef|fi|zi|enz ⟨f.; -; unz.⟩ *Wirkung, Wirksamkeit;* Ggs *Ineffizienz* [< engl. *efficiency*]

ef|fi|zie|ren ⟨V.⟩ *bewirken* [< lat. *efficere* »schaffen, hervorbringen«]

Ef|fla|ti|on ⟨f.; -, -en; Med.⟩ = *Eruktation* [< lat. *efflare* »herausblasen«]

Ef|flo|res|zenz ⟨f.; -, -en⟩ **1** *das Aufblühen, Blütezeit* **2** *krankhafte Hautveränderung, Hautblüte* **3** *Mineralüberzug auf Gesteinen* [< lat. *efflorescere* »erblühen«]

ef|flo|res|zie|ren ⟨V.⟩ *auf-, ausblühen* [< lat. *efflorescere* »erblühen«]

ef|fu|siv ⟨Adj.⟩ *durch Effusion entstanden, hervorgerufen*

Ef|fu|siv|ge|stein ⟨n.; -s, -e⟩ = *Vulkanit* [→ *Effusion*]

Ef|fu|si|on ⟨f.; -, -en⟩ *Erguss, Ausströmung, z.B. von Lava* [< lat. *effusio* »das Ausgießen«]

EFTA ⟨Abk. für engl.⟩ *European Free Trade Association, Europäische Freihandelszone*

EG ⟨f.; -; unz.; Abk. für⟩ *Europäische Gemeinschaft (→ europäisch)*
e|gal ⟨Adj.⟩ **1** *gleichartig, gleichmäßig* **2** *gleichgültig* [< frz. *égal* »gleichmäßig«]
e|ga|li|sie|ren ⟨V.⟩ *gleich(mäßig) machen, ausgleichen*
e|ga|li|tär ⟨Adj.⟩ *auf politische, soziale usw. Gleichheit gerichtet*
E|ga|li|ta|ris|mus ⟨m.; -; unz.⟩ *Streben nach größtmöglicher Gleichheit aller Menschen*
E|ga|li|tät ⟨f.; -; unz.⟩ *Gleichheit*
E|ga|li|té ⟨[-te:] f.; -; unz.⟩ *Gleichheit (Schlagwort der Französ. Revolution);* → a. *Liberté, Fraternité* [frz.]
E|ges|ti|on ⟨f.; -, -en⟩ *Stuhlgang* [zu lat. *egerere* »herausbringen«]
EGG ⟨Abk. für⟩ *Elektrogastrogramm*
Egg|head ⟨[ɛghɛd] m.; -s, -s; scherzh.⟩ *Intellektueller* [engl., »Eierkopf«]
e|go *ich* [lat.]
E|go ⟨n.; -; unz.⟩ *das Ich;* → a. *Alter Ego*
E|go|is|mus ⟨m.; -; unz.⟩ *Ichbezogenheit, Selbstsucht, Eigennutz, Eigenliebe;* Ggs *Altruismus* [< frz. *égoïsme* »Selbstsucht« < lat. *ego* »ich«]
E|go|ist ⟨m.; -en, -en⟩ *jmd., der egoistisch ist* [< frz. *égoïste* »selbstsüchtig« < lat. *ego* »ich«]
e|go|is|tisch ⟨Adj.⟩ *eigen-, selbstsüchtig*
e|go|man ⟨Adj.⟩ *krankhaft u. übersteigert selbstbezogen*
E|go|ma|ne ⟨m.; -n, -n⟩ *jmd., der egoman ist, zur Egomanie neigt*
E|go|ma|nie ⟨f.; -; unz.⟩ *krankhaft übersteigerte Selbstbezogenheit* [< *Ego* + *Manie*]
E|go|tis|mus ⟨m.; -; unz.⟩ *Neigung, sich selbst in den Vordergrund zu stellen* [< frz. *égotisme* »Ichbezogenheit« < lat. *ego* »ich«]
E|go|tist ⟨m.; -en, -en⟩ **1** *jmd., der sich selbst in den Vordergrund stellt* **2** *Verfasser von Romanen in Ichform*
E|go|trip ⟨m.; -s, -s; umg.⟩ *egozentrische Lebenseinstellung;* auf dem ~ sein [< lat. *ego* »ich« + engl. *trip* »Ausflug, kleine Reise«]
E|gout|teur ⟨[egutø:r] m.; -s, -e⟩ *zwischen den Saugern einer Langsiebpapiermaschine gelagerte, leichte, mit einem Sieb umkleidete Walze, auf der die Wasserzeichen aufgelötet sind; Vordruckwalze, Wasserzeichenwalze* [frz.]
E|go|zen|trik, ⟨auch⟩ **E|go|zent|rik** ⟨f.; -; unz.⟩ *egozentrische Haltung;* Sy *Egozentrismus, Egozentrizität* [< lat. *ego* »ich« + *Zentrum*]
E|go|zen|tri|ker, ⟨auch⟩ **E|go|zent|ri|ker** ⟨m.; -s, -⟩ *egozentrischer Mensch*
e|go|zen|trisch, ⟨auch⟩ **e|go|zent|risch** ⟨Adj.⟩ *das eigene Ich in den Mittelpunkt stellend, nur vom eigenen Ich aus denkend u. handelnd, alles auf das eigene Ich beziehend;* ~ sein; eine ~e Denk- und Handlungsweise
E|go|zen|tris|mus, ⟨auch⟩ **E|go|zent|ris|mus,** ⟨m.; -; unz.⟩ = *Egozentrik*
E|go|zen|tri|zi|tät, ⟨auch⟩ **E|go|zent|ri|zi|tät** ⟨f.; -; unz.⟩ = *Egozentrik*
e|gre|nie|ren, ⟨auch⟩ **eg|re|nie|ren** ⟨V.⟩ *entkörnen, aussamen;* Baumwolle ~ [< frz. *égrener* »entkernen, entkörnen«]
e|gres|siv, ⟨auch⟩ **eg|res|siv** ⟨Adj.; Sprachw.⟩ *Verlauf u. Abschluss eines Vorgangs ausdrückend (von Verben);* Ggs *ingressiv, inchoativ*
E|gres|siv, ⟨auch⟩ **Eg|res|siv** ⟨n.; -s, -a [-va]; Sprachw.⟩ Ggs *Ingressiv, Inchoativ* **1** *Aktionsart des Verbums, die den Verlauf u. das Ende eines Vorgangs ausdrückt,* z.B. »verbrennen«, »zerbrechen« **2** *Verb in dieser Aktionsart* [< lat. *egressus* »Ausgang«]
E|gyp|tienne, ⟨auch⟩ **E|gyp|ti|enne** ⟨[eʒipsjɛn] f.; -; unz.; Typ.⟩ *eine Druckschrift* [frz., »ägyptisch«]
Ei|de|tik ⟨f.; -; unz.⟩ **1** *Fähigkeit, früher Wahrgenommenes als anschauliches Bild wieder vor sich zu sehen* **2** ⟨Philos.⟩ = *Eidologie* [< grch. *eidos* »Bild«]
Ei|de|ti|ker ⟨m.; -s, -⟩ *jmd., der zu eidet. Vorstellungen fähig ist*
Ei|do|lo|gie ⟨f.; -; unz.; Philos.⟩ *Theorie, nach der über die Gestalt eines Dinges dessen Wesen ergründet werden kann;* Sy *Eidetik(2)* [< *Eidos* + *…logie*]
Ei|do|phor ⟨n.; -s, -e⟩ *Gerät, das Fernsehbilder vergrößert auf eine Leinwand wirft* [< grch. *eidos* »Bild« + *…phor*]
Ei|dos ⟨n.; -; unz.; Philos.⟩ *Aussehen, Gestalt; Begriff, Idee* [< grch. *eidos* »Bild«]
ein|bal|sa|mie|ren ⟨V.⟩ *nach dem Tode mit fäulnishindernden Stoffen zum Schutz vor Verwesung bearbeiten;* Leichen ~
ein|che|cken ⟨[-tʃɛkən] V.; Flugw.⟩ *beim Abflug abgefertigt werden, die Kontrollen passieren;* die Passagiere checken ein [→ *checken*]
ein|log|gen ⟨V.; EDV⟩ *ein-, anschalten (Programme, Computer);* Ggs *ausloggen* [zu engl. *log* »eintragen«]
ein|quar|tie|ren ⟨V.⟩ *in Quartieren, Privathäusern unterbringen;* Truppen ~ [→ *Quartier*]
Ein|quar|tie|rung ⟨f.; -, -en⟩ **1** *das Einquartieren (von Truppen), Unterbringen (von Gästen)* **2** *die einquartierte(n) Person(en)*
ein|scan|nen ⟨a. [-skænən] V.; EDV⟩ *ein Bild od. einen Text mittels eines Scanners als digitale Computerdatei einlesen;* → a. *Scanner* [< engl. *scan* »absuchen, abtasten«]
Ein|stei|ni|um ⟨n.; -s; unz.; chem. Zeichen: Es⟩ *radioaktives künstl. chem. Element, Ordnungszahl 99* [nach dem Physiker Albert *Einstein*, 1879-1955]
Ei|sen|chlo|rid ⟨[-klo:-] n.; -(e)s, -e⟩ *Verbindung von Chlor u. Eisen, schwarzbraune, glänzende Kristalle, chem. Formel* $FeCl_3$
Ei|sen|sul|fat ⟨n.; -(e)s, -e⟩ *als Beize in der Zeugfärberei u. zur Darstellung von Berliner Blau verwendete chem. Verbindung,* $Fe_2(SO_4)_3$
Ei|sen|vi|tri|ol, ⟨auch⟩ **Ei|sen|vit|ri|ol** ⟨[-vi-] n.; -s, -e⟩ *lichtgrünes, gelb verwitterndes, glasglänzendes Mineral,* $FeSO_4O \cdot 7H_2O$*;* Sy *Melanterit*
E|ja|cu|la|tio prae|cox ⟨f.; - -; unz.; Med.⟩ *vorzeitiger Samenerguss* [lat.]

E|ja|ku|lat ⟨n.; -(e)s, -e⟩ *ausgespritzte Samenflüssigkeit*

E|ja|ku|la|ti|on ⟨f.; -, -en⟩ *Samenerguss (bei der Begattung)* [→ *ejakulieren*]

e|ja|ku|lie|ren ⟨V.⟩ *Samen ausspritzen* [<lat. *eiaculari* »herauswerfen, hervorschleudern«]

E|jek|ti|on ⟨f.; -, -en⟩ **1** *Hinauswerfen, Vertreibung, Enteignung* **2** *Auswurf von vulkanischem Material* [<lat. *eiectio* »Verbannung«]

E|jek|tiv ⟨m.; -s, -e [-və]; Phon.⟩ *bes. in afrikan. Dialekten verbreiteter stimmloser Verschlusslaut, bei dessen Artikulation die Stimmritzen verschlossen sind;* Ggs *Injektiv* [→ *ejizieren*]

E|jek|tor ⟨m.; -s, -to|ren⟩ *Dampfstrahlpumpe* [<lat. *eicere* »heraustreiben, vertreiben, verstoßen«]

e|ji|zie|ren ⟨V.⟩ *hinauswerfen, vertreiben* [<lat. *eicere* »heraustreiben, verstoßen«]

ek…, Ek… ⟨vor Vokalen und h⟩ ex…, Ex… ⟨*Vors.*⟩ *aus, heraus* [grch.]

E|kart ⟨[eka:r] m.; -s, -s⟩ *Kursunterschied, Spielraum, Aufschlag;* oV *Ecart* [<frz. *écart* »Abstand, Unterschied, Spielraum«]

E|kar|té ⟨[-te:] n.; -s, -s⟩ oV *Ecarté* **1** *französ. Kartenspiel* [<frz. *écarté,* eigtl. »beiseite gelegt«; verwandt mit *Skat*] **2** ⟨Fechten⟩ *Grätsche* **3** ⟨Tanzkunst⟩ *Abspreizen des gestreckten Beines* [<frz. *écarté* »gespreizt«]

Ek|chon|drom ⟨[-çon-] n.; -s, -e⟩ *Wucherung von Knorpelgewebe* [< *Ek*… + grch. *chondros* »Knorpel«]

Ek|chy|mo|se ⟨[-çy-] f.; -, -n⟩ *flächenhafter Bluterguss* [< *Ek*… + grch. *chymos* »Saft«]

ek|de|misch ⟨Adj.⟩ *auswärts befindlich, abwesend;* Ggs *endemisch* [<grch. *ekdemos* »außer Landes, abwesend«]

EKG, Ekg ⟨Abk. für⟩ *Elektrokardiogramm*

Ek|kle|sia ⟨f.; -; unz.⟩ = *Ecclesia*

Ek|kle|si|as|tik, Ek|kle|si|o|lo|gie ⟨f.; -; unz.⟩ *Lehre von der christl. Kirche* [→ *Ecclesia*]

ek|krin ⟨Adj.⟩ = *exokrin* [< *ek*… + grch. *grinein* »trennen, scheiden«]

■ Die Buchstabenfolge **e|kl…** kann auch **ek|l…** getrennt werden.

■ **E|klamp|sie** ⟨f.; -, -n⟩ *Krampfanfall beim eklamptischen Syndrom* [<grch. *eklampein* »hervorleuchten«]

■ **e|klamp|tisch** ⟨Adj.⟩ *auf Eklampsie beruhend, E. bewirkend, betreffend;* ~es **Syndrom** *gefährliche Schwangerschaftserkrankung, wahrscheinlich durch Stoffwechselüberlastung hervorgerufene Vergiftung (Schwangerschaftstoxikose)*

■ **E|klat** ⟨[ekla:] m.; -s, -s⟩ **1** *Glanz, Aufsehen* **2** *Knall* **3** *Auftritt, Krach, Skandal* [<frz. *éclat* »Knall, Lichtblitz, Getöse, Krach«]

■ **e|kla|tant** ⟨Adj.⟩ **1** *offenbar, offenkundig* **2** *Aufsehen erregend, glänzend* [<frz. *éclatant* »glänzend, hell, laut schallend, Aufsehen erregend«]

■ **E|klek|ti|ker** ⟨m.; -s, -⟩ **1** *Denker, der sich aus mehreren Lehren eine scheinbar neue Philosophie aufbaut* **2** *Künstler, der unschöpferisch andere Stile nachahmt* [zu grch. *eklegein* »auswählen«]

■ **e|klek|tisch** ⟨Adj.; †⟩ **1** *prüfend, auswählend* **2** *unschöpferisch, nicht eigenständig, nachahmend*

■ **E|klek|ti|zis|mus** ⟨m.; -; unz.⟩ **1** *Zusammenstellung von verschiedenen Gedanken od. Stilelementen zu etwas scheinbar Neuem* **2** *unschöpferisches Denken u. Schaffen*

■ **e|klek|ti|zis|tisch** ⟨Adj.⟩ = *eklektisch(2)*

■ **E|klip|se** ⟨f.; -, -n⟩ *Sonnen- od. Mondfinsternis* [<grch. *ekleipsis* »Ausbleiben«]

■ **E|klip|tik** ⟨f.; -, -en⟩ *die scheinbare Sonnenbahn am Himmel* [→ *Eklipse* (in der *Ekliptik* treten *Eklipsen,* d.h. Sonnen- u. Mondfinsternisse auf)]

■ **e|klip|tisch** ⟨Adj.⟩ *die Ekliptik betreffend, auf sie bezogen*

■ **E|klo|ge** ⟨f.; -, -n⟩ *Hirten-, Schäfergedicht* [grch., »Auswahl, ausgewähltes Stück«]

■ **E|klo|git** ⟨m.; -s, -e⟩ *schweres metamorphes, im Wesentlichen aus Granat u. natronreichem, auffallend grünem Augit (Omphazit) bestehendes Gestein* [<grch. *ekloge* »Auswahl«]

Ek|mne|sie ⟨f.; -, -n; Med.⟩ *krankhafte Störung des Zeiterlebens, wobei meist die Vorstellung der Vergangenheit als Gegenwart vorherrscht* [< *Ek*… + *Mneme*]

E|ko|no|mi|ser ⟨[ikɔnəmaizə(r)] m.; -s, -⟩ *Speisewasservorwärmer für Dampfkesselanlagen zur wirtschaftlichen Ausnutzung des Abdampfes;* oV *Economiser* [<engl. *economize* »sparsam wirtschaften«]

E|kos|sai|se ⟨[ekɔsɛ:zə] f.; -, -n⟩ oV *Ecossaise* **1** *langsamer schott. Volkstanz* **2** *lebhafter Gesellschaftstanz* [frz., eigtl. *danse* od. *valse ecossaise* »schott. Tanz od. Walzer«]

E|kra|sit, ⟨auch⟩ **Ek|ra|sit** ⟨n.; -s; unz.⟩ *im Wesentlichen aus Pikrinsäure bestehender Sprengstoff* [zu frz. *écraser* »zermalmen, zerschmettern«]

e|krü, ⟨auch⟩ **ek|rü** ⟨Adj.⟩ *roh, ungebleicht, naturfarben;* oV *ecru* [<frz. *écru* »ungebleicht, ungefärbt«, zu *cru* <lat. *crudus* »roh, ungebrannt«]

E|krü|sei|de, ⟨auch⟩ **Ek|rü|sei|de** ⟨f.; -; unz.⟩ *eine Rohseide*

EKS ⟨n.; -; unz.; Abk. für⟩ *energo-kybernetisches System, (von W. Mewes entwickelte) Managementlehre, die mit der Zielsetzung einer erfolgreichen Entwicklungsförderung eine enge Verbindung von Manager, Umwelt u. zu steuerndem Unternehmen zugrunde legt*

Ek|sta|se, ⟨auch⟩ **Eks|ta|se** ⟨f.; -, -n⟩ **1** *Außersichsein, Verzückung, Entrückung* **2** *übermäßige Begeisterung;* in ~ geraten [→ *Ekstatik*]

Ek|sta|tik, ⟨auch⟩ **Eks|ta|tik** ⟨f.; -; unz.⟩ *Lehre von der Ekstase* [<grch. *ekstasis* »das Außersichgeraten«]

Ek|sta|ti|ker, ⟨auch⟩ **Eks|ta|ti|ker** ⟨m.; -s, -⟩ *leicht begeisterungsfähiger Mensch, Schwärmer*

ek|sta|tisch, ⟨auch⟩ **eks|ta|tisch** ⟨Adj.⟩ **1** *in*

Ekstase befindlich, entrückt **2** *verzückt, schwärmerisch*
Ek|stro|phie, ⟨auch⟩ **Eks|tro|phie** ⟨f.; -, -n; Med.⟩ = *Ektopie*
Ek|ta|sie ⟨f.; -, -n; Med.⟩ *Ausdehnung, Erweiterung (von Hohlorganen)* [<grch. *ektasis* »Ausdehnung«]
Ek|thlip|sis, ⟨auch⟩ **Ekth|lip|sis** ⟨f.; -, -sen⟩ = *Elision*
Ek|thym ⟨n.; -(e)s, -e; Med.⟩ *mit dunkler Kruste überdecktes, eitriges Geschwür auf der (Schleim-)Haut* [<grch. *ekthyma* »Hautausschlag«]
ek|to…, Ek|to… ⟨in Zus.⟩ *außerhalb, heraus* [<grch. *ektos*]
Ek|to|derm ⟨n.; -s, -e; Med.⟩ *äußeres Keimblatt des tier. Embryos;* Ggs *Entoderm* [< *Ekto…* + *…derm*]
ek|to|der|mal ⟨Adj.; Med.⟩ *aus dem äußeren Keimblatt entstehend;* Ggs *entodermal* [< *ekto…* + *dermal*]
Ek|to|en|zym ⟨n.; -(e)s, -e⟩ *Enzym, das von Zellen abgetrennt wird u. außerhalb der Zellen wirkt, z.B. im Darm;* Ggs *Endoenzym* [< *Ekto…* + *Enzym*]
Ek|to|mie ⟨f.; -, -n⟩ *operative Entfernung eines Organs od. eines Organteiles* [< *Ek…* + *…tomie*]
Ek|to|pa|ra|sit ⟨m.; -en, -en⟩ *auf der Körperoberfläche (seines Wirtes) lebender pflanzl. od. tier. Schmarotzer;* Sy *Ektosit* [< *Ekto…* + *Parasit*]
ek|to|phy|tisch ⟨Adj.; Med.⟩ *nach außen herauswachsend;* Ggs *endophytisch* [< *ekto…* + grch. *phyein* »wachsen«]
Ek|to|pie ⟨f.; -, -n; Med.⟩ *angeborene Verlagerung (von Gewebe od. Organen);* Sy *Ekstrophie, Extrophie* [< *Ek…* + grch. *topos* »Ort, Platz, Stelle«]
ek|to|pisch ⟨Adj.; Med.⟩ *an nach außen verlagerter, nicht normaler Stelle liegend (von Organen)*
Ek|to|plạs|ma ⟨n.; -s; unz.⟩ *äußere Schicht des Protoplasmas;* Ggs *Entoplasma*
Ek|to|sit ⟨m.; -en, -en⟩ = *Ektoparasit*

Ektoskelett / Ektoskopie (*Worttrennung am Zeilenende*) Bei zusammengesetzten Fremdwörtern, deren zweiter Bestandteil auch als eigenes Wort im Deutschen verwendet wird (z.B. »*Skelett*«), ist die Trennfuge zwischen den einzelnen Bestandteilen zu setzen. Ist der zweite Bestandteil (z.B. »*-skopie*«) hingegen kein selbständig gebrauchtes Wort im Deutschen, so kann die Trennfuge auch zwischen zwei Konsonanten gesetzt werden.

Ek|to|ske|lẹtt ⟨n.; -(e)s, -e⟩ *Außenskelett bei Wirbellosen u. Wirbeltieren;* Ggs *Endoskelett* [< *Ekto…* + *Skelett*]
Ek|to|sko|pie, ⟨auch⟩ **Ek|tos|ko|pie** ⟨f.; -; unz.⟩ *Erkennen von Krankheiten mit bloßem Auge* [< *Ekto…* + *…skopie*]
Ek|to|to|xin ⟨n.; -s, -e; meist Pl.⟩ *wärmeempfindliches, eiweißartiges Gift, das von lebenden Bakterien in den menschlichen bzw. tierischen Organismus abgesondert wird,* z.B. das Tetanustoxin; → a. *Endotoxin* [< *Ekto…* + *Toxin*]
ek|to|troph ⟨Adj.; Bot.⟩ *sich außerhalb der Wirtspflanze ernährend;* Ggs *endotroph* [< *ekto…* + *…troph*]
Ek|tro|me|lie, ⟨auch⟩ **Ekt|ro|me|lie** ⟨f.; -, -n⟩ *Missbildung der Gliedmaßen* [<grch. *ektrepein* »nach außen kehren« + *melos* »Glied«]
ek|tro|pi|o|nie|ren, ⟨auch⟩ **ekt|ro|pi|o|nie|ren** ⟨V.; Med.⟩ die Augenlider ~ *zwecks Betrachtung od. Behandlung des Auges nach außen umstülpen* [→ *Ektropium*]
Ek|tro|pi|um, ⟨auch⟩ **Ekt|ro|pi|um** ⟨n.; -s, -pien⟩ *Auswärtsdrehung, Umstülpung;* ~ des freien Augenlidrandes; Ggs *Entropium* [<grch. *ektrepein* »nach außen kehren«]
Ek|zem ⟨n.; -s, -e⟩ *nicht ansteckender, meist auf Überempfindlichkeit beruhender Hautausschlag* [< *Ek…* + grch. *zeein* »kochen, sieden«]
Ek|ze|ma|ti|ker ⟨m.; -s, -⟩ *jmd., der an einem Ekzem leidet*
ek|ze|ma|tös ⟨Adj.⟩ *von Ekzemen befallen*
E|la|bo|rat ⟨n.; -(e)s, -e⟩ **1** *schriftliche Arbeit, Ausarbeitung* **2** ⟨abwertend⟩ *Geschreibsel, Pfuscharbeit, Machwerk* [<lat. *elaboratus,* Part. Perf. zu *elaborare* »ausarbeiten«]
e|la|bo|rie|ren ⟨V.⟩ *bis in feine Einzelheiten ausarbeiten, ausbilden;* elaborierter Kode *differenzierte Sprache (der Ober- u. Mittelschicht einer Gesellschaft);* Ggs *restringierter Kode* [<lat. *elaborare* »(sorgfältig) ausarbeiten«]
E|la|i|din|säu|re ⟨f.; -; unz.⟩ *durch Einwirkung von Stickstoffdioxid auf flüssige, normale Ölsäure entstehende feste Form der Ölsäure* [<grch. *elaion* »Ölstoff«]
E|la|in ⟨n.; -s; unz.⟩ *in vielen tier. und pflanzl. Fetten u. fetten Ölen vorkommender ungesättigter Kohlenwasserstoff, u.a. Bestandteil der Ölsäure* [<grch. *elaion* »Öl«]
E|lan ⟨[ela:n] od. [elã:] m.; -s; unz⟩ *Schwung, Begeisterung, Stoßkraft* [<frz. *élan*]
E|lan vi|tal ⟨[elãvi-] m.; - -; unz.; Philos.⟩ *die (von H. Bergson) im Gegensatz zum Darwinismus angenommene schöpferische, die Entwicklung der Lebewesen von innen vorantreibende »Lebensschwungkraft«* [frz., »Lebenskraft«]
E|las|te ⟨Pl.; kurz für⟩ *Elastomere*
E|lạs|tik ⟨n.; -s, -s od. f.; -, -en⟩ *ein dehnbares Gewebe* [→ *elastisch*]
E|las|tin ⟨n.; -s; unz.⟩ *Gerüsteiweißstoff, Grundsubstanz des elastischen Gewebes*
e|lạs|tisch ⟨Adj.⟩ **1** *dehnbar, biegsam, nachgebend, federnd*; ein ~es Gewebe **2** ⟨fig.⟩ *spannkräftig, schwungvoll* [<frz. *élastique* »elastisch, federnd, dehnbar«]
E|las|ti|zi|tät ⟨f.; -; unz.⟩ **1** *Dehnbarkeit, Federkraft, Biegsamkeit* **2** ⟨fig.⟩ *Spannkraft, Schwung* [<frz. *élasticité* »Elastizität, Schnellkraft, Federkraft, Dehnbarkeit«]

E|las|ti|zi|täts|ko|ef|fi|zi|ent ⟨m.; -en, -en⟩ = *Elastizitätsmodul*

E|las|ti|zi|täts|mo|dul ⟨m.; -s, -n⟩ *Widerstandsfähigkeit eines Stoffes gegen Formänderungen, Messgröße der Elastizität;* Sy *Elastizitätskoeffizient*

E|las|to|me|re ⟨Pl.; kurz: Elaste⟩ *gummiartige Kunststoffe,* z.B. Buna, Mipolam, Oppanol [< *elastisch* + *…mer*]

E|la|tiv ⟨m.; -s, -e [-və]⟩ *Steigerungsform der Adjektive,* z.B. »sehr schön« gegenüber »am schönsten«; Sy *absoluter Superlativ* [<lat. *elatus* »erhaben, erhöht«]

El|der|states|man, ⟨auch⟩ **El|der States|man** ⟨[ɛldə(r) stɛitsmæn] m.; (-) -, (-) -men [-mən]⟩ *einflussreicher, sehr erfahrener älterer Politiker* [<engl. *elder* »ältere(r, s)« + *statesman* »Staatsmann«]

El|do|ra|do ⟨n.; -s, -s⟩ **1** *(sagenhaftes) Goldland* **2** ⟨fig.⟩ *Wunsch, Traumland, Paradies;* oV *Dorado* [<span. *el dorado* »der Vergoldete«, nach einem myth. Chibchakönig in Südamerika, der sich bei gewissen religiösen Festen den Körper mit Goldstaub puderte]

E|le|a|te ⟨m.; -n, -n; meist Pl.; Philos.⟩ *Mitglied einer altgrch. Philosophenschule (5./6. Jh. v. Chr.),* z.B. Xenophanes [nach der Stadt *Elea* in Unteritalien]

e|le|a|tisch ⟨Adj.; Philos.⟩ *zu den Eleaten gehörig, von ihnen stammend*

E|le|a|tis|mus ⟨m.; -; unz.; Philos.⟩ *Lehre der Eleaten, nach der das Seiende frei von Entstehen, Vergehen u. Bewegung, also identisch mit dem Denken ist*

E|lec|tro|nic|ban|king, ⟨auch⟩ **E|lect|ro|nic Ban|king** ⟨[ilɛktrɔnikbænkiŋ] n.; (-) - -s; unz.⟩ *computerunterstützter Zahlungsverkehr der Banken* [engl.]

E|lec|tro|nic|cash, ⟨auch⟩ **E|lect|ro|nic Cash** ⟨[ilɛktrɔnikkæʃ] n.; (-) - -s; unz.⟩ *bargeldlose Zahlweise (mit Scheck- od. Kreditkarte) an computerunterstützten Kassen* [engl., »elektronisches Bargeld«]

E|lec|tro|nic|mail, ⟨auch⟩ **E|lect|ro|nic Mail** ⟨[ilɛktrɔnikmɛil] f. od. n.; (-) - -, (-) - -s; Kurzw.: E-Mail⟩ *(computerunterstützte) elektronische Form des Schriftverkehrs, z.B. per Telefax* [engl., »elektronische Post«]

E|lec|tro|nic|pu|bli|shing, ⟨auch⟩ **E|lect|ro|nic Pub|li|shing** ⟨[ilɛktrɔnikpʌbliʃiŋ] n.; (-) - -s; unz.; EDV⟩ *Herausgabe von computerlesbaren Texten auf Diskette, CD-ROM usw.* [<engl. *electronic* »elektronisch« + *publishing* »Herausgeben, Veröffentlichen«]

E|le|fan|ti|a|sis ⟨f.; -, -sen⟩ = *Elephantiasis*

e|le|gant ⟨Adj.⟩ **1** *modisch, geschmackvoll* **2** *ausgesucht, gewählt, fein, gewandt* [<frz. *élégant* »fein, zierlich, geschmackvoll, elegant«]

E|le|gant ⟨[eləgã:] m.; -s, -s; †⟩ *stets nach der letzten Mode gekleideter Mann, Stutzer, Geck*

E|le|ganz ⟨f.; -; unz.⟩ **1** *modischer Geschmack* **2** *Feinheit, Gewandtheit* [<frz. *elegance* »Feinheit, Zierlichkeit, Eleganz«]

E|le|gei|on ⟨n.; -s; unz.⟩ *aus Hexameter u. Pentameter zusammengesetzte, elegische Verseinheit;* →a. *Distichon* [→ *Elegie*]

E|le|gie ⟨f.; -, -n⟩ **1** ⟨in der Antike⟩ *Gedicht in Distichen* **2** *wehmutsvolles, klagendes Gedicht* [<grch. *elegeia* »lyrisch-episches, in Distichen verfasstes Gedicht«]

E|le|gi|ker ⟨m.; -s, -⟩ *Dichter von Elegien*

e|le|gisch ⟨Adj.⟩ **1** *in der Art einer Elegie, in Distichen gedichtet* **2** ⟨fig.⟩ *klagend, wehmütig, traurig*

E|leg|jam|bus ⟨m.; -, -ben⟩ *antikes, jambisches Versmaß* [< *Elegie* + *Jambus*]

E|le|i|son ⟨[-le:i-] od. [-lai-] n.; -s, -s⟩ *gottesdienstlicher Gesang;* →a. *Kyrie eleison* [grch., »erbarme dich«]

E|lek|ti|on ⟨f.; -, -en⟩ *Wahl, Auswahl* [<lat. *electio* »sorgfältige Wahl«]

e|lek|tiv ⟨Adj.⟩ *auswählend*

E|lek|tor ⟨m.; -s, -to|ren⟩ **1** *Wähler* **2** *Wahlmann* **3** *Kurfürst* [<lat. *eligere* »sorgfältig auswählen«]

E|lek|to|rat ⟨n.; -(e)s, -e⟩ *Kurfürstenwürde* [→ *Elektor*]

■ Die Buchstabenfolge **e|lek|tr…** kann auch **e|lekt|r…** getrennt werden.

■ **E|lek|tra|kom|plex** ⟨m.; -es; unz.⟩ *bei weibl. Personen auftretende, übersteigerte Bindung an den Vater;* →a. *Ödipuskomplex* [nach der griech. Sagengestalt *Elektra*]

■ **E|lek|tret** ⟨m.; -en, -en⟩ *Körper, in dem ein permanenter Zustand elektrischer Polarisation auch ohne beständige Ladungszufuhr besteht* [< *elektr*isch + Magn*et*]

■ **E|lek|tri|fi|ka|ti|on** ⟨f.; -, -en⟩ *das Elektrifizieren;* Sy *Elektrifizierung* [< *elektrisch* + *…fikation*]

■ **e|lek|tri|fi|zie|ren** ⟨V.⟩ **1** *auf elektrischen Betrieb ein-, umstellen;* Eisenbahn ~ **2** *mit elektrischen Geräten ausstatten* [< *elektrisch* + *…fizieren*]

■ **E|lek|tri|fi|zie|rung** ⟨f.; -; unz.⟩ = *Elektrifikation*

■ **E|lek|trik** ⟨f.; -; unz.; Kurzw. für⟩ *Elektrotechnik*

■ **E|lek|tri|ker** ⟨m.; -s, -; Kurzw. für⟩ *Elektrotechniker*

■ **e|lek|trisch** ⟨Adj.⟩ **1** *mit Elektrizität verbunden, zusammenhängend;* ~er **Strom** *Bewegung von Elektronen;* ~es **Feld** *Magnetfeld um elektrische Leiter;* ~e **Leitfähigkeit** *die Fähigkeit, elektrischen Strom zu leiten;* ~e **Ladung** *Überschuss an positiver od. negativer Ladung eines Körpers, gemessen in Vielfachen der elektr. Elementarladung od. in Volt;* ~er **Widerstand** *der W., den ein Leiter dem Durchgang eines elektr. Stromes entgegensetzt;* ~e **Festigkeit** *Beständigkeit eines Dielektrikums gegen Durchschlag od. Überschlag bei einer Spannungsbeanspruchung* **2** *mit Elektrizität betrieben;* etwas ~ betreiben, beleuchten; ~e **Anlage** *Anordnung u. Zusammenschaltung* *von Einrichtungen u. Geräten zum Gewinnen u. Benutzen von elektr. Energie;* ~e **Maschinen** *umlaufende od. ruhende M., die elektr. Energie in mechan. Energie umwandeln od. umgekehrt;* ~e **Musikinstrumente** *elektroakust. M.;* ~e **Steuerung** *Auslösung u. Lenkung von Antrieben u. Maschinen durch elektr. Hilfsgeräte;* ~es **Klavier** = *mechanisches Klavier* **3** *von Elektrizität bewirkt;* ~e **Arbeit** *die von elektr. Strom bei gegebener Spannung u. Zeiteinheit geleistete A.;* ~er **Unfall** *Gesundheitsschädigung durch Einwirken elektrischen Stromes* **4** *Elektrizität benutzend;* ~e **Bäder** *B., bei denen die Elektroden in das Wasser getaucht werden u. die elektr. Ströme auf diesem Umweg auf den menschl. Körper einwirken;* ~e **Linse** *ein statisches elektr. Feld, das auf Elektronenstrahlen in gleicher Weise wirkt wie eine optische L. auf Lichtstrahlen;* ~e **Messtechnik** *Verfahren, Schaltungen, Geräte u. Instrumente für die Anzeige u. Aufzeichnung elektr. Messgrößen wie Strom, Spannung, Widerstand, Leistung, Frequenz od. solcher, die sich in elektr. Größen umwandeln lassen* **5** *Elektrizität erzeugend;* ~e **Fische** *F., die in elektr. Organen bis zu 600 Volt Spannung erzeugen* **6** *Elektrizität leitend;* ~e **Leitung** *L. für den Transport elektr. Energie;* ~er **Zaun** *elektr. geladener Draht als Umzäunung* [<lat. *electrum* »Bernstein« <grch. *elektron;* zu *elektor* »strahlende Sonne«]

■ **e|lek|tri|sie|ren** ⟨V.⟩ **1** *elektr. Ladungen erzeugen u. übertragen auf* **2** *mit elektr. Strom behandeln* **3** ⟨fig.⟩ *aufschrecken, aufrütteln, begeistern* [<frz. *électriser* »elektrisieren«]

■ **E|lek|tri|zi|tät** ⟨f.; -; unz.⟩ *alle Erscheinungen, die von elektrischen Ladungen u. den sie umgebenden Feldern ausgehen* [<frz. *électricité*]

■ **e|lek|tro..., E|lek|tro...** ⟨in Zus.⟩ *die Elektrizität betreffend, auf ihr beruhend, zu ihr gehörig* [→ *elektrisch*]

■ **E|lek|tro|a|kus|tik** ⟨f.; -; unz.⟩ *Wissenschaft u. Technik der Umwandlung in Schall, in elektr. Wellen u. umgekehrt*

■ **e|lek|tro|a|kus|tisch** ⟨Adj.⟩ *auf Elektroakustik beruhend*

■ **E|lek|tro|a|na|ly|se** ⟨f.; -, -n⟩ *quantitative Bestimmung von Metallen durch Elektrolyse*

■ **E|lek|tro|au|to** ⟨n.; -s, -s⟩ *mit Elektromotor ausgerüstetes Kraftfahrzeug*

■ **E|lek|tro|che|mie** ⟨[-çe-] f.; -; unz.⟩ *Teil der physikal. Chemie, untersucht die Zusammenhänge zwischen chemischen u. elektr. Erscheinungen*

■ **e|lek|tro|che|misch** ⟨[-çe-] Adj.⟩ *auf Elektrochemie beruhend, mit ihrer Hilfe*

■ **E|lek|tro|chir|ur|gie,** ⟨auch⟩ **E|lekt|ro|chi|rur|gie** ⟨[-çir-] f.; -; unz.⟩ *operative Eingriffe u. Gewebszerstörungen mit Hilfe des elektr. Stromes*

■ **e|lek|tro|chir|ur|gisch,** ⟨auch⟩ **e|lekt|ro|chi|rur|gisch** ⟨[-çir-] Adj.⟩ *auf Elektrochirurgie beruhend, mit ihrer Hilfe*

■ **E|lek|tro|de** ⟨f.; -, -n⟩ *Ein- od. Austrittsstelle des elektr. Stromes in Flüssigkeiten, Gasen od. im Vakuum* [< *Elektro...* + *...ode*]

■ **E|lek|tro|der|ma|to|gramm** ⟨n.; -(e)s, -e; Abk.: EDG⟩ *Messung u. Aufzeichnung der elektr. Leitfähigkeit bzw. des Widerstands der Haut* [< *Elektro... dermato...* + *...gramm*]

■ **E|lek|tro|di|a|gnos|tik,** ⟨auch⟩ **E|lekt|ro|di|ag|nos|tik** ⟨f.; -; unz.⟩ **1** ⟨i.w.S.⟩ *alle elektrophysikal. Verfahren zur Krankheitserkennung, z.B. Elektrokardiogramm* **2** ⟨i.e.S.⟩ *Prüfung der elektr. Nerven- u. Muskelerregbarkeit*

■ **E|lek|tro|dy|na|mik** ⟨f.; -; unz.⟩ *Lehre von der mechan. Wirkung strömender Elektrizität;* Ggs *Elektrostatik*

■ **e|lek|tro|dy|na|misch** ⟨Adj.⟩ *auf Elektrodynamik beruhend*

■ **E|lek|tro|dy|na|mo|me|ter** ⟨n.; -s, -⟩ *elektrisches Messgerät, bei dem mittels einer festen u. einer drehbaren stromdurchflossenen Spule ein Zeigerausschlag bewirkt wird*

■ **E|lek|tro|en|ze|pha|lo|gra|fie** ⟨f.; -; unz.; Abk.: EEG⟩ = *Elektroenzephalographie*

■ **E|lek|tro|en|ze|pha|lo|gra|phie** ⟨f.; -; unz.; Abk.: EEG⟩ *Ableitung u. Aufzeichnung (Elektroenzephalogramm) der durch die Tätigkeit der Hirnrinde entstehenden feinen Ströme u. Auswertung der Unterschiede gegenüber den normalen Kurven zur Krankheitserkennung;* oV *Elektroenzephalografie*

■ **e|lek|tro|e|ro|die|ren** ⟨V.⟩ *durch Elektroerosion bearbeiten*

■ **E|lek|tro|e|ro|si|on** ⟨f.; -; unz.⟩ *Verfahren zum Bearbeiten sehr harter Legierungen zwischen zwei Elektroden, was an einer Elektrode zur Abtragung des Werkstückes führt*

■ **E|lek|tro|fahr|zeug** ⟨n.; -s, -e⟩ = *Elektromobil*

■ **E|lek|tro|fon** ⟨n.; -s, -e⟩ = *Elektrophon*

■ **E|lek|tro|gas|tro|gramm,** ⟨auch⟩ **E|lekt|ro|gast|ro|gramm** ⟨n.; -(e)s, -e; Abk.: EGG⟩ *Ableitung u. Aufzeichnung der Aktionsströme des Magens* [< *Elektro...* + *gastro...* + *...gramm*]

■ **E|lek|tro|in|ge|ni|eur** ⟨[-ʒənjø:r] m.; -s, -e; Berufsbez.⟩ *auf einer techn. Hochschule ausgebildeter Elektrotechniker*

■ **E|lek|tro|in|ge|ni|eu|rin** ⟨[-ʒənjø:-] f.; -, -rinnen; Berufsbez.⟩ *auf einer techn. Hochschule ausgebildete Elektrotechnikerin*

■ **e|lek|tro|ka|lo|risch** ⟨Adj.⟩ *auf der Wärmewirkung des elektrischen Stromes beruhend*

■ **E|lek|tro|kar|di|o|graf** ⟨m.; -en, -en⟩ = *Elektrokardiograph*

■ **E|lek|tro|kar|di|o|gra|fie** ⟨f.; -; unz.⟩ = *Elektrokardiographie*

■ **E|lek|tro|kar|di|o|gramm** ⟨n.; -(e)s, -e; Abk.: EKG od. Ekg⟩ **1** *Aufzeichnung der Herzmuskelströmebewegungen* **2** *die dadurch entstandene Verlaufskurve*

■ **E|lek|tro|kar|di|o|graph** ⟨m.; -en, -en⟩ *Gerät zur Herstellung eines Elektrokardiogramms;* oV *Elektrokardiograf*

■ **E|lek|tro|kar|di|o|gra|phie** ⟨f.; -; unz.⟩ *Ver-*

fahren zur Herstellung von Elektrokardiogrammen; oV *Elektrokardiografie*

■ **E|lẹk|tro|kar|ren** ⟨m.; -s, -⟩ *kleines, durch Akkumulatoren betriebenes Fahrzeug*

■ **E|lek|tro|kaus|tik** ⟨f.; -; unz.; Med.⟩ *Zerstörung von Gewebe durch elektr. Strom*

■ **E|lek|tro|kau|ter** ⟨m.; -s, -⟩ *Gerät zur Elektrokaustik*

■ **E|lek|tro|lu|mi|nes|zẹnz** ⟨f.; -, -en⟩ *durch elektr. Entladungen od. starke elektr. Felder bewirkte Leuchterscheinung, z.B. das Elmsfeuer*

■ **E|lek|tro|ly|se** ⟨f.; -, -n⟩ *Zersetzung chem. Verbindungen (Basen, Salze, Säuren) durch elektr. Strom* [< *Elektro...* + *...lyse*]

■ **E|lek|tro|ly|seur** ⟨[-zø:r] m.; -s, -e⟩ *Vorrichtung, mit der man Elektrolysen ausführen kann*

■ **e|lek|tro|ly|sie|ren** ⟨V.⟩ *mit Gleichstrom zersetzen;* eine chemische Verbindung ~

■ **E|lek|tro|lyt** ⟨m.; -s od. -en, -e od. -en⟩ *Stoff, der in wässriger Lösung den elektr. Strom leitet* [< *Elektro...* + grch. *lytos* »lösbar« (< *lyein* »lösen«)]

■ **e|lek|tro|ly|tisch** ⟨Adj.⟩ *die Elektrolyse betreffend, auf ihr beruhend*

■ **E|lek|tro|lyt|kon|den|sa|tor** ⟨m.; -s, -to|ren⟩ *Kondensator hoher Kapazität bei kleinen Abmessungen, zwischen dessen beiden Belägen sich elektrolytisch aufgebrachte, dünne Oxidschichten als Dielektrikum befinden*

■ **E|lẹk|tro|ma|gnet,** ⟨auch⟩ **E|lẹkt|ro|mag|net** ⟨m.; -en, -en⟩ *Gerät zur Erzeugung eines Magnetfeldes durch elektrischen Strom*

■ **e|lek|tro|ma|gne|tisch,** ⟨auch⟩ **e|lekt|ro|magne|tisch** ⟨Adj.⟩ *auf Elektromagnetismus beruhend;* ~e **Wechselwirkung** *eine der vier fundamentalen Wechselwirkungen mit unbegrenzter Reichweite, die zwischen allen elektrisch geladenen Teilchen u. dem Foton existiert;* ~e **Wellen** *Schwingungen des elektrischen u. magnetischen Feldes, die sich im Raum wellenförmig mit Lichtgeschwindigkeit (300 000 km/sec) ausbreiten*

■ **E|lek|tro|ma|gne|tịs|mus,** ⟨auch⟩ **E|lekt|ro|mag|ne|tịs|mus** ⟨m.; -; unz.⟩ *Gesamtheit der Effekte, die durch die Wechselwirkung zwischen elektrischen u. magnetischen Feldern verursacht werden*

■ **E|lek|tro|me|cha|nik** ⟨f.; -; unz.⟩ *Gebiet der Elektrotechnik u. der Feinmechanik, das die Umwandlung elektrischer Vorgänge in mechanische behandelt*

■ **E|lek|tro|me|cha|ni|ker** ⟨m.; -s, -⟩ *Facharbeiter, der auf dem Gebiet der Elektrotechnik u. Feinmechanik Maschinen montiert u. instand hält*

■ **E|lek|tro|me|cha|ni|ke|rin** ⟨f.; -, -rin|nen⟩ *Facharbeiterin, die auf dem Gebiet der Elektrotechnik u. Feinmechanik Maschinen montiert u. instand hält*

■ **e|lek|tro|me|cha|nisch** ⟨Adj.⟩ *auf mechan. Vorgängen fußend, die durch elektr. Strom ausgelöst wurden*

■ **E|lẹk|tro|me|di|zin** ⟨f.; -; unz.⟩ *Bereich der medizin. Technik, in dem elektr. Strom für Heilzwecke verwendet wird*

■ **E|lek|tro|me|tall|ur|gie,** ⟨auch⟩ **E|lekt|ro|metal|lur|gie** ⟨f.; -; unz.⟩ *die Gewinnung von Metallen (Elektrometallen) durch Nass- od. Schmelzelektrolyse*

■ **E|lek|tro|me|ter** ⟨n.; -s, -⟩ *Gerät zum Messen elektr. Ladungen u. Spannungen* [< *Elektro...* + *...meter*]

■ **E|lẹk|tro|mo|bil** ⟨n.; -s, -e⟩ *durch Akkumulatoren betriebenes Fahrzeug;* Sy *Elektrofahrzeug*

■ **E|lẹk|tro|mo|tor** ⟨m.; -s, -en⟩ *umlaufende Maschine, die elektr. Energie in mechan. Energie umwandelt*

■ **E|lek|tro|my|o|grạmm** ⟨n.; -s, -e; Abk.: EMG⟩ *Aufzeichnung der Aktionsströme der Muskeln* [< *Elektro...* + *myo...* + *...gramm*]

■ **E|lẹk|tron** ⟨a. ['---] n.; -s, -tro|nen⟩ *negativ geladenes, leichtes Elementarteilchen* [< grch. *elektron* »Bernstein«; → *elektrisch*]

■ **E|lek|tro|nen|ak|zep|tor** ⟨m.; -s, -to|ren⟩ *Atom, das in seine Elektronenschale Elektronen eines anderen Atoms einbauen kann*

■ **E|lek|tro|nen|do|na|tor** ⟨m.; -s, -to|ren⟩ *Atom, das aus seiner Elektronenschale leicht Elektronen an ein anderes Atom abgeben kann*

■ **E|lek|tro|nen|mi|kro|skop,** ⟨auch⟩ **E|lekt|ronen|mik|ros|kop** ⟨n.; -s, -e⟩ *Mikroskop, das zur Abbildung sehr kleiner Objekte keine Licht-, sondern Elektronenstrahlen benutzt;* Sy *Übermikroskop*

■ **e|lek|tro|nen|mi|kro|sko|pisch,** ⟨auch⟩ **e|lekt|ro|nen|mik|ros|ko|pisch** ⟨Adj.⟩ *mit Hilfe des Elektronenmikroskops*

■ **E|lek|tro|nen|op|tik** ⟨f.; -; unz.⟩ *Gebiet der Elektronik, das sich mit den der Optik ähnlichen Eigenschaften der Elektronenstrahlen befasst*

■ **e|lek|tro|nen|op|tisch** ⟨Adj.⟩ *mit Hilfe der Elektronenoptik, die Elektronenoptik betreffend*

■ **E|lek|tro|nen|ra|di|us** ⟨m.; -, -di|en⟩ *aus der Annahme kugelförmiger Elektronen sich ergebender halber Durchmesser eines Elektrons, wichtig bei der Untersuchung chemischer Bindungsverhältnisse*

■ **E|lek|tro|nen|röh|re** ⟨f.; -, -n⟩ *elektrisches Steuerungs- u. Verstärkungsgerät aus einem luftleer gepumpten Glas- od. Metallgefäß, in dem mindestens 2 Elektroden, die Kathode u. die Anode, angeordnet sind*

■ **E|lek|tro|nen|spin** ⟨m.; -s; unz.⟩ *(Messgröße für den) Eigendrehimpuls eines Elektrons*

■ **E|lek|tro|nen|strahl** ⟨m.; -s, -en⟩ *aus rasch bewegten Elektronen bestehender Teilchenstrahl*

■ **E|lek|tro|nen|ver|viel|fa|cher** ⟨m.; -s, -⟩ = *Multiplier*

■ **E|lek|tro|nen|volt** ⟨[-vɔlt] n.; - od. -s, -; Zeichen: eV⟩ *Einheit der Kernphysik für die Arbeit bzw. Energie;* oV *Elektronvolt*

■ **E|lek|tro|nik** ⟨f.; -; unz.⟩ *Gebiet der Elektrotechnik, das sich mit dem Verhalten des elektr. Stromes in Vakuum, Gasen u. Halbleitern, seiner Verwendung zur Steuerung von Licht- u. Schallwellen sowie techn. Prozessen u. Rechenoperationen beschäftigt*

■ **E|lek|tro|ni|ker** ⟨m.; -s, -⟩ *jmd., der im Bereich der Elektronik beruflich tätig ist*

■ **E|lek|tro|ni|ke|rin** ⟨f.; -, -rin|nen⟩ *weibl. Person, die im Bereich der Elektronik beruflich tätig ist*

■ **e|lek|tro|nisch** ⟨Adj.⟩ *auf Elektronik beruhend;* ~e **Musik** *mit elektron. Klangmitteln erzeugte, auf Lautsprecher übertragene Musik;* ~e **Datenverarbeitung** ⟨Abk.: EDV⟩ *D. mittels elektronischer Geräte, die ohne mechanisch bewegte Teile, d.h. mit Elektronenröhren u. Transistoren gesteuert werden;* ~es **Publizieren** = *Electronic Publishing*

■ **E|lek|tron|volt** ⟨[-vɔlt] a. [-'---] od. [--'--] n.; - od. -s, -⟩ = *Elektronenvolt*

■ **e|lek|tro|op|tisch** ⟨Adj.⟩ *auf Elektronen beruhend, die ähnlich wie Lichtstrahlen durch elektromagnet. Linsen u. Felder gebeugt u. abgelenkt werden*

■ **e|lek|tro|phil** ⟨Adj.⟩ *zur Aufnahme elektrischer Ladungen neigend, Elektronen suchend;* Ggs *elektrophob* [< *elektro… + …phil*]

■ **e|lek|tro|phob** ⟨Adj.⟩ *nicht zur Aufnahme elektrischer Ladungen neigend;* Ggs *elektrophil* [< *elektro… + …phob*]

■ **E|lek|tro|phon** ⟨n.; -s, -e⟩ *Musikinstrument, das elektronische Schwingungen erzeugt u. über Lautsprecher od. Kopfhörer Töne bzw. Klänge hervorbringt, ohne mechan. klingende Elemente zu verwenden;* oV *Elektrofon* [< *Elektro… + Phon*]

■ **E|lek|tro|phor** ⟨m.; -s, -e⟩ *Gerät zum Trennen elektrischer Ladungen durch Influenz* [< *Elektro… + …phor*[2]]

■ **E|lek|tro|pho|re|se** ⟨f.; -; unz.⟩ *Bewegungen kolloider od. suspendierter Teilchen in einem elektr. Feld nach einer der beiden Elektroden*

■ **e|lek|tro|pho|re|tisch** ⟨Adj.⟩ *auf der Elektrophorese beruhend, sie betreffend*

■ **e|lek|tro|po|lie|ren** ⟨V.; Tech.⟩ eine Metallplatte ~ *eine M. durch das elektrochemische Verfahren der Galvanisation reinigen, zum Glänzen bringen;* → a. *Galvanisation* [< *elektro… + polieren*]

■ **E|lek|tro|re|zep|tor** ⟨m.; -s, -to|ren⟩ *Sinnesorgan einiger Fische, das auf elektrischen Strom anspricht* [< *Elektro… + Rezeptor*]

■ **E|lek|tro|schock** ⟨m.; -s, -s⟩ *durch elektr. Strom künstlich erzeugter Schock als (umstrittenes) Heilverfahren bei psychotischen Erkrankungen*

■ **E|lek|tro|skop,** ⟨auch⟩ **E|lekt|ros|kop** ⟨n.; -s, -e⟩ *Instrument, mit dem elektr. Ladungen nachgewiesen werden* [< *Elektro… + …skop*]

■ **E|lek|tro|smog** ⟨m.; - od. -s; unz.⟩ *Vorhandensein übermäßiger elektromagnetischer Strahlung, die schädigend wirkt* [< *Elektro… + Smog*]

■ **E|lek|tro|sta|tik** ⟨f.; -; unz.⟩ *Lehre von den ruhenden elektr. Ladungen u. ihren Feldern;* Ggs *Elektrodynamik*

■ **e|lek|tro|sta|tisch** ⟨Adj.⟩ *auf Elektrostatik beruhend, mit ihrer Hilfe*

■ **E|lek|tro|strik|ti|on** ⟨f.; -, -en⟩ *Längen- u. Volumenänderung von Kristallen beim Anlegen eines elektr. Feldes*

■ **E|lek|tro|tech|nik** ⟨a. [-'----] f.; -; unz.; Kurzw.: Elektrik⟩ *Lehre von der Erzeugung u. Anwendung von Elektrizität u. der Herstellung von elektr. Maschinen u. Geräten*

■ **E|lek|tro|tech|ni|ker** ⟨m.; -s, -⟩ *Handwerker od. Ingenieur in der Elektrotechnik*

■ **E|lek|tro|tech|ni|ke|rin** ⟨f.; -, -rin|nen⟩ *Handwerkerin od. Ingenieurin in der Elektrotechnik*

■ **e|lek|tro|tech|nisch** ⟨Adj.⟩ *auf Elektrotechnik beruhend, mit ihrer Hilfe*

■ **E|lek|tro|the|ra|pie** ⟨f.; -, -n⟩ *direkte Anwendung von elektrischem Strom auf den menschlichen Körper zu Heilzwecken* [< *Elektro… + Therapie*]

■ **E|lek|tro|to|mie** ⟨f.; -, -n⟩ *operative Entfernung von Gewebswucherungen mit einer nadelartigen Elektrode* [< *Elektro… + …tomie*]

■ **E|lek|tro|to|nus** ⟨m.; -; unz.; Med.⟩ *Menge aller Zustandsumwandlungen, die in einem von Gleichstrom durchflossenen Nerv vorkommen* [< *Elektro… + Tonus*]

E|le|ment ⟨n.; -(e)s, -e⟩ **1** ⟨in der Antike⟩ *Urstoff;* die **vier** ~e *Feuer, Wasser, Luft u. Erde;* das **nasse** ~ ⟨umg.⟩ *das Wasser* **2** *Grundlage, Grundbestandteil;* die ~e der Mathematik, Physik, einer Wissenschaft **3** *Grundsatz, Grundbegriff* **4** *das einem Menschen Angemessene;* er ist in seinem ~ ⟨fig.; umg.⟩ *er hat das ihm Gemäße gefunden, das, was er beherrscht od. worin er sich wohl fühlt* **5** ⟨Chem.⟩ = *chemisches Element* **6** ⟨El.⟩ = *galvanisches Element* **7** ⟨Mengenlehre⟩ *abstrakte Einheit, die als Eigenschaft von Objekten nur ihre Zugehörigkeit zu einer Menge gelten lässt* **8** ⟨fig.; umg.; meist Pl.; abwertend⟩ *Person, Mensch;* gefährliche, schlechte, üble ~e [< lat. *elementum* »Grundstoff«]

e|le|men|tar ⟨Adj.⟩ oV *elementarisch* **1** *grundlegend, wesentlich* **2** *anfängerhaft, Anfangs…* **3** *naturhaft, urwüchsig* **4** *heftig*

E|le|men|tar|a|na|ly|se ⟨f.; -, -n⟩ *Bestimmung der Bestandteile, bes. des Kohlen- u. Wasserstoffgehaltes organischer Verbindungen durch Wiegen der bei der Verbrennung einer Substanz entstehenden Mengen an Kohlendioxid u. Wasser*

e|le|men|ta|risch ⟨Adj.⟩ = *elementar*

E|le|men|tar|la|dung ⟨f.; -, -en⟩ *kleinste bisher beobachtete elektr. Ladung, elektr. Ladungen können nur als ganzzahlige Vielfache der E. von einem Stoff auf einen anderen übertragen werden*

E|le|men|tar|ma|gnet, ⟨auch⟩ **E|le|men|tar|mag|net** ⟨m.; -en, -en⟩ *kleinstes Teilchen mit einem magnetischen Moment*

E|le|men|ta̲r|quan|tum ⟨n.; -s, -ten⟩ **1** *kleinste Einheit einer Wirkung* **2** ⟨Atomphysik⟩ *kleinster Betrag, der eine Wirkung auslösen kann; Plancksches Wirkungsquantum*

E|le|men|ta̲r|teil|chen ⟨n.; -s, -⟩ **1** ⟨urspr.⟩ *Bauteil des Atoms (Elektron, Proton, Neutron)* **2** ⟨heute⟩ *alle Teilchen, die nach dem heutigen Stand der Forschung als unteilbar (nicht mehr aus einfacheren Teilchen zusammengesetzt) angesehen werden*

E|le̲|mi ⟨n.; -; unz.⟩ *weißes, gelbes od. grünes, an äther. Ölen reiches Harz verschiedener trop. Bäume, das Firnissen, Druckfarben u. Lacken zugesetzt wird, um sie geschmeidiger zu machen* [span. < arab.]

E̲|len ⟨m. od. n.; -s, -; österr. nur n.⟩ *Elch* [< lat. *elnis* < idg. **eln-;* verwandt mit *Elch*]

E|le|phan|ti̲|a|sis ⟨f.; -, -tia̲|sen⟩ *krankhafte Verdickung der Haut u. des Unterhautbindegewebes als Folge wiederholter Entzündungen u. Stauungen in den Lymphwegen, kann zu außerordentlicher Unförmigkeit von Gliedmaßen u. der Geschlechtsteile führen;* oV *Elefantiasis;* Sy *Pachydermie* [< lat. *elephantus* »Elefant« < grch. *elephas*]

E|leu|si|ni|en ⟨Pl.⟩ *Mysterienspiele der antiken grch. Stadt Eleusis*

e|leu|si̲|nisch ⟨Adj.⟩ *die Stadt Eleusis betreffend, zu Eleusis gehörend;* die Eleusinischen Mysterien

E|le|va|ti|o̲n ⟨[-va-] f.; -, -en⟩ **1** *Erhöhung, das Auf-, Emporheben* **2** ⟨kath. Kirche⟩ *das Emporheben der Hostie u. des Kelches in der Messe nach der Wandlung* **3** *Erhebung eines Gestirns über den Horizont* [< lat. *elevare* »emporheben«]

E|le|va|ti|o̲ns|win|kel ⟨[-va-] m.; -s, -; Math.; Ballistik⟩ *Erhöhungswinkel*

E|le|va|tor ⟨[-va̲:-] m.; -s, -to̲|ren⟩ *Eimer-, Förderwerk zum Heben u. Befördern von körnigem Material (Getreide usw.)* [< lat. *elevare* »emporheben«]

E|le̲|ve ⟨[-və] m.; -n, -n⟩ *Schüler, Lehrling (bes. in der Land- u. Forstwirtschaft sowie auf Schauspielschulen)* [< frz. *élève* »Schüler«]

E|le̲|vin ⟨[-vin] f.; -, -vin|nen⟩ *Schülerin, weibl. Lehrling* [→ *Eleve*]

El Fa|tah ⟨[-ta̲x] f.; - -; unz.⟩ *palästinensische Befreiungsbewegung* [zu arab. *fath* »Sieg«]

e|li|di̲e|ren ⟨V.; Gramm.⟩ einen Vokal ~ *auslassen, abstoßen* [< lat. *elidere* »heraustreiben«]

E|li|mi|na|ti|o̲n ⟨f.; -, -en⟩ *das Eliminieren* [< frz. *élimination* »Beseitigung, Ausschaltung, Entfernung«]

e|li|mi|ni̲e|ren ⟨V.⟩ **1** ⟨allg.⟩ *entfernen, ausscheiden* **2** ⟨Math.⟩ eine unbekannte Größe aus der Gleichung ~ *durch eine Rechenoperation beseitigen* [< frz. *éliminer* »entfernen, beseitigen«]

e|li|sa|be|tha̲|nisch ⟨Adj.⟩ *zum Zeitalter Elisabeths I. von England (1558–1603) gehörig, daraus stammend;* das Elisabethanische England *E. unter der Regierung Elisabeths I.*

E|li|si|o̲n ⟨f.; -, -en⟩ *Ausstoßen, Weglassen eines Vokals,* z.B. in Fried und Freud; Sy *Ekthlipsis* [< lat. *elisio* »das Heraustreiben«]

e|li|tä̲r ⟨Adj.⟩ *zu einer Elite gehörend od. sich ihr zurechnend, wie in einer Elite üblich*

E|li̲|te ⟨f.; -, -n⟩ *Auslese, das Beste, die Besten* [< frz. *élite* »erstklassige Auswahl«]

E|li|ti|si̲e|rung ⟨f.; -, -en⟩ **1** *Elitebildung, Zuweisung zu einer Elite* **2** *Entwicklung zum Vorrecht einer Elite*

E|li|xi̲er ⟨n.; -s, -e⟩ **1** *Zaubertrank der Alchimisten;* Lebens~ **2** *alkohol. Auszug aus pflanzl. Substanzen, dem Zucker, äther. Öle u.a. zugesetzt sind* [< Alchimistenlat. *elixirium* »Heiltrank« < arab. *al-iksir* »Stein der Weisen« < grch. *xerion* »trockenes Heilmittel«]

El|li̲p|se ⟨f.; -, -n⟩ **1** ⟨Geom.⟩ *ein Kegelschnitt, zentrisch-symmetrische, geschlossene Kurve, bei der für jeden Punkt die Summe der Entfernungen von zwei Festpunkten (den Brennpunkten) konstant ist* **2** ⟨Sprachw.⟩ *Satz, in dem nur die Hauptbegriffe ausgedrückt sind, Auslassungssatz,* z.B. Ende gut, alles gut [< grch. *elleipein* »unterlassen, auslassen, ermangeln«]

el|lip|so|id ⟨Adj.⟩ *ellipsenähnlich, ellipsenförmig*

El|lip|so|i̲d ⟨n.; -(e)s, -e⟩ *zentrisch-symmetr. krumme Fläche mit einem Mittelpunkt, durch den drei aufeinander senkrechte Achsen gehen* [< *Ellipse* + *…id*]

el|lip|tisch ⟨Adj.⟩ *wie eine Ellipse*

E̩lms|feu|er ⟨n.; -s, -⟩ *auf Elektrolumineszenz beruhende, leuchtende elektrische Gasentladung der Atmosphäre an spitzen Gegenständen wie Masten oder Turmspitzen* [vielleicht nach dem hl. *Elmo* (ital. für *Erasmus*)]

E̩l|na ⟨f.; -, -nae [-nɛ:]⟩ *Elle, den Ellenbogen bildender Vorderarmknochen* [lat.]

E|lo|ge ⟨[elo̲:ʒə] f.; -, -n⟩ **1** *Lob, Lobrede* **2** *Schmeichelei;* jmdm. ~n machen [< frz. *éloge* »Lob, Lobrede«]

E|lon|ga|ti|o̲n ⟨f.; -, -en⟩ **1** *größter Abstand eines schwingenden Pendels von der Ruhelage* **2** *Entfernung, Winkelabstand zwischen einem Planeten u. der Sonne für unser Auge* [< *ex…*[2] + lat. *longus* »lang«]

e|lo|que̩nt ⟨Adj.⟩ *beredt, beredsam* [< lat. *eloquens* »beredt, wohlredend«]

E|lo|que̩nz ⟨f.; -; unz.⟩ *Beredsamkeit* [< lat. *eloquentia* »Beredsamkeit«]

E|lo|xa̲l ⟨n.; -s; unz.⟩ *Überzug durch anodische Oxidation auf Aluminium u. Aluminiumlegierungen zur Erhöhung der Korrosionsbeständigkeit* [verkürzt < *el*ektrisch *ox*idiertes *Al*uminium]

e|lo|xi̲e|ren ⟨V.⟩ *mit Eloxal überziehen*

E|lu|ti|o̲n ⟨f.; -, -en⟩ *das Austreiben adsorbierter Stoffe aus einem Adsorptionsmittel* [< lat. *elutio* »das Ab-, Ausspülen«]

e|lu|vi|a̲l ⟨[-vi-] Adj.; Geol.⟩ **1** *Erzlagerstätten, bei denen das Material vom Ausgangsort nicht wesentl. transportiert wurde, betreffend, von ihnen stammend* **2** ⟨Bodenkunde⟩ *durch Aus-*

laugung u. Durchschlämmung verarmte Böden betreffend, von ihnen stammend

E|lu|vi|um ⟨[-vi-] n.; -s; unz.; Geol.⟩ *grobkörniger, am Bildungsort verbliebener Rückstand der Abtragungsvorgänge* [< lat. *eluere* »Auswaschen«]

e|ly|sä|isch ⟨Adj.⟩ oV *elysisch* ⟨österr.⟩ **1** *zum Elysium gehörig* **2** ⟨fig.⟩ *wonnevoll;* Sy *paradiesisch* [→ *Elysium*]

E|ly|see ⟨n.; -s; unz.⟩ *Amtssitz des frz. Präsidenten in Paris*

e|ly|sie|ren ⟨V.⟩ kleine Werkstoffteilchen ~ *elektrolytisch abtragen, wobei das Werkstück als Anode, das Werkzeug als Kathode geschaltet wird* [< *Elektrolyse*]

e|ly|sisch ⟨Adj.; bes. österr.⟩ = *elysäisch*

E|ly|si|um ⟨n.; -s; unz.⟩ *Paradies* [lat. »Wohnsitz der Seligen« < grch. *elysion pedion*]

E|ly|tron, ⟨auch⟩ **E|lyt|ron** ⟨n.; -s, E|ly|tren; bei Insekten⟩ *vorderes Flügelpaar, Deckflügel* [grch., »Hülle, Futteral, Behälter«]

El|ze|vir ⟨[ɛlzəviːr] f.; -; unz.; Typ.⟩ *eine Antiquaschriftart* [nach der holländ. Buchdruckerfamilie *Elzevier,* die 1583–1712 bes. in Leiden, Amsterdam u. Brüssel bedeutende Druckereien besaß]

Em ⟨Zeichen für⟩ *Emanation*

em. ⟨Abk. für⟩ *emeritus*

em…, Em… ⟨Vors.⟩ = *en…, En…*

> **E-Mail** (*Schreibung mit Bindestrich*) Zusammensetzungen, die einen Einzelbuchstaben, eine Abkürzung oder eine Ziffer enthalten, werden durch Bindestrich getrennt. Dies kann auch der Unterscheidung von orthographisch identischen Wörtern unterschiedlicher Bedeutung dienen (→ a. *Email*).

E-Mail ⟨[iːmɛil] f. od. n.; -, -s; kurz für⟩ *Electronic Mail, digitalisierte schriftliche Nachricht an einen anderen Teilnehmer innerhalb eines Computernetzwerks* [engl., »elektronische Post, elektronischer Brief«]

E|mail ⟨[emaːj] od. [email] n.; -s, -s⟩, **E|mail|le** ⟨[emaljə] od. [emaːj] f.; -, -n [-jən]⟩ *meist farbige, Metallgegenständen als Schutz od. Schmuck aufgeschmolzene Glasmasse, (z.B. bei Kochtöpfen);* Sy *Schmalt* [< frz. *émail* < fränk. **smalt*]

E|mail|leur ⟨[emajøːr] od. [emaljøːr] m.; -s, -e⟩ *Email-Schmelzarbeiter*

e|mail|lie|ren ⟨[emajiː-] od. [emaljiː-] V.⟩ *mit Email überziehen*

E|man ⟨n.; -s, -⟩ *Maßeinheit für Radioaktivität, bes. des Quellwassers* [verkürzt < *Emanation(1)*]

E|ma|na|ti|on ⟨f.; -, -en⟩ **1** *Ausströmen, Ausstrahlung* **2** ⟨Philos.⟩ *das Entstehen aller Dinge aus dem höchsten Einen (Gott)* [< lat. *emanatio* »das Ausströmen«]

e|ma|nie|ren ⟨V.⟩ *ausfließen, ausstrahlen* [< lat. *emanare* »ausströmen«]

E|man|ze ⟨f.; -, -n; umg. abwertend für⟩ *emanzipierte Frau, Anhängerin der Frauenbewegung*

E|man|zi|pa|ti|on ⟨f.; -, -en⟩ **1** *Befreiung von Abhängigkeit u. Bevormundung* **2** *Gleichstellung* [< lat. *emancipatio* »Entlassung eines Sohnes aus der väterlichen Gewalt«]

e|man|zi|pa|tiv, e|man|zi|pa|to|risch ⟨Adj.⟩ *in der Art der Emanzipation, auf Emanzipation gerichtet*

e|man|zi|pie|ren ⟨V.⟩ *aus Abhängigkeit u. Bevormundung befreien, selbständig machen, gleichstellen* [< lat. *emancipare* »einen Sohn aus der väterlichen Gewalt entlassen«]

e|man|zi|piert ⟨Adj.⟩ *befreit, frei (von Beschränkungen, Vorurteilen), selbständig*

Em|bal|la|ge ⟨[ãbalaːʒə] f.; -, -n⟩ *Verpackung (einer Ware)* [frz., »Verpackung, Verpackungsmaterial«]

em|bal|lie|ren ⟨[ãba-] V.⟩ *verpacken* [< frz. *emballer* »verpacken, einpacken«]

Em|bar|go ⟨n.; -s, -s⟩ **1** *Beschlagnahme eines (eigenen od. fremden) Schiffes u. seiner Ladung* **2** *Ausfahr-, Ausfuhrverbot* [span., »Beschlagnahme, Sperre«]

Em|ba|te|ri|on ⟨n.; -s, -ri|en⟩ *Marschgesang der spartanischen Soldaten* [< grch. *embaterios* »zum Marsch gehörig«]

Em|blem, ⟨auch⟩ **Emb|lem** ⟨[ɛmbleːm] od. [ãbleːm] n.; -s, -e⟩ *Kennzeichen, Sinnbild* [< grch. *emblema* »eingelegte Arbeit, Zierrat«]

Em|ble|ma|tik, ⟨auch⟩ **Emb|le|ma|tik** ⟨f.; -; unz.⟩ *Wissenschaft von den Emblemen*

em|ble|ma|tisch, ⟨auch⟩ **emb|le|ma|tisch** ⟨Adj.⟩ *sinnbildlich*

Em|bo|lie ⟨f.; -, -n⟩ *plötzl. Verschluss einer größeren od. kleineren Schlagader durch einen Embolus* [< grch *emballein* »hineinschleudern«]

Em|bo|lis|mus ⟨m.; -; unz.⟩ **1** ⟨Astron.⟩ *die Einfügung eines Schaltmonats in den Julian. Kalender* **2** ⟨Liturgie⟩ *Gebet im Anschluss an die letzte Bitte des Vaterunsers bei der kath. Messe, einmündend in die Doxologie der Gemeinde*

Em|bo|lus ⟨m.; -, -li⟩ *im Blutstrom wanderndes Blutgerinnsel, Fetttröpfchen, Luftbläschen od. Fremdkörperchen* [< grch. *embolos* »Keil«]

Em|bon|point ⟨[ãbɔ̃poɛ̃ː] m. od. n.; -s; unz.; †⟩ **1** *Beleibtheit, Körperfülle* **2** *Spitzbauch* [frz., »Körperfülle, Korpulenz«, eigtl. »in gutem Zustand«]

> ■ Die Buchstabenfolge **em|bry…** kann auch **emb|ry…** getrennt werden.

■ **Em|bryo** ⟨m.; österr. n.; -s, -s od. -o|nen⟩ **1** *sich aus der befruchteten Eizelle entwickelndes Lebewesen* **2** *Lebewesen vor der Geburt, vor dem Schlüpfen* [< grch. *embryon;* zu *bryein* »quellen, keimen«]

■ **Em|bry|o|ge|ne|se** ⟨f.; -; unz.⟩ *Keimesentwicklung* [< *Embryo…* + *Genese*]

■ **Em|bry|o|lo|gie** ⟨f.; -; unz.⟩ *Lehre von der*

Entwicklung des Embryos, des Lebewesens vor der Geburt [< *Embryo… + …logie*]

■ **em|bry|o|nal** ⟨Adj.⟩ oV *embryonisch* **1** *zum Embryo gehörend, im Zustand des Embryos* **2** *unentwickelt, unreif*

■ **Em|bry|o|nen|trans|fer** ⟨m.; -s, -s; Med.⟩ *Übertragung eines Embryos, bei der reife Eizellen in vitro mit Samenzellen befruchtet u. nach zwei Tagen in die hormonell behandelte Gebärmutter eingesetzt werden;* oV *Embryotransfer* [< *Embryo + Transfer*]

■ **em|bry|o|nisch** ⟨Adj.; Med.⟩ = *embryonal*

■ **Em|bry|o|pa|thie** ⟨f.; -, -n; Med.⟩ *Krankheit od. Schädigung des Embryos während der ersten drei Schwangerschaftsmonate, die zu Missbildungen führt* [< *Embryo + …pathie*]

■ **em|bry|o|pa|thisch** ⟨Adj.; Med.⟩ *zur Embryopathie gehörend, sie betreffend*

■ **Em|bry|o|to|mie** ⟨f.; -, -n; Med.⟩ **1** *operative Zerlegung des in der Gebärmutter gestorbenen Kindes* **2** *Zerstückelung od. Absetzen von Einzelpartien der Frucht in den Geburtswegen bei Großtieren* [< *Embryo + …tomie*]

■ **Em|bry|o|trans|fer** ⟨m.; -s, -s; Med.⟩ = *Embryonentransfer*

E|men|da|ti|on ⟨f.; -, -en; geh.⟩ *Verbesserung, Berichtigung (bes. von Textfehlern bei der Textkritik)* [< lat. *emendatio* »Verbesserung«]

e|men|die|ren ⟨V.; geh.⟩ *verbessern, berichtigen* [< lat. *emendare* »verbessern, von Fehlern freimachen, säubern«]

E|mer|genz ⟨f.; -, -en⟩ **1** ⟨Bot.⟩ *pflanzl. Anhangsorgan, an dem außer der Oberhaut auch tiefer liegende Gewebe beteiligt sind,* z.B. Stacheln **2** ⟨Ökol.⟩ *die Menge ausgewachsener, flugfähiger Wasserinsekten, die auf einer begrenzten Wasserstrecke im Jahr entsteht* [< lat. *emergere* »auftauchen, zum Vorschein kommen«]

E|mer|genz|phi|lo|so|phie ⟨f.; -; unz.⟩ *Lehre (der neueren englischen Metaphysik), nach der die Dinge aus dem Grund der Welt »auftauchen« u. sich in einer »emergenten Evolution« immer höher entwickeln, wobei jede höhere Seinsstufe durch neu hinzutretende Qualitäten charakterisiert ist* [< *Emergenz + Philosophie*]

E|me|rit ⟨m.; -en, -en⟩ *jmd., der emeritiert ist;* oV *Emeritus*

e|me|ri|tie|ren ⟨V.⟩ *in Ruhestand versetzen;* Geistliche, Hochschullehrer ~ [< lat. *emeritus* »ausgedienter Soldat«]

e|me|ri|tiert ⟨Adj.; Abk.; em.⟩ *in den Ruhestand versetzt*

E|me|ri|tie|rung ⟨f.; -, -en⟩ *das Emeritieren, das Emeritiertwerden*

e|me|ri|tus ⟨Adj.; einem Titel nachgestellt; Abk.: em.⟩ *im Ruhestand* [lat., »ausgedienter Soldat«]

E|me|ri|tus ⟨m.; -, -ti⟩ = *Emerit*

e|mers ⟨Adj.⟩ *über der Wasseroberfläche lebend;* Ggs *submers* [< lat. *emersus,* Perf. von *emergere* »auftauchen«]

E|mer|si|on ⟨f.; -, -en⟩ **1** ⟨Geophys.⟩ *Auftauchen einer Landmasse über den Meeresspiegel infolge tektonischer Hebung od. eustatischer Meeresspiegelsenkung;* Ggs *Submersion* **2** ⟨Astron.⟩ *Hervortreten eines Mondes aus seinem Planetenschatten* [→ *emers*]

E|me|ti|kum ⟨n.; -s, -ka⟩ *Brechmittel* [< grch. *emein* »ausbrechen, sich erbrechen«]

e|me|tisch ⟨Adj.⟩ *Brechreiz, Erbrechen bewirkend* [→ *Emetikum*]

EMG ⟨Abk. für⟩ *Elektromyogramm*

E|mi|grant, ⟨auch⟩ **E|mig|rant** ⟨m.; -en, -en⟩ **1** *Auswanderer* **2** *Flüchtling (aus polit. od. relig. Gründen);* Ggs *Immigrant* [< lat. *emigrans,* Part. Präs. zu *emigrare* »auswandern«]

E|mi|gran|ten|li|te|ra|tur, ⟨auch⟩ **E|mig|ran|ten|li|te|ra|tur** ⟨f.; -, -en⟩ *Gesamtheit der Werke, die emigrierte Schriftsteller außerhalb ihres ursprünglichen Sprachraums verfassen;* → a. *Exilliteratur*

E|mi|gra|ti|on, ⟨auch⟩ **E|mig|ra|ti|on** ⟨f.; -, -en⟩ **1** *Auswanderung* **2** *Flucht (bes. aus polit. u. relig. Gründen);* Ggs *Immigration* [< lat. *emigratio* »Auswanderung«]

e|mi|grie|ren, ⟨auch⟩ **e|mig|rie|ren** ⟨V.⟩ *auswandern;* Ggs *immigrieren* [< lat. *emigrare* »auswandern«]

E|min ⟨m.; -s, -e⟩ *arab. u. türk. Aufseher, Präfekt* [< arab. *amin* »zuverlässig, treu«]

e|mi|nent ⟨Adj.⟩ *hervorragend, außerordentlich* [< lat. *eminens,* Part. Präs. zu *eminere* »hervorragend«]

E|mi|nenz ⟨f.; -, -en⟩ *Titel der Kardinäle, auch als Anrede;* die graue ~ *jmd., der im Hintergrund Entscheidungen trifft (Beiname für Père Joseph, den Berater Richelieus, sowie für Baron Friedrich von Holstein)* [< lat. *eminentia* »das Hervorragende«]

E|mir ⟨a. [-'-] m.; -s, -e⟩ *Titel arab. Stammeshäuptlinge u. Fürsten* [< arab. *emir, amir* »Befehlshaber«; verwandt mit *Admiral*]

E|mi|rat ⟨n.; -(e)s, -e⟩ *arab. Fürstentum, Herrschaftsgebiet eines Emirs*

e|misch ⟨Adj.; Sprachw.⟩ *bedeutungsdifferenzierend, disktinktiv (von sprachl. Zeichen);* Ggs *etisch;* Morpheme u. Präfixe sind ~e Einheiten [verkürzt aus *(phon)emisch*]

E|mis|sär ⟨m.; -s, -e⟩ **1** *Kundschafter, Abgesandter* **2** *Agent* [< frz. *émissaire* »(Geheim)bote, Kundschafter«]

E|mis|si|on ⟨f.; -, -en⟩ **1** *Ausgabe neuer Anleihen oder Wertpapiere* **2** ⟨schweiz.⟩ *Rundfunksendung* **3** ⟨Phys.⟩ *Ausstrahlung; das Aussenden von Schadstoffen in die Umwelt;* → *a. Immission* [< lat. *emissio* »das Entsenden, das Herauslassen«]

E|mis|si|ons|schutz ⟨m.; -es; unz.⟩ *Schutzmaßnahmen gegen das Aussenden von Schadstoffen in die Umwelt*

E|mis|si|ons|spek|trum, ⟨auch⟩ **E|mis|si|ons|spekt|rum** ⟨n.; -s, -tren⟩ *von einem Atom oder Molekül ausgesandtes Spektrum nach vorhergehender Energiezufuhr*

E|mit|tent ⟨m.; -en, -en⟩ *jmd., der Wertpapiere ausgibt* [< lat. *emittens,* Part. Präs. zu *emittere* »aussenden«]

E|mit|ter ⟨m.; -s, -⟩ *Teil eines Transistors, über den der in der Halbleiterschicht des Transistors verstärkte Strom abfließt*

e|mit|tie|ren ⟨V.⟩ **1 Wertpapiere** ~ *ausgeben, in Umlauf setzen* **2 Strahlen** ~ ⟨Phys.⟩ *aussenden* [< lat. *emittere* »aussenden, entlassen«]

E|mol|li|ens ⟨n.; -, -en|ti|en od. -en|tia; Med.⟩ *Mittel zur Hauterweichung,* z.B. entzündungshemmender Umschlag [zu lat. *emollire* »weich machen«]

E|mo|ti|on ⟨f.; -, -en⟩ *Gefühls-, Gemütsbewegung, Erregung* [< frz. *émotion* »Erregung, Rührung«]

e|mo|ti|o|nal ⟨Adj.⟩ *gefühlsmäßig;* oV *emotionell;* Sy *affektiv*

e|mo|ti|o|na|li|sie|ren ⟨V.; geh.⟩ *emotional machen, Emotionen hervorrufen, entfachen*

E|mo|ti|o|na|li|tät ⟨f.; -; unz.⟩ *emotionales Empfinden, Verhalten*; mit großer ~ sprechen

e|mo|ti|o|nell ⟨Adj.⟩ = *emotional*

e|mo|tiv ⟨Adj.; geh.⟩ *gefühlsmäßig erregt, auf Emotivität beruhend, sie betreffend* [< engl. *emotive* »gefühlvoll«]

E|mo|ti|vi|tät ⟨[-vi-] f.; -; unz.⟩ *Neigung zur gefühlsmäßigen Erregung, starke Gemütsbewegung* [< frz. *émotivité* »(leichte) Erregbarkeit«]

Em|pa|thie ⟨f.; -, -n; Psych.⟩ *Neigung u. Befähigung, sich in andere Menschen einzufühlen sowie die damit verbundene Fähigkeit, neue soziale Rollen zu übernehmen u. fremde (Wert-) Vorstellungen in die eigenen zu integrieren* [< engl. *empathy* »Einfühlung(svermögen)«]

em|pa|thisch ⟨Adj.; Psych.⟩ *gewillt u. befähigt sein, sich in (Wert-)Vorstellungen anderer einzufühlen* [< engl. *empathize* »sich einfühlen, sich hineinversetzen«]

Em|pha|se ⟨f.; -; unz.⟩ *Nachdruck, Redeschwung, Leidenschaftlichkeit (im Ausdruck)* [< grch. *emphasis* »Kraft des Ausdrucks«]

em|pha|tisch ⟨Adj.⟩ *nachdrücklich, ausdrücklich, schwungvoll, leidenschaftlich* [< grch. *emphatikos* »nachdrücklich«]

Em|phy|sem ⟨n.; -s, -e⟩ *abnorme Ansammlung von Luft u.a. Gasen in Geweben od. Organen (Haut, Lunge)* [< *En...* + grch. *physan* »blasen«]

em|phy|se|ma|tisch ⟨Adj.⟩ *aufgebläht (durch eingedrungene Luft)* [→ *Emphysem*]

Em|pire¹ ⟨[ãpiːr] n.; -s; unz.⟩ **1** *das ehemalige französ. Kaiserreich unter Napoleon I.* **2** *der Kunststil dieser Zeit, Empirestil* [frz.]

Em|pire² ⟨[ɛmpaiə(r)] n.; - od. -s; unz.; Bez. für⟩ *das britische Weltreich* [engl., »Weltmacht«; → *Imperium*]

Em|pi|rem ⟨n.; -s, -e⟩ *Erfahrungstatsache* [→ *Empirie*]

Em|pi|rie ⟨f., -; unz.⟩ **1** *Sinneserfahrung, Erfahrung* **2** *auf Erfahrung beruhende Erkenntnis* [< grch. *empeiria* »Erfahrung«]

Em|pi|ri|ker ⟨m.; -s, -⟩ *Anhänger, Vertreter des Empirismus*

Em|pi|ri|o|kri|ti|zis|mus ⟨m.; -; unz.; Philos.⟩ *von Richard Avenarius begründete Lehre, nach der die Dinge nur als Erscheinungen des Bewusstseins erfassbar sind, d.h. die den Erfahrungsbegriffen nur eine beschreibende Bestimmung zugesteht* [< *empirisch* + *Kritizismus*]

Em|pi|ri|o|kri|ti|zist ⟨m.; -en, -en; Philos.⟩ *Anhänger od. Vertreter des Empiriokritizismus*

em|pi|risch ⟨Adj.⟩ *auf der Erfahrung beruhend, aus eigener Erfahrung gewonnen* [→ *Empirie*]

Em|pi|ris|mus ⟨m.; -; unz.⟩ *Lehre, dass alle Erkenntnis nur auf Erfahrung beruhen kann;* Ggs *Rationalismus(2)* [→ *Empirie*]

Em|pi|rist ⟨m.; -en, -en⟩ *Anhänger, Vertreter des Empirismus*

em|pi|ris|tisch ⟨Adj.⟩ *mit Hilfe des Empirismus, ihm entsprechend, auf ihm beruhend*

Em|py|em ⟨n.; -s, -e⟩ *Eiteransammlung in einer natürl. Körperhöhle* [< *En...* + grch. *pyron* »Eiter«]

E|mu ⟨m.; -s, -s⟩ *straußenähnlicher, flugunfähiger Vogel Australiens, der zusammen mit einer verwandten Art u. den Kasuaren zu der Ordnung Casuarii gehört: Dromaeus novaehollandiae* [engl., verkürzt < port. *ema di gei* »Erdkranich«]

E|mu|la|ti|on ⟨f.; -; unz.⟩ **1** ⟨†⟩ **1.1** *Wetteifer* **1.2** *Neid, Eifersucht* **2** ⟨EDV⟩ *Nachahmung von Soft- u. Hardwareeigenschaften, um in einem Computersystem Programme zu benutzen, die für ein fremdes Computersystem geschrieben sind* [< lat. *aemulatio* »das Streben, es einem anderen gleich zu machen; Wetteifer; Eifersucht, Rivalität«]

E|mu|la|tor ⟨m.; -s, -to|ren; EDV⟩ *zusätzliche Hardware zur Zentraleinheit einer EDV-Anlage, die die Durchführung von Programmen eines bestimmten Anlagetyps auf einer anderen Anlage ermöglicht* [→ *Emulation (2)*]

E|mul|ga|tor ⟨m.; -s, -to|ren⟩ *Hilfsstoff bei der Herstellung von Emulsionen, der die Oberflächenspannung herabsetzt;* Ggs *Demulgator*

e|mul|gie|ren ⟨V.⟩ **1** *aufschwemmen;* einen Stoff ~ *in einem anderen fein verteilen* **2** *zu einer Emulsion verbinden* [< lat. *emulgere* »ab-, ausmelken«]

E|mul|sin ⟨n.; -(e)s; unz.⟩ *Enzymverbindung, die vor allem in bitteren Mandeln vorkommt* [→ *emulgieren*]

E|mul|si|on ⟨f.; -, -en⟩ **1** *feinste Verteilung einer Flüssigkeit in einer anderen, nicht mit ihr mischbaren* **2** *die lichtempfindliche fotograf. Schicht* [→ *emulgieren*]

en..., **En...** ⟨vor b, m, p, ph⟩ em..., Em... ⟨Vors.⟩ *in, an, auf* [grch.]

E|na|ki|ter, E|naks|söh|ne ⟨Pl.⟩ oV *Anakiter, Anakssöhne* **1** ⟨Rel.⟩ *als riesenhaft geltende Sippen in Hebron u. Umgebung, die von Josua u. Kaleb vernichtend besiegt wurden* **2** ⟨umg.⟩ *riesenhafte Menschen* [nach der Sippe des *Anak,* z.B. in 4. Moses 13,22.28.33, 5. Moses 1,28 u. Josua 11,21 f.]

En|al|la|ge ⟨[-geː] f.; -; unz.⟩ = *Hypallage* [< grch. *enallassein* »verwechseln«]

En|an|them, ⟨auch⟩ **E|nan|them** ⟨n.; -s, -e; Med.⟩ *Ausschlag auf Schleimhäuten;* → a. *Exanthem* [< *En…* + grch. *anthein* »blühen«]
en|an|ti|o|trop ⟨Adj.⟩ *zur Enantiotropie fähig* [< grch. *enantios* »gegenüber, entgegen« + *…trop*[1]]
En|an|ti|o|tro|pie ⟨f.; -; unz.; Chem.⟩ *reversibel ineinander umwandelbare Modifikationen*
En|ar|thron, ⟨auch⟩ **En|arth|ron** ⟨n.; -s, -thren⟩ *Fremdkörperchen im Gelenk* [< *En…* + grch. *arthron* »Gelenk«]
E|na|ti|on ⟨f.; -, -en; Bot.⟩ *Entwicklung von Auswüchsen auf vormals glatten Oberseiten pflanzlicher Organe* [zu lat. *enatus,* Part. Perf. von *enascor* »herauswachsen«]
en a|vant! ⟨[ãnavã:]⟩ *vorwärts!, voran!* [frz.]
en bloc ⟨[ãblɔk] Adv.⟩ *im Ganzen, in Bausch u. Bogen;* etwas ~ verkaufen [frz., »im Ganzen«]
en ca|naille ⟨[ãkana:j]; †⟩ *verächtlich;* jmdn. ~ behandeln [frz., »als Gesindel, als Schuft«]
En|cein|te ⟨[ãsɛ̃:t(ə)] f.; -, -n⟩ *Umwallung, Festungsgürtel* [frz., »Einfriedung«]
En|ce|pha|li|tis ⟨f.; -, -ti|den⟩ = *Enzephalitis*
En|ce|pha|lon ⟨n.; -s, -la⟩ *Gehirn;* oV *Enzephalon* [< grch. *egkephalos* »Gehirn«]
en|chan|té ⟨[ãʃãte:]; †⟩ *sehr erfreut, (ich bin) entzückt* [frz.]
En|chan|te|ment ⟨[ãʃãtəmã:] n.; -s; unz.; †⟩ *Zauber, Bezauberung* [frz., »Verzauberung, Zauber, Entzücken«]
en|chan|tiert ⟨[ãʃã-] Adj.; †⟩ *entzückt, begeistert* [< frz. *enchanté* »ver-, bezaubert, entzückt«]
En|chei|re|sis ⟨[-çai-] f.; -, -re|sen; Med.⟩ *Handgriff, Operation* [grch., »Unternehmen«]
En|chi|ri|di|on ⟨[-çi-] n.; -s, -di|en⟩ *Handbuch, kleines Lehrbuch* [< grch. *en* »in« + *cheir* »Hand«]
en|chon|dral, ⟨auch⟩ **en|chond|ral** ⟨[-çɔn-] Adj.⟩ *im Knorpel liegend;* Sy *endochondral* [< *en…* + grch. *chondros* »Knorpel«]
En|chon|drom ⟨[-çɔn-] n.; -s, -e⟩ *Knorpel* [< *En…* + grch. *chondros* »Knorpel«]
en|co|die|ren ⟨V.⟩ = *enkodieren*
En|co|die|rung ⟨f.; -, -en⟩ = *Enkodierung*
En|co|ding ⟨engl. [in-] n.; - od. -s, -s; Nachrichtentech.⟩ *das Verschlüsseln einer Nachricht (mit einem Chiffrierapparat);* Ggs *Decoding* [engl., zu *encode* »verschlüsseln, codieren«]
En|coun|ter ⟨[inkauntə(r)] n. od. m.; -s, -s⟩ **1** ⟨allg.⟩ *Aufeinandertreffen* **2** ⟨Psych.⟩ *Form der Gruppentherapie, die vor allem spontane u. gefühlsbetonte Reaktionen trainiert u. analysiert* [< engl. *encounter* »Begegnung, Zusammenstoß«]
En|coun|ter|grup|pe ⟨[inkaun-] f.; -, -n; Psych.⟩ *(von einem Therapeuten geleitete) Gruppe zur Selbsterfahrung und Persönlichkeitsentwicklung, z.B. in der Drogentherapie* [zu engl. *encounter* »stoßen auf, begegnen«]
en|cou|ra|gie|ren ⟨[ãkuraʒi-] V.⟩ *ermutigen, anfeuern* [< frz. *encourager*]
En|de|mie ⟨f.; -, -n⟩ *in bestimmten Gebieten ständig vorkommende Krankheit (z.B. Malaria, Kropf in Gebirgsgegenden);* Ggs *Epidemie* [zu grch. *endemos* »einheimisch«]
en|de|misch ⟨Adj.⟩ **1** *einheimisch* **2** ⟨Bot.; Zool.⟩ *nur auf eng umgrenzten Gebieten (z.B. Inseln) vorkommend;* Ggs *ekdemisch* **3** ⟨Med.⟩ *in bestimmten Gebieten ständig auftretend;* ~e Infektionskrankheiten; Ggs *epidemisch*
En|de|mis|mus ⟨m.; -; unz.⟩ *begrenztes Vorkommen von Tieren u. Pflanzen in einem bestimmten Gebiet*
En|de|mit ⟨n.; -en, -en; meist Pl.; Biol.⟩ *Lebewesen (Pflanze od. Tier), dessen Ausbreitung auf einen oft natürlich eingeschränkten Lebensraum festgelegt ist* [→ *Endemie*]
end|er|go|nisch, ⟨auch⟩ **en|der|go|nisch** ⟨Adj.; Chem.; Phys.⟩ *von außen zugeführte Energie benötigend;* eine ~e Reaktion; Ggs *exergonisch* [< *endo…* + grch. *ergon* »Werk«]
en|der|mal ⟨Adj.; Med.⟩ *in der Haut befindlich, in die Haut eingeben;* eine ~e Injektion [< *en…* + *dermal*]
en|des|mal ⟨Adj.; Med.⟩ *im Bindegewebe befindlich* [< *en…* + grch. *desmos* »Band«]
en dé|tail ⟨[ãdetaj] Adv.⟩ **1** *in Einzelheiten, im Kleinen* **2** *im Einzelhandel;* Ggs *en gros* [frz., »im Einzelnen«]
En|di|vie ⟨[-viə] f.; -, -n⟩ *Salatpflanze, Art der Zichorie(1): Cichorium endivia;* Sy *Eskariol* [< mlat., ital. *endivia,* lat. *intibus, intybus, intubus;* zu grch. *entybion,* eigtl. »im Januar (wachsend)«; zu *tybi* »Januar«]
End|mo|rä|ne ⟨f.; -, -n; Geol.⟩ *eine um die Gletscherstirn abgelagerte wallartige Moräne, die entweder bei einem Gletschervorstoß (Vorstoßmoräne) od. einem Eisrückzug (Rückzugsmoräne) entsteht;* Long Island hat sich aus zwei ~n gebildet [→ *Moräne*]
en|do…, En|do… ⟨Vors.⟩ *innerhalb;* Endokarpium, endokrin [< grch. *endon*]
En|do|bi|ont ⟨m.; -en, -en⟩ *Partner der Endobiose;* Ggs *Epibiont* [< *Endo…* + grch. *bios* »Leben«]
En|do|bi|o|se ⟨f.; -, -n⟩ *Gemeinschaft verschiedenartiger Lebewesen, von denen eines im anderen lebt* [< *Endo…* + *…biose*]
En|do|car|di|tis ⟨f.; -, -ti|den; Med.⟩ = *Endokarditis*
en|do|chon|dral, ⟨auch⟩ **en|do|chond|ral** ⟨[-çɔn-] Adj.⟩ = *enchondral*
En|do|der|mis ⟨f.; -, -men⟩ *für wasserlösl. Stoffe schwer durchlässige, innerste Rindenschicht der Wurzel* [< *Endo…* + *…dermis*]
En|do|en|zym ⟨n.; -(e)s, -e⟩ *Enzym, das sich im Zelleninnern befindet u. den organischen Stoffwechsel leitet;* Ggs *Ektoenzym* [< *Endo…* + *Enzym*]
En|do|ga|mie ⟨f.; -, -n⟩ *Heirat innerhalb einer Gruppe od. eines Stammes, Verwandtenehe* [< *Endo…* + *…gamie*]

en|do|gen ⟨Adj.⟩ **1** *von innen kommend* **2** *im Innern entstehend, im Innern befindlich* **3** *im Erdinnern erzeugt* [< *Endo*… + …*gen*[1]]

En|do|kard ⟨n.; -(e)s, -e⟩ = *Endokardium*

En|do|kar|di|tis ⟨f.; -, -ti|den; Med.⟩ *Herzinnenhautentzündung, bes. Herzklappenentzündung;* oV *Endocarditis* [< *Endo*… + *Karditis*]

En|do|kar|di|um ⟨n.; -s, -di|en⟩ *Herzinnenhaut* [< *Endo*… + grch. *kardia* »Herz«]

En|do|karp ⟨n.; -(e)s, -e⟩ *innere Schicht der Fruchtwand;* Ggs *Exokarp* [< *Endo*… + …*karp*[2]]

en|do|krin ⟨Adj.⟩ **1** *mit innerer Sekretion, nach innen, ins Blut absondernd;* ~e Drüse **2** *nach innen, ins Blut abgesondert;* ~es Sekret [< *Endo*… + grch. *krinein* »trennen, scheiden«]

En|do|kri|no|lo|ge ⟨m.; -n, -n⟩ *Wissenschaftler im Fachbereich der Endokrinologie*

En|do|kri|no|lo|gie ⟨f.; -; unz.⟩ *Lehre von der Funktion endokriner Drüsen* [< *endrokrin* + …*logie*]

En|do|lym|phe ⟨f.; -, -n⟩ *Lymphe im Gleichgewichtssinnesorgan der Wirbeltiere, den Bogengängen des Ohrlabyrinths*

En|do|ly|sin ⟨n.; -(e)s, -e; meist Pl.⟩ *im Zelleninnern auftretendes (Bakterio-)Lysin, das Bakterien zersetzt* [< *Endo*… + *Lysin*]

En|do|me|tri|tis, ⟨auch⟩ **En|do|met|ri|tis** ⟨f.; -, -ti|den⟩ *Entzündung der Gebärmutterschleimhaut* [< *Endo*… + grch. *metra* »Gebärmutter«]

En|do|me|tri|um, ⟨auch⟩ **En|do|met|ri|um** ⟨n.; -s, -tri|en; Med.⟩ *Schleimhaut des Gebärmutterkörpers* [< *Endo*… + grch. *metra* »Gebärmutter«]

En|do|mi|to|se ⟨f.; -, -n⟩ *unvollständige, indirekte Kernteilung ohne Auflösung der Kernmembran u. ohne anschließende Zellteilung*

en|do|morph ⟨Adj.⟩ **1** ⟨Geol.⟩ *die Endomorphose betreffend, durch sie verursacht;* Ggs *exomorph* **2** ⟨Med.⟩ *die Endomorphie betreffend;* → a. *pyknisch* [< *endo*… + …*morph*]

En|do|mor|phie ⟨f.; -; unz.; Med.⟩ *Körperverfassung eines Menschentyps von gedrungener Gestalt u. Veranlagung zur Fettleibigkeit;* → a. *Pykniker* [< *Endo*… + …*morphie*]

En|do|mor|phis|mus ⟨m.; -, -men; Math.⟩ *Homomorphismus einer Menge in sich selbst* [< *Endo*… + …*morph*]

En|do|mor|pho|se ⟨f.; -, -n; Geol.⟩ *innere Gestaltsveränderung des Eruptivgesteins, die durch den Einfluss des Nebengesteins verursacht wird;* Ggs *Exomorphose* [< *Endo*… + …*morph*]

En|do|my|ces, En|do|my|zes ⟨Pl.⟩ *krankheitserregende Hefepilze des Menschen* [< *Endo*… + grch. *mykes* »Pilz«]

En|do|phle|bi|tis ⟨f.; -, -ti|den; Med.⟩ *Innenhautentzündung einer Vene* [< *Endo*… + *Phlebitis*]

En|do|phyt ⟨m.; -en, -en⟩ *in anderen Pflanzen od. Tieren schmarotzende Pflanze* [< *Endo*… + …*phyt*]

en|do|phy|tisch ⟨Adj.; Med.⟩ *nach innen wachsend;* Ggs *ektophytisch;* ein ~er Tumor [< *endo*… + grch. *phyomai* »wachsen«]

En|do|plas|ma ⟨n.; -s; unz.⟩ = *Entoplasma*

en|do|plas|ma|tisch ⟨Adj.⟩ *im Zellplasma gelegen;* ~es Retikulum *mit Ribosomen besetztes Membransystem innerhalb des Zellplasmas* [→ *Endoplasma*]

En|dor|phin ⟨n.; -s, -e; meist Pl.; Med.⟩ *körpereigener Wirkstoff, der im Zentralnervensystem gebildet wird u. eine opiat- bzw. morphinähnliche, schmerzstillende Wirkung besitzt* [< *Endo*… + M*orphin*]

En|do|ske|lett ⟨n.; -(e)s, -e⟩ *Innenskelett bei Wirbellosen u. Wirbeltieren;* Ggs *Ektoskelett* [< *Endo*… + *Skelett*]

En|do|skop, ⟨auch⟩ **En|dos|kop** ⟨n.; -s, -e⟩ *Instrument mit elektr. Lichtquelle u. Spiegel zur Untersuchung von Körperhöhlen* [< *Endo*… + …*skop*]

En|do|sko|pie, ⟨auch⟩ **En|dos|ko|pie** ⟨f.; -, -n⟩ *Untersuchung von Körperhöhlen mit dem Endoskop*

en|do|sko|pisch, ⟨auch⟩ **en|dos|ko|pisch** ⟨Adj.; Med.⟩ **1** *das Endoskop betreffend, mit Hilfe des Endoskops* **2** *die Endoskopie betreffend*

End|os|mo|se ⟨f.; -, -n; Med.⟩ *Osmose, bei der ein Bereich, den eine halbdurchlässige Membran umfasst, den Lösungsmittelstrom aufnimmt* [→ *Osmose*]

en|do|so|ma|tisch ⟨Adj.⟩ *innerhalb des Körpers* [< *endo*… + *somatisch*]

En|do|sperm ⟨n.; -s, -e⟩ *Nährgewebe im Pflanzensamen* [< *Endo*… + grch. *sperma* »Samen«]

En|do|spo|re ⟨f.; -, -n⟩ *Spore, die im Inneren eines Sporenbehälters ausgebildet wird* [< *Endo*… + *Spore*]

En|do|sym|bi|o|se ⟨f.; -, -n⟩ *Symbiose zwischen Gliedertieren, die von Holz, Pflanzensäften, Wirbeltierblut leben, u. Mikroorganismen, die im Innern ihrer Wirtstiere bes. ausgebildete Wohnstätten besiedeln* [< *Endo*… + *Symbiose*]

En|do|thel ⟨n.; -s, -e⟩ *Zellschicht, die Blut-, Lymphgefäße u. Körperhöhlen auskleidet* [< *Endo*… + grch. *thele* »Mutterbrust, Saugwarze«]

en|do|therm ⟨Adj.⟩ *Wärme von außen aufnehmend;* Ggs *exotherm;* ~e Prozesse *Prozesse, die nur bei Energiezufuhr von außen ablaufen, z.B. bei chem. Reaktionen, die nur durch Erhitzen in Gang gehalten werden können* [< *Endo*… + …*therm*]

En|do|to|xin ⟨n.; -s, -e; meist Pl.⟩ *wärmestabiles, von der Leibessubstanz abhängiges u. erst nach Zersetzung der Bakterien ausströmendes Bakteriengift, das weniger Antikörper erzeugt als ein Ektotoxin;* Ggs *Ektotoxin* [< *Endo*… + *Toxin*]

en|do|troph ⟨Adj.; Bot.⟩ *sich innerhalb der Wirtspflanze ernährend;* Ggs *ektotroph* [< *endo*… + …*troph*]

en|do|zen|trisch, ⟨auch⟩ **en|do|zent|risch** ⟨Adj.; Sprachw.⟩ ~e Konstruktion; *sprachl. K., die zu derselben Formklasse zählt wie mindestens eines ihrer konstituierenden Elemente,* z.B. rote Rosen - Rosen; Ggs *exozentrisch* [< *endo…* + *zentrisch*]

E|ner|geia ⟨f.; -; unz.; Philos.⟩ *Tätigkeit, Wirksamkeit, tätige Kraft* [grch.]

E|ner|ge|tik ⟨f.; -; unz.⟩ **1** ⟨Philos.⟩ *Auffassung, dass Energie die Grundlage u. das Wesen allen Seins sei* **2** ⟨Phys.⟩ *Lehre von der Umwandlung der Energie* [→ *Energie*]

E|ner|ge|ti|ker ⟨m.; -s, -⟩ *Anhänger, Vertreter der Energetik*

e|ner|ge|tisch ⟨Adj.⟩ *die Energetik betreffend, zu ihr gehörend, auf ihr beruhend*

e|ner|gi|co ⟨[-dʒiko] Mus.⟩ *energisch, bestimmt (zu spielen)* [ital., »energisch«]

E|ner|gi|de ⟨Pl.; Biol.⟩ *physiolog. eigenständige Zytoplasmabereiche mit Zellkernen, die ohne abgrenzende Membranen nebeneinander in Schlauchalgen u. Pilzen vorkommen; E. gelten als Vorstufen einer vielzelligen Organisation* [zu grch. *energos* »wirksam, tätig«]

E|ner|gie ⟨f.; -, -n⟩ **1** ⟨Phys.; Chem.; Biol.⟩ *Fähigkeit eines Körpers, Arbeit zu leisten;* Erhaltung, Umwandlung von ~ **2** ⟨allg.⟩ *Tatkraft, Kraft, Schwung, Nachdruck* [< grch. *energeia* »Tatkraft«]

E|ner|gie|kri|se ⟨f.; -, -n⟩ *durch plötzliche Verteuerung bisher preiswerter Energiequellen od. deren Verknappung ausgelöste Wirtschaftskrise*

E|ner|gie|trä|ger ⟨m.; -s, -⟩ *Stoff, aus dem Energie gewonnen wird,* z.B. Kohle, Gas, Öl

E|ner|gie|ver|sor|gung ⟨f.; -; unz.⟩ *Erzeugung sowie Verteilung von vor allem elektrischer Energie durch spezielle Abläufe u. Anlagen*

e|ner|gisch ⟨Adj.⟩ **1** *voller Energie, tatkräftig, kräftig, tätig;* ~ durchgreifen **2** *entschlossen, Energie verratend*

e|ner|go|che|misch ⟨[-çe:-] Adj.⟩ *durch eine chemische Reaktion produziert*

E|ner|va|ti|on ⟨[-va-] f.; -, -en⟩ = *Enervierung*

e|ner|vie|ren ⟨[-vi:-] V.⟩ **1** *entnerven, entkräften, die Nerven erschöpfen* **2** *Nerven operativ entfernen aus* [< frz. *énerver* »nervös machen, aufregen, entnerven, entkräften«]

E|ner|vie|rung ⟨[-vi:-] f.; -, -en⟩ oV *Enervation* **1** *das Enervieren* **2** = *Denervierung*

en face ⟨[ãfa:s] Adv.; †⟩ **1** *von vorn (gesehen);* Ggs *en profil* **2** *gegenüber* [frz., »gegenüber«; in der Bedeutung beeinflusst von *de face* »von vorn«; zu *face* »Gesicht«]

en fa|mille ⟨[ãfami:j] Adv.⟩ *(nur) in der Familie, im engsten Verwandtenkreis, unter sich* [frz., »in der Familie«]

En|fant ter|ri|ble, ⟨auch⟩ **En|fant ter|rib|le** ⟨[ãfã tɛri:bl] n.; - -, -s -s [ãfã tɛri:bl]⟩ *jmd., der (durch zu große Offenheit) seine Mitmenschen ständig in Verlegenheit bringt od. schockiert* [frz., »schreckliches Kind«]

En|fleu|ra|ge ⟨[ãflœra:ʒ(ə)] f.; -; unz.⟩ *Gewinnung von Duftstoffen u. Blütenölen aus Blüten u.a. Pflanzenteilen* [< frz. *en* »in, an, aus« + *fleur* »Blume, Blüte«]

En|ga|ge|ment ⟨[ãgaʒ(ə)mã:] n.; -s, -s⟩ **1** *Verpflichtung (bes. zur Zahlung od. Leistung)* **2** *Stellung, Anstellung (von Künstlern)* **3** *Aufforderung zum Tanz* **4** ⟨ohne Pl.⟩ *das Sicheinsetzen, persönliches Bemühen;* er zeigt großes ~ für die Sache [frz., »Verpflichtung«]

en|ga|gie|ren ⟨[ãgaʒi:rən] V.⟩ **1** *anstellen, einstellen;* Künstler ~ **2** *zum Tanz auffordern* **3** sich ~ *sich binden, sich festlegen* **4** sich für etwas ~ *sich einsetzen*

en|ga|giert ⟨[ãgaʒi:rt] Adj.⟩ **1** *sehr beschäftigt* **2** *sich stark einsetzend (für etwas oder jmdn.)* [< frz. *engager* »verpflichten«]

en garde ⟨[ãgard] Fechtsp.⟩ *Kommando zum Einnehmen der Kampfposition* [frz., »aufgepasst«]

En|gi|nee|ring ⟨[-dʒini:-] n.; - od. -s; unz.; kurz für⟩ *Human Engineering, Industrial Engineering* [engl.]

Eng|lish spo|ken ⟨[iŋgliʃ spoukən] Hinweis auf Ladenschildern o.Ä.⟩ *(hier wird) Englisch gesprochen*

En|go|be ⟨[ãgo:bə] f.; -, -n⟩ *dünne, glänzende, oft farbige Überzugmasse für Tonwaren u. Ziegel* [frz., »Überzugmasse für Keramik«]

en|go|bie|ren ⟨[ãgo-] V.⟩ *mit Engobe überziehen*

En|gramm ⟨n.; -s, -e⟩ *bleibende Spur eines geistigen Eindruckes, eines Erinnerungsbildes in der Großhirnrinde, Erinnerungsbild* [< *En…* + *…gramm*]

en gros ⟨[ãgro:] Adv.⟩ *im Großen, in großen Mengen;* Ggs *en détail* [frz., »im Großen«]

En|gros|han|del ⟨[ãgro:-] m.; -s; unz.⟩ *Großhandel;* Ggs *Detailhandel*

En|gros|sist ⟨[ã-] m.; -en, -en; österr.⟩ *Engroshändler, Großhändler*

En|har|mo|nik ⟨f.; -; unz.⟩ *Gleichheit, Vertauschbarkeit zweier gleich klingender, aber verschieden geschriebener u. benannter Töne od. Akkorde* [< *En…* + *Harmonik*]

en|har|mo|nisch ⟨Adj.⟩ *unterschiedl. Benennung u. Schreibung desselben Tones,* z.B. ais u. b; ~e Verwechslung *Verwandlung eines Tones od. Akkordes in einen gleich klingenden, aber anders geschriebenen u. benannten Ton od. Akkord*

E|nig|ma ⟨n.; -s, -ta⟩ = *Änigma*

e|nig|ma|tisch ⟨Adj.⟩ = *änigmatisch*

En|jam|be|ment ⟨[ãʒãb(ə)mã:] n.; -s, -s⟩ *Übergreifen eines Satzes über das Ende einer Verszeile in die nächste* [frz., »Hinübergreifen« (eines Verses); zu *enjamber* »überschreiten, überspringen«]

en|kaus|tie|ren ⟨V.⟩ **1** *enkaust. Farben auftragen auf, mit enkaust. Farben bemalen* **2** Gips- od. Marmorbildwerke ~ *mit flüssigem Wachs überziehen* [→ *Enkaustik*]

En|kaus|tik ⟨f.; -; unz.⟩ **1** *antike Maltechnik, bei der enkaust. Farben heiß mit Pinsel od. kalt mit heißem Spachtel aufgetragen werden* **2** *Verfahren, Gips- od. Marmorbildwerke mit*

flüssigem Wachs zu überziehen, um ihnen ein elfenbeinähnl. Aussehen zu geben [< *En...* + *Kaustik*]
en|kaus|tisch ⟨Adj.⟩ *die Enkaustik betreffend, auf ihr beruhend, mit ihrer Hilfe;* ~e Farben *mit Wachs gebundene u. dadurch gegen Feuchtigkeit sehr unempfindl. Farben*
En|kla|ve ⟨f.; -, -n⟩ *fremdes Staatsgebiet, das vom eigenen eingeschlossen ist;* Ggs *Exklave* [< frz. *enclave* »rings umschlossenes Grundstück«, < lat. *clavis* »Schlüssel«]
En|kli|se ⟨f.; -, -n⟩, **En|kli|sis** ⟨f.; -, -sen⟩ *Anlehnung eines unbetonten Wortes (Enklitikon) an ein vorausgehendes, stärker betontes,* z.B. »haben S'« statt »haben Sie«; Ggs *Proklise* [< grch. *enklinein* »anlehnen«]
En|kli|ti|kon ⟨n.; -s, -ka⟩ *unbetontes Wort, das sich an das vorhergehende, stärker betonte anlehnt;* → a. *Enklise;* Ggs *Proklitikon*
en|kli|tisch ⟨Adj.⟩ *in der Art einer Enklise, sich an ein vorangehendes, stärker betontes Wort anlehnend;* Ggs *proklitisch*
en|ko|die|ren ⟨V.; verstärkend für⟩ *kodieren;* oV *encodieren*
En|ko|die|rung ⟨f.; -, -en⟩ *das Enkodieren, Kodieren;* oV *Encodierung*
En|ko|mi|on, En|ko|mi|um ⟨n.; -s, -mi|en⟩ *Lobrede, Lobschrift* [< *En...* + grch. *komos* »festl. Feier«]
En|kri|nit ⟨m.; -en, -en⟩ *eine zur Familie der Crinoideae gehörige Versteinerung* [zu grch. *krinon* »Lilie«]
En|kul|tu|ra|ti|on ⟨f.; -, -en⟩ *das Hineinwachsen in die Gesellschaft (als soziokultureller Prozess)* [< *en...* + *Kultur*]
en masse ⟨[ãmas] Adv.⟩ *in Masse(n), massenhaft, in großer Zahl, in Hülle u. Fülle* [frz.]
en mi|ni|a|ture ⟨[ãminjaty:r] Adv.⟩ *in kleinem Maßstab, im Kleinen* [frz.]
en|nu|yant, ⟨auch⟩ **en|nuy|ant** ⟨[ãnyijã:] Adj.; †⟩ *langweilig, verdrießlich* [frz.]
en|nu|yie|ren, ⟨auch⟩ **en|nuy|ie|ren** ⟨[ãnyji:-] V.; †⟩ *langweilen, lästig sein* [< frz. *ennuyer* »langweilen, verdrießen«]
en|oph|thal|misch ⟨Adj.; Med.⟩ *den Enophthalmus betreffend*
En|oph|thal|mus ⟨m.; -; unz.; Med.⟩ *weites Zurücksinken des Augapfels in die Augenhöhle, oft durch Schwund des orbitalen Fettgewebes verursacht* [< *En...* + grch. *ophthalmos* »Auge«]
e|norm ⟨Adj.⟩ **1** *sehr groß, riesig* **2** *erstaunlich* **3** *herrlich, wunderbar;* ~e Summen; das ist (ja) ~!; ~ groß [< frz. *énorme* »ungeheuer«]
E|nor|mi|tät ⟨f.; -, -en⟩ **1** *außergewöhnliche Größe od. Ausdehnung* **2** *Überfülle*
En|os|to|se ⟨f.; -, -n⟩ *vom Knocheninneren ausgehende Knochengeschwulst* [< *En...* + grch. *osteon* »Bein, Knochen«]
en pas|sant ⟨[ãpasã:] Adv.⟩ *im Vorübergehen, beiläufig;* eine Sache ~ erwähnen [frz.]
en pro|fil ⟨[ã-] Adv.; †⟩ *im Profil, von der Seite;* Ggs *en face* [< frz. *de profil* »von der Seite«; zu *profil* »Seitenansicht«]
En|que|te ⟨[ãkɛ:t(ə)] od. [ãke:t(ə)] f.; -, -s⟩ **1** *amtliche Untersuchung, Umfrage, Rundfrage* **2** ⟨österr.⟩ *Arbeitstagung* [< frz. *enquête* »Ermittlung, Umfrage«]
En|que|te|kom|mis|si|on ⟨[ãkɛ:t(ə)-] od. [ãke:t(ə)-] f.; -, -en⟩ *vom Parlament gebildeter Ausschuss, der ein bestimmtes Vorkommnis od. Vorhaben (z.B. Gesetz) eingehend untersucht u. berät*
en|ra|giert ⟨[ãraʒi:rt] Adj.⟩ **1** *sehr von etwas eingenommen* **2** *wütend* [< frz. *enrager* »wütend werden«]
en route ⟨[ãrut] Adv.⟩ *unterwegs* [frz.]
Ens ⟨n.; -; unz.; Philos.⟩ **1** *das Wesen, Seiende, Ding* **1.1** ⟨in der Scholastik⟩ *das Seiende im Unterschied zu seiner Wesenheit (Essentia)* **1.2** ~ reale *das wirklich Seiende* **1.3** ~ rationis *das nur in unserem Denken Existierende* [< lat. *ens* »das Ding«]
En|sem|ble, ⟨auch⟩ **En|semb|le** ⟨[ãsã:bl] n.; -s, -s⟩ **1** *Gesamtheit* **2** *alle Schauspieler eines Theaterstückes* **3** *Gemeinschaft von Künstlern, die zusammen spielen od. musizieren, ohne dass einer als Star hervortritt* **4** *kleines Orchester;* Musik~ **5** *Gesangs-, Tanzgruppe;* Gesangs~, Tanz~ **6** *Spiel des Orchesters, im Unterschied zum Spiel der Solisten* [frz., »zusammen; Gesamtheit«]
En|si|la|ge ⟨[ãsila:ʒə] f.; -; unz.⟩ **1** *im Silo aufbewahrtes, eingesäuertes Futter* **2** *Einbringen von Futter in das Silo* [frz.]
en suite ⟨[ãsyi:t] Adv.⟩ *im Folgenden, demzufolge; hintereinander, unmittelbar folgend* [< frz. *de suite* »hintereinander«]
ent|an|o|ny|mi|sie|ren, ⟨auch⟩ **ent|a|no|ny|mi|sie|ren** ⟨V.; EDV⟩ *den Schutz der Namenlosigkeit personenbezogener Daten außer Kraft setzen* [→ *anonym*]
Ent|an|o|ny|mi|sie|rung, ⟨auch⟩ **Ent|a|no|ny|mi|sie|rung** ⟨f.; -, -en⟩ *das Entanonymisieren*
En|ta|se ⟨f.; -, -n⟩, **En|ta|sis** ⟨f.; -, -sen⟩ *Verdickung des Säulenschaftes* [< grch. *enteinein* »anspannen«]
En|te|le|chie ⟨f.; -, -n⟩ **1** *(nach Aristoteles) Fähigkeit, sich nach der ursprüngl. angelegten Form zu entwickeln* **2** *zielstrebige Kraft eines Organismus, die seine Entwicklung und Gestaltung lenkt* [< grch. *entelecheia* < *en telei echein* »in Vollendung haben oder sein«]
en|te|le|chisch ⟨Adj.⟩ *die Entelechie betreffend, auf ihr beruhend*
En|ten|te ⟨[ãtã:t(ə)] f.; -, -n⟩ *freundschaftl. Bündnis zwischen Staaten;* ~ cordiale *herzl. Einvernehmen* [frz., »Verständnis, Einvernehmen«]
En|ter ⟨n.; -s; unz.; EDV⟩ *Taste zur Befehlsbestätigung auf der Computertastatur* [< engl. *enter* »eintreten; eintragen, einschreiben«]
en|te|ral ⟨Adj.⟩ *den Darm betreffend, zum Darm gehörig, Darm...* [< grch. *enteron* »Darm«]
En|ter|al|gie, ⟨auch⟩ **En|te|ral|gie** ⟨f.; -, -n⟩ *Leibschmerz, Darmkolik* [< *Entero...* + *...algie*]

En|te|ri|tis ⟨f.; -, -ti|den⟩ *Entzündung des Dünndarms* [→ *entral*]

ẹn|tern ⟨V.⟩ **1** *in das Takelwerk eines Schiffes klettern;* auf~, hinauf~ **2** ein Schiff ~ *auf dem Meer stürmen, erobern* [< ndrl. *enteren* »ein feindl. Schiff besteigen, um es zu überwältigen« < frz. *entrer* »eintreten, betreten« < lat. *intrare*]

en|te|ro..., **En|te|ro...** ⟨in Zus.⟩ *darm..., Darm...* [< grch. *enteron*]

En|te|ro|dy|nie ⟨f.; -, -n⟩ *Leibschmerz, Darmschmerz* [< *Entero...* + grch. *odyne* »Schmerz«]

En|te|ro|ki|na|se ⟨f.; -; unz.; Med.⟩ = *Enteropeptidase*

En|te|ro|kly|se ⟨f.; -, -n⟩ *Darmspülung* [< *Entero...* + grch. *klyzein* »spülen, waschen«]

En|te|ro|kọk|ken ⟨Pl.; Med.⟩ *zur natürlichen Darmflora des Menschen gehörende Bakterien* [< *Entero...* + *Kokken*]

En|te|ro|ko|li|tis ⟨f.; -, -ti|den⟩ *Entzündung des Dick- u. Dünndarms* [zu *Entero...* + grch. *kolon* »Dickdarm«]

Ẹn|te|ron ⟨n.; -s, -ra; Med.⟩ **1** *Darm, insbes. Dünndarm* **2** *Eingeweide* [grch.]

En|te|ro|neu|ro|se ⟨f.; -, -n; Med.⟩ *nervöse Darmreizung* [< *Entero...* + *Neurose*]

En|te|ro|pep|ti|da|se ⟨f.; -, -n; Med.⟩ *in der Duodenalschleimhaut entstehendes Enzym, das im Dünndarm die Umwandlung von inaktiven Proenzymen zu aktiven Verdauungsenzymen beschleunigt;* Sy *Enterokinase* [< *Entero...* + *Peptidase*]

En|te|ro|pto|se, ⟨auch⟩ **En|te|rop|to|se** ⟨f.; -, -n; Med.⟩ *Darm- od. Eingeweidesenkung infolge verringerter Gewebespannung, die oft nach Abmagerung od. Entbindung entsteht*

En|te|ro|skop, ⟨auch⟩ **En|te|ros|kop** ⟨n.; -s, -e⟩ *Instrument zum Untersuchen des Dickdarms, Darmspiegel* [< *Entero...* + *...skop*]

En|te|ro|sko|pie, ⟨auch⟩ **En|te|ros|ko|pie** ⟨f.; -, -n⟩ *Untersuchung des Darms mit dem Enteroskop*

En|te|ro|sto|mie, ⟨auch⟩ **En|te|ros|to|mie** ⟨f.; -, -n⟩ *das Anlegen eines künstl. Afters* [< *Entero...* + grch. *stoma* »Mund«]

En|te|ro|ze|le ⟨f.; -, -n⟩ *Darmbruch* [< *Entero...* + grch. *kele* »Bruch«]

En|ter|tai|ner ⟨[-tɛi-] m.; -s, -⟩ *jmd., der andere berufsmäßig unterhält,* z.B. Conférencier, Diskjockey [engl.]

En|ter|tain|ment ⟨[-tɛin-] n.; -s; unz.⟩ *Unterhaltung in der Art einer Show* [engl.]

En|thal|pie ⟨f.; -, -n⟩ *Größe der Thermodynamik, definiert als die innere Energie eines Systems, die es unter den gerade herrschenden Zustandsbedingungen aufweist* [< grch. *en* »darin« + *thalpein* »warm machen«]

Ent|hel|mịn|the ⟨f.; -, -n; meist Pl.⟩ *Eingeweidewurm* [< *Ento...* + *Helminthe*]

en|thu|si|as|mie|ren ⟨V.⟩ *in Enthusiasmus versetzen, begeistern, entzücken*

En|thu|si|ạs|mus ⟨m.; -; unz.⟩ *Begeisterung, Entzücken* [< grch. *enthusiasmos,* eigtl. »Gottesbegeisterung«; zu *entheos* »voll von Gott«]

En|thu|si|ạst ⟨m.; -en, -en⟩ *leicht begeisterte Person, Schwärmer* [< grch. *enthusiastes,* eigtl. »von Gott Begeisterter«; zu *entheos* »voll von Gott«]

en|thu|si|ạs|tisch ⟨Adj.⟩ *begeistert, entzückt*

En|ti|ty-Re|la|tion|ship-Mo|dell ⟨[ɛntiti rilɛiʃnʃip-] n.; -s; unz.; EDV⟩ *Datenverarbeitungsmethode, bei der Objekte u. Beziehungen zwischen einzelnen Objekten grafisch dargestellt u. in einem Diagramm veranschaulicht werden können* [< engl. *entity* »Einheit, Element« + *relationship* »Verhältnis, Beziehung«]

En|ti|tät ⟨f.; -, -en⟩ *das Dasein eines Dinges, im Unterschied zu seinem Wesen;* Ggs *Quiddität* [< lat. *ens,* Präs. zu *esse* »sein«]

ent|mi|li|ta|ri|sie|ren ⟨V.⟩ ein Land, Gebiet ~ *Streitkräfte u. Waffen daraus entfernen;* Sy *demilitarisieren*

Ent|mi|li|ta|ri|sie|rung ⟨f.; -; unz.⟩ Sy *Demilitarisierung* **1** *das Entmilitarisieren* **2** *Beseitigung des Militärs u. der militär. Ausrüstung, das Entmilitarisiertwerden*

Ent|my|tho|lo|gi|sie|rung ⟨f.; -; unz.⟩ *Befreiung von einem Weltbild, das sich auf mytholog. Vorstellungen gründet;* ~ der Bibel

Ent|na|zi|fi|zie|rung ⟨f.; -, -en⟩ *das Entnazifizieren, das Entnazifiziertwerden, nach 1945 von den Alliierten in Dtschl. vorgenommene Entfernung ehemaliger Nationalsozialisten aus staatl., polit. u. wirtschaftl. Stellungen u. Beseitigung aller nationalsozialist. Einflüsse*

ent|nẹr|ven ⟨V.⟩ **1** *der Nervenkraft, der Energie berauben, nervös machen* **2** *(durch zu starke Mittel) der nervl. Reaktionsfähigkeit berauben*

ent|nẹrvt ⟨Adj.⟩ **1** *schwach, übernervös, gereizt* **2** *nur noch durch sehr starke Mittel beeinflussbar*

en|to..., **En|to...** ⟨Vors.⟩ *innen..., Innen...* [< grch. *entos* »drinnen«]

En|to|blạst ⟨n.; -(e)s, -e⟩ = *Entoderm* [< *Ento...* + *...blast*]

En|to|dẹrm ⟨n.; -s, -e; Med.⟩ *inneres Keimblatt (des menschl. u. tier. Embryos);* Sy *Entoblast, Hypoblast;* Ggs *Ektoderm* [< *Ento...* + *...derm*]

en|to|der|mal ⟨Adj.; Med.⟩ *aus dem inneren Keimblatt entstehend, das innere Keimblatt betreffend;* Ggs *ektodermal*

en|to|mo|gam ⟨Adj.; Bot.⟩ *insektenblütig;* ~e Blume *B., deren Blüten auf die Bestäubung durch Insekten zweckeingerichtet sind*

En|to|mo|ga|mie ⟨f.; -, -n; Bot.⟩ *Bestäubung von Blüten durch Insekten, Insektenblütigkeit* [zu grch. *entomos* »eingeschnitten« + *...gamie*]

En|to|mo|lo|ge ⟨m.; -n, -n⟩ *Wissenschaftler, Student der Entomologie*

En|to|mo|lo|gie ⟨f.; -; unz.⟩ *Wissenschaft von den Gliedertieren, bes. den Insekten* [< grch. *entomos* »eingeschnitten« + *...logie*]

En|to|mo|lo|gin ⟨f.; -, -gin|nen⟩ *Wissenschaftlerin, Studentin der Entomologie*

en|to|mo|lo|gisch ⟨Adj.⟩ *zur Entomologie gehörend, auf ihr beruhend*
En|to|pa|ra|sit ⟨m.; -en, -en⟩ *Parasit, der im Innern von Pflanzen od. Tieren lebt, Binnenschmarotzer*
en|to|pisch ⟨Adj.; †⟩ *einheimisch, örtlich* [< *en...* + *topos* »Ort«]
En|to|plas|ma ⟨n.; -s; unz.⟩ *die oft innen gelegene, flüssige Komponente des Protoplasmas;* oV *Endoplasma;* Ggs *Ektoplasma*
ent|op|tisch, ⟨auch⟩ **en|top|tisch** ⟨Adj.⟩ *im Innern des Auges gelegen* [< *ento...* + Stamm *op-* »sehen; Auge«]
ent|o|tisch, ⟨auch⟩ **en|to|tisch** ⟨Adj.⟩ *im Ohr enstehend* [< *ento...* + *ous,* Gen. *otos* »Ohr«]
En|to|xis|mus ⟨m.; -, -men⟩ *Vergiftung(serscheinung)* [< *En...* + lat. *toxicum* »Pfeilgift«]
En|to|zo|on ⟨n.; -s, -zo|en od. -zoa⟩ *tier. Schmarotzer im Innern anderer Organismen* [< *Ento...* + *Zoon*]

■ Die Buchstabenfolge **en|tr...** kann auch **ent|r...** getrennt werden. Davon ausgenommen sind Zusammensetzungen, in denen die fremdsprachigen bzw. sprachhistorischen Bestandteile deutlich als solche erkennbar sind, z.B. *-tropie* (→a. *Biotropie*).

■ **En|tre|akt** ⟨[ãtrə-] a. [ãtr-] m.; -(e)s, -e⟩ *Zwischenakt(spiel), Zwischenaktmusik* [< frz. *entracte* »Zwischenakt, Pause«]
■ **En|tre|chat** ⟨[ãtrəʃa] m.; -s [-ʃa], -s [-ʃa]; Ballett⟩ *Kreuzsprung, Sprung in die Höhe, bei dem man die Füße mehrmals rasch übereinander schlägt* [frz., »Luft-, Kreuzsprung« < ital. *intrecciato (salto)* »verflochtener, d.h. mit verschlungenen Füßen gemachter Kreuzsprung beim Ballett«]
■ **En|tre|cote** ⟨[ãtrəko:t] n.; -s, -s⟩ *Rippenstück vom Rind* [< frz. *entrecôte*]
■ **En|tree** ⟨[ãtre:] n.; -s, -s⟩ **1** *Eingang, Zugang* **2** *Vorzimmer, Diele, Korridor* **3** *Eintritt, Zutritt* **4** *Eintrittsgeld* **5** *erster Gang, Vorspeise* **6** ⟨im 17. Jh.⟩ *Instrumentalstück zur Einleitung eines Balletts, währenddessen die Tänzer hereinkamen* **7** *selbständiger Auftritt (z.B. eines Clowns) im Zirkus* [< frz. *entrée* »Eingang, Einleitung, Eintrittspreis«]
■ **En|tre|fi|let** ⟨[ãtrəfile:] n.; -s, -s⟩ **1** ⟨Publ.⟩ *eingeschobener, meist prägnant formulierter Kurzkommentar in Zeitungen, inzw. durch die Glosse abgelöst;* →a. *Glosse(3)* **2** ⟨Kochk.⟩ *kurz gebratenes Fleischgericht vom Lendenstück von Schwein od. Rind* [frz.]
■ **En|tre|lacs** ⟨[ãtrəla] n.; -, -⟩ *verschlungene Linien, Bänder usw. als Ornament in Kunstgewerbe u. Baukunst* [frz., »Flechtwerk, Geflecht, Schnörkel«]
■ **En|tre|més** ⟨[ɛntremɛs] n.; -, -⟩ **1** ⟨urspr.⟩ *einaktiges komisches Festspiel, Possenspiel* **2** ⟨später⟩ *komisches Zwischenspiel bei mehraktigen Dramen* [span., »Zwischenspiel«]
■ **En|tre|me|ti|er** ⟨[ãtrəmetje:] m.; -s, -s; Kochk.⟩ *(Abteilungs-)Koch, der Suppen, Kartoffeln, Gemüse u. kleinere Zwischengerichte zubereitet;* →a. *Brigade(3)* [< frz. *entre* »zwischen« + *métier* »Handwerk; Fach, Beruf«]
■ **En|tre|mets** ⟨[ãtrəmɛ:] n.; -, -; Kochk.⟩ *kleines Zwischengericht;* ⟨auch⟩ *Dessert* [frz., zu *entre* »zwischen« + *mettre* »stellen, legen«]
■ **en|tre nous** ⟨[ãtrənu:]⟩ *unter uns, ungezwungen, vertraulich;* hier sind wir ~ [frz., »unter uns«]
■ **En|tre|pot** ⟨[ãtrəpo:] n.; -s, -s⟩ **1** *Speicher, Lagerhaus, -raum* **2** *Niederlage beim Zoll (für Waren vor dem Verzollen)* [< frz. *entrepôt* »Lagerhaus, Zollspeicher«]
■ **En|tre|pre|neur** ⟨[ãtrəprənø:r] m.; -s, -s; †⟩ *Unternehmer, Agent, Veranstalter (von Konzerten, Vorträgen, usw.)* [frz., »Unternehmer, Industrieller«]
En|tro|pie ⟨f.; -, -n⟩ **1** *Zustandsgröße der Thermodynamik* **2** *Maß für die »Unordnung« in einem abgeschlossenen System; die E. nimmt bei allen natürlich ablaufenden Prozessen zu* **3** ⟨Kommunikationstheorie⟩ *Größe des Nachrichtengehaltes einer nach statist. Gesetzen gesteuerten Nachrichtenquelle* **4** ⟨Wahrscheinlichkeitsrechnung⟩ *Maß für den Grad der Ungewissheit für den Ausgang eines Versuches* [< grch. *entrepein* »umkehren, umwenden«]
En|tro|pi|um ⟨n.; -s, -pi|en⟩ *krankhafte Einwärtsdrehung des freien Lidrandes;* Ggs *Ektropium* [zu grch. *entrepein* »umkehren«]
Ent|schei|dungs|feh|ler ⟨m.; -s, -s; Wirtsch.⟩ *Oberbegriff für die zwei möglichen Inkorrektheiten bei statistischen Testverfahren;* →a. *Alphafehler, Betafehler*
E|nu|kle|a|ti|on, ⟨auch⟩ **E|nuk|le|a|ti|on** ⟨f.; -, -en; Med.⟩ **1** *(chirurgische) Ausschälung, z.B. des Augapfels;* Sy *Exenteration(1)* **2** *Entfernung eines Zellkerns* [→ *enukleieren*]
e|nu|kle|ie|ren, ⟨auch⟩ **e|nuk|le|ie|ren** ⟨V.⟩ **1** *konstruieren, erschaffen, erklären* **2** ⟨Med.⟩ *durch einen ärztlichen Eingriff entfernen;* eine Geschwulst ~; einen Tumor ~ [< lat. *enucleare* »aus-, entkernen«]

Enumeration (*Schreibung nach Stammerhaltungsprinzip*) Im Deutschen richtet sich die Schreibung abgeleiteter Wortformen nach dem Stammerhaltungsprinzip. Dementsprechend wird das Verb »nummerieren« analog zum Substantiv »*Nummer*« mit einem Doppelkonsonanten geschrieben. Bei nicht in die Alltagssprache integrierten Fremdwörtern richtet sich hingegen die Schreibung nach der etymologischen Herkunft, z.B. der lateinischen Form *enumerare.*

E|nu|me|ra|ti|on ⟨f.; -, -en; †⟩ *Aufzählung* [lat.]
e|nu|me|ra|tiv ⟨Adj.; †⟩ *aufzählend*
e|nu|me|rie|ren ⟨V.; †⟩ *aufzählen* [< lat. *enumerare* »berechnen, aufzählen«]

En|u|re|se, ⟨auch⟩ **E|nu|re|se** ⟨f.; -, -n⟩ *Bettnässen, unwillkürl. Harnabgang* [< *En*… + grch. *ourein* »harnen«]
En|ve|lop|pe ⟨[ãvəlɔp(ə)] f.; -, -n⟩ **1** *Hülle, Futteral, Briefumschlag* **2** ⟨Math.⟩ *einhüllende Kurve* [frz., »Hülle, Umhüllung«]
En|vi|ron|ment ⟨[-vaiərən-] n.; -s, -s; moderne Kunst⟩ *Arrangement aus Gegenständen und Bildern, oft mit Geräuschen verbunden, das den Betrachter einbeziehen und eine bestimmte Wirkung auf ihn ausüben soll* [engl., »Umgebung«]
En|vi|ron|to|lo|gie ⟨[ɛnvi-] f.; -; unz.⟩ *Umweltforschung* [< frz. *environne* »umgeben« + …*logie*]
en vogue ⟨[ãvɔg] od. [ãvo:k] Adv.⟩ *beliebt, in Mode, im Schwange* [frz.]
En|ze|pha|li|tis ⟨f.; -, -ti|den⟩ *Gehirnentzündung;* oV *Encephalitis* [< grch. *egkephalos* »Gehirn«]
En|ze|pha|lo|gra|fie ⟨f.; -, -n; Med.⟩ = *Enzephalographie*
En|ze|pha|lo|gramm ⟨n.; -s, -e⟩ *Aufzeichnung der elektr. Ströme im Gehirn* [< grch. *egkephalos* »Gehirn« + …*gramm*]
En|ze|pha|lo|gra|phie ⟨f.; -, -n; Med.⟩ *Röntgenaufnahme des Gehirns mittels punktierter Luft- bzw. Gasfüllung einzelner Hirnkammern;* oV *Enzephalografie;* → a. *Elektroenzephalographie;* → a. *Echoenzephalographie*
En|ze|pha|lon ⟨n.; -s, -la⟩ = *Encephalon*
En|zo|o|tie ⟨[-tso:o-] f.; -, -n⟩ *Tierseuche mit beschränkter Ausbreitung;* Ggs *Epizootie* [< *en*… + *Zoon*]
En|zy|kli|ka, ⟨auch⟩ **En|zyk|li|ka** ⟨f.; -, -ken⟩ *päpstl. Erlass, Rundschreiben* [< grch. *enkyklios* »im Kreise laufend«; → *Zyklus*]
en|zy|klisch, ⟨auch⟩ **en|zyk|lisch** ⟨Adj.⟩ **1** *einen Kreis durchlaufend* **2** ~e Bildung ⟨MA⟩ *die auf den sieben freien Künsten beruhende B.* [< grch. *enkyklios* »im Kreise laufend«]
En|zy|klo|pä|die ⟨auch⟩ **En|zyk|lo|pä|die** ⟨f.; -, -n⟩ **1** *Gesamtheit des Wissens* **2** *Nachschlagewerk über alle Wissensgebiete in lexikal. Form* [< grch. *enkyklios* »im Kreise laufend« + …*pädie*]
En|zy|klo|pä|di|ker, ⟨auch⟩ **En|zyk|lo|pä|di|ker** ⟨m.; -s, -⟩ *Verfasser einer Enzyklopädie*
en|zy|klo|pä|disch, ⟨auch⟩ **en|zyk|lo|pä|disch** ⟨Adj.⟩ *eine Enzyklopädie betreffend, auf ihr beruhend, in der Art einer Enzyklopädie*
En|zy|klo|pä|dist, ⟨auch⟩ **En|zyk|lo|pä|dist** ⟨m.; -en, -en⟩ *Mitarbeiter an der französ. Enzyklopädie unter Diderot u. d'Alembert in der 2. Hälfte des 18. Jh.*
En|zym ⟨n.; -s, -e⟩ = *Ferment* [< grch. *zyme* »Sauerteig«]
en|zy|ma|tisch ⟨Adj.⟩ *durch Enzyme bewirkt*
En|zy|mo|lo|gie ⟨f.; -; unz.⟩ *Lehre von den Enzymen, Wirkstoffen* [< *Enzym* + …*logie*]
en|zys|tie|ren ⟨V.; Biol.⟩ Kleinlebewesen ~ *kapseln sich ein, um in den Zysten Perioden ungünstiger Lebensbedingungen zu überdauern* [< grch. *kystis* »Blase«]
e|o…, E|o… ⟨in Zus.⟩ *früh…, Früh…, vorgeschichtlich* [< grch. *eos* »Morgenröte«]
E|o|bi|ont ⟨m.; -en, -en; Biol.⟩ *Urzelle als primitivste Form von Leben* [< *Eo*… + grch. *bios* »Leben«]
eo ip|so **1** *eben dadurch, gerade dadurch* **2** *von selbst, selbstverständlich* [lat., »durch sich selbst«]
E|o|li|enne ⟨[-ljɛn] f.; -; unz.⟩ **1** *Seiden- od. Halbseidengewebe in Taftbindung* **2** = *Sizilienne* [frz., Adj. (weibl. Form) zu *Eole* < grch. *Aiolos* (Name des Gottes der Winde)]
E|o|lith ⟨m.; -s od. -en, -e od. -en⟩ *vermeintl. vorgeschichtl. Werkzeug aus Feuerstein* [< *Eo*… + …*lith*]
E|o|li|thi|kum ⟨n.; -s; unz.⟩ *wegen der Eolithenfunde fälschlicherweise vermutete, früheste kulturgeschichtliche Periode* [< *Eo*… + …*lithikum*]
E|o|sin ⟨n.; -s; unz.⟩ *wasserlöslicher roter Farbstoff, einer der ersten fotografischen Sensibilatoren, auch zur Herstellung von roter Tinte od. Lippenstiften verwendet, chem. Natriumsalz des Tetrabromfluoreszeins* [< grch. *eos* »Morgenröte«]
e|o|si|nie|ren ⟨V.⟩ *mit Eosin rot färben*
e|o|si|no|phil ⟨Adj.⟩ **1** *mit Eosin färbbar* **2** ⟨Med.⟩ ~e Zellen *Z., die sich leicht mit (sauren) Eosinfarbstoffen verbinden* [< *Eosin* + …*phil*]
E|o|si|no|phi|lie ⟨f.; -; unz.; Med.⟩ *Vermehrung der eosinophilen Zellen (bes. Leukozyten) auf über 4% der weißen Blutkörperchen, z.B. bei allergischen Prozessen* [< *Eosin* + …*philie*]
e|o|zän ⟨Adj.⟩ *das Eozän betreffend, aus ihm stammend*
E|o|zän ⟨n.; -s; unz.⟩ *mittlere Stufe des Paläozäns* [< *Eo*… + …*zän*]
E|o|zo|i|kum ⟨n.; -s; unz.⟩ = *Algonkium* [< *Eo*… + …*zoikum*]
e|o|zo|isch ⟨Adj.⟩ *das Eozoikum betreffend, zu ihm gehörig, aus ihm stammend*
E|o|zo|on ⟨n.; -s, -zo|en; Geol.⟩ *erdurzeitliche, in Nordamerika entdeckte, mineralische Objekte, die inkorrekterweise als organische Fossilien galten* [< *Eo*… + *Zoon*]
Ep|a|go|ge, ⟨auch⟩ **E|pa|go|ge** ⟨f.; -, -n; Philos.⟩ = *Induktion* [< grch. *epagein* »hinauf-, herbeiführen«]
ep|a|go|gisch, ⟨auch⟩ **e|pa|go|gisch** ⟨Adj.⟩ *in der Art der Epagoge;* Sy *induktiv*
Ep|ak|te, ⟨auch⟩ **E|pak|te** ⟨f.; -, -n⟩ *Zahl, die angibt, wie viele Tage zwischen dem Neumond des vergangenen Jahres u. dem 1. Januar verstrichen sind, wichtig für die Berechnung des Osterfestes* [< grch. *epaktos* »hinzugebracht, hinzugesetzt«]
Ep|a|na|lep|se, ⟨auch⟩ **E|pa|na|lep|se** ⟨f.; -, -n⟩ *Wiederholung eines Wortes od. einer Wortgruppe im Satz;* oV *Epanalepsis;* Sy *Epizeuxis* [< grch. *epanalepsis* »Wiederholung«]
Ep|a|na|lep|sie, ⟨auch⟩ **E|pa|na|lep|sie** ⟨f.; -; unz.; Med.⟩ *bes. im Mittelmeergebiet auftretende, durch rohe Ziegenmilch übertragbare,*

fieberhafte Infektionskrankheit mit periodisch wiederkehrenden Nervenschmerzen u. Fieberanfällen, Maltafieber, Mittelmeerfieber: Febris undulans [< grch. *epanalepsis* »Wiederholung«]
Ep|a|na|lẹp|sis, ⟨auch⟩ **E|pa|na|lẹp|sis** ⟨f.; -, -sen⟩ = *Epanalepse*
Ep|arch, ⟨auch⟩ **E|pạrch** ⟨m.; -en, -en⟩ **1** *Bischof der griech.-orthodoxen Kirche* **2** *Statthalter einer oström. Provinz* [< grch. *eparchos* »Statthalter«; zu *arche* »Herrschaft«]
Ep|ar|chie, ⟨auch⟩ **E|par|chie** ⟨f.; -, -n⟩ **1** *Amtsbezirk eines Eparchen* **2** *oström. Provinz*
E|pau|lett ⟨[epolɛ̣t] n.; -s, -s⟩, **E|pau|let|te** ⟨[epolɛ̣t(ə)]; f.; -, -n⟩ *Achselstück der Offiziersuniform* [< frz. *épaulette* »Schulterstück«; zu *épaule* »Schulter«]
E|pei|ro|ge|ne|se ⟨f.; -, -n⟩ = *Epirogenese*
E|pen ⟨Pl. von⟩ *Epos*
Ep|en|dym, ⟨auch⟩ **E|pen|dym** ⟨n.; -s; unz.⟩ *ektodermale, dünnhäutige Zellauskleidung der Hirnhöhlen sowie des zentralen Rückenmarkkanals* [zu grch. *endyma* »(Ober-)Kleidung«]
Ep|en|the|se, ⟨auch⟩ **E|pen|the|se, Ep|ẹn|the|sis,** ⟨auch⟩ **E|pẹn|the|sis** ⟨f.; -, -the|sen⟩ *Einfügung, Einschaltung eines Lautes zur Erleichterung der Aussprache,* z.B. des t in »wissentlich« [zu grch. *epi* »hinzu« + *enthesis* »Hineinsetzung«]
ep|en|the|tisch, ⟨auch⟩ **e|pen|the|tisch** ⟨Adj.⟩ *auf Epenthese beruhend, in der Art einer Epenthese*
Ep|ex|e|ge|se, ⟨auch⟩ **E|pe|xe|ge|se** ⟨f.; -, -n⟩ *ergänzende Erklärung in der Art einer Apposition,* z.B. oben auf dem Dach [< *epi...* + *Exegese*]
ep|e|xe|ge|tisch, ⟨auch⟩ **e|pe|xe|ge|tisch** ⟨Adj.⟩ *in der Art einer Epigese formuliert*
eph..., **Eph...** ⟨Vors.; vor h⟩ *epi..., Epi...* [grch.]

■ Die Buchstabenfolge **eph|e...** kann auch **e|phe...** getrennt werden.

■ **Eph|e|be** ⟨m.; -n, -n; im alten Griechenland⟩ *Jüngling zwischen 18 u. 20 Jahren* [< grch. *ephebos* »Jüngling«]
■ **Eph|e|dra,** ⟨auch⟩ **Eph|ed|ra** ⟨f.; -, -drae od. -dren⟩ *Ephedrin enthaltende Gattung der Rutensträucher mit kleinen, schuppenförmigen Blättern* [nlat., »Pferdeschwanz« < grch. *ephedros* »sitzend auf«]
■ **Eph|e|drin,** ⟨auch⟩ **Eph|ed|rin** ⟨n.; -s; unz.; Ⓦⓩ⟩ *Alkaloid verschiedener Arten der Ephedra mit Kreislaufwirkung, bei Kreislaufschwäche, Asthma, Schnupfen u. a. verordnet*
■ **Eph|e|li|de** ⟨f.; -, -n⟩ *Sommersprosse* [< grch. *ephelides* »Sommersprossen«]
■ **eph|e|mer** ⟨Adj.⟩ oV *emphemerisch* **1** *nur einen Tag dauernd* **2** ⟨fig.⟩ *vergänglich, vorübergehend, nur kurze Zeit dauernd* [< grch. *ephemeros* »auf den Tag«]
■ **Eph|e|me|ri|de** ⟨f.; -, -n⟩ **1** *Eintagsfliege* **2** *Erscheinung, Vorgang von kurzer Dauer* **3** *Buch, in dem die tägl. Stellungen der Gestirne für ein od. mehrere Jahre im Voraus verzeichnet sind* **4** *periodische Veröffentlichung mit den in zeitl. Reihenfolge aufgezeichneten Tagesereignissen* [→ *ephemer*]
■ **eph|e|me|risch** ⟨Adj.⟩ = *ephemer*
Ep|hi|dro|se, ⟨auch⟩ **Ep|hid|ro|se** ⟨f.; -; unz.⟩ = *Hyperhidrose* [< *Epi...* + grch. *hidros* »Schweiß«]
E|phor ⟨m.; -en, -en; im antiken Sparta⟩ *einer der fünf vom Volk gewählten obersten Beamten* [< grch. *ephoros* »Aufseher«]
E|pho|rat ⟨n.; -(e)s, -e⟩ **1** *Amt des Ephoren* **2** *Amt des Ephorus*
E|pho|rie ⟨f.; -, -n⟩ *Amtsbezirk eines Ephorus*
E|pho|rus ⟨m.; -, -pho|ren⟩ = *Superintendent* [< grch. *ephoros* »Aufseher«]
e|pi..., E|pi... ⟨vor Vok.⟩ ep..., Ep... ⟨Vors.⟩ *auf, darüber, an der Oberfläche, hinzu* [grch.]
E|pi|bi|ont ⟨m.; -en, -en⟩ *Lebewesen, das auf einem anderen lebt;* Ggs *Endobiont* [< *epi...* + grch. *bios* »Leben«]
E|pi|bi|o|se ⟨f.; -; unz.⟩ *Gemeinschaft verschiedenartiger Lebewesen, bei denen ein Partner auf dem anderen lebt* [< *Epi...* + *...biose*]
E|pi|cö|num ⟨[-tsø:-] n.; -s, -cö|na⟩ *Hauptwort, welches ein Geschöpf mit natürlichem Geschlecht (ein Tier) benennt, jedoch für das männl. sowie das weibl. Tier denselben Artikel besitzt,* z.B. Wal, Fledermaus [< lat. *epicoenum* < grch. *epikoinon* »Wort, das für beide Geschlechter gilt«, eigtl. »gemeinsam«]
E|pi|deik|tik ⟨f.; -; unz.; Rhet.⟩ **1** *wortgewandt u. künstlerisch ausgefeilte Fest- u. Ehrenrede* **2** *allgemeiner Vortragsstil bei Feiern u. Preisverleihungen* [< *epi...* + grch. *deixis* »das Aufzeigen, Hinweisen«]
e|pi|deik|tisch ⟨Adj.⟩ **1** *die Epideiktik betreffend, mit Hilfe der Epideiktik* **2** *prunkend, strahlend*
E|pi|de|mie ⟨f.; -, -n⟩ *ansteckende, sich rasch u. weit verbreitende, plötzl. auftretende u. abflauende Massenerkrankung, Seuche;* Ggs *Endemie* [< grch. *epidemios* »im Volke verbreitet«; zu *demos* »Volk«]
E|pi|de|mi|o|lo|ge ⟨m.; -n, -n⟩ *Wissenschaftler im Bereich der Epidemiologie*
E|pi|de|mi|o|lo|gie ⟨f.; -; unz.⟩ *Lehre von den Epidemien* [< *Epidemie* + grch. *logos* »Rede, Kunde«]
E|pi|de|mi|o|lo|gin ⟨f.; -, -gin|nen⟩ *Wissenschaftlerin im Bereich der Epidemiologie*
e|pi|de|mi|o|lo|gisch ⟨Adj.⟩ *die Epidemiologie betreffend, zu ihr gehörig*
e|pi|de|misch ⟨Adj.⟩ *in der Art einer Epidemie;* Ggs *endemisch*
e|pi|der|mal ⟨Adj.⟩ *die Epidermis betreffend, zu ihr gehörig*
E|pi|dẹr|mis ⟨f.; -, -men⟩ **1** *äußerste Schicht der Haut der Wirbeltiere, Oberhaut* **2** *pflanzliches, meist einschichtiges Abschlussgewebe* [< *Epi...* + *...dermis*]
E|pi|di|a|skop, ⟨auch⟩ **E|pi|di|as|kop** ⟨n.; -s, -e⟩

Projektor zum Abbilden durchsichtiger u. undurchsichtiger Bilder auf einer Wand, Kombination von Diaskop u. Episkop[< *Epi…* + *Diaskop*]

E|pi|di|dy|mis ⟨f.; -, -mi|den⟩ *Nebenhoden* [grch.]

E|pi|gas|tri|um, ⟨auch⟩ **E|pi|gast|ri|um** ⟨n.; -s, -tri|en⟩ *Magengrube* [< *Epi…* + grch. *gaster* »Bauch, Unterleib, Magen«]

E|pi|ge|ne|se ⟨f.; -, -n⟩ **1** ⟨Biol.⟩ *nach K.F. Wolff (1759) die Entwicklung des Organismus durch dauernde Neubildungen, ohne Steuerung durch erbl. Faktoren, heute veraltet* **2** ⟨Geol.⟩ *Beeinflussung geolog. u. morpholog. Bildungen durch vergangene geolog. u. orograph. Verhältnisse* [< *Epi…* + *Genese*]

e|pi|ge|ne|tisch ⟨Adj.⟩ *auf Epigenese beruhend, durch sie entstehend*

E|pi|glot|tis ⟨f.; -, -glot|tes⟩ *Kehldeckel* [< *Epi…* + *Glottis*]

e|pi|go|nal ⟨Adj.⟩ *in der Art eines Epigonen, unschöpferisch nachahmend;* Sy *epigonenhaft*

E|pi|go|ne ⟨m.; -n, -n⟩ *der Nachkommende, jmd., der Vorhergehendes unschöpfer. nachahmt od. anwendet* [<grch. *epigonos* »nachgeboren«]

e|pi|go|nen|haft ⟨Adj.⟩ = *epigonal*

E|pi|graf ⟨m.; -s, -e⟩ = *Epigraph*

E|pi|gra|fik ⟨f.; -; unz.⟩ = *Epigraphik*

E|pi|gra|fi|ker ⟨m.; -s, -⟩ = *Epigraphiker*

E|pi|gramm ⟨n.; -s, -e⟩ **1** *altgriech. Auf- od. Inschrift* **2** *kurzes, meist zweizeiliges Sinn- od. Spottgedicht* [<grch. *epigramma* »Auf-, Inschrift«]

E|pi|gram|ma|tik ⟨f.; -; unz.⟩ *Dichtung von Epigrammen, Kunst, Epigramme zu dichten*

E|pi|gram|ma|ti|ker ⟨m.; -s, -⟩ *Verfasser von Epigrammen*

e|pi|gram|ma|tisch ⟨Adj.⟩ *in der Art eines Epigramms, treffend, geistreich, witzig*

E|pi|graph ⟨n.; -s, -e⟩ *(bes. antike) Inschrift, Aufschrift;* oV *Epigraf* [<grch. *epigraphein* »darauf schreiben«]

E|pi|gra|phik ⟨f.; -; unz.⟩ *Teil der Altertumswissenschaft, der sich mit überlieferten Inschriften beschäftigt;* oV *Epigrafik;* Sy *Inschriftenkunde*

E|pi|gra|phi|ker ⟨m.; -s, -⟩ *Kenner, Erforscher von Epigraphen, Inschriftenforscher;* oV *Epigrafiker*

e|pi|gyn ⟨Adj.⟩ *mit unterständigem Fruchtknoten versehen* [< *epi…* + grch. *gyne* »Weib«]

E|pik ⟨f.; -; unz.⟩ *Gattung der erzählenden Vers- u. Prosadichtung* [<lat. *epicus* »episch« <grch. *epos;* → *Epos*]

E|pi|kan|thus ⟨m.; -; unz.⟩ *angeborene sichelförmige Hautfalte am Innenrand des Oberlids, die sich zum Unterlid spannt u. die Vereinigungsstelle von Ober- u. Unterlid am inneren Augenwinkel verdeckt;* Sy *Mongolenfalte* [< *Epi…* + grch. *kanthos* »Augenwinkel«]

E|pi|kard ⟨n.; -(e)s, -e; Med.⟩ *(bei Wirbeltieren u. Menschen) dem Herzen anliegendes Hautblatt des Herzbeutels* [< *Epi…* + grch. *kardia* »Herz«]

E|pi|karp ⟨n.; -s, -e⟩ *äußerste Schicht der Pflanzenfrucht* [< *Epi…* + *…karp*[2]]

E|pi|ker ⟨m.; -s, -⟩ *Dichter epischer Werke*

E|pi|kle|se, ⟨auch⟩ **E|pik|le|se** ⟨f.; -, -n; in der kath. u. griech.-orthodoxen Kirche⟩ *das Anrufen des Hl. Geistes beim Abendmahl*[<grch. *epiklesis* »Benennung«]

E|pi|kon|dy|li|tis ⟨f.; -, -ti|den; Med.⟩ *Schmerzzustand durch Entzündung am Sehnenursprung u. -ansatz,* z.B. Tennisellenbogen od. Werferellenbogen [< *Epi…* + grch. *kondylos* »Gelenkkopf«]

E|pi|ko|tyl ⟨n.; -s, -e⟩ *Abschnitt einer Keimpflanze zwischen den Keimblättern u. dem nächsten Blatt;* →a. *Hypokotyl* [< *Epi…* + grch. *kotyle* «»Höhlung«]

E|pi|kri|se ⟨f.; -, -n⟩ *Abschluss der Krankengeschichte mit dem endgültigen Urteil über Diagnose, Verlauf u. Behandlungsergebnis* [<grch. *epikrinein* »entscheiden«]

E|pi|ku|re|er ⟨m.; -s, -⟩ **1** *Anhänger der Lehre des griech. Philosophen Epikur (341–271 v.Chr.)* **2** ⟨fig.⟩ *Genussmensch*

e|pi|ku|re|isch ⟨Adj.⟩ **1** *die Lehre des Epikur betreffend, auf ihr beruhend* **2** ⟨fig.⟩ *genießerisch, wohllebend*

E|pi|ku|re|is|mus ⟨m.; -; unz.⟩ **1** *Lehre des Epikur* **2** ⟨fig.⟩ *Lebensauffassung, die den Genuss an die erste Stelle setzt*

E|pi|la|ti|on ⟨f.; -, -en⟩ *künstliche Entfernung von Haaren, Enthaarung* [<frz. *épilation* »Haarentfernung«; zu lat. *pilus* »Haar«]

E|pi|lep|sie ⟨f.; -, -n⟩ *zeitweilig auftretende Krämpfe am ganzen Körper mit Bewusstlosigkeit, Fallsucht* [grch. *epilepsia,* eigtl. »Angriff, Anfall«]

E|pi|lep|ti|ker ⟨m.; -s, -⟩ *jmd., der an Epilepsie leidet, Fallsüchtiger*

e|pi|lep|tisch ⟨Adj.⟩ *die Epilepsie betreffend, auf ihr beruhend, fallsüchtig*

e|pi|lie|ren ⟨V.⟩ *enthaaren, ausdünnen;* die Augenbrauen ~ [<frz. *épiler* »enthaaren« <lat. *pilus* »Haar«]

E|pi|lim|ni|on, E|pi|lim|ni|um ⟨n.; -s, -ni|en; Biol.⟩ *Oberflächenschicht eines Gewässers u. seine Organismenwelt;* Ggs *Hypolimnion* [< *Epi…* + grch. *limne* »(stehendes) Gewässer«]

E|pi|log ⟨m.; -s, -e⟩ Ggs *Prolog* **1** *Nachwort, Schlusswort (eines Buches)* **2** *Nachspiel (eines Theaterstückes)* **3** *Schlussworte eines Schauspielers an das Publikum* [< *Epi…* + *…log*[1]]

E|pi|nas|tie ⟨f.; -, -n⟩ *einseitiges Wachstum eines dorsiventralen Pflanzenorgans unter dem Einfluss von Licht u. Wärme, bewirkt z.B. das Öffnen von Blütenblättern;* Ggs *Hyponastie* [< *Epi…* + *Nastie*]

E|pin|glé, ⟨auch⟩ **E|ping|lé** ⟨[epɛ̃gle:] m.; -s, -s⟩ *gerippter, klein gemusterter Stoff aus Baumwolle, Kammgarn, Seide od. Halbseide als Kleider- u. Dekorationsstoff* [<frz. *velours epinglé* »Rippsamt«]

E|pi|pa|lä|o|li|thi|kum ⟨n.; -s; unz.⟩ *Mittelsteinzeit;* Sy *Mesolithikum* [< *Epi...* + *Paläolithikum*]

E|pi|pha|ni|as ⟨n.; -; unz.⟩ = *Epiphanienfest*

E|pi|pha|nie ⟨f.; -, -n⟩ *das Erscheinen einer Gottheit;* Sy *Theophanie* [<grch. *epiphaneia* »Erscheinung«]

E|pi|pha|ni|en|fest ⟨n.; -(e)s; unz.⟩ *Fest der Erscheinung Christi, urspr. sein Geburts-, dann sein Tauffest, in der kath. Kirche zugleich Fest der Hl. Drei Könige* [→ *Epiphanie*]

E|pi|phä|no|men ⟨n.; -s, -e⟩ *Begleiterscheinung, Auswirkung* [< *Epi...* + *Phänomen*]

E|pi|pha|rynx ⟨m.; -; unz.; Med.⟩ *nasaler Teilbereich des Rachens, Nasenrachenraum* [< *Epi...* + grch. *pharynx* »Rachen«]

E|pi|pher ⟨f.; -, -n; Rhet.⟩ = *Epiphora(2)*

E|pi|pho|ra ⟨f.; -, -rä⟩ **1** ⟨Med.⟩ *Tränenfluss* **2** *Wiederholung eines Wortes am Ende mehrerer aufeinander folgender Sätze od. Satzteile;* Sy *Epipher;* Ggs *Anapher* [<grch. *epipherein* »nachtragen«]

E|pi|phyl|lum ⟨n.; -s, -len⟩ *Blattkaktus* [< *Epi...* + grch. *phyllon* »Blatt«]

E|pi|phy|se ⟨f.; -, -n⟩ **1** *Endstück der großen Röhrenknochen der Wirbeltiere* **2** *Falte der oberen (dorsalen) Zwischenhirnwand der Wirbeltiere, die sich zu besonderen Organen ausbildet, z.B. zur Zirbeldrüse bei Säugetieren u. Mensch* [< *Epi...* + *...physe*]

E|pi|phyt ⟨m.; -en, -en⟩ *Pflanze, die nicht im Boden wurzelt, sondern auf anderen Pflanzen, meist Bäumen, oft mit Hilfe bes. Haftwurzeln festgewachsen ist* [< *Epi...* + *...phyt*]

E|pi|plo|on ⟨[-ploɔn] n.; -s, -ploa; Med.⟩ = *Omentum* [grch., »Netz um die Eingeweide«]

e|pi|ro|gen ⟨Adj.⟩ *durch Epirogenese entstanden*

E|pi|ro|ge|ne|se ⟨f.; -, -n⟩ *langzeitige kontinentweite Auf- od. Abwärtsbewegung der Erdkruste;* oV *Epeirogenese;* Ggs *Orogenese* [<grch. *epeiros* »Festland« + *Genese*]

e|pi|ro|ge|ne|tisch ⟨Adj.⟩ *die Epirogenese betreffend*

e|pisch ⟨Adj.⟩ *die Epik, das Epos betreffend, in der Art eines Epos, erzählend;* ~e **Breite** *breit ausmalende Erzählform;* ~e **Dichtung** *erzählende D.;* ~es **Theater** *moderne dramatische Form, bei welcher es weniger um individuelle Schicksale als um gesellschaftliche Beziehungen geht, die z.T. verfremdend dargestellt werden* [<grch. *poiesis epikos* »epische Dichtung«; → *Epos*]

E|pi|sem ⟨n.; -s, -e; Sprachw.⟩ *die semantische, inhaltliche Ebene eines Grammems;* → a. *Tagmem* [< *Epi...* + *Sem*]

E|pi|se|mem ⟨n.; s, -e; Sprachw.⟩ *die Bedeutungsebene eines Tagmems* [< *Epi...* + *Sem*]

E|pi|si|o|to|mie ⟨f.; -, -n; Med.⟩ *Einschneiden des Damms bei drohendem Dammriss, Dammschnitt* [<grch. *episeion* »Schamgegend« + *...tomie*]

E|pi|sit ⟨m.; -en, -en⟩ *Raubtier* [< *Epi...* + grch. *sitos* »Speise«]

E|pi|skle|ri|tis, ⟨auch⟩ **E|pis|kle|ri|tis, E|pisk|le|ri|tis** ⟨f.; -, -ti|den⟩ *Entzündung des Bindegewebes an der Lederhaut des Auges* [< *epi...* + *Skleritis*]

■ Die Buchstabenfolge **e|pi|sko...** kann auch **e|pis|ko...** getrennt werden.

■ **E|pi|skop** ⟨n.; -s, -e⟩ *Projektor für undurchsichtige Bilder* [<grch. *episkopein* »nach oder auf etwas sehen«]

■ **e|pi|sko|pal** ⟨Adj.⟩ *den Bischof betreffend, zu ihm gehörig, bischöflich*

■ **E|pi|sko|pa|le(r)** ⟨m.1⟩ *Anhänger, Vertreter der anglikan. Kirche*

■ **E|pi|sko|pa|lis|mus** ⟨m.; -; unz.⟩ **1** ⟨kath. Kirche⟩ *kirchenrechtl. Ordnung, nach der die Gesamtheit der Bischöfe (das Konzil) die höchste Kirchengewalt besitzt, also bei Streitfragen über dem Papst steht* **2** ⟨evang. Kirche⟩ *Auffassung von der Kirchenhoheit des Landesherrn, der auf Grund der Reformation als Rechtsnachfolger der kath. Bischöfe betrachtet wird;* Ggs *Kurialismus, Papalismus* [→ *Episkopus*]

■ **E|pi|sko|pa|list** ⟨m.; -en, -en⟩ *Anhänger, Vertreter des Episkopalismus*

■ **E|pi|sko|pal|kir|che** ⟨f.; -; unz.⟩ *Kirche mit bischöfl. Leitung, bes. die anglikan. Kirche*

■ **E|pi|sko|pat** ⟨n. od. m.; -(e)s, -e⟩ **1** *Bischofsamt, Bischofswürde* **2** *Gesamtheit der Bischöfe* [→ *Episkopus*]

■ **e|pi|sko|pisch** ⟨Adj.⟩ *mit dem Episkop*

■ **E|pi|sko|pus** ⟨m.; -, -pi⟩ *Bischof* [<grch. *episkopos* »Aufseher«]

E|pi|so|de ⟨f.; -, -n⟩ **1** ⟨im altgrch. Drama⟩ *zwischen die Chorgesänge eingeschobene Handlung* **2** ⟨im Drama u. Roman⟩ *eingeschobene Nebenhandlung* **3** ⟨Mus.⟩ *Zwischenspiel in der Fuge* **4** ⟨allg.⟩ *nebensächl. Ereignis od. Erlebnis, Zwischenspiel;* eine unbedeutende ~ [<frz. *épisode* »Nebenhandlung« <grch. *epeisodion* »Handlung zwischen zwei Chorgesängen«]

e|pi|so|disch ⟨Adj.⟩ *wie eine Episode, kurz, nebensächlich*

E|pi|spa|die, ⟨auch⟩ **E|pis|pa|die** ⟨f.; -, -n⟩ *angeborene Missbildung der Harnröhre, die an der Oberseite des männl. Gliedes mündet* [zu grch. *epispaein* »zuziehen, anziehen«]

■ Die Buchstabenfolge **e|pi|st...** kann auch **e|pis|t...** getrennt werden.

■ **E|pi|sta|se** ⟨f.; -, -n⟩ *Überdecken der äußeren Erscheinung eines Gens durch ein zweites, das einem anderen Chromosomenpaar zugeordnet ist* [< *Epi...* + *...stase*]

■ **E|pi|sta|sie** ⟨f.; -, -n⟩ *Form der gegenseitigen Beeinflussung von Genen, bei der ein Gen die Ausprägung der äußeren Erscheinung eines anderen Gens beeinflusst, das einem fremden Chromosomenpaar angehört* [< *Epi...* + grch. *stasis* »Stehen, Feststehen«]

■ **E|pi|sta|sis** ⟨f.; -, -sen⟩ = *Epistasie*
■ **e|pi|sta|tisch** ⟨Adj.⟩ *auf Epistase basierend, beeinflussend, überlagernd*
■ **E|pi|sta|xis** ⟨f.; -; unz.⟩ *Nasenbluten* [< *Epi*… + grch. *stazein* »tröpfeln«]
■ **E|pi|stel** ⟨f.; -, -n⟩ **1** *längerer (kunstvoller) Brief* **2** *Apostelbrief im NT* **3** *für den Gottesdienst vorgeschriebene Lesung aus der Apostelgeschichte od. den Apostelbriefen;* jmdm. die ~ lesen ⟨fig.⟩ *jmdn. ermahnen, jmdm. eine Strafpredigt halten* [< lat. *epistula* »Brief« < grch. *epistole* »Sendung«]
■ **e|pi|ste|misch** ⟨Adj.⟩ = *epistemologisch*
■ **E|pi|ste|mo|lo|gie** ⟨f.; -; unz.⟩ *Erkenntnislehre, Lehre vom Wissen* [< grch. *episteme* »Wissenschaft« + …*logie*]
■ **e|pi|ste|mo|lo|gisch** ⟨Adj.⟩ *auf Epistemologie beruhend, erkenntnistheoretisch;* oV *epistemisch*
■ **E|pi|sto|lar** ⟨n.; -s, -e⟩, **E|pi|sto|la|ri|um** ⟨n.; -s, -ri|en⟩ *Handbuch mit den Episteln für die Lesung im Gottesdienst*
■ **E|pi|sto|lo|gra|fie** ⟨f.; -; unz.⟩ = *Epistolographie*
■ **E|pi|sto|lo|gra|phie** ⟨f.; -; unz.⟩ *die Kunst des Briefschreibens;* oV *Epistolografie* [< *Epistel* + …*graphie*]
■ **E|pi|stro|pheus,** ⟨auch⟩ **E|pist|ro|pheus** ⟨m.; -; unz.⟩ *zweiter Halswirbel, der bei den höheren Wirbeltieren mit dem ersten Halswirbel zusammen das Drehgelenk des Kopfes bildet* [< grch. *epistrephein* »umwenden«]
■ **E|pi|styl** ⟨n.; -s, -e⟩ = *Epistylion*
■ **E|pi|sty|li|on** ⟨n.; -s, -li|en⟩ = *Architrav;* oV *Epistyl* [< *Epi*… + grch. *stylos* »Säule«]
E|pi|taph ⟨n.; -s, -e⟩, **E|pi|ta|phi|um** ⟨n.; -s, -phi|en⟩ **1** *Grabinschrift* **2** *Gedenktafel in der Kirchenwand od. an einem Pfeiler mit Inschrift, oft bildhauerisch verziert, nicht identisch mit dem Grabstein* [< grch. *epitaphion* »Grabschrift«; zu *taphos* »Grab«]
E|pi|ta|sis ⟨f.; -, -ta|sen⟩ *Höhepunkt, Verwicklung, sich steigernde Spannung im (dreiaktigen) Drama* [grch., eigtl. »Anspannung«]
E|pi|ta|xie ⟨f.; -, -n⟩ *Bildung von Kristallen eines Stoffes auf Kristallen eines anderen Stoffes mit weit gehend ähnlichem Kristallgitter* [< *Epi*… + *Taxie*]
E|pi|thel ⟨n.; -s, -e⟩, **E|pi|thel|ge|we|be** ⟨n.; -s, -⟩ *ein- od. mehrschichtige Zelllagen des tierischen Gewebes, die äußere Oberflächen u. innere Hohlräume begrenzen* [< *Epi*… + grch. *thele* »Mutterbrust, Saugwarze«]
e|pi|the|li|al ⟨Adj.⟩ *zum Epithel gehörig*
E|pi|the|li|om ⟨n.; -s, -e⟩ *Epithelgeschwulst*
E|pi|the|li|sa|ti|on ⟨f.; -, -en⟩ *Bildung von Epithelgewebe*
E|pi|the|li|um ⟨n.; -s, -li|en⟩ = *Epithel*
E|pi|thel|kör|per|chen ⟨Pl.⟩ *Drüsen innerer Sekretion bei Wirbeltieren, die entwicklungsgeschichtlich dem Epithel des Kiemendarmes entstammen; Nebenschilddrüsen: Glandulae parathareoideae*
E|pi|them ⟨n.; -s, -e; Bot.⟩ *der Wasserausscheidung dienendes Gewebe* [< grch. *epithema* »das Daraufgesetzte«]
e|pi|ther|mal ⟨Adj.⟩ *Lagerstätten betreffend od. von ihnen stammend, die Mineralien enthalten, welche sich zwischen 100 u. 200 °C abscheiden*
E|pi|the|se ⟨f.; -, -n; Sprachw.⟩ *Anfügen von etymologisch unbegründeten Lauten zur besseren Aussprache,* z.B. dt. »Sekt« aus frz. »(vin) sec« [zu grch. *epithetos* »hinzugefügt, künstlich«]
E|pi|the|ta or|nan|tia ⟨Pl. von⟩ *Epitheton ornans;* → *Epitheton*
E|pi|the|ton ⟨n.; -s, -ta⟩ *Beiwort, als Attribut verwendetes Adjektiv od. Partizip;* ~ ornans *schmückendes Beiwort* [< grch. *epithetos* »hinzugefügt« + lat. *ornans,* Part. Präs. zu *ornare* »schmücken«]
E|pi|tra|che|li|on ⟨[-xe:-] n.; -s, -li|en; Ostkirche⟩ *der Stola ähnliches, um den Hals getragenes Band der Priester* [< *Epi*… + grch. *trachelos* »Nacken«]
E|pi|tro|pe ⟨f.; -, -n; Rhet.⟩ *Formulierung od. Redensart, die ein vorläufiges Zugeständnis bzw. Einlenken vortäuscht* [grch., »das Anheimstellen«]
e|pi|tro|pisch ⟨Adj.; Rhet.⟩ *auf einer Epitrope beruhend, in Form einer Epitrope*
E|pi|zen|trum, ⟨auch⟩ **E|pi|zent|rum** ⟨n.; -s, -tren⟩ *senkrecht über einem Erdbebenherd liegender Punkt der Erdoberfläche* [< *Epi*… + *Zentrum*]
E|pi|zeu|xis ⟨f.; -, -xes⟩ = *Epanalepse* [zu grch. *epizeugnyai* »hinzufügen«]
e|pi|zo|isch ⟨Adj.⟩ *durch Tiere verbreitet;* ~e Bakterien, Samen [→ *Epizoon*]
E|pi|zo|ne ⟨f.; -; unz.; Geol.⟩ *obere Tiefenzone der Erdrinde mit Temperaturen zwischen 100 u. 300° C, in der sich durch leichte Metamorphose Phyllit u. Chloritschiefer u.a. bilden* [< *Epi*… + *Zone*]
E|pi|zo|on ⟨n.; -s, -zo|en od. -zoa⟩ *Tier, das als Schmarotzer auf anderen Lebewesen siedelt* [< *Epi*… + *Zoon*]
E|pi|zo|o|no|se ⟨[-tso:o-] f.; -, -n⟩ *durch tierische Hautparasiten hervorgerufene Hautkrankheit* [< *Epizoon* + grch. *nosos* »Krankheit«]
E|pi|zo|o|tie ⟨[-tso:o-] f.; -, -n⟩ *Tierseuche mit größerer Ausbreitung;* Ggs *Enzootie* [< *Epi*… + *Zoon*]
E|pi|zy|kel ⟨m.; -s, -; veraltete Bez. für⟩ *Epizykloide*
E|pi|zy|klo|i|de, ⟨auch⟩ **E|pi|zyk|lo|i|de** ⟨f.; -, -n⟩ *Kurve, die von einem auf einem Kreis befindlichen Punkt beschrieben wird, wenn dieser Kreis abrollt* [< *Epi*… + *Zyklus* + …*id*]
e|po|chal ⟨Adj.⟩ **1** *für eine Epoche geltend* **2** *Epoche machend, Aufsehen erregend*
E|po|che ⟨f.; -, -n⟩ **1** *(bedeutsamer) Zeitabschnitt* **2** *histor. Wendepunkt;* ~ machen *durch ein bedeutsames Ereignis einen neuen Zeitabschnitt einleiten* **3** ⟨Astron.⟩ *bestimmter Zeitpunkt, auf den irgendwelche Angaben bezogen*

werden, z.B. die Bahnelemente der Planeten, das Minimum im Lichtwechsel veränderlicher Sterne **4** ⟨unz.; Philos.⟩ *Zurückhalten des Beifalls od. Urteils, Beifalls-, Urteilsenthaltung* [grch., »Innehalten, Haltepunkt in der Zeitrechnung, bedeutsamer Zeitpunkt«]

Ep|o|de, ⟨auch⟩ **E|po|de** ⟨f.; -, -n⟩ **1** ⟨in der altgriech. Dichtung⟩ *die auf Strophe u. Gegenstrophe folgende, anders aufgebaute 3. Strophe, ähnl. dem Abgesang im Meistergesang* **2** ⟨altgriech. u. röm. Dichtung⟩ *lyrischer, auf eine längere Zeile folgender Kurzvers* **3** ⟨später⟩ *lyr. Strophe mit regelmäßig wechselndem langem u. kurzem Vers* **4** *Gedicht nach diesem Schema* [< grch. *epodos* »Nach-, Schlussgesang«]

Ep|o|nym, ⟨auch⟩ **E|po|nym** ⟨n.; -s, -e⟩ *auf einen Eigennamen zurückgehende Bezeichnung einer Gattung,* z.B. »Zeppelin« für »Luftschiff«, »Guillotine« für »Fallbeil« [< grch. *eponymos* »danach benannt«]

E|po|pöe ⟨f.; -, -n⟩ *Epos, bes. Götter-, Heldenepos* [< grch. *epopoiia,* eigtl. »Verfertigung des Epos«]

E|pos ⟨n.; -, E|pen⟩ **1** *langes, erzählendes Gedicht in gleichmäßiger Versform;* Vers~ **2** *groß angelegte, breit ausgemalte Prosadichtung;* Helden~ [grch., »Wort, Ausspruch, Erzählung, Gedicht«]

Ep|o|xid, ⟨auch⟩ **E|po|xid** ⟨n.; -s, -e⟩ *chem. Verbindung, die durch Anlagerung von Sauerstoff an Olefine gewonnen wird, deren wichtigste das Äthylenoxid ist* [< *Epi...* + *Oxid*]

Ep|o|xid|har|ze, ⟨auch⟩ **E|po|xid|har|ze** ⟨Pl.⟩ *durch Kondensation von Epichlorhydrin mit Diphenylolpropan u. anschließende Versetzung mit Härtern hergestellter Kunststoff;* Sy *Äthoxylinharze*

E|prou|vet|te, ⟨auch⟩ **Ep|rou|vet|te** ⟨[epruvɛt] f.; -, -n; österr.⟩ *Probierröhrchen (für chem. Versuche usw.), Reagenzglas* [< frz. *éprouvette* »Probestab«]

Ep|si|lon ⟨n.; -s, -s; Zeichen: ε, Ε⟩ *5. Buchstabe des griech. Alphabets, kurzes e* [grch.]

Ep|u|lis, ⟨auch⟩ **E|pu|lis** ⟨f.; -, -li|den⟩ *Zahnfleischgeschwulst* [< *Ep...* + grch. *oulon* »Zahnfleisch«]

E|qua|li|zer ⟨[iːkwəlaizə(r)] m.; -s, -⟩ *Gerät zur Entzerrung oder Veränderung des Klangbildes an Verstärkern o.Ä.* [engl., zu *equalize* »ausgleichen«]

E|ques|trik, ⟨auch⟩ **E|quest|rik** ⟨f.; -; unz.; †⟩ *Reitkunst (bes. im Zirkus)* [< lat. *equester,* Gen. *equestris* »zu Pferd und Reiter gehörend«; zu *equus* »Pferd«]

E|qui|den ⟨Pl.⟩ *pferdeartige Tiere (Pferd, Esel, Zebra u.a.)* [< lat. *equus* »Pferd« + *...id*]

E|qui|li|brist, ⟨auch⟩ **E|qui|lib|rist** ⟨m.; -en, -en⟩ = *Äquilibrist*

E|qui|pa|ge ⟨[ek(v)ipaːʒə] f.; -, -n⟩ **1** *elegante Kutsche* **2** *Schiffsbesatzung* **3** *Ausrüstung (eines Offiziers)* [< frz. *équipage*]

E|qui|pe ⟨[ekip(ə)] f.; -, -n⟩ **1** *Reitermannschaft* **2** ⟨österr.⟩ *ausgewählte Mannschaft für einen Wettkampf* **3** ⟨schweiz.⟩ *Sportsmannschaft, Künstlergruppe* [< frz. *équipe* »Trupp, Mannschaft«]

E|quip|ment ⟨[ikwipmənt] n.; -s; unz.⟩ *Ausrüstung, Ausstattung* [< frz. *équiper* »ausstatten«]

E|qui|ty|me|tho|de ⟨[ɛkwiti-] f.; -; unz.; Wirtsch.⟩ *Form der Bilanzierung von längerfristigen Unternehmensbeteiligungen beim Jahresabschluss, bei der dem Anschaffungswert der Beteiligung der aktuelle Kurswert gegenübergestellt wird* [< engl. *equity* »Gerechtigkeit, Billigkeit«]

Er ⟨chem. Zeichen für⟩ *Erbium*

Er|bi|um ⟨n.; -s; unz.; chem. Zeichen: Er⟩ *chem. Element aus der Reihe der Metalle der seltenen Erden, Ordnungszahl 68* [nach der Stadt *Ytterby* in Schweden]

Erd|al|ka|li|en ⟨Pl.⟩, **Erd|al|ka|li|me|tal|le** ⟨Pl.; Sammelbez. für⟩ *die Elemente Beryllium, Magnesium, Calcium, Strontium, Barium und Radium: wegen ihres überwiegend gesteinsbildenden Auftretens und der Eigenschaft ihrer Oxide, mit Wasser starke Basen zu bilden*

Erd|ma|gne|tis|mus, ⟨auch⟩ **Erd|mag|ne|tis|mus** ⟨m.; -; unz.⟩ *der durch das erdmagnet. Feld bewirkte Magnetismus*

E|re|bos, E|re|bus ⟨m.; -; unz.; grch. Myth.⟩ *Unterwelt, Totenreich* [< grch. *erebos*]

e|rek|til ⟨Adj.⟩ = *erigibel* [< lat. *erigere* »emporrichten« u. *erectio* »das Emporrichten«]

E|rek|ti|on ⟨f.; -, -en⟩ *das Erigieren, Aufrichten, Anschwellen, Straffen der äußeren Geschlechtsorgane bei geschlechtlicher Erregung* [< lat. *erectio* »das Emporrichten«]

E|re|mit ⟨m.; -en, -en⟩ **1** *Einsiedler;* Ggs *Zönobit* **2** *Einsiedlerkrebs* [< grch. *eremites;* zu *eremos* »einsam, verlassen«; verwandt mit *arm, Arbeit, Erbe*]

E|re|mi|ta|ge ⟨[-ʒə] f.; -, -n⟩ oV *Ermitage* **1** *Wohnung eines Eremiten, Einsiedelei* **2** *Gartenhaus in Parkanlagen* **3** ⟨unz.⟩ *Bildergalerie in Leningrad* [→ *Eremit*]

E|re|mu|rus ⟨m.; -; unz.⟩ *Gattung der Liliengewächse in den Steppen West- u. Zentralasiens,* z.B. Steppenkerze, Steppenlilie u. Lilienschweif [< mlat. *eremus* »Wüste, Einsamkeit«]

E|rep|sin ⟨n.; -s; unz.; Med.⟩ *Enzymgemisch, das die Eiweißspaltung u. -verdauung im Magen vollendet* [aus grch. *erepthestai* »rupfen; verzehren« + *Pepsin*]

e|re|thisch ⟨Adj.⟩ *bes. leicht erregbar* [→ *Erethismus*]

E|re|this|mus ⟨m.; -; unz.⟩ *krankhaft erhöhte Erregbarkeit* [< grch. *erethizein* »reizen«]

Erg ⟨n.; -s; unz.; Zeichen: erg⟩ *nicht mehr zulässige Maßeinheit der Energie, ersetzt durch die Einheit Joule (Zeichen: J); 1 erg =* 10^{-7} [< grch. *ergon* »Arbeit«]

Er|ga|tiv ⟨m.; -s; unz.; in einigen Sprachen⟩ *Kasus, der den Handlungsträger des transitiven Verbs bezeichnet* [zu grch. *ergates* »Handelnder«]

er|go ⟨Konj.⟩ *also, folglich, infolgedessen;* ~ bibamus! *also lasst uns trinken (mittelalterl. Trinkspruch, bes. in Trinkliedern)* [lat.]

er|go…, Er|go… ⟨in Zus.⟩ *Arbeit* [<grch. *ergon* »Werk, Arbeit«]

Er|go|graf ⟨m.; -en, -en⟩ = *Ergograph*

Er|go|gra|fie ⟨f.; -, -n⟩ = *Ergographie*

Er|go|graph ⟨m.; -en, -en⟩ *Messgerät zum Aufzeichnen der Arbeitsleistung von Muskeln;* oV *Ergograf;* Sy *Ergostat* [< *Ergo…* + *…graph*]

Er|go|gra|phie ⟨f.; -, -n⟩ oV *Ergografie* **1** *Aufzeichnung der Muskelarbeit mit Hilfe des Ergographen* **2** *Werdegang eines Gelehrten, dargestellt im Hinblick auf sein Lebenswerk* [< *Ergo…* + *…graphie*]

Er|go|lo|gie ⟨f.; -; unz.⟩ *Erforschung der volkstüml. Arbeitsgeräte u. -bräuche* [< *Ergo…* + *…logie*]

er|go|lo|gisch ⟨Adj.⟩ *die Ergologie betreffend, auf ihr beruhend*

Er|go|me|ter ⟨n.; -s, -; Med.⟩ *Gerät, mit dem in der Leistungsphysiologie sowie in der Sportmedizin Arbeit bzw. Leistung von Muskeln gemessen wird;* Laufband-~; Fahrrad-~ [< *Ergo…* + *Meter*]

Er|go|me|trie, ⟨auch⟩ **Er|go|met|rie** ⟨f.; -; unz.; Med.⟩ *Berechnung der physischen Arbeits- bzw. Leistungsfähigkeit eines Menschen anhand eines Ergometers* [< *Ergo…* + *…metrie*]

er|go|me|trisch, ⟨auch⟩ **er|go|met|risch** ⟨Adj.; Med.⟩ **1** *zum Ergometer gehörend* **2** *auf die Ergometrie bezogen, sie betreffend*

Er|gon ⟨n.; -; unz.; Philos.⟩ *Werk, abgeschlossene Tätigkeit* [grch.]

Er|go|nom ⟨m.; -en, -en⟩ *Wissenschaftler od. Student im Fachbereich der Ergonomie*

Er|go|no|mie, Er|go|no|mik ⟨f.; -; unz.⟩ *Zweig der Arbeitswissenschaft, der sich mit den Leistungsmöglichkeiten des arbeitenden Menschen befasst u. die Technik seiner Arbeit anzupassen versucht* [zu grch. *ergon* »Arbeit, Werk« + *nomos* »Gesetz«]

Er|go|no|min ⟨f.; -, -min|nen⟩ *Wissenschaftlerin od. Studentin im Fachbereich der Ergonomie*

er|go|no|misch ⟨Adj.⟩ *die Ergonomie betreffend, auf ihr beruhend, zu ihr gehörig;* Arbeitsplätze ~ gestalten

Er|go|stat, ⟨auch⟩ **Er|gos|tat** ⟨m.; -en, -en⟩ = *Ergograph* [< *Ergo…* + *…stat*]

Er|go|ste|rin, ⟨auch⟩ **Er|gos|te|rin** ⟨n.; -s; unz.⟩ *organ.-chem. Verbindung aus der Gruppe der Sterine, chem. Formel:* $C_{28}H_{43}OH$ [<frz. *ergot* »Mutterkorn« + Chole*sterin*]

Er|go|ta|min ⟨n.; -s; unz.⟩ *Hauptalkaloid des Mutterkorns, bewirkt Blutdruckanstieg* [<frz. *ergot* »Mutterkorn« + *Amin*]

Er|go|the|ra|peut ⟨m.; -en, -en⟩ *jmd., der eine Ergotherapie leitet bzw. die Patienten bei einer Ergotherapie betreut*

Er|go|the|ra|peu|tin ⟨f.; -, -tin|nen⟩ *weibl. Person, die eine Ergotherapie leitet bzw. die Patienten bei einer Ergotherapie betreut*

Er|go|the|ra|pie ⟨f.; -; unz.⟩ *Beschäftigungs- und Arbeitstherapie* [zu grch. *ergon* »Arbeit, Werk« + *Therapie*]

Er|go|tin ⟨n.; -s; unz.⟩ *Extrakt aus dem Mutterkorn, bei der Geburtshilfe verwendet*

Er|go|tis|mus ⟨m.; -; unz.⟩ *Vergiftung durch Mutterkorn, schwere Nerven- u. Gehirnstörungen; Mutterkornvergiftung, Kriebelkrankheit* [<frz. *ergot* »Mutterkorn«]

er|go|trop ⟨Adj.; Pharm.⟩ *die eigene Energie verstärkend, leistungssteigernd* [zu grch. *ergon* »Arbeit, Werk« + *tropos* »Wendung«]

e|ri|gi|bel ⟨Adj.⟩ *aufrichtbar, schwellfähig (Organ, bes. die äußeren Geschlechtsorgane);* Sy *erektil* [<lat. *erigere* »emporrichten«]

e|ri|gie|ren ⟨V.⟩ *sich aufrichten, anschwellen (von Organen, bes. vom männl. Glied)* [<lat. *erigere* »emporrichten«]

E|rin|nye ⟨[-rinjə]⟩, **E|rin|nys** ⟨f.; -, -ny|en; grch. Myth.⟩ *in der Unterwelt wohnende Rächerin, bes. des Mordes* [<grch. *Erinys*]

E|ris|ap|fel ⟨m.; -s; unz.⟩ *Zankapfel* [nach dem *Apfel* mit der Aufschrift »der Schönsten«, den *Eris,* die griech. Göttin der Zwietracht, in eine Götterversammlung warf; <grch. *eris* »Streit, Hader«]

E|ris|tik ⟨f.; -; unz.⟩ *Kunst des wissenschaftl. Streitgesprächs* [<grch. *eris* »Streit, Hader«]

E|ris|ti|ker ⟨m.; -s, -; meist Pl.; Philos.⟩ *Philosoph, der ausgeprägtes Interesse an wissenschaftlicher Diskussion besitzt bzw. in der Eristik sehr erfahren ist*

e|ris|tisch ⟨Adj.; Philos.⟩ *auf der Eristik beruhend, sie betreffend*

Er|mi|ta|ge ⟨[-taːʒə] f.; -, -n⟩ = *Eremitage* [<frz., zu *ermit* »Eremit«]

e|ro|die|ren ⟨V.⟩ Land ~ *auswaschen, wegschwemmen* [<lat. *erodere* »abnagen, wegbeizen«]

e|ro|gen ⟨Adj.⟩ *geschlechtliche Erregung bewirkend, dafür empfänglich;* ~e Zonen *Körperstellen, deren Berührung (Reizung) sexuell erregt;* oV *erotogen* [< *Eros* + *…gen¹*]

E|ro|ge|ni|tät ⟨f.; -; unz.⟩ *geschlechtliche Erregbarkeit* [→ *erogen*]

e|ro|i|co ⟨Adj.; Mus.⟩ *heldisch, heldenhaft (zu spielen)* [ital.]

E|ros ⟨a. [ɛrɔs] m.; -, E|ro|ten⟩ **1** ⟨unz.⟩ *(sinnliche) Liebe* **2** ⟨Philos.⟩ *Trieb nach Erkenntnis u. schöpferischer geistiger Tätigkeit* **3** ⟨zählb.⟩ = *Amorette* [<grch. *eros* »Liebe, Liebesgott«]

E|ros|cen|ter ⟨a. [ɛrɔssɛn-] n.; -s, -⟩ *mehrere Appartements für Prostituierte mit einem gemeinsamen Raum für den ersten Kontakt mit den Kunden*

E|ro|si|on ⟨f.; -, -en⟩ **1** *Auswaschung, Abtragen (von Land durch Wind od. Wasser)* **2** *Haut- od. Schleimhautabschürfung* [<lat. *erosio* »Zernagung, Durchfressung«]

e|ro|siv ⟨Adj.⟩ *durch Erosion(1) entstanden*

E|ro|ten ⟨Pl. von⟩ *Eros(3)*

E|ro|tik ⟨f.; -; unz.⟩ **1** *Liebeskunst, das (vergeistigte) Liebes- u. Geschlechtsleben* **2** *Sinnlichkeit* **3** *Liebeslehre* [→ *Eros*]

E|ro|ti|ka ⟨Pl.; Sg. E|ro|ti|kon⟩ *Werke, Dichtungen über die Liebe u. das Liebesleben*
E|ro|ti|ker ⟨m.; -s, -s⟩ **1** *sinnl. Mensch* **2** *Liebeskünstler* **3** *Verfasser von Liebesliedern u. erot. Schriften*
E|ro|ti|kon ⟨n.; -s, -ti|ka; meist Pl.⟩ *Werk, Dichtung über die Liebe u. das Liebesleben*
e|ro|tisch ⟨Adj.⟩ **1** *die Liebeskunst betreffend, auf sie bezüglich, auf ihr beruhend* **2** *sinnlich* **3** *das Liebes- u. Geschlechtsleben betonend od. anreizend* [< grch. *erotikos* »die Liebe betreffend«]
e|ro|ti|sie|ren ⟨Adj.⟩ jmdn. ~ *in jmdm. erotisches Verlangen wecken;* die ~de Wirkung eines Films
E|ro|tis|mus, E|ro|ti|zis|mus ⟨m.; -; unz.⟩ *Betonung des Erotischen*
e|ro|to|gen ⟨Adj.⟩ = *erogen*
E|ro|to|lo|gie ⟨f.; -; unz.⟩ *wissenschaftliche Forschung über die Phänomene der Erotik sowie ihrer sinnlichen u. geistig-seelischen Basis beim Menschen;* →a. *Erotik(3)* [< *Eros* + *...logie*]
E|ro|to|ma|nie ⟨f.; -; unz.⟩ *Liebeswahnsinn, krankhafte Übersteigerung des Geschlechtstriebes* [zu grch. *eros* »Liebe« + *...manie*]
Er|pas|sat ⟨m.; -(e)s; unz.⟩ *konstante Ostwindzone, die an beiden Seiten des Äquators maximal bis zum 30. Breitengrad reicht* [→ *Passat*]
E|rup|tiv|ge|stein ⟨n.; -s, -e⟩ *aus Magma entstandenes, erstarrtes Gestein*
Er|ra|re hu|ma|num est *Irren ist menschlich* [lat.]
Er|ra|ta ⟨Pl.; von⟩ *Erratum*
er|ra|tisch ⟨Adj.⟩ *verstreut, verirrt;* ~er Block *eiszeitl. Gesteinsbrocken, Findling* [< frz. *bloc erratique* »wandernder Stein« < lat. *errare* »irren«]
Er|ra|tum ⟨n.; -s, -ta⟩ **1** *Irrtum, Versehen* **2** *Druckfehler* [lat., »Irrtum, Versehen«]
e|ru|ie|ren ⟨V.⟩ *ermitteln, herausbringen, ergründen, erforschen* [< lat. *eruere* »herausgraben, ausfindig machen«]
E|ru|ie|rung ⟨f.; -, -en; geh.⟩ *das Eruieren, Ermitteln, Erforschen*
E|ruk|ta|ti|on ⟨f.; -, -en; Med.⟩ *Aufstoßen, Rülpsen, Bäuerchen (bei Säuglingen);* Sy *Eflation, Ruktation* [< lat. *eructare* »ausrülpsen, ausspeien, auswerfen«]
e|ruk|tie|ren ⟨V.; Med.⟩ *aufstoßen, rülpsen, Bäuerchen machen (bei Säuglingen)*
e|rup|tie|ren ⟨V.; Geol.⟩ *auswerfen, ausbrechen, z.B. von Vulkanmagma, Asche od. Gas*
E|rup|ti|on ⟨f.; -, -en⟩ **1** *Ausbruch (von Magma aus Vulkanen, von Gas auf der Sonne)* **2** ⟨Med.⟩ *Auftreten eines Hautausschlags sowie dieser selbst* **3** ⟨Med.⟩ *Erbrechen* [< lat. *eruptio* »Ausbruch«]
e|rup|tiv ⟨Adj.⟩ *durch Eruption entstanden, hervorbrechend* [< lat. *eruptio* »Ausbruch«; zu *erumpere* »hervorbrechen«]
E|ry|si|pel ⟨n.; -s; unz.⟩, **E|ry|si|pe|las** ⟨n.; -; unz.⟩ *schwere infektiöse Entzündung der Haut u. des Unterhautzellgewebes; Rose, Wundrose* [< grch. *erythros* »rot« + *pella* »Haut«]
E|ry|them ⟨n.; -s, -e⟩ *Rötung der Haut infolge von Hyperämie* [< grch. *erythainein* »rot werden«]

■ Die Buchstabenfolge **e|ry|thr...** kann auch **e|ryth|r...** getrennt werden.

■ **e|ry|thr..., E|ry|thr...** ⟨Vors.⟩ *rot, rot gefärbt, rötlich* [grch.]
■ **E|ry|thrä|mie** ⟨f.; -, -n; Med.⟩ *tödlich verlaufende Krankheit mit rascher, erheblicher Vermehrung der roten Blutkörperchen im Knochenmark, ähnlich der Leukämie (Erythroblastose bei Erwachsenen)* [< *Erythr...* + *...ämie*]
■ **E|ry|thrin** ⟨m.; -s; unz.⟩ **1** *perlmuttartiges Mineral, Kobaltblüte* **2** ⟨n.; -s; unz.⟩ *in manchen Flechten vorkommender Ester des Erythrits* **3** ⟨n.; -s, -e⟩ *scharlachroter Azofarbstoff* [< grch. *erythros* »rot«]
■ **E|ry|thrit** ⟨n.; -s; unz.⟩ *vierwertiger, aliphat. Alkohol,* $CH_2OH\text{-}CHOH\text{-}CHOH\text{-}CH_2OH$, *mit 2 asymmetrischen Kohlenstoffatomen*
■ **e|ry|thro..., E|ry|thro...** ⟨Vors.; vor Vok.⟩ *erythr..., Erythr...*
■ **E|ry|thro|blast** ⟨m.; -en, -en; Med.⟩ *kernhaltige, unreife Zelle, aus der durch Teilung rote Blutkörperchen entstehen* [< *Erythr...* + *blastos* »Spross, Keim«]
■ **E|ry|thro|blas|to|se** ⟨f.; -, -n⟩ **1** ⟨urspr.⟩ *Bezeichnung für Krankheiten, bei denen rote Blutkörperchen als kernhaltige, unreife Vorstufe im Blut auftreten* **2** ⟨heute⟩ *ausschließlicher Begriff für das Krankheitsbild der E. beim Fetus;* →a. *Erythrämie*
■ **E|ry|thro|der|mie** ⟨f.; -, -n⟩ *ausgedehnte, entzündliche Rötung u. Schuppung der Haut* [< grch. *erythros* »rot« + *...dermie*]
■ **E|ry|thro|ly|se** ⟨f.; -, -n⟩ *Auflösung der roten Blutkörperchen* [< grch. *erythros* »rot« + *...lyse*]
■ **E|ry|thro|my|cin** ⟨n.; -s; unz.⟩ *ein Antibiotikum mit großer Wirkungsbreite* [< grch. *erythros* »rot« + *mykes* »Pilz«]
■ **E|ry|throp|sie** ⟨f.; -, -n⟩ *zumeist durch eine starke Blendung verursachtes Rotsehen* [< *Erythr...* + *opsis* »Sehen«]
■ **E|ry|thro|sin** ⟨n.; -s; unz.; Med.⟩ *chemisch hergestellter, rotbrauner Farbstoff, der als Einfärb-Plaque-Indikator u. Sensibilisator genutzt wird* [< *Erythr...* + *Eosin*]
■ **E|ry|thro|zyt** ⟨m.; -en, -en⟩ *rotes Blutkörperchen* [< grch. *erythros* »rot« + *...zyt*]
■ **E|ry|thro|zy|to|se** ⟨f.; -; unz.; Med.⟩ *krankhafte Vermehrung der roten Blutkörperchen* [→ *Erythrozyt*]
erz..., Erz... ⟨in Zus. mit Subst. u. Adj. zur Steigerung od. Verstärkung des Begriffes; z.B.⟩ ~dumm, ~gauner [< grch. *archi...* »der Erste, Oberste«]
Erz|bi|schof ⟨m.; -s, -schö|fe; kath. Kirche⟩ **1** *der erste Bischof einer Kirchenprovinz, dem die anderen Bischöfe unterstehen* **2** *Ehrentitel*

eines verdienten regierenden Bischofs [<grch. *archiepiskopos*]

Es 1 ⟨auch: Esc; Abk. für⟩ *Escudo* **2** ⟨chem. Zeichen für⟩ *Einsteinium*

ESA ⟨Abk. für engl.⟩ *European Space Agency, europäische Weltraumbehörde, die die Aktivitäten der einzelnen Mitgliedsländer im Weltraum zu koordinieren versucht u. europäische Weltraumprogramme entwickelt*

Esc ⟨auch: Es; Abk. für⟩ *Escudo*

Es|ca|lope ⟨[-lɔp] n.; -, -s [-lɔps]; meist Pl.; Kochk.⟩ *feine, gebratene Fisch-, Fleisch- od. Geflügelscheibe* [frz., »Schnitzel«]

Es|cape ⟨[iskɛip] n.; -s; unz.; EDV⟩ *Taste auf einer Computertastatur, die das schnelle Verlassen von Programmen od. den Abbruch eines begonnenen Rechenprozesses ermöglicht* [<engl. *escape* »fliehen, entkommen«]

Es|cha|to|lo|gie ⟨[ɛsça-] f.; -; unz.⟩ *Lehre vom Weltende u. vom Anbruch einer neuen Welt, von den letzten Dingen, dem Tode u. der Auferstehung* [<grch. *eschaton* »das Äußerste, das Letzte« + *…logie*]

es|cha|to|lo|gisch ⟨[ɛsça-] Adj.⟩ *die Eschatologie betreffend, auf ihr beruhend*

Es|cu|do ⟨m.; - od. -s, -s, bei Zahlenangaben Pl. -; Abk.: Es od. Esc; Zeichen: $⟩ oV *Eskudo* **1** *frühere span., portugies. u. südamerikan. Goldmünze* **2** *portugies. Währungseinheit (100 Centavos)* [span., »Schild, Wappenschild«]

Es|ka|dron, ⟨auch⟩ **Es|kad|ron** ⟨f.; -, -en⟩ = *Schwadron* [<frz. *escadron,* Vergrößerungsform zu *escadre* »Geschwader«]

Es|ka|la|de ⟨f.; -, -n⟩ *Ersteigung einer Festungsmauer mit Leitern* [<frz. *escalade* »das Ersteigen« <lat. *scala* »Leiter«]

es|ka|la|die|ren ⟨V.⟩ **1** *mit Sturmleitern erstürmen (Festung)* **2** *an der Eskaladierwand turnen* [<frz. *escalader* »er-, übersteigen, er-, überklettern«]

Es|ka|la|dier|wand ⟨f.; -, -wän|de; Sp.⟩ *Holzwand für Kletterübungen*

Es|ka|la|ti|on ⟨f.; -, -en⟩ *durch Wechselwirkung hervorgerufene Steigerung eines (militär.) Konfliktes*

es|ka|lie|ren ⟨V.⟩ *durch Wechselwirkung einen Konflikt steigern;* Ggs *deeskalieren* [<engl. *escalation;* zu *escalator* »Rolltreppe« <lat. *scala* »Leiter«]

Es|ka|lie|rung ⟨f.; -, -en⟩ *das Eskalieren, die Eskalation*

Es|ka|mo|ta|ge ⟨[-ʒə] f.; -, -n⟩ *Taschenspielerei, Taschenspielerkunststück, Verschwindenlassen eines Gegenstandes* [<frz. *escamotage* »Taschenspielerei, Gaukelei«]

Es|ka|mo|teur ⟨[-tøːr] m.; -s, -e⟩ *Taschenspieler, Zauberkünstler* [<frz. *escamoteur* »Taschenspieler«]

es|ka|mo|tie|ren ⟨V.⟩ *wegzaubern, verschwinden lassen* [<frz. *escamoter* »wegzaubern«]

Es|ka|pa|de ⟨f.; -, -n⟩ **1** *falscher Sprung eines Reitpferdes* **2** ⟨fig.⟩ *Seitensprung, mutwilliger Streich* [<frz. *escapade* »Seitensprung, unüberlegter Streich«]

Es|ka|pis|mus ⟨m.; -; unz.⟩ *realitätsferne (Abwehr-)Haltung;* politischer ~ [zu engl. *escape* »fliehen«]

es|ka|pis|tisch ⟨Adj.⟩ *auf Eskapismus beruhend, ihn betreffend, realitätsfern, vor der Realität flüchtend;* ein ~es Vorgehen

Es|ka|ri|ol ⟨m.; -s; unz.⟩ = *Endivie* [<frz. *escarole*]

Es|kar|pin ⟨[-pɛ̃ː] m.; -s, -s; früher⟩ **1** *Schnallenschuh, Tanzschuh, im Rokoko mit Kniehosen getragen* **2** *die Kniehose dazu* [<frz. *escarpins* »leichte Tanzschuhe«]

Es|ki|mo 1 ⟨m.; - od. -s, - od. -s⟩ *Ureinwohner Grönlands und Alaskas* **2** ⟨m.; -s, -s⟩ *nach den Eskimos(1) benannter schwerer Mantelstoff* [<indian., »Rohfleischesser«]

es|ki|mo|isch ⟨Adj.⟩ *die Eskimos betreffend, zu ihnen gehörig, ihnen ähnlich*

Es|ki|mo|rol|le ⟨f.; -, -n; Sp.⟩ *Drehung eines Kajaks um die Längsachse, wobei das Boot nach dem Kentern, ohne dass der Fahrer aussteigt, mit Hilfe des Paddels wieder aufgerichtet wird*

es|ki|mo|tie|ren ⟨V.⟩ *mit einem Kajak die Eskimorolle ausführen*

Es|kor|te ⟨f.; -, -n⟩ *Begleitmannschaft, Geleit, Bedeckung* [<frz. *escorte* »Begleitung, Geleit«]

es|kor|tie|ren ⟨V.⟩ *das Geleit geben, sichern, bewachen;* jmdn. feierlich ~ [<frz. *escorter* »geleiten«]

Es|ku|do ⟨m.; - od. -s, -s⟩ = *Escudo*

Es|me|ral|da ⟨f.; -, -s⟩ *ein spanischer Tanz* [span., »Smaragd, Edelstein«]

E|so|te|rik ⟨f.; -; unz.⟩ **1** *nur Eingeweihten zugängliche Lehre, Geheimlehre* **2** *esoterische Beschaffenheit* [→ *esoterisch*]

E|so|te|ri|ker ⟨m.; -s, -⟩ *in eine Geheimlehre Eingeweihter;* Ggs *Exoteriker* [→ *esoterisch*]

e|so|te|risch ⟨Adj.⟩ *nur für Eingeweihte zugänglich od. begreiflich, geheim;* Ggs *exoterisch* [<grch. *esoteros* »der innere«]

E|so|trip ⟨m.; -s, -s; umg.⟩ auf dem ~ sein *sich intensiv mit Esoterik beschäftigen, einer esoterischen Lehre anhängen* [verkürzt < *Eso*terik + *Trip*]

Es|pa|da ⟨m.; -s, -s⟩ *der den Degen führende Stierkämpfer* [span., »Degen«]

Es|pa|dril|le, ⟨auch⟩ **Es|pad|ril|le** ⟨[-driːjə] f.; -, -s [-driːjə]; meist Pl.⟩ *flacher Stoffschuh mit einer Sohle aus Espartogras* [span.; frz.]

Es|pa|gno|le, ⟨auch⟩ **Es|pag|no|le** ⟨[-njoː-] f.; -, -n⟩ *ein span. Tanz* [<frz. *danse espagnole* »span. Tanz«]

Es|pa|gno|let|te|ver|schluss, ⟨auch⟩ **Es|pag|no|let|te|ver|schluss** ⟨[-njo-] m.; -es, -schlüsse⟩ *einfacher Fensterverschluss mit drehbarem Riegel* [<frz. *espagnol* »spanisch«]

Es|par|set|te ⟨f.; -, -n⟩ *Schmetterlingsblütlergattung, Kräuter od. Halbsträucher, zuweilen auch Dornsträucher: Onobrychis;* Gemeine ~ *30-60 cm hohe, rosa blühende Art, sehr gute Futterpflanze: Onobrychis sativa* [<frz. *esparcet(te)* »Süßklee«]

Es|par|to ⟨m.; -s; unz.⟩, **Es|par|to|gras** ⟨n.; -es, -grä|ser⟩ Sy *Alfagras, Halfagras, Spart* **1** *zu Flechtarbeiten u. als Rohstoff zur Papierherstellung verwendetes Süßgras trockener, steiniger Hochflächen des westl. Mittelmeergebietes: Lygeum spartum u. (od.) Stipa Tenacissima* **2** *die Blätter dieser Gräser* [zu span. *esparto* »trockenes Gras, Heu«]

Es|pe|ran|tist ⟨m.; -en, -en⟩ *Kenner, Anhänger des Esperanto*

Es|pe|ran|to ⟨n.; - od. -s; unz.⟩ *künstl. Welthilfssprache* [*esperanto* »der Hoffende«; unter diesem Decknamen veröffentlichte der Warschauer Arzt Dr. L. Zamenhof 1887 seine selbst erfundene Sprache]

Es|pe|ran|to|lo|ge ⟨m.; -n, -n⟩ *Wissenschaftler auf dem Gebiet des Esperanto*

Es|pe|ran|to|lo|gie ⟨f.; -; unz.⟩ *Lehre der Sprache u. Literatur des Esperanto*

Es|pe|ran|to|lo|gin ⟨f.; -, -gin|nen⟩ *Wissenschaftlerin auf dem Gebiet des Esperanto*

es|pi|ran|do ⟨Adj.; Mus.⟩ *erlöschend, verhauchend, ersterbend (zu spielen)* [ital.]

Es|pla|na|de ⟨f.; -, -n⟩ **1** ⟨bei Festungen⟩ *freier Raum zwischen der Zitadelle u. der inneren Umwallung* **2** ⟨allg.⟩ *großer freier Platz* [frz., »freier Platz, Vorplatz«]

es|pres|si|vo ⟨[-vo] Mus.⟩ *ausdrucksvoll (zu spielen)* [ital., »ausdrucksvoll«]

Es|pres|si|vo ⟨[-vo] n.; -s, -s od. -vi [-vi]; Mus.⟩ *ausdrucksstarke Vortragsweise in der Musik* [ital.]

Es|pres|so ⟨m.; - od. -s, -s od. -si⟩ **1** *mit der Kaffeemaschine zubereiteter, starker Kaffee nach ital. Art* **2** ⟨n.; - od. -s, - od. -s⟩ *kleines Lokal, in dem man E. trinken kann* [ital., »absichtlich, extra; (Kaffee, der) eigens für den Gast zubereitet (wird)«]

Es|prit, ⟨auch⟩ **Esp|rit** ⟨[-pri:] m.; -s; unz.⟩ *geistreicher Witz, beschwingte, scharfsinnige Geistigkeit* [frz., »Geist«]

Esq. ⟨Abk. für⟩ *Esquire*

Es|qui|re ⟨[ɛskwaiə(r)] m.; -s, -s; Abk.: Esq.⟩ **1** ⟨urspr.⟩ *engl. Adelstitel* **2** ⟨danach; †⟩ *Höflichkeitstitel in engl. Anschriften, Wohlgeboren* [engl.]

Es|sä|er ⟨Pl.⟩ = *Essener*

Es|sai ⟨[ɛse:] m. od. n.; -s, -s⟩ = *Essay* [frz., »Versuch«]

Es|say ⟨[ɛsei] m. od. n.; -s, -s⟩ *literar. Kunstform, Abhandlung in knapper, geistvoller, allgemein verständl. Form, auch als Gattungsbegriff* [engl., »Versuch«]

Es|say|ist, ⟨auch⟩ **Es|sa|yist** ⟨[ɛsɛi-] m.; -en, -en⟩ *Verfasser von Essays*

Es|say|is|tik, ⟨auch⟩ **Es|sa|yis|tik** ⟨[ɛsɛi-] f.; -; unz.; Lit.⟩ *Form u. Kunst des Essays*

es|say|is|tisch, ⟨auch⟩ **es|sa|yis|tisch** ⟨[ɛsɛi-] Adj.⟩ *in der Art eines Essays (abgefasst)*

Es|se|ner ⟨Pl.; Rel.⟩ *frühjüdische Glaubensgemeinschaft zwischen 150 v.Chr.–70 n.Chr., die bei einigen antiken Autoren als äußerst asketisch u. vereinsähnlich organisiert beschrieben wird;* oV *Essäer*

es|sen|ti|al ⟨Adj.⟩ = *essenzial* [<lat. *essentia* »Wesen«; → *Essenz*]

Es|sen|tial ⟨[-tʃəl] n.; -s, -s; meist Pl.⟩ *Kernpunkt, Hauptaussage, das Wesentlichste* [engl.]

Es|sen|ti|a|li|en ⟨Pl.⟩ = *Essenzialien*

es|sen|ti|ell ⟨Adj.⟩ = *essenziell*

Es|senz ⟨f.; -, -en⟩ **1** ⟨unz.⟩ *Wesen, Wesenheit, Hauptbegriff* **2** ⟨zählb.⟩ *konzentrierte Lösung von Geschmacks- od. Duftstoffen zur Aromatisierung von Nahrungs- u. Genussmitteln* [<lat. *essentia* »Wesen«; zu *esse* »sein«]

es|sen|zi|al ⟨Adj.⟩ = *essenziell;* oV *essential*

Es|sen|zi|a|li|en ⟨Pl.⟩ *Hauptpunkte (bei Rechtsgeschäften);* oV *Essentialien;* Ggs *Akzidentalien* [→ *essential*]

> **essenziell / essentiell** (*Laut-Buchstaben-Zuordnung*) Bei der Schreibung abgeleiteter Adjektive wird künftig stärker das Stammprinzip berücksichtigt. Lässt sich die flektierte Form auf ein Substantiv, das auf »z« endet, wie z.B. »*Essenz*«, zurückführen, gilt die Stammschreibung als Hauptvariante (→ a. *existentiell / existenziell* usw.).

es|sen|zi|ell ⟨Adj.⟩ *wesentlich, wesenhaft;* oV *essentiell;* Ggs *inessenziell* [<frz. *essentiel* »wesentlich«; → *Essenz*]

Es|siv ⟨m.; -s; unz.; Sprachw.⟩ *Kasus in den finnougrischen Sprachen, der ausdrückt, dass sich etwas in einem Zustand befindet* [zu lat. *esse* »sein«]

Es|ta|blish|ment, ⟨auch⟩ **Es|tab|lish|ment** ⟨[istæbliʃ-] n.; -s; unz.⟩ *Gesamtheit der Personen, die in einer modernen Gesellschaftsordnung einflussreiche Stellen innehaben* [engl.]

E|stam|pe, ⟨auch⟩ **Es|tam|pe** ⟨[ɛstã:p(ə)] f.; -, -n⟩ *Abdruck eines Kupfer-, Stahl- od. Holzstichs* [frz., »Kupferstich, Prägestempel«]

E|stan|zia, ⟨auch⟩ **Es|tan|zia** ⟨f.; -s, -s⟩ *südamerikan. Farm (mit Viehwirtschaft)* [<span. *estancia* »Gehöft, Landgut«]

Es|ter ⟨m.; -s, -⟩ *chem. Verbindung, die aus einem Alkohol u. einer organischen (oder anorganischen) Säure unter Wasserabspaltung entsteht* [verkürzt < *Essig* + *Äther*]

Es|te|ra|se ⟨f.; -, -n⟩ *Enzym, das Esterbindungen durch chemische Reaktionen mit Wasser in Alkohol u. Säure spaltet*

Es|ter|harz ⟨n.; -es, -e⟩ = *Polyester*

es|tin|gu|en|do ⟨Mus.⟩ *verlöschend, ersterbend (zu spielen)* [ital.]

Es|to|mi|hi *der 7. Sonntag vor Ostern* [lat., nach dem 31. Psalm, »Sei mir (ein starker Fels)«]

E|stra|de, ⟨auch⟩ **Es|tra|de, Est|ra|de** ⟨f.; -, -n⟩ **1** *erhöhter Teil des Fußbodens, erhöhter Platz (an Fenstern usw.)* **2** ⟨DDR⟩ *volkstümliche künstler. Veranstaltung mit verschiedenartigen Nummern (aus Musik, Artistik usw.)* [frz.]

Es|tra|gon, ⟨auch⟩ **Est|ra|gon** ⟨m.; -s; unz.⟩ *Korbblütler, der als Zusatz zu Essig u. als Ge-*

würz benutzt wird: Artemisia dracunculus [<frz. *targon, estragon* <lat. *drancunculus,* eigtl. »kleiner Drache«; zu *draco* »Drache«]

Es|tre|ma|du|ra, ⟨auch⟩ **Est|re|ma|du|ra** ⟨f.; -; unz.⟩ *ein Baumwollgarn* [nach der span. Landschaft *Estremadura*]

et ⟨lat. Bez. für⟩ *und*

E|ta ⟨n.; - od. -s, -s; Zeichen: η, H⟩ *grch. Buchstabe, langes, offenes e, später i* [grch.]

ETA ⟨f.; -; unz.; Abk. für bask.⟩ *Euzkadi Ta Azkatasuna, Terrororganisation mit dem Ziel der Eigenständigkeit des Baskenlandes*

e|ta|blie|ren, ⟨auch⟩ **e|tab|lie|ren** ⟨V.⟩ **1** *gründen, errichten* **2** ⟨refl.⟩ sich ~ *sich niederlassen (als Geschäftsmann), ein Geschäft eröffnen* ⟨fig.⟩ *innerhalb der Gesellschaft eine angesehene (u. einflussreiche) Stellung einnehmen* [<frz. *établir* »festsetzen, einrichten, gründen«]

e|ta|bliert, ⟨auch⟩ **e|tab|liert** ⟨Adj.⟩ *fest gegründet, einen sicheren Platz einnehmend;* ~e Gesellschaft(sschicht)

E|ta|blis|se|ment, ⟨auch⟩ **E|tab|lis|se|ment** ⟨[-blis(ə)mãː] n.; -s, -s⟩ **1** *Geschäft, Unternehmen, Niederlassung* **2** *Vergnügungsstätte* [<frz. *établissement* »Einrichtung, Gründung, Niederlassung«]

E|ta|ge ⟨[-ʒə] f.; -, -n⟩ **1** *Stockwerk, Obergeschoss* **2** *Etagenwohnung* [<frz. *étage* »Stockwerk«]

E|ta|ge|re ⟨[-ʒɛːrə] f.; -, -n⟩ *Bücherbrett, Wandgestell, Tischaufsatz* [<frz. *étagère*]

et al. ⟨Abk. für lat.⟩ *et alia (und andere)*

E|ta|la|ge ⟨[-ʒə] f.; -, -n⟩ *Schaufensterauslage, Ausstellung* [<frz. étalage »Warenauslage, Darbietung«]

E|ta|lon ⟨[-lɔ̃ː] m.; -s, -s⟩ *Bezugsgröße, Prototyp für eine Maßeinheit,* z.B. Eichmaß [<frz. *étalon*]

E|ta|min ⟨n.; -s; unz.⟩, **E|ta|mi|ne** ⟨f.; -; unz.⟩ *steifes, gazeartiges Seiden-, Kunstseiden- od. Baumwollgewebe* [<frz. *étamine* »Seihtuch«]

E|tap|pe ⟨f.; -, -n⟩ **1** *Teilstrecke, Abschnitt, Stufe* **2** ⟨Mil.⟩ *Hinterland, Nachschubgebiet;* Ggs *Front(2)* [<frz. *étape* »Rastplatz, Tagesmarsch, Wegstrecke«, eigtl. »Verpflegungsplatz für das Heer« <mndrl. *stapel* »Stapelplatz«]

E|tat ⟨[etaː] m.; -s, -s⟩ **1** *Voranschlag, Haushaltsplan, Staatshaushalt* **2** ⟨umg.⟩ *Summe, mit der man eine bestimmte Zeit auskommen muss* **3** *Vermögensstand, Bestand* **4** ⟨schweiz.⟩ *Mitglieder-, Funktionärverzeichnis (eines Verbandes)* [<frz. *état* »Stand, Zustand, Verzeichnis, Staat«]

e|ta|ti|sie|ren ⟨V.⟩ *in den Etat aufnehmen*

E|ta|zis|mus ⟨m.; -; unz.⟩ *Aussprache des altgrch. Buchstabens Eta als langes e und nicht als i;* Ggs *Itazismus*

etc. ⟨Abk. für⟩ *et cetera*

et ce|te|ra ⟨Abk.: etc.⟩ *und so weiter* [lat., »und die übrigen«]

et ce|te|ra pp. *und so weiter* [pp.: Abk. für lat. *perge, perge* »fahre fort«]

e|te|pe|te|te ⟨Adj.; undekl.; umg.; abwertend⟩ *zimperlich, geziert, übertrieben wählerisch* [< *öte, ete (-öde)* in der nddt. Bedeutung »spröde, geziert« + *petete* (Berliner Umformung von frz. *peut-être* »vielleicht«, wobei Rhythmus u. Reim suggestiv gewirkt haben mögen; andere Deutung: <frz. *être, peut-être* »(kann) sein, vielleicht«]

E|ter|nit ⟨m. od. n.; -s; unz.; Ⓦ⟩ *feuerfester Asbestzementschiefer in Plattenform* [zu lat. *aeternus* »ewig«]

E|te|si|en ⟨[eteːsiən] Pl.⟩ *jahreszeitl. Winde im östl. Mittelmeergebiet* [zu grch. *etos* »Jahr«]

E|te|si|en|kli|ma ⟨[etesiən-] n.; -s; unz.⟩ *Klima mit trockenen Sommern und niederschlagsreichen Wintern*

E|than ⟨n.; -s; unz.⟩ = *Äthan*

E|tha|nal ⟨n.; -s; unz.⟩ = *Äthanal*

E|tha|nol ⟨n.; -s; unz.⟩ = *Äthanol*

E|then ⟨n.; -s; unz.⟩ = *Äthen*

E|ther ⟨m.; -s; unz.⟩ = *Äther(2)*

e|the|ri|sie|ren ⟨V.⟩ = *ätherisieren*

E|ther|net ⟨[iːθə(r)nɛt] n.; -s; unz.; EDV⟩ *(Anfang der 70er-Jahre entwickeltes) lokales, dezentrales Computernetzwerk ohne übergreifende Kontrollinstanz, in dem etwa 1000 Rechenstationen miteinander verbunden werden können* [<engl. *ether* »Äther« + *net* »Netz«]

E|thik ⟨f.; -, -en⟩ *Lehre vom sittl. od. moral. Verhalten des Menschen* [<grch. *ethikos* »sittlich«]

E|thi|ker ⟨m.; -s, -⟩ *Vertreter der Ethik*

E|thin ⟨n.; -s; unz.⟩ = *Äthin*

e|thisch ⟨Adj.⟩ **1** *die Ethik betreffend, in ihr Gebiet gehörig, sittlich, moralisch* **2** *sittl. gut* [<grch. *ethikos* »sittlich«]

eth|nisch ⟨Adj.⟩ **1** *die Ethnologie betreffend, in ihr Gebiet gehörig, auf ihr beruhend* **2** *volkseigentümlich;* ~e Minderheiten [zu grch. *ethnos* »Volk«]

eth|no..., **Eth|no...** ⟨in Zus.⟩ *volks..., Volks..., völker..., Völker...* [<grch. *ethnos* »Volk«]

Eth|no|ge|ne|se ⟨f.; -, -n⟩ *Vorgang der Herausbildung eines Volkes od. einer anderen sprachlich u. kulturell homogenen Gruppe* [< *Ethno...* + *Genese*]

Eth|no|graf ⟨m.; -en, -en⟩ = *Ethnograph*

Eth|no|gra|fie ⟨f.; -, -n⟩ = *Ethnographie*

Eth|no|gra|fin ⟨f.; -, -fin|nen⟩ = *Ethnographin*

eth|no|gra|fisch ⟨Adj.⟩ = *ethnographisch*

Eth|no|graph ⟨m.; -en, -en⟩ *Wissenschaftler der Ethnographie;* oV *Ethnograf*

Eth|no|gra|phie ⟨f.; -; unz.⟩ *beschreibende Völkerkunde;* oV *Ethnografie* [< *Ethno...* + *...graphie*]

Eth|no|gra|phin ⟨f.; -, -phin|nen⟩ *Wissenschaftlerin der Ethnographie;* oV *Ethnografin*

eth|no|gra|phisch ⟨Adj.⟩ *zur Ethnographie gehörend, auf ihr beruhend;* oV *ethnografisch*

Eth|no|lin|gu|is|tik ⟨f.; -; unz.; Sprachw.⟩ *sprachwissenschaftlicher Fachbereich, der die Sprache u. die Sprachträger gemeinsam unter*

kulturhistorischen Aspekten betrachtet [< *Ethno... + Linguistik*]
Eth|no|lo|ge ⟨m.; -n, -n⟩ *Wissenschaftler, Student der Ethnologie, Völkerkundler*
Eth|no|lo|gie ⟨f.; -, -n⟩ *vergleichende Völkerkunde* [< *Ethno...* + *...logie*]
Eth|no|lo|gin ⟨f.; -, -gin|nen⟩ *Wissenschaftlerin, Studentin der Ethnologie, Völkerkundlerin*
eth|no|lo|gisch ⟨Adj.⟩ *die Ethnologie betreffend, auf ihr beruhend, zu ihr gehörend, völkerkundlich*
Eth|no|pop ⟨m.; -s; unz.⟩ *Form der Popmusik, die auf volksmusikalische Elemente, Melodien und Motive (vor allem afrikanischer od. südamerikanischer Völker) zurückgreift* [< grch. *ethnos* »Volk« + *Pop...*]
Eth|no|zen|tris|mus, ⟨auch⟩ **Eth|no|zent|ris|mus** ⟨m.; -; unz.⟩ *Form des Nationalbewusstseins, das die Überlegenheit des eigenen Volkes vor allen anderen Völkern in den Mittelpunkt stellt* [< *Ethno...* + *Zentrismus*]
Eth|no|zid ⟨m.; -(e)s, -e⟩ *die Ausrottung archaischer Gesellschaften infolge eines gewaltsamen Assimilierungsprozesses, der zur Auflösung der traditionellen Wertvorstellungen u. Lebensgrundlagen der technisch unterlegenen Gesellschaft führt* [< *Ethno...* + *...zid(1)*]
E|tho|lo|ge ⟨m.; -n, -n⟩ *Wissenschaftler auf dem Gebiet der Ethologie, Verhaltensforscher*
E|tho|lo|gie ⟨f.; -; unz.⟩ **1** *Lehre von den Sitten u. Gebräuchen eines Volkes, Charakterforschung* **2** *Lehre von der Lebensweise der Tiere* [< *Ethos* + *...logie*]
E|tho|lo|gin ⟨f.; -, -gin|nen⟩ *Wissenschaftlerin im Fachbereich der Ethologie, Verhaltensforscherin*
e|tho|lo|gisch ⟨Adj.⟩ *die Ethologie betreffend, zu ihr gehörend*
E|thos ⟨n.; -; unz.⟩ *auf den Normen der Ethik beruhendes Verhalten der Menschen* [grch., »Gewohnheit, Sitte«]
E|thyl ⟨n.; -s, -e⟩ = *Äthyl*
E|thy|len ⟨n.; -s; unz.⟩ = *Äthylen*
E|ti|enne ⟨[etjɛn] f.; -; unz.⟩ *eine Antiquaschrift* [nach der frz. Buchdruckerfamilie *Estienne*, die 1502–1610 in Paris u. Genf bedeutende Druckereien besaß]
E|ti|kett ⟨n.; -(e)s, -e od. -s⟩ *Warenkennzeichen, Aufschrift, Preiszettel, -schild;* oV *Etikette(2)* [< frz. *étiquette* »Stift zum Anheften eines Zettels; Bezeichnungszettel; Zettel mit der Hofrangordnung; Inbegriff der (bei Hof geübten) Förmlichkeiten« < nddt. *stikke* »Stiftchen«]
E|ti|ket|te ⟨f.; -, -n⟩ **1** *feine Sitte, gesellschaftl. Umgangsformen* **2** = *Etikett* **3** ⟨unz.; Golf⟩ *in neun Punkten festgelegte Verhaltensmaßregeln auf dem Golfplatz, die u.a. Rücksichtnahme auf andere Spieler und die Beseitigung von Beschädigungen der Rasenfläche vorschreiben* [→ *Etikett*]
e|ti|ket|tie|ren ⟨V.⟩ *mit einem Etikett versehen, bekleben*
E|ti|ket|tie|rung ⟨f.; -, -en⟩ **1** *das Etikettieren* **2** *das Etikett*
E|ti|o|le|ment ⟨[etiɔl(ə)mã:] n.; -s; unz.⟩ *krankhaftes Wachstum von Pflanzen bei Lichtmangel, Bleichwerden der Blätter im Dunkeln* [< frz. *étiolement* »das Verkümmern, Dahinsiechen«]
e|ti|o|lie|ren ⟨V.⟩ *bleichen (als Veredelung)* [< frz. *étioler* »verkümmern, vergeilen«]
e|tisch ⟨Adj.; Sprachw.⟩ *formal unterscheidend, aber nicht bedeutungsdifferenzierend, nicht disktinktiv (von sprachl. Zeichen);* Ggs *emisch;* Allophone sind ~e Einheiten [verkürzt aus (phon)*etisch*]
E|tü|de ⟨f.; -, -n⟩ *Musikstück zum Üben der Fingerfertigkeit* [< frz. *étude* »Studium, Entwurf«]

> **Etui** (*Worttrennung am Zeilenende*) Einzelvokale können künftig auch am Wortanfang abgetrennt werden. Dies gilt jedoch nicht für Einzelvokale am Wortende, da das notwendige Trennzeichen den gleichen Raum einnähme wie der zu trennende Vokal.

E|tui ⟨[etvi:] a. [etyi:] n.; -s, -s⟩ *Futteral, Behälter;* Brillen~, Füllhalter~, Zigaretten~ [< frz. *étui* »Futteral, Gehäuse, Behälter«]
e|ty|misch ⟨Adj.; Sprachw.⟩ *das Stammwort bzw. die ursprüngliche Bedeutung betreffend*
E|ty|mo|lo|ge ⟨m.; -n, -n; Sprachw.⟩ *Kenner u. Forscher auf dem Gebiet der Etymologie*
E|ty|mo|lo|gie ⟨f.; -, -n⟩ **1** ⟨unz.⟩ *Lehre von der Herkunft der Wörter, Wortforschung* **2** ⟨zählb.⟩ *Herkunft, Geschichte u. Bedeutung eines Wortes* [< grch. *etymos* »wahrhaft« + *...logie*]
E|ty|mo|lo|gin ⟨f.; -, -gin|nen; Sprachw.⟩ *Kennerin u. Forscherin auf dem Gebiet der Etymologie*
e|ty|mo|lo|gisch ⟨Adj.; Sprachw.⟩ *mittels der Etymologie, sie betreffend, auf ihr beruhend*
e|ty|mo|lo|gi|sie|ren ⟨V.; Sprachw.⟩ ein Wort ~ *seine Etymologie untersuchen*
E|ty|mon ⟨n.; -s, -ma⟩ *Stamm-, Wurzelwort* [< grch. *etymos* »wahrhaft«]
Et-Zei|chen ⟨[ɛt-] n.; -s, -⟩ *Und-Zeichen (&)*
Eu ⟨chem. Zeichen für⟩ *Europium*
EU ⟨f.; -; unz.; Abk. für⟩ *Europäische Union;* → a. *europäisch*
eu..., Eu... ⟨Vors.⟩ *gut, wohl, schön* [grch.]
Eu|bi|o|tik ⟨f.; -; unz.⟩ *Lehre von der gesunden Lebensweise* [< *Eu...* + grch. *bios* »Leben«]
Eu|bu|lie ⟨f.; -; unz.; geh.⟩ *Wohlberatenheit, Klugheit, Einsicht* [grch.]
Eu|cha|ris|tie ⟨[-ça-] f.; -, -n⟩ **1** *Dankgebet vor dem Abendmahl* **2** ⟨kath. Kirche⟩ *Gegenwart von Jesus Christus in den Gestalten von Brot u. Wein bei der Kommunion* **3** ⟨ev. Kirche⟩ *Abendmahl* [< *Eu...* + grch. *charis* »Huld, Dank«]
eu|cha|ris|tisch ⟨[-ça-] Adj.⟩ *das Abendmahl, die Eucharistie betreffend;* Eucharistischer

Kongress *Treffen von Katholiken aus aller Welt zur Verehrung des Altarsakraments* [→ *Eucharistie*]
Eu|dä|mo|nie ⟨f.; -; unz.⟩ *Glückseligkeit* [< grch. *eudaimon* »glückselig«, eigtl. »einen guten Dämon habend«]
Eu|dä|mo|nis|mus ⟨m.; -; unz.⟩ *philosophische Auffassung, dass die Glückseligkeit Ziel allen Handelns u. nur durch sittl. Verhalten zu erreichen sei*
Eu|dä|mo|nist ⟨m.; -en, -en⟩ *Vertreter, Anhänger des Eudämonismus*
eu|dä|mo|nis|tisch ⟨Adj.⟩ *auf dem Eudämonismus beruhend*
Eu|do|xie ⟨f.; -, -n⟩ *sicheres Urteil, guter Ruf* [< *Eu...* + *doxa* »Meinung, Ruf«]
Eu|fo|nie ⟨f.; -, -n⟩ = *Euphonie*
eu|fo|nisch ⟨Adj.⟩ = *euphonisch*
Eu|fo|ni|um ⟨n.; -s, -ni|en⟩ = *Euphonium*
Eu|ge|ne|tik ⟨f.; -; unz.⟩ = *Eugenik*
eu|ge|ne|tisch ⟨Adj.⟩ = *eugenisch*
Eu|ge|nik ⟨f.; -; unz.⟩ *praktische Anwendung der Erkenntnisse der Humangenetik, z.B. bei der Erhaltung erwünschter Erbanlagen;* Sy *Eugenetik* [< grch. *eugenes* »wohlgeboren«; zu *eu* »gut« + *gennan* »erzeugen«]
eu|ge|nisch ⟨Adj.⟩ *die Eugenik betreffend, auf ihr beruhend;* Sy *eugenetisch*
Eu|gna|thie, ⟨auch⟩ **Eug|na|thie** ⟨f.; -; unz.⟩ *die der Norm entsprechende Entwicklung u. Leistungsfähigkeit des Gebisses u. der Zähne* [< *Eu...* + grch. *gnathos* »Kinnbacken«]
Eu|ka|lyp|tus ⟨m.; -, -ten od. -⟩ *Gattung der Myrtengewächse, bis 150 m hoher Baum, der seine Blätter zur Vermeidung von Wasserverlust parallel zur Sonneneinstrahlung stellen kann: Eucalyptus* [< *Eu...* + grch. *kalyptos* »bedeckt« (wegen der Kelchform)]
Eu|ka|ry|on|ten ⟨Pl.⟩ *Organismen, deren Zellen einen echten Zellkern besitzen;* Ggs *Prokaryonten* [< *Eu...* + *karyon* »Kern«]
Eu|ki|ne|tik ⟨f.; -; unz.⟩ *Lehre von der schönen u. harmonischen Bewegung* [< *Eu...* + *Kinetik*]
eu|kli|disch, ⟨auch⟩ **euk|li|di|sch** ⟨Adj.⟩ ~e Geometrie *die auf den von Euklid aufgestellten Axiomen beruhende Geometrie* [nach dem altgriech. Mathematiker *Euklid,* 300 v.Chr.]
Eu|kra|sie, ⟨auch⟩ **Euk|ra|sie** ⟨f.; -; unz.⟩ **1** *gute Mischung aller Körpersäfte;* Ggs *Dyskrasie* **2** *glückl. Veranlagung* [< *Eu...* + grch. *krasis* »Mischung, Verbindung«]
Eu|me|ni|de ⟨f.; -, -n; beschönigender Name für⟩ *Erinnye* [< grch. *Eumenides* »die Wohlgesinnten, Wohlwollenden«]
Eu|nuch ⟨m.; -en, -en⟩ *Kastrat als Haremswächter* [< grch. *eunuchos* »Betthüter«]
Eu|pe|la|gi|al ⟨n.; -s; unz.⟩ *Meeresregion im Tiefseebereich (ab mehr als 2400 Meter)* [< *Eu...* + *Pelagial*]
eu|pe|la|gisch ⟨Adj.⟩ *den Tiefseebereich von mehr als 2400 m Tiefe betreffend;* ~e Lebensweise *L. der Organismen, die sich stets im Tiefseebereich aufhalten*
Eu|phe|mis|mus ⟨m.; -, -men⟩ *beschönigende Bezeichnung, sprachl. Verhüllung* [< *Eu...* + grch. *pheme* »Rede«]
eu|phe|mis|tisch ⟨Adj.⟩ *beschönigend, verhüllend, umschreibend;* ~er Ausdruck
Eu|pho|nie ⟨f.; -, -n⟩ *Wohlklang, Wohllaut;* oV *Eufonie;* Ggs *Kakophonie* [< *Eu...* + grch. *phone* »Stimme«]
eu|pho|nisch ⟨Adj.⟩ oV *eufonisch;* Ggs *kakophonisch* **1** *wohllautend, wohlklingend* **2** *des Wohlklangs wegen (eingeschoben),* z.B. das »t« in »allenthalben« [→ *Euphonie*]
Eu|pho|ni|um ⟨n.; -s, -ni|en⟩ *Kornett in Baritonlage;* oV *Eufonium* [→ *Euphonie*]
Eu|phor|bia, Eu|phor|bie ⟨f.; -, -bi|en⟩ *Wolfsmilch* [< *Eu...* + grch. *phorbe* »Weide, Futter«]
Eu|phor|bi|um ⟨n.; -s; unz.⟩ *aus einer Wolfsmilchart (Euphorbia resinifera) gewonnenes Gummiharz, in der Veterinärmedizin als Hautreizmittel verwendet*
Eu|pho|rie ⟨f.; -; unz.⟩ *Gefühl gesteigerten Wohlbefindens, z.B. nach dem Genuss von Rauschmitteln od. (bei Kranken) unmittelbar vor dem Tode* [< grch. *euphoria* »das leichte Ertragen, das Wohlbefinden«; zu *pherein* »tragen«]
Eu|pho|ri|kum ⟨n.; -s, -ka⟩ *Anregungs-, Rauschmittel*
eu|pho|risch ⟨Adj.⟩ *auf Euphorie beruhend*
eu|pho|ri|sie|ren ⟨V.⟩ *in Euphorie versetzen*
eu|plo|id, ⟨auch⟩ **eup|lo|id** ⟨Adj.⟩ *ausschließlich vollständige Chromosomensätze in den Zellen aufweisend;* Ggs *aneuploid* [< grch. *eu* »reichlich« + zweiter Teil von *diploid*]
Eu|plo|i|die, ⟨auch⟩ **Eup|lo|i|die** ⟨f.; -; unz.⟩ *das Auftreten ausschließlich vollständiger Chromosomensätze;* Ggs *Aneuploidie* [→ *euploid*]
Eu|pnoe ⟨[-pno:e:] f.; -; unz.⟩ *das normale, mühelose Atmen* [< *Eu...* + *pnoe* »Atem«]
Eu|ra|si|en ⟨n.; -s; unz.⟩ *Europa und Asien (als größte verbundene Landfläche der Erde)*
Eu|ra|si|er ⟨m.; -s, -⟩ **1** *Bewohner Eurasiens* **2** *Mischling aus einem europäischen u. einem indischen Elternteil*
eu|ra|sisch ⟨Adj.⟩ *Europa u. Asien, die Eurasier betreffend, zu ihnen gehörig, von ihnen stammend*
EURATOM, Eu|ra|tom ⟨f.; -; unz.; Abk. für⟩ *Europäische Atomgemeinschaft, Organisation der EU zur friedlichen Nutzung der Kernenergie*
Eu|re|ca, Eu|re|ka ⟨Abk. für engl.⟩ *European Research Coordination Agency, Europäische Forschungsgemeinschaft*
Eu|rhyth|mie ⟨f.; -; unz.⟩ oV *Eurythmie* **1** *Ebenmaß, schöne Ausgeglichenheit von Bewegung u. Ausdruck;* oV *Eurhythmik, Eurythmik* **2** ⟨Med.⟩ *Regelmäßigkeit von Herz- u. Pulsschlag* **3** ⟨Tanz⟩ *Harmonie zwischen den Bewegungen der Gliedmaßen u. denen des ganzen Körpers* **4** ⟨Anthroposophie⟩ *die von R. Steiner gegründete Ausdruckskunst auf Grund*

der Vereinigung von Bewegung mit Sprache od. Gesang, wobei den Bewegungen bestimmte Bedeutungen zugeordnet werden [< *Eu*… + *Rhythmus*]
Eu|rhyth|mik ⟨f.; -; unz.⟩ *Eurhythmie(1);* oV *Eurythmik*
Eu|ro ⟨m.; -s, -s; bei Zahlenangaben: –⟩ *europäische Währungseinheit*
eu|ro…, Eu|ro… ⟨vor Vokalen⟩ **eur…, Eur…** ⟨in Zus.⟩ *Europa betreffend, zu ihm gehörig;* eurozentrisch, Eurowährung, Eurovision
Eu|ro|card ⟨f.; -, -s⟩ *Kreditkarte (für bargeldlosen Zahlungsverkehr)*
Eu|ro|cheque ⟨[-ʃɛk] m.; -s, -s; internationale Schreibung für⟩ *Euroscheck*
Eu|ro|ci|ty ⟨[-siti] m.; -, -s; Abk.: EC⟩ *Schnellzug des europäischen Eisenbahnnetzes* [< *Europa* + engl. *city* »Stadt«]
Eu|ro|con|trol, ⟨auch⟩ **Eu|ro|cont|rol** ⟨f.; -; unz.⟩ *Organisation zur Sicherung des Flugverkehrs in Europa* [< *Europa* + engl. *control* »überwachen«]
Eu|ro|kom|mu|nis|mus ⟨m.; -; unz.⟩ *westeuropäische Richtung des Kommunismus, die den sowjet. Führungsanspruch nicht akzeptierte*
Eu|ro|kom|mu|nist ⟨m.; -en, -en⟩ *Anhänger, Vertreter des Eurokommunismus*
Eu|ro|kom|mu|nis|tin ⟨f.; -, -tin|nen⟩ *Anhängerin, Vertreterin des Eurokommunismus*
Eu|ro|pa|cup ⟨[-kʌp] m.; -s, -s; Sp.⟩ *zwischen den besten od. den nach einem festgelegten Modus qualifizierten Mannschaften ausgetragener Vereinswettbewerb auf europäischer Ebene,* z.B. der Pokal der Pokalsieger [< *Europa* + engl. *cup* »Pokal«]
eu|ro|pä|id ⟨Adj.⟩ *europäisch anmutend, in der Art der Europäer*
eu|ro|pä|isch ⟨Adj.⟩ *Europa betreffend, zu ihm gehörig, von ihm stammend;* Europäische Gemeinschaft ⟨Abk.: EG; 1973–1993 Bez. für⟩ *Europäische Wirtschafts- u. Handelsgemeinschaft;* Europäische Union ⟨Abk.: EU; seit 1.11.1993⟩ *Nachfolgeorganisation der Europäischen Gemeinschaft (am 7.2.1992 im Vertrag von Maastricht gegründet);* Europäisches Währungssystem ⟨Abk.: EWS⟩; Europäische Wirtschaftsgemeinschafts- u. Währungseinheit ⟨Abk.: EWWU⟩; Europäische Wirtschaftsgemeinschaft ⟨Abk.: EWG; früher für⟩ *EWWU;* Europäische Zentralbank ⟨Abk.: EZB⟩; → a. *ECU,* → a. *Euro*
eu|ro|pä|i|sie|ren ⟨V.⟩ **1** *der europäischen Lebensart angleichen* **2** *nach europäischem Vorbild umgestalten*
eu|ro|pid ⟨Adj.⟩ *zum Kreis der europäischen (und der ihnen verwandten) Rassen gehörend* [< *Europa* + …*id*]
Eu|ro|pi|de(r) ⟨f.2 (m.1)⟩ *Angehörige(r) des Kreises der europiden Rassen*
Eu|ro|pi|um ⟨n.; -s; unz.; chem. Zeichen: Eu⟩ *chem. Element aus der Reihe der Metalle der Seltenen Erden, Ordnungszahl 63*
eu|ro|po|id ⟨Adj.⟩ *dem europiden Rassenkreis nahe stehend*
Eu|ro|pol ⟨f.; -; unz.⟩ *europäisches Kriminalamt* [verkürzt aus *Europäisches Polizeiamt*]
Eu|ro|scheck ⟨m.; -s, -s⟩ *Barscheck, der bei Vorzeigen der Euroscheckkarte in den meisten europ. Ländern von allen Geldinstituten bis zu einem international vereinbarten Höchstbetrag eingelöst wird;* oV *Eurocheque*
Eu|ro|vi|si|on ⟨[-vi-] f.; -; unz.⟩ *Zusammenschluss von mehreren westeuropäischen Rundfunk- u. Fernsehanstalten zur gleichzeitigen Ausstrahlung von Sendungen;* → a. *Intervision* [< *Europa* + *Television*]
eu|ry|ök ⟨Adj.⟩ *die Euryökie betreffend, auf ihr beruhend;* Ggs *stenök* [< grch. *eurys* »breit, weit« + *oik, oikos* »Haus«]
Eu|ry|ö|kie ⟨f.; -; unz.⟩ *Eigenschaft eines Lebewesens, das hinsichtlich bestimmter Lebensbedingungen seiner Umwelt in weiten Grenzen angepasst ist;* Ggs *Stenökie*
eu|ry|therm ⟨Adj.⟩ *unabhängig von Temperaturschwankungen lebensfähig;* Ggs *stenotherm* [< grch. *eurys* »breit, weit« + …*therm*]
Eu|ryth|mie ⟨f.; -; unz.⟩ = *Eurhythmie*
Eu|ryth|mik ⟨f.; -; unz.⟩ = *Eurhythmik*
eu|ry|top ⟨Adj.⟩ *weit, vielfach verbreitet;* Ggs *stenotop* [< grch. *eurys* »breit, weit« + …*top*]
Eu|se|bie ⟨f.; -; unz.⟩ *Gottesfurcht, Gottergebenheit, Frömmigkeit;* Ggs *Asebie* [lat. < grch. *eusebes* »gottesfürchtig, fromm«]
eus|ta|chisch ⟨[-çiʃ] Adj.⟩ ~e Röhre *Verbindungsgang zwischen Mittelohr u. Rachenraum, Ohrtrompete* [nach dem ital. Arzt B. *Eustachio,* 1524-1574]
Eu|sta|sie, ⟨auch⟩ **Eus|ta|sie** ⟨f.; -, -n⟩ *ein geologischer Vorgang, der Schwankungen des Meeresspiegels bewirkt* [< *Eu*… + grch. *stasis* »Stellung, Stand«]
eu|sta|tisch, ⟨auch⟩ **eus|ta|tisch** ⟨Adj.; nur in der Wendung⟩ ~e Bewegung = *Eustasie*
Eu|tek|ti|kum ⟨n.; -s, -ka⟩ *sehr feines Gemenge von zwei oder mehreren ineinander im festen Zustande nicht löslichen Kristallarten, bei dem das Gemisch den tiefstmöglichen Schmelzpunkt hat* [< grch. *eutektos* »leicht schmelzend«]
eu|tek|tisch ⟨Adj.⟩ *das Eutektium betreffend, ihm entsprechend*
Eu|tek|to|id ⟨n.; -s, -e⟩ *aus einem Eutektikum ausgeschiedenes Gemisch aus zwei oder mehr Substanzen* [< grch. *eutektos* »leicht schmelzend« + …*id*]
Eu|tha|na|sie ⟨f.; -; unz.⟩ *Erleichterung des Todeskampfes durch Medikamente (strafbar, wenn damit eine Verkürzung des Lebens verbunden ist)* [< *Eu*… + grch. *thanatos* »Tod«]
Eu|to|kie ⟨f.; -, -n; Med.⟩ *leichte Entbindung;* Ggs *Dystokie* [< *eu*… + grch. *tokos* »Geburt«]
Eu|to|nie ⟨f.; -; unz.⟩ *normaler Spannungszustand der Muskeln u. Gefäße;* Ggs *Dystonie* [< *Eu*… + …*tonie*]
Eu|to|pie ⟨f.; -; unz.; Med.⟩ *normale Lage von Organen;* Ggs *Dystopie* [< *eu*… + grch. *topos* »Platz«]

eu|tro**ph** ⟨Adj.⟩ Ggs *oligotroph* **1** ⟨Ökol.⟩ *nährstoffreich (von Binnengewässern);* ~e Seen, Gewässer **2** ⟨Bot.⟩ *nährstoffreich u. hochproduktiv (von Böden)* [< *eu...* + grch. *trophe* »Ernährung«]

Eu|tro|phie ⟨f.; -; unz.⟩ *Reichtum an Nährstoffen*

eu|tro|phie|ren ⟨V.⟩ ein See eutrophiert *der Nährstoffgehalt eines Sees wird überhöht, der See wird überdüngt, z.B. durch verstärkte Abwassereinleitung*

Eu|tro|phie|rung ⟨f.; -; unz.⟩ *Nährstoffanreicherung in einem Gewässer u. damit verbundenes übermäßiges, schädliches Pflanzenwachstum* [→ *Eutrophie*]

eu|xi|nisch ⟨Adj.⟩ ~es Meer *sauerstoffarmes, schwefelwasserstoffreiches Meer;* ~e Sedimente *S., die unter solchen Bedingungen entstehen* [< lat. *Pontus Euxinus* »Schwarzes Meer«, in dem diese Erscheinung heute auftritt]

eV ⟨Zeichen für⟩ *Elektronenvolt*

ev. ⟨Abk. für⟩ *evangelisch*

E|va|ku|a|ti|on ⟨[-va-] f.; -, -en⟩ **1** *das Evakuieren, Entleerung* **2** *Luftleermachen eines Raumes* [< frz. *evacuation* »Entleerung, Räumung«; zu lat. *vacuus* »leer«]

e|va|ku|ie|ren ⟨[-va-] V.⟩ **1** *leer, luftleer machen, leer pumpen (Raum)* **2** ein **Gebiet** ~ *von Bewohnern räumen;* **Bewohner** ~ *aussiedeln* [< frz. *évacuer* »entleeren, abtransportieren, räumen« < lat. *vacuus* »leer«]

E|va|ku|ie|rung ⟨[-va-] f.; -, -en⟩ *das Evakuieren*

E|va|lu|a|ti|on ⟨[-va-] f.; -, -en⟩ = *Evaluierung*

e|va|lu|a|tiv ⟨[-va-] Adj.⟩ *abschätzend, wertend*

e|va|lu|ie|ren ⟨[-va-] V.⟩ ein Programm, eine Maßnahme ~ *ihren Wert, Nutzen bestimmen* [< engl. *evaluate* < frz. *évaluer* »abschätzen, veranschlagen«]

E|va|lu|ie|rung ⟨[-va-] f.; -, -en⟩ **1** ⟨unz.⟩ *das Evaluieren* **2** ⟨zählb.⟩ *Ergebnis des Evaluierens*

E|val|va|ti|on ⟨[-valva-] f.; -, -en⟩ *die Nutzbestimmung, Werteinschätzung* [→ *evaluieren*]

e|val|vie|ren ⟨[-valvi:-] V.⟩ *bewerten, abschätzen*

E|van|ge|li|a|ri|um ⟨[-vaŋ-] n.; -s, -ri|en⟩, **E|van|ge|li|en|buch** ⟨[-vaŋ-] n.; -(e)s, -bü|cher⟩ *Buch mit dem vollständigen Text der vier Evangelien, oft mit Miniaturen u. kostbarem Einband* [→ *Evangelium*]

E|van|ge|li|en|har|mo|nie ⟨[-vaŋ-] f.; -, -n⟩ *Zusammenfassende Darstellung des Lebens Jesu aus allen vier Evangelien*

e|van|ge|li|kal ⟨[-vaŋ-] Adj.⟩ *Anhänger der Evangelikalen, in der Art der Evangelikalen, sie betreffend*

E|van|ge|li|ka|le(r) ⟨[-vaŋ-] f.2 (m.1)⟩ *Bezeichnung für ein Mitglied von Erweckungsbewegungen, die fundamentalistisch an die Autorität der Evangelien od. des gesamten Neuen Testaments glauben, wie die englische »Low Church« od. die deutsche Freikirche* [→ *evangelisch*]

E|van|ge|li|sie|rung ⟨[-vaŋ-] f.; -, -en⟩ *das Evangelisieren*

E|van|ge|list ⟨[-vaŋ-] m.; -en, -en⟩ **1** *Verfasser eines der vier Evangelien* **2** *Wanderprediger* [< lat. *evangelista,* < grch. *euaggelistes*]

E|van|ge|li|sa|ti|on ⟨[-vaŋ-] f.; -, -en⟩ *das Evangelisieren*

e|van|ge|lisch ⟨[-vaŋ-] Adj.⟩ **1** *das Evangelium betreffend, auf ihm beruhend* **2** *die durch die Reformation entstandenen Kirchen betreffend, auf ihnen beruhend;* → a. *protestantisch;* **~-lutherisch** ⟨Abk.: ev.-luth.⟩ *zur luther. Reformationskirche gehörend, auf der luther. Reformation beruhend;* **~-reformiert** ⟨Abk.: ev.-ref.⟩ *die Reformationskirche Zwinglis u. Calvins betreffend, zu ihr gehörend, auf ihr beruhend* [< lat. *evangelicus* (11. Jh.) »zum Neuen Testament gehörig« < grch. *euaggelion* »gute Botschaft«]

e|van|ge|li|sie|ren ⟨[-vaŋ-] V.⟩ jmdn. ~ *jmdm. das Evangelium nahe bringen, jmdn. zum Evangelium bekehren*

E|van|ge|lis|tar ⟨[-vaŋ-] n.; -s, -e⟩ *Buch mit Abschnitten aus den vier Evangelien für Lesungen im Gottesdienst, oft mit Miniaturen u. kostbarem Einband;* Sy *Perikopenbuch*

E|van|ge|li|um ⟨[-vaŋ-] n.; -s, -li|en⟩ **1** *die Botschaft Jesu* **2** *die vier Schriften des NT über das Leben Jesu von Matthäus, Markus, Lukas u. Johannes* **2.1** *jede der vier Schriften* **3** ⟨fig.⟩ *Wort, Schriftwerk o.Ä., das einem heilig ist, an das man bedingungslos glaubt* [< grch. *euaggelion* »gute Botschaft«]

E|va|po|ra|ti|on ⟨[-va-] f.; -, -en⟩ *das Evaporieren, Verdampfung, Ausdünstung*

E|va|po|ra|tor ⟨[-va-] m.; -s, -to|ren⟩ *Gerät zum Evaporieren, Verdampfer*

e|va|po|rie|ren ⟨[-va-] V.⟩ *verdampfen, Wasser entziehen;* evaporierte Milch *eingedampfte Milch, Milch, der man Wasser entzogen hat* [< lat. *evaporare* »verdampfen, verdunsten«; zu *vapor* »Dampf, Dunst«]

E|va|po|ri|me|ter ⟨[-va-] n.; -s, -⟩ *Messgerät für Flüssigkeitsverdunstung;* oV *Evaporometer* [< *Evaporation* + *...meter*]

E|va|po|rit ⟨[-va-] n.; -s; unz.⟩ *durch chem. Ausscheidung entstandenes Salzgestein*

E|va|po|ro|me|ter ⟨[-va-] n.; -s, -⟩ = *Evaporimeter*

E|va|si|on ⟨[-va-] f.; -, -en⟩ **1** *das Entweichen, Flucht;* → a. *Invasion* **2** *Ausflucht* [< frz. *évasion* »Flucht, Entweichen« < lat. *ex* »aus, hinaus« + *vadere* »gehen«]

e|va|siv ⟨[-va-] Adj.⟩ **1** *auf Evasion beruhend, ausweichend* **2** *Ausflüchte suchend;* oV *evasorisch* [< frz. *evasif* »ausweichend«; → *Evasion*]

e|va|so|risch ⟨[-va-] Adj.⟩ = *evasiv*

E|vent ⟨[ivɛnt] m.; -s, -s⟩ *(besonderes) Ereignis, Veranstaltung, Wettkampf;* → a. *Hype-Event* [engl.]

e|ven|tu|al ⟨[-vɛn-] Adj.; selten⟩ = *eventuell* [< mlat. *eventualis* »zufällig, möglich« < lat. *eventus* »Ereignis, Begebenheit«]

E|ven|tu|a|li|tät ⟨[-vɛn-] f.; -, -en⟩ *Möglichkeit, möglicher, unvorhergesehener Fall;* sich gegen alle ~en schützen

e|ven|tu|a|li|ter ⟨[-vɛn-] Adv.⟩ *möglicherweise* [lat.]

e|ven|tu|ell ⟨[-vɛn-] Adj.; Abk.: evtl.⟩ *möglicherweise (eintretend), gegebenenfalls, vielleicht, unter Umständen* [< frz. *éventuel* »etwaig, möglich« < lat. *eventus* »Ereignis«]

E|ver|green ⟨[ɛvəgri:n] m. od. n.; -s, -s⟩ *Schlager, der Jahre hindurch immer wieder gespielt wird* [engl., »Immergrün«]

E|ver|te|brat, ⟨auch⟩ **E|ver|teb|rat** ⟨[-vɛr-] m.; -en, -en⟩ *wirbelloses Tier;* Sy *Invertebrat;* Ggs *Vertebrat* [< *Ex...* + lat. *vertebra* »Wirbel (der Wirbelsäule)«]

E|ve|ry|bo|dy's Dar|ling ⟨[ɛvribɔdis da:liŋ] ohne Art.; meist abwertend⟩ *jmd., der darum bemüht ist, allseits beliebt zu sein;* der neue Kollege stand schnell in dem Ruf, ~ zu sein [< engl. *everybody* »jedermann« + *Darling*]

E|vi|de|ment ⟨[evidəmã:] n.; -s, -s; Med.⟩ *chirurgisches Auskratzen, z.B. von angefaulten Knochen od. der Gebärmutterschleimhaut* [< frz. *évidage, évidement* »Aushöhlung, Auskratzung«]

e|vi|dent ⟨[-vi-] Adj.⟩ **1** *augenscheinlich, offenkundig, offenbar* **2** *einleuchtend* [< lat. *evidens* »augenscheinlich, offenbar«]

E|vi|denz ⟨[-vi-] f.; -; unz.⟩ **1** *Augenschein, Offenkundigkeit, völlige Klarheit* **2** ⟨österr.⟩ *handliche Übersicht;* er wird in ~ geführt *er steht auf der Liste* [< lat. *evidentia* »Augenscheinlichkeit, Offensichtlichkeit«]

E|vik|ti|on ⟨[-vik-] f.; -, -en⟩ *Besitzentziehung (auf jurist. Wege)* [< lat. *evictio* »Sicherstellung«]

e|vin|zie|ren ⟨[-vin-] V.⟩ jmdn. ~ *jmdm. (auf jurist. Wege) Besitz entziehen* [< lat. *evincere* »gänzl. überwinden, durchsetzen«]

E|vis|ze|ra|ti|on ⟨[-vis-] f.; -, -en; Med.⟩ **1** *Entleerung der Brust- u. Baucheingeweide bei Kindern;* → a. *Embryotomie(1)* **2** *Ausweidung des Augapfels* [< lat. *eviscero* »ausweiden, zerreißen«]

ev.-luth. ⟨Abk. für⟩ *evangelisch-lutherisch*

E|vo|ka|ti|on ⟨[-vo-] f.; -, -en⟩ **1** ⟨†⟩ *Vorladung (eines Beklagten)* **2** *Erweckung von Vorstellungen (bei der Kunstbetrachtung)* [< lat. *evocatio*]

e|vo|ka|tiv, e|vo|ka|to|risch ⟨[-vo-] Adj.⟩ *bestimmte Vorstellungen hervorrufend, bewirkend* [< lat. *evocare* »hervorrufen«]

E|vo|lu|te ⟨[-vo-] f.; -, -n; Math.⟩ *der geometr. Ort der Krümmungsmittelpunkte einer Kurve* [< lat. *(linea) evoluta* »abgewickelte (Linie)«; zu *evolvere* »abwickeln«]

E|vo|lu|ti|on ⟨[-vo-] f.; -, -en⟩ *allmähl. Entwicklung, bes. die der Lebewesen von niederen zu höheren Formen* [< lat. *evolutio* »Entwicklung, Entfaltung«]

e|vo|lu|ti|o|när ⟨[-vo-] Adj.⟩ *in der Art der Evolution, auf ihr beruhend, die (polit.) Evolution befürwortend*

E|vo|lu|ti|o|nis|mus ⟨[-vo-] m.; -; unz.⟩ *auf der Naturphilosophie des 18. u. 19. Jh. beruhende Auffassung in den historisch orientierten Geistes- u. Sozialwissenschaften, wonach alles Geschehen als Evolution abläuft*

E|vo|lu|ti|o|nist ⟨[-vo-] m.; -en, -en⟩ *Vertreter, Anhänger des Evolutionismus*

e|vo|lu|ti|o|nis|tisch ⟨[-vo-] Adj.⟩ *auf dem Evolutionismus beruhend, ihn betreffend*

E|vo|lu|ti|ons|the|o|rie ⟨[-vo-] f.; -, -n⟩ **1** ⟨Biol.⟩ *Abstammungslehre* **2** ⟨Astr.⟩ *Theorie, nach der das Weltall in ständiger Expansion begriffen ist*

E|vol|ven|te ⟨[evɔlvɛntə] f.; -, -n; Math.⟩ *Kurve, die entsteht, wenn man einen gespannten Faden mit einem Ende im Berührungspunkt befestigt, auf eine Evolute aufwickelt u. mit dem 2. Endpunkt des Fadens eine Kurve zeichnet* [< lat. *(linea) evolvens* »abwickelnde (Linie)«; zu *evolvere* »abwickeln«]

E|vol|ven|ten|ver|zah|nung ⟨[-vɔlvɛn-] f.; -, -en⟩ *für rasch kämmende Zahnräder eingesetzte Art der Verzahnung, bei der die Zahnprofile als Evolventen ausgebildet sind*

e|vol|vie|ren ⟨[-vɔlvi:-] V.⟩ *entwickeln, entfalten* [< lat. *evolvere* »abwickeln«]

e|vo|zie|ren ⟨[-vo-] V.⟩ **1** ⟨†⟩ *vorladen;* einen Beklagten ~ **2** *hervorrufen;* Vorstellungen ~ [< lat. *evocare* »herausrufen, aufrufen, vorladen«]

ev.-ref. ⟨Abk. für⟩ *evangelisch-reformiert*

evtl. ⟨Abk. für⟩ *eventuell*

ev|vi|va ⟨[evi:va]⟩ *er, sie lebe hoch!* [ital.; zu lat. *vivere* »leben«]

EWG ⟨f.; -; unz.; Abk. für⟩ *Europäische Wirtschaftsgemeinschaft (ersetzt durch die EU);* → a. *europäisch*

Ew. M. ⟨Abk. für⟩ *Eure* → *Majestät*

EWS ⟨Abk. für⟩ *Europäisches Währungssystem*

EWWU ⟨Abk. für⟩ *Europäische Wirtschafts- u. Währungsunion*

ex *aus;* ein Glas Bier od. Schnaps (auf) ~ trinken *in einem Zug austrinken* [lat.]

Ex...[1] ⟨Vors.⟩ *ehemalig* [lat.)]

ex...[2], **Ex...**[2] ⟨vor Konsonanten⟩ e..., E... ⟨Vors.⟩ *aus, heraus, von ...her* [lat.]

ex...[3], **Ex...**[3] ⟨Vors.⟩ = *ek..., Ek...* [grch.]

ex ab|rup|to, ⟨auch⟩ **ex a|brup|to** *überraschend, plötzlich, unversehens* [lat., »jählings«, eigtl. »aus der Tiefe, aus der Versunkenheit«]

ex ae|quo *in gleicher Weise, ebenso* [lat.]

■ Die Buchstabenfolge **ex|a...** kann auch **e|xa...** getrennt werden. Davon ausgenommen sind Zusammensetzungen, in denen die fremdsprachigen bzw. sprachhistorischen Bestandteile deutlich als solche erkennbar sind, z.B. *-artikulation.*

■ **Ex|ag|ge|ra|ti|on** ⟨f.; -, -en⟩ *unangemessen übersteigerte Darlegung von Krankheitserscheinungen, teilweise auch Simulation* [< lat. *exaggerare* »vergrößern, steigern««]

■ **ex|akt** ⟨Adj.⟩ **1** *genau, sorgfältig, pünktlich;* Ggs *inexakt* **2** *streng wissenschaftlich;* die ~en Wissenschaften *Mathematik u. Naturwissenschaften* [< lat. *exactus* »genau, pünktlich, vollkommen«]
■ **Ex|akt|heit** ⟨f.; -; unz.⟩ *Sorgfältigkeit, Genauigkeit, Pünktlichkeit*
■ **Ex|al|ta|ti|on** ⟨f.; -, -en⟩ **1** *hyster. Aufregung* **2** *übertriebene Begeisterung* **3** *krankhaft gehobene Stimmung, Überspanntheit* [frz., »Begeisterung, Überschwänglichkeit«]
■ **ex|al|tie|ren** ⟨V.⟩ **1** sich ~ *sich überschwänglich begeistern, sich verzückt gebärden* **2** *sich hysterisch erregen*
■ **ex|al|tiert** ⟨Adj.⟩ **1** *aufgeregt* **2** *überschwänglich begeistert, überspannt* [< frz. *exalté* »begeistert, überspannt«]
■ **Ex|a|men** ⟨n.; -s, - od. -mi|na⟩ **1** ⟨†⟩ *Verhör* **2** *Prüfung (bes. als Abschlussprüfung eines Hochschulstudiums)* [lat., »Prüfung«; zu *exagere, exigere* »untersuchen, abwägen, prüfen«]
■ **Ex|a|mi|nand** ⟨m.; -en, -en⟩ *Prüfling* [< lat. *examinandus* »der zu Prüfende«]
■ **Ex|a|mi|na|tor** ⟨m.; -s, -to|ren⟩ *Prüfer, Prüfender* [lat.]
■ **ex|a|mi|nie|ren** ⟨V.⟩ **1** ⟨†⟩ *verhören* **2** *prüfen* [< lat. *examinare* »prüfen, untersuchen«]
■ **Ex|an|them** ⟨n.; -s, -e⟩ *Hautausschlag* [< grch. *exanthema* »das Aufgeblühte«; zu *anthos* »Blume, Blüte«]
■ **ex|an|the|ma|tisch** ⟨Adj.; Med.⟩ *mit einem Hautausschlag behaftet*
■ **Ex|a|ra|ti|on** ⟨f.; -, -en⟩ *die von Gletschern auf den Untergrund ausgeübte, abspaltende, absplitternde Wirkung* [< lat. *exaratio* »das Ausackern«]
■ **Ex|arch** ⟨m.; -en, -en⟩ **1** *byzantin. Statthalter einer Provinz in Italien* **2** ⟨Ostkirche⟩ *Oberbischof, Obermetropolit* [< grch. *exarchos* »Vorsteher«; zu *arche* »Herrschaft«]
■ **Ex|ar|chat** ⟨[-ça:t] n.; -s, -e⟩ *Gebiet eines Exarchen*
Ex|ar|ti|ku|la|ti|on ⟨f.; -, -en⟩ *operative Abtrennung eines Gliedes im Gelenk* [< *Ex...*² + lat. *articulus* »Gelenk«]
■ **Ex|au|di** *der 6. Sonntag nach Ostern* [lat., nach dem 27. Psalm, Vers 7: »(Herr,) höre (meine Stimme)« < *ex...* + lat. *audire* »hören«]
exc. ⟨Abk. für⟩ *excudit*
ex ca|the|dra, ⟨auch⟩ **ex ca|thed|ra** *von maßgebender Seite,* ⟨*bes.*⟩ *aus päpstl. Vollmacht;* etwas ~ erklären [lat., »vom Lehrstuhl aus«]
Ex|cep|tio ⟨f.; -, -ti|o|nes; Rechtsw.⟩ *Bestreiten der in der Klage vorgebrachten Behauptung durch Anführen gegenteiliger beweiskräftiger Tatsachen, Einrede* [lat., »Ausnahme«]
Ex|change ⟨[ıkstʃɛındʒ] f.; -, -n [-dʒən]⟩ **1** *Geldwechsel* **2** *Wechselstube* [engl., »Austausch, Wechsel, Börse«]
ex|cu|dit ⟨Abk.: exc.⟩ *»er hat (es) gedruckt« (auf Kupferstichen od. in älteren Büchern hinter dem Namen des Druckers)* [lat.]

■ Die Buchstabenfolge **ex|e...** kann auch **e|xe...** getrennt werden.

■ **Ex|e|at** ⟨n.; -; unz.⟩ *Erlaubnisschein des Bischofs für einen Geistlichen, in einem anderen Sprengel Amtshandlungen vorzunehmen* [lat., »Er gehe hinaus!«; zu *exire* »hinausgehen«]
■ **Ex|e|dra,** ⟨auch⟩ **E|xed|ra** ⟨f.; -, -e|dren; antike Arch.⟩ *halbrunde od. rechteckige Nische am Ende eines Säulengangs mit Bank* [< grch. *exedra* »Außensitz«; zu *hedra* »Sitz«]
■ **Ex|e|ge|se** ⟨f.; -, -n⟩ *Feststellung, Erklärung des Inhalts, Auslegung;* Bibel~ [< grch. *exegesis* »Ausführung, Erklärung«]
■ **Ex|e|get** ⟨m.; -en, -en⟩ *jmd., der eine Exegese vorlegt* [< grch. *exegetes* »Erklärer«]
■ **Ex|e|ge|tik** ⟨f.; -; unz.⟩ *Wissenschaft der Exegese*
■ **ex|e|ge|tisch** ⟨Adj.⟩ *die Exegese betreffend, mit ihrer Hilfe, erklärend, deutend*
■ **ex|e|ku|tie|ren** ⟨V.⟩ **1** ein **Urteil** ~ *vollziehen, ausführen, vollstrecken* **2 jmdn.** ~ *hinrichten* **3** ⟨österr. auch⟩ *pfänden* [< *Exekution* u. frz. *exécuter* »ausführen, vollziehen, hinrichten«]
■ **Ex|e|ku|ti|on** ⟨f.; -, -en⟩ **1** *Vollstreckung, Vollzug;* ~ eines Urteils **2** *Hinrichtung;* ~ einer Person [< lat. *ex(s)ecutio* »Vollzug, Vollstreckung«; zu *exsequi* »vollziehen«]
■ **ex|e|ku|tiv** ⟨Adj.⟩ *ausführend, vollziehend, vollstreckend;* ~e **Gewalt** = *Exekutive*
■ **Ex|e|ku|ti|ve** ⟨[-və] f.; -; unz.⟩ *Teil der Staatsgewalt, der den Vollzug der von Judikative u. Legislative aufgestellten Rechtsnormen u. Entscheidungen zu gewährleisten hat;* Sy *exekutive Gewalt* [< frz. *exécutif* »ausübend, vollziehend«]
■ **Ex|e|ku|tor** ⟨m.; -s, -to|ren⟩ **1** *Vollstrecker* **2** ⟨österr. auch⟩ *Gerichtsvollzieher* [→ *Exekution* u. *exekutieren*]
■ **ex|e|ku|to|risch** ⟨Adj.⟩ *mit Hilfe der Exekution, durch Zwang (erfolgend)*
■ **Ex|em|pel** ⟨n.; -s, -⟩ **1** *Aufgabe, Rechenaufgabe;* die Probe aufs ~ machen *die Richtigkeit einer Annahme, Behauptung durch Probieren nachweisen* **2** *Beispiel;* etwas zum ~ nehmen *als B. anführen;* ein ~ statuieren *ein abschreckendes Beispiel geben* [< lat. *exemplum* »Beispiel«]
■ **Ex|em|plar,** ⟨auch⟩ **E|xemp|lar** ⟨n.; -s, -e; Abk.: Expl.⟩ *Einzelstück, Muster;* Beleg~, Frei~ [lat., »Abschrift, Abbild, Muster«]
■ **ex|em|pla|risch,** ⟨auch⟩ **e|xemp|la|risch** ⟨Adj.⟩ **1** *mit Hilfe eines Exempels* **2** *nachdrücklich* **3** *beispielhaft, musterhaft*
■ **ex|em|pli cau|sa,** ⟨auch⟩ **e|xemp|li cau|sa** ⟨Abk.: e.c.⟩ *beispielsweise, zum Beispiel* [lat., »wegen eines Beispiels«]
■ **Ex|em|pli|fi|ka|ti|on** ⟨f.; -, -en⟩ *das Exemplifizieren, Erläuterung durch Beispiel*
■ **ex|em|pli|fi|ka|to|risch** ⟨Adj.⟩ *zum Zweck der Erläuterung von Beispielen*

■ **ex|em|pli|fi|zie|ren** ⟨V.⟩ *durch Beispiele erläutern* [< *Exempel* + *...fizieren*]
■ **ex|emt** ⟨Adj.⟩ *von bestimmten Lasten od. Pflichten befreit;* Sy *eximiert* [< lat. *exemptum,* Part. Perf. zu *eximere* »wegnehmen, freimachen«]
■ **Ex|em|ti|on** ⟨f.; -, -en⟩ **1** *Befreiung von bestimmten Lasten od. Pflichten* **2** *Befreiung von der bischöfl. Gerichtsbarkeit u. Unterstellung unter einen höheren Vorgesetzten od. unter den Papst selbst* [< lat. *exemptio* »Befreiung«]
■ **Ex|en|te|ra|ti|on** ⟨f.; -, -en; Med.⟩ **1** *Ausweidung, z.B. der Augenhöhle;* Sy *Enukleation(1)* **2** *temporäre Eingeweidevorverlagerung, z.B. bei Bauchoperationen* [< *ex...* + grch. *enteron* »Eingeweide«]
■ **Ex|e|qua|tur** ⟨n.; -s, -tu|ren⟩ *Bestätigung eines Konsuls in seinem Amt;* das ~ erteilen [< lat. *exsequatur* »man möge vollziehen«]
■ **Ex|e|qui|en** ⟨nur Pl.; kath. Kirche⟩ *Totenfeier* [< lat. *exsequiae* »feierliches Leichenbegängnis«]
■ **ex|e|quie|ren** ⟨V.⟩ **1** *vollstrecken, vollziehen* **2** *eintreiben* [< lat. *exsequi* »vollziehen, vollstrecken«]
■ **Ex|er|gie** ⟨f.; -, -n⟩ *bei Energieumwandlungen der Teil der Energie, der tatsächlich in die gewünschte Energieform umgewandelt wird*
■ **ex|er|go|nisch** ⟨Adj.; Chem.; Phys.⟩ *Energie erzeugend;* Ggs *endergonisch* [< *ex...* + grch. *ergon* »Werk«]
■ **ex|er|zie|ren** ⟨V.⟩ *üben;* Truppen ~ *ausbilden* [< lat. *exercere* »üben, ausbilden«]
■ **Ex|er|zi|ti|um** ⟨n.; -s, -ti|en⟩ **1** ⟨kath. Kirche⟩ *geistl. Übung* **2** ⟨†⟩ *schriftl. Hausarbeit für die Schule* [< lat. *exercitium* »Übung«]
■ **ex|e|unt** ⟨[-e:unt] Theat.⟩ *sie gehen, treten ab (als Regieanweisung)* [lat., »sie gehen hinaus«; zu *exire* »hinausgehen«]
Ex|fo|li|a|tiv|zy|to|lo|gie ⟨f.; -; unz.; Med.⟩ *bes. zur Krebsfrüherkennung eingesetzte Diagnosemethode, bei der einzelne abgestoßene od. abgelöste Zellen untersucht werden* [< lat. *exfolativus* »entblätternd« + *Zytologie*]
Ex|ha|la|ti|on ⟨f.; -, -en⟩ **1** *Ausatmung, Ausdünstung* **2** *Ausströmen, z.B. von Gasen aus vulkan. Gestein* [< lat. *exhalatio* »Ausdünstung«]
ex|ha|lie|ren ⟨V.⟩ **1** *ausatmen* **2** *ausdünsten, ausströmen* [→ *Exhalation*]
Ex|hä|re|se ⟨f.; -, -n; Med.⟩ *das Herausschneiden von Organteilen (bes. bei Nerven)* [< grch. *exairesis* »Herausnahme«]
Ex|haus|ti|on ⟨f.; -, -en; Med.⟩ *Erschöpfung* [lat.]
ex|haus|tiv ⟨Adj.⟩ *vollständig, umfassend* [< lat. *exhaustus,* Part. Perf. *exhaurire* »ausschöpfen«]
Ex|haus|tor ⟨m.; -s, -to|ren⟩ *Vorrichtung zum Absaugen von Gasen, Dämpfen, Staub usw.; Entlüfter* [lat., »der Ausschöpfer, Ausleerer«; zu *exhaurire* »ausschöpfen«]
ex|hi|bie|ren ⟨V.⟩ oV *exhibitionieren* **1** *aushändigen, ausstellen;* Papiere ~ **2** *darlegen, vorzeigen* [< lat. *exhibere* »vorführen, darbieten«]
Ex|hi|bit ⟨n.; -s, -e⟩ *Eingabe;* oV *Exhibitum* [< lat. *exhibitus,* Part. Perf. zu *exhibere* »vorführen, darbieten«]
Ex|hi|bi|ti|on ⟨f.; -, -en⟩ *Zurschaustellung* [< lat. *exhibitio* »Darbietung, das Zeigen«]
ex|hi|bi|ti|o|nie|ren ⟨V.⟩ = *exhibieren*
Ex|hi|bi|ti|o|nis|mus ⟨m.; -; unz.⟩ **1** *krankhafte Neigung zum öffentl. Entblößen der Geschlechtsteile* **2** ⟨allg.⟩ *auffälliges Verhalten mit dem Ziel, Aufmerksamkeit zu erregen*
Ex|hi|bi|ti|o|nist ⟨m.; -en, -en⟩ *jmd., der an Exhibitionismus(1) leidet*
ex|hi|bi|ti|o|nis|tisch ⟨Adj.⟩ **1** *zu Exhibitionismus neigend* **2** *auf Exhibitionismus beruhend, ihn betreffend*
Ex|hi|bi|tum ⟨n.; -s, -ten od. -ta⟩ = *Exhibit*
Ex|hu|ma|ti|on ⟨f.; -, -en⟩ = *Exhumierung*
ex|hu|mie|ren ⟨V.⟩ eine Leiche ~ *(zu gerichtl. Untersuchungen) wieder ausgraben* [< *Ex...*[2] + lat. *humare* »bestatten«]
Ex|hu|mie|rung ⟨f.; -, -en⟩ *das Exhumieren;* Sy *Exhumation*
E|xil ⟨n.; -s, -e⟩ **1** *Verbannung* **2** *Verbannungsort* **3** ⟨auch⟩ *Zufluchtsstätte* [< lat. *exsilium* »Verbannung«]
E|xi|lant ⟨m.; -en, -en⟩ *im Exil lebende Person*
e|xi|lie|ren ⟨V.⟩ jmdn. ~ *ins Exil schicken, verbannen*
e|xi|lisch ⟨Adj.⟩ *aus der Exilzeit stammend, von ihr geprägt*
E|xil|li|te|ra|tur ⟨f.; -, -en⟩ *die von den im Exil lebenden Schriftstellern geschriebenen Werke, bes. zur Zeit des Nationalsozialismus in Deutschland;* → a. *Emigrantenliteratur*
E|xil|re|gie|rung ⟨f.; -, -en⟩ *eine durch meist militär. Ereignisse nicht mehr im Heimatstaat, sondern auf fremdem Staatsgebiet amtierende Regierung*
ex|i|mie|ren, ⟨auch⟩ **e|xi|mie|ren** ⟨V.⟩ *(von einer Pflicht) befreien* [< lat. *eximere* »wegnehmen, freimachen«]
ex|i|miert, ⟨auch⟩ **e|xi|miert** ⟨Adj.⟩ = *exemt*
e|xis|tent ⟨Adj.⟩ *existierend, vorhanden, wirklich;* Ggs *inexistent* [< lat. *exsistens,* Part. Präs. zu *exsistere* »ins Leben treten«]
e|xis|ten|ti|al ⟨Adj.⟩ = *existenzial*
E|xis|ten|ti|a|lis|mus ⟨m.; -; unz.⟩ = *Existenzialismus*
E|xis|ten|ti|a|list ⟨m.; -en, -en⟩ = *Existenzialist*
E|xis|ten|ti|al|phi|lo|so|phie ⟨f.; -; unz.⟩ = *Existenzialphilosophie*
e|xis|ten|ti|ell ⟨Adj.⟩ = *existenziell*
E|xis|tenz ⟨f.; -, -en⟩ **1** *wirkliches Vorhandensein, Leben, Dasein;* Ggs *Inexistenz;* die ~ dieser Sache ist nicht zu leugnen **2** *Grundlage des Lebens, Lebensinhalt, Auskommen;* sich eine ~ aufbauen; eine sichere ~ haben **3** ⟨umg.⟩ *Mensch;* jmd. ist eine dunkle, fragwürdige, gescheiterte ~ [< nlat. *existentia;* zu lat. *exsistere* »ins Leben treten«]
e|xis|ten|zi|al ⟨Adj.⟩ = *existenziell*
E|xis|ten|zi|a|lis|mus ⟨m.; -; unz.⟩ *Richtung der modernen Philosophie, die den Menschen im*

Hinblick auf seine Existenz betrachtet; oV *Existentialismus;* Sy *Existenzialphilosophie, Existenzphilosophie*

E|xis|ten|zi|a|list ⟨m.; -en, -en⟩ *Vertreter, Anhänger des Existenzialismus;* oV *Existentialist*

e|xis|ten|zi|a|lis|tisch ⟨Adj.⟩ *den Existenzialismus betreffend, zu ihm gehörig, auf ihm beruhend;* oV *existentialistisch*

E|xis|ten|zi|al|phi|lo|so|phie ⟨f.; -; unz.⟩ = *Existenzialismus;* oV *Existentialphilosophie*

e|xis|ten|zi|ell ⟨Adj.⟩ *die Existenz, das Dasein betreffend, auf das Dasein bezüglich;* oV *existenzial, existentiell*

E|xis|tenz|mi|ni|mum ⟨n.; -s; unz.⟩ *Mindestmaß des Einkommens, mit dem der Mensch gerade noch leben kann*

E|xis|tenz|phi|lo|so|phie ⟨f.; -; unz.⟩ = *Existenzialismus*

e|xis|tie|ren ⟨V.⟩ **1** *vorhanden sein, bestehen, leben;* hier existiert nicht einmal ein Krankenhaus **2** *auskommen;* damit, davon kann ja niemand ~ [< lat. *exsistere* »ins Leben treten«]

e|xit ⟨Theat.⟩ *er, sie geht ab (als Regieanweisung)* [lat., »er, sie geht hinaus, tritt ab««; zu *exire* »hinausgehen«]

E|xit ⟨m.; -s, -s⟩ *(spez. markierter) Ausgang, Notausgang z.B. in öffentlichen Gebäuden, Flugzeugen usw.*

Ex|i|tus, ⟨auch⟩ **E|xi|tus** ⟨m.; -; unz.⟩ *Tod, Todesfall* [lat., »Ausgang«]

Ex|kar|di|na|ti|on ⟨f.; -, -en; kath. Kirche⟩ ~ eines Geistlichen *Entlassung aus einer Diözese mit nachfolgender Einsetzung in einer anderen* [< *Ex…*^{2} + *Inkardination*]

Ex|ka|va|ti|on ⟨[-va-] f.; -, -en⟩ **1** *Aushöhlung, Ausschachtung* **2** ⟨Med.⟩ *Ausbohrung* [zu lat. *excavere* »aushöhlen«]

Ex|ka|va|tor ⟨[-va:-] m.; -s, -to|ren⟩ **1** ⟨Tech.⟩ *Ausschachtungsmaschine bei Erdarbeiten* **2** ⟨Med.⟩ *löffelähnliches Gerät zur Herauslösung kariösen Zahnbeins*

ex|ka|vie|ren ⟨[-vi:-] V.⟩ *aushöhlen, ausbohren* [zu lat. *excavere* »aushöhlen«]

exkl. ⟨Abk. für⟩ *exklusive*

Ex|kla|ma|ti|on ⟨f.; -, -en⟩ *Ausruf* [< lat. *exclamatio* »Ausruf«]

ex|kla|ma|to|risch ⟨Adj.⟩ *verkündend, ausrufend*

ex|kla|mie|ren ⟨V.⟩ *ausrufen, verkünden* [→ *Exklamation*]

Ex|kla|ve ⟨f.; -, -n⟩ *von fremdem Staatsgebiet umschlossener Gebietsteil eines Staates;* Ggs *Enklave* [gebildet nach frz. *enclave (→ Enklave),* < *Ex…*^{2} + lat. *clavis* »Schlüssel«]

ex|klu|die|ren ⟨V.⟩ *ausschließen;* Ggs *inkludieren* [< lat. *excludere* »ausschließen«]

Ex|klu|si|on ⟨f.; -, -en⟩ *Ausschluss, Ausschließung* [< lat. *exclusio* »Ausschließung«]

ex|klu|siv ⟨Adj.⟩ **1** *ausschließend* **2** *(gesellschaftl.) abgeschlossen, abgesondert;* eine ~e Gesellschaft; ein ~er Kreis **3** *unnahbar* **4** *nicht alltäglich* [< engl. *exclusive* »sich absondernd«; zu lat. *excludere* »ausschließen«]

Ex|klu|siv|be|richt ⟨m.; -(e)s, -e⟩ *Bericht, der ausschließlich einer bestimmten Zeitung, Fernsehanstalt u.Ä. verkauft wird*

ex|klu|si|ve ⟨[-və] Präp. m. Gen.; Abk.: exkl.⟩ *ausschließlich, mit Ausschluss von…, ausgenommen;* Ggs *inklusive;* ~ Mehrwertsteuer

Ex|klu|si|ve ⟨[-və] f.; -; unz.; Gesch.⟩ *von katholischen Potentaten verlangtes Recht, unerwünschte Kandidaten bei der Papstwahl nicht berücksichtigen zu müssen*

Ex|klu|si|vi|tät ⟨[-vi-] f.; -; unz.⟩ **1** *Ausschließlichkeit* **2** *(gesellschaftl.) Abgesondertsein*

Ex|kom|mu|ni|ka|ti|on ⟨f.; -, -en⟩ *Ausschluss aus der Kirchengemeinschaft* [< lat. *excommunicatio* »Ausschluss aus der Kirchengemeinschaft«, < *ex* »aus« + *communis* »gemeinsam«]

ex|kom|mu|ni|zie|ren ⟨V.⟩ *aus der Kirchengemeinschaft ausschließen*

Ex|ko|ri|a|ti|on ⟨f.; -, -en⟩ *Hautabschürfung* [< *Ex…*^{2} + lat. *corium* »Haut, Fell«]

Ex|kre|ment ⟨n.; -(e)s, -e⟩ *Ausscheidung, Kot, Harn* [< lat. *excrementum* »Ausscheidung, Speichel«; zu *excernere* »aussondern, ausscheiden«]

Ex|kret ⟨n.; -(e)s, -e⟩ *Ausscheidung, nicht weiter verwendbares, ausgeschiedenes Stoffwechselprodukt* [< lat. *excretus,* Part. Perf. zu *excernere* »aussondern«]

Ex|kre|ti|on ⟨f.; -, -en⟩ *Ausscheidung* [< nlat. *excretio* »Aussonderung«]

ex|kre|to|risch ⟨Adj.⟩ *ausscheidend, nach außen absondernd, als Exkret*

Ex|kul|pa|ti|on ⟨f.; -, -en⟩ *Rechtfertigung, Entlastung von Schuld* [< nlat. *exculpatio* »Rechtfertigung«, < lat. *ex* »aus, weg von« + *culpa* »Schuld«]

ex|kul|pie|ren ⟨V.⟩ *rechtfertigen, von Schuld entlasten* [< nlat. *exculpare* »von Schuld befreien, rechtfertigen«]

Ex|kurs ⟨m.; -es, -e⟩ **1** *Abschweifung* **2** *Erörterung* **3** *Anhang* [< lat. *excursus* »das Auslaufen«]

Ex|kur|si|on ⟨f.; -, -en⟩ *Ausflug, bes. unter wissenschaftl. Leitung* [< lat. *excursio* »das Hervorlaufen, Ausflug«; zu *ex* »aus« + *currere* »laufen«]

ex|lex ⟨Adv.⟩ *außerhalb des Gesetzes (stehend), vogelfrei, geächtet* [lat., »gesetzlos, an kein Gesetz gebunden, ohne Gesetz«]

Ex|li|bris, ⟨auch⟩ **Ex|lib|ris** ⟨n.; -, -⟩ *in Bücher geklebter Zettel mit Namen od. Zeichen des Eigentümers, meist künstlerisch gestaltet* [< lat. *ex libris…* »aus den Büchern, aus der Bücherei (des…)«]

Ex|ma|tri|kel, ⟨auch⟩ **Ex|mat|ri|kel** ⟨f.; -, -n⟩ *Abgangsbescheinigung beim Verlassen der Hochschule* [< *Ex…*^{2} + *Matrikel*]

Ex|ma|tri|ku|la|ti|on, ⟨auch⟩ **Ex|mat|ri|ku|la|ti|on** ⟨f.; -, -en⟩ **1** *Weggang von einer Hochschule* **2** *Streichung aus der Matrikel(1.1)* [< *Ex…*^{2} + *Matrikel*]

ex|ma|tri|ku|lie|ren, ⟨auch⟩ **ex|mat|ri|ku|lie|ren** ⟨V.⟩ *aus der Matrikel(1.1) streichen*

Ex|mis|si|on ⟨f.; -, -en⟩ Sy *Exmittierung* **1** *Zwangsräumung (von Wohnungen)* **2** *gerichtliche Ausweisung (von Personen)* [< neulat. *exmissio* »Vertreibung, Ausstoßung«; → *exmittieren*]

ex|mit|tie|ren ⟨V.⟩ *zwangsweise entfernen, gerichtlich ausweisen aus* [< lat. *exmittere* »hinauswerfen, vertreiben«]

Ex|mit|tie|rung ⟨f.; -, -en⟩ = *Exmission*

e|xo..., **E|xo...** ⟨Vors.⟩ *außerhalb..., außen...* [< grch. *exo*]

E|xo|bi|o|lo|ge ⟨m.; -n, -n⟩ *Wissenschaftler auf dem Gebiet der Exobiologie*

E|xo|bi|o|lo|gie ⟨f.; -; unz.⟩ *Teilgebiet der Biologie, das sich mit den Problemen des Lebens im Weltraum befasst* [< *Exo...* + *Biologie*]

E|xo|der|mis ⟨f.; -; unz.⟩ *verkorktes Wurzelgewebe, das die frühzeitig absterbende Epidermis ersetzt* [< *Exo...* + *...dermis*]

E|xo|dus ⟨m.; -; unz.⟩ *Auszug (der Juden aus Ägypten), zweites Buch Mosis* [< grch. *exodos* »Ausgang, Auszug«]

ex of|fi|cio *von Amts wegen, d.h. ohne dass ein Antrag vorliegt* [lat., »aus dem Amt«]

E|xo|ga|mie ⟨f.; -, -n⟩ *Heirat außerhalb des Stammes* [< *Exo...* + *...gamie*]

e|xo|gen ⟨Adj.⟩ **1** *von außen stammend, von außen wirkend* **2** *von außen (in den Körper) eingeführt* **3** ⟨Bot.⟩ *außen entstehend;* ~es Blatt, ~e Knospe **4** ⟨Geol.⟩ *von außen auf die Erdoberfläche einwirkend* [< *exo...* + *...gen*]

E|xo|karp ⟨n.; -s, -e⟩ *äußerste Schicht der Fruchtwand;* Ggs *Endokarp* [< *Exo...* + *...karp*[2]]

e|xo|krin ⟨Adj.; bei Drüsen⟩ *nach außen absondernd;* Sy *ekkrin* [< *exo...* + grch. *krinein* »trennen, scheiden«]

e|xo|morph ⟨Adj.; Geol.⟩ *die Exomorphose betreffend, durch sie verursacht;* Ggs *endomorph(1)*

E|xo|mor|pho|se ⟨f.; -, -n; Geol.⟩ *äußere Gestaltsveränderung des Nebengesteins durch den Kontakt mit dem Eruptivgestein;* Ggs *Endomorphose* [< *Exo...* + grch. *morphe* »Gestalt«]

E|xon ⟨n.; -s, -s; Biochem.⟩ *DNA-Sequenz eines Gens, die Proteine kodiert;* → a. *Intron*

Ex|o|nym, ⟨auch⟩ **E|xo|nym** ⟨n.; -s, -e⟩ *Ortsnamenbildung, die von dem offiziellen Namen abweicht u. nur im Ausland benutzt wird,* z.B. (in Amerika) Munich für München; oV *Exonymon* [< *Exo...* + grch. *onyma* »Name«]

Ex|o|ny|mon, ⟨auch⟩ **E|xo|ny|mon** ⟨n.; -s, -ma⟩ = *Exonym*

ex|or|bi|tant, ⟨auch⟩ **e|xor|bi|tant** ⟨Adj.⟩ *außerordentlich, übertrieben* [< lat. *exorbitans,* Part. Präs. zu *exorbitare* »von der Bahn abweichen«]

Ex|or|bi|tanz, ⟨auch⟩ **E|xor|bi|tanz** ⟨f.; -, -en⟩ *Übertreibung, Übermaß*

ex o|ri|en|te lux *aus dem Osten (kommt) das Licht (ursprüngl. auf den Sonnenaufgang bezogen, dann auf das Christentum u. die Kultur übertragen)* [lat.]

ex|or|zie|ren, ⟨auch⟩ **e|xor|zie|ren** ⟨V.⟩ Dämonen, böse Geister ~ *austreiben, beschwören* [< grch. *exorkizein* »beschwören«]

Ex|or|zis|mus, ⟨auch⟩ **E|xor|zis|mus** ⟨m.; -, -men⟩ *Beschwörung, Austreibung (böser Geister)* [→ *exorzieren*]

Ex|or|zist, ⟨auch⟩ **E|xor|zist** ⟨m.; -en, -en⟩ **1** *Geisterbeschwörer* **2** ⟨kath. Kirche⟩ *Träger des dritten der vier niederen Weihegrade*

E|xo|ske|lett ⟨n.; -(e)s, -e⟩ *Außenskelett,* z.B. Chitinhülle der Kerbtiere [< *Exo...* + *Skelett*]

Ex|os|mo|se ⟨f.; -; unz.⟩ *Wasseraustritt aus einer lebenden Pflanzenzelle, der durch eine sie umgebende Lösung mit hoher Konzentration verursacht wird* [< *Ex...*[2] + *Osmose*]

E|xo|sphä|re, ⟨auch⟩ **E|xos|phä|re** ⟨f.; -, -n⟩ *höchste Schicht der Atmosphäre, jenseits von etwa 1000 km Höhe;* ⟨nach anderer Auffassung⟩ *der äußere Teil der Ionosphäre, in 400 km Höhe beginnend* [< *Exo...* + *Sphäre*]

E|xot ⟨m.; -en, -en⟩ = *Exote*

E|xo|ta|ri|um ⟨n.; -s, -ri|en⟩ *Anlage, in der aus den Tropen stammende Tiere gehalten werden* [< *exo*tisch + Terr*arium*]

E|xo|te ⟨m.; -n, -n⟩ **1** *Mensch, Tier od. Pflanze aus einem fernen, meist tropischen Land* **2** *Wertpapier eines solchen Landes* **3** *Baumwolle, die nicht aus den USA od. Ägypten stammt* [→ *exotisch*]

E|xo|te|ri|ker ⟨m.; -s, -⟩ *Nichteingeweihter, Außenstehender;* Ggs *Esoteriker* [→ *exoterisch*]

e|xo|te|risch ⟨Adj.⟩ *für weitere Kreise bestimmt, allgemein verständlich;* Ggs *esoterisch* [< grch. *exoteros* »der Äußere«]

e|xo|therm ⟨Adj.⟩ *Wärme abgebend;* Ggs *endotherm;* ~e Prozesse *Prozesse, die ohne Energiezufuhr von außen ablaufen, z.B. chem. Reaktionen, die spontan einsetzen und unter Wärmeentwicklung verlaufen* [< *exo...* + *...therm*]

E|xo|tik ⟨f.; -; unz.⟩ **1** *exot. Wesen, exot. Beschaffenheit, das Fremdländische (einer Person od. Sache)* **2** *die Anziehungskraft von Fremd-, bes. Tropenländischem*

E|xo|ti|ka ⟨Pl.⟩ *Kunstwerke und kunsthandwerkliche Gegenstände aus fernen Ländern*

E|xo|tin ⟨f.; -, -tin|nen⟩ *weibl. Exote*

e|xo|tisch ⟨Adj.⟩ **1** *fremd, fremdländisch* **2** *aus den Tropen stammend* [< grch. *exotikos* »ausländisch«]

E|xo|tis|mus ⟨m.; -, -men⟩ **1** *fremdsprachiges Wort, dessen Bedeutung u. Benutzung auf einen fremdsprachigen Begriff begrenzt bleibt,* z.B. Cowboy, Iglu **2** ⟨unz.; Mal.⟩ *realistische Kunstströmung während des Fin de Siècle, die sich mit der Imitation od. Darstellung exotischer Motive befasste* [→ *exotisch*]

E|xo|to|xin ⟨n.; -s, -e⟩ = *Ektotoxin*

ex o|vo = *ab ovo* [lat., »aus dem Ei«]

e|xo|zen|trisch, ⟨auch⟩ **e|xo|zent|risch** ⟨Adj.; Sprachw.⟩ ~e Konstruktion *sprachl. K., deren Teile zu anderen Formklassen gehören als die K. selbst, z.B. kann weder »hinter« noch »mir«*

dieselbe Funktion im Satzbau ausfüllen wie »hinter mir« [< *exo...* + *zentrisch*]
Ex|pan|der ⟨m.; -s, -⟩ *Turngerät zum Kräftigen bes. der Armmuskeln, aus zwei durch Stahlfedern verbundenen Handgriffen bestehend, die auseinander gezogen werden müssen* [→ *expandieren*]
ex|pan|die|ren ⟨V.⟩ **1** *auseinander ziehen* **2** *ausdehnen, ausbreiten* [< lat. *expandere* »ausspannen, ausbreiten«]
ex|pan|si|bel ⟨Adj.⟩ *so beschaffen, dass man es expandieren kann, ausdehnbar* [< frz. *expansible* »ausdehnbar«]
Ex|pan|si|on ⟨f.; -, -en⟩ *Vergrößerung des Volumens, Ausdehnung,* ⟨bes.⟩ *Ausdehnung des staatl. Machtbereichs* [< nlat. *expansio* »Ausbreitung, Ausdehnung«]
Ex|pan|si|ons|po|li|tik ⟨f.; -; unz.⟩ *Politik, die auf Erweiterung des staatl. Machtbereichs zielt*
ex|pan|siv ⟨Adj.⟩ *(sich) ausdehnend, auf Expansion gerichtet, nach Expansion strebend* [< frz. *expansif* »ausdehnend«]
ex|pa|tri|ie|ren, ⟨auch⟩ **ex|pat|ri|ie|ren** ⟨V.⟩ jmdn. ~ *jmdn. ausbürgern, aus dem Vaterland verweisen, jmdm. die Staatsbürgerschaft entziehen;* → *a. repatriieren* [< frz. *expatrier* »aus dem Heimatland ausweisen«; zu lat. *patria* »Vaterland«]
Ex|pa|tri|ie|rung, ⟨auch⟩ **Ex|pat|ri|ie|rung** ⟨f.; -, -en⟩ *das Expatriieren, das Expatriiertwerden*
Ex|pe|di|ent ⟨m.; -en, -en⟩ **1** *jmd., der eine Sendung expediert, Versender* **2** *kaufmänn. Angestellter, der die zum Versand einer Ware nötigen schriftl. Arbeiten ausführt od. überwacht;* Sy *Expeditor* [< lat. *expediens,* Part. Präs. zu *expedire* »ausfertigen, erledigen«]
ex|pe|die|ren ⟨V.⟩ *zum Versand fertig machen, versenden, aufgeben* [< lat. *expedire* »ausfertigen, erledigen«]
Ex|pe|dit ⟨n.; -s, -e; österr.⟩ *Versandabteilung (einer Firma)*
Ex|pe|di|teur ⟨[-tøːr] m.; -s, -e; österr. für⟩ *Spediteur* [< frz. *expéditeur* »Absender«]
Ex|pe|di|ti|on ⟨f.; -, -en⟩ **1** *das Fertigmachen zum Versand* **2** *Versendung* **3** *Versandabteilung (einer Firma)* **4** *Forschungsreise* **5** *Kriegszug* [< lat. *expeditio* »Erledigung«]
ex|pe|di|tiv ⟨Adj.⟩ *zur Expedition gehörend, sie betreffend*
Ex|pe|di|tor ⟨m.; -s, -to|ren⟩ = *Expedient*
Ex|pek|to|rans ⟨n.; -, -ran|ti|en od. -ran|tia⟩, **Ex|pek|to|ran|ti|um** ⟨n.; -s, -ti|en⟩ *auswurfförderndes, schleimlösendes Arzneimittel* [< lat. *expectorantia* »aus der Brust entfernend(e Mittel)«; zu *expectorare;* → *expektorieren*]
Ex|pek|to|ra|ti|on ⟨f.; -, -en⟩ **1** *das Expektorieren* **2** *expektorierter Schleim, Auswurf;* Sy *Sputum* **3** ⟨fig.⟩ *Herzensergießung, Aussprechen von Gefühlen*
ex|pek|to|rie|ren ⟨V.⟩ *aushusten, auswerfen;* Schleim, Blut ~ [< lat. *expectorare* »aus der Brust entfernen« < *ex* »aus« + *pectus* »Brust«]

Ex|pen|sen ⟨nur Pl.⟩ *Auslagen, Kosten* [< lat. *expensa* »Geldausgaben«]
ex|pen|siv ⟨Adj.⟩ *kostspielig* [< lat. *expensum* »Geldausgabe«]
Ex|pe|ri|ment ⟨n.; -(e)s, -e⟩ **1** *wissenschaftl. Versuch* **2** ⟨fig.⟩ *(gewagtes) Unternehmen* [< lat. *experimentum* »Probe, Versuch«]
ex|pe|ri|men|tal ⟨Adj.⟩ = *experimentell*
Ex|pe|ri|men|tal... ⟨in Zus.⟩ *auf Experimenten beruhend, Versuchs...*
Ex|pe|ri|men|tal|phy|sik ⟨f.; -; unz.⟩ *Physik, die ihre Ergebnisse aus dem Experiment gewinnt, experimentelle Physik*
Ex|pe|ri|men|ta|tor ⟨m.; -s, -to|ren⟩ *jmd., der Experimente durch- od. vorführt*
ex|pe|ri|men|tell ⟨Adj.⟩ *auf einem Experiment beruhend, mit Hilfe eines Experimentes;* eine Theorie, ein Modell ~ erproben; oV *experimental*
ex|pe|ri|men|tie|ren ⟨V.⟩ *Experimente durchführen, Versuche machen*
ex|pert ⟨Adj.⟩ *erfahren, sachverständig;* auf einem Gebiet ~ sein *sich darin auskennen* [< lat. *expertus* »erfahren«]
Ex|per|te ⟨m.; -n, -n⟩ *Sachverständiger, Fachmann*
Ex|per|ti|se ⟨f.; -, -n⟩ *sachverständige Begutachtung, z.B. durch einen Experten* [frz., »Sachverständigengutachten«]
Expl. ⟨Abk. für⟩ *Exemplar*
Ex|pla|na|ti|on ⟨f.; -, -en⟩ ~ eines Textes *Erklärung des sachlichen Inhalts*
ex|pla|na|tiv ⟨Adj.⟩ *erklärend, erläuternd*
ex|pla|nie|ren ⟨V.⟩ *in der Art einer Explanation erklären;* Texte, Literaturwerke ~ [< lat. *explanare* »genau erörtern, erklären«]
Ex|plan|ta|ti|on ⟨f.; -, -en; Med.⟩ *Gewebezüchtung; Untersuchungsmethode der Zell- u. Gewebeforschung, bei der lebendes Gewebe außerhalb des Körpers auf einem künstlichen Nährboden in einer Gewebekultur gezüchtet wird, um Wachstum u. Vermehrung zu studieren u. mit den Vorgängen am lebenden Organismus zu vergleichen* [< *Ex...* + lat. *planta* »Setzling, Pflanze«]
ex|plan|tie|ren ⟨V.; Med.⟩ Gewebe, Organe ~ *entnehmen, meist zur Züchtung in einem geeigneteren Medium od. zur Transplantation in einen fremden Organismus*
Ex|ple|tiv ⟨n.; -s, -e [-və]⟩ *(Füll-)Wort, das für die inhaltliche Satzaussage kaum od. keine Bedeutung hat,* z.B. hast du mich »denn« nicht gehört? [zu lat. *expletivus* »füllend, ergänzend«]
ex|pli|cit *es ist erörtert, es ist zu Ende (am Schluss alter Handschriften od. Drucke);* Ggs *incipit* [< lat. *explicitus est* »es ist ausgebreitet, erörtert worden«; zu *explicare;* → *explizieren*]
Ex|pli|cit ⟨n.; -s, -s⟩ *Schlussworte in mittelalterlichen Handschriften od. Inkunabeln*
ex|pli|zie|ren ⟨V.⟩ *erklären, erläutern* [< lat. *explicare* »entfalten, ausbreiten, erörtern«]
ex|pli|zit ⟨Adj.⟩ *ausdrücklich, deutlich, ausführlich*

ex|pli|zi|te ⟨[-te:] Adv.⟩ *ausdrücklich, deutlich;* Ggs *implizite* [< lat. *explicite* »entfaltet, ausgebreitet, erörtert«; zu *explicare;* → *explizieren*]

ex|plo|die|ren ⟨V.⟩ **1** *mit Getöse bersten, platzen* **2** *in der Art einer Explosion verlaufen;* Ggs *implodieren;* → a. *detonieren* **3** ⟨fig.; umg.; scherzh.⟩ *in Zorn ausbrechen* [< lat. *explodere* »(Schauspieler) ausklatschen« → a. *applaudieren*]

Ex|ploi|ta|ti|on ⟨[-ploa-] f.; -; unz.; †⟩ *das Exploitieren, Ausnutzung, Ausbeutung* [frz., »Ausnutzung, Nutzbarmachung«]

Ex|ploi|teur ⟨[-ploatø:r] m.; -s, -e; †⟩ *jmd., der eine Sache od. Person exploitiert; Ausbeuter* [frz., »Ausbeuter«]

ex|ploi|tie|ren ⟨[-ploa-] V.; †⟩ **1** ⟨allg.⟩ *ausbeuten* **1.1 jmdn.** ~ *aus der Arbeitskraft eines anderen unredlichen Gewinn ziehen* **1.2 Bodenschätze, Naturkräfte** ~ *fördern, gewinnen, erzeugen* [< frz. *exploiter*]

Ex|plo|ra|ti|on ⟨f.; -, -en⟩ **1** *das Explorieren, Aus-, Erforschung* **2** *(ärztl.) Untersuchung* [< lat. *exploratio* »Erforschung«]

ex|plo|rie|ren ⟨V.⟩ **1** *erforschen, prüfen* **2** *untersuchen;* Kranke ~ [< lat. *explorare* »erforschen«]

ex|plo|si|bel ⟨Adj.⟩ = *explosiv;* Ggs *inexplosibel* [< frz. *explosible* »explosionsfähig«]

Ex|plo|si|on ⟨f.; -, -en⟩ **1** *das Explodieren* **1.1** *sehr schnell verlaufendes Abbrennen eines Sprengstoffes;* → a. *Detonation* **1.2** *Bersten eines Hohlkörpers durch Druck von innen;* Ggs *Implosion* **2** ⟨fig.; umg.⟩ *plötzlicher Zornesausbruch*

Ex|plo|si|ons|mo|tor ⟨m.; -s, -en; ungenaue Bez. für⟩ *Verbrennungsmotor*

ex|plo|siv ⟨Adj.⟩ **1** *leicht explodierend;* Sy *explosibel;* ~e Stoffe **2** ⟨fig.; umg.⟩ *leicht erregbar, leicht aufbrausend, zu Zornesausbrüchen neigend;* ein ~es Temperament [< frz. *explosif*]

Ex|plo|si|vi|tät ⟨[-vi-] f.; -; unz.⟩ *explosive Beschaffenheit od. Form*

Ex|plo|siv|laut ⟨m.; -(e)s, -e⟩, **Ex|plo|si|vum** ⟨[-vum] n.; -s, -va [-va]⟩ *Konsonant, der durch plötzliches Öffnen der verschlossenen Mundhöhle entsteht, Verschlusslaut,* z.B. p, b, t, d, k, g; Sy *Okklusiv*

Ex|po|nat ⟨n.; -(e)s, -e⟩ *Ausstellungs-, Museumsstück* [< lat. *exponere* »öffentl. darstellen«]

Ex|po|nent ⟨m.; -en, -en⟩ **1** *Hochzahl einer Potenz, die angibt, wie oft eine Zahl mit sich selbst multipliziert werden soll,* z.B. $4^3 = 4 \cdot 4 \cdot 4$ (lies: vier hoch drei) **2** ⟨fig.⟩ *herausgehobener Vertreter einer Sache, z.B. einer Partei* [< lat. *exponens,* Part. Präs. zu *exponere* »offen darstellen«]

Ex|po|nen|ti|al|funk|ti|on ⟨f.; -, -en⟩ *Gleichung der Form $y = a^x$, in der die Variable als Exponent auftritt;* ⟨i.e.S.⟩ *die e-Funktion mit $y = e^x$ (e = Basis der natürl. Logarithmen)*

Ex|po|nen|ti|al|glei|chung ⟨f.; -, -en⟩ *transzendente Gleichung, bei der die Unbekannte auch als Exponent vorkommt,* z.B. $ae^x = bx + c$

ex|po|nen|ti|ell ⟨Adj.⟩ *nach einer Exponentialfunktion verlaufend*

ex|po|nie|ren ⟨V.⟩ **1** *heraus-, hervorheben;* sich ~ *sich hervortun u. damit Angriffen aussetzen; sich einer Gefahr aussetzen* **2** *darlegen, auseinander setzen* **3** *dem Licht aussetzen, belichten;* einen Film ~ [< lat. *exponere* »öffentl. darstellen«]

ex|po|niert ⟨Adj.⟩ *hervor-, herausgehoben (u. dadurch angreifbar);* an ~er Stelle stehen

Ex|port ⟨m.; -(e)s, -e⟩ *Ausfuhr (von Waren);* Ggs *Import* [engl. »Ausfuhr«; → *exportieren*]

Ex|port|bier ⟨n.; -s, -e⟩ *helle, nicht sehr bittere Biersorte* [urspr. für den *Export* bestimmtes Bier]

Ex|por|te ⟨f.; -, -n; meist Pl.⟩ *Ausfuhrware;* Ggs *Importe*

Ex|por|teur ⟨[-tø:r] m.; -s, -e⟩ *Kaufmann im Exporthandel, Ausfuhrkaufmann;* Ggs *Importeur* [→ *exportieren* mit frz. Endung]

ex|por|tie|ren ⟨V.⟩ *ausführen* (Waren); Ggs *importieren* [< lat. *exportare* »hinaustragen«]

Ex|po|sé ⟨[-se:] n.; -s, -s⟩ = *Exposee*

Ex|po|see ⟨n.; -s, -s⟩ oV *Exposé* **1** *Denkschrift, Bericht* **2** *Erläuterung* **3** *ausgearbeiteter Plan zu einem Schriftwerk* **4** *Handlungsskizze für einen Film* [frz., »Darstellung, Übersicht«]

Ex|po|si|ti|on ⟨f.; -, -en⟩ **1** *Ausstellung* **2** *Darlegung* **3** *Einleitung* **4** *Einführung in die Dramenhandlung, Darlegung der vor Beginn des Dramas liegenden Handlung (meist im 1. Akt)* **5** ⟨Mus.⟩ *der erste Teil eines Sonatensatzes* **6** ⟨Fot.⟩ *Belichtung* [< lat. *expositio* »Darstellung, Darlegung«]

ex|po|si|to|risch ⟨Adj.⟩ *erläuternd, darlegend, zusammenfassend,* z.B. eine ~e Einleitung [→ *Exposition*]

Ex|po|si|tur ⟨f.; -, -en⟩ **1** *auswärtiges Zweiggeschäft* **2** *Nebenkirche* **3** ⟨österr. auch⟩ *Nebenbehörde, Teil einer Schule im Nebengebäude* [→ *Expositus*]

Ex|po|si|tus ⟨m.; -, -ti⟩ *Pfarrer, dem ein bestimmter Teil einer Pfarrei untersteht* [< *Ex...* + lat. *positus* »gelegt«; zu *ponere* »setzen, stellen, legen«]

ex|press ⟨Adj.⟩ *eilig, mit Eilpost;* eine Ware, Postsendung ~ schicken [< lat. *expresse* »ausdrücklich«; zu *exprimere* »ausdrücken«; Expressbote »Extrabote« wird »Eilbote«, daher die Bedeutung »eilig«]

Ex|press ⟨m.; -pres|ses, -zü|ge⟩ **1** *Fernschnellzug, Expresszug* **2** ⟨unz.⟩ eine Sendung per ~ schicken *durch Eilboten* [→ *express*]

Ex|press|gut ⟨n.; -(e)s, -gü|ter⟩ *Transportgut, welches aufgrund spezieller Konditionen auf dem schnellsten Weg zum Bestimmungsort befördert wird*

Ex|pres|si|on ⟨f.; -, -en; geh.⟩ *Ausdruck* [< lat. *expressio* »Ausdruck«; → *Expressionismus*]

Ex|pres|si|o|nis|mus ⟨m.; -; unz.⟩ *Kunstrichtung Anfang des 20. Jh., gekennzeichnet durch Streben nach Vergeistigung u. Objektivierung* *unter Verzicht auf sachl. getreue Wiedergabe der Wirklichkeit* (Malerei, bildende Kunst, Musik), *durch Ausdruck von Leidenschaft, Gefühl mit sparsamsten Mitteln* (Literatur) *bzw. durch Dissonanzen, scharfe Rhythmen usw.* (Musik) [< lat. *expressio* »Ausdruck«; zu *exprimere* »ausdrücken«]

Ex|pres|si|o|nist ⟨m.; -en, -en⟩ *Vertreter, Anhänger des Expressionismus*

ex|pres|si|o|nis|tisch ⟨Adj.⟩ *zum Expressionismus gehörend, auf ihm beruhend*

ex|pres|sis ver|bis ⟨[-si:s vɛr-]⟩ *ausdrücklich* [lat., »mit ausdrücklichen Worten«]

ex|pres|siv ⟨Adj.⟩ *ausdrucksvoll, ausdrucksstark, Ausdruck…* [< frz. *expressif* »ausdrucksvoll«]

Ex|pres|si|vi|tät ⟨[-vi-] f.; -; unz.⟩ **1** *Ausdrucksfülle, Ausdrucksstärke;* ein Werk von großer ~ **2** ⟨Genetik⟩ *Durchschlagskraft, Ausprägung*

ex pro|fes|so **1** *von Berufs wegen, von Amts wegen* **2** *absichtlich, vorsätzlich* [lat., »von Amts wegen«; zu *profiteri* »öffentlich bekennen«]

Ex|pro|mis|si|on ⟨f.; -, -en⟩ *freiwillige Übernahme (einer fremden Schuld od. Verbindlichkeit)* [< *Ex…* + lat. *promissio* »Versprechen«; zu *promittere* »versprechen«]

Ex|pro|pri|a|ti|on, ⟨auch⟩ **Ex|prop|ri|a|ti|on** ⟨f.; -, -en⟩ *Enteignung;* ~ von Privatbesitz [frz.]

ex|pro|pri|ie|ren, ⟨auch⟩ **ex|prop|ri|ie|ren** ⟨V.⟩ *enteignen;* Privatbesitz, einen Betrieb ~ [< frz. *exproprier* »enteignen«]

Ex|pul|si|on ⟨f.; -, -en; Med.⟩ *Abführung, Austreibung* [< lat. *expulsio* »Vertreibung«; zu *expellere* »vertreiben«]

ex|pul|siv ⟨Adj.; Med.⟩ **1** *austreibend* **2** *abführend* [< lat. *expellere* »austreiben« u. *expulsio* »Vertreibung«]

ex|qui|sit ⟨Adj.⟩ *auserlesen, vorzüglich;* ein ~er Geschmack [< lat. *exquisitus* »ausgesucht, ausgezeichnet«]

ex|se|krie|ren, ⟨auch⟩ **ex|sek|rie|ren** ⟨V.; kath. Kirche⟩ **1** *entweihen* **2** *verfluchen* [< lat. *exsecrari* »verwünschen, verfluchen«]

Ex|sic|cans ⟨[-kans] n.; -, -can|zi|en od. -cantia; fachspr.⟩ = *Exsikkans*

Ex|sik|kans ⟨n.; -, -kan|zi|en od. -kan|tia⟩ *austrocknendes, Flüssigkeit aufsaugendes Mittel;* oV *Exsiccans* [zu lat. *exsiccare* »austrocknen«]

Ex|sik|kat ⟨n.; -(e)s, -e; Bot.⟩ *getrocknete Pflanzenprobe* [zu lat. *exsiccare* »austrocknen«]

Ex|sik|ka|ti|on ⟨f.; -, -en⟩ *Austrocknung* [< lat. *exsiccare* »austrocknen«]

ex|sik|ka|tiv ⟨Adj.⟩ *auf Exsikkation beruhend, austrocknend*

Ex|sik|ka|tor ⟨m.; -s, -to|ren⟩ *mit Wasser entziehenden Chemikalien beschicktes gläsernes Gefäß zum Trocknen wasserhaltiger u. zum Aufbewahren wasserfreier chem. Präparate* [< lat. *exsiccare* »austrocknen«]

Ex|sik|ko|se ⟨f.; -; unz.⟩ *Flüssigkeitsverlust des Körpers* [< lat. *exsiccare* »austrocknen«]

Ex|spek|ta|ti|on ⟨f.; -; unz.; Med.⟩ *abwartende Behandlung* [< lat. *exspectatio* »Erwartung«]

ex|spek|ta|tiv ⟨Adj.; Med.⟩ *abwartend* [< lat. *exspectare* »warten, erwarten«]

Ex|spi|ra|ti|on ⟨f.; -, -en⟩ *Ausatmung;* Ggs *Inspiration(3)* [< lat. *exspiratio* »Aushauchung«]

ex|spi|ra|to|risch ⟨Adj.⟩ **1** *auf Exspiration beruhend;* Ggs *inspiratorisch* **2** *auf starker Betonung beruhend, mit Nachdruck (gesprochen)*

ex|spi|rie|ren ⟨V.⟩ **1** *ausatmen* **2** ⟨fig.⟩ *sterben* [< lat. *exspirare* »aushauchen«]

Ex|stir|pa|ti|on ⟨f.; -, -en⟩ *vollständige Entfernung eines kranken Organs oder einer Geschwulst auf chirurg. Wege* [< lat. *exstirpatio* »Ausrottung«]

ex|stir|pie|ren ⟨V.⟩ *völlig entfernen;* ein krankes Organ ~ [< lat. *exstirpare* »ausrotten«]

Ex|su|dat ⟨n.; -(e)s, -e⟩ *(infolge Entzündung) abgesondertes Produkt, abgesonderte Flüssigkeit* [< lat. *exsudatus,* Part. Perf. zu *exsudare* »ausschwitzen«]

Ex|su|da|ti|on ⟨f.; -, -en⟩ *Absonderung (infolge Entzündung)*

ex|su|da|tiv ⟨Adj.⟩ *die Exsudation betreffend, auf ihr beruhend* [< lat. *exsudare* »ausschwitzen«]

Ex|tem|po|ra|le ⟨n.; -s, -; †⟩ *schriftl. Klassenarbeit ohne Hilfsmittel, Probearbeit* [< lat. *ex tempore* »aus dem Augenblick«]

ex tem|po|re ⟨[-re:]⟩ *aus dem Stegreif* [< lat., »aus dem Augenblick«]

Ex|tem|po|re ⟨[-re:] n.; -s, -s⟩ *Einfall eines Schauspielers während des Spiels, Zugabe, Zusatz aus dem Stegreif* [→ *ex tempore*]

ex|tem|po|rie|ren ⟨V.⟩ *aus dem Stegreif spielen od. sprechen* [→ *ex tempore*]

Ex|ten|ded ⟨[ikstɛndəd] f.; -; unz.⟩ *eine Drucktype auf Grundlage der Antiquaschrift* [< engl. *extended* »ausgedehnt«]

Ex|ten|der ⟨[ikstɛndə(r)] m.; -s, -⟩ *chem. Lösungs- od. Verdünnungsmittel, das teuren Rohstoffen hinzugefügt wird, um sie zu strecken* [< engl. *extend* »ausdehnen, weiten«]

ex|ten|die|ren ⟨V.⟩ *ausdehnen, ausweiten, ausstrecken, erweitern* [< lat. *extendere* »ausdehnen, ausspannen«]

ex|ten|si|bel ⟨Adj.⟩ *so beschaffen, dass man es extendieren kann, ausdehnbar* [< frz. *extensible* »dehnbar, streckbar«]

Ex|ten|si|bi|li|tät ⟨f.; -; unz.⟩ *extensible Beschaffenheit, Ausdehnbarkeit*

Ex|ten|si|on ⟨f.; -, -en⟩ **1** *Ausdehnung, Ausstreckung* **2** ⟨Med.⟩ *Streckverband* [< lat. *extensio* »Ausdehnung«]

ex|ten|si|o|nal ⟨Adj.⟩ **1** *auf der Extension(1) beruhend, auf sie bezogen;* Ggs *intensional(1)* **2** *umfangsidentisch (bes. in der Mengenlehre);* Ggs *intensional(2)*

Ex|ten|si|tät ⟨f.; -; unz.⟩ oV *Extensivität* **1** *Ausdehnung;* Ggs *Intensität(1)* **2** *Umfang*

ex|ten|siv ⟨Adj.⟩ **1** *in die Breite gehend; viel Raum, Zeit od. Material verwendend;* ~e Landwirtschaft *auf großer Fläche mit wenig*

Mitteln betriebene L.; Ggs *intensive L.* **2** ⟨Rechtsw.⟩ *ausdehnend, erweiternd;* Ggs *restriktiv;* ~e Auslegung eines Gesetzes [< frz. *extensif* »ausdehnend«]

ex|ten|si|vie|ren ⟨[-vi:-] V.⟩ *verbreitern, in die Breite wirken;* Ggs *intensivieren*

Ex|ten|si|vi|tät ⟨[-vi-] f.; -; unz.⟩ = *Extensität*

Ex|tẹn|sor ⟨m.; -s, -so|ren⟩ *Streckmuskel* [nlat., eigl. »Ausdehner, Strecker«]

Ex|te|ri|eur ⟨[-ø:r] n.; -s, -e⟩ **1** *Äußeres, Außenseite;* Ggs *Interieur(1)* **2** *Erscheinung* [< frz. *extérieur* »äußerlich«]

Ex|te|ri|o|ri|tät ⟨f.; -, -en⟩ *Äußeres, Außenseite, Oberfläche*

Ex|ter|mi|na|ti|on ⟨f.; -, -en⟩ **1** *Vertreibung, Ausweisung aus dem Lande* **2** *Ausrottung, Vertilgung* [< lat. *exterminatio* »Entfernung«]

ex|ter|mi|nie|ren ⟨V.⟩ **1** *vertreiben, des Landes verweisen* **2** *ausrotten, vertilgen* [< lat. *exterminare* »vertreiben, entfernen«]

ex|tẹrn ⟨Adj.⟩ *draußen befindlich, auswärtig, fremd;* Ggs *intern(1);* ~er Schüler *Sch., der nicht im Schülerheim od. Internat wohnt* [< lat. *externus* »außerhalb befindlich«]

Ex|tẹr|na ⟨Pl.⟩ *Plural von Externum*

ex|ter|na|li|sie|ren ⟨V.; Psych.⟩ *nach außen verlegen;* Ggs *internalisieren;* einen Konflikt, ein Problem ~ [→ *extern*]

Ex|ter|na|li|sie|rung ⟨f.; -, -en; Psych.⟩ *das Externalisieren;* Ggs *Internalisierung*

Ex|ter|nat ⟨n.; -(e)s, -e⟩ *Lehranstalt, deren Schüler außerhalb der Schule wohnen;* Ggs *Internat* [→ *extern*]

Ex|ter|ne(r) ⟨f. 2 (m. 1)⟩ **1** *Schüler(in) einer Schule, der (die) nicht im Internat wohnt* **2** *Schüler(in), dem (der) eine Schule zur Abschlussprüfung zugewiesen wird, die er (sie) vorher nicht besucht hat;* Ggs *Interne(r)*

Ex|tẹrn|spei|cher ⟨m.; -s, -; EDV⟩ *mit einer EDV-Anlage verbundener Speicher, der seine Daten bei Bedarf an deren Arbeitsspeicher abgibt, Außenspeicher* [→ *extern*]

Ex|tẹr|num ⟨n.; -s, -na⟩ *äußerlich anzuwendendes Arzneimittel* [→ *extern*]

ex|ter|ri|to|ri|al ⟨Adj.⟩ *außerhalb der Landeshoheit stehend*

Ex|ter|ri|to|ri|a|li|tät ⟨f.; -; unz.⟩ *Unabhängigkeit von der Landeshoheit, z.B. Gerichtsbarkeit des Staates, in dem man sich aufhält*

Ex|tink|ti|on ⟨f.; -, -en⟩ **1** ⟨†⟩ *Auslöschung, Tilgung* **2** *Abschwächung des Sonnenlichtes u. des Lichtes der anderen Himmelskörper durch die Atmosphäre;* ⟨auch⟩ *durch Absorption und Streuung bedingte Lichtabschwächung im Meerwasser* [< lat. *extinctio* »Vernichtung«]

■ Die Buchstabenfolge **ex|tr...** kann auch **ext|r...** getrennt werden. Davon ausgenommen sind Zusammensetzungen, in denen die fremdsprachigen bzw. sprachhistorischen Bestandteile deutlich als solche erkennbar sind, z.B. *-trahieren, -trakt* (→ a. *sub|trahieren, Kon|trakt*).

■ **ẹx|tra** ⟨Adj.; umg.⟩ **1** *besondere(s, -r), über das Übliche hinausgehend;* eine ~Belohnung; das ist ~ **2** ⟨Adv.⟩ **2.1** *besonders;* etwas ~ Feines; ~ mild, stark; es geht mir nicht ~ ⟨umg.⟩ *nicht besonders (gut)* **2.2** *gesondert, getrennt;* ich bezahle ~; legen Sie es ~ ⟨umg.⟩ **2.3** *eigens, ausschließlich;* er hat es ~ für dich getan **2.4** ⟨umg.⟩ *absichtlich, um jmdn. zu ärgern;* das macht er immer ~! **3** etwas Extraes ⟨umg.⟩ *Besonderes, besonders Feines* [lat., »außerhalb«]

■ **Ẹx|tra** ⟨n.; -s, -s⟩ *Leistungen u. Zubehör, die nicht im Grundpreis enthalten sind od. über die übliche Ausstattung hinausgehen;* dieses Auto besitzt als ~ einen Airbag

■ **ex|tra ..., Ex|tra ...** ⟨in Zus.⟩ **1** *außer..., außerhalb* **2** *Sonder..., außerordentlich* [→ *extra*]

■ **Ẹx|tra|blatt** ⟨n.; -(e)s, -blät|ter⟩ *aktuelle Sonderausgabe (einer Zeitung)*

■ **ẹx|tra dry** ⟨[-drai] auf Etiketten bei Süß- od. Schaumwein⟩ *bes. trocken, bes. herb* [< *extra* + engl. *dry* »trocken«]

■ **ex|tra|ga|lạk|tisch** ⟨Adj.⟩ *außerhalb unseres Sternsystems (der Milchstraße) gelegen* [< *extra... + Galaxis*]

■ **ex|tra|ge|ni|tal** ⟨Adj.; Med.⟩ *außerhalb des Genitalbereichs, von ihm unabhängig (gelegen), z.B. die Ursachenlokalisierung von bestimmten Geschlechtskrankheiten* [< *extra... + genital*]

Ex|tra|hẹnt ⟨m.; -en, -en⟩ **1** *jmd., der etwas extrahiert* **2** ⟨Rechtsw.⟩ *jmd., auf dessen Antrag eine Verfügung erlassen wird* [< lat. *extrahens,* Part. Präs. zu *extrahere* »herausziehen«]

ex|tra|hie|ren ⟨V.⟩ **1** *herausschreiben;* aus einem Buch ~ **2** *herausziehen;* Zähne, Fremdkörper aus dem Körper ~; das Kind aus dem Mutterleib ~; gelöste Stoffe aus einer Lösung ~ [< lat. *extrahere* »herausziehen«]

■ **ex|tra|in|tes|ti|nal** ⟨Adj.; Med.⟩ *außerhalb des Darmkanals, der Eingeweide (gelegen)* [< *extra... + intestinal*]

■ **ẹx|tra|kor|po|ral** ⟨Adj.⟩ *außerhalb des Körpers;* Ggs *inkorporal;* ~e Befruchtung [zu lat. *extra* »außerhalb« + *corpus,* Gen. *corporis* »Körper«]

Ex|trạkt ⟨m.; -(e)s, -e⟩ *Auszug;* ~ aus Büchern; ~ aus Heilpflanzen [< lat. *extractus,* Part. Perf. zu *extrahere* »herausziehen«]

Ex|trak|teur ⟨[-tø:r] m.; -s, -e⟩ *Apparat für eine Extraktion* [< frz. *extracteur* »Auszieher, Extraktionsapparat«]

Ex|trak|ti|on ⟨f.; -, -en⟩ **1** *das Extrahieren, das Herausziehen, Ausziehen, Auszug* **2** *Herstellung eines Extraktes* **3** *die künstl. Entwicklung der Geburt des Kindes, eventuell mittels Zange* **4** *das Ziehen eines Zahnes* [< lat. *extractio* »das Herausziehen«]

ex|trak|tiv ⟨Adj.⟩ **1** *ausziehend* **2** *auslaugend* **3** *löslich ausziehbar* **4** *durch Extraktion (erfolgend)* [< frz. *extractif* »herausziehend«; → *Extraktion*]

■ **ex|tra|lin|gu|al** ⟨Adj.; Sprachw.⟩ *außersprachlich, außerhalb des Sprachsystems (ge-*

legen); Ggs *intralingual* [< *extra*… + lat. *lingua* »Sprache«]

■ **ex|tra|mun|dan** ⟨Adj.⟩ *außerweltlich;* Ggs *intramundan* [< *extra* + lat. *mundanus* »weltlich«; zu *mundus* »Welt«]

■ **ex|tra|mu|ral** ⟨Adj.⟩ *außerhalb der Stadtmauern (befindlich)* [< *extra*… + lat. *murus* »Mauer«]

■ **ex|tra mu|ros** *außerhalb der Stadtmauern (befindlich)* [lat.]

■ **Ex|tra|ne|er, Ex|tra|ner** ⟨m.; -s, -⟩, **Ex|tra|neus** ⟨m.; -, -nei [-ne:i] †⟩ *Externer* [< lat. *extraneus* »außen befindlich«]

■ **ex|tra|or|di|när** ⟨Adj.⟩ *außergewöhnlich* [< frz. *extraordinaire* »außerordentlich«]

■ **Ex|tra|or|di|na|ri|um** ⟨n.; -s, -ri|en⟩ *außerordentl. Haushaltsplan (des Staates), der die einmaligen Einnahmen u. Ausgaben umfasst* [lat., »das Außerordentliche, Außergewöhnliche«]

■ **Ex|tra|or|di|na|ri|us** ⟨m.; -, -ri|en⟩ *außerordentl. Professor* [lat., »außerordentlich, außergewöhnlich«]

■ **Ex|tra|po|la|ti|on** ⟨f.; -, -en⟩ *Schluss auf einen Sachverhalt, der außerhalb eines experimentell zugängl. Bereiches liegt;* Ggs *Interpolation(1);* die Sonnen- u. Mondfinsternisse werden durch ~ vorausberechnet

■ **ex|tra|po|lie|ren** ⟨V.⟩ **1** *eine Extrapolation durchführen* **2** *durch Extrapolation berechnen;* Ggs *interpolieren(1)* [< *extra*… + inter*polieren*]

■ **Ex|tra|po|si|ti|on** ⟨f.; -, -en⟩ *meist mit »es« eingeleitete Herausstellung eines Satzteils,* z.B. es freut ihn, dass ihr kommt [< *Extra* + *Position*]

■ **Ex|tra|sys|to|le** ⟨f.; -, -n; Med.⟩ *außerhalb des normalen Herzschlagrhythmus erfolgende, vorzeitige od. verspätete Herzschläge;* → a. *Bigeminie* [< *Extra*… + *Systole*]

■ **Ex|tra|sys|to|lie** ⟨f.; -, -n; Med.⟩ *durch verstärktes Auftreten von Extrasystolen verursachte Herzrhythmusstörung, die zusätzlich Arrhythmien des Pulses zur Folge hat*

■ **Ex|tra|ter|res|trik,** ⟨auch⟩ **Ext|ra|ter|rest|rik** ⟨f.; -; unz.; Phys.⟩ *Disziplin der Physik, die sich mit den physikalischen Vorgängen außerhalb der Erde u. ihrer Atmosphäre befasst* [< *Extra*… + *terrestrisch*]

■ **ex|tra|ter|res|trisch,** ⟨auch⟩ **ext|ra|ter|rest|risch** ⟨Adj.⟩ *nicht von dieser Erde stammend, außerirdisch;* eine ~e Erscheinung [< *extra* + lat. *terra* »Erde«]

■ **Ex|tra|tour** ⟨[-tu:r] f.; -, -en; umg.⟩ *eigenwillige, eigenmächtige Handlungsweise innerhalb einer Gruppe*

■ **ex|tra|u|te|rin** ⟨Adj.⟩ *außerhalb der Gebärmutter gelegen* [< *extra*… + < *Uterus*]

■ **Ex|tra|u|te|rin|gra|vi|di|tät** ⟨[-vi-] f.; -, -en; Med.⟩ *Schwangerschaft, bei der sich die befruchtete Eizelle nicht in der Gebärmutter, sondern im Eileiter entwickelt u. oft in die Bauchhöhle durchbricht* [< *extrauterin* + *Gravidität*]

■ **ex|tra|va|gant** ⟨auch ['--va-] Adj.⟩ **1** *ungewöhnlich* **2** *ausgefallen, überspannt;* ein ~es Benehmen; eine ~e Frau; ~e Kleidung [frz., »überspannt, närrisch«]

■ **Ex|tra|va|ganz** ⟨[-va-] f.; -, -en⟩ **1** ⟨unz.⟩ *extravagante Beschaffenheit, extravagantes Wesen* **2** ⟨zählb.⟩ *extravagante Handlung* [< frz. *extravagance* »Überspanntheit, Narrheit«]

■ **Ex|tra|ver|si|on** ⟨[-vɛr-] f.; -; unz.; Psych.⟩ *(in der Typenlehre C. G. Jungs) die vorwiegende Einstellung des Denkens, Fühlens und Handelns auf die Außenwelt;* Ggs *Introversion* [< *Extra*… + lat. *versus,* Part. Perf. von *vertere* »wenden«]

■ **ex|tra|ver|tiert** ⟨[-vɛr-] Adj.⟩ **1** *nach außen gewandt, weltoffen* **2** *allen äußeren Einflüssen zugänglich;* Ggs *introvertiert* [< *extra*… + lat. *vertere* »wenden«]

■ **ex|tra|zel|lu|lär** ⟨Adj.⟩ *außerhalb der Zelle* [< *extra*… + lat. *cellula* »kleine Zelle«]

■ **ex|trem** ⟨Adj.⟩ **1** *äußerst, höchst od. niedrigst;* ~e Werte *Maximum od. Minimum* **2** *übersteigert, übertrieben;* ~e Ansichten **3** ⟨Pol.⟩ *einseitig orientiert;* die ~e Linke, Rechte; eine ~e Partei [< lat. *extremus* »der äußerste«]

■ **Ex|trem** ⟨n.; -s, -e⟩ **1** *höchster od. niedrigster Grad, äußerste Grenze;* die ~e berühren sich *die äußersten Gegensätze führen zu denselben Folgerungen* **2** *höchster od. tiefster Wert (Maximum od. Minimum) einer Reihe von Messungen od. Benennungen* **3** *Übertreibung;* von einem ~ ins andere fallen *einen Übelstand durch übertriebene Gegenmaßnahmen zu beseitigen suchen; Behauptungen durch übertriebene Gegenbehauptungen zu widerlegen suchen*

■ **ex|tre|mi|sie|ren** ⟨V.⟩ *extrem machen, zum Extremen führen*

■ **Ex|tre|mi|sie|rung** ⟨f.; -, -en⟩ *das Extremisieren*

■ **Ex|tre|mis|mus** ⟨m.; -; unz.⟩ *übersteigert extreme, radikale Haltung*

■ **Ex|tre|mist** ⟨m.; -en, -en⟩ *Anhänger, Vertreter einer extremen Richtung, übersteigert radikal eingestellter Mensch*

■ **ex|tre|mis|tisch** ⟨Adj.⟩ *auf Extremismus beruhend, extrem, übersteigert radikal*

■ **Ex|tre|mi|tät** ⟨f.; -, -en⟩ **1** *äußerste Begrenzung* **2** ⟨unz.⟩ *von der gesellschaftl. Norm abweichendes Verhalten* **3** ⟨meist Pl.⟩ ~en *Gliedmaßen (Arme, Beine);* die unteren, oberen ~en [< lat. *extremitas* »das Äußerste, Grenze«]

■ **Ex|trem|sport** ⟨m.; -(e)s, -ar|ten od. (selten) -e⟩ *besonders anstrengender od. gefährlicher Sport,* z.B. Fallschirmspringen, Triathlon

■ **Ex|tre|mum** ⟨n.; -s, -ma⟩ = *Extremwert*

■ **Ex|trem|wert** ⟨m.; -(e)s, -e⟩ *Bereich einer mathemat. Funktion oder Kurve, in dem sie gegenüber ihrer Umgebung einen höchstmöglichen Wert erreicht;* Sy *Extremum*

■ **ex|trin|sisch** ⟨Adj.; bes. Psych.⟩ *von außen kommend, von außen bewirkt;* Ggs *intrinsisch;* ~e Motivation *von außen bewirkte Motiva-*

tion; z.B. durch Strafen, äußere Zwänge [<engl. *extrinsic* <lat. *extrinsecus* »von außen«]

■ **Ex|tro|phie** ⟨f.; -, -n; Med.⟩ = *Ektopie*

■ **ex|trors** ⟨Adj.; Bot.⟩ *nach außen gewendet;* Ggs *introrss;* ~e Staubbeutel [<lat. *extrorsus* »nach außen gewendet«]

■ **ex|tro|ver|tiert** ⟨[-vɛr-] Adj.; fälschl. für⟩ *extravertiert*

■ **Ex|tru|der** ⟨n.; -s, -⟩ *zur Verarbeitung thermoplastischer Stoffe eingesetzte Presse, bei der das Material durch entsprechend geformte Düsen gedrückt wird und anschließend erstarrt* [<lat. *extrudere* »heraus-, wegtreiben«]

■ **ex|tru|die|ren** ⟨V.⟩ *mit dem Extruder formen;* Kunststoffe ~

■ **Ex|tru|si|on** ⟨f.; -, -en⟩ **1** ⟨Geol.⟩ *das Ausfließen von Magma aus Vulkanen auf die Erdoberfläche in Gestalt von Decken u. Strömen* **2** ⟨Med.⟩ **2.1** *Ausscheidung eines Sekrets aus Drüsenzellen* **2.2** *anomales Herausragen der Zähne aus dem Kiefer* [<lat. *extrusus,* Part. Perf. von *extrudere* »hinausstoßen, -treiben«]

■ **ex|tru|siv** ⟨Adj.; Geol.⟩ *von einer Extrusion(1) herrührend (von Gestein)* [→ *Extrusion*]

■ **Ex|tru|siv|ge|stein** ⟨n.; -(e)s, -e; Geol.⟩ *aus dem nach einer Extrusion erstarrten Magma gebildetes Gestein*

■ Die Buchstabenfolge **ex|u...** kann auch **e|xu...** getrennt werden. Davon ausgenommen sind Zusammensetzungen, in denen die fremdsprachigen bzw. sprachhistorischen Bestandteile deutlich als solche gekennzeichnet sind, z.B. *ex usu.*

■ **ex|u|be|rant** ⟨Adj.⟩ *überschwänglich, üppig* [<lat. *exuberare* »reichlich hervorkommen«]

■ **Ex|u|be|ranz** ⟨f.; -, -en⟩ *Überfluss, Überschwänglichkeit, Üppigkeit* [→ *exuberant*]

■ **Ex|u|lant** ⟨m.; -en, -en; †⟩ *Verbannter, Vertriebener* [<lat. *exsulans* »in der Verbannung lebend«; zu *exsulare*]

■ **ex|u|lie|ren** ⟨V.; †⟩ *verbannt sein, in der Verbannung leben* [<lat. *exsulare* »in der Verbannung leben«]

■ **Ex|ul|ze|ra|ti|on** ⟨f.; -, -en⟩ *Geschwürbildung durch oberflächlichen Gewebezerfall* [<*Ex...*[2] + *Ulzeration*]

■ **ex|ul|ze|rie|ren** ⟨V.⟩ *ein oberflächliches Geschwür bilden, (heraus)schwären* [<*ex...*[2] + *ulzerieren*]

ex u|su *aus der Erfahrung, dem Brauch nach* [lat., »aus dem Gebrauch heraus«]

■ **Ex|u|via** ⟨[-via] f.; -, -vi|en⟩ **1** *abgestreifte Haut (von Schlangen, Krebsen usw.)* **2** *Siegesbeute* **3** *als Reliquie aufbewahrtes Gewand* [<lat. *exuviae* »abgezogene Tierhaut«]

ex vo|to ⟨[vo:-]⟩ *aufgrund eines Gelübdes (Formel in altröm. Weihinschriften)* [lat., »aus einem Gelübde heraus«]

Ex|vo|to ⟨[-vo:-] n.; -s, -s od. -ten⟩ *Weihgeschenk* [→ *ex voto*]

Exz. ⟨Abk. für⟩ *Exzellenz*

ex|zel|lent ⟨Adj.⟩ *hervorragend, ausgezeichnet* [<lat. *excellens,* Part. Präs. zu *excellere* »hervorragen«]

Ex|zel|lenz ⟨f.; -, -en; Abk.: Exz.⟩ *Titel von Ministern u. hohen Beamten sowie von Gesandten u. Botschaftern* [<lat. *excellentia* »Erhabenheit, hervorragende Persönlichkeit«]

ex|zel|lie|ren ⟨V.⟩ *hervorragen, glänzen* [<lat. *excellere* »hervorragen, sich auszeichnen«]

Ex|zen|ter ⟨m.; -s, -⟩ *Scheibe, deren Drehpunkt außerhalb des Mittelpunktes liegt* [<*Ex...* + *Zentrum*]

Ex|zen|ter|pres|se ⟨f.; -, -n⟩ *Presse, deren Druckwirkung durch einen Exzenter erzeugt wird*

Ex|zen|trik, ⟨auch⟩ **Ex|zent|rik** ⟨f.; -; unz.⟩ **1** *mit Komik dargebotene Artistik* **2** *Überspanntheit* [→ *exzentrisch*]

Ex|zen|tri|ker, ⟨auch⟩ **Ex|zent|ri|ker** ⟨m.; -s, -⟩ **1** *Artist der Exzentrik* **2** *jmd., der exzentrisch(2) ist*

ex|zen|trisch, ⟨auch⟩ **ex|zent|risch** ⟨Adj.⟩ **1** ⟨Math.⟩ ~e Kreise *K. ohne gemeinsamen Mittelpunkt* **2** ⟨fig.⟩ *überspannt, zu merkwürdigen Einfällen neigend, absonderlich, verstiegen* [<*Ex...* + *Zentrum*]

Ex|zen|tri|zi|tät, ⟨auch⟩ **Ex|zent|ri|zi|tät** ⟨f.; -; unz.⟩ **1** *das Abweichen vom, der Abstand zum Mittelpunkt* **2** ⟨fig.⟩ *exzentr. Wesen, Überspanntheit* **3** ⟨Math.⟩ **3.1 lineare** ~ *Abstand zwischen Brennpunkt u. Mittelpunkt von Kegelschnitten* **3.2 numerische** ~ *Verhältnis zwischen linearer* ~ *u. großer Halbachse*

Ex|zep|ti|on ⟨f.; -, -en⟩ *Ausnahme, Einrede, Einwand* [<lat. *exceptio* »Ausnahme«; zu *excipere;* → *exzipieren*]

Ex|zep|ti|o|na|lis|mus ⟨m.; -; unz.; Geol.⟩ *(heute aufgegebene) Lehre, dass in der Erdgeschichte früher Kräfte wirksam waren, die heute nicht mehr tätig sind*

ex|zep|ti|o|nell ⟨Adj.⟩ *ausnahmsweise (eintretend), außergewöhnlich* [<frz. *exceptionnel* »außergewöhnlich«, <lat. *exceptio* »Ausnahme«]

ex|zep|tiv ⟨Adj.⟩ *ausschließend, ausnehmend, Ausnahme...* [→ *Exzeption*]

Ex|zep|tiv|satz ⟨m.; -es, -sät|ze; Gramm.⟩ *Nebensatz, der einen irrealen Fall als Bedingung für die Aufhebung der Aussage des Hauptsatzes angibt,* z.B. »das Schiff kann nicht auslaufen, es sei denn, der Sturm ließe nach« [→ *Exzeption*]

ex|zer|pie|ren ⟨V.⟩ *(aus Büchern) herausschreiben, herausziehen, Auszüge machen* [<lat. *excerpere* »herausnehmen, auslesen«]

Ex|zerpt ⟨n.; -(e)s, -e⟩ *Auszug;* ~ aus einem Buch; Sy *Exzerption* [<lat. *excerptum,* Part. Perf. zu *excerpere* »herausnehmen«]

Ex|zerp|ti|on ⟨f.; -, -en⟩ **1** ⟨unz.⟩ *das Exzerpieren* **2** ⟨selten⟩ = *Exzerpt*

Ex|zess ⟨m.; -es, -e⟩ **1** *Ausschreitung, Ausschweifung, Überschreitung gebotener Gren-*

zen **2** sphärischer ~ ⟨Math.⟩ *Überschuss der Winkelsumme eines Kugeldreiecks über 180°* [< lat. *excessus* »das Herausgehen, Überschreiten«; zu *excedere* »herausgehen«]

Exzess (*Laut-Buchstaben-Zuordnung*) Die im Deutschen übliche Kennzeichnung eines kurzen Vokals durch Verdoppelung des Folgekonsonanten wird auch auf Fremdwörter angewendet. Nach kurzem Vokal wird daher auch bei Fremdwörtern der Buchstabe »*ß*« künftig durch die Schreibung »*ss*« ersetzt (→ a. *Express*).

ex|zes|siv ⟨Adj.⟩ **1** *übertrieben, übermäßig, maßlos* **2** ~es Klima *Kontinentalklima* [< frz. *excessif* »übermäßig«]

ex|zi|die|ren ⟨V.⟩ *herausschneiden* [< lat. *excidere* »ausschneiden, abhauen«]

ex|zi|pie|ren ⟨V.⟩ *ausnehmen, als Ausnahme hinstellen* [< lat. *excipere* »ausnehmen, eine Ausnahme machen«]

Ex|zi|si|on ⟨f.; -, -en⟩ *das Herausschneiden, operative Entfernung;* ~ von Gewebe, Geschwülsten [→ *exzidieren*]

Ex|zi|ta|bi|li|tät ⟨f.; -; unz.⟩ *Reizbarkeit, Erregbarkeit* [< lat. *excitare* »erregen«]

Ex|zi|tans ⟨n.; -, -tan|ti|en; Med.⟩ *Herz, Kreislauf od. Nervensystem anregendes Arzneimittel* [< lat. *excitare* »erregen«]

Ex|zi|ta|ti|on ⟨f.; -, -en⟩ *Erregungs(zustand)* [< lat. *excitare* »erregen«]

ex|zi|tie|ren ⟨V.; Med.⟩ *(durch Medikamente) stimulieren, anregen;* den Kreislauf ~ [< lat. *excitare* »antreiben, erregen«, eigtl. »heraustreiben«]

Eye|cat|cher ⟨[aikætʃə(r)] m.; -s, -⟩ **1** ⟨Zeitungsw.⟩ *auf der ersten Seite zentral positionierte, häufig durch ein Foto unterstützte Artikelüberschrift* **2** *etwas, das bes. auffällig dekoriert od. gestaltet ist (u. die Aufmerksamkeit auf eine bestimmte Ware od. ein Produkt lenkt)* [< engl. *eyecatcher* »Blickfang«]

Eye|li|ner ⟨[ailainə(r)] m.; -s, -⟩ *kosmet. Stift od. Pinsel u. Farbstoff für einen Lidstrich* [engl.]

Ey|rir ⟨m. od. n.; -s, Au|rar⟩ *isländ. Währungseinheit, 1/100 Krona* [isländ.]

EZB ⟨f.; -; unz.; Abk. für⟩ *Europäische Zentralbank*

F

f 1 ⟨Zeichen für⟩ *die nicht mehr zulässige Längeneinheit Fermi* **2** ⟨bei Maßeinheiten Abk. für⟩ *Femto-* **3** ⟨Abk. für⟩ *Frequenz* **4** ⟨Abk. für⟩ *forte*

F 1 ⟨auf der Stellscheibe von Uhren Abk. für⟩ *fast (schnell);* = *A(3);* Ggs *R(5)* **2** ⟨Zeichen für⟩ *Farad* **3** ⟨chem. Zeichen für⟩ *Fluor*

f. ⟨Abk. für⟩ *Femininum*

Fa ⟨n.; -, -; Mus.; Bez. für⟩ *Ton F, in der Tonika-Do-Methode jeweils der vierte Ton einer Tonleiter;* → a. *Solmisation* [ital. u. frz.]

Fa. ⟨Abk. für⟩ *Firma*

Fa|bel ⟨f.; -, -n⟩ **1** *lehrhafte, oft witzig-satir. Erzählung, in der die Tiere so wie Menschen handeln u. in der eine allgemeine Wahrheit od. Moral zum Ausdruck gebracht wird* **2** *der einfache Handlungsablauf ohne Nebenhandlungen, Grundplan einer Dichtung* **3** *erdichtete, unglaubl. Geschichte* [< mhd. *fabele* »(unwahre) Erzählung, Märchen« < afrz. *fable* < lat. *fabula*]

■ Die Buchstabenfolge **fa|br...** kann auch **fab|r...** getrennt werden.

■ **Fa|brik** ⟨f.; -, -en⟩ *Stätte zur maschinellen Herstellung von Halb- od. Fertigfabrikaten* [< frz. *fabrique* »Herstellung, Herstellungsart« (17. Jh.), »Gebäude zur Herstellung von Waren« < lat. *fabrica* »Handwerkerarbeit«; zu *faber* »Handwerker«]

■ **Fa|bri|kant** ⟨m.; -en, -en⟩ *Inhaber einer Fabrik, Hersteller von Fabrikwaren* [< frz. *fabricant*]

■ **Fa|bri|kan|tin** ⟨f.; -, -tin|nen⟩ *Inhaberin einer Fabrik, Herstellerin von Fabrikwaren* [< frz. *fabricant*]

■ **Fa|bri|kat** ⟨n.; -(e)s, -e⟩ *in einer Fabrik hergestelltes Erzeugnis* [< lat. *fabricatium* »das Hergestellte«]

■ **Fa|bri|ka|ti|on** ⟨f.; -, -en⟩ *das Fabrizieren, Herstellen von Waren in einer Fabrik* [< lat. *fabricatio* »Herstellung«]

■ **fa|bri|ka|to|risch** ⟨Adj.⟩ *die Fabrikation betreffend, zu ihr gehörend;* ~e Mängel beheben

■ **fa|bri|zie|ren** ⟨V.⟩ **1** *in einer Fabrik herstellen* **2** ⟨fig.; umg.; scherzh.⟩ *(laienhaft) herstellen, zurechtbasteln;* da hast du ja wieder etwas fabriziert [< lat. *fabricare* »verfertigen, herstellen«]

Fa|bu|la do|cet *die Fabel, Geschichte lehrt... (die Moral von der Geschichte ist...)* [lat.]

Fa|bu|lant ⟨m.; -en, -en⟩ **1** *fantasiebegabter Plauderer* **2** *Schwätzer* [< lat. *fabulans,* Part. Präs. zu *fabulari* »plaudern, schwatzen«]

fa|bu|lie|ren ⟨V.⟩ **1** *Fabeln erdichten* **2** *Geschichten erfinden* **3** *fantasievoll erzählen* [< lat. *fabulari* »plaudern, schwatzen«]

Fa|bu|list ⟨m.; -en, -en⟩ **1** *Dichter, Dichter von Fabeln* **2** *Plauderer* [< frz. *fabuliste* »Fabeldichter«]

fa|bu|lös ⟨Adj.; umg.; scherzh.⟩ **1** *fabel-, märchenhaft* **2** *unwirklich, unwahrscheinlich*

face ⟨[fa:s]⟩ → *en face* [frz.]

Face|lif|ting ⟨[fɛis-] n.; -s, -s⟩ *kosmetische Gesichtsoperation zur Beseitigung von altersbedingten Hautfalten* [< engl. *face* »Gesicht« + *lifting* »Anheben«]

Face-to-Face-Kom|mu|ni|ka|ti|on ⟨[fɛistufɛis-]

f.; -, -en; bes. Wirtsch.⟩ *Kommunikation zwischen Gesprächspartnern, die sich direkt gegenüberstehen* [< engl. *face to face* »von Angesicht zu Angesicht«]

Facette / Fassette (*Laut-Buchstaben-Zuordnung*) In die Alltagssprache eingegangene Fremdwörter können in vielen Fällen künftig neben der in der Herkunftssprache üblichen Schreibung auch eine integrierte Schreibung aufweisen, die sich an der deutschen Laut-Buchstaben-Zuordnung orientiert. Häufig sind integrierte Schreibweisen schon seit langem Bestandteil des Deutschen (→ *Façon / Fasson*).

Fa|cet|te ⟨[fasẹtə] f.; -, -n⟩ oV *Fassette* **1** *geschliffene Fläche an Edelsteinen od. Glas* **2** ⟨Typ.⟩ *schräger Rand des Klischees zum Befestigen auf der Druckunterlage* **3** ⟨fig.⟩ *Aspekt, Gesichtspunkt;* die vielen ~n der zeitgenössischen Literatur [< frz. *facette,* Verkleinerungsform zu *face* »Gesicht«; → *en face*]

Fa|cet|ten|au|ge ⟨[fasẹtən-] n.; -s, -n⟩ *aus mehreren einzelnen Augen zusammengesetztes Sinnesorgan der Gliederfüßer, Komplexauge, Netzauge;* oV *Fassettenauge*

fa|cet|tie|ren ⟨[fasɛ-] V.⟩ oV *fassettieren* **1** *mit Facetten versehen* **2** *abschrägen*

Fa|ci|a|lis ⟨[fatsi-] m.; -; unz.⟩ = *Fazialis*

Fa|ci|es ⟨[fa:tsiɛs] f.; -, -; Med.⟩ **1** *Gesicht* **2** *Außenfläche von Knochen u. Organen* **3** *typischer Gesichtsausdruck bei bestimmten Krankheiten* **4** = *Fazies* [lat., »Gesicht«]

Fa|ci|li|ty ⟨[fəsiliti] f.; -, -s; Wirtsch.⟩ **1** *Ausstattung, Service, bes. Abfertigungseinheit in der Operationsforschung,* z.B. Kasse, Telefonzelle **2** *Gesamtheit der Möglichkeiten, bei Banken einen Kredit aufzunehmen* [engl., »Möglichkeit, Einrichtung«]

Fa|çon ⟨[fasɔ̃:] f.; -, -s⟩ = *Fasson*

Fa|çon|né ⟨[fasɔne:] m.; - od. -s, -s; Textilw.⟩ *Gewebe mit kleinen Bindungsmustern, die längs, quer od. gekreuzt angeordnet sind;* → a. *Fasson(2)* [< frz. *façonner* »mustern«]

Fact ⟨[fækt] m.; -s, -s; salopp⟩ *Faktum, Tatsache;* das sind die ~s [engl.]

Fac|tion ⟨[fækʃn] f.; -; unz.; Lit.; Film⟩ *Literatur- od. Filmgattung, in der wahre Begebenheiten verarbeitet werden* [verkürzt < engl. *fact* »Tatsache« + fic*tion* »Erdichtung, Erfindung«]

Fac|tion|prosa, ⟨auch⟩ **Fac|tion-Pro|sa** ⟨[fækʃn-] f.; -; unz.; Lit.⟩ *auf Fakten gestützte Prosa mit dokumentarischer Absicht unter Verwendung authentischer Personennamen, Kartenskizzen, Tonbänder u.Ä.* [→ *Faction*]

Fac|to|ring ⟨[fæktəriŋ] n.; -s; unz.; Wirtsch.⟩ *Methode der Absatzfinanzierung über eine Finanzierungsgesellschaft (z.B. Kreditinstitut), die die Lieferungsforderungen erwirbt* [engl.; zu *factor* »Vertreter«]

Fa|cul|tas Do|cen|di ⟨f.; - -; unz.⟩ *Lehrbefähigung, Berechtigung, (an einer Hochschule) zu lehren* [lat., »die Befähigung des Lehrens, zu lehren«]

Fa|den|mo|le|kül ⟨n.; -s, -e⟩ *lang gestrecktes Makromolekül*

Fa|ding ⟨[fɛidiŋ] n.; -s; unz.; Funkw.⟩ **1** *An- u. Abschwellen des Tones* **2** *Ausblenden des Tones durch stetige Abnahme der Lautstärke (bes. bei der Wiedergabe von Musikstücken)* **3** ⟨Kfztech.⟩ *Nachlassen der Bremswirkung bei anhaltender Betätigung der Bremsen aufgrund von Überhitzung, Schwund* [engl., »Schwundeffekt«; zu *fade* »dahinschwinden«]

Fa|gott ⟨n.; -(e)s, -e; Mus.⟩ *tiefstes Holzblasinstrument mit geknicktem Blasrohr u. zweiblättrigem Rohrblatt* [< ital. *fagotto* »Reisigbündel«, nach dem Aussehen des früher gestreckten Ansatzrohres]

Fa|got|tist ⟨m.; -en, -en; Mus.⟩ *Fagottbläser*

Fa|got|tis|tin ⟨f.; -, -tin|nen; Mus.⟩ *Fagottbläserin*

Fah|ren|heit ⟨Zeichen: °F⟩ *Maßeinheit einer Temperaturskala, deren Nullpunkt bei 17,78 °C liegt; 0 °C = + 32 °F, 100 °C = 212 °F* [nach dem Physiker Daniel Gabriel *Fahrenheit,* 1686–1736]

Fai|ble, ⟨auch⟩ **Faib|le** ⟨[fɛ:bl] od. engl. [fɛibl] n.; -s, -s⟩ *Vorliebe, Neigung, Schwäche;* ein ~ für etwas od. jmdn. haben [frz., »schwach, schwache Stelle«]

Fail|le ⟨[fa:j], a. [faljə] f.; -; unz.; Textilw.⟩ *taftähnlicher Ripsstoff für Kleider u. Mäntel aus Seide od. Chemiefäden* [frz.]

fair ⟨[fɛ:r] Adj.⟩ *ehrlich, anständig (bes. im Sport);* ~ spielen *ehrlich spielen, die Spielregeln einhalten;* Ggs *unfair* [engl., »gerecht, unparteiisch«]

Fair|ness ⟨[fɛ:r-] f.; -; unz.⟩ *faires Wesen, Ehrlichkeit, Anständigkeit (bes. im Sport)* [< engl. *fairness* »Ehrlichkeit, Unparteilichkeit«]

Fair|play, ⟨auch⟩ **Fair Play** ⟨[fɛ:rplɛi] n.; (-) -; unz.; Sp.⟩ *faires Spiel* [engl.]

Fair|way ⟨[fɛ:rwɛi] n.; -s, -s; Sp.; Golf⟩ *gepflegte Spielbahn* [engl., »Fairway: Fahrwasser«]

Fai|ry|chess ⟨[fɛ:ritʃɛs] n.; -; unz.⟩ *Teilgebiet des Problemschachs mit neuen Figuren od. abgewandeltem Spielbrett* [< engl. *fairy* »Fee« + *chess* »Schachspiel«]

Fait ac|com|pli, ⟨auch⟩ **Fait ac|comp|li** ⟨[fɛtakɔ̃pli:] n.; - -, -s -s [fɛzakɔ̃pli:]⟩ *vollendete Tatsache* [frz.]

fä|kal ⟨Adj.⟩ *von Fäkalien herrührend, aus Fäkalien bestehend, kotig* [zu lat. *faeces* »Kot«]

Fä|kal|dün|ger ⟨m.; -s, -⟩ *aus Fäkalien bestehender Dünger* [→ *fäkal*]

Fä|ka|li|en ⟨Pl.⟩ *menschl. Ausscheidungen, Kot, Harn* [→ *fäkal*]

Fa|kih ⟨m.; -s, -s⟩ *Lehrer des islamischen Rechts* [arab.]

Fa|kir ⟨m.; -s -ki|re⟩ *indischer Asket, Gaukler* [< arab. *faqir* »arm«]

Fak|si|mi|le ⟨[-le:] n.; -s, -s⟩ *(bes. gedruckte)*

originalgetreue Nachbildung; ~ einer Handschrift, eines Druckes [<lat. *fac simile* »mach (es) ähnlich«]

Fak|si|mi|le|aus|ga|be ⟨[-le:-] f.; -, -n⟩, **Fak|si|mi|le|druck** ⟨[-le:-] m.; -s, -e⟩ *fotomechanische, originalgetreue Nachbildung von alten Handschriften, Frühdrucken u.a. historisch bedeutenden Schriftwerken*

fak|si|mi|lie|ren ⟨V.⟩ *ein Faksimile machen von, originalgetreu nachbilden;* eine Handschrift ~; einen Druck ~

Fakt ⟨m. od. n.; -(e)s, -en⟩ = *Faktum*

Fak|ta, Fak|ten ⟨Pl. von⟩ *Faktum*

...fak|ti|on ⟨in Zus.⟩ *das Machen* [<lat. *facere* »machen«]

Fak|ti|on ⟨f.; -, -en⟩ *bes. aktive od. radikale Gruppe innerhalb einer Partei, deren Auffassungen u. Ziele nicht mit denen der Partei übereinstimmen* [<lat. *factum* »Tat, Handlung«]

fak|ti|ös ⟨Adj.⟩ *Partei ergreifend, aufwieglerisch* [<frz. *factieux* <lat. *factiosus* »parteisüchtig, aufrührerisch«]

fak|tisch ⟨Adj.⟩ *tatsächlich, wirklich im Hinblick auf die Fakten, in Wirklichkeit;* das bedeutet ~ den Zusammenbruch; es ist ~ unmöglich; das kommt ~ auf dasselbe heraus [→ *Faktum*]

fak|ti|tiv ⟨Adj.⟩ *bewirkend;* ~es Verbum = *Faktitivum, Kausativum* [zu lat. *factum* »Tat, Handlung«]

Fak|ti|tiv ⟨n.; -s, -e [-və]⟩, **Fak|ti|ti|vum** ⟨[-vum] n. -s, -va [-va]⟩ = *faktitives Verbum, Kausativum*

Fak|ti|zi|tät ⟨f.; -; unz.⟩ *Tatsächlichkeit;* Ggs *Logizität*

fak|to|lo|gisch ⟨Adj.⟩ *die Fakten betreffend, auf ihnen beruhend*

Fak|tor ⟨m.; -s, -to|ren⟩ **1** *Leiter einer Faktorei* **2** *Werkmeister in einer Druckerei od. Setzerei* **3** *Zahl, die mit einer anderen multipliziert wird;* → a. *Multiplikand, Multiplikator* **4** ⟨fig.⟩ *maßgebender Umstand, Triebfeder, bestimmendes Element* [<lat. *factor* »derjenige, der etwas tut, schafft«]

Fak|to|rei ⟨f.; -, -en⟩ *überseeische Handelsniederlassung*

fak|to|ri|ell ⟨Adj.⟩ *nach Faktoren(4) aufgefächert, in Faktoren unterteilt*

Fak|to|tum ⟨n.; -s, -s od. -ten⟩ *Helfer für alle Arbeiten, Mädchen für alles* [<lat. *fac totum* »tu alles, mach alles«]

Fak|tum ⟨n.; -s, -ta od. -ten⟩ oV *Fakt* **1** *Tatsache;* die Fakten sprechen gegen ihn, gegen seine Behauptung **2** *Geschehnis* [<lat. *factum* »Tat, Handlung«]

Fak|tur ⟨f.; -, -en⟩, **Fak|tu|ra** ⟨f.; -, -ren⟩ **1** *Rechnung (für eine Ware)* **2** *Lieferschein* [<ital. *fattura* »Warenverzeichnis mit Berechtigung«; → *Faktum*]

fak|tu|rie|ren ⟨V.⟩ **1** *Fakturen (aus)schreiben* **2** eine Ware ~ *berechnen* [→ *Faktur*]

Fak|tu|rier|ma|schi|ne ⟨f.; -, -n⟩ *kombinierte Schreib- u. Rechenmaschine zum Erfassen von Waren u. zur Ausfertigung von Rechnungen*

Fak|tu|rist ⟨m.; -en, -en⟩ *kaufmänn. Angestellter, der Fakturen schreibt u. prüft*

Fa|kul|tas ⟨f.; -, -tä|ten⟩ *Lehrbefähigung* [<lat. *facultas* »Fähigkeit, Befähigung«]

Fa|kul|tät ⟨f.; -, -en⟩ **1** *Gruppe zusammengehöriger Wissenschaften, z.B. Naturwissenschaften, Philosophie* **2** *eine Gruppe von Wissenschaften umfassende Hochschulabteilung;* juristische, medizinische, naturwissenschaftliche, philosophische ~ **3** *das Gebäude, in dem gelehrt wird* **4** ⟨unz.; Math.; Zeichen: !⟩ *das Produkt aller natürl. Zahlen von 1 bis n (geschrieben: n!, gesprochen: n Fakultät), z.B. 5! = 1 · 2 · 3 · 4 · 5 = 120* [<lat. *facultas* »Fertigkeit in einem Wissenszweig; Wissenszweig, Forschungsgebiet«]

fa|kul|ta|tiv ⟨Adj.⟩ = *optional;* Ggs *obligatorisch;* ~e Fächer [<frz. *facultatif* »beliebig, unverbindlich«]

Fa|lan|ge ⟨span. [-laŋxə] f.; -; unz.⟩ *faschistische Partei Spaniens*

Fa|lan|gist ⟨span. [-laŋxist] m.; -en, -en⟩ **1** *Anhänger der Falange* **2** *Mitglied der rechtsgerichteten, christlichen Falangepartei im Libanon*

Fal|bel ⟨f.; -, -n⟩ *Besatz von gefältetem Stoff* [<frz. *falbala* <prov. *farbello* »Falte«]

fäl|beln ⟨V.⟩ **1** *in kleine Falten legen* **2** *mit einer Falbel besetzen* [→ *Falbel*]

Fal|ko|nett ⟨n.; -s, -e; im 16. u. 17. Jh.⟩ *leichtes Geschütz mit kleinem Kaliber, Feldschlange* [<ital. *falconetto*]

Fal|la|zi|en ⟨Pl.; Philos.⟩ *formal unrichtige Schlüsse* [<lat. *fallacia* »Täuschung, Betrug«]

fal|li|bel ⟨Adj.⟩ *trügerisch, dem Irrtum unterworfen, fehlbar* [<lat. *falli* »sich täuschen, sich irren«]

Fal|li|bi|li|tät ⟨f.; -; unz.⟩ *fallible Beschaffenheit*

fal|lie|ren ⟨V.⟩ *die Zahlungen einstellen, in Konkurs gehen* [<ital. *fallire* »verfehlen, versäumen, täuschen«]

Fal|li|ment ⟨n.; -s, -e⟩ = *Fallissement* [ital.; zu *fallire;* → *fallieren*]

Fal|lis|se|ment ⟨[falis(ə)mã:] n.; -s, -s⟩ *Zahlungsunfähigkeit, Konkurs* [<frz. (in Frankreich nicht gebräuchl.) *faillissement;* zu *faillir* »in Konkurs geraten«]

fal|lit ⟨Adj.⟩ *zahlungsunfähig* [<ital. *fallito* »Zahlungsunfähiger«; → *fallieren*]

Fal|lott ⟨m.; -en, -en; österr.⟩ *Betrüger;* oV *Falott* [<frz. *falot* »lustiger Bursche«, vermutl. <engl. *fellow;* → *Fellow*]

Fall-out, ⟨auch⟩ **Fall|out** ⟨[fɔ:laut] n. od. m.; -s, -s⟩ *Niederschlag von radioaktiven Stoffen aus der Atmosphäre, die z.B. bei Kernwaffenexplosionen entstehen* [engl., »radioaktiver Niederschlag«]

Fa|lott ⟨m.; -en, -en⟩ = *Fallott*

Fal|sa ⟨Pl. von⟩ *Falsum*

False|friend, ⟨auch⟩ **False Friend** ⟨[fɔ:lsfrɛnd] m.; -, -s; Sprachw.; engl. Bez. für⟩ *Fauxamis* [engl., eigtl. »falscher Freund«]

Fal|sẹtt ⟨n.; -(e)s, -e; Mus.⟩ *durch Brustresonanz verstärkte Kopfstimme der Männer;* Sy *Falsettstimme;* → a. *Fistelstimme* [< ital. *falsetto*]
fal|set|tie|ren ⟨V.; Mus.⟩ *Falsett singen, mit Falsettstimme singen*
Fal|set|tịst ⟨m.; -en, -en; Mus.⟩ *Sänger, der mit Falsettstimme singt*
Fal|sẹtt|stim|me ⟨f.; -, -n; Mus.⟩ = *Falsett*
Fal|si|fi|kat ⟨n.; -(e)s, -e⟩ *Fälschung, gefälschter Gegenstand* [zu lat. *falsificatum* »gefälscht«]
Fal|si|fi|ka|ti|on ⟨f.; -, -en⟩ **1** ⟨†⟩ *Fälschung, das Fälschen* **2** *das Falsifizieren(2);* Ggs *Verifikation* [zu lat. *falsificare* »fälschen«]
fal|si|fi|zie|ren ⟨V.⟩ **1** ⟨†⟩ *fälschen* **2** eine Hypothese ~ *widerlegen, bei Überprüfung als falsch erkennen;* Ggs *verifizieren* [< lat. *falsificare*]
Fạl|sum ⟨n.; -s, Fạl|sa; †⟩ **1** *Irrtum* **2** *etwas Falsches, Fälschung, Betrug* [lat., »das Falsche«]
Fa|ma ⟨f.; -; unz.⟩ **1** *Gerücht, Nachrede* **2** *Leumund, Ruf* **3** ⟨röm. Myth.⟩ *die Personifikation des Gerüchts als weibl. Dämon mit vielen Augen, Ohren u. Zungen* [lat., »Gerücht, öffentliche Meinung«]
fa|mi|li|al ⟨Adj.⟩ *die Familie als soziale Gruppe betreffend, zu ihr gehörig*
fa|mi|li|är ⟨Adj.⟩ **1** *die Familie betreffend* **2** *vertraut, zwanglos* **3** *vertraulich, aufdringlich vertraut* [< lat. *familiaris* »zum Hauswesen gehörig«]
Fa|mi|li|a|re ⟨m.; -n, -n⟩ **1** *Leibeigener* **2** *Diener im Kloster* [< lat. *familiaris* »zum Hauswesen gehörig, Sklave, Bedienter«]
Fa|mi|li|a|ri|tät ⟨f.; -, -en⟩ **1** *familiäres Benehmen, familiäre Beschaffenheit, Vertrautheit, Zwanglosigkeit* **2** *Vertraulichkeit, Zudringlichkeit* [< lat. *familiaritas* »vertrauter Umgang«]
Fa|mi|lie ⟨[-liə] f.; -, -n⟩ **1** ⟨i.e.S.⟩ *Eltern u. Kinder;* ~ Koch; eine ~ ernähren; eine fünfköpfige, große, kleine, kinderreiche ~; (keine) ~ haben *(nicht) verheiratet sein u. (keine) Kinder haben;* die Heilige ~ *Maria, Joseph u. das Jesuskind* **2** ⟨i.w.S.⟩ *Geschlecht, Sippe, alle Verwandten* **3** ⟨Biol.⟩ *auf Grund von Regeln der Abstammungslehre verwandte Gattungen* [< lat. *familia* »Hausgenossenschaft, Hauswesen«]
Fa|mi|lis|mus ⟨m.; -; unz.⟩ *allzu starke Bindung an die Familie bei der Bildung von Sozialkontakten*
fa|mos ⟨Adj.; umg.⟩ *großartig, herrlich* [< lat. *famosus* »viel besprochen, berühmt, berüchtigt«; zu *fama* »Gerücht«; im 18. Jh. beeinflusst von frz. *fameux* »berühmt«]
Fa|mu|la ⟨f.; -, -lae [-lɛ:]⟩ *weibl. Famulus*
Fa|mu|lạnt ⟨m.; -en, -en⟩ = *Famulus(2)*
Fa|mu|la|tur ⟨f.; -, -en⟩ *Praktikum eines Famulus(2) od. einer Famula im Krankenhaus*
fa|mu|lie|ren ⟨V.⟩ *als Famulus tätig sein, eine Famulatur absolvieren*
Fa|mu|lus ⟨m.; -, -li⟩ **1** *Assistent eines Hochschulprofessors* **2** *Medizinstudent, der im Krankenhaus sein Praktikum ableistet;* oV *Famulant* [lat., »Sklave, Diener«; zu *familia* »Hausgenossenschaft, Hauswesen«]
Fan ⟨[fæn] m.; -s, -s⟩ *begeisterter Anhänger;* Film~; Jazz~; Sport~ [engl., verkürzt < *fanatic* »begeisterter Liebhaber«]
Fa|nal ⟨n.; -s, -e⟩ **1** *Feuerzeichen* **2** ⟨fig.⟩ *Zeichen für den Beginn großer Ereignisse* [frz., »Schiffs-, Signallaterne, Leuchtfeuer«]
Fa|na|ti|ker ⟨m.; -s, -⟩ *Eiferer, unduldsamer Verfechter einer Überzeugung* [< lat. *fanaticus* »von der Gottheit ergriffen, rasend«; zu *fanum,* »heiliger Ort«; → a. *profan*]
fa|na|tisch ⟨Adj.⟩ *sich blind-leidenschaftl. einsetzend, unduldsam eifernd u. zu überzeugen versuchend* [→ *Fanatiker*]
fa|na|ti|sie|ren ⟨V.⟩ *zum Fanatismus aufpeitschen, aufhetzen*
Fa|na|tis|mus ⟨m.; -; unz.⟩ *blind-übertriebener u. unduldsamer Eifer (für eine Überzeugung)*
Fan|cy|dress, ⟨auch⟩ **Fan|cy Dress** ⟨[fænsi-] n.; (-) -, (-) -es [-siz]⟩ *fantasievolles Kostüm* [engl., »Maskenkostüm«]
Fan|cy|drink, ⟨auch⟩ **Fan|cy Drink** ⟨[fænsi-] m.; (-) -s, (-) -s⟩ *Getränk aus mehreren Substanzen, wobei Rezeptur, Menge u. verwendete Zutaten wechseln können* [< engl. *fancy* »Einbildung, Fantasie« + *drink* »Getränk, Trunk«]
Fan|cy|work, ⟨auch⟩ **Fan|cy Work** ⟨[fænsiwə:k] n.; (-) -s, (-) -s⟩ *aus Tauen od. Seilen geflochtene Figuren, Verzierungen u. Kunstknoten* [engl., »feine Handarbeiten«]
Fan|dạn|go ⟨m.; -s, -s⟩ *feuriger span. Tanz im 3/4-, 3/8- od. 6/8-Takt* [span.]
Fan|fa|re ⟨f.; -, -n⟩ **1** *Trompetensignal* **2** *kurzes, signalähnl. Musikstück bes. für Trompete od. Horn* **3** *helle, ventillose Trompete* [frz., »Trompetengeschmetter«; Herkunft unsicher]
Fan|glo|me|rat, ⟨auch⟩ **Fang|lo|me|rat** ⟨n.; -s, -e; Geogr.; in Trockengebieten⟩ *Schlammablagerungen aus nur zeitweise Wasser führenden Flüssen* [< engl. *fan* »Schlammkegel«, nach dem Muster von *Agglomerat* gebildet]
Fạn|go ⟨m.; -s; unz.⟩ *Mineralschlamm vulkanischer Herkunft für Bäder, Packungen u. Umschläge, bes. bei rheumat. Erkrankungen verwendet* [ital., »Schlamm«]
Fan|klub ⟨[fæn-] m.; -s, -s⟩ *Klub, Zusammenschluss von Fans, von Anhängern eines Stars*
Fan|ta|sia ⟨f.; -, -s⟩ **1** *arab. Reiterkampfspiel* **2** ⟨Mus.⟩ = *Fantasie(1)*
Fan|ta|sie ⟨f.; -, -n⟩ oV *Phantasie* **1** *Musikstück in freier Form;* oV *Fantasia(2)* **2** ⟨unz.⟩ *Einbildungskraft, schöpfer. Denken, Erfindungsgabe* **3** *Trugbild, Wahngebilde* **4** *Träumerei, vorgestelltes Bild* [< grch. *phantasie* »Erscheinung, Aussehen, Vorstellung«; zu grch. *phainein* »sichtbar machen«]
fan|ta|sie|ren ⟨V.⟩ oV *phantasieren* **1** *sich den wechselnden Bildern der Fantasie hingeben, wach träumen* **2** *im Fieber unzusammenhängende Dinge reden* **3** ⟨umg.⟩ *ohne Noten, frei gestaltend spielen* **4** ⟨umg.⟩ *Unsinn reden*

Fan|tast ⟨m.; -en, -en⟩ *Träumer, Schwärmer, Mensch mit überspannten Ideen;* oV *Phantast* [< mlat. *phantasta* < grch. *phantastes* »Prahler«; zu *phainein »sichtbar machen«*]

Fantasterei / Phantasterei (*Laut-Buchstaben-Zuordnung*) Die aus dem Griechischen stammende ph-Schreibung kann bei den Silben *»-phon«, »-phot«* und *»-graph«* durch die integrierte Schreibung mit »f« ersetzt werden. Ebenso kann künftig in weiteren Einzelfällen, bei denen bereits heute teilweise integrierte Schreibungen üblich sind (→ *phantastisch / fantastisch*), die integrierte Schreibweise verwendet werden (→a. *Vibraphon / Vibrafon*).

Fan|tas|te|rei ⟨f.; -, -en⟩ *überspannte, unwirkliche Idee, verrücktes Zeug, Unsinn;* oV *Phantasterei*

Fan|tas|tik ⟨f.; -; unz.⟩ *das Fantastische, das einer Sache od. einem Vorgang innewohnt, Zauber, Märchenhaftigkeit o.Ä.;* oV *Phantastik*

fan|tas|tisch ⟨Adj.⟩ oV *phantastisch* **1** *nur in der Fantasie bestehend, nicht wirklich* **2** *verstiegen, überspannt, etwas verrückt* **3** ⟨fig.⟩ *merkwürdig, seltsam* **4** ⟨fig.; umg.⟩ *wunderbar, herrlich;* ~es Wetter

Fan|ta|sy ⟨[fæntəsi] f.; -; unz.⟩ *Unterhaltungsliteratur od. Filmgattung, in der Märchen- u. Traumwelten dargestellt werden* [engl., »Fantasie, Trugbild«]

Fan|zine ⟨[fænzi:n] n.; -s, -s; Mus.⟩ *Zeitschrift, die nur über eine bestimmte Person, Gruppe od. einen bestimmten Bereich berichtet u. sich damit an die entsprechenden Fans richtet (bes. in der Popmusik)* [verkürzt < engl. *Fan* + engl. maga*zine* »Magazin«]

Fa|rad ⟨n.; - od. -s, -; Zeichen: F⟩ *Maßeinheit der elektr. Kapazität* [nach dem engl. Physiker u. Chemiker Michael *Faraday,* 1791–1867]

Fa|ra|day|kä|fig, ⟨auch⟩ **Fa|ra|day-Kä|fig** ⟨[færədi-] m.; -s, -e⟩ *Käfig aus Drahtgeflecht od. Blechen, der gegen elektrische Felder abschirmt, faradayscher Käfig* [→ *Farad*]

fa|ra|disch ⟨Adj.; Med.⟩ ~er Strom *niederfrequenter Wechselstrom in der Elektrotherapie* [→ *Farad*]

fa|ra|di|sie|ren ⟨V.; Med.⟩ eine Krankheit ~ *mit faradischem Strom behandeln*

Farb|me|trik, ⟨auch⟩ **Farb|met|rik** ⟨f.; -; unz.⟩ *Teilgebiet der Farbenlehre mit der Aufgabe, jede Farbe durch wenige Angaben so festzulegen, dass sie jederzeit reproduziert werden kann*

Far|ce ⟨[-s(ə)] f.; -, -n⟩ **1** *derb-kom. Einlage im französ. Mirakelspiel* **2** ⟨14./16. Jh.⟩ *selbständiges, kurzes, possenhaftes Spiel von Versen, in dem menschl. Schwächen verspottet wurden;* Sy *Posse* **3** ⟨fig.⟩ *lächerl. Streich* **4** *Verhöhnung* **5** *als wichtig hingestellte, im Grunde aber belanglose Angelegenheit* **6** *Füllung für Geflügel, Pasteten usw. aus gehacktem Fleisch, Fisch, Ei, Gemüse, Kräutern u.a.* [frz., »Posse(nspiel), Schwank«, eigtl. »Füllsel im Schauspiel, lustiger Zwischenakt«; zu *farcir* »füllen«]

Far|ceur ⟨[-sø:r] m.; -s, -e⟩ *Possenreißer* [frz., »Spaßvogel«; zu *farcer;* → *Farce*]

far|cie|ren ⟨[-si:-] V.⟩ *mit Farce(6) füllen*

Far|fal|le ⟨Pl.⟩ *schmetterlingsförmige Nudeln* [ital.]

Fa|rin ⟨m.; -s; unz.⟩, **Fa|ri|na|de** ⟨f.; -, -n⟩, **Fa|rin|zu|cker** ⟨m.; -s; unz.⟩ **1** *Staub-, Puderzucker* **2** *geringwertiger Zucker* [< lat. *farina* »Mehl«]

Farm ⟨f.; -, -en⟩ *Landgut, bes. mit Tierzucht;* Geflügel~; Pelztier~; Sy *Ranch(2)* [engl., »landwirtschaftl. Betrieb, Bauerngut«]

Far|mer ⟨m.; -s, -⟩ *Besitzer od. Bewirtschafter einer Farm* [engl., »Landwirt«]

Far|ming ⟨n.; -s; unz.⟩ *Landwirtschaft, Viehzucht* [engl.]

Fas ⟨n.; -; unz.; im antiken Rom⟩ *Gesamtheit des nach göttlichem Gesetz im Unterschied zum menschlichen Recht Erlaubten;* Ggs *Nefas* [lat., »göttliches Recht, das Erlaubte«]

fas, f.a.s. ⟨Abk. für⟩ *free alongside ship*

Fas|ces ⟨Pl.⟩ = *Faszes*

Fa|sche ⟨f.; -, -n; österr.⟩ *Binde* [< ital. *fascia* »Binde«]

fa|schen ⟨V.; österr.⟩ *bandagieren* [< ital. *fasciare* »mit Binde umwickeln«]

fa|schie|ren ⟨V.⟩ *durch die Faschiermaschine treiben* [→ *farcieren*]

Fa|schier|ma|schi|ne ⟨f.; -, -n⟩ *Fleischwolf*

Fa|schi|ne ⟨f.; -, -n⟩ *fest zusammengeschnürtes Reisigbündel, zum Deichbau od. Befestigen des Ufers* [< ital. *fascina* »Reisigbündel« < *fascio* »Rutenbündel« < lat. *fascis*]

fa|schi|sie|ren ⟨V.; abwertend⟩ *einen faschistischen Einschlag geben;* einen Staat ~; das Militär ~

Fa|schi|sie|rung ⟨f.; -, -en⟩ *das Faschisieren, das Faschisiertwerden*

Fa|schis|mus ⟨m.; -; unz.⟩ **1** *zentralistische u. autoritäre polit. Bewegung mit äußerst nationalistischer Zielsetzung, mit den Mitteln der Gewaltanwendung u. strenger Zensur gegen die Opposition* **2** *die von Mussolini ins Leben gerufene nationalistische Bewegung mit dem Ziel der Diktatur in Italien 1919–1945* [< ital. *Fascismo;* zu *fascio* »Rutenbündel« (Emblem der von Mussolini geschaffenen Bewegung) < lat. *fascis*]

Fa|schist ⟨m.; -en, -en⟩ *Vertreter, Anhänger des Faschismus*

Fa|schis|tin ⟨f.; -, -tin|nen⟩ *Vertreterin, Anhängerin des Faschismus*

fa|schis|tisch ⟨Adj.⟩ *den Faschismus betreffend, zu ihm gehörend, auf ihm beruhend*

fa|schis|to|id ⟨Adj.⟩ *dem Faschismus ähnlich, mit ihm verwandt*

Fa|scho ⟨m.; -s, -s; umg.; kurz für⟩ *Faschist*

Fa|se ⟨f.; -, -n⟩ *abgeschrägte Kante* [< frz. *face* »Gesicht«]

Fa|shion ⟨[fæʃən] f.; -; unz.⟩ **1** *Mode* **2** *guter Ton, Lebensart* [engl., »Mode«]

fa|shio|na|ble, ⟨auch⟩ **fa|shio|nab|le** ⟨[fæʃənəbl] Adj.⟩ *modisch, elegant* [engl., »modern, elegant«]

Fas|sa|de ⟨f.; -, -n⟩ *Außenansicht, Vorderfront, Schauseite;* nichts als eine hübsche ~ ⟨fig.; umg.; abwertend⟩ *ein hübsches Gesicht u. nichts dahinter* [< *Facciade* (17. Jh.) < ital. *facciata* »Gesichtsseite«; zu lat. *facies* »Gesicht«]

Fas|set|te ⟨f.; -, -n⟩ = *Facette*

Fas|set|ten|au|ge ⟨n; -s, -n⟩ = *Facettenauge*

fas|set|tie|ren ⟨V.⟩ = *facettieren*

Fas|son ⟨[-sɔ̃:] od. umg. [-sɔŋ] f.; -, -s, österr. a. [-so:n] -, -en⟩ oV *Façon* **1** *Art u. Weise, Form, Muster;* einer Sache ~ geben ⟨a. fig.⟩ *sie in die rechte Form bringen, an dem ihr zustehenden Platz einordnen;* aus der ~ geraten ⟨umg.⟩ *dick werden* ⟨od.⟩ *die Beherrschung verlieren* **2** *Schnitt, Sitz, Form;* die ~ eines Anzugs, einer Frisur **3** *Lebensart;* jeder soll nach seiner ~ selig werden [< frz. *façon* »Ausführung, Verarbeitung, Machart«]

fas|so|nie|ren ⟨V.⟩ **1** *in Fasson(1) bringen, bearbeiten, formen, gestalten* **2** ⟨österr.⟩ Haare ~ *H. in Fasson schneiden*

Fas|so|nie|rung ⟨f.; -, -en⟩ *eingravierte Verzierung am Rand von Geschirr aus Keramik od. Metall*

Fas|son|schnitt ⟨[-sɔ̃:-] od. umg. [-sɔŋ-] m.; -s, -e⟩ *kurzer Haarschnitt in bestimmter, meist stufenloser Form* [→ *Fasson*]

Fas|ta|ge ⟨[-ʒə] f.; -, -n⟩ *Leergut (leere Fässer, Kisten);* oV *Fustage* [zu frz. *fût* »Fass« < afrz. *fust*]

Fast|back, ⟨auch⟩ **Fast Back** ⟨[fa:stbæk] n.; (-) -s, (-) -s⟩ *schräg nach hinten abfallendes Autodach, das ohne Abstufung in das Heck übergeht, Fließheck* [engl., »(Wagen mit) Fließheck«]

Fast|break, ⟨auch⟩ **Fast Break** ⟨[fa:stbrɛik] n.; (-) -s, (-) -s; Sp.⟩ *nach einem überraschenden Ballgewinn während des gegnerischen Aufbaus rasch ausgeführter Angriff u. Durchbruch durch die aufgerückte Verteidigung (vor allem beim Hand- u. Basketball), Konter;* Sy *Break(1,2)* [< engl. *fast* »schnell« + *break* »Durchbruch; Wechsel, Umschwung«]

Fast|food, ⟨auch⟩ **Fast Food** ⟨[fa:stfu:d] n.; (-) - od. (-) -s; unz.⟩ *schnell zubereiteter Imbiss,* z.B. Hamburger [< engl. *fast* »schnell« + *food* »Essen«]

Fas|zes ⟨Pl.⟩ *Rutenbündel, Symbol der Gewalt über Leben u. Tod, Amtszeichen der altröm. Liktoren;* oV *Fasces* [< lat. *fasces,* Pl. zu *fascis* »Bund, Bündel; Rutenbündel mit herausragendem Beil« (die als Zeichen der Gerichtsbarkeit von den Liktoren, Gerichtsdienern, dem Magistrat im alten Rom vorangetragen wurden)]

fas|zi|al ⟨Adj.⟩ *bündelweise*

Fas|zi|a|ti|on ⟨f.; -, -en⟩ *bandförmige Verbreiterung der Pflanzenstängel infolge von Wachstumsstörungen, Verbänderung* [< lat. *fascis* »Bündel«]

Fas|zie ⟨[-tsiə] f.; -, -n⟩ **1** *bindegewebige Haut, die vor allem die Muskeln, aber auch die sehnenartige Fortsetzung von Muskeln einhüllt* **2** ⟨Med.⟩ **2.1** *Binde* **2.2** *Verband aus Binden* [< lat. *fascis* »Bündel«]

Fas|zi|kel ⟨m.; -s, -⟩ **1** *Akten-, Handschriftenbündel, Heft* **2** *Teillieferung eines in Fortsetzung erscheinenden wissenschaftlichen Buches* [< lat. *fasciculus,* Verkleinerungsform zu *fascis* »Bündel«]

fas|zi|ku|lie|ren ⟨V.⟩ *aktenmäßig bündeln, heften*

Fas|zi|na|ti|on ⟨f.; -, -en⟩ *Bezauberung, Bann, Verblendung* [< lat. *fascinatio* »Bezauberung, Behexung«]

fas|zi|nie|ren ⟨V.⟩ *bezaubern, (ver)blenden, fesseln;* ein ~des Schauspiel [< lat. *fascinare* »bezaubern, behexen«]

Fas|zi|no|sum ⟨n.; -s; unz.; geh.⟩ *etwas auf geheimnisvolle Weise Anziehendes, Faszinierendes;* das ~ der Höhlenmalerei; das ~ mittelalterlicher Burgen

Fa|ta ⟨Pl. von⟩ *Fatum*

fa|tal ⟨Adj.⟩ **1** *verhängnisvoll, widrig* **2** *unangenehm, peinlich* [< lat. *fatalis* »vom Schicksal gesandt«; → *Fatum*]

Fa|ta|lis|mus ⟨m.; -; unz.⟩ *Glaube, dass alles Geschehen durch das Schicksal vorbestimmt sei, Schicksalsergebenheit, Schicksalsglaube* [→ *fatal*]

Fa|ta|list ⟨m.; -en, -en⟩ *Anhänger des Fatalismus, Schicksalsgläubiger*

fa|ta|lis|tisch ⟨Adj.⟩ *blind ergeben, schicksalsgläubig*

Fa|ta|li|tät ⟨f.; -, -en⟩ *Missgeschick, Verhängnis* [< frz. *fatalité* »Verhängnis, Schicksalsfügung«]

Fa|ta Mor|ga|na ⟨f.; - -, - -nen od. - -s⟩ **1** *durch Luftspiegelung hervorgerufenes Bild, bes. über Wüsten* **2** ⟨fig.⟩ *Sinnestäuschung, Wahn-, Traumbild* [ital., »Fee Morgana« (nach dem Volksglauben die Urheberin der in der Straße von Messina bes. häufigen Luftspiegelungen) < ital. *fata* »Fee« + arab. *margan* »Koralle« (< grch. *margarites* »Perle«, als Frauenname aufgefasst)]

Fa|thom ⟨[fæðəm] n.; -s, - od. -s⟩ *altes engl. Längenmaß, vor allem in der Schifffahrt verwendet, 1,828 m* [engl., »Faden«]

Fa|tum ⟨n.; -s, -ta⟩ *(das unabänderliche) Schicksal* [lat., »Göttерspruch, Schicksal, Verhängnis«]

Fau|bourg ⟨[fobu:r] m.; -s, -s⟩ *Vorstadt* [frz., < lothring. *fors* »außerhalb« + *borc* »Burg« < lat. *burgus*]

Fault ⟨[fɔ:lt] m.; -s, -s; Sp.⟩ *Fehler (bes. beim Aufschlag beim Tennis u. Badminton)* [engl.]

Faun ⟨m.; -s, -e⟩ **1** *gehörnter, bocksfüßiger, lüsterner Waldgeist* **2** ⟨fig.⟩ *lüsterner Mensch* [< lat. *Faunus* (bocksfüßiger Feld- und Waldgott); → *Fauna*]

Fau|na ⟨f.; -, Fau|nen⟩ **1** *Tierwelt eines bestimmten Gebietes;* die ~ Afrikas **2** *Tierwelt eines bestimmten Lebensbereiches;* Süßwasser~

[lat., Name der altröm. Fruchtbarkeitsgöttin, Tochter (od. Gemahlin) des *Faunus*]
fau|nisch ⟨Adj.; fig.⟩ *wie ein Faun*
Fau|nist ⟨m.; -en, -en⟩ *Wissenschaftler auf dem Gebiet der Faunistik*
Fau|nis|tik ⟨f.; -; unz.⟩ *Teilgebiet der Tiergeographie, das sich mit den in einem bestimmten Gebiet lebenden Tierarten beschäftigt*
fau|nis|tisch ⟨Adj.⟩ *die Tierwelt betreffend, zu ihr gehörig*
Fausse ⟨[fo:s] f.; -, -; Kart.⟩ *leere Karte, Fehlfarbe;* oV *Foße* [<frz. *fausse carte* »falsche Karte«]
Fau|teuil ⟨[fotø:j] m.; -s, -s⟩ *Arm-, Lehnsessel* [frz., »Lehn-, Armstuhl, Sessel« <fränk. **faldistol* »Faltstuhl«]
Fau|vis|mus ⟨[fovis-] m.; -; unz.; Mal.⟩ *Richtung der französischen Malerei als Gegenbewegung gegen den Impressionismus* [nach dem Spottnamen für diese Malerei, *les Fauves* »die Wilden«]
Fau|vist ⟨[fovist] m.; -en, -en; Mal.⟩ *Vertreter des Fauvismus*
fau|vis|tisch ⟨[fovis-] Adj.; Mal.⟩ *im Stil des Fauvismus, den Fauvismus betreffend, zu ihm gehörig;* ein ~es Bild
Faux|a|mis, ⟨auch⟩ **Faux A|mis** ⟨[fozami:] Pl.; Sprachw.⟩ *Wörter aus verschiedenen Sprachen, die ähnlich od. gleich klingen, aber eine unterschiedliche Bedeutung haben,* z.B. dt. „kalt" u. ital. „caldo" (warm); →a. *Falsefriend* [frz., »falsche Freunde«]
Faux|bour|don ⟨[foburdɔ̃:] m.; -s, -s; Mus.; 15. Jh.⟩ *einfache kontrapunktische Notation auf der Grundlage zweier Akkorde* [frz., »falscher Bordun«]
Faux|pas ⟨[fopa:] m.; -, - [-pas]⟩ *Verstoß gegen die gute Sitte, Taktlosigkeit* [<frz. *faux pas* »Fehltritt«]
Fa|ve|la ⟨[-ve:-] f.; -, -s⟩ *südamerikan. Slum, Elendsquartier* [port.]
fa|vo|ra|bel ⟨[-vo-] Adj.⟩ *günstig, vorteilhaft* [<lat. *favorabilis* »begünstigt, beliebt«]
fa|vo|ri|sie|ren ⟨[-vo-] V.⟩ **1** *begünstigen, bevorzugen* **2** ⟨Sp.⟩ *als voraussichtl. Sieger im Wettkampf nennen;* ein hoch favorisierter Sportler [<frz. *favoriser* »begünstigen«]
Fa|vo|rit ⟨[-vo-] m.; -en, -en⟩ **1** *Günstling, Liebling* **2** ⟨Sp.⟩ *voraussichtlicher Sieger im Wettkampf* [<frz. *favori,* Fem. *favorite* »beliebt; Günstling«]
Fa|vo|ri|tin ⟨[-vo-] f.; -, -tin|nen⟩ **1** *weibl. Günstling, Liebling* **2** ⟨Sp.⟩ *voraussichtliche Siegerin im Wettkampf*
Fa|vus ⟨[-vus] m.; -; unz.⟩ **1** *chron. Pilzerkrankung der Haut bei Mensch u. Tier, bes. behaarter Körperstellen, wobei die Haarwurzeln zerstört werden* **2** *Wachsscheibe im Bienenstock* [lat., »Honigwabe« (nach dem Aussehen)]
Fax ⟨n.; -, -e; kurz für⟩ *Telefax(2)*
fa|xen ⟨V.; kurz für⟩ *telefaxen*
Fa|yence, ⟨auch⟩ **Fay|ence** ⟨[fajã:s] f.; -, -n⟩ *glasierte Tonware;* Sy *Majolika* [<frz. *faïence,* nach der ital. Stadt *Faenza*]
Fa|zen|da ⟨f.; -, -s⟩ *brasilianisches Landgut* [port., »Vermögen, Besitz« <lat. *facienda,* Gerundivum zu *facere* »machen«]
Fä|zes ⟨Pl.⟩ *Ausscheidungen, Kot, Stuhl* [<lat. *faeces*]
Fa|ze|ti|en ⟨[-tsjən] Pl.; Sg. -tie (selten)⟩ **1** *witzige Einfälle, Scherze* **2** *satirisch zugespitzte, kurze Erzählungen, Schwänke* [<lat. *facetia* »launiger Witz, Stichelei«]
fa|zi|al ⟨Adj.⟩ *das Gesicht, den Gesichtsnerv betreffend, Gesichts...* [→ *Fazialis*]
Fa|zi|a|lis ⟨m.; -; unz.⟩ *der Gesichtsnerv;* oV *Facialis* [<lat. facialis »zum Gesicht gehörig«]
fa|zi|ell ⟨Adj.; Geol.⟩ *die Fazies(1) betreffend, auf ihr beruhend*
Fa|zi|es ⟨f.; -, -; Geol.⟩ oV *Facies(4)* **1** *die verschiedenartige äußere Erscheinung von gleichaltrigen Schichten (bezieht sich auf Gesteinsart od. Fossilinhalt od. beides)* **2** *die bei der Bildung von Sedimentgestein herrschenden Umweltfaktoren;* Wüsten~; Sumpf~ **3** *kleinste Einheit einer Pflanzengesellschaft* [<lat. *facies* »Gesicht«]
Fa|zi|li|tät ⟨f.; -, -en⟩ **1** ⟨†⟩ *Leichtigkeit, Gewandheit, Umgänglichkeit, Willfähigkeit* **2** ⟨Wirtsch.⟩ *(für einen Notfall in Aussicht gestellte) Unterstützung bei Kreditbedarf bzw. Erleichterung bei Zahlungskonditionen* [<lat. *facilitas* »Gefälligkeit, Leichtigkeit im Handeln«]
Fa|zit ⟨n.; -s, -e od. -s⟩ *Endsumme, Ergebnis;* das ~ ziehen [<lat. *facit* »es macht«]
FBI ⟨Abk. für engl.⟩ *Federal Bureau of Investigation, bundesstaatliche geheime Polizei der USA*
FCKW ⟨Abk. für⟩ *Fluorchlorkohlenwasserstoffe, organische Verbindungen, in denen Fluor- u. Chloratome die Wasserstoffatome des Kohlenwasserstoffs ersetzen, ihr Einsatz (bes. als Treibmittel in Spraydosen) wird eingeschränkt od. ist bereits verboten, da sie vermutlich die Ozonschicht zerstören*
Fe ⟨chem. Zeichen für⟩ *Eisen (Ferrum)*
Fea|si|bi|li|ty|stu|die, ⟨auch⟩ **Fea|si|bi|li|ty-Studie** ⟨[fi:zəbiləti∫tudiə] f.; -, -n; Wirtsch.⟩ *(bei Geldanlage- u. anderen Großprojekten) vorab durchgeführte Untersuchung der technischen u. ökonomischen Durchführbarkeit des Gesamtplanes* [<engl. *feasibility* »Durchführbarkeit, Machbarkeit« + *Studie*]
Fea|ture ⟨[fi:t∫ə(r)] n.; -s, -s od. f.; -, -s; Zeitungsw.⟩ **1** *aus aktuellem Anlass durch die Aufmachung hervorgehobener Bild- u. (od.) Textbericht* **2** ⟨Radio; TV⟩ *Dokumentarsendung, -spiel* **3** *Hauptfilm, Spielfilm* [engl., »charakteristisches Merkmal, wichtiger Bestandteil«]
Febr. ⟨Abk. für⟩ *Februar*
fe|bril, ⟨auch⟩ **feb|ril** ⟨Adj.⟩ *fieberhaft* [<lat. *febrilis* »fiebrig«, zu *febris* »Fieber«]
Fe|bru|ar, ⟨auch⟩ **Feb|ru|ar** ⟨m.; - od. -s, -e; Abk.: Febr.⟩ *zweiter Monat des Jahres* [<lat. *februarius;* zu *februare* »reinigen« (gegen

Ende des letzten Monats im röm. Jahr fanden Sühneopfer statt)]

fec. ⟨Abk. für⟩ *fecit*

fe|cit ⟨Abk.: fec.⟩ *hat (es) gemacht (Zusatz hinter dem Namen des Künstlers, bes. auf Kupferstichen);* → a. *fudit* [lat.]

Fe|da|jin ⟨Pl.⟩ *Mitglieder einer palästinensischen Untergrundorganisation* [arab. *fida'iyun* »die sich Opfernden«]

Fee ⟨f.; -, -n⟩ *zarte, anmutige, schöne od. düstere weibl. Märchengestalt;* die böse u. die gute ~ [<frz. *fée* <vulgärlat. *fata* »Schicksalsgöttin« <lat. *fatua* »Weissagerin«]

Feed-back, ⟨auch⟩ **Feed|back** ⟨[fi:dbæk] a. [-'-] n.; - od. -s, -s⟩ **1** ⟨in Steuerungssystemen⟩ *zurückkehrende Reaktion, Rückkopplung* **2** ⟨Psych.⟩ *Reaktion der anderen auf das eigene Verhalten;* ein gutes, schlechtes ~ erhalten [engl., »Rückmeldung; Rückkoppelung; Reaktion«]

Fee|der ⟨[fi:-] m.; -s, -⟩ *Leitung zum Versorgen von Antennen mit Energie* [zu engl. *feed* »füttern«]

Fee|ling ⟨[fi:-] n.; -s, -s; umg.⟩ *Einfühlungsvermögen, Gespür; Gefühl, Empfinden, Erregung;* ein ~ für einen Stil, eine Musik haben; ein starkes, intensives ~ [engl., »Gefühl«]

Fee|rie ⟨[fe:ə-] f.; -, -n; Theat.⟩ *Zauber-, Märchenspiel mit großer Ausstattung* [<frz. *féerie*]

FEI ⟨f.; -; unz.; Pferdesp.; Abk. für frz.⟩ *Fédération Equestre Internationale, Internationale Reiterliche Vereinigung;* → a. *FN*

fe|kund ⟨Adj.⟩ *fruchtbar* [<lat. *fecundus* »fruchtbar«]

Fe|kun|da|ti|on ⟨f.; -, -en⟩ *Befruchtung* [<lat. *fecunditas* »Fruchtbarkeit«]

Fe|kun|di|tät ⟨f.; -; unz.⟩ *Fruchtbarkeit* [<lat. *fecunditas* »Fruchtbarkeit«]

Fel|bel ⟨m.; -s; unz.; Text.⟩ *glänzendes Samtgewebe, Seidenplüsch, z.B. für Zylinder* [<ital.-span.-port. *felpa*]

Feld|e|lek|tro|nen, ⟨auch⟩ **Feld|e|lekt|ro|nen** ⟨Pl.⟩ *Elektronen, die aus Metallen durch hohe elektr. Feldstärken herausgelöst werden*

Fe|li|den ⟨Pl.⟩ *Familie der katzenartigen Tiere* [<lat. *feles* »Katze«]

Fel|la|che ⟨m.; -n, -n⟩ *ägypt. (mohammedan.) Bauer;* Sy *Fellah* [<arab. *fallah* »Pflüger«]

Fel|la|chin ⟨f.; -, -chin|nen⟩ *ägypt. (mohammedan.) Bäuerin*

fel|la|chisch ⟨Adj.⟩ *die Fellachen betreffend, zu ihnen gehörend;* die ~e Tradition

Fel|lah ⟨m.; -s, -s⟩ = *Fellache*

Fel|la|tio ⟨f.; -; unz.⟩ *Reizung der männl. Geschlechtsteile mit Lippen u. Zunge* [zu lat. *fellare* »saugen«]

fel|la|ti|o|nie|ren ⟨V.⟩ *durch Fellatio sexuell erregen;* einen Mann ~

Fel|low ⟨[fɛlou] m.; -s, -s; in England⟩ **1** *Mitglied einer wissenschaftl. Vereinigung* **2** *Mitglied eines Colleges* [engl., »Gefährte; Mitglied einer Körperschaft; Bursche«]

Fel|low|ship ⟨[fɛlouʃip] f.; -, -s⟩ **1** *Mitgliedschaft eines Fellows* **2** *Stipendium eines Fellows(2)* [engl.]

Fel|low|tra|vel|ler ⟨[fɛloutrævələ(r)] m.; -s, -⟩ **1** ⟨i.e.S.⟩ *Parteiloser, der aber bestimmten (insbes. kommunistischen) politischen Ideen zuneigt* **2** ⟨i.w.S.⟩ *jmd., der mit einer politischen Ideologie sympathisiert, ohne aktiv für diese einzutreten* [engl., »Reisegefährte; Sympathisant«]

Fe|lo|nie ⟨f.; -, -n; im MA⟩ **1** *Treuebruch gegen den Lehnsherrn* **2** *Tücke, Verrat, Treulosigkeit* [<frz. *félonie*]

Fe|lu|ke ⟨f.; -, -n⟩ *zweimastiges Küstenschiff im Mittelalter* [<arab. *felukah*]

fe|mi|nie|ren ⟨V.⟩ oV *feminisieren* **1** ⟨Biol.⟩ *verweiblichen durch Entfernung der Geschlechtsdrüsen od. durch Überpflanzung von Eierstöcken beim männl. Tier od. beim Mann* **2** *sich als Mann äußerlich wie eine Frau benehmen* [<lat. *femininus* »weiblich«]

fe|mi|nin ⟨Adj.⟩ **1** *weiblich* **2** *weibisch* [<lat. *femininus* »weiblich«; zu *femina* »Weib«]

Fe|mi|ni|num ⟨a. [--'--] n.; -s, -na; Abk.: f.⟩ **1** *weibl. Geschlecht* **2** *weibl. Substantiv* [lat., »das Weibliche«]

Fe|mi|ni|sa|ti|on ⟨f.; -, -en⟩ = *Feminisierung*

fe|mi|ni|sie|ren ⟨V.⟩ = *feminieren*

Fe|mi|ni|sie|rung ⟨f.; -, -en⟩ *das Feminisieren;* oV *Feminisation*

Fe|mi|nis|mus ⟨m.; -, -men⟩ **1** ⟨unz.⟩ *Bewegung der Feministinnen, Frauenbewegung* **2** ⟨zählb.⟩ *weibl. Verhalten, Wesen beim Mann (bes. bei Homosexuellen)* [→ *feminin*]

Fe|mi|nis|tin ⟨f.; -, -tin|nen⟩ *Frau, die gegen die Benachteiligung der Frau im gesellschaftl. u. privaten Bereich kämpft*

fe|mi|nis|tisch ⟨Adj.⟩ **1** *in der Art der Feministinnen* **2** *auf Feminismus beruhend*

fe|misch ⟨Adj.; Geol.⟩ *eisen- u. magnesiumreich;* Ggs *salisch* [verkürzt <lat. *ferrum* »Eisen« + *Magnesium*]

Femme fa|tale ⟨[fam fata:l] f.; - -, -s -s [fam fata:l]⟩ *verführerische Frau, die Männern häufig zum Verhängnis wird* [frz., »verhängnisvolle Frau«]

Fem|to- ⟨Zeichen: f; Vorsilbe vor Maßeinheiten⟩ *das 10^{-15}fache der betreffenden Grundeinheit, z.B. 1 fm = 10^{-15} Meter*

Fe|mur ⟨n.; -s, -mu|ra⟩ *Oberschenkelknochen* [lat., »Oberschenkel«]

Fen|chel ⟨m.; -s; unz.⟩ *eine Gewürz- u. Heilpflanze* [<lat. *feniculum;* zu *fenum* »Heu«, wegen des Geruches]

Fen|der ⟨m.; -s, -⟩ *Puffer aus Tauwerk, Kork, Holz od. Gummi, zw. Schiffswand u. Anlegestelle zu hängen, um Beschädigungen durch Stöße zu verhindern* [engl., »Schutzvorrichtung, Puffer«]

Fe|nek ⟨m.; -s, -s⟩ *Wüstenfuchs, hundeartiges Raubtier in den Wüsten Nordafrikas: Fennecus zerda;* oV *Fennek* [arab.]

Feng|shui ⟨n.; -; unz.⟩ *chinesisches Prinzip der harmonischen Gestaltung des Wohn- u. Lebensraumes* [chines.]

Fen|nek ⟨m.; -s, -s⟩ = *Fenek*
Fenz ⟨f.; -, -en⟩ *Einfriedung, Zaun, Hecke* [<engl. *fence* »Zaun, Gehege«]
...fe|re ⟨in Zus.⟩ *tragend, (Merkmal) besitzend* [<lat. *ferre* »tragen«]
Fe|ria ⟨f.; -, -e⟩ *in der kath. Liturgie Wochentag im Gegensatz zum Sonn- u. Feiertag* [mlat., »Wochentag«]
Fe|ri|al|tag ⟨m.; -(e)s, -e; österr.⟩ *Ferientag, Feiertag* [→ *Ferien*]
Fe|ri|en ⟨nur Pl.⟩ *mehrtägige od. -wöchige Arbeitspause, Urlaub;* Semester~; Schul~; die großen ~ *Sommerferien in der Schule;* ~ vom Ich machen *vom Alltag völlig ausspannen* [<lat. *feriae* »Feiertage«, seit 1521 »geschäftsfreie Tage«]
Fer|man ⟨m.; -s, -e⟩ *Erlass eines islam. Herrschers* [pers., »königl. Befehl, Erlass«]
Fer|ma|te ⟨f.; -, -n; Mus.; Zeichen 𝄐⟩ *Verlängerungs-, Aushaltezeichen über einem Ton od. einer Pause* [<ital. *fermata* »Halt«]
Fer|me ⟨f.; -, -n⟩ *Pachthof, Landgut in Belgien od. Frankreich* [frz., »Pachthof, Bauernhof«]
Fer|ment ⟨n.; -s, -e⟩ *in lebenden Zellen gebildeter Katalysator, dessen Gegenwart für bestimmte biochem. Umwandlungen im Körper notwendig ist;* Sy *Enzym* [lat., »Sauerteig«]
Fer|men|ta|ti|on ⟨f.; -, -en⟩ *Bildung von Gärungsfermenten, insbes. bei der Aufbereitung von Genussmitteln (Tee, Tabak u.a.)* [zu lat. *fermentare* »gären (lassen)«]
fer|men|ta|tiv ⟨Adj.⟩ *von Fermenten bewirkt; auf Fermentation beruhend*
Fer|men|ter ⟨m.; -s, -⟩ *Apparat für die industrielle Herstellung von Mikroorganismen, in dem optimale Nahrungs- u. Temperaturbedingungen herrschen* [→ *Ferment*]
fer|men|tie|ren ⟨V.⟩ *durch Fermentation genussfähig machen;* Tabak ~
Fer|mi ⟨n.; - od. -s, -; Kernphysik; Zeichen: f⟩ *nicht mehr zulässige Längeneinheit; 1f* 10^{-15} *m = 1 Femtometer (fm)* [nach dem ital.-US-amerik. Kernphysiker E. *Fermi,* 1901–1954]
Fer|mi-Di|rac-Sta|tis|tik ⟨f.; -, -en⟩ *die Regeln zur statistischen Behandlung einer Gesamtheit sehr vieler atomarer Teilchen, die sich nach den quantentheoret. Bewegungsgesetzen verhalten u. dem Ausschließungsprinzip unterworfen sind* [nach E. *Fermi* u. dem engl. Physiker P.A.M. *Dirac,* 1902-1984]
Fer|mi|on ⟨n.; -s, -en⟩ *Elementarteilchen mit halbzahligem Spin, das der Fermi-Dirac-Statistik genügt* [< *Fermi* + *Ion*]
Fer|mi|um ⟨n.; -s; unz.; chem. Zeichen: Fm⟩ *radioaktives, 1952 künstl. hergestelltes chem. Element, Ordnungszahl 100;* Sy⟨†⟩ *Zenturium* [→ *Fermi*]
Fer|nam|buk|holz ⟨n.; -es, -höl|zer⟩ = *Pernambukholz*
fe|ro|ce ⟨[fəroːtʃə] Mus.⟩ *ungestüm, wild (zu spielen)* [ital.]
Fer|rat ⟨n.; -s, -e⟩ *chem. Verbindung des 6-wertigen Eisens* [<lat. *ferrum* »Eisen«]
Fer|ri... ⟨in Zus.; †⟩ *dreiwertiges Eisen enthaltend;* ~chlorid (Eisen(III)-chlorid) [<lat. *ferrum* »Eisen«]
Fer|rit ⟨m.; -s; unz.⟩ **1** *mikroskop. kleine Kristalle reinen Eisens in Eisenlegierungen (z.B. Stahl)* **2** *keram. Magnetwerkstoff aus kristallinen Verbindungen von Eisen(III)-oxid u. anderen Metalloxiden* [<lat. *ferrum* »Eisen«]
Fer|rit|an|ten|ne ⟨f.; -, -n⟩ *häufig drehbar angeordnete Stabantenne aus magnetisch hochwirksamem Material mit einer daraufgewikkelten Spule, wirkt als Richtantenne*
fer|ro..., **Fer|ro...** ⟨in Zus.⟩ **1** *Eisen u. größere Mengen anderer Metalle enthaltend* **2** *sich wie Eisen verhaltend* [<lat. *ferrum* »Eisen«]
Fer|ro|e|lek|tri|zi|tät, ⟨auch⟩ **Fer|ro|e|lekt|ri|zi|tät** ⟨f.; -; unz.⟩ *dem Ferromagnetismus analoges Verhalten einiger Kristalle, bei denen sich elektr. Dipolmomente in mehr od. weniger großen Kristallbereichen parallel ausrichten* [< *Ferro...* + *Elektrizität*]
Fer|ro|graf ⟨m.; -en, -en; Phys.⟩ = *Ferrograph*
Fer|ro|graph ⟨m.; -en, -en; Phys.⟩ *Messgerät zur Ermittlung der Magnetisierungskurve eines ferromagnetischen Werkstoffs;* oV *Ferrograf* [< *Ferro...* + *...graph*]
Fer|ro|le|gie|rung ⟨f.; -, -en; Chem.⟩ *Legierung des Eisens mit anderen Metallen od. Nichtmetallen* [< *Ferro...* + *Legierung*]
Fer|ro|ma|gne|ti|kum, ⟨auch⟩ **Fer|ro|mag|ne|ti|kum** ⟨n.; -s, -ka; Phys.⟩ *ferromagnetische Substanz* [< *Ferro...* + mlat. *magneticum* »das Magnetische«]
fer|ro|ma|gne|tisch, ⟨auch⟩ **fer|ro|mag|ne|tisch** ⟨Adj.⟩ *wie Eisen magnetisches Verhalten zeigend*
Fer|ro|ma|gne|tis|mus, ⟨auch⟩ **Fer|ro|mag|ne|tis|mus** ⟨m.; -; unz.⟩ *Eigenschaft von nickel-, kobalt- u. eisenhaltigen Stoffen, dauernd magnetisch sein zu können*
Fer|ro|man|gan ⟨n.; -s; unz.⟩ *Eisenlegierung mit 20-90 Mangan, Eisenmangan*
Fer|ro|mo|lyb|dän ⟨n.; -s; unz.⟩ *Eisenlegierung mit bis zu 85 % Molybdän*
Fer|rum ⟨n.; -s; unz.; chem. Zeichen: Fe⟩ *Eisen* [lat.]
fer|til ⟨Adj.⟩ *fruchtbar;* Ggs *infertil, steril(2)* [<lat. *fertilis*]
Fer|ti|li|sa|ti|on ⟨f.; -, -en; Med.⟩ *Befruchtung* [zu lat. *fertilis* »fruchtbar«]
Fer|ti|li|tät ⟨f.; -; unz.⟩ *Fruchtbarkeit;* Ggs *Sterilität(2)*
Fes ⟨m.; - od. -es, - od. -e⟩ *rote, kegelstumpfförmige orientalische Kopfbedeckung;* oV *Fez;* Sy *Tarbusch* [nach der marokkan. Stadt *Fes,* wo diese Kopfbedeckung zuerst hergestellt worden sein soll]
Fes|ti|val ⟨[-val], engl. [-vəl] n.; -s, -s⟩ *große festl. Veranstaltung, Festspiel;* Film~ [engl., »Festtag«]
Fes|ti|vi|tät ⟨[-vi-]; f.; -, -en; †; noch umg.; scherzh.⟩ *Fest, Festlichkeit* [<lat. *festivitas* »Festgenuss, Vergnügen«]
fes|ti|vo ⟨[-voː] Mus.⟩ *feierlich, festlich (zu spielen);* Sy *festoso* [ital.]

Fes|ton ⟨[-tɔ̃ː] n.; -s, -s⟩ *Girlande aus Blumen, Blättern, Früchten (auch als Bauornament)* [frz.]

fes|to|nie|ren ⟨V.⟩ *mit einem Feston schmücken* [< frz. *festonner*]

fes|to|so ⟨Mus.⟩ = *festivo* [ital.]

Fes|zen|ni|nen ⟨Pl.⟩ *altital. Festlieder voll drastischen Spotts, improvisierte Neckverse (bes. auf Hochzeiten)* [< lat. *Fescenninus (Adj.);* nach der etruskischen Stadt *Fescennium*]

Fe|ta ⟨m.; -s; unz.⟩ *griechischer Schafskäse* [ngrch.]

fe|tal ⟨Adj.⟩ *den Fetus betreffend, zu ihm gehörig;* oV *fötal* [< nlat. *foetalis* »die Leibesfrucht betreffend«]

Fe|te ⟨f.; -, -n; umg.⟩ *Fest, Feier* [< frz. *fête* »Fest«]

Fe|tisch ⟨m.; -s, -e; urspr. bei Naturvölkern⟩ *Gegenstand religiöser Verehrung, dem übernatürl. Kräfte zugeschrieben werden* [< frz. *fétiche* < port. *feitiço* »Träger magischer Kraft bei afrik. u. westind. Schwarzen, Zauber« < lat. *facitius* »künstlich«]

fe|ti|schi|sie|ren ⟨V.⟩ *zum Fetisch machen*

Fe|ti|schis|mus ⟨m.; -; unz.⟩ **1** *Fetischkult, Verehrung von Fetischen* **2** ⟨Psych.⟩ *geschlechtl. Erregung durch Gegenstände, die einer Person zugeordnet werden*

Fe|ti|schist ⟨m.; -en, -en⟩ **1** *Anhänger des Fetischismus* **2** *jmd., der Fetischismus(2) erlebt*

fe|ti|schis|tisch ⟨Adj.⟩ *in der Art des Fetischismus, ihn betreffend, auf ihm beruhend*

Fet|tu|ci|ne ⟨[-tʃiː-] Pl.⟩ *Bandnudeln* [ital.]

Fe|tus ⟨m.; -ses, -se⟩ *Leibesfrucht vom dritten Monat an;* oV *Fötus* [< lat. *foetus* »Leibesfrucht«]

feu|dal ⟨Adj.⟩ **1** *lehnsrechtlich, auf dem Lehnsrecht beruhend, Lehns…* **2** ⟨fig.; umg.⟩ *reich (ausgestattet), prunkvoll, vornehm;* ein ~es Haus; eine ~e Zimmereinrichtung [< mlat. *feudalis* »das Lehnswesen betreffend«; zu *feudum* »Lehngut«; zu ahd. *fihu* »Vieh«, got. *faihu* »Vermögen, Gut«]

Feu|dal|herr|schaft ⟨f.; -; unz.⟩ *auf dem Feudalismus beruhende Herrschaft*

Feu|da|lis|mus ⟨m.; -; unz.⟩ Sy *Feudalsystem* **1** *Lehnswesen* **2** *dessen Zeitalter* **3** *soziales, wirtschaftl. u. polit. System, in dem der Geburtsadel u. der Grund besitzende Adel weit gehende Hoheitsrechte genießt*

feu|da|lis|tisch ⟨Adj.⟩ *den Feudalismus betreffend, auf ihm beruhend*

Feu|da|li|tät ⟨f.; -; unz.⟩ **1** *Lehnsverhältnis, Lehnsherrlichkeit* **2** ⟨fig.; umg.⟩ *Prunk, Vornehmheit*

Feu|dal|sys|tem ⟨n.; -s; unz.⟩ = *Feudalismus*

Feuil|la|ge ⟨[fœjaːʒ(ə)] f.; -, -n; Plastik u. Malerei⟩ *Laubwerk* [frz.]

Feuil|le|ton ⟨[fœjətɔ̃ː] n.; -s, -s⟩ **1** ⟨urspr.⟩ *Zeitungsbeilage* **2** ⟨heute⟩ *der kulturelle Teil der Zeitung (Aufsätze, Geschichten, Kritiken usw.)* [frz., Verkleinerungsform zu *feuille* »Blatt« < lat. *folium*]

Feuil|le|to|nis|mus ⟨[fœjətɔ̃ː-] m.; -; unz.; oft abwertend⟩ *zwischen Bericht u. Dichtung stehender (journalistischer) Schreibstil, der sich bestimmter rhetorischer Mittel, z.B. Wortspiele, Vergleiche o.Ä., bedient, um die Darstellung zu beleben u. die Meinung des Lesers zu beeinflussen*

Feuil|le|to|nist ⟨[fœjətɔ̃ː-] m.; -en, -en⟩ **1** *Verfasser von Artikeln im Feuilleton* **2** ⟨abschätzig für⟩ *oberflächlich, unwissenschaftlich arbeitender Schriftsteller, jmd., der im Plauderstil schreibt*

feuil|le|to|nis|tisch ⟨[fœjətɔ̃ː-] Adj.⟩ **1** *im Stil des Feuilletons, zum Feuilleton gehörig* **2** *oberflächlich, unwissenschaftlich (geschrieben)*

Fez ⟨[feːz] m.; - od. -es, - od. -e⟩ = *Fes*

ff ⟨Mus.; Abk. für⟩ *fortissimo*

FF ⟨Abk. für⟩ *französische(r) Franc(s)*

fff ⟨Mus.; Abk. für⟩ *fortefortissimo*

Fi|a|ker ⟨m.; -s, -; österr.⟩ *Mietkutsche, Pferdedroschke* [nach dem Hôtel St. *Fiacre* in Paris, in dem man seit 1640 Lohnkutscher mieten konnte]

Fi|a|le ⟨f.; -, -n⟩ *schlankes, gotisches Türmchen über Strebepfeilern* [< grch. *phiale* »Urne«]

fi|an|chet|tie|ren ⟨[-kɛt-] V.; Schach⟩ *das Spiel mit dem Fianchetto eröffnen*

Fi|an|chet|to ⟨[-kɛt-] n.; - od. -s, -s od. -chet|ti; Schach⟩ *Spieleröffnung zum Vorbereiten eines Flankenangriffs* [ital., Verkleinerungsform zu *fianco* »Seite«]

Fi|as|ko ⟨n.; -s, -s⟩ **1** ⟨Theat.⟩ *Durchfallen eines Theaterstückes od. eines Künstlers* **2** ⟨allg.⟩ *Misserfolg, Zusammenbruch;* ein ~ erleben, erleiden *scheitern;* die Verhandlungen endeten mit einem ~; ein ~ fabrizieren *Misserfolg haben* [< frz. *faire fiasco* »einen Fehler machen«, wobei ital. *fiasco* »Flasche« für frz. *bouteille* »Flasche; Fehler, Schnitzer« steht]

Fi|bel ⟨f.; -, -n⟩ *german. Spange, Gewandnadel;* oV *Fibula(2)* [< lat. *fibula* »Schnalle, Spange«]

Fi|ber ⟨f.; -, -n⟩ **1** *Muskel-, Pflanzenfaser* **2** = *Vulkanfiber* [< lat. *fibra* »Faser«]

■ Die Buchstabenfolge **fi|br…** kann auch **fib|r…** getrennt werden.

■ **fi|bril|lär** ⟨Adj.⟩ *aus Fibrillen zusammengesetzt*

■ **Fi|bril|le** ⟨f.; -, -n⟩ **1** *feiner, fadenförmiger Ausläufer von Muskelfasern od. Nerven- u. Bindegewebszellen* **2** *faseriger Baustein der pflanzlichen od. Holzfaserzellwand* [< lat. *fibra* »Faser«]

■ **fi|bril|lie|ren** ⟨V.⟩ **1** ⟨Papierind.⟩ *Papiergrundstoffe zerfasern* **2** ⟨Med.⟩ *zucken, zittern;* ein Muskelfaserbündel fibrilliert [→ *Fibrille*]

■ **Fi|brin** ⟨n.; -s; unz.⟩ *Faserstoff des Blutes, der bei der Blutgerinnung entsteht, Blutfaserstoff* [< lat. *fibra* »Faser«]

■ **Fi|bri|no|gen** ⟨n.; -s; unz.⟩ *im Blut vorkommendes Protein, Vorstufe des Fibrins* [< *Fibrin* + …*gen*[1]]

■ **Fi|bri|no|ly|se** ⟨f.; -, -n; Med.⟩ *enzymatische*

Auflösung des Fibrins, die in krankhaft gesteigerter Form zur Störung der Blutgerinnung führt [< *Fibrin + ...lyse*]
■ **fi|bri|nös** ⟨Adj.⟩ *fibrinhaltig, fibrinreich*
■ **Fi|brin|u|rie,** ⟨auch⟩ **Fib|ri|nu|rie** ⟨f.; -; unz.⟩ *Auftreten von Fibrin im Harn* [< *Fibrin + ...urie*]
■ **Fi|bro|blas|ten** ⟨Pl.⟩ *Vorstufe der Fibrozyten* [< lat. *fibra* »Faser« + grch. *blastos* »Schößling«]
■ **Fi|bro|in** ⟨n.; -s; unz.⟩ *ein Protein, wesentl. Bestandteil der Naturseide* [< lat. *fibra* »Faser«]
■ **Fi|bro|lin** ⟨n.; -s; unz.⟩ *ein Protein, Bestandteil der Naturseide* [< lat. *fibra* »Faser«]
■ **Fi|brom** ⟨n.; -s, -e; Med.⟩ *Fasergeschwulst* [< lat. *fibra* »Faser«]
■ **Fi|bro|ma|to|se** ⟨f.; -, -n; Path.⟩ *tumorähnliche Vermehrung von Bindegewebe mit gleichzeitigem Organzellenrückgang* [→ *Fibrom*]
■ **fi|brös** ⟨Adj.; Med.⟩ *faserig, aus derbem Bindegewebe bestehend;* ~e Geschwulst [< lat. *fibra* »Faser«]
■ **Fi|bro|se** ⟨f.; -, -n; Path.⟩ *Vermehrung des Bindegewebes* [< lat. *fibra* »Faser«]
■ **Fi|bro|zyt** ⟨m.; -en, -en⟩ *spindelförmige Zelle des Bindegewebes* [< lat. *fibra* »Faser« + grch. *kytos* »Höhlung, Zelle«]
Fi|bu|la ⟨f.; -, -lae [-lɛː] od. -Fi|buln⟩ **1** ⟨Anat.⟩ *Wadenbein* **2** = *Fibel*
Fiche ⟨[fiʃ] m.; -s, -s; kurz für⟩ *Mikrofiche*
Fi|chu ⟨[-ʃyː] n.; -s, -s; Ende 18. Jh.⟩ *dreieckiges, auf der Brust überkreuztes u. auf dem Rücken zur Schleife gebundenes Tuch, Brust-, Miedertuch* [frz., »Halstuch«]
Fic|tion ⟨[fikʃn] f.; -; unz.⟩ *erzählende Literatur, Prosaliteratur, Belletristik;* Ggs *Nonfiction;* → a. *Faction* [engl.]
Fi|cus ⟨m.; -, Fi|ci [-tsi]⟩ *Feigenbaum* [lat., »Feigenbaum, Feige«]
Fi|de|i|kom|miss ⟨[-deːi-] n.; -es, -e; im frühen dt. Recht⟩ *unveräußerl., meist aus Grundbesitz bestehende, nur als Ganzes vererbl. Vermögensmasse, deren Inhaber nur über ihren Ertrag verfügen konnte* [< lat. *fidei commissum* »auf Treu u. Glauben Anvertrautes«; zu *fides* »Treue, Glauben« + *committere* »anvertrauen«]
Fi|de|is|mus ⟨m.; -; unz.⟩ **1** ⟨i.e.S.⟩ *Anschauung, dass die religiösen Wahrheiten nur dem Glauben, nicht der Vernunft zugänglich sind* **2** ⟨i.w.S.⟩ *Weltanschauung, die sich auf den Glauben gründet;* Ggs *Szientismus(1)* [zu lat. *fides* »Glaube«]
Fi|de|ist ⟨m.; -en, -en⟩ *Anhänger des Fideismus*
fi|de|is|tisch ⟨Adj.⟩ *auf dem Fideismus beruhend, ihn betreffend*
fi|del ⟨Adj.⟩ *vergnügt, fröhlich, lustig, heiter;* ein ~es Fest; ein ~er Kerl; eine ~e Gesellschaft; immer ~ sein [< lat. *fidelis* »treu; lustig«; Studentensprache, zuerst in Jena um 1750, unter dem Einfluss des Krambambuli-Liedes]
Fi|del ⟨f.; -, -n; Mus.⟩ *kleines Streichinstrument in MA, Renaissance u. Barock, Vorform der Geige* [< ahd. *fidula,* engl. *fiddle* < germ. **fidula* < vulgärlat. *vitula* »Saiteninstrument«; zu lat. *vitulari* »frohlocken«]
Fi|de|li|tas, Fi|de|li|tät ⟨f.; -; unz.⟩ **1** *Fröhlichkeit, Lustigkeit* **2** *geselliges Vergnügen* [< lat. *fidelitas* »Treue, Zuverlässigkeit«; → *fidel*]
Fi|di|bus ⟨m.; - od. -ses, -se⟩ *(gefalteter) Papiersteifen od. Holzspan zum Feueranzünden* [vermutl. studentensprachl. Umdeutung von Horaz, Oden 1,36: Et ture et *fidibus* iuvat placare deos »mit Weihrauch und Saitenspiel lasst uns die Götter besänftigen« in »mit Tabakrauch und Anzündern ...«]
Fi|duz ⟨n.; -; unz.; umg.⟩ *Vertrauen;* kein ~ zu etwas haben [< lat *fiducia* »Vertrauen, Zuversicht«]
fi|du|zi|a|risch ⟨Adj.; Rechtsw.⟩ *treuhänderisch;* ~e Sicherheiten *hinsichtlich ihres Zustandekommens u. Fortbestehens vom Vorhandensein eines gesicherten Anspruchs unabhängige Kreditsicherheit* [< lat. *fiduciarius;* zu *fiducia* »Vertrauen, Überlassung auf Treu und Glauben«]
Fi|du|zit ⟨n.; -; unz.; †⟩ *student. Zuruf beim Trinken* [< lat. *fiducia sit!* »Es herrsche Vertrauen!«]
Fiel|dis|tor ⟨m.; -s, -to|ren⟩ *ein Feldtransistortyp, bei dem der Stromfluss durch das elektr. Feld gesteuert wird* [verkürzt < engl. *field* »Feld« + trans*istor* »Transistor«]
Field|re|search ⟨[-rizəːtʃ] n.; -s; unz.⟩ Sy *Fieldwork* **1** *Feldforschung* **2** ⟨Markt-, Meinungsforschung⟩ *Befragung durch persönl. Gespräch u. (nicht allein durch) Fragebogen;* Ggs *Deskresearch* [engl., »Feldforschung«]
Field|spa|ni|el ⟨a. [-spæ-] m.; -s, -s⟩ *Jagdhund aus der Familie der Spaniel* [engl.]
Field|work ⟨[-wəːk] n.; -s; unz.; Markt-, Meinungsforschung⟩ *Fieldresearch* [engl., »Feldforschung, Feldarbeit«]
Field|wor|ker ⟨[-wəːkə(r)] m.; -s, -⟩ *jmd., der im Auftrag von Meinungsforschungsunternehmen zur Erhebung statistischer Daten Interviews mit Konsumenten durchführt* [engl., »Feldforscher; Befrager; Praktiker«]
Fi|e|rant ⟨[fieː-] m.; -en, -en; österr.⟩ *Markthändler, fahrender Händler* [< ital. *fiera* »Fest, Festtag«]
fi|e|ro ⟨Mus.⟩ *wild, heftig, stolz (zu spielen)* [ital.]
Fi|es|ta ⟨[fiesta] f.; -, -s⟩ *großes Fest, Volksfest* [span.]
FIFA, Fi|fa ⟨f.; -; unz.; Kurzw. für frz.⟩ *Fédération Internationale de Football Association, Internationaler Fußballverband; zuständig für die Fußball-Weltmeisterschaft*
fif|ty-fif|ty ⟨[fiftififti] umg.⟩ *halb u. halb, zu gleichen Teilen, halbpart* [engl., »fünfzig-fünfzig«]
Fig. ⟨Abk. für⟩ *Figur(5)*
Fi|ga|ro ⟨m.; -s, -s⟩ **1** *Barbier* **2** ⟨fig.⟩ *witziger, redegewandter Mann* [nach *Figaro,* dem Die-

ner in Beaumarchais' Lustspiel u. Mozarts Oper »Die Hochzeit des *Figaro*«]

Fight ⟨[fait] m.; -s, -s; Sp.⟩ **1** *harter, verbissener Wettkampf* **2** *Boxkampf;* ein guter, fairer ~ [engl., »Kampf«]

figh|ten ⟨[fai-] V.; Sp.⟩ *draufgängerisch, hart kämpfen* [< engl. *fight* »kämpfen«]

Figh|ter ⟨[fai-] m.; -s, -; Sp.⟩ **1** *jmd., der hart u. verbissen kämpft* **2** *Boxertyp, der den Nahkampf u. den schnellen Schlagwechsel sucht* [engl., »Kämpfer«]

Fi|gur ⟨f.; -, -en⟩ **1** *Form des menschl. Körpers;* eine gute, schlanke, zierliche ~; eine gute ~ machen *einen guten äußeren Eindruck machen* **2** *menschen- od. tierähnl. Nachbildung, Gestalt;* eine ~ aus Holz, Stein, Metall **3** *geformtes Stück Holz, Metall usw. als zu bewegende Einheit in einem Spiel* **4** ⟨umg.⟩ *Person, Mensch;* er ist eine komische ~ **5** ⟨Abk.: Fig.⟩ *gezeichnete Abbildung, Darstellung* **6** ⟨Geom.⟩ *Gebilde aus Linien u. Flächen* **7** *aus mehreren Elementen zusammengesetzter Ablauf einer Bewegung, z.B. im Tanz* **8** ⟨Mus.⟩ *kurze Folge von Tönen, die melodisch u. (od.) rhythmisch zusammengehören* **9** *durch besondere Formen- od. Gedankenverbindungen gekennzeichnetes Mittel des literarischen Stils,* z.B. Chiasmus, Metapher [< lat. *figura* »Gestalt«]

Fi|gu|ra ⟨f.; -; unz.; in der Wendung⟩ wie ~ zeigt *wie an diesem Beispiel zu sehen ist, wie klar vor Augen liegt* [lat., »Gestalt«]

fi|gu|ral ⟨Adj.⟩ *mit Figuren versehen, verziert* [< nlat. *figuralis* »mit Figuren versehen«; zu lat. *figura* »Gestalt, Figur«]

Fi|gu|ra|li|tät ⟨f.; -; unz.⟩ *figurale Beschaffenheit*

Fi|gu|ral|mu|sik ⟨f.; -; unz.⟩ *kunstvolle mehrstimmige Musik des Mittelalters*

Fi|gu|rant ⟨m.; -en, -en; Theat.⟩ **1** *stummer Darsteller* **2** ⟨Ballett⟩ *Gruppentänzer* [< lat. *figurans,* Part. Präs. zu *figurare* »gestalten, formen«]

Fi|gu|ra|ti|on ⟨f.; -, -en⟩ *Auflösung eines Akkords in gleichartige Figuren, Verzierung einer Melodie;* Sy *Figurierung* [< lat. *figuratio* »Gestaltung, Bildung«]

fi|gu|ra|tiv ⟨Adj.⟩ *figürlich, durch eine Abbildung, durch einen bildlichen Ausdruck;* Ggs *nonfigurativ* [< lat. *figurare* »gestalten, formen«]

fi|gu|rie|ren ⟨V.⟩ **1** *erscheinen, auftreten, eine Rolle spielen, darstellen* **2** ⟨Theat.⟩ *ohne Sprechrolle auftreten* **3** ⟨Mus.⟩ *durch Figuration auflösen, verzieren* [< lat. *figurare* »gestalten, formen«]

fi|gu|riert ⟨Adj.⟩ **1** *gemustert;* ~es Gewebe **2** ⟨Mus.⟩ *ausgeschmückt;* ~er Choral *mehrstimmiger Choralsatz mit bewegter, verzierter Mittelstimme*

Fi|gu|rie|rung ⟨f.; -, -en⟩ = *Figuration*

Fi|gu|ri|ne ⟨f.; -, -n⟩ **1** *Figürchen* **2** *kleine antike Statue* **3** ⟨Theat.⟩ *kleiner Kostümentwurf, Modezeichnung* **4** ⟨Mal.⟩ *Gestalt im Hintergrund von Landschaftsbildern* [frz., < ital. *figurina,* Verkleinerungsform zu *figura* »Gestalt« < lat. *figura*]

fi|gür|lich ⟨Adj.⟩ **1** *die Figur betreffend, bezüglich der Figur* **2** *im übertragenen Sinn gebraucht, anschaulich, bildlich dargestellt;* die ~e Bedeutung eines Wortes

...fi|ka|ti|on ⟨in Zus.⟩ *das Machen* [zu lat. *facere, ...ficere* »machen«]

Fikh ⟨n.; -; unz.⟩ *Rechtswissenschaft des Islam* [arab.]

Fik|ti|on ⟨f.; -, -en⟩ **1** *Erdichtung* **2** ⟨Philos.⟩ *Annahme, Unterstellung (eines nicht wirklichen Falles, um daraus Erkenntnisse abzuleiten)* **3** ⟨Rechtsw.⟩ *Gleichsetzung zweier verschiedener Tatsachen* [< lat. *fictio* »Bildung, Formung, Gestaltung«]

fik|ti|o|nal ⟨Adj.⟩ *auf einer Fiktion beruhend;* ~e Dichtung, Darstellung

fik|ti|o|na|li|sie|ren ⟨V.⟩ *als Fiktion erscheinen lassen, abbilden*

Fik|ti|o|na|lis|mus ⟨m.; -; unz.; Philos.⟩ *philosophische These, nach der Fiktionen als methodisches Mittel die Grundlage jeden wissenschaftlichen Erkenntnisgewinns bilden*

fik|tiv ⟨Adj.⟩ *erdichtet, nur angenommen, auf einer Fiktion beruhend* [→ *Fiktion*]

Fil-à-Fil ⟨[filafil] n.; -; unz.; Textilw.⟩ *Anzug- od. Kleiderstoff aus Wollkammgarnen, dessen karoartige Musterung durch die abwechselnde Anordnung von hellem u. dunklem Faden zustande kommt* [frz., eigtl. »Faden an Faden«]

Fi|la|ment ⟨n.; -s, -e⟩ **1** ⟨Bot.⟩ *Staubfaden, Teil der Staubblätter* **2** ⟨Astron.; Pl.⟩ ~e *dunkel, lang gestreckte Gebilde in der Chromosphäre der Sonne, Protuberanzen in der Aufsicht* [< nlat. *filamentum;* zu *filum* »Faden«]

Fi|lan|da ⟨f.; -, -den⟩ *Gerät zum Abhaspeln von Seidenkokons* [ital., »Seidenspinnerei«]

Fi|la|ri|en ⟨Pl.⟩ *Fadenwürmer, Erreger von Wurmkrankheiten* [< lat. *filum* »Faden«]

Fi|la|ri|o|se ⟨f.; -, -n⟩ *durch Filarien hervorgerufene Krankheit*

File ⟨[fail] n. od. m.; -s, -s; EDV⟩ *Datei* [engl., eigtl. »Aktenstoß, Sammelmappe«]

File|ac|cess ⟨[failækses] m.; -; unz.; EDV⟩ *Netzwerktechnik innerhalb (betriebs-)interner Netze, bei der ein Benutzer von seinem PC aus partiell od. unbeschränkt auf Daten von anderen Computerarbeitsplätzen zugreifen kann* [< engl. *file* »Akte, (Computer-)Datei« + *access* »Zugang, Zugriff«]

Fi|let ⟨[-leː] n.; -s, -s⟩ **1** ⟨Kochk.⟩ **1.1** *Lendenstück (vom Schlachtvieh u. Wild)* **1.2** *entgrätetes Rückenstück (vom Fisch)* **1.3** *abgelöstes Bruststück (vom Geflügel)* **2** ⟨Textilw.⟩ *durchbrochene Kettenwirkware* **2.1** *bei Spitzen auf quadrat. od. schrägem Netzgrund aufgestickte u. -gestopfte Musterung* [frz., »Netz, Lendenstück«]

Fi|le|te ⟨f.; -, -n⟩ **1** *Werkzeug des Buchbinders* **2** *die damit hergestellte feine, netzartige Verzierung auf Bucheinbänden, meist in Gold* [frz., »Gewinde, Netzstoff«]

fi|le|tie|ren ⟨V.; Kochk.⟩ *in Filets zerschneiden*

Fi|let|stück ⟨[-leː-] n.; -(e)s, -e⟩ **1** ⟨Kochk.⟩ *Stück vom Filet(1)* **2** ⟨fig.⟩ *das Beste, Erlesenste, Angenehmste (eines Gesamtzusammenhangs)*

Fi|li|a|le ⟨f.; -, -n⟩ *Zweigstelle, -niederlassung, -geschäft* [< mlat. *filialis,* »die Tochter betreffend, Tochter…«; zu lat. *filia* »Tochter«]

Fi|li|al|ge|ne|ra|ti|on ⟨f.; -, -en⟩ *Nachkommen aus einer Bastardkreuzung, Tochtergeneration*

Fi|li|al|pro|ku|ra ⟨f.; -, -ren; Wirtsch.⟩ *nur für eine od. mehrere Filialen eines Unternehmens gültige Prokura*

Fi|li|a|ti|on ⟨f.; -, -en⟩ **1** *rechtmäßige Abstammung, Sohn-, Tochterverhältnis* **1.1** *Nachweis der Abstammung einer Person von einer anderen* **1.2** *legitime Abstammung eines Kindes von seinen Eltern* **2** *Abhängigkeit der Ordensmitglieder von den Oberen u. die daraus erwachsende Gehorsamspflicht* [< nlat. *filiatio* »Kindschaft«; zu lat. *filius* »Sohn« u. *filia* »Tochter«]

Fi|li|bus|ter ⟨[-bʌstə(r)] Pol.⟩ **1** ⟨m.; -s, -; urspr.⟩ *Abgeordneter im amerikanischen Kongress, der durch lange Reden die Abstimmung über einen Antrag hinauszögerte* **2** ⟨n.; -s, -; danach⟩ *Verzögerungstaktik durch langatmige Reden* **3** ⟨m.; -s, -⟩ *jmd., der das Filibuster betreibt* [engl., urspr. Bez. für gesetzlose Plünderer, die im 19. Jh. in mittel- u. südamerikan. Staaten einfielen, < span. *filibustero* »Freibeuter«]

fi|lie|ren ⟨V.⟩ **1** *eine Filetarbeit herstellen, Netzwerk knüpfen, Fäden ausziehen, spinnen* **2** *zwei Spielkarten vertauschen* [< frz. *filer* »spinnen«]

fi|li|gran, ⟨auch⟩ **fi|lig|ran** ⟨Adj.⟩ *in der Art des Filigrans, sehr fein gearbeitet, sehr feine Formen aufweisend*

Fi|li|gran, ⟨auch⟩ **Fi|lig|ran** ⟨n.; -s, -e⟩ *(Schmuckstück aus einem) Geflecht feiner Edelmetalldrähte* [< ital. *filigrana* »feine Flechtarbeit aus Goldfäden u. Perlchen«, < lat. *filum* »Faden« + *granum* »Korn«]

Fi|li|gran|ar|beit, ⟨auch⟩ **Fi|lig|ran|ar|beit** ⟨f.; -, -en⟩ **1** ⟨unz.⟩ *Technik der Herstellung von Filigran;* er ist ein Meister der ~ **2** *durch Filigranarbeit hergestelltes Schmuckstück;* dieses Diadem ist eine ~ **3** ⟨umg.⟩ *besondere Konzentration u. Geschicklichkeit erfordernde, diffizile Verrichtung;* dieser Scherenschnitt ist eine ~

Fi|li|gran|glas, ⟨auch⟩ **Fi|lig|ran|glas** ⟨n.; -es; unz.⟩ *Kunstglas, in das zur Verzierung weiße, miteinander verflochtene Glasfäden eingeschmolzen sind*

Fi|li|us ⟨m.; -, -lii od. umg. -se; scherzh.⟩ *Sohn* [lat., »Sohn«]

Fil|lér ⟨[-lɛːr] m.; -s od. -, -⟩ *ungarische Währungseinheit, 1/100 Forint*

Film ⟨m.; -(e)s, -e⟩ **1** *dünnes Häutchen, sehr dünne Schicht;* Öl~ **2** *mit einer lichtempfindl. Schicht überzogener dünner Streifen für fotograf. Aufnahmen;* Schwarz-Weiß~; Farb~; Negativ~; Positiv~; Umkehr~ **3** *zur Vorführung im Kinematographen bestimmter Streifen mit Bildern;* Kino~; Farb~; Stumm~; Ton~; einen ~ drehen, vorführen **4** ⟨fig.⟩ mir ist der ~ gerissen *ich habe den Zusammenhang verloren, mir fehlt die Erinnerung* [engl., »Membran, dünnes Häutchen« < germ. **felmon* »Haut«; verwandt mit *Fell, Pelz*]

Fil|mo|thek ⟨f.; -, -en⟩ Sy *Kinemathek* **1** *Sammlung von Filmen* **2** *Raum od. Gebäude dafür* [< *Film* + …*thek*]

Fi|lo ⟨m.; -s, -s; Sp.⟩ *Fechtstoß, bei dem die angreifende Klinge an der gegnerischen entlanggleitet, um sie abzudrängen* [ital., eigtl. »dünner Faden, Schneide«; zu lat. *filum* »Faden«]

Fi|lou ⟨[-luː] m.; -s, -s⟩ **1** *Spitzbube, Gauner* **2** *Schlaukopf, gerissener od. leichtsinniger Mensch* [frz., »Spitzbube« < engl. *fellow* »Bursche«]

Fils ⟨m.; -, -⟩ *irak. u. jordan. Währungseinheit, 1/100 Dinar*

Fil|ter ⟨m.; -s, -; Tech. meist n.; -s, -⟩ **1** *Vorrichtung zum Trennen fester Stoffe von Flüssigkeiten* **2** ⟨Fot.⟩ *gefärbte Glasscheibe zum Aufsetzen auf das Objektiv, so dass bestimmte Farben zurückgehalten werden;* Gelb~; Rot~ **3** ⟨Phys.⟩ *Material od. Gerät zur Veränderung der Intensität od. Zusammensetzung einer (elektromagnet. od. korpuskularen) Strahlung* [< mlat. *filtrum* »Seihgerät aus Filz« < germ. **felti* »Gestampftes«]

fil|tern ⟨V.⟩ **1** *mit einem Filter trennen;* Flüssigkeit von festem Stoff ~; Lichtstrahlen, Schwingungen ~ **2** *klären, seihen;* Kaffee ~

Fil|trat, ⟨auch⟩ **Filt|rat** ⟨n.; -(e)s, -e⟩ *durch Filtern geklärte, gereinigte Flüssigkeit* [< mlat. *filtratum;* zu *filtrare* »filtern«]

Fil|tra|ti|on, ⟨auch⟩ **Filt|ra|ti|on** ⟨f.; -, -en⟩ *Trennen eines Feststoff-Flüssigkeits-Gemisches mittels Filter*

fil|trie|ren, ⟨auch⟩ **filt|rie|ren** ⟨V.⟩ *mit Hilfe eines Filters klären* [< frz. *filtre* »filtern« < mlat. *filtrare*]

Fi|lü|re ⟨f.; -, -n⟩ *Gewebe, Gespinst* [< frz. *filure* »Gespinst«]

Fim|bria, ⟨auch⟩ **Fimb|ria** ⟨f.; -, -bri|en; Med.⟩ *fransige Gewebsbildung* [lat., »Franse, Troddel«]

fi|nal ⟨Adj.⟩ **1** *abschließend, beendend* **2** *zweckbestimmt* [< nlat. *finalis* »am Ende befindlich, das Ende, den Zweck betreffend«; zu lat. *finis* »Ende«]

Fi|nal|de|cay, ⟨auch⟩ **Fi|nal De|cay** ⟨[faɪnəl dikɛɪ] n.; (-) - od. (-) -s, (-) -s; Mus.⟩ **1** ⟨unz.⟩ *Zeit, die nach dem letztmaligen Anschlagen einer Synthesizertaste vergeht, bis der angeschlagene Ton für das menschl. Ohr nicht mehr hörbar ist* **2** *der Ton selbst* [< engl. *final* »endgültig, final« + *decay* »Absterben, Verfallen«]

Fi|na|le ⟨n.; -s, -⟩ **1** ⟨allg.⟩ *Schlussteil* **2** ⟨Mus.⟩ *Schlusssatz, Schlussteil;* ~ einer Sinfonie, Oper **3** ⟨Sp.⟩ *Schlussrunde, Endkampf, Endspiel* [ital., »Schlussstück«]

Fi|na|lis ⟨f.; -, -les; Mus.⟩ *Schlusston in einer*

Kirchentonart, durch den diese festgelegt wird [nlat.; → *final*]

Fi|na|list ⟨m.; -en, -en; Sp.⟩ *Teilnehmer der Endrunde, des Schlusskampfes*

Fi|na|li|tät ⟨f.; -; unz.⟩ **1** *Zweckbestimmtheit* **2** *Zielstrebigkeit*

Fi|nal|satz ⟨m.; -es, -sät|ze; Gramm.⟩ *Adverbialsatz des Zwecks, Zwecksatz*

Fi|nan|ci|er ⟨[finãsje:] m.; -s, -s; †; noch österr.⟩ = *Finanzier*

Fi|nanz ⟨f.; -, -en⟩ **1** *Geldwesen* **2** *Geldgeschäft* **3** *Gesamtheit der Geldleute; Hoch~* [<frz. *finances* <mlat. *finantia* »Beendigung, endgültiger Entscheid, Zahlungsbefehl, Zahlung« <*finare* »beenden«; zu lat. *finire* »beenden«]

Fi|nanz|aus|gleich ⟨m.; -(e)s, -e; Rechtsw.⟩ *Verteilung der öffentlichen Gelder auf Länder u. Gemeinden*

Fi|nan|zen ⟨nur Pl.⟩ **1** *öffentliches Geldwesen, Staatsgelder, Staatshaushalt* **2** *Vermögen, Vermögenslage* **3** ⟨umg.⟩ meine ~ *meine Geldmittel* [<frz. *finances* <mlat. *finantia* »Beendigung, endgültiger Bescheid, Zahlungsbefehl, Zahlung«; mlat. *finare* »beenden«, lat. *finire* »beenden«]

Fi|nan|zer ⟨m.; -s, -; österr.; umg.⟩ *Zollbeamter*

fi|nan|zi|ell ⟨Adj.⟩ *die Finanzen, das Vermögen betreffend, geldlich*

Fi|nan|zi|er ⟨[-tsje:] m.; -s, -s⟩ oV ⟨österr.⟩ *Financier* **1** *Geld-, Bankmann* **2** *Geldgeber, der etwas (ein Unternehmen usw.) finanziert* [<frz. *financier* »Geldmann, Bankier«]

fi|nan|zie|ren ⟨V.⟩ *mit Geldmitteln ausstatten, durch Geld ermöglichen*

Fi|nanz|po|li|tik ⟨f.; -; unz.⟩ *Ordnung u. Gestaltung der Finanzwirtschaft eines Landes*

Fi|nanz|wirt|schaft ⟨f.; -; unz.⟩ *Geldwirtschaft, planmäßiges Beschaffen u. Verteilen der öffentlichen Gelder*

Fi|nanz|wis|sen|schaft ⟨f.; -; unz.⟩ *Lehre von der Finanzwirtschaft der öffentlichen Körperschaften*

Fin|ca ⟨[-ka] f.; -, -s⟩ *Landhaus, -gut* [span.]

Fin de Si|è|cle, ⟨auch⟩ **Fin de Si|èc|le** ⟨[fɛ̃: də sjɛkl] n.; - - -; unz.⟩ **1** *das Ende des 19. Jh.* **2** ⟨bildl. Bez. für⟩ *die Verfeinerung u. die Verfallserscheinungen dieser Zeit* [frz., »Ende des Jahrhunderts«]

Fi|ne ⟨Mus.⟩ *Schlusszeichen;* → a. *da capo al fine* [ital., »Ende, Schluss«]

Fines Herbes ⟨[finzɛrb] Pl.⟩ *fein gehackte, in Fett gedünstete Kräuter (u. Pilze)* [frz., »feine Kräuter«]

Fi|nes|se ⟨f.; -, -n⟩ *Feinheit, Schlauheit, Kniff, Trick;* mit großer ~ vorgehen [<frz., »Feinheit, Scharfsinn«]

Fine|tu|ning, ⟨auch⟩ **Fine Tu|ning** ⟨[faintju:niŋ] n.; (-) -s; unz.⟩ **1** ⟨Wirtsch.⟩ *wirtschaftspolit. Theorie, nach der bereits auf geringfürige konjunkturelle Schwankungen entsprechend reagiert werden muss, um größere Krisen zu vermeiden* **2** ⟨allg.⟩ *Feinabstimmung, Detailarbeit (z.B. am Ende eines umfassenden Projektes)* [<engl. *fine-tuning* »Feinabstimmung«]

fin|gie|ren ⟨V.⟩ *vortäuschen, erdichten, unterstellen;* einen Brief ~; fingierter Briefwechsel [<lat. *fingere* »bilden, gestalten, ersinnen, erdichten«]

Fi|ni|me|ter ⟨n.; -s, -⟩ *Messgerät zur Überwachung des Sauerstoffvorrats bei Atemschutzgeräten* [<lat. *finis* »Grenze« + …*meter*]

Fi|nis ⟨n.; -; unz.⟩ **1** *Ende, Schluss* **2** *Schlussvermerk in Druckwerken* [lat., »Ende«]

Fi|nish ⟨[-niʃ] n.; -s, -s⟩ **1** *letzter Schliff, Vollendung* **2** ⟨Sp.⟩ *(spannender) Endkampf* [engl., »Ende, Endkampf«]

fi|ni|shen ⟨[-ʃən] V.; Pferdesp.⟩ *am Schluss des Rennens das Pferd aufs Äußerste antreiben* [→ *Finish*]

Fi|ni|sher ⟨[-ʃə(r)] m.; -s, -; Pferdesp.⟩ *Pferd, das im Finish besonders gut ist*

fi|nit ⟨Adj.; Gramm.⟩ *bestimmt;* ~e Verbalform, ~es Verb *durch Person, Numerus (u. Genus) bestimmte Verbalform;* Sy *Verbum finitum;* Ggs *infinit* [<lat. *finitus*]

Fi|ni|tum ⟨n.; -s, -ta; kurz für⟩ *Verbum finitum* [→ *finit*]

Finn-Din|ghi, Finn-Din|gi ⟨n.; -s, -s; Sp.⟩ *kleines Einmann-Segelboot für Segelsportwettbewerbe* [schwed., »finnisches Dinghi«]

Finn|lan|di|sie|rung ⟨f.; -, -en; Pol.⟩ **1** ⟨abwertend; i.e.S.⟩ *das verdeckte Abhängigkeitsverhältnis Finnlands von der ehem. Sowjetunion* **2** ⟨i.w.S.⟩ *das verdeckte Abhängigkeitsverhältnis eines Staates von einem anderen*

fin|no|u|grisch, ⟨auch⟩ **fin|no|ug|risch** ⟨Adj.⟩ ~e Sprachen *nicht indogerman. Sprachgruppe, die im Wesentlichen die finnische, lappische, estnische u. ungarische Sprache umfasst*

Fin|no|u|grist, ⟨auch⟩ **Fin|no|ug|rist** ⟨m.; -en, -en⟩ *Wissenschaftler auf dem Gebiet der finnougrischen Sprachen u. Literaturen*

Fin|te ⟨f.; -, -n⟩ **1** *Scheinangriff* **2** *Täuschung* **3** ⟨fig.⟩ *Vorwand, Ausflucht, List* [<ital. *finta* »List«; → *fingieren* u. *Fiktion*]

Fi|o|ri|tur ⟨f.; -, -en; Mus.⟩ *Verzierung beim Kunstgesang, z.B. Koloratur, Triller* [<ital. *fioriture;* zu *fiorire* »blühen« u. *fiore* »Blume«]

Fire|figh|ter ⟨[faiə(r)faitə(r)] m.; -s, -⟩ *jmd., der berufsmäßig zum Löschen von brennenden Ölquellen, Großbränden o.Ä. eingesetzt wird* [engl., »Feuerwehrmann, Feuerbekämpfer«]

firm ⟨Adj.⟩ *fest, sicher, bewandert, beschlagen;* in einem Fachgebiet ~ sein [<lat. *firmus* »fest«]

Fir|ma ⟨f.; -, -men; Abk.: Fa.⟩ **1** *Geschäft, Betrieb* **2** *Geschäfts-, Handelsname* [<ital. *firma* »(sichere) Unterschrift«, <lat. *firmus* »fest«]

Fir|ma|ment ⟨n.; -(e)s, -e⟩ *Himmel, Himmelsgewölbe* [<lat. *firmamentum* »Himmelsgewölbe«; zu *firmus* »fest«]

fir|men ⟨V.⟩ jmdn. ~ *jmdm. die Firmung erteilen* [<lat. *firmare* »befestigen«]

fir|mie|ren ⟨V.; Kaufmannsspr.⟩ *einen Geschäftsnamen führen, mit diesem unterzeichnen* [→ *Firma*]

Fir|mung ⟨f.; -, -en; kath. Kirche⟩ *vom Bischof durch Salbung u. Handauflegen vollzogenes Sakrament, das der Kräftigung im Glauben dient* [→ *firmen*]

Firm|ware ⟨[fə:mwɛ:(r)] f.; -, -s; EDV⟩ *Festspeicherprogrammierung* [< engl. *firm* »fest« + *ware* »Ware«]

Fir|nis ⟨m.; -ses, -se⟩ **1** *rasch trocknende Flüssigkeit, die eine feine, durchsichtige Schicht ergibt u. die darunterliegende Fläche (z.B. Gemälde) widerstandsfähig (gegen Lufteinflüsse usw.) macht* **2** ⟨fig.⟩ *äußerl. Hülle, äußerer Schein;* seine Bildung ist nur ~ [< mhd. *vernis* < frz. *vernis*]

fir|nis|sen ⟨V.⟩ *mit Firnis überziehen*

first class ⟨[fə:st kla:s] Adj.; undekl.⟩ *erstklassig, von der ersten Klasse;* das Hotel, Restaurant ist ~ [engl.]

First-Class-Ho|tel ⟨[fə:stkla:s-] n.; -s, -s⟩ *Hotel der besten Klasse, (meist großes) Luxushotel* [engl.]

First-Day-Co|ver ⟨[fə:stdɛikʌvə(r)] m.; -s, -; Philatelie⟩ *Schmuckbrief mit dem Exemplar einer am Tag des Poststempels neu eingeführten Briefmarke, Ersttagsbrief* [engl.]

First La|dy ⟨[fə:st lɛidi] f.; - -, - -s⟩ *Ehefrau eines Staatsoberhauptes* [engl., »erste Dame«]

Firth ⟨[fə:θ] m; -, -es [-θiz]; in Schottland⟩ *(den norwegischen Fjorden ähnliche) weit ins Landesinnere hineinreichende, schmale Meeresbucht od. Flussmündung,* z.B. der ~ of Forth (bei Edinburgh) [engl., »Förde, Meeresarm«]

Fi|sett|holz ⟨n.; -es; unz.⟩ **1** *das Holz des Perückenstrauches (Cotinus coggygria), ungarisches Gelbholz* **2** *junges Fustikholz* [Herkunft unbekannt]

Fi|shing for Com|pli|ments ⟨[fiʃiŋ fɔ: kɔm-] n.; - - -; unz.; fig.⟩ *das Äußern von selbstkritischen Bemerkungen mit dem Ziel, aufmunternde Anerkennung bzw. positive Äußerungen von anderen zu erfahren* [engl., »nach Komplimenten angeln«]

Fi|si|ma|ten|ten ⟨nur Pl.; umg.⟩ **1** *Ausflüchte, Umstände* **2** *lose Streiche, Flausen* [< *visepatentes* (16. Jh.) < lat. *visae patentes (litterae)* »ordnungsgemäß verdientes Patent; überflüssige bürokratische Schwierigkeiten«; beeinflusst von mhd. *visament* »Zierrat«]

fis|ka|lisch ⟨Adj.⟩ *zum Fiskus gehörig, ihn betreffend* [< lat. *fiscalis* »die Staatskasse betreffend« < *fiscus;* → *Fiskus*]

Fis|ka|lis|mus ⟨m.; -; unz.⟩ *das Bestreben der staatl. Finanzwirtschaft, die staatl. Verfügungsgewalt über das Volksvermögen übermäßig auszudehnen*

Fis|kus ⟨m.; -; unz.⟩ **1** *Staatsvermögen* **2** *der Staat als Eigentümer von Vermögen* **3** *Finanzverwaltungsabteilung;* Steuer~ [< lat. *fiscus* »Geldkasse, Staatskasse«]

fis|sil ⟨Adj.⟩ *spaltbar* [< lat. *fissilis* »spaltbar«]

Fis|si|li|tät ⟨f.; -; unz.; fachspr.⟩ *Spaltbarkeit, spaltbare Beschaffenheit*

Fis|si|on ⟨f.; -, -en; fachsprachl. Bez. für⟩ *Spaltung (z.B. Kernspaltung)* [< lat. *fissio* »das Spalten, Zerteilen«]

Fis|sur ⟨f.; -, -en⟩ **1** *Knochenriss* **2** *kleiner, schon heilender Schleimhautriss* **3** *Furche, Einschnitt, z.B. zwischen einzelnen Hirnlappen* [< lat. *fissura* »Riss«]

Fis|tel ⟨f.; -, -n⟩ *eine abnorme, natürl. od. künstl. kanalartige Verbindung zw. zwei Hohlorganen od. zw. Hohlorganen u. der Körperoberfläche;* Sy *Fistula(1)* [< ahd. *fistul* »tief gehendes Geschwür« < lat. *fistula* »Rohrpfeife«]

fis|teln ⟨V.⟩ *mit Fistelstimme singen;* oV *fistulieren*

Fis|tel|stim|me ⟨f.; -, -n⟩ **1** *die hauchige, nicht durch Brustresonanz verstärkte Kopfstimme des Mannes;* → a. *Falsett* **2** ⟨umg.⟩ *sehr hohe, feine Stimme* [< lat. *fistula* »Rohrpfeife«]

Fist|fu|cking ⟨[-fʌkiŋ] n.; -s, -s⟩ *sexuelle Praktik, bei der dem Partner bzw. der Partnerin die geballte Faust in After od. Scheide eingeführt wird* [< engl. *fist* »Faust« + *fucking* »Ficken, Koitieren«]

Fis|tu|la ⟨f.; -, -lae [-lɛ:]⟩ **1** ⟨Med.⟩ = *Fistel* **2** ⟨Mus.⟩ **2.1** *Flöte* **2.2** *Orgelpfeife, Orgelregister* [lat., »Röhre, Rohrpfeife«]

fis|tu|lie|ren ⟨V.⟩ = *fisteln*

fit ⟨Adv.; bes. Sp.⟩ *leistungsfähig, gut in Form* [engl., »passend, angemessen, tauglich«]

Fi|tis ⟨m.; - od. -ses, -se⟩ *zierlicher Vogel, Art der Laubsänger mit zart flötendem Gesang: Phyllosopus trochilus* [lautmalend]

Fit|ness ⟨f.; -; unz.; bes. Sp.⟩ *das Fitsein, Leistungsfähigkeit* [engl., »Angemessenheit, Tauglichkeit, Eignung«]

Fit|ness|cen|ter ⟨[-sɛn-] n.; -s, -; Sp.⟩ *Räumlichkeit, in der man verschiedene Sportgeräte zur Körperertüchtigung benutzen kann;* Sy *Fitnessstudio* [< *Fitness* + *Center*]

> **Fitnessstudio** (*Laut-Buchstaben-Zuordnung*) Die im Deutschen übliche Kennzeichnung eines kurzen Vokals durch Verdoppelung des Folgekonsonanten wird auch auf Fremdwörter angewendet.
> Nach kurzem Vokal wird daher auch bei Fremdwörtern der Buchstabe »*ß*« künftig durch die Schreibung »*ss*« ersetzt (→ a. *Exzess, Fairness*). Treffen innerhalb von Komposita drei Konsonanten aufeinander, so werden sie entgegen der bisherigen Regelung grundsätzlich alle geschrieben (→ a. *Kongressstadt*).

Fit|ness|stu|dio ⟨n.; -s, -s; Sp.⟩ = *Fitnesscenter*

Fit|ness|trai|ning ⟨[-tre:-] od. engl. [-trɛi-] n.; -s, -s; Sp.⟩ *sportliches Training zur Erlangung od. Erhaltung der körperlichen Leistungsfähigkeit*

fit|ten ⟨V.⟩ **1** ⟨Tech.⟩ *anpassen;* eine Schablone ~ **2** ⟨Schiffsbau⟩ *einen Kiel abtasten, um Verbiegungen festzustellen* [→ *fit*]

Fit|ting ⟨n.; -s, -s; meist Pl.; Tech.⟩ *Verbindungs-, Anschlussstück für Rohrleitungen, z.B. für Gas- od. Wasserleitungen* [engl., »Ausrüstung, Montage«]

Five o'Clock Tea ⟨[faiv əklɔk ti:] m.; - - -, - - -s [-ti:z]⟩ *Fünfuhrtee* [engl.]

Five|vow|el|word, ⟨auch⟩ **Five-Vo|wel-Word** ⟨[faivvauəlwə:d] n.; -s, -s⟩ *Wort, in dem jeder der fünf Vokale ein einziges Mal vorkommt,* z.B. „education", „speculation"; → a. *Fourletterword* [engl., »Wort mit fünf Vokalen«]

fix ⟨Adj.⟩ **1** *fest, fest stehend, unverändert;* ~e Kosten; der Vertreter erhält ein ~es Gehalt u. Provision; ~e Idee *Wahnvorstellung;* ~ und fertig *ganz fertig od. erschöpft, abgearbeitet* **2** *flink, behände, schnell;* (mach) ~!; ein ~er Bursche, Junge [< frz. *fixe* »fest stehend«; durch Wendungen wie »fixer Tänzer, fixer Fechter« im Sinne von »standhaft, sicher« entstand die figurative Bedeutung »gewandt, flink«]

Fi|xa|teur ⟨[-tø:r] m.; -s, -e⟩ *Zerstäuber zum Auftragen von Fixativ* [frz., »Fixiermittel«]

Fi|xa|ti|on ⟨f.; -, -en⟩ **1** *Ruhigstellung gebrochener Gliedmaßen od. sonst kranker Gliedmaßen durch Verbände* **2** *die Befestigung von Organen, z.B. des Darmes durch das Gekröse* [→ *fixieren*]

Fi|xa|tiv ⟨n.; -s, -e [-və]⟩ *Mittel zum Härten, Festigen (z.B. von Filmen gegen Licht, von Haar bei der Dauerwelle, von Zeichnungen gegen Verwischen)* [< frz. *fixatif*]

fi|xen ⟨V.⟩ **1** ⟨Kaufmannsspr.⟩ *etwas auf Zeit verkaufen, auf Baisse spekulieren* **2** ⟨umg.⟩ *sich Rauschmittel einspritzen* [< engl. *fix* »festlegen, bestimmen«]

Fi|xer ⟨m.; -s, -⟩ **1** ⟨Kaufmannsspr.⟩ *Börsenspekulant, der auf Baisse rechnet* **2** ⟨umg.⟩ *jmd., der gewohnheitsmäßig fixt(2)*

Fix|fo|kus|ob|jek|tiv ⟨n.; -s, -e [-və]⟩ *einfaches, lichtschwaches Objektiv mit großem Tiefenschärfebereich ohne Entfernungseinstellung*

Fix|ge|schäft ⟨n.; -(e)s, -e⟩ *fristgebundenes Geschäft*

Fi|xier|bad ⟨n.; -s, -bä|der; Fot.⟩ *Lösung mit Fixiersalz zum Fixieren(1)*

fi|xie|ren ⟨V.⟩ **1** *härten, festigen;* entwickelte Filme gegen Licht ~; dauergewelltes Haar ~ **2** *festsetzen;* einen Zeitpunkt, Bestimmungen ~ **3** jmdn. ~ *starr ansehen, anstarren;* → a. *fixiert* [< mlat. *fixare* »festsetzen, bestimmen« < frz. *fixer* »starr ansehen«]

Fi|xier|salz ⟨n.; -es; unz.⟩ *in der Fotografie zum Fixieren verwendetes Natriumthiosulfat,* $Na_2S_2O_3 \cdot 5\ H_2O$, *Fixiernatron*

fi|xiert ⟨in den Wendungen⟩ auf etwas ~ sein *starr auf etwas gerichtet sein, etwas nicht aus den Augen lassen, etwas erstreben, haben wollen;* auf jmdn. ~ sein *an jmdn. gebunden, von jmdm. abhängig sein;* → a. *fixieren(3)*

Fi|xie|rung ⟨f.; -, -en; Pl. selten⟩ *das Fixieren, Härtung, Festigung*

Fi|xing ⟨n.; -s, -s⟩ *Festlegung der Börsenkurse* [engl., »Festlegung, Bestimmung«]

Fi|xis|mus ⟨m.; -; unz.⟩ *die Annahme, dass Erdkrustenteile sich nicht über ihren Untergrund seitwärts bewegen;* Ggs *Mobilismus*

Fix|punkt ⟨m.; -(e)s, -e⟩ **1** *fester Punkt, der zum Eichen dient,* z.B. Siede-, Gefrierpunkt **2** *Festpunkt* [→ *fix*]

Fix|stern ⟨m.; -(e)s, -e; Astron.⟩ *sehr weit entfernter, selbst leuchtender Himmelskörper, der scheinbar feststeht, in Wirklichkeit aber seinen Ort sehr langsam ändert* [→ *fix*]

Fi|xum ⟨n.; -s, -xa⟩ *festes Gehalt* [lat., »fest, bleibend, unabänderlich«]

...fi|zie|ren ⟨in Zus.⟩ *machen* [< lat. *facere, ..ficere*]

Fizz ⟨[fis] m.; - od. -es, -e⟩ *alkohol. Mischgetränk mit Fruchtsaft;* Gin ~ [zu engl. *fizz* »zischen, sprudeln«]

Fjæll, Fjell ⟨m.; -s, -s⟩ *meist baumlose Hochfläche (in Skandinavien)* [schwed., norweg.]

Fjord ⟨m.; -(e)s, -e⟩ *schmaler, tief ins Festland eindringender Meeresarm (bes. in Norwegen)* [norweg., schwed.]

Fla|con ⟨[-kɔ̃:] n. od. m.; -s, -s⟩ = *Flakon*

Fla|gel|lant ⟨m.; -en, -en⟩ *Angehöriger einer der Bruderschaften im MA, die sich aus religiösen Gründen (zur Buße, Kasteiung) selbst geißelten, Geißler, Geißelbruder* [< lat. *flagellans,* Part. Präs. zu *flagellare* »peitschen«; zu *flagellum* »Peitsche, Geißel«]

Fla|gel|lan|tis|mus ⟨m.; -; unz.⟩ *geschlechtl. Befriedigung durch Austeilen od. Erdulden von Schlägen;* Sy *Flagellomanie* [→ *Flagellant*]

Fla|gel|lat ⟨m.; -en, -en⟩ *Geißeltierchen, Einzeller, der eine od. mehrere Geißeln besitzt u. sich autotroph od. heterotroph ernähren kann: Flagellata* [< lat. *flagellatus,* Part. Perf. zu *flagellare* »peitschen«, zu *flagellum* »Peitsche, Geißel«]

Fla|gel|la|ti|on ⟨f.; -, -en⟩ *Peitschen, Geißelung zur geschlechtl. Befriedigung* [< lat. *flagellare* »peitschen«]

Fla|gel|lo|ma|nie ⟨f.; -; unz.⟩ = *Flagellantismus* [< *Flagellant* + *Manie*]

Fla|gel|lum ⟨n.; -s, -len⟩ **1** *Geißel, Fortbewegungsorgan vieler Einzeller* **2** *Peitsche der Flagellanten* [lat., »Peitsche, Geißel«]

Fla|geo|lett ⟨[-ʒolɛt] n.; -s, -e⟩ **1** *kleine Flöte* **2** *Flötenregister der Orgel* [< frz. *flageolet* »Art Flöte«]

Fla|geo|lett|ton ⟨[-ʒolɛt-] m.; -(e)s, -tö|ne⟩ *Flötenton der Streichinstrumente u. Harfe*

Flag|ge ⟨f.; -, -n⟩ *viereckige Fahne* [< engl. *flag* »Fahne, Flagge«]

flag|gen ⟨V.⟩ *Flagge, Fahne aufziehen*

Flag|gen|al|pha|bet ⟨n.; -(e)s; unz.⟩ *Darstellung der Buchstaben durch Winkzeichen*

Flagg|of|fi|zier ⟨m.; -s, -e⟩ *Admiral bzw. Kommodore (der eine seinen Rang bezeichnende Flagge auf seinem Schiff zu führen berechtigt ist)*

Flagg|schiff ⟨n.; -(e)s, -e⟩ *Admiralsschiff, Kriegsschiff mit Admiralsflagge*

fla|grant, ⟨auch⟩ **flag|rant** ⟨Adj.⟩ *offenkundig, schlagend;* → a. *in flagranti* [< lat. *flagrans,* Part. Präs. zu *flagrare* »brennen«]

Flair ⟨[flɛːr] n.; -s; unz.⟩ **1** *Ausstrahlung u. äußere Aufmachung (einer Person);* sie hat ein besonderes ~ **2** *Ahnungsvermögen, Instinkt* [frz., »Spürsinn«]

Fla|kon ⟨[-kɔ̃ː] n. od. m.; -s, -s⟩ *geschliffenes Glas-, Riechfläschchen;* oV *Flacon* [< frz. *flacon* »Fläschchen, Flakon«; verwandt mit *Flasche*]

Flam|beau ⟨[flãboː] m.; -s, -s⟩ **1** ⟨†⟩ *Fackel* **2** ⟨heute⟩ *hoher Kerzen-, Armleuchter* [frz., »Fackel«]

Flam|berg ⟨m.; -(e)s, -e⟩ *mit beiden Händen zu führendes Schwert mit geflammter Klinge, das als Symbol der Macht von den Landsknechten getragen wurde* [< frz. *flamberge*]

flam|bie|ren ⟨V.⟩ **1** ⟨†⟩ *absengen* **2** ⟨heute; Kochk.⟩ *(eine Speise) mit Alkohol übergießen u. brennend auf den Tisch bringen* [< frz. *flamber* »lodern, (ver-, ab)sengen«]

flam|boy|ant, ⟨auch⟩ **flam|bo|yant** ⟨[flãboajãː] Adj.⟩ **1** *flammend, leuchtend bunt* **2** *kraftvoll, heftig* [frz., »funkelnd, flammend«]

Flam|boy|ant, ⟨auch⟩ **Flam|bo|yant** ⟨[flãboajãː] n.; -s; unz.⟩ **1** = *Flamboyantstil* **2** *Flammenbaum, ein auf Madagaskar heimisches Zäsalpiniengewächs mit scharlachroten bis orangen Blüten in Rispen, Zierbaum der Tropen u. Mittelmeergebiet: Poinciana regia*

Flam|boy|ant|stil, ⟨auch⟩ **Flam|bo|yant|stil** ⟨[flãboajãː-] m.; -(e)s; unz.⟩ *spätgot. französ. Stil mit Ornamenten in Form einer lang gezogenen Flamme;* Sy *Flambojant(1)*

Fla|men ⟨m.; -, -mi|nes; meist Pl.; im antiken Rom⟩ *Priester eines bestimmten Gottes, z.B. des Jupiter* [lat.]

Fla|men|co ⟨m.; - od. -s, -s⟩ *andalusischer Zigeunertanz u. Tanzlied mit starkem maurisch-arab. u. ind. Einfluss* [span.]

Flame-out, ⟨auch⟩ **Flame|out** ⟨[flɛimaut] m.; -s, -s; bei Flugzeugen⟩ *Ausfall eines Triebwerks infolge Treibstoffmangels* [< engl. *flame* »flammen, glühen« + *out* »aus«]

Fla|min|go ⟨m.; -s, -s⟩ *Angehöriger einer Ordnung tropischer u. subtropischer Vögel mit langen Beinen u. Hälsen sowie Schwimmhäuten: Phoenicopteri* [< span. *flamengo,* < lat. *flamma* »Flamme«]

Flam|me|ri ⟨m.; -s, -s⟩ *einfache kalte Süßspeise aus Milch od. Fruchtsaft, gedickt mit Grieß, Stärke o.Ä.* [< engl. *flummery* »Hafermehlbrei«]

Fla|nell ⟨m.; -s, -e⟩ *weicher, gerauter Woll-, Zellwoll-, od. Baumwollstoff* [< frz. *flanelle* < engl. *flannel* »Wollstoff« < kymr. *gwlanen;* zu *gwlan* »Wolle«]

Fla|neur ⟨[-nøːr] m.; -s, -e⟩ *jmd., der flaniert, müßig umherschlendert, bummelt* [frz., »Müßiggänger, Bummler«]

fla|nie|ren ⟨V.⟩ *müßig umher-, auf- u. abschlendern, bummeln* [< frz. *flâner*]

Flan|ke ⟨f.; -, -n⟩ **1** *Seite;* dem Feind in die ~ fallen *ihn von der Seite her angreifen* **2** ⟨Sp.⟩ eine ~ hereingeben, *den Ball quer über das Spielfeld weitergeben* **3** *seitl. Sprung über ein Gerät mit Aufstützen der Hand;* eine ~ über Barren, Kasten, Pferd, Reck machen **4** *an der Seite gelegenes Teil, die seitl. Weichteile am Rumpf;* die ~n des Pferdes zitterten **5** *die Seite eines Zahnrades, von der die Kräfte übertragen werden* [< frz. *flanc* »Weiche, Flanke« < fränk. **hlanka* »Seite, Hüfte, Lende«]

flan|kie|ren ⟨V.⟩ **1** jmdn. ~ *an jmds. Seite stehen, gehen* **2** ⟨Mil.⟩ **2.1** *von der Seite beschießen* **2.2** *von der Seite decken od. fassen* **3** ⟨Schach⟩ Figuren ~ *seitlich postieren od. entwickeln*

Flap ⟨[flæp] n.; -s, -s; Flugw.⟩ *an den Unterseiten von Flugzeugtragflächen zusätzlich angebrachte Strömungsklappen, die bei Start u. Landung zusätzlichen Auf- bzw. Abtrieb erzeugen* [< engl. *flap* »Klappe«]

Flap|per ⟨[flæpə(r)] m.; -s, -; umg.⟩ *selbstbewusstes, kesses junges Mädchen;* → a. *Bigmouth* [< engl. *flap* »Klappe«, in der Bed. von »Großmaul«]

Flare ⟨[flɛː(r)] n.; -s, -s; Astron.⟩ *plötzliche, in Form von „Feuerlanzen" auftretende, chromosphärische Strahlung, die im Zusammenhang mit Sonnenflecken vorkommt* [zu engl. *flare* »flackern, leuchten, lodern«]

Flash ⟨[flæʃ] m.; - od. -s, -s⟩ **1** *kurze Einblendung in eine Film- od. Bildfolge* **2** *Eintreten des Rauschzustandes mit gleichzeitigem Aufhören der Entzugsschmerzen* [engl., eigtl. »Blitz«]

Flash|back ⟨[flæʃbæk] m.; - od. -s, -s⟩ *plötzlich wiederkehrender Rauschzustand einige Wochen nach dem eigentl. Rausch infolge verzögerter Reaktion des Gehirns auf ein Rauschmittel* [engl., »Rückblende«]

Flash|light ⟨[flæʃlait] n.; -s, -s⟩ *(mit einer Lichtanlage erzeugter) Lichtblitz in geschlossenen Räumen, z.B. Diskotheken, Nightclubs usw.* [< engl. *flashlight* »Blitzlicht«]

flat ⟨[flæt] Mus.⟩ *um einen halben Ton erniedrigt,* z.B. D ~ = Des; Ggs *sharp* [engl., »flach, tief, erniedrigt«]

Flat|te|rie ⟨f.; -, -n; †⟩ *Schmeichelei* [frz.]

Flat|teur ⟨[-tøːr] m.; -s, -e; †⟩ *Schmeichler* [→ *flattieren*]

flat|tie|ren ⟨V.; †⟩ *schmeicheln* [< frz. *flatter* »schmeicheln«]

Fla|tu|lenz ⟨f.; -, -en⟩ **1** *Entstehung u. Ansammlung von Darmgasen* **2** *reichl. Abgang von Blähungen* [< lat. *flare* »blasen«]

Fla|tus ⟨m.; -, -⟩ *Blähung* [lat., »Wind«]

flau|tan|do, flau|ta|to ⟨Adj.; Mus.; für Streicher⟩ *mit flötenartigem Klang (zu spielen)* [ital., »flötend«, zu *flauto* »Flöte«]

Flau|to ⟨m.; -s, -ti; Mus.; frühere Bez. für⟩ *Blockflöte;* ~ traverso *Querflöte* [ital.]

Fla|von ⟨[-voːn] n.; -s, -e⟩ *gelber Pflanzenfarbstoff* [< lat. *flavus* »gelb«]

Fleece ⟨[fliːs] n.; -; unz.⟩ *aus Kunstofffasern hergestellter, stark wärmender u. zugleich Wasser abweisender Stoff, der sich vor allem* *für Skibekleidung u.Ä. eignet* [< engl. *fleece* »Schaffell, Vlies«; (wegen des ähnlichen Aussehens u. der vergleichbaren Eigenschaften)]

Fleece|pull|o|ver, ⟨auch⟩ **Fleece|pul|lo|ver** ⟨[fliːs-] m.; -s, -⟩ *aus Fleecestoff hergestellter Pullover* [→ *Fleece*]

Flei|er ⟨m.; -s, -⟩ *Vorspinnmaschine mit Flügelspindeln;* oV *Flyer(2)*

flek|tier|bar ⟨Adj.; Gramm.⟩ *durch Flexion zu verändern, beugbar;* Sy *flexibel(2)*

flek|tie|ren ⟨V.; Gramm.⟩ *durch Flexion verändern, beugen;* ~de Sprachen *S., die die grammat. Beziehungen im Satz u. bestimmte allg. sachl. Kategorien (Numerus usw.) durch Prä- u. Suffixe ausdrücken* [< lat. *flectere* »beugen«]

Fleu|rist ⟨a. [flø-] m.; -en, -en⟩ = *Florist*

Fleu|ris|tin ⟨a. [flø-] f.; -, -tin|nen⟩ = *Floristin*

Fleu|ron ⟨[flørɔ̃ː] m.; -s, -s⟩ *Blumenornament in der Baukunst, als Verzierung am Schluss eines Kapitels im Buchdruck u. als (Gold-)Prägung auf Bucheinbänden* [frz.]

Fleu|rop ⟨a. [fløː-] ohne Art.⟩ *Vereinigung von Blumenhändlern zur Übermittlung von Blumengeschenken in Europa* [< lat. *Fl*ores *Europ*ae »Blumen Europas«]

fle|xi|bel ⟨Adj.⟩ Ggs *inflexibel* **1** *biegsam, nachgiebig, veränderlich;* ein flexibler Bucheinband **2** ⟨Gramm.⟩ = *flektierbar* [< lat. *flexibilis* »biegsam«]

Fle|xi|bi|li|tät ⟨f.; -; unz.⟩ Ggs *Inflexibilität* **1** *Biegsamkeit* **2** ⟨Psych.⟩ *Anpassungsfähigleit* **3** ⟨Gramm.⟩ *Beugbarkeit*

Fle|xi|ble|re|sponse, ⟨auch⟩ **Fle|xib|le Response** ⟨[flɛksibl rispɔnz] f.; (-) -; unz.; Mil.⟩ *in Zeiten des Kalten Krieges Abwehrstrategie der NATO, die bei feindlichen Aggressionen den Einsatz von taktischen Atomwaffen zur Verlangsamung des feindl. Vormarsches vorsah* [engl., »flexible Antwort«]

Fle|xi|on ⟨f.; -, -en⟩ **1** *Veränderung der Wortform bei verschiedenen grammatischen Funktionen eines Wortes, um Kasus, Genus, Numerus, Person, Tempus, Modus u.Ä. auszudrücken, Beugung* **1.1** ~ des **Nomens** od. Pronomens *Deklination* **1.2** ~ des **Verbs** *Konjugation* **2** ⟨Geol.⟩ = *Flexur(2)* [< lat. *flexio* »Biegung«]

Fle|xiv ⟨n.; -s, -e [-və]; Gramm.⟩ *Morphem, das der Flexion eines Wortes dient,* z.B. das Suffix „-te" im Präteritum schwacher Verben

fle|xi|visch ⟨[-visch] Adj.⟩ *die Flexion betreffend, Flexion besitzend*

Fle|xo|druck ⟨m.; -(e)s, -e; Typ.⟩ *Gummidruck* [< lat. *flexio* »Biegung«]

Fle|xor ⟨m.; -s, -xo|ren⟩ *Beugemuskel* [< mlat. »der Beuger«; zu *flectere* »beugen«]

Fle|xur ⟨f.; -, -en⟩ **1** *Biegung, Krümmung* **2** ⟨Geol.⟩ *schräges Abwärtsziehen einer flachen Schichttafel, dabei Reduktion der Schichtmächtigkeit;* oV *Flexion(2)* [< lat. *flexura* »Biegung, Krümmung«]

Fli|bus|ti|er ⟨[-tjər] m.; -s, -⟩ *karibischer Seeräuber des 17. Jh.;* Sy *Bukanier* [→ *Filibuster*]

Flic ⟨m.; -s, -s; volkstüml. frz. Bez. für⟩ *Polizist* [< rotw. *flick* »Knabe«]

Flick|flack ⟨m.; -s, -s; Sp.; Turnen⟩ *mehrmaliger, schneller Überschlag rückwärts* [zu frz. *flic flac* »klipp-klapp« (lautmalend)]

Flie|boot ⟨n.; -(e)s, -e⟩ *kleines, schnelles Fischerboot* [< engl. *flyboat* »schnell fahrendes Schiff«]

Flight ⟨[flait] m.; -s, -s; Sp.; Golf⟩ *Gruppe von Golfspielern* [engl., »Schar«, eigtl. »Flug«]

Flim|mer|sko|tom ⟨n.; -s, -e⟩ *ein im Gesichtsfeld umherwandernder (dunkler) Fleck, der von flimmernden Zackenbildungen umgeben ist, entsteht durch vorübergehende Störung der Blutzirkulation, Augenmigräne;* → a. *Skotom*

Flint ⟨m.; -(e)s, -s⟩ *Feuerstein* [engl.]

Flint|glas ⟨n.; -es; unz.⟩ *bleihaltiges optisches Glas mit hohem Brechungsindex*

Flip ⟨m.; -s, -s⟩ *Cocktail, alkohol. Mischgetränk mit Zucker u. Ei* [engl.]

Flip|chart ⟨[-tʃaːt] m. od. n.; -, -s⟩ *fest aufmontierter od. an einer Wand befestigter, großformatiger Papierblock zur Aufnahme von Notizen u. Grobzeichnungen, dessen Blätter nach Benutzung nach hinten umgeschlagen werden können* [< engl. *flip* »wenden« + *chart* »Karte«]

Flip|flop ⟨n.; -s, -s⟩ *Kippschaltung in elektron. Geräten, die nur zwischen zwei Schaltungszuständen hin- u. herwechseln kann* [engl., lautmalend]

Flip|per ⟨m.; -s, -⟩ **1** *Spielautomat, bei dem eine rollende Kugel Hindernisse passieren muss, wobei das Berühren bestimmter Stellen dem Spieler Plus- od. Minuspunkte einbringt, bis die Kugel zwischen zwei Flippern hindurchrollt* **2** *jmd., der so lange sämtliche Fernsehprogramme durchschaltet, bis er etwas Akzeptables gefunden hat;* → a. *Zapper* [zu engl. *flip* »wegschnipsen; schnodderig«]

flip|pern ⟨V.⟩ *an einem Flipper spielen*

Flip|pie ⟨m.; -s, -s; umg.⟩ *jmd., der ausgeflippt ist, der außerhalb der Gesellschaft lebt* [zu engl. *flip* »wegschnipsen; schnodderig«]

flip|pig ⟨Adj.; umg.⟩ *ausgeflippt, außerhalb der gesellschaftlichen Norm stehend;* ein ~es Kleid; ein ~er Typ

Flirt ⟨[flœːt] m.; -s, -s⟩ *Tändelei, Liebelei, Schmeichelei;* einen ~ mit jmdm. beginnen; zu einem ~ aufgelegt sein [→ *flirten*]

flir|ten ⟨[flœː-] V.⟩ *einem od. einer mögliche(n) Liebespartner(in) gegenüber mit Worten u. Blicken spielen;* mit jmdm. ~ [< engl. *flirt* (um 1890) »sich benehmen wie ein Liebhaber«]

floa|ten ⟨[flou-] V.; Wirtsch.⟩ *schwanken; den Wechselkurs freigeben;* eine Währung floatet *ihr Wechselkurs bewegt sich nicht innerhalb eines festgelegten Spielraums, sondern richtet sich nach Angebot u. Nachfrage* [< engl. *float* »schweben, gleiten«]

Floa|ting ⟨[flou-] n.; -s; unz., Wirtsch.⟩ *das Floaten* [engl.]

Floa|ting|line, ⟨auch⟩ **Floa|ting Line**

⟨[floutiŋlain] f.; (-) -, (-) -s; Wirtsch.⟩ *untere Sicherheitsgrenze bei der ansonsten freien Entwicklung der Wechselkurse, die eingehalten werden muss, um die Stabilität einzelner Währungen nicht zu gefährden* [< engl. *floating* »freigegeben; schwebend« + *line* »Linie, Grenze«]

Flock|print ⟨m.; -s, -s⟩ **1** ⟨unz.⟩ *Aufdrucktechnik für Bekleidungsgegenstände, bei der auf die Textilie zunächst Klebstoff in der Form des gewünschten Motivs aufgetragen u. dieser anschließend mit kleinsten Textilfasern überschüttet wird* **2** ⟨zählb.⟩ *ein auf diese Weise bedrucktes Bekleidungsstück* [< engl. *flock* »Haufen, Schar« + *print* »Druck«]

Flo|con|né ⟨m.; - od. -s, -s⟩ *dickes, weiches, aufgerautes Tuch, Flockenstoff* [frz., »geflockt«; zu *flocon* »Flocke«]

Flo|ka|ti ⟨m.; -s, -s⟩ *Teppich aus naturfarbenen, langen Wollfäden* [grch.]

Flood|plain ⟨[flʌdplɛin] f.; -, -s; Geogr.⟩ *Flachlandebene, die generell überschwemmt ist* [< engl. *flood* »Flut, Hochwasser« + *plain* »Ebene«]

Floor ⟨[flɔː(r)] m.; -s, -s; Wirtsch.⟩ **1** *(an Warenbörsen) häufig vorhandener, separater Raum, in dem Handelsgeschäfte getätigt werden können* **2** *freiwillig vereinbarte Mindestrendite bei Geldanlagen mit variablem Zins* [< engl. *floor,* eigtl. »Boden, Parkett«]

Flop ⟨m.; -s, -s; umg.⟩ *Misserfolg, Fehlschlag, Reinfall;* das war ein ~ [engl., eigtl. »Plumps«]

flop|pen ⟨V.; umg.⟩ *einen Flop erleiden, scheitern, einen Misserfolg haben*

Flop|py ⟨f.; -, -s; kurz für⟩ *Floppydisk*

Flop|py|disk, ⟨auch⟩ **Flop|py Disk** ⟨f.; (-) -, (-) -s; kurzw Floppy⟩ *Datenträger einer kleineren EDV-Anlage in Form einer flexiblen, beidseitig beschichteten Magnetplatte* [engl., »schlaffe (= biegsame) Scheibe«]

FLOPS ⟨Abk. für engl.⟩ *Floating Point Operations per Second, Gleitkomma-Berechnungen pro Sekunde, eine Einheit zur Messung der Rechengeschwindigkeit von Großcomputern*

Flor[1] ⟨m.; -s, -e⟩ **1** *alle Blüten einer Pflanze, Blumenfülle* **2** ⟨fig.⟩ *Zierde, Schmuck, Gedeihen;* in ~ stehen *in voller Blüte* [< lat. *flos,* Gen. *floris* »Blüte«]

Flor[2] ⟨m.; -s, -e⟩ **1** *dünner Seidenstoff* **2** *Schleier* **3** *haarige, wollige Oberschicht von Teppichen, Plüsch u. Samt* **4** *schwarzer Seidenstreifen um den Ärmel od. am Rockaufschlag als Zeichen der Trauer;* Trauer~ [< ndrl. *floers* < afrz. *velous* < lat. *villosus* »haarig«; verwandt mit *Velours*]

Flo|ra ⟨f.; -, Flo|ren⟩ **1** *Pflanzenreich* **2** *systemat. Beschreibung dieser Pflanzenwelt* **3** *Buch zum Bestimmen von Pflanzen* [lat., röm. Göttin der Blumen]

flo|ral ⟨Adj.⟩ **1** *die Flora betreffend, von ihr stammend, zu ihr gehörig* **2** *Blüten darstellend, geblümt*; ~e Stoffe, Muster

Flo|ren|e|le|ment ⟨n.; -(e)s, -e⟩ *Gesamtheit der für ein bestimmtes Gebiet typischen od. darauf beschränkten Pflanzenarten* [→ *Flora*]

Flo|ren|ti|ner ⟨m.; -s, -⟩ **1** *Einwohner von Florenz* **2** *Damenstrohhut mit breiter, schwingender Krempe* **3** *süßes Gebäck in Oblatenform, mit gehackten Nüssen od. Mandeln u.Schokoladenüberzug* **4** ~ **Flasche** *Gefäß, aus dem zwei verschiedene Flüssigkeiten, die gemeinsam hineinlaufen, getrennt ablaufen können; (zu diesem Zweck ist das Gefäß mit zwei Überlaufrohren versehen, deren eines oben angebracht ist, während das andere bis zum Boden reicht)* **5** ~ **Gürtel** *Keuschheitsgürtel* **6** ~ **Lack** ⟨Handelsbez. für⟩ *Farblack aus brasilianischem od. asiatischem Rotholz*

Flo|res ⟨Pl.⟩ **1** ⟨Mus.⟩ *improvisierte Verzierungen im mittelalterlichen Gesang* **2** ⟨Pharm.⟩ *gewerblich od. therapeutisch nutzbare Trockenblüten verschiedener Pflanzen* **3** ⟨Rhet.⟩ ~ rhetoricales *Redeschmuck aus rhetorischen Stilfiguren* [lat., Pl. zu *flos* »Blüte«]

Flo|res|zenz ⟨f.; -, -en⟩ **1** *Blütezeit* **2** *Blütenstand* [zu lat. *florescere* »aufblühen«]

Flo|rett ⟨n.; -(e)s, -e; Sp.⟩ *lange Stoß- u. Stichwaffe, beim Sportfechten Stoßwaffe für Damen u. Herren mit langer Klinge* [< frz. *fleuret* < ital. *fioretto,* Verkleinerungsform zu *fiore* »Blume« (vermutl. nach dem knospenähnl. Kopf an seiner Spitze)]

flo|ret|tie|ren ⟨V.; Sp.⟩ *mit dem Florett fechten*

flo|rid ⟨Adj.⟩ *rasch fortschreitend;* ~e Krankheit [< lat. *floridus* »blühend«]

flo|rie|ren ⟨V.; a. fig.⟩ *blühen, gedeihen* [< lat. *florere*]

Flo|ri|le|gi|um ⟨n.; -s, -gi|en⟩ = *Anthologie* [< lat. *flos,* Gen. *floris* »Blüte, Blume« + *legere* »sammeln, auslesen«]

Flo|rin ⟨m.; -s, -e od. -s⟩ **1** ⟨frz. Bez. für⟩ *Gulden* **2** *engl. Silbermünze (2 Schilling)* [< mlat. *florinus,* < lat. *flos,* Gen. *floris* »Blume, Blüte«; nach der Lilie von Florenz auf der Rückseite des ersten Guldens; → *Forint*]

Flo|rist ⟨m.; -en, -en⟩ oV *Fleurist* **1** *Kenner, Erforscher der Flora, Blumenfreund* **2** *Blumenzüchter* **3** ⟨Berufsbez. für⟩ *Blumenhändler, Blumenbinder* [< frz. *fleuriste* »Blumenhändler«, beeinflusst von lat. *flos,* Gen. *floris* »Blume«]

Flo|ris|tik ⟨f.; -; unz.⟩ *Teilgebiet der Botanik, das die Pflanzenwelt verschiedener Gebiete untersucht* [→ *Flora*]

Flo|ris|tin ⟨f.; -, -tin|nen⟩ oV *Fleuristin* **1** *Blumenkennerin* **2** ⟨Berufsbez. für⟩ *Blumenhändlerin* **3** *Blumenzüchterin*

flo|ris|tisch ⟨Adj.⟩ *die Flora betreffend, zu ihr gehörig, auf ihr beruhend, pflanzenkundlich*

Flos|kel ⟨f.; -, -n⟩ *leere Redensart, Formel;* Höflichkeits~ [< lat. *flosculus* »Blümchen, Zierde«]

Flo|ta|ti|on ⟨f.; -, -en⟩ *Verfahren zur Aufbereitung sehr fein zerkleinerter Mineralien u. von taubem Gestein, wobei das im Wasser befindliche Gemisch durch Beigabe von Chemikalien Schaum bildet, in dem die zu gewinnenden*

Mineralien nach oben steigen u. das Gestein nach unten sinkt, Schaumschwimmaufbereitung [→ *flotieren*]
flo|ta|tiv ⟨Adj.⟩ *zur Flotation gehörend, sie betreffend*
flo|tie|ren ⟨V.⟩ *durch Flotation aufbereiten* [< frz. *flot* »Flut«]
flot|tie|ren ⟨V.⟩ **1** *schwimmen* **2** *schweben, schwanken;* ~de Schuld *schwebende, nicht fundierte, kurzfristige Schuld* [< frz. *flotter* »schwimmen« < fränk.; verwandt mit *Flotte*]
Flot|til|le ⟨a. [-tịljə] f.; -, -n⟩ *Verband kleiner Kriegsschiffe* [< span. *flotilla,* Verkleinerungsform zu *flota* »Flotte« < aengl. *flota* »Flotte«]
Flow ⟨[flou] m.; -s, -s; Med.⟩ *Grad bzw. Geschwindigkeit des Durchströmens von Körperflüssigkeiten durch einzelne Körperteile od. Gefäße* [< engl. *flow* »(Durch-)Fluss«]
Flow|er|pow|er, ⟨auch⟩ **Flo|wer|po|wer** ⟨[flauə(r)pauə(r)] f.; -; unz.; in den 60er Jahren⟩ *Leitwort der Hippies, das für Gewaltlosigkeit (durch Blumen symbolisiert) wirbt* [engl.; zu *flower* »Blume« + *power* »Macht«]
Flu|at ⟨n.; -(e)s, -e; Chem.⟩ *wasserlösliches Salz der Kieselfluorwasserstoffsäure* [verkürzt < *Flu*or + Silik*at*]
flu|a|tie|ren ⟨V.; Chem.⟩ *mit Fluaten behandeln;* ein Material ~
Fluf|fing ⟨[flʌfiŋ] n.; -s, -s; Sp.; Golf⟩ = *Sclaffing* [engl. zu *fluff* »Staub-, Federflocke; zu Flaum machen«]
flu|id ⟨Adj.⟩ *flüssig, fließend* [< lat. *fluidus* »fließend«; zu *fluere* »fließen«]
Flu|id ⟨a. ['--] n.; -s, -a⟩ *flüssiges Mittel*
Flu|i|dal|struk|tur ⟨f.; -, -en; Geol.⟩ *Mineralienanordnung bei Gesteinen, die eine Bewegung der Schmelze während der Erstarrung erkennen lässt* [→ *fluid*]
Flu|i|dics ⟨Pl.⟩ *Schaltelemente auf pneumatischer Basis* [→ *fluid* (mit anglisierender Endung)]
Flu|i|dik ⟨f.; -; unz.⟩ *Teilgebiet der Strömungslehre, das sich mit der techn. Anwendung u. Nutzung strömender Flüssigkeiten u. Gase befasst*
Flu|i|dum ⟨n.; -s, -da⟩ **1** *Flüssigkeit, etwas Fließendes* **2** ⟨fig.⟩ *die von etwas od. jmdm. ausgehende Wirkung* [lat., »fließend«]
Fluk|tu|a|ti|on ⟨f.; -, -en⟩ **1** *das Fluktuieren, das Hin- u. Herfluten, Schwanken, Schwankung* **2** ⟨Astron.⟩ *unregelmäßige Schwankungen der Erdrotation, die dazu führen, dass die »Erduhr« gegenüber einer völlig gleichmäßig laufenden Uhr bis zu rund einer halben Minute nach- od. vorgehen kann* **3** *Wechsel des Arbeitsplatzes innerhalb einer Volkswirtschaft* [< lat. *fluctuatio* »das Schwanken, Wogen«]
fluk|tu|ie|ren ⟨V.⟩ *hin- u. herfließen, schwanken, schnell wechseln* [< lat. *fluctuare* »wanken, wogen«]
Flu|or ⟨n.; -s; unz.; chem. Zeichen: F⟩ *nur in Verbindungen vorkommendes, zu den Halogenen gehörendes, gasförmiges Element von grünlich-gelber Farbe u. stechendem Geruch, Ordnungszahl 9* [lat., »das Fließen«; zu *fluere* »fließen«]
Flu|o|res|ze|in ⟨n.; -s; unz.⟩ *fluoreszierender Teerfarbstoff;* oV *Fluoreszin* [→ *Fluoreszenz*]
Flu|o|res|zenz ⟨f.; -; unz.⟩ *Aufleuchten durch Bestrahlung* [→ *Fluor*]
Flu|o|res|zenz|mi|kro|sko|pie, ⟨auch⟩ **Flu|o|res|zenz|mik|ros|ko|pie** ⟨f.; -; unz.⟩ *mikroskop. Untersuchung, bei der das Fluoreszieren vieler organ. Stoffe ausgenutzt wird*
flu|o|res|zie|ren ⟨V.⟩ *durch Bestrahlung aufleuchten* [→ *Fluor*]
Flu|o|res|zin ⟨n.; -s, -e; unz.⟩ = *Fluoreszein*
Flu|o|ri|de ⟨Pl.⟩ *Salze der Flusssäure, enthalten das negativ geladene Fluoridion F^- im Molekül* [< *Fluor* + *…id*]
flu|o|ri|die|ren ⟨V.⟩ **1** *mit Fluor anreichern (als Vorbeugung gegen Karies);* Sy *fluorieren, fluorisieren* **2** ⟨Chem.⟩ *Fluor in eine chemische Verbindung einfügen*
flu|o|rie|ren ⟨V.⟩ = *fluoridieren(1)*
flu|o|ri|sie|ren ⟨V.⟩ = *fluoridieren(1)*
Flu|o|rit ⟨m.; -s, -e⟩ *Flussspat*
flu|o|ro|gen ⟨Adj.⟩ *mit den Eigenschaften der Fluoreszenz ausgestattet*
Flu|or|si|li|kat ⟨n.; -(e)s, -e; Chem.⟩ *giftiges Salz der Kieselflusssäure* [< *Fluor* + *Silikat*]
Flush ⟨[flʌʃ] m.; - od. -s, -s; Med.⟩ *Hitzewallung mit Hautrötung* [zu engl. *flush* »erröten«]
Flut|ter ⟨[flʌtə(r)] n.; -s; unz.; Mus.⟩ *(bei der Wiedergabe von Tonträgern) unruhiger Lauf, der durch die Vibrationen an beweglichen Komponenten von Wiedergabegeräten (Kassettenrekordern, Plattenspielern) entsteht* [< engl. *flutter* »Flattern«]
flu|vi|al, flu|vi|a|til ⟨[-vi-] Adj.⟩ *zum Fluss gehörig, auf dem Fluss beruhend, flussbedingt; Fluss…* [< lat. *fluvialis* »im oder am Flusse befindlich, Fluss…«]
flu|vi|o|gla|zi|al ⟨[-vi-] Adj.; Geol.⟩ *von Eisschmelzwässern herrührend od. darauf bezüglich* [< lat. *fluvius* »Fluss, Strom« + *glazial*]
Flu|xi|on ⟨f.; -, -en⟩ **1** *Fluss, Wallung* **2** *Blutandrang* [zu lat. *fluctuare* »wanken, wogen«]
Flu|xi|ons|rech|nung ⟨f.; -; unz.; Bez. Newtons für⟩ *die heutige Infinitesimalrechnung*
Flu|xus ⟨m.; -; unz.⟩ *an den Dadaismus anknüpfende Art des Happenings* [lat., »Fließen«]
Fly-by, ⟨auch⟩ **Fly|by** ⟨[flaibai] m. od. n.; - od. -s, -s; Raumf.⟩ Sy *Swingby* **1** ⟨eigtl.⟩ *Steuermanöver eines im All befindlichen Flugkörpers, bei dem die Nähe zu einem Himmelskörper u. dessen Anziehungskraft dazu genutzt wird, die Flugbahn des Flugkörpers zu verändern* **2** ⟨allg.⟩ *Raumflugmission, bei der es nicht zu einer Landung auf der Oberfläche eines Planeten kommt, sondern Daten (z.B. Fotos, atmosphärische Proben) aus größerer Distanz gesammelt werden;* der Mars war wiederholt Ziel amerikanischer ~-Missionen [< engl. *fly by* »vorbeifliegen«]

Fly|er ⟨[flaiə(r)] m.; -s, -⟩ **1** *nur für kurze Strecken geeignetes Rennpferd, Flieger* **2** ⟨Spinnerei⟩ = *Fleier* **3** ⟨salopp⟩ *Handzettel, Flugblatt* [engl., »Flieger«]
Fly|ing Dutch|man ⟨[flaiiŋ dʌtʃmæn] m.; - -; unz.⟩ *internationales Schwertboot, schnellster Bootstyp der olymp. Segelbootsklassen* [engl., »Fliegender Holländer«]
Fly-o|ver, ⟨auch⟩ **Fly|o|ver** ⟨[flaio:və(r)] m.; -s, - od. -s⟩ *Überführung über eine größere Straße* [< engl. *fly over* »darüber hinweg fliegen«]
Fm ⟨chem. Zeichen für⟩ *Fermium*
FM ⟨Abk. für⟩ *Frequenzmodulation*
FN ⟨f.; -; unz.; Pferdesp.: Abk. für frz.⟩ *Fédération Nationale, (der FEI angeschlossene) Nationale Pferdesportorganisation, z.B. die Deutsche Reiterliche Vereinigung*
fob, f.o.b. ⟨Abk. für⟩ *free on board*
fö|de|ral ⟨Adj.; selten⟩ = *föderativ*
fö|de|ra|li|sie|ren ⟨V.⟩ *verbünden, zu einer Föderation vereinigen*
Fö|de|ra|lis|mus ⟨m.; -; unz.⟩ *Streben nach einem Staatenbund od. Bundesstaat mit weit gehender Selbständigkeit der Einzelstaaten;* Ggs *Unitarismus, Zentralismus* [< lat. *foedus,* Gen. *foederis* »Bündnis, Vertrag«]
Fö|de|ra|list ⟨m.; -en, -en⟩ *Vertreter, Anhänger des Föderalismus*
fö|de|ra|lis|tisch ⟨Adj.⟩ *in der Art des Föderalismus, auf ihm beruhend*
Fö|de|ra|ti|on ⟨f.; -, -en⟩ *Bündnis, Staatenbund, Bundesstaat* [< lat. *foederatus* »verbündet«, zu *foedus* »Treubund, Bündnis, Vertrag«]
fö|de|ra|tiv ⟨Adj.⟩ *die Föderation betreffend, auf ihr beruhend, mit ihrer Hilfe;* oV ⟨selten⟩ *föderal*
fö|de|rie|ren ⟨V.⟩ sich ~ *sich verbünden, sich zu einer Föderation zusammenschließen* [< lat. *foedus,* Gen. *foederis* »Bündnis, Vertrag«]
Fö|de|rier|te(r) ⟨m.1⟩ *verbündeter Staat, Verbündete(r)*
Fog ⟨m.; -s; unz.; nddt.⟩ *(dichter) Nebel* [engl.]
Fo|gosch ⟨m.; -(e)s, -e; österr. für⟩ *Zander, im Süßwasser lebender Barsch, bis zu 1,30 m langer u. 15 kg schwerer wertvoller Speisefisch: Lucioperca sandra*
Foie gras ⟨[foa gra] f.; - -, -s - [foa gra]⟩ *Gänseleberpastete* [frz.]
fo|kal ⟨Adj.⟩ *zum Fokus gehörig, von ihm ausgehend*
Fo|kal|dis|tanz ⟨f.; -, -en⟩ *Brennweite*
Fo|kal|in|fek|ti|on ⟨f.; -, -en⟩ *Herdinfektion, von einem Streuherd ausgehende chronische Infektion*
Fo|ko|me|ter ⟨n.; -s, -⟩ *Gerät zum Bestimmen der Brennweite von Linsen u. anderen optischen Vorrichtungen* [< *Fokus* + *...meter*]
Fo|kus ⟨m.; -, -⟩ **1** *Brennpunkt (von Linsen, Spiegeln u. Linsensystemen)* **2** *Streuherd für Bakterien (bes. in Mund u. Rachen)* **3** ⟨Sprachw.⟩ = *Rhema* [< lat. *focus* »Feuerstätte, Herd«]
fo|kus|sie|ren ⟨V.⟩ **1 Lichtstrahlen** ~ *in einem Punkt vereinigen* **2 Linsen** ~ *ausrichten* **3** ⟨Sprachw.⟩ *als Fokus(3) etablieren;* → a. *Rhematisierung* [→ *Fokus*]
Fo|kus|sie|rung ⟨f.; -, -en⟩ **1** *das Fokussieren* **2** ⟨Sprachw.⟩ = *Rhematisierung*
Fol. ⟨Abk. für⟩ *Folio*
Fol|der ⟨[fouldə(r)] m.; -s, -⟩ *Faltblatt, kleine Broschüre, in der der Leser über ein Thema informiert wird od. die Werbezwecken dient;* Informations~; Werbe~ [< engl. *folder* »Broschüre, Faltblatt, Faltprospekt«]
Fo|li|ant ⟨m.; -en, -en⟩ *großformatiges, dickes Buch* [→ *Folio*]
Fo|lie[1] ⟨[-liə] f.; -, -n⟩ **1** *dünnes Blättchen, dünne Haut aus Metall od. Kunststoffen;* Metall~, Plastik~ **2** *(auf einen Bucheinband) aufgeprägte Farbschicht* **3** ⟨fig.⟩ *Hintergrund (von dem sich etwas abhebt od. abheben soll);* einer Sache als ~ dienen *sie bes. deutlich hervortreten lassen* [< mlat. *folia* »Metallblättchen«, Pl. zu lat. *folium* »Blatt«]
Fo|lie[2] ⟨f.; -, -n⟩ *Narrheit, Torheit* [< frz. *folie;* zu *fou,* Fem. *folle* »närrisch, wahnsinnig«]
fo|li|ie|ren ⟨V.⟩ **1** *mit einer Folie unterlegen* **2** *mit Blattzahlen versehen* [< lat. *folium* »Blatt«]
Fo|lio ⟨n.; -s, -s; Abk.: Fol.⟩ **1** ⟨Zeichen: 2°⟩ *Buchformat, bei dem der Druckbogen nur einmal gefaltet wird* **2** *Blatt im Geschäftsbuch od. einer Handschrift* [verkürzt < lat. *in folio* »in Blatt(größe)«; zu *folium* »Blatt«]
Fo|li|um ⟨n.; -s, -lia od. -li|en⟩ *Blatt (einer Pflanze, bes. einer Droge)* [lat., »Blatt«]
Folk ⟨[fouk] m.; - od. -s; unz.; Mus.⟩ *meist englischsprachige, volkstümliche Musik mit Elementen der Rockmusik u. des Blues;* ~ singen, spielen [engl., eigtl. »Volk«]
Fol|ke|ting ⟨n.; -s; unz.⟩ **1** ⟨urspr.⟩ *zweite Kammer des dän. Reichstages* **2** ⟨heute⟩ *dän. Volksvertretung* [dän.; zu *folk* »Volk, Nation« + *ting* »Kammer«]
Fol|ke|vi|se ⟨[-vi-] f.; -, -r⟩ *altdän. Tanzlied, bes. des 12.-14. Jh.;* → a. *Kämpevise* [dän., »Volkslied«]
Folk|lo|re, ⟨auch⟩ **Fol|klo|re** ⟨f.; -; unz.⟩ **1** *Kunst, Musik, Tanz, Dichtung usw. als Bestandteil von Lebensform u. (urspr.) Kultur eines Volkes* **2** *Volkskunde* [engl.]
Folk|lo|rist, ⟨auch⟩ **Fol|klo|rist** ⟨m.; -en, -en⟩ *Volkskundler*
Folk|lo|ris|tik, ⟨auch⟩ **Fol|klo|ris|tik** ⟨f.; -; unz.⟩ *Lehre von der Folklore, Volkskunde, bes. Volksliedforschung*
folk|lo|ris|tisch, ⟨auch⟩ **fol|klo|ris|tisch** ⟨Adj.⟩ **1** *die Folklore betreffend, zu ihr gehörig, auf ihr beruhend* **2** *volkskundlich*
Folk|mu|sic ⟨[foukmju:zik] f.; -; unz. Mus.⟩ *(besonders in Großbritannien u. den USA gepflegter) Musikstil, der Melodien u. Texte traditioneller volkstümlicher Musik mit Elementen der modernen Popmusik verbindet* [< engl. *folk* »Volk, Volks...« + *music* »Musik«]
Folk|song ⟨[fouk-] m.; -s, -s; Mus.⟩ *Volkslied in der Art des Folk* [engl., »Volkslied«]

Fol|li|cu|li|tis ⟨f.; -, -ti|den⟩ = *Follikulitis*
Fol|li|kel ⟨m.; -s, -⟩ **1** *kugeliges Gebilde, z.B. die Haarbälge, Lymphknötchen der Darmwand* **2** ⟨i.e.S.⟩ *Bläschen, das bei der follikulären Eibildung im Eierstock von Insekten u. Säugetieren von Hilfs- u. Nährzellen gebildet wird u. das heranreifende Ei umgibt* [<lat. *folliculus* »kleiner Sack, Schlauch, Ballon, Hülle«; zu *follis* »Schlauch, Balg«]
Fol|li|kel|hor|mon ⟨n.; -s, -e; Biol.⟩ *weibl. Geschlechtshormon*
Fol|li|kel|sprung ⟨m.; -s, -sprün|ge; Biol.⟩ *Freigabe eines befruchtungsfähigen Eies durch den Eierstock, Eisprung;* Sy *Ovulation*
fol|li|ku|lar, fol|li|ku|lär ⟨Adj.⟩ *zu einem Follikel gehörig, von ihm ausgehend, in der Art eines Follikels*
Fol|li|ku|li|tis ⟨f.; -, -ti|den; Med.⟩ *Haarbalgentzündung;* oV *Folliculitis* [<lat. *folliculus* »kleiner Sack, Schlauch, Ballon, Hülle«; zu *follis* »Schlauch, Balg«]
Fol|säu|re ⟨f.; -; unz.⟩ *zum Vitamin-B-Komplex gehörende Verbindung (bes. in frischem Blattgemüse, in der Hefe u. in der Milch vorkommend); wichtig im Zellstoffwechsel* [<lat. *folium* »Blatt« + *Säure*]
Fo|mẹnt ⟨n.; -s, -e⟩, **Fo|men|ta|ti|on** ⟨f.; -, -en⟩ *warmer Umschlag* [<lat. *fomentum* »Umschlag, Linderungsmittel«]
fon…, Fon… ⟨vor Vok.; in Zus.⟩ = *fono…, Fono…*
…fon¹ ⟨Adj.; in Zus.⟩ = *…phon*¹
…fon² ⟨n.; -s, -e; in Zus.⟩ = *…phon*²
Fon¹ ⟨n.; -s, -e; umg., kurz für⟩ *Telefon*
Fon² ⟨n.; -s, -; Zeichen: phon⟩ = *Phon*
Fon|a|sthe|nie, ⟨auch⟩ **Fo|nas|the|nie** ⟨f.; -, -n; Med.⟩ = *Phonasthenie*
Fo|na|ti|on ⟨f.; -, -en⟩ = *Phonation*
Fond ⟨[fɔ̃:] m.; -s, -s⟩ **1** *Grund(lage)* **2** *Hintergrund* **3** *Rücksitz (im Wagen)* **4** *als Soßengrundlage verwendeter Fleischsaft, der beim Anbraten in der Pfanne entsteht* [frz., »Grund, Unter-, Hintergrund«]
Fon|dant ⟨[fɔ̃dã:] m.; -s, -s; österr. n.; -s, -s⟩ **1** *Zuckermasse (für Pralinen u. Ä.)* **2** *Zuckerpraline* [frz.; eigtl. »auf der Zunge zergehend«; zu *fondre* »schmelzen«]
Fonds ⟨[fɔ̃:] m.; - [fɔ̃:s] - [fɔ̃:s]⟩ *Geldmittel, Geldvorrat (für einen bestimmten Zweck)* [frz., »Grundstück, Lager, Vorrat, Kapital«]
Fon|due ⟨[fɔ̃dy:] f.; -, -s od. n.; -s, -s⟩ *Gericht, bei dem auf einem Spirituskocher entweder Fleischstückchen in siedendem Fett einzeln gebraten u. dann in pikante Soßen getunkt werden* (Fleisch~) *od. Käse geschmolzen und mit eingetunkten Brotstückchen gegessen wird* (Käse~)*;* chinesisches ~ *Fleischfondue unter Verwendung heißer Brühe* [frz., zu *fondre* »schmelzen«]
Fo|nem ⟨n.; -(e)s, -e⟩ = *Phonem*
Fo|ne|ma|tik ⟨f.; -; unz.⟩ = *Phonematik*
fo|ne|ma|tisch ⟨Adj.; Phonol.⟩ = *phonematisch*
Fo|ne|mik ⟨f.; -; unz.⟩ = *Phonemik*

Fonem / Phonem (*Laut-Buchstaben-Zuordnung*) Die aus dem Griechischen stammende Silbe »*-phon*« wird in vielen alltagssprachlich gebräuchlichen Wörtern bereits in integrierter Schreibweise wiedergegeben (z.B. *Telefon*). Die f-Schreibung kann künftig generell verwendet werden. Die Schreibung mit »*ph*« bleibt jedoch auch künftig, vor allem in fremdsprachlichen Texten, zulässig (→a. *Kolophonium / Kolofonium*).

fo|ne|misch ⟨Adj.; Phonol.⟩ = *phonemisch*
fo|nen ⟨V.; umg.; kurz für⟩ *telefonieren*
Fo|ne|tik ⟨f.; -; unz.⟩ = *Phonetik*
Fo|ne|ti|ker ⟨m.; -s, -⟩ = *Phonetiker*
fo|ne|tisch ⟨Adj.⟩ = *phonetisch*
Fon|i|a|ter, ⟨auch⟩ **Fo|ni|a|ter** ⟨m.; -s, -⟩ = *Phoniater*
Fon|i|a|trie, ⟨auch⟩ **Fo|ni|at|rie** ⟨f.; -; unz.; Med.⟩ = *Phoniatrie*
…fo|nie ⟨in Zus.⟩ = *…phonie*
fo|nisch ⟨Adj.⟩ = *phonisch*
Fo|nis|mus ⟨m.; -, -men; meist Pl.; Med.⟩ = *Phonismus*
fo|no…, Fo|no… ⟨vor Vokalen⟩ fon…, Fon… ⟨in Zus.⟩ = *phono…, Phono…*
Fo|no|dik|tat ⟨n.; -(e)s, -e⟩ = *Phonodiktat*
fo|no|gen ⟨Adj.⟩ = *phonogen*
Fo|no|graf ⟨m.; -en, -en⟩ = *Phonograph*
Fo|no|gra|fie ⟨f.; -, -n⟩ = *Phonographie*
fo|no|gra|fisch ⟨Adj.⟩ = *phonographisch*
Fo|no|grạmm ⟨n.; -(e)s, -e⟩ = *Phonogramm*
Fo|no|kof|fer ⟨m.; -s, -⟩ = *Phonokoffer*
Fo|no|la ⟨n.; -s, -s od. f.; -, -s⟩ = *Phonola*
Fo|no|lith ⟨m.; -s od. -en, -e od. -en⟩ = *Phonolith*
Fo|no|lo|ge ⟨m.; -n, -n⟩ = *Phonologe*
Fo|no|lo|gie ⟨f.; -; unz.⟩ = *Phonologie*
fo|no|lo|gisch ⟨Adj.⟩ = *phonologisch*
Fo|no|ma|nie ⟨f.; -, -n⟩ = *Phonomanie*
Fo|no|me|ter ⟨n.; -s, -⟩ = *Phonometer*
Fo|no|me|trie, ⟨auch⟩ **Fo|no|met|rie** ⟨f.; -; unz.⟩ = *Phonometrie*
fo|no|me|trisch, ⟨auch⟩ **fo|no|met|risch** ⟨Adj.⟩ = *phonometrisch*
Fo|non ⟨n.; -s, -en⟩ = *Phonon*
Fo|no|thek ⟨f.; -, -en⟩ = *Phonothek*
Fo|no|ty|pis|tin ⟨f.; -, -tin|nen⟩ = *Phonotypistin*
Fọnt ⟨m.; -s, -s; Drucktech.; EDV⟩ *Zeichensatz, bes. die verschiedenen innerhalb eines Textverarbeitungsprogrammes zur Verfügung stehenden Schriftsätze* [<engl. *font* »(Textverarbeitungs-)Zeichensatz« <engl. *fount* »Setzkasten (des Druckers)«]
Fon|tä|ne ⟨f.; -, -n⟩ *Wasserstrahl eines Springbrunnens* [<frz. *fontaine* »Quelle, Springbrunnen«]
Fon|ta|nẹl|le ⟨f.; -, -n⟩ *Knochenlücke des Schädels von Neugeborenen: Fonticuli* [<ital. *fontanella* »kleine Quelle«, zu *fontana* »Quelle«]
Food ⟨[fu:d] n.; -s; unz.; umg.⟩ *jegliche Form*

von Nahrungsmitteln, insbesondere kulinarische Spezialitäten aus den angelsächsischen Ländern [< engl. *food* »Essen, Nahrung«]

Food|de|si|gner, ⟨auch⟩ **Food|de|sig|ner** ⟨[fu:ddizainə(r)] m.; -s, -⟩ *(im Nahrungsmittelbereich tätiger) Gestalter, der Speisen für Werbefotos, Filmaufnahmen od. Schaufensterdekorationen appetitanregend u. optisch vorteilhaft zubereitet bzw. arrangiert*

Food|en|gi|nee|ring ⟨[fu:d ɛndʒini:riŋ] n.; -s; unz.⟩ *Produktion völlig künstlicher Lebensmittel* [< engl. *food* »Lebensmittel« + *Engineering*]

Foot ⟨[fut] m.; -, Feet [fi:t]⟩ *engl. Längenmaß, 30,5 cm* [engl., »Fuß«]

Foot|ball ⟨[futbɔ:l] n.; -s; unz.⟩ = *American Football*

Foot|can|dle, ⟨auch⟩ **Foot|cand|le** ⟨[futkændl] f.; -, -s; Phys.; in angelsächs. Ländern⟩ *nicht metrische Maßeinheit für die Beleuchtungsstärke, entspricht 10,76 Lux* [< engl. *foot* »Fuß (Maßeinheit, etwa 30,5 cm)« + *candle* »Kerze (Beleuchtungseinheit)«; also eigtl. »Kerze(n) pro Fuß«]

Foo|ting ⟨[fu:tiŋ] n.; - od. -s, -s⟩ *individuell u. dispositionell unterschiedlich hohe mittlere Laufgeschwindigkeit, bei der die Pulsfrequenz des Laufenden bei etwa 130 liegt* [engl., »Stand, Halt«]

Fo|ra ⟨Pl. von⟩ *Forum*

Fo|ra|men ⟨n.; -s, - od. -mi|na⟩ *Loch, Öffnung* [lat.]

Fo|ra|mi|ni|fe|re ⟨f.; -, -n⟩ *meeresbewohnender Wurzelfüßer mit ein- od. vielkammerigem Gehäuse aus Kalk od. organ. Substanz: Foraminifera, Polythalamia;* Sy *Polythalamia* [zu lat. *foramen* »Loch, Öffnung« + *...fere*]

Force ⟨[fɔ:rs] f.; -, -n⟩ *Stärke, Kraft, Gewalt, Zwang;* ~ majeure [maʒœ:r] *höhere Gewalt* [frz.]

Force de Frappe ⟨[fɔ:rsdəfrap] f.; - - -; unz.⟩ *französische Atomstreitmacht* [frz., »nukleare Schlagkraft«]

for|cie|ren ⟨[-si:-] V.⟩ **1** *erzwingen, gewaltsam durchsetzen* **2** ⟨fig.⟩ *heftig vorantreiben, steigern, auf die Spitze treiben* [< frz. *forcer* »(be-, er)zwingen«]

for|ciert ⟨[si:rt] Adj.⟩ *gezwungen, gewaltsam*

Fore ⟨[fɔ:(r)] Sp.; Golf⟩ *Achtung! (Warnruf)* [engl., eigtl. »vorn«]

Fö|re ⟨f.; -; unz.⟩ *Eignung des Schnees zum Skisport, Geführ igkeit;* Ski~ [skand.]

Fore|che|cking ⟨[fɔ:(r)tʃɛkiŋ] n.; -s, -s; Sp.; bes. Eishockey⟩ *erlaubtes Stören des gegnerischen Spielaufbaus bereits in der gegnerischen Hälfte* [< engl. *fore* »vorn« + *check* »Hindernis, Hemmnis; Probe, Kontrolle«]

Fore|hand ⟨[fɔ:(r)hænd] f.; -, -s; Sp.; bes. Tennis⟩ *Vorhand(schlag);* Ggs *Backhand* [engl.]

Fo|reign Of|fice ⟨[fɔrən ɔfis] n.; - -; unz.⟩ *das brit. Auswärtige Amt* [engl.]

Fo|ren ⟨Pl. von⟩ *Forum*

fo|ren|sisch ⟨Adj.⟩ *gerichtlich;* ~e Medizin [< lat. *forensis* »zum Forum gehörig, auf dem Forum befindlich«; → *Forum*]

For|fai|teur ⟨[fɔrfɛtø:r] m.; -s, -e; Wirtsch.⟩ *Finanzierungsgesellschaft (Kreditinstitut), die bei einer Forfaitierung die Forderungen aus einer Exportfinanzierung erwirbt* [frz.]

for|fai|tie|ren ⟨[fɔrfɛ-] V.; Wirtsch.⟩ *nach überschlägiger Berechnung verkaufen;* eine Forderung ~ [→ *Forfaitierung*]

For|fai|tie|rung ⟨[fɔrfɛ-] f.; -, -en; Wirtsch.⟩ *Methode der Exportfinanzierung über eine Finanzierungsgesellschaft (Kreditinstitut), die die Forderungen mit allen Risiken erwirbt* [< frz. *forfait* »Pauschalvertrag«]

For|feit ⟨[fɔ:rfit] n.; - od. -s, -s; Kaufmannsspr.⟩ *Abstandszahlung bei Vertragsrücktritt, Reuegeld* [engl., »Geldbuße« < afrz. *forfait* »Untat, Frevel, Verbrechen« < lat. *foris facere* »draußen, d.h. außerhalb des Rechts handeln«]

Fo|rint ⟨m.; - od. -s, -s od. österr. -e; bei Wertangaben Pl. -; Abk.: Ft.⟩ *ungar. Währungseinheit (100 Fillér)* [ung. < ital. *fiorino* »Gulden« < *fiore* »Blume« < lat. *flos,* Gen. *floris;* → *Florin*]

...form[1] ⟨in Zus.⟩ *...förmig* [< lat. *forma* »Form«]

...form[2] ⟨in Zus.⟩ *von der Ameisensäure abgeleitete Verbindung* [< lat. *formica* »Ameise«]

For|mag|gio ⟨[-ma:dʒo] m.; - od. -s, -mag|gi [-ma:dʒi]⟩ *Käse* [ital.]

for|mal ⟨Adj.⟩ **1** *die Form betreffend, auf einer Form beruhend;* die beiden Wörter sind ~ verschieden, bedeuten aber das Gleiche; ~e Logik *nach Regeln der Mathematik in Formeln ausdrückbare Logik* **2** ⟨Philos.⟩ *die Form einer Gegebenheit betonend;* Ggs *material(2)* [< lat. *formalis* »an eine gewisse Form gebunden, förmlich«]

for|mal|äs|the|tisch ⟨Adj.⟩ *nur die äußere Form eines Kunstwerks betreffend, allein auf die formale Gestaltung bezogen;* ein Bild aufgrund ~er Kriterien bewerten

For|mal|aus|bil|dung ⟨f.; -, -en; Mil.; neuere Bez. für⟩ *Exerzieren*

Form|al|de|hyd ⟨m.; -s; unz.⟩ *einfachster aliphatischer Aldehyd, H-CHO, stechend riechendes, farbloses Gas, entsteht durch Dehydrierung aus Methylalkohol, wenn dessen Dämpfe mit Luft über glühende Kupferspiralen od. Metalloxide geleitet werden;* Sy *Formalin, Formol* [< lat. *formica* »Ameise« + *Aldehyd*]

For|ma|li|en ⟨Pl.⟩ *Formalitäten, Förmlichkeiten*

For|ma|lin ⟨n.; -s; unz.⟩ = *Formaldehyd*

for|ma|li|sie|ren ⟨V.⟩ eine Sache ~ *einer Sache eine bestimmte (strenge) Form geben, sich bei einer Sache an gegebene (strenge) Formen halten*

For|ma|lis|mus ⟨m.; -; unz.⟩ **1** *Überbetonung der Form, des Formalen, der Äußerlichkeiten* **2** ⟨Math.⟩ *Betrachtungsweise, für die die Mathematik nur aus formalen Strukturen besteht,*

also gewissermaßen ein Spiel mit den Symbolen ist
For|ma|list ⟨m.; -en, -en⟩ *Anhänger des Formalismus*
for|ma|lis|tisch ⟨Adj.⟩ *auf dem Formalismus beruhend*
For|ma|li|tät ⟨f.; -, -en⟩ **1** *Förmlichkeit, Formsache, Äußerlichkeit;* die ~en beachten, erfüllen **2** *Formvorschrift;* Zoll~
for|ma|li|ter ⟨Adv.⟩ *förmlich, auf förml. Weise* [<lat. *formalis;* → *formal*]
for|mal|ju|ris|tisch ⟨Adj.⟩ *äußerlich dem Gesetz völlig gemäß;* rein ~ liegt der Sachverhalt klar
For|mans ⟨n.; -, -man|tia od. -man|ti|en⟩ *Ableitungssilbe, Präfix, Infix, Suffix;* Sy *Formativ* [lat.; Part. Präs. zu *formare* »gestalten«]
For|mat ⟨n.; -(e)s, -e⟩ **1** *Gestalt, Größe; Maß; Ausmaß; Normgröße;* Papier~, Buch~ **2** ⟨fig.⟩ *überdurchschnittl. Tüchtigkeit, Bedeutung* **3** *Geradheit, gerade innere Haltung, Überlegenheit;* er hat kein ~; eine Frau, ein Mann von ~ [<lat. *formatus,* Part. Perf. zu *formare* »gestalten«]
for|ma|tie|ren ⟨V.; EDV⟩ Disketten ~ *D. in bestimmte Bereiche einteilen, eine bestimmte Einteilung vorgeben;* Sy *initialisieren*
For|ma|tie|rung ⟨f.; -, -en; EDV⟩ *Strukturierung der Daten für die Verarbeitung durch eine EDV-Anlage, bei der Inbetriebnahme erforderliche Einteilung eines Datenträgers (Diskette, Festplatte)*
For|ma|ti|on ⟨f.; -, -en⟩ **1** *Gestaltung, Bildung* **2** *Aufstellung, Formierung, Gliederung;* in geschlossener ~ marschieren **3** *größerer Abschnitt der Erdgeschichte zwischen Zeitalter u. Abteilung* **4** *Zusammenfassung von Pflanzen gleicher Wuchsformen ohne Rücksicht auf die Verwandtschaft nach Arten, z.B. sommergrüner Laubwald;* Pflanzen~; Vegetations~ [<lat. *formatio* »Gestaltung, Bildung«]
For|ma|ti|ons|flug ⟨m.; -(e)s, -flü|ge; Luftf.⟩ *Flug mehrerer Luftfahrzeuge im geschlossenen Verband, z.B. bei Flugschauen od. militärischen Operationen* [→ *Formation*]
For|ma|ti|ons|tanz ⟨m.; -es; -tän|ze; Sp.⟩ *Tanzwettbewerb mit jeweils acht Paaren pro Mannschaft, die in vier Minuten möglichst synchron bei freier Wahl von Musik u. Choreografie alle neun Pflichttänze darbieten müssen*
for|ma|tiv ⟨Adj.⟩ *die Formation, die Gestalt(ung) betreffend, auf ihr beruhend, gestaltend* [<frz. *formatif* »bildend, gestaltend«, <lat. *formare* »gestalten«]
For|ma|tiv ⟨n.; -s, -e [-və]⟩ = *Formans*
For|mel ⟨f.; -, -n⟩ **1** *feststehender Ausdruck, Redensart;* Gruß~; Zauber~ **2** *kurze, treffende Begriffsbestimmung* **3** *chem. Zeichen* **4** *Rechensatz, Buchstabengleichung;* chemische ~; mathematische ~ [<lat. *formula* »Vorschrift, Satzung«, Verkleinerungsform zu *forma* »Gestalt«]
for|mell ⟨Adj.⟩ **1** *förmlich, die äußeren Formen, die Umgangsformen (genau) beachten;* jmdm. einen ~en Besuch machen; den Empfang ~ bestätigen; Ggs *informell* **2** *ausdrücklich* **3** *zum Schein* [<frz. *formel* »ausdrücklich, förmlich«]
For|mi|at ⟨n.; -s, -e⟩ *Salz der Ameisensäure* [<lat. *formica* »Ameise«]
For|mi|ca|tio ⟨f.; -; unz.; Med.⟩ *Hautkribbeln, -jucken* [lat., eigtl. »das Ameisenlaufen«]
for|mi|da|bel ⟨Adj.⟩ **1** *schrecklich, Grauen erregend* **2** *großartig, beeindruckend* [<frz. *formidable* »furchtbar, riesig«]
for|mie|ren ⟨V.⟩ *formen, bilden, gestalten;* Truppen ~ *aufstellen* [<frz. *former* »bilden, gestalten« <mhd. *formieren* <lat. *formare*]
For|mi|ka|ri|um ⟨n.; -s, -ri|en⟩ *zu Studien- u. Demonstrationszwecken künstlich angelegter (einsehbarer) Ameisenbau* [<lat. *formica* »Ameise«]
For|mol ⟨n.; -s; unz.⟩ = *Formaldehyd*
For|mu|lar ⟨n.; -s, -e⟩ *gedrucktes Formblatt, gedruckter Fragebogen;* Anmelde~ [<nlat. *formularium,* <lat. *formula;* → *Formel*]
for|mu|lie|ren ⟨V.⟩ *in eine endgültige sprachl. Form bringen, in Worte fassen (Begriff, Vorstellung)* [<lat. *formula* »Vorschrift«; → *Formel*]
For|mu|lie|rung ⟨f.; -, -en⟩ **1** *das Formulieren* **2** *sprachl. Fassung, sprachl. Ausdruck*
For|nix ⟨m.; -, -ni|ces; Anat.⟩ *gewölbter Teil eines Organs;* ~ Cerebri *Hirngewölbe* [lat., »Wölbung, Bogen«]
For|sy|thie ⟨[-tsiə] f.; -, -n⟩ *Goldflieder, Gattung der Ölbaumgewächse, beliebter Zierstrauch in Anlagen, mit gelben Blüten: Forsythia suspensa* [nach dem engl. Botaniker W.A. *Forsyth*]
Fort ⟨[foːr] n.; -s, -s⟩ *Teil einer Befestigungsanlage, kleines Festungswerk;* Außen~ [<frz. »befestigter Platz« <lat. *fortis* »stark«]
for|te ⟨Mus.; Abk.: f⟩ **1** *laut, stark* **2** ⟨Pharm.⟩ *stark (wirkend)* [ital.]
For|te ⟨n.; -; unz.; Mus.⟩ *große Tonstärke*
for|te|for|tis|si|mo ⟨Mus.; Abk.: fff⟩ *ganz bes. laut, ganz bes. stark*
for|te|pi|a|no ⟨Mus.⟩ *laut u. gleich wieder leise* [ital., »stark u. schwach«]
For|te|pi|a|no ⟨n.; -s; unz.; Mus.⟩ **1** *starke u. sofort nachlassende Tonstärke* **2** = *Pianoforte*
For|ti|fi|ka|ti|on ⟨f.; -, -en⟩ **1** *Befestigungskunst* **2** *Festungswerk* [<frz. *fortification* <lat. *fortis* »stark« + *facere* »machen«]
for|ti|fi|ka|to|risch ⟨Adj.⟩ *die Befestigung betreffend, mit ihrer Hilfe, auf ihr beruhend*
for|ti|fi|zie|ren ⟨V.⟩ *befestigen* [<frz. *fortifier;* beeinflusst von Zusammensetzungen mit *..fizieren*]
For|tis ⟨f. od. m.; -, -tes [-teːs]; Sprachw.⟩ *Verschluss- od. Reibelaut, der mit starkem Luftdruck artikuliert wird,* z.B. p, t, k; Ggs *Lenis* [lat., »stark, kräftig«]
for|tis|si|mo ⟨Mus.; Abk.: ff⟩ *sehr laut, sehr stark* [ital., »sehr stark«]
For|tis|si|mo ⟨n.; -s, -s od. -mi; Mus.⟩ *sehr große Tonstärke*

FORTRAN ⟨n.; -; unz.; EDV⟩ *Programmiersprache für techn. u. mathemat.-wissenschaftl. Aufgaben* [verkürzt < engl. *for*mula *tran*slator »Formelübersetzer«]

For|tu|na ⟨f.; -; unz.⟩ **1** ⟨Myth.⟩ *altröm. Göttin von Glück u. Unglück, Schicksal u. Fügung* **2** ⟨danach allg.⟩ *Glück;* ~ war ihm hold *er hatte Glück* [lat., »Schicksal, Glück; Schicksals-, Glücksgöttin«]

For|tune ⟨[- ty:n] f.; -; unz.; †⟩, **For|tü|ne** ⟨f.; -; unz.⟩ *Glück, Erfolg;* er hatte keine ~ [< frz. *fortune* »Glück«]

Fo|rum ⟨n.; -s, -ren od. -ra⟩ **1** *Markt- u. Gerichtsplatz im alten Rom;* ~ Romanum **2** ⟨fig.⟩ *Gericht, Richterstuhl;* das ~ der Öffentlichkeit **3** ⟨fig.⟩ *Gruppe von Personen, bes. Fachleuten, bei denen eine sachverständige Untersuchung gewährleistet ist;* eine strittige Frage vor ein ~ von Medizinern bringen

Fo|rums|dis|kus|si|on ⟨f.; -, -en⟩ *öffentl. Diskussion von Fachleuten über eine aktuelle Frage*

For|ward ⟨[fɔ:wəd] m.; -s, -s; schweiz.; Fußb.⟩ *Stürmer* [engl.]

for|zan|do, for|za|to ⟨Mus.; Abk.: fz⟩ = *sforzato*

For|zeps ⟨m. od. f.; -, -zi|pes; Med.⟩ *Zange, Geburtszange* [< lat. *forceps* »Zange«]

Fos|bu|ry|flop, ⟨auch⟩ **Fos|bu|ry-Flop** ⟨[fɔsbəri-] m.; -s, -s; Sp.⟩ *(heute allg. übliche) Art des Hochsprungs, bei der die Latte in Rückenlage überquert wird* [nach dem amerikan. Hochspringer R. *Fosbury*]

Fos|sa ⟨f.; -, -sae [-sɛ:]; Med.⟩ = *Fovea* [lat., »Graben«]

Fo|ße ⟨f.; -, -n⟩ = *Fausse*

fos|sil ⟨Adj.; Geol.⟩ *urweltlich, versteinert* [< lat. *fossilis* »ausgegraben«]

Fos|sil ⟨n.; -s, -li|en; Geol.⟩ *versteinerter Rest eines urwelt. Lebewesens*

Fos|si|li|sa|ti|on ⟨f.; -, -en; Geol.⟩ *Entstehung von Versteinerungen* [→ *fossil*]

fos|si|li|sie|ren ⟨V.; Geol.⟩ *zu einem Fossil werden*

fot, f.o.t. ⟨Abk. für⟩ *free on truck*

fö|tal ⟨Adj.⟩ = *fetal*

fö|tid ⟨Adj.; Med.⟩ *stinkend, übel riechend* [< lat. *foetidus*]

> **Foto... / Photo...** (*Laut-Buchstaben-Zuordnung*) Die aus dem Griechischen stammende Silbe *»-phot«* wird in vielen in der Alltagssprache gebräuchlichen Wörtern bereits in integrierter Schreibweise wiedergegeben (z.B. *Fotoapparat*).
> Die f-Schreibung kann künftig generell verwendet werden. Die Schreibung mit *»ph«* bleibt jedoch auch künftig, vor allem in fremdsprachlichen Texten, zulässig (→ a. *Fono... / Phono...; Graf... / Graph...*).

Fo|to ⟨n.; -s, -s; schweiz. f.; -, -s; umg.; kurz für⟩ *Fotografie(2)*

fo|to..., Fo|to... ⟨in Zus.⟩ *licht..., Licht..., Lichtbild...;* oV *photo..., Photo...* [< grch. *phos,* Gen. *photos* »Licht«]

Fo|to|ap|pa|rat ⟨m.; -(e)s, -e⟩ *Apparat zum Herstellen von Lichtbildern*

Fo|to|bi|o|lo|gie ⟨f.; -; unz.⟩ *Teilgebiet der Biologie, das sich mit den Wechselwirkungen zwischen Licht u. Organismus befasst, z.B. Fotosynthese der Pflanzen;* oV *Photobiologie*

fo|to|bi|o|lo|gisch ⟨Adj.⟩ *zur Fotobiologie gehörend, auf der Beziehung zwischen Licht u. Organismus beruhend;* oV *photobiologisch*

Fo|to|che|mie ⟨[-çe-] f.; -; unz.⟩ *Teilgebiet der Chemie, das die durch Licht ausgelösten Wirkungen untersucht;* oV *Photochemie*

fo|to|che|misch ⟨[-çe:-] Adj.⟩ *zur Fotochemie gehörend, sie betreffend;* oV *photochemisch*

Fo|to|che|mi|gra|fie ⟨[-çe-] f.; -; unz.⟩ *Herstellung von Ätzungen aller Art auf fotograf. Wege;* oV *Photochemigraphie* [< *Foto* + *Chemie* + *...grafie*]

fo|to|chrom ⟨[-kro:m] Adj.; Phys.; Opt.⟩ = *fototrop;* oV *photochrom*

Fo|to|ef|fekt ⟨m.; -(e)s, -e⟩ *lichtelektrischer Effekt;* oV *Photoeffekt*

fo|to|e|lek|trisch, ⟨auch⟩ **fo|to|e|lekt|risch** ⟨Adj.⟩ *zur Fotoelektrizität gehörend, auf ihr beruhend;* ~er Effekt *lichtelektrischer Effekt;* oV *photoelektrisch*

Fo|to|e|lek|tri|zi|tät ⟨auch⟩ **Fo|to|e|lekt|ri|zi|tät** ⟨f.; -; unz.⟩ *durch Licht ausgelöste elektr. Vorgänge;* oV *Photoelektrizität*

Fo|to|e|lek|tron, ⟨auch⟩ **Fo|to|e|lekt|ron** ⟨n.; -s, -en⟩ *durch Vorgänge der Photoelektrizität freigesetztes Elektron;* oV *Photoelektron*

Fo|to|e|le|ment ⟨n.; -(e)s, -e⟩ oV *Photoelement* **1** *Halbleiterbauelement, dessen elektrischer Widerstand von der einwirkenden Helligkeit abhängig ist* **2** = *Fotozelle(2)*

Fo|to|fi|nish ⟨[-niʃ] n.; -s, -s; Sp.⟩ *Entscheidung eines Rennens aufgrund des Zielfotos bei kaum od. nicht sichtbarem Abstand zwischen den Teilnehmern im Einlauf* [< *Foto* + engl. *finish* »Schluss, Ende«]

fo|to|gen ⟨Adj.⟩ *auf Fotografien, in Filmen gut aussehend, gut wirkend;* ~ sein [< *foto...* + *...gen*[1]]

Fo|to|ge|ni|tät ⟨f.; -; unz.⟩ *fotogenes Aussehen*

Fo|to|graf ⟨m.; -en, -en⟩ *jmd., der gewerbsmäßig fotografiert;* oV *Photograph* [< *Foto...* + *...graph*]

Fo|to|gra|fie ⟨f.; -, -n⟩ oV *Photographie* **1** *Verfahren zur Erzeugung von dauerhaften Lichtbildern* **2** ⟨zählb.⟩ *Lichtbild* [< *Foto...* + *...graphie*]

fo|to|gra|fie|ren ⟨V.⟩ *mit dem Fotoapparat ein Lichtbild aufnehmen;* oV *photographieren*

fo|to|gra|fisch ⟨Adj.⟩ *die Fotografie betreffend, auf ihr beruhend, mit ihren Mitteln;* eine ~e Dokumentation; oV *photographisch*

Fo|to|gramm ⟨n.; -s, -e⟩ *fotograf. Bild, auf dem zum Ausmessen des abgebildeten Objektes auch ein Koordinatensystem abgebildet ist, Messbild;* oV *Photogramm* [< *Foto...* + *gramm*]

Fo|to|gramm|me|trie, ⟨auch⟩ **Fo|to|gramm-met|rie** ⟨f.; -; unz.⟩ *Wissenschaft u. Technik der Aufnahme u. Auswertung von Fotogrammen zur Bestimmung von Größe u. Lage beliebiger Objekte; Bildmessung;* oV *Photogrammetrie* [< *Foto… + gramm + …metrie*]

fo|to|gramm|me|trisch, ⟨auch⟩ **fo|to|gramm-met|risch** ⟨Adj.⟩ *die Fotogrammmetrie betreffend, auf ihr beruhend, mit ihrer Hilfe;* oV *photogrammmetrisch*

Fo|to|gra|vü|re ⟨[-vy:-] f.; -, -n⟩ = *Heliogravüre* [< *Foto… + Gravüre*]

Fo|to|ko|pie ⟨f.; -, -n⟩ *fotograf. Wiedergabe von Schriftstücken od. Bildern, Ablichtung*

fo|to|ko|pie|ren ⟨V.⟩ *eine Fotokopie herstellen von, ablichten*

Fo|to|la|bor ⟨n.; -s, -s⟩ *Labor zum Entwickeln u. Vergrößern fotograf. Materials*

Fo|to|ly|se ⟨f.; -; unz.⟩ *Spaltung chem. Verbindungen durch Lichteinwirkung;* oV *Photolyse* [< *Foto…* + grch. *lysis* »Aus-, Auflösung«]

fo|to|me|cha|nisch ⟨[-ça:-] Adj.⟩ *mechanisch mit Hilfe der Fotografie (vervielfältigend)*

Fo|to|me|ter ⟨n.; -s, -⟩ *Gerät, das die Lichtstärken zweier Lichtquellen vergleicht;* oV *Photometer*

Fo|to|me|trie, ⟨auch⟩ **Fo|to|met|rie** ⟨f.; -; unz.⟩ *Lehre vom Messen der Lichtstärke;* oV *Photometrie*

fo|to|me|trisch, ⟨auch⟩ **fo|to|met|risch** ⟨Adj.⟩ *auf Fotometrie beruhend, mit ihrer Hilfe;* oV *photometrisch*

Fo|to|mo|dell ⟨n.; -s, -e⟩ *jmd., der berufsmäßig für Fotos Modell steht;* → a. *Dressman, Mannequin*

Fo|to|mon|ta|ge ⟨[-ʒə] f.; -, -n⟩ **1** ⟨unz.⟩ *Zusammensetzung von Teilen verschiedener Aufnahmen zu einer fotograf. Vorlage* **2** ⟨zählb.⟩ *durch Fotografieren dieser Vorlage entstandenes Bild*

Fo|ton ⟨n.; -s, -to|nen⟩ *Elementarteilchen der elektromagnet. Strahlung (bes. des Lichts), das je nach Wellenlänge der Strahlung eine bestimmte Energie überträgt, Lichtquant;* oV *Photon* [< grch. *phos,* Gen. *photos* »Licht«]

Fo|to|nas|tie ⟨f.; -, -n⟩ *durch Licht ausgelöste Nastie;* oV *Photonastie*

Fo|to|ob|jek|tiv ⟨n.; -s, -e [-və]⟩ *Hauptbestandteil fotografischer Apparate, Kombination mehrerer Linsen, die durch Lichtstärke u. Brennweite gekennzeichnet sind*

Fo|to|op|tik ⟨f.; -, -en; Pl. selten⟩ *Gesamtheit der Objektive einer Fotokamera*

Fo|to|pe|ri|o|dis|mus ⟨m.; -; unz.⟩ *Reaktionsfähigkeit von Organismen auf die täglichen Licht- u. Dunkelperioden;* oV *Photoperiodismus* [< grch. *phos,* Gen. *photos* »Licht« + *Periode*]

fo|to|phil ⟨Adj.; Biol.⟩ *Licht bevorzugend, liebend (in Bezug auf Pflanzen u. Tiere);* oV *photophil;* Sy *heliophil;* Ggs *fotophob* [< *foto…* + *…phil*]

fo|to|phob ⟨Adj.; Biol.⟩ *das Licht scheuend, sich ihm fernhaltend (in Bezug auf Pflanzen u. Tiere);* oV *photophob;* Sy *heliophob;* Ggs *fotophil* [< *foto… + …phob*]

Fo|to|pho|bie ⟨f.; -, -n⟩ *Lichtscheu;* oV *Photophobie*

Fö|tor ⟨m.; -s; unz.⟩ *übler Geruch* [< lat. *foetor* »Gestank«]

Fo|to|re|a|lis|mus ⟨m.; -; unz.; Mal.⟩ *Kunstrichtung der späten 1960er- u. der 1970er-Jahre, die durch bis zur Augentäuschung gehenden Detailrealismus von fotografischer Genauigkeit gekennzeichnet war u. vielfach Fotografien als Vorlage benutzte;* oV *Photorealismus*

Fo|to|re|a|list ⟨m.; -en, -en; Mal.⟩ *Vertreter des Fotorealismus;* oV *Photorealist*

Fo|to|sa|fa|ri ⟨f.; -, -s⟩ *Reise (bes. nach Afrika) zum Fotografieren wild lebender Tiere*

Fo|to|set|ter ⟨m.; -s, -; Drucktech.⟩ *eine fotografische Setzmaschine* [< *Foto* + engl. *setter* »Setzmaschine«]

Fo|to|sphä|re, ⟨auch⟩ **Fo|tos|phä|re** ⟨f.; -; unz.⟩ *strahlende Gashülle der Sonne;* oV *Photosphäre*

Fo|to|syn|the|se ⟨f.; -; unz.⟩ *Ausnutzung von Licht durch die grüne Pflanze für die Umwandlung von Kohlendioxid in Kohlenhydrate;* oV *Photosynthese*

fo|to|tak|tisch ⟨Adj.⟩ *Fototaxis aufweisend;* oV *phototaktisch*

Fo|to|ta|xis ⟨f.; -, -xi|en⟩ *durch Licht ausgelöste Taxis;* oV *Phototaxis*

Fo|to|thek ⟨f.; -, -en⟩ *Sammlung von Fotografien (bes. zu wissenschaftl. od. Gewerbezwecken)* [< *Foto… + …thek*]

Fo|to|the|ra|pie ⟨f.; -, -n⟩ *Heilverfahren mit Licht;* oV *Phototherapie*

fo|to|trop ⟨Adj.⟩ *auf Fototropismus beruhend, durch ihn bewirkt;* oV *phototrop, fototropisch;* Sy *fototchrom* [< *foto… + trop*[1]]

Fo|to|tro|pie ⟨f.; -; unz.; Chem.⟩ *Farbwechsel kristallisierter Substanzen unter Lichteinfluss;* oV *Phototropie* [< *Foto… + …tropie*]

fo|to|tro|pisch ⟨Adj.⟩ = *fototrop;* oV *phototropisch*

Fo|to|tro|pis|mus ⟨m.; -; unz.⟩ *durch Licht ausgelöster Tropismus;* oV *Phototropismus*

Fo|to|vol|ta|ik ⟨[-vɔl-] f.; -; unz.⟩ *Gebiet der Technik, das sich mit der Gewinnung von elektrischer Energie durch Ausnutzung fotoelektrischer Erscheinungen befasst;* oV *Photovoltaik*

fo|to|vol|ta|isch ⟨[-vɔl-] Adj.⟩ *die Fotovoltaik betreffend, zu ihr gehörend;* oV *photovoltaisch*

Fo|to|zel|le ⟨f.; -, -n⟩ oV *Photozelle* **1** ⟨früher⟩ *Elektronenröhre mit einer lichtempfindlichen Kathode* **2** ⟨heute meist⟩ *Halbleiterbauelement, das beim Auftreffen von Licht durch Freisetzung von Elektronen einen Stromfluss einleitet;* Sy *Fotoelement(2)*

Fo|to|zin|ko|gra|fie ⟨f.; -, -n⟩ **1** *fotografisches Verfahren zur Herstellung von Zinkdrucken* **2** *mit diesem Verfahren hergestellter Zinkdruck*

Fö|tus ⟨m.; -ses, -se⟩ = *Fetus*

fou|droy|ant, ⟨auch⟩ **foud|ro|yant** ⟨[fudroajã:]

Adj.; Med.⟩ *plötzlich einsetzend (von Krankheiten)* [frz., eigtl. »Blitze schleudernd«; zu *foudre* »Blitz«]

foul ⟨[faul] Adj.; nur prädikativ od. adverbial; Sp.⟩ *regelwidrig, unfair* [engl., »schmutzig, unrein, faul, verdorben«]

Foul ⟨[faul] n.; -s, -s; Sp.⟩ *Verstoß gegen die Spielregeln* [engl., »etwas Unreines; regelwidriger Schlag od. Stoß beim Sport«]

Fou|lard ⟨[fula:r] m.; -s, -s⟩ *ein beidseitig bedruckter, leichter, weicher Seidenstoff* [frz., »Seidentuch, Seidentaft«]

Fou|lar|dine ⟨[fulardi:n] f.; -; unz.⟩ *bedruckter Baumwollsatin*

Fou|lé ⟨[fule:] m.; - od. -s, -s⟩ *weicher Wollstoff* [frz., »gewalkt«]

fou|len ⟨[faulən] V.; Sp.⟩ *regelwidrig, unfair spielen* [→ *foul*]

Fou|ling ⟨[fauliŋ] n.; -s; unz.⟩ **1** *(durch Bakterien, Pilze o. Ä. verursachte) Veränderung von Farben u. Lacken auf Holz u. Metall* **2** *Verschmutzung von Wärme übertragenden Flächen* [zu engl. *foul* »unrein, schmutzig«]

Fou|ra|ge ⟨[fura:ʒə] f.; -; unz.⟩ = *Furage*

Four|gon ⟨[furgɔ̃:] m.; -s, -s; Mil.; †; noch schweiz.⟩ *Pack-, Lastwagen* [frz., »gedeckter Packwagen, geschlossener Lastkraftwagen«]

Fou|rier ⟨[fu:-] m.; -s, -e⟩ = *Furier*

Fou|ri|er|a|na|ly|se, ⟨auch⟩ **Fou|ri|er-A|na|ly|se** ⟨[furie:-] f.; -, -n⟩ *Verfahren der Schwingungslehre, mit dem sich eine unharmonische Schwingung in zwei od. mehr harmonische, sinusförmige Schwingungen zerlegen lässt;* Sy *harmonische Analyse* [nach dem frz. Mathematiker Jean-Baptiste-Joseph de *Fourier,* 1768–1830]

Fou|ri|e|ris|mus ⟨[fu-] m.; -; unz.⟩ *Lehre des frz. sozialist. Utopisten Charles Fourier (1772–1837)*

Four|let|ter|word, ⟨auch⟩ **Four-Let|ter-Word** ⟨[fɔ:lɛtə(r)wə:d] n.; -s, -s⟩ *vulgäres Schimpfwort,* z.B. „fuck"; → a. *Fivevowelword* [engl., eigtl. »Wort aus vier Buchstaben«; zu engl. *fuck* »ficken, koitieren«]

Four|some ⟨[fɔ:sʌm] m. od. n.; -s, -s; Sp., Golf⟩ *Viererspiel, bei dem zwei Parteien mit je zwei Spielern, die abwechselnd den Ball spielen, gegeneinander antreten* [engl., »Quartett«]

fow, f.o.w. ⟨Abk. für⟩ *free on waggon*

Fo|vea ⟨[-ve-] f.; -, -ve|ae [-veɛ:]; Med.⟩ *Vertiefung, Grube;* Sy *Fossa* [lat.]

Fox ⟨m.; - od. -es, -e; kurz für⟩ **1** *Foxterrier* **2** *Foxtrott*

Fox|hound ⟨[-haund] m.; -s, -s⟩ *engl. Meutehund für die Parforcejagd* [engl., »Fuchshund«]

Fox|ter|ri|er ⟨m.; -s, -⟩ *kleine engl. Hunderasse,* ⟨kurz⟩ *Fox* [< engl. *foxterrier,* eigtl. »Fuchs-Terrier«; → *Terrier*]

Fox|trott ⟨m.; -(e)s, -e od. -s⟩ *aus Nordamerika stammender Gesellschaftstanz im 4/4-Takt* [< engl. *fox-trot,* eigtl. »Fuchstrab«]

Foy|er, ⟨auch⟩ **Fo|yer** ⟨[foaje:] n.; -s, -s; Theat.⟩ *Wandelgang, -halle* [frz., »Herd, Feuerstätte, Heim«]

fp ⟨Abk. für⟩ *fortepiano*

fr ⟨Abk. für⟩ **1** *Franc* **2** *franko, frei*

Fr ⟨chem. Zeichen für⟩ *Francium*

Fra ⟨nur vor Eigennamen⟩ *Klosterbruder, Ordensbruder, Mönch;* ~ Angelico [ital., verkürzt < *frate* »Bruder« < lat. *frater*]

Frack ⟨m.; -(e)s, Frä|cke od. -s⟩ *knielanger Herrenschoßrock mit rechtwinklig abgeschnittenen Vorderecken* [< engl. *frock* »Kutte, Kittel, Kleid« < frz. *froc* »Kutte« < fränk. **hrok,* ahd. *roc(h)*]

fra|gil ⟨Adj.⟩ *sehr zart, zerbrechlich, hinfällig* [< lat. *fragilis* »zerbrechlich«]

Fra|gi|li|tät ⟨f.; -; unz.⟩ *Zartheit, Hinfälligkeit, Zerbrechlichkeit*

Frag|ment ⟨n.; -(e)s, -e⟩ **1** *Bruchstück, übrig gebliebener Teil eines Ganzen* **2** *unvollendetes literarisches od. musikalisches Werk* **3** ⟨Bildhauerei⟩ = *Torso* [< lat. *fragmentum* »abgebrochenes Stück, Bruchstück«]

frag|men|ta|risch ⟨Adj.⟩ *bruchstückhaft, unvollendet, lückenhaft*

Frag|men|ta|ti|on ⟨f.; -, -en⟩ **1** *direkte Kernteilung, bei der der Zellkern in Teilstücke zerschnürt wird* **2** *ungeschlechtliche Vermehrung durch Zerteilung einer Mutterpflanze* [→ *Fragment*]

frais, fraise ⟨[frɛ:z] Adj.; undekl.⟩ *erdbeerfarben* [< frz. *fraise* »Erdbeere«]

frak|tal ⟨Adj.⟩ *komplex strukturiert, mehrfach gebrochen;* ~es Modell *Modell zur Beschreibung irregulärer Strukturen (z.B. Blitzentladung, Küstenlinien) unter Hinzunahme von Fraktalen* [→ *Fraktal*]

Frak|tal ⟨n.; -s, -e⟩ *Objekt mit unregelmäßiger Struktur, gebrochener Dimension u. oft selbstähnlicher Struktur, d.h. ein Ausschnitt seiner Struktur gleicht ihm selbst,* z.B. Schneeflocke [< lat. *fraktio* »Bruch«]

Frak|ti|on ⟨f.; -, -en⟩ **1** *die Vertreter einer Partei innerhalb der Volks- od. Gemeindevertretung* **2** *Gruppe innerhalb einer Partei* **3** *Teil eines Stoffgemisches, der durch eine physikal. od. chem. Methode davon abgetrennt wurde u. sich hinsichtlich der angewandten Trennungsmethode, also z.B. im Siedepunkt, der Kristallisationstemperatur, der Löslichkeit in einem Lösungsmittel, der Korngröße (bei festen Stoffen), einheitlicher verhält als das Ausgangsgemisch* [< lat. *fractio* »Bruch«]

frak|ti|o|nell ⟨Adj.⟩ *eine Fraktion(1,2) betreffend, zu ihr gehörend*

Frak|ti|o|nier|ap|pa|rat ⟨m.; -(e)s, -e; Chem.⟩ *Apparat für die fraktionierte Destillation*

frak|ti|o|nie|ren ⟨V.; Chem.⟩ **1** *in Fraktionen trennen* **1.1** fraktionierte **Destillation** *Trennung von Gemischen verschiedener Flüssigkeiten auf Grund ihrer verschiedenen Siedepunkte* **1.2** fraktionierte **Kristallisation** *gleichzeitige Abscheidung u. Trennung verschiedener Stoffe aus einer Lösung durch stufenweise Abkühlung des Lösungsmittels*

Frak|ti|o|nier|ko|lon|ne ⟨f.; -, -n; Chem.⟩ *Anordnung von Geräten zur fraktionierten Destillation*

Frak|ti|o|nie|rung ⟨f.; -, -en; Chem.⟩ *Trennung eines Flüssigkeitsgemisches durch fraktionierte Destillation*

Frak|ti|ons|chef ⟨[-ʃɛf] m.; -s, -s; unz.⟩ *Vorsitzender einer Fraktion(1)*

Frak|ti|ons|zwang ⟨m.; -(e)s; -zwän|ge; Pl. selten⟩ *im Gesetz nicht vorgesehene Verpflichtung einer Parteifraktion zu einheitl. Stimmenabgabe*

Frak|tur ⟨f.; -, -en⟩ **1** *deutsche, sog. „gotische" Druckschrift mit „gebrochenen" Linien* **2** mit jmdm. ~ reden ⟨fig.; umg.⟩ *ihm deutlich die Meinung sagen* **3** ⟨Med.⟩ *Knochenbruch;* Schienbein~ [< lat. *fractura* »Bruch«]

Fram|bö|sie ⟨f.; -, -n⟩ *der Lues ähnliche trop. Infektionskrankheit mit einem aus himbeerähnl. Knötchen bestehenden Hautausschlag, Himbeerpocken: Framboesia tropica* [< frz. *framboise* »Himbeere«]

Frame ⟨[frɛim] m.; -s, -s⟩ **1** *Rahmen bei Fahrzeugen der Eisenbahn* **2** ⟨Wirtsch.⟩ *Methode zur Präsentation von Informationen über ein bestimmtes Objekt, bei der dem Objekt ein Rahmen zugeordnet wird, der alle bekannten Eigenschaften des Objekts enthält u. bewertet* [engl., »Gefüge, Gerüst, Rahmen«]

Franc ⟨[frã:] m.; -, -s [frã:]; bei Wertangaben Pl. -; Abk.: fr.⟩ *Währungseinheit in Frankreich, Belgien, Luxemburg, 100 Centimes;* oV *Frank* [frz.]

Fran|çai|se ⟨[frãsɛ:zə] f.; -, -n⟩ *frz. Kontertanz im 6/8-Takt* [< frz. < *danse française* »französ. Tanz«]

Fran|chise 1 ⟨frz. [frãʃi:z] f.; -, -n [-zən]; †⟩ *Freimut* **2** *unterhalb des Versicherungswertes liegender Prozentsatz eines Schadens, der nicht ersetzt zu werden braucht* **3** ⟨engl. [fræntʃaiz]; n.; -; unz.⟩ *Lizenz zur selbständigen Führung eines Betriebes im Rahmen eines Franchising* [frz., »Gebührenfreiheit, Freimut«; engl., »Wahlrecht; Konzession«]

Fran|chi|sing ⟨[fræntʃaiziŋ] n.; -s; unz.⟩ *Einzelhandelsvertrieb von Produkten in Lizenz eines Unternehmens* [→ *Franchise*]

Fran|ci|um ⟨n.; -s; unz.; chem. Zeichen: Fr⟩ *radioaktives Alkalimetall, chem. Element, Ordnungszahl 87;* oV *Frankium, Franzium* [< nlat. *Francia* »Frankreich«]

Frank ⟨m.; -en, -en⟩ = *Franc*

Fran|ka|tur ⟨f.; -, -en⟩ **1** *das Freimachen von Postsendungen* **2** *die dazu verwendeten Briefmarken* [< ital. *francatura* »das Freimachen« (von Postsendungen)]

fran|kie|ren ⟨V.⟩ Postsendungen, Briefe ~ *freimachen, mit Briefmarke bekleben od. Frankiermaschine stempeln* [< ital. *francare*]

Fran|ki|um ⟨n.; -s; unz.⟩ = *Francium*

fran|ko ⟨Adj.⟩ *(porto-, kosten)frei (Aufschrift auf Postsendungen zum Zeichen, dass der Empfänger das Porto bezahlt)* [ital., »frei, gebührenfrei« (von Postsendungen)]

fran|ko..., **Fran|ko...** ⟨in Zus.⟩ *Frankreich u. das Französische betreffend, darauf bezogen* [< lat. *Franco* »Franke«]

Fran|ko|ka|na|di|er ⟨m.; -s, -⟩ *französisch sprechender Einwohner Kanadas*

Fran|ko|ma|nie ⟨f.; -; unz.⟩ *übertriebene Bewunderung Frankreichs u. alles Französischen;* Sy *Gallomanie*

fran|ko|phil ⟨Adj.⟩ *eine Vorliebe für alles Französische zeigend;* Sy *gallophil;* Ggs *frankophob*

Fran|ko|phi|lie ⟨f.; -; unz.⟩ *Vorliebe für alles Französische;* Sy *Gallophilie;* Ggs *Frankophobie* [< *Franko...* + *...philie*]

fran|ko|phob ⟨Adj.⟩ *allem Französischen abgeneigt;* Sy *gallophob;* Ggs *frankophil*

Fran|ko|pho|bie ⟨f.; -; unz.⟩ *Abneigung gegen alles Französische;* Sy *Gallophobie;* Ggs *Frankophilie* [< *Franko...* + *Phobie*]

Frank|ti|reur ⟨[-rø:r] m.; -s, -e⟩ *frz. Freischärler während der Revolutionskriege u. im Dt.-Frz. Krieg 1870-71* [< frz. *franc-tireur* »Freischärler«]

Fran|zis|ka|ner ⟨m.; -s, -⟩ *Angehöriger des Franziskanerordens, Bettelmönch, Minderbruder*

Fran|zi|um ⟨n.; -s; unz.⟩ = *Francium*

fran|zö|sie|ren ⟨V.⟩ *nach französischem Muster gestalten;* die Kochkunst ~; die Architektur ~

frap|pant ⟨Adj.⟩ *auffallend, schlagend, überraschend* [frz., »schlagend, auffallend«; zu *frapper;* → *frappieren*]

Frap|pé ⟨m.; -s, -s⟩ = *Frappee*

Frap|pee ⟨m.; -s, -s⟩ oV *Frappé* **1** *Stoff mit eingepresstem Muster* **2** ⟨österr.⟩ *eisgekühltes Getränk* [zu frz. *frapper;* → *frappieren*]

frap|pie|ren ⟨V.⟩ **1** *überraschen, stutzig machen;* eine ~de Antwort **2** *in Eis kühlen;* Sekt ~ [< frz. *frapper* »schlagen« < fränk. **hrapon* »rupfen«]

Fras|ca|ti ⟨m.; -, -⟩ *ital. Weißwein* [nach der ital. Stadt *Frascati,* in deren Umgebung der Anbau erfolgt]

Frä|se ⟨f.; -, -n⟩ **1** *Werkzeug zur spanabhebenden Formgebung für Werkstoffe aus Holz, Metall usw.* **2** *Bodenfräse* [< frz. *fraise* »Gekröse, Halskrause, Fräser«]

frä|sen ⟨V.⟩ *mit der Fräse bearbeiten* [< frz. *fraiser* »fräsen«]

Fra|ter ⟨m.; -s, Fra|tres⟩ *Ordens-, Klosterbruder, Mönch* [lat., »Bruder«]

Fra|ter|ni|sa|ti|on ⟨f.; -, -en; bes. Mil.; Pol.⟩ *Verbrüderung* [→ *fraternisieren*]

fra|ter|ni|sie|ren ⟨V.⟩ *sich verbrüdern* [< frz. *fraterniser* »sich verbrüdern«, < lat. *frater* »Bruder«]

Fra|ter|ni|tät ⟨f.; -, -en⟩ **1** ⟨unz.⟩ *Brüderlichkeit* **2** ⟨zählb.⟩ *Bruder-, Genossenschaft* [< lat. *fraternitas* »Brüderschaft«]

Fra|ter|ni|té ⟨f.; -; unz.⟩ *Brüderlichkeit (Schlagwort der Französischen Revolution);* → a. *Egalité, Liberté* [frz.]

Fra|tres, ⟨auch⟩ **Frat|res** ⟨Pl. von⟩ *Frater;* ~ minores *die Franziskaner, Minoriten* [lat.]

Freak ⟨[fri:k] m.; -s, -s; umg.⟩ **1** *unangepasster, verrückter Mensch* **2** *jmd., der eine bestimmte Sache intensiv, fanatisch betreibt;* Motorrad~; Musik~ **3** ⟨Drogenszene⟩ *jmd., der in maßloser u. gefährlicher Weise Drogen konsumiert* [engl., eigtl. »Laune, drolliger Einfall«]

frea|kig ⟨[fri:-] Adj.; Jugendspr.⟩ *in der Art eines Freaks, unangepasst, verrückt;* ein ~er Auftritt

free a|long|side ship ⟨[fri: əlɔŋsaid ʃip] Abk.: fas, f.a.s⟩ *Handelsklausel in der Schifffahrt, nach der der Verkäufer Kosten u. Risiko des Transports der Ware bis zum Schiff übernimmt* [engl., »frei (bis zur) Seite, frei (bis an) Bord des Schiffes«]

Free|call ⟨[fri:kɔ:l] m.; -s, -s; Nachrichtentech.⟩ *kostenloser Anruf* [engl.]

Free|clim|ber ⟨[fri:klaimə(r)] m.; -s, -; Sp.⟩ *jmd., der Freeclimbing betreibt* [< engl. *free* »frei, Frei...« + *climber* »Kletterer«]

Free|clim|bing, ⟨auch⟩ **Free Clim|bing** ⟨[fri:klaimiŋ] n.; (-) -s; unz.; Sp.⟩ *bes. Form des Bergsteigens, bei dem der Kletterer Hindernisse ohne jegliche Hilfsmittel (wie z.B. Haken od. Seile) bewältigen muss* [< engl. *free* »frei, Frei...« + *climbing* »Bergsteigen, Klettern«]

Free|con|cert, ⟨auch⟩ **Free Con|cert** ⟨[fri:kɔnsət] n.; (-) -s, (-) -s; Mus.⟩ *Liveauftritt einer od. mehrerer Gruppen (meist als Openairkonzert), dem Interessierte ohne Entgelt beiwohnen können* [< engl. *free* »frei« + *concert* »Konzert«]

Free|dom|rides, ⟨auch⟩ **Free|dom-Rides** ⟨[fri:dəmraidz] Pl.⟩ **1** ⟨urspr.⟩ *(in den USA entstandene) Protestform seit Ende der 50er Jahre, bei der protestwillige Weiße aus dem Norden der USA in kirchl. od. studentisch organisierten Busfahrten in die Südstaaten der USA gebracht wurden, um dort gegen die Rassendiskriminierung zu demonstrieren* **2** ⟨danach⟩ *Organisationsform bei Großdemonstrationen, bei der die Teilnehmer aus verschiedenen Richtungen sternförmig zu einem Sammelplatz laufen, Sternmarsch* [< engl. *freedom* »Freiheit, Freiheits...« + *ride* »Fahrt«]

Free|hold ⟨[fri:hould] n.; -s, -s; in England; früher⟩ *Grundbesitz, der keinem Lehnsherr unterstellt war* [< engl. *freehold property* »freier Grundbesitz«]

Free|hol|der ⟨[fri:houldə(r)] m.; -s, -s; in England⟩ *lehnsfreier Landbesitzer* [engl., »Besitzer eines Freisassengutes«]

Free|jazz, ⟨auch⟩ **Free Jazz** ⟨[fri: dʒæs] m.; (-) -; unz.⟩ *frei improvisierter Jazz* [engl.]

Free|lance ⟨[fri:la:ns] m.; -, -s [-siz]⟩ **1** *Freiberufler, bes. freischaffender Musiker, Journalist od. Schriftsteller* **2** *freiberuflich tätiger Mitarbeiter* [engl.]

Free|lan|cer ⟨[fri:la:nsə(r)] m.; -s, -⟩ *jmd., der freiberuflich als Musiker, Schriftsteller, Journalist od. Redakteur tätig ist (im Gegensatz zum Angestellten)* [< engl. *freelance* »Freiberufler, Freischaffender«]

free on board ⟨[fri: ɔn bɔ:d] Abk.: fob, f.o.b.⟩ *Handelsklausel, nach der der Verkäufer Kosten u. Risiko des Transports der Ware bis aufs Schiff übernimmt* [engl., »frei an Bord«]

free on truck ⟨[fri: ɔn trʌk] Abk.: fot, f.o.t.⟩ *Handelsklausel, nach der der Verkäufer Kosten u. Risiko des Transports der Ware bis auf den Lastwagen übernimmt* [engl., »frei auf den Lastwagen«]

free on wag|gon ⟨[fri: ɔn wægən] Abk.: fow, f.o.w.⟩ *Handelsklausel, nach der der Verkäufer Kosten u. Risiko des Transports der Ware bis auf den Eisenbahnwagen übernimmt* [engl., »frei auf den Waggon«]

Free|sie ⟨[-ziə] f.; -, -n⟩ *Angehörige einer südafrikan. Gattung der Schwertliliengewächse, beliebte Zierpflanze mit weißen, gelben, lila, rosa od. roten, etwas gekrümmten Blüten: Freesia* [nach dem Arzt H. Th. *Frees*]

Free|style ⟨[fri:stail] m.; -s; unz.; Sp.⟩ *frei gewählter Stil* [engl., »Freistil«]

Free|ware ⟨[fri:wɛ:(r)] f.; -; unz.; EDV⟩ *kostenlos zu nutzendes Computerprogramm* [< engl. *free* »frei« + *ware* »Ware«]

Freeze ⟨[fri:z] n.; -; unz.; Pol.⟩ *Einstellung der Produktion zur atomaren Rüstung, z.B. während bestimmter Verhandlungsabschnitte bei Abrüstungskonferenzen* [engl.; zu *freeze* »einfrieren«]

Fre|gat|te ⟨f.; -, -n⟩ **1** ⟨früher⟩ *schnelles, dreimastiges Kriegsschiff* **2** ⟨heute⟩ *ein bes. zur U-Boot-Bekämpfung eingesetztes Kriegsschiff, ähnlich dem Zerstörer* [< frz. *frégate*]

Fre|li|mo ⟨a. [-'--] f.; -; unz.; Kunstw.⟩ *Frente de Libertação de Moçambique, Befreiungsfront von Moçambique, seit 1977 Regierungspartei* [port.]

Fre|mi|tus ⟨m.; -; unz.; Path.⟩ *Vibration der Brustwand über Luftansammlungen in der Lunge* [lat., »dumpfes Geräusch, Rauschen«]

fre|ne|tisch ⟨Adj.⟩ *leidenschaftlich, heftig, rasend;* ~er Beifall [< frz. *frénétique* »wahnsinnig, rasend« (nur in übertragener Bedeutung); → *phrenetisch*]

Fre|nu|lum ⟨n.; -s, -la⟩ **1** *Bändchen* **2** *Hautfalte, die die Eichel des männl. Gliedes mit der Vorhaut verbindet, Vorhautbändchen* [< lat. *frenum* »Band, Zügel«]

French|kni|cker, ⟨auch⟩ **French Kni|cker** ⟨[frɛntʃ nikə(r)] m.; (-) -s, (-) -s⟩ *weit fallende Unterhose für Damen, die häufig mit Borten od. Spitzenbesatz versehen ist* [< engl. *french* »französisch« + *knicker* »Unterhose«]

fre|quent ⟨Adj.⟩ **1** *häufig, zahlreich, sehr besucht* **2** ⟨Med.⟩ *beschleunigt;* ~er Pulsschlag [< lat. *frequens,* »häufig, zahlreich«]

Fre|quen|ta|ti|on ⟨f.; -, -en⟩ **1** *häufiger Besuch, Umgang* **2** *häufige Benutzung* [< lat. *frequentatio* »häufiger Gebrauch«]

Fre|quen|ta|ti|vum ⟨[-vum] n.; -s, -va [-va]⟩ = *Iterativum* [→ *frequent*]

fre|quen|tie|ren ⟨V.⟩ *häufig besuchen, benutzen, verkehren mit* [< lat. *frequentare* »häufig besuchen«]

Fre|quenz ⟨f.; -, -en⟩ **1** *Häufigkeit* **2** *Besucherzahl* **3** *Verkehr, Verkehrsdichte* **4** *Anzahl der Schwingungen pro Zeiteinheit (bei Schwingungs- od. Wellenvorgängen)* [< lat. *frequentia* »zahlreiche Anwesenheit, große Menge«]

Fre|quenz|mo|du|la|ti|on ⟨f.; -, -en⟩ *Modulation von elektromagnet. Wellen, bei der ein Nachrichteninhalt durch verschiedene Frequenzen ausgedrückt wird*

Fre|quenz|mo|du|la|tor ⟨m.; -s, -en; Rundfunk⟩ *Gerät zum Modulieren von Frequenzen*

Fres|ke ⟨f.; -, -n⟩, **Fres|ko** ⟨n.; -s, -ken⟩ *auf den frischen Putz einer Wand gemaltes Bild, Wandgemälde* [verkürzt < ital. *al fresco (muro)* »auf die frische (Wand)«]

Fres|ko|ma|le|rei ⟨f.; -, -en⟩ **1** ⟨unz.⟩ *Verfahren der Wandmalerei, bei dem die Farben auf den noch feuchten Kalkbewurf aufgetragen werden* **2** ⟨zählb.⟩ *in der Technik der Freskomalerei ausgeführtes Wandbild* [→ *Freske*]

Fri|dat|te ⟨f.; -, -n⟩ = *Frittate(2)*

fri|de|ri|zi|a|nisch ⟨Adj.⟩ *Friedrich II. von Preußen u. seine Zeit betreffend, aus ihr stammend;* das ~e Militärwesen

Fries ⟨m.; -es, -e⟩ **1** *flauschähnliches, gerautes Wollgewebe* **2** *waagerechter ornamentaler od. figürl. Zierstreifen zur Gliederung od. zum Schmuck einer Wand* [< frz. *frise,* eigtl. »krause Verzierung« < mlat. *frisium* »Franse, Zipfel« < fränk. **frisi* »Krause«; nach der Stammestracht der *Friesen,* dem Lockenhaar]

Fri|gen ⟨n.; -s; unz.; Wz⟩ *als Kältemittel in Kühlschränken u. Gefriergeräten genutzte Verbindung aus der Gruppe der Halogenkohlenwasserstoffe* [zu lat. *frigidus* »kalt«]

fri|gid ⟨Adj.⟩ = *frigide*

Fri|gi|daire ⟨[-ʒidɛ:(r)] m.; -s, -s od. -⟩ *Kühlschrank;* oV *Frigidär* [frz.]

Fri|gi|där ⟨m.; -s, -s od. -⟩ = *Frigidaire*

Fri|gi|da|ri|um ⟨n.; -s, -ri|en⟩ **1** *altröm. kaltes Bad* **2** *kaltes Gewächshaus* [lat., »Abkühlraum im altröm. Bad«]

fri|gi|de ⟨Adj.⟩ oV *frigid* **1** *kühl, frostig* **2** *gefühlskalt, geschlechtlich nicht erregbar* [< lat. *frigidus* »kalt, kühl, frostig«]

Fri|gi|di|tät ⟨f.; -; unz.⟩ **1** *Kühle, Frostigkeit* **2** *geschlechtl. Empfindungslosigkeit* [< nlat. *frigiditas* »Kälte, Kühle« < lat. *frigidus* »kalt, kühl«]

Fri|ka|del|le ⟨f.; -, -n⟩ *gebratenes Fleischklößchen;* oV *Frikandelle(2)* [< frz. *fricadelle* »Frikadelle, deutsches Beefsteak«]

Fri|kan|deau ⟨[-do:] n.; -s, -s⟩ *vorderes Stück der Kalbskeule, gespickt, gebraten od. geschmort* [< frz. *fricandeau* »Spickbraten«]

Fri|kan|del|le ⟨f.; -, -n⟩ **1** *Scheibe aus gedämpftem Fleisch* **2** = *Frikadelle* [Mischform < *Frikadelle* + *Frikandeau*]

Fri|kas|see ⟨n.; -s, -s⟩ *klein geschnittenes Fleisch in heller, säuerlicher Soße;* Hühner~; Kalbs~ [< frz. *fricassée*]

fri|kas|sie|ren ⟨V.⟩ **1** *zu Frikassee verarbeiten* **2** ⟨umg.; scherzh.⟩ *arg verprügeln*

fri|ka|tiv ⟨Adj.⟩ *reibend, auf Reibung beruhend* [< lat. *fricare* »reiben«]

Fri|ka|tiv ⟨m.; -s, -e [-və]⟩, **Fri|ka|tiv|laut** ⟨m.; -(e)s, -e⟩ = *Spirans*

Frik|ti|on ⟨f.; -, -en⟩ **1** *Reibung* **2** ⟨fig.⟩ *Zwist, Misshelligkeit* **3** ⟨Med.⟩ *Abreibung, Reibmassage* [< lat. *frictio* »das Reiben«; zu *fricare* »reiben«]

Fris|bee ⟨[-bi:] n.; -s, -s; Wz⟩ *Wurfscheibe aus Plastik mit aufgewölbtem Rand* [nach der gleichnamigen amerikan. Firma, die diese Scheiben urspr. als Wegwerfteller produzierte]

Fri|sé ⟨[-ze:] n.; - od. -s; unz.⟩ *Stoff von gekräuseltem Aussehen* [zu frz. *frisé* »gekräuselt«, Part. mask. von *friser* »kräuseln«]

Fri|sée ⟨[-ze:] m.; -s, -s⟩ *Salatsorte mit stark gekräuselten Blättern* [zu frz. *frisée* »gekräuselt«, Part. fem. von *friser* »kräuseln«]

Fri|seur ⟨[-zø:r] m.; -s, -e⟩ *Haarschneider, -pfleger, -künstler, Bartschneider;* oV *Frisör* [→ *frisieren*]

Fri|seu|rin ⟨[-zø:-] f.; -, -rin|nen; bes. österr.⟩ = *Friseuse*

Fri|seu|se ⟨[-zø:-] f.; -, -n⟩ *Haarpflegerin, Haarkünstlerin;* oV *Frisöse;* Sy *Friseurin*

fri|sie|ren ⟨V.⟩ **1** jmdn. ~, jmdm. das Haar ~ *jmdm. das Haar kämmen, formen* **2** ⟨fig.⟩ etwas ~ *so ändern, dass es die gewünschte Wirkung erzielt;* eine **Bilanz** ~ *die Bilanz beschönigend überarbeiten, in unredlicher Weise verbessern;* einen **Motor** ~ *so umarbeiten, dass eine höhere Leistung erzielt wird* [< frz. *friser* »kräuseln«]

Fri|sier|to|i|let|te ⟨[-toa-] f.; -, -n⟩ *kleine Kommode mit Spiegel*

Fri|sör ⟨m.; -s, -e⟩ = *Friseur*

Fri|sö|se ⟨f.; -, -n⟩ = *Friseuse*

Fri|sur ⟨f.; -, -en⟩ **1** *Haartracht* **2** *(unerlaubte) verbesserte Veränderung* [< frz. *frisure* »Haartracht«]

Frit|flie|ge ⟨f.; -, -n⟩ *bis 3 mm lange, glänzend schwarze Halmfliege, deren Larven die Herztriebe des Getreides im Grunde zerstören: Oscinella frit* [< engl. *frit-fly*]

Frit|ta|te ⟨f.; -, -n⟩ **1** *Eierkuchen, Omelette* **2** ⟨österr.⟩ *in Streifen geschnittene Omelette als Suppeneinlage;* oV ⟨österr.⟩ *Fridatte* [< ital. *frittata* »Eierkuchen«]

Frit|te ⟨f.; -, -n⟩ *geschmolzene, glasartige Materialien zur Gewinnung von Glasuren* [< ital. *fritta* »gebacken(e Masse)«]

frit|ten ⟨V.⟩ *schmelzen u. zusammenbacken lassen;* Eisenfeilspäne, Sand, Glasmassen ~ [< engl. *frit* »zusammenbacken«; → *Fritte*]

Frit|ter ⟨m.; -s, -⟩ = *Kohärer* [engl. < mfrz. *friture* »Zusammengebackenes«]

Frit|teu|se ⟨[-tø:zə] f.; -, -n⟩ *elektrisches Gerät zum Frittieren von Speisen, z.B. Kartoffeln od. Fleisch* [→ *frittieren*]

frit|tie|ren ⟨V.; Kochk.⟩ *in Fett schwimmend backen* [< frz. *frit,* Part. Perf. von *frire* »backen«]

Frit|tung ⟨f.; -; unz.⟩ *das Fritten*

Frittüre (*Laut-Buchstaben-Zuordnung*) Die Schreibung von abgeleiteten Wörtern richtet sich nach der Schreibung des zugrunde liegenden Substantivs. Nach dem Stammerhaltungsprinzip sind demzufolge vom Grundwort »*Fritte*« abgeleitete Begriffe (→a. *Fritteuse, frittieren*) künftig mit Doppelkonsonant zu schreiben.

Frit|tü|re ⟨f.; -, -n⟩ **1** *heißes Fett zum Ausbacken für Teig* **2** *das Gebackene selbst, Schmalzgebäck* [<frz. *friture* »das Backen, Braten (in der Pfanne); Gebratenes«]

fri|vol ⟨[-vo:l] Adj.⟩ *leichtfertig, schlüpfrig, zweideutig* [<frz. *frivole* »oberflächlich, leichtfertig«]

Fri|vo|li|tät ⟨[-vo-] f.; -, -en⟩ **1** ⟨unz.⟩ *Leichtfertigkeit, Schlüpfrigkeit, Zweideutigkeit* **2** ⟨nur Pl.⟩ ~en *mit Schiffchen hergestellte Handarbeit, Spitzen*

Fro|mage ⟨[-ma:ʒ] m.; -, -s⟩ *Käse* [frz.]

Fron|de ⟨[frɔ̃:də] f.; -, -n⟩ **1** ⟨urspr.⟩ *Bewegung in Frankreich gegen den Absolutismus im 17. Jh.* **2** ⟨fig.⟩ *regierungsfeindliche Partei* [frz., »Schleuder«]

Fron|des|zenz ⟨f.; -; unz.; Bot.⟩ *Herausbildung bestimmter Pflanzenorgane (z.B. der Staubblätter) zu Laubblättern* [zu lat. *frons* »Laub«]

Fron|deur ⟨[frɔ̃dø:r] m.; -s, -s⟩ *Anhänger der Fronde*

fron|die|ren ⟨[frɔ̃-] V.⟩ *Unzufriedenheit, Widerspruch bekunden, Opposition treiben* [→ *Fronde*]

Front ⟨f.; -, -en⟩ **1** *Vorderseite, Stirnseite;* die ~ eines Hauses, einer angetretenen Truppe; die ~ (einer Ehrenkompanie) abschreiten; der Sprinter lag bald in ~ *an der Spitze;* ~ **machen** *sich jmdm. zuwenden u. Haltung annehmen (als Ehrenbezeigung);* **gegen** jmdn. od. etwas ~ **machen** *sich wehren gegen, sich widersetzen* **2** *die dem Feind zugekehrte Seite einer Truppenaufstellung, Kampfgebiet;* Ggs *Etappe(2);* die Soldaten an der ~; jmdn. hinter die ~ abkommandieren; in vorderster ~ *in der Gefechtslinie* **3** *die kämpfende Truppe* **4** *Einheit einer Gruppe von Personen;* einer geschlossenen ~ gegenüberstehen; die ~ der Arbeiter u. Bauern **5** *politischer Block;* Arbeiter~; Rote ~; Rot~ **6** ⟨Meteor.⟩ *Grenzfläche von Luftmassen;* Kalt~; Warm~ [frz., »Stirn, Vorderseite, Front«]

fron|tal ⟨Adj.⟩ **1** *an der Stirnseite befindlich* **2** *von der Stirnseite kommend, von vorn*

Fron|ta|li|tät ⟨f.; -; unz.; Mal.⟩ *Prinzip der archaischen Kunst, Menschen unabhängig von ihrer Bewegung u. Haltung stets von vorne abzubilden* [→ *Front*]

Front|frau ⟨f.; -, -en⟩ = *Frontwoman*

Fron|ti|spiz, ⟨auch⟩ **Fron|tis|piz** ⟨n.; -es, -e⟩ **1** *dem Titelblatt eines Buches gegenüberstehendes Bild* **2** *Vordergiebel, Giebelstück über einem vorspringenden Gebäudeteil;* Sy *Fronton* [<frz. *frontispice* »Stirnseite (eines Gebäudes), Titelblatt« <mlat. *frontispicium,* <lat. *frons* »Stirn« + *spicere* »schauen«]

Front|man ⟨[frʌntmæn] m.; - od. -s, -men [-mən]⟩, **Front|mann** ⟨m.; -(e)s, -män|ner⟩ *Musiker einer Band, der bei Konzerten als Sänger im Vordergrund auftritt;* →a. *Leadsänger* [engl., »Mann an der Spitze, Strohmann«]

Fron|ton ⟨[frɔ̃tɔ̃:] n.; -s, -s⟩ = *Frontispiz(2)* [frz., »Giebel«]

Front|wo|man ⟨[frʌntwumən] f.; -, -wo|men [-wimin]⟩ *Musikerin einer Band, die bei Konzerten als Sängerin im Vordergrund auftritt;* Sy *Frontfrau;* →a. *Leadsängerin* [<engl. *front* »Vorderseite, Vordergrund« + *woman* »Frau«]

Fros|ter ⟨m.; -s, -; in Kühlschränken⟩ *Tiefkühlfach zum Einfrieren von Lebensmitteln*

Frot|té ⟨m. od. n.; - od. -s, -s; schweiz. für⟩ *Frottee*

Frot|tee ⟨m. od. n.; - od. -s, -s⟩ *Gewebe mit gekräuselter Oberfläche;* oV ⟨schweiz.⟩ *Frotté* [<frz. *frotté,* Part. Perf. zu *frotter* »reiben«]

frot|tie|ren ⟨V.⟩ *zur besseren Durchblutung mit einem Tuch reiben, abreiben;* jmdn. ~; jmdm. den Rücken ~ [<frz. *frotter* »reiben«]

Frot|to|la ⟨f.; -, -s od. -len; Mus.⟩ *mehrstimmiges Tanzlied der ital. Renaissance* [ital.]

Frou|frou ⟨[frufru:] n. od. m.; -; unz.; um 1900 in der Damenmode⟩ *das bei der Bewegung rüschengeschmückter Taftunterröcke entstehende Geräusch bzw. das Knistern u. Rascheln weiblicher Unterwäsche überhaupt* [frz., »Rascheln, Knistern«]

Fruc|to|se ⟨f.; -; unz.⟩ *ein einfacher Zucker, Fruchtzucker;* oV *Fruktose* [<lat. *frux,* Gen. *frugis* »Frucht«]

fru|gal ⟨Adj.⟩ *einfach, bescheiden, genügsam;* ein ~es Mahl; Ggs *opulent* [<lat. *frugalis* »wirtschaftlich, bieder«]

Fru|ga|li|tät ⟨f.; -; unz.⟩ *frugale Beschaffenheit, Einfachheit;* Ggs *Opulenz*

Fru|gi|vo|re ⟨[-vo:-] m.; -n, -n; meist Pl.; Zool.⟩ *Früchtefresser;* Sy *Fruktivore* [<lat. *frux,* Gen. *frugis* »Frucht« + *...vore*]

Fruk|ti|fi|ka|ti|on ⟨f.; -, -en⟩ **1** ⟨†⟩ *Nutzbarmachung, Verwertung* **2** *Fruchtbildung* [<lat. *fructus* »Frucht« + *...fikation*]

fruk|ti|fi|zie|ren ⟨V.⟩ **1** ⟨†⟩ *nutzbar machen, Nutzen ziehen aus* **2** *Frucht ansetzen, Früchte bilden* [<lat. *fructus* »Frucht« + *...fizieren*]

Fruk|ti|fi|zie|rung ⟨f.; -, -en⟩ *das Fruktifizieren*

Fruk|ti|vo|re ⟨[-vo:-] m.; -n, -n; meist Pl.; Zool.⟩ = *Frugivore*

Fruk|to|se ⟨f.; -; unz.⟩ = *Fructose*

Frust ⟨m.; -s, -e; umg. kurz für⟩ *Frustration*

frus|tran, ⟨auch⟩ **frust|ran** ⟨Adj.; geh.⟩ *zu Frustration führend;* ~e Erlebnisse

Frus|tra|ti|on, ⟨auch⟩ **Frust|ra|ti|on** ⟨f.; -, -en⟩ **1** *Vereitelung, Behinderung* **2** *Enttäuschung*

frus|tra|to|risch, ⟨auch⟩ **frust|ra|to|risch** ⟨Adj.⟩ **1** *hindernd* **2** *auf Täuschung beruhend, enttäuschend* **3** *auf Täuschung bedacht* [<lat. *frustrare* »vereiteln«]

frus|trie|ren, ⟨auch⟩ **frust|rie|ren** ⟨V.⟩ **1** einen

Plan ~ *vereiteln, behindern* **2** jmdn. ~ *täuschen, enttäuschen* [< lat. *frustare* »vereiteln«]

Frụt|ti ⟨Pl.⟩ *Früchte;* ~ di mare ⟨eigtl.⟩ *Früchte des Meeres, kleine, mit dem Netz gefangene Meerestiere* [ital., Pl. zu *frutto* »Frucht«]

ft. ⟨Abk. für⟩ *foot*

Ft. ⟨Abk. für⟩ *Forint*

Fuch|sia, Fuch|sie ⟨[fuksiə] f.; -, -si|en; Bot.⟩ *Angehörige einer Gattung meist strauchförmiger Nachtkerzengewächse in Zentral- u. Südamerika, beliebte Zierpflanze mit ansehnlichen, strahligen Blüten* [nach dem Botaniker Leonhart *Fuchs,* 1501–1566]

Fuch|sin ⟨[fuk-] n.; -s; unz.; Chem.⟩ *für Druckfarben u. zur Anfärbung biologischer Präparate verwendeter Farbstoff* [nach den Blüten der *Fuchsia, Fuchsie*]

fud. ⟨Abk. für⟩ *fudit*

fu|dit *hat (es) gegossen (auf gegossenen Kunstwerken, Glocken usw. hinter dem Namen des Künstlers);* → a. *fecit* [lat.]

fu|gal ⟨Adj.; Mus.⟩ *wie eine Fuge, in der Art einer Fuge*

fu|ga|to ⟨Mus.⟩ *fugiert, nach Art einer Fuge komponiert* [ital., »fugenartig«; zu ital., mlat. *fuga;* → *Fuge*]

Fu|ga|to ⟨n.; -s, -s od. -ti; Mus.⟩ *Musikstück od. Satz mit fugenartigem Anfang*

Fu|ge ⟨f.; -, -n; Mus.⟩ *nach strengen Regeln aufgebautes Musikstück, bei dem ein Thema nacheinander durch alle Stimmen geführt wird, meist im Quart- od. Quintabstand* [< mlat., ital. *fuga* »Wechselgang« < lat. *fuga* »Flucht«]

Fu|ghẹt|ta ⟨f.; -, -ten; Mus.⟩ *kleine, einfache Fuge* [ital., Verkleinerungsform zu *fuga* »Fuge«; → *Fuge*]

fu|gie|ren ⟨V.; Mus.⟩ *in der Art einer Fuge komponieren*

Ful|gu|rit ⟨m.; -(e)s, -e⟩ **1** *infolge Blitzeinschlag in Sand durch Schmelzen gebildete, glasige Röhre, Blitzröhre* **2** *Erzeugnis aus Asbestzement* [< lat. *fulgur* »Blitz«]

Ful|gu|ro|me|ter ⟨n.; -s, -⟩ *Messgerät für Blitze* [< lat. *fulgur* »Blitz« + ...*meter*]

Full|drẹss, ⟨auch⟩ **Full Drẹss** ⟨m.; (-) -; unz.⟩ *Abendanzug, Gesellschaftskleidung* [< engl. *full dress* »voller Anzug, volle Kleidung«]

Full|house, ⟨auch⟩ **Full House** ⟨[-haus] n.; (-) -, (-) -s [-ziz]⟩ *Pokerblatt, das aus einmal drei u. einmal zwei gleichen Karten besteht, z.B. drei Asse u. zwei Damen* [engl., eigtl. »volles Haus«]

Full|ser|vice, ⟨auch⟩ **Full Ser|vice** ⟨[-sə:vis] m.; (-) -, (-) -s; meist in Zus.⟩ *Dienstleistungsunternehmen, das alle im Rahmen eines Auftrages anfallenden Arbeiten durchführt* [< engl. *full* »voll, Voll ...« + *service* »Dienstleistung, Service«]

Full|speed, ⟨auch⟩ **Full Speed** ⟨[-spi:d] m.; (-) - od. (-) -s; unz.; umg.⟩ *Fahren mit der Höchstgeschwindigkeit, die ein Auto od. ein Motorrad zu erreichen vermag* [< engl. *full* »voll« + *speed* »Geschwindigkeit«]

Fulltimejob / Full-Time-Job (*Schreibung mit Bindestrich*) Zusammengesetzte Begriffe aus Fremdsprachen werden grundsätzlich wie deutsche Komposita behandelt und daher zusammengeschrieben. Allerdings kann der Schreibende zwischen den einzelnen Bestandteilen einen Bindestrich setzen, wenn einzelne Wörter hervorgehoben oder unübersichtliche Verbindungen vermieden werden sollen (→ a. *Aftershavelotion / After-Shave-Lotion*).

Fụll|time|job, ⟨auch⟩ **Fụll-Time-Job** ⟨[-taimdʒɔb] m.; -s, -s⟩ *Ganztagsbeschäftigung, Beschäftigung, Arbeit, die jmdn. ganz beansprucht* [engl.]

ful|ly-fa|shioned ⟨[fụli fæʃənd]⟩ *nach Fasson gestrickt (Vermerk in Strickwaren)* [engl., »mit (voller) Passform«]

Fụl|mar ⟨m.; -s, -e⟩ *möwenähnl. Sturmvogel der Nordmeere, Hochseebewohner: Fulmarus glacialis, Eissturmvogel*

ful|mi|nạnt ⟨Adj.⟩ *glänzend, prächtig, auffallend, großartig, üppig* [< lat. *fulminans,* Part. Präs. zu *fulminare* »blitzen«]

Ful|mi|nat ⟨n.; -(e)s, -e⟩ *sehr explosives Salz der Knallsäure* [< lat. *fulminare* »blitzen«; zu *fulmen* »Blitz«]

Fu|ma|ro|le ⟨f.; -, -n⟩ *Gas- u. Dampfausströmungen aus Spalten erstarrender Lavamassen* [< ital. *fumaruola* »kleine Öffnung im Erdboden (in vulkan. Gegenden), aus der Dampf ausströmt«]

Fun ⟨[fʌn] m.; -; unz.; salopp⟩ ~ haben *Spaß haben, sich amüsieren, sich sorglos vergnügen* [< engl. *fun* »Freude, Spaß«]

Fun|da|mẹnt ⟨n.; -(e)s, -e⟩ **1** *Grundmauer* **2** *Platte, Sockel, worauf eine Maschine befestigt ist* **3** *Grundlage für weitere Entwicklung;* eine Lehre im Handwerk ist ein gutes ~ für ein technisches Studium [< lat. *fundamentum* »Grundlage«]

fun|da|men|tal ⟨Adj.⟩ **1** *das Fundament bildend, grundlegend* **2** *schwerwiegend;* ein ~er Irrtum

Fun|da|men|tal|bass ⟨m.; -es, -bäs|se; Mus.⟩ *nur gedachter, nicht erklingender Basston, der die Harmonie konstituiert*

Fun|da|men|ta|lis|mus ⟨m.; -; unz.⟩ **1** *orthodox-religiöse Welt- u. Lebensanschauung, Strenggläubigkeit, Buchstabengläubigkeit* **2** *strenggläubige Richtung der evang. Kirche in den USA gegen Bibelkritik u. Naturwissenschaft* **3** *kompromissloses Beharren auf polit. Grundüberzeugungen*

Fun|da|men|ta|list ⟨m.; -en, -en⟩ *Anhänger, Vertreter des Fundamentalismus*

fun|da|men|ta|lis|tisch ⟨Adj.⟩ *auf dem Fundamentalismus beruhend, zu ihm gehörig*

Fun|da|men|tal|the|o|lo|gie ⟨f.; -; unz.⟩ = *Apologetik*

fun|da|men|tie|ren ⟨V.⟩ eine Sache ~ *für eine Sache ein Fundament legen, sie mit einem Fundament versehen*

Fun|da|ti|on ⟨f.; -, -en; schweiz.⟩ *Fundament, Fundamentierung, Grundlegung* [< lat. *fundatio* »Gründung, Grundlegung«]

fun|die|ren ⟨V.⟩ **1** *gründen, begründen;* fundiertes Wissen *fest, sicher begründetes Wissen;* fundierte Ansichten, Behauptungen **2** *mit Geldmitteln versehen, finanziell sicherstellen;* fundierte Schuld *sichergestellte Schuld (z.B. durch Grundbesitz)* [< lat. *fundare* »mit einem Boden versehen, den Grund zu etwas legen«]

Fund|rai|sing ⟨[fʌndrɛiziŋ] n.; -s; unz.; Wirtsch.⟩ *Einsatz moderner Werbemethoden zur Akquirierung von Geldspenden für wohltätige od. gemeinnützige Zwecke;* in der Vorweihnachtszeit verstärken viele Wohlfahrtsverbände ihre ~aktivitäten [< engl. *fund* »Fonds, Kapital« + *raise* »wachsen; aufbringen«]

Fun|dus ⟨m.; -, -⟩ **1** *Bestand, Grundlage, Grundstock;* Geld~ **2** *Bestand der Ausstattungsstücke eines Theaters;* Kostüm~ [lat., »Boden, Grundstück u. Einkünfte daraus«]

fu|ne|bre, ⟨auch⟩ **fu|neb|re** ⟨[fynɛːbrə] Mus.⟩ *traurig, düster (zu spielen)* [< frz. *funèbre* < lat. *funebris* »zum Leichenbegängnis gehörig«; → *Funeralien*]

Fu|ne|ra|li|en ⟨Pl.⟩ *Leichenbegängnis, Trauerfeier* [< lat. *funus,* Gen. *funeris* »Leichenbegängnis, Bestattung«]

Fun|gi ⟨Pl.; in der Pflanzensystematik Bez. für⟩ *echte Pilze* [lat. *fungus,* Pl. *fungi* »Pilz«]

fun|gi|bel ⟨Adj.⟩ *vertretbar;* fungible Sache *bewegl. Sache, die im Rechtsverkehr nach Maß, Zahl u. Gewicht bestimmt wird* [< lat. *fungi* »verrichten, leisten, entrichten«]

Fun|gi|bi|li|tät ⟨f.; -; unz.⟩ *fungible Beschaffenheit*

fun|gie|ren ⟨V.⟩ **1** jmd. fungiert als etwas *verrichtet ein Amt;* als Schiedrichter ~ **2** etwas fungiert als *wirkt wie;* ein Keilriemen fungiert als Transmission [< lat. *fungi* »verrichten, besorgen, leisten«]

Fun|gi|sta|ti|kum, ⟨auch⟩ **Fun|gis|ta|ti|kum** ⟨n.; -s, -ka⟩ *Mittel, das Pilzwachstum u. -vermehrung hemmt* [< *Fungi* + grch. *stasis* »Stillstehen«]

fun|gi|sta|tisch, ⟨auch⟩ **fun|gis|ta|tisch** ⟨Adj.⟩ *das Pilzwachstum hemmend*

fun|gi|zid ⟨Adj.; Med.⟩ *Pilze vernichtend, Pilze tötend* [< lat. *fungus* »Pilz« + *...zid*[1]]

Fun|gi|zid ⟨n.; -(e)s, -e⟩ *Mittel zum Vernichten von Pilzen*

fun|gös ⟨Adj.; Med.⟩ *schwammig* [zu lat. *fungus* »Pilz«]

Fun|go|si|tät ⟨f.; -; unz.; Med.⟩ *schwammige Beschaffenheit* [< lat. *fungus* »Pilz«]

Fun|gus ⟨m.; -, -gi; Med.⟩ *tuberkulöse, schwammige Geschwulst an Gelenken* [lat., »Pilz«]

fu|ni|ku|lär ⟨Adj.; Med.⟩ *einen Gewebestrang betreffend, zu ihm gehörend* [< lat. *funiculus* »dünnes Seil«]

Fu|ni|ku|li|tis ⟨f.; -, -ti|den⟩ *Samenstrangentzündung;* Sy *Spermatitis* [< lat. *funis* »Seil, Strang« + *...itis*]

Funk ⟨[fʌŋk] m.; - od. -s; unz.; Mus.⟩ *Stilrichtung der Popmusik mit gleich bleibendem Rhythmus u. intonationslosen Melodien* [amerikan.; zu *funky* »stinkend, schmutzig«]

Fun|kie ⟨[-kiə] f.; -, -n⟩ *Liliengewächs, Gartenzierpflanze mit weißem, blauen od. violetten Blütentrauben: Hosta* [nach dem Apotheker H. Chr. *Funk,* 1771-1839]

fun|kig ⟨[fʌŋ-] Adj.⟩ **1** ⟨Mus.⟩ *in der Art des Funk, dem Funk ähnlich* **2** ⟨allg.⟩ = *cool* [→ *funky*]

Funk|kol|leg ⟨n.; -s, -s od. -gi|en; Päd.⟩ *von den Rundfunkanstalten gesendete Vorlesungen zum Selbststudium*

Funk|spot ⟨[-spɔt] m.; -s, -s⟩ *kurzer, ca. 10–30 Sekunden dauernder Beitrag im Hörfunk, in dem für ein Produkt od. eine Veranstaltung geworben wird* [→ *Spot*]

Funk|ti|on ⟨f.; -, -en⟩ **1** *Tätigkeit, Wirksamkeit;* die ~ des Herzens, der Schilddrüse; in ~ **treten** *zu arbeiten beginnen, tätig werden;* jmd. hat eine ~ *ein Amt, eine Aufgabe (innerhalb einer Gemeinschaft);* etwas, ein **Maschinenteil** hat eine ~ *einen Zweck* **2** ⟨Math.; Logik⟩ *gesetzmäßige u. eindeutige Zuordnung der Elemente zweier verschiedener Mengen zueinander* **2.1** ⟨Zeichentheorie⟩ ~ eines **Zeichens** *Zuordnung einer Bedeutung zu einer in Lautzeichen, Buchstaben od. Symbolen dargestellten Form* **2.2** ⟨Kyb.⟩ *aus der Beziehung zwischen Eingabe u. Ausgabe eines dynamischen Systems zu erschließendes Verhalten des Systems* [< lat. *functio* »Verrichtung«]

funk|ti|o|nal ⟨Adj.; selten für⟩ *funktionell*

Funk|ti|o|nal ⟨n.; -s, -e; Math.⟩ *Abbildung von Elementen einer beliebigen Menge M (z.B. Vektoren, Kurven, Punkte) in die Menge der reellen od. komplexen Zahlen* [→ *Funktion*]

funk|ti|o|na|li|sie|ren ⟨V.⟩ *einer bestimmten Funktion entsprechend (rationell) gestalten*

Funk|ti|o|na|lis|mus ⟨m.; -; unz.⟩ **1** *Richtung der Baukunst, die bei der Gestaltung eines Gebäudes nur dessen Zweck berücksichtigt* **2** *Richtung der Völkerkunde, die in der Erforschung u. Darstellung der inneren Abhängigkeit der einzelnen Elemente einer Kultur voneinander u. daraus abzuleitender allgemein gültiger Gesetze von Kulturen das Ziel der Völkerkunde sieht*

Funk|ti|o|na|list ⟨m.; -en, -en⟩ *Anhänger, Vertreter des Funktionalismus*

funk|ti|o|na|lis|tisch ⟨Adj.⟩ *zum Funktionalismus gehörend, auf ihm beruhend*

Funk|ti|o|na|li|tät ⟨f.; -; unz.⟩ *funktionelle Beschaffenheit, Wirksamkeit, Zweckmäßigkeit* [→ *funktionell*]

Funk|ti|o|när ⟨m.; -s, -e⟩ *Beauftragter;* ~ eines Vereins, Verbandes, einer Partei od. Gewerkschaft [< frz. *fonctionnaire* »Beamter«; beeinflusst von *Funktion*]

funk|ti|o|nell ⟨Adj.⟩ **1** ⟨allg.⟩ *eine Funktion betreffend, auf einer Funktion beruhend* **2** ⟨Med.⟩

~e **Erkrankung** *auf gestörter Funktion eines Organs beruhende Erkrankung* **3** ⟨Chem.⟩ ~e **Gruppe** *eine Anordnung von Atomen, die das Verhalten zahlreicher Moleküle, in denen sie auftritt, durch die von ihr bestimmten chem. Reaktionen prägt* [< frz. *fonctionnel* »funktionell«; beeinflusst von *Funktion*]

funk|ti|o|nie|ren ⟨V.⟩ *ordnungsgemäß, richtig arbeiten, einer bestimmten Funktion entsprechend wirksam sein;* die Maschine funktioniert gut, schlecht, nicht [< frz. *fonctionner* »funktionieren«; beeinflusst von *Funktion*]

Funk|ti|ons|leis|te ⟨f.; -, -n; EDV⟩ *Leiste mit Symbolen auf dem Computerbildschirm, durch deren Anklicken bestimmte Funktionen des Programms aktiviert werden, z.B. Änderungen der Schriftart, Ausdruck des Dokuments u.Ä.*

Funk|ti|ons|verb ⟨[-vɛrb] n.; -s, -en; Gramm.⟩ *fest mit einem Substantiv verbundenes Verb, das seine Eigenbedeutung eingebüßt hat,* z.B. Beachtung „finden“, in Erfüllung „gehen“

Funk|tiv ⟨n.; -s, -e [-və]; Sprachw.⟩ *in der strukturalistischen Sprachanalyse L. Hjelmslevs jedes der zwei Glieder einer Funktion*

Funk|tor ⟨m.; -s, -to|ren⟩ *logisches Element, mit dessen Hilfe aus logischen Ausdrücken andere erzeugt werden,* z.B. „und“, „oder“

fun|ky ⟨[fʌŋki] Adj.; salopp⟩ **1** ⟨allg.⟩ *modern, modisch, interessant, toll* **2** ⟨Mus.⟩ *in der Art des Funks* [engl.]

Fu|ra|ge ⟨[-ʒə] f.; -; unz.; Mil.⟩ *Lebensmittel, Mundvorrat (für die Truppe) u. Futter (für die Pferde);* oV *Fourage* [< frz. *fourrage* »Viehfutter«; < fränk. **fodr* »Viehfutter«]

fu|ra|gie|ren ⟨[-ʒiː-] V.; Mil.⟩ *Furage auftreiben, empfangen* [< frz. *fourrager* »Futter holen«]

Fu|ran ⟨n.; -s; unz.⟩ *organ-chem. Verbindung mit heterocyclisch gebundenem Sauerstoffatom u. chloroformartigem Geruch, durch Oxidation des Furfurols gewonnen, lässt sich zu Tetrahydrofuran, einem sehr wichtigen Lösungsmittel, hydrieren* [< lat. *furfur* »Kleie«]

Fur|fu|rol ⟨n.; -s; unz.; Chem.⟩ **1** *Aldehyd des Furans, eine ölige Flüssigkeit von aromat. Geruch, findet sich in Kleie, Holz u. Stroh, Fuselöl u. Holzessig* **2** *Furfurylaldehyd* [< lat. *furfur* »Kleie« + *…ol*]

Fur|fu|ryl ⟨n.; -s; unz.; Chem.⟩ *der von Furan abgeleitete Rest* C_4H_3O*-, z.B. im Furfurylaldehyd (Furfurol)* [< lat. *furfur* »Kleie« + *…yl*]

Fu|ri|ant ⟨m.; -s, -s⟩ *schneller böhm. Volkstanz im 2/4- od. 3/4-Takt* [< lat. *furians,* Part. Präs. zu *furiare* »in Raserei versetzen«; zu *furia* »Raserei«]

fu|ri|bund ⟨Adj.; Med.⟩ *tobsüchtig, rasend* [< lat. *furibundus*]

Fu|rie ⟨[-riə] f.; -, -n⟩ **1** *röm. Rachegöttin;* er floh wie von (den) ~n gehetzt; → a. *Erinnye* **2** *böse, zänkische Person* [< lat. *Furia;* zu *fura* »Wut, Raserei«]

Fu|rier ⟨m.; -s, -e; früher⟩ *Unteroffizier, der für die Furage zu sorgen hat;* oV *Fourier* [< frz. *fourrier;* → *Furage*]

fu|ri|os ⟨Adj.⟩ *wütend, hitzig, leidenschaftlich* [< lat. *furiosus* »wütend, rasend«]

fu|ri|o|so ⟨Mus.⟩ *wild-leidenschaftlich (zu spielen)* [ital., »sehr heftig, rasend«]

Fu|ri|o|so ⟨n.; -s, -s od. -si; Mus.⟩ *Musikstück od. Teil eines solchen in leidenschaftl. Tempo* [→ *furioso*]

Fur|nier ⟨n.; -s, -e⟩ *dünnes Deckblatt aus edlem Holz, das auf weniger wertvollem Holz befestigt wird (z.B. bei Möbeln)* [→ *furnieren*]

fur|nie|ren ⟨V.⟩ *mit Furnier versehen, bedecken* [< frz. *fournir* »versehen, ausstatten«]

Fu|ror ⟨m.; -s; unz.⟩ *Wut, Raserei;* ~ teutonicus *wilder Kampfesmut, Wildheit der Teutonen, von dem römischen Dichter Lucanus (1. Jh. n.Chr.) für die Kampfentschlossenheit der Teutonen geprägter Ausdruck* [lat.]

Fu|ro|re ⟨f.; -; unz. od. n.; -s; unz.⟩ ~ machen *Aufsehen erregen, großen Erfolg haben* [ital., »Raserei«]

Fu|run|kel ⟨m. od. n.; -s, -⟩ *durch Trauben- od. Kettenkokken hervorgerufene, eitrige Entzündung eines Haarbalgs u. seiner Talgdrüse* [< lat. *furunculus* »Spitzbube; Nebentrieb am Rebstock; Furunkel«, Verkleinerungsform zu *fur* »Dieb«]

Fu|run|ku|lo|se ⟨f.; -, -n⟩ *Krankheit, bei der mehrere Furunkel neben- od. nacheinander auftreten*

Fu|sel ⟨m.; -s, -⟩ *Fuselöl enthaltender, schlechter Branntwein* [< lat. *fusile* »das Flüssige«; zu *fundere* »gießen«]

Fü|si|lier ⟨m.; -s, -e⟩ **1** ⟨17. Jh.⟩ *französ. Infanterist mit Steinschlossgewehr* **2** ⟨später⟩ *Schütze der leichten Infanterie* **3** ⟨bis 1918⟩ *unterster Dienstgrad der deutschen Füsilierregimenter u. -bataillone* [< frz. *fusilier* »Füsilier«; zu *fusil* »Flinte, Gewehr«]

fü|si|lie|ren ⟨V.; Mil.⟩ *standrechtlich erschießen;* Soldaten, Meuterer ~ [< frz. *fusilier* »erschießen«; zu *fusil* »Flinte, Gewehr«]

Fü|sil|la|de ⟨f.; -, -n; Mil.⟩ *standrechtl. Massenerschießung von Soldaten* [< frz. *fusillade* »Gewehrfeuer, Schießerei«; zu *fusil* »Flinte, Gewehr«]

Fu|si|on ⟨f.; -, -en⟩ *Verschmelzung, Vereinigung;* ~ von zwei od. mehreren Firmen; ~ von Zellen od. Chromosomen; ~ zweier mit beiden Augen wahrgenommenen Bilder zu einem; ~ von mehreren Atomkernen [< lat. *fusio* »Guss«]

fu|si|o|nie|ren ⟨V.⟩ *sich vereinigen (z.B. Unternehmen, Kapitalgesellschaften)*

Fu|si|ons|re|ak|tor ⟨m.; -s, -en⟩ *physikal. Apparat zur Erzeugung von Energie durch Verschmelzung leichter Atomkerne zu schwereren*

Fus|ta|ge ⟨[-ʒə] f.; -, -n⟩ = *Fastage*

Fus|ta|nel|la ⟨f.; -, -nel|len⟩ *bis zu den Knien reichender, weißer, baumwollener Männerrock, der in Griechenland u. Albanien getragen wird, Albaneserhemd* [< frz. *fustanelle,* < türk. *fustan* »Rock«, nach *Fostat* = Kairo, wo dieses Kleidungsstück zuerst angefertigt wurde]

Fus|ti ⟨Pl.⟩ **1** *Unreinheiten, Abfall einer Ware* **2** *Preisnachlass, Vergünstigung für diese* [ital., Pl. zu *fusto* »Steil, Stängel«]

Fus|tik|holz ⟨n.; -es, -höl|zer⟩ *zur Farbstoffgewinnung geeignetes Holz, Gelbholz;* junges ~ *Fisettholz;* echtes od. altes ~ *Holz des Maulbeergewächses: Chlorophoras tinctoria, ein Baum des trop. Amerika* [< mlat. *fustetum* »Gerber- od. Färberbaum«, < lat. *fustis* »Knüppel«]

Fu|thark ⟨[fu:θark] n.; -s, -e⟩ *die Runenreihe, das Runenalphabet* [< skand., nach den ersten sechs Buchstaben: *f, u, d = (th), o = (a), r, c = (k)*]

fu|til ⟨Adj.⟩ *unbedeutend, nichtig, wertlos* [< lat. *fut(t)ilis* »durchlässig; unzuverlässig, nichtig«]

Fu|ti|li|tät ⟨f.; -, -en⟩ *Nichtigkeit, unbedeutende Kleinigkeit* [< lat. *fut(t)ilitas* »Nichtigkeit, leeres Geschwätz«]

Fu|ton ⟨m.; -s, -s⟩ *aus Japan stammende Art einer aus Baumwolle gefertigten, hart gepolsterten Schlafmatte* [jap.]

Fut|te|ral ⟨n.; -s, -e⟩ *dem aufzunehmenden Gegenstand in der Form angepasstes Behältnis aus Leder od. Kunststoff, Hülle, Etui;* Brillen~ [mlat. *fotrale, futrale* »Scheide, Kapsel«; zu *fotrum* < germ.]

Fu|tur ⟨n.; -s, -e⟩ = *Futurum*

Fu|tu|ra ⟨f.; -; unz.; Typ.⟩ *schlanke, ziemlich feine Groteskschrift* [lat., Fem. zu *futurus* »zukünftig«]

Fu|ture ⟨[fju:tʃə(r)] m.; -s; unz.; Wirtsch.⟩ *eine Form des Warentermingeschäfts, bei der der jeweilige Titel an der Börse gehandelt wird* [engl., eigtl. »Zukunft«]

fu|tu|risch ⟨Adj.⟩ *in der Form des Futurums*

Fu|tu|ris|mus ⟨m.; -; unz.⟩ *von Italien ausgehende Kunstrichtung (bes. in Malerei u. Dichtung) vor dem 1. Weltkrieg, radikale Form des Expressionismus, die Krieg u. Technik verherrlicht (Darstellung des Maschinenzeitalters) u. alle überlieferten Formen ablehnt, z.B. das Nacheinander von Geschehnissen nebeneinander in einem Bilde vereinigt (Malerei), Wörter u. Laute als reinen Ausdruck des Inneren aneinander reiht usw.* [→ *Futurum*]

Fu|tu|rist ⟨m.; -en, -en⟩ *Vertreter, Anhänger des Futurismus*

Fu|tu|ris|tik ⟨f.; -; unz.⟩ = *Futurologie*

fu|tu|ris|tisch ⟨Adj.⟩ **1** ⟨i.e.S.⟩ *zum Futurismus gehörend, auf ihm beruhend* **2** *die Futurologie betreffend* **3** ⟨i.w.S.⟩ *in die Zukunft weisend;* ein ~er Entwurf; ein ~es Design

Fu|tu|ro|lo|ge ⟨m.; -n, -n⟩ *Wissenschaftler auf dem Gebiet der Futurologie, Zukunftsforscher*

Fu|tu|ro|lo|gie ⟨f.; -; unz.⟩ *systematische u. kritische Behandlung von Fragen, die sich aus der voraussichtlichen Entwicklung der Menschheit ergeben, Zukunftsforschung;* Sy *Futuristik* [< *Futurum* + ...*logie*]

fu|tu|ro|lo|gisch ⟨Adj.⟩ *die Futurologie betreffend, zu ihr gehörend*

Fu|tu|rum ⟨n.; -s, -ra⟩ oV *Futur* **1** erstes (einfaches) ~ *Zeitform des Verbums (Zukunft), die ein zukünftiges Geschehen bezeichnet,* z.B. „ich werde gehen“; **2** zweites ~, ~ exactum *Zeitform des Verbums (vollendete Zukunft), die ein in der Zukunft vollendetes Geschehen bezeichnet,* z.B. „ich werde gegangen sein“ [lat., »das Zukünftige«]

Fuz|zy|lo|gic, ⟨auch⟩ **Fuz|zy Lo|gic** ⟨[fʌzilɔdʒik] f.; (-) -; unz.; Phil.⟩ *Logik, bei der (im Gegensatz zur normalen Logik) für Elemente keine exakte Mengenzugehörigkeit u. für Regeln keine exakten Vorschriften existieren;* oV *Fuzzylogik;* → a. *Fuzzytheorie* [< engl. *fuzzy* »unklar, verschwommen« + *logic* »Logik«]

Fuz|zy|lo|gik ⟨[fʌzi-] f.; -; unz.; Phil.⟩ = *Fuzzylogic*

Fuz|zy|the|o|rie ⟨[fʌzi-] f.; -; unz.; EDV⟩ *bei Computersystemen mit künstlicher Intelligenz angewandter Ansatz der Simulierung menschl. Denkens u. Handelns auf der Grundlage der Fuzzylogic* [< engl. *fuzzy* »unklar, verschwommen« + *Theorie*]

fz ⟨Mus.; Abk. für⟩ *forzando, forzato*

G

g ⟨Abk. für⟩ *Gramm*

G ⟨bei Maßeinheiten Zeichen für⟩ *Giga...*

Ga ⟨chem. Zeichen für⟩ *Gallium*

Ga|bar|di|ne ⟨[-din(ə)] m.; -s; unz.; od. f.; -; unz.⟩ *fein gerippter Mantel- od. Kleiderstoff* [nach der frz. Firma *Gabartin*]

Gab|bro, ⟨auch⟩ **Gabb|ro** ⟨m.; -s; unz.⟩ *dunkelgraues bis schwarzes, meist mittel- bis grobkörniges Tiefengestein* [ital., »korsischer Grünstein«]

Gad|get ⟨[gædʒit] n.; -s, -s⟩ *Werbeartikel, der z.B. einem Einkäufer als Beigabe kostenlos offeriert wird;* Sy *Gimmick* [engl., »Apparat, Gerät, technische Spielerei«]

Ga|do|li|nit ⟨m.; -s, -e⟩ *ein Mineral der Seltenen Erden, aus dem das Metall Gadolinium erstmals isoliert wurde*

Ga|do|li|ni|um ⟨n.; -s; unz.; chem. Zeichen: Gd⟩ *chem. Element aus der Reihe der Metalle der Seltenen Erden, Ordnungszahl 64* [nach dem finn. Chemiker J. *Gadolin,* 1760-1852]

Gag ⟨[gæg] m.; -s, -s; Film, Komödie, Kabarett⟩ *witziger, effektvoller, dramaturg. nicht notwendiger Einfall* [engl., »komische Improvisation, Ulk«]

Ga|gat ⟨m.; -(e)s, -e⟩ = *Jett* [< mhd. *gagates* < grch.-lat. *gagates* »Glanzkohle«; nach dem Fluss u. der Stadt *Gagas* in Lykien]

Ga|ge ⟨[ga:ʒə] f.; -, -n⟩ *Gehalt (von Künstlern)* [frz., »Pfand, Lohn« < fränk. *kwaddi* < germ. **wadja* »Handgeld, Unterpfand«]

Gag|ger ⟨[gæɡə(r)] m.; -s, -; Film; TV⟩ *jmd., der Gags erfindet;* Sy *Gagman*

Ga|gli|ar|de, ⟨auch⟩ **Gag|li|ar|de** ⟨[-ljar-] f.; -, -n⟩ **1** *altitalien. Springtanz im 3/4-Takt* **2** *Satz der Suite* [< ital. *gagliarda* < frz. *gaillard* »lustig, munter, ausgelassen«]

Gag|man ⟨[gæɡmæn] m.; -s, -men⟩ *Gagger*

Gah|nit ⟨m.; -s, -e; Min.⟩ *dunkelgrünes bis schwarzes Mineral;* Sy *Zinkspinell* [nach dem schwed. Chemiker J. G. *Gahn,* 1745-1818]

Gail|lar|de ⟨[gajardə]⟩ = *Gagliarde* [frz., Fem. zu *gaillard* »lustig, munter«]

Gal ⟨n.; -s, -⟩ *veraltete Maßeinheit der Beschleunigung; 1 Gal = 1 cm/s²* [nach dem ital. Naturforscher Galileio *Galilei,* 1564-1642]

Ga|la ⟨f.; -; unz.⟩ **1** *Festkleidung, Festuniform* **2** *festliche Aufführung am Abend;* Opern~ [span., »Kleiderpracht« < arab. *chila* »Ehrengewand, wie es morgendländ. Herrscher ihren Günstlingen schenken«]

Ga|lak|ta|go|gum ⟨n.; -s, -ga; Med.⟩ *Mittel, das die Milchabsonderung bei Wöchnerinnen fördert* [< grch. *gala,* Gen. *galaktos* »Milch« + *agogos* »herbeiführend«]

ga|lak|tisch ⟨Adj.⟩ *zur Galaxis gehörig*

Ga|lak|to|me|ter ⟨n.; -s, -⟩ = *Laktodensimeter* [< grch. *gala,* Gen. *galaktos* »Milch« + *...meter*]

Ga|lak|tor|rhö ⟨f.; -, -en⟩ **Ga|lak|tor|rhöe** ⟨[-røː] f.; -, -n⟩ *zu starke, krankhaft vermehrte Milchabsonderung, Milchfluss* [< grch. *gala,* Gen. *galaktos* »Milch« + *...rrhö*]

Ga|lak|tos|ä|mie, ⟨auch⟩ **Ga|lak|to|sä|mie** ⟨f.; -; unz.; Med.⟩ *erbliche, durch das Fehlen eines Enzyms bedingte Störung des Galaktosestoffwechsels, die zu gefährlichen Organveränderungen führt* [< grch. *gala,* Gen. *galaktos* »Milch« + *...ämie*]

Ga|lak|to|se ⟨f.; -, -n⟩ *eine Aldohexose (Zuckerart), die bei der hydrolyt. Spaltung von Milchsäure entsteht* [< grch. *gala,* Gen. *galaktos* »Milch«]

Ga|lak|to|sta|se, ⟨auch⟩ **Ga|lak|tos|ta|se** ⟨f.; -, -n⟩ *Milchstauung* [< grch. *gala,* Gen. *galaktos* »Milch« + *...stase*]

Ga|lak|tos|u|rie, ⟨auch⟩ **Ga|lak|to|su|rie** ⟨f.; -, -n⟩ *Auftreten von Milchzucker im Harn* [< grch. *gala,* Gen. *galaktos* »Milch« + *...urie*]

Ga|lak|to|ze|le ⟨f.; -, -n⟩ *Milchzyste (bei der Milchstauung in den Brustdrüsen)* [< grch. *gala,* Gen. *galaktos* »Milch« + *kele* »Bruch«]

Ga|la|lith ⟨n.; -s; unz.⟩ *Kunststoff aus gequollenem u. mit Formaldehyd gehärtetem Casein, hornähnlich und nicht brennbar* [< grch. *gala* »Milch« + *...lith*]

Ga|lan ⟨m.; -s, -e⟩ *vornehm auftretender Liebhaber;* als ~ auftreten; sich wie ein ~ benehmen [< span. *galano* »in Gala gekleidet, höfisch, artig«; zu *gala;* → *Gala*]

ga|lant ⟨Adj.⟩ *höflich, ritterlich, rücksichtsvoll, zuvorkommend (gegen Damen)* [frz., »artig, höflich, liebenswürdig«]

Ga|lan|te|rie ⟨f.; -, -n⟩ **1** ⟨unz.⟩ *galantes Verhalten* **2** ⟨zählb.⟩ *galante Bemerkung* [frz., »Zuvorkommenheit, Liebenswürdigkeit«]

Ga|la|xie ⟨f.; -, -n⟩, **Ga|la|xis** ⟨f.; -, -xi|en⟩ **1** ⟨unz.⟩ *die Milchstraße* **2** ⟨zählb.⟩ *eines der selbständigen Sternsysteme außerhalb unseres eigenen Milchstraßen- od. galaktischen Systems im Weltall* [< grch. *gala,* Gen. *galaktos* »Milch«]

Ga|le|as|se ⟨f.; -, -n⟩ *kleines, anderthalbmastiges Küstenfrachtsegelschiff der Ostsee;* oV *Galjass* [< frz. *galéace,* ital. *galeazza,* < mlat. *galeass* »Ruderschiff«]

Ga|lee|re ⟨f.; -, -n⟩ **1** *mittelalterl. langes Ruderschiff, meist mit mehreren Ruderbänken übereinander* **2** *Galeerenstrafe;* zu drei Jahren ~ verurteilt werden [< ital. *galera,* < mlat. *galea* »Ruderschiff«]

Ga|le|nik ⟨f.; -; unz.⟩ *(Lehre von der) Herstellung der Arzneimittel*

Ga|le|ni|kum ⟨n.; -s, -ka⟩ *vom Apotheker nach den Vorschriften des Arzneibuches od. des Arztes zubereitetes Arzneimittel (im Gegensatz zu den Rohdrogen u. den fertigen Arzneispezialitäten der Industrie)* [nach dem röm. Arzt *Galenus,* 129–199 n.Chr.]

ga|le|nisch ⟨Adj.⟩ **1** *den röm. Arzt Galen betreffend, von ihm stammend* **2** *aus einem Galenikum zubereitet*

Ga|le|nit ⟨m.; -s, -e⟩ *bleigrau glänzendes Mineral, Bleiglanz, chem. Bleisulfid, PbS* [< lat. *galena*]

Ga|le|o|ne ⟨f.; -, -n⟩ *mittelalterl. drei- bis viermastiges Kriegs- u. Handelsschiff mit drei bis vier Decks;* oV *Galione, Gallione* [ital.; zu mlat. *galea* »Ruderschiff«]

Ga|le|ot ⟨m.; -en, -en⟩ *Galeerensklave* [→ *Galeere*]

Ga|le|o|te ⟨f.; -, -n⟩ *kleines, einmastiges Küstensegelschiff;* oV *Galiote* [< ital. *galeotta,* < mlat. *galea* »Ruderschiff«]

Ga|le|rie ⟨f.; -, -n⟩ **1** ⟨in Kirchen, Schlössern, im oberen Teil eines Saales⟩ *langer, an einer Seite offener od. verglaster Gang* **2** ⟨an Festungen⟩ *Laufgang mit Schießscharten* **3** ⟨Theat.⟩ *oberster Rang* **4** ⟨am Heck von Kriegsschiffen⟩ *balkonartiger Aufbau* **5** *Sammlung von Kunstwerken, bes. Gemälden* (Bilder~, Gemälde~) *sowie Gebäude dafür* **6** *an einer Längsseite mit Öffnungen versehener Tunnel* **7** ⟨österr. Gaunerspr.⟩ *die Verbrecherwelt* [frz., »gedeckter Gang«]

Ga|le|rie|wald ⟨m.; -es, -wäl|der⟩ *an das Grundwasser von Flüssen u. an das an steilen Hängen auftretende Sickerwasser gebundener Waldstreifen in subtropischen Savannen- u. Steppengebieten*

Ga|le|rist ⟨m.; -en, -en⟩ **1** *Besitzer einer Gemäldesammlung* **2** *Veranstalter einer Verkaufsausstellung von Kunstgegenständen* **3** ⟨österr. Gaunerspr.⟩ *Angehöriger der Verbrecherwelt, der Unterwelt* [→ *Galerie*]

Gal|gant ⟨m.; -s; unz.⟩, **Gal|gant|wur|zel** ⟨f.; -, -n⟩ *südchines. Ingwerpflanze, Fieberwurzel (für Heilzwecke verwendet), Wurzel des Ing-*

wergewächses: Alpinia officinarum; appetitanregendes Mittel u. Gewürz: Rhizoma galangas; Sy *Fieberwurzel* [< ahd. *galgan,* < mlat. *galanga* < arab.-pers. *chalandschan*]

Ga|li|ma|thi|as ⟨m. od. n.; -; unz.⟩ *verworrenes Gerede, Geschwätz;* oV *Gallimathias* [< frz. *galimatias* »verworrenes Geschwätz« < lat. *gallimathia,* eigtl. »Wissen eines Hahns«, < lat. *gallus* »Hahn; Disputant bei den Doktordissertationen der Pariser Universität im 16. Jh.« + grch. *matheia* »Wissen«]

Ga|li|on ⟨n.; -s, -s; früher⟩ *erkerartiger Vorbau am Bug eines Holzschiffes;* oV *Gallion* [< span. *galeón* »großes Schiff« < mlat. *galea* »Ruderschiff«]

Ga|li|o|ne ⟨f.; -, -n⟩ = *Galeone*

Ga|li|ons|fi|gur ⟨f.; -, -en⟩ *geschnitzte, meist weibl. Figur am Galion*

Ga|li|o|te ⟨f.; -, -n⟩ = *Galeote*

Ga|li|pot ⟨[-po:] m.; -s; unz.⟩ *in festem Zustande gesammeltes Harz der Nadelbäume, Scharrharz, meistens von der Seestrandkiefer (Pinus pinaster);* oV *Gallipot* [frz., »Fichtenharz«]

Ga|li|um ⟨n.; -s; unz.⟩ *Labkraut (Rötegewächs)* [< grch. *galion* »Taubnessel«, zu *gala* »Milch«]

Gal|jass ⟨f.; -, -jas|sen⟩ = *Galease*

Gal|lat ⟨n.; -s, -e; Chem.⟩ *Salz od. Ester der Gallussäure*

Gal|le|ria ⟨f.; -, -s; Arch.⟩ *hallenähnlicher Glasbau, der mehrere Gebäudeteile od. Räume miteinander verbindet (häufig als Einkaufszentrum)* [ital., »Tunnel, Passage, Galerie«]

Gal|lert ⟨n.; -s, -e⟩, **Gal|ler|te** ⟨f.; -, -n⟩ *zähe, durchsichtige Masse, die entweder aus Gelatine od. durch Auskochen u. anschließendes starkes Einkochen von Fleischsaft bzw. Knochenbrühe gewonnen wird u. beim Erkalten erstarrt;* Sy *Gelee (2), Glace* [< mhd. *galreide, galrede, galered* < spätlat. *gelatria, geladia* < lat. *gelata* »gefroren«; zu *gelare* »gefrieren machen«]

gal|ler|tig ⟨a. ['---] Adj.⟩ *aus Gallert bestehend*

gal|li|ka|nisch ⟨Adj.⟩ *den Gallikanismus betreffend, zu ihm gehörig;* ~er **Gesang** *Choral der merowing. Kirche vor der Einführung des gregorian. Chorals;* ~e **Kirche** *die kath. Kirche in Frankreich vor der Französ. Revolution;* ~e **Liturgie** *die französ. Sonderform des gregorian. Chorals im MA* [nach *Gallia,* der lat. Bezeichnung für Frankreich]

Gal|li|ka|nis|mus ⟨m.; -; unz.⟩ **1** *die Selbständigkeitsbestrebungen der gallikan. Kirche* **2** *die gallikan. Kirche*

Gal|li|ma|thi|as ⟨m. od. n.; -; unz.⟩ = *Galimathias*

Gal|li|on ⟨n.; -s, -s⟩ = *Galion*

Gal|li|o|ne ⟨f.; -, -n⟩ = *Galeone*

Gal|li|pot ⟨[-po:] m.; -s; unz.⟩ = *Galipot*

gal|lisch ⟨Adj.⟩ *Gallien betreffend, aus ihm stammend, zu ihm gehörig;* ~er **Hahn** *Wappentier Frankreichs während der Französ. Revolution, Sinnbild fränzös. Geistes u. geistreichen Witzes* [< lat. *gallus* »Gallier; Hahn«]

gal|li|sie|ren ⟨V.⟩ Most ~ *mit Zucker versetzen* [nach dem Erfinder des Verfahrens, L. *Gall* (1851)]

Gal|li|um ⟨n.; -s; unz.; chem. Zeichen: Ga⟩ *seltenes Metall, chemisches Element, Ordnungszahl 31* [nach *Gallia,* der lat. Bezeichnung für Frankreich]

Gal|li|zis|mus ⟨m.; -, -men⟩ *typ. französ. sprachl. Wendung in einer anderen Sprache* [nach *Gallia,* der lat. Bezeichnung für Frankreich]

Gal|lo|ma|nie ⟨f.; -; unz.⟩ = *Frankomanie* [< *gallia,* der lat. Bezeichnung für Frankreich + *Manie*]

Gal|lon ⟨[gælən] m. od. n.; -s, -s⟩ = *Gallone*

Gal|lo|ne ⟨f.; -, -n⟩ *altes engl. Hohlmaß, etwa 4,5 l;* oV *Gallon* [< engl. *gallon*]

gal|lo|phil ⟨Adj.⟩ = *frankophil*

Gal|lo|phi|lie ⟨f.; -; unz.⟩ = *Frankophilie* [zu *Gallia,* der lat. Bezeichnung für Frankreich + *...philie*]

gal|lo|phob ⟨Adj.⟩ = *frankophob*

Gal|lo|pho|bie ⟨f.; -; unz.⟩ = *Frankophobie* [< *Gallia,* der lat. Bezeichnung für Frankreich + *Phobie*]

Gal|lo|way ⟨[gæləwεi] n.; -s, -s⟩ *robuste Rinderrasse* [nach der schott. Landschaft *Galloway*]

Gal|lup|me|tho|de, ⟨auch⟩ **Gal|lup-Me|tho|de** ⟨a. [gæləp-] f.; -; unz.⟩ *Methode der repräsentativen Meinungsumfrage, die auf der Auswertung systematischer Stichproben beruht* [nach dem US-Amerikaner G. H. *Gallup,* 1901–1984]

Gal|lus|säu|re ⟨f.; -; unz.⟩ *organ. Säure, die in zahlreichen Pflanzen auftritt* [< lat. *galla* »Gallapfel»]

Gal|mei ⟨m.; -s, -e⟩ *zinkhaltiges Mineral, chemisch Zinksulfid, ZnS;* Sy *Zinkspat* [< mhd. *kalemine* < mlat. *calamina* < grch. *kadmia, kadmeia* »kohlensaures Zink«]

Ga|lon ⟨[galɔ̃:] m.; -s, -s⟩, **Ga|lo|ne** ⟨f.; -, -n⟩ *Tresse, Litze, Borte (an Uniformen als Rangabzeichen)* [< frz. *galon*]

ga|lo|nie|ren ⟨V.⟩ *mit einem Galon versehen, betressen*

Ga|lopp ⟨m.; -s, -e od. -s⟩ **1** *Gangart des Pferdes, Lauf in Sprüngen;* ~ reiten; gestreckter ~; kurzer ~ **2** *in seitl. Wechselschritten getanzter Spring-Rundtanz im 2/4-Takt* **3** ⟨fig.⟩ *rascher Lauf, Geschwindigkeit, Schnelligkeit;* ein bisschen ~, bitte! *ein bisschen schnell;* im ~ *sehr schnell* [→ *galoppieren*]

Ga|lop|pa|de ⟨f.; -, -n⟩ *Art und Weise des Galopps bei Pferden;* das Pferd besitzt eine gute, schlechte ~

Ga|lop|per ⟨m.; -s, -⟩ *Pferd für Galopprennen;* ein guter, schlechter ~

ga|lop|pie|ren ⟨V.⟩ **1** *im Galopp laufen* (Pferd) **2** *im Galopp reiten* (Person) **3** ~de Schwindsucht *letztes Stadium der Schwindsucht, die schnell zum Tode führt* [< frz. *galoper,* < afrz.

waloper <fränk. **wala hlaupan,* »wohl (= gut) laufen«]

Ga|lo|sche ⟨f.; -, -n⟩ *Überschuh aus Gummi* [<frz. *galoche* »Überschuh«]

Gal|to|nia ⟨f.; -, -s⟩ = *Galtonie*

Gal|to|nie ⟨[-niə] f.; -, -n⟩ *südafrikanische Gattung der Liliengewächse (Liliaceae) mit glockenförmigen, in Trauben herabhängenden Blüten;* Sy *Galtonia* [nach dem engl. Arzt u. Vererbungsforscher Sir Francis *Galton,* 1822-1911]

Gal|va|ni|sa|ti|on ⟨[-va-] f.; -, -en⟩ *das Galvanisieren, das Galvanisiertwerden* [→ *galvanisieren*]

gal|va|nisch ⟨[-va:-] Adj.⟩ *auf Galvanisation beruhend, mit ihrer Hilfe;* ~es Bad *B. zum Galvanisieren*

Gal|va|ni|seur ⟨[-vanizø:r] m.; -s, -e⟩ *in der Galvanotechnik ausgebildeter Facharbeiter*

gal|va|ni|sie|ren ⟨[-va-] V.⟩ Werkstücke ~ *durch Elektrolyse mit Metall überziehen* [nach dem ital. Naturforscher Luigi *Galvani,* 1737-1798]

Gal|va|nis|mus ⟨[-va-] m.; -; unz.⟩ *Lehre von der Umwandlung chemischer in elektrische Energie*

Gal|va|no ⟨[-va:-] n.; -s, -s⟩ *im galvan. Bad hergestellter Druckstock für hohe Auflagen*

gal|va|no..., Gal|va|no... ⟨[-va:-] in Zus.⟩ *galvanisch* [→ *galvanisieren*]

Gal|va|no|gra|fie ⟨[-va-] f.; -; unz.⟩ = *Galvanographie*

Gal|va|no|gra|phie ⟨[-va-] f.; -; unz.⟩ *Verfahren zur Herstellung von Kupferplatten für verschiedene Druckverfahren;* oV *Galvanografie* [< *Galvano...* + *...graphie*]

Gal|va|no|kaus|tik ⟨[-va-] f.; -; unz.⟩ *Durchtrennung bzw. Zerstörung von Gewebe mit Instrumenten, die mit elektr. Strom glühend gemacht worden sind* [< *Galvano...* + *Kaustik(1)*]

Gal|va|no|kau|ter ⟨[-va-] m.; -s, -⟩ *chirurg. Instrument für die Galvanokaustik*

Gal|va|no|me|ter ⟨[-va-] n.; -s, -⟩ *sehr empfindl. elektr. Messinstrument, das aus einer Spule im Feld eines Magneten besteht u. keine in Strom- od. Spannungswerten geeichte, sondern eine der Stromstärke proportional unterteilte Skala hat;* Sy *Galvanoskop* [< *Galvano...* + *...meter*]

Gal|va|no|plas|tik ⟨[-va-] f.; -; unz.⟩ *galvanische Nachbildung von Druckstöcken;* Sy *Galvanotechnik*

Gal|va|no|plas|ti|ker ⟨[-va-] m.; -s, -; Typ.⟩ *Facharbeiter in der Galvanoplastik*

gal|va|no|plas|tisch ⟨[-va-] Adj.⟩ *auf Galvanoplastik beruhend, mit ihrer Hilfe*

Gal|va|no|punk|tur ⟨[-va-] f.; -, -en⟩ *Entfernung (von Haaren u.Ä.) mit einer durch galvanischen Strom erhitzten Nadel*

Gal|va|no|skop, ⟨auch⟩ **Gal|va|nos|kop** ⟨[-va-] n.; -s, -e⟩ = *Galvanometer* [< *Galvano...* + *...skop*]

Gal|va|no|ste|gie, ⟨auch⟩ **Gal|va|nos|te|gie** ⟨[-va-] f.; -; unz.⟩ *Überziehen von Metalloberflächen mit galvanisch abgeschiedenen anderen Metallen* [< *Galvano...* + grch. *stege* »Decke, Bedeckung«]

Gal|va|no|ta|xis ⟨[-va-] f.; -, -xen⟩ *nur unter künstl. Bedingungen vorkommende Erscheinung, dass sich viele Einzeller u. manche Tiere in einem elektr. Feld einem der Pole zuwenden*

Gal|va|no|tech|nik ⟨[-va-] f.; -; unz.⟩ = *Galvanoplastik*

Gal|va|no|the|ra|pie ⟨[-va-] f.; -, -n⟩ *Heilbehandlung mit elektrischem Strom*

...gam ⟨in Zus.⟩ **1** *die Befruchtung, Bestäubung, Begattung betreffend* **2** *die Ehe betreffend* [<grch. *gamos* »Ehe«]

Ga|man|der ⟨m.; -s, -; Bot.⟩ *Angehöriger einer Gattung der Lippenblütler: Teucrium;* Echter ~ *mit purpurroten Blüten u. fünfzahnigem Kelch (Volksheilmittel gegen Bronchialkatarrh, Durchfall u. Gicht: T. chamaedrys)* [<mhd. *gamandre* <mlat. *chamandros* <grch. *chmaidrys* »Bodeneiche«]

Ga|ma|sche ⟨f.; -, -n⟩ **1** *Beinbekleidung vom Fuß bis zum Knie aus Stoff od. Leder;* Wickel~ **2** *Fußbekleidung aus festem Stoff um den Knöchel u. über den Spann, durch einen Steg unter der Schuhsohle gehalten* **3** *Beinschutz für Reitpferde* [<frz. *gamaches* »knöpfbare Überstrümpfe« <prov. *garamacha* <span. *gorromazos* »Reiterstiefel aus der Lederart *guadameci*« <arab. *gadamsi* »Leder aus Gadames (in Libyen)«]

Gam|be ⟨f.; -, -n; Mus.⟩ *Kniegeige des 16. bis 18. Jh., Vorläufer des Cellos;* Sy *Viola da gamba* [<ital. *viola da gamba* »Kniegeige«, zu ital. *gamba* »Bein«]

Gam|bist ⟨m.; -en, -en⟩ *Gambenspieler*

Gam|bit ⟨engl. [gæmbit] n.; -s, -s⟩ **1** ⟨Schach⟩ *Zug zur Eröffnung des Spiels, bei dem meist ein Bauer geopfert wird, um den Weg zu schnellem Angriff frei zu machen* **2** ⟨fig.⟩ *erster Schritt, geschickte Maßnahme* [<span. *gambito* <arab. *ganbi* »seitlich«; zu *ganba* »Seite«]

Game ⟨[gɛım] n.; -s, -s; Tennis⟩ *Spielgewinn (innerhalb eines Satzes)* [engl., »Spiel«]

...ga|me ⟨in Zus.⟩ **1** *befruchtende(s) Pflanze (Tier)* **2** *eine Ehe führender Mensch* [→ *...gam*]

Game|boy ⟨[gɛımbɔı] m.; -s, -s; Ⓦⓩ⟩ *handflächengroßes, elektronisches Spielgerät, in das Disketten mit verschiedenen Computerspielen eingeführt u. über einen Kleinbildschirm gespielt werden können* [<engl. *game* »Spiel« + *boy* »Junge (i.w.S. Begleiter)«]

Ga|me|lan ⟨n.; -s, -s⟩ *javan. Orchester mit Schlaginstrumenten, auch Blas- u. Streichinstrumenten, zu kult. Veranstaltungen u. Schattenspielen* [mal.]

Ga|mel|le ⟨f.; -, -n; schweiz.⟩ *Ess- u. Kochgeschirr des Soldaten* [frz., »Kochgeschirr«]

Game|show ⟨[gɛımʃou] f.; -, -s; TV⟩ *Form der Fernsehlivesendung, bei der Einzelkandidaten od. Gruppen im Rahmen verschiedener Spiele um den Gewinn hoher Sach- bzw. Geldpreise* *gegeneinander antreten;* die »100000 Mark-Show« ist eine populäre deutsche ~ [< engl. *game* »Spiel« + *Show*]

Ga|met ⟨m.; -en, -en⟩ *männl. od. weibl. Geschlechtszelle, Keimzelle* [< grch. *gamein* »heiraten«]

Ga|met|an|gi|o|ga|mie, ⟨auch⟩ **Ga|me|tan|gi|o|ga|mie** ⟨f.; -, -n⟩ *Befruchtung durch Verschmelzen von Gametangien*

Ga|met|an|gi|um, ⟨auch⟩ **Ga|me|tan|gi|um** ⟨n.; -s, -gi|en⟩ *Zellgruppe, aus der Gameten hervorgehen* [< *Gamet* + grch. *aggeion* »Gefäß«]

Ga|me|to|ge|ne|se ⟨f.; -, -n⟩ *Gametenbildung* [< *Gamet* + *Genese*]

Ga|me|to|phyt ⟨m.; -en, -en⟩ *männliche u. weibliche Keimzellen hervorbringende Generation bei Pflanzen mit Generationswechsel* [< *Gamet* + *...phyt*]

Ga|me|to|zyt ⟨m.; -en, -en⟩ *ursprüngliche, noch undifferenzierte Zelle, aus der die Gameten hervorgehen* [< *Gamet* + grch. *kytos* »Höhlung, Zelle«]

...ga|mie ⟨in Zus.⟩ **1** *Befruchtung, Bestäubung, Begattung* **2** *Ehe* [→ *...gam*]

Ga|min ⟨[gamɛ̃ː] m.; -s, -s; frz. Bez. für⟩ *Straßenjunge, Spitzbube*

Gam|ma ⟨n.; -s, -s; Zeichen: γ, Γ⟩ *dritter Buchstabe des griech. Alphabets*

Gam|ma|glo|bu|lin ⟨n.; -s, -e⟩ *als Abwehrstoff dienendes Globulin des Blutplasmas*

Gam|ma|quan|ten ⟨Pl.⟩ = *Gammastrahlen*

Gam|ma|rus ⟨m.; -; unz.⟩ *Flohkrebs* [lat.]

Gam|ma|spek|trum, ⟨auch⟩ **Gam|ma|spekt|rum** ⟨n.; -s, -tren od. -tra; Zeichen: γ-Spektrum⟩ *charakteristisches Spektrum der Energie von Gammastrahlen eines radioaktiven Stoffes, je nach Entstehung der Gammastrahlen kontinuierliches Spektrum od. Linienspektrum*

Gam|ma|strah|len ⟨Pl.⟩ *sehr energiereiche, kurzwellige, elektromagnet. Strahlung, die bei Kernreaktionen freigesetzt wird u. in der Medizin zur Bestrahlung von Karzinomen dient;* oV *γ-Strahlen;* Sy *Gammaquanten*

Gam|ma|zis|mus ⟨m.; -; unz.⟩ *Sprachstörung, bei der die Konsonanten g und k durch die Laute d u. t ersetzt werden* [zu grch. *gamma,* 3. Buchstabe des grch. Alphabets (= g)]

Ga|mo|ne ⟨Pl.⟩ *pflanzliche Sexuallockstoffe, die von den Gameten abgegeben werden* [zu grch. *gamein* »heiraten«]

Ga|mont ⟨m.; -en, -en⟩ *Zelle der Protozoen, aus der Gameten hervorgehen* [< grch. *gamos* »Ehe«]

Ga|na|sche ⟨f.; -, -n⟩ *am Hinterrand des Pferdeunterkiefers ansetzende Jochmuskeln, deren starke Ausprägung es erschwert, das Pferd durch das Genick zu stellen* [< frz. *ganache* < ital. *ganascia* »Kinnbacke«]

Ga|nef(f) ⟨m.; -s, -e⟩ = *Ganove* [jidd.]

Gang ⟨[gæŋ] f.; -, -s⟩ *Gruppe, Bande (von organisierten Verbrechern)* [engl.-amerik.]

Gan|gli|en|blo|cker, ⟨auch⟩ **Gang|li|en|blo|cker** ⟨m.; -s, -; Pharm.⟩ *die Reizübertragung im Nervensystem hemmende Substanz*

Gan|gli|en|zel|le, ⟨auch⟩ **Gang|li|en|zel|le** ⟨f.; -, -n⟩ *Nervenzelle im Ganglion*

Gan|gli|om, ⟨auch⟩ **Gang|li|om** ⟨n.; -s, -e; Med.⟩ *bösartiger Tumor, der von Ganglien des Sympathikus ausgeht*

Gan|gli|on, ⟨auch⟩ **Gang|li|on** ⟨n.; -s, -li|en⟩ **1** *knotenförmige Anhäufung von Nervenzellen in den Zentralnervensystemen der Würmer, Weich- u. Gliedertiere od. im Gehirn u. Rückenmark der Wirbeltiere u. des Menschen, Nervenknoten* **2** *Überbein* [< grch. *gagglion* »schmerzlose Geschwulst unter der Haut, Überbein«]

Gan|gli|tis ⟨auch⟩ **Gang|li|tis** ⟨f.; -, -ti|den⟩ *Entzündung der Nervenknoten* [→ *Ganglion*]

Gan|grä|ne, ⟨auch⟩ **Gang|rä|ne** ⟨f.; -, -n⟩ *Brand;* → a. *Nekrose* [< grch. *gaggraina* »kalter Brand«]

gan|grä|nes|zie|ren, ⟨auch⟩ **gang|rä|nes|zie|ren** ⟨V.⟩ *brandig werden* (Gewebe)

gan|grä|nös, ⟨auch⟩ **gang|rä|nös** ⟨Adj.⟩ *an Gangrän erkrankt, brandig*

Gang|spill ⟨n.; -s, -s⟩ *Ankerwinde* [< ndrl. *gangspil;* zu *spill* »Winde«; verwandt mit *Spindel*]

Gangs|ter ⟨[gæŋ-] m.; -s, -⟩ *Mitglied einer Gang, Krimineller, der skrupellos vorgeht* [engl. (amerik.)]

Gang|way ⟨[gæŋwɛi] f.; -, -s⟩ *Laufsteg zum Besteigen von Schiff od. Flugzeug* [engl., »Durchgang (zwischen Sitzreihen), Laufplanke«]

Ga|no|ve ⟨[-və] m.; -n, -n [-vən]⟩ *Dieb, Gauner, Spitzbube* [< jidd. *gannaw, gannowim* »Dieb«]

Gap ⟨[gæp] m.; -s, -s⟩ *Lücke in der techn. u. wissenschaftl. Entwicklung zwischen zwei oder mehr Staaten* [engl., »Lücke«]

Gap|a|na|ly|se ⟨[gæp-] f.; -, -n; Wirtsch.⟩ *Verfahren des strategischen Managements, die künftige Entwicklung des Geschäfts auf der Grundlage unterschiedlicher Voraussetzungen zu prognostizieren u. aus den Differenzen (Gaps) zwischen den einzelnen Entwicklungsverläufen mögliche Handlungsstrategien abzuleiten, Lückenanalyse* [< engl. *gap* »Lücke, Kluft« + *Analyse*]

Ga|ra|ge ⟨[-ʒə] f.; -, -n⟩ *Unterstellraum für Kraftfahrzeuge* [frz.]

ga|ra|gie|ren ⟨[-ʒiː-] V.; österr. u. schweiz.⟩ *in der Garage unterbringen, einstellen* (Kraftfahrzeuge)

Ga|ra|gist ⟨[-ʒist] m.; -en, -en; schweiz.⟩ *Besitzer einer Autoreparaturwerkstatt*

Ga|ra|mond ⟨[-mɔ̃] f.; -; unz.⟩ *eine Antiquadruckschrift;* oV *Garmond* [nach dem frz. Stempelschneider u. Schriftgießer Claude *Garamond,* 1480–1561]

Ga|rant ⟨m.; -en, -en⟩ *jmd., der etwas garantiert, für etwas bürgt, Gewährsmann* [frz.]

Ga|ran|tie ⟨f.; -, -n⟩ *Gewähr, Haftung, Bürgschaft;* ein Jahr ~ auf ein Gerät haben *Gewähr, dass ein G. 1 Jahr lang funktioniert (andernfalls wird es innerhalb dieser Frist von der*

Herstellerfirma kostenlos repariert); dafür kann ich keine ~ übernehmen; dafür übernehme ich die volle ~ [frz.]

ga|ran|tie|ren ⟨V.⟩ (jmdm.) (für) etwas ~ **1** *etwas gewährleisten;* die Firma garantiert (für) die unbedingte Haltbarkeit, Zuverlässigkeit **2** *bürgen, haften, fest versprechen;* ich garantiere dir, dass so etwas nicht mehr vorkommt; dafür kann ich nicht ~ [<*frz. garantir* »gewährleisten, garantieren«]

ga|ran|tiert ⟨Adj.; umg.⟩ *mit Sicherheit, unbedingt, bestimmt;* das ist ~! *darauf ist Verlass;* das hat er ~ vergessen

Gar|çon ⟨[-sɔ̃:] m.; -s, -s; frz. Bez. für⟩ **1** *Knabe, junger Mann* **2** *Junggeselle* **3** *Gehilfe* **4** *Kellner* [frz.]

Gar|çon|ni|e|re ⟨[-sɔnjɛ:rə] f.; -, -n; österr.⟩ *Junggesellenwohnung* [frz.]

Gar|de ⟨f.; -, -n⟩ **1** ⟨urspr.⟩ *Leibwache* **2** ⟨dann⟩ *Elitetruppe, meist mit prächtiger Uniform* **3** ⟨fig.⟩ einer von der alten ~ *langjähriger Freund od. Kamerad, langjähriges bekanntes Mitglied eines Betriebes, Kreises o.Ä.* [frz., »Bewachung, Bewahrung« <fränk. **wardon* »Sorge tragen für etwas«]

Gar|de|du|korps ⟨[-dyko:r] n.; - [-ko:rs], - [-ko:rs]⟩ **1** *preuß. Gardekavallerieregiment* **2** ⟨allg.⟩ *Leibgarde* [<frz. *garde du corps* »Leibwache«]

Gar|de|korps ⟨[-ko:r] n.; - [-ko:rs], - [-ko:rs]⟩ *Gardetruppe, Gesamtheit der Garden* [<frz. *garde* »Wache« + *corps* »Körperschaft«]

Gar|de|nie ⟨[-niə] f.; -, -n⟩ **1** *Gattung der Rötegewächse, Gardenia* **2** ⟨i.e.S⟩ *in China heimische Art mit stark duftenden Blüten, die als Früchte die chinesischen Gelbschoten, ein Färbemittel, liefert: Gardenia jasminoides* [nach dem engl. Arzt u. Naturforscher A. *Garden,* †1719]

Gar|den|par|ty ⟨[ga:dənpa:ti] f.; -, -s⟩ *in einem Garten stattfindende Feier, Gartenfest* [engl.]

Gar|de|ro|be ⟨f.; -, -n⟩ **1** *gesamte Kleidung, Vorrat an Kleidung* **2** *Umkleideraum (bes. von Schauspielern)* **3** *Vorraum (einer Wohnung, eines Theaters o.Ä.) mit Kleiderablage* [<frz. *garderobe* »Kleidung, Kleiderstück«]

Gar|de|ro|bi|er ⟨[-bje:] m.; -s, -s; Theat.⟩ *Aufseher über die Garderobe, Gewandmeister* [→ *Garderobe*]

Gar|de|ro|bi|e|re ⟨[-bjɛ:rə] f.; -, -n⟩ **1** *weiblicher Garderobier* **2** *Garderobenfrau*

Gar|dez ⟨[-de:] Schach⟩ *Schützen Sie (Ihre Dame) (Warnung beim Angriff auf die Dame des Gegners)* [frz.]

Gar|di|ne ⟨f.; -, -n⟩ **1** ⟨urspr.⟩ *Bettvorhang* **2** ⟨allg.⟩ *Vorhang,* ⟨bes.⟩ *Fenstervorhang;* hinter schwedischen ~n sitzen ⟨fig.⟩ *hinter Gittern, im Gefängnis* [<mndrl. *gordine* <frz. *courtine* <mlat. *cortina* »Bettvorhang«]

Gar|dist ⟨m.; -en, -en⟩ *Soldat der Garde*

gar|ga|ri|sie|ren ⟨V.; Med.⟩ *gurgeln* [<grch. *gargarizein* »gurgeln«]

Gar|mond ⟨[-mɔ̃:] f.; -; unz.; süddt., österr.; Typ.⟩ = *Garamond*

Gar|ni|e|rit ⟨[-nje:-] m.; -s, -e; Min.⟩ *smaragd- bis blaugrünes, nickelhaltiges Silikatmineral* [nach dem frz. Geologen Jules *Garnier,* 1839-1904]

Gar|ne|le ⟨f.; -, -n⟩ *als »Krabbe« in den Handel gebrachte Unterordnung der Zahnfußkrebse: Natania* [<*garnad, garnol* (16. Jh.), <mndrl. *geheernaert;* zu <mlat. *grano* »Barthaar« <mhd., mnddt. *gran(e);* verwandt mit *Granne*]

gar|ni → *Hotel garni*

gar|nie|ren ⟨V.⟩ *verzieren, schmücken;* einen Hut mit Blumen ~; eine Gemüseplatte ~; Torte mit Schlagsahne, belegte Brötchen mit Petersilie ~ [<frz. *garnir* »mit etwas versehen« <fränk. **warnjan* »sich vorsehen«]

Gar|nie|rung ⟨f.; -, -en⟩ **1** *das Garnieren* **2** *das, was man zum Garnieren verwendet*

Gar|ni|son ⟨f.; -, -en⟩ **1** *Quartier, Standort einer Truppe* **2** *dessen Besatzung* **3** *die Truppe selbst* [frz. <*garnier;* → *garnieren*]

gar|ni|so|nie|ren ⟨V.⟩ *in Garnison liegen*

Gar|ni|tur ⟨f.; -, -en⟩ **1** *Besatz, Verzierung* **2** *Ausrüstung, Kleidung für einen bestimmten Zweck;* Ausgeh~, Dienst~ **3** *Reihe, Anzahl zusammengehöriger Gegenstände, Satz (von Geschirr u.Ä.)* **4** *Damenhemd u. -schlüpfer bzw. Herrenunterhose u. -hemd (zusammenpassend)* [<frz. *garniture;* zu *garnir;* → *garnieren*]

Gar|rot|te ⟨f.; -, -n⟩ *Vorrichtung zum Erdrosseln bei der span. Art des Hinrichtens, Würgschraube* [<frz. *garrotte* »Erdrosselung, Würgschraube«]

gar|rot|tie|ren ⟨V.⟩ *mit der Garrotte hinrichten* [<frz. *garotter*]

Ga|rúa ⟨f.; -; unz.; Meteor.⟩ *nässender Küstennebel an der peruanischen u. chilenischen Küste* [span., »Sprühregen«]

Gas ⟨n.; -es, -e⟩ **1** *ein Aggregatzustand der Materie, in dem sie infolge freier Beweglichkeit der Moleküle keine bestimmte Gestalt hat, sondern jeden Raum, in den sie gebracht wird, völlig ausfüllt* **2** *Materie in diesem Zustand,* z.B. Sauerstoff **3** *gasförmiger Brennstoff;* Stadt~, Erd~, Heiz~; jmdm. das ~ abdrehen *ihm seine Existenzgrundlage nehmen* **4** *Flamme von diesem Brennstoff;* die Kartoffeln aufs ~ setzen, vom ~ wegnehmen **5** *Gemisch aus Luft u. Kraftstoff;* beim Autofahren ~ geben (wegnehmen) *die Zufuhr von Treibstoff verstärken (verringern) u. die Geschwindigkeit erhöhen (vermindern)* [Bildung des Brüsseler Chemikers J. B. *van Helmont* (1577-1644), zur Bezeichnung von Luftarten, die von atmosphär. Luft verschieden sind <grch. *chaos* »wirre, gestaltlose Masse«, seit Paracelsus 1538 für »Luft« gebraucht]

Gas|be|ton ⟨[-betɔ̃] od. [-betɔŋ] m.; -s, -s od. [-beto:n] m.; -s, -e⟩ *Leichtbeton, der durch Beimischung Gas bildender Stoffe (z.B. Aluminiumpulver) zu sämig-flüssigen Mörteln aus Zement od. Kalk u. feinkörnigen Zuschlagstoffen entsteht*

Gas|dif|fu|si|ons|ver|fah|ren ⟨n.; -s, -⟩ *Trenn-*

verfahren für die verschiedenen Isotope eines Elements, bei dem die unterschiedl. Wanderungsgeschwindigkeit der Isotope durch Trennwände ausgenützt wird

Ga|sel ⟨n.; -s, -e⟩, **Ga|se|le** ⟨f.; -, -n⟩ *arab., pers., türk. u. ind. Gedichtform aus drei bis zehn Verspaaren, wobei der Reim des ersten Paares in allen geraden Zeilen wiederholt wird;* oV *Ghasel* [< arab. *ghazila* »verliebte Reden führen«]

Gas|in|ter|fe|ro|me|ter ⟨n.; -s, -⟩ *Messgerät, das schlagende Wetter anzeigt*

Gas|ö|dem ⟨n.; -s, -e; Path.⟩ = *Gasphlegmone*

Ga|so|lin ⟨n.; -s; unz.⟩ **1** *ein bei der fraktionierten Destillation der natürl. u. synthet. Rohöle gewonnenes Leichtbenzin mit dem Siedebereich 40–70 °C, wird als Lösungsmittel u. zur Carburierung von Stadtgas verwendet;* Sy *Petroläther, Gasäther* **2** ⟨amerikan.-englisch für⟩ *Benzin* [→ *Gasol*]

Ga|so|me|ter ⟨m.; -s, -; falsche Bez. für⟩ *Gasbehälter* [< *Gas* + *...meter*]

Gas|phleg|mo|ne ⟨f.; -, -n⟩ *von einer Wunde ausgehende, lebensgefährl. Infektion, wobei die W. infolge Gasbildung anschwillt, Gasbrand* [< *Gas* + *Phlegmone*]

■ Die Buchstabenfolge **gas|tr...** kann auch **gast|r...** getrennt werden.

■ **Gas|trä|a** ⟨f.; -, -trä|en⟩ *von E. Haeckel angenommene Ur- bzw. Stammform aller mehrzelligen Tiere* [< nlat. *gastraea* »tier. Urform«, < grch. *gaster* »Unterleib, Magen-Darm-System«]

■ **gas|tral** ⟨Adj.⟩ *Darm u. Magen betreffend, zu ihnen gehörig, von ihnen ausgehend* [< grch. *gaster* »Unterleib«]

■ **Gas|tral|gie** ⟨f.; -, -n⟩ *Magenkrampf* [< grch. *gaster* »Unterleib« + *...algie*]

■ **Gas|trek|ta|sie** ⟨f.; -, -n⟩ *Magenerweiterung* [< grch. *gaster* »Unterleib« + *Ektasie*]

■ **Gas|trek|to|mie** ⟨f.; -, -n⟩ *operative Entfernung des Magens* [< grch. *gaster* »Unterleib« + *Ektomie*]

■ **Gas|trin** ⟨n.; -s; unz.⟩ *ein Peptidhormon, das am Magenausgang gebildet wird* [zu grch. *gaster* »Unterleib«]

■ **gas|trisch** ⟨Adj.⟩ *den Magen betreffend, zu ihm gehörig, von ihm ausgehend* [< grch. *gaster* »Unterleib«]

■ **Gas|tri|tis** ⟨f.; -, -ti|den⟩ *Magenentzündung* [< grch. *gaster* »Unterleib«]

■ **gas|tro..., Gas|tro...** ⟨in Zus.⟩ *magen..., Magen..., darm..., Darm...* [< grch. *gaster* »Bauch, Unterleib, Magen«]

■ **Gas|tro|di|a|pha|nie** ⟨f.; -, -n⟩ *Magendurchleuchtung* [< *Gastro...* + *Diaphanie*]

■ **gas|tro|du|o|de|nal** ⟨Adj.; Med.⟩ *den Magen u. den Zwölffingerdarm betreffend* [< *gastro...* + *duodenal*]

■ **Gas|tro|du|o|de|ni|tis** ⟨f.; -, -ti|den⟩ *Entzündung des Magens u. Zwölffingerdarms* [< *Gastro...* + *Duodenitis*]

■ **Gas|tro|dy|nie** ⟨f.; -, -n⟩ *Magenschmerz, Magenkrampf* [< *Gastro* + grch. *odyne* »Schmerz«]

■ **gas|tro|en|te|risch** ⟨Adj.; Med.⟩ *Magen u. Darm betreffend* [< *gastro...* + grch. *enteron* »Darm«]

■ **Gas|tro|en|te|ri|tis** ⟨f.; -, -ti|den⟩ *Magen-Darm-Entzündung* [< *Gastro...* + *Enteritis*]

■ **Gas|tro|en|te|ro|lo|gie** ⟨f.; -; unz.⟩ *Wissenschaft von den Magen-Darm-Krankheiten* [< *Gastro...* + *entero...* + *...logie*]

■ **gas|tro|gen** ⟨Adj.⟩ *vom Magen ausgehend* [< *gastro...* + *...gen*[1]]

■ **gas|tro|in|tes|ti|nal** ⟨Adj.⟩ *zum Magen u. Darm gehörend* [< *gastro...* + *intestinal*]

■ **Gas|tro|lith** ⟨m.; -en, -en⟩ *Magenstein* [< *Gastro...* + *...lith*]

■ **Gas|tro|my|zet** ⟨m.; -en, -en⟩ *Bauchpilz* [< *Gastro...* + *Myzet*]

■ **Gas|tro|nom** ⟨m.; -en, -en⟩ **1** *Kochkünstler* **2** *Gastwirt (eines Restaurants mit feiner Küche)* **3** *Feinschmecker* [< *Gastro...* + *...nom*[3]]

■ **Gas|tro|no|mie** ⟨f.; -; unz.⟩ **1** *feine Kochkunst* **2** *Feinschmeckerei* [→ *Gastronom*]

■ **gas|tro|no|misch** ⟨Adj.⟩ *die Gastronomie betreffend, zu ihr gehörig, auf ihr beruhend;* ~es Gewerbe *Gewerbe der Köche, gewerbl. Kochkunst*

■ **Gas|tro|pa|re|se** ⟨f.; -, -n⟩ *Muskelschwäche des Magens* [< *Gastro...* + *Parese*]

■ **Gas|tro|pa|thie** ⟨f.; -, -n⟩ *Magenleiden* [< *Gastro...* + *...pathie*]

■ **Gas|tro|po|de** ⟨m.; -n, -n; meist Pl.⟩ *Schnecke* [< *Gastro...* + *...pode*]

■ **Gas|tro|pto|se,** ⟨auch⟩ **Gast|rop|to|se** ⟨f.; -, -n⟩ *Magensenkung* [< *Gastro...* + grch. *ptosis* »Fall, Sturz«]

■ **Gas|tror|rha|gie** ⟨f.; -, -n⟩ *Magenbluten* [< grch. *gaster* »Unterleib« + grch. *rhegnysthai* »bersten«]

■ **Gas|tro|skop,** ⟨auch⟩ **Gast|ros|kop** ⟨n.; -s, -e⟩ *Magenspiegel* [< *Gastro...* + *...skop*]

■ **Gas|tro|sko|pie,** ⟨auch⟩ **Gast|ros|ko|pie** ⟨f.; -, -n⟩ *Magenspiegelung*

■ **Gas|tro|spas|mus** ⟨m.; -, -men⟩ *Magenkrampf* [< *Gastro...* + *Spasmus*]

■ **Gas|tro|sto|mie,** ⟨auch⟩ **Gast|ros|to|mie** ⟨f.; -, -n⟩ *Anlage einer Magenfistel, um Nahrung direkt in den Magen zu bringen, wenn die Speiseröhre nicht funktionsfähig ist* [< *gastro...* + grch. *stoma* »Mund«]

■ **Gas|tro|to|mie** ⟨f.; -, -n⟩ *einfache operative Eröffnung des Magens, Magenschnitt* [< *Gastro...* + *...tomie*]

■ **Gas|tro|zöl** ⟨n.; -s, -e⟩ *Darmhöhle* [< *Gastro...* + grch. *koilos* »hohl«]

■ **Gas|tru|la** ⟨f.; -; unz.⟩ *embryonales Entwicklungsstadium der meisten Tiere, das durch Einfaltung den Urmund hervorbringt* [nlat., Verkleinerungsform zu grch. *gaster* »Unterleib, Magen«]

■ **Gas|tru|la|ti|on** ⟨f.; -; unz.⟩ *Abschnitt der Keimesentwicklung, in dem die Gastrula gebildet wird*

Gate ⟨[gɛɪt] n.; -s, -s⟩ **1** *Ankunfts-, Abflugstor eines Flugzeugs auf dem Flughafen;* die Passagiere nach Bangkok bitte zu ~ vier **2** *Elektrode eines Transistors* [engl., »Tor, Ventil«]

Gate|fold ⟨[gɛɪtfould] n.; -s, -s⟩ *großformatige Seite in Zeitschriften u. Büchern (z.B. Poster, Schaubild usw.), die auf das eigtl. Buchformat zurechtgefaltet wird* [<engl. *gate*… »Klapp…« + *fold* »Faltung, Faltblatt«]

Gate|kee|per ⟨[gɛɪtki:pə(r)] m.; -s, -; Wirtsch.⟩ **1** *jmd., der die Informationsverbreitung zu u. in Einkaufsgremien steuert* **2** *marktwirtschaftl. Schlüsselposition eines Handelsbetriebes* [engl., »Pförtner, Schrankenwärter«]

Gate|way ⟨[gɛɪtwɛɪ] n.; -s, -s; EDV⟩ **1** *Verbindungsstelle zwischen mehreren Computernetzwerken* **2** *Verbindungsstelle zwischen einem Computernetzwerk u. einem Telefonanschluss* [engl., »Torweg (bei mittelalterl. Stadtmauern etc.)«]

GATT ⟨Abk. für engl.⟩ *General Agreement on Tariffs and Trade, allg. Tarif- u. Handelsabkommen; internationale Vereinbarung über den Abbau der Zoll- u. Handelsschranken*

Gau|cho ⟨[-tʃo] m.; -s, -s⟩ *berittener südamerik. Viehhirt* [span. <araukan. *cauchu* »berittener Bewohner der Pampas von Argentinien u. Uruguay«]

Gau|de|a|mus i|gi|tur! *Drum lasst uns fröhlich sein! (Beginn eines alten studentischen Trinkliedes)* [lat.]

Gau|di ⟨f.; -; unz.; oberdt.⟩ *Gaudium;* das gibt eine, war eine ~; wir haben eine große, viel ~ gehabt

gau|die|ren ⟨V.; noch schwäb.⟩ *belustigen*

Gau|di|um ⟨n.; -s; unz.⟩ *Spaß, Freude* [lat.]

Gau|fra|ge, ⟨auch⟩ **Gauf|ra|ge** ⟨[gofra:ʒ(ə)] f.; -, -n⟩ *geprägte Musterung* [frz.; zu *gaufrer* »Muster aufprägen«]

gau|frie|ren, ⟨auch⟩ **gauf|rie|ren** ⟨[go-] V.⟩ Papier, Gewebe ~ *mit dem Gaufrierkalander Muster aufprägen* [<frz. *gaufrer* »Muster aufprägen«; zu *gaufre* »Honigwabe, Waffel«]

Gau|frier|ka|lan|der, ⟨auch⟩ **Gauf|rier|ka|lan|der** ⟨[go-] m.; -s, -⟩ *Walze zum Aufprägen von Mustern (auf Papier od. Gewebe)*

Gauge ⟨[gɛɪdʒ] n.; -; unz.; Abk.: gg; Strumpfwirkerei⟩ **1** *Maß für die Feinheit des Gewirkes* **2** *Einheit für die Stärke von Blechen u. Folien (1 g = 0,0254 mm)* [engl., »Normalmaß, Spurweite (Eisenbahn)«]

Gaul|lis|mus ⟨[golis-] m.; -; unz.⟩ *frz. polit. Bewegung nach dem General u. Staatsmann Charles de Gaulle (1890-1970)*

gaul|lis|tisch ⟨[go-] Adj.⟩ *zum Gaullismus gehörend, auf ihm beruhend*

Gaul|list ⟨[go-] m.; -en, -en⟩ *Anhänger des Gaullismus*

Gault ⟨[gɔ:lt] m.; -(e)s; unz.⟩ *eine Stufe des Erdzeitalters der Kreide* [engl., »Lagerungen von Ton zwischen oberem u. unterem Grünsand«]

Ga|vot|te ⟨[-vɔt(ə)] f.; -, -n; 17./18. Jh.⟩ *heiterer, mäßig schneller Tanz im 2/3- oder 4/4-Takt* [frz. <prov. *gavoto* <*gavot* »Alpenbewohner« <*gava* »Kropf«]

gay ⟨[gɛɪ] Adj.; umg.⟩ *homosexuell;* Ggs *straight* [engl., eigtl. »heiter«]

Gay ⟨[gɛɪ] m.; -s, -s; umg.⟩ *Homosexueller* [→ *gay*]

Ga|ze ⟨[-zə] f.; -; unz.⟩ *durchsichtiger, schleierartiger Stoff mit weitem Abstand der Kett- u. Schussfäden, aus verschiedenen Stoffen (Seide, Baumwolle, Leinen) od. Metalldrähten (für Fliegennetze)* [frz. <span. *gasa* <arab. *kazz* »Rohseide«]

Ga|zel|le ⟨f.; -, -n⟩ *artenreiche Gattung der Antilopen, meist mit auffallender Kopfzeichnung, zierlich gebaute Tiere, die in Herden die afrikanischen u. asiatischen Steppen bewohnen: Gazella* [<ital. *gazella* <arab. *ghazala* »wilde Ziege«]

Ga|zet|te ⟨a. [-zɛt(ə)] f.; -, -n⟩ *Zeitung* [frz. <ital. *gazetta*]

Gaz|pa|cho ⟨[gazpatʃo] m.; -s, -s; span. Kochk.⟩ *kalt servierte Gemüsesuppe (mit Knoblauch)*

Gd ⟨chem. Zeichen für⟩ *Gadolinium*

Ge ⟨chem. Zeichen für⟩ *Germanium*

Ge|cko ⟨m.; -s, -s⟩ *kleine, gedrungene, abgeplattete Echse mit großem Kopf, großen Augen u. dickem Schwanz, Haftzeher: Gekkonidae* [<ndrl. *gekko* <lautmalend *gekok,* nach seinen auffälligen Kehllauten]

Ge|gen|ka|tho|de ⟨f.; -, -n⟩ = *Antikathode;* oV *Gegenkatode*

Ge|gen|ka|to|de ⟨f.; -, -n⟩ = *Gegenkathode*

ge|han|di|kapt ⟨[gəhændikɛpt] Adj.⟩ *behindert* [→ *Handicap*]

Ge|hen|na ⟨f.; -; unz.⟩ *Hölle* [<lat. *gehenna* <hebr. *gehinnom* »Hölle« <*ge ben Hinnom* »Tal des Sohnes Hinnoms« am Südhang des Zion-Berges, wo dem Moloch Kinder geopfert wurden]

Gei|sa ⟨Pl. von⟩ *Geison*

Gei|ser ⟨m.; -s, -⟩ = *Geysir*

Gei|sha ⟨[ge:ʃa] f.; -, -s⟩ *Tanz- u. Singmädchen in japan. Teehäusern* [<jap. *geisa*]

Gei|sir ⟨m.; -s, -e⟩ = *Geysir*

Gei|son ⟨n.; -s, -s od. -sa⟩ *Kranzgesims* [grch., »Vorsprung des Daches, Gesims«]

Gei|to|no|ga|mie ⟨f.; -; unz.⟩ *Bestäubung zwischen Blüten derselben Pflanze, Nachbarbestäubung* [<grch. *geiton* »Nachbar« + …*gamie*]

Gel ⟨n.; -s, -e⟩ **1** *geleeartiges Haarkosmetikum;* Haar~ **2** ⟨Chem.⟩ *gallertartiges, wasserreiches Kolloid* [Kurzw. < *Gelatine*]

Ge|las|ma ⟨n.; -s, -ma|ta od. -men; Med.⟩ *von bewusstlosem Niederstürzen begleiteter Lachkrampf;* →a. *Gelolepsie* [grch., »Lachen«]

Ge|la|ti|ne ⟨[ʒe-] f.; -; unz.⟩ *gereinigter, entfetteter (und gefärbter) Knochenleim zur Herstellung von Geleespeisen, Sülzen usw.* [<nlat. (Alchimistensprache, 16. Jh.) *gelatina* »Gallertstoff«; zu lat. *gelare* »gefrieren«; verwandt mit *Gelee*]

ge|la|ti|nie|ren ⟨[ʒe-] V.⟩ *zu Gelatine werden*

ge|la|ti|nös ⟨[ʒe-] Adj.⟩ *gelatineartig*

Ge|lee ⟨[ʒe-] n. od. m.; -s, -s⟩ **1** *mit Zucker eingekochter Fruchtsaft;* Erdbeer~ **2** = *Gallert* **3** *Glycerincreme* [frz. *gelée* »eingekochter Fruchtsaft«; zu *geler;* → *gelieren;* verwandt mit *Gelatine, Gallert*]

Ge|lée roy|ale, ⟨auch⟩ **Ge|lée ro|yale** ⟨[ʒəle: roajal] n.; - -; unz.⟩ **1** *wertvoller Futtersaft der Bienen, mit dem die Larven der Bienenköniginnen gefüttert werden (Bestandteil in Bienenhonig, Kosmetik- u. Reformhausprodukten)* **2** ⟨fig.⟩ *das Feinste vom Feinen* [frz., zu *gelée* »eingekochter Fruchtsaft«; → a. *Gelee* + *royal* »königlich«]

ge|lie|ren ⟨[ʒe-] V.⟩ *zu Gelee erstarren, halbfest werden;* Fruchtsaft, Fleischbrühe geliert [< frz. *geler* »gefrieren, zum Gefrieren bringen« < lat. *gelare*]

Ge|lo|lep|sie ⟨f.; -, -n; Med.⟩ *plötzliches bewusstloses Niederstürzen bei emotionaler Erregung (z.B. Lachen) infolge eines spontanen Ausfalls aller Muskeln;* → a. *Gelasma* [< grch. *gelan* »lachen« + *lepsis* »Anfall«]

Ge|mel|lus ⟨m.; -, -li⟩ *Zwilling;* Sy *Geminus* [lat., »doppelt, zugleich geboren«]

Ge|mi|na|te ⟨f.; -, -n⟩ *zwei gleiche Konsonanten nebeneinander, im Deutschen nur noch in der Schrift als Zeichen für die Kürze des vorangehenden Vokals, in anderen Sprachen, z.B. im Italien., zur Verlängerung der Artikulation, die auf zwei Silben verteilt wird,* z.B. bel-lo; Sy *Doppelkonsonant* [< lat. *geminare* »verdoppeln«]

Ge|mi|na|ti|on ⟨f.; -, -en⟩ *Bildung von Geminaten*

Ge|mi|ni ⟨Name für⟩ *amerik. Weltraumfahrzeuge, mit denen die ersten bemannten Weltraumflüge der USA durchgeführt wurden*

ge|mi|nie|ren ⟨V.⟩ *Geminaten bilden;* einen Konsonanten ~ *verdoppeln* [< lat. *geminare* »verdoppeln«]

Ge|mi|nus ⟨m.; -, -ni⟩ *Zwilling;* Sy *Gemellus* [lat.]

Gem|me ⟨f.; -, -n⟩ **1** *Halbedelstein mit vertieft eingeschnittenem Bild;* Sy *Intaglio;* → a. *Kamee* **2** *Spore von Pilzen* [< ital., lat. *gemma* »Auge, Knospe am Rebstock, Edelstein«]

Gem|mo|glyp|tik ⟨f.; -; unz.⟩ *Steinschneidekunst* [< lat. *gemma* »Edelstein« + *Glyptik*]

Gem|mo|lo|ge ⟨m.; -n, -n⟩ *Experte für Edelsteine* [< lat. *gemma* »Edelstein« + *...loge*]

Gem|mo|lo|gie ⟨f.; -; unz.⟩ *Edelsteinkunde* [< lat. *gemma* »Edelstein« + *...logie*]

gem|mo|lo|gisch ⟨Adj.⟩ *die Gemmologie betreffend, zu ihr gehörend*

Gem|mu|la ⟨f.; -, -lae [-lɛ:]⟩ *Brutknospe der Süßwasserschwämme* [lat., Verkleinerungsform zu *gemma* »Knospe, Auge an einer Pflanze«]

Gen ⟨n.; -s, -e⟩ *der eigtl. Träger der Vererbung u. der Erbanlagen, unter dessen Einfluss sich die Merkmale entwickeln, die das körperl. u. geist. Erscheinungsbild der Organismen prägen (in bestimmter Anordnung in den Chromosomen des Zellkerns, wahrscheinlich auch im Zellplasma befindlich u. aus Eiweißmolekülen bestehend)* [< grch. *gennan* »erzeugen«]

gen..., **Gen...** ⟨in Zus.⟩ **1** *die Gene betreffend, zu ihnen gehörig;* Genmanipulation; gentechnisch **2** *mithilfe der Gentechnologie erzeugt;* Genfood; Genmais; Gentomaten

...gen¹ ⟨Adj.; in Zus.⟩ **1** *erzeugend, bildend; erzeugt, entstanden* **2** *...artig* [< grch. *gennan* »erzeugen«, *genos* »Geburt, Geschlecht, Art«; zu *gignesthai* »entstehen, erzeugt werden, geboren werden«]

...gen² ⟨n.; -s, -e; in Zus.⟩ *erzeugender Stoff* [→ *...gen¹*]

ge|nant ⟨[ʒə-] Adj.⟩ *so beschaffen, dass man sich genieren muss, peinlich, unangenehm* [< frz. *gênant* »beschwerlich, lästig«; zu *gêner;* → *genieren*]

Gen|bank ⟨f.; -, -bän|ke⟩ *Einrichtung zur Sammlung u. Erhaltung von Erbgut bestimmter Pflanzenarten, das durch die Züchtung neuer, einheitlicher Sorten verloren zu gehen droht*

Gen|chir|ur|gie, ⟨auch⟩ **Gen|chi|rur|gie** ⟨[-çir-] f.; -; unz.⟩ *operative Eingriffe in das Erbgut mit dem Ziel, neue Kombinationen von Erbanlagen herzustellen bzw. genetische Defekte zu beheben;* → a. *Gentechnologie*

Gen|darm ⟨[ʒã-] od. [ʒan-] m.; -en, -en⟩ **1** ⟨urspr.⟩ *Angehöriger der Leibgarde französ. Könige* **2** ⟨später⟩ *Polizist, Landjäger* **3** ⟨Zool.⟩ *Feuerwanze* [< frz. *gendarme* »Polizeisoldat« < *gens d'armes* »bewaffnete Männer«]

Gen|dar|me|rie ⟨[ʒã-] od. [ʒan-] f.; -, -n; in Frankreich⟩ *Truppe der ländl. Polizei* [frz.]

Gene ⟨[ʒɛ:n] f.; -; unz.⟩ *(selbst auferlegter) Zwang, Unbehaglichkeit, Schüchternheit* [< frz. *gêne* »Marter, Qual, Zwang«]

Ge|ne|a|lo|ge ⟨m.; -n, -n⟩ *Wissenschaftler auf dem Gebiet der Genealogie*

Ge|ne|a|lo|gie ⟨f.; -; unz.⟩ **1** *Lehre von den Geschlechtern bezügl. ihrer Abstammung (u. den sich daraus ergebenden gesellschaftl., rechtl. usw. Beziehungen), Familienforschung, Sippen-, Ahnen-, Stammbaumforschung* **2** *histor. Hilfswissenschaft von der Herkunft u. Zusammensetzung (bes. geschichtlich bedeutender) Geschlechtsverbände* [< grch. *genealogia* »Aufstellung des Stammbaumes, Stammbaum«, < *genea* »Abstammung« + *logos* »Rede, Kunde«]

ge|ne|a|lo|gisch ⟨Adj.⟩ *die Genealogie betreffend, auf ihr beruhend, mit ihrer Hilfe*

Ge|ne|ra ⟨Pl. von⟩ *Genus*

Ge|ne|ral ⟨m.; -s, -e od. -rä|le⟩ **1** *zweithöchste Offiziersrangklasse* **2** *Offizier in dieser Rangklasse* **3** *oberster Vorsteher eines kath. geistl. Ordens oder einer Kongregation* **4** *der internationale Leiter der Heilsarmee* **5** ⟨Zool.⟩ *Feuerwanze* [< mhd. *general* < lat. *generalis* »allgemein«, kirchenlatein. »Haupt eines Mönchsordens«; militär. Bedeutung seit dem 15. Jh. vom Deutschen Orden, seit dem 16. Jh. beeinflusst von frz. *général* »General«]

Ge|ne|ral... ⟨in Zus.⟩ *Allgemein..., Haupt...*, z.B. Generalvollmacht [<lat. *generalis* »allgemein«]

Ge|ne|ral|a|gent ⟨m.; -en, -en⟩ *Hauptvertreter*

Ge|ne|ral|bass ⟨m.; -s|ses, -bäs|se⟩ = *Basso continuo*

Ge|ne|ral|di|rek|tor ⟨m.; -s, -en⟩ *oberster Leiter eines großen Wirtschaftsunternehmens, Hauptdirektor*

Ge|ne|ra|le ⟨n.; -s, -li|en⟩ *allgemein Gültiges, allgemeine Angelegenheit* [<lat. *generalis* »allgemein«]

Ge|ne|ral|en|ter|prise, ⟨auch⟩ **Ge|ne|ral En|ter|prise** ⟨[dʒɛnərəl ɛntə(r)praiz] f.; (-) -, (-) -s [-siz]; Wirtsch.⟩ *Arbeitsgemeinschaft aus einem Hauptunternehmer (meist im Baugewerbe) u. mehreren Unterunternehmern* [engl., »Hauptunternehmertum«]

Ge|ne|ral|gou|ver|ne|ment ⟨[-guvɛrnəmã:] n.; -s, -s⟩ **1** *große Provinz* **2** ⟨im 2. Weltkrieg Bez. für⟩ *das besetzte Polen*

Ge|ne|ra|li|en ⟨Pl. von⟩ **1** *Generale* **2** ⟨österr.⟩ *Personalien*

Ge|ne|ral|in|spek|teur, ⟨auch⟩ **Ge|ne|ral|ins|pek|teur** ⟨[-tø:r] m.; -s, -e⟩ *ranghöchster Soldat der Bundeswehr, untersteht dem Bundesminister der Verteidigung*

Ge|ne|ral|in|spek|ti|on, ⟨auch⟩ **Ge|ne|ral|ins|pek|ti|on** ⟨f.; -, -en⟩ *allgemeine, umfassende Inspektion*

Ge|ne|ral|in|ten|dant ⟨m.; -en, -en⟩ **1** *oberster Beamter der Heeresverwaltung* **2** *oberster Leiter eines großen Theaters*

Ge|ne|ra|li|sa|ti|on ⟨f.; -, -en⟩ *Verallgemeinerung;* Ggs *Individualisation* [<frz. *généralisation* »Verallgemeinerung«]

ge|ne|ra|li|sie|ren ⟨V.⟩ *verallgemeinern;* Ggs *individualisieren* [<frz. *généraliser* »verallgemeinern«]

ge|ne|ra|li|siert ⟨Adj.; Med.⟩ *über den ganzen Körper ausgebreitet;* ~e Krankheit [→ *generalisieren*]

Ge|ne|ra|li|sie|rung ⟨f.; -, -en⟩ *Verallgemeinerung, Vereinfachung;* eine unangemessene ~ vornehmen

Ge|ne|ra|lis|si|mus ⟨m.; -, -mi od. -mus|se⟩ *selbständiger Oberbefehlshaber* [nlat., Superlativ zu lat. *generalis* »allgemein, die ganze Gattung betreffend«; → *General*]

Ge|ne|ra|li|tät ⟨f.; -; unz.⟩ **1** *Allgemeinheit* **2** ⟨Mil.⟩ *Gesamtheit der Generäle* [→ *General*]

ge|ne|ra|li|ter ⟨Adv.; geh.⟩ *im Allgemeinen, überhaupt, generell gesehen* [lat.]

Ge|ne|ral|li|nie ⟨[-niə] f.; -, -n⟩ *allgemeine Richtlinie*

Ge|ne|ral|ma|jor ⟨m.; -s, -e; Mil.⟩ **1** ⟨unz.⟩ *vorletzte Rangstufe vor dem General* **2** ⟨zählb.⟩ *Offizier in diesem Rang*

Ge|ne|ral|pau|se ⟨f.; -, -n; Mus.⟩ *Pause für alle Instrumente gleichzeitig*

Ge|ne|ral|pro|be ⟨f.; -, -n⟩ *letzte Probe vor der Aufführung;* öffentliche ~ *für das Publikum offene G.*

Ge|ne|ral|se|kre|tär ⟨m.; -s, -e⟩ *Hauptgeschäftsführer (einer polit. Vereinigung, eines Verbandes o.Ä.);* Sy *Chefsekretär(2)*

Ge|ne|ral|staa|ten ⟨Pl.; in der ehemaligen Republik der Niederlande⟩ **1** *die Vertreter der sieben Provinzialstaaten* **2** ⟨heute⟩ *das niederländ. Parlament*

Ge|ne|ral|stab ⟨m.; -(e)s, -stä|be⟩ *Gruppe von hohen Offizieren zur Unterstützung der Heeresleitung u. des Oberbefehlshabers*

Ge|ne|ral|streik ⟨m.; -s, -s⟩ *allgemeiner Streik zur Lähmung der gesamten Wirtschaft*

Ge|ne|ral|su|per|in|ten|dent ⟨m.; -en, -en; evang. Kirche⟩ *leitender Geistlicher einer Landeskirche, heute meist durch den Bischof ersetzt*

Ge|ne|ra|ti|on ⟨f.; -, -en⟩ **1** *Menschenalter;* eine Entwicklung durch ~en hindurch **2** *einzelne Stufe der Geschlechterfolge* **3** *Gesamtheit der zu dieser Stufe gehörenden Personen;* die ~ unserer Eltern; meine, deine ~; die ältere ~ *die Eltern;* die junge ~ *die Kinder od. Enkel;* etwas von einer ~ auf die andere vererben [<lat. *generatio* »Zeugung«]

Ge|ne|ra|ti|ons|wech|sel ⟨m.; -s, -⟩ *Wechsel zwischen einer sich geschlechtlich fortpflanzenden u. einer sich ungeschlechtlich vermehrenden Generation einer Tier- od. Pflanzenart*

ge|ne|ra|tiv ⟨Adj.⟩ *die Zeugung betreffend, auf ihr beruhend, geschlechtlich, keimbildend, zeugungs...;* ~e **Grammatik** ⟨Sprachw.⟩ *G., deren Regeln nach mathemat. Vorbild so eindeutig fixiert sind, dass man aus einfachen Formen komplizierte Formen erzeugen kann* [<lat. *generare* »(er)zeugen«]

Ge|ne|ra|tor ⟨m.; -s, -to|ren⟩ **1** *rotierende Maschine, die mechanische in elektrische Energie umformt;* Sy *Dynamomaschine* **2** *Gasgenerator* [lat., »Erzeuger«]

Ge|ne|ra|tor|gas ⟨n.; -es; unz.⟩ *im Gasgenerator erzeugtes Gas*

ge|ne|rell ⟨Adj.⟩ *allgemein (gültig), im Allgemeinen;* Ggs *speziell* [<lat. *generalis* »allgemein«]

ge|ne|rie|ren ⟨V.⟩ *erzeugen* [<lat. *generare* »erzeugen, zeugen«]

Ge|ne|rie|rung ⟨f.; -; unz.⟩ *das Generieren*

ge|ne|risch ⟨Adj.⟩ *das Geschlecht, die Gattung betreffend, Gattungs..., Geschlechts...* [<lat. *genus,* Gen. *generis* »Geschlecht, Abstammung«]

ge|ne|rös ⟨Adj.⟩ *freigebig, großzügig, edelmütig* [<frz. *généreux* »großmütig, hochherzig«]

Ge|ne|ro|si|tät ⟨f.; -; unz.⟩ *generöses Wesen, Freigiebigkeit* [<frz. *générosité* »Edelmut, Großmut«]

Ge|ne|se ⟨f.; -, -ne|sen⟩ *Entstehung, Entwicklung, Werden, Bildung (des Lebens, der Lebewesen)* [<grch. *genesis* »Erzeugung, Ursprung«]

Ge|ne|sis ⟨f.; -; unz.⟩ **1** *Ursprung, Entstehung*

2 *die Schöpfungsgeschichte, 1. Buch Mosis* [grch., »Erzeugung, Ursprung«]

Ge|ne|tik ⟨f.; -; unz.⟩ **1** ⟨i.w.S.⟩ *Wissenschaft von der Entstehung der Organismen* **2** ⟨i.e.S.⟩ *Vererbungslehre* [< grch. *genesis* »Erzeugung, Ursprung«]

Ge|ne|ti|ker ⟨m.; -s, -⟩ *Forscher auf dem Gebiet der Genetik*

ge|ne|tisch ⟨Adj.⟩ *die Genetik betreffend, auf ihr beruhend, erblich bedingt, entstehungsgeschichtlich, Entstehungs…;* ~e **Information** *Information über genetische Kodes;* ~e **Kartierung** *Bestimmung der Position eines Gens auf dem DNA-Molekül;* ~er **Kode** *in Form besonderer Strukturen der Eiweißmoleküle festgelegter Bau der Gene*

Ge|ne|tiv ⟨m.; -s, -e [-və]⟩ = *Genitiv*

Ge|net|te ⟨[ʒənɛ̣t(ə)] f.; -, -n⟩ *Gattung der Schleichkatzen mit dunkel geflecktem Fell, das als Pelzwerk geschätzt ist, Ginsterkatze: Genetta* [frz. < span. < arab.]

Ge|ne|ver ⟨[ʒəne̱:və(r)] m.; -s, -⟩ *klarer Kornbranntwein mit Wacholdergeschmack* [< frz. *genièvre* »Wacholder«]

Gen|ex|pres|si|on ⟨f.; -; unz.⟩ *Vorgang der Umwandlung des genetischen Kodes in die in den Zellen vorhandenen Strukturen*

Gen|food ⟨[-fu:d] n; -s; unz.; umg.⟩ = *Novelfood*

ge|ni|al ⟨Adj.⟩ *im höchsten Maße begabt u. dabei schöpferisch* [verkürzt aus *genialisch;* zu *Genie*]

ge|ni|a|lisch ⟨Adj.⟩ **1** *nach der Art eines Genies, schöpferisch* **2** ⟨fig.⟩ *alles Durchschnittliche u. Konventionelle missachtend, überschwänglich*

Ge|ni|a|li|tät ⟨f.; -; unz.⟩ *geniale Veranlagung, Schöpferkraft*

…ge|nie ⟨in Zus.⟩ *(Lehre von der) Entwicklung* [< grch. *genea* »Herkunft«; zu *gignesthai;* → *…gen[1]*]

Ge|nie ⟨[ʒe-] n.; -s, -s⟩ **1** ⟨unz.⟩ *höchste schöpfer. Begabung* **2** ⟨unz.; schweiz.⟩ *militär. Ingenieurwesen* **3** ⟨zählb.⟩ *Mensch von höchster schöpfer. Begabung;* ein musikalisches ~; verbummeltes ~ ⟨umg.; scherzh.⟩ *verbummelter Künstler, Bohemien;* verkanntes ~ *nicht zur Geltung kommender begabter Mensch;* ⟨umg.; iron.⟩ *jmd., der sich für sehr begabt hält* [< frz. *génie*, eigtl. »Schutzgeist; feuriger Schöpfergeist« < lat. *genius;* → *Genius*]

Ge|nie|korps ⟨[ʒeni̱:ko:r] n.; - [-ko:rs], - [-ko:rs]⟩ *techn. Truppe, Pioniertruppe* [< frz. *génie* »Ingenieurwesen, Kriegsbaukunst« + *corps* »Körperschaft«]

Ge|nie|of|fi|zier ⟨[ʒe-] m.; -s, -e; schweiz.⟩ *Offizier des Geniekorps*

ge|nie|ren ⟨[ʒe-] V.⟩ **1** jmdn. ~ *stören, belästigen; jmdm. peinlich sein;* geniert es Sie, wenn ich meine Jacke ausziehe? **2** sich ~ *sich schämen, sich vor den anderen Leuten unsicher fühlen, schüchtern, gehemmt sein* [< frz. *gêner* »drücken, quälen, hindern, hemmen«]

ge|ni|tal ⟨Adj.⟩ *die Genitalien betreffend, zu ihnen gehörend* [< lat. *genitalis* »zur Zeugung od. Geburt gehörig, zeugend, befruchtend«]

Ge|ni|tal, Ge|ni|ta|le ⟨n.; -s, -li|en⟩ *Geschlechtsteil, Geschlechtsorgan* [→ *genital*]

ge|ni|ta|lisch ⟨Adj.⟩ *zum Genital gehörig, es betreffend*

Ge|ni|tiv ⟨m.; -s, -e [-və]⟩ *zweiter Fall der Deklination, Wesfall;* oV *Genetiv* [< lat. *casus genitivus* »Fall, der die Abkunft, Herkunft, Zugehörigkeit bezeichnet« < grch. *genike (ptosis)* »der die Gattung bezeichnende Fall«]

ge|ni|ti|visch ⟨Adj.⟩ *den Genitiv betreffend, zu ihm gehörig, auf ihm beruhend*

Ge|ni|tiv|ob|jekt ⟨n.; -(e)s, -e; Gramm.⟩ *Satzergänzung im Genitiv,* z.B. er beschuldigte sie „eines Verbrechens"; sie enthielt sich „der Stimme"; → a. *Objekt*

Ge|ni|ti|vus ⟨[-vus] m.; -, -vi [-vi]⟩ = *Genitiv;* ~ **obiectivus** *Genitiv als Objekt einer Handlung,* z.B. Bezwinger des Nanga Parbat; ~ **partitivus** *Genitiv als Teil eines Ganzen,* z.B. ein Becher Weins; ~ **possessivus** *den Besitz bezeichnender Genitiv,* z.B. das Haus meines Vaters; ~ **qualitatis** *Genitiv als Bezeichnung einer Eigenschaft,* z.B. eine Ware bester Güte; ~ **subiectivus** *Genitiv als Subjekt einer Handlung,* z.B. „die Ankunft des Zuges" [→ *Genitiv*]

Ge|ni|us ⟨m.; -, -ni|en⟩ **1** ⟨unz.⟩ *schöpfer. Geist, schöpfer. Kraft* **2** ⟨zählb.⟩ *Schutzgeist;* ~ Loci *S. eines Ortes* **3** ⟨zählb.; Kunst⟩ *geflügelte männl. od. weibl. niedere Gottheit* [lat., »Personifikation der Zeugungskraft; Schutzgeist; Schöpfergeist«; → a. *Genie*]

Gen|ma|ni|pu|la|ti|on ⟨f; -, -en⟩ *Umwandlung von Genen mit physikalischen od. chemischen Methoden u. die damit verbundene Veränderung der Erbsubstanz*

Gen|mu|ta|ti|on ⟨f.; -, -en⟩ *Strukturwandlung im Molekülbereich der die Erbsubstanz aufbauenden chemischen Verbindungen;* Sy *Punktmutation, Lokusmutation, Transmutation*

Ge|nom ⟨n.; -s, -e⟩ *alle im haploiden Kern vereinigten Gene* [→ *Gen*]

Ge|nom|a|na|ly|se ⟨f.; -, -n; Genetik⟩ *Untersuchung des Genbestandes der Zellen eines Organismus*

ge|no|spe|zi|fisch ⟨Adj.⟩ *charakteristisch für das Genmaterial, ihm eigentümlich*

ge|no|ty|pisch ⟨Adj.⟩ *den Genotypus betreffend, auf ihm beruhend, durch ihn bestimmt*

Ge|no|ty|pus ⟨m.; -, -pen⟩ **1** *Gesamtheit der Erbanlagen* **2** *durch die Erbanlagen bedingte Beschaffenheit eines Lebewesen;* Ggs *Phänotypus* [< *Gen* + *Typus*]

Ge|no|zid ⟨m. od. n.; -(e)s, -e od. -di|en; Rechtsw.⟩ *Ausrottung bzw. schwere Schädigung eines Volkes od. einer bestimmten sozialen, ethnischen od. religiösen Gruppe;* der ~ an den Juden im Dritten Reich [< lat. *genus* »Geschlecht, Stamm« + *…zid*]

Gen|re ⟨[ʒã:rə] n.; -s, -s⟩ *Gattung, Art* [frz., »Gattung, Art, Sorte«]

Gen|re|bild ⟨[ʒãːrə-] n.; -(e)s, -er⟩ *Bild, Schilderung aus dem Alltagsleben, Sittenbild*
Ge̲n|re|gu|la|ti|on ⟨f.; -; unz.⟩ *Wechselwirkung zwischen DNA u. Protein in einem Gen*
gen|re|haft ⟨[ʒãːrə-] Adj.⟩ *in der Art eines Genrebildes*
Gen|re|ma|le|rei ⟨[ʒãːrə-] f.; -; unz.⟩ *malerische Darstellung der Alltagswelt bestimmter Stände in lebensnahen Szenen, bes. in der ndrl. Kunst des 17. Jh.* [Lehnübersetzung von frz. *peinture de genre*]
Gens ⟨f.; -, Gen|tes; im antiken Rom⟩ *Verband von Familien gleicher Abstammung, die den gleichen Geschlechternamen tragen* [lat.]
Gent ⟨[dʒɛnt] m.; -s, -s⟩ *Angeber, Geck* [engl., »feiner Herr«, verkürzt < *gentleman;* → *Gentleman*]
Ge̲n|tech|nik ⟨f.; -; unz.⟩ = *Gentechnologie*
ge̲n|tech|nisch ⟨Adj.⟩ *die Gentechnik betreffend, auf ihr beruhend;* ~ verändertes Gemüse
Ge̲n|tech|no|lo|gie ⟨f.; -; unz.⟩ *Technologie zur Neukombination und Übertragung von Genen;* Sy *Gentechnik*
Gen|ti|a̲|na ⟨f.; -; unz.⟩ *Enzian* [lat.]
gen|til ⟨[ʒɛntiːl] od. [ʒãtiːl] Adj.⟩ *fein, nett, gut erzogen* [frz., »artig, hübsch, anständig«]
Gen|til|homme ⟨[ʒãtijɔm] m.; -s, -s⟩ *Mann von guter Lebensart* [frz., »Edelmann«]
Gen|tle|man, ⟨auch⟩ **Gent|le|man** ⟨[dʒɛntlmæn] m.; -s, -men [-mən]⟩ *Mann von vornehmer Gesinnung u. Lebensart* [engl., »Mann von ritterlicher Denkungs- u. Lebensart«]
gen|tle|man|like, ⟨auch⟩ **gent|le|man|like** ⟨[dʒɛntlmænlaik] Adj.⟩ *vornehm, ehrenhaft, ritterlich, sehr anständig* [engl., »nach Art eines Gentlemans«]

> **Gentlemen's Agreement** (*Worttrennung am Zeilenende; Übernahme von semantischen Zeichen*) In Fremdwörtern können Buchstabenverbindungen aus Konsonant + l, n oder r entweder getrennt werden oder (entsprechend der Trennung nach Sprechsilben) ungetrennt auf die neue Zeile kommen.
> Werden Fügungen oder Redewendungen als Ganzes aus einer Fremdsprache übernommen, so werden in der Fremdsprache übliche semantische Zeichen in der Regel mit übernommen (→a. *Director's Cut*).

Gen|tle|men's A|gree|ment, ⟨auch⟩ **Gent|le|men's Ag|ree|ment** ⟨[dʒɛntlmənz əgriːmənt] n.; - -s, - -s⟩ *Vereinbarung auf Treu u. Glauben (bes. in der Diplomatie)* [engl., »Übereinkommen zwischen Gentlemen«]
Ge̲n|trans|fer ⟨m.; -s, -s; Biol.⟩ *das Einfügen genetischer Informationen in einen Zellkern durch Übertragung isolierter DNA-Sequenzen aus einer anderen Zelle*
Gen|try, ⟨auch⟩ **Gent|ry** ⟨[dʒɛntri] f.; -; unz.; in Großbritannien⟩ *niederer Adel* [engl.]
ge|nu|i̲n ⟨Adj.⟩ *angeboren, echt, natürlich* [< lat. *genuinus* »angeboren, natürlich«]
Ge̦|nus ⟨n.; -, Ge̦|ne|ra⟩ **1** *Gattung* **2** ⟨Gramm.⟩ *Geschlecht der Substantive u. Pronomen;* ~ **commune** *gemeinsames Geschlecht der Substantive (u. Pronomen),* z.B. von Maskulinum und Femininum im Niederländischen und Dänischen; ~ **Verbi** *Ausdrucksform des Verbs, die das syntaktische Verhältnis des Subjekts zum Geschehen bezeichnet (Aktiv od. Passiv), Handlungsrichtung* [lat. *genus,* »Geschlecht, Abstammung«; lat. *verbi,* Gen. zu *verbum* »Wort«]
ge|o..., **Ge|o...** ⟨in Zus.⟩ *erd..., Erd...; z.B. Geographie, geotrop* [< grch. *ge* »Erde«]
Ge|o|an|ti|kli|na̲|le ⟨f.; -, -n⟩ *großflächiges Aufwölbungsgebiet der Erdoberfläche* [< *Geo...* + *Antiklinale*]
Ge|o|bi|o̦n|ten ⟨Pl.⟩ *die im Erdboden lebenden Organismen* [< *Geo...* + grch. *bios* »Leben«]
Ge|o|bo|ta̲|nik ⟨f.; -; unz.⟩ *Lehre von der Verteilung der Pflanzen auf der Erde, Pflanzengeographie;* Sy *Phytogeographie* [< *Geo...* + *Botanik*]
ge|o|bo|ta̲|nisch ⟨Adj.⟩ *auf der Geobotanik beruhend, zu ihr gehörend;* eine ~e Expedition durchführen
Ge|o|che|mi̲e ⟨[-çe-] f.; -; unz.⟩ *Lehre vom chem. Aufbau der Erde*
ge|o|che|misch ⟨[-çeː-] Adj.⟩ *auf der Geochemie beruhend, zu ihr gehörend*
Ge|o|chro|no|lo|gi̲e ⟨[-kro-] f.; -; unz.⟩ *Lehre von der Bestimmung geologischer Zeitalter* [< *Geo...* + *Chronologie*]
Ge|o|dä|si̲e ⟨f.; -; unz.⟩ *Erdmessung u. Vermessungskunde;* höhere ~ *Erdmessung mit Berücksichtigung der Erdkrümmung;* niedere ~ *Erdmessung ohne Berücksichtigung der Erdkrümmung* [< *Geo...* + grch. *daiein* »teilen«]
Ge|o|dä̲t ⟨m.; -en, -en⟩ *jmd., der auf dem Gebiet der Geodäsie arbeitet* [< *Geo...* + grch. *daiein* »teilen«]
ge|o|dä̲|tisch ⟨Adj.⟩ *auf der Geodäsie beruhend, zu ihr gehörend;* ~e Linie *kürzeste Verbindung zweier Punkte auf einer Fläche*
Ge|o̲|de ⟨f.; -, -n⟩ *Sekretion mit ganz ausgefülltem Hohlraum* [< grch. *geodes* »erdartig«, < *ge* »Erde« + *eidos* »Aussehen, Gestalt«]
Ge|o|dy|na̲|mik ⟨f.; -; unz.⟩ *Dynamik der festen Körper*
Ge|o|fa̲k|tor ⟨m.; -s, -to̲|ren; meist Pl.; Geogr.⟩ *Bestandteil u. gestaltende Kraft von Landschaften u. Regionen,* z.B. Vegetation, Bodenbeschaffenheit, Klima u.Ä. [< *Geo...* + *Faktor*]
Ge|o|fo̲n ⟨n.; -s, -e⟩ = *Geophon*
Ge|o|ge|ni̲e ⟨f.; -; unz.⟩ *Teil der Geologie, Lehre von der Entwicklung der Erde;* oV *Geogonie* [< *Geo...* + *genie*]
Ge|o|go|ni̲e ⟨f.; -; unz.⟩ = *Geogenie* [< *Geo...* + *...gonie*]
Ge|o|gra̲f ⟨m.; -en, -en⟩ = *Geograph*
Ge|o|gra|fi̲e ⟨f.; -; unz.⟩ = *Geographie*
Ge|o|gra̲|fin ⟨f.; -, -fin|nen⟩ = *Geographin*
ge|o|gra̲|fisch ⟨Adj.⟩ = *geographisch*

Ge|o|graph ⟨m.; -en, -en⟩ *Kenner, Erforscher, Lehrer, Student der Geographie, Erdkundler;* oV *Geograf*

> **Geograf / Geograph** (*Laut-Buchstaben-Zuordnung*) Für die Silben *»-fon«, »-fot«* u. *»-graf«* kann die eingedeutschte (integrierte) Lautschreibung künftig generell verwendet werden. Die Schreibung mit *»ph«* bleibt jedoch auch künftig, vor allem in fachsprachlichen Texten, zulässig (→a. *Saxophon / Saxofon*).

Ge|o|gra|phie ⟨f.; -; unz.⟩ *Erdkunde, Erdbeschreibung;* oV *Geografie* [< *Geo…* + *…graphie*]
Ge|o|gra|phin ⟨f.; -, -phin|nen⟩ *Kennerin, Erforscherin, Lehrerin, Studentin der Geographie;* oV *Geografin*
ge|o|gra|phisch ⟨Adj.⟩ *zur Geographie gehörend, auf ihr beruhend, erdkundlich;* ~e **Koordinaten** *die Koordinaten (Länge u. Breite) im Gradnetz der Erde;* ~e **Breite** *in Grad gemessener Winkelabstand eines Punktes der Erdoberfläche vom Äquator;* ~e **Länge** *in Grad gemessener Winkelabstand eines Punktes der Erdoberfläche vom Nullmeridian;* ~e **Lage** *Lage eines Ortes nach geograph. Koordinaten im Gradnetz;* ~e **Ortsbestimmung** *Bestimmung von Punkten auf der Erdoberfläche durch ihre geographische Lage od. durch Triangulation u. Nivellement;* ~e **Karte** *Karte im Maßstab kleiner als 1:200000, die vorwiegend Forschungs- u. Beobachtungsergebnisse der Geographie enthält u. auf geodätischen bzw. topografischen Karten aufbaut;* oV *geografisch*
ge|o|hy|dro|lo|gisch, ⟨auch⟩ **ge|o|hyd|ro|lo|gisch** ⟨Adj.⟩ = *hydrogeologisch*
Ge|o|id ⟨n.; -(e)s, -e⟩ *wegen der vertikalen Erhebungen u. Vertiefungen der Erdoberfläche von einem Rotationsellipsoid abweichende wahre Form der Erdfigur* [< *Geo…* + *…id*]
Ge|o|i|so|ther|me ⟨f.; -, -n⟩ *Linie, die Punkte gleicher Temperatur im Erdinnern verbindet*
ge|o|karp ⟨Adj.; Bot.⟩ *unter der Erde reifend* [< *geo…* + *Karpos* »Frucht«]
Ge|o|lo|ge ⟨m.; -n, -n⟩ *Wissenschaftler, Student der Geologie*
Ge|o|lo|gie ⟨f.; -; unz.⟩ *Lehre vom Aufbau u. von der Entwicklung der Erde, Erdgeschichte* [< *Geo…* + *…logie*]
Ge|o|lo|gin ⟨f.; -, -gin|nen⟩ *Wissenschaftlerin, Studentin der Geologie*
ge|o|lo|gisch ⟨Adj.⟩ *die Geologie betreffend, zu ihr gehörend, auf ihr beruhend*
Ge|o|ma|gne|tik, ⟨auch⟩ **Ge|o|mag|ne|tik** ⟨f.; -; unz.⟩ *Teilgebiet der Geophysik, das die Beobachtung erdmagnetischer Erscheinungen zur Erforschung der geologischen Verhältnisse benutzt*
Ge|o|man|tie ⟨f.; -; unz.⟩ *Wahrsagerei aus in Sand gekritzelten Zeichen* [< *Geo…* + *…mantie*]
Ge|o|me|di|zin ⟨f.; -; unz.⟩ *Wissenschaft vom Einfluss der Boden- u. Klimabedingungen auf Entstehung, Ausbreitung, Verlauf u. Heilung von Krankheiten*
Ge|o|me|ter ⟨m.; -s, -⟩ *Feldmesser, Landmesser* [< *Geo…* + *…meter*]
Ge|o|me|trie, ⟨auch⟩ **Ge|o|met|rie** ⟨f.; -; unz.⟩ *Gebiet der Mathematik, behandelt die gestaltlichen Gesetzmäßigkeiten und Größenbeziehungen an u. zwischen Linien, Flächen u. Körpern* [< *Geo…* + *…metrie*]
ge|o|me|trisch, ⟨auch⟩ **ge|o|met|risch** ⟨Adj.⟩ *auf der Geometrie beruhend, den Gesetzen der Geometrie folgend;* ~es **Mittel** *die n-te Wurzel aus dem Produkt von Zahlen* $a_1, a_2 \ldots, a_n$*;* ~er **Ort** *Linien u. Flächen, auf denen alle Punkte liegen, die gegebenen Bedingungen genügen;* ~e **Reihe** *eine Reihe, bei der der Quotient zweier aufeinander folgender Glieder konstant ist,* z.B. $1/3 + 1/9 + 1/26 + 1/81 + \ldots + (1/3^n)$; ~er **Stil** (Kunst) *Stil (bes. in der altgriech. Vasenmalerei), der Ornamente, Tier- u. Pflanzenmotive in den linearen Formen geometr. Figuren (Dreiecke, Rhomben) bevorzugt*
Ge|o|mor|pho|lo|ge ⟨m.; -n, -n⟩ *Wissenschaftler auf dem Gebiet der Geomorphologie*
Ge|o|mor|pho|lo|gie ⟨f.; -; unz.⟩ *Zweig der physischen Geographie, der sich mit den Oberflächenformen der Erde u. ihrer Entstehung befasst*
ge|o|mor|pho|lo|gisch ⟨Adj.⟩ *die Geomorphologie betreffend, zu ihr gehörend, auf ihr beruhend*
Ge|o|ö|ko|lo|gie ⟨f.; -; unz.⟩ *Forschungsrichtung der Geographie, die sich mit Funktionsweise, Verbreitung u. Zusammenhang der Ökosysteme auf der Erde befasst* [< *Geo…* + *Ökologie*]
Ge|o|pha|gie ⟨f.; -; unz.⟩ *Sitte mancher Naturvölker, bestimmte salz-, ton- od. fetthaltige Erden zu essen, Erdeessen* [< *Geo…* + *…phagie*]
Ge|o|phon ⟨n.; -s, -e⟩ *akust. Hörgerät für geophysikal. Untersuchungen, z.B. zur Aufzeichnung der Ausbreitung von Schallwellen bei künstlich ausgelösten Sprengungen;* oV *Geofon* [< *Geo…* + *…phon*]
Ge|o|phy|sik ⟨f.; -; unz.⟩ *Lehre von den natürl. physikalischen Erscheinungen auf u. in der Erde*
ge|o|phy|si|ka|lisch ⟨Adj.⟩ *die Geophysik betreffend, zu ihr gehörend, auf ihr beruhend*
Ge|o|phy|si|ker ⟨m.; -s, -⟩ *Wissenschaftler auf dem Gebiet der Geophysik*
Ge|o|phyt ⟨m.; -en, -en⟩ *Staudenpflanze mit unterirdischen Überwinterungsorganen (Zwiebeln, Knollen, Rhizomen)* [< *Geo…* + *…phyt*]
Ge|o|plas|tik ⟨f.; -; unz.⟩ *räuml. Darstellung eines Teils der Erdoberfläche* [<grch. *ge* »Erde« + *Plastik*]
Ge|o|po|li|tik ⟨f.; -; unz.⟩ *Lehre von der Wechselwirkung geographischer u. politischer Gegebenheiten*

ge|o|po|li|tisch ⟨Adj.⟩ *die Geopolitik betreffend, auf ihr beruhend, zu ihr gehörend*
Ge|o|re|li|ef ⟨n.; -s, -s od. -e⟩ *die Höhengestaltung der Erdoberfläche, Gegenstand der Geomorphologie* [< *Geo…* + *Relief*]
Geor|gette ⟨[ʒɔrʒɛt] f.; -; unz.⟩ *schleierartig dünner Stoff aus Seide, Wolle od. Baumwolle* [frz.; nach der frz. Modistin *Georgette* de la Plante]
Ge|or|gi|ne ⟨f.; -, -n⟩ = *Dahlie* [nach dem Petersburger Botaniker J.G. *Georgi*, 1738–1802]
Ge|o|sphä|re, ⟨auch⟩ **Ge|os|phä|re** ⟨f.; -; unz.⟩ *die Erdoberfläche od. Erdhülle, in der sich Land, Wasser, Luft, Pflanzen- u. Tierwelt berühren u. durchdringen* [< *Geo…* + *Sphäre*]
ge|o|sta|ti|o|när ⟨Adj.⟩ ~e Bahn *Flugbahn von Weltraumsonden, die synchron mit der Erdumdrehung umlaufen und so ständig über einem Punkt der Erdoberfläche zu stehen scheinen, genutzt bes. für Nachrichtensatelliten;* Sy *geosynchron* [< *geo…* + *stationär*]
ge|o|syn|chron ⟨[-kro:n] Adj.⟩ = *geostationär* [< *geo…* + *synchron*]
Ge|o|syn|kli|na|le ⟨f.; -, -n; Geol.⟩ *absinkender, großräumiger u. lang gestreckter Teil der Erdkruste* [< *Geo…* + *Synklinale*]
Ge|o|ta|xis ⟨f.; -, -xi|en⟩ *durch die Schwerkraft ausgelöste Taxie*
Ge|o|tech|nik ⟨f.; -; unz.⟩ *Gebiet der Bautechnik, das die Anwendung geologischen Wissens bei Bauvorhaben umfasst, z.B. beim Tunnelbau, Brückenbau u.Ä.* [< *Geo…* + *Technik*]
Ge|o|tek|to|nik ⟨f.; -; unz.⟩ *Teilgebiet der Geophysik, das sich mit dem Aufbau und der Entwicklung der festen Erdkruste befasst* [< *Geo…* + *Tektonik*]
ge|o|tek|to|nisch ⟨Adj.; Geol.⟩ *zur Geotektonik gehörend, sie betreffend, auf ihr beruhend* [< *geo…* + *tektonisch*]
Ge|o|ther|mik ⟨f.; -; unz.⟩ *Verfahren zur Messung von Boden- u. Gesteinstemperaturen mit Hilfe von Bohrungen zur Analyse des Untergrundes* [< *Geo…* + *Thermik*]
ge|o|ther|misch ⟨Adj.⟩ *die Erdwärme betreffend;* ~e Tiefenstufe *im Durchschnitt 30-35 m breite Schicht, der beim Eindringen in die Erde eine Temperaturzunahme von 1 °C entspricht* [< *geo…* + *thermisch*]
ge|o|trop ⟨Adj.⟩ *auf Geotropismus beruhend;* positiv ~ *nach oben gerichtet;* negativ ~ *nach unten gerichtet* [< *geo…* + *…trop*[1]]
Ge|o|tro|pis|mus ⟨m.; -, -men⟩ *durch die Schwerkraft ausgelöster Tropismus* [< *Geo…* + *Tropismus*]
Ge|o|wis|sen|schaf|ten ⟨Pl.; Sammelbez. für⟩ *alle Wissenschaften, die sich mit der Erforschung der Erde befassen,* z.B. Geographie, Geologie [→ *Geo…*]
ge|o|zen|trisch, ⟨auch⟩ **ge|o|zent|risch** ⟨Adj.⟩ **1** *auf die Erde als Mittelpunkt der Welt bezogen* **2** *auf den Erdmittelpunkt bezogen* **3** ⟨Wirtsch.⟩ ~e Unternehmung *Unternehmung, die in Orientierung u. Struktur auf ein internationales Agieren ausgerichtet ist*
Ge|o|zo|o|lo|gie ⟨[-tso:o-] f.; -; unz.⟩ *Lehre von der Verbreitung der Tiere auf der Erde, Tiergeographie;* Sy *Zoogeographie* [< *Geo…* + *Zoologie*]
ge|o|zy|klisch, ⟨auch⟩ **ge|o|zyk|lisch** ⟨Adj.⟩ *den Umlauf der Erde um die Sonne betreffend*
Ge|pard ⟨m.; -s, -e⟩ *zu den Katzen gehörendes schnellstes (über 100 km/h), zur Jagd abrichtbares Raubtier mit braunrotem, schwarz getüpfeltem Fell, Jagdleopard: Acinonyx jubatus* [< frz. *guépard*]
Ge|ra|nie ⟨[-niə] f.; -, -n⟩ **1** = *Pelargonie* **2** = *Geranium*
Ge|ra|ni|ol ⟨n.; -s; unz.⟩ *zweifach ungesättigter Terpenalkohol, chem. Formel $C_{10}H_{18}O$, der im Geranium- u. Rosenöl als Hauptriechstoff vorkommt, für Parfüms u. Seifen* [< *Geranium* + *…ol*]
Ge|ra|ni|um ⟨n.; -s, -ni|en⟩ *Gattung der Storchschnabelgewächse mit gefiederten oder bandförmig geteilten Blättern und schnabelförmig verlängerten Fruchtgrannen, Storchschnabel;* oV *Geranie(2)* [< grch. *geranos* »Kranich«, nach den Früchten, die dem Schnabel eines Kranichs ähnlich sehen]
Ger|i|a|ter, ⟨auch⟩ **Ge|ri|a|ter** ⟨m.; -s, -⟩ *Facharzt für Geriatrie*
Ger|i|a|trie, ⟨auch⟩ **Ge|ri|at|rie** ⟨f.; -; unz.⟩ *Lehre von den Krankheiten alternder u. alter Menschen, Alters-, Greisenheilkunde* [< grch. *geron* »alt, bejahrt« + *…iatrie*]
Ger|i|a|tri|kum, ⟨auch⟩ **Ge|ri|at|ri|kum** ⟨n.; -s, -ka; Pharm.⟩ *Arzneimittel zur Behandlung von Altersbeschwerden* [→ *Geriatrie*]
ger|i|a|trisch, ⟨auch⟩ **ge|ri|at|risch** ⟨Adj.⟩ *die Geriatrie betreffend, auf ihr beruhend*
ge|rie|ren ⟨V. refl.⟩ sich ~ *sich hervortun, sich erweisen als;* sich als Vermittler, Experte ~ [zu lat. *se gerere* »sich benehmen«]
Ger|ma|nin ⟨n.; -s; unz.⟩ *chemotherapeutisches Heilmittel, Medikament gegen die Schlafkrankheit, Bayer 205* [nach *Germania*, der lateinischen Bezeichnung für Deutschland]
ger|ma|ni|sie|ren ⟨V.⟩ *der dt. Sprache, Kultur angleichen, eindeutschen*
Ger|ma|nis|mus ⟨m.; -, -men⟩ *in eine andere Sprache übernommene dt. Spracheigentümlichkeit*
Ger|ma|nist ⟨m.; -en, -en⟩ *Wissenschaftler, Student der Germanistik*
Ger|ma|nis|tik ⟨f.; -; unz.⟩ **1** ⟨i.w.S.⟩ *Wissenschaft von der german. Sprache* **2** ⟨i.e.S.⟩ *Wissenschaft von der deutschen Sprache u. Literatur*
Ger|ma|nis|tin ⟨f.; -, -tin|nen⟩ *Wissenschaftlerin, Studentin der Germanistik*
ger|ma|nis|tisch ⟨Adj.⟩ *die Germanistik betreffend, zu ihr gehörig, auf ihr beruhend*
Ger|ma|ni|um ⟨n.; -s; unz.; chem. Zeichen: Ge⟩ *grauweißes, sprödes 2- u. 4-wertiges Metall, zur Herstellung von Transistoren u. Dioden verwendet, Ordnungszahl 32* [nach *Germania*, der lat. Bez. für Deutschland]

ger|ma|no|phil ⟨Adj.⟩ *eine Vorliebe für alles Germanische, Deutsche zeigend* [< *germanisch* + grch. *philos* »Freund«]
Ger|ma|no|phi|lie ⟨f.; -; unz.⟩ *Vorliebe für alles Germanische, Deutsche*
ger|ma|no|phob ⟨Adj.⟩ *allem Germanischen, Deutschen abgeneigt, feindlich* [< *germanisch* + grch. *phobos* »Furcht«]
Ger|ma|no|pho|bie ⟨f.; -; unz.⟩ *Abneigung gegen alles Germanische, Deutsche*
ger|mi|nal ⟨Adj.⟩ *Keim od. Geschlecht betreffend, zu ihm gehörig* [< lat. *germen* »Keim, Spross«]
Ger|mi|na|lie ⟨[-ljə] f.; -, -n⟩ *Germinaldrüse, Keim-, Geschlechtsdrüse* [< lat. *germen* »Keim, Spross«]
Ger|mi|na|ti|on ⟨f.; -, -en⟩ *Keimungsperiode* [< lat. *germinatio* »Keimung«]
ger|mi|na|tiv ⟨Adj.; Bot.⟩ *den Keim, die Keimung betreffend*
Ge|ront ⟨m.; -en, -en⟩ *Mitglied der Gerusia* [< grch. *geron,* Gen. *gerontos* »Greis, Volksältester«]
Ge|ron|to|lo|ge ⟨m.; -n, -n; Med.⟩ *Arzt od. Wissenschaftler auf dem Gebiet der Gerontologie*
Ge|ron|to|lo|gie ⟨f.; -; unz.⟩ **1** *Lehre von den Alterungsvorgängen, Altersforschung* **2** *Lehre von dem unterschiedlichen Krankheitsverlauf in den einzelnen Lebensaltern* [< grch. *geron, gerontos* »alt, bejahrt« + *...logie*]
ge|ron|to|lo|gisch ⟨Adj.⟩ *die Gerontologie betreffend, zu ihr gehörig, auf ihr beruhend*
Ge|run|di|um ⟨n.; -s, -di|en⟩ *substantivierte Form des Verbums, die ein Objekt regieren kann,* z.B. engl. »the art of writing letters«, lat. »ars litteras scribendi« *die Kunst, Briefe zu schreiben;* Sy *Gerundiv* [lat., eigtl. »das zu Verrichtende«; zu *gerere* »durchführen, verrichten«]
Ge|run|div ⟨n.; -s, -e [-və]; Gramm.⟩ = *Gerundivum*
ge|run|di|visch ⟨[-viʃ] Adj.⟩ *das Gerundivum betreffend, als Gerundivum (gebraucht)*
Ge|run|di|vum ⟨[-vum] n.; -s, -va [-va]⟩ *vom Infinitiv abgeleitetes Adjektiv mit passiv. Bedeutung (bes. im Latein),* z.B. laudandus, ein zu Lobender, einer, der gelobt werden muss [verkürzt < *Modus gerundivus;* → *Modus* u. *Gerundium*]
Ge|ru|sia ⟨f.; -; unz.; im antiken Sparta⟩ *Ältestenrat* [< grch. *gerusia* »Rat der Alten«; zu *geron;* → *Geront*]
Ger|vais ⟨[ʒɛrvɛː] m.; -, -; Ⓦⓩ⟩ *ein milder französischer Frischkäse* [nach dem Namen des Herstellers, Charles *Gervais*]
Ges|ta|gen ⟨n.; -s, -e⟩ *weibl. Keimdrüsenhormon, Gelbkörperhormon* [< lat. *gestare* »tragen« + *...gen*[1]]
Ges|te ⟨a. [geːs-] f.; -, -n⟩ **1** *Bewegung, die etwas ausdrücken soll, Gebärde* **2** *unverbindl. Höflichkeitsformel* [< lat. *gestus* »Gebärdenspiel des Schauspielers oder Redners«; zu *gerere* »tragen, tun, verrichten«]
Ges|tik ⟨a. [geːs-] f.; -; unz.⟩ *Gesamtheit der Gesten, Gebärdenspiel, Zeichensprache*
Ges|ti|ku|la|ti|on ⟨f.; -; unz.⟩ *das Gestikulieren* [< lat. *gesticulatio* »Gebärdenspiel, Gebärdensprache«; zu *gestus;* → *Geste*]
ges|ti|ku|lie|ren ⟨V.⟩ *Gesten, Gebärden machen, durch Bewegungen Zeichen geben, sich verständl. machen* [< lat. *gesticulari* »heftige Gebärden machen«; zu *gesticulus* »pantomimische Bewegung«, Verkleinerungsform zu *gestus;* → *Geste*]
ges|tisch ⟨a. [geːs-] Adj.⟩ *mit Hilfe von Gesten; hinsichtlich der Gesten;* etwas ~ andeuten; ein ~ ausdrucksvolles Spiel
Ges|to|se ⟨f.; -, -n; Med.⟩ *durch Schwangerschaft hervorgerufene Krankheit* [zu lat. *gestatio* »Tragen«]
Ges|tus ⟨m.; -; unz.⟩ *Gebärde, Verhalten;* ⟨selten auch⟩ *Gestik;* er tritt mit dem ~ des Gönners, des Lebemannes auf [lat.]
Get|ter ⟨m.; -s, -⟩ *Metallschicht zur chem. Bindung von Gasresten im Vakuum durch Adsorption an Metall- od. Metalloxidoberflächen* [< engl. *get* »bekommen«]
get|tern ⟨V.⟩ *mit einem Getter ausstatten, mittels eines Getters binden* [→ *Getter*]
Get|te|rung ⟨f.; -, -en⟩ *Bindung von Gasen mittels eines Getters* [→ *Getter*]

> **Getto / Ghetto** (*Laut-Buchstaben-Zuordnung*) Im Zuge der Integration fremdsprachlicher Wörter in die deutsche Standardsprache kann neben die ursprüngliche, der Herkunftssprache folgende Orthographie eine integrierte Schreibweise mit angepasster Laut-Buchstaben-Zuordnung treten. Es bleibt dem Schreibenden überlassen, welche Schreibweise er vorzieht (→ a. *Myrre / Myrrhe*).

Get|to ⟨n.; -s, -s⟩ oV *Ghetto* **1** ⟨früher⟩ *abgeschlossenes Stadtviertel, bes. für Juden* **2** ⟨abwertend⟩ *Wohnviertel (unter)privilegierter Gruppen* [< ital. *ghetto;* Etymologie umstritten]
Get|to|blas|ter ⟨[-blaːstə(r)] m.; -s, -⟩ = *Ghettoblaster*
get|to|i|sie|ren ⟨V.⟩ *in einem Getto unterbringen, (von anderen) isolieren;* Asylanten ~; oV *ghettoisieren*
Geu|se ⟨m.; -n, -n⟩ *niederländ. Freiheitskämpfer gegen Spanien nach 1566* [< frz. *gueux* »Bettler«]
GeV ⟨Abk. für⟩ *Gigaelektronenvolt, 1 Milliarde Elektronenvolt*
Gey|sir ⟨m.; -s, -e⟩ *in regelmäßigen Zeitabständen aufspringende heiße Quelle;* oV *Geiser, Geisir* [< isl. *geysir,* eigtl. »Wüterich«; zu *geyse* »wüten«]
gg ⟨Abk. für⟩ *Gauge*
Gha|sel ⟨n.; -s, -e⟩, **Gha|se|le** ⟨f.; -, -n⟩ = *Gasel*
Ghet|to ⟨n.; -s, -s⟩ = *Getto*
Ghet|to|blas|ter ⟨[-blaːstə(r)] m.; -s, -⟩ *tragba-*

rer Radiokassettenrekorder mit wattstarken Lautsprechern; oV *Gettoblaster* [engl.]

ghet|to|i|sie|ren ⟨V.⟩ = *gettoisieren*

Ghi|bel|li|ne ⟨m.; -n, -n⟩ *Anhänger der Staufenkaiser in Italien u. Gegner der papsttreuen Guelfen;* oV *Gibelline* [nach dem alten staufischen Besitz *Waiblingen* in Baden-Württemberg]

Ghost|town ⟨[gousttaun] n.; -s, -s⟩ *menschenleere, verlassene Stadt od. Siedlung* [engl., eigtl. »Geisterstadt«]

Ghost|word ⟨[goustwə:d] n.; -s, -s⟩ *aufgrund eines Schreib-, Druck- od. Aussprachefehlers entstandene sprachliche Neuschöpfung;* Sy *Vox nihili* [engl., eigtl. »Geisterwort«]

Ghost|wri|ter ⟨[goustraitə(r)] m.; -s, -⟩ *ungenannter Verfasser von Reden, Aufsätzen, Büchern für einen anderen, meist für eine bekannte (polit.) Persönlichkeit* [engl., »Geistschreiber«]

G. I. ⟨[dʒi ai] m.; - od. -s, - od. -s; volkstüml. Bez. für⟩ *amerik. Soldat* [engl. (amerik.); Abk. für *general issue* »allg. Ausgabe« od. *government issue* »Regierungsausgabe«]

Gi|aur ⟨m.; -s, -s; verächtl. Bez. für⟩ *Ungläubiger, Nichtmohammedaner* [türk., »Ungläubiger« (Schimpfwort für alle Nichtmohammedaner)]

Gib|bon ⟨m.; -s, -s⟩ *Familie der schmalnasigen, schwanzlosen Affen, deren lange Arme bei aufrechtem Gang den Boden berühren: Hylobatidae* [frz. < Eingeborenenmundart Indiens]

Gi|bel|li|ne ⟨m.; -n, -n⟩ = *Ghibelline*

Gig ⟨n.; -s, -s od. f.; -, -s⟩ **1** *zweirädriger, offener Wagen (Einspänner)* **2** *leichtes Ruderboot (Kommandantenboot) als Beiboot eines Schiffes* **3** *Ruderboot mit Auslegern* **4** ⟨m.; -s, -s; Mus.⟩ *bezahlter Auftritt eines Musikers od. einer Band* [engl.]

Gi|ga... ⟨Zeichen: G.; vor Maßeinheiten⟩ *das 10^9fache der betreffenden Grundeinheit, z.B. 1 GW = 10^9 Watt = 1 Milliarde Watt* [< grch. *gigas;* → *Gigant*]

Gi|ga|byte ⟨[-bait] n.; -s, -s⟩ *10^9 Byte* [< *Giga...* + *Byte*]

Gi|ga|e|lek|tro|nen|volt, ⟨auch⟩ **Gi|ga|e|lekt|ro|nen|volt** ⟨n.; - od. -s, -; Phys.; Zeichen: GeV⟩ *1 Milliarde Elektronenvolt*

Gi|ga|hertz ⟨n; -, -; Zeichen: Ghz⟩ *10^9 Hertz*

Gi|ga|me|ter ⟨n.; -s, -; Zeichen: Gm⟩ *10^9m = 1 000 000 000 m*

Gi|gant ⟨m.; -en, -en⟩ *Riese* [< grch. *gigas* »Riese«; nach *Gigas,* Gen. *Gigantos,* Name eines Geschlechtes von Riesen]

gi|gan|tisch ⟨Adj.⟩ **1** *riesenhaft, gewaltig* **2** *außerordentlich*

Gi|gan|tis|mus ⟨m.; -, -men⟩ *(krankhafter) Riesenwuchs;* Sy *Hypersomie, Makromelie, Makrosomie*

Gi|gan|to|ma|chie ⟨[-xi:] f.; -; unz.; Myth.⟩ *Kampf der Giganten gegen Zeus* [< grch. *gigas,* Gen. *gigantos* »Riese« + *mache* »Kampf«]

Gi|gan|to|ma|nie ⟨f.; -; unz.⟩ *Neigung, alles in riesenhaften Dimensionen anzulegen bzw. darzustellen;* die nationalsozialistische Architektur war ein Ausdruck von ~ [< grch. *gigas,* Gen. *gigantos* »Riese« + *Manie*]

gi|gan|to|ma|nisch ⟨Adj.⟩ *die Gigantomanie betreffend, auf ihr beruhend*

Gi|gan|to|pi|the|kus ⟨m.; -; unz.⟩ *fossiler Menschenaffe aus dem Alt- u. Mittelpleistozän Südchinas, nach Zahn- u. Kieferfunden etwa 3 m groß* [< grch. *gigas,* Gen. *gigantos* »Riese« + *pithekos* »Affe«]

Gi|go|lo ⟨[ʒi:-] m.; -s, -s⟩ **1** *Frauenheld, Schönling* **2** *Eintänzer* [frz., »ausgehaltener Mann«; zu *gigolette* »Tanzmädchen; Prostituierte«; zu *giguer* »tanzen« < mfrz. *gigue* »Fiedel« < germ.]

Gigue ⟨[ʒi:g] f.; -, -n [ʒi:gən]⟩ *schneller irisch-engl. Tanz im 3/4- od. 6/8-Takt, oft Schlusstanz der Suite od. Sonate* [< frz. *gigue* < engl. *jig* »Gigue, Gigue tanzen« < afrz. *giguer* »tanzen«; zu afr. *gigue* »Geige« < fränk. *giga*]

Gim|mick ⟨n. od. m.; -s, -s⟩ **1** = *Gadget* **2** *plötzlicher, unerwarteter Effekt od. Scherz, der Aufmerksamkeit auf ein bestimmtes Produkt lenken soll (bes. in der Fernsehwerbung)* [engl., »Reklamegag«]

Gim|pe ⟨f.; -, -n⟩ *seiden- od. metallumsponnene Schnur (als Kleiderbesatz);* → a. *Gipüre* [< engl. *gimp* »Besatzschnur«; verwandt mit *Wimpel*]

Gin ⟨[dʒin] m.; -s, -s⟩ *Wacholderbranntwein* [engl.]

Gin|fizz ⟨[dʒinfiz] m.; -, -⟩ *Cocktail aus Gin, Zitrone, Zuckerwasser und Sodawasser* [*Gin* + engl. *fizz* »sprudeln«]

Gin|gan ⟨[giŋgan]⟩, **Gin|gang** ⟨[giŋ-]; m.; -s, -s⟩ *urspr. ostind., gestreiftes, geflammtes od. kariertes Baumwollgewebe;* oV *Gingham* [< mal. *gingan* »gestreift«]

Gin|ger ⟨[dʒindʒə(r)] m.; -s; unz.⟩ = *Ingwer* [engl.]

Gin|ger|ale ⟨[dʒindʒə(r)ɛil] n.; -s; unz.⟩ *alkoholfreies Ingwerbier* [engl., zu *ginger* »Ingwer« + *ale* »Bier«]

Ging|ham ⟨[giŋəm] m.; -s, -s⟩ = *Gingan* [engl.; zu *gingan*]

Gin|gi|vi|tis ⟨[-vi:-] f.; -, -ti|den⟩ *Zahnfleischentzündung* [< lat. *gingiva* »Zahnfleisch« + *...itis*]

Gink|go, Gink|jo ⟨[giŋk(j)o] m.; -s, -s⟩ *Fächerblattbaum, bis 40 m hoher Baum, dessen gelb- od. graugrüne Blätter gabelnervig u. manchmal in der Mitte tief eingeschnitten sind, beliebter Parkbaum: Ginkgo biloba* [< jap. *ginkgo* od. chin. *kinko* »Goldfruchtbaum«]

Gin|seng ⟨m.; -s, -s⟩ *Efeugewächs, dessen Wurzel in China als Universalheilmittel geschätzt wird: Panax ginseng* [< chin. *jenshen*]

Gin|to|nic ⟨[dʒintɔnik] m.; - od. -s, -⟩ *alkoholisches Mixgetränk aus Gin u. Tonic mit Zitrone* [< *Gin* + *Tonic (Water)*]

gio|co|so ⟨[dʒoko:-] Mus.⟩ *spielerisch, scherzend (zu spielen)* [ital.]

Gips ⟨m.; -es, -e⟩ *als Mineral auftretende Calciumverbindung der Schwefelsäure, chem. Formel* $CaSO_4$, *wird als Baustoff genutzt* [< lat. < grch. < akkad.]

Gi|pü|re ⟨f.; -, -n⟩ *Geflecht aus Gimpen, eine stark konturierte Spitzenart* [< frz. *guipure* »mit gedrehter Seide übersponnene Spitze, erhabene Stickerei«; zu *guiper* »mit Seide überspinnen« < altnddt. *wipan* »winden«]

Gi|raf|fe ⟨schweiz. ['---] f.; -, -n⟩ **1** *zu den Paarhufern gehörendes, Pflanzen fressendes Herdentier mit außerordentlich langem Hals: Giraffa camelopardalis* **2** ⟨Film; scherzh.⟩ *Gerät mit langem, schwenkbarem Arm, an den z.B. ein (nicht sichtbares) Mikrofon über die Szene gehängt werden kann, Galgen* [< ital. *giraffa* < arab. *zarafa, zurafa*]

Gi|ral|geld ⟨[ʒi-] n.; -(e)s, -er⟩ *Bankguthaben für bargeldlosen Zahlungsverkehr, Buchgeld* [→ *girieren*]

Gi|ran|do|la ⟨[dʒi-]⟩, **Gi|ran|do|le** ⟨[ʒirã-]; f.; -, -do|len⟩ **1** *radförmig sprühender Feuerwerkskörper* **2** *Armleuchter* [< ital. *girare* »im Kreise drehen«]

Gi|rant ⟨[ʒi-] m.; -en, -en⟩ *jmd., der ein Orderpapier durch Indossament auf einen anderen überträgt;* Sy *Indossant, Indossent* [→ *girieren*]

Gi|rat ⟨[ʒi-] m.; -en, -en⟩, **Gi|ra|tar** ⟨m.; -s, -e⟩ *jmd., dem bei der Übertragung eines Orderpapiers ein Indossament erteilt wurde;* Sy *Indossat, Indossatar* [→ *girieren*]

gi|rie|ren ⟨[ʒi-] V.⟩ *übertragen, in Umlauf setzen;* Wechsel, Schecks ~ [< ital. *girare* »im Kreise bewegen«; → *Giro*]

Girl ⟨[gəːl] n.; -s, -s⟩ **1** *Mädchen* **2** *Mitglied einer Mädchen-Tanzgruppe* [engl., »Mädchen«]

Gir|lan|de ⟨f.; -, -n⟩ **1** *Blumen-, Blättergewinde* **2** *bunte Papierkette (als festl. Schmuck)* [< frz. *guirlande* »Blumen-, Laubgewinde« < ital. *ghirlanda* < afrz. *garlande, guerlande* »Kreis«]

Gir|lie ⟨[gəːliː] n.; -s, -s; umg.⟩ *Mädchen od. junge Frau, die kindliche, aber zugleich körperbetonte Kleidung trägt u. sich durch selbstbewusstes Auftreten auszeichnet* [zu engl. *girly* »mädchenhaft«]

Gir|lie|look ⟨[gəːliluk] m.; -s, -s; Pl. selten; umg.⟩ *betont mädchenhaftes, an Vorbildern aus der Popmusikszene angelehntes, äußeres Erscheinungsbild bei jungen Frauen* [< engl. *girly* »mädchenhaft« + *look* »Aussehen«]

Girl|pow|er, ⟨auch⟩ **Girl|po|wer** ⟨[gəːlpauə(r)] f.; -; unz.; umg.⟩ **1** *sich durch ein grosses Selbstbewusstsein, betonte Weiblichkeit u. ein gewisses Maß an Frechheit auszeichnende Mädchenbewegung* **2** ⟨auch⟩ *kommerzielle Vermarktung der Girlpower(1) (bes. im Film- u. Musikgeschäft)* [< *Girl* + *Power*]

Gi|ro ⟨[ʒiː-] n.; -s, -s; österr. Pl. a. -ri⟩ **1** *Umlauf von Wechseln u. Schecks* **2** *bargeldloser Zahlungsverkehr durch Verrechnung von einem Konto auf ein anderes* **3** = *Indossament* [< ital. *giro* »Kreis, Kreislauf« < lat. *gyros* »Kreisbewegung, Kreis« < grch. *gyros* »rund«]

Gi|ro d'I|ta|lia ⟨[dʒiːro ditaːlja] m.; - -; unz.⟩ *Radrennen von Berufsfahrern in mehreren Etappen durch Italien* [ital. *giro* »Rundfahrt, Reise«]

Gi|ro|kon|to ⟨[ʒiː-] n.; -s, -s od. -ten⟩ *Konto, das besonders dem Giroverkehr dient;* Geld auf ein ~ überweisen; ein ~ auflösen

Gi|ron|de ⟨[ʒirɔ̃ːd(ə)] f.; -; unz.⟩ *gemäßigter Flügel der Republikaner zur Zeit der Französ. Revolution* [nach dem Département *Gironde* im Südwesten Frankreichs, aus dem ihre Führer stammten]

Gi|ron|dist ⟨[ʒirɔ̃-] m.; -en, -en⟩ *Anhänger der Gironde*

Gi|ros ⟨n.; -, -⟩ = *Gyros*

Gi|ta|na ⟨[xi-] f.; -, -s⟩ **1** *span. Zigeunerin* **2** *span. Zigeunertanz* [span., »Zigeunerin«]

Gi|tar|re ⟨f.; -, -n⟩ *sechssaitiges Zupfinstrument mit einem achtförmigen Körper* [< span. *guitarra* < arab. *kittara* < grch. *kithara;* → *Zither*]

Gi|tar|rist ⟨m.; -en, -en⟩ *Gitarrespieler*

Git|ter|spek|tro|skop, ⟨auch⟩ **Git|ter|spekt|ros|kop** ⟨n.; -s, -e⟩ *Spektralapparat, in dem die Zerlegung einer elektromagnet. Strahlung in ein Spektrum mit Hilfe eines opt. Beugungsgitters erfolgt*

gius|to ⟨[dʒusto] Mus.⟩ *angemessen, normal (im Tempo)* [ital., »richtig«]

Glace ⟨[glaːs] f.; -, -s [glaːs]⟩ **1** *Zuckerglasur* **2** = *Gallert* **3** ⟨schweiz.⟩ *Speiseeis* [frz., »Eis, Zuckerguss«]

Gla|cé, ⟨auch⟩ **Gla|cee** ⟨[glaseː] m.; -s od. -, -s⟩ **1** *stark glänzendes Gewebe* **2** ⟨kurz für⟩ *Glacéleder* [→ *glacieren*]

Gla|cee|le|der ⟨[glaseː-] n.; -s, -⟩ = *Glacéleder*

Gla|cé|le|der ⟨[glaseː-] n.; -s, -⟩ *sehr weiches Leder aus Ziegen- od. Lammfell;* oV *Glaceeleder*

gla|cie|ren ⟨[siː-] V.⟩ *glasieren* [< frz. *glacer* »gefrieren lassen; mit Zuckerguss oder mit Glasur überziehen«]

Gla|cis ⟨[-siː] n.; - [-siːs], - [-siːs]; Mil.⟩ **1** *Abdachung der äußeren Brustwehr einer Festung* **2** *Vorfeld einer Befestigungsanlage* [frz.]

Gla|di|a|tor ⟨m.; -s, -to|ren⟩ *Fechter bei den altrömischen Kampfspielen* [lat., »Schwertkämpfer«; zu *gladius* »kurzes, zweischneidiges Schwert«]

Gla|di|o|le ⟨f.; -, -n⟩ *Zwiebelpflanze, Gattung der Schwertliliengewächse, Siegwurz: Gladiolus* [< lat. *gladiolus* »kleines Schwert«; zu *gladius* »Schwert«]

gla|go|li|tisch ⟨Adj.⟩ ~e Schrift *aus der griech. Minuskel entwickelte, älteste slaw. (kirchenslaw.) Schrift* [< slaw. *glagol* »Wort«, *glagolati* »sprechen«]

Gla|go|li|za ⟨f.; -; unz.⟩ *glagolit. Schrift* [→ *glagolitisch*]

Gla|mour ⟨[glæmə(r)] m.; - od. -s; unz.⟩ *betörende Aufmachung, Blendwerk* [engl., »Glanz, Blendwerk«]

Gla|mour|girl ⟨[glæmə(r)gə:l] n.; -s, -s⟩ *mit allen Mitteln aufgemachtes schönes Mädchen, Reklameschönheit* [< engl. *glamour* »Glanz, Blendwerk« + *girl* »Mädchen«]

gla|mou|rös ⟨[-mu-] Adj.⟩ *betörend aufgemacht, blendend herausgeputzt;* das Abendkleid machte sie zu einer ~en Erscheinung [< engl. *glamorous* »bezaubernd«]

Glan|del ⟨f.; -, -n; Med.⟩ *Drüse: Glandula* [< lat. *glandula* »Mandel, Drüse«, Verkleinerungsform zu *glans,* Gen. *glandis* »Eichel«]

glan|du|lär ⟨Adj.⟩ *zur Drüse gehörend* [< lat. *glandula* »Mandel, Drüse«]

Glans ⟨f.; -, Glan|des⟩ *Eichel des männl. Gliedes* [lat. *glans* »Eichel«]

Glas|fa|ser|op|tik ⟨f.; -; unz.⟩ *Teilgebiet der Optik, das sich mit den Gesetzmäßigkeiten der Lichtfortpflanzung in sehr dünnen Glasfasern befasst (heute wichtig in der Nachrichtentechnik, da sie den Aufbau äußerst leistungsfähiger Nachrichtennetze ermöglicht)*

Glas|nost ⟨f.; -; unz.; in der Sowjetunion⟩ *Politik der Offenheit und Transparenz* [russ., »Öffentlichkeit«]

Glau|kom ⟨n.; -s, -e⟩ *krankhafte Erhöhung des im Augeninneren herrschenden Drucks, grüner Star* [< grch. *glaukos* »graublau«]

Glau|ko|nit ⟨m.; -s, -e⟩ *Eisen-Aluminium-Silicat* [< grch. *glaukos* »glänzend, bläulich«]

gla|zi|al ⟨Adj.⟩ *das Eis betreffend, eiszeitlich, Gletscher…* [< lat. *glacialis* »eisig, Eis betreffend«; zu *glacies* »Eis«]

Gla|zi|al ⟨n.; -s; unz.⟩ = *Glazialzeit*

Gla|zi|al|e|ro|si|on ⟨f.; -, -en; Geol.⟩ *ausschürfende Tätigkeit des Eises, durch die trogförmige Täler u. Seebecken entstehen*

Gla|zi|al|fau|na ⟨f.; -, -fau|nen⟩ *Tierwelt der Eiszeit*

Gla|zi|al|flo|ra ⟨f.; -, -flo|ren⟩ *Pflanzenwelt der Eiszeit*

Gla|zi|al|land|schaft ⟨f.; -, -en; Geol.⟩ *eine durch ehemalige Gletscher u. Inlandeisbedeckung geformte Landschaft*

Gla|zi|al|zeit ⟨f.; -, -en; Geol.⟩ *erdgeschichtliche Periode mit starker Vergletscherung großräumiger Landflächen (Eiszeit), z.B. auf der Nordhalbkugel im Quartär;* Sy *Glazial*

gla|zi|gen ⟨Adj.; Geol.⟩ *durch die Wirkung von Gletschern oder Inlandeis entstanden, z.B. Ablagerungen od. Landschaftsformen* [< *glazial* + *…gen*]

gla|zi|o|flu|vi|al ⟨[-vi-] Adj.; Geol.⟩ *unter dem Einfluss von Gletscherschmelzwasser entstanden*

Gla|zi|o|lo|ge ⟨m.; -n, -n⟩ *Wissenschaftler auf dem Gebiet der Glaziologie*

Gla|zi|o|lo|gie ⟨f.; -; unz.⟩ *Wissenschaft von den Vereisungserscheinungen auf der Erde, Gletscherkunde* [< lat. *glacies* »Eis« + *…logie*]

gla|zi|o|lo|gisch ⟨Adj.; Geol.⟩ *die Glaziologie betreffend, auf ihr beruhend, zu ihr gehörend;* ein ~er Befund

Gleit|mo|dul ⟨m.; -s, -e od. -n⟩ *Maß für die elast. Verschiebung zweier benachbarter paralleler Querschnittsflächen eines Körpers gegeneinander unter dem Einfluss einer Schub- od. Scherungskraft, Schubmodul*

Glen|check ⟨[glɛntʃɛk] m.; -s od. -, -s⟩ *ein Gewebe mit einem Muster aus feinen Streifen, die in Karos verlaufen* [< engl. *Clancheck*]

Gli|a ⟨f.; -; unz.; Anat.⟩ = *Neuroglia* [grch., »Leim«]

Gli|der ⟨[glaidə(r)] m.; -s, -⟩ **1** *Segelflugzeug od. Segelgleiter ohne Hilfsmotor* **2** *Segeldrachen;* Sy *Paraglider* [engl., »Gleiter«]

Gli|om ⟨n.; -s, -e⟩ *vom Nervenstützgewebe ausgehende Geschwulst* [< grch. *glia* »Leim«]

glis|san|do ⟨Mus.⟩ *gleitend (über mehrere Töne hinweg)* [< frz. *glisser* »gleiten« + ital. Endung]

glo|bal ⟨Adj.⟩ **1** *weltweit, welt-, erdumfassend* **2** *gesamt, umfassend, allgemein;* einen ~en Überblick geben; etwas ~ beurteilen **3** ~es Management ⟨Wirtsch.⟩ *Management von Unternehmensaktivitäten auf dem weltweiten Markt, z.B. in der Luftfahrt- od. Automobilindustrie* [→ *Globus*]

glo|ba|li|sie|ren ⟨V.⟩ **1** *weltweit, weltumfassend beurteilen, verbreiten* **2** *im Ganzen, umfassend betrachten, allgemein, nicht differenzierend beurteilen, pauschalisieren* **3** ⟨Wirtsch.⟩ *weltweit verbreiten, verflechten (um neue Märkte für Absatz u. Produktion zu erschließen)*

Glo|ba|li|sie|rung ⟨f.; -, -en⟩ *das Globalisieren, weltweites Verbreiten, Verflechten*

Glo|bal|mar|ke|ting, ⟨auch⟩ **Glo|bal Mar|keting** ⟨[gloubl-] n.; (-) -s; unz.; Wirtsch.⟩ *international angewandte Strategien zur Erschließung u. Sicherung von Absatzmärkten* [< engl. *global* »weltumspannend« + *market* »Markt«]

Glo|bal|play|er, ⟨auch⟩ **Glo|bal Pla|yer** ⟨[gloublplɛiə(r)] m.; -s, -; Wirtsch.⟩ **1** *Unternehmen, das sich im Rahmen einer Globalisierung der Weltwirtschaft an internationalen Produktions- u. Absatzmärkten orientiert* **2** ⟨Pol.⟩ *führende Weltmacht* [< engl. *global* »weltweit, global« + *player* »Spieler«]

Glo|bal|strah|lung ⟨f.; -; unz.⟩ *die gesamte auf die Erde einfallende Sonnenstrahlung*

Glo|ben ⟨Pl. von⟩ *Globus*

Glo|be|trot|ter ⟨[glo:bə-] m.; -s, -⟩ *Weltenbummler* [< engl. *globe* »Kugel« (< lat. *globus*) + *trot* »traben, sich schnell bewegen«]

Glo|bi|ge|ri|ne ⟨f.; -, -n⟩ *Foraminifere mit Gehäuse aus Kalk od. Sand, durch deren zahlreiche Löcher die Scheinfüßchen hervortreten: Globigerina* [< lat. *globus* »Kugel« + *gerere* »tragen«]

Glo|bin ⟨n.; -s, -e⟩ *farblose Eiweißkomponente des roten Blutfarbstoffes Hämoglobin* [zu lat. *globus* »Kugel«]

Glo|bu|le ⟨f.; -, -n; Astron.⟩ *rundlicher Dunkelnebel aus Staub u. Gas mit einem verhältnismäßig kleinen Durchmesser von nur 0,2-1,5 Lichtjahren* [< lat. *globulus,* Verkleinerungsform zu *globus* »Kugel«]

Glo|bu|lin ⟨n.; -s, -e⟩ *wasserlösliches, im Blutplasma, in der Gewebeflüssigkeit u. in der Milch vorkommendes Eiweiß*

Glo|bus ⟨m.; -, -ben; od. eingedeutscht: -ses, -se⟩ *(Nachbildung der) Erdkugel od. (der) Himmelskugel* [lat., »Kugel«]

Glo|me|ru|lum ⟨n.; -, -la⟩, **Glo|me|ru|lus** ⟨m.; -, -li⟩ *Kapillarknäuel der Nierenrinde* [< lat. *glomus,* Gen. *glomeris* »Knäuel«]

Glo|ria ⟨n.; -s; unz.⟩ **1** *Lobgesang, Teil der kath. Messe* **2** *Ehre, Ruhm* [lat., »Ruhm«]

Glo|ria in ex|cel|sis Deo *Ehre sei Gott in der Höhe (Hymnus in der christlichen Liturgie nach den Anfangsworten des Lobgesangs der Engel bei der Geburt Christi; Luk. 2,14)* [lat.]

Glo|rie ⟨[-riə] f.; -, -n⟩ **1** ⟨unz.⟩ *Ruhm, Glanz* **2** ⟨unz.⟩ *himml. Herrlichkeit* **3** ⟨zählb.⟩ *Heiligenschein* [< lat. *gloria* »Ruhm«]

Glo|ri|en|schein ⟨m.; -(e)s, -e⟩ **1** *Heiligenschein* **2** ⟨allg.⟩ *atmosphärische Lichterscheinung, Strahlenkranz;* Sy *Gloriole*

Glo|ri|fi|ka|ti|on ⟨f.; -, -en⟩ *Verherrlichung* [< lat. *gloria* »Ruhm« + *...fikation*]

glo|ri|fi|zie|ren ⟨V.⟩ *verherrlichen* [< lat. *gloria* »Ruhm« + *...fizieren*]

Glo|ri|fi|zie|rung ⟨f.; -, -en⟩ *das Glorifizieren*

Glo|ri|o|le ⟨f.; -, -n⟩ = *Glorienschein* [< lat. *gloriola,* Verkleinerungsform zu *gloria* »Ruhm«]

glo|ri|os, glor|reich ⟨Adj.⟩ **1** *herrlich, ruhmreich, glanzvoll* **2** ⟨umg.; scherzh.⟩ *herrlich, großartig;* eine ~e Idee [< lat. *gloriosus* »ruhmreich«; zu *gloria* »Ruhm«]

Glos|sar ⟨n.; -s, -e⟩, **Glos|sa|ri|um** ⟨n.; -s, -rien⟩ **1** *Glossensammlung* **2** *Wörterverzeichnis mit Erklärungen* [< lat. *glossarium* »Glossensammlung«; → *Glosse*]

Glos|sa|tor ⟨m.; -s, -to|ren⟩ **1** *Erklärer schwieriger Wörter* **2** ⟨Pl.⟩ *Juristen der mittelalterl. röm. Rechtsschule in Bologna, die das Corpus Iuris Civilis durch Randbemerkungen erläuterten* [spätlat., »Textausleger«; → *Glosse*]

Glos|se ⟨f.; -, -n⟩ **1** ⟨urspr.⟩ *schwieriges, unverständl. Wort* **2** ⟨seit dem MA⟩ *Übersetzung od. Erklärung eines schwierigen Wortes am Rand od. zwischen den Zeilen des Textes* [< lat. *glossa* »schwieriges Wort, das der Erläuterung durch ein bekanntes bedarf« < grch. *glossa* »Zunge«]

Glos|sem ⟨n.; -s, -e; Sprachw.; in der Glossematik⟩ *kleinste sprachliche Einheit;* → a. *Kenem, Plerem* [zu grch. *glossa* »Zunge, Sprache«]

Glos|se|ma|tik ⟨f.; -; unz.; Sprachw.⟩ *von dem dän. Linguistenkreis (L. Hjelmslev u.a.) entwickelte strukturalistische Sprachtheorie* [zu grch. *glossa* »Zunge, Sprache«]

glos|sie|ren ⟨V.⟩ **1** *mit Glossen versehen* (einen Text) **2** ⟨umg.⟩ *spöttische Bemerkungen machen über* [< lat. *glossare* »auslegen, deuten«; → *Glosse*]

Glos|so|gra|fie ⟨f.; -, -n⟩ = *Glossographie*

Glos|so|gra|phie ⟨f.; -, -n⟩ *Erklärung der Glossen (Vorläufer der Lexikographie);* oV *Glossografie* [< lat. *glossa* »Texterläuterung« od. grch. *glossa* »Zunge« + *...graphie;* → *Glosse*]

Glos|so|la|lie ⟨f.; -; unz.⟩ *ekstatisches, unverständl. Reden;* oV *Glottolalie* [< grch. *glossa* »Zunge, Sprache« + *lalein* »sprechen, verkünden, rühmen«]

Glos|so|ple|gie ⟨f.; -, -n⟩ *Zungenlähmung* [< grch. *glossa* »Zunge« + *plege* »Schlag, Lähmung«]

glot|tal ⟨Adj.; Phon.⟩ *mit der Glottis gebildet;* ein ~er Verschlusslaut *im Deutschen nicht geschriebener, aber vor einem anlautenden Vokal hörbarer Verschlusslaut,* z.B. in »aber« od. »an«

Glot|tal ⟨m.; -s, -e⟩ *in der Glottis gebildeter Laut,* z.B. h*;* Sy *Laryngal*

Glot|tis ⟨f.; -, Glot|ti|des⟩ *Stimmritze im Kehlkopf* [grch.]

Glot|to|chro|no|lo|gie ⟨[-kro-] f.; -; unz.⟩ *Teilgebiet der Sprachwissenschaft, das aufgrund von vergleichenden Wortschatzuntersuchungen Verwandtschaftsverhältnisse u. Lebensdauer von Wörtern zu ermitteln sucht;* Sy *Lexikostatistik* [zu grch. *glottis* »Stimmritze« + *Chronologie*]

Glo|xi|nie ⟨[-njə] f.; -, -n⟩ **1** Echte ~ *ein aus Mexiko u. Brasilien stammendes Gesneriengewächs: Gloxinia* **2** ⟨allg.⟩ *aus Brasilien stammende krautige Zierpflanze aus der Familie der Gesneriengewächse mit aufrechten od. hängenden Blütenglocken: Sinningia speciosa* [nach dem Straßburger Botaniker u. Arzt. P.B. *Gloxin,* †1784]

Glu|co|se ⟨f.; -; unz.⟩ *einfacher, in der Natur weit verbreiteter Zucker, Traubenzucker;* oV *Glukose, Glykose;* Sy *Dextrose* [< grch. *glykys* »süß«]

Glu|co|si|de ⟨Pl.⟩ = *Glykoside*

glüh|e|lek|trisch, ⟨auch⟩ **glüh|e|lekt|risch** ⟨Adj.⟩ ~er Effekt *Austritt von Elektronen aus der Oberfläche glühender Metalle*

Glüh|e|mis|si|on ⟨f.; -, -en⟩ = *glühelektrischer Effekt*

Glüh|ka|tho|de, Glüh|ka|to|de ⟨f.; -, -n⟩ *Kathode, die in einer Vakuumröhre zum Glühen gebracht u. damit zur Aussendung von Elektronen veranlasst wird*

Glu|ko|se ⟨f.; -; unz.⟩ = *Glucose*

Glu|ko|si|de ⟨Pl.⟩ = *Glykoside*

Glu|kos|u|rie, ⟨auch⟩ **Glu|ko|su|rie** ⟨f.; -, -n⟩ = *Glykosurie*

Glut|a|mat, ⟨auch⟩ **Glu|ta|mat** ⟨n.; -(e)s, -e⟩ *Natriumsalz der Glutaminsäure, das als Geschmacksverstärker zum Würzen von Speisen verwendet wird* [→ *Glutamin*]

Glut|a|min, ⟨auch⟩ **Glu|ta|min** ⟨n.; -s; unz.⟩ *in den keimenden Samen vieler Pflanzen vorkommendes wasserlösl. Amid der Glutaminsäure* [< *Gluten* + *Amin*]

Glut|a|min|säu|re, ⟨auch⟩ **Glu|ta|min|säu|re** ⟨f.; -; unz.⟩ *zweibasische Aminosäure, als wichtiger Eiweißbestandteil, bes. in den Muskeln u. in Getreidekörnern vorkommend: α-Aminoglutarsäure* [→ *Glutamin*]

Glu|ten ⟨n.; -s; unz.⟩ *die Backfähigkeit des Mehls bedingende bestimmte Eiweißstoffe im Mehlkörper der Getreidekörner, bes. Weizen;* Sy *Aleuron* [→ *Glutin*]

Glu|tin ⟨n.; -s; unz.⟩ *Protein, Hauptbestandteil des aus Knochen und Häuten gewonnenen Leims* [< lat. *gluten* »Leim« u. *glutinare* »zusammenleimen«]

Gly|ce|rid ⟨n.; -s, -e⟩ *Ester des Glycerins;* oV *Glyzerid* [→ *Glycerin*]

Gly|ce|rin ⟨n.; -s; unz.⟩ *dreiwertiger aliphat. Alkohol, aus der Luft Wasser anziehende, farblose Flüssigkeit von süßem Geschmack, Ölsüß, chem. Formel* $CH_2OH\text{-}CHOH\text{-}CH_2OH$; oV *Glyzerin* [< grch. *glykeros* »süß«]

Gly|cin ⟨n.; -s; unz.⟩ = *Glykokoll;* oV *Glyzin*

Glyk|ä|mie, ⟨auch⟩ **Gly|kä|mie** ⟨f.; -; unz.⟩ *Zuckergehalt des Blutes* [< *Glyko…* + *…ämie*]

gly|ko…, Gly|ko… ⟨vor Vokalen⟩ glyk…, Glyk…, ⟨in Zus.⟩ *Kohlenhydrat als Stärke od. Zucker enthaltend,* z.B. Glykokoll [grch. *glykys* »süß«]

Gly|ko|gen ⟨n.; -s; unz.⟩ *als tierische Stärke bezeichnetes Polysaccharid, in dem oft Tausende von Molekülen Traubenzucker zu einem Makromolekül verbunden sind* [< *Glyko…* + *…gen*]

Gly|ko|koll ⟨n.; -s; unz.⟩ *süß schmeckende einfachste Aminosäure, Baustein fast aller Eiweißstoffe, Leimsüß, Leimzucker, chem. Formel* $H_2N\text{-}CH_2\text{-}COOH$; Sy *Glycin, Glyzin* [< *Glyko…* + grch. *kolla* »Leim«]

Gly|kol ⟨n.; -s, -e⟩ **1** ⟨i.e.S.⟩ *zweiwertiger aliphat. Alkohol, dickflüssiges Lösungsmittel für Harze, als Frostschutzmittel verwendet, chem. Formel* $HOCH_2\text{-}CH_2\text{-}CH_2OH$ **2** ⟨i.w.S.⟩ *zweiwertiger Alkohol* [< *Glyko…* + *…ol*]

Gly|ko|ly|se ⟨f.; -; unz.⟩ *biolog. Abbau der Glykose zu Milchsäure* [< *Glyko…* + *…lyse*]

gly|kos…, Gly|kos… ⟨in Zus.⟩ = *Glyko…, Glyko…*

Gly|ko|se ⟨f.; -; unz.; †⟩ = *Glucose* [< grch. *glykys* »süß«]

Gly|ko|si|de ⟨Pl.⟩ *organische Verbindungen von Zuckerarten mit zuckerfremden Bestandteilen;* oV *Glucoside, Glukoside* [< grch. *glykys* »süß«]

Gly|kos|u|rie, ⟨auch⟩ **Gly|ko|su|rie** ⟨f.; -, -n; Med.⟩ *Zuckerausscheidung im Harn, z.B. bei der Zuckerkrankheit;* oV *Glukosurie* [< *Glyko…* + *…urie*]

Gly|phe ⟨f.; -, -n⟩ **1** *Vertiefung* **2** *mit Meißel od. Stichel in Stein eingegrabenes Zeichen* [< grch. *glyphein* »eingraben, einschneiden«]

Gly|p|te ⟨f.; -, -n⟩ *geschnittener Stein* [< grch. *glyphein* »eingraben, einschneiden«]

Gly|p|tik ⟨f.; -; unz.⟩ **1** *Steinschneidekunst* **2** *jede Art von Bildhauerei* [→ *Glypte*]

Glyp|to|thek ⟨f.; -, -en⟩ **1** *urspr. Sammlung von geschnittenen Steinen, später bes. von antiken Bildhauerarbeiten* **2** *öffentliches Gebäude hierfür* [< *Glypte* + *…thek*]

Gly|san|tin ⟨n.; -s; unz.⟩ *Frostschutzmittel, bes. als Kühlwasserzusatz bei Verbrennungsmotoren* [Kunstw.; → *Glycerin*]

Gly|ze|rid ⟨n.; -s, -e⟩ = *Glycerid*

Gly|ze|rin ⟨n.; -s; unz.⟩ = *Glycerin*

Gly|zin ⟨n.; -s; unz.⟩ = *Glykokoll, Glycin*

Gly|zi|ne, Gly|zi|nie ⟨[-njə] f.; -, -n⟩ *Schmetterlingsblütler, rankender Strauch mit großen wohlriechenden blauen Blüten: Wisteria sinensis* [< grch. *glykys* »süß«]

Gm ⟨Zeichen für⟩ *Gigameter*

G-Man ⟨[dʒiːmæn] m.; -s, -Men [-mən]; kurz für⟩ *Government-Man (Agent des FBI)* [engl., zu *government* »Regierung« + *man* »Mann«]

Gna|tho|lo|gie ⟨f.; -; unz.; Zahnmed.⟩ *Lehre von der Kaubewegung des Kiefers* [< grch. *gnathos* »Kinnbacken« + *…logie*]

Gnoc|chi ⟨[njɔki] Pl.; ital. Kochk.⟩ *Klößchen (aus Kartoffelteig)*

Gnom ⟨m.; -en, -en⟩ *kleiner Erdgeist, Zwerg, Kobold* [Wortschöpfung des Paracelsus (16. Jh.),vielleicht in Anlehnung an grch. *gnome* »Geist, Verstand«]

Gno|me ⟨[-me] f.; -, -n⟩ *kurzer Sinnspruch (bes. in der antiken u. alten nahöstl. Literatur)* [grch., »Erkenntnisvermögen, Verstand, Sinnspruch«]

Gno|mi|ker ⟨m.; -s, -⟩ *Verfasser von Gnomen* [→ *Gnome*]

gno|misch ⟨Adj.⟩ *in Gnomen geschrieben, in der Art einer Gnome*

Gno|mon ⟨m.; -s, -mo|ne⟩ **1** *ältestes Gerät zum Messen der Sonnenhöhle, ein senkrechter, auf horizontaler Unterlage stehender, Schatten werfender Stab* **2** *(Zeiger der) Sonnenuhr* [grch.]

Gno|se|o|lo|gie ⟨f.; -; unz.⟩ *Erkenntnislehre* [zu *Gnosis* + *…logie*]

gno|se|o|lo|gisch ⟨Adj.; Phil.⟩ *zur Gnoseologie gehörend, den Erkenntnisprozess betreffend*

…gno|sie ⟨in Zus.⟩ *Erkenntnis, Kenntnis* [< grch. *gnosis* < *gignoskein* »erkennen«]

Gno|sis ⟨f.; -; unz.⟩ **1** *Erkenntnis, Einsicht in eine relig. Gedankenwelt* **2** *religionsphilosoph. Strömung innerhalb des frühen Christentums* [grch., »Erkenntnis, Urteil«]

Gnos|tik ⟨f.; -; unz.⟩ *Lehre der Gnosis* [< grch. *gnostes* »Kenner«]

Gnos|ti|ker ⟨m.; -s, -⟩ *Anhänger der Gnosis* [→ *Gnostik*]

gnos|tisch ⟨Adj.⟩ *die Gnosis, den Gnostizismus betreffend, darauf beruhend*

Gnos|ti|zis|mus ⟨m.; -; unz.⟩ *jede religionsphilosoph. Richtung, die nach Erkenntnis Gottes strebt u. darin Erlösung sucht*

Gno|to|bi|o|lo|gie ⟨f.; -; unz.⟩ *Wissenschaft von der Züchtung u. Untersuchung keimfreier Tiere;* Sy *Gnotobiotik* [< grch. *gnotos* »bekannt« + *Biologie*]

Gno|to|bi|o|tik ⟨f.; -; unz.⟩ = *Gnotobiologie* [< grch. *gnotos* »bekannt« + *bios* »Leben«]

Gnu ⟨n.; -s, -s⟩ *Gattung der Kuhantilopen, die Merkmale von Antilope, Rind u. Pferd in sich vereint: Connochaetes* [hottentot.]

Go ⟨n.; -; unz.⟩ *japan. Brettspiel, bei dem mit Spielsteinen auf Schnittpunkten von Linien Ketten zu bilden od. vom Gegner besetzte Punkte einzuschließen sind* [jap.]
Goal ⟨[goul] n.; -s, -s; Sp.⟩ *Tor, Treffer* [engl., »Grenzmal, Ziel«]
Goal|get|ter ⟨[goul-] m.; -s, -; Sp., vor allem Fußball⟩ *Stürmer mit ausgeprägtem Torinstinkt, der viele Tore erzielt* [< engl. *goal* »Tor« + *get* »bekommen, machen«]
Goal|kee|per ⟨[goulki:pə(r)] m.; -s, -; bes. österr.; schweiz.⟩ *Torwart* [engl.]
Go|be|lin ⟨[gɔbəlɛ̃:] m.; -s, -s⟩ *kunstvoll gewirkter Wandbildteppich* [frz., nach einer im 15. Jh. lebenden, aus Reims stammenden Färberfamilie]
Go|cart, ⟨auch⟩ **Go-Cart** ⟨m.; -s, -s⟩ = *Gokart*
Gode|mi|ché ⟨[go:dmiʃe:] m.; -s, -s⟩ *künstl. Penis als Hilfsmittel zur sexuellen Befriedigung* [frz. < lat. *gaude mihi* »mach mir Freude«]
God save the King (Queen) ⟨[gɔd seiv ðə kiŋ (kwi:n)]⟩ *Gott schütze den König (die Königin) (Anfang der engl. Nationalhymne)* [engl.]
Go-go-Boy ⟨[-bɔi] m.; -s, -s⟩ *Vortänzer in einer Diskothek* [< engl. *go* »gehen« + *boy* »Junge«]
Go-go-Girl ⟨[-gə:l] n.; -s, -s⟩ *Vortänzerin in einer Diskothek* [< engl. *go* »gehen« + *girl* »Mädchen«]
Goi ⟨a. [-'-] m.; - od. -s, Go|jim a. [-'-]⟩ *Nichtjude, Ungläubiger* [hebr., »Nichtjude«]
Go-in ⟨n.; -s, -s⟩ *Eindringen in eine offizielle Veranstaltung, um eine Diskussion über ein bestimmtes Ereignis od. Thema zu erzwingen;* → a. *Love-in, Sit-in, Teach-in* [engl., »hineingehen«]
Go|kart, ⟨auch⟩ **Go-Kart** ⟨m.; -s, -s⟩ *kleiner Rennwagen ohne Federung u. ohne Karosserie mit Motoren bis zu 200 cm³ Hubraum;* oV *Gocart* [< engl. *go-cart* »Handwagen«]
Gol|den De|li|cious ⟨[gouldən dəliʃəs] m.; - -, - -⟩ *Apfelsorte mit gelbgrüner Schale u. süßem Geschmack* [< engl. *golden* »golden« + *delicious* »köstlich, wohlschmeckend«]
Gol|den|goal, ⟨auch⟩ **Gol|den Goal** ⟨[gouldəngoul] n.; (-) -s, (-) -s; Sp., bes. Fußball⟩ *Entscheidung eines Spiels, das nach regulärer Spielzeit unentschieden steht durch das erste Tor, das in der Verlängerung fällt;* der deutsche Treffer zum 2:1 gegen Tschechien bei der EM 96 war das erste ~ bei einem europäischen Fußballturnier [< engl. *golden* »golden« + *goal* »Tor«]
Gol|den Re|trie|ver, ⟨auch⟩ **Gol|den Ret|riever** ⟨[goulden ritri:və(r)] m.; - -s, - -⟩ *gold-, cremefarbener Jagdhund mit gewelltem Fell;* Sy *Retriever* [< engl. *golden* »golden« + *retriever* »Apportierhund«]
Gol|den Twen|ties ⟨[goulden twɛnti:z] Pl.⟩ *die goldenen zwanziger Jahre (des 20. Jahrhunderts);* Sy *Roaring Twenties*
Go|lem ⟨m.; -s; unz.; jüd. Myth.⟩ *menschenähnliche, zeitweise zum Leben erwachende, helfende, aber auch Unheil anrichtende Lehmfigur* [hebr., eigtl. »das Unentwickelte, Halbfertige«; zu *galam* »zusammenfalten«]
Golf[1] ⟨m.; -(e)s, -e⟩ *Einschnitt des Meeres ins Festland, Meerbusen, Meeresarm* [< ital. *golfo* < vulgärlat. *colphus* < grch. *kolpos* »Busen, Meerbusen, Bucht«]
Golf[2] ⟨n.; -s; unz.⟩ *Rasenspiel, bei dem ein Hartgummiball mit möglichst wenig Schlägen mit Hilfe verschieden geformter Schläger in ein Loch getrieben wird* [< engl. *golf* < mndrl. *colf, colve* »Keule« od. schott. *gowf* »schlagen«]
Gol|fer ⟨m.; -s, -⟩ **1** *Golfspieler* **2** *Golfjacke*
Gol|fe|rin ⟨f., -, -rin|nen⟩ *Golfspielerin*
Gol|ga|tha ⟨n.; -; unz.⟩ **1** = *Kalvarienberg(1)* **2** ⟨Sinnbild für⟩ *Schmerzensort, tiefster Schmerz* [nach dem Hügel bei Jerusalem, der Kreuzigungsstätte Christi; aram., »Schädelstätte« < grch. *golgatha* < hebr. *gulgolta;* zu hebr. *gulgoleth* »Schädel«]
Gol|gi|ap|pa|rat, ⟨auch⟩ **Gol|gi-Ap|pa|rat** ⟨[gɔldʒi-] m.; -(e)s, -e⟩ *am Stoffwechsel beteiligte, aus parallel angeordneten Membranpaaren u. Bläschen bestehendes Zellorganell* [nach dem ital. Histologen C. *Golgi*, 1844-1926]
Go|li|ath ⟨m.; -s, -s; fig.⟩ *sehr großer, starker Mensch* [nach dem riesenhaften Anführer der Philister, den David mit seiner Schleuder erschlug; Sam. 1,17]
Go|mor|ra, Go|mor|rha → *Sodom*
...gon ⟨in Zus.⟩ *...eck* [< grch. *gonia* »Ecke«]
Gon ⟨n.; -s, -e⟩ *der 100. Teil eines rechten Winkels, Neugrad* [< grch. *gonia* »Winkel«]
Go|na|de ⟨f.; -, -n⟩ *Keimdrüse* [< grch. *gone* »Erzeugung, Same«]
go|na|do|trop ⟨Adj.⟩ *auf die Keimdrüsen einwirkend (von Hormonen)* [< *Gonade* + *...trop*[1]]
Gon|ag|ra, ⟨auch⟩ **Go|nag|ra** ⟨n.; -s; unz.⟩ *Gicht im Kniegelenk* [< grch. *gony* »Knie« + *agra* »Fangeisen«]
Gon|ar|thri|tis, ⟨auch⟩ **Go|na|rth|ri|tis** ⟨f.; -, -ti|den⟩ *Kniegelenkentzündung* [< grch. *gony* »Knie« + *Arthritis*]
Gon|del ⟨f.; -, -n⟩ **1** *leichtes, langes, schmales venezian. Boot mit schnabelartigem Bug u. Heck, im Stehen gerudert* **2** *Korb am Freiballon* **3** *Raum für Motoren u. Personen am Luftschiff* **4** *länglicher, frei stehender Verkaufsstand in Kaufhäusern* [< ital. *gondola* »kleines Schiffchen, Nachen«]
gon|deln ⟨V.⟩ **1** *mit der Gondel fahren* **2** ⟨scherzh.; umg.⟩ **2.1** *Kahn fahren* **2.2** *reisen*
Gon|do|li|e|re ⟨[-lje:-] m.; -, -ri⟩ *Ruderer der venezian. Gondeln, Gondelführer* [ital., »Gondelführer«]
Gon|fa|lo|ni|e|re ⟨[-nje:-] m.; -s, -ri; MA⟩ *bürgerl. Oberhaupt italienischer Städte* [ital., »Bannerträger«; zu ital. *gonfalone* »Banner« < fränk. **gundfano* »Kampffahne«]
Gong ⟨m. od. n.; -s, -s⟩ *ind.-malaiisches Schlaginstrument aus frei hängender Bronze-*

scheibe mit nach unten gebogenem Rand [<engl. *gong* <mal. *(e)gung* »Gong«)]

gon|gen ⟨V.⟩ *den Gong schlagen*

...go|nie ⟨in Zus.⟩ **1** *Fortpflanzung, Erzeugung* **2** *Entstehung, Entwicklung* [<grch. *gone* »Erzeugung, Geburt«; zu *gignesthai;* → *...gen¹*]

Go|ni|o|me|ter ⟨n.; -s, -⟩ *Winkelmesser* [<grch. *gonia* »Winkel« + *...meter*]

Go|ni|o|me|trie, ⟨auch⟩ **Go|ni|o|met|rie** ⟨f.; -; unz.⟩ **1** *Winkelmessung* **2** *Berechnung der trigonometrischen Funktionen von Winkelsummen aus den Funktionen der einzelnen Winkel* [<grch. *gonia* »Winkel« + *...metrie*]

go|ni|o|me|trisch, ⟨auch⟩ **go|ni|o|met|risch** ⟨Adj.⟩ *die Goniometrie betreffend, auf ihr beruhend;* ~e Funktionen *Winkelfunktionen*

Go|no|kok|kus ⟨m.; -, -kok|ken⟩ *Erreger der Gonorrhö* [<grch. *gone* »Erzeugung, Samen« + *Kokkus*]

Go|nor|rhö ⟨f.; -, -en⟩, **Go|nor|rhöe** ⟨[-rø:] f.; -, -n⟩ *Geschlechtskrankheit;* Sy *Tripper* [<grch. *gone* »Erzeugung, Samen« + *...rrhö*]

go|nor|rho|isch ⟨Adj.; Med.⟩ *auf Gonorrhö beruhend*

good|bye! ⟨[gudbai]⟩ *leb wohl!, lebt wohl!, leben Sie wohl!, auf Wiedersehen!* [engl.]

Good|will ⟨[gud-] m.; -s; unz.⟩ **1** ⟨Kaufmannsspr.⟩ *Firmenwert* **2** ⟨allg.⟩ *Ansehen, Ruf* [engl. »Wohlwollen; guter Ruf (einer Firma)«]

Good|will|rei|se ⟨[gudwil-] f.; -, -n⟩ *Reise zur Erhaltung od. Wiederherstellung des eigenen Prestiges u. des guten Einvernehmens;* Sy *Goodwilltour*

Good|will|tour ⟨[gudwiltu:r] f.; -, -en od. -s⟩ = *Goodwillreise* [engl.]

gor|disch ⟨Adj.⟩ ein ~er Knoten *eine unlösbar scheinende Aufgabe, große Schwierigkeit;* den ~en Knoten durchhauen ⟨fig.⟩ *eine schwierige Aufgabe mit einer energischen Maßnahme lösen* [nach dem von dem altphryg. König *Gordios* geknüpften, unlösbaren Knoten, den Alexander der Große mit dem Schwert durchhieb]

Gore|tex ⟨[go:r-] n.; -; unz.; Ⓦⓩ⟩ *wasser- und windundurchlässiges, atmungsaktives Gewebe (für Mäntel und Jacken)* [nach der engl. Firma W.L. *Gore* & Co. + engl. *textiles* »Textilien«]

Gor|go ⟨f.; -, -go|nen; meist Pl.; griech. Myth.⟩ *weibl. Ungeheuer mit versteinerndem Blick u. Schlangenhaar* [<grch. *gorgos* »furchtbar, wild«]

Gor|go|nid ⟨m.; -en, -en⟩ *Hornkoralle*

Gor|gon|zo|la ⟨m.; -s, -s⟩ *vollfetter Edelschimmelkäse* [nach dem Ort *Gorgonzola* in der ital. Provinz Mailand]

Go|ril|la ⟨m.; -s, -s⟩ *bis 2 m großer Menschenaffe, der in Familien od. Herden die Wälder Äquatorialafrikas durchstreift: Gorilla gorilla* [nlat. <grch. *Gorillai,* Bezeichnung eines afrikan. Stammes behaarter Menschen]

Go-slow ⟨[-slou] m. od. n.; -s, -s⟩ *Dienstausübung übergenau nach Vorschrift, um den Arbeitsablauf zu verzögern u. dadurch bestimmte Forderungen durchzusetzen, Bummelstreik* [engl., »geh langsam«]

Gos|pel ⟨n.; -s, -s⟩, **Gos|pel|song** ⟨m.; -s, -s⟩ *christl.-relig. Lied der nordamerik. Schwarzen, moderne Form des Spirituals, meist von Berufskünstlern komponiert u. vorgetragen* [<engl. *gospel* »Evangelium« + *song* »Lied«]

Gos|pel|sän|ger ⟨m.; -s, -⟩ *Interpret von Gospelsongs*

Gos|pel|sän|ge|rin ⟨f.; -, -rin|nen⟩ *Interpretin von Gospelsongs*

Gos|po|dar ⟨m.; -s od. -en, -e od. -en⟩ = *Hospodar*

Gos|po|din ⟨m.; -s, -da⟩ *Herr* [russ., »Herr«]

Got|cha ⟨a. engl. [gɔtʃə] n.; -s; unz.⟩ *sportlich ausgetragener, simulierter bewaffneter Nahkampf mit Handfeuerwaffen, bei dem Einzelpersonen od. Gruppen mit Farbmunitionen auf Angehörige des jeweils gegnerischen Teams schießen* [<engl. *gotcha,* Slang für *got you* »hab dich«, nach dem Ruf des erfolgreichen Schützen]

Got|lan|di|um ⟨n.; -s; unz.⟩ = *Silur* [nach der schwed. Insel *Gotland*]

Gou|ache ⟨[gua:ʃ] f.; -, -n [gua:ʃən]⟩ = *Guasch*

Gou|da ⟨[gau-], ndrl. [xau-] m.; -s, -s⟩ *fester Schnittkäse nach Edamer Art mit 20-45 % Fettgehalt* [nach dem Ort *Gouda* in der niederländ. Provinz Südholland]

Gou|dron, ⟨auch⟩ **Goud|ron** ⟨[gudrɔ̃:] m.; -s; unz.⟩ *zum Abdichten verwendete Mischung aus echtem Asphalt mit Destillationsrückständen des Erdöls* [frz., »Teer«]

Gourde ⟨[gurd] m.; -, -s⟩ *haitische Währungseinheit, 100 Centimes* [frz. (amerik.) <frz. *gourd* »starr, schwerfällig« <lat. *gurdus* »schwerfällig, dumm«]

Gour|mand ⟨[gurmã:] m.; -s, -s⟩ *Vielesser, Schlemmer;* → a. *Gourmet* [frz.]

Gour|man|di|se ⟨[gurmãdi:z(ə)] f.; -, -n⟩ *Schlemmerei* [frz.]

Gour|met ⟨[gurme:] od. [gurmɛ] m.; -s, -s⟩ **1** *Feinschmecker* **2** *Weinkenner* [frz.]

Gout ⟨[gu:] m.; -s; unz.; geh.⟩ *Geschmack, Neigung, Wohlgefallen;* bon [bɔ̃] ~ haben, verraten, zeigen *guten Geschmack;* das ist nicht nach seinem ~ [<frz. *goût* »Geschmack«]

gou|tie|ren ⟨[guti:-] V.⟩ oV *gustieren* **1** *kosten* **2** *an etwas Gefallen finden, gutheißen* [<frz. *goûter* »schmecken«]

Gou|ver|nan|te ⟨[guvər-] f.; -, -n⟩ *Erzieherin* [frz.]

gou|ver|nan|ten|haft ⟨[guvɛr-] Adj.⟩ *auf altjüngferliche Weise belehrend*

Gou|ver|ne|ment ⟨[guvɛrnəmã:] n.; -s, -s⟩ **1** *Regierung* **2** *Verwaltung* **3** *Regierungsbezirk, Provinz* [frz., »Regierung«]

gou|ver|ne|men|tal ⟨[guvɛrnəmãta:l] Adj.; †; schweiz. noch heute⟩ **1** *regierungsfreundlich, von der Regierung ausgehend, Regierungs...* **2** *ein Gouvernement betreffend*

Gou|ver|neur ⟨[guvɛrnø:r] m.; -s, -e⟩ *Statthal-*

ter, oberster Beamter eines Gouvernements, einer Kolonie [frz., »Statthalter, Hofmeister, Erzieher«]

Gr. ⟨Abk. für⟩ *Gros²*

Graaf-Fol|li|kel ⟨m.; -s, -⟩ *das reife Ei enthaltendes Bläschen im Eierstock kurz vor dem Follikelsprung* [nach dem ndrl. Anatom Reinier de *Graaf,* †1673]

Grab|ber ⟨[græbə(r)] m.; -s, -; EDV⟩ **1** *Videospeicher zum Empfang grafischer Daten von einer Videokamera od. einem anderen Aufnahmegerät für bewegte Bilder* **2** *Software, die den momentan angezeigten Bildschirminhalt festhält, indem der entsprechende Teil des Videospeichers auf einer Diskette abgelegt wird* [zu engl. *grab* »zugreifen, ergreifen«]

gra|ci|o|so ⟨Mus.⟩ = *grazioso*

grad ⟨Math.; Zeichen für⟩ *Gradient*

Grad ⟨m.; -(e)s, -e; bei Zahlenangaben Pl. -⟩ **1** *Abstufung, Stufe, Stärke, Maß;* Wirkungs~; Erfrierungen, Verbrennungen **dritten** ~es; **einige** ~e dunkler, heller; in gewissem ~(e), bis zu einem gewissen ~(e); im höchsten ~e ärgerlich *sehr, außerordentlich;* Cousine, Vetter **zweiten** ~es *Tochter od. Sohn einer Cousine od. eines Vetters* **2** ⟨Zeichen: °⟩ *Maßeinheit für Winkel, der 360. Teil eines Kreises;* Winkel von 90° *rechter Winkel;* ~ **Breite** *Breitengrad;* 34° nördlicher (südlicher) Breite; ~ **Länge** *Längengrad;* 20° westlicher (östlicher) Länge **3** *Maßeinheit der Temperatur;* -20 °C (Celsius), +10 °F (Fahrenheit), 90 ° R (Réaumur); das Thermometer zeigt 5 ~ minus **4** *Stufe in der militär. Rangordnung;* Dienst~ **5** eine Gleichung n-ten ~es ⟨Math.⟩ *eine G. mit n als höchstem Exponenten der Veränderlichen in einer ganzen rationalen Funktion;* eine Gleichung **zweiten** ~es = *quadratische Gleichung* [<lat. *gradus* »Schritt«]

gra|da|tim ⟨Adj.⟩ *schritt-, stufenweise* [lat., »Schritt für Schritt, schrittweise«; zu *gradus* »Schritt«]

Gra|da|ti|on ⟨f.; -, -en⟩ **1** *Einteilung nach Graden* **2** *Steigerung (z.B. des dichter. Ausdrucks)* **3** *Abstufung (z.B. der Schwärzung eines Negativs)* **4** *Massenvermehrung, starke Häufigkeitszunahme (einer Tierart in einem bestimmten Gebiet)* [lat., »Steigerung«; zu *gradus* »Schritt«]

Gra|di|ent ⟨m.; -en, -en; Math.; Abk.: grad⟩ **1** *Zuordnung eines räumlichen, zeitlichen od. physikalischen Geltungsbereiches zu einem Feld von Vektoren* **2** ⟨Meereskunde⟩ *Druckgefälle in einem (physikal.) Niveau eines Meeres* **3** ⟨Meteor.⟩ *Gefälle eines Witterungselementes auf einer Strecke* **4** ⟨Biol.⟩ *vom Zentrum zur Peripherie hin beobachtete Abnahme der Fähigkeit von Keimen u. Körperteilen, sich weiter zu entwickeln*

Gra|di|en|te ⟨f.; -, -n⟩ *Neigungslinie* [<lat. *gradi* »schreiten«; zu *gradus* »Schritt«]

Gra|dier|ei|sen ⟨n.; -s, -⟩ *gezähnter Bildhauermeißel*

gra|die|ren ⟨V.⟩ **1** *in Grade einteilen* **2** *abstufen* **3** *verstärken* **4** Salzlösung ~ *durch Verdunsten konzentrieren* **5** die Farbe einer Goldlegierung ~ *durch Behandeln mit Gradierwasser verbessern* [→ *Grad*]

Gra|dier|werk ⟨n.; -(e)s, -e⟩ *mit Reisig bedecktes Gerüst, über das Salzsole rieselt, die durch Verdunsten konzentriert wird (auch zu Heilzwecken bei Erkrankungen der Atmungsorgane)*

gra|du|al ⟨Adj.⟩ *den Grad, Rang betreffend* [<lat. *gradus;* → *Grad*]

Gra|du|a|le ⟨n.; -s, -li|en; kath. Messe⟩ *kurzer Zwischengesang nach dem Vorlesen der Epistel* [<lat. *gradus* »Schritt, Stufe«; eigtl. »Stufengesang«, da er auf den Altarstufen gesungen wurde]

Gra|du|a|ti|on ⟨f.; -, -en⟩ *Einteilung nach Graden, z.B. auf Skalen, Messgeräten* [<frz., engl. *graduation* »Abstufung«]

gra|du|ell ⟨Adj.⟩ **1** *grad-, stufenweise, abgestuft* **2** *allmählich* [<frz. *graduel* »stufenweise fortschreitend«; zu *grade* »Grad«]

gra|du|ie|ren¹ ⟨V.⟩ etwas ~ *in Grade einteilen* [<frz. *graduer* »in Grade einteilen«; zu *grade* »Grad«]

gra|du|ie|ren² ⟨V.⟩ jmdn. ~ *jmdm. einen akadem. Grad erteilen* [<engl. *graduate* »einen akademischen Grad erlangen«; zu *grade* »Grad, Rang, Stufe«]

gra|du|iert ⟨Adj.; Abk.: grad.⟩ *über einen akademischen Grad, ein Abschlusszeugnis verfügend;* ~er Ingenieur

Gra|du|ier|te(r) ⟨f. 2 (m. 1)⟩ *Person, die eine akademische Würde erlangt hat*

Gra|du|ie|rung ⟨f.; -, -en⟩ *das Graduieren(2), das Graduiertwerden;* die Voraussetzung für eine Bewerbung auf diese Stelle ist eine ~

Grae|cum ⟨[grɛːkum] n.; -s; unz.⟩ *Prüfung im Griechischen* [lat., »das Griechische«]

...graf ⟨in Zus.⟩ = *...graph*

> **Graf... / Graph...** (*Laut-Buchstaben-Zuordnung*) Für die Silben *»-fon«, »-fot«, »-graf«* kann die eingedeutschte (integrierte) Lautschreibung künftig generell verwendet werden. Die Schreibung mit *»ph«* bleibt jedoch auch künftig, vor allem in fachsprachlichen Texten, zulässig (→ a. *Grafit / Graphit*).

Graf ⟨m.; -en, -en⟩ = *Graph*

Gra|fem ⟨m.; -s, -e⟩ = *Graphem*

Gra|fe|ma|tik ⟨f.; -; unz., Sprachw.⟩ = *Graphematik*

gra|fe|ma|tisch ⟨Adj.; Sprachw.⟩ = *graphematisch*

Gra|fe|mik ⟨f.; -; unz.⟩ = *Graphemik*

gra|fe|misch ⟨Adj.; Sprachw.⟩ = *graphemisch*

Gra|fe|o|lo|gie ⟨f.; -; unz.⟩ = *Grapheologie*

gra|fe|o|lo|gisch ⟨Adj.⟩ = *grapheologisch*

Graf|fi|ti ⟨n.; - od. -s, -s⟩ *Malerei od. Parole, die mittels Sprühdose auf eine Wand gespritzt wurde* [eigtl. Pl. von *Graffito*]

Graf|fi|to ⟨m. od. n.; -s, -ti⟩ *in Mauerputz od.*

Stein geritzte Inschrift oder figürl. Darstellung; → a. *Sgraffito* [ital.]

...gra|fie = *...graphie*

Gra|fik ⟨f.; -, -en⟩ oV *Graphik* **1** ⟨unz.⟩ *Vervielfältigung von Schrift u. Druck* **2** ⟨unz.⟩ *die Kunst des Zeichnens, des Kupfer- u. Stahlstichs, des Holzstichs u. -schnitts* **3** ⟨zählb.⟩ *das einzelne Blatt mit einer Darstellung aus einer dieser Künste* [< grch. *graphike techne* »die Kunst zu schreiben, zu zeichnen«; zu *graphein* »schreiben«]

Gra|fi|ker ⟨m.; -s, -⟩ oV *Graphiker* **1** *in der Grafik arbeitender Künstler* **2** *Zeichner, der Vorlagen zum Vervielfältigen herstellt*

Gra|fi|ke|rin ⟨f.; -, -rin|nen⟩ *weibl. Grafiker;* oV *Graphikerin*

Gra|fik|kar|te ⟨f.; -, -n; EDV⟩ *Erweiterungskomponente für den PC, durch die die Verarbeitung u. Darstellung von Grafiken möglich wird;* oV *Graphikkarte*

gra|fisch ⟨Adj.⟩ *mit Hilfe der Grafik, auf ihr beruhend, sie betreffend;* ~e Darstellung *zeichnerische, schemat. Darstellung, Schaubild;* oV *graphisch*

Gra|fit ⟨a. [-fiːt] m.; -s, -e⟩ = *Graphit*

gra|fi|tisch ⟨a. [-fiː-] Adj.; Min.⟩ = *graphitisch*

gra|fo..., Gra|fo... ⟨in Zus.⟩ = *grapho..., Grapho...*

Gra|fo|lo|ge ⟨m.; -n, -n⟩ = *Graphologe*

Gra|fo|lo|gie ⟨f.; -; unz.⟩ = *Graphologie*

gra|fo|lo|gisch ⟨Adj.⟩ = *graphologisch*

Gra|ham|brot, ⟨auch⟩ **Gra|ham-Brot** ⟨n.; -(e)s, -e⟩ *Weizenvollkornbrot ohne Zusatz von Sauerteig* [nach dem amerik. Arzt Sylvester *Graham,* 1794–1891]

Grain ⟨[grɛin] m.; -s, -s; bei Zahlenangaben Pl. -⟩ **1** *älteres kleines Juwelengewicht,* $^1/_4$ *Karat* **2** *Gewichts- u. Maßeinheit, 0,0648 g* [engl., »Korn«, über afrz. < lat. *granum* »Korn«]

grai|nie|ren ⟨[grɛ-] V.; fachspr.⟩ *die Oberfläche von Papier od. Pappe aufrauen* [< frz. *grainer* »aufrauen, körnen«; zu *grain* »Korn«]

Grä|ko|ma|nie ⟨f.; -; unz.⟩ *übertriebene Vorliebe für altgriech. Wesen, Griechenschwärmerei* [< lat. *Graecus* »griechisch« + *Manie*]

Grä|kum ⟨n.; -s; unz.⟩ = *Graecum*

Gral ⟨m.; -s; unz.; in der Dichtung des MA⟩ *Stein od. Gefäß mit Heilskraft, in dem einst Christi Blut aufgefangen worden ist* [< mhd. *gral* »heiliges, wundertätiges Ding, heiliger Stein«, < altfrz. *graal* »heiliges, als Kelch gedachtes Gefäß, mit dem Christus das Sakrament spendete u. in dem Joseph von Arimathia das Blut Christi sammelte«; vermutl. < lat. *cratalis* »Schüssel, Topf«; zu lat. *cratis* »Flechtwerk« od. mlat. *gradalis* »Stufenkelch«; zu lat. *gradus* »Schritt«]

Gram|fär|bung ⟨f.; -, -en; Bakt.⟩ *Färbemethode zur Unterscheidung von sehr ähnlich aussehenden Bakterien* [nach dem dän. Bakteriologen H. Chr. *Gram,* 1853-1938]

Gra|mi|ne|en ⟨Pl.⟩ *Familie der Süßgräser* [< lat. *gramen* »Gras«]

...gramm ⟨in Zus.⟩ *Geschriebenes, Gezeichnetes* [< grch. *gramma* »Buchstabe, Schriftzeichen; Schrift«; zu *graphein* »schreiben«]

Gramm ⟨n.; -(e)s, -; Abk.: g⟩ *Maßeinheit der Masse,* ⟨allg. gleichgesetzt mit⟩ *des Gewichts, 1000 g = 1 kg* [< frz. *gramme* < grch. *gramme,* eigtl. »Geschriebenes, Schriftzeichen«; zu *graphein* »schreiben«]

Gramm|äqui|va|lent ⟨[-va-] n.; -(e)s, -e; Abk.: Val⟩ *in Gramm ausgedrückte Menge eines chem. Stoffes, die sich mit einem Mol Wasserstoff verbindet od. ein Mol Wasserstoff in Verbindungen ersetzt*

Gram|ma|tik ⟨f.; -, -en⟩ **1** *Lehre vom Bau u. von den Regeln einer Sprache* **2** *Lehrbuch der Grammatik, Sprachlehre* [< lat. *(ars) grammatica* »Sprachlehre« < grch. *grammatike* (*techne*) »Sprachwissenschaft als Lehre von den Elementen der Sprache«; zu *graphein* »schreiben«]

gram|ma|ti|ka|lisch ⟨Adj.⟩ *die Grammatik betreffend, auf ihr beruhend;* Sy *grammatisch*

gram|ma|ti|ka|li|sie|ren ⟨V.; Sprachw.; nur Passiv⟩ grammatikalisiert werden *zu einer grammatischen Kategorie werden, eine grammatische Funktion erhalten*

Gram|ma|ti|ka|li|tät ⟨f.; -; unz.; Sprachw.⟩ *grammatisch richtige Beschaffenheit;* Sy *Grammatizität*

Gram|ma|ti|ker ⟨m.; -s, -⟩ **1** *Kenner, Lehrer der Grammatik* **2** *Sprachforscher*

gram|ma|tisch ⟨Adj.⟩ = *grammatikalisch*

Gram|ma|ti|zi|tät ⟨f.; -; unz.; Sprachw.⟩ = *Grammatikalität*

Gramm|a|tom ⟨n.; -s, -e; nicht mehr empfohlene Bez. für⟩ *diejenige Menge eines Stoffes, die so viel Gramm enthält, wie sein Atomgewicht angibt, zu ersetzen durch die Einheit Mol*

Gram|mem ⟨n.; -s, -e; Sprachw.⟩ *das kleinste sprachliche Zeichen auf der Ebene des grammatischen Systems;* → a. *Episem; Tagmem*

Gramm|mol ⟨n.; -s, -e; Chem.; kurz für⟩ *Grammmolekül*

Gramm|mo|le|kül ⟨n.; -s, -e; Chem.⟩ *Masseneinheit, diejenige Menge eines Stoffes, deren Masse gleich dem Molekulargewicht in Gramm ist;* Sy *Grammmol, Mol*

Gram|mo|fon ⟨n.; -s, -e⟩ = *Grammophon*

Gram|mo|phon ⟨n.; -s, -e⟩ *altertüml. mechan. Plattenspieler;* oV *Grammofon* [< grch. *gramma* »Schrift, Geschriebenes« + *...phon*[2]]

Gram|my ⟨[græmi] m.; - od. -s, -s⟩ *US-amerikan. Schallplattenpreis* [→ *Grammophon*]

gram|ne|ga|tiv ⟨Adj.⟩ *sich bei der Gramfärbung rot färbend* [→ *Gramfärbung*]

gram|po|si|tiv ⟨Adj.⟩ *sich bei der Gramfärbung blau färbend* [→ *Gramfärbung*]

Gran ⟨n.; -s, -e; bei Zahlenangaben Pl. -; früher⟩ *Gewichtseinheit für Arzneien u. Edelmetalle* [< lat. *granum* »Korn«]

Gra|na|dil|le ⟨f.; -, -n⟩ = *Grenadille*

Gra|nat ⟨m.; -(e)s, -e; österr.: -en, -en⟩ *kubisches, gesteinsbildendes, schwer verwitterndes Mineral, Edelstein* [< mlat. (*lapis*) *granatus* »körniger Stein« < lat. *granum* »Korn«]

Gra|nat|ap|fel|baum ⟨m.; -(e)s, -bäu|me⟩ *kleiner Strauch od. Baum mit purpurrotem Blütenboden u. Kelchblättern, mit wohlschmeckender, apfelgroßer Frucht: Punica granatum* [< lat. *malum granatum* »kernreicher Apfel«]
Gra|na|te ⟨f.; -, -n⟩ *mit Sprengladung gefülltes Geschoss* [< ital. *granata* »Granatapfel; ein mit einem Granatapfel verglichenes, mit einer Sprengladung gefülltes Hohlgeschoss«]
Grand ⟨[grã:] od. [graŋ] m.; -s, -s⟩ *höchstes Spiel beim Skat;* ~ **ouvert** [uvɛ:r] *G. mit aufgedeckten Spielkarten* [< frz. *grand jeu* »Großspiel«; frz. *ouvert* »offen«]
Grand Cru ⟨[grã:kry:] m.; - -, -s -s [grã:kry:s]⟩ *edler frz. Wein* [frz.]
Gran|de ⟨m.; -n, -n⟩ **1** ⟨unz.⟩ *höchster span. Adelstitel* **2** ⟨zählb.⟩ *Mitglied des span. Hof- od. Hochadels* [span., »groß«]
Grande Na|tion ⟨[grã:d nasjɔ̃:] f.; - -; unz.; frz. Selbstbez. für⟩ *Frankreich* [frz., »große Nation«]
Gran|deur ⟨[grãdø:r] f.; -; unz.⟩ *Größe, Großartigkeit, Erhabenheit* [frz.]
Gran|dez|za ⟨f.; -; unz.⟩ *Würde, anmutig-würdevolles, überlegen-liebenswürdiges Benehmen* [< span. *grandeza* »Würde eines Granden«; zu *grande* »groß«]
Grand|ho|tel ⟨[grã:-] n.; -s, -s⟩ *großes, vornehmes Hotel* [< frz. *grand* »groß« + *Hotel*]
gran|di|os ⟨Adj.⟩ *großartig, überwältigend* [< ital. *grandioso* »großartig«; zu *grande* »groß«]
Gran|di|o|si|tät ⟨f.; -; unz.⟩ *beeindruckende Pracht u. Schönheit, Großartigkeit* [→ *grandios*]
gran|di|o|so ⟨Mus.⟩ *eindrucksvoll, erhaben (zu spielen)* [ital.]
Grand Mal ⟨[grã: mal] n.; - -, - -s [mal]; Med.⟩ = *Haut Mal*
Grand Old La|dy ⟨[grænd ould lɛidi:] f.; - - -, - - -dys [lɛidi:s]⟩ *bedeutende ältere weibl. Persönlichkeit;* die ~ des deutschen Films [engl., »große alte Dame«]
Grand Old Man ⟨[grænd ould mæn] m.; - - -s, - - Men [-mən]⟩ *bedeutende ältere männl. Persönlichkeit* [engl., »großer alter Mann«]
Grand Prix, ⟨auch⟩ **Grand|prix** ⟨[grãpri:] m.; (-) -, (-) -s [grãpri:]⟩ *Großer Preis;* ~ du disque [dy disk] *großer Schallplattenpreis, jährlich in Paris verliehen* [frz.]
Grand|sei|gneur, ⟨auch⟩ **Grand|seig|neur** ⟨[grãsɛnjœ:r] m.; -s, -s od. -e⟩ **1** *Angehöriger des hohen Adels* **2** ⟨fig.⟩ *vornehmer, würdevoller Herr* [frz., »großer, d.h. vornehmer Herr«]
Grand|slam, ⟨auch⟩ **Grand Slam** ⟨[grændslæm] m.; (-) - od. (-) -s, (-) -s; Sp.; Tennis⟩ *Sieg eines Spielers in den austral., frz., engl. und US-amerikan. Meisterschaften innerhalb eines Jahres* [engl., eigtl. »großer Schlag«]
gra|nie|ren ⟨V.⟩ *zu Körnern zermahlen* [< lat. *granum* »Korn«]
Gra|nit ⟨m.; -s, -e⟩ *Tiefengestein aus fein- bis grobkörnigen Teilen von Feldspat, Quarz u. Glimmer;* auf ~ beißen ⟨fig.; umg.⟩ *auf energischen Widerstand stoßen, nicht durchdringen können* [< ital. *granito* < mlat. *granitum marmor* »gekörntes Marmorgestein«; zu lat. *granum* »Korn«]
Gra|nit|por|phyr ⟨m.; -s, -e; Geol.⟩ *Granitgestein mit körniger Grundmasse u. größeren Einsprenglingen*
Gran|ny Smith ⟨[græni smiθ] m.; - -, - -⟩ *Apfelsorte mit glänzender, grüner Schale und saftigem, säuerlich schmeckendem Fruchtfleisch*
gra|nu|lar ⟨Adj.⟩ = *granulös*
Gra|nu|lat ⟨n.; -(e)s, -e⟩ *körniger Extrakt* [< lat. *granulum* »Körnchen«]
Gra|nu|la|ti|on ⟨f.; -, -en⟩ **1** *Körnchenbildung* **2** *das Auflöten von Gold- od. Silberkörnchen auf Schmuckstücke* **3** ⟨Astr.⟩ *das feinkörnige Aussehen der Sonnenoberfläche* **4** ⟨Med.⟩ *Entstehung von rötlichem, weichem, gefäßreichem neuem Bindegewebe bei Gewebsdefekten*
Gra|nu|le ⟨f.; -, -n⟩ *auf der Sonnenoberfläche auftretender, körniger Gaswirbel kurzer Beständigkeit mit einem Durchmesser bis etwa 1000 km* [< lat. *granulum* »Körnchen«]
gra|nu|lie|ren ⟨V.⟩ **1** *zu Körnern zermahlen, zerreiben* **2** *Gold- od. Silberkörnchen auflöten* **3** *Granulationsgewebe bilden;* granuliertes Gewebe [< lat. *granulum* »Körnchen«]
gra|nu|liert ⟨Adj.; Med.⟩ *körnig eingeschrumpft (in Bezug auf Gewebe), z.B. bei Nierendefekten* [→ *granulieren*]
Gra|nu|lie|rung ⟨f.; -, -en⟩ *das Granulieren, das Granuliertwerden*
Gra|nu|lit ⟨m.; -s, -e⟩ *dichtes, massiges Gestein aus Granat, Feldspat u.a. Mineralien, ohne Glimmer* [< lat. *granulum* »Körnchen«]
Gra|nu|lom ⟨n.; -s, -e⟩ *Granulationsgewebe geschwulstartigen Aussehens, das meist durch Krankheitserreger od. Fremdkörper entsteht* [< lat. *granulum* »Körnchen«]
gra|nu|lös ⟨Adj.⟩ *körnig, gekörnt, mit Körnern versehen*
Gra|nu|lo|se ⟨f.; -, -n⟩ *Bildung von Granulomen*
Gra|nu|lo|zyt ⟨m.; -en, -en⟩ *weißes Blutkörperchen mit körniger Struktur* [< lat. *granulum* »Körnchen« + ...*zyt*]
Gra|nu|lum ⟨n.; -s, -la; meist Pl.⟩ **1** ⟨Pharm.⟩ *Arzneikörnchen* **2** ⟨Anat.⟩ *mikroskopisch kleines Körnchen im Zellplasma* **3** ⟨Med.⟩ *Knötchen im Granulationsgewebe* [lat., »kleiner Kern, Körnchen«]
Grape|fruit ⟨[grɛipfru:t] f.; -, -s⟩ *kleine Form der Pampelmuse* [engl.]
...graph ⟨in Zus.⟩ oV *...graf* **1** *Schreiber, Zeichner* **2** *Geschriebenes* **3** *Beschreiber, Wissenschaftler* **4** *wissenschaftl. Messgerät* [< grch. *graphein* »schreiben«]
Graph ⟨m.; -en, -en⟩ oV *Graf* **1** *abstrahierende zeichner. Darstellung von Größen u. den zwischen ihnen bestehenden Relationen als wissenschaftl. Hilfsmittel* **2** ⟨Math.⟩ *zeichnerische Darstellung von Elementen in zweistelligen Relationen* [< grch. *graphein* »schreiben«]
Gra|phem ⟨n.; -s, -e⟩ *kleinste bedeutungsun-*

terscheidende Einheit der geschriebenen Sprache, z.B. Buchstabe; oV *Grafem* [< *Graph* + Endung *-em*]
Gra|phe|ma|tik ⟨f.; -; unz.; Sprachw.⟩ *Wissenschaft von den Graphemen;* oV *Graphemik, Grafematik* [→ *Graph*]
graphe|ma|tisch ⟨Adj.; Sprachw.⟩ = *graphemisch;* oV *grafematisch*
Gra|phe|mik ⟨f.; -; unz.⟩ = *Graphematik;* oV *Grafemik;* Sy *Grapheologie(2)*
gra|phe|misch ⟨Adj.; Sprachw.⟩ *die Graphemik betreffend, zu ihr gehörig;* oV *grafemisch;* Sy *graphematisch*
Gra|phe|o|lo|gie ⟨f.; -; unz.⟩ **1** *Wissenschaft von den Schreibsystemen der Sprachen* **2** = *Graphemik;* oV *Grafeologie* [< grch. *graphein* »schreiben« + *...logie*]
gra|phe|o|lo|gisch ⟨Adj.⟩ *die Grapheologie betreffend, zu ihr gehörig, auf ihr beruhend;* oV *grafeologisch*
...gra|phie oV *...grafie* **1** *das Schreiben, Zeichnen* **2** *Geschriebenes* **3** *Beschreibung, Wissenschaft* [< grch. *graphein* »schreiben«]
Gra|phik ⟨f.; -, -en⟩ = *Grafik*
Gra|phi|ker ⟨m.; -s, -⟩ = *Grafiker*
Gra|phi|ke|rin ⟨f.; -, -rin|nen⟩ = *Grafikerin*
Gra|phik|kar|te ⟨f.; -, -n; EDV⟩ = *Grafikkarte*
gra|phisch ⟨Adj.⟩ = *grafisch*
Gra|phit ⟨a. [-fi:t] m.; -s, -e⟩ *feinkristalliner bis amorpher reiner Kohlenstoff;* oV *Grafit* [< grch. *graphein* »schreiben«]
gra|phi|tisch ⟨a. [-fi:-] Adj.; Min.⟩ *aus Graphit bestehend, es enthaltend;* oV *grafitisch*
gra|pho..., **Gra|pho...** ⟨in Zus.⟩ *schrift..., Schrift...;* oV *grafo..., Grafo...* [< grch. *graphein* »schreiben«]
Gra|pho|lo|ge ⟨m.; -n, -n⟩ *Kenner der Graphologie, Handschriftendeuter;* oV *Grafologe*
Gra|pho|lo|gie ⟨f.; -; unz.⟩ *Lehre, aus der Handschrift den Charakter zu deuten, Handschriftendeutung;* oV *Grafologie* [< *Grapho...* + *...logie*]
gra|pho|lo|gisch ⟨Adj.⟩ *die Graphologie betreffend, auf ihr beruhend;* oV *grafologisch;* ein ~es Gutachten erstellen
Grap|pa ⟨m.; - od. -s, - od. -s⟩ *ital. Branntwein aus Trester* [ital.]
Grap|to|lith ⟨m.; -s od. -en, -en⟩ *ausgestorbener, mariner Tierstock des Silurs* [< grch. *graphein* »schreiben« + *...lith*]
Grass ⟨n.; -; unz.; umg.⟩ *Marihuana* [engl.]
gras|sie|ren ⟨V.⟩ *um sich greifen, gehäuft auftreten, wüten;* ~de Seuche; es ~ neue Gerüchte ⟨fig.⟩ [< lat. *grassari* »umhergehen«]
Gra|ti|fi|ka|ti|on ⟨f.; -, -en⟩ **1** *Sonderzuwendung, Ehrengabe;* Weihnachts~ **2** *Entschädigung* [< lat. *gratus* »erwünscht, willkommen, dankbar« + *...fikation*]
Gra|tin ⟨[gratɛ̃:] n.; -s, -s⟩ *(mit Käse) überbackenes Gericht;* Kartoffel~
gra|ti|nie|ren ⟨V.⟩ *überbacken, um eine Kruste zu erzielen* [< frz. *gratiner* »in geriebener Semmel backen«; zu *gratin* »Kruste, Abgeschabtes«; zu *gratter* »schaben, kratzen«]
gra|tis ⟨Adv.⟩ *kostenlos, unentgeltlich, frei;* ~ und franko *unentgeltlich u. portofrei* [< lat. *gratis* »unentgeltlich«, eigtl. »um den bloßen Dank«; Ablativ Pl. zu *gratia* »Dank«]
Gra|tu|lant ⟨m.; -en, -en⟩ *jmd., der seine Glückwünsche übermittelt* [< lat. *gratulans,* Part. Präs. zu *gratulari* »Glück wünschen«]
Gra|tu|lan|tin ⟨f.; -, -tin|nen⟩ *weibl. Gratulant*
Gra|tu|la|ti|on ⟨f.; -, -en⟩ *Übermittlung von Glückwünschen* [< lat. *gratulatio* »Beglückwünschung«]
gra|tu|lie|ren ⟨V.⟩ jmdm. ~ *jmdn. beglückwünschen;* du kannst dir ~, dass es so glimpflich abgegangen ist *du kannst froh sein* [< lat. *gratulari* »Glück wünschen«]
gra|ve ⟨[-və] Mus.⟩ *ernst, schwer, getragen (zu spielen)* [ital.]
Gra|ve ⟨[-və] n.; -s, -s; Mus.⟩ *sehr langsam, bedächtig u. getragen zu spielender Satz od. Satzteil (seit dem frühen 17. Jh.)* [→ *grave*]
Gra|veur ⟨[-vø:r] m.; -s, -e⟩ *Handwerker, der das Gravieren berufsmäßig ausübt,* z.B. Kupfer-, Stahlstecher, Steinschneider [frz., < *graver;* → *gravieren*]
gra|vid ⟨[-vi:d] Adj.; Med.⟩ *schwanger* [< lat. *gravidus;* zu *gravis* »schwer«]
Gra|vi|di|tät ⟨[-vi-] f.; -, -en; Med.⟩ *Schwangerschaft* [< lat. *graviditas;* zu *gravis* »schwer«]
gra|vie|ren[1] ⟨[-vi:-] V.⟩ Metall, Stein, Glas ~ *Verzierungen, Schrift od. Zeichen in Metall usw. schneiden, ritzen, stechen* [< frz. *graver*]
gra|vie|ren[2] ⟨[-vi:-] V.⟩ *belasten, beschweren* [< lat. *gravare*]
gra|vie|rend ⟨[-vi:-] Adj.⟩ *belastend, erschwerend;* ein ~er Fehler
Gra|vie|rung ⟨[-vi:-] f.; -, -en⟩ **1** *das Gravieren* **2** *gravierte Verzierung, Schrift o.Ä.*
Gra|vi|me|ter ⟨[-vi-] n.; -s, -⟩ *Gerät zum Messen der Schwerkraft* [< lat. *gravis* »schwer« + *...meter*]
Gra|vi|me|trie, ⟨auch⟩ **Gra|vi|met|rie** ⟨[-vi-] f.; -; unz.⟩ **1** *Messung des Schwerefeldes der Erde* **2** *chem. Analyse, bei der das Gewicht der einzelnen Stoffe einer Verbindung festgestellt wird;* Sy *quantitative Analyse*
gra|vi|me|trisch, ⟨auch⟩ **gra|vi|met|risch** ⟨[-vi-] Adj.⟩ *auf Gravimetrie beruhend, mit ihrer Hilfe*
Gra|vis ⟨[-vis] m.; -, -; Zeichen: `⟩ *Zeichen über einem Vokal zur Bezeichnung des fallenden Tons, im Italien. der Betonung der Silbe u. im Französ. der offenen Aussprache des Vokals;* Sy *Accent grave* [lat., »schwer«]
Gra|vi|sphä|re, ⟨auch⟩ **Gra|vis|phä|re** ⟨[-vi-] f.; -, -n; Phys.; Astron.⟩ *Bereich um einen Körper, in dem seine Schwerkraft die eines anderen Körpers überwiegt, bes. bei Himmelskörpern* [< lat. *gravis* »schwer« + *Sphäre*]
Gra|vi|tät ⟨[-vi-] f.; -; unz.⟩ *Würde, Erhabenheit, Gemessenheit* [< lat. *gravitas* »Schwere, würdevolles Wesen«]
Gra|vi|ta|ti|on ⟨[-vi-] f.; -; unz.⟩ *Eigenschaft von Massen, sich gegenseitig anzuziehen* [→ *gravitieren*]

Gra|vi|ta|ti|ons|wel|le ⟨[-vi-] f.; -, -n⟩ *wellenartige Ausstrahlung der Änderungen eines Schwerefeldes mit Lichtgeschwindigkeit, ihre Träger sind die Gravitonen*

gra|vi|tä|tisch ⟨[-vi-] Adj.⟩ **1** *würdevoll, hoheitsvoll* **2** *steif, gemessen*

gra|vi|tie|ren ⟨[-vi-] V.⟩ **1** *infolge der Schwerkraft auf einen Punkt zustreben* **2** *angezogen werden, hinneigen (zu)* [<lat. *gravitas* »Schwere, schweres Gewicht«]

Gra|vi|ton ⟨[-vi-] n.; -s, -to|nen⟩ *bis jetzt noch nicht nachgewiesenes Elementarteilchen, das als Träger der Gravitationswellen angesehen wird*

Gra|vur ⟨[-vu:r] f.; -, -en⟩ *das Gravierte, gravierte Verzierung, Schrift usw.* [→ *Gravüre*]

Gra|vü|re ⟨[-vy:-] f.; -, -n⟩ **1** *Erzeugnis der Gravierkunst, Kupfer-, Stahlstich, Steinschnitt* **2** *Tiefdruckplatte* **3** *Druck davon* [<frz. *gravure* »Kupferstecher-, Holzschneidekunst, Metallstich, Holzschnitt«]

Gray ⟨[grɛi] n.; -s, -s; Zeichen: Gy⟩ *Einheit für die Energiedosis ionisierender Strahlen; 1 Gy = 1 J/kg = 100 rad* [nach dem amerik. Physiker Louis Harold *Gray*, 1905-1965]

Gra|zie ⟨[-tsjə] f.; -, -n⟩ **1** ⟨unz.⟩ *Anmut;* ihre Bewegungen waren voller ~ **2** die drei ~n ⟨röm. Myth.⟩ *die drei Göttinnen der Anmut* ⟨fig.: scherzh.⟩ *diese drei anmutigen jungen Damen* [<lat. *gratia* »Wohlgefallen«]

gra|zil ⟨Adj.⟩ **1** *schlank, zierlich, geschmeidig* **2** *schmächtig* [<lat. *gracilis* »schlank, schmal, hager«]

Gra|zi|li|tät ⟨f.; -; unz.⟩ *zierliche, schmächtige Beschaffenheit*

gra|zi|ös ⟨Adj.⟩ *anmutig, zierlich, geschmeidig, gewandt* [<frz. *gracieux* »anmutig, lieblich«; → *Grazie*]

gra|zi|o|so ⟨Mus.⟩ *anmutig, lieblich (zu spielen);* oV *gracioso* [ital.]

grä|zi|sie|ren ⟨V.⟩ *nach grch. Vorbild formen, grch. Form geben;* einen Namen ~ [<lat. *Graecia,* dem lat. Namen für Griechenland]

Grä|zis|mus ⟨m.; -, -men⟩ **1** *in eine andere Sprache übernommene altgrch. Spracheigentümlichkeit* **2** *dem Griech. nachgebildete Ausdrucksform* **3** *die Verwendung von Gräzismen* [→ *gräzisieren*]

Grä|zist ⟨m.; -en, -en⟩ *Erforscher, Kenner der altgrch. Sprache u. Kultur*

Grä|zis|tik ⟨f.; -; unz.⟩ *Wissenschaft von Sprache u. Kultur des antiken Griechenlands* [zu lat. *Graecia* »Griechenland«]

grä|zis|tisch ⟨Adj.⟩ *die Gräzistik betreffend, zu ihr gehörig;* ~e Studien

Grä|zi|tät ⟨f.; -; unz.⟩ *Wesen der altgrch. Sprache u. Kultur*

Green ⟨[gri:n] n.; -s, -s; Golf⟩ *Grün, um das Loch herum kurz geschnittene Rasenfläche* [engl., »Grün, Rasen«]

Green|fee ⟨[gri:nfi:] f.; -, -s; Golf⟩ *Entgelt, das ein Golfspieler auf einem fremden Platz zu entrichten hat* [engl., zu *green* »Grün, Rasen« + *fee* »Gebühr«]

Green|horn ⟨[gri:n-] n.; -s, -s⟩ **1** *Grünschnabel* **2** ⟨fig.⟩ *Neuling, Unerfahrener* [engl.]

Green|peace ⟨[gri:npi:s] ohne Art.⟩ *durch spektakuläre Aktionen bekannt gewordene Umweltschutzorganisation* [<engl. *green* »grün« + *peace* »Friede«]

Grège ⟨[grɛ:ʒ] f.; -; unz.⟩ *Rohseidenfaden* [<frz. *soi grège* »rohe, ungezwirnte Seide«, <ital. *greggio* »roh, unbearbeitet«]

Gre|go|ri|a|nik ⟨f.; -; unz.⟩ *die Formen, Lehre u. Erforschung des gregorianischen Chorals* [nach Papst *Gregor I.*, † 604]

gre|go|ri|a|nisch ⟨Adj.⟩ ~er **Choral,** ~er **Gesang** *einstimmiger, unbegleiteter liturg. Gesang im kath. Gottesdienst* [nach Papst *Gregor I.*, † 604]; ~er **Kalender** *1582 eingeführte u. heute noch gültige Zeitrechnung* [nach Papst *Gregor XIII.*, 1502-1585]

Gre|mi|um ⟨n.; -s, -mi|en⟩ *Ausschuss, Körperschaft* [lat., »Schoss, Bündel«]

Gre|na|dier ⟨m.; -s, -e⟩ **1** ⟨urspr.⟩ *mit Handgranaten ausgerüsteter Soldat* **2** ⟨heute⟩ *Infanteriesoldat besonderer Regimenter, z.B. der Garde* [frz., (früher) »Granatenwerfer«; zu *grenade* »Granatapfel, Granate«; → *Granate*]

Gre|na|dil|le ⟨f.; -, -n⟩ *wohlschmeckende Frucht der Passionsblume;* oV *Granadille* [frz., »Passionsblume« <span. *granadilla* »Passionsblume«, eigtl. »kleiner Granatapfel«]

Gre|na|di|ne[1] ⟨f.; -; unz.⟩ *leichtes Seidengewebe* [nach der span. Stadt *Granada*]

Gre|na|di|ne[2] ⟨f.; -; unz.⟩ *Sirup von Granatäpfeln für alkoholfreie Getränke u. Cocktails* [<frz. *grenadine;* zu *grenade* »Granatapfel«]

...gres|si|on ⟨in Zus.⟩ *das Gehen, Vordringen* [<lat. *...gressio;* zu *gradi, ...gredi* »gehen, schreiten«]

Grey|er|zer ⟨m.; -s, -⟩ *Greyerzer Käse, ein Hartkäse;* oV *Gruyère* [nach dem westschweizer. Ort *Greyerz*]

Grey|hound ⟨[grɛihaund] m.; -s, -s⟩ **1** *zu den Windhunden gehörende, für Rennen gezüchtete engl. Hunderasse* **2** ⟨in den USA⟩ *über weite Strecken fahrender Omnibus* [<engl. *grey* »grau« + *hound* »Jagdhund«]

Grif|fon ⟨[-fɔ̃:] m.; -s, -s⟩ *bis 60 cm großer, drahthaariger Vorstehhund mit starkem Bart u. langer Behaarung des Nasenrückens* [frz., »rauhaariger Vorstehhund«]

Grill ⟨m.; -s, -s⟩ **1** *Ofen zum Grillen* **2** *Bratrost zum Grillen* [engl. <frz. *gril, grille* <lat. *craticulum* »Flechtwerk, kleiner Rost«]

Gril|la|de ⟨[grija:də] f.; -, -n⟩ *Bratstück (Fleisch, Fisch, Geflügel) vom Rost* [frz., »das Rösten auf dem Grill, Rostbraten«]

gril|len ⟨V.⟩, **gril|lie|ren** ⟨[-li:-] od. [-ji:-] V.; schweiz.⟩ **1** ⟨urspr.⟩ *am Spieß über offenem Feuer braten* **2** ⟨heute⟩ *auf dem Grill od. im Grill (mit wenig Fett in sehr heißem Ofen) braten* [<engl. *grill* <frz. *griller* »auf dem Grill braten«; → *Grill*]

Grill|room ⟨[-ru:m] m.; -s, -s⟩ *Raum od. Gaststätte, in der das Fleisch auf dem Rost gebraten wird* [engl.]

Gri|mas|se ⟨f.; -, -n⟩ *Verzerrung des Gesichts auf spaßige od. abstoßende Weise, Fratze;* ~n schneiden, ziehen; das Gesicht zu einer ~ verziehen; eine abstoßende, fürchterliche, Grauen erregende, spaßige, ulkige ~ [<frz. *grimace* »Fratze« <span. *grimazo* »panischer Schrecken«; zu got. *grimms* »schrecklich«]

gri|mas|sie|ren ⟨V.⟩ *das Gesicht verzerren*

Grin|go ⟨[griŋgo:] m.; -s, -s; herabsetzende Bez. für⟩ *Nichtromane in Südamerika* [span., »Kauderwelsch«]

Gri|ot ⟨[grio:] m.; -s, -s⟩ *herumziehender Possenreißer u. Sänger im Nordwesten Afrikas, dem magische Fähigkeiten zugeschrieben werden* [frz.]

grip|pal ⟨Adj.⟩ *auf Grippe beruhend, der Grippe ähnlich;* oV *grippös;* ~er Infekt *leichte Grippe*

Grip|pe ⟨f.; -, -n⟩ **1** echte ~, epidemische ~ *akute Viruskrankheit, die sich im Frühjahr u. Herbst epidemieartig verbreitet, meist mit Fieber;* Sy *Influenza* **2** *leichtere akute Infektion, die vor allem zu katarrhalischen Erscheinungen an den oberen Luftwegen führt u. als Erkältungskrankheit bes. im Frühjahr auftritt* [frz., »Grille, Laune«, vielleicht <russ. *chripu* »Heiserkeit«]

grip|pös ⟨Adj.⟩ = *grippal*

Gri|saille ⟨[griza:j] f.; -, -n [-za:jən]⟩ **1** ⟨unz.⟩ *Malerei, die nur Abstufungen von Grau verwendet* **2** ⟨unz.⟩ *schwarz-weiß gemustertes Seidengewebe* **3** ⟨zählb.⟩ *Gemälde in Grisaille-Technik* [frz., »grau in grau, grauer Kleiderstoff«; zu *gris* »grau«]

Gri|set|te ⟨f.; -, -n⟩ **1** *junge (urspr. Pariser) Putzmacherin* **2** *leichtlebiges Mädchen* **3** ⟨unz.⟩ *feinfädiger, leichter Kammgarnkleiderstoff* [<frz. *gris* »grau« (nach der grauen, schlichten Kleidung der Putzmacherinnen)]

Gris|li|bär, Gris|ly|bär ⟨[grisli-] m.; -en, -en⟩ *mit 2,5 m einer der größten Vertreter der Bären, lebt in den Felsengebirgen von Nordamerika: Ursus horribilis;* oV *Grizzlybär* [<engl. *grizzly bear* »grauer Bär«]

Gri|son ⟨[grizɔ̃:] m.; -s, -s⟩ *oberseitig hellgrau, unterseitig dunkelbraun gefärbter, von Südmexiko bis Patagonien verbreiteter Marder: Grison vittatus* [frz., zu *gris* »grau«]

Grizz|ly|bär ⟨[grizli-] m.; -en, -en⟩ = *Grislibär*

Grog ⟨m.; -s, -s⟩ *Getränk aus Rum od. Weinbrand, heißem Wasser u. Zucker* [engl., nach dem Spitznamen *Old Grog* (wegen seines Rockes aus Kamelhaar, engl. *grogam*) des engl. Admirals Vernon (18. Jh.), der befahl, den Rum der Matrosen zu verdünnen]

grog|gy ⟨[grɔgi] Adj.⟩ **1** ⟨Boxsp.⟩ *hart angeschlagen, halb betäubt* **2** ⟨umg.⟩ *erschöpft, matt* [engl., »betrunken, unsicher auf den Beinen«; → *Grog*]

Groom ⟨[gru:m] m.; -s, -s; †⟩ **1** *Hoteldiener* **2** *Reitknecht* [engl.]

Groove ⟨[gru:v] m.; -s; unz.; Mus.⟩ *gefühlsbetonte Art des Musikspiels, die sich auf die Zuhörerschaft überträgt* [engl., eigtl. »Rille, Furche«, aber als Slangausdruck *to be in the groove* »in Stimmung sein«]

groo|ven ⟨[gru:vən] V.; Mus.⟩ **1** *eine Melodie so spielen, dass sich deren Gefühlslage auf das Publikum überträgt* **2** *sich dem emotionalen Gehalt einer Melodie hingeben* [→ *Groove*]

Groo|ving ⟨[gru:viŋ] n.; -s; unz.⟩ *Einfräsung von Rillenprofilen in die Oberfläche von Straßen, um deren Griffigkeit zu erhöhen* [<engl. *groove* »nuten, rillen«]

groo|vy ⟨[gru:vi:] Adj.⟩ **1** *einen Groove betreffend, zu einem Groove gehörig* **2** ⟨umg.⟩ *exzellent, klasse* [→ *Groove*]

Gros[1] ⟨[gro:] n.; -, - [gro:] od. [gro:s]⟩ *Hauptmasse, Hauptmenge;* das ~ des Heeres [frz., eigtl. »groß, dick« <mlat. *grossus* »dick«]

Gros[2] ⟨n.; Gros|ses, Gros|se; od. bei Zahlenangaben -; Abk.: Gr.⟩ *12 Dutzend, ein altes Zählmaß* [<frz. *grosse (douzaine)* »großes Dutzend«]

Gros|sist ⟨m.; -en, -en⟩ *Großhändler* [zu *Gros*[1] u. *en gros*]

Groß|kli|ma ⟨n.; -s, -ma|ta od. -ma|te⟩ = *Makroklima*

gros|so mo|do ⟨Adv.⟩ *ungefähr* [ital.]

Grosz ⟨[grɔʃ] m.; -, -y⟩ *polnische Münze, Groschen, 1/100 Złoty* [poln. <tschech. *groš* <mlat. (denarius) *grossus* »dicker (Dinar)«; verwandt mit *Groschen*]

gro|tesk ⟨Adj.⟩ *derbkomisch, wunderlich, närrisch, lächerlich, überspannt* [<frz. *grotesque* <ital. *grottesco;* zu *grotta* (→ *Grotte*), zunächst zur Kennzeichnung von Wandgemälden römischer Fundstätten]

Gro|tesk ⟨f.; -; unz.; Typ.⟩ *Antiquaschrift ohne Serifen* [→ *grotesk*]

Gro|tes|ke ⟨f.; -, -n⟩ **1** *Rankenornament der röm. Antike mit menschl., tier., pflanzl. Darstellungen, in der Renaissance wieder verwendet* **2** *derbkomische, närrisch-seltsame Dichtung in Prosa oder in Versen* **3** *auf groteske Wirkung ausgehende Form des modernen Ausdruckstanzes*

Grot|te ⟨f.; -, -n⟩ *Felsenhöhle von geringer Tiefe, auch künstl. nachgebildet in Gärten* [<ital. *grotta* <vulgärlat. *grupta* »Korridor, Kreuzgang, unterirdisches Gewölbe, Grotte, Gruft« <lat. *crypta,* grch. *krypte (kamara)* »bedeckter Gang, Gewölbe«; → *Krypta*]

Ground|hos|tess ⟨[graund-] f.; -, -en⟩ *Angestellte bei einer Fluggesellschaft, deren Aufgabe es ist, die Fluggäste während des Wartens auf den Abflug am Boden zu versorgen* [<engl. *ground* »Boden« + *Hostess*]

Grou|pie ⟨[gru:pi] m. od. n.; -s, -s⟩ *junge Bewunderin einer Beatgruppe od. eines Stars, die immer wieder versucht, mit der bewunderten Person in Kontakt zu kommen* [<engl. *group* »Gruppe«]

Growl ⟨[graul] m. od. n.; -s, -s; Jazz⟩ *Klangeffekt durch Veränderung, Dämpfen der natürlichen Klangfarbe* [engl., »brummen«]

grub|ben ⟨V.⟩ *mit dem Grubber auflockern;* oV *grubbern*

Grub|ber ⟨m.; -s, -⟩ *dreizinkige Hacke od. mehrzinkiges, auf Rädern laufendes Gerät zum Auflockern des Bodens* [engl.]
grub|bern ⟨V.⟩ = *grubben*
Grunge ⟨[grʌndʒ] m.; -; unz.; Mus.⟩ *Musikstil, der auf betont lässig vorgetragenem Gitarrenspiel basiert u. vielfältige Elemente der Rock- u. Punkmusik enthält* [< engl. *grunge* »Abfall, Dreck«]
Grupp ⟨m.; -s, -s⟩ *verschlossene Geldpackung, Geldpaket* [< ital. *gruppo* »Klumpen, Pack«]
Grup|pen|dy|na|mik ⟨f.; -; unz.; Soziol.; Psych.⟩ *Gesamtheit der Strukturen u. Prozesse, die in Gruppen auftreten u. das Verhalten sowohl der einzelnen Gruppenmitglieder als auch des Kollektivs prägen*
grup|pen|dy|na|misch ⟨Adj.; Soziol.; Psych.⟩ *die Gruppendynamik betreffend, auf ihr beruhend, zu ihr gehörend;* ~e Prozesse steuern; eine ~ vorteilhafte Personenkonstellation
Gru|si|cal ⟨[-kəl] n.; -s, -s; umg.; scherzh.⟩ *Gruselfilm* [verkürzt < *gru*selig + Mu*sical*]
Gru|yère ⟨[gryjɛːr] m.; -s, -⟩ = *Greyerzer*

G-String (*Schreibung mit Bindestrich*) Zusammensetzungen, die einen Einzelbuchstaben, eine Abkürzung oder eine Ziffer enthalten, werden durch Bindestrich verbunden.

G-String ⟨[dʒiːstrɪŋ] m.; -s, -s⟩ *ein nur die primären Geschlechtsorgane verhüllendes Stofftuch, das an dünnen Bändern um die Hüften geschnürt wird (als Bekleidungsaccessoire für Erotikmodelle u. Stripteasetänzer(innen))* [engl., »G-Saite«]
Gu|a|jak|baum ⟨m.; -(e)s, -bäu|me⟩ *im tropischen Zentralamerika heimische Gattung der Jochblattgewächse: Guajacum* [< span. *guayaco* < Taino *guayacan*]
Gu|a|jak|harz ⟨n.; -es; unz.⟩ *Harz des Guajakbaums, das als Heilmittel Verwendung findet*
Gu|a|ja|kol ⟨n.; -(e)s; unz.⟩ *im Buchenholzteer vorkommender Monomethyläther des Brenzcatechins, gegen Lungenkrankheiten angewendet* [< *Guajak*baum]
Gu|a|ja|ve ⟨[-və] f.; -, -n⟩ *wohlschmeckende Frucht des Guajavenbaumes;* Sy *Guave*
Gu|a|ja|ven|baum ⟨[-vən-] m.; -(e)s, -bäu|me⟩ *im trop. Amerika heimisches, als Obstbaum kultiviertes Myrtengewächs: Psidium guajava*
Gu|a|na|ko ⟨m.; -s, -s⟩ *höckerloses Kamel Südamerikas, Stammform des Lamas: Lama huanacus* [< span. *guanaco* < Ketschua *huanacu*]
Gu|a|ni|din ⟨n.; -s; unz.⟩ *stärkste basische Stickstoffverbindung, deren Derivate in der Natur weit verbreitet sind* [→ *Guano*]
Gu|a|nin ⟨n.; -s; unz.⟩ *im Tier- u. Pflanzenreich weit verbreitetes Spaltprodukt der Nucleinsäure* [→ *Guano*]
Gu|a|no ⟨m.; -s; unz.⟩ *Kotablagerung von Seevögeln, stickstoff- u. phosphorhaltiger Naturdünger* [span. < Ketschua *huanu* »Mist«]
Gu|a|ra|ni ⟨m.; -, -⟩ *Währungseinheit in Paraguay, 100 Centimos*
Gu|ar|dia ci|vil ⟨[- siviːl] f.; - -; unz.⟩ *spanische Gendarmerie*
Gu|ar|di|an ⟨m.; -s, -e⟩ *Vorsteher eines Franziskaner- od. Kapuzinerklosters* [< ital. *guardiano* »Wächter, Wärter«]
Gu|ar|ne|ri ⟨f.; -, -s⟩ *in der Werkstatt der ital. Geigenbauerfamilie Guarneri angefertigte Geige (aus dem 17. u. 18. Jh.)*
Gu|asch ⟨f.; -, -en⟩ oV *Gouache* **1** ⟨unz.⟩ *das Malen mit deckenden Wasserfarben, die mit Weiß u. Gummiarabikum versetzt sind* **2** ⟨zählb.⟩ *Bild mit dieser Art der Malerei* [< frz. *gouache* »Wasserfarbenmalerei« < ital. *guazzo* »Wasserfarbe«, eigtl. »Pfütze«, < lat. *aquatio* »Lache«; zu *aqua* »Wasser«]
Gu|a|ve ⟨[-və] f.; -, -n⟩ = *Guajave*
Gue|ril|la ⟨[gerilja]⟩ **1** ⟨f.; -; unz.⟩ *Kleinkrieg von Partisanen, bes. in Spanien* **2** ⟨m.; -s, -s⟩ *Guerillakämpfer, Partisan, Freischärler* [span., Verkleinerungsform zu *guerra* »Krieg«]
Gue|ril|le|ro ⟨[geriljeːro] m.; -s, -s; im span. u. port. Sprachbereich⟩ = *Partisan* [span.; zu *guerilla;* → *Guerilla*]
Guide ⟨[gaid] frz. [giːd] m.; -s, -s⟩ **1** *Reisebegleiter, Reiseführer* **2** *gedruckter Reiseführer, Reisehandbuch* [engl.]
Gui|gnol, ⟨auch⟩ **Guig|nol** ⟨[ginjɔl] m.; -s, -s [-njɔl]; Theat.⟩ *komische Figur des Lyoner Puppenspiels, die einen Bauern aus der Dauphiné darstellt, Kasperl* [frz., »Hanswurst«]
Guil|loche ⟨[gi(l)jɔʃ] f.; -, -n [-ʃən]⟩ **1** *graviertes Muster von verschlungenen Linien, als Verzierung auf Metall-, Stein-, Elfenbeingegenständen, zur Sicherung gegen Fälschung auf Geldscheinen u. Wertpapieren* **2** *Gerät zum Guillochieren* [frz., »Grabstichel«; zu *gouge* »Hohlmeißel«]
Guil|lo|cheur ⟨[gi(l)jɔʃøːr] m.; -s, -e⟩ *Handwerker, der guillochiert*
guil|lo|chie|ren ⟨[gi(l)jɔʃiː-] V.⟩ *mit Guillochen versehen*
Guil|lo|ti|ne ⟨[gi(l)jɔtiːnə] f.; -, -n⟩ **1** ⟨in der Frz. Revolution⟩ *Maschine zum Hinrichten, bei der ein Beil mechan. durch Hebeldruck nach unten fällt, Fallbeil* **2** *die Hinrichtungsstätte selbst* **3** *auf Übereinkunft beruhende zeitliche Beschränkung der Redezeit u. der Debatten im Parlament* [nach dem frz. Arzt J.I. *Guillotin,* 1738–1814]
guil|lo|ti|nie|ren ⟨[gi(l)jɔ-] V.⟩ *mit der Guillotine hinrichten*
Gui|nea ⟨[gini] f.; -, -s⟩, **Gui|nee** ⟨[gine(ə)] f.; -, -n⟩ *1662 geprägte engl. Münze (18 Schilling), im Umlauf bis 1816* [nach der *Guinea*-Küste, von der das zur Herstellung der Münzen gebrauchte Gold stammte]
Gu|lag ⟨m.; - od. -s; unz.; Kurzw. für⟩ *das System der Straf- u. Arbeitslager in der UdSSR, 1930-1955 (seit A. Solschenizyns Werk „Der Archipel Gulag" (1973ff.) im Westen verwendete Bez.)* [< russ. *Glavnoe Upravlenije Lagerej* »Hauptverwaltung der Lager«]

Gu|lasch ⟨n.; -(e)s, -s; österr. nur -e; auch m.; -(e)s, -e od. -s⟩ *(aus Ungarn stammendes) Gericht aus gewürfeltem Rind- od. anderem Fleisch mit scharf gewürzter Soße* [< ung. *gulyás,* verkürzt aus *gulyás hús* »scharfes Fleischgericht, wie es von Rinderhirten im Kessel gekocht wird«; zu *gulyás* »Rinderhirt«, *gulya* »Rinderherde«]

Gul|ly ⟨m. od. n.; -s, -s⟩ *Einlaufschacht für Straßenabwässer* [engl., »Rinnstein, Gosse«]

Gum|ma ⟨n.; -s, -ma|ta od. Gum|men⟩ *in verschiedenen inneren Organen vorkommende, hartgummiartige Geschwulst von Erbs- bis Walnussgröße bei Syphilis im Endstadium* [neulat., eigtl. »Gummigeschwulst«; → *Gummi*]

Gum|mi ⟨n. od. (österr. nur) m.; -s, - od. -s⟩ **1** ⟨unz.; nicht fachspr.⟩ = *Kautschuk* **2** ⟨zählb.; kurz für⟩ *Gummiring, Radiergummi* **3** *in Pflanzensäften enthaltener, in Wasser quellfähiger, nicht kristallisierender Stoff;* Pflanzen~ [< lat. *cummi(s), gummi* < grch. *kommi* < altägypt.]

Gum|mi|a|ra|bi|kum ⟨n.; -s; unz.⟩ *als Klebstoff u. Bindemittel für Arzneistoffe verwendetes Gummi(3) aus Akazien- u. Mimosenarten* [< lat. *gummi arabicum* »arab. Gummi«]

gum|mie|ren ⟨V.⟩ *mit wasserlösl. Gummi(3) als Klebmasse bestreichen, überziehen, z.B. bei Briefmarken u. Klebezetteln;* gummiertes Papier [→ *Gummi*]

Gum|mi|gutt ⟨n.; -(e)s; unz.⟩ *giftiges Gummiharz ostindischer Bäume, früher als Abführmittel, Firnis u. gelbe Wasserfarbe verwendet;* Sy *Gutti* [< *Gummi* + mal. *getah* »Pflanzensaft, Baumharz«; → *Guttapercha*]

Gum|mi|pa|ra|graf ⟨m.; -en, -en; fig.⟩ = *Gummiparagraph*

Gum|mi|pa|ra|graph ⟨m.; -en, -en; fig.⟩ *dehnbare Bestimmung, die auf verschiedenste Weise ausgelegt werden kann;* oV *Gummiparagraf;* Sy *Kautschukparagraph*

gum|mös ⟨Adj.⟩ *von Gumma befallen, Gummen bildend*

Gum|mo|se ⟨f.; -, -n⟩ *Pflanzenkrankheit, bei der unter Auflösung von Zellwänden eine Gummimasse ausgeschieden wird (bes. bei Steinobstbäumen), Gummifluss* [→ *Gummi*]

Gun ⟨[gʌn] f.; -, -s; Drogenszene⟩ *Spritze zum Injizieren von Rauschgift* [engl., eigtl. »Feuerwaffe«]

Gun|man ⟨[gʌnmæn] m.; -s, -men [-mən]; umg.⟩ *bewaffneter Verbrecher, Killer* [< engl. *gun* »Pistole, Feuerwaffe« + *man* »Mann«]

Gup|py ⟨m.; -s, -s⟩ *kleiner, lebend gebärender Zahnkarpfen, beliebter Aquarienfisch* [nach dem Entdecker, dem Engländer R.J.L. *Guppy,* 19. Jh.]

Gur|kha ⟨m.; -s od. -, -s od. -⟩ **1** *Angehöriger eines hinduistischen Volkes in Nepal* **2** *nepalesischer Soldat in der indischen bzw. britischen Armee*

Gu|ru ⟨m.; -s, -s⟩ **1** *geistlicher Lehrer* **2** ⟨fig.; umg.⟩ *berühmter Anführer, Idol der Massen;* wie ein ~ auftreten ⟨fig.; umg.⟩ [Hindi < Sanskrit *guru* »schwer, ehrwürdig«]

Gus|la ⟨f.; -, -s od. Gus|len⟩ *lautenförmiges Streichinstrument mit nur einer Saite, von den Balkanvölkern zum Gesang der Guslaren gespielt* [< serb. *gusle*]

Gus|lar ⟨m.; -en, -en⟩ *balkan. Volkssänger* [< serb.]

Gus|li ⟨f.; -, -s⟩ *russ. zitherähnl. Zupfinstrument mit bis zu 28 Saiten* [< russ.]

gus|tie|ren ⟨V.; umg.⟩ = *goutieren* [< lat. *gustare* »kosten, schmecken«; → *Gusto*]

gus|ti|ös ⟨Adj.; österr.; umg.⟩ *appetitlich;* ~e Speisen [→ *gusto, gustieren*]

Gus|to ⟨m.; -s, -s; †; noch bair., österr.⟩ *Geschmack, Geschmacksrichtung, Appetit, Verlangen;* einen ~ auf etwas haben; das ist (nicht) nach meinem ~ [ital., span., »Geschmack« < lat. *gustus* »das Schmecken«]

Gus|to|me|trie, ⟨auch⟩ **Gus|to|met|rie** ⟨f.; -; unz.⟩ *Prüfung des Geschmackssinnes* [< lat. *gustus* »das Schmecken« + *...metrie*]

Gut|ta|per|cha ⟨f.; -; unz. od. n.; -s od. -; unz.⟩ *eingetrockneter, kautschukähnlicher brauner Milchsaft von südostasiatischen Bäumen (z.B. Papaquium gutta), guter elektr. Isolator* [< mal. *getah* »Pflanzensaft, Baumharz« + *perčah,* Name des Baumes, von dem der Saft stammt]

Gut|ta|ti|on ⟨f.; -; unz.⟩ *Wasserausscheidung der Pflanzen durch Spaltöffnungen* [< lat. *gutta* »Tropfen«]

Gut|ti ⟨n.; -s; unz.⟩ = *Gummigutt*

gut|tie|ren ⟨V.; Bot.⟩ *Wasser absondern (von Pflanzen);* Pflanzen ~ [→ *Guttation*]

gut|tu|ral ⟨Adj.⟩ *im Kehlkopf gebildet, zum K. gehörig;* ~er Laut [< lat. *guttur* »Kehle«]

Gut|tu|ral ⟨m.; -s, -e⟩ *kehlig klingender Laut;* → a. *Laryngal, Uvular, Velar*

GWh ⟨Zeichen für⟩ *1 Milliarde Wattstunden*

Gy ⟨Abk. für⟩ *Gray*

Gym|kha|na ⟨n.; -s, -s⟩ *sportl. Geschicklichkeitsspiel, Geschicklichkeitsaufgaben während eines Wettlaufs* [verkürzt < *Gym*nastik + Hindi ged-*khana* »Tennisplatz« < pers. *khana* »Haus«]

Gym|na|es|tra|da, ⟨auch⟩ **Gym|na|est|ra|da** ⟨f.; -, -s; Sp.⟩ *alle vier Jahre stattfindendes Weltgymnastikfest ohne Wettbewerbe, auf dem gymnastische Lehrverfahren demonstriert werden* [Kunstw. aus *Gymn*astik + span. *estrada* »Straße«]

gym|na|si|al ⟨Adj.⟩ *das Gymnasium betreffend, zu ihm gehörig*

Gym|na|si|ast ⟨m.; -en, -en⟩ *Schüler eines Gymnasiums*

Gym|na|si|um **1** ⟨n.; -s, -si|en; in der Antike⟩ *Raum für athlet. Schulung* **2** ⟨später⟩ *höhere Schule mit Latein- u. Griechischunterricht* **3** ⟨heute⟩ *höhere Schule mit Abitur als Abschluss;* altsprachliches, neusprachliches, naturwissenschaftl. ~ [lat. < grch. *gymnasion* »öffentlicher Platz für Leibesübungen«, die nackt (grch. *gymnos*) vorgenommen wurden, dann »Versammlungsplatz der Philosophen«; → *Gymnastik*]

Gym|nast ⟨m.; -en, -en⟩ **1** ⟨im antiken Griechenland⟩ *Lehrer der Athleten* **2** ⟨heute⟩ = *Gymnastiker*

Gym|nas|tik ⟨f.; -; unz.⟩ *Körperübung, Körperschulung durch rhythm. Bewegungen, auch zur Heilung gewisser Körperschäden;* Heil~, Kranken~ [< lat. *gymnastica ars* < grch. *gymnastike techne* »Kunst der Leibesübungen«; zu *gymnos* »nackt«, da die Leibesübungen nackt durchgeführt wurden]

Gym|nas|ti|ker ⟨m.; -s, -⟩ *jmd., der Gymnastik betreibt*

Gym|nas|tin ⟨f.; -, -tin|nen⟩ *Lehrerin für Gymnastik*

gym|nas|tisch ⟨Adj.⟩ *die Gymnastik betreffend, auf ihr beruhend, mit ihrer Hilfe*

gym|nas|ti|zie|ren ⟨V.; Reitsp.⟩ ein Pferd ~ *durch gezieltes Training der Muskeln auf die Ausführung schwieriger Dressuraufgaben vorbereiten* [→ *Gymnastik*]

Gym|no|sper|men ⟨Pl.⟩ *Nacktsamer;* Ggs *Angiospermen* [< grch. *gymnos* »nackt« + *Sperma*]

gy|nä|ko..., **Gy|nä|ko...** ⟨in Zus.⟩ *Frau, Frauen...* [< grch. *gyne,* Gen. *gynaikos* »Weib«]

Gy|nä|ko|lo|ge ⟨m.; -n, -n⟩ *Frauenarzt, Lehrer der Gynäkologie*

Gy|nä|ko|lo|gie ⟨f.; -; unz.⟩ *Lehre von den Frauenkrankheiten;* → a. *Andrologie* [< *Gynäko...* + *...logie*]

gy|nä|ko|lo|gisch ⟨Adj.⟩ *zur Gynäkologie gehörend, auf ihr beruhend, mit ihrer Hilfe;* ~e Untersuchung; die ~e Abteilung eines Krankenhauses

Gy|nä|ko|mas|tie ⟨f.; -; unz.⟩ *Brustbildung bei Männern ähnlich der der Frauen* [< *Gynäko...* + *mastos* »Brustwarze«]

Gy|nä|ko|sper|mi|um ⟨n.; -s, -mi|en⟩ *Samenzelle, die ein X-Chromosom enthält* [< grch. *gyne,* Gen. *gynaikos* »Frau« + *Spermium*]

Gyn|an|der, ⟨auch⟩ **Gy|nan|der** ⟨m.; -s, -⟩ *Individuum (Mensch od. Tier), das Gynandrie aufweist* [< grch. *gyne* »Weib« + *aner,* Gen. *andros* »Mann«]

Gyn|an|drie, ⟨auch⟩ **Gy|nand|rie** ⟨f.; -; unz.⟩ *Nebeneinander von männl. u. weibl. Merkmalen bei einem Individuum, wobei in phänotypisch männl. Teilen auch genotypisch weibl. Merkmale entstehen* [< grch. *gyne* »Weib« + *aner,* Gen. *andros* »Mann« + *morphe* »Gestalt«]

Gy|nä|ze|um ⟨n.; -s, -ze|en⟩ *weibl. Geschlechtsorgan der Blüte, Gesamtheit der Fruchtblätter* [< grch. *gyne,* Gen. *gynaikos* »Weib«]

Gy|no|ga|met ⟨m.; -en, -en⟩ *Eizelle; Ggs Androgamet* [< grch. *gyne* »Weib« + *Gamet*]

Gy|no|ge|ne|se ⟨f.; -; unz.; Biol.⟩ *ungeschlechtliche Art der Fortpflanzung, Entwicklung einer Eizelle infolge des Eindringens eines Spermiums, ohne dass eine Befruchtung erfolgt ist, z.B. bei einigen Fischen* [< grch. *gyne* »Frau« + *Genese*]

gy|ro|ma|gne|tisch, ⟨auch⟩ **gy|ro|mag|ne|tisch** ⟨Adj.; Phys.⟩ *auf Gyromagnetismus beruhend, ihn betreffend*

Gy|ro|ma|gne|tis|mus, ⟨auch⟩ **Gy|ro|mag|ne|tis|mus** ⟨m.; -; unz.⟩ *durch Wechselwirkung zwischen der Drehung eines Körpers und seinem magnetischen Moment bewirkter Magnetismus*

Gy|ro|me|ter ⟨n.; -s, -⟩ *den Gyromagnetismus nutzender Drehzahlmesser* [< grch. *gyros* »rund« + *...meter*]

Gy|ros ⟨n.; -, -⟩ *grch. Gericht mit Fleischstückchen, die von einem am Drehspieß gegrillten Fleischstück abgeschnitten werden;* oV *Giros* [grch., »Ring, Kreis, Windung«]

Gy|ro|skop, ⟨auch⟩ **Gy|ros|kop** ⟨n.; -s, -e⟩ *Messgerät für den Nachweis der Achsendrehung der Erde* [< grch. *gyros* »rund« + *...skop*]

Gy|ro|stat, ⟨auch⟩ **Gy|ros|tat** ⟨m.; -s od. -en, -e od. -en⟩ *Schiffskreisel* [< grch. *gyros* »rund« + *...stat*]

Gy|ro|va|ge ⟨[-va:-] m.; -n, -n⟩ *umherziehender Mönch* [zu grch. *gyros* »rund« + *vagus* »umherschweifend«]

Gytt|ja ⟨f.; -, Gytt|jen⟩ *graue bis schwarze schlammige Ablagerung aus organischen Stoffen (Tier- und Pflanzenresten) am Boden von Gewässern, Faulschlamm* [schwed.]

H

h 1 ⟨Zeichen für⟩ *hora* **2** ⟨vor Maßeinheiten Zeichen für⟩ *Hekto...* **3** ⟨Zeichen für⟩ *plancksches Wirkungsquantum*

H 1 ⟨chem. Zeichen für⟩ *Wasserstoff (Hydrogenium)* **2** ⟨Zeichen für⟩ *Einheit der magnet. Induktivität Henry*

ha ⟨Abk. für⟩ *Hektar*

ha. ⟨Abk. für⟩ *hoc anno*

Ha|ba|ne|ra ⟨f.; -; unz.⟩ *span.-kuban. Tanz im $^2/_4$- od. $^4/_8$-Takt* [nach der kuban. Stadt *Habana*]

Ha|be|as-Cor|pus-Ak|te ⟨f.; -; unz.⟩ *engl. Verfassungsgesetz von 1679, nach dem niemand ohne richterl. Befehl verhaftet u. länger als zwei Tage ohne Verhör in Haft gehalten werden darf* [lat., »du habest den Körper«]

ha|bil. ⟨Abk. für⟩ *habilitatis;* → a. *Doktor*

Ha|bi|li|tand ⟨m.; -en, -en⟩ *jmd., der sich an einer Universität habilitieren will*

Ha|bi|li|ta|ti|on ⟨f.; -, -en⟩ *Verfahren zum Erlangen der Berechtigung, an einer Universität zu lehren (durch Verfassen einer wiss. Arbeit);* → a. *Venia Legendi* [→ *habilitieren*]

ha|bi|li|tie|ren ⟨V.⟩ sich ~ *sich einer Habilita-*

tion unterziehen [< mlat. *habilitare* »geschickt machen«, < lat. *habilis* »geeignet, fähig«]

Ha|bit[1] ⟨m. od. n.; -s, -e⟩ **1** ⟨†⟩ *Amtstracht od. Ordenstracht* **2** ⟨nur noch scherzh.⟩ *Kleidung, Anzug;* Morgen~ [frz., »Kleidung, Anzug«]

Ha|bit[2] ⟨[hæbit] n. od. m.; -s, -s⟩ *Gewohnheit, erworbene Fähigkeit* [engl.]

Ha|bi|tat ⟨n.; -s, -e; Biol.⟩ **1** *Wohnplatz, Wohngebiet (eines Tieres)* **2** *Unterwasserstation* [zu lat. *habitare* »bewohnen«]

ha|bi|tu|a|li|sie|ren ⟨V.⟩ *als Gewohnheit ausbilden, zur Gewohnheit machen* [< lat. *habitus* »Eigentümlichkeit, persönl. Eigenschaft«]

Ha|bi|tu|a|li|sie|rung ⟨f.; -, -en; Psych.⟩ *Aneignung von Gewohnheiten* [zu lat. *habitus* »Eigentümlichkeit, persönliche Eigenschaft«]

Ha|bi|tu|a|ti|on ⟨f.; -, -en; Psych.⟩ *Gewöhnung, Abnahme von Reaktionen auf häufig wiederkehrende Reize* [engl., »Gewöhnung«]

ha|bi|tu|ell ⟨Adj.⟩ **1** *den Habitus betreffend, auf ihm beruhend* **2** *aus Gewohnheit, einer Gewohnheit entsprechend* **3** *häufig (auftretend), ständig (vorhanden);* ~e Krankheit [< frz. *habituel* »gewohnt, üblich«]

Ha|bi|tus ⟨m.; -; unz.⟩ **1** *äußere Erscheinung* **2** *Körperbeschaffenheit, Haltung* **3** *Gesamtheit aller für ein Tier od. eine Tiergruppe charakteristischen, äußerlich erkennbaren Merkmale* **4** *Besonderheiten in der äußeren Gestalt, die auf bestimmte Krankheitsanlagen schließen lassen* [lat., »Haltung, Erscheinungsbild«; zu *habere* »haben«]

Ha|boob ⟨[həbu:b] m.; - od. -s; unz.⟩ *in Nordafrika u. Indien vorkommende, spezielle Form eines Sandsturms* [arab.]

Há|ček ⟨[ha:tʃɛk] n.; -s, -s; Zeichen: ˇ⟩ *diakritisches Zeichen für die Aussprache,* z.B. č [tʃ], š [ʃ], ž [ʒ]; oV *Hatschek* [tschech., Verkleinerungsform zu *hák* »Haken«]

Ha|ci|en|da ⟨[-si-] f.; -, -s⟩ = *Hazienda*

Hack ⟨[hæk] m.; -s, -s; kurz für⟩ *Hackney* [engl.]

Ha|cker ⟨[hækə(r)] m.; -s, -⟩ *jmd., der sich über ein Datennetz unerlaubt in ein fremdes Rechnersystem einschaltet* [zu engl. *hack* »hacken«]

Hack|ney ⟨[hækni] m.; -s, -s⟩ *ein keiner bestimmten Pferderasse zuordbares Reitpferd;* Sy *Hack* [engl.]

Had|dock ⟨[hædək] m.; -s, -s⟩ *geräuchertes Filet vom Schellfisch* [engl.]

Ha|des ⟨m.; -; unz.; grch. Myth.⟩ *die nach dem Gott des Todes benannte Unterwelt, Totenreich;* in den ~ verbannt werden [< grch. *Haides* »Hades«]

Ha|dith ⟨m.; -, -e⟩ *religiös-moralische Sammlung von Verhaltensmaßregeln für Muslime, die dem Propheten Mohammed zugeordnet wird* [arab., »Rede, Bericht«]

Ha|drom, ⟨auch⟩ **Had|rom** ⟨n.; -s, -e⟩ = *Xylem*

Ha|dron, ⟨auch⟩ **Had|ron** ⟨n.; -s, -en⟩ *starken Wechselwirkungen unterliegende Elementarteilchen, z.B. Baryon* [zu grch. *hadros* »voll ausgewachsen, groß, stark«]

Had|schi ⟨m.; -s, -s⟩ **1** *muslimischer Mekkapilger* **2** *christlicher Jerusalempilger* [zu arab. *hadsch* »Wanderung«]

Haem|an|thus, ⟨auch⟩ **Hae|man|thus** ⟨[hɛm-] m.; -, -thi⟩ *Narzissengewächs, Blutblume*

Haem|oc|cult-Test, ⟨auch⟩ **Hae|moc|cult-Test** ⟨[hɛm-] m.; -(e)s, -s od. -e; Med.; Wz⟩ *Untersuchung von Stuhlproben auf okkultes, mit bloßem Auge nicht sichtbares Blut bei der Darmkrebs-Vorsorgeuntersuchung od. bei der Diagnose von Geschwüren im Verdauungstrakt* [< *Hämo…* + *okkult*]

Haf|ni|um ⟨n.; -s; unz.; chem. Zeichen: Hf⟩ *dem Zirkonium ähnliches, vierwertiges Element, Ordnungszahl 72* [nach *Hafnia,* dem latinisierten Namen eines der Entdecker, Georg *Hevesy*]

Hag|ga|da(h) ⟨f.; -, -doth⟩ *unterhaltsam-erläuternde Belehrung über Bibelzitate im Talmud, gilt nicht als verbindliche Lehre* [hebr., »Schriftdeutung«]

Ha|gi|o|graf ⟨m.; -en, -en⟩ = *Hagiograph*

Ha|gi|o|gra|fie ⟨f.; -, -n⟩ = *Hagiographie*

ha|gi|o|gra|fisch ⟨Adj.⟩ = *hagiographisch*

Ha|gi|o|graph ⟨m.; -en, -en⟩ *Verfasser von Heiligenbiografien;* oV *Hagiograf* [< grch. *hagios* »heilig« + *…graph*]

Ha|gi|o|gra|phie ⟨f.; -, -n⟩ *Lebensbeschreibung von Heiligen;* oV *Hagiografie* [< grch. *hagios* »heilig« + *…graphie*]

ha|gi|o|gra|phisch ⟨Adj.⟩ *die Hagiographie betreffend, zu ihr gehörig, auf ihr beruhend;* oV *hagiografisch*

Ha|gi|o|la|trie, ⟨auch⟩ **Ha|gi|o|lat|rie** ⟨f.; -, -n⟩ *Verehrung der Heiligen* [< grch. *hagios* »heilig« + *…latrie*]

Ha|gi|o|lo|gie ⟨f.; -; unz.⟩ *Wissenschaft vom Leben u. Wirken der Heiligen* [< grch. *hagios* »heilig« + *…logie*]

ha|gi|o|lo|gisch ⟨Adj.⟩ *die Hagiologie betreffend, zu ihr gehörig, auf ihr beruhend*

Ha|gi|o|nym ⟨n.; -s, -e⟩ *als Pseudonym verwendeter Heiligenname* [< grch. *hagios* »heilig« + *onyma* »Name«]

Hai ⟨m.; -(e)s, -e⟩ *Fisch, dessen Skelett fast nur aus Knorpel besteht u. dessen Körper mit Schuppen bedeckt ist, die den Zähnen der höheren Wirbeltiere ähnlich sind; diese »Hautzähne« sind in der Mundgegend vergrößert u. dienen der Fang- u. Fressfunktion: Selachia;* Sy *Selachier* [< ndrl., isl. *hai*]

Hai|ku ⟨n.; - od. -s, -s⟩ *dreizeiliges japanisches Gedicht aus 17 Silben (5-7-5), eine Art Epigramm* [jap., eigtl. *Haikai no Hokku* »scherzhaftes Kettengedicht«]

Hair|sty|list ⟨[hɛ:rstai-] m.; -en, -en⟩ *Friseur, der modisch-künstlerische Frisuren entwirft u. gestaltet* [engl.]

Ha|ka|ma ⟨m.; - od. -s, -s; Sp.⟩ *schwarzer, japanischer Hosenrock, der beim Aikido u. Kendo getragen wird* [jap.]

Ha|kim ⟨m.; -s, -s⟩ *Arzt im Nahen Osten* [arab., Part. von *hakama* »herrschen, richten, wissen«]

Ha|la|li ⟨od. [-'--] n.; -s, -s⟩ *Signal, Ruf, dass das Wild gestellt u. die Jagd beendet ist* [frz., vielleicht < arab. *la ilah illa'llah* »es gibt keinen Gott außer Allah« (Kampfruf) od. < hebr. *Halali nafeshi 'eht-yehovah* »Preise, meine Seele, den Herrn« (Psalm 146,1)]

halb|part ⟨Adv.⟩ ~ machen *sich mit gleichen Anteilen beteiligen, den Gewinn teilen*

Halb|vo|kal ⟨[-vo-] m.; -s, -e⟩ *Vokal, der die Funktion eines Konsonanten besitzt, da er nicht silbenbildend ist,* z.B. das i in »Ration«

Halb|vol|ley ⟨[-vɔli], a. [vole:] m.; -s, -s; Sp.⟩ = *Halfvolley*

Ha|léř ⟨[-lɛ:rʒ] m.; -, -⟩ *Währungseinheit der Slowakei u. Tschechiens, 1/100 Krone;* Sy *Heller* [tschech. < mhd. *hallære, haller, heller* »Heller«; nach (Schwäbisch) *Hall* (wo die ersten Heller geprägt wurden)]

Half ⟨[ha:f] m.; -s, -s; †; noch österr.; Sp.; kurz für⟩ *Halfback*

Hal|fa ⟨f.; -; unz.⟩, **Hal|fa|gras** ⟨n.; -es, -gräser⟩ = *Espartogras;* oV *Alfagras* [< arab. *halfa*]

Half|back ⟨[ha:fbæk] m.; -s, -s; schweiz.; Sp.⟩ *Läufer einer Fußballmannschaft;* Sy *Half* [engl., »Läufer«]

Half|court, ⟨auch⟩ **Half Court** ⟨[ha:fkɔ:t] m.; (-) -s, (-) -s; Sp.; Tennis⟩ *(unmarkierter) Mittelteil des Spielfeldes, Halbfeld* [engl.]

Half|pen|ny ⟨[ha:fpɛni] m.; -s, -s, bei Währungsangaben: -pen|nies⟩ *englische Münze*

Half|pipe, ⟨auch⟩ **Half Pipe** ⟨[ha:fpaip] f.; (-) -, (-) -s; Sp.⟩ *Vorrichtung zum Skate- od. Snowboardfahren in Form einer längs halbierten Röhre bzw. nach diesem Vorbild aufgeschichteten Schnees* [< engl. *half* »halb« + *pipe* »Röhre«]

Half|rei|he ⟨[ha:f-] f.; -, -n; Sp.; österr.⟩ *Mittelfeldreihe einer Fußballmannschaft* [→ *Half*]

Half|time, ⟨auch⟩ **Half Time** ⟨[ha:ftaim] f.; -, -s; schweiz.; Sp.⟩ *Halbzeit* [engl.]

Half|vol|ley, ⟨auch⟩ **Half Vol|ley** ⟨[ha:fvɔli], a. [ha:fvɔle:] m.; (-) -s, (-) -s; Sp.⟩ *nicht in der Luft, sondern nach der Bodenberührung geschlagener od. getretener Ball;* Sy *Dropkick, Halbvolley* [< engl. *half* »halb« + *Volley*]

Ha|lit ⟨m.; -s, -e; Chem.⟩ = *Halogenid;* Sy *Haloid*

Ha|li|tus ⟨m.; -; unz.⟩ *Hauch, Atem, Geruch* [lat., »Hauch, Dunst«]

hal|ky|o|nisch ⟨Adj.⟩ = *alcyonisch*

Hall ⟨[hɔ:l] f.; -, -s⟩ *großer Vorraum, Diele in engl. Häusern* [engl.]

hal|le|lu|ja *lobet Gott (in Kirchenliedern, Psalmen usw.);* oV *alleluja* [< hebr. *hallal, hillel* »preisen« + *jah* Abk. von *Jahwe*]

Hal|le|lu|ja ⟨n.; -s, -s⟩ *jubelnder Gebetsruf;* oV *Alleluja;* ein ~ singen

Hal|lo|ween ⟨[hælouwi:n] n.; - od. -s, -s⟩ *Abend vor Allerheiligen, 31. Oktober, an dem sich nach Volksglauben Gespenster umtun u. der vor allem in den USA mit verschiedenen Riten gefeiert wird* [zu engl. *All-Hallow-Even* »Allerheiligenabend«]

Hal|lu|zi|na|ti|on ⟨f.; -, -en⟩ *Sinnestäuschung ohne äußeren Reiz* [→ *halluzinieren*]

hal|lu|zi|na|to|risch ⟨Adj.⟩ *eine Halluzination betreffend, zu ihr gehörig, auf ihr beruhend* [→ *halluzinieren*]

hal|lu|zi|nie|ren ⟨V.⟩ *eine Halluzination haben* [< lat. *(h)alucinari* »ins Blaue hinein reden, faseln, träumen«]

hal|lu|zi|no|gen ⟨Adj.⟩ *die Wirkung eines Halluzinogens betreffend, auf ihr beruhend*

Hal|lu|zi|no|gen ⟨n.; -s, -e⟩ *Rauschmittel, das Halluzinationen hervorruft,* z.B. Meskalin, LSD [zu *halluzinieren* + …*gen*[2]]

Hal|ma ⟨n.; -s; unz.⟩ *Brettspiel für zwei od. vier Personen mit einer größeren Anzahl von Steinen, die durch Ziehen od. Springen ins gegenüberliegende Feld gebracht werden müssen* [grch., »Sprung«]

Ha|lo ⟨m.; -s od. -, -s od. -lo|nen⟩ Sy *Aureole, Hof* **1** *durch Brechung od. Reflexion an Eiskristallen in der oberen Atmosphäre entstehender, leicht farbiger Ring um Sonne od. Mond* **2** *durch fein verteilte interstellare Materie hervorgerufene ähnl. Erscheinung um Kometen od. Sternsysteme* [< lat. *halos* »Hof um Sonne u. Mond« < grch. *halos* »Tenne«]

ha|lo|bi|ont ⟨Adj.⟩ *salzreiche Umgebung liebend;* Sy *halophil*

Ha|lo|bi|ont ⟨m.; -en, -en⟩ *Lebewesen, das in einer salzreichen Umgebung gedeiht* [< grch. *hals,* Gen. *halos* »Salz« + *Biont*]

Ha|lo|ef|fekt ⟨m.; -es; unz.; Psych.⟩ *Erscheinung, wonach bei Persönlichkeitsbeurteilungen dadurch Fehler entstehen, dass der Befund einer Einzelbeobachtung des Untersuchers an der Testperson auf andere Persönlichkeitsmerkmale ausstrahlt, obwohl zwischen beiden Merkmalen kein Zusammenhang besteht* [→ *Halo*]

ha|lo|gen ⟨Adj.⟩ *Salz bildend* [< grch. *hals,* Gen. *halos* »Salz« + …*gen*[1]]

Ha|lo|gen ⟨n.; -s, -e⟩ *Element aus der Gruppe der Halogene, hat die Fähigkeit, mit Metallen unmittelbar Salze zu bilden, Salzbildner*

Ha|lo|ge|ne ⟨Pl.; Sammelbez. für⟩ *die Elemente der 7. Gruppe des Periodensystems: Fluor, Chlor, Brom, Jod, Astatin*

Ha|lo|ge|nid ⟨n.; -s, -e; Chem.⟩ *Verbindung, die durch Reaktion von Halogenen mit anderen, stärker elektropositiven Elementen entsteht;* Sy *Halit, Haloid* [< *Halogen* + …*id*]

ha|lo|ge|nie|ren ⟨V.⟩ *ein Halogen in organische Verbindungen einführen* [→ *halogen*]

Ha|lo|gen|lam|pe ⟨f.; -, -n⟩ *sehr leistungsfähige Glühlampe mit Füllung aus Edelgas u. Halogen (Brom od. Jod)*

Ha|lo|gen|was|ser|stof|fe ⟨Pl.⟩ *Verbindungen der Halogene mit Wasserstoff, überwiegend gasförmige Verbindungen, die mit Wasser die Halogenwasserstoffsäuren bilden*

Ha|lo|gen|was|ser|stoff|säu|ren ⟨Pl.⟩ *wässerige Lösungen der Halogenwasserstoffe, die starke Säuren darstellen, ihre Salze sind die Halogenide*

Ha|lo|id ⟨n.; -s, -e; Chem.⟩ = *Halogenid;* Sy *Halit*
Ha|lo|me|ter ⟨n.; -s, -⟩ *Messgerät zur Bestimmung der Salzkonzentration von Lösungen* [< grch. *hals,* Gen. *halos* »Salz« + *…meter*]
Ha|lon ⟨n.; -s, -e⟩ *als Feuerlöschmittel verwendeter Halogenkohlenwasserstoff*
Ha|lo|nen ⟨Pl. von⟩ *Halo*
ha|lo|phil ⟨Adj.⟩ = *halobiont*
Ha|lo|phyt ⟨m.; -en, -en⟩ *Pflanze, die auf salzhaltigem Boden gedeiht, Salzpflanze* [< grch. *hals,* Gen. *halos* »Salz« + *…phyt*]
Hal|te|re ⟨f.; -, -n; meist Pl.⟩ **1** ⟨im antiken Griechenland⟩ *Metall- od. Steingewichte, die beim Weitsprung zur Schwungverstärkung in den Händen gehalten worden sein sollen* **2** *rückgebildete Hinterflügel der Zweiflügler (z.B. Fliegen u. Mücken) u. Vorderflügel der Männchen der Fächerflügler, Stimulationsorgane für die Flugbewegung, evtl. auch Gleichgewichtsorgan, Schwingkölbchen* [< grch. *halteres* »Sprunggewichte, Hanteln«]
Ha|lun|ke ⟨m.; -n, -n⟩ *Gauner, Betrüger, Schurke* [< tschech. *holomek* »nackter Bettler«]
Hal|wa ⟨n.; - od. -s; unz.⟩ *Süßware aus Zucker u. gerösteten Sesam- od. Sonnenblumensamen;* oV *Chalwa* [< jidd. *halva* < türk. *helva* < arab. *halwa* »Süßspeise«]
häm…, Häm… ⟨in Zus.⟩ = *hämo…, Hämo…*
Ha|ma|da ⟨f.; -; unz.; Geogr.⟩ = *Hammada*
Häm|ag|glu|ti|na|ti|on, ⟨auch⟩ **Hä|mag|glu|ti|na|ti|on** ⟨f.; -, -en; Med.⟩ *Verklumpung der roten Blutkörperchen* [< *Häm…* + *Agglutination*]
Häm|ag|glu|ti|nin, ⟨auch⟩ **Hä|mag|glu|ti|nin** ⟨n.; -s, -e; Med.⟩ *Stoff des Serums, der eine Agglutination der roten Blutkörperchen bewirkt*
Häm|a|go|gum, ⟨auch⟩ **Hä|ma|go|gum** ⟨n.; -s, -ga; Med.⟩ *Mittel, das blutungsfördernd wirkt* [< *Häm…* + grch. *agogos* »(herbei)führend, anregend«]
Ha|ma|me|lis ⟨f.; -; unz.⟩ *Gattung der Zaubernussgewächse, Zierstrauch, auch Heilpflanze, deren Blätter eine medizinisch u. kosmetisch genützte, zusammenziehende Wirkung haben, Zaubernuss* [grch., »eine Baum- oder Strauchart mit essbaren Früchten« (vielleicht Mispel)]
Ham and Eggs ⟨[hæm ənd ɛ:gz] ohne Art.; in England⟩ *Spiegeleier mit gebratenem Schinkenspeck (als Frühstück)*
Häm|an|gi|om, ⟨auch⟩ **Hä|man|gi|om** ⟨n.; -s, -e⟩ *meist angeborene, von den Blutgefäßen ausgehende (Ader-)Geschwulst* [< *Hämo…* + *Angiom*]
hä|mat…, Hä|mat… ⟨in Zus.⟩ = *hämato…, Hämato…*
Hä|ma|tin ⟨n.; -s; unz.⟩ *eisenhaltiger Bestandteil des roten Blutfarbstoffs* [< grch. *haima* Gen. *haimatos* »Blut«]
Hä|ma|tit ⟨m.; -s, -e⟩ *stahlgraues bis schwarzes, oft farbig angelaufenes Mineral, chem. Eisenoxid, Fe_2O_3, Eisenglanz, Roteisenstein, Blutstein* [< grch. *haima,* Gen. *haimatos* »Blut«]
hä|ma|to…, Hä|ma|to… ⟨in Zus.⟩ *blut…, Blut…* [< grch. *haima,* Gen. *haimatos* »Blut«]
Hä|ma|to|blast ⟨m.; -en, -en⟩ = *Hämoblast*
hä|ma|to|gen ⟨Adj.⟩ *auf Blut beruhend, blutbildend* [< *hämato…* + *…gen*[1]]
Hä|ma|to|gramm ⟨n.; -s, -e⟩ *in tabellarischer Zusammenfassung wiedergegebenes Blutbild* [< *Hämato…* + *…gramm*]
Hä|ma|to|krit ⟨m.; -en, -en; Med.⟩ *mit einer Gradeinteilung versehenes Glasröhrchen zur Ermittlung des Verhältnisses von Erythrozyten zum Plasmavolumen, in dem gerinnungsgehemmtes Blut zentrifugiert u. analysiert wird* [< *Hämato…* + grch. *krinein* »scheiden, trennen«]
Hä|ma|to|lo|ge ⟨m.; -n, -n⟩ *Wissenschaftler auf dem Gebiet der Hämatologie*
Hä|ma|to|lo|gie ⟨f.; -; unz.⟩ *Lehre vom Blut* [< *Hämato…* + *…logie*]
hä|ma|to|lo|gisch ⟨Adj.⟩ *die Hämatologie betreffend, zu ihr gehörig, auf ihr beruhend*
Hä|ma|tom ⟨n.; -s, -e⟩ *Blutung innerhalb des Körpergewebes, Bluterguss* [< grch. *haima,* Gen. *haimatos* »Blut«]
Hä|ma|to|po|e|se ⟨f.; -; unz.; Med.⟩ *Vorgang der Blutbildung in Knochenmark, Milz, Leber u. in den Lymphknoten* [< *Hämato…* + grch. *poiein* »machen, schaffen«]
Hä|ma|tor|rhö ⟨f.; -, -en⟩, **Hä|ma|tor|rhöe** ⟨[-rø:] f.; -, -n [-rø:ən]; Med.⟩ *Blutsturz* [< *Hämato…* + grch. *rhoe* »Fluss«]
Hä|ma|to|sko|pie, ⟨auch⟩ **Hä|ma|tos|ko|pie** ⟨f.; -, -n; Med.⟩ *Blutuntersuchung* [< *Hämato…* + *…skopie*]
Hä|ma|to|xy|lin ⟨n.; -s; unz.⟩ *aus amerikan. Blauholz gewonnene, farblose chem. Verbindung, die mit Luftsauerstoff einen roten Farbstoff bildet, echter Beizenfarbstoff* [< *Hämato…* + grch. *xylon* »Holz«]
Hä|ma|to|ze|le ⟨f.; -, -n; Med.⟩ *geschwulstförmige Blutansammlung in Körperhöhlen* [< *Hämato…* + grch. *kele* »Geschwulst, Bruch«]
Hä|ma|to|zo|on ⟨n.; -s, -zo|en⟩ *im Blut lebender tierischer Parasit* [< *Hämato…* + *Zoon*]
Hä|ma|to|zy|to|ly|se ⟨f.; -, -n⟩ *Auflösung der roten Blutkörperchen* [< *Hämato…* + *Zytolyse*]
Hä|mat|u|rie, ⟨auch⟩ **Hä|ma|tu|rie** ⟨f.; -, -n⟩ *Blutharnen* [< *Hämato…* + *…urie*]
Ham|bur|ger ⟨engl. [hæmbə:gə(r)] m.; -s, -⟩ *weiches Brötchen, das mit einer Scheibe Hackfleisch, Tomatenketchup u.a. gefüllt ist* [verkürzt aus *Hamburger* Steak (= Frikadelle)]
…hä|mie ⟨in Zus.⟩ = *…ämie*
Hä|min ⟨n.; -s, -e; Chem.⟩ *chem.-organ. Verbindung, die entsteht, wenn der Blutfarbstoff Hämoglobin mit Salzsäure u. Natriumchlorid gespalten wird, besteht chemisch aus Porphyrin, dreiwertigem Eisen u. Chlor* [< grch. *haima* »Blut«]

Ham|ma|da ⟨f.; -; unz. ; Geogr.⟩ *arabische Schutt- u. Steinwüste in der Sahara;* oV *Hamada*

Ham|mond|or|gel ⟨[hæmənd-] f.; -, -n; Mus.⟩ *von dem Amerikaner L. Hammond entwickeltes elektroakustisches Tasteninstrument*

hä|mo…, Hä|mo… ⟨vor Vok.⟩ häm…, Häm… ⟨in Zus.⟩ *blut…, Blut…* [< grch. *haima* »Blut«]

Hä|mo|blast ⟨m.; -en, -en⟩ *blutbildende Zelle im Knochenmark;* Sy *Hämotoblast* [< *Hämo… + …blast*]

Hä|mo|chro|ma|to|se ⟨[-kro-] f.; -, -n⟩ *krankhafte Eisenablagerung, die sich im fortgeschrittenen Stadium durch Bronzefärbung der Haut bei Diabetes mellitus u. fortgeschrittener Leberzirrhose bemerkbar macht* [< *Hämato…* + grch. *chroma* »Farbe«]

Hä|mo|di|a|ly|se ⟨f.; -, -n⟩ *Reinigung des Blutes von Schadstoffen* [< *Hämo… + Dialyse*]

Hä|mo|dy|na|mo|me|ter ⟨n.; -s, -⟩ *Blutdruckmessgerät* [< *Hämo… + Dynamometer*]

Hä|mo|glo|bin ⟨n.; -s; unz.; Abk.: Hb⟩ *Farbstoff der roten Blutkörperchen* [< *Hämo… + Globin*]

Hä|mo|glo|bin|u|rie, ⟨auch⟩ **Hä|mo|glo|bi|nu|rie** ⟨f.; -, -n; Med.⟩ *Erkrankung, bei der die roten Blutkörperchen zerfallen u. Hämoglobin mit dem Harn ausgeschieden wird* [< *Hämoglobin + …urie*]

Hä|mo|gramm ⟨n.; -s, -e⟩ **1** *mikroskop. Untersuchung hinsichtl. der Zahl der roten u. weißen Blutkörperchen, des Blutfarbstoffes usw.* **2** *die so festgestellte Beschaffenheit des Blutes;* ein ~ erstellen; ein schlechtes ~ haben [< *Hämo… + …gramm*]

Hä|mo|lym|phe ⟨f.; -, -n⟩ *Blutflüssigkeit wirbelloser Tiere mit offenem Blutgefäßsystem* [< *Hämo… + Lymphe*]

Hä|mo|ly|se ⟨f.; -, -n⟩ *Austreten des roten Blutfarbstoffes aus den Blutkörperchen u. blutige Verfärbung des Blutwassers durch Auflösung der roten Blutkörperchen* [< *Hämo… + …lyse*]

Hä|mo|ly|sin ⟨n.; -s, -e⟩ *Stoff, der artfremde Blutkörperchen auflöst* [→ *Hämolyse*]

hä|mo|ly|tisch ⟨Adj.⟩ *die Hämolyse betreffend, zu ihr gehörig, auf ihr beruhend*

Hä|mo|pa|thie ⟨f.; -, -n; Med.⟩ *Blutkrankheit* [< *Hämo… + …pathie*]

Hä|mo|phi|lie ⟨f.; -, -n; Med.⟩ *mangelhafte od. fehlende Gerinnungsfähigkeit des Blutes, Bluterkrankheit* [< *Hämo… + …philie*]

Hä|mor|rha|gie ⟨f.; -, -n⟩ *Blutung* [< *Hämo… + …rrhagie*]

hä|mor|rha|gisch ⟨Adj.⟩ *die Hämorrhagie betreffend, zu ihr gehörig, auf ihr beruhend;* ~e Diathese *Neigung des Organismus zu abnormen Blutungen*

hä|mor|rho|i|dal ⟨Adj.⟩ *Hämorrhoiden betreffend, auf ihnen beruhend;* oV *hämorridal*

Hä|mor|rho|i|den ⟨Pl.⟩ *Mastdarmkrampfadern, die als knotenförmige Erweiterung der unteren Mastdarmvenen auftreten u. leicht bluten können;* oV *Hämorriden* [< *Hämo… + …rrhö + …id*]

Hämorrhoiden / Hämorriden (*Laut-Buchstaben-Zuordnung*) Aufgrund der Integration fremdsprachlicher Begriffe aus verschiedenen Fachsprachen in die Standardsprache kommt es vermehrt zu Variantenschreibungen.
Neben die an der etymologischen Herkunft angelehnte fachsprachliche Schreibung tritt eine integrierte Schreibweise, die der deutschen Laut-Buchstaben-Zuordnung folgt (→ a. *Shrimp / Schrimp*).

hä|mor|ri|dal ⟨Adj.⟩ = *hämorrhoidal*

Hä|mor|ri|den ⟨Pl.⟩ = *Hämorrhoiden*

Hä|mo|the|ra|pie ⟨f.; -, -n; Med.⟩ *Einspritzung von venösem Eigenblut* [< *Hämo… + Therapie*]

Hä|mo|to|xin ⟨n.; -s, -e⟩ *Giftstoff, der die roten Blutkörperchen schädigt* [< *Hämo… + Toxin*]

Hä|mo|zyt ⟨m.; -en, -en⟩ *Blutkörperchen*

han|deln ⟨[hændəln] V.; umg.⟩ *regeln, koordinieren;* sie hat die komplizierte Technik souverän gehandelt [< engl. *handle* »erledigen, durchführen, behandeln«]

Hand|held|com|pu|ter, ⟨auch⟩ **Hand|held Com|pu|ter** ⟨[hændhɛldkɔmpju:tə(r)] m.; (-) -s, (-) -; EDV⟩ *Kleincomputer, der mit einer Hand gehalten u. der anderen bedient wird (bes. im Transportwesen für den Datenaustausch mit einem Zentralcomputer verwendet);* → a. *Notepad* [< engl. *hand-held computer* »in der Hand gehaltener Computer«]

Han|di|cap ⟨[hændikæp] n.; -s, -s⟩ = *Handikap*

Han|di|kap ⟨[hændikæp] n.; -s, -s⟩ oV *Handicap* **1** ⟨bei Wettkämpfen⟩ *Gewichts-, Distanz-, Punktausgleich, Vorgabe für benachteiligte Teilnehmer* **2** ⟨allg.⟩ *Nachteil, Benachteiligung, Hemmnis* [< engl. *handicap* »Ausgleichswettbewerb, Benachteiligung«]

han|di|ka|pen ⟨[hændikæpən] V.⟩ **1** ⟨bei Wettkämpfen⟩ *ausgleichen* **2** *benachteiligen, hemmen, stören;* wir waren gehandikapt; → a. *gehandikapt* [→ *Handicap*]

Han|di|kap|per ⟨[hændikæpə(r)] m.; -s, -⟩ *Unparteiischer, der Handikaps festlegt*

Hand|ling ⟨[hænd-] n.; -s, -s⟩ *Handhabung, Verhalten, Gebrauch;* ein gutes, schlechtes ~ [engl.; zu *handle* »handhaben«]

Hand-out / Handout (*Schreibung mit Bindestrich*) Zusammensetzungen, die aus substantivisch gebrauchten Infinitiven mit zwei oder mehr Bestandteilen bestehen, werden durch Bindestrich getrennt. In diesen Fällen kann jedoch auch zusammengeschrieben werden (→ a. *Fall-out / Fallout*)

Hand-out, ⟨auch⟩ **Hand|out** ⟨[hændaut] n.; -s, -s⟩ *Arbeitspapier (bei Vorträgen, Konferenzen o.Ä.)* [engl., »Erklärung, Werbezettel«]

Hands! ⟨[hændz] Fußb.; österr., schweiz.⟩ *Hand! (fehlerhaftes, absichtliches Berühren des Balles mit der Hand od. den Händen)* [engl., »Hände«]

Han|dy ⟨[hændi] n.; -s, -s⟩ *tragbares Mobiltelefon, das über ein Funknetz betrieben wird* [nur im Dt. vorh. Substantivierung zu engl. *handy* »handlich, praktisch«]

Han|gar ⟨[haŋga:r] a. [-'-] m.; -s, -s⟩ *Flugzeug- od. Luftschiffhalle, -schuppen* [frz. »Schuppen, Schutzdach«]

Hang-o|ver, ⟨auch⟩ **Hang|o|ver** ⟨[hæŋouvə(r)] m.; -s; unz.; umg.⟩ *nach übermäßigem Alkoholgenuss auftretende Kopfschmerzen, Kater* [< engl. *hang over* »überhängen, übrig bleiben«]

Ha|o|ma ⟨m. od. n.; - od. -s; unz.⟩ *kultisches Opfergetränk der Parsen;* oV *Hauma*

Ha|o|ri ⟨m.; - od. -s, -s⟩ *Oberbekleidung der klassischen jap. Tracht mit angeschnittenem Ärmel* [jap.]

Ha|pax|le|go|me|non ⟨n.; -s, -na⟩ *in einer Sprache od. in der Literatur nur einmal belegtes, in seiner Bedeutung häufig nicht genau bestimmbares Wort* [zu grch. *hapax* »einmal« + *legein* »sagen«]

■ Die Buchstabenfolge **ha|plo...** kann auch **hap|lo...** getrennt werden.

■ **ha|plo|dont** ⟨Adj.; Biol.⟩ *wurzellos, kegelförmig (von Zähnen bestimmter Tiere)* [→ *Haplodont*]

■ **Ha|plo|dont** ⟨m.; -en, -en; Biol.⟩ *wurzellos-kegelförmiger Zahn niedriger Wirbeltiere u. einiger Nagetiere* [zu grch. *haplous* »einfach« + *odous* »Zahn«]

■ **Ha|plo|gra|fie** ⟨f.; -, -n⟩ = *Haplographie*

■ **Ha|plo|gra|phie** ⟨f.; -, -n⟩ *fehlerhafte Einfachschreibung eines doppelten Buchstabens;* oV *Haplografie;* Ggs *Dittographie(2)* [zu grch. *haplous* »einfach« + *...graphie*]

■ **ha|plo|id** ⟨Adj.⟩ *nur einfachen Chromosomensatz enthaltend;* Ggs *diploid* [< grch. *haplous* »einfach« + *...id*]

■ **Ha|plo|i|die** ⟨f.; -; unz.⟩ *das Auftreten des einfachen Chromosomensatzes in der Zelle;* Ggs *Diploidie*

■ **ha|plo|kau|lisch** ⟨Adj.⟩ *einachsig u. in einer Blüte endend (von Pflanzenstängeln)* [zu grch. *haplous* »einfach« + lat. *caulis* »Stängel«]

■ **Ha|plo|lo|gie** ⟨f.; -, -n⟩ *Verschmelzung zweier aufeinander folgender gleicher Silben,* z.B. Zauberin statt Zaubererin [zu grch. *haplous* »einfach« + *...logie*]

■ **Ha|plont** ⟨m.; -en, -en⟩ *Organismus, dessen Zellen einen einfachen Chromosomensatz aufweisen* [→ *haploid*]

■ **Ha|plo|pha|se** ⟨f.; -, -n⟩ *Phase des geschlechtlichen Fortpflanzungszyklus mit einfachem Chromosomensatz* [zu grch. *haplous* »einfach« + *Phase*]

Hap|pe|ning ⟨[hæpə-] n.; -s, -s⟩ *künstler. Veranstaltung, oft grotesker od. provozierender Art, unter Mitwirkung der Zuschauer* [zu engl. *happen* »sich ereignen«]

Hap|pe|nist ⟨[hæp-] m.; -en, -en⟩ *Aktionskünstler, der seine Kunstwerke der Öffentlichkeit im Rahmen von Happenings präsentiert* [→ *Happening*]

hap|py ⟨[hæpi] Adj.; umg.; salopp⟩ *glücklich, zufrieden, hocherfreut;* er war ganz ~ über die gute Nachricht [engl.]

Hap|py|hour, ⟨auch⟩ **Hap|py Hour** ⟨[hæpiauə(r)] f.; (-) -; unz.⟩ *festgelegte Zeit in Restaurants u. Bars, in der alkohol. Getränke od. bestimmte Speisen billiger sind* [< engl. *happy* »glücklich, zufrieden« + *hour* »Stunde«]

Hap|py|end, ⟨auch⟩ **Hap|py End** ⟨[hæpiɛnd] n.; (-) - od. (-) -s, (-) -s⟩ *guter Ausgang (einer Roman-, Film-, Bühnenhandlung)* [< engl. *happy end*]

Hap|py Few ⟨[hæpi fju:] Pl.⟩ *von den Umständen od. Verhältnissen begünstigte Minderheit* [engl., »die glücklichen Wenigen«]

Hap|tik ⟨f.; -; unz.⟩ *Lehre vom Tastsinn* [zu grch. *haptein* »fassen«]

hap|tisch ⟨Adj.⟩ *den Tastsinn betreffend, auf ihm beruhend;* ~e Täuschung *Gefühlstäuschung* [→ *Haptik*]

Ha|ra|ki|ri ⟨n.; -s od. -, -s⟩ *(feierl.) Selbstmord durch Bauchaufschlitzen (beim altjapan. Adel);* Sy *Seppuku* [< jap. *harakiri* < *hara* »Bauch« + *kiri* »schneiden«]

Ha|rass ⟨m.; -es, -e⟩ *Kiste aus Latten zum Verpacken von Glas, Porzellan* [< frz. *harasse* »Glas-, Porzellankiste«]

Har|dan|ger|sti|cke|rei ⟨f.; -, -en⟩ *Stickart, bei der Fäden aus dem Gewebe gezogen u. die entstandenen Löcher umstickt werden, ergibt quadratisch gemusterte Gewebe* [nach der norw. Landschaft *Hardanger*]

Hard|bop ⟨[ha:d-] m.; -s, -s; Mus.⟩ *Form des Jazz, in der die im Bebop angelegten Stilelemente weiter herausgearbeitet sind;* →a. *Bebop, Bop* [< engl. *hard* »hart« + *Bop*]

Hard|card ⟨[ha:dka:d] f.; -, -s⟩ *auf einer Steckkarte montierte Festplatte, die zusätzlich zur vorhandenen Festplatte in einen Computer eingeschoben werden kann* [< engl. *hard*disc »Festplatte« + *card* »(Steck-)Karte«]

Hard|co|py, ⟨auch⟩ **Hard Co|py** ⟨[ha:dkɔpi] f.; (-) -, (-) -s; EDV⟩ *Ausdruck einer Bildschirmseite;* Sy *Screenshot* [engl.]

Hard|core ⟨[ha:dkɔ:(r)] m.; -s, -s⟩ **1** ⟨Phys.⟩ *der harte, innere Kern von Elementarteilchen* **2** ⟨in Zus.; umg.; meist scherzh.⟩ *jmd., der eine Sache fanatisch betreibt od. einer politischen od. religiösen Idee fanatisch anhängt,* z.B. -radfahrer, -kommunist usw. **3** ⟨Film; kurz für⟩ *Hardcoreporno* [< engl. *hard* »hart« + *core* »Kern«]

Hard|core|film ⟨[ha:dkɔ:(r)-] m.; -s, -e⟩ = *Hardcoreporno*

Hard|core|por|no ⟨[ha:dkɔ:(r)-] m.; -s, -s⟩ *Film mit überwiegend pornografischen Szenen u. flachem Handlungsgerüst, in dem der Geschlechtsakt deutlich (z.B. in Nahaufnahme)* *zu sehen ist;* Sy *Hardcore(3), Hardcorefilm*; Ggs *Softcoreporno* [→ *Hardcore*]

Hard|court, ⟨auch⟩ **Hard Court** ⟨[ha:dkɔ:t] m.; (-) -s, (-) -s; Sp.; bes. Tennis⟩ *Hartplatz* [engl.]

Hardcover / Hard Cover (*Getrennt- und Zusammenschreibung*) Fremdsprachliche Zusammensetzungen mit Substantiven werden wie deutsche Komposita zusammengeschrieben. Besteht ein Kompositum aus einem Adjektiv und einem Substantiv kann in Anlehnung an die Herkunftssprache auch getrennt geschrieben werden. Hat der zweite Wortbestandteil die Funktion eines Substantivs, sind beide Bestandteile groß zu schreiben (→ a. *Hotdog / Hot Dog*).

Hard|co|ver, ⟨auch⟩ **Hard Co|ver** ⟨[ha:dkʌvə(r)] n.; (-) -s, (-) -⟩ *Buch mit festem Einband;* Ggs *Paperback, Softcover* [engl., »harter Deckel oder Einband«]

Hard|disk, ⟨auch⟩ **Hard Disk** ⟨[ha:d-] f.; (-) -, (-) -s; EDV⟩ *Festplatte eines lokalen Computers* [< engl. *hard* »fest, hart« + *disk* »Platte, Scheibe«]

Hard|drink, ⟨auch⟩ **Hard Drink** ⟨[ha:d-] m.; (-) -s, (-) -s⟩ *stark alkohol. Getränk;* Ggs *Softdrink* [engl., »hartes Getränk«]

Hard|drug, ⟨auch⟩ **Hard Drug** ⟨[ha:ddrʌg] f.; (-) -, (-) -s; umg.⟩ *harte Droge, die in die seelische u. körperliche Abhängigkeit führt,* z.B. Crack, Heroin usw.; Ggs *Softdrug* [< engl. *hard* »hart« + *drug* »Droge«]

Hard|edge, ⟨auch⟩ **Hard Edge** ⟨[ha:dɛdʒ] f.; (-) -; unz.⟩ *moderner Malstil, der durch die Verwendung geometrischer Formen gekennzeichnet ist* [engl., eigtl. »harte Kante«]

Hard|li|ner ⟨[ha:dlainə(r)] m.; -s, -; Pol.⟩ *jmd., der eine bestimmte politische Richtung od. Doktrin kompromisslos vertritt u. linientreu gegen alle äußeren Widerstände durchzusetzen versucht* [< engl. *hard* »hart, unnachgiebig« + *line* »Linie«]

Hard|rock, ⟨auch⟩ **Hard Rock** ⟨[ha:d-] m.; (-) -s; unz.⟩ *sehr laute, stark rhythmisierte Rockmusik;* Sy *Heavymetal;* Ggs *Softrock* [engl., »harter Rock«]

Hard|stuff, ⟨auch⟩ **Hard Stuff** ⟨[ha:dstʌf] m.; (-) -s, (-) -s⟩ *starke Droge* [engl., »harter Stoff«]

Hard|top, ⟨auch⟩ **Hard Top** ⟨[ha:d-] n. od. m.; (-) -s, (-) -s⟩ *abnehmbares Verdeck (bei Sportwagen)* [engl.]

Hard|ware ⟨[ha:dwɛ:(r)] f.; -; unz.; EDV⟩ *Geräteteil von Rechenanlagen ohne Programm;* → a. *Software* [engl., eigtl. »Eisenwaren, Investitionsgüter«]

Ha|rem ⟨m.; -s, -s⟩ **1** *die streng abgeschlossenen Frauenräume des islam. Hauses* **2** *die darin wohnenden Frauen* **3** *die Gesamtheit der Ehefrauen eines Mohammedaners* [< türk. *harem* »für Fremde unzugänglicher Frauenraum« < arab. *haram* »verboten«]

Hä|re|sie ⟨f.; -, -n; Theol.⟩ *vom kirchl. Dogma abweichende Lehre, Ketzerei* [< grch. *hairesis* »das Erwählte, Denkweise; Irrlehre«]

Hä|re|ti|ker ⟨m.; -s, -; Theol.⟩ *jmd., der eine vom kirchl. Dogma abweichende Lehre vertritt, Ketzer* [< grch. *hairetikos* »ketzerisch«; → *Häresie*]

hä|re|tisch ⟨Adj.; Theol.⟩ *vom kirchl. Dogma abweichend, ketzerisch*

Har|le|kin ⟨m.; -s, -e⟩ *von der Commedia dell'arte beeinflusste Abart des Hanswursts* [< frz. *arlequin* < ital. *arlecchino*]

Har|le|ki|na|de ⟨f.; -, -n⟩ *Harlekinspiel, -posse; Hanswursterei*

har|le|ki|nisch ⟨a. [--'--] Adj.⟩ *nach Art eines Harlekins*

Har|mat|tan ⟨m.; -s, -s; Pl. selten; Meteor.⟩ *staubführender, trockener Nordostwind, der aus der Sahara auf die atlantische Küste zuweht* [afrik.]

Har|mo|nie ⟨f.; -, -n⟩ Ggs *Disharmonie* **1** *angenehme Übereinstimmung der Teile eines Ganzen;* Klang~; Farben~; die ~ ihres Wesens, ihrer Bewegungen **2** *regelmäßiger, gesetzmäßiger Aufbau der Töne eines Musikstückes u. ihr Zusammenklingen* **3** *friedliches Zusammenleben, gegenseitiges Verstehen, Eintracht;* in ~ miteinander leben [< lat. *harmonia* »Einklang von Tönen, Harmonie« < grch. *harmonia* »Verbindung, Ebenmaß, Harmonie«]

Har|mo|nie|leh|re ⟨f.; -; unz.; Mus.⟩ *Lehre von der Harmonie(2), von den Gesetzen der Funktionen u. Verbindungen der Akkorde*

har|mo|nie|ren ⟨V.⟩ Ggs *disharmonieren* **1** *gut zusammenstimmen, zueinander passen;* Farben, Menschen, Töne ~ **2** *gut, friedlich zusammenleben*

Har|mo|nik ⟨f.; -; unz.; Mus.⟩ *die Technik, Kunst der musikal. Klanggestaltung*

Har|mo|ni|ka ⟨f.; -, -s od. -ken; Mus.⟩ **1** ⟨urspr.⟩ *Glasharfe* **2** *Musikinstrument, bei dem ein Luftstrom Metallzungen in Schwingungen versetzt;* → *a. Akkordeon, Bandoneon, Harmonium;* Hand~; Zieh~; Mund~ **3** *in Falten gelegter, der Ziehharmonika ähnlicher Balg, z.B. zwischen D-Zug-Waggons* [< lat. *harmonicus* < grch. *harmonikos* »ebenmäßig, harmonisch«]

har|mo|nisch ⟨Adj.⟩ **1** *angenehm übereinstimmend;* Ggs *disharmonisch;* ~e Klänge, Farben, Bewegungen **2** ⟨Mus.⟩ *regelmäßig im Sinne der Harmonielehre;* Ggs *disharmonisch;* → a. *enharmonisch;* ~e **Molltonleiter** *M., bei der nur die 7. Stufe erhöht ist;* Ggs *melodische Molltonleiter;* ~e **Reihe** *Reihe der Obertöne* **3** ⟨Math.⟩ ~e **Teilung** *T. einer Strecke AB so, dass ein neuer Teilpunkt C u. ein außerhalb von ihr liegender Punkt D das Verhältnis AC : CB = AD : DB ergeben;* ~er **Punkt** *Punkt einer harmonischen Teilung;* ~e **Reihe** *unendl. Reihe der Form* $1 + 1/2 + 1/3 + 1/4 \ldots$; ~es **Mittel** *reziproker Wert des arithmetischen Mittels der reziproken Werte positiver*

Zahlen **4** ⟨Phys.⟩ ~e **Bewegung, Schwingung** *B., S., die von einer Kreisbewegung abgeleitet gedacht (u. in einer Sinusfunktion beschrieben) werden kann;* ~e **Analyse** = *Fourier-Analyse* [<lat. *harmonicus* »ebenmäßig, harmonisch« <grch. *harmonikos*]

har|mo|ni|sie|ren ⟨V.; Mus.⟩ **1** *mit passenden Begleitakkorden versehen (Melodie)* **2** ⟨fig.⟩ *in Übereinstimmung, in Einklang bringen, aufeinander abstimmen*

har|mo|nis|tisch ⟨Adj.⟩ *die Harmonie betreffend, nach ihr strebend* [→ *Harmonie*]

Har|mo|ni|um ⟨n.; -s, -ni|en; Mus.⟩ *orgelartiges, nach dem Prinzip der Harmonika arbeitendes Instrument, bei dem ein mit den Füßen getretener Blasebalg den Luftstrom liefert* [→ *Harmonie*]

Har|mo|no|gramm ⟨n.; -s, -e⟩ *grafische Darstellung voneinander abhängiger Prozesse, z.B. zur besseren Koordination von Arbeitsabläufen* [< *Harmonie* + grch. *graphein* »schreiben«]

Harp|si|chort ⟨[ha:(r)psikɔ:d] n.; -s, -e; Mus.⟩ *Cembalo;* Sy *Klavizimbel* [engl.]

Har|pu|ne ⟨f.; -, -n⟩ *speerartiges, eisernes Wurfgeschoss mit Widerhaken an der Spitze u. Fangleine, bes. für den Walfang* [<ndrl. *harpoen* <frz. *harpon* »Eisenklammer, Harpune«; zu frz. *harpe* »Kralle, Klaue«]

Har|pu|nier ⟨m.; -s, -e⟩ *jmd., der eine Harpune wirft bzw. abschießt* [→ *Harpune*]

har|pu|nie|ren ⟨V.⟩ ein Tier ~ *mit der Harpune nach einem Tier werfen*

Har|py|ie ⟨[-jə] f.; -, -n⟩ **1** ⟨grch. Myth.⟩ *geflügeltes weibl. Ungeheuer mit Vogelkrallen* **2** ⟨fig.⟩ *Wesen von unersättlicher Raubgier* **3** *großer, adlerartiger Raubvogel der Waldgebiete Süd- u. Mittelamerikas mit Schopf am Hinterkopf: Harpia harpyja* [<lat. *Harpyia* <grch. *Harpyia*]

Ha|ru|spex, ⟨auch⟩ **Ha|rus|pex** ⟨m.; -, -e od. -spi|zes⟩ *etrusk. u. röm. Wahrsager, der aus den Eingeweiden von Opfertieren weissagte* [lat.]

Ha|ru|spi|zi|um, ⟨auch⟩ **Ha|rus|pi|zi|um** ⟨n.; -s, -zi|en⟩ *Wahrsagung aus den Eingeweiden von Opfertieren* [< lat. *haruspicium*]

Ha|sard ⟨frz. [aza:(r)] n.; -(e)s; unz.; kurz für⟩ *Hasardspiel* [frz., »glückl. Zufall« <afrz. *hasart* »Art Würfelspiel« <arab. *az-zahr* »Würfel zum Spielen«]

Ha|sar|deur ⟨[-dø:r] m.; -s, -e⟩ **1** *Glücksspieler* **2** ⟨fig.⟩ *waghalsiger Mensch, der alles auf eine Karte setzt* [<frz. *hasarder* »aufs Spiel setzen« + frz. Endung]

ha|sar|die|ren ⟨V.⟩ **1** *Glücksspiel spielen* **2** ⟨fig.⟩ *alles aufs Spiel setzen, alles auf eine Karte setzen* [<frz. *hasarder* »aufs Spiel setzen, riskieren, wagen«; → *Harsard*]

Ha|sard|spiel ⟨frz. [aza:(r)-] n.; -(e)s, -e⟩ **1** *Glücksspiel,* z.B. Würfeln **2** *gewagtes, unsicheres Unternehmen* [→ *Hasard*]

Hasch ⟨n.; - od. -s; unz.; umg. kurz für⟩ *Haschisch*

Ha|schee ⟨n.; -s, -s⟩ **1** *fein geschnittenes od. gehacktes Fleisch* **2** *Gericht daraus;* Lungen~ [frz., »zerhackt, zerstückelt«]

Ha|sche|mi|ten ⟨Pl.⟩ = *Haschimiden*

ha|schen ⟨V.; umg.⟩ *Haschisch rauchen*

ha|schie|ren ⟨V.⟩ *(mit dem Wiegemesser) klein schneiden, hacken, zu Haschee machen* [<frz. *hacher* »zerhacken, zerstückeln, zerschneiden«]

Ha|schi|mi|den ⟨Pl.⟩ oV *Haschemiten* **1** *Geschlecht aus dem Stamm der Koreischiten in Mekka* **2** *arab. Herrscherhaus im Irak u. in Jordanien, wahrscheinlich von den Haschimiden(1) abstammend*

Ha|schisch ⟨n.; -; unz.⟩ *aus einer ind. Hanfart (Cannabis indica) gewonnenes Rauschmittel* [<arab. *hašiš* »Gras, Kraut«]

Ha|tschek, ⟨auch⟩ **Hat|schek** ⟨n.; -s, -s⟩ = *Háček*

Hat|trick ⟨[hætrik] m.; -s, -s; Sp.⟩ *dreimaliger Erfolg hintereinander durch denselben Sportler od. dieselbe Mannschaft* [<engl. *hat* »Hut« + *Trick*]

Hau|bit|ze ⟨f.; -, -n⟩ *Geschütz mit kurzem Rohr, bei dem man die Größe der Treibladung variieren kann* [zu frühnhd. *hauf(e)niz* »großes Geschütz« <tschech. *houfnice* »Steinschleuder«]

Hau|ma ⟨m. od. n.; - od. -s; unz.⟩ = *Haoma*

Hau|sa ⟨m.; -, -⟩ = *Haussa*

Haus|sa ⟨m.; -, -⟩ *Angehöriger eines mohammedan. Mischvolkes in Zentralafrika;* oV *Hausa*

Haus|se ⟨[o:s(ə)] f.; -, -n; Wirtsch.⟩ **1** *wirtschaftl. Aufschwung* **2** *Hochstand der Börsenkurse von Wertpapieren;* Ggs *Baisse* [frz., »Preissteigerung, Steigen der Kurse«]

Haus|si|er ⟨[osje:] m.; -s, -s⟩ *jmd., der auf Hausse spekuliert;* Ggs *Baissier*

haus|sie|ren ⟨[osi:-] V.⟩ *im Kurswert steigen, z.B. Wertpapiere* [→ *Hausse*]

Haut|bois ⟨[oboa] f.; -, -; Mus.⟩ *Oboe* [frz. *haut* »hoch, laut« + *bois* »Holz«]

Haute|coif|fure, ⟨auch⟩ **Haute Coif|fure** ⟨[o:t koafy:r] f.; (-) -; unz.⟩ *schöpferische, für die neueste Mode maßgebliche Frisierkunst* [frz., »hohe Frisierkunst«]

Haute|cou|ture, ⟨auch⟩ **Haute Cou|ture** ⟨[o:t kuty:r] f.; (-) -; unz.⟩ *vollendete Schneiderkunst, das schöpferische Modeschaffen, bes. in Paris* [frz., »hohe Schneiderkunst«]

Haute|cou|tu|ri|er, ⟨auch⟩ **Haute Cou|tu|ri|er** ⟨[o:t kutyrje:] m.; (-) - od. (-) -s, (-) -s⟩ *Modeschöpfer* [→ *Haute Couture*]

Haute|fi|nance, ⟨auch⟩ **Haute Fi|nance** ⟨[o:t finã:s] f.; (-) -; unz.⟩ *Hochfinanz, Geldaristokratie* [<frz. *haute finance* »hohe Finanzwirtschaft«]

Haute|lisse ⟨[o:tlis] f.; -, -n; Textilw.⟩ Ggs *Basselisse* **1** *senkrechte Kette der Hautelisseweberei* **2** *mit Hilfe der Hautelisseweberei hergestellter Teppich* [<frz. *haute lice* »Schaft mit senkrecht aufgezogener Kette«]

Haute|lisse|we|be|rei ⟨[o:tlis-] f.; -, -en⟩ *Web-*

art mit senkrechter Kette für Teppiche; Ggs *Basselisseweberei* [< frz. *haute lisse* »Schaft mit senkrecht aufgezogener Kette«]

Haute|vo|lee ⟨[o:t vɔle:] f.; -; unz.⟩ *die vornehme Gesellschaft, die oberen Zehntausend* [< frz. *(des gens) de haute volée* »(Leute) von hohem Rang«, < *haut* »hoch« + *volée* »Flug; Rang«]

Haut|gout ⟨[o:gu:] m.; -s; unz.⟩ **1** *scharfer Geschmack nicht mehr frischen Fleisches (bes. von Wild)* **2** ⟨fig.⟩ *Anrüchigkeit* [< frz. *haut-goût* »würziger od. Wildbretgeschmack«]

Haut Mal ⟨[o:-] n.; - -, - -s [-mal]; Med.; †⟩ *der große epileptische Anfall;* Sy *Grand Mal;* → a. *Petit Mal* [frz., »großes Übel«]

Haut|re|li|ef ⟨[o:rεljεf] n.; -s, -s⟩ *Hochrelief, Relief mit stark erhaben herausgearbeiteten Figuren;* Ggs *Basrelief* [frz.]

Ha|van|na ⟨[-van-]⟩ **1** ⟨f.; -, -s⟩ *Zigarre aus Havannatabak* **2** ⟨m.; -s; unz.⟩ *feine Tabaksorte* [nach der kuban. Hauptstadt *Havanna*]

Ha|va|rie ⟨[-va-] f.; -, -n; Mar. u. Flugw.⟩ **1** *Unfall, Bruch;* ~ eines Schiffes od. Flugzeugs; ~ erleiden, haben **2** *Unfall eines Kernreaktors* [über frz. *avarie* »Seeschaden, Transportschaden« < ital. *avaria* < arab. *awarija* »beschädigte Ladung«]

ha|va|rie|ren ⟨[-va-] V.; Mar.; Flugw.⟩ *bei einem Unfall, Zusammenstoß beschädigt werden* [→ *Havarie*]

ha|va|riert ⟨[-va-] Adj.⟩ *beschädigt, z.B. Schiff od. Flugzeug; österr. a. Kraftfahrzeug*

Ha|va|rist ⟨[-va-] m.; -en, -en⟩ *Eigentümer eines havarierten Schiffes*

Ha|ve|lock ⟨[-və-] m.; -s, -s⟩ *Herrenmantel mit Pelerine* [nach dem engl. General Sir Henry *Havelock,* 1795-1857]

Ha|ve|rei ⟨[-və-] f.; -, -en⟩ *Unfallkosten u. Schäden an Schiff u. Ladung* [ältere Form von *Havarie*]

Ha|zi|en|da ⟨[-si-] f.; -, -s⟩ *Farm, Plantage in Mittel- u. Südamerika;* oV *Hacienda* [< span. *hacienda* »Landgut«]

Hb ⟨Abk. für⟩ *Hämoglobin*

HB ⟨Abk. für⟩ *Brinellhärte*

h.c. ⟨Abk. für⟩ *honoris causa*

HDTV ⟨Abk. für engl.⟩ *High Definition Television (hochauflösendes Fernsehen), Fernsehsystem mit geändertem Bildseitenverhältnis (16:9 statt 4:3) u. doppelter Zeilenzahl*

h.e. ⟨Abk. für⟩ *hoc est (entspricht dem dt. »d. i.« = das ist)*

He ⟨chem. Zeichen für⟩ *Helium*

Head|crash ⟨[hεdkræʃ] m.; -s, -s; EDV⟩ *Vernichtung aller Daten auf der Festplatte, sobald sie mit dem Lesekopf des Computers in Berührung kommt* [< engl. (read) *head* »(Lese-) Kopf« + *Crash*]

Head|hun|ter ⟨[hεdhʌntə(r)] m.; -s, -⟩ **1** ⟨urspr.; in den USA noch⟩ *jmd., der staatlich gesuchte Verbrecher auf eigene Rechnung jagt u. von den Fangprämien lebt* **2** ⟨danach⟩ *Personalberater, der Führungskräfte an Unternehmen vermittelt* [engl., eigtl. »Kopfjäger«]

Head|hun|ting ⟨[hεdhʌntiŋ] n.; -s; unz.; Wirtsch.⟩ *die Vermittlung von Führungskräften für Unternehmen* [→ *Headhunter*]

Head|line ⟨[hεdlain] f.; -, -s⟩ *Schlagzeile (in der Zeitung);* Ggs *Baseline* [engl.]

Head|quar|ter ⟨[hεdkwɔ:tə(r)] n.; -s, -⟩ **1** ⟨Mil.⟩ *Hauptquartier* **2** ⟨allg.⟩ *Zentrale, Hauptsitz einer größeren Firma od. Institution* [engl.]

headsche / Head'sche Zonen (*Groß- und Kleinschreibung*) Adjektivisch gebrauchte Ableitungen von Personennamen schreibt man klein. Wird jedoch die Grundform des Eigennamens durch einen Apostrophen hervorgehoben, liegt eine Substantivierung vor und man schreibt dementsprechend groß.

head|sche Zo|nen, ⟨auch⟩ **Head'sche Zo|nen** ⟨[hεd-] Pl.⟩ *bestimmte Bezirke der Haut, die bei Erkrankung bestimmter, ihnen zugeordneter innerer Organe in Mitleidenschaft gezogen werden* [nach dem Londoner Neurologen Sir Henry *Head,* 1861-1940]

Head|star|ter ⟨[hεdsta:tə(r)] m.; -s, -⟩ **1** ⟨TV⟩ *ein Fernsehprogramm, das Kinder im Vorschulalter auf das Lernen in der Schule vorbereiten soll* **2** ⟨allg.⟩ *jmd., der einen optimalen od. bevorzugten Einstieg in einen Tätigkeitsbereich od. eine Aufgabe hat* [engl.]

Health|food ⟨[hεlθfu:d] n.; -s; unz.⟩ *jede Art von Speise od. Nahrungsmittel, die frei von chemischen Zusätzen ist u. für gesundheitsförderlich erachtet wird,* z.B. Vollkornbrot, ungespritzte Früchte usw. [< engl. *health* »Gesundheit« + *food* »Nahrung«]

Hea|ring ⟨[hi:riŋ] n.; -s, -s⟩ *Anhörung von Sachverständigen u. Zeugen durch einen Parlamentsausschuss;* ein ~ beantragen, veranstalten [engl., »Hören, Anhörung«]

Hea|vi|side|schicht, ⟨auch⟩ **Hea|vi|side-Schicht** ⟨[hεvisaid-] f.; -; unz.⟩ *elektrisch leitende Schicht in der Atmosphäre, die bestimmte elektromagnet. Wellen reflektiert;* Sy *Kennelly-Heaviside-Schicht* [nach dem engl. Physiker Oliver *Heaviside,* 1850–1925]

Hea|vy|me|tal, ⟨auch⟩ **Hea|vy Me|tal** ⟨[hεvimεtəl] n.; (-) - od. (-) -s; unz.⟩ = *Hardrock* [engl., eigtl. »Schwermetall«]

Hea|vy|rock, ⟨auch⟩ **Hea|vy Rock** ⟨[hεvirɔk] m.; (-) -s; unz.; Mus.⟩ *Form der Rockmusik, die sich durch besonders aggressives Gitarren- u. Schlagzeugspiel auszeichnet* [< engl. *heavy* »schwer« + *Rock*]

He|be|phre|nie ⟨f.; -, -n⟩ *schizophrene, wahnhafte Umbildung der Persönlichkeit ins Läppisch-Alberne, Jugendirresein* [< grch. *hebe* »Jugend« + *...phrenie*]

■ Die Buchstabenfolge **he|bra...** kann auch **heb|ra...** getrennt werden.

■ **He|bra|i|ka** ⟨Pl.⟩ *Werke, Bilder über die hebräische Kultur*

■ **He|bra|i|kum** ⟨n.; -s; unz.⟩ *Prüfung im Hebräischen (für Theologiestudenten)* [<lat. *hebraicum* »das Hebräische«]

■ **He|bra|is|mus** ⟨m.; -, -men⟩ *in die hellenistische Literatur übernommene, hebr. Spracheigentümlichkeit* [→ *Hebraistik*]

■ **He|bra|ist** ⟨m.; -en, -en⟩ *Kenner, Erforscher, Lehrer, Student der Hebraistik*

■ **He|bra|is|tik** ⟨f.; -; unz.⟩ *Wissenschaft von der hebräischen Kultur* [<lat. *Hebraeus* »hebräisch«]

■ **he|bra|is|tisch** ⟨Adj.⟩ *die Hebraistik betreffend, zu ihr gehörig, auf ihr beruhend*

Hedge|ge|schäft ⟨[hędʒ-] n.; -(e)s, -e⟩ *Art des Warentermingeschäftes, bei der verschiedene Geschäfte miteinander verbunden werden, um Risiken wie z.B. Kurs- od. Nachfrageschwankungen zu minimieren* [<engl. *hedge* »(Ab-)Sicherung; Hecke«]

He|do|nik ⟨f.; -; unz.⟩ = *Hedonismus*

He|do|ni|ker ⟨m.; -s, -; Philos.⟩ *Anhänger des Hedonismus;* Sy *Hedonist*

He|do|nis|mus ⟨m.; -; unz.; Philos.⟩ *altgriech. Lehre, nach der Lust u. Genuss das höchste Gut des Lebens sind;* Sy *Hedonik* [<grch. *hedone* »Lust«]

He|do|nist ⟨m.; -en, -en⟩ = *Hedoniker*

he|do|nis|tisch ⟨Adj.⟩ *den Hedonismus betreffend, zu ihm gehörig, auf ihm beruhend*

He|dschra, ⟨auch⟩ **Hedsch|ra** ⟨f.; -; unz.⟩ *Aufbruch Mohammeds von Mekka nach Medina 622 n.Chr., Beginn der islam. Zeitrechnung* [arab., »Loslösung, Auswanderung«]

he|ge|mo|ni|al ⟨Adj.⟩ *die Hegemonie, Vormachtstellung betreffend, nach ihr strebend;* ~e Ansprüche äußern [→ *Hegemonie*]

He|ge|mo|nie ⟨f.; -, -n⟩ *Vormachtstellung, Vorherrschaft, führende Rolle (eines Staates)* [<grch. *hegemonia;* zu *hegeisthai* »vorangehen, führen«]

he|ge|mo|nisch ⟨Adj.⟩ *die Hegemonie besitzend*

Hei|duck ⟨m.; -en, -en⟩ **1** ⟨urspr.⟩ *ungar. Viehhirt* **2** ⟨seit dem 16. Jh.⟩ *Angehöriger einer ungar. Söldnertruppe* **3** ⟨im 18. Jh.⟩ *Gerichtsdiener u. Diener hoher ungar. Adliger* [<ungar. *hajdú* »Treiber, Hirt«]

Heim|trai|ner ⟨[-tre:-] m.; -s, -⟩ = *Hometrainer*

He|ka|tom|be ⟨f.; -, -n⟩ **1** ⟨urspr.⟩ *Opfer von 100 Stieren* **2** ⟨allg.⟩ *riesige Menge (von Opfern, Verlusten)* [<grch. *hekaton* »hundert« + *bous* »Rind«]

hekt…, Hekt… ⟨in Zus.⟩ = *hekto…, Hekto…*

Hekt|ar, ⟨auch⟩ **Hek|tar** ⟨a. ['--] n.; -s, -e; bei Maßangabe Pl. -; Abk.: ha⟩ *Flächenmaß von 100 Ar (10000m²)* [<*Hekto…* + *Ar*]

Hekt|a|re, ⟨auch⟩ **Hek|ta|re** ⟨f.; -, -n; schweiz. für⟩ *Hektar*

Hek|tik ⟨f.; -; unz.⟩ **1** *Abmagerung der Lungentuberkulosekranken* **2** *hektisches Wesen, nervöse Betriebsamheit* [<grch. *hektikos* »einen dauernden Zustand habend«; zu *hexis* »Beschaffenheit, Zustand«]

Hek|ti|ker ⟨m.; -s, -⟩ **1** *Lungentuberkulosekranker* **2** *jmd., der hektisch ist*

hek|tisch ⟨Adj.⟩ **1** *lange andauernd, hartnäckig* **2** *fiebrig, fieberhaft, erregt;* ~e Betriebsamkeit **3** *mit Lungentuberkulose verbunden;* ~es Fieber; ~e Röte auf den Wangen Lungenkranker

hek|to…, Hek|to… ⟨Zeichen: h, vor Maßeinheiten⟩ *das 100fache der betreffenden Grundeinheit,* z.B. 1 hl = 100 Liter [<grch. *hekaton* »hundert«]

Hek|to|graf ⟨m.; -en, -en⟩ = *Hektograph*

Hek|to|gra|fie ⟨f.; -, -n⟩ = *Hektographie*

hek|to|gra|fie|ren ⟨V.⟩ = *hektographieren*

Hek|to|gramm ⟨n.; -(e)s, -e; Abk.: hg⟩ *Gewichtseinheit von 100 Gramm*

Hek|to|graph ⟨m.; -en, -en⟩ *Vervielfältigungsapparat, bei dem von einer mit Spezialtinte beschrifteten Leimplatte auf Papier gedruckt wird, heute veraltet;* oV *Hektograf* [<*Hekto…* + *…graph*]

Hek|to|gra|phie ⟨f.; -, -n⟩ *Vervielfältigung mittels Hektographen;* oV *Hektografie* [<*Hekto…* + *…graphie*]

hek|to|gra|phie|ren ⟨V.⟩ *vervielfältigen;* oV *hektografieren*

Hek|to|li|ter ⟨a. ['----] n. od. umg. m.; schweiz. nur m.; -s, -; Abk.: hl⟩ *Flüssigkeitsmaß, 100 Liter*

Hek|to|me|ter ⟨a. ['----] n. od. m.; -s, -; Abk.: hm⟩ *Längenmaß, 100 m*

Hek|to|pas|cal ⟨['----] n.; -s, -; Zeichen: hPa⟩ *Druckeinheit, 100 Pascal* [<*Hekto…* + *Pascal*]

Hek|to|ster ⟨n.; -s, -; Abk.: hs⟩ *Holzmaß, 100 Ster* [<*Hekto…* + *Ster*]

Hek|to|watt ⟨a. ['---] n.; -s, -; Zeichen: hw⟩ *Maßeinheit der elektr. Leistung, 100 Watt* [<*Hekto…* + *Watt*]

He|lan|ca ⟨n.; -s; unz.; Textilw.; Wz⟩ *ein hochelastisches, gekräuseltes Garn auf der Basis von Nylon*

he|li…, He|li… ⟨in Zus.⟩ = *helio…, Helio…*

he|li|a|kisch ⟨Adj.⟩ *auf die Sonne bezogen* [zu grch. *helios* »Sonne«]

He|li|an|thus ⟨m.; -, -then⟩ *Gattungsname der Sonnenblume* [<*Helio…* + grch. *anthos* »Blume«]

He|li|co|bac|ter Py|lo|ri ⟨m. od. n.; - -; unz.; Med.⟩ *Bakterium, das die Entstehung von Gastritis begünstigt* [zu grch. *helix,* Gen. *helikos* »Windung, Kreislauf« + lat. *bacterium* <grch. *bakterion* »Stäbchen« + *Pylorus*]

He|li|kon ⟨n.; -s, -s; Mus.⟩ *Blechblasinstrument der Militärkapellen, Bass- od. Kontrabasstuba* [<grch. *helikos* »gewunden, krummhörnig«]

He|li|ko|pter, ⟨auch⟩ **He|li|kop|ter** ⟨m.; -s, -⟩ *Hubschrauber* [<grch. *helix,* Gen. *helikos* »Windung, Kreislauf, Spirale« + *pteron* »Flügel«]

he|li|o…, He|li|o… ⟨in Zus.⟩ *licht…, sonnen…, Licht…, Sonnen…* [<grch. *helios* »Sonne«]

He|li|o|bi|o|lo|gie ⟨f.; -; unz.; Biol.⟩ *Einfluss der Sonne auf die Biosphäre* [< *Helio…* + *Biologie*]
he|li|o|bi|o|lo|gisch ⟨Adj.⟩ *die Heliobiologie betreffend, zu ihr gehörig, auf ihr beruhend*
He|li|o|dor ⟨m.; -s, -e⟩ *ein grüngelblicher Beryll* [< grch. *helios* »Sonne« + *doron* »Geschenk«]
He|li|o|graf ⟨m.; -en, -en⟩ = *Heliograph*
He|li|o|gra|fie ⟨f.; -, -n⟩ = *Heliographie*
he|li|o|gra|fisch ⟨Adj.⟩ = *heliographisch*
He|li|o|graph ⟨m.; -en, -en⟩ oV *Heliograf* **1** *Fernrohr mit Kamera zum Fotografieren der Sonne* **2** *Gerät zum Übermitteln opt. Signale mit Hilfe des Sonnenlichtes* [< *Helio…* + *graph*]
He|li|o|gra|phie ⟨f.; -, -n⟩ oV *Heliografie* **1** *Tiefdruckverfahren auf fotomechan. Wege* **2** *das Zeichengeben mit dem Heliographen* [< *Helio…* + *…graphie*]
he|li|o|gra|phisch ⟨Adj.⟩ *die Heliographie betreffend, zu ihr gehörig, auf ihr beruhend, mit Hilfe des Heliographen;* ~e Koordinaten *Zahlenangaben zur Festlegung eines Punktes nach Länge u. Breite auf der Sonnenoberfläche;* oV *heliografisch* [< *helio…* + *graphisch*]
He|li|o|gra|vü|re ⟨[-vy-] f.; -, -n⟩ **1** *Tiefdruckverfahren ohne Raster* **2** *auf diese Weise bedrucktes Blatt;* Sy *Fotogravüre*
He|li|o|me|ter ⟨n.; -s, -⟩ *astronom. Instrument zum Bestimmen sehr kleiner Winkelabstände zwischen zwei Gestirnen* [< *Helio…* + *…meter*]
he|li|o|phil ⟨Adj.⟩ *Sonnenlicht liebend;* Sy *photophil;* Ggs *heliophob* [< *helio…* + *…phil*]
he|li|o|phob ⟨Adj.⟩ *Sonnenlicht meidend;* Sy *photophob;* Ggs *heliophil* [< *helio…* + *…phob*]
He|li|o|skop, ⟨auch⟩ **He|li|os|kop** ⟨n.; -s, -e⟩ *die Helligkeit schwächendes Gerät zur Beobachtung der Sonne durch das Fernrohr* [< *Helio…* + *…skop*]
He|li|o|stat, ⟨auch⟩ **He|li|os|tat** ⟨m.; -en, -en⟩ *Gerät mit Spiegeln, die durch ein Uhrwerk derart bewegt werden, dass das Bild eines Gestirns (der Sonne) ständig in ein fest stehendes Fernrohr geworfen wird* [< *Helio…* + *…stat*]
He|li|o|the|ra|pie ⟨f.; -; unz.; Med.⟩ *Behandlung mit Sonnenlicht u. -wärme zu Heilzwecken*
he|li|o|trop ⟨Adj.⟩ **1** *helllila* **2** *auf Heliotropismus beruhend* [< *helio…* + *…trop*[1]]
He|li|o|trop ⟨n.; -s, -e⟩ **1** *eine Zierpflanze* **2** *ein Parfüm* **3** *ein Farbstoff für Baumwolle* **4** ⟨Geodäsie⟩ *Sonnenspiegel zur Beobachtung entfernter Punkte* **5** *dunkelgrüne Abart des Chalcedons mit blutroten Jaspiseinsprenglingen;* Sy *Blutjaspis* [< *Helio…* + *…trop*[2]]
He|li|o|tro|pis|mus ⟨m.; -; unz.⟩ *Eigenschaft von Pflanzen u. Tieren, Wachstum u. Bewegung nach dem Licht auszurichten* [< *Helio…* + *Tropismus*]
he|li|o|zen|trisch, ⟨auch⟩ **he|li|o|zent|risch** ⟨Adj.⟩ *auf die Sonne als Mittelpunkt bezogen*
He|li|o|zo|on ⟨n.; -s, -zo|en⟩ *Klasse der Wurzelfüßer, meist im Süßwasser, mit einem Skelett aus zäher Gallerte od. Kieselsäure, Sonnentierchen* [< *Helio…* + *Zoon*]
He|li|port ⟨m.; -s, -s⟩ *Landefläche für Hubschrauber* [verkürzt < *Heli*kopter + engl. *port* »Hafen«]
He|li|ski|ing ⟨n.; -s; unz.; Sp.⟩ *Tiefschneeskifahren auf schwer zugänglichen, meist nicht präparierten od. ausgewiesenen Pisten, zu denen die Skifahrer mit Hubschraubern gebracht werden* [verkürzt < *Heli*kopter »Hubschrauber« + engl. *Skiing* »Skifahren«]
He|li|um ⟨n.; -s; unz.; chem. Zeichen: He⟩ *zu den Edelgasen gehörendes chem. Element, Ordnungszahl 2* [< grch. *helios* »Sonne«]
He|lix ⟨f.; -; unz.⟩ **1** *äußerer Rand der menschl. Ohrmuschel, Ohrleiste* **2** *Helix pomatia: Weinbergschnecke* **3** *schraubenförmige Anordnung der Nucleotide eines DNS-Moleküls (Strukturmodell von Watson u. Crick)* [< grch. *helix* »Windung, Spirale«]
He|li|zi|tät ⟨f.; -; unz.⟩ *spiralförmige Bewegung eines Elementarteilchens;* positive ~ *Bewegung nach rechts;* negative ~ *Bewegung nach links* [zu grch. *helix* »Windung, Kreislauf«]
hel|ko|gen ⟨Adj.⟩ *aus einem Geschwür entstanden* [zu grch. *helkos* »Geschwür«]
Hel|ko|lo|gie ⟨f.; -; unz.; Med.⟩ *Lehre von den Geschwüren* [< grch. *helkos* »Geschwür« + *…logie*]
Hel|ko|se ⟨f.; -, -n⟩ *Geschwürbildung* [< grch. *helkos* »Geschwür«]
Hel|le|bo|rus ⟨m.; -, -ri⟩ *Nieswurz* [lat.]
Hel|le|ne ⟨m.; -n, -n⟩ **1** ⟨urspr.⟩ *Einwohner der altgriechischen Landschaft Hellas* **2** ⟨seit dem 17. Jh. v. Chr.⟩ *Grieche* [zu grch. *Hellas,* urspr. Bez. für eine Landschaft im südöstlichen Thessalien, dann der gesamte von Griechen bewohnte Raum, bes. Mittelgriechenland; seit 1883 der Name für den neugrch. Staat]
hel|le|nisch ⟨Adj.⟩ *auf Hellas, die Hellenen, Griechenland bezüglich, von ihnen stammend*
hel|le|ni|sie|ren ⟨V.⟩ *nach griechischem Vorbild gestalten*
Hel|le|nis|mus ⟨m.; -; unz.; Gesch.⟩ *Abschnitt der grch. Kultur von der Zeit Alexanders des Großen bis Augustus, gekennzeichnet durch das Verschmelzen mit Elementen der kleinasiat. u. ägypt. Kultur* [von dem dt. Historiker J. G. Droysen geprägter Begriff; zu grch. *hellenizein* »griechisch sprechen, griechische Denkart haben«]
Hel|le|nist ⟨m.; -en, -en⟩ **1** ⟨früher⟩ **1.1** *in der grch. Kultur gebildeter Gelehrter u. Schriftsteller des Alexandrinischen Zeitalters* **1.2** ⟨bes. im NT⟩ *griechisch sprechender Jude der nachklassischen Zeit* **2** *Kenner, Erforscher der altgriechischen Sprache u. Kultur* [→ *Hellene*]
Hel|le|nis|tik ⟨f.; -; unz.⟩ *Wissenschaft von der altgriechischen Sprache u. Kultur* [→ *Hellene*]
hel|le|nis|tisch ⟨Adj.⟩ *den Hellenismus betreffend, zu ihm gehörig, auf ihm beruhend;* ~e Kunst; der ~e Staat

Hel|minth|a|go|gum, ⟨auch⟩ **Hel|min|tha|go|gum** ⟨n.; -s, -go|ga⟩ *Mittel gegen Wurmkrankheiten* [<grch. *helmins* »Wurm« + *agogos* »herbeiführend, anregend, treibend«]

Hel|min|the ⟨f.; -, -n; meist Pl.; Sammelbez. für⟩ *Eingeweidewürmer* [<grch. *helmins,* Gen. *helminthos* »Wurm«]

Hel|min|thi|a|sis ⟨f.; -; unz.⟩ *Erkrankung durch Eingeweidewürmer;* Sy *Wurmkrankheit* [<grch. *helmins,* Gen. *helminthos* »Wurm«]

Hel|min|tho|lo|gie ⟨f.; -; unz.⟩ *Lehre von den Eingeweide- u.a. parasitischen Würmern* [<grch. *helmins,* Gen. *helminthos* + *...logie*]

He|lo|phyt ⟨m.; -en, -en; Bot.⟩ *Sumpfpflanze* [<grch. *helos* »Sumpf, Morast« + *...phyt*]

He|lot ⟨m.; -en, -en⟩, **He|lo|te** ⟨m.; -n, -n⟩ **1** ⟨im antiken Sparta⟩ *Staatssklave* **2** ⟨fig.⟩ *Unterdrückter;* →a. *Spartiat* [<grch. *heilos,* Gen. *heilotos* »Leibeigener«, vermutl. zu *helein* »gefangen nehmen«]

Hel|ve|ti|ka ⟨[-ve:-] Pl.⟩ *Bücher, Bilder usw. über die Schweiz* [<lat. *Helvetia* »Schweiz«]

hel|ve|tisch ⟨[-ve:-] Adj.⟩ **1** *Helvetia, die Schweiz betreffend, zu ihr gehörend, aus ihr stammend* **2** Helvetisches Bekenntnis *Glaubensbekenntnis der evang.-ref. Kirche* **3** die Helvetische Republik *die Schweiz*

Hel|ve|tis|mus ⟨[-ve-] m.; -, -men; Sprachw.⟩ *in eine andere Sprache übernommene schweiz. Spracheigentümlichkeit* [→ *Helvetika*]

He|man ⟨[hi:mæn] m.; -s, -men [-mən]⟩ *bes. männlich wirkender, kräftiger, muskulöser Mann* [<engl. *he-man;* zu *he* »er; männliches Lebewesen« + *man* »Mann«]

He|me|ro|phyt ⟨m.; -en, -en; Bot.⟩ *Pflanze, die nur im menschl. Kulturbereich gedeihen kann* [<grch. *hemeros* »zahm« + *...phyt*]

he|mi..., He|mi... ⟨in Zus.⟩ *halb..., Halb...* [<grch. *hemisys* »halb«]

He|mi|an|äs|the|sie, ⟨auch⟩ **He|mi|a|näs|the|sie** ⟨f.; -, -n; Path.⟩ *Empfindungslosigkeit einer Körperhälfte*

He|mi|an|op|sie, ⟨auch⟩ **He|mi|a|nop|sie** ⟨f.; -; unz.; Path.⟩ *Sehstörung, bei der (gleichseitig od. gekreuzt) eine Hälfte des Gesichtsfeldes ausfällt, Halbseitenblindheit* [< *Hemi...* + *a...*[1] + *...opsie*]

He|mi|a|ta|xie ⟨f.; -, -n; Path.⟩ *Störung der geordneten Bewegungen einer Körperhälfte*

he|mi|fa|zi|al ⟨Adj.⟩ *das Gesicht halbseitig betreffend* [< *hemi...* + *Fazialis*]

He|mi|kra|nie ⟨f.; -, -n; Path.⟩ *halbseitiger Kopfschmerz, Migräne* [<grch. *hemikrania*]

He|mi|kra|ni|o|se ⟨f.; -, -n; Path.⟩ *einseitiges, übermäßiges Schädelwachstum* [< *Hemi...* + *kranion* »Schädel«]

he|mi|morph ⟨Adj.; Min.⟩ *an entgegengesetzten Enden unterschiedlich entwickelt (von Kristallen)* [< *hemi...* + *...morph*]

He|mi|o|le ⟨f.; -, -n; Mus.⟩ *Veränderung des Metrums durch Festhalten eines Notenwertes über den Takt hinaus, wodurch eine synkopische Wirkung entsteht* [zu grch. *hemiolios* »anderthalb«]

He|mi|pa|re|se ⟨f.; -, -n; Path.⟩ *halbseitige Lähmung*

he|mi|pe|la|gisch ⟨Adj.⟩ **1** *aus einer Meerestiefe zwischen 200-2700 Meter stammend (von Meeresablagerungen)* **2** *meist frei schwimmend (von Meerestieren, die während ihrer Jugend im freien Wasser, später am Meeresgrund leben)* [< *hemi...* + *pelagisch*]

He|mi|ple|gie ⟨f.; -, -n; Med.⟩ *Halbseitenlähmung* [< *Hemi...* + grch. *plessein* »schlagen«]

He|mi|ple|gi|ker ⟨m.; -s, -; Med.⟩ *von Hemiplegie Betroffener, einseitig körperlich Gelähmter*

He|mi|pte|re, ⟨auch⟩ **He|mip|te|re** ⟨m.; -n, -n⟩ *Halbflügler (Wanzen)* [< *Hemi...* + *pteron* »Flügel«]

He|mi|sphä|re, ⟨auch⟩ **He|mis|phä|re** ⟨f.; -, -n⟩ **1** *Halbkugel, Erdhälfte;* nördliche, südliche ~ **2** ⟨Anat.⟩ *Hälfte des Großhirns*

he|mi|sphä|risch, ⟨auch⟩ **he|mis|phä|risch** ⟨Adj.⟩ *die Hemisphäre betreffend, zu ihr gehörig*

He|mi|sti|chi|on, ⟨auch⟩ **He|mis|ti|chi|on** ⟨n.; -s, -chi|en; antike Metrik⟩ *halber Vers einer durch Zäsur geteilten Verszeile;* oV *Hemistichium* [< *Hemi...* + *stichos* »Vers«]

He|mi|sti|chi|um, ⟨auch⟩ **He|mis|ti|chi|um** ⟨n.; -s, -chi|en⟩ = *Hemistichion*

He|mi|to|nie ⟨f.; -, -n; Med.⟩ *halbseitiger Krampf mit raschem Wechsel der Muskelspannung* [< *Hemi...* + *...tonie*]

he|mi|to|nisch ⟨Adj.; Med.⟩ *die Hemitonie betreffend, zu ihr gehörig, auf ihr beruhend*

he|mi|zy|klisch, ⟨auch⟩ **he|mi|zyk|lisch** ⟨Adj.⟩ *halbkreisförmig*

Hem|lock|tan|ne ⟨f.; -, -n; Bot.⟩ *Art der Schierlingstanne: Tsuga canadensis;* Sy *Tsuga* [<engl. *hemlock* »Schierling«]

He|na|de ⟨f.; -, -n; Philos.⟩ = *Monade*

Hen|de|ka|gon ⟨n.; -s, -e⟩ *Elfeck* [<grch. *hendeka* »elf« + *...gon*]

Hen|di|a|dy|oin ⟨n.; -s; unz.; Sprachw., selten⟩, **Hen|di|a|dys** ⟨n.; -; unz.⟩ *Bezeichnung eines Begriffs durch zwei nebengeordnete, Stilfigur, bei der statt eines adjektivischen Attributs ein Substantiv gebraucht wird,* z.B. »aus Bechern und Gold trinken wir« statt »aus goldenen Bechern« [<grch. *hen dia dyoin* »eins durch zwei«]

Hen|na ⟨f. od. n.; -; unz.⟩ **1** *Strauch aus der Familie der Weiderichgewächse, der einen roten bis gelben Farbstoff u. ein wohlriechendes Öl zum Parfümieren u. Einbalsamieren liefert: Lawsonia inermis* **2** *der von dieser Pflanze gelieferte rote Farbstoff für Kosmetik* [<arab. *alhinna*]

Hen|nin ⟨[ɛnɛ̃:] n.; -s, -s; 14./15. Jh.⟩ *hohe, kegelförmige Kopfbedeckung für Frauen, mit hinten herabhängendem Schleier, bes. in Frankreich u. den Niederlanden getragen* [frz.]

He|no|the|is|mus ⟨m.; -; unz.⟩ *Verehrung eines unter mehreren Göttern bevorzugten Gottes* [<grch. *hen* »eins« + *Theismus*]

he|no|the|is|tisch ⟨Adj.⟩ *den Henotheismus betreffend, zu ihm gehörig, auf ihm beruhend*
Hen|ri|qua|tre, ⟨auch⟩ **Hen|ri|quat|re** ⟨[ãrikatrə] m.; -s, -s⟩ *kurzer Spitzbart mit aufwärts gedrehtem Schnurrbart* [nach *Henri Quatre* = König Heinrich IV. von Frankreich, 1553-1610]
Hen|ry ⟨n.; -, -; Zeichen: H⟩ *Einheit der magnet. Induktivität, 1H = 1 Vs/A* [nach dem nordamerik. Physiker J. *Henry,* †1878]
He|or|to|lo|gie ⟨f.; -; unz.⟩ *Lehre von den kirchl. Feiertagen* [< grch. *heorte* »Fest« + ...*logie*]
He|or|to|lo|gi|um ⟨n.; -s, -gi|en⟩ *kirchl. Festkalender* [< grch. *heorte* »Fest« + ...*logium*]
He|par ⟨n.; -s; -pa|ta; Med.⟩ *Leber, Schwefelleber* [grch.]
He|pa|rin ⟨n.; -s; unz.⟩ *aus der Leber gewonnener Stoff mit gerinnungshemmenden Eigenschaften* [< grch. *hepar* »Leber«]
He|pat|al|gie, ⟨auch⟩ **He|pa|tal|gie** ⟨f.; -, -n; Med.⟩ *Leberschmerz* [< grch. *hepar,* Gen. *hepatos* »Leber« + ...*algie*]
He|pa|ti|ka ⟨f.; -, -ken⟩ *Lebermoos* [< grch. *hepar,* Gen. *hepatos* »Leber«]
he|pa|tisch ⟨Adj.⟩ *die Leber betreffend, von ihr ausgehend* [< grch. *hepar,* Gen. *hepatos* »Leber«]
He|pa|ti|tis ⟨f.; -, -ti|ti|den⟩ *entzündl. Erkrankung der Leber, Leberentzündung* [< grch. *hepar,* Gen. *hepatos* »Leber«]
he|pa|to..., He|pa|to... ⟨in Zus.⟩ *leber..., Leber...* [zu grch. *hepar,* Gen. *hepatos* »Leber«]
he|pa|to|gen ⟨Adj.; Med.⟩ *in der Leber gebildet, von der Leber herrührend;* ~e Erkrankungen [< *hepato...* + ...*gen*]
He|pa|to|lith ⟨m.; -s, -e; Med.⟩ *Leberstein, Gallenstein in den Gallengängen der Leber* [< *Hepato...* + ...*lith*]
He|pa|to|lo|ge ⟨m.; -n, -n; Med.⟩ *in der Hepatologie ausgebildeter Arzt*
He|pa|to|lo|gie ⟨f.; -; unz.; Med.⟩ *Lehre von der Leber u. ihren Krankheiten* [< *Hepato...* + ...*logie*]
he|pa|to|lo|gisch ⟨Adj.⟩ *die Hepatologie betreffend, zu ihr gehörig, auf ihr beruhend*
He|pa|to|se ⟨f.; -, -n⟩ *degenerative Schädigung der Leberzellen* [< grch. *hepar,* Gen. *hepatos* »Leber«]
He|phäst ⟨m.; -(e)s, -e; geh.⟩ *Kunstschmied* [nach dem grch. Gott des Feuers u. Schutzgott der Schmiedekunst *Hephaistos*]
hep|ta..., Hep|ta... ⟨vor Vokalen⟩ hept..., Hept... ⟨in Zus.⟩ *sieben* [< grch. *hepta* »sieben«]
Hep|ta|chord ⟨[-kɔrd] m. od. n.; -(e)s, -e; Mus.⟩ *die große Septime* [< *Hepta...* + ...*chord*]
Hep|ta|e|der ⟨n.; -s, -⟩ *von sieben Flächen (drei Quadraten u. vier Dreiecken) begrenzter Körper, Siebenflach, Siebenflächner*
Hep|ta|gon ⟨n.; -s, -e⟩ *Siebeneck* [< *Hepta...* + ...*gon*]
Hep|ta|me|ron ⟨n.; -s; unz.⟩ **1** *Schöpfungswoche* **2** *Novellensammlung von Margarete v. Navarra, entstanden 1542–1549* [< *Hepta...* + grch. *hemera* »Tag«]
Hep|ta|me|ter ⟨m.; -s, -⟩ *siebenfüßiger Vers* [< *Hepta...* + ...*meter*]
Hep|tan ⟨n.; -s; unz.⟩ *aliphatischer Kohlenwasserstoff mit sieben Kohlenstoffatomen, chem. Formel* C_7H_{16} [< grch. *hepta* »sieben«]
Hept|ar|chie, ⟨auch⟩ **Hep|tar|chie** ⟨[-çiː] f.; -; unz; Gesch.⟩ *Staatenbund der sieben angelsächsischen Königreiche (Essex, Wessex, Sussex, Kent, Mercien, Ostanglien, Northumberland)* [< *Hepta...* + ...*archie*]
Hep|ta|teuch ⟨m.; -s; unz.⟩ *die ersten sieben Bücher des AT* [< *Hepta...* + grch. *teuchos* »Rüstzeug, Buch«]
Hep|ta|to|nik ⟨f.; -; unz.; Mus.⟩ *sieben Töne umfassende Tonleiter* [< *Hepta...* + grch. *tonos* »Seil, Tau, Saite; Spannung, Spannkraft«]
Hept|o|de, ⟨auch⟩ **Hep|to|de** ⟨f.; -, -n⟩ *Elektronenröhre mit sieben Elektroden* [< *Hepta...* + ...*ode*]
Hep|to|se ⟨f.; -, -n⟩ *Monosaccharid mit sieben Kohlenstoffatomen* [< grch. *hepta* »sieben«]
He|rai|on ⟨n.; -s, -s⟩ *Tempel der grch. Götterkönigin Hera, z.B. in Argos, Olympia u. Samos;* oV *Heräon*
He|ra|kli|de, ⟨auch⟩ **He|rak|li|de** ⟨m.; -n, -n; Gesch.⟩ **1** *Nachkomme des Herakles* **2** *Selbstbezeichnung der Mitglieder des dorischen Fürstengeschlechts*
He|ral|dik ⟨f.; -; unz.⟩ *Wappenkunde* [< frz. *(science) héraldique* »Heroldskunst«; zu afrz. *héralt;* → *Herold*]
He|ral|di|ker ⟨m.; -s, -⟩ *Kenner, Erforscher der Wappenkunde*
he|ral|disch ⟨Adj.⟩ *zur Heraldik gehörig;* ~e Farben *die in der Heraldik verwendeten Farben Rot, Blau, Grün, Schwarz sowie die beiden Metalle Gold u. Silber*
He|rä|on ⟨n.; -s, -s⟩ = *Heraion*
Her|ba|list ⟨m.; -en, -en⟩ *Pflanzensammler, Kräuterexperte* [< lat. *herba* »Kraut, Pflanze«]
Her|bar, Her|ba|ri|um ⟨n.; -s, -ri|en⟩ *Sammlung von getrockneten Pflanzen* [< lat. *herba* »Kraut, Pflanze«]
her|bi|vor ⟨[-voːr] Adj.⟩ ~e Tiere *Pflanzen fressende Tiere;* Ggs *karnivor* [< lat. *herba* »Pflanze« + ...*vor*]
Her|bi|vo|re ⟨[-voː-] m.; -n, -n⟩ *Pflanzen fressendes Tier;* Ggs *Karnivore(1)*
her|bi|zid ⟨Adj.⟩ *Unkraut vernichtend* [< lat. *herba* »Pflanze« + ...*zid*[1]]
Her|bi|zid ⟨n.; -(e)s, -e⟩ *chem. Mittel zur Bekämpfung von Unkraut*
he|re|die|ren ⟨V.; †⟩ *erben;* etwas ~ [zu frz. *héréditaire* »erblich«, zu lat. *hereditas* »Erbschaft«]
he|re|di|tär ⟨Adj.⟩ Ggs *ahereditär* **1** *erblich, vererbbar* **2** *vererbt* [< frz. *héréditaire* »erblich« < lat. *hereditas* »Erbschaft«]
He|re|di|tät ⟨f.; -; unz.⟩ **1** *Erblichkeit, Vererb-*

barkeit **2** *Vererbung* **3** *Erbfolge* [< lat. *hereditas* »Erbschaft«]

He|re|do|pa|thie ⟨f.; -, -n⟩ *Erbkrankheit* [< lat. *heredium* »Erbgut« + *...pathie*]

Her|ku|les|ar|beit ⟨f.; -; unz.⟩ *übermenschl. Anstrengung erfordernde Arbeit* [nach dem griech. Sagenhelden *Herkules*]

her|ku|lisch ⟨Adj.⟩ **1** *sehr stark und groß; riesenstark;* ~e Gestalt; ~er Mensch **2** *riesig, übermenschlich;* ~e Kräfte [nach dem grch. Sagenhelden *Herkules*]

Herm|a|phro|dis|mus, ⟨auch⟩ **Her|maph|ro|dis|mus** ⟨m.; -; unz.⟩ = *Hermaphroditismus*

Herm|a|phro|dit, ⟨auch⟩ **Her|maph|ro|dit** ⟨m.; -en, -en⟩ *fortpflanzungsfähiges Lebewesen mit männl. u. weibl. Geschlechtsmerkmalen;* Sy *Zwitter;* →a. *Intersex* [nach dem Sohn des grch. Gottes *Hermes* u. der Göttin *Aphrodite*]

herm|a|phro|di|tisch, ⟨auch⟩ **her|maph|ro|di|tisch** ⟨Adj.⟩ *zwitterhaft*

Herm|a|phro|di|tis|mus, ⟨auch⟩ **Her|maph|ro|di|tis|mus** ⟨m.; -; unz.⟩ *Zwittrigkeit, Zwitterbildung;* oV *Hermaphrodismus;* →a. *Intersexualität*

Her|me ⟨f.; -, -n⟩ *rechteckiger Pfeiler, der oben die plast. Darstellung eines Kopfes trägt, urspr. nur der Hermes, dann anderer Götter, später auch berühmter Männer* [nach dem grch. Gott *Hermes*]

Her|me|neu|tik ⟨f.; -; unz.; Lit.⟩ *Kunst der Auslegung, Deutung von Schriften, Kunstwerken usw.* [< grch. *hermeneutes* »Ausleger«]

her|me|neu|tisch ⟨Adj.⟩ *die Hermeneutik betreffend, zu ihr gehörig, auf ihr beruhend, auslegend, erklärend, deutend;* die ~e Methode; der ~e Zirkel

Her|me|ti|ker ⟨m.; -s, -⟩ **1** ⟨urspr.⟩ *(schwärmender) Anhänger der Lehre des Hermes Trismegistos* **2** ⟨heute; geh.⟩ *Schriftsteller, Philosoph mit einer mehrdeutigen, schwer verständlichen Ausdrucksweise* [→ *hermetisch*]

her|me|tisch ⟨Adj.⟩ *luft- u. wasserdicht;* ~ verschlossen [< mlat. Adj. *hermetice* (Paracelsus 1528), nach dem sagenhaften ägypt. Weisen *Hermes Trismegistos,* der die Kunst erfunden haben soll, eine Glasröhre mit einem geheimnisvollen Siegel luftdicht zu verschließen]

Her|me|tis|mus ⟨m.; -, unz.⟩ **1** ⟨Lit.; seit 1935⟩ *Richtung der ital. Lyrik, die sich eines geheimnisvollen, unbestimmten Stils bedient* **2** ⟨geh.⟩ *Dunkelheit, Undurchdringlichkeit, Vieldeutigkeit eines literarischen Werkes, bes. innerhalb der Lyrik;* der ~ der modernen Lyrik [→ *hermetisch*]

Her|nie ⟨[-njə] f.; -, -n⟩ **1** ⟨Med.⟩ *Eingeweidebruch* **2** *durch den Pilz Plasmodiophora brassicae hervorgerufene Pflanzenkrankheit, bes. am Kohl, die an Wurzel od. Wurzelhals bruchähnliche Verdickungen hervorruft* [< lat. *hernia* »Bruch«]

Her|ni|o|to|mie ⟨f.; -, -n; Med.⟩ *Operation eines Eingeweidebruchs* [< lat. *hernia* »Bruch« + *...tomie*]

He|ro|en ⟨Pl. von⟩ *Heros*

He|ro|en|kult ⟨m.; -e(s), -e; Pl. selten⟩ **1** ⟨antike Myth.⟩ *kultische Verehrung eines Heros* **2** ⟨geh.; meist abwertend⟩ *Verehrung von als Helden betrachteten, zu Helden erklärten Männern* [< grch. *heros* »Held« + *Kult*]

He|ro|i|de ⟨f.; -, -n; bes. im 16. Jh.⟩ *Heldenbrief, fingierter Liebesbrief eines Heros od. einer Heroin* [nach den »Epistulae« von Ovid, < grch. *heros* »Held«]

He|ro|ik ⟨f.; -; unz.; geh.⟩ *Heldenhaftigkeit, Mut* [→ *Heros*]

He|ro|in[1] ⟨f.; -, -in|nen⟩ *Heldin* [→ *Heros*]

He|ro|in[2] ⟨n.; -s; unz.⟩ *wegen der außerordentl. Suchtgefahr kaum noch therapeutisch angewendetes Rauschmittel: Diacetylmorphin* [»heroisch« bedeutet in der Heilkunde des Altertums u. MA »sehr stark wirkend«]

He|ro|i|ne ⟨f.; -, -n; Theat.; †⟩ *Darstellerin einer Heldin* [< grch. *heros* »Held«]

He|ro|i|nis|mus ⟨m.; -; unz.⟩ *Süchtigkeit nach Heroin*[2]

he|ro|isch ⟨Adj.⟩ *einem Heros gemäß, entsprechend, wie ein Heros, heldisch, heldenhaft;* ~e Landschaft *ideale Landschaft mit mytholog. Staffagefiguren*

he|ro|i|sie|ren ⟨V.⟩ *zum Helden erheben, verherrlichen* [→ *Heros*]

He|ro|is|mus ⟨m.; -; unz.⟩ *Heldenmut, Heldentum* [→ *Heros*]

He|rold ⟨m.; -(e)s, -e⟩ **1** ⟨MA⟩ *Ausrufer, Fürstenbote* **2** ⟨fig.⟩ *Verkünder, Vorläufer* [< spätmhd. *heralt* < afrz. *héralt,* fränk. **heriwald* »Heeresbeamter«]

He|rons|ball ⟨m.; -(e)s, -bäl|le⟩ *bereits im Altertum bekannte Art einer Pumpe, bei der der Druck zusammengepresster Luft zum Transport von Flüssigkeiten genutzt wird* [nach dem altgrch. Physiker *Heron* von Alexandrien, um 100 v. Chr.]

He|ro|on ⟨n.; -s, -roa⟩ *Heiligtum, Grabmal eines Heros* [grch.]

He|ros ⟨m.; -, -ro|en⟩ **1** *Held* **2** *Halbgott* [grch.]

He|ro|strat, ⟨auch⟩ **He|ros|trat, He|rost|rat** ⟨m.; -en, -en⟩ *Verbrecher aus Ruhmsucht* [nach *Herostratos,* einem Bewohner von Ephesos, der den Artemistempel seiner Vaterstadt anzündete, um dadurch seinen Namen berühmt zu machen]

he|ro|stra|tisch, ⟨auch⟩ **he|ros|tra|tisch, he|rost|ra|tisch** ⟨Adj.⟩ *aus Ruhmsucht verbrecherisch handelnd* [→ *Herostrat*]

Herp|an|gi|na ⟨f.; -, -ne⟩ *durch Virusinfektion hervorgerufene Entzündung der Mundhöhle mit Bläschenbildung* [< *Herpes* + *Angina*]

Her|pes ⟨m. od. f.; -; unz.; Med.⟩ *einfacher, harmloser, aber störender u. zu Rückfällen neigender Bläschenausschlag, meist an den Übergängen zw. Haut u. Schleimhaut: Herpes simplex* [< grch. *herpein* »kriechen«]

her|pe|ti|form ⟨Adj.; Med.⟩ *mit einem Bläschenausschlag wie beim Herpes auftretend, dem Herpes ähnlich;* ~e Hautkrankheiten, Hautausschläge

her|pe|tisch ⟨Adj.; Med.⟩ *den Herpes betreffend, wie Herpes aussehend*
Her|pe|to|lo|gie ⟨f.; -; unz.⟩ *Lehre von den Amphibien u. Kriechtieren* [< grch. *herpeton* »kriechendes Tier« + *…logie*]
Hertz ⟨n.; -, -; Abk.: Hz⟩ *Maßeinheit der Frequenz, 1 Hz = 1 Schwingung pro Sekunde* [nach dem Physiker Heinrich Rudolf *Hertz,* 1857-1894]
Hes|pe|ri|de ⟨f.; -, -n; meist Pl.; grch. Myth.⟩ *Nymphe, die im Göttergarten die goldenen Äpfel des Lebens hütet* [< grch. *Hesperides;* nach der Abendgöttin *Hesperis;* zu grch. *hesperos* »Abend«]
Hes|pe|ri|din ⟨n.; -s; unz.; Pharm.⟩ *Glykosid aus den Fruchtschalen unreifer Orangen pharmakolog. in Venen- u. Grippemitteln verwendet* [nach den Äpfeln der *Hesperide(n)*]
Hes|pe|ros ⟨m.; -; unz.; grch. Myth.⟩ oV *Hesperus* **1** *Abend, Abendstern* **2** *Westen* [zu grch. *hesperos (aster)* »Abendstern«]
Hes|pe|rus ⟨m.; -; unz.; grch. Myth.⟩ = *Hesperos*
He|sy|chas|mus ⟨[-ças-] m.; -; unz.⟩ *mystische Bewegung der Mönche der Ostkirche, die durch eine bestimmte Gebetstechnik (Nabelschau) u. Lichtmystik zur Schau des göttlichen Lichts zu gelangen versucht* [zu grch. *hesychia* »Ruhe, Stille«]
He|sy|chast ⟨[-çast] m.; -en, -en⟩ *Anhänger des Hesychasmus*
He|tä|re ⟨f.; -, -n; im antiken Griechenland⟩ *(meist sehr gebildete) Geliebte, Freundin eines bedeutenden Mannes* [< grch. *hetaira* »Gefährtin, Freundin, Geliebte«]
He|tä|rie ⟨f.; -, -n⟩ **1** *griechische polit. Gemeinschaft* **2** *seit 1800 gegen die Türken gerichteter Geheimbund* [< grch. *hetairos* »Gefährte«]
he|te|ro…, He|te|ro… ⟨in Zus.⟩ *fremd…, Fremd…, verschieden…* [< grch. *heteros* »anders, verschieden«]
He|te|ro|au|xin ⟨n.; -s; unz.⟩ *Abkömmling der Indolylessigsäure, der als Wuchsstoff in den höheren Pflanzen eine wichtige Rolle spielt* [< *Hetero…* + grch. *auxin* »wachsen machen, vermehren«]
He|te|ro|chro|mie ⟨[-kro-] f.; -, -n⟩ *verschiedene Färbung, z.B. eines Augenpaares* [< *Hetero…* + *…chromie*]
He|te|ro|chro|mo|som ⟨[-kro-] n.; -s, -en; Biol.⟩ *geschlechtsbestimmendes Chromosom* [< *Hetero…* + *Chromosom*]
he|te|ro|cy|clisch, ⟨auch⟩ **he|te|ro|cyc|lisch** ⟨Adj.⟩ ~e Verbindungen *V., an deren ringförmigem Aufbau außer Kohlenstoff noch andere Atome beteiligt sind;* oV *heterozyklisch*
he|te|ro|dont ⟨Adj.⟩ *mit verschiedenartigen Zähnen versehen, z.B. Schneidezähne, Eckzähne, Backenzähne;* Ggs *homodont* [< *hetero…* + grch. *odons,* Gen. *odontos* »Zahn«]
He|te|ro|don|tie ⟨f.; -; unz.; Biol.⟩ *Besitz verschieden geformter Zähne, z.B. Schneidezähne, Backenzähne u. Eckzähne* [< *Hetero…* + grch. *odons* »Zahn«]
he|te|ro|dox ⟨Adj.⟩ *andersgläubig, irrgläubig, von der herrschenden Lehre abweichend*
He|te|ro|do|xie ⟨f.; -, -n⟩ *Irrglaube, Irrlehre* [< *Hetero…* + grch. *doxa* »Meinung«]
he|te|ro|fon ⟨Adj.; Mus.⟩ = *heterophon*
He|te|ro|fo|nie ⟨f.; -; unz.; Mus.⟩ = *Heterophonie*
He|te|ro|ga|mie ⟨f.; -; unz.; Biol.⟩ *Fortpflanzung mit unterschiedlichen Sexualpartnern;* Ggs *Homogamie* [< *Hetero…* + *…gamie*]
he|te|ro|gen ⟨Adj.⟩ **1** *ungleichartig, verschiedenartig, andersartig* **2** *nicht gleichartig zusammengesetzt;* Sy *inhomogen;* Ggs *homogen;* ~e Systeme ⟨Chem.⟩ *durch sichtbare Grenzflächen voneinander getrennte Bestandteile eines Gemisches* [< *hetero…* + *…gen*[1]]
He|te|ro|ge|ni|tät ⟨f.; -; unz.⟩ *Verschiedenartigkeit, Ungleichartigkeit, verschiedenartige Zusammensetzung;* Sy *Inhomogenität;* Ggs *Homogenität*
He|te|ro|go|nie ⟨f.; -; unz.⟩ Ggs *Homogonie* **1** ⟨Biol.⟩ *Wechsel zwischen geschlechtlicher u. ungeschlechtlicher Fortpflanzung, dadurch unbeabsichtigtes Entstehen heterogener Spezies* **2** ⟨Philos.; Psych.⟩ *(bes. von W. Wundt betonte) Erfahrung, dass sich im Handlungsverlauf die ursprüngliche Zwecksetzung verändert u. unbeabsichtigte Nebenziele entstehen, die wiederum neue Motive für zukünftiges Handeln sind (Motivwandlung)* [< *Hetero…* + *…gonie*]
he|te|ro|grad ⟨Adj.; Stat.⟩ *auf quantitative Merkmale, Unterschiede gerichtet;* Ggs *homograd;* ~e Statistik, ~e Fragestellung [< *hetero…* + lat. *gradus* »Schritt«]
he|te|ro|graf ⟨Adj.⟩ = *heterograph*
He|te|ro|gra|fie ⟨f.; -; unz.⟩ = *Heterographie*
he|te|ro|graph ⟨Adj.; Sprachw.⟩ *auf der Heterographie beruhend, zu ihr gehörig, mit ihrer Hilfe;* oV *heterograf* [< *hetero…* + *…graph*]
He|te|ro|gra|phie ⟨f.; -; unz.; Sprachw.⟩ *unterschiedliche Schreibweise für gleich klingende Laute od. Wörter,* z.B. Saite u. Seite; oV *Heterografie* [< *Hetero…* + *…graphie*]
he|te|ro|klin ⟨Adj.⟩ *sich durch Fremdbestäubung fortpflanzend* [< *hetero…* + grch. *klinein* »neigen«]
He|te|ro|kli|sie ⟨f.; -; unz.⟩ *Deklination eines Nomens nach verschiedenen Stämmen in den einzelnen Kasus* [< *Hetero…* + grch. *klinein* »beugen«]
he|te|ro|kli|tisch ⟨Adj.⟩ *nach Art eines Heteroklitons, nach Art der Heteroklisie*
He|te|ro|kli|ton ⟨n.; -s, -ta; Gramm.⟩ *Substantiv, dessen einzelne Kasus nach verschiedenen Stämmen dekliniert werden* [→ *Heteroklisie*]
he|te|ro|log ⟨Adj.; Med.⟩ *abweichend, nicht übereinstimmend, artfremd* [< *hetero…* + *…log*]
he|te|ro|mer ⟨Adj.; fachspr.⟩ **1** *aus unterschiedlichen od. ungleich vielen Abschnitten od. Teilen zusammengesetzt, bestehend;* Ggs *isomer* **2** ⟨Bot.⟩ *ungleichzählig (von den einzelnen Blattkreisen einer Blüte)*

he|te|ro|morph ⟨Adj.⟩ **1** *anders gestaltet, verschiedengestaltig* **2** *verschiedene Kristallformen bildend* [< *hetero…* + *…morph*]

He|te|ro|mor|phis|mus ⟨m.; -; unz.⟩ *Eigenschaft mancher Stoffe, in verschiedenen Kristallgittern auszukristallisieren*

He|te|ro|mor|pho|se ⟨f.; -, -n; bei Tieren u. Pflanzen⟩ *Ersatz verloren gegangener Teile durch anders organisierte Teile od. Organe*

he|te|ro|nom ⟨Adj.⟩ **1** *von fremden Gesetzen abhängig;* Ggs *autonom* **2** *ungleichwertig;* Ggs *homonom* [< *hetero…* + *…nom*[1]]

He|te|ro|no|mie ⟨f.; -; unz.⟩ **1** *Abhängigkeit von fremden Gesetzen;* Ggs *Autonomie(2)* **2** *Ungleichwertigkeit;* Ggs *Homonomie*

he|ter|o|nym, ⟨auch⟩ **he|te|ro|nym** ⟨Adj.⟩ *auf Heteronymie beruhend, zu ihr gehörig*

He|ter|o|nym, ⟨auch⟩ **He|te|ro|nym** ⟨n.; -s, -e; Sprachw.⟩ *Ausdruck, der mit einem anderen eng zusammengehört, aber auf eine andere Wurzel zurückgeht,* z.B. Base-Vetter; *in einer anderen Sprache, Mundart synonym gebrauchtes Wort,* z.B. Sonnabend-Samstag, Porree-Lauch [< *Hetero…* + grch. *onyma* »Name«]

He|ter|o|ny|mie, ⟨auch⟩ **He|te|ro|ny|mie** ⟨f.; -; unz.; Sprachw.⟩ **1** *heteronyme Beziehung zwischen Wörtern;* bei diesem Begriffspaar liegt ~ vor **2** *das Vorhandensein von Heteronymen*

he|te|ro|phag ⟨Adj.; Biol.; selten⟩ Ggs *homophag* **1** *pflanzliche u. tierische Nahrung aufnehmend* **2** *auf verschiedenen Wirtstieren od. Pflanzen schmarotzend* [< *hetero…* + *…phag*]

he|te|ro|phon ⟨Adj.; Mus.⟩ *von der Einstimmigkeit abweichend;* oV *heterofon* [< *hetero…* + *…phon*]

He|te|ro|pho|nie ⟨f.; -; unz.; Mus.⟩ *gleichzeitiges Erklingen einer Melodie durch verschiedene Stimmen u. Instrumente, wobei die Hauptstimme von den übrigen Stimmen leicht umspielt wird, bes. in der südostasiatischen Musik;* oV *Heterofonie* [< *Hetero…* + *…phonie*]

He|te|ro|phyl|lie ⟨f.; -; unz.⟩ *verschiedenartige Ausgestaltung der Laubblätter in den verschiedenen Stockwerken der Triebe einer Pflanze* [< *Hetero…* + grch. *phyllon* »Blatt«]

He|te|ro|pla|sie, ⟨auch⟩ **He|te|rop|la|sie** ⟨f.; -; unz.; Med.⟩ *Neubildung von Gewebe, das sich vom ursprünglichen Gewebe krankhaft unterscheidet, z.B. bei Tumoren* [< *Hetero…* + *…plasie*]

He|te|ro|plas|tik ⟨f.; -, -en⟩ *Gewebsverpflanzung von einem Lebewesen der einen auf eins einer anderen Art;* Sy *Alloplastik(1);* Ggs *Homöoplastik*

he|te|ro|plo|id, ⟨auch⟩ **he|te|rop|lo|id** ⟨Adj.; Genetik⟩ *eine von der normalen Zelle abweichende Chromosomenanzahl enthaltend;* → a. *diploid*

he|te|ro|po|lar ⟨Adj.⟩ *entgegengesetzte elektr. Ladung od. entgegengesetzte magnet. Pole aufweisend* [< *hetero…* + *polar*]

He|te|ro|pte|ren, ⟨auch⟩ **He|te|rop|te|ren** ⟨Pl.; Zool.⟩ *Wanzen* [< *Hetero…* + *…ptere*]

He|te|ro|se|mie ⟨f.; -, -n; Sprachw.⟩ *verschiedene Bedeutung eines Wortes in unterschiedlichen Sprach- bzw. Dialektregionen,* z.B. bezeichnet „Pfannkuchen" im Allgemeinen einen Eierkuchen, in Berlin jedoch einen zuckerbestreuten Krapfen [< *Hetero…* + grch. *sema* »Zeichen«]

He|te|ro|se|xu|a|li|tät ⟨f.; -; unz.⟩ *Empfinden für das andere Geschlecht;* Ggs *Homosexualität;* → a. *Bisexualität(2)*

he|te|ro|se|xu|ell ⟨Adj.⟩ *andersgeschlechtlich, auf das andere Geschlecht bezogen, für das andere Geschlecht empfindend;* Ggs *homosexuell;* → a. *bisexuell(2)*

He|te|ro|som ⟨n.; -s, -e⟩ *geschlechtsbestimmendes Chromosom* [< *Hetero…* + grch. *soma* »Körper«]

He|te|ro|sphä|re, ⟨auch⟩ **He|te|ros|phä|re** ⟨f.; -; unz.⟩ *in etwa 120 km Höhe beginnender oberer Teil der Atmosphäre (ab ca. 120 km Höhe);* Ggs *Homosphäre* [< *Hetero…* + *…Sphäre*]

he|te|ro|therm ⟨Adj.⟩ *wechselwarm (z.B. von Kriechtieren)* [< *hetero…* + *…therm*]

He|te|ro|to|nie ⟨f.; -, -n; Med.⟩ *fortwährendes Schwanken des Blutdrucks zwischen normalen u. erhöhten Werten* [< *Hetero…* + *…tonie*]

he|te|ro|top ⟨Adj.; Med.; Geol.⟩ = *heterotopisch*

he|te|ro|to|pisch ⟨Adj.⟩ **1** ⟨Med.⟩ *an atypischer Stelle liegend, erfolgend, entstehend (z.B. von Organen, Reizen)* **2** ⟨Geol.⟩ *in unterschiedlichen Räumen gebildet (von Gestein);* Ggs *isotopisch;* oV *heterotop* [< *hetero…* + grch. *topos* »Ort«]

he|te|ro|troph ⟨Adj.⟩ *sich von organischen Stoffen ernährend, die von anderen Lebewesen stammen;* Ggs *autotroph* [< *hetero…* + *…troph*]

He|te|ro|tro|phie ⟨f.; -, -n⟩ *Ernährung durch organische Stoffe;* Ggs *Autotrophie*

he|te|ro|zy|got ⟨Adj.⟩ *gemischterbig;* Ggs *homozygot* [< *hetero…* + grch. *zygoun* »verbinden«]

He|te|ro|zy|go|tie ⟨f.; -; unz.; Biol.⟩ *Erscheinung, dass sich eine Zygote od. ein Individuum aus der Vereinigung von erblich unterschiedlichen Keimzellen herleitet;* Ggs *Homozygotie* [→ *heterozygot*]

he|te|ro|zy|klisch, ⟨auch⟩ **he|te|ro|zyk|lisch** ⟨Adj.⟩ = *heterocyclisch*

He|thi|ter ⟨m.; -, -s⟩ *Angehörige eines indogerm. Volkes in Kleinasien;* oV *Hettiter*

He|thi|to|lo|ge ⟨m.; -n, -n⟩ *Wissenschaftler auf dem Gebiet der Hethitologie*

He|thi|to|lo|gie ⟨f.; -; unz.⟩ *Wissenschaft von der Sprache u. Kultur der Hethiter* [< *Hethiter* + *…logie*]

Het|man ⟨m.; -s, -e od. österr. -s; im Königreich Polen u. in der Ukraine⟩ *Oberbefehlshaber;* → a. *Ataman* [poln. < tschech. *hejtman* < dt. *Hauptmann*]

Het|ti|ter ⟨m.; -, -s⟩ = *Hethiter*

heu|re|ka *»ich hab's gefunden!«* [grch.; zu *heuriskein* »finden«; angebl. Ausruf des Archimedes, als er im Bad das Gesetz des Auftriebs entdeckte]
Heu|ris|tik ⟨f.; -; unz.⟩ *Lehre von den nicht mathematischen Methoden zur Gewinnung neuer Erkenntnisse* [eigtl. »Findungs-, Erfindungskunst« < grch. *heuriskein* »finden«]
heu|ris|tisch ⟨Adj.⟩ *die Heuristik betreffend, zu ihr gehörig, mit ihrer Hilfe*
He|vea ⟨f.; -, -ve|ae [-veɛ:]⟩ *trop. Baum, aus dem Kautschuk gewonnen wird* [< frz. *hévéa* < südamerik. Indianerspr. *hewe*]
he|xa..., **He|xa...** ⟨vor Vokalen⟩ hex..., Hex... ⟨in Zus.⟩ *sechs* [< grch. *hex*]
He|xa|chord ⟨[-kɔrd] n. od. m.; -(e)s, -e⟩ *Skala von sechs Tönen in der diaton. Tonleiter mit einem Halbtonschritt von der 3. zur 4. Stufe* [< *Hexa...* + *...chord*]
He|xa|de|zi|mal|sys|tem ⟨n.; -s, -e; Math.⟩ *auf der Zahl 16 beruhendes Zahlensystem, das heute bes. bei Computern wieder verwendet wird* [< *Hexa...* + *dezimal*]
he|xa|disch ⟨Adj.; Math.⟩ *auf dem Hexadezimalsystem beruhend, zu ihm gehörig*
He|xa|e|der ⟨n.; -s, -⟩ *platonischer Körper, der von sechs Quadraten begrenzt wird, Sechsflach, Sechsflächner, Würfel* [< *Hexa...* + *...eder*]
he|xa|e|drisch, ⟨auch⟩ **he|xa|ed|risch** ⟨Adj.⟩ *in der Form eines Hexaeders, würfelförmig*
He|xa|e|me|ron ⟨n.; -s; unz.⟩ *das »Sechstagewerk« der Schöpfung, Schöpfungswoche (außer Sabbat)* [< *Hexa...* + grch. *hemeron* »Tag«]
He|xa|gon ⟨n.; -s, -e⟩ *Sechseck;* →a. *Pentagon* [< *Hexa...* + *...gon*]
he|xa|go|nal ⟨Adj.⟩ *in Form eines Hexagons, sechseckig*
He|xa|gramm ⟨n.; -s, -e⟩ *Sechsstern aus zwei gekreuzten gleichseitigen Dreiecken, Davidsstern* [< *Hexa...* + *...gramm*]
he|xa|mer ⟨Adj.; Bot.⟩ *sechsteilig, sechszählig (z.B. von Blüten)* [< *hexa...* + *...mer*]
Hex|a|me|ron, ⟨auch⟩ **He|xa|me|ron** ⟨n.; -s, -s⟩ *»Sechstage«geschichten, Sammlung von Novellen, die an sechs Tagen erzählt werden* [< *Hexa...* + grch. *hemeron* »Tag«]
He|xa|me|ter ⟨m.; -s, -⟩ *Vers mit sechs Versfüßen, meist Daktylen* [< *Hexa...* + *...meter*]
he|xa|me|trisch, ⟨auch⟩ **he|xa|met|risch** ⟨Adj.; Lit.⟩ *in Hexametern gedichtet;* ~e Verse
He|xa|min ⟨n.; -s; unz.; Chem.⟩ *hochbrisanter Sprengstoff, der zur Füllung von Geschossen u. Torpedos verwendet wird;* Sy *Hexyl*
He|xan ⟨n.; -s; unz.⟩ *im Erdöl vorkommender aliphat. Kohlenwasserstoff mit sechs Kohlenstoffatomen, chem. Formel* C_6H_{14} [< grch. *hex* »sechs«]
he|xa|plo|id, ⟨auch⟩ **he|xap|lo|id** ⟨Adj.; Genetik⟩ *einen sechsfachen Chromosomensatz aufweisend*
He|xa|po|de ⟨m.; -n, -n; meist Pl.⟩ *Insekt* [< *Hexa...* + *...pode*]
He|xa|teuch ⟨m.; -s; unz.⟩ *die ersten sechs Bücher des AT, 1. bis 5. Buch Mose u. Buch Josua* [< *Hexa...* + grch. *teuchos* »Rüstzeug, Buch«]
He|xi|te ⟨Pl.⟩ *aus den Hexosen gewinnbare, sechswertige Alkohole* [< grch. *hexa* »sechs« + Endung *...it*]
Hex|o|de, ⟨auch⟩ **He|xo|de** ⟨f.; -, -n⟩ *Elektronenröhre mit sechs Elektroden* [< *Hexa...* + *...ode*]
He|xo|gen ⟨n.; -s; unz.; Chem.⟩ *hochexplosiver Sprengstoff bei relativ hoher Stoßfestigkeit* [< grch. *hexa* »sechs« (nach dem sechsgliedrigen Ring des Benzols) + *gennan* »erzeugen«]
He|xo|se ⟨f.; -, -n⟩ *einfacher Zucker mit sechs Kohlenstoffatomen im Molekül* [< grch. *hexa* »sechs« + Endung *...ose*]
He|xyl ⟨n.; -s; unz.; Chem.⟩ = *Hexamin*
Hf ⟨chem. Zeichen für⟩ *Hafnium*
HF ⟨Abk. für⟩ *Hochfrequenz*
hg ⟨Abk. für⟩ *Hektogramm*
Hg 1 ⟨chem. Zeichen für⟩ *Quecksilber (Hydrargyrum)* **2** mm Hg ⟨Zeichen für⟩ *Millimeter Quecksilbersäule (veraltete Maßeinheit des Luftdrucks)*
Hi|at ⟨m.; -s, -e⟩, **Hi|a|tus** ⟨m.; -, -⟩ **1** ⟨Med.⟩ *Öffnung, Kluft, Spalt, Lücke* **2** ⟨Metrik⟩ *Zusammentreffen zweier Vokale am Ende des einen u. am Anfang des folgenden Wortes (Missklang bes. in der antiken Metrik)* [lat.]
Hi|ber|na|kel ⟨n.; -s, -n⟩ *der vegetativen Vermehrung dienende Überwinterungsknospe vieler Wassergewächse* [< lat. *hibernaculum* »Wintergemach«]
hi|ber|nal ⟨Adj.⟩ *winterlich* [< lat. *hibernus* »winterlich«]
Hi|ber|na|ti|on ⟨f.; -, -en⟩ **1** *Überwinterung, Winterschlaf* **2** ⟨Med.⟩ *Heilschlaf* [< lat. *hibernatio* »Überwinterung«; zu *hibernare* »im Winterquartier liegen«]
Hi|bis|kus ⟨m.; -, -bis|ken; Bot.⟩ *Gattung der Malvengewächse: Hibiscus* [< lat. *hibiscum* »Eibisch« < grch. *ibiskos*]
hic et nunc *hier und jetzt, sofort, augenblicklich* [lat.]
Hi|cko|ry ⟨m.; -s, -s⟩ *nordamerikanische Gattung der Walnussgewächse: Carya;* Weißer ~ *liefert ein wertvolles Holz u. wird deshalb auch in Europa angepflanzt: Carya alba* [< engl. *hickory* < indian. *pawcohiccora*, Bez. für eine Zubereitung zerstampfter Kerne]
Hic Rho|dus, hic sal|ta! *hier (jetzt) zeige, was du kannst!* [lat., »Hier (ist) Rhodos, hier springe!«; nach einer Fabel des Äsop, in der sich ein Prahler rühmt, auf Rhodos einst einen gewaltigen Sprung getan zu haben]
Hi|dal|go ⟨m.; -s, -s; früher⟩ *Angehöriger des niederen spanischen u. portugies. Adels* [span., »Edelmann« < altspan. *fijo d'algo* »Sohn von etwas; Sohn von Besitz« (zu *algo* »Besitz«) < lat. *filius de aliquo* »Sohn von etwas«]

■ Die Buchstabenfolge **hi|dr...** kann auch **hid|r...** getrennt werden.

■ **Hi|dra|de|ni|tis** ⟨f.; -, -ti|den⟩ *Schweißdrüsenentzündung* [< grch. *hidros* »Schweiß« + *Adenitis*]
■ **Hi|droa** ⟨Pl.⟩ *Überempfindlichkeitserkrankung der Haut von Kleinkindern, bei der sich nach Sonnenbestrahlung Bläschen u. Papeln bilden, Schwitzbläschen* [< grch. *hidros* »Schweiß«]
■ **Hi|dro|se** ⟨f.; -, -n⟩ *Schweißabsonderung* [< grch. *hidros* »Schweiß«]
■ **Hi|dro|ti|kum** ⟨n.; -s, -ti|ka; Pharm.⟩ *schweißtreibendes Mittel* [< grch. *hidros* »Schweiß«]
■ **hi|dro|tisch** ⟨Adj.⟩ *schweißtreibend*
hi|er..., **Hi|er...** ⟨in Zus.⟩ = *hiero..., Hiero...*
Hi|er|arch, ⟨auch⟩ **Hi|e|rarch** ⟨[hi(e)-] m.; -en, -en⟩ *Oberhaupt der Priester im antiken Griechenland* [→ *Hierarchie*]

Hierarchie (*Worttrennung am Zeilenende*) Die Worttrennung richtet sich auch bei Fremdwörtern nach Sprechsilben, die sich bei langsamem Sprechen ergeben. In Einzelfällen ergeben sich durch Aussprachevarianten dabei unterschiedliche Trennmöglichkeiten. So kann z.B. die Buchstabenfolge »*ie*« in »*Hierarchie*« als langer Vokal [i:] oder als Vokalfolge [i:e] gesprochen werden. In letzterem Fall kann das »*e*« als einzelne Sprechsilbe abgetrennt werden.

Hi|er|ar|chie, ⟨auch⟩ **Hi|e|rar|chie** ⟨[hi(e)-] f.; -, -n⟩ *Rang-, Stufenfolge, Rangordnung, Aufbau in verschiedenen Stufen* [< *Hiero...* + *...archie*]
hi|er|ar|chisch, ⟨auch⟩ **hi|e|rar|chisch** ⟨[hi(e)-] Adj.⟩ *die Hierarchie betreffend, zu ihr gehörig, auf ihr beruhend, streng gegliedert*
hi|er|ar|chi|sie|ren, ⟨auch⟩ **hi|e|rar|chi|sie|ren** ⟨[hi(e)-] V.⟩ *Hierarchien entwickeln, in Rangstufen mit von oben nach unter abnehmender Bedeutung gliedern, organisieren;* Personen, Gegenstände ~ [→ *Hierarchie*]
hi|e|ra|tisch ⟨[hi(e)-] Adj.⟩ ~e Schrift *(von den Priestern) zur Gebrauchsschrift vereinfachte Form der Hieroglyphen* [< grch. *hieratikos* »priesterlich«]
hi|e|ro..., **Hi|e|ro...** ⟨[hi(e)-] vor Vokalen⟩ hier..., Hier... ⟨in Zus.⟩ *heilig* [< grch. *hieros* »heilig«]
Hi|e|ro|du|le ⟨[hi(e)-] m.; -n, -n od. f.; -, -n⟩ *Tempeldiener(in), Tempelsklave od. sklavin* [< *Hiero...* + grch. *doulos* »Sklave«]
Hi|e|ro|gly|phe ⟨[hi(e)-] f.; -, -n⟩ **1** *Zeichen der altägypt. Bilderschrift* **2** ⟨umg.; scherzh.⟩ *schwer lesbare Schrift* [< *Hiero...* + grch. *glyphein* »eingraben«]
Hi|e|ro|gly|phik ⟨[hi(e)-] f.; -; unz.⟩ *Wissenschaft von der altägypt. Bilderschrift* [→ *Hieroglyphe*]
hi|e|ro|gly|phisch ⟨[hi(e)-] Adj.⟩ **1** *in Hieroglyphen geschrieben* **2** ⟨fig.⟩ *rätselhaft, nicht zu entziffern, z.B. Schrift, Zeichen*
Hi|e|ro|krat ⟨[hi(e)-] m.; -en, -en⟩ **1** *Angehöriger der Hierokratie* **2** *Geistlicher, der die Hierokratie anstrebt*
Hi|e|ro|kra|tie ⟨[hi(e)-] f.; -, -n⟩ *Priesterherrschaft* [< *Hiero...* + *...kratie*]
Hi|e|ro|mant ⟨[hi(e)-] m.; -en, -en⟩ *jmd., der Hieromantie betreibt*
Hi|e|ro|man|tie ⟨[hi(e)-] f.; -; unz.⟩ *Wahrsagerei aus Tieropfern* [< *Hiero...* + *...mantie*]
Hi|e|ro|phant ⟨m.; -en, -en⟩ *Oberpriester, der bes. bei den Eleusinischen Mysterien die heiligen Bräuche zu erklären hatte* [< *Hiero...* + grch. *phainein* »zeigen«]
HiFi, ⟨auch⟩ **Hi-Fi** ⟨[haifai] Abk. für⟩ *High Fidelity*
high ⟨[hai] umg.⟩ *im Rauschzustand, erhoben;* ~ sein [engl., »hoch«]
High|ball ⟨[haibɔ:l] m.; -s, -s⟩ *mit Mineralwasser verdünnter Whiskey od. Likör* [engl.-amerikan., eigtl. »hoher Ball«, auch »schneller Zug«, urspr. Bez. für einen an einer Stange befestigten Metallball, der Zügen freie Durchfahrt signalisierte]
High|board, ⟨auch⟩ **High Board** ⟨[haibɔ:d] n.; (-) -s, (-) -s⟩ *Möbelstück von mittlerer Größe u. Höhe, das neben einer Anzahl von Schubladen auch einen Vitrinenteil hat* [engl., »Hochboard«]
High|brow ⟨[haibrau] m.; -s, -s⟩ **1** ⟨Zeitungsw.⟩ *Zeitung mit einem besonders guten Ruf, seriöse Tageszeitung* **2** ⟨umg.; leicht abwertend⟩ *jmd., der sich für intellektuell od. kulturell bes. gebildet hält* [< engl. *high brow* »hohe Augenbraue« + *highbrow* »Intellektuelle(r)«]
High Church ⟨[hai tʃə:tʃ] f.; - -; unz.⟩ *die engl. Hochkirche;* → a. *Low Church* [engl.]
High|end... ⟨[hai-] in Zus.⟩ *(hinsichtlich der technischen Leistungsfähigkeit) qualitativ hochwertig u. sehr teuer;* ein ~tapedeck für 2000 DM [< engl. *high end* »oberes Ende«]
High|fi|de|li|ty, ⟨auch⟩ **High Fi|de|li|ty** ⟨[haifidɛliti] f.; (-) -; unz.; Abk.: HiFi⟩ *wirklichkeitsgetreue Tonwiedergabe durch Radio u.a. elektroakustische Geräte* [engl.]
High|heels, ⟨auch⟩ **High Heels** ⟨[haihi:ls] Pl.⟩ *Schuhe (insbes. Stiefel) mit hohen Absätzen, Stöckelschuhe* [< engl. *high* »hoch« + *heel* »Absatz, Ferse«]
High|im|pact, ⟨auch⟩ **High Im|pact** ⟨[haiimpækt] m.; (-) -s, (-) -s⟩ *hoher Grad an Belastung od. Beeinflussung* [< engl. *high* »hoch, groß« + *impact* » Einschlag, Aufprall«]
High|life, ⟨auch⟩ **High Life** ⟨[hailaif] n.; (-) -s; unz.⟩ **1** *das Leben der vornehmen Welt* **2** ⟨umg.⟩ ~ machen *überschwänglich sein, sich ausgelassen benehmen* [engl.]
High|lights ⟨[hailaits] Pl.⟩ *Höhepunkte, herausragende, besondere Ereignisse;* das waren die ~ des letzten Jahres [engl.]
High|noon, ⟨auch⟩ **High Noon** ⟨[hainu:n] m.; (-) -s, (-) -s⟩ *erfolgreichster, aufregendster*

Zeitabschnitt, Höhepunkt einer Periode [engl., eigtl. »hoch am Mittag«]
High|ri|ser ⟨[hairai-] m; -s, -⟩ *Fahrrad od. Motorrad mit hohem Lenker u. einer am Sattel befestigten Rückenlehne* [engl., zu *high* »hoch« + *riser* »Setzstufe (senkrechter Teil einer Stufe)«]
High|school, ⟨auch⟩ **High School** ⟨[haisku:l] f.; (-) -, (-) -s; in den USA⟩ *die an die Grundschule anschließende höhere Schule* [engl.]
High|sno|bi|e|ty, ⟨auch⟩ **High Sno|bi|e|ty** ⟨[hai snɔbaiəti] f.; -; unz.; abwertend⟩ *Personengruppe mit snobistischem Verhalten, die sich der oberen Gesellschaftsschicht zugehörig fühlt* [< engl. *high* »hoch« + *Snob,* analog zu *Highsociety* gebildet]
High|so|ci|e|ty, ⟨auch⟩ **High So|ci|e|ty** ⟨[hai sɔsaiəti] f.; (-) -; unz.⟩ *die hohe Gesellschaftsschicht, die oberen Zehntausend* [engl.]
High|tea, ⟨auch⟩ **High Tea** ⟨[haiti:] m.; (-) -s; unz.; in England⟩ *am späten Nachmittag servierte kleine Mahlzeit, zu der Tee gereicht wird* [engl., < *high* »hoch« + *tea* »Tee«]
High|tech, ⟨auch⟩ **High Tech** ⟨[haitɛk] f.; (-) -; unz.; kurz für⟩ *High Technology*
High-Tech-Job ⟨[haitɛkdʒɔb] m.; -s, -s⟩ *Arbeitsplatz, berufliche Tätigkeit in der Hochtechnologie* [< *Hightech* + *Job*]
High|tech|no|lo|gy, ⟨auch⟩ **High Tech|no|lo|gy** ⟨[haitɛknɔlɔdʒi] f.; (-) -; unz.; Kurzw.: High Tech, Hitech⟩ *modernste, anspruchsvolle Technik, Technik auf moderner wissenschaftlicher Grundlage* [engl., »hohe Technologie«]
High|way ⟨[haiwɛi] m.; -s, -s⟩ *Landstraße, Hauptstraße, Schnellstraße in GB bzw. Amerika* [engl.]

Hijacker (*Worttrennung am Zeilenende*) Analog zur Worttrennung im Deutschen gilt auch für Fremdwörter, dass die Konsonantenverbindung "*ck*" ungetrennt bleibt.

Hi|ja|cker ⟨[haidʒækə(r)] m.; -s, -⟩ *Flugzeugentführer* [engl., Herkunft unsicher]
Hi|la|ri|tät ⟨f.; -; unz.⟩ *Heiterkeit* [< lat. *hilaritas,* »Heiterkeit, Fröhlichkeit«, zu *hilaris* »heiter, fröhlich«]
Hill|bil|li|mu|sik ⟨f.; -; unz.⟩ = *Hillbillymusic*
Hill|bil|ly ⟨m.; -s, -s; abwertend⟩ *jmd., der aus den ländl. Gebieten der Südstaaten der USA stammt, Hinterwäldler* [< engl. *hill* »Hügel« + *Billy,* Koseform des amerik. Männernamens *Bill*]
Hill|bil|ly|mu|sic ⟨[-mju:zik] f.; -; unz.⟩ *Volksmusik aus den südlichen Bundesstaaten der USA;* oV *Hillbillimusik* [engl., < (abwertend) *hillbilly* »Hinterwäldler« + *music* »Musik«]
Hi|lum ⟨n.; -s, -la⟩ *Stelle, an der der Samen einer Pflanze am Samenträger befestigt ist, Pflanzennabel* [lat., »kleine Faser«]
Hi|lus ⟨m.; -, -li⟩ *vertiefte Stelle an Organen, wo Nerven u. Gefäße ein- u. austreten, z.B. an Lunge, Niere, Milz* [→ *Hilum*]
Hin|di ⟨n.; - od. -s; unz.⟩ *neuind. Sprache, Amtssprache in Indien* [< hind. *hindi;* zu *Hindi* »Indien« < pers.]
Hin|du ⟨m.; - od. -s, - od. -s⟩ *Anhänger, Vertreter des Hinduismus* [pers.; zu *Hindi* »Indien«]
Hin|du|is|mus ⟨m.; -; unz.⟩ *aus Vedismus u. Brahmanismus entstandene ind. Religionsform*
hin|du|is|tisch ⟨Adj.⟩ *zum Hinduismus gehörig, auf ihm beruhend*
Hin|dus|ta|ni, ⟨auch⟩ **Hin|du|sta|ni** ⟨n.; - od. -s; unz.; in Indien abgelehnte Bez. für⟩ *Hindi u. Urdu, die gemeinsame Sprache der Hindu u. Moslems in Zentralnordindien* [pers., »Sprache der Inder«]
Hink|jam|bus ⟨m.; -, -ben; Metrik⟩ *sechshebiger jambischer Vers, in dem anstelle des 6. Jambus ein Trochäus od. Spondeus auftritt;* Sy *Choliambus* [→ *Jambus*]
Hi|obs|bot|schaft ⟨f.; -, -en⟩ *Schreckensnachricht* [nach *Hiob,* aus dem Lehrbuch *Hiob* (Ijob) im AT]
hip ⟨Adj.; undekl.; umg.; salopp⟩ *modern, aktuell, in, dem Trend entsprechend* [engl.]
Hip|hop ⟨m.; -s; unz.⟩ *Stilrichtung in der Popmusik, die Elemente der amerik. Straßen- und Subkultur enthält* [< engl. *hip* »Hüfte« + *hop* »Sprung«]
Hipp|a|ri|on, ⟨auch⟩ **Hip|pa|ri|on** ⟨n.; -s, -ri|en⟩ *fossiles Urpferd* [< grch. *hippos* »Pferd«]
Hipp|i|a|trie, ⟨auch⟩ **Hip|pi|a|trie, Hip|pi|at|rie** ⟨f.; -; unz.⟩ = *Hippiatrik*
Hipp|i|a|trik, ⟨auch⟩ **Hip|pi|a|trik, Hip|pi|at|rik** ⟨f.; -; unz.⟩ *Pferdeheilkunde;* Sy *Hippiatrie* [< *Hippo...* + *iatreia* »Heilung«]
Hip|pie ⟨m.; -s, -s⟩ *Angehörige(r) einer Gruppe, die durch einfaches Leben, gewaltlosen Widerstand u. teilweise Verwendung bewusstseinserweiternder Drogen gegen die bürgerliche Leistungs- u. Konsumgesellschaft protestiert, Blumenkind* [engl.]
Hip|pie|look ⟨[-luk] m.; -s; unz.; Mode⟩ *betont lässiges, an die Kleidung der 60er und frühen 70er Jahre angelehntes, häufig bewusst verschlissenes Auftreten,* z.B. Jeans mit Schlag, Fransenwesten, weite, lange Kleider im Batikverfahren, Stirnbänder, lange Haare usw. [< *Hippie* + engl. *look* »Aussehen«]
hip|po..., Hip|po... ⟨vor Vokalen⟩ hipp..., Hipp... ⟨in Zus.⟩ *Pferd, Pferde...* [< grch. *hippos* »Pferd«]
Hip|po|drom ⟨n.; -s, -e⟩ **1** ⟨in der Antike⟩ *Pferde- u. Wagenrennbahn* **2** ⟨†⟩ *Reitbahn* [< *Hippo...* + grch. *dromos* »Lauf«]
Hip|po|gryph ⟨m.; -s od. -en, -e od. -en; bei älteren italien. Dichtern⟩ *geflügeltes Ross mit Greifenkopf;* → a. *Pegasus* [< *Hippo...* + grch. *gryps,* Gen. *grypos* »Greif«]
Hip|po|kra|ti|ker ⟨m.; -s, -⟩ *Anhänger des Hippokrates* [nach dem grch. Arzt *Hippokrates,* um 460-377 v.Chr., dem Begründer der wissenschaftl. Medizin u. ärztl. Ethik]
hip|po|kra|tisch ⟨Adj.⟩ **1** *Hippokrates betreffend, von ihm stammend, auf seiner Lehre be-*

ruhend **1.1** ~er Eid *Grundlage der ärztl. Ethik* **1.2** ⟨früher⟩ *Eid auf die Vorschriften der Ärztezunft* **2** ~es Gesicht *eingefallenes, weißes Gesicht bei Bauchfellentzündung*
Hip|po|kre|ne ⟨f.; -; unz.; grch. Myth.⟩ *durch den Hufschlag des Pegasus entstandene, zum Dichten anregende Quelle der Musen am Helikon* [< *Hippo...* + *krene* »Quelle«]
Hip|po|lo|ge ⟨m.; -n, -n⟩ *Wissenschaftler auf dem Gebiet der Hippologie* [< *Hippo...* + *...loge*]
Hip|po|lo|gie ⟨f.; -; unz.⟩ *Lehre vom Pferd* [< *Hippo...* + *...logie*]
hip|po|lo|gisch ⟨Adj.⟩ *die Hippologie betreffend, zu ihr gehörig, auf ihr beruhend* [→ *Hippologie*]
Hip|po|po|ta|mus ⟨a. [-pɔ-] m.; -, -⟩ *Flusspferd* [< *Hippo...* + grch. *potamos* »Fluss«]
Hip|po|the|ra|pie ⟨a. ['-----] f.; -, -n; Pl. selten; Med.⟩ *Therapie, die körperliche od. seelische Schädigungen durch Reiten zu heilen versucht* [< *Hippo...* + *Therapie*]
Hip|pu|rit ⟨m.; -en, -en⟩ *ausgestorbene Meermuschel der Kreidezeit* [< *Hippo...* + grch. *oura* »Schweif«]
Hip|pur|säu|re ⟨f.; -, -n⟩ *im Harn der Pflanzenfresser enthaltene Säure* [< *Hippo...* + grch. *ouron* »Harn«]
Hips|ter ⟨m.; -s, -⟩ **1** *Jazzfan* **2** *jmd., der über alles Bescheid weiß, was modern ist* [engl., zu *hip* »unterrichtet, eingeweiht«]
Hi|ru|din ⟨n.; -s; unz.⟩ *Extrakt aus dem Kopf u. Schlund von Blutegeln, verzögert die Blutgerinnung* [< lat. *hirudo* »Blutegel«]
His|bol|lah ⟨f.; -; unz.⟩ *radikale Organisation der Schiiten*
His|pa|nic ⟨[hispænik] m.; -s, -s⟩ *Einwanderer aus Lateinamerika in die USA;* Sy *Latino* [< engl. *hispanic* < span. *hispánico* »spanisch«]
his|pa|ni|sie|ren ⟨V.⟩ *der spanischen Lebensweise angleichen, spanisch machen*
His|pa|nis|mus ⟨m.; -, -men⟩ *in eine andere Sprache übernommene Eigentümlichkeit der span. Sprache* [zu *Hispania,* dem lat. Namen der Pyrenäenhalbinsel]
His|pa|nist ⟨m.; -en, -en⟩ *Wissenschaftler der spanischen Sprache u. Literatur*
His|pa|nis|tik ⟨f.; -; unz.⟩ *Wissenschaft von der spanischen Sprache, Literatur u. Kultur*
His|pa|nis|tin ⟨f.; - -tin|nen⟩ *Wissenschaftlerin der spanischen Sprache u. Literatur*
His|pa|ni|tät ⟨f.; -; unz.⟩ *das Bewusstsein aller Spanisch sprechenden Menschen um ihre gemeinsame Geschichte, Sprache u. Kultur* [< span. *hispanidad* »Spaniertum«]
His|pa|no|a|me|ri|ka|ner ⟨m.; -s, -⟩ *Spanisch sprechender Bewohner des amerikanischen Kontinents*
His|pa|no|a|me|ri|ka|nis|mus, ⟨m.; -; unz.⟩ *Bewusstsein aller Spanisch sprechenden Bewohner des amerikanischen Kontinents um ihre gemeinsame Geschichte, Sprache u. Kultur*
Hist|a|min, ⟨auch⟩ **His|ta|min** ⟨n.; -s; unz.⟩ *den Blutdruck senkendes Gewebehormon* [< *Histidin* + *Amin*]
His|ti|din ⟨n.; -s; unz.⟩ *eine Aminosäure* [< grch. *histion* »Gewebe«]
his|to..., His|to... ⟨in Zus.⟩ *Gewebe* [< grch. *histion* »Gewebe«]
His|to|che|mie ⟨[-çe-] f.; -; unz.; Med.⟩ *Lehre vom chem. Aufbau körpereigener Gewebe* [< *Histo...* + *Chemie*]
his|to|che|misch ⟨[-çe:-] Adj.⟩ *zur Histochemie gehörend, auf ihr beruhend*
his|to|gen ⟨Adj.⟩ *vom Gewebe stammend, von ihm ausgehend* [< *histo...* + *...gen*]
His|to|ge|ne|se ⟨f.; -; unz.; Physiol.⟩ *Lehre von der Entstehung der Gewebe;* Sy *Histogenie* [< *Histo...* + *gennan* »erzeugen«]
his|to|ge|ne|tisch ⟨Adj.⟩ *zur Histogenese gehörend, auf ihr beruhend*
His|to|ge|nie ⟨f.; -; unz.; Physiol.⟩ = *Histogenese* [< *Histo...* + *...genie*]
His|to|gramm ⟨n.; -s, -e⟩ *graf. Darstellung von Messwerten in Form nebeneinander gereihter Säulen, wobei die Höhe der einzelnen Säulen dem jeweiligen Messwert entspricht* [< *Histo...* + *...gramm*]
His|to|lo|ge ⟨m.; -n, -n⟩ *Wissenschaftler auf dem Gebiet der Histologie*
His|to|lo|gie ⟨f.; -; unz.⟩ *Lehre von den Körpergeweben* [< *Histo...* + *...logie*]
His|to|lo|gin ⟨f.; -, -gin|nen⟩ *weibl. Histologe*
his|to|lo|gisch ⟨Adj.⟩ *die Histologie betreffend, zu ihr gehörig*
His|to|ly|se ⟨f.; -, -n⟩ *Auflösung des Gewebes (durch Enzyme)* [< *Histo...* + *...lyse*]
His|to|mat ⟨m.; -; unz.; Kurzw. für⟩ *historischer Materialismus*
His|to|ne ⟨Pl.⟩ *basische Proteine, die an das genetische Material der Eukaryonten gebunden u. somit Bestandteil des Chromatins sind*
His|to|pa|tho|lo|gie ⟨f.; -; unz.⟩ *Lehre von den Erkrankungen des Körpergewebes* [verkürzt < *Histo*logie + *Pathologie*]
His|to|ra|di|o|gra|fie ⟨f.; -, -n; Med.⟩ = *Historadiographie*
His|to|ra|di|o|gra|phie ⟨f.; -, -n; Med.⟩ *Herstellung von Röntgenbildern dünner Gewebeschnitte;* oV *Historadiografie* [< *Histo...* + *Radiographie*]
His|tör|chen ⟨n.; -s, -⟩ *scherzhafte, unterhaltsame, (meist pikante) kleine Geschichte* [scherzh. Verkleinerungsform zu *Historie*]
His|to|rie ⟨[-riə] f.; -, -n⟩ **1** *Geschichte* **2** *Bericht, Kunde* [< lat. *historia* »Geschichte« < grch. *historia* »Wissen, Kunde«]
His|to|ri|en|ma|le|rei ⟨f.; -, -en; Mal.⟩ *Malerei mit Motiven aus der Geschichte, aus Sagen u.a.*
His|to|rik ⟨f.; -; unz.⟩ *Lehre von der Methode der Geschichtswissenschaft* [< lat. *historia* »Geschichte«]
His|to|ri|ker ⟨m.; -s, -⟩ *Wissenschaftler, Student auf dem Gebiet der Geschichte* [< lat. *historia* »Geschichte«]

His|to|ri|ke|rin ⟨f.; -, -rin|nen⟩ *Wissenschaftlerin, Studentin auf dem Gebiet der Geschichte*
His|to|ri|o|graf ⟨m.; -en, -en⟩ = *Historiograph*
His|to|ri|o|gra|fie ⟨f.; -; unz.⟩ = *Historiographie*
His|to|ri|o|gra|fin ⟨f.; -, -fin|nen⟩ = *Historiographin*
His|to|ri|o|graph ⟨m.; -en, -en⟩ *Geschichtsschreiber;* oV *Historiograf*
His|to|ri|o|gra|phie ⟨f.; -; unz.⟩ *Geschichtsschreibung;* oV *Historiografie* [< lat. *historia* »Geschichte« + *...graphie*]
His|to|ri|o|gra|phin ⟨f.; -, -phin|nen⟩ *Geschichtsschreiberin;* oV *Historiografin*
his|to|risch ⟨Adj.⟩ *die Geschichte betreffend, von ihr stammend, zu ihr gehörig, geschichtlich;* ~e **Dichtung** *D., der ein überliefertes Ereignis zugrunde liegt;* ~es Drama; ~er Roman; ~e **Hilfswissenschaften** *für die Erforschung der Geschichte wichtige Wissenschaften: Urkundenlehre, Wappen-, Siegel-, Münzkunde, Geneologie;* ~er und dialektischer **Materialismus** *die der kommunist. Weltanschauung zugrunde liegende Lehre, nach der die geschichtliche Entwicklung auf der Entwicklung der Produktivkräfte einer Gesellschaft beruht;* ~e **Stätten** *Stätte, an denen überlieferte Ereignisse stattgefunden haben;* ~e Landschaften; ~e Tat *für die geschichtl. Entwicklung entscheidende Tat* [< lat. *historia* »Geschichte«]
his|to|ri|sie|ren ⟨V.⟩ *das Geschichtliche einer Sache betonen* [zu lat. *historia* »Geschichte«]
His|to|ris|mus ⟨m.; -; unz.⟩ Sy *Historizismus* **1** *Denkweise, die die Erscheinung des Lebens nur aus ihren histor. Gegebenheiten u. ihrer histor. Entwicklung zu verstehen u. zu erklären sucht* **2** *Überbetonung des Geschichtlichen einer Sache* [< lat. *historia* »Geschichte«]
His|to|rist ⟨m.; -en, -en⟩ **1** *Anhänger, Vertreter des Historismus* **2** *das Geschichtliche einer Sache überbetonender Wissenschaftler od. Schriftsteller*
His|to|ris|tin ⟨f.; -, -tin|nen⟩ *weibl. Historist*
his|to|ris|tisch ⟨Adj.⟩ **1** *den Historismus betreffend, zu ihm gehörig, auf ihm beruhend* **2** *das Geschichtliche übermäßig betonend*
His|to|ri|zis|mus ⟨m.; -; unz.⟩ = *Historismus*
His|to|ri|zi|tät ⟨f.; -; unz.⟩ *Geschichtlichkeit, geschichtl. Beschaffenheit*
His|tri|o|ne, ⟨auch⟩ **Hist|ri|o|ne** ⟨m.; -n, -n⟩ **1** ⟨urspr.⟩ *etrusk. pantomimischer Tänzer* **2** ⟨dann⟩ *altrömischer Schauspieler* **3** ⟨MA⟩ *Gaukler* [< lat. *histrio* »Schauspieler«]
Hit ⟨m.; -s, -s; umg.⟩ *erfolgreiches Musikstück, Schlager, Erfolg;* die Party war ein ~ [engl., »Treffer«]
hitch|hi|ken ⟨[hitʃhaikən] V.⟩ *Autos anhalten u. sich unentgeltlich mitnehmen lassen, per Anhalter fahren, trampen* [engl., < *hitch* »sich festhaken« + *hike* »reisen, wandern«]
Hitch|hi|ker ⟨[hitʃhaikə(r)] m.; -s, -⟩ *jmd., der sein Reiseziel durch Mitfahrgelegenheiten per Anhalter erreicht;* Sy *Tramper* [engl.]
Hi|tech ⟨[haitɛk] f.; -; unz.; Kurzw. für⟩ *Hightechnology*
Hit|lis|te ⟨f.; -, -n⟩ *(meist in wöchentlichem Turnus veröffentlichte) Liste der 100 erfolgreichsten bzw. meistverkauften Musiktitel* [< *Hit* + *Liste*]
Hit|pa|ra|de ⟨f.; -, -n⟩ **1** *Verzeichnis, Liste der erfolgreichsten (neuen) Hits* **2** ⟨Radio, TV⟩ *Sendung, in der Hits vorgestellt werden*
HIV ⟨m. od. n.; - od. -s; unz.; Abk. für⟩ *Human Immunodeficiency Virus (menschliches Immunschwächevirus), Erreger der Aids-Krankheit* [engl.]
HIV-ne|ga|tiv ⟨Adj.⟩ *nicht mit dem HIV-Erreger infiziert*
HIV-po|si|tiv ⟨Adj.⟩ *mit dem HIV-Erreger infiziert*
hl ⟨Abk. für⟩ *Hektoliter*
H.M.S. ⟨Abk. für⟩ *His (Her) Majesty's Ship* [engl., »Seiner (Ihrer) Majestät Schiff«]
Ho ⟨chem. Zeichen für⟩ *Holmium*
Hob|by ⟨n.; -s, -s⟩ *Liebhaberei, Steckenpferd* [engl.]
hoc an|no ⟨Abk.: h.a.⟩ *in diesem Jahre* [lat.]
hoc est ⟨Abk.: h.e.⟩ *das ist, das heißt* [lat.]
Hoche|pot ⟨[ɔʃpoː] n.; -, -s; Kochk.⟩ *pikantes Fleischragout mit Gemüse;* oV *Hotchpotch* [< frz. *hocher* »schütteln« + *pot* »Topf«]
Hoch|fre|quenz ⟨f.; -, -en⟩ *elektromagnetische Schwingungen oberhalb von etwa 20000 Hertz*
Ho|ckey ⟨[hɔke:] engl. [hɔki] n.; -s; unz.⟩ *Spiel zwischen zwei Mannschaften zu je elf Spielern, die einen kleinen Ball mit hakenförmigen Schlägern ins gegner. Tor zu treiben versuchen, Stockball* [engl.]
hoc lo|co ⟨Abk.: h.l.; †⟩ *an diesem Ort, hier* [lat.]
Ho|do|graf ⟨m.; -en, en⟩ = *Hodograph*
Ho|do|graph ⟨m.; -en, -en⟩ *Kurve, die die Änderung des Betrages u. der Richtung der Geschwindigkeit eines sich auf einer beliebigen Bahn bewegenden Punktes darstellt;* oV *Hodograf*
Ho|do|me|ter ⟨n.; -s, -⟩ *Schrittzähler, Wegmesser* [< grch. *hodos* »Weg« + *...meter*]
Ho|dscha, ⟨auch⟩ **Hod|scha** ⟨m.; -s, -s⟩ *mohammedan. Lehrer, Geistlicher* [pers.-türk., »Meister, Herr, Lehrer«]
Ho|ke|tus ⟨m.; -, -ti; Mus.⟩ *Musizierform des 13. u. 14. Jh., in der die Stimmen abwechselnd von Pausen durchsetzt sind, so dass immer die eine singt, während die andere pausiert;* oV *Hoquetus* [< latinisiert aus afrz. *hoquet* »Schluckauf«]
Ho|kus|po|kus ⟨m.; -; unz.⟩ **1** *Formel bei Zauberkunststücken* **2** *Taschenspielerei, Zauberkunststück* **3** ⟨fig.⟩ *Täuschung, Blendwerk* **4** *Unfug, Spaß* [volkstümliche Nachbildung der religiösen Formel bei der Wandlung *hoc est corpus meum* »dies ist mein Leib«]
ho|lan|drisch, ⟨auch⟩ **ho|land|risch** ⟨Adj.; Med.⟩ *Vererbung vom Mann auf sämtliche männl. Nachkommen;* Ggs *hologyn* [zu grch. *holos* »ganz« + *aner,* Gen. *andros* »Mann«]

Hol|ding|ge|sell|schaft ⟨f.; -, -en⟩ *Gesellschaft, die sich mit der Verwaltung von Geschäftsanteilen (bes. Aktien) anderer Firmen befasst u. sie dadurch kontrolliert* [< engl. *holding company;* zu *holding* »Anteile; Aktienbesitz«]
Hole ⟨[hoːl] n.; -s, -s; Sp.; Golf⟩ *Loch* [engl.]
Ho|lis|mus ⟨m.; -; unz.; Philos.⟩ *Lehre, die auf der Annahme der Ganzheit sämtlicher Erscheinungen beruht* [< engl. *holism,* zu grch. *holos* »ganz, vollständig«]
ho|lis|tisch ⟨Adj.⟩ *im Sinne des Holismus, auf ihm beruhend, ihn betreffend, ganzheitlich*
Hol|le|rith|ma|schi|ne, ⟨auch⟩ **Hol|le|rith-Ma|schi|ne** ⟨f.; -, -n⟩ *Lochkartenmaschine, eine früher übliche Anlage der Datenverarbeitung, die mit Lochkarten arbeitete, heute kaum noch in Gebrauch* [nach dem dt.-amerik. Erfinder, H. *Hollerith,* 1860-1929]
Hol|ly|wood|schau|kel ⟨[-wud-] f.; -, -n⟩ *wie eine Schaukel an einem Gerüst hängende Gartensitzbank* [nach *Hollywood,* einem Stadtteil von Los Angeles, dem Hauptsitz der amerikan. Filmindustrie]
Hol|mi|um ⟨n.; -s; unz.; chem. Zeichen: Ho⟩ *chem. Element aus der Reihe der Metalle der Seltenen Erden, Ordnungszahl 67* [nach *Stockholm,* der Hauptstadt Schwedens]
Ho|lo|caust ⟨a. ['---] m.; -s, -e⟩ *Brandopfer, Massenmord durch Verbrennen, bes. die Judenvernichtung während des Nationalsozialismus* [< grch. *holos* »ganz« + *kausis* »das Verbrennen«]
Ho|lo|en|zym ⟨n.; -s, -e⟩ *vollständiges, aus Apoenzym u. Koenzym bestehendes Enzym* [< grch. *holos* »ganz, vollständig« + *Enzym*]
Ho|lo|gra|fie ⟨f.; -, -n⟩ = *Holographie*
ho|lo|gra|fie|ren ⟨V.⟩ = *holographieren*
ho|lo|gra|fisch ⟨Adj.⟩ = *holographisch*
Ho|lo|gramm ⟨n.; -s, -e⟩ *Ergebnis der Holographie*
Ho|lo|gra|phie ⟨f.; -, -n⟩ oV *Holografie* **1** ⟨unz.⟩ *fotograf. Verfahren zum Erzeugen räumlicher Bilder mittels Laserstrahlen* **2** ⟨zählb.⟩ *auf diese Weise erzeugtes Bild* [< grch. *holos* »ganz, vollständig« + *...graphie*]
ho|lo|gra|phie|ren ⟨V.⟩ *eigenhändig schreiben;* oV *holografieren* [→ *Holographie*]
ho|lo|gra|phisch ⟨Adj.⟩ *eigenhändig geschrieben;* oV *holografisch*
ho|lo|gyn ⟨Adj.; Med.⟩ *Vererbung von einer Frau auf sämtliche weibl. Nachkommen;* Ggs *holandrisch* [< grch. *holos* »ganz« + *gyne* »Weib«]
ho|lo|krin ⟨Adj.; Med.⟩ ~e Drüsen *D., deren Zellen sich im abgesonderten Sekret aufgelöst haben;* Ggs *merokrin* [< grch. *holos* »ganz« + *krinein* »scheiden, trennen«]
ho|lo|kris|tal|lin ⟨Adj.⟩ *ganz kristallen* [< grch. *holos* »ganz« + *Kristall*]
Ho|lo|me|ta|bo|lie ⟨f.; -, -n⟩ *vollkommene Verwandlung durch das Auftreten eines Puppenstadiums (bei Insekten)* [< grch. *holos* »ganz, völlig« + *Metabolie*]
Ho|lo|pa|ra|sit ⟨m.; -en, -en⟩ *Vollschmarotzer (bei Pflanzen)* [< grch. *holos* »ganz, völlig« + *Parasit*]
ho|lo|phras|tisch ⟨Adj.; Sprachw.⟩ *den Inhalt eines Satzes mit einem Wort ausdrückend,* z.B. Geh!; ~er Sprachbau [< grch. *holos* »ganz« + *phrasis* »Ausdruck«]
ho|lo|sys|to|lisch ⟨Adj.; Med.⟩ *während des gesamten Zusammenziehens des Herzmuskels andauernd, z.B. Herzgeräusche* [< grch. *holos* »ganz« + *Systole*]
ho|lo|tisch ⟨Adj.⟩ *ganz, völlig, vollständig* [< grch. *holos* »ganz, völlig«]
ho|lo|zän ⟨Adj.⟩ *zum Holozän gehörend;* Sy ⟨†⟩ *alluvial*
Ho|lo|zän ⟨n.; -s; unz.⟩ *jüngste Abteilung des Quartärs mit Rückgang der Vereisung, seit 20000 Jahren;* Sy ⟨†⟩ *Alluvium* [< grch. *holos* »ganz« + *...zän*]
Hom|a|tro|pin, ⟨auch⟩ **Ho|mat|ro|pin** ⟨n.; -s, -e⟩ *chem. Verbindung von Mandelsäure u. Tropin, das zur kurzfristigen Pupillenerweiterung verwendet wird* [< *Homo...* + *Atropin*]
Home|ban|king ⟨[houmbænkiŋ] n.; -s; unz.; EDV; Wirtsch.⟩ *Abwicklung von Bankgeschäften über Btx od. einen Personalcomputer von zuhause aus;* →a. *Telebanking* [< engl. *home* »Heim...« + *banking* »Bankwesen«]
Home|base ⟨[houmbɛis] n.; -, -s [-siz]; Sp.⟩ *die Markierung, die beim Baseballspiel zwischen den beiden Schlägerboxen auf dem Feld angebracht ist;* Sy *Homeplate* [engl., eigtl. »Heimatstützpunkt«]
Home|com|pu|ter, ⟨auch⟩ **Home Com|pu|ter** ⟨[houmkɔmpjuː-] m.; (-) -s, (-) -⟩ *kleiner kompakter Computer für den Hausgebrauch, Heimcomputer* [< engl. *home* »Wohnung« + *Computer*]
Home|dress ⟨[houmdrɛs] n. od. m.; -, -es [-siz]⟩ *sportliche, bequeme Kleidung für den Hausgebrauch;* Sy *Homewear* [engl., zu *home* »Wohnung« + *dress* »Bekleidung, Kleid«]
Home|figh|ter ⟨[houmfaitə(r)] m.; -s, -; Sp.; Boxen⟩ *derjenige Boxer, der bei einem Boxkampf das Heimrecht bzw. das Privileg der Ortswahl besitzt* [engl., »Heimkämpfer«]
Home|land ⟨[houmlænd] n.; -s, -s; meist Pl.; während der Apartheid in der Republik Südafrika⟩ *der farbigen Bevölkerung eingeräumtes Siedlungsland mit gewisser Selbstverwaltung* [engl., zu *home* »Heimat« + *land* »Land«]
Home|page ⟨[houmpɛidʒ] f.; -, -s [-dʒiz]; EDV⟩ *Startseite im Internet mit Adressen u. Informationen einer Privatperson, Firma, eines Instituts o.Ä.;* Sy *Page;* →a. *Webseite* [engl., zu *home* »Heim« + *page* »Seite«]
Home|plate ⟨[houmplɛit] n.; -s, -s⟩ = *Homebase* [engl.]
Ho|me|ri|de ⟨m.; -n, -n; im antiken Griechenland⟩ **1** *Angehöriger einer Sängerschule der Insel Chios, die Homer als ihr Vorbild ansah* **2** *jmd., der in der Art Homers dichtete od. seine Gesänge vortrug* [nach dem altgrch. Dichter *Homer,* 8. Jh. v.Chr.]

ho|me|risch ⟨Adj.⟩ *Homer entsprechend, ihm ähnlich;* ~es Gelächter *lautes, nicht enden wollendes G.* [nach dem Gelächter der Götter an manchen Stellen der Ilias u. Odyssee]
Home|rule ⟨[houmru:l] f.; -; unz.⟩ *seit 1877 geforderte u. 1921 erreichte Selbstregierung Irlands innerhalb des brit. Weltreiches* [engl., »Selbstregierung«]
Home|run ⟨[houmrʌn] m.; -s, -s; Sp.; Baseball⟩ *ein Schlag, der so gut gelungen ist, dass der Spieler nach dem Abschlag das Feld vollständig umrunden kann, ehe es der Fängermannschaft gelingt, den Ball wieder zum Abschlag zu befördern* [< engl. *home* »Heim« + *run* »Lauf«]
Home|shop|ping ⟨[houmʃɔpiŋ] n; -s; unz.; EDV⟩ *Einsehen in Warenkataloge u. Abwicklung von Versandgeschäften über das Internet von zu Hause aus;* Sy *Teleshopping* [< engl. *home* »Heim« + *shopping* »Einkaufen«]
Home|sit|ter ⟨[houm-] m.; -s, -⟩ *jmd., der während der Abwesenheit des Hauseigentümers dessen Haus bewohnt u. behütet* [< engl. *home* »Heim« + *sit* »sitzen«, analog zu *Babysitter* gebildet]
Home|sit|te|rin ⟨[houm-] f.; -, -rin|nen⟩ *weibl. Homesitter*
Home|spun ⟨[houmspʌn] n.; -s, -s⟩ *urspr. in der schott. Heimindustrie hergestelltes, grobes, genopptes Wollgewebe für sportl. Kleidung* [engl., »zu Hause gesponnen«]
Home|sto|ry ⟨[houmstɔ:ri] f.; -, -s⟩ *Bericht über das Familien- od. Privatleben einer bekannten Persönlichkeit, zu dem auch Fotos der Angehörigen, des Grundbesitzes sowie der Einrichtung usw. gehören* [< engl. *home* »Heim« + *Story*]
Home|trai|ner ⟨[houmtre:-] m.; -s, -⟩ *Gerät für sportl. Training daheim;* Sy *Heimtrainer* [< engl. *home* »Heim« + *Trainer*]
Home|wear ⟨[houmwɛ:(r)] f.; -; unz.⟩ *bequeme Kleidung, die nur für das Tragen in der eigenen Wohnung bestimmt ist* [< engl. *home* »Heim« + *wear* »Kleidung«]
Ho|mi|let ⟨m.; -en, -en⟩ **1** *Kenner, Erforscher der Homiletik* **2** *Kanzelredner, Prediger* [< grch. *homilein* »verkehren, sich unterhalten, reden«]
Ho|mi|le|tik ⟨f.; -; unz.⟩ *Lehre von der Predigt u. ihrer Geschichte*
ho|mi|le|tisch ⟨Adj.⟩ *zur Homiletik gehörend, auf ihr beruhend, mit ihrer Hilfe*
Ho|mi|li|ar, Ho|mi|li|a|ri|um ⟨n.; -s, -ri|en⟩ *Predigtsammlung*
Ho|mi|lie ⟨f.; -, -n⟩ *erbaul. Auslegung eines Bibeltextes* [< grch. *homilia* »Umgang, Unterredung, Unterhaltung«]
Ho|mi|ni|de ⟨m.; -n, -n⟩ *Angehöriger entweder einer ausgestorbenen Menschenform od. einer heute lebenden Menschenrasse* [< lat. *homo*, Gen. *hominis* »Mensch« + ...*id*]
ho|mi|ni|sie|ren ⟨V.; Anthrop.⟩ *zum Menschen entwickeln, den Prozess der Menschwerdung durchlaufen* [zu lat. *homo* »Mensch«]
Ho|mi|nis|mus ⟨m.; -; unz.; Philos.⟩ *philos. Lehre, die Erkenntnis u. Wahrheit nur in Bezug auf den Menschen gelten lässt*
ho|mi|nis|tisch ⟨Adj.⟩ **1** *zum Hominismus gehörend, ihn betreffend* **2** *nur für den Menschen geltend, auf ihn bezogen*
Hom|mage ⟨[-ma:ʒ] f.; -, -n; Pl. selten⟩ *Huldigung* [frz.]
Homme de Let|tres, ⟨auch⟩ **Homme de Lettres** ⟨[ɔm də lɛtrə] m.; - - -, -s [ɔm-] - -⟩ *Schriftsteller; gebildeter Mensch* [frz., eigtl. »Mann der Buchstaben, der Literatur«]
ho|mo..., **Ho|mo...** ⟨in Zus.⟩ *gleich..., Gleich...* [< grch. *homos* »gemeinsam, gleich»]
Ho|mo[1] ⟨m.; Ho|mi|nis, Ho|mi|nes⟩ *Mensch;* ~ sapiens *von Linné geschaffene naturkundl. Bezeichnung für die höchstentwickelte Menschenart, den heutigen Menschen* [< lat. *homo* »Mensch«, lat. *sapiens* »klug, weise, vernunftbegabt«]
Ho|mo[2] ⟨m.; -s, -s; umg. kurz für⟩ *Homosexueller*
ho|mo|dont ⟨Adj.⟩ *mit gleichartigen Zähnen versehen;* Ggs *heterodont* [< *homo*... + grch. *odous*, Gen. *odontos* »Zahn«]
Ho|mo|e|ro|tik ⟨f.; -; unz.⟩ *auf das eigene Geschlecht gerichtete Erotik*
ho|mo|e|ro|tisch ⟨Adj.⟩ **1** ⟨i.e.S.⟩ = *homosexuell* **2** ⟨i.w.S.⟩ *in der Art der Homoerotik, darauf beruhend*
Ho|mo Fa|ber ⟨m.; - -; unz.⟩ *der Mensch als ein Wesen, das sich Werkzeuge, technische Hilfsmittel u.Ä. herstellen kann, der Mensch als Urheber der Zivilisation* [lat., »der Mensch als Handwerker«]
ho|mo|fon ⟨Adj.⟩ = *homophon*
Ho|mo|fon ⟨n.; -s, -e⟩ = *Homophon*
Ho|mo|fo|nie ⟨f.; -; unz.⟩ = *Homophonie*
ho|mo|fo|nisch ⟨Adj.⟩ = *homophonisch*
Ho|mo|ga|mie ⟨f.; -; unz.⟩ **1** ⟨Bot.⟩ *gleichzeitiges Reifen von Staubblättern u. Narben einer zwittrigen Blütenpflanze, so dass Selbstbestäubung möglich wird;* Ggs *Dichogamie* **2** ⟨Soziol.⟩ *Bevorzugung einer in Alter, sozialer Stellung, Bildung u.a. möglichst ähnlichen Person bei der Partnerwahl;* Ggs *Heterogamie* [< *Homo*... + ...*gamie*]
ho|mo|gen ⟨Adj.⟩ *gleichartig, gleichmäßig zusammengesetzt, übereinstimmend;* Ggs *heterogen* [< *homo*... + ...*gen*[1]]
ho|mo|ge|ni|sie|ren ⟨V.⟩ *homogen machen, gleichmäßig verteilen*
Ho|mo|ge|ni|tät ⟨f.; -; unz.⟩ *Gleichartigkeit, gleichmäßige Zusammensetzung;* Ggs *Heterogenität*
Ho|mo|go|nie ⟨f.; -; unz.; Philos.⟩ *Entstehung aus Gleichartigen;* Ggs *Heterogonie* [< *Homo*... + ...*gonie*]
ho|mo|grad ⟨Adj.; Stat.⟩ *auf qualitative Unterschiede bezogen;* Ggs *heterograd* [< *homo*... + lat. *gradus* »Schritt«]
Ho|mo|graf ⟨n.; -s, -e; Sprachw.⟩ = *Homograph*

Ho|mo|graph ⟨n.; -s, -e; Sprachw.⟩ *Wort, das wie ein anderes geschrieben wird, aber eine andere Aussprache (Betonung) u. Bedeutung hat,* z.B. überholen u. überholen; oV *Homograf*
Ho|mo|i|o|nym ⟨n.; -s, -e; Sprachw.⟩ = *Homöonym(2)*
Ho|mo|i|o|te|leu|ton ⟨n.; -s, -ta; Rhet.⟩ = *Homöoteleuton*
ho|mo|i|o|therm ⟨Adj.⟩ *warmblütig;* ~e Tiere *Warmblüter* [< grch. *homoios* »gleichartig« + *...therm*]
ho|mo|log ⟨Adj.⟩ **1** *gleichliegend, gleichlaufend;* ~e **Reihen** ⟨Chem.⟩ *organische Verbindungen, die sich in ihrer Formel um ein CH_2 od. ein Vielfaches voneinander unterscheiden* **2** *übereinstimmend;* **~es Chromosom** gleichartiges Paar eines menschlichen Chromosomens **3** *entsprechend;* ~e **Organe** *Organe von gleicher entwicklungsgeschichtl. Herkunft,* z.B. Arm u. Vogelflügel, Schwimmblase u. Lunge; ~e **Rekombination** *Einfügen eines Gens od. einer DNA-Sequenz an der passenden Stelle im Chromosom* [< *homo...* + *...log³*]
Ho|mo|log ⟨n.; -s, -e; Chem.⟩ *chemische Verbindung einer nahe verwandten Reihe von Verbindungen, die sich mit einer Reihenformel beschreiben lassen* [→ *homolog*]
Ho|mo|lo|gie ⟨f.; -, -n⟩ **1** ⟨Philos.⟩ *Übereinstimmung von Vernunft u. Handeln bzw. Leben (im Einklang mit der Natur)* **2** ⟨Psych.⟩ *Übereinstimmung von Verhaltensweisen* [→ *homolog*]
ho|mo|lo|gie|ren ⟨V.; Sp.⟩ **1** ⟨Motorsp.⟩ *ein Rennfahrzeug verbindlich nach Bautyp u. Serienversion einstufen* **2** ⟨Skisp.⟩ *eine Skirennstrecke nach offiziellen Normen anlegen*
Ho|mo lu|dens ⟨m.; - -; unz.⟩ *der spielende, d.h. schöpferische Mensch* [lat., »spielender Mensch«]
ho|mo|morph ⟨Adj.; Math.⟩ *einen Homomorphismus aufweisend, erzeugend;* ~e Abbildung [< *homo...* + grch. *morphe* »Gestalt«]
Ho|mo|mor|phis|mus ⟨m.; -; unz.⟩ *ein Abbildungsverfahren der Mathematik für algebraische Strukturen* [< *Homo...* + grch. *morphe* »Form, Gestalt«]
ho|mo|nom ⟨Adj.⟩ *gleichwertig, gleichartig (z.B. von den einzelnen Gliedern der Gliedertiere);* Ggs *heteronom(2)* [< *homo...* + *...nom¹*]
Ho|mo|no|mie ⟨f.; -; unz.⟩ *Gleichwertigkeit, Gleichartigkeit;* Ggs *Heteronomie(2)*
hom|o|nym, ⟨auch⟩ **ho|mo|nym** ⟨Adj.⟩ *gleichlautend, aber von verschiedener Bedeutung, mehrdeutig, doppelsinnig;* oV ⟨†⟩ *homonymisch*
Hom|o|nym, ⟨auch⟩ **Ho|mo|nym** ⟨n.; -s, -e; Sprachw.⟩ *Wort, das mit einem anderen gleichlautet, aber eine andere Herkunft u. Bedeutung hat,* z.B. das Steuer, die Steuer [< *homo...* + grch. *onyma* »Name«]
Hom|o|ny|mie, ⟨auch⟩ **Ho|mo|ny|mie** ⟨f.; -; unz.; Sprachw.⟩ *lautliche Übereinstimmung inhaltlich verschiedener Wörter,* z.B. Saite - Seite [< *Homo...* + grch. *onyma* »Name«]
hom|o|ny|misch, ⟨auch⟩ **ho|mo|ny|misch** ⟨Adj.; †⟩ = *homonym*
ho|mö|o..., **Ho|mö|o...** ⟨in Zus.⟩ *gleich..., gleichartig* [< grch. *homoios* »gleich«]
Ho|mö|o|nym ⟨n.; -s, -e; Sprachw.⟩ **1** *ähnlich lautende Wörter od. Namen,* z.B. Schmied-Schmidt **2** *bedeutungsgleiches Wort, das nicht derselben Stilebene angehört,* z.B. Geld-Zaster; oV *Homoionym;* Sy *partielles Synonym* [< *Homöo...* + grch. *onyma* »Name«]
Ho|mö|o|path ⟨m.; -en, -en; Med.⟩ *jmd., der die Homöopathie anwendet;* Ggs *Allopath*
Ho|mö|o|pa|thie ⟨f.; -; unz.; Med.⟩ *Heilverfahren, bei dem der Kranke mit kleinsten Dosen von Mitteln behandelt wird, die beim Gesunden die gleichen Krankheitserscheinungen hervorrufen würden, nach dem Grundsatz: Ähnliches durch Ähnliches heilen;* Ggs *Allopathie* [< grch. *homoios* »gleich« + *...pathie*]
Ho|mö|o|pa|thin ⟨f.; -, -thin|nen; Med.⟩ *weibl. Person, die die Homöopathie anwendet*
ho|mö|o|pa|thisch ⟨Adj.⟩ *auf Homöopathie beruhend, mit ihrer Hilfe, sie anwendend;* Ggs *allopathisch;* ~er Arzt; jmdn. ~ behandeln
Ho|mö|o|plas|tik ⟨f.; -, -en; Med.⟩ *chirurgischer Ersatz von Körpergewebe durch arteigenes Gewebe;* oV *Homoplastik;* Sy *Homotransplantation;* Ggs *Alloplastik(2), Heteroplastik* [< *Homo...* + *Plastik*]
Ho|mö|o|sta|se, ⟨auch⟩ **Ho|mö|os|ta|se** ⟨f.; -; unz.; Med.⟩ *Aufrechterhaltung des sog. inneren Milieus des Körpers mit Hilfe des Kreislaufs, der Körpertemperatur, des pH-Wertes, des Wasser-, Elektrolyt- u. Hormonhaushaltes* [< *Homöo...* + *...stase*]
Ho|mö|o|te|leu|ton ⟨n.; -s, -leu|ta; Rhet.⟩ *Stilfigur mit Wiederkehr gleich lautender Endungen bei aufeinander folgenden Wörtern, Satzteilen od. Sätzen,* z.B. Morgenrot bringt frühen Tod; oV *Homoioteleuton* [grch., »gleich endend«]
ho|mö|o|therm ⟨Adj.⟩ *warmblütig, gleichbleibend warm (von Säugetieren u. Vögeln)* [< grch. *homoios* »gleich« + *...therm*]
ho|mo|phag ⟨Adj.⟩ *nur pflanzliche od. nur tierische Nahrung aufnehmend, auf nur einem Wirtsorganismus schmarotzend;* Ggs *heterophag* [< *homo...* + grch. *phagein* »fressen«]
ho|mo|phil ⟨Adj.⟩ = *homosexuell* [< *homo...* + *...phil*]
Ho|mo|phi|lie ⟨f.; -; unz.⟩ = *Homosexualität* [< *Homo...* + *...philie*]
ho|mo|phob ⟨Adj.⟩ *eine starke, krankhafte Abneigung gegen Homosexualität habend* [< *homo...* + *...phob*]
Ho|mo|pho|bie ⟨f.; -, -n⟩ *Verhalten, das durch eine starke Abneigung gegen Homosexualität gekennzeichnet ist* [< *Homo...* + *Phobie*]
ho|mo|phon ⟨Adj.; Mus.⟩ *in der Art der Homophonie;* oV *homofon;* Sy *homophonisch;* Ggs *polyphon* [< *homo...* + *...phon¹*]
Ho|mo|phon ⟨n.; -s, -e⟩ *Wort, das mit einem*

anderen gleich lautet, aber eine andere Schreibung u. Bedeutung hat, z.B. Leere – Lehre; oV *Homofon*

Ho|mo|pho|nie ⟨f.; -; unz.; Mus.⟩ *Kompositionsart, bei der alle Stimmen hinter der führenden Melodiestimme zurücktreten u. sie nur harmonisch begleiten;* oV *Homofonie;* Sy *Monodie(3);* Ggs *Polyphonie* [< *Homo...* + *...phonie*]

ho|mo|pho|nisch ⟨Adj.⟩ = *homophon;* oV *homofonisch*

Ho|mo|plas|tik ⟨f.; -, -en; Med.⟩ = *Homöoplastik*

Ho|mo|seis|te ⟨f.; -, -n; meist Pl.; Geogr., Kartogr.⟩ *Linie, die Orte gleichzeitiger Erdbebenwirkung verzeichnet* [< *Homo...* + grch. *seistos* »erschüttert«]

ho|mo|sem ⟨Adj.; Sprachw.⟩ *synonym*

Ho|mo|se|xu|a|li|tät ⟨f.; -; unz.⟩ *geschlechtl. Liebe zwischen Angehörigen des gleichen Geschlechts;* Sy *Homophilie, Inversion(5);* Ggs *Heterosexualität;* → a. *Homoerotik, Bisexualität(2)*

ho|mo|se|xu|ell ⟨Adj.⟩ *zum gleichen Geschlecht hinneigend;* Sy *homoerotisch(1), homophil, invertiert;* Ggs *heterosexuell;* → a. *bisexuell(2)*

Ho|mo|se|xu|el|le(r) ⟨f. 2 (m. 1)⟩ *jmd., der homosexuell veranlagt ist*

Ho|mo|sphä|re, ⟨auch⟩ **Ho|mos|phä|re** ⟨f.; -; unz.⟩ *unterer Teil der Atmosphäre, in dem die verschiedenen Gasanteile der Luft gleichmäßig gemischt sind;* Ggs *Heterosphäre* [< *Homo...* + *Sphäre*]

Ho|mo|trans|plan|ta|ti|on ⟨f.; -, -en; Med.⟩ = *Homöoplastik*

ho|mo|zen|trisch, ⟨auch⟩ **ho|mo|zent|risch** ⟨Adj.⟩ *einen gemeinsamen Mittelpunkt habend*

ho|mo|zy|got ⟨Adj.⟩ *reinerbig, mit gleichartigen Erbanlagen, gleicherbig;* Ggs *heterozygot* [< *homo...* + grch. *zygoun* »verbinden«]

Ho|mo|zy|go|tie ⟨f.; -; unz.; Med.⟩ *Reinerbigkeit, Gleichartigkeit von Erbfaktoren;* Ggs *Heterozygotie* [< *Homo...* + *Zygote*]

Ho|mun|ku|lus ⟨m.; -, -li⟩ **1** *kleiner Mensch, Menschlein* **2** ⟨in Goethes »Faust«⟩ *künstlich erzeugter Mensch* [< lat. *homunculus;* Verkleinerungsform zu lat. *homo* »Mensch«]

Ho|nan|sei|de ⟨f.; -, -n⟩ *handgewebte chines. Seide in Taftbindung* [nach der chines. Provinz *Honan*]

ho|nen ⟨V.⟩ *feinschleifen* [< engl. *hone* »mit einem Schleifstein schärfen«]

ho|nett ⟨Adj.⟩ *ehrenhaft, ehrsam, anständig* [< frz. *honnête* »ehrlich, redlich«]

Ho|ney|moon ⟨[hʌnimuːn] m.; -s, -s⟩ *Flitterwochen* [engl., zu *honey* »Honig« + *moon* »Mond«]

Ho|ni soit qui mal y pense ⟨[ɔni soa ki mal i pɑ̃ːs] alte Schreibung: Honny⟩ *Ein Schelm (sei), wer Schlechtes davon denkt (Inschrift des engl. Hosenbandordens, nach dem angebl. Ausruf König Eduards III. von England, als er das Strumpfband, das der Gräfin Salisbury entfallen war, aufnahm u. dabei versehentlich ihr Kleid etwas hob)* [frz.]

Hon|neurs ⟨[ɔnøːrs] nur Pl.⟩ *Ehrenbezeigung;* die ~ machen *Gäste willkommen heißen, empfangen u. vorstellen* [frz., »Ehrenerweisung«, Pl. zu *honneur* »Ehre«]

ho|no|ra|bel ⟨Adj.⟩ *ehrenvoll, ehrbar, ehrenwert, ehrenhaft* [< frz. *honorable*]

Ho|no|rant ⟨m.; -en, -en⟩ *jmd., der an Stelle des Bezogenen einen Wechsel annimmt u. honoriert;* → a. *Honorat* [< lat. *honorans,* Part. Präs. zu *honorare* »ehren«]

Ho|no|rar ⟨n.; -s, -e⟩ *Vergütung von Leistungen freier Berufe;* Autoren~; Stunden~ [< lat. *honorarium* »Ehrengabe, Belohnung«; zu *honor* »Ehre«]

Ho|no|rat ⟨m.; -en, -en⟩ *jmd., für den ein anderer einen Wechsel zahlt (honoriert);* → a. *Honorant* [< lat. *honoratus,* Part. Perf. zu *honorare* »ehren«]

Ho|no|ra|ti|o|ren ⟨nur Pl.⟩ *die angesehensten Einwohner einer (kleinen) Stadt* [< *honoratiores,* Komparativ zu lat. *honoratus,* Part. Perf. zu *honorare* »ehren«]

ho|no|rie|ren ⟨V.⟩ **1** *dankbar anerkennen* **2** *bezahlen, vergüten (bes. freiberufl. Arbeit)* **3** *einlösen;* Wechsel ~ [< lat. *honorare* »ehren, belohnen, beschenken«]

ho|no|rig ⟨Adj.⟩ *ehrenhaft, anständig, freigebig* [< lat. *honor* »Ehre«]

ho|no|ris cau|sa ⟨Abk.: h.c.⟩ *ehrenhalber;* Dr. phil. h.c.; → a. *Doktor* [lat.]

Ho|no|ri|tät ⟨f.; -, -en⟩ **1** ⟨unz.⟩ *Ehrenhaftigkeit, Anständigkeit* **2** ⟨zählb.⟩ *ehrenhafte, angesehene Person* [< lat. *honor* »Ehre«]

Hon|véd ⟨[-veːd] m.; -s, -s⟩ **1** *ungarischer (freiwilliger) Landwehrsoldat* **2** *die 1848 von Kossuth gegen Österreich aufgestellte ungar. Nationalarmee* **3** ⟨seit 1868⟩ *ungarische Landwehr* **4** ⟨seit 1918⟩ *das ungar. Heer* [ung., »Vaterlandsverteidiger«]

> **hooked** (*Worttrennung am Zeilenende*) Die Trennbarkeit von Fremdwörtern richtet sich in der Regel nach ihrer muttersprachlichen Aussprache. Da das Wort »*hooked*« [hukt] einsilbig ausgesprochen wird, ist es nicht trennbar.

hooked ⟨[hukt] Adj.; Drogenszene⟩ *drogenabhängig* [engl., »eingehakt«]

hoo|ken ⟨[hukən] V.; Sp.; Golf⟩ *einen Hookspin spielen* [→ *Hookspin*]

Hoo|ker ⟨[hukə(r)] m.; -s, -; Sp.⟩ **1** ⟨Golf⟩ *Golfspieler, der den Hookspin besonders gut beherrscht* **2** ⟨Rugby⟩ *Stürmer, der beim Anstoß in der vorderen Reihe steht u. den Angriff abblockt* [< engl. *hook* »Haken«]

Hook|shot ⟨[hukʃɔt] m.; -s, -s; Sp.; Basketball⟩ *Sprungwurf, bei dem der Werfer den Ball mit dem ausgestreckten Arm seitlich an den Korb heranführt u. aus dem Handgelenk in den Ring wirft, Hakenwurf* [< engl. *hook* »Haken« + *shot* »Schuss, Wurf«]

Hook|spin ⟨[huk-] m.; -s, -s; Sp.; Golf⟩ *mit Seitwärtsdrall geschlagener Ball* [< engl. *hook* »Haken« + *spin* »Drehung«]
Hoo|li|gan ⟨[hu:ligən] m.; -s, -s⟩ **1** *Halbstarker, Rowdy, vor Gewalt nicht zurückschreckender Mensch (bes. bei öffentl. Großveranstaltungen wie Fußballspielen u. Popkonzerten auftretend)* **2** *jmd., der sich rücksichtslos über die Rechte u. Interessen anderer Personen hinwegsetzt* [engl., viell. nach dem irischen Familiennamen *Hooligan*]
Hop ⟨m.; -s, -s; Sp.; Leichtathletik⟩ *der erste der drei Sprünge beim Dreisprung;* → a. *Jump(2), Stepp* [< engl. *hop* »Hopser, Hüpfer«]
Ho|plit, ⟨auch⟩ **Hop|lit** ⟨m.; -en, -en⟩ *altgrch. schwer bewaffneter Fußsoldat* [< grch. *hoplites* »schwer bewaffneter Fußkämpfer im alten grch. Heer«; zu grch. *hopla* »Waffen«]
Ho|que|tus ⟨m.; -, -ti; Mus.⟩ = *Hoketus*
ho|ra ⟨Zeichen: ^{h}⟩ *Stunde (bei Zeitangaben);* 6^h *6 Uhr* [< lat. < grch. *hora* »natürl. Zeitabschnitt, Jahreszeit«]
Ho|ra¹ ⟨f.; -, Ho|ren; meist Pl.⟩ **1** *Zeit des kath. Stundengebetes* **2** *dieses selbst mit Hymnus, Psalmen u. Lesung* [lat., »Stunde« < grch. »natürl. Zeitabschnitt, Jahreszeit«]
Ho|ra² ⟨f.; -, Ho|ren⟩ = *Hore(1)*
Ho|ra|ri|um ⟨n.; -s, -ri|en⟩ = *Stundenbuch* [lat., »Uhr«; zu *hora* »Stunde«]
Hor|de|o|lum ⟨n.; -s, -o|len; Med.⟩ *Gerstenkorn, Abszess der Liddrüsen* [Verkleinerungsform zu lat. *hordeum* »Gerste«]
Ho|re ⟨f.; -, -n⟩ **1** ⟨grch. Myth.⟩ *eine der (zwei, drei od. vier) Göttinnen der Jahreszeiten;* oV *Hora²* **2** *bei Hesiod eine der Göttinnen der Gesetzmäßigkeit, der Gerechtigkeit u. des Friedens* **3** ⟨Pl.⟩ ~n *Titel einer 1795–97 von Schiller herausgegebenen literar. Zeitschrift* [< grch. *hora* »natürl. Zeitabschnitt, Jahreszeit«]
Ho|ri|zont ⟨m.; -(e)s, -e⟩ **1** *waagerechte (scheinbare) Trennungslinie zwischen Himmel u. Erde, Gesichtskreis* **2** *Umfang der geistigen Interessen u. der Bildung;* geistiger ~; weiter, enger, beschränkter ~; das geht über seinen ~ **3** ⟨Geol.; Archäol.⟩ *waagerechte Fläche od. Schicht in der Erde mit besonderen Merkmalen* [< grch. *horizon kyklos* »begrenzender Kreis«; zu *horizein* »begrenzen« + *kyklos* »Kreis«]
ho|ri|zon|tal ⟨Adj.⟩ *wie der Horizont(1) verlaufend, waagerecht;* Ggs *vertikal;* ~es Gewerbe ⟨umg.⟩ *Prostitution*
Ho|ri|zon|ta|le ⟨f.; -, -n⟩ *Waagerechte, waagerechte Linie, waagerechte Lage;* Ggs *Vertikale*
Ho|ri|zon|tal|in|ten|si|tät ⟨f.; -; unz.⟩ *Komponente des erdmagnet. Feldes, die horizontal zur Erdoberfläche wirkt;* Ggs *Vertikalintensität*
Hor|mon ⟨n.; -s, -e⟩ *vom Körper gebildeter Wirkstoff, der eine bestimmte Körperfunktion reguliert;* → a. *Inkret* [< grch. *horman* »in Bewegung setzen, antreiben, anregen«; zu *horme* »Anlauf, Angriff, Antrieb«]
hor|mo|nal ⟨Adj.⟩ *mit Hilfe der Hormone, auf ihnen beruhend*
Hor|mon|prä|pa|rat ⟨n.; -(e)s, -e; Pharm.⟩ *künstlich gewonnenes Hormon, das als Arzneimittel verwendet wird*
Hor|mon|the|ra|pie ⟨f.; -, -n; Med.; Pharm.⟩ *med. Behandlung mit Hormonpräparaten*
Horn|back ⟨[hɔ:(r)nbæk] n. od. m.; -s, -s⟩ *Hornhautrücken des Krokodils, der durch Feinschliff so bearbeitet wird, dass die Maserung besonders deutlich hervortritt* [engl.]
Horn|pipe ⟨[hɔ:(r)npaip] f.; -, -s⟩ **1** *volkstüml. Blasinstrument mit einfachem Rohrblatt u. einem Schallkörper aus Tierhorn, das auch als Melodiepfeife beim Dudelsack verwendet wird* **2** *engl. Volkstanz des 18. Jh. im ³/₂- od. ⁴/₄-Takt* [engl., »Hornpfeife«]
Ho|ro|log ⟨n.; -s, -e⟩, **Ho|ro|lo|gi|um** ⟨n.; -s, -gi|en⟩ *Stundenanzeiger, Uhr* [< lat. *horologium* »Sonnen-, Wasseruhr« < grch. *horologion;* zu *hora* »natürl. Zeitabschnitt« + *legein* »lesen«]
Hor|op|ter, ⟨auch⟩ **Ho|rop|ter** ⟨m.; -s, -; Med.⟩ *Linie des Gesichtsfeldes, auf der diejenigen Punkte liegen, die sich auf den sehrichtungsgleichen Stellen der Netzhaut abbilden u. daher mit beiden Augen nur einfach gesehen werden, Sehgrenze* [< grch. *horos* »Grenze« + *opter* »Späher«]
Ho|ro|skop, ⟨auch⟩ **Ho|ros|kop** ⟨n.; -s, -e⟩ *Aufzeichnung der Gestirnkonstellation als Grundlage zur Charakter- u. Schicksalsdeutung;* jmdm. das ~ stellen [< grch. *hora* »natürl. Zeitabschnitt« + ...*skop*]
ho|ro|sko|pie|ren, ⟨auch⟩ **ho|ros|ko|pie|ren** ⟨V.⟩ *ein Horoskop erstellen*
ho|ro|sko|pisch, ⟨auch⟩ **ho|ros|ko|pisch** ⟨Adj.⟩ *zum Horoskop gehörend, auf ihm beruhend*
hor|rend ⟨Adj.⟩ *schrecklich; übermäßig, ungeheuer;* ein ~er Preis [< lat. *horrendus* »schauderhaft, schrecklich«]
hor|ri|bel ⟨Adj.⟩ *schrecklich, entsetzlich, grauenvoll, schauderhaft* [< frz. *horrible* < lat. *horribilis*]
hor|ri|bi|le dic|tu *schrecklich zu sagen (als Einfügung in der direkten Rede)* [lat.]
Hor|ri|bi|li|tät ⟨f.; -; unz.; †⟩ *Schrecklichkeit* [< lat. *horribilitas*]
Hor|ror ⟨m.; -s; unz.⟩ *Grausen, Schauder, Abscheu* [lat.]
Hor|ror|film ⟨m.; -(e)s, -e⟩ *Film mit grausamen od. gruseligen Bildern*
Hor|ror|trip ⟨m.; -s, -s⟩ *mit Angst- u. Schreckensgefühlen verbundener Drogenrausch;* Sy *Badtrip* [engl.]
Hor|ror Va|cui ⟨[va:-] m.; - -; unz.⟩ *(nach einer alten Vorstellung) Abscheu der Natur vor luftleeren Räumen* [lat.]
hors con|cours ⟨[ɔr kɔ̃ku:r]⟩ *außer Wettbewerb;* ein Pferd läuft beim Rennen ~ [frz.]
Hors|d'œu|vre, ⟨auch⟩ **Hors|d'œuv|re** ⟨[ɔrdœ:vr(ə)] n.; -s, -s⟩ *Vorspeise, Appetit anregendes Nebengericht* [frz.]

Horse ⟨[hɔ:s] n.; -; unz.; umg.⟩ *Heroin* [engl., eigtl. »Pferd« (verhüllend)]

Hor|tẹn|sie ⟨[-siə] f.; -, -n⟩ *einer Gattung der Steinbrechgewächse angehörender Strauch mit kugeligen Blütenständen in vielen Farben: Hortensie hortensia* [von dem frz. Botaniker Ph. Commerson benannt nach *Hortense*, der Frau des Uhrmachers Le Paute, die ihn beide auf der Reise begleiteten, auf der er die Pflanze entdeckte]

Hor|ti|kul|tur ⟨f.; -; unz.⟩ *Gartenbau* [<lat. *hortus* »Garten« + *Kultur*]

ho|si|ạn|na! *Freudenruf, Begrüßungsruf (urspr. beim Einzug Jesu in Jerusalem)* [<hebr. *hosia* »hilf« + Bittpartikel *na* »Hilf doch!« aus Psalm 118,25]

Hos|pi|tal ⟨n.; -s, -e od. -tä|ler⟩ **1** ⟨allg.⟩ *Krankenhaus* **2** ⟨i.e.S.⟩ *Anstalt zur längeren od. dauernden Aufnahme chronisch Kranker* [<mhd. *hospital(e)* <ahd. *hospitalhus* <mlat. *hospitale* »Armen-, Krankenhaus«; zu lat. *hospes* »Gast«]

hos|pi|ta|li|sie|ren ⟨V.⟩ *in ein Krankenhaus od. eine Pflegeanstalt einweisen;* einen Pflegebedürftigen ~

Hos|pi|ta|li|sie|rung ⟨f.; -, -en⟩ *das Hospitalisieren, das Hospitalisiertwerden*

Hos|pi|ta|lis|mus ⟨m.; -; unz.; Sammelbez. für⟩ *körperl., geistige u. seel. Schäden infolge lang dauernden Aufenthalts im Krankenhaus od. (bei Kindern) im Heim;* →a. *Deprivationssyndrom*

Hos|pi|tạnt ⟨m.; -en, -en⟩ *Gasthörer, Gastschüler* [→ *hospitieren*]

Hos|pi|tạn|tin ⟨f.; -, -tin|nen⟩ *Gasthörerin, Gastschülerin*

Hos|pi|tạnz ⟨f.; -, -en⟩ *vorübergehende Teilnahme, Anwesenheit als Gast (z.B. in einem Praktikum, in der Schule, in der Universität, in einer Fraktionssitzung u.Ä.)* [→ *hospitieren*]

Hos|pi|ta|ti|on ⟨f.; -, -en⟩ *das Hospitieren*

hos|pi|tie|ren ⟨V.⟩ **1** *als Gast teilnehmen;* am Unterricht ~ **2** *als Gast Vorlesungen hören* [<lat. *hospitari* »zu Gast sein«]

Hos|piz ⟨n.; -es, -e⟩ **1** *von Mönchen errichtetes Übernachtungsheim* **2** *Sterbeklinik* [<lat. *hospitium* »Gastfreundschaft, Bewirtung«; zu *hospes* »Gast«]

Hos|po|dar ⟨m.; -s od. -en, -e od. -en⟩ *slaw. Fürstentitel in der Moldau u. Walachei;* oV *Gospodar* [<slaw. *gospodarj* »Herr«]

Host ⟨[houst] m.; -s, -s⟩ **1** ⟨kurz für⟩ *Hostcomputer* **2** *Adresse im Internet* [engl., eigtl. »Gastgeber«]

Host|com|pu|ter, ⟨auch⟩ **Host Com|pu|ter** ⟨[houstkɔmpju:-] m.; (-) -s, (-) -; kurz: Host; EDV⟩ *EDV-Anlage, die eingesetzt wird, um im Rahmen von Rechnernetzen für andere Systeme Programme zu entwickeln od. auszuführen, Hauptrechner* [<engl. *host* »Gastgeber« + *Computer*]

Hos|tess ⟨a. [-'-] f.; -, -tes|sen⟩ **1** *Betreuerin, Begleiterin, Führerin in Ausstellungen* **2** *weibl. Person, die Auskünfte erteilt* **3** ⟨verhüllend⟩ *Bardame, Prostituierte* [engl., »Wirtin, Gastgeberin« <afrz. *(h)ostesse* (nfrz. *hôtesse*), Fem. zu *(h)oste* (nfrz. *hôte*) »Gastgeber« <lat. *hospes* »Gastfreund«]

> **Hostess** (*Laut-Buchstaben-Zuordnung*) Die im Deutschen übliche Kennzeichnung eines kurzen Vokals durch Verdoppelung des Folgekonsonanten wird auch auf Fremdwörter angewendet. Nach kurzem Vokal wird daher auch bei Fremdwörtern der Buchstabe »*ß*« künftig durch die Schreibung »*ss*« ersetzt (→a. *Dress; Fitness*).

Hos|tie ⟨[-tjə] f.; -, -n⟩ *das beim Abendmahl in Form einer kleinen Oblate gereichte ungesäuerte Brot* [<lat. *hostia* »Opfertier«]

hos|til ⟨Adj.⟩ *feindlich, feindselig* [<lat. *hostilis* »feindlich«; zu *hostis* »Fremder, Feind«]

Hos|ti|li|tät ⟨f.; -; unz.⟩ *Feindseligkeit*

Hot ⟨m.; -s, -s⟩ *leidenschaftlich bewegte Improvisation u. Synkopierung einer Jazzmelodie* [engl., »heiß«]

Hotch|potch ⟨[hɔtʃpɔtʃ] n.; -, -es; Kochk.⟩ = *Hochepot* [engl., »Durcheinander, Mischmasch«]

Hot|dog, ⟨auch⟩ **Hot Dog** ⟨n. od. m.; (-) -s, (-) -s⟩ *heißes Würstchen (mit Ketschup) in einem längs aufgeschnittenen Brötchen* [engl., »heißer Hund«]

Ho|tel ⟨n.; -s, -s⟩ *Betrieb für Unterkunft u. Verpflegung für gehobene Ansprüche;* ~ garni *Betrieb, der nur Unterkunft u. Frühstück gewährt* [<frz. *hôtel* »großes, herrschaftl. Wohnhaus, vornehmes Gasthaus«; frz. *garni* »(gut) ausgestattet«]

Ho|te|li|er ⟨[-lje:] m.; -s, -s⟩ *Besitzer, Pächter od. Leiter eines Hotels* [<frz. *hôtelier* »Hotelbesitzer«]

Ho|tel|le|rie ⟨f.; -; unz.; schweiz.⟩ *Gaststätten-, Hotelgewerbe* [frz., »Gasthaus, Gasthof«]

Hot|jazz, ⟨auch⟩ **Hot Jazz** ⟨[-dʒæs] m.; (-) -; unz.⟩ *scharf akzentuierender Jazzstil zwischen 1920 u. 1930* [engl., »heißer Jazz«]

Hot|key, ⟨auch⟩ **Hot Key** ⟨[-ki:] m.; (-) -s, (-) -s; EDV⟩ *mittels einer Taste od. Tastenkombination ausgeführter Befehl, der ein anderes Programm (das sich im Schlafmodus befindet) aktiviert* [<engl. *hot* »heiß« + *key* »Schlüssel«]

Hot|line, ⟨auch⟩ **Hot Line** ⟨[-lain] f.; (-) -, (-) s; bes. TV⟩ *schnelle, direkte Telefonverbindung, heißer Draht;* ~ zu einer Livesendung; →a. *Infoline* [engl.]

Hot|pants, ⟨auch⟩ **Hot Pants** ⟨[-pænts] Pl.; bes. Anfang der 70er Jahre⟩ *sehr kurze Shorts für Damen* [engl., »heiße Höschen«]

Hot|spot, ⟨auch⟩ **Hot Spot** ⟨m.; (-) -s, (-) -s⟩ **1** ⟨Geol.⟩ *Aufschmelzungspunkt im inneren Aufbau der Erde, an der Erdoberfläche am Vulkanismus zu erkennen* **2** ⟨allg.⟩ *Schlagwort für wichtige od. interessante Orte od. Sachverhalte* [engl., »heißer Punkt«]

hot|ten ⟨V.⟩ *Hot tanzen*
Hour|di ⟨[urdi:] m.; -, -s [urdi:]⟩ *lange, hohle Platte aus gebranntem Ton zur Herstellung von ebenen Steindecken* [frz., »Mauerwerk od. Fachwerkausfüllung aus unbearbeiteten Bruchsteinen«]
House ⟨[haus] m.; -; unz.; kurz für⟩ *Housemusic*
House|mu|sic, ⟨auch⟩ **House Mu|sic** ⟨[hausmju:zik] f.; (-) -; unz.; Mus.⟩ *Musikstil seit Mitte der 80er Jahre aus Chicago u. Detroit, der Funk- u. Soulelemente mit harten Rhythmen verbindet;* →a. *Techno* [< engl. *house* »Haus« + *music* »Musik«]
House of Com|mons ⟨[haus ɔf kɔmɔns] n.; - - -; unz.⟩ *Unterhaus, zweite Kammer des brit. Parlaments*
House of Lords ⟨[haus ɔf -] n.; - - -; unz.⟩ *Oberhaus, erste Kammer des brit. Parlaments*
Housse ⟨[us] f.; -, -n⟩ = *Husse* [frz., »Decke, Überzug, Schoner«]
Ho|ver|craft ⟨[hɔ:və(r)kra:ft] n.; - od. -s, -s⟩ *Wasserfahrzeug, das etwa 20 cm über dem Boden od. dem Wasser auf einem Luftkissen gleitet* [engl., »Schwebefahrzeug«]
h.p. ⟨Abk. für⟩ *horse-power, eine in angelsächs. Ländern übliche Einheit der Leistung, 1 h.p. = 1,013 PS = 745,7 Watt*
hst ⟨Abk. für⟩ *Hektoster*
Hu|er|ta ⟨f.; -, -s; in Spanien⟩ *durch ein Kanal- od. Grabensystem bewässertes, intensiv genutztes Gemüse- u. Obstanbauland* [span.]
Hu|ge|not|te ⟨m.; -n, -n⟩ *Protestant im alten Frankreich (seit 1560), von Ludwig XIV. 1685 verboten u. vertrieben* [< frz. *Huguenot* < schweiz. *Ignot, Eignot* »Eidgenosse«]
hu|i|us an|ni ⟨Abk.: h.a.⟩ *dieses Jahres* [lat.]
hu|i|us men|sis ⟨Abk.: h.m.⟩ *dieses Monats* [lat.]
Hu|ka ⟨f.; -, -s⟩ *indische Wasserpfeife* [< arab. *hukkah* »Schale, Gefäß«]
Huk|boot ⟨n.; -(e)s, -e⟩, **Hu|ker** ⟨m.; -s, -⟩ *Fahrzeug der Hochseefischerei mit umlegbarem Mast* [< engl. *hooker* »kleines Fischerboot«]
Hu|la-Hoop ⟨[huləhu:p]⟩, ⟨auch⟩ **Hu|la-Hopp** ⟨m.; -s, -s⟩ *schmaler, leichter Plastikreifen, den man um die Hüften kreisen lässt* [< hawaiisch *hula* »Kulttanz« + engl. *hoop* »Reifen«]
Hulk ⟨engl. [hʌlk] m.; -s, -s⟩ **1** ⟨im MA⟩ *dreimastiges Segelschiff* **2** *abgetakelter (Schiffs-)Rumpf, baufälliges Haus* **3** *grobschlächtiger, großer Kerl* [engl.]
hu|man ⟨Adj.⟩ *menschlich, menschenfreundlich, menschenwürdig;* Ggs *inhuman* [< lat. *humanus* »menschlich«; zu *homo* »Mensch«]
Hu|man|bi|o|lo|gie ⟨f.; -; unz.⟩ *Lehre von der Entstehung u. der Lebensweise des Menschen*
hu|man|bi|o|lo|gisch ⟨Adj.⟩ *zur Humanbiologie gehörend, sie betreffend*
Hu|man|en|gi|nee|ring, ⟨auch⟩ **Hu|man En|gi|nee|ring** ⟨[ju:mən ɛndʒini:riŋ] n.; (-) -; unz.⟩ *Teilgebiet der Arbeitspsychologie, das die Anpassung der Voraussetzungen am Arbeitsplatz an die Bedürfnisse u. Fähigkeiten des Menschen erforscht;* Sy *Engineering, Social Engineering* [engl., zu *human* »menschlich« + *engineering* »Maschinenbau«, zu *engine* »Maschine«]
Hu|man|ge|ne|tik ⟨f.; -; unz.⟩ *Wissenschaft, die sich mit den Erbvorgängen beim Menschen befasst*
Hu|man|ge|ne|ti|ker ⟨m.; -s, -⟩ *Wissenschaftler auf dem Gebiet der Humangenetik*
Hu|man|ge|ne|ti|ke|rin ⟨f.; -, -rin|nen⟩ *Wissenschaftlerin auf dem Gebiet der Humangenetik*
hu|man|ge|ne|tisch ⟨Adj.⟩ *zur Humangenetik gehörend, sie betreffend*
hu|ma|ni|sie|ren ⟨V.⟩ *human, gesittet, menschlich machen* [< lat. *humanus* »menschlich«]
Hu|ma|ni|sie|rung ⟨f.; -; unz.⟩ *das Humanisieren, das Humanisiertwerden*
Hu|ma|nis|mus ⟨m.; -; unz.⟩ **1** ⟨13.–16. Jh.⟩ *von der Kultur der Antike beeinflusstes Bildungsideal* **2** ⟨allg.⟩ *Streben nach echter Menschlichkeit, nach edlem, menschenwürdigem Leben u. Denken* [zu lat. *humanus* »menschlich«]
Hu|ma|nist ⟨m.; -en, -en⟩ **1** *Vertreter, Anhänger des Humanismus* **2** *Kenner der latein. u. griech. Sprache* **3** *jmd., der ein humanist. Gymnasium besucht hat*
hu|ma|nis|tisch ⟨Adj.⟩ *den Humanismus betreffend, zu ihm gehörig, aus ihm stammend;* ~es Gymnasium *Gymnasium mit Unterricht in Griechisch u. Latein*
hu|ma|ni|tär ⟨Adj.⟩ *menschenfreundlich, wohltätig, mildtätig* [< lat. *humanus* »menschlich«]
Hu|ma|ni|ta|ris|mus ⟨m.; -; unz.⟩ **1** *menschenfreundliche Gesinnung* **2** ⟨iron.⟩ *überzogene u. realitätsfremde Menschenfreundlichkeit* [zu lat. *humanitas* »Menschlichkeit, Menschenfreundlichkeit«]
Hu|ma|ni|tas ⟨f.; -; unz.; geh.⟩ *Menschlichkeit* [lat.]
Hu|ma|ni|tät ⟨f.; -; unz.⟩ *echte Menschlichkeit, Sinn für das Gute u. Edle im Menschen;* Ggs *Inhumanität* [< lat. *humanitas* »Menschlichkeit, menschliche Natur, edle Bildung, feiner Geschmack, Gefühl für Anstand u. Sitte«]
Hu|man|me|di|zin ⟨f.; -; unz.⟩ *Medizin für den Menschen;* →a. *Veterinärmedizin*
Hu|man|me|di|zi|ner ⟨m.; -s, -⟩ *Arzt, Wissenschaftler auf dem Gebiet der Humanmedizin*
Hu|man|me|di|zi|ne|rin ⟨f.; -, -rin|nen⟩ *Ärztin, Wissenschaftlerin auf dem Gebiet der Humanmedizin*
hu|man|me|di|zi|nisch ⟨Adj.⟩ *die Humanmedizin betreffend, zu ihr gehörig*
Hu|man|ö|ko|lo|gie ⟨f.; -; unz.⟩ *Wissenschaft, die sich mit den Wechselbeziehungen des Menschen zur Umwelt befasst*
hu|man|ö|ko|lo|gisch ⟨Adj.⟩ *zur Humanökologie gehörend, auf ihr beruhend*
Hu|man|psy|cho|lo|gie ⟨f.; -; unz.⟩ *Teilbereich der Psychologie, der sich mit dem menschlichen Seelenleben befasst*
hu|man|psy|cho|lo|gisch ⟨Adj.⟩ *zur Humanpsychologie gehörend, auf ihr beruhend*

Hu|man|re|la|tions, ⟨auch⟩ **Hu|man Re|la|tions** ⟨[juːmən rilɛiʃənz] Pl.; Soziol.⟩ *die Beziehungen der Menschen zueinander* [engl.]
Hu|man|re|sour|ces, ⟨auch⟩ **Hu|man Re|sour-ces** ⟨[juːmən risɔːsiz] Pl.⟩ *alle Leistungspotentiale, die einem Unternehmen durch sein Personal zur wirtschaftlichen Nutzung zur Verfügung stehen;* Sy *Humanvermögen* [< engl. *human* »menschlich; Mensch« + *resource* »Mittel, Rohstoff«]
Hu|man|touch, ⟨auch⟩ **Hu|man Touch** ⟨[juːmən tʌtʃ] m.; (-) - od. (-) -es [-tʃiz]; unz.; geh.⟩ *menschliche Note (die einer Sache anhaftet)* [engl.]
Hu|man|ver|mö|gen ⟨n.; -s, -⟩ = *Human Resource*
Hu|man|wis|sen|schaft ⟨f.; -, -en⟩ *Wissenschaft, deren Forschungsgegenstand der Mensch ist,* z.B. Ethnologie, Soziologie
Hum|bug ⟨m.; -s; unz.; umg.⟩ **1** *Blendwerk, Täuschung, Schwindel* **2** *Unsinn, Aufschneiderei;* das ist doch alles ~! [engl.]
Hu|me|ra|le ⟨n.; -s, -li|en od. -lia⟩ *Schultertuch des kath. Priesters* [< lat. *humerus* »Schulter«]
Hu|me|rus ⟨m.; -, -ri⟩ *Oberarmknochen* [< lat. *humerus* »Schulter«]
hu|mid ⟨Adj.⟩ *feucht, nass, niederschlagsreich;* ~es Klima [< lat. *humidus* »feucht, nass«]
Hu|mi|di|tät ⟨f.; -; unz.⟩ *humide Beschaffenheit* [< lat. *humiditas* »Feuchtigkeit, Nässe«]
Hu|mi|fi|ka|ti|on ⟨f.; -; unz.⟩ *Vermoderung, Humusbildung (durch Bakterien u.Ä.)* [< lat. *humus* »Erdboden« + *...fikation*]
hu|mi|fi|zie|ren ⟨V.⟩ *vermodern lassen, zu Humus umwandeln*
Hu|mi|fi|zie|rung ⟨f.; -; unz.⟩ = *Humifikation*
hu|mil ⟨Adj.; †⟩ *niedrig; demütig, ergeben* [< lat. *humilis* »niedrig, gering«]
hu|mi|li|ant ⟨Adj.; †⟩ *demütigend, erniedrigend* [→ *humil*]
Hu|mi|li|a|ti|on ⟨f.; -, -en; †⟩ *Demütigung, Erniedrigung* [→ *humil*]
Hu|min|säu|re ⟨f.; -, -n⟩ *dunkelbrauner Stoff, der beim biologischen Abbau von pflanzlichen Stoffen im Zuge der Humusbildung entsteht*
Hu|mit ⟨a. [juːmit] m.; -s, -e; Min.⟩ *rhombisches, gelblich-weißes bis rotes Mineral* [nach dem engl. Geologen Abraham *Hume,* 1748-1838]
Hu|mor ⟨m.; -s; unz.⟩ *Fähigkeit, auch die Schattenseiten des Lebens mit heiterer Gelassenheit u. geistiger Überlegenheit zu betrachten, überlegene Heiterkeit, heitere seel. Grundhaltung* [lat., »Feuchtigkeit« (von der mittelalterl. Medizin auf die Körpersäfte angewendet, die nach ihrer Lehre die innere Art des Menschen bestimmen)]
hu|mo|ral ⟨Adj.⟩ *die Körpersäfte betreffend, auf ihnen beruhend* [< lat. *humor* »Feuchtigkeit«]
Hu|mo|ral|pa|tho|lo|gie ⟨f.; -; unz.⟩ *Krankheitslehre der hippokratischen u. galenischen Medizin, die eine falsche Mischung der Körpersäfte als Ursache der Krankheiten ansah*
Hu|mo|res|ke ⟨f.; -, -n⟩ **1** *kurze, humorvolle Erzählung* **2** *kurzes, heiteres, humorvolles Musikstück* [→ *Humor;* nach *Groteske, Burleske* gebildet]
hu|mo|rig ⟨Adj.⟩ *mit Humor, gemütlich-heiter, launig*
Hu|mo|rist ⟨m.; -en, -en⟩ *Verfasser od. Vortragender humorvoller Dichtungen*
hu|mo|ris|tisch ⟨Adj.⟩ **1** *auf Humor beruhend, im Sinne des Humors* **2** *mit Humor, liebenswürdig-scherzhaft, heiter*
hu|mos ⟨Adj.⟩ *reich an Humus* [< lat. *humus* »Erdboden, Erdreich«]
Hu|mus ⟨m.; -; unz.⟩ *oberste, aus organischen Resten gebildete (sehr fruchtbare) Bodenschicht bräunlicher Farbe* [lat., »Erdboden, Erdreich«]
Hun|dred|weight, ⟨auch⟩ **Hund|red|weight** ⟨[hʌndrədwɛit] n.; -, -s; bei Zahlenangaben Pl. -; Abk.: cwt.⟩ = *Centweight* [engl.]
Hun|ga|ri|ka ⟨Pl.⟩ *Bücher, Bilder usw. über Ungarn* [< lat. *Hungaria* »Ungarn«]
Hun|ga|ris|tik ⟨f.; -; unz.⟩ *Lehre von der Sprache u. Kultur Ungarns*
Hun|ter ⟨[hʌn-] m.; -s, -⟩ **1** *engl. Jagdpferd* **2** *engl. Jagdhund* [engl., zu *hunt* »jagen«]
Hu|ri ⟨f.; -, -s; nach mohammedan. Glauben⟩ *schöne Jungfrau im Paradies* [< arab. *hur,* Pl. von *ahwar* »gazellenäugig, schönäugig«]
Hur|ling ⟨[hɔːliŋ] n.; -s; unz.⟩ *dem Hockey ähnliches, altes irisches Schlagballspiel* [engl., zu *hurl* »schleudern«]
Hur|ri|kan ⟨m.; -s, -e⟩ *Wirbelsturm in Mittelamerika* [< engl. *hurricane* < span. *huracán* < Taino *huracán* < *hura* »Wind; wegblasen«; verwandt mit *Orkan*]
Hu|sar ⟨m.; -en, -en⟩ **1** ⟨urspr., seit dem 15. Jh.⟩ *berittener ungar. Soldat* **2** ⟨seit dem 16. Jh. auch in anderen Ländern⟩ *Angehöriger einer leichten Reitertruppe in ungar. Uniform* [< ungar. *huszár* < serbokroat. *kursar, gusar, husar* »Straßenräuber« < ital. *corsare, corsaro* < mlat. *cursarius* »Seeräuber«; verwandt mit *Korsar*]
Hus|ky ⟨[hʌski] m.; -s, -s⟩ *Schlittenhund der Eskimos* [engl.]
Hus|se ⟨f.; -, -n⟩ *abnehmbarer Überzug für Sitzmöbel;* oV *Housse* [→ *Housse*]
Hus|sit ⟨m.; -en, -en; Theol.⟩ *Anhänger des böhm. Reformators Johann Hus*
Hus|si|tis|mus ⟨m.; -; unz.; Theol.⟩ *böhmische, national gesinnte Aufstandsbewegung der ersten Hälfte des 15. Jh.* [nach dem Reformator Jan *Hus,* 1370-1415]
Hus|tle, ⟨auch⟩ **Hust|le** ⟨[hʌs(ə)l] m.; -s; unz.⟩ *in Amerika entstandener moderner Gesellschaftstanz, der paarweise (bes. in Diskotheken) getanzt wird* [engl., eigtl. »Gedränge, Eile«]
HV ⟨Abk. für⟩ *Vickershärte*
Hy|a|de ⟨f.; -, -n⟩ **1** ⟨grch. Myth.⟩ *in ein Sternbild verwandelte Nymphe* **2** ⟨nur Pl.⟩ ~n *Sternhaufen am Kopfe des Sternbilds Stier, Regengestirn* [< grch. *hyein* »regnen«]

hy|a|lin ⟨Adj.⟩ *glasartig* [<grch. *hyalos* »Glas«]

Hy|a|lin ⟨n.; -s, -e; Med.⟩ *glasige Eiweißmasse, die z.B. in Lymphknoten od. in Körperzellen vorkommt*

Hy|a|li|no|se ⟨f.; -, -n; Med.⟩ *Ablagerung von Hyalin im Körpergewebe od. an Gefäßwänden*

Hy|a|lit ⟨m.; -s, -e⟩ *glasklarer Quarz, Glasopal* [<grch. *hyalos* »Glas«]

Hy|a|lo|gra|fie ⟨f.; -; unz.⟩ = *Hyalographie*

Hy|a|lo|gra|phie ⟨f.; -; unz.⟩ *Glasdruckverfahren, Glasradierung;* oV *Hyalografie* [<grch. *hyalos* »Glas« + ...*graphie*]

Hy|a|lo|phan ⟨m.; -s, -e⟩ *Kalifeldspat* [<grch. *hyalos* »Glas« + *phainesthai* »erscheinen«]

Hy|a|lo|plas|ma ⟨n.; -s, -men⟩ *flüssige, durchscheinende Grundsubstanz des Zellplasmas* [<grch. *hyalos* »Glas« + *Plasma*]

Hy|ä|ne ⟨f.; -, -n⟩ **1** *Angehörige einer Familie der Raubtiere, nächtl. aktiver Aasfresser, der gelegentlich auch lebende Beute schlägt: Hyaenida* **2** ⟨fig.⟩ *hemmungslos gieriger Mensch, Plünderer, Leichenfledderer* [<grch. *hyaina;* zu *hys* »Schwein« (wegen des borstigen Rückens)]

Hy|a|zinth ⟨m.; -(e)s, -e; Min.⟩ = *Zirkon* [nach dem vorgrch. Gott *Hyakinthos*]

Hy|a|zin|the ⟨f.; -, -n; Bot.⟩ *Liliengewächs, Zwiebelgewächs mit in lockeren od. dichten Trauben stehenden, röhrigen od. glockigen Blüten: Hyacinthus,* ⟨i.e.S.⟩ *H. orientalis* [<grch. *hyakinthos* »violette Schwertlilie«; nach dem vorgrch. Gott *Hyakinthos*]

■ Die Buchstabenfolge **hy|br...** kann auch **hyb|r...** getrennt werden.

■ **hy|brid** ⟨Adj.⟩ *von zwei Elternteilen stammend, deren Geschlechtszellen sich in einer od. mehreren Eigenschaften unterscheiden;* oV *hybridisch* [→ *Hybride*]

■ **Hy|brid|an|trieb** ⟨m.; -es, -e⟩ *Antrieb durch zwei verschiedene Motorarten*

■ **Hy|bri|de(r)** ⟨f. 2 (m. 1); Biol.⟩ *pflanzl. od. tier. Bastard, Kreuzung* [<lat. *hybrida* »Mischling«]

■ **Hy|brid|fahr|zeug** ⟨n.; -(e)s, -e⟩ *Fahrzeug, das mit zwei verschiedenen Motoren angetrieben werden kann, z.B. durch Elektromotor u. Dieselmotor*

■ **Hy|bri|di|sa|ti|on** ⟨f.; -, -en; Biol.⟩ *das Hybridisieren, Bastardisierung, Kreuzung*

■ **hy|bri|disch** ⟨Adj.⟩ = *hybrid*

■ **hy|bri|di|sie|ren** ⟨V.; Biol.⟩ *kreuzen* [→ *Hybride*]

■ **Hy|bri|di|sie|rung** ⟨f.; -, -en; Biol.⟩ **1** *Bastardisierung, Enstehung von Nachkommen mit genetisch verschiedenen Eltern* **2** *Verschmelzung von genetisch verschiedenen Zellen, die die Genome beider Ausgangszellen enthalten* [<lat. *hybrida* »Mischling«]

■ **Hy|brid|ra|ke|te** ⟨f.; -, -n⟩ *Rakete mit einem Triebwerk, das mit einem festen u. mit einem flüssigen Treibstoff betrieben wird*

■ **Hy|brid|rech|ner** ⟨m.; -s, -; EDV⟩ *aus Analog- u. Digitalrechner bestehende Datenverarbeitungsanlage*

■ **Hy|brid|sys|tem** ⟨n.; -s, -e; EDV⟩ *System innerhalb der Informatik, das mehrere Formen der Wissensdarbietung verwendet*

■ **Hy|bris** ⟨f.; -; unz.⟩ *Übermut, frevelhafte Selbstüberhebung, bes. über die Götter* [grch., »Übermut, Hochmut«]

Hyd|ar|thro|se, ⟨auch⟩ **Hy|darth|ro|se** ⟨f.; -, -n⟩ = *Hydrarthrose*

Hy|da|ti|de ⟨f.; -, -n⟩ *Blasenwurm, Art des Bandwurms: Echinokokkus* [<grch. *hydor,* Gen. *hydatos* »Wasser«]

hy|da|to|gen ⟨Adj.; Geol.⟩ *unter Mitwirkung des Wassers od. aus wässrigen Lösungen entstanden;* ~e Ablagerung [<grch. *hydor,* Gen. *hydatos* »Wasser« + ...*gen*[1]]

■ Die Buchstabenfolge **hy|dr...** kann auch **hyd|r...** getrennt werden.

■ **hy|dr..., Hy|dr...** ⟨in Zus.⟩ = *hydro..., Hydro...*

■ **Hy|dra** ⟨f.; -, Hy|dren⟩ **1** *zeitlebens einzeln lebender, nicht stockbildender Süßwasserpolyp der Klasse Hydrozoa* **2** ⟨Myth.⟩ *neunköpfiges Wasserungeheuer* **3** ⟨Astron.⟩ *Sternbild der Wasserschlange* [<grch. *hydor* »Wasser«]

■ **Hy|drä|mie** ⟨f.; -, -n⟩ *erhöhter Wassergehalt des Blutes* [< *Hydro...* + ...*ämie*]

■ **Hy|drant** ⟨m.; -en, -en⟩ *Wasserzapfstelle auf der Straße für die Feuerwehr* [<grch. *hydor* »Wasser«]

■ **Hy|dranth** ⟨m.; -en, -en; Zool.⟩ *becherartig erweitertes Oberteil eines Polypen, das Mund u. Tentakeln trägt* [< *Hydro...* + grch. *anthos* »Blume, Blüte«]

■ **Hy|drar|gil|lit** ⟨m.; -s, -e⟩ *weißes Aluminiummineral, chem. Formel* $Al(OH)_3$ [< *Hydro...* + grch. *argyros* »Silber«]

■ **Hy|drar|gy|ro|se** ⟨f.; -, -n⟩ = *Hydrargysismus*

■ **Hy|drar|gy|rum** ⟨n.; -s; unz.; chem. Zeichen: Hg⟩ *Quecksilber* [< *Hydro...* + grch. *argyros* »Silber«]

■ **Hy|drar|gy|sis|mus** ⟨m.; -; unz.⟩ *Quecksilbervergiftung* [→ *Hydrargyrum*]

■ **Hy|drar|thro|se,** ⟨auch⟩ **Hyd|rarth|ro|se** ⟨f.; -, -n; Med.⟩ *Gelenkwassersucht;* oV *Hydarthrose* [< *Hydro...* + *Arthrose*]

■ **Hy|drat** ⟨n.; -(e)s, -e⟩ *anorganische od. organische Verbindung, die Wasser chem. gebunden enthält* [<grch. *hydor* »Wasser«]

■ **Hy|dra|ta|ti|on, Hy|dra|ti|on** ⟨f.; -; unz.⟩ *Bildung von Hydraten durch Anlagerung von Wasser an ein Molekül*

■ **hy|dra|ti|sie|ren** ⟨V.⟩ **1** *Hydrate bilden* **2** *in Hydrate umwandeln*

■ **Hy|drau|lik** ⟨f.; -, -en⟩ **1** ⟨unz.⟩ *techn. Anwendung der Lehre von ruhenden u. bewegten Flüssigkeiten* **2** ⟨zählb.⟩ *hydraulisches Getriebe, hydraulischer Antrieb* [< *Hydro...* + grch. *aulos* »Rohr«]

■ **hy|drau|lisch** ⟨Adj.⟩ **1** *durch Flüssigkeit betrieben;* ~er **Antrieb** = *hydraulisches Getriebe;* ~e **Bremse** *B., der mittels einer Flüssigkeit Energie zugeführt wird;* ~es **Getriebe** *G., bei dem eine Flüssigkeit die benötigte Energie überträgt;* ~e **Förderung** *F. von Bodenschätzen mittels Wassers;* ~er **Widder** *veraltete Maschine zum Heben von Wasser, wobei eine große, fließende Wassermasse mittels Staudrucks eine kleine Menge nach oben befördert, Stoßheber* **2** *durch Hydration entstanden, auf Hydration beruhend;* ~e **Bindemittel** *B., die auch unter Wasser erhärten*

■ **Hy|drau|lit** ⟨m.; -s, -e; Bauw.⟩ *kieselsäurereicher, wasserbindender Zusatzstoff bei der Herstellung von Zement u. Beton*

■ **Hy|dra|zi|de** ⟨Pl.; Chem.⟩ *salzartige Verbindungen des Hydrazins*

■ **Hy|dra|zin** ⟨n.; -s, -e; Chem.⟩ **1** ⟨nur Pl.⟩ *chemische Verbindung aus Wasserstoff u. Stickstoff, chem. Formel* $H_2H\text{-}NH_2$ **2** ⟨unz.⟩ *farblose, wasserlösliche, rauchende Flüssigkeit mit schwachem Ammoniakgeruch;* Sy *Diamid* [< grch. *hydor* »Wasser«]

■ **Hy|dra|zin|gelb** ⟨n.; -s; unz.; Chem.⟩ *gelbes, wasserlösliches Pulver, Lebensmittelfarbstoff*

■ **Hy|dra|zo|ne** ⟨Pl.; Chem.⟩ *organische Verbindungen, die als Kondensationsprodukt von Hydrazin mit Aldehyden od. Ketonen entstehen*

■ **Hy|dria** ⟨f.; -, -dri|en⟩ *griechischer Wasserkrug mit zwei waagerechten Henkeln am Bauch u. einem senkrechten am Hals* [< grch. *hydor* »Wasser«]

■ **Hy|drid** ⟨n.; -(e)s, -e; Chem.⟩ *Verbindung von Wasserstoff mit einem anderen Element* [< grch. *hydor* »Wasser«]

■ **hy|drie|ren** ⟨V.; Chem.⟩ *unter dem Einfluss von Katalysatoren Wasserstoff an chem. Verbindungen anlagern;* Sy *hydrogenieren* [< grch. *hydor* »Wasser«]

■ **hy|dro…, Hy|dro…** ⟨vor Vokalen⟩ hydr…, Hydr… ⟨in Zus.⟩ *wasser…, Wasser…* [< grch. *hydor* »Wasser«]

■ **hy|dro|a|ro|ma|tisch** ⟨Adj.⟩ ~e Verbindungen *organische Verbindungen, die durch Hydrierung des Benzols od. seiner Abkömmlinge entstehen*

■ **Hy|dro|bi|o|lo|ge** ⟨m.; -n, -n⟩ *Wissenschaftler auf dem Gebiet der Hydrobiologie*

■ **Hy|dro|bi|o|lo|gie** ⟨f.; -; unz.⟩ *Lehre von den im Wasser lebenden Pflanzen u. Tieren* [< *Hydro…* + *Biologie*]

■ **Hy|dro|bi|o|lo|gin** ⟨f.; -, -gin|nen⟩ *Wissenschaftlerin auf dem Gebiet der Hydrobiologie*

■ **hy|dro|bi|o|lo|gisch** ⟨Adj.⟩ *zur Hydrobiologie gehörend, sie betreffend, auf ihr beruhend*

■ **Hy|dro|chi|non** ⟨[-çi-] n.; -s; unz.⟩ *zweiwertiges Phenolderivat, durch Reduktion von p-Chinon aus Anilin hergestellt, wichtiger fotograf. Entwickler*

■ **Hy|dro|cho|rie** ⟨[-ko-] f.; -; unz.⟩ *Verbreitung von Samen u. Früchten durch das Wasser* [< *Hydro…* + grch. *chora* »Gegend, Land«]

■ **Hy|dro|cor|ti|son** ⟨n.; -s; unz.⟩ *ein Hormon der Nebennierenrinde;* oV *Hydrokortison*

■ **Hy|dro|dy|na|mik** ⟨f.; -; unz.⟩ *Lehre von der Bewegung der Flüssigkeiten, von strömenden Flüssigkeiten;* Ggs *Hydrostatik*

■ **hy|dro|dy|na|misch** ⟨Adj.⟩ *auf Hydrodynamik beruhend;* Ggs *hydrostatisch*

■ **hy|dro|e|lek|trisch,** ⟨auch⟩ **hyd|ro|e|lekt|risch** ⟨Adj.⟩ *Elektrizität durch Wasserkraft gewinnend*

■ **hy|dro|e|ner|ge|tisch** ⟨Adj.⟩ *die dem Wasser innewohnende Energie nutzend, Energie durch Wasserkraft gewinnend*

■ **hy|dro|gam** ⟨Adj.; Bot.⟩ *die Blütenpollen von Wasserpflanzen durch das Wasser übertragend*

■ **Hy|dro|ga|mie** ⟨f.; -; unz.; Bot.⟩ *Bestäubung von Wasserpflanzen durch Übertragung der Pollen durch das Wasser*

■ **hy|dro|gen** ⟨Adj.⟩ *aus Wasser abgeschieden*

■ **Hy|dro|gen…** ⟨in Zus.; Chem.⟩ *aus einer Säure von Salzen entstanden,* z.B. ~carbonat [< *hydro…* + *…gen*]

■ **Hy|dro|gen|car|bo|nat** ⟨n.; -(e)s, -e⟩ *Salz der Kohlensäure, bei dem nur eines der beiden Wasserstoffatome der Kohlensäure durch ein Metallatom ersetzt wurde;* Sy ⟨†⟩ *Bicarbonat;* oV *Hydrogenkarbonat*

■ **hy|dro|ge|nie|ren** ⟨V.⟩ = *hydrieren*

■ **Hy|dro|ge|ni|um** ⟨n.; -s; unz.; chem. Zeichen: H⟩ *Wasserstoff* [→ *Hydrogen…*]

■ **Hy|dro|gen|kar|bo|nat** ⟨n.; -(e)s, -e⟩ = *Hydrogencarbonat*

■ **Hy|dro|ge|o|gra|fie** ⟨f.; -; unz.⟩ = *Hydrogeographie*

■ **Hy|dro|ge|o|gra|phie** ⟨f.; -; unz.⟩ *Lehre von der Verteilung des Wassers auf u. unter der Erde;* oV *Hydrogeografie*

■ **Hy|dro|ge|o|lo|ge** ⟨m.; -n, -n⟩ *Wissenschaftler auf dem Gebiet der Hydrogeologie*

■ **Hy|dro|ge|o|lo|gie** ⟨f.; -; unz.⟩ *Grundwasserkunde, Lehre von den für die Bildung von Grundwasser geeigneten geologischen Verhältnissen;* → a. *Hydrologie*

■ **Hy|dro|ge|o|lo|gin** ⟨f.; -, -gin|nen⟩ *Wissenschaftlerin auf dem Gebiet der Hydrogeologie*

■ **hy|dro|ge|o|lo|gisch** ⟨Adj.⟩ *zur Hydrogeologie gehörend, auf ihr beruhend;* Sy *geohydrologisch*

■ **Hy|dro|graf** ⟨m.; -en, -en⟩ = *Hydrograph*

■ **Hy|dro|gra|fie** ⟨f.; -; unz.⟩ = *Hydrographie*

■ **hy|dro|gra|fisch** ⟨Adj.⟩ = *hydrographisch*

■ **Hy|dro|graph** ⟨m.; -en, -en⟩ *Kenner, Erforscher der Hydrographie;* oV *Hydrograf*

■ **Hy|dro|gra|phie** ⟨f.; -; unz.⟩ *Teil der Hydrologie, der sich mit dem Wasserkreislauf zwischen Niederschlag u. Rückfluss ins Meer befasst, Gewässerkunde;* oV *Hydrografie;* → a. *Hydrologie* [< *Hydro…* + *…graphie*]

■ **hy|dro|gra|phisch** ⟨Adj.⟩ *zur Hydrographie gehörig, auf ihr beruhend;* oV *hydrografisch*

■ **Hy|dro|kar|pie** ⟨f.; -; unz.; Bot.⟩ *das Ausreifen von Früchten im Wasser* [< *Hydro…* + grch. *karpos* »Frucht«]

■ **Hy|dro|ke|pha|lus** ⟨m.; -, -pha|len⟩ *Erweiterung der Gehirnkammern infolge Vermehrung der Gehirnflüssigkeit, Wasserkopf;* oV *Hydrozephalus* [< *Hydro… + …kephale*]

■ **Hy|dro|kor|ti|son** ⟨n.; -s; unz.⟩ = *Hydrocortison*

■ **Hy|dro|kul|tur** ⟨f.; -, -en⟩ = *Hydroponik*

■ **Hy|dro|la|se** ⟨f.; -, -n; Biochem.⟩ *Enzym, das Verbindungen durch Wasseranlagerung spaltet*

■ **Hy|dro|lo|ge** ⟨m.; -n, -n⟩ *Wissenschaftler auf dem Gebiet der Hydrologie*

■ **Hy|dro|lo|gie** ⟨f.; -; unz.⟩ *Lehre vom Wasser, die sich mit den Eigenschaften u. Gesetzen der ober- u. unterirdischen sowie der stehenden u. fließenden Gewässer beschäftigt* [< *Hydro… + …logie*]

■ **Hy|dro|lo|gin** ⟨f.; -, -gin|nen⟩ *Wissenschaftlerin auf dem Gebiet der Hydrologie*

■ **Hy|dro|lo|gi|um** ⟨n.; -s, -gi|en⟩ = *Klepsydra* [< *Hydro… + …logium*]

■ **Hy|dro|ly|se** ⟨f.; -, -n; Chem.⟩ *Spaltung chemischer Verbindungen durch Reaktion mit Wasser* [< *Hydro… + …lyse*]

■ **hy|dro|ly|tisch** ⟨Adj.; Chem.⟩ *auf Hydrolyse beruhend*

■ **Hy|dro|me|cha|nik** ⟨f.; -; unz.⟩ *Lehre von den bewegten u. unbewegten Flüssigkeiten*

■ **hy|dro|me|cha|nisch** ⟨Adj.⟩ *auf Hydromechanik beruhend, mit ihrer Hilfe*

■ **Hy|dro|me|tall|ur|gie,** ⟨auch⟩ **Hyd|ro|me|tall|ur|gie** ⟨f.; -; -unz.⟩ *Verfahren zur Gewinnung von Metallen aus wässerigen Lösungen von Metallsalzen*

■ **Hy|dro|me|te|o|re** ⟨Pl.; Sammelbez. für⟩ *Wolken u. Niederschläge*

■ **Hy|dro|me|ter** ⟨n.; -s, -⟩ *Instrument zum Messen der durch eine Rohrleitung fließenden Wassermenge, Wassermesser* [< *Hydro… + …meter*]

■ **Hy|dro|me|trie,** ⟨auch⟩ **Hyd|ro|met|rie** ⟨f.; -; unz.⟩ *Messarbeiten an Gewässern* [< *Hydro… + …metrie*]

■ **hy|dro|me|trisch,** ⟨auch⟩ **hyd|ro|met|risch** ⟨Adj.⟩ **1** *die Hydrometrie betreffend, zu ihr gehörig, auf ihr beruhend* **2** *mit Hilfe des Hydrometers*

■ **Hy|dro|na|li|um** ⟨n.; -s; unz.; (Wz)⟩ *seewasserfeste, schweißbare Aluminiumlegierung* [< grch. *hydor* »Wasser« + *Aluminium*]

■ **Hy|dro|ne|phro|se,** ⟨auch⟩ **Hyd|ro|neph|rose** ⟨f.; -, -n⟩ *Harnstauung in der Niere, Erweiterung des Nierenbeckens u. der Nierenkelche durch Abflussstörungen der ableitenden Harnwege, Sackniere, Stauungsniere*

■ **Hy|dron|farb|stof|fe** ⟨Pl.⟩ *Gruppe von Schwefelfarbstoffen mit bläulichen od. olivfarbenen Farbtönen*

■ **Hy|dro|path** ⟨m.; -en, -en⟩ *mit Mitteln der Hydropathie behandelnder Heilkundiger od. Arzt*

■ **Hy|dro|pa|thie** ⟨f.; -; unz.⟩ *Lehre von der Heilung durch Behandlung mit Wasser, Wasserheilkunde* [< *Hydro… + …pathie*]

■ **hy|dro|pa|thisch** ⟨Adj.⟩ *zur Hydropathie gehörig, auf ihr beruhend, mit ihrer Hilfe*

■ **Hy|dro|pe|ri|kard** ⟨n.; -(e)s, -e; Med.⟩ *Flüssigkeitsansammlung im Herzbeutel;* oV *Hydroperikardium* [< *Hydro… + Perikard*]

■ **Hy|dro|pe|ri|kar|di|um** ⟨n.; -s, -di|en; Med.⟩ = *Hydroperikard*

■ **Hy|dro|phan** ⟨m.; -s, -e; Min.⟩ *durch Wasserverlust milchig gewordener Edelopal, der bei Wasseraufnahme kurzzeitig durchsichtig wird, Chamäleonstein, Milchopal*

■ **hy|dro|phil** ⟨Adj.⟩ **1** *Wasser liebend* **2** *Wasser aufnehmend, Wasser anziehend*

■ **Hy|dro|phi|lie** ⟨f.; -; unz.⟩ *Bestreben, Wasser anzuziehen* [< *Hydro… + …philie*]

■ **hy|dro|phob** ⟨Adj.⟩ **1** *wasserfeindlich* **2** *Wasser abstoßend, nicht in Wasser löslich*

■ **Hy|dro|pho|bie** ⟨f.; -; unz.⟩ *Wasserscheu* [< *Hydro… + Phobie*]

■ **hy|dro|pho|bie|ren** ⟨V.⟩ *mit Wasser abweisenden Mitteln imprägnieren;* Steindenkmäler ~ [< *hydro…* + grch. *phobos* »Furcht, Scheu«]

■ **Hy|dro|pho|bie|rungs|mit|tel** ⟨n.; -s, -⟩ *Wasser abweisender Stoff als Wirkstoff bei Wasser abweisenden Imprägnierungen* [→ *Hydrophobie*]

■ **Hy|dro|phor** ⟨m.; -s, -e⟩ *Feuerlöschgerät, das mit Schläuchen Wasser ansaugt u. als Zubringer für Feuerspritzen dient* [< *Hydro… + …phor*[2]]

■ **Hy|dro|phthal|mus,** ⟨auch⟩ **Hyd|roph|thal|mus** ⟨m.; -; unz.⟩ *Augenwassersucht;* Sy *Buphthalmus* [< *Hydro…* + grch. *ophthalmos* »Auge«]

■ **Hy|dro|phyt** ⟨m.; -en, -en⟩ *Wasserpflanze* [< *Hydro… + …phyt*]

■ **hy|dro|pisch** ⟨Adj.⟩ *an Hydropsie leidend, wassersüchtig*

■ **Hy|dro|plan** ⟨m.; -s, -e⟩ **1** *Wasserflugzeug* **2** *Gleitboot* [< *Hydro…* + frz. *planer* »schweben]

■ **hy|dro|pneu|ma|tisch** ⟨Adj.⟩ *durch eine Flüssigkeit u. Luft (angetrieben)*

■ **Hy|dro|po|nik** ⟨f.; -; unz.⟩ *Wasserkultur, Pflanzenaufzucht in Nährlösungen ohne Erde;* Sy *Hydrokultur* [< *Hydro…* + grch. *ponos* »Arbeit«]

■ **Hy|drops** ⟨m.; -; unz.⟩, **Hy|drop|sie** ⟨f.; -; unz.⟩ *krankhafte Ansammlung von wasserähnl., aus dem Blut stammender Flüssigkeit in Körperhöhlen, Gewebsspalten od. Zellen, Wassersucht* [< *Hydro…* + grch. *opsis* »das Sehen«]

■ **Hy|dro|pul|sor** ⟨m.; -s, -en⟩ *hydraulischer Widder, der zur Ventilsteuerung ein rotierendes Schaltrad verwendet* [< grch. *hydor* »Wasser« + lat. *pulsare* »schlagen, stoßen«]

■ **Hy|dro|sol** ⟨n.; -s, -e; Chem.⟩ *kolloidale Verbindung, die Wasser als Lösungsmittel enthält* [< *Hydro… + Sol*[2]]

■ **Hy|dro|sphä|re,** ⟨auch⟩ **Hyd|ros|phä|re** ⟨f.; -; unz.⟩ *Wasserhülle der Erde*

■ **Hy|dro|sta|tik** ⟨f.; -; unz.⟩ *Lehre von den ru-*

henden Flüssigkeiten u. dem Gleichgewicht ihrer Kräfte; Ggs *Hydrodynamik*

■ **hy|dro|sta|tisch** ⟨Adj.⟩ *auf Hydrostatik beruhend;* Ggs *hydrodynamisch;* ~er **Druck** *D., den eine ruhende Flüssigkeit ausübt;* ~es **Paradoxon** *Erscheinung, dass der Druck, den eine Flüssigkeit auf den Boden eines Gefäßes ausübt, nur von ihrer Höhe, nicht aber von ihrer Menge abhängt;* ~e **Waage** *W. zur Bestimmung der Dichte fester Körper*

■ **Hy|dro|tech|nik** ⟨f.; -; unz.⟩ *Technik des Wasserbaus*

■ **hy|dro|the|ra|peu|tisch** ⟨Adj.⟩ *zur Hydrotherapie gehörend, auf ihr beruhend, mit ihrer Hilfe*

■ **Hy|dro|the|ra|pie** ⟨f.; -; unz.⟩ *medizinische Heilbehandlung mit Wasser, Wasserheilverfahren*

■ **hy|dro|ther|mal** ⟨Adj.⟩ *aus verdünnten wässerigen Lagerstätten ausgefällt;* ~e Erzlagerstätten [< *hydro… + thermal*]

■ **Hy|dro|tho|rax** ⟨m.; -(e)s; unz.⟩ *Brustwassersucht*

■ **Hy|dro|tro|pis|mus** ⟨m.; -, -men⟩ *durch Wasser(dampf) ausgelöster Tropismus*

■ **Hy|dro|xid** ⟨n.; -(e)s, -e⟩ *die Hydroxidgruppe (OH) enthaltende anorgan. Verbindung;* oV *Hydroxyd* [< *Hydro… + Oxid*]

■ **Hy|dro|xid|grup|pe** ⟨f.; -, -n⟩ *die aus je einem Atom Wasserstoff u. Sauerstoff bestehende Gruppe (OH) in chem. Verbindungen;* oV *Hydroxydgruppe;* Sy *Hydroxylgruppe*

■ **hy|dro|xi|disch** ⟨Adj.⟩ *durch Hydroxide ausgelöst, auf dem Verhalten von Hydroxiden beruhend*

■ **Hy|dro|xyd** ⟨n.; -(e)s, -e⟩ = *Hydroxid*

■ **Hy|dro|xyl|a|min,** ⟨auch⟩ **Hyd|ro|xy|la|min** ⟨n.; -s, -e; Chem.⟩ *Abkömmling des Ammoniaks, chem. Formel NH_2OH, ein starkes Reduktionsmittel*

■ **Hy|dro|xyl|grup|pe** ⟨f.; -, -n⟩ = *Hydroxidgruppe*

■ **Hy|dro|ze|le** ⟨f.; -, -n⟩ *Wasseransammlung in den die Hoden umgebenden Häuten, Wasserbruch* [< *Hydro…* + grch. *kele* »Bruch«]

■ **Hy|dro|ze|pha|lus** ⟨m.; -, -pha|len⟩ = *Hydrokephalus*

■ **Hy|dro|zo|on** ⟨n.; -s, -zo|en⟩ *zu den Nesseltieren gehöriger Wasserbewohner: Hydrozoa* [< *Hydro… + Zoon*]

■ **Hy|dro|zy|klon,** ⟨auch⟩ **Hyd|ro|zyk|lon** ⟨m.; -s, -e⟩ *Gerät, das mit Hilfe der Zentrifugalkraft verschiedene Körnergrößen einer gekörnten Substanz trennt*

Hy|e|to|graf ⟨m.; -en, -en⟩ = *Hyetograph*

Hy|e|to|gra|fie ⟨f.; -; unz.⟩ = *Hyetographie*

Hy|e|to|graph ⟨m.; -en, -en⟩ = *Pluviograph;* oV *Hyetograf*

Hy|e|to|gra|phie ⟨f.; -; unz.⟩ oV *Hyetografie* **1** *Niederschlagsmessung* **2** *Beschreibung der Niederschlagsverteilung* [< grch. *hyetos* »Regen« + *…graphie*]

Hy|e|to|me|ter ⟨n.; -s, -⟩ = *Pluviograph* [< grch. *hyetos* »Regen« + *…meter*]

Hy|gi|e|ne ⟨f.; -; unz.⟩ **1** *Gesundheitslehre* **2** *Gesundheitspflege* **3** *vorbeugende Medizin* [< grch. *hygieinos* »heilsam, der Gesundheit zuträglich«; zu *hygies* »gesund«]

Hy|gi|e|ni|ker ⟨m.; -s, -⟩ *Lehrer, Fachmann der Hygiene*

hy|gi|e|nisch ⟨Adj.⟩ **1** *die Hygiene betreffend, auf ihr beruhend, ihr entsprechend;* ~e Vorschriften in Krankenhäusern **2** *der Gesundheit dienend*

hy|grisch, ⟨auch⟩ **hyg|risch** ⟨Adj.; Meteor.⟩ *sich auf Feuchtigkeit u. Niederschläge beziehend;* ~e Jahreszeiten *die niederschlagsbedingten Jahreszeiten tropischer Gebiete*

■ Die Buchstabenfolge **hy|gro…** kann auch **hyg|ro…** getrennt werden.

■ **hy|gro…, Hy|gro…** ⟨in Zus.⟩ *feuchtigkeits…, Feuchtigkeits…* [< grch. *hygros* »feucht, nass«]

■ **Hy|gro|graf** ⟨m.; -en, -en⟩ = *Hygrograph*

■ **Hy|gro|gramm** ⟨n.; -s, -e⟩ *Aufzeichnung eines Hygrometers* [< *Hygro… + …gramm*]

■ **Hy|gro|graph** ⟨m.; -en, -en⟩ *Gerät zur Aufzeichnung der Messdaten eines Hygrometers;* oV *Hygrograf* [< *Hygro… + …graph*]

■ **Hy|grom** ⟨n.; -s, -e⟩ *bei Schleimbeutelentzündungen entstehende wasser- od. schleimartige Geschwulst* [< grch. *hygros* »feucht, nass«]

■ **Hy|gro|me|ter** ⟨n.; -s, -⟩ *Gerät zur Messung der Luftfeuchtigkeit* [< *Hygro… + …meter*]

■ **Hy|gro|me|trie,** ⟨auch⟩ **Hyg|ro|met|rie** ⟨f.; -, -n⟩ *Messung der Luftfeuchtigkeit*

■ **hy|gro|me|trisch,** ⟨auch⟩ **hyg|ro|met|risch** ⟨Adj.⟩ *mit Hilfe des Hygrometers*

■ **Hy|gro|nas|tie** ⟨f.; -, -n⟩ *durch Luftfeuchtigkeit hervorgerufene Krümmungsbewegungen bei Pflanzen* [< *Hygro… + Nastie*]

■ **hy|gro|phil** ⟨Adj.⟩ *feuchte Standorte liebend;* ~e Pflanzen; Ggs *xerophil*

■ **Hy|gro|phi|lie** ⟨f.; -; unz.; bei Pflanzen⟩ *Vorliebe für feuchte Standorte;* Ggs *Xerophilie* [< *Hygro… + …philie*]

■ **Hy|gro|phyt** ⟨m.; -en, -en⟩ *Feuchtigkeit liebende Pflanzen;* Ggs *Xerophyt* [< *Hygro… + …phyt*]

■ **Hy|gro|skop,** ⟨auch⟩ **Hyg|ros|kop** ⟨n.; -s, -e⟩ *Gerät zum Schätzen der relativen Luftfeuchtigkeit nach der Wirkung auf organische Stoffe (gedrehte Darmsaiten, Gelatine)* [< *Hygro… + …skop*]

■ **hy|gro|sko|pisch,** ⟨auch⟩ **hyg|ros|ko|pisch** ⟨Adj.⟩ *Wasser anziehend*

■ **Hy|gro|sko|pi|zi|tät,** ⟨auch⟩ **Hyg|ros|ko|pi|zi|tät** ⟨f.; -; unz.⟩ *Fähigkeit, Wasser an sich zu ziehen*

■ **Hy|gro|stat,** ⟨auch⟩ **Hyg|ros|tat** ⟨m.; -s od. -en, -e od. -en⟩ *Einrichtung zur Aufrechterhaltung einer bestimmten Luftfeuchtigkeit in geschlossenen Räumen* [< *Hygro… + …stat*]

■ **Hy|gro|ta|xis** ⟨f.; -; unz.; Biol.⟩ *Orientierungsbewegung von einigen Organismen u.*

Tieren auf Wasser od. Feuchträume hin [< *Hygro... + Taxis*]

Hy|läa ⟨f.; -; unz.; Geogr.⟩ *tropischer, immerfeuchter Regenwald des Amazonasbeckens* [< grch. *hyle* »Wald«, geprägt von dem dt. Naturforscher Alexander von Humboldt, 1769-1859]

Hy|le ⟨[-le] f.; -; unz.⟩ **1** ⟨ion. Naturphilos.⟩ *Stoff, Materie, Substanz* **2** ⟨nach Aristoteles⟩ *Urstoff, Möglichkeit, sich zur Substanz zu entwickeln* [grch., »Stoff, Holz, Wald«]

Hy|le|mor|phis|mus ⟨[-le-] m.; -; unz.⟩ *Anschauung des Aristoteles, dass die körperliche Substanz aus dem »Urstoff«, der bloßen Möglichkeit u. der verwirklichten Form bestehe* [< grch. *hyle* »Stoff, Holz« + *morphe* »Gestalt«]

hy|lisch ⟨Adj.⟩ *stofflich, körperlich* [→ *Hyle*]

Hy|lo|zo|is|mus ⟨m.; -; unz.; antike Naturphilos.⟩ *Lehre von der ursprüngl. Belebtheit, Beseeltheit aller Materie* [< grch. *hyle* »Stoff, Materie« + *Zoon*]

Hy|men¹ ⟨n.; -s, -⟩ *dünnes, ringförmiges Häutchen am Eingang der Scheide, das beim ersten Geschlechtsverkehr zerreißt, Jungfernhäutchen* [grch., »Gewebe, Haut«]

Hy|men² ⟨m.; -s, -⟩, **Hy|me|nae|us** ⟨[-nɛː-]; m.; -, -naei [nɛːi]⟩ *antikes Hochzeitslied, das beim Einzug der Braut ins Haus des Bräutigams von den Brautjungfern gesungen wurde* [nach *Hymenaios,* dem griech. Gott der Eheschließung]

hy|me|nal ⟨Adj.⟩ *das Jungfernhäutchen betreffend, zu ihm gehörig*

Hy|me|ni|um ⟨n.; -s, -ni|en; Bot.⟩ *Sporen bildende Fruchtschicht höherer Pilzarten* [< grch. *hymen* »Gewebe, Haut«]

Hy|me|no|my|ze|ten ⟨Pl.; Biol.; †⟩ *Außenfrüchtler, frühere Klasse der Ständerpilze* [< grch. *hymen* »Gewebe, Haut« + *myketes* »Pilze«]

> **Hymenoptere** (*Worttrennung am Zeilenende*) Bei fremdsprachlichen Zusammensetzungen, deren einzelne Bestandteile für den deutschen Muttersprachler nicht unbedingt ersichtlich sind, kann zwischen den einzelnen Bestandteilen (Morphemen) getrennt werden [< grch. *hymen* »Haut« + *...ptere* »Flügler«]. Möglich ist aber auch die Worttrennung nach Sprechsilben (→ a. *Helikopter*).

Hy|me|no|pte|re, ⟨auch⟩ **Hy|me|nop|te|re** ⟨m.; -n, -n⟩ *Ordnung der Insekten mit vier durchsichtigen Flügeln, Hautflügler* [< grch. *hymen* »Haut« + *...ptere*]

Hym|nar ⟨n.; -s, -e od. -ri|en⟩ *Sammlung von Hymnen*

Hym|ne ⟨f.; -, -n⟩ *Lobgesang, feierl. Gedicht od. Gesangsstück weltl. Inhalts* [< grch. *hymnos* »Lobgesang«]

Hym|nik ⟨f.; -; unz.⟩ *Art, Form der Hymne, hymnische Art*

Hym|ni|ker ⟨m.; -s, -; selten⟩ *Dichter, der überwiegend Hymnen verfasst* [→ *Hymne*]

hym|nisch ⟨Adj.⟩ **1** *in der Art einer Hymne* **2** ⟨fig.⟩ *überschwänglich*

Hym|no|lo|ge ⟨m.; -n, -n⟩ *Wissenschaftler auf dem Gebiet der Hymnologie*

Hym|no|lo|gie ⟨f.; -; unz.⟩ *Wissenschaft von der (bes. christl.) Hymnendichtung* [< grch. *hynmos* »Lobgesang« + *...logie*]

Hym|no|lo|gin ⟨f.; -, -gin|nen⟩ *Wissenschaftlerin auf dem Gebiet der Hymnologie*

hym|no|lo|gisch ⟨Adj.⟩ *zur Hymnologie gehörig*

Hym|nus ⟨m.; -, -nen⟩ *Gesang zum Lob Gottes od. der Götter* [lat., < grch. *hymnos* »Lobgesang«]

Hy|os|zy|a|min ⟨n.; -s; unz.⟩ *Alkaloid einiger Nachtschattengewächse, als Arzneimittel in der Augenheilkunde verwendet* [< grch. *hyoskyamos* »Saubohne, Bilsenkraut«]

hyp..., Hyp... ⟨in Zus.⟩ = *hypo..., Hypo...*

Hyp|a|ku|sis, ⟨auch⟩ **Hy|pa|ku|sis** ⟨f.; -; unz.; Med.⟩ *Schwerhörigkeit* [< *Hyp...* + grch. *akouein* »hören«]

Hyp|al|ge|sie, ⟨auch⟩ **Hy|pal|ge|sie** ⟨f.; -; unz.; Med.⟩ *verminderte Schmerzempfindlichkeit;* Ggs *Hyperalgesie*

hyp|al|ge|tisch, ⟨auch⟩ **hy|pal|ge|tisch** ⟨Adj.; Med.⟩ *vermindert schmerzempfindlich;* Ggs *hyperalgetisch*

Hyp|al|la|ge ⟨a. [--'--] f.; -, -n; Rhet.⟩ *rhetorische Figur, Veränderung der Beziehungen von Wörtern zueinander, Veränderung u. Vertauschung von Satzteilen,* z.B. »Segen des Himmels« u. »himml. Segen«; Sy *Enallage* [grch., »Vertauschung, Verwechslung«]

Hyp|äs|the|sie, ⟨auch⟩ **Hy|päs|the|sie** ⟨f.; -, -n⟩ *verminderte Empfindung (der Haut) für Berührungsreize;* Ggs *Hyperästhesie* [< *Hypo...* + grch. *aisthesis* »Wahrnehmung, Empfindung«]

hyp|äs|the|tisch, ⟨auch⟩ **hy|päs|the|tisch** ⟨Adj.; Med.⟩ *Hypästhesie anzeigend, sie betreffend*

Hype ⟨[haip] m. od. n.; -s, -s; Pl. selten; umg.⟩ *künstliche Aufwertung bzw. übertriebene Präsentation einer Sache od. eines Ereignisses in der Werbung, z.B. eines Modetrends* [engl., »übertriebene Werbekampagne; großer Rummel«]

Hype|e|vent ⟨[haipivɛnt] m.; -s, -s; umg.; salopp⟩ *Aufsehen erregende Veranstaltung, bes. Medienspektakel* [< *Hype* + engl. *event* »Ereignis«]

hy|pen ⟨[hai-] V.; umg.⟩ *das künstliche Hochjubeln einer Person, Sache od. eines Ereignisses;* einen Popstar ~ [→ *Hype*]

hy|per..., Hy|per... ⟨engl. [haipə(r)-] in Zus.⟩ *über..., Über...;* Ggs *hypo..., Hypo...* [< grch. *hyper* »über, über ... hinaus, übermäßig«]

hy|per|ak|tiv ⟨a. ['----] Adj.; Med.⟩ *einen übersteigerten motorischen Drang bei psychischer Unruhe zeigend;* ~es Kind [< *hyper...* + *aktiv*]

Hy|per|a|ku|sie ⟨f.; -, unz.; Med.⟩ *krankhaft gesteigertes Hörempfinden durch Überempfindlichkeit des Hörnervs* [< *Hyper...* + grch. *akouein* »hören«]
Hy|per|al|ge|sie ⟨f.; -; unz.⟩ *gesteigerte Schmerzempfindlichkeit;* Ggs *Hypalgesie*
hy|per|al|ge|tisch ⟨Adj.⟩ *schmerzüberempfindlich;* Ggs *hypalgetisch*
Hy|per|ä|mie ⟨[---'-] f.; -; unz.; Med.⟩ *örtliche Blutüberfüllung in einem Körperbereich* [< *Hyper...* + *...ämie*]
hy|per|ä|misch ⟨Adj.; Med.⟩ *Hyperämie anzeigend, vermehrt durchblutet*
Hy|per|äs|the|sie ⟨f.; -, -n⟩ *gesteigerte Empfindung (der Haut) für Berührungsreize;* Ggs *Hypästhesie* [< *Hyper...* + grch. *aisthesis* »Wahrnehmung, Empfindung«]
hy|per|äs|the|tisch ⟨Adj.; Med.⟩ *Hyperästhesie anzeigend, überempfindlich*
hy|per|bar ⟨Adj.; Phys.⟩ *ein größeres spezifisches Gewicht besitzend als eine andere Flüssigkeit* [< *hyper...* + grch. *baros* »Schwere«]
Hy|per|ba|sis ⟨f.; -, -ba|sen⟩, **Hy|per|ba|ton** ⟨n.; -s, -ta; Rhet.⟩ *rhetorische Figur, bei der eine Wortgruppe (aufgrund der Metrik) syntaktisch umgestellt wird,* z.B. »Bei euch, ihr Herrn, kann man das Wesen, gewöhnlich aus dem Namen lesen« (Goethe, Faust I) [< grch. *hyperbasis* »Überschreitung«, *hyperbatos* »übersteigend«]
Hy|per|bel ⟨f.; -, -n⟩ **1** *unendliche ebene Kurve aus zwei getrennten Ästen, sie besteht aus allen Punkten, deren Abstände von zwei bestimmten Punkten eine konstante Differenz haben* **2** ⟨Rhet.⟩ *sprachl., dichter. Übertreibung, oft um komische Wirkung zu erzielen,* z.B. »der Balken im Auge« [< grch. *hyperbole;* zu *hyper* »über... hinaus« + *ballein* »werfen«]
Hy|per|bel|funk|ti|on ⟨f.; -, -en; Math.⟩ *mathemat. Funktion höheren Grades, ergibt sich aus der Addition od. Subtraktion von zwei od. mehr Exponentialfunktionen*
Hy|per|bo|li|ker ⟨m.; -s, -⟩ *jmd., der zu sprachlichen Übertreibungen neigt*
hy|per|bo|lisch ⟨Adj.⟩ **1** *hyperbelartig, in der Art einer Hyperbel* **2** *sprachlich übertreibend* [< grch. *hyperbolikos* »übertrieben, übermäßig«]
Hy|per|bo|lo|id ⟨n.; -(e)s, -e⟩ *Fläche, die durch Drehung einer Hyperbel um eine ihrer Symmetrieachsen entsteht* [< *Hyperbel(1)* + *...id*]
Hy|per|bo|re|er ⟨m.; -s, -; nach altgriech. Auffassung⟩ **1** *Angehöriger eines sagenhaften Volkes im Norden* **2** *Angehöriger der Polarvölker* [< *Hyper...* + grch. *boreas* »Nordwind, Norden«]
hy|per|bo|re|isch ⟨Adj.⟩ *im hohen Norden gelegen, dort wohnend* [→ *Hyperboreer*]
Hy|per|cha|rak|te|ri|sie|rung ⟨[-ka-] f.; -, -en; Sprachw.⟩ *mehrfache, überflüssige Kennzeichnung einer grammatischen od. semantischen Struktur, eines sprachlichen Ausdrucks*
Hy|per|chro|ma|sie ⟨[-kro-] f.; -, n; Med.⟩ **1** *vermehrter Gehalt des roten Blutfarbstoffes* **2** *gesteigerte Anfärbbarkeit von Zellkernen* [< *Hyper...* + grch. *chroma* »Farbe«]
Hy|per|dak|ty|lie ⟨f.; -, -n⟩ *Bildung überzähliger Finger od. Zehen, Mehrfingrigkeit;* Sy *Polydaktylie* [< *Hyper...* + grch. *daktylos* »Finger«]
Hy|per|e|me|sis ⟨f.; -; unz.; Med.⟩ *sehr starkes Erbrechen* [< *Hyper...* + grch. *emein* »sich erbrechen«]
Hy|per|er|gie ⟨f.; -, -n; Med.; Kurzw.⟩ *gesteigerte Reaktion des Körpers auf Antigene* [< *Hyper...* + All*ergie*]
Hy|per|funk|ti|on ⟨f.; -, -en; Med.⟩ *gesteigerte Tätigkeit, Überfunktion eines Organs;* Ggs *Hypofunktion*
Hy|per|ga|lak|tie ⟨f.; -, -n; Med.⟩ *übermäßige Milchabsonderung der Brustdrüsen während der Stillzeit;* Ggs *Hypogalaktie*
Hy|per|ge|ni|ta|lis|mus ⟨m.; -; unz.; Med.⟩ *übermäßige u. vorzeitige Entwicklung der Geschlechtsorgane;* Ggs *Hypogenitalismus*
Hy|per|geu|sie ⟨f.; -, -n; Med.⟩ *überdurchschnittlich ausgebildete, verfeinerte Geschmacksempfindung* [< *Hyper...* + grch. *geusis* »Geschmack«]
Hy|per|glyk|ä|mie, ⟨auch⟩ **Hy|per|gly|kä|mie** ⟨f.; -; unz.⟩ *vermehrter Blutzuckergehalt;* Ggs *Hypoglykämie*
Hy|per|hi|dro|se, ⟨auch⟩ **Hy|per|hid|ro|se** ⟨f.; -; unz.⟩ *krankhaft gesteigertes Schwitzen;* Sy *Ephidrose* [< *Hyper...* + *hidros* »Schweiß«]
hy|per|ka|ta|lek|tisch ⟨Adj.; Metrik⟩ ~er Vers *Vers mit überzähliger Schlusssilbe* [< *hyper...* + *katalektisch*]
Hy|per|ka|ta|le|xe ⟨f.; -, -n; Metrik⟩ *Versfuß, der um eine od. mehrere Schlusssilben erweitert ist* [< *Hyper...* + *Katalexe*]
Hy|per|ki|ne|se ⟨f.; -; unz.⟩ *übermäßig gesteigerter Bewegungsdrang, Bewegungsunruhe;* Ggs *Hypokinese* [< *Hyper...* + grch. *kinesis* »Bewegung«]
hy|per|ki|ne|tisch ⟨Adj.⟩ *zur Hyperkinese gehörend, auf ihr beruhend;* Ggs *hypokinetisch*
hy|per|kor|rekt ⟨Adj.⟩ *in übertriebener Weise korrekt;* ein ~es Verhalten
hy|per|kri|tisch ⟨Adj.⟩ *übertrieben kritisch*
Hy|per|kul|tur ⟨f.; -, -en; oft abwertend⟩ *Überfeinerung der Kultur, übertriebene Kultiviertheit*
Hy|per|link ⟨[hai-] m.; -s, -s; EDV⟩ *erläuternder od. zu weiteren Informationen führender Hinweis, meist in Form eines beim Anklicken aufleuchtenden Feldes;* Sy ⟨kurz⟩ *Link(2)* [< engl. *hyper* »über, darüber hinaus« + *link* »Verbindung«]
hy|per|man|gan|sau|er ⟨Adj.⟩ *übermangansauer*
Hy|per|me|dia ⟨[haipə(r)mi:diə] Pl.; EDV⟩ *Technik der netzartigen elektronischen Verknüpfung unterschiedlicher Medien (Text, Bild, Ton, Grafik, Video;* →a. *Hypertext* [engl.]
Hy|per|me|ter ⟨m.; -s, -; Metrik⟩ *Vers mit überzähliger (hyperkatalekt.) Schlusssilbe, die*

aber durch Elision mit der Anfangssilbe des folgenden Verses verschmolzen wird; Sy *Hypermetron* [< *Hyper…* + grch. *metron* »Maß«]

Hy|per|me|trie, ⟨auch⟩ **Hy|per|met|rie** ⟨f.; -, -n; Med.⟩ *übermäßige, unkontrollierbare Bewegungen infolge einer Kleinhirnerkrankung* [< *Hyper…* + grch. *metron* »Maß«]

hy|per|me|trisch, ⟨auch⟩ **hy|per|met|risch** ⟨Adj.; Metrik⟩ *in Hypermetra verfasst, sie aufweisend*

Hy|per|me|tron, ⟨auch⟩ **Hy|per|met|ron** ⟨m.; -s, -tra⟩ = *Hypermeter*

Hy|per|me|tro|pie, ⟨auch⟩ **Hy|per|met|ro|pie** ⟨f.; -; unz.⟩ *Übersichtigkeit, Weitsichtigkeit;* Ggs *Myopsie* [< grch. *hypermetros* »übermäßig« + *…opie*]

hy|per|me|tro|pisch, ⟨auch⟩ **hy|per|met|ro|pisch** ⟨Adj.⟩ *weitsichtig;* Ggs *myop*

hy|per|mo|dern ⟨Adj.⟩ *übertrieben modern*

hy|per|morph ⟨Adj.⟩ *ein Merkmal verstärkt ausprägend (von einem mutierten Gen);* Ggs *hypomorph* [< *hyper…* + grch. *morphe* »Gestalt«]

Hy|per|o|don|tie ⟨f.; -, -n; Med.⟩ *angeborene Überzahl von Zähnen;* Ggs *Hypodontie* [< *Hyper…* + grch. *odontos* »Zahn«]

Hy|pe|ron ⟨n.; -s, -ro|nen⟩ *Elementarteilchen, dessen Masse größer ist als die des Neutrons* [< *Hyper…* + *Ion*]

Hy|per|o|no|mie ⟨f.; -, -n; Sprachw.⟩ *Form der semantischen od. lexikalischen Überordnung eines Oberbegriffs im Verhältnis zu anderen sprachlichen Zeichen;* Ggs *Hyponymie;* →a. *Hyperonym*

Hy|per|o|nym ⟨n.; -s, -e⟩ *übergeordneter Begriff,* z.B. »Tier« gegenüber »Pferd«; Ggs *Hyponym* [< *hyper…* + grch. *onoma, onyma* »Name«]

Hy|per|os|mie ⟨f.; -, -n; Med.⟩ *krankhaft gesteigertes Geruchsvermögen;* Ggs *Hyposmie* [< *Hyper…*+ grch. *osme* »Geruch«]

Hy|per|phy|sik ⟨f.; -; unz.⟩ *Erklärung von Naturerscheinungen vom Übersinnlichen her* [< *Hyper…* + *Physik*]

hy|per|phy|sisch ⟨Adj.⟩ *zur Hyperphysik gehörend, übernatürlich*

Hy|per|pla|sie ⟨f.; -, -n⟩ *Größenzunahme von Organen durch Zellvermehrung* [< *Hyper…* + *…plasie*]

Hy|per|se|kre|ti|on ⟨f.; -, -en; Med.⟩ *vermehrte Absonderung von Drüsensekret* [< *Hyper…*+ *Sekretion*]

hy|per|sen|si|bel ⟨Adj.⟩ *übermäßig sensibel, allzu empfindlich;* er ist ein hypersensibler Mensch

hy|per|sen|si|bi|li|sie|ren ⟨V.⟩ etwas ~ *von etwas die Sensibilität, die Empfindlichkeit stark erhöhen*

Hy|per|so|mie ⟨f.; -; unz.⟩ = *Gigantismus; Riesenwuchs;* Ggs *Hyposomie* [< *Hyper…* + grch. *soma* »Körper«]

hy|per|so|nisch ⟨Adj.⟩ *im Bereich des Hyperschalls* [< *hyper…* + lat. *sonor* »Ton, Klang«]

Hy|per|te|lie ⟨f.; -; unz.⟩ *übertriebene Entwicklung eines Körperteils* [< *Hyper…* + grch. *telos* »Ziel«]

Hy|per|ten|si|on ⟨f.; -, -en; Med.⟩ = *Hypertonie(2)* [< *Hyper…* + *Tension*]

Hy|per|text ⟨[hai-] m.; -(e)s, -e; EDV⟩ *Form der nicht-linearen Textdarbietung, die mit Hilfe von Knoten (Verzweigungspunkten) auf weiterführende Informations- u. Beschreibungsebenen führt;* →a. *Hypermedia, Internet* [engl.]

Hy|per|text|li|te|ra|tur ⟨[hai-] f.; -; unz.⟩ *Literatur für elektronische Medien (bes. für das Internet), die mit Hilfe von Querverweisen (Hyperlinks) interaktives Lesen ermöglicht*

Hy|per|ther|mie ⟨f.; -, -n⟩ *Hitzschlag* [< *Hyper…* + grch. *thermos* »warm, heiß«]

Hy|per|thy|mie ⟨f.; -; unz.⟩ *übermäßig gehobene Stimmung* [< *Hyper…* + grch. *thymos* »Aufwallung«]

Hy|per|thy|re|o|se ⟨f.; -; unz.⟩ *Überfunktion der Schilddrüse;* Ggs *Hypothyreose* [< *Hyper…* + grch. *thyreos* »Schild«]

Hy|per|to|nie ⟨f.; -, -n; Med.⟩ Ggs *Hypotonie* **1** *übersteigerte Spannung (bes. von Muskeln)* **2** *erhöhter Blutdruck;* Sy *Hypertension* [< *Hyper…* + *…tonie*]

Hy|per|to|ni|ker ⟨m.; -s, -⟩ *jmd., der an Hypertonie(2) leidet*

hy|per|to|nisch ⟨Adj.⟩ **1** *zur Hypertonie(2) gehörend, sie betreffend* **2** ~e Lösungen *L., die einen höheren osmotischen Druck als eine Vergleichslösung, z.B. Blut, besitzen;* Ggs *hypotonisch*

Hy|per|tri|cho|se ⟨f.; -, -n; Med.⟩ *vermehrte Körperbehaarung;* oV *Hypertrichosis;* Ggs *Hypotrichose* [< *Hyper…* + *Trichose*]

Hy|per|tri|cho|sis ⟨f.; -, -ses⟩ = *Hypertrichose;* Ggs *Hypotrichose*

hy|per|troph ⟨Adj.⟩ *übermäßig vergrößert, z.B. bei Organen*

Hy|per|tro|phie ⟨f.; -, -n⟩ *übermäßige Vergrößerung, übermäßiges Wachstum (von Gewebe, Organen);* Ggs *Hypotrophie* [< *Hyper…* + *…trophie*]

Hy|per|ven|ti|la|ti|on ⟨[-vɛn-] f.; -; unz.; Med.⟩ *erhöhte Atmungstätigkeit, übermäßige Beatmung der Lunge* [< *Hyper…* + lat. *ventilare* »fächeln«]

Hy|per|vit|a|mi|no|se, ⟨auch⟩ **Hy|per|vi|ta|mi|no|se** ⟨[-vit-] f.; -, -n⟩ *Schädigung des Körpers durch übermäßige Vitaminzufuhr;* Ggs *Hypovitaminose* [< *Hyper…* + *Vitamin*]

Hyph|ä|re|se, ⟨auch⟩ **Hy|phä|re|se** ⟨f.; -, -n; Sprachw.⟩ *Ausstoßung eines kurzen Vokals vor einem anderen Vokal* [< grch. *hyphairesis* »Entziehen, Entwenden«]

Hy|phe ⟨f.; -, -n⟩ *aus einfachen Zellreihen bestehender Pilzfaden;* →a. *Paraphyse* [grch., »das Weben, Gewebe«]

Hyph|en, ⟨auch⟩ **Hy|phen** ⟨n.; - od. -s, -; antike Gramm.⟩ *Bindestrich zwischen den beiden Teilen eines zusammengesetzten Wortes* [< grch. *hyph'hen* »in eins, zusammen«]

Hyp|no|a|na|ly|se ⟨f.; -, -n⟩ *Psychoanalyse mit vorausgehender Hypnose* [<grch. *hypnos* »Schlaf« + *Analyse*]

hyp|no|id ⟨Adj.; Psych.⟩ *traumähnlich, der Hypnose ähnlich*

Hyp|no|pä|die ⟨f.; -; unz.⟩ *Lernmethode mittels Tonbandgeräten, die einen Lernstoff in der Zeit nach dem Einschlafen u. vor dem Erwachen wiederholen, Schlaflernmethode* [<grch. *hypnos* »Schlaf« + *...pädie*]

hyp|no|pä|disch ⟨Adj.⟩ *zur Hypnopädie gehörend, auf ihr beruhend, mit ihrer Hilfe*

Hyp|no|se ⟨f.; -, -n⟩ *durch Suggestion herbeigeführter Schlaf, in dem der Schlafende auf Befehl des Hypnotiseurs Handlungen ausführen kann* [→ *hypnotisch*]

Hyp|no|sie ⟨f.; -, -n; Path.⟩ *(von Trypanosomen verursachte) Infektionskrankheit, die über Bewusstlosigkeit zum Tode führen kann, Schlafkrankheit*

Hyp|no|the|ra|peut ⟨m.; -en, -en⟩ *Arzt, der Hypnotherapie anwendet*

Hyp|no|the|ra|peu|tin ⟨f.; -, -tin|nen⟩ *Ärztin, die Hypnotherapie anwendet*

Hyp|no|the|ra|pie ⟨f.; -, -n⟩ *mit Hilfe von Hypnose durchgeführte Psychotherapie*

Hyp|no|tik ⟨f.; -; unz.⟩ *Lehre von der Hypnose*

Hyp|no|ti|kum ⟨n.; -s, -ka⟩ *Schlafmittel* [<lat. *hypnoticum* »einschläfernd«; → *hypnotisch*]

hyp|no|tisch ⟨Adj.⟩ *die Hypnose betreffend, auf ihr beruhend, mit ihrer Hilfe* [<lat. *hypnoticus* <grch. *hypnotikos* »schläfrig, einschläfernd«; zu *hypnos* »Schlaf«]

Hyp|no|ti|seur ⟨[-zøːr] m.; -s, -e⟩ *jmd., der einen anderen in Hypnose versetzt*

hyp|no|ti|sie|ren ⟨V.⟩ **1** *in Hypnose versetzen* **2** ⟨fig.⟩ *(durch Blick od. Bewegung) willenlos machen, widerstandslos machen*

Hyp|no|tis|mus ⟨m.; -; unz.⟩ **1** *Lehre von der Hypnose* **2** *Beeinflussung*

hy|po..., **Hy|po...** ⟨vor Vokalen⟩ hyp..., Hyp... ⟨in Zus.⟩ *unter..., darunter befindlich, Unter...;* Ggs *hyper..., Hyper...* [<grch. *hypo* »unter, darunter]

Hy|po|blast ⟨n.; -s, -e⟩ = *Entoderm* [< *Hypo...* + *...blast*]

Hy|po|chon|der ⟨[-xɔn-] m.; -s, -; Med.; Psych.⟩ **1** *jmd., der an Hypochondrie leidet* **2** *schwermütiger Mensch* [→ *hypochondrisch*]

Hy|po|chon|drie, ⟨auch⟩ **Hy|po|chond|rie** ⟨[-xɔn-] f.; -; unz.; Psych.⟩ **1** *die Einbildung, krank zu sein* **2** *krankhafte Schwermut, Trübsinn* [→ *hypochondrisch*]

hy|po|chon|drisch, ⟨auch⟩ **hy|po|chond|risch** ⟨[-xɔn-] Adj.; Psych.⟩ *an Hypochondrie leidend* [<grch. *hypochondriakos* »am Hypochondrion leidend«; zu *hypochondrion* »das unter dem Brustknorpel Befindliche« (d.h. die Organe des Unterleibs, die nach antiker Auffassung Sitz u. Ursache von Gemütskrankheiten waren)]

Hy|po|dak|ty|lie ⟨f.; -; unz.⟩ *angeborenes Fehlen von Fingern u. Zehen* [< *Hypo...* + grch. *daktylos* »Finger«]

Hy|po|derm ⟨n.; -s; unz.⟩ = *Subkutis* [< *Hypo...* + *...derm*]

Hy|po|doch|mi|us ⟨[-dɔx-] m.; -, -mi|en; Metrik⟩ *anaklastische Variante des Dochmius, eines fünfgliedrigen antiken Versfußes*

Hyp|o|don|tie, ⟨auch⟩ **Hy|po|don|tie** ⟨f.; -, -n; Med.⟩ *angeborenes Fehlen einzelner Zähne;* Ggs *Hyperodontie* [< *Hyp...* + grch. *odon,* Gen. *odontos* »Zahn«]

Hy|po|funk|ti|on ⟨f.; -, -en; Med.⟩ *verminderte Arbeitsleistung, Unterfunktion eines Organs;* Ggs *Hyperfunktion*

Hy|po|ga|lak|tie ⟨f.; -, -n; Med.⟩ *zu geringe Milchabsonderung der Brustdrüsen während der Stillzeit;* Ggs *Hypergalaktie*

Hy|po|gas|tri|um, ⟨auch⟩ **Hy|po|gast|ri|um** ⟨n.; -s, -tri|en⟩ *Unterleib* [< *Hypo...* + lat. *gaster* »Bauch«]

Hy|po|ge|ni|ta|lis|mus ⟨m.; -; unz.; Med.⟩ *Unterentwicklung der Geschlechtsorgane;* Ggs *Hypergenitalismus*

Hy|po|geu|sie ⟨f.; -, -n; Med.⟩ *verminderte Geschmacksempfindung;* Ggs *Hypergeusie;* → a. *Ageusie* [< *Hypo...* + grch. *geusis* »Geschmack«]

Hy|po|glyk|ä|mie, ⟨auch⟩ **Hy|po|gly|kä|mie** ⟨f.; -; unz.⟩ *Sinken des Blutzuckergehaltes unter den Normalwert;* Ggs *Hyperglykämie* [< *Hypo...* + *Glykämie*]

Hy|po|go|na|dis|mus ⟨m.; -; unz.⟩ *Unterentwicklung u. Unterfunktion der Keimdrüsen* [< *Hypo...* + grch. *gone* »Erzeugung, Same«]

hy|po|gyn ⟨Adj.⟩ *mit oberständigem Fruchtknoten versehen;* oV *hypogynisch;* → a. *perigyn* [< *hypo...* + grch. *gyne* »Weib«]

hy|po|gy|nisch ⟨Adj.⟩ = *hypogyn*

Hy|po|id|ge|trie|be ⟨n.; -s, -⟩ *Getriebe für Wellen, die sich in nur geringem Abstand kreuzen, vor allem im Kraftfahrzeugbau verwendet* [gekürzt < *Hyperboloid*]

hy|po|kaus|tisch ⟨Adj.⟩ *mittels eines Hypokaustums geheizt*

Hy|po|kaus|tum ⟨n.; -s, -ten; in der Antike u. im MA⟩ *Heizanlage unter dem Fußboden* [< *Hypo...* + grch. *kaiein* »brennen, anzünden«]

Hy|po|ki|ne|se ⟨f.; -; unz.⟩ *verminderte Bewegungsaktivität;* Ggs *Hyperkinese* [< *Hypo...* + grch. *kinesis* »Bewegung«]

hy|po|ki|ne|tisch ⟨Adj.⟩ *zur Hypokinese gehörend, auf ihr beruhend, bewegungsarm;* Ggs *hyperkinetisch*

Hy|po|ko|tyl ⟨n.; -s, -e⟩ *die Keimachse unterhalb der Keimblätter der Blütenpflanzen;* → a. *Epikotyl* [< *Hypo...* + grch. *kotyle* »Höhlung«]

Hy|po|kri|sie ⟨f.; -; unz.⟩ *Heuchelei, Verstellung, Scheinheiligkeit* [<grch. *hypokrinesthai* »ein Urteil abgeben«; übertr. »als Schauspieler auftreten«]

hy|po|kris|tal|lin ⟨Adj.⟩ *aus Kristallinen u. glasigen Bestandteilen zusammengesetzt (von Erstarrungsgestein)* [< *hypo...* + grch. *krystallos* »Eis, Kristall«]

Hy|po|krit ⟨m.; -en, -en⟩ *Heuchler* [→ *Hypokrisie*]
hy|po|kri|tisch ⟨Adj.⟩ *heuchlerisch, scheinheilig*
Hy|po|lim|ni|on ⟨n.; -s, -ni|en⟩ *kaltes Tiefenwasser in Seen, das auch im Sommer vom warmen Oberflächenwasser getrennt ist;* Ggs *Epilimnion* [< *Hypo...* + grch. *limne* »Teich, Landsee«]
Hy|po|ma|nie ⟨f.; -, -n; Med.; Psych.⟩ *leichter Grad der Manie, mit gehobener Stimmung u. größerer Lebhaftigkeit, aber geringerer Beharrlichkeit im Denken u. Handeln verbunden* [< *Hypo...* + *Manie*]
Hy|po|ma|ni|ker ⟨m.; -s, -⟩ *jmd., der an Hypomanie leidet*
hy|po|ma|nisch ⟨Adj.⟩ **1** ⟨Med.⟩ *zur Hypomanie gehörend, an ihr leidend* **2** ⟨Psych.⟩ eine ~e Persönlichkeit *jmd., der einen heiteren, offenen, aber leicht oberflächlichen Charakter besitzt*
Hy|po|mne|sie, ⟨auch⟩ **Hy|pom|ne|sie** ⟨f.; -, -n; Med.⟩ *Störung od. Verlust des Erinnerungsvermögens* [< *Hypo...*+ grch. *mneme* »Gedächtnis«]
hy|po|morph ⟨Adj.⟩ *ein Merkmal schwächer ausprägend (von mutierten Genen);* Ggs *hypermorph* [< *hypo...* + grch. *morphe* »Gestalt«]
Hy|po|nas|tie ⟨f.; -; unz.; Bot.⟩ *verstärktes Wachstum der Unterseite von Trieben od. Blättern, das zu einer Krümmung nach oben führt;* Ggs *Epinastie* [< *Hypo...*+ *Nastie*]
Hyp|o|nym, ⟨auch⟩ **Hy|po|nym** ⟨n.; -s, -e⟩ *untergeordneter Begriff,* z.B. »Pferd« gegenüber »Tier«; Ggs *Hyperonym* [< *Hypo...* + grch. *onoma, onyma* »Name«]
Hyp|o|ny|mie, ⟨auch⟩ **Hy|po|ny|mie** ⟨f.; -, -n; Sprachw.⟩ *Form der lexikalischen Unterordnung von sprachlichen Zeichen unter einen gemeinsamen Oberbegriff;* Ggs *Hyperonymie* [< *Hypo...* + grch. *onyma* »Name«]
Hy|po|phy|se ⟨f.; -, -n; Med.⟩ *Hirnanhangdrüse* [< *Hypo...* + *...physe*]
Hy|po|pla|sie ⟨f.; -, -n⟩ *Unterentwicklung eines Organs od. eines Organsystems* [< *Hypo...* + *...plasie*]
hy|po|plas|tisch ⟨Adj.⟩ *zur Hypoplasie gehörend, sie betreffend, sie aufweisend*
Hyp|os|mie, ⟨auch⟩ **Hy|pos|mie** ⟨f.; -, -n; Med.⟩ *verringertes Geruchsvermögen;* Ggs *Hyperosmie* [< *Hypo...* + grch. *osme* »Geruch«]
hy|po|som ⟨Adj.⟩ *an Hyposomie leidend, kleinwüchsig*
Hy|po|so|mie ⟨f.; -; unz.⟩ *Kleinwuchs;* Ggs *Hypersomie* [< *Hypo...* + grch. *soma* »Körper«]

■ Die Buchstabenfolge **hy|po|st...** kann auch **hy|pos|t...** getrennt werden.

■ **Hy|po|sta|se** ⟨f.; -, -n⟩ **1** *Grundlage, Unterlage* **2** *Stoff, Gegenstand (einer Abhandlung)* **3** *Wesen, Erscheinungsform (z.B. der Dreieinigkeit)* **4** ⟨nach altjüd. Vorstellungen, bei Zarathustra u.a.⟩ *die Ablösung einer Eigenschaft von einer Gottheit (z.B. Weisheit, Gerechtigkeit) u. Verwandlung in ein selbständiges halbgöttl. Wesen* **4.1** *dieses Wesen selbst* **5** *Übergang von Wörtern aus einer Flexionsklasse in eine andere,* z.B. teilhaben in Teilhaber, über Nacht in übernachten **6** *Blutstauung, Blutüberfüllung eines Organs bei geschwächtem Blutkreislauf, bes. nach langem Liegen* [< *Hypo...* + *...stase*]
■ **hy|po|sta|sie|ren** ⟨V.⟩ **1** *verselbständigen, vergegenständlichen, personifizieren* **2** *(als vorhanden) unterstellen*
■ **Hy|po|sta|sie|rung** ⟨f.; -, -en⟩ **1** ⟨geh.⟩ *das Hypostasieren* **2** ⟨Sprachw.⟩ *Wechsel der Wortart, wobei das neue Wort morphologisch (z.B. durch ein Genitiv-s) gekennzeichnet ist: Name-namens, Seite-seitens*
■ **hy|po|sta|tisch** ⟨Adj.⟩ **1** *durch Hypostase hervorgerufen, auf ihr beruhend* **2** *gegenständlich, wesentlich*
■ **Hy|po|sty|lon,** ⟨n.; -s, -la⟩, **Hy|po|sty|los** ⟨m.; -, -loi⟩ **1** *gedeckter Säulengang, Säulenhalle* **2** *Tempel mit Säulengang* [< grch. *hypo* »unten, darunter« + grch. *stylos* »Säule«]
hy|po|tak|tisch ⟨Adj.⟩ *auf Hypotaxe beruhend, in der Art einer Hypotaxe(1), unterordnend;* Ggs *parataktisch*
Hy|po|ta|xe ⟨f.; -, -n⟩ **1** *Unterordnung eines Satzteiles od. Sätze unter einen anderen, Satzgefüge;* Sy *Subjunktion(2);* Ggs *Parataxe(1)* **2** *mittlerer Stärkegrad der Hypnose* [< *Hypo...* + grch. *tattein* »ordnen«]
Hy|po|ten|si|on ⟨f.; -, -en; Med.⟩ = *Hypotonie* [< *Hypo...* + *Tension*]
Hy|po|te|nu|se ⟨f.; -, -n⟩ *die dem rechten Winkel gegenüberliegende Seite eines Dreiecks* [< *Hypo...* + grch. *teinein* »spannen, sich erstrecken«]
Hy|po|tha|la|mus ⟨m.; -, -mi⟩ *unter dem Thalamus liegender Teil des Zwischenhirns* [< *Hypo...* + *Thalamus*]
Hy|po|thek ⟨f.; -, -en⟩ *im Grundbuch eingetragenes, durch eine Zahlung erworbenes Recht an einem Grundstück in Form einer Forderung auf regelmäßige Zinszahlungen;* eine ~ auf ein Haus aufnehmen; ein Grundstück mit ~en belasten [< grch. *hypotheke* »Unterlage; Unterpfand«; zu *hypotithenai* »darunterlegen«]
Hy|po|the|kar ⟨m.; -s, -e⟩ *Hypothekengläubiger*
hy|po|the|ka|risch ⟨Adj.⟩ *eine Hypothek betreffend, auf einer H. beruhend, durch eine H.;* ~e Eintragung; ~ belastete Güter
Hy|po|ther|mie ⟨f.; -; unz.⟩ *Unterkühlung, unter den Normalwert gesunkene Körpertemperatur* [< *Hypo...* + grch. *thermos* »warm«]
Hy|po|the|se ⟨f.; -, -n⟩ **1** *unbewiesene Voraussetzung, Unterstellung* **2** *noch unbewiesene Annahme als Hilfsmittel für wissenschaftl. Erkenntnisse* [< grch. *hypothesis* »Unterstellung«; zu *hypotithenai* »(dar)unterstellen«]

hy|po|the|tisch ⟨Adj.⟩ **1** *auf einer Hypothese, einer bloßen Annahme beruhend* **2** *bedingt gültig;* Ggs *kategorisch(2)*
Hy|po|thy|re|o|se ⟨f.; -; unz.⟩ *Unterfunktion der Schilddrüse;* Ggs *Hyperthyreose* [< *Hypo…* + grch. *thyreos* »Schild«]
Hy|po|to|nie ⟨f.; -, -n⟩ Ggs *Hypertonie* **1** *herabgesetzte Spannung (bes. von Muskeln)* **2** *verminderter Blutdruck;* Sy *Hypotension* [< *Hypo…* + *…tonie*]
Hy|po|to|ni|ker ⟨m.; -s, -; Med.⟩ *jmd., der an Hypotonie leidet*
hy|po|to|nisch ⟨Adj.⟩ **1** *zur Hypotonie gehörend, sie betreffend* **2** ~e Lösungen *L., die einen niedrigeren osmotischen Druck als eine Vergleichslösung (z.B. Blut) besitzen;* Ggs *hypertonisch*
Hy|po|tra|che|li|on ⟨[-xe:-] n.; -s, -li|en⟩ *Teil der Säule unter dem Kapitell, Säulenhals* [< *Hypo…* + grch. *trachelos* »Hals«]
Hy|po|tri|cho|se ⟨[-ço:-] f.; -; unz.⟩ *mangelhafter Haarwuchs;* Ggs *Hypertrichose;* oV *Hypertrichosis* [< *hypo…* + grch. *thrix,* Gen. *trichos* »Haar«]
Hy|po|tri|cho|sis ⟨[-ço:-] f.; -; unz.⟩ = *Hypotrichose;* Ggs *Hypertrichose*
Hy|po|tro|phie ⟨f.; -, -n⟩ *mangelhafter Ernährungszustand u. verminderte Funktionsfähigkeit (von Organen od. Muskeln);* Ggs *Hypertrophie* [< *Hypo…* + *…trophie*]
Hy|po|vit|a|mi|no|se, ⟨auch⟩ **Hy|po|vi|ta|mi|no|se** ⟨[-vit-] f.; -, -n⟩ *Vitaminmangelkrankheit;* Ggs *Hypervitaminose*
Hyp|ox|ä|mie, ⟨auch⟩ **Hy|po|xä|mie** ⟨f.; -; unz.⟩ *Spaltprodukt des Nucleinsäurestoffwechsels, oxidiert im Organismus zu Xanthin u. Harnsäure* [< *Hypo…* + *Oxygenium* + *…ämie*]
Hyp|o|xie, ⟨auch⟩ **Hy|po|xie** ⟨f.; -; unz.⟩ *Sauerstoffmangel im lebenden Körper* [→ *Hypoxämie*]
Hy|po|zen|trum, ⟨auch⟩ **Hy|po|zent|rum** ⟨n.; -s, -tren⟩ *Erdbebenherd*
Hy|po|zy|klo|i|de, ⟨auch⟩ **Hy|po|zyk|lo|i|de** ⟨f.; -, -n⟩ *mathemat. Kurve, die von einem Punkt auf dem Umfang eines Kreises beschrieben wird, wenn dieser Kreis im Innern eines anderen festen Kreises abrollt*
Hyp|so|me|ter ⟨n.; -s, -⟩ *Thermometer zum Bestimmen der Höhe eines Ortes aus dem Siedepunkt des Wassers, der mit zunehmender Höhe abnimmt;* Sy *Hypsothermometer(1)* [< grch. *hypsos* »Höhe« + *…meter*]
Hyp|so|me|trie, ⟨auch⟩ **Hyp|so|met|rie** ⟨f.; -, -n⟩ *Höhenmessung*
hyp|so|me|trisch, ⟨auch⟩ **hyp|so|met|risch** ⟨Adj.⟩ *auf Hypsometrie beruhend; mit Hilfe des Hypsometers;* ~e Kurve *hypsographische Kurve*
Hyp|so|ther|mo|me|ter ⟨n.; -s, -; Tech.⟩ **1** = *Hypsometer* **2** *(Siede-)Thermometer mit einem Messbereich zw. 90 u. 102° C u. einer hohen Messgenauigkeit zur Bestimmung der Siedetemperatur von Wasser, Bestandteil des Hypsometers*
Hys|ter|al|gie, ⟨auch⟩ **Hys|te|ral|gie** ⟨f.; -, -n⟩ *Gebärmutterschmerz* [< grch. *hystera* »Gebärmutter« + *algos* »Schmerz«]
Hys|ter|ek|to|mie, ⟨auch⟩ **Hys|te|rek|to|mie** ⟨f.; -, -n; Med.⟩ *operative Entfernung der Gebärmutter* [< grch. *hystera* »Gebärmutter« + *Ektomie*]
Hys|te|re|se, Hys|te|re|sis ⟨f.; -; unz.; Phys.⟩ *das Zurückbleiben einer Wirkung hinter der sie verursachenden physikal. Kraft* [zu grch. *hysteros* »später, geringer«]
Hys|te|rie ⟨f.; -, -n; Psych.⟩ *Zustand, in dem sich seelische Erregung durch körperliche Veränderungen od. Funktionsstörungen äußert* [< grch. *hystera* »Gebärmutter« (früher vermeintlicher Ausgangspunkt der *Hysterie*)]
Hys|te|ri|ker ⟨m.; -s, -⟩ *jmd., der an Hysterie leidet, leicht hysterisch wird*
hys|te|risch ⟨Adj.⟩ **1** *auf Hysterie beruhend, an Hysterie leidend* **2** ⟨fig.⟩ *übertrieben leicht erregbar, übertrieben erregt*
hys|te|ri|sie|ren ⟨V.⟩ jmdn. ~ *hysterisch machen*
hys|te|ro|gen ⟨Adj.⟩ **1** *auf Hysterie beruhend* **2** *Hysterie auslösend;* ~e Zonen *Körperstellen, durch deren Berührung ein hysterischer Anfall ausgelöst wird* [zu *Hysterie* + *…gen*]
hys|te|ro|id ⟨Adj.; Med.; Psych.⟩ *einer Hysterie ähnlich*
Hys|te|ron-Pro|te|ron ⟨n.; -s, -ra -ra⟩ **1** ⟨eigtl.⟩ *das Spätere ist das Frühere, Redefigur, bei der zuerst der Gedanke steht, der nach Zeitfolge od. Logik nachstehen sollte* **2** ⟨Logik⟩ = *Circulus vitiosus(1)* [grch., »Späteres früher«]
Hys|te|ro|phyt ⟨m.; -en, -en⟩ *Schmarotzerpflanze* [< grch. *hysteros* »später« + *…phyt*]
Hys|te|ro|pto|se, ⟨auch⟩ **Hys|te|rop|to|se** ⟨f.; -, -n; Med.⟩ *Gebärmuttervorfall* [< grch. *hystera* »Gebärmutter« + *ptosis* »Fall«]
Hys|te|ro|sko|pie, ⟨auch⟩ **Hys|te|ros|ko|pie** ⟨f.; -, -n⟩ *Untersuchung der Gebärmutter mit Hilfe des zystoskopähnlichen Gebärmutterspiegels* [< grch. *hystera* »Gebärmutter« + *…skopie*]
Hys|te|ro|to|mie ⟨f.; -, -n; Med.⟩ *Gebärmutterschnitt* [< grch. *hystera* »Gebärmutter« + *…tomie*]
Hz ⟨Zeichen für⟩ *Hertz*

I

i ⟨Zeichen für⟩ *imaginäre Zahl*
I 1 ⟨röm. Zahlzeichen für⟩ *1* **2** ⟨Phys.; Zeichen für⟩ *Stromstärke* **3** ⟨Chem.; in Großbritannien u. den USA Zeichen für⟩ *Jod*
Iam|bus ⟨m.; -, -ben⟩ = *Jambus*
…i|a|ter ⟨in Zus.⟩ *Arzt* [< grch. *iatros* »Arzt«]
…i|a|trie, ⟨auch⟩ **…i|at|rie** ⟨in Zus.⟩ *Heil-*

kunde [< grch. *iatreia* »Heilung«; zu *iatros* »Arzt«]

I|a|trik, ⟨auch⟩ **I|at|rik** ⟨f.; -; unz.⟩ *Heilkunst* [< grch. *iatrike*]

i|a|trisch, ⟨auch⟩ **i|at|risch** ⟨Adj.⟩ *zur Heilkunst gehörend* [→ *Iatrik*]

I|a|tro|che|mie, ⟨auch⟩ **I|at|ro|che|mie** ⟨[-çe-] f.; -; unz.⟩ *von Paracelsus (1493/94–1541) begründete Forschungsrichtung (ca. 1530–1700), deren Hauptaufgabe die Erforschung der Lebensvorgänge u. die Schaffung von Heilmitteln war* [< grch. *iatros* »Arzt« + *Chemie*]

i|a|tro|gen, ⟨auch⟩ **i|at|ro|gen** ⟨Adj.⟩ *durch ärztl. Handlungen hervorgerufen* [< grch. *iatros* »Arzt« + *...gen*[1]]

I|a|tro|lo|gie, ⟨auch⟩ **I|at|ro|lo|gie** ⟨f.; -; unz.⟩ *Lehre von der ärztlichen Heilkunst* [< grch. *iatros* »Arzt« + *...logie*]

i|a|tro|lo|gisch, ⟨auch⟩ **i|at|ro|lo|gisch** ⟨Adj.⟩ *die Iatrologie betreffend, zu ihr gehörend*

ib., ibd. ⟨Abk. für⟩ *ibidem*

I|be|rer ⟨m.; -s, -⟩ **1** *Angehöriger eines vor- u. frühgeschichtl. Volkes auf der Pyrenäenhalbinsel, Vorfahr des Basken* [nach der lat. Bezeichnung *Hiberus* »Spanier«, nach dem Iberus = *Ebro*] **2** ⟨auch⟩ *Angehöriger eines ausgestorbenen Volksstammes südl. vom Kaukasus, im heutigen Georgien*

I|be|ris ⟨f.; -, -ren⟩ *krautiger od. halbstrauchiger Kreuzblütler, beliebte Gartenpflanze, Schleifenblume* [lat. < grch. *iberis* »Giftkresse«]

i|be|risch ⟨Adj.⟩ *die Iberer betreffend, zu ihnen gehörig, von ihnen stammend; die Pyrenäenhalbinsel betreffend, zu ihr gehörig, von ihr stammend;* ~e Sprache *isoliert stehende indogermanische Sprache der Iberer auf der Pyrenäenhalbinsel;* ⟨auch⟩ *zur iberisch-kaukasischen Sprachengruppe gehörende Sprache der Iberer südl. des Kaukasus*

i|be|ro|a|me|ri|ka|nisch ⟨Adj.⟩ = *lateinamerikanisch*

ibid. ⟨Abk. für⟩ *ibidem*

i|bi|dem ⟨Abk.: ib., ibd. od. ibid.⟩ *ebenda, am angeführten Ort* [lat., »ebenda«]

I|bis ⟨m.; -ses, -se⟩ **1** ⟨allg.⟩ *Angehöriger einer Familie kleinerer Schreitvögel mit sichelförmig abwärts gebogenem Schnabel: Threskiornithida* **2** ⟨i.e.S.⟩ Heiliger ~ *mit schwarzem Kopf, galt im antiken Ägypten als heilig: Threskionis aethiopica* [lat. < grch. *ibis* »Nilreiher« < altägypt. *hbj*]

Ibn ⟨vor arab. Namen⟩ *Sohn*

IC 1 ⟨Abk. für engl.⟩ *Integrated Circuit, eine integrierte Schaltung* **2** ⟨Abk. für⟩ *Intercityzug*

IC-A|na|ly|se ⟨f.; -, -n; Abk. für⟩ *Immediate-Constituents-Analyse, (unmittelbare) Konstituentenanalyse* [engl.]

ICE ⟨m.; -s, -s; Abk. für⟩ *Intercityexpresszug*

Ich|neu|mon ⟨n. od. m.; -s, -e od. -s⟩ *Schleichkatze von 65 cm Körperlänge, frisst Schlangen u. Ratten, bei den alten Ägyptern heilig: Herpetes ichneumon* [< grch. *ichneuein* »spüren«; zu *ichnos* »Spur«]

Ich|neu|mo|ni|den ⟨Pl.; Zool.⟩ *Schlupfwespen* [zu grch. *ichneuein* »spüren«]

Ich|no|gramm ⟨n.; -s, -e; Med.⟩ **1** *Fußabdruck* **2** *Fußspur, Aufzeichnung einer Fußspur, z.B. bei Gehstörungen* [< grch. *ichnos* »Spur« + *...gramm*]

I|chor ⟨[içoːr] m.; -s; unz.⟩ *bei der Metamorphose von Gesteinen frei werdendes Wasser, das bei hohem Druck u. hoher Temperatur ein gutes Lösungsmittel für Silikate ist* [grch., »Blutsaft«]

ich|thy|o..., **Ich|thy|o...** ⟨vor Vokalen⟩ ichthy..., Ichthy... ⟨in Zus.⟩ *fisch..., Fisch...* [< grch. *ichthys* »Fisch«]

Ich|thy|ol ⟨n.; -s; unz.⟩ **1** *Schiefer, der fossile Fischreste enthält* **2** *durch Destillation gewonnenes Öl zur Behandlung entzündlicher Erkrankungen* [< *Ichthyo...* + *...ol*]

Ich|thy|o|lith ⟨m.; -s od. -en, -e od. -en⟩ *versteinerter Fischrest* [< *Ichthyo...* + *...lith*]

Ich|thy|o|lo|ge ⟨m.; -n, -n⟩ *Fachmann auf dem Gebiet der Ichthyologie, Fischkundler*

Ich|thy|o|lo|gie ⟨f.; -; unz.⟩ *Fischkunde*

ich|thy|o|lo|gisch ⟨Adj.⟩ *zur Ichthyologie gehörend, fischkundlich*

Ich|thy|o|pha|ge ⟨m.; -n, -n⟩ *sich überwiegend von Fischen ernährender Mensch* [< grch. *ichthys* »Fisch« + *...phage*]

Ich|thy|o|sau|ri|er, Ich|thy|o|sau|rus ⟨m.; -, -rier⟩ *fossile, fischähnliche Reptiliengruppe, Meeresbewohner von 1 bis 17 m Körperlänge, Fischechse* [< *Ichthyo...* + grch. *sauros* »Eidechse«]

Ich|thy|o|se, Ich|thy|o|sis ⟨f.; -; unz.⟩ *Fischschuppenkrankheit* [< grch. *ichthys* »Fisch«]

I|cing ⟨[aisiŋ] n.; -s, -s; Sp.; Eishockey⟩ *regelwidriges Spielen des Pucks über zwei Linien aus der Verteidigung heraus, um einen Angriff abzuwehren, Befreiungsschuss* [engl.]

I|con ⟨[aikən] n.; -s, -s; EDV⟩ *Bildsymbol, Piktogramm (dessen Funktion durch Anklicken ausgelöst wird)* [engl., »Bild, Symbol«]

Ic|te|rus ⟨m.; -; unz.⟩ = *Ikterus*

Ic|tus ⟨m.; -, - od. -ten⟩ = *Iktus*

id. ⟨Abk. für⟩ *idem*

...id ⟨in Zus.⟩ **1** *ähnlich* **2** *zu einer Rasse gehörig, die Körpermerkmale einer Rasse habend,* z.B. mongoloid, negrid [< grch. *eidos* »Aussehen«; zu *idea* »Erscheinung, Gestalt, Beschaffenheit, Form«; → a. *Idee*]

i|de|al ⟨Adj.⟩ **1** *nur gedacht, nur in der Vorstellung existierend;* oV *ideell(1);* ~es Denken **2** *vollkommen, mustergültig;* eine ~e Ehe; ein ~er Reisegefährte; dieser Apparat ist einfach ~ **3** ⟨umg.⟩ *überaus schön, herrlich, wunderbar;* der See ist ~ zum Baden; ~es Wetter **4** ~e Landschaft ⟨Mal.⟩ *Darstellung einer harmon., meist bewaldeten sommerlichen L.* [im 19. Jh. verkürzt < *idealisch;* → *Ideal*]

I|de|al ⟨n.; -s, -e⟩ **1** *Inbegriff höchster Vollkommenheit, Mustergültiges, Leitgedanke;* einem ~ nachstreben **2** *erstrebenswertes Vorbild, Wunschbild;* ein ~ von einem Lehrer [< lat. *idealis;* zu grch.-lat. *idea;* → *Idee*]

i|de|a|lisch ⟨Adj.⟩ *im Sinne eines Ideals, einem Ideal entsprechend, ihm nahe kommend*
i|de|a|li|sie|ren ⟨V.⟩ **1** *veredeln, verschönern, vollkommener sehen, als es in Wirklichkeit ist* **2** *einem Ideal angleichen;* eine historische Gestalt in einem Drama, Roman idealisiert darstellen [→ *Ideal;* beeinflusst von frz. *idéaliser* »idealisieren«]
I|de|a|lis|mus ⟨m.; -; unz.⟩ **1** *durch sittl., nicht materielle Ziele bestimmte Anschauung u. Verhaltensweise, Glaube an Ideale, nach Idealen ausgerichtete Lebensführung;* Ggs *Realismus(2)* **2** ⟨Philos.⟩ *Auffassung, dass es die Wirklichkeit nur als rein geistiges Sein gibt u. die Materie dessen Erscheinungsform ist;* Ggs *Materialismus* **3** ⟨fig.⟩ *opferfreudige Begeisterung* [→ *ideal*]
I|de|a|list ⟨m.; -en, -en⟩ **1** *Vertreter, Anhänger des Idealismus(1,2);* Ggs *Realist(1), Materialist(1)* **2** *jmd., der sein Leben nach Idealen ausrichtet;* Ggs *Materialist(2)* **3** ⟨fig.; umg.⟩ *Schwärmer, wirklichkeitsfremder Mensch;* Ggs *Realist(2)*
i|de|a|lis|tisch ⟨Adj.⟩ *den Idealismus betreffend, zu ihm gehörig, auf ihm beruhend;* ~e Sprachwissenschaft = *Neolinguistik;* Ggs *realistisch, materialistisch*
I|de|a|li|tät ⟨f.; -; unz.⟩ **1** *ideale Beschaffenheit;* Ggs *Realität(1)* **2** *das Sein als Idee od. Vorstellung;* Ggs *Realität(2)*
i|de|a|li|ter ⟨Adj.; geh.⟩ *im Idealfall*
I|de|al|kon|kur|renz ⟨f.; -, -en; Rechtsw.⟩ *Verletzung mehrerer Strafgesetze durch dieselbe Handlung, Tateinheit;* Ggs *Realkonkurrenz*
I|de|al|spea|ker, ⟨auch⟩ **I|de|al Spea|ker** ⟨[aidi:əl spi:kə(r)] m.; (-) -s, (-) -; Sprachw.⟩ *(im Modell der generativen Transformationsgrammatik) Sprecher/Hörer mit als ideal angenommenen Sprechereigenschaften u. einer perfekten Sprachkompetenz* [engl., »idealer Sprecher«]
I|de|al|typ ⟨m.; -s, -en⟩ **I|de|al|ty|pus** ⟨m.; -, -en⟩ **1** *idealer Typus, dem Ideal nahe kommendes Einzelwesen* **2** ⟨Human- u. Sozialwissenschaften⟩ *Personen od. sozialen Gruppen zugeordnete typische Gestalt, wobei wesentliche Züge hervorgehoben, unwesentliche vernachlässigt werden*
I|de|a|ti|on ⟨f.; -, -en⟩ *Bildung einer Idee, eines Begriffs* [→ *Idee*]
I|dee ⟨f.; -, -n⟩ **1** *reiner Begriff;* die Lehre Platos von den ~n **2** *vorbildliche Urform;* die ~ einer Dichtung **3** *leitender Gedanke, Vorstellung;* politische ~n; für eine ~ eintreten, kämpfen; fixe ~ *Wahnvorstellung* **4** *Einfall, Gedanke, Ahnung;* ich habe eine ~; hast du eine ~, wie man …; du machst dir keine ~ davon, …; das ist gar keine schlechte ~; ein Plan nach seiner ~; keine ~! *keineswegs* **5** eine ~ Salz, Pfeffer *ganz wenig, eine Kleinigkeit, Spur* [< grch. *idea* »Erscheinung, Gestalt, Beschaffenheit, Form; Urbild (Plato)«; beeinflusst von frz. *idée* < grch. *idea*]
Idée fixe ⟨[ide: fiks] f.; - -, -s -s [ide: fiks]⟩ **1** = *fixe Idee(3)* **2** ⟨Mus.⟩ *Kernthema, Hauptgedanke* [frz.]
i|de|ell ⟨Adj.⟩ **1** *die Idee, Vorstellung betreffend;* der ~e Gehalt eines Werkes (im Unterschied zum sachlichen, stofflichen Gehalt); oV *ideal* **2** *gedacht, nur in der Vorstellung vorhanden;* Ggs *materiell(2)*
I|de|en|as|so|zi|a|ti|on ⟨f.; -, -en⟩ *unwillkürliche Gedankenverbindung*
i|dem ⟨Abk.: id.⟩ *derselbe, dasselbe* [lat.]
I|den ⟨Pl.; Sing.: Idus; röm. Kalender⟩ *Monatsmitte, der 13. od. 15. des Monats;* die ~ des März [< lat. *idus* »Monatsmitte«]
I|den|ti|fi|ka|ti|on ⟨f.; -, -en⟩ **1** *das Identifizieren, Feststellung der Identität* **2** *Gleichsetzung* [< lat. *identitas* »Wesenseinheit« + …*fikation*]
i|den|ti|fi|zie|ren ⟨V.⟩ **1** jmdn. ~ *jmds. Identität feststellen* **2** *einander gleichsetzen* **3** etwas od. jmdn. ~ *erkennen, feststellen als* [< lat. *identitas* »Wesenseinheit« + …*fizieren*]
I|den|ti|fi|zie|rung ⟨f.; -, -en⟩ *das Identifizieren, das Identifiziertwerden*
i|den|tisch ⟨Adj.⟩ *übereinstimmend, völlig gleich, ein u. dasselbe;* es stellte sich heraus, dass der Dateneingeber und der Setzer ~ sind *dieselbe Person*
I|den|ti|tät ⟨f.; -; unz.⟩ *völlige Übereinstimmung, Gleichheit, Wesenseinheit* [< spätlat. *identitas* »Wesenseinheit«; zu lat. *idem* »derselbe, dasselbe«]
I|den|ti|täts|aus|weis ⟨m.; -es, -e; Kurzw.: I-Ausweis; österr.⟩ *Personalausweis*
I|den|ti|täts|kar|te ⟨f.; -, -n; schweiz. für⟩ *Personalausweis*
I|den|ti|täts|nach|weis ⟨m; -es, -e⟩ *Nachweis, dass eine Person wirklich die ist, für die sie sich ausgibt od. für die man sie hält;* einen ~ erbringen
i|de|o…, I|de|o… ⟨in Zus.⟩ *begriffs…, Begriffs…* [< grch. *idea* »Erscheinung, Gestalt, Beschaffenheit, Form«]
I|de|o|gra|fie ⟨f.; -; unz. ⟩ = *Ideographie*
i|de|o|gra|fisch ⟨Adj.⟩ = *ideographisch*
I|de|o|gramm ⟨n.; -s, -e⟩ *Schriftzeichen, das einen ganzen Begriff ausdrückt, z.B. ein Zeichen der chines. Schrift* [< *Ideo…* + …*gramm*]
I|de|o|gra|phie ⟨f.; -; unz.⟩ *Darstellung von Begriffen durch Bild od. Wortzeichen, Bilderschrift, Begriffsschrift;* oV *Ideografie*
i|de|o|gra|phisch ⟨Adj.⟩ *die Ideographie betreffend, zu ihr gehörig, mit Hilfe der Ideographie od. eines Ideogramms;* oV *ideografisch*
I|de|o|ki|ne|se ⟨f.; -, -n; Med.⟩ (*aufgrund gestörter Nervenbahnen*) *falsch ausgeführter Bewegungsablauf trotz klarer Vorstellung des normalen Ablaufs* [< *Ideo…* + …*kinese*]
I|de|o|lo|ge ⟨m.; -n, -n⟩ **1** *Vertreter einer Ideologie* **2** *polit. Theoretiker* **3** ⟨auch⟩ *weltfremder Theoretiker*
I|de|o|lo|gem ⟨n.; -s, -e; geh.⟩ *Gedankengebilde, Idee, Vorstellung* [zu *Ideo…* + grch. *logos* »Wort, Lehre« + Endung …*em* zur Bez. einer Einheit]

I|de|o|lo|gie ⟨f.; -, -n⟩ **1** *die Gesamtheit der Anschauungen u. des Denkens einer bestimmten gesellschaftl. Schicht* **2** *polit. Theorie, polit. Anschauung;* die ~ des Bürgertums, des Kapitalismus, des Kommunismus [< *Ideo…* + *…logie*]

I|de|o|lo|gie|kri|tik ⟨f.; -; unz.⟩ **1** *Erforschung der Ursachen von Ideologien* **2** *Aufzeigen der einem Text od. einer Aussage zugrunde liegenden Ideologie*

i|de|o|lo|gisch ⟨Adj.⟩ *die Ideologie betreffend, auf ihr beruhend, ihr entsprechend*

i|de|o|lo|gi|sie|ren ⟨V.⟩ *im Sinne einer bestimmten Ideologie erklären, auslegen;* einen Sachverhalt ~; einen Standpunkt ~

I|de|o|lo|gi|sie|rung ⟨f.; -, -en⟩ *das Ideologisieren, Erklärung od. Bewertung im Sinne einer bestimmten Ideologie*

i|de|o|mo|to|risch ⟨Adj.⟩ *unbewusst (ausgeführt)* [< *ideo…* + *motorisch*]

id est ⟨Abk.: i.e.⟩ *das ist, das heißt* [lat.]

i|di|o…, I|di|o… ⟨in Zus.⟩ *eigen…, Eigen…, selbst…, Selbst…* [< grch. *idios* »eigen, eigentümlich«]

I|di|o|blast ⟨m.; -en, -en; Bot.⟩ *Einzelzelle, die in eine andere Zelle od. Zellengruppe von anderem Bau eingestreut ist* [< *Idio…* + *…blast*]

i|di|o|chro|ma|tisch ⟨[-kro-] Adj.⟩ *eigenfarbig;* ~e Mineralien *M., die ohne Zusatz fremder Substanzen Farberscheinungen aufweisen*

I|di|o|fon ⟨n.; -s, -e⟩ = *Idiophon*

i|di|o|gra|fisch ⟨Adj.⟩ = *idiographisch*

I|di|o|gramm ⟨n.; -s, -e⟩ **1** *eigenhändige Unterschrift* **2** *graf. Darstellung der Chromosomen eines Chromosomensatzes* [< *Idio…* + *…gramm*]

i|di|o|gra|phisch ⟨Adj.⟩ *eigenhändig;* oV *idiografisch*

I|di|o|la|trie, ⟨auch⟩ **I|di|o|lat|rie** ⟨f.; -; unz.⟩ *Selbstvergötterung* [< *Idio* + *…latrie*]

I|di|o|lekt ⟨m.; -s, -e⟩ *Wortschatz u. besondere Ausdrucksweise eines einzelnen Menschen* [< *Idio…* + Dia*lekt*]

i|di|o|lek|tal ⟨Adj.; Sprachw.⟩ *den Idiolekt betreffend, zu ihm gehörig, in der Art eines Idiolekts*

I|di|om ⟨n.; -s, -e⟩ *Gesamtheit der Spracheigentümlichkeiten eines Menschen, eines Landes od. eines Standes, Eigentümlichkeit einer Mundart* [< grch. *idioma* »Eigentümlichkeit, Besonderheit«; zu grch. *idios* »eigen, eigentümlich«]

I|di|o|ma|tik ⟨f.; -; unz.⟩ *Lehre von den Spracheigentümlichkeiten eines Landes od. Standes, von den Eigentümlichkeiten einer Mundart* [→ *Idiom*]

i|di|o|ma|tisch ⟨Adj.⟩ *der Sprache eines Landes od. eines Standes eigen, einer Mundart eigen*

i|di|o|ma|ti|siert ⟨Adj.⟩ *zu einem Idiom geworden, als Idiom verwendet*

I|di|o|ma|ti|sie|rung ⟨f.; -, -en⟩ *das Idiomatisieren, Standardisierung einer Wort- od. Satzbedeutung, die sich nicht mehr aus den Einzelbedeutungen ihrer Elemente erschließen lässt*

i|di|o|morph ⟨Adj.⟩ ~e Kristalle *K., die in einer Flüssigkeit auskristallisiert sind u. daher eine eigene Gestalt entwickeln konnten;* Sy *automorph* [< *idio…* + *…morph*]

i|di|o|pa|thisch ⟨Adj.⟩ *selbständig, unabhängig (von Krankheiten)* [< *idio…* + grch. *pathos* »Leiden«]

I|di|o|phon ⟨n.; -s, -e; Mus.⟩ *Musikinstrument, dessen Körper selbst schwingt,* z.B. Triangel; oV *Idiofon* [< grch. *idios* »eigen« + *phone* »Stimme«]

I|di|o|plas|ma ⟨n.; -s; unz.⟩ *Keimplasma*

I|di|o|som ⟨n.; -s, -en; meist Pl.; Med.; Biol.⟩ **1** *Chromosom* **2** *stark granulierte Plasmazone um das Zentrosom* [< *Idio…* + grch. *soma* »Körper«]

I|di|o|syn|kra|sie ⟨f.; -, -n⟩ **1** *angeborene Überempfindlichkeit gegen bestimmte Stoffe* **2** ⟨fig.⟩ *heftige Abneigung, Widerwille* [< *Idio…* + grch. *synkrasis* »Mischung«]

i|di|o|syn|kra|tisch ⟨Adj.⟩ **1** *auf Idiosynkrasie beruhend, überempfindlich* **2** ⟨fig.⟩ *von heftiger Abneigung erfüllt*

I|di|ot ⟨m.; -en, -en⟩ **1** ⟨Med.⟩ *an Idiotie leidende Person* **2** ⟨fig.; umg.⟩ *Dummkopf* [< grch. *idiotes* »Privatmann, gewöhnlicher Mensch, unkundiger Laie, Stümper«; zu grch. *idios* »eigen, eigentümlich«]

I|di|o|tie ⟨f.; -, -n⟩ **1** ⟨Med.⟩ *schwerste Form des angeborenen Schwachsinns* **2** ⟨fig.; umg.⟩ *Unsinnigkeit, sehr große Dummheit* **3** *ganz u. gar unüberlegte Tat, unsinniger Einfall*

I|di|o|ti|kon ⟨n.; -s, -ka od. -ken⟩ *Mundartwörterbuch* [< grch. *idios* »eigen, eigentümlich«]

i|di|o|tisch ⟨Adj.⟩ **1** ⟨Med.⟩ *schwachsinnig* **2** ⟨fig.; umg.⟩ *sehr dumm, blöd, unsinnig*

I|di|o|tis|mus¹ ⟨m.; -; unz.⟩ = *Idiotie* [→ *Idiot*]

I|di|o|tis|mus² ⟨m.; -, -men⟩ *Sprach-, Mundarteigentümlichkeit, Element eines Idioms*

i|di|o|ty|pisch ⟨Adj.⟩ *durch die Gesamtheit des Erbgutes festgelegt*

I|di|o|ty|pus ⟨m.; -, -ty|pen⟩ *Gesamtheit des Erbgutes*

I|di|o|va|ri|a|ti|on ⟨[-va-] f.; -, -en⟩ *sprunghaft auftretende Veränderung der Erbanlage*

I|do|kras ⟨m.; -, -e; Min.⟩ = *Vesuvian* [< grch. *eidos* »Aussehen, Gestalt, Beschaffenheit« + *krasis* »Mischung, Verbindung«]

I|dol ⟨n.; -s, -e⟩ *Gegenstand der Verehrung, Abgott, Götzenbild* [< grch. *eidolon* »Gestalt, Bild, Trugbild, Götzenbild«; zu *eidos* »Aussehen, Gestalt, Beschaffenheit«; verwandt mit *Idee, Ideal, Idyll(e)*]

I|do|la|trie, ⟨auch⟩ **I|do|lat|rie** ⟨f.; -; unz.; österr. nur so⟩ = *Idololatrie*

i|do|li|sie|ren ⟨V.⟩ *als Idol verehren, zum Idol erheben*

I|do|li|sie|rung ⟨f.; -, -en⟩ *das Idolisieren, etwas od. jmdn. zum Ideal erheben, als Idol verehren*

I|do|lo|la|trie, ⟨auch⟩ **I|do|lo|lat|rie** ⟨f.; -, -n⟩ *Verehrung von Götzenbildern, Abgötterei*

[<grch. *eidolon* »Götzenbild« + *…latrie;* → *Idol*]

I|dus ⟨Sing. von⟩ *Iden*

I|dyll ⟨n.; -s, -e⟩ **1** *Bild eines beschaul. einfachen Lebens sowie dieses Leben selbst* **2** *beschaul. Szene, friedl. Bild* [<grch. *eidyllion* »Bildchen«, Verkleinerungsform zu *eidos* »Bild, Gestalt«; verwandt mit *Idee*]

I|dyl|le ⟨f.; -, -n⟩ *lyrisch-dramat. od. lyrisch-epische Dichtung, die den ländl. Frieden, das beschaul. Leben einfacher, natürl. Menschen schildert, Hirtendichtung* [→ *Idyll*]

I|dyl|lik ⟨f.; -; unz.⟩ *idyllische Beschaffenheit*

i|dyl|lisch ⟨Adj.⟩ *wie ein Idyll, ländlich-friedlich, beschaulich u. beglückend, in der Art einer Idylle*

i.e. ⟨Abk. für⟩ *id est*

I.E. ⟨Abk. für⟩ *Internationale Einheit*

i.f. ⟨Abk. für⟩ *ipse fecit*

IFOR, I|for ⟨f.; -; unz.; Kurzw. für engl.⟩ *Implementation Force (Einsatztruppe), multinationale Einsatztruppe unter UN-Mandat zur Friedensstiftung u. Überwachung des Friedensabkommens von Daton in Bosnien-Herzegowina (Dez. 1995–Dez. 1996);* → a. *SFOR*

I|ge|lit ⟨m.; -s; unz.⟩ *Kunststoff auf der Basis von Polyvinylchlorid*

I|glu, ⟨auch⟩ **Ig|lu** ⟨n. od. m.; -s, -s⟩ *runde Schneehütte der Eskimos* [eskim., »Schneehaus«]

■ Die Buchstabenfolge **i|gn…** kann auch **ig|n…** getrennt werden.

■ **I|gni|tron** ⟨n.; -s, -tro|ne od. -s; Phys.⟩ *Gasentladungsröhre mit einer über eine Hilfselektrode steuerbaren Zündung mit ähnlichen Eigenschaften wie ein Relais, das zur Steuerung hoher Ströme u. Leistungen eingesetzt wird* [<lat. *ignis* »Feuer« + *…tron*]

■ **i|gno|rant** ⟨Adj.⟩ *(aus Überheblichkeit od. Unwissenheit) unbeachtet lassend, nicht zur Kenntnis nehmend;* ein ~es Benehmen

■ **I|gno|rant** ⟨m.; -en, -en⟩ *jmd., der (aus Borniertheit) unwissend ist* [<lat. *ignorans,* Part. Präs. zu *ignorare* »nicht wissen«]

■ **I|gno|ranz** ⟨f.; -; unz.⟩ *Unwissenheit aus Borniertheit* [<lat. *ignorantia* »Unwissenheit«]

■ **i|gno|rie|ren** ⟨V.⟩ *absichtlich übersehen, unbeachtet lassen, keine Kenntnis nehmen von* [<lat. *ignorare* »nicht wissen, nicht kennen, nicht kennen wollen«]

I|gu|a|na ⟨f.; -, -nen; Zool.⟩ *in tropischen Gebieten Amerikas lebender großer Leguan mit sichelförmigen Kamm* [span.]

I|gu|an|o|don, ⟨auch⟩ **I|gu|a|no|don** ⟨n.; -s, -s od. -o|don|ten⟩ *großer Pflanzen fressender Dinosaurier der Jura- u. Kreidezeit* [<span. *iguana* »Leguan« + *…odon*]

I.H.S. ⟨Abk. für⟩ **1** *in hoc salus* **2** *in hoc signo*

I|ke|ba|na ⟨n.; - od. -s; unz.⟩ *die jap. Kunst des Blumensteckens* [jap.]

I|ko|ne ⟨f.; -, -n⟩ *Heiligenbild der Ostkirche* [<grch. *eikon* »Bild, Abbild«]

i|ko|nisch ⟨Adj.⟩ **1** *in der Art einer Ikone* **2** *bildhaft, abbildhaft darstellend, anschaulich*

I|ko|nis|mus ⟨m.; -, -men⟩ *abbildhafte, zeichenartige Darstellung*

i|ko|no…, I|ko|no… ⟨in Zus.⟩ *Bild…, Bilder…* [<grch. *eikon,* Gen. *eikonos* »Bild«]

I|ko|no|du|lie ⟨f.; -; unz.⟩ = *Ikonolatrie* [<*Ikono…* + grch. *douleia* »Unterwürfigkeit«]

I|ko|no|graf ⟨m.; -en, -en⟩ = *Ikonograph*

I|ko|no|gra|fie ⟨f.; -; unz.⟩ = *Ikonographie*

i|ko|no|gra|fisch ⟨Adj.⟩ = *ikonographisch*

I|ko|no|graph ⟨m.; -en, -en⟩ oV *Ikonograf* **1** *Kenner, Erforscher der Ikonographie* **2** *Instrument für Lithographen zum Übertragen von Zeichnungen auf Stein*

I|ko|no|gra|phie ⟨f.; -; unz.⟩ oV *Ikonografie* **1** *Wissenschaft der Bestimmung von Bildnissen aus dem Altertum* **2** *Betrachtung von Bildern bes. der christl. Kunst nach ihren Figuren, Gegenständen u. Symbolen u. die Lehre von ihrer Entwicklung u. ihren histor. Zusammenhängen;* Sy *Ikonologie* [<*Ikono…* + *…graphie*]

i|ko|no|gra|phisch ⟨Adj.⟩ *die Ikonographie betreffend, zu ihr gehörig, auf ihr beruhend;* oV *ikonografisch*

I|ko|no|klas|mus ⟨m.; -; unz.⟩ *gewaltsame Entfernung u. Vernichtung von Bildern in Kirchen, bes. im 8. Jh. u. in der Reformation, Bildersturm*

I|ko|no|klast ⟨m.; -en, -en⟩ *Teilnehmer am Ikonoklasmus, Bilderstürmer* [<*Ikono…* + grch. *klaein* »zerbrechen«]

i|ko|no|klas|tisch ⟨Adj.⟩ *den Ikonoklasmus betreffend, zu ihm gehörig, bilderstürmerisch*

I|ko|no|la|trie, ⟨auch⟩ **I|ko|no|lat|rie** ⟨f.; -; unz.⟩ *Bilderverehrung;* Sy *Ikonodulie* [<*Ikono…* + *…latrie*]

I|ko|no|lo|gie ⟨f.; -; unz.⟩ = *Ikonographie(2)* [<*Ikono…* + *…logie*]

I|ko|no|me|ter ⟨n.; -s, -; Fot.⟩ *Rahmensucher* [<*Ikono…* + *…meter*]

I|ko|no|skop, ⟨auch⟩ **I|ko|nos|kop** ⟨n.; -s, -e⟩ *Bildzerleger für die Aufnahme von Fernsehbildern* [<*Ikono…* + *…skop*]

I|ko|no|stas, ⟨auch⟩ **I|ko|nos|tas** ⟨m.; -, -e⟩, **I|ko|no|sta|se,** ⟨auch⟩ **I|ko|nos|ta|se** ⟨f.; -, -n; in der orthodoxen Kirche⟩ *Bilderwand zwischen Gemeinde- u. Altarraum mit drei Türen* [<*Ikono…* + grch. *histanai* »(auf)stellen«]

I|ko|sa|e|der ⟨n.; -s, -⟩ *Körper, der von zwanzig gleichseitigen Dreiecken begrenzt wird, Zwanzigflach, Zwanzigflächner* [<grch. *eikosa…* »zwanzig…«]

I|ko|si|te|tra|e|der, ⟨auch⟩ **I|ko|si|tet|ra|e|der** ⟨n.; -s, -⟩ *von 24 Flächen begrenzter Körper* [<grch. *eikosi* »zwanzig«]

ik|te|risch ⟨Adj.⟩ *mit Ikterus einhergehend, an Ikterus leidend, gelbsüchtig*

Ik|te|rus ⟨m.; -; unz.⟩ *Gelbsucht;* oV *Icterus* [<grch. *ikteros*]

Ik|tus ⟨m.; - od. -ten⟩ **1** *Stoß, Schlag* **2** ⟨Metrik⟩ *bes. starke Betonung, nachdrückl. Hebung* **3** ⟨Med.⟩ *plötzlich auftretendes schweres Krankheitsmerkmal;* oV *Ictus* [< lat. *ictus* »Hieb, Stoß«]

il...[1], **Il...**[1] ⟨Vors.⟩ = *in...*[1], *In...*[1]

il...[2], **Il...**[2] ⟨Vors.⟩ = *in...*[2], *In...*[2]

I|lang-I|lang ⟨n.; -s, -s⟩ = *Ylang-Ylang*

I|le|i|tis ⟨f.; -, -i|ti|den⟩ *Entzündung des Ileums*

I|le|um ⟨n.; -s, -lea⟩ *unterer Teil des Dünndarms, Krummdarm* [< lat. *ile* »Darm«]

I|le|us ⟨m.; -, I|le|en⟩ *Darmverschluss* [< lat. *ile* »Darm«]

I|lex ⟨f.; -; unz.⟩ *Stechpalme* [lat.]

Il|la|tum ⟨n.; -s, -ten od. -ta; Rechtsw.⟩ *in die Ehe eingebrachter Vermögensgegenstand der Frau* [lat., »das Hereingebrachte«]

il|le|gal ⟨Adj.⟩ *gesetzwidrig, ungesetzlich (Organisation, Handlung);* Ggs *legal* [< *in...*[2] + *legal*]

Il|le|ga|li|tät ⟨f.; -; unz.⟩ *illegale Beschaffenheit, Gesetzwidrigkeit, Ungesetzlichkeit;* Ggs *Legalität*

il|le|gi|tim ⟨Adj.⟩ *unrechtmäßig;* Ggs *legitim;* ~es Kind *uneheliches Kind* [< *in...*[2] + *legitim*]

Il|le|gi|ti|mi|tät ⟨f.; -; unz.⟩ *illegitime Beschaffenheit, Unrechtmäßigkeit, Ungesetzlichkeit;* Ggs *Legitimität*

il|li|be|ral ⟨Adj.⟩ *engherzig, unduldsam, kleinlich;* Ggs *liberal* [< *in...*[2] + *liberal*]

Il|li|be|ra|li|tät ⟨f.; -, -en⟩ *illiberales Wesen, illiberale Beschaffenheit, Engherzigkeit;* Ggs *Liberalität*

il|li|quid ⟨Adj.⟩ *nicht mit Geldmitteln versehen, zahlungsunfähig;* Ggs *liquid(2)* [< *in...*[2] + *liquid*]

Il|li|qui|di|tät ⟨f.; -; unz.⟩ *Mangel an »flüssigen« Mitteln, Zahlungsschwierigkeit, Zahlungsunfähigkeit;* Ggs *Liquidität*

il|li|te|rat ⟨a. ['----] Adj.; geh.⟩ *ungebildet* [< lat. *illitteratus* »ungelehrt, wissenschaftlich ungebildet«]

Il|li|te|rat ⟨a. ['----] m.; -en, -en; geh.⟩ *Ungelehrter, Ungebildeter* [< lat. *illiteratus* »ungelehrt, wissenschaftl. ungebildet«]

Il|lo|ku|ti|on ⟨f.; -, -en; Sprachw.; Sprechakttheorie⟩ *Handlungsaspekt, kommunikative Funktion eines Sprechaktes;* Sy *illokutiver Akt;* →a. *Lokution, Perlokution* [< *il...*[1] + lat. *locutio* »das Reden, Redensart«; zu *loqui* »reden, sprechen«]

il|lo|ku|tiv ⟨Adj.; Sprachw.⟩ *auf die Illokution bezogen, sie betreffend;* ~er Akt = *Illokution*

il|loy|al, ⟨auch⟩ **il|lo|yal** ⟨[iloaja·l] Adj.⟩ Ggs *loyal* **1** *vertragsbrüchig, pflichtwidrig* **2** *übel gesinnt, falsch, untreu, verräterisch* [< *in...*[2] + *loyal*]

Il|loy|a|li|tät, ⟨auch⟩ **Il|lo|ya|li|tät** ⟨a. [iloajali-] f.; -; unz.⟩ *illoyales Wesen od. Verhalten;* Ggs *Loyalität*

Il|lu|mi|nat ⟨m.; -en, -en; 16./18. Jh.⟩ *Angehöriger eines Geheimbundes, insbes. des Illuminatenordens* [< lat. *illuminatus* »erleuchtet«, Part. Perf. von *illuminare* »erleuchten«]

Il|lu|mi|na|ten|or|den ⟨m.; -s; unz.⟩ *1776 gegründeter deutscher Geheimbund zur Verbreitung der Aufklärung*

Il|lu|mi|na|ti|on ⟨f.; -, -en⟩ **1** *Festbeleuchtung* **2** *Ausmalung (von Stichen, Drucken u.Ä.)* **3** *Buchmalerei* [frz., »Beleuchtung, Erleuchtung« < lat. *illuminatio*]

Il|lu|mi|na|tor ⟨m.; -s, -to|ren⟩ **1** *Beleuchtungsvorrichtung an opt. Geräten* **2** *Hersteller von Buchmalereien* [→ *illuminieren*]

il|lu|mi|nie|ren ⟨V.⟩ **1** *festlich erleuchten* **2** *ausmalen (Stich, Druck)* **3** *mit Buchmalerei verzieren* [< frz. *illuminer* »be-, erleuchten« < lat. *illuminare*]

Il|lu|mi|nie|rung ⟨f.; -, -en⟩ = *Illumination(1)*

Il|lu|si|on ⟨f.; -, -en⟩ **1** *trüger. Hoffnung, Selbsttäuschung, idealisierte, falsche Vorstellung von der Wirklichkeit;* jmdm. die ~en rauben; sich ~en über jmdn. oder eine Sache hingeben; darüber mache ich mir keine ~en; Ggs *Desillusion* **2** *Vortäuschung von räumlicher Tiefe auf Bildern, im Theater od. Film mit den Mitteln der Perspektive;* Raum~; Tiefen~ **3** *Täuschung durch ein Zauberkunststück* **4** *das Kunststück selbst* [< lat. *illusio* »Ironie, Verspottung, Täuschung«]

il|lu|si|o|när ⟨Adj.⟩ *auf einer Illusion beruhend*

il|lu|si|o|nie|ren ⟨V.⟩ *jmdm. etwas vormachen, mit Illusionen spielen od. arbeiten, in jmdm. Illusionen wecken*

Il|lu|si|o|nis|mus ⟨m.; -; unz.⟩ *philosoph. Auffassung, dass Wahrheit, Schönheit usw. nur Illusion, Täuschung, Schein seien*

Il|lu|si|o|nist ⟨m.; -en, -en⟩ **1** *Vertreter, Anhänger des Illusionismus* **2** *jmd., der sich Illusionen hingibt, wirklichkeitsfremder Schwärmer, Träumer* **3** *Zauberkünstler*

il|lu|si|o|nis|tisch ⟨Adj.⟩ **1** *den Illusionismus betreffend, zu ihm gehörig, auf ihm beruhend* **2** *mit Hilfe der Perspektive, eine scheinbare Raum-, Tiefenwirkung hervorrufend*

il|lu|so|risch ⟨Adj.⟩ **1** *nur in der Illusion bestehend, eingebildet, trügerisch* **2** *hinfällig, vergeblich;* unsere Verabredung ist ~ geworden *erübrigt sich* [→ *Illusion*]

il|lus|ter ⟨Adj.⟩ **1** *glänzend, berühmt* **2** *vortrefflich, erlesen;* eine illustre Gesellschaft, Persönlichkeit [< lat. *illustris* »erleuchtet, glänzend, berühmt« u. frz. *illustre* »hochberühmt«]

■ Die Buchstabenfolge **il|lus|tr...** kann auch **il|lust|r...** getrennt werden.

■ **Il|lus|tra|ti|on** ⟨f.; -, -en⟩ **1** *Abbildung zu einem Text* **2** ⟨unz.⟩ *das Illustrieren, Illustrierung* **3** ⟨unz.⟩ *Veranschaulichung* [< lat. *illustratio* »Erleuchtung, Erklärung (bes. durch Abbildungen)« u. frz. *illustration* »Abbildung«]

■ **il|lus|tra|tiv** ⟨Adj.⟩ *mit Hilfe von Illustrationen, veranschaulichend*

■ **Il|lus|tra|tor** ⟨m.; -s, -to|ren⟩ *jmd., der etwas illustriert hat*
■ **il|lus|trie|ren** ⟨V.⟩ **1** *mit Illustrationen versehen, bebildern;* ein Buch, einen Text ~; illustrierte Zeitschrift **2** *veranschaulichen, erläutern;* Sachverhalte durch Beispiele ~ **3** stell dir das einmal illustriert vor! ⟨iron.⟩ *bildlich, anschaulich* [< frz. *illustrer* »bebildern« < lat. *illustrare* »erleuchten, erhellen, anschaulich machen«]
■ **Il|lus|trier|te** ⟨f.2⟩ *illustrierte Zeitschrift (häufig mit aufreißerischen Berichten)*
■ **Il|lus|trie|rung** ⟨f.; -, -en⟩ **1** *das Illustrieren, Bebildern* **2** *Veranschaulichung, Erläuterung*
Il|me|nit ⟨m.; -s, -e⟩ *schwarzbraunes Eisentitanoxid, Mineral, chem. Formel $FeTiO_3$;* Sy *Titaneisen* [nach der Gebirgskette *Ilmen* im Ural]
ILS ⟨Abk. für engl.⟩ *Instrument Landing System, ein Navigationsverfahren für Flugzeuge, das eine Landung auch bei schlechten Sichtverhältnissen (nur durch Instrumentenanzeige) ermöglicht*
I.M. ⟨Abk. für⟩ *Ihre Majestät*
im...[1], **Im...**[1] ⟨Vors.⟩ = *in...*[1], *In...*[1]
im...[2], **Im...**[2] ⟨Vors.⟩ = *in...*[2], *In...*[2]
I|mage ⟨[imidʒ] n.; -, -s [imidʒiz]⟩ **1** *Vorbild, Leitbild* **2** *Vorstellung von einer Persönlichkeit in der Öffentlichkeit* [engl., »Bild« < frz. *image* < lat. *imago*]
i|ma|gi|na|bel ⟨Adj.⟩ *erdenkbar, vorstellbar* [< frz. *imaginable* »denkbar«]
i|ma|gi|när ⟨Adj.⟩ *nur in der Vorstellung bestehend, scheinbar, eingebildet;* ~e Zahl ⟨Zeichen: i⟩ *eine komplexe Zahl, die nicht real ist* [< frz. *imaginaire* »nur vorgestellt, eingebildet«]
I|ma|gi|na|ti|on ⟨f.; -, -en⟩ **1** *Einbildung* **2** *Einbildungskraft, Vorstellungskraft* [< lat. *imaginatio* »Einbildung, Vorstellung«]
i|ma|gi|na|tiv ⟨Adj.⟩ *auf Imagination beruhend*
i|ma|gi|nie|ren ⟨V.⟩ *sich einbilden, sich vorstellen*
I|ma|go ⟨f.; -, -gi|nes⟩ **1** *erwachsenes geschlechtsreifes Insekt, Larve(1)* **2** ⟨im antiken Rom⟩ *wächserne Totenmaske von Vorfahren, die im Atrium des Hauses aufgestellt wurde* **3** ⟨Psych.⟩ *im Unterbewusstsein eingeprägtes Bild einer anderen Person* [lat., »Bild«]
I|mam ⟨m.; -s, -s od. -e⟩ **1** *mohammedan. Vorbeter in der Moschee* **2** *geistl., auf Mohammed zurückgeführtes Oberhaupt der Schiiten* **3** *Ehrentitel für mohammedan. Gelehrte* [arab., »Vorsteher«]
I|man ⟨n.; -s; unz.; im Islam⟩ *Glaube* [arab.]
im|be|zil, im|be|zill ⟨Adj.⟩ *leicht schwachsinnig* [< lat. *imbecillus* »haltlos, schwach«]
Im|be|zil|li|tät ⟨f.; -; unz.⟩ *leichtere Form angeborenen Schwachsinns*
Im|bi|bi|ti|on ⟨f.; -, -en⟩ *Durchdringung fester Körper (pflanzl. od. tierischen Gewebes) mit Flüssigkeiten* [< lat. *imbibitio* »Durchdringung«; zu *imbibere* »einsaugen«]
Im|bro|glio, ⟨auch⟩ **Im|brog|lio** ⟨[-brọljo] n.; -s, -s od. -gli [-ljiJ⟩ **1** ⟨Mus.⟩ *das Nebeneinander zweier od. mehrerer Stimmen in unterschiedl. Rhythmus bei gleichem Taktbau* **2** *Verwirrung, Verwicklung, Unordnung* [ital., »Verwicklung, Verlegenheit, Schwindel«]
I|mid ⟨n.; -s, -e⟩ *anorgan. Verbindung, bei der die zweiwertige Gruppe = NH entweder an ein Metallatom gebunden ist oder als positiv geladener Bestandteil einer Verbindung auftritt;* Sy *Imidoverbindung* [→ *Amid*]
I|mi|do|ver|bin|dung ⟨f.; -, -en⟩ = *Imid*
I|min ⟨n.; -s, -e⟩ *organ. Verbindung, die als reaktionsbestimmenden Molekülteil die zweiwertige Gruppe = NH enthält;* Sy *Iminoverbindung* [→ *Amin*]
I|mi|no|ver|bin|dung ⟨f.; -, -en⟩ = *Imin*
I|mi|tat ⟨n.; -(e)s, -e⟩ *Nachbildung, Fälschung* [→ *Imitation*]
I|mi|tat|garn ⟨n.; -s, -e⟩ *Baumwoll- od. Zellwollgarn mit wollähnlichem Aussehen* [→ *imitieren*]
I|mi|ta|ti|on ⟨f.; -, -en⟩ **1** *Nachahmung;* die ~ eines Filmstars **2** *Fälschung* **3** ⟨Mus.⟩ *Wiederholung eines Themas in gleicher (Kanon) od. anderer (Fuge) Tonhöhe* [< lat. *imitatio* »Nachahmung«]
i|mi|ta|tiv ⟨Adj.⟩ *auf Imitation beruhend, imitierend, nachahmend*
I|mi|ta|ti|vum ⟨[-vum] n.; -s, -va [-va]⟩ *Verb, das eine Nachahmung ausdrückt,* z.B. roboten „arbeiten wie ein Roboter", sächseln „reden wie ein Sachse"
I|mi|ta|tor ⟨m.; -s, -to|ren⟩ *jmd., der etwas imitieren kann, Nachahmer;* Tierstimmen ~
i|mi|ta|to|risch ⟨Adj.⟩ *auf Imitation beruhend, als Imitation, in der Art eines Imitators*
i|mi|tie|ren ⟨V.⟩ **1** *nachahmen;* imitiert *nachgeahmt, unecht* **2** ⟨Mus.⟩ *wiederholen;* ein Thema ~ [< lat. *imitari* »nachahmen«]
i|mi|tiert ⟨Adj.⟩ *nachgeahmt, nachempfunden, künstlich, unecht* [< lat. *imitari* »nachahmen«]
Im|ma|cu|la|ta ⟨f.; -; unz.⟩ *die Unbefleckte, die unbefleckt Empfangene,* ⟨Bez. für⟩ *Maria;* ~ Conceptio *unbefleckte Empfängnis (Marias durch ihre Mutter Anna)* [< lat. *immaculata* »die Unbefleckte«; zu *macula* »Fleck« (verwandt mit Makel); lat. *conceptio* »Empfängnis«]
im|ma|nent ⟨Adj.⟩ **1** *innerhalb der Grenzen der Erfahrung, Erkenntnis bleibend;* Ggs *transzendent(1);* eine ~e Erfahrung, Erscheinung **2** *enthalten in, innewohnend* [< lat. *immanens,* Part. Präs. zu *immanere* »innewohnen, anhaften«]
Im|ma|nenz ⟨f.; -; unz.⟩ *Enthaltensein, Innewohnen, Zugehörigkeit;* Ggs *Transzendenz(1)* [→ *immanent*]
im|ma|nie|ren ⟨V.⟩ *innewohnen, enthalten sein, behaftet sein mit etwas* [< lat. *immanere* »anhaften, innewohnen«]
Im|ma|te|ri|al|gü|ter|recht ⟨n.; -(e)s, -e; Rechtsw.⟩ *Recht an geistigen Produkten,* z.B. Patent-, Warenzeichen-, Urheberrecht

Im|ma|te|ri|a|lis|mus ⟨m.; -; unz.⟩ *nach Berkeley die Auffassung, dass die Materie keine Realität habe, sondern nur Geistiges wirklich sei;* Ggs *Materialismus*

Im|ma|te|ri|a|li|tät ⟨a. ['-------] f.; -; unz.⟩ *stoffloses Dasein, Körperlosigkeit* [→ *immateriell*]

im|ma|te|ri|ell ⟨Adj.⟩ *nicht stofflich, unkörperlich;* Ggs *materiell(2)* [< frz. *immatériel* »unstofflich«]

Im|ma|tri|ku|la|ti|on, ⟨auch⟩ **Im|mat|ri|ku|la|ti|on** ⟨f.; -, -en⟩ *Einschreibung in die Matrikel der Hochschule* [→ *immatrikulieren*]

im|ma|tri|ku|lie|ren, ⟨auch⟩ **im|mat|ri|ku|lie|ren** ⟨V.⟩ *in die Matrikel der Hochschule aufnehmen;* sich (an einer Hochschule) ~ lassen [< *in...*[1] + *Matrikel*]

im|ma|tur ⟨Adj.⟩ *unreif, nicht voll entwickelt (vom Fetus)* [< lat. *immaturus*]

im|me|di|at ⟨Adj.⟩ *unmittelbar (dem Staatsoberhaupt od. der obersten Behörde unterstehend)* [< lat. *immediatus* »unvermittelt«]

im|me|di|a|ti|sie|ren ⟨V.⟩ *reichsunmittelbar machen, dem König unmittelbar unterstellen*

im|mens ⟨Adj.⟩ *unermesslich (groß), unendlich* [< lat. *immensus* »unermesslich«]

Im|men|si|tät ⟨f.; -; unz.⟩ *Unermesslichkeit, Unendlichkeit* [< lat. *immensitas* »Unermesslichkeit«]

im|men|su|ra|bel ⟨Adj.⟩ *unmessbar;* Ggs *mensurabel* [< lat. *immensurabilis* »unermesslich«]

Im|men|su|ra|bi|li|tät ⟨f.; -; unz.⟩ *immensurable Beschaffenheit od. Größe, Unermesslichkeit*

Im|mer|si|on ⟨f.; -, -en⟩ **1** *Eintauchen, Untertauchen* **2** ⟨Astron.⟩ *Eintritt des Mondes in den Schatten eines Planeten* **3** ⟨Med.⟩ *Dauerbad* **4** ⟨Phys.⟩ *Einbettung eines Körpers od. Stoffes in einen anderen Stoff, der gewisse erwünschte physikal. Eigenschaften hat* **5** ⟨Geol.⟩ *der höchste Stand des Meeres bei einem Vordringen auf das Festland* [< lat. *immersio* »das Eintauchen«]

Im|mer|si|ons|mi|kro|skop, ⟨auch⟩ **Im|mer|si|ons|mik|ros|kop** ⟨n.; -(e)s, -e⟩ *Mikroskop, bei dem die Objekte in eine die Lichtbrechung ändernde Flüssigkeit gebettet sind*

Im|mi|grant, ⟨auch⟩ **Im|mig|rant** ⟨m.; -en, -en⟩ *Einwanderer;* Ggs *Emigrant* [< lat. *immigrans,* Part. Präs. zu *immigrare* »einwandern«]

Im|mi|gra|ti|on, ⟨auch⟩ **Im|mig|ra|ti|on** ⟨f.; -, -en⟩ *Einwanderung;* Ggs *Emigration* [< lat. *immigratio* »Einwanderung«]

im|mi|grie|ren, ⟨auch⟩ **im|mig|rie|ren** ⟨V.⟩ *einwandern;* Ggs *emigrieren* [< lat. *immigrare* »einwandern«]

im|mi|nent ⟨Adj.⟩ *drohend, nahe bevorstehend* [< lat. *imminens,* Part. Präs. zu *imminere* »hineintragen, drohen«]

Im|mis|si|on ⟨f.; -, -en⟩ **1** *Amtseinsetzung, Amtseinweisung* **2** ⟨Rechtsw.⟩ *Einwirkung auf das benachbarte Grundstück;* ~ durch Rauch, Gas, Geruch o.Ä. **3** *Einwirkung von Schadstoffen auf die Umwelt (als Folge von Emissionen)* [< lat. *immissio* »das Hineinlassen«; zu *immittere* »hineinsenden, hineinlassen«]

Im|mis|si|ons|kon|zen|tra|ti|on, ⟨auch⟩ **Im|mis|si|ons|kon|zent|ra|ti|on** ⟨f.; -, -en⟩ *Dichte luftfremder od. gesundheitsschädlicher Stoffe in der Atmosphäre*

Im|mis|si|ons|schutz ⟨m.; -es; unz.⟩ *(gesetzlicher) Schutz zur Vermeidung von umweltschädlichen Einwirkungen, Immissionen*

Im|mis|si|ons|wert ⟨m.; -(e)s, -e⟩ *behördlich festgelegter Grenzwert, bis zu dem luftfremde oder gesundheitsschädliche Stoffe in die Atmosphäre abgeleitet werden dürfen*

im|mo|bil ⟨Adj.⟩ *unbeweglich;* Ggs *mobil(1)* [< lat. *immobilis* »unbeweglich«]

Im|mo|bi|li|en ⟨Pl.⟩ *unbewegl. Besitz, Grundbesitz, Liegenschaften;* Ggs *Mobilien;* ~händler [→ *immobil*]

Im|mo|bi|li|sa|ti|on ⟨f.; -, -en; Med.⟩ *das Ruhigstellen von Gliedmaßen, z.B. durch Gipsverbände*

im|mo|bi|li|sie|ren ⟨V.⟩ **1** bewegl. Güter ~ *zu unbeweglichen Gütern machen* **2** *rechtlich wie eine Liegenschaft behandeln* **3** Gelenke, Glieder ~ *unbeweglich machen, ruhig stellen*

Im|mo|bi|li|sie|rung ⟨f.; -, -en; Med.⟩ *das Immobilisieren, Immobilisiertwerden*

Im|mo|bi|lis|mus ⟨m.; -; unz.; geh.⟩ *(geistige) Unbeweglichkeit, Unnachgiebigkeit, Eigensinn;* der ~ von politischen Parteien

im|mo|ra|lisch ⟨Adj.⟩ *unmoralisch, unsittlich;* Ggs *moralisch(2)* [< *in...*[2] + *moralisch*]

Im|mo|ra|lis|mus ⟨m.; -; unz.⟩ *Ablehnung der herkömmlichen sittl. Grundsätze;* Ggs *Moralismus(2)*

Im|mo|ra|list ⟨m.; -en, -en⟩ Ggs *Moralist(1)* **1** *Vertreter des Immoralismus* **2** *unsittlicher Mensch*

Im|mo|ra|li|tät ⟨f.; -; unz.⟩ *Unmoral, Unsittlichkeit;* Ggs *Moralität(1)*

im|mor|ta|li|sie|ren ⟨V.⟩ *unsterblich machen, verewigen*

Im|mor|ta|li|tät ⟨f.; -; unz.⟩ *Unsterblichkeit;* Ggs *Mortalität(1)* [< *In...*[2] + *Mortalität*]

Im|mor|tel|le ⟨f.; -, -n⟩ *Strohblume: Helychrysum biacteatum;* Rote ~ *Kugelamarant* [frz., Fem. zu *immortel* »unsterblich«]

im|mun ⟨Adj.⟩ **1** ⟨a. fig.⟩ *unempfänglich (gegen Krankheitserreger);* dagegen bin ich ~ ⟨fig.⟩ *das berührt, beeindruckt mich nicht, das kann mich nicht beeinflussen* **2** *Immunität(2) genießend, unantastbar* [< lat. *immunis* »frei, unberührt, rein«; eigtl. »frei von Leistungen«]

Im|mun|bi|o|lo|gie ⟨f.; -; unz.⟩ *Zweig der Biologie, der die Bedingungen der Immunisierung bei Lebewesen in physiolog. u. biochem. Hinsicht untersucht;* Sy *Immunologie*

Im|mun|che|mie ⟨[-çe-] f.; -; unz.⟩ *Teilgebiet der Immunologie, das sich mit den chemischen Vorgängen bei menschlichen u. tierischen Immunreaktionen befasst*

Im|mun|glo|bu|lin ⟨n.; -s, -e; Biol.; Med.⟩ *Pro-*

tein des Blutplasmas mit Antikörperfunktion, dessen Bildung durch Antigene ausgelöst wird

im|mu|ni|sie|ren ⟨V.⟩ *immun machen*

Im|mu|ni|sie|rung ⟨f.; -, -en⟩ *das Immunisieren, Immunisiertwerden*

Im|mu|ni|tät ⟨f.; -; unz.⟩ **1** *Unempfänglichkeit (gegen Krankheitserreger)* **2** *gesetzl. Schutz für Parlamentsmitglieder u. Diplomaten vor Strafverfolgung* [< lat. *immunitas* »Freisein (von Leistungen)«]

Im|mun|kör|per ⟨m.; -s, -⟩ = *Antikörper*

Im|mu|no|lo|ge ⟨m.; -en, -en⟩ *Wissenschaftler, Facharzt auf dem Gebiet der Immunologie*

Im|mu|no|lo|gie ⟨f.; -; unz.⟩ = *Immunbiologie*

im|mu|no|lo|gisch ⟨Adj.⟩ *zur Immunologie gehörend, auf ihr beruhend, sie betreffend*

Im|mu|no|sup|pres|si|on ⟨f.; -, -en; Med.⟩ *Unterdrückung einer Abwehrreaktion des Immunsystems*

Im|mun|sys|tem ⟨n.; -s; unz.; Biol.; Med.⟩ *Abwehrsystem des Körpers gegen Krankheitserreger*

imp. ⟨Abk. für⟩ *imprimatur*

Im|pact ⟨[-pækt] m.; -s, -s; Werbung⟩ *bemerkenswerter Eindruck* [engl., eigtl. »Aufprall«]

im|pair ⟨[ɛ̃pɛːr] Adj.; Roulett⟩ *ungerade (von Zahlen);* Ggs *pair* [frz.]

Im|pakt ⟨m.; -s, -e⟩ *Deformation der Erdoberfläche durch Meteoriteneinschlag* [→ *Impact*]

Im|pa|ri|tät ⟨f.; -; unz.⟩ *Ungleichheit;* Ggs *Parität* [< *In...*[2] + *Parität*]

Im|pas|to ⟨n.; -s, -s od. -ti; Mal.⟩ *dicker Farbenauftrag* [< ital. *pasta* »Teig«]

Im|peach|ment ⟨[impiːtʃmənt] n.; - od. -s, -s; in den USA⟩ *öffentl. Anklage gegen einen hohen Staatsbeamten wegen eines Fehlverhaltens im Amt* [engl.]

Im|pe|danz ⟨f.; -, -en⟩ *Scheinwiderstand beim Wechselstrom* [zu lat. *impedire* »hindern, hemmen«]

Im|pe|danz|re|lais ⟨[-rəlɛː] n.; - [-lɛːs], - [-lɛːs]⟩ = *Distanzrelais*

im|pe|ra|tiv ⟨Adj.⟩ *Befehls..., zwingend, bindend*

Im|pe|ra|tiv ⟨a. [---'-] m.; -s, -e [-və]⟩ **1** *Modus des Verbs, Befehlsform* **2** kategorischer ~ ⟨in der Philosophie Kants, danach auch allg.⟩ *Pflichtgebot, moral. Forderung* [< lat. *(modus) imperativus* »Befehlsform«]

im|pe|ra|ti|visch ⟨Adj.⟩ *in der Form des Imperativs*

Im|pe|ra|tiv|satz ⟨m.; -es, -sät|ze⟩ *Satz, in dem das Verb im Imperativ steht, Befehlssatz*

Im|pe|ra|tor ⟨m.; -s, -to|ren; röm. Titel für⟩ **1** *Feldherr u. Kaiser* **2** *Herrscher;* ~ Rex ⟨Abk.: I.R.⟩ *Kaiser u. König* [lat., »Gebieter, Feldherr, Kaiser«]

im|pe|ra|to|risch ⟨Adj.⟩ **1** *den Imperator betreffend, in der Art eines Imperators* **2** ⟨fig.⟩ *gebieterisch*

Im|pe|ra|trix, ⟨auch⟩ **Im|pe|rat|rix** ⟨f.; -, -tri|ces od. -tri|zes⟩ *Kaiserin* [lat., »Gebieterin, Herrscherin«]

Im|per|fekt ⟨n.; -s, -e⟩ = *Präteritum* [< lat. *imperfectum* »das Unvollendete«]

im|per|fek|tisch ⟨Adj.; Gramm.⟩ *das Imperfekt betreffend, im Imperfekt gebildet*

im|per|fek|tiv ⟨a. [---'-] Adj.⟩ **1** *im Imperfekt (gebraucht od. stehend)* **2** *unvollendet;* ~er Aspekt der russischen Verben

Im|per|fek|tum ⟨n.; -s, -ta; † für⟩ *Imperfekt*

im|per|fo|ra|bel ⟨Adj.⟩ *nicht durchbohrbar* [→ *Imperforation*]

Im|per|fo|ra|ti|on ⟨f.; -, -en⟩ *angeborene Verwachsung einer Körperöffnung* [< *In...*[2] + *Perforation*]

im|pe|ri|al ⟨Adj.⟩ **1** *das Imperium, den Imperator betreffend, auf ihnen beruhend, ihnen gemäß* **2** *kaiserlich* [< lat. *imperialis* »kaiserlich«; zu *imperator* »Kaiser« u. *imperium* »Befehl, Herrschaft, Staatsgewalt«]

Im|pe|ri|a|lis|mus ⟨m.; -; unz.⟩ *Streben (eines Staates) nach Macht und Besitzerweiterung* [< lat. *imperialis* »die Staatsgewalt betreffend, kaiserlich«; zu *imperium* »Befehl, Herrschaft, Staatsgewalt«]

Im|pe|ri|a|list ⟨m.; -en, -en⟩ *Vertreter, Anhänger des Imperialismus*

im|pe|ri|a|lis|tisch ⟨Adj.⟩ *den Imperialismus betreffend, auf ihm beruhend*

Im|pe|ri|um ⟨n.; -s, -ri|en⟩ *Weltmacht, Weltreich, bes. das röm. Weltreich* [lat., »Befehl, Herrschaft, Staatsgewalt«]

im|per|me|a|bel ⟨Adj.⟩ *undurchlässig, undurchdringlich;* Ggs *permeabel* [< *in...*[2] + *permeabel*]

Im|per|me|a|bi|li|tät ⟨f.; -; unz.⟩ *Undurchdringlichkeit, Undurchlässigkeit;* Ggs *Permeabilität* [→ *impermeabel*]

Im|per|so|na|le ⟨n.; -s, -li|en od. -lia⟩ *unpersönl. Verb, Verb, das nur »es« als Subjekt haben kann,* z.B. regnen [lat., Neutr. zu *impersonalis* »unpersönlich«]

im|per|ti|nent ⟨Adj.⟩ *frech, ungehörig, unverschämt* [< lat. *impertinens* »nicht dazu gehörig« < *in...*[2] + *pertinere* »sich erstrecken, sich beziehen auf etwas«]

Im|per|ti|nenz ⟨f.; -; unz.⟩ *impertinentes Verhalten, Unverschämtheit, Frechheit*

im|per|zep|ti|bel ⟨Adj.; Philos.⟩ *unbemerkbar, nicht wahrnehmbar* [< *in...*[2] + *perzeptibel*]

im|pe|ti|gi|nös ⟨Adj.⟩ *in der Art der Impetigo, borkig*

Im|pe|ti|go ⟨f.; -; unz.⟩ *Eiterflechte* [lat., »Räude«]

im|pe|tu|o|so ⟨Mus.⟩ *stürmisch (zu spielen)* [ital., »ungestüm, heftig, bewegt«]

Im|pe|tus ⟨m.; -; unz.⟩ *Anstoß, heftiger Antrieb, Schwung, Ungestüm* [lat., »Ungestüm, Anlauf, Angriff«]

Im|plan|tat ⟨n.; -(e)s, -e⟩ **1** *implantiertes Gewebestück* **2** *Einsetzung von Zähnen in die leeren Alveolen* [→ *implantieren*]

Im|plan|ta|ti|on ⟨f.; -, -en⟩ **1** *Einpflanzung körperfremder Gewebe od. Stoffe, z.B. eines Hormonkristalls bei hormonalen Ausfallerscheinungen* **2** *die Einnistung des befruchteten Säu-*

getiereies in die Uterusschleimhaut; Sy *Nidation* **3** = *Implantat(2)* [→ *implantieren*]
im|plan|tie|ren ⟨V.⟩ *einpflanzen;* Gewebe, Organteil, Zähne ~ [< *in...*[1] + lat. *plantare* »pflanzen«]
Im|plan|to|lo|gie ⟨f.; -; unz.; Med.⟩ *Wissenschaft von den Möglichkeiten u. Techniken der Implantation*
im|ple|men|tie|ren ⟨V.⟩ *ins Werk setzen, durchführen* [zu lat. *implere* »erfüllen, ergänzen«]
Im|ple|men|tie|rung ⟨f.; -, -en⟩ *Durchführung, Ausführung*
Im|pli|ka|ti|on ⟨f.; -, -en⟩ **1** *das Implizieren, Einbeziehung einer Sache in eine andere* **2** *log. Beziehung zwischen zwei Sachverhalten, von denen der eine den anderen in sich schließt od. schließen soll, „wenn ... so"-Beziehung;* Sy *Subjunktion(1)*
im|pli|zie|ren ⟨V.⟩ *mit einschließen, einbeziehen, einbegreifen, mit meinen* [< lat. *implicare* »hineinwickeln«]
im|pli|zit ⟨Adj.⟩ *einbegriffen, mit einbezogen* [→ *implizite*]
im|pli|zi|te ⟨[-te:] Adv.⟩ *einschließlich, inbegriffen;* Ggs *explizite* [< lat. *implicite* »einbegriffen«; zu *implicare:* → *implizieren*]
im|plo|die|ren ⟨V.⟩ *durch eine Implosion zerstört werden;* Ggs *explodieren*
Im|plo|si|on ⟨f.; -, -en⟩ *Zerstörung eines Hohlkörpers, in dem verringerter Luftdruck herrscht, durch Druck von außen;* Ggs *Explosion* [< *In...*[1] + *Explosion*]
Im|plo|siv ⟨m.; -s, -e [-və]⟩, **Im|plo|siv|laut** ⟨m.; -(e)s, -e; Phon.⟩ *Verschlusslaut, der nicht nasal gebildet wird u. bei dem sich der Verschluss nicht löst,* z.B. das p in »Lippen« [→ *Implosion*]
im|pon|de|ra|bel ⟨Adj.⟩ *unwägbar, unberechenbar;* Ggs *ponderabel*
Im|pon|de|ra|bi|li|en ⟨Pl.⟩ *unwägbare Einflüsse, Gefühle, Stimmungen von unberechenbarer Wirkung;* Ggs *Ponderabilien* [< *in...*[2] + *ponderabel*]
Im|pon|de|ra|bi|li|tät ⟨f.; -; unz.⟩ *Unwägbarkeit, Unberechenbarkeit*
im|po|nie|ren ⟨V.⟩ jmdm. ~ *großen Eindruck auf jmdn. machen, jmdm. Achtung od. Bewunderung einflößen* [< lat. *imponere* »auflegen, auferlegen«]
Im|po|nier|ge|ha|be ⟨n.; -s; unz.⟩ *selbstbewusstes Gehabe, das den Gegner od. den Geschlechtspartner einschüchtern bzw. beeindrucken soll (bes. bei männl. Tieren)*
Im|port ⟨m.; -(e)s, -e⟩ *Einfuhr von Waren (aus dem Ausland);* Ggs *Export* [engl., »Einfuhr«; zu lat. *importare »hineintragen«*]
Im|por|te ⟨f.; -, -n; meist Pl.⟩ **1** *Einfuhrware;* Ggs *Exporte* **2** ⟨bes.⟩ *importierte Zigarre*
Im|por|teur ⟨[-tø:r] m.; -s, -e⟩ *Kaufmann, der Waren importiert, Einfuhrkaufmann;* Ggs *Exporteur* [< *Import* + frz. Endung]
im|por|tie|ren ⟨V.⟩ *(aus dem Ausland) einführen;* Waren ~; Ggs *exportieren* [< lat. *importare* »hineintragen«]
im|por|tun ⟨Adj.; †⟩ *ungeeignet, ungelegen, lästig, beschwerlich;* Sy *inopportun;* Ggs *opportun* [< lat. *importunus* »unbequem, widrig«]
im|po|sant ⟨Adj.⟩ *mächtig, stattlich, groß u. eindrucksvoll (Gebäude, Gestalt)* [frz., »großartig, eindrucksvoll«]
Im|po|sanz ⟨f.; -; unz.⟩ *eindrucksvolle Größe, stattliche, mächtige Beschaffenheit;* ein Gebäude von besonderer ~
im|po|tent ⟨Adj.⟩ Ggs *potent(2)* **1** ⟨i.w.S.⟩ *unfähig zum Geschlechtsverkehr (bei Männern)* **2** ⟨i.e.S.⟩ *unfruchtbar, zeugungsunfähig* [< lat. *impotens* »ohne Macht, schwach«]
Im|po|tenz ⟨f.; -; unz.⟩ **1** *Unfähigkeit (des Mannes) zum Geschlechtsverkehr: Impotentia coeundi;* Ggs *Potenz(1)* **2** *Unfruchtbarkeit des Mannes: Impotentia generandi;* Ggs *Potenz(2)* **3** ⟨fig.⟩ *Unvermögen, Schwäche*
impr. ⟨Abk. für⟩ *imprimatur*
Im|prä|gna|ti|on, ⟨auch⟩ **Im|präg|na|ti|on** ⟨f.; -, -en⟩ **1** ⟨Geol.⟩ *durch Eindringen von Lösungen in die Poren von Gesteinen entstandene feine Verteilung von Mineralien* **2** ⟨Med.⟩ *Befruchtung* [→ *imprägnieren*]
im|prä|gnie|ren, ⟨auch⟩ **im|präg|nie|ren** ⟨V.⟩ *mit Chemikalien als Schutzmittel tränken, um gegen äußere Einflüsse widerstandsfähig zu machen;* ein Holz gegen Fäulnis ~; Gewebe ~, um sie wasserundurchlässig zu machen; ein imprägnierter Mantel [< lat. *impraegnare* »schwängern«]
Im|prä|gnie|rung, ⟨auch⟩ **Im|präg|nie|rung** ⟨f.; -, -en⟩ **1** *das Imprägnieren, Imprägniertwerden* **2** *durch Imprägnieren erreichter Zustand, Schutz*
im|prak|ti|ka|bel ⟨Adj.⟩ *undurchführbar, nicht anwendbar;* Ggs *praktikabel(2)* [< frz. *impraticable* »undurchführbar«]
Im|pre|sa|rio ⟨m.; -s, -s od. -ri⟩ *Theater- u. Konzertunternehmer, jmd., der für einen Künstler Konzerte, Gastspiele usw. arrangiert, die Verträge für ihn vorbereitet u. für den reibungslosen Ablauf sorgt* [ital., »Unternehmer«]
Im|pres|si|on ⟨f.; -, -en⟩ *Eindruck, Empfindung, Sinneswahrnehmung* [< lat. *impressio* »Eindruck der Erscheinungen auf die Seele« u. frz. *impression* »Eindruck«]
Im|pres|si|o|nis|mus ⟨m.; -; unz.⟩ **1** *Ende des 19. Jh. in Frankreich entstandene Richtung der Malerei, die die Wirklichkeit so wiedergeben will, wie sie dem Künstler im Augenblick erscheint, gekennzeichnet durch feine Farbabstufungen u. verwischte Konturen* **2** ⟨Literatur⟩ *die Wiedergabe von subjektiven Eindrücken, Seelenregungen u. Stimmungen durch feinste Abstufungen des Ausdrucks u. verfeinerte Ausdrucksmittel (Lautmalerei, Bilder, Vergleiche usw.)* **3** ⟨Mus.⟩ *Wiedergabe subjektiver Eindrücke u. Stimmungen durch differenzierte, von der ostasiat. Musik beeinflusste Harmonik*
Im|pres|si|o|nist ⟨m.; -en, -en⟩ *Anhänger, Vertreter des Impressionismus*

im|pres|si|o|nịs|tisch ⟨Adj.⟩ *in der Art des Impressionismus, auf ihm beruhend, zu ihm gehörend*

im|pres|siv ⟨Adj.; geh.⟩ *beeindruckend* [→ *Impression*]

Im|prẹs|sum ⟨n.; -s, -prẹs|sen⟩ **1** *für Zeitungen u. Zeitschriften vorgeschriebener Vermerk mit dem Namen des verantwortl. Herausgebers, des Schriftleiters u. der Druckerei sowie Angaben über Erscheinungsweise, Verlagsort usw.* **2** *in Büchern Vermerk mit dem Copyright, Verlagsort u. meist Erscheinungsjahr, der Auflagenhöhe u. dem Namen der Druckerei* [lat., Part. Perf. zu *imprimere* »hineindrücken«]

im|pri|ma|tur ⟨Abk.: imp., impr.⟩ *es werde gedruckt, es darf gedruckt werden (Vermerk des Auftraggebers einer Druckerei auf Korrekturabzügen);* Ggs *damnatur*

Im|pri|ma|tur ⟨n.; -s; unz.⟩ *Druckerlaubnis* [lat., »es möge gedruckt werden«; zu *imprimere* »hineindrücken«]

Im|pri|mé ⟨[ɛ̃prime:] m.; -s, -s; schweiz.⟩ *bedruckter Seidenstoff* [frz., »gedruckt, bedruckt«]

im|pri|mie|ren ⟨V.⟩ *das Imprimatur (für die korrigierten Druckbogen) erteilen*

Ịm|print ⟨n. od. m.; -s, -s; Buchw.⟩ *Verlag, der einem größeren Verlag angeschlossen ist* [engl., eigtl. »Impressum«]

Im|promp|tu ⟨[ɛ̃prɔ̃ty:] n.; -s, -s⟩ **1** *französ. Stegreifgedicht* **2** *nach einem Einfall frei gestaltetes, der Improvisation ähnl. Musikstück, bes. für Klavier* [frz., »improvisiert«]

Im|pro|vi|sa|teur ⟨[-vizatø:r] m.; -s, -e⟩ *jmd., der (am Klavier) improvisiert* [frz.]

Im|pro|vi|sa|ti|on ⟨[-vi-] f.; -, -en⟩ **1** *unvorbereitete Handlung* **2** *etwas aus dem Stegreif Dargebotenes (Rede, Gedicht usw.)* [< ital. *improvisazione* u. frz. *improvisation* »Stegreifvortrag«; → *improvisieren*]

Im|pro|vi|sa|tor ⟨[-vi-] m.; -s, -to|ren⟩ *jmd., der improvisieren kann*

im|pro|vi|sa|to|risch ⟨[-vi-] Adj.⟩ *in der Art einer Improvisation, die Improvisation betreffend, behelfsmäßig*

im|pro|vi|sie|ren ⟨[-vi-] V.⟩ **1** *ohne Vorbereitung tun* **2** *aus dem Stegreif vortragen* **3** ⟨Theat.⟩ *etwas sprechen, einfügen, was nicht in der Rolle steht* [< ital. *improvvisare* u. frz. *improviser* »aus dem Stegreif sprechen, dichten oder singen«; zu lat. *improvisus* »nicht vorhergesehen, unvermutet«]

Im|pụls ⟨m.; -es, -e⟩ **1** *plötzl. Antrieb, Anstoß, Anregung* **2** *Augenblicksentschluss;* einen ~ geben **3** ⟨Phys.⟩ *die Bewegungsgröße eines Körpers, das Produkt aus Masse u. Geschwindigkeit* **4** *Kraftstoß, Änderung der Bewegungsgröße bei einer kurzzeitig wirkenden Kraft (Schlag, Stoß)* **5** *kurzer elektr. Spannungs- od. Stromstoß* [< lat. *impulsus* »angestoßen, angetrieben«, Part. Perf. zu *impellere* »anstoßen, antreiben«]

Im|pụls|e|cho|ver|fah|ren ⟨n.; -s; unz.⟩ *Methode der zerstörungsfreien Werkstoffprüfung, die mit der Auswertung kurzer Ultraschallimpulse auf das zu untersuchende Werkstück arbeitet*

Im|pụls|ge|ne|ra|tor ⟨m.; -s, -en⟩ *technische Vorrichtung zur Erzeugung elektrischer Impulse*

im|pul|siv ⟨Adj.⟩ **1** *durch einen Impuls veranlasst* **2** *einem Impuls folgend, rasch handelnd;* ~ auf etwas reagieren

Im|pul|si|vi|tät ⟨[-vi-] f.; -; unz.⟩ *impulsives Verhalten, impulsives Wesen*

Im|pụls|mo|du|la|ti|on ⟨f.; -, -en⟩ *Modulationsverfahren für elektromagnet. Wellen, bei dem als Trägerfrequenz keine kontinuierliche Welle, sondern eine Folge hochfrequenter Impulse verwendet wird*

Im|pụls|tech|nik ⟨f.; -; unz.⟩ *Teilgebiet der Elektrotechnik, das sich mit der Erzeugung u. Anwendung elektrischer Impulse befasst*

Im|pu|ta|bi|li|tät ⟨f.; -; unz.⟩ *Unzurechnungsfähigkeit* [< lat. *imputare* »zurechnen«]

Im|pu|ta|ti|on ⟨f.; -, -en; †⟩ **1** *(ungerechtfertigte) Beschuldigung, Unterstellung* **2** ⟨Theol.⟩ *von Luther betonter Grundbegriff der christl. Gnadenlehre, nach der dem Sünder durch seinen Glauben die göttliche Gerechtigkeit zugesprochen wird* [< lat. *imputatio* »Anrechnung, Zuschreibung«]

ịn ⟨Adj.; präd.; umg.⟩ ~ sein *über alles Aktuelle, Modische Bescheid wissen, modern sein;* Ggs *out sein* [engl., »in, innen, darin«]

in ⟨Abk. für⟩ *Inch*

In ⟨chem. Zeichen für⟩ *Indium*

in...[1], **In...**[1] ⟨vor b, m, p⟩ im..., Im... ⟨vor l⟩ il..., Il..., ⟨vor r⟩ ir..., Ir... ⟨Vors.⟩ *in hinein* [lat.]

in...[2], **In...**[2] ⟨vor b, m, p⟩ im..., Im... ⟨vor l⟩ il..., Il..., ⟨vor r⟩ ir..., Ir... ⟨Vors.⟩ *un..., nicht* [lat.]

...in ⟨in Zus.⟩ **1** *substantivisch eingesetztes Suffix, z.B. bei „Offizin"* **2** *Suffix, das Maskulina in Feminina umformt, z.B. bei „Held – Heldin"*

in ab|sẹn|tia ⟨[-tsia]⟩ *in Abwesenheit;* jmdn. ~ verurteilen [lat.]

in ab|strạc|to, ⟨auch⟩ **in abs|trạc|to** *von der Wirklichkeit abgesehen, rein begrifflich gedacht, im Allgemeinen;* Ggs *in concreto* [lat.]

ịn|ad|ä|quat, ⟨auch⟩ **ịn|a|dä|quat** ⟨Adj.⟩ *nicht passend, unangemessen, nicht entsprechend;* Ggs *adäquat*

Ịn|ad|ä|quat|heit, ⟨auch⟩ **Ịn|a|dä|quat|heit** ⟨f.; -, -en⟩ **1** ⟨unz.⟩ *Unangemessenheit;* Ggs *Adäquatheit* **2** *Fall von Unangemessenheit;* die ~en dieses Beschwerdebriefes sind nicht akzeptabel

in ae|tẹr|num *auf ewig, für immer* [lat.]

ịn|ak|ku|rat ⟨Adj.⟩ *ungenau, flüchtig, nachlässig;* Ggs *akkurat*

ịn|ak|tiv ⟨Adj.⟩ Ggs *aktiv* **1** *nicht zur Teilnahme an den Veranstaltungen eines Vereins verpflichtet (Mitglied)* **2** *untätig, unwirksam* **3** *im Ruhestand befindlich (Beamter, Offizier)*

Ịn|ak|ti|ve(r) ⟨f. 2 (m. 1)⟩ *nicht zur Teilnahme*

an den offiziellen Veranstaltungen verpflichtetes Mitglied einer studentischen Verbindung od. eines Vereins; Ggs *Aktive(r)*

in|ak|ti|vie|ren ⟨[-vi-] V.⟩ Ggs *aktivieren* **1** *unwirksam machen* **2** *in den Ruhestand versetzen*

In|ak|ti|vi|tät ⟨[-vi-] f.; -; unz.⟩ **1** *Untätigkeit, Unwirksamkeit;* Ggs *Aktivität* **2** *Ruhestand*

in|ak|zep|ta|bel ⟨Adj.⟩ *unannehmbar;* eine inakzeptable Bedingung; Ggs *akzeptabel*

in|a|li|e|na|bel ⟨[-alie-] Adj.⟩ *unveräußerlich, unübertragbar* [< frz. *inaliénable* < lat. *in* »nicht« + *alienare* »entfremden, entäußern«]

in|an, ⟨auch⟩ **i|nan** ⟨Adj.⟩ *nichtig, leer, eitel* [< lat. *inanis* »leer«]

In|a|ni|tät, ⟨auch⟩ **I|na|ni|tät** ⟨f.; -; unz.⟩ *inane Beschaffenheit*

In|a|ni|ti|on, ⟨auch⟩ **I|na|ni|ti|on** ⟨f.; -, -en; Med.⟩ *bei gänzlich unterbleibender Nahrungsaufnahme eintretender Hunger- u. Auszehrungszustand* [< lat. *inanitio* »Ausleerung«]

in|ap|pel|la|bel ⟨Adj.⟩ *nicht anfechtbar (durch Berufung);* Ggs *appellabel;* ein inappelables Urteil

In|ap|pe|tenz ⟨f.; -; unz.⟩ *fehlendes Verlangen* [< *In...*[2] + *Appetenz*]

in|ar|ti|ku|liert ⟨Adj.⟩ *ohne Gliederung, undeutlich (ausgesprochen);* Ggs *artikuliert*

In|au|gu|ral|dis|ser|ta|ti|on ⟨f.; -, -en⟩ *wiss. Arbeit, um die Doktorwürde zu erlangen, Doktorarbeit* [→ *inaugurieren*]

In|au|gu|ra|ti|on ⟨f.; -, -en⟩ *feierl. Einsetzung in ein akadem. Amt od. eine akadem. Würde* [< lat. *inauguratio* »Einweihung«]

in|au|gu|rie|ren ⟨V.⟩ **1** *in ein Amt einsetzen* **2** *feierlich einweihen* **3** *beginnen, einleiten* [< lat. *inaugurare* »einweihen«]

in bre|vi *in kurzem, bald, nächstens* [lat.]

inc. ⟨Abk. für⟩ *incidit*

I.N.C. ⟨Abk. für⟩ *In Nomine Christi*

Inc. ⟨Abk. für⟩ *incorporated*

In|cen|tive ⟨[insɛntiv] m.; -s, -s⟩ **1** ⟨Wirtsch.⟩ *Gratifikation od. Bonus, durch die bzw. den Mitarbeiter motiviert werden sollen* **2** ⟨allg.⟩ *Anreiz, eine bestimmte Tätigkeit auszuführen* [engl., »Anreiz«]

Inch ⟨[intʃ] m. od. n.; -, -es; bei Zahlenangaben Pl. -; Abk.: in.; Zeichen: ″⟩ *engl. Längenmaß, Zoll, 2,54 cm* [engl.]

in|cho|a|tiv ⟨[-ko-] Adj., Sprachw.⟩ *den plötzlichen Beginn eines Vorgangs ausdrückend (von Verben);* Sy *ingressiv*

In|cho|a|tiv, In|cho|a|ti|vum ⟨[-koati:vum] n.; -s, -va [-va]⟩ *den Beginn einer Handlung od. eines Vorgangs bezeichnendes Verb,* z.B. erblühen, erröten, erwachen; Sy *Ingressiv* [< lat. *inchoare* »anfangen«]

in|chro|mie|ren ⟨[-kro-] V.⟩ *gegen Korrosion schützen, indem man die Oberfläche mit Chrom anreichert;* Stahl ~ [< *in...*[1] + *Chrom*]

in|ci|dit ⟨Abk.: inc.⟩ *hat (es) geschnitten (auf alten Kupferstichen Vermerk vor od. hinter dem Namen des Künstlers)* [lat.]

in|ci|pit *es beginnt (am Anfang alter Handschriften od. Drucke);* Ggs *explicit* [lat.]

incl. ⟨Abk. für⟩ *inklusive*

in con|cert ⟨[-kɔnsət] Popmusik⟩ *in einem Konzert, öffentlich auftretend;* Lloyd Cole ~ [engl.]

in con|cre|to Ggs *in abstracto* **1** *in Wirklichkeit* **2** *im Einzelfall, im Besonderen* [lat.]

in con|tu|ma|ci|am ⟨nur in der Wendung⟩ ~ verurteilen *in Abwesenheit* [lat., »bei Widerspenstigkeit; gegen den Widerstand (des Beschuldigten, vor Gericht zu erscheinen)«]

in|cor|po|ra|ted ⟨[-kɔ:(r)pərɛitəd] Abk.: Inc.⟩ *(im Handelsregister) eingetragen (Verein, Firma)* [engl.-amerikan.]

in cor|po|re 1 *insgesamt* **2** *alle gemeinsam, zusammen, geschlossen* [lat., »in der Gesamtheit«]

In|cus ⟨m.; -, -cu|des [-de:s]; Med.⟩ *mittleres Gehörknöchelchen* [lat., »Amboss«]

I.N.D. ⟨Abk. für⟩ **1** *In Nomine Dei* **2** *In Nomine Domini*

Ind. ⟨Abk. für⟩ **1** *Indikativ* **2** *Industrie*

Ind|a|min, ⟨auch⟩ **In|da|min** ⟨n.; -s, -e⟩ *sehr säureempfindl. Teerfarbstoff mit grüner bis blauer Farbe* [< *Indigo* + *Amin*]

Ind|an|thren, ⟨auch⟩ **In|danth|ren** ⟨n.; -s, -e; Wz⟩ *licht- u. waschechter Farbstoff* [< *Indigo* + *Anthrazen*]

in|de|fi|ni|bel ⟨Adj.⟩ *nicht definierbar, unerklärlich* [< *in...*[2] + lat. *definire* »bestimmen, begrenzen«]

in|de|fi|nit ⟨a. [---'-] Adj.; Sprachw.⟩ *unbestimmt;* ~er Artikel [→ *Indefinitum*]

In|de|fi|nit|pro|no|men ⟨n.; -s, - od. -mi|na⟩, **In|de|fi|ni|tum** ⟨n.; -s, -ta⟩ *Pronomen, das anstelle einer nicht genannten Person steht, unbestimmtes Fürwort,* z.B. man, einem; [< lat. *indefinitum,* »das Unbestimmte«; zu *definire* »bestimmen, abgrenzen«]

in|de|kli|na|bel ⟨Adj.⟩ *nicht deklinierbar;* Ggs *deklinabel*

In|dem|ni|sa|ti|on ⟨f.; -, -en⟩ *Vergütung, Entschädigung* [→ *indemnisieren*]

in|dem|ni|sie|ren ⟨V.⟩ *vergüten, entschädigen* [< lat. *indemnis* »schadlos, verlustlos«]

In|dem|ni|tät ⟨f.; -; unz.⟩ **1** *Straffreiheit* **2** *nachträgl. Zustimmung der Volksvertretung zu einer verfassungswidrigen Maßnahme der Regierung* [< lat. *indemnitas* »Schadlosigkeit«]

In|dent|ge|schäft ⟨n.; -(e)s, -e⟩ *überseeisches Warengeschäft, bei dem ein Lieferant den Vertrag erst dann als bindend ansieht, wenn er selbst zu angemessenen Bedingungen einkaufen kann* [zu lat. *indentare* »einzähnen, einkerben«, < *in...* »hinein...« + *dens* »Zahn«]

In|de|pen|dent ⟨m.; -en, -en⟩ *Angehöriger einer Strömung der Puritaner in England im 17. Jh., die die Unabhängigkeit der Einzelgemeinden forderten* [engl., »unabhängig«]

In|de|pen|denz ⟨f.; -; unz.⟩ *Unabhängigkeit;* Ggs *Dependenz(1)* [< *In...*[2] + lat. *dependere* »herabhängen, abhängig sein«]

in|de|ter|mi|na|bel ⟨a. [----'--] Adj.⟩ *unbestimmbar;* ein indeterminabler Begriff

In|de|ter|mi|na|ti|on ⟨f.; -; unz.⟩ **1** ⟨Philos.⟩ *Unbestimmtheit* **2** *Unentschlossenheit* [< lat. *In...* »nicht« + *determinatio* »Abgrenzung, Ende«]

in|de|ter|mi|niert ⟨a. ['-----] Adj.⟩ **1** *unbestimmt, nicht festgelegt, frei* **2** *unentschlossen* [< *in...*[2] + lat. *determinare* »abgrenzen«]

In|de|ter|mi|nis|mus ⟨m.; -; unz.⟩ *Lehre, dass der Mensch in seinem Handeln nicht zwingend von Ursachen bestimmt wird, sondern ein gewisses Maß an Willensfreiheit besitzt;* Ggs *Determinismus*

In|dex ⟨m.; -es od. -, -e od. -di|ces od. -di|zes⟩ **1** *Namen-, Sach-, Stichwortverzeichnis, Register;* ein Wort im ~ nachschlagen **2** ⟨kurz für⟩ ~ librorum prohibitorum *Verzeichnis der von der kath. Kirche verbotenen Schriften;* ein Buch auf den ~ setzen **3** *tief gestellte Ziffer verschiedener Funktionen,* z.B. L_2 **4** *zur Verbesserung der Übersichtlichkeit von Statistiken meist mit 100 gleichgesetzte Zahl, auf die die übrigen Werte einer Reihe bezogen werden, Maßzahl, Messziffer;* Sy *Indexzahl, Indexziffer, Relativzahl* [lat., »Register, Verzeichnis«]

in|de|xie|ren ⟨V.⟩ etwas ~ *einen Index zu etwas anlegen*

In|de|xie|rung ⟨f.; -, -en⟩ **1** *das Indexieren* **2** ⟨EDV⟩ *Verfahren der Kennzeichnung, bei dem einem Dokument bestimmte vorher festgelegte beschreibende Elemente zugeordnet werden* **3** *Menge dieser zugeordneten Elemente eines Dokuments*

In|dex|klau|sel ⟨f.; -, -n; Wirtsch.⟩ *Wertsicherungsklausel, die einen Schuldbetrag bis zu seiner Zahlung an mögliche Erhöhungen bestimmter Preisindizes koppelt*

In|dex|wäh|rung ⟨f.; -, -en; Wirtsch.⟩ *Währungssystem, das sein Fundament nicht in einer von Wertmetallvorräten repräsentierten Geldmenge, sondern in Warenmengen bzw. -preisen hat u. sowohl der Stabilität des Geldwertes als auch dem Erhalt der Kaufkraft dient*

In|dex|zahl ⟨f.; -, -en⟩, **In|dex|zif|fer** ⟨f.; -, -n⟩ = *Index(3,4)*

in|de|zent ⟨Adj.⟩ *unfein, unschicklich, unanständig;* Ggs *dezent*

In|de|zenz ⟨f.; -; unz.⟩ *Unschicklichkeit;* Ggs *Dezenz*

In|di|a|ca ⟨a. [--'--]⟩ **1** ⟨f.; -, -s; Sp.; Wz⟩ *kegelförmiger, mit Federn besetzter Lederball, der beim Indiaca(2) verwendet wird* **2** ⟨n.; - od. -s; unz.; Sp.⟩ *Mannschaftsspiel indianischen Ursprungs für 1–6 Spieler pro Team, bei dem eine Indiaca mit der flachen Hand über ein Netz geschlagen wird* [span.]

In|di|a|na|po|lis|start ⟨m.; -s, -s; Sp.⟩ *fliegender Start bei Autorennen nach einer Einlaufrunde ab der Startlinie* [nach der amerikan. Stadt *Indianapolis,* in der jährl. Autorennen auf einer 4 km langen Rennstrecke stattfinden]

in|di|a|nisch ⟨Adj.⟩ *die Indianer betreffend, zu ihnen gehörig, von ihnen stammend*

In|di|a|nist ⟨m.; -en, -en⟩ *Wissenschaftler, Forscher auf dem Gebiet der Indianistik*

In|di|a|nis|tik ⟨f.; -; unz.⟩ *Wissenschaft von den Sprachen u. Kulturen der Indianer*

In|di|enne ⟨[indiɛn] od. frz. [ɛ̃djɛn] f.; -; unz.⟩ *indisches Baumwollgewebe* [frz., Fem. zu *indien* »indisch«]

in|dif|fe|rent ⟨Adj.⟩ **1** *unbestimmt, auf keinen Reiz ansprechend* **2** *gleichgültig, teilnahmslos* [< *in...*[2] + lat. *differens,* Part. Präs. zu *differe* »sich unterscheiden«]

In|dif|fe|ren|tis|mus ⟨m.; -; unz.⟩ *Gleichgültigkeit, Teilnahmslosigkeit, Verzicht auf Stellungnahme, auf keinen Reiz hin ansprechendes Verhalten;* ein stark ausgeprägter ~

In|dif|fe|renz ⟨f.; -; unz.⟩ **1** *Unbestimmtheit* **2** *Gleichgültigkeit, Wirkungslosigkeit* [→ *indifferent*]

in|di|gen ⟨Adj.⟩ *eingeboren, einheimisch* [< lat. *indigena*]

In|di|ge|nat ⟨n.; -(e)s, -e⟩ *Staatsangehörigkeit, Heimat-, Bürgerrecht* [→ *indigen*]

In|di|ges|ti|on ⟨f.; -, -en⟩ *Verdauungsstörung* [< *In...*[2] + *Digestion*]

In|di|gna|ti|on, ⟨auch⟩ **In|dig|na|ti|on** ⟨f.; -; unz.⟩ *Unwille, Entrüstung* [< lat. *indignatio*]

in|di|gnie|ren, ⟨auch⟩ **in|dig|nie|ren** ⟨V.⟩ *Unwillen, Entrüstung erregen* [< lat. *indignari* »unwillig, entrüstet sein«]

in|di|gniert, ⟨auch⟩ **in|dig|niert** ⟨Adj.⟩ *entrüstet, peinlich berührt*

In|di|gni|tät, ⟨auch⟩ **In|dig|ni|tät** ⟨f.; -; unz.⟩ **1** ⟨Rechtsw.⟩ *Erbunwürdigkeit* **2** ⟨†⟩ *Unwürdigkeit*

In|di|go ⟨n. od. m.; -s; unz.⟩ *ältester blauer, lichtechter Küpenfarbstoff, der aus verschiedenen trop. Pflanzen gewonnen wird* [span. < lat. *indicum* < grch. *indikon* »das Indische«]

In|di|go|lith ⟨m.; -s od. -en, -e od. -en⟩ *Mineral, sehr seltener, blauer Turmalin* [< *Indigo* + *...lith*]

In|di|go|tin ⟨n.; -s; unz.⟩ *durch chem. Einwirkung von Schwefelsäure auf Indigo gewonnener blauer, wasserlöslicher Farbstoff*

In|di|ka|ti|on ⟨f.; -, -en⟩ **1** *Anzeichen, Merkmal, Heilanzeige, aus der Diagnose sich ergebende Veranlassung, ein bestimmtes Heilverfahren anzuwenden* **2** *(gesetzlicher) Grund, einen Schwangerschaftsabbruch durchzuführen;* soziale, medizinische, ethische ~ [< lat. *indicatio* »Anzeige, Aussage«]

In|di|ka|ti|ons|mo|dell ⟨n.; -s; unz.⟩ *Modell zur Freigabe eines medizinisch od. ethisch motivierten Schwangerschaftsabbruchs innerhalb einer gesetzlich festgelegten Frist* [→ *Indikation*]

In|di|ka|tiv ⟨m.; -s, -e [-və]; Abk.: Ind.⟩ *Wirklichkeitsform des Verbums,* z.B. ich gehe, er schläft [< lat. *(modus) indicativus* »anzeigende Form«; zu *modus* »Art, Form« + *indicare* »anzeigen«]

in|di|ka|ti|visch ⟨Adj.⟩ *im Indikativ (stehend)*

In|di|ka|tor ⟨m.; -s, -to|ren⟩ **1** *Stoff, der durch Farbänderung anzeigt, ob eine Lösung alka-*

lisch, neutral od. sauer reagiert **2** *Instrument zum Messen des Druckverlaufs von Dampf, Gas od. Flüssigkeiten in einem Zylinder* [< lat. *indicator* »Anzeiger«]

In|di|ka|tor|pa|pier ⟨n.; -s, -e⟩ *mit einem Indikator getränktes Papier zum Bestimmen des Säure- od. Basengrades einer Lösung*

In|di|ka|trix, ⟨auch⟩ **In|di|kat|rix** ⟨f.; -; unz.⟩ *bei Kartennetzentwürfen Maß zur Feststellung der Verzerrung, die dadurch entsteht, dass Kreise auf der Erdoberfläche auf der Karte als Ellipsen abgebildet werden, Verzerrungsellipse* [< lat. *indicatrix,* Fem. zu *indicator* »Anzeiger«]

In|dik|ti|on ⟨f.; -, -en⟩ **1** *Ansage, Ankündigung* **2** *kirchl. Aufgebot* **3** *Zyklus von 15 Jahren, sog. Römerzinszahl, seit dem 4. Jh. n.Chr. für die Datierung verwendet* [< lat. *indictio* »Ankündigung«; zu *indicere* »ankündigen«]

In|dio ⟨m.; -s, -s⟩ *mittel- u. südamerik. Indianer* [span.]

in|di|rekt ⟨Adj.⟩ Ggs *direkt* **1** *auf Umwegen* **2** *mittelbar, abhängig;* ~e **Beleuchtung** *B. mit unsichtbarer (verdeckter) Lichtquelle;* ~er **Druck** *D. von einer Form mit seitenrichtigem Bild auf einen Gummizylinder, der das seitenverkehrte Motiv seitenrichtig auf den Druckträger überträgt;* ~e **Rede** ⟨Gramm.⟩ *nicht wörtliche R.;* Sy *Oratio obliqua;* Ggs *direkte Rede;* ~e **Steuer** *vom Staat erhobener Aufschlag auf bestimmte Waren* (Getränke-, Tabak-, Umsatz-, Vergnügungssteuer, Zölle); ~e **Wahl** *W. durch Mittelspersonen*

in|dis|kret ⟨Adj.⟩ Ggs *diskret(1)* **1** *nicht verschwiegen* **2** *neugierig, taktlos*

In|dis|kre|ti|on ⟨f.; -, -en⟩ Ggs *Diskretion* **1** *Mangel an Verschwiegenheit* **2** *Neugierde, Taktlosigkeit;* eine ~ begehen

in|dis|ku|ta|bel ⟨Adj.⟩ *keiner Erörterung wert, nicht in Frage kommend;* Ggs *diskutabel*

in|dis|pen|sa|bel ⟨Adj.⟩ *unerlässlich;* Ggs *dispensabel* [< frz. *indispensable*]

in|dis|po|ni|bel ⟨Adj.⟩ *nicht verwendbar, nicht verfügbar;* Ggs *disponibel*

in|dis|po|niert ⟨Adj.⟩ *unpässlich, nicht gut aufgelegt, in schlechter Verfassung (bes. stimmlich);* Ggs *disponiert(1)*

In|dis|po|niert|heit ⟨a. [---'--] f.; -, -en⟩ *Unpässlichkeit, schlechte Verfassung*

In|dis|po|si|ti|on ⟨f.; -, -en⟩ *Unpässlichkeit, Verstimmung, schlechte (stimml.) Verfassung*

in|dis|pu|ta|bel ⟨Adj.⟩ *unbestreitbar, unstreitig;* indisputable Ergebnisse; Ggs *disputabel*

In|dis|zi|plin, ⟨auch⟩ **In|dis|zip|lin** ⟨f.; -; unz.⟩ *Mangel an Disziplin, Zuchtlosigkeit;* Ggs *Disziplin(1)*

in|dis|zi|pli|niert, ⟨auch⟩ **in|dis|zip|li|niert** ⟨Adj.⟩ *zuchtlos, durch Mangel an Disziplin gekennzeichnet*

In|di|um ⟨n.; -s; unz.; chem. Zeichen: In⟩ *chem. Element, silberweißes, sehr weiches Metall, Ordnungszahl 49* [→ *Indigo;* nach den charakteristischen *indigo*blauen Spektrallinien des Metalls]

in|di|vi|du|al..., **In|di|vi|du|al...** ⟨[-vi-] in Zus.⟩ *das Individuum, das Einzelwesen betreffend*

In|di|vi|du|al|di|a|gno|se, ⟨auch⟩ **In|di|vi|du|al|di|ag|no|se** ⟨[-vi-] f.; -, -n⟩ *Verfahren zur Einschätzung der individuellen Persönlichkeit mit Hilfe von psychologischen Tests*

In|di|vi|du|a|li|sa|ti|on ⟨[-vi-] f.; -, -en⟩ *Sonderung im Einzelnen, Betrachtung od. Behandlung des Einzelwesens, Vereinzelung;* Ggs *Generalisation*

in|di|vi|du|a|li|sie|ren ⟨[-vi-] V.⟩ Ggs *generalisieren* **1** *Allgemeines in Einzelnes sondern* **2** *(den Menschen) als Einzelwesen betrachten, behandeln* **3** *(dem Einzelfall) gerecht werden* [→ *Individuum*]

In|di|vi|du|al|dis|tanz ⟨f.; -, -en; Verhaltensforschung⟩ *Abstand, den zwei Tiere einer Art zueinander einhalten*

In|di|vi|du|a|li|sie|rung ⟨[-vi-] f.; -, -en⟩ = *Individualisation*

In|di|vi|du|a|lis|mus ⟨[-vi-] m.; -; unz.⟩ **1** *Lehre, die dem Einzelwesen in der Gemeinschaft den Vorrang gibt* **2** *Betonung der Interessen des Einzelnen* **3** *Vertretung der eigenen Interessen*

In|di|vi|du|a|list ⟨[-vi-] m.; -en, -en⟩ **1** *Anhänger des Individualismus* **2** *Einzelgänger*

in|di|vi|du|a|lis|tisch ⟨[-vi-] Adj.⟩ *auf dem Individualismus beruhend, ihm entsprechend*

In|di|vi|du|a|li|tät ⟨[-vi-] f.; -, -en⟩ **1** ⟨unz.⟩ *Gesamtheit der Eigenarten des Einzelwesens* **2** ⟨zählb.⟩ *das durch eigenes Gepräge gekennzeichnete Einzelwesen*

In|di|vi|du|al|psy|cho|lo|gie ⟨[-vi-] f.; -; unz.⟩ *psychologische Untersuchung u. Erforschung des Menschen in seiner individuellen Besonderheit im Unterschied zur Kollektiv- od. Völkerpsychologie*

in|di|vi|du|al|psy|cho|lo|gisch ⟨[-vi-] Adj.⟩ *zur Individualpsychologie gehörend, auf ihr beruhend, sie betreffend*

In|di|vi|du|a|ti|on ⟨[-vi-] f.; -, -en⟩ **1** ⟨Philos.⟩ *Vereinzelung, Herausbildung, Heraussonderung des Einzelnen aus dem Allgemeinen* **2** ⟨Psych.⟩ *die Entwicklung zur Individualität* [< lat. *individuus* »unteilbar«; → *Individuum*]

in|di|vi|du|ell ⟨[-vi-] Adj.⟩ **1** *das Individuum betreffend, zu ihm gehörig* **2** *eigentümlich, der Eigenart des Einzelnen entsprechend, persönlich;* ~e Bedienung, Behandlung; das ist ~ verschieden [< frz. *individuel*]

in|di|vi|du|ie|ren ⟨[-vi-] V.⟩ *ein individuelles Persönlichkeitsprofil ausbilden*

In|di|vi|du|ie|rung ⟨[-vi-] f.; -, -en; Psych.⟩ *das Individuieren, Prozess der Selbsterkenntnis u. Abgrenzung der eigenen Persönlichkeit von anderen;* Sy *Individuation*

In|di|vi|du|um ⟨[-vi:-] n.; -s, -du|en⟩ **1** *das Einzelwesen in seiner Besonderheit, im Verhältnis zur Gemeinschaft* **2** ⟨umg.; verächtl.⟩ *unbekannte Person, Kerl, Lump;* ein verdächtiges ~ [< lat. *individuus* »unteilbar« < *in...* »nicht« + *dividere* »teilen«]

In|diz ⟨n.; -es, -zi|en⟩ oV *Indizium* **1** *Tatsache, die auf das Vorhandensein einer anderen* *schließen lässt* **2** *Tatsache, die eine Straftat nicht unmittelbar erweist, aber auf diese schließen lässt* [<lat. *indicium* »Anzeichen, Beweis«]

In|di|zes ⟨Pl. von⟩ *Index*

in|di|zi|ell ⟨Adj.; Rechtsw.⟩ *auf Indizien beruhend, sie betreffend*

In|di|zi|en|be|weis ⟨m.; -es, -e; Rechtsw.⟩ *Beweis aufgrund von Indizien*

In|di|zi|en|pro|zess ⟨m.; -es, -e; Rechtsw.⟩ *Prozess, der nur auf der Grundlage von Indizien geführt wird*

in|di|zie|ren ⟨V.⟩ **1** *anzeigen, hinweisen auf* **2** *auf den Index(2) setzen* [→ *Indiz, Index*]

in|di|ziert ⟨Adj.⟩ **1** *angezeigt, ratsam, Veranlassung gebend* **2** *eine bestimmte Heilbehandlung veranlassend* **3** ~e Leistung *L. einer Maschine im Innern, z.B. im Kolben einer Verbrennungskraftmaschine;* Ggs *effektive Leistung*

In|di|zie|rung ⟨f.; -, -en⟩ *das Indizieren, Indiziertwerden*

In|di|zi|um ⟨n.; -s, -zi|en⟩ = *Indiz*

in|do|eu|ro|pä|isch ⟨Adj.⟩ *von den Indoeuropäern stammend, zu ihnen gehörig;* ~e Sprachen *indogerman. Sprachen* [Bez., mit der man der geograph. Verbreitung ihrer Träger, von den Indern bis zu den Kelten in Nordwesteuropa gerecht werden wollte]

In|do|ger|ma|ne ⟨m.; -n, -n⟩ *Angehöriger der Völker, deren Sprachen zur indogerman. Sprachfamilie gehören*

in|do|ger|ma|nisch ⟨Adj.; Abk.: idg.⟩ *zu den Indogermanen gehörig, von ihnen stammend;* ~e Sprachen *aus einer nicht überlieferten Ursprache entstandene, von Indien über Westasien bis Europa verbreitete Sprachfamilie*

In|do|ger|ma|nis|tik ⟨f.; -; unz.⟩ *sprachvergleichende Wissenschaft von den indogerman. Sprachen*

In|dok|tri|na|ti|on, ⟨auch⟩ **In|dokt|ri|na|ti|on** ⟨f.; -; unz.⟩ *das Indoktrinieren, das Indoktriniertwerden*

in|dok|tri|na|tiv, ⟨auch⟩ **in|dokt|ri|na|tiv** ⟨Adj.; geh.⟩ *auf indoktrinierende Art, auf Indoktrination beruhend, mit dem Ziel der Indoktrination;* eine ~e Rede; ein ~es Pamphlet

in|dok|tri|nie|ren, ⟨auch⟩ **in|dokt|ri|nie|ren** ⟨V.⟩ *ideologisch durchdringen, beeinflussen* [< *in...*[1] + *Doktrin*]

In|dok|tri|nie|rung, ⟨auch⟩ **In|dokt|ri|nie|rung** ⟨f.; -, -en⟩ *das Indoktrinieren, das Indoktriniertwerden*

In|dol ⟨n.; -s; unz.⟩ *eine heterocyclische Verbindung, Abkömmling des Benzols, chem. Formel C_8H_7N, natürliches Vorkommen in äther. Ölen*

in|do|lent ⟨Adj.⟩ **1** *gleichgültig, träge* **2** ⟨Med.⟩ *unempfindlich (gegen Schmerz)* [< lat. *indolens*]

In|do|lenz ⟨a. [--'-] f.; -; unz.⟩ *indolentes Verhalten* [< lat. *indolentia*]

In|do|lo|ge ⟨m.; -n, -n⟩ *Forscher, Wissenschaftler auf dem Gebiet der Indologie*

In|do|lo|gie ⟨f.; -; unz.⟩ *Wissenschaft von den ind. Sprachen u. Kulturen* [< lat. *India* »Indien« + *...logie*]

In|door... ⟨[indɔ:r] in Zus.⟩ *in geschlossenen Räumen ausgetragene Betätigung, vor allem sportlicher Natur,* z.B. ~fußball, ~tennis; Ggs *Outdoor...* [< engl. *indoor* »Haus..., Zimmer..., Hallen...«]

In|door|fuß|ball ⟨[indɔ:r-] m.; -s; unz.; Sp.⟩ *in einer Halle gespielter Fußball mit flexiblen, vom Feldfußball abweichenden Regeln hinsichtlich Spielerzahl, Spielfeldgröße u. Bandenfunktion, Hallenfußball* [→ *Indoor...*]

In|do|phe|nol ⟨n.; -s; unz.⟩ *Farbstoff für die Farbfotografie* [< *Indigo* + *Phenol*]

in|dos|sa|bel ⟨Adj.⟩ *durch Indossament übertragbar*

In|dos|sa|ment ⟨n.; -(e)s, -e⟩ **1** *Übertragung der Rechte an einem Wechsel o.Ä. an einen anderen;* Sy *Indossierung* **2** *der Übertragungsvermerk selbst;* Sy *Indosso, Giro(3)* [→ *indossieren*]

In|dos|sant ⟨m.; -en, -en⟩ = *Girant* [→ *indossieren*]

In|dos|sat ⟨m.; -en, -en⟩, **In|dos|sa|tar** ⟨m.; -s, -e⟩ = *Girat*

In|dos|sent ⟨m.; -en, -en⟩ = *Girant*

in|dos|sier|bar ⟨Adj.⟩ = *indossabel*

in|dos|sie|ren ⟨V.⟩ einen Wechsel ~ *die Rechte an einem Wechsel o.Ä. auf jmdn. übertragen* [< ital. *indossare* < *in* »in, auf« + *dosso* »Rücken«]

In|dos|sie|rung ⟨f.; -, -en⟩ = *Indossament(1)*

In|dos|so ⟨n.; -s, -s od. -dos|si⟩ = *Indossament(2)* [< ital. *in dosso* »auf dem Rücken«]

in du|bio *im Zweifelsfall;* ~ pro reo *im Zweifelsfall (ist) für den Angeklagten (zu entscheiden)* [lat.]

In|duk|tanz ⟨f.; -; unz.⟩ *induktiver Widerstand einer im Wechselstromkreis liegenden Spule* [zu lat. *inducere* »hineinleiten«]

In|duk|ti|on ⟨f.; -, -en⟩ **1** ⟨Philos.⟩ *Schlussfolgerung vom Besonderen, vom Einzelfall auf das Allgemeine;* Sy *Epagoge;* Ggs *Deduktion* **2** vollständige ~ ⟨Math.⟩ *Beweisverfahren mit dem Ziel, eine von einer Anzahl n abhängige Beziehung B_n auch für die Anzahl $n + 1$ als gültig zu erweisen, Schluss von n auf $n + 1$* **3** ⟨El.⟩ *Verknüpfung zeitlich veränderlicher elektrischer u. magnet. Felder, die durch Bewegen eines elektrischen Leiters in einem Magnetfeld entstehen* [< lat. *inductio* »das Hineinführen«; zu *inducere* »hineinführen«]

In|duk|ti|ons|ap|pa|rat ⟨m.; -(e)s, -e⟩ = *Funkeninduktor*

In|duk|ti|ons|krank|heit ⟨f.; -; unz.; Med.⟩ *über die Psyche vermittelte krankhafte Störung bei Personen, die eng mit seelisch od. geistig Kranken zusammenleben,* z.B. Wahnideen, Krämpfe [→ *Induktion*]

In|duk|ti|ons|ma|schi|ne ⟨f.; -, -n⟩ = *Funkeninduktor*

In|duk|ti|ons|o|fen ⟨m.; -s, -ö|fen⟩ *Industrieofen, in dem die für chem. Prozesse benötigte*

Wärme induktiv durch elektrischen Strom erzeugt wird

In|duk|ti|ons|strom ⟨m.; -(e)s; unz.⟩ *durch Induktion hervorgerufener Strom*

in|duk|tiv ⟨Adj.⟩ **1** ⟨Philos.⟩ *aus Induktion gewonnen;* Sy *epagogisch;* Ggs *deduktiv* **2** *durch elektr. Induktion entstehend;* ~er Widerstand *durch ständigen Auf- u. Abbau des Magnetfeldes bedingter W. im Wechselstromkreis*

In|duk|ti|vi|tät ⟨[-vi-] f.; -; unz.; Zeichen: l⟩ *physikal. Größe, die die Größe einer Induktion angibt*

In|duk|tor ⟨m.; -s, -to|ren⟩ *Funkeninduktor* [< lat. *inductor* »Einführer«]

in dul|ci ju|bi|lo **1** *Anfang eines alten Weihnachtsliedes mit dt. u. lat. Text* **2** ⟨fig.; umg.⟩ *herrlich u. in Freuden* [mlat., »in süßem Jubel«]

in|dul|gent ⟨Adj.⟩ *nachsichtig, milde* [< lat. *indulgens,* Part. Präs. zu *indulgere* »Nachsicht üben«]

In|dul|genz ⟨f.; -, -en⟩ **1** *Nachsicht, Milde* **2** *Straferlass* **3** *Ablass* [< lat. *indulgentia*]

In|dult ⟨m. od. n.; -(e)s, -e⟩ **1** *Nachsicht, Stundung, Frist* **2** *Vergünstigung, Erlass* [< lat. *indultum,* Part. Perf. zu *indulgere* »Nachsicht üben«]

In|du|ra|ti|on ⟨f.; -, -en⟩ *Verhärtung von Gewebe infolge bindegewebiger Durchwachsung u. Bindegewebsvermehrung* [< lat. *induratio* < *in...* »hinein...« + *durus* »hart«]

in|du|rie|ren ⟨V.; Med.⟩ *sich verhärten (von Muskeln od. Geweben)* [< lat. *indurare* »sich verhärten, hart werden«]

In|du|si ⟨f.; -; unz.; Kurzw. für⟩ *induktive Zugsicherung, ein Überwachungsverfahren für Eisenbahnzüge, das auf der Auslösung von Induktionserscheinungen in zwischen den Gleisen verlegten Leiterschleifen beruht (bremst bei Nichtbeachtung von Haltesignalen den Zug automatisch)*

In|du|si|um ⟨n.; -s, -si|en⟩ *häutiger Auswuchs des Farnblattes, der die Sporenbehälter überdeckt* [lat., »Überkleid, Bast der Pflanzen«]

■ Die Buchstabenfolge **in|dus|tr...** kann auch **in|dust|r...** getrennt werden.

■ **In|dus|tri|al|de|sign,** ⟨auch⟩ **In|dust|ri|al De|sign** ⟨[indʌstriəldizain] n.; (-) -s, (-) -s⟩ *Formgebung, ästhetische Gestaltung industriell gefertigter Waren* [engl., »industrielle Gestaltung«]

■ **In|dus|tri|al|en|gi|nee|ring,** ⟨auch⟩ **In|dust|ri|al En|gi|nee|ring** ⟨[indʌstriəlɛndʒini:riŋ]; n.; (-) -s; unz.⟩ *Erforschung der Rationalisierung und Verbesserung von Arbeitsplätzen in der industriellen Fertigung;* Sy *Engineering* [engl.]

■ **in|dus|tri|a|li|sie|ren** ⟨V.⟩ ein Land ~ *in einem Land die Industrie entwickeln, industrielle Herstellungsmethoden einführen*

■ **In|dus|tri|a|li|sie|rung** ⟨f.; -; unz.⟩ *das Industrialisieren, die Expansion industrieller Fertigungsmethoden u. -stätten*

■ **In|dus|tri|a|lis|mus** ⟨m.; -; unz.⟩ *Vorherrschen der Industrie in der Wirtschaft eines Landes*

Industrie (*Worttrennung am Zeilenende*) Folgen mehr als zwei Konsonanten auf einen Vokal, so wird der letzte Konsonant abgetrennt oder die Worttrennung erfolgt nach Sprechsilben (→ a. *Illustration*).

■ **In|dus|trie** ⟨f.; -, -n⟩ **1** *Herstellung großer Mengen gleichartiger Waren mit techn. Mitteln u. aufgrund von Arbeitsteilung in Großbetrieben od. in Heimarbeit;* Fabrik~; Heim~; Haus~ **2** *Gesamtheit der Fabrikbetriebe;* Metall~, Textil~; chemische, einheimische, keramische, weiterverarbeitende ~ [frz. < lat. *industria* »Fleiß, Betriebsamkeit«]

■ **In|dus|trie|kon|zern** ⟨m.; -s, -e⟩ *Zusammenschluss mehrerer industrieller Unternehmen unter einer gemeinsamen Leitung*

■ **in|dus|tri|ell** ⟨Adj.⟩ *die Industrie betreffend, zu ihr gehörig, mit Hilfe der Industrie (hergestellt);* ~e Revolution *Übergang von der Manufaktur zur maschinellen Industrie innerhalb eines Staates*

■ **In|dus|tri|el|le(r)** ⟨f.2 (m.1)⟩ *Inhaber(in) eines Industriebetriebes*

■ **In|dus|trie|staat** ⟨m.; -(e)s, -en⟩ *Staat, dessen Wirtschaft überwiegend auf Industrie beruht;* Ggs *Agrarstaat*

in|du|zie|ren ⟨V.⟩ **1** ⟨Philos.⟩ *durch Induktion(1) schließen;* Ggs *deduzieren* **2** *durch Induktion(3) erzeugen;* elektr. Strom ~ [< lat. *inducere* »hineinführen, hineinleiten«]

In|e|di|tum ⟨n.; -s, -ta⟩ *noch nicht veröffentlichte Schrift* [lat.]

in|ef|fek|tiv ⟨Adj.⟩ *unwirksam, nutzlos;* Ggs *effektiv*

in ef|fi|gie ⟨[-gie:]⟩ *bildlich;* jmdn. ~ hinrichten ⟨früher⟩ *am Bilde des Entflohenen (das Urteil vollstrecken)* [lat., »im Abbild«]

in|ef|fi|zi|ent ⟨Adj.⟩ Ggs *effizient* **1** *unwirksam, nicht leistungsfähig* **2** *unwirtschaftlich;* eine ~e Arbeitsweise

In|ef|fi|zi|enz ⟨f.; -; unz.⟩ Ggs *Effizienz* **1** *Unwirksamkeit, mangelnde Leistungsfähigkeit* **2** *Unwirtschaftlichkeit*

in|e|gal ⟨a. [--'-] Adj.⟩ *ungleich, ungleichmäßig* [< frz. *inégal*]

in|ert, ⟨auch⟩ **i|nert** ⟨Adj.⟩ *untätig, träge;* ~e Stoffe *S., die keine Reaktion miteinander eingehen* [< frz. *inerte* »regungslos, leblos« < lat. *iners* »unfähig, untätig«]

In|er|ti|al|sys|tem, ⟨auch⟩ **I|ner|ti|al|sys|tem** ⟨n.; -s, -e; Phys.⟩ *Bezugssystem, in dem die von Newton formulierten Axiome für die Bewegung von Massenpunkten gelten* [< lat. *inertia* »Trägheit«]

In|er|tie, ⟨auch⟩ **I|ner|tie** ⟨f.; -; unz.⟩ *Trägheit (von Körperorganen)* [→ *inert*]

in|es|sen|ti|ell ⟨Adj.⟩ = *inessenziell*

in|es|sen|zi|ell ⟨Adj.⟩ *unwesentlich;* oV *inessentiell;* Ggs *essenziell*

in|ex|akt, ⟨auch⟩ **in|e|xakt** ⟨Adj.⟩ Ggs *exakt(1)* **1** *ungenau* **2** *unordentlich, nachlässig*

in|e|xis|tent ⟨Adj.⟩ *nicht vorhanden;* Ggs *existent* [lat.]

In|e|xis|tenz ⟨f.; -; unz.⟩ **1** *Nichtvorhandensein;* Ggs *Existenz* **2** *Existenz einer Sache in einer anderen*

in|ex|plo|si|bel ⟨Adj.⟩ *nicht explodierend, nicht explosiv;* Ggs *explosibel;* ein inexplosibler Stoff

in ex|ten|so *ausführlich, vollständig* [lat., »in ausgedehnter (Weise)«]

in ex|tre|mis, ⟨auch⟩ **in ext|re|mis** *in den letzten Zügen (liegend)* [lat., »in den Äußersten, in den Letzten«]

Inf. ⟨Abk. für⟩ **1** *Infinitiv* **2** *Infanterie*

in fac|to *in Wirklichkeit* [lat.]

in|fal|li|bel ⟨Adj.⟩ *unfehlbar* [< lat. *infallibilis* »unfehlbar« < lat. *in*... »un..., nicht« + *fallere* »täuschen«]

In|fal|li|bi|li|tät ⟨f.; -; unz.⟩ *Unfehlbarkeit (des Papstes)*

in|fam ⟨Adj.⟩ *niederträchtig, abscheulich* [< lat. *infamis* »verrufen«]

In|fa|mie ⟨f.; -, -n⟩ **1** ⟨unz.⟩ *Niederträchtigkeit* **2** ⟨zählb.⟩ *niederträchtige Handlung* [< lat. *infamia* »übler Ruf, Schande«]

In|fant ⟨m.; -en, -en; in Spanien u. Portugal Titel für⟩ *Thronfolger* [< span. *infante* < lat. *infans* »kleines Kind«]

In|fan|te|rie ⟨f.; -, -n; Abk.: Inf.⟩ *zu Fuß kämpfende Truppe, die den größten Teil eines Heeres ausmacht, Fußtruppe* [< ital. *infanteria,* Kollektivbildung zu *infante* »Fußsoldat«]

In|fan|te|rist ⟨m.; -en, -en⟩ *Soldat der Infanterie*

in|fan|te|ris|tisch ⟨Adj.⟩ *zur Infanterie gehörig, sie betreffend*

in|fan|til ⟨Adj.⟩ **1** *kindisch* **2** *zurückgeblieben, unentwickelt;* ein ~es Verhalten [< lat. *infantilis* »kindlich«; zu *infans* »Kind«]

in|fan|ti|li|sie|ren ⟨V.⟩ *wie ein Kind behandeln, bevormunden, unselbständig machen*

In|fan|ti|li|sie|rung ⟨f.; -; unz.⟩ *das Infantilisieren, das Infantilwerden*

In|fan|ti|lis|mus ⟨m.; -; unz.⟩ *Verharren der körperl., seel. u. geistigen Entwicklung auf kindl. Stufe*

In|fan|ti|li|tät ⟨f.; -; unz.⟩ *Kindlichkeit, kindisches Wesen, Zurückgebliebensein, Unreife*

In|fan|tin ⟨f.; -, -tin|nen; in Spanien u. Portugal Titel für⟩ *Thronfolgerin*

In|farkt ⟨m.; -(e)s, -e⟩ *durch Unterbrechung der Blutversorgung abgestorbenes Gewebe eines begrenzten Organteils* [< nlat. *infarctus* < lat. *infartus,* Part. Perf. zu *infarcire* »hineinstopfen«]

in|faust ⟨Adj.⟩ *aussichtslos, ungünstig (bezüglich des Verlaufs einer Krankheit)* [< lat. *infaustus* »unheilvoll, unglücklich«]

In|fekt ⟨m.; -(e)s, -e⟩ **1** *vollzogene Ansteckung* **2** *ansteckende Krankheit* **3** = *Infektion* [< lat. *infectum,* Part. Perf. zu *inficere* »vergiften, verderben, anstecken«]

In|fek|ti|on ⟨f.; -, -en⟩ *Ansteckung, Übertragung von Krankheitserregern;* → a. *Invasion(3)* [< lat. *infectio;* zu *inficere* »vergiften, verderben, anstecken«]

in|fek|ti|ös ⟨Adj.⟩ *ansteckend, mit Krankheitserregern behaftet* [→ *Infekt*]

In|fek|ti|o|si|tät ⟨f.; -; unz.⟩ *Ansteckungsfähigkeit*

In|fel ⟨f.; -, -n⟩ = *Inful*

In|fe|renz ⟨f.; -, -en⟩ *Wissen, das durch logische Schlussfolgerungen gewonnen wurde* [< lat. *inferre* »einbringen, beitragen, folgern«]

in|fe|ri|or ⟨Adj.⟩ **1** *untergeordnet* **2** *unterlegen* **3** *minderwertig* [lat., »niedriger, geringer«]

In|fe|ri|o|ri|tät ⟨f.; -; unz.⟩ Ggs *Superiorität* **1** *das Untergeordnetsein* **2** *Unterlegenheit* **3** *Minderwertigkeit*

in|fer|nal ⟨selten⟩, **in|fer|na|lisch** ⟨Adj.⟩ **1** *höllisch, teuflisch* **2** ⟨umg.⟩ *unerträglich;* ~er Gestank [< lat. *infernum* »das Untere, Unterwelt«]

In|fer|no ⟨n.; -s; unz.⟩ *Hölle, Unterwelt* [ital., »Hölle« < lat. *infernum* »das Untere, Unterwelt«]

in|fer|til ⟨a. ['---] Adj.⟩ *unfruchtbar;* Ggs *fertil;* → a. *steril*

In|fer|ti|li|tät ⟨f.; -; unz.⟩ *Unfähigkeit, eine Schwangerschaft bis zur Geburt eines lebensfähigen Kindes auszutragen;* Ggs *Fertilität;* → a. *Sterilität(4)*

In|fi|bu|la|ti|on ⟨f.; -, -en⟩ *nordostafrik. Sitte, bei Mädchen als Keuschheitszeichen die Schamlippen zu vernähen* [< lat. *infibulatus* »zugeklammert«]

In|fight, In|figh|ting ⟨[infait(iŋ)] n.; -s, -s; Sp.; Boxen⟩ *Nahkampf* [engl.]

In|fil|trat, ⟨auch⟩ **In|filt|rat** ⟨n.; -(e)s,-e⟩ *durch Infiltration in Gewebe eingedrungene Substanz* [→ *infiltrieren*]

In|fil|tra|ti|on, ⟨auch⟩ **In|filt|ra|ti|on** ⟨f.; -, -en⟩ **1** ⟨Med.⟩ *das Eindringen von Gewebeteilen, Zellen od. Flüssigkeiten in anderes Gewebe, wo es normalerweise nicht hingehört* **2** *(ideologische) Unterwanderung* [→ *infiltrieren*]

in|fil|tra|tiv, ⟨auch⟩ **in|filt|ra|tiv** ⟨Adj.⟩ **1** *sich in der Art einer Infiltration ausbreitend* **2** *wie eine Infiltration wirkend, auf Infiltration abzielend*

in|fil|trie|ren, ⟨auch⟩ **in|filt|rie|ren** ⟨V.⟩ **1** *eindringen, einsickern* **2** *einflößen* **3** ⟨Med.⟩ *eine Infiltration(1) hervorrufen in, bei* [< *in*...[1] + *filtrieren*]

In|fil|trie|rung, ⟨auch⟩ **In|filt|rie|rung** ⟨f.; -,-en⟩ *das Infiltrieren, Infiltriertwerden*

in|fi|nit ⟨a. [--'-] Adj.; Gramm.⟩ *im Hinblick auf Person u. Numerus unbestimmt;* Ggs *finit;* ~e Verbalform, ~es Verb, ~es Verbum *nicht konjugierte Verbalform,* z.B. Infinitiv, Partizip; Sy *Verbum infinitum* [→ *Infinitum*]

in|fi|ni|te|si|mal ⟨Adj.⟩ *ins Kleinste, unendlich Kleine gehend* [< *infinit* + ...*esim*..., nach lat. z.B. *vicesimus* »der zwanzigste« + ...*mal,* nach dezi*mal*]

In|fi|ni|te|si|mal|rech|nung ⟨f.; -; unz.; Sammelbez. für⟩ *Differenzial- u. Integralrechnung*

In|fi|ni|tis|mus ⟨m.; -; unz.; Philos.⟩ *Lehre von der Unendlichkeit des Raumes u. der Zeit*

In|fi|ni|tiv ⟨a. [---'-] m.; -s, -e [-və]; Abk.: Inf.⟩ *Grundform des Verbs, Nennform,* z.B. „gehen" [< lat. *(modus) infinitivus* »nicht näher bestimmte Zeitwortform«; zu *modus* »Art, Form« + *finire* »bestimmen, begrenzen«]

In|fi|ni|tiv|kon|junk|ti|on ⟨f.; -, -en; Gramm.⟩ *Konjunktion, mit der infinite Verben angebunden werden können,* z.B. „zu", „um zu", „anstatt zu"

In|fi|ni|tum ⟨n.; -s, -ta⟩ *Unendlichkeit, das Unendliche;* → a. *ad infinitum* [lat., »unbegrenzt« < *in...* »nicht« + *finire* »begrenzen«]

In|fir|mi|tät ⟨f.; -; unz.⟩ *Gebrechlichkeit* [< lat. *infirmitas* »Schwäche«]

In|fix ⟨a. ['--] n.; -es, -e⟩ *in den Wortstamm eingefügtes Bildungsglied,* z.B. das n in lat. frango »ich zerbreche«, gegenüber fractus »zerbrochen« [< lat. *infixus,* Part. Perf. zu *infigere* »hineinheften«]

in|fi|zie|ren ⟨V.⟩ *anstecken, mit Krankheitserregern verseuchen* [< lat. *inficere* »vergiften, verderben, anstecken«, eigtl. »hineintun«]

in fla|gran|ti, ⟨auch⟩ **in flag|ran|ti** ⟨Adv.⟩ *auf frischer Tat;* jmdn. ~ ertappen [lat., »im brennenden (Zustand)«]

in|flam|ma|bel ⟨Adj.⟩ *entzündbar;* ein inflammabler Stoff [< lat. *inflammare* »an-, entzünden«]

In|flam|ma|bi|li|tät ⟨f.; -; unz.; geh.⟩ *Brennbarkeit, Entzündbarkeit;* die Imprägnierung senkt die ~ des Teppichbodens [→ *inflammabel*]

In|flam|ma|ti|on ⟨f.; -, -en; Med.⟩ *Entzündung* [→ *inflammabel*]

in|flam|mie|ren ⟨V.⟩ *entflammen, begeistern*

in|fla|tie|ren ⟨V.⟩ *durch Inflation entwerten, in die Inflation treiben*

In|fla|ti|on ⟨f.; -, -en⟩ *starke Ausweitung des Geldumlaufs ohne entsprechende Erhöhung der Produktion, Geldentwertung;* Ggs *Deflation* [< lat. *inflatio* »Anschwellung, Aufblähung«]

in|fla|ti|o|när ⟨Adj.; Wirtsch.⟩ *die Inflation betreffend, auf ihr beruhend, sie bewirkend;* Sy *inflationistisch, inflatorisch;* Ggs *deflationär*

in|fla|ti|o|nie|ren ⟨V.⟩ *durch Inflation entwerten;* inflationiertes Geld; Ggs *deflationieren*

In|fla|ti|o|nie|rung ⟨f.; -, -en; selten⟩ *das Inflationieren*

In|fla|ti|o|nis|mus ⟨m.; -; unz.; Wirtsch.⟩ *wirtschaftspolitische Position, die eine schleichende Inflation toleriert, wenn dadurch die Vollbeschäftigung aufrechterhalten werden kann*

in|fla|ti|o|nis|tisch ⟨Adj.⟩ = *inflationär;* Ggs *deflationistisch*

In|fla|ti|ons|ra|te ⟨f.; -, -n⟩ *Prozentsatz, um den eine Währung durch Inflation entwertet wird*

in|fla|to|risch ⟨Adj.; Wirtsch.⟩ = *inflationär;* Ggs *deflatorisch*

in|fle|xi|bel ⟨Adj.⟩ Ggs *flexibel* **1** *nicht biegbar, nicht biegsam, unveränderlich* **2** ⟨Gramm.⟩ *nicht flektierbar* **3** ⟨allgem.⟩ inflexibles Verhalten *starres, nicht zu Kompromissen bereites Verhalten*

In|fle|xi|bi|le ⟨n.; -, -bi|lia⟩ *nicht flektierbares Wort,* z.B. schon, immer

In|fle|xi|bi|li|tät ⟨f.; -; unz.⟩ **1** *Unbiegsamkeit, Starrheit* **2** *Unbeugbarkeit;* Ggs *Flexibilität*

In|flo|res|zenz ⟨f.; -, -en⟩ *Blütenstand* [< lat. *inflorescere* »anfangen zu blühen«; zu *flos,* Gen. *floris* »Blume, Blüte«]

in flo|ri|bus *wohlauf, im Wohlleben, im Überfluss* [lat., »in Blüten«]

In|flu|enz ⟨f.; -, -en⟩ **1** *Einfluss, Einwirkung* **2** *Trennung der Ladungen eines ursprüngl. neutralen Körpers durch die Einwirkung eines elektrischen Feldes* [zu lat. *influere* »hineinfließen«]

In|flu|en|za ⟨f.; -; unz.⟩ = *echte Grippe* [ital., »Beeinflussung, Einfluss (der Sterne, nach einem Aberglauben)«]

In|flu|enz|mi|ne ⟨f.; -, -n⟩ *Sprengkörper, der durch die in ihm ausgelösten Influenzvorgänge bei der Annäherung eines metall. Körpers gezündet wird*

In|fo ⟨n.; -s, -s; umg.; kurz für⟩ *Information, Informationsblatt, -schrift*

In|fo|e|li|te ⟨f.; -, -n; umg.; Soz.⟩ *durch intensive Nutzung der verschiedensten Medienquellen (z.B. Zeitung, Fernsehen, Internet usw.) ständig umfassend informierte gesellschaftliche Gruppe*

In|fo|line ⟨[-lain] f.; -, -s⟩ *Telefonservice von Firmen, Instituten u. Initiativen, bei dem sich Anrufer über Produkte, Aufgaben od. Ziele eines Anbieters informieren können;* → a. *Hotline* [verkürzt < engl. *info*rmation »Auskunft, Information« + telephone *line* »Telefonverbindung«]

In|fo|mo|bil ⟨a. [---'-] n.; -s, -e; umg.⟩ *zum mobilen Informationsstand ausgebautes großräumiges Fahrzeug od. Bus, mit dem Organisationen u. Institutionen für ihre Projekte werben od. über ihre Leistungen u. Angebote informieren* [< *Info*rmation + Auto*mobil*]

In|for|mand ⟨m.; -en, -en⟩ *jmd., der von einem anderen zu informieren ist* [→ *informieren*]

In|for|mant ⟨m.; -en, -en⟩ *jmd., der einen anderen informiert* [→ *informieren*]

In|for|ma|tik ⟨f.; -; unz.⟩ **1** *mathematische Lehre, die sich mit den Gesetzen bei der Übermittlung, Verarbeitung u. Wiedergewinnung von Informationen befasst;* → a. *Informationstheorie* **2** ⟨BRD⟩ *Wissenschaft u. Technik zur Entwicklung u. zur Anwendung von Anlagen der EDV* **3** ⟨DDR⟩ *Wissenschaft vom Sammeln, Ordnen u. Wiederauffinden von Dokumenten, Schriftstücken u. bibliografischen Angaben*

In|for|ma|ti|ker ⟨m.; -s, -⟩ *mit der Informatik beschäftigter Wissenschaftler, Techniker*

In|for|ma|ti|ker|in ⟨f.; -, -rin|nen⟩ *mit der Informatik beschäftigte Wissenschaftlerin, Technikerin*

In|for|ma|ti|on ⟨f.; -, -en⟩ **1** *Auskunft, Nach-*

richt, Aufklärung; ~en einholen, erhalten; jmdm. eine ~ (über jmdn. od. etwas) geben **2** ⟨Kyb.⟩ *Einwirkung eines dynamischen Systems auf ein anderes, mit dem es gekoppelt ist, wobei Nachrichten über Zustände u. Vorgänge ausgetauscht werden* [<lat. *informatio* »Formung, Bildung durch Unterweisung«]

in|for|ma|ti|o|nell ⟨Adj.⟩ *Informationen betreffend*

In|for|ma|ti|ons|ma|nage|ment ⟨[-mænidʒ-] n.; -s, -s; Wirtsch.⟩ *Auswertung u. Koordination einer breiten Palette unterschiedlicher Informationsquellen (Internet, Fernsehen, Zeitschriften etc.) u. Steuerung der Weiterverwendung der eingegangenen Informationsfülle* [< *Information* + *Management*]

In|for|ma|ti|ons|the|o|rie ⟨f.; -; unz.⟩ *Lehre über die quantitativen Zusammenhänge bei Übertragung, Speicherung u. Empfang von Informationen;* → a. *Informatik*

in|for|ma|tiv ⟨Adj.⟩ *eine Information, Informationen enthaltend;* ein ~er Bericht, Artikel

In|for|ma|tor ⟨m.; -s, -to|ren⟩ *jmd., der Informationen gibt*

in|for|ma|to|risch ⟨Adj.⟩ *Information bezweckend, aufklärend, belehrend*

In|for|mel ⟨[ɛ̃fɔrmɛl] n.; -; unz.⟩ = *informelle Malerei* (→ *informell*) [frz., verkürzt < *art informel* »nicht formale Kunst«]

in|for|mell ⟨Adj.⟩ *nicht formell, ohne Formalitäten;* Ggs *formell;* ~e **Gruppe** *G., deren Zusammengehörigkeit durch zufällige Gemeinsamkeiten bewirkt wird, z.B. Wohnungsnachbarschaft;* ~e **Malerei** *frei von geometr. u. kompositor. Regeln arbeitende Richtung der Malerei;* Sy *Informel*

in|for|mie|ren ⟨V.⟩ **1** jmdn. ~ *jmdm. Auskunft erteilen, jmdn. benachrichtigen* **2** *aufklären, belehren;* sich über etwas ~ *sich unterrichten, Erkundigungen einziehen* [<lat. *informare* »formen, eine Gestalt geben, durch Unterweisung bilden« < *in*... »hinein...« + *forma* »Gestalt«]

In|fo|tain|ment ⟨[-tɛin-] n.; -s; unz.; Rundfunk, TV⟩ *Verbindung von informativen und unterhaltenden Beiträgen;* → a. *Edutainment* [verkürzt < engl. *inf*ormation »Information« + enter*tainment* »Unterhaltung«]

■ Die Buchstabenfolge **in|fra**... kann auch **inf|ra**... getrennt werden. Davon ausgenommen sind Zusammensetzungen, in denen die fremdsprachigen bzw. sprachhistorischen Bestandteile deutlich als solche erkennbar sind, z.B. *-fraktion* (→ a. *Refraktion*).

■ **in|fra..., In|fra...** ⟨Vors.⟩ *unterhalb* [lat.]

In|frak|ti|on ⟨f.; -, -en⟩ *unvollständiger Knochenbruch, bei dem im Unterschied zur Fraktur der Knochen nicht durch-, sondern nur angebrochen ist*

■ **in|fra|rot** ⟨Adj.⟩ *zum Bereich des Infrarots gehörend;* Sy *ultrarot*

■ **In|fra|rot** ⟨n.; -s; unz.⟩ *die nicht sichtbare Wärmestrahlung, die sich im Spektrum mit steigender Wellenlänge an das Gebiet des roten Lichts anschließt;* Sy *Ultrarot*

■ **In|fra|rot|as|tro|no|mie,** ⟨auch⟩ **Inf|ra|rot|ast|ro|no|mie** ⟨f.; -; unz.⟩ *Gebiet der Astronomie, das die aus dem Weltall in die Erdatmosphäre eindringenden, nur in großen Höhen messbaren Infrarotstrahlungen untersucht;* → a. *Ballonteleskop*

■ **In|fra|rot|film** ⟨m.; -(e)s, -e⟩ *fotograf. Film, der auf die von Körpern ausgehende Wärmestrahlung (Infrarotstrahlung) anspricht, erlaubt das Fotografieren bei Nebel od. Dunkelheit*

■ **In|fra|rot|mel|der** ⟨m.; -s, -⟩ *auf die Wärmestrahlung erhitzter (brennender) Gegenstände ansprechender Feuermelder, im Intrusionsschutz auch auf die Körperstrahlung eindringender Personen ansprechendes Warngerät*

■ **In|fra|rot|spek|tro|sko|pie,** ⟨auch⟩ **Inf|ra|rot|spekt|ros|ko|pie** ⟨f.; -, -n⟩ *mit Infrarotstrahlung arbeitendes chem. Analyseverfahren, das die unterschiedliche Absorptionsfähigkeit von Molekülen für infrarote Strahlung zu deren Nachweis ausnutzt*

■ **In|fra|schall** ⟨m.; -(e)s; unz.⟩ *(nicht hörbare) Schallwellen von weniger als 16 Hz*

■ **In|fra|struk|tur** ⟨f.; -, -en⟩ *alle für die Funktionsfähigkeit der Wirtschaft eines Landes notwendigen Verhältnisse, Einrichtungen u. Anlagen,* z.B. Arbeitskräfte, Straßen, Kanalisation

■ **in|fra|struk|tu|rell** ⟨Adj.⟩ *zur Infrastruktur gehörend, auf ihr beruhend*

■ **In|fra|test** ⟨m.; -s, -s⟩ *Messung der Einschaltquoten u. der Beliebtheit von Fernsehsendungen*

In|ful ⟨f.; -, -n⟩ oV *Infel* **1** ⟨im antiken Rom⟩ *Stirnbinde mit herunterhängenden Bändern als Weihezeichen* **2** ⟨heute⟩ *die Mitra mit den herunterhängenden Bändern* [<lat. *infula* »Binde, Band«]

in|fu|lie|ren ⟨V.⟩ *das Recht zum Tragen der Inful erteilen;* infuliert *zum Tragen der Inful berechtigt*

In|fus ⟨n.; -es, -e⟩ *Aufguss;* oV *Infusum* [zu lat. *infusum* »aufgegossen«, Part. Perf. zu *infundere* »aufgießen«]

In|fu|si|on ⟨f.; -, -en; Med.⟩ *das Einführen größerer Flüssigkeitsmengen in den Körper mit Hohlnadeln* [<lat. *infusio* »Aufguss«]

In|fu|so|ri|en|er|de ⟨f.; -; unz.⟩ *Kieselgur*

In|fu|so|ri|um ⟨n.; -s, -ri|en; meist Pl.⟩ *Wimpertierchen, das sich in Pflanzenaufgüssen entwickelt, Aufgusstierchen* [<nlat. *(animalia) infusoria* »Aufgusstierchen«; zu lat. *infundere* »ein-, aufgießen«]

In|fu|sum ⟨n.; -s, -fu|sa⟩ = *Infus*

Ing. ⟨Abk. für⟩ *Ingenieur*

in ge|ne|re *im Allgemeinen* [lat., »in der (ganzen) Gattung«]

in|ge|ne|riert ⟨Adj.⟩ *angeboren* [<lat. *ingenerare* »einpflanzen«]

In|ge|ni|eur ⟨[inʒənjø:r] m.; -s, -e; Abk.: Ing.⟩ *Techniker mit mehrjähriger wiss. Ausbildung* [frz., bis ins 18. Jh. »Kriegsbaumeister«, < lat. *ingenium* »Scharfsinn«, mlat. »Kriegsgerät, Kriegsmaschine«]

In|ge|ni|eu|rin ⟨[inʒənjø:-] f.; -, -rin|nen; Abk.: Ing.⟩ *Technikerin mit mehrjähriger wiss. Ausbildung*

in|ge|ni|eur|tech|nisch ⟨[inʒənjø:r-] Adj.⟩ *die Arbeit eines Ingenieurs betreffend, mit ihrer Hilfe*

in|ge|ni|ös ⟨Adj.⟩ **1** *erfinderisch* **2** *geistreich, sinnreich* [< frz. *ingénieux* »erfinderisch, geschickt« < lat. *ingeniosus* »scharfsinnig«]

In|ge|ni|o|si|tät ⟨f.; -; unz.⟩ **1** *Erfindungsgabe, -geist* **2** *Geist, Scharfsinn* [< frz. *ingéniosité* »Scharfsinn« < lat. *ingeniosus* »scharfsinnig«]

In|ge|ni|um ⟨n.; -s, -ni|en⟩ **1** *Erfindungskraft, Geistesanlage, Begabung* **2** *Genie* [lat., »Naturanlage, Begabung«]

In|ge|nu|i|tät ⟨f.; -; unz.⟩ *Freimut, Offenheit, Aufrichtigkeit* [< lat. *ingenuitas* »Stand der Freigeborenen, Edelmut, offener Sinn«]

In|ges|ti|on ⟨f.; -; unz.⟩ *Nahrungsaufnahme* [< lat. *ingestio* »das Hineinbringen«]

in glo|bo *im Ganzen, insgesamt* [lat., »in der (ganzen) Kugel, im (ganzen) Haufen«]

In|got ⟨[iŋgɔt] m.; -s, -s⟩ *Metallbarren zum Einschmelzen od. Walzen* [engl.]

In|grain|fär|bung ⟨[ingrɛin-] f.; -, -en⟩ *Färbung in der Wolle* [zu engl. *ingrain* »in der Wolle gefärbt«]

In|grain|pa|pier ⟨[ingrɛin-] n.; -s; unz.⟩ *raues, mit Wollfasern durchsetztes Zeichenpapier* [→ *Ingrainfärbung*]

In|gre|di|ens ⟨n.; -, -di|en|zi|en; meist Pl.⟩, **In|gre|di|enz** ⟨f.; -, -en; meist Pl.⟩ **1** *Zutat* **2** *Bestandteil;* die ~en einer Mischung, einer Arznei [< lat. *ingrediens,* Part. Präs. zu *ingredi* »hineingehen«]

In|gres|si|on ⟨f.; -, -en⟩ *ruhig verlaufendes Eindringen des Meeres in ein durch Senkung entstehendes Becken* [< lat. *ingressio* »Eintritt«]

in|gres|siv ⟨a. ['---] Adj.⟩ = *inchoativ;* Ggs *egressiv*

In|gres|siv ⟨a. [--'-]⟩, **In|gres|si|vum** ⟨[-vum] n.; -s, -va [-va] ⟩ = *Inchoativ*

in gros|so *im Großen* [ital.]

In|group ⟨[-gru:p] f.; -, -s⟩ *Gruppe, der man sich zugehörig u. verbunden fühlt;* Ggs *Outgroup* [< engl. *in* »in, innerhalb« + *group* »Gruppe«]

in|gu|i|nal ⟨Adj.⟩ *an, in der Leistengegend befindlich, zur Leistengegend gehörig* [< lat. *inguen* »Leistengegend«]

Ing|wä|o|nis|mus ⟨[-vɛo-] m.; -, -men; Sprachw.⟩ *sprachl. Einfluss des Ingwäonischen auf das Altsächsische*

Ing|wer ⟨m.; -s; unz.⟩ *in den Tropen verbreitete Gewürzpflanze;* Sy *Ginger* [< altfrz. *gingebre* < spätgrch. *zingiberis* < Sanskrit *srngavera* »hornartig« (nach seinen Wurzeln)]

In|ha|la|ti|on ⟨f.; -, -en⟩ *das Einatmen von Dämpfen od. Gasen zu Heilzwecken od. zur Narkose* [< lat. *inhalatio* »das Einhauchen, Hauch«; zu *inhalare* »einhauchen«]

In|ha|ler ⟨[-hɛilə(r)] m.; -s, -⟩ *Gerät zur Inhalation (von Dämpfen, Gerüchen usw.);* Sy *Inhalator* [zu engl. *inhale* »einatmen«; zu lat. *inhalare* »einhauchen«]

In|ha|la|tor ⟨m.; -s, -to|ren⟩ *Gerät zum Inhalieren;* Sy *Inhaler*

In|ha|la|to|ri|um ⟨n.; -s, -ri|en⟩ *Raum zum Inhalieren*

in|ha|lie|ren ⟨V.⟩ Dämpfe, Gase ~ *(zu Heilzwecken) einatmen* [< lat. *inhalare* »einhauchen«]

in|hä|rent ⟨Adj.⟩ *innewohnend, anhaftend* [< lat. *inhaerens,* Part. Präs. zu *inhaerere* »an od. in etwas hängen, festsitzen«]

In|hä|renz ⟨f.; -; unz.⟩ **1** *das Innewohnen* **2** ⟨Philos.⟩ *Verhältnis der Eigenschaften zu ihrem Träger* [→ *inhärent*]

in|hä|rie|ren ⟨V.⟩ *anhaften, innewohnen* [< lat. *inhaerere* »an od. in etwas hängen, festsitzen«]

In|hi|bi|tor ⟨m.; -s, -to|ren⟩ *Stoff, der biochem. Vorgänge hemmt, Hemmstoff, Hemmer* [zu lat. *inhibere* »hemmen, zurückhalten«]

in hoc sa|lus ⟨Abk.; I.H.S.⟩ *in diesem (ist) Heil (gemeint ist Christus; eine der Deutungen des Monogramms Christi)* [lat.]

in hoc si|gno (vin|ces), ⟨auch⟩ **in hoc sig|no (vin|ces)** ⟨Abk.: I.H.S.⟩ *in diesem Zeichen (wirst du siegen) (Deutung der Inschrift des dem Kaiser Konstantin angeblich erschienenen Bildes mit dem Kreuz Christi)* [lat.]

in|ho|mo|gen ⟨a. [-ge:n] Adj.⟩ = *heterogen*

In|ho|mo|ge|ni|tät ⟨a. ['------] f.; -; unz.⟩ = *Heterogenität*

in ho|no|rem *zu Ehren* [lat., »zur Ehre«]

in|hu|man ⟨a. [--'-] Adj.⟩ Ggs *human* **1** *unmenschlich, menschenunwürdig* **2** *rücksichtslos, hartherzig*

In|hu|ma|ni|tät ⟨a. ['-----] f.; -, unz.⟩ *Unmenschlichkeit;* Ggs *Humanität*

in in|fi|ni|tum = *ad infinitum* [lat.]

■ Die Buchstabenfolge **in|it...** kann auch **i|nit...** getrennt werden.

Initial (*Laut-Buchstaben-Zuordnung*) Der Laut [ts] kann im Deutschen durch den Buchstaben »*z*« wiedergegeben werden, sofern sich die Schreibung auf ein Grundwort mit auslautendem »*z*« zurückführen lässt (→ a. *Essenz; essenziell*).
Ist eine solche Zuordnung nicht möglich, richtet sich die Schreibung im Deutschen nach der Schreibung in der Herkunftssprache (→ a. *Nation*).

■ **In|i|ti|al** ⟨[-tsja:l] n.; -s, -e⟩ = *Initiale* ⟨in Zus.⟩ *Anfangs..., Erst...*

■ **In|i|ti|a|le** ⟨[-tsja:lə] f.; -, -n⟩ *großer Anfangs-*

buchstabe (in Büchern des MA stark hervorgehoben u. reich verziert) [<lat. *initialis* »anfänglich, am Anfang stehend«; zu *initium* »Anfang«]

■ **in|i|ti|a|li|sie|ren** ⟨[-tsja-] V.; EDV⟩ = *formatieren*

■ **In|i|ti|a|li|sie|rung** ⟨[-tsja:li-] f.; -, -en; EDV⟩ **1** *Vorbereitung einer Diskette für die Benutzung mit einem Betriebssystem;* → a. *formatieren* **2** *Herstellung eines bestimmten Ausgangszustandes der Hard- u. Software eines Computers beim Starten*

■ **In|i|ti|al|spreng|stoff** ⟨[-tsja:l-] m.; -(e)s, -e⟩ *für Stoß oder Schlag sehr empfindlicher Sprengstoff, der als Zünder für andere Sprengstoffe dient*

■ **In|i|ti|al|wort** ⟨[-tsja:l-] n.; -(e)s, -wör|ter⟩ *aus den Anfangsbuchstaben mehrerer Wörter gebildetes Kurzwort,* z.B. AIDS; Sy *Akronym*

■ **In|i|ti|al|zün|dung** ⟨[-tsja:l-] f.; -, -en⟩ **1** *durch Initialsprengstoff ausgelöste Zündung eines anderen Sprengstoffes* **2** ⟨bei Wasserstoffbomben⟩ *die zur Einleitung der Kernfusion notwendige Zündung einer kleinen Spaltungskernwaffe (Uranbombe)*

■ **In|i|ti|and** ⟨[-tsjand] m.; -en, -en⟩ *Anwärter auf eine Initiation*

■ **In|i|ti|ant** ⟨[-tsjant] m.; -en, -en⟩ *jmd., der die Initiative ergreift* [<lat. *initians,* Part. Präs. zu *initiare* »den Anfang machen, einführen, einweihen«; zu *initium* »Anfang«]

■ **In|i|ti|a|ti|on** ⟨[-tsja-] f.; -, -en⟩ **1** *Einweihung* **2** *Aufnahme in einen Geheimbund* **3** ⟨bei Naturvölkern⟩ *feierl. Aufnahme der mannbaren Jugendlichen in die Gemeinschaft der Erwachsenen* [<lat. *initiare* »den Anfang machen, einführen, einweihen«]

■ **in|i|ti|a|tiv** ⟨[-tsja-] Adj.⟩ **1** *die Initiative ergreifend* **2** *Initiative besitzend*

■ **In|i|ti|a|tiv|an|trag** ⟨[-tsja-] m.; -(e)s, -trä|ge⟩ *Antrag zu einem Gesetzesentwurf*

■ **In|i|ti|a|ti|ve** ⟨[-tsjati:və] f.; -, -n⟩ **1** *der erste Schritt zu einer Handlung;* die ~ ergreifen; auf jmds. ~ hin **2** ⟨unz.⟩ *Entschlusskraft, Unternehmungsgeist, Fähigkeit, aus eigenem Antrieb zu handeln;* er hat die nötige, keine ~ **3** *Gruppe von Personen, die sich zur Durchsetzung best. Forderungen zusammengefunden haben;* Bürger~; Eltern~ **4** ⟨schweiz.⟩ *Volksbegehren* [<lat. *initiare* »den Anfang machen, einführen, einweihen«; zu *initium* »Anfang«]

■ **In|i|ti|a|tiv|recht** ⟨[-tsja-] n.; -(e)s; unz.; Rechtsw.⟩ *Recht, Gesetzesentwürfe ins Parlament einzubringen*

■ **In|i|ti|a|tor** ⟨[-tsja:-] m.; -s, -to|ren⟩ *Urheber, Anstifter;* ~ einer Handlung [<lat. *initiare* »den Anfang machen, einführen, einweihen«; zu *initium* »Anfang«]

■ **in|i|ti|a|to|risch** ⟨[-tsja-] Adj.⟩ *initiierend, veranlassend, den Anstoß gebend*

■ **In|i|ti|en** ⟨[ini:tsjən] Pl.⟩ *Anfänge, Anfangsgründe* [<lat. *initia,* Pl. zu *initium* »Anfang«]

■ **in|i|ti|ie|ren** ⟨[-tsii:-] V.⟩ **1** *den Anstoß geben für, in die Wege leiten* **2** *einweihen, in eine Gemeinschaft, einen Bund aufnehmen, in ein Amt einführen* [<lat. *initiare* »den Anfang machen, einführen, einweihen«]

■ **In|i|ti|ie|rung** ⟨[-tsii:-] f.; -, -en⟩ *das Initiieren*

In|jek|ti|on ⟨f.; -, -en⟩ **1** *Einspritzung in den Körper* **2** *Einschub von Magma in Spalten u. Hohlräume der Erdkruste* **3** *das Einspritzen von flüssigem Beton unter hohem Druck zum Ausbessern von Rissen im Bauwerk od. zum Verbessern des Baugrundes bei Bausenkung* [<lat. *iniectio* »das Hineinwerfen, -tun«; zu *inicere;* → *injizieren*]

In|jek|tiv ⟨m.; -s, -e [-və]; Phon.⟩ *bes. in afrikan. Dialekten verbreiteter Verschlusslaut, bei dessen Artikulation Luft angesaugt wird,* z.B. Schnalzlaut; Ggs *Ejektiv* [→ *Injektion*]

In|jek|tor ⟨m.; -s, -to|ren⟩ *Pumpe, die Wasser in Dampfkessel einspritzt* [→ *injizieren, Injektion*]

in|ji|zie|ren ⟨V.⟩ *(in den Körper) einspritzen* [<lat. *inicere* »hineinwerfen, -bringen, -tun«]

In|ju|rie ⟨[-riə] f.; -, -n⟩ *Beleidigung* [<lat. *iniuria* »Unrecht, Rechtsverletzung«]

In|ka ⟨m.; - od. -s, - od. -s⟩ **1** *Angehöriger eines altperuanischen Volkstammes* **2** *Adliger im präkolumbischen Peru* [indianisch, »Herr«]

In|kar|di|na|ti|on ⟨f.; -, -en; kath. Kirche⟩ *Eingliederung eines Geistlichen in einen Diözesanverband* [< *In...*[1] + lat. *cardo,* Gen. *cardinis* »Türangel, Hauptkirche«; → *Kardinal*]

in|kar|nat ⟨Adj.⟩ *fleischfarben*

In|kar|nat ⟨n.; -(e)s; unz.⟩ *Fleischfarbe (auf Gemälden);* Sy *Karnation* [<frz. *incarnat* »fleischfarben« <ital. *incarnato*]

In|kar|na|ti|on ⟨f.; -, -en⟩ **1** ⟨unz.⟩ *Fleischwerdung, Menschwerdung (Christi)* **2** ⟨zählb.⟩ *Verkörperung (von etwas Geistigem)* [<lat. *incarnatio* »Fleischwerdung«]

in|kar|nie|ren ⟨V., geh.⟩ **1** *verkörpern* **2** ⟨Rel.⟩ *Fleisch, Mensch werden;* Christus ist der inkarnierte Sohn Gottes [<lat. *incarnatus*]

in|kar|niert ⟨Adj.⟩ **1** *Fleisch, Mensch geworden* **2** *verkörpert* [<lat. *incarnare* »zu Fleisch werden«]

In|kar|ze|ra|ti|on ⟨f.; -, -en⟩ *Einklemmung (z.B. des Darms beim Leistenbruch)* [<lat. *carcer* »Kerker«]

In|kas|sant ⟨m.; -en, -en; österr.⟩ *Kassierer von fälligen Forderungn* [zu ital. *incassare* »einkassieren«, eigtl. »in einen Kasten bringen«; zu *cassa* »Kasten«]

In|kas|so ⟨n.; -s, -s; österr. -kas|si⟩ *das Einziehen von fälligen Forderungen* [<ital. *incassare* »einkassieren«, eigtl. »in einen Kasten bringen«; zu *cassa* »Kasten«]

In|kas|so|bü|ro ⟨n.; -s, -s⟩ *Unternehmen, das im Auftrag Dritter fällige Geldforderungen einzieht*

In|kas|so|in|dos|sa|ment ⟨n.; -s, -e; Wirtsch.⟩ *Bevollmächtigung zum Einzug einer Wechselforderung im Auftrag des Wechselinhabers*

inkl. ⟨Abk. für⟩ *inklusive*

In|kli|na|ti|on ⟨f.; -, -en⟩ **1** *Neigung, Hang (zu), Vorliebe (für)* **2** *Neigung der Ebene einer Planetenbahn zur Ebene der Erdbahn* [< lat. *inclinatio* »Neigung, Veränderung der Richtung«]

in|kli|nie|ren ⟨V.⟩ *neigen (zu), einen Hang haben (zu), geneigt sein (gegen)* [< lat. *inclinare* »neigen, ab- od. hinlenken«]

In|kli|no|me|ter ⟨n.; -s, -; Tech.⟩ *Gerät zur Messung von Abweichungen von der Horizontalen od. Vertikalen innerhalb eines Bohrloches bzw. in den zu verlegenden Röhren* [zu lat. *inclinatio* »Neigung, Veränderung der Richtung« + *...meter*]

in|klu|die|ren ⟨V.⟩ *einschließen;* Ggs *exkludieren* [< lat. *includere* »einschließen«]

In|klu|si|on ⟨f.; -, -en⟩ *Einschluss, Enthaltensein* [zu lat. *inclusio* »Einschluss«]

in|klu|si|ve ⟨a. ['---və] Präp. mit Gen.; Abk.: inkl.⟩ *einschließlich, eingeschlossen;* Ggs *exklusive;* ~ des Bearbeitungshonorars; ⟨bei stark gebeugten Subst. ohne Artikel im Sing. schwindet das Gen. -s häufig⟩ ~ Trinkgeld [< mlat. *inclusivus* »eingeschlossen«; zu lat. *includere* »einschließen«]

in|ko|gni|to, ⟨auch⟩ **in|kog|ni|to** ⟨Adv.⟩ **1** *unerkannterweise* **2** *unter anderem Namen;* ~ reisen [< ital. *incognito* »unbekannt« < lat. *incognitus* »unbekannt«]

In|ko|gni|to, ⟨auch⟩ **In|kog|ni|to** ⟨n.; -s, -s⟩ *Verheimlichung des Namens, Gebrauch eines fremden Namens, Unerkanntsein;* sein ~ enthüllen, fallen lassen, lüften, wahren [→ *inkognito*]

in|ko|hä|rent ⟨Adj.⟩ *unzusammenhängend;* Ggs *kohärent(1)*

In|ko|hä|renz ⟨f.; -; unz.⟩ *Zusammenhanglosigkeit;* Ggs *Kohärenz*

in|kom|men|su|ra|bel ⟨Adj.⟩ *nicht messbar, nicht mit den gleichen Maßen zu messen, nicht vergleichbar;* Ggs *kommensurabel;* inkommensurable Begriffe, Dinge, Leistungen

In|kom|men|su|ra|bi|li|tät ⟨f.; -; unz.⟩ *von inkommensurabler Art, Unvergleichbarkeit* [< frz. *incommensurabilité*]

in|kom|mo|die|ren ⟨V.; †⟩ *bemühen, belästigen, Ungelegenheiten machen;* bitte ~ Sie sich nicht! [< lat. *incommodare* »beschwerlich fallen«]

in|kom|pa|ra|bel ⟨Adj.⟩ Ggs *komparabel* **1** *nicht vergleichbar* **2** ⟨Gramm.⟩ *nicht steigerungsfähig;* inkomparables Adjektiv

In|kom|pa|ra|bi|le ⟨n.; -s, -bi|li|en od. -bi|lia⟩ *nicht steigerungsfähiges Adjektiv,* z.B. „tot" [< lat. *incomparabilis* »unvergleichlich«]

in|kom|pa|ti|bel ⟨Adj.⟩ Ggs *kompatibel* **1** ⟨allg.⟩ *unvereinbar;* inkompatible Vorstellungen, Vorschläge, Ämter **2** ⟨EDV⟩ *nicht austauschbar, nicht vernetzbar;* inkompatible Computersysteme **3** ⟨Med.⟩ *unverträglich;* inkompatible Arzneimittel, Blutgruppen

In|kom|pa|ti|bi|li|tät ⟨f.; -; unz.⟩ Ggs *Kompatibilität* **1** *Unvereinbarkeit* **2** *Unverträglichkeit*

in|kom|pe|tent ⟨Adj.⟩ Ggs *kompetent* **1** *nicht zuständig, nicht befugt* **2** *nicht maßgebend, nicht urteilsfähig*

In|kom|pe|tenz ⟨f.; -, -en⟩ *Nichtzuständigsein, Nichtbefugnis;* Ggs *Kompetenz*

in|kom|plett ⟨Adj.⟩ *unvollständig, nicht vollzählig;* Ggs *komplett*

in|kom|pres|si|bel ⟨Adj.⟩ *nicht zusammendrückbar, sich auch bei Anwendung hohen Drucks nicht verändernd;* Ggs *kompressibel;* ein inkompressibler Stoff

In|kom|pres|si|bi|li|tät ⟨f.; -; unz.; Phys.⟩ *Eigenschaft eines Stoffes, bei Druckerhöhungen seine Dichte beizubehalten, z.B. von Flüssigkeiten;* Ggs *Kompressibilität*

in|kon|gru|ent ⟨Adj.⟩ Ggs *kongruent* **1** *nicht übereinstimmend* **2** ⟨Math.⟩ *nicht deckungsgleich;* ~e Dreiecke

In|kon|gru|enz ⟨f.; -; unz.⟩ *Fehlen der Kongruenz, der Deckungsgleichheit;* Ggs *Kongruenz*

in|kon|se|quent ⟨Adj.⟩ Ggs *konsequent* **1** *nicht folgerichtig* **2** *unbeständig, wankelmütig;* eine ~e Erziehung

In|kon|se|quenz ⟨f.; -, -en⟩ Ggs *Konsequenz* **1** *Folgewidrigkeit* **2** *Wankelmut, Unbeständigkeit*

in|kon|sis|tent ⟨Adj.⟩ *nicht dauernd, unbeständig, unhaltbar;* Ggs *konsistent*

In|kon|sis|tenz ⟨f.; -; unz.⟩ *Unbeständigkeit, mangelnde Haltbarkeit;* Ggs *Konsistenz*

in|kon|stant, ⟨auch⟩ **in|kons|tant** ⟨Adj.⟩ *veränderlich, unbeständig;* Ggs *konstant*

In|kon|stanz, ⟨auch⟩ **In|kons|tanz** ⟨f.; -; unz.⟩ *Veränderlichkeit, Unbeständigkeit;* Ggs *Konstanz*

in|kon|ti|nent ⟨a. [---'-] Adj.⟩ *unfähig, Harn od. Stuhl zurückzuhalten*

In|kon|ti|nenz ⟨a. [---'-] f.; -; unz.⟩ *Unfähigkeit, den Harn od. Stuhl zurückzuhalten;* Ggs *Kontinenz* [< *In...*[2] + lat. *continentia* »das Ansichhalten, Zurückhalten«]

In|kon|tro, ⟨auch⟩ **In|kont|ro** ⟨n.; -s, -s od. -tri; Sp.⟩ *Doppeltreffer beim Fechten, bei dem wegen eines Regelverstoßes dem Gegner ein Treffer angerechnet wird* [zu ital. *incontro* »gegenüber«]

In|kon|ve|ni|enz ⟨[-ve-] f.; -, -en⟩ *Unbequemlichkeit, Unzuträglichkeit;* Ggs *Konvenienz(2)*

in|kon|ver|ti|bel ⟨[-vɛr-] Adj.⟩ Ggs *konvertibel* **1** ⟨†⟩ *unwandelbar* **2** *nicht austauschbar (Währungen)* **3** ⟨†⟩ *unbekehrbar*

Ink|o|nym, ⟨auch⟩ **In|ko|nym** ⟨a. ['---] n.; -s, -e; Sprachw.⟩ *einem nebengeordneten, dem gleichen Hyperonym subordinierten Begriff antithetisch gegenüberstehendes Lexem,* z.B. »Eber« u. »Sau« zu »Schwein« [< *In...* + *ko...* + grch. *onoma, onyma* »Name«]

Ink|o|ny|mie, ⟨auch⟩ **In|ko|ny|mie** ⟨f.; -, -n; Sprachw.⟩ *semantische Beziehung zwischen Inkonymen* [→ *Inkonym*]

in|kon|zi|li|ant ⟨Adj.⟩ *nicht entgegenkommend, nicht umgänglich;* Ggs *konziliant*

In|kon|zi|li|anz ⟨f.; -, -en⟩ *mangelndes Entge-*

genkommen, Unverbindlichkeit; Ggs *Konzilianz*

In|ko|or|di|na|ti|on ⟨f.; -, -en⟩ *fehlendes Zusammenwirken der Bewegungsmuskeln* [< *In...²* + *Koordination*]

in|ko|or|di|niert ⟨Adj.⟩ *nicht zusammenwirkend, nicht aufeinander abgestimmt*

in|kor|po|ral ⟨Adj.⟩ *im Körper befindlich;* Ggs *extrakorporal* [< *in...¹* + lat. *corpus* »Körper«]

In|kor|po|ra|ti|on ⟨f.; -, -en⟩ **1** *Aufnahme in eine Gemeinschaft, Körperschaft* **2** *Eingemeindung* [< lat. *incorporatio* »Verkörperung«]

in|kor|po|rie|ren ⟨V.⟩ **1** *einverleiben;* ~de Sprachen = *polysynthetische Sprachen* **2** *aufnehmen (in eine Körperschaft)* **3** *eingemeinden* [< lat. *incorporare* »verkörpern«]

In|kor|po|rie|rung ⟨f.; -, -en⟩ *das Inkorporieren, das Inkorporiertwerden*

in|kor|rekt ⟨a. [--'-] Adj.⟩ *ungenau, nicht fehlerfrei, nicht einwandfrei;* Sy *unkorrekt;* Ggs *korrekt*

In|kor|rekt|heit ⟨a. [--'--] f.; -, -en⟩ Ggs *Korrektheit* **1** ⟨unz.⟩ *Ungenauigkeit, Fehlerhaftigkeit, Unangemessenheit* **2** *Beispiel, Einzelfall für inkorrektes Verhalten;* solche ~en können wir ihm nicht durchgehen lassen

In|kre|ment ⟨n.; -(e)s, -e; Math.⟩ *kleiner Zuwachs einer Größe;* Ggs *Dekrement* [< lat. *incrementum* »Wachstum, Zuwachs«]

In|kret ⟨n.; -(e)s, -e⟩ *von Drüsen mit innerer Sekretion abgesonderter Stoff;* → a. *Sekret* [verkürzt < *inneres Sekret;* → a. *...kret*]

In|kre|ti|on ⟨f.; -; unz.⟩ *Absonderung ins Körperinnere* [→ *Inkret*]

in|kre|to|risch ⟨Adj.⟩ *ins Innere des Körpers absondernd*

in|kri|mi|nie|ren ⟨V.⟩ jmdn. ~ *jmdn. beschuldigen, jmdm. etwas zur Last legen* [< frz. *incriminer* »beschuldigen« < lat. *crimen* »Verbrechen«]

in|kri|mi|niert ⟨Adj.⟩ *beschuldigt, zur Last gelegt, zum Gegenstand einer Strafanzeige gemacht*

In|krus|ta|ti|on ⟨f.; -, -en⟩ **1** *Verzierung von Bauwerken durch verschiedenfarbige Steinplatten* **2** *Überzug von organischen od. anorganischen Körpern mit einer mineralischen Kruste*

in|krus|tie|ren ⟨V.⟩ *mit farbigen Steinen verzieren (Mauer, Säule)* [< lat. *incrustare* »mit einer Rinde überziehen«; zu *crusta* »Rinde«]

In|krus|tie|rung ⟨f.; -, -en⟩ *das Inkrustieren, das Inkrustriertwerden*

In|ku|bant ⟨m.; -en, -en⟩ *jmd., der sich einer Inkubation(3) unterzieht*

In|ku|ba|ti|on ⟨f.; -, -en⟩ **1** ⟨Med.⟩ *das Einnisten eines Krankheitserregers im Körper* **2** *Brutzeit der Vögel* **3** ⟨in der Antike⟩ *Schlaf an heiligen Stätten, um göttliche Offenbarungen od. Heilung von Krankheiten zu erlangen* [< lat. *incubatio* »das Liegen auf den Eiern, das Brüten«]

In|ku|ba|ti|ons|zeit ⟨f.; -, -en⟩ *Zeit zwischen Ansteckung u. dem Auftreten der ersten Krankheitszeichen*

In|ku|ba|tor ⟨m.; -s, -en⟩ *Brutkasten*

In|ku|bus ⟨m.; -, -ku|ben⟩ **1** ⟨bei den Römern⟩ *Alpdrücken verursachender Dämon* **2** ⟨im MA⟩ *mit einer Frau buhlender Teufel;* Ggs *Sukkubus* [< lat. *incubus* »der sogen. Alp, den der gemeine Mann den Waldgöttern (Faunen u. Sylvanen) zuschrieb«]

in|ku|lant ⟨Adj.⟩ *nicht entgegenkommend (bes. im Geschäftsverkehr), ungefällig;* Ggs *kulant*

In|ku|lanz ⟨f.; -; unz.⟩ *Mangel an Entgegenkommen (bes. im Geschäftsverkehr), Ungefälligkeit;* Ggs *Kulanz*

In|kul|tu|ra|ti|on ⟨f.; -, -en⟩ *Prozess der Durchdringung einer Kultur mit den Lebensformen u. Werten einer anderen*

In|ku|na|bel ⟨f.; -, -n⟩ *Buch aus dem 15. Jh., dem Jh. der Erfindung der Buchdruckerkunst, Wiegendruck* [< lat. *incunabula* »Windeln, Wiege«; zu *cunae* »Wiege«]

in|ku|ra|bel ⟨a. ['----] Adj.⟩ *unheilbar;* Ggs *kurabel;* ein inkurabler Fall [< lat. *incurabilis* »unheilbar«]

In|kur|va|ti|on ⟨[-va-] f.; -, -en⟩ *Biegung, Krümmung* [< lat. *incurvare* »krümmen, biegen«]

In|laid ⟨[inlɛid] n.; -s, -e; schweiz.⟩ *farbig gemustertes Linoleum* [engl., »eingelegt; Mosaik...«]

In|lay ⟨[inlɛi] n.; -s, -s; Zahnmed.⟩ *Zahnfüllung aus Gold* [engl., »Einlage; Plombe«]

In|lett ⟨n.; -s, -s⟩ *Bezugsstoff für Federbetten od. Daunendecken* [< nddt. *inlat;* zu *inlaten* »einlassen«]

In|li|ner ⟨[-lainə(r)] m.; -s, -; meist Pl.⟩ = *Inlineskates* [< engl. *in line* »in (einer) Reihe«]

In|line|ska|ter ⟨[-lainskɛitə(r)] m.; -s, -⟩ *jmd., der Inlineskating betreibt*

In|line|skates ⟨[-lainskɛits] Pl.⟩ *Rollschuhe mit (meist vier) hintereinander angeordneten Rollen, die eine hohe Geschwindigkeitsentwicklung ermöglichen;* Sy *Inliner* [< engl. *in line* »in (einer) Reihe« + roller*skate* »Rollschuh«]

In|line|ska|ting ⟨[-lainskɛitiŋ] n.; - od. -s; unz.⟩ *das Laufen (Fahren) mit Inlinern (als Sportart)* [< *Inliner* + engl. *skate* »gleiten«]

in ma|io|rem Dei glo|ri|am ⟨[de:i]⟩ *zum größeren Ruhme Gottes* [lat.]

in me|di|as res *(unmittelbar) zur Sache* [lat., »mitten in die Dinge hinein«]

in me|mo|ri|am *zum Andenken, zur Erinnerung an, zum Gedächtnis;* ⟨mit ungebeugtem Namen⟩ ~ J.F. Kennedy [lat., »zum Andenken, zur Erinnerung«]

in na|tu|ra **1** *in natürl. Gestalt, leibhaftig* **2** *in Form von Naturalien, in Waren* [lat.]

In|ner|va|ti|on ⟨[-va-] f.; -; unz.⟩ **1** *Versorgung eines Körperteils mit Nerven* **2** *Leitung nervöser Reize zu den Organen hin*

in|ner|vie|ren ⟨[-vi:-] V.⟩ **1** *mit Nerven, Nervenreizen versorgen* **2** ⟨fig.⟩ *anregen*

in no|mi|ne *im Namen, im Auftrag;* ~ **Christi** ⟨Abk.: I.N.C.⟩ *im Namen Christi;* ~ **Dei** ⟨Abk.: I.N.D.⟩ *im Namen Gottes;* ~ **Domini** ⟨Abk.: I.N.D.⟩ *im Namen des Herrn* [lat.]

In|no|va|ti|on ⟨[-va-] f.; -, -en⟩ *Erneuerung, Neuerung* [< lat. *innovatio* »Erneuerung«; zu *novus* »neu«]

in|no|va|tiv ⟨[-va-] Adj.⟩ *erneuernd, Erneuerung erstrebend*

in|no|va|to|risch ⟨[-va-] Adj.⟩ *auf Innovationen zielend, ausgerichtet*

in|no|vie|ren ⟨[-viː-] V.⟩ *erneuern* [→ *Innovation*]

in nu|ce ⟨[-nuːtsə]⟩ *im Kern, in Kürze, in knapper Form, in wenigen Worten* [lat., »im Kern«]

in|of|fen|siv ⟨Adj.⟩ *nicht angreifend, nicht angriffslustig;* Ggs *offensiv(1)*

in|of|fi|zi|ell ⟨Adj.⟩ Ggs *offiziell* **1** *nicht amtlich* **2** *vertraulich*

in|of|fi|zi|ös ⟨Adj.⟩ *unbestätigt von halbamtlichen Stellen (Pressenachrichten);* Ggs *offiziös*

In|o|ku|la|ti|on ⟨f.; -, -en⟩ **1** *Einimpfung* **2** ⟨Bot.⟩ *Aufpfropfung* **3** ⟨Med.; früher⟩ *absichtliche Übertragung von Krankheitserregern, bes. von Pockenviren, zur aktiven Immunisierung, Vorläufer der Vakzination*

in|o|ku|lie|ren ⟨V.⟩ **1** *einimpfen* **2** ⟨Bot.⟩ *aufpfropfen* **3** ⟨Med.; früher⟩ *Krankheitserreger absichtlich übertragen* [< lat. *inoculare*]

In|o|ku|lum ⟨n.; -s, -la; Biol.; Pharm.⟩ *Impfkultur, Reinkulturmenge von Mikroorganismen zur Auf- u. Weiterzucht* [→ *inokulieren*]

in|o|pe|ra|bel ⟨Adj.⟩ *nicht operierbar, durch Operation nicht (mehr) heilbar;* Ggs *operabel;* inoperable Geschwulst [< frz. *inopérable* »nicht mehr zu operieren«]

in|op|por|tun ⟨Adj.⟩ *ungünstig, unangebracht, im Augenblick unpassend;* Ggs *opportun*

In|op|por|tu|ni|tät ⟨a. ['------] f.; -; unz.⟩ *Ungelegenheit, Unangebrachtsein;* Ggs *Opportunität*

I|no|sin ⟨n.; -s, -e⟩ *im Fleisch und in der Hefe enthaltene Nucleinsäure* [→ *Inosit*]

I|no|sit ⟨m.; -s, -e⟩ *Wuchsstoff für Hefe, chem. Hexahydrocyclohexan,* $C_6H_6(OH)_6$ [< grch. *is,* Gen. *inos* »Muskelfaser«]

I|no|sit|u|rie, ⟨auch⟩ **I|no|si|tu|rie** ⟨f.; -; unz.⟩ *Auftreten von Inosit im Harn* [< *Inosit* + *…urie*]

in|o|xi|die|ren ⟨V.⟩ *durch Überziehen mit einer widerstandsfähigen Oxidschicht vor Rost schützen;* oV *inoxydieren* [< *in…*[2] + *oxidieren*]

in par|ti|bus in|fi|de|li|um ⟨kath. Kirche; früher; Abk.: i.p.i.⟩ *Zusatz zum Titel eines Bischofs in aufgelösten Diözesen, seit 1882 ersetzt durch die Bez. Titularbischof* [lat., »in den Gebieten der Ungläubigen«]

in per|so|na *in Person, persönlich, selbst* [lat.]

in pet|to etwas ~ haben *in Bereitschaft, bereit, im Sinne haben;* eine Überraschung ~ haben [ital., »in der Brust«]

in ple|no 1 *vollzählig* **2** *in od. vor der Vollversammlung* [lat., »in voller (Menge od. Zahl)«]

in pon|ti|fi|ca|li|bus *in priesterl. Kleidung, im feierl. Ornat* [lat., »in oberpriesterlichen (Gewändern)«]

in pra|xi *in Praxis, in Wirklichkeit, im wirkl. Leben* [lat. < grch. *praxis* »Handlung«]

in punc|to *hinsichtlich, was … betrifft* [lat., »im Punkte«]

in punc|to punc|ti (sex|ti) *hinsichtlich des sechsten Gebotes, d.h. der Keuschheit* [lat.]

In|put ⟨m.; -s, -s⟩ *die Daten, die in eine elektron. Datenverarbeitungsanlage hineingegeben werden;* Ggs *Output(1)* [engl., »Eingabe; Investition«]

In|put-Out|put-A|na|ly|se ⟨[-aut-] f.; -, -n⟩ *Analyse der Verflechtung der einzelnen Sektoren einer Volkswirtschaft miteinander*

In|qui|lin ⟨m.; -en, -en; meist Pl.⟩ *Tier, das in Bauten anderer Arten lebt, Einmieter* [< lat. *inquilinus* »Bewohner eines fremden Eigentums, Mieter, Hausgenosse«]

in|qui|rie|ren ⟨V.⟩ *untersuchen, verhören, ausforschen* [< lat. *inquirere*]

In|qui|si|ti|on ⟨f.; -, -en⟩ **1** ⟨unz.; vom 12. bis 18. Jh.⟩ *Gericht der kath. Kirche (bes. in Spanien) gegen Abtrünnige* **2** ⟨zählb.⟩ *(strenge) Untersuchung* [< lat. *inquisitio*]

In|qui|si|tor ⟨m.; -s, -to|ren⟩ **1** *Richter der Inquisition* **2** *(strenger) Untersuchungsführer*

in|qui|si|to|risch ⟨Adj.⟩ **1** *die Inquisition betreffend, auf ihr beruhend* **2** *streng forschend, unerbittlich*

I.N.R.I. ⟨Abk. für⟩ *Jesus Nazarenus Rex Judaeorum (Jesus von Nazareth, König der Juden)* [lat.]

in|san ⟨Adj.⟩ *geisteskrank* [< lat. *insanus* »wahnsinnig«]

In|sa|nia ⟨f.; -; unz.; Med.⟩ *Wahnsinn* [lat.]

in|schal|lah ⟨islam. Int.⟩ *wenn Allah will* [arab.]

In|seat|vi|deo ⟨[-siːtvi-] n.; -s, -s; bei Flugzeugen⟩ *in den Sitz eingebautes Videogerät* [engl., < *in* »in, innerhalb« + *seat* »Sitz« + *Video*]

In|sekt ⟨n.; -(e)s, -en⟩ *nach der meist scharfen Einkerbung zwischen Kopf, Brust u. Hinterleib genannte Klasse der Tracheentiere aus dem Stamm der Gliederfüßer, Kerf, Kerbtier: Insecta, Hexapoda* [< lat. *insectum,* Part. Perf. zu *insecare* »einschneiden«]

In|sek|ta|ri|um ⟨n.; -s, -ri|en⟩ *Anlage zur Aufzucht u. Beobachtung von Insekten, Insektenhaus*

in|sek|ti|vor ⟨[-voːr] Adj.⟩ *Insekten fressend* [< *Insekt* + *…vor*]

In|sek|ti|vo|re ⟨[-voː-] m.; -n, -n⟩ *Insekten fressendes Säugetier,* z.B. Maulwurf: *Insectivora*

in|sek|ti|zid ⟨Adj.⟩ *Insekten tötend* [< *Insekt* + *…zid*[1]]

In|sek|ti|zid ⟨n.; -(e)s, -e⟩ *Mittel zur Bekämpfung schädl. Insekten, Insektengift*

In|se|mi|na|ti|on ⟨f.; -, -en; Med.⟩ *künstl. Befruchtung*

in|se|mi|nie|ren ⟨V.; Med.⟩ *künstl. befruchten* [< lat. *inseminare* »befruchten, einsäen«]

in|sen|si|bel ⟨Adj.⟩ = *unsensibel*

In|sen|si|bi|li|tät ⟨f.; -; unz.⟩ *Unempfindlichkeit, Unempfänglichkeit;* Ggs *Sensibilität*

in|se|quent ⟨a. [--'-] Adj.; Geol.⟩ *in keiner Beziehung zum Schichtenbau der Erde stehend (in Bezug auf den Verlauf von Flüssen);* Ggs *konsequent(3)* [< *in...*² + lat. *sequens* »folgend«]

In|se|quenz ⟨a. [--'-] f.; -, -en; Geol.⟩ *durch Unterbrechnung od. Störung der Sedimentation entstandene Schichtlücke* [< *in...*² + lat. *sequentia* »Folge«]

In|se|rat ⟨n.; -(e)s, -e⟩ = *Annonce* [lat., »er füge ein«; zu *inserere* »einfügen«]

In|se|rent ⟨m.; -en, -en⟩ *Mann, der ein Inserat aufgibt od. aufgegeben hat* [< lat. *inserens*, Part. Präs. zu *inserere* »einfügen«]

In|se|ren|tin ⟨f.; -, -tin|nen⟩ *Frau, die ein Inserat aufgibt od. aufgegeben hat*

in|se|rie|ren ⟨V.⟩ = *annoncieren* [< lat. *inserere* »einfügen«]

In|sert ⟨engl. [insɔ:t] n.; -s, -s; TV⟩ *Werbesendung od. graf. Darstellung, die in eine laufende Sendung eingeblendet wird* [engl., »Einführung«]

In|ser|ti|on ⟨f.; -, -en⟩ **1** *Veröffentlichung von Inseraten in der Zeitung* **2** *Ansatz u. Art der Befestigung von Pflanzenteilen, z.B. des Blattes am Stängel* **3** *Ansatz u. Art der Befestigung, bes. von Muskeln u. Sehnen am Knochen* **4** *Ansatz der Nabelschnur an der Plazenta* [< lat. *insertio* »Einfügung«]

In|side ⟨[-said] m.; -s, -s; schweiz.; Sp.; Fußb.⟩ *Innenstürmer* [engl.]

In|si|der ⟨[-sai-] m.; -s, -⟩ *jmd., der einen Bereich oder bestimmte Verhältnisse aus eigener Anschauung kennt, Eingeweihter;* Ggs *Outsider* [engl.]

In|si|gne, ⟨auch⟩ **In|sig|ne** ⟨n.; -s, -gni|en; meist Pl.⟩ *Abzeichen, Kennzeichen eines Herrschers od. hohen (geistlichen) Würdenträgers,* z.B. Zepter, Krone [< lat. *insignia* »Kennzeichen, Abzeichen«]

In|si|nu|ant ⟨m.; -en, -en⟩ **1** *jmd., der Unterstellungen, Verdächtigungen äußert* **2** *jmd., der sich bei anderen einschmeichelt* [→ *insinuieren*]

In|si|nu|a|ti|on ⟨f.; -, -en⟩ **1** *Einschmeichelung, Zuträgerei* **2** *Eingabe* **3** *gerichtl. Zustellung (eines Schriftstücks)* [< lat. *insinuatio*]

in|si|nu|ie|ren ⟨V.⟩ **1** *vorlegen, eingeben* **2** *gerichtlich zustellen* **3** sich ~ *sich einschmeicheln* [< lat. *insinuare* »ins Innere dringen lassen, einschmeicheln«]

in|si|pid, in|si|pi|de ⟨Adj.⟩ *albern, töricht, fad* [< lat. *insipidus* »unschmackhaft, albern«]

in|sis|tent ⟨Adj.⟩ *beharrlich, hartnäckig;* ein ~er Fragensteller [→ *insistieren*]

In|sis|tenz ⟨f.; -; unz.⟩ *Unnachgiebigkeit, Standhaftigkeit, Beharrlichkeit;* ich kapituliere vor der ~, mit der er seine Forderungen vorträgt [→ *insistieren*]

in|sis|tie|ren ⟨V.⟩ *bestehen (auf), beharren (auf);* er insistierte darauf, den Bericht eigenhändig zu schreiben [< lat. *insistere* »sich auf etwas stellen, bei etwas innehalten, beharren«]

in si|tu *an Ort u. Stelle, an der richtigen, ursprüngl. Stelle, am Fundort* [lat., »in (natürlicher) Lage«]

in|skri|bie|ren, ⟨auch⟩ **ins|kri|bie|ren, insk|ri|bie|ren** ⟨V.⟩ *einschreiben, in eine Liste eintragen;* sich in die Hörerliste an der Universität ~ [< lat. *inscribere* »einschreiben, aufschreiben«]

In|skrip|ti|on, ⟨auch⟩ **Ins|krip|ti|on, Insk|rip|ti|on** ⟨f.; -, -en⟩ **1** *Eintragung (bes. in die Hörerliste)* **2** *Inschrift* [< lat. *inscriptio* »Einschreibung, Inschrift, Aufschrift«]

In|so|la|ti|on ⟨f.; -, -en⟩ **1** ⟨Meteor.⟩ *Strahlung der Sonne auf die Erde, Einstrahlung* **2** ⟨Med.⟩ *Sonnenstich* [< lat. *insolare* »der Sonne aussetzen«; zu *sol* »Sonne«]

in|so|lent ⟨a. [--'-] Adj.⟩ *ungebührlich, anmaßend, unverschämt, patzig* [< lat. *insolens* »ungewohnt, übertrieben, frech«]

In|so|lenz ⟨a. [--'-] f.; -; unz.⟩ *ungebührliches Benehmen, Unverschämtheit, Anmaßung* [< lat. *insolentia* »Ungewohntheit, Übertriebenheit, Übermut«]

in|so|lie|ren ⟨V.⟩ *den Sonnenstrahlen aussetzen* [< lat. *insolare* »der Sonne aussetzen«; zu *sol* »Sonne«]

in|so|lu|bel ⟨Adj.⟩ *nicht löslich* [< lat. *insolubilis*]

in|sol|vent ⟨[-vɛnt] Adj.⟩ *zahlungsunfähig;* Ggs *solvent*

In|sol|venz ⟨[-vɛnts] f.; -; unz.⟩ *Zahlungsunfähigkeit;* Ggs *Solvenz*

In|som|nie ⟨f.; -; unz.⟩ *Schlaflosigkeit* [< lat. *insomnia* »Schlaflosigkeit«]

in spe *in Zukunft, (zu)künftig;* mein Schwiegersohn ~ [lat., »in der Hoffnung«]

■ Die Buchstabenfolge **in|sp...** kann auch **ins|p...** getrennt werden.

■ **In|spek|teur** ⟨[-tø:r] m.; -s, -e⟩ **1** *Leiter einer Inspektion* **2** *Aufsichtsbeamter* [< frz. *inspecteur*]

■ **In|spek|ti|on** ⟨f.; -, -en⟩ **1** *prüfende Besichtigung* **2** *Aufsicht, Überwachung* **3** *Prüf-, Aufsichtsstelle* **4** *Verwaltung, Behörde* [< lat. *inspectio* »das Hineinsehen, Besichtigung«]

■ **In|spek|tor** ⟨m.; -s, -to|ren⟩ **1** *Aufsicht Führender* **2** *Aufseher, Verwaltungsbeamter* [lat., »Betrachter, Besichtiger, Untersucher«]

■ **In|spi|ra|ti|on** ⟨f.; -, -en⟩ **1** *Anregung, Einfall* **2** *Erleuchtung, Eingebung;* eine plötzliche ~ haben **3** *Einatmung;* Ggs *Exspiration* [< lat. *inspiratio* »das Einhauchen, Eingebung«]

■ **in|spi|ra|tiv** ⟨Adj.⟩ *auf Inspiration beruhend, sie fördernd;* diese Bibliothek hat eine ~e Atmosphäre

■ **In|spi|ra|tor** ⟨m.; -s, -to|ren⟩ *jmd., der einen anderen inspiriert, Anreger* [lat., »Einhaucher, Einflößer«]

■ **in|spi|ra|to|risch** ⟨Adj.⟩ *auf Inspiration(3) beruhend;* Ggs *exspiratorisch;* ~e Geräusche

■ **in|spi|rie|ren** ⟨V.⟩ **1** jmdn. (zu etwas) ~ *jmdn. (zu etwas) anregen, (für etwas) begeistern, anfeuern* **2** ⟨Theol.⟩ *erleuchten* [< lat. *inspirare* »einhauchen, einflößen«]

■ **In|spi|zi|ent** ⟨m.; -en, -en⟩ **1** *Aufsicht Führender (bes. bei Behörden)* **2** ⟨Theat., Film, Fernsehen, Funk⟩ *Mitarbeiter, der für den reibungslosen Ablauf der Aufführung sorgt* [< lat. *inspiciens,* Part. Präs. zu *inspicere* »hineinsehen, besichtigen, untersuchen«]

■ **In|spi|zi|en|tin** ⟨f.; -, -tin|nen⟩ *weibl. Inspizient*

■ **in|spi|zie|ren** ⟨V.⟩ **1** *prüfen, prüfend besichtigen* **2** *überwachen, beaufsichtigen* [< lat. *inspicere* »hineinsehen, untersuchen«]

■ **In|spi|zie|rung** ⟨f.; -, -en⟩ *das Inspizieren, das Inspiziertwerden*

■ Die Buchstabenfolge **in|sta...** kann auch **ins|ta...** getrennt werden. Davon ausgenommen sind Zusammensetzungen, in denen die fremdsprachigen bzw. sprachhistorischen Bestandteile deutlich als solche erkennbar sind, z.B. *-stabil, -stabilität* (→ a. *destabilisieren, Destabilität*).

in|sta|bil ⟨Adj.⟩ Ggs *stabil* **1** ⟨allg.⟩ *nicht stabil, nicht beständig* **2** ⟨Chem.⟩ ~e **Verbindungen** *V., die sich innerhalb kurzer Zeit zersetzen* **3** ⟨Phys.⟩ ~e **Atomkerne** *A., die sich durch radioaktiven Zerfall in andere Atomkerne umwandeln*

In|sta|bi|li|tät ⟨f.; -; unz.⟩ *instabile Beschaffenheit;* Ggs *Stabilität*

■ **In|stal|la|teur** ⟨[-tøːr] m.; -s, -e⟩ *Handwerker für Installationen;* Heizungs~ [< *Installation(1)* mit frz. Endung]

■ **In|stal|la|ti|on** ⟨f.; -, -en⟩ **1** *das Einrichten von techn. Anlagen in Gebäuden (Wasser, Heizung, Gas, Elektrizität, Lüftung usw.)* **2** *Einweisung (von Geistlichen) in ein Amt* [→ *installieren*]

■ **In|stal|ler** ⟨[-stɔːlə(r)] m.; -s, -; EDV⟩ *(meist auf CD-ROMs vorhandene) Software zur Programminstallation auf der Festplatte* [zu engl. *install* »installieren, einbauen«]

■ **in|stal|lie|ren** ⟨V.⟩ **1** *einrichten, einbauen;* techn. Anlagen ~ **2** *in ein kirchl. Amt einweisen* [< frz. *installer* »einweisen, einrichten, einbauen«; zu *stalle* »Sitz, Stuhl, Verschlag«]

■ **In|stant...** ⟨a. [-stənt-] in Zus.⟩ *pulverisiert u. sofort gebrauchsfertig;* ~getränk; ~kaffee [< engl. *instant* »sofortig, unmittelbar«]

■ **in|stan|ti|sie|ren** ⟨V.⟩ Lebensmittel ~ *durch physikal. od. chem. Behandlung pulverförmige Extrakte aus Lebensmitteln herstellen* [→ *Instant...*]

■ **In|stant|ver|fah|ren** ⟨a. [-stənt-] n.; -s, -⟩ *Verfahren zur Herstellung pulverförmiger Extrakte*

■ **In|stanz** ⟨f.; -, -en; Abk.: Inst.⟩ **1** *zuständige Behörde* **2** ⟨Rechtsw.⟩ *zuständige Stufe des gerichtl. Verfahrens;* über die Rechtschreibreform in erster ~ entscheiden [< mhd. *instancie* < mlat. *instantia* »(drängendes) Daraufbestehen; beharrliche Verfolgung einer Gerichtssache; zuständige Stelle, vor der man sein Begehren zu Gehör bringt«]

■ **In|stan|zen|weg** ⟨m.; -(e)s; unz.⟩ *Dienstweg;* den ~ gehen

in|sta|ti|o|när ⟨Adj.; Phys.⟩ *nicht gleich bleibend, schwankend, sich zeitlich verändernd*

in sta|tu nas|cen|di *im Zustand des Entstehens* [lat.]

in sta|tu quo *im gegenwärtigen Zustand;* → a. *Status quo* [lat., »in dem Zustande, in dem (eine Sache sich befindet)«]

in sta|tu quo an|te *im früheren Zustand;* → a. *Status quo ante* [lat., »in dem Zustande, in dem (eine Sache sich) vorher (befand)«]

■ Die Buchstabenfolge **in|sti...** kann auch **ins|ti...** getrennt werden.

■ **In|stil|la|ti|on** ⟨f.; -, -en⟩ *Einträufelung, tropfenweises Einbringen eines Arzneimittels in den Körper* [< lat. *instillatio* »Einträufelung«; zu *stilla* »Tropfen«]

■ **in|stil|lie|ren** ⟨V.⟩ *einträufeln* [< lat. *instillare* »einträufeln«; zu *stilla* »Tropfen«]

■ **In|stinkt** ⟨m.; -(e)s, -e⟩ **1** *Naturtrieb, der Menschen u. Tiere auf bestimmte Umweltreize ohne Überlegung handeln lässt, unbewusster Antrieb;* seinem ~ folgen, gehorchen; etwas aus ~ tun; damit werden die niedersten ~e wachgerufen, geweckt; mit mütterlichem ~ fühlte sie es **2** *sicheres Gefühl, Ahnungsvermögen;* mit feinem ~ das Richtige treffen [< mlat. *instinctus (naturae)* »Naturtrieb«]

■ **in|stink|tiv** ⟨Adj.⟩ *einem Instinkt folgend, gefühlsmäßig, unwillkürlich*

■ **in|sti|tu|ie|ren** ⟨V.⟩ **1** *einrichten, einsetzen* **2** *unterweisen* [< lat. *instituere* »einrichten, einsetzen«]

■ **In|sti|tut** ⟨n.; -(e)s, -e⟩ *Anstalt, Einrichtung, die bes. der Ausbildung, Erziehung u. wissenschaftl. Arbeit dient* [< lat. *institutum* »Einrichtung«]

■ **In|sti|tu|ti|on** ⟨f.; -, -en⟩ **1** ⟨unz.⟩ *Einsetzung, Einweisung (in ein Amt)* **2** *(staatl.) Einrichtung, z.B. Parlament, Behörden* **3** *Stiftung, Gesellschaft* **4** *Anordnung, Unterweisung* [< lat. *institutio* »Einrichtung«]

■ **in|sti|tu|ti|o|na|li|sie|ren** ⟨V.⟩ *zu einer Institution machen*

■ **In|sti|tu|ti|o|na|li|sie|rung** ⟨f.; -, -en⟩ *das Institutionalisieren, Institutionalisiertwerden*

■ **in|sti|tu|ti|o|nell** ⟨Adj.⟩ *aufgrund einer, durch eine Institution*

■ Die Buchstabenfolge **in|str...** kann auch **ins|tr..., inst|r...** getrennt werden.

■ **in|stra|die|ren** ⟨V.⟩ **1** *den Beförderungsweg*

bestimmen von **2** ⟨schweiz.⟩ *auf den Weg schicken, auf die rechte Bahn bringen, leiten* [< ital. *instradare* »auf den Weg bringen« < *in* »in, auf« + *strada* »Straße, Weg«]

■ **in|stru|ie|ren** ⟨V.⟩ **1** *in Kenntnis setzen (von), unterrichten (von)* **2** *Anweisungen, Verhaltensmaßregeln geben* [< lat. *instruere* »aufschichten, ausrüsten, unterweisen«]

■ **In|struk|teur** ⟨[-tøːr] m.; -s, -e⟩ *jmd., der Instruktionen erteilt, anleitet, unterweist, schult* [< frz. *instructeur* »Ausbilder« < lat. *instructor* »Zurüster«]

■ **In|struk|ti|on** ⟨f.; -, -en⟩ **1** *Anweisung, Verhaltensmaßregel* **2** *Unterricht (bes. beim Militär), Unterweisung* [< lat. *instructio* »Herrichtung, Ausrüstung, Unterweisung«]

■ **in|struk|tiv** ⟨Adj.⟩ *lehrreich, einprägsam, eindringlich, aufschlussreich* [< frz. *instructif* »belehrend, lehrreich«; → *instruieren*]

■ **In|struk|tor** ⟨m.; -s, -to|ren; †⟩ **1** *Erzieher, Lehrer;* Prinzen~ **2** ⟨schweiz.⟩ *Kursleiter, Ausbilder;* Feuerwehr~; Schieß~ [< lat. *instructor* »Zurüster«]

■ **In|stru|ment** ⟨n.; -(e)s, -e⟩ **1** *Gerät, Werkzeug (bes. für wissenschaftl. Untersuchungen);* Mess~; chirurgische ~e **2** *Mittel;* ein ~ der Macht **3** ⟨Mus.⟩ *Musikinstrument,* z.B. Geige, Kontrabass, Gitarre; ein ~ beherrschen, erlernen, spielen [< lat. *instrumentum* »Gerät, Werkzeug«]

■ **in|stru|men|tal** ⟨Adj.⟩ *mit Instrumenten versehen, mit Hilfe von Instrumenten*

■ **In|stru|men|tal** ⟨m.; -s, -e⟩, **In|stru|men|ta|lis** ⟨m.; -, -les; Gramm.⟩ *Kasus (Deklinationsfall) des Mittels, antwortet auf die Frage »womit, wodurch« (im Deutschen nicht mehr vorhanden)* [< nlat. *casus instrumentalis* »Mittel od. Werkzeug bezeichnender Fall«]

■ **in|stru|men|ta|li|sie|ren** ⟨V.⟩ **1** jmdn. od. etwas ~ *bewusst als Mittel zum Zweck einsetzen;* er instrumentalisiert seine Freunde für die Durchsetzung seiner Interessen **2** ⟨Mus.⟩ *ein Gesangsstück zu einem Instrumentalstück umarbeiten*

■ **In|stru|men|ta|li|sie|rung** ⟨f.; -, -en⟩ *das Instrumentalisieren, das Instrumentalisiertwerden*

■ **In|stru|men|ta|lis|mus** ⟨m.; -; unz.; Philos.⟩ *von J. Dewey vertretene Variante des Pragmatismus*

■ **In|stru|men|ta|list** ⟨m.; -en, -en⟩ **1** ⟨Mus.⟩ *Spieler eines Instrumentes* **2** ⟨Philos.⟩ *Anhänger des Instrumentalismus*

■ **In|stru|men|tal|mu|sik** ⟨f.; -; unz.⟩ *Musik für Instrumente (ohne Singstimme);* Ggs *Vokalmusik*

■ **In|stru|men|tal|satz** ⟨n.; -es, -sät|ze⟩ **1** ⟨Gramm.⟩ *Adverbialsatz, durch den das Mittel zum Erreichen des im Hauptsatz bezeichneten Sachverhaltes ausgedrückt wird;* er half mit, „indem er das Einkaufen übernahm"; der Komiker erheiterte die Gesellschaft, „indem er ununterbrochen Witze erzählte" **2** ⟨Mus.⟩ *Satz der Instrumentalmusik*

■ **in|stru|men|ta|ri|sie|ren** ⟨V.⟩ *zu einem Instrumentar machen*

■ **In|stru|men|ta|ri|sie|rung** ⟨f.; -, -en⟩ *das Instrumentarisieren, Instrumentarisiertwerden*

■ **In|stru|men|tar** ⟨n.; -s, -e⟩, **In|stru|men|ta|ri|um** ⟨n.; -s, -ri|en⟩ **1** *alle zu einem bestimmten Zweck od. einer bestimmten (wissenschaftl.) Tätigkeit benötigten Instrumente, Instrumenteneinrichtung;* ärztl. ~ **2** ⟨Mus.⟩ *Gesamtbestand der verwendeten Musikinstrumente, z.B. einer Epoche*

■ **In|stru|men|ta|ti|on** ⟨f.; -, -en⟩ Sy *Orchestration* **1** *die sinnvolle Verteilung der Stimmen eines Komponistenentwurfs auf die verschiedenen Orchesterinstrumente* **2** *Einrichtung eines Musikstücks für Orchester*

■ **In|stru|men|ta|tiv** ⟨n.; -s, -e [-və]; Gramm.⟩ *Verb, das das Instrument der Handlung mitbezeichnet,* z.B. hämmern, sägen

■ **in|stru|men|tell** ⟨Adj.⟩ *mit Hilfe von Instrumenten;* ein ~es Verfahren

■ **in|stru|men|tie|ren** ⟨V.⟩ Sy *orchestrieren* **1** ein Musikstück ~ *vom Entwurf einer Komposition die Stimmen sinnvoll auf die Orchesterinstrumente verteilen* **2** *(nachträglich) für Orchester einrichten*

In|sub|or|di|na|ti|on ⟨a. ['-------] f.; -, -en⟩ *Gehorsamsverweigerung (im Dienst), Auflehnung gegen Vorgesetzte;* Ggs *Subordination(1)*

In|su|da|ti|on ⟨f.; -, -en; Med.⟩ *entzündliche Ausschwitzung* [zu lat. *sudare* »schwitzen«]

in|suf|fi|zi|ent ⟨Adj.⟩ *ungenügend, unzureichend, nicht voll leistungsfähig;* Ggs *suffizient* [< lat. *insufficiens* »unzureichend«]

In|suf|fi|zi|enz ⟨f.; -, -en⟩ Ggs *Suffizienz* **1** *Unzulänglichkeit, Unvermögen* **2** *Unfähigkeit, Gläubiger zu befriedigen* **3** *unzureichende Leistungsfähigkeit (eines Organs);* Herz~ [< lat. *insufficientia* »Unzulänglichkeit«]

In|su|la|ner ⟨m.; -s, -⟩ *Bewohner einer Insel;* Südsee-~ [< lat. *insulanus* »Inselbewohner«; zu *insula* »Insel«]

in|su|lar ⟨Adj.⟩ *eine Insel betreffend, einer Insel ähnlich* [< lat. *insularis*]

In|su|lin ⟨n.; -s; unz.⟩ *vom Inselorgan der Bauchspeicheldrüse gebildetes Hormon, das den Blutzuckerspiegel senkt* [< lat. *insula* »Insel«, nach den langerhansschen Inseln]

In|su|lin|ein|heit ⟨f.; -, -en; Abk.: I.E.; Med.⟩ *zwei Drittel der kleinsten Insulinmenge, die den Blutzucker eines 24 Stunden nüchternen, 2 kg schweren Kaninchens in 3 Stunden auf 45 mg-% senkt*

In|su|lin|schock ⟨m.; -s, -s; Med.⟩ *durch zu hohe Insulingaben od. bei einer Geschwulst des Inselorgans eintretender Schockzustand, Behandlungsmethode bei Schizophrenie u. endogenen Depressionen;* → a. *Hypoglykämie*

In|sult ⟨m.; -(e)s, -e⟩ **1** ⟨Rechtsw.⟩ *Beleidigung, Beschimpfung* **2** ⟨Med.⟩ *Anfall, Schädigung, Verletzung* [< frz. *insulte* »Beleidigung«, < lat. *insultare* »verspotten«]

In|sul|ta|ti|on ⟨f.; -, -en⟩ = *Insult(1)*

in|sul|tie|ren ⟨V.⟩ *beleidigen, beschimpfen, angreifen* [< lat. *insultare* »verspotten«]
in sum|ma 1 *alles zusammen, im Ganzen, insgesamt* **2** ⟨fig.⟩ *mit einem Wort* [lat., »in der Gesamtheit«]
In|sur|gent ⟨m.; -en, -en⟩ *Aufrührer, Aufständischer, Empörer* [< lat. *insurgens,* Part. Präs. zu *insurgere* »sich erheben«]
in|sur|gie|ren ⟨V.⟩ *aufwiegeln, zum Aufstand reizen* [< lat. *insurgere*]
In|sur|rek|ti|on ⟨f.; -, -en⟩ *Aufruhr, Aufstand, bewaffnete Empörung* [< lat. *insurrectio*]
in|sze|na|to|risch ⟨Adj.⟩ *zu einer Inszenierung gehörend, sie betreffend*
in|sze|nie|ren ⟨V.⟩ **1** ⟨Theat.; Film; TV; Funk⟩ *in Szene setzen, die Aufführung (eines dramat. Werkes) techn. u. künstler. vorbereiten u. leiten* **2** ⟨fig.⟩ *ins Werk setzen, hervorrufen;* einen Skandal ~ [< *in...*[1] + *Szene*]
In|sze|nie|rung ⟨f.; -, -en⟩ *techn. u. künstler. Vorbereitung, Gestaltung u. Leitung einer Theateraufführung*
In|ta|glio, ⟨auch⟩ **In|tag|lio** ⟨[-taljo] n.; -s, -glien [-jən]⟩ = *Gemme* [ital.]
in|takt ⟨Adj.⟩ *unbeschädigt, unversehrt, unberührt* [< lat. *intactus* »unberührt«]
In|tar|sia, In|tar|sie ⟨[-sjə] f.; -, -si|en⟩ *Einlegearbeit, Verzierung (von Holzgegenständen, bes. Möbeln) durch andersfarbiges Holz, Perlmutt, Elfenbein u.Ä.* [< ital. *intarsiare* »eingelegte Arbeit fertigen«; zu *tarsia* »Einlegearbeit« < arab. *tarsi* »Einlegearbeit«]
in|tar|sie|ren ⟨V.⟩ *mit Intarsien verzieren*
in|te|ger ⟨Adj.⟩ **1** *unversehrt, unberührt* **2** *rein, makellos, rechtschaffen, redlich;* ein integrer Charakter [lat., »unberührt, unversehrt«]

■ Die Buchstabenfolge **in|te|gr...** kann auch **in|teg|r...** getrennt werden.

■ **in|te|gral** ⟨Adj.⟩ *ein Ganzes ausmachend, für sich bestehend, vollständig* [< mlat. *integralis* »ein Ganzes ausmachend«; → *integer*]
■ **In|te|gral** ⟨n.; -s, -e; Zeichen: ∫⟩ ~ von x_0 bis x über f(x)dx *die Summe aller Produkte f(x)dx, die man erhält, wenn man für x nach u. nach alle zwischen x u. x_0 liegenden Zahlen setzt*
■ **In|te|gral|bau|wei|se** ⟨f.; -, -n⟩ *vor allem im Flugzeugbau angewandtes Konstruktionsverfahren, bei dem große Rumpf- u. Flügelteile in einem Stück hergestellt werden*
■ **In|te|gral|glei|chung** ⟨f.; -, -en; Math.⟩ *Gleichung, bei der sich die variable Größe innerhalb eines Integrals befindet;* lineare ~; ~ 1. Art
■ **In|te|gral|helm** ⟨m.; -s, -e⟩ *Kopf u. Kinn bedeckender Sturzhelm für Motorradfahrer*
■ **In|te|gral|rech|nung** ⟨f.; -; unz.⟩ *Zweig der Analysis(1), der sich mit der Untersuchung der Integrale von Funktionen u. der Berechnung des Inhalts von Flächen u. Körpern beschäftigt, die von beliebigen Kurven begrenzt werden;* → a. *Differenzialrechnung*
■ **In|te|grand** ⟨m.; -en, -en⟩ *die Größe f(x) eines Integrals* [< lat. *integrandus* »was zu integrieren ist«; zu *integrare* »integrieren«]
■ **In|te|gra|ti|on** ⟨f.; -, -en⟩ **1** *Herstellung eines Ganzen, Zusammenschluss, Vereinigung;* Ggs *Desintegration* **2** ⟨Math.⟩ *Berechnung des Integrals* **3** ⟨Wirtsch.⟩ *Zusammenschluss zu einem einheitl., übernationalen Marktgebiet* **4** ⟨Politik⟩ *Aufeinanderabstimmung der Ziele (z.B. in der EU, in der NATO);* europäische ~ *Zusammenarbeit europ. Staaten durch Bildung übernationaler Organe* **5** ⟨Sprachw.⟩ *Verschmelzung verschiedener Sprachen od. Mundarten zu einer gemeinsamen Schriftsprache* [< lat. *integratio* »Wiederherstellung eines Ganzen«; → *integer*]
■ **In|te|gra|ti|ons|grad** ⟨m.; -(e)s, -e⟩ *Maß für die Packungsdichte elektronischer Bauelemente (je höher der Integrationsgrad, um so leistungsfähiger u. kleiner werden die entsprechenden Schaltungen)*
■ **In|te|gra|ti|ons|pro|zess** ⟨m.; -es, -e⟩ *Prozess der Integration;* der ~ gerät ins Stocken, ist weit fortgeschritten, muss gefördert werden
■ **in|te|gra|tiv** ⟨Adj.⟩ *integrierend, einfügend;* ~e Gesamtschule *Typ der Gesamtschule, bei dem die verschiedenen Schularten zusammengefügt sind, der Unterricht findet in leistungsdifferenzierenden Kursen statt;* Ggs *additive G., kooperative G.*
■ **In|te|gra|tor** ⟨m.; -s, -to|ren⟩ *Rechenmaschine zur automat. Ausführung von Integrationsrechnungen*
■ **in|te|grie|ren** ⟨V.⟩ **1** *zu einem Ganzen bilden, ergänzen, vervollständigen;* ~d *zum Ganzen notwendig, zur Vervollständigung erforderlich, wesentlich;* ein ~der Bestandteil **2** *das Integral berechnen von* [< lat. *integrare* »wiederherstellen, ergänzen«; → *integer*]
■ **in|te|grie|rend** ⟨Adj.⟩ *für das Ganze notwendig, unerlässlich;* ein ~er Bestandteil
■ **In|te|grier|ge|rät** ⟨n.; -(e)s, -e⟩ *einfache Zählvorrichtung für Integrationsaufgaben geringen Schwierigkeitsgrades*
■ **in|te|griert** ⟨Adj.⟩ **1** *einbezogen, eingefügt, ergänzt* **2** ~e Gesamtschule *weiterführende Schulform, die neben Unterricht, der für die gesamte Klasse erteilt wird, Fachkurse mit unterschiedlichen Leistungsstandards anbietet u. die Trennung zwischen Hauptschule, Realschule u. Gymnasium aufhebt* **3** ~e Schaltung ⟨Abk.: IC⟩ *elektron. Schaltung, bei der zahlreiche Transistoren u. andere Bauelemente auf einer gemeinsamen Grundplatte zu einer Einheit zusammengefasst sind*
■ **In|te|grie|rung** ⟨f.; -, -en⟩ *das Integrieren, Integriertwerden*
■ **In|te|gri|tät** ⟨f.; -; unz.⟩ **1** *Vollständigkeit* **2** *Unversehrtheit, Unberührtheit* **3** *Reinheit, Makellosigkeit, Rechtschaffenheit, Redlichkeit* [< lat. *integritas* »Unversehrtheit«; → *integer*]
In|te|gu|ment ⟨n.; -s, -e⟩ **1** ⟨Bot.⟩ *Hülle des*

Samens **2** ⟨Zool.⟩ *Haut, Körperdecke* [< lat. *integumentum* »Bedeckung, Decke, Hülle«]

In|tel|lekt ⟨m.; -(e)s; unz.⟩ *Verstand, Denkvermögen* [< lat. *intellectus* »Wahrnehmung, Einsicht«]

in|tel|lek|tu|al ⟨Adj.⟩ *den Intellekt betreffend, von ihm ausgehend*

in|tel|lek|tu|a|li|sie|ren ⟨V.⟩ **1** *einer intellektuellen Betrachtung unterziehen, intellektuell erfassen, untersuchen* **2** *etwas auf unangemessene u. einseitige Weise rein intellektuell betrachten;* er muss jedes Thema immer gleich ~

In|tel|lek|tu|a|lis|mus ⟨m.; -; unz.⟩ **1** *Auffassung, die dem Verstand vor den Willens- u. Gemütskräften den Vorrang gibt;* → a. *Voluntarismus* **2** *einseitig verstandesmäßiges Denken*

In|tel|lek|tu|a|list ⟨m.; -en, -en⟩ *Anhänger des Intellektualismus*

in|tel|lek|tu|a|lis|tisch ⟨Adj.⟩ *auf dem Intellektualismus beruhend, den Verstand übermäßig betonend*

In|tel|lek|tu|a|li|tät ⟨f.; -; unz.⟩ *Verstandesmäßigkeit, Fähigkeit des intellektuellen Erfassens*

in|tel|lek|tu|ell ⟨Adj.⟩ **1** *den Intellekt betreffend, auf ihm beruhend* **2** *den Verstand, das Verstandesmäßige betonend, betont geistig* [< frz. *intellectuel* »verstandesmäßig, geistig« < lat. *intellectualis* »geistig«]

In|tel|lek|tu|el|le(r) ⟨f. 2 (m. 1)⟩ *Verstandesmensch, Geistesarbeiter, Wissenschaftler, Akademiker*

In|tel|li|gence Ser|vice ⟨[intɛlidʒəns sə:vis] m.; - -; unz.⟩ *brit. Geheim- u. Nachrichtendienst* [< engl. *intelligence* »Intelligenz; Information« + *service* »Dienst«]

in|tel|li|gent ⟨Adj.⟩ **1** *einsichtsvoll* **2** *schnell auffassend, klug, geistig begabt* [< lat. *intelligens* »einsichtsvoll, verständig«]

In|tel|li|genz ⟨f.; -; unz.⟩ **1** *Einsicht* **2** *rasche Auffassungsgabe, Klugheit, geistige Begabung, Verstandeskraft* **3** *Gesamtheit der geistig Schaffenden* [< lat. *intelligentia* »Begriff, Idee, Einsicht, Verständnis«]

In|tel|li|genz|al|ter ⟨n.; -s, -⟩ *mit einem Intelligenztest ermittelte Höhe der Intelligenz, die der eines durchschnittlich begabten Menschen in einem bestimmten Alter entspricht*

In|tel|li|genz|bes|tie ⟨[-tiə] f.; -, -n; umg.⟩ *jmd., der sehr intelligent ist (u. dazu sehr selbstbewusst auftritt);* woher soll ich das wissen, ich bin ja keine ~! ⟨umg.; scherzh.⟩

In|tel|li|gen|zia ⟨f.; -; unz.⟩ **1** *Gesamtheit der Intellektuellen in den sozialistischen Staaten* **2** ⟨abwertend⟩ *intellektuelle Elite eines Landes* [< russ. *intelligenzija*]

In|tel|li|genz|ler ⟨m.; -s, -; abwertend⟩ *jmd., der zur Intelligenz(3) gehört*

In|tel|li|genz|quo|ti|ent ⟨m.; -en, -en; Abk.: IQ⟩ *aus dem Verhältnis Intelligenzalter : Lebensalter errechnetes Maß für die Höhe der Intelligenz*

In|tel|li|genz|test ⟨m.; -s, -s⟩ *psychodiagnostisches Verfahren zur Prüfung der Intelligenz*

in|tel|li|gi|bel ⟨Adj.⟩ *nur gedanklich, nicht anschaulich erfassbar, nicht sinnlich wahrnehmbar;* die intelligible Welt *die nur geistig wahrnehmbare Ideenwelt* [< lat. *intelligibilis* »sinnlich wahrnehmbar, verständlich, begreiflich«]

INTELSAT *von einem internationalen Fernmeldekonsortium im Weltraum stationierte Nachrichtensatelliten, mit denen ein weltumspannendes Funk- u. Fernsehnetz aufgebaut wird* [verkürzt < *In*ternational *Tel*ecommunications *Sat*ellite Organization]

In|ten|dant ⟨m.; -en, -en⟩ **1** *militär. Verwaltungsbeamter, Vorsteher einer Intendantur* **2** *Leiter eines Theaters od. Rundfunksenders* **3** = *Präfekt(3)* [frz., »Aufseher, Verwalter«, < lat. *intendere* »seine Aufmerksamkeit auf etwas richten«]

In|ten|dan|tur ⟨f.; -, -en⟩ **1** *Amt eines Intendanten* **2** ⟨früher⟩ *Wirtschaftsverwaltungsbehörde, Verwaltungsbehörde des Heeres*

In|ten|danz ⟨f.; -, -en⟩ **1** *Leitung eines Theaters od. eines Rundfunksenders* **2** *Amtsräume eines Theater- od. Rundfunkintendanten*

in|ten|die|ren ⟨V.⟩ *beabsichtigen, neigen zu, erstreben;* oV *intentionieren* [< lat. *intendere* »seine Aufmerksamkeit auf etwas richten«]

In|ten|si|me|ter ⟨n.; -s, -⟩ *Gerät zum Messen der Strahlenintensität, bes. von Röntgenstrahlen* [< lat. *intensio* »Spannung« + *...meter*]

In|ten|si|on ⟨f.; -, -en⟩ *Anspannung der inneren Kräfte, erhöhte innere Wirksamkeit* [< lat. *intensio* »Spannung«]

in|ten|si|o|nal ⟨Adj.⟩ **1** *in der Art einer Intension, sie betreffend;* Ggs *extensional(1)* **2** ⟨Math.⟩ *trotz äußerlicher Unterschiede inhaltsgleich;* Ggs *extensional(2)*

In|ten|si|tät ⟨f.; -; unz.⟩ oV *Intensivität* **1** *(innere) Anspannung, gespannte, gesteigerte Kraft, Eindringlichkeit;* Ggs *Extensität(1)* **2** *Ausmaß, Wirkungsstärke (einer Kraft)* **3** *Stärke, Leuchtkraft (von Farben, Tönen)* **4** ⟨Phys.; †⟩ *in bestimmten Einheiten gemessener Grad einer Kraft*

in|ten|siv ⟨Adj.⟩ **1** *angespannt, angestrengt;* ~ arbeiten **2** *stark kräftig;* ~e Wirkung **3** ~e Landwirtschaft *L. mit hoher Bodennutzung, hohem Aufwand u. Ertrag;* Ggs *extensive L.* **4** *tief, leuchtkräftig;* ~e Farben [< frz. *intensif* »eindringlich, stark«]

in|ten|si|vie|ren ⟨[-vi:-] V.⟩ *erhöhen, steigern, verstärken;* Ggs *extensivieren*

In|ten|si|vi|tät ⟨[-vi-] f.; -; unz.⟩ = *Intensität*

In|ten|siv|kurs ⟨m.; -es, -e⟩ *Kurs, in dem aufgrund intensiven Unterrichts in kurzer Zeit umfassende Kenntnisse vermittelt werden;* einen ~ für Wirtschaftsenglisch belegen

In|ten|siv|sta|ti|on ⟨f.; -, -en⟩ *Krankenhausstation zur Betreuung u. Überwachung lebensgefährlich erkrankter Personen unter Anwendung entsprechender Sofortmaßnahmen*

In|ten|si|vum ⟨[-vum] n.; -s, -va [-va]⟩ *die Verstärkung eines Geschehens ausdrückendes Verb,* z.B. „lauschen" zu „hören" [nlat.; zu lat. *intensus* »gespannt«]
In|ten|ti|on ⟨f.; -, -en⟩ **1** *Absicht, Bestreben, Vorhaben, Plan* **2** *Wundheilung* [< lat. *intentio* »Spannung, Aufmerksamkeit, Achtsamkeit«]
in|ten|ti|o|nal ⟨Adj.⟩ **1** *zweckbestimmt* **2** *auf etwas gerichtet, hinzielend* [→ *Intention*]
In|ten|ti|o|na|lis|mus ⟨m.; -; unz.; Philos.⟩ *Lehre, nach der nicht die Wirkung, sondern nur die Absicht einer Handlung für deren moralische Bewertung ausschlaggebend ist*
In|ten|ti|o|na|li|tät ⟨f.; -; unz.⟩ *Zielgerichtetsein, Zielstrebigkeit*
in|ten|ti|o|nell ⟨Adj.⟩ *zielgerichtet, zweckbestimmt* [→ *Intention*]
in|ten|ti|o|nie|ren ⟨V.⟩ = *intendieren*
in|ter..., **In|ter...** ⟨in Zus.⟩ *zwischen..., Zwischen...* [< lat. *inter* »zwischen, unter«]
in|ter|a|gie|ren ⟨V.⟩ *Interaktionen betreiben, aufeinander bezogen handeln;* die Schüler müssen lernen, besser zu ~ [< *inter...* + *agieren*]
In|ter|ak|ti|on ⟨f.; -, -en⟩ **1** *Wechselwirkung, wechselseitige Beeinflussung von Individuen od. Gruppen* **2** *wechselweises Vorgehen*
in|ter|ak|tiv ⟨Adj.⟩ **1** *in der Art einer Interaktion, auf ihr beruhend;* ~es Handeln; ~es Lernen **2** *verknüpfend, verbindend, sich gegenseitig ergänzend;* ~e Medien
in|ter|al|li|iert ⟨a. [----'-] Adj.⟩ *mehrere Verbündete betreffend, mehreren Verbündeten gemeinsam*
In|ter|ci|ty ⟨[-siti] m.; -s,-s; Abk.: IC; kurz für⟩ *Intercityzug*
In|ter|ci|ty|ex|press ⟨[-siti-] m.; - od. -es, -e; Pl. selten; Abk.: ICE; kurz für⟩ *Intercityexpresszug*
In|ter|ci|ty|ex|press|zug ⟨[-siti-] m.; -(e)s, -züge; Abk.: ICE⟩ *Eisenbahnzug der Deutschen Bahn AG, der mit einer Höchstgeschwindigkeit von 250 km/h gefahren wird* [< lat. *inter* »zwischen« + engl. *city* »Stadt« + *Express*]
In|ter|ci|ty|zug ⟨[-siti-] m.; -(e)s, -zü|ge; Abk.: IC⟩ *zwischen bestimmten Großstädten verkehrender Schnellzug* [< *inter...* + engl. *city* »Stadt« + *Zug*]
In|ter|den|tal ⟨m.; -s, -e⟩ *zwischen den Zähnen gebildeter Laut,* z.B. engl. „th"
in|ter|de|pen|dent ⟨Adj.⟩ *wechselseitig abhängig*
In|ter|de|pen|denz ⟨f.; -, -en⟩ *gegenseitige Abhängigkeit, Verflochtensein durch Abhängigkeit* [< *Inter...* + *Dependenz*]
In|ter|dikt ⟨n.; -(e)s, -e⟩ *Verbot gottesdienstl. Handlungen (als Kirchenstrafe)* [< lat. *interdictum* »Verbot«]
In|ter|dik|ti|on ⟨f.; -, -en⟩ **1** *Verbot, Untersagung* **2** *Entmündigung* [< lat. *interdictio* »Verbot«]
in|ter|dis|zi|pli|när, ⟨auch⟩ **in|ter|dis|zip|li|när** ⟨Adj.⟩ *mehrere Disziplinen umfassend;* ~e Forschung
in|ter|di|zie|ren ⟨V.⟩ *verbieten, untersagen* [< lat. *interdicere*]

Interesse (*Worttrennung am Zeilenende*) Bei fremdsprachlichen Zusammensetzungen, deren einzelne Bestandteile für den deutschen Muttersprachler nicht unbedingt ersichtlich sind, kann zwischen den einzelnen Bestandteilen (Morphemen) getrennt werden [< lat. *inter* »zwischen« + *esse* »sein«]. Möglich ist aber auch die Worttrennung nach Sprechsilben.

■ Die Buchstabenfolge **in|ter|e...** kann auch **in|te|re...** getrennt werden.

■ **in|ter|es|sant** ⟨Adj.⟩ **1** *Interesse weckend od. fordernd* **2** *beachtenswert, bedeutend, anregend;* ein ~er Mensch **3** *aufschlussreich;* das ist mir sehr ~!; der Hinweis, ihre Mitteilung war sehr ~ **4** *fesselnd, spannend, unterhaltend;* ein ~es Buch, Theaterstück; ~ erzählen; jetzt wird's erst ~ **5** *außergewöhnlich, eigenartig, auffällig;* sich ~ machen **6** ⟨Kaufmannsspr.⟩ *vorteilhaft;* ein ~es Angebot; das Angebot ist nicht ~ [< frz. *intéressant* »interessant, anziehend, fesselnd«]
■ **In|ter|es|se** ⟨n.; -s, -n⟩ **1** *Aufmerksamkeit, Beachtung;* großes, geringes, lebhaftes, reges, wachsendes ~ **2** *Anteilnahme, Wissbegierde;* ~ erregen, erwecken, zeigen; ihr besonderes ~ gilt der modernen Malerei; ich habe kein ~ an diesem Konzert; etwas mit großem ~ verfolgen **3** *Wunsch, etwas zu tun, Neigung;* ich habe das ~ daran verloren; geistige, literarische, naturwissenschaftliche, sportliche ~n; gemeinsame ~n; etwas aus ~ tun; ~ für Kammermusik **4** *Vorteil, Nutzen;* im ~ des Kunden, des Verbrauchers; sollten unsere ~n in diesem Punkt auseinander gehen, so...; unsere ~n berühren sich; jmds. ~n vertreten, wahren, wahrnehmen; er denkt nur an sein eigenes ~; er hat gegen das ~ seiner Firma gehandelt; in jmds. ~ handeln; das ist für mich nicht von ~ **5** ⟨Kaufmannsspr.⟩ *Nachfrage;* für diesen Artikel besteht kein, starkes, wenig ~ **6** ⟨Kaufmannsspr.; nur Pl.; †⟩ *Zinsen* [< lat. *interesse* »sich dazwischen befinden, dabei sein, teilnehmen« < *inter* »(da)zwischen« + *esse* »sein«]
■ **In|ter|es|sen|sphä|re,** ⟨auch⟩ **In|te|res|sens|phä|re** ⟨f.; -, -n⟩ *Einflussgebiet (von Staaten)*
■ **In|ter|es|sent** ⟨m.; -en, -en⟩ *jmdn., der Interesse an etwas hat, Bewerber, Kauflustiger;* ~en werden gebeten... [→ *Interesse*]
■ **In|ter|es|sen|tin** ⟨f.; -, -tin|nen⟩ *Frau, die Interesse an etwas hat, Bewerberin*
■ **in|ter|es|sie|ren** ⟨V.⟩ **1** jmdn. ~ *jmds. Interesse erregen* **2** sich für etwas ~ *Interesse(2,3) für etwas haben, etwas kennen lernen oder haben wollen;* sich für Kunst, für eine Ware ~ **3** sich für jmdn. ~ *jmdn. kennen lernen wollen* **4** jmdn. für eine Sache ~ *jmds. Aufmerk-*

samkeit, Anteilnahme auf eine S. lenken, bewirken, dass sich jmd. für eine S. einsetzt **5** interessiert sein; *aufgeschlossen sein;* vielseitig interessiert *für viele Dinge Interesse(1,2) habend* **6** an etwas interessiert sein *sich mit etwas beschäftigen wollen, etwas haben wollen* [< frz. *intéresser* »interessieren, Anteil nehmen«]

■ **in|ter|es|siert** ⟨Adj.⟩ *Interesse u. Anteilnahme bekundend, geistig rege u. aufgeschlossen;* ein sehr ~er Schüler

■ **In|ter|es|siert|heit** ⟨f.; -; unz.⟩ *das Interessiertsein (an etwas);* materielle ~ *materielles Interesse*

In|ter|face ⟨[-fɛis] n.; -s [-fɛisiz], -s [-fɛisiz]; EDV⟩ *(standardisierte) Übergangsstelle zwischen zwei Bereichen eines Computersystems* [engl., »Grenzfläche«]

in|ter|fas|zi|ku|lär ⟨Adj.⟩ *zum innerhalb der Markstrahlen liegenden Kambiumbereich gehörend* [< *inter…* + lat. *fascis* »Bund, Bündel«]

In|ter|fe|renz ⟨f.; -, -en⟩ **1** ⟨Phys.⟩ *durch die Überlagerung mehrerer Wellenzüge, die von der gleichen Quelle ausgehen, auftretende Erscheinungen, z.B. Verstärkung der Wellen an bestimmten Orten u. Schwächung an anderen* **2** ⟨Sprachw.⟩ *gegenseitiger Einfluss verschiedener Sprachen aufeinander, Überlagerung, Überschneidung* [< *Inter…* + lat. *ferre* »tragen«]

In|ter|fe|renz|far|be ⟨f.; -, -n⟩ *durch Brechung und Reflexion von Licht an der Oberfläche fester Stoffe od. beim Durchgang von Licht durch lichtdurchlässige Körper ausgelöste Farberscheinung*

in|ter|fe|rie|ren ⟨V.⟩ **1** *sich überlagern, überschneiden* **2** *sich gegenseitig beeinflussen* [→ *Interferenz*]

In|ter|fe|ro|me|ter ⟨n.; -s, -⟩ *Gerät, das die Interferenz von Lichtquellen (od. Schallwellen) für Messungen ausnützt* [< *Interferenz* + *…meter*]

In|ter|fe|ro|me|trie, ⟨auch⟩ **In|ter|fe|ro|met|rie** ⟨f.; -; unz.⟩ *Messverfahren mit Hilfe eines Interferometers*

in|ter|fe|ro|me|trisch, ⟨auch⟩ **in|ter|fe|ro|met|risch** ⟨Adj.⟩ *die Interferometrie betreffend, zu ihr gehörig, mit Hilfe der Interferenz messend*

In|ter|fe|ron ⟨n.; -s, -e⟩ *Stoff, der in einer von Viren infizierten Zelle gebildet wird, zum Zweck der gegenseitigen Selbsthemmung (neuerdings gegen durch Viren hervorgerufene Krebskrankheiten eingesetzt)*

In|ter|flow ⟨[-flou] m.; -s, -s; Geol.⟩ *unterirdischer, oberflächennaher Wasserabfluss, der noch nicht das Grundwasser erreicht* [< *Inter…* + engl. *flow* »Fluss«]

in|ter|frak|ti|o|nell ⟨Adj.⟩ *mehrere Parteifraktionen betreffend, ihnen gemeinsam, zwischen ihnen stattfindend*

In|ter|fri|go ⟨f.; -; unz.⟩ *europäische Organisation zur Abwicklung von Kühltransporten auf dem Schienenweg* [< *Inter…* + lat. *frigus* »Kälte, Frost, Kühlung«]

in|ter|ga|lak|tisch ⟨Adj.⟩ *zwischen den Galaxien*

in|ter|gla|zi|al ⟨Adj.⟩ *zwischen den Eiszeiten, aus der Interglazialzeit stammend*

In|ter|gla|zi|al ⟨n.; -s, -e⟩, **In|ter|gla|zi|al|zeit** ⟨f.; -, -en⟩ *zwischen den Eiszeiten liegender, warmer Zeitabschnitt, Zwischenzeit, Warmzeit*

In|ter|ho|tel ⟨n.; -s, -s; DDR⟩ *Hotel der besseren Kategorie* [verkürzt < *inter*national + *Hotel*]

In|te|ri|eur ⟨[ɛ̃terjø:r] n.; -s, -s od. -e⟩ **1** *Inneres, Innenraum;* Ggs *Exterieur(1)* **2** *Ausstattung eines Innenraums* **3** ⟨Mal.⟩ *Darstellung eines Innenraums* [< frz. *intérieur* »innere(-r, -s), inwendig«]

In|te|rim ⟨n.; -s, -s⟩ *Zwischenzeit, vorläufiger Zustand* [lat., »inzwischen«]

In|te|ri|mis|ti|kum ⟨n.; -s, -ken⟩ = *Interim*

in|te|ri|mis|tisch ⟨Adj.⟩ **1** *zeitweilig* **2** *einstweilig, vorläufig, vorübergehend*

In|te|rim|spra|che ⟨f.; -; unz.; Sprachw.⟩ *Zwischenstadium beim Erlernen einer Fremdsprache, in dem die neue Sprache zwar noch nicht beherrscht wird, jedoch bereits Grundkenntnisse vorhanden sind* [→ *Interim*]

In|ter|jek|ti|on ⟨f.; -, -en; Sprachw.⟩ *Ausruf zum Ausdruck von Freude, Schreck, Schmerz, Erstaunen, Bedauern usw., Empfindungswort,* z.B. ach!, au!, oh! [< lat. *interiectio* »das Dazwischenwerfen«]

in|ter|jek|ti|o|nell ⟨Adj.; Sprachw.⟩ *in der Art einer Interjektion, eine Interjektion betreffend, zu ihr gehörig*

in|ter|ka|lar ⟨Adj.⟩ *eingeschaltet (von Schaltjahren), Schalt…* [< lat. *intercalaris* »Schalt…«; zu *intercalare* »einschalten, einschieben«]

in|ter|kom|mu|nal ⟨Adj.⟩ *zwischen mehreren Gemeinden bestehend;* ein ~es Abkommen

in|ter|kon|fes|si|o|nell ⟨Adj.⟩ *mehrere Konfessionen, ihr Verhältnis zueinander betreffend;* ~er Gesprächskreis

in|ter|kon|ti|nen|tal ⟨Adj.⟩ *mehrere Kontinente betreffend, ihnen gemeinsam, sie verbindend*

In|ter|kon|ti|nen|tal|ra|ke|te ⟨f.; -, -n⟩ *(Nuklear-)Rakete, die einen anderen Erdteil erreichen kann*

in|ter|kos|tal ⟨Adj.⟩ *zwischen den Rippen liegend* [< *inter…* + *kostal*]

in|ter|kra|ni|al ⟨Adj.⟩ *im Schädelinnern liegend* [< *inter…* + lat. *cranium* »Schädel«]

in|ter|krus|tal ⟨Adj.; Geol.⟩ *innerhalb der Erdkruste gebildet od. abgelagert;* Sy *intrakrustal;* Ggs *superkrustal;* ~es Gestein

in|ter|kul|tu|rell ⟨Adj.⟩ *mehrere Kulturen betreffend, ihnen gemeinsam, sie verbindend;* ein ~er Austausch; eine ~e Veranstaltung

in|ter|kur|rent ⟨Adj.⟩ *dazwischentretend, hinzukommend* [< lat. *intercurrere* »dazwischenlaufen, dazukommen«]

In|ter|leu|kin ⟨n.; -s, -e; Med.⟩ *Vermittlersubstanz, die von den Leukozyten gebildet wird u.*

auf Wachstum, Differenzierung u. Aktivität der Zellen des Immunsystems wirkt

in|ter|li|ne|ar ⟨Adj.⟩ *zwischen den Zeilen eines fremdsprachigen, meist lat. Urtextes stehend* [< lat. *interlinere* »kitten; (durch Ausstreichen von Wörtern) fälschen«]

In|ter|li|ne|ar|glos|se ⟨f.; -, -n⟩ *zwischen die Textzeilen geschriebene Bemerkung, Erklärung*

In|ter|li|ne|ar|ver|si|on ⟨[-vɛr-] f.; -, -en⟩ *zwischen die Zeilen eines fremdsprachigen Textes geschriebene Übersetzung Wort für Wort (bes. bei lat. Vorlagen im frühen MA)*

In|ter|lin|gua ⟨f.; -; unz.⟩ *auf dem Lateinischen basierende Welthilfssprache* [verkürzt < *international* + lat. *lingua* »Sprache, Zunge«]

in|ter|lin|gu|al ⟨Adj.⟩ *mehrere Sprachen betreffend, ihnen gemeinsam*

In|ter|lin|gu|is|tik ⟨f.; -; unz.⟩ **1** *Zweig der vergleichenden Sprachwissenschaft, der sich auf synchronischer Ebene mit Gemeinsamkeiten und Unterschieden natürlicher Sprachen beschäftigt* **2** *Erforschung der Welthilfssprachen*

in|ter|lin|gu|is|tisch ⟨Adj.⟩ *die Interlinguistik betreffend, zu ihr gehörig*

In|ter|lock|ma|schi|ne ⟨f.; -, -n⟩ *eine Rundstrickmaschine für Interlockware* [< engl. *interlock* »ineinander greifen, sich durchdringen«]

In|ter|lock|wa|re ⟨f.; -, -n⟩ *auf der Interlockmaschine gestrickte, feine, doppelseitige, elastische Wirkware für Unterwäsche*

In|ter|lu|di|um ⟨n.; -s, -di|en; Mus.⟩ *(musikalisches) Zwischenspiel* [nlat., »Zwischenspiel«; zu lat. *interludere* »dazwischenspielen«]

In|ter|lu|ni|um ⟨n.; -s, -ni|en⟩ *Zeit des Neumonds* [< *Inter...* + lat. *luna* »Mond«]

In|ter|ma|xil|lar|kno|chen ⟨m.; -s, -⟩ *Zwischenkieferknochen* [< *Inter...* + *maxillar*]

In|ter|mé|di|aire ⟨[ɛ̃:tərmediɛ:r] f.; -, -s [-mediɛ:r]; Reitsp.⟩ *internationale Dressuraufgabe der Klasse S (schwer)* [frz., »dazwischenliegend«]

in|ter|me|di|är ⟨Adj.⟩ *zwischen zwei Dingen befindlich, ein Zwischenglied bildend, vermittelnd* [< frz. *intermédiaire,* »zwischen zwei Dingen befindlich, Zwischen..., Mittel...«]

In|ter|me|din ⟨n.; -s; unz.; Biol.⟩ *die Melanophoren stimulierendes Hormon, das den Farbwechsel bei Fischen u. Amphibien steuert*

In|ter|me|di|um ⟨n.; -s, -di|en; Mus.⟩ *kleines musikalisches Zwischenspiel (bei Schauspielen)* [< ital. *intermedio* < mlat. *intermedium* »Einschub, Zwischenraum«]

in|ter|mens|tru|al, ⟨auch⟩ **in|ter|menst|ru|al** ⟨Adj.⟩ *in der Zeit zwischen zwei Regelblutungen liegend* [< *inter...* + *menstrual*]

In|ter|mens|tru|um, ⟨auch⟩ **In|ter|menst|ru|um** ⟨n.; -s, -trua; Med.⟩ *Zeitraum zwischen zwei Regelblutungen* [→ *Menstruation*]

In|ter|mez|zo ⟨n.; -s, -s od. -mez|zi⟩ **1** ⟨im 17./18. Jh.⟩ *heiteres Zwischenspiel in Dramen od. Opern* **2** *kurzes, stimmungsvolles Musikstück* **3** *heiterer Zwischenfall* [ital., »Zwischenspiel«]

in|ter|mi|nis|te|ri|ell ⟨Adj.⟩ *zwischen mehreren Ministerien bestehend, ablaufend*

In|ter|mis|si|on ⟨f.; -, -en; Med.⟩ *zeitweiliges u. vorübergehendes Aussetzen der Krankheitssymptome* [< lat. *intermissio* »Unterbrechung«]

in|ter|mit|tie|ren ⟨V.; Med.⟩ *(zeitweilig) aussetzen, unterbrechen (von Krankheitssymptomen)* [< lat. *intermittere* »dazwischenliegen, unterbrechen, aussetzen«]

in|ter|mit|tie|rend ⟨Adj.⟩ *zeitweilig aussetzend u. wiederkehrend, mit Unterbrechungen erfolgend;* ~e **Behandlung** *über lange Zeit durchgeführte B. einer Krankheit mit dazwischenliegenden Pausen;* ~es **Fieber** *mit Unterbrechungen, in Schüben verlaufendes F.,* z.B. Malaria; ~e **Quellen** *zeitweise versiegende Q.;* ~er **Strom** *regelmäßig unterbrochener Gleichstrom* [< lat. *intermittere* »dazwischenlegen«]

in|ter|mo|le|ku|lar ⟨Adj.⟩ *sich zwischen zwei oder mehr Molekülen abspielend*

in|tern ⟨Adj.⟩ **1** *im Innern befindlich, innerlich;* Ggs *extern* **2** *Angelegenheiten innerhalb einer Gemeinschaft betreffend, nicht für Außenstehende bestimmt, vertraulich;* ~e Angelegenheit, Besprechung **3** *in einer Anstalt, einem Internat wohnend;* ~er Schüler [< lat. *internus* »der innere, inwendig«]

In|ter|na ⟨Pl. von⟩ *Internum*

In|ter|na|li|sa|ti|on ⟨f.; -; unz.; Psych.⟩ *das Internalisieren*

in|ter|na|li|sie|ren ⟨V.; Psych.⟩ *in sich aufnehmen, sich innerlich aneignen, als richtig erkennen u. in sich verarbeiten;* Ggs *externalisieren*

In|ter|na|li|sie|rung ⟨f.; -, -en; Psych.⟩ *das Internalisieren;* Ggs *Externalisierung*

In|ter|nat ⟨n.; -(e)s, -e⟩ *meist höhere Lehranstalt, deren Schüler(innen) in einem zur Schule gehörenden Heim wohnen u. verpflegt werden;* Ggs *Externat* [frz.; zu lat. *internus;* → *intern*]

in|ter|na|ti|o|nal ⟨Adj.⟩ *zwischen-, überstaatlich, nicht national begrenzt, mehrere Staaten bzw. Völker od. ihre Beziehungen zueinander betreffend;* Internationales **Olympisches Komitee** ⟨Abk.: IOK⟩ *oberste Behörde, die für alle mit den Olymp. Spielen zusammenhängenden Fragen zuständig ist;* Internationale **Einheit** ⟨Abk.: I.E.⟩ *durch internationale Vereinbarungen festgelegte Mengeneinheit für solche Arzneistoffe, die auf natürl. Wege aus Pflanzen, Organen usw. gewonnen werden (manche Antibiotika, Hormone usw.)*

In|ter|na|ti|o|na|le ⟨f.; -, -n; kurz für⟩ **1** *Internationale Arbeiterassoziation, zwischenstaatliche Vereinigung sozialist. Parteien (I., II. u. III. Internationale)* **2** *Kampflied der internationalen sozialist. Arbeiterbewegung*

in|ter|na|ti|o|na|li|sie|ren ⟨V.⟩ *international gestalten*

In|ter|na|ti|o|na|li|sie|rung ⟨f.; -, -en⟩ *das Internationalisieren, Internationalisiertwerden;* die

~ einer Sportart; eine ~ von Hygienevorschriften anstreben
In|ter|na|ti|o|na|lis|mus ⟨m.; -; unz.⟩ *Streben nach internationalem Zusammenschluss*
In|ter|na|ti|o|na|list ⟨m.; -en, -en⟩ *Anhänger, Verfechter des Internationalismus*
In|ter|na|ti|o|na|li|tät ⟨f.; -; unz.⟩ *internationaler Charakter od. Zustand*
In|ter|ne(r) ⟨f. 2 (m. 1)⟩ *im Internat wohnende Schülerin bzw. dort wohnender Schüler;* Ggs *Externe(r)*
In|ter|net ⟨n.; -s; unz.; EDV⟩ *internationales Computernetz, Verband lokaler Netzwerke mit mehreren Millionen Benutzern;* → a. *Arpanet, Intranet* [verkürzt < engl. *international* »international« + *net(work)* »Netz(werk)«]
In|ter|net|ca|fé ⟨n.; -s, -s⟩ *Café, Restaurant mit einer bestimmten Anzahl von Computerterminals, an denen die Gäste gegen eine Gebühr im Internet surfen können*
in|ter|nie|ren ⟨V.⟩ *in staatl. Gewahrsam nehmen;* Zivilpersonen eines feindl., Krieg führenden Staates ~ [< frz. *interner;* → *intern*]
In|ter|nie|rung ⟨f.; -, -en⟩ *das Internieren, staatl. Gewahrsam*
In|ter|nist ⟨m.; -en, -en⟩ *Facharzt für innere Krankheiten* [→ *intern*]
In|ter|nis|tin ⟨f.; -, -tin|nen⟩ *Fachärztin für innere Krankheiten*
in|ter|nis|tisch ⟨Adj.⟩ *die innere Medizin betreffend, zu ihr gehörig, mit ihrer Hilfe*
In|ter|no|di|um ⟨n.; -s, -di|en⟩ *verdicktes Zwischenglied eines Sprosses* [lat., »Raum zwischen zwei Gelenken od. Knoten« < *inter* »zwischen« + *nodus* »Knoten«]
In|ter|num ⟨n.; -s, -na⟩ *interne Angelegenheit, nur die Verhältnisse innerhalb einer Gemeinschaft betreffende Angelegenheit* [lat., »das innere, inwendig«]
In|ter|nun|ti|us ⟨m.; -, -ti|en⟩ *Botschafter, Geschäftsträger, bes. päpstl. Botschafter zweiten Ranges in weniger bedeutenden Ländern* [lat., »Unterhändler, Bote«]
in|ter|or|bi|tal ⟨Adj.⟩ *zwischen den Umlaufbahnen von Satelliten gelegen, für den Raum zwischen den Orbits vorgesehen* [< *inter...* + *orbital*]
in|ter|o|ze|a|nisch ⟨Adj.⟩ *mehrere Ozeane betreffend, sie verbindend*
in|ter|par|la|men|ta|risch ⟨Adj.⟩ *die Parlamente mehrerer Staaten betreffend;* Interparlamentarische Union ⟨Abk.: IPU⟩ *1888 gegründeter Zusammenschluss von Parlamentariern verschiedener Länder*
In|ter|pel|lant ⟨m.; -en, -en⟩ *Parlamentarier, der eine Interpellation einbringt* [< lat. *interpellans,* Part. Präs. zu *interpellare* »Einspruch erheben«]
In|ter|pel|la|ti|on ⟨f.; -, -en⟩ **1** ⟨†⟩ *Einspruch* **2** *Anfrage im Parlament an die Regierung* [< lat. *interpellatio* »Einspruch, Unterbrechung«]
in|ter|pel|lie|ren ⟨V.⟩ *eine Interpellation einbringen* [< lat. *interpellare* »Einspruch erheben«]
in|ter|pla|ne|tar, in|ter|pla|ne|ta|risch ⟨Adj.⟩ *zwischen den Planeten befindlich, sie verbindend*
In|ter|plu|vi|al ⟨[-vi-] n.; -s, -e⟩ **In|ter|plu|vi|al|zeit** ⟨[-vi-] f.; -, -en; Geol.⟩ *niederschlagsarme Phase im Gebiet der heutigen Tropen u. Subtropen während der Interglazialperioden;* → a. *Pluvialzeit*
In|ter|pol ⟨ohne Art.; Kurzw. für⟩ *Internationale Kriminalpolizeiliche Organisation*
In|ter|po|la|ti|on ⟨f.; -, -en⟩ **1** ⟨Math.⟩ *rechnerische Ergänzung zwischen zwei bekannten Werten, um einen Zwischenwert zu erhalten;* Ggs *Extrapolation* **2** ⟨Sprachw.⟩ *nachträgl. Einschieben von Wörtern od. Sätzen in einen Text sowie das Eingeschobene selbst* [< lat. *interpolatio* »Umgestaltung«]
in|ter|po|lie|ren ⟨V.⟩ **1** ⟨Math.⟩ *einen Zwischenwert feststellen von;* Ggs *extrapolieren* **2** ⟨Sprachw.⟩ *nachträglich einschieben, einfügen (in einen Text)* [< lat. *interpolare* »zurichten, umgestalten«]
In|ter|po|si|ti|on ⟨f.; -, -en; Med.⟩ **1** *chirurgische Zwischenlagerung von Weichteilen zwischen Knochenfragmenten* **2** *Einsetzen eines Gefäß- od. Sehnensegments* **3** *gynäkologischer Eingriff bei schweren Scheidenvorfällen, bei der die Gebärmutter zwischen Blase u. vorderer Scheidenwand eingelagert wird (Schauta-Wertheim-Operation)* **4** *chirurgischer Eingriff bei Otosklerose, bei dem die Gehörknöchelchen durch Kunststoff od. körpereigenes Gewebe ersetzt werden* [< lat. *interpositio* »das Einschieben«]
In|ter|pret ⟨m.; -en, -en⟩ **1** *Erklärer, Ausleger, Deuter (eines Kunstwerks od. einer Handlung)* **2** *Künstler als Vermittler eines (musikal.) Kunstwerks* [< lat. *interpres,* Gen. *interpretis* »Vermittler«]
In|ter|pre|ta|ti|on ⟨f.; -, -en⟩ **1** *Erklärung, Auslegung, Deutung;* → a. *Exegese* **2** *künstler. Wiedergabe;* ~ eines Musikstückes [< lat. *interpretatio* »Auslegung, Deutung«]
in|ter|pre|ta|tiv ⟨Adj.⟩ *auf Interpretation beruhend, deutend, erklärend;* ~e Beispiele, Bemerkungen
in|ter|pre|ta|to|risch ⟨Adj.⟩ *die Interpretation betreffend, hinsichtlich der Interpretation;* ein ~ gelungener Vortrag des Musikstücks; das ist ~ interessant
In|ter|pre|ter ⟨[intə:pritə(r)] m.; -s, -; EDV⟩ *Programm, das (im Gegensatz zu einem Compiler) ein Quellprogramm Schritt für Schritt interpretiert u. jeden Schritt sofort ausführt* [engl., »Übersetzer«]
in|ter|pre|tie|ren ⟨V.⟩ sprachlich, sachlich, künstlerisch ~ *erklären, auslegen, deuten*
in|ter|pun|gie|ren ⟨V.; selten für⟩ *interpunktieren* [< lat. *interpungere* »(Wörter) durch Punkte unterscheiden od. abteilen«; zu *pungere* »stechen«]
in|ter|punk|tie|ren ⟨V.⟩ *mit Satzzeichen versehen* [→ *Interpunktion*]
In|ter|punk|ti|on ⟨f.; -, -en⟩ *Anwendung von*

Satzzeichen nach bestimmten Regeln, Zeichensetzung [< lat. *interpunctio* »Unterscheidung, Abteilung (der Wörter) durch Punkte«; → *interpungieren*]

In|ter|rail ⟨[-rɛil] ohne Art.⟩ *ermäßigter Fahrtarif für Jugendliche in europäischen Eisenbahnen* [verkürzt < *inter*national + engl. *rail* »Eisenbahn«]

In|ter|re|gio ⟨m.; -s, -s; Abk.: IR; kurz für⟩ *Interregiozug*

In|ter|re|gi|o|zug ⟨m.; -(e)s, -zü|ge; Abk.: IR⟩ *überregionaler Zug der Deutschen Bahn AG mit gehobenem Komfort, der zahlreiche Großstädte anfährt* [< lat. *inter* »zwischen« + *regio* »Linie, Richtung«]

In|ter|re|gnum, ⟨auch⟩ **In|ter|reg|num** ⟨n.; -s, -gnen od. -gna⟩ **1** *Zwischenregierung, vorläufige Regierung* **2** *Zeitraum, während dessen eine solche Regierung herrscht* [lat., »Zwischenregierung«]

In|ter|re|na|lis|mus ⟨m.; -; unz.; Med.⟩ *Beeinflussung der Ausbildung des Körpers u. der Geschlechtsmerkmale durch Überproduktion von Nebennierenhormonen* [< *Inter...* + *...renal*]

in|ter|ro|ga|tiv ⟨Adj.; Gramm.⟩ *fragend* [< lat. *interrogativus* »fragend«]

In|ter|ro|ga|tiv ⟨n.; -s, -e [-və]; Gramm.⟩ = *Interrogativpronomen*

In|ter|ro|ga|tiv|ad|verb ⟨n.; -s, -bi|en od. -ben; Gramm.⟩ *Adverb, das der Einleitung einer Frage dient,* z.B. wo?, warum?

In|ter|ro|ga|tiv|pro|no|men ⟨n.; -s, - od. -mi|na; Gramm.⟩ *Pronomen, das der Einleitung einer Frage dient, Fragefürwort,* z.B. wer?, welcher?

In|ter|ro|ga|tiv|satz ⟨m.; -es, -sät|ze; Gramm.⟩ *Fragesatz*

In|ter|ro|ga|ti|vum ⟨[-vum] n.; -s, -va [-va]; Gramm.⟩ = *Interrogativpronomen*

In|ter|rup|tio ⟨f.; -, -ti|o|nes; Med.⟩ *künstl. Schwangerschaftsabbruch;* oV *Interruption* [lat., »Unterbrechung«]

In|ter|rup|ti|on ⟨f.; -, -en⟩ **1** ⟨Med.⟩ = *Interruptio* **2** ⟨†⟩ *Unterbrechung, Störung* [→ *Interruptio*]

In|ter|rup|tus ⟨m.; -; unz.; umg.⟩ = *Coitus Interruptus*

In|ter|sex ⟨n.; -es, -e; Zool.⟩ *geschlechtl. Zwischenform, nicht fortpflanzungsfähiges Lebewesen, das sich teils männlich, teils weiblich entwickelt hat;* → a. *Hermaphrodit* [< *Inter...* + lat. *sexus* »Geschlecht«]

In|ter|se|xu|a|li|tät ⟨f.; -; unz.⟩ *das Auftreten von Merkmalen, die dem anderen Geschlecht zukommen;* → a. *Hermaphroditismus*

in|ter|se|xu|ell ⟨Adj.⟩ *geschlechtl. eine Zwischenstufe einnehmend*

In|ter|shop ⟨[-ʃɔp] m.; -s, -s; DDR⟩ *Geschäft, in dem man Lebens- u. Genussmittel nur gegen westliche Währung kaufen konnte* [< *inter*national + engl. *shop* »Laden«]

in|ter|sta|di|al ⟨Adj.; Geol.⟩ *eine kurze Warmphase während einer Eiszeit betreffend, aus ihr stammend;* → a. *interglazial* [< *inter...* + *stadial*]

in|ter|stel|lar ⟨Adj.⟩ *zwischen den Fixsternen befindlich;* ~e Materie *staub- u. gasförmige M. zwischen den Fixsternen*

in|ter|sti|ti|ell ⟨Adj.; Zool.⟩ *in Zwischenräumen gelegen, diese ausfüllend, z.B. von Geweben od. Gewebsflüssigkeiten* [zu lat. *interstitium* »Zwischenraum«]

In|ter|sti|ti|um ⟨n.; -s, -ti|en⟩ **1** *Zwischenraum, Zwischengebilde (zwischen Organen)* **2** ⟨Pl.; kath. Kirche⟩ Interstitien *vorgeschriebene Zwischenzeit zwischen dem Empfang zweier geistl. Weihen* [lat., »Zwischenraum«]

in|ter|sub|jek|tiv ⟨Adj.⟩ *dem Bewusstsein verschiedener Personen gemeinsam*

in|ter|ter|ri|to|ri|al ⟨Adj.⟩ *die Gebiete mehrerer Staaten betreffend, ihnen gemeinsam, sie verbindend, zwischenstaatlich* [< lat. *inter...* + *territorial*]

In|ter|tri|go ⟨f.; -, -gi|nes⟩ *Hautentzündung, wobei durch Reibung aufeinander liegender Hautstellen die Haut wund gerieben wird (z.B. zwischen den Oberschenkeln), Wolf* [lat., »wund geriebene Stelle, Wolf«]

In|ter|type ⟨[-taip] f.; -, -s; Ⓦⓩ⟩ *eine Zeilengusssetzmaschine* [engl.; zu lat. *inter* »zwischen« + engl. *type* »Drucktype«]

In|ter|vall ⟨[-val] n.; -s, -e⟩ **1** *Zwischenraum, Zwischenzeit, Abstand, Pause* **2** ⟨Mus.⟩ *Höhenunterschied zwischen zwei Tönen, die gleichzeitig od. nacheinander klingen* [< lat. *intervallum* »Zwischenraum«]

In|ter|vall|trai|ning ⟨[-valtreː-] n.; -s, -s⟩ *sportl. Training, bei dem Perioden stärkerer u. geringerer Belastung miteinander wechseln*

In|ter|ve|ni|ent ⟨[-ve-] m.; -en, -en⟩ *jmd., der (bes. in Rechtsstreitigkeiten) vermittelnd eingreift, sich einmischt* [< lat. *interveniens,* Part. Präs. zu *intervenire;* → *intervenieren*]

in|ter|ve|nie|ren ⟨[-ve-] V.⟩ *dazwischentreten, einschreiten, sich einmischen, vermitteln* [< lat. *intervenire* »dazwischen-, dazukommen, -treten«]

In|ter|ven|ti|on ⟨[-vɛn-] f.; -, -en⟩ **1** *Dazwischentreten, Einmischung, Eingreifen, Vermittlung* **2** *Einmischung eines Staates in die Angelegenheiten eines anderen* **3** *Eintritt eines Dritten für einen Wechselschuldner, Ehreneintritt* [< lat. *interventio* »Dazwischenkunft«]

In|ter|ven|ti|o|nis|mus ⟨[-vɛn-] m.; -; unz.; Pol.⟩ *in die freie Marktwirtschaft punktuell eingreifende, nicht systematische Wirtschaftspolitik* [→ *Intervention*]

in|ter|ven|ti|o|nis|tisch ⟨[-vɛn-] Adj.⟩ *den Interventionismus betreffend, auf ihm beruhend*

in|ter|ver|te|bral, ⟨auch⟩ **in|ter|ver|teb|ral** ⟨[-vɛr-] Adj.⟩ *zwischen den Wirbeln (liegend)*

In|ter|view ⟨[-vjuː] od. ['---] n.; -s, -s⟩ *Befragung (meist bekannter Persönlichkeiten) durch Presse- od. Rundfunkvertreter* [engl., »Zusammenkunft, Unterredung«]

in|ter|view|en, ⟨auch⟩ **in|ter|vie|wen** ⟨[-vjuːən]

V.; bes. Funk u. TV⟩ *ein Interview abhalten mit, befragen*

In|ter|view|er, ⟨auch⟩ **In|ter|vie|wer** ⟨[-vju:ə(r)] m.; -s, -⟩ *der Fragesteller in einem Interview*

In|ter|vi|si|on ⟨[-vi-] f.; -; unz.⟩ *Zusammenschluss osteuropäischer Rundfunk- u. Fernsehorganisationen zum Austausch von Fernsehprogrammen;* → a. *Eurovision*

in|ter|ze|die|ren ⟨V.⟩ **1** für jmdn. ~ *eintreten, einspringen, sich verbürgen* **2** bei etwas ~ *vermitteln* [< lat. *intercedere* »vermitteln«]

in|ter|zel|lu|lar, in|ter|zel|lu|lär ⟨Adj.⟩ *zwischen den Zellen (liegend)*

In|ter|zel|lu|la|re ⟨f.; -, -n⟩ *Zwischenzellraum bei pflanzlichem Gewebe, bes. für die Durchlüftung*

In|ter|zes|si|on ⟨f.; -, -en⟩ **1** *das Interzedieren* **2** *Schuldübernahme durch Rechtsgeschäft*

in|ter|zo|nal ⟨Adj.⟩ **1** *zwischen den Zonen bestehend, mehrere Zonen betreffend* **2** ⟨i.e.S.; nach 1945⟩ **2.1** *die ehemaligen Besatzungszonen Deutschlands betreffend* **2.2** *die beiden Teile Deutschlands betreffend*

In|ter|zo|nen|tur|nier ⟨n.; -s, -e; Sp.⟩ *Schachturnier der Sieger u. Bestplazierten der einzelnen Länder zur Ermittlung der Teilnehmer am Kandidatenturnier*

in|tes|ta|bel ⟨Adj.; Rechtsw.⟩ *gesetzlich unfähig, ein Testament zu machen od. als Zeuge vor Gericht zu erscheinen;* eine intestable Person [< lat. *intestabilis* »unfähig vor Gericht Zeuge zu sein od. ein Testament zu machen«; zu *testis* »Zeuge«]

In|tes|tat|er|be ⟨m.; -n, -n⟩ *Erbe aufgrund des Gesetzes, ohne Testament* [< lat. *intestatus* »jmd., der kein Testament gemacht hat«; zu *testis* »Zeuge«]

in|tes|ti|nal ⟨Adj.⟩ *zum Darm gehörend, Eingeweide...* [< lat. *intestina* »Eingeweide«]

In|tes|ti|num ⟨n.; -s, -nen od. -na; Med.⟩ *Darm, Eingeweide* [lat.]

In|thro|ni|sa|ti|on ⟨f.; -, -en⟩ *feierl. Einsetzung eines neuen Fürsten od. Papstes, Thronerhebung;* Sy *Inthronisierung* [< *In...*[1] + grch. *thronos* »Stuhl, Thron«]

in|thro|ni|sie|ren ⟨V.⟩ *feierlich einsetzen (Fürsten, Papst)*

In|thro|ni|sie|rung ⟨f.; -, -en⟩ = *Inthronisation*

In|ti|fa|da ⟨f.; -; unz.; seit 1987⟩ *Oppositionsbewegung der Palästinenser gegen die israelische Besetzung des Westjordanlandes u. des Gazastreifens* [arab., »Aufstand, Erhebung«]

in|tim ⟨Adj.⟩ **1** *vertraut, innig, eng;* ~er Freund; mit jmdm. sehr ~ sein **2** *vertraulich, nicht für andere bestimmt;* ~e Mitteilungen **3** *anheimelnd, gemütlich, lauschig;* ~e Beleuchtung; ~es Lokal **4** *geschlechtlich, sexuell;* ~er Verkehr; mit jmdm. ~ werden *Geschlechtsverkehr beginnen* [< lat. *intimus* »der innerste«]

In|ti|ma ⟨f.; -; unz.⟩ **1** *innerste Schicht der Blutgefäßwand* **2** *innige Freundin, Vertraute* [lat., »die innerste«]

In|tim|hy|gi|e|ne ⟨f.; -; unz.⟩ *Körperpflege im Bereich der Geschlechtsorgane*

In|ti|mi|tät ⟨f.; -, -en⟩ **1** ⟨unz.⟩ *Vertrautheit, Innigkeit (einer Freundschaft)* **2** ⟨unz.⟩ *Vertraulichkeit (von Gesprächen)* **3** ⟨unz.⟩ *Traulichkeit, Gemütlichkeit (eines Raumes)* **4** ⟨zählb.⟩ *persönliche, vertrauliche Angelegenheit;* über ~en sprechen; ~en austauschen **5** ⟨zählb.⟩ *sexuelle Handlung;* es kam zu ~en [→ *intim;* beeinflusst von frz. *intimité* »Intimität«]

In|tim|sphä|re, ⟨auch⟩ **In|tims|phä|re** ⟨f.; -, -n⟩ **1** *meist sorgfältig abgeschirmter Bereich des persönlichen Lebens* **2** ⟨i.e.S.⟩ *Geschlechtsleben*

In|tim|spray ⟨[-sprɛi] od. [-ʃpre:] n.; -s, -s⟩ *desodorierendes Spray für den äußeren Bereich der Geschlechtsorgane*

In|ti|mus ⟨m.; -, -mi; †⟩ *enger Freund, Vertrauter* [lat., »der innerste«]

In|tim|zo|ne ⟨f.; -, -n⟩ *Bereich der Geschlechtsorgane des menschl. Körpers*

in|to|le|rant ⟨Adj.⟩ *unduldsam (gegen Andersdenkende, Andersgläubige);* Ggs *tolerant* [< lat. *intolerans* »unduldsam«; zu *tolerare* »ertragen«]

In|to|le|ranz ⟨f.; -, -en⟩ *Unduldsamkeit;* Ggs *Toleranz* [< lat. *intolerantia* »Unduldsamkeit«; zu *tolerare* »ertragen«]

In|to|na|ti|on ⟨f.; -; unz.⟩ **1** ⟨im gregorian. Gesang⟩ *Vorsingen der ersten Worte durch den Priester* **2** *Art der Tongebung, Tonansatz beim Singen od. Spielen eines Instruments;* reine, unreine, weiche ~ **3** *Tonanschlag zum Stimmen der Instrumente* **4** *letzte Verbesserung an Instrumenten, bes. Orgelpfeifen, sowie das Ergebnis* **5** *Tonansatz beim Erzeugen eines silbenbildenden Lautes* **6** *Satzmelodie* [→ *intonieren*]

in|to|nie|ren ⟨V.⟩ **1** einen **Gesang** ~ *anstimmen, in Tonart und Tonhöhe richtig beginnen* **2** einen **Ton** ~ *die Stimmbänder auf einen Ton einstellen u. diesen richtig treffen* **3** einen **Satz** ~ *ihn entsprechend den Regeln der Sprache in seiner wechselnden Tonhöhe wiedergeben* [< lat. *intonare* »die Stimme vernehmen lassen«]

in to|to *im Ganzen* [lat.]

In|to|xi|ka|ti|on ⟨f.; -, -en⟩ *Vergiftung* [< *In...*[1] + grch. *toxon* »Pfeilgift«]

■ Die Buchstabenfolge **in|tr...** kann auch **int|r...** getrennt werden. Davon ausgenommen sind Zusammensetzungen, in denen die fremdsprachigen bzw. sprachhistorischen Bestandteile deutlich als solche erkennbar sind, z.B. *-transigent, -transitiv.*

■ **in|tra..., In|tra...** ⟨in Zus.⟩ *zwischen, innen, innerhalb* [lat.]

■ **in|tra|ab|do|mi|nal, in|tra|ab|do|mi|nell** ⟨Adj.⟩ *innerhalb des Abdomens (liegend)*

■ **in|tra|al|ve|o|lar** ⟨[-ve-] Adj.⟩ *innerhalb der Alveolen (liegend)*

■ **in|tra|a|xo|nal** ⟨Adj.⟩ *zwischen den Nervenfasern (liegend)* [< *intra…* + grch. *axon* »Achse«]

■ **In|tra|bi|li|tät** ⟨f.; -; unz.⟩ *Eintritt von Stoffen in das Zellplasma durch die Plasmamembran* [zu lat. *intrabilis* »zugänglich«]

■ **In|tra|da, In|tra|de** ⟨f.; -, -den; in der Barockmus.⟩ *Eröffnungs-, Einleitungsstück, Aufzugsmusik* [span., »Eingang« < lat. *intrare* »eintreten«]

■ **in|tra|gla|zi|al** ⟨Adj.; Geol.⟩ *im Gletscherinneren auftretend* [< lat. *intra…* + *glazial*]

■ **in|tra|glu|tä|al** ⟨Adj.⟩ *in den großen Gesäßmuskel hinein;* ~e Injektion [< *intra…* + lat. *glutaeus* »Gesäßmuskel«]

■ **in|tra|in|di|vi|du|ell** ⟨[-vi-] Adj.⟩ *in einem Individuum vorgehend, ablaufend;* ein ~er Prozess, Vorgang

■ **in|tra|kar|di|al** ⟨Adj.; Med.⟩ *innerhalb des Herzens (gelegen), ins Herz hinein;* ~e Injektion [< *intra…* + *kardial*]

■ **in|tra|kon|ti|nen|tal** ⟨Adj.; Geol.⟩ *in einen Kontinent eingelagert (von Einbruchs- u. Ingressionsmeeren)*

■ **in|tra|kra|ni|al, in|tra|kra|ni|ell** ⟨Adj.; Med.⟩ *innerhalb des Schädels (liegend)* [< *intra…* + lat. *cranium* »Schädel«]

■ **in|tra|krus|tal** ⟨Adj.; Geol.⟩ = *interkrustal*

■ **in|tra|ku|tan** ⟨Adj.; Med.⟩ *in der Haut (gelegen), in die Haut hinein;* ~e Injektion [< *intra…* + *kutan*]

■ **in|tra|lin|gu|al** ⟨Adj.; Sprachw.⟩ *innersprachlich, zum System einer Sprache gehörig, innerhalb einer Sprache auftretend;* Ggs *extralingual*

■ **in|tra|lum|bal** ⟨Adj.; Med.⟩ *im Lendenwirbelkanal, in ihn hinein* [< *intra…* + lat. *lumbus* »Lende«]

■ **in|tra|mo|le|ku|lar** ⟨Adj.⟩ ~e Reaktionen *chem. Reaktionen, die sich durch Umwandlung innerhalb eines Moleküls abspielen*

■ **in|tra|mon|tan** ⟨Adj.; Geol.⟩ *zwischen Gebirgen gelegen, in ein Gebirge eingesenkt* [< lat. *intra…* + *montan*]

■ **in|tra|mun|dan** ⟨Adj.⟩ *innerhalb dieser Welt;* Ggs *extramundan* [< *intra…* + lat. *mundanus* »weltlich«; zu *mundus* »Welt«]

■ **in|tra mu|ros** *nicht öffentlich* [lat., »innerhalb der Mauern«]

■ **in|tra|mus|ku|lär** ⟨Adj.; Med.⟩ *innerhalb des Muskels (gelegen), in den Muskel hinein;* ~e Injektion

■ **In|tra|net** ⟨n.; -s, -s; EDV⟩ *internes Netzwerk in Unternehmen, das mit Hilfe des Internets aufgebaut wird;* → a. *Arpanet* [< *Intra…* + engl. *net(work)* »Netz(werk)«]

in|tran|si|gent ⟨Adj.⟩ *unversöhnlich, keiner Verhandlung, keinem Ausgleich zugänglich, unnachgiebig* [< *in…*[1] + lat. *transigere* »ausgleichen, vermitteln«]

In|tran|si|gent ⟨m.; -en, -en⟩ *unversöhnlicher Parteimann*

In|tran|si|genz ⟨f.; -; unz.⟩ *Unversöhnlichkeit, Unnachgiebigkeit* [→ *intransigent*]

in|tran|si|tiv ⟨Adj.; Gramm.⟩ *nicht zielend;* Ggs *transitiv;* ~e Verben *V., die kein Akkusativobjekt nach sich ziehen u. von denen man nur ein unpersönl. Passiv bilden kann,* z.B. „schlafen", „helfen" [< lat. *intransitivus* »nicht (auf ein Objekt) übergehend«; zu *transire* »hinübergehen«]

In|tran|si|tiv ⟨n.; -s, -e [-və]⟩, **In|tran|si|ti|vum** ⟨[-vum] n.; -s, -va [-va]⟩ *intransitives Verb;* Ggs *Transitiv, Transitivum*

in|tran|si|ti|vie|ren ⟨[-viː-] V.; Gramm.⟩ *ein transitives Verb in ein intransitives Verb umwandeln, z.B. „stehlen" in „bestehlen";* Ggs *transitivieren*

In|tran|si|ti|vi|tät ⟨[-vi-] f.; -; unz.⟩ *das Intransitivsein, intransitive Beschaffenheit (von Verben);* Ggs *Transitivität*

■ **in|tra|o|ku|lar** ⟨Adj.; Med.⟩ *innerhalb des Auges*

■ **in|tra|o|ral** ⟨Adj.; Med.⟩ *innerhalb der Mundhöhle* [< *intra…* + lat. *os,* Gen. *oris* »Mund«]

■ **in|tra|per|so|nal** ⟨Adj.⟩ *in einer Person vorgehend, ablaufend, nur eine Person betreffend*

■ **in|tra|pul|mo|nal** ⟨Adj.; Med.⟩ *innerhalb des Lungengewebes gelegen* [< *intra…* + *pulmo* »Lunge«]

■ **in|tra|u|te|rin** ⟨Adj.; Med.⟩ *innerhalb des Uterus*

■ **In|tra|u|te|rin|pes|sar** ⟨n.; -s, -e; Med.⟩ *Fremdkörper in Form einer Schleife od. Spirale, der zur Empfängnisverhütung in die Gebärmutter eingelegt wird*

■ **in|tra|va|gi|nal** ⟨[-va-] Adj.; Med.⟩ *innerhalb der Vagina (liegend)*

■ **In|tra|va|gi|nal|tam|pon** ⟨[-va-] m.; -s, -s; Med.⟩ *während der Menstruation innerhalb der Scheide getragener Tampon*

■ **in|tra|ve|nös** ⟨[-ve-] Adj.; Med.⟩ *in eine Vene hinein;* ~e Injektion

■ **in|tra|zel|lu|lar, in|tra|zel|lu|lär** ⟨Adj.; Med.⟩ *innerhalb der Zellen, in einer Zelle (gelegen)*

■ **in|tra|zo|nal** ⟨Adj.⟩ *innerhalb einer Zone gelegen, in ihr stattfindend*

■ **in|tri|gant** ⟨Adj.⟩ *gern Intrigen spinnend, hinterlistig, ränkesüchtig* [frz., »ränkesüchtig«]

■ **In|tri|gant** ⟨m.; -en, -en⟩ *jmd., der gern Intrigen spinnt, Ränkeschmied*

■ **In|tri|ganz** ⟨f.; -; unz.⟩ *intrigantes Verhalten*

■ **In|tri|ge** ⟨f.; -, -n⟩ *hinterlistige Handlung, Machenschaft, Ränkespiel;* Sy *Kabale* [< frz. *intrigue* »Ränke, Intrige«]

■ **in|tri|gie|ren** ⟨V.⟩ *Intrigen spinnen, hinterlistig handeln, Ränke schmieden;* gegen jmdn. ~ [< frz. *intriguer*]

in|trin|sisch ⟨Adj.; bes. Psych.⟩ *aus dem Innern, von innen kommend, von innen bewirkt;* Ggs *extrinsisch;* ~e Motivation [< engl. *intrinsic* < lat. *intrinsecus* »inwendig, innerlich«]

■ **In|tro** ⟨n.; -s, -s od. f.; -, -s; TV⟩ *(mit Musik unterlegter) Vorspann für eine Sendung* [verkürzt < *Intro*duktion]

■ **in|tro..., In|tro...** ⟨in Zus.⟩ *nach innen, hinein, ein...* [lat.]
■ **In|tro|duk|ti|on** ⟨f.; -, -en⟩ **1** *Einführung* **2** *Vorspiel, Einleitungssatz (eines Musikstücks)* [< lat. *introductio* »Einführung«]
■ **In|tro|i|tis** ⟨f.; -, -i|ti|den⟩ *Entzündung des Scheideneingangs* [< *Intro...* + *...itis*]
■ **In|tro|i|tus** ⟨m.; -, -⟩ **1** *Chorgesang beim Einzug des Priesters* **2** *Einleitungslied im evang. Gottesdienst* **3** *Einleitungssatz (eines Orgelstückes)* **4** ⟨Anat.⟩ *Eingang (bes. der Scheide)* [lat., »Eingang, Eintritt«]
■ **In|tro|jek|ti|on** ⟨f.; -, -en; Psych.⟩ *Übernahme von Verhaltensweisen, Anschauungen* [< *intro...* + lat. *iacere* »werfen«]
■ **in|tro|ji|zie|ren** ⟨V.⟩ *in die eigenen Anschauungen aufnehmen, einbeziehen;* fremde Anschauungen, Ideale, Vorstellungen ~ [< *intro...* + pro*jizieren*]
■ **In|tron** ⟨n.; -s, -s⟩ *nicht kodierender Abschnitt der DNA, intervenierende Sequenz;* → a. *Exon*
■ **in|trors** ⟨Adj.; Bot.⟩ *nach innen gewendet;* Ggs *extrors;* ~e Staubbeutel [< lat. *introrsus* »nach innen gewendet«]
■ **In|tro|spek|ti|on,** ⟨auch⟩ **Int|ros|pek|ti|on** ⟨f.; -, -en⟩ *Selbstbeobachtung* [< lat. *introspicere* »hineinsehen«; nach *Inspektion* gebildet]
■ **in|tro|spek|tiv,** ⟨auch⟩ **int|ros|pek|tiv** ⟨Adj.⟩ *durch innere Schau, durch Selbsterkenntnis* [< *intro...* + lat. *spectare* »sehen, anschauen, betrachten«]
■ **In|tro|ver|si|on** ⟨[-vɛr-] f.; -; unz.; Psych.⟩ *nach der Typenlehre C. G. Jungs vorwiegende Konzentration auf das eigene Seelenleben bei vermindertem Interesse für die Außenwelt;* Ggs *Extraversion* [→ *introvertiert*]
■ **in|tro|ver|siv** ⟨[-vɛr-] Adj.⟩ *zur Introversion neigend, auf ihr beruhend*
■ **in|tro|ver|tiert** ⟨[-vɛr-] Adj.⟩ *nach innen gekehrt, auf das eigene Seelenleben gerichtet;* Ggs *extravertiert* [< *intro...* + lat. *vertere* »wenden«]
■ **In|tru|si|on** ⟨f.; -; unz.; Geol.⟩ *das Eindringen von Magma in die Erdkruste* [frz.]
■ **In|tru|si|ons|schutz** ⟨m.; -es; unz.⟩ *Technik, mit der das unerwünschte Eindringen von Personen oder anderen Lebewesen in einen bestimmten Bereich verhindert wird*
■ **in|tru|siv** ⟨Adj.⟩ *die Intrusion betreffend, zu ihr gehörig, aus ihr entstanden*
■ **In|tru|siv|ge|stein** ⟨n.; -s, -e; Geol.⟩ *durch Intrusion entstandenes Gestein* [< frz. *roches intrusives*]
In|tu|ba|ti|on ⟨f.; -, -en; Med.⟩ *Einführung eines Gummi-, Plastik- od. Metallrohrs in die Luftröhre* [< *In...*[1] + lat. *tuba* »Trompete«]
in|tu|bie|ren ⟨V.; Med.⟩ *eine Intubation vornehmen, einen Schlauch od. ein Rohr vom Mund od. von der Nase aus in die Luftröhre einführen, z.B. zu Narkosezwecken*
In|tu|i|ti|on ⟨f.; -, -en⟩ **1** *Eingebung, unmittelbare Anschauung ohne wissenschaftl. Erkenntnis* **2** *Fähigkeit, verwickelte Vorgänge sofort richtig zu erfassen* [< mlat. *intuitio* »unmittelbare Anschauung«]
in|tu|i|tiv ⟨Adj.⟩ *auf Intuition beruhend, durch Intuition erfasst;* Ggs *diskursiv* [< mlat. *intuitivus* »auf unmittelbarer Anschauung beruhend«]
In|tu|mes|zenz, In|tur|ges|zenz ⟨f.; -, -en⟩ *Anschwellung, bes. die durch Blutandrang bewirkte Anschwellung der Schwellkörper von Geschlechtsorganen bei sexueller Erregung;* Ggs *Detumeszenz* [< lat. *intumescere, inturgescere* »anschwellen«; zu *tumor* »Geschwulst« bzw. *turgor* »das Strotzen«]
in|tus ⟨Adj.⟩ *innen, inwendig;* etwas ~ haben ⟨umg.⟩ *gegessen, getrunken haben;* Vokabeln ~ haben ⟨fig.; umg.⟩ *verstanden, im Gedächtnis haben* [lat., »innen, inwendig«]
In|tus|sus|zep|ti|on ⟨f.; -; unz.⟩ **1** = *Invagination* **2** *Einlagerung von Zellulosemolekülen in die Zellwände von wachsenden Pflanzen* [< *intus* + lat. *susceptio* »Aufnahme«]
in ty|ran|nos! *gegen die Tyrannen!* [lat.]
I|nu|it ⟨m.; - od. -s, - od. -s⟩ *nordamerikan. od. grönländ. Eskimo* [eskim., »Männer, Menschen«, Pl. zu *inuk* »Mann, Mensch«]
I|nu|lin ⟨n.; -s; unz.⟩ *aus Fruchtzucker aufgebautes Polysaccharid, das als Reservestoff bei den Korbblütlern auftritt u. als Diätkost für Diabetiker geeignet ist* [< lat. *inula* »Alant«]
In|un|da|ti|on, ⟨auch⟩ **I|nun|da|ti|on** ⟨f.; -, -en⟩ *Überschwemmung durch Senkung des Landes od. Stauen der Gewässer* [< lat. *inundatio* »Überschwemmung«; zu *unda* »Welle«]
In|unk|ti|on, ⟨auch⟩ **I|nunk|ti|on** ⟨f.; -, -en⟩ *Einreibung, Salbung* [< lat. *inunctio* »Einreibung mit Salbe«; zu *unguentum* »Salbe«]
in|va|die|ren ⟨[-va-] V.; geh.⟩ *in fremdes Gebiet einfallen;* → a. *Invasion* [< lat. *invadere* »gewaltsam hineingehen, eindringen, überfallen«]
In|va|gi|na|ti|on ⟨[-va-] f.; -; unz.⟩ *Einstülpung eines Darmabschnittes in den nächsten, was Darmverschluss zur Folge haben kann;* Sy *Intussuszeption(1)* [< *In...*[1] + *Vagina*]
in|va|lid, in|va|li|de ⟨[-va-] Adj.⟩ *durch Krankheit, Unfall od. Kriegsverletzung arbeitsunfähig od. behindert* [< frz. *invalide* »gebrechlich«]
In|va|li|de(r) ⟨[-va-] f.2 (m.1)⟩ *durch Krankheit, Unfall od. Kriegsverletzung* (Kriegs~) *arbeitsunfähig gewordener od. arbeitsbehinderter Mensch*
in|va|li|di|sie|ren ⟨[-va-] V.⟩ *amtlich für invalid erklären*
In|va|li|di|tät ⟨[-va-] f.; -; unz.⟩ *starke Beeinträchtigung der Arbeitsfähigkeit* [< frz. *invalidité* »Gebrechlichkeit«]
in|va|ri|a|bel ⟨[-va-] Adj.⟩ *unveränderlich;* invariable Größe; Ggs *variabel*
in|va|ri|ant ⟨a. [-va-'-] Adj.⟩ *bei bestimmten Vorgängen unverändert bleibend;* Ggs *variant*
In|va|ri|an|te ⟨[-va-] f.; -, -n⟩ *unveränderl. Größe, mathemat. Größe, die bei bestimmten Umformungen unverändert bleibt*

In|va|ri|anz ⟨[-va-] f.; -; unz.⟩ *Unveränderlichkeit bestimmter mathematischer od. physikalischer Größen gegenüber Koordinatentransformationen*

In|var|stahl ⟨[-va:r-] m.; -(e)s; unz.; ⓦ⟩ *Stahllegierung, die keine Längenänderung bei wechselnden Temperaturverhältnissen aufweist* [verkürzt < *Invarianz*]

In|va|si|on ⟨[-va-] f.; -, -en⟩ **1** *(feindl.) widerrechtl. (bewaffneter) Einbruch in fremdes Staatsgebiet* **2** ⟨fig.; iron.⟩ *Eintreffen unerwünscht vieler Personen* **3** *Eindringen von Krankheitserregern, deren Nachkommenschaft den Organismus des Wirtes verlässt;* →a. *Infektion* [< lat. *invasio* »Angriff, gewaltsame Inbesitznahme«]

in|va|siv ⟨[-va-] Adj.; Med.⟩ *in das umgebende Gewebe hineinwuchernd (in Bezug auf Krebszellen);* ein ~er Tumor

In|va|sor ⟨[-va:-] m.; -s, -so|ren; meist Pl.⟩ *jmd., der widerrechtl. in fremdes Gebiet eindringt* [lat., »Eroberer«]

In|vek|ti|ve ⟨[-vɛkti:və] f.; -, -n⟩ *Beleidigung, Beschimpfung, Schmährede* [< frz. *invective* »Beleidigung«]

In|ven|tar ⟨[-vɛn-] n.; -s, -e⟩ **1** *Verzeichnis der zu einem Raum, Haus, Grundstück gehörenden Gegenstände od. zu einem Betrieb, einer Vermögensmasse (z.B. Erbe) gehörenden Gegenstände, Vermögenswerte u. Schulden* **2** *die Gegenstände selbst* **3** *Einrichtung, Bestand;* lebendes ~ *Tiere;* totes ~ *Möbel, Geräte, Vermögenswerte* [< lat. *inventarium* »Vermögensverzeichnis«]

In|ven|ta|ri|sa|ti|on ⟨[-vɛn-] f.; -, -en⟩ = *Inventarisierung*

in|ven|ta|ri|sie|ren ⟨[-vɛn-] V.⟩ *Gegenstände in eine Liste des Inventars aufnehmen*

In|ven|ta|ri|sie|rung ⟨[-vɛn-] f.; -, -en⟩ *das Inventarisieren, Inventarisiertwerden;* Sy *Inventarisation*

In|ven|ti|on ⟨[-vɛn-] f.; -, -en⟩ **1** ⟨†⟩ *Erfindung* **2** ⟨Mus.⟩ *eine besondere Art der musikalischen Erfindung (bei C. Jannequin für seine Programm-Chansons, bei J. S. Bach für kleine zwei- u. dreistimmige Klavierstücke im Imitationsstil)* **3** ⟨Rhet.⟩ *Vorbereitungsphase einer Rede, in der es um die Ausformulierung von Argumenten u. die Sammlung von Material geht* [< lat. *inventio* »Erfindung, Entdeckung«]

In|ven|tur ⟨[-vɛn-] f.; -, -en⟩ *Bestandsaufnahme, Aufstellung eines Inventars* [< mlat. *inventura*]

in|vers ⟨[-vɛrs] Adj.⟩ *umgekehrt, entgegengesetzt* [< lat. *inversus*]

In|ver|si|on ⟨[-vɛr-] f.; -, -en⟩ **1** ⟨allg.⟩ *Umkehrung* **2** ⟨Gramm.⟩ *Umkehrung der normalen Wortfolge,* z.B. grün ist die Heide **3** ⟨Mus.⟩ *Umkehrung, Gegenbewegung einer Tonfolge* **4** ⟨Med.⟩ *Umstülpung (der Gebärmutter, der Eingeweide)* **5** = *Homosexualität* **6** ⟨Genetik⟩ *innerhalb desselben Chromosoms nach doppeltem Bruch erfolgende Umkehr eines Chromosomenstückes* **7** ⟨Chem.⟩ *Umkehrung der Drehungsrichtung bei optisch aktiven Verbindungen* **8** ⟨Meteor.⟩ *atmosphärische Sperrschicht, in der die Temperatur bis zu einer bestimmten Höhe ansteigt* **9** = *Reliefumkehr* [< lat. *inversio* »Umkehrung«]

In|ver|te|brat, ⟨auch⟩ **In|ver|teb|rat** ⟨[-vɛr-] m.; -en, -en⟩ *wirbelloses Tier;* Sy *Evertebrat;* Ggs *Vertebrat* [< *In...*[1] + lat. *vertebra* »Wirbelknochen«]

In|ver|ter ⟨[-vœ:tə(r)] m.; -s, -⟩ *ein Gerät zur Umwandlung u. Modulation von gesprochenen Worten, durch das z.B. Funkkanäle gegen Abhören geschützt werden* [< engl. *invert* »umkehren, umwenden, umstülpen«]

in|ver|tie|ren ⟨[-vɛr-] V.⟩ *umkehren, versetzen* [< lat. *invertere*]

in|ver|tiert ⟨[-vɛr-] Adj.⟩ **1** *umgekehrt* **2** = *homosexuell*

In|vert|zu|cker ⟨[-vɛrt-] m.; -s, -⟩ *das bei der Spaltung von optisch rechtsdrehendem Rohrzucker durch Säuren od. Fermente entstehende, optisch linksdrehende Gemisch seiner Komponenten Glucose u. Fructose* [zu lat. *invertere* »umwenden, umkehren«]

in|ves|tie|ren ⟨[-vɛs-] V.⟩ **1** jmdn. ~ *in ein Amt einweisen* **2** *zum Zwecke der Investition(1-3) anlegen, schaffen;* Kapital, Arbeit, Zeit (in etwas) ~; sein Geld bei der Bank ~ [< lat. *investire* »einkleiden, bekleiden«; zu *vestis* »Kleid«]

in|ves|ti|ga|tiv ⟨[-vɛs-] Adj.⟩ *nachforschend, enthüllend, aufdeckend;* ~er Journalismus [zu lat. *investigare* »erforschen, aufspüren«]

in|ves|ti|gie|ren ⟨[-vɛs-] V.⟩ *nachforschen, nachspüren, untersuchen* [< lat. *investigare* »erforschen, aufspüren«]

In|ves|ti|ti|on ⟨[-vɛs-] f.; -, -en⟩ **1** *Beschaffung von Produktionsmitteln* **2** *Kapitalanlage zur Investition(1)* **3** *planmäßig auf zukünftigen Nutzen gerichtete Tätigkeit* [< nlat. *investitio* »Einkleidung, Bekleidung«; zu lat. *vestis* »Kleid«]

In|ves|ti|ti|ons|för|de|rung ⟨[-vɛs-] f.; -, -en; Wirtsch.⟩ *Schaffung von (staatlichen) Anreizen zur Erhöhung der Investitionsbereitschaft*

In|ves|ti|ti|ons|gü|ter ⟨[-vɛs-] Pl.; Wirtsch.⟩ *Produkte, die als Investition dienen,* z.B. Maschinen für die Fertigung von Waren; Ggs *Konsumgüter*

In|ves|ti|tur ⟨[-vɛs-] f.; -, -en⟩ *Einweisung, Einsetzung (bes. eines Geistlichen) in ein Amt;* Sy *Vestitur;* Ggs *Devestitur* [< mlat. *investitura* »Einkleidung«; zu lat. *vestis* »Kleid«]

in|ves|tiv ⟨[-vɛs-] Adj.⟩ *zur Investition bestimmt;* Ggs *konsumtiv*

In|ves|tiv|lohn ⟨[-vɛs-] m.; -(e)s, -löh|ne⟩ *als Spareinlage verwendeter, zwangsgebundener Teil des Lohns*

In|vest|ment ⟨[-vɛst-] n.; -s, -s⟩ *Investition* [engl.]

In|vest|ment|fonds ⟨[-vɛstməntfɔ̃:] m.; -, - [-fɔ̃:s]; Wirtsch.⟩ *Bestand an Wertpapieren (von Kapitalgesellschaften)*

In|vest|ment|ge|schäft ⟨[-vẹst-] n.; -(e)s, -e; Wirtsch.⟩ *Beschaffung u. Anlage von Kapitalmitteln als Investmentfonds* [→ *Investment*]
In|vest|ment|ge|sell|schaft ⟨[-vẹst-] f.; -, -en; Wirtsch.⟩ *Gesellschaft zur Anlage von Kapital*
In|vest|ment|trust ⟨[-vẹstməntträst] m.; -s, -s; Wirtsch.⟩ *Investmentgesellschaft* [engl.]
In|vest|ment|zer|ti|fi|kat ⟨[-vẹst-] n.; -(e)s, -e; Wirtsch.⟩ *Anteilsschein an einem Investmentfonds* [→ *Investment*]
In|ves|tor ⟨[-vẹs-] m.; -s, -to|ren; Wirtsch.⟩ *jmd., der etwas (Kapital) investiert*
in vi|no ve|ri|tas ⟨[-vi:no ve:-]⟩ *im Wein ist Wahrheit, d.h. Betrunkene plaudern die Wahrheit aus* [lat.]
in|vi|si|bel ⟨[-vi-] Adj.⟩ *unsichtbar;* Ggs *visibel* [<lat. *invisibilis*]
in vi|tro, ⟨auch⟩ **in vit|ro** ⟨[-vi:-]⟩ *beim Versuch im Reagenzglas, im Laborversuch durchgeführt* [lat., »im Glase«]

> **In-vitro-Fertilisation** (*Schreibung mit Bindestrich*) Zwischen allen Bestandteilen mehrteiliger Zusammensetzungen, in denen eine Wortgruppe mit Bindestrich auftritt, wird ein Bindestrich gesetzt. Dies gilt auch, wenn ein Teil der Zusammensetzung aus einem Einzelbuchstaben oder einer Abkürzung besteht (→a. *IC-Analyse*).

In-vi|tro-Fer|ti|li|sa|ti|on, ⟨auch⟩ **In-vit|ro-Fer|ti|li|sa|ti|on** ⟨[-vi:-]; f.; -, -en; Abk.: IVF⟩ *Befruchtung außerhalb des Mutterleibes, wobei aus den Eierstöcken reife Eizellen entnommen u. im Reagenzglas mit Samenzellen befruchtet werden* [lat., »Befruchtung im Glas«]
in vi|vo ⟨[-vi:vo:]⟩ *im lebendigen Organismus, bei Versuchen mit der lebenden Zelle* [lat.]
In|vo|ca|bit ⟨[-vo-]; kath. Kirche⟩, **In|vo|ca|vit** ⟨[-voka:vit]; ev. Kirche⟩ *der erste Passionssonntag, sechster Sonntag vor Ostern* [lat., »er wird (mich, d.h. Gott) anrufen« bzw. »er hat mich angerufen«, Psalm 91,15]
In|vo|ka|ti|on ⟨[-vo-] f.; -, -en⟩ *Anrufung Gottes* [<lat. *invocatio* »Anrufung«]
In|vo|lu|ti|on ⟨[-vo-] f.; -, -en⟩ **1** ⟨Math.⟩ *eine Abbildung, die gleich ihrer Umkehrung ist; Transformation, bei der das Bild des Bildes das Original ist* **2** *normale Rückbildung (z.B. der Gebärmutter nach der Geburt od. als Alterserscheinung)* [<lat. *involutio* »Einwicklung, Hülle, Verwicklung«]
in|vol|vie|ren ⟨[-vɔlvi:-] V.⟩ **1** *in sich schließen, enthalten* **2** *verwickeln, beteiligen, hineinziehen;* in etwas involviert sein [<lat. *involvere* »einwickeln, verwickeln«]
In|zẹst ⟨m.; -es, -e⟩ **1** *engste Inzucht* **2** *Geschlechtsverkehr zwischen Blutsverwandten, Blutschande* [<lat. *incestus* »Unzucht, Blutschande«]
in|zes|tu|ös ⟨Adj.⟩ *in der Art eines Inzests(2), blutschänderisch*
In|zi|dẹnz ⟨f.; -, -en od. -zi|en⟩ **1** ⟨†⟩ *Vorfall, Eintritt eines Ereignisses* **2** ⟨Geom.⟩ *Relation, die in den Axiomen der Geometrie zwischen den Punkten u. Geraden od. zwischen den Punkten u. Ebenen erklärt wird* **3** ⟨Wirtsch.⟩ *Auswirkungen von finanzpolitischen Maßnahmen auf die Einkommensverteilung* **4** ⟨Med.⟩ *Neuerkrankungsrate in einem definierten Zeitraum* [zu frz. *incidence* »Vorfall« <lat. *incidere* »hineinfallen, einschneiden«]
in|zi|die|ren ⟨V.; Med.⟩ **1** *einschneiden, einkerben* **2** *eine Inzision vornehmen an* [<lat. *incidere* »einschneiden«]
in|zi|pi|ẹnt ⟨Adj.; Med.⟩ *beginnend (von Krankheitssymptomen)* [<lat. *incipiens* »beginnend«]
In|zi|si|on ⟨f.; -, -en⟩ *Einschnitt, das Einschneiden in ein Gewebe, z.B. bei Eröffnung eines Abszesses* [<lat. *incisio*]
In|zi|siv ⟨m.; -s, -en [-vən]⟩, **In|zi|siv|zahn** ⟨m.; -(e)s, -zäh|ne⟩ *Schneidezahn* [zu nlat. *incisivus* »einschneidend«]
In|zi|sur ⟨f.; -, -en⟩ *in einer Einbuchtung bestehende Formbesonderheit eines Organs, z.B. eines Knochens* [<lat. *incisura* »Einschnitt«]
IOC ⟨Abk. für engl.⟩ *International Olympic Committee*
IOK ⟨Abk. für⟩ *Internationales Olympisches Komitee*
I.O.M. ⟨Abk. für⟩ *Iovi optimo maximo*
I|on ⟨[io:n] od. [i:ɔn] od. [iọn] n.; -s, -en [io:nən]; Phys.⟩ *elektrisch geladenes Atom, Atomgruppe od. Molekül* [<grch. *ion,* Part. Präs. zu *ienai* »gehen«, eigtl. »wanderndes (Teilchen)«]
…i|on ⟨in Zus.⟩ *Suffix zur Substantivierung von Vorgangs-, Ergebnis-, Eigenschafts- u. Kollektivabezeichnungen, z.B. Explosion, Konfusion, Gravitation, Konstellation*
I|o|nen|aus|tau|scher ⟨[io:-] m.; -s, -⟩ *hochmolekularer Stoff, der die Eigenschaft hat, Ionen abzuspalten u. dafür andere in einer Lösung befindliche Ionen anzunehmen*
I|o|nen|do|sis ⟨[io:-] f.; -, -do|sen⟩ *zu therapeutischen od. wissenschaftlichen Zwecken eingesetzte, genau definierte Ionenmenge*
I|o|nen|re|ak|ti|on ⟨[io:-] f.; -, -en⟩ *chem. Reaktion, deren Ablauf maßgeblich durch die Anwesenheit von Ionen beeinflusst wird*
I|o|nen|strahl ⟨[io:-] m.; -s, -en⟩ *aus beschleunigten Ionen bestehender Teilchenstrahl*
I|o|nen|trieb|werk ⟨[io:-] n.; -(e)s, -e⟩ *in der Entwicklung befindl. Raketentriebwerk, das seine Schubkraft aus dem Ausstoß beschleunigter Ionen gewinnt*
I|o|ni|sa|ti|on ⟨[io:-] f.; -, -en⟩ *Erzeugung von Ionen durch Abspalten od. Anlagern von Elektronen;* Sy *Ionisierung* [→ *Ion*]
I|o|ni|sa|tor ⟨[io:-] m.; -s, -to|ren⟩ *Objekt, das durch die von ihm ausgehende Strahlung od. elektrische Energie die Bildung von Ionen bewirkt*
i|o|nisch ⟨[io:-] Adj.⟩ *zu Ionien od. den Ioniern gehörig, aus Ionien, von den Ioniern stammend;* Ionische **Inseln** *Inselkette an der Westküste Griechenlands, zu der u.a. Korfu, Ithaka*

u. Kythera gehören; ~e **Säule** *altgrch. Säulenform mit bes. Volutenkapitellen;* ~e **Tonart** *altgrch. Tonart, Kirchentonart mit dem Grundton c;* ~er **Dialekt** *auf den Ionischen Inseln gesprochener Dialekt des Altgriechischen* [nach den *Ioniern,* einem Stamm der alten Griechen]

i|o|ni|sie|ren ⟨[io:-] V.⟩ *eine Ionisation erzeugen bei*

I|o|ni|sie|rung ⟨[io:-] f.; -, -en⟩ = *Ionisation*

I|o|ni|um ⟨[io:-] n.; -s; unz.⟩ *radioaktives Zerfallsprodukt des Urans, Isotop des Thoriums*

I|o|non ⟨[io:-] n.; -s; unz.⟩ *hydroaromat. Verbindung von veilchenartigem Geruch, Baustein der Carotine u. des Vitamins A, Duftstoff in der Parfümerie;* oV *Jonon* [< grch. *ion* »Veilchen«]

I|o|no|sphä|re, ⟨auch⟩ **I|o|nos|phä|re** ⟨[io:-] f.; -; unz.⟩ *die ionisierten oberen Schichten der Atmosphäre* [< *Ion* + *Sphäre*]

I|o|ta ⟨[io:-] n.; - od. -s, -s⟩ = *Jota*[1]

I|o|vi op|ti|mo ma|xi|mo ⟨[io:vi-] Abk.: I.O.M.⟩ *Jupiter, dem Besten u. Größten (einleitende Weihinschrift);* → a. *Deo optimo maximo* [lat.]

I|pe|ka|ku|an|ha ⟨[-anja:] f.; -; unz.; Bot.⟩ *brasilianisches Rötegewächs, dessen Wurzeln als Brech- u. Hustenmittel verwendet werden: Urago ipecacuanha* [<port. *ipecacuanha* »Brechwurz«]

Ip|sa|ti|on ⟨f.; -, -en⟩ = *Masturbation* [zu lat. *ipse* »selbst«]

ip|se fe|cit ⟨Abk.: i. f.⟩ *er hat (es) selbst gemacht (Vermerk des Künstlers auf eigenhändig hergestellten Bildern, Stichen usw.)* [lat.]

Ip|sis|mus ⟨m.; -, -men⟩ = *Masturbation* [< lat. *ipse* »selbst«]

ip|sis|si|ma ver|ba ⟨[vɛr-]⟩ *seine eigenen Worte, genau diese Worte* [lat.]

ip|so fac|to 1 *durch die Tat selbst* **2** *eigenmächtig (eine Rechtsformel)* [lat.]

Ip|so|fon ⟨n.; -s, -e⟩ = *Ipsophon*

ip|so ju|re *durch das Recht selbst, von Rechts wegen, an u. für sich (eine Rechtsformel)* [lat.]

Ip|so|phon ⟨n.; -s, -e⟩ *automatischer Anrufbeantworter od. Antwortgeber;* oV *Ipsofon* [< lat. *ipse* »selbst« + *...phon*[2]]

IPU ⟨Abk. für⟩ *Interparlamentarische Union*

IQ ⟨Abk. für⟩ *Intelligenzquotient*

Ir ⟨chem. Zeichen für⟩ *Iridium*

IR ⟨Abk. für⟩ *Interregiozug*

I.R. ⟨Abk. für⟩ *Imperator Rex*

ir...[1], **Ir...**[1] ⟨Vors.⟩ = *in...*[1], *In...*[1]

ir...[2], **Ir...**[2] ⟨Vors.⟩ = *in...*[2], *In...*[2]

IRA ⟨engl. [aia:(r)ɛi] f.; -; unz.; Abk. für engl.⟩ *Irish Republican Army (irisch-republikan. Armee), irische Untergrundorganisation*

I|ra|nis|tik ⟨f.; -; unz.⟩ *Lehre von den iran. Sprachen u. Kulturen*

Ir|bis ⟨m.; -ses, -se⟩ *Raubkatze mit dichtem, weißlich grauem Pelz, Schneeleopard, bewohnt höhere Lagen Mittelasiens: Uncia uncia* [russ. <mongol. *irbis* u. kalmück. *irws*]

I|re|nik ⟨f.; -; unz.⟩ *Lehre vom Frieden, Teil der Theologie, die die Verständigung der verschiedenen christl. Konfessionen anstrebt* [< grch. *eirene* »Friede«]

i|re|nisch ⟨Adj.⟩ *auf der Irenik beruhend, friedfertig, friedliebend*

I|rid|ek|to|mie, ⟨auch⟩ **I|ri|dek|to|mie** ⟨f.; -, -n; Med.⟩ *operative Entfernung eines Teils der Regenbogenhaut;* Sy *Iridotomie* [< *Iris* + grch. *ektemnein* »ausschneiden«]

I|ri|di|um ⟨n.; -s; unz.; chem. Zeichen: Ir⟩ *silberweißes, sehr hartes Edelmetall, Ordnungszahl 77* [< grch. *iris,* Gen. *iridos* »Regenbogen«]

I|ri|do|lo|ge ⟨m.; -n, -n⟩ *jmd., der die Iridologie praktiziert, Augendiagnostiker*

I|ri|do|lo|gie ⟨f.; -; unz.⟩ *wissenschaftlich nicht zu bestätigendes Verfahren, aus der Regenbogenhaut u. ihren Veränderungen Rückschlüsse auf Krankheiten zu ziehen, Augendiagnose* [< *Iris* + *...logie*]

I|ri|do|to|mie ⟨f.; -, -n⟩ = *Iridektomie*

I|ris ⟨f.; -, -⟩ **1** ⟨grch. Myth.⟩ *Götterbotin als Personifikation des Regenbogens* **2** ⟨Anat.⟩ *im Auge der Wirbeltiere u. des Menschen der vordere, durch die Hornhaut hindurch sichtbare, freie Rand der Aderhaut, Regenbogenhaut* **3** ⟨Bot.⟩ *Schwertlilie* [< grch. *iris* »Regenbogen«]

I|ris|di|a|gnos|tik, ⟨auch⟩ **I|ris|di|ag|nos|tik** ⟨f.; -; unz.; Med.⟩ *Lehre von der Erkennung einer Krankheit anhand von Merkmalen der Iris*

I|rish|cof|fee, ⟨auch⟩ **I|rish Cof|fee** ⟨[airiʃkɔfi:] m.; (-) -, (-) -s⟩ *Kaffee mit Schlagsahne u. einem Schuss Whisky* [engl., »irischer Kaffee«]

I|rish|stew, ⟨auch⟩ **I|rish Stew** ⟨[airiʃstju:] n.; (-) - od. (-) -s; unz.⟩ *Eintopfgericht aus gekochtem Hammelfleisch mit Weißkraut u. Kartoffeln* [engl.]

i|ri|sie|ren ⟨V.⟩ *in Regenbogenfarben schillern* [→ *Iris*]

I|ri|tis ⟨f.; -, -ti|den⟩ *Regenbogenhautentzündung* [→ *Iris*]

I|ro|nie ⟨f.; -; unz.⟩ *hinter Ernst versteckter Spott, mit dem man das Gegenteil von dem ausdrückt, was man meint, seine wirkl. Meinung aber durchblicken lässt;* ~ des **Schicksals** ⟨fig.⟩ *zufälliges Ereignis, das dem erwarteten Verlauf überraschend widerspricht;* **romantische** ~ *spieler. Einstellung des Künstlers zum eigenen Werk, Spiel mit der eigenen Schöpfung* [< grch. *eironeia* »Ironie, Spott«; zu *eiron* »Schalk«]

I|ro|ni|ker ⟨m.; -s, -⟩ *iron. Mensch*

i|ro|nisch ⟨Adj.⟩ *auf Ironie beruhend, versteckt spöttisch, fein spöttelnd*

i|ro|ni|sie|ren ⟨V.⟩ *mit Ironie behandeln, versteckt lächerlich machen;* ein Ereignis ~

I|ron|man, ⟨auch⟩ **I|ron Man** ⟨[aiənmæn] m.; (-) -s, -men od. - Men [-mən]; Sp.⟩ **1** ⟨unz.⟩ *an einem Tag ausgetragener Wettkampf aus drei direkt aufeinander folgenden Disziplinen (3,8 km Schwimmen, 180 km Radfahren, Marathonlauf), Triathlon* **2** ⟨zählb.⟩ *ein Teilnehmer an diesem Wettkampf* [< engl. *iron* »eisern« + *man* »Mann«]

I|rons ⟨[aiənz] Pl.; Sp.; Golf⟩ *Eisenschläger;* Ggs *Woods* [< engl. *iron* »Eisen«]

I|ron|wo|man, ⟨auch⟩ **I|ron Wo|man** ⟨[aiənwumən]⟩ **1** ⟨m.; (-) -s; unz.; Sp.⟩ *mit denselben Bedingungen für Frauen ausgetragener Wettkampf des Ironman(1), Triathlon* **2** ⟨f.; (-) -, -wo|men od. - Wo|men [-wimin]; Sp.⟩ *eine Teilnehmerin an diesem Wettkampf* [< engl. *iron* »eisern« + *woman* »Frau«]

Ir|ra|di|a|ti|on ⟨f.; -, -en⟩ **1** *Ausstrahlung eines Schmerzes über den betroffenen Teil hinaus* **2** *optische Täuschung, die darin besteht, dass eine helle Figur auf dunklem Hintergrund größer erscheint als eine gleich große dunkle auf hellem Hintergrund* **3** *Ausstrahlen von Gefühlswerten auf neutrale Inhalte des Bewusstseins* [< *In…*[1] + *Radiation*]

ir|ra|di|e|ren ⟨V.⟩ *ausstrahlen, wie eine Irradiation wirken* [< spätlat. *irradiare* »strahlen, bestrahlen«]

ir|ra|ti|o|nal ⟨Adj.⟩ Ggs *rational* **1** *mit dem Verstand nicht erfassbar* **2** *vernunftswidrig* **3** *unberechenbar* **4** ~e Zahl ⟨*Math.*⟩ *Z., die weder ganze Zahl noch ein Quotient zweier ganzer Zahlen ist, z.B.* $\sqrt{x}$ [< lat. *irrationalis* »unvernünftig, ohne Anwendung der Vernunft«]

Ir|ra|ti|o|na|lis|mus ⟨m.; -; unz.⟩ *jede Lehre, die das Irrationale zu umgrenzen u. zur Geltung zu bringen sucht;* Ggs *Rationalismus(3)*

Ir|ra|ti|o|na|li|tät ⟨f.; -; unz.⟩ *Art u. Weise des Irrationalen, Unverstand, Unvernunft, Vernunftwidrigkeit;* Ggs *Rationalität*

ir|ra|ti|o|nell ⟨Adj.⟩ *nicht mit dem Verstand erfassbar;* Ggs *rationell* [frz. *irrationel* »vernunftwidrig« < lat. *irrationalis;* → *irrational*]

ir|re|al ⟨Adj.⟩ *nicht real, nicht wirklich, unwirklich, nicht der Wirklichkeit entsprechend;* Ggs *real* [→ *Irrealis*]

Ir|re|a|lis ⟨m.; -, -les; Gramm.⟩ *Modus der Unwirklichkeit, im Deutschen durch den Konjunktiv des Imperfekts od. Plusquamperfekts wiedergegeben,* z.B. ich wäre gekommen, hätte gesagt [mlat., »unsachlich, unwesentlich«; zu lat. *res* »Sache«]

Ir|re|a|li|tät ⟨f.; -, -en⟩ *Unwirklichkeit;* Ggs *Realität(3)*

Ir|re|den|ta ⟨f.; -, -den|ten⟩ *polit. Bewegung, die danach strebt, abgetrennte Gebiete mit einer nationalen Minderheit wieder dem Mutterland staatl. anzuschließen* [< ital. *Irredenta Italia* »das unerlöste, unbefreite Italien«]

Ir|re|den|tis|mus ⟨m.; -; unz.⟩ *Geisteshaltung der Irredentabewegung*

Ir|re|den|tist ⟨m.; -en, -en⟩ *Anhänger des Irredentismus*

ir|re|den|tis|tisch ⟨Adj.⟩ *den Irredentismus betreffend, darauf beruhend*

ir|re|du|zi|bel ⟨Adj.⟩ *nicht wiederherstellbar, nicht wieder zurückzuführen;* Ggs *reduzibel* [< *in…*[2] + *reduzibel*]

Ir|re|du|zi|bi|li|tät ⟨f.; -; unz.; Math.⟩ *Nichtableitbarkeit (einer Gleichung)*

ir|re|gu|lär ⟨Adj.⟩ **1** *von der Regel abweichend, ungesetzmäßig;* Ggs *regulär* **2** *vom Empfang der katholischen geistl. Weihen ausgeschlossen* [< *in…*[2] + *regulär*]

Ir|re|gu|la|ri|tät ⟨f.; -, -en⟩ **1** *Regelwidrigkeit, Unregelmäßigkeit, Ungesetzlichkeit;* Ggs *Regularität* **2** ⟨kath. Kirchenrecht⟩ *Hindernis, das vom Empfang der geistl. Weihen ausschließt* [→ *irregulär*]

ir|re|le|vant ⟨[-vant] Adj.⟩ *unerheblich, unbedeutend, geringfügig;* Ggs *relevant* [< *in…*[2] + *relevant*]

Ir|re|le|vanz ⟨[-vants] f.; -, -en⟩ *Unerheblichkeit, Geringfügigkeit;* Ggs *Relevanz*

ir|re|li|gi|ös ⟨Adj.⟩ *nicht religiös, religionslos;* Ggs *religiös* [< *in…*[2] + *religiös*]

Ir|re|li|gi|o|si|tät ⟨f.; -; unz.⟩ *Religionslosigkeit;* Ggs *Religiosität*

ir|re|pa|ra|bel ⟨Adj.⟩ Ggs *reparabel* **1** *nicht zu reparieren, nicht wiederherstellbar* **2** *nicht heilbar* [< *in…*[2] + *reparabel*]

Ir|re|pa|ra|bi|li|tät ⟨f.; -; unz.⟩ *Unmöglichkeit, einen Schaden od. Fehler wiedergutzumachen* [→ *irreparabel*]

ir|re|po|ni|bel ⟨Adj.; Med.⟩ *nicht in die normale od. alte Lage zurückzubringen (z.B. von Eingeweidebrüchen);* Ggs *reponibel* [zu lat. *reponere* »zurückbringen, wiederherstellen«]

ir|re|spi|ra|bel, ⟨auch⟩ **ir|res|pi|ra|bel** ⟨Adj.; Med.⟩ *nicht zum Einatmen geeignet (z.B. von Gasen);* Ggs *respirabel* [< frz. *irrespirable* < lat. *irrespirabilis*]

ir|re|spon|sa|bel, ⟨auch⟩ **ir|res|pon|sa|bel** ⟨Adj.⟩ *nicht verantwortbar;* Ggs *responsabel* [< frz. *irresponsable* »nicht verantwortlich«, < lat. *respondere* »antworten«]

ir|re|ver|si|bel ⟨[-vɛr-] Adj.⟩ *nicht umkehrbar, nur in einer Richtung verlaufend;* Ggs *reversibel* [< *in…*[2] + *reversibel*]

Ir|re|ver|si|bi|li|tät ⟨[-vɛr-] f.; -; unz.⟩ Ggs *Reversibilität* **1** *irreversible Beschaffenheit, Unumkehrbarkeit* **2** ⟨†⟩ *Unanfechtbarkeit eines Urteils*

Ir|ri|ga|ti|on ⟨f.; -, -en⟩ *Aus- od. Abspülung (des Darms, der Scheide, eiternder Wunden)* [< lat. *irrigatio* »Bewässerung«]

Ir|ri|ga|tor ⟨m.; -s, -to|ren⟩ *Gerät für Irrigationen* [lat.]

ir|ri|ta|bel ⟨Adj.⟩ *reizbar, erregbar* [< lat. *irritabilis* »leicht erregbar, reizbar«]

Ir|ri|ta|bi|li|tät ⟨f.; -; unz.⟩ *Reizbarkeit, Erregbarkeit*

Ir|ri|ta|ti|on ⟨f.; -, -en⟩ **1** *Reiz, Reizung, Erregung* **2** *Verwirrung, Beunruhigung;* ~en stiften [< lat. *irritatio* »Erregung, Reizung]

ir|ri|tie|ren ⟨V.⟩ **1** *reizen, erregen* **2** *ärgern, erzürnen* **3** *stören* **4** *irremachen, verwirren, ablenken, beunruhigen;* jmdn. durch sein Verhalten ~ [< lat. *irritare*]

ISA ⟨f.; -; unz.; Abk. für engl.⟩ *International Federation of the National Standardizing Associations, internationaler Verband für Normenfestlegung*

i|sa|bell|far|ben ⟨Adj.⟩ *lehmfarben, graugelb* [nach der span. Prinzessin *Isabella,* Tochter Philipps II., die gelobt haben soll, ihr Hemd nicht eher zu wechseln, als bis ihr Gemahl, der Erzherzog Albrecht von Österreich, das belagerte Ostende erobert habe]

Is|a|go|ge, ⟨auch⟩ **I|sa|go|ge** ⟨[-ge:] f.; -, -n; Antike⟩ *Einführung in eine Wissenschaft* [< grch. *eisagoge*]

Is|a|go|gik, ⟨auch⟩ **I|sa|go|gik** ⟨f.; -; unz.⟩ *Kunst der Einführung in eine Lehre od. Wissenschaft* [< grch. *eisagoge* »Einführung«]

Is|a|ne|mo|ne, ⟨auch⟩ **I|sa|ne|mo|ne** ⟨f.; -, -n⟩ *Verbindungslinie auf Landkarten zwischen Orten gleicher Windstärke* [< *Iso...* + grch. *anemos* »Wind«]

Is|a|no|ma|le, ⟨auch⟩ **I|sa|no|ma|le** ⟨f.; -, -n; Meteor.⟩ *Verbindungslinie zwischen Orten mit gleicher Abweichung von einem Normalwert* [< *Iso...* + *anomal*]

I|sa|tin ⟨n.; -s; unz.⟩ *in gelbroten Prismen kristallisierende organ.-chem. Verbindung zur Herstellung von indigoartigen Farbstoffen* [< grch. *isatis*, Name einer Pflanzengattung]

ISBN ⟨Abk. für engl.⟩ *International Standard Book Number (Internationale Standardbuchnummer)*

■ Die Buchstabenfolge **is|ch...** kann auch **i|sch...** getrennt werden.

■ **Is|chä|mie** ⟨[isçɛ:-] f.; -, -n⟩ *Blutleere bzw. Blutmangel einzelner Organe od. Körperteile* [< grch. *ischein* »aufhalten« + *...ämie*]

■ **is|chä|misch** ⟨[isçɛ:miʃ] Adj.⟩ *örtlich blutleer*

■ **is|chi|a|disch** ⟨[isçia:-] od. [iʃia:-] Adj.⟩ *den Ischiasnerv betreffend, auf Ischias beruhend*

■ **Is|chi|al|gie** ⟨[isçi-] od. [iʃi-] f.; -; unz.⟩ *Ischias* [< grch. *ischion* »Hüftbein« + *...algie*]

■ **Is|chi|as** ⟨[isçias] od. [iʃias] f.; umg. n. od. m.; -; unz.⟩ *Schmerzhaftigkeit des Hüftnervs* [< grch. *ischion* »Hüftbein, Hüfte«]

■ **Is|chi|as|nerv** ⟨[isçias-] od. [iʃias-] m.; -s, -en⟩ *die Beine versorgender Nerv, an der Hinterseite des Oberschenkels, Hüftnerv: Nervus ischiadicus*

■ **Is|chu|rie** ⟨[isçuri:] od. [iʃuri:] f.; -, -n⟩ *Unfähigkeit, die Blase zu entleeren, Harnverhaltung* [< grch. *ischein* »aufhalten« + *...urie*]

ISDN ⟨Abk. für engl.⟩ *Integrated Services Digital Network (dienstintegrierendes digitales Fernmeldenetz), weltweites Nachrichtensystem, das per Telefon Texte, Daten u. Bilder übermittelt*

Is|lam ⟨a. ['--] m.; -s; unz.⟩ *von Mohammed Anfang des 7. Jh. begründete monotheist. Religion, bes. in Asien u. Afrika verbreitet;* Sy ⟨†⟩ *Mohammedanismus* [< arab. *islam* »Heilszustand; Hingabe an Gott«]

Is|la|mi|sa|ti|on ⟨f.; -, -en⟩ *Bekehrung zum Islam;* die ~ eines Volkes

is|la|misch ⟨Adj.⟩ *den Islam betreffend, auf ihm beruhend*

is|la|mi|sie|ren ⟨V.⟩ *zum Islam bekehren, nach den Regeln des Islams gestalten; dem Machtbereich des Islams unterstellen;* ein Land ~

Is|la|mi|sie|rung ⟨f.; -, -en⟩ *das Islamisieren, Islamisiertwerden*

Is|la|mis|mus ⟨m.; -; unz.⟩ *radikale Geisteshaltung, die auf den Islam gründet*

Is|la|mit ⟨m.; -en, -en⟩ = *Muslim*

is|la|mi|tisch ⟨Adj.⟩ = *islamisch*

Is|ma|e|lit ⟨[-mae-] m.; -en, -en⟩ *Anhänger einer mohammedan. Sekte* [nach *Ismael*, dem Sohn Abrahams u. der Hagar im AT]

...is|mus ⟨in Zus.⟩ *häufiges Suffix maskuliner Abstrakta, die eine Lehre, Erscheinung od. Geisteshaltung bezeichnen, z.B. Marxismus, Mongolismus, Anglizismus, Bürokratismus* [nlat. < grch. *-ismos* (frz. *-isme*, engl. *-ism*)]

Is|mus ⟨m.; -, -men; spött. Bez. für⟩ *eine gegenstandslose Theorie* [nach den vielen auf *...ismus* gebildeten abstrakten Begriffen]

ISO ⟨Abk. für engl.⟩ *International Standard Organization, international tätiger Normenausschuss zur Erarbeitung einheitlicher Schraubengewinde, Normzahlen u. Passungen im Maschinenbau*

i|so..., **I|so...** ⟨vor Vokalen meist⟩ is..., Is... ⟨in Zus.⟩ *(an Zahl, Größe, Stärke, Bedeutung usw.) gleich* [< grch. *isos*]

I|so|am|pli|tu|de, ⟨auch⟩ **I|so|amp|li|tu|de** ⟨f.; -, -n; Meteor.⟩ *Verbindungslinie zwischen Orten mit gleichen mittleren Temperaturschwankungen* [< *Iso...* + *Amplitude*]

I|so|ba|re ⟨f.; -, -n⟩ **1** *Verbindungslinie auf Landkarten zwischen Orten gleichen Luftdrucks* **2** ⟨nur Pl.⟩ *Atomkerne, die zwar die gleiche Neutronenzahl, aber eine unterschiedliche Anzahl von Protonen im Kern besitzen* [< *Iso...* + grch. *baros* »Schwere«]

I|so|ba|the ⟨f.; -, -n⟩ *Verbindungslinie auf Landkarten zwischen Punkten gleicher Wassertiefe (in Meeren, Seen, Flüssen)* [< *Iso...* + grch. *bathos* »Tiefe«]

I|so|bron|te ⟨f.; -, -n⟩ *Verbindungslinie auf Landkarten zwischen Orten, an denen man gleichzeitig Donner hört, Linie gleicher Gewitterhäufigkeit* [< *Iso...* + grch. *bronte* »Donner«]

I|so|bu|tan ⟨n.; -s; unz.⟩ *aliphat. Kohlenwasserstoff mit vier Kohlenstoffatomen, chem. Formel CH_3-$CH(CH_3)_2$;* Sy *Methylpropan* [< *Iso...* + *Butan*]

I|so|chi|me|ne ⟨[-çi-] f.; -, -n; meist Pl.; Meteor.⟩ *Verbindungslinie zwischen Orten gleicher mittlerer Wintertemperatur* [< *Iso...* + grch. *cheimon* »Winter«]

I|so|cho|re ⟨[-ko:-] f.; -, -n⟩ *Linie, die Punkte gleichen Volumens in grafischen Darstellungen verbindet* [< *Iso...* + grch. *chora* »Raum, Fläche«]

i|so|chrom ⟨[-kro:m] Adj.⟩ = *isochromatisch*

I|so|chro|ma|sie ⟨[-kro-] f.; -; unz.⟩ *gleiche Empfindlichkeit gegenüber allen Wellenlängen des Lichts, Farbtonrichtigkeit* [< *Iso...* + grch. *chroma* »Farbe«]

i|so|chro|ma|tisch ⟨[-kro-] Adj.⟩ *Isochromasie aufweisend, farbtonrichtig*

i|so|chron ⟨[-kro:n] Adj.⟩ *von gleicher Dauer, gleich lang dauernd* [< *iso…* + grch. *chronos* »Zeit«]

I|so|chro|ne ⟨[-kro:-] f.; -, -n⟩ *Verbindungslinie auf Landkarten zwischen Orten, an denen ein Ereignis zur gleichen Zeit eintraf (z.B. Erdbeben)*

i|so|cy|clisch, ⟨auch⟩ **i|so|cyc|lisch** ⟨Adj.⟩ ~e Verbindungen *organ.-chem. ringförmige Verbindungen, deren Ring nur aus Kohlenstoffatomen besteht;* oV *isozyklisch;* Sy *karbozyklisch*

i|so|dy|nam ⟨Adj.⟩ *von gleichem Energiewert, energetisch gleichwertig*

I|so|dy|na|me ⟨f.; -, -n⟩ *Linie, die Punkte gleicher Stärke des erdmagnet. Feldes miteinander verbindet* [< *Iso…* + *Dynamik*]

I|so|dy|na|mie ⟨f.; -; unz.⟩ *gleicher Energiewert, Energiegehalt bei unterschiedl. Mengen verschiedener Nährstoffe, die somit einander entsprechend ihrem Energiegehalt vertreten können* [< *Iso…* + *Dynamik*]

I|so|dy|ne ⟨f.; -, -n⟩ *Linie, die Punkte gleicher Kraft miteinander verbindet* [< *Iso…* + *Dynamik*]

i|so|e|lek|trisch, ⟨auch⟩ **i|so|e|lekt|risch** ⟨Adj.⟩ *die gleiche Anzahl positiver und negativer Ladungen tragend*

I|so|fo|ne ⟨f.; -, -n⟩ = *Isophone*

I|so|ga|met ⟨m.; -en, -en; Biol.⟩ *geschlechtlich differenzierte Keimzelle ohne morphologische Unterschiede, z.B. bei Protozoen, Algen u. Pilzen* [< *Iso…* + *Gamet*]

I|so|ga|mie ⟨f.; -; unz.; Biol.⟩ *gleichgeschlechtliche Vereinigung von Gameten bei niederen Lebewesen* [< grch. *isos* »gleich« + *gamein* »heiraten«]

i|so|gen ⟨Adj.; Biol.⟩ *mit identischer Erbanlage* [< *iso…* + *…gen*[1]]

I|so|ge|o|ther|me ⟨f.; -, -n; Meteor.⟩ *Verbindungslinie zwischen Orten mit gleicher Erdbodentemperatur* [< *Iso…* + *geo…* + *…therm*]

I|so|glos|se ⟨f.; -, -n; Sprachw.⟩ *Verbindungslinie auf Sprachkarten zwischen Orten mit dem gleichen Gebrauch von Wörtern od. mit gleichen anderen sprachl. Erscheinungen* [< *Iso…* + grch. *glossa* »Zunge, Sprache«]

I|so|gon ⟨n.; -s, -e⟩ *regelmäßiges Vieleck* [< *Iso…* + *…gon*]

i|so|go|nal ⟨Adj.⟩ *gleichwinklig*

I|so|go|ne ⟨f.; -, -n; Meteor.⟩ *Verbindungslinie zwischen Orten gleichen Windes od. gleicher Deklination(3)* [< *Iso…* + *…gon*]

I|so|he|lie ⟨[-liə] f.; -, -n; Meteor.⟩ *Verbindungslinie zwischen Orten mit gleicher mittlerer Sonnenscheindauer* [< *Iso…* + grch. *helios* »Sonne«]

I|so|hy|e|te ⟨f.; -, -n; Meteor.⟩ *Verbindungslinie zwischen Orten mit gleicher Niederschlagsmenge* [< *Iso…* + grch. *hyein* »regnen«]

I|so|hyp|se ⟨f.; -, -n⟩ *Verbindungslinie auf Landkarten zwischen Orten gleicher Höhenlage* [< *Iso…* + grch. *hypsos* »Höhe«]

i|so|kli|nal ⟨Adj.; Geol.⟩ *nach der gleichen Richtung einfallend (von Gesteinsschichten)* [< *iso…* + grch. *klines* »Neigung«]

I|so|la|ti|on ⟨f.; -, -en⟩ Sy *Isolierung* **1** *das Isolieren(1);* ~ von Geisteskranken, Häftlingen **2** *Vereinzelung, Vereinsamung* **3** *das Isolieren(2);* ~ gegen elektrischen Strom **4** *Gegenstand, Vorrichtung zum Isolieren(2)*

I|so|la|ti|o|nis|mus ⟨m.; -; unz.⟩ *Bestreben, sich abzusondern, vor allem von polit. Auseinandersetzungen od. polit. Tätigkeit*

I|so|la|ti|o|nist ⟨m.; -en, -en⟩ *Anhänger des Isolationismus*

i|so|la|ti|o|nis|tisch ⟨Adj.⟩ *auf dem Isolationismus beruhend, ihm entsprechend*

I|so|la|ti|ons|haft ⟨f.; -; unz.⟩ *Sondervollzug in Justizvollzugsanstalten, der die Trennung einzelner Häftlinge od. kleinerer Gruppen von den übrigen Anstaltsinsassen vorsieht, z.B. in Gefängnissen mit einem Hochsicherheitstrakt* [→ *Isolation*]

I|so|la|tor ⟨m.; -s, -to|ren⟩ **1** *Stoff, Gegenstand zum Isolieren(2)* **2** *elektrisch nicht leitender Stoff od. Gegenstand;* Sy *Dielektrikum*

i|so|lie|ren ⟨V.⟩ **1 jmdn.** ~ *von anderen Menschen trennen, abseits halten, absondern;* Kranke, Häftlinge ~; jmd. ist politisch isoliert **2 etwas** ~ gegen Feuchtigkeit, Luft, Wärme, Kälte od. Elektrizität abdichten, undurchlässig machen **3** ~de **Sprachen** *S., die endungslose Wörter verwenden, keine Formenbildung kennen u. die Beziehungen der Wörter zueinander im Satz nur durch die Wortstellung ausdrücken,* z.B. das Chinesische; Sy *amorphe Sprachen* [< ital. *isolare* »abtrennen, absondern«, eigtl. »zur Insel machen« < lat. *insula* »Insel«]

I|so|lie|rung ⟨f.; -, -en⟩ = *Isolation*

I|so|li|nie ⟨[-njə] f.; -, -n⟩ *Linie, die auf kartografischen Darstellungen Punkte mit gleichen Merkmalen verbindet* [< *Iso…* + *Linie*]

i|so|ma|gne|tisch, ⟨auch⟩ **i|so|mag|ne|tisch** ⟨Adj.⟩ *die gleiche magnet. Feldstärke aufweisend*

i|so|mer ⟨Adj.⟩ *Isomerie aufweisend;* Ggs *heteromer(1)* [< *iso…* + *…mer*]

I|so|mer ⟨n.; -s, -e⟩, **I|so|me|re** ⟨n.; -n, -n⟩ **1** *Stoff, der zu einem anderen isomer ist* **2** *Atomkern, der Isomerie(2) aufweist*

I|so|me|rie ⟨f.; -; unz.⟩ **1** *Vorkommen zweier od. mehrerer chemisch u. physikalisch verschiedener Stoffe mit derselben Bruttoformel, aber verschiedener Struktur;* Sy *Metamerie(1)* **2** *Vorkommen von Atomkernen derselben Ordnungs- u. Massenzahl, aber verschiedenen Energiegehaltes*

I|so|me|ri|sa|ti|on ⟨f.; -, -en; Chem.⟩ *Überführung einer chemischen Verbindung in eine andere, die bei unterschiedlicher Struktur die gleiche Bruttoformel aufweist;* Sy *Isomerisierung*

I|so|me|ri|sie|rung ⟨f.; -, -en⟩ = *Isomerisation*

I|so|me|trie, ⟨auch⟩ **I|so|met|rie** ⟨f.; -; unz.⟩ *Gleichheit der Maße* [< *Iso...* + *metrie*]

i|so|me|trisch, ⟨auch⟩ **i|so|met|risch** ⟨Adj.⟩ **1** *maßstabgerecht* **2** *mit gleichem Metrum* **3** ~e Übungen *Muskeltraining*

i|so|me|trop, ⟨auch⟩ **i|so|met|rop** ⟨Adj.; Med.⟩ *gleichsichtig, auf beiden Augen über die gleiche Sehkraft verfügend* [< *iso...* + grch. *metron* »Maß« + *ops,* Gen. *opis* »Auge«]

I|so|me|tro|pie, ⟨auch⟩ **I|so|met|ro|pie** ⟨f.; -; unz.; Med.⟩ *gleiche Sehkraft auf beiden Augen* [→ *isometrop*]

i|so|morph ⟨Adj.⟩ *von gleicher Gestalt, gleiche Kristallform zeigend (bes. von chem. unterschiedl. Stoffen)* [< *iso...* + *...morph*]

I|so|mor|phie ⟨f.; -; unz.⟩ *Gleichheit der Gestalt, gleiche Kristallform bei chemisch unterschiedl. Stoffen*

I|so|mor|phis|mus ⟨m.; -; unz.; Math.⟩ *umkehrbar eindeutige Zuordnung zwischen den Elementen zweier Mengen*

I|so|oc|tan ⟨n.; -s; unz.⟩ *ein verzweigtes Glied der Octane*

I|so|par|af|fin, ⟨auch⟩ **I|so|pa|raf|fin** ⟨n.; -s, -e; meist Pl.⟩ *ein Kohlenwasserstoff, der aus Boden- u. Wandbelägen ausdampft u. Gesundheitsschäden verursachen kann* [< *Isomer* + *Paraffin*]

i|so|pe|ri|me|trisch, ⟨auch⟩ **i|so|pe|ri|met|risch** ⟨Adj.; Math.⟩ *gleichen Umfang bzw. gleiche Oberfläche habend (von Flächen u. Körpern)* [< *iso...* + *peri...* + grch. *metron* »Maß«]

I|so|pho|ne ⟨f.; -, -n⟩ *Linie auf Sprachkarten, die die geograph. Ausbreitung gleicher Laute darstellt;* oV *Isofone* [< *Iso...* + grch. *phone* »Laut«]

I|so|po|de ⟨m.; -n, -n; meist Pl.⟩ *Ordnung der höheren Krebse, Assel* [< *Iso...* + *...pode*]

I|so|pren, ⟨auch⟩ **I|sop|ren** ⟨n.; -s; unz.⟩ *aliphat. Kohlenwasserstoff mit fünf Kohlenstoffatomen u. zwei konjugierten Doppelbindungen, chemisch Methylbutadien* [< *Iso...* + *Propyl* + Endung *...en*]

I|so|seis|te ⟨f.; -, -n; Kartogr.⟩ *Verbindungslinie zwischen Orten mit gleich intensiven Erderschütterungen* [< *Iso...* + grch. *seiein* »erschüttern«]

is|os|mo|tisch, ⟨auch⟩ **i|sos|mo|tisch** ⟨Adj.⟩ = *isotonisch* [< *iso...* + *Osmose*]

I|so|spin ⟨m.; -s, -s⟩ *Kennzeichen bestimmter Elementarteilchen*

I|so|sta|sie, ⟨auch⟩ **I|sos|ta|sie** ⟨f.; -, -n⟩ *Gleichgewichtszustand zwischen dem Gewicht einer Erdscholle u. ihrer Eindringtiefe in die unter der Erdkruste liegende, zähflüssige Schicht* [< *Iso...* + grch. *stasis* »das Stehen«]

i|so|sta|tisch, ⟨auch⟩ **I|sos|ta|tisch** ⟨Adj.⟩ *die Isostasie betreffend, auf ihr beruhend*

i|so|therm ⟨Adj.⟩ *bei gleicher Temperatur verlaufend* [< *iso...* + *...therm*]

I|so|ther|me ⟨f.; -, -n⟩ *Verbindungslinie auf Landkarten zwischen Orten gleicher Lufttemperatur zum gleichen Zeitpunkt*

I|so|ther|mie ⟨f.; -, -n⟩ **1** ⟨Meteor.⟩ *gleich bleibende Temperaturverteilung* **1.1** *Zustand der Atmosphäre, bei dem keine Änderung der Lufttemperatur mit zunehmender Höhe eintritt* **2** ⟨Med.⟩ *Erhalt der normalen Körpertemperatur* [→ *isotherm*]

I|so|to|mie ⟨f.; -; unz.; Bot.⟩ *Gabelung eines Triebes in zwei gleich starke Achsen* [< *Iso...* + *...tomie*]

I|so|ton ⟨n.; -s, -e; meist Pl.; Phys.⟩ *Atomkern, der bei unterschiedlicher Protonenzahl die gleiche Anzahl Neutronen wie ein anderer enthält* [< *Iso...* + grch. *tonos* »Spannung, Spannkraft«]

i|so|to|nisch ⟨Adj.⟩ *den gleichen osmotischen Druck zeigend;* Sy *isosmotisch* [< *iso...* + grch. *tonos* »Spannung, Spannkraft«]

i|so|top ⟨Adj.⟩ *die Eigenschaft von Isotopen habend*

I|so|top ⟨n.; -s, -e⟩ *Atomkern, der sich von einem anderen nur durch die Zahl seiner Neutronen unterscheidet, nicht aber durch die Zahl seiner Protonen; Isotope gehören daher alle demselben chemischen Element an* [< *Iso...* + grch. *topos* »Ort, Platz«]

I|so|to|pen|bat|te|rie ⟨f.; -, -n⟩ = *Radionuklidbatterie*

I|so|to|pen|di|a|gnos|tik, ⟨auch⟩ **I|so|to|pen|di|ag|nos|tik** ⟨f.; -; unz.; Med.⟩ *Untersuchungsmethode, bei der mit radioaktiven Isotopen markierte Substanzen in den Körper eingebracht werden, aus deren Weg, Verteilung u. Verbleib Aufschlüsse über die Funktion von Organen u. Geweben gewonnen werden können*

I|so|to|pen|the|ra|pie ⟨f.; -; unz.; Med.⟩ *Verwendung von radioaktiven Isotopen zu therapeutischen Zwecken, z.B. bei Schilddrüsenerkrankungen od. bei der Behandlung von Tumoren*

I|so|to|pie ⟨f.; -; unz.; Chem.⟩ *das Vorhandensein von Isotopen*

i|so|to|pisch ⟨Adj.; Geol.⟩ *im gleichen Raum entstanden (von Gestein);* Ggs *heterotopisch(2)* [< *iso...* + grch. *topos* »Ort«]

i|so|trop ⟨Adj.⟩ *nach allen Richtungen gleiche physikalische Eigenschaften habend (Stoffe, Mineralien);* Ggs *anisotrop* [< *iso...* + *...trop*[1]]

I|so|tro|pie ⟨f.; -; unz.⟩ *Unabhängigkeit der physikalischen Eigenschaften eines Körpers von der Richtung;* Ggs *Anisotropie* [< *Iso...* + *...tropie*]

I|so|ty|pie ⟨f.; -; unz.⟩ *Eigenschaft von Stoffen gleicher Zusammensetzung und gleichen Kristallgitters, die aber keine Mischkristalle miteinander bilden können*

i|so|zy|klisch, ⟨auch⟩ **i|so|zyk|lisch** ⟨Adj.⟩ = *isocyklisch*

Is|pa|han ⟨m.; -s, -s⟩ *vielfarbiger Teppich mit Ranken- und Arabeskenmuster sowie Tiermotiven u. Medaillons* [nach der pers. Stadt *Ispahan,* heute *Isfahan*]

Isth|mos, Isth|mus ⟨m.; -, -men⟩ *Landenge (bes. die von Korinth)* [< grch. *isthmos*]

...is|tik ⟨in Zus.⟩ *häufiges Suffix weibl. Abstrakta, die eine Wissenschaft od. Lehre bezeichnen,* z.B. Germanistik, Komparatistik, Mediävistik [→ *...ismus*]
I|ta|la ⟨f.; -; unz.⟩ *um 200 in Italien entstandene, älteste latein. Bibelübersetzung* [verkürzt < lat. *interpretatio Italia* »lateinische Übersetzung«]
i|ta|li|a|ni|sie|ren ⟨V.⟩ *nach italien. Mustern gestalten*
I|ta|li|a|nis|mus ⟨m.; -, -men⟩ *in eine andere Sprache übernommene ital. Spracheigentümlichkeit*
I|ta|li|enne ⟨[-jɛn] f.; -; unz; im engl., frz. u. italien. Sprachgebrauch⟩ = *Antiqua* [frz., Fem. zu *italien* »italienisch«]
I|ta|lique ⟨[-lik] f.; -; unz.; Typ.; frz. Bez. für⟩ *Kursivschrift* [frz., < lat. *italicus* »italisch«, nach dem Heimatland des Schöpfers dieser Schrift, des venezianischen Druckers Manunzio, 1449-1515]
I|ta|lo|wes|tern ⟨m.; - od. -s, -; Film⟩ *von einem ital. Regisseur gedrehter Western mit bes. brutalen Szenen*
I|ta|zis|mus ⟨m.; -; unz.⟩ *Aussprache des altgrch. Buchstaben Eta als i u. nicht als langes e;* Sy *Jotazismus;* Ggs *Etazismus*
i|tem ⟨Adv.⟩ **1** *desgleichen, ebenso* **2** *ferner;* ~ möchte ich sagen... **3** ⟨Adv.⟩ *kurzum;* ~, ich weiß es nicht [lat., »ebenso«]
I|tem ⟨n.; -s, -s⟩ *noch zu erörternde Angelegenheit, fraglicher Punkt, das Weitere* [→ *item*]
I|te|ra|ti|on ⟨f.; -, -en⟩ **1** *Verdoppelung, Wiederholung einer Silbe od. eines Wortes,* z.B. jaja, soso **2** *schrittweises Rechenverfahren zur Annäherung an die Lösung einer Gleichung* [< lat. *iterum* »wiederum«]
i|te|ra|tiv ⟨Adj.⟩ *in der Art einer Iteration, wiederholend, verdoppelnd*
I|te|ra|tiv ⟨n.; -s, -e [-və]⟩, **I|te|ra|ti|vum** ⟨[-vum] n.; -s, -va [-va]⟩ *Verb, das die Wiederholung eines Geschehens ausdrückt,* z.B. kränkeln »oft ein wenig krank sein«; Sy *Frequentativum*
i|te|rie|ren ⟨V.⟩ *wiederholen, verdoppeln* [→ *Iteration*]
...i|ti|den ⟨Pl. von ...i|tis; Suffix; zur Bez. für⟩ *mehrere Fälle derselben Krankheit;* z.B. Dermatitiden »mehrere Fälle von Dermatitis«
I|ti|ne|rar ⟨n.; -s, -e⟩, **I|ti|ne|ra|ri|um** ⟨n.; -s, -rien⟩ **1** *Verzeichnis der Wege in der röm. Kaiserzeit* **2** *Vermessung der Route von Forschungsreisen in noch nicht vermessenen Gebieten* **3** *das Buch, das Verzeichnis, in dem die Vermessungen dokumentiert werden* [< lat. *itinerarium* »zur Reise gehörig«; zu *iter* »Reise«]
...i|tis ⟨Med.; Suffix; zur Bez. für⟩ *Entzündung,* z.B. Bronchitis, Gastritis
IVF ⟨Abk. für⟩ *In-vitro-Fertilisation (Befruchtung im Reagenzglas)*
Iw|rith ⟨n.; - od. -s; unz.⟩ *das heute in Israel verwendete Neuhebräisch im Unterschied zum Neuhebräischen der Mischna*

J

J 1 ⟨Chem.; Zeichen für⟩ *Jod* **2** ⟨Phys.; Zeichen für⟩ *Joule*
Jab ⟨[dʒæb] m.; -s, -s; Sp.; Boxen⟩ *rasch u. ansatzlos ausgeführter Schlag in der Art eines Hakens* [engl., »(kurze) Gerade«]
Ja|bot ⟨[ʒaboː] n.; -s, -s⟩ **1** ⟨18. Jh.⟩ *Krause zum Verdecken des vorderen Verschlusses an eleganten Herrenhemden* **2** ⟨heute⟩ *Krause an Damenblusen u. Kleidern;* Spitzen~ [frz., »Kropf, Brustkrause«]
Ja|cket|kro|ne ⟨[dʒækit-] f.; -, -n⟩ *künstl. Zahnkrone, wird dem abgeschliffenen Zahn aufgesetzt, den sie wie einen Mantel umhüllt* [engl. *jacket* »Jacke, Wams, Hülle«]
Ja|ckett ⟨[ʒakɛt] n.; -s, -e od. -s⟩ *Jacke zum Herrenanzug* [< *jaquette* »Bauernkittel« (15. Jh.)]
Jack|frucht ⟨[dʒæk-] f.; -, -früch|te⟩ *aus Indien stammende, in Südostasien sehr verbreitete, kürbisgroße Frucht, die roh od. gekocht verzehrt wird: Artocarpus heterophyllus;* Sy *Nangka* [< engl. *jackfruit,* frz. *fruit de Jacques*]
Jack|pot ⟨[dʒækpɔt] m.; -s, -s⟩ **1** ⟨Poker⟩ *gemeinsamer Spieleinsatz* **2** ⟨Lotto; Toto⟩ *hohe Gewinnsumme aus mehreren Spielen, bei denen kein erster Rang vergeben wurde* [< engl. *jack* »Bube (als Spielkarte)« + *pot* »Topf, (Wett-)Einsatz«]
Jack|stag ⟨[dʒæk-] n.; -s, -e od. -en⟩ *Laufschiene am Mast eines Segelschiffs, an der das Segel befestigt wird* [niederl.-engl.]
Jac|quard ⟨[ʒakaː(r)] m.; - od. -s, -s⟩ *Stoff mit schwierigem, auf Jacquardmaschinen hergestelltem Webmuster* [nach dem Franzosen Joseph-Marie *Jacquard,* 1752-1834]
ja|de ⟨Adj.⟩ *zartgrün wie Jade*
Ja|de ⟨m.; -; unz.⟩ *grünes Gestein aus Jadeit, Nephrit od. Chloromelanit* [< span. *piedra de ijada* »Lendenstein« (nach dem Volksglauben an die Heilkraft des Steines bei Schmerzen in den Flanken)]
Ja|de|it ⟨m.; -s, -e⟩ *zart grünliches, dichtes Augitmineral, chem. Formal* $NaAlSi_2O_6$
ja|den ⟨Adj.⟩ *aus Jade*
j'a|doube ⟨[ʒaduːb] Schach⟩ *ich rücke zurecht (wenn man eine berührte Schachfigur nicht ziehen, sondern nur in die Mitte eines Feldes stellen will)* [frz.]
Ja|gu|ar ⟨m.; -s, -e⟩ *größte Raubkatze Amerikas, von 180 cm Körperlänge u. 80 cm Schulterhöhe, gelb-braun mit schwarzen Ringen u. Flecken: Panthera onca* [frz. < Tupi *jagwár(a)*]
Jah|ve ⟨[-və]; im AT⟩ *Name des Gottes Israels;* oV *Jahwe* [hebr., »ich bin, der ich bin (und der ich sein werde)«]
Jah|vist ⟨[-vist] m.; -en; unz.; AT⟩ *erzählendes, um 900 v.Chr. entstandenes Quellenwerk*

des Pentateuch, umspannt die Zeit von der Schöpfung bis zur Landnahme; oV *Jahwist* [so benannt wegen des Gebrauchs des Gottesnamens *Jahwe*]

Jah|we ⟨im AT⟩ = *Jahve*

Jah|wist ⟨m.; -en; unz.; AT⟩ = *Jahvist*

Jai|na ⟨[dʒai-] m.; -s, -s⟩ *Anhänger, Vertreter des Jainismus;* oV *Dschaina;* Sy *Jainist*

Jai|nis|mus ⟨[dʒai-] m.; -; unz.⟩ *dem Buddhismus nahe stehende, auf Selbsterlösung gerichtete, im Unterschied zum Buddhismus aber streng asket. ind. Religion;* oV *Dschainismus* [< Sanskrit, *jina* »Sieger«]

Jai|nist ⟨[dʒai-] m.; -en, -en⟩ = *Jaina*

jai|nis|tisch ⟨[dʒai-] Adj.⟩ *den Jainismus betreffend, zu ihm gehörig, auf ihm beruhend*

Jak ⟨m.; -s, -s⟩ *langhaariges Rind der zentralasiat. Hochländer, Grunzochse, gezähmt bes. in Tibet als Reit-, Last- u. Milchtier: Bos grunniens;* oV *Yak* [< tib. *gyag*]

Ja|ka|ran|da|holz ⟨n.; -es, -höl|zer⟩ *Palisander aus Brasilien* [< port. *jacarandá* < Tupi *yacarandá*]

Ja|ko ⟨m.; -s, -s⟩ *kräftiger, rotschwänziger, sehr gelehriger Papagei, Graupapagei: Psittacus erithacus* [Herkunft unbekannt]

Ja|ko|bi|ner ⟨m.; -s, -⟩ *Mitglied des Jakobinerklubs, der maßgeblich an der Französischen Revolution beteiligt war* [nach ihrem Tagungsort, dem Dominikanerkloster *St. Jakob* in Paris]

ja|ko|bi|nisch ⟨Adj.⟩ *die Jakobiner betreffend, zu ihnen gehörig, von ihnen stammend*

Ja|ko|bit ⟨m.; -en, -en⟩ **1** ⟨Rel.⟩ *Anhänger der syrisch-monophysitischen Nationalkirche* [nach dem Bischof von Edessa *Jakob* Baradäus, † 578] **2** ⟨Gesch.⟩ *Anhänger des 1688 durch die »Glorreiche Revolution« aus Schottland vertriebenen Stuartkönigs Jakob II. u. seiner Nachkommen* [nach *Jakob* II., 1633–1701]

Jak|ta|ti|on ⟨f.; -, -en⟩ *unruhiges Sichhinundherwerfen von Kranken* [< lat. *iactatio* »das Hinundherwerfen«; zu *iactare* »werfen«]

Ja|la|pen|wur|zel ⟨f.; -, -n⟩ *Wurzelstock der Purgierwinde, dient wie das daraus gewonnene Harz (Resina Jalapae) als Abführ- u. Wurmmittel: Tubera Jalapae* [< span. *jalapa;* nach der mexikan. Stadt *Jalapa*]

Ja|lon ⟨[ʒalɔ̃ː] m.; -s, -s⟩ *mit einem Fähnchen versehener Pfahl zum Vermessen* [frz., »Fluchtstab, Messstange«]

Ja|lou|set|te ⟨[ʒaluzɛt(ə)] f.; -, -n⟩ *Fenstervorhang aus waagerechten, farbig eloxierten Aluminiumlamellen* [frz., Verkleinerungsform zu *jalousie;* → *Jalousie*]

Ja|lou|sie ⟨[ʒalu-] f., -, -n⟩ *Verschluss aus dachziegelartig übereinander greifenden, bewegl. Brettchen od. Lamellen für größere Öffnungen, z.B. Fenster, Ventilator, Kühlerhaube* [frz., eigtl. »Eifersucht«]

Ja|mai|ka|pfef|fer ⟨m.; -s; unz.⟩ = *Piment* [nach dem westindischen Inselstaat *Jamaika,* dem wichtigsten Herkunftsland]

Jamb|e|le|gus, ⟨auch⟩ **Jam|be|le|gus** ⟨m.; -, -gi⟩ *antikes Versmaß, bestehend aus einem Jambus u. einem Hemiepes* [< *Jambus* + grch. *elegos* »Klagelied«]

Jam|ben ⟨Pl. von⟩ *Jambus*

Jam|bi|ker ⟨m.; -s, -⟩ *Dichter, dessen Verse meist in Jamben abgefasst sind*

jam|bisch ⟨Adj.⟩ *in Jamben abgefasst*

Jam|bo|ree ⟨[dʒæmbəriː] n.; - od. -s, -s⟩ **1** *großes internationales Pfadfindertreffen* **2** *laute Lustbarkeit* [engl., »Lustbarkeit; Tagung; Treffen«]

Jam|bus ⟨m.; -, Jam|ben⟩ *Versfuß aus einer unbetonten u. einer folgenden betonten Silbe;* oV *Iambus* [< grch. *jambos,* eigtl. »Geschoss«; zu *iaptein* »schleudern«]

James Grieve ⟨[dʒɛimz griːv] m.; - -, - -; Bot.⟩ *Apfelsorte mit heller, gelblich roter Schale* [nach dem engl. Züchter *James Grieve*]

Jam|ses|sion, ⟨auch⟩ **Jam Ses|sion** ⟨[dʒæm sɛʃn] f.; (-) -, (-) -s⟩ *Zusammenkunft von Jazzmusikern zum gemeinsamen Musizieren* [< engl. *jam* »frei improvisieren« + *session* »Sitzung«]

Jams|wur|zel ⟨f.; -, -n⟩ *Wurzel einer Gattung der Kulturpflanzen, die in den Tropen als Nahrungsmittel dient: Dioscorea;* oV *Yamswurzel* [< senegales. *nyami* »essen«]

Jan. ⟨Abk. für⟩ *Januar*

Ja|ni|tschar, ⟨auch⟩ **Ja|nit|schar** ⟨m.; -en, -en⟩ *Angehöriger der 1329 gebildeten, aus christl. Kriegsgefangenen u. ihren Nachkommen (bis 1826) bestehenden Kerntruppe des türk. Sultans mit gewissen Vorrechten* [< *Jenizeri (1522)* < türk. *jeni tscheri* »neue Truppe«]

Ja|ni|tscha|ren|mu|sik, ⟨auch⟩ **Ja|nit|scha|ren|mu|sik** ⟨f.; -; unz.⟩ **1** *Musik der Janitscharen mit Schellenbaum, Triangel, Becken, Trommel, Ende des 18. Jh. in die europäische Militärmusik übernommen* **2** *die Gruppe der türk. Schlaginstrumente selbst*

Jan|se|nis|mus ⟨m.; -; unz.; 17./18. Jh.⟩ *Bewegung in der kathol. Kirche Frankreichs, die eine von den Jesuiten abweichende Auffassung von der Prädestinationslehre Augustins vertrat* [nach Cornelius *Jansen(ius),* Bischof von Ypern, 1585-1638]

Jan|se|nist ⟨m.; -en, -en⟩ *Vertreter, Anhänger des Jansenismus*

jan|se|nis|tisch ⟨Adj.⟩ *den Jansenimus betreffend, zu ihm gehörig*

Ja|nu|ar ⟨m.; - od. -s, -e; Abk.: Jan.⟩ *erster Monat des Jahres* [< lat. *Ianuarius;* nach *Ianus,* dem altrömischen Gott des Jahresanfangs]

Ja|nus|kopf ⟨m.; -(e)s, -köp|fe⟩ *Kopf mit zwei Gesichtern* [nach *Janus* (lat. *Ianus*), dem altröm. Schutzgott des Hauses; zu lat. *ianua* »Tür«]

Ja|pa|no|lo|ge ⟨m.; -n, -n⟩ *Wissenschaftler auf dem Gebiet der Japanologie*

Ja|pa|no|lo|gie ⟨f.; -; unz.⟩ *Wissenschaft von der japan. Sprache, Schrift u. Literatur*

ja|pa|no|lo|gisch ⟨Adj.⟩ *zur Japanologie gehörig, auf ihr beruhend, sie betreffend*

ja|phe|ti|tisch ⟨Adj.; Sprachw.⟩ *die vorindogermanische Sprachfamilie betreffend (in der Theorie des russ. Linguisten N. Marr)* [nach *Japhet,* einem der drei Söhne Noahs u. Stammvater der kleinasiatischen Völker]

Ja|po|nis|mus ⟨frz. [ʒapo-] m.; -; unz.⟩ *(durch die kulturelle u. wirtschaftliche Öffnung Japans um die Jahrhundertwende entstandener) Einfluss der jap. Kunst auf die europ. Malerei* [<frz. *Japon* »Japan«]

Jar|di|ni|e|re ⟨[ʒardinjɛːrə] f.; -, -n⟩ **1** *Schale, Korb für Blumen od. Blattpflanzen* **2** *Bratenbeilage od. Suppeneinlage aus frischem Gemüse* [<frz. *jardinière* »Blumenständer, Gericht mit verschiedenen Gemüsen«; zu *jardin* »Garten«]

Jar|gon ⟨[ʒargɔ̃ː] m.; -s, -s⟩ *(oft derbe) Ausdrucksweise bestimmter sozialer od. berufl. Gesellschaftskreise innerhalb einer Sprache;* Schüler~; Sy *Slang(2)* [frz., »Kauderwelsch«]

Jarl ⟨m.; -s, -s; MA⟩ **1** *normannischer Edelmann* **2** ⟨in nord. Ländern⟩ *vom König eingesetzter Statthalter* [<anord. »Adeliger«; verwandt mit engl. *earl* »Graf«]

Ja|ro|wi|sa|ti|on ⟨f.; -; unz.⟩ *Verfahren zur Entwicklungsbeschleunigung des Saatgutes landwirtschaftl. Kulturpflanzen, das den natürl. Wachstumsreiz der Winterkälte durch kürzere künstl. Kühlung u. anschließende Bestrahlung ersetzt;* Sy *Vernalisation*

ja|ro|wi|sie|ren ⟨V.⟩ *die Jarowisation anwenden;* Sy *vernalisieren* [<russ. *jarowoje* »Sommergetreide«]

Jas|min ⟨m.; -s, -e⟩ *Gattung der Ölbaumgewächse, Sträucher od. Kletterpflanzen mit gelben od. weißen, meist wohlriechenden Blüten: Jasminum;* **Echter** ~ *J. officinale;* **Chilenischer** ~ chilenisches Zierholz mit essbaren Früchten: Aristotelia maqui; **Falscher** ~ Steinbrechgewächs mit stark duftenden Blüten, Pfeifenstrauch: Philadelphus coronarius [<arab. *yasamin* <pers. *jasämin*]

Jas|pis ⟨m.; - od. -pis|ses, -pis|se⟩ *ein Halbedelstein, roter od. brauner Quarz* [<grch. *iaspis* <hebr. *jaspeh* <assyr. *aspu*]

Ja|ta|gan ⟨m.; -s, -e⟩ *kurzes zweischneidiges Schwert der Janitscharen mit gekrümmter Klinge* [<türk. *yatagan*]

Jau|se ⟨f.; -, -n; österr.⟩ *Vesper, Zwischenmahlzeit* [<mhd. *jus* <slowen. *juzina* »Mittagessen«]

jau|sen ⟨V.⟩ *eine Jause halten, vespern*

Jazz ⟨[dʒæs] m.; -; unz.; Mus.⟩ *aus geistl. Gesängen, Arbeits- u. Tanzliedern nordamerikan. Schwarzer hervorgegangener Musizierstil, gekennzeichnet durch starke Synkopierung u. Improvisation* [engl. <kreol. *jazz* »eilen«]

Jazz|band ⟨[dʒæsbænd] f.; -, -s; Mus.⟩ *Kapelle für Jazzmusik* [engl.]

Jazz|dance ⟨[dʒæsdaːns] od. amerikan. [-dæns] m.; -; unz.; Mus.⟩ *in den USA entstandener moderner (ballettartiger) Tanzstil zu Jazzmusik* [<engl. *Jazz* + *dance* »Tanz«]

jaz|zen ⟨engl. [dʒæs-] V.; umg.; Mus.⟩ *Jazzmusik spielen od. danach tanzen*

Jaz|zer ⟨engl. [dʒæsə(r)] m.; -s, -; umg.; Mus.⟩ *Jazzmusiker*

Jazz|gym|nas|tik ⟨[dʒæs-] f.; -; unz.; Sp.⟩ *tänzerische Gymnastik zu moderner, rhythmischer Musik*

Jazz|rock ⟨[dʒæs-] m.; - od. -s; unz.; Mus.⟩ *Stilrichtung in der Popmusik, die Elemente der Jazz- u. der Rockmusik verbindet* [engl.]

Jeans ⟨[dʒiːnz] Pl.; umg. a. Sg.: f.; -, -⟩ *eng geschnittene Hose aus widerstandsfähigem Baumwollstoff;* Sy *Bluejeans* [engl., <mengl. *Jene, Gene* »Genua«, eigtl. kurz für *jean fustian* »Genueser Baumwollstoff«]

Jeep ⟨[dʒiːp] m.; -s, -s; ⓦⓩ⟩ *kleines Kraftfahrzeug mit Vierradantrieb, meist offen (bes. für militär. Zwecke)* [engl., Kurzform nach den Anfangsbuchstaben GP von *general purpose (war truck)* »Mehrzweck(kriegslastkraftwagen)«]

Je|ho|va ⟨[-va] im hebr. AT⟩ *(falsche) Lesart für Jahwe, entstanden durch die aus Gottesfurcht zu den Konsonanten des Gottesnamens (JHW) hinzugesetzten Vokale der stattdessen verwendeten Anrede Adonai*

Je|ju|ni|tis ⟨f.; -, -ti|den⟩ *Entzündung des Leerdarms, eines bestimmten Darmabschnitts* [<lat. *ieiunus* »nüchtern, leer« + *…itis*]

je|mi|ne! *Ausruf des Staunens, der Verwunderung, des Schreckens;* [entstellt <lat. *Je*su do*mine!* »Herr Jesus!«]

Jen ⟨m.; - od. -s, - od. -s⟩ = *Yen*

je|nisch ⟨Adj.⟩ *schlau, gewitzt;* ~e Sprache *S. der Landstreicher u. Gaukler* [<Zig. *dsan* »klug, gescheit; wissen«]

Je|re|mi|a|de ⟨f.; -, -n; umg.⟩ *Klagelied, Gejammer* [nach dem Propheten *Jeremias*]

Je|rez ⟨[xɛːrəθ] m.; -, -⟩ = *Sherry* [nach der span. Stadt *Jerez* de la Fontera]

Je|ri|cho|ro|se ⟨f.; -, -n; Bot.⟩ *Wüstenpflanze, deren Äste sich beim Eintrocknen kugelartig aufkrümmen u. in feuchter Luft wieder ausbreiten, weshalb sie als Symbol der Auferstehung gilt: Odontospermum pygmaeum*

Jerk ⟨[dʒəːk] m.; -s, -s⟩ **1** ⟨Golf⟩ *Schlag, bei dem der Schwung im Moment der Ballberührung abgebremst wird* **2** ⟨allg.; umg.⟩ *Idiot* [engl.]

Jer|sey ⟨[dʒəːsi]⟩ **1** ⟨m.; -s od. -, -s⟩ *Wirkware aus weicher Wolle* **2** ⟨n.; -s, -s⟩ *langärmeliges (Sport-)Hemd aus diesem Stoff* [nach der brit. Insel *Jersey* im Ärmelkanal]

je|rum! o ~! *(Klageruf)* [< *o je* (verkürzt < *o jemine*) + reimbildende Silbe *…rum* nach dem Wort *rerum* in dem Studentenlied *o jerum, jerum, jerum! o quae mutatio rerum!* »o je, o je, o je!, oh, welche Veränderung der Dinge!«]

Je|schi|wa ⟨f.; -, -s od. -wot⟩ *jüdische Talmudschule* [hebr.]

Je|su|it ⟨m.; -en, -en⟩ *Mitglied des Jesuitenor-*

dens [nach dem Namen der *Societas Jesu* »Gesellschaft Jesu«]
Je|su|i|ten|dra|ma ⟨n.; -s, -men; 16./18. Jh.⟩ *von Jesuiten verfasstes u. von Schülern der Jesuitenschulen aufgeführtes Drama mit meist opernhaftem Gepräge in lat. Sprache, das seine Stoffe vorwiegend aus Heiligenlegenden u. der Kirchengeschichte bezog*
Je|su|i|ten|or|den ⟨m.; -s; unz.⟩ *Gesellschaft Jesu, 1534 von Ignatius von Loyola gegründeter Orden zur Ausbreitung der kath. Lehre, gekennzeichnet durch eine hervorragende wissenschaftliche Ausbildung seiner Mitglieder, Einrichtung von Schulen, Missionsarbeit, Engagement in der Entwicklungshilfe*
Je|su|i|ten|tum ⟨n.; -s; unz.⟩ *Wesen u. Geist des Jesuitenordens*
je|su|i|tisch ⟨Adj.⟩ *die Jesuiten betreffend, zu ihnen gehörig, von ihnen stammend, ihnen entsprechend*
Je|su|i|tis|mus ⟨m.; -; unz.⟩ *Lehre der Jesuiten*
Je|sus|peo|ple, ⟨auch⟩ **Je|sus Peop|le** ⟨[dʒiːsəspiːpl] Pl.⟩ *Angehörige einer in Amerika entstandenen Bewegung junger Leute, die durch gemeinsames Beten u. den Glauben an das unmittelbare Wirken Gottes im Menschen eine innere Erneuerung suchen* [engl., »Jesus-Leute«]
Jet ⟨[dʒɛt] m.; - od. -s, -s⟩ *Flugzeug mit Strahlantrieb, Düsenflugzeug* [engl., »Strahl«]
Jet|bag ⟨[dʒɛtbæg] m. od. n.; -s, -s⟩ *stromlinienförmiger Dachgepäckträger für Personenkraftwagen* [< engl. *jet* »Strahl« + *bag* »(Reise-)Tasche«]
Jet|lag ⟨[dʒɛtlæg] m.; -s, -s⟩ *Beschwerden, die sich nach Langstreckenflügen aufgrund der Umstellung auf andere Ortszeiten einstellen* [engl., »Zeitverschiebung«]
Jet|li|ner ⟨[dʒɛtlainə(r)] m.; -s, -⟩ *mittelgroßes Düsenflugzeug zur Beförderung von Passagieren* [< *Jet* + engl. *liner* »Passagier-, Linienschiff«]
Je|ton ⟨[ʒətɔ̃ː] m.; -s, -s⟩ *Spielmarke* [frz., »Spielmarke«; zu *jeter* »werfen«]
Jet|pi|lot ⟨[dʒɛt-] m.; -en, -en⟩ *Pilot eines (meist größeren) Strahltriebwerkflugzeugs*
Jet|schwung ⟨[dʒɛt-] m.; -(e)s, -schwün|ge; Sp.; Skifahren⟩ *Drehschwung durch Verlagerung der Körperachse nach hinten, wodurch der Fahrer schneller wird* [< engl. *jet* »heraus-, hervorschießen«]
Jet|set ⟨[dʒɛt-] m.; -s, -s⟩ *Angehörige reicher Gesellschaftsschichten, die in der Welt herumreisen* [< *Jet* + engl. *set* »Gruppe (von Personen)«]
Jet|stream ⟨[dʒɛtstriːm] m.; -s od. -, -s⟩ *starker Luftstrom in der Tropo- od. Stratosphäre, Strahlstrom* [< engl. *jet* »Strahl« + *stream* »Strom«]
Jett ⟨m. od. n.; -(e)s; unz.⟩ *als Schmuckstein verwendete, bes. harte, polierfähige Braunkohlenart;* Sy *Gagat* [< engl. *jet* »Pechkohle« < afrz. *jaiet* < grch.-lat. *gagates;* → *Gagat*]
Jet|ta|to|re ⟨[dʒɛta-] m.; -, -ri⟩ *jmd., der Unglück bringt, Mensch mit dem bösen Blick* [ital.]
jet|ten ⟨[dʒɛtən] V.; umg.⟩ *mit dem Jet fliegen*
Jeu ⟨[ʒøː] n.; -s, -s⟩ **1** *Glücksspiel* **2** *Kartenspiel* [frz., »Spiel«]
jeu|en ⟨[ʒøː-] V.; †⟩ *sich in einem Spielkasino am Glücksspiel beteiligen* [zu frz. *jeu* »Spiel«]
Jeu|nesse do|rée ⟨[ʒœnɛs doreː] f.; - -; unz.⟩ **1** *die vergnügungssüchtige reiche Jugend von Paris nach der Revolution* **2** *elegante Großstadtjugend* [frz., »goldene Jugend«]
jid|disch ⟨Adj.⟩ *in jiddischer Sprache;* ~e Sprache *aus (zum größten Teil) mittelhochdeutschen, hebräischen und roman., später auch slaw. Elementen gemischte Sprache der Juden in Deutschland u. bes. Osteuropa*
Jid|dist ⟨m.; -en, -en⟩ *Wissenschaftler, Kenner auf dem Gebiet der Jiddistik*
Jid|dis|tik ⟨f.; -; unz.⟩ *Wissenschaft von der jiddischen Sprache und Kultur*
Jig|ger ⟨[dʒigə(r)] m.; -s, - od. -s⟩ **1** *Maschine zum Breitfärben von Gewebe* **2** *kleines Segel* **3** *Fischerboot, das damit ausgerüstet ist* [engl.]
Ji|me|nes ⟨[çi-] m.; -; unz.⟩ *südspan. Likörwein* [span., nach *Pedro Ximenes*]
Jin|gle, ⟨auch⟩ **Jing|le** ⟨[dʒiŋgl] m.; -s, -s⟩ *möglichst einprägsame Werbemusik, oft mit einem gereimten Spruch kombiniert* [engl., »klingen«]
Jin|go ⟨[dʒiŋgoː] m.; -s, -s⟩ *brit. Hurrapatriot (in den chines. u. südafrikan. Kolonien)* [< engl. *jingo,* verhüllende Bez. für »Jesus«; abgeleitet aus der Wendung *by jingo* in einem chauvinist. Lied zur Zeit von Disraelis antiruss. Politik]
Jin|go|is|mus ⟨[dʒiŋ-] m.; -; unz.⟩ *Hurrapatriotismus (bes. in England)*
Jin|ri|ki|scha ⟨f.; -, -s⟩ = *Rikscha*
Jin und Jang ⟨n.; - - -; unz.⟩ *die beiden Weltprinzipien der altchines. Naturphilosophie, das dunkle weibliche u. das helle männliche;* oV *Yin und Yang* [< chin. *yin, yang*]
JIT ⟨Abk. für⟩ *just in time*
Jit|ter|bug ⟨[dʒitə(r)bʌg] m.; -; unz.⟩ *schneller, in den 30er Jahren entstandener amerikan. Modetanz nach Jazzmusik* [< engl. *jitter* »zittern, zappeln« + *bug* »Käfer«]
Jiu-Jit|su ⟨[dʒiːu dʒitsu] n.; - od. -s; unz.; Sp.⟩ *altjapan. Ringsport, Kunst der waffenlosen Selbstverteidigung;* → a. *Aikido, Judo* [< jap. *jujutsu* »sanfte Kunst«]
Jive ⟨[dʒaiv] m.; -s; unz.⟩ **1** *Fachsprache im Jazz, Jazzjargon* **2** *schwungvolle Swingmusik* **3** *dem Boogie-Woogie ähnlicher Tanz* [engl.]
Job ⟨[dʒɔb] m., -s, -s⟩ *(bes. vorübergehende) Beschäftigung, Stellung, Gelegenheit zum Geldverdienen* [engl., »Arbeit, Beschäftigung, Geschäft«]
job|ben ⟨[dʒɔbən] V.; umg.⟩ **1** *Gelegenheitsarbeiten verrichten;* in den Ferien ~; als Kellner ~ **2** ⟨allg.⟩ *arbeiten* [→ *Job*]
Job|ber ⟨[dʒɔbə(r)] m.; -s, -⟩ **1** *Wertpapierhändler an der Londoner Börse, der nur für ei-*

gene Rechnung kaufen od. verkaufen darf; Börsen~; Ggs *Broker(2)* **2** *skrupelloser Geschäftemacher* [engl.]

Job|e|va|lu|a|tion ⟨[dʒɔbivəljuɛiʃn] f.; -, -s⟩ *Bewertung der Qualität von Arbeitsplätzen* [< *Job* + engl. *evaluation* »Bewertung«]

Job|hop|ping ⟨[dʒɔbhɔpiŋ] n.; -s, -s⟩ *häufiger Wechsel des Arbeitsplatzes od. des Betätigungsfeldes innerhalb eines kurzen Zeitraums (meist um in höhere Positionen aufzusteigen)* [< *Job* + engl. *hop* »hüpfen, springen«]

Job|kil|ler ⟨[dʒɔb-] m.; -s, -⟩ *Einrichtung, Maschine o.Ä., die Arbeitsstellen überflüssig macht* [< *Job* + engl. *killer* »Mörder, Töter«]

Job|ro|ta|ti|on ⟨[dʒɔb-], engl. [-rotɛiʃn] f.; -; unz.; Wirtsch.⟩ **1** *(räuml.) Wechsel des Arbeitsplatzes innerhalb eines Betriebes* **2** *Kennenlernen, Durchlaufen verschiedener Abteilungen eines Unternehmens (von Führungskräften)* [< *Job* + engl. *rotation* »Rotation, Drehung, Wechsel«]

Job|sha|ring ⟨[dʒɔbʃɛ:riŋ] n.; -s; unz.⟩ *Aufteilung eines Arbeitsplatzes für eine Ganztagskraft auf zwei Halbtagskräfte* [< *Job* + engl. *sharing* »das Teilen«]

Job|ti|cket ⟨[dʒɔb-] n.; -s, -s⟩ *(vom Arbeitgeber bezuschusster) Fahrausweis für Arbeitnehmer, der zur Benutzung öffentlicher Verkehrsmittel berechtigt* [< *Job* + engl. *ticket* »(Fahr-) Karte«]

Jo|ckei ⟨[dʒɔki] od. [dʒɔke] m.; -s, -s⟩ *berufsmäßiger Rennreiter;* oV *Jockey* [engl., Verkleinerungsform zu *Jock* < nordengl.-schott. Form von *Jack* »Hans«]

Jo|cket|te ⟨[dʒɔkɛt(ə)] f.; -, -n⟩ *berufsmäßige Rennreiterin* [→ *Jockei*]

Jo|ckey ⟨[dʒɔki] od. [dʒɔke] m.; -s, -s⟩ = *Jockei*

Jod ⟨n.; -(e)s; unz.; chem. Zeichen: J⟩ *zur Gruppe der Halogene gehörendes, grauschwarzes Element, dessen Dämpfe violett gefärbt sind* [< grch. *iodes* »veilchenartig«; zu *ion* »Veilchen« + *eidos* »Aussehen«]

Jo|dat ⟨n.; -(e)s, -e⟩ *Salz der Jodsauerstoffsäure* [→ *Jod*]

Jodh|pur|ho|se ⟨f.; -, -n⟩, **Jodh|purs** ⟨Pl.⟩ *an den Oberschenkeln weit geschnittene Reithose, zu der Stiefeletten getragen werden* [engl., nach der ind. Stadt *Jodhpur*]

Jo|did ⟨n.; -(e)s, -e⟩ *Salz der Jodwasserstoffsäure*

Jo|dit ⟨n.; -s, -e; Chem.⟩ *Silberjodid*

Jo|dis|mus ⟨m.; -; unz.⟩ *nach längerem Gebrauch von Jod auftretende Störungen, bes. der Schleimhäute, Jodvergiftung*

Jo|do|form ⟨n.; -s; unz.⟩ *als Desinfektionsmittel verwendetes, gelbes, im Wasser lösliches Pulver, chem. Formel CHJ_3* [< *Jod* + *Formyl*]

Jo|do|me|trie, ⟨auch⟩ **Jo|do|met|rie** ⟨f.; -; unz.⟩ *Verfahren der Maßanalyse zur Bestimmung von reduzierenden od. oxidierenden Stoffen mittels Jod- od. Kaliumjodidlösungen*

Jo|ga ⟨m. od. n.; -s; unz.⟩ oV *Yoga* **1** ⟨in der altind. Philosophie u. im Buddhismus⟩ *Meditation u. Askese zur Selbsterlösung* **2** *danach entwickeltes Verfahren der körperl. Übung u. geistigen Konzentration* [< aind. *yuga-m* »Joch (in welches der Körper gleichsam eingespannt wird)«]

jog|gen ⟨[dʒɔgən] V.⟩ *Jogging betreiben, im Tempo des Joggings laufen;* er joggt neuerdings; eine halbe Stunde ~; durch den Wald ~ [→ *Jogging*]

Jog|ger ⟨[dʒɔgə(r)] m.; -s, -⟩ *jmd., der Jogging betreibt, der joggt* [→ *Jogging*]

Jog|ging ⟨[dʒɔgiŋ] n.; -s; unz.⟩ *sportl. Laufen vom schnellen Gehen bis zum langsamen Dauerlauf* [zu engl. *jog* »trotten«]

> **Joghurt / Jogurt** (*Laut-Buchstaben-Zuordnung*) Im Zuge der Integration fremdsprachlicher Wörter in die deutsche Standardsprache kann neben die ursprüngliche, der Herkunftssprache folgende Orthographie eine integrierte Schreibweise mit angepasster Laut-Buchstaben-Zuordnung treten (→a. *Panther / Panter*).

Jo|ghurt ⟨m. od. n.; -s, - od. -s⟩ *unter Einwirkung von Bakterien hergestelltes, sauermilchartiges Erzeugnis;* oV *Jogurt* [< türk. *yogurt* »gegorene Milch«]

Jo|gi, Jo|gin ⟨m.; -s, -s⟩ *ind. Asket, Anhänger des Joga;* oV *Yogi, Yogin*

Jo|gurt ⟨m. od. n.; -s, - od. -s ⟩ = *Joghurt*

Jo|han|nis|brot|baum ⟨m.; -(e)s, -bäu|me⟩ *südeurop. Baum mit gefiederten Blättern, dessen Früchte essbar sind* [nach *Johannes* dem Täufer (Markus 1,6)]

Jo|han|nis|trieb ⟨m.; -(e)s, -e⟩ **1** ⟨bei vielen Holzgewächsen⟩ *zweiter Trieb im Juni/Juli, Sommertrieb* **2** ⟨fig.⟩ *späte Liebesregung des Mannes in höherem Alter* [nach dem *Johannistag (24. Juni),* der *Johannes* dem Täufer heilig ist]

Jo|han|ni|ter ⟨m.; -s, -⟩ *Angehöriger des Johanniterordens*

Jo|han|ni|ter|or|den ⟨m.; -s; unz.⟩ *ältester geistlicher Ritterorden, wahrscheinlich nach 1000 in Jerusalem gegründet, gliederte sich in Ritter (zum Schutz der Pilger), Priester u. dienende Brüder zur Krankenpflege (Reorganisation im 19. Jh., in Deutschland bestehen ein evang. Zweig des Johanniterordens u. ein kath., der Malteserorden, die sich jeweils karitativen Aufgaben widmen)* [nach *Johannes* dem Täufer]

Joint ⟨[dʒɔint] m.; - od. -s, -s⟩ *mit Rauschmitteln versetzte Zigarette* [engl., »Bindeglied«]

Joint|ven|ture, ⟨auch⟩ **Joint Ven|ture** ⟨[dʒɔint vɛntʃər] n.; (-) -s od. (-) -, (-) -s⟩ *für ein bestimmtes Projekt befristete Arbeitsgemeinschaft mit gemeinsamer Verantwortung* [engl., »gemeinsame Unternehmung, gemeinsames Risiko«]

Jo|jo ⟨n.; -s, -s⟩ *Geschicklichkeitsspiel mit einer Spule, die an einem langen Faden durch*

Schwung der Hand ab- u. aufbewegt wird, indem sich der Faden ab- u. wieder aufrollt; oV *Yo-Yo* [< engl. *yo-yo*]

Jo|jo|ba ⟨f.; -, -s⟩ *in Trockengebieten kultiviertes Buchsbaumgewächs, dessen Samen ein wachsartiges Öl enthalten, das u.a. in der Kosmetikindustrie verwendet wird: Simmondsia* [mexikan.]

Joke ⟨[dʒouk] m.; -s, -s; umg.⟩ *Witz, witzige Geschichte;* er machte einen ~ nach dem anderen [engl.]

Jo|ker ⟨a. [dʒo-] m.; -s, -⟩ *Spielkarte mit Narrenbild, die für jede beliebige Karte eingesetzt werden kann* [engl., »Spaßmacher«]

jo|kos ⟨Adj.⟩ *scherzhaft, spaßig* [< lat. *iocosus* »scherzhaft, schalkhaft«; zu *iocus* »Scherz«]

Jo|ku|la|tor ⟨m.; -s, -to|ren; MA⟩ *Possenreißer, Sänger u. Musiker, Spielmann;* Sy *Jongleur (1)* [< lat. *ioculari* »scherzen«]

Jo|kus ⟨m.; -, -kus|se; umg.⟩ *Scherz, Jux* [< lat. *iocus* »Scherz, Spaß«; verwandt mit *Jux*]

Jom Kip|pur ⟨m.; - -; unz.⟩ *ein hoher jüd. Feiertag (nach dem 3. Buch Mosis, Kap. 16, 22, 23), Versöhnungstag* [< hebr. *yom kippur* < *yom* »Tag« + *kippur* »Buße«]

Jon|gleur, ⟨auch⟩ **Jong|leur** ⟨[ʒɔŋglø:r] m.; -s, -e⟩ **1** ⟨MA⟩ = *Jokulator* **2** ⟨heute⟩ *Artist, der Geschicklichkeitsübungen im Spiel mit Bällen, Tellern u.a. vorführt* [frz., »Gaukler, Taschenspieler«]

jon|glie|ren, ⟨auch⟩ **jong|lie|ren** ⟨[ʒɔŋ-] V.⟩ **1** *mit artist. Geschick spielen, werfen u. fangen;* mit Bällen, Tellern ~ **2** ⟨umg.⟩ *geschickt verfahren* **3** mit Worten ~ *einfallsreich, geschickt formulieren* [< frz. *jongler* »gaukeln, Taschenspielerei treiben«]

Jo|non ⟨n.; -s; unz.⟩ = *Ionon*

Jo|ru|ri ⟨[dʒo:-] n.; -s od. -; unz.; 16./18. Jh.⟩ *japan. Puppenspiel mit Musikbegleitung* [jap., nach dem Namen des Titelhelden eines epischen Romans um 1510]

Jo|se|phi|nis|mus ⟨m.; -; unz.⟩ **1** *Kirchenpolitik Josephs II., gekennzeichnet durch verschärfte staatliche Aufsicht im österr. Kultur- u. Kirchenwesen, Aufhebung zahlreicher Klöster, Religionsfreiheit auch für Protestanten u. Griechisch-Orthodoxe* **2** *geistige, durch die Reformideen Josephs II. geprägte Haltung im österr. Beamtentum u. Schulwesen* [nach dem österr. Kaiser *Joseph* II., 1741–1790]

Jo|ta[1] ⟨n.; - od. -s, -s⟩ **1** ⟨Zeichen: ι, Ι⟩ *grch. Buchstabe* **2** ⟨fig.⟩ *Kleinigkeit, Spur;* das ist um kein ~ anders [grch.]

Jo|ta[2] ⟨[xo:-] f.; -, -s⟩ *span. Tanz im 3/8- od. 3/4-Takt* [span.]

Jo|ta|zis|mus ⟨m.; -; unz.⟩ = *Itazismus*

Joule ⟨[dʒaul] od. [ʒu:l] n.; - od. -s, -; Zeichen: J⟩ *Maßeinheit der Energie;* $1\ J = 1$ *Newtonmeter (Nm)* = *1 Wattsekunde (Ws)* = *0,102 Kilopondmeter (kpm)* = *0,238 Kalorien (cal)* = $1\ m^2kg/s^2$ [nach dem engl. Physiker James Prescott *Joule,* 1818-1889]

jour ⟨[ʒu:r]⟩ → *à jour*

Jour ⟨[ʒu:r] m.; -s, -s⟩ **1** *Tag;* ~ fixe [-fiks] *festgesetzter Tag (an dem man sich regelmäßig trifft)* **2** ⟨†⟩ *Empfangstag* [frz., »Tag«]

Jour|nail|le ⟨[ʒurnaljə] od. [-na:jə] f.; -; unz.; abwertend⟩ *verantwortungslose Journalisten, die ständig gegen die ihnen gebotene Sorgfaltspflicht verstoßen* [< *Journal* + frz. Endung]

Jour|nal ⟨[ʒur-] n.; -s, -e⟩ **1** *Rechnungsbuch* **2** *Tagebuch;* Schiffs~ **3** *Zeitschrift* [frz., »Zeitung«]

Jour|na|lis|mus ⟨[ʒur-] m.; -; unz.⟩ **1** *Zeitungswesen* **2** *schreibende Tätigkeit für die Medien (bes. Presse)* **3** ⟨abwertend⟩ *journalist. Stil, die Art, wie in Zeitungen geschrieben wird* [< frz. *journalisme* »Zeitungswesen«]

Jour|na|list ⟨[ʒur-] m.; -en, -en⟩ *für die Medien (bes. Presse) tätige recherchierende u. schreibende Person*

Jour|na|lis|tik ⟨[ʒur-] f.; -; unz.⟩ *Zeitungswissenschaft, Zeitungskunde*

Jour|na|lis|tin ⟨[ʒur-] f.; -, -tin|nen⟩ *weibl. Journalist*

jo|vi|al ⟨[-vi-] Adj.⟩ **1** *leutselig, wohlwollend* **2** *gutmütig herablassend;* jmdm. ~ auf die Schulter klopfen [< spätlat. *jovialis,* nach dem Planeten *Jupiter* (lat. *Iuppiter,* Gen. *Iovis*), der angebl. dem Menschen Fröhlichkeit verleiht]

Jo|vi|a|li|tät ⟨[-vi-] f.; -; unz.⟩ *joviales Wesen*

jo|vi|a|nisch ⟨[-vi-] Adj.⟩ *den Jupiter betreffend, von ihm stammend, von ihm ausgehend* [zu lat. *Iovis,* Nebenform zu *Iupiter*]

Joy|stick ⟨[dʒɔi-] m.; -s, -s⟩ *griffelähnliche Einrichtung mit einer od. mehreren Tasten, mit der einem Computer Befehle übermittelt werden* [engl., »Steuerknüppel« (im Flugzeug)]

jr. ⟨Abk. für⟩ *junior*

Ju|bel ⟨m.; -s; unz.⟩ *lauter Freudenausbruch, laute Freude* [→ *jubilieren*]

Ju|bi|lar ⟨m.; -s, -e⟩ *jmd., zu dessen Ehren ein Jubiläum gefeiert, eine Gedenkfeier veranstaltet wird* [→ *Jubiläum*]

Ju|bi|la|te *dritter Sonntag nach Ostern* [nach dem Anfang des Introitus: *Jubilate* »Frohlocket« (Psalm 66 u. 100); zu lat. *iubilare* »jauchzen, frohlocken«]

Ju|bi|la|ti|o ⟨f.; -; unz.; Mus.⟩ *(im gregorianischen Choral) frohlockende, auf einem Vokal gesungene Tonfolge, z.B. auf der letzten Silbe des Hallelujah* [lat., »Jubel«]

Ju|bi|lä|um ⟨n.; -s, -lä|en⟩ *Gedenkfeier, Jahrestag, bes. nach einer runden Zahl von Jahren;* 10., 25., 50., 100. ~ [< lat. *iubilaeum,* verkürzt aus *annus iubilaeus* »Jubeljahr, Jubiläumsjahr«]

Ju|bi|lee ⟨[dʒu:bili:] n.; - od. -s, -s⟩ *hymnischer, religiöser Gesang der farbigen Gemeinden in den USA* [zu engl. *jubilate* »jubeln«, < lat. *iubilare* »jauchzen«]

ju|bi|lie|ren ⟨V.⟩ **1** *singen, trillern;* Vögel ~ **2** ⟨fig.; poet.⟩ *jubeln* **3** *ein Jubiläum feiern* [< lat. *iubilare* »jauchzen«, lautmalend]

juch|ten ⟨Adj.⟩ *aus Juchtenleder*

Juch|ten ⟨n.; -s; unz.⟩ **1** *nach Juchtenleder duftendes Parfüm* **2** ⟨kurz für⟩ *Juchtenleder*

Juch|ten|le|der ⟨n.; -s, -⟩ *gegerbtes Fahlleder (echtes J. war mit Weiden- u. Birkenrindengerbstoffen gegerbt u. besaß den charakteristischen Geruch von Birkenteeröl)* [< russ. *juchtj,* poln. *jucht,* tschech. *juchta* < pers. *jucht* »ein Paar«, da die Häute paarweise gegerbt wurden]

Ju|da|i|ka ⟨[-da:i-] Pl.⟩ *Bücher u. Bilder über das Judentum*

ju|da|i|sie|ren ⟨V.⟩ *jüdisch machen, jüdischem Einfluss unterwerfen*

Ju|da|i|sie|rung ⟨f.; -, -en⟩ *das Judaisieren, Judaisiertwerden*

Ju|da|is|mus ⟨m.; -; unz.⟩ *mosaische Religion, jüd. Religion nach den Lehren des Talmuds* [lat., < grch. *ioudaismos* < *Ioudaios* »Jude«]

Ju|da|is|tik ⟨f.; -; unz.⟩ *Wissenschaft von der jüd. Geschichte und Kultur*

ju|da|is|tisch ⟨Adj.⟩ *die Judaistik betreffend, zu ihr gehörig*

Ju|di|ca, Ju|di|ka *fünfter Passionssonntag, vorletzter Sonntag vor Ostern* [< lat. *iudica;* nach dem Anfang des Introitus: *Iudica me...* »Richte mich...« (Psalm 43)]

Ju|di|ka|ti|on ⟨f.; -, -en⟩ *Verurteilung, Aburteilung, Beurteilung* [< lat. *iudicatio* »richterliche Untersuchung, Urteil«]

Ju|di|ka|ti|ve ⟨[-və] f.; -, -n⟩ *Teil der Staatsgewalt, der die Rechtsprechung betrifft, richterliche Gewalt;* → a. *Exekutive, Legislative* [< lat. *iudicare* »Recht sprechen«]

Ju|do ⟨n.; - od. -s; unz.; Sp.⟩ *Jiu-Jitsu als sportl. Wettkampfübung, bei der alle rohen u. gefährl. Griffe verboten sind* [jap., »geschmeidiger Weg zur Geistesbildung«]

Ju|do|ka ⟨m.; -s, -s; Sp.⟩ *Wettkämpfer beim Judo*

Jug ⟨[dʒʌg] m.; -s, -s; Mus.⟩ *aus Ton gefertigtes, einfaches Blasinstrument, das vor allem in der folkloristischen Musik der Afroamerikaner Verwendung findet* [< engl. *jug* »Kanne«, nach dem Aussehen des Instruments]

ju|gu|lar ⟨Adj.⟩ *zum Jugulum gehörend*

Ju|gu|lum ⟨n.; -s, -la⟩ *Einsenkung, die über dem Brustbein u. zwischen den beiden Schlüsselbeinen liegt, Drosselgrube* [< lat. *iugulum* »Schlüsselbein, Kehle«]

Juice ⟨[dʒu:s] m. od. n.; -, -s [-siz]⟩ *roher Obst- oder Gemüsesaft* [engl.]

Ju|ju|be ⟨f.; -, -n⟩ **1** *Gattung der Kreuzdorngewächse, Judendorn: Zizyphus jujuba* **2** *Frucht der Gemeinen Jujube, Brustbeere, ergibt Tee gegen Katarrh der Atmungsorgane: Zizyphus vulgaris;* [frz., »Brustbeere«, < grch. *zizyphon*]

Ju-Jut|su ⟨a. [dʒudʒutsu] n.; - od. -s; unz.; Sp.⟩ *altjap. Kampfsport ohne Waffen, der Elemente von Aikido, Judo u. Karate enthält (Vorform des Jiu-Jitsu)* [jap., »sanfte Kunst«]

Juke|box ⟨[dʒu:kbɔks] f.; -, -es [-siz]⟩ *Musikbox, Musikautomat* [< engl. *juke* »Unordnung« + *Box*]

Jul ⟨n.; - od. -s; unz.⟩ **1** *germanisches Fest zur Wintersonnenwende* **2** *skandinavisches Weihnachtsfest* [dän., norweg., schwed. < anord. *jol*]

Jul|bock ⟨m.; -(e)s, -bö|cke⟩ *in Skandinavien bei Umzügen auftretende od. aus Stroh gefertigte Bocksfigur, die während der Weihnachtszeit Dämonen fernhalten soll*

Jul|fest ⟨n.; -(e)s, -e⟩ **1** ⟨urspr.⟩ *german. Fest zur Wintersonnenwende* **2** ⟨heute in Skandinavien⟩ *Weihnachten* [< schwed. *jul* »Weihnachten«]

Ju|li ⟨m.; - od. -s, -s⟩ *siebenter Monat des Jahres* [< lat. *Iulius;* nach Iulius Cäsar, 100-44 v.Chr.]

ju|li|a|nisch ⟨Adj.⟩ *von Julius Cäsar stammend;* ~er Kalender *von Julius Cäsar eingeführter Kalender von 365 Tagen mit einem Schaltjahr alle vier Jahre* [nach Gajus *Julius* Caesar, 100–44 v.Chr.]

Ju|li|enne ⟨[ʒyljɛn] f.; -; unz.⟩ *streifenförmig geschnittenes Gemüse (als Suppeneinlage)* [nach dem frz. weibl. Vornamen *Julienne* »Juliane«]

Jul|klapp ⟨m.; -s; unz.⟩ **1** *skandinav. u. norddt. Sitte, am Julfest heimlich Weihnachtsgeschenke ins Zimmer zu werfen, wobei »~!« gerufen wird* **2** *das Weihnachtsgeschenk selbst* [< schwed. *jul* »Weihnachten« + lautnachahmendes *klapp*]

Jum|bo ⟨m.; -s, -s; kurz für⟩ *Jumbojet*

Jum|bo|jet ⟨[-dʒɛt] m.; (-) -s, (-) -s⟩ *Großraumflugzeug mit Strahlantrieb* [nach *Jumbo,* dem Namen eines Elefanten des Zirkus P.T. Barnum + *Jet*]

Ju|me|la|ge ⟨[ʒym(ə)la:ʒ(ə)] f.; -, -n [-ʒən]⟩ *Städtepartnerschaft;* die ~ zwischen Hagen u. Smolensk [frz., »Verbindung«]

Jump ⟨[dʒʌmp] m.; -s, -s⟩ **1** ⟨Mus.; unz.⟩ *ein Jazzstil* **2** ⟨Sp.; zählb.⟩ *der abschließende Sprung beim Dreisprung;* → a. *Hop, Stepp* [< engl. *jump* »Satz, Sprung«]

jum|pen ⟨[dʒʌm-] V.; umg.⟩ *springen* [→ *Jump*]

Jum|per ⟨[dʒʌm-] m.; -s, -⟩ *Pullover* [engl., »Strickjacke«]

Jump|suit ⟨[dʒʌmpsju:t] m.; -s, -s; umg.⟩ *einteiliger Anzug, Overall* [< *Jump* + engl. *suit* »Anzug«]

jun. ⟨Abk. für⟩ *junior*

jun|gie|ren ⟨V; †⟩ *verbinden, zusammenlegen* [< lat. *iungere* »verbinden«]

Jun|gle|stil, ⟨auch⟩ **Jung|le|stil** ⟨[dʒʌŋgl-] m.; -(e)s; unz.; Mus.⟩ *Spielart von Blasinstrumenten im Jazz, bei der durch Verwendung von Dämpfern u.Ä. Töne entstehen, die Urwaldgeräuschen ähneln;* oV *Junglestyle* [< engl. *jungle* »Dschungel, Urwald« + *Stil*]

Jun|gle|style, ⟨auch⟩ **Jung|le|style** ⟨[dʒʌŋglstail] m.; -s; unz.; Mus.⟩ = *Junglestil*

Ju|ni ⟨m.; - od. -s, -s⟩ *sechster Monat des Jahres* [< lat. *Iunius;* nach der römischen Göttin *Iuno*]

ju|ni|or ⟨Abk. jr. od. jun.; hinter Personennamen⟩ *der Jüngere;* Herr Meier ~; Ggs *senior*

Ju|ni|or ⟨m.; -s, -en⟩ **1** *der Jüngere, der Sohn;* Ggs *Senior(1)* **2** ⟨Sp.⟩ *Jugendlicher* [< lat. *iunior* »jünger«]

Ju|ni|o|rat ⟨n.; -(e)s, -e⟩ *Jüngstenrecht ohne Rücksicht auf den Grad der Verwandtschaft;* Ggs *Seniorat(3);* → a. *Minorat* [→ *Junior*]

Ju|ni|or|chef ⟨[-ʃɛf] m.; -s, -s⟩ *der jüngere von zwei Chefs einer Firma;* Ggs *Seniorchef*

Ju|ni|or|part|ner ⟨m.; -s, -; Wirtsch.⟩ *mit weniger Rechten ausgestatteter (jüngerer) Teilhaber an einem Unternehmen* [< lat. *iunior* »jünger« + *Partner*]

Ju|ni|pe|rus ⟨m.; -, -; Bot.⟩ *Wacholder* [lat.]

Junk ⟨[dʒʌnk] m.; -s; unz.; Drogenszene⟩ *Rauschmittel* [engl., eigtl. »Abfall, Plunder«]

Junk-Art ⟨[dʒʌnk-] f.; (-) -; unz.⟩ *Stilrichtung der modernen Kunst, in der Abfall, Trödel u.Ä. in Kunstwerken verarbeitet werden* [< engl. *junk* »Abfall, Plunder« + *art* »Kunst«]

Junk|food, ⟨auch⟩ **Junk Food** ⟨[dʒʌnkfu:d] n.; (-) -s; unz.⟩ *ungesunde, kalorienreiche Nahrung, die überwiegend Fett, Zucker u. Kohlehydrate enthält (z.B. Eis, Süßigkeiten, Hamburger)* [< engl. *junk* »Abfall, Plunder« + *food* »Essen«]

Jun|kie ⟨[dʒʌŋki] m.; -s, -s; umg.⟩ *Drogensüchtiger* [zu engl. *junk* »Altwaren, Trödel, Plunder«]

Junk|tim ⟨n.; -s, -s⟩ *Verbindung u. Behandlung mehrerer Gesetzesvorlagen, die nur entweder alle angenommen od. alle abgelehnt werden können* [< lat. *iunctim* »vereinigt, verbunden, miteinander«; zu *iungere* »verbinden«]

Junk|tor ⟨m.; -s, -to|ren; Logik⟩ *Verbindungspartikel, die Aussagen zu einer neuen, komplexeren Aussage verknüpft,* z.B. »und«, »oder«, »wenn« [< lat. *iunctura* »Verbindung«]

Junk|tur ⟨f.; -, -en⟩ **1** ⟨†⟩ *Verbindung, Fuge* **2** ⟨Med.⟩ *Verbindung zwischen benachbarten Knochen,* z.B. Gelenk **3** ⟨Sprachw.⟩ *durch eine Sprechpause markierte Grenze zwischen zwei aufeinander folgenden sprachlichen Einheiten,* z.B. bei »ge-eicht«, »ent-tarnen« [< lat. *iunctura* »Verbindung«]

ju|no|nisch ⟨Adj.⟩ **1** ⟨fig.⟩ *stolz, erhaben* **2** ⟨fig.⟩ *stattlich, üppig;* eine ~e Gestalt, Erscheinung [nach der röm. Göttin *Juno*]

Jun|ta ⟨a. [xun-] f.; -, -ten; in Spanien u. bes. Lateinamerika⟩ **1** *(Machthaber einer) Militärdiktatur* **2** *Regierungsausschuss mit zeitlich begrenzter Gewalt* [span., »Versammlung, Rat, Kommission«, < lat. *iungere* »verbinden«]

Jupe ⟨[ʒy:p] m od. n.; -s, -s; schweiz.⟩ *Rock (für Damen od. Mädchen)* [frz.]

Ju|pi|ter|lam|pe ⟨f.; -, -n⟩ *in Film- u. Fotostudios gebräuchliche Lampe mit großer Helligkeit*

Ju|pon ⟨[ʒypɔ̃:] m.; -s, -s⟩ **1** *knöchellanger Unterrock* **2** ⟨schweiz. allg.⟩ *Unterrock* [frz., »Unterrock«]

Ju|ra[1] ⟨m.; -s; unz.⟩ **1** *Name mehrerer Gebirge* **2** *mittlere Formation des Mesozoikums vor 160–110 Mill. Jahren;* **oberer, weißer** ~ = *Malm;* **mittlerer, brauner** ~ = *Dogger*[1]; **unterer, schwarzer** ~ = *Lias* [< lat. *Iura (mons)* »Juragebirge«]

Ju|ra[2] ⟨Pl.; Sing. Jus⟩ *die Rechte;* ~ studieren [< lat. *iura,* Pl. zu *ius* »Recht«]

ju|ras|sisch ⟨Adj.⟩ *zur Formation des Juras gehörig*

ju|ri|disch ⟨Adj.; †; noch österr.⟩ *der Rechtswissenschaft entsprechend, juristisch* [< lat. *iuridicus* »das Recht handhabend, gerichtlich«, < *ius,* Gen. *iuris* »Recht« + *dicere* »sagen, sprechen«]

ju|rie|ren ⟨V.; †; österr.⟩ *als Mitglied einer Jury entscheiden, eine Juryentscheidung treffen*

Ju|rie|rung ⟨f.; -, -en; †⟩ *das Jurieren*

Ju|ris|dik|ti|on ⟨f.; -, -en⟩ *Gerichtsbarkeit, Rechtsprechung* [< lat. *iurisdictio* »Handhabung des Rechts«; < *ius,* Gen. *iuris* »Recht« + *dicere* »sagen, sprechen«]

Ju|ris|pru|denz ⟨f.; -; unz.⟩ *Rechtswissenschaft* [< lat. *ius,* Gen. *iuris* »Recht« + *prudentia* »Erfahrung u. Einsicht, Klugheit«]

Ju|rist ⟨m.; -en, -en⟩ *Kenner, Lehrer, Student der Rechtswissenschaft, Rechtskundiger, Rechtsgelehrter* [< mhd. *juriste* »Rechtsgelehrter« < mlat. *jurista;* zu lat. *ius,* Gen. *iuris* »Recht«]

Ju|ris|te|rei ⟨f.; -; unz.; umg.⟩ *Rechtswissenschaft, Rechtsprechung*

Ju|ris|tin ⟨f.; -, -tin|nen⟩ *weibl. Jurist*

ju|ris|tisch ⟨Adj.⟩ **1** *die Rechtswissenschaft betreffend, zu ihr gehörig, auf ihr beruhend, mit ihrer Hilfe;* ~e Fakultät **2** *rechtlich, rechtswissenschaftlich* **3** *vom gesetzl. Standpunkt aus;* ~ einwandfrei **4** ~e Person *mehrere Personen od. Institutionen, die vom Staat als Rechtsobjekt anerkannt werden*

Ju|ror ⟨m.; -s, -ro|ren⟩ *Mitglied einer Jury* [engl., »Geschworener, Preisrichter«]

Ju|ro|ren|ko|mi|tee ⟨n.; -s, -s; österr. für⟩ *Jury*

Jur|te ⟨f.; -, -n⟩ *Rundzelt mittelasiat. Nomaden aus Filz;* Sy *Kibitka(1)* [< russ. *jurta*]

Ju|ry ⟨[ʒyri:] od. ['--] f.; -, -s⟩ *Ausschuss von Sachverständigen als Preisrichter bei Kunstausstellungen, sportl. Veranstaltungen u.Ä.;* Sy ⟨österr.⟩ *Jurorenkomitee* [engl., »Geschworenengericht, die Geschworenen, Preisrichterkollegium«]

ju|ry|frei ⟨[ʒyri:-] od. ['--] Adj.⟩ *nicht von Experten zusammengestellt;* eine ~e Ausstellung

Jus[1] ⟨n.; -, Ju|ra⟩ *Recht;* ~ primae noctis *Recht (des Gutsherrn) auf die Brautnacht (einer Leibeigenen), Recht der ersten Nacht* [< lat. *ius,* Gen. *iuris* »Recht«]

Jus[2] ⟨[ʒy:] f.; -; unz.; schweiz. a. n.; -; unz.⟩ **1** *mit Fleischbrühe gelöster Bratensatz in der Pfanne* **2** *starke Fleischbrühe* **3** *Fruchtsaft;* Tomaten~ [frz., »Fruchtsaft, Fleischsaft«]

Jus|siv ⟨m.; -s, -e [-və]; Sprachw.⟩ *Modus des*

Verbs, der keinen direkten Imperativ darstellt, jedoch die sichere Erwartung einer Handlung zum Ausdruck bringt, z.B. „er möge sich beeilen", „sie soll sich gedulden" [<lat. *iussum* »Geheiß, Verordnung, Befehl«]

Jus|ta|ge ⟨[ʒystaːʒ(ə)] f.; -, -n⟩ *Eichung, das genaue Einstellen von Messinstrumenten u. technischen Geräten* [zu frz. *juste* »genau«]

jus|ta|ment ⟨Adv.⟩ *gerade, genau;* das ist ~ derselbe, der... [<frz. *justement* »gerade, eben«, eigtl. »gerecht«]

Juste|mi|li|eu ⟨[ʒystmiljøː] n.; -; unz.⟩ **1** *polit. Schlagwort in Frankreich nach der Julirevolution 1830, mit dem die kompromissbereite, ausgleichende Politik des Königs Louis Philippe bezeichnet wurde* **2** *laue Gesinnung* [<frz. *juste* »gerecht, richtig« + *milieu* »Mitte«]

jus|tie|ren ⟨V.⟩ **1** ein Messgerät ~ *genau einstellen, eichen* **2** Münzgewicht ~ *prüfen* **3** ⟨Typ.⟩ **3.1** *beim Umbruch den in Spalten gesetzten Satz u. die Klischees auf gleiche Seitenhöhe bringen* **3.2** *die Marginalien an die entsprechenden Stellen des Textes setzen* [<mlat. *iustare* »berichtigen, in die gehörige Ordnung bringen«]

Jus|tie|rer ⟨m.; -s, -⟩ **1** *jmd., der justiert* **2** *Münzprüfer*

Jus|tie|rung ⟨f.; -, -en⟩ *das Justieren, Justiertwerden*

Jus|ti|fi|ka|ti|on ⟨f.; -, -en⟩ **1** *das Justifizieren, Rechtfertigung* **2** *Genehmigung* **3** *Anerkennung der Richtigkeit* [<lat. *iustificatio* »Rechtfertigung«]

Jus|ti|fi|ka|tur ⟨f.; -, -en⟩ *Rechnungsprüfung u. -genehmigung* [<lat. *iustificare* »rechtfertigen«]

jus|ti|fi|zie|ren ⟨V.⟩ **1** *rechtfertigen* **2** *die Richtigkeit (von etwas) prüfen u. anerkennen* [<lat. *iustificare* »rechtfertigen«]

just in time ⟨[dʒʌst in taim]; Abk.: JIT⟩ *punkt-, termingenau, (gerade) rechtzeitig* [engl.]

Just-in-time-Pro|duk|ti|on ⟨[dʒʌstintaim-] f.; -, -en; Pl. selten; Wirtsch.⟩ *Produktionsform, bei der die Termine für Zulieferung u. Produktion genau aufeinander abgestimmt werden (um zusätzliche Kosten für die Lagerung zu vermeiden)* [→ *just in time*]

Justitia / Justitiar / Justiziar (*Laut-Buchstaben-Zordnung*) Bei der Schreibung abgeleiteter Wortformen wird künftig stärker das Stammprinzip berücksichtigt. Lässt sich die flektierte Form auf ein Substantiv, das auf »*z*« endet, wie z.B. *Justiz,* zurückführen, gilt künftig die Stammschreibung als Hauptvariante. Diese Regelung gilt jedoch nicht für Eigennamen wie z.B. »*Justitia*«, deren Schreibung durch die Bestimmungen der lateinischen Herkunftssprache festgelegt ist.

Jus|ti|tia ⟨f.; -; unz.⟩ *Personifizierung, Symbol der Gerechtigkeit (dargestellt als weibl. Figur mit verbundenen Augen u. einer Waage in der Hand)* [lat. Name der Göttin der Gerechtigkeit]

Jus|ti|ti|ar ⟨m.; -s, -e⟩ = *Justiziar*

jus|ti|ti|ell ⟨Adj.⟩ = *justiziell*

Jus|ti|ti|um ⟨n.; -s, -ti|en⟩ = *Justizium*

Jus|tiz ⟨f.; -; unz.⟩ *Rechtswesen, Rechtspflege* [<lat. *iustitia* »Gerechtigkeit«]

Jus|ti|zi|ar ⟨m.; -s, -e⟩ *Rechtsbeistand eines Betriebes od. einer Behörde;* oV *Justitiar* [<mlat. *iustitiarius;* zu lat. *iustitia* »Gerechtigkeit«]

jus|ti|zi|ell ⟨Adj.⟩ *die Justiz betreffend, zu ihr gehörig;* oV *justitiell*

Jus|ti|zi|um ⟨n.; -s, -zi|en⟩ *Stillstand der Rechtspflege (infolge schwer wiegender Ereignisse);* oV *Justitium* [<lat. *iustitium;* zu *ius* »Recht« + *sistere* »stehen bleiben«]

Jus|tiz|mord ⟨m.; -(e)s, -e⟩ *(auf einem Justizirrtum beruhende) Verurteilung eines Unschuldigen zum Tode*

Ju|te ⟨f.; -; unz.⟩ **1** *die Stängelfaser der Jute(2 u. 3)* **2** *eine von mehreren ind. Arten einer Gattung der Lindengewächse: Corchorus* **2.1** ⟨i.e.S.⟩ *die Art: Corchorus capsularis* **3** *ähnl. Faser anderer Pflanzen* [<engl. *jute* <Hindi *jhuta* »kraus«; zu aind. *jata* »Haarflechte«]

ju|ve|na|lisch ⟨[-ve-] Adj.⟩ *satirisch, spöttisch, beißend* [nach dem röm. Satirendichter Decimus Iunnius *Iuvenalis,* etwa 58-140 n. Chr.]

ju|ve|na|li|sie|ren ⟨[-ve-] V.⟩ *am jugendlichen Stil u. Geschmack ausrichten, ihm gemäß gestalten* [<lat. *iuvenalis* »jugendlich«]

Ju|ve|na|li|sie|rung ⟨[-ve-] f.; -, -en⟩ *das Juvenalisieren*

ju|ve|nil ⟨[-ve-] Adj.⟩ **1** *jugendlich;* Ggs *senil* **2** *dem Erdinnern entstammend;* ~es Wasser [<lat. *iuvenilis* »jugendlich«]

Ju|ve|ni|lis|mus ⟨[-ve-] m.; -; unz.; Psych.⟩ **1** *Jugendphase in normaler Ausprägung* **2** *leichte Form des Infantilismus* [→ *juvenil*]

Ju|ve|ni|li|tät ⟨[-ve-] f.; -; unz.⟩ *Jugendlichkeit;* Ggs *Senilität* [→ *juvenil*]

Ju|wel ⟨n. od. m.; -s, -en⟩ **1** *Kleinod, Schmuckstück, geschliffener Edelstein* **2** ⟨fig.; umg.; scherzh.⟩ *wertvoller Mensch, Mensch, der alle Arbeiten hervorragend erledigt;* ein seltenes ~ [<mndrl. *juweel* <afrz. *joël* »Schmuck« (frz. *joyau*) <vulgärlat. *jocellum* »Kurzweiliges«; zu lat. *iocus* »Scherz«; verwandt mit *Jux*]

Ju|we|lier ⟨m.; -s, -e⟩ **1** *Goldschmied* **2** *Schmuckhändler* [→ *Juwel*]

Jux ⟨m.; -es, -e; umg.⟩ *Scherz, Spaß, Ulk;* sich einen ~ machen [<lat. *iocus* »Scherz«; verwandt mit *Juwel*]

Jux|ta ⟨f.; -, -Jux|ten⟩ *Streifen an kleinen Wertpapieren (Losen usw., meist links), der zur Kontrolle abgetrennt u. einbehalten werden kann;* oV *Juxte* [<lat. *iuxta* »daneben«]

Jux|ta|po|si|ti|on ⟨f.; -, -en⟩ **1** ⟨Min.⟩ *Anlagerung an der Oberfläche wachsender Kristalle* **2** ⟨Sprachw.⟩ *Zusammenrückung* [<lat. *iuxta* »daneben« + *Position*]

Jux|te ⟨f.; -, -n⟩ = *Juxta*

K

k ⟨Zeichen für⟩ **1** *metrisches Karat; 1 k = 0,2 g* **2** ⟨vor Maßeinheiten für⟩ *Kilo…*
K **1** ⟨Zeichen für⟩ *Kelvin (°K)* **2** ⟨†; Formelzeichen für⟩ *Kraft, ersetzt durch das Zeichen F (forth)*
Ka|a|ba ⟨f.; -; unz.⟩ *islamisches Heiligtum in Mekka, Ziel der dem Moslem vorgeschriebenen Pilgerreise* [<arab. *ka'b* »Würfel«]
Ka|ba ⟨m. od. n.; -; unz.; Ⓦⓩ⟩ **1** *hauptsächl. aus Kakao u. verschiedenen Zuckerarten bestehendes, rasch lösliches Pulver* **2** *Getränk daraus mit Milch*
Ka|ba|le ⟨f.; -, -n⟩ = *Intrige;* →a. *Kabbala* [<frz. *cabale* »Ränke« <nhebr. *qabbala* »Überlieferung, Geheimlehre«]
ka|ba|lie|ren, ka|ba|li|sie|ren ⟨V.⟩ *Ränke spinnen, intrigieren* [→ *Kabale*]
Ka|ba|nos|si ⟨f.; -, -⟩ *sehr dünne, stark gewürzte u. geräucherte ital. Brühwurst;* oV *Cabanossi*
Ka|ba|rett ⟨n.; -s, -e od. -s⟩ oV *Cabaret* **1** *kurze, meist humorist. Darbietung auf einer Bühne;* literarisches, politisches ~ **2** *Raum, Gebäude, Bühne für ein Kabarett(1)* **3** *drehbare Speiseplatte* [<frz. *cabaret* »Schenke«]
Ka|ba|ret|ti|er ⟨[-tjeː] m.; -s, -s⟩ *Leiter eines Kabaretts* [<frz. *cabaretier* »Schankwirt«]
Ka|ba|ret|tist ⟨m.; -en, -en⟩ *Künstler in einem Kabarett*
Ka|ba|ret|tis|tin ⟨f.; -, -tin|nen⟩ *Künstlerin in einem Kabarett*
ka|ba|ret|tis|tisch ⟨Adj.⟩ *das Kabarett betreffend, zu ihm gehörig, ihm entsprechend, in der Art des Kabaretts*
Kab|ba|la ⟨f.; -; unz.⟩ *aus den verschiedensten Elementen bestehende, stark mit Buchstaben- u. Zahlensymbolen arbeitende, sich an die Bibel anlehnende, mystische jüd. Geheimlehre u. ihre Schriften;* →a. *Chassidismus, Numerologie* [<nhebr. *qabbala* »Überlieferung, Geheimlehre«]
Kab|ba|list ⟨m.; -en, -en⟩ *Kenner, Anhänger der Kabbala*
Kab|ba|lis|tik ⟨f.; -; unz.⟩ **1** *Erforschung der Kabbala* **2** *Geheimlehre*
kab|ba|lis|tisch ⟨Adj.⟩ **1** *die Kabbala betreffend, zu ihr gehörig, aus ihr stammend* **2** *die Geheimlehre betreffend*
Ka|bel ⟨n.; -s, -⟩ **1** ⟨Mar.⟩ *starkes Tau* **2** ⟨El.⟩ *mehrere zusammengefasste u. isolierte Leitungsdrähte* **3** *Telegramm aus Übersee* [<mndrl. *cabel* <pikard. *cabel* »Rolltau, Ankertau« (frz. *chable*) <vulgärlat. *catabula* »niederwerfen«; beeinflusst von lat. *capulum* »Fangseil« u. arab. *habl* »Seil«]
Ka|bel|fern|se|hen ⟨n.; -s; unz.; TV⟩ *Fernsehsendungen, die von einer zentralen Sendestelle über Kabel zum Empfänger geleitet werden*
Ka|bel|jau ⟨m.; -s, -e od. -s⟩ *1,5 m langer u. bis 50 kg schwerer Nutzfisch: Gadus morrhua* [<mndrl. *cabbeliau;* Herkunft unsicher]
Ka|bi|ne ⟨f.; -, -n⟩ **1** *kleiner, abgeschlossener Raum;* Bade~; Umkleide~ **2** *Wohn- u. Schlafraum an Bord;* Außen~; Innen~ **3** *Gondel einer Seilbahn* [<engl. *cabin* »Hütte, Kajüte«; beeinflusst von frz. *cabine* »Kajüte, Kabine«]
Ka|bi|nett ⟨n.; -s, -e⟩ **1** *kleines Zimmer, Nebenraum* **2** *Arbeits- u. Beratungszimmer eines Fürsten* **3** *Raum zur Aufbewahrung von Kunstsammlungen;* Kunst~; Kupferstich~; Uhren~ **4** ⟨16./17. Jh.⟩ *Schrank mit vielen Fächern u. Schubladen zur Aufbewahrung von Kunstsammlungen* **5** ⟨fig.⟩ *die persönl. Berater eines Staatsoberhauptes* **6** *Ministerrat, Gesamtministerium;* ein ~ bilden, stürzen, umbilden **7** ⟨ohne Art.⟩ *eine Güteklasse des Weins* **7.1** ⟨m.; -s; unz.; kurz für⟩ *Kabinettwein* [<frz. *cabinet* »kleines Nebenzimmer« <ital. *gabinetto,* Verkleinerungsform zu *gabbia* »Käfig«]
Ka|bi|nett|for|mat ⟨n.; -(e)s; unz.⟩ *Bildformat, 10 x 14 cm*
Ka|bi|netts|fra|ge ⟨f.; -, -n; Pol.⟩ *Vertrauensfrage an das Parlament, von der das weitere Amtieren eines Ministers abhängt;* die ~ stellen
Ka|bi|netts|jus|tiz ⟨f.; -; unz.⟩ *Einmischung des Staatsoberhauptes in einen Rechtsstreit*
Ka|bi|nett|stück ⟨n.; -(e)s, -e⟩ **1** ⟨urspr.⟩ *bes. wertvoller Gegenstand der Kunst od. Wissenschaft, der nicht in einer allg. Sammlung, sondern im Kabinett untergebracht ist* **2** ⟨danach⟩ *bes. schöner, wertvoller Gegenstand* **3** ⟨fig.⟩ *bes. geschicktes, kluges Vorgehen od. Verhalten, Meisterstück*
Ka|bi|nett|wein ⟨m.; -(e)s, -e⟩ *ausgesuchter Wein, Qualitätswein mit Prädikat der ersten Kategorie;* Sy *Kabinett(7.1)*
Ka|bo|ta|ge ⟨[-ʒə] f.; -, -n⟩ oV *Cabotage(1)* **1** *Binnen- u. Küstenschifffahrt zwischen Häfen des gleichen Staates* **2** *gewerbsmäßiger Luftverkehr innerhalb eines fremden Hoheitsgebietes* [<frz. *cabotage* »Küstenschifffahrt«]
ka|bo|tie|ren ⟨V.⟩ *Kabotage betreiben* [<frz. *caboter* »die Küste befahren«]
Ka|brio, ⟨auch⟩ **Kab|rio** ⟨n.; -s, -s; kurz für⟩ *Kabriolett;* oV *Cabrio*
Ka|bri|o|lett, ⟨auch⟩ **Kab|ri|o|lett** ⟨[-leː] n.; -s, -s⟩ oV *Cabriolet(1)* **1** *zweirädriger Einspänner* **2** *Personenkraftwagen mit zurückklappbarem Verdeck;* Ggs *Limousine* [<frz. *cabriolet,* eigtl. »ein leichter Wagen (der Luftsprünge macht)«, zu *cabriole, capriole* »Kapriole« <ital. *capriola;* → *Kapriole*]
Ka|bu|ki ⟨n.; -, -s⟩ *japan. Volkstheater über histor. u. bürgerl. Themen, vereinigt Schauspiel, Musik u. Tanz* [jap., »Gesang- und Tanzkunst«]
Kach|ek|ti|ker, ⟨auch⟩ **Ka|chek|ti|ker** ⟨[kaxɛk-] m.; -s, -; Med.⟩ *von Kachexie befallener, völlig hinfälliger Kranker* [→a. *Kachexie*]
kach|ek|tisch, ⟨auch⟩ **ka|chek|tisch** ⟨[kaxɛk-] Adj.⟩ *auf Kachexie beruhend*
Kach|e|xie, ⟨auch⟩ **Ka|che|xie** ⟨[kaxɛksiː] f.; -,

-n; Med.⟩ *völliger Kräfteverfall, Auszehrung, schlechter Ernährungszustand, bes. bei Krebs* [< grch. *kakos* »schlecht« + *hexis* »Zustand«]

Ka|da|ver ⟨[-vər] m.; -s, -⟩ *toter Körper, Tierleiche, Aas* [< lat. *cadaver*]

Ka|da|ver|ge|hor|sam ⟨[-vər] m.; -s; unz.⟩ *blinder Gehorsam, Befehlsbefolgung unter Ausschaltung der eigenen Urteilskraft*

Ka|da|ve|rin ⟨[-və-] n.; -s; unz.⟩ *übel riechender Stoff, der bei der Fäulnis von Eiweißen auftritt, früher irrtümlich zu den Leichengiften gerechnet;* oV *Cadaverin* [→ *Kadaver*]

Kad|disch ⟨n.; - od. -s; unz.⟩ *ein jüdisches Gebet* [aramäisch]

Ka|denz ⟨f.; -, -en⟩ **1** ⟨Mus.⟩ *zu einem Abschluss führende Akkordfolge* **1.1** ⟨beim Instrumentalkonzert⟩ *solist., urspr. improvisierte, später vom Komponisten vorgeschriebene, verzierende Wiederholung eines Themas, um dem Künstler Gelegenheit zu geben, sein virtuoses Können zu zeigen* **2** ⟨Metrik⟩ *die Art des Versausgangs, der meist aus einem männl. od. weibl. Reim besteht;* → a. *Katalexe* [< ital. *cadenza* »das Fallen«]

ka|den|zie|ren ⟨V.⟩ *eine Kadenz ausführen*

Ka|der ⟨m. od. schweiz. n.; -s, -⟩ **1** *Stammtruppe, Kerntruppe* **2** ⟨schweiz.⟩ *Vorgesetztengruppe* **3** *Gruppe fachlich u. politisch geschulter Führungskräfte* **3.1** ⟨DDR⟩ *Angehöriger dieser Gruppe* [< frz. *cadre* »Rahmen, Einfassung«]

Ka|der|par|tie ⟨f.; -, -n⟩ = *Cadrepartie*

Ka|dett[1] ⟨m.; -en, -en⟩ **1** ⟨bis 1918⟩ *Zögling einer militär. Erziehungsanstalt, der die Offizierslaufbahn ergreifen will* **2** ⟨umg.; scherzh.⟩ *Bursche, Kerl* [< frz. *cadet* »Offiziersanwärter, nachgeborener Sohn«]

Ka|dett[2] ⟨m.; -en, -en⟩ *Angehöriger einer 1905 gegründeten, liberal-monarchist. russ. Partei* [Kurzw. < *konstitutionelle Demokraten*]

Ka|di ⟨m.; -s, -s⟩ **1** ⟨in islam. Ländern⟩ *nach den Gesetzen des Korans Recht sprechender Richter* **2** ⟨fig.; umg.⟩ zum ~ laufen *ein Gericht in Anspruch nehmen* [< arab. *qadin* »Richter«]

kad|mie|ren ⟨V.⟩ = *cadmieren*

Kad|mi|um ⟨n.; -s; unz.⟩ = *Cadmium*

ka|duk ⟨Adj.⟩ **1** *hinfällig, gebrechlich* **2** *verfallen, ungültig* [< lat. *caducus* »hinfällig«]

ka|du|zie|ren ⟨V.⟩ **1** *für ungültig, verfallen erklären* **2** *niederschlagen* [→ *kaduk*]

Ka|du|zie|rung ⟨f.; -, -en; Wirtsch.⟩ *zwangsweiser Ausschluss eines Aktionärs od. Gesellschafters aufgrund nicht erbrachter Einlagen, wobei gleichzeitig der Gesellschaftsanteil u. bereits geleistete Zahlungen für verlustig erklärt werden*

Kaf|fee ⟨a. [-'-] m.; -s, -s⟩ **1** ⟨unz.⟩ *Samen des Kaffeestrauches, Kaffeebohnen;* 1/2 kg ~; gebrannter, gemahlener, gerösteter, grüner ~ **2** ⟨zählb.⟩ *Getränk aus gerösteten Kaffeebohnen;* eine Tasse, ein Kännchen ~; bitte drei (Tassen) ~!; jmdn. zu einem ~ einladen (ins Café) **2.1** ~ verkehrt *Kaffee mit mehr Milch als Kaffee* **2.2** dir haben sie wohl etwas in den ~ getan? ⟨umg.⟩ *du bist wohl verrückt* **3** ⟨unz.⟩ *Mahlzeit* **3.1** *erstes Frühstück am Morgen;* morgens beim ~ **3.2** *Mahlzeit mit Kuchen am Nachmittag;* jmdn. zum ~ (zu sich) einladen **4** ⟨unz.⟩ das ist kalter ~ ⟨fig.⟩ *völlig uninteressant, längst bekannt* **5** ⟨zählb.⟩ *Sorte von Kaffee(1)* [< frz. *café* < ital. *caffè* < türk. *qahve* < arab. *qahwa* »Wein; Kaffee«]

Kaf|fee|ex|trakt, ⟨auch⟩ **Kaf|fee-Ex|trakt** ⟨m.; -(e)s, -e⟩ *eingedickter od. getrockneter Kaffeeauszug, der alle löslichen Bestandteile der Kaffeebohne enthält*

Kaf|fer ⟨m.; -s, -; umg.⟩ *Einfaltspinsel, dummer Kerl, Blödling* [< jidd. *kapher* »Bauer«]

Ka|fir ⟨m.; -s, -n⟩ *jmd., der nicht dem islamischen Glauben anhängt;* Ggs *Muslim* [arab., »Ungläubiger«]

kaf|ka|esk ⟨Adj.⟩ *unheimlich, beängstigend, irreal;* eine ~e Schilderung [nach dem österr. Schriftsteller Franz *Kafka,* 1883-1924]

Kaf|tan ⟨m.; -s, -e⟩ *aus dem Orient stammendes, langes, mantelartiges Obergewand* [< pers.-arab. *khaftan* »(militär.) Obergewand«]

Ka|gu ⟨m.; -s, -s⟩ *im Bergland Neukaledoniens lebender, grau gefiederter Kranichvogel mit kräftigen Läufen u. kräftigem Schnabel: Rhynochetos jubatus* [polynes.]

Kai ⟨m.; -s, -e od. -s⟩ oV *Quai* **1** *befestigte Anlegestelle für Schiffe am Ufer* **2** *befestigtes Ufer an Meer, Fluss od. See;* → a. *Pier*[1] [< ndrl. *kaai* < frz. *quai* »Kai, Uferdamm«]

Kai|man ⟨m.; -s, -e⟩ *Alligatorart des trop. Südamerika* [< span. *caimán* < karibische Eingeborenenspr.]

Kai|man|fisch ⟨m.; -(e)s, -e⟩ *Knochenhecht, Angehöriger einer Gattung räuberischer Fische mit krokodilartiger Schnauze: Lepidosteus*

Kai|nit ⟨n.; -s; unz.⟩ *ein Kalium-Magnesium-Sulfat, wichtiges Kalisalz u. Düngemittel* [< grch. *kainos* »neu«]

Kains|mal ⟨n.; -s, -e⟩, **Kains|zei|chen** ⟨n.; -s, -⟩ **1** *Stammeszeichen der Keniter auf der Stirn, das Kain getragen haben soll* **2** ⟨fälschl. für⟩ *Zeichen des Brudermordes, Spur der bösen Tat, die am Täter erkennbar sein soll* [nach *Kain,* vgl. 1. Moses, 4,15, wo es ein Zeichen göttlichen Schutzes ist]

Kai|zen ⟨[-zɛn] n.; -; unz.; Wirtsch.⟩ *Methode aus der jap. Fertigungstechnik, die sich als Ziel die kontinuierliche Verbesserung aller Betriebsprozesse unter Einbezug von eigenverantwortlichen u. kreativen Mitarbeitern setzt* [jap.]

Ka|jak ⟨m. od. (selten) n.; -s, -s od. (selten) -e⟩ **1** *leichtes, bis auf den Sitz des Fahrers geschlossenes Paddelboot der Eskimos* **2** ⟨allg.⟩ *Sportpaddelboot, Grönländer* [eskim., »einsitziges, gedecktes Männerboot«]

Ka|jal|stift ⟨m.; -(e)s, -e; Kosmetik⟩ *schwarzer Stift für den Lidstrich*

Ka|je|put|baum ⟨m.; -(e)s, -bäu|me⟩ *ein in Hinterindien u. Australien vorkommendes Myr-*

tengewächs (Myrtenheide) mit weißen, rosa od. roten Blüten: Melaleuca leucadendron [< mal. *kaju* »Baum« + *putih* »weiß«]

Ka|jü|te ⟨f.; -, -n⟩ *Wohnraum auf dem Schiff* [< mnddt. *kaiüte* »Wohnraum an Bord«, vermutl. < frz. *cahute* »schlechte Hütte«]

Ka|ka|du ⟨a. [--'-] m.; -s, -s⟩ *Unterfamilie großer Papageien von meist weißer, auch schwarzer Färbung mit gelben od. roten Abzeichen: Kakatoeinae* [< ndrl. *kaktoe* < mal. *kakatua* »Haubenpapagei«, wohl lautmalend nach dem Schrei des Vogels]

Ka|kao ⟨a. [-kau] m.; -s, -s⟩ **1** ⟨unz.⟩ *Samen des Kakaobaumes* **2** ⟨zählb.⟩ *Sorte von Kakao* **3** ⟨unz.⟩ *Pulver aus den Kakaobohnen* **4** ⟨zählb.⟩ *Getränk daraus mit Milch u. Zucker;* eine Tasse ~; jmdn. durch den ~ ziehen ⟨fig.⟩ *boshaft über jmdn. reden, jmdn. sehr veralbern, jmdn. lächerlich machen* [< span. *cacao* < aztek. *cacauatl*]

Ka|ke|mo|no ⟨n.; -s, -s⟩ *ostasiat., hochformatiges Rollbild auf Papier od. Seide;* Ggs *Makimono* [jap., »Gegenstand zum Aufhängen«]

Ka|ker|la|ke ⟨f.; -, -n⟩ *Küchenschabe* [< ndrl. *kakerlak;* weitere Herkunft unsicher; vermutl. verwandt mit engl. *cockroach* »Kakerlake« < span. *cucaracha*]

Ka|ki 1 ⟨n. od. m.; - od. -s; unz.⟩ = *Khaki* **2** ⟨f.; -, -s; kurz für⟩ *Kakipflaume*

Kak|id|ro|se, ⟨auch⟩ **Ka|ki|dro|se** ⟨f.; -; unz.⟩ *übel riechende Schweißabsonderung* [< grch. *kokos* »schlecht« + *hidros* »Schweiß«]

Ka|ki|pflau|me ⟨f.; -, -n⟩ *ein in China u. Japan kultiviertes Ebenholzgewächs: Diospyros kaki;* Sy *Kaki(2)* [< jap.]

Ka|ki|rit ⟨m.; -s, -e; Geogr.⟩ *Gestein, das infolge von tektonischen Bewegungen von Rutsch- u. Kluftflächen durchzogen ist, Bruchbrekzie* [nach dem See *Kakir* in Nordschweden]

Ka|ko|dyl|ver|bin|dung ⟨f.; -, -en⟩ *Alkylverbindung des Arsens mit Ekel erregendem Geruch, z.B. Kakodyl,* $As_2(CH_3)_4$*, Kakodylchlorit,* $(CH_3)_2AsCl$ [< grch. *kakodes* »übel riechend« (< *kakos* »schlecht« + *ozein* »riechen«) + *...yl*]

Ka|ko|fo|nie ⟨f.; -, -n; Mus.⟩ = *Kakophonie*

Ka|ko|fo|ni|ker ⟨m.; -s, -; Mus.⟩ = *Kakophoniker*

ka|ko|fo|nisch ⟨Adj.; Mus.⟩ = *kakophonisch*

Ka|ko|geu|sie ⟨f.; -; unz.⟩ *übler Geschmack (im Mund)* [< grch. *kakos* »schlecht« + *geusis* »Geschmack«]

Ka|ko|pho|nie ⟨f.; -, -n; Mus.⟩ oV *Kakofonie* **1** *Missklang, Dissonanz* **2** *schlecht klingende Folge von Tönen, Lauten od. Wörtern;* Ggs *Euphonie* [< grch. *kakos* »schlecht« + *...phonie*]

Ka|ko|pho|ni|ker ⟨m.; -s, -; Mus.⟩ *ein häufig Kakophonien einsetzender Komponist;* oV *Kakofoniker*

ka|ko|pho|nisch ⟨Adj.; Mus.⟩ *in der Art einer Kakophonie;* oV *kakofonisch;* Ggs *euphonisch*

Kak|ta|ze|en ⟨nur Pl.⟩ = *Kaktee;* oV *Cactaceae* [→ *Kaktus*]

Kak|tee ⟨[-te:(ə)] f.; -, -n⟩ = *Kaktus;* Sy *Kaktazeen*

Kak|tus ⟨m.; -, -te|en od. österr. -ses, -se⟩ *Pflanze aus der Familie der Kaktusgewächse mit säulenförmigem, kugeligem od. blattförmigem Stamm u. Blattdornen, vorwiegend in Wüsten u. Halbwüsten Amerikas: Cactaceae*; Sy *Kaktee* [< grch. *kaktos* »stachelige Pflanze«]

Ka|la-A|zar ⟨f.; -; unz.⟩ *Infektionskrankheit, die bes. in Asien u. a. trop. Ländern durch den Erreger Leishmania donovani hervorgerufen wird u. die inneren Organe, bes. Milz, Leber u. Knochenmark, befällt* [ind., »schwarze Krankheit«]

Ka|la|bas|se ⟨f.; -, -n⟩ = *Kalebasse*

Ka|la|bre|ser, ⟨auch⟩ **Ka|lab|re|ser** ⟨m.; -s, -⟩ *breitrandiger Filzhut mit spitzem Kopf* [nach der Landschaft *Kalabrien* in Süditalien]

Ka|la|mai|ka ⟨f.; -, -ken⟩ *ukrain. Nationaltanz im 3/4-Takt*

Ka|la|ma|ri|en ⟨Pl.⟩ = *Kalamiten*

Ka|la|mi|tät ⟨f.; -, -en⟩ **1** *arge Verlegenheit, Übelstand, Notlage;* jmdn. in ~en bringen **2** *durch massenhaften Befall mit Schädlingen verursachte Erkrankung von Monokulturen, die wirtschaftl. Folgen hat* [< lat. *calamitas* »Schaden, Unglück«]

Ka|la|mi|ten ⟨Pl.⟩ *ausgestorbene Schachtelhalme, meist baumartige, bis 30 m hohe u. bis zu 1 m dicke Gewächse, Bestandteil der Steinkohle: Calamitaceae;* oV *Kalamarien* [< grch. *kalamos* »Rohr, Schilf«]

Ka|lan|choe ⟨[-çoe] f.; -, -n⟩ *zu den Dickblattgewächsen gehörende Zierpflanze mit roten, gelben u. weißen Blüten* [< chin. *calankoe*]

Ka|lan|der ⟨m.; -s, -⟩ *in der Papier-, Textil- u. Kunststoffindustrie zur Erzeugung glänzender Glätte benutztes Walzwerk aus mehreren abwechselnd aufeinander angeordneten, polierten Stahl- u. Papierwalzen, zwischen denen die Papier-, Stoff- od. Folienbahn unter starkem Druck hindurchgeführt wird;* Sy *Satinierwalze* [< frz. *calandre* »Wäscherolle, Mangel«, < ndrl. *kalandern* »hin- und hergleiten«]

ka|lan|dern ⟨V.⟩ *mit dem Kalander bearbeiten*

Ka|lasch|ni|kow ⟨f.; -, -s⟩ *sowjet. Maschinengewehr* [nach dem sowjetischen Waffenkonstrukteur M. T. *Kalaschnikow*]

Ka|lau|er ⟨m.; -s, -⟩ *einfaches, nicht sehr geistreiches Wortspiel, fauler Witz* [zu frz. *calembour* »Wortspiel« mit Anlehnung an die niederlausitz. Stadt *Kalau*]

ka|lau|ern ⟨V.⟩ *Kalauer machen*

Kal|dau|ne ⟨f.; -, -n; meist Pl.⟩ *essbare Eingeweide, Darmzotten vom Rind, Kutteln* [< nddt. *kaldunen* < mlat. *calduna* »das noch dampfende Eingeweide frisch geschlachteter Tiere«, < lat. *calidus* »warm, heiß«]

Ka|le|bas|se ⟨f.; -, -n⟩ *aus einem Flaschenkürbis hergestelltes Trinkgefäß;* oV *Kalabasse*

[< span. *calabaza* u. frz. *calebasse* »Flaschenkürbis«]

Ka|le|do|ni|den ⟨Pl.; Geol.⟩ *Faltengebirge, die sich vom Kambrium bis zum Ordovizium bildeten u. von denen heute noch Überreste in Skandinavien, Irland u. Schottland zu finden sind* [nach *caledonia,* dem lat. Namen für Schottland]

ka|le|do|nisch ⟨Adj.; Geol.⟩ **1** *die Kaledoniden betreffend;* ~e Gebirgsbildung **2** *den Zeitraum betreffend, in dem die Kaledoniden entstanden sind;* ~e Ära

Ka|lei|do|skop, ⟨auch⟩ **Ka|lei|dos|kop** ⟨n.; -s, -e⟩ **1** *Guckkasten mit bunten Glasstückchen, die sich beim Drehen zu immer neuen Mustern ordnen* **2** ⟨fig.⟩ *lebendig-bunte Bilderfolge* [< grch. *kalos* »schön« + *eidos* »Gestalt, Bild« + *…skop*]

ka|lei|do|sko|pisch, ⟨auch⟩ **ka|lei|dos|ko|pisch** ⟨Adj.⟩ *wie ein Kaleidoskop, in der Art eines Kaleidoskops*

ka|len|da|risch ⟨Adj.⟩ *zum Kalender gehörig, in der Art eines Kalenders*

Ka|len|da|ri|um ⟨n.; -s, -ri|en⟩ **1** *Verzeichnis der kirchl. Festtage* **2** *Terminkalender* [→ *Kalender*]

Ka|len|den ⟨Pl.⟩ oV *Calendae* **1** *der erste Tag des altröm. Monats* **2** etwas bis zu den griechischen ~ aufschieben *aufschieben, um es nie zu tun (da es bei den Griechen keine K. gab)* [< lat. *Calendae* »der erste Tag des Monats«]

Ka|len|der ⟨m.; -s, -⟩ **1** *Verzeichnis der Tage, Wochen u. Monate des Jahres in zeitl. Folge mit Angaben über Sonnen- u. Mondaufgänge u. -untergänge usw.;* Abreiß~; Taschen~; einen Tag im ~ rot anstreichen *sich bes. merken* **2** *Zeitrechnung;* Gregorianischer, hundertjähriger, Julianischer ~ [< lat. *calendarius;* zu *Calendae* »der erste Tag des Monats«]

Ka|le|sche ⟨f.; -, -n⟩ *leichter, vierrädriger Einspänner mit Klappverdeck od. ohne Verdeck* [< tschech. *koleska,* poln. *kolaska* »Räderfahrzeug«]

Ka|le|va|la, Ka|le|wa|la ⟨[-va-] f. od. n.; -; unz.⟩ *finn. Heldengedicht, Nationalepos der Finnen* [finn., »Land des Kalewa«, d.h. Finnland]

Kal|fak|ter ⟨m.; -s, -⟩, **Kal|fak|tor** ⟨m.; -s, -toren; †⟩ **1** *jmd., der alle mögl. Dienste verrichtet,* z.B. Heizer, Schuldiener, Hausmeister **2** *Aushorcher, Schmeichler, Zwischenträger* **3** *Strafgefangener, der dem Gefangenenwärter zur Hand geht* [< mlat. *cal(e)factor* »Warmmacher, d.h. der mit dem Einheizen betraute Schüler« < lat. *calidus* »warm, heiß« + *facere* »machen«]

kal|fa|tern ⟨V.⟩ ein Schiff ~ *die Fugen eines Schiffes mit geteertem Werg abdichten* [< ital. *calafatare,* frz. *calafater, cal(e)fater,* span. *calafatear* < mgrch. *kalaphatein*]

Ka|li ⟨n.; -s, -s⟩ **1** ⟨Sammelbez. für⟩ *Kaliumverbindungen* **2** = *Kaliumhydroxid* [→ *Kalium*]

Ka|li|an ⟨n. od. m.; -s, -e⟩ *persische Wasserpfeife;* oV *Kaliun* [< pers. *qalyan*]

Ka|li|ber ⟨n.; -s, -⟩ **1** *lichte Weite von Röhren u. Bohrungen* **2** *Durchmesser von Geschossen* **3** *Abstand der Walzen im Walzgerüst eines Walzwerkes* **4** ⟨fig.⟩ *Art, Sorte, Größenordnung* [< frz. *calibre* »Durchmesser der Geschützmündung bzw. des Geschosses« < ital. *calibro* »Messgerät zur Bestimmung des Gewichts von Kanonenkugeln« < mlat. *calibrum* »Halbeisen der Gefangenen, Kummet der Zugtiere« < arab. *qalib* »Form, Modell« < grch. *kalopodion* »Schusterleisten«, eigtl. »Holzfüßchen«, < *kalon* »Holz« + *pous,* Gen. *podos* »Fuß«]

ka|li|brie|ren, ⟨auch⟩ **ka|lib|rie|ren** ⟨V.⟩ **1** *eichen, auf ein genaues Maß bringen;* einen Joystick ~ **2** *den richtigen Abstand der Kaliberwalze bestimmen, einstellen* [< frz. *calibrer* »kalibrieren«; zu *calibre;* → *Kaliber*]

Ka|lif ⟨m.; -en, -en⟩ **1** ⟨bis 1924 Titel für⟩ *religiöses u. weltl. Oberhaupt der Sunniten als Nachfolger Mohammeds im Islam. Reich* **2** ⟨später⟩ *türk. Sultan* [< mhd. *kalif* < arab. *halifa* »Nachfolger, Stellvertreter (näml. des Propheten in der Herrschaft über die Gläubigen)«]

Ka|li|fat ⟨n.; -(e)s, -e⟩ *Amt, Würde, Reich des Kalifen*

Ka|li|for|ni|um ⟨n.; -s; unz.; Chem.⟩ = *Californium*

Ka|li|ko ⟨m.; -s, -s⟩ *dichtes, glattes Baumwollgewebe, beschichtet als Buchbinderleinwand* [< ndrl. *calico* < frz. *calicot;* nach der ostind. Stadt *Kalikut* als Heimat kattunener Gewebe]

Ka|li|lau|ge ⟨f.; -, -n⟩ *Lösung von Kaliumhydroxid in Wasser*

Ka|li|sal|pe|ter ⟨m.; -s; unz.⟩ = *Kaliumnitrat*

Ka|li|salz ⟨n.; -es, -e⟩ *von der chem. Industrie zur Herstellung von Düngemitteln verwendete Kalium- bzw. Kalium-Magnesium-Verbindungen*

Ka|li|um ⟨n.; -s; unz.; chem Zeichen: K⟩ *chem. Grundstoff, Alkalimetall, Ordnungszahl 19* [→ *Alkali*]

Ka|li|um|bro|mid ⟨n.; -(e)s, -e⟩ *Beruhigungsmittel u. Verzögerer für fotograf. Entwickler, chem. Formel KBr;* Sy *Bromkalium*

Ka|li|um|chlo|rat ⟨[-klo-] n.; -(e)s, -e⟩ *in Zündholzköpfen u. Feuerwerkskörpern verwendetes Oxidationsmittel, chem. Formel* $KClO_3$*;* Sy *chlorsaures Kalium*

Ka|li|um|chlo|rid ⟨[-klo-] n.; -(e)s, -e⟩ *als Dünger verwendete Kaliumverbindung, chem. Formel KCl*

Ka|li|um|cy|a|nid ⟨n.; -(e)s; unz.⟩ = *Zyankali;* oV *Kaliumzyanid*

Ka|li|um|hy|dro|xid, ⟨auch⟩ **Ka|li|um|hyd|ro|xid** ⟨n.; -s, -e⟩ *hygroskopische Masse, die durch Elektrolyse von Kaliumchlorid entsteht, Ätzkali, chem. Formel KOH;* Sy *Kali(2)*

Ka|li|um|kar|bo|nat ⟨n.; -s, -e⟩ *Kaliumsalz der Kohlensäure,* K_2CO_3*, Pottasche*

Ka|li|um|ni|trat, ⟨auch⟩ **Ka|li|um|nit|rat** ⟨n.; -(e)s, -e⟩ *als Düngemittel u. zur Herstellung* *von Schießpulver verwendete Salpeterart, chem. Formel KNO_3;* Sy *Kalisalpeter*

Ka|li|um|per|man|ga|nat ⟨n.; -(e)s, -e⟩ *Kaliumsatz der Permangansäure, $KMnO_4$, bildet violette, in Wasser gut lösliche Kristalle, ein starkes Oxidationsmittel, zum Desinfizieren verwendet;* Sy *übermangansaures Kali*

Ka|li|um|sul|fat ⟨n.; -(e)s, -e⟩ *Düngemittel u. Ausgangsstoff für die Alaun- u. Glasherstellung, chem. Formel K_2SO_4;* Sy *schwefelsaures Kali*

Ka|li|um|zy|a|nid ⟨n.; -(e)s; unz.⟩ = *Zyankali;* oV *Kaliumcyanid*

Ka|li|un ⟨n. od. m.; -s, -e⟩ = *Kalian*

Ka|lix|ti|ner ⟨m.; -s, -⟩ = *Utraquist* [< lat. *calix* »Kelch«]

Kalk|o|o|lith ⟨[-o:o-] m.; -s, -e⟩ *durch Ausscheidung aus kalkhaltigem Wasser entstandene Kalkkörner mit zahlreichen Poren;* → a. *Oolith*

Kalk|sal|pe|ter ⟨m.; -s; unz.⟩ *als Düngemittel verwendetes Doppelsalz von Calcium- u. Ammoniumnitrat, chem. Formel $Ca(NO_3)$*

Kal|kül ⟨m. od. n.; -s, -e⟩ **1** *Berechnung, Überschlag* **2** *System von Regeln u. Zeichen für mathemat. Berechnungen u. log. Ableitungen* [< frz. *calcul* »das Rechnen«, < lat. *calculus* »Steinchen«, Verkleinerungsform zu *calx* »Kalkstein«]

Kal|ku|la|ti|on ⟨f.; -, -en⟩ *das Kalkulieren, Berechnung, Ermittlung;* ~ von Kosten [< lat. *calculatio* »Berechnung«]

Kal|ku|la|tor ⟨m.; -s, -to|ren⟩ *Rechnungsbeamter* [< lat. *calculator* »Rechner, Rechnungsführer«; zu *calculare* »rechnen«; → *Kalkül*]

kal|ku|la|to|risch ⟨Adj.⟩ *mit Hilfe einer Kalkulation*

kal|ku|lie|ren ⟨V.⟩ **1** *berechnen, ermitteln, veranschlagen;* Preise für die Herstellung eines Fabrikats ~ **2** ⟨fig.⟩ *überlegen, erwägen* [< lat. *calculare* »rechnen, berechnen«]

Kal|la ⟨f.; -, -s⟩ oV *Calla* **1** *Schlangenwurz, Gattung der Aronstabgewächse: Calla* **2** ⟨i.e.S.⟩ *einheimische Pflanze mit kriechendem Wurzelstock, herzförmigen Blättern, kolbenförmigem Blütenstand u. weißem Hochblatt, Sumpfschlangenwurz, Schweinsohr: Cally palustris* **3** *(Zimmerpflanze) = Zantedeschia* [< lat. *calla* »Drachenwurz«]

Kal|li|graf ⟨m.; -en, -en⟩ = *Kalligraph*

Kal|li|gra|fie ⟨f.; -; unz.⟩ = *Kalligraphie*

kal|li|gra|fisch ⟨Adj.⟩ = *kalligraphisch*

Kal|li|graph ⟨m.; -en, -en⟩ *jmd., der es versteht, schön zu schreiben, Schreibkünstler;* oV *Kalligraf*

Kal|li|gra|phie ⟨f.; -; unz.⟩ *Schönschreibkunst; in Asien eine Form der bildenden Kunst;* oV *Kalligrafie* [< grch. *kallos* »Schönheit« + *...graphie*]

kal|li|gra|phisch ⟨Adj.⟩ *in der Art der Kalligraphie, mit ihrer Hilfe;* oV *kalligrafisch*

kal|lös ⟨Adj.; Bot.⟩ **1** *durch einen Kallus(1) verursacht* **2** ⟨Med.⟩ *schwielig* [< lat. *callosus* »dick-, harthäutig«; beeinflusst von frz. *calleux* »schwielig«; zu lat. *callus* »Schwiele«]

Kal|lo|si|tät ⟨f.; -; unz.⟩ *kallöse Beschaffenheit*

Kal|lus ⟨m.; -, -se⟩ oV *Callus* **1** *neu gebildetes pflanz. Gewebe an Wundstellen* **2** ⟨Med.⟩ *neu gebildetes Gewebe bei heilenden Knochenbrüchen* [< lat. *callus* »Schwiele, Knorpel«]

Kal|mar ⟨m.; -s, -ma|re⟩ *Kopffüßer (Tintenfisch) mit 10 Fangarmen u. riesigen, leistungsfähigen Augen: Loligo* [< mlat. *calmarium* »Rohrfeder (zum Schreiben); Tintenfass«]

Kal|me ⟨f.; -, -n⟩ *Windstille* [< frz. *calme* »Windstille, Meeresstille«]

Kal|men|gür|tel ⟨m.; -s, -⟩, **Kal|men|zo|ne** ⟨f.; -, -n⟩ *eine der drei Zonen häufiger Windstille auf der Erde*

Kal|mus ⟨m.; -, -se⟩ *Zierpflanze, Gattung der Aronstabgewächse mit ährenförmigem Blütenstand u. grünem Hochblatt, deren Wurzel ein beliebtes Magenmittel ist, Symbol des Pfingstfestes: Acorus;* **Gemeiner** ~: *A. calamus;* **Grasartiger** ~: *A. gramineus* [< lat. *calamus* »Rohr, Halm«]

Ka|lo ⟨m.; -s, -s⟩ *Schwund, Gewichtsverlust durch Eintrocknen od. Auslaufen, z.B. bei Waren* [< ital. *calo* »das Absinken«]

Ka|lo|bi|o|tik ⟨f.; -; unz.; im antiken Griechenland⟩ *Kunst, ein ausgeglichenes, harmonisches Leben zu führen, das der geistigen Natur des Menschen entspricht* [< grch. *kalos* »schön« + *bios* »Leben«]

Ka|lo|ka|ga|thie ⟨f.; -; unz.⟩ *Verbindung von Schönem u. Gutem als altgriech. Bildungsideal* [< grch. *kalokagathos,* < *kalos kai agathos* »schön und gut«]

Ka|lo|mel ⟨n.; -; unz.⟩ *früher als harn- u. galletreibendes Mittel sowie als Abführmittel verwendetes Quecksilber-I-Chlorid, Hg_2Cl_2* [< grch. *kalos* »schön« + *melas* »schwarz«]

Ka|lo|rie ⟨f.; -, -n; Zeichen: cal⟩ **1** *nicht mehr zulässige Maßeinheit für die Wärmemenge, war definiert als diejenige Energiemenge, die notwendig ist, um 1 g Wasser von 14,5 °C auf 15,5 °C zu erwärmen, zu ersetzen durch die Einheit Joule (J); 1 cal = 4,185 J; 1000 cal = 1 Kilokalorie (kcal)* **2** *nicht mehr zulässige Maßeinheit für den Energiewert von Nahrungsmitteln, zu ersetzen durch die Einheit Joule* [< lat. *calor* »Wärme, Hitze, Glut«]

ka|lo|ri|en|arm ⟨Adj.⟩ *wenig Kalorien enthaltend;* ~e Nahrungsmittel; er bevorzugt seit langem ~e Kost

ka|lo|ri|en|be|wusst ⟨Adj.⟩ *vorsichtig, zurückhaltend bezüglich aufzunehmender Kalorien;* sich ~ ernähren

Ka|lo|ri|fer ⟨m.; -s, -s od. -en⟩ = *Thermophor* [< lat. *calor* »Wärme« + *ferre* »tragen«]

Ka|lo|rik ⟨f.; -; unz.⟩ *Wärmelehre*

Ka|lo|ri|me|ter ⟨n.; -s, -⟩ *Gerät zum Messen von Wärmemengen* [< lat. *calor* »Wärme« + *...meter*]

Ka|lo|ri|me|trie, ⟨auch⟩ **Ka|lo|ri|met|rie** ⟨f.; -; unz.⟩ *das Messen von Wärmemengen*

ka|lo|ri|me|trisch, ⟨auch⟩ **ka|lo|ri|met|risch** ⟨Adj.⟩ *die Kalorimetrie betreffend, auf ihr beruhend*

ka|lo|risch ⟨Adj.⟩ *die Wärme betreffend, auf ihr beruhend*
ka|lo|ri|sie|ren ⟨V.⟩ Stahl ~ *eine Diffusionsschicht aus Aluminium als Rost- u. Korrosionsschutz auf Stahl herstellen;* oV *calorisieren* [< lat. *calor* »Wärme«]
Ka|lot|te ⟨f.; -, -n⟩ **1** ⟨Math.⟩ *Oberfläche eines Kugelabschnitts, Kugelkappe* **2** ⟨Anat.⟩ *Schädeldecke ohne Basis;* Sy *Kalva* **3** *Mönchskäppchen, Scheitelkäppchen* **4** ⟨Arch.⟩ *flache Kuppel* [< frz. *calotte* »Käppchen«]
Kal|pak ⟨m.; -s, -s⟩ oV *Kolpak* **1** *hohe tatar. Lammfellmütze* **2** *Filzmütze der Armenier* **3** *Husarenmütze* **3.1** *von ihr herabhängender Tuchzipfel* [< türk. *qalpaq*]
Ka|lu|met ⟨n.; -s, -s⟩ oV *Calumet(1)* **1** *bei den Prärieindianern Nordamerikas bemalte Stäbe mit Federbehängen für kultische Zwecke* **2** *Friedenspfeife* [< frz. *calumet;* < lat. *calamus* »Rohr«]
Ka|lup|pe ⟨f.; -, -n; österr.⟩ *schlechte Hütte, baufälliges Haus* [< tschech. *chalupa*]
Kal|va ⟨[-va] f.; -, -ven; Anat.⟩, *Schädeldecke ohne Basis;* Sy *Kalotte(2)*; oV *Calva* [lat.]
Kal|va|ri|en|berg ⟨[-va:-] m.; -(e)s; unz.; Rel.⟩ **1** ⟨urspr.⟩ *die Hinrichtungsstätte Christi;* Sy *Golgatha* **2** ⟨danach⟩ *Berg mit Wallfahrtskirche u. den 14 Stationen der Leidensgeschichte Christi* [< lat. *calvaria* »Hirnschale, Schädel«]
Kal|vill ⟨[-vil] m.; -s, -en⟩, **Kal|vil|le** ⟨[-vil-]; f.; -, -n⟩ *Apfelsorte mit fetter Schale, lockerem Fruchtfleisch u. unregelmäßiger, gerippter Form* [< frz. *calville* »Schlotterapfel, Kantapfel«]
Kal|vi|nis|mus ⟨[-vi-] m.; -; unz.⟩ *Lehre des Schweizer Reformators Johann Calvin (1509-1564), gekennzeichnet durch den Glauben an die Prädestination u. die von Luther abweichende Abendmahlslehre;* oV *Calvinismus*
Kal|vi|nist ⟨[-vi-] m.; -en, -en⟩ *Vertreter, Anhänger, Lehrer des Kalvinismus;* oV *Calvinist*
kal|vi|nis|tisch ⟨[-vi-] Adj.⟩ *zum Kalvinismus gehörig, auf ihm beruhend;* oV *calvinistisch*
Ka|lyk|an|thus, ⟨auch⟩ **Ka|ly|kan|thus** ⟨m.; -; unz.⟩ *Gartenzierstrauch, Gewürzstrauch mit duftenden Blüten: Calycanthus* [< grch. *kalyx* »Kelch« + *anthos* »Blume«]
Ka|lyp|tra, ⟨auch⟩ **Ka|lypt|ra** ⟨f.; -, -tren⟩ oV *Calyptra* **1** *Schutzgewebe der pflanzl. Wurzelspitze* **2** *auf der Sporenkapsel vieler Laubmoose sitzender, haubenartiger Rest des Archegoniums* [< grch. *kalyptra* »Decke, Deckel«]
Kal|ze|o|la|rie ⟨[-riə] f.; -, -n⟩ *Pantoffelblume* [< lat. *calceolus,* Verkleinerungsform zu *calceus* »Schuh«]
Kal|zi|fe|rol ⟨n.; -s, -e⟩ = *Calciferol*
kal|zi|fi|zie|ren ⟨V.⟩ *Kalke ausscheiden, z.B. Korallen* [zu lat. *calx,* Gen. *calcis* »Kalk« + *facere* »machen«]
kal|zi|fug ⟨Adj.⟩ *kalkhaltigen Boden meidend;* Ggs *kalziphil* [zu lat. *calx,* Gen. *calcis* »Kalk« + *fugere* »fliehen«]
Kal|zi|na|ti|on ⟨f.; -, -en⟩ = *Calcination*
kal|zi|nie|ren ⟨V.⟩ = *calcinieren*
Kal|zi|no|se ⟨f.; -; unz.⟩ *Verkalkung von Gewebe durch Ablagerung von Kalksalzen* [< lat. *calx,* Gen. *calcis* »Kalk«]
kal|zi|phil ⟨Adj.⟩ *kalkhaltigen Boden liebend;* Ggs *kalzifug* [< lat. *calx,* Gen. *calcis* »Kalk« + *...phil*]
Kal|zit ⟨m.; -s, -e⟩ = *Calcit*
Kal|zi|um ⟨n.; -s; unz.⟩ = *Calcium*
Kal|zi|um|bro|mid ⟨n.; -s; unz.⟩ = *Calciumbromid*
Kal|zi|um|chlo|rid ⟨[-klo-] n.; -s; unz.⟩ = *Calciumchlorid*
Kal|zi|um|flu|o|rid ⟨n.; -s; unz.⟩ = *Calciumfluorid*
Kal|zi|um|hy|dro|xid, ⟨auch⟩ **Kal|zi|um|hyd|ro|xid** ⟨n.; -s; unz.⟩ = *Calciumhydroxid*
Kal|zi|um|kar|bid ⟨n.; -s; unz.⟩ = *Calciumcarbid*
Kal|zi|um|kar|bo|nat ⟨n.; -s; unz.⟩ = *Calciumcarbonat*
Kal|zi|um|o|xid ⟨n.; -s; unz.⟩ = *Calciumoxid*
Kal|zi|um|phos|phat ⟨n.; -s; unz.⟩ = *Calciumphosphat*
Kal|zi|um|sul|fat ⟨n.; -s; unz.⟩ = *Calciumsulfat*
Ka|ma|la ⟨f. od. m.; -; unz.⟩ *die Haare der Früchte des ind. Wolfsmilchgewächses Mallotus philippinensis, wirken gleichzeitig auf Bandwürmer u. abführend: Glandulae rottlerae* [< Sanskrit; vermutlich aus einer drawidischen Sprache]
Ka|mal|du|len|ser ⟨m.; -s, -; meist Pl.⟩ *Angehöriger eines um 1000 vom hl. Romuald gegründeten kath. Einsiedlerordens mit weißer Ordenstracht (aus dem Benediktinerorden hervorgegangen), Romualdiner* [nach der 1012 entstandenen Einsiedelei *Camaldoli*]
Ka|man|gah ⟨[-dʒa:] f.; -, -s; Mus.⟩ *im Vorderen Orient verbreitetes Streichinstrument mit kleinem rundem od. viereckigem Korpus u. langem Hals*; Sy *Kemantsche* [arab.]
Ka|ma|res|va|se ⟨[-va-] f.; -, -n⟩ *kretisches Tongefäß mit schwarzer Glasur, auf das mit Erdfarben Ornamente aufgemalt sind* [nach dem Fundort, der *Kamares*grotte am Ida auf Kreta]
Ka|ma|ril|la ⟨a. [-rilja] f.; -, -ril|len⟩ *Günstlingspartei in der Umgebung eines Monarchen od. autoritären Herrschers mit großem, meist ungünstigem Einfluss, aber ohne die Verantwortung dafür zu tragen;* Hof~ [< span. *camarilla* »königl. Kabinettsrat«, Verkleinerungsform zu lat. *camera* »Wölbung, Raum mit gewölbter Decke«]
Kam|bi|um ⟨n.; -s, -bi|en⟩ *das Bildungsgewebe in den pflanzl. Stängeln u. Wurzeln, das das Dickenwachstum veranlasst;* oV *Cambium* [< nlat. *cambiare* »wechseln«]
Kam|brik, ⟨auch⟩ **Kamb|rik** ⟨m.; -s; unz.⟩ *lockerer, feinfädiger Zellwoll- od. Baumwollbatist* [< engl. *cambric;* nach der frz. Stadt *Cambrai*]

kam|brisch, ⟨auch⟩ **kamb|risch** ⟨Adj.⟩ *das Kambrium betreffend, zu ihm gehörig, aus ihm stammend* [→ *Kambrium*]

Kam|bri|um, ⟨auch⟩ **Kamb|ri|um** ⟨n.; -s; unz.⟩ *Formation des Paläozoikums vor 580-460 Mill. Jahren mit den ersten Fossilien führenden Sedimenten* [nach *Cambria,* dem lat.-kelt. Namen für Nordwales]

Kame ⟨[kɛim] m.; -s, -s⟩ *von eiszeitlichen Schmelzwässern abgesetzter, 10-20 m hoher Hügel aus geschichteten Sanden u. Kiesen* [schott., < mengl., aengl. *camb;* heute umg. für *comb* »Kamm«]

Ka|mee ⟨f.; -, -n⟩ *Halbedelstein mit erhaben (od. vertieft) geschnittenem Bild;* → a. *Gemme* [< frz. *camée* »Kamee« < ital. *cameo*]

Ka|mel ⟨n.; -s, -e⟩ *zu den Paarhufern gehöriges, wiederkäuendes Säugetier der Wüstengebiete* [< grch. *kamelos*]

Ka|me|lie ⟨[-liə] f.; -, -n⟩ *zu den Teegewächsen gehörende Zierpflanze mit dunkelgrünen, lederigen Blättern u. großen, meist gefüllten Blüten: Camellia japonica* [nach dem Brünner Mönch Joseph *Kámel,* der diese Pflanze aus Japan nach Europa brachte]

Ka|me|lott ⟨m.; -s, -e⟩ **1** *leichter Angorawollstoff in Leinwandbindung, auch mit Seide gemischt* **2** *französ. Kleinkrämer, Zeitungsverkäufer* [< frz. *camelot* »Straßenhändler«]

Ka|me|ra ⟨f.; -, -s⟩ *fotograf. Apparat, Aufnahmegerät für fotograf. Bilder u. Filme;* Film~; Kleinbild~; Spiegelreflex~ [< lat. *camera* »Wölbung, Raum mit gewölbter Decke«]

Ka|me|rad ⟨m.; -en, -en⟩ **1** *jmd., der die gleiche Tätigkeit ausübt, der einen Teil des Lebens, des Tages mit einem verbringt* **2** *Gefährte, Genosse, bes. innerhalb einer Gemeinschaft;* Berufs~; Kriegs~; Lebens~; Schul~; Spiel~; Wander~ [< frz. *camarade* < ital. *camerata* »Kammergemeinschaft, Stubengenossenschaft, Genosse, Gefährte«, < lat. *camera* »Wölbung, Raum mit gewölbter Decke«]

Ka|me|ra|de|rie ⟨f.; -; unz.; teilw. abwertend⟩ *überbetonte Kameradschaft*

Ka|me|ra|din ⟨f.; -, -din|nen⟩ *weibl. Person, die einen Teil des Lebens, des Tages mit einem verbringt, Gefährtin;* Schul~; Spiel~

ka|me|ral ⟨Adj.; Wirtsch.⟩ ~es Marketing *Konzeption, nach der für ein Unternehmen nicht nur Bedürfnisse des Marktes, sondern auch Faktoren wie Umwelt u. wirtschaftl. Wachstumsgrenzen für die Leistungserstellung von Bedeutung sind* [→ *Kameralia*]

Ka|me|ra|lia, Ka|me|ra|li|en ⟨Pl.⟩ *Staatsverwaltungs-, Volkswirtschaftslehre* [nlat.; zu nlat. *cameralius, camerarius* »Kämmerer«, < lat. *camera;* → *Kamera*]

Ka|me|ra|lis|mus ⟨m.; -; unz.; †⟩ **1** *Lehre von der landesfürstlichen Verwaltung, die Rechtswissenschaft, Verwaltungs- u. Wirtschaftslehre (besonders Finanzlehre) umfasste* **2** ⟨Bez. für⟩ *Wirtschaftswissenschaften während des Merkantilismus (im deutschsprachigen Raum)* [→ *Kameralia*]

Ka|me|ra|list ⟨m.; -en, -en⟩ **1** ⟨früher⟩ *Beamter einer fürstl. Kammer* **2** *Vertreter der Kameralistik*

Ka|me|ra|lis|tik ⟨f.; -; unz.⟩ **1** *Staats-, Finanzwissenschaft* **2** *System für staatswirtschaftl. Abrechnungen* [→ *Kameralia*]

ka|me|ra|lis|tisch ⟨Adj.⟩ *zur Kameralistik gehörig, auf ihr beruhend, staatswirtschaftlich, staatswissenschaftlich*

Ka|me|ral|wis|sen|schaft ⟨f.; -; unz.⟩ *Staatsverwaltungs-, Volkswirtschaftslehre* [→ *Kameralia*]

Ka|me|ra|re|kor|der ⟨m.; -s, -⟩ = *Camcorder*

Ka|me|ru|ner ⟨m.; -s, -⟩ **1** *Einwohner von Kamerun* **2** ⟨f.; -, -; umg.; †⟩ *Erdnuss*

ka|mie|ren ⟨V.; Sp.; Fechtkunst⟩ *die gegnerische Klinge umgehen* [< ital. *camminare* »gehen, laufen«]

Ka|mi|ka|ze ⟨m.; -, -; im 2. Weltkrieg⟩ *japanischer Flieger, der sich beim Bombenangriff selbst opferte* [jap., eigtl. »göttlicher Wind« < *kami* »Gott« + *kaze* »Wind«]

Ka|mi|ka|ze|ak|ti|on ⟨f.; -, -en; fig.⟩ *Unternehmung, bei der jmd. sehr viel aufs Spiel setzt, sich in Gefahr bringt*

Ka|mil|le ⟨f.; -, -n⟩ *Gattung der Korbblütler mit gelben Scheibenblüten, die mit einem Kreuz von weißen Zungenblüten umgeben sind: Matricaria* [< mlat. *camomilla* < grch. *chamaimelon,* eigtl. »am Boden wachsender Apfel« (< *chamai* »an der Erde« + *melon* »Apfel«; von Plinius nach dem apfelähnl. Duft der Blüte so benannt)]

Ka|min ⟨m.; -s, -e⟩ **1** *Schornstein* **2** *offene Feuerstelle mit Rauchfang im Zimmer* **3** *schmaler, steiler Felsspalt* [< ahd. *kemin* < lat. *caminus* »Feuerstätte, Esse, Herd, Kamin« (nhd. neu entlehnt unter Einfluss von ital. *camoni*) < grch. *kaminos* »Schmelzofen, Bratofen«]

ka|mi|nie|ren ⟨V.; Bergsteigen⟩ *sich im Kamin hocharbeiten*

Ka|mi|sol ⟨n.; -s, -e⟩ *Unterjacke, Wams, Weste* [< frz. *camisole* »Unterjacke«, < mlat. *camisia* »Hemd, unmittelbar auf dem Körper getragener Überwurf«]

Ka|mor|ra ⟨f.; -; unz.⟩ *südital. Mafia;* oV *Camorra* [< ital. *camorra,* eigtl. »Schiebung, Betrug«]

Kamp ⟨m.; -(e)s, Käm|pe⟩ **1** *eingezäuntes Stück Land, Viehweide od. Ackerland* **2** *Grasplatz am niederdt. Bauernhaus* **3** *Flussinsel* **4** *Pflanzgarten, Baumschule;* Pflanz~; Saat~ [< nddt., ndrl. *kamp* < lat. *campus* »Feld; eingehegtes Stück Feld«; verwandt mit *Camp, kampieren, Camping, Champion, Kampagne*]

Kam|pa|gne, ⟨auch⟩ **Kam|pag|ne** ⟨[-panjə] f.; -, -n⟩ oV *Campagne* **1** *Feldzug* **2** *Betriebszeit in saisonbedingten Unternehmen;* Zucker~ **3** ⟨fig.⟩ *Unternehmungen zu einem bestimmten Zweck;* Wahl~; Presse~ [< frz. *campagne* »flaches Land, Feldzug« < ital. *campagna* < lat. *campania;* zu *campus* »Feld, Ebene«; verwandt mit *Kamp*]

Kam|pa|ni|le ⟨m.; -, -⟩ *frei stehender Glockenturm;* oV *Campanile* [<ital. *campanile* »Glockenturm«; zu *campana* »Glocke«]

Kam|pa|nu|la ⟨f.; -, -lae [-lɛ:]⟩ = *Campanula*

Kam|pe|sche|holz ⟨n.; -es, -höl|zer⟩ *den blauen Farbstoff Hämatoxylin enthaltendes Holz von Haematoxylon campechianum* [nach dem mexikan. Staat *Campeche*]

Käm|pe|vi|se ⟨[-vi:-] f.; -, -r; MA⟩ *zum Tanz gesungene Ballade der skandinav. Länder;* →a. *Folkevise* [dän., »Heldenlied«]

Kamp|fer ⟨m.; -s; unz.⟩ *(urspr. aus dem Kampferbaum, auch durch Dampfdestillation des Holzes, synthetisch aus Terpentinöl hergestellte) kristalline, grauweiße Masse von stechendem Geruch, chem. Formel* $C_{10}H_{16}O$, *als Desinfektionsmittel u. in der chem. Industrie verwendet;* oV *Campher* [<mhd. *kampfer* <frz. *camphre* <mlat. *camphora* <arab. *kafur* »Kampferbaum« <aind. *karpura*]

Kam|phen ⟨n.; -s; unz.⟩ = *Camphen*

kam|pie|ren ⟨V.⟩ **1** *lagern* **2** *(auf einem improvisierten Lager) übernachten;* auf dem Heuboden ~ **3** ⟨ostpreuß.⟩ *toben, wüten* [<frz. *camper* »im Feld lagern« <lat. *campus*]

Kam|pong ⟨n.; -s, -s⟩ *malaiisches Dorf* [mal.]

Kamp|to|zo|on ⟨n.; -s, -zo|en⟩ *Tierstamm von kelchartigen Organismen, deren Mundöffnung neben dem After liegt, Kelchtier* [<grch. *kamptos* »biegsam« + *Zoon*]

Ka|na|da|bal|sam ⟨m.; -s; unz.⟩ *aus nordamerikan. Tannen gewonnenes, farbloses Harz, das in der Optik zum Verkitten von Linsensystemen verwendet wird*

Ka|na|di|er ⟨m.; -s, -⟩ **1** *Einwohner von Kanada* **2** *Kanu der kanad. Indianer* **3** ⟨Sp.⟩ *mit einem Stechpaddel fortbewegtes Sportboot*

Ka|nail|le ⟨[-naljə] f.; -, -n⟩ **1** *Schuft, Schurke* **2** *Pöbel, Pack* [<frz. *canaille* »Pöbel, Gesindel« <ital. *canaglia* »Hundepack«; <*cane* »Hund« <lat. *canis* »Hund«]

Ka|na|ke ⟨m.; -n, -n⟩ **1** *eingeborener Bewohner der Südseeinseln* **2** ⟨abwertend⟩ *ungebildeter Mensch* **3** ⟨abwertend; Schimpfwort⟩ *Ausländer* [<hawaiisch *kanaka* »Mensch«]

Ka|nal ⟨m.; -s, -nä|le⟩ **1** *künstl. Wasserlauf als Schifffahrtsweg od. zur Be- od. Entwässerung sowie für Abwässer;* zwei Flüsse durch einen ~ verbinden **2** *Wasserstreifen zwischen zwei Kontinenten od. Ländern;* Ärmel~; Panama~ **3** *Rohr, Leitung* **4** ⟨Funk⟩ *Frequenzband bestimmter Breite* **5** ⟨Anat.⟩ *Verdauungsweg;* Magen-Darm-~ **6** ⟨fig.⟩ *geheime od. unbekannte Verbindung od. Verbindungslinie;* die Gelder fließen ihm durch dunkle Kanäle zu; das Geheimnis ist durch unkontrollierbare Kanäle an die Öffentlichkeit gelangt; den ~ voll haben ⟨fig.; vulg.⟩ *es satt haben* [<ital. *canale* <lat. *canalis* »Röhre, Rinne, Kanal«; zu *canna* »kleines Rohr, Schilfrohr, Röhre«]

Ka|na|li|sa|ti|on ⟨f.; -, -en⟩ **1** *das Kanalisieren* **2** *System von unterird. Rohren zum Ableiten der Abwässer;* städtische ~ **3** *Schiffbarmachen von Flüssen* [→ *Kanal*]

ka|na|li|sie|ren ⟨V.⟩ **1** eine Stadt ~ *in einer Stadt eine Kanalisation(2) anlegen* **2** einen Fluss ~ *schiffbar machen*

Ka|na|li|sie|rung ⟨f.; -, -en⟩ *das Kanalisieren*

Ka|na|my|cin ⟨n.; -s; unz.; Pharm.; internationaler Freiname⟩ *gegen grampositive u. gramnegative Erreger wirksames Antibiotikum, besonders auch gegen solche, die gegen andere Antibiotika resistent sind*

Ka|na|pee ⟨österr. [-pe:] n.; -s, -s⟩ oV *Canapé* **1** ⟨†⟩ *Sofa* **2** *reichlich belegte u. garnierte kleine Weißbrotscheibe* [<frz. *canapé,* ital. *canapè* »Couch, Sofa« <mlat. *canapeum* <lat. *conopeum* <grch. *konopeion,* eigtl. »feinmaschiges Mückennetz; Bett mit einem solchen Netz«; zu *konops* »Mücke«]

Ka|na|ri ⟨m.; -s, -; süddt.; österr.⟩ *Kanarienvogel* [<frz. *canari*]

Ka|na|ri|en|vo|gel ⟨m.; -s, -vö|gel⟩ *Zuchtrasse des Girlitzes, der in zahlreichen Schlägen nach Farbe, Größe, Gefieder u. Gesang gezüchtet wird: Serinus canaria* [nach den *Kanarischen* Inseln]

Ka|nas|ter ⟨n.; -; unz.; umg. für⟩ *Canasta*

Kan|da|re ⟨f.; -, -n; Sp.; Dressurreiten⟩ *Art des Zaums mit je einem Zügel für die Gebissstange (mit Kinnkette) u. die Unterlegtrense;* jmdn. an die ~ nehmen ⟨fig.⟩ *ihn strenger behandeln* [<ung. *kantár* »Zaum«]

Kan|de|la|ber ⟨m.; -s, -⟩ **1** *Armleuchter, mehrarmiger Kerzenständer* **2** *Leuchtmast* [<frz. *candélabre* <lat. *candela* »Kerze«]

Kan|di|dat ⟨m.; -en, -en⟩ **1** *jmd., der sich um ein Amt bewirbt* **2** *jmd., der sich darum bewirbt, gewählt zu werden;* Wahl~; jmdn. als ~en aufstellen **3** *jmd., der sich einer Universitätsprüfung unterzieht od. darauf vorbereitet;* Prüfungs~ [<lat. *candidatus* »weiß gekleidet«; zu *candidus* »weiß«; nach der *toga candida* »weiße Toga«, in der sich Amtsbewerber im alten Rom dem Volke vorstellten]

Kan|di|da|ten|tur|nier ⟨n.; -s, -e; Sp.; Schach⟩ *Schachturnier der bestplazierten Spieler des Interzonenturniers zur Ermittlung des Herausforderers des jeweiligen Schachweltmeisters*

Kan|di|da|tur ⟨f.; -, -en⟩ *Bewerbung eines Kandidaten (um ein Amt usw.)*

kan|di|die|ren ⟨V.⟩ *sich als Kandidat bewerben;* für ein Amt ~; gegen einen anderen Bewerber ~

kan|die|ren ⟨V.⟩ **1 Früchte** ~ *mit Zucker überziehen u. dadurch haltbar machen* **2 Zucker** ~ *durch Erhitzen bräunen* [<frz. *candir* <ital. *candire,* arab. *qand;* → *Kandiszucker*]

Kan|dis ⟨m.; -; unz.⟩, **Kan|dis|zu|cker** ⟨m.; -s; unz.⟩ *Zuckerkristalle, die aus konzentrierten Lösungen an Zwirnsfäden auskristallisieren* [umgestellt < *Zuckerkandi(t) (16. Jh.)* <ital. *zucchero candito,* <arab. *qandi,* Adj. zu *qand* »Rohrzucker«]

Kan|di|ten ⟨Pl.⟩ *kandierte Früchte*

Ka|neel ⟨m.; -s, -e⟩ *die nach Zimt u. etwas nach Muskat riechende Rinde des westind. Kaneelbaumes (Canella alba)* [<spätmhd.

kanel <frz. *canelle* »Zimt« <mlat. *canella,* Verkleinerungsform zu lat. *canna* »Rohr«]
Ka|ne|pho|re ⟨f.; -, -n; Altertum⟩ **1** *Korbträgerin, Jungfrau, die bei Festen Opfergeräte in einem Korb auf dem Kopf herbeitrug* **2** ⟨Arch.⟩ = *Karyatide* [<grch. *kaneon* »Korb« + *pherein* »tragen«]
Ka|ne|vas ⟨[-vas] m.; - od. -ses, od. -se⟩ **1** *stark appretiertes, gitterartiges Gewebe als Untergrund für Stickereien, Gitterleinen;* Sy *Stramin* **2** ⟨in der Commedia dell'arte⟩ = *Scenario* [<frz. *canevas* »Packleinwand, Segeltuch« <mlat. *canavacium* »grobe Leinwand«; zu *canava* »Hanf«]
ka|ne|vas|sen ⟨[-vas-] Adj.⟩ *aus Kanevas bestehend*
Kän|gu|ru ⟨n.; -s, -s⟩ *Angehöriges einer Unterfamilie der Springbeutler, mit kleinen Vorderbeinen u. stark verlängerten Hinterbeinen, deren Junge sich rund 7 Monate lang in einem Brutbeutel entwickeln: Macropodinae* [<austral. Eingeborenensprache]
Ka|ni|de ⟨m.; -n, -n⟩ *Vertreter der Familie der Hunde u. der hundeartigen Raubtiere: Canidae* [<lat. *canis* »Hund« + *...id*]
Ka|nin ⟨n.; -s, -e⟩ *Kaninchenfell* [<mnddt. <afrz. *conin* »Kaninchen« <lat. *cuniculus* »Kaninchen«]
Ka|nin|chen ⟨n.; -s, -⟩ *Karnickel, gesellig lebendes, hasenartiges Nagetier: Oryctolagus cuniculus* [→ *Kanin*]
Ka|nis|ter ⟨m.; -s, -⟩ *tragbarer, meist viereckiger Behälter aus Metall od. Kunststoff für Flüssigkeiten;* Benzin~; Blech~; Öl~ [<ital. *canestro* »Korb« (beeinflusst von engl. *canister*) <lat. *canistrum* »aus Rohr geflochtener Korb« <grch. *kanistron;* zu *kanna* »Rohr«]
kan|krös, ⟨auch⟩ **kank|rös** ⟨Adj.; Med.⟩ *krebsartig* [→ *Cancer*]
Kan|na ⟨f.; -, -s⟩ *Blumenrohr, aus dem trop. Amerika stammende, zur Gattung der Schwanenblumengewächse gehörende Staude: Canna;* oV *Canna* [<lat. *canna* »Rohr« <grch. *kanna*]
Kan|nä ⟨n.; -, -⟩ = *Cannae*
Kan|ne|le ⟨f.; -, -n⟩ *lange, schmale, gerundete Vertiefung, Riefe, Rille, Hohlkehle* [<frz. *cannelle* »Röhrchen« <mlat. *canella,* Verkleinerungsform zu lat. *canna* »Rohr« <grch. *kanna*]
kan|ne|lie|ren ⟨V.⟩ eine Säule ~ *mit Kannelüren versehen* [<frz. *canneler* »kannelieren, auskehlen«, <mlat. *canella,* Verkleinerungsform zu lat. *canna* »Rohr« <grch. *kanna*]
Kan|ne|lie|rung ⟨f.; -, -en⟩ **1** *das Kannelieren* **2** *Gesamtheit der Kannelüren am Säulenschaft*
Kän|nel|koh|le ⟨f.; -; unz.⟩ *Bitumenkohle, deren Stücke, wenn sie angebrannt sind, wie Kerzen noch weiterbrennen* [<engl. *candlecoal* <*candle* »Kerze« + *coal* »Kohle«]
Kan|ne|lü|re ⟨f.; -, -n⟩ *senkrechte Kannele am Säulenschaft* [<frz. *cannelure* »Hohlkehle, Rille«; → *kannelieren*]
Kan|ni|ba|le ⟨m.; -n, -n⟩ **1** *jmd., der rituell Teile des getöteten Feindes od. verstorbener Angehöriger verzehrt, (umg.) Menschenfresser* **2** ⟨fig.⟩ *roher, brutaler Mensch* [<nlat. *canibalis* »Kar(a)ibe« (Indianer der Karibik) <span. *canibal,* falsche Schreibweise von *caribal* »Einwohner der Kariben«]
kan|ni|ba|lisch ⟨Adj.⟩ **1** *die Kannibalen betreffend, von ihnen stammend, wie ein Kannibale* **2** ⟨fig.⟩ *grausam, roh, brutal* **3** ich fühle mich ~ wohl ⟨umg.; scherzh.⟩ *sehr, ungemein wohl*
Kan|ni|ba|lis|mus ⟨m.; -; unz.⟩ *Menschenfresserei*
Ka|non ⟨m.; -s, -s⟩ **1** *Regel, Richtschnur, Leitfaden* **2** *Gesamtheit der für ein Gebiet geltenden Regeln od. Vorschriften* **3** *stilles Gebet bei der Messe* **4** ⟨kath. Kirche⟩ *Verzeichnis der Heiligen der kath. Kirche* **5** *mehrstimmiges Tonstück, in dem die Stimmen in Abständen nacheinander mit der gleichen Melodie einsetzen* **6** ⟨bildende Kunst⟩ *Gesetz, das die Proportionen des menschl. Körpers festlegt u. eine ästhet. befriedigende Darstellung ermöglicht* **7** ⟨Pl. Ka|no|nes⟩ *einzelne (bes. kirchl.) Rechtsvorschrift* **8** ⟨unz.⟩ *die als echt anerkannten Bücher der Bibel;* Sy *kanonische Bücher;* Ggs *Apokryphe* **9** *Liste mit Werken klassischer Autoren, die von Philologen als Vorbilder angesehen wurden* **10** *Schriftgrad, 36 Punkt* [<lat. *canon* <grch. *kanon* »Richtschnur, Regel, Vorschrift, Kettengesang«, eigtl. »gerader Stab«; zu *kanna* »Rohr«]
Ka|no|na|de ⟨f.; -, -n⟩ *Geschützkampf, Geschützfeuer, Beschießung* [<frz. *canonnade* »Kanonade, Geschützfeuer«; zu *canon* »Kanone«]
Ka|no|ne ⟨f.; -, -n⟩ **1** ⟨Mil.; früher⟩ *Geschütz* **2** ⟨Mil.; heute⟩ *Flachfeuergeschütz mit großer Reichweite;* mit ~n auf Spatzen schießen ⟨fig.⟩ *zuviel Aufhebens wegen Kleinigkeiten machen;* das ist unter aller ~ ⟨fig.⟩ *unter aller Kritik, sehr schlecht* **3** ⟨fig.; umg.⟩ *Könner, fähiger Mensch;* er ist auf seinem Gebiet, in seinem Fach eine ~ [<ital. *cannone* »großes Rohr, schweres Geschütz«, Vergrößerungsform zu ital., lat. *canna* »Rohr«; jedoch »unter aller Kanone«: scherzh. Übersetzung von *sub omni canone* »unter aller Richtschnur«, d.h., so schlecht, dass ein normaler Beurteilungsmaßstab versagt; → *Kanon*]
Ka|no|nen|boot ⟨n.; -(e)s, -e; Mil.⟩ *mit Geschütz bewaffnetes kleines Kriegsschiff*
Ka|no|nen|fut|ter ⟨n.; -s; unz.; Mil.; fig.⟩ *Truppen, die sinnlos geopfert werden*
Ka|no|nier ⟨m.; -s, -e; Mil.⟩ *Soldat, der ein Geschütz, bes. eine Kanone, bedient, unterster Dienstgrad des Soldaten in der Artillerie*
Ka|no|nik ⟨f.; -; unz.⟩ **1** ⟨bei Epikur⟩ = *Logik* **2** ⟨Mus.⟩ *mathemat. Bestimmung der einzelnen Töne u. ihrer Verhältnisse zueinander* [→ *Kanon*]
Ka|no|ni|kat ⟨n.; -(e)s, -e⟩ *Amt, Würde eines Kanonikus*

Ka|no|ni|ker ⟨m.; -s, -⟩, **Ka|no|ni|kus** ⟨m.; -, -ker⟩ *Mitglied eines nach einem Kanon lebenden geistl. Kapitels od. Stifts, Chorherr;* oV *Canonicus*

Ka|no|ni|sa|ti|on ⟨f.; -, -en⟩ **1** *das Kanonisieren, Aufnahme in den Kanon (Verzeichnis der Heiligen)* **2** *Heiligsprechung*

ka|no|nisch ⟨Adj.⟩ *einem Kanon entsprechend;* ~e **Stunden** *S., an denen ein Stundengebet gesprochen wird;* ~es **Alter** *das zum Erlangen eines geistl. Amtes notwendige Alter;* ~es **Recht** *kath. Kirchenrecht;* ~e **Bücher** = *Kanon(8);* → a. *Apokryphe*

ka|no|ni|sie|ren ⟨V.⟩ jmdn. ~ *in den Kanon(4) aufnehmen, heilig sprechen*

Ka|no|nis|se ⟨f.; -, -n⟩, **Ka|no|nis|sin** ⟨f.; -, -sinnen⟩ *Angehörige eines nach einem Kanon lebenden Stifts, Chorfrau*

Ka|no|nist ⟨m.; -en, -en⟩ *Kenner, Lehrer des kanonischen Rechts*

Ka|no|nis|tik ⟨f.; -; unz.⟩ *Lehre vom kanonischen Recht*

Ka|no|pe ⟨f.; -, -n⟩ *altägypt. Krug mit Deckel in Form eines Menschen- od. Tierkopfes zur Bestattung der Eingeweide von mumifizierten Toten* [nach der Stadt *Kanopos* in Unterägypten]

Kä|no|phy|ti|kum ⟨n.; -s; unz.; Geol.⟩ *an das Mesophytikum anschließende u. mit dem Beginn der oberen Unterkreide zusammenfallende Neuzeit der pflanzlichen Entwicklung;* Sy *Neophytikum* [< grch. *kainos* »neu« + *phyton* »Pflanze«]

Ka|nos|sa|gang ⟨m.; -s, -gän|ge; Pl. selten⟩ *demütigender Bußgang;* oV *Canossagang* [nach der Reise Heinrichs IV. nach *Canossa* zu Papst Gregor VII. im Jahre 1077]

Kä|no|zo|i|kum ⟨n.; -s; unz.⟩ *jüngstes Zeitalter der Erdgeschichte, Beginn vor 60 Mill. Jahren, Erdneuzeit;* Sy *Neozoikum;* oV *Zänozoikum* [< grch. *kainos* »neu« + *…zoikum*]

kä|no|zo|isch ⟨Adj.⟩ *zum Känozoikum gehörig, aus ihm stammend*

kan|ta|bel ⟨Adj.; Mus.⟩ *sanglich, gut singbar* [→ *kantabile*]

kan|ta|bi|le ⟨[-le:] Mus.⟩ *ernst, getragen (zu singen)* [< ital. *cantabile* »sangbar«; zu *cantare* »singen«]

Kan|ta|bi|li|tät ⟨f.; -; unz.; Mus.⟩ *kantable Beschaffenheit, gute Singbarkeit*

Kan|ta|te[1] ⟨f.; -, -n; Mus.⟩ *mehrsätziges Gesangsstück für Solo u. (od.) Chor mit Instrumentalbegleitung;* oV *Cantate(1)* [< ital. u. mlat. *cantata* »Gesangsstück«; zu *cantare* »singen«]

Kan|ta|te[2] ⟨ohne Art.; Rel.⟩ *der 4. Sonntag nach Ostern;* oV *Cantate(2)* [nach dem Beginn des Introitus: *Cantate* »Singet« (Psalm 97)]

Kan|te|le ⟨f.; -, -n; Mus.⟩ *zitherähnliches finnisches Nationalinstrument ohne Griffbrett in Flügelform*

Kan|ter[1] ⟨m.; -s, -⟩ **1** *Verschlag, Kellerlager* **2** *Gestell, z.B. für Fässer* [< frz. *chantier* »Gestell, Stapelblock, Lager, Bauplatz« < lat. *cant(h)erius* »Dachsparren, Jochgeländer«]

Kan|ter[2] ⟨m.; -s, -; †⟩ *kurzer, leichter Galopp des Pferdes* [< engl. *canter*]

kan|tern ⟨V.; †⟩ *im Kanter reiten, leicht galoppieren*

Kan|ter|sieg ⟨m.; -(e)s, -e; Sp.⟩ *müheloser, deutlicher Sieg*

Kan|tha|ri|de ⟨f.; -, -n⟩ *Angehöriger einer Familie der (Weich-)Käfer mit weichen, biegsamen Flügeldecken: Cantharidae* [< grch. *kantharis,* Name einer Käferart]

Kan|tha|ri|din ⟨n.; -s; unz.⟩ *hautreizendes Gift, Drüsenabsonderung einiger Ölkäfer, früher Heilmittel;* oV *Cantharidin*

Kan|tha|ros ⟨m.; -, -roi⟩ *altgriechisches bauchiges, zweihenkliges Trinkgefäß, zuweilen mit Fuß* [grch.]

Kan|ti|le|ne ⟨f.; -, -n; Mus.⟩ *getragene, liedartige Melodie;* oV *Cantilena* [< lat. *cantilena* »Liedchen«; zu *cantare* »singen«]

Kan|til|le ⟨[-tɪlə] od. [-tɪljə] f.; -, -n⟩ *flach gewalzter Metalldraht zur Herstellung von Borten u. Tressen* [< frz. *cannetille* »Gold-, Silberfaden, Messingdraht«; verkleinernde Ableitung von lat. *canna* »Rohr«]

Kan|ti|ne ⟨f.; -, -n⟩ *Küche u. Speiseraum in Betrieben, Kasernen u.Ä., in dem oft auch Lebensmittel verkauft werden* [< frz. *cantine,* ital. *cantina* »Flaschenkeller«]

Kan|ton ⟨m.; -s, -e⟩ **1** *Bundesland in der Schweiz* **2** *Verwaltungsbezirk in Frankreich u. Belgien* **3** ⟨seit 1733; †⟩ *Wehrverwaltungsbezirk in Preußen* [< frz. *canton* »Ecke, Winkel, Landstrich« < ital. *cantone,* Vergrößerungsform zu *canto* »Winkel, Ecke«]

kan|to|nal ⟨Adj.⟩ *den Kanton betreffend, zu ihm gehörig, aus ihm stammend, in ihm gültig*

Kan|to|ni|e|re ⟨[-nje:-] f.; -, -n⟩ *Straßenwärterhaus der italien. Alpen* [< ital. *cantoniere* »Straßenwärter«; zu *cantone* »Winkel, Ecke, Landstrich«]

Kan|to|nist ⟨m.; -en, -en⟩ *ausgehobener Rekrut;* unsicherer ~ ⟨fig.; umg.⟩ *jmd., auf den man sich nicht verlassen kann* [nach dem in Preußen bis 1814 geltenden *Kantonsystem;* → *Kanton*]

Kan|ton|sys|tem ⟨n.; -s; unz.; †⟩, **Kan|ton|verfas|sung** ⟨f.; -; unz.; †⟩ *Aushebungssystem eines Heeres, bei dem ein Land in Bezirke (Kantone) eingeteilt wird, aus denen ein Regiment seinen Rekrutenersatz zu entnehmen hat*

Kan|tor ⟨m.; -s, -to|ren⟩ **1** ⟨urspr.⟩ *Vorsänger im kath. Gottesdienst, Leiter des Gemeindegesangs* **2** ⟨seit dem 15. Jh.⟩ *Gehilfe des Schulmeisters u. Gesangslehrer* **3** ⟨heute⟩ *Leiter des Kirchenchores u. Organist* **4** ⟨zugleich⟩ *Musiklehrer* [< lat. *cantor* »Sänger«]

Kan|to|rat ⟨n.; -(e)s, -e⟩ *Amt des Kantors*

Kan|to|rei ⟨f.; -, -en⟩ **1** *Wohnung des Kantors* **2** *Kirchenchor*

Kan|tschu, ⟨auch⟩ **Kant|schu** ⟨m.; -s, -s⟩ *dicke Peitsche aus geflochtenen Lederriemen* [< belo-russ. *kančyk,* poln. *kanczuk,* tschech. *kančuch* < türk. *qamtschi* »Peitsche«, eigtl. »Ansporner«]

Kan|tus ⟨m.; -, -se; Studentenspr.⟩ *Gesang;* → a. *Cantus (firmus)* [< lat. *cantus*]

Ka|nu ⟨n.; -s, -s⟩ **1** ⟨bei Naturvölkern⟩ *Einbaum* **2** ⟨heute⟩ *Paddelboot* **3** ⟨Sp.; Sammelbez. für⟩ *Kajaks(2) u. Kanadier(3)* [< engl. *canoe* < span. *canoa* < Aruak *can(a)oa* »Baumkahn«]

Ka|nü|le ⟨f.; -, -n; Med.⟩ **1** *Hohlnadel an einer Injektionsspritze* **2** *Röhrchen zum Zu- od. Ableiten von Luft od. Flüssigkeiten (bes. nach Luftröhrenschnitt)* [< frz. *canule* < lat. *cannula,* Verkleinerungsform zu *canna* »Rohr«]

Ka|nu|te ⟨m.; -n, -n; Sp.⟩ *Kanufahrer*

Ka|nu|tin ⟨f.; -, -tin|nen; Sp.⟩ *Kanufahrerin*

Kan|zel|le ⟨f.; -, -n⟩ **1** ⟨Mus.⟩ *Windkanal für die Pfeifen der Orgel bzw. Zungen des Harmoniums* **2** ⟨in der altchristl. Basilika⟩ *Chorschranke* [< lat. *cancelli* »Schranken, Gitter«]

kan|zel|lie|ren ⟨V.; †⟩ Geschriebenes ~ *mit sich kreuzenden Strichen ungültig machen* [< lat. *cancelli* »Gitter, Schranken«, eigtl. »durch gitterartige Striche ungültig machen«]

kan|ze|ro|gen ⟨Adj.; Med.⟩ = *karzinogen;* oV *cancerogen* [< lat. *cancer* »Krebs« + *...gen*[1]]

Kan|ze|ro|gen ⟨n.; -s, -e; Med.⟩ = *Karzinogen;* oV *Cancerogen*

Kan|ze|ro|id ⟨n.; -s, -e; Med.⟩ = *Karzinoid;* oV *Canceroid*

Kan|ze|ro|lo|ge ⟨m.; -n, -n; Med.⟩ = *Karzinologe*

Kan|ze|ro|lo|gie ⟨f.; -; unz.; Med.⟩ = *Karzinologie*

kan|ze|rös ⟨Adj.⟩ *krebsartig* [< lat. *cancer* »Krebs«]

Kanz|lei ⟨f.; -, -en⟩ **1** *Büro, Dienststelle, Schreibstube, Ausfertigungsbehörde;* Notariats~; Rechtsanwalts~ **2** *dem Staatsoberhaupt unmittelbar unterstehende Verwaltungsbehörde;* Bundes~; Reichs~; Staats~ [< mhd. *kanzelie,* urspr. »der mit Schranken eingehegte Raum einer Behörde, bes. eines Gerichtshofes«, < lat. *cancelli* »Schranken«]

Kanz|lei|for|mat ⟨n.; -(e)s; unz.⟩ *Papierformat, 33 x 42 cm*

Kanz|lei|stil ⟨m.; -(e)s; unz.; seit dem 15. Jh.⟩ **1** *Stil der deutschen Kanzleien* **2** ⟨allg.⟩ *Amtsstil, Behördenstil*

Kanz|list ⟨m.; -en, -en⟩ *Schreiber, Angestellter einer Kanzlei* [< mlat. *cancellista;* → *Kanzlei*]

Kan|zo|ne ⟨f.; -, -n; Mus.⟩ oV *Canzone* **1** *provenzialische u. französ. lyrische Gedichtform aus fünf bis zehn Strophen mit kunstvollen Reimen* **2** ⟨16./17. Jh.⟩ *heiteres, schlichtes Lied* **3** ⟨in Frankreich⟩ *Chorgesang ohne Instrumentalbegleitung* **4** ⟨seit dem 16. Jh. auch⟩ *Begleitung des französ. Chansons durch ein Instrument* **5** ⟨seit dem 17. Jh.⟩ *gesangl. Musikstück für mehrere Instrumente* **6** *Satz der Sonate* **7** ⟨seit dem 18. Jh.; allg.⟩ *einfaches, volkstüml. Lied mit Instrumentalbegleitung* [< ital. *canzone* »Gesang, Lied; kunstvoll gegliedertes lyr. Gedicht«]

Kan|zo|net|te ⟨f.; -, -n; Mus.⟩ *kleine Kanzone* [< ital. *canzonetta* »Liedchen, kleines lyr. Gedicht«, Verkleinerungsform zu *canzone;* → *Kanzone*]

Ka|o|lin ⟨n.; fachspr. m.; -s, -e⟩ *weißer, weicher, formbarer Ton, hauptsächlich aus Kaolinit, zur Herstellung von Porzellan u. Steingut, Porzellanerde* [< chin. *kao-ling* »hoher Berg«; nach dem Fundort benannt]

Ka|o|li|nit ⟨m.; -s, -e⟩ *Tonerdemineral, Hauptbestandteil des Kaolins, wasserhaltiges Tonerdesilicat wechselnder Zusammensetzung* $Al_4(OH)_8(Si_4O_{10})$

Kap ⟨n.; -s, -s⟩ *vorspringender Teil einer Felsenküste, Vorgebirge;* ~ der guten Hoffnung [< frz. *cap* »Kap, Vorgebirge« < lat. *caput* »Kopf«]

Kap. ⟨Abk. für⟩ *Kapitel*

ka|pa|bel ⟨Adj.; †⟩ *fähig, geschickt* [< frz. *capable* »fähig, imstande«]

Ka|paun ⟨m.; -s, -e⟩ *kastrierter, gemästeter Hahn* [< mhd. *kappun* < frz. (mundartl.) *capon* < lat. *capo* »verschnittener Masthahn«]

ka|pau|ni|sie|ren ⟨V.⟩ einen Hahn ~ *verschneiden, kastrieren*

Ka|pa|zi|tanz ⟨f.; -, -en⟩ *Wechselstromwiderstand eines kapazitativen Bestandteils eines Wechselstromkreises, bedingt durch das ständige Auf- u. Abbauen des elektrischen Feldes;* Sy *kapazitativer Widerstand*

Ka|pa|zi|tät ⟨f.; -, -en⟩ **1** *Aufnahmefähigkeit, Fassungsvermögen;* die ~ einer Talsperre **2** *Messgröße für die Aufnahmefähigkeit eines Kondensators* **3** *Leistungsfähigkeit;* ~ eines Betriebes, einer Maschine; alle ~en auslasten; ein Kraftwerk mit einer ~ von 10 Mill. kW **4** *hervorragender Könner;* er ist eine wissenschaftliche ~; es waren nur ~en anwesend; → a. *Koryphäe* [< lat. *capacitas* »Fassungsvermögen«; zu *capere* »nehmen, fassen«; → a. *kapieren*]

ka|pa|zi|ta|tiv ⟨Adj.⟩ *die Kapazität (eines Kondensators) betreffend;* ~e **Erwärmung** *Erwärmung durch Hochfrequenz;* ~er **Widerstand** = *Kapitanz*

Ka|pe|a|dor ⟨m.; -s, -es⟩ = *Capeador*

Ka|pe|lan ⟨m.; -s, -e⟩ *Lachsfisch des Eismeeres (Lodde), wichtiges Nährtier für die großen Raubfische (Kabeljau): Mallotus villosus* [< mlat. *capellanus* »Kaplan«; zu *cap(p)ella;* → *Kapelle*[1]]

Ka|pel|le[1] ⟨f.; -, -n⟩ **1** *kleines Gotteshaus;* Schloss~; Wallfahrts~ **2** *abgeteilter Raum für gottesdienstl. Handlungen;* Grab~; Tauf~ [< ahd. *kapella* < mlat. *cap(p)ella* »kleiner Mantel; kleines Gotteshaus«, Verkleinerungsform zu lat. *cappa* »Art Kopfbedeckung, Mantel mit Kapuze« (nach dem Mantel des hl. Martin von Tours, der zur Zeit der fränk. Könige als Reliquie in einem Heiligtum aufbewahrt wurde, das nach ihm seinen Namen erhielt)]

Ka|pel|le[2] ⟨f.; -, -n; Mus.⟩ **1** ⟨urspr.⟩ *Kirchenchor* **2** ⟨heute⟩ *Gruppe von Musikern, kleines*

Orchester; Musik~; Tanz~ [<ital. *cappella* »Musikgesellschaft«, eigtl. »Musiker u. Sängerchor, die bei festl. Anlässen von einem Fürsten in seiner Schlosskapelle versammelt wurden«, <mlat. *cap(p)ella;* → *Kapelle[1]*]

Ka|pel|le[3] ⟨f.; -, -n⟩ **1** *geschlossener Raum mit Abzug zum Untersuchen gesundheitsschädlicher Stoffe* **2** *Tiegel aus Knochenasche zum Untersuchen von silberhaltigem Blei;* oV *Kupelle* [vermischt <mlat. *capella* »Deckel der Destillierblase« + mlat. *cupella* »Probiertiegel«]

Ka|pell|meis|ter ⟨m.; -s, -; Mus.⟩ *Leiter einer Musikkapelle; Dirigent eines Orchesters*

Ka|per[1] ⟨f.; -, -n⟩ *in Essig eingelegte Blütenknospe des Kapernstrauches als Gewürz* [<frühnhd. *gappern, kappren, cappres* (stets Plural) <lat. *capparis* <grch. *kapparis* »Kaper«]

Ka|per[2] ⟨m.; -s, -⟩ *privates, bewaffnetes Schiff im Handelskrieg, das aufgrund eines Kaperbriefes feindl. Handelsschiffe erbeuten konnte* [<ndrl. *kaper;* zu *kapen* »durch Freibeuterei erwerben«; vermutl. verwandt mit altfries. *kap* »Kauf« (verhüllender Ausdruck für Seeraub)]

Ka|pe|rei ⟨f.; -, -en⟩ *Erbeuten von feindl. Handelsschiffen durch Privatpersonen aufgrund des Kaperbriefes einer Krieg führenden Macht*

ka|pern ⟨V.⟩ **1** Handelsschiffe ~ *als Kaper wegnehmen, erbeuten* **2** ⟨umg.⟩ sich etwas ~ *aneignen, gewinnen, sich einer Sache bemächtigen*

Ka|pern|strauch ⟨m.; -(e)s, -sträu|cher⟩ (Echter) ~ *im Mittelmeergebiet heimischer Gewürzstrauch, der Kapern[1] liefert: Capparis spinosa* [<lat. *capparis* <grch. *kapparis*]

ka|pie|ren ⟨V.; umg.⟩ *begreifen, verstehen* [<ital. *capire* <lat. *capere* »begreifen« (18. Jh., in Lateinschulen)]

ka|pil|lar ⟨Adj.⟩ **1** *haarfein, sehr eng* **2** *auf Kapillarwirkung beruhend* **3** *die Kapillaren betreffend* [<lat. *capillaris* »das Haar betreffend«; zu *capillus* »Haar«]

Ka|pil|lar|a|na|ly|se ⟨f.; -, -n; Chem.⟩ *chem. Analyse, bei der Stoffe aufgrund der verschiedenartigen Kapillarwirkungen getrennt werden*

Ka|pil|la|re ⟨f.; -, -n⟩ **1** *Haargefäß, kleinstes Blutgefäß;* Sy *Kapillargefäß* **2** ⟨Phys.⟩ *sehr enges Röhrchen* **3** *enger Hohlraum fester Körper* [→ *kapillar*]

Ka|pil|lar|ge|fäß ⟨n.; -es, -e⟩ = *Kapillare(1)*

Ka|pil|la|ri|tät ⟨f.; -; unz.; Phys.⟩ *Verhalten von Flüssigkeiten in engen Röhren* [→ *kapillar*]

Ka|pil|lar|mi|kro|sko|pie, ⟨auch⟩ **Ka|pil|lar|mik|ros|ko|pie** ⟨f.; -; unz.; Med.⟩ *mit einem Mikroskop direkt am Patienten durchgeführte Untersuchung der Durchblutung der Kapillaren;* oV *Kapillarskopie*

Ka|pil|lar|sko|pie, ⟨auch⟩ **Ka|pil|lars|ko|pie** ⟨f.; -, -n; Med.⟩ = *Kapillarmikroskopie*

Ka|pil|lar|wir|kung ⟨f.; -, -en; Phys.⟩ *die physikal. Erscheinung, dass an der Grenze zwischen Flüssigkeiten, Gefäßwandungen u. Gasen verschiedenartige Spannungen auftreten, die bewirken, dass z.B. verschiedene Flüssigkeiten in engen Röhren bei sonst gleichen Bedingungen verschiedene Höhen einnehmen*

ka|pi|tal ⟨Adj.⟩ **1** *besonders, hauptsächlich, haupt...;* ein ~er Irrtum *grundlegender Irrtum* **2** ⟨Jagdw.⟩ *stark, groß, mit bes. schönem Geweih versehen;* ein ~er Bock, Hirsch [→ *Kapital*]

Ka|pi|tal ⟨n.; -s, -e od. (österr. nur) -li|en⟩ **1** *Geldbetrag zu Investitionszwecken;* fixes, bewegliches, flüssiges, totes, verfügbares ~; ~ gut, schlecht, gewinnbringend anlegen; das ~ erhöhen; ~ in ein Unternehmen stecken; über kein ~ verfügen **2** *Besitz an Bargeld u. Wertpapieren;* das ~ bringt jährlich 10000 DM, 12% Zinsen, Rendite **3** ⟨fig.⟩ *großer Wert, Wertgegenstand;* an seiner Stimme besitzt er ein großes ~; seine Arbeitskraft ist sein ~; aus einer Sache ~ schlagen *Nutzen ziehen* [<ital. *capitale* <lat. *capitalis* »hauptsächlich«; zu *caput* »Kopf, Haupt«]

Ka|pi|täl ⟨n.; -s, -e; selten⟩ = *Kapitell*

Ka|pi|tal|ab|wan|de|rung ⟨f.; -; unz.⟩ = *Kapitalflucht*

Ka|pi|tal|band ⟨n.; -(e)s, -bän|der⟩ *buntes, schmales Band an der oberen u. unteren Kante der zusammengehefteten Bogen am Buchrücken;* oV *Kaptalband*

Ka|pi|täl|chen ⟨n.; -s, -⟩ *großer Buchstabe in der Höhe der kleinen Buchstaben (als Auszeichnungsschrift verwendet),* z.B. HERBST [→ *Kapitalis*]

Ka|pi|ta|le ⟨f.; -, -n⟩ **1** ⟨†⟩ *Hauptstadt* **2** ⟨unz.⟩ = *Kapitalis* [<lat. *capitalis* »hauptsächlich, Haupt...«; zu *caput* »Haupt, Kopf«; → *Kapital*]

Ka|pi|tal|er|trags|steu|er ⟨f.; -, -n⟩ *Steuer auf Zinsen, Dividenden u. Gewinnerträge*

Ka|pi|tal|flucht ⟨f.; -; unz.⟩ *Verlagerung von Kapital, um Steuern od. andere Auflagen zu vermeiden;* Sy *Kapitalabwanderung*

Ka|pi|ta|lis ⟨f.; -; unz.⟩ *altröm. Schriftart in Großbuchstaben;* oV *Kapitale(2)* [<lat. *capitalis;* → *Kapitale*]

Ka|pi|ta|li|sa|ti|on ⟨f.; -, -en⟩ *das Kapitalisieren;* Sy *Kapitalisierung*

ka|pi|ta|li|sie|ren ⟨V.⟩ *in eine Geldsumme umrechnen, in Kapital umwandeln, zu Geld machen;* Sachwerte ~

Ka|pi|ta|li|sie|rung ⟨f.; -, -en⟩ = *Kapitalisation*

Ka|pi|ta|lis|mus ⟨m.; -; unz.⟩ *volkswirtschaftl. System, dem das Gewinnstreben des Einzelnen u. das freie Unternehmertum zugrunde liegen u. in dem die Arbeitnehmer in der Regel nicht Besitzer der Produktionsmittel sind;* Früh~; Hoch~; Spät~; Monopol~ [→ *Kapital*]

Ka|pi|ta|list ⟨m.; -en, -en⟩ **1** *Anhänger, Vertreter des Kapitalismus* **2** ⟨umg.; abschätzig⟩ *jmd. der stets auf Kapitalzuwachs aus ist, dem Geld viel bedeutet*

ka|pi|ta|lis|tisch ⟨Adj.⟩ *auf dem Kapitalismus beruhend, im Sinne des Kapitalismus*

Ka|pi|tal|ver|bre|chen ⟨n.; -s, -⟩ **1** ⟨urspr.⟩ *Verbrechen, auf dem die Todesstrafe steht* **2** ⟨allg.⟩ *großes, schweres Verbrechen*

Ka|pi|tän ⟨m.; -s, -e⟩ **1** *Befehlshaber eines Schiffes* **2** *Pilot als Leiter eines zivilen Flugzeugs* **3** *Anführer einer Sportmannschaft* **4** ⟨in einigen Staaten Bez. für⟩ *Hauptmann;* ~ zur See *Seeoffizier im Range eines Obersten* [< mhd. *kapitan* < frz. *capitaine,* ital. *capitano* < mlat. *capitaneus* »hervorstechend, vorzüglich; Anführer«, < lat. *caput* »Kopf, Haupt«]

Ka|pi|tän|leut|nant ⟨m.; -s, -s od. -e⟩ *Seeoffizier im Range eines Hauptmanns*

Ka|pi|täns|pa|tent ⟨n.; -(e)s, -e⟩ *zur Führung eines Schiffes berechtigendes Patent*

Ka|pi|tel ⟨n.; -s, -; Abk.: Kap.⟩ **1** *(durch Zahl od. Überschrift gekennzeichneter) Abschnitt eines Schriftwerkes* **2** *Körperschaft der zu einer Dom- od. Stiftskirche gehörenden Geistlichen;* Dom~; Stifts~ **2.1** *Versammlung dieser Geistlichen* **2.2** *Versammlung eines geistl. Ordens, bei der die in Kapitel(1) eingeteilten Ordensregeln verlesen wurden* **3** ⟨fig.⟩ *Angelegenheit, Sache;* ein ~ abschließen, als erledigt betrachten; das ist ein schwieriges ~; das ist ein ~ für sich *eine besondere Sache, die man genauer erklären muss* [< lat. *capitulum,* Verkleinerungsform zu *caput* »Kopf, Haupt«]

ka|pi|tel|fest ⟨Adj.⟩ *fest im Wissen, bes. bibelfest*

Ka|pi|tell ⟨n.; -s, -e⟩ *oberster, plastisch verschieden geformter Teil einer Säule, eines Pfeilers od. Pilasters, Bindeglied zw. den Stützen u. der Last;* Knospen~; Würfel~; oV ⟨selten⟩ *Kapitäl* [< mlat. *capitellum,* Verkleinerungsform zu lat. *caput* »Kopf«]

Ka|pi|tol ⟨n.; -s; unz.⟩ **1** ⟨im alten Rom⟩ *Stadtburg, Sitz des Senats* **2** ⟨in den USA⟩ *Parlamentsgebäude in Washington* [< lat. *Capitolium* »Haupttempel des Jupiter« auf dem höchsten Punkt im antiken Rom]

Ka|pi|tu|lant ⟨m.; -en, -en; früher⟩ *Soldat, der sich durch Vertrag (Kapitulation) zu einer längeren Dienstzeit verpflichtete u. sich dadurch Anspruch auf Altersversorgung erwarb* [→ *kapitulieren*]

Ka|pi|tu|lar ⟨m.; -s, -e⟩ **1** *Mitglied eines geistl. Kapitels;* Dom~ **2** ⟨n.; -s, -ri|en⟩ *Gesetz od. Verordnung der karolingischen Könige* [nach ihrer Einteilung in einzelne, mit Zahlen versehene *Kapitel*]

Ka|pi|tu|la|ti|on ⟨f.; -, -en⟩ **1** ⟨früher⟩ *Vertrag über die Dienstverlängerung eines Soldaten (Kapitulanten)* **2** ⟨allg.⟩ *Vertrag, durch den sich ein Staat, eine Stadt od. Festung dem siegreichen Feind unterwirft* [< frz. *capitulation* »Übergabe(vertrag); Vergleich«; zu *capituler;* → *kapitulieren*]

ka|pi|tu|lie|ren ⟨V.⟩ **1** ⟨früher⟩ *eine Kapitulation(1) abschließen* **2** ⟨allg.⟩ *eine Kapitulation(2) vereinbaren, sich ergeben* **3** ⟨fig.⟩ *zu streiten, zu argumentieren aufhören, aufgeben* [< frz. *capituler* »bezügl. eines Vertrages (bes. eines Übergabevertrages) verhandeln« < mlat. *capitulare* »über einen Vertrag (bzw. über dessen Hauptpunkte) verhandeln«; → *Kapitel*]

Kap|la|ken ⟨n.; -s, -⟩ *Sondervergütung od. Gewinnanteil für den Schiffskapitän über sein Gehalt hinaus* [< ndrl. *kaplaken,* eigtl. »Laken (= Tuch) zu einer *Kappe*«]

Ka|plan, ⟨auch⟩ **Kap|lan** ⟨m.; -(e)s, -e⟩ **1** *kath. Hilfsgeistlicher, kath. Geistlicher mit besonderen Aufgaben (z.B. bei der Truppe)* **2** *Hausgeistlicher eines Fürsten* [eigtl. »Geistlicher in einer Kapelle« < mhd. *kap(p)ellan, kaplan* < mlat. *cappelanus;* zu mlat. *capella* »kleines Gotteshaus, Kapelle«; → *Kapelle*]

Ka|plan|tur|bi|ne, ⟨auch⟩ **Kap|lan-Tur|bi|ne** ⟨f.; -, -n⟩ *Turbine für geringe Fallhöhen, aber große Wassermengen, besitzt verstellbare Schaufeln* [nach dem österr. Ingenieur V. *Kaplan,* 1876-1934]

Ka|po ⟨m.; -s, -s⟩ **1** ⟨früher⟩ *Anführer einer Arbeitsgruppe von Häftlingen im Konzentrationslager* **2** ⟨Soldatenspr.⟩ *Unteroffizier* [< ital. *capo* »Kopf, Haupt, Führer«]

Ka|po|das|ter ⟨m.; -s, -; Mus.⟩ *verschiebbarer, auf dem Griffbrett über den Saiten sitzender Sattel bei Lauten u. Gitarren zur Veränderung der Spannung u. Stimmung* [< ital. *capotasto* < *capo* »Kopf« + *tasto* »Taste«]

Ka|pok ⟨m.; -s; unz.⟩ *als Polstermaterial verwendete Samenfaser des Kapokbaumes* [< jav. *kapuk*]

Ka|pok|baum ⟨m.; -(e)s, -bäu|me⟩ *bis 50 m hoher Baum aus der Familie der Wollbaumgewächse, der Kapok u. Holz liefert: Ceiba pendantra*

ka|po|res ⟨Adj.; umg.⟩ = *kaputt;* ~ gehen; ~ sein [< rotw. *capores* »morden«; zu hebr. *kapparoth* »Sühneopfer« (nach jüd. Brauch wurde am Versöhnungstag ein Huhn (*Kapporehuhn*) geschlachtet)]

Ka|po|si|sar|kom, ⟨auch⟩ **Ka|po|si-Sar|kom** ⟨n.; -s; unz.; Med.⟩ *Sarkom, das durch rote, von Blutungen durchsetzte Knoten gekennzeichnet ist, tritt als Folge der AIDS-Erkrankung auf* [nach dem ung. Arzt Moritz *Kaposi,* 1837-1902]

Ka|pot|te ⟨f.; -, -n⟩, **Ka|pott|hut** ⟨m.; -(e)s, -hü|te⟩ *unter dem Kinn gebundener, kleiner, hoch auf der Frisur sitzender Damenhut der Biedermeierzeit* [< frz. *capote* »Kapuzenmantel, Kapotthut«, < lat. *cappa* »Art Kopfbedeckung, Mantel mit Kapuze«]

Kap|pa ⟨n.; -s, -s; Zeichen: κ, K⟩ *zehnter Buchstabe des grch. Alphabets* [grch.]

■ Die Buchstabenfolge **ka|pr...** kann auch **kap|r...** getrennt werden.

■ **Ka|pri|ce** ⟨[-s(ə)] f.; -, -n⟩ *Laune, Grille;* oV ⟨österr.⟩ *Kaprize* [< frz. *caprixe* »Laune, Launenhaftigkeit«, < lat. *caper* »Ziegenbock«; verwandt mit *Kapriole, Capriccio*]

■ **Ka|pri|fo|li|a|zee** ⟨[-tseːə] f.; -, -n⟩ *Geißblatt-*

gewächs [<lat. *caper,* Gen. *capri* »Ziegenbock« + *folium,* Pl. *folia* »Blatt«]

■ **Ka|pri|o|le** ⟨f.; -, -n⟩ **1** *Luftsprung* **2** *tolles Stückchen, verrückter Streich* **3** ⟨hohe Schule⟩ *Sprung auf der Stelle mit angezogenen Vorder- u. nach hinten ausgestreckten Hinterbeinen* [<ital. *capriola* »Bocksprung«, <lat. *caper* »Ziegenbock«; verwandt mit *Kaprice, Capriccio*]

■ **ka|pri|o|len** ⟨V.⟩ *Kapriolen machen*

■ **Ka|pri|ze** ⟨f.; -, -n; österr. für⟩ *Kaprice*

■ **ka|pri|zie|ren** ⟨V.⟩ sich auf etwas ~ *auf etwas beharren, eigensinnig bei etwas bleiben* [→ *Kaprice*]

■ **ka|pri|zi|ös** ⟨Adj.⟩ *launisch, eigensinnig* [<frz. *capricieux*]

■ **Ka|priz|pols|ter** ⟨n.; -s, -; österr.⟩ *kleines Polster*

■ **Ka|pro|lak|tam** ⟨n.; -s; unz.⟩ *aus Kapronsäure gewonnener Ausgangsstoff zur Gewinnung von Polyamiden, die für die Herstellung synthetischer Fasern wichtig sind;* oV *Caprolaktam* [<lat. *caper* »Ziege« + *Laktam*]

■ **Ka|pron|säu|re** ⟨f.; -, -n⟩ *eine für die Herstellung von Kaprolaktam benötigte Fettsäure, chem. Formel* $CH_3(CH_2)_4$*-COOH;* oV *Capronsäure* [zu lat. *caper* »Ziege«]

Kap|sel ⟨f.; -, -n⟩ **1** *runder od. ovaler Behälter aus dünnem, aber festem Material* **2** ⟨Bot.⟩ *aus mindestens zwei Fruchtblättern zusammengewachsene Streufrucht* **3** ⟨Anat.⟩ *Umhüllung von Organen u. Funktionseinheiten od. Krankheitsherden* **4** ⟨Pharm.⟩ *aus Stärke od. Gelatine hergestellte Umhüllung für Medikamente, die sich erst im Magen od. im Darm auflöst* [<lat. *capsula,* Verkleinerungsform zu *capsa* »Behältnis«]

Kap|si|kum ⟨n.; -s; unz.⟩ **1** = *Paprika;* oV *Capsicum* **2** *Pulver aus getrocknetem Paprika, das als Gewürz u. Heilmittel verwendet wird* [<lat. *capsa* »Behälter«]

Kap|tal|band ⟨n.; -(e)s, -bän|der⟩ = *Kapitalband*

Kap|ta|ti|on ⟨f.; -, -en; †⟩ *Erschleichung, bes. Erbschleicherei* [<lat. *captatio* »das Ergreifen, Haschen«; zu *captare* »nach etwas greifen«; verwandt mit *kapieren*]

kap|ta|tiv ⟨Adj.⟩ *etwas in Besitz nehmen wollend, sich etwas aneignen wollend* [→ *Kaptation*]

kap|ta|to|risch ⟨Adj.; †⟩ *in der Art einer Kaptation, erschleichend;* ~e Handlungsweise *H., bei der man jmdm. einen Gewinn in Aussicht stellt, um daraus selbst wieder einen Vorteil zu erlangen;* ~e Verfügung *V. zugunsten eines anderen unter der Voraussetzung einer Gegenleistung* [zu lat. *captator* »der eifrig nach etwas Trachtende, Erbschleicher«; zu *captare* »nach etwas greifen«]

Ka|put ⟨m.; -s, -e; schweiz.⟩ *langer Mantel* [<mlat. *caputium* »Mönchskappe«]

ka|putt ⟨Adj.⟩ **1** *zerbrochen, zerstört, entzwei* **2** ⟨umg.⟩ *müde, erschöpft;* Sy ⟨umg.⟩ *kapores* **3** *bankrott* [< *capot* machen = erschlagen (im 30-jährigen Krieg) <frz. *faire capot, être capot,* Bez. für den Verlust aller Stiche beim Kartenspiel; vielleicht zu frz. *capoter* »kentern«; <lat. *caput* »Kopf«]

Ka|pu|ze ⟨f.; -, -n⟩ *an Mantel, Kleid od. Bluse befestigte, meist spitze Kopfbedeckung* [<ital. *cappuccio* »Mantelhaube« <mlat. *caputium* »Mönchskappe«, <lat. *cappa* »Art Kopfbedeckung, Mantel mit Kapuze«]

Ka|pu|zi|ner ⟨m.; -s, -⟩ *Mitglied des Kapuzinerordens (bekannt als volkstüml. Prediger)* [<ital. *cappuccino,* nach ihrer spitzen, an die Kutte genähten Kapuze]

Ka|pu|zi|ner|or|den ⟨m.; -s; unz.⟩ *Zweig des Franziskanerordens mit der strengsten Regel*

Ka|ra|bi|ner ⟨m.; -s, -⟩ *Gewehr mit kurzem Lauf u. geringer Schussweite, früher bes. zur Bewaffnung der Kavallerie* [<frz. *carabine;* zu *carabin* »mit Gewehr bewaffneter Reiter«]

Ka|ra|bi|ner|ha|ken ⟨m.; -s, -⟩ *Haken mit gefedertem Verschluss, z.B. an Rucksäcken, Hundeleinen*

Ka|ra|bi|ni|er ⟨[-nje:] m.; -s, -s⟩ **1** ⟨urspr.⟩ *mit Karabinern ausgerüsteter Reiter* **2** ⟨dann⟩ *Jäger zu Fuß* **3** *Soldat der schweren Kavallerie*

Ka|ra|bi|ni|e|re ⟨[-nje:rə] m.; - od. -s, -ri⟩ *ital. Polizist;* oV *Carabiniere*

Ka|ra|cho ⟨[-xo] n.; -; unz.; umg.⟩ *Schwung, Geschwindigkeit;* ⟨meist in der Wendung⟩ mit ~ (an einen Baum fahren, in die Kurve gehen) *sehr schnell, mit hoher Geschwindigkeit* [<span. *carajo* (Schimpfw.) »Penis«]

Ka|raf|fe ⟨f.; -, -n⟩ *geschliffene Glasflasche mit Glasstöpsel;* Wasser~; Rotwein~ [<frz. *carafe* <span. *garrafa* <arab. *garraf* »weitbauchige Flasche«]

Ka|ra|gös, Ka|ra|göz ⟨m.; -; unz.⟩ *Kasperle, Hanswurst im türk. Schattenspiel* [türk., »Schwarzauge (= Zigeuner)«]

Ka|ra|kal ⟨m.; -s, -s⟩ *Wüstenluchs, Raubkatze in Wüsten u. Steppen: Lynx caracal* [türk., »Schwarzohr«]

Ka|ra|kul|schaf ⟨n.; -(e)s, -e⟩ *Schafrasse, deren 3-8 Tage alte Lämmer den Persianerpelz liefern* [nach dem Bergsee *Karakul* (»schwarzer See«) im Pamir]

Ka|ram|bo|la ⟨f.; -, -s⟩ oV *Carambola* **1** *Baumstachelbeerbaum, bis zu 12 m hoher Baum mit bis zu 10 cm langen, im Querschnitt fünfzacksternigen, gelben Früchten: Averrhoa carambola* **2** *die Frucht des Karambolabaumes*

Ka|ram|bo|la|ge ⟨[-ʒə] f.; -, -n⟩ **1** ⟨Sp.; Billard⟩ *Treffer, Anstoßen der Spielkugel an die beiden anderen Kugeln* **2** ⟨Sp.; allg.⟩ *Zusammenstoß mehrerer Spieler bei Wettkämpfen* **3** ⟨allg.⟩ *Zusammenstoß* **4** ⟨fig.⟩ *Streit* [<frz. *carambolage* »Zusammenstoß«]

Ka|ram|bo|la|ge|bil|lard ⟨[-ʒəbiljard] n.; -s, -e; Sp.⟩ = *Karambolage(1)*

Ka|ram|bo|le ⟨f.; -, -n; Sp.; Billard⟩ *die Spielkugel, rote Kugel* [<frz. *carambole*]

ka|ram|bo|lie|ren ⟨V.⟩ **1** ⟨Sp.; Billard⟩ *eine Karambolage(1) machen* **2** ⟨fig.⟩ *zusammenstoßen*

ka|ra|mell ⟨Adj.⟩ *bräunlich gelb, beigefarben*

Karamell (*Laut-Buchstaben-Zuordnung*) Ein kurzer Vokal wird im Deutschen durch die Verdoppelung des folgenden Konsonanten kenntlich gemacht. Diese Regel gilt künftig auch für das Wort »*Karamell*« (bisher: *Karamel*) einschließlich aller abgeleiteten Formen.

Ka|ra|mell ⟨m.; -s; unz.⟩ *dunkelbrauner, etwas bitter schmeckender Stoff, der bei Erhitzen von Trauben- od. Rohrzucker entsteht, zum Färben von Likör, Rum, Bier, Bonbons, Essig verwendet* [<frz. *caramel* <nlat. *caramellis* <lat. *cannamellis* »Zuckerrohr«, beeinflusst von lat. *calamus* »Rohr«]
Ka|ra|mell|bon|bon ⟨[-bɔ̃bɔ̃] od. [-bɔŋbɔŋ] n. od. m.; -s, -s⟩ = *Karamelle*
Ka|ra|mel|le ⟨f.; -, -n⟩ *Bonbon aus karamelisiertem Zucker u. Milch;* Sy *Karamellbonbon*
ka|ra|mel|lie|ren ⟨V.⟩ Zucker karamelliert *wird in heißem Fett braun*
ka|ra|mel|li|sie|ren ⟨V.⟩ Zucker ~ *durch Erhitzen bräunen*
Ka|ra|o|ke ⟨n.; -; unz.; Mus.⟩ **1** *ohne die vokale Stimme gepielte Version eines Schlagers od. Hits, Instrumentalversion* **2** *Musikveranstaltung, bei der ein nicht professioneller Sänger die Vokalstimme zu einem Karaoke(1) singt* [<jap., »leeres Orchester«; zu *kara* »leer« + *oke* »Orchester«]
Ka|rat ⟨n.; -(e)s, -e⟩ **1** *getrockneter Samen des Johannisbrotbaumes* **2** ⟨bei Zahlenangaben Pl. -; Zeichen: k⟩ *Gewichtsmaß für Edelsteine u. Perlen, 0,2 g* **3** *Angabe der Qualität von Goldlegierungen in Vierundzwanzigstel reinen Goldes* [<frz. *carat* <ital. *carato* <arab. *qirat* »kleines Gewicht« <grch. *keration* »Hörnchen; Schote des Johannisbrotbaumes« (die Samen des Johannisbrotbaumes wurden zum Wiegen von Gold u. Edelsteinen benutzt), Verkleinerungsform zu *keras,* Gen. *keratos* »Horn«]
Ka|ra|te ⟨n.; - od. -s; unz.; Sp.⟩ *aus Ostasien stammender, harter, waffenloser Nahkampf u. Sport zur Selbstverteidigung* [jap., »leere Hand« (< *kara* »leer, unbewaffnet« + *te* »Hand«), eigtl. *Kara-te* »China-Hand« (< *Kara* »China« + *te* »Hand«)]
Ka|ra|te|ka ⟨m.; -s, -s⟩ *Wettkämpfer beim Karate* [jap.; → *Karate*]
Ka|rau|sche ⟨f.; -, -n⟩ *karpfenartiger Süßwasserfisch, als Nutzfisch wegen der vielen Gräten unbeliebt: Carassius* [<lit. *karosas* <russ. *karas* <grch. *korakinos* »Rabenfisch«; zu *korax* »Rabe«]
Ka|ra|vel|le ⟨[-vɛl-] f.; -, -n⟩ oV *Caravelle* **1** ⟨14./16. Jh.⟩ *kleines, schnelles, dreimastiges Segelschiff mit hohem Heckaufbau* **2** *französ. Flugzeugtyp* [<frz. *caravelle* <port. *caravela* »großes Schiff«, <lat. *carabus* »geflochtener Kahn«]
Ka|ra|wa|ne ⟨f.; -, -n⟩ *Zug von Kaufleuten od. Pilgern u.Ä., die sich zur Reise zusammengeschlossen haben (bes. mit Kamelen durch Wüstengebiete)* [<ital. *caravana* <pers. *karwan* »Kamelzug, Reisegesellschaft«]
Ka|ra|wan|se|rei ⟨f.; -, -en⟩ *Unterkunft für Karawanen an den Karawanenstraßen* [<pers. *karwan sarai* »Gebäude, in dem Karawanen einkehren«; → *Karawane* u. *Serail*]
Karb|a|mid, ⟨auch⟩ **Kar|ba|mid** ⟨n.; -s; unz.⟩ = *Carbamid*
Kar|bat|sche ⟨f.; -, -n⟩ *aus Riemen geflochtene Peitsche* [<ung. *korbács* u. tschech. *karabáč* <türk. *qyrbatsch* »Lederpeitsche«]
kar|bat|schen ⟨V.⟩ **1** *mit der Karbatsche schlagen* **2** ⟨fig.⟩ *mit Worten peitschen*
Karb|a|zol, ⟨auch⟩ **Kar|ba|zol** ⟨n.; -s; unz.⟩ = *Carbazol*
Kar|bid ⟨n.; -(e)s, -e⟩ = *Carbid*
kar|bo..., **Kar|bo...** ⟨Chem.; in Zus.⟩ = *carbo..., Carbo...*
Kar|bo|dy|na|mit ⟨n.; -s; unz.⟩ = *Carbodynamit*
Kar|bo|id ⟨n.; -s; unz.⟩ *zusammengepresste, sehr scharf gebrannte Mischung aus Graphit u. Speckspat für wartungsfreie Wellenlager* [< *Karbo...* + *...id*]
Kar|bol ⟨n.; -s; unz.⟩ = *Karbolsäure*
Kar|bo|li|ne|um ⟨n.; -s; unz.⟩ = *Carbolineum*
Kar|bol|säu|re ⟨f.; -, -n⟩ *wässerige Lösung von Phenol, ein Desinfektionsmittel;* Sy *Karbol*
Kar|bon ⟨n.; -s; unz.⟩ *Formation des Paläozoikums vor 290-230 Mill. Jahren mit großen Sumpfwäldern, aus denen die Kohle entstand* [<lat. *carbo* »Kohle«]
Kar|bo|na|de ⟨f.; -, -n⟩ **1** *in Scheiben geschnittenes Rippenstück vom Schwein, Kalb od. Hammel* **2** = *Kotelett* [<frz. *carbonnade* <ital. *carbonata* »auf Kohlen geröstetes Fleisch«, <lat. *carbo* »Kohle«]
Kar|bo|na|do ⟨m.; -s, -s⟩ *grauschwarze Abart des Diamanten* [<span. *carbonado* »schwarzer Diamant«, <lat. *carbo* »Kohle«]
Kar|bo|na|ro ⟨m.; -s, -ri; früher⟩ *Angehöriger einer geheimen politischen Vereinigung in Italien gegen die Herrschaft Napoleons* [<ital. *carbonaio* »Kohlenbrenner« <lat. *carbo* »Kohle«]
Kar|bo|nat ⟨n.; -(e)s, -e⟩ = *Carbonat*
Kar|bon|druck ⟨m.; -(e)s, -e⟩ *Druckverfahren, bei dem die Rückseite des Blattes mit Farbe beschichtet ist u. durchschreibt*
Kar|bo|ni|sa|ti|on ⟨f.; -; unz.⟩ = *Carbonisation*
kar|bo|nisch ⟨Adj.⟩ *zum Karbon gehörig, aus ihm stammend*
kar|bo|ni|sie|ren ⟨V.⟩ = *carbonisieren*
kar|bo|ni|trie|ren, ⟨auch⟩ **kar|bo|nit|rie|ren** ⟨V.⟩ = *carbonitrieren*
Kar|bon|pa|pier ⟨n.; -s; unz.; selten für⟩ *Kohlepapier, dünnes einseitig gefärbtes Durchschlagpapier*
Kar|bon|säu|re ⟨f.; -, -n⟩ = *Carbonsäure*
Kar|bo|ny|le ⟨Pl.⟩ = *Carbonyle*
Kar|bo|nyl|grup|pe ⟨f.; -, -n⟩ = *Carbonylgruppe*

Kar|bo|rund ⟨n.; -(e)s; unz.⟩ = *Carborund*

Karb|o|xyl|grup|pe, ⟨auch⟩ **Kar|bo|xyl|grup|pe** ⟨f.; -, -n⟩ = *Carboxylgruppe*

kar|bo|zy|klisch, ⟨auch⟩ **kar|bo|zyk|lisch** ⟨Adj.⟩ = *carbocyclisch*

Kar|bun|kel ⟨m.; -s, -⟩ *mehrere dicht beieinander stehende u. ein gemeinsames Entzündungsgebiet bildende Furunkel;* →a. *Karfunkel* [<lat. *carbunculus,* eigtl. »kleine glühende Kohle«, Verkleinerungsform zu lat. *carbo* »Kohle«]

kar|bu|rie|ren ⟨V.⟩ Wassergas ~ *dem Wassergas Kohlenwasserstoffe zusetzen, um daraus Stadtgas zu gewinnen* [<frz. *carburer* »vergasen, verbrennen«, <lat. *carbo* »Kohle«]

Kar|da|mom ⟨m. od. n.; -s, -e(n)⟩ *aus den Samen der Kardamompflanze gewonnenes Gewürz u. Heilmittel* [<lat. *cardamomum* <grch. *kardamomon* <aind. *kardamas*]

Kar|da|mom|pflan|ze ⟨f.; -, -n⟩ *in Malabar (Indien) u. Sri Lanka (früher: Ceylon) beheimatetes krautiges Ingwergewächs: Elettaria cardamomum*

Kar|dan|an|trieb ⟨m.; -(e)s; unz.⟩ *Antrieb über ein Kardangelenk* [→ *kardanisch*]

Kar|dan|ge|lenk ⟨n.; -(e)s, -e⟩ *gelenkige Verbindung zweier Wellen zur Übertragung eines Drehmoments auch bei veränderlichem Winkel zwischen den beiden Wellen, Kreuzgelenk* [→ *kardanisch*]

kar|da|nisch ⟨Adj.⟩ ~e Aufhängung *Vorrichtung zur allseitig drehbaren Aufhängung eines Körpers;* ~e Formel *mathemat. Ausdruck zur Lösung allgemeiner Gleichungen dritten Grades* [fälschlich nach dem italien. Philosophen, Mathematiker u. Arzt Geronimo *Cardano,* 1501-1576]

Kar|dan|wel|le ⟨f.; -, -n⟩ *mit einem Kardangelenk ausgerüstete Antriebswelle zur Übertragung von Antriebskräften zwischen zwei zueinander gewinkelten Wellen*

Kar|dät|sche ⟨f.; -, -n⟩ **1** *ovale Bürste zum Striegeln von Haustieren* **2** ⟨Weberei⟩ *Bürste zum Aufrauen* **3** ⟨Bauw.⟩ *zum Auftragen u. Verteilen des Putzes verwendetes Brett mit Handgriff, Streichbrett;* ⟨aber⟩ →a. *Kartätsche* [<ital. *cardeggiare* »hecheln«, <lat. *carduus* »Distel«]

kar|dät|schen ⟨V.⟩ **1** *mit der Kardätsche bürsten, striegeln;* ein Pferd ~ **2** *mit der Kardätsche rau machen*

Kar|de ⟨f.; -, -n⟩ **1** *eine distelähnliche Pflanze* **2** ⟨Spinnerei⟩ *Maschine zum Auflösen des Fasergutes bis zur Einzelfaser, zum Ausrichten der Fasern sowie zum Ausschneiden von kurzen Fasern u. Verunreinigungen;* Sy *Krempel* [<lat. *carduus* »Distel«]

kar|di…, Kar|di… ⟨in Zus.⟩ = *kardio…, Kardio…*

Kar|dia ⟨f.; -; unz.; Med.⟩ **1** *Magenmund, Mageneingang* **2** ⟨selten⟩ *Herz* [grch.]

Kar|di|a|kum ⟨n.; -s, -ka; Pharm.⟩ *Arzneimittel zur Unterstützung der Herztätigkeit, Herzmittel* [<grch. *kardia* »Herz«]

kar|di|al ⟨Adj.⟩ *das Herz betreffend, zu ihm gehörig, von ihm ausgehend* [<grch. *kardia* »Herz«]

Kar|di|al|gie ⟨f.; -, -n; Med.⟩ *Magenkrampf* [< *Kardio…* + *…algie*]

kar|di|nal ⟨Adj.⟩ *vorzüglich, hauptsächlich* [→ *Kardinal*]

Kar|di|nal ⟨m.; -s, -nä|le⟩ **1** ⟨kath. Kirche⟩ *höchster Würdenträger nach dem Papst, mit dem Recht, den Papst zu wählen u. zum Papst gewählt zu werden* **2** ⟨Zool.⟩ *Angehöriger verschiedener Gruppen kernbeißerartiger Finkenvögel aus Amerika, oft Stubenvögel;* Roter ~: *Pyrrhuloxia cardinalis* **3** *Getränk aus Weißwein mit Zucker u. Pomeranzen* [<mhd. *kardenal* <spätlat. *cardinalis* »im Angelpunkt stehend«; zu lat. *cardo,* Gen. *cardinis* »Türangel, Dreh-, Angelpunkt«; verwandt mit *Scharnier*]

kar|di|nal…, Kar|di|nal… ⟨in Zus.⟩ *haupt…, Haupt…, grund…, wichtigster Grund…*

Kar|di|na|le ⟨f.; -, -lia; †⟩ = *Kardinalzahl*

Kar|di|nal|punkt ⟨m.; -(e)s, -e⟩ *ein Bezugspunkt bei der optischen Abbildung durch Linsensysteme*

Kar|di|nal|tu|gend ⟨f.; -, -en⟩ *jede der von Sokrates, Platon u. den Stoikern aufgezählten vier Grund- od. Haupttugenden: Tapferkeit, Gerechtigkeit, Mäßigkeit u. Weisheit bzw. Gottesfurcht*

Kar|di|nal|zahl ⟨f.; -, -en; Math.⟩ *Grundzahl, ganze Zahl,* z.B. „eins"(1), „zehn"(10); Sy *Kardinale;* →a. *Ordinalzahl*

kar|di|o…, Kar|di|o… ⟨vor Vokalen⟩ kardi…, Kardi… ⟨Med.; in Zus.⟩ *herz…, Herz…, magen…, Magen…* [<grch. *kardia* »Herz; Magenmund«]

Kar|di|o|graf ⟨m.; -en, -en⟩ = *Kardiograph*

Kar|di|o|gramm ⟨n.; -s, -e⟩ *grafische Darstellung der Herzbewegungen* [< *Kardio…* + *…gramm*]

Kar|di|o|graph ⟨m.; -en, -en⟩ *Gerät, das Kardiogramme herstellt;* oV *Kardiograf* [< *Kardio…* + *…graph*]

Kar|di|o|i|de ⟨f.; -, -n⟩ *ebene Kurve in der Form eines Herzens, Herzkurve* [< *Kardio…* + *…id*]

Kar|di|o|lo|ge ⟨m.; -n, -n; Med.⟩ *Facharzt für Herzkrankheiten*

Kar|di|o|lo|gie ⟨f.; -; unz.; Med.⟩ *Lehre vom Herzen u. seinen Krankheiten* [< *Kardio…* + *…logie*]

Kar|di|o|ly|se ⟨f.; -, -n; Med.⟩ *operative Entfernung der knöchernen Brustwand zwecks Entlastung des Herzens* [< *Kardio…* + *…lyse*]

Kar|di|o|me|ga|lie ⟨f.; -, -n; Med.⟩ *enorme Herzvergrößerung* [< *Kardio…* + grch. *megas* »groß«]

Kar|di|o|my|o|pa|thie ⟨f.; -, -n; Med.⟩ *durch infektiöse u. nicht infektiöse Entzündungen verursachte Schädigung des Herzmuskels* [< *Kardio…* + grch. *mys* »Maus« + *…pathie*]

Kar|di|o|pa|thie ⟨f.; -, -n; Med.⟩ *Herzfehler, Herzleiden* [< *Kardio… + …pathie*]
Kar|di|o|ple|gie ⟨f.; -, -n; Med.⟩ *künstlich hervorgerufener Herzstillstand bei Operationen am offenen Herzen* [< *Kardio…* + grch. *plege* »Schlag«]
Kar|di|o|pto|se, ⟨auch⟩ **Kar|di|op|to|se** ⟨f.; -, -n; Med.⟩ *mit einer Senkung der Baucheingeweide verbundener Tiefstand des Herzens (bes. bei abgemagerten Personen), Wanderherz* [< *Kardio…* + grch. *ptosis* »das Fallen«]
Kar|di|o|spas|mus ⟨m.; -, -men; Med.⟩ *Krampf des Mageneingangs, der zu einer Erweiterung der Speiseröhre darüber führt, mit Schluckbeschwerden, Hustenreiz, Erbrechen u. Schmerzen* [< *Kardio… + Spasmus*]
Kar|di|o|to|ko|graf ⟨m.; -en, -en; Med.; Abk.: CTG⟩ = *Kardiotokograph*
Kar|di|o|to|ko|graph ⟨m.; -en, -en; Med.; Abk.: CTG⟩ *Gerät zum gleichzeitigen Aufzeichnen der kindl. Herztöne u. der Wehen;* oV *Kardiotokograf* [< grch. *kardia* »Herz«, *tokos* »Geburt« + *graphein* »schreiben«]
kar|di|o|vas|ku|lar ⟨[-vas-] Adj.; Med.⟩ = *kardiovaskulär*
kar|di|o|vas|ku|lär ⟨[-vas-] Adj.; Med.⟩ *Herz u. Gefäße betreffend;* oV *kardiovaskular*
Kar|di|tis ⟨f.; -, -ti|den; Med.⟩ *Herzentzündung;* → a. *Endokarditis, Pankarditis, Perikarditis* [< grch. *kardia* »Herz«]
Kar|do|ne ⟨f.; -, -n⟩ *Spanische Artischocke, 1-2 m hoch wachsende Artischocke Südamerikas u. des Mittelmeerraums, deren Köpfchen dort als Gemüsespeise beliebt sind: Cynara cardunculus* [zu lat. *cardius* »Distel«]
Ka|renz ⟨f.; -, -en⟩, **Ka|renz|zeit** ⟨f.; -, -en⟩ *Wartezeit, Sperrfrist (bes. in der Versicherung)* [< lat. *carere* »nicht haben, entbehren«]
ka|res|sie|ren ⟨V.⟩ ⟨m.; -s, -⟩ **1** jmdn. ~ *jmdn. liebkosen, zärtlich streicheln, jmdm. schmeicheln* **2** ⟨schweiz.⟩ *zärtlich sein* [< frz. *caresser*]
Ka|ret|te ⟨f.; -, -n⟩, **Ka|rett|schild|krö|te** ⟨f.; -, -n⟩ *Meeresschildkröte der subtrop. u. trop. Ozeane, deren Rückenpanzer das echte Schildpatt liefert: Eretmochelys imbricata* [< frz. *caret* < span. *carey*]
Ka|rez|za ⟨f.; -; unz.⟩ *Koitus ohne Samenerguss;* oV *Carezza* [< ital. *carezza* »Liebkosung«, zu *caro* »lieb«]
Kar|fi|ol ⟨m.; -s; unz.; österr.⟩ *Blumenkohl* [< ital. *cavolfiore* »Kohlblume« < *cavolo* »Kohl« (< lat. *caulis*) + *fiore* »Blume« (< lat. *flos,* Gen. *floris*)]
Kar|fun|kel ⟨m.; -s, -; volkstüml. für⟩ *Karbunkel*
Kar|ga|deur ⟨[-dø:r]⟩, **Kar|ga|dor** ⟨m.; -s, -e⟩ *jmd., der den Transport einer Schiffsladung u. ihre Übergabe an den Empfänger zu überwachen hat* [frz. < span.; zu *Kargo*]
Kar|go ⟨m.; -s, -s⟩ oV *Cargo* **1** ⟨urspr.; allg.⟩ *Fracht, Ladung von Schiffen* **2** ⟨heute auch⟩ *größere Fracht von Lastkraftwagen* [< span. *cargo* »Ladung«]
Ka|ri|bu ⟨m.; -s, -s⟩ *das wild lebende nordamerikan. Rentier: Rangifer arcticus* [< frz. (kanad.) *caribou* < Algonkin]
ka|rie|ren ⟨V.⟩ *mit regelmäßigen Vierecken (Quadraten, Karos, Rhomben) versehen;* Sy ⟨österr.⟩ *rastrieren(2)* [< frz. *carrer* < lat. *quadrare* »viereckig machen«]
ka|riert ⟨Adj.⟩ **1** *mit Quadraten, Karos, Rhomben od. in diesen Formen sich kreuzenden Streifen versehen, gekästelt, gewürfelt;* ~es Kleid; ~er Stoff **2** ⟨umg.⟩ guck nicht so ~! *so dumm, dumm-erstaunt, verständnislos* [< frz. *carré* < lat. *quadratus* »viereckig«; → *karieren*]
Ka|ri|es ⟨[-riɛs] f.; -; unz.⟩ oV *Caries* **1** *chronische Knochenerkrankung mit Zerstörung auch der festen Knochenteile, Knochenfraß* **2** *Verfall der harten Zahnsubstanz, Zahnfäule* [< lat. *caries* »Morschheit, Fäulnis«]
ka|ri|ka|tiv ⟨Adj.⟩ *in der Art einer Karikatur, übertrieben, verzerrt*
Ka|ri|ka|tur ⟨f.; -, -en⟩ *bildl. Darstellung, die eine Eigenschaft od. ein Merkmal stark übertreibt u. dadurch lächerlich macht, Zerrbild, Spottbild* [< ital. *caricatura,* »Überladung; übertriebene, komisch verzerrte Darstellung charakterist. Eigenarten von Personen od. Sachen«]
Ka|ri|ka|tu|rist ⟨m.; -en, -en⟩ *Zeichner von Karikaturen*
Ka|ri|ka|tu|ris|tin ⟨f.; -, -tin|nen⟩ *Zeichnerin von Karikaturen*
ka|ri|ka|tu|ris|tisch ⟨Adj.⟩ *in der Art einer Karikatur, mit Hilfe einer Karikatur*
ka|ri|kie|ren ⟨V.⟩ jmdn. ~ *von jmdm. eine Karikatur anfertigen, jmdn. in einer Karikatur lächerlich machen* [< ital. *caricare* »beladen, übertrieben komisch darstellen«]
Ka|rinth ⟨n.; -s; unz.⟩ = *Karn*
ka|ri|o|gen ⟨Adj.; Med.⟩ *Karies erzeugend, verursachend* [< *Karies* + *…gen[1]*]
ka|ri|ös ⟨Adj.⟩ *von Karies befallen, zerfressen, angefault* [< lat. *cariosus* »morsch, faul«, mit frz. Endung]
Ka|ri|tas ⟨f.; -; unz.⟩ **1** *christl. Nächstenliebe, Wohltätigkeit* **2** ⟨Kurzw. für⟩ *Deutscher Caritasverband* [< lat. *caritas* »auf Achtung beruhende Liebe«]
ka|ri|ta|tiv ⟨Adj.⟩ *im Sinne der Karitas, auf ihr beruhend, wohltätig*
Kar|kas|se ⟨f.; -, -n⟩ **1** *Drahtgestell für Frauenhüte* **2** ⟨16.-19. Jh.⟩ *Brandgeschoss mit eisernem Gerippe* **3** *Gerippe von Leuchtkugeln* **4** *Unterbau des Luftreifens* **5** *Gerippe vom Geflügel* [< frz. *carcasse,* ital. *carcassa* »Gerippe«]
kar|lin|gisch ⟨Adj.⟩, = *karolingisch*
Kar|ma, Kar|man ⟨n.; -s; unz.; Buddhismus, Brahmanismus, Jainismus⟩ *Glaube, dass das Schicksal des Menschen nach dem Tode von seinen Taten in seinem letztvergangenen u. seinen früheren Leben abhänge* [Sanskrit]
Kar|me|lit ⟨m.; -en, -en⟩, **Kar|me|li|ter** ⟨m.; -s, -⟩ *Angehöriger des Karmeliterordens*

Kar|me|li|ter|geist ⟨m.; -(e)s; unz.⟩ *zuerst von den Karmelitern hergestellte Lösung von Nelken-, Muskat-, Zimt- u. Zitronenöl in Alkohol als Einreibemittel;* Sy *Melissengeist*

Kar|me|li|te|rin, Kar|me|li|tin ⟨f.; -, -tin|nen⟩ *Angehörige des 1425 gestifteten, dem Karmeliterorden angegliederten Nonnenordens*

Kar|men ⟨n.; -s, -mi|na⟩ *Fest- od. Gelegenheitsgedicht;* oV *Carmen* [< lat. *carmen* »Lied, Gedicht«]

Kar|me|sin ⟨n.; -s; unz.⟩ *leuchtend roter Farblack aus Cochenilleschildläusen;* Sy *Karmin* [< ital. *carmesino,* < pers., türk., arab. *qirmiz,* Name der Schildlaus, die den Farbstoff liefert]

Kar|min ⟨n.; -s; unz.⟩ = *Karmesin* [< nlat. *carminium,* < pers. *kirm* »Wurm«]

Kar|mi|na|ti|vum ⟨[-vum] n.; -s, -va [-va]; Pharm.⟩ *pflanzliches Mittel gegen Blähungen* [zu lat. *carminare* »krempeln«; in der medizin. Bedeutung »säubern«]

kar|mo|sie|ren ⟨V.⟩ größere Edelsteine ~ *mit kleinen Edelsteinen umranden* [< schwed. *karm* »Rand, Rahmen«]

Karn ⟨n.; -s; unz.; Archäol.⟩ *eine Stufe der pelagischen Trias;* Sy *Karinth* [nach nlat. *Carinthia* »Kärnten«]

Kar|nal|lit ⟨m.; -s; unz.; Chem.⟩ *in Kalisalzlagerstätten vorkommendes Mineral, chem. ein Doppelhalogenid,* $KCl \cdot MgCl_2 \cdot 6H_2O$*;* oV *Carnallit* [nach dem Berghauptmann Rudolf von *Carnall,* 1804–1874]

Kar|na|ti|on ⟨f.; -; unz.⟩ = *Inkarnat* [< lat. *caro,* Gen. *carnis* »Fleisch«]

Kar|nau|ba|pal|me ⟨f.; -, -n⟩ *bis zu 30 m hohe Palme mit fächerförmigen Blattwedeln: Copernicia cerifera*

Kar|nau|ba|wachs ⟨n.; -es; unz.⟩ *Pflanzenwachs der Karnaubapalme* [< port. *carnauba*]

Kar|ne|ol ⟨m.; -s, -e⟩ *Mineral, gelbliche bis blutrote Abart des Chalzedons* [< lat. *caro,* Gen. *carnis* »Fleisch« + *…ol*]

Kar|ner ⟨m.; -s, -⟩ **1** *(Friedhofskapelle mit) Beinhaus, in dem beim Anlegen neuer Gräber die alten Gebeine gesammelt aufbewahrt werden* **2** *Fleisch-, Räucherkammer;* oV *Kerner* [< lat. *carnarium* »Fleischkammer«; zu *caro,* Gen. *carnis* »Fleisch«]

Kar|ne|val ⟨[-val] m.; -s, -e od. -s⟩ *Fastnacht, Fastnachtsfest u. -zeit* [< ital. *carnevale;* Deutungsversuche: 1. < mlat. *carne, vale!* »Fleisch, lebe wohl!«; 2. < mlat. *carnelevale* »Fleischentzug«; 3. < lat. *carrus navalis* »Schiffskarren, Räderschiff« (Räderschiffe wurden bei festl. Umzügen zur Wiedereröffnung der Schifffahrt im Februar mitgeführt)]

Kar|ne|va|list ⟨[-va-] m.; -en, -en⟩ *jmd., der am Karneval teilnimmt*

kar|ne|va|lis|tisch ⟨[-va-] Adj.⟩ *den Karneval betreffend, zu ihm gehörig, von ihm stammend;* eine ~e Rede

Kar|nies ⟨n.; -es, -e; Arch.⟩ *Gesims od. Sockel mit s-förmigem Profil, Verbindung von Hohlkehle u. Stab, Glockenleiste* [< frz. *corniche,* ital. *cornice* »Gesims, Kranzleiste« < lat. *coronis* »gewundener Strich, Schnörkel« < grch. *koronis*]

Kar|nie|se ⟨f.; -, -n; österr.⟩ *Vorhangstange* [→ *Karnies*]

kar|nisch ⟨Adj.⟩ *das Karn betreffend, zu ihm gehörig, aus ihm stammend*

kar|ni|vor ⟨[-vo:r] Adj.⟩ ~e Lebewesen *Fleisch fressende Lebewesen;* Ggs *herbivor* [< lat. *caro,* Gen. *carnis* »Fleisch« + *…vor*]

Kar|ni|vo|re(r) ⟨[-vo:-] f.2 (m.1)⟩ **1** *Tier, das sich (überwiegend) von Fleisch ernährt, Fleischfresser;* Ggs *Herbivore* **2** *Fleisch fressende Pflanze*

Ka|ro ⟨n.; -s, -s⟩ **1** *Viereck, Rhombus, Quadrat* **2** *viereckiges, rhombisches od. quadrat. Muster* **3** *Spielkarte mit rotem Rhombus* **4** *Spielkartenfarbe* [< frz. *carreau* »viereckige Platte od. Scheibe«, < lat. *quadrum* »Viereck«]

Ka|ro|be ⟨f.; -, -n⟩ = *Karube*

Ka|ro|lin|ger ⟨m.; -s, -⟩ *Angehöriger eines nach Karl dem Großen benannten fränkischen Herrschergeschlechtes (bis 911 in Deutschland, bis 987 in Frankreich)*

ka|ro|lin|gisch ⟨Adj.⟩ *zu den Karolingern gehörig, von ihnen stammend*

Ka|ros|se ⟨f.; -, -n⟩ **1** *eleganter, vierrädriger Pferdewagen, der oft als Staatskutsche verwendet wurde;* Staats~ **2** ⟨fig.⟩ *schweres Luxusautomobil* [< frz. *carrosse* »Prunkwagen« < ital. *carroccio* »Wagen, auf dem das Feldzeichen in die Schlacht geführt wird« < mlat. *carracutium* »zweirädriger Wagen mit hohen Rädern«, < gallolat. *carrus* »Wagen«]

Ka|ros|se|rie ⟨f.; -, -n⟩ *die äußere Form des Kraftfahrzeugs bestimmender Aufbau, der Innenraum u. Fahrwerk umschließt;* Ggs *Chassis(1)* [< frz. *carrosserie* »Wagenbau, Wagenaufbau«; zu *Karosse*]

ka|ros|sie|ren ⟨V.⟩ *mit einer Karosserie versehen*

Ka|ro|ti|de ⟨f.; -, -n⟩ *Halsschlagader;* oV *Karotis* [< grch. *karotides*; < *karos* »Tiefschlaf«; zu *karoun* »betäuben«; verwandt mit *kara* »Kopf«]

Ka|ro|tin ⟨n.; -s; unz.⟩ = *Carotin*

Ka|ro|ti|no|i|de ⟨Pl.⟩ = *Carotinoide*

Ka|ro|tis ⟨f.; -, -ti|den⟩ = *Karotide*

Ka|rot|te ⟨f.; -, -n⟩ *früh reifende, gelbe bis rote, kurze Mohrrübe* [< ndrl. *karote* < frz. *carotte* < lat. *carota* < grch. *karoton*]

…karp[1] ⟨Adj.; in Zus.⟩ *Früchte tragend;* oV *…karpisch*

…karp[2] ⟨n.; -s, -e; in Zus.⟩ *Frucht, Fruchtwand;* oV *…karpium* [< grch. *karpos* »Frucht«]

Kar|pell ⟨n.; -s, -e⟩, **Kar|pel|lum** ⟨n.; -s, -la od. -le⟩ *die Samenanlage tragendes weibl. Geschlechtsorgan der Blüte, Fruchtblatt* [< nlat. *carpellum,* < grch. *karpos* »Frucht«]

Kar|pen|ter|brem|se, ⟨auch⟩ **Kar|pen|ter-Bremse** ⟨f.; -, -n⟩ *Druckluftbremse für Eisenbahnzüge* [nach dem amerikan. Eisenbahningenieur Jesse Fairfield *Carpenter,* 1852-1901]

…kar|pisch ⟨in Zus.⟩ = *…karp*[1]

...kar|pi|um ⟨n.; -s, -pi|en; in Zus.⟩ = *...karp²*
Kar|po|lith ⟨m.; -s od. -en, -e od. -en⟩ *Versteinerung von Früchten u. Samen* [< grch. *karpos* »Frucht« + *...lith*]
Kar|po|lo|gie ⟨f.; -; unz.⟩ *Lehre von den Früchten* [< grch. *karpos* »Frucht« + *...logie*]
kar|po|lo|gisch ⟨Adj.⟩ *die Karpologie betreffend, zu ihr gehörig, auf ihr beruhend*
Kar|ra|ge|en, Kar|ra|ghe|en ⟨n.; -s od. -; unz.⟩ *Rotalgen der Nordseeküste (Irländisches Moos), die als reizlinderndes Mittel dienen: Chondrus crispus* [nach dem Ort *Carragheen* in Irland]
Kar|ree ⟨n.; -s, -s⟩ **1** *Viereck, Rhombus, Quadrat* **2** *Wohnblock (in der Form eines Karrees(1);* ums ~ laufen **3** *Rippenstück von Kalb, Schwein od. Hammel* [< frz. *carré* »Viereck« < lat. *quadratus* »viereckig«]
Kar|ret|te ⟨f.; -, -n; schweiz.⟩ **1** *Schubkarren* **2** *schmalspuriger Transportwagen für Gebirgstruppen* **3** ⟨umg.⟩ *alter, schlechter Wagen* **4** *zweirädriges Einkaufswägelchen* [< ital. *carretta,* < gallolat. *carrus* »Wagen«]
Kar|ri|e|re ⟨f.; -, -n⟩ **1** *(rascher) Aufstieg im Leben u. Beruf, (glänzende) Laufbahn;* ~ machen **2** ⟨†⟩ *schneller Galopp;* in voller ~ daherkommen [< frz. *carrière* »Rennbahn, Laufbahn« < ital. *carriera,* < gallolat. *carrus* »Wagen«]
Kar|ri|e|re|frau ⟨f.; -, -en; häufig abwertend⟩ *Frau, die (rücksichtslos) eine schnelle Karriere macht;* → a. *Karrierist*
Kar|ri|e|ris|mus ⟨m.; -; unz.⟩ *übertriebenes Streben, Karriere zu machen*
Kar|ri|e|rist ⟨m.; -en, -en; häufig abwertend⟩ *jmd., der unbedingt u. schnell Karriere machen will;* er macht den Eindruck eines rücksichtslosen ~en
kar|ri|e|ris|tisch ⟨Adj.⟩ *auf die Karriere ausgerichtet, bestrebt, Karriere zu machen*
Kar|ri|ol ⟨n.; -s, -s⟩, **Kar|ri|o|le** ⟨f.; -, -n⟩ **1** *leichtes, zweirädriges Fuhrwerk* **2** ⟨†⟩ *Postwagen* [< frz. *carriole* »leichtes, zweirädriges Wägelchen« < mlat. *carriola* »Frauenwagen«; zu gallolat. *carrus* »Wagen«; verwandt mit *Karre*]
kar|ri|o|len ⟨V.⟩ **1** ⟨†⟩ *mit dem Postwagen fahren* **2** ⟨fig.⟩ *unsinnig herumkutschieren, unsinnig fahren*
kart. ⟨bei bibliograf. Angaben Abk. für⟩ *kartoniert*
Kar|tät|sche ⟨f.; -, -n⟩ *dünnwandiges Hohlgeschoss, das, mit Bleikugeln gefüllt, aus Geschützen gegen einen feindl. Angriff auf kürzeste Entfernung gefeuert wurde;* ⟨aber⟩ → a. *Kardätsche* [< ital. *cartoccio* »kleine Krämertüte«; zu *carto* »Papier, Karte« < lat *charta;* → *Charta*]
kar|tät|schen ⟨V.; †⟩ *mit Kartätschen schießen*
Kar|tau|ne ⟨f.; -, -n; um 1500⟩ *schweres Geschütz* [< ital. *cortana* »kurze Kanone«; zu *corto* »kurz«, vermischt mit lat. *quartana* »Viertelsstück«; zu *quartus* »der Vierte«]
Kar|tau|se ⟨f.; -, -n⟩ *Kloster der Kartäuser* [< *Cartusia,* der lat. Bezeichnung für *Chartreuse* (bei Grenoble)]
Kar|täu|ser ⟨m.; -s, -⟩ **1** *Mitglied des Kartäuserordens* **2** = *Chartreuse* [→ *Kartause*]
Kar|tell ⟨n.; -s, -e⟩ **1** ⟨urspr.⟩ *Kampfordnung beim Turnier* **2** ⟨danach⟩ *schriftl. Herausforderung zum Zweikampf* **3** ⟨heute⟩ *Zusammenschluss von Firmen des gleichen Wirtschaftszweiges, die jedoch selbständig unter ihrem Namen weiter bestehen* **4** *Bündnis mehrerer Parteien* **5** *freundschaftl. Beziehung zwischen Studentenverbindungen* [< frz. *cartel* < ital. *cartello,* Verkleinerungsform zu *carta* »Karte« < lat. *charta;* → *Charta*]
Kar|tell|amt ⟨n.; -(e)s, -äm|ter⟩ *Behörde, die die Befolgung der Kartellgesetze kontrolliert*
Kar|tell|ge|setz ⟨n.; -es, -e⟩ *Gesetz, das Kartellbildungen in Wirtschaft u. Industrie (zum Schutze des freien Marktes) untersagt*
kar|tel|lie|ren ⟨V.⟩ **1** ⟨früher⟩ *durch ein Kartell(1;2) herausfordern* **2** ⟨heute⟩ *in einem Kartell zusammenschließen*
kar|te|si|a|nisch ⟨Adj.; Philos.⟩ *im Sinne des Kartesianismus, von Descartes stammend, ihm zugeschrieben;* ~er Taucher *fälschlich dem Descartes zugeschriebene, im Wasser schwimmende, hohle Figur mit einer feinen Öffnung, sinkt bei Vergößerung des über dem Wasser liegenden Drucks infolge Eindringen des Wassers nach unten u. steigt bei nachlassendem Druck nach oben;* oV *cartesianisch, kartesisch* [nach Descartes; → *Kartesianismus*]
Kar|te|si|a|nis|mus ⟨m.; -; unz., Philos.⟩ *der Rationalismus(2) des französ. Philosophen René Descartes (1596–1650);* oV *Cartesianismus*
kar|te|sisch ⟨Adj.⟩ = *kartesianisch*
Kar|tha|min ⟨n.; -s; unz.⟩ *im Wilden Safran enthaltener roter Farbstoff;* oV *Carthamin* [arab.]
kar|tie|ren ⟨V.⟩ ein Gelände ~ *vermessen u. auf einer Landkarte darstellen* [→ *Karte*]
kar|ti|la|gi|när ⟨Adj.⟩ *knorpelig* [< lat. *cartilaginosus* »knorpelreich«]
Kar|ting ⟨n.; -s; unz.; Sp.⟩ *sportlich u. teilweise professionell betriebenes Fahren mit motorgetriebenen Gokarts* [engl., »Gokartfahren«]
kar|to..., Kar|to... ⟨in Zus.⟩ *Karte(n)..., Zettel..., Landkarte(n)...* [< ital. *carta* »Papier, Karte« < lat. *charta;* → *Charta*]
Kar|to|graf ⟨m.; -en, -en⟩ = *Kartograph*
Kar|to|gra|fie ⟨f.; -; unz.⟩ = *Kartographie*
kar|to|gra|fie|ren ⟨V.⟩ = *kartographieren*
Kar|to|gra|fin ⟨f.; -, -fin|nen⟩ = *Kartographin*
Kar|to|gramm ⟨n.; -s, -e⟩ **1** *graf. Darstellung statistischer Verhältnisse auf Landkarten* **2** *Landkarte mit eingezeichnetem Schaubild* [< *Karto...* + *...gramm*]
Kar|to|graph ⟨m.; -en, -en⟩ *Zeichner od. Bearbeiter von Landkarten u. Plänen;* oV *Kartograf* [< *Karto...* + *...graph*]
Kar|to|gra|phie ⟨f.; -; unz.⟩ *Anfertigung von Landkarten u. Plänen;* oV *Kartografie*

kar|to|gra|phie|ren ⟨V.⟩ *kartographisch darstellen;* einen Bezirk ~; oV *kartografieren*
Kar|to|gra|phin ⟨f.; -, -phin|nen⟩ *Zeichnerin od. Bearbeiterin von Landkarten u. Plänen;* oV *Kartografin*
Kar|to|man|tie ⟨f.; -; unz.⟩ *vermeintliche Kunst, aus Karten die Zukunft vorauszusagen* [< *Karto*… + …*mantie*]
Kar|to|me|ter ⟨n.; -s, -; Geom.⟩ *Kurvenmesser* [< *Karto*… + …*meter*]
Kar|to|me|trie, ⟨auch⟩ **Kar|to|met|rie** ⟨f.; -; unz.; Geom.⟩ *Messung von Längen, Flächen, Winkeln auf Landkarten* [< *Karto* + …*metrie*]
kar|to|me|trisch, ⟨auch⟩ **kar|to|met|risch** ⟨Adj.⟩ *zur Kartometrie gehörig, auf ihr beruhend, mit ihrer Hilfe*
Kar|ton ⟨[-tɔ̃:], umg. [-tɔŋ] m.; -s, -s⟩ **1** *dünne Pappe, steifes, dickes Papier* **2** *Schachtel aus Pappe* **3** ⟨a. [-to:n]; m.; -s, -e⟩ *Skizze zu einem Wandgemälde in gleicher Größe* **4** *Ersatzblatt in einem Buch für ein fehlerhaftes Blatt od. zur Ergänzung* [< frz. *carton* < ital. *cartone,* Vergrößerungsform zu *carta* »Papier« < lat. *charta;* → *Charta*]
Kar|to|na|ge ⟨[-ʒə] f.; -, -n⟩ **1** *feste Verpackung aus Karton od. Pappe* **2** *Bucheinband aus Karton* [< frz. *cartonnage* »Kartonagen(industrie), Kartonverpackung«; → *Karton*]
kar|to|nie|ren ⟨V.⟩ **1** *in Karton einbinden;* ein Buch ~ **2** *in Karton einpacken*
kar|to|niert ⟨Adj.⟩ *in Karton eingebunden, in Karton eingepackt;* ein ~es Buch
Kar|to|thek ⟨f.; -, -en⟩ *Sammlung von Aufzeichnungen auf Zetteln od. Karten gleichen Formats u. in bestimmter Ordnung, Kartei* [< *Karto*… + …*thek*]
Kar|tu|sche ⟨f.; -, -n⟩ **1** *Metallhülse der Artilleriegeschosse, in der sich die Pulverladung befindet* **2** *bes. im Barock beliebtes Ornament aus rechteckiger Fläche (für Inschrift, Wappen u.a.) mit Rahmen aus Voluten* [< frz. *cartouche* »gerollte Einfassung aus Papier« < ital. *cartuccia* »kleines, geringes Papier« < lat. *charta;* → *Charta*]
Ka|ru|be ⟨f.; -, -n⟩ *Johannisbrot, Frucht des Johannisbrotbaumes;* oV *Karobe* [< arab. *Kharrubah*]
Ka|run|kel ⟨f.; -, -⟩ *Fleischwarze* [< lat. *caruncula* »Stückchen Fleisch«, Verkleinerungsform zu lat. *caro* »Fleisch«]
Ka|rus|sell ⟨n.; -s, -s od. -e⟩ *eine sich im Kreis drehende Rundfläche mit Reit- od. Fahrsitzen als Volksbelustigung auf Jahrmärkten (bes. für Kinder);* mit jmdm. ~ fahren ⟨umg.⟩ *ihn energisch herannehmen, ihn laufen, springen lassen, jmdn. hinhalten, überlisten, übervorteilen* [< frz. *carrousel* »Reiterspiel mit Ringelstechen« < ital. *carosello;* Herkunft unklar; Deutungen: 1. < ital. *gara* »Streit« + *sella* »Sattel«; 2. < arab. *kurradsch* »Spiel mit hölzernen Pferden«, < pers. *kurra(k)* »Füllen«]
Ka|ry|a|ti|de ⟨f.; -, -n; Arch.⟩ *Frauengestalt, die auf Haupt od. emporgehobenen Armen das Gebälk trägt (bes. am Portikus);* Sy *Kanephore(2), Kore;* Ggs *Atlant* [< grch. *karyatides,* vermutl. nach den Priesterinnen im Dianatempel zu *Karyä* in Lakonien]
ka|ry|o…, Ka|ry|o… ⟨in Zus⟩ *Kern, Zellkern* [< grch. *karyon* »Nuss, Kern«.]
Ka|ry|o|ga|mie ⟨f.; -, -n⟩ *der eigentliche Befruchtungsvorgang, die Verschmelzung von Ei- u. Samenkern* [< *Karyo*… + …*gamie*]
Ka|ry|o|ki|ne|se ⟨f.; -, -n; Biol.⟩ *Kernteilung;* → a. *Mitose* [< *Karyo*… + grch. *kinesis* »Bewegung«]
ka|ry|o|ki|ne|tisch ⟨Adj.; Biol.⟩ *die Karyokinese betreffend, auf ihr beruhend, zu ihr gehörig*
Ka|ry|o|lo|gie ⟨f.; -; unz.⟩ *Lehre vom Zellkern* [< *Karyo*… + …*logie*]
Ka|ry|o|lym|phe ⟨f.; -, -n⟩ *Flüssigkeit im Zellkern*
Ka|ry|o|ly|se ⟨f.; -, -n⟩ *Kernauflösung nach dem Zelltod* [< *Karyo*… + …*lyse*]
ka|ry|o|phag ⟨Adj.; Biol.⟩ *den Zellkern zerstörend, aufnehmend* [< *karyo*… + …*phag*]
Ka|ry|o|plas|ma ⟨n.; -s, -men⟩ *Kernplasma*
Ka|ry|op|se ⟨f.; -, -n⟩ *nussähnl. Schließfrucht der Gräser, bei der Fruchtwand u. Samenschale miteinander verwachsen sind* [< *Karyo*… + grch. *opsis* »das Sehen«]
Kar|zer ⟨m.; -s, -; früher⟩ **1** *Raum für Arreststrafen in Schulen u. Hochschulen* **2** *scharfer Arrest* [< lat. *carcer* »Gefängnis, Kerker«]
kar|zi|no|gen ⟨Adj.⟩ *Krebs erzeugend, Krebs auslösend;* Sy *kanzerogen;* ~e Stoffe [< grch. *karkinos* »Krebs« + …*gen*]
Kar|zi|no|gen ⟨n.; -s, -e; Med.⟩ *Krebs erregendes Mittel, Krebs erregender Stoff;* Sy *Kanzerogen*
Kar|zi|no|id ⟨n.; -s, -e; Med.⟩ *krebsähnliche, aber sehr langsam wachsende kleine Geschwulst besonders im Magendarmkanal u. im Bronchialsystem;* Sy *Kanzeroid* [< *Karzinom* + …*id(2)*]
Kar|zi|no|lo|ge ⟨m.; -n, -n; Med.⟩ *Arzt, Wissenschaftler auf dem Gebiet der Karzinologie;* Sy *Kanzerologe* [< *Karzinom* + …*loge*]
Kar|zi|no|lo|gie ⟨f.; -; unz.⟩ *Lehre von den Krebsgeschwüren;* Sy *Kanzerologie* [< grch. *karkinos* »Krebs« + ..*logie*]
kar|zi|no|lo|gisch ⟨Adj.⟩ *zur Karzinologie gehörig, auf ihr beruhend*
Kar|zi|nom ⟨n.; -s, -e; Med.; Abk.: Ca⟩ *bösartige Geschwulstbildung des menschlichen u. tierischen Gewebes, Krebs* [< grch. *karkinos* »Krebs«]
kar|zi|no|ma|tös ⟨Adj.; Med.⟩ *wie ein Karzinom*
Kar|zi|no|sar|kom ⟨n.; -s, -e; Med.⟩ *bösartige Geschwulst, das aus karzinomatösem u. sarkomatösem Gewebe besteht* [< *Karzinom* + *Sarkom*]
Kar|zi|no|se ⟨f.; -, -n⟩ *über den ganzen Körper ausgedehnte Krebsbildung* [< grch. *karkinos* »Krebs«]
Ka|sach ⟨m.; -s, -s⟩ = *Kasak*

Kạ|sack ⟨m.; -s, -s⟩ *über Rock od. Hose getragene, meist mit Borten verzierte, hüftlange Bluse* [< frz. *casaque* »Reisemantel« < mfrz. *casaque* < pers. *kazhaghand* »wattierte Jacke« < *kazh, kaj* »Rohseide« + *aghand* »polstern«]

Kạ|sak ⟨m.; -s, -s⟩ *kaukas. Knüpfteppich mit (oft wuchtigem) geometr. Muster;* oV *Kasach* [nach den *Kasachen,* einem mittelasiat. Nomadenvolk]

Ka|sa|tschọk, ⟨auch⟩ **Ka|sat|schọk** ⟨m.; -s, -s⟩ **1** *russischer, ursprüngl. kosakischer Volkstanz* **2** *moderner Tanz mit einigen Figuren aus dem Kasatschok(1)* [< russ. *kasačok,* Verkleinerungsform zu *kasak* »Kosak«]

Kạs|bah ⟨f.; -, -s; in Marokko⟩ *Schloss des Sultans* [arab.]

Kạsch ⟨m.; -s; unz.⟩ = *Kascha*

Kạ̈sch ⟨n.; -s, -s, bei Zahlungsangaben Pl.: -⟩ **1** *ostasiatische Münze aus Buntmetall* **2** ⟨i.e.S.⟩ = *Li(2.3)* [< Tamil *kasu* »kleine Kupfermünze« < Sanskrit *karsa* »kleines Münzmetallgewicht«]

Kạ|scha ⟨f.; -; unz.⟩ oV *Kasch* **1** *russische, in Butter geröstete Buchweizengrütze* **2** ⟨i.w.S.⟩ *jede breiartige Speise* [< russ. *kaša*]

Kạ|schan ⟨m.; -s, -s⟩ *pers. Knüpfteppich mit Medaillon-, Blumen- u. Rankenmuster;* oV *Keschan* [nach der pers. Stadt *Kaschan*]

Ka|sche|lọtt ⟨m.; -s, -e⟩ *Pottwal: Kogia breviceps;* oV *Cachelot* [< frz. *cachalot* »Pottwal« < span., port. *cachalote*]

Ka|schẹm|me ⟨f.; -, -n⟩ **1** ⟨abwertend⟩ *üble Kneipe, verwahrlostes Lokal* **2** ⟨früher⟩ *Bezeichnung für Verbrechertreffpunkt* [< Zig. *katšima* »Wirtshaus« < slaw. *krčma*]

Kạ̈|scher ⟨m.; -s, -⟩ = *Kescher*

Ka|scheur ⟨[-ʒøːr] m.; -s, -e⟩ *Handwerker, der Bühnenbildteile kaschiert*

ka|schie|ren ⟨V.⟩ oV *cachieren* **1** *bemänteln, verheimlichen, verhüllen, verdecken, verbergen* **2** ⟨Typ.⟩ *mit buntem Papier bekleben;* einen Karton-Bucheinband ~ **3** *(plast. Bühnenbildteile) mit Kaschiermasse überziehen, z.B. Architekturformen, Pflanzen aus Holz, Pappe, Draht* **4** *mit Klebemittel verbinden (zwei übereinander gelegene Gewebebahnen)* [< frz. *cacher* »verbergen«]

Kạsch|mir ⟨m.; -s, -e⟩ *ursprünglich aus dem feinen, glänzenden Flaumhaar der Kaschmirziege hergestellter Wollfaden (für Pullover, Strickjacken) bzw. fester Kammgarnkleiderstoff* [nach der *Kaschmirziege* im *Kaschmirgebirge*]

Ka|scho|lọng ⟨m.; -s, -s⟩ *Mineral, weiße Abart des Opals* [< frz. *cacholong* »Schönstein« < *Cach,* Name eines Baches in Usbekistan + kalmück. *cholong* »Stein«]

Ka|schu|be ⟨m.; -n, -n⟩ *Angehöriger eines urspr. westslaw., an der unteren Weichsel lebenden, heute in Westpreußen u. Teilen von Pommern beheimateten Volksstammes;* oV *Kassube* [< poln. *kaszuba* »Pelzrock«]

Ka|se|in ⟨n.; -s; unz.⟩ = *Casein*

Ka|sel ⟨f.; -, -n⟩ *vorwiegend von kath. Priestern getragenes Messgewand* [< vulgärlat. *casubla* »Messgewand«]

Ka|se|mạt|te ⟨f.; -, -n⟩ **1** *dick ummauerter, schusssicherer Raum in Befestigungswerken* **2** *gepanzerter Geschützraum auf Kriegsschiffen* [< frz. *casemate* < ital. *casamatta* »Wallgewölbe« < mgrch. *chasma, chasmata* »Erdkluft«]

ka|se|mat|tie|ren ⟨V.⟩ *mit Kasematten versehen, geschützsicher machen;* eine Festung ~; ein Schiff ~

Ka|sẹr|ne ⟨f.; -, -n⟩ *Gebäude(komplex) zur dauernden Unterbringung von Truppen* [< frz. *caserne* »Kaserne«, urspr. »kleiner Raum auf Festungsanlagen für die zur Nachtwache abgestellten Soldaten« < vulgärlat. *quaderna,* lat. *quaterna* »je vier«; zu lat. *quattuor* »vier«]

ka|ser|nie|ren ⟨V.⟩ Truppen ~ *in Kasernen unterbringen;* Kasernierte Volkspolizei ⟨Abk.: KVP⟩ *bis zur Umbenennung in »Nationale Volksarmee« Bez. für die Streitkräfte der DDR*

Ka|si|no ⟨n.; -s, -s⟩ oV *Casino* **1** *Gesellschaftshaus, Unterhaltungsstätte* **2** *Speiseraum für Offiziere;* Offiziers~ **3** *öffentl. Betrieb für Glücksspiele;* Spiel~ [< ital. *casino* »herrschaftl. Haus«, < lat. *casa* »Haus«]

Kas|ka|de ⟨f.; -, -n⟩ **1** *künstl., stufenförmiger Wasserfall* **2** *wasserfallähnl. Feuerwerk* **3** *wagemutiger Sprung eines Artisten* [< frz. *cascade* < ital. *cascata* < lat. *cadere* »fallen«]

Kas|ka|den|bat|te|rie ⟨f.; -, -n⟩ *aus mehreren hintereinander geschalteten Einzelbatterien bestehende Strom- u. Spannungsquelle*

Kas|ka|den|ge|ne|ra|tor ⟨m.; -s, -en; Phys.; Tech.⟩ *Kaskadenschaltung von Kondensatoren u. Gleichrichtern od. Transformatoren zur Erzeugung sehr hoher Spannungen bis zu mehreren Millionen Volt*

Kas|ka|den|schal|tung ⟨f.; -, -en⟩ *elektr. Schaltung zum Erzeugen einer hohen Gleichspannung bis zu mehreren Millionen Volt aus Wechselspannungen*

Kas|ka|deur ⟨[-døːr] m.; -s, -e⟩ **1** *Artist, der eine Kaskade(3) vorführt, wagemutig springt* **2** ⟨selten für⟩ *Double(3)*

Kas|kẹtt ⟨n.; -s, -e⟩ **1** ⟨früher⟩ *einfacher Helm mit Visier* **2** *leichter Lederhelm, z.B. der Feuerwehr* [< ital. *caschetto,* Verkleinerungsform zu *casco* »Helm«]

Kạs|ko ⟨m.; -s, -s⟩ **1** *Schiffsrumpf (im Unterschied zur Ladung)* **2** ⟨Kart.⟩ *Spielart des Lombers* [< span. *casco* »Schiffsrumpf«]

Kạs|ko|ver|si|che|rung ⟨f.; -, -en⟩ *Versicherung gegen Schäden an Fahrzeugen, Schiffen u. Flugzeugen*

Kạs|sa ⟨f.; -, -Kạs|sen; †; noch österr.⟩ = *Kasse*

Kạs|sa|ge|schäft ⟨n.; -(e)s, -e⟩ *Börsengeschäft, bei dem Lieferung u. Zahlung dem Geschäftsabschluss unmittelbar folgen*

Kas|sạn|dra|ruf, ⟨auch⟩ **Kas|sạnd|ra|ruf** ⟨m.; -(e)s, -e⟩ *unheilvolle Warnung* [nach *Kassan-*

dra, der Tochter des trojan. Königs Priamos, die den Untergang ihrer Vaterstadt voraussagte, aber keine Beachtung fand]

Kas|sa|ti|on[1] ⟨f.; -, -en; Rechtsw.⟩ **1** *Ungültigkeitserklärung;* ~ von Urkunden; Sy *Kassierung* **2** *Aufhebung durch die höhere Instanz;* ~ eines Urteils **3** *(bedingungslose) Entlassung aus dem Militärdienst* [<spätlat. *cassare* »für ungültig erklären, annulieren«; zu lat. *cassus* »leer, nichtig«]

Kas|sa|ti|on[2] ⟨f.; -, -en; Mus.⟩ *(bes. zur Vorführung im Freien vorgesehenes) mehrsätziges Musikstück,* z.B. Serenade, Divertimento [<ital. *cassazione* »Aufhebung, Abschied«]

Kas|sa|ti|ons|hof ⟨m.; -(e)s, -hö|fe⟩ *oberstes Gericht einiger roman. Länder* [→ *Kassation*[1]]

kas|sa|to|risch ⟨Adj.; Rechtsw.⟩ *die Kassation(1,1) betreffend, auf ihr beruhend, in der Art einer Kassation(1,1)*

Kas|sa|zah|lung ⟨f.; -, -en⟩ *Barzahlung*

Kas|se ⟨f.; -, -n⟩ oV ⟨österr.⟩ *Kassa* **1** *Kasten für Geld;* Laden~; Wechselgeld in der ~ haben; einen Griff in die ~ tun ⟨umg.; verhüllend⟩ *Geld stehlen* **2** *Vorrat an Geld;* gut, schlecht bei ~ sein; die ~ führen *für die Abrechnung verantwortlich sein;* ~ machen *abrechnen, kassieren;* getrennte ~ machen, führen *getrennt, einzeln, für sich bezahlen;* volle ~n machen *viel Geld einnehmen od. einbringen;* der Film, das Theaterstück macht, bringt volle ~n; per ~ zahlen *bar zahlen;* netto ~ *bar ohne Abzug* **3** *Raum, Schalter des Kassierers;* Kino~; Theater~; Abend~; Tages~ **4** ⟨umg.; kurz für⟩ *Krankenkasse* **5** *Sparkasse;* Geld zur ~ bringen [<ital. *cassa* »Behältnis, Ort, an dem man Geld aufbewahren kann« <lat. *capsa* »Behältnis, Kasten«]

Kas|se|rol|le ⟨f.; -, -n⟩ *runder od. längl. Topf mit Deckel zum Kochen u. Schmoren* [<frz. *casserole* »Schmortopf, Schmorpfanne«]

Kas|set|te ⟨f.; -, -n⟩ oV *Cassette* **1** *Holz- od. Metallkasten für Geld od. Wertgegenstände;* Geld~; Schmuck~ **2** ⟨Arch.⟩ *kastenförmig vertieftes Feld in der Decke eines Raumes* **3** ⟨Fot.⟩ **3.1** *flacher Metallbehälter zum Aufbewahren der lichtempfindl. Platte u. zum Einlegen in die Kamera* **3.2** *zylinderförmige Kapsel zum Aufbewahren eines Rollfilms u. Einlegen in die Kamera* **4** *Tonband im Kunststoffbehälter für Kasettenrekorder* **5** *mehrere zusammengehörige Bücher in einem die Rücken offen lassenden Schmuckkarton* [<frz. *cassette* <ital. *cassetta* »Kästchen«, Verkleinerungsform zu *cassa;* → *Kasse*]

Kas|set|ten|deck ⟨n.; -s, -s⟩ *Kassettenrekorder ohne Lautsprecher u. Verstärker (für Stereoanlagen)*

Kas|set|ten|de|cke ⟨f.; -, -n⟩ *in Kassetten(2) unterteilte Decke (eines Raumes)*

Kas|set|ten|fern|se|hen ⟨n.; -s; unz.⟩ *Art des Fernsehens, bei dem ein auf Magnetband gespeichertes Programm abläuft u. beliebig oft wiederholt werden kann*

Kas|set|ten|re|cor|der, Kas|set|ten|re|kor|der ⟨m.; -s, -⟩ *Tonbandgerät zur Aufnahme u. Wiedergabe von Kassetten(4)* [<engl. *recorder* »Aufzeichner«; zu *record* »aufzeichnen« <lat. *recordari* »sich vergegenwärtigen«]

kas|set|tie|ren ⟨V.⟩ eine Decke ~ *in Kassetten(2) unterteilen*

Kas|sia ⟨f.; -, -si|en⟩ = *Kassie*

Kas|si|a|öl ⟨n.; -s; unz.⟩ *chines. Zimtöl*

Kas|si|ber ⟨m.; -s, -⟩ *heiml. Briefbotschaft zwischen Gefangenen u. der Außenwelt od. auch untereinander* [<rotw. *kasife* »Brief, Dokument« <hebr. *kethibha,* Part. Perf. zu *kathabh* »schreiben«]

Kas|sie ⟨[-sjə] f.; -, -n⟩ *Sennesstrauch, tropische Gattung der Mimosengewächse, von denen einige Arten die Sennesblätter (Abführmittel) liefern: Cassia;* oV *Kassia;* Sy *Senna* [<grch. *kassia*]

Kas|sier ⟨m.; -s, -e; österr., a. süddt.⟩ = *Kassierer*

kas|sie|ren[1] ⟨V.⟩ **1** *annehmen, einnehmen;* Beitrag, Geld ~ **2** *sich aneignen, entwenden* **3** ⟨fig.; umg.⟩ *gefangen setzen, verhaften* [→ *Kasse*]

kas|sie|ren[2] ⟨V.⟩ **1** *für ungültig erklären;* ein Urteil ~ **2** *entlassen;* Beamte, Soldaten ~ [<lat. *cassare* »für ungültig erklären, annulieren«; zu *cassus* »leer, nichtig«]

Kas|sie|rer ⟨m.; -s, -⟩ *Angestellter, der Zahlungen annimmt u. Geld auszahlt, der die Kasse führt;* oV ⟨österr., a. süddt.⟩ *Kassier* [→ *Kasse*]

Kas|sie|rung[1] ⟨f.; -, -en⟩ *das Kassieren*

Kas|sie|rung[2] ⟨f.; -, -en⟩ = *Kassation*[1]

Kas|si|o|pei|um ⟨n.; -s; unz.⟩ = *Lutetium* [nach der griech. Sagengestalt *Kassiopeia,* Mutter der Andromeda]

Kas|si|te|rit ⟨m.; -s, -e⟩ *diamanten glänzendes Mineral, chem. Zinnoxid, Zinnerz, Zinnstein* [<grch. *kassiteros* »Zinn«]

Kas|su|be ⟨m.; -n, -n⟩ = *Kaschube*

Kas|ta|gnet|te, ⟨auch⟩ **Kas|tag|net|te** ⟨[-njɛtə] f.; -, -n⟩ *bes. in Spanien übliches, einfaches Rhythmusinstrument aus zwei miteinander verbundenen, beweglichen, am Daumen befestigten Hartholzschalen, die mit den Fingern gegeneinander geschlagen werden* [<span. *castañeta,* Verkleinerungsform zu *castaña* »Kastanie«]

kas|ta|lisch ⟨Adj.⟩ *mit dichterischer Leidenschaft* [zu lat. *castalia* »Musenquell; eine den Musen geweihte Quelle bei Delphi«]

Kas|ta|nie ⟨[-njə] f.; -, -n⟩ **1** *Gattung der Buchengewächse: Castanea;* ⟨i.e.S.⟩ *subtropische Art mit essbaren Früchten u. hartem, festem Holz: C. sativa, Edelkastanie* **2** *Frucht der Edelkastanie (Marone) od. der Rosskastanie;* für jmdn. die ~n aus dem Feuer holen ⟨fig.⟩ *für jmd. anderen etwas Unangenehmes od. Gefährliches tun* **3** *Hornschwiele an der Innenseite des Beins bei Pferden* [<lat. *castanea* »Kastanie« <grch. *(karya) kastaneia* »Frucht des Kastanienbaumes«; zu *kastanon* »Kastanienbaum« <vorderasiat. Spr.]

Kas|te ⟨f.; -, -n⟩ *von anderen Ständen streng abgeschlossener gesellschaftlicher Stand mit festen sozialen, religiösen u. wirtschaftlichen Normen, bes. im Hinduismus;* Krieger~; Priester~ [<frz. *caste,* port. *caste* <span., port. *casto* »rein« <lat. *castus* »rein, keusch«]

Kas|tell ⟨n.; -s, -e⟩ **1** *altröm. Befestigungsanlage, Burg, Festung* **2** *Aufbau auf dem Vorder- od. Hinterdeck eines Kriegsschiffes* [<lat. *castellum* »Kastell, Festung«, Verkleinerungsform zu lat. *castrum* »Schanzlager«]

Kas|tel|lan ⟨m.; -s, -e⟩ **1** *Pförtner, Hausmeister (an Universitäten, in Schlössern);* Schloss~ **2** *Burgvogt* [<lat. *castellanus* »Bewohner eines Kastells«; → *Kastell*]

Kas|trat, ⟨auch⟩ **Kast|rat** ⟨m.; -en, -en⟩ **1** *Mann, dem die Keimdrüsen entfernt worden sind, Verschnittener;* →a. *Eunuch* **2** ⟨17./18. Jh.⟩ *entmannter Bühnensänger mit Knabenstimme, aber großem Stimmumfang* [<lat. *castratus,* Part Perf. zu *castrare* »entmannen, kastrieren«]

Kas|tra|ti|on, ⟨auch⟩ **Kast|ra|ti|on** ⟨f.; -, -en; Med.⟩ *operative Entfernung der Keimdrüsen od. Ausschaltung der Keimdrüsen durch Röntgenbestrahlung;* Sy *Kastrierung;* →a. *Sterilisation* [<lat. *castratio* »Entmannung, Kastrierung«]

kas|trie|ren, ⟨auch⟩ **kast|rie|ren** ⟨V.⟩ **1** *Keimdrüsen entfernen;* →a. *sterilisieren* **1.1** einen **Mann** ~ *entmannen, verschneiden* **1.2** ein **Tier** ~ *verschneiden* **2** eine **Pflanze** ~ *die Staubgefäße entfernen, bevor die Narbe reif ist* [<lat. *castrare* »entmannen, kastrieren«]

Kas|trie|rung, ⟨auch⟩ **Kast|rie|rung** ⟨f.; -, -en⟩ = *Kastration*

ka|su|al ⟨Adj.⟩ *zufällig, nicht voraussehbar* [<lat. *casus* »Fall«]

Ka|su|a|li|en ⟨Pl.⟩ **1** *Zufälligkeiten, nicht voraussehbare Ereignisse* **2** *geistl. Amtshandlungen aus bes. Anlass, wie Taufen, Trauungen usw.* **3** *Vergütungen dafür* [<lat. *casus* »Fall«]

Ka|su|ar ⟨m.; -s, -e⟩ *großer straußenähnlicher, flugunfähiger Flachbrustvogel: Casuarius* [<mlat. *kasawari*]

Ka|su|a|ri|na, Ka|su|a|ri|ne ⟨f.; -, -n⟩ *Gattung der Kasuarinengewächse (Casuarinaceae), bis 20 m hohe Bäume, bes. in Australien, durch einen den Schachtelhalmen ähnlichen Wuchs gekennzeichnet: Casuarina* [→ *Kasuar* (wegen ihres kasuarfederähnl. Zweigwerks)]

ka|su|ell ⟨Adj.⟩ **1** ⟨Gramm.⟩ *den Kasus betreffend, zu ihm gehörig* **2** ⟨Rechtsw.⟩ ~e Bedingung *Bedingung, die von einem zufälligen Umstand abhängt*

Ka|su|ist ⟨m.; -en, -en⟩ **1** *Vertreter der Kasuistik* **2** ⟨fig.⟩ *Haarspalter, Wortklauber*

Ka|su|is|tik ⟨f.; -; unz.⟩ **1** ⟨Ethik⟩ *Lehre von bestimmten Einzelfällen innerhalb der Morallehre u. dem dafür richtigen Verhalten* **2** ⟨Rechtsw.⟩ *Methode, einen Fall als Einzelfall nach den nur für ihn zutreffenden Tatbeständen zu beurteilen u. die allg. Rechtsvorschriften nicht dogmat., sondern modifiziert auf ihn anzuwenden* **3** ⟨fig.⟩ *Haarspalterei, Wortklauberei* [<lat. *casus (conscientiae)* »Gewissensfälle«]

ka|su|is|tisch ⟨Adj.⟩ **1** *die Kasuistik betreffend, auf ihr beruhend, im Sinne der Kasuistik* **2** ⟨fig.⟩ *haarspalterisch, wortklauberisch*

Ka|sus ⟨m.; -, -; Gramm.⟩ *Beugungsfall, Form der Substantive, Adjektive u. Pronomen, die ihre Beziehungen zu anderen Satzteilen ausdrückt* [<lat. *casus* »Fall«]

Ka|sus|gram|ma|tik ⟨f.; -; unz.; Sprachw.⟩ *(von C.J. Fillmore begründete) sprachwissenschaftl. Theorie, nach der das Verb u. die anderen Satzelemente durch Kasusrelationen aneinander gebunden sind;* Sy *Kasussemantik*

Ka|sus|se|man|tik ⟨f.; -; unz.; Sprachw.⟩ = *Kasusgrammatik*

Ka|sus|syn|kre|tis|mus ⟨m.; -; unz.; Sprachw.⟩ *Zusammenfall zweier od. mehrerer Kasus zu einer Form*

Kat[1] ⟨m.; -s, -s; bei Kfz; kurz für⟩ *Katalysator(2)*

Kat[2] ⟨m.; -s, -s; Wassersp.; kurz für⟩ *Katamaran;* oV *Cat*

kat..., Kat... ⟨Vors.⟩ = *kata..., Kata...*

ka|ta..., Ka|ta... ⟨vor Vok. u. vor h⟩ kat..., Kat... ⟨in Zus.⟩ *herab, hinunter, nach, gegen, gemäß, in Bezug auf, zufolge* [<grch. *kata*]

ka|ta|ba|tisch ⟨Adj.⟩ *absinkend, abströmend;* ~e Winde [zu grch. *katabainein* »hinabsteigen«]

ka|ta|bol ⟨Adj.⟩ *die Katabolie betreffend, auf ihr beruhend*

Ka|ta|bo|lie ⟨f.; -; unz.⟩ *Abbau der Stoffe in Körpern durch Stoffwechsel;* Sy *Katabolismus* [<grch. *kataballein* »herabwerfen«]

Ka|ta|bo|lis|mus ⟨m.; -; unz.⟩ = *Katabolie;* Ggs *Anabolismus*

Ka|ta|chre|se ⟨[-çre:-] f.; -, -n⟩, **Ka|ta|chre|sis** ⟨[-çre:-]; f.; -, -sen⟩ **1** *Verwendung eines bildlichen Ausdrucks für eine fehlende Bezeichnung,* z.B. (Stuhl-)Bein, (Schlüssel-)Bart **2** *Bildbruch, Verbindung mehrerer, nicht zusammenpassender bildl. Ausdrücke,* z.B. „jmdn. an den Rand des Bettelstabes bringen" [<*Kata...* + grch. *chresthai* »gebrauchen«]

ka|ta|chres|tisch ⟨[-çrɛs-] Adj.⟩ *in der Art einer Katachrese*

Ka|ta|dyn|ver|fah|ren ⟨n.; -s; unz.⟩ *Verfahren der Trinkwasseraufbereitung, wobei im Wasser enthaltende Keime durch Silberionen abgetötet werden* [zu grch. *katadyein* »untertauchen, versinken«]

Ka|ta|falk ⟨m.; -s, -e⟩ *schwarz verhängtes Gestell zum Aufstellen des Sarges bei Beerdigungsfeiern (bes. für hohe Persönlichkeiten)* [<frz. *catafalque* <ital. *catafalco* <vulgärlat. *catafalicum;* vermutl. vermischt <lat. *catasta* »Schaugerüst (zur Ausstellung verkäufl. Sklaven)« u. lat. *fala* »hohes Gerüst«]

Ka|ta|ka|na ⟨f.; -; od. n.; -s; beides unz.⟩ *vereinfachte Form der Hiragana, aus verkürzten chin. Schriftzeichen entwickelt* [jap.]

Ka|ta|kaus|tik ⟨f.; -; unz.⟩ *durch spiegelnde Flächen hervorgerufene Kaustik;* Ggs *Diakaustik* [< grch. *katakaiein* »verbrennen«]

ka|ta|kaus|tisch ⟨Adj.⟩ *auf Katakaustik beruhend, sie betreffend*

Ka|ta|kla|se ⟨f.; -, -n⟩ *Zerreiben u. Zerbrechen der in einem Gestein enthaltenen Mineralien, wobei das Gestein insgesamt erhalten bleibt;* Ggs *Protoklase* [< *Kata...* + grch. *klaein* »brechen«]

Ka|ta|klas|struk|tur ⟨f.; -, -en⟩ = *kataklastisches Gefüge*

ka|ta|klas|tisch ⟨Adj.⟩ *die Kataklase betreffend, zu ihr gehörig, auf ihr beruhend;* ~es Gefüge *Gesteinsgefüge, bei dem feine Trümmerteilchen einzelne Kristalle umgeben;* Sy *Kataklasstruktur*

Ka|ta|klys|men|the|o|rie ⟨f.; -; unz.⟩ = *Katastrophentheorie*

Ka|ta|klys|mus ⟨m.; -, -men⟩ *erdgeschichtliche Katastrophe* [zu grch. *kataklyzein* »überschwemmen«]

ka|ta|klys|tisch ⟨Adj.⟩ *den Kataklysmus betreffend, auf ihm beruhend, in seiner Art*

Ka|ta|kom|be ⟨f.; -, -n⟩ *altchristl. unterird. Begräbnisstätte (bes. in Rom u. Neapel);* Sy *Zömeterium(2)* [< ital. *catacomba* < lat. *catacumbae,* vermutl. < grch. *kata* »nieder« + *kymbe* »Becken, Vertiefung«]

Ka|ta|la|se ⟨f.; -, -n⟩ *Ferment, das das im Körper entstehende Wasserstoffsuperoxid abbaut* [zu grch. *katalassein* »austauschen«]

Ka|ta|lek|ten ⟨Pl.⟩ *Bruchstücke, Fragmente (alter Werke)* [zu grch. *katalegein* »aufhören, enden«]

ka|ta|lek|tisch ⟨Adj.; Metrik⟩ *verkürzt, unvollständig;* ~er Vers *(antiker) V., dessen letztem Fuß eine od. zwei Silben fehlen, z.B. Hexameter;* Ggs *akatalektisch* [zu grch. *katalegein* »aufhören, enden«]

Ka|ta|lep|sie ⟨f.; -, -n; Med.⟩ *krankhafter Zustand, in dem sich die Körpermuskeln nicht mehr aktiv bewegen lassen u. den passiven Bewegungen mehr od. weniger Widerstand entgegensetzen, dann aber die gewonnene Stellung beibehalten, Starrsucht* [< grch. *katalepsis* »das Fassen, Ergreifen«; zu *katalambanein* »fassen, ergreifen«]

ka|ta|lep|tisch ⟨Adj.⟩ *von Katalepsie befallen*

Ka|ta|le|xe, Ka|ta|le|xis ⟨f.; -, -le|xen⟩ *katalekt. Form (eines Verses)* [zu grch. *katalegein* »aufhören«]

Ka|ta|log ⟨m.; -(e)s, -e⟩ *Verzeichnis (von Büchern, Waren, Gegenständen einer Ausstellung u.a.)* [< grch. *katalogos* »Aufzählung, Verzeichnis«; zu *katalegein* »aufzählen«]

ka|ta|lo|gi|sie|ren ⟨V.⟩ *in einem Katalog zusammenfassen, in einen Katalog aufnehmen*

Ka|tal|pe ⟨f.; -, -n⟩ *Trompetenbaum, zur Familie der Schotengewächse gehörender Baum aus Nordamerika mit großen, herzförmigen Blättern: Catalpa* [< Creek *kutuhlpa*]

Ka|ta|ly|sa|tor ⟨m.; -s, -to|ren⟩ **1** *Stoff, der eine chem. Reaktion beeinflusst, aber dabei selbst keine dauernde Veränderung erfährt* **2** ⟨bei Kfz.; Abk.: Kat[1]⟩ *Vorrichtung zur Verminderung der Kohlenmonoxid- u. Stickstoffanteile im Auspuffgas* [→ *Katalyse*]

Ka|ta|ly|sa|tor|au|to ⟨n.; -s, -s⟩ *mit einem Abgaskatalysator ausgestattetes Auto*

Ka|ta|ly|se ⟨f.; -, -n; Chem.⟩ *Beschleunigung einer chem. Reaktion durch Anwesenheit einer geringen Fremdstoffmenge, eines Katalysators;* negative ~ *Verzögerung einer chem. Reaktion mittels Katalysatoren* [< grch. *katalyein* »auflösen«]

ka|ta|ly|sie|ren ⟨V.; Chem.⟩ *Katalyse bewirken bei*

ka|ta|ly|tisch ⟨Adj.; Chem.⟩ *mit Hilfe einer Katalyse*

Ka|ta|ma|ran ⟨m. od. n.; -s, -e; Abk.: Kat[2]⟩ *schnelles, offenes, aus zwei Schwimmkörpern bestehendes Segelboot* [< Tamil *kattumaram,* < *kattu* »binden« + *maram* »Baumstamm«]

Ka|ta|me|ni|en ⟨Pl.⟩ = *Menstruation* [< grch. *katamenia;* zu *men* »Monat«]

Ka|ta|mne|se, ⟨auch⟩ **Ka|tam|ne|se** ⟨f.; -, -n⟩ *Krankheitsbericht u. weitere Beobachtung des Patienten nach dessen Genesung* [< *Kata...* + grch. *mnesis* »Erinnerung«]

Ka|ta|pha|sie ⟨f.; -; unz.; Med.⟩ *Sprechstörung, die sich in Wiederholung von Sätzen äußert* [< grch. *kata* »nach, gegen« + *phasis* »das Sprechen«]

Ka|ta|pher ⟨f.; -, -n⟩, **Ka|ta|pho|ra** ⟨f.; -, -rä; Sprachw.⟩ *sprachl. Einheit, die unmittelbar vorausweist,* z.B. »das« in dem Satz: »Das, was sie fühlte, blieb ungesagt.« [zu grch. *kataphorein* »herabbewegen«]

Ka|ta|pho|re|se ⟨f.; -, -n⟩ *Ladungstrennung, die bei der Berührung eines festen Nichtleiters u. einer nicht leitenden Flüssigkeit auftritt* [→ *kataphorisch*]

ka|ta|pho|risch ⟨Adj.; Rhet.; Sprachw.⟩ *vorausweisend* [zu grch. *kataphorein* »hinuntertragen«]

Ka|ta|pla|sie ⟨f.; -, -n; Med.⟩ *die Differenzierung herabsetzende, rückläufige Umbildung des Körpergewebes*

Ka|ta|plas|ma ⟨n.; -s, -men⟩ *heißer Umschlag mit gerbsaurem Bleioxid* [zu grch. *kataplassein* »bestreichen«]

ka|ta|plek|tisch ⟨Adj.⟩ *von Kataplexie befallen, vor Schreck gelähmt*

Ka|ta|ple|xie ⟨f.; -, -n; Med.⟩ *plötzliche Lähmung der Muskeln infolge Erschreckens, Schreckstarre* [zu grch. *kataplessein* »niederschlagen, erschrecken«]

Ka|ta|pult ⟨n. od. m.; -(e)s, -e⟩ **1** ⟨Antike⟩ *armbrustähnliche Wurf-, Schleudermaschine* **2** *Schleuder zum Starten von Flugzeugen* **3** *Schleudersitz (im Flugzeug)* [< lat. *catapulta* < grch. *katapeltes* »Wurf-, Schleudermaschine«; zu *pallein* »schwingen, schleudern«]

Ka|ta|pult|flug|zeug ⟨n.; -(e)s, -e⟩ *für den Katapultstart (z.B. auf Flugzeugträgern) geeignetes Flugzeug*

ka|ta|pul|tie|ren ⟨V.⟩ *mit einem Katapult wegschleudern od. starten*
Ka|ta|pult|start ⟨m.; -s, -s⟩ *Start (eines Flugzeugs) mit Hilfe eines Katapults(2)*
Ka|ta|rakt ⟨m.; -(e)s, -e⟩ **1** *Stromschnelle, niedriger Wasserfall* **2** ⟨f.; -, -e; Med.⟩ *Augenkrankheit, Linsentrübung, grauer Star* [< lat. *cataracta* < grch. *katarrhaktes* »Wasserfall«; zu *katarrhattein* »herabstürzen«]
Ka|tarr ⟨m.; -s, -e⟩ = *Katarrh*
ka|tar|ra|lisch ⟨Adj.⟩ = *katarrhalisch*

Katarrh / Katarr (*Laut-Buchstaben-Zuordnung*) Viele aus Fremdsprachen übernommene Begriffe können künftig sowohl in der fachsprachlichen Schreibweise als auch in einer standardsprachlichen Schreibung, die der deutschen Lautung folgt, verwendet werden.
Es bleibt dem Schreibenden überlassen, welche Schreibweise er vorzieht (→a. *Kathode / Katode*).

Ka|tarrh ⟨m.; -s, -e⟩ oV *Katarr* **1** *entzündl. Reizung der Schleimhäute mit vermehrter Flüssigkeitsabsonderung;* Blasen~; Magen-Darm-~ **2** ⟨umg.⟩ *Schnupfen, Erkältung* [< grch. *katarrhous*; zu *katarrhein* »herabfließen«]
ka|tar|rha|lisch ⟨Adj.⟩ *mit Katarrh verbunden;* oV *katarralisch*
Ka|ta|sta|se, ⟨auch⟩ **Ka|tas|ta|se** ⟨f.; -, -n; im Drama⟩ *Verdichtung der Verwicklung, Schürzung des Knotens bis zur Lösung in der Katastrophe* [< grch. *katastasis* »Aufstellung«]
Ka|tas|ter ⟨m. od. n.; österr. nur m.; -s, -⟩ **1** ⟨früher⟩ *amtl. Verzeichnis der steuerpflichtigen Personen* **2** ⟨heute⟩ *amtl. Verzeichnis der Steuerobjekte, bes. der Grundstücke* [< ital. *catastro* »Zins-, Steuerregister« < vulgärlat. **catastrum* < grch. *katastasis* »Aufstellung, Feststellung« od. lat. *capitum registrum* »Kopfsteuerverzeichnis«]

■ Die Buchstabenfolge **ka|ta|str...** kann auch **ka|tas|tr...** oder **ka|tast|r...** getrennt werden.

■ **Ka|ta|stral|ge|mein|de** ⟨f.; -, -n; österr.⟩ *Steuergemeinde, Steuerbezirk* [→ *Kataster*]
■ **ka|ta|strie|ren** ⟨V.⟩ *in den Kataster eintragen*
■ **ka|ta|stro|phal** ⟨Adj.⟩ *in der Art einer Katastrophe, verhängnisvoll, entsetzlich, fürchterlich, schlimm*
■ **Ka|ta|stro|phe** ⟨f.; -, -n⟩ **1** *unvorhergesehenes Geschehen mit verheerenden Folgen;* Natur~ **2** ⟨im Drama⟩ *entscheidende Wendung, die den Untergang des Helden u. die Lösung des Konflikts herbeiführt* [grch., »Umkehr, Wendung«; zu *katastrephein* »umkehren«]
■ **Ka|ta|stro|phen|the|o|rie** ⟨f.; -; unz.⟩ *Annahme, dass die Tierwelt früherer Erdzeitalter mehrmals durch Naturkatastrophen vernichtet worden sei;* Sy *Kataklysmentheorie*
■ **ka|ta|stro|phisch** ⟨Adj.⟩ *sich über Katastrophen vollziehend*
Ka|ta|syl|lo|gis|mus ⟨m.; -, -men; Logik⟩ *Gegenbeweis, -schluss* [< *Kata...* + *Syllogismus*]
Ka|ta|to|nie ⟨f.; -, -n; Med.⟩ *Schizophrenie mit eigentümlichen Krampf- u. Spannungszuständen der Muskulatur, Spannungsirresein;* Sy *katatonisches Syndrom* [zu grch. *kataeinein* »niederspannen, ausdehnen«]
Ka|ta|to|ni|ker ⟨m.; -s, -; Med.⟩ *an Katatonie Leidender*
Ka|ta|to|ni|ke|rin ⟨f.; -, -rin|nen; Med.⟩ *an Katatonie Leidende*
ka|ta|to|nisch ⟨Adj.; Med.⟩ *an Katatonie leidend;* ~es Syndrom = *Katatonie*
Ka|ta|thy|mie ⟨f.; -, -n; Psych.⟩ *Beeinflussung rationaler Vorgänge durch Affekterlebnisse, die sich in einer Überformung der Auffassung, des Denkens u. Handelns zeigt* [< *Kata...* + grch. *thymos* »Gemüt«]
Ka|ta|wert ⟨m.; -(e)s, -e⟩ *durch Messung zu bestimmender Wert zur Quantisierung der durch verschiedene Klimagrößen verursachten Abkühlungsvorgänge in einem Raum, die ausschlaggebend für das Behaglichkeitsempfinden sind*
Ka|ta|zo|ne ⟨f.; -, -n; Geol.; †⟩ *Tiefenzone in der Erdrinde, in der sich bei großem Druck u. hohen Temperaturen durch Metamorphose verschiedene Gesteine bilden*
Ka|te|che|se ⟨[-çe:-] f.; -, -n; Theol.⟩ *religiöser Unterricht, meist in Frage u. Antwort;* Sy *Katechisation* [< grch. *katechesis* »Unterricht«; zu *katechein* »entgegentönen«]
Ka|te|chet ⟨[-çe:t] m.; -en, -en⟩ *Religionslehrer (ohne vollständige theolog. Ausbildung)* [→ *Katechese*]
Ka|te|che|tik ⟨[-çe:-] f.; -; unz.⟩ *Lehre von der Katechese*
Ka|te|che|tin ⟨[-çe:-]f.; -, -tin|nen⟩ *Religionslehrerin (ohne vollständige theolog. Ausbildung)*
ka|te|che|tisch ⟨[-çe:-] Adj.⟩ *die Katechese betreffend, auf ihr beruhend*
Ka|te|chi|sa|ti|on ⟨[-çi-] f.; -, -en⟩ = *Katechese*
ka|te|chi|sie|ren ⟨[-çi-] V.⟩ jmdn. ~ *jmdm. Katechese erteilen*
Ka|te|chis|mus ⟨[-çis-] m.; -, -men; Theol.⟩ **1** ⟨urspr.; im MA⟩ *Glaubensunterricht* **2** ⟨seit Luther⟩ *kurzes Lehrbuch für die Glaubensunterweisung* [< grch. *katechismos* »Unterricht, Lehre«; zu *katechein* »entgegentönen«]
Ka|te|chist ⟨[-çist] m.; -en, -en⟩ *eingeborener Laienhelfer in der kath. Mission*
Ka|te|chu ⟨[-çu] n.; -s, -s⟩ *eingedickter Saft einer Akazienart (Acacia catechu), gerbstoffhaltiges, zusammenziehendes Mittel* [< mal. *kachu*]
Ka|te|chu|me|nat ⟨[-çu-] n.; -(e)s; unz.⟩ *Vorbereitungsunterricht für die Taufe (Erwachsener)* [→ *Katechese*]
Ka|te|chu|me|ne ⟨[-çu-] m.; -n, -n⟩ **1** *(erwachsener) Bewerber für die Taufe im Taufunterricht, Schüler des Katecheten* **2** *Konfirmand* [< grch. *katechumenos*; → *Katechese*]

ka|te|go|ri|al ⟨Adj.⟩ *nach, in Kategorien, Kategorien betreffend;* oV *kategoriell*
Ka|te|go|rie ⟨f.; -, -n⟩ **1** ⟨urspr.⟩ *Aussage (über einen Gegenstand)* **2** ⟨Logik⟩ *Grundbegriff, von dem andere Begriffe abgeleitet werden können* **3** ⟨allg.⟩ *Begriffsklasse, Begriffsart, Begriffsgattung, Sorte, Art* [< grch. *kategoria* »Grundaussage«; zu *agoreuein* »sagen, reden«]
ka|te|go|ri|ell ⟨Adj.⟩ = *kategorial;* oV *kategorisch(1)*
ka|te|go|risch ⟨Adj.⟩ **1** *in der Art einer Kategorie;* oV *kategoriell* **2** *unbedingt gültig;* Ggs *hypothetisch;* ~er Imperativ ⟨Philos.; nach Kant⟩ *unbedingtes ethisches Pflichtgebot für jeden Einzelnen* **3** ⟨fig.⟩ *energisch, mit Nachdruck, keinen Widerspruch duldend; etwas ~ verlangen, behaupten, bestimmen*
ka|te|go|ri|sie|ren ⟨V.⟩ **1** *nach Kategorien ordnen* **2** *unbedingt machen*
Ka|te|go|ri|sie|rung ⟨f.; -, -en⟩ **1** *das Kategorisieren* **2** *Kategoriensystem;* eine ~ der verschiedenen Tierarten erstellen
Ka|te|ne ⟨f.; -, -n; meist Pl.; seit dem 6. Jh.⟩ *fortlaufende Bibelerläuterung durch aneinander gereihte Auszüge u. freie Wiedergaben aus den Bibelkommentaren der Kirchenväter* [< lat. *catena* »Kette«]
Ka|te|no|id ⟨n.; -(e)s, -e; Math.⟩ *bei der gedachten Rotation einer Kettenlinie um die Leitlinie entstehende Drehfläche, Kettenfläche* [→ *Katene*]
kat|e|xo|chen ⟨[-xe:n] Adv.⟩ *im eigentl. Sinne, schlechthin* [< grch. *kat exochen* »vorzugsweise«; zu *exoche* »Hervorragung«]
Kat|fisch ⟨m.; -(e)s, -e⟩ *Seewolf, gefräßiger Schleimfisch mit gewaltigem Gebiss, im Handel als Karbonaden- od. Austernfisch: Anarhichas lupus* [< engl. *catfish* »Katzenwels«]
Kat|gut ⟨n.; -s; unz.⟩ *aus Schafsdärmen gewonnene, für chirurgische Nähte verwendete Fäden, die vom menschl. Körper absorbiert werden* [< engl. *catgut* »Darmsaite«]
kath. ⟨Abk. für⟩ *katholisch*
Ka|tha|rer ⟨m.; -s, -; 10.–14. Jh.⟩ *Angehöriger einer asketischen Sekte in Süd- u. Westeuropa bis zum Balkan;* Sy ⟨in Frankreich⟩ *Albigenser* [zu grch. *katharos* »rein«]
ka|tha|rob ⟨Adj.⟩ *nicht durch Abfallprodukte verunreinigt* [→ *Katharobie*]
Ka|tha|ro|bie ⟨[-biə] f.; -, -n⟩ *in reinem, nicht mit organ. Stoffen belastetem Wasser lebender Organismus;* Ggs *Saprobie* [< grch. *katharos* »rein, sauber« + *bios* »Leben«]
Ka|thar|sis ⟨f.; -; unz.⟩ **1** *seel. Reinigung, Läuterung* **2** ⟨Philos.; nach Aristoteles⟩ *Läuterung des Zuschauers durch die Tragödie, indem sie in ihm Furcht u. Mitleid erweckt* [grch., »Reinigung«]
ka|thar|tisch ⟨Adj.⟩ *die Katharsis betreffend, auf ihr beruhend, durch sie herbeigeführt*
Ka|the|der ⟨n. od. m.; -s, -⟩ **1** *Podium, Lehrerpult* **2** *Lehrstuhl (an einer Hochschule)* [< grch. *kathedra* »Stuhl, Armsessel, Lehrstuhl«; zu *hedra* »Sitz«]
Ka|the|der|so|zi|a|lis|mus ⟨m.; -; unz.; Ende 19. Jh.⟩ *volkswirtschaftliche Lehrmeinung, die das Eingreifen des Staates in das soziale Leben zur Milderung der Klassengegensätze forderte*
Ka|the|dra|le, ⟨auch⟩ **Ka|thed|ra|le** ⟨f.; -, -n; bes. in Frankreich, Spanien, England⟩ *bischöfl. od. erzbischöfl. Kirche* [< mlat. *ecclesia cathedralis* »zum Bischofssitz gehörige Kirche«]
Ka|the|dral|ent|schei|dung, ⟨auch⟩ **Ka|thed|ral|ent|schei|dung** ⟨f.; -, -en⟩ **1** *Entscheidung des Papstes ex cathedra* **2** *unwiderrufliche Entscheidung*
Ka|thep|sin ⟨n.; -s; -e; Biol.⟩ *in allen menschlichen u. tierischen Zellen Eiweiße spaltendes Enzym* [zu grch. *kathepsein* »(aus)kochen«]
Ka|the|te ⟨f.; -, -n⟩ *eine der beiden die Schenkel des rechten Winkels bildenden Seiten in einem Dreieck* [< grch. *kathetos* »Senkblei«; zu *kathienai* »herablassen«]
Ka|the|ter ⟨n. od. m.; -s, -⟩ *Röhrchen zum Einführen in Körperhöhlen, bes. in die Harnblase* [zu lat. *catheter* < grch. *katheter* < *kathienai* »herablassen«]
ka|the|te|ri|sie|ren ⟨V.⟩ Sy *kathetern* **1** *einen Katheter einführen (in)* **2** *durch Katheter Flüssigkeit ableiten (aus)*
Ka|the|te|ris|mus ⟨m.; -, -men⟩ **1** *Einführen eines Katheters* **2** *Entleerung der Harnblase durch einen Katheter*
ka|the|tern ⟨V.⟩ = *katheterisieren*
Ka|the|to|me|ter ⟨n.; -s, -⟩ *Fernrohr zur Überprüfung horizontaler u. vertikaler Lageabweichungen mit Hilfe von Fadenkreuzen, die an verschiedenen Punkten angebracht sind* [< *Kathete* + *…meter*]
Ka|tho|de ⟨f.; -, -n⟩ *der negative Pol einer Elektrode;* oV *Katode;* Ggs *Anode* [< *Kata…* + *…ode*]
Ka|tho|den|strahl ⟨m.; -(e)s, -en⟩ *Strahl, der beim Durchgang von Elektronen durch verdünnte Gase entsteht;* oV *Katodenstrahl*
Ka|tho|den|strahl|os|zil|lo|graph ⟨m.; -en, -en⟩ *Oszillograph, der elektr. Schwingungen mit Hilfe eines Kathodenstrahls auf einem Bildschirm darstellt;* oV *Katodenstrahloszillograf*
Ka|tho|den|zer|stäu|bung ⟨f.; -, -en⟩ *Form der Materialbearbeitung, bei der ein Material durch Hochspannung an einer Kathode zerstäubt wird u. in feinen Schichten auf einem als Anode geschalteten Material niedergeschlagen wird;* oV *Katodenzerstäubung*
ka|tho|disch ⟨Adj.⟩ *auf einer Kathode beruhend, an ihr stattfindend;* oV *katodisch*
Ka|tho|lik ⟨m.; -en, -en⟩ *Angehöriger der (röm.-) kath. Kirche*
Ka|tho|li|kos ⟨m.; -; unz.; Titel für⟩ *Patriarch der (von Rom getrennten) armenischen Kirchen u.a. Ostkirchen* [→ *katholisch*]
ka|tho|lisch ⟨Adj.; Abk.: kath.⟩ **1** ⟨urspr.⟩ *allgemein, die Erde umfassend (von der christl.*

Kirche) **2** ⟨allg.⟩ *zur (röm.-)kath. Kirche gehörend;* ~e Kirche, ⟨seit der Reformation auch⟩ römisch-~e Kirche *die dem Papst unterstehende christl. Kirche* [< grch. *katholikos* < *kata* »über… hin« + *holos* »ganz«]

ka|tho|lisch-a|pos|to|lisch ⟨Adj.⟩ *zu einer kirchlichen Erneuerungsbewegung gehörend, die sich seit 1826 um den Londoner Bankier Henry Drummond (1786-1860) sammelte u. in der Erwartung der baldigen Wiederkunft Christi 1835 zwölf Apostel einsetzte*

ka|tho|li|sie|ren ⟨V.⟩ *katholisch machen, zum Katholizismus bekehren*

Ka|tho|li|zis|mus ⟨m.; -; unz.⟩ *Lehre der kath. Kirche*

Ka|tho|li|zi|tät ⟨f.; -; unz.⟩ *das Katholischsein, Auffassung, Anschauung im Sinne des Katholizismus*

Ka|tho|lyt ⟨m.; -(e)s od. -en, -e od. -en; kurz für⟩ *katholytischer Elektrolyt, Elektrolyt im Bereich der Kathode;* oV *Katolyt* [verkürzt < *Katho*de + Elektro*lyt*]

Kat|i|on ⟨auch⟩ **Ka|ti|on** ⟨n.; -s, -en⟩ *positives Ion;* Ggs *Anion* [< *Kat*hode + *Ion*]

Kat|i|o|nen|aus|tau|scher ⟨auch⟩ **Ka|ti|o|nen-aus|tau|scher** ⟨m.; -s, -⟩ *Ionenaustauscher für Kationen,* z.B. ein Boden, der an elektrisch negativ geladenen Plätzen Kationen austauschbar binden kann

Ka|to|de ⟨f.; -, -n⟩ = *Kathode*

Ka|to|den|strahl ⟨m.; -(e)s, -en⟩ = *Kathodenstrahl*

Ka|to|den|strahl|os|zil|lo|graf ⟨m.; -en, -en⟩ = *Kathodenstrahloszillograph*

Ka|to|den|zer|stäu|bung ⟨f.; -, -en⟩ = *Kathodenzerstäubung*

ka|to|disch ⟨Adj.⟩ = *kathodisch*

Ka|to|lyt ⟨m.; -(e)s od. -en, -e od. -en⟩ = *Katholyt*

ka|to|nisch ⟨Adj.⟩ ~e Strenge *schonungslose, unnachgiebige Strenge* [nach dem für seine Strenge bekannten römischen Zensor *Cato,* 95-46 v. Chr.]

Kat|op|trik, ⟨auch⟩ **Ka|topt|rik** ⟨f.; -; unz.⟩ *Lehre von der regelmäßigen Reflexion der Lichtstrahlen* [< grch. *katoptron* »Spiegel«]

kat|op|trisch ka|topt|risch ⟨Adj.⟩ *die Katoptrik betreffend, auf ihr beruhend*

Ka|to|ther|mie ⟨f.; -; unz.⟩ *Anstieg der Wassertemperatur in Gewässern mit zunehmender Tiefe;* Ggs *Anothermie* [< *Kata…* + grch. *thermos* »warm, heiß«]

Kat|tun ⟨m.; -s, -e⟩ *bedruckter, dünner Baumwollstoff in Leinwandbindung* [< ndrl. *kattoen* < arab. *qutun* »Baumwolle«]

kat|tu|nen ⟨Adj.⟩ *aus Kattun*

kau|dal ⟨Adj.⟩ **1** *abwärts, am unteren Ende liegend;* ~e Körperteile; ~e Organe **2** *in der Schwanzregion gelegen* [zu lat. *cauda* »Schwanz«]

kau|di|nisch ⟨Adj.⟩ ~es Joch *Zwangslage, aus der man sich nur durch Demütigung retten kann* [nach dem samnit. Ort *Caudium* zwischen Capua u. Benevent, wo die Römer 321 v.Chr. eine Niederlage gegen die Samniten erlitten u. waffenlos durch ein aus drei Lanzen gebildetes Tor (Joch) gehen mussten]

Kaue ⟨f.; -, -n⟩ **1** ⟨urspr.⟩ *Bauwerk über der Schachtöffnung eines Bergwerkes* **2** ⟨heute⟩ *Waschraum u. Garderobe der Bergleute, Waschkaue* [< lat. *cavea* »Umfriedung«]

Kau|ka|sis|tik ⟨f.; -; unz.⟩ *Lehre von den kaukasischen Sprachen u. Literaturen*

kau|li|flor ⟨Adj.⟩ *Kauliflorie aufweisend*

Kau|li|flo|rie ⟨f.; -; unz.⟩ *die Erscheinung, dass die Blüten (z.B. beim Kakaobaum) nicht an bes. Trieben, sondern unmittelbar an Stämmen od. Ästen sitzen* [< lat. *caulis* »Stängel« + *flos,* Gen. *floris* »Blume, Blüte«]

Kau|ma|zit ⟨m.; -(e)s, -e⟩ *Braunkohlenkoks* [< grch. *kauma* »Brand, Hitze«]

Kau|ri ⟨f.; -, -s od. m.; -s, -s⟩ = *Kaurischnecke* [Maori]

Kau|ri|fich|te ⟨f.; -, -n⟩ *in Neuseeland u. Australien heimischer, zu den Kopalfichten gehöriger, bis 60 m hoher Baum, dessen Äste u. Zweige Harz abscheiden: Agathis australis;* Sy *Dammarfichte*

Kau|ri|mu|schel ⟨f.; -, -n⟩ *Gehäuse der Kaurischnecke*

Kau|ri|schne|cke ⟨f.; -, -n⟩ *Schneckenart des Indischen Ozeans mit gelblichem, porzellanartigem Gehäuse, in Mittel- u. Ostafrika Zahlungsmittel u. Schmuck: Cyprea moneta;* Sy *Kauri, Porzellanschnecke*

Kau|rit|leim ⟨m.; -s; unz.⟩ *aus Harnstoff u. Formaldehyd hergestellter Leim zum Verleimen von Sperrholz*

kau|sal ⟨Adj.⟩ **1** *ursächlich, auf dem Verhältnis zwischen Ursache u. Wirkung beruhend, mit der Ursache verbunden* **2** *begründend* [< lat. *causalis* »ursächlich«; zu lat. *causa* »Ursache«]

Kau|sal|ad|verb ⟨n.; -s, -bi|en; Gramm.⟩ *eine Ursache, einen Grund kennzeichnendes Adverb,* z.B. »aufgrund«

Kau|sal|be|stim|mung ⟨f.; -, -en; Gramm.⟩ *Angabe einer Begründung, Umstandsbestimmung des Grundes,* z.B. »aus Sehnsucht«

Kau|sal|ge|setz ⟨n.; -es, -e⟩ *auf der Verknüpfung von Ursache u. Wirkung beruhendes Gesetz;* Sy *Kausalitätsgesetz, Kausalprinzip, Kausalitätsprinzip*

Kaus|al|gie, ⟨auch⟩ **Kau|sal|gie** ⟨f.; -, -n⟩ *heftiger, brennender Schmerz als Folge einer Nervenverletzung* [< lat. *causa* »Ursache« + *…algie*]

Kau|sa|lis ⟨m.; -, -les; Gramm.⟩ **1** *Grund od. Zielperson einer Handlung kennzeichnender Kasus* **2** *im Kausalis(1) stehendes Wort*

Kau|sa|li|tät ⟨f.; -, -en⟩ *Ursächlichkeit, Zusammenhang von, Verhältnis zwischen Ursache u. Wirkung* [→ *kausal*]

Kau|sa|li|täts|ge|setz ⟨n.; -es, -e⟩ = *Kausalgesetz*

Kau|sa|li|täts|prin|zip ⟨n.; -s, -pi|en⟩ = *Kausalgesetz*

Kau|sa|li|täts|the|o|rie ⟨f.; -; unz.⟩ = *Adäquanztheorie*
Kau|sal|kon|junk|ti|on ⟨f.; -, -en; Gramm.⟩ *eine Begründung einleitende Konjunktion,* z.B. „wegen"
Kau|sal|ne|xus ⟨m.; -, -⟩ *Zusammenhang von Ursache u. Wirkung, Kausalzusammenhang*
Kau|sal|prin|zip ⟨n.; -s, -pi|en⟩ = *Kausalgesetz*
Kau|sal|satz ⟨m.; -es, -sät|ze⟩ *Umstandssatz des Grundes (eingeleitet durch weil, da), Begründungssatz*
kau|sa|tiv ⟨Adj.⟩ **1** *als Kausativum (gebraucht)* **2** *Veranlassung angebend, verursachend, bewirkend, begründend* [zu lat. *causare* »verursachen«]
Kau|sa|tiv ⟨n.; -s, -e [-və]⟩, **Kau|sa|ti|vum** ⟨[-vum] n.; -s, -va [-va]⟩ *Aktionsart des Verbums, die das Bewirken einer Tätigkeit angibt,* z.B. fällen = fallen machen; Sy *Faktitiv(um), faktives Verbum* [→ *kausativ*]
Kau|sche ⟨f.; -, -n⟩ *gekerbte Messing- od. Stahlöse, die zur Verstärkung in das Ende eines Taues od. Seiles eingearbeitet wird* [< frz. *coche* »Kerbe«]
kaus|ti|fi|zie|ren ⟨V.⟩ *milde Alkalien in kaustische Alkalien mit Hilfe von gelöschtem Kalk überführen* [zu grch. *kausis* »Brand«]
Kaus|tik ⟨f.; -, -en⟩ **1** ⟨Med.⟩ *Gewebszerstörung durch Hitze, chemische Ätzmittel od. elektrischen Strom;* Elektro~; Sy *Kauterisation* **2** *eine bei nicht korrigierten Linsen an Stelle des Brennpunktes entstehende Fläche, Brennfläche* [→ *kaustisch*]
Kaus|ti|kum ⟨n.; -s, -ka⟩ *Ätzmittel;* oV *Causticum* [< lat. *causticum* < grch. *kaiein* »brennen«, *kausis* »Brand«]
kaus|tisch ⟨Adj.⟩ **1** *die Kaustik betreffend, auf ihr beruhend, mit ihrer Hilfe, ätzend* **2** ⟨fig.⟩ *scharf, spöttisch, beißend* [zu grch. *kausis* »Brand«; zu *kaiein* »brennen«]
Kaus|to|bi|o|lith ⟨m.; -s od. -en, -e od. -en⟩ *brennbares Sediment, Gestein od. Mineral,* z.B. Torf, Kohle, Erdöl, Bitumen [< grch. *kausis* »Brand« + *bio…* + *…lith*]
Kau|tel ⟨f.; -, -en⟩ *Vorbehalt, Vorsichtsmaßregel, Vorkehrung* [< lat. *cautela* »Vorsicht«; zu *cautus* »vorsichtig«]
Kau|ter ⟨m.; -s, -⟩ = *Kauterium(2)*
Kau|te|ri|sa|ti|on ⟨f.; -, -en⟩ = *Kaustik(1)*
kau|te|ri|sie|ren ⟨V.⟩ Sy *kautern* **1** ⟨Med.⟩ Gewebe ~ *durch Ätzmittel od. Hitze zerstören* **2** ⟨Völkerk.⟩ Personen ~ *mit eingebrannten Narben verzieren* [→ *Kauterium*]
Kau|te|ri|um ⟨n.; -s, -ri|en⟩ **1** *Ätzmittel* **2** ⟨Med.⟩ *Glühbrenner;* Sy *Kauter* [< grch. *kauterion*; zu *kaiein* »brennen«]
kau|tern ⟨V.⟩ = *kauterisieren*
Kau|ti|on ⟨f.; -, -en⟩ **1** *Bürgschaft* **2** *Sicherheit(sleistung) durch Hinterlegung einer Geldsumme od. von Wertpapieren* [< lat. *cautio* »Behutsamkeit«; zu *cautus* »vorsichtig«]
kau|tschie|ren, ⟨auch⟩ **kaut|schie|ren** ⟨V.⟩ = *kautschutieren*
Kau|tschuk, ⟨auch⟩ **Kaut|schuk** ⟨m.; -s, -e⟩ **1** *geronnener Milchsaft einiger tropischer Pflanzenfamilien;* Roh~ **2** *durch Vulkanisation daraus gewonnene feste, zähe, elastische Masse;* Sy ⟨nicht fachspr.⟩ *Gummi* [< frz. *caoutchouc,* span. *cauchuc,* Tupi (Peru) *cahuchu*]
Kau|tschuk|pa|ra|graf, ⟨auch⟩ **Kaut|schuk|pa|ra|graf** ⟨m.; -en, -en⟩ = *Kautschukparagraph*
Kau|tschuk|pa|ra|graph, ⟨auch⟩ **Kaut|schuk|pa|ra|graph** ⟨m.; -en, -en; fig.⟩ = *Gummiparagraph;* oV *Kautschukparagraf*
kau|tschu|tie|ren, ⟨auch⟩ **kaut|schu|tie|ren** ⟨V.⟩ *mit Kautschuk überziehen, aus Kautschuk herstellen;* oV *kautschieren*
Ka|val ⟨[-va:l] m.; -s, -s⟩ *Spielkarte im Tarock, Ritter* [< ital. *cavallo* »Pferd«]
Ka|va|lier ⟨[-va-] m.; -s, -e⟩ **1** ⟨früher⟩ *Reiter, Ritter* **2** ⟨heute⟩ *Begleiter einer Dame* **3** *(bes. gegen Frauen) höflicher, ritterlicher Mensch* [< frz. *cavalier* »Reiter, Ritter« < ital. *cavaliere,* lat. *caballarius;* zu *caballus* »Pferd«]
Ka|va|liers|de|likt ⟨[-va-] n.; -(e)s, -e⟩ *Delikt, das nicht als ehrenrührig angesehen wird*
Ka|va|lier|start ⟨[-va-] m.; -s, -s; umg.; scherzh.⟩ *schnelles Anfahren (mit dem Auto), bei dem das Quietschen der Reifen zu hören ist*
Ka|val|ka|de ⟨[-val-] f.; -, -n⟩ *prächtiger Aufzug eines Reitertrupps* [< frz. *cavalcade* »Reiterzug« < ital. *cavalcata* < lat. *caballus* »Pferd«]
Ka|val|le|rie ⟨a. ['-val-] f.; -, -n⟩ *Reiterei, Reitertrupp* [< frz. *cavalerie* »Reiterei«; → *Kavalier*]
Ka|val|le|rist ⟨a. ['-val-] m.; -en, -en⟩ *Angehöriger der Kavallerie, Kavalleriesoldat* [→ *Kavallerie*]
Ka|va|ta ⟨[-va:-] f.; -, -ten; Mus.⟩ *lyr. Schluss eines Rezitativs* [zu ital. *cavare* »herausholen, hervorheben«]
Ka|va|ti|ne ⟨[-va-] f.; -, -n; Mus.⟩ **1** *liedartiges, lyrisches Sologesangsstück in Opern u. Oratorien* **2** *liedartiges, elegisches Instrumentalstück* [Verkleinerungsform zu *Kavata*]
Ka|ve|ling ⟨[-və-] f.; -, -en⟩ *Mindestmenge, die ein Ersteigerer auf einer Auktion erwerben muss, z.B. Dutzend, Ballen* [< ndrl., »Los, Anteil«; zu *Kabel* (»Anteil«)]
Ka|vent ⟨[-vɛnt] m.; -en, -en; †⟩ Sy *Kaventsmann* **1** *Gewährsmann, Bürge* **2** ⟨umg.⟩ *wohlhabender, beleibter Mann* **3** *Stück von beeindruckender Größe* **4** ⟨Seemannsspr.⟩ *bes. hohe Welle* [< lat. *cavens* »Beistand gebend«, Part. Präs. zu *cavere* »Beistand leisten, Bürgschaft geben«]
Ka|vents|mann ⟨[-vɛnts-] m.; -(e)s, -män|ner⟩ = *Kavent*
Ka|ver|ne ⟨[-vɛr-] f.; -, -n⟩ **1** *durch Gewebszerfall entstandener Hohlraum, vor allem in der Lunge bei Lungentuberkulose u. bei Abszessen* **2** *ausgebauter unterirdischer Raum zur Unterbringung technischer od. militärischer Einrichtungen* [< lat. *caverna* »Höhle«]
ka|ver|ni|kol ⟨[-vɛr-] Adj.⟩ *in Höhlen wohnend, z.B. bei Tieren* [zu lat. *caverna* »Höhle«]

Ka|ver|nom ⟨[-vɛr-] n.; -s, -e; Med.⟩ *Geschwulst aus Blutgefäßen, Blutschwamm* [< lat. *caverna* »Höhle«]
ka|ver|nös ⟨[-vɛr-] Adj.⟩ *mit einer od. mehreren Kavernen versehen, in der Art einer Kaverne* [< frz. *caverneux* »ausgehöhlt«; zu *caverne* < lat. *caverna* »Höhle«]
Ka|vi|ar ⟨[-vi-] m.; -s, -e⟩ *mit Salz konservierter, gereinigter Rogen einiger russischer Störarten* [< türk. *chavijar,* Mundart des Kaspigebietes, neupers. *chaviyar,* eigtl. »Eier tragend«]
Ka|vi|tät ⟨[-vi-] f.; -, -en⟩ *Hohlraum;* oV *Cavität* [< lat. *cavus* »hohl; Höhlung«]
Ka|vi|ta|ti|on ⟨[-vi-] f.; -, -en⟩ *Hohlraumbildung mit Auftreten eines Vakuums in einer schnellen Flüssigkeitsströmung* [zu lat. *cavus* »hohl«]
Ka|wa ⟨f.; -; unz.⟩ *leicht berauschendes Getränk aus Wurzeln des Kawastrauches in Polynesien* [Maori, »bitter«]
Ka|wass ⟨m.; -en, -en⟩, **Ka|was|se** ⟨m.; -n, -n; im Vorderen Orient⟩ *Polizist, Ehrenwache* [< türk. *kavas* < arab. *qawwas*]
Ka|wa|strauch ⟨m.; -es, -sträu|cher⟩ *Pfeffergewächs der Südseeinseln, aus dem Kawa gewonnen wird: Piper mesthysticum*
Ka|wi ⟨n.; -s; unz.; Lit.⟩ *altjavanische vom Sankrit beeinflusste Literatursprache zwischen 900 u. 1400* [javan., < Sanskrit *kavi* »Dichter, Denker«]
Ka|wir ⟨f.; -; unz.⟩ *iranische Salztonebene;* oV *Kewir*
Kaw|ja ⟨n.; -; unz.⟩ *bes. in den Gattungen Kunstroman bzw. -epos u. Lyrik anzusiedelnde, literarisch anspruchsvolle Dichtung Indiens* [Sanskrit]
Ka|zi|ke ⟨m.; -n, -n⟩ *Häuptling der mittel- u. südamerikanischen Indianer* [< span. *cacique,* < Taino *cacique,* Aruak *kassequa* »Häuptling«]
Ka|zoo ⟨[kəzuː] n.; - od. -s, -s; Mus.⟩ *ein einfaches Rohrblasinstrument* [engl.]
kb, KB ⟨Abk. für⟩ *Kilobyte*
Kbit ⟨Abk. für⟩ *Kilobit*
Kbt ⟨Abk. für⟩ *Kilobit*
KByte ⟨Abk. für⟩ *Kilobyte*
kcal ⟨Abk. für⟩ *Kilokalorie*
Kč ⟨Abk. für⟩ *tschechische Krone*
Ke|bab ⟨m.; - od. -s; - od. -s⟩ *oriental. Speise aus am Spieß gebratenen, scharf gewürzten Stücken von Hammelfleisch (in einem Brotfladen angerichtet)* [< arab., türk. *kebab*]
Kee|per ⟨[kiː-] m.; -s, -; Sp.⟩ *Torwart* [engl., »Hüter, Wächter«]

> **keep smiling** (*Groß- und Kleinschreibung*) Aus einer Fremdsprache übernommene Zitate oder feste Redewendungen werden in der Regel den orthographischen Vorgaben der Herkunftssprache entsprechend geschrieben.

keep smi|ling ⟨[kiːp smailiŋ]⟩ *lächle immer, bleib heiter u. gelassen* [engl., »lächle weiter!«]
Ke|fir ⟨m.; -s; unz.⟩ *durch Zusatz von Bakterien u. Hefe vergorene Milch, urspr. Stutenmilch* [< kaukas.]
Keks ⟨m. od. n.; - od. -es, - od. -e⟩ *trockenes Kleingebäck* [< engl. *cakes,* Pl. zu *cake* »Kuchen«]
Ke|lim ⟨m.; - od. -s, - od. -s⟩ *oriental. Wandbehang bzw. Teppich mit gleicher Vorder- u. Rückseite u. großen, geometr. Mustern;* oV *Kilim* [< türk. *kilim* »Teppich«]
Ke|lim|stich ⟨m.; -(e)s, -e⟩ *Flachstich in Reihen, jeweils im spitzen Winkel zueinander stehend*
Ke|lo|id ⟨n.; -(e)s, -e⟩ *aus vermehrtem Bindegewebe bestehender Hautwulst, der sich meist aus Narben entwickelt* [< grch. *chele* »Klaue« + *…id*]
Ke|lo|to|mie ⟨f.; -, -n; Med.⟩ *Bruchoperation* [< grch. *chele* »Klaue« + *…tomie*]
Kelt[1] ⟨m.; -(e)s, -e⟩ *grobes, dunkles schottisches Wollgewebe* [< ir. *cealt* »Kleidung«]
Kelt[2] ⟨m.; -(e)s, -e⟩ *vorgeschichtl. Beil* [< lat. *celtis* »Meißel«]
Kel|tist ⟨m.; -en, -en⟩ = *Keltologe*
Kel|tis|tik ⟨f.; -; unz.⟩ = *Keltologie*
Kel|to|lo|ge ⟨m.; -n, -n⟩ *Wissenschaftler auf dem Gebiet der Keltologie;* oV *Keltist*
Kel|to|lo|gie, ⟨f.; -; unz.⟩ *Lehre von den keltischen Sprachen u. Literaturen;* Sy *Keltistik*
kel|to|lo|gisch ⟨Adj.⟩ *die Keltologie betreffend, auf ihr beruhend, zu ihr gehörend*
Kel|vin ⟨[-vin] n.; -s, -; Zeichen: K⟩ *Maßeinheit der auf den absoluten Nullpunkt bezogenen Temperatur; 0 °K = -273,15 °C* [nach dem engl. Physiker Sir William Thomson, Lord *Kelvin* of Largs, 1824-1907]
Kel|vin|ska|la ⟨[-vin-] f.; -; unz.⟩ *die absolute Temperaturskala (0° K = -273,15 °C)* [→ *Kelvin*]
Ke|ma|lis|mus ⟨m.; -; unz.⟩ *eine Reform der Türkei nach dem Vorbild westlicher Gesellschaftsformen anstrebende politische Richtung nach dem Ersten Weltkrieg, die auch die Grundsätze des Islams infrage stellte* [nach dem türkischen Politiker *Kemal* Atatürk, 1881-1939]
Ke|ma|list ⟨m.; -en, -en⟩ *Vertreter, Anhänger des Kemalismus*
Ke|ma|lis|tin ⟨f.; -, -tin|nen⟩ *Vertreterin, Anhängerin des Kemalismus*
ke|ma|lis|tisch ⟨Adj.⟩ *den Kemalismus betreffend, auf ihm beruhend, zu ihm gehörend*
Ke|man|tsche, ⟨auch⟩ **Ke|mant|sche** ⟨f.; -, -n; Mus.⟩ = *Kamangah*
Ken ⟨n.; -, -⟩ *Verwaltungsbezirk, Präfektur in Japan* [jap.]
Ke|naf ⟨n.; -s; unz.⟩ *eine der Jute ähnliche Stängelfaser des Hibiscus cannabinus* [< pers. *kanaff*]
Ken|do ⟨n.; -; unz.⟩ **1** ⟨urspr.⟩ *Schwertfechtkunst der Samurai* **2** ⟨heute⟩ *sportl. Fechtkunst in Japan mit Bambusschwertern* [japan., »Schwertweg«]
Ken|do|ka ⟨m.; -s, -s⟩ *jmd., der Kendo betreibt*

Ke|nem ⟨n.; -s, -e; Sprachw.; in der Glossematik⟩ *kleinste (phonolog.) Einheit der Ausdrucksebene;* → a. *Glossem, Plerem* [zu grch. *kenos* »leer«]

Ken|nel ⟨m.; -s, -⟩ *Hundezwinger (bes. für die Jagdhunde zur Parforcejagd)* [engl., »Hundezwinger«, < lat. *canis* »Hund«]

Ken|nel|ly-Hea|vi|side-Schicht ⟨[kɛn(ə)li hɛvisaid-] f.; -; unz.⟩ = *Heavisideschicht* [nach dem amerik. Ingenieur A.E. *Kennelly,* 1861-1939, der diese Schicht 1902 unabhängig von *Heaviside* entdeckte]

Ken|ning ⟨f.; -, -nin|gar⟩ *bildersprachl. Ausdrucksweise in der altgerm. Dichtung* [anord.; verwandt mit nhd. *kennen*]

Ke|no|se, Ke|no|sis ⟨f.; -; unz.; Theol.⟩ *Verzicht Christi auf seine göttl. Eigenschaften während seines Menschendaseins* [zu grch. *kenos* »leer, bar, entblößt«]

Ke|no|taph ⟨m.; -s, -e⟩ = *Zenotaph*

Ke|no|ti|ker ⟨m.; -s, -⟩ *Vertreter, Anhänger der theologischen Lehre der Kenose*

Ken|taur ⟨m.; -en, -en⟩ = *Zentaur*

Ken|tum|spra|chen ⟨Pl.⟩ *westl. große Gruppe der indogerman. Sprachen, die das Zahlwort »hundert« nach lat. »centum« (sprich: kentum) bilden;* Ggs *Satemsprachen*

Ken|zan ⟨m.; -s, -s⟩ *mit Stacheln versehene Platte aus Metall od. Kunststoff zum Befestigen von Blumengestecken, Blumenigel* [jap.]

...ke|phal ⟨in Zus.⟩ *den Kopf betreffend, zu ihm gehörig, mit einer bestimmten Kopfform;* oV *...zephal* [zu grch. *kephale* »Kopf«]

Ke|phal|al|gie, ⟨auch⟩ **Ke|pha|lal|gie** ⟨f.; -, -n; Med.⟩ *Kopfschmerz* [< grch. *kephale* »Kopf« + *...algie*]

...ke|pha|le ⟨in Zus.⟩ *Mensch mit bestimmter Kopfform;* oV *...zephale* [→ *...kephal*]

Ke|phal|hä|ma|tom ⟨n.; -s, -e; Med.⟩ *durch den Geburtsvorgang verursachter Bluterguss am Schädel des Neugeborenen, Kopfblutgeschwulst* [< *Kephalo...* + *Hämatom*]

...ke|pha|lie ⟨in Zus.⟩ *Eigenschaft von Menschen mit bestimmter Kopfform;* oV *...zephalie* [→ *...kephal*]

ke|pha|lo..., Ke|pha|lo... ⟨in Zus.⟩ *Kopf..., Schädel...;* oV *zephalo..., Zephalo...* [< grch. *kephale* »Kopf«]

Ke|pha|lo|graf ⟨m.; -en, -en; Med.⟩ = *Kephalograph*

Ke|pha|lo|gramm ⟨n.; -s, -e⟩ *Aufzeichnung, Bild der Schädelform* [< *Kephalo...* + *...gramm*]

Ke|pha|lo|graph ⟨m.; -en, -en; Med.⟩ *Gerät zur Aufzeichnung der Schädelform;* oV *Kephalograf*

Ke|pha|lo|me|trie, ⟨auch⟩ **Ke|pha|lo|met|rie** ⟨f.; -, -n⟩ *Schädelmessung* [< *Kephalo...* + *...metrie*]

Ke|pha|lo|po|de ⟨m.; -n, -n, meist Pl.⟩ *Kopffüßer;* oV *Zephalopode* [< *Kephalo...* + *...pode*]

Ke|ra|lo|gie ⟨f.; -; unz.; Ⓦⓩ⟩ *Haarpflegemittel, Pflegeserie für Haare* [< grch. *keras,* Gen. *keratos* »Horn« + *...logie;* trotz des Suffixes handelt es sich nicht um eine Wissenschaft]

Ke|ra|mik ⟨f.; -, -en⟩ **1** ⟨unz.⟩ *Werkstoff u. Technik zur Herstellung von Gegenständen aus gebranntem Ton, Töpferei* **2** ⟨unz.⟩ *keram. Erzeugnisse herstellende Industrie* **3** ⟨unz.⟩ *Gesamtheit der Erzeugnisse aus gebranntem Ton;* Fein~ *Geschirr;* Grob~ *Baustoffe* **4** ⟨zählb.⟩ *einzelnes Erzeugnis aus gebranntem Ton* [< grch. *keramos* »Ton«]

Ke|ra|mi|ker ⟨m.; -s, -⟩ *jmd., der in der Keramik(2) tätig ist*

ke|ra|misch ⟨Adj.⟩ *die Keramik betreffend, zu ihr gehörig;* ~e Farben *Schmelzfarben, die vor dem Fertigbrennen von Ton od. Porzellan auf die Gegenstände aufgetragen u. dann eingebrannt werden*

Ke|ra|tin ⟨n.; -s, -e⟩ *Protein in Haut, Haar u. Nägeln, Hornstoff* [< grch. *keras,* Gen. *keratos* »Horn«]

Ke|ra|ti|tis ⟨f.; -, -ti|ti|den⟩ *krankhaft vermehrte Bildung von Hornhaut, Hornhautentzündung des Auges* [→ *Keratin*]

ke|ra|to..., Ke|ra|to... ⟨in Zus.⟩ *horn..., Horn...* [< grch. *keras* »Horn«]

Ke|ra|to|glo|bus ⟨m.; -; unz.; Med.⟩ *kugelförmige Ektasie der Hornhaut* [< *Kerato...* + grch. *globus* »Kugel«]

Ke|ra|to|ko|nus ⟨m.; -; unz.; Med.⟩ *Hornhautkegel, kegelförmige Ektasie der Hornhaut* [< *Kerato...* + *Konus*]

Ke|ra|tom ⟨n.; -s, -e⟩ *geschwulstartig verdickte Hornschicht auf der Haut* [→ *Keratin*]

Ke|ra|to|phyr ⟨m.; -s, -e; Geol.⟩ *bes. im Fichtelgebirge u. Harz vorkommendes grünlichgraues Ergussgestein mit Einsprenglingen* [< *Kerato...* + *Porphyr*]

Ke|ra|to|plas|tik ⟨f.; -, -en⟩ *Hornhautübertragung* [< grch. *keras,* Gen. *keratos* »Horn« + *Plastik*]

Ke|ra|to|se ⟨f.; -, -n⟩ *Hautkrankheit, übermäßige Verhornung* [→ *Keratin*]

Ke|ra|to|skop, ⟨auch⟩ **Ke|ra|tos|kop** ⟨n.; -s, -e⟩ *Instrument zur Untersuchung der Krümmung der Augenhornhaut* [< grch. *keras,* Gen. *keratos* »Horn« + *...skop*]

Ker|ma ⟨n.; - od. -s; Phys.; Med.; Abk. für⟩ *Kinetic Energy Released in Matter, Messgröße für die kinetische Energie der Sekundärteilchen, die durch ionisierende Strahlung freigesetzt wird*

Ker|man ⟨m.; -s, -s⟩ = *Kirman*

Kern|e|ner|gie ⟨f.; -; unz.⟩, *durch Kernspaltung od. Kernfusion gewonnene Energie;* Sy *Atomenergie*

Kern|e|ner|gie|an|trieb ⟨m.; -(e)s, -e⟩ *Schiffsantrieb, der seine Antriebskraft auf elektr. oder turboelektr. Weg über einen Kernreaktor gewinnt;* Sy *Atomantrieb*

Ker|ner ⟨m.; -s, -⟩ = *Karner*

Kern|fu|si|on ⟨f.; -, -en⟩ *Kernreaktion, die zur Bildung schwererer Atomkerne aus leichteren unter gleichzeitiger Energieabgabe führt, Kernverschmelzung*

Ker|nit ⟨m.; -(e)s, -e⟩ *wichtiges Ausgangsmaterial für die Bor- u. Boraxgewinnung, chem. Formel* $Na_2B_4O_7 \cdot 4\ H_2O$; Sy *Rasorit* [nach dem Vorkommen im *Kern* County in den USA]

Kern|kraft|werk ⟨n.; -(e)s, -e⟩ = *Atomkraftwerk, Kernreaktor*

Kern|phy|sik ⟨f.; -; unz.⟩ *Teilgebiet der Physik, das sich mit der Erforschung der Atomkerne, ihrem Aufbau u. ihren möglichen Umwandlungen befasst*

Kern|re|ak|ti|on ⟨f.; -, -en⟩ *physikal. Vorgang in Atomkernen, vor allem Umwandlung von Kernen beim Zusammenstoß mit energiereichen Teilchen wie Protonen, Neutronen, Deuteronen, Elektronen u. elektromagnet. Strahlungsquanten*

Kern|re|ak|tor ⟨m.; -s, -en⟩ *Anlage, in der die kontrollierte Kernspaltung von Atomen zur Erzeugung von Wärmeenergie u. damit zur Gewinnung von Dampf für den Antrieb elektr. Generatoren genutzt wird;* Sy *Atomkraftwerk, Atommeiler, Atomreaktor, Kernkraftwerk, Reaktor*

Kern|spin ⟨m.; -s, -s⟩ *Gesamtdrehimpuls eines Atomkerns*

Kern|spin|to|mo|gra|fie ⟨f.; -; unz.; Med.⟩ = *Kernspintomographie*

Kern|spin|to|mo|gra|phie ⟨f.; -; unz.; Med.⟩ *Art der Tomographie, bei der durch elektromagnetische Wellen dreidimensionale Darstellungen (z.B. des menschl. Körpers) ermöglicht werden;* oV *Kernspintomografie*

Ke|ro|gen ⟨n.; -s, -e⟩ *unlösliche organ. Verbindung fossiler Sedimente* [<grch. *keros* »Wachs« + *gennan* »erzeugen«]

Ke|ro|plas|tik ⟨f.; -, -en⟩ = *Zeroplastik*

Ke|ro|sin ⟨n.; -s; unz.⟩ = *Petroleum, insbes. als Treibstoff von Luftstrahltriebwerken* [<grch. *keros* »Wachs«]

Kerr|ef|fekt, ⟨auch⟩ **Kerr-Ef|fekt** ⟨m.; -(e)s, -e⟩ *die Erscheinung, dass durchsichtige Körper in starken elektr. Feldern doppelt brechend auf elektromagnet. Wellen (vor allem Licht) wirken* [nach dem engl. Physiker John *Kerr,* 1824-1907]

Ker|rie ⟨[-riə] f.; -, -n⟩ *Goldröschen, in Ostasien heimischer, auch nach Europa eingeführter Zierstrauch mit goldgelben Blüten: Kerria japonica* [nach dem engl. Botaniker W. *Kerr*]

Ke|ryg|ma ⟨n.; -s; unz.⟩ *Verkündigung (der christl. Botschaft)* [grch., »Bekanntmachung«]

ke|ryg|ma|tisch ⟨Adj.⟩ *das Kerygma betreffend, zu ihm gehörig, verkündigend, predigend*

Ke|schan ⟨m.; -s, -s⟩ = *Kaschan*

Ke|scher ⟨m.; -s, -⟩ *Netz mit Rahmen u. Griff zum Fangen von Fischen u. Schmetterlingen;* oV *Käscher, Ketscher* [<engl. *catcher* »Fischhamen«; zu *catch* »fangen«]

kess ⟨Adj.⟩ **1** *hübsch u. dazu etwas frech, dreist od. vorlaut* **2** *flott* **3** *modisch-schick* [rotw., »diebeserfahren, zuverlässig«; verhüllendes Kurzw. für jidd. *chochom* »Kluger, Weiser«, dessen Anfangsbuchstaben jidd. *chess* = *ch* sind]

Ketchup / Ketschup (*Laut-Buchstaben-Zuordnung*) Viele aus Fremdsprachen übernommene Begriffe können künftig sowohl entsprechend der Herkunftssprache als auch in einer integrierten Schreibung, die der deutschen Lautung folgt, geschrieben werden. Es bleibt dem Schreibenden überlassen, welche Schreibweise er vorzieht (→ a. *Anchovis / Anschovis; Sketch / Sketsch*).

Ketch|up, ⟨auch⟩ **Ket|chup, Ke|tchup** ⟨[kɛtʃʌp] od. [kɛtʃəp] m. od. n.; - od. -s, -s⟩ = *Ketschup*

Ke|ten ⟨n.; -s, -e⟩ *organ.-chemische Verbindung, in der die Carbonylgruppe durch eine Kohlenstoff-Doppelbindung mit dem restlichen Molekül verbunden ist* [→ *Keton*]

Ke|to|grup|pe ⟨f.; -, -n⟩ = *Carbonylgruppe*

Ke|to|he|xo|se ⟨f.; -, -n⟩ *Zuckerart der Gruppe der Monosaccharide mit sechs Kohlenstoffatomen* [< *Keton* + *Hexose*]

Ke|ton ⟨n.; -s, -e⟩ *organ.-chemische Verbindung, die die zweiwertige Carbonylgruppe CO ein- od. mehrfach, verbunden mit Alkyl- od. Arylresten, enthält,* z.B. Aceton [→ *Aceton*]

Ke|ton|u|rie, ⟨auch⟩ **Ke|to|nu|rie** ⟨f.; -, -n⟩ = *Acetonurie*

Ke|to|se ⟨f.; -, -n⟩ **1** *einfacher Zucker mit einer C= O-Gruppe in der Art der Ketone,* z.B. Fruchtzucker **2** *Auftreten von Ketonen im Blut, z.B. bei Diabetes*

Ketsch ⟨f.; -, -en⟩ *dem Schoner ähnliches Segelschiff, dessen zweiter halbhoher Mast weit achtern liegt* [<engl. *ketch* »zweimastiges Küstenschiff«]

Ket|scher ⟨m.; -s, -⟩ = *Kescher*

Ke|tschua, ⟨auch⟩ **Ket|schua** oV *Quechua* **1** ⟨m.; - od. -s, - od. -s⟩ *Angehöriger eines Indianervolkes in den Anden* **2** ⟨n.; -; unz.⟩ *dessen Sprache*

Ketsch|up, ⟨auch⟩ **Ket|schup, Ke|tschup** ⟨[kɛtʃʌp] od. [kɛtʃəp] m. od. n.; - od. -s, -s⟩ *pikante, dickflüssige Soße zum Würzen,* z.B. Tomaten~; oV *Ketchup* [engl. <mal. *kechap* »gewürzte Fischsauce«]

Kett|car ⟨n.; -s, -s; Ⓦⓩ⟩ *vierrädriges Kinderfahrzeug mit Kettenantrieb ähnlich einem Fahrrad* [zu engl. *car* »Wagen«]

Ke|wir ⟨f.; -; unz.⟩ = *Kawir*

Key-Ac|count-Ma|nage|ment ⟨[ki:əkauntmænidʒmənt] n.; -s; unz.; Wirtsch.⟩ *Form des Managements, die bes. auf die Zusammenarbeit mit Großkunden abzielt u. deren wirtschaftliche Bedürfnisse frühzeitig in die eigene Unternehmensplanung miteinbezieht* [<engl., *key* »Schlüssel« + *account* »Aufzeichnung, Darstellung; Konto; Kunde« + *Management*]

Key|board ⟨[ki:bɔ:d] n.; -s, -s⟩ **1** ⟨Popmusik⟩ *(meist elektronisches) Tasteninstrument* **2** ⟨EDV⟩ *Tastatur für Computer u. Rechenanlagen* [engl., »Tastatur«]

Key|boar|der ⟨[kiːbɔː-] m.; -s, -; Mus.⟩ *Musiker, der das Keyboard spielt*

Key|boar|de|rin ⟨[kiːbɔː-] f.; -, -rin|nen; Mus.⟩ *Musikerin, die das Keyboard spielt*

Keyne|si|a|nis|mus ⟨[kɛinzi-] m.; -; unz.; Wirtsch.⟩ *nach dem Zweiten Weltkrieg lange Zeit sehr prägende wirtschaftspolitische u. -theoretische Lehre (u. ihre Weiterentwicklungen), die erstmals grundlegend die Möglichkeit eines wirtschaftl. Gleichgewichts bei Unterbeschäftigung thematisierte* [nach dem brit. Nationalökonom John Maynard *Keynes,* 1883-1946]

Key|point ⟨[kiːpɔint] m.; -s, -s; meist Pl.⟩, *entscheidender Faktor, wichtigster Umstand, Hauptpunkt* [< engl. *key point* »wichtiger, springender Punkt«]

kg ⟨Abk. für⟩ *Kilogramm*

KG, K.G. ⟨Abk. für⟩ *Kommanditgesellschaft*

KGaA ⟨Abk. für⟩ *Kommanditgesellschaft auf Aktien*

Kha|ki 1 ⟨n.; -; unz.⟩ *Erdfarbe, erdbraune Farbe* **2** ⟨m.; - od. -s; unz.⟩ *gelbbrauner Stoff (für Tropenuniformen);* oV *Kaki* [< engl. *khaki* < pers.-Hindi *khaki* »staub-, erdfarben«, < pers. *khak* »Staub, Erde«]

Khan ⟨a. [xaːn] m.; -s, -e; dem Namen nachgestellter mongol.-tatar.-türk. Titel für⟩ *mohammedan. Fürst u. höherer pers. Beamter;* oV *Chan* [< Turkspr. *khan* »Herr, Fürst«]

Kha|nat ⟨n.; -(e)s, -e⟩ *Amt, Land eines Khans*

Khe|di|ve ⟨m.; -s od. -n, -n; 1867–1914 Titel für⟩ *Vizekönig von Ägypten* [< türk. *khidiv* < pers. *chadiv* »Fürst«]

kHz ⟨Abk. für⟩ *Kilohertz*

Kib|buz ⟨m.; -, -bu|zim od. -bu|ze⟩ *landwirtschaftl. Kollektiv der Siedler in Israel* [hebr., »Sammlung«]

Kib|buz|nik ⟨m.; -s, -s; †⟩ *Angehöriger eines Kibbuz*

Ki|bit|ka ⟨f.; -, -s⟩, **Ki|bit|ke** ⟨f.; -, -n⟩ **1** = *Jurte* **2** *überdachter russ. Bretterwagen od. Schlitten* [russ., < arab. *kubbat* »Gewölbe, Zelt«]

Kick ⟨m.; -s, -s⟩ **1** ⟨Sp.; Fußb.⟩ *Schuss, Stoß, Tritt* **2** ⟨Jugendspr.⟩ *Hochgefühl, Schwung, Energie;* sich einen ~ geben; → a. *Thrill* [engl.]

Kick-and-Rush ⟨[-əndrʌʃ] m. od. n.; -; unz.; Sp.; Fußb.⟩ *Taktik, bei der der Ball aus der Verteidigung mit weiten, häufig ungezielten Flanken nach vorne gespielt wird u. dort vom Sturm erneut erkämpft werden muss, besonders in Großbritannien verbreitet* [engl., »Schießen und (Vorwärts-)Stürmen«]

Kick-back, ⟨auch⟩ **Kick|back** ⟨[-bæk] m.; - od. -s, -s; Wirtsch.; umg.⟩ *offiziell gewährter Rabatt im Rahmen einer Auftragsvergabe od. Auftragsakquise, der aber tatsächlich an den Auftraggeber od. den Vermittler des Geschäfts geht* [< engl. *kickback* »Schmiergeld«]

Kick|bo|xen ⟨n.; -s; unz.; Sp.; Boxen⟩ *Nahkampfsportart, bei der die Opponenten sowohl boxen als auch Tritte gegeneinander richten können* [< engl. *kick* »Tritt« + *Boxen*]

Kick|bo|xer ⟨m.; -s, -; Sp.; Boxen⟩ *Mann, der das Kickboxen ausübt*

Kick|bo|xe|rin ⟨f.; -, -nen; Sp.; Boxen⟩ *Frau, die das Kickboxen ausübt*

Kick-down, ⟨auch⟩ **Kick|down** ⟨[-daun] n. od. m.; -s, -s; bei automat. Getrieben von Kfz.⟩ *plötzliches Durchtreten des Gaspedals (zur schnelleren Beschleunigung)* [zu engl. *kick down* »herunterlassen«]

ki|cken ⟨V.; Sp.⟩ *mit dem Fuß stoßen;* den Ball beim Fußballspiel ~ [< engl. *kick* »mit dem Fuß stoßen«]

Ki|cker ⟨m.; -s, -s od. -; umg.⟩ **1** *Mann, der kickt* **2** ⟨abwertend⟩ *schlechter Fußballspieler*

Ki|cke|rin ⟨f.; -, -rin|nen; umg.⟩ **1** *Frau, die kickt* **2** ⟨abwertend⟩ *schlechte Fußballspielerin*

Kick-off, ⟨auch⟩ **Kick|off** ⟨m.; -s, -s; schweiz.; Fußb.⟩ *Anstoß* [zu engl. *kick off* »wegstoßen«]

Kick|ser ⟨m.; -s, -; Fußb.; Billard⟩ *Fehlstoß* [→ *Kick*]

Kick|star|ter ⟨m.; -s, -⟩ *Fußhebel als Anlasser des Motorrades* [< *Kick* + *Starter*]

Kick|xia ⟨[kiksia] f.; -, -xi|en⟩ *malaiische Gattung der Hundsgiftgewächse;* ~ elastica *in Westafrika kultiviert, liefert Kautschuk* [nach dem belg. Botaniker J. *Kickx*]

Kid ⟨n.; -s, -s⟩ **1** *das Fell einer jungen Ziege* **2** ⟨Jugendspr.⟩ *Kind;* neue Mode für ~s; → a. *Computerkid* [engl., »Zicklein«, auch umg. für »Kind, Bengel«]

Kid|dusch ⟨m.; -, -im⟩ *jüdisches Gebet, das am Sabbat über einem Becher Wein gesprochen wird, um Gott für die Gabe des Sabbats zu preisen;* oV *Qiddusch* [hebr., »Weihe, Heiligung«]

kid|nap|pen ⟨[-næpən] V.⟩ jmdn. ~ *gewaltsam entführen*

Kid|nap|per ⟨[-næpə(r)] m.; -s, -⟩ *jmd., der Kinder bzw. Menschen gewaltsam entführt* [engl.]

Kid|nap|ping ⟨[-næpiŋ] n.; -s, -s⟩ **1** ⟨urspr.⟩ *Kindesentführung, um Lösegeld zu erpressen* **2** ⟨heute allg.⟩ *Entführung einer Person, um Lösegeld od. die Freilassung von Häftlingen zu erzwingen* [engl.]

Kien ⟨m.; nur in den Wendungen⟩ auf dem ~ sein *scharf aufpassen, sehr aufmerksam, wachsam sein* [zu engl. *keen* »scharf« (von Blick, Verstand)]

Kif, Kiff ⟨m.; - od. -s; unz.; umg.⟩ *Mischung von getrockneten Hanfblättern* [engl. < arab. *kēf (kayf)* »Vergnügen, Freude«]

kif|fen ⟨V.; umg.⟩ *Rauschmittel rauchen* [→ *Kif*]

Kif|fer ⟨m.; -s, -; umg.⟩ *jmd., der (gewohnheitsmäßig) kifft* [→ *Kif*]

Ki|lim ⟨m.; - od. -s, - od. -s⟩ = *Kelim*

kil|len[1] ⟨V.; derb⟩ *töten, umbringen* [< engl. *kill* »töten«]

kil|len[2] ⟨V.; Mar.⟩ *flattern, schlagen (vom Segel)* [mittelnddt.]

Kil|ler ⟨m.; -s, -⟩ *bezahlter, professioneller Mörder;* → a. *Cleaner(3)* [→ *killen*[1]]

Kil|ler|al|ge ⟨f.; -, -n⟩ *giftige Alge, die sich aufgrund der Verschmutzung der Meere an den Küstenregionen stark vermehrt: Caulpera taxifolia*

Kil|ler|pro|gramm ⟨n.; -s, -e; EDV⟩ **1** *Programm, das mit einem Virus infiziert ist u. beim Laden alle auf der Festplatte vorhandenen Daten löscht* **2** *populäres Anwendungsprogramm, das den Verkauf der entsprechenden Hardware u. Betriebssysteme beträchtlich steigert*

Kil|ler|sa|tel|lit ⟨m.; -en, -en⟩ *Satellit, der zur Zerstörung eines anderen Satelliten in eine Erdumlaufbahn geschossen wird*

Kiln ⟨m.; -(e)s, -e⟩ *Kies- bzw. Röstofen zum Rösten von schwefelhaltigen Erzen* [engl., »Brenn-, Röstofen«]

Ki|lo ⟨n.; -s, -; umg.; kurz für⟩ *Kilogramm*

ki|lo…, Ki|lo… ⟨Abk.: k vor Maßeinheiten⟩ *das Tausendfache der betreffenden Grundeinheit,* z.B. 1 Kilogramm = 1000 Gramm [< grch. *chilioi* »tausend«]

Ki|lo|bit ⟨n.; - od. -s, - od. -s; Abk.: Kbt, Kbit; EDV⟩ *Maßeinheit für den Informationsgehalt eines EDV-Dokumentes (1 Kbit = 1024 Bit)* [< *Kilo…* + *Bit*]

Ki|lo|byte ⟨[-bait] n.; - od. -s, - od. -s; Abk.: kB, KB, KByte; EDV⟩ *Maßeinheit für die Speicherkapazität einer EDV-Anlage (1KByte = 1024 Byte)* [< *Kilo…* + *Byte*]

Ki|lo|gramm ⟨n.; -s, -; Abk.: kg⟩ = *1000 Gramm*

Ki|lo|hertz ⟨n.; -, -; Abk.: kHz⟩ = *1000 Hertz*

Ki|lo|joule ⟨[-dʒaul] od. [-dʒu:l] n.; - od. -s, -; Abk.: kJ⟩ *1000 Joule*

Ki|lo|ka|lo|rie ⟨f.; -, -n; Abk.: kcal; †⟩ *nicht mehr zulässige Maßeinheit der Wärme, ist zu ersetzen durch die Einheit Kilojoule (kJ); 1 kcal = 1000 cal = 4,185 kJ*

Ki|lo|li|ter ⟨n. od. m.; -s, -; (schweiz. nur so); selten; Abk.: kl⟩ = *1000 Liter*

Ki|lo|me|ter ⟨m.; -s, -; Abk.: km⟩ = *1000 Meter*

ki|lo|me|trie|ren, ⟨auch⟩ ki|lo|met|rie|ren ⟨V.⟩ eine Straße, einen Fluss ~ *mit Kilometersteinen die Kilometer daran bezeichnen*

Ki|lo|pond ⟨n.; -s, -; Abk.: kp⟩ *nicht mehr zulässige Krafteinheit, war definiert als die Kraft, die auf 1 Kilogramm Masse bei der Normfallbeschleunigung wirkt, zu ersetzen durch die Einheit Newton (N); 1 kp = 1000 p = 9,806 N*

Ki|lo|pond|me|ter ⟨n.; -s, -; Abk.: kpm oder mkp⟩ *nicht mehr zulässige Maßeinheit der Arbeit, war definiert als diejenige Energie, die notwenig ist, um 1 Kilopond 1 Meter hoch zu heben; ist zu ersetzen durch die Einheit Joule (J), 1 kpm = 9,806 J;* Sy *Meterkilopond*

Ki|lo|volt ⟨[-vɔlt] n.; - od. -(e)s, -; Abk.: kV⟩ = *1000 Volt*

Ki|lo|volt|am|pere ⟨[-vɔltampɛ:r] n.; - od. -s, -; Abk.: kVA⟩ = *1000 Voltampere*

Ki|lo|watt ⟨n.; -s, -; Abk.: kW⟩ = *1000 Watt*

Ki|lo|watt|stun|de ⟨f.; -, -n; Abk.: kWh⟩ = *1000 Wattstunden*

Kilt ⟨m.; -(e)s, -s⟩ *karierter, knielanger Faltenrock der Schotten* [engl., »Schottenrock«]

Kim|ber|lit ⟨m.; -s, -e; Min.⟩ *schwarz-grünes Eruptivgestein aus der Gruppe der Peridodite, Muttergestein südafrikanischer Diamanten* [nach der südafrikan. Stadt *Kimberley*]

Kim|me|ridge ⟨[-ridʒ] n.; -; unz.; Geol.⟩ *Stufe des Weißen Jura (Malm)* [nach der gleichnamigen südengl. Stadt]

kim|me|risch[1] ⟨Adj.⟩ ~e Finsternis **1** ⟨Myth.; bei Homer⟩ *Finsternis des Hades* **2** ⟨geh.⟩ *völlige Finsternis* [nach dem sagenhaften Volk der *Kimmerier* in der grch. Mythologie]

kim|me|risch[2] ⟨Adj.; Geol.⟩ ~e Faltung *Faltung im Erdmittelalter* [nach der *Kimmerischen* Halbinsel in Südrussland]

Ki|mo|no ⟨a. ['---] m.; -s, -s⟩ *langes japan. Gewand mit weiten, angeschnittenen Ärmeln* [jap., »Gewand«]

Kin ⟨n.; -, -⟩ *chin. Zither mit 5-7 Saiten* [chin.]

Ki|nä|de ⟨m.; -n, -n⟩ = *Päderast* [< grch. *kinaithos* »Wollüstling«]

Kin|äs|the|sie, ⟨auch⟩ Ki|näs|the|sie ⟨f.; -; unz.; Med.⟩ *Empfindung der eigenen körperlichen Bewegung, Muskelgefühl* [< grch. *kinein* »bewegen« + *…ästhesie*]

Kin|äs|the|tik, ⟨auch⟩ Ki|näs|the|tik ⟨f.; -; unz.; Med.⟩ *Lehre von den Bewegungsempfindungen* [< grch. *kinein* »bewegen« + *Ästhetik*]

kin|äs|the|tisch, ⟨auch⟩ ki|näs|the|tisch ⟨Adj.⟩ *auf Kinästhesie beruhend, bewegungsempfindlich;* ~er Sinn *Muskelgefühl;* ~er Typ ⟨Psych.⟩ = *motorischer Typ*

Ki|nem ⟨n.; -s, -e; Sprachw.⟩ **1** *nonverbales Kommunikationsmittel über Gestik u. Mimik mit minimaler Ausprägung,* z.B. Kopfnicken **2** *kleinste Einheit des Fingeralphabets* [→ *Kinesik*]

Ki|ne|ma|thek ⟨f.; -, -en⟩ = *Filmothek* [< grch. *kinema* »Bewegung« + *…thek*]

Ki|ne|ma|tik ⟨f.; -; unz.⟩ *Teilgebiet der Mechanik, Untersuchung von Bewegungsvorgängen nur im Hinblick auf Zeit u. Raum;* Sy *Phoronomie* [< grch. *kinema,* Gen. *kinematos* »Bewegung«]

Ki|ne|ma|ti|ker ⟨m.; -s, -⟩ *Wissenschaftler auf dem Gebiet der Kinematik*

ki|ne|ma|tisch ⟨Adj.⟩ *zur Kinematik gehörig, auf ihr beruhend*

Ki|ne|ma|to|graf ⟨m.; -en, -en⟩ = *Kinematograph*

Ki|ne|ma|to|gra|fie ⟨f.; -; unz.⟩ = *Kinematographie*

ki|ne|ma|to|gra|fisch ⟨Adj.⟩ = *kinematographisch*

Ki|ne|ma|to|graph ⟨m.; -en, -en⟩ *Apparat zur Aufnahme u. Wiedergabe von Bewegungsvorgängen in vielen Einzelbildern, die bei der Vorführung zu einer lückenlosen Bewegungsfolge verschmelzen;* oV *Kinematograf* [< grch. *kinema,* Gen. *kinematos* »Bewegung« + *…graph*]

Ki|ne|ma|to|gra|phie ⟨f.; -; unz.⟩ *Filmwissenschaft u. Filmtechnik;* oV *Kinematografie*

ki|ne|ma|to|gra|phisch ⟨Adj.⟩ *zur Kinematographie gehörig, auf ihr beruhend, mit ihrer Hilfe;* oV *kinematografisch*

Ki|ne|se ⟨f.; -, -n; Physiol.⟩ *Geschwindigkeitsveränderung bei der Fortbewegung von Tieren* [→ *Kinesis*]

...ki|ne|se ⟨in Zus.⟩ *...bewegung* [→ *Kinesis*]

Ki|ne|sik ⟨f.; -; unz.⟩ *Wissenschaft, die nicht sprachl. (mimische, gestische usw.) Verständigung erforscht* [< grch. *kinesis* »Bewegung«]

Ki|ne|si|o|lo|ge ⟨m.; -n, -n⟩ *Wissenschaftler auf dem Gebiet der Kinesiologie*

Ki|ne|si|o|lo|gie ⟨f.; -; unz.⟩ *naturwissenschaftliches Forschungsgebiet, das Bewegungen, den Bewegungsapparat u. seine Steuerung untersucht, Bewegungslehre* [< *Kinesis* + *...logie*]

Ki|ne|si|o|the|ra|pie ⟨f.; -; unz.; Med.⟩ *Bewegungstherapie, Krankengymnastik, Heilgymnastik* [< *Kinesis* + *Therapie*]

Ki|ne|sis ⟨f.; -, -sen⟩ *Bewegung* [grch.]

ki|ne|sisch ⟨Adj.⟩ *die Kinesik betreffend, auf ihr beruhend, zu ihr gehörend*

Ki|ne|tik ⟨f.; -; unz.; Phys.⟩ *Lehre von der Bewegung durch Kräfte* [< grch. *kinetikos* »die Bewegung betreffend«; zu grch. *kinein* »bewegen«]

ki|ne|tisch ⟨Adj.; Phys.⟩ *zur Kinetik gehörend, auf ihr beruhend, auf Bewegung bezüglich;* ~e Energie *Bewegungsenergie*

Ki|ne|to|se ⟨f.; -, -n; Med.⟩ *durch Reizung des Gleichgewichtsorgans hervorgerufene Bewegungskrankheit,* z.B. Seekrankheit [zu grch. *kinein* »bewegen«]

King ⟨m.; -s, -s; umg.⟩ *Anführer, Befehlshaber (einer Gruppe);* er spielt sich hier auf wie ein ~ [engl., »König«]

King|size ⟨[-saiz] f.; -; unz.⟩ *Überlänge, Übergröße (von Zigaretten)* [engl., eigtl. »Königsformat«]

Ki|nin ⟨n.; -s, -e; Med.⟩ *gefäßerweiternd (daher blutdrucksenkend) sowie auf die glatte Muskulatur von Darm, Bronchien u. Uterus kontrahierend wirkendes Peptidhormon* [verkürzt < *Kinesis* + *...in*]

Ki|no ⟨n.; -s, -s⟩ *Raum od. Gebäude zur Vorführung von Filmen, Lichtspielhaus, Lichtspieltheater, Filmtheater* [verkürzt < *Kinematograph*]

Ki|no|or|gel ⟨f.; -, -n⟩ *kleine Orgel mit wenigen Pfeifen u. zahlreichen Registern, die auch Schlaginstrumente verwendet, urspr. zur Untermalung von Stummfilmen, Wurlitzerorgel*

Kin|topp ⟨m. od. n.; -s, -s od. -töp|pe; berlin.⟩ *Kino* [scherzhafte Verkürzung von *Kinematograph*]

Ki|o|ni|tis ⟨f.; -, -ti|den⟩ *Entzündung des Gaumenzäpfchens* [< grch. *kion* »Säule, Pfeiler« + *..itis*]

Ki|osk ⟨a. [-'-] m.; -(e)s, -e⟩ **1** = *Pavillon(2)* **2** *Erker od. Aufbau auf dem Dach oriental. Paläste* **3** *frei stehendes Verkaufshäuschen od. Stand für Zeitungen, Zigaretten, Süßigkeiten u. Getränke usw.;* Zeitungs~ [< türk. *köschk* »Gartenhäuschen«]

Kip|per[1] ⟨m.; -s, -⟩ Sy *Kipplader* **1** *Lastwagen, dessen Kasten gekippt werden kann* **2** *Vorrichtung zum Kippen von Eisenbahngüterwagen, wobei diese auf einer Schmalseite gehoben werden*

Kip|per[2] ⟨m.; -s, -; meist Pl.; 17./18. Jh.⟩ ~ und Wipper *Münzverschlechterer, Münzbeschneider*

Kip|per[3] ⟨m.; - od. -s, - od. -s⟩ *frischer, auseinander geklappter Hering, der kalt geräuchert wird* [engl., »Bückling, Lachs«]

Kipp|la|der ⟨m.; -s, -⟩ = *Kipper*[1]

Kips ⟨n.; -es, -s⟩ *getrocknete Haut des Zebus* [< engl. *kip* »ungegerbte Haut eines jungen Tieres«]

Kir ⟨m.; -, -⟩ *Getränk aus Weißwein u. etwas Johannisbeerlikör;* ~ royal *Getränk aus Sekt u. etwas Johannisbeerlikör* [frz., < türk.]

Kir|man ⟨m.; -s, -s⟩ *wertvoller pers. Knüpfteppich mit mannigfaltigen Mustern (Blumen, Ranken, Tieren, Medaillons), auch als Gebetsteppich mit kunstvoller Nische;* oV *Kerman* [nach der pers. Stadt *Kirman*]

Kis|met ⟨n.; -s; unz.; Islam⟩ *das unabwendbare Schicksal* [< türk. *qizmet* < arab. *qismat* »Anteil, das dem Menschen von Allah zugeteilte Los«]

Kit ⟨m. od. n.; -s, -s⟩ **1** *in der Regel aus Plastik bestehender (Modell-)Bausatz* **2** *ein Satz zueinander gehöriger Einzelteile od. Dinge, Set* [< engl. *kit* »Werkzeugsatz, Baukasten, Bastelsatz«]

Kit|che|nette ⟨[kitʃinɛ̣t] f.; -, -s⟩ *sehr kleine Küche, Kochnische;* ein Zimmer mit ~ [engl., Verkleinerungsform zu *kitchen* »Küche«]

Ki|tha|ra ⟨f.; -, -s od. -tha|ren; Mus.⟩ *7- bis 18-saitiges altgriech. Zupfinstrument* [< grch. *kithara;* verwandt mit *Zither, Gitarre*]

Ki|thar|ö|de, ⟨auch⟩ **Ki|tha|rö|de** ⟨m.; -n, -n; Mus.⟩ *altgriech. Spieler der Kithara u. Sänger* [< grch. *kithara* »Saiteninstrument« + *aoidos* »Sänger«]

Kitsch ⟨m.; -(e)s; unz.⟩ *(auf Breitenwirkung zielende) süßlich-sentimentale Scheinkunst;* das Bild, das Buch ist großer ~ [Herkunft nicht geklärt; Deutungen: 1. < engl. *sketch* »Skizze«; 2. zu mundartl. *kitschen* »streichen, schmieren, zusammenscharren«]

Ki|va ⟨[-va] f.; -, -s⟩ *meist runde, zum Teil vertiefte Kultstätte, rituelles Zentrum des Indianerdorfes im Südwesten der USA* [engl. < Hopi (nordamerikan. Indianerspr.)]

Ki|wi[1] ⟨m.; -s, -s⟩ *hühnergroßer, flugunfähiger Flachbrustvogel mit unscheinbarem Gefieder aus Neuseeland: Apteryx australis* [Maori]

Ki|wi[2] ⟨f.; -, -s⟩ *bräunlich behaarte Frucht mit grünem, säuerlichem Fruchtfleisch u. kleinen, dunklen Kernen* [vermutl. aufgrund ähnlicher Form u. Farbe nach dem gleichnamigen Vogel benannt]

kJ ⟨Abk. für⟩ *Kilojoule*

Kjök|ken|möd|din|ger ⟨Pl.⟩ = *Kökkenmöddinger*

kl ⟨Abk. für⟩ *Kiloliter*

Kla|do|ze|re ⟨f.; -, -n⟩ *Wasserfloh* [< grch. *klados* »Zweig« + *keras* »Horn«]
Kla|mot|te ⟨f.; -, -n⟩ **1** *Ziegelsteinstückchen, Stück eines zertrümmerten Bausteins* **2** ⟨Pl.; fig.⟩ ~n *Kleider, Hausrat, Siebensachen;* alte ~n *altes Zeug, alter Kram* [< rotw. Vermischung mehrerer Wörter: 1. tschech. *klamol* »Bruchstück«; 2. *Schamott;* 3. rotw. *Klabot* (ältere Form von *Kluft*); 4. jidd. *k'le umonos* »Handwerksgerät«]
Klan ⟨m.; -s, -s⟩ = *Clan*
klan|des|tin ⟨Adj.⟩ *heimlich;* ~e Ehe *nicht in der Kirche geschlossene u. daher früher nicht gültige Ehe* [< lat. *clandestinus* »heimlich«]
Kla|rett ⟨m.; -s, -e od. -s⟩ *durch Aufguss von Gewürzen bereiteter u. mit Zucker gesüßter Wein zur Sektherstellung;* oV *Clairet* [< engl. *claret* »Rotwein« < frz. *clairet* »Bleicher (heller Rotwein)«, zu *clair* »hell«]
kla|rie|ren ⟨V.⟩ ein Schiff ~ *seine Ladung verzollen u. es dadurch zum Ein- od. Ausfahren freimachen* [< lat. *clarare* »klar, deutlich, verständlich machen«; zu *clarus* »hell, klar, deutlich«]
Kla|rie|rung ⟨f.; -, -en⟩ *das Klarieren (durch den Kapitän, Schiffsmakler od. Empfänger der Fracht)*
Kla|ri|net|te ⟨f.; -n, -n; Mus.⟩ *Holzblasinstrument mit einfachem Rohrblatt am schnabelförmigen Mundstück* [< ital. *clarinetto,* Verkleinerungsform zu *clarino* »hohe Solotrompete«]
Kla|ri|net|tist ⟨m.; -en, -en; Mus.⟩ *Mann, der Klarinette spielt*
Kla|ri|net|tis|tin ⟨f.; -, -tin|nen; Mus.⟩ *Frau, die Klarinette spielt*
Kla|ris|se ⟨f.; -, -n⟩, **Kla|ris|sin** ⟨f.; -, -sin|nen⟩ *Angehörige des von Franz von Assisi 1212 gegründeten Nonnenordens* [nach der hl. *Clara,* 1194–1253]
Klas|se ⟨f.; -, -n⟩ **1** *Gruppe von Lebewesen, Dingen, Begriffen mit gleichen Merkmalen* ⟨a. Logik⟩; Lebewesen, Dinge in ~n einteilen; Begriffs~; Alters~; Rang~ **2** *Gruppe von Dingen od. Leistungen mit demselben Wert;* Güte~; Handels~; Abteil, Fahrkarte erster, zweiter ~; ein Lokal dritter ~ **3** *einzelne Ziehung einer Klassenlotterie* **4** *Gewinne desselben Wertes;* Gewinn~ **5** ⟨biolog. Systematik⟩ *mehrere Ordnungen umfassende obligatorische Kategorie;* die ~ der Säugetiere **6** *durch gemeinsame wirtschaftl. Interessen gekennzeichnete Gruppe von Menschen;* die oberen, unteren, besitzenden, besitzlosen ~n; Arbeiter~; Gesellschafts~ **7** *Gruppe etwa gleichaltriger Kinder, die gemeinsam unterrichtet werden;* Schul~; in unserer ~ sind 25 Schüler; eine gute, schlechte ~; unsere ~ fährt ins Gebirge; in die dritte ~ gehen **8** *Raum, in dem eine Schulklasse unterrichtet wird, Klassenzimmer, Schulzimmer* **9** *Leistungsfähigkeit;* eine Künstlerin erster, zweiter, dritter ~; das ist ~! *großartig, ganz hervorragend* [< lat. *classis* »Aufgebot; Schülerabteilung«]
Klas|sem ⟨n.; -s, -e; Sprachw.⟩ *Klassen bildendes semant. Merkmal,* z.B. »Tier« (für Hund, Pferd, Katze usw.) [< *Klasse* + ...*em*]
Klas|se|ment ⟨[klas(ə)mã:] od. schweiz. [-mɛnt] n.; -s, -s⟩ **1** *Einteilung, Einreihung* **2** *Ordnung* **3** ⟨Sp.⟩ *Rangliste, Tabelle* [< frz. *classement* »Einteilung nach Klassen«]
klas|sie|ren ⟨V.⟩ **1** = *klassifizieren* **2** Fördergut ~ *F. bei der Aufbereitung entsprechend dem Korndurchmesser in Größenklassen einteilen*
Klas|si|fi|ka|ti|on ⟨f.; -, -en⟩ = *Klassifizierung*
Klas|si|fi|ka|tor ⟨m.; -s, -to|ren⟩ *Bearbeiter eines Sachkatalogs*
klas|si|fi|ka|to|risch ⟨Adj.⟩ *in der Art einer Klassifikation, sie betreffend*
klas|si|fi|zie|ren ⟨V.⟩ *nach Klassen einteilen, gliedern, ordnen;* oV *klassieren(1)* [< *Klasse* + ...*fizieren*]
Klas|si|fi|zie|rung ⟨f.; -, -en⟩ *das Klassifizieren;* Sy *Klassifikation*
Klas|sik ⟨f.; -; unz.⟩ **1** ⟨i.w.S.⟩ *Zeitabschnitt (bes. künstlerisch) bedeutender Leistungen eines Volkes* **2** ⟨i.e.S.⟩ *Blütezeit der altgriech. u. altröm. Kultur* **3** *dt. literar. Bewegung von etwa 1786 (Goethes italien. Reise) bis 1805 (Schillers Tod), die durch harmon. Ausgewogenheit, Maß u. Reife sowie durch die Orientierung an der Antike gekennzeichnet ist* **4** ⟨Musik⟩ *Zeitabschnitt von etwa 1770 bis 1825 mit dem von Haydn, Mozart u. Beethoven geschaffenen einfachen, natürl. Stil, der die Sonatenform bevorzugte u. zur Vollendung führte;* Wiener ~ [→ *klassisch*]
Klas|si|ker ⟨m.; -s, -⟩ **1** *Vertreter der Klassik* **2** *Künstler od. Wissenschaftler, dessen Werke über seine Zeit hinaus als mustergültig anerkannt worden sind* **3** ⟨Pl.⟩ *die Werke selbst* [< lat. *scriptor classicus* »Schriftsteller ersten Ranges«; → *Klasse*]
klas|sisch ⟨Adj.⟩ **1** *die Klassik betreffend, zu ihr gehörig, aus ihr stammend;* das ~e **Altertum** = *Klassik(2);* ~e **Philologie** *Wissenschaft von den Sprachen des klass. Altertums (Altgriechisch, Latein), Altphilologie;* die ~en **Sprachen** *Altgriechisch u. Latein* **2** *in der Art der Klassik, nach dem Vorbild der K. strebend* **3** *mustergültig, vorbildlich ausgewogen, ausgereift, maßvoll;* ein ~es Beispiel; ~er Beweis; ein Werk von ~er Schönheit **4** ⟨umg.⟩ *komisch, drollig;* das ist ja ~! [< lat. *classicus* u. frz. *classique* »mustergültig, erstrangig«; → *Klassiker*]
Klas|si|zis|mus ⟨m.; -; unz.; Bez. für⟩ *zwei europäische Kunstrichtungen, im 16./17. Jh. in der Baukunst, von Palladio ausgehend, u. 1770 1830 in Baukunst, Plastik, Malerei u. Kunstgewerbe (Neu- od. Neoklassizismus), die sich die klaren, strengen Formen des klass. Altertums zum Vorbild nahmen*
klas|si|zis|tisch ⟨Adj.⟩ *zum Klassizismus gehörig, aus ihm stammend*
Klas|si|zi|tät ⟨f.; -; unz.⟩ *Formvollendung, Mustergültigkeit im Sinne des klassischen Altertums*

klas|tisch ⟨Adj.⟩ *aus zerbrochenen Mineralen bestehend;* ~es Gestein *Trümmergesteine* [zu grch. *klan* »zerbrechen«]

Klau|se ⟨f.; -, -n⟩ **1** *Zelle, Einsiedelei;* Einsiedler~ **2** *Talenge, Engpass, Schlucht* **3** *einsamiges Teilfrüchtchen der Röhrenblütler (Tubiflorae)* **4** ⟨fig.⟩ *Zimmer, Heim, kleine Wohnung* [< ahd. *klusa* »Kloster, Einsiedelei« < mlat. *clusus* (für lat. *clausus* »geschlossen«, Part. Perf. zu *claudere* »schließen«) »eingehegtes Grundstück, Kloster«; verwandt mit *Kloster, Klausur, Klausel*]

Klau|sel ⟨f.; -, -n⟩ **1** ⟨bei Verträgen⟩ *Vorbehalt, beschränkende od. erweiternde Nebenbestimmung* **2** ⟨antike Rhetorik⟩ *rhythmisierter Schluss eines Satzes od. Satzabschnittes* **3** ⟨mittelalterl. Musik⟩ *Schlussformel einer Melodie od. eines Melodieabschnitts* [< mhd. *clausel,* neben *klausul* < lat. *clausula* »Schluss(satz)«]

Klaus|tra|ti|on, ⟨auch⟩ **Klaust|ra|ti|on** ⟨f.; -, -en⟩ = *Klaustrophilie*

Klaus|tro|phi|lie, ⟨auch⟩ **Klaust|ro|phi|lie** ⟨f.; -, -n⟩ Sy *Klaustration* **1** *Vorliebe für den Aufenthalt in geschlossenen Räumen* **2** *Neigung, Liebe zur Einsamkeit* [< lat. *claustrum* »abgeschlossener Ort« + *…philie*]

Klaus|tro|pho|bie, ⟨auch⟩ **Klaust|ro|pho|bie** ⟨f.; -, -n⟩ *Furcht vor dem Aufenthalt in geschlossenen Räumen* [< lat. *claustrum* »abgeschlossener Ort« + *Phobie*]

klau|su|lie|ren ⟨V.⟩ *in Klauseln fassen, bringen, durch Klauseln einschränken*

Klau|sur ⟨f.; -, -en⟩ **1** ⟨unz.⟩ *Abgeschlossenheit, Einsamkeit* **2** ⟨unz.⟩ **2.1** *Verbot für Fremde, die privaten Räume eines Klosters zu betreten* **2.2** *Verbot für Ordensangehörige, bestimmte Räume ohne Erlaubnis zu verlassen;* jmdm. ~ auferlegen; in strenger ~ leben **3** ⟨zählb.⟩ *die Räume, deren Betreten Fremden verboten ist* **4** ⟨zählb.⟩ *in einem Raum allein od. zu mehreren unter Aufsicht angefertigte Prüfungsarbeit* [< lat. *clausura* »Verschluss, Einschließung«; zu *claudere* »schließen«]

Klau|sur|ta|gung ⟨f.; -, -en; bes. Pol.⟩ *Tagung, die nicht öffentlich ist*

Kla|vi|a|tur ⟨[-vi-] f.; -, -en; Mus.; bei Tasteninstrumenten⟩ *Gesamtheit der Tasten* [→ *Klavier*]

Kla|vi|chord ⟨[-vikɔrd] n.; -(e)s, -e; Mus.⟩ *kleines Tasteninstrument, bei dem die waagerecht u. rechtwinklig zur Tastatur liegenden Saiten durch Metallplättchen zart angeschlagen werden, Vorläufer des Klaviers* [< mlat. *clavis* »Taste« + grch. *chorde* »Saite«]

Kla|vier ⟨[-vi:r] n.; -s, -e; Mus.⟩ *Tasteninstrument, bei dem die Saiten durch Filzhämmerchen angeschlagen werden;* ~ spielen, üben; jmdn. (zu seinem Gesang, Geigenspiel o.Ä.) auf dem ~ begleiten [< frz. *clavier* »Tastenreihe, Tastenbrett«, < lat. *clavis* »Schlüssel«, mlat. »Schlüssel zum Ventil der Orgelpfeife, Taste«]

kla|vi|e|ris|tisch ⟨[-vi-] Adj.; Mus.⟩ *das Klavierspiel betreffend, im Hinblick auf das Klavierspiel*

Kla|vier|quar|tett ⟨[-vi:r-] n.; -(e)s, -e; Mus.⟩ **1** *Komposition für Klavier u. drei Steichinstrumente, bes. Violine, Bratsche, Cello* **2** *die Spieler selbst*

Kla|vier|quin|tett ⟨[-vi:r-] n.; -(e)s, -e; Mus.⟩ **1** *Komposition für Klavier u. vier Streichinstrumente, bes. zwei Violinen, Bratsche u. Cello* **2** *die Spieler selbst*

Kla|vier|trio ⟨[-vi:r-] n.; -s, -s; Mus.⟩ **1** *Komposition für Klavier u. zwei Streichinstrumente, bes. Violine u. Cello* **2** *die Spieler selbst*

Kla|vi|kel ⟨[-vi:-] n.; -s, -⟩, **Kla|vi|ku|la** ⟨[-vi:-]; f.; -, -lä⟩ = *Clavicula*

kla|vi|ku|lar ⟨[-vi-] Adj.⟩ *zum Klavikel, zur Klavikula gehöhrend*

Kla|vi|zim|bel ⟨[-vi-] n.; -s, -n⟩ = *Cembalo;* Sy *Harpsichord* [< mlat. *clavis* »Taste« + *Zimbel*]

Kla|vus ⟨[-vus] m.; -, -vi⟩ = *Clavus*

Kleenex (*Schreibung von Warenzeichen*) Die Schreibung von Markennamen, Warenzeichen und ähnlichen Produktbezeichnungen richtet sich, ähnlich wie die Schreibung von Eigennamen, nach den Vorgaben des Namensgebers.

Klee|nex ⟨[kli:nɛks] n.; -, -; ⓌⓏ⟩ *in einem Pappbehälter verwahrtes, sehr dünnes Papiertaschentuch*

Klein|kli|ma ⟨n.; -s, -ma|ta od. -ma|te⟩ = *Mikroklima*

kleis|to|gam ⟨Adj.⟩ *auf Kleistogamie beruhend, durch sie gekennzeichnet;* Ggs *chasmogam*

Kleis|to|ga|mie ⟨f.; -; unz.⟩ *Befruchtung mancher zweigeschlechtiger Pflanzen vor Öffnung der Blüte;* Ggs *Chasmogamie* [< grch. *kleistos* »geschlossen« + *gamein* »heiraten«]

Kle|ma|tis ⟨a. ['--] f.; -, -⟩ *Waldrebe, Gattung der Hahnenfußgewächse, Kletterpflanze mit duftenden Blüten: Clematis* [grch., »biegsame Ranke«]

Kle|men|ti|ne ⟨f.; -, -n⟩ *kernlose Mandarinensorte;* oV *Clementine* [nach dem frz. Züchter *Clément*]

Kleph|te ⟨m.; -n, -n⟩ *griech. Freischärler im Kampf gegen die türk. Herrschaft* [neugrch., < altgrch. *kleptes* »Dieb, Spitzbube«]

Klep|sy|dra, ⟨auch⟩ **Klep|syd|ra** ⟨f.; -, -dren⟩ *älteste Art von Uhren: entweder ein Gefäß, aus dem Wasser tropfenweise ausfließt u. dadurch den Wasserspiegel in einem zweiten, mit einer Stundenskala versehenen Gefäß hebt, od. Gefäß mit feiner Öffnung, das sich, auf Wasser gesetzt, langsam füllt, Wasseruhr;* Sy *Hydrologium* [< grch. *kleptein* »stehlen, etwas heimlich tun« + *hydor* »Wasser«]

Klep|to|krat ⟨m.; -en, -en; salopp⟩ *jmd., der sich aufgrund seiner gesellschaftlichen Privilegien auf unsoziale Art u. Weise bereichert* [verkürzt < *Klepto*mane + Aristo*krat*]

Klep|to|ma|ne ⟨m.; -n, -n⟩ *jmd., der an Kleptomanie leidet*
Klep|to|ma|nie ⟨f.; -; unz.⟩ *krankhafter Trieb zum Stehlen* [< grch. *kleptein* »stehlen« + *Manie*]
klep|to|ma|nisch ⟨Adj.⟩ *an Kleptomanie leidend; die Kleptomanie betreffend, auf ihr beruhend;* ~es Verhalten
Klep|to|pho|bie ⟨f.; -, -n⟩ *krankhafte Furcht, bestohlen zu werden od. selbst zu stehlen* [< grch. *kleptein* »stehlen« + *Phobie*]
kle|ri|kal ⟨Adj.⟩ *kirchlich, auf kirchl. Grundlage beruhend, die Kirche, die Geistlichen betreffend;* Ggs *laikal* [< kirchenlat. *clericalis;* → *Klerus*]
Kle|ri|ka|le(r) ⟨f.1 (m.2)⟩ *Anhänger(in) der katholischen Geistlichkeit* [→ *klerikal*]
Kle|ri|ka|lis|mus ⟨m.; -; unz.⟩ *Bestreben der (kath.) Kirche, sich weit gehenden Einfluss auf das staatl. u. öffentl. Leben zu verschaffen* [< kirchenlat. *clericus* »kath. Geistlicher«; → *Klerus*]
kle|ri|ka|lis|tisch ⟨Adj.; abwertend⟩ *einen extremen klerikalen Standpunkt beziehend u. vertretend*
Kle|ri|ker ⟨m.; -s, -⟩ *Angehöriger des Klerus*
Kle|ri|sei ⟨f.; -; unz.; †; oft abwertend⟩ *geistlicher Stand, Klerus* [< kirchenlat. *clericia* »Geistlichkeit«]
Kle|rus ⟨m.; -; unz.⟩ *die Gesamtheit der (katholischen) Geistlichen* [< kirchenlat. *clerus,* eigtl. »auserwählter Stand« < grch. *kleros* »Los, Anteil«]
Klez|mer ⟨[klẹs-]; Mus.⟩ **1** ⟨f. od. m.; -; unz.⟩ *traditionelle jüdische Instrumentalmusik (bes. Klarinettenmusik) aus Osteuropa* **2** ⟨m.; -s, -⟩ *Musiker, der Klezmer(1) spielt* [< jidd. *klesmer, klesmorin* »Musikant«]
Kli|ent ⟨m.; -en, -en⟩ **1** *jmd., der Beratung sucht* **2** *Auftraggeber, Kunde, z.B. eines Rechtsanwalts* [< lat. *cliens,* Gen. *clientis* »der Hörige; der Schutzbefohlene eines Patrons«]
Kli|en|tel ⟨f.; -, -en⟩ *Gesamtheit der Klienten eines Rechtsanwalts od. Arztes* [< lat. *clientela* »das zwischen einem Klienten u. seinem Patron bestehende Verhältnis der Schutzgenossenschaft«; zu *cliens;* → *Klient*]
Kli|ma ⟨n.; -s, -ma|ta od. -ma|te⟩ **1** *die für ein bestimmtes Gebiet charakterist. durchschnittl. Wetterlage;* feuchtes, heißes, kaltes, mildes, raues, trockenes, tropisches ~; maritimes, ozeanisches ~; Meeres~ **2** ⟨fig.⟩ *Atmosphäre;* Betriebs~ [< lat. *clima* < grch. *klima* »Neigung (der Erde vom Äquator gegen die Pole«]
Kli|ma|an|la|ge ⟨f.; -, -n⟩ *Einrichtung zur Regulierung von Temperatur u. Luftfeuchtigkeit in geschlossenen Räumen*
Kli|ma|fak|tor ⟨m.; -s, -en⟩ *zusammen mit den Klimaelementen das Klima einer Region bestimmende geographische Beschaffenheit eines Raumes, z.B. die Art der Vegetation*
Kli|ma|ge|o|gra|fie ⟨f.; -; unz.⟩ = *Klimageographie*
Kli|ma|ge|o|gra|phie ⟨f.; -; unz.⟩ *Teilgebiet der Geographie, das sich mit der gegenseitigen Abhängigkeit u. Beeinflussung von Erdoberfläche u. Klima befasst u. danach eine Unterteilung verschiedener Klimazonen vornimmt;* oV *Klimageografie*
Kli|ma|ge|o|mor|pho|lo|gie ⟨f.; -; unz.⟩ *Teilgebiet der Geomorphologie, das sich mit der Abhängigkeit der Formen bildenden Prozesse u. damit des Formenschatzes von den klimatischen Gegebenheiten befasst*
kli|mak|te|risch ⟨Adj.⟩ *zum Klimakterium gehörig, mit dem Klimakterium einhergehend;* ~e Erscheinungen
Kli|mak|te|ri|um ⟨n.; -s, -ri|en⟩ *bei Frauen der Zeitraum, in dem die Tätigkeit der Keimdrüsen u. die Menstruation allmähl. aufhören, meist zwischen dem 45. u. 55. Lebensjahr, Wechseljahre;* Sy *Klimax(3)* [< lat. *climacterium,* < grch. *klimakter* »Stufenleiter«; zu *klimax* »Treppe, Leiter«]
Kli|ma|the|ra|pie ⟨f.; -, -n⟩ *Kurbehandlung, bei der klimat. Wirkungsfaktoren für die Behandlung von Krankheiten eingesetzt werden;* Sy *Klimatotherapie*
kli|ma|tisch ⟨Adj.⟩ *das Klima betreffend, auf dem Klima beruhend*
kli|ma|ti|sie|ren ⟨V.⟩ einen Raum ~ *die Luft eines Raumes bezügl. Feuchtigkeit u. Temperatur regulieren*
Kli|ma|to|lo|ge ⟨m.; -n, -n⟩ *Wissenschaftler, Forscher auf dem Gebiet der Klimatologie*
Kli|ma|to|lo|gie ⟨f.; -; unz.⟩ *Lehre vom Klima, von den Witterungsvorgängen (in großen Gebieten)* [< *Klima* + *...logie*]
kli|ma|to|lo|gisch ⟨Adj.⟩ *zur Klimatologie gehörig, auf ihr beruhend*
Kli|ma|to|the|ra|pie ⟨f.; -, -n⟩ = *Klimatherapie*
Kli|max ⟨f.; -, -e⟩ **1** *Stilmittel der Steigerung, Höhepunkt;* Ggs *Antiklimax* **2** ⟨Bot.⟩ *das Endstadium einer durch Boden- u. Klimaverhältnisse bedingten Entwicklung der Pflanzenwelt* **3** = *Klimakterium* [grch., »Treppe, Leiter«]
Kli|nik ⟨f.; -, -en⟩ **1** *Anstalt zur Behandlung bettlägriger Patienten, Krankenhaus;* Frauen~; Kinder~; Poli~ **2** ⟨unz.⟩ *Unterricht (der Medizinstudenten) am Kranken(bett)* [< grch. *klinike (techne)* » Heilkunde«; zu *kline* » Lager, Bett«]
Kli|nik|card ⟨[-ka:d] f.; -, -s⟩ *von Krankenversicherungen ausgestellter Ausweis für die bei ihnen versicherten Patienten* [< *Klinik* + engl. *card* »Karte«]
Kli|ni|ker ⟨m.; -s, -⟩ **1** *in der Klinik tätiger Arzt* **2** *in der klinischen Ausbildung stehender Student (nach dem Physikum)*
Kli|ni|kum ⟨n.; -s, -ka od. -ken⟩ *zweiter Teil der medizin. Ausbildung im Krankenhaus*
kli|nisch ⟨Adj.⟩ *in der Klinik (stattfindend), die Klinik betreffend;* ~e Ausbildung; ~e Behandlung
Klin|ker ⟨m.; -s, -⟩ *scharf gebrannter, sehr harter Ziegel* [< ndrl. *klinker(t)* »hart gebrannter Ziegelstein«; zu *klinken* »klingen«]

Klin|ker|bau ⟨m.; -(e)s, -ten⟩ **1** *Bau (Gebäude) aus Klinkern* **2** ⟨unz.; Bootsbau⟩ *Bauweise für Holzboote, wobei die Außenplanken dachziegelartig übereinander liegen;* Ggs *Kraweelbau*
Kli|no|graf ⟨m.; -en, -en⟩ = *Klinograph*
Kli|no|graph ⟨m.; -en, -en⟩ *Messinstrument der Geodäsie zum Bestimmen der Neigung von Erdschichten;* oV *Klinograf* [< grch. *klinein* »neigen« + ...*graph*]
Kli|no|me|ter ⟨n.; -s, -⟩ *Vorrichtung zum Messen einer Neigung gegen die Horizontale* [< grch. *klinein* »beugen, neigen« + ...*meter*]
Kli|no|mo|bil ⟨n.; -s, -e⟩ *Automobil mit klinischer Ausrüstung* [verkürzt < *Klin*ik + Auto*mobil*]
Kli|no|stat, ⟨auch⟩ **Kli|nos|tat** ⟨m.; -(e)s od. -en, -e od. -en⟩ *Vorrichtung zum Untersuchen der Wirkung des Geotropismus* [< grch. *klinein* »beugen, neigen« + ...*stat*]
Klipp ⟨m.; -s, -s⟩ **1** *federnde Klemme, z.B. am Füllfederhalter od. zum Feststecken der Krawatte* **2** *Ohrschmuck, der mit einer federnden Klemme befestigt wird;* oV *Clip* **3** *Klammer;* → a. *Klips* [< engl. *clip* »Klammer«]
Klip|per ⟨m.; -s, -; 19. Jh.⟩ *schnelles Segelschiff (bes. für Ostasien)* [< engl. *clipper* »Schnellsegler«]
Klips ⟨m.; -es, -e⟩ *breite, federnde Klemme zum Einlegen von Haaren;* → a. *Klipp(3)*
Kli|schee ⟨n.; -s, -s⟩ **1** ⟨Typ.⟩ *Druckstock; Druckplatte für Hochdruck, Ätzung;* → a. *Chemigraph* **2** *Abdruck, genaues Abbild* **3** ⟨fig.⟩ *stark vereinfachte od. überkommene Vorstellung;* oV *Cliché* [< frz. *cliché*]
kli|schie|ren ⟨V.⟩ **1** eine Druckvorlage ~ *auf die Druckplatte übertragen u. ätzen* **2** ⟨fig.⟩ etwas ~ *ohne Talent nachahmen* [< frz. *clicher*]
Klis|ter ⟨m.; -s; unz.; Kunstw.⟩ *weiches Skiwachs, das besonders für das Fahren in Firnschnee geeignet ist;* Sy *Klisterwachs*
Klis|ter|wachs ⟨[-waks] m.; -es, -e⟩ = *Klister*
Klis|tier ⟨n.; -s, -e⟩ *Einbringen einer kleinen Flüssigkeitsmenge (im Unterschied zum Einlauf) durch den After in den Darm (bei Verstopfung usw.)* [< mhd. *klister, klistier* < lat. *clysterium,* grch. *klysterion;* zu grch. *klyzein* »spülen, reinigen«]
klis|tie|ren ⟨V.⟩ jmdn. ~ *jmdm. ein Klistier geben*
kli|to|ral ⟨Adj.⟩ *die Klitoris betreffend, zu ihr gehörig*
Kli|to|ris ⟨f.; -, - od. -to|ri|des⟩ *aufrichtbarer, dem Penis entsprechender Teil der weibl. Geschlechtsorgane am oberen Zusammenstoß der kleinen Schamlippen, Kitzler: Clitoris* [< grch. *kleitoris*]
Kli|vie ⟨[-viə] f.; -, -n⟩ = *Clivia*
Klo|a|ke ⟨f.; -, -n⟩ **1** *Schleuse, Abwasserkanal* **2** ⟨Zool.⟩ *gemeinsamer Ausgang von Darm, Harnblase u. Geschlechtsorganen bei manchen Tieren* [< lat. *cloaca* »unterirdischer Abzugskanal«]
Klo|a|ken|tier ⟨n.; -(e)s, -e⟩ **1** *mit einer Kloake ausgestattetes, Eier legendes Säugetier Australiens u. der eng benachbarten Inselwelt: Monotremata* **2** ⟨allg.; Pl.⟩ ~e *Ordnung urtümlicher Säugetiere, die keine lebenden Jungen gebären, sondern Eier legen u. diese ausbrüten,* z.B. Schnabeltier u. Ameisenigel
Klo|bas|se, Klo|bas|si ⟨f.; -, -bas|sen; österr.⟩ *grobe, gewürzte Wurst, die meistens heiß gegessen wird* [< slow. *klobása* »Wurst«]
Klon ⟨m.; -s, -e; Genetik⟩ *aus ungeschlechtlicher Fortpflanzung (Genmanipulation) hervorgegangene identische Nachkommenschaft eines Individuums;* ~e generieren, erzeugen; oV *Clon, Clonus* [< grch. *klon* »Zweig, Reis, Schössling«]
klo|nen ⟨V.; Genetik⟩ *sich ungeschlechtlich fortpflanzen, (durch Genmanipulation) künstlich erzeugen;* genetisch identische Lebewesen ~; oV *clonen;* Sy *klonieren* [→ *Klon*]
klo|nie|ren ⟨V.; Genetik⟩ = *klonen*
Klo|ning ⟨n.; -s, -s; Genetik⟩ *Vorgang das Klonens;* oV *Cloning*
klo|nisch ⟨Adj.⟩ *krampfhaft zuckend* [< grch. *klonos* »Krampf«]
Klo|nus ⟨m.; -, -ni; Med.⟩ *Zittern infolge erhöhter Muskelspannung* [< grch. *klonos* »Krampf«]
Klo|sett ⟨n.; -s, -s od. -e⟩ *Abort, Toilette (bes. mit Wasserspülung)* [verkürzt < engl. *water-closet* »abgeschlossener Raum mit Wasserspülung«]
Klo|tho|i|de ⟨f.; -, -n⟩ *mathemat. Kurve, eine Spirale mit immer kleiner werdendem Krümmungsradius, als Trassierungselement im Straßenbau für den Übergang von einer Geraden in eine Kurve verwendet* [< grch. *klothein* »spinnen« + *eidos* »Form, Gestalt«]
Klub ⟨m.; -s, -s⟩ oV *Club* **1** *geschlossene Vereinigung von Personen zur Pflege bestimmter Interessen* **2** *deren Raum od. Gebäude;* Foto~; Kegel~; Segel~ [< engl. *club* »Klub«, eigtl. »Keule« (nach dem alten Brauch, Einladungen zu Zusammenkünften durch das Herumsenden eines Kerbstockes, eines Brettes od. einer Keule zu übermitteln)]
Klub|gar|ni|tur ⟨f.; -, -en⟩ *mehrere zusammengehörige Polstersessel mit Couch*
Kluft ⟨f.; -, -en; umg.⟩ *Uniform, Dienstkleidung, Anzug* [rotw. < neuhebr. *qilluph* »Schale«]
Klus ⟨f.; -, -en; schweiz.⟩ *Engpass, Talenge* [< mlat. *clusa* »umschlossener Raum«]
Klu|sil ⟨m.; -s, -e; Phon.⟩ = *Explosivlaut*
Klü|ver ⟨m.; -s, -⟩ *dreieckiges Segel am Bugspriet* [< ndrl. *kluver* (heute *kluiver*); zu *kluif* »Klaue«, auch Bez. des Leitrings, an dem das Segel fährt]
Klys|ma ⟨n.; -s, -men⟩ **1** *Ausspülung* **2** *Klistier, Einlauf* [< grch. *klysma* »Einspritzung, Spülung«; zu *klyzein* »spülen«]
Klys|tron, ⟨auch⟩ **Klyst|ron** ⟨n.; -s, -tro|ne⟩ *Elektronenröhre zur Erzeugung starker kurzwelliger elektromagnet. Strahlung* [< grch. *klyzein* »überfluten, (an)branden, wogen« + ...*tron* Endung zur Bez. eines Gerätes]

km ⟨Abk. für⟩ *Kilometer*

Knast ⟨m.; -(e)s, -e od. Knäs|te; Pl. selten; umg.⟩ **1** *Freiheitsstrafe* **2** *Gefängnis* [Gaunerspr. < jidd. *knas* »Geldstrafe«]

Knas|ter ⟨m.; -s, -⟩ **1** ⟨urspr.⟩ *edler Tabak* **2** ⟨heute; umg.⟩ *schlechter, übel riechender Tabak* [verkürzt < *K(a)nastertobak,* < span. *canastro* »Rohrkorb« (in solchen Körben wurden edle Tabaksorten versandt) < grch. *kanastron* »Körbchen«; zu *kanna* »Rohr«]

Knaus-O|gi|no-Me|tho|de ⟨f.; -; unz.⟩ *empfängnisverhütende, auf Temperaturmessungen beruhende Methode zur Bestimmung der fruchtbaren u. unfruchtbaren Tage der Frau* [nach dem österr. Gynäkologen H. *Knaus,* 1892-1970, u. dem jap. Gynäkologen K. *Ogino,* 1882-1975]

Knes|set(h) ⟨f.; -; unz.⟩ *das Parlament des Staates Israel* [hebr., »Versammlung«]

Kni|cker|bo|ckers ⟨a. [nikə(r)-] Pl.⟩ *weite Hose mit Überfall, deren Beine unter den Knien mit Schnallen geschlossen werden* [< engl. *knickerbockers;* nach einem von W. Irving in seinem Roman »History of New York« (1809) erfundenen Ureinwohner D. *Knickerbocker;* er galt als typ. Vertreter der aus Holland stammenden ersten Siedler von New York, die in einer bebilderten Ausgabe mit den weiten Kniehosen ihrer Heimat dargestellt waren]

Knight ⟨[nait] m.; -s, -s; im Vereinigten Königreich⟩ *unterstes, nicht erbliches Adelsprädikat, welches vom jeweiligen Monarchen als Auszeichnung für besondere Verdienste um die Nation verliehen wird* [engl., »Ritter«]

knock|down, ⟨auch⟩ **knock-down** ⟨[nɔkdaun] Adj.; Sp.; Boxen⟩ *niedergeschlagen, aber nicht kampfunfähig;* → a. *knockout* [in Anlehnung an das Subst. *Knock-down* < engl. *knocked down* »niedergeschlagen«]

Knock-down, ⟨auch⟩ **Knock|down** ⟨[nɔkdaun] m.; -s, -s; Sp.; Boxen⟩ *Niederschlag* [→ *knockdown*]

knock|out, ⟨auch⟩ **knock-out** ⟨[nɔkaut] Adj.; Abk.: k.o.; Sp.; Boxen⟩ *niedergeschlagen, kampfunfähig;* den Gegner ~ schlagen [in Anlehnung an das Subst. *Knock-out* < engl. *knocked out* »entscheidend besiegt, herausgeschlagen«]

> **Knock-out / Knockout** (*Schreibung mit Bindestrich*) Abweichend von der generellen Regelung, nach der auch fremdsprachliche Komposita zusammengeschrieben werden, sind Aneinanderreihungen, die als substantivischer Infinitiv gebraucht werden, in der Regel durch Bindestrich zu trennen. Zusammenschreibung ist jedoch auch möglich.

Knock-out, ⟨auch⟩ **Knock|out** ⟨[nɔkaut] m.; -s od. -, -s; Abk.: K.o.; Sp.; Boxen⟩ *Niederschlag, völlige Besiegung, K.-o.-Schlag*

Know-how ⟨[no:hau] n.; - od. -s; unz.⟩ *das Wissen um die praktische Durchführung einer Sache, das »Gewusst-Wie«* [engl., »wissen wie«]

> **Know-how-Transfer** (*Schreibung mit Bindestrich*) Zwischen allen Bestandteilen mehrteiliger Zusammensetzungen, in denen eine Wortgruppe mit Bindestrich auftritt, wird ein Bindestrich gesetzt.

Know-how-Trans|fer ⟨[no:hautrænsfə(r)] m.; -s, -s⟩ *Vermittlung von technischem Wissen, z.B. an Entwicklungsländer* [< *Know-how* + engl. *transfer* »Übertragung«]

Knu|te ⟨f.; -, -n⟩ **1** *Peitsche aus aufeinander genähten Lederriemen;* einem Tier die ~ geben; die ~ zu spüren bekommen **2** ⟨fig.⟩ *Gewalt(herrschaft);* jmdn. unter seine ~ bringen; unter jmds. ~ seufzen; unter jmds. ~ stehen ⟨fig.⟩ *nichts zu sagen haben, unterdrückt sein* [< russ. *knut,* eigtl. »Knotenpeitsche«]

knu|ten ⟨V.⟩ *jmdn. unterdrücken, unterjochen, knechten* [→ *Knute*]

ko…, Ko… ⟨in Zus.⟩ = *kon…, Kon…*

k.o., K.o. ⟨Abk. für⟩ *knockout, Knockout;* ich bin k.o. ⟨umg.⟩ *ich bin erschöpft*

Ko|ad|ap|ti|on, ⟨auch⟩ **Ko|a|dap|ti|on** ⟨f.; -, -en⟩ **1** ⟨Genetik⟩ *durch vorteilhafte Genkombination gesteigerte Anpassungsfähigkeit an veränderte Umweltbedingungen* **2** ⟨Psych.⟩ *durch Veränderung der Umwelteinflüsse bedingte Mitveränderung nicht unmittelbar betroffener Organe* [< *Ko…* + *Adaption*]

Ko|ad|ju|tor ⟨m.; -s, -to|ren⟩ *Gehilfe eines kath. Geistlichen* [< lat. *coadiutor* »Mitgehilfe«]

Ko|a|gu|lans ⟨n.; -, -lan|tia od. -lan|zi|en⟩ *die Blutgerinnung förderndes Mittel* [< lat. *coagulare* »gerinnen«]

Ko|a|gu|lat ⟨n.; -(e)s, -e⟩ *Stoff, der bei einer Koagulation ausgefällt wird* [< lat. *coagulatum,* Part. Perf. zu *coagulare* »gerinnen machen«]

Ko|a|gu|la|ti|on ⟨f.; -, -en⟩ *Ausflockung einer kolloidalen Lösung durch Zusatz von Elektrolyten, entgegengesetzt geladenen Kolloiden od. durch Erhitzen, Flockung*

ko|a|gu|lie|ren ⟨V.⟩ *einer Koagulation unterworfen sein od. unterwerfen* [< lat. *coagulare* »gerinnen«]

Ko|a|gu|lum ⟨n.; -s, -la; Med.⟩ *Blutgerinnsel;* oV *Coagulum* [< lat. *coagulum* »Lab«, ein Enzym im Magen des Kalbes u. des Schafes, das Milch zum Gerinnen bringt]

Ko|a|la ⟨m.; -s, -s⟩ *aus Südaustralien stammender Kletterbeutler mit plumpem Körper, Beutelbär, Urbild des Teddybären: Phascolaretus cinerens*

Ko|a|les|zenz ⟨f.; -, -en⟩ **1** ⟨†⟩ *Verwachsung* **2** ⟨Sprachw.⟩ *Phonemverschmelzung, Lautwandelprozess, in dem benachbarte Phoneme verschmelzen* [zu lat. *coalescere* »zusammenwachsen«]

ko|a|lie|ren, ko|a|li|sie|ren ⟨V.; Pol.⟩ *eine Koalition bilden, sich verbinden, vereinigen, sich verbünden*

Ko|a|li|ti|on ⟨f.; -, -en; Pol.⟩ ~ von Parteien, Staaten *Vereinigung, Bündnis, zweckbestimmte Verbindung* [<frz. *coalition* »Bündnis« <engl. *coalition* <mlat. *coalitio* »Vereinigung, Zusammenkunft«]
Ko|a|li|ti|o|när ⟨m.; -s, -e; Pol.⟩ *Mitglied einer Koalition*
Ko|a|li|ti|ons|par|tei ⟨f.; -, -en; Pol.⟩ *einzelne Partei einer Koalition*
Ko|a|li|ti|ons|re|gie|rung ⟨f.; -, -en; Pol.⟩ *aus den Vertretern mehrerer Parteien gebildete Regierung*
Ko|au|tor ⟨m.; -s, -en⟩ *Mitautor, Mitverfasser;* oV *Konautor* [< *Ko…* + *Autor*]
ko|a|xi|al ⟨Adj.⟩ *eine gemeinsame Achse habend;* oV *konaxial* [< *ko…* + *axial*]
Ko|a|xi|al|ka|bel ⟨n.; -s, -⟩ *Kabel für Nachrichtenverbindungen, bei dem ein Mittelleiter von einem rohrförmigen Außenleiter umgeben ist*
Ko|a|zer|vat ⟨[-va:t] n.; -(e)s, -e⟩ *winziges Flüssigkeitströpfchen, das durch Membranen von dem umgebenden Milieu abgegrenzt wird* [zu engl. *coacervate* »anhäufen« <lat. *coacervatio* »Anhäufung«]
Ko|balt ⟨n.; -s; unz.⟩ = *Cobalt*
Ko|balt|glanz ⟨m.; -es; unz.⟩ = *Cobaltit;* Sy *Kobaltin*
Ko|bal|tin ⟨m.; -s; unz.⟩ = *Kobaltglanz*
Ko|balt|ka|no|ne ⟨f.; -, -n; Med.⟩ *Gerät zur Strahlentherapie mit energiereichen Strahlen, das radioaktive Cobaltisotope (Co^{60}) enthält*
Ko|bra, ⟨auch⟩ **Kob|ra** ⟨f.; -, -s⟩ *bis 1,8 m lange Schlange mit Brillenzeichnung auf dem Nacken, gefährlichste Giftschlange Indiens: Naja naja* [verkürzt <portug. *cobra de capello* »Kappenschlange«, <lat. *colubra* »Schlange« + *capello* »Kappe«]
Ko|ckels|kör|ner ⟨Pl.⟩ *Fischkörner, Samen der Kockelspflanze, die bei einer (verbotenen) Art des Fischfangs verwendet werden, da der in ihnen enthaltene Wirkstoff Pikrotoxin die Schwimmblase der Fische lähmt: Fructus cocculi;* oV *Kokkelskörner* [<mlat. *cocculae orientales* »Körner aus dem Orient« od. *cocculae indici* »Körner aus Indien«; zu *coccula,* Verkleinerungsform zu lat. *coccus* »Kern, Korn« <grch. *kokkos*]
Ko|ckels|pflan|ze ⟨f.; -, -n⟩ *zur Familie der Mondsamengewächse gehörende, rankende Pflanze mit kleinen, schwarzen Steinfrüchten, deren Samen Kockelskörner genannt werden: Anamirta cocculus;* oV *Kokkelspflanze*
Ko|ck|pit ⟨n.; -s, -s⟩ = *Cockpit*
Ko|da ⟨f.; -, -s; Mus.⟩ *Schlussteil (eines Musikstücks);* oV *Coda* [<ital. *coda* <lat. *cauda* »Schwanz«]
Kode ⟨[ko:d] m.; -s, -s⟩ oV *Code* **1** *Vorschrift für die Zuordnung von Zeichen eines Zeichensystems zu Zeichen eines anderen Systems, so dass der Gehalt an Information unverändert bleibt* **2** *Schlüssel zum Übertragen von chiffrierten Texten in Klarschrift* **3** *Verzeichnis von Kurzwörtern u. Ziffern* [→ *Code*]
Ko|de|in ⟨n.; -s; unz.⟩ *Teilalkaloid des Opiums, wirkt hauptsächlich hustenstillend: Codein* [<grch. *kodeia* »Mohnfrucht«]
Ko|dex ⟨m.; -es od. -, -e od. -di|zes⟩ **1** *Gesetzessammlung, Handschriftensammlung* **2** *Gesamtheit der Regeln, die in einer Gesellschaft od. Gesellschaftsgruppe maßgebend sind;* Sitten~; Ehren~; →a. *Codex*
Ko|di|ak|bär ⟨m.; -en, -en⟩ *in Alaska vorkommender, großer Braunbär* [nach der Insel *Kodiak Island*]
ko|die|ren ⟨V.⟩ Informationen, einen Text ~ *in einen Kode übertragen, mittels eines Kodes verschlüsseln;* oV *codieren;* Sy *encodieren;* Ggs *dekodieren* [→ *Code*]
Ko|die|rung ⟨f.; -, -en⟩ *das Kodieren;* oV *Codierung*
Ko|di|fi|ka|ti|on ⟨f.; -, -en⟩ = *Kodifizierung*
ko|di|fi|zie|ren ⟨V.⟩ *in einem Gesetzbuch zusammenfassen;* Rechtsbestimmungen ~ [< *Kodex* + *…fizieren*]
Ko|di|fi|zie|rung ⟨f.; -, -en⟩ *das Kodifizieren;* Sy *Kodifikation*
Ko|di|zill ⟨n.; -s, -e; früher, vor Einführung des BGB⟩ *letztwillige Verfügung (über Vermächtnisse), Zusatz zu einem Testament* [<lat. *codicillus* »kleine Handschrift«]
Ko|e|di|ti|on ⟨a. [----'-] f.; -, -en⟩ **1** *Edition eines Werkes, an der mehr als ein Herausgeber arbeitet* **2** *gleichzeitige Herausgabe unterschiedlicher Editionen eines Werkes durch verschiedene Verlage* [< *Ko…* + *Edition*]
Ko|e|du|ka|ti|on ⟨f.; -; unz.⟩ *gemeinsame Erziehung von Jungen u. Mädchen in Schulen u. Internaten* [< *Ko…* + *Edukation*]
ko|e|du|ka|tiv ⟨Adj.⟩ *die Koedukation betreffend, zu ihr gehörig, von ihr stammend*
Ko|ef|fi|zi|ent ⟨m.; -en, -en⟩ **1** ⟨Math.⟩ *ein Faktor, der durch eine allgemeine od. bestimmte Zahl bezeichnet wird, Beizahl, Beiwert* **2** ⟨Phys.⟩ *für bestimmte physikal. od. techn. Vorgänge kennzeichnende Größe;* Ausdehnungs~; Reibungs~ [< *Ko…* + lat. *efficere* »bewirken«]
Ko|en|zym ⟨n.; -s, -e⟩ *nicht eiweißartiger Bestandteil des Enzyms* [< *Ko…* + *Enzym*]
ko|er|zi|bel ⟨Adj.⟩ *fähig, eine Koerzitivkraft auszuüben* [<lat. *coercibilis* »zähmbar, zu bändigen«; zu *coercere* »in Schranken halten, bändigen«]
Ko|er|zi|tiv|kraft ⟨f.; -, -kräf|te⟩ **1** *magnetische Feldstärke, die eine Magnetisierung aufhebt* **2** *Fähigkeit eines Stoffes, der Veränderung seines magnetischen Zustandes zu widerstehen* [zu lat. *coercere* »in Schranken halten«]
ko|e|xis|tent ⟨a. [---'-] Adj.; geh.⟩ *nebeneinander existierend, gleichzeitig vorhanden* [< *ko…* + *existent*]
Ko|e|xis|tenz ⟨[---'-] f.; -; unz.⟩ *das Existieren nebeneinander, gleichzeitiges Vorhandensein, z.B. von Staaten mit verschiedenen Regierungsformen* [< *Ko…* + *Existenz*]
ko|e|xis|tie|ren ⟨V.⟩ *nebeneinander existieren, gleichzeitig vorhanden sein* [< *ko…* + *existieren*]

Kof|fe|in ⟨n.; -s; unz.⟩ *bes. in Kaffee u. Tee enthaltenes, anregendes, bitter schmeckendes Alkaloid, chem. Methyltheobromin,* $C_8H_{10}N_4O_2$; oV *Coffein;* Sy *Tein* [< engl. *coffee* »Kaffee«]

Köf|te ⟨f. od. n.; - od. -s, -⟩ *gebratenes Hackfleischklößchen* [türk.]

■ Die Buchstabenfolge **ko|gn...** kann auch **kog|n...** getrennt werden.

■ **Ko|gnak** ⟨[kɔnjak] m.; -s, -s od. -e⟩ *Weinbrand;* → a. *Cognac*

■ **Ko|gnat** ⟨m.; -en, -en⟩ **1** ⟨i.w.S.⟩ *Blutsverwandter* **2** ⟨i.e.S.; im alten Rom⟩ *Verwandter, der nicht der väterlichen Gewalt unterstand;* Ggs *Agnat(1)* [zu lat. *cognatus* »mitgeboren«]

■ **Ko|gna|ti|on** ⟨f.; -; unz.⟩ *Blutsverwandtschaft* [→ *Kognat*]

■ **ko|gna|tisch** ⟨Adj.⟩ *den od. die Kognaten betreffend, als Kognaten in einem Verwandtschaftsverhältnis stehend;* Ggs *agnatisch*

■ **Ko|gni|ti|on** ⟨f.; -, -en⟩ **1** *Erkenntnis* **2** ⟨†⟩ *gerichtl. Untersuchung* [< lat. *cognitio* »das Wahrnehmen, Erkennen«]

■ **ko|gni|tiv** ⟨Adj.⟩ *auf Erkenntnis beruhend* [→ *Kognition*]

■ **Ko|gno|men** ⟨m.; -s, - od. -mi|na; röm. Antike⟩ *Beiname;* oV *Cognomen* [< lat. *cognomen* »Beiname«]

Ko|ha|bi|ta|ti|on ⟨f.; -, -en⟩ **1** = *Koitus* **2** ⟨in Frankr.⟩ *Präsident u. Regierung aus unterschiedlichen polit. Lagern* [< lat. *cohabitatio* »das Beisammenwohnen« < *Ko...* + *habitare* »wohnen«]

ko|ha|bi|tie|ren ⟨V.⟩ = *koitieren* [→ *Kohabitation*]

ko|hä|rent ⟨Adj.⟩ **1** *zusammenhängend;* Ggs *inkohärent* **2** ⟨Phys.⟩ *der Kohäsion unterworfen;* ~es Licht [< lat. *cohaerens,* Part. Präs. zu *cohaerere* »zusammenhängen«]

Ko|hä|renz ⟨f.; -; unz.⟩ *Zusammenhang;* Ggs *Inkohärenz* [< lat. *cohaerentia* »das Zusammenhängen«]

Ko|hä|renz|fak|tor ⟨m.; -s, -en; Psych.⟩ *das Empfinden von Zusammengehörigkeiten bestimmter Einzelheiten bewirkender Faktor wie z.B. Symmetrie, räumliche Nachbarschaft od. Ähnlichkeit*

Ko|hä|renz|prin|zip ⟨n.; -s; unz.; Philos.⟩ *Grundsatz, nach dem alles Seiende in einem Beziehungsgefüge zueinander steht, einen Zusammenhang miteinander aufweist*

Ko|hä|rer ⟨m.; -s, -⟩ *in den Anfangsjahren der drahtlosen Telegrafie benutzte Glasröhre voller Eisenfeilspäne, die durch Zusammenbacken das Auftreffen elektrischer Wellen anzeigten;* Sy *Fritter* [→ *kohärieren*]

ko|hä|rie|ren ⟨V.⟩ *zusammenhängen, der Kohäsion unterliegen* [< lat. *cohaerere* »zusammenhängen«]

Ko|hä|si|on ⟨f.; -; unz.⟩ *durch Anziehungskräfte der Moleküle bewirkter Zusammenhalt zwischen ihnen* [zu lat. *cohaerere* »zusammenhängen«]

ko|hä|siv ⟨Adj.⟩ *zusammenhaltend, auf Kohäsion beruhend* [→ *kohärieren*]

Ko|hi|noor ⟨[-nuːr]⟩, **Ko|hi|nur** ⟨m.; -s; unz.⟩ *großer Diamant im brit. Kronschatz* [< pers. *koh-i-nur* »Berg des Lichts«]

Koh|len|di|o|xid ⟨n.; -s; unz.⟩ = *Kohlenstoffdioxid*

Koh|len|hy|drat, ⟨auch⟩ **Koh|len|hyd|rat** ⟨n.; -(e)s, -e⟩ Sy *Saccharid* **1** *chem. Verbindung, die Kohlenstoff u. Wasserstoff im Verhältnis 2:1 enthält (entsprechend dem Verhältnis von Sauerstoff u. Wasserstoff im Wasser)* **2** *Vertreter dieser Verbindungsklasse sind z.B. die meisten Zucker*

Koh|len|mon|o|xid, ⟨auch⟩ **Koh|len|mo|no|xid, Koh|len|o|xid** ⟨n.; -(e)s; unz.⟩ *bei unvollständiger Verbrennung von Kohlenstoff entstehendes, farb- u. geruchloses, giftiges Gas, CO;* Sy *Kohlenoxidgas*

Koh|len|o|xid|gas ⟨n.; -es, -e⟩ = *Kohlenmonoxid, Kohlenoxid*

Koh|len|stoff|di|o|xid ⟨n.; -s; unz.⟩ *schwach säuerlich schmeckendes, farbloses, nicht brennbares Gas, chem. Formel* CO_2*;* Sy *Kohlendioxid*

Ko|hor|ta|tiv ⟨m.; -s, -e [-və]; Gramm.⟩ *zumeist konjunktivistische Verbform der nachdrücklichen Bitte u. Aufforderung,* z.B. „es werde Tag" [zu lat. *adhortari* „ermahnen, eindringlich bitten"]

Ko|hor|te ⟨f.; -, -n⟩ **1** *altröm. Truppeneinheit, 10. Teil einer Legion* **2** ⟨fig.⟩ *ausgewählte Gruppe (von Personen)* [< lat. *cohors,* Gen. *cohortis* »Gehege, Hofraum, Gefolge«]

Ko|hor|ten|a|na|ly|se ⟨f.; -, -n⟩ *statistische Untersuchung menschl. Gruppen od. Kohorten im Zeitablauf*

Ko|hy|po|ny|mie ⟨f.; -; unz.; Sprachw.⟩ *hierarchische Gleichstellung zweier Hyponyme aufgrund ihrer semantischen Nähe u. ihrer gemeinsamen Unterordnung unter ein anderes Hyponym* [< *Ko...* + *hyop...* + grch. *onoma, onyma* »Name«]

Koi|ne ⟨f.; -; unz.⟩ **1** *aus den altgriech. Dialekten entstandene griech. Gemeinsprache zur Zeit des Hellenismus* **2** *gemeinsame Form der Sprache einer stark in Dialekte gegliederten Sprachgemeinschaft* [verkürzt < grch. *koine dialektos* »gemeinsame Sprache«]

Koi|non ⟨n.; -s, -na⟩ *die politische, berufliche od. sakrale Gemeinschaft in der Antike, besonders in der hellenistischen Zeit* [grch., »das Gemeinsame«]

ko|in|zi|dent ⟨Adj.⟩ *zusammentreffend, zusammenfallend, deckend* [< *ko...* + lat. *incidens,* Part. Präs. zu *incidere* »hineinfallen; geschehen«]

Ko|in|zi|denz ⟨f.; -; unz.⟩ *Zusammentreffen (zweier Ereignisse)*

ko|in|zi|die|ren ⟨V.⟩ *zusammentreffen, zusammenfallen (mit), sich decken (mit)* [< *ko...* + lat. *incidere* »hineinfallen; geschehen«]

ko|i|tie|ren ⟨V.⟩ *geschlechtl. Vereinigung vollziehen;* Sy *kohabitieren* [→ *Koitus*]
Ko|i|tus ⟨m.; -, -⟩ *Geschlechtsverkehr, Beischlaf, Geschlechtsakt;* oV *Coitus;* Sy *Kohabitation* [<lat. *coitus* »das Zusammengehen, Begattung«; zu *coire* »zusammengehen, -kommen«]
Ko|je ⟨f.; -, -n⟩ **1** ⟨auf Schiffen⟩ *eingebautes, schmales Bett* **2** ⟨allg.⟩ *sehr kleine Schlafkammer* **3** *kleiner, nach einer Seite offener Raum, z.B. auf Kunstausstellungen* **4** ⟨umg.⟩ *Bett* [<mnddt. *koje* <lat. *cavea* »Käfig«]
Ko|jo|te ⟨m.; -n, -n⟩ *in der Lebensweise dem Wolf ähnelnder Präriehund des westl. Nordamerikas: Canis latrans;* oV *Coyote* [<span. (mexikan.) *coyote*]
Ko|ka ⟨f.; -, -n⟩ *in Bolivien heim. Pflanze, deren Blätter Kokain enthalten u. in Südamerika als Anregungsmittel gekaut werden: Erythroxylon coca;* Sy *Kokastrauch* [<span. *coca*]
Ko|ka|in ⟨n.; -s; unz.⟩ *in den Blättern der Koka enthaltendes Alkyloid, Rauschgift, Betäubungsmittel,* $C_{17}H_{21}NO_4$*;* Sy *Koks*[2] [*Koka*]
Ko|ka|i|nị|smus ⟨m.; -; unz.; †⟩ *ständiger Missbrauch von Kokain, Sucht nach Kokain*
Ko|ka|i|nịst ⟨m.; -en, -en; †⟩ *Kokainsüchtiger*
Ko|kạr|de ⟨f.; -, -n⟩ *nationales Abzeichen an der Uniformmütze in Form einer Rosette* [<frz. *cocarde*]
Ko|ka|strauch ⟨m.; -(e)s, -sträu|cher⟩ = *Koka*
ko|ken ⟨V.⟩ **1** *in koksartigen Zustand überführen* **2** *zu Koks werden* [→ *Koks*[1]]
Ko|ker[1] ⟨m.; -s, -⟩ *Arbeiter in der Kokerei* [<engl.]
Ko|ker[2] ⟨m.; -s, -⟩ *Öffnung für das Ruder am Schiffsheck;* Sy *Hennegatt*
Ko|ke|rei ⟨f.; -, -en⟩ **1** ⟨unz.⟩ *Gewinnung von Koks* **2** ⟨zählb.⟩ *die Anlage dazu* [→ *Koks*[1]]
ko|kẹtt ⟨Adj.⟩ *in einer spielerischen Art darauf bedacht, anderen zu gefallen;* ~er Blick; ~es Lächeln; ~es Mädchen; ~ lächeln; sie ist sehr ~ [<frz. *coquet* »eitel, gefallsüchtig«, eigtl. »hahnenhaft«; zu *coq* »Hahn«]
Ko|kẹt|te ⟨f.; -, -n⟩ *kokette Frau*
Ko|ket|te|rie ⟨f.; -, -n⟩ *kokettes Verhalten*
ko|ket|tie|ren ⟨V.⟩ *sich kokett benehmen, seine Reize spielen lassen;* mit jmdm. ~ *jmds. Gefallen zu erregen suchen, jmdn. erotisch zu reizen suchen;* mit einer Möglichkeit ~ *eine M. spielerisch erörtern*
Ko|kịl|le ⟨f.; -, -n⟩ *Gießform aus Metall, in der mehrfach Abgüsse hergestellt werden können* [<frz. *coquille* »Muschel, Gussschale«]
Kọk|kels|kör|ner ⟨Pl.⟩ = *Kockelskörner*
Kọk|kels|pflan|ze ⟨f.; -, -n⟩ = *Kockelspflanze*
Kọk|ken ⟨Pl. von⟩ *Kokkus*
Kök|ken|möd|din|ger ⟨Pl.⟩ *von Menschen der späten Mittel- u. der Jungsteinzeit stammender Abfallhaufen von Muschelschalen an der dän. Ostseeküste;* oV *Kjökkenmöddinger* [dän., »Küchenabfälle«]
Kok|ko|lith ⟨m.; -s od. -en, -e od. -en⟩ *Kalkteil organischen Ursprungs* [<grch. *kokkos* »Kern« + *…lith*]
Kọk|kus ⟨n.; -, Kọk|ken⟩ *kugelförmiges, nichtsporenbildendes Bakterium;* oV *Coccus* [<grch. *kokkos* »Kern«]
Ko|kon ⟨[kokɔ̃:], österr. a. [-ko:n] m.; -s, -s⟩ *aus dem erhärteten Sekret der Spinndrüsen von den Larven verschiedener Insekten bei der Verpuppung angefertigtes Gehäuse, bes. der Seidenraupe* [<frz. *cocon* »Gespinst der Seidenraupe«]
Ko|kos 1 ⟨f.; -, -⟩ = *Kokospalme* **2** ⟨n.; -; unz.⟩ *geraspeltes Fruchtfleisch der Kokosnuss*
Ko|kos|nuss ⟨f.; -, -nüs|se⟩ *braune, behaarte Frucht der Kokospalme mit sehr harter Schale*
Ko|kos|pal|me ⟨f.; -, -n⟩ *20 bis 30 m hohe Palme mit an der Basis etwas angeschwollenem Stamm u. an der Spitze 4–6 m langen, steifen Fiederblättern: Cocos nucifera;* Sy *Kokos(1)* [<span. *coco* »Butzemann« (= Frucht der Kokospalme, weil man daraus leicht Masken schneiden kann)]
Ko|kọt|te ⟨f.; -, -n; †⟩ **1** *Halbweltdame;* oV *Cocotte* **2** *irdener Schmortopf* [<frz. *cocotte* »Hühnchen, Henne« (Kinderspr.), »Kokotte«; zu *coq* »Hahn«]
Koks[1] ⟨m.; -es, -e⟩ *beim Erhitzen unter Luftabschluss von Stein- od. Braunkohle entstehender, fast reiner Kohlenstoff, der als Brennstoff verwendet wird* [<engl. *cokes,* Pl. zu *coke* »Koks«, eigtl. »Mark, Kern«; zu idg. **gel-* »Ballen, Geballtes«]
Koks[2] ⟨m.; - od. -es; unz.⟩ = *Kokain*
Kok-Sa|ghys ⟨m.; -; unz.⟩ *Wildpflanze, aus deren Wurzel Kautschuk gewonnen wird, Kautschuklöwenzahn: Taraxacum kok-saghys* [<türk. *kök* »Wurzel« + osttürk. *sagis* »Gummi«]
kok|sen ⟨V.; umg.⟩ *Kokain nehmen* [→ *Koks*[2]]
Kok|ser ⟨m.; -s, -; umg.⟩ *jmd., der kokainsüchtig ist* [→ *Koks*[2]]
Kok|zi|die ⟨[-diə] f.; -, -n⟩ *im Epithelgewebe schmarotzendes Sporentierchen: Coccidia* [<lat. *coccidia,* <grch. *kokkos* »Kern« + *…id*]
Kok|zi|di|o|se ⟨f.; -, -n⟩ *Erkrankung junger Haustiere an Kokzidien;* oV *Coccidiose*
kol…, Kol… ⟨in Zus.⟩ = *kon…, Kon…*
Ko|la ⟨Pl. von⟩ *Kolon*
Ko|la|nuss ⟨f.; -, -nüs|se⟩ *als Genussmittel verwendete koffeinhaltige Samenkerne des in Südwestafrika heimischen Kolabaumes (Cola vera)* [<westafrikan. Spr.]
Ko|lat|sche ⟨f.; -, -n; österr.⟩ *kleiner, runder gefüllter Hefekuchen* [<tschech. *koláč*]
Kol|chi|zin ⟨[-çi-] n.; -s; unz.⟩ *giftiges Alkaloid der Herbstzeitlosen* [nach *colchicum autumnale* »Herbstzeitlose«]
Kọl|chos ⟨m. od. n.; -, -cho|se⟩, **Kol|cho|se** ⟨f.; -, -n⟩ *landwirtschaftl. Produktionsgenossenschaft in der Sowjetunion* [<russ. *kolchos,* verkürzt < *kollektivnoe chozjajstvo* »Kollektivwirtschaft«]
Kol|ek|to|mie, ⟨auch⟩ **Ko|lek|to|mie** ⟨f.; -, -n; Med.⟩ *operative Entfernung des Kolons(1)* [< *Kolon* + *Ektomie*]

Ko|le|o|pte|re, ⟨auch⟩ **Ko|le|op|te|re** ⟨f.; -, -n⟩ *Angehörige einer Ordnung von Insekten, deren vorderes Flügelpaar durch Chitineinlagerungen zu harten Deckflügeln geworden ist, Käfer, Deckflügler: Coleoptera;* oV *Coleoptera* [< grch. *koleos* »Scheide« + *…ptere*]

Ko|le|o|pte|ro|lo|ge, ⟨auch⟩ **Ko|le|op|te|ro|lo|ge** ⟨m.; -n, -n⟩ *Wissenschaftler auf dem Gebiet der Koleopterologie*

Ko|le|o|pte|ro|lo|gie, ⟨auch⟩ **Ko|le|op|te|ro|lo|gie** ⟨f.; -; unz.⟩ *sich mit den Käfern befassendes Teilgebiet der Zoologie*

ko|le|o|pte|ro|lo|gisch, ⟨auch⟩ **ko|le|op|te|ro|lo|gisch** ⟨Adj.⟩ *die Koleopterologie betreffend, zu ihr gehörig, auf ihr beruhend*

Ko|le|o|pti|le, ⟨auch⟩ **Ko|le|op|ti|le** ⟨f.; -, -n⟩ *Schutzorgan um die Sprossknospe von Gräsern, Keimscheide* [< grch. *koles* »Scheide« + *ptilon* »Feder, Flügel«]

Ko|li|bak|te|ri|en ⟨Pl.⟩ *Bakterien, die ein wichtiger Bestandteil der normalen Darmflora sind, aber als Krankheitserreger auftreten können: Bacterium coli* [< grch. *kolon* »Dickdarm« + *Bakterium*]

Ko|li|bri, ⟨auch⟩ **Ko|lib|ri** ⟨m.; -s, -s⟩ *Schwirrvogel, Angehöriger einer den Seglern nahe verwandten Vogelfamilie: Trochilidae* [< frz. *colibri* < Spr. der Insel Cayenne *colib(a)ri* »leuchtende Fläche« (nach dem leuchtenden Grün der unteren Kopfhälfte)]

ko|lie|ren ⟨V.⟩ *(durch ein Tuch) seihen* [< lat. *colare* »durchseihen«]

Ko|lik ⟨f.; -, -en⟩ *schmerzhafte, krampfartige Zusammenziehung eines inneren Organs;* Darm~; Gallen~; Magen~; Nieren~ [< grch. *kolike (nosos)* »Darmkrankheit«; zu *kolon* »Dickdarm«]

Ko|li|tis ⟨f.; -, -ti|den⟩ *durch verschiedene Infektionen, bes. Ruhrbakterien u. Ruhramöben, ausgelöste u. unterhaltene Entzündung des Dickdarmes: Colitis;* oV *Colitis* [< grch. *kolon* »Dickdarm«]

Ko|li|u|rie ⟨f.; -, -n; Med.⟩ *Ausscheidung von kolibakterienhaltigem Urin* [< *Kolibakterien* + *…urie*]

Kol|ko|thar ⟨m.; -s, -e⟩ = *Caput mortuum* [< nlat. *colcothar (vitriolo)* (Paracelsus) < arab. *qulqutar* < grch. *chalkanthos* »Erzblüte«]

Kol|la ⟨f.; -; unz.; Med.⟩ *Leim* [grch.]

kol|la|bie|ren ⟨V.⟩ *einen Kollaps erleiden* [< lat. *collabi* »zusammenfallen«]

Kol|la|bo|ra|teur ⟨[-tøːr] m.; -s, -e⟩ *jmd., der mit dem Feind od. der Besatzungsmacht zusammenarbeitet* [< frz. *collaborateur* »Mitarbeiter«]

Kol|la|bo|ra|ti|on ⟨f.; -, -en⟩ *das Kollaborieren, Zusammenarbeit mit dem Feind od. der Besatzungsmacht* [< frz. *collaboration* »Mitarbeit«]

kol|la|bo|rie|ren ⟨V.⟩ *zusammenarbeiten,* ⟨bes.⟩ *mit dem Feind od. der Besatzungsmacht zusammenarbeiten* [< frz. *collaborer* »mitarbeiten«]

Kol|la|ge ⟨[-ʒə] f.; -, -n⟩ = *Collage*

kol|la|gen ⟨Adj.⟩ *Leim gebend, aus Kollagen bestehend*

Kol|la|gen ⟨n.; -s, -e⟩ *Eiweiß, das den wichtigsten Bestandteil des Stütz- u. Bindegewebes vor allem der Haut, der Sehnen u. der Knochen bildet u. durch langes Kochen in Wasser in Leim übergeführt werden kann* [< grch. *kolla* »Leim« + *…gen*]

Kol|la|ge|na|se ⟨f.; -, -n; Biochem.⟩ *Ferment, das Kollagen u. Gelatine abbaut*

Kol|la|gen|krank|heit ⟨f.; -, -en; Med.⟩ = *Kollagenose*

Kol|la|ge|no|se ⟨f.; -, -n; Med.⟩ *Erkrankung, die durch abnorme Veränderung am kollagenen Bindegewebe (Verquellung, Auflösung) gekennzeichnet ist,* z.B. Rheumatismus; Sy *Kollagenkrankheit*

Kol|laps ⟨a. [-'-] m.; -es, -e⟩ *durch mangelhafte Durchblutung des Gehirns verursachter, oft auf einen Schock folgender Zusammenbruch des Kreislaufs;* Herz~; Kreislauf~ [< mlat. *collapsus* »Zusammenbruch«; zu *collabi* »zusammenfallen«]

Kol|lar ⟨n.; -s, -e⟩ **1** *steifes Halstuch mit Kragen, das bes. von kath. Geistlichen getragen wird* **2** *Zierbesatz des liturgischen Schultertuches* [< mlat. *collaris* »Halstuch« < lat. *collare* »Halsband (für Tiere), Halseisen«]

Kol|lar|gol ⟨n.; -s; unz.⟩ *kolloidales, im Wasser lösliches Silber* [verkürzt < *koll*oidal + lat. *argentum* »Silber« + *…ol*]

kol|la|te|ral ⟨Adj.⟩ **1** *seitlich, auf der gleichen Körperseite* **2** *nebenher laufend* **3** *zu einer Seitenlinie der Familie gehörend* [< *kol…* + *lateral*]

Kol|la|te|ra|le ⟨f.; -n, -n; Anat.⟩ = *Kollateralgefäß*

Kol|la|te|ral|ge|fäß ⟨n.; -es, -e; Anat.⟩ *Umgehungsgefäß des Blutkreislaufs;* oV *Kollaterale*

Kol|la|ti|on ⟨f.; -, -en⟩ **1** *das Zusammentragen der Bogen eines Buches* **2** *Vergleich zwischen Abschrift u. Urschrift* **3** *leichte Abendmahlzeit an Fastentagen* **3.1** ⟨danach⟩ *leichte Zwischenmahlzeit* **4** ⟨Rechtsw.⟩ *Ausgleich zwischen Erben, wenn einer (od. mehrere) von ihnen schon vor dem Tode des Erblassers Zuwendungen erhalten hat* [< lat. *collatio* »das Zusammentragen, Beitrag, Vergleichung« u. frz. *collation* »Imbiss«]

kol|la|ti|o|nie|ren ⟨V.⟩ **1** *zusammentragen* **2** *Abschrift u. Urschrift vergleichen* **3** *ausgleichen, abstimmen*

Kol|la|tur ⟨f.; -, -en⟩ *das Recht, ein geistl. Amt zu besetzen* [zu lat. *collatus* »zusammengetragen«]

Kol|lau|da|ti|on ⟨f.; -, -en; österr.; schweiz.⟩ *amtl. Prüfung eines Baues, Bauabnahme;* Sy *Kollaudierung* [zu lat. *collaudare* »loben«; zu *laudare* »loben«]

kol|lau|die|ren ⟨V.; österr.; schweiz.⟩ *einen Bau abschließend prüfen u. genehmigen* [→ *Kollaudation*]

Kol|lau|die|rung ⟨f.; -, -en⟩ = *Kollaudation*

Kol|leg ⟨n.; -s, -s⟩ **1** *Vorlesung (an einer Hochschule);* ein ~ belegen, besuchen, hören; ein ~ halten, lesen; dreistündiges ~; ins ~ gehen; ein ~ über Goethes »Faust« **2** *das Gebäude, in dem ein Kolleg(1) gehalten wird* **3** *kath. Studienanstalt;* Jesuiten~ [< lat. *collegium* »Zusammenkunft von Berufsgenossen«]

Kol|le|ge ⟨m.; -n, -n⟩ *jmd., der den gleichen Beruf ausübt wie man selbst, Mitarbeiter* [< lat. *collega* »Amtsgenosse«]

kol|le|gi|al ⟨Adj.⟩ *wie ein Kollege, wie (unter) Kollegen*

Kol|le|gi|al|ge|richt ⟨n.; -(e)s, -e⟩ *Gericht, bei dem mehrere Richter entscheiden, im Gegensatz zum Einzelrichter*

Kol|le|gi|a|li|tät ⟨f.; -; unz.⟩ **1** *Verbundenheit der Kollegen untereinander* **2** *kollegiales Verhalten*

Kol|le|gi|at ⟨m.; -en, -en⟩ *Mitbewohner eines Stifts*

Kol|le|gi|um ⟨n.; -s, -gi|en⟩ *Körperschaft, Ausschuss, Gemeinschaft (von Personen gleichen Amtes od. Berufs);* Ärzte~; Lehrer~; → a. *Collegium* [→ *Kolleg*]

Kol|lek|ta|nea, Kol|lek|ta|ne|en ⟨[-ne:ən] Pl.⟩ *Lesefrüchte, gesammelte Auszüge aus Schriftstücken;* oV *Collectanea, Collectaneen;* → a. *Analekten, Exzerpte* [< lat. *collectanea,* Pl. zu *collectaneum* »das Angesammelte«; zu *colligere* »sammeln«]

Kol|lek|te ⟨f.; -, -n⟩ *Sammlung freiwilliger Gaben (in der Kirche)* [< lat. *collecta* »Beisteuer; Sammlung«; zu *colligere* »sammeln«]

Kol|lek|teur ⟨[-tø:r] m.; -s, -e⟩ **1** *jmd., der für wohltätige Zwecke sammelt* **2** *Lotterieeinnehmer* [< frz. *collecteur* »Sammler«; → *Kollekte*]

Kol|lek|ti|on ⟨f.; -, -en⟩ *Zusammenstellung von Warenmustern;* Muster~ [< frz. *collection* »Sammlung« < lat. *collectio* »das Sammeln«; zu *colligere* »sammeln«]

kol|lek|tiv ⟨Adj.⟩ **1** *gemeinsam, gemeinschaftlich, geschlossen* **2** *umfassend;* ~e Sicherheit [< lat. *collectivus* »angesammelt«; zu *colligere* »sammeln«]

Kol|lek|tiv ⟨n.; -s, -e [-və]⟩ *Arbeitsgemeinschaft*

kol|lek|ti|vie|ren ⟨[-vi:-] V.⟩ **1** *in Kollektive zusammenfassen* **2** Privateigentum ~ *in Gemeineigentum umwandeln*

Kol|lek|ti|vie|rung ⟨[-vi:-] f.; -, -en⟩ **1** *Zusammenschluss zu Kollektiven* **2** *Umwandlung von Privat- in Gemeineigentum*

Kol|lek|ti|vis|mus ⟨[-vis-] m.; -; unz.⟩ *Lehre, dass die Gemeinschaft den Vorrang vor dem Einzelnen habe*

Kol|lek|ti|vist ⟨[-vist] m.; -en, -en⟩ *Anhänger des Kollektivismus*

kol|lek|ti|vis|tisch ⟨[-vis-] Adj.⟩ *auf Kollektivismus beruhend*

Kol|lek|ti|vi|tät ⟨[-vi-] f.; -; unz.⟩ *Gemeinschaftlichkeit, Gemeinsamkeit, Zusammenhalt*

Kol|lek|tiv|suf|fix ⟨n.; -es, -e⟩ *Suffix, das eine Gruppe bezeichnet,* z.B. »-schaft« in »Lehrerschaft«

Kol|lek|ti|vum ⟨[-vum] n.; -s, -va od. -ven; Gramm.⟩ *Wort, das eine Klasse von Erscheinungen als einheitlichen Komplex zusammenfasst, der entweder nur im Singular (z.B. Schnee) od. Plural (z.B. Leute) ausgedrückt wird*

Kol|lek|tiv|ver|trag ⟨m.; -(e)s, -trä|ge⟩ **1** *Staatsvertrag zwischen mehreren Staaten, völkerrechtlicher Vertrag* **2** *zwischen Gewerkschafts- u. Unternehmensverband eines Berufszweiges geschlossener Gesamtarbeitsvertrag* **3** ⟨DDR⟩ *zwischen Betriebs- u. Betriebsgewerkschaftsleitung geschlossener Vertrag über die beiderseitigen Pflichten zur Erfüllung der Betriebspläne;* Betriebs~

Kol|lek|tiv|wirt|schaft ⟨f.; -, -en; in sozialist. Ländern⟩ *genossenschaftl. bewirtschafteter Landwirtschaftsbetrieb, Kolchose*

Kol|lek|tor ⟨m.; -s, -to|ren⟩ **1** *auf der Welle eines Generators befestigtes Teil, das den im Anker entwickelten Strom aufnimmt u. an die Leitung abgibt* **2** *auf der Welle eines Elektromotors befestigtes Teil, das den im Anker benötigten Strom aus der Leitung aufnimmt;* Sy *Kommutator* [< lat. *collector* »Sammler«; zu *colligere* »sammeln«]

Kol|lek|tur ⟨f.; -, -en; österr.⟩ *Sammelstelle* [< lat. *collectus,* Part. Perf. zu *colligere* »sammeln«]

Koll|em|bo|le, ⟨auch⟩ **Kol|lem|bo|le** ⟨m.; -n, -n⟩ *ein flügelloses Insekt, Springschwanz* [< grch. *kolla* »Leim« + *emballein* »hineinschleudern«]

Koll|en|chym, ⟨auch⟩ **Kol|len|chym** ⟨[-çy:m] n.; -s, -e⟩ *das wachstums- u. dehnungsfähige Festigungsgewebe noch wachsender Pflanzenteile* [< grch. *kolla* »Leim« + *en* »hinein« + *chymos* »Flüssigkeit, Saft«]

Kol|li **1** ⟨Pl. von⟩ *Kollo* **2** ⟨n.; -s - od. -s; österr. für⟩ *Kollo*

kol|li|die|ren ⟨V.⟩ **1** *(zeitlich) zusammenfallen, sich überschneiden;* die Vorlesungen ~ (miteinander) **2** *zusammenstoßen;* Fahrzeuge ~; ein Güterwagen kollidierte mit einem Lastzug **3** *aneinander geraten (im Streit)* **4** *in Konflikt geraten, widerstreiten, in Kollision(en) kommen (miteinander);* unsere Meinungen, Auffassungen ~ miteinander [< lat. *collidere* »zusammenstoßen«]

Kol|li|er ⟨[kɔlje:] n.; -s, -s⟩ oV *Collier* **1** *wertvoller Halsschmuck;* Perlen~; Brillant~ **2** *schmaler, um den Hals zu tragender Pelz;* Nerz~ [< frz. *collier* »Halsband, Halskette«]

Kol|li|ma|ti|on ⟨f.; -, -en⟩ **1** *Zusammenfallen zweier Linien* **2** *die Übereinstimmung eines mit einem Winkelmessgerät gemessenen mit einem wirklichen Winkel* [< lat. *collimare,* richtiger *colliniare, collineare* »in gerader Linie richten, richtig zielen«; zu *linea* »Linie«]

Kol|li|ma|tor ⟨m.; -s, -to|ren⟩ *Gerät, durch das optische Geräte mit parallelen Lichtbündeln beleuchtet werden* [→ *Kollimation*]

kol|li|ne|ar ⟨Adj.; Math.⟩ ~e Abbildung *mathemat. Projektionsverfahren, das mit Gera-*

den als Zuordnungslinien arbeitet; Sy *Kollineation* [< *kol…* + *linear*]

Kol|li|ne|ar ⟨n.; -s, -e; Fot.⟩ *Objektiv, das symmetrisch ist* [< *Kol…* + *linear*]

Kol|li|ne|a|ti|on ⟨f.; -, -en; Math.⟩ *Abbildung, die die geometrischen Strukturen erhält, d.h., Geraden gehen in Geraden u. Ebenen wieder in Ebenen über;* Sy *kollineare Abbildung* [zu lat. *collineare* »in gerader Linie richten, richtig zielen«]

Kol|li|qua|ti|on ⟨f.; -; unz.⟩ *Verflüssigung fester organischer Stoffe, insbes. durch Bakterien* [< lat. *colliquescere* »flüssig werden«; zu *liquor* »Flüssigkeit«]

Kol|li|si|on ⟨f.; -, -en⟩ **1** *(zeitl.) Überschneidung, Zusammenfallen* **2** *Zusammenstoß* **3** = *Konflikt;* mit jmdm., mit etwas, mit dem Gesetz in ~(en) geraten, kommen [< lat. *collisio* »Zusammenstoß«]

Kol|lo ⟨n.; -s, -s od. -Kol|li⟩ *Frachtstück;* Sy ⟨österr.⟩ *Kolli(2)* [< ital. *collo* »Gepäckstück«]

Kol|lo|din ⟨n.; -s; unz.⟩ *mit Wasser verdünnter pflanzl. Leim zum Kleben u. Appretieren* [< grch. *kollodes* »leimartig, klebrig«]

Kol|lo|di|um ⟨n.; -s; unz.⟩ *zähflüssige Lösung von Kollodiumwolle in einem Alkohol-Äther-Gemisch* [< grch. *kollodes* »leimartig, klebrig«]

Kol|lo|di|um|wol|le ⟨f.; -; unz.⟩ *Cellulosedinitrat aus Zellstoff od. Baumwolle, die mit Salpeter- od. Schwefelsäure behandelt wird*

kol|lo|id ⟨Adj.⟩ = *kolloidal*

Kol|lo|id ⟨n.; -(e)s, -e⟩ *Lösung, in der die gelösten Teilchen nicht wie bei echten Lösungen als Ionen od. Einzelmoleküle vorliegen, sondern in Form kleiner Atom- od. Molekülzusammenballungen* [< grch. *kolla* »Leim« + *…id*]

kol|lo|i|dal ⟨Adj.⟩ *die Eigenschaft von Kolloiden zeigend;* ~e Lösung *aus einem Kolloid bestehende Lösung, die in ihrem chem. u. physikal. Verhalten zwischen einer echten Lösung u. einer Suspension steht;* oV *kolloid*

Kol|lo|id|re|ak|ti|on ⟨f.; -, -en⟩ *in der Medizin angewandte Methode zur Untersuchung des Blutes u. der Rückenmarksflüssigkeit*

Kol|lo|ka|ti|on ⟨f.; -, -en⟩ **1** *Ordnung nach bestimmter Reihenfolge* **2** ⟨Sprachw.⟩ *bedeutungsmäßige Verträglichkeit von Wörtern miteinander,* z.B. Turm-hoch, Mensch-groß (jedoch nicht: Mensch-hoch) [< lat. *collocatio* »das Aufstellen, Anordnen«; zu *locus* »Ort, Stelle«]

kol|lo|kie|ren ⟨V.; Sprachw.⟩ **1** *sprachliche Ausdrücke, die inhaltlich zusammenpassen, miteinander verbinden* **2** Wörter ~ *werden assoziativ miteinander verbunden u. treten häufig im gleichen Syntagma nebeneinander auf;* die Begriffe Tod u. schwarz ~ [< lat. *collocare* »(an)ordnen, aufstellen«]

Kol|lo|ne|ma ⟨n.; -s, -ta⟩ *gallertartige Geschwulst* [< grch. *kolla* »Leim« + *nema* »Gewebe«]

Kol|lo|qui|um ⟨n.; -s, -qui|en⟩ *wissenschaftl. Gespräch (bes. zu Lehrzwecken);* oV *Colloquium;* Promotions~ [< lat. *colloquium* »Gespräch«]

kol|lu|die|ren ⟨V.⟩ *zum Nachteil eines Dritten im Einverständnis mit jmdm. handeln* [< lat. *colludere* »mit jmdm. im geheimen Einverständnis sein«; zu *ludere* »spielen«]

Kol|lu|si|on ⟨f.; -, -en⟩ *geheimes Einverständnis zum Nachteil eines Dritten* [< lat. *collusio* »geheimes betrüger. Einverständnis«]

Kolm ⟨m. od. n.; -(e)s; unz.⟩ = *Kulm(2)*

kol|ma|tie|ren ⟨V.⟩ *eine Kolmation bilden*

Kol|ma|ti|on ⟨f.; -, -en⟩ *allmähliche Erhöhung des Bodens durch Ablagerung der im Flusswasser schwebenden Sinkstoffe* [< ital. *colmata* »aufgeworfener Damm«]

Kol ni|dre, ⟨auch⟩ **Kol nid|re** ⟨n.; - -; unz.⟩ *synagogales jüdisches Gebet am Vorabend des Versöhnungstages Jom Kippur* [aram., »alle Gelübde«]

Ko|lo ⟨m.; -s, -s; Mus.⟩ *früher der Nationaltanz der Serben, aus dem ein auf dem ganzen Balkan verbreiteter Reigentanz im 2/4-Takt entstanden ist* [serb., eigtl. »Rad«]

Ko|lo|bom ⟨n.; -s, -e⟩ *angeborene od. erworbene Spaltbildung, z.B. Lücke der Iris, der Linse od. des Lides* [< grch. *koloboun* »verstümmeln«]

Ko|lo|fon ⟨m.; -s, -e⟩ = *Kolophon*

Ko|lo|fo|ni|um ⟨n.; -s; unz.⟩ = *Kolophonium*

Ko|lom|bi|ne ⟨f.; -, -n⟩ *Gestalt der Commedia dell'arte, Geliebte des Arleccino;* oV *Kolumbine* [< ital. *colombina,* eigtl. »Täubchen«, < lat. *columba* »Taube«]

Ko|lom|bo|wur|zel ⟨f.; -, -n⟩ *aus den stark verdickten Wurzeln des zu den Mondsamengewächsen gehörenden ostasiat. Schlingstrauches Iatrorrhiza palmata gewonnene Droge gegen chronischen, mit Durchfall verbundenen Darmkatarrh: Radix Colombo* [nach *Colombo,* Hauptstadt von Sri Lanka (Ceylon)]

Ko|lon ⟨n.; -s, -s od. -la⟩ **1** *Grimmdarm, Hauptteil des Dickdarms* **2** *Doppelpunkt (:)* [grch.]

Ko|lo|nat ⟨n. od. m.; -(e)s, -e; im Röm. Reich⟩ **1** *Verpflichtung des Bauern zu Abgaben u. Leistungen gegenüber dem Grundbesitzer* **2** *der verpachtete Grundbesitz selbst* [< lat. *colonatus* »Bauernstand«; zu *colonus* »Feldbauer«]

Ko|lo|ne ⟨m.; -n, -n; im Röm. Reich⟩ *halbfreier Bauer, der erblich an ein Grundstück gebunden war* [< lat. *colonus* »Feldbauer, Ansiedler«]

Ko|lo|nel ⟨f.; -; unz.⟩ *ein Schriftgrad (7 Punkt)* [< frz. *colonel* »Oberst«]

ko|lo|ni|al ⟨Adj.⟩ *auf die Kolonien bezüglich, sie betreffend, aus ihnen stammend*

ko|lo|ni|a|li|sie|ren ⟨V.⟩ *aus einem Land eine Kolonie machen, ein Land in koloniale Abhängigkeit bringen*

Ko|lo|ni|a|lis|mus ⟨m.; -; unz.⟩ **1** *Erwerb u. Nutzung von Kolonien* **2** *Streben, Kolonien zu erwerben*

Ko|lo|ni|a|list ⟨m.; -en, -en⟩ *Anhänger, Vertreter des Kolonialismus*

ko|lo|ni|a|lis|tisch ⟨Adj.⟩ *in der Art des Kolonialismus, dem Kolonialismus entsprechend*
Ko|lo|ni|al|stil ⟨m.; -(e)s; unz.⟩ *Abart des mutterländ. Baustils in den Kolonien, Abart des engl. Klassizismus*
Ko|lo|ni|al|wa|ren ⟨Pl.; †⟩ *aus den Kolonien eingeführte Lebensmittel*
Ko|lo|nie ⟨f.; -, -n⟩ **1** *Ansiedlung von Ausländern in einem Staat* **2** *in einem Staat geschlossen siedelnde Gruppe von Ausländern* **3** *ausländischer, meist überseeischer Besitz eines Staates* **4** *Ansiedlung von Menschen in einsamen Gegenden;* Verbrecher~; Militär~ **5** *Lager;* Ferien~; Schüler~ **6** ⟨Biol.⟩ *lockerer Zellverband, in dem die Tochterindividuen nach der Teilung durch gemeinsame Gallerten od. durch die gemeinsame Muttermembran verbunden bleiben: Coenobium* **7** *Tierverband, Vereinigung gesellig lebender Tiere* [<lat. *colonia* »Tochterstadt, Ansiedlung außerhalb des Vaterlandes«]
Ko|lo|ni|sa|ti|on ⟨f.; -, -en; Pl. selten⟩ Sy *Kolonisierung* **1** *Besiedlung, Urbarmachung u. Erschließung ungenutzten Landes im Ausland od. im Innern des eigenen Landes;* innere ~ **2** *Eroberung od. Erwerb von Kolonien*
Ko|lo|ni|sa|tor ⟨m.; -s, -to|ren⟩ *jmd., der eine Kolonisation vornimmt*
ko|lo|ni|sa|to|risch ⟨Adj.⟩ *die Kolonisation betreffend, auf ihr beruhend*
ko|lo|ni|sie|ren ⟨V.⟩ **1** *urbar machen, besiedeln u. erschließen;* ein Gebiet ~ **2** *als Kolonie erobern od. erwerben*
Ko|lo|ni|sie|rung ⟨f.; -, -en; Pl. selten⟩ = *Kolonisation*
Ko|lo|nist ⟨m.; -en, -en⟩ *Siedler in einer Kolonie*
Ko|lon|na|de ⟨f.; -, -n⟩ *Säulengang ohne Bögen* [<frz. *colonnade* »Säulenreihe«; zu *colonne* »Säule«]
Ko|lon|ne ⟨f.; -, -n⟩ **1** *geordnete, gegliederte Schar, Zug;* Marsch~; in ~n marschieren; fünfte ~ *im Geheimen wirkende feindl. Gruppe im Innern eines Landes* **2** *Transporttruppe;* Rettungs~; Sanitäts~ **3** *Arbeitsgruppe;* Arbeits~ **4** *Druckspalte, Spalte innerhalb einer Tabelle* **5** ⟨Chem.⟩ *Apparat in Form eines Turms od. einer Säule, in der Dampf aufsteigt u. eine Flüssigkeit (zur fraktionierten Destillation) herunterrieselt* [<frz. *colonne* »Säule« <lat. *columna* »Säule«]
Ko|lo|no|skop, ⟨auch⟩ **Ko|lo|nos|kop** ⟨n.; -s, -e; Med.⟩ = *Koloskop*
Ko|lo|no|sko|pie, ⟨auch⟩ **Ko|lo|nos|ko|pie** ⟨f.; -, -n; Med.⟩ = *Koloskopie*
Ko|lo|phon ⟨m.; -s, -e; in mittelalterl. Handschriften u. frühen Druckwerken⟩ *Vermerk am Schluss über Verfasser, Schreiber, Druckart u. -jahr;* oV *Kolofon* [grch., »Gipfel«]
Ko|lo|pho|ni|um ⟨n.; -s; unz.⟩ *hellgelbes bis schwarzes Balsamharz, das beim Erhitzen von Kiefernharzen entsteht u. für Lacke, Kitte, Bodenbeläge, Kunstharze, zum Leimen von Schreibpapier u. zum Bestreichen des Violinbogens verwendet wird;* oV *Kolofonium* [nach der grch. Stadt *Kolophon* in Kleinasien]
Ko|lo|pto|se, ⟨auch⟩ **Ko|lop|to|se** ⟨f.; -, -n; Med.⟩ *die durch das Erschlaffen der Haltebänder in der Bauchhöhle verursachte Absenkung des Dickdarms* [< *Kolon(1)* + grch. *ptosis* »das Fallen«]
Ko|lo|quin|te ⟨f.; -, -n⟩ *zu den Kürbisgewächsen gehörige Pflanze, deren orangegroße, bittere Früchte (Fructus Colocynthis) eine stark abführend wirkende Droge liefern: Citrullus colocynthis* [<ital. *coloquinta* <lat. *colocynthis* <grch. *kolokyntha* »Koloquinte«]
Ko|lo|ra|do|kä|fer ⟨m.; -s, -⟩ *Kartoffelkäfer;* oV *Coloradokäfer* [nach dem US-amerikan. Staat *Colorado,* in dem der Käfer ursprünglich beheimatet war]
Ko|lo|ra|tur ⟨f.; -, -en⟩ *virtuose Verzierung des Gesangs in hohen Lagen durch Triller, Läufe usw.* [<lat. *coloratus,* Part. Perf. zu *colorare* »färben«; zu *color* »Farbe«]
Ko|lo|ra|tur|so|pran, ⟨auch⟩ **Ko|lo|ra|tur|sop|ran** ⟨m.; -s, -e; Mus.⟩ **1** *helle, leichte, für Koloratur bes. geeignete Sopranstimme* **2** *Sängerin mit einer solchen Stimme*
ko|lo|rie|ren ⟨V.⟩ *mit Farbe ausmalen* [<lat. *colorare* »färben«; zu *color* »Farbe«]
Ko|lo|ri|me|ter ⟨n.; -s, -⟩ *Instrument zum Bestimmen der Farbintensität einer Lösung* [<lat. *color* »Farbe« + …*meter*]
Ko|lo|ri|me|trie, ⟨auch⟩ **Ko|lo|ri|met|rie** ⟨f.; -; unz.⟩ *Verfahren der analyt. Chemie zur Bestimmung der Konzentration einer Lösung durch Messung ihrer Farbintensität;* Sy *kolorimetrische Analyse*
ko|lo|ri|me|trisch, ⟨auch⟩ **ko|lo|ri|met|risch** ⟨Adj.⟩ *die Kolorimetrie betreffend, zu ihr gehörig, auf ihr beruhend, mit ihrer Hilfe;* ~e Analyse = *Kolorimetrie*
Ko|lo|ris|mus ⟨m.; -; unz.⟩ *Richtung der Malerei, die der Farbgebung gegenüber der Linie, Form usw. den Vorrang gibt,* z.B. der Impressionismus
Ko|lo|rist ⟨m.; -en, -en⟩ **1** *jmd., der Zeichnungen, Stiche usw. koloriert* **2** *Vertreter des Kolorismus*
ko|lo|ris|tisch ⟨Adj.⟩ *zum Kolorismus gehörig, in seiner Art*
Ko|lo|rit ⟨n.; -(e)s, -e⟩ **1** ⟨Mal.⟩ *Farbgebung, Farbwirkung* **2** ⟨Mus.⟩ *Klangfarbe, Klangeigenart* **3** ⟨Lit.⟩ *die bes. Stimmung, Atmosphäre einer Schilderung;* Lokal~ [<ital. *colorito* »Färbung«, zu *colore* <lat. *color* »Farbe«]
Ko|lo|skop, ⟨auch⟩ **Ko|los|kop** ⟨n.; -s, -e; Med.⟩ *Gerät zur Untersuchung des Dickdarms;* oV *Kolonoskop* [< *Kolon(1)* + …*skop*]
Ko|lo|sko|pie, ⟨auch⟩ **Ko|los|ko|pie** ⟨f.; -, -n; Med.⟩ *teilweise od. komplette Untersuchung des Dickdarms mit einem Koloskop;* oV *Kolonoskopie* [< *Kolon(1)* + …*skopie*]
Ko|loss ⟨m.; -es, -e⟩ **1** *Standbild eines Riesen;* der ~ von Rhodos **2** ⟨allg.⟩ *riesiges Gebilde;* Fels~ **3** ⟨fig.; umg.⟩ *sehr großer, dicker, schwerer Mensch* [<grch. *kolossos* »Riesenbild-

säule, bes. die dem Sonnengott geweihte eherne auf der Insel Rhodos«]

ko|los|sal ⟨Adj.⟩ **1** *riesig, riesenhaft* **2** *gewaltig* **3** ⟨fig.; umg.⟩ *sehr, ungeheuer*

Ko|los|sal|ord|nung ⟨f.; -, -en; Arch.⟩ *bes. im Barock angewandte Säulen- od. Pilasterordnung, die durch mehrere Geschosse einer Fassade od. einer Innenwand geht*

Ko|los|se|um ⟨n.; -s; unz.⟩ *riesiges Amphitheater in Rom aus dem 1. Jh. n.Chr.* [zu lat. *colosseus* »riesengroß«, <grch. *kolossos*]

Ko|lo|sto|mie, ⟨auch⟩ **Ko|los|to|mie** ⟨f.; -, -n; Med.⟩ *Anlegung einer äußeren Dickdarmfistel, die bei inoperablen Geschwülsten die künstliche Ernährung u. die Stuhlableitung ermöglicht;* oV *Colostomie* [<*Kolon(1)* + grch. *stoma* »Mund, Mündung«]

Ko|los|tra|milch, ⟨auch⟩ **Ko|lost|ra|milch** ⟨f.; -; unz.⟩ *(bei Frauen) die in den ersten Tagen nach der Geburt von den Brustdrüsen abgegebene, milchartige Flüssigkeit;* oV *Kolostrum* [<lat. *colostrum*]

Ko|los|trum, ⟨auch⟩ **Ko|lost|rum** ⟨n.; -s; unz.⟩ = *Kolostralmilch*

Ko|lo|to|mie ⟨f.; -; unz.⟩ *chirurg. Eröffnung eines Teils des Dickdarms* [<grch. *kolon* »Dickdarm« + *tome* »Schnitt«]

Kol|pak ⟨m.; -s, -s⟩ = *Kalpak*

Kol|pi|tis ⟨f.; -, -ti|den⟩ *Entzündung der Schleimhaut der weibl. Scheide, Scheidenentzündung* [<grch. *kolpos* »Schoß«]

Kol|po|klei|sis, ⟨auch⟩ **Kol|pok|lei|sis** ⟨f.; -; unz.; Med.⟩ *operativer Verschluss der Scheide* [<grch. *kolpos* »Scheide« + *kleisis* »Verschließung«]

Kol|por|ta|ge ⟨[-ʒə] f.; -; unz.⟩ **1** ⟨früher⟩ *Vertrieb billiger Bücher durch Hausierer* **2** ⟨fig.⟩ *Billiges, Minderwertiges* **3** *Verbreitung von Gerüchten* [<frz. *colportage* »Hausierhandel, Verbreitung (von Nachrichten)«; → *kolportieren*]

Kol|por|ta|ge|ro|man ⟨[-ʒə-] m.; -s, -e; Lit.⟩ **1** ⟨urspr.⟩ *durch Kolportage verkaufter Roman* **2** ⟨heute⟩ *billiger, wertloser Roman, Hintertreppenroman*

Kol|por|teur ⟨[-tøːr] m.; -s, -e⟩ **1** *Hausierer mit Büchern u. Zeitschriften* **2** *jmd., der Gerüchte verbreitet* [<frz. *colporteur* »Hausierer, Neuigkeitenkrämer«; → *kolportieren*]

kol|por|tie|ren ⟨V.⟩ **1** Bücher ~ *mit Büchern hausieren* **2** Nachrichten ~ ⟨fig.⟩ *als Gerücht verbreiten* [<frz. *colporter* »hausieren, (Nachrichten) verbreiten« <lat. *comportare* »zusammentragen«]

Kol|pos ⟨m.; -; unz.⟩ *durch Herabziehen des Chitons über den Gürtel entstehender Faltenbausch* [grch., »Wölbung, Busen«]

Kol|po|skop, ⟨auch⟩ **Kol|pos|kop** ⟨n.; -s, -e⟩ *Gerät mit Spiegel zur Untersuchung des Scheideninnern* [<grch. *kolpos* »Scheide« + *...skop*]

Kol|po|sko|pie, ⟨auch⟩ **Kol|pos|ko|pie** ⟨f.; -, -n⟩ *Untersuchung der Scheide mit dem Kolposkop*

Kol|ter ⟨n.; -s, -⟩ *Messer am Pflug, das die Erde senkrecht durchschneidet, Sech* [<afrz. *coltre* <lat. *culter* »Messer«]

Ko|lum|ba|ri|um ⟨n.; -s, -ri|en⟩ *Begräbnisstätte mit Nischen für die Urnen, Urnenhalle* [<lat. *columbarium* »Taubenhaus; altröm. Urnengewölbe«(dessen Einrichtung mit seinen vielen kleinen Nischen für die Urnen an ein Taubenhaus erinnerte); zu *columba* »Taube«]

Ko|lum|bi|ne ⟨f.; -, -n⟩ = *Kolombine*

Ko|lum|ne ⟨f.; -, -n⟩ **1** *Säule, senkrechte Reihe* **2** ⟨Typ.⟩ *Spalte* **3** *Schriftsatz in Höhe einer Druckseite* [<lat. *columna* »Säule«]

Ko|lum|nen|ti|tel ⟨m.; -s, -⟩ *Überschrift einer Buchseite;* lebender ~ *Nummer einer Buchseite mit Seitenüberschrift;* toter ~ *Nummer einer Buchseite ohne Überschrift*

Ko|lum|nist ⟨m.; -en, -en⟩ *jmd., der regelmäßig für eine bestimmte Spalte einer Zeitung schreibt* [→ *Kolumne(2)*]

kom..., Kom... ⟨in Zus.⟩ = *kon..., Kon...*

Ko|ma¹ ⟨f.; -, -s⟩ **1** *durch die Sonne zum Leuchten angeregte Gase eines Kometen* **2** ⟨Opt.⟩ *Abbildungsfehler in Form eines Lichtbündels* [<grch. *kome* »Haar«]

Ko|ma² ⟨n.; -s, -s od. -ta⟩ *tiefe Bewusstlosigkeit, die durch äußere Reize nicht unterbrochen werden kann;* im ~ liegen [grch., »fester Schlaf«]

ko|ma|tös ⟨Adj.⟩ *auf Koma beruhend*

kom|bat|tant ⟨Adj.⟩ *kämpferisch, streitbar*

Kom|bat|tant ⟨m.; -en, -en⟩ *Kämpfer, Angehöriger einer Kampftruppe* [<frz. *combattant* »Kämpfer, Kriegsteilnehmer«]

Kom|bi ⟨m.; -s od. -, -s; kurz für⟩ *Kombiwagen*

Kom|bi|nat ⟨n.; -(e)s, -e; in der UdSSR u.a. sozialist. Staaten⟩ *Zusammenschluss verschiedener Industriezweige;* Eisenhütten~; Eisen~; Kohle~ [<lat. *combinatus,* Part. Perf. zu *combinare* »verbinden, verknüpfen«]

Kom|bi|na|ti|on ⟨f.; -, -en⟩ **1** *Verknüpfung, Zusammenfügung* **2** *Herstellung von Beziehungen, die gedankl. zusammenhängen* **3** ⟨Sp.⟩ *planmäßiges Zusammenspiel;* ~ im Schach **4** *Kleidungsstück aus mehreren Teilen* **4.1** *Hemdhose* **4.2** *Arbeitsanzug aus einem Stück;* Flieger~ **4.3** *Herrenanzug aus Hose u. Jacke von verschiedener Farbe od. aus verschiedenen Stoffen* **4.4** *Garnitur von Unterwäsche für Damen* [<lat. *combinatio* »Verbindung«; zu *combinare* »verbinden, verknüpfen«]

Kom|bi|na|ti|ons|leh|re ⟨f.; -; unz.; Math.⟩ = *Kombinatorik(2)*

Kom|bi|na|ti|ons|ton ⟨m.; -(e)s, -tö|ne; Mus.⟩ *bei dem Zusammenklingen zweier Töne hörbarer Ton, dessen Frequenz sich aus den Frequenzen der sich überlagernden Töne ermitteln lässt*

kom|bi|na|tiv ⟨Adj.⟩ = *kombinatorisch*

Kom|bi|na|to|rik ⟨f.; -; unz.⟩ **1** ⟨allg.⟩ *Kunst, Begriffe u. gegebene Dinge zu einem System zusammenzustellen* **2** ⟨Math.⟩ *Zweig der Mathematik, der die verschiedenartigen Anord-*

nungen endlich vieler beliebiger Elemente untersucht; Sy *Kombinationslehre* [→ *Kombination*]

kom|bi|na|to|risch ⟨Adj.⟩ *Kombinationen herstellend, verknüpfend;* Sy *kombinativ*

Kom|bi|ne ⟨f.; -, -n; engl. [kɔmbain] f.; -, -s; DDR⟩ *landwirtschaftliche Maschine, die mehrere Arbeiten gleichzeitig verrichtet,* z.B. Mähdrescher [zu engl. *combine* »verbinden, kombinieren«]

kom|bi|nie|ren ⟨V.⟩ *gedankl. Zusammenhänge finden zwischen, Beziehungen herstellen zwischen;* etwas mit etwas anderem ~ *(gedankl.) verbinden, verknüpfen* [<lat. *combinare* »verbinden, verknüpfen«]

Kom|bi|wa|gen ⟨m.; -s, -⟩ *kombinierter Personen- u. Lieferwagen;* Sy *Kombi*

kom|bus|ti|bel ⟨Adj.⟩ *leicht entzündlich, leicht brennbar* [<frz. *combustible*]

Ko|me|do ⟨m.; -s, -do|nen⟩ *Mitesser (in der Haut)* [<lat. *comedo* »Esser, Fresser«]

Ko|mes|ti|bi|li|en ⟨Pl.⟩ *Esswaren*

Ko|met ⟨m.; -en, -en⟩ *Himmelskörper mit Schweif, der sich auf einer lang gestreckten Ellipse um die Sonne bewegt, Schweifstern* [<mhd. *komete* <lat. *cometa, cometes* <grch. *kometes* »Haar tragend(er Stern)«; zu *kome* »Haar«]

ko|me|tar, ko|me|ta|risch ⟨Adj.⟩ *zu einem Kometen gehörend, von ihm stammend, in seiner Art*

Kom|fort ⟨[-foːr] od. [-fɔrt] m.; - od. -(e)s; unz.⟩ **1** *Bequemlichkeit, Behaglichkeit* **2** *bequeme, prakt. Einrichtung;* Wohnung, Zimmer mit allem ~ [<engl. *comfort* <afrz. *confort* »Trost, Stärkung«, <lat. *fortis* »stark«]

kom|for|ta|bel ⟨Adj.⟩ *bequem, praktisch, mit allen modernen prakt. Errungenschaften ausgestattet;* komfortables Hotel [<engl. *comfortable* <afrz. *confortable* »Trost, Stärkung bringend«]

Ko|mik ⟨f.; -; unz.⟩ **1** *das Komische;* Sinn für ~ haben **2** *komische, erheiternde Wirkung;* eine Szene von unwiderstehlicher ~ **3** *die Kunst, etwas erheiternd, belustigend darzustellen* [<frz. *comique;* → *komisch*]

Ko|mi|ker ⟨m.; -s, -⟩ **1** *Darsteller komischer Rollen* **2** *Vortragskünstler, der mit seinen Darbietungen Heiterkeit erregt*

Ko|mi|ke|rin ⟨f.; -, -rin|nen⟩ **1** *Darstellerin komischer Rollen* **2** *Vortragskünstlerin, die mit ihren Darbietungen Heiterkeit erregt*

Kom|in|form, ⟨auch⟩ **Ko|min|form** ⟨n.; -s; unz.⟩ *1947–1956 Organisation mehrerer europäischer kommunist. Parteien mit Sitz in Belgrad, seit 1948 Bukarest* [verkürzt < *Kom*munistisches *Inform*ationsbüro]

Kom|in|tern, ⟨auch⟩ **Ko|min|tern** ⟨f.; -; unz.⟩ *1919–1943 Vereinigung der kommunist. Parteien der Welt* [verkürzt < *Kom*munistische *Intern*ationale]

ko|misch ⟨Adj.⟩ **1** *Lachen, Heiterkeit erregend, spaßhaft, spaßig;* eine ~e Figur machen **1.1** *drollig, ulkig* **1.2** ⟨Theat.⟩ *possenhaft;* die ~e Person; die ~e Alte (als Rollenfach) **2** ⟨fig.; umg.⟩ *selten, sonderbar, merkwürdig;* ein ~es Gefühl haben; er ist ein ~er Kerl, Kauz; du bist aber ~!; er ist seit einiger Zeit so ~; das ist doch ~! *erregt Staunen;* mir ist so ~ *übel, schlecht;* das kommt mir ~ vor *verdächtig* [bis 17. Jh. »zur Komödie gehörig«, dann unter frz. Einfluss heutige Bedeutungen; <lat. *comicus* <grch. *komikos* »zur Komödie gehörig, witzig, lächerlich«, <grch. *komos* »fröhlicher Umzug, lärmende Schar, festlicher Gesang«]

Ko|mi|ta|dschi, ⟨auch⟩ **Ko|mi|tad|schi** ⟨m.; -s, -⟩ *bulgar. Freischärler* [türk., nach ihren 1868 gegründeten geheimen Revolutions*komitees* benannt]

Ko|mi|tat ⟨n. od. m.; -(e)s, -e⟩ **1** ⟨früher⟩ *feierl. Geleit für einen von der Universität scheidenden Studenten* **2** *ungar. Verwaltungsbezirk, Gespanschaft* [<lat. *comitatus* »Begleitung, Gefolge«; zu *comes* »Begleiter«]

Ko|mi|ta|tiv ⟨m.; -s, -e [-və]; Sprachw.⟩ *die Begleitung durch eine Person od. Sache bezeichnender Kasus (im Deutschen ausgedrückt durch »mit«)* [<lat. *comitatus* »Begleitung«]

Ko|mi|tee ⟨n.; -s, -s⟩ *im Namen einer Organisation handelnder Ausschuss;* Fest~ [<frz. *comité*]

Ko|mi|ti|en ⟨Pl.⟩ *die altröm. Volksversammlungen* [<lat. *comitia,* Pl. zu *comitium* »Versammlungsplatz auf dem Markt in Rom«]

Kom|ma ⟨n.; -s, -s od. -ta⟩ **1** ⟨Gramm.; Zeichen: ,⟩ *Satzzeichen, das den Satz in Sinnabschnitte teilt, Beistrich* **2** ⟨Math.⟩ *Zeichen, das ganze Zahlen von den Ziffern der Dezimalbrüche trennt;* drei ~ vier (3,4); drei ~ null vier (3,04) **3** ⟨Mus.⟩ **3.1** *Differenz zwischen zwei fast gleichen Tönen* **3.2** *kleiner senkrechter Strich über der obersten Notenlinie zum Zeichen des Absetzens u. neuen Ansetzens* [grch., »Schlag, Abschnitt«; zu *koptein* »schlagen«]

Kom|ma|ba|zil|lus ⟨m.; -, -len⟩ *zu den Schraubenbakterien gehörender Erreger der Cholera: Vibrio comma*

Kom|man|dant ⟨m.; -en, -en⟩ *Befehlshaber eines Kriegsschiffes od. Flugplatzes, einer Festung od. Stadt;* →a. *Kommandeur* [<frz. *commandant*]

Kom|man|dan|tur ⟨f.; -, -en⟩ *Sitz des Stadtkommandanten, militär. Behörde (einer Stadt)*

Kom|man|deur ⟨[-døːr] m.; -s, -e⟩ **1** *Befehlshaber einer Truppeneinheit* **2** = *Komtur(2)* [<frz. *commandeur*]

kom|man|die|ren ⟨V.⟩ **1** Personen, Truppen ~ *den Befehl über P., T. führen* **2** ⟨Mil.⟩ *versetzen;* einen Soldaten zu einer anderen Einheit ~ **3** jmdn. ~ *jmdm. einen Befehl erteilen;* ich lasse mich nicht von dir ~ **4** *befehlen, was zu tun ist;* hier kommandiere ich!; du hast hier nichts zu ~!; ein ~der General *Kommandeur eines Korps des Heeres od. einer Gruppe der Luftwaffe* **5** ⟨umg.⟩ *in barschem Befehlston reden;* ~ Sie nicht so! [<frz. *commander* »befehlen, gebieten«]

Kom|man|die|rung ⟨f.; -, -en⟩ **1** *das Kommandieren, Beordern* **2** *das Kommandiertwerden, Beordertwerden, Versetzung*

Kom|man|di|tär ⟨m.; -s, -e; schweiz.⟩ = *Kommanditist* [< frz. *commanditaire* »stiller Teilhaber«]

Kom|man|di|te ⟨f.; -, -n⟩ **1** *Handelsgesellschaft mit stillen Teilhabern* **2** *Zweiggeschäft* [< frz. *commandite*]

Kom|man|dit|ge|sell|schaft ⟨f.; -, -en; Abk.: KG, K.G.⟩ *Handelsgesellschaft, bei der ein od. mehrere Teilhaber unbeschränkt haften, andere nur mit ihrer Vermögenseinlage;* ~ auf Aktien ⟨Abk.: KGaA⟩

Kom|man|di|tist ⟨m.; -en, -en⟩ *nur mit seiner Vermögenseinlage haftender Teilhaber;* oV ⟨schweiz.⟩ *Kommanditär;* Ggs *Komplementär*

Kom|man|do ⟨n.; -s, -s od. österr. -man|da⟩ **1** *Befehl, Anordnung;* ein ~ geben; auf das ~ »los!«; sich wie auf ~ umdrehen **2** *Befehlsgewalt;* das ~ führen, übernehmen (über eine Truppe); General~; Ober~; Befehls~ **3** *zu bestimmten Zwecken zusammengestellte Truppenabteilungen;* Sonder~; Wach~ [< ital., span. *commando* »Befehl«]

Kom|mas|sa|ti|on ⟨f.; -, -en⟩ *Zusammenlegung von mehreren Grundstücken, Flurbereinigung;* Sy *Kommassierung* [< *Kom…* + lat. *massa* »Klumpen, Masse«]

kom|mas|sie|ren ⟨V.⟩ Grundstücke ~ *zusammenlegen*

Kom|mas|sie|rung ⟨f.; -, -en⟩ = *Kommassation*

Kom|men|de ⟨f.; -, -n⟩ **1** *kirchl. Pfründe ohne damit verbundene Amtspflichten* **2** = *Komturei* [< mlat. *commenda;* zu lat. *commendare* »anvertrauen«]

Kom|men|sa|le ⟨m.; -n, -n⟩ *Organismus, der sich auf Kosten eines Wirtes ernährt, ohne ihm dabei zu schaden* [→ *Kommensalismus*]

Kom|men|sa|lis|mus ⟨m.; -; unz.⟩ *Zusammenleben zweier Organismen, bei dem sich der eine vom Nahrungsüberschuss des anderen ernährt, ohne dem Wirt zu schaden;* → a. *Parasitismus* [< *Kom…* + lat. *mensa* »Tisch«]

kom|men|su|ra|bel ⟨Adj.⟩ *mit gleichem Maß messbar, vergleichbar;* Ggs *inkommensurabel* [< lat. *commensurabilis* »gleich zu bemessen, gleichmäßig«; zu *mensura* »das Messen, Maß«]

Kom|men|su|ra|bi|li|tät ⟨f.; -; unz.⟩ **1** *Messbarkeit mit gleichem Maß, Vergleichbarkeit* **2** ⟨Astron.⟩ *die in einem einfachen, ganzzahligen Verhältnis stehenden Zeiten des Umlaufs zweier Himmelskörper um ein Zentralgestirn*

Kom|ment ⟨[-mã:] m.; -s, -s⟩ **1** *Gesamtheit der Sitten u. Bräuche in einer Studentenverbindung* **2** *student. Brauch* [eigtl. »das Wie, die Art u. Weise, etwas zu tun« < frz. *comment?* »wie?«]

Kom|men|tar ⟨m.; -s, -e⟩ **1** *nähere Erläuterung;* einen ~ zu etwas geben; ~ überflüssig *dazu braucht man nichts zu sagen, die Sache spricht für sich selbst, ist offensichtlich* **2** *fortlaufende sachliche u. sprachliche (von einem wissenschaftl. Standpunkt aus gegebene) Erläuterung des Textes eines literar. Werkes, Gesetzes u.Ä.;* → a. *Explanation* [< lat. *commentarius* »schriftl. Aufzeichnung«; zu *commentari;* → *kommentieren*]

kom|men|ta|risch ⟨Adj.⟩ *in der Art, Form eines Kommentars;* ein ~ abgefasster Artikel

Kom|men|ta|ti|on ⟨f.; -, -en⟩ **1** ⟨†⟩ *erläuternde Abhandlung* **2** *Sammlung wissenschaftl. Schriften* [< lat. *commentatio* »sorgfältiges Überdenken«; zu *commentari;* → *kommentieren*]

Kom|men|ta|tor ⟨m.; -s, -to|ren⟩ *jmd., der einen Kommentar gibt, etwas erklärt, erläutert*

kom|men|tie|ren ⟨V.⟩ **1** *(wissenschaftl.) erläutern;* Gesetze ~ **2** *erklären;* eine kommentierte Ausgabe von Shakespeares »Hamlet« [< lat. *commentari* »genau überdenken, etwas Durchdachtes schriftlich darstellen«; zu *mens,* Gen. *mentis* »Denktätigkeit, Verstand«]

Kom|mers ⟨m.; -es, -e⟩ *feierl. Trinkgelage (einer Studentenverbindung)* [< frz. *commerce* < lat. *commercium* »Verkehr«]

Kom|mers|buch ⟨n.; -(e)s, -bü|cher⟩ *student. Liederbuch*

Kom|merz ⟨m.; -es; unz.⟩ **1** *Handel, Gewinn* **2** *Verkehr* [< frz. *commerce* < lat. *commercium* »Handel, Verkehr«]

kom|mer|zi|a|li|sie|ren ⟨V.⟩ *für den Handel erschließen, kaufmännisch nutzbar machen;* öffentl. Schulden ~ *in privatwirtschaftl. Schulden umwandeln* [< frz. *commercialiser* »kommerzialisieren, in den Handel bringen«]

Kom|mer|zi|a|lis|mus ⟨m.; -; unz.⟩ *auf Gewinn ausgerichtetes Bestreben*

Kom|mer|zi|al|rat ⟨m.; -(e)s, -rä|te; österr. für⟩ *Kommerzienrat*

kom|mer|zi|ell ⟨Adj.⟩ **1** *den Handel betreffend, auf ihm beruhend* **2** *kaufmännisch* [< *Kommerz* + frz. Endung]

Kom|mer|zi|en|rat ⟨m.; -(e)s, -rä|te; bis 1919 Titel für⟩ *Großkaufmann, Industrieller*

Kom|mi|li|to|ne ⟨m.; -n, -n⟩ *Mitstudent, Studiengenosse* [< lat. *commilito* »Waffenbruder«; zu *miles* »Soldat«]

Kom|mi|li|to|nin ⟨f.; -, -nin|nen⟩ *Mitstudentin, Studiengenossin*

Kom|mis ⟨[-mi:] m.; - [-mi:(s)], - [-mi:s]⟩ *Handlungsgehilfe* [< frz. *commis*]

Kom|miss ⟨m.; - od. -es; unz.⟩ **1** ⟨urspr.⟩ *die vom Staat gelieferte Ausrüstung u. der Unterhalt des Soldaten* **2** ⟨heute; umg.⟩ *Militär, Militärdienst;* beim ~ sein [< frühnhd. *kommiss* »Heeresvorräte« < lat. *commissum,* Part. Perf. zu *committere* »zusammenbringen, anvertrauen«]

Kom|mis|sar ⟨m.; -s, -e⟩ **1** *im Auftrag des Staates arbeitende, mit bes. Vollmachten ausgerüstete Person;* Staats~ **2** *einstweiliger Vertreter eines Beamten* **3** *Dienstrang im Polizeidienst;*

Polizei~; Kriminal~ [< *commissari* (15. Jh.) < mlat. *commissarius* »mit der Besorgung eines Geschäftes Betrauter« < lat. *committere* »zusammenbringen, anvertrauen«]

Kom|mis|sä̲r ⟨m.; -s, -e; oberdt. für⟩ *Kommissar* [< frz. *commissaire* < mlat. *commissarius*]

Kom|mis|sa|ri|a̲t ⟨n.; -(e)s, -e⟩ **1** *Dienstbereich, Stellung eines Kommissars* **2** *Amt, Dienststelle;* Polizei~

Kom|mis|sa̲|rin ⟨f.; -, -rin|nen⟩ *weibl. Kommissar*

kom|mis|sa̲|risch ⟨Adj.⟩ **1** *durch einen Kommissar vertretungsweise ausgeführt;* ~e Leitung **2** *einstweilig;* ~er Leiter

Kom|mis|si|o̲n ⟨f.; -, -en⟩ **1** *Auftrag, ein Geschäft im eigenen Namen, aber für fremde Rechnung zu besorgen;* eine Ware in ~ geben, in ~ nehmen; ~en machen ⟨schweiz.⟩ *einkaufen* **2** *Ausschuss;* Ärzte~; Sonder~; eine ~ bilden, wählen [< lat. *commissio* »Vereinigung, Verbindung«; zu *committere* »vereinigen, anvertrauen«]

Kom|mis|si|o|nä̲r ⟨m.; -s, -e⟩ **1** *jmd., der im eigenen Namen, aber für fremde Rechnung gewerbsmäßig Geschäfte abschließt* **2** *zwischen Verleger u. Sortimenter eingeschalteter Buchhändler* [< frz. *commissionaire* »Geschäftsvermittler«; → *Kommission*]

kom|mis|si|o|ne̲ll ⟨Adj.⟩ *auf Kommission beruhend*

kom|mis|si|o|nie̲|ren ⟨V.; österr.⟩ *einen Bau durch eine staatliche Kommission abschließend prüfen, genehmigen u. für die zugedachte Nutzung freigeben*

Kom|mis|si|o̲ns|buch|han|del ⟨m.; -s; unz.⟩ *Zweig des Buchhandels zwischen Verlag u. Sortiment*

Kom|mis|si|o̲ns|ge|schäft ⟨n.; -(e)s, -e⟩ *gewerbsmäßiger Ein- u. Verkauf von Waren im eigenen Namen, aber für fremde Rechnung*

Kom|mis|su̲r ⟨f.; -, -en⟩ **1** *Querverbindung zwischen symmetrischen Nervensträngen* **2** ⟨i.e.S.⟩ *Nervenverbindungen zwischen den beiden Großhirnhemisphären der Säuger* [< lat. *commissura* »Verbindung, Zusammenfügung«; zu *committere* »verbinden, zusammenfügen«]

Kom|mit|te̲nt ⟨m.; -en, -en⟩ *Auftraggeber eines Kommissionsgeschäfts* [< lat. *committens,* Part. Perf. zu *committere* »vereinigen, anvertrauen«]

kom|mit|tie̲|ren ⟨V.⟩ *beauftragen, bevollmächtigen, als Beauftragten senden* [< lat. *committere* »verbinden, anvertrauen«]

kom|mo̲d ⟨Adj.; †⟩ *bequem, angenehm* [< frz. *commode* »bequem«]

Kom|mo̲|de ⟨f.; -, -n⟩ *Kastenmöbel mit Schubfächern;* Wäsche~ [< frz. *commode* < *commode* »bequem, angemessen, wohnlich«]

Kom|mo|do̲|re ⟨m.; -s, -n od. -s⟩ **1** ⟨Mar.⟩ *Kapitän in Admiralsstellung* **2** ⟨Mar. u. Luftwaffe⟩ *Geschwaderführer* **3** *Ehrentitel für den ältesten od. einen bes. verdienten Kapitän einer Handelsreederei* [< engl. *commodore* »Geschwaderkommandant« < span. *commendador* od. ital. *commodoro*]

Kọm|mos ⟨m.; -, Kọm|moi⟩ *aus den Ritualen der Griechen hervorgegangene Totenklage von Chor u. Schauspielern in der attischen Tragödie* [grch., »das Schlagen« (auf die Brust als Bekundung der Trauer)]

Kom|mo|ti|o̲n ⟨f.; -, -en⟩ *Erschütterung durch stumpfe Gewalteinwirkung,* z.B. Gehirnerschütterung [< lat. *commotio* »Aufregung«]

kom|mu̲n ⟨Adj.⟩ **1** *gemeinsam, gemeinschaftlich* **2** *gewöhnlich* [< lat. *communis* »gemeinsam«]

kom|mu|na̲l ⟨Adj.⟩ *eine Gemeinde od. einen Landkreis betreffend, zu ihnen gehörig, von ihnen ausgehend* [< frz. *communal;* zu lat. *communis* »gemeinsam«]

Kom|mu|na̲l... ⟨in Zus.⟩ *Gemeinde..., Landkreis...*

kom|mu|na|li|sie̲|ren ⟨V.⟩ **1** *einer Gemeinde od. einem Landkreis unterstellen* **2** *in Gemeindeverwaltung überführen, z.B. ein Privatunternehmen* [→ *kommunal*]

Kom|mu|nal|ob|li|ga|ti|on, ⟨auch⟩ **Kom|mu|na̲l|o|bli|ga|ti|on** ⟨f.; -, -en; Wirtsch.⟩ *Obligation (Schuldverschreibung), die zur Finanzierung kommunaler Vorhaben verwendet wird*

Kom|mu|na̲l|po|li|tik ⟨f.; -; unz.⟩ *alle Vorgänge u. Bestrebungen, die mit der Verwaltung der Gemeinden zusammenhängen*

Kom|mu|na̲l|ver|wal|tung ⟨f.; -, -en⟩ *Selbstverwaltung der Gemeinden*

Kom|mu|na̲l|wahl ⟨f.; -, -en⟩ *Wahl für die Gemeindevertretung, Gemeindewahl*

Kom|mu|nard ⟨[kɔmyna̲:(r)] m.; -s, -s⟩, **Kom|mu|nar|de** ⟨m.; -n, -n od. f.; -, -n⟩ **1** *Angehörige(r) der Pariser Kommune* **2** *Angehörige(r) einer Kommune(3)* [< frz. *communard,* nach der Pariser *Kommune*]

Kom|mu̲|ne ⟨f.; -, -n⟩ **1** ⟨MA⟩ *Stadtstaat mit republikan. Verfassung (bes. in Italien)* **2** ⟨allg.⟩ *Gemeinde* **3** *in Wohn- u. Wirtschaftsgemeinschaft lebende Gruppe* **4** ⟨früher abwertend⟩ *kommunist. Partei* **5** Pariser ~ [kɔmy̲:n] *die revolutionären Gegenregierungen in Paris 1792–1794 u. von März bis Mai 1871* [< frz. *commune* »Gemeinde« < lat. *communis* »gemeinsam«]

Kom|mu|ni|kạnt ⟨m.; -en, -en; kath. Kirche⟩ *Teilnehmer am Abendmahl, an der hl. Kommunion* [< lat. *communicans,* Part. Präs. zu *communicare* »teilnehmen«]

Kom|mu|ni|ka|ti|o̲n ⟨f.; -, -en⟩ **1** *Verbindung, Zusammenhang* **2** *Verkehr, Umgang, Verständigung;* ~ zwischen den Menschen, Tieren **3** ⟨Kyb.⟩ *Austausch von Informationen zwischen dynamischen Systemen* [< lat. *communicatio* »Mitteilung«]

Kom|mu|ni|ka|ti|o̲ns|for|schung ⟨f.; -; unz.⟩ *sich mit dem Wesen, der Struktur, der Funktion u. den Problemen von Kommunikation beschäftigende Forschung*

Kom|mu|ni|ka|ti|o̲ns|netz ⟨n.; -es, -e; Wirtsch.⟩ *Gesamtheit aller offiziell bestehenden Kom-*

munikationsbeziehungen zwischen den Mitarbeitern eines Unternehmens
Kom|mu|ni|ka|ti|ons|sa|tel|lit ⟨m.; -en, -en⟩ = *Nachrichtensatellit*
Kom|mu|ni|ka|ti|ons|zen|trum, ⟨auch⟩ **Kom|mu|ni|ka|ti|ons|zent|rum** ⟨n.; -s, -tren⟩ *zentral gelegenes Gebäude für Begegnungen mit anderen Menschen, bes. Gruppen mit gleichen Interessen*
kom|mu|ni|ka|tiv ⟨Adj.⟩ *der Kommunikation dienend, zu ihr gehörig;* ~e Kompetenz ⟨Sprachw.⟩ *Sprachfähigkeit eines Sprechers/Hörers*
Kom|mu|ni|kee ⟨n.; -s, -s⟩ = *Kommuniqué*
Kom|mu|ni|on ⟨f.; -, -en; kath. Kirche⟩ **1** *Feier des Abendmahls* **2** *Empfang des Abendmahls* [<lat. *communio* »Gemeinschaft«]

> **Kommuniqué / Kommunikee** (*Laut-Buchstaben-Zuordnung*) Diakritische Zeichen in Fremdwörtern zur Kennzeichnung einer Betonung o.Ä. können auch durch unmarkierte Buchstaben ersetzt werden. Dies gilt auch für das aus dem Französischen entlehnte »é«, das eine Vokallänge kennzeichnet, die im Deutschen durch die Doppelung des entsprechenden Vokals gekennzeichnet wird (→a. *Lamé / Lamee; Doublé / Dublee*).

Kom|mu|ni|qué ⟨[kɔmynike:] n.; -s, -s⟩ *amtl. Verlautbarung, Bekanntmachung (bes. einer Regierung);* oV *Kommunikee* [<frz. *communiqué*]
Kom|mu|nis|mus ⟨m.; -; unz.⟩ **1** *ökonom. u. polit. Lehre, die sich die Gesellschaft ohne Privateigentum, soziale Gleichstellung der Individuen u. deren Aufgehen in der Gemeinschaft sowie gemeinschaftliche Lebensführung zum Ziel gesetzt hat* **2** *die darauf beruhende Wirtschafts- u. Gesellschaftsordnung* **3** *von den kommunist. Parteien vertretene polit. Bewegung, die diese Gesellschaftsform anstrebt* [zu lat. *communis* »gemeinsam«]
Kom|mu|nist ⟨m.; -en, -en⟩ **1** *Vertreter, Anhänger des Kommunismus* **2** *Mitglied einer kommunistischen Partei*
Kom|mu|nis|tin ⟨f.; -, -tin|nen⟩ **1** *Vertreterin, Anhängerin des Kommunismus* **2** *Mitglied einer kommunist. Partei*
kom|mu|nis|tisch ⟨Adj.⟩ *den Kommunismus betreffend, auf ihm beruhend, ihn vertretend, zu ihm gehörig;* ~e **Internationale** = *Komintern;* ~es **Manifest** *Manifest der Kommunist. Partei, von K. Marx u. Fr. Engels 1847–48 verfasstes Programm des Kommunismus*
Kom|mu|ni|tät ⟨f.; -, en⟩ **1** *Gemeinschaft, Gemeinsamkeit* **2** *Gemeingut* [<lat. *communitas* »Gemeinschaft«; zu *communis* »gemeinsam«]
kom|mu|ni|zie|ren ⟨V.⟩ **1** *zusammenhängen, in Verbindung stehen;* ~de Röhren ⟨Phys.⟩ *R., die oben offen u. unten miteinander verbunden sind u. in denen sich eine Flüssigkeit gleich hoch einstellt* **2** *miteinander sprechen, Verbindungen haben, sich austauschen* **3** ⟨kath. Kirche⟩ *das Abendmahl empfangen* [<lat. *communicare* »gemeinsam machen, vereinigen«; zu *communis* »gemeinsam«]
kom|mu|ta|bel ⟨Adj.⟩ *veränderbar, vertauschbar* [<lat. *commutabilis* »veränderbar, umwandelbar«; zu *commutare* »verändern«]
Kom|mu|ta|ti|on ⟨f.; -, -en⟩ **1** *Veränderung, Vertauschung, z.B. der Stromrichtung;* Sy *Kommentierung* **2** ⟨Astron.⟩ *der Winkel, der durch die Linien von der Sonne zur Erde u. von der Sonne zu einem Planeten gebildet wird* **3** ⟨Sprachw.⟩ *Austausch eines sprachl. Zeichens sowie die Analyse der hervorgerufenen Veränderung,* z.B. »Hase« statt »Hose« [<lat. *commutatio* »Veränderung, Wechsel«; zu *commutare* »verändern, umwandeln«]
kom|mu|ta|tiv ⟨Adj.⟩ **1** *eine Kommutation betreffend, auf ihr beruhend, sie bewirkend* **2** ~e mathemat. Operation *O., deren Ergebnis gleich bleibt, wenn die Reihenfolge der Elemente geändert wird,* z.B 3 + 4 = 4 + 3
Kom|mu|ta|tor ⟨m.; -s, -to|ren⟩ = *Kollektor (2)* [<lat. *commutare* »verändern«]
kom|mu|tie|ren ⟨V.⟩ *verändern, vertauschen;* elektrischen Strom ~ *seine Richtung verändern* [<lat. *commutare* »verändern, umwandeln«]
Kom|mu|tie|rung ⟨f.; -, -en⟩ = *Kommutation(1)*
Ko|mö|di|ant ⟨m.; -en, -en⟩ **1** ⟨17./18. Jh.⟩ *Schauspieler* **2** ⟨später oft abwertend; fig.⟩ *Heuchler, jmd., der anderen etwas vortäuscht, vormacht* [→ *Komödie*]
ko|mö|di|an|tisch ⟨Adj.⟩ **1** *in der Art eines (guten) Komödianten, schauspielerisch* **2** ⟨abwertend⟩ *schauspielernd, etwas vortäuschend*
Ko|mö|die ⟨[-diə] f.; -, -n⟩ **1** *heiteres Drama, Lustspiel, Posse* **2** ⟨fig.⟩ *lustiges, erheiterndes Ereignis* **3** *Theater, in dem (nur) Komödien gespielt werden;* in die ~ gehen **4** ⟨fig.; umg.⟩ *Täuschung, Verstellung;* das war ja alles nur ~!; jmdm. eine ~ vorspielen ⟨fig.⟩ *jmdn. durch geschicktes Verhalten zu täuschen suchen* [<lat. *comoedia* <grch. *komoidia,* eigtl. »das Singen eines *komos* (= fröhliche, lärmende Schar)«; → *komisch*]
Komp. ⟨Abk. für⟩ *Kompanie(2)*
Kom|pa|gnie, ⟨auch⟩ **Kom|pag|nie** ⟨[-ni:] f.; -, -n; noch schweiz. für⟩ *Kompanie*
Kom|pa|gnon, ⟨auch⟩ **Kom|pag|non** ⟨[-njɔ̃:], a. ['---] m.; -s, -s⟩ **1** *Teilhaber, Mitinhaber (einer Firma)* **2** *Spießgeselle* [<frz. *compagnon* »Geselle, Genosse«; → *Kompanie*]
kom|pakt ⟨Adj.⟩ **1** *dicht, fest gefügt, massiv* **2** *gedrungen, stämmig* [<frz. *compact* »dicht, fest«]
Kom|pakt|an|la|ge ⟨f.; -, -n⟩ *Stereoanlage, bei der die einzelnen Komponenten (Verstärker, Tuner, Kassettendeck usw.) fest zusammengefügt sind*
Kom|pak|tor ⟨m.; -s, -en⟩ *Verdichtungs- u. Verteilungsplanierraupe* [→ *kompakt*]

Kom|pa|nie ⟨f.; -, -n⟩ **1** ⟨Abk.: Co., Cie.⟩ *Handelsgesellschaft* **2** ⟨Abk.: Komp.; Mil.⟩ *kleinste ständige Infanterieeinheit von 100 bis 250 Mann* [<ital. *compagnia,* frz. *compagnie;* <mlat. *companium* »Gesellschaft«, eigtl. »Brotgenossenschaft«, <lat. *con...* »zusammen mit...« + *panis* »Brot«]

kom|pa|ra|bel ⟨Adj.⟩ Ggs *inkomparabel* **1** *vergleichbar;* diese Dinge sind ~ **2** ⟨Gramm.⟩ komparable Adjektive *A., von denen man einen Komparativ bilden kann* [<lat. *comparabilis* »vergleichbar«; zu *comparare* »vergleichen«]

Kom|pa|ra|bi|li|tät ⟨f.; -; unz.⟩ *Vergleichbarkeit* [→ *komparabel*]

Kom|pa|ra|ti|on ⟨f.; -, -en; Gramm.⟩ ~ der Adjektive *durch Suffixe o.a. sprachliche Formen ausgedrückter Vergleich, der angibt, ob eine Eigenschaft einer Sache in größerem Maße als einer anderen Sache od. in größtem Maße zukommt, Vergleich, Steigerung* [<lat. *comparatio* »Vergleich«; zu *comparare* »vergleichen«]

Kom|pa|ra|tis|tik ⟨f.; -; unz.⟩ **1** *historisch-vergleichende Sprachwissenschaft* **2** *vergleichende Literaturwissenschaft*

kom|pa|ra|tis|tisch ⟨Adj.⟩ *die Komparatistik betreffend, auf ihr beruhend, zu ihr gehörig;* ~e Sprachanalyse

kom|pa|ra|tiv ⟨a. [---'-] Adj.⟩ *vergleichend* [<lat. *comparativus* »zum Vergleich dienend, vergleichend«; zu *comparare* »vergleichen«]

Kom|pa|ra|tiv ⟨a. [---'-] m.; -s, -e [-və]; Gramm.⟩ *erste Steigerungsstufe der Komparation, die angibt, dass eine Eigenschaft einer Sache in größerem Maße zukommt als einer anderen, Mehrstufe* [<lat. *(gradus) comparativus* »dem Vergleichen dienender Steigerungsgrad«; → *komparativ*]

Kom|pa|ra|tiv|satz ⟨m.; -es, -sät|ze⟩ *Nebensatz, der das Geschehen im Hauptsatz mit einem anderen Geschehen vergleicht, Vergleichssatz*

Kom|pa|ra|tor ⟨m.; -s, -to|ren⟩ **1** ⟨Astron.⟩ *zur Feststellung von Lage- u. Helligkeitsänderungen von Sternen verwendetes astronom. Gerät* **2** ⟨Opt.⟩ = *Kompensator(3)* [<lat. *comparator* »Vergleicher«; zu *comparare* »vergleichen«]

kom|pa|rie|ren ⟨V.⟩ **1** *vergleichen* **2** ⟨Gramm.⟩ ein Adjektiv ~ *steigern* [<lat. *comparare* »vergleichen«]

> **Kompass** (*Laut-Buchstaben-Zuordnung*) Die im Deutschen übliche Kennzeichnung eines kurzen Vokals durch Verdoppelung des Folgekonsonanten wird auch auf Fremdwörter angewendet. Nach kurzem Vokal wird daher auch bei Fremdwörtern der Buchstabe »*ß*« künftig durch die Schreibung »*ss*« ersetzt (→a. *Komiss, Kompromiss*).

Kom|par|se ⟨m.; -n, -n; Theat.; Film⟩ *Person ohne Sprechrolle, bes. in Massenszenen* [<ital. *comparsa* »das Erscheinen«]

Kom|par|se|rie ⟨f.; -; unz.; Theat.; Film⟩ *Gesamtheit der Komparsen*

Kom|pass ⟨m.; -es, -e⟩ *Gerät zum Bestimmen der Himmelsrichtung* [<ital. *compasso* »Zirkel, Magnetnadel, Bussole«; zu *compassare* »abschreiten, abmessen«]

kom|pa|ti|bel ⟨Adj.⟩ Ggs *inkompatibel* **1** *vereinbar, austauschbar;* kompatible Computersysteme **2** *zusammenstimmend, zusammenpassend* [<frz. *compatible,* »vereinbar, verträglich«]

Kom|pa|ti|bi|li|tät ⟨f.; -; unz.⟩ **1** *Vereinbarkeit, Austauschbarkeit, z.B. bei Computerprogrammen* **2** *Verträglichkeit, z.B. bei Medikamenten;* Ggs *Inkompatibilität*

kom|pen|di|ös ⟨Adj.⟩ *in Form eines Kompendiums; zusammengedrängt, kurzgefasst* [<lat. *compendiosus* »abgekürzt, kurz zusammengefasst« + frz. Endung]

Kom|pen|di|um ⟨n.; -s, -di|en⟩ **1** *Abriss, Handbuch, kurzes Lehrbuch, Leitfaden* **2** ⟨Fot.⟩ *Sonnenblende mit ausziehbarem Balg für Kinokameras* [<lat. *compendium,* eigtl. »das beim Zusammenwägen Ersparte, Gewinn, Vorteil«, <*con...* »zusammen mit...« + *pendere* »wägen, wiegen«]

Kom|pen|sa|ti|on ⟨f.; -, -en⟩ **1** *Ausgleich, Aufhebung, z.B. von Kräften, Wirkungen* **2** *Erstattung, Vergütung, Verrechnung* **3** *Ausgleich anatomischer od. funktioneller Störungen eines Organs od. Organteile durch gesteigerte Tätigkeit eines anderen Organes od. Organteiles;* Ggs *Dekompensation* **4** *Ausgleich einer bewussten od. unbewussten Unsicherheit durch betont entgegengesetztes Verhalten* [<lat. *compensatio* »Ausgleich«]

Kom|pen|sa|tor ⟨m.; -s, -to|ren⟩ **1** *gebogenes, elastisches Zwischenstück in Rohrleitungen, das durch die Temperatur hervorgerufene Längenänderungen ausgleicht* **2** elektrischer ~ *Gerät zum Messen der Spannung einer Stromquelle, ohne ihr Strom zu entnehmen* **3** *Instrument zur Messung der Gang- u. Phasenunterschiede zweier senkrecht zueinander polarisierter Strahlen od. zur Erzeugung eines solchen Unterschiedes;* Sy *Komparator(2)* [<lat. *compensare* »ausgleichen«]

kom|pen|sa|to|risch ⟨Adj.⟩ *mittels Kompensation, darauf beruhend;* ~e Spracherziehung *S., die darauf gerichtet ist, einen Schüler, der einen Dialekt od. Soziolekt spricht, durch zusätzliche pädagog. Bemühungen im normgerechten Gebrauch der Hochsprache zu unterweisen*

kom|pen|sie|ren ⟨V.⟩ **1** *ausgleichen, aufheben;* Kräfte, Wirkungen ~ **2** *vergüten, verrechnen* **3** *durch Tausch erwerben;* Ware gegen Ware ~ **4** die magnet. Wirkung von Stahlteilen in Schiffen u. Flugzeugen ~ *durch Anbringen entgegengesetzt wirkender Magnete in der Nähe des Kompasses aufheben* [<lat. *compensare* »aufwiegen, ausgleichen«]

kom|pe|tent ⟨Adj.⟩ Ggs *inkompetent* **1** *zuständig, befugt* **2** *maßgebend, urteilsfähig;* ich bin in dieser Angelegenheit, Frage (nicht) ~

[< lat. *competens,* Part. Präs. zu *competere* »zusammentreffen, zutreffen, zukommen«]
Kom|pe|tenz ⟨f.; -, -en⟩ Ggs *Inkompetenz* **1** *Zuständigkeit, Befugnis* **2** *Urteilsfähigkeit* [< lat. *competentia* »das Zusammentreffen, Stimmen«]
Kom|pe|tenz|kom|pe|tenz ⟨f.; -, -en; Rechtsw.⟩ *Befugnis eines staatlichen Organs, auch zulasten anderer Organe selbst u. verbindlich über die eigene Zuständigkeit zu entscheiden*
Kom|pe|tenz|kon|flikt ⟨m.; -(e)s, -e⟩, **Kom|pe-tenz|strei|tig|keit** ⟨f.; -, -en⟩ *Streit um die Kompetenz, z.B. zwischen zwei Behörden*
kom|pe|tie|ren ⟨V.; †⟩ **1** *sich bewerben (um)* **2** *zustehen, gebühren;* es kompetiert mir [< lat. *competere* »zusammentreffen, -fallen, sich schicken, geeignet, fähig sein, stimmen, zutreffen, zukommen«]
kom|pe|ti|tiv ⟨Adj.; Chem.⟩ ~e Hemmung *Unterdrückung einer chem. Reaktion, die dadurch zustande kommt, dass ein anderer Stoff mit dem ersten Reaktionspartner in den Wettstreit tritt* [zu lat. *competitor* »Mitbewerber«]
Kom|pi|la|ti|on ⟨f.; -, -en⟩ **1** *Sammlung, Zusammentragung* **2** *(ohne kreative Eigenleistung) aus anderen Büchern zusammengetragenes Werk* [< lat. *compilatio* »Plünderung«]
Kom|pi|la|tor ⟨m.; -s, -to|ren⟩ *jmd., der etwas kompiliert, Verfasser einer Kompilation*
kom|pi|la|to|risch ⟨Adj.⟩ *auf Kompilation beruhend, in der Art einer Kompilation(2), aus anderen Büchern zusammengetragen*
kom|pi|lie|ren ⟨V.⟩ *zusammentragen, -stellen* [< lat. *compilare* »zusammenraffen, plündern, ausbeuten«]
kom|pla|nar ⟨Adj.; Math.⟩ *sich in der gleichen Ebene befindend* [zu lat. *complanare* »einebnen«]
Kom|pla|na|ti|on ⟨f.; -, -en; Math.⟩ *die Flächenberechnung von gekrümmten Flächen* [→ *komplanar*]
Kom|ple|ment ⟨n.; -(e)s, -e⟩ *Ergänzungsstück* [< frz. *complément* < lat. *complementum* »Ergänzung(smittel), Ausfüllung«]
kom|ple|men|tär ⟨Adj.⟩ *ergänzend* [< frz. *complémentaire*]
Kom|ple|men|tär ⟨m.; -s, -e⟩ *Teilhaber einer Kommanditgesellschaft, der unbeschränkt haftet;* Ggs *Kommanditist*
Kom|ple|men|tär|far|be ⟨f.; -, -n⟩ *Farbe, die bei additiver Mischung Weiß ergibt, Ergänzungsfarbe*
Kom|ple|men|ta|ri|tät ⟨f.; -; unz.⟩ *Erscheinung in der Elementarteilchenphysik, dass ein Teilchen je nach beobachtendem Experiment sowohl als Teilchen od. als Welle auftritt, aber nie beide Eigenschaften zugleich zeigt*
Kom|ple|men|tär|win|kel ⟨m.; -s, -⟩ = *Komplementwinkel*
Kom|ple|men|ta|ti|on ⟨f.; -, -en; Med.⟩ *Einfügen eines Gens in eine mutierte Zelle zum Ausgleich von Erbschäden;* Sy *Komplementierung(2)* [→ *Komplement*]
kom|ple|men|tie|ren ⟨V.⟩ *ergänzen, vervollständigen* [→ *Komplement*]
Kom|ple|men|tie|rung ⟨f.; -, -en⟩ **1** *das Komplementieren, das Komplementiertwerden* **2** ⟨Med.⟩ = *Komplementation*
Kom|ple|ment|win|kel ⟨m.; -s, -; Math.⟩ *Winkel, der einen anderen Winkel zu 90° ergänzt;* Sy Komplementärwinkel; →a. *Supplementwinkel*
Kom|plet ⟨[kɔ̃ple:] n.; - od. -s, -s⟩ **1** *Kleid u. (etwas kürzerer) Mantel od. Jacke vom gleichen Stoff* **2** ⟨f.; -, -e; kath. Kirche⟩ *Abendgebet, letztes der Stundengebete* [< frz. *complet* »vollständiger Anzug aus einem Stoff, Kostüm«]
kom|ple|tiv ⟨Adj.; Sprachw.⟩ *ergänzend, hinzufügend* [< frz. *complétif;* zu lat. *completum* »das Ergänzte«; < *complere* »ergänzen«]
kom|plett ⟨Adj.⟩ *vollkommen, vollständig, vollzählig;* Ggs *inkomplett;* ein ~es Mittagessen; unsere Wohnung ist jetzt ~; du bist ~ verrückt ⟨umg.⟩ [< frz. *complet* »vollständig«]
kom|plet|tie|ren ⟨V.⟩ *vervollständigen, ergänzen, auffüllen* [< frz. *compléter* »vervollständigen«]
kom|plex ⟨Adj.⟩ *zusammengesetzt, verwickelt, vielfältig u. doch einheitlich;* ~e Zahl ⟨Math.⟩ *Summe aus einer reellen Zahl u. einer imaginären Zahl,* z.B. a + bi [< lat. *complexus,* Part. Perf. zu *complecti* »umfassen, zusammenfassen«]
Kom|plex ⟨m.; -es, -e⟩ **1** *Gesamtheit, Gesamtumfang, Inbegriff* **2** *zusammenhängende Gruppe;* Häuser~ **3** *ins Unterbewusstsein verdrängte Gruppe von Vorstellungen od. nicht verarbeiteten Erlebnissen, die zu dauernder Beunruhigung führen;* an verdrängten ~en leiden
Kom|plex|au|ge ⟨n.; -s, -n⟩ = *Facettenauge*
Kom|ple|xi|on ⟨f.; -, -en⟩ **1** *Zusammenfassung (verschiedener Dinge)* **2** *zusammenstimmende Haar-, Haut- u. Augenfarbe (beim Menschen)* [< lat. *complexio* »Umfassung, Verknüpfung«; → *komplex*]
Kom|ple|xi|tät ⟨f.; -; unz.⟩ **1** *komplexe Beschaffenheit, vielfältige Gesamtheit;* die Gesellschaft in ihrer gesamten ~ **2** *Gesamtheit aller Bestandteile u. Komponenten eines geschlossenen Systems, die voneinander abhängig sind u. in Verhalten u. Wirkung Veränderungen unterworfen sein können*
Kom|ple|xo|me|trie, ⟨auch⟩ **Kom|ple|xo|met-rie** ⟨f.; -; unz.⟩ *Verfahren der chem. Analyse zum Nachweis von Metallionen durch Bildung von schwer löslichen od. farbigen Komplexen* [< *Komplex* + ...*metrie*]
Kom|pli|ce ⟨[-tsə] m.; -n, -n; österr.; schweiz.⟩ = *Komplize*
Kom|pli|ka|ti|on ⟨f.; -, -en⟩ **1** *Verwicklung, Schwierigkeit* **2** *Auftreten zusätzlicher Schwierigkeiten bei einer schon bestehenden Krankheit;* bei der Operation sind ~en eingetreten [< lat. *complicatio* »das Zusammenwickeln, -falten«]

Kom|pli|ment ⟨n.; -(e)s, -e⟩ **1** *Höflichkeitsbezeigung, Verbeugung, Diener* **2** *Artigkeit, Huldigung, Schmeichelei;* jmdm ein ~, ⟨od.⟩ ~e machen; mein ~! *alle Achtung!;* nach ~en fischen, angeln ⟨umg.; scherzh.⟩ *durch Betonen eigener Schwächen od. schwacher Seiten Widerspruch herausfordern, der zum Lob des Sprechenden wird;* → a. *Fishing for Compliments* [<frz. *compliment* »Artigkeit, Schmeichelei« <lat. *complementum* »Ergänzung, Anhang« (alter Moralbücher, da diese von der Höflichkeit handelten)]

Kom|pli|ze ⟨m.; -n, -n⟩ *Mitschuldiger, Mittäter, Helfershelfer;* oV ⟨österr., schweiz.⟩ *Komplice* [<frz. *complice* <lat. *complex,* Gen. *complicis* »Verbündeter, Teilnehmer«, <lat. *complicare* »zusammenfalten, -legen«; → *komplizieren*]

kom|pli|zie|ren ⟨V.⟩ *verwickeln, erschweren;* wir wollen die Sache nicht unnötig ~ [<lat. *complicare* »zusammenfalten, -legen«]

kom|pli|ziert ⟨Adj.⟩ **1** *verwickelt, schwierig, erschwert;* ~er Bruch ⟨Med.⟩ **2** *schwer zu behandelnd, sehr empfindsam;* ein ~er Mensch, Charakter

Kom|plott ⟨n.; -(e)s, -e⟩ *Verschwörung, Verabredung zu Straftaten, Anschlägen, heiml. Handlungen;* ein ~ schmieden (gegen) [<frz. *complot* »Anschlag, Verschwörung«]

kom|plot|tie|ren ⟨V.⟩ *ein Komplott schmieden, sich verschwören*

Kom|po|nen|te ⟨f.; -, -n⟩ *Teil eines Ganzen, einer Kraft, Mischung usw.* [<lat. *componens,* Part. Präs. zu *componere;* → *komponieren*]

Kom|po|nen|ten|a|na|ly|se ⟨f.; -, -n; Sprachw.⟩ *Beschreibung u. Untersuchung der semantischen Merkmale u. Komponenten einer sprachlichen Einheit*

kom|po|nie|ren ⟨V.⟩ **1** *zusammensetzen, zusammenstellen, kunstvoll anordnen, aufbauen* **2** *nach bestimmten Formgesetzen aufbauen, zusammenfügen;* Kunstwerke, ein Bild (geschickt) ~ **3** ⟨Mus.⟩ *in Töne setzen;* Musikstücke, ein Konzert ~; eine Oper ~ [<lat. *componere* »zusammensetzen, -stellen, -legen, vereinen«]

Kom|po|nist ⟨m.; -en, -en; Mus.⟩ *Schöpfer von Musikstücken;* Opern~; oV ⟨†⟩ *Kompositeur* [→ *komponieren*]

Kom|po|nis|tin ⟨f.; -, -tin|nen; Mus.⟩ *Schöpferin von Musikstücken*

Kom|po|si|ta ⟨Pl. von⟩ *Kompositum*

Kom|po|si|ten ⟨Pl.⟩ *Korbblütler, artenreiche Familie der Ordnung Synandrae, ausgezeichnet durch Einzelblüten ähnliche Blütenstände u. Blütenkörbchen: Compositae* [<lat. *compositus,* Part. Perf. zu *componere;* → *komponieren*]

Kom|po|si|teur ⟨[-tøːr] m.; -s, -e; †⟩ = *Komponist* [<frz. *compositeur* »Komponist, Verfasser«]

Kom|po|si|ti|on ⟨f.; -, -en⟩ **1** *Zusammensetzung, -stellung, künstler. Anordnung* **2** *Aufbau eines Kunstwerks nach bestimmten Formgesetzen* **3** *Musikstück, Musikwerk* **4** *Wortbildung aus zwei od. mehreren selbständigen Teilen* [<lat. *compositio* »Zusammensetzung, -stellung«; → *komponieren*]

kom|po|si|ti|o|nell ⟨Adj.; selten für⟩ *kompositorisch*

Kom|po|sit|ka|pi|tell ⟨n.; -(e)s, -e⟩ *röm., aus Elementen des ion. u. korinth. Kapitells zusammengesetztes Säulenkapitell* [< *Komposition* + *Kapitell*]

kom|po|si|to|risch ⟨Adj.⟩ *eine Komposition betreffend*

Kom|po|si|tum ⟨n.; -s, -ta⟩ *aus zwei od. mehreren selbständigen, sinnvollen Teilen zusammengesetztes Wort,* z.B. Einkaufskorb; Ggs *Simplex* [<lat. *compositum,* Part. Perf. zu *componere;* → *komponieren*]

Kom|post ⟨m.; -(e)s, -e⟩ *natürl. Dünger aus Erde, Pflanzenresten (u. Jauche)* [<frz. *compost;* → *komponieren*]

kom|pos|tie|ren ⟨V.⟩ *Kompost gewinnen aus, zu Kompost verarbeiten;* organischen Abfall ~; Gartenlaub ~

Kom|pott ⟨n.; -(e)s, -e⟩ *mit Zucker gekochtes Obst* [<frz. *compote;* → *komponieren*]

Kom|pre|hen|si|on ⟨f.; -, -en; Philos.⟩ *Zusammenfassung von Mannigfaltigem zu einem Ganzen* [<lat. *comprehensio* »das Zusammenfassen, Begreifen«]

kom|press ⟨Adj.⟩ **1** ⟨†⟩ *eng, dicht gedrängt* **2** ⟨Typ.⟩ *ohne Durchschuss;* einen Text ~ setzen [<lat. *compressus,* Part. Perf. zu *comprimere* »zusammendrücken«]

Kom|pres|se ⟨f.; -, -n⟩ *feuchter Umschlag;* Gesichts~; heiße, kalte ~ [<lat. *compressus,* Part. Perf. zu *comprimere* »zusammendrücken«]

kom|pres|si|bel ⟨Adj.⟩ *zusammendrückbar, verdichtbar;* Ggs *inkompressibel* [<frz. *compressible,* <lat. *comprimere* »zusammendrücken«]

Kom|pres|si|bi|li|tät ⟨f.; -; unz.⟩ *kompressible Beschaffenheit, Zusammendrückbarkeit;* ~ von Stoffen, Gasen

Kom|pres|si|on ⟨f.; -, -en⟩ *Zusammendrückung, Verdichtung;* ~ von Adern, Stoffen, Gasen [<lat. *compressio* »das Zusammendrücken«; zu *comprimere* »zusammendrücken«]

Kom|pres|sor ⟨m.; -s, -so|ren⟩ **1** *Verdichter;* Ggs *Absorber(1)* **2** *Kühlschrank, der auf dem Prinzip der Verdichtung beruht;* Ggs *Absorber(1.1)* [→ *Kompression*]

kom|pri|mier|bar ⟨Adj.⟩ *sich komprimieren lassend, zusammendrückbar*

kom|pri|mie|ren ⟨V.⟩ Ggs *dekomprimieren* **1** *zusammendrücken, verdichten* **2** *zusammendrängen;* einen komprimierten Stil schreiben [<lat. *comprimere* »zusammendrücken«]

Kom|pro|miss ⟨m.; -es, -e⟩ **1** *Ausgleich, Übereinkunft durch beiderseitiges Nachgeben, Verständigung* **2** *Zugeständnis;* beide Parteien einigten sich in mehreren Punkten auf ~e; einen ~ schließen [<lat. *compromissum* »ge-

genseitiges Versprechen, Übereinkunft; Vergleich in einem Rechtsstreit«]

Kom|pro|miss|ler ⟨m.; -s, -; abwertend⟩ *jmd., der zu (unredlichen) Kompromissen neigt*

kom|pro|mit|tie|ren ⟨V.⟩ *bloßstellen, in Verlegenheit bringen* [< frz. *compromettre* »bloßstellen, gefährden«; beeinflusst von lat. *compromittere* »sich auf den Spruch des Schiedsrichters verlassen«]

Kom|pro|mit|tie|rung ⟨f.; -, -en⟩ *das Kompromittieren, das Kompromittiertwerden*

Komp|ta|bi|li|tät ⟨f.; -; unz.⟩ *Rechnungsführung, -legung* [< frz. *comptabilité* »Rechnungspflicht, Rechnungswesen«]

Kom|so|mol ⟨m.; -; unz.; Kurzw. für⟩ *Kommunističeskij Sojus Molodëži, Kommunist. Jugendverband (der UdSSR)*

Kom|so|mol|ze ⟨m.; -n, -n⟩ *Angehöriger des Komsomol*

Kom|so|mol|zin ⟨f.; -, -zin|nen⟩ *Angehörige des Komsomol*

Kom|tess ⟨f.; -en⟩, **Kom|tes|se** ⟨f.; -, -n⟩ *unverheiratete Gräfin* [< frz. *comtesse*]

Kom|tur ⟨m.; -s, -e⟩ **1** *Verwalter in einem Ritterorden* **2** *Inhaber eines Ordens höherer Klasse;* Sy *Kommandeur(2)* [< mhd. *comtiur* < *kommentur* < afrz. *commendeor* < mlat. *commendator* »Vorsteher der Niederlassung eines Ritterordens«, < lat. *commendare* »anvertrauen«]

Kom|tu|rei ⟨f.; -, -en⟩ *Verwaltungsbezirk u. Sitz eines Komturs;* Sy *Kommende(2)*

kon…, Kon… ⟨vor b, p, m⟩ kom…, Kom… ⟨vor l⟩ kol…, Kol… ⟨vor r⟩ kor…, Kor… ⟨vor h u. Vokalen⟩ ko…, Ko… ⟨in Zus.⟩ *mit, zusammen mit…* [< lat. *con…,* in Zus. für *cum* »mit«]

Ko|nak ⟨m.; -s, -e; in der Türkei⟩ **1** *Amtsgebäude* **2** *vornehme Wohnung, Schloss* [türk.]

Ko|na|ti|on ⟨f.; -, -en; Psych.⟩ *zielgerichtete Tätigkeit, Trieb, Drang, Anstrengung* [< lat. *conatus* »Anstrengung, Trieb«]

ko|na|tiv ⟨Adj.; Psych.⟩ *triebhaft, strebend, eifrig, sich anstrengend* [→ *Konation*]

Kon|au|tor ⟨m.; -s, -en⟩ = *Koautor*

kon|a|xi|al, ⟨auch⟩ **ko|na|xi|al** ⟨Adj.⟩ = *koaxial* [< *kon…* + *axial*]

Kon|cha ⟨[-ça] f.; -, -s od. -chen⟩, **Kon|che** ⟨[-çə] f.; -, -n; in altchristl. u. mittelalterl. Kirchen⟩ **1** *die muschelförmige Überwölbung der Apsis* **2** = *Apsis* [< lat. *concha* »Muschel« < grch. *konche*]

Kon|chi|fe|re ⟨[-çi-] f.; -, -n⟩ *Unterstamm der Weichtiere mit einheitl. Schalenbildung: Conchifera* [< lat. *concha* »Muschel« + *…fere*]

kon|chi|form ⟨[-çi-] Adj.⟩ *muschelförmig* [< lat. *concha* »Muschel« + *…form*]

Kon|cho|i|de ⟨[-ço-] f.; -, -n⟩ *dem Querschnitt einer Muschel ähnl. ebene Kurve mit zwei getrennten Zweigen* [< lat. *concha,* grch. *konche* »Muschel« + *…id*]

Kon|cho|skop, ⟨auch⟩ **Kon|chos|kop** ⟨[-ço-] n.; -s, -s; Med.⟩ *Nasenspiegel* [< grch. *konche* »Muschel« + *…skop*]

Kon|chy|lie ⟨[-çyːliə] f.; -, -n⟩ *die harte Schale der Weichtiere (Mollusca)* [< grch. *konchylion* »Schaltier«; zu *konche* »Muschel«]

Kon|chy|li|o|lo|ge ⟨[-çy-] m.; -n, -n⟩ *Wissenschaftler auf dem Gebiet der Konchyliologie*

Kon|chy|li|o|lo|gie ⟨[-çy-] f.; -; unz.⟩ *Teilgebiet der Malakologie, das sich mit der Erforschung von Weichtierschalen befasst* [< *Konchylie* + *…logie*]

kon|chy|li|o|lo|gisch ⟨[-çy-] Adj.⟩ *die Konchyliologie betreffend, auf ihr beruhend, zu ihr gehörig*

Kon|dem|na|ti|on ⟨f.; -, -en⟩ **1** *Verurteilung, Verdammung* **2** *Erklärung der Reparaturunfähigkeit eines Schiffes* **3** *Einziehung eines feindl. Schiffes nach einer Entscheidung eines Prisengerichtes* [< lat. *condemnatio* »Verurteilung«; zu *damnare* »verurteilen«]

Kon|den|sat ⟨n.; -(e)s, -e⟩ *Flüssigkeit, die bei Abkühlung aus dem dampfförmigen Zustand hervorgeht u. sich so abscheidet* [< lat. *condensatus,* Part. Perf. zu *condensare* »zusammendrängen«]

Kon|den|sa|ti|on ⟨f.; -, -en⟩ **1** *Verflüssigung, Verdichtung* **2** ⟨Phys.⟩ *Übergang eines Stoffes vom gas- od. dampfförmigen in den flüssigen Zustand* **3** ⟨Chem.⟩ *Reaktion, bei der zwei Moleküle unter Abspaltung eines einfachen Stoffes, z.B. Wasser, zu einem neuen Molekül reagieren od. bei der innerhalb eines Moleküls ein einfacher Stoff abgespalten wird* [< lat. *condensatio* »Verdichtung«; → *kondensieren*]

Kon|den|sa|ti|ons|kern ⟨m.; -(e)s, -e⟩ *mikroskopisch kleine Teilchen od. elektrisch geladene Ionen, an denen sich die Feuchtigkeit in der Atmosphäre niederzuschlagen beginnt*

Kon|den|sa|ti|ons|punkt ⟨m.; -(e)s; unz.⟩ *vom Druck abhängiger Punkt der Temperaturskala, bei dem ein Stoff vom gasförmigen in den flüssigen Zustand übergeht*

Kon|den|sa|tor ⟨m.; -s, -to|ren⟩ **1** *Apparat, in dem der aus Dampfmaschinen austretende Dampf gekühlt u. verflüssigt wird* **2** *elektr. Bauelement aus zwei gegeneinander isolierten Flächen od. Leitern, auf denen sich einander entgegengesetzte elektr. Ladungen sammeln* [→ *kondensieren*]

kon|den|sie|ren ⟨V.⟩ **1** *einer Kondensation unterwerfen, verflüssigen, verdichten* **2** *eine Kondensation erfahren* **2.1** *flüssig werden* **2.2** *dicht werden* **3** kondensierte Milch *M., der Wasser entzogen worden ist, um sie haltbar zu machen;* Sy *Kondensmilch* **4** kondensierte Systeme *chem. Verbindungen, deren Formeln mehrere Benzolringe enthalten, von denen je zwei mehrere Kohlenstoffatome gemeinsam haben* [< lat. *condensare* »dicht zusammendrängen«; zu *denus* »dicht«]

Kon|dens|milch ⟨f.; -; unz.⟩ = *kondensierte Milch*

Kon|den|sor ⟨m.; -s, -so|ren⟩ **1** *Sammellinse, die z.B. in Projektionsapparaten das Licht der Lichtquelle gleichmäßig über den zu projizierenden Gegenstand verteilt* **2** ⟨Spinnerei⟩ *Ge-*

rät zum Trennen od. Aussondern, Abscheider [<lat. *condensus* »sehr dicht«; → *kondensieren*]

Kon|dens|strei|fen ⟨m.; -s, -⟩ *Streifen von Kondenswasser, der durch Abgase von Flugzeugen am Himmel entsteht*

Kon|dik|ti|on ⟨f.; -, -en; Rechtsw.⟩ *Klage auf Rückgabe* [<lat. *condictio* »Verabredung«; zu lat. *condicere* »gemeinschaftlich verabreden, festsetzen«; zu *dicere* »sagen«]

kon|di|tern ⟨V.; umg.⟩ **1** *als Konditor arbeiten, Feinbackwaren herstellen* **2** ⟨umg.; scherzh.⟩ *in einer Konditorei einkehren*

Kon|di|ti|on ⟨f.; -, -en⟩ **1** *Bedingung;* besondere ~en vereinbaren **2** *Beschaffenheit, Zustand, körperliche Beschaffenheit (eines Sportlers)* [<lat. *conditio, condicio* »Bedingung«]

kon|di|ti|o|nal ⟨Adj.⟩ *bedingend, bedingungsweise (geltend);* ~e Konjunktion *einen Bedingungssatz einleitende K.,* z.B. »wenn, falls«

Kon|di|ti|o|nal ⟨m.; -s, -e⟩, **Kon|di|ti|o|na|lis** ⟨m.; -, -les⟩ *Bedingungsform des Verbums (im Dt. in der Form des Konjunktivs gebildet),* z.B. »ich würde kommen«

Kon|di|ti|o|na|lis|mus ⟨m.; -; unz.⟩ *philosoph. Lehre, die den Begriff der Ursache durch den der Bedingung ersetzt;* oV *Konditionismus*

Kon|di|ti|o|nal|satz ⟨m.; -es, -sät|ze⟩ *durch eine konditionale Konjunktion eingeleiteter Nebensatz, Bedingungssatz*

kondi|ti|o|nell ⟨Adj.⟩ = *konditional*

kon|di|ti|o|nie|ren ⟨V.⟩ **1** Textilien ~ **1.1** *den Feuchtigkeitsgehalt von T. ermitteln* **1.2** *sie eine bestimmte Feuchtigkeit aufnehmen lassen* **2** ⟨Müllerei⟩ Getreide ~ *vor dem Mahlen mit Wärme u. Feuchtigkeit behandeln* **3** ⟨Psych.⟩ *eine Reaktion hervorrufen*

kon|di|ti|o|niert ⟨Adj.⟩ **1** *bedingt* **2** *beschaffen, z.B. von Waren* **3** *eine bestimmte Reaktion hervorrufend*

Kon|di|ti|o|nie|rung ⟨f.; -; unz.⟩ **1** *das Verfestigen flüssiger (radioaktiver) Abfälle durch Entzug der Feuchtigkeit;* die ~ verseuchter Stoffe **2** *Erziehung zu einer bestimmten Denkweise*

Kon|di|ti|o|nis|mus ⟨m.; -; unz.⟩ = *Konditionalismus*

Kon|di|tions|trai|ning ⟨[-trɛ:-] od. engl. [-trɛi-] n.; -s, -s⟩ *sportl. Training zur Entwicklung von Kraft, Ausdauer u. Schnelligkeit, allgemeines Training (im Unterschied zum Spezialtraining)*

Kon|di|tor ⟨m.; -s, -to|ren⟩ *Handwerker, der feine Backwaren, Eis u. Konfekt herstellt;* Sy ⟨schweiz.⟩ *Konfiseur* [<lat. *conditor* »Hersteller würziger Speisen«; zu *condire* »würzen, schmackhaft machen, einmachen«]

Kon|di|to|rei ⟨f.; -, -en⟩ *Verkaufsraum des Konditors, meist gleichzeitig kleines Kaffeehaus;* Sy ⟨schweiz.⟩ *Konfiserie*

Kon|di|to|rin ⟨f.; -, -rin|nen⟩ *Handwerkerin, die feine Backwaren, Eis u. Konfekt herstellt*

Kon|do ⟨n.; -s, -s⟩ *zentrales Gebäude in japanisch-buddhistischen Tempeln, in dem Kultstatuen u. -bilder umschritten werden können* [jap., »goldene Halle«]

Kon|do|lenz ⟨f.; -, -en⟩ *Beileid, Beileidsbezeigung* [→ *kondolieren*]

kon|do|lie|ren ⟨V.⟩ *sein Beileid aussprechen;* jmdm. zum Tod des Vaters ~ [<lat. *condolere* »Mitgefühl haben«; zu *dolor* »Schmerz«]

Kon|dom ⟨m. od. n.; -s, -e⟩ *empfängnis- u. infektionsverhütende Gummihülle für den Penis beim Geschlechtsverkehr;* Sy *Pariser* [nach dem engl. Arzt *Conton*]

Kon|do|mi|nat ⟨n. od. m.; -(e)s, -e⟩ = *Kondominium* [<*Kon…* + lat. *dominatus* »Herrschaft«]

Kon|do|mi|ni|um ⟨n.; -s, -ni|en⟩ **1** *Herrschaft mehrerer Staaten über ein Gebiet* **2** *dieses Gebiet selbst* [<*Kon…* + *Dominium*]

Kon|dor ⟨m.; -s, -e⟩ *riesiger Neuweltgeier der Hochgebirge Südamerikas: Vultur gryphus* [<span. *condor* <Ketschua *kúntur*]

Kon|dot|ti|e|re ⟨[-tje:-] m.; -s, -ri; 14./15. Jh.⟩ *ital. Söldnerführer;* oV *Condottiere* [<ital. *condottiere* »Anführer geworbener Soldtruppen«, <lat. *coducere* »zusammenführen«]

Kon|du|ite ⟨[-dyi:t] f.; -; unz.⟩ *Führung, Betragen* [<frz. *conduite* »Führung, Leitung«]

Kon|dukt ⟨m.; -(e)s, -e⟩ **1** *feierl. Geleit* **2** *Leichenzug, Trauergefolge* [<lat. *conductus,* Part. Perf. zu *conducere* »zusammenführen«]

Kon|duk|tanz ⟨f.; -; unz.⟩ *der tatsächlich wirkende Leitwert eines Wechselstromwiderstandes, der sich aus dem Wirkwiderstand u. der Impedanz berechnen lässt, Wirkleitwert*

Kon|duk|teur ⟨[-tø:r] m.; -s, -e; schweiz. u. österr.⟩ *Schaffner* [<frz. *conducteur* »Führer, Leiter, Straßenbahnführer«]

Kon|duk|to|me|trie, ⟨auch⟩ **Kon|duk|to|met|rie** ⟨f.; -; unz.⟩ *Verfahren der Maßanalyse, das die Änderung der Leitfähigkeit im Verlauf einer Titration verfolgt u. zur Bestimmung des Äquivalenzpunktes benutzt, Leitfähigkeitsanalyse* [<lat. *conductum* »zusammengeführt« + *…metrie*]

kon|duk|to|me|trisch, ⟨auch⟩ **kon|duk|to|met|risch** ⟨Adj.⟩ *die Konduktometrie betreffend, zu ihr gehörig, mit ihrer Hilfe*

Kon|duk|tor ⟨m.; -s, -to|ren⟩ **1** ⟨El.⟩ *Leiter, bes. eine auf einem Nichtleiter angebrachte Metallkugel, auf die elektr. Ladungen aufgebracht werden können* **2** ⟨Med.⟩ *selbst gesund bleibender Überträger einer Krankheitsanlage von der vorausgehenden Generation auf die nächstfolgende* [<nlat. *conductor* »Führer«, <lat. *conducere* »zusammenführen«]

Kon|du|ran|go ⟨f.; -, -s⟩ *die Bildung von Magensaft anregendes Mittel aus einer aus den Anden stammenden Droge*

Kon|dy|lom ⟨n.; -s, -e⟩ *Hautwucherung, bes. an feuchten Hautstellen (After, äußere Geschlechtsorgane), Feigwarze* [<grch. *kondylos* »Gelenkknochen«]

Ko|nen ⟨Pl. von⟩ *Konus*

Kon|fa|bu|la|ti|on ⟨f.; -, -en; Psych.; Med.⟩ *Bericht über vermeintlich erlebte Vorgänge, der auf einer Gedächtnistäuschung beruht* [<lat. *confabulatio* »Gespräch«]

Kon|fekt ⟨n.; -(e)s; unz.⟩ *(feine) Süßigkeiten, Zuckerwerk;* Sy ⟨österr.⟩ *Konfetti* [< lat. *confectum,* Part. Perf. zu *conficere* »herstellen, zubereiten«]

Kon|fek|ti|on ⟨f.; -, -en⟩ **1** *industrielle Herstellung von Kleidung* **2** *industriell hergestellte, serienmäßige Kleidung, Fertigkleidung;* Herren~; Damen~ **3** *Bekleidungsindustrie* [< frz. *confection* < lat. *confectio* »Anfertigung«; zu *conficere* »herstellen«]

Kon|fek|ti|o|när ⟨m.; -s, -e⟩ *Unternehmer od. leitender Angestellter in der Konfektion, der Modelle entwirft od. einkauft*

kon|fek|ti|o|nie|ren ⟨V.⟩ *serienweise herstellen*

Kon|fe|renz ⟨f.; -, -en⟩ *Beratung, Verhandlung, Sitzung;* Lehrer~; Redaktions~ [< mlat. *conferentia* »Besprechung«; → *konferieren*]

Kon|fe|renz|schal|tung ⟨f.; -, -en⟩ *Fernmeldeeinrichtung, die den gleichzeitigen Kontakt von mehr als zwei Teilnehmern ermöglicht;* eine ~ einrichten

kon|fe|rie|ren ⟨V.⟩ **1** *eine Konferenz abhalten, beraten, verhandeln;* mit jmdm. über etwas ~ **2** ⟨TV⟩ *die Darbietungen auf witzig-plaudernde Weise ansagen* [< frz. *conférer* »beraten, verhandeln« < lat. *conferre* »zusammentragen«]

Kon|fes|si|on ⟨f.; -, -en⟩ **1** ⟨Rel.⟩ *Glaubensbekenntnis;* evangelische, katholische ~ **2** *Bekenntnisschrift;* die Augsburgische ~ 1530 [< lat. *confessio* »Bekenntnis«]

kon|fes|si|o|na|li|sie|ren ⟨V.⟩ *bestimmten od. allen Lebensbereichen die Grundsätze u. Ideale einer Konfession auferlegen*

Kon|fes|si|o|na|lis|mus ⟨m.; -; unz.⟩ **1** *Festhalten an einem bestimmten Bekenntnis* **2** *theolog. Richtung, die dies als unerlässlich betrachtet*

kon|fes|si|o|na|lis|tisch ⟨Adj.⟩ *den Konfessionalismus betreffend, zu ihm gehörig, auf ihm beruhend;* ~e Auseinandersetzungen

kon|fes|si|o|nell ⟨Adj.⟩ *auf einer Konfession beruhend, sie betreffend*

Kon|fes|si|ons|schu|le ⟨f.; -, -n⟩ *Schule, in der alle Schüler u. Lehrer der gleichen Konfession angehören, Bekenntnisschule*

Kon|fet|ti ⟨n.; -s od. -; unz.⟩ **1** *runde Blättchen aus buntem Papier;* Sy ⟨österr.⟩ *Koriandoli;* sich beim Karneval u. an Silvester mit ~ bewerfen **2** ⟨österr.⟩ = *Konfekt* [< ital. *confetti,* Pl. zu *confetto* »Zurechtgemachtes«, < lat. *conficere* »herstellen«]

Kon|fi|gu|ra|ti|on ⟨f.; -, -en⟩ **1** *Gestaltung, Bildung* **2** *Stellung, Gruppierung;* ~ von Gestirnen, von Atomen im Molekül [< lat. *configuratio* »Gestaltung«; zu *figura* »Gestalt«]

kon|fi|gu|rie|ren ⟨V.⟩ **1** *gestalten, bilden* **2** ⟨Med.⟩ *verformen* [< lat. *configurare* »gestalten«; zu *figura* »Gestalt«]

Kon|fir|mand ⟨m.; -en, -en; ev. Kirche⟩ *Jugendlicher, der konfirmiert werden soll u. bereits am Konfirmandenunterricht teilnimmt od. soeben konfirmiert worden ist* [< lat. *confirmandus* »der (im Glauben) zu Stärkende«; zu *confirmare;* → *konfirmieren*]

Kon|fir|ma|ti|on ⟨f.; -, -en; ev. Kirche⟩ *feierl. Aufnahme der Jugendlichen in die Gemeinde durch den Geistlichen, womit sie zum Empfang des heiligen Abendmahls u. zur Übernahme von Patenschaften berechtigt werden, Einsegnung* [< lat. *confirmatio* »Befestigung, Stärkung«]

kon|fir|mie|ren ⟨V.; ev. Kirche⟩ *in die Gemeinde aufnehmen u. damit zum hl. Abendmahl zulassen u. zur Patenschaft berechtigen, einsegnen* [< lat. *confirmare* »befestigen, stärken«; zu *firmus* »fest«]

Kon|fi|se|rie ⟨f.; -, -n; schweiz.⟩ oV *Confiserie* **1** = *Konditorei* **2** *feines Backwerk* [< frz. *confiserie;* zu lat. *conficere* »zubereiten«]

Kon|fi|seur ⟨[-sø:r] m.; -s, -e; schweiz.⟩ = *Konditor*

Kon|fis|ka|ti|on ⟨f.; -, -en⟩ **1** *Beschlagnahme, Einziehung* **2** *Enteignung ohne Entschädigung* [< lat. *confiscatio* »Beschlagnahme«; → *konfiszieren*]

kon|fis|zie|ren ⟨V.⟩ *beschlagnahmen, einziehen;* ein Vermögen, Waffen, Zeitungsausgaben ~ [< lat. *confiscare* »mit Beschlag belegen«; zu *fiscus* »Staatskasse«]

Kon|fi|tü|re ⟨f.; -, -n⟩ *aus einer einzigen Obstsorte gewonnenes Obstmus mit ganzen Früchten;* Erdbeer~; Kirsch~ [< frz. *confiture* »Konfitüre, Marmelade« < lat. *confectura* »Verfertigung, Zubereitung«; zu *conficere* »zubereiten«]

Kon|flikt ⟨m.; -(e)s, -e⟩ *Streit, Widerstreit, Zwiespalt;* Sy *Kollision(3);* bewaffneter, innerer, politischer ~; in einen ~ geraten; mit jmdm. in ~ geraten; mit dem Gesetz in ~ geraten *das Gesetz übertreten* [< lat. *conflictus* »Zusammenstoß, Kampf«]

Kon|flikt|kom|mis|si|on ⟨f.; -, -en; DDR; in Betrieben, Heimen u.Ä.⟩ *Kommission, die Streitigkeiten zwischen Betriebsangehörigen od. Heiminsassen schlichtet*

Kon|flu|enz ⟨f.; -, -en; Geol.⟩ *Zusammenfluss (zweier gleich großer Ströme);* Sy *Konflux;* Ggs *Diffluenz* [< lat. *confluens* »Zusammenfluss«]

kon|flu|ie|ren ⟨V.⟩ *zusammenfließen* [< lat. *confluere*]

Kon|flux ⟨m.; -es, -e⟩ = *Konfluenz*

Kon|fö|de|ra|ti|on ⟨f.; -, -en⟩ **1** *Bündnis* **2** *Staatenbund* [< lat. *confoederatio* »Bündnis«, < *con...* »zusammen mit...« + *foedus* »Bündnis«]

kon|fö|de|rie|ren ⟨V.⟩ sich ~ *sich verbünden* [< lat. *confoederare* »verbünden«, < *con...* »zusammen mit...« + *foedus* »Bündnis«]

Kon|fö|de|rier|te(r) ⟨f.2 (m.1)⟩ **1** ⟨USA⟩ *Anhänger der Südstaaten im amerik. Bürgerkrieg (1861-1865)* **2** ⟨Pl.⟩ *durch eine Konföderation verbündete Staaten*

kon|fo|kal ⟨Adj.⟩ *denselben Brennpunkt habend, mit demselben Brennpunkt versehen*

kon|form ⟨Adj.⟩ *übereinstimmend, gleich gestimmt;* ~e Abbildung *mathemat. Abbildungsverfahren, bei dem Figuren winkelgetreu abge-*

bildet werden; mit jmdm. ~ gehen ⟨umg.⟩ *mit jmdm. übereinstimmen, einer Meinung sein* [< lat. *conformis* »gleichförmig, ähnlich«, < *con…* + *forma* »Form, Gestalt«]

Kon|for|ma|ti|on ⟨f.; -, -en; Stereochemie⟩ *räumliche Anordnung der Atome eines Moleküls, die sich nicht zur Deckung bringen lassen;* Sy *Konstellation(3)* [< lat. *conformatio* »(harmonische) Gestaltung, Bildung«]

Kon|for|mis|mus ⟨m.; -; unz.⟩ *Übereinstimmung mit der herrschenden Meinung;* Ggs *Nonkonformismus*

Kon|for|mist ⟨m.; -en, -en⟩ **1** *Vertreter der herrschenden Meinung;* Ggs *Nonkonformist(1)* **2** *Anhänger der anglikan. Kirche;* Ggs *Dissenter* [→ *konform*]

kon|for|mis|tisch ⟨Adj.⟩ **1** *die anglikan. Kirche betreffend, in ihrem Sinne* **2** *sich der herrschenden Meinung anpassend;* Ggs *nonkonformistisch;* sich ~ verhalten

Kon|for|mi|tät ⟨f.; -; unz.⟩ *Gleichförmigkeit, Gleichheit, Übereinstimmung, Gleichstimmung;* Ggs *Nonkonfirmität* [→ *konform*]

Kon|fra|ter ⟨m.; -s, -; kath. Kirche⟩ *Mitbruder, Amtsbruder* [< *Kon…* + *Frater*]

Kon|fra|ter|ni|tät ⟨f.; -; unz.⟩ *kirchl. Bruderschaft*

Kon|fron|ta|ti|on ⟨f.; -, -en⟩ *Gegenüberstellung;* Sy *Konfrontierung;* ~ von Personen [< mlat. *confrontatio* »Gegenüberstellung«; → *konfrontieren*]

kon|fron|ta|tiv ⟨Adj.⟩ *gegenüberstellend, zusammenbringend, konfrontierend;* eine ~e Betrachtung

kon|fron|tie|ren ⟨V.⟩ jmdn. mit einem anderen ~ *jmdn. einem anderen gegenüberstellen* [< mlat. *confrontare* »gegenüberstellen«, eigtl. »Stirn gegen Stirn stellen«, < lat. *con* »mit« + *frons,* Gen. *frontis* »Stirn«]

Kon|fron|tie|rung ⟨f.; -, -en⟩ = *Konfrontation*

kon|fus ⟨Adj.⟩ *verworren, unklar, verwirrt;* ~es Gerede; du machst mich mit deiner Aufregung ganz ~; ich bin ganz ~ [< lat. *confusus,* Part. Perf. zu *confundere* »zusammenschütten, vermengen«]

Kon|fu|si|on ⟨f.; -, -en⟩ *Verwirrung, Verworrenheit, Durcheinander* [< lat. *confusio* »Verwirrung«; zu *confundere* »zusammenschütten, vermengen«]

Kon|fu|zi|a|ner ⟨m.; -s, -⟩ *Anhänger, Vertreter des Konfuzianismus*

kon|fu|zi|a|nisch ⟨Adj.⟩ *zum Konfuzianismus gehörend, auf ihm beruhend;* oV *konfuzianistisch*

Kon|fu|zi|a|nis|mus ⟨m.; -; unz.⟩ *die Sozial- u. Morallehre des Konfuzius* [zu *Konfuzius,* latinisiert < *Kung-(fu)tse* »Meister Kung«, chines. Philosoph u. Staatsmann, etwa 551-479 v.Chr.]

kon|fu|zi|a|nis|tisch ⟨Adj.⟩ = *konfuzianisch*

kon|ge|ni|al ⟨Adj.⟩ *von gleicher Begabung, geistig ebenbürtig*

Kon|ge|ni|a|li|tät ⟨f.; -; unz.⟩ *geistige Ebenbürtigkeit*

kon|ge|ni|tal ⟨Adj.⟩ *angeboren* [< lat. *congenitus* »zugleich geboren«]

Kon|ges|ti|on ⟨f.; -, -en⟩ *Blutandrang* [< lat. *congestio* »Zusammentragung, Anhäufung«; zu *congerere* »zusammentragen«]

kon|ges|tiv ⟨Adj.⟩ *auf Kongestion beruhend, mit ihr verbunden*

Kon|glo|ba|ti|on ⟨f.; -, -en⟩ *Anhäufung von Tieren einer Art aufgrund günstiger örtlicher Gegebenheiten* [< lat. *conglobatio* »Zusammenballung«]

Kon|glo|me|rat ⟨n.; -(e)s, -e⟩ **1** *aus verschiedenen Dingen bestehende, ungegliederte Masse, Anhäufung* **2** *aus Geröllen, die durch Bindemittel miteinander verschmolzen sind, gebildetes Sedimentgestein* [< frz. *conglomérat* »Mengelgestein, Konglomerat«, < frz., lat. *con* »mit« + lat. *glomus* »Kloß, Knäuel«]

kon|glo|me|ra|tisch ⟨Adj.⟩ *ein Konglomerat betreffend, in der Art u. Form eines Konglomerats*

Kon|glu|ti|na|ti|on ⟨f.; -, -en⟩ *Verklebung der roten Blutkörperchen* [zu lat. *conglutinare* »zusammenfügen, verbinden, verknüpfen«]

Kon|gre|ga|ti|on ⟨f.; -, -en⟩ **1** *Vereinigung, Versammlung* **2** *Verband mehrerer Klöster desselben Ordens* **3** *kath. Vereinigung mit einfachem od. ohne Gelübde* [< lat. *congregatio* »Versammlung«; zu *grex,* Gen. *gregis* »Herde«]

Kon|gre|ga|ti|o|na|lis|mus ⟨m.; -; unz.⟩ *bedeutendste Bewegung evangelischer Christen in England u. Amerika, deren Grundsätze die volle Souveränität der Einzelgemeinde innerhalb des kirchlichen Verbands u. die Unabhängigkeit vom Staat sind*

Kon|gre|ga|ti|o|na|list ⟨m.; -en, -en⟩ *Angehöriger einer engl.-nordamerikanischen Kirchengemeinschaft, die aus unabhängigen Gemeinden besteht*

kon|gre|ga|ti|o|na|lis|tisch ⟨Adj.⟩ *den Kongregationalismus betreffend, auf ihm beruhend, von ihm ausgehend*

Kon|gre|ga|ti|o|nist ⟨m.; -en, -en⟩ *Mitglied einer Kongregation*

kon|gre|gie|ren ⟨V.⟩ *sich vereinigen, versammeln* [< lat. *congregare* »zu geselligem Zusammenleben vereinigen«]

Kon|gress ⟨m.; -es, -e⟩ **1** *polit. od. fachl. Tagung;* Ärzte~; Wiener ~ **2** *beratende u. beschließende Versammlung* **3** *Volksvertretung im Parlament (Senat u. Repräsentantenhaus in den USA)* [< lat. *congressus* »Zusammenkunft«; zu *congredi* »zusammenkommen«]

kon|gru|ent ⟨Adj.⟩ Ggs *inkongruent, disgruent* **1** ⟨Adj.⟩ *übereinstimmend* **2** ⟨Math.⟩ *deckungsgleich;* ~e Dreiecke [< lat. *congruens,* Part. Präs. von *congruere* »übereinstimmen«]

Kon|gru|enz ⟨f.; -; unz.⟩ Ggs *Inkongruenz* **1** *Übereinstimmung* **2** ⟨Math.⟩ *Deckungsgleichheit;* ~ von Dreiecken **3** ⟨Gramm.⟩ *Übereinstimmung zusammengehöriger Satzteile in Genus, Numerus od. Kasus, z.B. des Subjekts mit dem Prädikat im Numerus* [→ *kongruent, kongruieren*]

kon|gru|ie|ren ⟨V.⟩ **1** *zusammentreffen, übereinstimmen* **2** ⟨Math.⟩ *sich decken, deckungsgleich sein* [<lat. *congruere*]

Ko|ni|die ⟨[-diə] f.; -, -n⟩ *unmittelbar vom Pflanzengewebe gebildete Spore* [<grch. *konis* »Staub« + *...id*]

Ko|ni|fe|ren ⟨f.; Pl.⟩ *zu den Nacktsamern gehörige, regelmäßig verzweigte Bäume od. (selten) Sträucher mit nadel- od. schuppenförmigen Blättern, Nadelhölzer: Coniferae* [<grch. *konos,* lat. *conus* »Kegel« + *...fere*]

Ko|ni|in ⟨n.; -s; unz.⟩ *hochgiftiges Alkaloid des Gefleckten Schierlings: Conium maculatum* [<grch. *koneion* »Schierling«]

Ko|ni|me|ter ⟨n.; -s, -⟩ *Gerät zur Messung der in der Luft befindlichen Staubteilchen* [<grch. *konis* »Staub« + *...meter*]

Ko|ni|o|se ⟨f.; -, -n⟩ *durch Staub hervorgerufene Krankheit* [<grch. *konis* »Staub«]

Ko|ni|o|to|mie ⟨f.; -, -n; Med.⟩ *die operative Durchtrennung des Ringknorpels am Kehlkopf u. des Bandes zwischen Schild- u. Ringknorpel bei drohender Erstickung* [< *Konus* + *...tomie*]

ko|nisch ⟨Adj.⟩ *kegelförmig, kegelstumpfförmig* [zu lat. *conus* <grch. *konos* »Kegel«]

Kon|jek|ta|ne|en ⟨Pl.⟩ *gesammelte Bemerkungen, Einfälle* [<lat. *coniectanea,* eigtl. »Zusammengeworfenes«, zu *conicere* »zusammenwerfen«]

Kon|jek|tur ⟨f.; -, -en⟩ **1** ⟨†⟩ *Vermutung* **2** *auf Vermutung beruhende Verbesserung od. Ergänzung eines unzulängl. überlieferten Textes, in der Absicht, den Originalwortlaut wieder herzustellen* [<lat. *coniectura* »Mutmaßung, Vermutung, Deutung«; zu *conicere* »zusammentragen, vermuten«]

kon|jek|tu|ral ⟨Adj.⟩ *auf einer Konjektur beruhend, vermutlich*

Kon|jek|tu|ral|kri|tik ⟨f.; -; unz.⟩ **1** *auf Konjekturen beruhende Kritik eines Textes* **2** *Methode zu dessen Verbesserung*

kon|ji|zie|ren ⟨V.⟩ **1** *eine Konjektur anbringen* **2** ⟨†⟩ *vermuten* [<lat. *conicere* »zusammenwerfen, -tragen, vermuten, schließen, annehmen«]

kon|ju|gal ⟨Adj.; †⟩ *ehelich* [<lat. *coniugalis* »ehelich«; zu *iugum* »Joch«]

Kon|ju|ga|te ⟨f.; -, -n⟩ *formenreiche u. vorwiegend im Süßwasser verbreitete Grün- bzw. Jochalge: Conjugales* [<lat. *coniugatus,* Part. Perf. zu *coniugare;* → *konjugieren*]

Kon|ju|ga|ti|on ⟨f.; -, -en⟩ **1** ⟨Gramm.⟩ *Veränderung (von Verben) durch Flexion* **2** ⟨Zool.⟩ *vorübergehende Vereinigung von Einzellern zum Austausch genetischen Materials* [<lat. *coniugatio* »Verbindung, Verknüpfung«; zu *coniugare;* → *konjugieren*]

kon|ju|gie|ren ⟨V.⟩ **1** ⟨Gramm.⟩ Verben ~ *durch Flektion verändern* **2** konjugiert ⟨Math.⟩ *jeweils zwei Dingen zukommend* [<lat. *coniugare* »verknüpfen, verbinden«; zu *iugum* »Joch«]

kon|ju|giert ⟨Adj.⟩ **1** ⟨Math.; Phys.⟩ *zusammengehörend, zugeordnet;* ~e Punkte; ~ komplexe Zahl **2** ⟨Chem.⟩ ~e Doppelbindungen *alternierende Einfach- u. Doppelbindungen in einem organischen Molekül* **3** ~ e Faser = *Bikomponentenfaser*

Kon|junkt ⟨n.; -s, -e; Sprachw.⟩ *Satzteil, der zusammen mit anderen Satzbestandteilen auftreten kann;* → a. *Adjunkt* [→ *Konjunktion*]

Kon|junk|ti|on ⟨f.; -, -en⟩ **1** ⟨Gramm.⟩ *Wort, das zwei Sätze od. Satzteile verbindet, Bindewort,* z.B. und, weil; koordinierende, subordinierende ~ **2** ⟨Logik⟩ *Aussagenverbindung, die nur dann wahr ist, wenn die miteinander verknüpften Aussagen wahr sind;* Ggs *Disjunktion(3)* **3** ⟨Astron.⟩ *Stellung der Sonne zwischen Erde u. Planet* [<lat. *coniunctio* »Verbindung«; zu *coniungere* »verbinden«]

kon|junk|ti|o|nal ⟨Adj.⟩ *durch eine Konjunktion ausgedrückt od. eingeleitet*

Kon|junk|ti|o|nal|ad|verb ⟨n.; -s, -bi|en; Sprachw.⟩ *auch die Funktion einer Konjunktion erfüllendes Adverb,* z.B. „deshalb"

Kon|junk|ti|o|nal|satz ⟨m.; -es, -sät|ze; Gramm.⟩ *durch eine Konjunktion an einen Hauptsatz angeschlossener Haupt- od. Nebensatz*

kon|junk|tiv ⟨Adj.⟩ *verbindend, abhängig;* Ggs *disjunktiv*

Kon|junk|tiv ⟨m.; -s, -e [-və]⟩ *Möglichkeitsform des Verbums,* z.B. ich käme, er komme, sei, wäre gekommen [<lat. *(modus) coniunctivus* »der Satzverbindung dienender Modus«; zu *coniungere* »verbinden«]

Kon|junk|ti|va ⟨[-va] f.; -, -vä⟩ *Bindehaut des Auges* [<lat. *coniungere* »verbinden«]

kon|junk|ti|visch ⟨[-visch] Adj.⟩ *im Konjunktiv, im Sinne des Konjunktivs*

Kon|junk|ti|vi|tis ⟨[-vi:-] f.; -, -ti|den⟩ *Entzündung der Bindehaut des Auges* [< *Konjunktiva* + *...itis*]

Kon|junk|tur ⟨f.; -, -en⟩ *Wirtschaftslage mit bestimmter Entwicklungstendenz;* Hoch~; fallende, steigende ~ [eigtl. »Verbindung von Gestirnen in einem Tierkreiszeichen u. die sich daraus ergebenden Einflüsse« <lat. *coniungere* »verbinden«]

kon|junk|tu|rell ⟨Adj.⟩ *auf der Konjunktur beruhend, sie betreffend*

Kon|junk|tur|pha|se ⟨f.; -, -n; Wirtsch.⟩ *sich wiederholende charakteristische Periode in der konjunkturellen Entwicklung einer Wirtschaftseinheit (Aufschwung, Prosperität, Rezession, Depression)*

Kon|junk|tur|po|li|tik ⟨f.; -; unz.⟩ *Maßnahmen zum Vermeiden von Wirtschaftsschwankungen*

kon|kav ⟨Adj.⟩ *nach innen gewölbt;* ~e Linse; Ggs *konvex* [<lat. *concavus* »hohlrund«; zu *cavus* »hohl«]

Kon|ka|vi|tät ⟨[-vi-] f.; -; unz.⟩ *konkave Beschaffenheit, Gekrümmtsein nach innen;* Ggs *Konvexität*

Kon|kav|lin|se ⟨f.; -, -n⟩ *konkav gekrümmte Linse, Zerstreuungslinse;* Ggs *Konvexlinse*

Kon|kav|spie|gel ⟨m.; -s, -⟩ *nach innen gewölb-*

ter Spiegel, der einfallendes Licht in seinem Brennpunkt sammelt

Kon|kla|ve ⟨[-və] n.; -s, -n⟩ **1** *streng abgeschlossener Versammlungsraum der Kardinäle zur Papstwahl* **2** *die Versammlung selbst* [<lat. *conclave* »verschließbares Gemach«; zu *clavis* »Schlüssel«]

kon|klu|dent ⟨Adj.⟩ *eine bestimmte Schlussfolgerung erlaubend, schlüssig* [<lat. *concludens,* Part. Präs. zu *concludere* »verschließen, abschließen, einen Schluss ziehen«]

kon|klu|die|ren ⟨V.⟩ *eine Schlussfolgerung ziehen* [<lat. *concludere* »verschließen, abschließen, einen Schluss ziehen«; zu *claudere* »schließen«]

Kon|klu|si|on ⟨f.; -, -en⟩ *Schlussfolgerung* [<lat. *conclusio* »Einschließung, Schluss, Folgerung«; → *konkludieren*]

kon|klu|siv ⟨Adj.⟩ *auf einer Konklusion beruhend* [<lat. *conclusus,* Part. Perf. zu *concludere;* → *konkludieren*]

kon|ko|mi|tant ⟨Adj.⟩ *irrelevant, überflüssig* [→ *Konkomitanz*]

Kon|ko|mi|tanz ⟨f.; -, -en⟩ **1** ⟨Sprachw.⟩ *Bedingung für ein gemeinsames Vorkommen von unterschiedlichen Wortklassen,* z.B. „jmdn. fragen" und „(jmdn.) erkennen" (obligatorisches u. fakultatives Vorkommen); Sy *Kookkurenz* **2** ⟨unz.; kath. Theologie⟩ *Gegenwart Christi in Brot u. Wein* [<lat. *concomitatus*]

kon|kor|dant ⟨Adj.⟩ *übereinstimmend;* ~er Akkord *auf Dur od. Moll aufgebauter A.;* ~e Gesteinsschichten *gleichmäßig geschichtete, gelagerte G.;* Ggs *diskordant* [<lat. *concordans;* zu *concordare* »einig sein, übereinstimmen«; zu *cor,* Gen. *cordis* »Herz«]

Kon|kor|danz ⟨f.; -, -en⟩ **1** *Gleichmäßigkeit;* Ggs *Diskordanz(1)* **2** *konkordant aufgebauter Akkord* **3** *konkordant gelagerte Gesteinsschichten* **4** *übereinstimmendes Merkmal, z.B. bei Zwillingen* **5** *alphabet. Zusammenstellung der in einem Buch vorkommenden Wörter (mit Belegstellen) od. der inhaltlich übereinstimmenden Stellen;* Bibel~ **6** *typograf. Maßeinheit, 4 Cicero = 48 Punkt* [<mlat. *concordantia* »Übereinstimmung«, <lat. *concordare;* → *konkordant*]

Kon|kor|dat ⟨n.; -(e)s, -e⟩ **1** *Übereinkommen* **2** *Vertrag zwischen einem Staat u. dem Papst* [<lat. *concordare;* → *konkordant*]

Kon|kor|dia ⟨f.; -; unz.⟩ *Eintracht (oft Name von Vereinen)* [nach dem Namen der röm. Göttin <lat. *concordia* »Eintracht«; zu *cor,* Gen. *cordis* »Herz«]

Kon|kor|di|en|buch ⟨n.; -(e)s, -bü|cher⟩ *Sammlung der in der luth. Kirche geltenden Bekenntnisschriften* [→ *Konkordia*]

Kon|kor|di|en|for|mel ⟨f.; -, -n⟩ *letzte Bekenntnisschrift der luther. Kirche zur Klärung von Lehrstreitigkeiten (1577)* [→ *Konkordia*]

Kon|kre|ment ⟨n.; -(e)s, -e⟩ *harte mineralische Abscheidung in Körpergeweben u. Körperflüssigkeiten* [<lat. *concrementum* »Anhäufung«; zu *crescere* »wachsen«]

kon|kret ⟨Adj.⟩ *wirklich, gegenständlich, sinnlich wahrnehmbar, anschaulich, sachlich;* Ggs *abstrakt;* ~e Angaben machen; der Plan nimmt ~e Formen an [<lat. *concretus,* Part. Perf. zu *concrecere* »zusammenwachsen, sich verdichten«]

Kon|kre|ti|on ⟨f.; -, -en⟩ **1** *Veranschaulichung, Verdinglichung* **2** ⟨Med.⟩ *Entstehung von Konkrementen* **3** ⟨Geol.⟩ *von einem Mittelpunkt ausgehende Ansammlung mineralischer Stoffe* [<lat. *concretio* »Verdichtung«; zu *concrescere* »zusammenwachsen, sich verdichten, gerinnen«]

kon|kre|ti|sie|ren ⟨V.⟩ *konkret machen, gegenständlich, anschaulich machen*

Kon|kre|tum ⟨n.; -s, -ta⟩ *Substantiv, das etwas sinnlich Wahrnehmbares bezeichnet;* Ggs *Abstraktum(2)* [<lat. *concretus,* Part. Perf. zu *concrescere* »zusammenwachsen, sich verdichten«]

Kon|ku|bi|nat ⟨n.; -(e)s, -e⟩ *dauernde eheliche Gemeinschaft ohne gesetzliche Bestätigung, wilde Ehe* [<lat. *concubinatus* »wilde Ehe«; → *Konkubine*]

Kon|ku|bi|ne ⟨f.; -, -n⟩ *Geliebte, Nebenfrau, Mätresse* [<lat. *concubina* »Beischläferin«, <*con…* »zusammen mit…« + *cubare* »liegen«]

Kon|ku|pis|zenz ⟨f.; -, -en⟩ *Begierde als Folge der Erbsünde* [<lat. *concupiscentia* »Begehrlichkeit, Verlangen«; zu *cupere* »begehren«]

Kon|kur|rent ⟨m.; -en, -en⟩ *jmd., der mit jmdm. konkurriert, im Wettstreit steht, wirtschaftl. od. sportl. Gegner* [<lat. *concurrens,* Part. Präs. zu *concurrere;* → *konkurrieren*]

Kon|kur|renz ⟨f.; -, -en⟩ **1** *Wettstreit, (bes. wirtschaftl.) Wettbewerb;* jmdm. ~ machen *mit ihm in Wettstreit treten;* außer ~ laufen (bei Wettrennen) *sich (am W.) beteiligen, aber nicht gewertet werden* **2** *der (wirtschaftl.) Gegner selbst, Konkurrenzunternehmen;* bei der ~ einkaufen; zur ~ gehen, übergehen [<mlat. *concurrentia* »das Zusammentreffen«; <lat. *concurrere;* → *konkurrieren*]

kon|kur|ren|zie|ren ⟨V.; schweiz.; österr. für⟩ *konkurrieren*

Kon|kur|renz|klau|sel ⟨f.; -, -n; Rechtsw.⟩ *vertraglich gesichertes Wettbewerbsverbot*

kon|kur|rie|ren ⟨V.⟩ *Konkurrenz machen, in Wettstreit stehen (mit);* mit jmdm., mit niemandem ~ können; oV ⟨schweiz.; österr.⟩ *konkurrenzieren* [<lat. *concurrere* »zusammenlaufen, zusammentreffen, aufeinander stoßen«; zu *currere* »laufen«]

Kon|kurs ⟨m.; -es, -e⟩ **1** *Zahlungsunfähigkeit, Zahlungseinstellung;* ~ machen *zahlungsunfähig werden* **2** *Verfahren zur Befriedigung der Gläubiger eines zahlungsunfähigen Schuldners;* ~ anmelden; den ~ eröffnen; in ~ gehen [<lat. *concursus (creditorum)* »Zusammenlaufen (der Gläubiger)«; zu *concurrere;* → *konkurrieren*]

Kon|kur|sit ⟨m.; -en, -en; schweiz.⟩ *zahlungsunfähiger Schuldner* [→ *Konkurs*]

kon|na|tal ⟨Adj.⟩ **1** *angeboren* **2** *während der Schwangerschaft od. der Geburt erworben;* ~e Krankheit [< *kon…* + lat. *natalis* »Geburtstag, Herkunft«]

Kon|nek|tiv ⟨n.; -s, -e [-və]⟩ *steriles Verbindungsstück beider Staubbeutelhälften* [< lat. *con(n)ectere* »verknüpfen, verbinden«]

Kon|nek|tor ⟨m.; -s, -to|ren; EDV⟩ *Stelle in Programmen od. Programmablaufplänen, in der Stellen, an denen Daten aus dem Programm austreten, mit Dateneintrittsstellen verbunden werden* [< engl. *connector* »Verbinder«]

Kon|ne|ta|bel ⟨m.; -s, -s⟩ **1** ⟨urspr.⟩ *Stallmeister, Befehlshaber der Reiterei* **2** ⟨später, bis 1627⟩ *Befehlshaber des Landheeres* [< frz. *connétable,* < lat. *comes stabuli* »Stallgraf«]

Kon|nex ⟨m.; -es, -e⟩ **1** *Verbindung, Zusammenhang* **2** ⟨umg.⟩ = *Kontakt* [< lat. *connexus* »Zusammenhang, Verknüpfung«; zu *nectere* »knüpfen«]

Kon|ne|xi|on ⟨f.; -, -en⟩ *(einflussreiche) Beziehung, Verbindung* [< lat. *connexio* »Zusammenhang, Verbindung«; zu *nectere* »knüpfen«]

Kon|ne|xi|tät ⟨f.; -; unz.; Rechtsw.⟩ *Sachzusammenhang einander gegenüberstehender Ansprüche, die denselben rechtlichen Status besitzen müssen, damit der Schuldner sich mit Erfolg auf ein Zurückbehaltungsrecht berufen kann, bis ihm selbst die gebührende Leistung bewirkt wird* [→ *Konnex*]

kon|ni|vent ⟨[-vɛnt] Adj.⟩ *duldsam, nachsichtig* [< lat. *connivens,* Part. Präs. zu *connivere* »nachsichtig sein«]

Kon|ni|venz ⟨[-vɛnts] f.; -, -en⟩ *Nachsicht, Duldsamkeit, Duldung (bes. strafbarer Handlungen von Vorgesetzten)*

Kon|nos|se|ment ⟨n.; -(e)s, -e⟩ *Frachtbrief* [< frz. *connaissement* »Erkennungsschein; Seefrachtbrief«; zu *connaître* »kennen«]

Kon|no|tat ⟨n.; -(e)s, -e; Sprachw.⟩ Ggs *Denotat* **1** *assoziativer Vorstellungsgehalt eines sprachlichen Zeichens, der über die rein begriffliche Bedeutung hinausgeht* **2** *Gesamtheit der Konnotationen* [→ *Konnotation*]

Kon|no|ta|ti|on ⟨f.; -, -en; Sprachw.⟩ *zusätzliche, assoziative Bedeutung eines Wortes, Nebenbedeutung; Begriffsinhalt;* Ggs *Denotation* [< lat. *con* »mit« + *notatio* »Bezeichnung«]

kon|no|ta|tiv ⟨Adj.⟩ *die Konnotation betreffend, auf ihr beruhend*

kon|no|tie|ren ⟨V.⟩ *als assoziative Bedeutung den Begriffsumfang (eines sprachlichen Zeichens) ergänzen, zusätzlich bezeichnen, mitschwingen*

Kon|nu|bi|um ⟨n.; -s, -bi|en⟩ *Ehe(gemeinschaft)* [< lat. *connubium* »Vermählung«; zu *nubere* »heiraten«]

Ko|no|id ⟨n.; -s, -e⟩ *kegelähnlicher Körper, der durch Rotation einer Kurve um eine Achse gebildet wird* [< grch. *konos* »Zapfen, Kegel« + *eidos* »Form, Gestalt«]

Kon|quis|ta|dor ⟨[-kis-] m.; -en od. -s, -en⟩ *span. u. portug. Eroberer Süd- u. Mittelamerikas im 16. Jh.* [< span. *conquistador* »Eroberer«]

Kon|rek|tor ⟨m.; -s, -en⟩ *Stellvertreter des Schulleiters bzw. der Schulleiterin*

Kon|rek|to|rin ⟨f.; -, -rin|nen⟩ *Stellvertreterin des Schulleiters bzw. der Schulleiterin*

Kon|san|gu|i|ni|tät ⟨f.; -; unz.⟩ *Blutsverwandtschaft* [< lat. *consanguinitas*; zu *sanguis* »Blut«]

Kon|seil ⟨[kõsɛ:j] m.; -s, -s⟩ *Rat, Ratsversammlung, Körperschaft* [< frz. *conseil* »Rat«]

Kon|se|kra|ti|on, ⟨auch⟩ **Kon|sek|ra|ti|on** ⟨f.; -, -en; kath. Kirche⟩ **1** *Weihe (von Personen od. Dingen durch den Bischof)* **2** *Wandlung von Brot u. Wein* [< lat. *consecratio* »Weihe, Heiligung«; zu *sacer* »heilig«]

kon|se|krie|ren, ⟨auch⟩ **kon|sek|rie|ren** ⟨V.⟩ *weihen* [< lat. *consecrare* »weihen, heiligen«; zu *sacer* »heilig«]

kon|se|ku|tiv ⟨Adj.; Gramm.⟩ *die Folge bezeichnend, Folge…* [< lat. *consecutus,* Part. Perf. zu *consequi* »nachfolgen«; zu *sequi* »folgen«]

Kon|se|ku|tiv|satz ⟨m.; -es, -sät|ze; Gramm.⟩ *Nebensatz, der die Folge eines im Hauptsatz enthaltenden Vorgangs angibt, Folgesatz*

Kon|se|mes|ter ⟨n.; -s, -; †⟩ *Student(in) im gleichen Semester (wie jmd.);* er, sie ist mein ~ [< *Kon…* + *Semester*]

Kon|sens ⟨m.; -es, -e⟩ oV *Konsensus;* Ggs *Dissens* **1** *Einwilligung, Genehmigung* **2** *Übereinstimmung, Vereinbarung (in Glaubensfragen)* [< lat. *consensus* »Übereinstimmung, Einstimmigkeit«; zu *sensus* »Empfindung«]

kon|sen|tie|ren ⟨V.⟩ *einen Konsens erteilen für, einwilligen in, genehmigen;* Ggs *dissentieren(1)* [< lat. *consentire* »übereinstimmen«; zu *sentire* »empfinden«]

kon|se|quent ⟨Adj.⟩ Ggs *inkonsequent* **1** *folgerichtig;* ~ handeln **2** *beharrlich, beständig, grundsatztreu* [< lat. *consequens* »folgerecht«; zu *sequi* »folgen«]

Kon|se|quenz ⟨f.; -, -en⟩ Ggs *Inkonsequenz* **1** *Folge, Folgerung, Folgerichtigkeit;* daraus ergibt sich die ~, dass…; die ~en (seiner Handlungsweise) ziehen *die Folgen (seiner H.) tragen* **2** *Beharrlichkeit;* mit äußerster, ⟨umg.⟩ eiserner ~ seinen Weg gehen, ein Ziel verfolgen [< lat. *consequentia* »Folge«]

Kon|ser|va|tis|mus ⟨[-va-] m.; -; unz.⟩ = *Konservativismus*

kon|ser|va|tiv ⟨[-va-] Adj.⟩ *am Hergebrachten hängend, das Bestehende bejahend, erhaltend, bewahrend* [< mlat. *conservativus* »erhaltend«, < lat. *(con)servare* »erhalten, bewahren«]

Kon|ser|va|ti|ve(r) ⟨[-vati:və(r)] f.2 (m.1)⟩ *Angehörige(r) einer konservativen Partei*

Kon|ser|va|ti|vis|mus ⟨[-vativis-] m.; -; unz.⟩ *geistige od. polit. Haltung, die die bestehende Ordnung bejaht u. zu erhalten sucht;* oV *Konservatismus*

Kon|ser|va|tor ⟨[-va:-] m.; -s, -to|ren⟩ *Beamter (im Museum od. in der Denkmalspflege), der Kunstwerke od. Kulturdenkmäler pflegt u. erhält* [< lat. *conservator* »Erhalter, Bewahrer«; zu *(con)servare* »erhalten, bewahren«]
kon|ser|va|to|risch ⟨[-va-] Adj.⟩ *pfleglich, durch einen Konservator*
Kon|ser|va|to|rist ⟨[-va-] m.; -en, -en⟩ *Schüler an einem Konservatorium*
kon|ser|va|to|ris|tisch ⟨[-va-] Adj.⟩ *ein Konservatorium betreffend, auf dem (Studium am) Konservatorium beruhend;* ~e Ausbildung
Kon|ser|va|to|ri|um ⟨[-va-] n.; -s, -ri|en⟩ *fachschulartige Musikschule* [< ital. *conservatorio,* eigtl. »Stätte zur Pflege u. Wahrung (musischer Tradition)«; < lat. *(con)servare* »bewahren, erhalten«]
Kon|ser|ve ⟨[-və] f.; -, -n⟩ *in Glas od. Blechdose eingekochtes Obst, Gemüse, Fleisch usw., das sich, luftdicht verschlossen, lange Zeit hält;* ⟨i.w.S. auch⟩ *durch Trocknen od. Gefrieren haltbar gemachtes Nahrungsmittel* [< mlat. *conserva* »haltbar gemachte frische Kräuter; haltbar gemachte verderbl. Ware«, < lat. *conservare;* → *konservieren*]
kon|ser|vie|ren ⟨[-vi:-] V.⟩ **1** *einkochen, haltbar machen, vor Fäulnis schützen;* Gemüse, Obst, Fleisch ~ **2** *erhalten, bewahren, pflegen;* Gemälde ~ [< lat. *(con)servare* »bewahren, erhalten«]
Kon|si|gnant, ⟨auch⟩ **Kon|sig|nant** ⟨m.; -en, -en⟩ *jmd., der etwas konsigniert* [< lat. *consignans,* Part. Präs. zu *consignare* »besiegeln, bestätigen«]
Kon|si|gna|tar, ⟨auch⟩ **Kon|sig|na|tar** ⟨m.; -s, -e⟩ *mit der Konsignation(2) Beauftragter* [→ *konsignieren; Konsignation*]
Kon|si|gna|ti|on, ⟨auch⟩ **Kon|sig|na|ti|on** ⟨f.; -, -en⟩ **1** *Anweisung, Bestimmung zu einem Zweck* **2** *das Konsignieren(2)* [< lat. *consignatio* »Verbriefung, Urkunde«; → *konsignieren*]
kon|si|gnie|ren, ⟨auch⟩ **kon|sig|nie|ren** ⟨V.⟩ **1** *urkundlich niederlegen, schriftlich beglaubigen* **2** *zur Aufbewahrung od. zum Verkauf in einem Kommissionsgeschäft übergeben (bes. im Überseehandel)* [< lat. *consignare* »besiegeln, bestätigen«; zu *signum* »Zeichen«]
Kon|si|li|a|ri|us ⟨m.; -, -ri; †⟩ *zur Beratung zugezogener Arzt* [< lat. *consiliarius* »Ratgeber«; zu *consilium* »Rat«]
Kon|si|li|um ⟨n.; -s, -li|en⟩ **1** *Beratung, bes. mehrerer Ärzte, über einen Krankheitsfall* **2** *die Gruppe der Ärzte selbst;* → a. *Consilium* [< lat. *consilium* »Rat«]
kon|sis|tent ⟨Adj.⟩ Ggs *inkonsistent* **1** *dauerhaft, dicht, sich nicht verändernd;* ~er Stoff; ~es Material *M., das sich nicht verändert* **2** *logisch aufgebaut, lückenlos u. widerspruchsfrei;* ~es System [< lat. *consistens,* Part. Präs. zu *consistere* »sich hinstellen, standhalten«]
Kon|sis|tenz ⟨f.; -; unz.⟩ *konsistentes Verhalten, konsistente Eigenschaft;* Ggs *Inkonsistenz* [→ *konsistent*]
kon|sis|to|ri|al ⟨Adj.⟩ *ein Konsistorium betreffend, nach Art eines Konsistoriums, zu ihm gehörig*
Kon|sis|to|ri|al|rat ⟨m.; -(e)s, -rä|te⟩ *Mitglied eines Konsistoriums*
Kon|sis|to|ri|um ⟨n.; -s, -ri|en⟩ **1** ⟨evang. Kirche⟩ *Verwaltungsbehörde* **2** ⟨kath. Kirche⟩ *(vom Papst geleitete) Versammlung der Kardinäle* [< lat. *consistorium* »Versammlungsort«; zu *consistere* »sich hinstellen, sich aufstellen«]
kon|skri|bie|ren, ⟨auch⟩ **kons|kri|bie|ren, konsk|ri|bie|ren** ⟨V.; früher⟩ *zum Wehrdienst ausheben, einschreiben* [< lat. *conscribere* »zusammenschreiben, sammeln«; zu *scribere* »schreiben«]
Kon|skrip|ti|on, ⟨auch⟩ **Kons|krip|ti|on, Konsk|rip|ti|on** ⟨f.; -, -en; früher⟩ *Aushebung zum Wehrdienst mit der Möglichkeit, sich loszukaufen od. vertreten zu lassen* [< lat. *conscriptio* »das Zusammenschreiben, das Sammeln«; → *konskribieren*]
Kon|sol ⟨m.; -s, -s⟩ *Staatsanleihe, staatl. Schuldverschreibung* [< engl. *consols* (Pl.) »konsolidierte Staatsanleihen«]
Kon|so|le ⟨f.; -, -n⟩ **1** *stützender Mauervorsprung (für Gesimse, Bögen, Statuen), Kragstein* **2** *Wandbrett, Spiegel-, Pfeilertischchen* [< frz. *console,* < lat. *solidus* »fest«]
Kon|so|li|da|ti|on ⟨f.; -, -en⟩ **1** = *Konsolidierung* **2** ⟨Geol.⟩ *Versteifung von Teilen der Erdkruste durch Faltung od. Eindringen von Magma* **3** ⟨Bgb.⟩ *Zusammenlegung mehrerer Grubenfelder*
kon|so|li|die|ren ⟨V.⟩ **1** *festigen, sichern* **2** *vereinigen, zusammenlegen;* öffentliche Anleihen ~ [< frz. *consolider* »festigen, sichern« < lat. *consolidare* »festmachen, sichern«; zu *solidus* »fest, sicher«]
Kon|so|li|die|rung ⟨f.; -, -en⟩ **1** *Festigung, Sicherung* **2** *Vereinigung (von mehreren Staatsanleihen)*
Kon|som|mee ⟨f.; -, -s od. n.; -s, -s⟩ = *Consommé*
kon|so|nant ⟨Adj.⟩ **1** ⟨†⟩ *zusammenstimmend* **2** ⟨Mus.⟩ *mitklingend;* Ggs *dissonant* [< lat. *consonans,* Part. Präs. zu *consonare* »mit etwas anderem zugleich ertönen«; zu *sonus* »Laut, Ton«]
Kon|so|nant ⟨m.; -en, -en; Sprachw.⟩ *Sprachlaut, der dadurch entsteht, dass mit den Organen des Mund- u. des Nasen-Rachen-Raumes Hindernisse für den Luftstrom gebildet u. überwunden werden, Mitlaut, Geräuschlaut;* Ggs *Vokal*
kon|so|nan|tisch ⟨Adj.⟩ *auf einem Konsonanten beruhend, mit, durch einen Konsonanten gebildet, mit einem Konsonanten;* ~er Anlaut, Auslaut eines Wortes; Ggs *vokalisch*
Kon|so|nan|tis|mus ⟨m.; -; unz.⟩ **1** *Bestand an Konsonanten (einer Sprache od. Sprachstufe)* **2** *Bildung u. Entwicklung der Konsonanten;* → a. *Vokalismus*
Kon|so|nanz ⟨f.; -, -en⟩ **1** ⟨Mus.⟩ *Zusammenklang zweier od. mehrerer Töne, der keine Auf-*

lösung verlangende Spannung enthält; Ggs *Dissonanz(1)* **2** *Häufung von Konsonanten* [→ *konsonant*]

kon|so|nie|ren ⟨V.⟩ *mitklingen, zusammenklingen* [< lat. *consonare;* → *konsonant*]

Kon|sor|te ⟨m.; -n, -n⟩ **1** *Mitglied eines Konsortiums* **2** ⟨abwertend⟩ *Beteiligter, Mitschuldiger, Mittäter;* X und ~n [< lat. *consors,* Gen. *consortis* »an etwas gleichen Anteil habend«; zu *sors* »Los, Anteil, Schicksal«]

Kon|sor|ti|al|ge|schäft ⟨n.; -(e)s, -e; Wirtsch.⟩ *Geschäft, zu dem sich aufgrund eines großen Kapitalumfangs (z.B. zur Emission von Wertpapieren) mehrere Konsorten(1) zu einem Konsortium zusammenschließen*

Kon|sor|ti|um ⟨n.; -s, -ti|en⟩ *vorübergehender Zusammenschluss von Geschäftsleuten od. Banken für größere Finanzierungen* [< lat. *consortium* »Gütergemeinschaft«; zu *consors;* → *Konsorte*]

Kon|so|zi|a|ti|on ⟨f.; -, -en; Sprachw.⟩ *feststehende Verbindung zweier Wörter,* z.B. Kind u. Kegel, Haus u. Hof [< lat. *consociatio* »enge Verbindung, Vereinigung«]

■ Die Buchstabenfolge **kon|sp...** kann auch **kons|p...** getrennt werden. Davon ausgenommen sind Zusammensetzungen, in denen die fremdsprachigen bzw. sprachhistorischen Bestandteile deutlich als solche erkennbar sind, z.B. *-spezifisch.*

■ **Kon|spekt** ⟨m.; -(e)s, -e⟩ **1** *Überblick, Übersicht, Aufzeichnung* **2** *Verzeichnis* [< lat. *conspectus* »Anblick, Blick«; zu *conspicere* »hinsehen«]

kon|spe|zi|fisch ⟨Adj.; Biol.⟩ *der gleichen Art angehörend*

■ **Kon|spi|rant** ⟨m.; -en, -en⟩ *Verschwörer* [zu *konspirieren*]

■ **Kon|spi|ra|teur** ⟨[-tøːr] m.; -(e)s, -e; bes. Pol.⟩ *Verschwörer* [→ *konspirieren*]

■ **Kon|spi|ra|ti|on** ⟨f.; -, -en⟩ *Verschwörung* [< lat. *conspiratio* »Einigkeit, Verschwörung«]

■ **kon|spi|ra|tiv** ⟨Adj.⟩ *eine Konspiration planend od. vorbereitend, verschwörerisch;* eine ~e Sitzung, Zusammenkunft

■ **kon|spi|rie|ren** ⟨V.⟩ *sich verschwören* [< lat. *conspirare* »zusammenwirken, sich verschwören«]

■ Die Buchstabenfolge **kon|st...** kann auch **kons|t...** getrennt werden.

■ **Kon|stab|ler,** ⟨auch⟩ **Kons|ta|bler** ⟨m.; -s, -⟩ **1** ⟨früher⟩ *Büchsenmeister, Geschützmeister im Rang eines Unteroffiziers* **2** ⟨in Engl. u. den USA⟩ *Polizist, Schutzmann* [< engl. *constable* »Konnetabel, Polizist« < afrz. *conestable* (frz. *connétable*); → *Konnetabel*]

■ **kon|stant** ⟨Adj.⟩ *fest, beständig, unveränderlich;* Ggs *inkonstant, variabel;* ~e Größe ⟨Math.⟩ *ihren Wert nicht verändernde Größe;* die Temperatur, eine Bewegung ~ halten [< lat. *constans* »stetig, feststehend«]

■ **Kon|stan|tan** ⟨n.; -s; unz.⟩ *eine Kupfer-Nickel-Legierung, deren elektrischer Widerstand temperaturunabhängig ist* [→ *konstant*]

■ **Kon|stan|te** ⟨f.; -, -n⟩ *unveränderl. Größe*

■ **Kon|stanz** ⟨f.; -; unz.⟩ *Festigkeit, Beständigkeit, Unveränderlichkeit, Beharrlichkeit;* Ggs *Inkonstanz* [< lat. *constantia* »Festigkeit, Beständigkeit«]

■ **kon|sta|tie|ren** ⟨V.⟩ *feststellen* [< frz. *constater* »feststellen«]

■ **Kon|stel|la|ti|on** ⟨f.; -, -en⟩ **1** *Lage, Zusammentreffen bestimmter Umstände;* politische ~ **2** *Stellung der Gestirne zueinander, zur Sonne u. zur Erde* **3** = *Konformation* [< lat. *consternatio* »Angst, Unruhe«; zu *stella* »Stern«]

■ **Kon|ster|na|ti|on** ⟨f.; -; unz.⟩ *Bestürzung, Verblüffung* [< lat. *consternatio* »Angst, Unruhe«; zu *consternare* »aufregen«]

■ **kon|ster|nie|ren** ⟨V.⟩ *bestürzen, verblüffen* [< lat. *consternare* »aufregen«]

■ **kon|ster|niert** ⟨Adj.⟩ *betroffen, bestürzt, verwirrt*

■ **Kon|sti|pa|ti|on** ⟨f.; -, -en⟩ *Verstopfung (des Darms)* [< lat. *constipatio* »das Zusammendrängen«; zu *constipare* »zusammenstopfen«]

■ **Kon|sti|tu|an|te** ⟨f.; -, -n⟩ **1** = *Constituante* **2** ⟨Staatsrecht⟩ *Organ, das für den Erlass u. die Veränderung der Verfassung zuständig ist* [frz.; zu lat. *constituere; konstituieren*]

■ **Kon|sti|tu|ens** ⟨n.; -, -en|zi|en; geh.⟩ *wesentlicher Bestandteil, konstitutives Merkmal* [→ *konstituieren*]

■ **Kon|sti|tu|en|te** ⟨f.; -, -n; Sprachw.⟩ *(sprachliches) Element als Teil einer größeren Einheit* [→ *konstituieren*]

■ **Kon|sti|tu|en|ten|a|na|ly|se** ⟨f.; -, -n; Sprachw.⟩ *Analyse eines Satzes durch seine stückweise Zerlegung u. die Einordnung seiner Konstituenten in ein hierarchisches System;* Sy *IC-Analyse*

■ **Kon|sti|tu|en|ten|struk|tur|gram|ma|tik** ⟨f.; -; unz.; Sprachw.; Abk.: KS-Grammatik⟩ = *Phrasenstrukturgrammatik*

■ **kon|sti|tu|ie|ren** ⟨V.⟩ **1** *bilden, gründen, einrichten, zur festen Einrichtung machen* **2** ~de Versammlung *verfassunggebende Versammlung* [< lat. *constituere* »feststellen, einrichten«; zu *statuere* »aufstellen«]

■ **Kon|sti|tut** ⟨n.; -(e)s, -e⟩ *wiederholter Vertrag* [< lat. *constitutus,* Part. Perf. zu *constituere* »festsetzen, einrichten«]

■ **Kon|sti|tu|ti|on** ⟨f.; -, -en⟩ **1** *Anordnung, Zusammensetzung* **2** ⟨Chem.⟩ *Anordnung der Atome im Molekül* **3** *Summe aller angeborenen körperlichen Eigenschaften;* kräftige, schwache, zarte ~ **4** *Verfassung, Grundgesetz (eines Staates);* sich, einem Staat eine ~ geben [< lat. *constitutio* »Einrichtung, Anordnung, Verfassung«; zu *constituere* »festsetzen, einrichten«]

■ **Kon|sti|tu|ti|o|na|lis|mus** ⟨m.; -; unz.⟩ **1** *Regierungsform mit einem durch die Verfassung beschränkten Oberhaupt* **2** *Streben nach einer solchen Regierungsform* [→ *Konstitution*]

■ **kon|sti|tu|ti|o|nell** ⟨Adj.⟩ *auf der Konstitution beruhend;* ~e Krankheiten *durch die körperliche Konstitution(3) bedingte Krankheiten;* ~e Monarchie *durch eine Konstitution(4) beschränkte Monarchie* [< frz. *constitutionel* < lat. *constitutio;* → *Konstitution*]

■ **Kon|sti|tu|ti|o|nen|ö|ko|no|mik** ⟨f.; -; unz.; Wirtsch.⟩ *Zweig der Ökonomik, der sich mit der Analyse von Regelsystemen hinsichtlich ihrer Funktionsfähigkeit u. der Entwicklung von Richtlinien zur Generierung von gesellschaftlichen Verfassungsregeln befasst*

■ **Kon|sti|tu|ti|ons|for|mel** ⟨f.; -, -n⟩ = *Strukturformel*

■ **Kon|sti|tu|ti|ons|typ** ⟨m.; -s, -en⟩ *Grundform des menschl. Körperbaus: leptosom, pyknisch, athletisch (nach E. Kretschmer)*

■ **kon|sti|tu|tiv** ⟨Adj.⟩ *grundlegend, wesentlich, bestimmend* [< lat. *constitutum,* Part. Perf. zu *constituere;* → *konstituieren*]

■ Die Buchstabenfolge **kon|str...** kann auch **kons|tr...**, **konst|r...** getrennt werden.

■ **Kon|strik|ti|on** ⟨f.; -, -en⟩ *Abschnürung (von Blutgefäßen, z.B. bei Amputationen)* [< lat. *constrictio* »das Zusammenschnüren«; zu *constringere;* → *konstringieren*]

■ **Kon|strik|tor** ⟨m.; -s, -to|ren⟩ *Schließmuskel*

■ **kon|strin|gie|ren** ⟨V.⟩ **1** *abschnüren* (von Blutgefäßen) **2** *sich zusammenziehen* (von Muskeln) [< lat. *constringere* »zusammenschnüren, fesseln«; zu *stringere* »straffziehen«]

■ **kon|stru|ie|ren** ⟨V.⟩ **1** Maschinen ~ *entwerfen, bauen, zusammensetzen* **2** Sätze ~ *nach den Regeln der Syntax zusammenfügen* **3** Figuren, Dreiecke ~ ⟨Math.⟩ *nach gegebenen Größen zeichnen* **4** ⟨fig.⟩ *künstlich, schematisch darstellen, erfinden;* einen Fall, Vorgang ~; die Handlung des Buches ist allzu konstruiert [< lat. *construere* »erbauen«; zu *struere* »schichten«]

■ **Kon|strukt** ⟨n.; -(e)s, -e; geh.⟩ *gedanklich konstruiertes Gebilde, hypothetischer, abstrakter Entwurf;* ein wissenschaftliches ~; ein Begriff als ~ [→ *Konstruktion*]

■ **Kon|struk|teur** ⟨[-tøːr] m.; -s, -e⟩ **1** *Entwerfer, Erbauer;* Flugzeug~ **2** *techn. Zeichner* [< frz. *constructeur* »Erbauer, Gestalter«; → *konstruieren*]

■ **Kon|struk|ti|on** ⟨f.; -, -en⟩ *Entwurf, Gefüge, Bau, Bauart, Aufbau;* ~ eines Gebäudes, einer Maschine, eines Satzes, einer geometr. Figur [< lat. *constructio* »Zusammenfügen«; → *konstruieren*]

■ **kon|struk|tiv** ⟨Adj.⟩ **1** *eine Konstruktion betreffend* **2** *(folgerichtig) aufbauend, zusammenfügend, entwickelnd* [< lat. *constructus,* Part. Perf. zu *construere;* → *konstruieren*]

■ **Kon|struk|ti|vis|mus** ⟨[-vis-] m.; -; unz.⟩ **1** *abstrakte Kunst, die die Konstruktionselemente bes. betont* **2** ⟨Mus.⟩ *Betonung des formalen Baues der Komposition*

■ **Kon|struk|ti|vist** ⟨[-vist] m.; -en, -en⟩ *Anhänger, Vertreter des Konstruktivismus*

■ **kon|struk|ti|vis|tisch** ⟨[-vis-] Adj.⟩ *auf dem Konstruktivismus beruhend, ihn betreffend*

Kon|sul ⟨m.; -s, -n⟩ **1** ⟨im antiken Rom u. im napoleon. Frankreich⟩ *höchster Staatsbeamter* **2** ⟨heute⟩ *ständiger Vertreter eines Staates in einem anderen Staat (bes. zur Wahrung der wirtschaftl. u. persönl. Interessen seiner Landsleute)* [< lat. *consul*]

Kon|su|lar|a|gent ⟨m.; -en, -en⟩ *Bevollmächtigter eines Konsuls*

kon|su|la|risch ⟨Adj.⟩ *einen Konsul betreffend, von einem Konsul ausgehend*

Kon|su|lat ⟨n.; -(e)s, -e⟩ *Amt, Amtsgebäude eines Konsuls* [< lat. *consulatus* »Amt, Würde eines Konsuls«]

Kon|sul|tant ⟨m.; -en, -en⟩ *fachmännischer Berater, Gutachter* [→ *konsultieren*]

Kon|sul|ta|ti|on ⟨f.; -, -en⟩ **1** *Beratung (durch einen Wissenschaftler);* ärztliche ~ **2** *Befragung (eines Wissenschaftlers)* **3** *gemeinsame Besprechung, Beratung* [< lat. *consultatio* »Beratschlagung, Befragung«; zu *consultare* »beratschlagen, befragen«]

kon|sul|ta|tiv ⟨Adj.⟩ *beratend* [→ *konsultieren*]

kon|sul|tie|ren ⟨V.⟩ *zu Rate ziehen;* einen Arzt ~ [< lat. *consultare* »beratschlagen, um Rat fragen, befragen«]

Kon|sul|tie|rung ⟨f.; -, -en⟩ *das Konsultieren, das Konsultiertwerden*

Kon|sum ⟨m.; -s; unz.⟩ *Verbrauch (von tägl. Bedarfsartikeln, bes. Lebensmitteln);* ein hoher ~ an Pizza [< ital. *consumo* »Verbrauch«; zu lat. *consumere* »verbrauchen, verzehren«]

Kon|su|ma|ti|on ⟨f.; -, -en; österr.; schweiz.⟩ *in einer Gastwirtschaft Verzehrtes* [→ *konsumieren*]

Kon|su|ment ⟨m.; -en, -en⟩ Ggs *Produzent* **1** *Verbraucher* **2** *Organismus, der organische Nahrung verbraucht, z.B ein Tier* [< lat. *consumens,* Part. Präs. von *consumere* »verzehren, verbrauchen«]

Kon|su|me|ris|mus ⟨m.; -; unz.; Wirtsch.⟩ *in den USA entstandene, organisierte Bewegung, die das Marktverhalten von Unternehmen kritisiert u. Verbesserungen des Konsumentenschutzes, der Güter- u. Dienstleistungsversorgung u. des Umweltschutzes fordert* [< engl.-amerik. *consumerism*]

Kon|sum|gü|ter ⟨Pl.⟩ *Gegenstände des täglichen Bedarfs, Verbrauchsgüter*

kon|su|mie|ren ⟨V.⟩ *verbrauchen* [< lat. *consumere* »verzehren, verbrauchen«]

Kon|sump|ti|on ⟨f.; -, -en⟩ = *Konsumtion*

kon|sump|tiv ⟨Adj.⟩ = *konsumtiv*

Kon|sum|ter|ror ⟨m.; -s; unz.; umg.; abwertend⟩ *starker Konsumzwang*

Kon|sum|ti|bi|li|en ⟨Pl.⟩ *Verbrauchsgüter* [→ *konsumieren*]

Kon|sum|ti|on ⟨f.; -, -en⟩ oV *Konsumption* **1** *Wertminderung, Wertvernichtung, Verbrauch (von Wirtschaftsgütern)* **2** *Auszehrung (infolge chronischer Appetitlosigkeit)* **3** *das Aufgehen eines einfachen strafrechtl. Tatbestandes in einem umfassenden, z.B. Hausfriedensbruch in Einbruchsdiebstahl, so dass nur die übergeordnete Straftat geahndet wird*

kon|sum|tiv ⟨Adj.⟩ *für den Verbrauch bestimmt;* oV *konsumptiv;* Ggs *investiv*

Kon|szi|en|ti|a|lis|mus, ⟨auch⟩ **Kons|zi|en|ti|a|lis|mus** ⟨m.; -; unz.⟩ *philosoph. Lehre, die die Wirklichkeit auf das im Bewusstsein Gegebene beschränkt* [< lat. *conscientia* »Gewissen«]

Kon|ta|gi|um ⟨n.; -s, -gi|en; †⟩ *Ansteckungsstoff* [< lat. *contagium* »Berührung, Ansteckung, verderblicher Einfluss«]

Kon|ta|gi|on ⟨f.; -, -en⟩ *Ansteckung, Übertragung einer Krankheit* [< lat. *contagio* »Berührung, Ansteckung«]

kon|ta|gi|ös ⟨Adj.⟩ *ansteckend* [< lat. *contagiosus* »ansteckend« + frz. Endung]

Kon|ta|gi|o|si|tät ⟨f.; -; unz.⟩ *Ausmaß der Ansteckungsgefahr einer Krankheit*

Kon|takt ⟨m.; -(e)s, -e⟩ **1** *Berührung, enge Verbindung* **2** ~ in einem Stromkreis *leitende Verbindung, die es ermöglicht, dass Strom fließt;* einen ~ schließen, ~ haben **3** *Schalter, der einen Kontakt(2) bewirkt* **4** *fester Katalysator bei techn. Prozessen* **5** *Beziehung, Fühlungsnahme;* mit jmdm. ~ aufnehmen; in ~ stehen; keinen ~ mit jmdm. haben; netter, herzlicher, freundschaftlicher ~ [< lat. *contactus* »Berührung«; zu *tangere* »berühren«]

Kon|takt|ad|res|se, ⟨auch⟩ **Kon|takt|a|dres|se** ⟨f.; -, -n⟩ *Adresse, über die man bestimmte Personen, Vereine od. Organisationen kontaktieren kann*

kon|tak|ten ⟨V.⟩ *als Kontakter tätig sein, neue Geschäftsverbindungen anknüpfen*

Kon|tak|ter ⟨m.; -s, -⟩ *Mitarbeiter einer Werbeabteilung, der Öffentlichkeitsarbeit leistet* [< engl. (amerik.) *contact* »mit jmdm. in Verbindung treten«; → *Kontakt*]

kon|tak|tie|ren ⟨V.⟩ jmdn. ~ *mit jmdm. einen Kontakt knüpfen, sich mit jmdm. unterhalten*

Kon|takt|in|fek|ti|on ⟨f.; -, -en⟩ *Ansteckung durch Berührung*

Kon|takt|in|sek|ti|zid ⟨n.; -(e)s, -e⟩ *Mittel zur Bekämpfung von Insekten, das durch Berührung wirkt*

Kon|takt|lin|se ⟨f.; -, -n⟩ *wie ein Brillenglas geschliffene kleine Schale, die zum Ausgleich von Sehfehlern haftend vor der Pupille sitzt*

Kon|takt|mann ⟨m.; -s, -män|ner od. -leu|te⟩ *jmd., der neue Kontakte knüpft u. Erkundigungen einzieht, Verbindungsmann*

Kon|takt|mi|ne|ral ⟨n.; -(e)s, -e⟩ *Mineral, das durch Einwirkung von hohen Temperaturen auf das umliegende Gestein entstanden ist*

Kon|takt|ste|cker ⟨m.; -s, -⟩, **Kon|takt|stift** ⟨m.; -(e)s, -e⟩, **Kon|takt|stöp|sel** ⟨m.; -s, -⟩ *Stecker, Stift, Stöpsel, mit dem ein elektr. Kontakt hergestellt wird*

Kon|takt|stu|di|um ⟨n.; -s, -di|en⟩ *weiterbildendes Studium für Berufstätige, das den Kontakt zur wissenschaftl. Forschung wahrt*

Kon|takt|ver|fah|ren ⟨n.; -s, -⟩ **1** *Herstellung von Schwefelsäure, Schwefeltrioxid od. Schwefeldioxid aus schwefelhaltigen Erzen mit Platin als Katalysator* **2** *Verfahren zur Herstellung fotograf. Positive von Negativen u. umgekehrt, wobei die zu kopierende Schicht unmittelbar auf die zu belichtende Schicht gepresst wird*

Kon|ta|mi|na|ti|on ⟨f.; -, -en⟩ **1** ⟨Gramm.⟩ *Verschmelzung zweier bedeutungsverwandter Wörter od. Wortteile zu einem neuen Wort,* z.B. „vorwiegend" aus vorherrschend u. überwiegend **2** ⟨Kernphysik⟩ *Verunreinigung mit radioaktiven Stoffen;* Sy *radioaktive Verseuchung;* Ggs *Dekontamination* [< lat. *contaminatio* »Berührung, Verschmelzung«; zu *contaminare* »berühren, verschmelzen«]

kon|ta|mi|nie|ren ⟨V.⟩ **1** ⟨Gramm.⟩ *eine Kontamination bilden, verschmelzen, sich vermischen (Wörter od. Wortteile)* **2** ⟨Kernphysik⟩ *mit radioaktiven Stoffen verseuchen* [< lat. *contaminare* »berühren, verschmelzen«]

kon|tant ⟨Adj.⟩ *bar, gegen Barzahlung* [< ital. *contante* »zahlungsfertig, bar«]

Kon|tan|ten ⟨Pl.⟩ **1** *Bargeld* **2** *Geldsorten* [< ital. *contanti* »bare Gelder«]

Kon|tem|pla|ti|on, ⟨auch⟩ **Kon|temp|la|ti|on** ⟨f.; -, -en⟩ **1** *Betrachtung, (reine) Anschauung* **2** *Beschaulichkeit* **3** ⟨Rel.⟩ *Versenkung, Versunkenheit in das Wort u. Werk Gottes* [< lat. *contemplatio* »Betrachtung«; zu *contemplari* »betrachten«]

kon|tem|pla|tiv, ⟨auch⟩ **kon|temp|la|tiv** ⟨Adj.⟩ *betrachtend, anschauend;* ~es Leben ⟨Rel.⟩ *in sich gekehrtes, religiöser Betrachtung gewidmetes, tatenloses Leben* [< lat. *contemplativus* »betrachtend, beschaulich«; zu *contemplari* »betrachten«]

kon|tem|po|rär ⟨Adj.⟩ *zeitgenössisch, im gleichen Zeitalter geschehend, stattfindend* [< *kon...* + lat. *tempus,* Pl. *tempora* »Zeit«]

Kon|ten ⟨Pl. von⟩ *Konto*

Kon|te|nance ⟨[kõtənã:s] f.; -; unz.⟩ = *Contenance*

Kon|ten|plan ⟨m.; -(e)s, -plä|ne; Wirtsch.⟩ *die systematische Ordnung der Konten in der Buchführung eines Unternehmens*

Kon|ten|ten ⟨Pl.⟩ *Verzeichnis der Ladungen (der Seeschiffe)* [< lat. *contentus,* Part. Perf. zu *continere* »zusammenhalten, einschließen, in sich enthalten«; zu *tenere* »halten«]

Kon|ten|tiv|ver|band ⟨m.; -(e)s, -bän|de; Med.⟩ *Verband zum unverrückbaren Festhalten von Knochenbrüchen* [< lat. *contentus,* Part. Perf. zu *contendere* »anspannen, straff ziehen, anstemmen«; zu *tendere* »spannen«]

kon|ter..., **Kon|ter...** ⟨in Zus.⟩ *gegen..., Gegen...* [< frz. *contre* < lat. *contra* »gegen«]

Kon|ter ⟨m.; -s, -⟩ **1** ⟨Sp.⟩ *Gegenangriff, -schlag;* ein gelungener, schneller ~ **2** *scharfe Entgegnung, heftiger Widerspruch* [→ *Konter...*]

Kon|ter|ad|mi|ral ⟨m.; -s, -rä|le; Kriegsmarine⟩ **1** *unterer Admiralsdienstgrad* **2** *Offizier im Dienstgrad eines Generalmajors* [<frz. *contre-admiral,* eigtl. »Gegenadmiral«]
kon|ter|a|gie|ren ⟨a. [---'--]⟩ *gegen etwas od. jmdn. agieren, einer Sache od. jmdm. entgegenarbeiten*
Kon|ter|ban|de ⟨f.; -, -n⟩ **1** *Schmuggelware* **2** ⟨Völkerrecht⟩ *kriegswichtige Ware, die neutrale Staaten nicht in Krieg führende Staaten einführen dürfen* [<frz. *contrebande* »Schleichhandel, Schmuggel(ware)«]
Kon|ter|fei ⟨n.; -s, -s od. -e⟩ *Abbild* [<frz. *contrefait,* »nachgemacht« <*contre* »gegen« + *faire* <lat. *facere* »machen«]
kon|ter|fei|en ⟨a. [--'--] V.⟩ *abbilden*
kon|ter|ka|rie|ren ⟨a. [---'--]⟩ *eine Sache hintertreiben, durchkreuzen, einer Sache entgegenarbeiten* [<frz. *contrecarrer* »entgegenwirken, entgegenarbeiten«]
Kon|ter|mi|ne ⟨f.; -, -n⟩ *Gegenmine, mit Kursfall rechnende Börsenspekulation* [<frz. *contremine* »Gegenmine, Gegenanschlag«]
kon|ter|mi|nie|ren ⟨a. [---'--] V.⟩ **1** ⟨Börse⟩ *mit dem Fall eines Börsenkurses rechnen, gegen die Mine spekulieren* **2** ⟨geh.⟩ *entgegenarbeiten, untergraben;* eine Sache ~ [→ *Kontermine*]
kon|tern ⟨V.⟩ **1** ⟨Typ.⟩ *umdrehen, die Seiten verkehren von, (seitenverkehrt stehendes Bild) richtig stellen* **2** mit einem Angriff ~ ⟨Sp.⟩ *dem Gegner (aus der Defensive heraus) einen (überraschenden) Gegenschlag versetzen* **3** jmdm. ~ *(heftig) widersprechen* [<engl. *counter* »entgegenwirken, einen Gegenschlag tun« <lat. *contra* »gegen«]
Kon|ter|re|vo|lu|ti|on ⟨[-vo-] f.; -, -en⟩ *gegen eine Revolution gerichteter Umsturz zugunsten der ursprünglichen Regierung, Gegenrevolution* [<frz. *contre-révolution*]
kon|ter|re|vo|lu|ti|o|när ⟨[-vo-] Adj.⟩ *in der Art einer Konterrevolution, eine Konterrevolution planend, unterstützend*
Kon|ter|re|vo|lu|ti|o|när ⟨[-vo-] m.; -s, -e⟩ *Gegenrevolutionär, jmd., der an der Durchführung einer Konterrevolution beteiligt ist*
Kon|ter|tanz ⟨m.; -es, -tän|ze⟩ *(urspr.) engl. Tanz zu zwei od. vier einander gegenüberstehenden Paaren, im 18. Jh. über ganz Europa verbreitet;* oV *Kontretanz;* → a. *Française, Quadrille, Ekossaise* [<frz. *contredanse* <engl. *country-dance* »Landtanz«]
kon|tes|tie|ren ⟨V.; †⟩ **1** *(durch Zeugen) bestätigen* **2** *anfechten, bestreiten* [<lat. *contestari* »zum Zeugen anrufen«; zu *testis* »Zeuge«]
Kon|text ⟨m.; -(e)s, -e⟩ *der ein Wort od. eine Wendung umgebende Text, durch den die Bedeutung erst klar wird, Zusammenhang;* oV *Kotext* [<lat. *contextus* »Zusammensetzung, Verknüpfung, Verbindung«; zu *texere* »weben«]
kon|tex|tu|al ⟨Adj.⟩ *den Kontext betreffend, auf ihm beruhend;* die ~e Verknüpfung; der ~e Zusammenhang; oV *kontextuell*
Kon|tex|tu|a|lis|mus ⟨m.; -; unz.; Sprachw.⟩ *Richtung der strukturellen Linguistik, in der die Beschreibung der gesprochenen Sprache auf der Einbindung des sprachlichen u. situativen Kontextes basiert*
kon|tex|tu|ell ⟨Adj.⟩ = *kontextual*
Kon|ti ⟨Pl. von⟩ *Konto*
kon|tie|ren ⟨V.; Bankw.⟩ *auf ein Konto verbuchen*
Kon|tie|rung ⟨f.; -, -en; Bankw.⟩ *das Kontieren*
Kon|ti|gu|i|tät ⟨f.; -; unz.⟩ **1** *Angrenzung, Berührung* **2** *(zeitl.) Zusammensein, Zusammenfall (von Erlebnissen)* [zu lat. *contiguus* »berührend, angrenzend«; zu *tangere* »berühren«]
Kon|ti|nent ⟨m.; -(e)s, -e⟩ **1** *Festland* **2** *Erdteil* [<lat. *(terra) continens* »zusammenhängendes Land«; zu *tenere* »halten«]
kon|ti|nen|tal ⟨Adj.⟩ *den Kontinent betreffend, zu ihm gehörig, auf ihm vorkommend*
Kon|ti|nen|tal|drift ⟨f.; -, -en⟩ = *Epirogenese;* Sy *Kontinentalverschiebung*
Kon|ti|nen|ta|li|tät ⟨f.; -; unz.⟩ *das Ausmaß des Einflusses von großen Landmassen auf das Klima;* Ggs *Maritimität* [→ *Kontinent*]
Kon|ti|nen|tal|kli|ma ⟨n.; -s, -ma|ta od. -ma|te⟩ *Klima mit starken Temperaturschwankungen, Binnenklima, z.B. sehr niedriger Winter- u. sehr hoher Sommertemperatur;* Ggs *maritimes Klima*
Kon|ti|nen|tal|ver|schie|bung ⟨f.; -, -en⟩ = *Kontinentaldrift*
Kon|ti|nenz ⟨f.; -; unz.⟩ *Fähigkeit, Urin u. Stuhlgang zurückzuhalten;* Ggs *Inkontinenz* [<lat. *continentia* »Selbstbeherrschung«; zu *tenere* »halten«]
kon|tin|gent ⟨Adj.; bes. Philos.⟩ *auf Kontingenz beruhend, zufällig, nicht zwingend von dieser Beschaffenheit*
Kon|tin|gent ⟨n.; -(e)s, -e⟩ **1** *Pflichtbeitrag, Pflichtanteil* **2** *begrenzte, festgesetzte, zugeteilte Menge;* Waren~; Lebensmittel~ **3** *größere Einheit von Truppen innerhalb eines Gesamtheeres;* ein Staat stellt ein Truppen~ [<frz. *contingent* »Anteil, Quote, Soll«; zu *tangere* »berühren«]
kon|tin|gen|tie|ren ⟨V.⟩ *das Kontingent festsetzen für, von, vorsorglich einteilen, eine Menge begrenzen*
Kon|tin|genz ⟨f.; -; unz.⟩ **1** ⟨allg.⟩ *Zusammenhang* **2** ⟨bes. Philos.⟩ *Möglichkeit, dass eine Sache anders beschaffen sein könnte, als sie es tatsächlich ist* **3** ⟨Psych.⟩ *Höhe der Wahrscheinlichkeit des voneinander abhängigen Vorkommens mehrerer Verhaltensmuster, Merkmale usw.* [<engl. *contingency* <frz. *contingence;* → *Kontingent*]
kon|ti|nu|ie|ren ⟨V.⟩ **1** *fortsetzen* **2** *fortdauern* [<lat. *continuare* »fortsetzen«; zu *tenere* »halten«]
kon|ti|nu|ier|lich ⟨Adj.⟩ *ohne zeitl. od. räuml. Unterbrechung aufeinander folgend;* Ggs *diskontinuierlich,* ⟨Math.⟩ *diskret(2)*

Kon|ti|nu|i|tät ⟨f.; -; unz.⟩ *zeitlich od. räumlich ununterbrochener Zusammenhang, stetige Dauer;* Ggs *Diskontinuität* [<lat. *continuitas* »ununterbrochene Fortdauer«; zu *continuare* »fortsetzen«]

Kon|ti|nuo ⟨m.; -s, -s⟩ = *Continuo*

Kon|ti|nu|um ⟨n.; -s, -nua od. -nu|en⟩ *etwas, das ohne zeitl. od. räuml. Unterbrechung aufeinander folgt,* z.B. Linie, Ebene [<lat. *continuum* »das ununterbrochen Fortlaufende«]

Kon|to ⟨n.; -s, -ten od. -ti od. -s⟩ **1** *Zusammenstellung gleichartiger Geschäftsvorgänge (Einnahmen u. Ausgaben) in zeitl. Reihenfolge;* Personen~; Sach~; einen Betrag einem ~ gutschreiben; ein ~ eröffnen, löschen, schließen **2** *Gegenüberstellung von Guthaben u. Schulden* **3** *Aufzeichnung eines Geldinstitutes über Guthaben seiner Kunden u. Forderungen an seine Kunden;* Bank~; Geld aufs ~ einzahlen, vom ~ abheben; 1000 Mark auf dem ~ haben; laufendes ~; ein ~ überziehen *bei einem Geldinstitut Schulden machen;* das geht auf mein ~ ⟨fig.; umg.⟩ *das übernehme, zahle ich; daran bin ich schuld* [<ital. *conto* »Rechnung«, <lat. *computare* »berechnen«]

Kon|to|kor|rent ⟨n.; -(e)s, -e⟩ **1** *laufende Rechnung, Verbindung zweier Geschäftspartner, bei der die gegenseitigen Leistungen u. Verpflichtungen einander gegenübergestellt u. regelmäßig abgerechnet werden* **2** *laufendes Konto* [<ital. *conto corrente* »laufende Rechnung«]

Kon|tor ⟨n.; -s, -e⟩ **1** *Geschäftsraum eines Kaufmanns* **2** *Handelsniederlassung (meist im Ausland)* **3** *Niederlassung einer Reederei im Ausland* [<frz. *comptoir* »Zahltisch« <lat. *computare* »berechnen«]

Kon|to|rist ⟨m.; -en, -en⟩ *Angestellter eines kaufmänn. Betriebes*

Kon|tor|si|on ⟨f.; -, -en; Med.⟩ *Verdrehung, Verzerrung;* ~ eines Gliedes [<frz. *contorsion* »Verrenkung«, <lat. *(con)torquere* »herumdrehen«]

Kon|tor|si|o|nist ⟨m.; -en, -en⟩ *Schlangenmensch* [→ *Kontorsion*]

■ Die Buchstabenfolge **kon|tr...** kann auch **kont|r...** getrennt werden. Davon ausgenommen sind Zusammensetzungen, in denen die fremdsprachigen bzw. sprachhistorischen Bestandteile deutlich als solche erkennbar sind, z.B. *-trahieren, -tribuieren* (→ a. *subtrahieren, distribuieren*).

■ **kon|tra** ⟨Präp. m. Akk.⟩ *gegen;* Ggs *pro(1)* [<lat. *contra* »gegen«]

■ **kon|tra...**, **Kon|tra...** ⟨in Zus.⟩ *wider..., gegen...*

■ **Kon|tra** ⟨n.; -s, -s⟩ **1** *das Gegen, das Wider;* Ggs *Pro* **2** *energischer Widerspruch;* jmdm. ~ geben *ihm energisch widersprechen* **3** ⟨Kart.⟩ *Gegenansage*

■ **Kon|tra|bass** ⟨m.; -es, -bäs|se; Mus.⟩ *größtes u. tiefstes Streichinstrument, Bassgeige;* Sy *Violone*

■ **Kon|tra|dik|ti|on** ⟨f.; -, -en; Logik⟩ *Verhältnis zweier Begriffe, von denen der eine den anderen nicht nur ausschließt, sondern von denen die Negierung des einen die Bejahung des anderen erfordert, Widerspruch,* z.B. anwesend - abwesend; → a. *Contradictio in adjecto* [<lat. *contradictio* »Gegenrede, Widerspruch«; zu *dicere* »sagen«]

■ **kon|tra|dik|to|risch** ⟨Adj.⟩ *widersprechend, widersprüchlich*

■ **Kon|tra|fa|gott** ⟨n.; -(e)s, -e; Mus.⟩ *eine Oktave tiefer als das Fagott stehendes Holzblasinstrument*

■ **Kon|tra|fak|tur** ⟨f.; -, -en⟩ *Umdichtung eines Gesangstextes (oft eines weltl. in einen geistl. od. umgekehrt) unter Beibehaltung der Melodie* [<lat. *contrafactus* »umgewendet, ins Gegenteil verkehrt«, zu *contra* »gegen« + *facere* »machen«]

Kon|tra|ha|ge ⟨[-ʒ(ə)] f.; -, -n; früher⟩ *Forderung zum Duell* [< *kontrahieren* + frz. Endung]

Kon|tra|hent ⟨m.; -en, -en⟩ **1** *Vertragspartner* **2** *Gegner im Zweikampf, Gegenspieler;* politische ~en; einen ~en ausschalten, zurückweisen [<lat. *contrahens,* Part. Präs. zu *contrahere;* → *kontrahieren*]

kon|tra|hie|ren ⟨V.⟩ **1** *zusammenziehen* **2** *vereinbaren* **3** ⟨früher⟩ jmdn. ~ *zum Zweikampf fordern* [<lat. *contrahere* »zusammenziehen, versammeln«; zu *trahere* »ziehen«]

■ **Kon|tra|in|di|ka|ti|on** ⟨f.; -, -en; Med.⟩ *Gegenanzeige, die die Anwendung eines Medikamentes od. einer Behandlung als nicht geboten erscheinen lässt;* bei Patienten mit Nierenleiden besteht eine ~ bei diesem Medikament

■ **kon|tra|in|di|ziert** ⟨Adj.; Med.⟩ *aufgrund bestimmter Umstände nicht anwendbar, z.B. von Behandlungsverfahren u. Heilmitteln*

kon|trakt ⟨Adj.⟩ *zusammengezogen, gelähmt, verkrümmt* [<lat. *contractus,* Part. Perf. zu *contrahere;* → *kontrahieren*]

Kon|trakt ⟨m.; -(e)s, -e⟩ *Vertrag, Abkommen;* Miet~; einen ~ schließen [<lat. *contractus;* → *kontrahieren*]

kon|trak|til ⟨Adj.⟩ *zusammenziehbar* [→ *Kontraktion, kontrahieren*]

Kon|trak|ti|li|tät ⟨f.; -; unz.⟩ *Fähigkeit (eines Muskels), sich zusammenzuziehen*

Kon|trak|ti|on ⟨f.; -, -en⟩ **1** *Zusammenziehung, Schrumpfung (z.B. von Muskeln)* **2** *Zusammenziehung zweier Laute zu einem neuen Laut,* z.B. „haben" zu mundartl. „han", engl. „ne" + „either" zu „neither"; Sy *Synizese* **3** *Schrumpfung (von Gesteinen) durch Austrocknung od. Abkühlung* **4** *Verminderung der Geld- u. Kreditmenge (einer Volkswirtschaft)* [<lat. *contractio* »Zusammenziehung«]

Kon|trak|ti|ons|the|o|rie ⟨f.; -; unz.⟩ *Theorie, nach der die Gebirge auf der Erdoberfläche durch Schrumpfung der Erdkugel infolge eines ständigen Wärmeverlustes u. einer damit verbundenen Auffaltung der Landmassen entstanden sein sollen*

kon|trak|tiv ⟨Adj.⟩ *zur Kontraktion gehörig, auf ihr beruhend*
Kon|trak|tur ⟨f.; -, -en; Med.⟩ **1** *dauernde Verkürzung* **2** *durch Verkürzung von Muskeln, Sehnen od. Bändern hervorgerufene Gelenkversteifung* [→ *Kontraktion, kontrahieren*]
■ **Kon|tra|ok|ta|ve** ⟨f., -, -n; Mus.⟩ *nur mit bestimmten Instrumenten zu erreichender Tonbereich der Oktave Kontra-C bis Kontra-H*
■ **Kon|tra|po|si|ti|on** ⟨f.; -, -en; Logik⟩ **1** *traditionelle Umformung in der Art „alle S sind T" zu „kein Nicht-T ist S"* **2** *rückschließende Umformung einer positiven Aussage in eine negative Aussage, z.B. „wenn S, dann T" zu „wenn nicht T, dann nicht S"* [< mlat. *contrapositio;* zu lat. *contraponere* »entgegensetzen«]
■ **Kon|tra|post** ⟨m.; -(e)s, -e; Bildhauerkunst⟩ *die unterschiedl. Gestaltung der beiden Körperhälften, die sich aus Ruhe u. Bewegung von Standbein u. Spielbein ergibt* [< lat. *contrapositus* »entgegengesetzt«; zu *ponere* »setzen, stellen«]
■ **kon|tra|pro|duk|tiv** ⟨Adj.⟩ *von gegensätzlicher Wirkung, bestimmten Absichten zuwiderlaufend;* dieses Verhalten ist gänzlich ~
■ **Kon|tra|punkt** ⟨m.; -(e)s, -e; Mus.⟩ **1** *Kunst, mehrere Stimmen als selbständige (gegensätzliche) Melodielinien nebeneinanderher zu führen, z.B. in Fuge u. Kanon* **2** *Gegenstimme* [< mlat. *contrapunctum* < lat. *contra* »gegen« + *punctus* »das Stechen, Stich, Punkt«, dann auch »Note«; eigtl. »das Setzen einer Gegenstimme zur Melodie« (*punctus contra punctum* »Note gegen Note«)]
■ **kon|tra|punk|tie|ren** ⟨V.⟩ **1** ⟨Mus.⟩ *mehrere Stimmen gegeneinander führen* **2** ⟨fig.⟩ etwas ~ *einen Kontrast, Gegensatz zu etwas bilden;* die anfänglichen Erfolge wurden durch spätere Einbrüche kontrapunktiert
■ **Kon|tra|punk|tik** ⟨f.; -; unz.⟩ **1** *Lehre vom Kontrapunkt* **2** *Führung der einzelnen Stimmen eines Musikstücks im Sinne des Kontrapunkts*
■ **Kon|tra|punk|ti|ker** ⟨m.; -s, -; Mus.⟩ *die Technik des Kontrapunktes verwendender Komponist*
■ **kon|tra|punk|tisch** ⟨Adj.; Mus.⟩ *mit Hilfe des Kontrapunktes, auf ihm beruhend*
■ **kon|trär** ⟨Adj.⟩ **1** *gegensätzlich, entgegengesetzt* **2** *widrig* [< frz. *contraire* »gegensätzlich, entgegengesetzt« < lat. *contra* »gegen«]
■ **Kon|tra|si|gna|tur,** ⟨auch⟩ **Kont|ra|sig|na|tur** ⟨f.; -, -en⟩ *Gegenzeichnung, Mitunterschrift* [< *Kontra* + *Signatur*]
■ **kon|tra|si|gnie|ren,** ⟨auch⟩ **kont|ra|sig|nie|ren** ⟨V.⟩ *gegenzeichnen* [< *contra* + *signieren*]
■ **Kon|trast** ⟨m.; -es, -e⟩ *starker Gegensatz, auffallender Unterschied* [< ital. *contrasto;* zu *contrastare* »gegenüberstehen«; < lat. *contra* »gegen« + *stare* »stehen«]
■ **kon|tras|tie|ren** ⟨V.⟩ mit etwas ~ **1** *im Gegensatz zu etwas stehen* **2** *von etwas abstechen* [< frz. *contraster* »einen Gegensatz bilden« < ital. *contrastare;* → *Kontrast*]
■ **kon|tras|tiv** ⟨Adj.⟩ **1** *gegensätzlich* **2** *vergleichend;* ~e Grammatik
■ **Kon|trast|mit|tel** ⟨n.; -s, -⟩ *in den Körper eingebrachtes, für Röntgenstrahlen undurchlässiges Mittel zur Untersuchung von Organen*
■ **Kon|trast|pro|gramm** ⟨n.; -(e)s, -e⟩ **1** *Rundfunk- od. Fernsehprogramm, das thematisch von dem einer anderen Rundfunkanstalt so deutlich abweicht, dass der Rundfunkteilnehmer eine Auswahlmöglichkeit hat* **2** ⟨fig.⟩ *rasche Abfolge sehr verschiedenartiger Aktionen oder Eindrücke*
■ **Kon|tra|te|nor** ⟨m.; -s, -te|nö|re; Mus.⟩ = *Contratenor*
■ **Kon|tra|ve|ni|ent** ⟨[-ve-] m.; -en, -en; †⟩ *Zuwiderhandelnder* [< lat. *contraveniens* »entgegentretend«, Part. Präs. von *contravenire;* → *kontravenieren*]
■ **kon|tra|ve|nie|ren** ⟨[-ve-] V.; †⟩ *zuwiderhandeln, ein Gesetz, eine Vorschrift übertreten* [< lat. *contravenire* »(im freundl. Sinne) entgegentreten«; zu *venire* »kommen«]
■ **Kon|tra|ven|ti|on** ⟨[-vɛn-] f.; -, -en⟩ *Zuwiderhandlung, Übertretung (eines Gesetzes o.Ä.)* [Neubildung zu *kontravenieren*]
■ **Kon|tra|zep|ti|on** ⟨f.; -; unz.⟩ *Empfängnisverhütung*
■ **kon|tra|zep|tiv** ⟨Adj.⟩ *die Empfängnis verhütend;* ein ~es Mittel
■ **Kon|tra|zep|ti|vum** ⟨[-vum] n.; -s, -va [-va]⟩ *Mittel zur Empfängnisverhütung* [< *Kontra* + lat. *capere* »fassen, ergreifen, bekommen«]
Kon|trek|ta|ti|ons|trieb ⟨m.; -(e)s; unz.⟩ *Trieb zur körperl. Berührung* [< lat. *contrectatio* »Betastung«; zu *tractare* »betasten«]
■ **Kon|tre|tanz** ⟨m.; -es, -tän|ze⟩ = *Kontertanz*
kon|tri|bu|ie|ren ⟨V.; †⟩ *beisteuern, beitragen* [< lat. *contribuere* »beitragen«]
Kon|tri|bu|ti|on ⟨f.; -, -en⟩ *gemeinschaftlicher Beitrag, insbes. Beitrag zum Unterhalt von Besatzungstruppen;* Kriegs~ [< lat. *contributio* »Zuteilung, Beitrag«; zu *contribuere* »beitragen«]
■ **kon|trie|ren** ⟨V.; Kart.; selten⟩ *Kontra geben* [< frz. *contrer* »entgegentreten«; zu lat. *contra* »gegen«]
■ **Kon|tri|ti|on** ⟨f.; -, -en; kath. Kirche⟩ *vollkommene Zerknirschung, Reue (aufgrund derer die Absolution erteilt wird);* Ggs *Attrition* [< lat. *contritio* »Zerreibung, Zerknirschung«; zu *conterere* »zerreiben«]
■ **Kon|trol|le** ⟨f.; -, -n⟩ **1** *Überwachung, Aufsicht;* ~ über eine Arbeit, einen Vorgang, eine Gruppe von Personen; unter jmds. ~ stehen **2** *Überprüfung;* Fahrschein~; Pass~; Zoll~ **3** *Probe;* eine Maschine zur ~ laufen lassen **4** *Beherrschung, Gewalt;* die ~ über ein Fahrzeug verlieren; sich unter ~ haben [< frz. *contrôle*]
■ **Kon|trol|ler** ⟨m.; -s, -⟩ *Anlasser eines Elektromotors;* oV *Controller(3)* [< engl. *controller*]
■ **Kon|trol|leur** ⟨[-løːr] m.; -s, -e⟩ *jmd., der et-*

was kontrolliert, überprüft, der eine Kontrolle ausübt, Aufsichtsbeamter, Aufseher, Prüfer; oV⟨österr.⟩ *Kontrollor;* Eisenbahn~; Fahrkarten~ [< frz. *contrôleur* »Aufseher, Kontrolleur«]

■ **kon|trol|li|e|ren** ⟨V.⟩ **1** *überwachen* **2** *überprüfen* **3** einen Markt ~ *beherrschen* [< frz. *contrôler* »(nach-, über)prüfen, kontrollieren«]

■ **Kon|trol|lor** ⟨m.; -s, -e; österr.⟩ = *Kontrolleur*

■ **kon|tro|vers** ⟨[-vẹrs] Adj.⟩ **1** *gegeneinander gerichtet* **2** *bestreitbar, strittig* [< lat. *controversus* »der Erörterung unterworfen, strittig«; zu *contra* »gegen« + *vertere* »wenden, drehen«]

■ **Kon|tro|ver|se** ⟨[-vẹr-] f.; -, -n⟩ **1** *Streitfrage* **2** *heftige Meinungsverschiedenheit, Streit* **3** *wissenschaftl. Auseinandersetzung* [< lat. *controversia* »Streitigkeit, Streit« < *contra* »gegen« + *vertere* »wenden, drehen«]

Kon|tur ⟨f.; -, -en od. (in der Kunst) m.; -s, -en⟩ *Umriss* [< frz. *contour*]

kon|tu|rie|ren ⟨V.⟩ **1** *mit einer Kontur umgeben* **2** *umreißen* **3** *in groben Zügen darlegen*

Kon|tu|si|on ⟨f.; -, -en⟩ *Verletzung durch einen stumpfen Gegenstand, Quetschung* [< lat. *contusio;* zu *contundere* »zerquetschen«]

Kon|ur|ba|ti|on ⟨f.; -, -en⟩ = *Conurbation*

Ko|nus ⟨m.; -, -se od. (in der Techn.) Ko|nen⟩ **1** *Kegel* **1.1** *Kegel ohne Spitze, Kegelstumpf* **2** *kegelförmiger Stift, Zapfen (an einem Werkzeug)* **3** ⟨Typ.⟩ *der leicht konisch verlaufende obere Teil der Type, der das Schriftbild trägt, Kopf* [< lat. *conus* »Kegel«]

Kon|va|les|zenz ⟨[-va-] f.; -; unz.⟩ **1** *Genesung* **2** *Gültigwerden eines (bisher infolge eines Hindernisses noch nicht gültigen) Rechtsgeschäftes* [< lat. *convalescentia* »Genesung«; zu *valere* »stark sein, gesund sein«]

Kon|vek|ti|on ⟨[-vɛk-] f.; -, -en⟩ **1** ⟨Meteor.⟩ *vorwiegend auf- od. abwärts gerichtete Luftströmung;* Ggs *Advektion* **2** ⟨Phys.⟩ *Transport von Wärme durch bewegte Teilchen* [< lat. *convectio* »das Zusammenbringen«; zu *vehere* »führen, tragen, fahren«]

kon|vek|tiv ⟨[-vɛk-] Adj.⟩ *durch Konvektion bewirkt*

Kon|vek|tor ⟨[-vẹk-] m.; -s, -to|ren⟩ *Heizkörper, der die Luft vorwiegend durch Berührung erwärmt;* Ggs *Radiator*

kon|ve|na|bel ⟨[-ve-] Adj.; †⟩ **1** *herkömmlich, schicklich, bequem, passend* **2** *annehmbar, zuträglich* [< frz. *convenable* »angemessen, passend«]

kon|ve|ni|ent ⟨[-ve-] Adj.; geh.⟩ **1** *(gesellschaftlich) erlaubt, schicklich* **2** *angenehm, bequem, passend*

Kon|ve|ni|enz ⟨[-ve-] f.; -; unz.⟩ **1** *Herkommen, Schicklichkeit* **2** *Bequemlichkeit, Zuträglichkeit;* Ggs *Inkonvenienz* [< lat. *convenientia* »Übereinstimmung«; zu *convenire* »zusammenkommen, passen«]

kon|ve|nie|ren ⟨[-ve-] V.⟩ *zusagen, passen, gefallen* [< lat. *convenire* »zusammenkommen, passen«]

Kon|vent ⟨[-vẹnt] m.; -(e)s, -e⟩ oV *Convent* **1** *Zusammenkunft, Versammlung (bes. von Mitgliedern eines Klosters)* **2** *Kloster, Stift* **3** *Mitgliederversammlung einer Studentenverbindung* **4** ⟨kurz für⟩ *Nationalkonvent* [< lat. *conventus* »Zusammenkunft«; zu *convenire* »zusammenkommen, passen«]

Kon|ven|ti|kel ⟨[-vɛn-] n.; -s, -⟩ **1** *(geheime) Zusammenkunft* **2** *außerkirchl. relig. Versammlung* [< lat. *conventiculum,* Verkleinerungsform zu *conventus;* → *Konvent*]

Kon|ven|ti|on ⟨[-vɛn-] f.; -, -en⟩ **1** *Vereinbarung, Übereinkommen* **2** *völkerrechtl. Vertrag (über wirtschaftl., humanitäre od. kulturelle Angelegenheiten);* die Genfer ~ **3** *Herkommen, gesellschaftl. Brauch, Förmlichkeit;* sich über die gesellschaftlichen ~en hinwegsetzen [< frz. *convention* »Vereinbarung, Abmachung« < lat. *convenire* »zusammenkommen, passen«]

kon|ven|ti|o|nal ⟨[-vɛn-] Adj.⟩ *eine Konvention betreffend, auf ihr beruhend*

kon|ven|ti|o|na|li|sie|ren ⟨[-vɛn-] V.⟩ *etwas zu einer Konvention(2) machen, erhöhen*

Kon|ven|ti|o|na|lis|mus ⟨[-vɛn-] m.; -; unz.; Philos.⟩ *wissenschaftstheoretische Lehre, nach der die wissenschaftlichen Theorien nicht nur auf Erfahrung, sondern auch auf außerempirischen Erfahrungen beruhen, die durch Übereinkunft (Konvention) geregelt sind* [→ *Konvention*]

Kon|ven|ti|o|na|li|tät ⟨[-vɛn-] f.; -; unz.⟩ **1** ⟨Sprachw.⟩ = *Arbitrarität* **2** *konventionelle Beschaffenheit, Art* [→ *Konvention*]

Kon|ven|ti|o|nal|stra|fe ⟨[-vɛn-] f.; -, -n⟩ *Strafe bei Nichteinhaltung eines Vertrages*

kon|ven|ti|o|nell ⟨[-vɛn-] Adj.⟩ **1** *auf Konvention(1) beruhend;* ~e Waffen *herkömmliche Waffen;* Ggs *ABC-Waffen* **2** *auf Konvention(3) beruhend, korrekt;* ~es Verhalten, Benehmen **3** *kühl, unpersönlich* [< frz. *conventionnel* »herkömmlich«; → *Konvention*]

Kon|ven|tu|a|le ⟨[-vɛn-] m.; -n, -n⟩ *stimmberechtigtes männl. Klostermitglied* [< lat. *conventus* »Zusammenkunft«]

Kon|ven|tu|a|lin ⟨[-vɛn-] f.; -, -nen⟩ *stimmberechtigtes weibliches Klostermitglied* [→ *Konventuale*]

kon|ver|gent ⟨[-vɛr-] Adj.⟩ Ggs *divergent* **1** *aufeinander zulaufend, z.B. Linien* **2** *übereinstimmend* [< lat. *convergens,* Part. Präs. zu *convergere* »sich hinneigen«; zu *vergere* »sich neigen«]

Kon|ver|genz ⟨[-vɛr-] f.; -, -en⟩ Ggs *Divergenz* **1** *gegenseitige Annäherung, Übereinstimmung* **2** ⟨Biol.⟩ *Entstehung ähnlicher Merkmale u. Organe aus verschiedenen Vorzuständen bei nicht näher verwandten Tiergruppen* [→ *konvergieren*]

Kon|ver|genz|kri|te|ri|um ⟨[-vɛr-] n.; -s, -ri|en⟩ **1** ⟨Math.⟩ *Angabe einer Bedingung dafür, dass Reihen od. Folgen einen Grenzwert besitzen*

2 ⟨Wirtsch.⟩ *eines von insgesamt fünf Kriterien, deren inhaltliche Ansprüche ein potentieller Mitgliedsstaat der Europäischen Währungsunion zu erfüllen hat*

Kon|ver|genz|the|o|rie ⟨[-vɛr-] f.; -; unz.⟩ **1** ⟨Pol.⟩ *Lehre, nach der sich aufgrund der Industrialisierung die kommunistischen u. die kapitalistischen Gesellschaftsordnungen immer ähnlicher werden* **2** ⟨Psych.⟩ *Theorie, nach der die Persönlichkeitsentwicklung sich durch das Zusammenwirken von Umwelt u. Anlage vollzieht*

kon|ver|gie|ren ⟨[-vɛr-] V.⟩ Ggs *divergieren* **1** *sich einander nähern, demselbem Ziel zustreben* **2** *übereinstimmen* [< lat. *convergere* »sich hinneigen«; zu *vergere* »sich neigen«]

kon|vers ⟨[-vɛrs] Adj.; Sprachw.⟩ *gegensätzlich, umgekehrt;* ~e Begriffe *Begriffe, deren Bedeutungen jeweils das Gegenteil darstellen,* z.B. kaufen - verkaufen [→ *Konversion*]

Kon|ver|sa|ti|on ⟨[-vɛr-] f.; -, -en⟩ *geselliges, leichtes, etwas förml. Gespräch, gepflegte Unterhaltung;* ~ machen [< frz. *conversation* »Umgang, Verkehr, Unterhaltung« < lat. *conversatio* »Verkehr, Umgang«]

Kon|ver|sa|ti|ons|le|xi|kon ⟨[-vɛr-] n.; -s, -ka⟩ *ein- od. mehrbändiges, alphabet. geordnetes Nachschlagewerk über alle Wissensgebiete*

Kon|ver|sa|ti|ons|stück ⟨[-vɛr-] n.; -es, -e; Theat.⟩ *Boulevardkomödie, auf witzig-geistvollen Dialogen aufgebautes Unterhaltungsstück*

kon|ver|sie|ren ⟨[-vɛr-] V.; †⟩ *Konversation machen, sich gewandt u. etwas förml. unterhalten* [< lat. *conversari*]

Kon|ver|si|on ⟨[-vɛr-] f.; -, -en⟩ **1** *Umwandlung* **2** *Umkehrung* **3** *Glaubenswechsel (bes. von einer nichtchristl. zur christl. Religion od. von der evang. zur kath. Konfession)* **4** *Umwandlung eines Schuldverhältnisses in ein anderes (meist zugunsten des Schuldners)* **5** ⟨Psych.⟩ **5.1** *grundlegende Einstellungs- od. Meinungsveränderung* **5.2** *Umwandlung od. Umkehrung von verdrängten Triebansprüchen od. Affekten in körperliche Symptome* **6** ⟨Logik⟩ *Veränderung einer Aussage durch Vertauschung von Subjekt u. Prädikat* [< lat. *conversio* »Umdrehung, Umkehrung, Umwandlung«; zu *vertere* »wenden, drehen«]

Kon|ver|si|ons|fil|ter ⟨[-vɛr-] m.; -s, -⟩ *fotograf. Aufnahmefilter, der ein fotograf. Material für eine Lichtart verwendbar macht, für die es nicht geeignet ist, z.B. Blaufilter für Kunstlichtaufnahmen auf Tageslichtfarbfilm*

Kon|ver|ter ⟨[-vɛr-] m.; -s, -⟩ oV *Converter* **1** *kippbarer, birnenförmiger Stahlbehälter, dessen Boden mit Öffnungen zum Durchblasen von Luft versehen ist, zur Gewinnung von Kupfer u. von Stahl aus Roheisen* **2** *Gerät zum Umformen von (elektr.) Energie* **3** ⟨Fot.⟩ *Linsensystem für Spiegelreflexkameras, das die Brennweite verändert* **3.1** ⟨kurz für⟩ *Telekonverter* [< engl. *converter* »Umwandler, Umformer«; zu lat. *vertere* »wenden, drehen«]

kon|ver|ti|bel ⟨[-vɛr-] Adj.⟩ Ggs *inkonvertibel* **1** *wandelbar* **2** *austauschbar:* konvertible Währungen **3** *bekehrbar* [→ *konvertieren*]

Kon|ver|ti|bi|li|tät ⟨[-vɛr-] f.; -; unz.⟩ *Möglichkeit, Geld in eine andere Währung umzutauschen;* ~ der Währungen *völlige Freiheit des Zahlungsverkehrs;* Sy *Konvertierbarkeit*

Kon|ver|tier|bar|keit ⟨[-vɛr-] f.; -; unz.⟩ = *Konvertibilität*

kon|ver|tie|ren ⟨[-vɛr-] V.⟩ **1** *umgestalten, umwandeln* **2** *in eine andere Währung umtauschen* **3** ⟨Chem.⟩ *umwandeln* **4** *die Konfession, die Religion wechseln* **5** ⟨EDV⟩ *Informationen auf einen anderen Datenspeicher übertragen od. Daten umcodieren, z.B. vom Dezimal- ins Dualsystem* [< lat. *convertere* »umkehren, umwenden«; zu *vertere* »wenden«]

Kon|ver|tie|rung ⟨[-vɛr-] f.; -, -en⟩ **1** *das Konvertieren, das Konvertiertwerden* **2** ⟨Wirtsch.⟩ = *Konversion(4)*

Kon|ver|tit ⟨[-vɛr-] m.; -en, en⟩ *jmd., der zu einer anderen Konfession konvertiert ist (bes. zum Christentum od. Katholizismus)* [< engl. *convertite* »Bekehrter«; zu *convert* »umwandeln, verwandeln, bekehren« < lat. *convertere;* → *konvertieren*]

kon|vex ⟨[-vɛks] Adj.⟩ *erhaben, nach außen gewölbt;* ~e Linse; Ggs *konkav* [< lat. *convexus* »gewölbt, gerundet, gekrümmt«]

Kon|ve|xi|tät ⟨[-vɛ-] f.; -; unz.⟩ *konvexe Beschaffenheit, Krümmung, Gekrümmtsein nach außen;* Ggs *Konkavität*

Kon|vex|lin|se ⟨[-vɛks-] f.; -, -n⟩ *konvex gekrümmte Linse, Sammellinse;* Ggs *Konkavlinse*

Kon|vikt ⟨[-vikt] n.; -(e)s, -e; kath. Kirche⟩ **1** *Internat für Schüler od. Studenten* **2** *Haus, in dem Studenten verpflegt werden* [< lat. *convictus* »das Zusammenleben«; zu *vivere* »leben«]

Kon|vik|tu|a|le ⟨[-vik-] m.; -n, -n; †⟩ *zu einem Konvikt gehörender Schüler od. Student*

Kon|vi|vi|um ⟨[-viːvi-] n.; -s, -vi|en⟩ *Gastmahl, Gelage* [< lat. *convivium* »Gastmahl«; zu *vivere* »leben«]

Kon|voi ⟨a. [-vɔi] m.; -s, -s⟩ **1** *Geleitzug, Schiffsverband im Schutz von See- od. Luftstreitkräften;* in einem ~ fahren **2** *die See- od. Luftstreitkräfte selbst* [< frz. *convoi* »Geleit«, in Aussprache u. Bedeutung »Kriegsschiffe zum Schutz einer Handelsflotte« beeinflusst von engl. *convoy* < lat. *cum* »gemeinsam (mit)« + *via* »Weg«]

Kon|vo|ka|ti|on ⟨[-vo-] f.; -, -en⟩ *Einberufung (von Körperschaften)* [< lat. *convocatio* »das Zusammenrufen«; zu *convocare* »zusammenrufen«; zu *vox* »Stimme«]

Kon|vo|lut ⟨[-vo-] n.; -(e)s, -e⟩ **1** *Bündel von Schriftstücken od. Drucksachen* **2** *Sammelband, Sammelmappe* **3** ⟨Med.⟩ *Knäuel (von Darmschlingen)* [< lat. *convolutus,* Part. Perf. zu *convolvere* »zusammenrollen«; zu *volvere* »wälzen«]

Kon|vo|lu|te ⟨[-vo-] f.; -, -n⟩ = *Volute*

Kon|vul|si|on ⟨[-vul-] f.; -, -en⟩ *über den ganzen Körper verbreitete, rasch aufeinander folgende Zuckungen antagonistischer Muskeln* [< lat. *convulsio* »Krampf«; zu *convellere* »zusammenreißen«; zu *vellere* »rupfen«]

kon|vul|si|visch ⟨[-vulsi:visch] Adj.⟩ *in der Art einer Konvulsion, krampfhaft (zuckend);* ~e Zuckungen [→ *Konvulsion*]

kon|ze|die|ren ⟨V.⟩ *zugestehen, einräumen, erlauben, zubilligen* [< lat. *concedere* »fortgehen, weichen«; zu *cedere* »einhergehen«]

Kon|zen|trat, ⟨auch⟩ **Kon|zent|rat** ⟨n.; -(e)s, -e⟩ *das beim Anreichern entstehende, gegenüber dem Ausgangsmaterial hochwertigere Produkt* [→ *konzentrieren*]

Kon|zen|tra|ti|on, ⟨auch⟩ **Kon|zent|ra|ti|on** ⟨f.; -, -en⟩ **1** *Zusammendrängung um einen Mittelpunkt* **2** *Zusammenfassung, Zusammenballung;* ~ wirtschaftl., militärischer o.ä. Kräfte **3** ⟨Chem.⟩ *Anreicherung, Gehalt einer Lösung an gelöstem Stoff* **4** *Anspannung, Sammlung (aller Gedanken auf ein Problem, Ziel), angespannte Aufmerksamkeit;* mit äußerster ~ arbeiten, zuhören [< frz. *concentration* »Sammlung, Massierung, Konzentration«; → *konzentrieren*]

Kon|zen|tra|ti|ons|la|ger, ⟨auch⟩ **Kon|zent|ra|ti|ons|la|ger** ⟨n.; -s, -e⟩ **1** ⟨urspr.⟩ *von den Engländern während der Burenkriege errichtete Lager, um die Kampfmoral des Gegners durch Internierung der Familien zu untergraben* **2** ⟨Abk.: KZ; 1933–45⟩ *Arbeits- u. Massenvernichtungslager für Juden u. Gegner des Nationalsozialismus*

kon|zen|trie|ren, ⟨auch⟩ **kon|zent|rie|ren** ⟨V.⟩ **1** *(um einen Mittelpunkt) sammeln, zusammendrängen* **2** ⟨Chem.⟩ Lösungen ~ *verstärken, verdichten, anreichern mit, sättigen* **3** *zusammenziehen, zusammenballen;* Truppen, wirtschaftl. Kräfte in einem Raum, auf eine Aufgabe ~ **4** sich ~ *sich geistig sammeln, alle Aufmerksamkeit auf einen Gedanken, ein Ziel lenken;* ich kann mich gut, schlecht, schwer ~; sich auf seine Arbeit, seine Aufgabe ~; alle Gedanken auf ein Problem ~ [< frz. *concentrer* »in einem Mittelpunkt vereinigen«; zu *centre* »Mittelpunkt« < lat. *centrum;* → *Zentrum*]

kon|zen|triert, ⟨auch⟩ **kon|zent|riert** ⟨Adj.⟩ **1** *angespannt, aufmerksam, mit gesammelten Gedanken;* ~ arbeiten, zuhören **2** *einen Stoff in großer Menge (gelöst) enthaltend;* ~e Lösung

kon|zen|trisch, ⟨auch⟩ **kon|zent|risch** ⟨Adj.⟩ *einen gemeinsamen Mittelpunkt habend, nach einem Punkt strebend, auf einen Punkt gerichtet;* ~es Feuer ⟨Mil.⟩ *F. von allen Seiten;* ~e Kreise *K., die den gleichen Mittelpunkt haben*

Kon|zen|tri|zi|tät, ⟨auch⟩ **Kon|zent|ri|zi|tät** ⟨f.; -; unz.⟩ *Eigenschaft, den Mittelpunkt gemeinsam zu haben*

Kon|zept ⟨n.; -(e)s, -e⟩ **1** *erste Niederschrift, erste Fassung, Plan, Entwurf;* der Aufsatz ist im ~ fertig **2** *Vorhaben, Plan;* das passt mir nicht in mein ~; jmdn. aus dem ~ bringen ⟨fig.; umg.⟩ *verwirren;* aus dem ~ kommen *verwirrt werden* [< lat. *conceptum* »das (in Worten) Abgefasste, Ausgedrückte«, Part. Perf. zu *concipere;* → *konzipieren*]

Kon|zep|ti|on ⟨f.; -, -en⟩ **1** ⟨Med.⟩ *Empfängnis* **2** ⟨fig.⟩ *schöpfer. Einfall* **3** *Entwurf eines Werkes* **4** *Auffassung, Begreifen* [< lat. *conceptio* »Empfängnis, Abfassung jurist. Formeln«; zu *concipere;* → *konzipieren*]

kon|zep|ti|o|nell ⟨Adj.⟩ *die Konzeption betreffend, zu ihr gehörend, auf ihr beruhend*

kon|zep|tu|a|li|sie|ren ⟨V.⟩ *ein Konzept entwickeln, ein Konzept erarbeiten;* einen Gedanken ~

Kon|zep|tu|a|lis|mus ⟨m.; -; unz.; Philos.⟩ *Lehre, nach der das Allgemeine weder als bloßes Wort (Nominalismus), noch als allgemeine Realität (Realismus), sondern nur als (subjektiver) Begriff existiert* [< lat. *conceptum;* < *Konzept* + *...ismus*]

kon|zep|tu|ell ⟨Adj.⟩ *über ein Konzept(2) verfügend, ein Konzept aufweisend*

Kon|zern ⟨m.; -s, -e⟩ *Verbund von gleichartigen, rechtl. selbständigen Unternehmen mit gemeinsamer Leitung u. Verwaltung* [< engl. *concern* »Beziehung, Geschäftsbeziehung, Unternehmung«]

kon|zer|nie|ren ⟨V.; Wirtsch.⟩ *zu einem Konzern zusammenschließen (von rechtlich selbständigen Unternehmen)* [< engl. *concern* »betreffen« < frz. *concerner* < mlat. *concernare* »beachten, betreffen« < lat. *concernere* »zusammensieben, mischen«]

Kon|zer|nie|rung ⟨f.; -, -en⟩ *Bildung von Konzernen*

Kon|zert ⟨n.; -(e)s, -e; Mus.⟩ **1** *öffentl. Aufführung von Musikwerken* **2** *Musikstück für Soloinstrument u. Orchester;* Violin~; Klavier~ **3** ⟨fig.⟩ *aufeinander abgestimmtes Zusammenwirken;* das ~ der Völker [< ital. *concerto* »Wettstreit (der Stimmen), öffentl. Musikaufführung« < lat. *concertare* »wetteifern«]

Kon|zert|a|gen|tur ⟨f.; -, -en⟩ *Unternehmen, das Künstlern Möglichkeiten für Konzerte vermittelt*

kon|zer|tant ⟨Adj.; Mus.⟩ *konzertartig, in Konzertform;* ~e Aufführung; ~e Sinfonie

kon|zer|tie|ren ⟨V.; Mus.⟩ *ein Konzert geben* [< ital. *concertare* »übereinstimmen, konzertieren« < lat. *concertare* »wetteifern«]

kon|zer|tiert ⟨Adj.; nur in der Wendung⟩ ~e Aktion *aufeinander abgestimmte Aktion zur Zusammenarbeit bei entgegengesetzten Interessen*

Kon|zer|ti|na ⟨f.; -, -s; Mus.⟩ *sechseckige chromat. Handharmonika* [< ital. *concertina;* zu *concerto;* → *Konzert*]

Kon|zert|meis|ter ⟨m.; -s, -; Mus.⟩ *führender Streicher im Orchester, erster Geiger*

Kon|zes|si|on ⟨f.; -, -en⟩ **1** *Zugeständnis;* im Leben ~en machen; er ist (nicht) zu ~en bereit **2** *behördl. Genehmigung,* z.B. für ein Gewerbe **3** *(dem Staat vorbehaltenes) Recht, ein Gebiet* *zu erschließen u. auszubeuten;* Inhaber einer ~ **4** *das Gebiet selbst, für das ein Nutzungsrecht gegeben ist* [<lat. *concessio* »Zugeständnis, Einräumung«; → *konzedieren*]

Kon|zes|si|o|när ⟨m.; -s, -e⟩ *Inhaber einer Konzession*

kon|zes|si|o|nie|ren ⟨V.⟩ *eine Konzession vergeben für, behördlich genehmigen*

kon|zes|siv ⟨Adj.⟩ *einräumend* [<lat. *concessivus* »einräumend«; → *konzedieren*]

Kon|zes|siv|satz ⟨m.; -es, -sät|ze; Gramm.⟩ *Nebensatz, Einräumungssatz, der ein Zugeständnis ausdrückt, das zum Inhalt des Hauptsatzes im Widerspruch steht, eingeleitet durch „obgleich", „wenn auch" u.Ä.*

Kon|zet|ti ⟨Pl.; Lit.⟩ *besonders in der europäischen Barockdichtung angewandte geistreich-überspitzte Wortspielereien in einem gekünstelten Stil* [<ital. *concetto* »Einfall«]

Kon|zil ⟨n.; -s, -e od. -li|en; kath. Kirche⟩ *(umfassende) Versammlung kirchl. Würdenträger;* Sy *Synode(2)* [<lat. *concilium* »Versammlung«; zu *calare* »aus-, zusammenrufen«]

kon|zi|li|ant ⟨Adj.⟩ Ggs *inkonziliant* **1** *umgänglich, verbindlich* **2** *versöhnlich, zu Zugeständnissen bereit* [<lat. *concilians,* Part. Präs. zu *conciliare* »vereinigen, verbinden, geneigt machen, gewinnen«]

Kon|zi|li|anz ⟨f.; -; unz.⟩ Ggs *Inkonzilianz* **1** *konziliantes Wesen, Entgegenkommen, Umgänglichkeit* **2** *Versöhnlichkeit*

kon|zi|li|ar, kon|zi|li|a|risch ⟨Adj.; kath. Kirche⟩ **1** *das Konzil betreffend, auf ihm beruhend* **2** ~e Theorie *Konziliarismus*

Kon|zi|li|a|ris|mus ⟨m.; -; unz.⟩ *kirchenrechtl. Auffassung, dass das Konzil dem Papst übergeordnet sein müsse*

kon|zinn ⟨Adj.⟩ *gefällig, abgerundet, harmonisch zusammengefügt* [<lat. *concinnus* »hübsch, zierlich, harmonisch, gefällig«]

kon|zi|pie|ren ⟨V.⟩ **1** *im Konzept entwerfen, ins Konzept schreiben, ein Konzept verfassen über* **2** ⟨Med.⟩ *(ein Kind) empfangen* [<lat. *concipere* »auffassen, in sich aufnehmen, in Worten abfassen«; zu *capere* »fassen«]

Kon|zi|pie|rung ⟨f.; -, -en⟩ *das Konzipieren*

kon|zis ⟨Adj.⟩ *bündig, kurz* [<lat. *concisus* »abgebrochen, kurz gefasst«]

Ko|ok|ku|renz ⟨f.; -, -en; Sprachw.⟩ = *Konkomitanz(1)* [< *Ko...* + lat. *occurrere* »entgegenlaufen, begegnen«]

Ko|o|pe|ra|ti|on ⟨f.; -, -en⟩ *Zusammenarbeit, Zusammenwirken* [<lat. *cooperatio* »Mitwirkung, Mitarbeit«; zu *cooperari* »mitwirken, mitarbeiten«]

ko|o|pe|ra|tiv ⟨Adj.⟩ *zusammenwirkend, zusammenarbeitend;* ~e Gesamtschule = *additive G.* [→ *Kooperation, kooperieren*]

Ko|o|pe|ra|ti|ve ⟨f.; -, -n; DDR⟩ *(landwirtschaftliche) Genossenschaft*

Ko|o|pe|ra|tor ⟨m.; -s, -to|ren⟩ *kath. Hilfsgeistlicher* [<lat. *cooperator* »Mitwirker, Mitarbeiter«; zu *cooperari* »mitwirken, mitarbeiten«]

ko|o|pe|rie|ren ⟨V.⟩ *zusammenarbeiten, zusammenwirken* [<lat. *cooperari* »mitwirken, mitarbeiten«; zu *opera* »Arbeit, Mühe«]

Ko|op|ta|ti|on ⟨f.; -, -en⟩ *Zuwahl, Wahl neuer Mitglieder einer Körperschaft durch die alten Mitglieder, z.B. in Akademien;* oV *Kooption* [<lat. *cooptatio* »Ergänzungswahl«; zu *cooptare;* → *kooptieren*]

ko|op|ta|tiv ⟨Adj.⟩ *die Kooptation betreffend, auf ihr beruhend, mit ihrer Hilfe*

ko|op|tie|ren ⟨V.⟩ *durch Kooptation ergänzen;* Mitglieder ~ [<lat. *cooptare* »hinzuwählen«; zu *optare* »wünschen«]

Ko|op|ti|on ⟨f.; -, -en⟩ = *Kooptation*

Ko|or|di|na|te ⟨f.; -, -n; Math.⟩ *Zahlenangabe zur Festlegung eines Punktes* [<mlat. *coordinatus,* Part. Perf. zu *coordinare;* → *koordinieren*]

Ko|or|di|na|ten|sys|tem ⟨n.; -s, -e; Math.⟩ *mathemat. Bezugssystem mit zwei Achsen bei ebener u. drei Achsen bei räumlicher Darstellung von Kurven od. Figuren (in der höheren Mathematik auch mit mehr als drei Achsen)*

Ko|or|di|na|ti|on ⟨f.; -, -en⟩ **1** *Zuordnung, Beiordnung* **2** *das Abstimmen verschiedener Dinge, Vorgänge usw. aufeinander* **3** *Zusammenspiel der Muskeln zu bestimmten, beabsichtigten Bewegungen* **4** *das Neben-, Beiordnen von Satzgliedern od. Sätzen durch koordinierende Konjunktionen;* Ggs *Subordination(2)* [<mlat. *coordinatio* »Zuordnung«; zu *coordinare;* → *koordinieren*]

Ko|or|di|na|ti|ons|ver|bin|dung ⟨f.; -, -en; Chem.⟩ *chem. Verbindung, bei der zwei od. mehrere Atome od. Atomgruppen um ein Zentralatom gruppiert sind*

Ko|or|di|na|tor ⟨m.; -s, -to|ren⟩ *jmd., der etwas koordiniert, aufeinander abstimmt* [<mlat. *coordinator* »Zuordner«; → *koordinieren*]

ko|or|di|nie|ren ⟨V.⟩ **1** *(als gleichwertig) nebeneinander stellen* **2** *aufeinander abstimmen;* Vorgänge ~ **3** ⟨Gramm.⟩ *beiordnen, nebenordnen, z.B. Sätze;* Ggs *subordinieren;* ~de Konjunktion *K., die einen Hauptsatz mit einem anderen Hauptsatz verbindet* [<mlat. *coordinare* »zuordnen«, <lat. *ordinare* »ordnen«]

Ko|pa|i|va|bal|sam ⟨[-va-] m.; -s; unz.⟩ *Harz aus Stämmen des Kopaivabaumes*

Ko|pa|i|va|baum ⟨[-va-] m.; -(e)s, -bäu|me⟩ *Mimosengattung, deren südamerikan. Arten den Kopaivabalsam u. wertvolle Hölzer liefern: Copaifere* [<span., port. *copaiba* <Tupi]

Ko|pal ⟨m.; -s, -e⟩ *Harz verschiedener Art u. Herkunft, das zur Herstellung von Kopallacken verwendet wird* [<span. *copal* <Nahuatl *copalli*]

Ko|pe|ke ⟨f.; -, -n⟩ **1** ⟨früher⟩ *russ. Silbermünze* **2** ⟨heute⟩ *russ. Münze, 1/100 Rubel* [<russ. *kopejka;* zu *kopjo* »Lanze« (da diese Münze urspr. das Bild des mit einer Lanze bewaffneten hl. Georg trug)]

Ko|pe|po|de ⟨m.; -n, -n⟩ *Ruderfußkrebs, Hüpferling, Angehöriger einer Klasse kleiner, meist* *durchsichtiger Krebse: Copepoda* [< *kopos* »Schlag« + grch. *pous,* Gen. *podos* »Fuß«]

Kö|per ⟨m.; -s, -; Web.⟩ **1** *eine Bindung, die eine mehr od. weniger deutliche Diagonalstreifung verursacht* **2** *Gewebe in Köperbindung* [< ndrl. *keper* »Balken, Sparren im Wappen« (nach der schräg verlaufenden Kreuzung der Fäden)]

ko|per|ni|ka|nisch ⟨Adj.⟩ *auf der Lehre des Kopernikus beruhend;* ~es Weltsystem [nach dem Astronomen Nikolaus *Kopernikus,* 1473-1543]

Ko|pho|sis ⟨f.; -; unz.⟩ *Taubheit* [< grch. *kophos* »taub«]

Koph|ta ⟨m.; -s, -s⟩ *ein sich in geheimnisvolles Dunkel hüllender ägypt. Weiser* [→ *Kopte*]

koph|tisch ⟨Adj.⟩ *den Kophta betreffend, von ihm stammend*

Ko|pi|al|buch ⟨n.; -(e)s, -bü|cher; früher⟩ *Buch für Abschriften von Urkunden u. Ä.* [→ *kopieren*]

Ko|pie ⟨f.; -, -n⟩ **1** *Abschrift, Zweitschrift* **2** *Durchschrift, Durchschlag;* Ggs *Original(2)* **3** ⟨kurz für⟩ *Fotokopie* **4** ⟨Fot.⟩ *Abzug (eines Negativs)* **5** *Nachbildung (eines Kunstwerkes);* eine ~ von Michelangelos »David« [< lat. *copia* »Fülle, Menge; Vervielfältigung«]

ko|pie|ren ⟨V.⟩ **1** *eine Abschrift herstellen von* **2** ⟨kurz für⟩ *fotokopieren* **3** ⟨Fot.⟩ *einen Abzug herstellen von;* ein Negativ ~ **4** *nachahmen;* jmdn., jmds. Gang, Sprechweise ~ **5** *nachbilden, abmalen;* ein Gemälde ~ [< mlat. *copiare* »vervielfältigen«; → *Kopie*]

Ko|pie|rer ⟨m.; -s, -⟩ *Gerät zum Fotokopieren, Vervielfältigen*

Ko|pier|stift ⟨m.; -(e), -e⟩ *Stift, der einen (wasserlöslichen) intensiven Farbstoff enthält*

Ko|pi|lot ⟨m.; -en, -en⟩ *zweiter Pilot (eines Flugzeugs);* oV *Copilot* [< lat. *con...* »zusammen mit ...« + *Pilot*]

Ko|pi|o|pie ⟨f.; -; unz.⟩ *Sehschwäche* [< grch. *kopos* »Ermüdung« + *...opie*]

ko|pi|ös ⟨Adj.; Med.⟩ *reichlich, zahlreich, in Fülle* [< frz. *copieux* »reichlich«, < lat. *copia* »Menge, Überfluss«]

Ko|pist ⟨m.; -en, -en⟩ **1** *jmd., der eine Abschrift anfertigt* **2** *jmd., der etwas nachbildet* [→ *Kopie, kopieren*]

Kop|pa ⟨n.; - od. -s, -s; Zeichen: Ϙ, ϙ, ϟ⟩ *Schriftzeichen des ältesten griech. Alphabets* [grch.]

■ Die Buchstabenfolge **ko|pr...** kann auch **kop|r...** getrennt werden. Davon ausgenommen sind Zusammensetzungen, in denen die fremdsprachigen bzw. sprachhistorischen Bestandteile deutlich als solche erkennbar sind, z.B. *-produzieren* (→ a. *reproduzieren*).

■ **ko|pr..., Ko|pr...** ⟨in Zus.; vor Vok.⟩ = *kopro..., Kopro...*

■ **Ko|pra** ⟨f.; -; unz.⟩ *getrocknetes u. zerkleinertes Nährgewebe der Kokosnuss als Rohmaterial zur Ölgewinnung* [< port. *copra* < Hindi *khopra*]

■ **Ko|prä|mie** ⟨f.; -, -n; Med.⟩ *Selbstvergiftung durch lang andauernde Verstopfung des Körpers, die Kopfschmerzen, Schwindel u. Appetitlosigkeit zur Folge hat* [< grch. *kopros* »Kot« + *...ämie*]

■ **ko|pro..., Ko|pro...** ⟨in Zus.⟩ *Kot, Stuhl;* oV *kopr..., Kopr...* [< grch. *kopros* »Mist, Kot«]

Ko|pro|duk|tion ⟨f.; -, -en⟩ *gemeinsame Produktion, bes. eines Films durch Filmgesellschaften verschiedener Länder*

Ko|pro|du|zent ⟨m.; -en, -en⟩ *jmd., der mit jmdm. zusammen etwas produziert, bes. einen Film*

ko|pro|du|zie|ren ⟨V.⟩ *gemeinsam herstellen, bes. einen Film*

■ **ko|pro|gen** ⟨Adj.⟩ *durch Kot erzeugt* [< grch. *kopros* »Kot« + *...gen[1]*]

■ **Ko|pro|la|lie** ⟨f.; -; unz.; Med.⟩ *Zwang zur Benutzung der Fäkalsprache* [< grch. *kopros* »Mist, Kot« + *lalia* »Sprache«]

■ **Ko|pro|lith** ⟨m.; -s od. -en, -e od. -en⟩ **1** *versteinerter Kot fossiler Tiere* **2** *Gebilde aus verhärtetem Kot u. eingelagerten Mineralsalzen, Kotstein* [< grch. *kopros* »Mist, Kot« + *...lith*]

■ **Ko|prom** ⟨n.; -s, -e; Med.⟩ *Kotgeschwulst, scheinbare Geschwulst im Darm, die aber lediglich aus einer verhärteten Kotansammlung besteht;* Sy *Fäkulom* [< *Kopro...*]

■ **ko|pro|phag** ⟨Adj.⟩ *sich von Mist ernährend;* Sy *skatophag*

■ **Ko|pro|pha|ge** ⟨m.1 od. f.2⟩ *Tier, das sich von Mist ernährt, Kotfresser,* z.B. Mistkäfer; Sy *Skatophage* [< grch. *kopros* »Mist, Kot« + *...phage*]

■ **Ko|pro|pha|gie** ⟨f.; -, -n⟩ **1** ⟨unz.⟩ *Ernährungsweise von Tieren, die von Kot leben* **2** ⟨Psych.⟩ *krankhafte Neigung, Kot zu essen* [→ *Koprohage*]

■ **ko|pro|phil** ⟨Adj.⟩ *Kot als Grundlage des Lebensraumes bevorzugend, bei Tieren u. Pflanzen* [< *kopro...* + *...phil*]

■ **Ko|pro|sta|se,** ⟨auch⟩ **Kop|ros|ta|se** ⟨f.; -, -n; Med.⟩ *Kotstauung* [< *Kopro...* + *Stase*]

Kops ⟨m.; -es, -e⟩ *aus aufgewickeltem Garn entstehende, birnenförmige Garnrolle, Kötzer* [< engl. *cop* »Garnwickel«]

Kop|te ⟨m.; -n, -n⟩ *christl. Nachkomme der alten Ägypter, seit dem 3. Jh. mit eigener Kirche* [< arab. *Kopt, Kibt* »Ägypter«]

kop|tisch ⟨Adj.⟩ *die Kopten betreffend, von ihnen stammend, zu ihnen gehörig;* ~e Kirche *die christl. Kirche in Ägypten, seit dem 5. Jh. von der Ostkirche getrennt;* ~e Sprache *zu den hamitischen Sprachen gehörende Sprache der Kopten*

Kop|to|lo|ge ⟨m.; -n, -n⟩ *Wissenschaftler auf dem Gebiet der Koptologie*

Kop|to|lo|gie ⟨f.; -; unz.⟩ *Wissenschaft, die sich mit der Sprache u. Literatur der Kopten befasst*

Ko|pu|la ⟨f.; -, -s od. -lae [-lɛ:]⟩ **1** ⟨Gramm.⟩ *Satzband* **1.1** *durch ein Hilfsverb od. eine Form von werden, scheinen, bleiben gebildeter Teil des zusammengesetzten Prädikats* **1.2** *das Glied, das Subjekt u. Prädikat zu einer Aussage verbindet* **2** ⟨Biol.⟩ *Begattung (der Tiere)* [<lat. *copula* »Verbindung, Band«]

Ko|pu|la|ti|on ⟨f.; -, -en⟩ **1** ⟨Rechtsw.; †⟩ *Trauung* **2** ⟨Biol.⟩ *Begattung, Verschmelzung der Geschlechtszellen* **3** ⟨Gartenbau⟩ *Pfropfung durch Vereinigung von zwei gleich starken Trieben* [<lat. *copulatio* »Verknüpfung, Verbindung«; → *kopulieren*]

ko|pu|la|tiv ⟨Adj.⟩ *verbindend, anreihend;* ~es Verb = *Kopula(1.1)* [<lat. *copulativus* »zur Verbindung gehörig«; → *Kopula*]

Ko|pu|la|tiv|kom|po|si|tum ⟨n.; -s, -ta; Sprachw.⟩ = *Dvandva, Dwandwa;* oV *Kopulativum*

Ko|pu|la|ti|vum ⟨[-vum] n.; -s, -va [-va]; Sprachw.⟩ = *Kopulativkompositum*

ko|pu|lie|ren ⟨V.⟩ **1** ⟨†⟩ jmdn ~ *trauen* **2** *den Geschlechtsakt ausführen* **3** *verbinden, anreihen* **4** *durch Kopulation pfropfen* [<lat. *copulare* »fesseln, binden«; zu *copula* »Band«]

kor…, Kor… ⟨Vors.⟩ = *kon…, Kon…*

Ko|rah ⟨nur in der Wendung⟩ eine Rotte ~ ⟨fig.; umg.⟩ *zügellose Horde* [nach einem Enkel Levis, der mit seinen Anhängern gegen Moses einen Aufruhr anstiftete u. vom Feuer verzehrt wurde]

Ko|ral|le ⟨f.; -, -n⟩ **1** *zu den Hohltieren gehöriges, in Kolonien lebendes Meerestier, dessen Grundsubstanz aus Kalk besteht* **2** *Schmuck aus dessen Kalkgerüst* [<mhd. *coral(lus), coralle* <altfrz. *coral* <lat. *corallium* <grch. *kouralion* »Koralle« <*koura halos* »Puppe der Salzflut«]

ko|ral|len ⟨Adj.⟩ **1** *aus Korallen bestehend* **2** = *korallenfarbig*

ko|ral|len|far|big ⟨Adj.⟩ *hellrot wie Korallen;* Sy *korallen(2)*

Ko|ral|lin ⟨n.; -s; unz.⟩ *roter Farbstoff, der zur Herstellung von Lackfarben verwendet wird* [→ *Koralle*]

ko|ral|lo|gen ⟨Adj.; Geol.⟩ *aus Korallenablagerungen bestehend;* ~e Gesteinsschichten [<*Koralle* + *…gen*[1]]

ko|ram ⟨†⟩ *in Gegenwart von …, öffentlich;* jmdn. ~ nehmen *jmdn. zur Rede stellen, tadeln;* →a. *coram publico* [<lat. *coram* »in Gegenwart von«]

Ko|ran ⟨m.; -s, -e⟩ *heilige Schrift des Islams* [<arab. *qur'an* »Lesung, Vortrag«]

Kord ⟨m.; -(e)s, -e⟩ oV *Cord* **1** *strapazierfähiges Gewebe mit dichten, schnurartigen Rippen* **2** *Gewebe, das in Fahrzeugreifen als Zwischenlage dient* [<engl. *cord* »Schnur, Seil, Bindfaden, gerippter Stoff« <frz. *corde* »Seil, Schnur« <lat. *chorda* »Darmsaite« <grch. *chorde* »Darm, Darmsaite«]

Kor|de, Kor|del ⟨f.; -, -n⟩ *Schnur aus mehreren gedrehten Seidenfäden* [<frz. *cordelle* »kurzes Seil«; zu *corde;* → *Kord*]

kor|di|al ⟨Adj.⟩ *herzlich, vertraut, umgänglich* [<frz. *cordial* »herzlich« <lat. *cor,* Gen. *cordis* »Herz«]

Kor|di|a|li|tät ⟨f.; -; unz.⟩ *kordiales Verhalten, Herzlichkeit, Umgänglichkeit*

kor|die|ren ⟨V.⟩ **1** Griffe von Werkzeugen ~ *aufrauen* **2** *schnurartige Verzierung in Form gekreuzter Linien einritzen in;* Gold ~; Silberdraht ~ [→ *Kordel*]

Kor|don ⟨[-dõ:] österr. [-do:n] m.; -s, -s od. (österr.) -e⟩ **1** *Schnur, Band* **2** *Ordensband* **3** ⟨Obstbau⟩ *Schnurbaum* **4** *Postenkette, Absperrung* [<frz. *cordon* »Kordel, Schnur, Postenkette«; zu *corde;* → *Kord*]

Kor|do|nett|sei|de ⟨f.; -, -n⟩ *Garn, das aus mehreren Seidenfäden schnurartig gedreht ist* [<frz. *cordonnet* »dünne Schnur, Knopflochseide«; zu *cordon;* → *Kordon*]

Kor|du|an ⟨n.; -s; unz.⟩ *feines Ziegen- od. Schafleder* [<mhd. *kurdewan* <afrz. *cordouan,* nach der span. Stadt *Córdoba,* in der das Leder zuerst von den Mauren hergestellt wurde]

Ko|re ⟨f.; -, -n⟩ = *Karyatide* [grch., »Mädchen, Jungfrau«]

Ko|re|fe|rat ⟨n.; -(e)s, -e; österr.⟩ = *Korreferat*

Ko|re|fe|rent ⟨m.; -en, -en⟩ = *Korreferent*

Ko|ri|an|der ⟨m.; -s, -⟩ *Gattung der Doldengewächse: Coriandrum;* ⟨i.e.S.⟩ *als Küchengewürz verwendete Art: C. sativum* [<lat. *coriandrum* <grch. *koriannon;* zu *koris* »Wanze« (wegen des der Pflanze eigenen Wanzengeruchs)]

Ko|ri|an|do|li ⟨n.; - od. -s; unz.; österr.⟩ = *Konfetti*

Ko|rin|the ⟨f.; -, -n⟩ *kleine schwarze Rosine* [<frz. *raisin de Corinthe* »Weinbeere aus Korinth«; nach dem grch. Hafen *Korinth*]

Kork ⟨m.; -(e)s, -e⟩ **1** *die elastische, leichte Rinde der Korkeiche* **2** = *Korken* [<ndrl. *kurk* <span. *corcho* <lat. *cortex* »Baumrinde«]

Kor|ken ⟨m.; -s, -⟩ *Pfropfen aus Kork zum Verschließen von Flaschen;* Sy *Kork(2)*

Kor|mo|phyt ⟨m.; -en, -en⟩ *Pflanze, die aus Wurzel, Blatt u. Stängel besteht u. Leitbündel zum Transport der Nährstoffe besitzt, Sprosspflanze, Gefäßpflanze;* Ggs *Thallophyt* [<grch. *kormos* »Stamm« + *…phyt*]

Kor|mo|ran ⟨m.; -s, -e⟩ *Angehöriger einer Familie großer, langschnäbliger Ruderfüßer, an Gewässern lebend, wo er unter Wasser schwimmend Fische fängt, Scharbe: Phalacrocoracidae* [<frz. *cormoran* <afrz. *cormare(n)g* <afrz. *corp* »Rabe« + *marenc* »Meer…« <lat. *corvus marinus* »Seerabe«]

Kor|mus ⟨m.; -; unz.⟩ *in Sprossachse, Blätter u. Wurzel gegliederter Körper der Kormophyten;* Ggs *Thallus* [<grch. *kormos* »Stamm«]

Kor|nea ⟨f.; -; unz.; Med.⟩ *Hornhaut des Auges;* oV *Cornea* [<lat. *cornea,* Fem. zu *corneus* »aus Horn, hornartig«; zu *cornu* »Horn«]

kor|ne|al ⟨Adj.; Med.⟩ *die Kornea betreffend, zu ihr gehörig*

Kor|nel|kir|sche ⟨f.; -, -n⟩ *zur Art des Hartriegels gehörendes Bäumchen mit Büscheln gelber Blüten u. roten Steinfrüchten, das auch als Gartenpflanze gehalten wird, Herlitze: Cornus mas* [< frz. *corneille* < lat. *cornicula*]

Kor|ner ⟨m.; -s, -; Börse⟩ *Vereinigung von Großhändlern, die verfügbare Warenvorräte aufkauft u. sie vom Markt zurückhält, um den Preis in die Höhe zu treiben, bes. im Termingeschäft* [< engl. *corner* »Großhändlerring«]

Kor|nett[1] ⟨n.; -(e)s, -e od. -s; Mus.⟩ *aus dem Posthorn entwickeltes, kleines u. höchstes Blechblasinstrument;* oV *Cornetto;* Sy *Piston(3)* [< ital. *cornetto* »Hörnchen«, Verkleinerungsform zu *corno* < lat. *cornu* »Horn«]

Kor|nett[2] ⟨m.; -(e)s, -e od. -s; früher⟩ *Fähnrich einer Reiterabteilung, jüngster Offizier der Schwadron* [< frz. *cornette* »Fähnlein, Standarte«, dann auch »Fähnrich«, eigtl. »Hörnchen« (nach der spitzen Form der Fahne), < lat. *cornu* »Horn«]

Kor|net|tist ⟨m.; -en, -en; Mus.⟩ *Musiker, der das Kornett spielt* [→ *Kornett*[1]]

Kor|net|tis|tin ⟨f.; -, -tin|nen; Mus.⟩ *Musikerin, die das Kornett spielt* [→ *Kornett*[1]]

Ko|rol|la ⟨f.; -, -len⟩ = *Corolla*

Ko|rol|lar ⟨n.; -s, -e⟩, **Ko|rol|la|ri|um** ⟨n.; -s, -rien⟩ **1** *Zugabe, Anhang* **2** ⟨Logik⟩ *aus einem anderen Satz abgeleiteter Satz, gefolgerter Satz* [< lat. *corollarium,* eigtl. »Girlande; Trinkgeld«; → *Corolla*]

Ko|rol|le ⟨f.; -, -n⟩ = *Corolla*

Ko|ro|man|del|holz ⟨n.; -es, -höl|zer; Handelsname für⟩ *Ebenholz verschiedener Arten der Dattelpflaume* [nach dem Küstenstrich *Koromandel* an der Ostküste Vorderindiens]

Ko|ro|na ⟨f.; -, -nen⟩ **1** *Strahlenkranz der Sonne* **2** *Glimmentladung an elektr. Hochspannungsanlagen* **3** ⟨umg.⟩ *Teilnehmerkreis, Zuhörerschaft, fröhliche Runde* [< lat. *corona* »Kranz«]

ko|ro|nar ⟨Adj.; Med.⟩ *die Herzkranzgefäße betreffend, zu ihnen gehörend* [< lat. *coronarius* »zum Kranz gehörig«; → *Korona*]

Ko|ro|nar|ge|fäß ⟨n.; -es, -e; Med.⟩ *Blutgefäß des Herzens, Herzkranzgefäß, Kranzgefäß* [→ *Korona*]

Ko|ro|nar|in|suf|fi|zi|enz ⟨f.; -, -en; Med.⟩ *ungenügende Durchblutung u. damit mangelhafte Versorgung des Herzmuskels mit Sauerstoff durch die Herzkranzgefäße* [→ *Korona*]

Ko|ro|nar|skle|ro|se ⟨f.; -, -n; Med.⟩ *Verkalkung der Herzkranzadern* [→ *Korona*]

Ko|ro|nis ⟨f.; -, -ni|des; Zeichen: ᾽; grch. Gramm.⟩ *Häkchen, Zeichen für die Krase* [< lat. *coronis* »verschlungener Federzug am Ende eines Buches od. eines Abschnittes« < grch. *koronis* »geschweift«]

Kor|po|ra ⟨Pl. von⟩ *Korpus(2)*

Kor|po|ral ⟨m.; -s, -e od. -rä|le⟩ *niedrigster Dienstgrad der Unteroffiziere* [< ital. *caporale* »Hauptmann«, beeinflusst von frz. *corps* »Körper, Körperschaft« < ital. *capo* »Haupt« < lat. *caput* »Haupt, Kopf«]

Kor|po|ra|le ⟨n.; -s, -⟩ *Tuch als Unterlage für Hostie u. Kelch in der Messe* [< lat. *corporalis* »dem Leib zugehörig«; zu *corpus* »Körper, Leib (des Herrn)«]

Kor|po|ra|ti|on ⟨f.; -, -en⟩ **1** *Körperschaft* **2** *Studentenverbindung* [< lat. *corporatio* »Körperlichkeit«; zu *corpus* »Körper«]

Kor|po|ra|ti|ons|recht ⟨n.; -(e)s, -e⟩ *das einer Körperschaft verliehene Recht einer jurist. Person*

kor|po|ra|tiv ⟨Adj.⟩ **1** *eine Korporation betreffend, körperschaftlich* **2** *insgesamt, geschlossen* [< lat. *corporativus* »einen Körper bilden«; zu *corpus* »Körper«]

kor|po|riert ⟨Adj.⟩ *einer Korporation(2) angehörend*

Korps ⟨[ko:r] n.; - [ko:rs], - [ko:rs]⟩ **1** ⟨kurz für⟩ *Armeekorps* **2** *Studentenverbindung* **3** *Gemeinschaft von Personen gleichen Standes od. Berufes;* Offiziers~; diplomatisches ~; → a. *Corps* [< frz. *corps* »Körper, Körperschaft« < lat. *corpus* »Körper«]

Korps|stu|dent ⟨[ko:r-] m.; -en, -en⟩ *Student als Mitglied eines (student.) Korps*

kor|pu|lent ⟨Adj.⟩ *beleibt, füllig, dick;* ~ sein, werden; ein ~er Herr; eine ~e Dame [< lat. *corpulentus* »wohlbeleibt, dick«; zu *corpus* »Körper«]

Kor|pu|lenz ⟨f.; -; unz.⟩ *korpulente Beschaffenheit, Beleibtheit* [< lat. *corpulentia* »Beleibtheit«; zu *corpus* »Körper«]

Kor|pus **1** ⟨m.; -, -se⟩ **1.1** ⟨allg.⟩ *Kernstück (von Möbeln)* **1.2** ⟨umg.⟩ *Körper, Leib* **2** ⟨n.; -, -po|ra⟩ **2.1** *Gesamtheit* **2.2** *Resonanzkörper, bes. der Saiteninstrumente* **3** ⟨f.; -; unz.; Typ.⟩ *ein Schriftgrad (10 Punkt)* [< lat. *corpus* »Körper«]

Kor|pus|kel ⟨n.; -s, -n⟩ *kleinstes Teilchen der Materie, Elementarteilchen* [< lat. *corpusculum,* Verkleinerungsform zu *corpus* »Körper«]

kor|pus|ku|lar ⟨Adj.⟩ *Korpuskeln betreffend, aus ihnen bestehend*

Kor|pus|ku|lar|strahl ⟨m.; -s, -en⟩ *ein Teilchenstrahl*

Kor|pus|ku|lar|the|o|rie ⟨f.; -; unz.⟩ *Theorie, dass das Licht aus schnell bewegten Materieteilchen besteht*

Kor|ral ⟨m.; -s, -e⟩ **1** *Hof(platz)* **2** *umzäunter Platz zum Einfangen von Tierherden* [< span. *corral* »Hofraum, Umzäunung für Vieh«; verwandt mit *Kral*]

Kor|ra|si|on ⟨f.; -, -en⟩ *Abschleifung von Gestein durch Flugsand* [< lat. *corrasio* »das Abkratzen«; zu *radere* »schaben, kratzen«]

Kor|re|al|gläu|bi|ger ⟨m.; -s, -⟩ *Gesamtglaubiger* [< lat. *correus* »Mitschuldiger« < *con…* »zusammen mit…« + *reus* »schuldig«]

Kor|re|al|schuld|ner ⟨m.; -s, -⟩ *Gesamtschuldner*

Kor|re|fe|rat ⟨a. [---'-] n.; -(e)s, -e⟩ *zweites Referat, zweiter Bericht über das gleiche Thema;* oV *Koreferat* [< *Kor…* + *Referat*]

Kor|re|fe|rent ⟨a. [---'-] m.; -en, -en⟩ oV *Korefe-*

rent **1** *jmd., der das Korreferat hält* **2** *zweiter Berichterstatter, zweiter Gutachter*

Kor|re|fe|renz ⟨a. [---'-] f.; -, -en; Sprachw.⟩ *Bezeichnung einer Person durch zwei nominelle Phrasen;* Sy *Referenzidentität* [< *Kor...* + *Referenz*]

kor|re|fe|rie|ren ⟨V.⟩ *ein Korreferat halten* [< *kor...* + *referieren*]

kor|rekt ⟨Adj.⟩ *richtig, fehlerfrei, einwandfrei;* Ggs *inkorrekt;* ~es Verhalten; ein Wort ~ aussprechen; sich ~ benehmen; er ist immer sehr ~ [<lat. *correctus* »gebessert, verbessert«, Part. Perf. zu *corrigere* »zurecht-, gerade richten, verbessern«]

Kor|rekt|heit ⟨f.; -; unz.⟩ **1** *korrekte Beschaffenheit;* die ~ der Ausführungen war offensichtlich **2** *korrektes Wesen, Verhalten*

Kor|rek|ti|on ⟨f.; -, -en⟩ **1** ⟨†⟩ *das Korrigieren, Verbesserung, Berichtigung* **2** *Ausgleich eines Sehfehlers durch Brillen u.a. Sehhilfen* [<lat. *correctio* »Berichtigung«; zu *corrigere* »zurechtrichten, gerade richten, verbessern«]

kor|rek|tiv ⟨Adj.⟩ **1** *verbessernd* **2** *ausgleichend* [→ *korrekt*]

Kor|rek|tiv ⟨n.; -s, -e [-və]⟩ *ausgleichendes Mittel, Mittel zum Verbessern*

Kor|rek|tor ⟨m.; -s, -to|ren⟩ *Druckerei- od. Verlagsangestellter, der den Schriftsatz auf Fehler überprüft* [<lat. *corrector* »Berichtiger, Verbesserer«; zu *corrigere* »zurechtrichten, gerade richten, verbessern«]

Kor|rek|tur ⟨f.; -, -en⟩ **1** *Berichtigung, Verbesserung* **2** *Prüfung u. Berichtigung des Schriftsatzes;* Fahnen~; Bogen~; eine ~ anbringen; ~ lesen ⟨Typ.⟩ *eine schriftl. Arbeit, einen Satz auf Fehler überprüfen* [<mlat. *correctura* »Amt des Korrektors, Berichtigung« <lat. *corrigere* »gerade richten«]

kor|re|lat ⟨Adj.⟩ *wechselseitig, einander wechselseitig bedingend;* oV *korrelativ* [< *kor...* + *relativ*]

Kor|re|lat ⟨n.; -(e)s, -e⟩ **1** *Ergänzung* **2** *Begriff od. Gegenstand, der zu einem anderen in wechselseitiger Beziehung steht*

Kor|re|la|ti|on ⟨f.; -, -en⟩ **1** *Wechselbeziehung* **2** ⟨Biol.⟩ *gegenseitige Einwirkung aller Bestandteile eines Organismus aufeinander u. die Bedingtheit aller Lebensabläufe voneinander* [< *Kor...* + *Relation*]

Kor|re|la|ti|ons|a|na|ly|se ⟨f.; -, -n; Math.; Stat.⟩ *Rechenmethode, mit der die Korrelation zweier Merkmale, die nicht in funktionalem Zusammenhang stehen, nach den Verfahren der Wahrscheinlichkeitsrechnung ermittelt werden kann*

Kor|re|la|ti|ons|ko|ef|fi|zi|ent ⟨m.; -en, -en; Stat.⟩ *Maß für den Zusammenhang zweier Eigenschaften, das sich statistisch aus den Messreihen dieser Eigenschaften ergibt*

kor|re|la|tiv ⟨Adj.⟩ = *korrelat*

kor|re|lie|ren ⟨V.⟩ *in wechselseitiger Beziehung zueinander stehen* [→ *korrelat*]

kor|re|pe|tie|ren ⟨V.⟩ etwas ~ *etwas mit jmdm. wiederholend einüben;* eine Gesangsrolle ~ *mit jmdm. am Klavier einüben* [< *kor...* + *repetieren*]

Kor|re|pe|ti|ti|on ⟨f.; -, -en; Mus.⟩ *Einübung, Einstudierung (von Gesangsstücken, Opernrollen) mit Klavierbegleitung*

Kor|re|pe|ti|tor ⟨m.; -s, -to|ren; Mus.⟩ *Musiker, der am Klavier mit den Opernsängern die Gesangsrollen einstudiert* [< *Kor...* + *Repetitor*]

kor|re|spek|tiv, ⟨auch⟩ **kor|res|pek|tiv** ⟨Adj.⟩ **1** *gegenseitig bedingt* **2** *gemeinschaftlich* [< *kor...* + *respektiv*]

Kor|re|spon|dent, ⟨auch⟩ **Kor|res|pon|dent** ⟨m.; -en, -en⟩ **1** *Teilnehmer an einem Schriftwechsel* **2** *Geschäftspartner* **3** *auswärtiger Berichterstatter;* Zeitungs~ **4** *die Korrespondenz führender Angestellter;* Fremdsprachen~ [<mlat. *correspondens,* Part. Präs. zu *correspondere;* → *korrespondieren*]

Kor|re|spon|denz, ⟨auch⟩ **Kor|res|pon|denz** ⟨f.; -, -en⟩ **1** *Briefverkehr, Briefwechsel;* die ~ durchsehen, beantworten **2** *Nachrichtenmaterial für die Presse* **3** *Übereinstimmung* [<mlat. *correspondentia* »(geschäftl.) Verbindung«; zu *correspondere;* → *korrespondieren*]

Kor|re|spon|denz|bü|ro, ⟨auch⟩ **Kor|res|pon|denz|bü|ro** ⟨n.; -s, -s⟩ *Unternehmen zur Lieferung von Material (Nachrichten, Berichte, Illustrationen) für die Presse*

Kor|re|spon|denz|kar|te, ⟨auch⟩ **Kor|res|pon|denz|kar|te** ⟨f.; -, -n; österr.⟩ *Postkarte mit aufgedrucktem Wertzeichen*

kor|re|spon|die|ren, ⟨auch⟩ **kor|res|pon|die|ren** ⟨V.⟩ **1** mit etwas ~ *mit etwas übereinstimmen* **2** mit jmdm. ~ *mit jmdm. im Briefwechsel stehen;* ~des Mitglied (einer gelehrten Gesellschaft) *auswärtiges M.;* ~der Winkel *Gegenwinkel* [<frz. *correspondre* »sich entsprechen, in Briefwechsel stehen« <mlat. *correspondere* »übereinstimmen, in (geschäftl.) Verbindung stehen« <lat. *con ...* »zusammen mit ...« + *respondere* »antworten«]

Kor|ri|dor ⟨m.; -s, -e⟩ **1** *Flur, Gang (einer Wohnung)* **2** *schmaler Landstreifen* [<ital. *corridore* »Läufer, Laufgang«; zu *correre* »laufen« <lat. *currere*]

Kor|ri|gen|dum ⟨n.; -s, -da⟩ *Druckfehler;* oV *Corrigendum* [<lat. *corrigenda* »das, was berichtigt werden muss«; → *korrigieren*]

Kor|ri|gens ⟨n.; -, -gen|tia od. -gen|zi|en⟩ *Zusatz, der den Geschmack einer Arznei verbessert* [<lat. *corrigens,* Part. Präs. zu *corrigere;* → *korrigieren*]

kor|ri|gie|ren ⟨V.⟩ **1** *berichtigen, verbessern;* bitte ~ Sie mich, wenn ich etwas Falsches sage; ⟨Typ.⟩ Fahnen, Bogen ~; einen Fehler ~; seine od. jmds. Meinung ~; das lässt sich leicht ~ **2** *regeln, ausgleichen;* das Gewicht ~; den Kurs einer Rakete ~ [<lat. *corrigere* »gerade richten, verbessern, auf den richtigen Weg führen«; zu *regere* »lenken, leiten«]

kor|ro|die|ren ⟨V.⟩ **1** *angreifen, zerstören* **2** *der Korrosion unterliegen* [<lat. *corrodere* »zernagen«; zu *rodere* »kauen, benagen«]

Kor|ro|si|on ⟨f.; -, -en; Chem.⟩ **1** *chem. Verän-*

derung od. Zerstörung metallischer Werkstoffe durch Wasser u. Chemikalien **2** *durch Ätzmittel od. Entzündung verursachte Zerstörung des Gewebes* [<lat. *corrosio* »Zernagung«; zu *corrodere;* → *korrodieren*]

kor|ro|siv ⟨Adj.⟩ **1** *Korrosion hervorrufend, zernagend, zerfressend, die Oberfläche chem. angreifend* **2** *Gewebe zerstörend* [→ *Korrosion, korrodieren*]

kor|rum|pie|ren ⟨V.⟩ **1** *bestechen* **2** *moralisch verderben* [<lat. *corrumpere* »verderben, vernichten«; zu *rumpere* »brechen«]

kor|rum|piert ⟨Adj.; Lit.⟩ *schwer leserlich od. unleserlich geworden, verdorben (von Stellen in alten Handschriften), verderbt*

kor|rupt ⟨Adj.⟩ **1** *bestechlich* **2** *moralisch verdorben* [<lat. *corruptus,* Part. Perf. zu *corrumpere;* → *korrumpieren*]

Kor|rup|tel ⟨f.; -, -en; Lit.⟩ *verderbte, korrumpierte Textstelle* [lat., »Verderbnis«]

Kor|rup|ti|on ⟨f.; -, -en⟩ **1** *Bestechung, Bestechlichkeit* **2** *moral. Verfall* [<lat. *corruptio* »Verderben, Bestechung«; → *korrumpieren*]

Kor|sa|ge ⟨[-ʒə] f.; -, -n⟩ *versteiftes, trägerloses Oberteil eines Kleides;* ~nkleid [<frz. *corsage*]

Kor|sak ⟨m.; -s, -s⟩ *Steppenfuchs*

Kor|sar ⟨m.; -en, -en⟩ **1** ⟨früher⟩ *Raubschiff* **2** ⟨danach⟩ *Seeräuber (auf einem Piratenschiff)* [<ital. *corsaro, corsare* »Seeräuber« <mlat. *cursarius* <lat. *cursus* »Ausfahrt zur See«]

Kor|se|lett ⟨n.; -(e)s, -e od. -s⟩ *leichtes, kleines Korsett* [<frz. *corselet* »Brustharnisch, Korselett«, Verkleinerungsform zu afrz. *cors* (frz. *corps*) »Körper« <lat. *corpus* »Körper«]

Kor|sett ⟨n.; -(e)s, -e od. -s⟩ *die ganze Figur formendes Mieder* [<frz. *corset* »Korsett«, Verkleinerungsform zu afrz. *cors* (frz. *corps*) »Körper« <lat. *corpus* »Körper«]

Kor|so ⟨m.; -s, -s⟩ oV *Corso* **1** ⟨früher⟩ *Wettrennen reiterloser Pferde* **2** ⟨heute⟩ *festliche Auffahrt geschmückter Wagen;* Blumen~ **3** *Prachtstraße, sehr breite, schöne, baumbestandene Straße* [<ital. *corso* »Lauf, Umlauf« <lat. *cursus* »Lauf«]

Kor|tex ⟨m.; -es, -e⟩ = *Cortex*

kor|ti|kal ⟨Adj.⟩ *die Rinde des Gehirns od. von Organen betreffend* [→ *Kortex*]

Kor|ti|ko|ste|ron, ⟨auch⟩ **Kor|ti|kos|te|ron** ⟨n.; -s; unz.; Med.⟩ = *Corticosteron*

kor|ti|ko|trop ⟨Adj.; Med.⟩ *die Nebennierenrinde beeinflussend*

Kor|ti|son ⟨n.; -s; unz.⟩ *ein Hormon der Nebennierenrinde;* oV *Cortison* [<lat. *cortex* »Rinde«]

Ko|rund ⟨m.; -(e)s, -e⟩ *Edelstein, sehr hartes Mineral, chem. Aluminiumoxid,* Al_2O_3*;* **blauer** ~ *Saphir;* **roter** ~ *Rubin;* →a. *Chlorophan, Rubin, Saphir* [<Sanskrit *kuruvinda* »Rubin«]

Kor|vet|te ⟨[-vɛt-] f.; -, -n⟩ *kleines Kriegsschiff, kleiner Kreuzer* [<frz. *corvette*]

Kor|vet|ten|ka|pi|tän ⟨[-vɛt-] m.; -s, -e⟩ *Seeoffizier im Rang eines Majors*

Ko|ry|bant ⟨m.; -en, -en⟩ *Priester der Kybele* [<grch. *Korybas,* Gen. *Korybantos* »Tänzer bei den lärmenden Festen kleinasiat. Götter, Priester u. Begleiter der (mit lärmender Musik verehrten) Göttermutter Kybele«]

ko|ry|ban|tisch ⟨Adj.⟩ **1** *nach Art der Korybanten* **2** ⟨fig.⟩ *ausgelassen, wild, zügellos* [<*Korybant*]

Ko|ry|phäe **1** ⟨m.; -n, -n; im altgrch. Drama⟩ *Chorführer* **2** ⟨f.; -, -n⟩ *ausgezeichneter Fachmann, Sachkenner (auf wissenschaftl. Gebiet), Kapazität;* eine ~ auf dem Gebiet sein [<grch. *koryphaios* »an der Spitze Stehender«; zu *koryphe* »Haupt, Spitze«]

Ko|ry|za ⟨f.; -; unz.; Med.⟩ *Schnupfen;* oV *Coryza;* →a. *Rhinitis* [grch., »Erkältung, Schnupfen«]

Ko|sak ⟨m.; -en, -en⟩ *Angehöriger der seit dem 15. Jh. im südöstl. russ. Grenzgebiet lebenden, urspr. leibeigen gewesenen, berittenen, freien Krieger* [<russ. *kasak*]

Ko|sche|nil|le ⟨[-nɪljə] f.; -, -n⟩ oV *Cochenille* **1** ⟨unz.⟩ *aus der Koschenilleschildlaus gewonnener roter Farbstoff* **2** ⟨zählb.; kurz für⟩ *Koschenilleschildlaus* [<frz. *cochenille*]

Ko|sche|nil|le|schild|laus ⟨[-nɪljə-] f.; -, -läuse⟩ *zur Farbstoffgewinnung in Kaktusplantagen gezüchtete Schildlaus: Coccus cacti*

ko|scher ⟨Adj.⟩ **1** *rein (nach den jüd. religiösen Speisevorschriften);* ~es Restaurant *R., in dem koschere Speisen gereicht werden;* Ggs *treife* **2** ⟨umg.⟩ *sauber, unbedenklich;* die Sache scheint mit nicht ganz ~ ⟨umg.⟩ *die Sache, die Angelegenheit scheint mir bedenklich, nicht ganz geheuer* [<hebr. *kašer* »recht, tauglich«]

K.-o.-Schlag ⟨m.; -(e)s, -schlä|ge; kurz für⟩ *Knockoutschlag*

Ko|se|kans ⟨m.; -, -; Abk.: cosec⟩, **Ko|se|kante** ⟨f.; -, -n⟩ *eine Winkelfunktion, Kehrwert des Sinus eines Winkels* [verkürzt <nlat. *complementi secans* »Sekans, Sekante des Ergänzungswinkels«; → *Sekans*]

Ko|si|nus ⟨m.; -, - od. -se; Abk.: cos⟩ *eine Winkelfunktion, das Verhältnis zwischen der einem Winkel im rechtwinkligen Dreieck anliegenden Kathete u. der Hypotenuse* [verkürzt <nlat. *complementi sinus* »Sinus des Ergänzungswinkels«; → *Sinus*]

Kos|me|tik ⟨f.; -; unz.⟩ **1** *Schönheitspflege;* chirurgische ~ *chirurgische Beseitigung von Schönheitsfehlern, Missbildungen, Narben u. Alterserscheinungen* **2** ⟨fig.⟩ *sichtbare, jedoch nur flüchtig ausgeführte Verbesserung einer fehlerhaften Sache* [<frz. *cosmétique* <grch. *kosmetikos* »zum Schmücken gehörig«; zu *kosmein* »anordnen, schmücken«]

Kos|me|ti|ke|rin ⟨f.; -, -rin|nen⟩ *Frau, die beruflich auf dem Gebiet der Kosmetik(1) tätig ist*

Kos|me|ti|kum ⟨n.; -s, -ka⟩ *Schönheitsmittel* [<nlat. *cosmeticum* <grch. *kosmetikos;* → *Kosmetik*]

kos|me|tisch ⟨Adj.⟩ *zur Kosmetik gehörend, mit ihrer Hilfe, auf ihr beruhend*

Kos|me|to|lo|gie ⟨f.; -; unz.⟩ *Lehre von der Herstellung, Lagerung u. Anwendung kosmetischer Produkte* [< *Kosmetik* + *...logie*]

kos|misch ⟨Adj.⟩ *den Kosmos betreffend, zu ihm gehörig, aus ihm stammend;* erste ~e **Geschwindigkeit** *G., die erforderlich ist, um ein Raumfahrzeug auf eine Kreisbahn um die Erde zu bringen, Kreisbahngeschwindigkeit;* zweite ~e **Geschwindigkeit** *G., die es gestattet, den Anziehungsbereich der Erde zu verlassen, Fluchtgeschwindigkeit;* ~e **Strahlung** *aus dem Weltraum kommende Stahlung, Höhenstrahlung* [< grch. *kosmos* »Ordnung, Weltall«]

kos|mo..., **Kos|mo...** ⟨in Zus.⟩ *Welt..., Weltall...* [< grch. *kosmos* »Ordnung, Weltall«]

Kos|mo|bi|o|lo|ge ⟨m.; -n, -n⟩ *Wissenschaftler auf dem Gebiet der Kosmobiologie*

Kos|mo|bi|o|lo|gie ⟨f.; -; unz.⟩ *Untersuchungen über die Existenz lebender Organismen auf anderen Sternen*

kos|mo|bi|o|lo|gisch ⟨Adj.⟩ *die Kosmobiologie betreffend, zu ihr gehörig*

Kos|mo|che|mie ⟨[-çe-] f.; -; unz.⟩ *Teilgebiet der Chemie, das sich mit der möglichen Bildung chemischer Verbindungen u. der Verteilung der chemischen Elemente im Weltraum befasst*

Kos|mo|go|nie ⟨f.; -, -n⟩ *Lehre von der Entstehung des Kosmos, der Welt* [< *Kosmo...* + *...gonie*]

kos|mo|go|nisch ⟨Adj.⟩ *zur Kosmogonie gehörend, auf ihr beruhend*

Kos|mo|gra|fie ⟨f.; -, -n⟩ = *Kosmographie*

Kos|mo|gra|phie ⟨f.; -, -n⟩ oV *Kosmografie* **1** *Beschreibung der Entstehung u. Entwicklung des Kosmos* **2** ⟨im MA für⟩ *Geographie* [< *Kosmo...* + *...graphie*]

Kos|mo|lo|gie ⟨f.; -, -n⟩ *Lehre von Entstehung, Entwicklung u. Zustand des Kosmos* [< *Kosmo...* + *...logie*]

kos|mo|lo|gisch ⟨Adj.⟩ *zur Kosmologie gehörig, auf ihr beruhend*

Kos|mo|me|di|zin ⟨f.; -; unz.⟩ *Teilgebiet der Medizin, das die Auswirkung des Raumfluges auf den Menschen u. dessen Lebensmöglichkeiten im Weltraum untersucht*

Kos|mo|naut ⟨m.; -en, -en; urspr. sowjet. Bez. für⟩ *Raumfahrer*

Kos|mo|nau|tik ⟨f.; -; unz.⟩ = *Astronautik*

kos|mo|nau|tisch ⟨Adj.⟩ *die Kosmonautik betreffend, auf ihr beruhend, mit ihrer Hilfe*

Kos|mo|po|lit ⟨m.; -en, -en⟩ **1** *Weltbürger* **2** *über den größten Teil der Erde verbreitete Pflanzen- od. Tierart* [< grch. *kosmopolites* »Weltbürger«]

kos|mo|po|li|tisch ⟨Adj.⟩ **1** *weltbürgerlich* **2** *weltweit verbreitet*

Kos|mo|po|li|tis|mus ⟨m.; -; unz.⟩ *Weltbürgertum*

Kos|mos ⟨m.; -; unz.⟩ **1** *Weltall* **2** *Weltordnung* [grch., »Ordnung, Anstand, Schmuck; Weltordnung, Weltall«]

Kos|mo|the|is|mus ⟨m.; -; unz.⟩ *Lehre von der Einheit von Gott u. Welt*

Kos|mo|tron, ⟨auch⟩ **Kos|mot|ron** ⟨n.; -s, -e od. -s⟩ *Teilchenbeschleuniger, der Protonen mit kinetischen Energien erzeugt, wie sie in der Höhenstrahlung auftreten;* oV *Cosmotron* [< *Kosmos* + *...tron*]

kos|tal ⟨Adj.⟩ *zu den Rippen gehörend, von ihnen ausgehend* [< lat. *costa* »Rippe«]

Kos|to|to|mie ⟨f.; -, -n⟩ *Durchschneidung der Rippen* [< lat. *costa* »Rippe« + *...tomie*]

Kost-Plus-Sys|tem ⟨n.; -s; unz.; Wirtsch.⟩ *Methode der Umlagerung von Kosten, bei der auf einen Basispreis für ein Produkt od. eine Dienstleistung Aufschläge für zusätzliche Kosten angerechnet werden* [< engl. *cost-plus-system*]

Kos|tüm ⟨n.; -s, -e⟩ **1** *der Mode unterworfene Kleidung für bestimmte Gelegenheiten* **2** *der Mode unterworfene Kleidung in ihrer geschichtl. Veränderung;* Biedermeier~ **3** *auf die Art der Darbietung abgestimmte Kleidung von Schauspielern* **4** ⟨kurz für⟩ *Maskenkostüm* **5** *Damenbekleidung aus Rock u. Jacke* [< frz. *costume* »Kleidung, Anzug«]

Kos|tü|mi|er ⟨[-mje:] m.; -s, -s⟩ *Schneider von Theaterkostümen, Theaterschneider*

kos|tü|mie|ren ⟨V.⟩ *mit einem histor. od. Maskenkostüm bekleiden, verkleiden* [< frz. *costumer* »kleiden, verkleiden«]

Ko|tan|gens ⟨m.; -, -; Abk.: cot, cotg, ctg⟩, **Ko|tan|gen|te** ⟨f.; -, -n⟩ *eine Winkelfunktion, Kehrwert des Tangens* [verkürzt < nlat. *complementi tangens* »Tangente des Ergänzungswinkels«; → *Tangens*]

Ko|tau ⟨m.; -s, -s⟩ *tiefe Verbeugung (der Chinesen) auf den Knien, bis die Stirn die Erde berührt;* vor jmdm. ~ machen ⟨fig.⟩ *sich (vor jmdm.) demütigen, (vor jmdm.) kriechen* [< chin. *ketou* »schlagen (mit dem) Kopf«]

Ko|te[1] ⟨f.; -, -n⟩ *durch Höhenmessung festgelegte Höhe eines Geländepunktes* [< frz. *cote* »Kennziffer«]

Ko|te[2] ⟨f.; -, -n⟩ *kegelförmiges Zelt* [< finn. *kota* »Lappenhütte«]

Ko|te|lett ⟨a. [kɔt-] n.; -s, -s⟩ *aus dem Rippenstück von Schwein, Kalb, Hammel geschnittene Scheibe;* Sy *Karbonade(2)* [< frz. *côtelette* »Rippchen«, Verkleinerungsform zu *côte* »Rippe, Seite« < lat. *costa* »Rippe«]

Ko|te|let|ten ⟨a. [kɔt-] nur Pl.⟩ *kleiner, kurzer Backenbart*

Ko|te|rie ⟨f.; -, -n; †⟩ *Gruppe von Menschen, die sich gegenseitig fördern, die übrigen aber unterdrücken, Klüngel* [< frz. *coterie* »Clique, Sippschaft«, eigtl. »Gesellschaft, die von ihren Mitgliedern einen bestimmten Beitrag (frz. *cote*) erhebt«]

Ko|text ⟨m.; -(e)s, -e; Sprachw.⟩ = *Kontext*

Ko|thurn ⟨m.; -s, -e⟩ *Schuh mit sehr dicker Sohle (für Schauspieler der antiken Tragödie);* auf ~en schreiten ⟨fig.⟩ *pathetisch sein* [< grch. *kothornos*]

ko|tie|ren ⟨V.⟩ **1** ein Wertpapier ~ *an der Börse*

zulassen **2** Höhenunterschiede ~ *im Gelände bestimmen* [→ *Kote*[1]]

Ko|tie|rung ⟨f.; -, -en; Wirtsch.⟩ *Zulassung an der Börse;* ~ von Wertpapieren

Ko|til|lon ⟨[-tiljɔ̃] od. [-tijɔ̃ː] m.; -s, -s ⟩ *Gesellschaftstanz, bei dem Geschenke verlost od. vergeben werden;* oV *Cotillon* [<frz. *cotillon* »Kotillon«, eigtl. »Unterrock (der Bäuerinnen)«; zu *cotte* »Frauenrock«]

Ko|tin|ga ⟨f.; -, -s⟩ *in Mittel- u. Südamerika beheimateter, sehr farbenprächtiger Sperlingsvogel, der die Bäume tropischer Urwälder bewohnt* [<span. *cotinga*]

Ko|to ⟨n.; -s, -s od. f.; -, -s⟩ *japan. Saiteninstrument mit 13 Saiten, die mit Plektren angerissen werden* [jap.]

Ko|ton ⟨[-tɔ̃ː] m.; -s, -s⟩ *Baumwolle* [<frz. *coton* »Baumwolle« <engl. *cotton* »Baumwolle« <arab. *kothon* »Baumwolle«]

ko|to|ni|sie|ren ⟨V.⟩ Flachsabfälle ~ *Fasern aus F. u.a. herstellen, die der Baumwolle in Feinheit u. Länge gleichen*

Ko|ty|le|do|ne ⟨f.; -, -n⟩ **1** *Keimblatt* **2** *Lappen der Plazenta* [<grch. *kotyle* »Höhlung«]

ko|va|lent ⟨[-va-] Adj.⟩ ~e Bindung = *Kovalenzbindung*

Ko|va|lenz|bin|dung ⟨[-va-] f.; -, -en; Chem.; bei Nichtmetallen⟩ *Bindung von Atomen, denen jeweils ein Elektronenpaar od. mehrere gleichzeitig angehören;* Sy *kovalente Bindung* [< *con…* + *valentia* »Fähigkeit«]

Ko|va|ri|anz ⟨a. [-va-'-] f.; -, -en⟩ **1** ⟨Math.; Phys.⟩ *Gleichbleiben der Form bestimmter Gleichungen* **2** ⟨Stat.⟩ *gegenseitiges Abhängigkeitsverhältnis zweier Größen* [< *Ko…* + *Varianz*]

Kox|al|gie, ⟨auch⟩ **Ko|xal|gie** ⟨f.; -, -n; Med.⟩ oV *Coxalgie* **1** *Schmerzen in der Hüfte* **2** = *Koxitis* [<lat. *coxa* »Hüfte« + *…algie*]

Kox|i|tis, ⟨auch⟩ **Ko|xi|tis** ⟨f.; -, -ti|den; Med.⟩ *Hüftgelenkentzündung;* oV *Coxitis;* Sy *Koxalgie(2)* [<lat. *coxa* »Hüfte«]

kp ⟨Abk. für⟩ *Kilopond*

kpm ⟨Abk. für⟩ *Kilopondmeter*

Kr ⟨chem. Zeichen für⟩ *Krypton*

kra|cken ⟨[kræ-] V.⟩ = *cracken*

Kra|ke ⟨m.; -n, -n od. f.; -, -n⟩ **1** *achtarmiger Kopffüßer mit kurzem, sackartigem Körper u. sehr beweglichen Armen* **2** ⟨Myth.⟩ *ein Meerungeheuer* [<norw. *krakje*]

Kra|keel ⟨m.; -s, -e⟩ **1** *lauter Streit, lärmender Zank* **2** *Lärm, Unruhe* [vermutl. <ital. *gargagliata* »Lärm von vielen Leuten, die durcheinander reden oder singen«]

kra|kee|len ⟨V.; umg.⟩ *lärmen, laut streiten* [→ *Krakeel*]

Kra|ke|lee ⟨n.; -s; unz.⟩ = *Craquelée*

Kra|ko|wi|ak ⟨m.; -s, -s⟩ *poln. Nationaltanz im 2/4-Takt;* oV *Cracovienne* [nach der poln. Stadt *Krakau,* poln. *Kraków*]

Kral ⟨m.; -s, -e⟩ **1** *afrikanische Rundsiedlung* **2** *Viehhof in deren Mitte, in dem das Vieh gehalten wird* [<ndrl. *kraal* <port. *curral, corral* »umzäunter Hofraum«]

Kram|pus[1] ⟨m.; -, -pi; Med.⟩ *Muskelkrampf;* oV *Crampus* [mlat.]

Kram|pus[2] ⟨m.; -ses, -se; bair.-österr.⟩ *Begleiter des hl. Nikolaus in Gestalt eines Teufels* [Herkunft nicht geklärt]

kra|ni|al ⟨Adj.⟩ **1** ⟨Med.⟩ *auf den Schädel bezüglich, zum Kopf gehörend* **2** *kopfwärts, in Richtung auf den Kopf zu* [<nlat. *cranialis* »den Schädel betreffend« <lat. *cranium* »Schädel«]

kra|ni|o…, Kra|ni|o… ⟨in Zus.: Med.⟩ *schädel…, Schädel…* [<lat. *cranium* »Schädel«]

Kra|ni|o|klast ⟨m.; -en, -en⟩ *Zange zum Umfassen des Kopfes des Kindes bei der Geburt* [< *Kranio…* + grch. *klan* »zerbrechen«]

Kra|ni|o|lo|gie ⟨f.; -; unz.⟩ *Teilgebiet der Anthropologie, Beschreibung des menschl. Schädels als Ganzem u. der Veränderungen am Schädel während des Wachstums;* Sy *Phrenologie* [< *Kranio…* + *…logie*]

kra|ni|o|lo|gisch ⟨Adj.⟩ *zur Kraniologie gehörig, auf ihr beruhend;* Sy *phrenologisch*

Kra|ni|o|me|ter ⟨n.; -s, -⟩ *Gerät zur Schädelmessung* [< *Kranio…* + *…meter*]

Kra|ni|o|me|trie, ⟨auch⟩ **Kra|ni|o|met|rie** ⟨f.; -, -n⟩ *Lehre vom genauen Messen der menschl. Schädelformen, Schädelmesslehre* [< *Kranio…* + *…metrie*]

kra|ni|o|me|trisch, ⟨auch⟩ **kra|ni|o|met|risch** ⟨Adj.⟩ *zur Kraniometrie gehörig, mit ihrer Hilfe*

Kra|ni|o|neur|al|gie, ⟨auch⟩ **Kra|ni|o|neu|ral|gie** ⟨f.; -, -n; Med.⟩ *Neuralgie der Nerven der Kopfhaut*

Kra|ni|o|ta|bes ⟨f.; -; unz.; Med.⟩ *Erweichung u. Eindrückbarkeit des Schädels im Bereich des Hinterhauptbeins* [< *Kranio…* + *Tabes*]

Kra|ni|o|te ⟨m.; -n, -n⟩ *Vertreter der Wirbeltiere mit Schädel u. muskulösem Herzen;* Ggs *Akranier* [<lat. *cranium* »Schädel«]

Kra|ni|o|to|mie ⟨f.; -, -n⟩ **1** *Öffnung des Schädels* **2** *operative Verkleinerung des Schädels eines toten Kindes bei der Geburtshilfe* [< *Kranio…* + *…tomie*]

Kra|ni|um ⟨n.; -s, -nia⟩ = *Cranium*

Kra|se ⟨f.; -, -n⟩, **Kra|sis** ⟨f.; -, -sen; grch. Gramm.⟩ *Zusammenziehung des auslautenden Vokals eines Wortes mit dem anlautenden Vokal des folgenden Wortes* [grch., »Mischung, Verbindung«]

krass ⟨Adj.⟩ **1** *unerhört, sehr stark, grob;* im ~en Gegensatz zu etw. stehen **2** *(zu) weit gehend, extrem;* eine ~e Haltung; er ist ein ~er Egoist; ein ~er Unterschied **3** *schlimm, schrecklich, entsetzlich,* ein besonders ~er Fall von Misshandlung; etwas sehr, besonders ~ schildern [<lat. *crassus* »dick, grob«]

Kras|su|la|ze|en ⟨Pl.⟩ *Dickblattgewächse* [<mlat. *crassula herba* »Dickblatt« <lat. *crassus* »dick«]

…krat ⟨in Zus.⟩ *Herrscher* [<grch. *kratein* »herrschen«]

Kra|ter ⟨m.; -s, -⟩ **1** *trichterförmige Öffnung eines Vulkans* **2** *altgriech. Gefäß mit Fuß u. zwei*

Henkeln (zum Mischen des Weins mit Wasser) [grch., »Kessel«]

...kra|tie ⟨in Zus.⟩ *Herrschaft, Herrschaftsform* [< grch. *kratein* »herrschen«]

kra|ti|ku|lie|ren ⟨V.⟩ *mit Hilfe eines Gitternetzes maßgetreu zeichnen, übertragen* [< lat. *craticula* »kleine Flechte, kleiner Rost«; zu *cratis* »Geflecht, Rost«]

kra|to|gen ⟨Adj.⟩ *das Kratogen betreffend, aus ihm stammend, auf ihm beruhend* [< grch. *kratos* »Stärke, Kraft«]

Kra|to|gen, Kra|ton ⟨n.; -s; unz.; Geol.⟩ *nicht mehr faltbarer, seit Urzeiten versteifter Festlandssockel*

Kraul ⟨n.; -s od. -; unz.; Sp.⟩ = *Kraulstil;* oV *Crawl*

krau|len ⟨V.; Sp.⟩ *im Kraulstil schwimmen;* oV *crawlen* [< engl. *crawl* »kriechen, krabbeln, kraulen«]

Krau|ler ⟨m.; -s, -; Sp.⟩ *Schwimmer im Kraulstil*

Kraul|stil ⟨m.; -(e)s; unz.; Sp.⟩ *schnellste Schwimmart, bei der die Arme abwechselnd kreisförmig von hinten über den Kopf nach vorn u. unter Wasser wieder zurückgezogen u. die Beine aus dem Hüftgelenk rhythmisch leicht auf u. nieder bewegt werden;* oV *Crawlstil* [→ *kraulen*]

Krau|rit ⟨m.; -s; unz.⟩ *rhombisches Eisen-Phosphor-Mineral, Grüneisenerz* [zu grch. *krauros* »spröde«]

Kra|wat|te ⟨f.; -, -n⟩ **1** *unter dem Hemdkragen gefestigtes schmückendes Halstuch od. breites Band, Halsbinde* **2** *schmaler Pelzkragen* **3** ⟨Sp.; Ringen⟩ *am Kinn angesetzter, zangenartiger Kopfgriff* [< frz. *cravate* »Krawatte, Halsbinde«, eigtl. »kroatisch« < dt. (mundartl.) *Krawat* »Kroate« < kroat. *hrvat* (nach der Halsbinde der kroat. Reiter)]

Kra|weel|bau ⟨m.; -(e)s; unz.⟩ *Bauweise für Holzboote, bei der die Planken des Bootsrumpfes stumpf aufeinander gesetzt werden u. meist in doppelter Schicht diagonal übereinander liegen;* Ggs *Klinkerbau(2)* [→ *Kravelle*]

Kray|on, ⟨auch⟩ **Kra|yon** ⟨[krɛjɔ̃:] m.; -s, -s⟩ oV *Crayon* **1** *Drehbleistift* **2** *Kreide* [frz.]

Kray|on|ma|nier, ⟨auch⟩ **Kra|yon|ma|nier** ⟨[krɛjɔ̃:-] f.; -; unz.; 18./19. Jh.⟩ *eine Art des Kupferstichs, bei der sich die Linien aus feinen Punkten zusammensetzen u. die wie eine Kreidezeichnung wirkt*

Kre|as ⟨n.; -; unz.⟩ *ungebleichte Leinwand* [< span. *crea* »grobes Leinen«]

Kre|a|tin ⟨n.; -s; unz.⟩ *bes. in Muskeln vorkommender Eiweißbaustein, chem. Methylguanidinessigsäure* [< grch. *kreas*, Gen. *kreatos* »Fleisch«]

Kre|a|ti|on ⟨f.; -, -en⟩ oV *Création* **1** *Schöpfung, Schaffung* **2** ⟨†⟩ *(künstlerische) Gestaltung* **3** *Modeschöpfung, Modell* [< lat. *creatio* »Erzeugung«; zu *creare* »erzeugen«]

kre|a|tiv ⟨Adj.⟩ **1** *schöpferisch* **2** *einfallsreich*

Kre|a|ti|vi|tät ⟨[-vi-] f.; -; unz.⟩ **1** *schöpferische Kraft* **2** *Einfallsreichtum*

Kre|a|ti|vi|täts|trai|ning ⟨[-vi-trɛi-] n.; -s; unz.⟩ *das Ausbilden u. Trainieren von Kreativität*

Kre|a|tur ⟨f.; -, -en⟩ **1** *Geschöpf, Lebewesen, Wesen der Natur (gegenüber Gott)* **2** ⟨fig.⟩ *verachtenswerter Mensch, willenloses Werkzeug anderer;* eine arme, bedauernswerte ~ [< lat. *creatura* »Geschöpf«; zu *creare* »erzeugen, schaffen, erschaffen«]

kre|a|tür|lich ⟨Adj.⟩ *wie eine Kreatur, der Kreatur eigen;* eine ~e Verhaltensweise

Kre|denz ⟨f.; -, -en⟩ *Anrichte* [< ital. *credenza* »Anrichte«]

kre|den|zen ⟨V.; poet.⟩ *darreichen, anbieten;* jmdm. ein Getränk, einen Imbiss ~ [→ *Kredenz*]

Kre|dit ⟨m.; -(e)s, -e⟩ **1** *Geldmittel, die jmdm. vorübergehend überlassen werden, Darlehen eines Kreditinstituts;* bei der Bank einen ~ aufnehmen; einem Käufer od. Kunden ~ geben; auf ~ kaufen *ohne sofortige Bezahlung, auf Borg kaufen* **2** ⟨unz.⟩ *Kreditwürdigkeit;* Ggs *Diskredit;* Sie haben bei mir (unbeschränkten) ~ *Sie können bei mir für jede Summe ohne Barzahlung einkaufen;* er hat nirgends mehr ~ *ihm leiht niemand mehr etwas* **3** ⟨Buchführung⟩ *die rechte Seite des Kontos, Habenseite;* Ggs *Debet* [< ital. *credito* »Leihwürdigkeit«, beeinflusst von frz. *crédit* »Kredit« < lat. *creditum* »das auf Treu u. Glauben Anvertraute, Darlehen«, Part. Perf. zu *credere* »glauben, vertrauen«]

kre|di|tär ⟨Adj.⟩ **1** *das Kreditwesen betreffend, auf ihm beruhend* **2** *Kredite(1) betreffend;* die ~e Lage des Unternehmens ist ausgezeichnet

kre|di|tie|ren ⟨V.⟩ **1** jmdm. ~ *jmdm. einen Kredit geben* **2** jmdm. etwas ~ *ihm etwas gutschreiben, als Darlehen vorschießen*

Kre|dit|in|sti|tut, ⟨auch⟩ **Kre|dit|ins|ti|tut** ⟨n.; -(e)s, -e; Bankw.⟩ *Unternehmen, das sich mit dem Zahlungsverkehr befasst, Bank, Sparkasse*

Kre|di|tiv ⟨n.; -s, -e [-və]⟩ *Vollmacht, Beglaubigungsschreiben* [→ *Kredit*]

Kre|di|tor ⟨m.; -s, -to|ren⟩ *Kreditgeber, Gläubiger;* Ggs *Debitor* [< ital. *creditore* »Gläubiger«; → *Kredit*]

Kre|dit|pla|fond ⟨[-fɔ̃:] m.; -s, -s; Wirtsch.⟩ **1** *Kreditlimit, das öffentlichen Kreditnehmern gesetzlich gewährleistet wird* **2** *Obergrenze des von Kreditinstituten offerierten Kreditvolumens, die von der Regierung od. der Notenbank festgesetzt wird* [< *Kredit* + frz. *plafond* »Zimmerdecke«]

Kre|do ⟨n.; -s, -s⟩ **1** = *Credo* **2** *Teil der kath. Messe* **3** ⟨allg.⟩ *Glaubensbekenntnis* [< lat. *credo* »ich glaube«, nach der Einleitung des Apostol. Glaubensbekenntnisses *Credo in unum deum ...* »Ich glaube an den einen Gott ...«]

kre|ie|ren ⟨V.⟩ *schaffen, gestalten;* eine Mode ~; eine Rolle ~ ⟨Theat.⟩ *als Erster (in bestimmter Weise) gestalten* [< lat. *creare* »erschaffen, zeugen, ernennen, erwählen« u. frz. *créer* »erschaffen, erfinden«]

Krem ⟨f.; -, -s⟩ = *Creme; Kreme*

Kre|ma|ti|on ⟨f.; -, -en⟩ *Feuerbestattung* [< lat. *crematio* »Verbrennung«; zu *cremare* »verbrennen«]

Kre|ma|to|ri|um ⟨n.; -s, -ri|en⟩ *Anlage zur Feuerbestattung* [< lat. *cremare* »verbrennen«]

Kre|me ⟨f.; -, -s⟩ = *Creme*

kre|mie|ren ⟨V.⟩ *im Krematorium verbrennen* [< lat. *cremare* »verbrennen«]

Kreml ⟨m.; -s od. -, -⟩ **1** *Burg, Zitadelle, befestigte Stadt* **2** ⟨unz.; i.e.S.⟩ **2.1** ⟨früher⟩ *Stadtfestung von Moskau, sowjet. Regierungssitz* **2.2** ⟨früher⟩ *sowjet. Regierung* **2.3** ⟨heute⟩ *Sitz der russischen Regierung* [russ., »Burg, Festung, Zitadelle«; vielleicht < grch. *kremnos* »steiler Abhang, Anhöhe«]

Krem|pel ⟨f.; -, -n; Spinnerei⟩ = *Karde(2)*

Kren ⟨m.; -s; unz.; süddt., österr.⟩ *Meerrettich* [slaw.]

kre|ne|lie|ren ⟨V.⟩ *mit Zinnen versehen* [< frz. *créneler;* zu *créneau* »Zinne, Schießscharte«]

Kre|o|le ⟨m.; -n, -n⟩ **1** *Nachkomme europäischer Kolonisten in Südamerika;* weißer ~ **2** *in Südamerika geborener Schwarzer;* schwarzer ~ [< frz. *créole* < port. *crioulo;* zu lat. *creare* »erzeugen«]

Kre|o|lin ⟨f.; -, -lin|nen⟩ *weibl. Kreole*

kre|o|lisch ⟨Adj.⟩ **1** *die Kreolen betreffend, von ihnen stammend, zu ihnen gehörend* **2** *in der Art einer Kreolsprache, auf ihr beruhend*

Kre|o|lisch ⟨n.; - od. -s; unz.⟩, **Kre|ol|spra|che** ⟨f.; -, -n⟩ *zur Muttersprache gewordene Mischsprache aus einer Eingeborenensprache u. einer überkommenen europäischen Sprache, z.B. auf Hawaii*

Kre|o|pha|ge ⟨m.; -n, -n⟩ *Fleisch fressendes Tier* [< grch. *kreas* »Fleisch« + *...phage*]

Kre|o|sol ⟨n.; -s; unz.⟩ *im Teer von Buchenholz enthaltener flüssiger Abkömmling des Toluols* [< *Kreosot* + *...ol*]

Kre|o|sot ⟨n.; -s; unz.⟩ *durch alkalische Extraktion des Holzteers gewonnenes Gemisch von Phenolen, ölartige, gelbliche, antiseptische u. antiparasitäre Flüssigkeit* [< grch. *kreas* »Fleisch« + *sozein* »retten«]

Krepe|line ⟨[krɛpli:n] f.; -, -s⟩ *leichter, wollener Krepp*

kre|pie|ren ⟨V.⟩ **1** *platzen, bersten, z.B. Sprengkörper* **2** ⟨umg.; derb⟩ *verenden, sterben, bes. bei Tieren od. bei Menschen* [< ital. *crepare* »zerbersten, verrecken« < lat. *crepare* »krachen, platzen«]

Kre|pi|ta|ti|on ⟨f.; -, -en⟩ **1** *knisterndes Geräusch beim Aneinanderreiben rauer Flächen, z.B. gebrochener Knochen* **2** *rasselndes Atemgeräusch, z.B. bei Lungenentzündung* [< lat. *crepitatio* »das Knistern, Knattern, Klappern«; zu *crepitare* »knistern, klappern«]

Kre|pon ⟨[-pɔ̃:] m.; -s, -s⟩ *leinwandbindiges Gewebe mit krauser od. genarbter Oberfläche;* oV *Crepon* [< frz. *crépon* »grober Krepp«]

Krepp ⟨m.; -s, -s od. -e⟩ *krauses od. genarbtes Gewebe mit rauem Griff* [< frz. *crêpe* »Flor, Krepp«, < lat. *crispus* »kraus«]

krep|pen, krep|po|nie|ren ⟨V.⟩ *zu Krepp machen, fälteln* [< frz. *crêper* »kreppen, kräuseln«]

kre|scen|do, ⟨auch⟩ **kres|cen|do** ⟨[-ʒɛn-] Mus.⟩ = *crescendo*

Kre|sol ⟨n.; -s; unz.⟩ *im Teer von Steinkohlen u. Buchenholz vorkommender aromat. Kohlenwasserstoff der allgemeinen Form $C_6H_4(CH_3)OH$, Mittel zum Imprägnieren von Holz u. Tauen, zum Desinfizieren* [< grch. *kreas* »Fleisch« + *sozein* »retten« + *...ol*]

Kres|zenz ⟨f.; -, -en⟩ **1** *Wachstum, Herkunft, bes. vom Wein* **2** ⟨†⟩ *Ertrag* [< lat. *crescentia* »das Wachsen«; zu *crescere* »wachsen«]

...kret ⟨in Zus.⟩ *etwas Abgesondertes, Ausgeschiedenes* [< lat. *cretum,* Part. Perf. zu *cernere* »schneiden, absondern«]

kre|ta|ze|isch ⟨Adj.⟩ *zur Kreideformation gehörend* [< lat. *(terra) creta* »gesiebte Erde«]

Kre|thi und Ple|thi ⟨umg.; abschätzig⟩ *allerhand recht verschiedene Menschen, gemischte Gesellschaft;* dort trifft sich ~ [König Davids Leibwache bestand aus fremden Söldnern, wahrscheinlich *Kretern u. Philistern.* Luther übersetzt 2. Sam. 8,18 u.a. *Crethi und Plethi;* in luther. Kreisen seit 1710 als geflügeltes Wort für »gemischte Gesellschaft« (Kluge, Etymolog. Wörterbuch)]

Kre|ti|kus ⟨m.; -, -ki⟩ *drei- od. fünffüßiger antiker Versfuß* [< lat. *creticus* »die Insel Kreta betreffend«]

Kre|tin ⟨[-tɛ̃:] m.; -s, -s⟩, **Kre|ti|ne** ⟨m.; -n, -n⟩ **1** ⟨Med.⟩ *Person, die an Kretinismus leidet* **2** ⟨abwertend⟩ *dummer töricht handelnder Mensch* [< frz. *crétin* »Schwachsinniger« (urspr. mundartl.) < *chrétien* »christlich« < lat. *christianus*]

Kre|ti|nis|mus ⟨m.; -; unz.; Med.⟩ *angeborener Rückstand der geistigen Entwicklung mit körperl. Missbildung*

kre|ti|no|id ⟨Adj.; Med.⟩ *kretinähnlich* [< *Kretin* + *...id*]

Kre|ton ⟨m.; -s, -e; österr.⟩, **Kre|tonne** ⟨[-tɔn]; m.; -s, -s⟩ = *Cretonne*

Kret|scham, ⟨auch⟩ **Kret|schem** ⟨m.; -(e)s, -e; ostmdt.⟩ *Wirtshaus, Schenke* [< tschech. *krčma,* wend. *korčma,* poln. *karczma* »Schenke«]

Kretsch|mar, ⟨auch⟩ **Kretsch|mer** ⟨m.; -s, -; ostmdt.⟩ *Gastwirt* [< ostmdt. *krecimer* »Wirt«; wend. *korčma,* tschech. *krčmář,* poln. *karczmarz* »Schankwirt«; → *Kretscham*]

Kre|vet|te ⟨[-vɛt-] f.; -, -n⟩ *Garnele der Nordsee: Crangon crangon;* oV *Crevette* [< frz. *crevette* »Krabbe«]

Krick ⟨m.; -(e)s, -e⟩ = *Kriek*

Kri|cket ⟨n.; -s; unz.; Sp.⟩ *Ballspiel zwischen zwei Mannschaften, von denen die Werfer den Ball ins gegner. Tor zu bringen suchen, während die Schläger den Ball abwehren u. mit dem Schlagholz möglichst weit wegschlagen;* oV *Cricket* [< engl. *cricket*]

Kri|da ⟨f.; -; unz.; österr.⟩ *vorgetäuschte Zah-*

lungsunfähigkeit, betrüger. Konkurs [<mlat. *crida* »öffentlicher Ausruf, Zusammenrufung der Gläubiger«]

Kri|dar, Kri|da|tar ⟨m.; -s, -e; österr.⟩ *Gemeinschuldner* [<mlat. *cridatarius;* → *Krida*]

Kriek ⟨m.; -(e)s, -e⟩ oV *Krick* **1** *Wasserlauf* **2** *kleiner Hafen, kleine Bucht* [<ndrl. <engl. *creek* »kleine Bucht«]

Kri|ko|to|mie ⟨f.; -, -n; Med.⟩ *Luftröhrenschnitt* [<grch. *krikos* »Ring« (hier: »Ringknorpel«) + *tome* »Schnitt«]

Krill ⟨n.; -s; unz.⟩ *überwiegend aus kleinen Krebsen bestehendes Plankton, Hauptnahrungsmittel vieler Wale u. Fische* [<norw. *kril* »Fischbrut«]

Kri|mi ⟨m.; -s od. -, -s od. -; umg.; kurz für⟩ *Kriminalroman, Kriminalstück, Kriminalfilm*

kri|mi|nal ⟨Adj.⟩ *Strafrecht, Strafverfahren, Straftat u. Täter betreffend* [<lat. *criminalis* »das Verbrechen betreffend«; zu *crimen* »Anklage, Verbrechen«]

Kri|mi|nal ⟨n.; -s, -e; österr.⟩ *Strafanstalt*

Kri|mi|nal|be|am|te(r) ⟨f.2 (m.1)⟩ *nicht uniformierter Polizeibeamte(r) der Kriminalpolizei;* Sy ⟨umg.⟩ *Kriminale(r)*

Kri|mi|na|le(r) ⟨m. 1; umg.⟩ = *Kriminalbeamter*

kri|mi|na|li|sie|ren ⟨V.⟩ **1** *erklären, dass etwas od. jmd. kriminell sei;* jmdn. ~ **2** *jmd. in die Kriminalität treiben*

Kri|mi|na|li|sie|rung ⟨f.; -; unz.⟩ *das Kriminalisieren, das Kriminalisiertwerden*

Kri|mi|na|list ⟨m.; -en, -en⟩ **1** *Kriminalbeamter* **2** *Vertreter, Lehrer der Kriminalwissenschaft, Strafrechtslehrer*

Kri|mi|na|lis|tik ⟨f.; -; unz.⟩ *Kriminalwissenschaft*

kri|mi|na|lis|tisch ⟨Adj.⟩ *zur Kriminalistik gehörig, mit ihrer Hilfe*

Kri|mi|na|li|tät ⟨f.; -; unz.⟩ *Straffälligkeit, Gesamtheit der Straftaten, die innerhalb einer gesellschaftl. Gruppe während eines bestimmten Zeitabschnittes und in einem bestimmten Gebiet verübt werden;* Jugend~

Kri|mi|nal|po|li|zei ⟨f.; -; unz.⟩ *Teil der Polizei zur Aufdeckung u. Verhinderung von Straftaten*

Kri|mi|nal|pro|zess ⟨m.; -(e)s, -e; †⟩ *Strafprozess*

Kri|mi|nal|ro|man ⟨m.; -(e)s, -e; Lit.⟩ *Roman um ein Verbrechen u. seine Aufdeckung*

Kri|mi|nal|so|zi|o|lo|gie ⟨f.; -; unz.⟩ *Zweig der Soziologie, der sich mit den Umweltbedingungen des Täters u. der Tat befasst*

kri|mi|nell ⟨Adj.⟩ **1** *verbrecherisch, straffällig;* eine ~e Person **2** *strafbar;* eine ~e Tat **3** ⟨umg., scherzh.⟩ *schlimm, aufregend, sehr bedenklich;* jetzt wird's ~! [<frz. *criminel* »verbrecherisch« <lat. *criminalis;* → *kriminal*]

Kri|mi|nel|le(r) ⟨f.2 (m.1)⟩ *jmd., der kriminell ist, eine Straftat begangen hat*

kri|mi|no|gen ⟨Adj.; geh.⟩ *die Neigung zur Kriminalität fördernd;* ~es Milieu [<*Kriminalität* + *…gen*[1]]

Kri|mi|no|lo|ge ⟨m.; -n, -n⟩ *Wissenschaftler auf dem Gebiet der Kriminologie*

Kri|mi|no|lo|gie ⟨f.; -; unz.⟩ *Lehre von der Aufklärung u. Verhütung von Verbrechen* [<lat. *crimen* »Anklage, Verbrechen« + *…logie*]

kri|mi|no|lo|gisch ⟨Adj.⟩ *zur Kriminologie gehörig, mit ihrer Hilfe*

Krim|mer ⟨m.; -s, -⟩ **1** *Fell des Fettschwanzschafes der Krim* **2** *gewebte Imitation dieses Felles* [nach der ukrain. Halbinsel *Krim*]

Krim|sekt ⟨m.; -(e)s; unz.⟩ *roter Schaumwein von der ukrain. Halbinsel Krim*

Kri|no|i|de ⟨m.; -n, -n⟩ *Haarstern, stachelhäutiges Meerestier: Crinoidea* [<lat. *crinis* »Haar« + *…id*]

Kri|no|li|ne ⟨f.; -, -n; 19. Jh.⟩ *über einem zunächst runden, dann nur nach hinten ausladenden Reifengestell getragener, weiter u. langer Rock, Nachfolger des Reifrocks* [<frz. *crinoline* »Krinoline«; zu *crin* »Rosshaar« <lat. *crinis* »Haar«]

Kri|po ⟨f.; -; unz.; umg. Kurzw. für⟩ *Kriminalpolizei*

Kris ⟨m.; -es, -e⟩ *Dolch der Malaien mit geflammter Klinge* [mal.]

Kri|se ⟨f.; -, -n⟩ **1** *Zustand akuter Schwierigkeiten in der Finanzwirtschaft* **2** *oberer Wendepunkt einer Konjunkturphase als Übergang von Prosperität zu Depression* **3** *Abschnitt eines psych. Entwicklungsprozesses, in dem sich nach einer Zuspitzung der Situation die weitere Entwicklung entscheidet* **4** = *Krisis(2)* [<grch. *krisis* »Entscheidung, entscheidende Wendung«]

kri|seln ⟨V.; unpersönl.⟩ es kriselt *eine Krise kündigt sich an, droht, etw. befindet sich in einer Krise*

Kri|sen|herd ⟨m.; -(e)s, -e⟩ **1** *Gebiet, in dem es häufig zu polit. (u. wirtschaftl.) Krisen kommt* **2** *Situation, Zustand, der häufig zu Krisen führt*

Kri|sen|ma|nage|ment ⟨[-mænidʒmənt] n.; -s; unz.⟩ *Planung u. Durchführung von außergewöhnlichen Maßnahmen zur Beherrschung gefährlicher politischer, militärischer od. wirtschaftlicher Situationen;* das ~ rettete die Preisstabilität

Kri|sis ⟨f.; -, Kri|sen⟩ **1** *die Genesung einleitender schneller Abfall des Fiebers bei Infektionskrankheit;* Ggs *Lysis* **2** *anfallsweises Auftreten von Krankheitszeichen von besonderer Heftigkeit;* oV *Krise(4)*

Kris|tall 1 ⟨m.; -s, -e⟩ **1.1** *von gleichmäßig angeordneten, ebenen Flächen begrenzter Körper, in dem die Atome, Moleküle od. Ionen raumgitterartig angeordnet sind;* ~e bilden; klar, rein wie ein ~ **1.2** = *Detektor* **2** ⟨n.; -s; unz.⟩ **2.1** *sehr reines, geblasenes, geschliffenes Glas, Kristallglas* **2.2** *Gegenstand aus Kristallglas;* ~schale; ~vase; ~becher [<ahd. *cristalla* <mlat. *crystallum* <lat. *crystallus* <grch. *krystallos* »Eis, Bergkristall«; zu grch. *kryos* »Frost«]

kris|tal|len ⟨Adj.⟩ **1** *aus Kristall bestehend;*

ein ~es Glas **2** *wie Kristall, kristallklar;* ~es Trinkwasser

kris|tal|lin, kris|tal|li|nisch ⟨Adj.⟩ *aus Kristallen bestehend;* Ggs *amorph(1)*

Kris|tall|che|mie ⟨[-çe-] f.; -; unz.⟩ *Erforschung der gesetzmäßigen Beziehungen zwischen der chem. Zusammensetzung u. den kristallograph. Eigenschaften der Stoffe*

Kris|tall|de|tek|tor ⟨m.; -s, -en⟩ *früher gebräuchliche Diode zur Gleichrichtung hochfrequenter Schwingungen, aus einem Halbleiterkristall mit Metallspitze*

Kris|tall|git|ter ⟨n.; -s, -⟩ *period., räumlich geometr. Anordnung von Atomen, Ionen od. Molekülen in Kristallen*

Kris|tal|li|sa|ti|on ⟨f.; -, -en⟩ *das Kristallisieren, Kristallbildung;* fraktionierte ~

kris|tal|lisch ⟨Adj.⟩ oV *kristallin, kristallinisch* **1** *wie Kristall, wie Kristallglas* **2** *aus Kristallen bestehend*

kris|tal|li|sie|ren ⟨V.⟩ **1** *Kristalle bilden* **2** sich ~ *sich zu Kristallen umformen* [< frz. *cristalliser* »kristallisieren«; zu *cristal* < lat. *crystallus;* → *Kristall*]

Kris|tal|li|sie|rung ⟨f.; -, -en⟩ = *Kristallisation*

Kris|tal|lit ⟨m.; -s, -e⟩ *mikroskopisch kleiner Kristall*

Kris|tal|lo|blas|te|se ⟨f.; -; unz.⟩ *Entwicklung der charakteristischen Struktur der kristallinen Schiefer* [< *Kristall* + grch. *blastesis* »das Keimen, das Wachsen«]

kris|tal|lo|blas|tisch ⟨Adj.⟩ *durch gleichzeitiges Kristallwachstum bestimmt* (von Gesteinsgefügen) [→ *Kristalloblastese*]

Kris|tal|lo|gra|fie ⟨f.; -; unz.⟩ = *Kristallographie*

kris|tal|lo|gra|fisch ⟨Adj.⟩ = *kristallographisch*

Kris|tal|lo|gra|phie ⟨f.; -; unz.⟩ *Lehre von den chem. u. physikal. Eigenschaften des Kristalls;* oV *Kristallografie* [< *Kristall* + *...graphie*]

kris|tal|lo|gra|phisch ⟨Adj.⟩ *die Kristallographie betreffend, auf ihr beruhend, zu ihr gehörend;* ~e Struktur; oV *kristallografisch*

Kris|tal|lo|id ⟨n.; -(e)s, -e⟩ *kristallähnlicher Körper* [< *Kristall* + *...id*]

Kris|tall|was|ser ⟨n.; -s; unz.⟩ *im Kristallgitter einer chem. Verbindung enthaltene Wassermoleküle*

Kri|te|ri|um ⟨n.; -s, -ri|en⟩ **1** *Kennzeichen, unterscheidendes Merkmal* **2** *sinnvolle Begründung, Prüfstein* **3** ⟨Sp.⟩ *Radrennen im Rundkurs* **4** ⟨Sp.; bes. Skisp.⟩ *Wettrennen, bei dem ein Sieger ohne Wertung für eine Meisterschaft ermittelt wird* [< grch. *kriterion* »unterscheidendes Merkmal, Kennzeichen«, mit lat. Endung]

Kri|tik ⟨f.; -, -en⟩ **1** *wissenschaftl. od. künstler. Beurteilung;* Kunst~; Literatur~; Musik~ **2** *wertende Besprechung;* Buch~; Film~; Theater~; eine ~ über ein Buch, Stück schreiben; gute, schlechte ~; lobende, tadelnde, scharfe ~ **3** *Beanstandung, Tadel, Äußerung des Missfallens;* ~ an etwas od. jmdm. üben; ich verbitte mir jede ~!; das Buch ist unter aller ~ *sehr schlecht* **4** ⟨unz.⟩ *Urteilsfähigkeit, Unterscheidungsvermögen* **5** ⟨unz.⟩ *Gesamtheit der Kritiker;* die ~ war sich darüber einig, dass ... [< frz. *critique* < grch. *kritike (techne)* »Kunst der Beurteilung«]

Kri|ti|ka|li|tät ⟨f.; -; unz.⟩ *Zustand eines Kernreaktors, bei dem die zur fortgesetzten Kernspaltung notwendige Kettenreaktion nicht mehr von selbst erlischt* [→ *kritisch(4)*]

Kri|ti|kas|ter ⟨m.; -s, -⟩ *kleinl. Kritiker, Nörgler* [seit dem 18. Jh.; nach lat. *philosophaster* »Scheinphilosoph« gebildet]

Kri|ti|ker ⟨m.; -s, -⟩ **1** *jmd., der (beruflich) ein Kunstwerk kritisiert;* Theater~; Zeitungs~ **2** ⟨allg.⟩ *Tadler* [< lat. *criticus* »krit. Beurteiler« < grch. *kritikos* »zur entscheidenden Beurteilung gehörig; entscheidend, kritisch«]

kri|tisch ⟨Adj.⟩ **1** *gewissenhaft prüfend;* ~e **Ausgabe** *nach den Methoden der Textkritik bearbeitete A. eines Werkes der Literatur;* ~er **Apparat** *mit wissenschaftlicher Genauigkeit gegebene Anmerkungen zu einer kritischen Ausgabe od. einem wissenschaftl. Werk* **2** *streng urteilend;* etwas od. jmdn. ~ betrachten; einer Sache ~ gegenüberstehen; er ist sehr ~ **3** *entscheidend, eine Wende ankündigend;* das ~e **Alter** *die Entwicklungsjahre (von Jugendlichen), die Wechseljahre (von Erwachsenen)* **4** *bedrohlich, gefährlich;* ~er Augenblick; eine ~e Situation **5** ~e **Temperatur** *die für jeden Stoff verschiedene T., oberhalb deren sich ein Gas auch bei beliebig hohem Druck nicht mehr verflüssigen lässt* [< lat. *criticus* < grch. *kritikos* »zur entscheidenden Beurteilung gehörig, entscheidend«; zu *krinein* »scheiden, trennen, entscheiden, urteilen«]

kri|ti|sie|ren ⟨V.⟩ **1** *beurteilen, werten, begutachten;* Buch, Film, Theaterstück ~ **2** *beanstanden, tadeln, nörgeln an;* jmdn. ~; er hat an allem etwas zu ~ [< frz. *critiquer* »kritisieren«; → *Kritik*]

Kri|ti|zis|mus ⟨m.; -; unz.; Philos.⟩ *von Kant eingeführtes Verfahren, vor dem Aufstellen eines neuen philosoph. Systems, einer Weltanschauung o.Ä. die Möglichkeiten u. Grenzen der menschl. Erkenntnis festzustellen* [→ *Kritik*]

Kro|cket ⟨a. ['--] n.; -s, -s; Sp.⟩ *Rasenspiel, bei dem die Spieler mit Holzhämmern die Holzbälle durch zehn Tore bis zu einem Zielstab schlagen, wobei nach Zusammenstoß mit einem gegner. Ball dieser weggeschlagen (krokkiert) wird* [< engl. *croquet*]

kro|cket|tie|ren ⟨V.; Sp.; Krocket⟩ = *krockieren*

kro|ckie|ren ⟨V.; Sp.; Krocket⟩ *eine Holzkugel wegschlagen;* oV *krockettieren*

Kroe|pek ⟨[kru:pu:k] m.; - od. -s; unz.; asiat. Kochk.⟩ *in Fett gebackene Scheiben aus gemahlenen Garnelen u. Tapiokamehl* [< indones.]

Kro|kant ⟨m.; -s; unz.⟩ *Karamellzucker mit*

Mandel- od. Nussstückchen [<frz. *croquant* »knusprig«; zu *croquer* »krachen, knabbern, knuspern«]

Kro|ket|te ⟨f.; -, -n⟩ *in Fett gebackenes Klößchen aus Kartoffeln, Fleisch, Fisch o.Ä.* [<frz. *croquette* »Krokette«; zu *croquer* »krachen, knabbern, knuspern«]

Kro|ki ⟨n.; -s, -s⟩ *Kartenskizze, die sich um maßstabsgetreue Darstellung bemüht;* oV *Croquis, Kroquis* [<frz. *croquis* »Skizze, Entwurf«]

kro|kie|ren ⟨V.⟩ *ein Kroki anfertigen von;* oV *kroquieren;* ein Grundstück ~

Kro|ko ⟨n.; - od. -s; unz.; umg. kurz für⟩ *Krokodilleder*

Kro|ko|dil ⟨n.; -s, -e⟩ **1** *Panzerechse, Angehöriger der höchstentwickelten Ordnung der Reptilien, großes, räuberisch im Wasser lebendes Tier mit in Kieferhöhlen sitzenden Zähnen u. seitlich zusammengedrücktem Ruderschwanz: Crocodylia* **2** ⟨i.e.S.⟩ *Familie dieser Ordnung mit einem bei geschlossenem Maul sichtbaren Unterkieferzahn: Crocodilus* [<grch. *krokodilos*]

Kro|kus ⟨m.; -, - od. -se⟩ *Gattung der Schwertliliengewächse, deren im Frühling blühende Arten beliebte Zierpflanzen sind: Crocus* [<lat. *crocus* <grch. *krokos* »Safran«]

Krom|lech ⟨a. [-lɛk] m.; -s, -e od. -s⟩ *jungsteinzeitl. Kult- od. Grabstätte;* oV *Cromlech* [<kelt. *crom* »Kreis« + *lech* »Stein«]

kro|quie|ren ⟨[-kiː-] V.⟩ = *krokieren*

Kro|quis ⟨[-kiː] n.; - [-kiːs], - [-kiːs]⟩ = *Kroki*

Krö|sus ⟨m.; -, -se; fig.⟩ *steinreicher Mann;* er ist ein ~; ich bin doch kein ~! [nach dem letzten König von Lydien, † 546 v.Chr.]

Kro|ta|lin ⟨n.; -s; unz.⟩ *Gift der Klapperschlange* [<lat. *crotalus* »Klapperschlange«; zu *crotalum* »Klapper« <grch. *krotalon*]

Kro|ton ⟨m.; -s, -e⟩ *Gattung der Wolfsmilchgewächse, die über die gesamten Tropen verbreitet ist u. einige wichtige medizin. Pflanzen umfasst: Croton* [grch., »Hundelaus«, der der Frucht des danach benannten Baumes ähnlich ist]

Kro|ton|öl ⟨n.; -s; unz.⟩ *aus den Früchten des Krotonbaumes (Croton tiglium) gewonnenes Öl, starkes Abführmittel;* oV *Crotonöl*

krud, kru|de ⟨Adj.⟩ *rau, grob;* krudes Benehmen [<lat. *crudos* »roh«]

Kru|di|tät ⟨f.; -; unz.⟩ *krudes Wesen od. Benehmen*

Krupp ⟨m.; -s; unz.⟩ *Entzündung u. Schwellung der Kehlkopfschleimhaut u. Stimmbänder, die gefährliche Atemnot verursachen kann;* → a. *Pseudokrupp* [<eng. *croup*]

Krup|pa|de ⟨f.; -, -n; Sp.; hohe Schule⟩ *Sprung mit waagerechtem Rücken in die Höhe, wobei alle vier Beine an den Leib gezogen werden* [<frz. *croupade* »Hochsprung«; zu *croupe;* → *Kruppe*]

Krup|pe ⟨f.; -, -n⟩ *zwischen Schweifansatz u. Hüftgelenk gelegener hinterer Teil des Pferderückens* [<frz. *croupe* <fränk. **kruppa*]

krup|pös ⟨Adj.⟩ *mit Krupp behaftet, auf Krupp beruhend, von Krupp ausgehend*

kru|ral ⟨Adj.⟩ *den Schenkel betreffend, zum Schenkel gehörig, Schenkel…* [<lat. *crus,* Gen. *crusis* »Schenkel«]

Krus|ta|de ⟨f.; -, -n⟩ *Teigpastete in Torten- od. Becherform, die eine herzhafte Füllung enthält;* Reis~ [<frz. *croustade;* zu *croûte* »Kruste, Rinde«]

Krus|ta|zee ⟨[-tseːə]; f.; -, -n⟩ *Krebs*[<lat. *crusta* »Rinde, Kruste«]

Krux ⟨f.; - unz.⟩ = *Crux*

Kru|zi|a|ner ⟨m.; -s, -⟩ *Angehöriger des Knabenchors der Kreuzkirche in Dresden*

Kru|zi|fe|re ⟨f.; -, -n; Bot.⟩ *Blütenpflanze, deren Blütenblätter kreuzweise angeordnet sind, Kreuzblütler;* oV *Cruciferae* [<lat. *crux,* Gen. *crusis* »Kreuz« + *…fere*]

Kru|zi|fix ⟨a. ['---] n.; -es, -e⟩ *plast. Darstellung von Christus am Kreuz*

Kru|zi|fi|xus ⟨m.; -; unz.⟩ *der gekreuzigte Christus* [<lat. *cruci* »dem Kreuze« + *fixus* »angeheftet«; Dat. von *crux* »Kreuz« + Part. Perf. von *figere* »anheften«]

kry…, Kry… ⟨in Zus.; vor Vok.⟩ = *kryo…, Kryo…*

Kry|al ⟨n.; -s; unz.; Ökol.⟩ *Lebensraum im Bereich von Schmelzwasservorkommen (z.B. an einem Gletscher), der gekennzeichnet ist durch eine gleichbleibende Temperatur u. ein beschränktes Nährstoffvorkommen* [→ *Kryo…*]

Kry|äs|the|sie ⟨f.; -; unz.⟩ *Überempfindlichkeit gegen Kälte* [<grch. *kryos* »Frost« + *Ästhesie*]

kry|o…, Kry|o… ⟨in Zus.⟩ *kalt…, Kälte…;* oV *kry…, Kry…* [<grch. *kryos* »Kälte, Frost«]

Kry|o|bi|o|lo|gie ⟨f.; -; unz.⟩ *Teilgebiet der Biologie, das sich mit der Einwirkung tiefer Temperaturen auf Lebewesen befasst* [<grch. *kryos* »Frost« + *Biologie*]

Kry|o|bi|on|ten, Kry|o|bi|os ⟨Pl.; Biol.⟩ *im od. auf dem Schnee lebende Kleinlebewesen* [<*Kryo…* + grch. *bios* »Leben«]

Kry|o|chir|ur|gie, ⟨auch⟩ **Kry|o|chi|rur|gie** ⟨[-çir-] f.; -; unz.; Med.⟩ *Verfahren der lokalen Anwendung von tiefen u. sehr tiefen Temperaturen (bis -190° C) in der Chirurgie, Gefrierchirurgie* [<*Kryo…* + *Chirurgie*]

Kry|o|ko|nit ⟨m.; -s, -e⟩ *Staubteilchen od. Gesteinsfragment auf Gletschereis, das durch erhöhte Wärmeadsorption in das Eis einsinkt, wobei Röhren u. Vertiefungen (Kryonitlöcher) entstehen* [<*Kryo…* + grch. *konis* »Staub«]

Kry|o|lith ⟨m.; -s od. -en, -e od. -en⟩ *weißes bis rötlich-braunes Mineral, chemisch ein wasserfreies Natrium-Aluminium-Fluorid,* Na_3AlF_6 [<grch. *kryos* »Frost« + *…lith*]

Kry|o|me|ter ⟨n.; -s, -⟩ *mit Glasfüllung thermoelektrisch arbeitendes Thermometer zum Messen tiefer Temperaturen*

Kry|o|mik ⟨f.; -; unz.⟩ *Kältetechnik im Bereich sehr tiefer Temperaturen;* Sy *Kryotechnik* [<grch. *kyros* »Frost«]

Kry|on ⟨n.; -s; unz.; Ökol.⟩ *in der Nähe von Gletschern u. Gletscherabflüssen beheimatete Biozönose* [< *Kryo…*]
Kry|o|phyt ⟨m.; -en, -en⟩ *Pflanze, die im od. unter Schnee u. Eis existieren kann* [< *Kryo…* + grch. *phyton* »Pflanze«]
Kry|o|sphä|re, ⟨auch⟩ **Kry|os|phä|re** ⟨f.; -; unz.⟩ *der Bereich der Erdoberfläche, der von Eis bedeckt ist* [< *Kryo…* + *Sphäre*]
Kry|o|sko|pie, ⟨auch⟩ **Kry|os|ko|pie** ⟨f.; -, -n⟩ *Ermittlung der Gefrierpunktserniedrigung, die in gelösten Substanzen durch kristallisierbare Lösungsmittel bewirkt wird* [<grch. *kryos* »Frost« + *…skopie*]
Kry|o|stat, ⟨auch⟩ **Kry|os|tat** ⟨m.; -(e)s od. -en, -e od. -en; Phys.⟩ *Thermostat für tiefe Temperaturen* [< *Kryo…* + *…stat(2)*]
Kry|o|tech|nik ⟨f.; -; unz.⟩ = *Kryomik*
Kry|o|the|ra|pie ⟨f.; -; unz.; Med.⟩ *Einsatz von Kälte in der Kryochirurgie, wobei krankhaftes Gewebe durch Erfrieren zerstört wird*
Kry|o|tron, ⟨auch⟩ **Kry|ot|ron** ⟨n.; -s, -tro|ne⟩ *Datenspeicher auf der Basis der Supraleitung bei sehr tiefen Temperaturen* [<grch. *kryos* »Frost« + *…tron*]
krypt…, Krypt… ⟨in Zus.⟩ = *krypto…, Krypto…*
Kryp|ta ⟨f.; -, -ten⟩ **1** ⟨urspr.⟩ *Grabkammer eines Märtyrers u.a. kirchl. Würdenträger in einer Katakombe unter dem Altar* **2** ⟨dann⟩ *unterird. Kirchenraum, bes. mit Grabkammern od. zum Aufbewahren von Särgen* **3** ⟨nur Pl.; Med.⟩ *verborgene Höhlen in den Rachenmandeln* [<lat. *crypta* <grch. *krypte* »unterirdischer Gang, Gewölbe«]
Kryp|te ⟨f.; -, -n; meist Pl.; Med.⟩ *Einbuchtung, Grube an der Oberfläche der Mandeln od. der Dickdarmschleimhaut* [→ *Krypto…*]
kryp|tisch ⟨Adj.; geh.⟩ *versteckt, verborgen, unklar u. deshalb schwer verständlich* [<grch. *kryptos* »verborgen, geheim«]
kryp|to…, Kryp|to… ⟨vor Vokalen⟩ krypt…, Krypt… ⟨in Zus.⟩ *verborgen, heimlich* [<grch. *kryptos*]
Kryp|to|ga|me ⟨f.; -, -n; Bot.⟩ *blütenlose Pflanze;* Ggs *Phanerogame* [< *Krypto…* + *…game*]
kryp|to|gen, kryp|to|ge|ne|tisch ⟨Adj.⟩ *von unbekannter Entstehung;* ~e Krankheit *K., deren Ursache wissenschaftlich unerklärlich ist* [< *krypto…* + *…gen*[1]]
Kryp|to|gra|fie ⟨f.; -, -n⟩ = *Kryptographie*
kryp|to|gra|fisch ⟨Adj.⟩ = *kryptographisch*
Kryp|to|gramm ⟨n.; -s, -e⟩ **1** *Verse, deren Anfangsbuchstaben od. -wörter, hintereinander gelesen, einen Satz od. Spruch ergeben* **2** ⟨†⟩ *Text mit verschlüsselter Nebenbedeutung* [< *Krypto…* + *…gramm*]
Kryp|to|gra|phie ⟨f.; -, -n⟩ oV *Kryptografie* **1** *Geheimschrift, die die Zeichen einer Bildschrift in abweichendem Sinn gebraucht* **2** ⟨EDV⟩ *Verschlüsselung u. Entschlüsselung (bestimmter Informationen) zur Datensicherung (bes. im Online-Bereich);* ~programm **3** *absichtslos bei einer Beschäftigung (Telefonieren, Unterhaltung) entstandene Kritzelei od. Musterzeichnung* [< *Krypto…* + *…graphie*]
kryp|to|gra|phisch ⟨Adj.⟩ *die Kryptographie betreffend, zu ihr gehörig, von ihr stammend;* ~es Verfahren ⟨EDV⟩ *zur Verschlüsselung u. Entschlüsselung persönlicher Daten im Online-Dienst;* oV *kryptografisch*
kryp|to|kris|tal|lin, kryp|to|kris|tal|li|nisch ⟨Adj.⟩ *aus Kristallen aufgebaut, die nur unter dem Mikroskop erkennbar sind* [< *krypto…* + *kristallin*]
Kryp|to|lo|gie ⟨f.; -; unz.; EDV⟩ *Lehre von der Ver- u. Entschlüsselung von Daten* [< *Krypto…* + *…logie*]
kryp|to|lo|gisch ⟨Adj.⟩ *die Kryptologie betreffend, zu ihr gehörend, auf ihr beruhend*
kryp|to|mer ⟨Adj.⟩ *ohne Mikroskop nicht erkennbar (bes. von den Bestandteilen der Gesteine)* [< *krypto…* + grch. *meros* »Teil«]
Kryp|to|me|rie ⟨f.; -; unz.⟩ *das Verborgenbleiben einer Erbanlage* [→ *kryptomer*]
Kryp|ton ⟨n.; -s; unz.; Chem.; Zeichen: Kr⟩ *zu den Edelgasen gehörendes chem. Element, Ordnungszahl 36* [zu grch. *kryptos* »verborgen, geheim«]
Kryp|ton|lam|pe ⟨f.; -, -n⟩ *mit Krypton gefüllte Glühbirne, deren Helligkeit dadurch verstärkt wird*
Krypt|o|nym, ⟨auch⟩ **Kryp|to|nym** ⟨n.; -s, -e⟩ *in einem Text versteckter od. durch Auslassung von Buchstaben verkürzter Autorenname* [< *krypto…* + grch. *onyma* »Name«]
krypt|orch, ⟨auch⟩ **kryp|torch** ⟨Adj.⟩ *an Kryptorchismus leidend, von ihm betroffen sein*
Krypt|or|chis|mus, ⟨auch⟩ **Kryp|tor|chis|mus** ⟨[-çis-] m.; -, -men⟩ *angeborene Entwicklungsstörung, bei der ein od. beide Hoden in der Bauchhöhle od. im Leistenkanal verblieben u. nicht, wie normal, in den Hodensack hinabgestiegen sind* [< *Krypto…* + grch. *orchis* »Hode«]
Kryp|to|skop, ⟨auch⟩ **Kryp|tos|kop** ⟨n.; -s, -e⟩ *Gerät, mit dem Röntgenstrahlen bei Tages- od. Kunstlicht nachgewiesen werden* [< *Krypto…* + *…skop*]
Kryp|to|vul|ka|nis|mus ⟨[-vul-] m.; -; unz.⟩ *Form des Vulkanismus, die sich in der Nähe der Erdoberfläche vollzieht, aber zu keinen Durchbrüchen des Magmas führt;* → a. *Lakkolith* [< *Krypto…* + *Vulkanismus*]
Kryp|to|zo|i|kum ⟨n.; -s; unz.⟩ = *Proterozoikum* [< *Krypto…* + *…zoikum*]
KS-Gram|ma|tik ⟨f.; -; unz.; Sprachw.; Abk. für⟩ *Konstituentenstrukturgrammatik*
Kte|ni|di|um ⟨n.; -s, -di|en⟩ *ursprüngliche Kiemenform der Weichtiere, Kammkieme* [<grch. *kteis*, Gen. *ktenos* »Kamm«]
kte|no|id ⟨Adj.⟩ *kammartig* [<grch. *kteis*, Gen. *ktenos* »Kamm« + *…id*]
Kte|no|id|schup|pe ⟨f.; -, -n⟩ *Fischschuppe mit kammartigem Fortsatz*
Kte|no|pho|re ⟨f.; -, -n⟩ *Rippenqualle, Angehörige eines Stammes der Hohltiere mit erhabe-*

nen Längsrippen: Ctenophora [<grch. *kteis,* Gen. *ktenos* »Kamm« + *…phor*]

Ku ⟨chem. Zeichen für⟩ *Kurtschatovium*

Ku|ba|tur ⟨f.; -; unz.⟩ **1** *das Kubieren, Erhebung in die dritte Potenz* **2** *Berechnung des Rauminhalts* [→ *Kubus*]

Kub|ba ⟨f.; -, -ben; islam. Baukunst⟩ **1** *Kuppel* **2** *Grabbau mit Kuppel* [arab.]

Ku|be|be ⟨f.; -, -n⟩ *beerenartige, scharf schmeckende Frucht des indones. Pfeffergewächses: Piper cubeba* [<span. *cubeba* <arab. *kabâbat*]

Ku|ben ⟨Pl. von⟩ *Kubus*

ku|bie|ren ⟨V.⟩ **1** *in die dritte Potenz erheben* **2** *den Rauminhalt berechnen von* [→ *Kubus*]

ku|bik…, Ku|bik… ⟨in Zus.⟩ *dritte Potenz von …, Raum…* [→ *Kubus*]

Ku|bik|de|zi|me|ter ⟨m. od. n.; -s, -; Abk.: dm^3⟩ *Raummaß von je einem Dezimeter Länge, Breite u. Höhe*

Ku|bik|hek|to|me|ter ⟨m. od. n.; -s, -; Abk.: hm^3⟩ *Raummaß von je einem Hektometer Länge, Breite u. Höhe*

Ku|bik|in|halt ⟨m.; -(e)s, -e⟩ *Rauminhalt*

Ku|bik|ki|lo|me|ter ⟨m. od. n.; -s, -; Abk.: km^3⟩ *Raummaß von je einem Kilometer Länge, Breite u. Höhe*

Ku|bik|maß ⟨n.; -es, -e⟩ *Raum-, Körpermaß*

Ku|bik|me|ter ⟨m. od. n.; -s, -; Abk.: m^3⟩ **1** *Raummaß von je einem Meter Länge, Breite u. Höhe* **2** *Festmeter (als Holzmaß)*

Ku|bik|mil|li|me|ter ⟨m. od. n.; -s, -; Abk.: mm^3⟩ *Raummaß von je einem Millimeter Länge, Breite u. Höhe*

Ku|bik|wur|zel ⟨f.; -, -n⟩ *dritte Wurzel (aus einer Zahl)*

Ku|bik|zahl ⟨f.; -, -en⟩ *dritte Potenz (einer Zahl)*

Ku|bik|zen|ti|me|ter ⟨m. od. n.; -s, -; Abk.: cm^3⟩ *Raummaß von je einem Zentimeter Länge, Breite u. Höhe*

ku|bisch ⟨Adj.⟩ **1** *würfelförmig* **2** *in die dritte Potenz erhoben* [→ *Kubus*]

Ku|bis|mus ⟨m.; -; unz.⟩ *Richtung des Expressionismus in Malerei u. Plastik, die die kubischen Formen der Natur bes. hervorhebt* [→ *Kubus*]

Ku|bist ⟨m.; -en, -en⟩ *Anhänger, Vertreter des Kubismus*

ku|bis|tisch ⟨Adj.⟩ *den Kubismus betreffend, zu ihm gehörig, auf ihm beruhend*

ku|bi|tal ⟨Adj.⟩ *zum Ellenbogen gehörig* [<lat. *cubitum* »Ellbogen«]

Ku|bus ⟨m.; -, - od. (österr.) -ben⟩ **1** *Würfel* **2** *dritte Potenz* [<lat. *cubus* <grch. *kybos* »Würfel«]

Ku|du ⟨m.; -s, -s⟩ *eine afrik. Antilope* [Bantuspr.]

Ku|fi|ja ⟨f.; -, -s⟩ *aus weißer, rot u. schwarz gemusterter Baumwolle gewebtes quadratisches Kopftuch der Araber, Palästinensertuch* [arab.]

ku|fisch ⟨Adj.⟩ ~e Schrift *altarabische Schrift (bes. im Koran, auf Münzen u. für Inschriften)* [nach der Stadt *Kufa* in Mesopotamien, die Hauptstadt der Kalifen u. Hauptsitz der islamischen Wissenschaften war]

Ku|gu|ar ⟨m.; -s, -e⟩ = *Puma* [<südamerikan. Indianerspr.]

ku|jo|nie|ren ⟨V.⟩ jmdn. ~ *jmdn. quälen, schikanieren, jmdm. übel mitspielen;* Sy ⟨umg.; †⟩ *kuranzen* [<frz. *couillonner* »verspotten«; zu *couillon* »Feigling, Dummkopf«; zu vulgärlat. *coleone* »Entmannter«; zu **colea* »Hodensack«]

Ku-Klux-Klan ⟨engl. [kju:klʌksklæn] m.; -s; unz.⟩ *amerikan. Geheimbund, der gegen die Gleichberechtigung der Schwarzen mit terrorist. Methoden kämpft* [engl. <grch. *kyklos* »Kreis + engl. *clan* »Stamm, Sippe«]

Kuk|sa ⟨f.; -, -s⟩ *(in Lappland gebräuchliche) Tasse aus Birkenholz* [finn.]

Ku|kul|le ⟨f.; -, -n⟩ *weiter Mantel, der Teil der Mönchskleidung beim Chorgebet ist* [<lat. *cucullus* »am Kleid befestigte Kappe, Kapuze«]

Ku|kum|ber, Ku|ku|mer ⟨f.; -, -n; rheinfränk.⟩ *Gurke* [<lat. *cucumer* »Gurke«]

Ku|ku|ruz ⟨m.; -es od. -; unz.; ostmdt.; österr.⟩ *Mais* [<rumän. *cucuruz* »Tannenzapfen; Mais« <türk.]

Ku|lak ⟨m.; -en, -en⟩ *russ. Großbauer (im Laufe der landwirtschaftl. Kollektivierung abgeschafft)* [russ., »Faust«]

ku|lant ⟨Adj.⟩ *entgegenkommend, großzügig (im Geschäftsverkehr);* Ggs *inkulant;* gegen jmdn. ~ sein [<frz. *coulant* »fließend, flüssig, beweglich«; zu *couler* »fließen«; verwandt mit *Kulisse*]

Ku|lanz ⟨f.; -; unz.⟩ *kulantes Wesen;* Ggs *Inkulanz*

Ku|li ⟨m.; -s, -s⟩ **1** *ostasiat. Tagelöhner, Lastenträger* **2** *süd- u. mittelamerikan. Plantagenarbeiter* **3** ⟨fig.⟩ *ausgebeuteter Arbeiter;* arbeiten wie ein ~ *sehr schwer (bes. körperlich) arbeiten* [<engl. *coolie, cooly* »Kuli, Lastträger« <Hindi *Kuli,* Name eines im westl. Indien beheimateten Volksstammes, dessen Angehörige sich oft als Fremdarbeiter verdingten]

Ku|lier|wa|re ⟨f.; -, -n⟩ *aus waagerecht hin- u. hergehenden Fäden gewirkter Stoff, Kettenware* [zu frz. *couler* »fließen«]

ku|li|na|risch ⟨Adj.⟩ *feine, erlesene Gerichte u. Kochkunst betreffend, auf ihnen beruhend;* ~e Genüsse [<lat. *culinarius* »auf die Küche, die Kochkunst bezüglich«; zu *culina* »Küche«]

Ku|lis|se ⟨f.; -, -n⟩ **1** ⟨urspr.⟩ *verschiebbarer, mit bemalter Leinwand bespannter Rahmen als seitl. Abschluss der Bühne u. zur Vortäuschung eines Schauplatzes;* ⟨heute⟩ *jedes Dekorationsstück auf der Bühne;* hinter den ~n ⟨a. fig.⟩ *heimlich, nicht vor der Öffentlichkeit;* einen Bick hinter die ~n werfen **2** *Steuerungselement an Dampfmaschinen, das sowohl die Füllung des Zylinders verändern als auch Vor- od. Rückwärtsgang bewirken kann* [<frz. *coulisse* »Rinne, Schiebefenster, Schiebewand«; zu *couler* »fließen«]

Kulm ⟨m. od. n.; -(e)s, -e⟩ **1** *abgerundeter Berggipfel, Bergkuppe* **2** ⟨unz.; Geol.⟩ *sandig-tonige Ausbildung des unteren Karbons;* oV *Kolm* [<lat. *culmen* »Gipfel«]

Kul|mi|na|ti|on ⟨f.; -, -en⟩ *Erreichen des Höhepunktes, Durchgang durch den Höhepunkt* [<frz. *culmination* »Höhepunkt, Gipfelpunkt«, <lat. *culmen,* Gen. *culminis* »Gipfel«]

Kul|mi|na|ti|ons|punkt ⟨m.; -(e)s, -e⟩ *höchster od. tiefster Punkt, den die Sonne od. ein Stern bei ihrer täglichen Bahn über das Himmelsgewölbe erreichen*

kul|mi|nie|ren ⟨V.⟩ **1** *den höchsten bzw. tiefsten Punkt erreichen, z.B. bei Gestirnen* **2** ⟨fig.⟩ *den Gipfelpunkt erreichen* [<frz. *culminer* »den Höhepunkt erreichen«, <lat. *culmen,* Gen. *culminis* »Gipfel«]

kul|misch ⟨Adj.; Geol.⟩ *zum Kulm gehörend, aus ihm stammend*

Kult ⟨m.; -(e)s, -e⟩ **1** *öffentl., geregelter Gottesdienst;* oV *Kultus* **2** ⟨fig.⟩ *übertriebene Verehrung, übertrieben sorgfältige Behandlung;* einen ~ um jmdn., mit etwas treiben [<lat. *cultus* »Pflege, Bildung, Verehrung (einer Gottheit)«]

Kult|buch ⟨n.; -(e)s, -bü|cher⟩ *von seiner Anhängerschaft vorbehaltlos verehrtes u. immer wieder gelesenes Buch*

kul|tisch ⟨Adj.⟩ *zum Kult gehörig, auf ihm beruhend, beim Kult gebraucht;* ~e Gegenstände; ~e Verehrung (eines Heiligtums)

Kul|ti|va|tor ⟨[-va:-] m.; -s, -to|ren⟩ = *Grubber* [nlat. Bildung zu *kultivieren*]

kul|ti|vie|ren ⟨[-vi:-] V.⟩ **1** *urbar machen;* Land, Boden ~ **2** *menschlicher Gesittung angleichen, annähern;* ein Volk ~ **3** *verfeinern, veredeln;* sein Benehmen, seine innere Haltung ~ [<frz. *cultiver* <mlat. *cultivare* »(be)bauen, pflegen« <lat. *colere* »(be)bauen, (be)wohnen, pflegen«]

kul|ti|viert ⟨[-vi:rt] Adj.⟩ *gebildet, gut erzogen, mit guten Umgangsformen, gepflegt, verfeinert;* ein ~er Mensch; eine ~e Sprechweise

Kult|mi|nis|te|ri|um ⟨n.; -s, -ri|en; in Württemberg für⟩ *Kultusministerium*

Kul|tur ⟨f.; -, -en⟩ **1** *das Kultivieren(1), das Urbarmachen des Bodens, Anbau von Pflanzen* **2** *auf bes. Nährböden gezüchtete Bakterien od. andere Lebewesen;* Bakterien~; Pilz~ **3** *Gesamtheit der geistigen u. künstler. Ausdrucksformen eines Volkes;* die antiken, orientalischen ~en; eine hoch entwickelte ~ **4** ⟨unz.⟩ *geistige u. seelische Bildung, verfeinerte Lebensweise, Lebensart;* jmd. hat (keine) ~ [<lat. *cultura* »Landbau, Pflege (des Körpers u. Geistes)« <lat. *colere* »(be)bauen, (be)wohnen, pflegen«]

Kul|tur|at|ta|ché ⟨[-ʃe:] m.; -s, -s⟩ *für die Belange der Kultur u. des Kulturaustausches zuständiger Attaché*

kul|tu|rell ⟨Adj.⟩ *die Kultur betreffend, zu ihr gehörig, auf ihr beruhend*

Kul|tur|film ⟨m.; -(e)s, -e⟩ *Film über ein allgemein bildendes, allgemein interessierendes Thema aus der Natur, Kunst od. Wissenschaft*

Kul|tur|flüch|ter ⟨m.; -s, -; Biol.⟩ *Tier- od. Pflanzenart, die durch Eingriffe des Menschen in die Landschaft aus ihrem Lebensraum verdrängt wurde;* Ggs *Kulturfolger*

Kul|tur|fol|ger ⟨m.; -s, -; Biol.⟩ *Tier- od. Pflanzenart, die in einer Kulturlandschaft geeignete Lebensbedingungen findet u. sich dort verbreitet,* z.B. Ackerunkraut; Hausmaus; Ggs *Kulturflüchter*

Kul|tur|fonds ⟨[-fɔ̃] m.; - [-fɔ̃s], - [-fɔ̃s]; DDR⟩ *Fonds, der durch die Kulturabgaben gespeist wurde u. zur Finanzierung des kulturellen Geschehens diente*

kul|tur|ge|schicht|lich ⟨Adj.⟩ *die Kulturgeschichte betreffend, zu ihr gehörend, auf ihr beruhend;* Sy *kulturhistorisch*

kul|tur|his|to|risch ⟨Adj.⟩ = *kulturgeschichtlich*

Kul|tur|pes|si|mis|mus ⟨m.; -; unz.; Philos.⟩ *Kritik, ablehnende Haltung gegenüber der bestehenden Kultur eines Volkes*

Kul|tur|phi|lo|so|phie ⟨f.; -; unz.⟩ *deutende u. wertende Betrachtung der Kultur*

Kul|tur|po|li|tik ⟨f.; -; unz.⟩ *alle Maßnahmen des Staates, die kulturellen Errungenschaften zu erhalten, zu pflegen u. zu verbessern*

Kul|tur|psy|cho|lo|gie ⟨f.; -; unz.⟩ *Teilgebiet der Psychologie, das sich mit dem psycholog. Hintergrund der Kultur(en) befasst*

Kul|tur|re|vo|lu|ti|on ⟨[-vo-] f.; -, -en; Marxismus⟩ *sozialistische Revolution auf kulturellem Gebiet*

Kul|tur|schock ⟨m.; -s, -s⟩ *(durch ein Übermaß an Eindrücken hervorgerufenes) Erschrecken vor einer fremden, andersartigen Kultur*

Kul|tur|spon|so|ring ⟨n.; -s; unz.; Wirtsch.⟩ *von (größeren) Firmen gezielt betriebene finanzielle Förderung von kulturellen Ereignissen od. Erzeugnissen zur Steigerung ihres öffentlichen Ansehens od. zu Werbezwecken;* →a. *Sponsor*

Kul|tur|step|pe ⟨f.; -, -n; Geogr.⟩ *Landschaft, die durch willkürliche Waldrodung zugunsten des Ackerbaus verändert wurde, mit der Folge eines Artenrückgangs bei Tieren u. Pflanzen*

Kul|tus ⟨m.; -, Kul|te⟩ = *Kult(1)*

Kul|tus|mi|nis|ter ⟨m.; -s, -⟩ *Fachminister, der dem Kultusministerium vorsteht*

Kul|tus|mi|nis|te|rin ⟨f.; -, -rin|nen⟩ *Fachministerin, die dem Kultusministerium vorsteht*

Kul|tus|mi|nis|te|ri|um ⟨n.; -s, -ri|en⟩ *Ministerium für alle Angelegenheiten der Kultur(3, 4)*

Ku|ma|rin ⟨n.; -s; unz.⟩ *nach Waldmeister riechender, auch in anderen Pflanzen vorkommender Duftstoff, chemisch ein Glykosid;* oV *Cumarin* [<frz. *coumarou* »Tonkabaum« <span., port. *cumarú, commarú*]

Ku|ma|ron ⟨n.; -s; unz.⟩ *angenehm riechendes Öl der heterocyclischen Reihe, wird aus dem Schwerbenzol des Steinkohlenteers gewonnen;* oV *Cumaron* [→ *Kumarin*]

Kum|pan ⟨m.; -s, -e⟩ **1** *Geselle, Genosse;*

Sauf~; Zech~ **2** ⟨abwertend⟩ *Kerl* [<mhd. *kompan, kumpan* <altfrz. *compain* »Genosse« <mlat. *cumpanio* »Brotgenosse«, <lat. *cum* »gemeinsam mit« + *panis* »Brot«]

Kum|pa|nei ⟨f.; -, -en⟩ *Gesamtheit der Kumpane, Gesellschaft lustiger Burschen*

Kum|quat ⟨f.; -, -s⟩ *kleine ostasiat. Orange* [chin.]

Ku|mu|la|ti|on ⟨f.; -, -en⟩ **1** *Anhäufung* **2** *das Verstärken der Wirkung von Medikamenten durch fortgesetzte Gaben u. entsprechende Anreicherung im Körper* [<lat. *cumulatio* »Vermehrung, Zuwachs«; zu *cumulus* »Haufen«]

ku|mu|la|tiv ⟨Adj.⟩ *auf Kumulation beruhend, sich anhäufend*

ku|mu|lie|ren ⟨V.⟩ *sich anhäufen;* ~de Bibliografie *regelmäßig erscheinende B., die jedes Mal auch wieder die schon erschienenen Titel verzeichnet* [<lat. *cumulare* »häufen«; zu *cumulus* »Haufen«]

Ku|mu|lo|nim|bus ⟨m.; -, -se⟩ *dunkle Haufenwolke, Gewitterwolke* [< *Kulmus* + lat. *nimbus* »Wolke, Regenwolke«; → *Nimbus*]

Ku|mu|lus ⟨m.; -, -li⟩, **Ku|mu|lus|wol|ke** ⟨f.; -, -n⟩ *durch Konvektion bis zur Kondensationshöhe entstehende, scharf abgegrenzte, dichte Haufenwolke;* oV *Cumulus, Cumuluswolke* [<lat. *cumulus* »Haufen«]

Ku|myss ⟨m.; -; unz.⟩ *alkohol. Getränk aus gegorener Stutenmilch* [<russ. *kumys* <tatar. *kumiz*]

ku|ne|i|form ⟨[-ne:i-] Adj.⟩ *keilförmig* [<lat. *cuneus* »Keil« + ...*form*[1]]

Kü|net|te ⟨f.; -, -n⟩ *Abzugsgraben des Festungsgrabens* [<frz. *cunette* »Abzugsgraben eines trockenen Festungsgrabens« <ital. *cunetta,* »Pfütze« <*lacunetta,* Verkleinerungsform zu *lacuna* »Sumpf«]

Kung-Fu ⟨n.; - od. -s; unz.⟩ *(auch als Sport betriebene) chines. Technik der Selbstverteidigung* [chines.]

Kun|ni|lin|gus ⟨m.; -, -gi⟩ = *Cunnilingus*

Ku|pal ⟨n.; -s; unz.⟩ *mit Kupfer beschichtetes u. dadurch besonders korrosionsbeständiges Aluminium* [verkürzt < *Kup*fer + *Al*uminium]

Kü|pe ⟨f.; -, -n⟩ **1** *Kessel, Bottich zum Färben* **2** *Färbebad, Lösung zum Färben* [<nddt. *Kupe, Küpe* <lat. *cupa* »Gefäß, Tonne«]

Ku|pel|le ⟨f.; -, -n⟩ = *Kapelle*[3](2)

ku|pel|lie|ren ⟨V.⟩ *von unedlen Metallen trennen;* Edelmetall ~ [<mlat. *cupella* »Probiertiegel«]

Kü|pen|farb|stoff ⟨m.; -(e)s, -e⟩ *Textilfarbstoff zum Färben von Geweben, der mittels besonderer Lösungsmittel im gelösten Zustand auf ein Gewebe aufgebracht wird* [→ *Küpe*]

Kup|fer|vi|tri|ol, ⟨auch⟩ **Kup|fer|vit|ri|ol** ⟨[-vi-] n.; -s; unz.; umgangssprachl. Bez. für⟩ *Kupfersulfat,* $CuSO_4$

Ku|pi|di|tät ⟨f.; -; unz.⟩ *sexuelles Verlangen, Begierde* [nach dem röm. Liebesgott *Cupido*]

Ku|pi|do ⟨f.; -; unz.; †⟩ *Begierde, sinnliches Verlangen, Sehnsucht;* oV *Cupido* [<lat. *cupido* »Begierde«]

ku|pie|ren ⟨V.⟩ **1** einen Hund, ein Pferd ~ *Schwanz u. (od.) Ohren stutzen* **2** eine Fahrkarte ~ *lochen, knipsen* **3** Wein ~ *verschneiden* **4** eine Krankheit ~ *in den ersten Anfängen unterdrücken* **5** Karten ~ *abheben* [<frz. *couper* »abschneiden«]

Ku|pol|o|fen ⟨m.; -s, -ö|fen⟩ *Schachtofen, in dem Schrott u. Roheisen umgeschmolzen wird* [<lat. *cupula* »kleine Kufe«, Verkleinerungsform zu *cupa* »Kufe«]

Ku|pon ⟨[-pɔ̃:] m.; -s, -s⟩ oV *Coupon* **1** *Abschnitt, Stoffabschnitt* **2** *Zinsschein an Wertpapieren* [<frz. *coupon*]

Kup|pel ⟨f.; -, -n⟩ *Wölbung über einem Raum, bes. Kirchenraum, meist in Form einer Halbkugel* [<ital. *cupola* »Kuppel« <mlat. *cup(p)ula* »Becher«, Verkleinerungsform zu lat. *cupa* »Tonne«]

Ku|pris|mus, ⟨auch⟩ **Kup|ris|mus** ⟨m.; -; unz.⟩ *Kupfervergiftung* [<lat. *cuprum* »Kupfer«]

Kur ⟨f.; -, -en⟩ **1** *Heilverfahren;* Kaltwasser~; Trauben~; Trink~; ⟨fig.; umg.⟩ jmdn. in die ~ nehmen *zurechtweisen, ihm die Meinung sagen* **2** *Aufenthalt in einem Kurort zu Heilzwecken;* zur ~ (in ein Bad) fahren [<lat. *cura* »Sorge, Fürsorge, Pflege«]

ku|ra|bel ⟨Adj.; Med.⟩ *so beschaffen, dass man es kurieren kann, heilbar;* Ggs *inkurabel* [<lat. *curabilis* »heilbar«; zu *curare* »sorgen«]

Ku|rant[1] ⟨m.; -en, -en; schweiz.⟩ *Gast in einem Kurort, Kurgast*

Ku|rant[2] ⟨n.; -(e)s, -e; kurz für⟩ *Kurantgeld* [zu frz. *courant* »laufend«; zu *courir* »laufen«]

Ku|rant|geld ⟨n.; -(e)s, -er⟩ *vollwertiges Geld (Gold- od. Silbermünzen), bei dem der Metallwert dem aufgeprägten Geldwert entspricht;* Sy *Kurant*[2]

ku|ran|zen ⟨V.; umg.; †⟩ = *kujonieren* [<mlat. *carentia* »Bußübung mit Fasten, Geißeln usw.«]

Ku|ra|re ⟨n.; -s od. -; unz.⟩ *indian., zu Nervenlähmungen führendes Pfeilgift, das in kleinen Dosen in der Medizin zu Heilzwecken verwendet wird;* oV *Curare* [<span., port. *curare* <karib. *kurari*]

Kü|rass ⟨m.; -es, -e⟩ *Brustharnisch* [<frz. *cuirasse* »Harnisch, Brustpanzer«]

Kü|ras|sier ⟨m.; -s, -e⟩ **1** ⟨urspr.⟩ *Reiter mit Kürass* **2** ⟨allg.⟩ *Angehöriger der schweren Reiterei* [<frz. *cuirassier*]

Ku|rat ⟨m.; -en, -en⟩ **1** *kath. Geistlicher, dem bes. die Seelsorge obliegt* **2** *Hilfsgeistlicher in der Seelsorge unter Aufsicht eines Pfarrers* [<ital. *curato,* <lat. *curare* »Sorge tragen«]

Ku|ra|tel ⟨f.; -, -en⟩ *Pflegeschaft, Vormundschaft;* unter ~ stehen; jmdn. unter ~ stellen, nehmen [<mlat. *curatela* »Vormundschaft, Pflegschaft«; vermutl. <lat. *curatio* »Fürsorge« (zu *cura* »Sorge«) + *tutela* »Fürsorge, Obhut«]

Ku|ra|tie ⟨f.; -, -n⟩ *Amt u. Bezirk eines Kuraten*

ku|ra|tiv ⟨Adj.⟩ *heilend* [<lat. *curare* »sorgen, pflegen«]

Ku|ra|tor ⟨m.; -s, -to|ren⟩ **1** *Vormund, gesetzl. Vertreter* **2** *Beamter in der Universitätsverwaltung* **3** *Verwalter einer Stiftung* [< lat. *curator* »Fürsorger, Pfleger«; zu *curare* »Sorge tragen«]

Ku|ra|to|ri|um ⟨n.; -s, -ri|en⟩ **1** *Amt eines Kurators* **2** *Aufsichtsbehörde von öffentl. Körperschaften od. privaten Einrichtungen* [< lat. *curatorius* »zum Kurator gehörig«; zu *curator;* → *Kurator*]

Kur|bet|te ⟨f.; -, -n; Sp.; hohe Schule⟩ *Folge mehrerer gleicher Sprünge, Galoppübung;* oV *Courbette* [< frz. *courbette* »Bogensprung«; zu *courbe* »gekrümmt, gebogen«]

kur|bet|tie|ren ⟨V.⟩ *eine Kurbette ausführen* [< frz. *courber* »(sich) krümmen, biegen«]

Kü|ret|ta|ge ⟨[-ʒə] f.; -, -n; Med.⟩ *Ausschabung, Auskratzung (der Gebärmutter)*

Kü|ret|te ⟨f.; -, -n; Med.⟩ *scharfer Löffel zur Ausschabung der Gebärmutter* [< frz. *curette* »Raumlöffel«; zu *curer* »säubern, reinigen«]

kü|ret|tie|ren ⟨V.; Med.⟩ *(die Gebärmutter) mit der Kürette ausschaben, auskratzen*

ku|ri|al ⟨Adj.⟩ **1** *zur fürstl. Kanzlei, zum fürstl. Hof gehörig, dort üblich* **2** *zur Kurie gehörend* [< lat. *curialis* »zur Kurie gehörig«]

Ku|ri|a|len ⟨Pl.⟩ *alle geistl. u. welt. Beamten der Kurie(2)*

Ku|ri|a|lis|mus ⟨m.; -; unz.⟩ = *Papalismus* [→ *Kurie*]

Ku|ri|at|stim|me ⟨f.; -, -n⟩ *Gesamtstimme mehrerer Stimmberechtigter;* Ggs *Virilstimme* [→ *Kurie*]

Ku|rie ⟨[-riə] f.; -, -n⟩ **1** ⟨im alten Rom⟩ **1.1** *einer der insgesamt 30 Familienverbände, Einheit der bürgerschaftl. Gliederung* **1.2** *Versammlungsraum des Senats* **2** ⟨heute⟩ *die päpstl. Behörden, der Hofstaat des Papstes* [< lat. *curia* »Gebäude für Senatsversammlungen in Rom, Rathaus, Ratsversammlung«]

Ku|rier ⟨m.; -s, -e⟩ *Bote, Eilbote;* einen Brief durch, mit ~ schicken [< frz. *courrier* »Kurier, Eilbote«]

ku|rie|ren ⟨V.⟩ jmdn. von einer Krankheit ~ *heilen;* jmdn. von einer Einstellung, einem Verhalten ~ ⟨fig.⟩ *überzeugen, dass er sich nicht richtig verhalten hat;* davon bin ich kuriert [< lat. *curare* »Sorge tragen, pflegen«]

ku|ri|os ⟨Adj.⟩ **1** *merkwürdig, sonderbar* **2** *wunderlich, spaßig, komisch* [< lat. *curiosus* »sorgfältig, interessiert, aufmerksam, neugierig, vorwitzig«; zu *cura* »Sorge«]

Ku|ri|o|si|tät ⟨f.; -, -en⟩ **1** ⟨unz.⟩ *kuriose Beschaffenheit, Seltsamkeit, Merkwürdigkeit;* etwas (nur) der ~ wegen erzählen **2** ⟨zählb.⟩ *kurioses Ding, kuriose Sache;* ~en sammeln [< lat. *curiositas* »Wissbegierde, Neugierde« u. frz. *curiosité* »Neugierde, Wissbegierde, Sehenswürdigkeit«]

Ku|ri|o|sum ⟨n.; -s, -sa⟩ *etwas Kurioses, Seltsames, Komisches, Wunderliches* [< lat. *curiosus;* → *kurios*]

Kur|ku|ma ⟨a. ['---] f.; -, -ku|men⟩ *Gelbwurz, südasiat. Ingwer, gelber Ingwer;* oV *Curcuma* [< arab. *kurkum*]

Kur|ku|min ⟨n.; -s; unz.⟩ *gelber Farbstoff der Gelbwurz, scharfes Gewürz für Reisspeisen, zum Färben von Fetten*

Kur|ren|da|ner ⟨m.; -s, -⟩ *Mitglied einer Kurrende*

Kur|ren|de ⟨f.; -, -n⟩ **1** ⟨früher⟩ *Schülerchor, der gegen kleine Gaben vor den Häusern bei Beerdigungen u. in der Adventszeit geistl. Lieder sang* **2** ⟨evang. Kirche⟩ *Jugendsingkreis* [< nlat. *currenda* < lat. *correda, corradium* »Almosen in natura«; zu *corradere* »zusammenkratzen«, mlat. »erbetteln«, angelehnt an lat. *currere* »laufen«]

kur|rent ⟨Adj.⟩ *laufend, ständig* [< lat. *currens,* Part. Präs. zu *currere* »laufen«]

Kur|rent|schrift ⟨f.; -; unz.⟩ *»laufende«, d.h. zügig geschriebene Schrift, Schreibschrift, im Gegensatz zur Druckschrift*

Kur|ri|ku|lum ⟨n.; -s, -la⟩ **1** *Lebenslauf;* → a. *Curriculum vitae* **2** *Lehrplan* [< lat. *curriculum* »Lauf«; zu *currere* »laufen«]

Kurs ⟨m.; -es, -e⟩ **1** *Richtung, Fahrt-, Flugrichtung;* ~ nehmen (auf); vom ~ abkommen; den ~ halten **2** ⟨fig.⟩ *Richtung in der Politik, in der Wirtschaft;* den ~ ändern; harter, weicher ~; neuer ~ **3** *Preis der an der Börse gehandelten Wertpapiere* **4** *Handelspreis einer Währung;* Wechsel~; die ~e fallen, steigen, ziehen an; hoch im ~ stehen ⟨fig.⟩ *angesehen, beliebt sein;* außer ~ setzen *für ungültig erklären* **5** *Lehrgang;* Koch~; Sprach~; oV *Kursus* [< lat. *cursus* »Lauf, Gang, Fahrt, Reise«; zu *currere* »laufen»; über ital. *corso* in der Kaufmannssprache, über frz. *cours(e)* u. ndrl. *koers* in der Seefahrt; direkt aus dem Lat. als »Lehrgang«]

Kur|se ⟨Pl. von⟩ *Kurs, Kursus*

kur|sie|ren ⟨V.⟩ *die Runde machen, in Umlauf sein* ⟨fig.⟩; es ~ neue Gerüchte [< lat. *cursare* »umherrennen, durchlaufen«]

kur|siv ⟨Adj.⟩ *schräg;* ~e Druckschrift [< mlat. *cursivus* »laufend«; zu *cursare;* → *kursieren*]

Kur|si|ve ⟨[-və] f.; -, -n⟩, **Kur|siv|schrift** ⟨f.; -, -en⟩ *schräge Druckschrift*

Kurs|kor|rek|tur ⟨f.; -, -en; bes. Pol.⟩ *Änderung, Korrektur einer Vorgehensweise;* eine ~ vornehmen

kur|so|risch ⟨Adj.⟩ *fortlaufend, nicht unterbrochen, hintereinander* [< lat. *cursorius* »zum Laufen gehörig«; zu *cursus;* → *Kurs*]

Kur|sus ⟨m.; -, Kur|se⟩ = *Kurs(5)*

Kur|ta|ge ⟨[-ʒə] eindeutschend für⟩ *Courtage*

Kur|ta|xe ⟨f.; -, -n⟩ *Steuer für Kurgäste in Heilbädern, Erholungsorten o.Ä.*

Kur|ti|ne ⟨f.; -, -n; †⟩ **1** *Teil des Hauptwalles (einer Festung), der zwei Bastionen miteinander verbindet* **2** ⟨Theat.⟩ *Zwischen-, Mittelvorhang* [< frz. *courtine* »Zwischenfassade« < lat. *cortina* »kesselförmige Rundung«]

Kur|ti|sa|ne ⟨f.; -, -n⟩ **1** ⟨früher⟩ *Geliebte eines Fürsten* **2** ⟨dann⟩ *vornehme, elegante Geliebte*

[<frz. *courtisan* »Höfling« <ital. *cortigiano* »Höfling«; zu ital. *corte* »Hof, Fürstenhof«]

Kur|tscha|to|vi|um, ⟨auch⟩ **Kurt|scha|to|vi|um** ⟨[-vi-] n.; -s; unz.; Chem.; Zeichen: Ku⟩ *radioaktives chem. Element, Ordnungszahl 104* [nach dem sowjet. Physiker Igor Vasilevič *Kurčatov,* 1903-1960]

ku|ru|lisch ⟨Adj.; in den Wendungen⟩ ~e Beamte *die höchsten altröm. Beamten, die bei ihren Amtshandlungen auf dem kurulischen Stuhl saßen;* ~er Stuhl *Amtssessel der höchsten altröm. Beamten* [nach lat. *sella curulis* »Amtssessel der höchsten altröm. Beamten«; zu *curulis,* eigtl. »zum Wagen gehörig«; zu *currus* »Wagen«]

Kur|va|tur ⟨[-va-] f.; -, -en⟩ **1** *Krümmung, Wölbung* **2** *große u. kleine Krümmung des Magens* [<lat. *curvatura* »Krümmung, Rundung«; zu *curvus* »krumm«]

Kur|ve ⟨[-və] f.; -, -n⟩ **1** ⟨Math.⟩ *gekrümmte Linie* **2** *Krümmung, Biegung;* ~ eines Weges; eine enge, scharfe, steile ~; eine ~ fahren, nehmen; in die ~ gehen; das Fahrzeug wurde aus der ~ getragen, geschleudert; die ~ kratzen ⟨fig.; umg.⟩ *sich schnell u. unauffällig entfernen, sterben;* die ~ raushaben, weghaben ⟨fig.; umg.⟩ *eine Sache begriffen haben u. richtig geschickt ausführen* [verkürzt <lat. *curva linea* »krumme Linie«]

kur|ven ⟨[-vən] V.⟩ *in Kurven fahren*

Kur|ven|dis|kus|si|on ⟨[-vən-] f.; -, -en; Math.⟩ *rechner. Untersuchung einer Funktion mit Darstellung des graf. Verlaufs*

Kur|ven|li|ne|al ⟨[-vən-] n.; -s, -e⟩ *Zeichengerät, das mehrere vorgeschnittene mathemat. Kurven zum Nachziehen enthält*

kur|vig ⟨[-vig] Adj.⟩ *in der Art einer Kurve, in Kurven, gekrümmt, gebogen*

Kur|vi|me|ter ⟨[-vi-] n.; -s, -⟩ *Kurvenmesser* [< *Kurve* + …*meter*]

Kur|vi|me|trie, ⟨auch⟩ **Kur|vi|met|rie** ⟨[-vi-] f.; -; unz.⟩ *Entfernungs-, Kurvenmessung auf Landkarten*

kur|vi|me|trisch, ⟨auch⟩ **kur|vi|met|risch** ⟨[-vi-] Adj.⟩ *die Kurvimetrie betreffend, mit Hilfe eines Kurvimeters*

kur|visch ⟨[-viʃ] Adj.⟩ *in Kurven, gekrümmt, gebogen*

Ku|si|ne ⟨f.; -, -n⟩ *Tochter der Tante od. des Onkels, Base;* oV *Cousine* [<frz. *cousine*]

Kus|kus ⟨m.; -; unz.⟩ *nordafrik. Gericht aus klein geschnittenem, gewürztem Hammelfleisch, Gemüse, Grieß u. Brühe;* oV *Couscous* [arab.]

Kus|to|de 1 ⟨f.; -, -n⟩ **1.1** *Buchstabe od. Zahl als Kennzeichnung für die einzelnden Lagen einer Handschrift* **1.2** *Angabe des ersten Wortes der nächsten Seite in der rechten unteren Ecke bzw. des letzten Wortes der vorausgegangenen Seite in der linken oberen Ecke einer Buchseite* **2** ⟨m.; -n, -n⟩ *Vorsteher u. wissenschaftl. Betreuer einer Sammlung, bes. eines Museums, auch eines Archivs, od. einer Bibliothek;* oV *Kustos* [<lat. *custos* »Hüter«]

Kus|to|dia ⟨f.; -, -di|en; kath. Kirche⟩ *Behälter, in dem die Hostien aufbewahrt werden* [<lat. *custodia* »Bewachung, Bewahrung, Hut, Obhut«]

Kus|tos ⟨m.; -, -to|den⟩ = *Kustode(2)*

Ku|su ⟨m.; -s, -s⟩ *Gattung der Kletterbeutler von Katzengröße mit glattem Pelz u. langem Greifschwanz: Trichosurus* [<austral. Eingeborenensprache]

ku|tan ⟨Adj.; Med.⟩ *die Haut betreffen, zu ihr gehörig;* ~e Impfung; ~e Behandlung [<lat. *cutis* »Haut«]

Ku|tan|imp|fung ⟨f.; -, -en; Med.⟩ *Einspritzung von Antigenen in die Haut (für Diagnose- u. Therapiezwecke);* Sy *Kutanprobe*

Ku|tan|pro|be ⟨f.; -, -n; Med.⟩ = *Kutanimpfung*

Ku|ti|ku|la ⟨f.; -, -lae [-lɛ:]⟩ = *Cuticula*

Ku|tis ⟨f.; -; unz.⟩ = *Cutis*

Kut|ter ⟨m.; -s, -⟩ **1** *einmastiges, hochseetüchtiges, sehr wendiges Schiff mit mehreren Segeln;* Fisch~ **2** *Küstenfahrzeug mit Motor o.Ä. bis 150 t ohne Segel* **3** *Beiboot auf Kriegsschiffen, zuweilen mit zwei Masten* [<engl. *cutter,* eigtl. »die Wogen durchschneidendes Schiff«; zu *cut* »schneiden«]

Kü|ve|la|ge ⟨[-vəla:ʒ(ə)] f.; -, -n; Bgb.⟩ *wasserdichter Grubenausbau mit gusseisernen Ringen;* ~ eines Schachtes; oV *Küvelierung*

kü|ve|lie|ren ⟨[-və-] V.; Bgb.⟩ *mit einer Küvelage versehen* [<frz. *cuveler* »verschalen, auskleiden«]

Kü|ve|lie|rung ⟨[-və-] f.; -, -en; Bgb.⟩ = *Küvelage*

Ku|vert ⟨[-vɛ:r(t)] n.; -(e)s, -e od. -s, -s⟩ **1** *Briefumschlag* **2** *Essbesteck u. Serviette für die Mahlzeit einer Person, Gedeck* [<frz. *couvert,* eigtl. »Bedeckung«; zu *couvrir* »bedecken«]

ku|ver|tie|ren ⟨[-vɛr-] V.⟩ *in ein Kuvert stecken;* einen Brief ~

Ku|ver|tü|re ⟨[-vɛr-] f.; -, -n⟩ *Masse aus Kakao, Kakaobutter u. Zucker zum Überziehen von Pralinen, Backwaren u.a.* [<frz. *couverture* »Decke, Überzug«; zu *couvrir* »bedecken«]

Kü|vet|te ⟨[-vɛt-] f.; -, -n⟩ **1** *kleines Gefäß* **2** *Innendeckel der Taschenuhr* [<frz. *cuvette* »Schale, Schüssel, Becken«]

Kux ⟨m.; -es, -e⟩ *(heute seltenes) Wertpapier über den Anteil an einer bergrechtlichen Gewerkschaft (gemäß preuß. Berggesetz von 1865)* [<frühnhd. *kukes* <tschech. *kusek* »kleiner Anteil«]

kV ⟨Abk. für⟩ *Kilovolt*

kVA ⟨Abk. für⟩ *Kilovoltampere*

kW ⟨Abk. für⟩ *Kilowatt*

Kwass ⟨m.; - od. -es; unz.⟩ *in Russland beliebtes, leicht alkohol., bierähnl. Getränk aus vergorenem Malz, Mehl u. Brotbrei* [<russ. *kvas,* eigtl. »Säure«]

kWh ⟨Abk. für⟩ *Kilowattstunde*

Ky|a|ni|sa|ti|on ⟨f.; -; unz.⟩ *Verfahren zum Imprägnieren von Holz mit einer Quecksilberchloridlösung;* oV *Zyanisation* [nach dem Erfinder J.H. *Kyan*]

Ky|a|ni|sie|ren ⟨V.⟩ *der Kyanisation unterwerfen;* oV *zyanisieren*
Ky|a|nit ⟨m.; -s, -e⟩ = *Disthen* [zu grch. *kyanos* »dunkelblau«]
Ky|a|thos ⟨m.; -, -⟩ *altgriech. Schöpfbecher mit sehr hoch gezogenem Henkel;* oV *Zyathus* [grch.]
Ky|ber|ne|tik ⟨f.; -; unz.⟩ **1** *Theorie von der Aufnahme, Verarbeitung u. Übertragung von Informationen der verschiedensten Art, z.B. Nervenimpulsen, Wasserständen u.Ä.* **2** *Wissenschaft von den belebten und unbelebten dynamischen Systemen, in denen Informationen verarbeitet werden u. die zur Regelung od. Steuerung von Prozessen dienen* [< grch. *kybernetike (techne)* »Steuermannskunst«]
Ky|ber|ne|ti|ker ⟨m.; -s, -⟩ *Wissenschaftler der Kybernetik*
Ky|em ⟨n.; -s, -e⟩ *die befruchtete Eizelle im Gesamtverlauf der Keimesentwicklung* [< grch. *kyema* »Leibesfrucht«]
Ky|e|ma|to|ge|ne|se ⟨f.; -, -n; Med.; Sammelbez. für⟩ *alle Entwicklungsstadien, die eine befruchtete Eizelle während der gesamten Entwicklung im Mutterleib durchläuft;* → a. *Embryogenese, Embryogenie* [< *Kyem* + *Genese*]
Ky|e|ma|to|pa|thie ⟨f.; -, -n; Med.⟩ *alle Schädigungen, die einer befruchteten Eizelle im Mutterleib widerfahren;* oV *Kyemopathie* [< *Kyem* + *…pathie*]
Ky|e|mo|pa|thie ⟨f.; -, -n; Med.⟩ = *Kyematopathie*
Ky|kli|ker, ⟨auch⟩ **Kyk|li|ker** ⟨m.; -s, -⟩ = *Zykliker*
Ky|klo|i|de, ⟨auch⟩ **Kyk|lo|i|de** ⟨f.; -, -n⟩ = *Zykloide*
Ky|klon, ⟨auch⟩ **Kyk|lon** ⟨m.; -s, -e⟩ = *Zyklon(1.1)*
Ky|klop, ⟨auch⟩ **Kyk|lop** ⟨m.; -en, -en⟩ = *Zyklop*
Ky|ma ⟨n.; -s, -s⟩, **Ky|ma|ti|on** ⟨n.; -s, -s od. -tien⟩ *Zierleiste aus stilisierten Blattformen, bes. an grch. Tempeln* [< grch. *kyma* »Woge, Welle«]
Ky|mo|graf ⟨m.; -en, -en⟩ = *Kymograph*
Ky|mo|gra|fie ⟨f.; -, -n⟩ = *Kymographie*
ky|mo|gra|fie|ren ⟨V.⟩ = *kymographieren*
Ky|mo|gra|fi|on ⟨n.; -s, -fi|en⟩ = *Kymographion*
Ky|mo|gramm ⟨n.; -s, -e⟩ *Röntgenbild von sich bewegenden Organen* [< grch. *kyma* »Woge, Welle« + *…gramm*]
Ky|mo|graph ⟨m.; -en, -en⟩ *Gerät zur Aufzeichnung rhythmischer Bewegungen, z.B. des Pulsschlags;* oV *Kymograf* [< grch. *kyma* »Woge, Welle« + *…graph*]
Ky|mo|gra|phie ⟨f.; -, -n⟩ *Röntgenverfahren zur Darstellung sich bewegender Organe;* oV *Kymografie* [< grch. *kyma* »Woge, Welle« + *…graphie*]
ky|mo|gra|phie|ren ⟨V.⟩ *mit Hilfe der Kymographie darstellen;* oV *kymografieren*
Ky|mo|gra|phi|on ⟨n.; -s, -phi|en⟩ *Vorrichtung zur mechan. Aufzeichnung rhythmischer Bewegungen, z.B. des Pulses;* oV *Kymografion* [< grch. *kyma* »Woge, Welle« + *…graphie*]
Kyn|e|ge|tik, ⟨auch⟩ **Ky|ne|ge|tik** ⟨f.; -; unz.⟩ = *Zynegetik*
Ky|ni|ker ⟨m.; -s, -; Philos.⟩ *Angehöriger der von Antisthenes (444-368 v.Chr.) gegründeten Philosophenschule, die den Verzicht auf alle Kulturgüter u. völlige Bedürfnislosgkeit erstrebte, was schließlich zur Verneinung aller kulturellen Werte führte;* Sy *Zyniker(1)* [nach einem *Kynosarges,* eigtl. »Hundetummelplatz«, genannten, dem Herakles geweihten Hügel an der Ostseite von Athen mit einem Gymnasium, in dem Antisthenes seine Vorträge hielt]
ky|nisch ⟨Adj.; Philos.⟩ *die Lehre der Kyniker betreffend, auf ihr beruhend, in ihrer Art;* eine ~e Argumentation; → a. *zynisch*
Ky|nis|mus ⟨m.; -; unz.⟩ *Lehre der Kyniker*
Ky|no|lo|ge ⟨m.; -n, -n⟩ *Hundezüchter, Hundekenner*
Ky|no|lo|gie ⟨f.; -; unz.⟩ *Lehre vom Hund, seiner Zucht u. Abrichtung* [< grch. *kyon,* Gen. *kynos* »Hund« + *…logie*]
Kyn|o|re|xie, ⟨auch⟩ **Ky|no|re|xie** ⟨f.; -; unz.⟩ *Heißhunger;* Sy *Lykorexie* [< grch. *kyon,* Gen. *kynos* »Hund« + *orexis* »Verlangen«]
Ky|pho|se ⟨f.; -, -n; Med.⟩ *Rückgratverkrümmung nach hinten, Buckel;* Ggs *Lordose* [< grch. *kyphos* »krumm«]
ky|pho|tisch ⟨Adj.; Med.⟩ *die Kyphose betreffend, gekrümmt in der Art einer Kyphose, an Kyphose leidend*
Ky|rie ⟨[-rie:] n.; -s, -s; kurz für⟩ *Kyrie eleison;* das ~ singen
Ky|rie e|lei|son ⟨a. [-ele:izɔn] n.; -s, - -s⟩ **1** ⟨kath. Kirche⟩ *am Anfang der Messe gesungener Bittruf* **2** ⟨evang. Kirche⟩ *Bittruf am Anfang der Liturgie* [grch., »Herr, erbarme dich!«]
Ky|ri|e|leis ⟨a. [-le:iz] kurz für⟩ *Kyrie eleison*
ky|ril|lisch ⟨Adj.⟩ ~e Schrift; ~e Buchstaben *nach dem Slawenapostel Kyrillos benannte, aus der glagolit. Schrift entwickelte Schrift der griech.-orthodoxen Slawen;* oV *cyrillisch, zyrillisch*
Ky|ril|li|za ⟨f.; -; unz.⟩ *kyrillische Schrift*
Kyu ⟨[kju:] m.; -s, -s; Sp.⟩ *die sechs untersten Grade (Schülergrade) im Judo u. anderen Budo-Sportarten* [jap., »vorhergehende Stufe«]
KZ ⟨Abk. für⟩ *Konzentrationslager*

L

l ⟨Abk. für⟩ *Liter*
L 1 ⟨röm. Zahlzeichen für⟩ *50* **2** ⟨Zeichen für⟩ *lävogyr* **3** ⟨Zeichen für⟩ *Induktivität*

L. ⟨Abk. für⟩ *Lira, Lire*
L- ⟨Abk. für⟩ *lävogyr*
La[1] ⟨chem. Zeichen für⟩ *Lanthan*
La[2] ⟨n.; -, -; ital. u. frz. Bez. für⟩ *Ton A, in der Tonika-Do-Methode jeweils der sechste Ton einer Tonleiter;* →a. *Solmisation*
La Bam|ba ⟨m.; - -, - -s; fachspr. f.; - -, - -s⟩ *aus Lateinamerika stammender Modetanz* [portug.; nach dem gleichnamigen span. Hit des US-amerik. Sängers Ritchie Valens von 1958]
La|ba|rum ⟨n.; -; unz.⟩ **1** *kaiserl. Heeresfahne der spätröm. Zeit mit Christusmonogramm seit Konstantins d. Gr. Sieg im Jahre 312* **2** *das Christusmonogramm selbst* [lat.]
Lab|da|num ⟨n.; -s; unz.⟩ = *Ladanum*
La|bel ⟨[lɛi-] n.; -s, -s⟩ **1** *Etikett, Aufklebeschild* **2** *Marken-, Firmenbezeichnung auf einem Etikett* **3** ⟨Mus.⟩ *Schallplattenfirma, die den Vertrieb sowie das Marketing von Musikgruppen betreibt* [engl.]
La|bel|sys|tem ⟨[lɛibl-] n.; -s; unz.; Wirtsch.⟩ *(hauptsächlich in England u. USA angewandte) Empfehlung (u. Markierung) von Produkten arbeiterfreundlicher Betriebe seitens der Gewerkschaften* [< *Label(1)* + *System*]
La|ber|dan ⟨m.; -s, -e⟩ *gesalzener Trockenfisch* [< frz. *laberdan* < *Labourdain,* Bezeichnung der baskischen Küste an der Adourmündung; zu *Lapurdum,* dem lat. Namen von *Bayonne*]
la|bi|al ⟨Adj.⟩ **1** *die Lippen betreffend* **2** *mit den Lippen gebildet (Laut)* [< lat. *labium* »Lippe«]
La|bi|al ⟨m.; -(e)s, -e⟩ *mit den Lippen gebildeter Konsonant;* →a. *Bilabial, Labiodental*
la|bi|a|li|sie|ren ⟨V.; Phon.⟩ *zusätzlich zur normalen Artikulation mit gerundeten Lippen aussprechen (von Lauten)* [→a. *labial*]
La|bi|a|li|sie|rung ⟨f.; -, -en; Phon.⟩ *das Labialisieren, Sprechen mit gerundeten Lippen* [→a. *labial*]
La|bi|al|pfei|fe ⟨f.; -, -n⟩ *Art der Orgelpfeife, bei der der Ton durch Luftschwingungen am Labium entsteht, Lippenpfeife;* Ggs *Lingualpfeife*
La|bi|a|te ⟨f.; -, -n⟩ *Lippenblütler* [< lat. *labium* »Lippe«]
la|bil ⟨Adj.⟩ **1** *schwankend, leicht störbar, nicht widerstandsfähig;* Ggs *stabil;* ~e Gesundheit; ~es Gleichgewicht **2** ⟨fig.⟩ *unzuverlässig, veränderlich, unsicher;* ~er Mensch, Charakter [< lat. *labilis* »leicht gleitend«]
La|bi|li|sie|rung ⟨f.; -, -en⟩ *das Labilisieren, Labilmachen;* Ggs *Stabilisierung*
La|bi|li|tät ⟨f.; -; unz.⟩ *labile Beschaffenheit, labiles Wesen*
la|bi|o|den|tal ⟨Adj.; Phon.⟩ *mit Unterlippe u. oberen Schneidezähnen gebildet* [< *Labium* + *dental*]
La|bi|o|den|tal ⟨m.; -s, -e; Phon.⟩, **La|bi|o|den|tal|laut** ⟨m.; -(e)s, -e; Phon.⟩ *mit Unterlippe u. oberen Schneidezähnen gebildeter Konsonant, Lippenzahnlaut,* z.B. f, w
la|bi|o|ve|lar ⟨[-ve-] Adj.; Phon.⟩ **1** *am Gaumensegel u. mit gerundeten Lippen gebildet (von Lauten)* **2** *den Labiovelar betreffend* [< *Labium* + *velar*]
La|bi|o|ve|lar ⟨[-ve-] m.; -s, -e; Phon.⟩, **La|bi|o|ve|lar|laut** ⟨m.; -(e)s, -e; Phon.⟩ *mit Lippen u. Gaumen gebildeter Laut, z.B. in afrikan. Sprachen* [< *Labium* + *velar*]
La|bi|um ⟨n.; -s, -bi|en od. -bia⟩ **1** *Lippe* **2** *Hautfalte am Eingang der Scheide, Schamlippe* **3** *Unterlippe der Insekten* **4** *Kante an dem flachen Teil der Orgelpfeife bzw. des Mundstücks von Pfeife u. Blockflöte* [lat., »Lippe«]
La|bor ⟨schweiz. ['--] n.; -s, -s od. -e; kurz für⟩ *Laboratorium*
La|bo|rant ⟨m.; -en, -en⟩ **1** *jmd., der im Laboratorium arbeitet, medizin.-techn. od. chem.-techn. Hilfskraft* **2** *Hilfskraft in einer Apotheke* [< lat. *laborans,* Part. Präs. zu *laborare* »arbeiten«]
La|bo|ran|tin ⟨f.; -, -tin|nen⟩ *weibl. Fachkraft für Laborarbeiten*
La|bo|ra|to|ri|um ⟨n.; -s, -ri|en⟩ *Arbeitsraum od. Forschungsstätte für biolog., chem., bakteriolog., technische u.a. Arbeiten;* Versuchs~ [< lat. *laborare* »arbeiten«]
la|bo|rie|ren ⟨V.; fig.; umg.⟩ an einer Krankheit ~ *von einer K. geplagt sein, sich lange Zeit um ihre Überwindung bemühen* [< lat. *laborare* »arbeiten, sich anstrengen, leiden«; zu *labor* »Arbeit, Mühe«]
La|bo|ris|mus ⟨m.; -; unz.⟩ *Orientiertsein, Ausgerichtetsein auf die Interessen der Arbeitnehmer* [zu lat. *labor* »Arbeit«]
La Bos|tel|la ⟨m.; - - od. - -s, - -; fachspr. f.; - -, - -s⟩ *aus Lateinamerika stammender Modetanz, der in Gruppen getanzt wird*
La|bour Par|ty ⟨[lɛibə(r) pa:ti] f.; - -; unz.⟩ *engl. Arbeiterpartei*
La|bra|dor, ⟨auch⟩ **Lab|ra|dor** ⟨m.; -s, -e⟩ **1** *große schwarzbraune Hunderasse* **2** ⟨kurz für⟩ *Labradorit* [nach der nordamerikan. Halbinsel *Labrador*]
La|bra|do|rit, ⟨auch⟩ **Lab|ra|do|rit** ⟨m.; -s, -e⟩ *farbloser bis bläulicher od. bräunlicher Feldspat, als Schmuckstein verwendet* [nach dem Fundort, der nordamerikan. Halbinsel *Labrador*]
La|brum, ⟨auch⟩ **Lab|rum** ⟨n.; -s, -bren⟩ *Oberlippe der Insekten* [lat., »Lefze, Lippe«]
Labs|kaus ⟨n.; -; unz.⟩ *seemänn. Gericht aus Fleisch od. Fisch, Kartoffelbrei u. Gurken* [< norw. *lapskaus* »Stockfisch mit Kartoffeln« < engl. *lobscouse*]
La|by|rinth ⟨n.; -s, -e⟩ **1** *Irrgarten, Irrgänge* **2** ⟨Anat.⟩ **2.1** *Gleichgewichts- u. Hörorgan der Wirbeltiere u. des Menschen;* Ohr~ **2.2** *Atemorgan des Labyrinthfisches* **3** ⟨fig.⟩ *Durcheinander, Wirrwarr* [< lat. *labyrinthus* < grch. *labyrinthos,* eigtl. »Haus der Doppelaxt (kretisch-minoische Königsinsignie)«]
la|by|rin|thisch ⟨Adj.⟩ *in der Art eines Labyrinths, verwirrend*
La|by|rinth|dich|tung ⟨f.; -, -en⟩ *im Maschinenbau vielfach zum Abdichten von Lagern u.*

Wellen verwendete Dichtung aus labyrinthartig einander gegenüberstehenden Lamellen

La|by|rinth|fisch ⟨m.; -(e)s, -e⟩ *Süßwasserfisch mit zusätzlichem Atemorgan (Labyrinth) zur Aufnahme von Sauerstoff aus der Luft: Anabantoidei*

La|by|rin|thi|tis ⟨f.; -, -thi|ti|den⟩ *Entzündung des Innenohrs* [< *Labyrinth* + …*itis*]

La|by|rinth|o|don, ⟨auch⟩ **La|by|rin|tho|don** ⟨n.; -s, -don|ten⟩ *ausgestorbene Überordnung der Lurche von salamanderähnlicher Gestalt, deren Zahndentin labyrinthisch gefaltet war* [zu *Labyrinth* + grch. *odon* »Zahn«]

la|cie|ren ⟨[-siː-] V.⟩ *mit Band durchflechten* [< frz. *lacer* »zuschnüren«]

Lack ⟨m.; -(e)s, -e⟩ **1** *zur Veredelung od. zum Schutz von Oberflächen verwendete Lösung, Suspension od. Emulsion von Harzen, Kunstharzen od. Cellulosederivaten, die, mit Farbstoffen versetzt, auf die zu lackierenden Gegenstände aufgebracht wird* **2** ⟨Bot.; kurz für⟩ *Goldlack* [< ital. *lacca* < arab. *lakk* < pers. *lak* < aind. *laksa*]

lackieren (*Worttrennung am Zeilenende*) Die Konsonantenverbindung »*ck*« dient der schriftlichen Repräsentation eines einzelnen Lautes [k] und wird deshalb nicht getrennt.

la|ckie|ren ⟨V.⟩ *mit Lack überziehen;* wenn das schief geht, bist du der Lackierte! ⟨fig.; umg.⟩ *bist du der Hereingefallene* [< ital. *laccare* »lackieren«; zu *lacca;* → *Lack*]

La|ckie|rer ⟨m.; -s, -⟩ *Handwerker, der Möbel, Fahrzeuge od. Metallgegenstände lackiert*

Lack|mus ⟨n. od. m.; -; unz.⟩ *natürl. Farbstoff der Färberflechte, der sich mit Säuren rot, mit Basen blau färbt* [< ndrl. *lakmoes;* zu mndrl. *leken* »tropfen« + *mos* »grünes Gemüse, Mus« (man ließ bei der Herstellung den Saft abtropfen)]

Lack|mus|pa|pier ⟨n.; -s, -e⟩ *mit Lackmus getränkter Papierstreifen als Indikatorpapier für Säuren od. Basen*

La|cri|mae Chris|ti, ⟨auch⟩ **Lac|ri|mae Chris|ti** ⟨Pl.⟩ *roter od. weißer Wein vom Vesuv u. dessen Umgebung* [lat., »Christustränen«]

La|cri|mo|sa, ⟨auch⟩ **Lac|ri|mo|sa** ⟨n.; -; unz.; Mus.⟩ *Anfang und Bezeichnung der in Moll komponierten 10. Strophe des Dies irae in der Totenmesse* [zu lat. *lacrimosus* »tränenreich, voll Tränen«]

la|cri|mo|so, ⟨auch⟩ **lac|ri|mo|so** ⟨Mus.⟩ = *lagrimoso*

La|crosse, ⟨auch⟩ **Lac|rosse** ⟨[-krɔs] n.; -; unz.⟩ *kanad. Spiel zwischen zwei Mannschaften, bei dem ein Gummiball mit Schlägern, die mit einem Fangnetz versehen sind, ins gegner. Tor geschleudert wird* [< frz. *la crosse* »das Kreuz« (nach dem kreuzförmigen Fangschlagholz)]

Lac|tam ⟨n.; -s, -e⟩ *ringförmig gebaute aliphat. Verbindung, die u.a. durch intramolekulare Wasserabspaltung aus einem Molekül einer höheren Aminosäure entsteht;* oV *Laktam* [< lat. *lac,* Gen. *lactis* »Milch« + *Amid*]

Lac|ta|se ⟨f.; -, -n⟩ *Enzym, das Milchzucker in Galaktose u. Glucose spaltet;* oV *Laktase* [< lat. *lac,* Gen. *lactis* »Milch«]

Lac|tat ⟨n.; -s, -e⟩ *Salz der Milchsäure;* oV *Laktat* [< lat. *lac,* Gen. *lactis* »Milch«]

lac|to…, Lac|to… ⟨vor Vokalen⟩ lact…, Lact… ⟨in Zus.⟩ *milch…, Milch…;* oV *lakto…, Lakto…* [< lat. *lac,* Gen. *lactis* »Milch«]

Lac|to|se ⟨f.; -; unz.⟩ *Milchzucker;* oV *Laktose*

La|da|num ⟨n.; -s; unz.⟩ *Harz verschiedener Arten der Zistrose zur Bereitung von Pflastern, Parfümen u. Räucherkerzen;* oV *Labdanum* [< grch. *ladanon, ledanon* < pers. *laden* < hebr. *loth*]

lä|die|ren ⟨V.⟩ **1** Sachen ~ *beschädigen* **2** Personen ~ *verwunden* [< lat. *laedere* »verletzen, beschädigen«]

Lä|die|rung ⟨f.; -, -en⟩ *Beschädigung, Verwundung*

La|di|no ⟨m.; -s, -s⟩ *Mischling aus einem weißen und einem (mittel- und südamerik.) indian. Elternteil* [zu *Ladinisch,* Sprache der Rätoromanen in Graubünden, eigtl. »Lateinisch«]

La|dy ⟨[lɛɪdi] f.; -, -s⟩ **1** ⟨i.w.S.⟩ *Dame von vornehmer Gesinnung u. Lebensart;* → a. *Gentleman* **2** ⟨i.e.S. Titel für⟩ *Frau eines Peers;* → a. *Lord* [engl., »Dame«]

Lady (*Laut-Buchstaben-Zuordnung*) Die Deklination von fremdsprachlichen Substantiven folgt den für deutsche Wörter üblichen Regeln. Daher ist im Deutschen (abweichend vom englischen Plural »*Ladies*«) künftig nur die Pluralform »*Ladys*« zulässig. Die Schreibung von Redewendungen und Zitaten, die aus dem Englischen übernommen werden, richtet sich hingegen nach den orthographischen Vorgaben der Herkunftssprache (→ a. *Lobby*).

La|dy|kil|ler ⟨[lɛɪdi-] m.; -s, -⟩ *Charmeur, Frauenheld* [engl., zu *lady* »Dame« + *killer* »Mörder, Totschläger«]

la|dy|like ⟨[lɛɪdilaik] Adj.⟩ *nach Art einer Lady, vornehm* [engl.]

La|dy|sha|ver ⟨[lɛɪdiʃeːvə(r)] m.; -s, -⟩ *Damenrasierapparat* [zu engl. *lady* »Dame« + *shaver* »Rasierapparat«]

La|fet|te ⟨f.; -, -n⟩ *Untergestell eines Geschützes* [< frz. *l'affût* »das Gestell, die Lafette«]

la|fet|tie|ren ⟨V.⟩ *auf die Lafette bringen (Geschütz)*

Lag ⟨[læg] m.; -s, -s; Wirtsch.⟩ *der zeitliche Abstand zwischen dem Einsetzen eines konjunkturellen o.ä. Ereignisses u. dem Erscheinen entsprechender sozio-ökonomischer Begleitumstände;* der ~ zwischen konjunktureller u. Arbeitsmarkterholung [engl., »Verzögerung«]

Lagg 〈m.; -s, -s〉 *grabenförmige Randgestaltung von Hochmooren zur Entwässerung* [schwed.]

la|gri|mo|so, 〈auch〉 **lag|ri|mo|so** 〈Mus.〉 *klagend, traurig;* oV *lacrimoso* [ital., »voller Tränen«; zu *lagrima* »Träne«]

Lag|ting 〈n.; -s; unz.〉 *zweite Kammer des norwegischen Parlaments;* → a. *Storting* [< norw. *lag* »Gesetz« + *ting* »(Gerichts-)Versammlung«]

La|gu|ne 〈f.; -, -n〉 *vom offenen Meer durch Landstreifen od. Riffe getrennter, flacher See* [< ital. *laguna* < lat. *lacuna* »Lache«; zu *lacus* «See«]

Lahn 〈m.; -(e)s, -e〉 *zu einem schmalen Band ausgewalzter Metalldraht, z.B. für Lamé* [< frz. *lamé* »Metallplatte, Lamelle« < ital.-mlat. *lama* < lat. *lamina* »dünnes Metallblech«; verwandt mit *Lamelle, Lametta*]

Lai 〈[lɛː] n.; -s, -s〉 *zu Saiteninstrumenten gesungenes mittelalterl. Lied, besonders in Nordfrankreich u. England* [< afrz. < altir. *laid* »Lied«]

Laie 〈m.; -n, -n〉 **1** *jmd., der von einem (bestimmten) Fach nichts versteht, Nichtfachmann* **2** *jmd., der kein Geistlicher ist* [< ahd. *leigo* < lat. *laicus* »zum Volke gehörig« < grch. *laikos;* zu *laos* »Volk«]

Lai|en|kelch 〈m.; -(e)s, -e〉 *Abendmahl für Laien(2)*

la|i|kal 〈[laːi-] Adj.〉 *zum Laien(2) gehörig, den Laien betreffend;* Ggs *klerikal*

la|i|sie|ren 〈[laːi-] V.〉 einen Geistlichen ~ *in den Stand eines Laien zurückversetzen*

La|i|sie|rung 〈f.; -, -en〉 *Rückführung eines Geistlichen in den Laienstand* [→ *Laie*]

Lais|sez faire, lais|sez al|ler / pas|ser 〈[lɛsefɛːr, lɛse aleː] od. [paseː] Schlagwort für〉 **1** *wirtschaftspolit. System bes. im 19. Jh., das die Einmischung der Behörden in das private Unternehmen ausschließen will* **2** 〈fig.〉 *Gewährenlassen, Nichteinmischung* [frz., »lasst sie machen, lasst sie gehen«]

La|i|zis|mus 〈[laːi-] m.; -; unz.〉 *Forderung nach Freiheit des öffentl. Lebens von relig. Bindung* [< lat. *laicus* »zum Volke gehörig«; → *Laie*]

La|i|zist 〈[laːi-] m.; -en, -en〉 *Anhänger, Vertreter des Laizismus*

la|i|zis|tisch 〈Adj.〉 *zum Laizismus gehörig, von ihm stammend, auf ihm beruhend*

La|kai 〈m.; -en, -en〉 **1** *fürstl. od. herrschaftl. Diener* **2** 〈fig.〉 *unterwürfiger, kriecher. Mensch* [< frz. *laquais* »Diener« < ngrch. *oulakes* < türk. *ulak* »Läufer, Eilbote«]

Lak|ka|se 〈f.; -; unz.〉 *Enzym, das den gelben Saft des zur Familie der Wolfsmilchgewächse gehörenden Lackbaumes zu tiefschwarzem Japanlack oxidiert*

Lak|ko|lith 〈m.; -s od. -en, -e od. -en〉 *Magma, das durch unter der Erdoberfläche wirkende vulkanische Tätigkeit pilzförmig in eine darüber liegende geolog. Schicht eingedrungen ist* [< grch. *lakkos* »Loch, Grube« + ...*lith*]

La|ko|nik 〈f.; -; unz.〉 *Kürze und Treffsicherheit der Ausdrucksweise*

la|ko|nisch 〈Adj.〉 **1** *wortkarg, einsilbig* **2** *kurz u. treffend;* ~ im Ausdruck [nach der grch. Landschaft *Lakonien* im südöstl. Teil der Peloponnes mit der Hauptstadt Sparta]

La|ko|nis|mus 〈m.; -, -men〉 **1** 〈unz.〉 *Einsilbigkeit, Wortkargheit, Kürze, Bündigkeit* **2** 〈zählb.〉 *kurzer, treffender Ausdruck*

La|krit|ze, 〈auch〉 **Lak|rit|ze** 〈f.; -, -n〉 *schwarze Masse aus dem Saft von Süßholz, aus der z.B. Süßwaren hergestellt werden* [< lat. *liquiritia* < grch. *glykyrrhiza* < *glykys* »süß« + *rhiza* »Wurzel«]

Lakt|al|bu|min, 〈auch〉 **Lak|tal|bu|min** 〈n.; -s, -e; Biochem.〉 *in Kuhmilch enthaltenes Eiweiß, Milcheiweiß*

Lak|tam 〈n.; -s, -e〉 = *Lactam*

Lak|ta|se 〈f.; -, -n〉 = *Lactase*

Lak|tat 〈n.; -s, -e〉 = *Lactat*

Lak|ta|ti|on 〈f.; -, -en〉 **1** *Milchabsonderung aus den Milchdrüsen* **2** *Zeit des Stillens*

Lak|ta|ti|ons|pe|ri|o|de 〈f.; -, -n〉 *Zeit der Milchabsonderung beim Menschen u. bei Säugetieren*

lak|tie|ren 〈V.〉 **1** *Milch absondern* **2** *stillen* [< lat. *lac,* Gen. *lactis* »Milch«]

lak|to..., Lak|to... 〈vor Vokalen〉 lakt..., Lakt... 〈in Zus.〉 = *lacto..., Lacto...*

Lak|to|den|si|me|ter 〈n.; -s, -〉 *Aräometer zur Bestimmung des spezif. Gewichts der Milch, woraus der Fettgehalt der Milch errechnet werden kann;* Sy *Galaktometer, Laktometer* [< lat. *lac,* Gen. *lactis* »Milch« + *densus* »dicht« + ...*meter*]

Lak|to|fla|vin 〈[-viːn] n.; -s; unz.〉 = *Riboflavin* [< lat. *lac,* Gen. *lactis* »Milch« + *flavus* »gelb«]

Lak|to|glo|bu|lin 〈n.; -s, -e; Biochem.〉 *in Kuhmilch in geringer Menge enthaltenes Milcheiweiß*

Lak|to|me|ter 〈n.; -s, -〉 = *Laktodensimeter* [< lat. *lac,* Gen. *lactis* »Milch« + ...*metre*]

Lak|to|se 〈f.; -; unz.〉 = *Lactose*

Lak|to|skop, 〈auch〉 **Lak|tos|kop** 〈n.; -s, -e〉 *Gerät zur Prüfung der Durchsichtigkeit der Milch* [< lat. *lac,* Gen. *lactis* »Milch« + ...*skop*]

Lak|tos|u|rie, 〈auch〉 **Lak|to|su|rie** 〈f.; -, -n〉 *Auftreten von Milchzucker im Harn bei Schwangeren u. Wöchnerinnen* [< lat. *lac,* Gen. *lactis* »Milch« + ...*urie*]

lak|to|trop 〈Adj.〉 *auf die Milchabsonderung gerichtet* [< lat. *lac,* Gen. *lactis* »Milch« + ...*trop*]

la|ku|när 〈Adj.〉 **1** 〈Med.〉 *schwammig, höhlenartig* **2** 〈Biol.〉 *Ausbuchtungen bildend* [→ *Lakune*] **3** 〈Med.〉 *durch Arteriosklerose entstandener kleiner Defekt in der Substanz des Groß-, Mittel- od. Zwischenhirns* [< lat. *lacuna* »Vertiefung, Höhle, Lücke«]

La|ku|ne 〈f.; -, -n〉 **1** 〈Sprachw.〉 *Lücke in einem Text* **2** 〈Biol.〉 *Spalte, Hohlraum in Geweben*

la|kụs|trisch, ⟨auch⟩ **la|kụst|risch** ⟨Adj.⟩ *in Seen vorkommend, sich in Seen bildend;* ~e Tierwelt [<lat. *lacus* »See«]

La|lo|pa|thie ⟨f.; -, -n⟩ *Sprachstörung* [<grch. *lalein* »sprechen« + *...pathie*]

La|lo|pho|bie ⟨f.; -; unz.⟩ *Sprechangst bei Menschen, die stottern* [<grch. *lalein* »sprechen« + *Phobie*]

L.A.M. ⟨Abk. für⟩ *Liberalium Artium Magister*

La|ma¹ ⟨n.; -s, -s⟩ *vom Guanako abstammendes Kamel, das in Südamerika als Lasttier u. als Lieferant von Wolle u. Fleisch gehalten wird: Lama glama* [<span. *llama* <Ketschua *llama*]

La|ma² ⟨m.; - od. -s, -s⟩ *tibetan. buddhist. Priester* [<tibet. *blama* »Lenker, Lehrer«]

La|ma|is|mus ⟨m.; -; unz.; Rel.⟩ *das tibetan. Priesterwesen, Form des (Mahajana-) Buddhismus*

La|ma|ist ⟨m.; -en, -en⟩ *Vertreter, Anhänger des Lamaismus*

la|ma|is|tisch ⟨Adj.⟩ *zum Lamaismus gehörig, auf ihm beruhend, von ihm stammend*

La|mäng ⟨f.; nur in festen Wendungen; umg.⟩ aus der (freien, kalten) ~ *unvorbereitet, improvisiert*; ein Brot aus der ~ essen *aus der Hand, ohne Besteck essen* [berlin., zu frz. *la main* »die Hand«]

La|man|tin ⟨m.; -s, -e⟩ *Seekuh in Flüssen u. Küstengewässern des tropischen Amerikas: Trichechus manatus;* Sy *Manati* [<frz. *lamantin* »Seekuh« <span. *manaté* <karib. *manatí* »weibliche Brust«]

La|mar|ckis|mus ⟨m.; -; unz.⟩ *Hypothese Lamarcks über die Entstehung neuer Arten durch Vererbung erworbener Eigenschaften* [nach dem frz. Naturforscher J.B. de *Lamarck*, 1744-1829]

la|mar|ckis|tisch ⟨Adj.⟩ *zum Lamarckismus gehörig, auf ihm beruhend, sich auf ihn beziehend*

Lam|ba|da ⟨m.; -s, -s; fachsprachl. f.; -, -s⟩ *(im Nordosten Brasiliens entstandener) Modetanz, der einen dem Samba ähnlichen Rhythmus hat u. mit engem Körperkontakt getanzt wird* [port., eigtl. »Schlag, Hieb«]

Lạmb|da ⟨n.; - od. -s, -s; Zeichen: λ, Λ⟩ *griech. Buchstabe* [grch.]

Lạmb|da|naht ⟨f.; -, -näh|te⟩ *die dem griech. Buchstaben Lambda ähnliche Naht zwischen den Scheitelbeinen u. dem Hinterhauptbein des menschl. Schädels: Sutura lambdoidea*

Lamb|da|zis|mus ⟨m.; -; unz.⟩ *fehlerhafte Aussprache von r als l* [grch.]

Lam|beth|walk ⟨[læmbəθwɔ:k] m.; -s, -s⟩ *engl. Gesellschaftstanz (seit 1938)* [nach dem Londoner Stadtteil *Lambeth* + *walk* »Spaziergang«]

Lam|bre|quin, ⟨auch⟩ **Lamb|re|quin** ⟨[lãbrəkɛ̃:] m.; -s, -s⟩ **1** *mit Fransen besetzter Querbehang an Fenstern, Betthimmeln, Portieren usw.* **2** *ähnl., in Stein nachgebildete Verzierung von Gesimsen usw.* **3** ⟨Her.⟩ *Helmdecke* [<frz. *lambrequin* »Helmdecke, Bogenbehänge« <ndrl. **lamperkin;* zu ndrl. *lamper* »Schleier«]

Lam|bris, ⟨auch⟩ **Lamb|ris** ⟨[lãbri:] m.; -[-bri:(s)], - [-bri:s] österr. f.; -, - od. -bri|en⟩ *Verkleidung des unteren Teils einer Wand mit Holz od. Marmor* [frz., »Deckengetäfel, Schalwerk« <galloroman. **lambruscum* »Vertäfelung« <lat. *lambrusca* »wilde Rebe«]

Lam|brus|co, ⟨auch⟩ **Lamb|rus|co** ⟨m.; -; unz.⟩ *leicht schäumender ital. Rotwein* [ital., zu lat. *lambruscum* »Frucht der lambrusca uva od. vitis«, der wilden Rebe]

Lamb|skin ⟨[læmskin] n.; -s, -s⟩ *Plüsch, der Lammfell imitiert* [engl., »Lammfell«]

Lambs|wool ⟨[læmzwu:l] f.; -; unz.; Qualitätsbez. für⟩ **1** *weiche, flauschige Lamm- oder Schafwolle;* ein Pullover aus ~ **2** *daraus hergestellte Strickware* [<engl. *lamb* »Lamm« + *wool* »Wolle«]

la|mé ⟨[-me:]⟩ ⟨Adj.; undekl.⟩ *mit Lamé durchwirkt;* oV *lamee*

La|mé ⟨[-me:]⟩ ⟨n.; -s, -s⟩ *Seidengewebe in Atlasbindung mit Schuss aus Metallfäden;* oV *Lamee* [<frz. *lamé* »mit Lahn durchzogen«; zu *lamé;* → *Lahn*]

la|mee ⟨Adj.; undekl.⟩ = *lamé*

La|mee ⟨n.; -s, -s⟩ = *Lamé*

la|mel|lar ⟨Adj.⟩ *wie Lamellen, streifig, geschichtet*

La|mẹl|le ⟨f.; -, -n⟩ **1** *dünnes Blättchen, dünne Scheibe* **2** ⟨Techn.⟩ **2.1** *Scheibe aus Metall, Papier, Kunststoff* **2.2** *Rippe, Glied eines Heizkörpers* **3** ⟨Bot.⟩ *streifenförmiger Träger des Fruchtkörpers unter dem Hut der Blätterpilze* [<frz. *lamelle* »Lamelle, Plättchen« <lat. *lamella,* Verkleinerungsform zu *lamina* »dünnes Metallblech«]

La|mẹl|len|küh|ler ⟨m.; -s, -; an Kfz⟩ *Kühler mit lamellenförmig angeordneten Kühlelementen, bes. bei Luftkühlung*

la|mel|lie|ren ⟨V.⟩ *lamellenartig gestalten, anordnen, formen* [→ *Lamelle*]

la|mel|lös ⟨Adj.⟩ *aus Lamellen bestehend*

la|men|ta|bel ⟨Adj.; †⟩ *jämmerlich, beklagenswert* [<lat. *lamentabilis* »beklagenswert«]

La|men|ta|ti|on ⟨f.; -, -en⟩ **1** *Jammern, Wehklagen* **2** ⟨-en⟩ ~en ⟨AT⟩ *Klagelieder Jeremias* **3** ⟨kath. Kirche⟩ *Abschnitt aus L.(2), die in der Karwoche während der Messe gesungen werden* [<lat. *lamentatio* »das Jammern«; zu *lamentari* »laut wehklagen«]

la|men|tie|ren ⟨V.⟩ *wehklagen, jammern;* über etwas ~ [<lat. *lamentari* »laut wehklagen«]

La|mẹn|to ⟨n.; -s, -s⟩ **1** *Klagelied in der alten ital. Oper u. als Madrigal* **2** ⟨allg.⟩ *Klage, Gejammer* [<ital. *lamento* »Wehklage« <lat. *lamentum* »Wehklage«; zu *lamentari* »laut wehklagen«]

la|men|to|so ⟨Mus.⟩ *traurig, klagend* [ital.]

La|mẹt|ta ⟨n.; -s od. f.; -; beides unz.⟩ **1** *dünner, schmaler Streifen aus Metallfolie (als Christbaumschmuck)* **2** ⟨umg.; scherzh.⟩ *(viele)*

Orden (an der Brust) [< ital. *lametta*, Verkleinerungsform zu *lama* »Metallblatt« < lat. *lamina* »dünnes Metallblech«]

La|mi|na 〈f.; -, -nae [-nɛ:]〉 **1** 〈Bot.〉 *das eigentl. Blatt im Unterschied zu Blattstiel u. Blattscheide, Blattspreite* **2** 〈Zool.〉 *blattförmiges Teil eines Organes* [lat., »Platte, Blech, Blatt«]

la|mi|nal 〈Adj.〉 *auf der Innenfläche des Fruchtblattes entspringend* [→ *Lamina*]

la|mi|nar 〈Adj.〉 *geordnet nebeneinander;* ~e Strömung *Strömung, deren einzelne Flüssigkeits- oder Gasfäden parallel zueinander verlaufen, bietet geringsten Strömungswiderstand;* Ggs *turbulente Strömung*

La|mi|nat 〈n.; -(e)s; unz.〉 *aus Kunststoffen und -harzen aufgebauter Schichtpressstoff für chemikalien- und witterungsbeständige Beschichtungen* [→ *Lamina*]

la|mi|nie|ren 〈V.〉 *mit (durchsichtiger) Folie beziehen;* Buchdeckel ~ [→ *Lamina*]

La|mi|um 〈n.; -s; unz.〉 *Taubnessel* [lat.]

Lam|pas 〈m.; -, -〉 *schwerer Damast (als Möbelstoff)* [< frz. *lampas* »gemaltes ostindisches oder chinesisches Seidenzeug« < mlat. *lampascum* < mlat. *damascum;* nach der Stadt *Damaskus*]

Lam|pas|sen 〈Pl.〉 *breite Streifen an den Außenseiten der Uniformhose*

Lam|pi|on 〈[lapiɔ̃:, lampjɔŋ], österr. [-jo:n] m. od. n.; -s, -s〉 *Laterne aus buntem Papier od. bunter Seide mit einer Kerze im Innern* [< frz. *lampion* »Lämpchen« < ital. *lampione*, zu *lampa* »Lampe«]

Lam|pre|te, 〈auch〉 **Lamp|re|te** 〈f.; -, -n〉 *Meeres- od. Flussneunauge, zu den Rundmäulern gehörend* [< lat. *lampreta*]

Lam|pro|phyr, 〈auch〉 **Lamp|ro|phyr** 〈m; -s, -e; Geol.〉 *dunkles, meist feinkörniges Eruptivgestein* [zu grch. *lampros* »leuchtend hell« + *phyrein* »vermischen, vermengen«]

Lan|ça|de 〈[lãsa:də] f.; -, -n; hohe Schule〉 *Sprung aus der Levade nach vorn* [frz., »das Vorwärtsstoßen«; zu *lancer* »stoßen, schleudern«]

Lan|ci|er 〈[lãsje:] m.; -s, -s〉 **1** 〈früher〉 *Lanzenreiter* **2** *Art der Quadrille* [frz., »Lanzenreiter«; zu *lance* »Lanze«]

lan|cie|ren 〈[lãsi:-] V.〉 **1** *in Gang bringen, einen Weg bereiten, einführen* **2** 〈fig.〉 *geschickt in eine vorteilhafte Stellung bringen;* einen Künstler ~ 〈fig.〉 *bekannt machen, in der Öffentlichkeit erscheinen lassen* [frz. *lancer* »werfen, schleudern«; zu *lance* »Lanze«]

Land|art, 〈auch〉 **Land-Art** 〈[lændaːrt] f.; -; unz.; Kunst〉 *Stilrichtung der modernen Kunst, die die Natur als künstlerisches Objekt betrachtet u. sie künstlich verändert* [< engl. *land* »Land« + *art* »Kunst«]

Land|ro|ver 〈[lændroːvə(r)] m.; -s, -; Wz〉 *geländegängiges Kraftfahrzeug mit Allradantrieb* [engl.]

Lands|mål 〈[-mo:l] n.; - od. -s; unz.〉 *die norwegische, seit 1885 dem Riksmål gleichgestellte Landessprache auf westnorweg. Grundlage* [norw., »Landessprache«]

Lan|gage 〈[lãga:ʒ(ə)] f.; -; unz.; Sprachw.〉 *(nach dem schweiz. Linguisten F. de Saussure, 1857-1913) die Sprach- und Sprechfähigkeit des Menschen* [frz., »Sprache«]

Lan|get|te 〈f.; -, -n〉, **Lan|get|ten|stich** 〈m.; -(e)s, -e〉 *Nähstich zum Befestigen von Bogen- u. Zackenkanten* [< frz. *languette*, Verkleinerungsform zu *langue* »Zunge«]

lan|get|tie|ren 〈V.〉 *mit Langetten einfassen*

langue 〈[lã:ŋg(ə)] f.; -; unz.; Sprachw.〉 *nach Saussure das grammatische u. lexikalische System der Sprache;* Ggs *parole* [frz.]

Lan|gus|te 〈f.; -, -n〉 *zu den Panzerkrebsen gehörender großer Speisekrebs ohne Scheren mit stachelbesetztem, rötlich-violettem Panzer, der im Mittelmeer u. an den westeuropäischen Küsten lebt: Palinuris vulgaris* [< frz. *langouste* < vulgärlat. **lacusta* < lat. *locusta* »Heuschrecke«]

La|ni|tal 〈n.; -s; unz.〉 *aus dem Casein der Milch durch Auflösen in Natronlauge u. Verspinnen in einem Schwefelsäurebad hergestellter, wollähnl. Faserstoff* [verkürzt < ital. *lana d'Italia* »Wolle aus Italien«]

La|ni|tal|fa|ser 〈f.; -, -n〉 *Chemiefaser auf der Basis von Casein*

La|no|lin 〈n.; -s; unz.〉 *Mischung aus Wollfett, flüssigem Paraffin u. Wasser, Grundstoff zur Anfertigung von Salben* [< lat. *lana* »Wolle« + ...*ol*]

Lan|ta|na 〈f.; -; unz.〉 *Wandelröschen, Zierpflanze mit wechselnder Blütenfarbe* [< frz., ital. *lantana*]

Lan|than 〈n.; -s; unz.; chem. Zeichen: La〉 *zur Gruppe der Metalle der Seltenen Erden gehörendes Element, Ordnungszahl 57* [< grch. *lanthanein* »verborgen sein«]

Lan|tha|ni|den 〈f.; Pl.〉 = *Lanthanoide*

Lan|tha|nit 〈m.; -s, -e; Chem.〉 *(fast) weißes Mineral mit Beimengungen von Lanthan od. einem anderen Element der Lanthanoid-Gruppe*

Lan|tha|no|i|de 〈Pl.; Sammelbez. für〉 *die meist dreiwertigen chem. Elemente mit den Ordnungszahlen 58-71, die im Periodensystem der chem. Elemente auf das Lanthan folgen;* oV 〈†〉 *Lanthaniden*

La|nu|go 〈f.; -, -gi|nes〉 *weiche u. kurze Haare, die den menschl. Körper vom Embryonalstadium (4. Monat) an bedecken, beim Erwachsenen auf allen nicht lang behaarten Körperteilen außer Handteller u. Fußsohle, Wollhaar, Flaum* [lat., »Flaumhaare«]

Lan|zett|bo|gen 〈m.; -s, -bö|gen〉 *engl. Form des got. Spitzbogens*

Lan|zet|te 〈f.; -, -n〉 *kleines, spitzes, zweischneidiges Operationsmesser* [< frz. *lancette*, Verkleinerungsform zu *lance* »Lanze«]

Lan|zett|fisch|chen 〈n.; -s, -〉 *fischähnliches, durchsichtiges Chordatier*

lan|zi|nie|ren 〈V.〉 *blitzartig schmerzen* [< frz. *granciner* »stechen, reißen«; zu *lance* »Lanze«]

La O|la ⟨f.; - -, - -s; Sp.⟩ *koordiniertes Aufstehen u. Setzen der Zuschauer in einem Sportstadion, das wie eine Wellenbewegung aussieht (seit der Fußball-Weltmeisterschaft in Mexico 1966 international üblich)* [span., »die Welle«]

La|pa|ro|skop, ⟨auch⟩ **La|pa|ros|kop** ⟨n.; -s, -e⟩ *Gerät mit Beleuchtungs- u. optischen Vorrichtungen zur Untersuchung der Bauchhöhle* [<grch. *lapara* »die Weichen« + ...*skop*]

La|pa|ro|sko|pie, ⟨auch⟩ **La|pa|ros|ko|pie** ⟨f.; -, -n⟩ *Untersuchung der Bauchhöhle mit dem Laparoskop unter örtlicher Betäubung;* Sy *Abdominoskopie*

La|pa|ro|to|mie ⟨f.; -, -n⟩ *operatives Öffnen der Bauchhöhle, Bauchschnitt* [<grch. *lapara* »die Weichen« + ...*tomie*]

La|pa|ro|ze|le ⟨f.; -, -n⟩ *Bauchbruch* [<grch. *lapare* »die Weichen« + *kele* »Bruch«]

la|pi|dar ⟨Adj.⟩ **1** *wuchtig, kraftvoll* **2** *kurz u. bündig* **3** ⟨umg.⟩ *beiläufig, nebenbei (gesagt);* etwas ~ erwähnen [<lat. *lapidarius* »zu den Steinen gehörig, Stein...«; zu *lapis* »Stein«]

La|pi|där ⟨m.; -s, -e⟩ *Schleif- u. Poliermaschine der Uhrmacher* [<frz. *lapidaire* »Steinschneider« <lat. *lapis,* Gen. *lapidis* »Stein«]

La|pi|da|ri|um ⟨n.; -s, -ri|en⟩ *Sammlung von Steindenkmälern* [lat., »das zu den Steinen Gehörige«, zu *lapis,* Gen. *lapidis* »Stein«]

La|pi|dar|schrift ⟨f.; -, -en⟩ *Schrift ohne Verzierung in Großbuchstaben, bes. für Inschriften;* Sy *Monumentalschrift*

La|pil|li ⟨m.; Pl.; Sing. -lus⟩ *bei Vulkanausbrüchen ausgeworfene, 1 bis 3 cm große Lavastücke* [<ital. *lapilli* (Pl.) »Steinchen« <lat. *lapillus,* Verkleinerungsform zu *lapis* »Stein«]

La|pi|ne ⟨f.; -; unz.; Vet.⟩ *Kaninchenpockenimpfstoff* [<frz. *lapin* »Kaninchen«]

La|pis ⟨m.; -, -pi|des⟩ *Stein* [lat.]

La|pis|la|zu|li ⟨m.; -, -⟩ *blauer Halbedelstein;* Sy *Lasurstein* [<mlat. *lapis lazuli* »Blaustein« <lat. *lapis* »Stein« + mlat. *lazulum,* Nebenform zu *lazur(ium)* »Blaustein, Blaufarbe«; →a. *Lasur*]

Lap|pa|lie ⟨[-liə] f.; -, -n⟩ *lächerl. Kleinigkeit, Nichtigkeit;* sich wegen einer ~ streiten [scherzhafte student. Bildung (17. Jh.) zu *Lappen* mit lat. Endung nach dem Muster von Kanzleiwörtern wie z.B. *Personalien*]

Lap|sus ⟨m.; -, -⟩ **1** *nicht wesentl., verzeihl. Fehler, Schnitzer, Versehen* **2** ⟨Psych.⟩ *Fehlleistung, zeitweiliges Vergessen,* z.B. von Namen; ~ **Calami** *Schreibfehler;* ~ **Linguae** *Sichversprechen;* ~ **Memoriae** *Gedächtnisfehler* [lat. *lapsus* »das Gleiten, Fallen«; *calamus* »Schreibrohr«; *lingua* »Zunge, Sprache«; *memoria* »Gedächtnis«]

Lap|top ⟨[læptɔp] m.; -s, -s⟩ *tragbarer Personalcomputer mit sehr flachem Bildschirm, der meist ohne Netzanschluss bedient werden kann;* →a. *Desktop(1), Notebook, Notepad* [engl., < *lap* »Schoß« + *top* »Tischplatte«]

la|ra|misch ⟨Adj.⟩ **1** ⟨Geogr.⟩ *auf das Gebirge der Laramie Mountains in den USA bezogen* **2** ⟨Geol.⟩ *auf die Alpenfaltungsphase zwischen Kreidezeit u. Tertiär bezogen*

La|ren ⟨Pl.; röm. Myth.⟩ *Schutzgeister von Haus u. Familie* [<lat. *Lares* »Schutzgottheiten des Hauses«]

lar|gan|do ⟨Mus.⟩ = *allargando*

lar|ge ⟨[la:(r)dʒ] Adj.; Abk.: L⟩ *groß (als Kleidergröße)* [engl., »groß«]

lar|ghet|to ⟨[-gɛto] Mus.⟩ *etwas langsam, weniger langsam als largo* [ital., »ein wenig gedehnt, etwas langsam«, Verkleinerungsform zu *largo*]

Lar|ghet|to ⟨[-gɛto] n.; -s, -s od. -ti⟩ *Musikstück im Larghetto-Tempo*

lar|go ⟨Mus.⟩ *langsam, getragen u. weich* [ital., »breit, gedehnt, langsam«]

Lar|go ⟨n.; -s, -s od. Lar|ghi [-gi]⟩ *Musikstück im Largo-Tempo*

la|ri|fa|ri! *Unsinn!, nichts da!*

La|ri|fa|ri ⟨n.; -s, -s⟩ *Gerede, Geschwätz, Unsinn* [aus den ital. Tonbezeichnungen *la, re, fa, re* gebildet]

Lar|mor|prä|zes|si|on, ⟨auch⟩ **Lar|mor-Prä|zes|si|on** ⟨f.; -; unz.⟩ *Drehbewegung der Elektronenhülle eines Atoms, die bei der Einwirkung eines äußeren Magnetfeldes auftritt u. um eine in Feldrichtung zeigende Achse durch den Atomkern erfolgt* [nach ihrem Entdecker, dem engl. Physiker J. *Larmor,* 1857-1942]

lar|moy|ant, ⟨auch⟩ **lar|mo|yant** ⟨[-moajant] Adj.⟩ *weinerlich, rührselig;* ein ~es Theater-, Musikstück [frz., »rührselig, weinerlich«; zu *larme* »Träne«]

Lar|moy|anz, ⟨auch⟩ **Lar|mo|yanz** ⟨[-moajants] f.; -; unz.⟩ *larmoyante Beschaffenheit, larmoyantes Wesen*

Lar|nax ⟨f.; -, -na|kes [-ke:s]; Archäol.⟩ *kleiner Sarkophag, Urne* [grch., »Kiste«]

l'art pour l'art ⟨[lar pur la:r]⟩ *von dem Philosophen Victor Cousin 1836 geprägtes Schlagwort für die These, dass die Kunst nur nach ihren eigenen Gesetzen, nach rein künstler. Maßstäben zu beurteilen sei; führte zu einer Kunstrichtung, die die Kunst von Inhalt u. Zusammenhang mit dem Leben losgelöst sehen wollte* [frz., »die Kunst für die Kunst«]

lar|val ⟨[-va:l] Adj.⟩ *die Larve betreffend, zu ihr gehörig, von ihr stammend*

Lar|ve ⟨f.; -, -n⟩ **1** *Jugendform von Tieren mit indirekter Entwicklung (Metamorphose), nach dem Grade der Entwicklung u. durch den Besitz bes. larvaler Organe von den erwachsenen Tieren unterschieden, manchmal auch von völlig anderer Gestalt u. Lebensweise;* Ggs *Imago(1)* **2** *Gesichtsmaske;* jmdm. die ~ vom Gesicht reißen ⟨fig.⟩ *jmds. wahres Wesen öffentlich zeigen* [<lat. *larva* »Gespenst, quälender Geist eines Verstorbenen, Maske der Schauspieler, Larve«]

Lar|vi|zid ⟨[-vi-] n.; -s, -e⟩ *gegen die Larven von Insekten wirkendes Mittel* [< *Larve(1)* + ...*zid[1]*]

La|ryn|gal ⟨m.; -s, -e⟩ *im Kehlkopf gebildeter Konsonant,* z.B. h; Sy *Glottal* [→ *Larynx*]

La|ryn|gal|the|o|rie ⟨f.; -; unz.; Sprachw.⟩ *Theorie über die Existenz von Laryngalen im Indoeuropäischen*

la|ryn|ge|al ⟨Adj.⟩ *den Kehlkopf betreffend*

La|ryng|ek|to|mie, ⟨auch⟩ **La|ryn|gek|to|mie** ⟨f.; -, -n⟩ *operative Entfernung des Kehlkopfs, z.B. bei Kehlkopfkrebs* [< grch. *larygx* »Kehle« + *Ektomie*]

La|ryn|gi|tis ⟨f.; -, -ti|den⟩ *Kehlkopfentzündung* [< grch. *larygx* »Kehle« + *...itis*]

la|ryn|go..., **La|ryn|go...** ⟨in Zus.⟩ *kehlkopf..., Kehlkopf...* [< grch. *larygx,* Gen. *laryggos* »Kehle«]

La|ryn|go|lo|ge ⟨m.; -n, -n; Med.⟩ *Facharzt für Kehlkopferkrankungen, Spezialist auf dem Gebiet der Laryngologie*

La|ryn|go|lo|gie ⟨f.; -; unz.⟩ *Lehre vom Kehlkopf* [< *Laryngo...* + *...logie*]

La|ryn|go|skop, ⟨auch⟩ **La|ryn|gos|kop** ⟨n.; -s, -e⟩ *Kehlkopfspiegel* [< *Laryngo...* + *...skop*]

La|ryn|go|sko|pie, ⟨auch⟩ **La|ryn|gos|ko|pie** ⟨f.; -, -n⟩ *Untersuchung des Kehlkopfs* [< *Laryngo...* + *...skopie*]

la|ryn|go|sko|pisch, ⟨auch⟩ **la|ryn|gos|ko|pisch** ⟨Adj.⟩ **1** *das Laryngoskop betreffend* **2** *die Laryngoskopie betreffend, auf ihr beruhend, mit ihrer Hilfe*

La|ryn|go|spas|mus ⟨m.; -, -men; Med.⟩ *Krampf der Stimmritze od. Glottis*

La|ryn|go|to|mie ⟨f.; -, -n⟩ *Kehlkopfschnitt* [< *Laryngo...* + *...tomie*]

La|rynx ⟨m.; -, -ryn|gen⟩ *Kehlkopf* [< grch. *larygx* »Kehle«]

La|rynx|kar|zi|nom ⟨n.; -s, -e; Med.⟩ *Kehlkopfkrebs*

La|sa|gne, ⟨auch⟩ **La|sag|ne** ⟨[lazanjə] Pl.; im Dt. auch f.; -; unz.⟩ *ital. Speise aus abwechselnd mit Hackfleisch geschichteten Bandnudeln, die mit Käse überbacken werden* [ital.; zu *lasagna* »Bandnudeln«]

La|se ⟨f.; -, -n⟩ *Henkelkrug mit Ausguss* [< lat. *lasanum* »Gefäß« (< grch. *lasanon*) od. < mnddt. *late* »Krug«]

La|ser ⟨[lɛizə(r)] m.; -s, -⟩ *Gerät zum Erzeugen einer sehr starken Strahlung völlig gleicher Wellenlänge durch eine von außen angeregte, gleichzeitige Strahlungsemission vieler Atome, wobei die höchsten bekannten Energiedichten je Flächeneinheit erreicht werden;* Feststoff~ *L. mit Kristallen, z.B. Rubinen;* Gas~ *L. z.B. mit Helium od. Kohlendioxid;* Flüssigkeits~ *L. mit organ. Verbindungen;* → a. *Maser* [engl., Kurzwort aus *l*ight *a*mplification by *s*timulated *e*mission of *r*adiation »Lichtverstärkung durch angeregte Emission von Strahlung«]

La|ser|disc ⟨[lɛizə(r)disk] f.; -, -s⟩ *Bildplatte, auf der analoge Video- sowie digitale Audiodaten gespeichert u. mittels eines Lasers gelesen werden können;* → a. *CD* [< *Laser* + engl. *disc* »Platte, Scheibe«]

La|ser|dru|cker ⟨[lɛizə(r)-] m.; -s, -⟩ *Druckgerät für Computer, bei dem das Druckbild mit Hilfe von Laserstrahlen übertragen wird*

La|ser|ka|no|ne ⟨[lɛizə(r)-] f.; -, -n⟩ *Laserapparat mit bes. intensiver Strahlungsleistung, eingesetzt zur Werkstoffverarbeitung*

La|ser|show ⟨[lɛizə(r)ʃou] f.; -, -s⟩ *Darbietung von Lichteffekten mit Hilfe bunter Laserstrahlen* [< *Laser* + *Show*]

la|sie|ren ⟨V.⟩ *mit durchsichtiger Farbe od. durchsichtigem Lack überziehen* [→ *Lasur*]

Lä|si|on ⟨f.; -, -en; Med.⟩ *Verletzung* [< lat. *laesio* »Verletzung«; zu *laedere* »verletzen«]

Las|kar ⟨m.; -s, -ka|ren; früher⟩ *ind. Matrose* [< pers. *laschkar* »Lager, Heer«]

Las|sa|fie|ber ⟨n.; -s; unz.; Med.⟩ *sehr ansteckende, lebensgefährliche Infektionskrankheit, deren Erreger das Lassa-Virus ist, zu den Anzeichen der oft tödlich verlaufenden Erkrankung gehören hohes Fieber, Gelenkschmerzen, Geschwüre im Mund-Rachen-Raum, Hautblutungen, Lungenentzündung u.a.* [nach dem nigerianischen Ort *Lassa,* in dem die Krankheit 1969/70 epidemieartig auftrat]

Las|so ⟨n. od. m.; -s, -s⟩ *langer Riemen od. langer Strick, dessen zusammenziehbare Schlinge aus einiger Entfernung dem zu fangenden Tier um Gehörn od. Hals geworfen wird* [< span. *lazo* »Schnur, Schlinge« < lat. *laqueus* »Strick als Schlinge«]

last, (but) not least ⟨[la:st (bʌt) not li:st]⟩ *an letzter Stelle genannt, aber nicht am geringsten dem Werte nach;* meine Schwester, meine Freundin und ~ meine Eltern [engl., »das Letzte, (aber) nicht das Geringste«]

Las|tex ⟨n.; -; unz.; Ⓦⓩ⟩ *elastisches Gewebe aus umsponnenen Gummifäden* [< e*las*tisch + La*tex*]

Las|ting ⟨m.; -s, -s⟩ *Möbel- od. Kleiderstoff aus hart gedrehtem Kammgarn* [engl., »dauerhaftes Zeug«; zu *last* »dauern, währen«]

Last-Mi|nute-Flug ⟨[la:st minit-]; m.; -(e)s; -Flü|ge⟩ *sehr kurzfristig u. gegen Preisnachlass angebotene Flugreise* [zu engl. *last-minute,* »letzte Minute«]

Last-Mi|nute-Rei|se ⟨[la:st minit-] f.; -, -n⟩ *von Reiseveranstaltern od. Fluggesellschaften angebotene, preiswerte Reise, die kurzfristig zu buchen u. anzutreten ist* [zu engl. *last-minute* »in letzter Minute«]

La|sur ⟨f.; -, -en⟩ *durchsichtige Lack- od. Farbschicht* [< mhd. *lasur(e)* »Blaustein, (aus dem Blaustein gewonnene) Blaufarbe« < mlat. *lazur(i)um* »Baustein, Blaufarbe« < arab. *lazaward* »Lasurstein, Lasurfarbe« < pers. *ladschuward;* → *Lapislazuli*]

La|sur|far|be ⟨f.; -, -n⟩ *transparente Farbe*

La|su|rit ⟨m.; -s, -e⟩ *feinkörniges, auf Kalkstein auftretendes, blaues bis grünliches Mineral*

La|sur|stein ⟨m.; -s, -e⟩ = *Lapislazuli*

las|ziv ⟨Adj.⟩ *zweideutig, schlüpfrig, unanständig;* ~er Witz [< lat. *lascivus* »ausgelassen, fröhlich, ungebunden, unzüchtig«]

Las|zi|vi|tät ⟨[-vi-] f.; -, -en⟩ **1** ⟨unz.⟩ *laszive Beschaffenheit* **2** ⟨zählb.⟩ *laszive Bemerkung, lasziver Witz*

Lä|ta|re *3. Sonntag vor Ostern* [nach dem aus Jesaias 66,10–11 stammenden Anfang der

Messe: *Laetare, Jerusalem* »Freue dich, Jerusalem«]

Late Hit ⟨[lɛit hit] m.; - -s, - -s; Sp.; Golf⟩ *(vom Bewegungsablauf her) verspäteter Schlag* [engl., »später Schlag«]

la|tein|a|me|ri|ka|nisch ⟨Adj.⟩ *Lateinamerika betreffend, zu ihm gehörig, aus ihm stammend;* Sy *iberoamerikanisch*

La-Tène-Kul|tur ⟨[latɛ:n-] f.; -; unz.⟩ *vorwiegend kelt. Kultur u. Kunst der La-Tène-Zeit*

La-Tène-Zeit ⟨[latɛ:n-] f.; -; unz.⟩ *zweiter Abschnitt der europäischen Eisenzeit* [nach einem Ort am Nordende des Neuenburger Sees in der Schweiz]

La-Tène-zeit|lich ⟨[latɛ:n-] Adj.⟩ *zur La-Tène-Zeit gehörig, aus ihr stammend*

la|tent ⟨Adj.⟩ **1** *(unterschwellig) vorhanden, aber nicht in Erscheinung tretend* **2** *ohne typ. Merkmale (Krankheit)* [< lat. *latens,* Part. Präs. zu *latere* »verborgen sein«]

La|tenz ⟨f.; -; unz.⟩ *latente Beschaffenheit*

La|tenz|pe|ri|o|de ⟨f.; -, -n⟩ *Zeitraum, in dem die sexuelle Entwicklung des Menschen zurücktritt (zwischen dem 6. u. 10. Lebensjahr)*

La|tenz|zeit ⟨f.; -, -en; Physiol.⟩ *Zeitraum zwischen dem Zeitpunkt der Reizung (Ansteckung) u. der Reaktion*

la|te|ral ⟨Adj.⟩ **1** *seitlich* **2** ⟨Anat.⟩ *von der Mittelachse abgewandt;* Ggs *medial(1)* [< lat. *lateralis* »die Seite betreffend«; zu *latus,* Gen. *lateris* »Seite«]

La|te|ral ⟨m.; -s, -e⟩ *Konsonant, bei dem die ausströmende Luft seitlich der Zunge entweicht,* z.B. l

La|te|ral|in|farkt ⟨m.; -(e)s, -e⟩ *Seiteninfarkt (im Bereich der Vorder- u. Hinterwand der linken Herzkammer)*

la|te|ra|li|sie|ren ⟨V.⟩ **1** ⟨Med.⟩ *zur Seite hin verlagern, verschieben* **2** ⟨Psych.⟩ *eine Zuordnung von Gehirnhemisphären u. psychischen Funktionen vornehmen* [zu lat. *lateralis* »die Seite betreffend«]

La|te|ra|li|tät ⟨f.; -; unz.⟩ *Dominanz einer Körperseite (z.B. Rechts- bzw. Linkshändigkeit)* [→ *lateral*]

La|te|ral|skle|ro|se ⟨f.; -, -n⟩ *Sklerose der Seitenstränge des Rückenmarks mit Lähmungserscheinungen*

La|te|ran ⟨m.; -s; unz.⟩ *der päpstl. Palast in Rom außerhalb der Vatikanstadt* [nach der röm. Familie *Laterani,* in deren Besitz sich der Palast befand, der der Vorgänger des heutigen war u. 1308 abbrannte]

La|te|ran|kon|zil ⟨n.; -s, -zi|li|en; kath. Kirche⟩ *über Fragen der Lehre u. des Lebens beratende kirchliche Versammlung (bes. Bischofsversammlung) im Lateran*

La|te|ri|sie|rung ⟨f.; -, -en⟩ **1** *das Laterisieren* **2** *Entstehung von Laterit* [zu lat. *later* »Ziegelstein«]

La|te|rit ⟨m.; -s, -e⟩ *Aluminium- u. Eisenoxidhydrat enthaltender, unfruchtbarer, roter Verwitterungsboden in den Tropen u. Subtropen* [< lat. *later* »Ziegelstein«]

La|ter|na ma|gi|ca ⟨f.; - -, -nae -cae [-nɛ: -kɛ:]⟩ **1** *im 17. Jh. erfundener einfacher Projektionsapparat für Diapositive auf Glas* **2** *synchronisierte Wiedergabe von Film- od. Diaprojektionen u. schauspielerischen Darbietungen* [lat., »Zauberlaterne«]

La|ter|ne ⟨f.; -, -n⟩ **1** *durch Glas- od. Papiergehäuse geschützte Lichtquelle;* Papier~, Stall~, Straßen~ **2** *mit Fenstern versehenes Türmchen auf dem durchbrochenen Scheitel einer Kuppel* **3** ⟨bei Haustieren⟩ *weißer Stirnfleck, Blesse* **4** ~ des Aristoteles *bei vielen Seeigeln den Vorderarm umgebender, umfangreicher Muskel- u. Kalkspangenapparat zur Bewegung der den Mund umstehenden Zähne* [< mhd. *la(n)tern(e)* < lat. *la(n)terna* < grch. *lamptera,* Akk. zu *lampter* »Leuchter«]

La|tex ⟨m.; -; unz.⟩ *Saft der Kautschuk liefernden Pflanzen, Emulsion aus Kautschuk u. Wasser, Milchsaft* [lat., »Flüssigkeit«]

La|ti|fun|di|en|wirt|schaft ⟨f.; -; unz.⟩ *Bewirtschaftung mehrerer, zu einer Einheit zusammengefasster Latifundien durch abhängige Bauern*

La|ti|fun|di|um ⟨n.; -s, -di|en⟩ **1** ⟨im antiken Röm. Reich⟩ *von Sklaven bewirtschaftetes, großes Landgut* **2** ⟨später⟩ *durch Pächter od. Verwalter bewirtschafteter großer Land- od. Forstbesitz* [lat., »großes Landgut«]

La|ti|me|ria ⟨f.; -, -ri|ae [-riɛ:]⟩ *der einzigen heute noch vorkommenden Ordnung der Quastenflosser angehörender Fisch* [nach der Entdeckerin, der südamerikan. Museumsdirektorin E.D. Courtenay-*Latimer,* *1907]

la|ti|ni|sie|ren ⟨V.⟩ *der latein. Sprache angleichen,* ein Wort, ein Name ~ [< lat. *latinus* »lateinisch«]

La|ti|nis|mus ⟨m.; -, -men⟩ **1** *der latein. Sprache eigentümlicher, in der Übersetzung beibehaltener Ausdruck* **2** *einem latein. Ausdruck nachgebildeter Ausdruck in einer nichtlatein. Sprache*

La|ti|nist ⟨m.; -en, -en⟩ *Wissenschaftler der latein. Sprache u. Literatur*

La|ti|ni|tät ⟨f.; -; unz.⟩ *mustergültige latein. Ausdrucksweise;* Goldene ~ [< lat. *latinitas* »Latinität«]

La|tin|lo|ver, ⟨auch⟩ **La|tin Lo|ver** ⟨[lætin lʌvə(r)] m.; (-) -s, (-) -; umg.⟩ *leidenschaftlicher, temperamentvoller, südländischer Geliebter, Liebhaber;* → a. *Lover* [engl.]

La|ti|no ⟨m.; -s, -s⟩ = *Hispanic* [span., »Lateiner, Romane« < lat. *Latinus* »Lateiner; lateinisch«]

La|ti|num ⟨n.; -s; unz.⟩ *Schulprüfung in der latein. Sprache bzw. Ergänzungsprüfung für Studenten, die in der Schule kein Latein gelernt haben;* das ~ machen [lat., Neutr. zu *latinus* »lateinisch«]

La|ti|tü|de ⟨f.; -, -n⟩ **1** *geograph. Breite* **2** *Weite, Spielraum* [< frz. *latitude* »(geograph.) Breite«]

la|ti|tu|di|nal ⟨Adj.⟩ *die Latitüde betreffend, von ihr ausgehend* [< lat. *latitudo* «Breite«]

...la|trie, ⟨auch⟩ **...lat|rie** ⟨in Zus.⟩ *Verehrung, Kult* [< grch. *latreia* »Dienst, Kult, Verehrung«]

La|tri|ne, ⟨auch⟩ **Lat|ri|ne** ⟨f.; -, -n; †⟩ **1** *Abort, Toilette* **2** *Abortgrube* [< lat. *latrina* »Abtritt« <**lavatrina;* zu *lavare* »waschen, spülen«]

Lat|wer|ge ⟨f.; -, -n⟩ *mit Sirup od. Mus verrührtes Pulver, das als Arznei eingenommen wird; Fruchtmus, bes. aus Zwetschgen* [< mhd. *latwerge* < spätlat. *electuarium,* grch. *ekleikton, ekleigma* »Arznei, die man im Mund zergehen lässt«]

Lau|da ⟨f.; Sing. von⟩ *Laude*

lau|da|bel ⟨Adj.; †⟩ *lobenswert* [< lat. *laudabilis* »lobenswert«]

Lau|da|num ⟨n.; -s; unz.⟩ *schmerzstillendes Mittel, bes. Opium* [< lat. *ladanum* »Harz der Ledosstaude (od. Zistrose)« < grch. *ledanon*]

Lau|da|tio ⟨f.; -, -o|nes⟩ *Lobrede;* eine ~ auf Preisträger, auf Verstorbene u.a. halten [< lat. *laudatio* »Lobrede«; zu *laudare* »loben«]

Lau|da|tor ⟨m.; -s, -to|ren⟩ *jmd., der eine Laudatio auf jmdn. hält*

Lau|de ⟨Pl.⟩ *auf Franz von Assisi zurückgehende, volkstüml. geistl. Lieder in Italien im 13.-17. Jh.*

Lau|des ⟨Pl.⟩ **1** *Lobgesänge* **2** ⟨im kath. Brevier⟩ *Morgengebete* [lat., »Lobgesänge«, zu *laus,* gen. *laudis* »Lob«]

Lau|dist ⟨m.; -en, -en⟩ *Verfasser von Lobgesängen* [→ *Lauda*]

laun|chen ⟨[lɔːntʃən] V.⟩ *auf den Markt bringen, anlaufen lassen, einführen, lancieren* (von neuen Produkten) [< engl. *launch*]

Lau|rat ⟨n.; -s, -e⟩ *Salz der Laurinsäure*

Lau|re|at ⟨m.; -en, -en; Barockzeit⟩ *mit dem Lorbeerkranz gekrönter Dichter;* → a. *Poeta laureatus* [< lat. *laureatus* »mit Lorbeer bekränzt«; zu *laurus* »Lorbeer«]

Lau|ren|tia ⟨f.; -; unz.; Geol.⟩ *Urkontinent, der schon zu Beginn des Präkambriums bestand u. Ostkanada u. Grönland als Einheit umfasste, Kernstück des nordamerik. Kontinents, Kanadischer Schild, Laurentischer Schild* [latinisierter Name des St-Lorenz-Stroms]

lau|ren|tisch ⟨Adj.⟩ **1** *die Laurentia betreffend, zu ihr gehörig, auf sie bezogen* **2** ⟨Geol.⟩ *auf Faltungsvorgänge in der nordamerik. Tafel vor rund 2,9–2,4 Mrd. Jahren bezogen* **3** *den heiligen Laurentius betreffend (Märtyrer, † 258 in Rom)*

Lau|rin|säu|re ⟨f.; -, -n⟩ *eine höhere, gesättigte Fettsäure*

Lau|rus ⟨m.; - od. -ses, - od. -se⟩ *Lorbeer* [lat., »Lorbeerbaum, -kranz«]

Lau|tal ⟨n.; -s; unz.⟩ *Legierung aus Kupfer u. Aluminium von geringem Gewicht, aber hoher Festigkeit*

La|va ⟨[-va-] f.; -, -ven⟩ *bei Vulkanausbrüchen ausgeworfenes, geschmolzenes Gestein* [ital., »Stein«]

La|va|bel ⟨[-vaː-] m.; -s; unz.⟩ *gekreppter, weicher Stoff aus Seide od. Kunstseide* [< frz. *lavable* »waschbar«; zu *laver* »waschen«]

La|va|bo ⟨[-vaː-] n.; - od. -s, -s⟩ **1** *Handwaschung des Priesters in der Messe bei der Gabenbereitung* **2** *die dafür verwendeten Gefäße (Kanne u. Becken)* **3** ⟨a. ['---] noch schweiz.⟩ *Waschbecken* [lat., »ich werde waschen«; zu *lavare* »waschen«]

la|ven|del ⟨[-vɛn-] Adj.; undekl.⟩ *lavendelfarben, hellviolett wie die Lavendelblüte*

La|ven|del ⟨[-vɛn-] m.; -s, -⟩ *Gattung der Lippenblütler, deren Blüten (Flores Lavandulae) zur Gewinnung eines in der Parfümindustrie gebrauchten äther. Öles benutzt werden, Speik: Lavandula* [< ital. *lavendula* < mlat. *lavandula,* eigtl. »was zum Waschen dienlich ist« < lat. *lavare* »waschen«]

la|vie|ren¹ ⟨[-viː-] V.⟩ **1** *gegen den Wind kreuzen* **2** ⟨fig.⟩ *sich geschickt durch Schwierigkeiten hindurchwinden* [< mndrl. *loveren,* eigtl. »die Luv abgewinnen«; zu *lof* »Luv«]

la|vie|ren² ⟨[-viː-] V.⟩ *eine aufgetragene Farbe verwischen, Farben ineinander übergehen lassen;* lavierte Federzeichnung [< frz. *laver,* < ital., lat. *lavare* »waschen«]

La|vi|pe|di|um ⟨[-vi-] n.; -s, -di|en⟩ *Fußbad* [< lat. *lavare* »waschen« + *pes,* Gen. *pedis* »Fuß«]

lä|vo|gyr ⟨[-vo-] Adj.; Zeichen: L-⟩ *die Ebene des polarisierten Lichtes entgegen dem Uhrzeigersinn drehend, linksdrehend* [< lat. *laevus* »links« + grch. *gyros* »Kreis, Windung«]

La|voir ⟨[-voaːr] n.; -s, -s; noch österr.⟩ *Waschbecken* [frz., »Waschplatz, Waschbecken«; zu *laver* »waschen« < lat. *lavare*]

Lä|vu|lin|säu|re ⟨[-vu-] f.; -, -n⟩ *Ketocarbonsäure, die durch Kochen von Fruchtzucker mit verdünnter Salzsäure entsteht u. in der Textilindustrie sowie als Weichmacher verwendet wird* [< lat. *laevus* »links«]

Lä|vu|lo|se ⟨[-vu-] f.; -; unz.⟩ *Fruchtzucker* [< lat. *laevus* »links«]

Law and Or|der ⟨[lɔː ənd ɔːdə(r)] ohne Art.; engl. Bez. für⟩ *harte staatliche Maßnahmen zur Bekämpfung von Gewalt und Kriminalität;* der Ruf nach ~ wurde immer stärker [engl., »Recht und Ordnung«]

La|wi|ne ⟨f.; -, -n⟩ **1** *herabstürzende Schnee-, Eis- od. Steinmassen im Hochgebirge* **2** ⟨fig.⟩ *durch einen geringfügigen Anstoß in Bewegung geratene Massen;* eine ~ von Zuschriften [< rätoroman. *lavina* »Schnee-, Eislawine« < lat. *labina* »Erdrutsch«; zu *labi* »gleiten«]

Lawn|ten|nis ⟨[lɔːn-] n.; -; unz.; bes. in England⟩ *auf Rasen gespieltes Tennis* [engl.]

Law|ren|ci|um ⟨[lɔː-] n.; -s; unz.; chem. Zeichen: Lr⟩ *1962 erstmals künstlich hergestelltes Element, Ordnungszahl 103* [nach dem US-amerikan. Physiker E. O. *Lawrence,* 1901-1958]

lax ⟨Adj.⟩ **1** *locker, nicht straff (Disziplin)* **2** *lässig (Benehmen)* **3** *moralisch nicht gefestigt (Grundsätze)* [< lat. *laxus* »schlaff, locker«]

La|xạns ⟨n.; -, -xạn|ti|en od. -xạn|tia⟩, **La|xa|ti̱v** ⟨n.; -s, -e [-və]⟩ **La|xa|ti|vum** ⟨[-vum] n.; -s, -va [-va]⟩ *Abführmittel* [< lat. *laxare* »lösen, lockern«]
la|xie̱|ren ⟨V.⟩ *abführen, den Stuhlgang beschleunigen* [< lat. *laxare* »lösen, lockern«]

Lay-out / Layout (*Schreibung mit Bindestrich*) Zusammensetzungen, die aus substantivisch gebrauchten Infinitiven mit zwei oder mehr Bestandteilen bestehen, werden durch Bindestrich abgetrennt. In diesen Fällen ist jedoch auch die Zusammenschreibung erlaubt (→ a. *Lock-out / Lockout*).

Lay-out, ⟨auch⟩ **Lay|out** ⟨[lɛia̱ut] n.; -s, -s⟩ *Entwurf für Text- u. Bildgestaltung* [engl., »Anordnung, Planung«]
Lay|ou|ter ⟨[lɛia̱utə(r)] m.; -s, -⟩ *Grafiker, der Lay-outs herstellt*
La|za|rẹtt ⟨n.; -(e)s, -e⟩ *Militärhospital* [< frz. *lazaret* < ital. *lazzaretto,* venezian. *lazareto;* nach der venezian. Kirche Santa Maria di *Nazaret,* in deren Umgebung sich um 15. Jh. ein Hospital für Aussätzige (ital. *lazzaro,* nach dem kranken *Lazarus,* Luk. 16,20) befand]
La|za|rịst ⟨m.; -en, -en⟩ *Angehöriger einer Priesterkongregation ohne Gelübde, die vornehmlich in der inneren u. äußeren Mission arbeitet;* Sy *Vinzentiner* [nach dem Pariser Mutterhaus *Saint Lazare*]
La|ze|ra|ti|o̱n ⟨f.; -, -en; Med.⟩ *Einriss* [< lat. *laceratio* »Zerreißung«; zu *lacerare* »zerreißen«]
la|ze|rie̱|ren ⟨V.; Med.⟩ *einreißen* [< lat. *lacerare* »zerreißen«]
La|zẹr|te ⟨f.; -, -n⟩ *Eidechse* [< lat. *lacerta*]
La|zu|li̱th ⟨m.; -s, -e⟩ *himmelblaues, glasglänzendes Mineral als Einsprengling in Quarz u. Quarziten, chemisch ein Gemisch aus Tonerde u. Magnesium-Eisen-Oxiden u. Phosphaten, Blauspat* [< pers. *ladschuward* »Lasur, Blutstein« + *...lith*]
lb. ⟨Zeichen für⟩ *Pound*
lbs. ⟨Zeichen für⟩ *Pounds*
l.c. ⟨Abk. für⟩ *loco citato*
LCD ⟨Abk. für engl.⟩ *Liquid Crystal Display (Flüssigkristallanzeige), bei elektronischen Geräten (z.B. Taschenrechnern) verwendetes Anzeigesystem, das mittels flüssiger Kristalle Ziffern, Buchstaben u. Zeichen darstellt*
ld. ⟨Abk. für⟩ *limited*
LDC ⟨Abk. für engl.⟩ *Less Developed Countries (wenig entwickelte Länder, Entwicklungsländer);* → a. *LLDC* [engl.]
Lead ⟨[li̱:d] n.; -s; unz.; Mus.⟩ *Führungsstimme in einer Jazzband, Pop- od. Rockgruppe* [engl. *lead* »führen«]
Lea|der ⟨[li̱:-] m.; -s, -; kurz für⟩ *Bandleader* [engl., »Führer«]
Lead|gi|tar|re ⟨[li̱:d-] f.; -, -n; Mus.⟩ *Gitarre, die auf dem Rhythmus, auf dem Beat gespielt wird;* → a. *Rhythmusgitarre*
Lead|gi|tar|rist ⟨[li̱:d-] m.; -en, -en; Mus.⟩ *Gitarrist, der die Leadgitarre spielt;* → a. *Rhythmusgitarrist*
Lead|sän|ger ⟨[li̱:d-] m.; -s, -; Mus.⟩ *Sänger, dessen Stimme den Gesang eines Musikstücks bestimmt;* Ggs *Backgroundsänger*
Lead|sän|ge|rin ⟨[li̱:d-] f.; -rin|nen; Mus.⟩ *Sängerin, deren Stimme den Gesang eines Musikstücks bestimmt;* Ggs *Backgroundsängerin*
Leaf|let ⟨[li̱:flət] n.; -s, -s⟩ *Werbeblatt, -broschüre* [engl., eigtl. »Blättchen«]
Lean|ma|nage|ment, ⟨auch⟩ **Lean Ma|nagement** ⟨[li̱:nmænidʒmənt] n.; (-) -s; unz.; Wirtsch.⟩ *kostengünstige Unternehmensführung* [< engl. *lean* »schlank« + *Management*]
Lean|pro|duc|tion, ⟨auch⟩ **Lean Pro|duc|tion** ⟨[li̱:nprɔdʌkʃn] f.; (-) -; unz.; Wirtsch.⟩ *kostengünstige Produktion (durch Reduzierung der Lohn-, Material- und Herstellungskosten)* [< engl. *lean* »schlank« + *production* »Produktion, Herstellung«]
Lear|ning by Do|ing ⟨[lə̱:niŋ bai du̱:iŋ] n.; - - -; unz.⟩ *das Erlernen einer Tätigkeit durch deren praktische Anwendung;* → a. *Learning on the Job* [engl., »Lernen durch Handeln, Tun«]
Lear|ning on the Job ⟨[lə̱:niŋ ɔn ðə dʒɔb] n.; - - - -; unz.; Wirtsch.⟩ *das Erlernen eines Berufs durch seine praktische Ausübung (mit od. ohne begleitende Weiterbildung);* → a. *Learning by Doing* [engl., »Lernen durch den Beruf«]
lea|sen ⟨[li̱:zən] V.⟩ *mieten;* ein Auto ~ [< engl. *lease* »(ver)mieten«]
Lea|sing ⟨[li̱:-] n.; -s, -s⟩ *Mieten od. Vermieten von Investitions- u. langlebigen Gebrauchsgütern;* ~ von Industrieanlagen [< engl. *lease* »mieten, vermieten«]
Le|ci|thi̱n ⟨n.; -s; unz.⟩ = *Lezithin*
Le|cka|ge ⟨[-ka̱:ʒə] f.; -, -n⟩ *Leck, undichte Stelle:* eine ~ an einem Kernreaktor [< *Leck* + frz. Substantivendung *...age*]
Le|clan|ché|e|le|ment, ⟨auch⟩ **Lec|lan|ché-E|le|ment** ⟨[ləklã:ʃe̱:-] n.; -(e)s, -e⟩ *galvan. Element mit einer Kohle- u. Zinkelektrode in einer Salmiakpaste, Grundlage für die meisten Taschenlampenbatterien* [nach dem frz. Chemiker G. *Leclanché,* † 1882]
leg. ⟨Abk. für⟩ *legato*
le|ga̱l ⟨Adj.⟩ *gesetzlich, dem Gesetz entsprechend;* Ggs *illegal* [< lat. *legalis* »gesetzmäßig«; zu *lex,* Gen. *legis* »Gesetz«]
Le|ga̱l|de|fi|ni|ti|on ⟨f.; -, -en⟩ *durch ein Gesetz gegebene od. festgesetzte Begriffsdefinition*
Le|ga|li|sa|ti|o̱n ⟨f.; -, -en⟩ *das Legalisieren, amtl. Beglaubigung, gesetzl. Bestätigung*
le|ga|li|sie̱|ren ⟨V.⟩ *legal, gesetzlich machen, amtlich bestätigen*
Le|ga|li̱s|mus ⟨m.; -; unz.⟩ *striktes Festhalten an Paragraphen u. Vorschriften*
le|ga|li̱s|tisch ⟨Adj.⟩ **1** *auf Legalismus beruhend* **2** *kleinlich an Vorschriften festhaltend*
Le|ga|li|tä̱t ⟨f.; -; unz.⟩ *legale Beschaffenheit, Gesetzlichkeit;* Ggs *Illegalität*
Le|ga|li|tä̱ts|prin|zip ⟨n.; -s; unz.⟩ *Verpflich-*

tung der Staatsanwaltschaft, Straftaten im öffentlichen Interesse zu verfolgen

leg|a|sthen, ⟨auch⟩ **le|gas|then** ⟨Adj.; geh.⟩ = *legasthenisch*

Leg|as|the|nie, ⟨auch⟩ **Le|gas|the|nie, Leg|a|sthe|nie** ⟨f.; -; unz.⟩ *angeborene Schwäche beim Erlernen des Lesens u. Rechtschreibens bei sonst normaler Intelligenz* [< grch. *legein* »lesen« + *astheneia* »Schwäche«]

Leg|as|the|ni|ker, ⟨auch⟩ **Le|gas|the|ni|ker, Leg|a|sthe|ni|ker** ⟨m.; -s, -⟩ *jmd., bes. Kind, der bzw. das an Legasthenie leidet*

leg|a|sthe|nisch, ⟨auch⟩ **le|gas|the|nisch, leg|a|sthe|nisch** ⟨Adj.⟩ *an Legasthenie leidend, die Legasthenie betreffend, zu ihr gehörig;* oV *legasthen*

Le|gat[1] ⟨n.; -(e)s, -e⟩ *Vermächtnis* [< lat. *legatum* »Vermächtnis«; zu *legare* »letztwillig verfügen«, eigtl. »eine gesetzl. Verfügung treffen«; zu *lex* »Gesetz«]

Le|gat[2] ⟨m.; -en, -en⟩ *altröm. Gesandter od. päpstl. Gesandter* [< lat. *legatus* »Gesandter«; zu *legare* »eine gesetzl. Verfügung treffen; von Amts wegen absenden«; zu *lex,* Gen. *legis* »Gesetz«]

Le|ga|tar ⟨m.; -s, -e⟩ *jmd., dem ein Legat zufällt* [< lat. *legatarius* »Vermächtnisinhaber«; zu *legatum* »Vermächtnis«]

Le|ga|ti|on ⟨f.; -, -en⟩ *(päpstl.) Gesandtschaft* [< lat. *legatio* »Gesandtschaft«; zu *legare;* → *Legat*]

le|ga|tis|si|mo ⟨Mus.⟩ *äußerst gebunden (zu spielen)* [ital., Superlativ zu *legato*]

le|ga|to ⟨Mus.; Abk.: leg.⟩ *gebunden (zu spielen)* [ital., Part. Perf. zu *legare* »binden« < lat. *ligare*]

Le|ga|to ⟨n.; -s, -s od. -ti; Mus.⟩ **1** *gebundenes Spiel* **2** *legato zu spielender Teil eines Musikstücks*

Le|ge Ar|tis ⟨Med.⟩ *nach den Regeln der (ärztlichen) Kunst* [lat.]

Le|gen|dar ⟨n.; -s, -e⟩ *Sammlung von Heiligenlegenden* [→ *Legende*]

le|gen|där ⟨Adj.⟩ **1** *legendenhaft, sagenhaft* **2** ⟨fig.⟩ *unglaubhaft, unwahrscheinlich*

le|gen|da|risch ⟨Adj.⟩ **1** *in der Art einer Legende, eine Legende betreffend, zu ihr gehörig, Legenden enthaltend* **2** *ein Legendarium betreffend, aus ihm stammend*

Le|gen|da|ri|um ⟨n.; -s, -ri|en⟩ = *Legendar*

Le|gen|de ⟨f.; -, -n⟩ **1** *Sage von frommen Menschen* **2** *lange vergangenes, nicht mehr nachweisbares histor. Ereignis;* ein Ereignis ist zur ~ geworden **3** *verzerrt dargestellter histor. Vorgang;* die Dolchstoß~ nach dem 1. Weltkrieg **4** *unglaubwürdige Geschichte* **5** *Inschrift;* ~n von Münzen **6** *erläuternder Text zu Karten, Abbildungen;* Bild~, Karten~ [< mhd. *legende* < mlat. *legenda* »zu lesende Stücke«, < lat. *legere* »lesen«]

le|ger ⟨[leʒɛːr] Adj.⟩ *ungezwungen, zwanglos, formlos (Benehmen)* [< frz. *léger* »leicht, gewandt«]

Le|ges ⟨Pl. von⟩ *Lex*

leg|gie|ro ⟨[lɛdʒɛːro]; Mus.⟩ *im leichten, spielerischen Stil (zu spielen)* [ital., »leicht«]

Leg|gings, Leg|gins ⟨Pl.⟩ **1** *vom Knöchel bis zum Oberschenkel reichende Ledergamaschen nordamerikan. Indianer* **2** *modisch bunte Überziehstrümpfe, die von den Fußknöcheln bis zu den Oberschenkeln reichen* [engl.; zu *leg* »Bein«]

Leg|horn ⟨n.; -s, - od. -s, landschaftl. auch -hör|ner⟩ *Haushuhnrasse mit hoher Legeleistung* [nach dem ital. Ausfuhrhafen *Livorno* in dessen engl. Form *Leghorn*]

le|gie|ren ⟨V.⟩ **1** *zu einer Legierung zusammenschmelzen;* Metalle ~ **2** *sämig machen, eindicken;* eine Suppe, Soße ~ **3** *als Legat vermachen* [< ital. *legare* < »binden, vereinigen« < lat. *ligare*]

Le|gie|rung ⟨f.; -, -en⟩ *durch Zusammenschmelzen mehrerer Metalle (u. Zusätze) entstehendes Metallgemisch*

Le|gi|on ⟨f.; -, -en⟩ **1** *röm. Truppeneinheit* **2** *Name verschiedener Truppen;* Fremden~ **3** *unbestimmt große Anzahl, große Menge;* ihre Zahl war ~ [< lat. *legio,* eigtl. »auserlesene Mannschaft«; zu *legere* »lesen, auswählen«]

Le|gi|o|när ⟨m.; -s, -e⟩ **1** *röm. Soldat* **2** *Angehöriger einer Legion;* Fremden~ [< lat. *legionarius* »zur Legion gehörig«, beeinflusst von frz. *légionnaire* »Legionär«]

Le|gi|o|närs|krank|heit ⟨f.; -; unz.; Med.⟩ *bakterielle Infektionskrankheit, die zu einer schweren Form von Lungenentzündung führt, wurde erstmals 1976 in den USA bei einer Versammlung des Veteranenverbands »American Legion« in Philadelphia beobachtet*

le|gis|la|tiv ⟨Adj.⟩ *gesetzgebend* [< lat. *lex,* Gen. *legis* »Gesetz« + *latio* »das Bringen«]

Le|gis|la|ti|ve ⟨f.; -, -n⟩ **1** *Teil der Staatsgewalt;* → a. *Exekutive, Judikative* **2** *gesetzgebende Versammlung*

le|gis|la|to|risch ⟨Adj.⟩ *gesetzgeberisch* [< lat. *lex,* Gen. *legis* »Gesetz« + *lator* »Antragsteller« (zu *latio* »das Bringen«)]

Le|gis|la|tur ⟨f.; -, -en⟩ *Gesetzgebung* [< lat. *lex,* Gen. *legis* »Gesetz« + *latura* »das Tragen«]

Le|gis|la|tur|pe|ri|o|de ⟨f.; -, -n⟩ *Zeitabschnitt, für den eine gesetzgebende Versammlung gewählt ist*

Le|gis|mus ⟨m.; -; unz.⟩ **1** *Starrheit der Gesetze* **2** *starres Festhalten am Text der Gesetze* [< lat. *lex,* Gen. *legis* »Gesetz«]

le|gi|tim ⟨Adj.⟩ **1** *rechtmäßig, gesetzlich anerkannt, gesetzlich zulässig;* Ggs *illegitim* **2** *ehelich;* ein ~es Kind [< lat. *legitimus* »durch Gesetze bestimmt«; zu *lex,* Gen. *legis* »Gesetz«]

Le|gi|ti|ma|ti|on ⟨f.; -, -en⟩ **1** *das Legitimieren, Anerkennung als legitim;* ~ eines unehelichen Kindes *Ehelichkeitserklärung* **2** *Berechtigung* **3** *Nachweis der Berechtigung* **4** *Ausweis, Pass* [→ *legitim*]

Le|gi|ti|ma|ti|ons|pa|pier ⟨n.; -s, -e⟩ *Urkunde, deren Vorzeigen ein Schuldner als genügenden*

Ausweis zur Annahme einer Leistung betrachten darf

le|gi|ti|mie|ren ⟨V.⟩ **1** *für legitim erklären, beglaubigen, berechtigen* **2** sich ~ *eine Legitimation(4) vorlegen, sich ausweisen*

Le|gi|ti|mie|rung ⟨f.; -, -en⟩ *das Legitimieren*

Le|gi|ti|mis|mus ⟨m.; -; unz.⟩ *Auffassung von der Unabsetzbarkeit eines regierenden Herrschers* [→ *legitim*]

Le|gi|ti|mist ⟨m.; -en, -en⟩ *Vertreter des Legitimismus*

le|gi|ti|mis|tisch ⟨Adj.⟩ *den Legitimismus betreffend, auf ihm beruhend*

Le|gi|ti|mi|tät ⟨f.; -; unz.⟩ *legitime Beschaffenheit, Rechtmäßigkeit;* Ggs *Illegitimität*

Le|gu|an ⟨m.; -s, -e⟩ *Familie der Echsen mit dicker, kaum gespaltener Zunge u. wohlentwickelten Beinen, Kammeidechse: Iguanidae;* Grüner ~ *leuchtend grün u. gelb gezeichneter Leguan mit Stachelkamm u. großem Kehlsack: Iguana iguana* [< span. *la iguana* < karib.]

Le|gu|men ⟨n.; -s, -; Bot.⟩ *Hülse, Hülsenfrucht* [lat., »Hülsenfrucht«]

Le|gu|min ⟨n.; -s, -e⟩ *Eiweißstoff in den Hülsenfrüchten* [zu *Legumen*]

Le|gu|mi|no|se ⟨f.; -, -n⟩ *Ordnung der zweikeimblättrigen Pflanzen mit meist fiedrig zusammengesetzten Blättern u. in Hülsen eingeschlossenen Früchten, Hülsenfrüchtler: Leguminosae* [→ *Legumen*]

Leg|war|mer ⟨[lɛgwɔːmə(r)] m.; -s, -; meist Pl.⟩ *langer, bis über die Knie reichender Strumpf ohne Fuß (für Gymnastik u.Ä.)* [< engl. *leg* »Bein« + *warm* »wärmen«]

Lei ⟨Pl. von⟩ *Leu*

Leicht|ath|let ⟨m.; -en, -en; Sp.⟩ *jmd., der Leichtathletik betreibt;* Ggs *Schwerathlet* [zu grch. *athletes* »Wettkämpfer«]

Leicht|ath|le|tik ⟨f.; -; unz.; Sp.⟩ **1** ⟨Sammelbez. für⟩ *Laufen, Springen, Werfen u. verwandte Übungen* **2** *sportlicher Wettkampf der leichtathlet. Sportarten*

Leicht|ath|le|tin ⟨f.; -, -tin|nen; Sp.⟩ *Frau, die Leichtathletik betreibt;* Ggs *Schwerathletin*

Leik ⟨n.; -s, -en⟩ = *Liek*

lei|pro|gram|ma|tisch ⟨Adj.⟩ *einen bestimmten Buchstaben nicht aufweisend (bezogen auf literarische Textspielereien)* [< grch. *leiprogrammatos* »woran ein Buchstabe fehlt«]

Leis ⟨m.; - od. -es, -e od. -en⟩ *mittelalterl. geistl. Volkslied* [< mhd. *leis(e),* nach dem Ruf *kyrie eleison* »Herr, erbarme dich!«, mit dem viele geistl. Lieder des MA endeten]

Leish|ma|nia ⟨[laiʃ-] f.; -, -ni|en⟩ *zu den Geißeltierchen gehörender Krankheitserreger* [nach dem engl. Militärarzt *Leishman,* 1885-1926]

Leish|ma|ni|o|se ⟨[laiʃ-] f.; -, -n⟩ *durch Leishmanien hervorgerufene Tropenkrankheit*

Leit|fos|sil ⟨n.; -s, -li|en⟩ *eine bestimmte Erdschicht kennzeichnende Versteinerung eines Organismus*

Lek ⟨m.; -, -⟩ *alban. Währungseinheit, 100 Qindar*

Lek|ti|on ⟨f.; -, -en⟩ **1** *Vorlesung, Lehrstunde* **2** ⟨fig.⟩ *Zurechtweisung;* jmdm. eine ~ erteilen *jmdn. (energisch) zurechtweisen* **3** *Lehrbuchabschnitt, Lernaufgabe* [< lat. *lectio* »das Lesen«; zu *legere* »lesen«]

Lek|ti|o|nar ⟨m.; -s, -e od. -na|ri|en⟩ oV *Lektionarium* **1** *Buch, in dem die Lesungen für die einzelnen Tage des Kirchenjahrs niedergelegt sind* **2** *Lesepult für liturgische Lesungen* [< lat. *lectionarium*]

Lek|ti|o|na|ri|um ⟨n.; -s, -ri|en⟩ **1** *Buch mit den Bibelstellen für die Lesungen im Gottesdienst,* ⟨Sammelbez. für⟩ *Epistolar u. Evangeliar* **2** *Lesepult für die Lesungen im Gottesdienst* [zu *Lektion*]

Lek|tor ⟨m.; -s, -to|ren⟩ **1** *Hochschullehrer für bestimmte Fächer u. Fertigkeiten, bes. für Einführungskurse u. Übungen* **2** *Angestellter eines Verlages, der die angebotenen Manuskripte überprüft bzw. die angenommenen M. bearbeitet* [< lat. *lector* »Leser, Vorleser«; zu *legere* »lesen«]

Lek|to|rat ⟨n.; -(e)s, -e⟩ **1** *Amt, Stelle des Lektors* **2** *Abteilung der Lektoren im Verlag*

lek|to|rie|ren ⟨V.⟩ ein Manuskript ~ *als Lektor begutachten*

Lek|to|rin ⟨f.; -, -rin|nen⟩ *weibl. Lektor*

Lek|tü|re ⟨f.; -, -n⟩ **1** *das Lesen;* bei der ~ dieses Buches **2** *Leseübung* **3** *Lesestoff;* englische, französische ~; ernste, heitere, leichte, schwere ~; ~ für den Unterricht, für den Urlaub [< frz. *lecture* »Lesung, Lektüre« < mlat. *lectura* »das Lesen«; zu *legere* »lesen«]

Le|ky|thos ⟨f.; -, -ky|then⟩ *altgriech. Ölgefäß mit Fuß, Hals, Ausguss u. Henkel* [grch., »Ölflasche«]

Le-Mans-Start ⟨[ləmãː-] m.; -(e)s, -s⟩ *Art des Starts für Autorennen: die Fahrer stehen auf der einen Seite, die Autos auf der anderen Seite der Rennbahn, beim Startzeichen laufen die Fahrer zu ihren Wagen* [nach der Autorennstrecke der frz. Stadt *Le Mans*]

Lem|ma ⟨n.; -s, -ma|ta⟩ **1** ⟨†⟩ *in Titel od. Motto ausgedrückter Hauptinhalt eines Werkes* **2** ⟨Math.; Logik⟩ *Annahme, Hilfssatz* **3** ⟨in Wörterbüchern⟩ *Stichwort* [grch., »Annahme«; zu *lambanein* »nehmen«]

lem|ma|ti|sie|ren ⟨V.; in Wörterbüchern⟩ *Stichwörter kennzeichnen u. ordnen* [→ *Lemma*]

Lem|ming ⟨m.; -s, -e⟩ *zu den Wühlmäusen gehörendes Nagetier von walzenförm. Körperbau: Lemmus, Dicrostomyx* [dän.]

Lem|nis|ka|te ⟨f.; -, -n⟩ *algebraische Kurve 4. Ordnung, die die Form einer liegenden Acht hat* [< grch. *lemniskos* »wollenes Band«; zu *lenos* »Wolle«]

Le|mur ⟨m.; -en, -en⟩, **Le|mu|re** ⟨m.; -n, -n⟩ **1** ⟨röm. Myth.⟩ *Geist eines Verstorbenen, Gespenst* **2** ⟨Zool.⟩ = *Maki* [< lat. *lemures* »Seelen der Abgeschiedenen«]

le|mu|ren|haft ⟨Adj.⟩ *gespenstisch, in der Art der Lemuren*

le|mu|risch ⟨Adj.⟩ *zu den Lemuren gehörend*
Le|nie|rung ⟨f.; -, -en; Sprachw.⟩ *Abschwächung von Konsonanten (insbes. bezogen auf keltische Sprachen)* [zu lat. *lenire* »lindern, besänftigen«]
Le|ni|nis|mus ⟨m.; -; unz.⟩ *Weiterführung der marxist. Lehre durch Lenin* [nach dem russ. Revolutionär Wladimir Iljitsch Uljanow, polit. Deckname: *Lenin,* 1870-1924]
Le|ni|nist ⟨m.; -en, -en⟩ *Vertreter, Anhänger des Leninismus*
le|ni|nis|tisch ⟨Adj.⟩ *zum Leninismus gehörend, von ihm stammend, von ihm geprägt*
Le|nis ⟨f. od. m.; -, -nes [-ne:s]; Sprachw.⟩ *Verschluss- oder Reibelaut, der mit schwachem Luftdruck artikuliert wird,* z.B. b, d, g; Ggs *Fortis* [lat., »sanft, mild«]
le|ni|sie|ren ⟨V.; Sprachw.⟩ *stimmhaft, weich werden (von Konsonanten)* [< lat. *lenire* »lindern«]
le|ni|tiv ⟨Adj.⟩ *mit lindernder Wirkung, lindernd* [< lat. *lenire* »lindern, mildern«]
Le|ni|ti|vum ⟨[-vum] n.; -s, -va [-va]; Pharm.⟩ *sanftes Abführmittel* [zu lat. *lenis* »sanft«]
len|tan|do ⟨Mus.⟩ *nachlassend, langsamer werdend* [ital., zu *lento*]
len|te|ment ⟨[lãntmã:] Mus.⟩ *langsam (zu spielen);* Sy *lento* [frz.]
Len|ti|go ⟨f.; -, -gi|nes⟩ *rundlicher, dunkler Fleck auf der Haut, Linsenfleck* [< lat. *lens,* Gen. *lentis* »Linse«]
len|ti|ku|lär ⟨Adj.⟩ *linsenförmig* [< lat. *lenticularis* »linsenförmig, linsenartig«; zu *lens,* Gen. *lentis* »Linse«]
Len|ti|ku|la|ris|wol|ke ⟨f.; -, -n⟩ *kleine, linsenförmige Wolke* [→ *lentikulär*]
Len|ti|ku|lär|zel|len ⟨Pl.⟩ *Zellen, die an verkorkten Pflanzenteilen ein lockeres Gewebe bilden, das dem Gasaustausch dient;* Sy *Lentizellen* [< lat. *lens,* Gen. *lentis* »Linse«]
Len|ti|zel|len ⟨Pl.⟩ *Lentikulärzellen*
len|to ⟨Mus.⟩ *langsam (zu spielen)* [ital.]
Len|to ⟨n.; -, -s od. -ti⟩ *lento zu spielender Teil eines Musikstücks*
Le|o|ni|den ⟨Pl.⟩ *im November jeden Jahres auftretender Sternschnuppenschwarm* [< lat. *leo,* Gen. *leonis* »Löwe«, da die Sternschnuppen scheinbar aus dem Sternbild des Löwen kommen]
le|o|ni|nisch ⟨Adj.⟩ ~er Vertrag *Vertrag, bei dem ein Partner alle Vorteile (den Löwenanteil) hat* [nach einer Fabel des Äsop; < lat. *leo,* Gen. *leonis* »Löwe«]
le|o|nisch ⟨Adj.⟩ ~e Waren *Gespinste, Gewebe aus Seidenfäden, die mit vergoldeten od. versilberten Metallfäden umsponnen sind (für Borten, Litzen usw.)* [nach der span. Stadt *León*]
Le|o|pard ⟨m.; -en, -en⟩ *Großkatze mit gelbem Fell u. braunschwarzen Punkten: Panthera pardus;* Sy *Panther, Pard, Pardel* [< lat. *leopardus* < *leo* »Löwe« + *pardus* »Leopard«]
Le|pi|do|kro|kit, ⟨auch⟩ **Le|pi|dok|ro|kit** ⟨m.; -s, -e; Min.⟩ *rubin- bis gelbrot glänzendes, eisenhaltiges Mineral* [< grch. *lepidotos* »schuppig« + *kroke* »Flocke«]
Le|pi|do|pte|re, ⟨auch⟩ **Le|pi|dop|te|re** ⟨m.; -n, -n⟩ *Schmetterling* [< grch. *lepidotos* »schuppig« + *pteron* »Flügel«]
Le|pi|do|pte|ro|lo|ge, ⟨auch⟩ **Le|pi|dop|te|ro|lo|ge** ⟨m.; -n, -n⟩ *Wissenschaftler, Forscher im Bereich der Lepidopterologie, Schmetterlingskundler*
Le|pi|do|pte|ro|lo|gie, ⟨auch⟩ **Le|pi|dop|te|ro|lo|gie** ⟨f.; -; unz.⟩ *Schmetterlingskunde* [< *Lepidoptere* + *...logie*]
Le|po|rel|lo ⟨n.; -s, -s⟩ *lange, harmonikaartig gefaltete Papierbahn*
Le|po|rel|lo|buch ⟨n.; -(e)s, -bü|cher⟩ *Buch, dessen Seiten nicht gebunden, sondern wie eine Harmonika gefaltet sind* [nach *Leporello* (dem Diener Don Juans in der Oper »Don Juan« von Mozart), der in einem ähnl. Buch die Liebschaften seines Herrn verzeichnet hat]
Le|pra, ⟨auch⟩ **Lep|ra** ⟨f.; -; unz.; Med.⟩ *Aussatz* [< grch. *lepros* »rau, uneben«]
Le|prom, ⟨auch⟩ **Lep|rom** ⟨n.; -s, -e⟩ *durch Lepra verursachter Knoten der Haut od. der inneren Organe*
le|pros, ⟨auch⟩ **lep|ros, le|prös,** ⟨auch⟩ **lep|rös** ⟨Adj.⟩ *aussätzig*
...lep|sie ⟨in Zus.⟩ *krampfartige Attacke* [< grch. *...lepsia* < *lambanein* »nehmen«]
Lep|ta ⟨Pl. von⟩ *Lepton*
lep|to|ke|phal ⟨Adj.⟩ *langköpfig;* oV *leptozephal* [< grch. *leptos* »zart, fein, schmal« + *...kephal*]
Lep|to|ke|pha|lie ⟨f.; -; unz.⟩ *Langköpfigkeit;* oV *Leptozephalie*
Lep|tom ⟨n.; -s, -e⟩ = *Phloem* [< grch. *leptos* »zart, fein«]
Lep|to|me|nin|gi|tis ⟨f.; -, -ti|den⟩ *Entzündung der weichen Hirnhaut* [< grch. *leptos* »zart, fein« + *Meningitis*]
Lep|to|me|ninx ⟨f.; -; unz.⟩ *weiche Hirnhaut* [< grch. *leptos* »zart, fein« + *Meninx*]
Lep|ton ⟨n.; -s, -ta⟩ **1** *neugriech. Münze, 1/100 Drachme* **2** *altgriech. Gewicht, 10 mg* **3** ⟨['- -] n.; Pl. -to|nen⟩ *Elementarteilchen, das leichter ist als das Proton* [grch. *lepton* »kleines Geldstück«, eigtl. »dünn, zart, fein, klein«]
lep|to|som ⟨Adj.⟩ *schmächtig* [< grch. *leptos* »zart, fein, schmal« + *soma* »Körper«]
Lep|to|so|me(r) ⟨f.2 (m.1)⟩ *jmd., der leptosom ist*
Lep|to|spi|re, ⟨auch⟩ **Lep|tos|pi|re** ⟨f.; -, -n⟩ *Schraubenbakterium* [< grch. *leptos* »zart, fein, schmal« + *speira* »Windung, Schlinge«]
Lep|to|spi|ro|se, ⟨auch⟩ **Lep|tos|pi|ro|se** ⟨f.; -, -n⟩ *durch Leptospiren hervorgerufene Infektionskrankheit*
lep|to|ze|phal ⟨Adj.⟩ = *leptokephal*
Lep|to|ze|pha|lie ⟨f.; -; unz.⟩ = *Leptokephalie*
Les|be ⟨f.; -, -n; umg.; kurz für⟩ *Lesbierin*
Les|bi|a|nis|mus ⟨m.; -; unz.⟩ = *lesbische Liebe*
Les|bi|e|rin ⟨f.; -, -rin|nen⟩ *homosexuelle Frau;* Sy *Tribade* [nach der grch. Insel *Lesbos,* wo

die Dichterin Sappho eine Anhängerin der lesbischen Liebe gewesen sein soll]

les|bisch ⟨Adj.⟩ *homosexuell (von Frauen);* ~e Liebe *Homosexualität zwischen Frauen;* Sy *Lesbianismus, Tribadie*

Les|ley ⟨[lezli] n.; -s, -s; Mus.⟩ *Vibrato, das durch Ausnutzung des Raumklangs u. durch bewegliche Lautsprechersysteme erzeugt wird (in Diskotheken usw.);* oV *Leslie* [engl.]

Les|lie ⟨n.; -s, -s; Mus.⟩ = *Lesley*

Les|si|vie|rung ⟨[-vi:-] f.; -, -en; Geol.⟩ *Verlagerungsvorgang von Ton bei wechselfeuchten Klimabedingungen* [zu frz. *lessiver* »auslaugen, auswaschen« <lat. *lixivus* »ausgelaugt«]

les|to ⟨Adj.; Mus.⟩ *flink, hurtig, behände (zu spielen)* [ital.]

Let ⟨n.; -s, -s; Sp.; bes. Tennis⟩ **1** *ungültiger Aufschlag, der wegen Netzberührung des Balles wiederholt werden muss* **2** ⟨Squash⟩ *Behinderung durch den Gegner, die eine Wiederholung des Ballwechsels erforderlich macht* [engl.]

le|tal ⟨Adj.; Med.⟩ *tödlich* [<lat. *letalis* »tödlich«; zu *letum* »Tod«]

Le|tal|do|sis ⟨f.; -, -sen⟩ *tödliche Menge schädigender Mittel (z.B. Strahlung, Drogen)*

Le|tal|fak|tor ⟨m.; -s, -to|ren⟩ *Erbanlage, die schon im vorgeburtlichen Stadium zu einem Absterben der Leibesfrucht führt*

Le|ta|li|tät ⟨f.; -; unz.⟩ *Sterblichkeit*

> **l'état c'est moi** (*Schreibung von Zitaten und zitatähnlichen Fügungen*) Aus einer Fremdsprache übernommene Zitate oder feste Redewendungen werden in der Regel den orthographischen Vorgaben der Herkunftssprache entsprechend geschrieben (→a. *cherchez la femme*).

l'é|tat c'est moi ⟨[letasɛmoa]⟩ *der Staat bin ich, Schlagwort des Absolutismus nach einem angebl. Ausspruch Ludwigs XIV. von Frankreich* [frz.]

Le|thar|gie ⟨f.; -; unz.⟩ **1** ⟨Med.⟩ *Schlafsucht, Schläfrigkeit* **2** ⟨fig.⟩ *Teilnahmslosigkeit, Abgestumpftheit* [<grch. *lethargia;* <*lethe* »das Vergessen« + *argia* »Untätigkeit«]

le|thar|gisch ⟨Adj.⟩ **1** ⟨Med.⟩ *schlafsüchtig, schläfrig* **2** ⟨fig.⟩ *teilnahmslos, abgestumpft* [→ *Lethargie*]

Le|the ⟨f.; -; unz.⟩ **1** ⟨griech. Myth.⟩ *Strom der Unterwelt, aus dem die Toten Vergessenheit trinken* **2** ⟨fig.⟩ *das Vergessen selbst;* ~ trinken [grch., »das Vergessen«]

Let|kiss ⟨m.; -; unz., in den späten 60er-Jahren⟩ *modischer Springtanz*

Let|ter ⟨f.; -, -n⟩ *Druckbuchstabe* [<frz. *lettre* »Buchstabe« <lat. *littera* »Buchstabe«]

Let|ter|set|druck ⟨m.; -(e)s; unz.⟩ *indirektes Hochdruckverfahren, bei dem viele Druckelemente auf einer gemeinsamen, meist geätzten dünnen Metallplatte angebracht sind* [<*Letter* + *Offsetdruck*]

Lett|ner ⟨m.; -s, -; seit dem 13. Jh.⟩ *Trennwand zwischen Chor u. Mittelschiff, meist mit Bildwerken verziert* [<mhd. *lettener* <mlat. *lectionarium* »Buch mit den gottesdienstlich nötigen Lesestücken«; verdrängt ahd. *lector* <mlat. *lectorium* »kirchl. Lesepult« unter Übernahme von dessen Bedeutung; beide <lat. *legere* »lesen«]

Leu ⟨[le:u] m.; -, Lei [le:i]; Abk.: l⟩ *rumän. Währungseinheit, 100 Bani* [<lat. *leo* »Löwe«]

Leu|cit ⟨m.; -s,-e⟩ *Mineral aus der Gruppe der Feldspate, chem. Formel* $K[AlSi_2O_6]$*;* oV *Leuzit* [zu grch. *leukos* »weiß, hell«]

Leuk|ä|mie, ⟨auch⟩ **Leu|kä|mie** ⟨f.; -, -n⟩ *durch außergewöhnliche Vermehrung der weißen Blutkörperchen gekennzeichnete Erkrankung, Weißblütigkeit* [<*Leuko...* + *...ämie*]

leuk|ä|misch, ⟨auch⟩ **leu|kä|misch** ⟨Adj.⟩ *an Leukämie leidend, weißblütig*

leu|ko..., **Leu|ko...** ⟨vor Vok.⟩ leuk..., Leuk... ⟨in Zus.⟩ *weiß..., glänzend..., Weiß...* [<grch. *leukos* »weiß, hell«]

Leu|ko|blas|ten ⟨Pl.⟩ *Vorstufe der Leukozyten* [<*Leuko...* + *...blast*]

Leu|ko|der|ma ⟨n.; -s, -men⟩ *durch Hautkrankheiten od. Einwirkung chem. Stoffe entstandene weiße Flecken auf der Haut* [<*Leuko...* + grch. *derma* »Haut«]

Leu|ko|der|mie ⟨f.; -; unz.⟩ = *Albinismus;* Sy *Leukopathie* [<*Leuko...* + *...dermie*]

leu|ko|krat ⟨Adj.; Geol.⟩ *aufgrund bestimmter Bestandteile hell erscheinend (z. B. Quarz in Erstarrungsgesteinen);* Ggs *melanokrat*

Leu|ko|ly|se ⟨f.; -, -n⟩ *Auflösung der weißen Blutkörperchen* [<*Leuko...* + *...lyse*]

Leu|ko|ly|sin ⟨n.; -s, -e; Med.⟩ *Substanz, durch die die weißen Blutkörperchen abgebaut u. aufgelöst werden* [<*Leuko...* + *Lysin*]

Leu|kom ⟨n.; -s, -e; Med.⟩ *weiße Narbe der Hornhaut des Auges* [<grch. *leukos* »weiß, hell«]

Leu|ko|ma|to|se ⟨f.; -, -n; Med.⟩ *Bildung weißer Flecken auf der Haut* [<grch. *leukoma* »das Weiß, weißer Fleck im Auge», zu *leukos* »weiß, hell«]

Leu|ko|me|ter ⟨n.; -s, -⟩ *Messgerät zur Bestimmung des Rückstrahlungsgrades des Lichtes von (Papier-)Oberflächen* [<*Leuko...* + *...meter*]

Leu|ko|ny|chie ⟨f.; -, -n; Med.⟩ *fleckenartige Weißfärbung der Fingernägel*

Leu|ko|pa|thie ⟨f.; -, -n⟩ = *Leukodermie* [<*Leuko...* + *...pathie*]

Leu|ko|pe|nie ⟨f.; -, -n; Med.⟩ *krankhafte Verminderung der weißen Blutkörperchen* [<*Leuko...* + grch. *penia* »Mangel, Not«]

Leu|ko|plast ⟨n.; -s, -e⟩ **1** *farbloser Bestandteil der Pflanzenzelle, bes. in den Speicherorganen* **2** ⟨Wz⟩ *Heftpflaster* [<*Leuko...* + grch. *plassein* »bilden«]

Leu|ko|po|e|se ⟨f.; -; unz.; Med.⟩ *Entwicklung von weißen Blutkörperchen* [<*Leuko...* + grch. *poesis* »das Herstellen, Schaffen«]

Leu|kor|rhö ⟨f.; -, -en⟩, **Leu|kor|rhöe** ⟨[-rø:] f.; -, -n⟩ *weißer Ausfluss bei Gebärmutterentzündung* [< *Leuko*... + ...*rrhö*]

Leu|ko|se ⟨f.; -, -n⟩ *Überbegriff für die Formen der Leukämie*

Leu|ko|to|mie ⟨f.; -, -n⟩ *selten angewandter chirurg. Eingriff ins Gehirn zur Behebung chronischer Geisteskrankheiten;* Sy *Lobotomie* [< *Leuko*... + ...*tomie*]

Leu|ko|zyt ⟨m.; -en, -en⟩ *weißes Blutkörperchen* [< *Leuko*... + ...*zyt*]

Leu|ko|zy|to|se ⟨f.; -, -n; Med.⟩ *deutliche Vermehrung der weißen Blutkörperchen als Ausdruck vor allem von Abwehrvorgängen des Körpers bei entzündlichen u. infektiösen Erkrankungen*

Leut|nant ⟨m.; -s, -s od. -e⟩ **1** *unterste Rangstufe des Offiziers* **2** *Offizier auf der untersten Rangstufe;* ~ zur See [< frz. *lieutenant* < mlat. *locum tenens* »Stellvertreter« < lat. *locus* »Ort, Stelle« + *tenere* »halten«]

Leu|zit ⟨m.; -s, -e⟩ = *Leucit* [< grch. *leukos* »weiß, hell«]

Le|va|de ⟨[-va:-] f.; -, -n; Sp.; hohe Schule⟩ *gleichzeitiges Heben beider Vorderbeine u. Aufrichten auf die Hinterbeine* [frz., »das Emporheben«; zu *lever* »emporheben«]

Le|val|loi|si|en ⟨[ləvaloazi̯ɛ̃:] n.; - od. -s; unz.⟩ *Entwicklungsstufe der Altsteinzeit* [frz.; nach dem Pariser Vorort *Levallois-Perret*]

Le|van|te ⟨[-van-] f.; -; unz.⟩ *die Länder um das östl. Mittelmeer* [ital., eigtl. »Land, in dem die Sonne aufgeht«, Part. Präs. zu *levare* »erheben«]

Le|van|ti|ne ⟨[-van-] m.; -; unz.⟩ *Gewebe aus Seide, Halbseide od. Chemiefasern in Köperbindung* [< frz. *levantine* »leichte, einfarbige Seide«; → *Levante*]

Le|van|ti|ner ⟨[-van-] m.; -s, -⟩ *Bewohner der Levante von gemischt europ.-oriental. Herkunft*

le|van|ti|nisch ⟨[-van-] Adj.⟩ *die Levante od. deren Bewohner betreffend*

Le|va|tor ⟨[-va:-] m.; -s, -to|ren⟩ *Hebemuskel, Heber* [< lat. *levare* »heben«]

Le|vée ⟨[-ve:] f.; -, -s; †⟩ *Einberufung von Rekruten* [frz., »Erhebung«; zu *lever* »emporheben«]

Le|vel ⟨[lɛvəl] m.; -s, -s⟩ *Stufe, Niveau, Ebene;* auf einem hohen, höheren ~ [engl.]

Le|vel|ler ⟨[lɛvələrs] m.; -s, -s⟩ **1** ⟨allg.⟩ *Gleichmacher* **2** ⟨Pol.; nur Pl.⟩ ~s *radikale demokratische Gruppe zur Zeit Cromwells* [engl., »Gleichmacher«; zu *level* »(gleiches) Niveau«]

Le|ver ⟨[ləve:] n.; -s, -s⟩ *Morgenempfang bei einem Fürsten (bes. in der Zeit des Absolutismus)* [frz., »das Aufstehen«]

Le|vi|a|than ⟨a. [-vi-'-] m.; -s; unz.⟩ **1** ⟨Bibel⟩ *drachenartiges Meerungeheuer* **2** ⟨poet.⟩ *Ungeheuer, Riesenschlange* [< hebr. *liwjathan* »gewundenes, windungsreiches Tier«]

Le|vi|rat ⟨[-vi-] n.; -(e)s, -e⟩, **Le|vi|rats|ehe** ⟨f.; -, -n⟩ *Ehe mit der Witwe eines älteren Bruders, z.B. bei den Israeliten* [< lat. *levir* »Schwager (Bruder des Ehemannes)«]

Le|vit ⟨[-vi:t] m.; -en, -en⟩ **1** *Angehöriger eines israelit. Stammes* **2** *jüd. Priester bzw. Priesterdiener* **3** ⟨kath. Kirche⟩ *Diakon u. Subdiakon (als Helfer beim Hochamt)* [zu hebr. *lewi* »der Anhängliche, der Treue«; bes. der dritte Sohn Jakobs u. der von ihm benannte Stamm der Juden, dem die Besorgung des Gottesdienstes u. die Aufsicht über die Beobachtung der Gesetze übertragen war. »Um 760 nimmt Bischof Chrodegang von Metz die alttestamentl. Sitte auf, fortan heißen Leviten die beiden priesterl. Assistenten beim Hochamt« (Kluge, Etymolog. Wörterbuch)]

Le|vi|ta|ti|on ⟨[-vi-] f.; -, -en⟩ *schwereloses Treiben eines Gegenstandes oder Körpers im Raum, z. B. bei parapsychologischen Vorgängen*

Le|vi|ten ⟨[-vi:-] Pl.⟩ jmdm. die ~ lesen *jmdn. energisch zurechtweisen* [»zur Schulung der alttestamentl. Tempelbeamten aus dem Stamm *Levi* diente das 3. Buch Mose (darum mlat. *Leviticus*), das die *Leviten* nach 5. Mose 31,9 in regelmäßigen Abständen verlesen mussten u. das in Kap. 26 die Flüche gegen Gesetzesübertreter enthält« (Kluge, Etymolog. Wörterbuch)]

le|vi|tie|ren ⟨[-vi-] V.; Parapsych.⟩ *frei schweben od. frei schweben lassen*

Le|vi|ti|kus ⟨[-vi:-] m.; -; unz.⟩ *3. Buch Mosis* [< mlat. *Leviticus;* → *Leviten*]

Le|vit|town ⟨[lɛvittaun] f.; -, -s; meist Pl.⟩ *»Schlafstadt« außerhalb eines Oberzentrums, die überwiegend aus baugleichen Fertighäusern besteht (vor allem in den USA verbreitet)* [engl., nach der amerikanischen Stadt *Levittown*]

Lev|ko|ie, Lev|ko|je ⟨[-jə] f.; -, -n⟩ *hierzulande als Zierpflanze kultivierte, im Mittelmeergebiet heimische Gattung der Kreuzblütler: Mathiola* [< grch. *leukoion* < *leukos* »weiß« + *ion* »Veilchen«]

Lew ⟨[lɛf] m.; - od. -s, Le|wa; Abk.: Lw⟩ *bulgar. Währungseinheit, 100 Stotinki* [< bulg. *lev*, eigtl. »Löwe« < lat. *leo*]

Lex ⟨f.; -, Le|ges⟩ *Gesetz* [lat.]

Le|xem ⟨n.; -s, -e; in Wörterbüchern⟩ *Bedeutungseinheit des Wortschatzes, lexikal. Einheit;* Sy *Semanten* [< grch. *lexis* »Redeweise, Ausdruck«]

Le|xe|ma|tik ⟨f.; -; unz.⟩ *Lehre von den Lexemen*

le|xe|ma|tisch ⟨Adj.⟩ *die Lexematik betreffend, zu ihr gehörig*

Lex ge|ne|ra|lis ⟨f.; -, Le|ges [-ge:s] ge|ne|ra|les [-le:s]; Rechtsw.⟩ *allgemeines Gesetz;* → a. *Lex specialis* [lat.]

le|xi|gra|fisch ⟨Adj.⟩ = *lexigraphisch*

le|xi|gra|phisch ⟨Adj.⟩ *die Wortschreibung betreffend;* oV *lexigrafisch* [< grch. *lexis* »Sprechweise, Ausdruck« + *graphein* »schreiben«]

Le|xik ⟨f.; -; unz.⟩ *Wortschatz*

le|xi|ka|li|sie|ren ⟨V.⟩ *als neues Lexem bestimmen, in den Wortschatz aufnehmen*

Le|xi|ka|li|sie|rung ⟨f.; -, -en; Sprachw.⟩ **1** *das Lexikalisieren* **2** *lexikalisiertes Wort*

le|xi|ka|lisch ⟨Adj.⟩ *in der Art eines Lexikons*

Le|xi|ko|graf ⟨m.; -en, -en⟩ = *Lexikograph*

Le|xi|ko|gra|fie ⟨f.; -; unz.⟩ = *Lexikographie*

le|xi|ko|gra|fisch ⟨Adj.⟩ = *lexikographisch*

Le|xi|ko|graph ⟨m.; -en, -en⟩ *Verfasser, Bearbeiter eines Lexikons od. Wörterbuches;* oV *Lexikograf*

Le|xi|ko|gra|phie ⟨f.; -; unz.⟩ *Lehre von den Wörterbüchern, ihrer Zusammenstellung u. Abfassung;* oV *Lexikografie* [< *Lexikon* + *…graphie*]

le|xi|ko|gra|phisch ⟨Adj.⟩ *die Lexikographie betreffend, zu ihr gehörend;* oV *lexikografisch*

Le|xi|ko|lo|ge ⟨m.; -n, -n⟩ *Kenner der Lexikologie*

Le|xi|ko|lo|gie ⟨f.; -; unz.⟩ *Lehre vom Wortschatz, seine Erforschung u. Zusammenstellung, Etymologie, Semantik u. Wortbildungslehre* [< *Lexikon* + *…logie*]

le|xi|ko|lo|gisch ⟨Adj.⟩ *die Lexikologie betreffend, zu ihr gehörend, auf ihr beruhend*

Le|xi|kon ⟨n.; -s, -ka⟩ **1** *alphabetisch geordnetes Nachschlagewerk;* Konversations~ **2** *Wörterbuch* **3** ⟨Sprachw.⟩ *Wortschatz einer Sprache* [<grch. *lexikon (biblion)* »Wörterbuch«; zu *lexis* »Redeweise, Ausdruck«; zu *legein* »sammeln, sprechen, sagen«]

Le|xi|kon|for|mat ⟨n.; -(e)s, -e⟩ *Buchmaß bei Lexika;* → a. *Lexikonoktav*

Le|xi|kon|ok|tav ⟨n.; -s, -e [-və]; Abk.: Lex.-8°; Typ.⟩ *gebräuchliches Buchformat bei Lexika von ca. 25 bis 30 cm;* Sy *Großoktav*

Le|xi|ko|sta|tis|tik ⟨f.; -; unz.⟩ = *Glottochronologie*

Le|xi|ko|thek ⟨f.; -, -en⟩ *Sammlung verschiedener Nachschlagewerke* [verkürzt aus *Lexikon* + Biblio*thek*]

le|xisch ⟨Adj.⟩ *die Lexik betreffend, zu ihr gehörig*

Lex spe|ci|a|lis ⟨f.; -, Le|ges [-ge:s] spe|ci|a|les [-le:s]; Rechtsw.⟩ *spezielles Gesetz, das Vorrang vor dem Lex generalis hat* [lat.]

Le|zi|thin ⟨n.; -s; unz.⟩ *in Herzmuskel, Eidotter u. Gehirn reichlich enthaltenes Lipoid;* oV *Lecithin* [<grch. *lekithos* »Eigelb«]

lg ⟨Zeichen für⟩ *Logarithmus zur Basis 10*

L'hombre ⟨[lɔ̃:brə] n.; -s; unz.⟩ = *Lomber*

Li 1 ⟨chem. Zeichen für⟩ *Lithium* **2** ⟨n.; -, -⟩ **2.1** *altes chines. Längenmaß, 644,4 m* **2.2** *chines. Münzgewicht, 38 mg* **2.3** *durchlochte, an einem Faden aufzureihende chines. Kupfermünze;* Sy *Käsch(2)* [chin.]

Li|ai|son ⟨[liɛzɔ̃:] f.; -, -s⟩ **1** *Verbindung, Liebesverhältnis* **2** ⟨frz. Gramm.⟩ *Hörbarmachen eines stummen Auslauts bei enger Verbindung zweier Wörter, z.B. des t in »Saint-Exupéry« od. des n in »un ami«* [frz., »Bindung«]

Li|a|ne ⟨f.; -, -n⟩ *für die tropischen Regenwälder charakteristische Kletterpflanze* [<frz. *liane* < *liarne,* Kreuzung <frz. *viorne* (<lat. *virburnum* »Schlingenbaum«) + frz. *lier* »binden« (<lat. *ligare*)]

Li|as ⟨m. od. f.; -; unz.; Geol.⟩ *älteste Abteilung des Juras, schwarzer Jura* [<frz. *liais* »bestimmter Kalkstein von feinkörniger Beschaffenheit«; vermutl. <fränk. *leiisk* »felsig, hart«]

li|as|sisch ⟨Adj.⟩ *den Lias betreffend, zu ihm gehörig, aus ihm stammend*

Li|ba|ti|on ⟨f.; -, -en⟩ *altröm. Trankopfer, -spende* [<lat. *libatio* »Trankopfer«; zu *libare* »etwas wegnehmen, ausgießen, opfern«]

Li|bell ⟨n.; -s, -e; im antiken Rom⟩ *Büchlein, Schmäh- od. Klageschrift* [<lat. *libellus* »kleine Schrift, Heft, Brief«; Verkleinerungsform zu *liber* »Buch«]

Li|bel|le ⟨f.; -, -n⟩ **1** *Ordnung erdgeschichtl. sehr alter, räuberischer, oft farbenprächtiger Insekten mit großen, leistungsfähigen Facettenaugen u. zwei gut entwickelten Flügelpaaren: Odonata* **2** *Glasröhrchen der Wasserwaage* [<lat. *libella* »Wasserwaage, waagerechte Fläche«, Verkleinerungsform zu *libra* »Waage«, nach dem Flug der Libelle mit waagerecht ausgespannten Flügeln]

li|bel|lie|ren ⟨Adj.⟩ **1** *mit Hilfe der Libelle(2) abmessen* **2** ⟨†⟩ *eine Schmähschrift schreiben u. an eine Amtsstelle überstellen* [→ *Libell*]

Li|bel|list ⟨m.; -en, -en; †⟩ *Verfasser von Schmähschriften* [→ *Libell*]

li|be|ral ⟨Adj.⟩ Ggs *illiberal* **1** *die Freiheit liebend, nach freier Gestaltung des Lebens strebend* **2** *vorurteilsfrei, großzügig* [<lat. *liberalis* »die Freiheit betreffend, freiheitlich, edel, vornehm, freigebig«; zu *liber* »frei«]

Li|be|ra|le(r) ⟨f. 2 (m. 1)⟩ **1** *Vertreter(in) des Liberalismus* **2** *Angehörige(r) einer liberalen Fraktion, Partei*

li|be|ra|li|sie|ren ⟨V.⟩ *freier, großzügiger gestalten* [→ *liberal*]

Li|be|ra|lis|mus ⟨m.; -; unz.⟩ *in der Aufklärung entstandene Welt-, Staats- u. Wirtschaftsauffassung, nach der dem Einzelnen größtmögliche Freiheit gegeben werden soll* [→ *liberal*]

Li|be|ra|list ⟨m.; -en, -en⟩ *Anhänger, Vertreter des Liberalismus*

li|be|ra|lis|tisch ⟨Adj.⟩ **1** *den Liberalismus betreffend, zu ihm gehörend, auf ihm beruhend* **2** *auf übertriebene Weise liberal;* ein ~es Verhalten; ~e Denkweise

Li|be|ra|li|tät ⟨f.; -; unz.⟩ *liberales Wesen, liberale Gesinnung*

Li|be|ra|li|um Ar|ti|um Ma|gis|ter ⟨m.; Abk.: L.A.M.⟩ *Magister der freien Künste (mittelalterl. akadem. Titel)* [lat.]

Li|be|ra|ti|on ⟨f.; -, -en; †⟩ *Befreiung, Entlastung* [<lat. *liberatio* »Befreiung, Freimachung«]

Li|be|ro ⟨m.; -s, -s; Sp.⟩ *Fußballspieler, der je nach Situation in der Abwehr od. im Angriff mitspielt* [ital., »freier Mann«]

li|ber|tär ⟨Adj.⟩ *extrem liberal* [<lat. *libertas* »Freiheit, Unabhängigkeit«]

Li|ber|tät ⟨f.; -; unz.⟩ *Freiheit,* ⟨bes.⟩ *ständi-*

sche Freiheit [<lat. *libertas* u. frz. *liberté* »Freiheit«, <lat. *liber* »frei«]

Li|ber|té, É|ga|li|té, Fra|ter|ni|té *Freiheit, Gleichheit, Brüderlichkeit (Losungswort der Frz. Revolution)* [frz.]

Li|ber|tin ⟨[-tɛ̃:] m.; -s, -s⟩ **1** *Freidenker* **2** ⟨fig.⟩ *zügelloser, liederlicher Mensch;* → a. *Libertiner* [frz., »ausschweifend, liederlich« <lat. *liber* »frei«]

Li|ber|ti|na|ge ⟨[-ʒ(ə)] f.; -, -n⟩ *Liederlichkeit, Leichtfertigkeit, Zügellosigkeit* [frz., »ausschweifendes Leben«; zu *libertin;* → *Libertin*]

Li|ber|ti|ner ⟨m.; -s, -⟩ **1** *Angehöriger einer Gemeinde aus röm. Freigelassenen u. ihren Nachkommen* **2** *frei denkender, relig. anders denkender Mensch* [<lat. *libertinus* »freigelassen«; zu *liber* »frei«]

Li|ber|ti|nis|mus ⟨m.; -; unz.⟩ *Hemmungslosigkeit, Liederlichkeit* [zu lat. *libertinus* »freigelassen«; zu *liber* »frei«]

Li|ber|ty ⟨[libəti:] m.; -s; unz.⟩ *eine Gewebeart aus Natur- od. Chemiefaser* [engl., »Freiheit«, nach dem Namen der Herstellerfirma]

Li|be|rum Ar|bi|tri|um, ⟨auch⟩ **Li|be|rum Ar|bit|ri|um** ⟨n.; - -; unz.⟩ *freies Ermessen* [lat., »freie Willensentscheidung«, *liber* »frei« u. *arbitrium* »Ermessen, Belieben«]

li|bi|di|ni|sie|ren ⟨V.; Med.; Psych.⟩ *sich der Libido völlig hingeben*

Li|bi|di|nist ⟨m.; -en, -en⟩ *Wüstling, Wollüstling* [<lat. *libido* »Lust, Begierde«]

li|bi|di|nös ⟨Adj.⟩ *triebhaft, wollüstig* [<frz. *libidineux* <lat. *libidinosus;* zu *libido* »Lust, Begierde«]

Li|bi|do ⟨a. ['---] f.; -; unz.⟩ *Begierde, Geschlechtstrieb* [lat., »Lust, Begierde«]

Li|bra|ti|on, ⟨auch⟩ **Lib|ra|ti|on** ⟨f.; -, -en⟩ *Schwankung des Mondkörpers um seine mittlere Stellung* [<lat. *libratio* »das Abwägen, Schwingen«, zu *librare* »wägen, schwingen«]

li|bret|ti|sie|ren, ⟨auch⟩ **lib|ret|ti|sie|ren** ⟨V.⟩ *zu einem Libretto gestalten*

Li|bret|tist, ⟨auch⟩ **Lib|ret|tist** ⟨m.; -en, -en⟩ *Verfasser eines Librettos*

Li|bret|to, ⟨auch⟩ **Lib|ret|to** ⟨n.; -s, -s od. -ti⟩ *Text zu einer Oper od. Operette* [ital., »Büchlein«, Verkleinerungsform zu *libro* »Buch« <lat. *liber*]

Lic. ⟨Abk. für⟩ *Lizentiat*

li|cet *es steht frei, es ist erlaubt* [lat.]

Li|chen ⟨m.; -s; unz.⟩ **1** ⟨Med.⟩ *Hautkrankheit mit meist stark juckenden Knötchen, Knötchenflechte* **2** ⟨Bot.⟩ *Flechte* [<grch. *leichen* »Flechte«]

Li|che|nes ⟨Pl.⟩ *in Symbiose lebende Pilze und Algen, Flechten* [<grch. *leichen* »Flechte«]

Li|che|ni|fi|ka|ti|on ⟨f.; -, -en; Med.⟩ *Verdickung der Haut durch vertiefte Hautfurchen und Entwicklung von kleinen Knoten;* Sy *Lichenisation*

Li|che|nin ⟨n.; -s, -e; Bot.⟩ *zelluloseartige Substanz in den Zellwänden der Flechten*

Li|che|ni|sa|ti|on ⟨f.; -, -en⟩ = *Lichenifikation*

li|che|no|id ⟨Adj.⟩ *flechtenartig*

Li|che|no|lo|ge ⟨m.; -n, -n⟩ *Wissenschaftler auf dem Gebiet der Lichenologie*

Li|che|no|lo|gie ⟨f.; -; unz.⟩ *Zweig der Botanik, der sich mit den Flechten befasst* [<grch. *leichen* »Flechte« + *…logie*]

Li|cker ⟨m.; -s; unz.⟩ *nach dem Gerbvorgang auf Leder aufgetragenes Fettgemisch* [engl.]

Lic. theol. ⟨Abk. für⟩ *Licientiatus theologiae, Lizenziat der Theologie*

Li|do ⟨m.; -s, -s⟩ *Landzunge vor einem Meeresteil parallel der Küste, bes. der bei Venedig* [ital.]

Liek ⟨n.; -s, -en; nddt.⟩ *Leine, mit der Segel eingefasst werden, um ihre Kanten zu versteifen;* oV *Leik* [<engl. *leech* »Ecke eines quadrat. Segels«]

Li|en ⟨[li:ən] m.; -s; unz.; Med.⟩ *Milz* [lat., »Milz«]

li|e|nal ⟨[lie-] Adj.⟩ *zur Milz gehörend, von ihr ausgehend* [→ *Lien*]

Li|e|ni|tis ⟨[lie-] f.; -, -ti|den⟩ *Entzündung der Milz* [< *Lien* + *…itis*]

Lieue ⟨[liø:] f.; -, -s⟩ *altes französ. Längenmaß, französ. Meile* [frz., »Wegstunde«]

Life|is|land ⟨[laifailənd] n.; - od. -s, -s; Med.⟩ *im Inneren vollkommen keimfreies Plastikzelt, in dem Patienten, deren Immunsystem zeitweilig od. langfristig zusammengebrochen ist, untergebracht werden* [<engl. *life island* »Lebens-, Rettungsinsel«]

Life|ja|cket ⟨[laifdʒækit] n.; -s, -s⟩ = *Lifevest* [engl.]

Life|style ⟨[laifstail] m.; -s; unz.⟩ *Lebensstil, Lebensweise;* das entspricht dem ~ der heutigen Zeit [engl.]

Life|time|sport ⟨[laiftaim-] m.; -s; unz.⟩ *Sportart, deren Belastung so beschaffen ist od. so eingeteilt werden kann, dass man sie in jedem Lebensalter ausüben kann,* z.B. Kegeln, Schwimmen [<engl. *lifetime* »Lebenszeit« + *Sport*]

Life|vest ⟨[laifvɛst] f.; -, -s⟩ *aufblasbare Weste zum Schutz vor dem Ertrinken (im Schiff, Flugzeug);* Sy *Lifejacket* [engl.-amerikan.]

Lift ⟨m.; -(e)s, -e od. -s⟩ **1** *Aufzug, Fahrstuhl* **2** ⟨m. od. n.; -s, -s⟩ *kosmet.-chirurg. Verfahren zur Beseitigung von Falten u. zum Straffen erschlafften Gewebes* [engl., »heben«]

Lift|boy ⟨[-bɔi] m.; -s, -s⟩ *junger Führer eines Aufzugs* [engl., »Fahrstuhljunge«]

lif|ten ⟨V.⟩ *einen Lift(2) durchführen*

Lif|ting ⟨n.; -s, -s⟩ = *Lift(2)*

Lift|kurs ⟨m.; -es, -e⟩ *Kurs für schwache Schüler, Stützkurs*

Li|ga ⟨f.; -, -gen⟩ **1** *Bund, Bündnis, Vereinigung* **2** *Spitzenklasse im Mannschaftssport* [span., »Band, Bündnis« <lat. *ligare* »(fest)binden«]

Li|ga|de ⟨f.; -, -n; Sp.; Fechten⟩ *Wegdrücken der gegner. Klinge* [frz., <lat. *ligare* »binden«]

Li|ga|ment ⟨n.; -(e)s, -e⟩, **Li|ga|men|tum** ⟨n.; -s, -ta; Anat.⟩ *Band* [< *ligamentum* »Band, Binde«; zu *ligare* »binden«]

Li|gand ⟨m.; -en, -en⟩ *Atom oder Molekül, das in Koodinationsverbindungen an ein Zentralatom angelagert ist* [<lat. *ligare* »binden«]
Li|ga|se ⟨f.; -, -n⟩ *an Synthesereaktionen beteiligtes Enzym*
Li|ga|tur ⟨f.; -, -en⟩ **1** ⟨Typ.⟩ *Verbindung zweier Buchstaben zu einer Type* **2** ⟨Mus.; in der Choral- u. Mensuralnotation⟩ **2.1** *Verbindung einer zusammengehörenden Notengruppe* **2.2** *Bogen über zwei Noten gleicher Tonhöhe (bes. von einem Takt zum andern) zum Zeichen, dass die erste Note um den Wert der zweiten verlängert werden soll* **3** ⟨Med.⟩ *Unterbindung von Blutgefäßen* [<lat. *ligatura* »Band«; zu *ligare* »binden«]
Li|gen ⟨Pl. von⟩ *Liga*
light ⟨[lait] Adj.; undekl.⟩ oV *lite* **1** ⟨umg.⟩ *leicht, vereinfacht;* Skikurs ~ für Anfänger **2** ⟨meist als Zusatzbez. an Waren⟩ *reduziert (an Inhalts-, Duftstoffen usw.), kalorienarm;* Cola ~ [engl., »leicht«]
Light|show ⟨[laitʃou] f.; -s, -s⟩ *Vorführung von Lichteffekten (in Diskotheken od. während einer musikal. Show)* [engl., zu *light* »Licht« + *show* »zeigen; Schau«]
li|gie|ren ⟨V.; Sp.; Fechten⟩ *die gegner. Klinge wegdrücken* [<lat. *ligare* »binden«]
Li|gist ⟨m.; -en, -en⟩ *Angehöriger einer Liga, Verbündeter*
li|gis|tisch ⟨Adj.⟩ *zu einer Liga gehörend*
Li|gni|kul|tur, ⟨auch⟩ **Lig|ni|kul|tur** ⟨f.; -, -en⟩ *Holzanbau außerhalb des Waldes* [<lat. *lignum* »Holz« + *Kultur*]
Li|gnin, ⟨auch⟩ **Lig|nin** ⟨n.; -s, -e⟩ *verholzender u. festigender, in das Cellulosegerüst eingelagerter Bestandteil des Holzes* [<lat. *lignum* »Holz«]
Li|gnit, ⟨auch⟩ **Lig|nit** ⟨m.; -s, -e⟩ *Braunkohle mit holzigen Einschlüssen; außerhalb Deutschlands auch Sammelbez. für alle Braunkohlen* [<lat. *lignum* »Holz«]
li|gni|vor, ⟨auch⟩ **lig|ni|vor** ⟨Adj.⟩ *Holz fressend*
Li|gni|vo|re, ⟨auch⟩ **Lig|ni|vo|re** ⟨m.1⟩ *im Holz lebendes u. Holz fressendes Tier;* Sy *Xylophage*
Li|gro|in, ⟨auch⟩ **Lig|ro|in** ⟨n.; -s; unz.⟩ *zwischen 100 °C u. 180 °C siedender Anteil des Erdöls, Lackbenzin* [Herkunft unbekannt]
Li|gu|la ⟨f.; -, -lae [-lɛː]⟩ *Anhängsel an der Übergangsstelle von Blattscheide u. Blattspreite der Gräser, Blatthäutchen* [<mlat. *ligula* »Zünglein, Zipfel«]
Li|gus|ter ⟨m.; -s, -; Bot.⟩ *zu einer Gattung der Ölbaumgewächse gehörender Strauch mit glänzenden, grünen Blättern, weißen Blüten u. schwarzen Beeren, beliebte Heckenpflanze: Ligustrum* [lat. *ligustrum*]
li|ie|ren ⟨V.⟩ *eng verbinden;* sich mit jmdm. ~ *eine Liaison mit jmdm. eingehen, eine Liebschaft mit jmdm. beginnen;* eng mit jmdm. liiert sein *ein Liebesverhältnis mit jmdm. haben* [<frz. *lier* »binden, vereinigen« <lat. *ligare* »binden«]
Li|ie|rung ⟨f.; -, -en; geh.⟩ *enge Verbindung, Liebesverhältnis* [→ *liieren*]
Like|li|hood ⟨[laiklihud] f.; -; unz.⟩ *in der Statistik verwendete Größe, die Wahrscheinlichkeitswerte für bestimmte Parameter liefert* [engl., »Wahrscheinlichkeit«]
Li|kör ⟨m.; -s, -e⟩ **1** *süßer Branntwein* **2** *aus Wein u. Kandiszucker bestehender Zusatz für Schaumwein* [<frz. *liqueur* »Likör« <lat. *liquor* »Flüssigkeit«]
Lik|tor ⟨m.; -s, -to|ren; im antiken Rom⟩ *Diener (meist Freigelassener) für höhere Beamte* [<lat. *lictor* »Liktor«]
Li|kud|block ⟨m.; -(e)s; unz.⟩ *israel. Parteienföderation (»Block«) aus fünf Parteien*
li|la ⟨Adj.⟩ *fliederfarben, hellviolett* [verkürzt <*lilafarben,* <frz. *lilas* »Flieder, Fliederblütenfarbe« <arab. *lilak* »Flieder« <pers. *niläk, liläk* <Sanskrit *nila* »schwarz, schwärzlich«]
Li|li|a|zee ⟨[-tseːə] f.; -, -n⟩ *Liliengewächs*
Li|lie ⟨[-liə] f.; -, -n; Bot.⟩ *Gattung der Liliengewächse (Liliaceae) mit großen, trichterförmigen Blüten, die meist einzeln od. zu wenigen in lockeren Trauben od. Dolden aufrecht stehen: Lilium;* Spanische ~ *Jakobslilie* [<lat. *lilia,* Pl. zu *lilium* <grch. *leirion* <kopt.]
Li|li|put ⟨n.; -; unz.⟩ **1** *Märchenland mit winzigen Menschen* **2** ⟨in Zus. scherzh.⟩ *sehr klein, winzig,* z.B. ~bahn [nach dem Land *Liliput* in dem Buch »Gullivers Reisen« des engl. Schriftstellers Jonathan Swift, 1667-1745]
Li|li|pu|ta|ner ⟨m.; -s, -⟩ **1** *Bewohner von Liliput* **2** *Mensch von zwergenhaftem Wuchs*
li|li|pu|ta|nisch ⟨Adj.⟩ *ganz besonders klein*
lim¹ ⟨Math.; Abk. für⟩ *Limes(2)*
lim² ⟨Abk. für⟩ *limited*
Li|ma|ko|lo|gie ⟨f.; -; unz.⟩ *Zweig der Zoologie, der sich mit Schnecken befasst* [<grch. *leimax,* Gen. *leimakos* »Schnecke« + ...*logie*]
Lim|ba ⟨n.; -s; unz.⟩ *tropische Holzart (für Sperrholz und Furnier)* [vermutl. westafrikan.]
Lim|bi ⟨Pl. von⟩ *Limbus(1.2)*
lim|bisch ⟨Adj.; Med.⟩ ~es System *(stammesgeschichtlich altes) funktionelles System im Innern des Gehirns liegender Strukturen, die untereinander u. mit anderen Hirnregionen durch Faserbündel verbunden sind (u.a. Hippocampus, Mandelkern), spielt eine übergeordnete Rolle bei der Steuerung vegetativ-nervöser u. hormoneller Vorgänge, Ausgangspunkt von Affekten (Liebe, Furcht, Wut), Gedächtnis u. angeborenen Trieb- u. Instinkthandlungen* [zu lat. *limbus* »Saum, Rand«]
Lim|bo ⟨m.; -s, -s⟩ *Tanz aus Westindien, bei dem die Tänzer mit nach hinten gebeugtem Rücken unter einer waagerecht gehaltenen Stange hertanzen, wobei die Stange mit zunehmendem Schwierigkeitsgrad tiefer gehalten wird* [karib.]
Lim|bus 1 ⟨m.; -, -bi⟩ **1.1** *Teil der Krone einer Blume* **1.2** *Teilkreis an Instrumenten zur Winkelmessung* **2** ⟨nach kath. Auffassung⟩ *Aufenthaltsort (ohne Pein) der ungetauft gestor-*

benen Kinder (~ Infantium) *u. der Frommen, Gerechten aus vorchristlicher Zeit* (~ Patrum) *Vorhölle* [lat. »Saum, Rand«]

Li|me|rick ⟨m.; -s, -s⟩ *komisch-iron. Gedicht aus fünf Zeilen (Reim: aabba) mit groteskem Gedanken in der Endzeile* [nach der irischen Stadt u. Grafschaft *Limerick,* die im 19. Jh. in komischen Liedern mit zahllosen Strophen besungen wurde]

Li|mes ⟨m.; -; unz.⟩ **1** *röm. Grenzwall, bes. zwischen Rhein u. Donau* **2** ⟨-, -mi|tes od. -tes; Math.; Abk.: lim⟩ *Grenzwert* [lat., »Grenze«]

Li|met|ta, Li|met|te ⟨f.; -, -ten⟩ *dünnschalige Zitrusfrucht, aus der ätherische Öle gewonnen werden: Citrus limetta* [<frz. *limette,* Verkleinerungsform zu *lime* »kleine süße Zitrone«; → a. *Limone*]

li|mi|kol ⟨Adj.⟩ *im Schlamm lebend* [<lat. *limicola* »Schlammbewohner«, zu *limus* »Schlamm«]

Li|mit ⟨n.; -s, -s⟩ *äußerste Grenze;* oV ⟨schweiz.⟩ *Limite* jmdm. ein ~ setzen; das ~ überschreiten; ein ~ von 200 Seiten (für ein Manuskript) [<frz. *limite* »Grenze« <lat. *limes*]

Li|mi|ta|ti|on ⟨f.; -, -en⟩ *das Limitieren, Begrenzung, Beschränkung, Einschränkung* [frz., »Begrenzung«; zu *limite;* → *Limit*]

li|mi|ta|tiv ⟨Adj.⟩ *begrenzend, einschränkend* [<lat. *limitatus,* Part. Perf. zu *limitare* »begrenzen«; zu *limes* »Grenze«]

Li|mi|te ⟨f.; -, -n; schweiz.⟩ = *Limit*

li|mi|ted ⟨[-tid] Abk. lim., ltd., ld.⟩ *begrenzt, mit beschränkter Haftung (Zusatz zu engl. Firmennamen)* [engl.]

Li|mi|ted E|di|tion ⟨[limitid idiʃn] f.; - -, - -s⟩ *Aufdruck od. Aufschrift auf Gegenständen, die nur in einer geringen Stückzahl hergestellt werden,* z.B. Schallplatten, Bücher, Kunstdrucke, Münzen, Porzellanfiguren [engl., »limitierte Auflage«]

li|mi|tie|ren ⟨V.⟩ *begrenzen, beschränken, einschränken*

lim|ni|kol ⟨Adj.⟩ = *limnisch* [zu grch. *limne* »Teich, Landsee« + lat. *colere* »bewohnen«]

Lim|ni|graf ⟨m.; -en, -en⟩ = *Limnigraph*

Lim|ni|graph ⟨m.; -en, -en⟩ = *Limnimeter;* oV *Limnigraf* [<grch. *limne* »Teich, Landsee« + *…graph*]

Lim|ni|me|ter ⟨n.; -s, -⟩ *Wasserstandsanzeiger für Seen;* Sy *Limnigraph, Limnograph* [<grch. *limne* »Teich, Landsee« + *…meter*]

lim|nisch ⟨Adj.⟩ *im Süßwasser lebend od. entstanden (Tiere, Pflanzen, Sedimente);* Sy *limnikol;* Ggs *paralisch* [<grch. *limne* »Teich, Landsee«]

Lim|no|graf ⟨m.; -en, -en⟩ = *Limnograph*

Lim|no|gramm ⟨n.; -s, -e⟩ *von einem Limnimeter aufgezeichneter Verlauf des Wasserstandes* [<grch. *limne* »Teich« + *…gramm*]

Lim|no|graph ⟨m.; -en, -en⟩ = *Limnimeter;* oV *Limnograf*

Lim|no|lo|ge ⟨m.; -n, -n⟩ *Wissenschaftler auf dem Gebiet der Limnologie*

Lim|no|lo|gie ⟨f.; -; unz.⟩ *Lehre von den Binnengewässern* [<grch. *limne* »Teich, Landsee« + *…logie*]

lim|no|lo|gisch ⟨Adj.⟩ *zur Limnologie gehörend*

Lim|no|plank|ton ⟨n.; -s; unz.⟩ *Plankton des Süßwassers* [zu grch. *limne* »Teich, Landsee« + *Plankton*]

Li|mo|na|de ⟨f.; -, -n⟩ *erfrischendes Getränk aus Wasser, Obstsaft od. -essenz, Zucker u. evtl. Kohlensäure* [<ital. *limonata,* zu *limone (→ Limone)* oder zu frz. *limon* »dickschalige Zitrone«]

Li|mo|ne ⟨f.; -, -n⟩ **1** *zur Familie der Grasnelkengewächse gehörende Gattung mit blattlosen Stängeln, die zwei od. drei Blüten tragen, Widerstoß, Meerlavendel* **2** *dickschalige Zitrone* [ital. <arab.-pers. *limun* »Zitrone«]

Li|mo|nen ⟨n.; -s, -e⟩ *in ätherischen Ölen verbreitete Verbindung von zitronenähnlichem Geruch* [→ *Limone*]

Li|mo|nit ⟨m.; -s, -e⟩ *mit Ton vermengte mineral. Ausfällung von Eisenhydroxid, Raseneisenerz* [<lat. *limus* »Schlamm«]

li|mos, li|mös ⟨Adj.⟩ *schlammig, sumpfig* [<frz. *limeux* »schlammig« <lat. *limosus;* zu *limus* »Schlamm«]

Li|mo|se ⟨f.; -, -n⟩ *Schnepfenvogel auf sumpfigen Wiesen, Uferschnepfe: Limosa limosa* [→ *limos*]

Li|mou|si|ne ⟨[-mu-] f.; -, -n⟩ *geschlossener Personenkraftwagen;* Ggs *Kabriolett* [nach der frz. Landschaft *Limousin*]

lim|pid ⟨Adj.⟩ *hell, klar, durchscheinend, durchsichtig* [<lat. *limpidus* »hell, klar«]

Li|mu|lus ⟨m.; -; unz.⟩ *einziger heute noch lebender Vertreter der Schwertschwänze, an der Ostküste Nordamerikas u. in den Meeren Südostasiens vorkommend* [<lat. *limulus* »ein wenig schielend«, zu *limus* »schräg, schielend«]

Li|na|lo|ol ⟨n.; -s, -e⟩ *eine hydroaromat. Verbindung von maiglöckchenartigem Geruch, ein Terpenalkohol, der hauptsächl. im Linaloe- u. Lavendelöl vorkommt (Verwendung in der Parfümerie)*

Li|neage ⟨[linidʒ] f.; -, -s [-dʒiz]; Soziol.⟩ *Verbund von entfernt Verwandten, die alle auf einen Ahnen zurückgeführt werden können u. die in einem eng begrenzten Gebiet in relativer Nähe zueinander wohnen* [<engl. *lineage* »Abstammung, Geschlecht« <lat. *linea* »Linie«]

li|ne|al ⟨Adj.⟩ *von langer Form u. parallelen Seiten;* oV *linealisch*

Li|ne|al ⟨n.; -s, -e⟩ *schmales, rechteckiges od. gebogenes Gerät zum Ziehen von Linien* [<lat. *linealis* »mit Linien gemacht«; zu *linea* »Leine, Schnur; Linie«; zu *linum* »Lein, Flachs«]

li|ne|a|lisch ⟨Adj.⟩ = *lineal*

Li|ne|a|ment ⟨n.; -s, -e⟩ *Linie in der Hand* [<lat. *lineamentum* »Strich, Zug mit Feder oder Kreide«, zu *linea* »Linie«]

li|ne|ar ⟨Adj.⟩ **1** *geradlinig, linienförmig* **2** *von Linien gebildet* **3** *zeichnerisch durch Striche dargestellt* [<lat. *linearis;* zu *linea* »Linie«]

Li|ne|ar|be|schleu|ni|ger ⟨m.; -s, -⟩ *Gerät zur Beschleunigung elektrisch geladener Teilchen auf hohe Geschwindigkeiten, wobei die Teilchen elektr. Felder auf geradliniger Bahn durchlaufen*

Li|ne|ar|e|rup|ti|on ⟨f.; -, -en; Geol.⟩ *eruptive, vulkanische Aktivität, die in Erdspalten beginnt*

Li|ne|a|ri|tät ⟨f.; -; unz.⟩ **1** *lineare Beschaffenheit* **2** *Kennzeichen elektrischer Bauelemente, die bezüglich der Veränderung ihrer Größen ein lineares Verhalten aufweisen; z.B. bewirkt ein Anstieg der Spannung ein proportionales Ansteigen der Stromstärke*

Li|ne|ar|mo|tor ⟨m.; -s, -en⟩ *elektr. Antriebsvorrichtung, die ohne bewegliche Teile arbeitet, entspricht einem Drehstrommotor, dessen Läufer in Form einer Schiene abgewickelt ist; genutzt vor allem für berührungsfreie Antriebe bei Magnetschwebebahnen*

Li|ne|ar|per|spek|ti|ve, ⟨auch⟩ **Li|ne|ar|pers|pek|ti|ve** ⟨f.; -; unz.⟩ *die räumliche Darstellung von Linien*

Li|ne|a|tur ⟨f.; -, -en⟩ = *Liniatur*

Li|ner ⟨[lainə(r)] m.; -s, -⟩ *Linienschiff, Überseedampfer* [engl., zu *line* »Linie«]

Lin|ga, Lin|gam ⟨n.; -s; unz.⟩ *Phallus, in der ind. Religion Sinnbild der Zeugungskraft* [Sanskr.]

Linge ⟨[lɛ̃:ʒ] f.; -; unz.; schweiz. Hotelgewerbe⟩ *Wäsche* [frz., »Wäsche«]

Lin|ge|rie ⟨[lɛ̃ʒə-] f.; -, -n; schweiz.⟩ *Wäschekammer, Bügel- u. Flickraum (in Hotels, Sanatorien)* [frz.]

Lin|gua fran|ca ⟨f.; - -; unz.⟩ **1** ⟨urspr.⟩ *spätmittelalterliche Handels- u. Seefahrtssprache im Mittelmeerraum mit überwiegend italienischem, von arab. Elementen durchsetztem Wortschatz* **2** ⟨allg.⟩ *Verkehrssprache innerhalb eines mehrere Länder umfassenden Raumes* [<lat. *lingua* »Sprache« + *franca* »fränkisch«]

lin|gu|al ⟨Adj.⟩ *die Zunge betreffend, zu ihr gehörend, zungen…* [<lat. *lingua* »Zunge, Sprache«]

Lin|gu|al ⟨m.; -s, -e⟩, **Lin|gu|a|lis** ⟨m.; -, -les⟩, **Lin|gu|al|laut** ⟨m.; -(e)s, -e⟩ *mit der Zunge gebildeter Laut, Zungenlaut,* z.B. das Zungen-R [<lat. *lingua* »Sprache, Zunge«]

Lin|gu|al|pfei|fe ⟨f.; -, -n⟩ *Art der Orgelpfeifen, bei der der Ton durch ein im Luftstrom schwingendes Metallblättchen entsteht, Zungenpfeife;* Ggs *Labialpfeife*

Lin|gu|ist ⟨m.; -en, -en⟩ *Sprachwissenschaftler* [<lat. *lingua* »Zunge, Sprache«]

Lin|gu|is|tik ⟨f.; -; unz.⟩ *Sprachwissenschaft*

Lin|gu|is|tin ⟨f.; -, -tin|nen⟩ *Sprachwissenschaftlerin*

lin|gu|is|tisch ⟨Adj.⟩ *die Linguistik betreffend, zu ihr gehörend, auf ihr beruhend*

Li|ni|a|tur ⟨f.; -, -en⟩ = *Linierung;* oV *Lineatur* [<lat. *lineatus* »gestreift«; zu *linea* »Linie«, eigtl. »Leine, Schnur«; → *Linie*]

Li|nie ⟨[-njə] f.; -, -n⟩ **1** *Strich;* ~n ziehen **1.1** ⟨Math.⟩ *Gerade, Kurve* **1.2** ⟨Sp.⟩ *Markierungsstrich, Abgrenzung im Spielfeld* **1.3** *Folge von Schriftzeichen (auf gleicher Höhe); Druckzeile* **1.4** ⟨Typ.⟩ *gleiche Höhe der Lettern;* die Buchstaben halten nicht ~ *stehen nicht in gleicher Höhe* **1.5** ⟨Typ.⟩ *feiner Metallstreifen zum Drucken einer Linie* **2** *Reihe, Reihung, Aufstellung nebeneinander* **2.1** ⟨früher⟩ *aktive Truppenteile, stehendes Heer* **3** *Strecke, auf der ein Massenbeförderungsmittel verkehrt;* Eisenbahn~, Straßenbahn~ **3.1** *Massenbeförderungsmittel, das auf einer bestimmten Strecke verkehrt;* nehmen Sie die ~ 10!; welche ~ fährt nach Sch.? **4** ⟨Genealogie⟩ *Folge von Abkömmlingen;* Haupt~, Seiten~; absteigende, aufsteigende ~ **5** ⟨Mar.⟩ = *Äquator;* die ~ passieren **6** *altes Längenmaß, 1/10 bzw. 1/12 Zoll* **7** ⟨fig.⟩ *eingeschlagene Richtung einer Organisation (bei einem Vorhaben in der Politik);* Partei~; eine bestimmte ~ verfolgen **8** *Ebene, Höhe, Art;* auf eine, auf die gleiche ~ stellen mit *vergleichen mit;* das liegt auf der gleichen ~ mit **9** ⟨fig.⟩ *Umriss;* die zarten ~n ihrer Gestalt, ihres Gesichts **10** ⟨fig.; umg.⟩ *Figur;* auf die ~ achten *auf die Schlankheit, die gute Figur achten* **11** ⟨fig.⟩ *Hinsicht;* in erster ~ *vor allem, zuerst;* er hat sich auf der ganzen ~ blamiert *in jeder Hinsicht, überall* [<ahd. *linia* <lat. *linea* »Leine, Schnur, Faden, mit einer Schnur gezogene gerade Linie«]

Li|ni|en|spek|trum, ⟨auch⟩ **Li|ni|en|spekt|rum** ⟨[-niən-] n.; -s, -tren⟩ *Gesamtheit der von einem Atom emittierten bzw. absorbierten Spektrallinien*

li|nie|ren ⟨V.⟩ *mit Linien versehen.*

Li|nie|rung ⟨f.; -; unz.⟩ Sy *Liniatur* **1** *das Linieren* **2** *die Linien selbst*

Li|ni|ment ⟨n.; -(e)s, -e⟩ *dickflüssige Mischung aus Seifen, Fett, Öl od. Alkohol zum Einreiben* [<lat. *linimentum* »Schmiere«; zu *linire* »schmieren«]

Link ⟨m.; -s, -s; umg.; EDV⟩ **1** *Verbindung, Beziehung* **2** ⟨kurz für⟩ *Hyperlink* [<engl. *link* »Bindeglied, Verbindungsstück«]

Lin|ker ⟨m.; -s, -; EDV⟩ *Programm, das einzelne Subprogramme od. mehrere kompatible Einzelprogramme zu einer Gesamtanwendung zusammenfasst* [→a. *Link*]

Lin|krus|ta, ⟨auch⟩ **Link|rus|ta** ⟨f.; -; unz.⟩ *geprägte, linoleumähnliche abwaschbare Tapete* [<lat. *linum* »Flachs, Lein« + *crusta* »Rinde, Überzug«]

Links|ex|tre|mis|mus, ⟨auch⟩ **Links|ext|re|mis|mus** ⟨m.; -; unz.⟩ *polit. Bewegung, die linksradikalen Positionen zuneigt;* Ggs *Rechtsextremismus*

Links|ex|tre|mist, ⟨auch⟩ **Links|ext|re|mist** ⟨m.; -en, -en.⟩ *jmd., der politisch extrem links steht;* Ggs *Rechtsextremist*

links|ex|tre|mis|tisch, ⟨auch⟩ **links|ext|re|mis|tisch** ⟨Adj.⟩ *dem Linksextremismus nahe ste-*

hend, ihn betreffend, zu ihm gehörig; Ggs *rechtsextremistisch*
lin|nésch ⟨Adj.⟩ ~es System, ⟨auch⟩ Linné'sches System *System zur Einteilung des Pflanzenreichs, das sich nach den Merkmalen der Blüte richtet* [nach dem schwed. Naturforscher Carl von *Linné,* 1707-1778]
Li|no|le|um, ⟨auch⟩ **Lin|o|le|um** ⟨[-leum] n.; -s; unz.⟩ *Fußbodenbelag aus einer Mischung von Leinöl mit Füll- u. Trockenstoffen auf einer textilen Unterlage* [< lat. *linum* »Lein, Flachs« + *oleum* »Öl«]
Li|nol|säu|re ⟨f.; -, -n⟩ *ungesättigte, flüssige Fettsäure mit zwei Doppelbindungen, chem. Formel $C_{17}H_{31}COOH$, kommt als Glycerinester im Leinöl u.a. Ölen vor* [< lat. *linum* »Lein, Flachs« + *…ol*]
Li|nol|schnitt ⟨m.; -(e)s, -e⟩ **1** ⟨unz.⟩ *dem Holzschnitt ähnl. Kunst, mit dem Messer aus einer Linoleumplatte eine bildl. Darstellung so herauszuarbeiten, dass sie erhaben stehen bleibt* **2** ⟨zählb.⟩ *mit diesem Verfahren gewonnener Abdruck*
Li|non ⟨[-nɔ̃:] m.; - od. -s, -s⟩ *feinfädiges Leinen- od. Baumwollgewebe in Leinwandbindung* [frz. »feines Leinen« < lat. *linum* »Lein, Flachs«]
Lin|ters ⟨Pl.⟩ **1** ⟨urspr.⟩ *kurze Fasern des Baumwollsamens* **2** ⟨heute allg.⟩ *kurz geschnittene Textilfasern natürlicher od. synthetischer Herkunft* [engl., zu *lint* »Zupfleinwand« < lat. *linteum* »Leinen«]
Li|ons Club ⟨[laiəns klʌb] m.; - -s, - -s⟩ *(1916 gegründete) internationale Vereinigung von Klubs, die unter dem Motto »we serve« (»wir dienen«) um Verständigung u. karitative Hilfeleistung bemüht ist* [zu engl. *lion* »Löwe«, nach dem Wappentier]
Li|ons In|ter|na|tio|nal ⟨[laiəns intərnæʃənəl] m.; - -; unz.⟩ *weltumfassende Kluborganisation karitativer Prägung, Zusammenschluss von Persönlichkeiten des öffentlichen Lebens zu geistiger Verständigung u. zur Pflege des Gemeinwohls* [engl.]
Lip|ä|mie, ⟨auch⟩ **Li|pä|mie** ⟨f.; -; unz.⟩ *erhöhter Fettgehalt des Blutplasmas (Anzeichen von Stoffwechselkrankheiten)* [< grch. *lipos* »Fett« + *…ämie*]
lip|ä|misch, ⟨auch⟩ **li|pä|misch** ⟨Adj.⟩ *auf Lipämie beruhend, an Lipämie leidend*
Li|pa|rit ⟨m.; -s, -e⟩ = *Rhyolit* [nach einem Fundort auf der Insel *Lipari*]
Li|pa|se ⟨f.; -, -n⟩ *im Verdauungskanal des Menschen u. der Tiere sowie in Pflanzensamen vorkommendes Enzym, das Fett in Fettsäuren u. Glycerin spaltet* [< grch. *lipos* »Fett«]
Lip|gloss ⟨n.; -; unz.⟩ *Lippenstift, der die Lippen glänzend macht* [engl., »Lippenglanz«]
Li|pid ⟨n.; -(e)s, -e⟩ *organ. Substanz, die sich aus Geweben mit organischen Lösungsmitteln, wie Äther, Aceton, Alkohol u.a., extrahieren lässt* [< grch. *lipos* »Fett«]
Li|pi|do|se ⟨f.; -, -n⟩ *angeborene Störung des Fettstoffwechsels* [→ *Lipid*]
Li|piz|za|ner ⟨m.; -s, -⟩ *Vollblutpferderasse, meistens Schimmel* [nach dem Gestütsort *Lipizza* bei Triest]
li|po|id ⟨Adj.⟩ *fettartig*
Li|po|id ⟨n.; -s, -e⟩ *fettähnliche organ. Substanz* [< grch. *lipos* »Fett« + *…id*]
Li|po|i|do|se ⟨f.; -, -n⟩ *krankhafte Einlagerung von Lipoiden im Gewebe*
Li|po|ly|se ⟨f.; -, -n⟩ *enzymatischer Abbau von Fetten, Fettverdauung* [< grch. *lipos* »Fett« + *…lyse*]
Li|pom ⟨n.; -s, -e⟩, **Li|po|ma** ⟨n.; -s, -po|ma|ta⟩ *Fettgeschwulst* [< grch. *lipos* »Fett«]
Li|po|ma|to|se ⟨f.; -, -n⟩ *Fettsucht, Fettgeschwulst* [zu grch. *lipos* »Fett«]
li|po|phil ⟨Adj.⟩ *in Fett löslich;* Ggs *lipophob* [< grch. *lipos* »Fett« + *…phil*]
Li|po|phi|lie ⟨f.; -, -n; Med.⟩ *Neigung zum Fettansatz (bei bestimmten Krankheiten)*
li|po|phob ⟨Adj.⟩ *in Fett unlöslich;* Ggs *lipophil* [< grch. *lipos* »Fett« + *…phob*]
Li|po|plast ⟨m.; -en, -en⟩ *Fettgewebe bildende Zelle* [zu grch. *lipos* »Fett« + *plastes* »Bildner«, zu *plassein* »bilden, formen«]
Li|po|pro|te|id, Li|po|pro|te|in ⟨n.; -s, -e⟩ *aus Lipiden u. Proteinen zusammengesetzte organisch-chemische Verbindung*
Lip|u|rie, ⟨auch⟩ **Li|pu|rie** ⟨f.; -; unz.⟩ *Ausscheidung von Fett im Harn* [< grch. *lipos* »Fett« + *…urie*]
Liq. ⟨Abk. für⟩ *Liquor*
Li|que|fak|ti|on ⟨f.; -, -en; Chem.⟩ *Verflüssigung* [< lat. *liquere* »flüssig sein, fließen« + *…faktion*]
Li|ques|zenz ⟨f.; -; unz.; Chem.⟩ *das Flüssigsein* [zu lat. *liquere* »flüssig sein«]
li|ques|zie|ren ⟨V.⟩ *flüssig werden, schmelzen*
li|quet *es ist klar, es ist erwiesen* [lat., eigtl. »es ist flüssig, klar (wie Wasser)«; zu *liquere* »flüssig sein«]
li|quid, li|qui|de ⟨Adj.⟩ **1** *flüssig* **2** ⟨fig.⟩ *im Besitz von Geldmitteln, zahlungsfähig, solvent;* Ggs *illiquid* **3** *verfügbar* [< lat. *liquidus* »flüssig«]
Li|qui|da ⟨f.; -, -dä od. -qui|den⟩ *Konsonant, bei dem die ausströmende Luft an einer Verengung in Schwingung gerät, Schwinglaut, Schmelzlaut, Fließlaut,* z.B. r, l [lat., Fem. zu *liquidus* »flüssig«]
Li|qui|da|ti|on ⟨f.; -, -en⟩ **1** *Auflösung, Aufgabe (eines Unternehmens),* in ~ treten **2** *Abwicklung (der Verpflichtungen eines Unternehmens)* **3** *Tötung, Beseitigung (von unliebsamen Personen)* **4** *(bei freien Berufen) Berechnung der Kosten, Rechnung* [< mlat. *liquidatio* »Flüssigmachung« < lat. *liquidus* »flüssig«]
Li|qui|da|tor ⟨m.; -s, -to|ren⟩ *jmd., der eine Liquidation durchführt, Vermittler bei Geschäftsauflösungen* [→ *liquidieren, Liquidation*]
Li|qui|den ⟨Pl. von⟩ *Liquida*
li|qui|die|ren ⟨V.⟩ **1** ein Geschäft ~ *auflösen* **2** politische Gegner, Gefangene ~ *beseitigen, töten* **3** Kosten ~ *berechnen, fordern* [< ital.,

mlat. *liquidare* »flüssig machen« < lat. *liquidus* »flüssig«]

Li|qui|die|rung ⟨f.; -, -en⟩ = *Liquidation*

Li|qui|di|tät ⟨f.; -; unz.⟩ *Zahlungsfähigkeit;* Ggs *Illiquidität*

Li|quor ⟨m.; -s; unz.; Abk.: Liq.; Med.⟩ **1** *Flüssigkeit;* ~ cerebrospinalis *der Lymphe ähnliche Flüssigkeit in den Ventrikeln des Gehirns u. dem Duralsack, Rückenmarks-Gehirn-Flüssigkeit* **2** *in Wasser gelöstes Arzneimittel* [lat., »Flüssigkeit«]

Li|ra[1] ⟨f.; -, -ren⟩ *mittelalterl. Geige mit nur einer Saite* [< grch. *lyra,* → *Lyra*]

Li|ra[2] ⟨f.; -, -re; Abk.: L.⟩ *ital. Währungseinheit,* ⟨früher⟩ *100 Centesimi* [ital. < lat. *libra* »Waage, Gewogenes, Pfund«]

li|ri|co ⟨Mus.⟩ *lyrisch (zu spielen)* [ital.]

Li|se|ne ⟨f.; -, -n⟩ *senkrechter, flacher, hervortretender Mauerstreifen* [< frz. *lisière* »Randstreifen, Kante, Saum«]

Li|si|e|re ⟨f.; -, -n; †⟩ **1** *Saum, Kante* **2** *Waldrand* [frz.]

LISP ⟨EDV⟩ *höhere Programmiersprache zur Be- u. Verarbeitung von Listen* [engl. *List Processing Language*]

Lis|te|ria ⟨f.; -, -ri|en od. -riae [-iɛ:]; Med.⟩ *bakterieller Krankheitserreger, der z.B. in Exkrementen vorkommt* [nach dem brit. Chirurgen J. *Lister,* 1827-1912]

l'is|tes|so tem|po ⟨Mus.⟩ *im selben Zeitmaß, Tempo (zu spielen)* [ital.]

lit., Lit. ⟨Abk. für⟩ *Litera*

Li|ta|nei ⟨f.; -, -en⟩ **1** *von Geistlichem u. Gemeinde im Wechsel gesprochenes Gebet* **2** ⟨fig.; umg.⟩ *lange, eintönige Aufzählung, eintöniges Gerede, Gejammer, Wehklage;* diese ~ ist unerträglich [< mhd. *letanie* < lat. *litania* »Bittgebet« < grch. *litaneia*]

Lit|chi ⟨[-tʃi] f.; -, -s⟩ = *Litschi*

lite ⟨[lait] Adj.; undekl.⟩ = *light*

Li|ter ⟨m. od. n.; -s, -; schweiz. nur m.; Abk.: l⟩ *Hohlmaß, 1 Kubikdezimeter (1 dm³);* zwei ~ Wein [< frz. *litre* < mlat. *litra* < grch. *litra* »Gewicht von 12 Unzen«]

Li|te|ra ⟨f.; -, -s od. -rä; Abk.: Lit.; schweiz.: lit.⟩ *Buchstabe;* § 12, Abs. 3, Lit. (lit.) 6 [< lat. *littera* »Buchstabe«]

li|te|ra|li|sie|ren ⟨V.⟩ *in eine literarische Form bringen, literarisch gestalten;* oV *literarisieren*

Li|te|rar|his|to|ri|ker ⟨m.; -s, -⟩ *Kenner, Erforscher der Literaturgeschichte;* oV *Literaturhistoriker*

li|te|rar|his|to|risch ⟨Adj.⟩ *die Literaturgeschichte betreffend, zu ihr gehörend, auf ihr beruhend*

li|te|ra|risch ⟨Adj.⟩ *zur Literatur gehörend, sie betreffend*

li|te|ra|ri|sie|ren ⟨V.⟩ = *literalisieren*

Li|te|rar|kri|tik ⟨f.; -, -en; selten für⟩ *Literaturkritik*

li|te|rar|kri|tisch ⟨Adj.; selten für⟩ *literaturkritisch*

Li|te|rat ⟨m.; -en, -en⟩ **1** *Schriftsteller* **2** ⟨a. abwertend⟩ *federgewandter, oberflächl. Schriftsteller* [< lat. *litteratus* »schriftkundig, gelehrt, wissenschaftlich gebildet«; zu *littera* »Buchstabe«]

Li|te|ra|tur ⟨f.; -, -en⟩ **1** *Gesamtheit der schriftl. Äußerungen eines Volkes od. einer Zeit;* ⟨i.e.S.⟩ *dessen bzw. deren gesamtes schöngeistiges Schrifttum, Dichtung* **2** *Gesamtheit der über ein Wissensgebiet veröffentlichten Werke;* Fach~; (benutzte) ~ angeben (bei wissenschaftl. Arbeiten); antike, klassische, romantische, moderne ~; belehrende, unterhaltende ~; deutsche, englische, französische ~; juristische, medizinische ~; die schöne ~ *schöngeistige Literatur, Dichtung* [< lat. *litteratura* »Buchstabenschrift, Sprachkunst«; zu *littera* »Buchstabe«]

Li|te|ra|tur|his|to|ri|ker ⟨m.; -s, -⟩ = *Literarhistoriker*

Li|te|ra|tur|kri|tik ⟨f.; -, -en⟩ **1** *einzelne Besprechung eines bestimmten Werkes, Rezension* **2** ⟨unz.⟩ *krit. Betrachtung, Darstellung od. Besprechung von Dichtungen im Allgemeinen* **3** *Gesamtheit der Literaturkritiker u. ihrer Institutionen u. Veröffentlichungen*

li|te|ra|tur|kri|tisch ⟨Adj.⟩ *die Literaturkritik betreffend, zu ihr gehörig, von ihr stammend*

Li|te|ra|tur|so|zi|o|lo|gie ⟨f.; -; unz.⟩ *Teilgebiet der Soziologie, das sich mit der Wechselwirkung von Literatur u. Gesellschaft befasst*

Li|te|ra|tur|spra|che ⟨f.; -; unz.⟩ *in der Literatur benutzte, gehobene Sprache, Schriftsprache*

Li|tew|ka ⟨f.; -, -ken; früher⟩ *blusenartiger Uniformrock* [poln., »litauischer Rock«, eigtl. »Litauerin«]

...lith ⟨in Zus.⟩ *Stein, Versteinerung, Mineral* [< grch. *lithos* »Stein«]

Lith|a|go|gum, ⟨auch⟩ **Li|tha|go|gum** ⟨n.; -s, -ga⟩ *steinabführendes Mittel;* Sy *Lithikum* [zu grch. *lithos* »Stein« + *agogos* »herbeiführend, anregend«]

Lith|ar|gy|rum, ⟨auch⟩ **Li|thar|gy|rum** ⟨n.; -s; unz.⟩ = *Massicot* [< *Litho...* + grch. *argyros* »Silber«]

Li|thi|a|sis ⟨f.; -, -thi|a|sen⟩ *Neigung zu Steinbildung, Vorhandensein von Steinen u. dadurch bedingte Krankheitserscheinungen bes. in den Gallen- u. Harnwegen, Steinleiden* [< grch. *lithos* »Stein«]

...li|thi|kum ⟨in Zus.⟩ *Steinzeit* [< grch. *lithos* »Stein«]

Li|thi|um ⟨n.; -s; unz.; chem. Zeichen: Li⟩ *silberweißes, in feuchter Luft anlaufendes Alkalimetall, Ordnungszahl 3* [< grch. *lithos* »Stein«]

li|tho..., Li|tho... ⟨in Zus.⟩ *stein..., Stein..., gesteins..., Gesteins...* [< grch. *lithos* »Stein«]

li|tho|gen ⟨Adj.⟩ *aus Gesteinen hervorgegangen* [< *litho...* + *...gen*]

Li|tho|ge|ne|se ⟨f.; -; unz.; Geol.⟩ *Lehre, Theorie von der Gesteinsentstehung, z.B. durch Ablagerung, Verwitterung;* → a. *Diagenese, Sedimentation*

Li|tho|graf ⟨m.; -en, -en ⟩ = *Lithograph*
Li|tho|gra|fie ⟨f.; -, -n ⟩ = *Lithographie*
Li|tho|graph ⟨m.; -en, -en⟩ *in der Lithographie ausgebildeter Drucker, Steindrucker, Steinzeichner;* oV *Lithograf*
Li|tho|gra|phie ⟨f.; -, -n⟩ oV *Lithografie* **1** ⟨unz.⟩ *ältestes Flachdruckverfahren, bei dem die Zeichnung auf einen Kalkstein übertragen u. von diesem abgedruckt wird (heute durch Druck von Zinkplatte ersetzt)* **2** *Produkt dieses Druckverfahrens, Steinzeichnung, Steindruck*
li|tho|gra|phie|ren ⟨V.⟩ *eine Lithographie herstellen;* oV *lithografieren*
li|tho|gra|phisch ⟨Adj.⟩ *zur Lithographie gehörend, auf ihr beruhend, mit ihrer Hilfe;* oV *lithografisch*
Li|tho|lo|ge ⟨m.; -n, -n⟩ *Wissenschaftler, der sich mit dem Gebiet der Lithologie befasst*
Li|tho|lo|gie ⟨f.; -; unz.⟩ *Gesteinskunde* [< *Litho... + ...logie*]
li|tho|lo|gisch ⟨Adj.⟩ *zur Lithologie gehörend, auf ihr beruhend*
Li|tho|ly|se ⟨f.; -, -n⟩ *Auflösung von Nieren- od. Gallensteinen durch Arzneimittel* [< *Litho... + ...lyse*]
li|tho|phag ⟨Adj.⟩ *Gesteine auflösend, sich in Gestein hineinfressend* [< *litho... + ...phag*]
li|tho|phil ⟨Adj.⟩ **1** *Gestein als Untergrund bevorzugend;* ~e Tiere **2** *die feste Erdkruste bildend* [< *litho... + ...phil*]
Li|tho|phyt ⟨m.; -en, -en⟩ *Pflanze, die auf felsigen Flächen gedeiht* [< *Litho... + ...phyt*]
Li|tho|po|ne ⟨f.; -; unz.⟩ *weiße, deckende Anstrichfarbe aus Zinksulfid u. Bariumsulfat* [< *Litho...* + grch. *ponos* »Arbeit«]
Li|tho|sphä|re, ⟨auch⟩ **Li|thos|phä|re** ⟨f.; -; unz.⟩ *äußere Hülle der Erde aus Gestein* [< *Litho... + Sphäre*]
Li|tho|to|mie ⟨f.; -, -n; Med.⟩ *operative Entfernung von Steinen (der Gallenwege, Niere)* [< *Litho... + ...tomie*]
Li|tho|trip|sie ⟨f.; -, -n; Med.⟩ *Zertrümmerung von Blasensteinen* [< *Litho...* + grch. *tribein* »reiben«]
Lith|ur|gik, ⟨auch⟩ **Li|thur|gik** ⟨f.; -; unz.⟩ *Lehre vom Gebrauch u. von der Verarbeitung der Minerale u. Gesteine* [< *Litho...* + grch. *ergon* »Werk, Arbeit«]
li|to|ral ⟨Adj.⟩ *Küste, Ufer, Strand betreffend* [< *litoralis* »zum Ufer gehörig«; zu *litus,* Gen. *litoris* »Ufer, Küste«]
Li|to|ra|le ⟨n.; -s, -s⟩ *Küstenstrich* [< lat. *litoralis* »zur Küste gehörig«, zu *litus,* Gen. *litoris* »Ufer, Küste«]
Li|to|ral|fau|na ⟨f.; -, -nen⟩ *Tierwelt der Ufer- u. Strandregion*
Li|to|ral|flo|ra ⟨f.; -, -ren⟩ *Pflanzenwelt der Ufer- u. Strandregion*
Li|to|ri|na ⟨f.; -, -nen⟩ *Art der Strandschnecken, wichtiges Leitfossil: Littorina littorae* [< lat. *litus,* Gen. *litoris* »Küste, Ufer«]
Li|to|ri|nel|len|kalk ⟨m.; -(e)s; unz.⟩ *Kalkstein mit versteinerten Strandschnecken* [zu lat. *litus,* Gen. *litoris* »Ufer, Küste«]

Li|to|tes ⟨f.; -; unz.; Sprachw.⟩ *stärkere Hervorhebung durch Anwendung eines scheinbar schwächeren Ausdrucks (Verneinung des Gegenteils),* z.B. »nicht klein« statt »recht groß« [< grch. *litotes* »Schlichtheit«; zu *litos* »schlicht, einfach«]
Lit|schi ⟨f.; -, -s⟩, **Lit|schi|pflau|me** ⟨f.; -, -n⟩ *rotbraune, hartschalige Frucht eines in Südchina beheimateten Obstbaumes;* oV *Litchi;* → a. *Raumbutan* [< chin. *Lee Chee*]

> **Liturg** (*Worttrennung am Zeilenende*) Fremdsprachliche Zusammensetzungen, deren einzelne Bestandteile für deutsche Muttersprachler nicht unbedingt ersichtlich sind, können zwischen den einzelnen Bestandteilen (Morphemen) getrennt werden (z.B.: **lit...** zu grch. *laos* »Volk« und **...urg** zu grch. *ergon* »Werk«). Möglich ist aber auch die Worttrennung nach Sprechsilben (→ a. *Chirurg*).

Li|turg ⟨m.; -en, -en⟩ *Geistlicher, der die Liturgie hält*
Li|tur|gie ⟨f.; -, -n⟩ *alle ordnungsmäßig bestehenden gottesdienstlichen Handlungen* [< grch. *leiturgos,* eigtl. »Staatsdiener«, < *laos* »Volk« + *ergon* »Werk«]
Li|tur|gik ⟨f.; -; unz.⟩ *Lehre von der christl. Liturgie*
li|tur|gisch ⟨Adj.⟩ *die Liturgie betreffend, zu ihr gehörend;* ~e **Farben** *je nach den kirchl. Festen u. dem Charakter des Gottesdienstes wechselnde Farben der Paramente;* ~e **Formel** *in der Liturgie immer wiederkehrende Formel,* z.B. Amen, Halleluja; ~e **Gefäße** *die beim Gottesdienst verwendeten Gefäße;* ~e **Gewänder** *die G. des Geistlichen beim Gottesdienst*
live ⟨[laif] Adj.; Radio, TV⟩ ~ senden *direkt übertragen, unmittelbar senden* [< engl. *alive* »lebendig«]
Live|act ⟨[laifækt] m.; -s, -s⟩ *Konzertauftritt einer Rockband* [< engl. *live* »direkt, original« + *act* »(Programm-)Nummer«]
Live|fo|to|gra|fie ⟨[laif-] f.; -, -n⟩ **1** ⟨unz.⟩ *das unvorbereitete Fotografieren am Ort eines Geschehens, wobei der abgebildete Vorgang wichtiger ist als die technische Ausführung,* z.B. an einem Kriegsschauplatz aufgenommene Bilder **2** ⟨zählb.⟩ *ein daraus entstandenes Bild* [< engl. *live* »aktuell, direkt, lebend« + *Fotografie*]
Live|sen|dung ⟨[laif-] f.; -, -en; Radio, TV⟩ *Direktsendung, Direktübertragung*
Live|show ⟨[laifʃou] f.; -, -s⟩ *Unterhaltungssendung, die direkt übertragen wird*
li|vid, li|vi|de ⟨[-viːd-] Adj.⟩ **1** ⟨Med.⟩ *bleifarben, bläulich, fahl* **2** *missgünstig, neidisch* [< lat. *lividus* »bleifarben, bläulich«]
Li|vre, ⟨auch⟩ **Liv|re** ⟨[liːvrə] m. od. n.; - od. -s, -s od. bei Zahlenangaben: -⟩ **1** *alte französ. Münze* **2** *alte französ. Gewichtseinheit, etwa 500 g* [frz., »Pfund«]

Li|vree, ⟨auch⟩ **Liv|ree** ⟨[-vre:] f.; -, -n⟩ *uniformartige Dienstkleidung, z.B. für Chauffeure, Portiers, Diener* [< frz. *livrée* »Livree, Dienerschaft«]

li|vriert, ⟨auch⟩ **liv|riert** ⟨Adj.⟩ *in Livree gekleidet;* ein ~er Portier, Butler

Li|zen|ti|at ⟨n.; -(e)s, -e⟩ = *Lizenziat*

Li|zenz ⟨f.; -, -en⟩ **1** *Befugnis, Genehmigung zur Ausübung eines Gewerbes* **2** *Erlaubnis zur Benutzung eines Patentes* **3** *Ermächtigung für eine Buchausgabe;* jmdm. eine ~ erteilen [< lat. *licentia* »Freiheit, Erlaubnis«]

Li|zen|zi|at oV *Lizentiat* **1** ⟨n.; -(e)s, -e⟩ **1.1** ⟨früher⟩ *theolog. Hochschulgrad* **1.2** ⟨†; noch österr. u. schweiz.⟩ *Grad der ev.-theol. u. einiger kath.-theol. Fakultäten (meist durch den Dr. theol. ersetzt)* **2** ⟨m.; -en, -en; Abk.: Lic.⟩ *Inhaber des Lizenziats(1.2)* [< lat. *licentia* »Freiheit, Erlaubnis«]

li|zen|zie|ren ⟨V.⟩ etwas ~ *die Lizenz für etwas erteilen*

Li|zenz|spie|ler ⟨m.; -s, -⟩ *Sportler, der seinen Sport in einem lizensierten Verein als Angestellter ausübt*

Li|zi|tant ⟨m.; -en, -en⟩ *jmd., der auf einer Versteigerung bietet* [< lat. *licitans,* Part. Präs. zu *licitari* »auf etwas bieten«]

Li|zi|ta|ti|on ⟨f.; -, -en⟩ *Versteigerung* [< lat. *licitatio* »das Bieten bei Versteigerungen«]

li|zi|tie|ren ⟨V.⟩ *versteigern* [< lat. *licitari* »auf etwas bieten«]

l.l. ⟨Abk. für⟩ *loco laudato*

LLDC ⟨Abk. für engl.⟩ *Least Developed Countries (am wenigsten entwickelte Länder, bes. arme Entwicklungsländer);* → a. *LCD*

lm ⟨Zeichen für⟩ *Lumen*

lmh ⟨Zeichen für⟩ *Lumenstunde*

ln ⟨Zeichen für⟩ *Logarithmus zur Basis e (eulersche Zahl = 2,731...)*

Load ⟨[lo:d] f.; -, -s; umg.⟩ *Dosis Rauschgift* [engl., »Ladung«]

Lob ⟨[lɔb] m.; -s, -s⟩, **Lob|ball** ⟨m.; -(e)s, -bälle; Sp.; bes. Tennis⟩ *über den am Netz stehenden Gegner hoch hinweg geschlagener Ball, Hoch(flug)ball* [< engl. *lobby,* heute in der Bed. »Interessengruppe«, eigentl. »Vor-, Wandelhalle«, da sich die Lobbyisten früher in den Vorhallen der Parlamentssäle aufzuhalten pflegten]

lob|ben ⟨V.; Sp.; Tennis⟩ *einen Lob schlagen* [engl.]

Lob|by ⟨f.; -, -s⟩ **1** *Vorraum eines Parlamentsgebäudes* **2** *Gesamtheit der Angehörigen von Interessenverbänden, die (dort) versuchen, die Entscheidungen von Parlamentsmitgliedern zu beeinflussen* [engl.]

Lob|by|ing ⟨[lɔbiiŋ] n.; - od. -s; unz.⟩ *von Interessengruppen (z.B. Unternehmen, Initiativen, Vereinen, Institutionen) ausgehende Beeinflussung von Politikern u. parlamentarischen Abgeordneten, um bestimmte Vorstellungen od. Vorhaben durchzusetzen* [→ *Lobby*]

Lob|by|is|mus ⟨m.; -; unz.⟩ *System der Einflussnahme auf Parlamentsmitglieder*

Lob|by|ist ⟨m.; -en, -en⟩ *Angehöriger der Lobby*

Lob|ek|to|mie, ⟨auch⟩ **Lo|bek|to|mie** ⟨f.; -, -n⟩ *operative Entfernung eines Lungenlappens* [< grch. *lobos* »Lappen« + *Ektomie*]

Lo|be|lie ⟨[-ljə] f.; -, -n⟩ *Gattung der Glockenblumengewächse (Campanulaceae) mit etwa 380 in den wärmeren Gegenden verbreiteten Arten, die zum Teil ein giftiges Alkaloid enthalten: Lobelia* [nach dem flandrischen Botaniker M. *Lobelius,* 1538-1616]

Lo|be|lin ⟨n.; -s; unz.⟩ *Alkaloid vieler Lobelienarten, das als Anregungsmittel bei Lähmungen des Atemzentrums sowie bei Alkohol- u. Schlafmittelmissbrauch verwendet wird* [→ *Lobelie*]

Lo|bo|to|mie ⟨f.; -, -n⟩ = *Leukotomie* [< grch. *lobos* »Lappen« + *tome* »Schnitt«]

lo|bu|lär ⟨Adj.⟩ *sich auf bestimmte Lappen eines Lobus(1) beziehend*

Lo|bus ⟨m.; -, -bi⟩ **1** ⟨Med.⟩ *Lappen eines Organs* **2** ⟨Geol.⟩ *Ausstülpung, Wölbung des Eisrandes bei Gletschern*

Lo|ca|tion ⟨[lɔkɛiʃən] f.; -, -s⟩ **1** ⟨umg.⟩ *Ort (einer Veranstaltung, eines Konzerts, einer Party usw.)* **2** ⟨TV⟩ *Drehort* [< engl. *location* »Platz, Stelle, Standort«]

Lo|chi|en ⟨[lɔxiən] Pl.⟩ *Scheidenausfluss der Wöchnerin, Wochenfluss* [< grch. *lochos* »Geburt«]

Lock-out, ⟨auch⟩ **Lock|out** ⟨[-aut] n.; - od. -s, -s⟩ *Aussperrung (von Arbeitern)* [engl., »ausschließen, aussperren; Aussperrung«]

lo|co ⟨Adj.⟩ **1** ⟨Kaufmannsspr.⟩ *sofort verfügbar, vorrätig (von Waren)* **2** ⟨Mus.⟩ *(oktaviert gespielte Noten) wieder in der notierten Tonlage (zu spielen);* oV *loko* [zu lat. *locus* »Ort, Stelle, Platz«]

lo|co ci|ta|to ⟨[-tsi-] Abk.: l.c.⟩ *am angeführten Ort* [lat.]

Lo|co|ge|schäft ⟨n.; -(e)s, -e⟩ = *Lokogeschäft*

lo|co lau|da|to ⟨Abk.: l.l.; selten für⟩ *loco citato* [lat., »an der gelobten Stelle«]

Lo|cus ⟨m.; -, -ci⟩ **1** = *Lokus(1)* **2** ⟨Biochem.⟩ *Position eines Gens auf einem Chromosomen* [lat., »Ort, Stelle«]

Lod|de ⟨f.; -, -n; Zool.⟩ = *Kapelan* [dän., norweg.]

Lo|di|cu|lae ⟨[-lɛ:] Pl.; bei Gräsern⟩ *zwei Schwellkörper zum Öffnen der Blüte* [< lat. *lodicula* »kleine gewebte Decke«]

Loft ⟨m.; -s, -s; Sp.; Golf⟩ **1** *Winkel zwischen Schlagfläche u. Sohle beim Golfschläger* **2** *Höhe der Flugbahn* [engl. *loft* »hochschlagen«]

Loft|jazz ⟨[-dʒæs] m.; -; unz.; Mus.⟩ *progressive Form des live gespielten Jazz, häufig in leer stehenden Gebäuden* [< engl. *loft* »Dachboden, Speicher« + *Jazz*]

log ⟨Zeichen für⟩ *Logarithmus zur Basis 10*

...log[1] ⟨m.; -(e)s, -e; in Zus.⟩ *Gespräch, Rede, Worte* [< grch. *logos* »Wort, Rede«]

...log[2] ⟨m.; -en, -en; österr.; in Zus.⟩ = *...loge* [→ *log*[1]]

...**log**³ ⟨Adj.; in Zus.⟩ *in einem bestimmten Verhältnis stehend* [→ ...*log*¹]

Log ⟨n.; -s, -e⟩ *Messgerät für die Fahrgeschwindigkeit eines Schiffes, an einer mit Knoten versehenen Leine hängendes, bleibeschwertes Brett, das im Wasser hinterhergezogen wird; je nach der Anzahl der Knoten, die in einer bestimmten Zeit durch die Hand des Messenden laufen, wird die Geschwindigkeit errechnet;* oV *Logge* [engl., eigtl. »Holzklotz (als Teil einer Vorrichtung zum Messen der Geschwindigkeit eines Schiffes)«]

log..., Log... ⟨in Zus.⟩ = *logo..., Logo...*

Log\|a\|rith\|men\|ta\|fel, ⟨auch⟩ **Lo\|ga\|rith\|men\|ta\|fel** ⟨f.; -, -n⟩ *Zusammenstellung der Logarithmen in einer Tabelle*

log\|a\|rith\|mie\|ren, ⟨auch⟩ **lo\|ga\|rith\|mie\|ren** ⟨V.⟩ eine Zahl ~ *in ihren Logarithmus umrechnen*

log\|a\|rith\|misch, ⟨auch⟩ **lo\|ga\|rith\|misch** ⟨Adj.⟩ *auf Logarithmen beruhend, in Logarithmen (ausgedrückt)*

Log\|a\|rith\|mus, ⟨auch⟩ **Lo\|ga\|rith\|mus** ⟨m.; -, -men⟩ *diejenige Zahl b, mit der man in der Gleichung $a^b = c$ die Zahl a potenzieren muss, um die Zahl c zu erhalten;* ~ auf der Basis 10 ⟨Zeichen: lg od. log⟩ *der Logarithmus, bei dem a = 10 ist;* ~ auf der Basis e ⟨Zeichen: ln⟩ *der Logarithmus, bei dem 3 = 2,731... (eulersche Zahl) ist* [< grch. *logos* »Vernunft, Verhältnis« + *arithmos* »Zahl«]

Log\|as\|the\|nie, ⟨auch⟩ **Lo\|gas\|the\|nie, Log\|a\|sthe\|nie** ⟨f.; -; unz.⟩ *Gedächtnisstörung, verbunden mit dem Vergessen von Wörtern* [< grch. *logos* »Wort, Rede« + *Asthenie*]

Log\|buch ⟨n.; -(e)s, -bü\|cher⟩ *Tagebuch, in dem alle naut. Beobachtungen u. Vorkommnisse an Bord eingetragen werden müssen, Schiffsjournal, Schiffstagebuch* [→ *Log*]

...**lo\|ge** ⟨m.; -n, -n; in Zus.⟩ *Wissenschaftler* [→ ...*log*¹]

Lo\|ge ⟨[-ʒə] f.; -, -n⟩ **1** *kleiner, abgeteilter Raum mit 4-6 Sitzplätzen im Zuschauerraum des Theaters;* Bühnen~, Balkon~ **2** *Vereinigung von Freimaurern* **3** *Ort ihrer Zusammenkünfte* [frz., »Verschlag, Pförtnerloge, Loge im Theater«]

Lo\|gen\|bru\|der ⟨[loːʒən-] m.; -s, -brü\|der⟩ *Mitglied einer Freimaurerloge*

Log\|ge ⟨f.; -, -n⟩ = *Log*

log\|gen ⟨V.⟩ *mit dem Log messen*

Log\|ger ⟨m.; -s, -⟩ *vom Motor betriebenes Fischereifahrzeug mit Hilfssegel* [< engl. *lugger*]

Log\|gia ⟨[lɔdʒa] f.; -, -gi\|en⟩ **1** *offene, von Säulen od. Pfeilern getragene Bogenhalle* **2** *ins Haus eingezogener, nicht vorspringender Balkon* [ital., »halb offene Bogenhalle« < frz. *loge* → *Loge*]

Log\|glas ⟨n.; -es, -glä\|ser⟩ *Sanduhr zum Loggen*

...**lo\|gie** ⟨f. -, -n; in Zus.⟩ **1** ⟨Pl. selten⟩ *Wissenschaft* **2** *Sammlung* [→ ...*log*¹]

lo\|gie\|ren ⟨[-ʒiː-] V.⟩ **1** *beherbergen* **2** *als Gast wohnen;* bei jmdm. ~ [< frz. *loger* »wohnen«]

Lo\|gik ⟨f.; -; unz.⟩ **1** *Lehre von den Formen u. Gesetzen richtigen Denkens;* Sy ⟨bei Epikur⟩ *Kanonik(1)* **2** ⟨allg.⟩ *Fähigkeit, folgerichtig zu denken* [< grch. *logos* »Wort, Rede, Vernunft«]

Lo\|gi\|ker ⟨m.; -s, -⟩ **1** *Lehrer der Logik* **2** *klarer Denker*

Log-in ⟨n.; -s, -s; EDV⟩ Ggs *Log-out* **1** *das Einbuchen in ein Computersystem mittels eines Passwortes* **2** *das Herstellen einer Verbindung mit einem anderen Computer innerhalb eines Netzwerks* [< engl. *log in* »einklinken«]

Lo\|gis ⟨[-ʒiː] n.; - [-ʒiːs], - [-ʒiːs]⟩ **1** *Unterkunft, Wohnung, Bleibe* **2** ⟨Mar.⟩ *Mannschaftsraum* [frz., »Wohnung, Unterkunft«; → *Loge*]

lo\|gisch ⟨Adj.⟩ *die Logik betreffend, zu ihr gehörig, auf ihr beruhend, ihr entsprechend, den Denkgesetzen gemäß, denkrichtig, folgerichtig;* ~ denken, folgern können; das ist doch ~! ⟨umg.⟩ *einleuchtend, klar*

Lo\|gis\|mus ⟨m.; -, -men⟩ **1** *logisch gültige Schlussfolgerung* **2** ⟨unz.⟩ *Lehre, dass die Welt logisch geordnet sei* [< grch. *logos* »Wort, Rede, Vernunft«]

Lo\|gis\|tik ⟨f.; -; unz.⟩ **1** *mathemat. od. philosoph. Logik* **2** *Bereich der militär. Verwaltung, dessen Aufgabe die Versorgung ist* **3** *Gesamtheit an Prozessen, die für die (Produktions-)Organisation eines Unternehmens notwendig sind*

Lo\|gis\|ti\|ker ⟨m.; -s, -⟩ *Anhänger, Vertreter der Logistik(1)*

lo\|gis\|tisch ⟨Adj.⟩ **1** *die Logistik betreffend, zu ihr gehörig, auf ihr beruhend* **2** *formelhaft gedacht*

...**lo\|gi\|um** ⟨in Zus.⟩ **1** *Verzeichnis* **2** *Skala* [< grch. *legein* »lesen«]

Lo\|gi\|zis\|mus ⟨m.; -; unz.⟩ **1** *Betonung bzw. Überbewertung der Logik* **2** *Bevorzugung der logischen vor der psycholog. Betrachtungsweise*

lo\|gi\|zis\|tisch ⟨Adj.⟩ *in der Art des Logizismus*

Lo\|gi\|zi\|tät ⟨f.; -; unz.⟩ **1** *log. Wesen (eines Sachverhalts), das Logischsein* **2** *bloße Denkrichtigkeit;* Ggs *Faktizität*

lo\|go..., Lo\|go..., ⟨vor Vokalen⟩ log..., Log... ⟨in Zus.⟩ *Wort, Sprache, Sprechen; Vernunft, Rechnen* [< grch., »Wort, Rede; Vernunft«]

LOGO ⟨EDV⟩ *Programmiersprache, die als Lehr- und Lernsprache bes. im Schulunterricht verwendet wird* [zu grch. *logos* »Wort«]

Lo\|go ⟨n.; -s, -s; kurz für⟩ *Logogramm*

Lo\|go\|graf ⟨m.; -en; -en⟩ = *Logograph*

Lo\|go\|gra\|fie ⟨f.; -; unz.⟩ = *Logographie*

lo\|go\|gra\|fisch ⟨Adj.⟩ = *logographisch*

Lo\|go\|gramm ⟨n.; -s, -e⟩ *Kürzel eines (Firmen-)Namens,* z.B. ARD, ZDF [zu grch. *logos* »Wort« + *gramma* »Schriftzeichen«]

Lo\|go\|graph ⟨m.; -en, -en⟩ oV *Logograf* **1** ⟨Gesch.⟩ *Rechnungsbeamter der spätröm. Zeit* **1.1** ⟨im byzantin. Reich⟩ *Titel eines hohen Staatsbeamten* **2** ⟨Gesch.⟩ *Prosadichter der frühen griech. Kultur (nach F. Creuzer, 1771-*

1858) **3** ⟨Lit.⟩ *(in der klass. attischen Rhetorik des 4. Jh. v. Chr.) Mann, der für seine Klienten Reden verfasste* [zu grch. *logos* »Wort« + *...graph*]

Lo|go|gra|phie ⟨f.; -; unz.⟩ *Schrift, die aus Logogrammen zusammengesetzt ist;* oV *Logografie*

lo|go|gra|phisch ⟨Adj.⟩ *die Logographie betreffend, zu ihr gehörig;* oV *logografisch*

Lo|go|griph ⟨m.; -s od. -en, -e od. -en⟩ *Buchstaben- od. Worträtsel, bei dem durch Wegnehmen, Hinzufügen od. Ändern eines Buchstabens jeweils ein neues Wort entsteht,* z.B. Band - Brand [< grch. *logos* »Wort« + *griphos* »Netz, Rätsel«]

Lo|go|neu|ro|se ⟨f.; -, -n⟩ *neurotisch bedingte Sprachstörung* [< grch. *logos* »Wort, Rede« + *Neurose*]

Lo|go|pä|de ⟨m.; -n, -n; Med.; Psych.⟩ *Sprachheiltherapeut, Erzieher von Gehörlosen, Schwerhörigen u. Sprachbehinderten zum natürlichen Sprechen u. Artikulieren der Worte*

Lo|go|pä|die ⟨f.; -; unz.⟩ *Lehre von den psycholog. u. medizin. Maßnahmen zur Behandlung von Sprachfehlern, Sprachheilkunde* [< grch. *logos* »Wort, Rede« + *...pädie*]

Lo|go|pä|din ⟨f.; -, -din|nen; Med.; Psych.⟩ *Sprachheiltherapeutin*

lo|go|pä|disch ⟨Adj.⟩ *auf der Logopädie beruhend, sie betreffend, mit ihrer Hilfe*

Lo|go|pa|thie ⟨f.; -, -n⟩ *Sprachstörung* [< grch. *logos* »Wort, Rede« + *...pathie*]

Lo|gor|rhö ⟨f.; -, -en⟩, **Lo|gor|rhöe** ⟨[-rø:] f.; -, -n; Med.⟩ *krankhafte Redseligkeit* [zu grch. *logos* »Wort« + *...rrhö*]

lo|gor|rho|isch ⟨Adj.⟩ *krankhaft redselig sein, die Logorrhö betreffend*

Lo|gos ⟨m.; -, (selten) -goi⟩ **1** *Wort* **2** *Substantiv, Subjekt* **3** *Gedanke, Sinn, Begriff* **4** ⟨Stoiker, Heraklit⟩ *Gesetzmäßigkeit des Alls, göttl. Vernunft* **5** ⟨Neuplatonismus, Gnosis⟩ *vernünftige Kraft Gottes als Schöpferkraft* **6** ⟨Christentum⟩ *das in der Person Jesu Mensch gewordene Wort Gottes* [grch. »Wort, Rede; Vernunft, Berechnung«]

lo|go|the|ra|peu|tisch ⟨Adj.⟩ *die Logotherapie betreffend, mit ihrer Hilfe*

Lo|go|the|ra|pie ⟨f.; -; unz.⟩ *für die Behandlung von Neurosekranken angewandtes psychotherapeutisches Verfahren, das die geistige Auseinandersetzung des Klienten mit der Frage nach dem Sinn seines Daseins unterstützt* [zu grch. *logos* »Wort« + *Therapie*]

Lo|go|ty|pe ⟨f.; -, -n; Typ.⟩ *zwei oder mehrere auf einer Drucktype vereinigte Buchstaben*

Log-out ⟨[-aut] n.; -s, -s; EDV⟩ Ggs *Log-in* **1** *das Ausbuchen aus einem Computersystem* **2** *das Beenden einer Verbindung mit einem anderen Computer innerhalb eines Netzwerks* [< engl. *log out* »ausklinken«]

lo|go|zen|trisch, ⟨auch⟩ **lo|go|zent|risch** ⟨Adj.⟩ *den Geist als ordnendes Zentrum über Körper u. Leben stellend;* Ggs *biozentrisch* [< *logo...* + *zentrisch*]

Loi|pe ⟨f.; -, -n; Skisp.⟩ *Langlaufbahn* [skand.]

Lok ⟨f.; -, -s; kurz für⟩ *Lokomotive*

lo|kal ⟨Adj.⟩ *örtlich beschränkt;* ein Ereignis von ~er Bedeutung [< frz. *local* »örtlich« < lat. *localis;* zu *locus* »Ort, Platz, Stelle«]

Lo|kal ⟨n.; -(e)s, -e⟩ **1** *Ort, Raum;* Wahl~ **2** *Gaststätte, Restaurant;* Speise~, Wein~; im ~ essen [< frz. *local* »Raum«; → *lokal*]

Lo|kal|an|äs|the|sie, ⟨auch⟩ **Lo|kal|a|näs|the|sie** ⟨f.; -, -n; Med.⟩ *örtl. Betäubung*

Lo|kal|far|be ⟨f.; -, -n⟩ **1** *kräftige Farbe eines gemalten Gegenstandes ohne Zwischentöne zu den Farben der anderen Gegenstände od. zum Gesamtfarbton des Bildes* **2** ⟨fig.⟩ *Ortseigentümlichkeit, Lokalort*

Lo|ka|li|sa|ti|on ⟨f.; -, -en⟩ *das Lokalisieren;* Sy *Lokalisierung* [< frz. *localisation;* → *lokal*]

lo|ka|li|sie|ren ⟨V.⟩ **1** eine Stelle, Schmerzen, einen Krankheitsherd ~ *ihre Lage genau bestimmen* **2** *auf einen Ort begrenzen;* die Infektion auf den Herd ~ *beschränken, ihre Ausbreitung verhindern* [< frz. *localiser* »lokalisieren, begrenzen«; zu *local* »örtlich« → *lokal*]

Lo|ka|li|sie|rung ⟨f.; -, -en⟩ = *Lokalisation*

Lo|ka|li|tät ⟨f.; -, -en⟩ **1** *Örtlichkeit* **2** die ~en ⟨umg.; verhüllend⟩ *Toilette, Waschraum* [< frz. *localité* »Ort, Örtlichkeit, Gegend«; zu *local* »örtlich«; → *lokal*]

Lo|kal|ko|lo|rit ⟨n.; -s, -e⟩ *Eigenart (Landschaft, Milieu, Bräuche usw.) des Handlungsortes, die bei der künstler. Wiedergabe berücksichtigt wird*

Lo|kal|ma|ta|dor ⟨m.; -s, -e; umg.⟩ *für den Sieg in einem Wettkampf favorisierte, beliebte Person aus dem Ort einer Veranstaltung, in einer bestimmten (kleineren) Region populärer Sportler*

Lo|kal|pa|tri|o|tis|mus, ⟨auch⟩ **Lo|kal|pat|ri|o|tis|mus** ⟨m.; -; unz.⟩ *Begeisterung für die engste Heimat*

Lo|kal|pos|se ⟨f.; -, -n⟩ = *Lokalstück*

Lo|kal|re|dak|ti|on ⟨f.; -, -en⟩ *die für die Lokalnachrichten einer Zeitung zuständige Redaktion*

Lo|kal|satz ⟨m.; -es, -sät|ze; Gramm.⟩ *Umstandssatz des Ortes*

Lo|kal|stück ⟨n.; -(e)s, -e⟩ *volkstüml., humorist., an eine Landschaft od. Stadt gebundenes Theaterstück;* Sy *Lokalposse*

Lo|kal|ter|min ⟨m.; -s, -e; Rechtsw.⟩ **1** *gerichtlicher Termin zur Besichtigung des Tatorts* **2** *gerichtlicher Termin zur Besichtigung des Ortes, über den die Parteien widersprüchliche Aussagen machen*

Lo|ka|tiv ⟨m.; -s, -e [-və]; Gramm.⟩ *den Ort bestimmender Kasus, z.B. im Latein* [< lat. *locus* »Ort, Platz, Stelle«]

lo|ko ⟨Adj.⟩ = *loco*

Lo|ko|ge|schäft ⟨n.; -(e)s, -e; Wirtsch.⟩ *Geschäft über vorhandene, sofort lieferbare Ware;* oV *Locogeschäft* [zu lat. *locus* »Ort, Stelle, Platz«]

Lo|ko|mo|bi|le ⟨f.; -, -n⟩ *ortsbewegliche*

Dampfmaschine [< lat. *locus* »Ort, Stelle« + *mobilis* »beweglich«]

Lo|ko|mo|ti|on ⟨f.; -, -en; Biol.⟩ *Bewegung von einem Platz zum anderen* [< lat. *locus* »Ort, Stelle« + *motio* »Bewegung«]

Lo|ko|mo|ti|ve ⟨f.; -, -n⟩ *Schienenfahrzeug zum Antrieb der Eisenbahn* [< engl. *locomotive (engine)* »sich von der Stelle bewegende (Maschine)« < lat. *locus* »Ort, Stelle, Platz« + *movere* »bewegen«]

lo|ko|mo|to|risch ⟨Adj.⟩ *auf Fortbewegung, Gang, Lauf beruhend*

Lo|ko|wa|re ⟨f.; -, -n⟩ *am Ort vorhandene, sofort lieferbare Ware* [zu lat. *locus* »Ort, Stelle, Platz«]

Lo|kus 1 ⟨m.; -, Lo|zi⟩ *Platz, Ort, Stelle;* oV *Locus* **2** ⟨m.; -, -kus|se; scherzh.; umg.⟩ *Abort, Toilette* [< lat. *locus* »Ort, Stelle«; in der zweiten Bedeutung verkürzt < lat. *locus necessitatis* »Ort der Notdurft« (Schüler- u. Studentensprache)]

Lo|kus|mu|ta|ti|on ⟨f.; -, -en⟩ = *Genmutation*

Lo|ku|ti|on ⟨f.; -, -en; Sprachw.⟩ *Äußerungsaspekt (Artikulation u. grammat. Ordnung) eines Sprechaktes in der Sprechakttheorie;* → a. *Illokution, Perlokution, Proposition* [< lat. *locutio* »das Reden, Redensart«; zu *loqui* »reden, sprechen«]

lo|ku|ti|o|när ⟨Adj.⟩ *die Lokution betreffend, zu ihr gehörend;* oV *lokutiv;* ~er Akt *Teilakt des Sprechaktes, der das konkrete Äußern von Wörtern nach einer bestimmten grammat. Konstruktion betrifft*

lo|ku|tiv ⟨Adj.⟩ = *lokutionär*

Lo|li|ta ⟨f.; -, -s⟩ *verführerische Kindfrau* [nach dem gleichnamigen Roman von Vladimir Nabokov, 1899-1977]

Lom|bard ⟨a. [-'-] m. od. n.; -(e)s, -e⟩, **Lom|bard|ge|schäft** ⟨n.; -(e)s, -e⟩ *Beleihung von Wertpapieren* [verkürzt < frz. *maison de Lombard* »Leihhaus« (*lombardische* Banken betrieben diese Geschäfte zuerst)]

Lom|bar|de ⟨m.; -n, -n⟩ **1** *Einwohner der Lombardei* **2** ⟨MA⟩ *oberital. Geldwechsler u. Pfandleiher*

lom|bar|die|ren ⟨V.⟩ *beleihen, verpfänden*

Lom|bard|satz ⟨m.; -es, -sät|ze⟩ *Zinssatz für die im Lombardgeschäft gewährten Kredite*

Lom|ber ⟨n.; -s; unz.⟩ *Kartenspiel mit französ. Karten ohne 8, 9, 10, in dem durch Reizen der Spieler ermittelt wird, der gegen die anderen spielt;* oV *L'hombre* [< span. *el hombre* »der Mensch« (Hauptspieler in dem Juego del tresillo genannten Spiel) < lat. *homo* »Mensch«]

Lo|mé-Ab|kom|men ⟨[-me:-] n.; -s; unz.⟩ *Handels- und Finanzierungsabkommen zwischen den EG-Staaten und Entwicklungsländern Afrikas, der Karibik u. des Pazifik* [nach dem Unterzeichnungsort *Lomé* (Togo)]

Lon|gan ⟨f.; -, -s⟩, **Lon|gan|pflau|me** ⟨f.; -, -n⟩ *der Litschi ähnliche südostasiatische Frucht: Dimocarpus longan, Drachenauge* [< engl. *longan, longyen*]

Long|ä|vi|tät, ⟨auch⟩ **Lon|gä|vi|tät** ⟨[-vi-] f.; -; unz.⟩ *Langlebigkeit* [< lat. *longus* »lang« + *aevitas* »Lebensalter«]

Long|drink ⟨m.; -s, -s⟩ *wenig Alkohol enthaltendes Mischgetränk;* Ggs *Shortdrink* [< engl. *long* »in einem großen Glas serviert«, eigtl. »lang« + *Drink*]

Lon|ge ⟨[lɔ̃:ʒ(ə)] od. [lɔŋʒə] f.; -, -n⟩ **1** *lange Leine, an der man ein Pferd im Kreise um sich herumlaufen lässt* **2** *Seil, das einen Sportler beim Erlernen schwieriger Übungen vor dem Abstürzen bewahrt* [frz., »Leine«]

lon|gie|ren ⟨[-ʒi:-] V.⟩ ein Pferd ~ *an der Longe laufen lassen*

Lon|gi|me|trie, ⟨auch⟩ **Lon|gi|met|rie** ⟨f.; -; unz.⟩ *Messung der Längen* [< lat. *longus* »lang« + *...metrie*]

lon|gi|tu|di|nal ⟨Adj.⟩ **1** *in der Längsausdehnung* **2** *den Längengrad betreffend* [< lat. *longitudo* »Länge«]

Lon|gi|tu|di|nal|schwin|gung ⟨f.; -, -en; Phys.⟩ *Schwingung in Längsrichtung;* → a. *Longitudinalwelle*

Lon|gi|tu|di|nal|wel|le ⟨f.; -, -n⟩ *Längswelle, Schwingung in der Richtung der Ausbreitung;* z.B. elastische Stoßwelle

long|line ⟨[-lain] Adv.; Sp.; Tennis⟩ *entlang der seitlichen Linie geschlagen;* einen Ball ~ spielen [engl.]

Long|line ⟨[-lain] m.; - od. -s, -s; Sp.; Tennis⟩ *Ball, der entlang der Seitenlinie gespielt wird;* Ggs *Cross* [< engl. *long line* »lange Linie«, da der Ball entlang der längsten Feldbegrenzungslinie gespielt wird]

Long|sel|ler ⟨m.; -s, -⟩ *Buch, das lange Zeit gut verkauft wird;* Sy *Steadyseller* [< engl. *long* »lange« + *sell* »verkaufen«]

Long|shirt ⟨[-ʃə:t] n.; -s, -s⟩ *sehr lang geschnittenes, kragenloses Baumwollhemd* [engl., < *long* »lang« + *shirt* »Hemd«]

Look ⟨[luk] m.; -s, -s; häufig in Zus.⟩ *Aussehen, Erscheinungsbild, bes. in der Mode;* Partner~, Disko~; im ~ eines Rockers [engl., »Aussehen«]

Look|a|like ⟨[lukəlaik] n.; -s, -s⟩ *jmd., der einer prominenten Person ähnlich sieht od. diese professionell doubelt (auf Festen usw.)* [< engl. *lookalike* »Doppelgänger, Gegenstück«]

loo|pen ⟨[lu:pən] V.⟩ *einen Looping fliegen* [→ a. *Looping*]

Loo|ping ⟨[lu:-] m. od. n.; -s, -s⟩ *Überschlag mit dem Flugzeug* [engl. »das Überschlagen«; zu *loop* »Schleife, Schlinge«]

Lo|quat ⟨f.; -, -s⟩ *Japanische Mispel, aus Asien stammende Mispelart mit festem, säuerlichem Fruchtfleisch: Eriobotrya japonica* [engl.]

Lor|bass ⟨m.; -es, -e; nddt.⟩ *Flegel, Lümmel* [lit.]

Lord ⟨m.; -s, -s⟩ *engl. Adelstitel* [engl., »Herr«]

Lord|kanz|ler ⟨m.; -s, -⟩ *höchster engl. Staatsbeamter, Großkanzler*

Lord May|or, ⟨auch⟩ **Lord Ma|yor** ⟨[lɔ:d mɛ:ə(r)] m.; (-) -s, (-) -s⟩ *Erster Bürgermeister*

(Londons u. einiger anderer engl. Großstädte) [engl.]

Lor|do|se ⟨f.; -, -n⟩, **Lor|do|sis** ⟨f.; -, -sen⟩ *Rückgratverkrümmung nach vorn;* Ggs *Kyphose* [< grch. *lordos* »vorwärts gekrümmt«]

Lord|ship ⟨[-ʃip] f.; -; unz.; in England⟩ **1** *Titel eines Lords* **2** *höfliche bzw. förmliche Anrede für den Inhaber eines solchen Titels* **3** *die zu dem Titel gehörenden Ländereien* [engl., »Lordschaft«]

Lo|re ⟨f.; -, -n⟩ oV *Lori*[1] **1** *offener, auf Schienen laufender Wagen zur Beförderung von Massengütern* **2** *Raummaß für Kohlen, 200 Zentner* [< engl. *lorry* »flacher Lastwagen«]

Lor|gnet|te, ⟨auch⟩ **Lorg|net|te** ⟨[lɔrnjɛtə] f.; -, -n⟩ *Brille mit Stiel (ohne Bügel), Stielbrille* [frz., »Opernglas«, eigtl. »Augenglas zum Sehen seitlich befindlicher Gegenstände«; zu *lorgner* »anschielen, von der Seite ansehen«]

Lor|gnon, ⟨auch⟩ **Lorg|non** ⟨[lɔrnjɔ̃:] n.; -s, -s⟩ *Einglas mit Stiel, Stielglas* [frz., »Kneifer, Zwicker«; zu *lorgner* »anschielen, von der Seite ansehen«]

Lo|ri[1] ⟨m.; -s, -s⟩ = *Lore*

Lo|ri[2] ⟨m.; -s, -s⟩ *Angehöriger einer Familie kurzschwänziger od. schwanzloser Halbaffen: Lorisidae* [engl. *loris* < frz. *loris* < fläm. *lorrias* »faul, träge«]

Lo|ri[3] ⟨m.; -s, -s⟩ *Angehöriger einer Gruppe lebhaft gefärbter Papageien mit pinselartiger Zunge, Pinselzüngler: Loriianae* [< engl. *lory* < mal. *luri*]

Lo|ro|kon|to ⟨n.; -s, -ten od. -ti od. -s⟩ *Konto, das eine Bank für eine andere führt;* Sy *Vostrokonto;* Ggs *Nostrokonto* [ital., »Konto jener (anderen Banken)«]

Lo|ser ⟨[lu:zə(r)] m; -s, -; salopp⟩ *Verlierer, Versager;* er ist ein ~ [engl., zu *lose* »versagen, verlieren«]

Lost ⟨[lɔst] m.; -(e)s: unz.⟩ *ein Gelbkreuz-Kampfstoff, Senfgas* [nach den Chemikern *Lommel* und *Steinkopf*]

Lost Ge|ne|ra|tion ⟨[lɔst dʒɛnərɛiʃən] f.; - -; unz.⟩ *Gruppe junger US-amerik. Schriftsteller der 20er-Jahre, deren Weltanschauung vom Erlebnis des 1. Weltkrieges geprägt wurde u. daher durch Desillusionierung u. Skeptizismus gekennzeichnet war* [engl., »verlorene Generation«]

Lot ⟨[lɔt] n.; -s, -s⟩ **1** *Zusammenstellung von Briefmarken(sätzen)* **2** *Zusammenstellung von Zuchttieren oder einer bestimmten Ware, z.B. für Auktionen* [engl., »Menge, Posten«]

Lo|ti|on ⟨f.; -, -en; od. engl. [lo:ʃn] f.; -, -s⟩ *Kosmetikum, meist mit Alkohol u. einem reinigenden, glättenden od. adstringierenden Wirkstoff, hauptsächlich als Gesichtswasser verwendet* [engl., »Waschmittel, Gesichtswasser« < frz. *lotion* »Abwaschung, Flüssigkeit«]

Lo|to|pha|ge ⟨m.; -n, -n⟩ *Angehöriger eines sagenhaften Volkes an der Küste Libyens, das sich von Lotos nährte, nach dessen Genuss die Gefährten des Odysseus ihre Heimat vergaßen* [< *Lotos* + ...*phage*]

Lo|tos ⟨m.; -, -⟩ **1** = *Lotosblume* **2** ⟨im antiken Orient⟩ *Sinnbild der Reinheit u. Schönheit* **3** ⟨im Buddhismus⟩ *Sinnbild der Religion* [grch., Name mehrerer, den alten Griechen bekannter Pflanzen: 1. Steinklee, 2. Seerose, 3. im Küstengebiet des Mittelmeeres wachsender Baum mit pflaumenartigen Früchten]

Lo|tos|blu|me ⟨f.; -, -n⟩ *Gattung der Seerosengewächse, Wasserpflanze mit schildförmigen, lang gestielten grünen Blättern, die über das Wasser hinausragen, großen Blüten, essbaren Samen u. stärkehaltigen Rhizomen, die ebenfalls gegessen werden können: Nelumbo*

Lot|se ⟨m.; -n, -n⟩ **1** *geprüfter Seemann mit Sonderausbildung in einem bestimmten Ortsbereich, der Schiffe durch schwierige Gewässer leitet;* Sy *Pilot(2)* **2** *Führer durch unbekanntes od. gefährl. Gebiet* [verkürzt < *Lootsmann* < engl. *loadsman* »Steuermann«]

lot|sen ⟨V.⟩ **1** ein Schiff ~ *als Lotse führen* **2** jmdn. (durch eine Stadt) ~ *leiten, führen* **3** ⟨fig.; umg.⟩ *mitnehmen, mitschleppen, verführen mitzugehen;* jmdn. mit ins Kino ~, mit zu Freunden ~

Lot|te|rie ⟨f.; -, -n⟩ **1** *staatl. od. private Auslosung von Gewinnen unter den Personen, die ein Los gekauft haben;* Geld~, Waren~ **2** *Glücksspiel mit Karten* [< ndrl. *loterije* »Glücksspiel«; zu *lot* »Los«]

Lot|to ⟨n.; -s, -s⟩ **1** *Gesellschaftsspiel für Kinder, bei dem jeder eine Anzahl von Kärtchen mit Zahlen od. Bildern vor sich hat, die er, wenn sie aufgerufen werden, zudecken kann, u. wer seine Karten zuerst zugedeckt hat, ist Sieger;* Zahlen~, Bilder~ **2** *eine Art Lotterie, bei der man mit einem bestimmten Einsatz auf die Zahlen wettet, von denen man glaubt, dass sie bei der Ziehung herauskommen werden* [ital., »Losspiel, Glücksspiel« < frz. *lot* »Los, Anteil« < fränk. **(h)lot* »Anteil«]

Lo|tus ⟨m.; -; unz.⟩ *Gattung der Schmetterlingsblütler (Papilionaceae), Hornklee* [< grch. *lotos;* → *Lotos*]

Lou|is|dor ⟨[luido:r] m.; -s, -e; bei Zahlenangaben Pl. -⟩ *Goldmünze, die unter Ludwig XIII. von Frankreich (1641) geprägt wurde (seit 1803 durch das 20-Franc-Stück ersetzt)* [< frz. *louis d'or;* < *Louis* »Ludwig« + *or* »Gold«]

Lou|is|qua|torze ⟨[luikatɔ:rz] n.; -; unz.⟩ *der unter Ludwig XIV. (1643-1715) in Frankreich herrschende Kunst- u. bes. Möbelstil, Barockstil* [frz.]

Lou|is|quinze ⟨[luikɛ̃:z] n.; -; unz.⟩ *der unter Ludwig XV. (1723-1774) in Frankreich herrschende Kunst- u. bes. Möbelstil, Rokokostil* [frz.]

Lou|is|seize ⟨[luisɛ̃:z] n.; -; unz.⟩ *der unter Ludwig XVI. (1774-1792) in Frankreich herrschende Kunst- u. bes. Möbelstil, kennzeichnet den Übergang vom Rokoko zum Klassizismus* [frz.]

Lounge ⟨[laundʒ] f.; -, -s [-dʒiz]; in Hotels⟩ *Halle, Aufenthaltsraum* [engl., »Diele, Halle, Wohnzimmer«]

Lou|re ⟨[lu:r(ə)] f.; -, -n⟩ **1** ⟨im MA⟩ *frz. Sackpfeife* **2** ⟨später⟩ *in die Suite übernommener Tanz im 6/4-Takt* [frz. < lat. *lura* »Schlauchöffnung«; → *Lure*]

love ⟨[lʌv] Sp.; Tennis⟩ **1** *Zählweise für null (Punkte);* Andrea führte schnell 40:~ **2** **~game** *Aufschlags- bzw. Rückschlagspiel, das ohne Punktverlust, zu null gewonnen wird* [engl., meist »Liebe«, aber auch »Null« bzw. »Zu-Null-Spiel«; zu *doing something for love* »etwas zum Spaß, für nichts tun«]

Love-in ⟨[lʌvin] n.; -s, -s⟩ *Protestveranstaltung zumeist Jugendlicher, bei der es zu sexuellen Handlungen in der Öffentlichkeit kommt (häufig praktiziert auf den Protestkundgebungen in den 60er-Jahren);* → a. *Go-in, Sit-in, Teach-in* [< engl. *love* »Liebe; lieben« + *in* »in«]

Love-in-To|kyo ⟨[lʌvintoukiou] m.; -s, -s⟩ *Haarschmuck aus zwei mit einem elastischen Gummiband verbundenen Kugeln* [engl.; eigtl. »Liebe in Tokio«]

Love|pa|rade ⟨[lʌvpərɛid] f.; -, -s⟩ *jährlich in Berlin u. anderen europ. Städten stattfindende mehrtägige Großveranstaltung der Technoszene* [< engl. *love parade* »Liebesparade«]

Lo|ver ⟨[lʌvə(r)] m.; -s, -; umg.⟩ *Geliebter, Liebhaber;* → a. *Latinlover* [engl.]

Love|sto|ry, ⟨auch⟩ **Love-Sto|ry** ⟨[lʌvstɔri] f.; -, -s⟩ *gefühlsselige (tragische) Liebesgeschichte* [engl.]

Low Church ⟨[lou tʃə:tʃ] f.; - -; unz.⟩ *Glaubensgemeinschaft innerhalb der anglikan. Kirche, die vom Methodismus beeinflusst ist;* → a. *High Church* [< engl. *low* »niedrig, nieder(e, es)« + *church* »Kirche«]

Low|im|pact, ⟨auch⟩ **Low Im|pact** ⟨[lou impækt] m.; (-) -s, (-) -s⟩ *geringer Grad an Belastung od. Beeinflussung;* Ggs *Highimpact* [< engl. *low* »gering, niedrig, wenig« + *impact* »Einschlag, Einwirkung, Einfluss«]

lo|xo|drom ⟨Adj.⟩ *in der Art einer Loxodrome geformt*

Lo|xo|dro|me ⟨f.; -, -n⟩ *Verbindungslinie zweier Punkte der Erdoberfläche, die alle Längenkreise unter dem gleichen Winkel schneidet* [< grch. *loxos* »schief« + *dromos* »Lauf«]

lo|xo|dro|misch ⟨Adj.; †⟩ = *loxodrom*

lo|xo|go|nal ⟨Adj.⟩ *schiefwinklig* [< grch. *loxos* »schief« + *gonia* »Winkel«]

> **loyal** (*Worttrennung am Zeilenende*) Im Französischen wird der Laut »*y*« verwendet, um einen vorausgehenden an einen folgenden Vokal zu binden. Im Deutschen bleibt es dem Schreibenden überlassen, ob er vor dem Konsonanten trennt oder die Buchstabengruppe »*oy*« als eigenen Laut [oaj] auffasst und dementsprechend hinter dem Konsonanten trennt (→ a. *Foyer*).

loy|al, ⟨auch⟩ **lo|yal** ⟨[loaja:l] Adj.⟩ Ggs *illoyal* **1** *treu der Regierung od. dem Vorgesetzten gegenüber, zu ihnen haltend* **2** ⟨fig.⟩ *anständig, redlich* [frz., »rechtschaffen, pflichtgetreu, ehrlich«]

Loy|a|list, ⟨auch⟩ **Lo|ya|list** ⟨[loaja-] m.; -en, -en⟩ *jmd., der sich der Regierung u. den Gesetzen gegenüber treu verhält, der loyal(1) ist*

Loy|a|li|tät, ⟨auch⟩ **Lo|ya|li|tät** ⟨[loajali-] f.; -; unz.⟩ Ggs *Illoyalität* **1** *loyales Wesen, loyales Verhalten, Treue, Zuverlässigkeit* **2** ⟨fig.⟩ *Anständigkeit, Redlichkeit* [< *loyal* u. frz. *loyauté* »Ehrenhaftigkeit, Rechtschaffenheit, Pflichttreue«]

LSD ⟨Abk. für⟩ *Lysergsäurediäthylamid, aus dem Mutterkorn abgeleitetes Psychopharmakon, das der Schizophrenie ähnliche Zustände herbeiführt*

ltd. ⟨Abk. für⟩ *limited*

Lu ⟨chem. Zeichen für⟩ *Lutetium*

Lu|ci|fer ⟨m.; -s; unz.⟩ = *Luzifer(2)*

Lü|cken|a|na|ly|se ⟨f.; -, -n; Wirtsch.⟩ = *Gap-Analyse*

Lud|di|ten ⟨Pl.⟩ *engl. Maschinenstürmer (Textilarbeiter), die Anfang des 19. Jh. aus Furcht vor Arbeitslosigkeit ihre Maschinen zerstörten* [< engl. *luddites,* angeblich nach einem der ersten Maschinenstürmer, Ned *Lud,* um 1779]

Lu|dus ⟨m.; -, -di⟩ **1** *altröm. Schauspiel, Festspiel* **2** *mittelalterl. geistl. Drama* [lat., »Spiel«]

Lu|es ⟨f.; -; unz.⟩ = *Syphilis* [lat., »Seuche, ansteckende Krankheit«]

lu|e|tisch ⟨Adj.⟩ *an Lues erkrankt, durch Lues verursacht*

Luf|fa ⟨f.; -, -s⟩ **1** *tropische Gattung der Kürbisgewächse: Luffa* **2** ⟨i.e.S⟩ *kultivierte Art dieser Gattung mit zylindrischen, essbaren Früchten, deren Fasernetz die Luffaschwämme (zum Frottieren) u. Einlagen für Tropenhelme u. Einlegesohlen liefert, Schwammkürbis: L. cylindrica* [< engl. *luffa, loofah* < arab. *luf*]

Luft|kor|ri|dor ⟨m.; -s, -e⟩ *Flugschneise über dem Hoheitsgebiet eines Staates, die von ausländ. Flugzeugen eingehalten werden muss*

Lü|gen|de|tek|tor ⟨m.; -s, -en; irreführende Bez. für⟩ *Polygraph* [→ *Detektor*]

lu|gu|ber ⟨Adj.; geh.⟩ *trist, trüb, traurig* [< lat. *lugubris* »traurig, unheilvoll, kläglich«]

Lu|gu|bri|tät, ⟨auch⟩ **Lu|gub|ri|tät** ⟨f.; -; unz.; geh.⟩ *Tristheit, Trübsinnigkei, Traurigkeit*

Lu|i|ker ⟨[lui-] m.; -s, -⟩ = *Syphilitiker* [→ *Lues*]

lu|isch ⟨[lui-] Adj.⟩ = *syphilitisch*

Lu|kar|ne ⟨f.; -, -n; nddt.⟩ *Dachluke, Dachfenster* [< frz. *lucarne* »Dachluke, Dachfenster«]

lu|kra|tiv, ⟨auch⟩ **luk|ra|tiv** ⟨Adj.⟩ *Gewinn bringend, einträglich;* ~e Beschäftigung [< lat. *lucrativus* »mit Gewinn und Vorteil verknüpft«; zu *lucrum* »Gewinn, Vorteil«]

lu|kul|lisch ⟨Adj.⟩ *reichhaltig u. köstlich;* ~e Speise, ~es Mahl

Lu|kul|lus ⟨m.; -, -se⟩ **1** *Schlemmer, Feinschmecker* **2** *Kuchen aus Schichten von Keks u. mit Palmin u. Zucker angerührtem Kakao*

[nach dem röm. Feldherrn Lucius Licinius *Lucullus,* etwa 117-57 v.Chr.]

Lul|la|by ⟨[lʌləbai] n.; -s, -s; engl. Bez. für⟩ *Wiegenlied, Schlaflied*

Lu|lo ⟨f.; -, -s⟩ *südamerikan. Frucht mit grünem, gelleeartigem Fruchtfleisch u. zahlreichen Samenkernen, Quito-Orange: Solanum quitoense*

Lum|ba|go ⟨f.; -; unz.⟩ **1** *mit plötzlichen Schmerzen auftretender, die Bewegung einschränkender od. aufhebender Muskelrheumatismus, Hexenschuss* **2** *oft tödlich verlaufende Muskelerkrankung des Pferdes mit Lähmungserscheinungen nach mehrtägiger Ruhe u. kohlehydratreicher Fütterung, Nieren(ver)schlag, Schwarze Harnwinde* [lat., »Lendenlähmung«; zu *lumbus* »Lende«]

lum|bal ⟨Adj.⟩ *die Lenden betreffend, zu ihnen gehörig, von ihnen ausgehend* [< lat. *lumbus* »Lende«]

Lum|bal|an|äs|the|sie, ⟨auch⟩ **Lum|bal|a|näs|the|sie** ⟨f.; -, -n⟩ *örtl. Betäubung durch Einspritzung u. Blockierung der schmerzleitenden Nerven am Lendenteil des Rückenmarks*

Lumb|al|gie, ⟨auch⟩ **Lum|bal|gie** ⟨f.; -, -n⟩ *Lendenschmerz* [< lat. *lumbus* »Lende + *...algie*]

Lum|bal|punk|ti|on ⟨f.; -, -en⟩ *Punktion des Duralsacks zwischen den Lendenwirbeln, Lendenstich*

lum|be|cken ⟨V.⟩ *im Lumbeckverfahren herstellen*

Lum|beck|ver|fah|ren, ⟨auch⟩ **Lum|beck-Ver|fah|ren** ⟨n.; -s; unz.⟩ *Verfahren zur Herstellung von Broschüren, Taschenbüchern u.Ä. (fadenlose Klebebindung mittels einer besonderen Kunstharzemulsion)* [nach dem Erfinder E. *Lumbeck,* 1886-1979]

Lum|ber|jack ⟨[lʌmbə(r)dʒæk] m.; -s, -s⟩ *Jacke aus Leder od. Tuch mit gestrickten Bünden* [engl. (amerikan.), »Holzfäller, Holzarbeiter«, zu *lumber* »Nutzholz« + umg. *jack* »Mann«]

Lu|men ⟨n.; -s, - od. -mi|na⟩ **1** ⟨Biol.⟩ *Weite der Durchgangsöffnung von Hohlorganen* **2** ⟨Pl. -; Zeichen: lm; Phys.⟩ *Maßeinheit für den Lichtstrom* **3** ⟨fig.; scherzh.; †⟩ er ist ein, kein großes ~ *Licht, Leuchte, Könner* [lat., »Licht«]

Lu|men|stun|de ⟨f.; -, -n; Zeichen: lmh⟩ *Maßeinheit für die Lichtmenge, Anzahl der Lumen, die von einer Lichtquelle innerhalb einer Stunde ausgesandt werden*

Lu|mi|nes|zenz ⟨f.; -, -en⟩ *ohne merkbare Erwärmung verlaufende Lichtaussendung einer Substanz, die auf Veränderungen der Elektronenanordnung in Atomen beruht, wobei die freigesetzte Energie in Form sichtbarer Strahlung ausgesandt wird* [< lat. *lumen* »Licht«]

lu|mi|nes|zie|ren ⟨V.⟩ *Lumineszenz zeigen, kalt leuchten* [< lat. *lumen* »Licht«]

Lu|mi|no|gra|fie ⟨f.; -; unz.⟩ = *Luminographie*

Lu|mi|no|gra|phie ⟨f.; -; unz.⟩ *Verfahren zur Herstellung von Fotokopien ohne Kamera mit Hilfe von Leuchtplatten als Lichtquelle;* oV *Luminografie* [< lat. *lumen* »Licht« + *...graphie*]

Lu|mi|no|phor ⟨m.; -s, -e⟩ *fluoreszierender od. phosphoreszierender Stoff, Leuchtstoff* [< lat. *lumen* »Licht« + *...phor*[2]]

lu|mi|nös ⟨Adj.⟩ *lichtvoll, leuchtend* [< lat. *luminosus* »lichtvoll, hell«]

Lum|me ⟨f.; -, -n⟩ *Angehöriger einiger Arten der Alken: Uria;* Sy *Teiste* [< dän. *loom,* schwed. *lom* »Polarente«]

Lum|pa|zi|va|ga|bun|dus ⟨m.; -, -di od. -dusse; scherzh.⟩ *Landstreicher* [scherzhafte Weiterbildung von *Lump* u. *Vagabund* mit lat. Endung]

Lum|pen|pro|le|ta|ri|at ⟨n.; -(e)s; unz.⟩ *(nach der marxist. Theorie) Proletariat aus allen Klassen ohne proletarisches Klassenbewusstsein in der kapitalistischen Gesellschaft*

Lu|na ⟨f.; -; unz.; poet.; †⟩ *Mond* [lat. *luna* »Mond«, *Luna* »Mondgöttin«]

lu|nar, lu|na|risch ⟨Adj.⟩ *zum Mond gehörig, von ihm ausgehend* [< lat. *lunaris;* zu *luna;* → *Luna*]

Lu|na|ri|um ⟨n.; -s, -ri|en⟩ *Apparat zum Veranschaulichen der Bewegungen des Mondes um die Erde* [< lat. *luna* »Mond«]

Lu|na|ti|ker ⟨m.; -s, -⟩ = *Somnambule*

Lu|na|ti|on ⟨f.; -, -en⟩ *Mondumlauf in allen seinen Phasen* [< lat. *luna* »Mond«]

lu|na|tisch ⟨Adj.⟩ = *somnambul*

Lu|na|tis|mus ⟨m.; -; unz.⟩ = *Somnambulismus*

Lunch ⟨[lʌntʃ] m.; - od. -(e)s, -e od. -(e); in England⟩ *kleine Mittagsmahlzeit* [engl., »Gabelfrühstück, leichte Mittagsmahlzeit«]

lun|chen ⟨[lʌntʃən] V.⟩ *den Lunch einnehmen* [engl. *lunch* »den Lunch einnehmen«]

lun|go ⟨Mus.⟩ *lang ausgehalten (zu spielen)* [ital., »lang«]

Lü|net|te ⟨f.; -, -n⟩ **1** ⟨Arch.⟩ *halbkreisförmiges Feld über Türen, Fenstern od. als Bekrönung eines Rechtecks* **2** ⟨Mil.⟩ *etwa mondförmiger Grundriss alter Schanzen* **3** ⟨Tech.⟩ *Vorrichtung auf der Drehbank zum Unterstützen langer Werkstücke* [< frz. *lunette,* Verkleinerungsform zu *lune* »Mond« < lat. *luna* »Mond«]

lu|ni|so|lar ⟨Adj.⟩ *den Mond- und Sonnenlauf gleichermaßen berücksichtigend* [zu lat. *luna* »Mond« + *solaris* »zur Sonne gehörig«]

Lu|no|chod ⟨[-xɔd] m.; - od. -s; unz.⟩ *sowjet. Mondfahrzeug, das von Raketen der Luna-Serie auf dem Mond abgesetzt wurde u. dort Bodenuntersuchungen durchführte*

Lu|no|lo|gie ⟨f.; -; unz.⟩ *Wissenschaft, die sich mit der Beschaffenheit des Mondes befasst* [< lat. *luna* »Mond« + *...logie*]

Lu|nu|la ⟨f.; -, -lae [-lɛ:] od. -nu|len⟩ **1** *halbmondförmiger Halsschmuck der Bronzezeit* **2** *halbmondförmiger Halter für die Hostie in der Monstranz* **3** *weißer Halbmond an der Wurzel des Fingernagels* [< lat. *lunula,* Verkleinerungsform von *luna* »Mond«]

lu|nu|lar ⟨Adj.⟩ *halbmondförmig*

Lu|pe ⟨f.; -, -n⟩ *Sammellinse für meist 8- bis 25fache Vergrößerung, Vergrößerungsglas;* etwas od. jmdn. unter die ~ nehmen *genau betrachten od. prüfen* [< frz. *loupe* »Lupe«, eigtl. kreisförmige Geschwulst unter der Haut, »Wolfsgeschwulst« < lat. *lupa* »Wölfin«]

Lu|per|ka|li|en ⟨Pl.⟩ *altröm. Fest zu Ehren des Hirtengottes Faunus am 15. Februar* [< lat. *lupercus* »Wolfsabwehrer« < *lupus* »Wolf« + *arcere* »abwehren«]

Lu|pi|ne ⟨f.; -, -n⟩ *Gattung der Schmetterlingsblütler mit gefingerten Blättern u. traubigen Blütenständen, zur Gründüngung angebaut od. zur Kultivierung von Ödländereien u. als wertvolles, eiweißreiches Viehfutter genutzt: Lupinus* [lat. *lupus* »Wolf«]

Lu|pi|no|se ⟨f.; -, -n; Vet.⟩ *Vergiftung der Haustiere infolge Fütterung mit bitteren Lupinen*

Lu|po|len ⟨n.; -s, -e⟩ *ein Kunststoff auf der Basis von Polyäthylen*

lu|pös ⟨Adj.; Med.⟩ *den Lupus betreffend, durch ihn hervorgerufen, an L. erkrankt* [→ *Lupus*]

Lup|pe ⟨f.; -, -n⟩ *beim Puddel- u. Krupp-Renn-Verfahren gewonnenes, teigiges, kohlenstoffarmes Eisen* [< frz. *loupe*]

Lu|pu|lin ⟨n.; -s, unz.⟩ *aus Hopfen gewonnene Bierwürze, auch Beruhigungsmittel* [< nlat. *lupulus* »Hopfen« < lat. *lupus* »Wolf; Hopfen«]

Lu|pus ⟨m.; -, - od. -pus|se⟩ **1** *Hauttuberkulose mit Knötchenbildung (meist im Gesicht), Wolf* **2** ~ in fabula! *der Wolf in der Fabel, jmd., der kommt, wenn man gerade von ihm spricht* [lat., »Wolf«]

Lu|re ⟨f.; -, -n⟩ *nord. Blasinstrument aus der Bronzezeit, s-förmiges Horn mit verzierter Scheibe an einem Ende;* → a. *Loure* [< anord.]

Lu|rex ⟨n.; -; unz.⟩ **1** *durch die Verwendung metallisierter Garne stark glänzendes Garn* **2** *daraus hergestelltes Gewebe*

lu|sin|gan|do ⟨Mus.⟩ *schmeichelnd, gefällig, spielerisch* [ital., Part. Präs. zu *lusingare* »schmeicheln, locken«]

Lu|si|ta|no ⟨m.; -s, -s⟩ *aus Portugal stammende, mittelgroße Pferderasse, die u.a. im Stierkampf eingesetzt wird* [portug., »portugiesisch; Portugieser«]

Lüs|ter ⟨m.; -s, -⟩ **1** *Kronleuchter* **2** *glänzender Überzug auf Keramikwaren* **3** *glänzendes Halbwollgewebe in Leinwandbindung* [< frz. *lustre* »Glanz, Glasur, Kronleuchter«]

Lus|tra, ⟨auch⟩ **Lust|ra** ⟨Pl. von⟩ *Lustrum*

Lus|tra|ti|on, ⟨auch⟩ **Lust|ra|ti|on** ⟨f.; -, -en⟩ *feierl., relig. Reinigung (durch Opfer o.Ä.)* [< lat. *lustratio* »Reinigung durch Opfer, Sühne«]

lus|tra|tiv, ⟨auch⟩ **lust|ra|tiv** ⟨Adj.⟩ *Lustration bewirkend*

lus|trie|ren, ⟨auch⟩ **lust|rie|ren** ⟨V.⟩ *feierlich reinigen* [< lat. *lustrare* »durch Sühneopfer reinigen«]

lüs|trie|ren, ⟨auch⟩ **lüst|rie|ren** ⟨V.⟩ Baumwoll- u. Leinengarne ~ *fest u. glänzend machen* [< frz. *lustrer* »glänzend machen, polieren, lüstrieren«; zu *lustre* »Glanz«]

Lus|trum, ⟨auch⟩ **Lust|rum** ⟨n.; -s, -tra od. -tren⟩ **1** *altröm., alle fünf Jahre stattfindendes Reinigungs- u. Sühneopfer* **2** *Jahrfünft* [lat., »Reinigungs- od. Sühneopfer«]

Lu|te|in ⟨n.; -s; unz.⟩ *ein z.B. in grünen Blättern, Eidotter u. Kuhbutter vorkommender gelber organ. Farbstoff* [< lat. *luteus* »goldgelb«; zu *lutum* »Wau (Färberpflanze)«]

Lu|te|i|nom ⟨[-tei-] n.; -s, -e⟩ = *Luteom*

Lu|te|o|lin ⟨n.; -s; unz.⟩ *ein in der gelblichen Reseda (reseda luteola) u. im Fingerhut vorkommender, gelber Pflanzenstoff, im Altertum zur Textilfärbung verwendet* [< Reseda *luteola* »Gelbkraut«, < lat. *luteolus* »gelblich«; zu *luteus;* → *Lutein*]

Lu|te|om ⟨n.; -s, -e⟩ *Eierstockgeschwulst;* oV *Luteinom* [< lat. *luteus* »gelb«]

Lu|te|ti|um ⟨n.; -s; unz.; chem. Zeichen: Lu⟩ *Element aus der Gruppe der Metalle der Seltenen Erden, Ordnungszahl 71;* Sy *Kassiopeium* [nach *Lutetia,* dem lat. Namen von Paris]

Lu|tro|pho|ros, ⟨auch⟩ **Lut|ro|pho|ros** ⟨m.; -, -ren⟩ *schmales, kultischen Zwecken dienendes Gefäß aus der griech. Antike* [grch.]

lut|tu|o|so ⟨Mus.⟩ *melancholisch, traurig (zu spielen)* [ital.]

Lux ⟨n.; -, -; Zeichen: lx⟩ *Maßeinheit für die Beleuchtungsstärke* [lat., »Licht«]

Lu|xa|ti|on ⟨f.; -, -en⟩ *Verschiebung zweier durch ein Gelenk miteinander verbundener Knochen aus der Normallage, Verrenkung* [lat. »Verrenkung«; zu *luxare* »verrenken«]

lu|xie|ren ⟨V.⟩ *verrenken* [< lat. *luxare* »verrenken«]

Lux|me|ter ⟨n.; -s, -⟩ *Messgerät zur Ermittlung der Beleuchtungsstärke* [zu lat. *lux* »Licht« + *...meter*]

Lux|se|kun|de ⟨f.; -, -n; Zeichen: lxs⟩ *Maßeinheit für die Belichtung*

lu|xu|rie|ren ⟨V.⟩ **1** ⟨Bot.⟩ *nach einer Kreuzung üppig wachsen* **2** ⟨Zool.⟩ *übermäßig große Körperanhänge (z.B. Geweih, Zähne) ausbilden* [< lat. *luxuriare* »schwelgen«; zu *luxus;* → *Luxus*]

lu|xu|ri|ös ⟨Adj.⟩ *verschwenderisch ausgestattet, mit großem Luxus versehen, prunkvoll* [< lat. *luxuriosus* »üppig, schwelgerisch«; zu *luxus;* → *Luxus*]

Lu|xus ⟨m.; -; unz.⟩ *den normalen Lebensstandard überschreitender Aufwand, Verschwendung, Prunk* [lat., »üppige Fruchtbarkeit, übermäßige Verschwendung und Pracht«]

Lu|zer|ne ⟨f.; -, -n⟩ *Schmetterlingsblütler mit längl. Blütentrauben, Futterpflanze, bes. auf tiefgründigen Kalk- u. Mergelböden: Medicago sativa;* Sy *Alfalfa* [< frz. (prov.) *luzerno* »Glühwürmchen« < lat. *lucerna* »Lampe«; zu *lucere* »leuchten« (nach dem hell leuchtenden Samen)]

lu|zid ⟨Adj.⟩ *hell, durchsichtig* [< lat. *lucidus* »lichtvoll, hell«; zu *lux* »Licht«]

Lu|zi|di|tät ⟨f.; -; unz.⟩ **1** *Helligkeit, Durchsichtigkeit* **2** ⟨Psych.⟩ *Hellsehen* [→ *luzid;* nach frz. *lucidité* »Klarheit, Verständlichkeit«]

Lu|zi|fer ⟨m.; -s; unz.⟩ **1** ⟨Astron.⟩ *der Morgenstern* **2** ⟨kath. Theol.⟩ *Teufel, Satan;* oV *Lucifer* [< lat. »Lichtbringer«; zu *lux* »Licht« + *ferre* »tragen«]

Lu|zi|fe|rin ⟨n.; -s; unz.⟩ *chem. Verbindung, die bei allmähl. Oxidation das Leuchten vieler Tiefseetiere, der Glühwürmchen, faulenden Holzes u.a. verursacht* [< lat. *lux,* Gen. *lucis* »Licht« + *ferre* »tragen«]

lu|zi|fe|risch ⟨Adj.⟩ *in der Art Luzifers, teuflisch*

Lw ⟨chem. Zeichen für⟩ **1** *Lawrencium* **2** ⟨Zeichen für⟩ *Lew*

lx ⟨Zeichen für⟩ *Lux*

Ly|a|se ⟨f.; -, -n⟩ *Enzym, das organische Verbindungen in Bruchstücke spaltet* [< grch. *lyein* »lösen«]

Ly|cra, ⟨auch⟩ **Lyc|ra** ⟨n.; - od. -s; unz.; Ⓦz⟩ *(bes. für Strumpfwaren verwendete) sehr elastische Kunstfaser*

ly|disch ⟨Adj.⟩ *Lydien betreffend, zu ihm gehörend, aus ihm stammend;* ~e Tonart *altgrch. Tonart, eine Kirchentonart mit dem Grundton f*

Ly|dit ⟨m.; -s, -e⟩ *grau bis schwarz gefärbter Kieselschiefer (dient als Probierstein zur Untersuchung von Gold- u. Silberlegierungen)* [nach den *Lydern,* die dieses Gestein zum Nachweis des Silbergehalts von Legierungen verwendeten]

Ly|ko|po|di|um ⟨n.; -s, -di|en⟩ *Gattung der Sporenpflanzen, Bärlapp* [< grch. *lykos* »Wolf« + *...podium*]

Lyk|o|re|xie, ⟨auch⟩ **Ly|ko|re|xie** ⟨f.; -; unz.⟩ = *Kynorexie* [< grch. *lykos* »Wolf« + *orexis* »Verlangen«]

Lymph|a|de|ni|tis ⟨f.; -, -ti|den; Med.⟩ *Entzündung der Lymphknoten*

Lymph|a|de|nom ⟨n.; -s, -e; Med.⟩ *gutartige Geschwulst des Lymphknotens;* Sy *Lymphom* [< *Lymphe* + *Adenom*]

lym|pha|tisch ⟨Adj.⟩ *zur Lymphe, den Lymphknoten gehörig, von ihnen ausgehend*

Lymph|drü|se ⟨f.; -, -n; † für⟩ *Lymphknoten*

Lym|phe ⟨f.; -, -n⟩ **1** ⟨Physiol.⟩ *Gewebsflüssigkeit* **2** ⟨Med.⟩ *der in der Tierpassage vom Kalb gewonnene Impfstoff zur Pockenimpfung;* Sy *Vakzine(1);* Kuhpocken~ [< lat. *lympha* »Wasser«]

Lymph|kno|ten ⟨m.; -s, -⟩ *haselnussförmiges Organ innerhalb des Lymphgefäßsystems, produziert die Lymphozyten: Nodus lymphaticus*

lym|pho|gen ⟨Adj.⟩ *lymphatischen Ursprungs*

Lym|pho|gra|fie ⟨f.; -, -n; Med.⟩ = *Lymphographie*

Lym|pho|gra|nu|lo|ma|to|se ⟨f.; -, -n; Med.⟩ *chronische, bösartige Erkrankung des lymphatischen Gewebes* [< *Lymphe* + *Granulom*]

Lym|pho|gra|phie ⟨f.; -, -n; Med.⟩ *röntgenologisches Untersuchungsverfahren zur Röntgenkontrastdarstellung der Lymphgefäße u. der Lymphknoten*

lym|pho|id ⟨Adj.⟩ *lymphartig;* ~e Organe *bei Mensch u. Wirbeltieren die Bildungsstätten von Lymphzellen und Blutkörperchen, also die Lymphknoten, Milz, Knochenmark* [< *Lymphe* + *...id*]

Lym|phom ⟨n.; -s, -e⟩, **Lym|pho|ma** ⟨n.; -s, -mata⟩ = *Lymphadenom* [verkürzt aus *Lymphadenom*]

Lym|pho|sta|se, ⟨auch⟩ **Lym|phos|ta|se** ⟨f.; -, -n⟩ *Lymphstauung* [< *Lymphe* + *...stase*]

Lym|pho|zyt ⟨m.; -en, -en⟩ *im Lymphgewebe entstehende runde Zelle mit großem Korn* [< *Lymphe* + *...zyt*]

Lym|pho|zy|to|se ⟨f.; -; unz.⟩ *Vermehrung der Lymphozyten im Blut* [< *Lymphe* + *...zyt*]

lyn|chen ⟨[lynçən] V.⟩ *ungesetzlich richten u. töten* [engl., nach dem Namen des Richters William *Lynch* in Virginia, der 1780 zuerst eigenmächtige Rechtsprechung ausübte]

Lynch|jus|tiz ⟨[lynç-] f.; -; unz.⟩ *Selbsthilfe od. gewaltsames Vorgehen durch Lynchen;* ~ üben

Ly|o|ner ⟨[lio-] f.; -, -⟩ *rosa gebrühte, qualitativ hochwertige Wurst aus Schweinefleisch;* Sy *Lyoner Wurst* [nach der frz. Stadt *Lyon*]

Ly|o|ner Wurst ⟨[lio-] f.; - -, - Würs|te⟩ = *Lyoner*

ly|o|phil ⟨Adj.⟩ *leicht löslich, Lösungsmittel liebend;* Ggs *lyophob* [< grch. *lyein* »lösen« + *...phil*]

Ly|o|phi|li|sa|ti|on ⟨f.; -; unz.⟩ *Verfahren zur Konservierung von Lebensmitteln durch Trocknung im Vakuum bei tiefen Temperaturen*

ly|o|phob ⟨Adj.⟩ *schwer löslich, Lösungsmittel abweisend;* Ggs *lyophil* [< grch. *lyein* »lösen« + *...phob*]

Ly|ra ⟨f.; -, -ren⟩ **1** *altgriech., harfenartiges Zupfinstrument, Leier* **2** *in der Militärmusik verwendetes Glockenspiel aus abgestimmten Stahlplättchen* [grch., »Leier«]

Ly|rik ⟨f.; -; unz.⟩ *lyrische Dichtung, Dichtungsart im Rhythmus, oft mit Reim u. in Versen u. Strophen, die Gefühle, Gedanken, inneres od. äußeres Erleben, Stimmungen usw. des Dichters selbst ausdrückt od. sprachlich verdichtet in bewusster künstlerischer Gestaltung u. Formstrenge Themen der Kunst, Philosophie od. des gesellschaftl. Lebens poetisch zum Ausdruck bringt;* Gedanken~, Liebes~, politische ~ [< frz. *poésie lyrique* »lyrische Poesie«, < lat. *lyricus* < grch. *lyrikos* »zum Spiel der Leier gehörig«; zu *lyra* »Leier«]

Ly|ri|ker ⟨m.; -s, -⟩ *Dichter, der Lyrik schreibt;* Sy *Poet*

ly|risch ⟨Adj.⟩ **1** *zur Lyrik gehörig, auf ihr beruhend, in der Art der Lyrik* **2** ⟨fig.⟩ *stimmungsvoll* [< frz. *lyrique* »lyrisch«; → *Lyrik*]

ly|ri|sie|ren ⟨V.⟩ *lyrisch, stimmungsvoll, gefühlvoll gestalten*

Ly|ris|mus ⟨m.; -, -men⟩ **1** *Betonung des Gefühls* **2** *gefühlsbetonte Darstellung*
Ly|ri|zi|tät ⟨f.; -; unz.⟩ *lyr. Beschaffenheit, lyr. Wesen (eines Gedichtes, Theaterstücks usw.)*
...ly|se ⟨in Zus.⟩ *Lösung, Auflösung* [< grch. *lysis* »Auflösung«; zu *lyein* »lösen«]
ly|si|gen ⟨Adj.; Biol.⟩ *durch Auflösung hervorgerufen (z.B. von Gewebslücken)* [zu grch. *lysis* »Auflösung« + *...gen*]
Ly|si|me|ter ⟨n.; -s, -⟩ *Gerät zum Messen von Niederschlagsmengen u. der Verdunstungsrate bei landwirtschaftl. Untersuchungen* [< grch. *lysis* »Auflösung« + *...meter*]
Ly|sin ⟨n.; -s, -e⟩ *Stoff, der ein Antigen auflösen kann* [< grch. *lysis* »Lösung«]
Ly|sis ⟨f.; -, -sen⟩ *allmähliches Zurückgehen des Fiebers;* Ggs *Krisis(1)* [grch., Lösung«]
Ly|so|form ⟨n.; -s; unz.⟩ *2- bis 3%ige Kaliseifenlösung mit Formaldehyd für Desinfektionszwecke* [< grch. *lysis* »Lösung« + *...form*[2]]
Ly|sol ⟨n.; -s; unz.; Ⓦz⟩ *ein Wundbehandlungs- u. Desinfektionsmittel* [zu grch. *lysis* »Lösung« + lat. *oleum* »Öl«]
Ly|so|som ⟨n.; -s, -en⟩ *Zellorganell im Dienste der intrazellulären Verdauung* [< grch. *lysis* »Auflösung« + *Soma*]
Ly|so|to|pie ⟨f.; -, -n; Med.⟩ *Typisierung von Bakterien mit Hilfe von Bakteriophagen* [zu grch. *lysis* »Auflösung« + *topos* »Ort«]
Ly|so|typ ⟨m.; -s, -en; Med.⟩ *Bakterienstamm, der durch den Kontakt mit bestimmten Bakteriophagen von anderen Bakterien eindeutig abgegrenzt werden kann* [zu grch. *lysis* »Auflösung« + *typos* »Gestalt, Muster, Vorbild«]
Ly|so|zym ⟨n.; -s; unz.⟩ *Bakterien tötender Stoff, der in Drüsensekreten vorhanden ist u. vor Infektionskrankheiten schützt* [< grch. *lysis* »Auflösung« + *Enzym*]
Lys|sa ⟨f.; -; unz.⟩ = *Rabies* [grch., »Wut, Raserei«]
ly|tisch ⟨Adj.; Med.⟩ *allmählich herabgehend, sinkend (von Fieber)*
Ly|ze|um ⟨n.; -s, -ze|en⟩ *höhere Lehranstalt für Mädchen* [zunächst (seit 1569) Ehrenname deutscher Universitäten < lat. *Lyceum* < grch. *Lykeion,* nach der Lehrstätte des Aristoteles bei dem Tempel des Apollon *Lykeios* (»Wolfstöter«, zu *lykos* »Wolf«)]

M

m ⟨Zeichen für⟩ *scheinbare Helligkeit, Größenklasse (Magnitudo) eines Gestirns*
m 1 ⟨Zeichen für⟩ *Meter* **2** ⟨Zeichen für⟩ *milli..., Milli...* **3** ⟨Abk. für⟩ *Minute* **4** ⟨Abk. für⟩ *meta-Stellung*
m² ⟨Zeichen für⟩ *Quadratmeter*
m³ ⟨Zeichen für⟩ *Kubikmeter*
M 1 ⟨röm. Zahlzeichen für⟩ *1000* **2** ⟨Zeichen für⟩ *Mega...* **3** ⟨Zeichen für⟩ *Mille* **4** ⟨Zeichen für⟩ *Maxwell* **5** ⟨Zeichen für⟩ *ein Sternsystem nach dem Messierkatalog*
M. ⟨Abk. für⟩ *Monsieur*
mA ⟨Zeichen für⟩ *Milliampere*
M.A. ⟨Abk. für⟩ **1** *Magister Artium* **2** ⟨in Großbr. u. USA⟩ *Master of Arts*
Mä|an|der ⟨m.; -s, -⟩ **1** *regelmäßige Schlingen eines Flusses im Flachland* **2** *Zierform in rechtwinklig gebrochenen od. wellenförmigen Linien* [nach grch. *Maiandros,* dem Fluss *Menderes* in Kleinasien (wegen der zahlreichen Windungen seines Unterlaufs)]
mä|an|dern ⟨V.⟩, **mä|an|drie|ren,** ⟨auch⟩ **mäand|rie|ren** ⟨V.⟩ **1** *mit Mäandern versehen, verzieren* **2** *sich schlängeln, sich in Windungen fortbewegen (Fluss)*
mä|an|drisch, ⟨auch⟩ **mä|and|risch** ⟨Adj.⟩ *in Mäanderform*
Maar ⟨n.; -(e)s, -e⟩ *mit Wasser gefüllte runde Bodenvertiefung vulkanischen Ursprungs* [< vulgärlat. *mara* »stehendes Gewässer, See« < lat. *mare* »Meer«]
Mac ⟨[mæk] Abk.: M'; Mc; vor schott. Familiennamen⟩ *Sohn des ...,* z.B. ~ Arthur [engl.]
Mac|chia ⟨[makja] f.; -, -chi|en [-kjən]⟩ = *Maquis(1)*
Ma|che|te ⟨[-tʃeː-] od. [-xeː-] f.; -, -n⟩ *einschneidiges, bis zu 1 m langes Buschmesser zum Entfernen von Gestrüpp, Ernten von Zuckerrohr u.Ä.* [span.]
Ma|chi|a|vel|lis|mus ⟨[-kjavɛl-] m.; -; unz.⟩ **1** *Politik, die Zweckmäßigkeit u. Machtstreben über die Moral stellt* **2** ⟨danach allg.⟩ *bedenkenlose Machtpolitik* [nach der Auslegung des Werkes »Il principe« von dem ital. Politiker, Philosophen u. Geschichtsschreiber Niccolò *Machiavelli,* 1469–1527]
Ma|chi|a|vel|list ⟨[-kjavɛl-] m.; -en, -en⟩ *Anhänger des Machiavellismus*
ma|chi|a|vel|lis|tisch ⟨[-kjavɛl-] Adj.⟩ **1** *in der Art des Machiavellismus, auf ihm beruhend* **2** ⟨fig.⟩ *polit. bedenken- u. rücksichtslos*
Ma|chi|na|ti|on ⟨[-xi-] f.; -, -en⟩ *Machenschaft(en), Ränke, heimtück. Anschlag* [< lat. *machinatio* »mechanisches Getriebe, Mechanismus, Kunstgriff, List«; zu *machina* »künstliche Vorrichtung, Maschine«]
Ma|chis|mo ⟨[-tʃis-] m.; - od. -s; unz.⟩ *Männlichkeitswahn, männl. Überlegenheitsgefühl* [→ *Macho*]
Ma|cho ⟨[-tʃo] m.; -s, -s; umg.⟩ *sich betont männlich verhaltender Mann;* er benimmt sich, redet wie ein ~ [span.-lateinamerikan., eigtl. »männlich«]
Ma|chor|ka ⟨[-xɔr-] m.; -s, -s od. f.; -, -s⟩ *russ. Tabak mit großen, dicken Rippen* [< russ. *machor* »Quaste, Troddel«]
ma|chul|le ⟨[-xul-] Adj.; meist prädikativ; umg.; †⟩ **1** *bankrott* **2** *müde, erschöpft* [< jidd. *mechulle* »schwach«]
Ma|cis ⟨m.; -; unz.⟩ = *Mazis*
Mack|in|tosh, ⟨auch⟩ **Ma|ckin|tosh** ⟨[mækin-

tɔʃ] m.; - od. -s, -s⟩ **1** *mit Kautschuk umhüllte Baumwollfasern* **2** *daraus hergestellter, wasserabweisender Kleider- u. Mantelstoff sowie Regenmantel* [nach dem schott. Chemiker Charles *Mac Intosh,* 1766-1843]

Ma|dam¹ ⟨[mædəm] f.; -, -s⟩ *gnädige Frau (engl. Anrede für die verheiratete od. ältere Frau, ohne Namensnennung)* [engl. <frz. *madame;* → *Madame*]

Ma|dam² ⟨f.; -, -en; umg.⟩ **1** ⟨†⟩ *Hausherrin, gnädige Frau* **2** ⟨fig.⟩ *dicke, behäbige Frau* [<frz. *madame;* → *Madame*]

Ma|dame ⟨[-dam] f.; -, Mes|dames [me:dam]; Abk.: Mme.⟩ *gnädige Frau (französ. Anrede für die verheiratete od. ältere Frau, allein od. vor dem Namen)* [frz. <afrz. *ma dame* »meine Dame, gnädige Frau« <lat. *mea domina* »meine Herrin«]

ma|da|mig ⟨Adj.; abwertend⟩ *wie eine ältere Dame, behäbig, betulich;* ein ~es Benehmen

Ma|da|po|lam ⟨m.; - od. -s, -s⟩ = *Renforcé* [nach der Stadt *Madapolam* in Indien, in der dieser Stoff zuerst erzeugt wurde]

made in... ⟨[mεid-]⟩ *hergestellt in... (Aufdruck auf Waren);* ~ Germany [engl.]

Ma|dei|ra ⟨[-de:-] m.; -s, -s⟩ *Süßwein aus Madeira*

Made|moi|selle ⟨[madmoazεl] f.; -, Mesde-moi|selles [me:dmoazεl]; Abk.: Mlle.⟩ *(mein) Fräulein (französ. Anrede, allein od. vor dem Namen)* [frz. <afrz. *ma demoiselle* »meine (junge) Dame«; <vulgärlat. **dominicella,* Verkleinerungsform zu lat. *domina* »Herrin«]

ma|des|zent ⟨Adj.⟩ *nässend (von Wunden, Ekzemen)* [<lat. *madescens,* Part. Präs. zu *madescere* »feucht werden«]

Ma|di|son ⟨[mædisən] m.; -s, -s⟩ *in Gruppen getanzter Modetanz im 4/4-Takt, der dem Twist ähnelt* [nach der amerikan. Stadt *Madison*]

ma|dja|ri|sie|ren, ⟨auch⟩ **mad|ja|ri|sie|ren** ⟨V.⟩ *nach ungar. Vorbild gestalten, ungarisch machen* [<ung. *Magyar;* umg. Bez. für »Ungar«]

Ma|don|na ⟨f.; -, -nen⟩ *die Jungfrau Maria, Muttergottes* [ital., »meine Herrin« <lat. *mea domina*]

■ Die Buchstabenfolge **ma|dr...** kann auch **mad|r...** getrennt werden.

■ **Ma|dras** ⟨m.; -; unz.⟩ *Kettenware aus feinfädigem Gitterstoff, vor allem für Gardinen* [nach der vorderind. Stadt *Madras*]

■ **Ma|dre|po|re** ⟨f.; -, -n⟩ *in tropischen Meeren heimische Gattung der Steinkorallen* [<ital. *madrepora,* eigtl. »Mutter der kleinen Öffnungen«; zu *madre* »Mutter« (<lat. *mater*) + grch. *poros* »Öffnung«]

■ **Ma|dre|po|ren|plat|te** ⟨f.; -, -n⟩ *Siebplatte der Seeigel, die den nahe der Afteröffnung mündenden Steinkanal verschließt*

■ **Ma|dri|gal** ⟨n.; -s, -e⟩ **1** ⟨urspr.⟩ *von Hirten gesungenes Lied* **2** ⟨14. Jh.⟩ *italien. Kunstlied ohne feste stroph. Form* **3** ⟨16. Jh.⟩ *mehrstimmiges, durchkomponiertes Lied in drei Terzetten u. zwei Verspaaren, mit od. ohne Musikbegleitung* **4** *satir.-epigrammat. philosoph. Betrachtung mit witzigem Schlussvers* [<ital. *madrigale;* Herkunft umstritten]

■ **Ma|dri|ga|lon** ⟨n.; -s, -e⟩ *Madrigal mit mehr als 15 Zeilen*

■ **Ma|dri|gal|stil,** ⟨auch⟩ **Mad|ri|gal|stil** ⟨m.; -(e)s; unz.; Mus.⟩ *mehrstimmige Kompositionsform des 16. u. 17. Jh. mit einer reichen Ausstattung an tonmalerischen Klangeffekten* [→ *Madrigal*]

Ma|du|ra|bein ⟨n.; -(e)s, -e⟩, **Ma|du|ra|fuß** ⟨m.; -es, -fü|ße⟩ *durch verschiedene pathogene Pilze hervorgerufene, chronische Entzündung des Fußes mit Verdickung u. Geschwürbildung, Volkskrankheit in Indien bei barfuß gehenden Eingeborenen: Mycetoma pedis* [nach der Stadt *Madura* im ind. Staat Madras]

Ma|es|tà ⟨[-εsta] f.; -; unz.; Mal.⟩ *Darstellung der sitzenden Madonna inmitten von Heiligen u. Engeln, thronende Madonna* [ital., »Majestät, Erhabenheit«]

ma|es|to|so ⟨[-εs-] Mus.⟩ *majestätisch, feierlich, würdevoll* [ital.]

Ma|es|to|so ⟨[-εs-] n.; -s, -s od. -si⟩ *Teil eines Musikstücks in maestoso-Art u. -Tempo*

Ma|es|tro, ⟨auch⟩ **Ma|est|ro** ⟨[-εs-] m.; -s, -s od. -tri; Mus.⟩ **1** *Musiklehrer* **2** *Meister, Künstler* [ital., »Meister, Herr, Lehrer« <lat. *magister* »Meister, Lehrer«]

Mä|eu|tik ⟨f.; -; unz.; Päd.⟩ *pädagogische Methode des Sokrates, den Schüler durch geschickte Fragen auf die Lösung des Problems hinzuführen;* oV *Maieutik;* Sy *Sokratik* [<grch. *maieuein* »entbinden«]

mä|eu|tisch ⟨Adj.; Päd.⟩ *zur Mäeutik gehörend;* oV *maieutisch*

Maf|fia, Ma|fia ⟨f.; -; unz.⟩ **1** ⟨urspr.⟩ *terrorist. sizilian. Geheimbund* **2** ⟨heute allg.⟩ *erpresserische Organisation* [ital. <ital. (sizilian.) *mafia* »Kühnheit, Prahlerei«, vermutl. <arab. *mahyah* »Prahlerei«]

Ma|fi|o|so ⟨m.; - od. -s, -si⟩, **Ma|fi|o|te** ⟨m.; -n, -n⟩ *Angehöriger der Mafia*

Mag. ⟨Abk. für⟩ *Magister*

Ma|ga|zin ⟨n.; -s, -e⟩ **1** *Vorratsraum, Lagerhaus* **2** *Raum zum Aufbewahren der Bücher einer Bibliothek* **3** *Kammer bei Mehrlade-Handfeuerwaffen, die die Patronen aufnimmt;* Gewehr~ **4** *meist bebilderte Zeitschrift, Illustrierte;* Sport~; Auto~; Frauen~ [<ital. *magazzino* »Vorrats-, Lagerraum« <arab. *mahazin* »Warenniederlage, Lagerhaus«]

Ma|ga|zi|ner ⟨m.; -s, -; schweiz.⟩ *Arbeiter in einem Magazin*

Ma|ga|zi|neur ⟨[-nø:r] m.; -s, -e; österr.⟩ *Verwalter eines Magazins*

ma|ga|zi|nie|ren ⟨V.⟩ *im Magazin unterbringen, auf Vorrat legen*

Mag|da|lé|nien ⟨[-lenjɛ̃:] n.; - od. -s; unz.⟩ *Stufe der jüngeren Altsteinzeit* [nach dem Fundort, der Höhe *La Madeleine* im frz. Département Dordogne]

Ma|gen|ta ⟨[-dʒɛn-] n.; - od. -s; unz.⟩ *nach DIN genormte Druckfarbe für den Offsetdruck, purpurrot* [nach der ital. Stadt *Magenta*]

mag|gio|re ⟨[madʒoːrə] Mus.⟩ *Dur;* Ggs *minore* [ital., »größer«]

Ma|ghreb, ⟨auch⟩ **Magh|reb** ⟨m.; -; unz.⟩ *die westliche (nordafrikanische) Region der arabischen Staaten (Marokko, Tunesien, Algerien, Libyen)* [arab., »Westen«]

ma|ghre|bi|nisch, ⟨auch⟩ **magh|re|bi|nisch** ⟨Adj.⟩ *den Maghreb betreffend, von ihm stammend, zu ihm gehörig*

Ma|gie ⟨f.; -; unz.⟩ *Beschwörung von geheimnisvollen Kräften, Zauberkunst, Zauberei;* **schwarze** ~ *Beschwörung böser Geister zu unheilvollem Tun;* **weiße** ~ Beschwörung guter Geister zu segensreichem Tun [< lat. *magia* < grch. *mageia, magia* »Lehre der Magier, Magie, Zauberei« < *magos;* → *Magier*]

Ma|gi|er ⟨m.; -s, -⟩ *jmd., der die Magie beherrscht, Zauberer* [< lat. *magus* »Zauberer, Beschwörer« < grch. *magos* »Magier, Wahrsager, Astrologe, Zauberer«, < apers. *magush* »Weiser, Gelehrter«]

ma|gisch ⟨Adj.⟩ **1** *zur Magie gehörig, auf ihr beruhend, mit ihrer Hilfe;* ~es **Quadrat** *Q., das schachbrettartig in Felder mit Zahlen geteilt ist, deren Summe waagerecht, senkrecht u. diagonal jeweils gleich ist;* ~e **Zahlen** ⟨Kernphysik⟩ *die empirisch besonders ausgezeichneten Protonen- u. Neutronenzahlen 2, 8, 20, 28, 40, 50, 82, 126 (Atomkerne, die so viele Protonen od. Neutronen enthalten, sind besonders stabil)* **2** von etwas ~ angezogen werden ⟨fig.⟩ *sehr stark, unwiderstehlich;* mit ~er Gewalt angezogen werden [< lat. *magicus* < grch. *magikos* »zauberisch, magisch, geheimnisvoll«; zu *magos;* → *Magier*]

Ma|gis|ter ⟨m.; -s, -; Abk.: Mag.⟩ **1** *Lehrer, Meister* **2** ~ **artium** ⟨Abk.: M.A.⟩ **2.1** ⟨in der BRD u. Österr.⟩ *akad. Grad* **2.2** ⟨in angelsächs. Ländern⟩ *akademischer Grad nach dem Bakkalaureus* **3** ~ **pharmaciae** ⟨Abk.: Mag. pharm.; in Österr.⟩ *akadem. Grad für Apotheker* [lat., »Meister, Lehrmeister, Lehrer«; lat. *ars,* Gen. *artis* »Kunst«]

Ma|gis|tra|le, ⟨auch⟩ **Ma|gist|ra|le** ⟨f.; -, -n; in sehr großen Städten⟩ *Hauptverkehrsstraße* [eigtl. »die Leitende, Hauptsächliche«, < lat. *magister* »Meister, Lehrer, Leiter«]

Ma|gis|trat, ⟨auch⟩ **Ma|gist|rat** ⟨m.; -(e)s, -e⟩ **1** ⟨im alten Rom⟩ *hoher Beamter,* z.B. Konsul **2** *Stadtverwaltung* **3** ⟨m.; -en, -en; schweiz.⟩ *Mitglied der Regierung* [< lat. *magistratus* »Behörde, Obrigkeit«; zu *magister* »Meister, Lehrer«]

Mag|ma ⟨n.; -s, -men⟩ *Masse geschmolzener Silicate mit gelösten Gasen im Innern der Erde* [grch., »geknetete Masse«]

mag|ma|tisch ⟨Adj.⟩ *zum Magma gehörig, auf ihm beruhend, in der Art von Magma*

Mag|ma|tis|mus ⟨m.; -; unz.⟩ *durch Magma bewirkte Erscheinungen*

Mag|ma|tit ⟨m.; -s, -e⟩ *aus erstarrtem Magma entstandenes Gestein*

mag|ma|to|gen ⟨Adj.; Geol.⟩ *durch Anreicherung einer Restschmelze entstanden (von Erzlagern)* [< *Magma* + *...gen*]

■ Die Buchstabenfolge **ma|gn...** kann auch **mag|n...** getrennt werden.

■ **Ma|gna Char|ta** ⟨[-karta] f.; - -; unz.⟩ *engl. Grundgesetz von 1215, das dem Adel bes. Rechte zubilligte* [mlat.]

Magna Charta / magna cum laude (*Groß- und Kleinschreibung*) Während der Begriff »*Magna Charta*« als Eigenname großgeschrieben wird, richtet sich die Schreibung der Wendung »*magna cum laude*« nach den orthographischen Regeln der lateinischen Herkunftssprache.

■ **ma|gna cum lau|de** *mit großem Lob* [lat.]

■ **Ma|gnat** ⟨m.; -en, -en⟩ **1** *Angehöriger des Hochadels in Polen u. Ungarn* **2** *reicher Edelmann, Großgrundbesitzer* **3** *Großindustrieller;* Stahl~ [< mlat. *magnas, magnatus* »großer, vornehmer Herr«, < lat. *magnus* »groß«]

■ **Ma|gne|sia** ⟨f.; -; unz.⟩ gebrannte ~ *Magnesiumoxid, chem. Formel, MgO, Magenmittel bei Säurevergiftungen, Gleitschutz beim Geräteturnen, Bittererde* [nach der Landschaft *Magnesia* an der Ostküste des alten Thessaliens]

■ **Ma|gne|sit** ⟨m.; -s, -e⟩ *farbloses od. weißgelbliches Mineral, chem. Magnesiumcarbonat,* $MgCO_3$, *das für feuerfestes Material u. Magnesiabinder verwendet wird, Bitterspat* [→ *Magnesia*]

■ **Ma|gne|si|um** ⟨n.; -s; unz.; Zeichen: Mg⟩ *silberweißes, zweiwertiges Leichtmetall, Ordnungszahl 12* [→ *Magnesia*]

■ **Ma|gne|si|um|chlo|rid** ⟨[-klo-] n.; -s; unz.⟩ *weißes, im Meerwasser vorkommendes Salz, chem. Formel* $MgCl_2$

■ **Ma|gne|si|um|sul|fat** ⟨n.; -(e)s; unz.⟩ *Bittersalz; in vielen Mineralquellen enthaltenes, gut verträgliches Abführmittel, chem. Formel* $MgSO_4 \cdot 7H_2O$

■ **Ma|gnet** ⟨m.; -en, -en⟩ **1** *natürlicher ferromagnetischer Stoff;* Permanent~; Dauer~ **2** *stromdurchflossene Spule mit Eisenkern;* Elektro~ [< lat. *magnes,* Gen. *magnetis* < grch. *magnetis (lithos)* »Magnetstein«; nach der Landschaft *Magnesia* im östl. Thessalien]

■ **Ma|gnet|band** ⟨n.; -(e)s, -bän|der⟩ *mit Eisenoxid beschichtetes Kunststoff- od. Metallband, auf dem durch gerichtetes Magnetisieren Informationen gespeichert werden können*

■ **Ma|gnet|feld** ⟨n.; -(e)s, -er⟩ *Kraftfeld in der Umgebung eines Dauermagneten od. eines Elektromagneten;* Sy *magnetisches Feld*

■ **Ma|gne|tik** ⟨f.; -; unz.; Phys.; †⟩ *Magnetismus*

■ **ma|gne|tisch** ⟨Adj.⟩ **1** *auf einem Magneten od. auf Magnetismus beruhend, sie betreffend* **1.1** ~e **Anomalie** *Abweichung der Stärke des erdmagnet. Feldes gegenüber seiner Umgebung* **1.2** ~er **Äquator** *Linie auf der Erdkugel, auf der eine Magnetnadel genau horizontal steht* **1.3** ~e **Bremse** *Bremse, die mit Hilfe von Wirbelströmen das Drehmoment von Kraftmaschinen misst, Wirbelstrombremse* **1.4** ~es **Feld** = *Magnetfeld* **1.5** ~e **Flasche** *magnet. Feld, dessen Feldlinien so verlaufen, dass elektrisch geladene Teilchen bei ihrer Bewegung im geschlossenen Raum bleiben* **1.6** ~er **Fluss,** ~er Kraftfluss *bei homogenem Magnetfeld für eine ebene Fläche das Produkt aus der magnet. Induktion, der Größe der Fläche u. dem Kosinus des Winkels zw. Feldrichtung u. Fläche;* Sy *Induktionsfluss* **1.7** ~e **Induktion** *die Summe aus magnet. Feldstärke u. Magnetisierung, eine Größe, die das magnet. Feld bestimmt* **1.8** ~e **Kühlung** *auf dem magnetokalorischen Effekt beruhende K.* **2** ⟨fig.⟩ *eine Hinwendung zu etwas bewirkend, anziehend;* eine ~e Anziehungskraft besitzen

■ **Ma|gne|ti|seur** ⟨[-zø:r] m.; -s, -e⟩ *Heilkundiger, der mit Magnetismus behandelt;* Sy *Magnetopath* [→ *magnetisieren,* mit frz. Endung]

■ **ma|gne|ti|sie|ren** ⟨V.⟩ **1** *magnetisch machen* **2** *mit Magnetismus behandeln*

■ **Ma|gne|tis|mus** ⟨m.; -; unz.⟩ **1** *das Magnetischsein, Fähigkeit, Eisen anzuziehen* **2** *angebl. Fähigkeit mancher Menschen, Heilkräfte auszustrahlen, die durch Handauflegen od. Bestreichen mit den Händen wirksam werden* **2.1** *Heilverfahren mit Hilfe dieser Kräfte*

■ **Ma|gne|tit** ⟨m.; -s, -e⟩ *schwarzes Mineral, bedeutendstes Eisenerz, chem. Formel Fe_3O, Magneteisenstein, Magneteisenerz* [→ *Magnet*]

■ **Ma|gnet|kies** ⟨m.; -es; unz.⟩ *Erz mit hohem Eisengehalt u. daher magnetischen Eigenschaften*

■ **Ma|gnet|na|del** ⟨f.; -, -n⟩ *Kompassnadel, die vom Magnetpol angezogen wird u. daher stets die Nord-Süd-Richtung anzeigt*

■ **ma|gne|to...**, **Ma|gne|to...** ⟨in Zus.⟩ *Magnet..., magnetisch...*

■ **Ma|gne|to|e|las|ti|zi|tät** ⟨f.; -; unz.⟩ *Änderung der Magnetisierung eines Körpers aus ferromagnetischem Material, wenn man auf ihn einen Druck ausübt*

■ **Ma|gne|to|graf** ⟨m.; -en, -en⟩ = *Magnetograph*

■ **Ma|gne|to|graph** ⟨m.; -en, -en⟩ *Gerät zum selbsttätigen Aufzeichnen erdmagnetischer Schwankungen;* oV *Magnetograf* [< *Magneto... + ...graph*]

■ **Ma|gne|to|hy|dro|dy|na|mik,** ⟨auch⟩ **Mag|ne|to|hyd|ro|dy|na|mik** ⟨f.; -; unz.⟩ *Lehre von den Strömungsvorgängen in stark ionisierten Gasen (sog. Plasmen) od. Flüssigkeiten mit großer elektr. Leitfähigkeit bei Anwesenheit innerer od. äußerer magnet. Felder*

■ **ma|gne|to|ka|lo|risch** ⟨Adj.⟩ ~er Effekt *Temperaturänderung, die infolge einer Änderung der Magnetisierung eines Körpers auftritt*

■ **Ma|gne|to|me|ter** ⟨n.; -s, -⟩ *Instrument zum Messen magnetischer Feldstärke*

■ **Ma|gne|ton** ⟨n.; -s, -⟩ *Maßeinheit für magnet. Momente im atomaren Bereich*

■ **Ma|gne|to|op|tik** ⟨f.; -; unz.⟩ *Lehre von den Einwirkungen magnetischer Felder auf Lichtstrahlen*

■ **Ma|gne|to|path** ⟨m.; -en, -en⟩ = *Magnetiseur* [< *Magneto... + ...path*]

■ **Ma|gne|to|pa|thie** ⟨f.; -; unz.⟩ *Heilwirkung durch Magnetkräfte* [< *Magnet + ...pathie*]

■ **Ma|gne|to|sphä|re,** ⟨auch⟩ **Mag|ne|tos|phä|re** ⟨f.; -; unz.⟩ *erdnächster Bereich des interplanetaren Raums, der durch das Erdmagnetfeld beeinflusst wird*

■ **Ma|gne|to|strik|ti|on,** ⟨auch⟩ **Mag|ne|tos|trik|ti|on** ⟨f.; -, -en⟩ *geringe Längen- u. Volumenänderung von ferromagnet. Stoffen bei der Magnetisierung*

■ **Ma|gnet|plat|te** ⟨f.; -, -n; EDV⟩ *runde Scheibe für die Datenspeicherung*

■ **Ma|gnet|pol** ⟨m.; -(e)s, -e⟩ *nicht mit den geograph. Polen übereinstimmender Pol des Magnetfeldes der Erde*

■ **Ma|gne|tron,** ⟨auch⟩ **Mag|net|ron** ⟨n.; -s, -s od. -tro|ne⟩ *Elektronenröhre zur Erzeugung sehr kurzer elektr. Schwingungen größerer Leistung* [< *Magnet* + Elekt*ron*]

■ **Ma|gnet|spu|le** ⟨f.; -, -n⟩ *Spule eines Elektromagneten*

■ **Ma|gnet|strei|fen** ⟨m.; -s, -⟩ *streifenförmige Magnetschicht auf Ausweisen, Kreditkarten o.Ä. zur Speicherung von Daten*

■ **Ma|gnet|ton|ge|rät** ⟨n.; -s, -e⟩ *Tonbandgerät*

■ **Ma|gnet|ver|stär|ker** ⟨m.; -s, -⟩ *Gerät, bei dem auf magnet. Wege mit einer geringen Energie eine wesentl. größere beeinflusst werden kann, indem von zwei Wicklungen, die um einen Eisenkern liegen, die eine der Magnetisierung dient, während die andere den zu beeinflussenden Strom führt;* Sy *Transduktor*

■ **Ma|gnet|zün|dung** ⟨f.; -, -en⟩ *Stromzufuhr für die Zündkerze eines Verbrennungsmotors durch eine im Kraftfeld eines Magneten sich drehende Spule*

■ **ma|gni|fik** ⟨[manji-] Adj.⟩ *prächtig, großartig* [< lat. *magnificus* »großartig, prächtig«]

■ **Ma|gni|fi|kat** ⟨n.; - od. -s; unz.⟩ **1** *Lobgesang Marias* **2** *Teil der kath. Vesper, mehrfach vertont, z.B. von J.S. Bach* [nach den Anfangsworten des Lobgesanges: *Magnificat anima mea Dominum* »Hoch preist meine Seele den Herrn«]

■ **Ma|gni|fi|zenz** ⟨f.; -, -en; Titel für⟩ *Rektor einer Hochschule;* Euer, Eure ~ (Anrede) ⟨Abk.: Ew.⟩; Seine ~ [< lat. *magnificentia* »Pracht, Großartigkeit, Herrlichkeit«; zu *magnificus* »großartig, prächtig«]

■ **Ma|gni|tu|de** ⟨f.; -, -n⟩ *Maßeinheit für die Stärke von Erdbeben* [< lat. *magnitudo* »Größe, Ausdehnung«]

■ **Ma|gni|tu|do** ⟨f.; -; unz.; Zeichen: ᵐ⟩ *scheinbare Helligkeit eines Gestirns* [lat.]

■ **Ma|gno|lie** ⟨[-ljə] f.; -, -n⟩ *Baum mit glänzenden Blättern u. sehr großen, weißen, tulpenähnlichen Blüten, der einer Gattung der Magnoliengewächse angehört: Magnolia* [nach dem frz. Botaniker P. *Magnol,* 1638–1715]

■ **Ma|gnum** ⟨f.; -, -gna⟩ *Wein- od. Sektflasche mit doppeltem Inhalt (1,5l)* [zu lat. *magnus* »groß«]

Ma|got ⟨m.; -s, -s; Zool.⟩ *in Nordwestafrika beheimatete Affenart, Berberaffe* [< frz. *magot* < *Magog,* Name eines barbarischen Volkes in der Bibel]

Mag. pharm. ⟨Abk. für⟩ *Magister pharmaciae*

Ma|ha|go|ni ⟨n.; -s; unz.⟩ **1** ⟨i.e.S.⟩ *zentralamerikan. Baum aus der Familie der Zedrachgewächse mit rötlichem, charakteristisch gemasertem Holz: Swietania mahagoni* **2** ⟨i.w.S.⟩ *Holz von rund 90 Baumarten von ähnlicher Farbe* [< span. *mahogani*]

Ma|ha|ra|dscha, ⟨auch⟩ **Ma|ha|rad|scha** ⟨m.; -s, -s⟩ *ind. Herrscher, Großfürst* [< Sanskrit *maharaja* < *mahat* »groß« + *rajan* »König«]

Ma|ha|ra|ni ⟨f.; -, -s⟩ *Frau eines Maharadschas*

Ma|hat|ma ⟨m.; -s, -s; ind. Ehrentitel für⟩ *geistig hoch stehender Mensch, z.B. Gandhi* [< Sanskrit *mahatman* »große Seele«]

Mah|di ⟨m.; - od. -s, -s⟩ *der von den Mohammedanern erwartete, von Allah gesandte Erlöser, der das Werk Mohammeds vollenden wird* [< arab. *Mehdi* »der von Gott Geführte, Prophet«]

Mah|dis|mus ⟨m.; -; unz.⟩ *Bewegung des Arabers Mohammed Achmed (1840-1885), der sich als Mahdi ausgab, u. seines Nachfolgers, der bekämpft u. vernichtet wurde*

Mah|dist ⟨m.; -en, -en⟩ *Anhänger des Mahdismus*

Mah-Jongg ⟨[-dʒɔŋ] n.; -; unz.⟩ *chines. Gesellschaftsspiel mit verschieden gemusterten Steinen, die reihum gezogen u. abgegeben werden, bis ein Spieler ein zusammenpassendes Bild (vier Dreier- od. Viererreihen u. ein Paar) beisammen hat*

Ma|ho|nie ⟨[-njə] f.; -, -n⟩ *Zierstrauch mit gelben Blüten u. blauen Beeren: Mahonia* [nach dem amerikan. Botaniker *McMahon,* 1775-1816]

Mai ⟨m.; - od. -(e)s, -e⟩ **1** *fünfter Monat des Jahres* **2** ⟨fig.⟩ *Zeit der Jugend;* des Lebens ~ ⟨poet.⟩ **3** *Zeit einer jungen Liebe* [< ahd. *meio;* nach dem altröm. Gott *Maius* »der Wachstum Bringende«]

Mai|den ⟨[mɛidən] n.; - od. -s, -⟩ *Jungpferd, das bei Rennen noch ohne Erfolg blieb* [engl., »Jungfrau«]

Mai|eu|tik ⟨f.; -; unz.⟩ = *Mäeutik*

mai|eu|tisch ⟨Adj.⟩ = *mäeutisch*

Mail-Art ⟨[mɛil-] f.; -; unz.⟩ *Entwurf, Gestaltung von Kunstpostkarten* [engl., »Postkunst«]

Mail|box ⟨[mɛil-] f.; -, -es [-bɔksiz]; EDV⟩ *Speicher, in dem sich die Benutzer eines Datennetzes gegenseitig Informationen hinterlegen können* [engl., »Briefkasten«]

mai|len ⟨[mɛi-] V.; EDV⟩ *jmdm. eine elektronische Nachricht mittels eines Mailsystems zuschicken;* → a. *E-Mail* [< engl. *mail* »(einen Brief) aufgeben, einwerfen; (zu)schicken«]

Mai|ling ⟨[mɛi-] n.; -s, -s⟩ *Postversand von Werbesendungen;* → a. *Directmailing* [engl., »Postversand«]

Mai|ling|lis|te ⟨[mɛi-] f.; -, -n; EDV⟩ *Themenliste im Internet* [→ *Mailing*]

Mail|or|der ⟨[mɛil-] f.; -; unz.⟩ *Verkauf von Waren nach Angebot durch Prospekte* [< engl. *mail* »Post(versand)« + *order* »Bestellung«]

Main|frame ⟨[mɛinfrɛim] m.; -s, -s; EDV; ältere Bez. für⟩ *Großrechner,* ⟨heute⟩ *Server* [engl.]

main|li|nen ⟨[mɛinlainən] V.⟩ *Rauschmittel intravenös injizieren* [zu engl.-amerik. *mainline* »Hauptlinie, Hauptvene«]

Main|li|ner ⟨[mɛinlai-] m.; -s, -⟩ *Drogenabhängiger, der sich Rauschmittel injiziert* [< engl.-amerik. *mainline* »Hauptlinie«]

Main|li|ning ⟨[mɛinlainiŋ] n.; -s; unz.⟩ *das Injizieren von Rauschmitteln in die Vene* [< engl.-amerik. *mainline* »in die Vene injizieren, fixen«]

Main|stream ⟨[mɛinstri:m] m.; -s; unz.⟩ **1** *Hauptrichtung, Hauptströmung* **2** *Durchschnitt, Durchschnittsware* **3** ⟨Jazz⟩ *Form des Jazz, die keiner Stilrichtung eindeutig zugehörig ist* [engl., »Hauptstrom, Hauptrichtung«]

Maire ⟨[mɛ:r] m.; -s, -s; in Frankreich⟩ *Bürgermeister* [< afrz. *maire* »Herr«]

Mai|rie ⟨[mɛ:ri:] f.; -, -n⟩ *Bürgermeisteramt, Rathaus, Stadt-, Gemeindeverwaltung* [frz.]

Mais ⟨m.; -es, -e; Pl. selten⟩ *Türkischer Weizen, Welschkorn, bis 3 m hohe, zu den Süßgräsern gehörende, aus Amerika stammende Getreidepflanze: Zea mays;* Sy ⟨ostmdt., österr.⟩ *Kukuruz* [< span. *maiz* < Taino *mahiz, mayz*]

Mai|so|nette ⟨[mɛzɔnɛt] f.; -, -s⟩ *Wohnung, die sich über mehrere Stockwerke eines größeren Hauses erstreckt* [frz., »Häuschen«; zu *maison* »Haus«]

Maî|tre de Plai|sir, ⟨auch⟩ **Maît|re de Plai|sir** ⟨[mɛtrə də plɛzi:r] m.; - - -, -s [mɛtrə-] - -; †⟩ *jmd., der ein Fest gestaltet u. leitet* [frz. *maître* »Meister« + *plaisir* »Vergnügen«]

Maî|tresse, ⟨auch⟩ **Maît|resse** ⟨[mɛtrɛs] f.; -, -n⟩ = *Mätresse*

Ma|jes|tas Do|mi|ni ⟨f.; - -; unz.; Mal.⟩ *Darstellung des thronenden Christus* [lat., »Erhabenheit des Herrn«]

Ma|jes|tät ⟨f.; -, -en⟩ **1** ⟨unz.⟩ *Hoheit, Erhabenheit* **2** ⟨Titel für⟩ *Kaiser, König;* Euer, Eure ~ (Anrede) ⟨Abk.: Ew. M.⟩; Ihre ~ ⟨Abk.: I. M.⟩; Seine ~ ⟨Abk.: S(e). M.⟩ **3** ⟨zählb.⟩ *der Kaiser od. König;* die ~en *das kaiserl. od. königl. Paar* [< mhd. *majestat* < lat. *maiestas,* Gen. *maiestatis* »Größe, Hoheit«; beeinflusst von frz. *majesté* »Majestät«]

ma|jes|tä|tisch ⟨Adj.⟩ *erhaben, hoheitsvoll, würdevoll gemessen*

ma|jeur ⟨[maʒœːr] Mus.⟩ *Dur;* Ggs *mineur* [frz., »größer«]
Ma|jo|li|ka ⟨f.; -, -s od. -ken; ital. Name für⟩ *Fayence* [< ital. *maiolica* < mlat. *Majolica* (= Baleareninsel *Mallorca*)]

> **Majonäse / Mayonnaise** (*Laut-Buchstaben-Zuordnung*) Im Zuge der Integration fremdsprachlicher Wörter in die deutsche Standardsprache kann neben die ursprüngliche, der Herkunftssprache folgenden, Orthographie eine integrierte Schreibweise mit angepasster Laut-Buchstaben-Zuordnung treten. Es bleibt dem Schreibenden überlassen, welche Schreibweise er vorzieht (→ a. *Malaise / Maläse*).

Ma|jo|nä|se ⟨f.; -, -n⟩ *pikante, kalte, dickflüssige Soße aus Eigelb, Öl, Essig u. Salz;* oV *Mayonnaise* [< span. *mahonesa* < frz. *mayonnaise;* nach der Stadt *Mahon* auf Menorca]
ma|jor ⟨[mɛidʒə(r)] Mus.; engl. Bez. für⟩ *Dur;* Ggs *minor* [engl., »größer«]
Ma|jor ⟨m.; -s, -e⟩ **1** *Offiziersdienstgrad zwischen Hauptmann u. Oberstleutnant* **2** *Offizier in diesem Rang* [< span. *mayor* »höherer Offizier« < lat. *maior* »größer«]
Ma|jo|ran ⟨a. ['---] m.; -s, -e⟩ *Gewürzpflanze aus der Familie der Lippenblütler: Majorana hortensis* [< mlat. *majorana, majoracus* < lat. *amaracus* (mit Anlehnung an *maior*) < grch. *amarakos* »Gewürzpflanze Origanum Majorana«]
Ma|jo|rat ⟨n.; -s, -e⟩ **1** *Ältestenrecht unter mehreren gleich nahen Verwandten;* Ggs *Minorat(1);* → a. *Seniorat* **2** *das Erbteil selbst;* Ggs *Minorat(2)* [< lat. *maioratus* »Stand des Höheren, Recht des Älteren«; zu *maior* »größer, älter«]
Ma|jor|do|mus ⟨m.; -, -⟩ **1** *Hausmeier, oberster Hofbeamter* **2** *Befehlshaber des Heeres der fränk. Könige* [< mlat. *maior domus* »Oberhaushofmeister«, eigtl. »Oberer des Hauses«]
ma|jo|renn ⟨Adj.⟩ *volljährig, mündig;* Ggs *minorenn* [< mlat. *majorennus,* < lat. *maior* »größer, älter« + *annus* »Jahr«]
Ma|jo|ren|ni|tät ⟨f.; -; unz.⟩ *Volljährigkeit, Mündigkeit;* Ggs *Minorennität*
ma|jo|ri|sie|ren ⟨V.⟩ *überstimmen, durch Stimmenmehrheit besiegen* [< lat. *maior* »größer«]
Ma|jo|ri|tät ⟨f.; -, -en⟩ *Stimmenmehrheit, Überzahl;* Ggs *Minorität* [< lat. *maior* »größer«]
Ma|jo|ri|täts|prin|zip ⟨n.; -s; unz.⟩ *Prinzip, nach dem die Mehrheit der Stimmen die Wahl od. Abstimmung entscheidet u. die Stimmen der Minderheit unberücksichtigt bleiben;* nach dem ~ abstimmen; → a. *Majoritätswahl*
Ma|jo|ri|täts|trä|ger ⟨Pl.; Phys.⟩ *Träger der Überschussladung, z.B. die Elektronen als Träger der negativen Ladung in n-Halbleitern;* Ggs *Minoritätsträger*
Ma|jo|ri|täts|wahl ⟨f.; -, -en⟩ *Wahl, bei der derjenige Kandidat als gewählt erklärt wird, der die meisten Stimmen erhält;* Ggs *Proportionalwahl*
Ma|jors ⟨[mɛidʒə(r)z] Pl.; Sp.; Golf⟩ *die vier wichtigsten Meisterschaften im Golfspielen* [< engl. *major* »haupt…, Haupt…«]
Ma|jorz ⟨m.; -es; unz.; schweiz. Kurzw. für⟩ *Majoritätswahl;* Ggs *Proporz(2)*
Ma|jus|kel ⟨f.; -, -n⟩ *Großbuchstabe;* Ggs *Minuskel* [< lat. *maiusculus* »etwas größer«, Verkleinerungsform zu *maior* »größer«]
ma|ka|ber ⟨Adj.⟩ **1** *an den Tod erinnernd, totenähnlich, grausig-düster* **2** *mit dem Tod, dem Schrecklichen, Traurigen spaßend;* ein makabrer Scherz [< frz. *macabre* < span. *macabro* »grauenvoll, schauerlich« evtl. zu arab. *magbara* »Grab, Friedhof«]
Ma|ka|dam ⟨m. od. n.; -s, -s⟩ *Belag von Straßendecken aus Schotter mit darauf aufgebrachten Schichten aus einem Bitumen-Splitt-Gemisch* [nach dem schott. Straßenbauer John L. *MacAdam,* 1756-1836]
ma|ka|da|mi|sie|ren ⟨V.⟩ *mit Makadam belegen*
Ma|kak ⟨m.; -s od. -en, -en⟩ *Gattung der Meerkatzen: Macaca* [< port. *macaco* »Affe«]
Make-up, ⟨auch⟩ **Make|up** ⟨[mɛikʌp] n.; -s, -s⟩ **1** *Verschönerung mit kosmetischen Mitteln* **2** *kosmet. Creme od. Puder zum Tönen u. Glätten der Gesichtshaut* [engl., »Aufmachung«]
Ma|ki ⟨m.; -s, -s⟩ *Familie von Halbaffen auf Madagaskar, die tagsüber schlafen u. nachts Nahrung suchen: Lemuridae;* Sy *Lemure(2)* [vermutl. < port. *macaco;* → *Makak*]
Ma|ki|mo|no ⟨n.; -s, -s⟩ *ostasiat. Rollbild im Querformat auf Papier od. Seide;* Ggs *Kakemono* [jap., »Rollbild«]
Mak|ka|bi ⟨m.; - od. -s, -s⟩ *Name bürgerlich-zionistischer Sportvereine, in Erinnerung an den 1898 in Berlin gegründeten Bar Kochba-Makkabi Turn- u. Sportverein* [nach Judas *Makkabäus,* der im 2. Jh. v. Chr. den Unabhängigkeitskampf gegen Syrien anführte; zu hebr. *makkaba* »Hammer«]
Mak|ka|ro|ni ⟨f.; -, -⟩ *lange, röhrenförmige Teigware* [< ital. (mundartl.) *maccaroni,* Pl. zu *maccarone* < ital. *maccherone* »Nudelgericht«, < grch. *makaria* »Glückseligkeit; Speise aus Brühe u. Gerstengraupen«]
mak|ka|ro|nisch ⟨Adj.⟩ **1** *in schlechtem Latein abgefasst, geschrieben* **2** ~e **Dichtung 2.1** ⟨scherzh.; urspr.⟩ *Gedichte in lateinischer, mit latinisierten anderssprachl. Wörtern durchsetzter Sprache* **2.2** ⟨dann⟩ *Gedichte in einer aus zwei Sprachen gemischten Sprache* **3** ~es **Latein** ⟨scherzh.⟩ *schlechtes Neulatein, in dem Wörter aus anderen Sprachen mit lat. Endungen vorkommen* [nach dem Gedicht *Carmen macaronicum* des Paduaners Tifi degli Odasi († 1488), das an die ital. Leibspeise, die *Makkaroni,* anknüpft]
Ma|ko ⟨m.; - od. -s, -s od. f.; -, -s⟩ *langfaserige ägyptische Baumwolle* [nach *Mako* Bey, dem

Hauptförderer des ägyptischen Baumwollanbaus]

Ma|ko|ré ⟨[-re:] n.; - od. -s; unz.⟩ *witterungsfestes rotbraunes Holz des afrikanischen Birnbaums: Tieghemella heckelii* [afrik.]

■ Die Buchstabenfolge **ma|kr...** kann auch **mak|r...** getrennt werden.

■ **Ma|kra|mee** ⟨n.; - od. -s, -s⟩ *Knüpfarbeit aus gedrehten Fäden mit Fransen (für Einsätze, Kragen, Blumenampeln usw.)* [< türk. *maqramah* »Taschentuch« < arab. *migramah* »gestickter Schleier«]

■ **Ma|kre|le** ⟨f.; -, -n⟩ **1** *Meeresspeisefisch mit zahlreichen blauweißen Querbinden am Rücken: Scomber scombrus* **2** ⟨i.w.S.⟩ *Angehörige einer Familie aus der Ordnung der Barschfische: Scombridae* [< mhd. *macrel* < mndrl. *mak(e)reel* < mlat. *macarellus*]

■ **Ma|kro** ⟨n.; -s, -s; EDV; kurz für⟩ *Makrobefehl, Zusammenfassung od. Kurzform von Befehlen für sich immer wiederholende, gleichartige Vorgänge innerhalb von Programmen*

■ **ma|kro..., Ma|kro...** ⟨in Zus.⟩ *lang, groß* [< grch. *makros* »lang, groß«]

■ **Ma|kro|a|na|ly|se** ⟨f.; -, -n⟩ *chem. Analyse mit verhältnismäßig großen Substanzmengen (über 1 g);* Ggs *Mikroanalyse*

■ **Ma|kro|äs|the|sie** ⟨f.; -, -n⟩ *Gefühlstäuschung, bei der Gegenstände größer empfunden werden, als sie sind* [< *Makro...* + *Ästhesie*]

■ **Ma|kro|auf|nah|me** ⟨f.; -, -n⟩ *mit Hilfe der Makrofotografie hergestellte Aufnahme;* Ggs *Mikroaufnahme*

■ **Ma|kro|be|fehl** ⟨m.; -s, -e; EDV⟩ *Kurzform für die Gesamtheit mehrerer Befehle, die sich beim Programmieren häufig wiederholen*

■ **Ma|kro|bi|o|se** ⟨f.; -; unz.; Med.⟩ *Langlebigkeit* [< *Makro...* + *...biose*]

■ **Ma|kro|bi|o|tik** ⟨a. [---'--] f.; -; unz.⟩ **1** *Kunst, das Leben zu verlängern* **2** *gesunde Ernährung durch Körner u. Gemüse* [< *Makro...* + grch. *bios* »Leben«]

■ **ma|kro|bi|o|tisch** ⟨a. ['-----] Adj.⟩ *auf Makrobiotik beruhend*

■ **ma|kro|cy|clisch,** ⟨auch⟩ **mak|ro|cyc|lisch** ⟨Adj.⟩ ~e Verbindung *organische Verbindung mit mehr als zwölf Kohlenstoffatomen im Molekül, die in Ringform angeordnet sind;* oV *makrozyklisch*

■ **Ma|kro|dak|ty|lie** ⟨f.; -; unz.⟩ *abnorme Größe der Finger* [< *Makro...* + grch. *daktylos* »Finger«]

■ **Ma|kro|fau|na** ⟨f.; -, -nen⟩ *die mit bloßem Auge erkennbare Tierwelt;* Ggs *Mikrofauna*

■ **Ma|kro|fo|to|gra|fie** ⟨f.; -; unz.⟩ *fotograf. Nahaufnahmeverfahren mit bis zu 25-facher Vergrößerung;* Ggs *Mikrofotografie*

■ **Ma|kro|ga|met** ⟨m.; -en, -en⟩ *größere, unbewegl. weibl. Geschlechtszelle der Einzeller u. niederen Pflanzen;* Ggs *Mikrogamet*

■ **ma|kro|ke|phal** ⟨Adj.⟩ *mit anomal vergrößertem Kopf versehen;* oV *makrozephal;* Ggs *mikrokephal* [< *makro...* + *...kephal*]

■ **Ma|kro|ke|pha|lie** ⟨f.; -; unz.⟩ *anomale Vergrößerung des Kopfes;* oV *Makrozephalie;* Sy *Megalokephalie;* Ggs *Mikrokephalie* [< *Makro...* + *...kephalie*]

■ **Ma|kro|kli|ma** ⟨n.; -s, -ma|ta od. -ma|te⟩ *das Klima in größeren Gebieten, Großklima;* Ggs *Mikroklima;* → a. *Mesoklima*

■ **ma|kro|kos|misch** ⟨a. ['----] Adj.⟩ *zum Makrokosmos gehörend;* Ggs *mikrokosmisch*

■ **Ma|kro|kos|mos** ⟨m.; -; unz.⟩ *Weltall;* Ggs *Mikrokosmos(2)*

■ **ma|kro|kris|tal|lin** ⟨a. ['-----] Adj.⟩ *grobkristallin*

■ **Ma|kro|lin|gu|is|tik** ⟨a. ['------] f.; -; unz.⟩ *Wissenschaft von der Sprache einschließlich benachbarter Fachgebiete wie Psychologie od. Philosophie;* Ggs *Mikrolinguistik*

■ **Ma|kro|me|lie** ⟨f.; -, -n⟩ = *Gigantismus;* Ggs *Mikromelie*

■ **Ma|kro|mo|le|kül** ⟨n.; -s, -e⟩ *Molekül, das aus sehr vielen (mindestens rd. 1000) Atomen aufgebaut ist*

■ **ma|kro|mo|le|ku|lar** ⟨Adj.⟩ *auf den chem. Reaktionen von Makromolekülen beruhend, die Eigenschaften von Makromolekülen aufweisend*

■ **Ma|kro|ne** ⟨f.; -, -n⟩ *rundes Kleingebäck aus Mandeln, Zucker, Eiweiß u. Mehl, auf Oblaten gebacken* [< frz. *macaron* »Mandeltörtchen«]

■ **Ma|kro|nu|cle|us,** ⟨auch⟩ **Mak|ro|nuc|le|us** ⟨m.; -, -clei [-kle:i]⟩ *vegetativer Zellkern vieler Protozoen*

■ **Ma|kro|ob|jek|tiv** ⟨n.; -s, -e [-və]; Fot.⟩ *Spezialobjektiv für Nahaufnahmen*

■ **Ma|kro|ö|ko|no|mik** ⟨a. ['------] f.; -; unz.; Wirtsch.⟩ *Teilgebiet der Wirtschaftswissenschaft, das sich der Betrachtung gesamtwirtschaftlicher Größen widmet;* Sy *Makrotheorie;* Ggs *Mikroökonomik*

■ **ma|kro|ö|ko|no|misch** ⟨a. ['------] Adj.⟩ *zur Makroökonomik gehörend, auf ihr beruhend;* Ggs *mikroökonomisch*

■ **Ma|kro|phy|sik** ⟨f.; -; unz.⟩ *Physik, die das Verhalten der Körper untersucht, ohne die Veränderungen einzelner Atome u. Elementarteilchen zu berücksichtigen, sozusagen die »klassische Physik«;* Ggs *Mikrophysik*

■ **Ma|kro|phyt** ⟨m.; -en, -en; meist Pl.⟩ *mit bloßem Auge sichtbarer pflanzlicher Organismus;* Ggs *Mikrophyt* [< *Makro...* + grch. *phyton* »Pflanze«]

■ **Ma|kro|pla|sie** ⟨f.; -; unz.⟩ *übermäßige Entwicklung von Körperteilen* [< *Makro...* + *...plasie*]

■ **Ma|kro|po|de** ⟨m.; -n, -n⟩ *bes. in den Reisfeldern Südchinas lebender Angehöriger der Gattung der Labyrinthfische, Paradiesfisch* [< *Makro...* + *...pode*]

■ **Ma|krop|sie** ⟨f.; -; unz.; Med.⟩ *Größersehen als der Wirklichkeit entspricht;* Sy *Megalopsie;* Ggs *Mikropsie* [< *Makro...* + *...opsie*]

■ **Ma|kro|seis|mik** ⟨f.; -; unz.⟩ *Lehre von den Erderschütterungen, die ohne Instrumente fühl- und sichtbar sind;* Ggs *Mikroseismik*
■ **ma|kro|seis|misch** ⟨Adj.; Geol.⟩ ~e Erschütterungen *E., die ohne Instrumente wahrnehmbar sind;* Ggs *mikroseismisch*
■ **ma|kro|sko|pisch,** ⟨auch⟩ **mak|ros|ko|pisch** ⟨Adj.⟩ *mit bloßem Auge wahrnehmbar;* Ggs *mikroskopisch(2)* [< *makro…* + *…skop*]
■ **Ma|kro|so|mie** ⟨f.; -; unz.⟩ = *Gigantismus;* Ggs *Mikrosomie* [< *Makro…* + *soma* »Körper«]
■ **Ma|kro|spo|re** ⟨f.; -, -n⟩ *große weibl. Spore einiger Farne;* Ggs *Mikrospore*
■ **Ma|kro|struk|tur** ⟨f.; -, -en⟩ Ggs *Mikrostruktur* **1** *Grobstruktur* **2** *unvergrößert sichtbare Gewebestruktur,* z.B. von Tieren, Pflanzen
■ **Ma|kro|the|o|rie** ⟨f.; -; unz.; Wirtsch.⟩ = *Makroökonomik;* Ggs *Mikrotheorie*
■ **Ma|kro|vi|rus** ⟨[-vi-] m.; -, -vi|ren; EDV⟩ *Computervirus, der sich per E-Mail verbreitet*
■ **ma|kro|ze|phal** ⟨Adj.⟩ = *makrokephal*
■ **Ma|kro|ze|pha|lie** ⟨f.; -, -n⟩ = *Makrokephalie*
■ **ma|kro|zy|klisch,** ⟨auch⟩ **mak|ro|zyk|lisch** ⟨Adj.⟩ = *makrocyclisch*
■ **Ma|kro|zyt** ⟨m.; -en, -en; meist Pl.⟩ *bei Anämie vermehrt auftretendes, unreifes, großes rotes Blutkörperchen;* Ggs *Mikrozyt;* → a. *Normozyt* [< *Makro…* + *…zyt*]
Ma|ku|la|tur ⟨f.; -, -en⟩ **1** *schadhafte od. fehlerhafte Druckbogen* **2** *Abfall der Papierindustrie* **3** *Altpapier* **4** ~ reden ⟨umg.⟩ *dummes Zeug reden* [< mlat. *maculatura* »beflecktes Stück« < lat. *maculare* »beflecken, durch Flecke besudeln«; verwandt mit *Makel*]
ma|ku|lie|ren ⟨V.⟩ *zu Makulatur machen*
MAK-Wert ⟨m.; -s, -e; Abk. für⟩ *maximale Arbeitsplatz-Konzentration, höchste in Arbeitsräumen zulässige Konzentration luftverunreinigender Stoffe*
Ma|la|chit ⟨[-çiːt] m.; -s, -e⟩ *smaragdgrünes, dicht od. achatartig gebändertes Mineral, chem. Kupfercarbonat $Cu_2(OH)_2(CO_3)$, Kupferspat* [< grch. *malache* »Malve«]
ma|lad, ma|la|de ⟨Adj.; umg.; †⟩ **1** *krank, unpässlich* **2** *müde u. lustlos* [< frz. *malade*]
ma|la fi|de *in böser Absicht, wissentlich unberechtigt* [lat., »in bösem Glauben«]
Ma|la|ga ⟨m.; -s, -s⟩ *Süßwein aus Málaga*
Ma|lai|se ⟨[-lɛːz(ə)] f.; -, -n; schweiz. n.; -s, -⟩ oV *Maläse* **1** *schlechtes Befinden* **2** *moral. od. polit. Unbehagen* [frz., »Unbehagen«]
Ma|la|ko|lo|gie ⟨f.; -; unz.⟩ *Lehre von den Weichtieren* [< grch. *malakos* »weich« + *…logie*]
Ma|la|ko|zo|on ⟨n.; -s, -zo|en⟩ *Weichtier* [< grch. *malakos* »weich« + *Zoon*]
Ma|la|ria ⟨f.; -; unz.⟩ *endemisch auftretende Infektionskrankheit, die von durch Mückenstiche übertragenen Einzellern im Blut hervorgerufen wird, Sumpffieber, Tropenfieber* [< ital. *mala aria* »böse Luft«]
Ma|lä|se ⟨f.; -, -n⟩ = *Malaise*
Ma|la|zie ⟨f.; -, -n; Med.⟩ *Erweichung (z.B. von Knochen)* [< grch. *malakos* »weich«]
Ma|le|dik|ti|on ⟨f.; -, -en; †⟩ *Verwünschung*
ma|le|di|zie|ren ⟨V.; †⟩ *verwünschen* [< lat. *maledicere* »schmähen, schimpfen«; zu *malus* »übel, böse« + *dicere* »sagen«]
Ma|le|fiz ⟨n.; -es, -e⟩ **1** ⟨†⟩ *Übeltat, Missetat* **2** *ein Würfelspiel* [< lat. *maleficium* »böse Tat, Übeltat«, zu *malus* »übel, böse« + *facere* »tun«]
Ma|le|fiz|kerl ⟨m.; -s, -e; †⟩ *Draufgänger, Teufelskerl, der vor einer gelegentl. Missetat nicht Halt machen würde* [→ *Malefiz*]
Ma|le|in|säu|re ⟨f.; -, -n⟩ *zweibasische ungesättigte Dicarbonsäure, Isomere der Fumarsäure, ihre Ester höherer Alkohole dienen als Weichmacher*
Ma|le|par|tus ⟨m.; -; unz.⟩ *Wohnung des Fuchses in der Tierfabel* [< frz. *malpertuis* »schlimmer Durchlass«]
Ma|ler|e|mail ⟨a. [-maːj] n.; -s, -s⟩ *Email mit bes. niedrigem Schmelzpunkt, das, auf eine Kupferplatte aufgetragen, den Untergrund für künstler. Darstellungen bildet*
Ma|le|sche ⟨f.; -, -n⟩ *Ärgernis, Unannehmlichkeit* [< frz. *malaise* »Unbehagen«]
Mal|heur ⟨[malø̱ːr] n.; -s, -s od. -e⟩ *kleines Unglück, geringfügiger Unfall, Missgeschick, peinl. Vorkommnis* [frz., »Unglück«]
mal|ho|nett ⟨Adj.; †⟩ *unfein, unredlich* [< frz. *malhonnête* »unehrlich, unredlich«]
Ma|li|ce ⟨[-sə] f.; -, -n⟩ *Bosheit, boshafte Bemerkung* [frz., »Bosheit«]
ma|li|gne, ⟨auch⟩ **ma|lig|ne** ⟨Adj.⟩ *bösartig;* Ggs *benigne;* → a. *Malignität* [< lat. *malignus* »bösartig«]
Ma|li|gni|tät, ⟨auch⟩ **Ma|lig|ni|tät** ⟨f.; -; unz.⟩ *Bösartigkeit (einer Geschwulst);* Ggs *Benignität* [< lat. *malignitas* »Bösartigkeit«; zu *malignus* »bösartig«]
Ma|li|gnom, ⟨auch⟩ **Ma|lig|nom** ⟨n.; -s, -e⟩ *bösartige Geschwulst* [zu lat. *malignus* »bösartig«]
ma|li|zi|ös ⟨Adj.⟩ *boshaft, hämisch, arglistig, schadenfroh* [< frz. *malicieux* »boshaft, böswillig«]
mal|kon|tent ⟨Adj.; †⟩ *(mit den Zuständen) unzufrieden* [< lat. *malus* »schlecht« + *contentus* »zufrieden«]
mall ⟨Adj.⟩ **1** ⟨Mar.⟩ *gedreht (vom Wind)* **2** ⟨nddt.⟩ *von Sinnen, verrückt, töricht*
Mall ⟨n.; -(e)s, -e⟩ *Modell, Holzschablone für Schiffsteile* [ndl.]
mal|len ⟨V.⟩ **1** *nach dem Mall bearbeiten, ausmessen* **2** der Wind mallt *springt um, dreht sich*
mal|le|o|lar ⟨Adj.⟩ *zum Knöchel gehörig* [lat. *malleus* »Hammer«]
Malm ⟨m.; -(e)s; unz.; Geol.⟩ *jüngste Abteilung des Juras, weißer Jura* [engl., »weicher, kalkhaltiger Lehm«]
Mal|oc|chio, ⟨auch⟩ **Ma|loc|chio** ⟨[-ɔkjo] m.; -s, -s od. -oc|chi [-ki]⟩ *böser Blick* [< ital. *mal'occhio* »böses Auge, böser Blick«]

Ma|lo|che ⟨[-lɔ̱:xə] od. [-lọxə] f.; -, -n; umg.⟩ *(harte) Arbeit;* jeden Tag die gleiche ~ [< rotw. *Meloche* < jidd. *melocho* »Arbeit«]

ma|lo|chen ⟨[-lɔ̱:xən] od. [-lọxən] V.; umg.⟩ *schwer arbeiten, schuften*

Ma|lo|cher ⟨[-lɔ̱:xər] od. [-lọxər] m.; -s, -; umg.⟩ *jmd., der schwer arbeiten, schuften kann od. muss*

Ma|lo̱n|säu|re ⟨f.; -, -n⟩ *eine der einfachsten Dicarbonsäuren, bildet sich bei der Oxidation von Apfelsäure* [< grch. *malon, melon* »Apfel«]

Ma|los|so̱l ⟨m.; -s; unz.⟩ *mild gesalzener, fast flüssiger (Winter-)Kaviar* [zu russ. *malo solenyj* »wenig gesalzen«]

Mal|ta̱|se ⟨f.; -, -n⟩ *im Verdauungskanal des Menschen, der Tiere u. in der Hefe vorkommendes Enzym, spaltet Maltose unter Aufnahme von Wasser in zwei Moleküle Glucose* [< engl., frz. *malt* »Malz«]

Mal|te̱|ser ⟨m.; -s, -⟩ **1** *Einwohner der Insel Malta* **2** *Malteserritter* **3** ⟨Pl.; Abk. für⟩ *karitative Hilfsorganisation des Malteserordens* **4** *weißer Schoßhund mit seidigem Haar, spitzer Schnauze u. schwarzer Nase*

Mal|te̱|ser|kreuz ⟨n.; -es, -e⟩ **1** *Kreuz, dessen Balken in je zwei Spitzen auslaufen, Abzeichen der Malteserritter bzw. Johanniter* **2** *dem Kreuz der Malteser ähnliche Konstruktion in Filmapparaten, die eine Drehbewegung in eine ruckartige Bewegung transformiert*

Mal|thu|si|a|nịs|mus ⟨m.; -; unz.⟩ *Lehre des engl. Sozialforschers Th. R. Malthus (1766-1834), der meinte, die Welt werde an Hunger zugrunde gehen, weil die Erdbevölkerung schneller zunehme als der Bodenertrag, u. der daher drastische Mittel empfahl, das Bevölkerungswachstum zu hemmen (Krieg, Empfängnisverhütung usw.)*

Mal|to̱|se ⟨f.; -; unz.⟩ *zur Gruppe der Disaccharide zählende Zuckerart, die Baustein von (zuckerunähnlichen) Polysacchariden ist, Malzzucker* [< engl., frz. *malt* »Malz«]

mal|trä|ti̱e|ren, ⟨auch⟩ **malt|rä|ti̱e|ren** ⟨V.⟩ *schlecht behandeln, quälen;* jmdn. (mit Worten) ~ [< frz. *maltraiter* »misshandeln«]

Malt|whis|ky ⟨[mɔ̱:lt-] m.; -s, -s⟩ *aus Malz hergestellter Whisky* [< engl. *malt* »Malz« + *Whisky*]

Ma̱|lus ⟨m.; - od. -ses, -se⟩ Ggs *Bonus* **1** ⟨bei Versicherungen⟩ *nachträgl. Prämienzuschlag* **2** *verschlechternder Abschlag auf Zensuren* [zu lat. *malus* »schlecht«]

Mal|va|si̱er ⟨[-va-] m.; -s; unz.⟩ *von einer aus der Gegend von Monemvasia stammenden Rebe gewonnener Süßwein des Mittelmeeres* [nach *Malvasia,* dem ital. Namen der grch. Hafenstadt *Monemvasia*]

Mạl|ve ⟨[-və] f.; -, -n⟩ *Gattung der Malvengewächse (Malvaceae) mit kreisrunden, flachen Früchten: Malva, Käsepappel* [< lat. *malva*]

Mạm|ba ⟨f.; -, -s⟩ *bis zu 2 Meter lange, afrik. Giftschlange* [Bantuspr.]

Mạm|bo ⟨m.; -s, -s⟩ *Gesellschaftstanz aus Kuba mit Jazzelementen* [span.-kuban.]

Ma|me|lụck ⟨m.; -en, -en; meist Pl.⟩ **1** ~en *türk. Sklaven am pers. u. bes. ägypt. Hof, wo sie starken Einfluss gewannen* **2** *Herrschergeschlecht Ägyptens von 1250 bis 1517* [< ital. *mammalucco* < arab. *mamluk* »Sklave«]

Ma|mey|ap|fel ⟨[mæmi-] m.; -s, -äp|fel⟩ *südamerikanische Frucht mit rauer Schale u. süßsäuerlichem Fruchtfleisch mit aprikosenähnlichem Geschmack: Mammea americana;* oV *Mammiapfel* [< engl. *mammee apple*]

Ma|mịl|la ⟨f.; -, -mil|len⟩ *Brustwarze* [lat., Verkleinerungsform zu *mamma;* → *Mamma*]

Mạm|ma ⟨f.; -, -mae [-mɛ:]⟩ *Brustdrüse* [lat., »weibl. Brust«]

Mạm|ma|kar|zi|nom ⟨n.; -s, -e; Med.⟩ *Brustkrebs*

Mam|ma̱|lia ⟨Pl.⟩ *Säugetiere* [< lat. *mamma* »weibl. Brust«]

Mạm|mi|ap|fel ⟨m.; -s, -äp|fel⟩ = *Mameyapfel*

Mam|mo|gra|fi̱e ⟨f.; -, -n⟩ = *Mammographie*

Mam|mo|gra|phi̱e ⟨f.; -, -n⟩ *Röntgenuntersuchung der weibl. Brust zur Früherkennung von Brustkrebs;* oV *Mammografie* [< lat. *mamma* »weibl. Brust« + *...graphie*]

Mam|mo|lo|gi̱e ⟨f.; -; unz.⟩ *Lehre von den Säugetieren* [< lat. *mamma* »weibl. Brust« + *...logie*]

Mạm|mon ⟨m.; -s; unz.; abwertend⟩ *Reichtum, Geld* [< grch. *mammonas* < aram. *ma'mon* »Hinterlegtes«]

Mam|mo|nịs|mus ⟨m.; -; unz.⟩ **1** *Geldgier* **2** *Geldherrschaft*

Mạm|mo|plas|tik ⟨f.; -, -en; Med.⟩ *operative Wiederherstellung der weibl. Brust (nach einer Mastektomie)* [< lat. *mamma* »weibl. Brust« + *Plastik*]

Mạm|mut ⟨m. od. n.; -s, -s od. -e⟩ **1** *fossile eiszeitl. Elefantenart: Mammuthus primigenius* **2** ⟨in Zus.; fig.⟩ *riesig, sehr groß, Riesen...,* z.B. ~film [< frz. *mammouth* < jakut. *mamont;* zu *mamina* »Land« (das M. wurde durch Grabungen des Russen Ludloff im nordöstl. Sibirien 1696 bekannt; die Jakuten glaubten, es wühle in der Erde wie ein Maulwurf)]

Mạm|mut|baum ⟨m.; -(e)s, -bäu|me⟩ = *Sequoie*

Mam|sẹll ⟨f.; -, -en od. -s⟩ **1** *Wirtschafterin auf Landgütern od. in Hotels* **2** ⟨†; noch scherzh.⟩ *Fräulein* **3** ⟨†⟩ kalte ~ *weibl. Person, die im Hotel od. Restaurant kalte Speisen anrichtet* [verkürzt < *Mademoiselle*]

Mä|na̱|de ⟨f.; -, -n⟩ **1** *verzückte, bis zur Raserei begeisterte Dienerin u. Begleiterin des griech. Weingottes Dionysos* **2** ⟨fig.⟩ *rasendes Weib* [< grch. *mainas,* Gen. *mainados* »die Rasende, die Verzückte«]

Ma|nage|ment ⟨[mænidʒmənt] n.; -s, -s⟩ **1** *Gesamtheit der Führungskräfte eines Unternehmens* **2** *die Führungsmethode eines Unternehmens od. Betriebes* [engl., »Leitung, Führung«]

Ma|nage|ment-Buy-out ⟨[mænidʒməntbaiaut] m. od. n.; -s, -s; Wirtsch.⟩ *Aufkauf einer Firma bzw.von Firmenanteilen durch das eigene Management;* Sy *Buy-out* [<engl. *management buy-out;* zu *buy out* »aufkaufen«]

ma|na|gen ⟨[mænidʒən] V.; umg.⟩ **1** *handhaben, zustande bringen, geschickt bewerkstelligen* **2** einen Berufssportler, Künstler ~ *betreuen* [<engl. *manage* »verwalten, bewirtschaften, leiten«]

Ma|na|ger ⟨[mænidʒə(r)] m.; -s, -⟩ **1** ~ eines Unternehmens *Leiter* **2** ~ eines Berufssportlers od. Künstlers *Betreuer* **3** *jmd., der eine Sache vorbereitet u. durchführt* [engl., »Verwalter, Betriebsleiter«]

Ma|na|ger|krank|heit ⟨[mænidʒə(r)-] f.; -; unz.⟩ *Krankheit auf nervöser Grundlage, deren Kennzeichen vor allem Kreislaufstörungen sind, die oft zu plötzlichem Herztod führen, daneben immer mit Erschöpfung u. Leistungsabfall verbunden*

Ma|na|ti ⟨m.; -s, -s⟩ = *Lamantin* [<span. *manate* <karaib.]

man|can|do ⟨Mus.⟩ *mit abnehmender, hinschwindender Lautstärke (zu spielen)* [<ital. *mancare* »mangeln, fehlen«]

Man|ches|ter ⟨[mæntʃistə(r)] m.; -s; unz.⟩ *kräftiger Kord* [nach der engl. Stadt *Manchester*]

Man|ches|ter|li|be|ra|lis|mus ⟨[mæntʃis-] m.; -; unz.⟩ *Form der Wirtschaftspolitik in der ersten Hälfte des 19. Jh., die alle Eingriffe des Staates in das Wirtschaftsleben ablehnte u. den unbeschränkten Freihandel propagierte* [nach der engl. Stadt *Manchester,* die im 19. Jh. ein Zentrum der industriellen Tuchfabrikation war]

Man|ches|ter|tum ⟨[mæntʃis-] n.; -s; unz.⟩ *extrem liberale Richtung, die völlige Freiheit der Wirtschaft ohne staatliche Eingriffe anstrebt* [nach der engl. Stadt *Manchester*]

Man|dä|er ⟨Pl.⟩ *Mitglieder einer gnostischen Täufersekte, die die Erlösung der Seele in ihrer Befreiung aus dem Leib u. der Rückkehr in das Lichtreich sieht (heute noch im südl. Irak u. im Iran verbreitet)* [<aram. *Mandaia* <*manda* »Gnosis«]

man|dä|isch ⟨Adj.⟩ *zur Lehre u. Sprache der Mandäer gehörend*

Man|da|la ⟨n.; -s, -s⟩ **1** *grafische Figur (Kreis od. Vieleck) mit ausgeprägtem Mittelpunkt, die in indischen Religionen als Meditationshilfe verwendet wird* **2** ⟨Psych.⟩ *Abbildung als Symbol der Selbstfindung* [Sanskrit, »Kreis«]

Man|dant ⟨m.; -en, -en⟩ *jmd., der ein Mandat erteilt, Auftraggeber eines Rechtsanwalts* [<lat. *mandans,* Part. Präs. zu *mandare* »übergeben, anvertrauen«]

Man|da|rin ⟨m.; -s, -e; früher Bez. der Europäer für⟩ *hoher chines. Beamter* [<port. *mandarin* <Hindi *mantri,* Sankr. *mantrin* »Ratgeber, Minister« (von Portugiesen in Indien auf chines. Verhältnisse übertragen, in China unbekannt)]

Man|da|ri|ne ⟨f.; -, -n⟩ **1** *zu den Zitrusgewächsen gehörender Strauch od. kleiner Baum mit kugelförmigen, an den Polen abgeflachten Früchten: Citrus nobilis* **2** *Frucht dieses Gewächses* [<frz. *mandarine* <span. *(naranja) mandarina;* vermutl. zu *Mandarin* (weil die M. als eine bes. auserlesene Orangenart gilt u. weil ihre gelbe Farbe der Farbe der Staatstracht des chines. Mandarins gleicht)]

Man|da|rin|en|te ⟨f.; -, -n⟩ *kleine ostasiat. Entenart, deren Männchen bes. prächtiges Gefieder hat: Aix galericulata*

Man|dat ⟨n.; -(e)s, -e⟩ **1** *Auftrag zur Ausführung einer Angelegenheit;* ~ für einen Rechtsanwalt; ~ der Wähler für einen Abgeordneten **2** *auf Wahl beruhendes Amt;* ~ eines Abgeordneten **3** = *Mandatsgebiet* [<lat. *mandatum* »Auftrag, Weisung«; zu *mandare* »übergeben, anvertrauen«]

Man|da|tar ⟨m.; -s, -e⟩ *jmd., der im Auftrag eines anderen handelt, der ein Mandat erhalten hat*

Man|da|tar|staat ⟨m.; -(e)s, -en⟩ *Staat, dem die Verwaltung eines Mandats übertragen worden ist*

man|da|tie|ren ⟨V.⟩ *beauftragen, bevollmächtigen*

Man|dats|ge|biet ⟨n.; -(e)s, -e; Pol.⟩ *Territorium, das treuhänderisch durch einen fremden Staat verwaltet wird;* Sy *Mandat(3)*

Man|di|bel ⟨f.; -, -n⟩ **1** *Knochen des Unterkiefers der Wirbeltiere: Maxilla inferior* **2** ~n ⟨Pl.⟩ *das erste Paar der Mundgliedmaßen bei Krebsen u. Insekten* [<lat. *mandibula;* zu lat. *mandare* »kauen«]

Man|di|bu|la ⟨f.; -, -lae [-lɛ:]⟩ *Unterkiefer des Menschen* [→ *Mandibel*]

Man|di|o|ka ⟨f.; -; unz.⟩ *Mehl aus der Wurzel des Manioks* [<span., port. *mandioca* »Maniok«, <Tupi *maniaca, manioca, mandioca* »Maniok«]

Man|do|la ⟨f.; -, -len; Mus.⟩ *Zupfinstrument, größer u. eine Oktave tiefer als die Mandoline;* oV *Mandora* [ital., <*mandolino* »Mandoline«]

Man|do|li|ne ⟨f.; -, -n; Mus.⟩ *viersaitiges Zupfinstrument mit kleinem mandelförmigem Körper* [<frz. *mandoline* <ital. *mandolino*]

Man|do|ra ⟨f.; -, -ren; Mus.⟩ = *Mandola*

Man|dor|la ⟨f.; -, -dor|len; Mal.⟩ *mandelförmiger Heiligenschein um die ganze Gestalt (Christi od. Mariens)* [ital., »Mandel«]

Man|dra|go|ra, ⟨auch⟩ **Mand|ra|go|ra** ⟨f.; -, -go|ren⟩ *staudiges Nachtschattengewächs, dessen Wurzel als Alraun bezeichnet wird: Mandragora officinalis* [<lat. *mandragoras* <grch. *mandragoras,* vielleicht <pers. *mardum-giâ* »Menschenpflanze«]

Man|drill, ⟨auch⟩ **Mand|rill** ⟨m.; -s, -e⟩ *bunt gefärbte Art der Paviane mit ungewöhnlich großem Kopf u. langer Schnauze: Mandrillus splinx* [Herkunft umstritten]

Ma|ne|ge ⟨[-ʒə] f.; -, -n⟩ **1** *Reitbahn in einer Halle* **2** *Platz für die Darbietungen im Zirkus;* Sy *Arena(3)* [<frz. *manège* »Reitbahn«

<ital. *maneggio* <lat. *manus* »Hand« + *agere* »in Bewegung setzen, treiben«]

Ma|nen ⟨nur Pl.; röm. Myth.⟩ *gute Geister, Seelen der Verstorbenen* [<lat. *manes*]

Man|ga|be ⟨f.; -, -n⟩ *Pavianart im trop. Afrika mit langen Schwänzen u. auffallenden, weißen Lidern: Cercocebus* [nach *Mangaby* auf Madagaskar]

Man|gan ⟨n.; -s; unz.; chem. Zeichen: Mn⟩ *silbergraues, sprödes Metall, Ordnungszahl 25* [<lat. *manganesa,* nach der grch. Stadt *Magnesia* in Thessalien]

Man|ga|nat ⟨n.; -(e)s, -e⟩ *Salz der frei nicht vorkommenden Sauerstoffsäuren des Mangans, von Bedeutung vor allem das Kaliumpermanganat,* $KMnO_4$

Man|gan|bron|ze ⟨[-brɔ̃sə] f.; -; unz.⟩ *Mangan enthaltende Kupferlegierung*

Man|ga|nin ⟨n.; -(e)s; unz.⟩ *Kupfer-Mangan-Nickel-Eisen-Legierung für elektr. Widerstände u. Heizgeräte*

Man|ga|nit ⟨m.; -s, -e⟩ *braunschwarzes Mineral, chem. Manganhydroxid,* $Mn_2O_3 \cdot H_2O$

Man|ga|no|me|trie, ⟨auch⟩ **Man|ga|no|met|rie** ⟨f.; -; unz.⟩ *Verfahren der Maßanalyse, bei der Lösungen von Kaliumpermanganat verwendet werden;* Sy *Permanganometrie* [< *Mangan* + *...metrie*]

Man|gle|baum, ⟨auch⟩ **Mang|le|baum** ⟨m.; -(e)s, -bäu|me⟩ *zur Familie der Manglebaumgewächse (Rhizophoraceae) gehörendes Mangrovengewächs: Rhizophora mangle* [<span. *mangle* »Wurzelbaum«]

Man|go ⟨f.; -, -s od. -go|nen⟩ *wohlschmeckende gelbliche Frucht des Mangobaumes von länglicher bis kugeliger Form* [<port. *manga* <Tamil *man-kay*]

Man|go|baum ⟨m.; -(e)s, -bäu|me⟩ *aus Indien stammendes Sumachgewächs mit lanzettförmigen Blättern: Mangifera indica*

Man|gos|ta|ne ⟨f.; -, -n⟩ *aus Malaysia stammende Beerenfrucht mit purpur bis dunkelviolett gefärbter Schale u. weißem Fruchtfleisch: Garcinia mangostana* [<engl. *mangosteen,* frz. *mangoustan*]

Man|gro|ve, ⟨auch⟩ **Mang|ro|ve** ⟨[-və] f.; -, -n⟩ *sauerstoffarmem Boden angepasster Typ von Pflanzen mit Luftwurzeln;* Sy *Rhizophore* [vermutl. <port. *mangue,* span. *mangle* »Wurzelbaum« + engl. *grove* »Gehölz«]

Man|gus|te ⟨f.; -, -n⟩ = *Mungo*[1] [aus einer drawid. Sprache]

Ma|ni|chä|er ⟨[-çeː-] m.; -s, -⟩ **1** *Anhänger des Manichäismus* **2** ⟨Studentenspr.; †⟩ *drängender Gläubiger*

Ma|ni|chä|is|mus ⟨[-çeː-] m.; -; unz.⟩ *eine Weltreligion* [nach dem pers. Religionsstifter *Mani,* 216–277]

Ma|nie ⟨f.; -, -n⟩ **1** *leidenschaftl. Liebhaberei* **2** *Trieb, Sucht* **3** *krankhafte Veränderung des Gemüts mit Erregung, gehobenem Selbstgefühl, Selbstüberschätzung, Ideenflucht, Beschäftigungsdrang* [frz., engl., <lat. *mania* <grch. *mania*]

Ma|nier ⟨f.; -, -en⟩ **1** ⟨unz.⟩ *Art, Eigenart, Art u. Weise;* ~ eines Künstlers, einer Kunstrichtung; das ist seine ~; in der ~ Cézannes gemalt **2** ⟨unz.; abwertend⟩ *Künstelei, rein äußerl. Nachahmung bestimmter Formelemente* **3** ⟨zählb.; Pl.⟩ ~en *Umgangsformen, Benehmen, Sitte, Gewohnheit;* er hat keine ~en; gute, schlechte ~en [<frz. *manière* »Art und Weise« <lat. *manuarius* »zu den Händen gehörig«]

ma|nie|riert ⟨Adj.⟩ *übertrieben, gesucht, gekünstelt, unnatürlich*

Ma|nie|riert|heit ⟨f.; -, -en; abwertend⟩ *Übertriebenheit, Unnatürlichkeit, Künstelei*

Ma|nie|ris|mus ⟨m.; -; unz.⟩ **1** *gewollt übertreibender, gekünstelter Stil* **2** *von der italien. Malerei ausgehende Stilrichtung zwischen Renaissance u. Barock, die sich extrem stilisierender Ausdrucksmittel bedient*

Ma|nie|rist ⟨m.; -en, -en⟩ *Vertreter des Manierismus, bes. der italien. Stilrichtung*

ma|nie|ris|tisch ⟨Adj.⟩ *in der Art des Manierismus;* ~er Stil

ma|nier|lich ⟨Adj.⟩ *mit guten Manieren, wohlerzogen, hübsch anzusehen;* das Kind hat sich ~ betragen; das sieht ja ganz ~ aus

ma|ni|fest ⟨Adj.⟩ *deutlich, klar, handgreiflich* [<lat. *manifestus* »handgreiflich, offenbar«]

Ma|ni|fest ⟨n.; -es, -e⟩ **1** *öffentl. Erklärung, Rechtfertigung* **2** *Grundsatzerklärung* **3** *programmatischer Aufruf* **4** *Verzeichnis der Ladung eines Schiffes*

Ma|ni|fes|tant ⟨m.; -en, -en⟩ **1** *Teilnehmer an einer Kundgebung* **2** ⟨†⟩ *jmd., der einen Offenbarungseid leistet*

Ma|ni|fes|ta|ti|on ⟨f.; -, -en⟩ **1** *Äußerung, das Offenbarwerden* **2** *(öffentl.) Erklärung*

ma|ni|fes|tie|ren ⟨V.⟩ **1** *zeigen, kundtun, erklären, offenbaren* **2** ⟨†⟩ *Offenbarungseid leisten* **3** ⟨refl.⟩ sich ~ *sichtbar, offenbar werden*

Ma|ni|hot ⟨m.; -s, -s⟩ = *Maniok*

Ma|ni|kü|re ⟨f.; -, -n⟩ **1** ⟨unz.⟩ *Handpflege, bes. der Fingernägel* **2** *Angestellte, deren Beruf die Handpflege ist* **3** *Kästchen, Necessaire für die Geräte zur Maniküre* [<frz. *manucure*]

ma|ni|kü|ren ⟨V.⟩ jmdn. od. sich ~ *jmdm. od. sich die Hände, Fingernägel pflegen*

Ma|ni|la ⟨m.; - od. -s, -s; kurz für⟩ *Manilatabak* [nach *Manila,* dem Hauptausfuhrhafen der Philippinen]

Ma|ni|la|hanf ⟨m.; -(e)s; unz.⟩ *Hartfaser der Faserbanane, die zu Tauen, Netzen u. Matten verarbeitet wird;* Sy *Abaka*

Ma|ni|la|ta|bak ⟨m.; -s; unz.⟩ *Tabak von den Philippinen*

Ma|nil|le ⟨[-niljə] f.; -, -n⟩ **1** *hufeisenförmiger Armreif* **2** *Trumpfkarte im Lomber* [<span. *manilla* »Armband«]

Ma|ni|ok ⟨m.; -s, -s⟩ *Gattung südamerikan. Wolfsmilchgewächse, deren Wurzeln durch Kochen, Rösten od. Trocknen genießbar gemacht werden: Manihot utilissima u. M. dulcia;* oV *Manihot* [<span. *mandioca;* → *Mandioka*]

Ma|ni̱|pel **1** ⟨m.; -s -; röm. Armee⟩ *Unterabteilung, dritter Teil der Kohorte* **2** ⟨f.; -, -n od. m.; -s, -; kath. Kirche⟩ *zum Messgewand gehörendes, breites, über dem linken Unterarm getragenes, gesticktes Band* [<ital. *manipolo* »Armbinde«]

Ma|ni|pu|lạnt ⟨m.; -en, -en⟩ **1** *jmd., der manipuliert* **2** ⟨österr.⟩ *Hilfsarbeiter*

Ma|ni|pu|la|ti|o̱n ⟨f.; -, -en⟩ **1** *Handhabung* **2** *Handgriff, Kunstgriff* **3** *unmerkliche, aber gezielte Beeinflussung* **4** *Zurichtung, Sortieren u. Färben von Fellen* [<nlat. *manipulatio* »Handgriff, Verfahren, Kniff«]

ma|ni|pu|la|ti̱v ⟨Adj.⟩ *in der Art einer Manipulation*

Ma|ni|pu|la̱|tor ⟨m.; -s, -to̱|ren⟩ *Apparat, der Bewegungen der menschl. Hand auf schwer od. nicht zugängliche Gegenstände überträgt, z.B. beim Hantieren mit radioaktiven Substanzen*

ma|ni|pu|la|to̱|risch ⟨Adj.⟩ *mit Hilfe einer Manipulation(3), eine Manipulation(3) bezweckend*

ma|ni|pu|li̱e̱r|bar ⟨Adj.⟩ *für Manipulationen empfänglich, beeinflussbar;* jmd. ist leicht ~

ma|ni|pu|li̱e̱|ren ⟨V.⟩ **1** *(geschickte) Handgriffe tun* **2** *Kunstgriffe anwenden* **3** *handhaben, verfahren* **4** jmdn. ~ *jmds. Verhalten steuern, jmdn. beeinflussen* **5** *Felle zurichten, färben u. sortieren*

Ma|ni|pu|li̱e̱|rung ⟨f.; -, -en⟩ *das Manipulieren, Manipuliertwerden*

ma̱|nisch ⟨Adj.⟩ *zur Manie gehörig, an Manie erkrankt*

ma̱|nisch-de|pres|si̱v ⟨Adj.⟩ *manisch u. depressiv im Wechsel;* ~e Krankheit *durch einen period. Wechsel gehobener Stimmung, gesteigerter Erregung u. gedrückter Stimmung gekennzeichnete Gemütskrankheit*

Ma|nịs|mus ⟨m.; -; unz.⟩ *Totenkult, Ahnenverehrung* [→ *Manen*]

Ma̱|ni|tu ⟨m.; -s; unz.⟩ *bei den Algonkinindianern Name einer allen Dingen u. Naturerscheinungen innewohnenden Macht* [Algonkin]

Mạn|ko ⟨n.; -s, -s⟩ **1** *Mangel, Fehler* **2** *Fehlmenge* **3** *Fehlbetrag* [<ital. *manco* »Fehler, Mangel«]

Mạn|na ⟨n.; - od. -s od. f.; -; beides unz.⟩ **1** ⟨AT⟩ *himmlisches Brot der Juden in der Wüste, Himmelsbrot* **2** *zu einer weißlichen, süßen Masse erstarrter Saft der Mannaesche, dient u.a. zur Versüßung von Heilmitteln* **3** *ähnl. Masse von anderen Gewächsen* [lat. <aram. *manna* <hebr. *man* »Geschenk«]

Mạn|na|e|sche ⟨f.; -, -n⟩ *zur Gattung der Eschen gehörender, mittelgroßer Strauch, aus dessen Saft Manna gewonnen wird, Blumenesche: Francinus ornus*

Mạn|na|flech|te ⟨f.; -, -n⟩ *essbare Flechte der vorder- u. zentralasiat. u. nordafrikan. Steppengebiete: Lecanora esculenta*

Mạn|ne|quin ⟨a. [-kɛ̃ː] n. od. m.; -s, -s⟩ **1** ⟨heute⟩ *Dame, die Modellkleidung vorführt, Vorführdame, Modell(8)* **2** ⟨früher⟩ *Gliederpuppe als Modell für Maler u. Bildhauer* **3** *Schaufensterpuppe* [frz. <ndrl. *maneken* »Männchen«]

Man|ni̱t ⟨m.; -s, -e⟩ *süß schmeckender, sechswertiger, kristalliner Alkohol in Manna(2,3), Algen, Oliven u. Sellerie* [→ *Manna*]

ma̱|no dẹs|tra, ⟨auch⟩ **ma̱|no dẹst|ra** ⟨Abk.: m. d.; Mus.⟩ *mit der rechten Hand (zu spielen)* [ital.]

Ma|no|me̱|ter ⟨n.; -s, -⟩ *Vorrichtung zum Messen des Druckes von Gasen od. Flüssigkeiten* [<grch. *manos* »dünn« + *...meter*]

Ma|no|me|tri̱e̱, ⟨auch⟩ **Ma|no|met|ri̱e̱** ⟨f.; -; unz.⟩ *Bereich der Messtechnik, der sich mit der Entwicklung u. Anwendung von Druckmessgeräten befasst* [<grch. *manos* «dünn« + *...metrie*]

ma|no|me̱|trisch, ⟨auch⟩ **ma|no|me̱t|risch** ⟨Adj.⟩ *mit Hilfe des Manometers gemessen*

ma non tạn|to ⟨Mus.⟩ *aber nicht so sehr,* z.B. allegro ~ [ital.]

ma non trọp|po ⟨Mus.⟩ *aber nicht zu sehr,* z.B. allegro ~ [ital.]

ma̱|no si|nịs|tra, ⟨auch⟩ **ma̱|no si|nịst|ra** ⟨Abk.: m.s.; Mus.⟩ *mit der linken Hand (zu spielen)* [ital.]

Ma|nö̱|ver ⟨[-vər] n.; -s, -; Mil.⟩ **1** *größere Truppenübung* **2** ⟨Mar.⟩ *mit einem Schiff ausgeführte Bewegung* **3** ⟨fig.⟩ *gezieltes Vorgehen, Handlung, die einen anderen über jmds. wahre Absicht täuschen soll* [<frz. *manœuvre* »Handhabung, Verrichtung« <lat. *manus* »Hand« + *opera* »Werk«]

Ma|nö̱|ver|kri|tik ⟨[-vər-] f.; -; unz.; fig.⟩ *kritische Erörterung, Besprechung der (weiteren) Vorgehensweise*

ma|nö|vri̱e̱|ren, ⟨auch⟩ **ma|növ|ri̱e̱|ren** ⟨V.; Mil.⟩ **1** *größere Truppenübungen durchführen* **2** ⟨Mar.⟩ *Bewegungen mit dem Schiff ausführen* **3** *geschickt vorgehen*

Man|pow|er, ⟨auch⟩ **Man|po|wer** ⟨[mænpauə(r)] f.; -; unz.⟩ *menschliche Arbeitskraft (als wirtschaftlicher Faktor)* [<engl. *man* »Mensch« + *power* »Kraft, Stärke«]

manque ⟨[mãːk] Roulett⟩ *die Zahlen 1 bis 18 betreffend;* Ggs *passe* [frz., »fehlt«]

Man|sạr|de ⟨f.; -, -n⟩ *Zimmer in einem ausgebauten Dachgeschoss* [nach dem frz. Architekten F. *Mansart*]

Man|schẹt|te ⟨f.; -, -n⟩ **1** *um das Handgelenk liegender Abschluss eines Ärmels von einem Hemd od. einer Hemdbluse* **2** ⟨Gaunerspr.⟩ *Handfessel;* ~n vor jmdm. od. etwas haben *Respekt, Furcht* **3** *zierende Umhüllung aus Papier für Blumentöpfe od. -sträuße* **4** *meist runde Dichtung aus elastischem Material an beweglichen Maschinenteilen* **5** ⟨Sp.⟩ *verbotener Griff am Hals beim Ringen* [<frz. *manchette,* Verkleinerungsform zu *manche* »Ärmel« <lat. *manica* »Handbekleidung«]

...mạnt ⟨in Zus.⟩ *Seher, Wahrsager, Beschwörer* [<grch. *mantis* »Seher, Wahrsager«]

...man|tie ⟨in Zus.⟩ *Sehergabe, Weissage* [<grch. *manteia;* zu *mantis;* → *mant*]

Man|tik ⟨f.; -; unz.⟩ *Kunst der Wahr- u. Weissagung, meist als Zeichendeutung u. Verkündung der Zukunft* [<grch. *mantike (techne)* »Wahrsagekunst«; zu *mantis;* → *...mant*]

Man|til|le ⟨a. [-tiljə] f.; -, -n⟩ *Kopf- u. Schultern bedeckender Schleier aus Spitzen* [<frz. *mantille,* span. *mantilla* »kleiner Schleiermantel«]

man|tisch ⟨Adj.⟩ *zur Mantik gehörend, auf ihr beruhend, sie betreffend*

Man|tis|se ⟨f.; -, -n; bei Logarithmen⟩ *die hinter dem Komma stehende Zahl* [<lat. *mantissa* »Zugabe«]

Man|tra, ⟨auch⟩ **Mant|ra** ⟨n.; -s, -s⟩ **1** *geheimnisvolles, magisches Wort, das gedacht od. gesungen wird (als Meditationshilfe)* **2** ⟨ind. Bez. für⟩ *heilige Texte, bes. Hymnen des Veda* [<Sanskrit]

Ma|nu|al ⟨n.; -s, -e; an Orgel u. Cembalo⟩ *Reihe der Tasten, die mit den Händen bedient wird;* Ggs *Pedal (2.1)* [<lat. *manus* »Hand«]

ma|nu|a|li|ter ⟨Mus.⟩ *auf dem Manual der Orgel (zu spielen)* [zu lat. *manualis* »mit der Hand«]

ma|nu|ell ⟨Adj.⟩ *mit der Hand (betrieben, hergestellt)*

Ma|nu|fakt ⟨n.; -(e)s, -e⟩ *Erzeugnis der Handarbeit* [<lat. *manu factum* »mit der Hand Hergestelltes«]

Ma|nu|fak|tur ⟨f.; -, -en⟩ **1** *Anfertigung mit der Hand* **2** *mit der Hand hergestellter Gegenstand* **3** *vorindustrieller Betrieb, in dem die Ware mit der Hand gefertigt wurde* [<lat. *manu factus* »mit der Hand hergestellt«, < *manu* »Hand« + *facere* »machen«]

ma|nu|fak|tu|rie|ren ⟨V.⟩ *mit der Hand anfertigen*

Ma|nu|fak|tu|rist ⟨m.; -en, -en⟩ **1** *Hersteller von Manufakturwaren* **2** *Händler in Manufakturwaren*

Ma|nu|fak|tur|wa|re ⟨f.; -, -n⟩ **1** *mit der Hand hergestellte Ware* **2** *Meterware in Textilien*

Ma|nul|druck ⟨m.; -(e)s; unz.⟩ *ein fotochemigraf. Flachdruckverfahren* [nach M. *Ullmann,* Name des Erfinders, 1913]

ma|nu pro|pria, ⟨auch⟩ **ma|nu prop|ria** ⟨Abk.: m.p.⟩ *eigenhändig* [lat.]

Ma|nu|skript, ⟨auch⟩ **Ma|nus|kript, Ma|nusk-ript** ⟨n.; -(e)s, -e; Abk. für Sg.: Ms. od. Mskr., für Pl.: Mss.⟩ **1** ⟨urspr.⟩ *Handschrift* **2** *hand- od. maschinengeschriebene Druckvorlage;* als ~ gedruckt *nicht für die breite Öffentlichkeit, sondern nur für einen begrenzten Leserkreis bestimmt* [<lat. *manu scriptus* »mit der Hand geschrieben« <lat. *manus* »Hand« + *scribere* »schreiben«]

Ma|nus ma|num la|vat ⟨[-vat]⟩ *eine Hand wäscht die andere (= man erweist sich gegenseitig Gefälligkeiten)* [lat.]

Man|za|nil|la ⟨[-nilja:] m.; -s; unz.⟩ *nach Kamillen duftender Dessertwein* [span., »Kamille«]

Ma|o|is|mus ⟨m.; -; unz.⟩ *die von Mao Zedong begründete chines. Form des Marxismus*

Ma|o|ist ⟨m.; -en, -en⟩ *jmd., der der Ideologie des Maoismus anhängt od. sie propagiert*

ma|o|is|tisch ⟨Adj.⟩ *zum Maoismus gehörend, auf ihm beruhend*

Ma|o|look ⟨[-luk] m.; -s; unz.⟩ *(Mao Zedong nachgeahmte) Kleidung, die aus einer dunkelblauen, hochgeschlossenen Jacke u. einer Schirmmütze besteht* [→ *Look*]

Ma|o|ri ⟨m.; - od. -s, - od. -⟩ **1** *Eingeborener Neuseelands* **2** ⟨unz.⟩ *dessen Sprache*

MAP ⟨Abk. für engl.⟩ *Manufacturing Automation Protocol, Modell für die Datenübertragung zwischen Rechnern verschiedener Arbeitsbereiche* [engl., »automatisierte Protokollherstellung«]

Ma|quet|te ⟨[-kɛt-] f.; -, -n⟩ *Entwurf, Skizze* [frz.]

Ma|quil|la|ge ⟨[-kija:ʒə] f.; -, -n⟩ *Kennzeichnung von Spielkarten, so dass der Eingeweihte die Veränderung mit den Fingern ertasten kann* [frz., »Fälschung, Betrug«]

Ma|quis ⟨[-ki:] m.; -; unz.⟩ **1** *Buschwald der Mittelmeerländer (häufig Schlupfwinkel von Räubern u. Verfolgten);* Sy *Macchia* **2** ⟨im 2. Weltkrieg⟩ *französ. Widerstandsbewegung* [frz. <ital. *macchia* »Buschwald« <lat. *macula* »Fleck«]

Ma|qui|sard ⟨[-kiza:r] m.; -s, -s od. -en⟩ *Angehöriger des Maquis(2), der sich oft in Wäldern verbarg*

Ma|ra[1] ⟨f.; -, -s⟩ **1** *hasenähnliche Meerschweinchenart, die in der argentinischen Pampa beheimatet ist* **2** *Name eines von Moses süß gemachten Brunnens* [<hebr. »der Bittere«]

Ma|ra[2] ⟨m.; - od. -s; unz.; im Buddhismus⟩, *Versucher des Buddha, der den Religionsgründer an der Verkündigung seiner Lehre zu hindern sucht* [<sanskr. *Mara* »Tod«]

Ma|ra|bu ⟨m.; -s, -s⟩ *in Afrika, Indien u. auf den Sunda-Inseln vorkommende Gattung der Schreitvögel: Leptoptilus* [zu *Marabut* (auf den Vogel übertragen wegen seines würdevollen Ganges)]

Ma|ra|but ⟨m.; -, -⟩ *mohammedan. Einsiedler, Heiliger* [<frz. *marabou(t)* <port. *marabuto* <arab. *murabit* »Asket, Einsiedler«]

Ma|ra|cu|ja ⟨f.; -, -s⟩ *Frucht der Passionsblume* [port., <südamerikan. Indianerspr.]

Ma|rä|ne ⟨f.; -, -n⟩ *zu den Renken gehörender Lachsfisch der norddt. Seen; verwandte Arten in der Ostsee, in baltischen u. russ. Seen; schmackhafter Speisefisch;* Große ~: *Coregonus maraena;* Kleine ~: *C. albula* [<masur., kaschub. *moranka,* <altslaw. *morje* »See«]

ma|ran|tisch ⟨Adj.⟩ *durch Marasmus hervorgerufen, daran leidend, schwach, abgezehrt, verfallen;* oV *marastisch*

Ma|ras|chi|no ⟨[-ki:-] m.; -s; unz.⟩ *urspr. in Dalmatien aus jugoslaw. Sauerkirschen hergestellter Likör* [ital., zu *marasca* »bittere, wilde Kirsche (Prunus cerasus marastea)« <lat.; zu *amarus* »bitter«]

Ma|ras|mus ⟨m.; -; unz.⟩ *Schwund der Körperkräfte u. Verfall des Körpers* [< grch. *marainein* »sich verzehren«]

ma|ras|tisch ⟨Adj.⟩ = *marantisch*

Ma|ra|thon... ⟨in Zus.⟩ *lange dauernd, lang anhaltend,* z.B. Marathonsitzung [→ *Marathonlauf*]

Ma|ra|thon|lauf ⟨n. od. m.; -(e)s, -läu|fe⟩ *Langstreckenlauf (42,2 km), der bes. bei den Olymp. Spielen ausgetragen wird* [nach der Strecke *Marathon*-Athen, die der Siegesbote nach der Schlacht bei *Marathon* 490 v.Chr. lief]

Mar|ble|wood, ⟨auch⟩ **Marb|le|wood** ⟨[ma:blwud] n.; -s; unz.⟩ *Ebenholz* [engl.]

Marc ⟨[ma:r] m; -s, unz.⟩ *starker Branntwein, der aus den Rückständen gekelterter Trauben gewonnen wird;* ~de Champagne [zu frz. *marcher* »(mit den Füßen) treten«]

mar|ca|to ⟨Mus.⟩ *kräftig betont, markiert* [ital., »kräftig betont«]

Mar|che|sa ⟨[-ke:-] f.; -, -sen⟩ *weibl. italien. Adelstitel*

Mar|che|se ⟨[-ke:-] m.; -, -n⟩ *männl. italien. Adelstitel zwischen Graf u. Herzog* [ital., zu *marca* »Grenze, Grenzland« < germ. **marka* »Grenzland« → *Marquis*]

Mar|ching|band, ⟨auch⟩ **Mar|ching Band** ⟨[ma:tʃiŋ bænd] f.; (-) -, (-) -s; Mus.⟩ *Marschkapelle* [engl.]

Mar|cia ⟨[martʃa] f.; -, -s; Mus.⟩ *Marsch* [ital.]

Mar|cia fu|ne|bre, ⟨auch⟩ **Mar|cia fu|neb|re** ⟨[martʃa fynɛ:brə] f.; - -, Mar|cie [martʃe] -bri; Mus.⟩ *Trauermarsch* [ital.]

Mar|co|ni|an|ten|ne, ⟨auch⟩ **Mar|co|ni-An|ten|ne** ⟨f.; -, -n⟩ *einfache Antenne zum Aussenden von Rundfunkwellen* [nach dem ital. Erfinder Guglielmo *Marconi,* 1874-1937]

Mar|del|le ⟨f.; -, -n; Geol.⟩ *kleine, rundliche, mit Torf gefüllte Hohlform, die durch Auslaugung von Gips in verschiedenen Lagen des Bodens entstanden ist*

Ma|re ⟨n.; -s, - od. -ria⟩ *dunkler Teil der Oberfläche von Gestirnen, z.B. des Mondes u. des Mars* [lat., »Meer«]

Ma|rel|le ⟨f.; -, -n; bes. österr.⟩ *Aprikose;* oV *Marille* [< ital. *amarella*]

Ma|ren|da, Ma|ren|de ⟨f.; -, -den; schweiz., bair.-österr.⟩ *Vesperbrot* [< ital. *merenda*]

ma|ren|go ⟨Adj.⟩ *grau od. braun mit weißen Punkten*

Ma|ren|go ⟨m.; -s; unz.⟩ *schwarz-weiß meliertes Wollgewebe, schwere Qualitäten für Herrenanzüge, Kostüme u. Kleider* [nach der nordital. Stadt *Marengo*]

Ma|re|o|graf ⟨m.; -en, -en⟩ = *Mareograph*

Ma|re|o|graph ⟨m.; -en, -en⟩ *selbsttätig schreibendes Gerät zur Registrierung des Ablaufs der Gezeiten;* oV *Mareograf* [< lat. *mare* »Meer« + ...*graph*]

Mar|ga|rin ⟨f.; -, -en; österr.⟩, **Mar|ga|ri|ne** ⟨f.; -, -n⟩ *aus pflanzl. (u. tier.) Fetten hergestelltes Speisefett* [< grch. *margaron* »Perle«]

Mar|ge ⟨[-ʒə] f.; -, -n⟩ **1** *Abstand, Unterschied, Spielraum* **2** ⟨Kaufmannsspr.⟩ *Spanne zwischen Kursen, An- u. Verkaufspreisen* [frz. < lat. *margo* »Rand«]

Mar|ge|ri|te ⟨f.; -, -n; Bot.⟩ *auf Wiesen häufiger Korbblütler, Gänseblümchen: Chrysanthemum leucanthemum* [< frz. *marguerita*]

mar|gi|nal ⟨Adj.⟩ **1** *am Rand stehend* **2** *nebensächlich*

Mar|gi|na|le ⟨n.; - od. -s, -li|en; meist Pl.⟩ *Randbemerkung* [zu lat. *marginalis* »den Rand betreffend«]

Mar|gi|nal|e|xis|tenz ⟨f.; -, -en; Soziol.⟩ **1** ⟨unz.⟩ *Zustand, in dem jmd. einer Gruppe nicht mehr ganz, einer anderen aber noch nicht zugehört, Randexistenz, Außenseitertum;* Sy *Marginalität* **2** ⟨zählb.⟩ *in diesem Zustand befindl. Person, Randexistenz, Außenseiter*

Mar|gi|na|lie ⟨[-ljə] f.; -, -n⟩ = *Marginale*

mar|gi|na|li|sie|ren ⟨V.⟩ *an den Rand, ins Abseits drängen;* bestimmte Bevölkerungsgruppen ~

Mar|gi|na|li|tät ⟨f.; -; unz.⟩ = *Marginalexistenz(1)*

Ma|ri|hu|a|na ⟨n.; -s; unz.⟩ *aus dem Harz einer in Mexiko heimischen Hanfart (Cannabis sativa) gewonnenes Rauschmittel;* Sy *Pot(1);* → a. *Mary Jane* [< span. (amerik.) *marihuana, mariguana, marijuana;* Ursprung unbekannt, evtl. aus den beiden weibl. span. Vornamen *María* u. *Juana* gebildet]

Ma|ril|le ⟨f.; -, -n; bes. österr.⟩ *Aprikose;* oV *Marelle* [→ *Amarelle*]

Ma|rim|ba ⟨f.; -, -s; Mus.⟩ *xylophonartiges Schlaginstrument afrikan. Herkunft, bei dem sich unterhalb der Holzplatten einzelne Resonanzkörper befinden* [span., < afrikan. Eingeborenensprache]

Ma|rim|ba|fon ⟨m.; -s, -e; Mus.⟩ = *Marimbaphon*

Ma|rim|ba|phon ⟨n.; -s, -e; Mus.⟩ *Marimba, die mit Resonanzröhren aus Leichtmetall versehen ist;* oV *Marimbafon*

ma|rin ⟨Adj.⟩ *zum Meer gehörig, aus ihm stammend, Meeres...* [< lat. *marinus;* → *Marine*]

Ma|ri|na|de ⟨f.; -, -n⟩ **1** *gewürzter Aufguss mit Salz u. Essig zum Einlegen von Fleisch od. Fisch* **2** *die darin zubereiteten Fischkonserven* [→ *marinieren*]

Ma|ri|ne ⟨f.; -; unz.⟩ *Gesamtheit der Seeschiffe eines Staates u. der dem Seehandel u. Seekrieg dienenden Einrichtungen* [< frz. *marin* »das Meer betreffend« < lat. *marinus* < *mare* »Meer«]

ma|ri|ne, ma|ri|ne|blau ⟨Adj.⟩ *dunkelblau*

Ma|ri|ner¹ ⟨m.; -s, -; umg.; scherzh.⟩ *Matrose* [→ *Marine*]

Ma|ri|ner² ⟨[mæri-] m.; -s, -⟩ *Name amerikanischer Weltraumsonden, die bes. zur Erforschung des Planeten Mars eingesetzt wurden* [engl., »Seemann; Kompass«]

ma|ri|nie|ren ⟨V.⟩ Fisch od. Fleisch ~ *in Marinade einlegen* [< frz. *mariner;* zu *marin;* → *Marine*]

Ma|ri|nis|mus ⟨m.; -; unz.⟩ *Stil der ital. Barockliteratur, Ausprägung des Manierismus* [nach dem ital. Dichter G. *Marino,* 1569-1625]

Ma|ri|o|la|trie, ⟨auch⟩ **Ma|ri|o|lat|rie** ⟨f.; -; unz.⟩ *Marienverehrung* [< *Maria* + *...latrie*]

Ma|rio|lo|gie ⟨f.; -; unz.⟩ *Gesamtheit der Lehrsätze (Dogmen) über die Mutter Maria* [< *Maria* + *...logie*]

ma|ri|o|lo|gisch ⟨Adj.⟩ *zur Mariologie gehörend, auf ihr beruhend*

Ma|ri|o|net|te ⟨f.; -, -n⟩ **1** *an Fäden bewegte kleine Gliederpuppe* **2** ⟨fig.⟩ *willenloser, anderen als Werkzeug dienender Mensch* [frz. <ital. *marionetta,* Koseform zu *Maria*]

Ma|rist ⟨m.; -en, -en⟩ *Angehöriger der Gesellschaft zur Verehrung Mariens (Societas Mariae), die sich die Südseemission zur Aufgabe gemacht hat*

ma|ri|tim ⟨Adj.⟩ *zum Meer, zur Schifffahrt gehörend, mit ihnen verbunden;* ~es Klima *Seeklima mit geringen Temperaturschwankungen* [<lat. *maritimus* »das Meer betreffend«]

Mar|jell ⟨f.; -, -en⟩, **Mar|jell|chen** ⟨n.; -s, -; ostpreuß.⟩ *Mädchen* [<lit. *mergele* »Magd«]

mar|kant ⟨Adj.⟩ **1** *auffallend, hervorstechend, bedeutend;* eine ~e Erscheinung, Persönlichkeit **2** *scharf ausgeprägt;* ~e Gesichtszüge; er schreibt einen ~en Stil [<frz. *marquer;* → *markieren*]

Mar|ka|sit ⟨m.; -s, -e⟩ *gelbes Mineral, chem. Eisensulfid, chem. Formel* FeS_2 [<frz. *marcassite* <mlat. *marcasita* <arab. *marqashita;* Ursprung unbekannt]

Mar|ker ⟨m.; -s, -⟩ **1** *bes. dick schreibender Filzstift;* Text~ **2** ⟨Sprachw.⟩ *Merkmal, Kennzeichen* **2.1** *Darstellung einer Satzstruktur mittels einer Grafik od. einer mit Index versehenen Klammerung* **3** ⟨Biol.; bei Viren⟩ *genetisches Merkmal* [zu engl. *mark* »kennzeichnen«]

Mar|ke|ten|der ⟨m.; -s, -; früher⟩ *Händler, der im Feld od. bei Manövern die Truppe begleitete u. sie mit Lebensmitteln usw. versorgte, die von der Verwaltung nicht geliefert wurden* [<ital. *mercatare* »Handel treiben«]

Mar|ke|te|rie ⟨f.; -, -n⟩ *Einlegearbeit in Holz mit andersfarbigen Hölzern* [<frz. *marqueterie* »Einlegearbeit«]

Mar|ke|ting ⟨n.; -s; unz.⟩ *Gesamtheit der Maßnahmen auf dem Gebiet des Absatzes* [<engl. *market* »Markt«]

Mar|ke|ting|mix ⟨m.; - od. -es; unz.; Wirtsch.⟩ *Streuung bzw. Mischung von verschiedenen Marketing- u. Werbemaßnahmen, um u.a. den Absatz eines Produktes zu fördern, die Markteinführung zu flankieren od. das Image zu festigen* [< *Marketing* + *Mix*]

Mar|ke|ting|re|search ⟨[-risə:tʃ] n.; - od. -es; unz.⟩ *statistische Untersuchung von Absatzmärkten, Umsätzen, Produktplatzierung usw., Marktforschung;* er wechselt zu einer ~-Firma [< *Marketing* + engl. *research* »Forschung«]

mar|kie|ren ⟨V.⟩ **1** *mit einem Zeichen, einer Marke versehen, bezeichnen, kennzeichnen;* die Fahrrinne ist mit Bojen markiert; markierter Wanderweg **2** ⟨Chem.⟩ markierte Verbindung *chem. Verbindung, bei der bestimmte Atome durch radioaktiv strahlende Atome ersetzt wurden, deren Weg sich bei biochem. Reaktionen durch die von ihnen ausgesandte Strahlung verfolgen lässt* **3** ⟨EDV⟩ einen Text ~ *mit Hilfe der Maus, des Cursors od. eines Menüpunktes einen Textbereich auswählen* **4** ⟨österr.⟩ *lochen;* eine Fahrkarte **5** *betonen, hervorheben* **6** *andeuten;* der Schauspieler markierte die Rolle bei der Probe nur; beim Manöver den Feind ~ *die Rolle des Gegners übernehmen* **7** *vorgeben, vortäuschen, so tun als ob;* den Ahnungslosen, den Dummen, den feinen, starken Mann ~ ⟨umg.⟩ **8** ⟨Jagd⟩ *das Wild vor sich durch Stehenbleiben anzeigen;* der Vorstehhund markiert [<frz. *marquer* »kennzeichnen« <germ. **markian*]

Mar|kie|rung ⟨f.; -, -en⟩ **1** *das Markieren, das Anstreichen* **2** *Marke, Zeichen*

Mar|ki|se ⟨f.; -, -n⟩ **1** *aufrollbares Dach od. Vorhang aus kräftigem Stoff vor Fenstern u. Balkonen zum Schutz gegen Sonne;* Sonnen~ **2** *Edelstein mit lanzettförmigen Facetten;* ⟨aber⟩ → *Marquise* [<frz. *marquise,* eigtl. »Überzelt des Offizierszeltes«]

Mar|ki|set|te ⟨[-zɛt(ə)] m.; -s, -s od. f.; -, -s⟩ *gazeartiges Gewebe, das bes. für Gardinen verwendet wird;* oV *Marquisette*

Mark|ka ⟨f.; -, -; Abk.: mk⟩ *Finnmark* [<schwed. *mark* »Währungseinheit«]

Mar|kör ⟨m.; -s, -e⟩ **1** *Protokollant beim Billardspiel* **2** ⟨österr.⟩ *(beim Billardspiel bedienender) Kellner* [<frz. *marquer* »kennzeichnen«]

Mar|mor ⟨m.; -s, -e⟩ *Kalkstein, der hauptsächlich das Mineral Kalkspat enthält* [<grch. *marmaros* »Stein«]

mar|mo|rie|ren ⟨V.⟩ *mit einem Muster aus feinen Adern versehen wie beim Marmor*

Mar|mo|sett ⟨m.; -s, -e⟩ *Vertreter einer Familie der Breitnasen, kleiner südamerikan. Affe, der anstelle der Nägel Krallen besitzt, Krallenaffe: Callithricidae* [<engl. *marmoset* <afrz. *marmouset*]

Mar|mot|te ⟨f.; -, -n⟩ *Murmeltier* [frz. <altfrz. *marmottaine* <mlat. *mormotana* <lat. *mus montanus* »Bergmaus«]

Ma|ro|cain ⟨[-kɛ̃:] m. od. n.; -s, -s⟩ *kreppartiger Kleiderstoff* [frz., »marokkanisch«]

ma|ro|de ⟨Adj.⟩ **1** ⟨urspr.⟩ *unfähig zu marschieren* **2** *heruntergekommen, ruiniert* [<frz. *maraud* »Lump« <lat. *mala hora* »zur bösen Stunde«]

Ma|ro|deur ⟨[-dø:r] m.; -s, -e⟩ *plündernder Nachzügler einer Truppe* [<frz. *marodeur* »räuberischer Soldat« u. *Merodebruder* (nach dem schwed. Obersten Graf Werner von *Merode;* »Merodische Meutinirer« hatte man 1635 für vogelfrei erklärt)]

ma|ro|die|ren ⟨V.⟩ *im Kriege plündernd umherziehen*

Ma|ro|ne ⟨f.; -, -ni od. -n⟩ **1** *essbare Frucht der*

Edelkastanie **2** = *Maronenpilz* [< frz. *marron* < spätgrch. *maraon* »essbare Kastanie«; Ursprung unbekannt]

Ma|ro|nen|pilz, Ma|ro|nen|röhr|ling ⟨m.; -(e)s, -e⟩ *Speisepilz mit kastanienbraunem Hut u. grüngelben od. grünlichen Röhren, Kastanienpilz: Xerocomus badius;* Sy *Marone(2)*

Ma|ro|ni ⟨Pl. von⟩ *Marone(1)*

Ma|ro|nit ⟨m.; -en, -en⟩ *Angehöriger der syr.-christl. Kirche im Libanon* [nach dem Mönch Johannes *Maro,* † vor 423]

Ma|ro|quin ⟨[-kɛ̃:] n.; -s; unz.⟩ *feines, weiches marokkan. Schaf- od. Ziegenleder* [frz., eigtl. »marokkanisches (Leder)«]

Ma|ro|qui|ne|rie ⟨[-ki-] f.; -; unz.; schweiz.⟩ *Bearbeitung von Leder*

Ma|rot|te ⟨f.; -, -n⟩ *wunderl. Neigung, Grille, Schrulle* [frz., »Narrenzepter mit Puppenkopf«, Sonderbildung zu *Maria*]

Mar|quess ⟨[ma:kwis] m.; -, -⟩ *engl. Adelstitel zwischen Graf u. Herzog*

Mar|quis ⟨[-ki:] m.; - [ki:] od. [-ki:s], - [-ki:s]⟩ *französ. Adelstitel zwischen Herzog u. Graf* [frz.; zu *marche* »Grenze, Grenzland« < germ. **marka* »Grenzland«; → *Marchese*]

Mar|qui|sat ⟨[-ki-] n.; -(e)s, -e⟩ *Würde, Herrschaftgebiet eines Marquis*

Mar|qui|se ⟨[-ki:z(ə)] f.; -, -n⟩ *Gemahlin od. Tochter eines Marquis;* ⟨aber⟩ → a. *Markise*

Mar|qui|set|te ⟨[-kizɛt(ə)] m.; -s, -s od. f.; -, -s⟩ = *Markisette*

Mar|ro|ne ⟨m.; - od. -s, -ni; meist Pl.; ital., schweiz. für⟩ *Marone(1)*

Mars ⟨m.; -, -e; Mar.⟩ *Plattform am unteren Teil des Mastes, Mastkorb* [< finn. *marsio* »Fischsack, Korb« < germ. **marsion,* dän. *moers* »Korb«, ndrl. *merse* »Mastkorb«]

Mar|sa|la ⟨m.; -s; unz.⟩ *sizilian. Süßwein, der unter Zusatz von eingedampftem u. mit Alkohol versetztem Most hergestellt wird* [nach der Hafenstadt *Marsala* an der sizilian. Westküste]

Mar|schall ⟨m.; -s, -schäl|le⟩ **1** ⟨urspr.⟩ *Reitknecht, Stallmeister* **2** ⟨dann⟩ *hoher Hofbeamter* **3** ⟨seit dem 16./17. Jh.⟩ *höchster militär. Dienstgrad* **4** *Offizier in diesem Rang* [< afrz. *mareschal* < mhd. *marschalc* < ahd. *marahscalc,* eigtl. »Pferdeknecht«]

Mar|seil|lai|se ⟨[marsɛjɛ:z(ə)] f.; -; unz.⟩ **1** ⟨urspr.⟩ *zur Revolution aufrufendes Lied, das 1792 von einem Bataillon von Freiwilligen auf dem Zug von Marseille nach Paris gesungen wurde* **2** ⟨danach⟩ *französ. Nationalhymne* [frz.; zu der südfranzös. Stadt *Marseille*]

Mar|shall|plan ⟨[ma:ʃəl-] m.; -s; unz.; nach dem Zweiten Weltkrieg⟩ *amerikan. Wiederaufbauprogramm für Europa* [nach dem damaligen Außenminister der USA, George C. *Marshall,* 1880-1959]

Marsh|mal|low ⟨[ma:ʃmɛlou] n.; -s, -s⟩ *(vor allem in den USA beliebte) Süßigkeit, weiche, aber feste Masse aus Zucker, Eiweiß u. Gelatine* [< engl. *marsh mallow,* ein in Sümpfen und Feuchtgebieten heimisches Kraut, aus dessen Wurzel die Masse ursprünglich hergestellt wurde]

Mar|su|pi|a|li|er ⟨m.; -s, -⟩ *Säugetier, das seine Jungen in einer beutelartigen Bauchfalte trägt: Marsupialia, Beuteltier* [< lat. *marsupium* »Beutel«]

mar|ti|a|lisch ⟨a. [-tsja:-] Adj.⟩ **1** *kriegerisch* **2** ⟨Adj.⟩ *wild, grimmig* [nach *Mars,* dem röm. Kriegsgott]

Mar|tin|gal ⟨n.; -s, -e; Reitsp.⟩ *(bes. beim Springen verwendeter) lederner Halsriemen, der an Sattelgurt u. Zügeln befestigt ist* [< frz. *martingale*]

Mar|ty|rer ⟨m.; -s, -; oberdt.; nur in kirchl. Bedeutung⟩ = *Märtyrer(1)*

Mär|ty|rer ⟨m.; -s, -⟩ **1** *Christ, der für seinen Glauben den Tod erlitten hat* **2** *Mann, der für eine Idee gestorben ist, Blutzeuge;* ein ~ seines Glaubens, seiner Überzeugung [< mhd. *marterer, merterer* < ahd. *maritari* < grch. *martyr* »Zeuge«]

Mär|ty|re|rin ⟨f.; -, -rin|nen⟩ **1** *Christin, die für ihren Glauben den Tod erlitten hat;* Sy ⟨oberdt.⟩ *Martyrin* **2** *Frau, die für eine Idee gestorben ist, Blutzeugin*

Mar|ty|rin ⟨f.; -, -rin|nen; oberdt.; nur in kirchl. Bedeutung⟩ *Märtyrerin*

Mar|ty|ri|um ⟨n.; -s, -ri|en⟩ **1** *Opfertod für einen Glauben, eine Idee;* das ~ Christi **2** *Qual, Leiden, Pein;* ein ~ erleiden **3** *die über der Begräbnisstätte eines Märtyrers errichtete Kirche* [lat. < grch. *martyrion* »Blutzeugnis«]

Mar|ty|ro|lo|gi|um ⟨n.; -s, -gi|en⟩ *Verzeichnis der Märtyrer u. Heiligen*

Mar|xis|mus ⟨m.; -; unz.⟩ *die von Karl Marx (1818–1883) begründete Lehre des Sozialismus*

Mar|xis|mus-Le|ni|nis|mus ⟨m.; -; unz.⟩ *der von Lenin ausgelegte u. weiterentwickelte Marxismus*

Mar|xist ⟨m.; -en, -en⟩ *Anhänger, Vertreter des Marxismus*

mar|xis|tisch ⟨Adj.⟩ *zum Marxismus gehörend, auf ihm beruhend, gemäß seinen Lehren*

Ma|ry Jane ⟨[mɛ:ridʒɛin] f.; - -; unz.; verhüllende Bez. für⟩ *Marihuana* [engl. Übers. der weibl. span. Vorname María *(Mary)* u. Juana *(Jane),* aus denen der Name des Rauschmittels gebildet scheint]

März ⟨m.; - od. -es; od. (poet.) -en, -e⟩ *dritter Monat des Jahres, Frühlingsmonat* [< ahd. *marzeo, merzo* < lat. *Martius,* eigtl. »dem Mars heilig«; nach *Mars,* dem röm. Kriegsgott]

Mar|zi|pan ⟨a. ['---] n. od. (selten) m.; -s, -e⟩ *Konfekt aus Mandeln u. Zucker* [< ital. *marzapane* »Verpackung, Schachtel« (früher für Süßigkeiten aus dem Orient) evtl. < arab. *mautaban* »sitzender König«; nach einer byzantin. Münze mit dem Bilde des thronenden Christus, spätere Bedeutungen: »Hohlmaß, Schachtel, (darin verpackter) Teig«]

Mas|ca|ra ⟨f. od. n.; - od. -s, -s⟩ *Wimpern-*

tusche [engl., < span. *máscara* »Maske, Larve«]

Mas|car|po|ne ⟨m.; -s; unz.; ital. Kochk.⟩ *sehr fetthaltige käseartige Sahnezubereitung* [ital.]

Ma|schi|ne ⟨f.; -, -n⟩ **1** *mechan., aus bewegl. u. unbewegl. Teilen zusammengesetzte Vorrichtung, die Kraft überträgt od. Arbeitsgänge selbständig verrichtet bzw. Energie aus einer in eine andere Form umwandelt;* Kraft~, Arbeits~; das Zeitalter der ~(n); landwirtschaftliche ~n **1.1** *Lokomotive;* der Zug fährt mit zwei ~n **1.2** *Motorrad, Rennwagen;* leichte, schwere ~n fahren **1.3** *Flugzeug;* die ~ hat 20 Minuten Verspätung; mit der nächsten ~ nach Hause fliegen **1.4** *Schreibmaschine;* mit der ~ geschriebener Brief **1.5** *Nähmaschine;* mit der ~ nähen, stopfen **2** ⟨fig.⟩ *jmd., der gleichmäßig, viel u. hart arbeitet;* ich bin nur noch eine ~ **3** ⟨umg.; derb⟩ *dicker Mensch* [< frz. *machine* »Triebwerk« < lat. *machina* »Werkzeug« < grch. *mechane*]

ma|schi|nell ⟨Adj.⟩ *mit Hilfe einer Maschine, auf Maschinen beruhend;* ~es Berichtswesen *Errechnung des Ergebnisses von Produktion u. Absatz eines Betriebes durch elektron. Rechenmaschinen*

Ma|schi|nen|re|vi|si|on ⟨[-vi-] f.; -, -en; Typ.⟩ *Überprüfung der Druckbogen vor Beginn des Druckes*

Ma|schi|nen|te|le|graf ⟨m.; -en, -en⟩ *Telegraf, der vor allem im Schiffsbetrieb zum Übermitteln von Anordnungen zwischen Brücke u. Maschinenraum verwendet wird*

Ma|schi|nen|the|o|rie ⟨f.; -; unz.; Philos.⟩ *materialistische Auffassung, nach der Lebewesen mit Maschinen gleichgesetzt werden,* z.B. bei dem frz. Philosophen J. O. de Lamettrie, 1709–1751

Ma|schi|ne|rie ⟨f.; -, -n⟩ **1** *Gruppe von zusammenarbeitenden Maschinen* **2** *alle maschinellen Einrichtungen einer Bühne* **3** ⟨fig.⟩ *Räderwerk;* in die ~ der Justiz geraten [< frz. *machinerie;* → *Maschine*]

Ma|schi|nist ⟨m.; -en, -en⟩ **1** *Facharbeiter, der Kraftmaschinen bedient u. überwacht (z.B. Lokomotivführer)* **2** ⟨Mar.⟩ *Vorgesetzter des Maschinenpersonals* [→ *Maschine*]

Ma|ser ⟨[mɛizə(r)] m.; -s, -⟩ *dem Laser ähnliches Gerät, das mit Wellenlängen im Zentimeterbereich arbeitet* [verkürzt engl. *m*icrowave *a*mplification by *s*timulated *e*mission of *r*adiation »Mikrowellenverstärkung durch angeregte Emission von Strahlung«]

Ma|shie ⟨[mæʃiː] m.; -s, -s⟩ *mit einem Eisenkopf versehener Golfschläger* [engl. *mashie, mashy* < frz. *massue* »Keule, Knüppel«]

Mas|ka|rill ⟨m.; - od. -s, -e; im span. Lustspiel⟩ *als vornehmer Herr verkleideter Diener* [< span. *mascarilla* »Halbmaske«]

Mas|ka|ron ⟨m.; -s, -e; in der Bauplastik, bes. des Barocks⟩ *ornamentale fratzenhafte Maske* [< frz. *mascaron* < ital. *mascherone* »große Maske«]

Mas|ke ⟨f.; -, -n⟩ **1** *künstliche, hohle Gesichtsform als Zauber- u. Beschwörungsmittel od. zum Kennzeichnen der Rolle eines Schauspielers (in der Antike)* **2** = *Maskaron* **3** ⟨Theater; Film⟩ **3.1** *das durch Schminke u. Perücke veränderte Gesicht eines Schauspielers* **3.2** ⟨umg.⟩ *Raum, in dem die Schauspieler geschminkt werden;* der Schauspieler muss noch zur ~ **4** *Larve vor einem Teil des Gesichts od. vor dem ganzen Gesicht* **5** *die mit einer Maske(4) verkleidete Person;* die schönste ~ des Balls prämieren **6** *Vorrichtung zum Schutz von Kopf u. Gesicht;* Draht~ beim Fechten **7** *auf dem Gesicht zu tragende Vorrichtung zum Schutz der Atemorgane;* Gas~, Gummi~ **8** *Abdruck des Gesichts;* Toten~ **9** ⟨fig.⟩ *Vortäuschung, geheuchelte Absicht, erheuchelter Zustand;* unter der ~ der Freundschaft; seine Hilfsbereitschaft ist nur ~; die ~ abwerfen *seine wahren Absichten offen zeigen, zugeben;* die ~ fallen lassen; jmdm. die ~ herunterreißen *seine wahren Absichten aufdecken* **10** ⟨EDV⟩ *formularmäßige u. benutzerfreundliche Gestaltung eines Bildschirms in Felder, Zeilen u. Spalten, die der übersichtlicheren Datenerfassung dient* **11** Druck~ *Gruppe von Aufbereitungszeichen, die der internen Vorbereitung zum Drucken von Daten dient* **12** *Folge von Binärzeichen, die zur Steuerung von Vorgängen benutzt wird* **13** Foto~ *fotografisch erstellte Vorlage der Anordnung von Halbleiterschaltungen* [< frz. *masque* < ital. *maschera* < arab. *mas-chara* »Possenreißer(ei)«]

Mas|ke|ra|de ⟨f.; -, -n⟩ **1** *Verkleidung* **2** *Maskenfest, Maskenzug* **3** ⟨fig.⟩ *Täuschung, Heuchelei* [< span. *mascarada* »Maskenaufzug«]

mas|kie|ren ⟨V.⟩ **1** *mit einem Maskenkostüm verkleiden, eine Larve aufsetzen, vermummen* **2** ⟨fig.⟩ *verbergen, verdecken, bemänteln* **3** ⟨Mil.⟩ *tarnen* **4** eine Speise ~ *mit Soße, Eischnee o.Ä. bedecken;* in einer Lösung vorhandene Ionen ~ *durch Zugabe eines geeigneten Komplexbildners in eine Koordinationsverbindung einbauen, so dass sie nicht mehr die für die betreffende Ionenart charakterist. Reaktionen zeigen* [→ *Maske*]

Mas|kie|rung ⟨f.; -, -en⟩ **1** *das Maskieren* **2** *die Maske selbst*

Mas|kott|chen ⟨n.; -s, -⟩ *Anhänger, Püppchen od. Tier als Glücksbringer* [< frz. *mascotte* < prov. *mascoto* < *masco* »Hexe«]

mas|ku|lin ⟨a. ['---]⟩, **mas|ku|li|nisch** ⟨Adj.⟩ **1** *männlich, männl. Geschlechts* **2** *männlich aussehend, sich männlich gebend* [< lat. *masculinus* »männlich«]

Mas|ku|li|ni|sie|rung ⟨f.; -; unz.⟩ *Vermännlichung der Frau bzw. weiblicher Tiere* [→ *maskulin*]

Mas|ku|li|num ⟨a. ['----] n.; -s, -na⟩ *Substantiv männlichen Geschlechts* [lat., »das männliche (Geschlecht)«]

Ma|so|chis|mus ⟨[-xis-] m.; -; unz.⟩ *geschlechtl. Befriedigung durch Erleiden von Misshandlungen;* Ggs *Sadismus(1)* [nach dem Schriftsteller v. Sacher-*Masoch,* 1836–1895]

Ma|so|chist ⟨[-xịst] m.; -en, -en⟩ *jmd., der geschlechtl. Befriedigung im Erleiden von Misshandlungen findet;* Ggs *Sadist*
ma|so|chis|tisch ⟨[-xịs-] Adj.⟩ *auf dem Masochismus beruhend, ihn betreffend;* Ggs *sadistisch*
Mạs|sa ⟨m.; -s, -s; in der Kolonialzeit⟩ *Herr (Anrede der afrik. schwarzen Bevölkerung u. der Sklaven Nordamerikas für ihre weißen Herren)* [<engl. *master*]
Mass|ac|tion ⟨[mæ̣sækʃn] f.; -, -s -s; bei Kleinkindern u. Tieren⟩ *zufälliges, unspezifisches Reagieren auf äußere Reize* [<engl. *mass* »Masse, ungeformter Stoff« + *action* »Handlung«]
Mas|sa|ge ⟨[-ʒə] f.; -, -n⟩ *Behandlung durch mechan. Beeinflussung der Körpergewebe mit den Händen, mit Instrumenten od. elektr. Apparaten;* ~n verschreiben; zur ~ gehen [frz. <grch. *massein* »kneten«]
Mas|sa|ker ⟨n.; -s, -⟩ *Gemetzel, Blutbad* [<frz. *massacre* »Abschlachtung«; weitere Herkunft unsicher]
mas|sa|krie|ren, ⟨auch⟩ **mas|sak|rie|ren** ⟨V.⟩ *niedermetzeln, brutal niederschlagen, hinschlachten, hinstrecken*

> **Maßanalyse** (*Laut-Buchstaben-Zuordnung*) Der Buchstabe »*ß*« bleibt nur in solchen Wörtern erhalten, in denen er auf einen langen Vokal folgt und sich im Wortstamm kein weiterer Konsonant anschließt (→a. *Exzess*).

Maß|a|na|ly|se ⟨f.; -, -n⟩ *Teilgebiet der chem. Analyse, bei dem eine Lösung der zu bestimmenden Substanz mit einer Lösung genau bekannten Gehalts zur Reaktion gebracht wird, der elektrochem. od. durch Farbumschlag angezeigte Reaktionsendpunkt ermöglicht die Berechnung der Menge der gesuchten Substanz;* Sy *Titrieranalyse, Titrimetrie*
Mạs|sel[1] ⟨m.; -s; unz.⟩ *Glück* [<hebr. *masel* »Planet, Schicksal, Glück«]
Mạs|sel[2] ⟨m.; -s, -⟩ *durch Erstarren der Eisenschmelze nach dem Hochofenabstich in großen Wannen geformter Barren* [<ital. *massello* »Klumpen, Masse, Massel«, Verkleinerungsform zu *massa* »Masse«]
Mạs|sen|de|fekt ⟨m.; -(e)s, -e; Phys.⟩ *die Erscheinung, dass das tatsächliche Gewicht von Atomkernen geringer ist, als es sich aus der Summe der sie aufbauenden Protonen u. Neutronen ergibt, die fehlende Masse wird in Bindungsenergie umgewandelt*
Mạs|sen|kom|mu|ni|ka|ti|ons|mit|tel ⟨n.; -s, -⟩ = *Massenmedium*
Mạs|sen|me|di|um ⟨n.; -s, -di|en⟩ *Mittel zur Nachrichtenübermittlung, Meinungsbildung u. Unterhaltung mit großem Verbreitungsgrad,* z.B. Zeitung, Rundfunk, Fernsehen, Film, CD; Sy *Massenkommunikationsmittel* [→ *Medium(4)*]
Mạs|sen|psy|cho|lo|gie ⟨f.; -; unz.⟩ *Zweig der Psychologie, der sich mit dem Verhalten der Menschen als ungegliederter Masse u. der Beeinflussung des Einzelnen durch diese Masse beschäftigt*
Mạs|sen|spek|tro|graf, ⟨auch⟩ **Mạs|sen|spekt|ro|graf** ⟨m.; -en, -en⟩ = *Massenspektrograph*
Mạs|sen|spek|tro|graph, ⟨auch⟩ **Mạs|sen|spekt|ro|graph** ⟨m.; -en, -en⟩ *Spektrograph zur Bestimmung der Massen von Atomen, Molekülen u. ihrer relativen Häufigkeit;* oV *Massenspektrograf*
Mas|se|ter ⟨m.; -s, -; Anat.⟩ *Kaumuskel* [<grch. *mas(s)eter* »der Kauende«]
Mas|seur ⟨[-sø:r] m.; -s, -e⟩ *jmd., der (nach Ausbildung u. staatl. Prüfung) Massagen ausführt* [frz.; → *Massage*]
Mas|seu|rin ⟨[-sø:-] f.; -, -rin|nen⟩ *Frau, die (nach Ausbildung u. staatl. Prüfung) Massagen ausführt*
Mas|seu|se ⟨[-sø:zə] f.; -, -n; verhüllende Bez. für⟩ *Prostituierte in bordellgleichen Betrieben*
Mas|si|cot ⟨[-ko:] m.; -; unz.⟩ *zur Herstellung von Mennige verwendetes, rotgelbes, kristallines Pulver, chemisch Bleioxid, Bleiglätte, Goldglätte, Lithargyrum* [frz. <ital. *marzacotto* »Schminke«]
mas|sie|ren ⟨V.⟩ *mit Massage behandeln*
mas|siv ⟨Adj.⟩ **1** *ohne Hohl- od. Zwischenräume, fest, dicht, geschlossen;* ~es Gold **2** *schwer, wuchtig;* ein ~er Bau; ein ~er Angriff *A. mit starken Truppeneinheiten* **3** ⟨fig.⟩ *derb, rücksichtslos, grob;* der Redner griff die Gegenpartei ~ an; dann wurde er ~ [<frz. *massif* »massig, dicht, fest«]
Mas|siv ⟨n.; -s, -e [-və]⟩ **1** *Grundgebirge, meist aus geolog. alten Gesteinen* **2** ⟨allg.⟩ *Gebirgsstock, Bergkette*
Mas|siv|bau ⟨m.; -(e)s, -ten⟩ *Errichtung von Bauwerken mit Natursteinen od. Vollbetonwänden*
Mas|si|vi|tät ⟨[-vi-] f.; -; unz.⟩ **1** *Festigkeit, Dichte, Stabilität* **2** *Wucht, Nachdruck* **3** *Derbheit, Grobheit*
Mas|so|ra ⟨f.; -; unz.⟩ *Sammlung seit dem 6. Jh. aufgezeichneter erklärender Anmerkungen zum AT* [<hebr. *masorah* »Überlieferung«]
Mass|re|ac|tion, ⟨[mæ̣sriækʃən] f.; -, -s; Med.⟩ *instinktive Reaktion von niederen Organismen, Tieren u. Säuglingen auf bestimmte Umweltreize* [engl.]
Mạs|ta|ba ⟨f.; -, -s od. -ta|ben⟩ *rechteckiges altägypt. Grab* [<arab. *mastabah*]
Mast|al|gie, ⟨auch⟩ **Mas|tal|gie** ⟨f.; -, -n⟩ = *Mastodynie* [<grch. *mastos* »Brust« + *...algie*]
Mast|ek|to|mie, ⟨auch⟩ **Mas|tek|to|mie** ⟨f.; -, -n; Med.⟩ *operative Entfernung der weibl. Brust* [<grch. *mastos* »Brust« + *Ektomie*]
Mas|ter ⟨m.; -s, -; in Engl. u. den USA⟩ **1** *Anrede für Knaben u. junge Männer, in Verbindung mit dem Vornamen* **2** = *Magister (2.2);* ~ of Arts ⟨Abk.: M.A.⟩ *engl. u. amerik. akadem. Grad* **3** ⟨Jagd⟩ *Leiter einer Parforcejagd* **4** *Originalkopie (als Vorlage für Vervielfältigun-*

gen); ~kopie; ~tape **5** ⟨EDV⟩ *übergeordnete Einheit bei informationsverarbeitenden Systemen, Hauptrechner* **6** *Leiter eines Quiz, einer Show;* Quiz~; Show~ [engl. <lat. *magister* »Herr, Vorsteher«; zu *magnus* »groß«]

Mas|ters ⟨n.; -, -; Sp.⟩ *Sportveranstaltung, an der nur die besten Sportler bzw. Mannschaften teilnehmen;* Tennis~ [<engl. *master* »Herr, Meister, Lehrer«]

Mas|tiff ⟨m.; -s, -s⟩ *schwere, doggenähnl. engl. Hunderasse mit wuchtigem Kopf* [Herkunft ungeklärt]

Mas|ti|ka|tor ⟨m.; -s, -to|ren⟩ *Knetmaschine* [<lat. *masticare* »kauen« <grch. *masticha-ein*]

Mas|ti|tis ⟨f.; -, -ti|ti|den; Med.⟩ *Brustdrüsenentzündung* [<grch. *mastos* »Brust«]

Mas|tix ⟨m.; - od. -es; unz.⟩ **1** *grünliches bis farbloses Harz des Mastixstrauches, das für Lacke u. Kitte verwendet u. auch medizinisch genutzt wird* **2** *Straßenbelag aus Steinen u. Asphalt* [→ *Mastikator*]

Mas|tix|strauch ⟨m.; -(e)s, -sträu|cher⟩ *immergrüner Strauch, aus dem durch Anritzen das für Lacke u. Kitte verwendete u. medizinisch genutzte Mastix gewonnen wird: Pistacia*

Mast|o|don, ⟨auch⟩ **Mas|to|don** ⟨n.; -s, -don|ten⟩ *ausgestorbenes Rüsseltier, Vorläufer der Elefanten* [<grch. *mastos* »Brust« + ...*odon*]

Mast|o|dy|nie, ⟨auch⟩ **Mas|to|dy|nie** ⟨f.; -, -n⟩ *Schmerzen u. Schwellungen der weibl. Brüste vor der Regel;* Sy *Mastalgie* [<grch. *mastos* »Brust« + *odyne* »Schmerz«]

mas|to|id ⟨Adj.⟩ *brustwarzenförmig* [zu grch. *mastos* »Brust«]

Mas|to|pa|thie ⟨f.; -; unz.⟩ *Bildung von Knötchen u. Zysten an den Brüsten* [<grch. *mastos* »Brust« + ...*pathie*]

Mas|to|pto|se, ⟨auch⟩ **Mas|top|to|se** ⟨f.; -, -n⟩ *Hängebrust* [<grch. *mastos* »Brust« + *ptosis* »Fall«]

Mas|tur|ba|ti|on ⟨f.; -, -en⟩ *Reizung der Geschlechtsorgane (mit der Hand), um sexuelle Befriedigung zu erlangen;* Sy *Ipsation, Ipsismus, Onanie* [<lat. *manu* »mit der Hand« + *stuprare* »Unzucht treiben«]

mas|tur|ba|to|risch ⟨Adj.⟩ *die Masturbation betreffend, zu ihr gehörend*

mas|tur|bie|ren ⟨V.⟩ *sich durch Masturbation selbst befriedigen;* Sy *onanieren*

Ma|sur|ka ⟨f.; -, -s od. -ken⟩ = *Mazurka*

Ma|sut ⟨n.; -(e)s; unz.⟩ *bei der Destillation des russ. Erdöls entstehender, zähflüssiger Rückstand, als Heizmaterial u. als Asphalt verwendet* [<russ. *mazut* <turktatar.]

Ma|ta|dor ⟨m.; -s, -e⟩ **1** *Stierkämpfer, der dem Stier den Todesstoß gibt* **2** ⟨fig.⟩ *Hauptperson, Sieger, Rädelsführer* **3** ⟨in manchen Kartenspielen⟩ *Trumpf* [<span. *matar* »töten« <lat. *mactare* »opfern, schlachten«]

Ma|ta|ma|ta ⟨f.; -, -s⟩ *Art der Schlangenhalsschildkröte, lebt in Gewässern des nördl. u. mittleren Südamerika: Chelus fimbriatus* [portug.]

Match ⟨[mætʃ] n. od. m.; -(e)s, -s od. -e⟩ *Wettkampf, Wettspiel, bes. zwischen zwei Sportlern od. Mannschaften;* ein ~ im Tennis spielen [engl. <aengl. *gimako,* ahd. *gimah* »tauglich«]

Match|ball ⟨[mætʃ-] m.; -(e)s, -bäl|le; Sp.; bes. Tennis⟩ *im entscheidenden Spiel der zum Sieg notwendige Punkt;* einen ~ vergeben

Match|beu|tel ⟨[mætʃ-] m.; -s, -⟩ *sackartiger Beutel für Reise u. Sport, der über die Schulter gehängt wird;* Sy *Matchsack* [→ *Match*]

Matched|group, ⟨auch⟩ **Matched Group** ⟨[mætʃtgru:p] f.; -, -s⟩ *in bestimmten Merkmalen (z.B. Alter, Ausbildung, Herkunft) übereinstimmende Gruppe von Personen, deren Reaktionen bei psycholog. Tests miteinander verglichen werden können* [engl., »passend zusammengesetzte Gruppe«]

Matched|sam|ples, ⟨auch⟩ **Matched Samples** ⟨[mætʃtsa:mp(ə)lz] Pl.; Wirtsch.⟩ *(im Bereich der Marktforschung od. der Medizin angewandte) Simultanmessungen von zwei voneinander unabhängigen Gruppen, wobei die erste Kontrollgruppe einen festen Messungsmaßstab bildet, mit dem die zweite (u. jede weitere) Experimentalgruppe verglichen wird;* Sy *Matching* [engl., »gemessene Stichproben, Beispiele«]

Mat|ching ⟨[mætʃiŋ] n.; -s, -s; Wirtsch.⟩ = *Matchedsamples* [engl., »Messen«]

Match|play ⟨[mætʃplɛi] n.; -s, -s; Sp.; Golf⟩ *Spielart, bei der die Anzahl der gewonnenen Löcher (und nicht die Gesamtzahl der Schläge) gewertet wird* [engl., »Wettspielart«]

Match|sack ⟨[mætʃ-] m.; -(e)s, -sä|cke⟩ = *Matchbeutel*

Match|stra|fe ⟨[mætʃ-] f.; -, -n; Sp.⟩ *Ausschluss eines Spielers für den Rest der Spielzeit*

Ma|te ⟨m.; -; unz.⟩ *aus den Blättern des Matestrauches gewonnenes, leicht koffeinhaltiges Getränk;* Sy *Yerba* [span. (amerikan.) <Ketschua]

Ma|ter ⟨f.; -, -n⟩ = *Matrize(2)* [lat., »Mutter«]

Ma|ter do|lo|ro|sa ⟨f.; - -; unz.⟩ *(die) schmerzensreiche Mutter (Christi)* [lat., »Schmerzensmutter«]

ma|te|ri|al ⟨Adj.⟩ **1** *stofflich* **2** ⟨Philos.⟩ *das Inhaltliche an einer Gegebenheit betonend;* Ggs *formal(2)* [→ *Materie*]

Ma|te|ri|al ⟨n.; -s, -li|en⟩ **1** *für eine Arbeit benötigter Roh-, Bau-, Werkstoff* **2** *Hilfsmittel, Zutat, Gerät* **3** *schriftl. Belege, Unterlagen, Beweismittel;* ~ (für einen Artikel, Bericht, eine Reportage) sammeln, sichten, zusammenstellen

Ma|te|ri|a|li|sa|ti|on ⟨f.; -, -en⟩ **1** *Verkörperung* **2** *Bildung von Materie aus energiereicher Strahlung gemäß der von A. Einstein gefundenen Äquivalenz von Strahlung u. Materie* **3** ⟨Okk.⟩ *angebl. körperl. Erscheinung von Geistern*

ma|te|ri|a|li|sie|ren ⟨V.⟩ *gegenständlich machen, verwirklichen*

Ma|te|ri|a|lis|mus ⟨m.; -; unz.⟩ *Lehre, dass das*

Stoffliche das allein Wirkliche in der Welt u. alles Geistige nur als seine Eigenschaft u. Wirkung aufzufassen sei; Ggs *Idealismus(2), Immaterialismus*

Ma|te|ri|a|list ⟨m.; -en, -en⟩ **1** *Anhänger, Vertreter des Materialismus;* Ggs *Idealist(1)* **2** ⟨allg.⟩ *Mensch, für den die wirklichen, stofflichen Dinge des Lebens im Vordergrund stehen;* Ggs *Idealist(2)* **3** ⟨österr.⟩ *Kolonialwarenhändler, Krämer*

ma|te|ri|a|lis|tisch ⟨Adj.⟩ *zum Materialismus gehörend, auf ihm beruhend, ihm entsprechend;* Ggs *idealistisch*

Ma|te|ri|a|li|tät ⟨f.; -; unz.⟩ **1** *Stofflichkeit, Körperlichkeit* **2** *das Bestehen aus Materie;* Ggs *Spiritualität*

Ma|te|ri|al|kon|stan|te, ⟨auch⟩ **Ma|te|ri|al|kons|tan|te** ⟨f.; -, -n; Phys.; in Untersuchungen⟩ *feste Größe, die von der Beschaffenheit des Materials abhängt*

Ma|te|rie ⟨[-riə] f.; -, -n⟩ **1** ⟨unz.⟩ *Urstoff;* Geist und ~ **2** ⟨Phys.⟩ *Stoff, Masse;* Sy *Substanz(2)* **3** *Gegenstand, Inhalt, Thema eines Gesprächs, einer Schrift o.Ä.;* die ~ beherrschen; sich mit der ~ vertraut machen [< lat. *materia* »Stoff, Urstoff, der etwas hervorbringt«; zu *mater* »Mutter«]

ma|te|ri|ell ⟨Adj.⟩ **1** *aus Materie bestehend, hinsichtlich der Materie, auf ihr beruhend;* Ggs *spirituell* **2** *stofflich, gegenständlich, körperlich;* Ggs *ideell(2), immateriell* **3** *geldlich*

Ma|te|ri|e|wel|le ⟨f.; -, -n⟩ *im Bereich der Elementarteilchenphysik mögliche Umwandlung eines Elementarteilchens in eine elektromagnet. Welle*

ma|tern ⟨V.⟩ **1** einen Schriftsatz, ein Druckbild ~ *eine Mater davon herstellen* **2** ⟨[-'-]; Adj.⟩ *zur Mutter gehörend* [< lat. *maternus* »mütterlich«]

ma|ter|ni|sie|ren ⟨V.⟩ *dem mütterlichen Organismus angleichen (von Milch)* [< lat. *mater* »Mutter«]

ma|ter|ni|siert ⟨Adj.⟩ ~e Milch *der Muttermilch ähnlich gemachte Milch* [zu lat. *mater* »Mutter«]

Ma|ter|ni|tät ⟨f.; -; unz.⟩ *Mutterschaft* [zu lat. *maternus* »mütterlich«]

Ma|te|strauch ⟨m.; -es, -sträu|cher⟩ *zur Gattung der Stechpalmen gehörender Strauch Brasiliens, aus dessen Blättern Matetee hergestellt wird: Ilex paraguariensis;* Sy *Yerba*

Ma|te|tee ⟨m.; -s, -s⟩ *anregender teeartiger Aufguss der fermentierten u. getrockneten Blätter des Matestrauchs* [< span. (amerikan.) < Ketschua]

Ma|the|ma|tik ⟨österr. [--'--] f.; -; unz.⟩ *Lehre von den Zahlen u. Figuren;* das ist ja höhere ~! ⟨umg.; scherzh.⟩ *sehr, zu schwierig* [< grch. *mathematike (techne);* zu *mathema* »Wissenschaft«]

Ma|the|ma|ti|ker ⟨m.; -s, -⟩ *Wissenschaftler der Mathematik*

Ma|the|ma|ti|ke|rin ⟨f.; -, -rin|nen⟩ *Wissenschaftlerin der Mathematik*

ma|the|ma|tisch ⟨Adj.⟩ *zur Mathematik gehörend, auf ihr beruhend*

ma|the|ma|ti|sie|ren ⟨V.⟩ *mathematische Gesetzmäßigkeiten auf ein Problem anwenden, etwas mit mathematischen Begriffen untersuchen*

Ma|the|ma|ti|sie|rung ⟨f.; -; unz.⟩ *Anwendung mathematischer Gesetzmäßigkeiten bei wissenschaftl. Untersuchungen, Beschreibung eines Phänomens mit mathemat. Methoden*

...ma|thie ⟨Suffix zur Bez. für⟩ *das Wissen, Lernen* [< grch. *mathein* »lernen«]

Ma|ti|nee ⟨f.; -, -n⟩ *künstler. Veranstaltung am Vormittag* [frz., »Vormittag« < lat. *matutinus* »morgendlich«]

Mat|jes|he|ring ⟨m.; -s, -e⟩ *gesalzener junger Hering* [< mndrl. *medykenshering* »Mädchenhering (junger Hering ohne Rogen od. Milch)«]

■ Die Buchstabenfolge **ma|tr...** kann auch **mat|r...** getrennt werden.

■ **Ma|trat|ze** ⟨f.; -, -n⟩ *mit Rosshaar, Schaumstoff, Wolle od. anderen Faserstoffen gepolsterte Bettunterlage* [< ital. *materassa*]

■ **Mä|tres|se** ⟨f.; -, -n⟩ *Geliebte (früher bes. eines Fürsten);* oV ⟨†⟩ *Maîtresse* [< frz. *maîtresse* »Herrin, Geliebte« < lat. *magister* »Herr«]

■ **ma|tri|ar|cha|lisch** ⟨[-ça:-] Adj.⟩ *das Matriarchat betreffend, auf ihm beruhend, mutterrechtlich;* Ggs *patriarchalisch*

■ **Ma|tri|ar|chat** ⟨[-ça:t] n.; -(e)s, -e⟩ **1** *absoluter Vorrang der Mutter in der Familie, Mutterherrschaft;* Ggs *Patriarchat(1)* **2** *Gesellschaftsordnung, in der die Kinder verwandtschaftl. u. rechtl. zur Sippe der Mutter gerechnet werden, Mutterrecht;* Ggs *Patriarchat(2);* in einem ~ leben [< lat. *mater* »Mutter« + grch. *arche* »Herrschaft«]

■ **Ma|tri|kel** ⟨f.; -, -n⟩ **1** *Verzeichnis* **1.1** ⟨an Universitäten⟩ *der aufgenommenen Studenten* **1.2** ⟨in Pfarreien⟩ *der Pfarrkinder u. Einkünfte* **1.3** ⟨im alten Dt. Reich bzw. Dt. Bund⟩ *der Stände u. der für das Bundesheer zu stellenden Truppen* **2** ⟨österr.⟩ *Personenstandsregister* [< lat. *matricula,* Verkleinerungsform zu *mater* »Mutter«]

■ **ma|tri|mo|ni|al** ⟨Adj.⟩ *zur Ehe gehörig, ehelich* [< lat. *matrimonialis* »ehelich«, zu *matrimonium* »Ehe«]

Matrix (*Pluralbildung*) In Einzelfällen können Fremdwörter mehrere alternative Pluralformen aufweisen, die der Herkunftssprache oder regionalen Sprachunterschieden innerhalb der deutschen Hochsprache folgen (→ a. *Index*).

■ **Ma|trix** ⟨f.; -, -tri|zen od. Ma|tri|zes od. -tri|ces⟩ **1** ⟨Anat.⟩ *Mutterboden* **1.1** *Keimschicht der Haarzwiebel* **1.2** *Nagel- u. Krallenbett der Wirbeltiere* **2** ⟨Biol.⟩ *Hülle der Chromosomen*

3 ⟨TV⟩ *Schaltung zur gleichzeitigen Steuerung von Helligkeit u. Farbsignalen* **4** ⟨Math.⟩ *System von Größen, die in einem rechteckigen Schema angeordnet sind;* Sy *Matrize(4)* **5** ⟨EDV⟩ *Punktraster* [lat., eigtl. »Zuchttier, Stammutter«]

■ **Ma|trix|dru|cker** ⟨m.; -s, -⟩ *Drucker, der die Zeichen punktweise (meistens mit Hilfe von Nadeln) konstruiert*

■ **Ma|trix|or|ga|ni|sa|ti|on** ⟨f.; -, -en; Wirtsch.⟩ *unternehmerische Organisationsstruktur, bei der ein Handlungskomplex in mehrere gleichberechtigte, entscheidungskompetente Bereiche aufgeteilt wird, um einseitige Entscheidungen zu vermeiden*

■ **Ma|trix|po|ten|ti|al** ⟨n.; -s, -e; Phys.; Geol.⟩ = *Matrixpotenzial*

■ **Ma|trix|po|ten|zi|al** ⟨n.; -s, -e; Phys.; Geol.⟩ *von der festen Bodensubstanz ausgehende elektrostatische Kraft, die auf das Bodenwasser einwirkt;* oV *Matrixpotential*

■ **Ma|trix|satz** ⟨m.; -(e)s, -sät|ze; Sprachw.⟩ *übergeordneter Satz in einem Satzgefüge, Hauptsatz*

■ **Ma|tri|ze** ⟨f.; -, -n⟩ **1** *Metallform mit dem eingeprägten Schriftzeichen od. Bild;* Ggs *Patrize* **2** *in Wachs, Metall od. Spezialpappe geprägtes Abbild eines Schriftsatzes od. Druckbildes zur Herstellung von Galvanos;* Sy *Mater* **3** *gewachstes Papierblatt zum Vervielfältigen von Zeichnungen u. (Maschinen-)Schrift* **4** ⟨Math.⟩ = *Matrix(4)* **5** *die negative Form bei Herstellung von Schallplatten* [→ *Matrix*]

■ **Ma|tri|zen|me|cha|nik** ⟨f.; -; unz.⟩ *Quantenmechanik, in der die physikal. Größen durch mathemat. Matrizen dargestellt werden*

■ **Ma|tri|zes** ⟨Pl. von⟩ *Matrix*

■ **ma|tri|zie|ren** ⟨V.; österr.⟩ *durch eine Matrize(3) vervielfältigen*

■ **Ma|tro|ne** ⟨f.; -, -n; häufig abwertend⟩ *ältere, behäbige Frau* [< lat. *matrona* »ehrwürdige, verheiratete Frau«]

■ **Ma|trosch|ka** ⟨f.; -, -s⟩ *bemalte Holzpuppe mit immer kleiner werdenden, ineinander gesetzten Figuren* [< russ. *matreska* »Mutter, Mütterchen«]

■ **Ma|tro|se** ⟨m.; -n, -n⟩ **1** ⟨Handelsmarine⟩ *Seemann nach dreijähriger Lehrzeit* **2** ⟨Kriegsmarine⟩ *Soldat im untersten Dienstgrad* [< ndrl. *matroos* < afrz. *matenot* < mndrl. *mattennoot,* mhd. *mazgenoze* »Angehöriger einer Mahlgenossenschaft der german. Schiffsmannschaften«]

Ma|tur ⟨n.; -s od.(schweiz.) f.; -; beides unz.⟩, **Ma|tu|ra** ⟨f.; -; unz.; schweiz. u. österr.⟩ *Reifeprüfung, Abitur;* oV *Maturum* [< lat. *maturus* »reif«]

Ma|tu|rand, Ma|tu|rant ⟨m.; -en, -en; schweiz. u. österr.⟩ *Schüler vor od. in der Reifeprüfung*

ma|tu|rie|ren ⟨V.⟩ *die Reifeprüfung ablegen*

Ma|tu|ri|tas prae|cox ⟨f.; - -; unz.⟩ *(sexuelle) Frühreife* [lat., »verfrühte Reife«]

Ma|tu|ri|tät ⟨f.; -; unz.⟩ **1** ⟨†⟩ *Reife* **2** ⟨schweiz.⟩ *Reifeprüfung*

Ma|tu|ri|täts|ex|a|men, ⟨auch⟩ **Ma|tu|ri|täts|e|xa|men** ⟨n.; -s, - od. -mi|na⟩ *Reifeprüfung*

Ma|tu|rum ⟨n.; -s; unz.⟩ = *Matur(a)*

Ma|tu|tin ⟨f.; -, -e od. -en⟩ *nächtl. Stundengebet* [< lat. *matutinus* »am Morgen, Morgen...«]

Mat|ze ⟨f.; -, -n⟩, **Mat|zen** ⟨m.; -s, -⟩ *das ungesäuerte Osterbrot der Juden* [< hebr. *matsoth* »ungesäuerte Brotfladen«]

Mau|res|ke ⟨f.; -, -n; islam. Kunst⟩ *Ornament aus stilisierten Blättern u. Blüten;* oV *Moreske* [< frz. *mauresque* »maurisch«]

mau|scheln ⟨V.⟩ **1** *jiddisch sprechen* **2** ⟨fig.⟩ *unverständlich reden* **3** ⟨Kart.⟩ *Mauscheln spielen* **4** ⟨umg.⟩ *heimliche Absprache treffen* [17. Jh.; »reden wie Moses« (jüd. *Mausche*)]

Mau|scheln ⟨n.; -s; unz.⟩ *ein Kartenglücksspiel* [→ *mauscheln*]

Mau|so|le|um ⟨n.; -s, -le|en⟩ **1** ⟨urspr.⟩ *monumentales Grabmal des Königs Mausolos in Halikarnass(os), eines der sieben Weltwunder* **2** ⟨danach allg.⟩ *monumentales Grabmal* [lat.; nach dem König *Mausolos* v. Karien, † 353 v.Chr.]

Maus|pad ⟨[-pæd] n.; -s, -s; EDV⟩ = *Mousepad* [zu engl. *pad* »Polster, Schützer«]

mauve ⟨[mo:v] Adj.; undekl.⟩ *malvenfarbig* [frz.]

Mau|ve|in ⟨[movei:n] n.; -s; unz.⟩ *durch Oxidation von Anilin hergestellter violetter Farbstoff, erster synthetischer Farbstoff* [→ *mauve*]

ma|xi ⟨Adj.; umg.⟩ *lang;* ~ gehen *einen langen Rock tragen;* Ggs *mini;* → a. *midi* [engl., verkürzt < *maximum* »Maximum«]

Ma|xi[1] ⟨n.; -s, -s⟩ *knöchellange Kleidungsstücke (Röcke, Kleider Mäntel);* man trägt jetzt wieder ~

Ma|xi[2] ⟨m.; -s, -s; umg.⟩ *knöchellanger Rock*

Ma|xi[3] ⟨f.; -, -s; kurz für⟩ *Maxisingle*

Ma|xi... ⟨in Zus.⟩ *übermäßig (lang, groß, hoch usw.);* ~look; ~pizza; ~packung [< lat. *maximum* »das größte, längste«]

Ma|xil|la ⟨f.; -, -lae⟩ **1** *Mundwerkzeug der Krebse u. Insekten* **2** *Oberkiefer der Wirbeltiere* [lat.]

ma|xil|lar ⟨Adj.⟩ *die Maxilla betreffend*

Ma|xil|len ⟨Pl.; Zool.⟩ *Mundgliedmaßen, Mundwerkzeuge der Gliederfüßer, die zur Nahrungsaufnahme aus den Gliedmaßenpaaren umgebildet sind* [< lat. *maxilla* »Kinnbacken«]

Ma|xi|ma[1] ⟨Pl. von⟩ *Maximum*

Ma|xi|ma[2] ⟨f.; -, -mae [-mɛ:] od. -men; Mus.⟩ *Notenwert der Mensuralnotation des 14.-16. Jh., die die längste Zeitdauer umfasst;* Ggs *Minima(2)* [lat., »die Größte«]

ma|xi|mal ⟨Adj.⟩ *sehr groß, größt..., höchst...;* Ggs *minimal* [< lat. *maximus* »der größte«]

Ma|xi|mal... ⟨in Zus.⟩ *Höchst..., Größt...,* z.B. ~geschwindigkeit

Ma|xi|mal|do|sis ⟨f.; -, -sen; Abk.: MD⟩ *höchste Dosis einer Arznei, die vom Arzt gegeben werden darf*

ma|xi|ma|li|sie|ren ⟨V.⟩ *aufs Höchstmögliche steigern* [→ *maximal*]
Ma|xi|mal|prin|zip ⟨n.; -s, -pi|en od. -e; Wirtsch.⟩ *ökonomischer Grundsatz, dass ein bestimmter Erfolg mit dem geringstmöglichen Mitteleinsatz bzw. mit einem bestimmten Mitteleinsatz der größtmögliche Erfolg erzielt werden soll;* Ggs *Minimalprinzip*
Ma|xi|me ⟨f.; -, -n⟩ *Grundsatz, Lebensregel* [→ *Maximum*]
ma|xi|mie|ren ⟨V.⟩ *das Maximum anstreben, erreichen;* den Gewinn, Ertrag ~; Ggs *minimieren*
Ma|xi|mie|rung ⟨f.; -, -en⟩ *das Maximieren, Maximiertwerden*
Ma|xi|mum ⟨n.; -s, -ma⟩ *größter Wert, Höchstwert;* Ggs *Minimum* [lat., »das Größte«]
Ma|xi|mum-Mi|ni|mum-Ther|mo|me|ter ⟨n.; -s, -⟩ *Thermometer, das die tiefste u. höchste (an einem Tag usw.) gemessene Temperatur anzeigt*
Ma|xi|sin|gle, ⟨auch⟩ **Ma|xi-Sing|le** ⟨[-sıŋg(ə)l] f.; -, -s⟩ *Single(2) in der Größe einer Langspielplatte, deren Spieldauer meist doppelt so lang ist wie die der Single u. oft zusätzl. Titel enthält;* Sy *Maxi*[3]
Max|well ⟨[mæks-] n.; -, -; Abk.: M⟩ *Einheit des magnetischen Flusses, 1 M =* 10^{-8} *Voltsekunden (Vs)* [nach dem engl. Physiker James Clerk *Maxwell,* 1831–1879]
May|day ⟨[mεıdεı] im internationalen Funkverkehr⟩ *Notsignal* [anglisiert aus frz. *m'aidez* »helft mir«]
Ma|yon|nai|se ⟨[majoneːzə] f.; -, -n⟩ = *Majonäse*
Ma|yor, ⟨auch⟩ **May|or** ⟨[mεıə(r)] m.; -s, -; in England und den USA⟩ *Bürgermeister* [engl., »Bürgermeister«; zu lat. *maior* »größer, höher«]
MAZ ⟨f.; -; unz.; Kurzw. für⟩ *magnet. Bildaufzeichnung (Anlage für Aufzeichnungen von Fernsehbildern auf Magnetband)*
Mä|zen ⟨m.; -s, -e⟩ *Gönner, Förderer von Künstlern* [nach dem Römer *Maecenas,* 69-8 v.Chr.]
Mä|ze|na|ten|tum ⟨n.; -s; unz.⟩ *großzügige Förderung von Künstlern u. Kunstprojekten* [→ *Mäzen*]
Mä|ze|na|tin ⟨f.; -, -tin|nen⟩ *weibl. Mäzen*
mä|ze|na|tisch ⟨Adj.⟩ *in der Art eines Mäzens, einer Mäzenatin*
Ma|ze|ra|ti|on ⟨f.; -, -en⟩ **1** *Erweichung von Geweben durch Wasser unter Luftabschluss* **2** *Auslaugung von Stoffen aus Drogen bei Zimmertemperatur* **3** *mehr od. weniger vollständige Auflösung tier. Gewebe, vor allem bei der Skelettierung* [< lat. *maceratio* »Erweichung, Auslaugung«]
ma|ze|rie|ren ⟨V.⟩ *eine Mazeration vornehmen*
Ma|zis ⟨m.; -; unz.⟩ *Muskatblüte, getrocknete Samenhülle der Muskatnuss;* oV *Macis* [< frz. *macis* < spätlat. *macis,* zu lat. *macir* »als Gewürz verwendete rote Baumrinde aus Indien«]
Ma|zur|ka ⟨f.; -, -s od. -ken⟩ *poln. Nationaltanz im 3/4-Takt;* oV *Masurka* [poln., »masurischer Tanz«]
mb ⟨früher Abk. für⟩ *Millibar*
Mb ⟨Zeichen für⟩ *Megabit*
MB ⟨Zeichen für⟩ *Megabyte*
mbar ⟨Abk. für⟩ *Millibar*
Mbit ⟨Zeichen für⟩ *Megabit*
Mbyte ⟨Zeichen für⟩ *Megabyte*
m.c. ⟨Abk. für⟩ *mensis currentis*
MC ⟨Abk. für⟩ *Musikkassette* [< engl. *music cassette*]
m.d. ⟨Abk. für⟩ *mano destra*
Md ⟨chem. Zeichen für⟩ *Mendelevium*
Md. ⟨Abk. für⟩ *Milliarde, Milliarden*
MD ⟨Abk. für⟩ *Maximaldosis*
mea cul|pa *(es ist) meine Schuld, ich bin schuldig, daran schuld* [lat.]
Me|a|to|mie ⟨f.; -, -n⟩ *chirurg. Erweiterung eines Körperkanals* [< lat. *meatus* »Bewegung, Weg, Bahn« + …*tomie*]
Me|cha|nik ⟨[-çaː-] f.; -, -en⟩ **1** ⟨unz.⟩ *Lehre von den Kräften u. ihren Wirkungen auf starre u. deformierbare Körper, Maschinenkunde* **2** *Triebwerk, Getriebe, Mechanismus* [< lat. *(ars) mechanica,* eigtl. »Maschinenkunst« < grch. *mechanike (techne)*]
Me|cha|ni|ker ⟨[-çaː-] m.; -s, -⟩ **1** *Facharbeiter im Metallgewerbe für feine u. schwierige Arbeiten* **2** *Facharbeiter, der Maschinen instand hält*
Me|cha|ni|kus ⟨[-çaː-] m.; -, -se; scherzh.⟩ *Mechaniker*
Me|cha|ni|sa|tor ⟨m.; -s, -to|ren; DDR⟩ *in der Landwirtschaft tätige Fachkraft für industriemäßige Pflanzen- u. Tierproduktion*
me|cha|nisch ⟨[-çaː-] Adj.⟩ **1** *auf der Mechanik beruhend* **2** *von einer Maschine, einem Mechanismus angetrieben u. bewirkt;* eine Ware ~ herstellen; ~es Klavier *K., das automatisch durch Lochstreifen gesteuert wird, elektrisches Klavier* **3** ⟨fig.⟩ *unwillkürlich, zwangsläufig, durch Einfluss äußerer Kräfte veranlasst* **4** *gedankenlos, ohne mitzudenken;* ich tue das ganz ~; etwas ~ abschreiben
me|cha|ni|sie|ren ⟨[-ça-] V.⟩ einen Betrieb ~ *menschl. Arbeitskraft durch Maschinen ersetzen, auf mechan. Arbeitsweise umstellen*
Me|cha|nis|mus ⟨[-ça-] m.; -, -men⟩ **1** *Triebwerk, Getriebe, sich bewegende techn. Vorrichtung* **2** *selbständiger, zwangsläufiger Ablauf, Zusammenhang*
me|cha|nis|tisch ⟨[-ça-] Adj.⟩ **1** *wie ein Mechanismus* **2** *nur mechan. Ursachen anerkennend;* ~e Weltanschauung *W., nach der alles Geschehen auf mechan. Vorgänge von Masse u. Bewegung zurückzuführen ist*
Me|cha|no|the|ra|pie ⟨[-çaː-] f.; -; unz.⟩ *Behandlung durch mechan. Beeinflussung des Körpers: Massage, Krankengymnastik u. Behandlung durch Apparate* [< *Mechanik* + *Therapie*]
Me|dail|le ⟨[-daljə] f.; -, -n⟩ *Gedenk-, Schaumünze ohne Geldwert mit figürl. Darstellung od. Inschrift;* Rettungs~; die olympischen ~n; die bronzene, silberne, goldene ~ [< frz.

médaille < ital. *medaglia* < mlat. **metallia* »metallene Münze«]

Me|dail|leur ⟨[-daljø:r] m.; -s, -e⟩ *Künstler, der Prägestempel für Medaillen herstellt*

Me|dail|lon ⟨[-daljɔ̃:] n.; -s, -s⟩ **1** ⟨Arch.⟩ *rundes od. ovales Ornament* **2** *rund od. oval gerahmtes Bildchen;* Bildnis~ **3** *runde od. ovale Kapsel für Bildchen od. Andenken als Schmuckanhänger* **4** *kleines, kreisrund od. oval geschnittenes Stück Fleisch* [< frz. *médaillon* < ital. *medaglione* »große Münze«]

Me|dia ⟨f.; -, -diä od. -di|en⟩ **1** *stimmhafter Explosivlaut,* z.B. b, d, g; Ggs *Tenius* **2** *mittlere Schicht der Wand von Blut- u. Lymphgefäßen* **3** ⟨f.; -, -di|nen; Wirtsch.⟩ *Werbeträger, Person od. Ding, die bzw. das die Werbebotschaften der Anbieter an eine Zielgruppe vermittelt* [lat., Fem.; zu *medius* »der mittlere«]

Me|dia... ⟨in Zus.; Pl. von⟩ *Medium(4);* ~analyse, ~forschung [→ *Medium*]

Me|di|a|a|na|ly|se ⟨a. engl. [mi:diə-] f.; -, -n⟩ *vergleichende Auswertung verschiedener Werbemedien im Hinblick auf ihre Wirksamkeit u. ihren Verbreitungsgrad* [< engl. *media* »(Massen-)Medien, Kommunikationsmittel« + *Analyse*]

Me|di|a|kom|bi|na|ti|on ⟨a. [mi:diə-] f.; -, -en⟩ *Einsatz verschiedener Werbemedien zur Werbung für ein Produkt,* z.B. parallele Werbung im Fernsehen, Rundfunk u. in Zeitungen [< engl. *media* »(Massen-)Medien, Kommunikationsmittel + *Kombination*]

me|di|al ⟨Adj.⟩ **1** ⟨Anat.⟩ *zur Mitte hin gerichtet;* Ggs *lateral(2)* **2** ⟨Okk.⟩ *mit den Eigenschaften eines Mediums ausgestattet* **3** ⟨Gramm.⟩ *in passivischer Form, aber in aktivischer Bedeutung stehend* [< lat. *medianus* »in der Mitte befindlich«]

Me|di|al ⟨n.; -s, -e⟩ *spezielles Spiegelteleskop für astronom. Beobachtungen*

Me|di|a|man ⟨[mi:diəmæn] m.; -, -men [-mən]⟩ *Angestellter einer Firma, der für die Werbung durch Anzeigen, Plakate u.Ä. zuständig ist* [engl., »Medienmann«]

me|di|an ⟨Adj.; Anat.⟩ *zur Mitte gehörend, in der Körpermitte gelegen* [< lat. *medianus* »in der Mitte befindlich«]

Me|di|a|ne ⟨f.; -, -n⟩ *Symmetrieebene durch einen Körper*

Me|di|an|e|be|ne ⟨f.; -, -n⟩ = *Mediane*

Me|di|an|te ⟨f.; -, -n; Mus.⟩ *der Mittelton der Tonika u. der darauf errichtete Dreiklang* [< lat. *medianus* »in der Mitte befindlich«]

Me|di|an|wert ⟨m.; -(e)s, -e⟩ *Mittelwert*

me|di|as|ti|nal ⟨Adj.⟩ *den mittleren Teil der Brusthöhle betreffend, darin gelegen* [< lat. *mediastinus* »in der Mitte befindlich« < *medius* »der Mittlere«]

me|di|at ⟨Adj.⟩ **1** *mittelbar* **2** ⟨im alten Dt. Reich⟩ *einem Reichsstand u. nicht dem Reich selbst unterstehend* [< frz. *médiat* »mittelbar, abhängig«, < lat. *medius* »der mittlere«]

Me|di|a|ti|on ⟨f.; -, -en⟩ *Vermittlung, vermittelndes Dazwischentreten* [→ *mediat*]

me|di|a|ti|sie|ren ⟨V.⟩ *aus der reichsunmittelbaren Stellung einem Landesherren unterwerfen* [→ *mediat*]

Me|di|a|tor ⟨m.; -s, -to|ren⟩ **1** ⟨Rechtsw.⟩ *Schlichter in Rechtskonflikten* **2** ⟨Med.⟩ *hormonähnlicher Wirkstoff, der im Gewebe bzw. in den Zellen produziert wird u. über das Blut in der Nähe der Bildungsstätte od. entfernt wirksam werden kann* [lat., »Mittler«]

me|di|ä|val ⟨[-va:l] Adj.⟩ *mittelalterlich* [< lat. *medium* »das Mittlere« + *aevum* »Zeitalter«]

Me|di|ä|val ⟨[-va:l] f.; -; unz.⟩ *Nebenform der Antiquaschrift mit geringerem Unterschied zwischen Haar- u. Grundstrichen*

Me|di|ä|vis|tik ⟨[vis-] f.; -; unz.⟩ *Lehre von der Geschichte u. Kultur des Mittelalters* [→ *mediäval*]

Me|di|en ⟨Pl. von⟩ *Medium*

Me|di|en|kom|pe|tenz ⟨f.; -, -n⟩ → a. *Medium(4)* **1** *gekonntes Auftreten in Medien;* sie hat eine enorme ~ bewiesen **2** *Erfahrung im Umgang mit Medien*

Me|di|en|päd|a|go|ge, ⟨auch⟩ **Me|di|en|pä|da|go|ge** ⟨m.; -n, -n⟩ *Lehrer, Wissenschaftler im Bereich der Medienpädagogik*

Me|di|en|päd|a|go|gik, ⟨auch⟩ **Me|di|en|pä|da|go|gik** ⟨f.; -; unz.⟩ **1** *Teil der Erziehungswissenschaft, der die pädagogische Wirkung der Massenmedien erforscht* **2** *Erziehung, Anleitung zum selbständigen u. kritischen Umgang mit den (Massen-)Medien* **3** *Unterricht mit Hilfe von Medien,* z.B. Filmen, Tonträgern od. Bildern [< *Medium* + *Pädagogik*]

Me|di|en|päd|a|go|gin, ⟨auch⟩ **Me|di|en|pä|da|go|gin** ⟨f.; -, -gin|nen⟩ *Lehrerin, Wissenschaftlerin im Bereich der Medienpädagogik*

Me|di|en|ver|bund ⟨m.; -(e)s; unz.⟩ **1** *Verbindung mehrerer Medien, die auf ein bestimmtes Unterrichtsziel hin bearbeitet sind, z.B. Lehrbuch u. Schallplatte od. Tonband für Sprachkurs* **2** *gemeinsame Leitung mehrerer Kommunikationsmittel* (z.B. Zeitung, Fernsehen) *durch einen Dachverband*

Me|di|ka|ment ⟨n.; -(e)s, -e⟩ *Stoff, der zur Verhütung u. Behandlung von Krankheiten u. Schmerzen dient, Arzneimittel;* Sy *Pharmakon(1)* [< lat. *medicamentum* »Heilmittel«]

me|di|ka|men|tös ⟨Adj.⟩ *mit Hilfe von Medikamenten*

Me|di|kas|ter ⟨m.; -s, -; †⟩ *Quacksalber, Kurpfuscher* [< frz. *médicastre* < ital. *medicastro* »schlechter Arzt, Kurpfuscher« < lat. *medicus* »Arzt«]

Me|di|ka|ti|on ⟨f.; -, -en⟩ *Anwendung, Verabreichung eines Medikaments* [< lat. *medicari* »heilen«]

Me|di|kus ⟨m.; -, -di|zi od. -kus|se; scherzh.⟩ *Arzt* [< lat. *medicus*]

me|dio, Me|dio *in der Mitte;* ~ Mai ⟨Kaufmannsspr.⟩ *Mitte Mai* [lat.]

Me|dio ⟨m.; -s, -s; österr.⟩ *der 15. eines Monats*

me|di|o|ker ⟨Adj.⟩ *mittelmäßig* [< lat. *mediocris* »mittelmäßig«]

Me|di|o|kri|tät, ⟨auch⟩ **Me|di|ok|ri|tät** ⟨f.; -; unz.⟩ *Mittelmäßigkeit*
Me|di|o|thek ⟨f.; -, -en⟩ **1** *Sammlung von Medien(4) aller Art* **2** *Räume od. Gebäude, in denen eine solche Sammlung aufbewahrt wird u. eingesehen werden kann* [< *Medium* + *...thek*]
Me|di|san|ce ⟨[-sã:s(ə)] f.; -, -cen; †⟩ *Verleumdung, üble Nachrede* [frz., »üble Nachrede, Schmähsucht«; zu *médire* »Übles nachreden«]
me|di|sant ⟨Adj.; †⟩ *schmähsüchtig, klatschsüchtig;* eine ~e Verhaltensweise
Me|di|ta|ti|on ⟨f.; -, -en⟩ **1** *religiöse Versenkung* **2** *tiefes Nachdenken, sinnendes Betrachten* [<lat. *meditatio* »Nachsinnen, Denken«]
me|di|ta|tiv ⟨Adj.⟩ **1** *auf Meditation beruhend* **2** *in tiefes Nachdenken versunken*
me|di|ter|ran ⟨Adj.⟩ *zum Mittelmeer u. den angrenzenden Ländern gehörend, mittelmeerisch* [<lat. *mediterraneus* < *medius* »der mittlere« + *terra* »Land«]
Me|di|ter|ran|flo|ra ⟨f.; -, -ren⟩ *die mittelmeer. Pflanzenwelt*
me|di|tie|ren ⟨V.⟩ **1** *sich in Gedanken, Betrachtungen versenken, sinnend betrachten* **2** *tief nachdenken;* über eine Sache ~ [<lat. *meditari* »(nach)denken«]
me|di|um ⟨[mi:diəm] Adj.; undekl.⟩ **1** ⟨Kochk.⟩ *nicht ganz durchgebraten;* Steak ~ **2** ⟨Abk.: M⟩ *mittelgroß (als Kleidergröße)* [engl.]
Me|di|um ⟨n.; -s, -di|en⟩ **1** *Mittel, Mittler, Mittelglied* **2** ⟨Phys.⟩ *Substanz, in der sich physikal. Vorgänge abspielen* **3** ⟨Okk.⟩ *Person, die angebl. in der Lage ist, Botschaften aus der Geisterwelt zu übermitteln* **4** *Mittel, das der Vermittlung von Informationen, Unterhaltung u. Belehrung dient,* z.B. Zeitung, Film, Tonband **5** ⟨Gramm.⟩ *der reflexiven Form entsprechende Aktionsform des Verbums, bei der sich das Geschehen auf das Subjekt bezieht, z.B. im Griechischen* [lat., Neutr. zu *medius* »der Mittlere«]
Me|di|u|mis|mus ⟨m.; -; unz.⟩ *Glaube an die Möglichkeit einer Vermittlung zwischen Geister- u. Menschenwelt durch Medien(3)*
Me|di|zi ⟨Pl. von⟩ *Medikus*
Me|di|zin ⟨f.; -, -en⟩ **1** ⟨unz.⟩ *Wissenschaft vom kranken u. gesunden Menschen, von seiner Gesunderhaltung u. von den Krankheiten u. ihrer Heilung, Heilkunde* **2** ⟨zählb.⟩ *Heilmittel, Arznei* [<lat. *(ars) medicina* »die zur Heilung gehörige (Kunst)«]
me|di|zi|nal ⟨Adj.⟩ *die Medizin betreffend, zu ihr gehörend*
Me|di|zin|ball ⟨m.; -(e)s, -bäl|le⟩ *2-5 kg schwerer, mit Haaren gefüllter Lederball für gymnast. Übungen*
Me|di|zi|ner ⟨m.; -s, -⟩ **1** *Arzt* **2** *Student der Medizin*
Me|di|zi|ne|rin ⟨f.; -, -rin|nen⟩ **1** *Ärztin* **2** *Studentin der Medizin*
me|di|zi|nisch ⟨Adj.⟩ *die Medizin betreffend, auf ihr beruhend, ihr dienend;* ~e Klinik *K. für innere Medizin;* ~-technische Assistentin ⟨Abk.: MTA⟩ *Gehilfin an Krankenhäusern, medizinisch-diagnostischen Instituten, Laboratorien u. Forschungsinstituten usw., die Laboratoriumsuntersuchungen zu praktisch-klinischen u. wissenschaftlichen Zwecken ausführt*
Me|di|zin|mann ⟨m.; -(e)s, -män|ner; bei Naturvölkern⟩ *Zauberer, Heilkundiger, Priester*
Med|ley ⟨[mɛdli] n.; -s, -s⟩ *Potpourri, Vermischtes* [engl., »Gemisch, Mischmasch« <afrz. *medlee;* zu lat. *miscere* »mischen«]
Mé|doc ⟨[me:dɔk] m.; -s, -s⟩ *ein französ. Rotwein* [nach der südwestfr. Landschaft *Médoc*]
Me|dre|se, ⟨auch⟩ **Med|re|se** ⟨f.; -, -n⟩ *islam. Hochschule für Juristen u. Theologen* [<arab. *madrasah*]
Me|dul|la ⟨f.; -; unz.⟩ **1** *Mark, z.B. Knochenmark;* ~ oblongata *verlängertes Mark, Verbindung zwischen Stammhirn u. Rückenmark* **2** *innerste Schicht des Haares* [<lat. *medulla* »Mark«]
me|dul|lär ⟨Adj.; Med.⟩ *das Mark betreffend, zu ihm gehörig* [→ *Medulla*]
Me|du|se ⟨f.; -, -n⟩ **1** ⟨unz.; griech. Myth.⟩ *eine der drei Gorgonen, bei deren Anblick man vor Entsetzen versteinerte* **2** *frei schwimmende Form der Nesseltiere, Qualle* [<grch. *Medousa* »weibl. Ungeheuer«]
Me|du|sen|blick ⟨m.; -(e)s, -e; geh.⟩ *Grauen erregender, schrecklicher Blick wie bei einer Meduse(1)*
Me|du|sen|haupt ⟨n.; -(e)s, -häup|ter⟩ **1** ⟨grch. Myth.⟩ *Kopf der Meduse(1)* **2** ⟨unz.; geh.⟩ *Bild für etwas Furchtbares, das den Betrachter vor Schreck lähmt;* das ~ des Krieges **3** ⟨Med.⟩ *Netz hervortretender Hautvenen im Nabelbereich bei Blutstau in der Pfortader, z.B. infolge von Leberzirrhose*
me|du|sisch ⟨Adj.⟩ *in der Art einer Meduse(1), zu ihr gehörend, von ihr stammend*
Mee|ting ⟨[mi:-] n.; -s, -s⟩ *Zusammenkunft, Treffen, bes. polit., wissenschaftl. od. (mehrtägige) sportl. Veranstaltung;* ein ~ der führenden Wissenschaftler, Politiker [engl. »Zusammenkunft, Treffen«]
me|fi|tisch ⟨Adj.⟩ **1** *zu Schwefelquellen gehörend* **2** *übel riechend, stinkend* [nach der altital. Göttin *Mephitis*]
meg..., **Meg...** ⟨vor Vokalen; in Zus.⟩ = *mega..., Mega...*
me|ga..., **Me|ga...** ⟨vor Vokalen⟩ meg..., Meg... ⟨Zeichen: M; in Zus.⟩ **1** *groß..., Groß...* **2** ⟨vor Maßeinheiten⟩ *das Millionenfache der betreffenden Maßeinheit, z.B. ein Megawatt (MW) = 1 Million Watt* **3** ⟨umg.; salopp⟩ *super, mächtig, hervorragend;* megagut, Megatrend, Megakonzert [<grch. *megas* »groß«]
Me|ga|bit ⟨a. ['---] n.; - od. -s, - od. -s; EDV; Zeichen: Mbit⟩ *Maßeinheit für 1048576 Bit; gebräuchliches Maß für die Speicherkapazität von Computerchips* [< *Mega...* + *Bit*]

Me|ga|byte ⟨[-bait] a. ['---] n.; - od. -s, - od. -s; EDV; Zeichen: MB, MByte⟩ *Maßeinheit für 1048576 Byte, gebräuchliches Maß für die Speicherkapazität von Halbleiterspeichern, die mit einer Funktionseinheit verknüpft sind, u. für Massenspeichersysteme* [< *Mega...* + *Byte*]
Me|ga|car|ri|er ⟨[-kæriə(r)] m.; -s, -; umg.; salopp⟩ *großes Reiseunternehmen* [zu *mega...*, *Mega...* + engl. *carrier* »Spediteur, Transportunternehmer«]
Me|ga|chip ⟨[-tʃip] m.; -s, -s; EDV⟩ *elektron. Halbleiterschaltung mit einer Speicherkapazität von einer Million Bit* [< *Mega...* + *Chip*]
Me|ga|e|lek|tro|nen|volt, ⟨auch⟩ **Me|ga|e|lekt|ro|nen|volt** ⟨n.; -s, -; Abk.: MeV⟩ *eine Million Elektronenvolt*
Me|ga|fon ⟨n.; -s, -e⟩ = *Megaphon*
Me|ga|hertz ⟨n.; -, -; Abk.: MHz⟩ *eine Million Hertz*
me|ga-in ⟨Adj.; undekl.; umg.⟩ *besonders aktuell, modisch od. gefragt;* Ggs *mega-out;* Plateauschuhe sind zur Zeit wieder ~ [< *mega...* + engl. *in* »aktuell, gefragt, populär«]
me|gal..., **Me|gal...** ⟨vor Vokalen; in Zus.⟩ = *megalo...*, *Megalo...*
Me|gal|en|ze|pha|lie, ⟨auch⟩ **Me|ga|len|ze|pha|lie** ⟨f.; -, -n⟩ *abnorme Vergrößerung des Gehirns* [< *Megal...* + grch. *egkephalos* »Gehirn«]
Me|ga|lith ⟨m.; -s, -e⟩ *vorgeschichtl. Baudenkmal aus großen, unbebauten Steinen* [< *Mega...* + *...lith*]
Me|ga|lith|grab ⟨n.; -(e)s, -grä|ber⟩ *vorgeschichtl. Grabbau aus unbehauenen Blöcken, Hünengrab, Großsteingrab*
Me|ga|li|thi|ker ⟨m.; -s, -⟩ *Träger der Megalithkultur*
me|ga|li|thisch ⟨Adj.⟩ *aus großen Steinen bestehend*
Me|ga|lith|kul|tur ⟨f.; -; unz.⟩ *jungsteinzeitl. Kultur mit Großsteingräbern u. Schnurkeramik*
me|ga|lo..., **Me|ga|lo...** ⟨vor Vokalen⟩ megal..., Megal... ⟨in Zus.⟩ *groß...*, *Groß...* [<grch. *megas*, Gen. *megalou* »groß«]
Me|ga|lo|blast ⟨m.; -en, -en; meist Pl.⟩ *abnorm große Vorstufe der roten Blutkörperchen* [< *Megalo...* + *...blast*]
Me|ga|lo|ke|pha|lie ⟨f.; -, -n⟩ = *Makrokephalie* [< *Megalo...* + *...kephalie*]
me|ga|lo|man ⟨Adj.⟩ *an Megalomanie leidend, größenwahnsinnig*
Me|ga|lo|ma|nie ⟨f.; -; unz.⟩ *Größenwahn*
Me|ga|lo|po|lis ⟨f.; -, -po|len⟩ *Riesenstadt, großflächig verstädterte Zone mit einer Häufung von Großstädten, Industrie-, Gewerbe- u. Verkehrsanlagen* [< *Mega...* + grch. *polis* »Stadt«]
Me|gal|op|sie, ⟨auch⟩ **Me|ga|lop|sie** ⟨f.; -, -n⟩ = *Makropsie* [< *Megalo...* + *...opsie*]
Me|ga|lo|zyt ⟨m.; -en, -en⟩ *abnorm großes, aus einem Megaloblasten entstandenes rotes Blutkörperchen* [< *Megalo...* + *...zyt*]
Meg|an|thro|pus, ⟨auch⟩ **Me|ganth|ro|pus** ⟨m.; -, -pi⟩ *Lebewesen aus dem Übergangsbereich zwischen Tier u. Mensch* [< *Mega...* + grch. *anthropos* »Mensch« mit lat. Endung]
Me|ga|ohm ⟨a. ['---] n.; - od. -s, -; Zeichen: MΩ⟩ *1 Million Ohm;* Sy *Megohm* [< *Mega...* + *Ohm;* nach dem dt. Physiker Georg Simon *Ohm*, 1789–1854]
me|ga-out ⟨[-aut] Adj.; undekl.; umg.⟩ *sehr veraltet, rückständig, unpopulär, unmodisch;* Ggs *mega-in;* Plateauschuhe waren bis vor kurzem noch ~ [< *mega...* + engl. *out* »veraltet, unpopulär, nicht zeitgemäß«]
Me|ga|phon ⟨n.; -s, -e⟩ *Sprachrohr, Schalltrichter, oft mit elektrischer Verstärkung;* oV *Megafon*
Me|gä|re ⟨f.; -, -n⟩ **1** ⟨griech. Myth.⟩ *eine der Erinnyen* **2** ⟨danach allg.⟩ *böses Weib* [< grch. *Megaira*, eigtl. »die Zürnende«]
Me|ga|ron ⟨n.; -s, -ra⟩ **1** ⟨urspr.⟩ *das älteste, langrechteckige, einräumige grch. Haus, Grundform des grch. Tempels* **2** ⟨dann⟩ *Hauptraum (mit Herd) des griech. Hauses* [grch., »Saal, großes Zimmer«]
Me|ga|sel|ler ⟨m.; -s, -; umg.; salopp⟩ *Verkaufsschlager, Hit, erfolgreicher Bestseller* [< *Mega...* + engl. *sell* »verkaufen«]
Me|ga|the|ri|um ⟨n.; -s, -ri|en⟩ *urzeitl. südamerikan. Riesenfaultier* [< *Mega...* + grch. *ther* »Tier«]
me|ga|therm ⟨Adj.⟩ *warme Standorte bevorzugend (von Pflanzen)* [< *mega...* + *...therm*]
Me|ga|ton|ne ⟨f.; -, -n; Zeichen: Mt⟩ *eine Million Tonnen*
Me|ga|volt ⟨[-vɔlt] n.; - od. -(e)s, -; Zeichen: Mv⟩ *1 Million Volt* [< *Mega...* + *Volt*]
Me|ga|watt ⟨n.; -s, -; Abk.: MW⟩ *eine Million Watt*
Meg|ohm ⟨n.; - od. -s, -⟩ = *Megaohm*
Mei|o|se ⟨f.; -, -n⟩ = *Reduktionsteilung*
Meis|je ⟨n.; -s, -s⟩ *(Tracht tragendes) holländisches Mädchen* [ndrl., »Mädchen«]
Mek|ka ⟨n.; -s, -s⟩ *Ort, der eine große Anziehungskraft ausübt;* ein ~ für Touristen [nach der Stadt *Mekka*, Wallfahrtsort der Muslime]
Me|ko|ni|um ⟨n.; -s; unz.⟩ *erster schwärzl. Stuhlgang des Neugeborenen, Kindspech* [< grch. *mekon* »Mohn(saft)«]
Mel|a|min|harz, ⟨auch⟩ **Me|la|min|harz** ⟨n.; -es; unz.⟩ *Kunstharz aus der Gruppe der Aminoplaste, das den Harnstoffharzen ähnlich ist* [< grch. *melas* »schwarz« + *Amin* + *Harz*]
me|lan..., **Me|lan...** ⟨in Zus.⟩ = *melano...*, *Melano...*
Me|lä|na ⟨f; -; unz.; Med.⟩ *durch Blutungen in Magen od. Darm schwarz gefärbter Stuhl* [zu grch. *melas* »schwarz«]
Me|lan|ä|mie, ⟨auch⟩ **Me|la|nä|mie** ⟨f.; -; unz.⟩ *Ablagerung dunkler Pigmente in Milz, Leber, Knochenmark u. Hirnrinde* [< *Melan...* + *...ämie*]
Me|lan|cho|lie ⟨[-ko-] f.; -; unz.⟩ *Schwermut, Trübsinn, Traurigkeit, Weltschmerz* [< lat. *melancholia* < grch. *melagcholia*, eigtl.

»Schwarzgalligkeit« < *melas* »schwarz« + *chole* »Galle«]

Me|lan|cho|li|ker ⟨[-ko:-] m.; -s, -s⟩ *schwermütiger, zu Trübsinn u. Traurigkeit neigender Mensch*

me|lan|cho|lisch ⟨[-ko:-] Adj.⟩ *schwermütig, trübsinnig, traurig*

Me|lan|ge ⟨[-lã:ʒ(ə)] f.; -, -n⟩ **1** *Mischung, Gemisch* **2** ⟨österr.⟩ *Milchkaffee* **3** *Woll- u. Baumwollgarn aus verschiedenen Fasern* [<frz. *mélange* »Mischung«; zu *mêler* »mischen«]

Me|la|nin ⟨n.; -s, -e; Biol.⟩ **1** *rotes bis schwarzes Pigment, das weit verbreitet in allen Tierklassen u. beim Menschen vorkommt, Hautfarbstoff* **2** *Farbstoff, der die dunkle Färbung mancher Früchte hervorruft* [<grch. *melas* »schwarz«]

Me|la|nit ⟨m.; -(e)s, -e; Min.⟩ *schwarzbrauner Granat* [zu grch. *melas* »schwarz«]

Me|la|nis|mus ⟨m.; -; unz.⟩ *krankhafte, dunkle Färbung der Körperoberfläche bei Tier u. Mensch* [→ *Melanin(1)*]

me|la|no..., Me|la|no... ⟨in Zus.⟩ *dunkel, schwarz, schwärzlich* [<grch. *melas*, Gen. *melanos* »schwarz«]

me|la|no|derm ⟨Adj.⟩ *überpigmentiert, dunkelhäutig;* Ggs *leukoderm* [< *melano...* + *...derm*]

Me|la|no|der|mie ⟨f.; -, -n⟩ *Dunkelfärbung der Haut durch Überpigmentierung* [< *Melano...* + *...dermie*]

Me|la|no|glos|sie ⟨f.; -, -n⟩ *dunkler, haarförmiger Belag auf der Zunge* [< *Melano...* + grch. *glossa* »Zunge«]

me|la|no|krat ⟨Adj.; Geol.⟩ *überwiegend dunkle Bestandteile aufweisend u. daher dunkel erscheinend (von Gesteinen);* Ggs *leukokrat* [< *melano...* + *...krat*]

Me|la|nom ⟨n.; -s, -e; Med.⟩ *meist bösartige Geschwulst der Haut od. der Schleimhaut, die von den pigmentbildenden Zellen ausgeht* [→ *Melano...*]

Me|la|no|pho|ren ⟨Pl.⟩ *Farbstoffträger der Pigmentzellen, die Melanine enthalten* [< *Melano...* + *...phor*[1]]

Me|la|no|se ⟨f.; -, -n⟩ **1** *Schwärzung in pflanzlichen Geweben als Folge der Bildung von schwarzen Farbstoffen* **2** *Bildung dunkler Flecken auf der Haut* [<grch. *melas* »schwarz«]

Me|la|no|tro|pin ⟨n.; -s; unz.; Biol.; Med.⟩ *im Hypophysenzwischenlappen gebildetes Hormon, das die Hautpigmentierung regelt u. bes. bei Fischen u. Amphibien eine (vorübergehende) Dunkelfärbung bewirkt;* Sy *Intermedin;* →a. *Melatonin* [< *Melano...* + *...trop*]

Me|lan|te|rit ⟨m.; -s, -e⟩ *Eisenvitriol* [<grch. *melanteria* »Schuhschwärze«; zu *melas* »schwarz«]

Me|lan|u|rie, ⟨auch⟩ **Me|la|nu|rie** ⟨f.; -, -n⟩ *Ausscheidung melaninhaltigen Harns* [< *Melan...* + *...urie*]

Me|la|phyr ⟨[-fy:r] m.; -s, -e⟩ *schwarzer Porphyr* [<grch. *melas* »schwarz« + *Porphyr*]

Me|las|se ⟨f.; -, -n⟩ *zähflüssiger, brauner Rückstand bei der Herstellung von Zucker* [<frz. *mélasse,* <lat. *mel,* grch. *meli* »Honig«]

Me|la|to|nin ⟨n.; -s; unz.; Biol., Med.⟩ *Hormon der Zirbeldrüse, das bei Amphibien zu einer Aufhellung der Haut führt u. beim Menschen eine hemmende Wirkung auf die Entwicklung der Geschlechtsdrüsen hat;* →a. *Melanotropin* [< *Melano...* + grch. *tonos* »Spannung«]

me|lie|ren ⟨V.⟩ *mischen, vermischen, vermengen, sprenkeln* [<frz. *mêler* »mischen«]

me|liert ⟨Adj.⟩ **1** *aus zwei od. mehreren Farben od. Geweben gemischt* **2** *leicht ergraut, von grauen Strähnen durchzogen (von Haaren)* [<frz. *mêler* »mischen«]

Me|lik ⟨f.; -; unz.⟩ *singbare od. gesungene Lyrik, Lieddichtung* [<grch. *melos* »Gesang, Lied«]

Me|li|o|ra|ti|on ⟨f.; -, -en⟩ **1** *Verbesserung* **2** *Bedeutungswandel eines Wortes zum Besseren,* z.B. lat. caballarius »Pferdeknecht« zu »Kavalier«; Ggs *Pejoration* **3** *Bodenverbesserung (durch Bewässerung, Eindeichung u.a.)* [<lat. *melioratio* »Verbesserung«; zu *melior* »besser«]

me|li|o|ra|tiv ⟨Adj.⟩ *bedeutungsverbessernd, in der Bedeutung sich positiv verändern* (von Wörtern); Ggs *pejorativ*

Me|li|o|ra|ti|vum ⟨[-vum] n.; -s, -va [-va]⟩ *Wort, dessen Bedeutung sich im Lauf seiner Entwicklung verbessert hat,* z.B. „Kavalier" <lat. caballarius „Pferdeknecht"; Ggs *Pejorativum*

me|li|o|rie|ren ⟨V.⟩ Ackerboden ~ *verbessern* [<lat. *melior* »besser«]

Me|lis ⟨m.; -; unz.⟩ *unvollständig gereinigter, gelblicher Zucker* [<lat. *mel,* grch. *meli* »Honig«; verwandt mit *Mehltau*]

me|lisch ⟨Adj.; Mus.⟩ *liedhaft* [<grch. *melos* »Lied, Gesang«]

Me|lis|ma ⟨n.; -s, -men; Mus.⟩ *melod. Verzierung, Koloratur* [grch., »Gesang, Lied«]

Me|lis|ma|tik ⟨f.; -; unz.⟩ *Kunst der melod. Verzierung*

me|lis|ma|tisch ⟨Adj.⟩ *mit mehreren Noten auf einer Silbe, verziert;* ~er Gesang; Ggs *syllabisch(2)*

Me|lis|se ⟨f.; -, -n⟩ *Gattung der Lippenblütler mit Blüten, die nach Zitrone duften, Zitronenkraut: Melissa* [<mlat. *melissa* <grch. *melisso-phyllon* »Bienenkraut«]

Me|lis|sen|geist ⟨m.; -(e)s; unz.⟩ = *Karmelitergeist*

Me|li|to|se ⟨f.; -, -n⟩ = *Raffinose*

Mel|lo|tron, ⟨auch⟩ **Mel|lot|ron** ⟨n.; -s, -e; Mus.⟩ *seit Ende der 1950er-Jahre bes. in der Rock- u. Unterhaltungsmusik verwandtes, elektromechanisches Tasteninstrument, das auf Mehrspurbändern gespeicherte Originaltöne von Streicher-, Bläser- u. Vokalklängen über die Tastatur abrufbar macht;* →a. *Sampler* [<engl. *mel*ody elec*tron*ics »Melodienelektronik«]

Me|lo|die ⟨f.; -, -n; Mus.⟩ *in sich geschlossene, sangbare Folge von Tönen* [< mhd. *melodie* < spätlat. *melodia* < grch. *meloidia* »Singweise« < *melos* »Lied, Gesang« + *oide* »Singen«]

Me|lo|die|in|stru|ment, ⟨auch⟩ **Me|lo|die|ins|tru|ment, Me|lo|die|inst|ru|ment** ⟨n.; -s, -e; Mus.⟩ *Musikinstrument, das die Melodie eines Musikstücks führt (bes. Streich-, Blasinstrument)*

Me|lo|dik ⟨f.; -; unz.; Mus.⟩ **1** *Lehre von der Bildung u. Gestaltung einer Melodie* **2** *melod. Eigenart, Besonderheit, die melod. Merkmale, z.B. eines Musikstücks, eines Komponisten, der Musik einer Zeit*

me|lo|di|ös ⟨Adj.; Mus.⟩ *melodisch schön, harmonisch, wohlklingend* [< frz. *mélodieux*]

me|lo|disch ⟨Adj.; Mus.⟩ **1** *auf die Melodie bezüglich, die Melodie betreffend* **2** = *melodiös* **3** ~e Molltonleiter *Molltonleiter, bei der die 6. u. 7. Stufe erhöht ist;* Ggs *harmonische Molltonleiter* [→ *Melodie*]

Me|lo|dram, Me|lo|dra|ma ⟨n.; -s, -men⟩ **1** *gesprochene Dichtung mit musikal. Untermalung* **2** ⟨fig.; umg.⟩ *leidenschaftl. Auseinandersetzung, tränenreicher Konflikt* [< grch. *melos* »Lied, Gesang« + *drama* »Handlung«]

Me|lo|dra|ma|tik ⟨f.; -; unz.⟩ *(übertrieben) leidenschaftliche, gefühlvolle Beschaffenheit;* die ~ dieses Theaterstücks ist unerträglich [→ *Melodram*]

me|lo|dra|ma|tisch ⟨Adj.⟩ **1** *in der Art eines Melodramas(1)* **2** ⟨fig.; umg.⟩ *leidenschaftlich, tränenreich, theatralisch*

Me|lo|graf ⟨m.; -en, -en⟩ = *Melograph*

Me|lo|graph ⟨m.; -en, -en; Mus.⟩ *Apparat zur mechanischen u. reproduzierbaren Aufzeichnung des Klavierspiels, Notenschreiber;* oV *Melograf;* Sy *Pianograph* [< grch. *melos* »Lied, Gesang« + ...*graph*]

Me|lo|ne ⟨f.; -, -n⟩ **1** *Kürbisgewächs mit saftigen Früchten, die roh genossen werden: Cucimis melo;* Zucker~; Wasser~ **2** ⟨umg.⟩ *steifer, runder Herrenhut* [< mhd. *melone, melun(e)* < ital. *melone,* frz. *melon* < lat. *melo* < grch. *melon* »Apfel«]

Me|lo|pö|ie ⟨f.; -; unz.⟩ **1** ⟨im antiken Griechenland⟩ *Herstellung eines Melos, Erfindung musikalischer Weisen* **2** ⟨Mus.⟩ *Lehre von der Melodiebildung, Kompositionslehre* [< grch. *melopoiia* »Vertonen von Liedern« < *melos* »Lied« + *poiein* »schaffen«]

Me|los ⟨n.; -; unz.⟩ *Melodie, melod. Linie, melodischer Gehalt* [grch., »Lied, Gesang«]

Mel|ton ⟨m.; - od. -s, -s; unz.⟩ *weicher Kammgarnstoff mit aufgerauter Oberfläche* [nach der engl. Stadt *Melton*]

Mem|ber of Par|lia|ment ⟨[mɛmbə(r) ɔv pa:ləmənt] n.; - - -, -s - -; Abk. M.P.; in Großbritannien⟩ *gewähltes Mitglied des House of Commons* [engl., »Parlamentsmitglied«]

Mem|bran, ⟨auch⟩ **Memb|ran** ⟨f.; -, -en⟩, **Mem|bra|ne,** ⟨auch⟩ **Memb|ra|ne** ⟨f.; -, -n⟩ **1** *dünnes, schwingungsfähiges Blättchen aus Metall, Papier, Gummi zum Übertragen von Schallwellen* **2** *dünnes Häutchen, z.B. Zellwand, Trommelfell* [< lat. *membrana* »Häutchen, Haut; Schreibhaut, Pergament«; zu *membrum* »Glied, Körperglied«]

Mem|bra|no|fon, ⟨auch⟩ **Memb|ra|no|fon** ⟨n.; -s, -e⟩ = *Membranophon*

Mem|bra|no|phon, ⟨auch⟩ **Memb|ra|no|phon** ⟨n.; -s, -e⟩ *jedes Musikinstrument, dessen Töne durch Schwingungen einer Membran hervorgebracht werden, z.B. Pauke, Trommel;* oV *Membranofon* [< *Membran* + ...*phon*]

Mem|brum, ⟨auch⟩ **Memb|rum** ⟨n.; -s, -bra⟩ *Körperglied* [lat.]

Me|men|to ⟨n.; -s, -s⟩ *Mahnung, Mahnruf, Erinnerung* [lat., »gedenke!«]

Me|men|to mo|ri ⟨n.; - -, - -⟩ *Gedenke des Todes, denke daran, dass du sterben musst!* [lat.]

Me|mo ⟨n.; -s, -s; kurz für⟩ *Memorandum*

Me|moire ⟨[-moa:r] n.; -s, -s⟩ *Denkschrift, (schriftl.) Eingabe* [< frz. *mémoire* »Erinnerung, Gedächtnis, Andenken«; < lat. *memorare* »erinnern«]

Me|moi|ren ⟨[-moa:rən] nur Pl.⟩ *(zeitgeschichtl. interessante) Erinnerungen aus dem eigenen Leben, Lebenserinnerungen*

> **Memoiren** (*Worttrennung am Zeilenende*) Die Worttrennung am Zeilenende folgt auch bei Fremdwörtern der im Deutschen gebräuchlichen Trennung nach Sprechsilben. Dabei ist zu beachten, dass für die Trennung von Fremdwörtern die fremdsprachliche Aussprache entscheidend ist. So bildet die Buchstabengruppe »*-oi-*« [oa] bei »*Memoiren*« eine nicht trennbare Vokalverbindung.

Me|mo|ra|bi|li|en ⟨nur Pl.⟩ *Denkwürdigkeiten* [< lat. *memorabilis* »denkwürdig«]

Me|mo|ran|dum ⟨n.; -s, -den od. -da⟩ **1** ⟨Diplomatie⟩ *Denkschrift* **2** *Merkbuch* [< lat. *memorandum* »etwas zu Merkendes, Denkschrift«; zu *memorare* »erinnern, in Erinnerung bringen«]

Me|mo|ri|al ⟨n.; -s, -e od. -li|en⟩ **1** *Erinnerungsbuch, Tagebuch* **2** ⟨a. engl. [mimɔriəl]; n.; -s, -s⟩ *sportl. Wettkampf, Veranstaltung zum Gedenken eines Verstorbenen* [engl., < lat. *memorialis* »zum Andenken gehörig«]

me|mo|rie|ren ⟨V.⟩ **1** *auswendig lernen, sich einprägen* **2** *aus dem Gedächtnis hersagen* [< lat. *memorare* »erinnern«; zu *memor* »sich erinnernd, eingedenk«]

Me|mo|ry ⟨n.; -s, -s⟩ **1** ⟨EDV⟩ *Speicher* **2** *Gesellschaftsspiel für Kinder, bei dem aus einer Anzahl verdeckter Bildkärtchen jeweils gleiche Paare gefunden werden müssen* [engl., »Gedächtnis«]

Mem|phis ⟨m.; -, -⟩ *Gesellschaftstanz der 60er Jahre* [nach der Stadt *Memphis* im US-Bundesstaat Tennessee]

Me|na|ge ⟨[-ʒə] f.; -, -n⟩ **1** *tragbares Gestell zum Essenholen, in das Schüsseln eingesetzt* *werden* **2** *Ständer mit Gefäßen für Essig u. Öl* **3** *Haushalt* **4** *(sparsame) Wirtschaft* **5** ⟨österr.⟩ *militär. Verpflegung* [< frz. *ménage* »Haushalt, Wirtschaft, Hausrat«]

Me|na|ge|rie ⟨[-ʒe-] f.; -, -n; †⟩ **1** *Tierschau* **2** *Tierpark, -gehege* [< frz. *ménagerie*]

Men|ar|che, ⟨auch⟩ **Me|nar|che** ⟨f.; -; unz.⟩ *Zeitpunkt der ersten Regelblutung* [< grch. *men* »Monat« + *arche* »Anfang, Beginn«]

Men|de|le|vi|um ⟨[-vi-] n.; -s; unz.; chem. Zeichen: Md⟩ *chem. Grundstoff, Ordnungszahl 101, ein Transuran* [nach dem russ. Chemiker Dimitrij *Mendelejew,* 1834-1907]

Men|de|lis|mus ⟨m.; -; unz.⟩ *Richtung der Vererbungslehre* [nach dem Botaniker u. Vererbungsforscher Gregor Johann *Mendel,* 1822-1884]

Men|di|kant ⟨m.; -en, -en⟩ *Bettelmönch* [< lat. *(fratres) mendicantes* »Bettelmönche«; zu *mendicare* »(er)betteln«]

Men|di|kan|ten|or|den ⟨m.; -s, -⟩ *Bettelorden*

Me|nes|trel, ⟨auch⟩ **Me|nest|rel** ⟨m.; -s, -s; in Frankr. im MA⟩ *Sänger, Spielmann im Dienst eines Fürsten* [→ *Minstrel*]

Me|ne|te|kel ⟨n.; -s, -⟩ *(geheimnisvolles) Anzeichen drohender Gefahr, warnendes Vorzeichen* [nach dem AT die Anfangsworte der Geisterschrift, die dem König Belsazar seinen Sturz voraussagte]

me|ne|te|keln ⟨V.; umg.⟩ *düstere Prophezeiungen machen, Unheilvolles voraussagen* [→ *Menetekel*]

Men|hir ⟨m.; -s, -e⟩ *jungsteinzeitlicher, aufrecht stehender, hoher Stein von kultischer Bedeutung,* z.B. im engl. Stonehenge [kelt.; zu *men* »Stein« + *hir* »lang«]

me|nin|ge|al ⟨Adj.⟩ *zu den Hirnhäuten gehörend* [→ *Meninx*]

Me|nin|ge|om, Me|nin|gi|om ⟨n.; -s, -e⟩ *Hirnhautgeschwulst* [→ *Meninx*]

Me|nin|gi|tis ⟨f.; -, -ti|den⟩ *Gehirnhautentzündung* [→ *Meninx*]

Me|nin|go|kok|ke ⟨f; -, -n; meist Pl.; Med.⟩ *kugelförmiges Bakterium, Erreger der epidemischen Hirnhautentzündung* [< *Meninx* + *Kokkus*]

Me|nin|go|my|e|li|tis ⟨f.; -, -ti|den⟩ *Entzündung des Rückenmarks* [< *Meninx* + *Myelitis*]

Me|nin|go|ze|le ⟨f.; -, -n⟩ *Hirnhautbruch* [< *Meninx* + grch. *kele* »Bruch«]

Me|ninx ⟨f.; -, -nin|ges [-ge:s]⟩ *Hirn- bzw. Rückenmarkshaut* [grch., »Haut«]

Me|nis|ken|glas ⟨n.; -(e)s, -glä|ser⟩ *Glas, Linse, bei dem beide Oberflächen die gleiche Krümmungsart (konvex, konkav) aufweisen,* z.B. Brillenglas; Sy *Meniskus(3)* [< grch. *meniskos* »mondförmiger Körper«]

Me|nis|kus ⟨m.; -, -ken⟩ **1** ⟨Anat.⟩ *halbmondförmiger Knorpel im Kniegelenk* **2** ⟨Phys.⟩ *gewölbte Oberfläche einer Flüssigkeit in einer engen Röhre* **3** ⟨Optik⟩ = *Meniskenglas* [< grch. *meniskos* »Möndchen, mondförmiger Körper«; zu *mene* »Mond«]

Men|ni|ge ⟨f.; -; unz.⟩ *rotes Rostschutzmittel, chem. ein Bleioxid, chem. Formel Pb_3O_4;* Sy *Minium* [< iber., lat. *minium* »Zinnober«; nach *Minius,* dem lat. Namen des span. Flusses *Miño* (nach seinem roten Wasser)]

me|no ⟨Mus.⟩ *weniger;* Ggs *piu;* ~ forte *weniger laut (zu spielen)* [ital.]

me|no..., **Me|no...** ⟨in Zus.⟩ *monats..., Monats...* [< grch. *men,* Gen. *menos* »Monat«]

Me|no|pau|se ⟨f.; -, -n⟩ *Aufhören der Menstruation in den Wechseljahren* [< *Meno...* + grch. *pauein* »aufhören lassen«]

Me|no|ra ⟨f.; -; unz.⟩ *der meist siebenarmige Leuchter der Juden, heute religiöses Symbol* [< hebr. *menorah* »Leuchter«]

Me|nor|rha|gie ⟨f.; -, -n⟩ *zu starke Menstruation* [< *Meno...* + *...rrhagie*]

Me|nor|rhö ⟨f.; -, -en⟩, **Me|nor|rhöe** ⟨[-rø:] f.; -, -n⟩ = *Menstruation* [< *Meno...* + *...rrhö*]

me|nor|rhö|isch ⟨Adj.⟩ = *menstrual(3)*

Me|no|sta|se, ⟨auch⟩ **Me|nos|ta|se** ⟨f.; -, -n⟩ *Ausbleiben der Menstruation* [< *Meno...* + *...stase*]

Men|sa ⟨f.; -, -sen; kurz für⟩ **1** ~ Domini *Tisch des Herrn, Altar* **2** ~ academica *akadem. Mittagstisch, Speisehaus für Studenten mit verbilligtem Mittagessen* [lat.]

Men|sche|wik ⟨m.; -en, -en od. -ki⟩ *Vertreter, Angehöriger des Menschewismus* [< russ. *menšinstvo* »Minderheit«]

Men|sche|wis|mus ⟨m.; -; unz.⟩ *die gemäßigte Richtung der russ. sozialdemokrat. Arbeiterpartei;* Ggs *Bolschewismus*

Men|sche|wist ⟨m.; -en, -en⟩ = *Menschewik*

men|sche|wis|tisch ⟨Adj.⟩ *den Menschewismus betreffend, zu ihm gehörend*

Men|sel ⟨f.; -, -n; Geogr.; †⟩ *Messtisch;* oV *Mensul* [< lat. *mensula* »kleiner Tisch«]

Men|ses ⟨Pl.; Sg. -sis⟩ = *Menstruation* [lat., Pl. zu *mensis* »Monat«]

men|sis cur|ren|tis ⟨Abk.; m.c.⟩ *(des) laufenden Monats* [lat.]

Mens sa|na in cor|po|re sa|no *ein gesunder Geist in einem gesunden Körper (Wahlspruch für eine gleichermaßen geistige u. körperl. Ausbildung)* [lat.]

mens|tru|al, ⟨auch⟩ **menst|ru|al** ⟨Adj.⟩ **1** *monatl. wiederkehrend* **2** *einen Monat lang* **3** *zur Menstruation gehörend, auf ihr beruhend;* Sy *menorrhöisch, menstruell* [< lat. *menstrualis* »monatlich«]

Mens|tru|a|ti|on, ⟨auch⟩ **Menst|ru|a|ti|on** ⟨f.; -, -en⟩ *die in etwa 28-tägigem Abstand erfolgende, mit einer Blutung einhergehende Abstoßung der Gebärmutterschleimhaut bei unbefruchteter Eizelle, Monatsblutung, Regel;* Sy *Katamenien, Menorrhö(e), Menses, Periode(5)* [→ *menstruieren*]

mens|tru|ell, ⟨auch⟩ **menst|ru|ell** ⟨Adj.⟩ = *menstrual(3)*

mens|tru|ie|ren, ⟨auch⟩ **menst|ru|ie|ren** ⟨V.; Med.⟩ *die Menstruation haben* [< lat. *menstruare;* zu *mensis* »Monat«]

men|su|al ⟨Adj.⟩ *monatlich*

Men|sul ⟨f.; -, -n; †⟩ = *Mensel*

Men|sur ⟨f.; -, -en⟩ **1** *Maß, Messung* **2** *Abstand zweier Fechter voneinander* **3** *student. Zweikampf mit Säbel od. Degen* **4** ⟨Mus.⟩ *um 1250 festgelegtes Maß, das die Verhältnisse der Notenwerte zueinander bestimmt* **5** ⟨Mus.⟩ *das Verhältnis zwischen den Maßen der einzelnen Musikinstrumente, z.B. Saitenlänge, Hals, Resonanzkörper bei Saiteninstrumenten* **6** ⟨Chem.⟩ *Glasgefäß mit Maßeinteilung zum Abmessen von Flüssigkeiten* [<lat. *mensura* »das Messen, das Maß«; zu *metiri* »messen, abmessen«]

men|su|ra|bel ⟨Adj.⟩ *messbar;* Ggs *immensurabel;* mensurable Größen [<nlat. *mensurabilis* <lat. *mensura* »Maß, das Messen«]

Men|su|ra|bi|li|tät ⟨f.; -; unz.⟩ *Messbarkeit*

men|su|ral ⟨Adj.⟩ *zum Messen gehörig od. dienend* [→ *Mensur*]

Men|su|ral|mu|sik ⟨f.; -; unz.; 13.–16. Jh.⟩ *in Mensuralnotation aufgezeichnete Instrumentalmusik, bei der die einzelnen Noten je nach der durch das Taktvorzeichen bestimmten Mensur verschiedene Werte haben*

Men|su|ral|no|ta|ti|on ⟨f.; -; unz.; Mus.; bis 1600⟩ *die Modalnotation ablösende Notenschrift, in der die Dauer der Töne (gemäß ihrer Mensur) genau festgelegt ist*

men|su|riert ⟨Adj.; Mus.⟩ *in bestimmten Maßverhältnissen stehend, bestimmte Maßverhältnisse besitzend* [→ *Mensur*]

men|tal[1] ⟨Adj.⟩ **1** *geistig;* ~es Training **2** *nur gedacht, unausgesprochen, bewusst zurückgehalten* [<mlat. *mentalis* »geistig, in der Vorstellung vorhanden« <lat. *mens* »Geist, Verstand, Vorstellung«]

men|tal[2] ⟨Adj.⟩ *zum Kinn gehörig* [<lat. *mentum* »Kinn«]

Men|ta|lis|mus ⟨m.; -; unz.⟩ **1** ⟨Psych.⟩ *psychologische Richtung, die mittels theoretischer Modelle die Organisationsprinzipien des menschlichen Geistes (z.B. Kreativität) erklären will, da sie menschliches Handeln als Ergebnis mentaler Vorgänge ansieht* **2** ⟨Philos.⟩ *sprachphilosophische Theorie, die das Zustandekommen von Erkenntnis in der Terminologie innerer, mentaler Vorgänge darzustellen sucht* [→ *mental(1)*]

men|ta|lis|tisch ⟨Adj.⟩ *den Mentalismus betreffend, zu ihm gehörend, auf ihm beruhend*

Men|ta|li|tät ⟨f.; -, -en⟩ *seelisch-geistige Einstellung* [→ *mental(1)*]

Men|tal|re|ser|va|ti|on ⟨[-va-] f.; -, -en; Rechtsw.⟩ *stiller, nur in Gedanken gemachter Vorbehalt*

Men|tal|sug|ges|ti|on ⟨f.; -, -en⟩ *Gedankenübertragung*

men|te cap|tus *des Verstandes beraubt, unzurechnungsfähig, begriffsstutzig* [lat.]

Men|thol ⟨n.; -s; unz.⟩ *Bestandteil des Pfefferminzöls, chem. Formel $C_{10}H_{12}OH$* [<lat. *mentha, menta* »Minze« + *...ol*]

Men|tor ⟨m.; -s, -to|ren⟩ *Lehrer, Berater, Erzieher* [grch.; nach *Mentor,* dem Erzieher des Telemach in der Odyssee]

Men|tum ⟨n.; -s, -ta⟩ **1** ⟨Zool.⟩ *Teil der Unterlippe von Insekten* **2** ⟨Med.⟩ *Kinn* [lat.]

Me|nü ⟨n.; -s, -s⟩ oV *Menu* **1** *festgelegte Speisenfolge, Gedeck* **2** *Essen mit mehreren Gängen* **3** ⟨EDV⟩ *auf dem Bildschirm dargestellte Übersicht über die nächstmöglichen Befehle* [<frz. *menu* »Speisekarte, Essen«]

Me|nu|ett ⟨n.; -(e)s, -e od. -s⟩ **1** *altfranzös. Volkstanz im 3/4-Takt u. mäßigem Tempo* **2** ⟨17. Jh.⟩ *Hof- u. Gesellschaftstanz* **3** *Satz in Sinfonie, Sonate, Suite, Kammermusik* [frz., »Tanz mit kleinen Schritten«]

Me|nü|leis|te ⟨f.; -, -n; EDV⟩ *balkenförmige Anzeige (am oberen Bildschirmrand) der in einem Programm verfügbaren Menüs*

me|phis|to|phe|lisch ⟨Adj.⟩ *in der Art des Mephistopheles, teuflisch, böse*

...mer ⟨in Zus.⟩ *...teilig, eine bestimmte Zusammensetzung besitzend* [<grch. *meros* »Teil«]

Mer|cal|li|ska|la, ⟨auch⟩ **Mer|cal|li-Ska|la** ⟨f.; -; unz.⟩ *zwölfstufige Skala zum Messen der Stärke von Erdbeben* [nach dem Vulkanologen G. *Mercalli,* 1850–1914]

Mer|cap|tan ⟨n.; -s; unz.⟩ *unangenehm riechende Flüssigkeit, chemisch ein Alkohol, dessen Sauerstoffatom durch ein Schwefelatom ersetzt wurde, verwendet für chem. Synthesen u. als Odoriermittel;* oV *Merkaptan* [<lat. *corpus mercurio aptum* »für Merkur (= Quecksilber) geeigneter Körper«]

Mer|ca|tor|pro|jek|ti|on, ⟨auch⟩ **Mer|ca|tor-Pro|jek|ti|on** ⟨f.; -, -en⟩ *winkeltreue zylindrische Kartenprojektion* [nach dem Geographen *Mercator,* dt. Gerhard Kremer, 1512-1594]

Mer|ce|rie ⟨[-sə-] f.; -, -n; schweiz.⟩ *Geschäft für Kurzwaren* [frz.]

mer|ce|ri|sie|ren ⟨[-sə-] V.⟩ = *merzerisieren*

Mer|chan|di|ser ⟨[mə:tʃəndaizə(r)] m.; -s, -; Wirtsch.⟩ *Angestellter eines Unternehmens, der für die Verkaufsförderung zuständig ist* [engl.]

Mer|chan|di|sing ⟨[mə:tʃəndaiziŋ] n.; -s; unz.⟩ **1** *Maßnahmen zur Verkaufsförderung von Waren (z.B. Werbung)* **2** *Weiterverwertung von Titeln, Figuren u.a., die durch Kino- od. Fernsehfilme bekannt wurden* [zu engl. *merchandise* <lat. *mercari* »handeln«]

mer|ci! ⟨[-si:]⟩ *danke!* [frz.]

Mer|cu|ri|um ⟨n.; -s; unz.⟩ *Quecksilber* [lat.]

Mer|cu|ri|ver|bin|dung ⟨f.; -, -en⟩ *Quecksilberverbindung, in der das Quecksilber in zweiwertiger Form auftritt,* ⟨heutige Bez.⟩ *Quecksilber (II)-Verbindung;* oV *Merkuriverbindung*

Mer|cu|ro|ver|bin|dung ⟨f.; -, -en⟩ *Quecksilberverbindung, in der das Quecksilber in einwertiger Form auftritt,* ⟨heutige Bez.⟩ *Quecksilber (I)-Verbindung;* oV *Merkuroverbindung*

merde! ⟨[mɛrd]⟩ *Scheiße!* [frz.]

Mer|ger ⟨[mə:dʒə(r)] m.; -s, -; Wirtsch.⟩ *Fusion, Zusammenschluss von Unternehmen* [engl.]

Me|ri|di|an ⟨m.; -s, -e⟩ **1** ⟨Astron.⟩ *größter Kreis der Himmelskugel, der durch Nord- u.*

Südpunkt des Horizonts sowie durch Zenit u. Nadir geht, Mittagskreis **2** ⟨Geogr.⟩ *Großkreis auf der Erdkugel, der senkrecht auf dem Äquator steht u. durch beide Pole geht, Längenkreis* [<lat. *(circulus) meridianus* »Mittagskreis«, also eigtl. »Äquator«; zu *meridies* »Mittag«]
Me|ri|di|an|kreis ⟨m.; -es, -e; Astron.⟩ *Messgerät mit fein geteiltem Kreis zum Messen u. Beobachten von Gestirnen beim Durchgang durch den Meridian*
me|ri|di|o|nal ⟨Adj.⟩ **1** *den Meridian betreffend, nordsüdlich gerichtet* **2** *südlich* [<lat. *meridionalis* <*meridies* »Mittag«]
Me|ri|di|o|na|li|tät ⟨f.; -; unz.⟩ *südl. Lage od. Richtung*
...me|rie ⟨in Zus.⟩ *...teiligkeit, Zusammensetzung* [→ *...mer*]
Me|rin|ge ⟨f.; -, -n⟩, **Me|rin|gel** ⟨n.; -s, -⟩ = *Baiser* [<frz. *meringue* »Baiser«]
Me|ri|no ⟨m.; -s, -s⟩ *aus Spanien stammendes, rein weißes Schaf mit sehr feiner Wolle* [span.; nach dem Berberstamm der *Beni Merin*]
Me|ris|tem ⟨n.; -s, -e⟩ *pflanzl. Gewebe, in dem Zellteilung u. Neubildung stattfindet* [<grch. *meristes* »teilend«]
me|ris|te|ma|tisch ⟨Adj.⟩ *teilungsfähig (von Gewebszellen)* [→ *Meristem*]
Me|ris|tom ⟨n.; -s, -e; Med.⟩ = *Zytoblastom* [zu grch. *merizein* »teilen«]
Me|ri|ten ⟨Pl. von⟩ *Meritum*
me|ri|to|risch ⟨Adj.⟩ **1** ⟨†⟩ *verdienstlich* **2** ⟨österr.⟩ *sachlich, inhaltlich* [<lat. *meritorius* »womit man Geld verdient«]
Me|ri|tum ⟨n.; -s, -ri|ten⟩ **1** *das Verdienst* **2** ⟨Rel.⟩ *Verdienst vor Gott durch gute Werke* [lat.; zu *merere* »verdienen«]
mer|kan|til ⟨Adj.⟩ *kaufmännisch, den Handel betreffend* [<ital. *mercantile;* zu *mercante* »Händler« <lat. *mercari* »handeln«]
Mer|kan|ti|lis|mus ⟨m.; -; unz.⟩ *wirtschaftl. System des Absolutismus im 16.-18. Jh., das die Förderung des Außenhandels u. daher auch der Industrie erstrebte;* Sy *Merkantilsystem*
Mer|kan|ti|list ⟨m.; -en, -en⟩ *Anhänger, Vertreter des Merkantilismus*
mer|kan|ti|lis|tisch ⟨Adj.⟩ *den Merkantilismus betreffend, auf ihm beruhend*
Mer|kan|til|sys|tem ⟨n.; -s; unz.⟩ = *Merkantilismus*
Mer|kap|tan ⟨n.; -s; unz.⟩ = *Mercaptan*
Mer|kur 1 ⟨m. -s; unz.; Myth.⟩ *römischer Gott der Kaufleute, Götterbote* **1.1** *der sonnennächste Planet unseres Sonnensystems* **2** ⟨n.; -s; unz.; Alchimie⟩ *Quecksilber* [lat.; nach dem röm. Gott *Mercurius*]
Mer|ku|ri|a|lis|mus ⟨m.; -; unz.⟩ *Quecksilbervergiftung* [<lat. *mercurium* »Quecksilber«]
Mer|ku|ri|ver|bin|dung ⟨f.; -, -en⟩ = *Mercuriverbindung*
Mer|ku|ro|ver|bin|dung ⟨f.; -, -en⟩ = *Mercuroverbindung*
Mer|lan ⟨m.; -s, -e⟩ *Schellfischart der europ. Küstengewässer, Wittling: Gadus merlangus* [frz., »Weißling«; zu *merle;* → *Merle*]
Mer|le ⟨f.; -, -n; mundartl.⟩ *Amsel* [frz. <lat. *merula* »Amsel; Merlan«]
Mer|lin ⟨a. ['--] m.; -s, -e⟩ **1** *sehr kleiner Falke offener Landschaften Nordeuropas: Falco columbarius* **2** *Zauberer (in der Artussage)* [→ *Merle*]
Me|ro|ga|mie ⟨f.; -, -n⟩ *Kopulation von Keimzellen, die durch Zwei- od. Vielfachteilung eines Gamonten entstanden sind* [<grch. *meros* »Teil« + *...gamie*]
Me|ro|go|nie ⟨f.; -, -n⟩ *Besamung kernloser Bruchstücke des Eies (experimentell erreichbar)* [<grch. *meros* »Teil« + *...gonie*]
me|ro|krin ⟨Adj.; Biol.; Med.⟩ ~e Drüsen *Drüsen, die zusammen mit ihrem Sekret einen Bestandteil ihrer Zellen ausscheiden;* Ggs *holokrin*
Me|ro|ze|le ⟨f.; -, -n⟩ *Schenkelbruch* [<grch. *meros* »Schenkel« + *kele* »Bruch«]
Me|ro|zo|it ⟨m; -en, -en; Biol.; Med.⟩ *Stadium der ungeschlechtlichen Vermehrung verschiedener Sporentierchen* [<grch. *mero* »Teil« + *zoon* »Lebewesen«]
Mer|ze|ri|sa|ti|on ⟨f.; -, -en⟩ *das Merzerisieren*
mer|ze|ri|sie|ren ⟨V.⟩ Baumwolle ~ *verdichten u. glänzend machen;* oV *mercerisieren* [nach dem engl. Erfinder John *Mercer,* † 1866]
mes..., Mes... ⟨in Zus.⟩ = *meso..., Meso...*
Mes|al|li|ance, ⟨auch⟩ **Me|sal|li|ance** ⟨[mezaljã:s] f.; -, -n⟩ **1** *Heirat zwischen Personen ungleichen Standes, Missheirat* **2** *ungeeignete Verbindung* [<frz. *mésalliance*]
Mes|ca|le|ro ⟨m.; -s, -s⟩ **1** *Angehöriger eines Apachen-Indianerstammes in New Mexico (USA)* **2** *Angehöriger einer Gruppe, die Krawall macht*
Mes|ca|lin ⟨n.; -s; unz.⟩ = *Meskalin*
me|schant ⟨Adj.; †⟩ *boshaft, niederträchtig, ungezogen* [<frz. *méchant*]
me|schug|ge ⟨Adj.; umg.⟩ *verrückt* [Gaunerspr. <jidd. *meschuggo* <hebr. *meschugga;* zu *schagag* »hin- u. herwanken, irren«]
Mes|dames ⟨[me:dam] Abk.: Mmes.; Pl. von⟩ *Madame (als Anrede)* [frz.]
Mesde|moi|selles ⟨[medmoazɛl] Abk.: Mlles.; Pl. von⟩ *Mademoiselle (als Anrede)* [frz.]
Mes|en|ce|pha|lon, ⟨auch⟩ **Me|sen|ce|pha|lon** ⟨n.; -s, -la⟩ *Mittelhirn* [< *Mes...* + *Encephalon*]
Mes|en|chym, ⟨auch⟩ **Me|sen|chym** ⟨[-çy:m] n.; -s, -e⟩ *embryonales Bindegewebe* [< *Meso...* + *en...* + grch. *chyma* »Guss«]
Mes|en|te|ri|um, ⟨auch⟩ **Me|sen|te|ri|um** ⟨n.; -s; unz.⟩ *Dünndarmgekröse (Aufhängeband von Darmabschnitten);* Sy *Mesostenium* [< *Meso...* + grch. *enteron* »Darm«]
Mes|en|ze|pha|li|tis, ⟨auch⟩ **Me|sen|ze|pha|li|tis** ⟨f.; -, -ti|den⟩ *Entzündung des Mittelhirns* [< *Mesencephalon* + *...itis*]
Me|se|ta ⟨f.; -, -ten⟩ *Hochebene, Hochplateau, oft Bestandteil geograph. Namen* [span., »Tischchen«]

Mes|ka|lin ⟨n.; -s; unz.⟩ *aus einer mexikan. Kakteenart gewonnenes Alkaloid, das als Rauschmittel Farbhalluzinationen hervorruft;* oV *Mescalin* [< span. *mexal* < Nahuatl *mexcalli,* Name eines Getränkes]

Mes|me|ri|a|ner ⟨m.; -s, -⟩ *Anhänger des Mesmerismus*

Mes|me|ris|mus ⟨m.; -; unz.⟩ *von dem Arzt F. A. Mesmer (1734–1815) begründeter Heilmagnetismus*

Mes|ner ⟨m.; -s, -⟩ *Küster* [< ahd. *mesinari* »Küster, Kirchendiener« < mlat. *ma(n)sionarius,* eigtl. »Haushüter«; zu *mansio* »Wohnung, Bleibe«]

me|so…, Me|so… ⟨vor Vokalen⟩ mes…, Mes… ⟨in Zus.⟩ *mittler(er, -e, -es), in der Mitte von* [< grch. *mesos* »mittel-, mitten«]

Me|so|blast ⟨n; -(e)s, -e; Biol.; Med.⟩ *mittlere Zellschicht innerhalb der frühen Embryonalentwicklung;* → a. *Mesoderm* [< *Meso…* + *…blast*]

Me|so|derm ⟨n.; -s, -e⟩ *das mittlere Keimblatt des sich entwickelnden Embryos* [< *Meso…* + *…derm*]

me|so|der|mal ⟨Adj.; Biol.; Med.⟩ *aus dem Mesoderm entstehend, von ihm seinen Ausgang nehmend (in Bezug auf Organe u. Gewebe)*

Me|so|gas|tri|um, ⟨auch⟩ **Me|so|gast|ri|um** ⟨n; -s, -ri|en; Med.⟩ **1** *Mittelbauchgegend* **2** *vorderes u. hinteres Gekröse des Magens* [< *Meso…* + grch. *gaster,* Gen. *gastros* »Magen, Bauch«]

me|so|ha|lin ⟨Adj.⟩ *einen Salzgehalt zwischen 1,8 u. 18 Promille aufweisend (von Brackwasser)* [< *meso…* + grch. *hals* »Salz«]

Me|so|karp ⟨n.; -s, -e⟩, **Me|so|kar|pi|um** ⟨n.; -s, -pi|en⟩ *fleischiges, meist süßes u. saftiges Gewebe der Steinfrüchte* [< *Meso…* + *…karp*[2]]

me|so|ke|phal ⟨Adj.⟩ *mit mittellangem Kopf versehen;* oV *mesozephal* [< *meso…* + *…kephal*]

Me|so|ke|pha|lie ⟨f.; -; unz.⟩ *mittellange Schädelform;* oV *Mesozephalie* [< *Meso…* + *…kephalie*]

Me|so|kli|ma ⟨n.; -s, -ma|ta od. -ma|te⟩ *Klima eines Landschaftsteils;* → a. *Makro-, Mikroklima*

Me|so|li|thi|kum ⟨n.; -s; unz.⟩ *Mittelsteinzeit* [< *Meso…* + *…lithikum*]

me|so|li|thisch ⟨Adj.⟩ *mittelsteinzeitlich*

Me|so|me|rie ⟨f.; -; unz.; Chem.⟩ *ein durch die Verlagerung von Bindungselektronen vorkommendes Bindungsverhältnis bei bestimmten Substanzen, in dem die Abstände aller Atome des Moleküls gleich sind, wodurch die Verbindung besonders stabil wird* [< *Meso…* + *…merie*]

me|so|morph ⟨Adj.⟩ *sich im Übergang zwischen der kristallinen u. der amorphen Phase befindend (von Flüssigkeiten)* [< *meso…* + *…morph*]

Me|so|mor|phie ⟨f.; -; unz.; Med.⟩ *muskulöser, knochiger Körperbau, der im Wesentlichen dem athletischen Typus entspricht* [< *Meso…* + *…morphie*]

Me|son ⟨n.; -s, -so|nen; meist Pl.⟩ *Elementarteilchen, dessen Masse zwischen der des Elektrons u. der des Protons liegt* [< grch. *mesos* »mittel…, mitten«]

Me|so|pau|se ⟨f.; -; unz.; Meteor.⟩ *Grenzschicht zwischen der Mesosphäre u. der Ionosphäre in etwa 80 km Höhe* [< *Meso…* + grch. *pauein* »aufhören«]

Me|so|phyll ⟨n.; -s, -en⟩ *Innengewebe des Pflanzenblattes* [< *Meso…* + grch. *phyllon* »Blatt«]

Me|so|phyt ⟨m.; -en, -en⟩ *mäßig feuchte Standorte bevorzugende Pflanze* [< *Meso…* + *…phyt*]

Me|so|phy|ti|kum ⟨n.; -s; unz.; Bot.⟩ *Zeitabschnitt in der Entwicklung des Pflanzenreichs vor ca. 140-240 Millionen Jahren, in dem die baumförmigen Farne verschwanden u. von nacktsamigen Pflanzen verdrängt wurden* [< *Meso…* + grch. *phyton* »Pflanze«]

Me|so|so|men ⟨Pl.; Biol.⟩, *den Mitochondrien höherer Organismen entsprechende Zytoplasmeneinstülpungen der Bakterien, die wahrscheinlich bei der Einleitung der Zellteilung wirken;* Sy *Chondrioide* [< *Meso…* + grch. *soma* »Körper«]

Me|so|sphä|re, ⟨auch⟩ **Me|sos|phä|re** ⟨f.; -; unz.⟩ *Schicht der Erdatmosphäre in 50-80 km Höhe*

Me|so|ste|ni|um, ⟨auch⟩ **Me|sos|te|ni|um** ⟨n.; -s; unz.⟩ = *Mesenterium* [< *Meso…* + grch. *stenos* »eng, schmal«]

Me|so|sti|chon, ⟨auch⟩ **Me|sos|ti|chon** ⟨[-çɔn] n.; -s, -chen od. -cha; Metrik⟩ *Gedicht, bei dem die mittleren Buchstaben bzw. Wörter aufeinander folgender Verszeilen ein Wort bzw. einen Satz ergeben* [< *Meso…* + grch. *stichos* »Zeile, Vers«]

Me|so|tes ⟨f.; -; unz.; Philos.; nach Aristoteles⟩ *ethischer Wert, der die vernünftige Mitte zwischen zwei Extremen einnimmt,* z.B. »Tapferkeit« zwischen »Feigheit« u. »Tollkühnheit« [grch., »Mitte, Mäßigung«]

Me|so|thel ⟨n.; -s, -e od. -li|en; Med.⟩ *bei Menschen u. Säugetieren aus dem Mesoderm entstehende Zellschicht, die Brust- u. Bauchhöhle auskleidet;* oV *Mesothelium* [< *Meso…* + grch. *thele* »Mutterbrust, Brustwarze«]

Me|so|the|li|om ⟨n.; -s, -e; Med.⟩ *seltene, überwiegend durch Asbestfasern ausgelöste bösartige Geschwulst des Rippen- u. Bauchfelles* [→ *Mesothel*]

Me|so|the|li|um ⟨n.; -s, -li|en⟩ = *Mesothel*

Me|so|tho|ri|um ⟨n.; -s; unz., Abk.; MsTh⟩ *verschiedene radioaktive Zerfallsprodukte des Thoriums, z.B. ist ~ I ein Radiumisotop, ~ II ein Actiniumisotop* [< *Meso…* + *Thorium*]

Me|so|tron, ⟨auch⟩ **Me|sot|ron** ⟨n.; -s, -tronen; meist Pl.; †⟩ = *Meson*

me|so|ze|phal ⟨Adj.⟩ = *mesokephal*

Me|so|ze|pha|lie ⟨f.; -; unz.⟩ = *Mesokephalie* [< *Meso…* + *…kephalie*]

Me|so|zo|i|kum ⟨n.; -s; unz.⟩ *mittleres Zeitalter der Erdgeschichte vor 200-60 Mill. Jahren, Erdmittelalter* [< *Meso...* + *...zoikum*]
me|so|zo|isch ⟨Adj.⟩ *zum Mesozoikum gehörig, daraus stammend*
Me|so|zo|ne ⟨f.; -; unz.⟩ *mittlere Tiefenzone der Erdkruste, in der durch Druck u. Temperatur bereits Gesteinsumwandlungen einsetzen*
Me|so|zo|on ⟨n.; -s, -zo|en⟩ *einfach gebautes, aus mehreren Zellen bestehendes Tier* [< *Meso...* + *Zoon*]
Mes|sa di vo|ce ⟨[- vo:tʃə] f.; - - -; unz.; Mus.⟩ *das An- und Abschwellenlassen des Tones beim Singen sehr langer Noten;* Sy *Messa voce* [ital., »das Tragen der Stimme«]
Mes|sage ⟨[mɛsidʒ] f.; -, -s [-sidʒiz]; Fachspr.⟩ **1** *in Zeichen verschlüsselte Nachricht eines Senders an einen Empfänger* **2** ⟨umg.; salopp⟩ *Aussage, Botschaft;* die ~ ist gut rübergekommen [engl., »Botschaft, Nachricht«]
Mes|sa vo|ce ⟨[-vo:tʃə] Mus.; kurz für⟩ *Messa di voce*
Mes|se[1] ⟨f.; -, -n⟩ **1** *tägl. liturgische Feier des Abendmahls, Hauptgottesdienst;* die ~ zelebrieren; Paris ist wohl eine ~ wert (Heinrich IV. von Frankreich); zur ~ dienen (als Ministrant) **2** *Musik zur feierl. Ausgestaltung der Messe(1)* **3** *Industrieausstellung großen, oft internationalen Ausmaßes;* Buch~; **4** *Jahrmarkt* [< mhd. *misse, messe* < ahd. *missa, messa,* kirchenlat. *missa* »liturgische Opferfeier, Heiligenfest« < *ite, missa est (contio)* »geht, die (gottesdienstl.) Versammlung ist entlassen«, zu lat. *missus,* Part. Perf. zu *mittere* »schicken, entlassen«]
Mes|se[2] ⟨f.; -, -n⟩ **1** *Aufenthalts- u. Speiseraum für Marineoffiziere* **2** *die Tischgesellschaft selbst* [< engl. *mess,* eigtl. »Speise, Mahlzeit« < afrz. *mes* < vulgärlat. *missum* »(zu Tisch) Geschicktes« < lat. *mittere* »schicken«]

> **Messenger-RNA** (*Schreibung mit Bindestrich*) Enthält eine Zusammensetzung Abkürzungen oder Initialwörter, so werden diese durch einen Bindestrich verbunden.

Mes|sen|ger-RNA ⟨[mɛsindʒə(r)-] f.; -; unz.; Biochem.; Abk.: mRNA⟩ *RNA, die den genetischen Kode vom Chromosom zum Ribosom vermittelt u. die Proteinsynthese steuert* [zu engl. *messenger* »Bote«]
Mes|ser ⟨m.; -, -⟩ *Herr (Anrede für Höhergestellte in der italien. Komödie)* [< ital. *messere* »Herr«, verkürzt < *monsignore;* → *Monsignore*]
Mes|si|a|de ⟨f.; , -n⟩ *Dichtung, deren Held der Messias ist*
mes|si|a|nisch ⟨Adj.⟩ *den Messias betreffend, von ihm stammend*
Mes|si|a|nis|mus ⟨m.; -; unz.⟩ *Glaube an den verheißenen Messias*
Mes|si|as ⟨m.; -; unz.⟩ **1** ⟨nach dem AT⟩ *der den Juden von Gott verheißene Erlöser* **2** ⟨nach dem NT⟩ *Beiname Jesu Christi* [kirchenlat. < grch. *Messias* < aram. *meschicha,* heb. *mašiach* »der Gesalbte«]
Mes|si|er|ka|ta|log, ⟨auch⟩ **Mes|si|er-Ka|ta|log** ⟨[mɛsje:-] m.; -(e)s; unz.; Abk.: M⟩ *Sternkatalog* [nach dem frz. Astronomen Charles *Messier,* 1730-1817]
Mes|si|eurs ⟨[mɛsjø:] Abk.: MM.; Pl. von⟩ *Monsieur (als Anrede)* [frz.]
Mes|sing ⟨n.; -s; unz.⟩ *aus Kupfer u. Zink bestehende Legierung mit goldgelbem Glanz* [< frühmhd. *messinc,* über slaw. Vermittlung < grch. *Messynoikos chalkos* »Messynoikenerz«, nach dem Volksstamm der *Messynoiken* in Nordost-Kleinasien]
mes|sin|gen ⟨Adj.⟩ *aus Messing bestehend;* ~e Badezimmerarmaturen
Mes|ti|ze ⟨m.; -n, -n⟩ *Mischling aus einem weißen u. einem indian. Elternteil* [< span. *mestizo* < spätlat. **mixtitius* »vermischt« < lat. *mixtus* »gemischt«]
mes|to ⟨Mus.⟩ *traurig, wehmütig (zu spielen)* [ital.]
Met ⟨f.; -; unz.; kurz für⟩ *Metropolitan Opera*
met..., Met..., me|ta..., Me|ta... ⟨Vorsilbe⟩ *nach, hintennach, hinter; um..., über..., ver... (im Sinne einer Verwandlung)* [< grch. *meta* »mit; inmitten, zwischen; nach, hinter; gemäß«]
me|ta- ⟨Zeichen: m-; kurz für⟩ *meta-Stellung bei vom Benzol abgeleiteten chem. Verbindungen* [→ *meta...*]
Me|ta|ba|sis ⟨f.; -, -ba|sen⟩ **1** *Übergang von einem Gegenstand der Rede zum anderen* **2** *Abschweifung, Einmischung, nicht zur Sache gehörige Bestandteile in einer Begriffserklärung* [< grch. *metabainein* »wechseln«]
Me|ta|bi|o|se ⟨f.; -, -n⟩ *Zusammenleben zweier Organismen, bei denen der eine die Lebensvoraussetzungen für den anderen schafft* [< *Meta...* + *...biose*]
Me|ta|blas|te ⟨f.; -; unz.⟩ *Umwandlung schieferartiger Gesteine in solche mit granitähnlichem Gefüge bei der Metamorphose von Gesteinen* [< *Meta...* + *...blast*]
Me|ta|bo|lie ⟨f.; -, -n; Biol.⟩ **1** *Gestaltwandel bei Einzellern u. Insekten* **2** *Gestaltveränderungen bei Lebewesen durch Stoffwechselprozesse bzw. Nahrungsaufnahme* [< grch. *metabole* »Veränderung«]
me|ta|bo|lisch ⟨Adj.; Biol.⟩ **1** *veränderlich* **2** *verändernd*
Me|ta|bo|lis|mus ⟨m.; -; unz.; Biol.⟩ *Stoffwechsel*
Me|ta|bo|lit ⟨m.; -en, -en⟩ *für den Stoffwechsel notwendige Substanz,* z.B. Hormon, Vitamin, Enzym [→ *Metabolie*]
Me|ta|chro|nis|mus ⟨[-kro-] m.; -, -men⟩ *irrtümliche Einordnung in eine spätere Zeit* [< *Meta...* + grch. *chronos* »Zeit«]
Me|ta|dy|ne ⟨f.; -, -n⟩ *Sonderbauart eines Gleichstromgenerators, der Gleichstrom konstanter Stromstärke liefert* [< *Meta...* + grch. *dynamis* »Kraft«]
Me|ta|ga|la|xis ⟨f.; -; unz.⟩ *hypothetisches*

Sternsystem, bestehend aus vielen galaktischen Systemen [< *Meta… + Galaxis*]
me|ta|gam ⟨Adj.⟩ *nach der Befruchtung erfolgend* [< *meta…* + grch. *gamos* »Ehe«]
Me|ta|ge|ne|se ⟨f.; -, -n⟩ *Generationswechsel, bei dem eine geschlechtlich sich vermehrende Generation auf eine ungeschlechtlich sich fortpflanzende folgt, z.B. bei den Hohltieren*
me|ta|ge|ne|tisch ⟨Adj.⟩ *die Metagenese betreffend, zu ihr gehörig, auf ihr beruhend*
Me|ta|ge|schäft ⟨n.; -(e)s, -e; Kaufmannsspr.⟩ *Geschäft mit gleichem Gewinn u. Verlust für beide Partner* [< ital. *metà* »Hälfte« + *Geschäft*]
Me|ta|gy|nie ⟨f.; -; unz.⟩ *das frühere Reifwerden der männl. Blüten bei eingeschlechtigen Pflanzen;* Ggs *Metandrie* [< *Meta…* + grch. *gyne* »Weib«]
Me|ta|kom|mu|ni|ka|ti|on ⟨f.; -; unz.⟩ **1** *Gesamtheit der Kommunikationssignale, die neben dem eigentlichen Inhalt bei der Verständigung eine Rolle spielen,* z.B. Gestik, Mimik **2** ⟨Sprachw.⟩ *das Sprechen über die Sprache od. über Formen von Kommunikation* [< *Meta… + Kommunikation*]
Me|ta|kri|tik ⟨f.; -; unz.⟩ *Kritik der Kritik* [< *Meta… + Kritik*]
Met|al|de|hyd, ⟨auch⟩ **Me|tal|de|hyd** ⟨m.; -s, -e⟩ *durch Polymerisation von Acetaldehyd entstandene, feste, weiße Masse, die z.B. als Trockenspiritus verwendet wird, chem. Formel* CH_3CHO_n [< *Meta… + Aldehyd*]
Me|ta|lep|se, Me|ta|lep|sis ⟨f.; -, -lep|sen⟩ *Stilfigur, die das Nachfolgende meint, wenn sie das Vorhergehende nennt, also beides miteinander vertauscht,* z.B. »letzter Blick« für »Abschied« [< grch. *metalepsis*]
Me|ta|lim|ni|on ⟨n.; -s, -ni|en⟩ *Temperaturgrenzschicht in Gewässern, bei der ein sprunghafter Abfall der Temperatur erfolgt* [< *Meta…* + grch. *limne* »Teich«]
Me|ta|lin|gu|is|tik ⟨f.; -; unz.⟩ **1** *Wissenschaft von den Metasprachen* **2** *Untersuchung der Wechselbeziehung zwischen der Sprache u. der gesamten Kultur einer Gesellschaft* [< *Meta… + Linguistik*]
Me|tall ⟨n.; -s, -e⟩ *mit Ausnahme des Quecksilbers bei Zimmertemperatur fester kristalliner Stoff, der einen charakterist. Glanz u. hohes elektr. u. Wärmeleitvermögen hat;* ~ bearbeiten, bohren, drehen, feilen, gießen, glühen, hämmern, härten, legieren, löten, schweißen, veredeln, walzen; edle ~e *Platin, Gold, Silber u.a.;* eine Stimme mit viel, wenig ~ ⟨fig.⟩ *eine harte, weiche S.* [< mhd. *metalle, metele* < lat. *metallum* < grch. *metallon,* eigtl. »Erzgrube«]
me|tal|len ⟨Adj.⟩ *aus Metall bestehend*
Me|tal|ler ⟨m.; -s, -; umg.⟩ *Metallarbeiter (als Mitglied der Gewerkschaft)*
me|tal|lic ⟨Adj.⟩ *metallisch schimmernd (bes. von Autolack)* [engl., »metallisch«]
Me|tal|lic|la|ckie|rung ⟨f.; -, -en⟩ *Anstrichverfahren, bei dem der Lackfarbe fein verteilte Metallspäne zugesetzt werden, die dem Anstrich eine metallisch schimmernde Oberfläche verleihen (bes. für Kraftfahrzeugkarosserien)* [zu engl. *metallic* »metallisch, Metall…«]
Me|tal|li|sa|ti|on ⟨f.; -, -en⟩ *das Überziehen eines Gegenstandes mit Metall*
Me|tal|li|sa|tor ⟨m.; -s, -to|ren⟩ *Spritzpistole zur Metallisation durch Zerstäuben*
me|tal|lisch ⟨Adj.⟩ *dem Metall ähnlich, aus ihm bestehend* ⟨a. fig.⟩; eine ~e Stimme
me|tal|li|sie|ren ⟨V.⟩ *mit Metall überziehen*
Me|tal|li|sie|rung ⟨f.; -, -en⟩ *das Metallisieren, Metallisiertwerden*
Me|tal|lis|mus ⟨m.; -; unz.⟩ *Anschauung, nach der der Wert des Geldes von dessen Metallwert abhängt*
Me|tall|ke|ra|mik ⟨f.; -; unz.⟩ = *Pulvermetallurgie*
Me|tall|le|gie|rung ⟨f.; -, -en⟩, *durch Zusammenschmelzen mehrerer Metalle u. Zusätze entstehendes Metallgemisch*
Me|tal|lo|chro|mie ⟨[-kro-] f.; -; unz.⟩ *das Färben von metallischen Oberflächen durch Elektrolyse* [< *Metall* + grch. *chroma* »Farbe«]
Me|tal|lo|fon ⟨n.; -s, -e⟩ = *Metallophon*
Me|tal|lo|ge ⟨m.; -n, -n⟩ *Metallkundler* [< *Metall + …loge*]
Me|tal|lo|ge|ne|se ⟨f.; -, -n⟩ *Bildung von Erzlagerstätten in der Erdkruste*
Me|tal|lo|gie ⟨f.; -; unz.⟩ *Lehre von den Eigenschaften, der Struktur u. Verarbeitung der Metalle* [< *Metall + …logie*]
Me|tal|lo|gra|fie ⟨f.; -; unz.⟩ = *Metallographie*
Me|tal|lo|gra|phie ⟨f.; -; unz.⟩ oV *Metallografie* **1** ⟨urspr.⟩ *Metallkunde* **2** ⟨heute meist nur⟩ *die mikroskop. Untersuchung von Metallen* [< *Metall + …graphie*]
Me|tal|lo|id ⟨n.; -(e)s, -e⟩ *Nichtmetall*
Me|tal|lo|phon ⟨n.; -s, -e; Mus.⟩ oV *Metallofon* **1** ⟨i.w.S.⟩ *Idiophon aus Metall* **2** ⟨i.e.S.⟩ *xylophonähnl. Instrument mit Metallstäben* [< *Metall* + grch. *phone* »Stimme, Ton«]
Me|tal|lo|ther|mie ⟨f.; -; unz.⟩ *Verfahren zur Gewinnung schwer schmelzbarer Metalle aus ihren Oxiden* [< *Metall* + grch. *thermos* »warm, heiß«]
Me|tall|o|xid ⟨n.; -(e)s, -e⟩ *Verbindung eines Metalls mit Sauerstoff*
Me|tall|urg, ⟨auch⟩ **Me|tal|lurg** ⟨m.; -en, -en⟩ *jmd., der auf dem Gebiet der Metallurgie arbeitet*
Me|tall|ur|gie, ⟨auch⟩ **Me|tal|lur|gie** ⟨f.; -; unz.⟩ *Lehre von der Gewinnung u. Verarbeitung der Metalle, Hüttenkunde* [< *Metall* + grch. *ergon* »Werk, Arbeit«]
me|tall|ur|gisch, ⟨auch⟩ **me|tal|lur|gisch** ⟨Adj.⟩ *zur Metallurgie gehörend, auf ihr beruhend*
Me|ta|ma|the|ma|tik ⟨f.; -; unz.⟩ *Bereich der mathemat. Grundlagenforschung, mit der die Mathematik auf Widerspruchsfreiheit in sich selbst untersucht wird*
me|ta|mer ⟨Adj.; Biol.⟩ *in gleichartige, hintereinander liegende Abschnitte gegliedert* [< *meta… + …mer*]

Me|ta|me|rie ⟨f.; -; unz.⟩ **1** = *Isomerie(1)* **2** *Aufbau des Körpers niederer Tiere aus mehr od. weniger gleichartigen, hintereinander liegenden Teilen* [< *Meta…* + *…merie*]

me|ta|morph, me|ta|mor|phisch ⟨Adj.⟩ *die Gestalt, den Zustand wandelnd* [< *meta…* + *…morph*]

Me|ta|mor|phis|mus ⟨m.; -, -men⟩ *Umwandlung der Erdkruste, bei der Metamorphosen(1) auftreten*

Me|ta|mor|pho|se ⟨f.; -, -n⟩ **1** *Umwandlung eines Gesteins in ein anderes;* Sy *Diagenese* **2** *Wandlung des jungen Tieres durch verschiedene äußere Stadien, ehe es die Form des erwachsenen Tieres annimmt,* z.B. vom Ei über die Kaulquappe zum Frosch **3** *Wandlung eines pflanzl. Organs aus einer andersartigen Anlage,* z.B. Dorn aus Laubblatt **4** ⟨Myth.⟩ *Verwandlung von Menschen in Tiere, Pflanzen, Quellen usw.* [< grch. *metamorphosis,* < *meta* »später, hinter« + *morphe* »Gestalt«]

me|ta|mor|pho|sie|ren ⟨V.⟩ *verwandeln, umwandeln, die Gestalt ändern* [→ *Metamorphose*]

Met|an|drie, ⟨auch⟩ **Me|tand|rie** ⟨f.; -; unz.⟩ *das spätere Reifwerden der männl. Blüten bei eingeschlechtigen Pflanzen;* Ggs *Metagynie* [< *Met…* + grch. *aner,* Gen. *andros* »Mann«]

me|ta|no|e|tisch ⟨Adj.; Philos.⟩ *das Denken übersteigend, undenkbar* [< *meta…* + *noetisch*]

Me|ta|noia ⟨[-neua] f.; -; unz.⟩ **1** ⟨Theol.⟩ *Buße, innere Umkehr* **2** ⟨Philos.⟩ *Änderung der Lebensauffassung, Erwerb einer neuen Weltsicht* [grch., »Sinnesänderung«]

Me|ta|pha|se ⟨f.; -, -n⟩ *bestimmtes Stadium der Kernteilung einer Zelle* [< *Meta…* + *Phase*]

Me|ta|pher ⟨f.; -, -n⟩ *bildl. Ausdruck,* z.B. »Segler der Lüfte« statt »Wolken« [< grch. *metaphora* »Übertragung«; zu *metapherein* »anderswohin tragen; übertragen«]

Me|ta|pho|rik ⟨f.; -; unz.⟩ *die Kunst, Metaphern zu bilden, der Gebrauch von Metaphern*

me|ta|pho|risch ⟨Adj.⟩ *bildlich, in übertragenem Sinne* [< grch. *metaphorikos;* → *Metapher*]

Me|ta|phra|se ⟨f.; -, -n⟩ **1** *Übertragung einer Versdichtung in Prosa* **2** *Erläuterung eines Wortes durch Gebrauch eines Synonyms*

me|ta|phras|tisch ⟨Adj.⟩ *in der Art einer Metaphrase, übertragend, umschreibend*

Me|ta|phy|la|xe ⟨f.; -, -n⟩ *Nachbehandlung eines Patienten nach überstandener Krankheit* [< *Meta…* + grch. *phylaktikos* »bewahrend«; zu *phylax* »Wächter«]

Me|ta|phy|se ⟨f.; -, -n⟩ *Längenwachstumszone des Röhrenknochens* [< *Meta…* + grch. *phyein* »wachsen«]

Me|ta|phy|sik ⟨f.; -; unz.⟩ *Lehre von den letzten nicht erfahr- u. erkennbaren Gründen u. Zusammenhängen des Seins*

me|ta|phy|sisch ⟨Adj.⟩ **1** *die Metaphysik betreffend, auf ihr beruhend* **2** *übersinnlich, jenseits der Erfahrung u. Erkenntnis liegend*

Me|ta|pla|sie ⟨f.; -, -n; Biol.⟩ *Umwandlung eines Gewebes in ein anderes, ähnliches Gewebe, z.B. des Bindegewebes durch Kalkeinlagerung in knochenartiges Gewebe* [< *Meta…* + *…plasie*]

Me|ta|plas|mus ⟨m.; -, -men; Lit.; Rhet.⟩ *Abänderung der korrekten Wortform um der Metrik od. eines bestimmten Stiles willen* [grch. »Umformung«]

me|ta|plas|tisch ⟨Adj.⟩ *einen Metaplasmus aufweisend, ihn betreffend*

Me|ta|psy|chik ⟨f.; -; unz.⟩, **Me|ta|psy|cho|lo|gie** ⟨f.; -; unz.⟩ = *Parapsychologie*

me|ta|psy|chisch ⟨Adj.⟩ *zur Metapsychik gehörend, auf ihr beruhend, sie betreffend*

Me|ta|säu|re ⟨f.; -, -n⟩ *aus dem sauerstoffärmsten Oxid eines Nichtmetalls entstandene Säure*

me|ta|so|ma|tisch ⟨Adj.; Geol.⟩ **1** *durch Metasomatose entstanden* **2** *die Metasomatose betreffend, zu ihr gehörend*

Me|ta|so|ma|to|se ⟨f.; -, -n; Geol.⟩ *Umwandlung von Gestein durch Austausch von Mineralien infolge chemischer Prozesse, die durch die Zufuhr heißer Dämpfe od. Lösungen ausgelöst werden* [< *Meta…* + grch. *soma,* Gen. *somates* »Körper«]

Me|ta|spra|che ⟨f.; -, -n⟩ *Sprache, in der Aussagen über eine Sprache gemacht werden;* Ggs *Objektsprache*

me|ta|sta|bil ⟨Adj.⟩ *in einem Zustand befindlich, der an sich nicht stabil ist, der aber wegen Verzögerung der ihn ändernden Reaktion mehr od. weniger lange bestehen bleibt (bei Körpern u. chemischen Verbindungen)*

Me|ta|sta|se, ⟨auch⟩ **Me|tas|ta|se** ⟨f.; -, -n⟩ **1** *an einer anderen Stelle des Körpers auftretender Ableger einer Geschwulst, Tochtergeschwulst* **2** *Redefigur, durch die der Redner die Verantwortung für eine Sache auf einen anderen überträgt* [< grch. *metastasis* »Umstellung«]

me|ta|sta|sie|ren, ⟨auch⟩ **me|tas|ta|sie|ren** ⟨V.⟩ *Metastasen bilden*

me|ta|sta|tisch, ⟨auch⟩ **me|tas|ta|tisch** ⟨Adj.⟩ *in der Art einer Metastase*

me|ta-Stel|lung ⟨f.; -, -en; Zeichen: m; Bez. für⟩ *die Anordnung zweier Substituenten in ringförmigen Kohlenstoffverbindungen, die durch ein dazwischenliegendes Kohlenstoffatom getrennt sind*

Me|ta|the|o|rie ⟨f.; -, -n⟩ *Theorie über eine Theorie*

Me|ta|the|se ⟨f.; -, -n⟩, **Me|ta|the|sis** ⟨f.; -, -thesen; Sprachw.⟩ *Umstellung von Lauten,* z.B. das r in »Brunnen« u. »Born«

Me|ta|tro|pis|mus ⟨m.; -, -men⟩ *Verschiebung im Gefühlsleben, die sich in der Vertauschung der Rollen von Mann u. Frau äußert* [< *Meta…* + *Tropismus*]

Me|ta|xa ⟨m.; - od. -s, -s; Wz⟩ *milder griech. Branntwein*

me|ta|zẹn|trisch, ⟨auch⟩ **me|ta|zent|risch** ⟨Adj.⟩ *zum Metazentrum gehörend*
Me|ta|zẹn|trum, ⟨auch⟩ **Me|ta|zent|rum** ⟨n.; -s, -tren⟩ *Schnittpunkt, den die Auftriebsrichtung bei geneigter Lage eines Schiffskörpers mit der Auftriebsrichtung für die aufrechte Lage bildet*
me|ta|zo|isch ⟨Adj.⟩ *in der Art eines Metazoons*
Me|ta|zo|on ⟨n.; -s, -zo|en⟩ *Vielzeller, vielzelliges Tier (im Gegensatz zu den Einzellern);* Ggs *Protozoon* [< *Meta…* + *Zoon*]
Met|em|psy|cho|se, ⟨auch⟩ **Me|tem|psy|cho|se** ⟨f.; -, -n⟩ *die Vorstellung, dass nach dem Tode eines Menschen dessen Seele in ein anderes Geschöpf (Mensch, Tier, Pflanze) übergehen könne, Seelenwanderung* [< *Meta…* + grch. *empsychos* »belebt«]
Me|te|or ⟨m. od. n.; -s, -e⟩ *punkt- od. kugelförmiges Licht am Nachthimmel, verursacht durch einen Meteoriten* [<grch. *meteoron* »Himmelserscheinung, Lufterscheinung«; zu *meteoros* »in der Höhe, in der Luft schwebend«]
me|te|o|risch ⟨Adj.⟩ *Lufterscheinungen u. Luftverhältnisse betreffend*
Me|te|o|ris|mus ⟨m.; -, -men⟩ *Gasansammlung im Darm, Darmblähungen*
Me|te|o|rit ⟨m.; -s od. -en, -e od. -en⟩ *aus dem Weltraum stammender mineral. Körper, der beim Eintritt in die Atmosphäre ganz od. teilweise verglüht, Meteorstein;* Sy *Aerolith*
me|te|o|ri|tisch ⟨Adj.⟩ *von einem Meteor bzw. Meteoriten stammend*
Me|te|o|ro|graf ⟨m.; -en, -en⟩ = *Meteorograph*
Me|te|o|ro|graph ⟨m.; -en, -en⟩ *selbsttätig arbeitendes Gerät zum Messen u. Aufzeichnen von Luftdruck, -temperatur, u. -feuchtigkeit;* oV *Meteorograf* [<grch. *meteoros* »in der Luft befindlich« + *…graph*]
Me|te|o|ro|lo|ge ⟨m.; -n, -n⟩ *Erforscher, Kenner der Meteorologie*
Me|te|o|ro|lo|gie ⟨f.; -; unz.⟩ *Lehre u. Erforschung der Vorgänge in der Lufthülle der Erde, Wetterkunde* [<grch. *meteoron* »Himmelserscheinung« + *…logie*]
Me|te|o|ro|lo|gin ⟨f.; -, -nen⟩ *Erforscherin, Kennerin der Meteorologie*
me|te|o|ro|lo|gisch ⟨Adj.⟩ *zur Meteorologie gehörend, auf ihr beruhend;* ~e Station *Wetterwarte*
…me|ter ⟨in Zus.⟩ **1** ⟨n. od. m.; -s, -⟩ *Längenmaß;* Kilo~; Zenti~ **2** ⟨n.; -s, -⟩ *Messgerät;* Chrono~; Hygro~ **3** ⟨m.; -s, -⟩ *jmd., der Messungen ausführt;* Geo~ **4** ⟨m.; -s, -⟩ *Versmaß;* Hexa~; Penta~ [<grch. *metron* »Maß, Versmaß«]
Me|ter ⟨n.; -s, -; umg. a. m.; -s, -; schweiz. nur m.; Zeichen: m⟩ *Längenmaß;* ~ pro Sekunde ⟨Zeichen: m/s; Bez. für⟩ *Geschwindigkeit; 1 m/s entspricht der Bewegung eines Körpers von 1 Meter in einer Sekunde in einer Breite, Höhe, Länge von 4 m* [<frz. *mètre* <grch. *metron* »Maß«]
Met|er|gie, ⟨auch⟩ **Me|ter|gie** ⟨f.; -, -n⟩ *Wechsel in der Aufgabe, die ein Organ im Rahmen aller Lebenserscheinungen eines Organismus zu erfüllen hat, Funktionswechsel* [< *Meta…* + grch. *ergon* »Werk, Arbeit«]
Me|ter|ki|lo|pond ⟨n.; -, -; Zeichen: mkp od. kpm⟩ = *Kilopondmeter*
Me|ter|se|kun|de ⟨f.; -, -n; Zeichen: m/s; früher Bez. für⟩ *Geschwindigkeit;* ⟨zu ersetzen durch⟩ *Meter pro Sekunde*
Me|tha|don ⟨n.; -s, unz.⟩ *morphiumhaltiges Medikament, das als Ersatzdroge bei Rauschmittelsüchtigen verwendet wird*
Met|hä|mo|glo|bin ⟨n; -s; unz.; Med.⟩ *oxidierte Form des roten Blutfarbstoffs, der nicht mehr zum Sauerstofftransport fähig ist* [< *Meta…* + *Hämoglobin*]
Met|hä|mo|glo|bin|ä|mie, ⟨auch⟩ **Met|hä|mo|glo|bi|nä|mie** ⟨f.; -; unz.; Med.⟩ *zu innerer Erstickung führende Vergiftung durch eine zu hohe Konzentration von Substanzen, die eine Oxidation des roten Blutfarbstoffs bewirken*
Me|than ⟨n.; -s; unz.⟩ *farb- u. geruchloses, brennbares Gas, das bei der Zersetzung von Pflanzenstoffen entsteht, chem. Formel CH_4* [→ *Methyl*]
Me|tha|nol ⟨n.; -s; unz.⟩ = *Methylalkohol* [< *Methan* + *…ol*]
Me|thi|o|nin ⟨n.; -s; unz.⟩ *eine schwefelhaltige Aminosäure*
Me|thod|ac|ting, ⟨auch⟩ **Me|thod-Ac|ting** ⟨[mɛðəd æktiŋ] n.; -s; unz.; Theat.; Film⟩ *(von K.S. Stanislawskij begründete) ursprünglich russische, heute in den USA angesiedelte (Film-)Schauspielschule, deren Vertreter(innen) versuchen, sich als Ausgangspunkt der Rolleninterpretation sowohl seelisch als auch körperlich intensiv in die zu spielende Figur hineinzuversetzen* [<engl. *method* »Methode, Verfahren« + *acting* »Darstellen, Spielen«]
Me|thod|ac|tor, ⟨auch⟩ **Me|thod-Ac|tor** ⟨[mɛðəd æktə(r)] m.; -s; -s; Theat.; Film⟩ *Schauspieler, der seine Rollen im Sinne des Methodactings interpretiert u. spielt;* Robert de Niro hat als derzeit bekanntester ~ für seine Rolle als „Jack La Motta" professionell Boxen gelernt u. 25 Kilo zugenommen
Me|thod|ac|tress, ⟨auch⟩ **Me|thod-Act|ress** ⟨[mɛðəd æktrəs] f.; -, -es [-siz]; Theat., Film⟩ *Schauspielerin, die ihre Rollen im Sinne des Methodactings interpretiert u. spielt*
Me|tho|de ⟨f.; -, -n⟩ **1** *planmäßiges, folgerichtiges Verfahren, Vorgehen, Handeln;* Arbeits~, Lehr~ **2** ⟨fig.⟩ *Folgerichtigkeit, Planmäßigkeit;* eine Handlungsweise hat ~; ~ in eine Arbeit, ein Vorgehen bringen [<grch. *methodos* »Gang einer Untersuchung«, eigtl. »das Nachgehen, der Weg zu etwas hin«, < *meta* »nach, hinter« + *hodos* »Weg«]
Me|tho|dik ⟨f.; -; unz.⟩ *Lehre von den Methoden, vom folgerichtigen Unterrichten*
Me|tho|di|ker ⟨m.; -s, -⟩ **1** *jmd., der nach einer bestimmten Methode verfährt* **2** *Begründer einer wiss. Methode*
me|tho|disch ⟨Adj.⟩ **1** *auf einer bestimmten*

Methode beruhend **2** *planmäßig, durchdacht, sinnvoll*
me|tho|di|sie|ren ⟨V.⟩ *nach einer Methode anordnen, in eine Methode bringen*
Me|tho|dis|mus ⟨m.; -; unz.⟩ *im 18. Jh. aus der anglikan. Kirche hervorgegangene Bewegung religiöser Erneuerung*
Me|tho|dist ⟨m.; -en, -en⟩ *Anhänger, Vertreter des Methodismus;* Sy *Wesleyaner*
me|tho|dis|tisch ⟨Adj.⟩ *den Methodismus betreffend, zu ihm gehörend, auf ihm beruhend*
Me|tho|do|lo|gie ⟨f.; -; unz.⟩ *Lehre von den Methoden, den wissenschaftl. Verfahren, Methodenlehre* [< *Methode* + *...logie*]
me|tho|do|lo|gisch ⟨Adj.⟩ *auf einer Methodologie beruhend*
Me|thu|sa|lem ⟨m.; - od. -s, -s; fig.⟩ *sehr alter Mann* [nach dem bibl. Urvater *Methusalem,* Großvater Noahs, der 969 Jahre alt geworden sein soll]
Me|thyl ⟨n.; -s; unz.⟩ *die in freiem Zustand unbeständige, einwertige Atomgruppe* CH_3-, *die in vielen organ. Verbindungen auftritt* [< grch. *methy* »Wein« + *...yl*]
Me|thyl|al|ko|hol ⟨m.; -s; unz.⟩ *sehr giftiger, einfachster aliphatischer Alkohol, chem. Formel* CH_3-*OH;* Sy *Methanol*
Me|thyl|a|min, ⟨auch⟩ **Me|thy|la|min** ⟨n.; -s, -e⟩ *primäres aliphat. Amin, brennbares, schwach nach Ammoniak riechendes Gas, chem. Formel* CH_3-NH_2
Me|thyl|cel|lu|lo|se ⟨f.; -, -n⟩ *Derivat der Cellulose, das vielseitig verwendbar ist;* oV *Methylzellulose*
Me|thy|len ⟨n.; -s; unz.⟩ *die in freiem Zustand unbeständige, zweiwertige Atomgruppierung* CH_2=, *die in vielen organ. Verbindungen auftritt*
Me|thy|len|blau ⟨n.; -s; unz.⟩ *synthetisch gewonnener blauer Farbstoff mit guter Licht- u. Waschbeständigkeit, dient zum Färben von Textilien*
Me|thyl|pro|pan ⟨n.; -s; unz.⟩ = *Isobutan*
Me|thyl|zel|lu|lo|se ⟨f.; -, -n⟩ = *Methylcellulose*
Me|ti|er ⟨[-tjeː] n.; -s, -s; noch umg.⟩ *Beruf, Handwerk;* (sich auf) sein ~ verstehen [< frz. *métier* »Handwerk; Beruf; Stand«]
Me|tist ⟨m.; -en, -en⟩ *jmd., der an einem Metageschäft beteiligt ist*
Met|ö|ke, ⟨auch⟩ **Me|tö|ke** ⟨m.; -n, -n; im alten Athen⟩ *Zugewanderter ohne polit. Rechte* [< grch. *metoikos* »Ansiedler, Einwanderer«]
Met|o|no|ma|sie, ⟨auch⟩ **Me|to|no|ma|sie** ⟨f.; -, -n⟩ *Übersetzung eines Eigennamens in eine andere Sprache,* z.B. »Bauer« in »Agricola« [< *Meta...* + grch. *onomasia* »Bezeichnung«]
Met|o|ny|mie, ⟨auch⟩ **Me|to|ny|mie** ⟨f.; -, -n⟩ *übertragener Gebrauch eines bedeutungsverwandten Begriffes,* z.B. »Haus« für die Bewohner des Hauses, »Brot« statt »Nahrung« [< *Meta...* + grch. *onoma* »Name«]
met|o|ny|misch, ⟨auch⟩ **me|to|ny|misch** ⟨Adj.⟩ *auf einer Metonymie beruhend, nach Art der Metonymie*
Met|o|pe, ⟨auch⟩ **Me|to|pe** ⟨f.; -, -n⟩ *Relief über dem Architrav an dorischen Tempeln, z.B. am Parthenon* [< grch. *metopon,* eigtl. »Raum zwischen den Augen«]

■ Die Buchstabenfolge **me|tr...** kann auch **met|r...** getrennt werden.

■ **Me|tra , Me|tren** ⟨Pl. von⟩ *Metrum*
■ **...me|trie** ⟨in Zus.⟩ *das Messen, Messung* [< grch. *metron* »Maß«]
■ **Me|trik** ⟨f.; -; unz.⟩ **1** *Lehre vom Vers u. den Versmaßen, Verskunst* **2** ⟨Mus.⟩ *Lehre vom Takt* [< lat. *(ars) metrica* »Verskunst, Verslehre« < grch. *metrike (techne)*]
■ **me|trisch** ⟨Adj.⟩ **1** *auf dem Meter als Längeneinheit beruhend;* ~es Maßsystem **2** *die Metrik betreffend, auf ihr beruhend* **3** *nach einem bestimmten Metrum abgefasst* **4** ⟨Mus.⟩ *den Takt betreffend, auf ihm beruhend*
■ **Me|tri|tis** ⟨f.; -, -ti|den⟩ *Entzündung der Gebärmuttermuskulatur* [< grch. *metra* »Gebärmutter« + *...itis*]
■ **Me|tro** ⟨f.; -, -s⟩ *Untergrundbahn (bes. in Paris u. Moskau)* [verkürzt < frz. chemin de fer *métro*politain »hauptstädtische Eisenbahn«]
■ **Me|tro|lo|gie** ⟨f.; -; unz.⟩ *Lehre von den Maßen u. Gewichten* [< grch. *metron* »Maß« + *...logie*]
■ **Me|tro|nom** ⟨n.; -s, -e; Mus.⟩ *das Tempo durch Ticken angebendes Gerät, Taktmesser* [< grch. *metron* »Maß« + *...nom*[2]]
■ **Me|tro|po|le** ⟨f.; -, -n⟩, **Me|tro|po|lis** ⟨f.; -, -po|len⟩ **1** *Hauptstadt* **2** *Mittelpunkt, Knotenpunkt, Zentrum;* Handels~ [< grch. (-lat.) *metropolis,* eigtl. »Mutterstadt« < grch. *meter,* Gen. *metros* »Mutter« + *polis* »Stadt«]
■ **Me|tro|po|lit** ⟨m.; -en, -en⟩ **1** *einer Kirchenprovinz vorstehender Erzbischof* **2** ⟨in der Ostkirche, Titel für⟩ *leitender Geistlicher*
■ **me|tro|po|li|tan** ⟨Adj.⟩ *zur Metropole gehörend, hauptstädtisch*
■ **Me|tro|po|li|tan|kir|che** ⟨f.; -, -n⟩ *Hauptkirche eines Metropoliten*
■ **Me|tro|po|li|tan O|pe|ra** ⟨[mɛtrɔpɔ̣litən ɔ̣pərə] f.; - -; unz.; Kurzw.: Met⟩ *New Yorker Opernhaus*
■ **Me|tro|pto|se,** ⟨auch⟩ **Met|rop|to|se** ⟨f.; -, -n⟩ *Gebärmuttervorfall* [< grch. *meter,* Gen. *metros* »Mutter« + *ptosis* »Fall«]
■ **Me|tror|rha|gie** ⟨f.; -, -gi|en⟩ *außerhalb der Monatsblutung auftretende stärkere Blutung der Gebärmutter* [< grch. *metra* »Gebärmutter« + *...rrhagie*]
■ **Me|trum** ⟨n.; -s, -tren od. -tra⟩ **1** *Versmaß* **2** ⟨Mus.⟩ *Takt* [< lat. *metrum* »Versmaß« < grch. *metron* »Maß«]
Met|ta|ge ⟨[-ʒə] f.; -, -n⟩ **1** *Zusammenstellung einer Zeitungs- od. Buchseite, Umbruch* **2** *Arbeitsplatz des Metteurs* [frz.; zu *mettre* »setzen«]

Met|teur ⟨[-tø:r] m.; -s, -e⟩ *Schriftsetzer, der den Schriftsatz zur endgültigen Seitenform umbricht* [frz.; zu *mettre* »setzen«]

Meu|ble|ment, ⟨auch⟩ **Meub|le|ment** ⟨[møbl(ə)mã:] n.; -s, -s⟩ *Möblierung* [frz.]

MeV ⟨Zeichen für⟩ *Megaelektronenvolt*

mez|za..., Mez|za... ⟨in Zus.⟩ = *mezzo..., Mezzo...*

Mez|za|ma|jo|li|ka ⟨f.; -, -s od. -ken⟩ *Fayence aus fehlerhaften, missfarbigen Scherben, die mit weißer Erde bemalt u. dann verziert worden ist, Halbfayence*

Mez|za|nin ⟨n.; -s, -e; österr.⟩ *niedriges Zwischengeschoss über dem Erdgeschoss, bes. in Renaissance- u. Barockbauten* [< ital. *mezzanino* »Zwischengeschoss«, Verkleinerungsform zu *mezzano* »mittlerer«]

mez|za vo|ce ⟨[-vo:tʃə] Abk.; m.v.; Mus.⟩ *mit halber Stimme, halblaut (zu singen, zu spielen)* [ital.]

mez|zo..., Mez|zo... ⟨in Zus.⟩ *mittlere(r, -s), halb* [ital. < lat. *medius*]

mez|zo|for|te ⟨Abk.: mf.; Mus.⟩ *mittelstark, nicht sehr laut (zu singen, zu spielen)* [ital.]

mez|zo|pi|a|no ⟨Abk.: mp; Mus.⟩ *ziemlich leise, nicht zu leise (zu singen, zu spielen)* [ital.]

Mez|zo|so|pran, ⟨auch⟩ **Mez|zo|sop|ran** ⟨m.; -s, -e; Mus.⟩ **1** *mittlere Stimmlage von Frauen, dunkler Sopran* **2** *Sängerin mit dieser Stimmlage*

Mez|zo|tin|to ⟨n.; - od. -s, -s od. -ti⟩ **1** ⟨unz.⟩ *fotomechan. Tiefdruckverfahren* **2** ⟨unz.⟩ *Abart des Kupferstichs, bei der aus einer aufgerauten Stahlplatte mit dem Schabeisen das vorher darauf radierte u. nun heller erscheinende Bild herausgeschabt wird, Schabkunst* **3** *Erzeugnis der Schabkunst, Schabkunstblatt* **4** *Mischfarbe, gebrochene Farbe, die einen Übergang bildet* [< ital. *mezzatinta* < *mezza...* + *tinta* »Farbe«]

mf ⟨Abk. für⟩ *mezzoforte*

mg ⟨Zeichen für⟩ *Milligramm*

Mg ⟨chem. Zeichen für⟩ *Magnesium*

Mgr. ⟨Abk. für⟩ *Monseigneur, Monsignore*

MHz ⟨Zeichen für⟩ *Megahertz*

Mi ⟨n.; -, -⟩ *Ton E; in der Tonika-Do-Methode jeweils der dritte Ton einer Tonleiter;* → a. *Solmisation* [ital., frz.]

Mi|as|ma ⟨n.; -s, -men⟩ *Ausdünstung des Bodens, die nach veralteter Annahme Seuchen verursacht* [grch., »Befleckung, Schmutz«]

mi|as|ma|tisch ⟨Adj.⟩ *giftig, ansteckend, Krankheiten verursachend*

Mi|cky|maus ⟨f.; -, -mäu|se⟩ *von W. Disney geschaffene lustige Trickfilmfigur* [< engl. *Mickey Mouse*]

mi|cro..., Mi|cro..., ⟨auch⟩ **mic|ro..., Mic|ro...** ⟨in Zus.⟩ = *mikro..., Mikro...*

Mi|cro|fa|ser ⟨f.; -n, -n; Textilw.; Wz ⟩ *ein leichter Faserstoff*

Mi|cro|fiche, ⟨auch⟩ **Mic|ro|fiche** ⟨[-fiʃ] m.; -s, -s⟩ = *Mikrofiche*

Mid|gard ⟨m.; -s; unz.; nord. Myth.⟩ *die von den Menschen bewohnte, aus den Brauen des Urriesen gebildete Welt, die zwischen der Götter- u. der Dämonenwelt im Ozean liegt* [< anord. *midgardr* »(die Menschen) umgebender Wall«]

mi|di ⟨Adj.; umg.⟩ *mittellang;* → a. *maxi, mini* [in Anlehnung an *mini,* vielleicht < frz. *midi* »Mittag« od. engl. *middle* »der, die, das mittlere«]

Mi|di|nette ⟨[-nɛt]; f.; -, -n; †⟩ *(leichtlebige) Pariser Modistin* [frz.]

Mid|life|cri|sis, ⟨auch⟩ **Mid|life-Cri|sis** ⟨[midlaifkraisiz] f.; -; unz.⟩ *(bes. bei Männern) im mittleren Alter die Furcht, das erstrebte (Lebens-)Ziel nicht mehr erreichen zu können;* in der ~ stecken; das sind Erscheinungen der ~ [< engl. *midlife* »Mitte des Lebens« + *crisis* »Krise«]

Mid|ship|man ⟨[-ʃipmæn] m.; -s, -men [-mən]; in Engl. u. den USA⟩ *Offiziersanwärter der Kriegsmarine* [engl., »Seekadett«]

Mig|ma|tit ⟨m.; -s, -e⟩ *aus verschiedenen Gesteinen aufgebautes Mischgestein* [< grch. *migma, meigma* »Gemisch, Mischung«]

Mi|gno|net|te, ⟨auch⟩ **Mig|no|net|te** ⟨[minjɔnɛt(ə)] f.; -, -s⟩ **1** *klein gemusterter Kattun* **2** *feine Spitze aus Zwirn* [frz.]

Mi|gnon|fas|sung, ⟨auch⟩ **Mig|non|fas|sung** ⟨[minjɔ̃:-] f.; -, -en⟩ *kleine Fassung für Glühlampen* [< frz. *mignon* »niedlich«]

Mi|gnonne, ⟨auch⟩ **Mig|nonne** ⟨[minjɔn] f.; -; unz.; †⟩ *Liebchen, Schätzchen* [frz.]

■ Die Buchstabenfolge **mi|gr...** kann auch **mig|r...** getrennt werden.

■ **Mi|grä|ne** ⟨f.; -, -n⟩ *heftiger, meist einseitiger, anfallsweise auftretender Kopfschmerz, oft von Erbrechen begleitet* [< frz. *migraine* < lat. *hemicrania* »Schmerz auf einer Seite des Kopfes« < grch. *hemikrania* < *hemi...* »halb...« + *kranion* »Schädel«]

■ **Mi|grant** ⟨m.; -en, -en⟩ **1** *jmd., der seinen Aufenthaltsort verändert, ein- od. auswandert* **2** ⟨Zool.⟩ *ein Tier, das den Siedlungsraum seiner Population verlässt bzw. wechselt,* z.B. Parasiten od. Zugvögel [zu lat. *migrare* »wandern, wegziehen«]

■ **Mi|gra|ti|on** ⟨f.; -, -en⟩ **1** *Wanderung, Bewegung von Bevölkerungsgruppen* **1.1** *Wanderung (von Zugvögeln)* **2** *Wirtswechsel (von Parasiten)* **3** *Wanderung von Erdöl od. Erdgas aus dem sie bildenden Muttergestein in ein umliegendes Speichergestein* [< lat. *migratio* »Wanderung, Auswanderung«]

■ **mi|gra|to|risch** ⟨Adj.; fachspr.⟩ *wandernd, durch Wanderung entstanden* [→ *Migration*]

■ **mi|grie|ren** ⟨V.⟩ *wandern, übersiedeln* [< lat. *migrare* »wandern«]

Mih|rab ⟨[-xra:b] m.; -s, -s⟩ *Gebetsnische in der Moschee auf der nach Mekka zu gelegenen Seite* [arab.]

Mijn|heer ⟨[məne:r] m.; -s, -s⟩ oV *Mynheer* **1** ⟨niederländ. Anrede⟩ *mein Herr* **2** ⟨umg.; scherzh.⟩ *Holländer* [ndrl.]

Mi|ka ⟨f. od. m.; -; unz.⟩ *Gruppe monokliner Minerale, chem. Kalium-Aluminium-Silicate, Glimmer* [< lat. *mica* »Krümchen«]
Mi|ka|do 1 ⟨m.; -s, -s⟩ ⟨nur literar.⟩ *jap. Kaiser* **2** ⟨n.; -s, -s⟩ *Geschicklichkeitsspiel, bei dem dünne Stäbchen aufgenommen werden müssen, ohne dass die darunter liegenden sich bewegen* **3** ⟨m.; -s, -s⟩ *Stäbchen in diesem Spiel* [< jap. *mi*... »schrecklich« + *kado* »Tor«]

■ Die Buchstabenfolge **mi|kr...** kann auch **mik|r...** getrennt werden.

■ **Mi|krat** ⟨n.; -(e)s, -e⟩ *nur durch ein Mikroskop erkennbare fotografische Verkleinerung* [< grch. *mikros* »klein«]
■ **mi|kro..., Mi|kro...** ⟨in Zus.⟩ oV *micro..., Micro...* **1** *klein..., Klein...* **2** ⟨vor Maßeinheiten; Zeichen: µ⟩ *1 Millionstel der betreffenden Maßeinheit,* z.B. 1 µm = 1 Millionstel Meter [< grch. *mikros* »klein, kurz, gering«]
■ **Mi|kro|a|na|ly|se** ⟨f.; -, -n⟩ *Analyse kleinster Mengen an Substanz unter Anwendung besonderer Verfahren u. unter Benutzung hierfür bes. geeigneter Geräte, z.B. Mikroskop;* Ggs *Makroanalyse*
■ **Mi|kro|auf|nah|me** ⟨f.; -, -n⟩ *mit Hilfe der Mikrofotografie hergestellte Aufnahme;* Ggs *Makroaufnahme*
■ **Mi|kro|bar** ⟨n.; -, -; Zeichen: µbar⟩ *1 Millionstel Bar*
■ **Mi|kro|be** ⟨f.; -, -n⟩ = *Mikrobion*
■ **mi|kro|bi|ell** ⟨Adj.; Biol.⟩ *durch Mikroben verursacht, sie betreffend;* eine ~e Infektion
■ **Mi|kro|bi|o|lo|ge** ⟨m.; -n, -n⟩ *Experte, Wissenschaftler auf dem Gebiet der Mikrobiologie*
■ **Mi|kro|bi|o|lo|gie** ⟨f.; -; unz.⟩ *Lehre von den Mikroben*
■ **Mi|kro|bi|o|lo|gin** ⟨f.; -, -gin|nen⟩ *Expertin, Wissenschaftlerin auf dem Gebiet der Mikrobiologie*
■ **Mi|kro|bi|on** ⟨n.; -s, -bi|en⟩ *einzelliges Lebewesen* [< frz. *microbe* < grch. *mikros* »klein, kurz, gering« + *bios* »Leben«]
■ **Mi|kro|bi|zid** ⟨n.; -s, -e⟩ *Mittel zum Abtöten von Mikroben* [< *Mikrobe* + *...zid*[1]]
■ **Mi|kro|che|mie** ⟨[-çe-] f.; -; unz.⟩ *die Chemie kleinster Mengen*
■ **Mi|kro|chip** ⟨[-tʃip] m.; -s, -s⟩ *hochintegrierte elektron. Schaltung, bei der viele Baulemente auf einer kleinen Grundplatte vereinigt sind*
■ **Mi|kro|chir|ur|gie,** ⟨auch⟩ **Mik|ro|chi|rur|gie** ⟨[-çir-] f.; -; unz.⟩ *Teilgebiet der Chirurgie, in dem Operationen unter dem Mikroskop durchgeführt werden*
■ **Mi|kro|com|pu|ter** ⟨[-pju:-] m.; -s, -⟩ *kleinster programmierbarer Computertyp;* Sy *Homecomputer, Personalcomputer (PC)*
■ **Mi|kro|do|ku|men|ta|ti|on** ⟨f.; -, -en⟩ *Herstellung von Reproduktionen von Schriftstücken u. Bilddokumenten in starker Verkleinerung (z.B. als Mikrofilm, Mikrofiche) zur Raum sparenden Aufbewahrung*
■ **Mi|kro|e|lek|tro|nik,** ⟨auch⟩ **Mik|ro|e|lekt|ronik** ⟨f.; -; unz.⟩ *Teilgebiet der Elektronik, das sich mit der Herstellung u. dem Einsatz kleinster elektr. Bauelemente u. hochintegrierter Schaltkreise befasst*
■ **mi|kro|e|lek|tro|nisch,** ⟨auch⟩ **mik|ro|e|lekt|ro|nisch** ⟨Adj.⟩ *zur Mikroelektronik gehörend, auf ihr beruhend*
■ **Mi|kro|fa|rad** ⟨n.; - od. -s, -; Zeichen: µF⟩ *1 Millionstel Farad*
■ **Mi|kro|fa|ser** ⟨f.; -, -n; Text.⟩ *extrem feine Chemiefaserfäden, die sich zu feinmaschigen, atmungsaktiven Stoffen verweben lassen, an denen Regen abperlt*
■ **Mi|kro|fau|na** ⟨f.; -, -fau|nen⟩ *die nur unter dem Mikroskop erkennbaren tier. Lebewesen;* Ggs *Makrofauna*
■ **Mi|kro|fiche** ⟨[-fiʃ] m.; -s, -s⟩ *Mikrofilm in Postkartenformat, der mehrere 100 reihenweise angeordnete Mikrokopien enthält;* oV *Microfiche* [< *Mikro...* + frz. *fiche* »Zettel«]
■ **Mi|kro|film** ⟨m.; -(e)s, -e⟩ **1** *Film, auf dem in stark verkleinertem Maßstab Druckschriften aufgenommen sind; zur Wiedergabe in entsprechend vergrößerndem Lesegerät* **2** *Film mit feinstem Korn für Mikrokopien*
■ **Mi|kro|fon** ⟨n.; -s, -e⟩ *Gerät zur Umwandlung von mechan. Schallwellen in elektr. Schwingungen;* oV *Mikrophon;* Fernseh~ [< *Mikro...* + *...phon*]
■ **Mi|kro|fo|to|gra|fie** ⟨f.; -; unz.⟩ *fotograf. Aufnahmeverfahren für kleinste Objekte mit Mikroskopen u. darauf befestigten Fotoapparaten;* Ggs *Makrofotografie*
■ **Mi|kro|fo|to|ko|pie** ⟨f.; -, -n⟩ = *Mikrokopie*
■ **Mi|kro|ga|met** ⟨m.; -en, -en⟩ *kleinere, bewegl. männl. Geschlechtszelle der Einzeller u. niederen Pflanzen;* Ggs *Makrogamet*
■ **Mi|kro|gramm** ⟨n.; -s, -e; Abk.: µg⟩ *Maßeinheit der Masse, ein Millionstel Gramm*
■ **mi|kro|ke|phal** ⟨Adj.⟩ *mit anomal verkleinertem Schädel versehen;* oV *mikrozephal;* Ggs *makrokephal* [< *mikro...* + *...kephal*]
■ **Mi|kro|ke|pha|lie** ⟨f.; -; unz.⟩ *anomale Verkleinerung des Schädels;* oV *Mikrozephalie;* Ggs *Makrokephalie* [< grch. *mikros* »klein, kurz, gering« + *...kephalie*]
■ **Mi|kro|kli|ma** ⟨n.; -s, -s od. -te⟩ = *Kleinklima;* Ggs *Makroklima;* → a. *Mesoklima*
■ **Mi|kro|kok|kus** ⟨m.; -, -kok|ken⟩ *Kugelbakterium*
■ **Mi|kro|ko|pie** ⟨f.; -, -n; kurz für⟩ *Mikrofotokopie, stark verkleinerte fotograf. Wiedergabe von Druckschriften*
■ **mi|kro|kos|misch** ⟨Adj.⟩ *zum Mikrokosmos gehörend, auf ihn bezogen*
■ **Mi|kro|kos|mos** ⟨m.; -; unz.⟩ **1** *die Welt der kleinsten Lebewesen* **2** ⟨Philos.⟩ *der Mensch u. seine Umwelt als Gegenstück zum Weltall;* Ggs *Makrokosmos*
■ **Mi|kro|lin|gu|is|tik** ⟨f.; -; unz.; Sprachw.⟩ *Teilgebiet der Linguistik, das die Sprache u. ihre Struktur ohne Berücksichtigung der Nachbarwissenschaften erforscht; unterteilt in*

Semantik, Grammatik u. Phonologie; Ggs *Makrolinguistik*

■ **Mi|kro|ma|ni|pu|la|tor** ⟨m.; -s, -to|ren⟩ *Zusatzgerät am Mikroskop, das an mikroskopischen Objekten feinste Eingriffe während der Beobachtung ermöglicht*

■ **Mi|kro|me|lie** ⟨f.; -, -n⟩ *anomale Kleinheit der Gliedmaßen;* Ggs *Makromelie* [< *Mikro…* + grch. *melos* »Glied«]

■ **Mi|kro|me|ter** ⟨n.; -s, -⟩ **1** *jedes Gerät zur genauen Messung kleiner Mengen* **2** ⟨Zeichen: µm⟩ *1 Millionstel Meter* = $^1/_{1000}$ *mm* [< *Mikro…* + *…meter*]

■ **Mi|kro|me|ter|schrau|be** ⟨f.; -, -n⟩ *Mikrometer, wobei die Messung unmittelbar durch Einklemmen des zu messenden Gegenstandes erfolgt*

■ **Mi|kro|mu|ta|ti|on** ⟨f.; -, -en; Biol.⟩ *Mutation, die nur ein Gen betrifft*

■ **Mi|kron** ⟨n.; -s, -⟩ *Mikrometer* [< grch. *mikros* »klein, kurz, gering«]

■ **Mi|kro|nu|cle|us,** ⟨auch⟩ **Mik|ro|nuc|le|us** ⟨m.; -, -clei [-kle:i]⟩ *Geschlechtskern der Protozoen, der die geschlechtl. Fortpflanzung regelt*

■ **Mi|kro|ö|ko|no|mik** ⟨f.; -; unz.; Wirtsch.⟩ *Teilgebiet der Wirtschaftswissenschaften, das sich mit dem einzelwirtschaflichen Verhalten von Haushalten u. Unternehmen befasst;* Sy *Mikrotheorie;* Ggs *Makroökonomik*

■ **mi|kro|ö|ko|no|misch** ⟨Adj.⟩ *zur Mikroökonomie gehörend, sie betreffend;* Ggs *makroökonomisch*

■ **Mi|kro|or|ga|nis|mus** ⟨m.; -, -men⟩ = *Mikrobe*

■ **Mi|kro|phon** ⟨n.; -s, -e⟩ = *Mikrofon*

■ **Mi|kro|phy|sik** ⟨f.; -; unz.⟩ *Teilgebiet der Physik, das sich mit der Untersuchung von Atomen u. Molekülen befasst, steht zwischen der Makrophysik des tägl. Lebens u. der Elementarteilchenphysik;* Ggs *Makrophysik*

■ **Mi|kro|phyt** ⟨m.; -en, -en⟩ *pflanzlicher Mikroorganismus;* Ggs *Makrophyt* [< *Mikro…* + *phyton* »Pflanze«]

■ **Mi|kro|prä|pa|rat** ⟨n.; -(e)s, -e⟩ *für Untersuchungen unter dem Mikroskop angefertigtes Präparat* [< *Mikro…* + *Präparat*]

■ **Mi|kro|pro|zes|sor** ⟨m.; -s, -en⟩ *zentraler Baustein eines Mikrocomputers mit Steuer- u. Rechenfunktionen*

■ **Mi|krop|sie** ⟨f.; -; unz.; Med.⟩ *Kleinersehen als es der Wirklichkeit entspricht;* Ggs *Makropsie* [< *Mikro…* + *…opsie*]

■ **Mi|kro|ra|di|o|me|ter** ⟨n.; -s, -⟩ *Gerät zum Messen kleinster Strahlungsmengen*

■ **Mi|kro|seis|mik** ⟨f.; -; unz.⟩ *Lehre von den kleinsten Schwingungen der Erdkruste, z.B. Erschütterung durch Brandung;* Ggs *Makroseismik*

■ **mi|kro|seis|misch** ⟨Adj.⟩ *zur Mikroseismik gehörend, sie betreffend;* Ggs *makroseismisch*

■ **Mi|kro|skop,** ⟨auch⟩ **Mik|ros|kop** ⟨n.; -s, -e⟩ *optisches Gerät zur Vergrößerung sehr kleiner Gegenstände* [< *Mikro…* + *…skop*]

■ **Mi|kro|sko|pie,** ⟨auch⟩ **Mik|ros|ko|pie** ⟨f.; -; unz.⟩ *Untersuchung mit Hilfe des Mikroskops*

■ **mi|kro|sko|pie|ren,** ⟨auch⟩ **mik|ros|ko|pieren** ⟨V.⟩ *mit dem Mikroskop untersuchen*

■ **mi|kro|sko|pisch,** ⟨auch⟩ **mik|ros|ko|pisch** ⟨Adj.⟩ **1** *auf Mikroskopie beruhend* **2** *nur mit dem Mikroskop erkennbar;* Ggs *makroskopisch*

■ **Mi|kro|som** ⟨n.; -s, -en⟩ *kleinstes lichtbrechendes Körperchen im Zellplasma* [< *Mikro…* + grch. *soma* »Körper«]

■ **Mi|kro|so|mie** ⟨f.; -; unz.⟩ *Kleinwuchs;* Ggs *Makrosomie* [< *Mikro…* + grch. *soma* »Körper«]

■ **Mi|kro|spo|re** ⟨f.; -, -n⟩ *kleine männl. Spore einiger Farne;* Ggs *Makrospore*

■ **Mi|kro|spo|rie** ⟨f.; -; unz.⟩ *durch einen Hautpilz verursachte, ansteckende Krankheit der behaarten Kopfhaut, Kleinsporenflechte* [< *Mikro…* + *Spore*]

■ **Mi|kro|struk|tur** ⟨f.; -, -en; fachspr.⟩ Ggs *Makrostruktur* **1** *Feinstruktur* **2** *Struktur, deren Elemente sich auf der kleinsten Untersuchungsebene befinden*

■ **Mi|kro|struk|tur|tech|nik** ⟨f.; -; unz.⟩ *Gebiet der Technik, das sich mit der Entwicklung u. Anwendung kleinster mechanischer Bauelemente u. Strukturen befasst*

■ **Mi|kro|tech|nik** ⟨f.; -; unz.⟩ **1** *die angewandte Technik bei mikroskop. Untersuchungen* **2** *Herstellung mikroskop. Präparate*

■ **Mi|kro|thek** ⟨f.; -, -en⟩ **1** *Behälter für die karteimäßige Sammlung von Mikrokopien* **2** *die Sammlung selbst* [< *Mikro…* + *…thek*]

■ **Mi|kro|the|o|rie** ⟨f.; -; unz.; Wirtsch.⟩ = *Mikroökonomik;* Ggs *Makrotheorie*

■ **Mi|kro|tom** ⟨n. od. m.; -s, -e⟩ *Gerät zur Herstellung feinster Schnitte für mikroskop. Untersuchungen in der Histologie* [< *Mikro…* + grch. *temnein* »schneiden«]

■ **Mi|kro|wel|le** ⟨f.; -, -n; kurz für⟩ *Mikrowellengerät*

■ **Mi|kro|wel|len** ⟨f.; Pl.; Zeichen: µW⟩ *Teil des elektromagnet. Spektrums zwischen dem Gebiet der kurzen u. ultrakurzen Radiowellen u. dem infraroten Spektralbereich des optischen Spektrums*

■ **Mi|kro|wel|len|ge|rät** ⟨n.; -(e)s, -e⟩ *(kleiner) Herd, in dem Lebensmittel durch Bestrahlung mit Mikrowellen (sehr schnell) gegart werden*

■ **Mi|kro|zen|sus** ⟨m.; -; unz.; Stat.; in der Bundesrepublik Dtschld.⟩ *repräsentative Statistik der Bevölkerungsentwicklung*

■ **mi|kro|ze|phal** ⟨Adj.⟩ = *mikrokephal*

■ **Mi|kro|ze|pha|lie** ⟨f.; -; unz.⟩ = *Mikrokephalie*

■ **Mi|kro|zyt** ⟨m.; -en, -en; meist Pl.; Med.⟩ *abnorm kleines rotes Blutkörperchen;* Ggs *Makrozyt;* → a. *Normozyt*

Mik|ti|on ⟨f.; -, -en⟩ *das Wasserlassen* [< lat. *mictio* »das Harnen«]

MIK-Wert ⟨m; -(e)s, -e; Abk. für⟩ *Maximale Immissionskonzentration, für bestimmte Stoffe gesetzlich festgelegte maximal zulässige Abgabe in bodennahen Luftschichten*

Mi|lan ⟨a. [-'-] m.; -s, -e⟩ *Gattung der Greifvögel, die durch die gegabelte Form des Schwanzes gekennzeichnet ist: Milvus* [frz. <vulgärlat. *milanus* <lat. *miluus* »Geier«]

Mi|li|ar|tu|ber|ku|lo|se ⟨f.; -, -n⟩ *bes. schwere Tuberkulose* [<lat. *milium* »Hirse« + *Tuberkulose*]

Mi|li|eu ⟨[miljø:] n.; -s, -s⟩ **1** *Umgebung u. Zeitverhältnisse, in denen ein Lebewesen sich entwickelt* **2** ⟨österr. a.⟩ *kleine Tischdecke* **3** *Umfeld einer bestimmten sozialen Gruppe;* Drogen~ **3.1** ⟨bes. schweiz.⟩ *Welt der Prostituierten* [frz., »Umgebung, Mittelpunkt« <lat. *medius* »mittlerer« + *locus* »Ort«]

Mi|li|eu|the|o|rie ⟨[miljø:-] f.; -; unz.⟩ *Theorie, nach der die Entwicklung des Individuums vor allem vom Milieu abhängig ist u. weniger von ererbten Anlagen*

mi|li|tant ⟨Adj.⟩ *kämpferisch* [<lat. *militans,* Part. Präs. zu *militare* »Soldat sein«]

Mi|li|tanz ⟨f.; -; unz.⟩ *aggressive, gewaltsame Vorgehensweise* [<lat. *militans,* Part. Präs. zu *militare* »Kriegsdienst tun«]

Mi|li|tär 1 ⟨n.; -s; unz.⟩ **1.1** *Stand der Soldaten* **1.2** *Gesamtheit der Streitkräfte* **2** ⟨m.; -s, -s⟩ *höherer Offizier;* ein erfahrener, guter ~ sein; es waren hohe ~s anwesend [<frz. *militaire* <lat. *militaris;* zu *miles* »Soldat«]

Mi|li|tär|a|ka|de|mie ⟨f.; -, -n⟩ *Schule zur Aus- u. Weiterbildung von militärischem Führungspersonal, militärischen Spezialisten u. Beamten der Militärverwaltung*

Mi|li|tär|at|ta|ché ⟨[-ʃe:] m.; -s, -s⟩ *militärischer Sachverständiger bei einer Gesandtschaft od. Botschaft*

Mi|li|tär|ba|sis ⟨f.; -, -ba|sen⟩ *Militärstützpunkt*

Mi|li|tär|dik|ta|tur ⟨f.; -, -en⟩ *meist aus einem Putsch hervorgegangene, unkontrollierte u. unbeschränkte polit. Herrschaft der Heeresführung;* → a. *Militärjunta*

Mi|li|tä|ria ⟨nur Pl.⟩ **1** *alle das Militär betreffenden Angelegenheiten* **2** ⟨heute nur noch⟩ *Bücher u. Gegenstände, die das Militärwesen betreffen* [lat., »militärische Übungen«]

mi|li|tä|risch ⟨Adj.⟩ *das Militär betreffend, darauf beruhend, ihm entsprechend, gemäß, soldatisch;* ~e Ausbildung, Auszeichnung; ~er Gruß *G. durch Strammstehen u. Aufheben der rechten Hand an Mützenrand od. -schild;* Ggs *zivil(1)* [<lat. *militaris;* beeinflusst von frz. *militaire*]

mi|li|ta|ri|sie|ren ⟨V.⟩ ein Land ~ *mit Militär u. militär. Einrichtungen ausstatten, das Heerwesen eines Landes organisieren* [<frz. *militariser*]

Mi|li|ta|ris|mus ⟨m.; -; unz.⟩ *Vorherrschaft der militär. Macht, Überbetonung des Militärwesens, übersteigerte militär. Gesinnung, Erhebung des Militärischen zum Selbstzweck* [<frz. *militarisme* »Militärherrschaft«]

Mi|li|ta|rist ⟨m.; -en, -en⟩ *Anhänger, Vertreter des Militarismus* [<frz. *militariste*]

mi|li|ta|ris|tisch ⟨Adj.⟩ *auf dem Militarismus beruhend, ihn erstrebend*

Mi|li|tär|jun|ta ⟨[-xun-] f.; -, -s⟩ *aus Angehörigen des Militärs gebildete Junta*

Mi|li|ta|ry ⟨[-təri] f.; -, -s; Sp.; Reiten⟩ *Vielseitigkeitsprüfung, die aus Dressur, Geländeritt u. Springen besteht* [engl.]

Mi|liz ⟨f.; -, -en⟩ **1** *kurz ausgebildete Truppe für den Bedarfsfall* **2** ⟨in kommunist. Staaten⟩ *Polizei* [<lat. *militia* »Gesamtheit der Soldaten; Kriegsdienst«; zu *miles* »Soldat«]

Mi|li|zi|o|när ⟨m.; -s, -e⟩ *Angehöriger der Miliz* [→ *Miliz*]

Milk|shake ⟨[-ʃɛik] m.; -s, -s⟩ *Milchmixgetränk mit Früchten (u. Eis)* [<engl. *milk* »Milch« + *shake* »schütteln«]

Mill. ⟨Abk. für⟩ *Million, Millionen*

Mil|le ⟨n.; -, -; Zeichen: M⟩ *Tausend;* → a. *pro mille* [lat., »tausend»]

Mil|le|fi|o|ri|glas ⟨n.; -es; unz.⟩ *aus Scheiben gebündelter, farbiger Glasstäbe hergestelltes Glas* [<ital. *mille* »tausend« + *fiori* »Blumen«]

Mille|fleurs ⟨[milflœ:(r)] m.; -, -⟩ *Stoff mit Streublumenmuster* [frz., »tausend Blumen«]

Mil|le Mi|glia, ⟨auch⟩ **Mil|le Mig|lia** ⟨[-milja] f.; --; unz.⟩ *größtes ital. Langstreckenrennen für Sportwagen* [ital., »tausend Meilen«]

Mil|len|ni|um, ⟨auch⟩ **Mil|len|ni|um** ⟨n.; -s, -nien⟩ *Zeitraum von 1000 Jahren* [lat., »das Tausendjährige Reich (Christi)« <*mille* »tausend« + *annus* »Jahr«]

Mil|le|rit ⟨m.; -s; unz.⟩ *gelbl. bis grünl. Mineral, dessen nadelförmige Kristalle oft strahlig gruppiert sind, Haarkies, chem. Nickelsulfid* [nach dem engl. Mineralogen W. H. *Miller,* † 1849]

mil|li…, Mil|li… ⟨Zeichen: m; vor Maßeinheiten⟩ *ein Tausendstel der betreffenden Maßeinheit, z.B. 1 mm = 1/1000 Meter* [<lat. *mille* »tausend«]

Mil|li|am|pere ⟨[-pɛ:r] n.; - od. -s, -; Zeichen: mA⟩ *1/1000 Ampere*

Mil|li|am|pere|me|ter ⟨[-pɛ:r-] n.; -s, -⟩ *Gerät zum Messen kleinster Stromstärken*

Mil|li|ar|där ⟨m.; -s, -e⟩ **1** *Besitzer von Werten über eine Milliarde (Mark)* **2** ⟨fig.⟩ *steinreicher Mann*

Mil|li|ar|de ⟨f.; -, -n; Abk.: Md. od. Mrd.⟩ *1000 Millionen* [<frz. *milliard* »tausend Millionen« <lat. *mille* »tausend« + rom. Vergrößerungssuffix *…ard*]

Mil|li|ards|tel ⟨n.; -s, -⟩ *der milliardste Teil*

Mil|li|bar ⟨n.; -, -; Zeichen: mbar⟩ *1/1000 bar*

Mil|li|gramm ⟨n.; -(e)s, -; Zeichen: mg⟩ *1/1000 Gramm*

Mil|li|li|ter ⟨n. od. m.; schweiz. nur m.; -s, -; Zeichen: ml⟩ *1/1000 Liter*

Mil|li|me|ter ⟨n. od. m.; schweiz. nur m.; Zeichen: mm⟩ *1/1000 Meter;* ~ Quecksilbersäule ⟨Abk.: mm Hg⟩ *nicht mehr zulässige Druckeinheit, zu ersetzen durch die Einheit Millibar (mbar), 1 mm Hg = 1,33 mbar; 760 mm Hg = 1 physikalische Atmosphäre (atm) = Normaldruck der Luft = 1013,25 mbar*

Mil|li|mi|kron, ⟨auch⟩ **Mil|li|mik|ron** ⟨n.; -s, -⟩

nicht mehr zulässige Bez. für die Längeneinheit von 1/1000 Mikrometer (µm), zu ersetzen durch die Einheit Nanometer (nm); 1/1000 µm = 1 nm = 10^{-9} m

Mil|li|on ⟨f.; -, -en; Abk.: Mill. od. Mio⟩ *tausend mal tausend, 1000 mal 1000* [< ital. *millione* »zehn mal hunderttausend« < lat. *mille* »tausend« + rom. Vergrößerungssuffix *...one*]

Mil|li|o|när ⟨m.; -s, -e⟩ **1** *Besitzer von Werten über eine Million (Mark)* **2** ⟨fig.⟩ *sehr reicher Mann* [< frz. *millionnaire*]

Mil|li|ons|tel ⟨n.; -s, -⟩ *der millionste Teil*

Mil|li|pond ⟨n.; -s, -; Zeichen: mp⟩ *nicht mehr zulässige Kraft- oder Gewichtseinheit, 1/1000 Pond*

Mil|li|rem ⟨n.; -, -⟩ *1/1000 rem*

Mil|li|se|kun|de ⟨f.; -, -n⟩ *1/1000 Sekunde*

Mil|reis ⟨[-rɛis] n.; -, -⟩ *frühere Währungseinheit (1000 Reis) in Portugal (bis 1911) u. Brasilien (bis 1942)* [< port. *mil-réis*]

Mi|me ⟨m.; -n, -n⟩ *Schauspieler* [< lat. *mimus* < grch. *mimos*; zu *mimeisthai* »nachahmen«]

mi|men ⟨V.⟩ **1** eine Rolle ~ *eine R. als Mime spielen, darstellen* **2** ⟨umg.⟩ *vortäuschen, so tun, als ob*

Mi|men ⟨Pl. von⟩ *Mimus*

Mi|me|se ⟨f.; -, -n⟩ **1** *äußere (schützende) Ähnlichkeit von Tieren in Gestalt od. Farbe mit leblosen Gegenständen ihrer Umgebung* **2** = *Mimesis* [< grch. *mimesis*; → *Mimesis*]

Mi|me|sie ⟨f.; -, -n⟩ *die Erscheinung, dass minder symmetrische Kristalle durch vielfache Zwillingsbildung Formen von höherer Symmetrie vortäuschen* [< grch. *mimesis* »Nachahmung«]

Mi|me|sis ⟨f.; -, -me|sen⟩ oV *Mimese(2)* **1** *Nachahmung von Gebärden* **2** ⟨antike Rhetorik⟩ *(spottende) Wiederholung der Worte eines andern* [grch., »Nachahmung«]

mi|me|tisch ⟨Adj.⟩ **1** *auf Mimese (Mimesis) beruhend, sie anwendend* **2** *die Mimesie betreffend, durch sie ausgezeichnet*

Mi|mik ⟨f.; -; unz.⟩ *Wechsel, Spiel des Gesichtsausdrucks u. der Gebärden* [< lat. *ars mimica* »schauspieler. Kunst«]

Mi|mi|kry, ⟨auch⟩ **Mi|mik|ry** ⟨f.; -; unz.⟩ **1** *schützende Nachahmung (in Farbe od. Gestalt) von Gegenständen der Umwelt od. von wehrhaften Tieren durch wehrlose* **2** ⟨fig.⟩ *Anpassung, Schutzfärbung* [< engl. *mimicry*, eigtl. »Nachahmung«]

mi|misch ⟨Adj.⟩ *die Mimik betreffend, auf ihr beruhend, mit Hilfe der Mimik, schauspielerisch* [< lat. *mimicus* »schauspielerisch«]

Mi|mo|se ⟨f.; -, -n⟩ **1** *zur Familie der Mimosengewächse gehörende Zierpflanze, deren Blätter bei der geringsten Berührung zusammenklappen, Sinnpflanze: Mimosa pudica* **2** ⟨fig.⟩ *empfindsamer, leicht gekränkter Mensch* [< nlat. *mimosa* < lat. *mimus*; → *Mime*]

mi|mo|sen|haft ⟨Adj.; fig.⟩ *zart, überempfindlich wie eine Mimose*

Mi|mus ⟨m.; -, -men⟩ **1** ⟨urspr.⟩ *Schauspieler der Antike* **2** ⟨dann⟩ *kleine, realist. Szene* **3** ⟨danach⟩ *derb-komisches Bühnenstück, Posse* **4** *darin auftretender Schauspieler* [lat. < grch. *mimos* »Schauspieler«]

min, Min. ⟨Abk. für⟩ *Minute*

Mi|na|rett ⟨n.; -s, -e⟩ *Turm der Moschee, von dem die Gebetsstunden ausgerufen werden* [< türk. *minare* < arab. *manarah* »Lampe, Leuchtturm«]

Mi|ne[1] ⟨f.; -, -n⟩ **1** *Sprengkörper, der durch Zündschnur, Berührung usw. zur Explosion gebracht wird;* Land~; See~; eine ~ legen ⟨a. fig.⟩ *intrigieren;* alle ~n springen lassen ⟨fig.⟩ *alle Mittel einsetzen* **2** *Bergwerk;* Erz~; Gold~; *unterirdischer Gang, Stollen* **3** *Einlage in Schreibgeräten, Stäbchen aus Graphit od. Farbstoff, Röhrchen mit schnell trocknendem Farbstoff;* Bleistift~; Kugelschreiber~ **4** ⟨Börse⟩ *allg. Bewegung in Richtung auf Hausse* [frz., »Erzader; Erzgrube« < vulgärlat. *mina*, vermutlich < kelt.]

Mi|ne[2] ⟨f.; -, -n⟩ *altgriech. Münze, 100 Drachmen* [< lat. *mina* < grch. *mna*, orientalischen Ursprungs]

Mi|ne|ral ⟨n.; -s, -e od. -li|en⟩ *anorganischer Bestandteil der Erdrinde* [< mlat. *(aes) minerale* »Erzgestein, Erz«]

Mi|ne|ral|fa|ser ⟨f.; -, -n⟩ *aus Asbest u.a. Mineralien gewonnene Faser mit großer Hitze- u. Korrosionsbeständigkeit*

Mi|ne|ra|li|sa|ti|on ⟨f.; -; unz.⟩ *Bildung von Gesteinen beim Abkühlen von Magma*

mi|ne|ra|lisch ⟨Adj.⟩ *auf Mineralien beruhend, aus ihnen entstanden, Mineralien enthaltend*

mi|ne|ra|li|sie|ren ⟨V.⟩ **1** *organische Stoffe zu anorganischen Stoffen abbauen* **2** *sich in mineralisches Material verwandeln;* Ggs *demineralisieren*

Mi|ne|ra|li|sie|rung ⟨f.; -; unz.⟩ *Umwandlung organischer Materialien in anorganische,* z.B. Bildung von Humus aus Laub

Mi|ne|ra|lo|ge ⟨m.; -n, -n⟩ *Kenner der Mineralien, auf dem Gebiet der Mineralogie arbeitender Wissenschaftler*

Mi|ne|ra|lo|gie ⟨f.; -; unz.⟩ *die Wissenschaft von den Mineralien* [< *Mineral* + *...logie*]

mi|ne|ra|lo|gisch ⟨Adj.⟩ *zur Mineralogie gehörend, auf ihr beruhend*

Mi|ne|ral|öl ⟨n.; -s, -e⟩ *Erdöl*

Mi|ne|ral|quel|le ⟨f.; -, -n⟩ *Heilquelle*

Mi|ne|ral|sal|ze ⟨Pl.⟩ **1** ⟨i.w.S.⟩ *die anorgan. Salze* **2** ⟨i.e.S.⟩ *die für die Ernährung der Menschen, Tiere u. Pflanzen wichtigen Salze*

Mi|ne|ral|säu|re ⟨f.; -, -n⟩ *anorganische Säure,* z.B. Salz-, Salpeter-, Schwefelsäure

Mi|ne|ral|was|ser ⟨n.; -s, -wäs|ser⟩ *mineralreiches Wasser aus einer natürlichen od. erschlossenen Quelle, meist mit Kohlensäure versetzt*

mi|ne|ro|gen ⟨Adj.⟩ *aus mineralischen, d.h. anorganischen Bestandteilen entstanden;* Ggs *organogen*

Mi|nes|tra, ⟨auch⟩ **Mi|nest|ra** ⟨f.; -, -tren⟩ = *Minestrone*

Mi|nes|tro|ne, ⟨auch⟩ **Mi|nest|ro|ne** ⟨m.; -, -ni⟩

ital. Gemüsesuppe mit Einlage; oV *Minestra* [ital.]
Mi|nẹt|te ⟨f.; -; -n; Geol.⟩ **1** *Brauneisenerz mit bis zu 40% Eisengehalt, in Lothringen u. Luxemburg vorkommend* **2** *dunkelgraues, gangförmig gelagertes Gestein* [frz., »kleines Bergwerk«]
mi|neur ⟨[-nø:r] frz. Bez. für⟩ *Moll;* Ggs *majeur* [frz., »kleiner«]
Mi|neur ⟨[-nø:r] m.; -s, -e⟩ **1** *Bergarbeiter* **2** ⟨früher⟩ *für das Minenlegen ausgebildeter Pionier* **3** *Spekulant, der an der Börse auf Hausse setzt* [frz., »Bergmann«; zu *mine;* → *Mine*[1]]
mi|ni ⟨Adj.⟩ *kurz;* ~ gehen *einen Minirock tragen;* Ggs *maxi;* → a. *midi* [engl., verkürzt < *minimum* »Minimum«]
Mi|ni... ⟨in Zus.⟩ *sehr klein,* z.B. Minieisenbahn, ⟨in der Mode⟩ *sehr kurz,* z.B. Minirock [verkürzt < *Miniatur* od. < *Minimum*]
Mi|ni|a|tor ⟨m.; -s, -to|ren; MA⟩ *Buchmaler* [→ *Miniatur*]
Mi|ni|a|tur ⟨f.; -, -en⟩ **1** *Malerei od. Zeichnung in alten Handschriften u. Büchern* **2** *sehr kleines Bild* [< ital. *miniatura;* zu lat. *minitus* »mit Mennige gefärbt«]
mi|ni|a|tu|ri|sie|ren ⟨V.; El.⟩ *verkleinern*
Mi|ni|car ⟨[-ka:] m.; -s, -s⟩ **1** *Kleintaxi* **2** *selbst gebasteltes, motorloses Fahrzeug, Seifenkiste* [< *Mini...* + engl. *car* »Auto«]
mi|nie|ren ⟨V.⟩ **1** *einen unterird. Gang, Stollen anlegen* **2** *verminen* [< frz. *miner;* zu *mine;* → *Mine*[1]]
Mi|ni|golf ⟨n.; -s; unz.⟩ *vom Golf abgeleitetes Spiel auf befestigten Bahnen mit unterschiedlichen Hindernissen* [verkürzt < *Mini*atur + *Golf*]
Mi|ni|ma[1] ⟨Pl. von⟩ *Minimum*
Mi|ni|ma[2] ⟨f.; -, -mae od. -men; Mus.⟩ *kleinster, der halben Taktnote entsprechender Notenwert der Mensuralmusik;* Ggs *Maxima(2)* [lat., »die kleinste«]
mi|ni|mal ⟨Adj.⟩ *sehr klein, winzig, geringfügig;* Ggs *maximal* [< lat. *minimus* »der kleinste«]
Mi|ni|mal|art, ⟨auch⟩ **Mi|ni|mal Art** ⟨[mịniməl a:(r)t] f.; (-) -; unz.⟩ *Richtung der modernen Kunst, die sich auf einfachste (geometr.) Grundformen beschränkt, um überflüssig erscheinende Verzierungen zu vermeiden;* → a. *Minimalmusic* [< engl. *minimal* »minimal, kleinst...« + *art* »Kunst«]
mi|ni|ma|li|sie|ren ⟨V.⟩ *verringern, vereinfachen;* Kosten ~; das Risiko ~
Mi|ni|ma|li|sie|rung ⟨f.; -, -en⟩ *das Minimalisieren, Minimalisiertwerden;* ~ des Risikos *die Verringerung, Vereinfachung;* ~ der Werte *Abwertung, Missachtung*
Mi|ni|ma|lịst ⟨m.; -en, -en⟩ **1** *jmd., der sich in seiner Lebensweise auf das Notwendigste beschränkt od. bestimmte Ziele mit dem geringstmöglichen Aufwand zu erreichen sucht* **2** *Vertreter, Anhänger der Minimalart*
Mi|ni|mal|mu|sic, ⟨auch⟩ **Mi|ni|mal Mu|sic** ⟨[mịniməl mju:zik] f.; (-) -; unz.⟩ *Stilrichtung der modernen Musik, die nur einfachste Melodien und Rhythmen verwendet;* → *a. Minimalart* [< engl. *minimal* »minimal, kleinst...« + *music* »Musik«]
Mi|ni|mal|paar ⟨n.; -(e)s,-e; Sprachw.⟩ *sich nur durch ein Phonem unterscheidendes Wort- od. Morphempaar einer Sprache,* z.B. „Haus u. Maus", „führen u. fahren"
Mi|ni|mal|prin|zip ⟨n.; -s, -pi|en od. -pe; Wirtsch.⟩ *Sparsamkeitsgrundsatz, nach dem der größtmögliche Erfolg mit dem geringstmöglichen Mitteleinsatz erzielt werden soll;* Ggs *Maximalprinzip*
Mi|ni|mal|pro|blem, ⟨auch⟩ **Mi|ni|mal|prob|lem** ⟨n.; -s, -e⟩ *Schachproblem, bei dem eine Partei außer dem König nur noch eine Figur besitzt*
Mi|ni|max|the|o|rem ⟨n.; -s, -e⟩ *Leitsatz der Spieltheorie, nach dem ein Spieler bestrebt ist, seinen eigenen Anteil am Gesamtgewinn durch Verringerung des Anteils seiner Gegner zu erhöhen*
mi|ni|mie|ren ⟨V.⟩ *das Minimum anstreben, erreichen;* Kosten ~; Sy *minimisieren;* Ggs *maximieren*
Mi|ni|mie|rung ⟨f.; -, -en⟩ *das Minimieren, Minimiertwerden*
mi|ni|mi|sie|ren ⟨V.⟩ = *minimieren*
Mi|ni|mum ⟨n.; -s, -ma⟩ Ggs *Maximum* **1** *kleinster Wert, kleinste Größe, niedrigster Stand, z.B. des Luftdrucks* **2** *Mindestmaß* **3** *Geringfügigkeit* [lat., »das Kleinste»]
Mi|ni|pil|le ⟨f.; -, -n; umg.⟩ *oral einzunehmendes Empfängnisverhütungsmittel mit stark vermindertem Gestagengehalt*
Mi|ni|rock ⟨m.; -(e)s, -rö|cke⟩ *bis knapp zur Mitte des Oberschenkels reichender Rock, schenkelkurzer Rock*
Mi|ni|spi|on ⟨m.; -s, -e; umg.⟩ *sehr kleines Abhörgerät, Wanze*
Mi|nis|ter ⟨m.; -s, -⟩ *Leiter eines Ministeriums* [< frz. *ministre* »Diener; Diener des Staats« < lat. *minister* »Diener, Gehilfe«; zu *minus;* → *minus*]
mi|nis|te|ri|al ⟨Adj.⟩ *ein Ministerium betreffend, dazu gehörig, von ihm ausgehend;* oV *ministeriell*
Mi|nis|te|ri|al|di|rek|tor ⟨m.; -s, -en⟩ *Abteilungsleiter in einem Ministerium*
Mi|nis|te|ri|a|le ⟨m.; -n, -n⟩ **1** ⟨urspr.⟩ *unfreier Dienstmann im Hof- u. Kriegsdienst* **2** ⟨im 14./15. Jh.⟩ *Angehöriger des niederen Adels* [< lat. *ministerialis* »den Dienst beim Kaiser betreffend«; zu *minister;* → *Minister*]
mi|nis|te|ri|ẹll ⟨Adj.⟩ = *ministerial*
Mi|nis|te|ri|um ⟨n.; -s, -ri|en⟩ *oberste staatl. Verwaltungsbehörde;* Innen~ [< frz. *ministère* < lat. *ministerium* »Dienst, Amt«; → *Minister*]
Mi|nis|ter|prä|si|dent ⟨m.; -en, -en; in vielen Ländern⟩ *oberster Leiter der Regierung,* ⟨in der BRD⟩ *Leiter der Landesregierung,* ⟨DDR⟩ *Vorsitzender des Ministerrats*
Mi|nis|trạnt, ⟨auch⟩ **Mi|nist|rạnt** ⟨m.; -en, -en⟩

meist jugendlicher Gehilfe des Priesters bei der Messe, Messdiener [<lat. *ministrans,* Part. Präs. zu *ministrare;* → *ministrieren*]

mi|nis|trie|ren, ⟨auch⟩ **mi|nist|rie|ren** ⟨V.⟩ *das Amt eines Ministranten versehen* [<lat. *ministrare* »(be)dienen«; zu *minister;* → *Minister*]

Mi|ni|um ⟨n.; -s; unz.⟩ = *Mennige* [lat.]

Mink ⟨n.; -s, -e⟩ *amerikan. Art des Nerzes: Mustela vison* [engl.]

mi|no|isch ⟨Adj.⟩ ~e Kultur *kretische Kultur;* ~e Schrift *altkretische Schrift* [nach dem sagenhaften König *Minos* von Knossos auf der Insel Kreta]

mi|nor ⟨[mainə(r)] Mus.⟩ *Moll;* Ggs *major* [engl., eigtl. »kleiner«]

Mi|no|rat ⟨n.; -(e)s, -e⟩ **1** *Jüngstenrecht unter mehreren gleich nahen Verwandten;* Ggs *Majorat(1);* → a. *Juniorat* **2** *das Erbteil selbst;* Ggs *Majorat(2)* [<lat. *minor* »kleiner, geringer«]

mi|no|re ⟨Mus.⟩ *Moll;* Ggs *maggiore* [ital., eigtl. »kleiner«]

mi|no|renn ⟨Adj.⟩ *minderjährig;* Ggs *majorenn* [<lat. *minor* »geringer, weniger« + *annus* »Jahr«]

Mi|no|ren|ni|tät ⟨f.; -; unz.⟩ *Minderjährigkeit;* Ggs *Majorennität*

Mi|no|rist ⟨m.; -en, -en⟩ *kath. Geistlicher, der eine niedere Weihe empfangen hat* [<lat. *minor* »kleiner, geringer«]

Mi|no|rit ⟨m.; -en, -en⟩ *Franziskaner, Minderbruder* [<lat. *minor* »kleiner, geringer«]

Mi|no|ri|tät ⟨f.; -, -en⟩ *Minderheit, Minderzahl;* Ggs *Majorität*

Mi|no|ri|täts|trä|ger ⟨m.; Pl.; in Halbleitern⟩ *Träger der zum Ausgleich der elektr. Ladungen nicht in ausreichender Zahl vorhandenen Ladungen, z.B. die positiv geladenen Fehlstellen in n-Halbleitern;* Ggs *Majoritätsträger*

Mi|no|taur ⟨m.; -s; unz.⟩, **Mi|no|tau|rus** ⟨m.; -; unz.; grch. Myth.⟩ *Menschen fressendes Ungeheuer auf Kreta mit dem Leib eines Menschen u. dem Kopf eines Stieres* [grch., »Stier des Minos«]

Mins|trel, ⟨auch⟩ **Minst|rel** ⟨m.; -s, -s; in Engl. im MA⟩ *Sänger, Spielmann im Dienst eines Fürsten* [engl. <afrz. *menestrel* »Diener, Spielmann«]

mint ⟨Adj.; undekl.⟩ *blassgrün* [<engl. *mint* »Minze«]

Mi|nu|end ⟨m.; -en, -en; Math.⟩ *die zu vermindernde Zahl, von der eine andere abgezogen wird;* → a. *Subtrahend* [<lat. *minuere* »verringern«]

mi|nus ⟨Adv.; Zeichen: -⟩ Ggs *plus* **1** *weniger, abzüglich;* sechs ~ zwei = vier (6 - 2 = 4); es sind 15 Grad ~ ⟨*umg.*⟩ *15 Grad unter 0 °C* **2** ⟨Phys.⟩ = *negativ(6)* [lat., »weniger«, Neutr. zu *minor* »kleiner, geringer«]

Mi|nus ⟨n.; -, -⟩ *Fehlbetrag;* Ggs *Plus*

Mi|nus|kel ⟨f.; -, -n⟩ *kleiner Buchstabe röm. Ursprungs mit Ober- u. Unterlängen;* Ggs *Majuskel* [<lat. *minusculus* »etwas kleiner«, Verkleinerungsform zu *minor* »kleiner«]

Mi|nus|pol ⟨m.; -(e)s, -e; El.⟩ *negativer Pol;* Ggs *Pluspol*

Mi|nu|te ⟨f.; -, -n; Abk.: min, Min., m⟩ **1** *der 60. Teil einer Stunde;* auf die ~ ⟨umg.⟩ *pünktlich* **2** ⟨Math.; Zeichen: '⟩ *der 60. Teil eines Altgrades, 100. Teil eines Neugrades* [frz. <lat. *minutus* »klein, gering«; zu *minuere* »verringern«]

mi|nu|ti|ös ⟨Adj.⟩ oV *minuziös* **1** *bis ins Kleinste gehend, peinlich genau* **2** ⟨†⟩ *kleinlich* [<lat. *minutus* »klein, kleinlich«]

...mi|nut|lich, ...mi|nüt|lich ⟨Adj.; in Zus.⟩ *alle ... Minuten stattfindend wiederkehrend,* z.B. fünfminütlich, ⟨mit Ziffer⟩ 5-minütlich

mi|nu|zi|ös ⟨Adj.⟩ = *minutiös*

Mio. ⟨Abk. für⟩ *Million, Millionen*

Mi|o|sis ⟨f.; -, -sen⟩ *Verengung der Pupille* [<grch. *meiosis* »Verkleinerung«]

mi|o|tisch ⟨Adj.⟩ *pupillenverengend* [→ *Miosis*]

mi|o|zän ⟨Adj.⟩ *zum Miozän gehörend, daraus stammend*

Mi|o|zän ⟨n.; -s; unz.; Geol.⟩ *älteste Stufe des Neogens* [<grch. *meion* »weniger« + *...zän*]

Mi|po|lam ⟨n.; -s; unz.⟩ *ein Kunststoff* [Kurzw. <*Mischpolymerisat*]

MIPS ⟨EDV; Abk. für engl.⟩ *Million Instructions per Second, Maß für die Leistungsfähigkeit der zentralen Recheneinheit eines Computers* [engl., »eine Million Befehle pro Sekunde«]

Mir ⟨f.; -; unz.⟩ *bemannte sowjet. Weltraumstation* [russ., »Welt(all); Frieden«]

Mi|ra|bel|le ⟨f.; -, -n⟩ *Art der Pflaume mit gelben, kugeligen, kleinen Früchten* [frz. <lat. *mirabilis* »wunderbar«]

Mi|ra|ge ⟨[-ʒ(ə)] f.; -, -n⟩ **1** ⟨Meteor.⟩ *Luftspiegelung* **2** ⟨fig.; †⟩ *Täuschung, Selbstbetrug* **3** ⟨[-ʒ(ə)]; f.; -, -; Mil.⟩ *frz. Kampfflugzeug* [frz., »Spiegelung«]

Mi|ra|kel ⟨n.; -s, -⟩ **1** *Wunder* **2** *Wunderwerk, Wundertat* [<frz. *miracle* <lat. *miraculum* <lat. *mirari* »(be)wundern»]

Mi|ra|kel|spiel ⟨n.; -(e)s, -e; MA⟩ *geistl. Spiel über die Wundertaten der Heiligen* [→ *Mirakel*]

mi|ra|ku|lös ⟨Adj.⟩ *wunderbar, auf einem Wunder beruhend* [→ *Mirakel*]

Mir|ban|öl ⟨n.; -s; unz.⟩ *synthetisch gewonnenes Bittermandelöl für die Parfüm- u. Seifenindustrie*

Mi|re ⟨f.; -, -n⟩ *Markierung des Meridians an astronom. Instrumenten* [frz.]

Mir|za ⟨m.; -s, -s; in Persien⟩ **1** *Prinz (dem Namen nachgestellt)* **2** *Gebildeter, Gelehrter (vorangestellt)* [pers., »Herrensohn«]

Mis|an|drie, ⟨auch⟩ **Mi|sand|rie** ⟨f.; -; unz.⟩ *krankhafte Abneigung gegen Männer* [<grch. *misandria* »Männerhass«]

Mis|an|throp, ⟨auch⟩ **Mi|santh|rop** ⟨m.; -en, -en⟩ *Menschenfeind;* Ggs *Philanthrop* [<grch. *misanthropos* »Menschen hassend«]

Mis|an|thro|pie, ⟨auch⟩ **Mi|santh|ro|pie** ⟨f.; -; unz.⟩ *Menschenfeindlichkeit;* Ggs *Philanthropie*

mis|an|thro|pisch, ⟨auch⟩ **mi|santh|ro|pisch** ⟨Adj.⟩ *menschenfeindlich;* Ggs *philanthropisch* [→ *Misanthrop*]

Mis|cel|la|nea ⟨Pl.⟩ = *Miszellaneen*

Misch|na ⟨f.; -; unz.⟩ *erster Teil des Talmuds, Sammlung von Lehrsätzen für richtiges Handeln* [hebr.]

Misch|po|che, Misch|po|ke ⟨f.; -; unz.; umg., abwertend⟩ *Familie, Sippschaft* [<hebr. *mischpachah* »Familie«]

Misch|po|ly|me|ri|sat ⟨n.; -(e)s, -e⟩ *durch Mischpolymerisation gewonnenes Produkt*

Misch|po|ly|me|ri|sa|ti|on ⟨f.; -, -en⟩ *gleichzeitige Polymerisation von zwei od. mehr Ausgangsstoffen zu einem Endprodukt*

Mi|se ⟨f.; -, -n⟩ **1** *Einsatz beim Spiel* **2** ⟨Lebensversicherung⟩ *Zahlung der Versicherungsprämie auf einmal* [frz., »Einsatz«]

Mise en scène ⟨[mizãsɛ:n] n.; - - -, -s [miz-] - -⟩ **1** *Inszenierung, Regie* **2** ⟨fig.⟩ *wirkungsvoller Auftritt, auffallende Darbietung* [frz., »in Szene gesetzt«]

mi|se|ra|bel ⟨Adj.⟩ *elend, sehr schlecht, kläglich, erbärmlich;* das Stück ist ~ gearbeitet; ein miserables Zeugnis; es geht ihm (gesundheitlich, wirtschaftlich) ~ [<frz. *misérable*]

Mi|se|re ⟨f.; -, -n⟩ *Not, Elend, Jammer* [<frz. *misère*]

Mi|se|re|or ⟨n.; -; unz.; seit 1959⟩ *kath. Hilfswerk für die Entwicklungsländer* [lat., »ich erbarme mich«]

Mi|se|re|re ⟨n.; - od. -s; unz.⟩ **1** *Anfangswort u. Name des 50. Psalms (nach der Vulgata) bzw. des 51. Psalms (Lutherbibel), Bußpsalm u. Gebet bei Begräbnissen in der kath. Kirche* **2** ⟨Med.⟩ *Koterbrechen* [lat., »erbarme dich!«]

Mi|se|ri|cor|di|as Do|mi|ni *zweiter Sonntag nach Ostern* [nach dem Eingangsgesang des Gottesdienstes aus Psalm 89,2: *Misericordias Domini* »die Barmherzigkeit des Herrn«]

Mi|se|ri|kor|die ⟨[-diə] f.; -, -n⟩ *kleiner, häufig durch Schnitzerei verzierter Vorsprung an der Unterseite der Klappsitze im Chorgestühl als Stütze während des Stehens* [<lat. *misericordia* »Barmherzigkeit«]

Mi|se|ri|kor|di|en|bild ⟨n.; -(e)s, -er⟩ *Bild, das Christus als Schmerzensmann darstellt, Erbärmdebild*

Mis|nick ⟨m.; -s, -s⟩ *übler, hässlicher Mensch* [zu jidd. *mis(er)* »schlecht, widerlich«]

Mi|so|ga|mie ⟨f.; -; unz.⟩ *Ehescheu* [<grch. *misein* »hassen« + …*gamie*]

Mi|so|gyn ⟨m.; -s od. -en, -e od. -en⟩ *Frauenfeind, Frauenhasser;* Ggs *Philogyn* [<grch. *misein* »hassen« + *gyne* »Frau«]

Mi|so|gy|nie ⟨f.; -; unz.⟩ **1** ⟨Psych.⟩ *krankhafte Abneigung, Hass von Männern auf Frauen* **2** *Frauenfeindlichkeit*

Mis|pel ⟨f.; -, -n⟩ *Kernobstbaum aus der Familie der Rosengewächse mit birnenförmigen, erst überreif genießbaren Früchten: Mespilus germanica;* Japanische ~ *ein Rosengewächs (Eryobotrya japonica)* [<ahd. *mespila* <lat. *mespilum*]

Miss ⟨f.; -, Mis|ses⟩ *(engl. Anrede; allein stehend od. vor dem Namen) Fräulein* [engl., verkürzt < *mistress;* → *Mistress*]

Mis|sa ⟨f.; -, -sae [-sɛ:]; kath. Kirche⟩ *Hochamt;* ~ **solemnis** *feierl. Hochamt* [lat.]

Mis|sal ⟨n.; -s, -e⟩, **Mis|sa|le** ⟨n.; -s, -(e)n od. -lien⟩ *Messbuch* [<lat. *missa* »Messe«]

Mis|sile ⟨[-sail] n.; -s, -s⟩ *ferngesteuerter Flugkörper* [engl. <lat. *missum,* Part. Perf. zu *mittere* »senden, werfen«]

Mis|sing|link, ⟨auch⟩ **Mis|sing Link** ⟨n.; (-) -; unz.⟩ *fehlendes Glied, z.B. in der Entwicklung vom Affen zum Menschen* [engl.]

> **Missio canonica** (*Groß- und Kleinschreibung*) In mehrteiligen, getrennt geschriebenen, fremdsprachlichen Fügungen richtet sich die Groß- und Kleinschreibung nach der Wortart des jeweiligen Bestandteils. Im zweiten Teil einer solchen Fügung auftretende Adjektive werden dementsprechend kleingeschrieben.

Mis|sio ca|no|ni|ca ⟨f.; - -; unz.; kath. Kirche⟩ *legitime Entsendung in ein Amt od. einen Dienst durch den Papst od. einen Bischof* [lat., »kanonische Sendung«]

Mis|si|on ⟨f.; -, -en⟩ **1** *ernster, feierl. Auftrag, Sendung, Vollmacht;* ich komme in einer bestimmten ~; meine ~ ist beendet, erfüllt **2** *zu bes. Aufgaben ins Ausland entsandte Gruppe von Personen;* diplomatische ~; geheime ~ **3** ⟨unz.⟩ *Verbreitung des christl. Glaubens;* Äußere ~; Innere ~ [<kirchenlat. *missio* »Entsendung christlicher Prediger zur Bekehrung der Heiden« <lat. *missio* »das Geschehenlassen; Entsendung, Sendung«; zu *mittere* »senden«]

Mis|si|o|nar ⟨m.; -s, -e⟩ *zur Bekehrung nicht christlicher Völker ausgesandter Geistlicher* [<kirchenlat. *missio;* → *Mission*]

Mis|si|o|när ⟨m.; -s, -e; österr. für⟩ *Missionar*

mis|si|o|na|risch ⟨Adj.⟩ *in der Art einer Mission, bekehrend;* ein ~es Verhalten; mit ~em Eifer

mis|si|o|nie|ren ⟨V.⟩ *Mission treiben (bei), zum Christentum bekehren, das Christentum unter nicht christl. Völkern verbreiten;* jmdn., ein Volk ~

Mis|si|ons|chef ⟨[-ʃɛf] m.; -s, -s⟩ *Führer einer diplomatischen Mission*

Mis|sis ⟨[mis̩iz] f.; -, -es [-sizis]; Abk.: Mrs.⟩ *(engl. Anrede für verheiratete Frauen; allein od. vor dem Namen) Frau* [engl. <mittelengl. mittelfrz. *maistre* <afrz. *maistresse,* Fem. zu *maistre;* → *Mister*]

Mist ⟨m.; -(e)s; unz.; Seemannsspr.⟩ *leichter Nebel* [engl.]

Mis|ter ⟨m.; -s, -; Abk.: Mr.⟩ *(engl. Anrede vor dem Namen) Herr* [engl.; zu *master* »Meister, Lehrer« <mittelengl. *maister* <aengl. *mægester, magister,* afrz. *maistre* <lat. *magister*]

Mist|puf|fers ⟨[-pʌfəz] nur Pl.⟩ *ungeklärte Knallgeräusche bei Küstennebel* [<engl. *mist*

»Nebel« + *puffers* »Stöße«; zu *puff* »schnaufen, paffen (umg.)«]

Mis|tral, ⟨auch⟩ **Mist|ral** ⟨m.; -s, -e⟩ *kalter Nordwind in Südfrankreich, bes. an der Mündung der Rhône* [frz.]

Mis|tress, ⟨auch⟩ **Mist|ress** ⟨[mistris] f.; -, -es [-trisiz]; in England⟩ **1** *Herrin* **2** *Geliebte, Mätresse* **3** ⟨veralt. für⟩ *Missis* [engl.]

Mi|su|ra ⟨f.; -; unz.; Mus.⟩ = *Takt(1)* [ital., »Maß«]

Mis|zel|la|ne|en, Mis|zel|len ⟨Pl.⟩ *kleine Aufsätze, Vermischtes, kleine Artikel verschiedenen Inhalts (in wissenschaftl. Zeitschriften);* oV *Miscellanea* [< lat. *miscellaneae* »Vermischtes«; zu *miscere* »mischen«]

Mi|tel|la ⟨f.; -, -tel|len⟩ *zu einem Dreieck gefaltetes Tuch, das um den Nacken geschlungen wird, bes. zum Stützen eines verletzten Armes* [lat., »Kopfbinde«, Verkleinerungsform zu *mitra* »Kopfbinde, Turban«]

Mi|ti|ga|ti|on ⟨f; -, -en⟩ **1** ⟨Med.⟩ *Abschwächung, Besänftigung* **2** ⟨Rechtsw.; †⟩ *Strafminderung* [< lat. *mitigatio* »Besänftigung«]

Mi|to|chon|dri|um, ⟨auch⟩ **Mi|to|chond|ri|um** ⟨[-xɔn-] n.; -s, -dri|en; meist Pl.; Biol.⟩ *faden- od. stäbchenförmiges bzw. körniges Organell tierischer u. pflanzlicher Zellen, das der Atmung u. dem Stoffwechsel dient;* Sy *Chondriosom* [< grch. *mitos* »Faden, Schlinge« + *chondros* »Korn«]

Mi|to|se ⟨f.; -, -n; Biol.⟩ *Zellkernteilung mit Längsspaltung der Chromosomen, wobei das genet. Material exakt auf beide Tochterkerne verteilt wird;* Sy *Karyokinese;* Ggs *Amitose* [< grch. *mitos* »Faden, Schlinge, Kette«]

mi|to|tisch ⟨Adj.⟩ *auf Mitose beruhend;* Ggs *amitotisch*

Mi|tra, ⟨auch⟩ **Mit|ra** ⟨f.; -, -tren⟩ **1** *altgrch. Stirnband* **2** *hohe, mützenartige Kopfbedeckung altorientalischer Herrscher* **3** ⟨kath. Kirche⟩ *Bischofsmütze* [lat.]

Mi|tra|li|sa|ti|on, ⟨auch⟩ **Mit|ra|li|sa|ti|on** ⟨f; -, -en; Med.⟩ *krankhafte Herzverformung*

Mi|tral|klap|pe, ⟨auch⟩ **Mit|ral|klap|pe** ⟨f; -, -n; Med.⟩ *Ventilsystem zwischen linkem Herzvorhof u. linker Herzkammer, das aus zwei Segelklappen besteht u. sich mit der Systole schließt u. mit der Diastole öffnet*

Mi|tra|schne|cke, ⟨auch⟩ **Mit|ra|schne|cke** ⟨f.; -, -n⟩ *Familie der Meeresschnecken mit porzellanartigem Gehäuse, das an eine Bischofsmütze erinnert: Mitridae*

Mix ⟨m.; -, -e; häufig in Zus.⟩ *Mischung, Gemisch;* Getränke~; Sound~ [engl.]

...mix ⟨m.; -, -e; in Zus.⟩ *Mischung, Gemisch;* Getränke~; Sound~ [→ *mixen*]

Mix|be|cher ⟨m.; -s, -⟩ *Becher mit fest aufsitzendem Deckel, in dem man Flüssigkeiten (u. Pulver) durch kräftiges Schütteln vermischen kann, bes. für Getränke, Schüttelbecher* [→ *mixen*]

Mixed ⟨[mikst] n.; - od. -s, - od. -s; Sp.; bes. Tennis⟩ *gemischtes Doppel* [engl., »gemischt«]

Mixed|drink, ⟨auch⟩ **Mixed Drink** ⟨[mikst -] m.; (-) -s, (-) -s⟩ *Getränk, das aus mehreren alkoholischen u. nicht alkoholischen Getränken zusammengemischt wird* [< engl. *mixed* »gemischt, vermischt« + *drink* »Getränk, Trank«]

Mixed|grill, ⟨auch⟩ **Mixed Grill** ⟨[mikst -] m.; (-) -s, (-) -s⟩ *Gericht, das aus verschiedenen gegrillten Fleisch- u. Wurstsorten besteht, Grillteller, bunte Grillplatte* [< engl. *mixed* »gemischt, vermischt« + *grill* »(Grill-)Rost«]

Mixed|me|dia, ⟨auch⟩ **Mixed Me|dia** ⟨[mikstmi:diə] Pl.⟩ *Verwendung verschiedener Medien, bes. im Rahmen künstlerischer Installationen od. bei Happenings, mit dem Ziel des gattungssprengenden Gesamtkunstwerks;* Sy *Multimediashow(2)* [< engl. *mixed* »gemischt, vermischt« + *media* »(Massen-)Medien, Kommunikationsmittel«]

Mixedpickles / Mixed Pickles (*Worttrennung am Zeilenende; Getrennt- und Zusammenschreibung*) In Fremdwörtern können Buchstabenverbindungen aus Konsonant (hier: »*ck*«) + l, n oder r entweder (nach der konsonantischen Trennung) vor dem letzten Konsonantenbuchstaben getrennt werden oder sie kommen (nach der silbischen Trennung) ungetrennt auf die neue Zeile.
Fremdsprachliche Zusammensetzungen mit Substantiven werden wie deutsche Komposita zusammengeschrieben. Besteht ein Kompositum aus einem Adjektiv und einem Substantiv, kann in Anlehnung an die Herkunftssprache auch getrennt geschrieben werden.

Mixed|pi|ckles, ⟨auch⟩ **Mixed Pick|les** ⟨[mikst piklz] Pl.⟩ *in gewürztem Essig eingelegtes, gemischtes, pikantes Gemüse;* oV *Mixpickles* [engl., < mix »mischen« + *pickle* »Eingemachtes«]

mi|xen ⟨V.⟩ **1** *mischen;* Getränke ~ **2** ⟨Film; Funk u. TV⟩ *aufeinander abstimmen u. auf einem Tonband vereinigen;* Tonspuren (von Geräuschen, Musik u. gesprochenem Text) ~ [< engl. *mix*]

Mi|xer ⟨m.; -s, -⟩ **1** *jmd., der Getränke mischt;* Bar~ **2** *elektr. Gerät zum Zerkleinern u. gleichzeitigen Mischen* **3** ⟨Film; Funk u. TV⟩ *Techniker, der am Mischpult die Tonspuren von Geräuschen, Musik u. gesprochenem Text mixt, Tonmeister* [engl.]

Mix|ge|tränk ⟨n.; -(e)s, -e⟩ *aus verschiedenen Bestandteilen gemischtes Getränk*

mi|xo|ly|disch ⟨Adj.; Mus.⟩ ~e Tonart *altgriech. Tonart, Kirchentonart mit dem Grundton g*

Mix|pi|ckles, ⟨auch⟩ **Mix Pick|les** ⟨[-piklz] Pl.⟩ = *Mixedpickles*

Mix|tum com|po|si|tum ⟨n.; - -, -ta -ta⟩ *Durcheinander, Gemisch* [lat., »etwas gemischt Zusammengesetztes« < *mixtus* (Part. Perf. zu *miscere* »mischen«) + *compositus,* Part. Perf. zu *componere* »zusammensetzen«]

Mix|tur ⟨f.; -, -en⟩ **1** *Mischung mehrerer flüssiger Arzneimittel* **2** *gemischte Stimme der Orgel, bei der ein Ton durch Oktave, Quinte, Terz od. Septime verstärkt wird* [< lat. *mixtura* »Mischung«]

Mi|zell ⟨n.; -s, -e⟩, **Mi|zel|le** ⟨f.; -, -n⟩ *aus zahlreichen Molekülen aufgebaute kolloidartige Substanz* [< lat. *micella* »Krümchen«]

mk ⟨Abk. für⟩ *Markka*

mkp ⟨Zeichen für⟩ *Meterkilopond, meist als kpm für Kilopondmeter ausgedrückt*

MKSA-Sys|tem ⟨n.; -s; unz.⟩ *auf den Grundeinheiten Meter, Kilogramm, Sekunde u. Ampere beruhendes physikal. Maßsystem, Grundlage des heute gültigen SI-Systems*

MKS-Sys|tem ⟨n.; -s; unz.; früher⟩ *auf den Grundeinheiten Meter, Kilogramm u. Sekunde beruhendes physikal. Maßsystem, später zum MKSA-System erweitert,* ⟨heute⟩ *SI-System*

ml ⟨Zeichen für⟩ *Milliliter*

MLF ⟨Abk. für engl.⟩ *Multilateral Force, Multilaterale Atomstreitmacht*

Mlle. ⟨Abk. für⟩ *Mademoiselle*

Mlles ⟨Abk. für⟩ *Mesdemoiselles*

mm ⟨Zeichen für⟩ *Millimeter*

m.m. ⟨Abk. für⟩ *mutatis mutandis*

mm³ ⟨Zeichen für⟩ *Kubikmillimeter*

MM. ⟨Abk. für⟩ *Messieurs*

Mme. ⟨Abk. für⟩ *Madame*

Mmes ⟨schweiz.⟩ ⟨Abk. für⟩ *Mesdames*

> **mm Hg** (*Abkürzungen*) Die Schreibung von wissenschaftlichen Abkürzungen, chemischen und mathematischen Formeln und Kürzeln des Wirtschaftslebens richtet sich nach den in den jeweiligen Fachsprachen festgelegten *(internationalen)* Regeln.

mm Hg ⟨Abk. für⟩ *Millimeter Quecksilbersäule*

Mn ⟨chem. Zeichen für⟩ *Mangan*

Mne|me ⟨f.; -; unz.; Med.; Psych.⟩ *Erinnerung, Gedächtnis* [grch.]

Mne|mo|nik ⟨f.; -; unz.⟩ = *Mnemotechnik* [< grch. *mnemonikos* »das Gedächtnis betreffend«; zu »mneme »Gedächtnis«]

Mne|mo|ni|ker ⟨m.; -s, -⟩ = *Mnemotechniker* [→ *Mnemonik*]

mne|mo|nisch ⟨Adj.⟩ *mnemotechnisch*

Mne|mo|tech|nik ⟨f.; -; unz.⟩ *Kunst, das Gedächtnis durch Gedächtnishilfen zu pflegen u. zu üben, Gedächtniskunst* [< grch. *mneme* »Gedächtnis, Erinnerung« + *Technik*]

Mne|mo|tech|ni|ker ⟨m.; -s, -⟩ *jmd., der die Mnemotechnik beherrscht;* Sy *Mnemoniker*

mne|mo|tech|nisch ⟨Adj.⟩ *zur Mnemotechnik gehörend, auf ihr beruhend, mit ihrer Hilfe, das Gedächtnis unterstützend*

mnes|tisch ⟨Adj.; Med.; Psych.⟩ *die Mneme betreffend, zu ihr gehörend;* ~e Störung *Gedächtnisstörung*

Mo ⟨chem. Zeichen für⟩ *Molybdän*

Moa ⟨m.; - od. -s, -s⟩ *Vertreter einer erst in geschichtl. Zeit ausgestorbenen Familie von Laufvögeln: Dinornithes* [Maori]

Mob ⟨m.; -s; unz.⟩ *Pöbel, Gesindel* [engl.]

mob|ben ⟨V.⟩ *einen Arbeitskollegen hinter seinem Rücken schlecht machen, über ihn lästern, ihn verleumden, schikanieren mit dem Ziel, ihn vom Arbeitsplatz zu vertreiben* [< engl. *mob* »über jmdn. herfallen«]

Mob|bing ⟨n.; -s; unz.⟩ *niederträchtiges Verunglimpfen, Schlechtmachen eines Mitarbeiters durch mehrere seiner Kollegen (mit dem Ziel, ihn zum Kündigen seines Arbeitsplatzes zu bewegen);* vgl. *Bullying* [engl., zu *mob* »über jmdn. herfallen«]

Mö|bel ⟨n.; -s, -⟩ **1** *bewegl. Einrichtungsgegenstand;* Liege~; Sitz~ **2** ⟨Pl.⟩ *Einrichtung eines Raumes, einer Wohnung, eines Zimmers;* Büro~; Wohn~; Schlafzimmer~; Biedermeier~; antike, moderne ~ **3** ⟨fig.⟩ *unhandlicher, großer Gegenstand* [< frz. *meuble* < mlat. *mobile* »bewegl. Gut« < lat. *mobilis;* → *mobil*]

mo|bil ⟨Adj.⟩ **1** *beweglich;* Ggs *immobil* **2** ⟨fig.; umg.⟩ *gesund u. munter* **3** *flink, behände* **4** *einsatzbereit, kriegsbereit;* ~e Truppen [< frz. *mobile* »beweglich; marschbereit« < lat. *mobilis* »beweglich«; zu *movere* »bewegen, fortbewegen«]

Mo|bi|le ⟨[-le:] n.; -s, -s⟩ *an Drähten u. Fäden frei schwebende, sehr leichte u. zarte kunstgewerbl. Gegenstände, die sich beim geringsten Luftzug bewegen;* Ggs *Stabile* [< frz. *mobile;* → *mobil*]

Mo|bil|funk ⟨m.; -s; unz.⟩ **1** ⟨i.w.S.⟩ *Gesamtheit aller beweglichen Funkdienste (nicht öffentliche sowie öffentliche Funknetze)* **2** ⟨i.e.S.⟩ *Funktelefonnetz der Deutschen Telekom*

Mo|bi|li|ar ⟨n.; -s; unz.⟩ *bewegl. Einrichtungsgegenstände, Gesamtheit der Möbel* [< lat. *mobiliare* »ausstatten, mit bewegl. Gut versehen«]

Mo|bi|li|en ⟨Pl.⟩ *bewegl. Güter, Möbel u.a.;* Ggs *Immobilien* [< mlat. *mobilia* »bewegl. Gut, Möbel« < lat. *mobilis;* → *mobil*]

Mo|bi|li|sa|ti|on ⟨f.; -, -en⟩ **1** ⟨Med.⟩ *Beweglichmachung (von Gelenken)* **2** *die Mobilmachung;* Truppen ~ [frz.]

mo|bi|li|sie|ren ⟨V.⟩ **1** *verfügbar, flüssig machen;* Vermögen ~ **2** = *mobilmachen(1);* Ggs *demobilisieren* [< frz. *mobiliser*]

Mo|bi|li|sie|rung ⟨f.; -, -en⟩ *das Mobilisieren*

Mo|bi|lis|mus ⟨m.; -; unz.; Geophysik⟩ *die Annahme, dass sich Teile der Erdkruste über den Untergrund seitwärts bewegen;* Ggs *Fixismus* [→ *mobil*]

Mo|bi|li|tät ⟨f.; -; unz.⟩ **1** *Beweglichkeit* **2** ⟨Bevölkerungsstat.⟩ *Häufigkeit des Wohnungs-, Wohnsitzwechsels* [< lat. *mobilitas*]

mo|bil|ma|chen ⟨V.⟩ **1** ⟨i.e.S.⟩ *aus dem Friedens- in den Kriegszustand versetzen, kriegsbereit machen;* Sy *mobilisieren(2);* Truppen ~ **2** ⟨i.w.S⟩ *auf die Anforderungen des Krieges umstellen;* die Verwaltung, Wirtschaft ~

Mo|bil|ma|chung ⟨f.; -, -en⟩ *das Mobilmachen*
Mo|bil|te|le|fon ⟨n.; -s, -e⟩ *(dem Funktelefonnetz der Deutschen Telekom angeschlossenes) schnurloses Telefon*
mö|blie|ren, ⟨auch⟩ **möb|lie|ren** ⟨V.⟩ *mit Möbeln ausstatten, mit Möbeln einrichten;* eine Wohnung, ein Zimmer ~; möbliertes Zimmer *zu vermietender Wohnraum mit Möbeln;* möbliert wohnen ⟨umg.⟩ *in einem vom Wohnungsinhaber möblierten Zimmer wohnen* [< frz. *meubler*]
Moc|ca ⟨m.; -s, -s; österr. für⟩ *Mokka*
Mo|cha ⟨m.; -; unz.⟩ *helle Quarzart mit moos- od. baumartiger Zeichnung, Baumachat* [nach der jemenit. Hafenstadt *Mocha, Mokka;* → a. *Mokka*]
Mock|tur|tle|sup|pe, ⟨auch⟩ **Mock|turt|le|suppe** ⟨[-tə:tl-] f.; -, -n⟩ *falsche Schildkrötensuppe aus Kalbskopf* [< engl. *mock* »falsch« + *turtle* »Schildkröte«]
Mod ⟨m.; -s, -s; meist Pl.⟩ *Angehöriger einer in den 60er Jahren bes. in England verbreiteten Jugendbewegung, die neben ihrem eleganten Äußeren vor allem durch ihre Vorliebe für Motorroller aufzufallen suchten* [verkürzt < engl. *modern* »modern«]
mod. ⟨Abk. für⟩ *moderato*
mo|dal ⟨Adj.⟩ **1** ⟨Gramm.⟩ *die Art u. Weise bezeichnend* **2** ⟨allg.⟩ *durch die Verhältnisse bedingt* [< lat. *modus* »Art u. Weise«]
Mo|dal|be|stim|mung ⟨f.; -, -en; Gramm.⟩ *Umstandsbestimmung der Art u. Weise,* z.B. sie ging »mit großer Freude« auf ihn zu, das kann man »mit völliger Sicherheit« sagen
Mo|da|li|tät ⟨f.; -, -en⟩ **1** *Art u. Weise wie etwas geschieht od. gedacht wird, Ausführungsart* **2** ⟨Logik⟩ *Bestimmungsgrad einer Aussage* **3** ⟨Sprachw.⟩ *unterschiedl. sprachl. Form, die das Verhältnis des Sprechers zu seiner Aussage u. der Aussage zur Realität ausdrückt, z.B. bestimmt durch den Modus, die Satzart od. Modalverben*
Mo|da|li|tä|ten|lo|gik, Mo|dal|lo|gik ⟨f.; -; unz.⟩ *Zweig der formalen Logik, in dem der logische Wert einer Aussage untersucht wird, die mit Modalitäten, z.B. möglich, notwendig, zufällig, gebildet wurde*
Mo|dal|no|ta|ti|on ⟨f.; -; unz.; 12./13. Jh.⟩ *durch die Mensuralnotation abgelöste Notenschrift nach den sechs rhythm., den antiken Versfüßen nachgebildeten Modi, die den Tonverlauf nur ungefähr festlegten*
Mo|dal|satz ⟨m.; -es, -sät|ze; Gramm.⟩ *Nebensatz, der die Art u. Weise eines im Hauptsatz ausgedrückten Vorgangs näher bestimmt, der Form nach ein Konjunktionalsatz*
Mo|dal|verb ⟨[-vɛrb] n.; -s, -en; Gramm.⟩ *Verb, das die Art u. Weise eines anderen Verbs näher bestimmt,* z.B. können, dürfen, wollen, sollen, scheinen
Mo|de ⟨f.; -, -n⟩ **1** ⟨i.w.S.⟩ *Sitte, Gepflogenheit, Geschmack einer Zeit, das, was zur Zeit gerade üblich ist;* die ~ der Barockzeit, des Biedermeiers; eine neue ~; dieses Jahr ist Spanien die große ~ ⟨umg.⟩ *dieses Jahr fahren alle im Urlaub nach S.;* mit od. nach der ~ gehen *sich nach dem Zeitgeschmack richten* **2** *die Art, sich im Stil einer bestimmten Zeit zu kleiden;* damals waren lange Röcke ~; große Kragen sind (ganz) aus der ~ gekommen; diese Hüte sind jetzt (sehr) in ~; sich nach der neuesten ~ kleiden **3** ⟨nur Pl.⟩ ~n *moderne, elegante Oberbekleidungsstücke, Kleider-, Mantel-, Anzugmodelle;* Damen~n; Herren~n; Kinder~n; die neuesten ~n zeigen, vorführen **4** ⟨fig.; umg.⟩ *Gewohnheit, Sitte;* wir wollen keine neuen ~n einführen! [frz.]
Mo|del[1] ⟨m.; -s, -⟩ **1** = *Modul(2)* **2** oV *Modul(3)* **2.1** *vertieft od. erhaben geschnittene Form für Tapeten-, Zeugdruck u.a.* **2.2** *figürl. geschnitzte Holzform für Butter, Gebäck* **2.3** *Druckplatte od. Walze für (Maschinen-)Modelldruck* [< ahd. *modul* < lat. *modulus* »Maß, Maßstab«]
Mo|del[2] ⟨[mɔdəl] n.; -s, -s⟩ *Vorführdame, Mannequin* [engl.]
Mo|dell ⟨n.; -s, -e⟩ **1** *Vorbild, Muster, Urbild* **2** *Urform eines Bildwerks (meist aus Ton) sowie deren Abguss in Gips, der dann in einen anderen Werkstoff übertragen wird;* Gips~ **3** *plastische Darstellung eines (geplanten) Bauwerks in stark verkleinertem Maßstab;* das ~ eines Hauses, einer Stadt **4** *stark verkleinertes Vorbild (Nachbildung) einer Maschine;* Schiffs~; Flugzeug~ **5** *Person od. Gegenstand als Vorbild für Maler, Bildhauer u. Fotografen;* Foto~; ~ stehen, sitzen **6** *Darstellung derjenigen allgemeinen u. abstrakten Merkmale eines Forschungsgegenstandes, die für das Ziel der Forschung von Bedeutung sind* **7** *einmalig angefertigtes Kleid nach der neuesten Mode, Modellkleid;* ~e vorführen **8** *Vorführdame, Mannequin* [< ital. *modello*]
Mo|del|leur ⟨[-lø:r] m.; -s, -e⟩ *Kunstgewerbler, Facharbeiter, der Modelle entwirft;* Sy *Modellierer* [< frz. *modeleur*]
mo|del|lie|ren ⟨V.⟩ **1** *(in Ton, Wachs od. ähnl. Material) formen* **2** *nachbilden, ein Muster anfertigen von* [< ital. *modellare*]
Mo|del|lie|rer ⟨m.; -s, -⟩ = *Modelleur*
Mo|dell|er|nen ⟨n; -s; unz.⟩ *Lernverfahren, das nicht auf Eigenerfahrung beruht, sondern bei dem die Erfahrungen anderer (denen Modellcharakter zugeschrieben wird) analysiert werden*
mo|deln ⟨V.⟩ *in eine Form bringen, gestalten* [→ *Model*[1]]
Mo|dem ⟨n.; -s, -e⟩ *Signalumsetzer für die Übertragung von Gleichstromsignalen auf Übertragungswegen, die nur für Wechselstromsignale geeignet sind (z.B. bei der Übertragung von Daten über Fernsprechleitungen)* [verkürzt < *Mo*dulation + *Dem*odulation]
mo|de|rat ⟨Adj.⟩ *gemäßigt, maßvoll, zurückhaltend;* eine ~e Politik betreiben [< lat. *moderatus*]
Mo|de|ra|ti|on ⟨f.; -; unz.⟩ **1** ⟨†⟩ *Mäßigung, Gleichmut* **2** ⟨heute⟩ *Tätigkeit eines Modera-*

tors(2, 3) [< lat. *moderatio* »rechtes Maß, Mäßigung, Lenkung»]

mo|de|ra|to ⟨Abk.: mod.; Mus.⟩ *gemäßigt, mäßig bewegt (zu spielen)* [ital.]

Mo|de|ra|to ⟨n.; -s, -s od. -ti⟩ *moderato zu spielender Teil eines Musikstückes*

Mo|de|ra|tor ⟨m.; -s, -to|ren⟩ **1** ⟨Phys.⟩ *Substanz, die schnelle Neutronen auf die für Kernspaltungen notwendigen Geschwindigkeiten abbremsen soll* **2** *Leiter einer Diskussion* **3** ⟨Funk u. TV⟩ *jmd., der eine Sendung leitet, sie kommentierend begleitet* **4** ⟨im Vatikan. Konzil 1964⟩ *Angehöriger eines Konzils, der bei den Aussprachen auf das Wesentliche hinlenken sollte* [nlat. < lat. *moderator* »Lenker, Leiter«; zu *moderari;* → *moderieren*]

mo|de|rie|ren ⟨V.⟩ **1** *mäßigen, einschränken* **2** eine Rundfunk-, Fernsehsendung ~ *die verbindenden Informationen u. Kommentare dazu sprechen* [< lat. *moderari* »ein Maß setzen, mäßigen, lenken«]

mo|dern ⟨Adj.⟩ **1** *der Mode, dem Zeitgeschmack entsprechend, zeitgemäß;* das Kleid ist nicht mehr ~ **2** *neuzeitlich* **3** *für die Probleme der Gegenwart aufgeschlossen* [< frz. *moderne,* eigtl. »neu, neuzeitlich«]

Mo|der|ne ⟨f.; -; unz.⟩ **1** ⟨von E. Wolff u. H. Bahr 1890 geprägte Bez. für⟩ *Naturalismus* **2** ⟨allg.⟩ *die heutige Zeit*

mo|der|ni|sie|ren ⟨V.⟩ **1** *modern, modisch machen, nach der Mode ändern, umarbeiten* **2** *dem Zeitgeschmack anpassen u. mit den neuesten techn. Errungenschaften ausstatten;* Betriebe, Gebäude ~ [< frz. *moderniser*]

Mo|der|nis|mus ⟨m.; -, -men⟩ **1** ⟨unz.⟩ *(von Papst Pius X. 1907 verurteilte) liberale, wissenschaftl.-krit. Richtung innerhalb der kath. Kirche* **2** ⟨allg.⟩ *Streben nach Modernität, Bejahung alles Modernen*

Mo|der|nist ⟨m.; -en, -en⟩ *Anhänger des Modernismus*

mo|der|nis|tisch ⟨Adj.⟩ *zum Modernismus gehörig, auf ihm beruhend*

Mo|der|ni|tät ⟨f.; -; unz.⟩ *das Modernsein, moderne Beschaffenheit* [< frz. *modernité*]

Mo|dern|jazz, ⟨auch⟩ **Mo|dern Jazz** ⟨[mɔdən dʒæz] m.; (-) -; unz.; Mus.⟩ *modernisierte Form der Jazzmusik (seit 1945)* [engl.]

mo|dest ⟨Adj.⟩ *maßvoll, bescheiden, sittsam* [< lat. *modestus* »maßvoll, gemäßigt; bescheiden; ehrbar«]

Mo|di ⟨Pl. von⟩ *Modus*

Mo|di|fi|ka|ti|on ⟨f.; -, -en⟩ **1** *Veränderung, Umwandlung; Einschränkung, Milderung* **2** ⟨Biol.⟩ *nicht erbliche, nur durch Einflüsse der Umwelt verursachte Abweichung eines Lebewesens vom Normaltyp;* Sy *Paravariation;* Ggs *Mutation(1)* **3** ⟨Chem.⟩ *verschiedene Erscheinungsformen ein u. desselben Stoffes infolge unterschiedlicher Kristallbildung* [< lat. *modificatio* »(richtige) Abmessung«]

mo|di|fi|zie|ren ⟨V.⟩ **1** *verändern, umwandeln* **2** *einschränken, mildern* [< lat. *modificare* »genau abmessen«]

mo|disch ⟨Adj.⟩ *zur augenblicklichen Mode gehörend, ihr gemäß, dem Zeitgeschmack entsprechend;* ~e Kleidung; sich ~ anziehen, frisieren

Mo|dis|tin ⟨f.; -, -tin|nen⟩ **1** *Putzmacherin* **2** *Inhaberin eines Hutgeschäftes* [< frz. *modiste*]

Mo|dul[1] ⟨m.; -s, -n⟩ **1** ⟨Arch.⟩ *Maßeinheit, die in gewissen einfachen Beziehungen zwischen den verschiedenen Bauteilen wiederkehrt* **2** ⟨antike Arch.⟩ *unterer Halbmesser einer Säule als Maßeinheit zur Berechnung von Säulen u. Säulenordnung;* oV *Model(1)* **3** = *Model(2)* **4** ⟨Tech.⟩ *Kennziffer für die Teilung eines Zahnrades* **5** ⟨Tech.; Phys.⟩ *als Maßzahl dienender Wert* **5.1** *diejenige Zahl, die durch Multiplikation mit natürl. Logarithmen die Logarithmen zu einer bestimmten Basis ergibt* **5.2** *Teiler* [< lat. *modulus* »Maß, Maßstab«]

Mo|dul[2] ⟨n.; -, -e; Elektrotechn.; EDV⟩ *als Ganzes austauschbare Funktionsgruppe eines Gerätes* [< engl. *module* »(Bau-)Element«]

mo|du|lar ⟨Adj.; Tech.⟩ *in der Art eines Moduls(2), aus Modulen zusammengesetzt;* die ~e Konstruktionsart dieses Fernsehers ermöglicht eine schnelle Reparatur

Mo|du|la|ti|on ⟨f.; -, -en⟩ **1** *Abwandlung* **2** ⟨Mus.⟩ **2.1** *Übergang von einer Tonart in eine andere* **2.2** *Abstufung der Tonstärke u. Klangfarbe* **3** ⟨El.⟩ *Aufprägen von Signalen od. Schallwellen auf eine Trägerwelle;* Amplituden~; Frequenz~ [< lat. *modulatio* »Takt«; zu *modulari* »einrichten, regeln«]

Mo|du|la|tor ⟨m.; -s, -to|ren⟩ *Gerät, mit dem elektromagnet. Wellen moduliert werden* [→ *modulieren*]

mo|du|lie|ren ⟨V.⟩ **1** *abwandeln, wechseln* **2** ⟨Mus.⟩ **2.1** *von einer Tonart in eine andere überleiten* **2.2** *Tonstärke u. Klangfarbe (sinnvoll) wechseln* **3** ⟨El.⟩ *einer Modulation(3) unterwerfen* [< lat. *modulari* »einrichten, regeln«]

Mo|dul|tech|nik ⟨f.; -; unz.; Tech.⟩ *Zusammenfassung mehrerer Bauteile zu Baugruppen, den Modulen*

Mo|dus ⟨a. [mo:] m.; -, -di⟩ **1** *Art u. Weise, Regel, Maß;* wir müssen einen ~ finden **1.1** **~ Procedendi** *Art u. Weise des Verfahrens* [lat., Part. Präs. zu *procedere* »vorwärts gehen«] **1.2** **~ Vivendi** *eine Form erträgl. Zusammenlebens* [lat., Part. Präs. zu *vivere* »leben«] **2** ⟨Gramm.⟩ *eine der drei Aussageweisen des Verbs (Indikativ, Konjunktiv, Imperativ)* **3** ⟨Mus.⟩ **3.1** ⟨in der Notenschrift des 12./13. Jh.⟩ *Rhythmus, der einem der sechs griech. Versfüße nachgebildet ist* **3.2** *feststehende Melodie, nach der auch andere Lieder gesungen werden, Weise* **3.3** *Kirchentonart, Tonleiter der Kirchentonart* [lat., »Maß(stab), Art u. Weise«]

Mo|dus O|pe|ran|di ⟨m.; - -, Mo|di -⟩ *Arbeitsweise, Verfahrensweise* [< lat. *modus* »Art, Weise« + *operare* »arbeiten«]

Mo|fa ⟨n.; -s, -s⟩ *Fahrrad mit Hilfsmotor* [verkürzt < *Mo*tor + *Fa*hrrad]

Mo|fet|te ⟨f.; -, -n⟩ *vulkan. Ausströmung von Kohlendioxid* [< ital. *mofeta*]
Mo|gi|fo|nie ⟨f.; -, -n⟩ = *Mogiphonie*
Mo|gi|gra|fie ⟨f.; -, -n ⟩ = *Mogigraphie*
Mo|gi|gra|phie ⟨f.; -, -n⟩ *Schreibkrampf;* oV *Mogigraphie* [< grch. *mogis* »mit Mühe, kaum« + *...graphie*]
Mo|gi|la|lie ⟨f.; -, -n⟩ *erschwerte Aussprache bestimmter Laute* [< grch. *mogis* »mit Mühe, kaum« + *lalein* »sprechen»]
Mo|gi|pho|nie ⟨f.; -, -n⟩ *Versagen der Stimme bei gewohnter Überanstrengung, z.B. bei Sängern;* oV *Mogifonie* [< grch. *mogis* »mit Mühe, kaum« + *...phonie*]
Mo|gul ⟨a. [-'-] m.; -s, -n⟩ *mohammedan. Dynastie in Indien, 1526-1857* [< pers. *mughul* »Mongole« (man hielt Babur, den tatar. Begründer des Mogulreiches, fälschl. für einen Mongolen)]
Mo|hair ⟨[-hɛːr] m.; -s, -s od. -e⟩ oV *Mohär* **1** *Haar der Angoraziege* **2** *das daraus hergestellte haarige Gewebe* [engl. < ital. < arab.]
Mo|ham|me|da|ner ⟨m.; -s, -; westl. Bez. für⟩ *Muslim* [nach dem Stifter des Islams, *Mohammed,* etwa 570–632 n.Chr.]
mo|ham|me|da|nisch ⟨Adj.⟩ *zur Lehre Mohammeds gehörend, auf ihr beruhend,* ⟨heute üblicher⟩ *islamisch, muslimisch*
Mo|ham|me|da|nis|mus ⟨m.; -; unz.; †⟩ = *Islam*
Mo|här ⟨m.; -s, -s od. -e⟩ = *Mohair*
Mo|hi|ka|ner ⟨m.; -s, -⟩ *Angehöriger eines ausgestorbenen nordamerikan., zu den Algonkin gehörenden Indianerstammes am Hudson;* der letzte ~ ⟨fig.; umg.; scherzh.⟩ *der Letzte* [nach einem Roman von James Fenimore Cooper, 1826]
Moi|ra ⟨f.; -, -ren; grch. Myth.⟩ **1** ⟨unz.⟩ *das den Göttern u. Menschen zugeteilte Schicksal* **2** ⟨Pl.⟩ *die drei grch. Schicksalsgöttinnen Klotho, Lachesis u. Atropos* [grch., »Teil, Anteil, Schicksal«]
Moi|ré ⟨[moareː]⟩ **1** ⟨m. od. n.; -s, -s⟩ **1.1** *Seide od. Kunstfaser mit gemaserter, wellenförmig schimmernder Oberfläche* **1.2** *ähnliche Musterung u. Zeichnung auf Pelzwerk* **2** ⟨n.; -s, -s⟩ **2.1** ⟨Typ.⟩ *störende Musterung bei Halbtonbildern infolge fehlerhafter Reproduktion* **2.2** ⟨TV⟩ *strichförmige Bildstörung auf dem Bildschirm* [frz.]
moi|rie|ren ⟨[moa-] V.⟩ *mit Muster in der Art des Moiré(1) versehen* [< frz. *moirer*]
Mois|tu|ri|zer ⟨[mɔistʃəraizə(r)] m.; -s, -⟩ *Feuchtigkeitscreme;* Sy *Moisturizing Cream* [engl.]
Mois|tu|ri|zing Cream ⟨[mɔistʃəraiziŋ kriːm] f.; -, - -s⟩ = *Moisturizer*
mo|kant ⟨Adj.⟩ *spöttisch* [< frz. *moquant*]
Mo|kas|sin ⟨m.; -s, -s od. -e⟩ **1** *weicher, absatzloser, bestickter Stiefel aus Wildleder der nordamerikan. Indianer* **2** *weicher, ungefütterter Lederschuh mit sehr weicher angeschweißter Sohle* [< engl. *moccasin* < Algonkin *mohkisson*]
Mo|kett ⟨m.; -s; unz.⟩ *gemusterter Plüsch als Möbelstoff;* oV *Moquette* [< frz. *moquette*]
Mo|kick ⟨n.; -s, -s; Kurzw. für⟩ *Moped mit Kickstarter*
mo|kie|ren ⟨V.⟩ sich ~ (über) *sich lustig machen (über)* [< frz. *moquer*]
Mok|ka ⟨m.; -s, -s⟩ oV *Mocca* **1** *Kaffeesorte* **2** ⟨allg.⟩ *sehr starker Kaffee* [< engl. *mocha coffee,* nach der jemenit. Stadt *Mocha, Mokka* (früher Kaffeehafen); → *Mocha*]
Mol ⟨n.; -s, -e⟩ *diejenige Menge eines Stoffes, deren Masse gleich dem Molekulargewicht in Gramm ist, Grammmolekül* [verkürzt < *Molekül*]
mo|lar ⟨Adj.⟩ *bezogen auf 1 Mol;* ~e Lösung *L., die ein Mol eines Stoffes in 1 Liter gelöst enthält*
Mo|lar ⟨m.; -s, -en⟩ = *Molarzahn*
Mo|la|ri|tät ⟨f.; -; unz.⟩ *Mol-Gehalt einer Lösung*
Mo|lar|zahn ⟨m.; -(e)s, -zäh|ne⟩ *Mahlzahn* [< lat. *mola* »Mühlenstein«]
Mo|las|se ⟨f.; -; unz.; Geol.⟩ *tertiäre Ablagerung am Nordrand der Alpen* [< frz. *mollasse* »weichlich, schlaff« < lat. *mollis* »weich«]
Mol|da|vit ⟨[-viːt] m.; -s, -e; Geol.⟩ *flaschengrünes, in Südböhmen vorkommendes glasiges Meteoritgestein* [nach dem Fluss *Moldau* in Böhmen]
Mo|le[1] ⟨f.; -, -n⟩ *Hafendamm;* oV ⟨österr.⟩ *Molo* [< ital. *molo*]
Mo|le[2] ⟨f.; -, -n⟩ *Windei, abgestorbene Leibesfrucht* [< lat. *mola* »Mühlstein«]
Mo|le|kel ⟨f.; -, -n; österr.: n.; -s, -; †⟩ = *Molekül*
Mo|le|kül ⟨n.; -s, -e⟩ *kleinstes Teilchen einer chem. Verbindung aus zwei od. mehr Atomen;* Sy † *Molekel* [< frz. *molécule*]
mo|le|ku|lar ⟨Adj.⟩ *zum Molekül, zu den Molekülen gehörend*
Mo|le|ku|lar|bi|o|lo|gie ⟨f.; -; unz.⟩ *Teilgebiet der Biologie, das sich mit den Vorgängen u. dem Aufbau von Organismen im Molekularbereich befasst, wobei die Untersuchung von Viren, Bakterien u. niederen Pilzen einen breiten Raum einnimmt*
Mo|le|ku|lar|e|lek|tro|nik, ⟨auch⟩ **Mo|le|ku|lar|e|lekt|ro|nik** ⟨f.; -; unz.⟩ *Teilgebiet der Mikroelektronik, das mit Halbleitern kleinster Größe arbeitet*
Mo|le|ku|lar|ge|ne|tik ⟨f.; -; unz.⟩ *Erforschung der chem. Natur der Gene u. ihrer Funktionen, Vererbungsgenetik*
Mo|le|ku|lar|ge|wicht ⟨n.; -(e)s, -e⟩ *Gewicht eines Moleküls in Gramm als Summe der Atomgewichte seiner Bestandteile*
Mo|le|ku|lar|psy|cho|lo|gie ⟨f.; -; unz.⟩ *Teilgebiet der Psychologie, das sich mit den Zusammenhängen zwischen psychischem Verhalten u. molekularen Prozessen im Zellbereich befasst, spielt u.a. bei der Drogenforschung eine Rolle*
Mo|le|ku|lar|strahl ⟨m.; -(e)s, -en⟩ *aus Molekülen bestehender Teilchenstrahl*

Mole|skin ⟨[moulskin] m. od. n.; -s, -s⟩ *wiederholt gerautes, dichtes Atlasgewebe* [engl., »Maulwurfsfell«]
Mo|les|ten ⟨Pl.⟩ *Beschwerden, Unannehmlichkeiten, Belästigungen* [zu lat. *molestus* »beschwerlich«]
Mo|let|te ⟨f.; -, -n⟩ *prägende Walze, die Druckformen für Tiefdruck herstellt* [frz.]
Moll ⟨n.; -; unz.; Mus.⟩ *(weibl.) Tongeschlecht mit kleiner Terz im Dreiklang der Tonika;* Ggs *Dur* [< lat. *mollis* »weich, sanft« (nach der als »weicher Klang« empfundenen kleinen Terz)]
Mol|la ⟨m.; -s, -s⟩ = *Mulla, Mullah*
Mol|lus|ke ⟨f.; -, -n⟩ **1** *Vertreter eines formenreichen Stammes von Tieren mit weicher, ungeschützter Haut, die sich kriechend fortbewegen, Weichtier: Mollusca* **2** *durch einen Virus erzeugte, kleine, weiche Geschwulst auf der Haut: Molluscum contagiosum* [< ital. *mollusco* »Weichtier«; zu *mollis* »weich«]
Mol|lus|ki|zid ⟨n.; -s, -e⟩ *gegen Schnecken wirksames Pflanzenschutzmittel* [< *Molluske(1)* + *…zid*[1]]
Mo|lo ⟨m.; -s, -li; österr.⟩ = *Mole*[1]
Mo|loch ⟨a. [mɔ-] m.; -s, -e⟩ **1** ⟨fig.⟩ *Macht, die alles verschlingt* **2** ⟨Zool.⟩ *austral. Echsenart mit großen, starken Stacheln: Moloch horridus* [nach dem durch Menschenopfer verehrten altsemit. Gott *Moloch*]
Mo|lo|tow|cock|tail, ⟨auch⟩ **Mo|lo|tow-Cocktail** ⟨[-tɔfkɔkteil] m.; -s, -s⟩ **1** ⟨urspr.⟩ *Flasche mit leicht entzündbarer Flüssigkeit u. Zündhölzern zur Bekämpfung von Panzern* **2** ⟨dann⟩ *selbstgebastelter Sprengkörper, gefüllt mit leicht brennbarer Flüssigkeit* [nach dem sowjet. Außenminister W.M. *Molotow,* 1890-1986]
mol|to ⟨Mus.⟩ *viel, sehr,* z.B. ~ vivace [ital.]
Mol|ton ⟨m.; -s, -s⟩ *beidseitig gerautes, weiches, wolliges Baumwollgewebe* [< frz. *molleton,* zu *mollet* »weich«]
Mol|to|pren ⟨n.; -s, -e; ⓦⓩ⟩ *sehr leichter, wärmedämmender Schaumstoff auf der Basis von Polyurethan*
Mol|vo|lu|men ⟨[-vo-] n.; -s, - od. -mi|na; Chem.⟩ *Volumen des Mols eines Stoffes unter Normalbedingungen*
Mo|lyb|dän ⟨n.; -s; unz.; chem. Zeichen: Mo⟩ *silberweißes, sprödes Metall, Ordnungszahl 42* [< grch. *molybdaina* »Bleiglanz«]
Mo|lyb|dä|nit ⟨m.; -s, -e; Min⟩ *metallisch glänzendes Mineral*
Mo|ment[1] ⟨n.; -(e)s, -e⟩ **1** *Wirkung einer Kraft* **2** ⟨Phys.⟩ *Produkt aus der Größe einer Kraft u. dem Abstand von ihrem Angriffspunkt;* Dreh~; Brems~; Trägheits~; elektrisches ~ **3** *Merkmal, (wichtiger) Umstand;* entscheidendes ~ **4** *Umstand, der etwas bewirkt;* Spannungs~ [< lat. *momentum* »Bewegkraft«; zu *movere* »bewegen«]
Mo|ment[2] ⟨m.; -(e)s, -e⟩ *Augenblick, kürzester Zeitabschnitt;* ~!, ~mal! ⟨umg.⟩ (als Unterbrechung eines Sprechenden); ~, bitte!; es dauert nur einen ~; den richtigen ~ erwischen, verpassen; im ~ habe ich keine Zeit *augenblicklich* [< frz. *moment* »Zeitpunkt« < lat. *momentum,* → *Moment*[1]]
mo|men|tan ⟨Adj.⟩ *augenblicklich, vorübergehend* [< lat. *momentaneus* »augenblicklich, vorübergehend«; zu *momentu* → *Moment*[1]]
Mo|ment mu|si|cal ⟨[momã: myzikal] n.; - -, -s -caux [momã: myziko:]; Mus.⟩ *kurzes, lyr. Klavierstück ohne feststehende Form* [frz., »musikal. Augenblick(seinfall)«]
mon…, Mon… ⟨in Zus.⟩ = *mono…, Mono…*
Mo|na|de ⟨f.; -, -n; Philos.⟩ **1** *Einheit, Unteilbares* **1.1** ⟨bei Leibniz⟩ *einheitl., in sich geschlossene körperl.-geistig-seel. Substanz mit mehr od. minder bewussten Vorstellungen;* Sy *Henade* [< grch. *monas,* Gen. *monados* »Einheit«]
mo|na|disch ⟨Adj.⟩ *unteilbar, in sich geschlossen*
Mo|na|do|lo|gie ⟨f.; -; unz.; Philos.⟩ *die von Leibniz begründete Lehre, dass jedes Element der Wirklichkeit eine Monade sei u. als solche ein Spiegel des Universums;* → a. *Monade* [< *Monade* + *…logie*]
mo|na|do|lo|gisch ⟨Adj.⟩ *die Monadologie betreffend, zu ihr gehörend*

Monarchie (*Worttrennung am Zeilenende*) Bei fremdsprachlichen Zusammensetzungen setzt man die Trennfuge zwischen den einzelnen Bestandteilen. Sind die Bestandteile (z.B. **mon...** zu grch. *monos* »allein« und **...archie** zu grch. *arche* »Anfang«) für den deutschen Muttersprachler nicht mehr erkenn- oder nachvollziehbar, kann auch nach Sprechsilben oder den Regeln zur Trennung von Konsonanten getrennt werden.

Mon|arch, ⟨auch⟩ **Mo|narch** ⟨m.; -en, -en⟩ *fürstl. Alleinherrscher, gekröntes Staatsoberhaupt (durch Wahl od. Erbanspruch)* [< grch. *monarchos* »Alleinherrscher« < *monos* »allein« + *archein* »herrschen«]
Mon|ar|chie, ⟨auch⟩ **Mo|nar|chie** ⟨f.; -, -n⟩ *Staat, Staatsform mit einem Monarchen an der Spitze;* Erb~; Wahl~; konstitutionelle ~ [< lat. *monarchia* < grch. *monarchia* »Alleinherrschaft« < *monos* »allein« + *archein* »der Erste sein, herrschen«]
mon|ar|chisch, ⟨auch⟩ **mo|nar|chisch** ⟨Adj.⟩ *zur Monarchie od. zum Monarchen gehörend, durch einen Monarchen (ausgeübt)*
Mon|ar|chis|mus, ⟨auch⟩ **Mo|nar|chis|mus** ⟨m.; -; unz.⟩ *Bestrebung, die Monarchie durchzusetzen od. zu erhalten*
Mon|ar|chist, ⟨auch⟩ **Mo|nar|chist** ⟨m.; -en, -en⟩ *Anhänger der Monarchie, des Monarchismus*
mon|ar|chis|tisch, ⟨auch⟩ **mo|nar|chis|tisch** ⟨Adj.⟩ *auf dem Monarchismus beruhend, für die Monarchie eintretend*

Mon|ar|thri|tis, ⟨auch⟩ **Mo|narth|ri|tis** ⟨f.; -, -ti-den⟩ *Entzündung eines einzigen Gelenks;* Ggs *Polyarthritis* [< *Mon...* + *Arthritis*]
Mo|nas|te|ri|um ⟨n.; -s, -ri|en⟩ *Kloster* [lat.]
mo|nas|tisch ⟨Adj.⟩ *klösterlich, mönchisch;* die ~e Regel [< lat. *monasticus* < grch. *monastikos* »mönchisch«]
mon|au|ral, ⟨auch⟩ **mo|nau|ral** ⟨Adj.⟩ = *monophon* [< *mon...* + lat. *auris* »Ohr«]
Mon|a|zit, ⟨auch⟩ **Mo|na|zit** ⟨m.; -s, -e⟩ *in sandigen Ablagerungen vorkommendes Mineral, chem. ein Phosphat bestimmter Seltener Erden* [< grch. *monazein* »einzeln sein« (wegen der einzeln vorkommenden Kristalle)]
Mon|da|min ⟨n.; -s; unz.; Ⓦⓩ⟩ *Stärkemehl aus Mais* [nach dem Jüngling *Mondamin,* der in Longfellows »Song of Hiawatha« (1855) den *Mais* verkörpert]
mon|dän ⟨Adj.⟩ **1** *sehr elegant, sehr gewandt u. dabei lässig-überlegen* **2** *im Stil der großen Welt* [< frz. *mondain,* eigtl. »weltlich«; zu *monde* »Welt«]
mon|di|al ⟨Adj.⟩ *weltweit, die ganze Welt umfassend od. betreffend* [frz., »weltlich, Welt...«; zu *monde* »Welt«]
Mon|di|al|rei|he ⟨f; -, -n; Wirtsch.⟩ *Wirtschaftsstatistik, die der Konjunkturforschung Aussagen über die Weltwirtschaft erlaubt* [→ *mondial*]
mon dieu! ⟨[mɔ̃ djø:]⟩ *mein Gott! (Ausruf des Entsetzens, der Bestürzung)* [frz.]
Mo|nel|me|tall ⟨n.; -(e)s, -e⟩ *korrosionsbeständige Nickel-Kupfer-Legierung* [nach dem amerikan. Hersteller A. *Monel*]
Mo|nem ⟨n.; -s, -e; Sprachw.⟩ *kleinste bedeutungstragende Einheit der Sprache* [< grch. *monos* »einzeln, einmalig«]
mo|ne|tär ⟨Adj.⟩ *das Geld, die Währung betreffend* [→ *Moneten*]
Mo|ne|ta|ris|mus ⟨m.; -; unz.⟩ *das Ausgerichtetsein, ausschließliches Orientiertsein auf Geld u. Kapital* [→ *Moneten*]
Mo|ne|ten ⟨Pl.⟩ **1** ⟨urspr.⟩ *Bargeld, Münzen* **2** ⟨heute umg.⟩ *Geld* [< lat. *monetae* »Münzen«; zu *Moneta,* dem Beinamen der röm. Göttin Juno, in deren Tempel auf dem Forum Romanum der Staatsschatz lag]
mo|ne|ti|sie|ren ⟨V.⟩ *in Geld umwandeln;* Sachwerte ~
Mo|ney|ma|ker ⟨[mʌnimɛikə(r)] m.; -s, -⟩ *Geschäftsmann, der in übertriebenem Maße aus allem Geld zu machen versucht* [engl., »Geldmacher«]
Mon|go|len|fal|te ⟨f.; -, -n⟩ = *Epikanthus*
mon|go|lid ⟨Adj.⟩ *die Merkmale der mongolischen Rasse aufweisend* [< *Mongolide(r)* + *...id*]
Mon|go|li|de(r) ⟨f. 2 (m. 1)⟩ *Angehörige(r) der mongolischen Rasse, Mongole*
mon|go|lisch ⟨Adj.⟩ *die Mongolei u. die Mongolen betreffend, zu ihnen gehörig, von ihnen stammend;* ~e Sprachen *zu den altaischen Sprachen gehörende Sprache der Mongolen*
Mon|go|lis|mus ⟨m.; -; unz.⟩ *angeborene, mit körperl. Entwicklungsstörung verbundene Form geistiger Behinderung;* Sy *Downsyndrom* [< *Mongolide(r)* (nach den pseudomongolischen Gesichtszügen des Erkrankten)]
Mon|go|lis|tik ⟨f.; -; unz.⟩ *Lehre von den mongol. Sprachen*
mon|go|lo|id ⟨Adj.⟩ **1** *den Mongolen ähnlich* **2** *die Merkmale des Mongolismus aufweisend*
Mon|go|lo|i|de(r) ⟨f. 2 (m. 1)⟩ **1** *Angehörige(r) einer Menschenrasse mit überwiegenden, aber nicht allen Merkmalen der mongolischen Rasse* **2** *jmd., der an Mongolismus leidet*
Mo|ni|er|bau|wei|se, ⟨auch⟩ **Mo|ni|er-Bau|weise** ⟨[mɔnje:-] f.; -; unz.⟩ *im Hochbau heute oft verwendete Bauweise mit vorgefertigten Stahlbetonplatten od. auf der Baustelle gegossenen Betonplatten mit Stahleinlage* [nach dem Erfinder, dem frz. Gärtner J. *Monier,* 1823-1906, der diese Bauweise zuerst bei Pflanzenkübeln u. Wasserbehältern anwandte]
mo|nie|ren ⟨V.⟩ **1** *beanstanden, rügen* **2** *mahnen* [< lat. *monere* »ermahnen, tadeln«]
Mo|ni|lia ⟨f.; -; unz.⟩ *Gesamtheit aller Pilze mit großen, eiförmigen, zu Ketten verbundenen Sporen* [< lat. *monile* »Halsband«]
Mo|nis|mus ⟨m.; -; unz.⟩ *philosoph. Lehre, dass alles Seiende auf ein einheitl. Prinzip zurückzuführen sei;* Ggs *Pluralismus(1)* [< grch. *monos* »allein«]
Mo|nist ⟨m.; -en, -en⟩ *Vertreter, Anhänger des Monismus*
mo|nis|tisch ⟨Adj.⟩ *zum Monismus gehörig, auf ihm beruhend*
Mo|ni|tor ⟨m.; -s, -to|ren⟩ **1** ⟨TV⟩ *Empfänger im Fernsehstudio, auf dem das jeweils gesendete Bild kontrolliert werden kann* **2** ⟨Kernphysik⟩ *automatische Anlage, die die radioaktive Strahlung überwacht* [lat., »Aufseher, Warner, Mahner«]
Mo|ni|to|ring ⟨[mɔnitɔriŋ] n.; -s, -s⟩ *ständiges, sorgfältiges Untersuchen, Überwachen u. Beobachten einer bestimmten Situation od. Gegebenheit;* →a. *Biomonitoring* [< engl. *monitor* »überwachen«]
mo|no..., Mo|no... ⟨vor Vokalen⟩ mon..., Mon... ⟨in Zus.⟩ *allein, einzig, einzeln* [< grch. *monos*]
Mo|no|cha|si|um ⟨[-ça:-] od. [-xa:-] n.; -s, -si-en⟩ *Sprosssystem, bei dem ein einziger Seitenzweig jeweils die Verzweigung fortsetzt* [< *Mono...* + grch. *chasma* »Spalt«]
Mo|no|chla|my|de|en ⟨[-çla:-] od [-xla-] Pl.⟩ *zweikeimblättrige Blütenpflanzen mit unscheinbarer od. fehlender Blütenhülle* [< *Mono...* + *Chlamys*]
Mo|no|chord ⟨[-kɔrd] n.; -(e)s, -e⟩ **1** ⟨urspr.⟩ *altgrch. Musikinstrument mit einer Saite über einem Resonanzkörper u. einer Skala, auf der in Zahlen die Teilungsverhältnisse der Saite vermerkt waren, die sich aus dem Verschieben eines auf ihr sitzenden Stegs ergaben (bes. zur Ton- u. Intervallbestimmung verwendet)* **2** ⟨heute⟩ *Messgerät für Tonhöhen* [< *Mono...* + *...chord*]

mo|no|chrom ⟨[-kro:m] Adj.⟩ *einfarbig;* Ggs *polychrom* [< *mono… + …chrom*]

Mo|no|chro|ma|sie ⟨[-kro-] f.; -; unz.⟩ *totale Farbenblindheit* [→ *monochrom*]

Mo|no|chro|mat ⟨[-kro-] m. od. n.; -(e)s, -e⟩ *Linsensystem, bei dem die chromatischen Bildfehler nicht behoben sind u. das demzufolge nur eine Farbe fehlerfrei abbildet* [< *Mono…* + grch. *chroma* »Farbe«]

mo|no|chro|ma|tisch ⟨[-kro-] Adj.⟩ ~es Licht *Licht einer Wellenlänge, einer Farbe*

Mo|no|chro|ma|tor ⟨[-kro-] m.; -s, -to|ren⟩ *Gerät zum Aussondern eines in seiner Wellenlänge streng begrenzten u. daher dem Auge einfarbig erscheinenden Lichts aus dem natürlichen Spektrum des Sonnenlichts* [< *Mono…* + grch. *chroma* »Farbe«]

mo|no|cy|clisch, ⟨auch⟩ **mo|no|cyc|lisch** ⟨Adj.⟩ ~e Verbindungen *organisch-chemische Verbindungen, deren Atome in nur einem Ring angeordnet sind;* oV *monozyklisch;* Ggs *polycyclisch*

Mon|o|die, ⟨auch⟩ **Mo|no|die** ⟨f.; -, -n⟩ **1** ⟨urspr.⟩ *unbegleiteter, einstimmiger Gesang* **2** ⟨seit 1600⟩ *vom Generalbass begleiteter, einstimmiger Gesang* **3** ⟨später⟩ = *Homophonie* [< grch. *monodia* »Einzelgesang«]

mon|o|disch, ⟨auch⟩ **mo|no|disch** ⟨Adj.⟩ *in der Art der Monodie, auf ihr beruhend*

Mo|no|dra|ma ⟨n.; -s, -men⟩ *Drama mit nur einer handelnden bzw. sprechenden Person, Einpersonenstück, lyrischer Monolog*

mo|no|fon ⟨Adj.⟩ = *monophon*

Mo|no|fo|nie ⟨f.; -; unz.⟩ = *Monophonie*

mo|no|gam ⟨Adj.⟩ *die Monogamie betreffend, in der Art der Monogamie;* Ggs *polygam(1, 2)*

Mo|no|ga|mie ⟨f.; -; unz.⟩ *Ehe mit nur einem Partner;* Ggs *Polygamie* [< *Mono… + …gamie*]

Mo|no|ge|ne|se, Mo|no|ge|ne|sis ⟨f.; -, -ne|sen⟩ *ungeschlechtl. Fortpflanzung;* Ggs *Amphigonie* [< *Mono… + …genese, …gonie*]

Mo|no|ge|nie ⟨f.; -; unz.; Biol.⟩ **1** *Entstehung nur männlicher od. nur weibl. Nachkommen* **2** *Ausbildung eines Merkmals des Phänotyps durch nur ein Gen* [< *Mono… + …genie*]

Mo|no|gra|fie ⟨f.; -, -n⟩ = *Monographie*

mo|no|gra|fisch ⟨Adj.⟩ = *monographisch*

Mo|no|gramm ⟨n.; -s, -e⟩ *die (oft miteinander verschlungenen) Anfangsbuchstaben des Namens* [< spätlat. *monogramma* »ein Buchstabe, der mehrere in sich fasst«]

Mo|no|gra|phie ⟨f.; -, -n⟩ *Einzeldarstellung, einen einzelnen Gegenstand wissenschaftl. behandelnde Schrift mit dem Anspruch größtmöglicher Vollständigkeit;* oV *Monografie* [< *Mono… + …graphie*]

mo|no|gra|phisch ⟨Adj.⟩ *in der Art einer Monographie, als Einzeldarstellung;* oV *monografisch*

mo|no|hy|brid, ⟨auch⟩ **mo|no|hyb|rid** ⟨Adj.; Biol.⟩ *sich nur in einem erblichen Merkmal unterscheidend*

Mo|no|hy|bri|de, ⟨auch⟩ **Mo|no|hyb|ri|de** ⟨m.1; Biol.⟩ *Bastard, dessen Eltern sich nur in einem Merkmal unterscheiden*

mo|no|hy|drisch, ⟨auch⟩ **mo|no|hyd|risch** ⟨Adj.⟩ ~e Säuren *einbasische Säuren*

mo|no|kau|sal ⟨Adj.; Med.; Philos.⟩ *von nur einem Ursache-, Wirkungsprinzip ausgehend, es betreffend;* Ggs *multifaktoriell*

Mon|o|kel, ⟨auch⟩ **Mo|no|kel** ⟨n.; -s, -⟩ *optisches Glas für ein Auge, Einglas* [< *Mono…* + lat. *oculus* »Auge«]

mo|no|klin ⟨Adj.⟩ ~es Kristallsystem *ein K., bei dem zwei Achsen im Winkel von 90° zueinander stehen u. eine dritte Achse dazu einen von 90° abweichenden Winkel bildet* [< *mono…* + grch. *klinein* »neigen«]

mo|no|ko|tyl ⟨Adj.; Bot.⟩, *einkeimblättrig;* Ggs *dikotyl* [< *mono…* + grch. *kotyl* »Höhlung«]

Mo|no|ko|ty|le|do|ne ⟨f.; -, -n⟩ *einkeimblättrige Pflanze*

Mo|no|kra|tie ⟨f.; -, -n; Pol.⟩ *Herrschaft eines Einzelnen, Alleinherrschaft* [< *Mono…* + grch. *kratein* »herrschen«]

mo|no|kra|tisch ⟨Adj.⟩ **1** *die Monokratie betreffend, auf ihr beruhend, zu ihr gehörend* **2** ⟨Rechtsw.⟩ ~es Prinzip *Leitung eines Amtes od. einer Institution durch einen Einzelnen, der alleinige Entscheidungsbefugnis besitzt*

mon|o|ku|lar, ⟨auch⟩ **mo|no|ku|lar** ⟨Adj.⟩ *mit nur einem Auge, für nur ein Auge* [< *mon…* + lat. *oculus* »Auge«]

Mo|no|kul|tur ⟨f.; -, -en⟩ *Anbau nur einer Pflanzenart auf einer Fläche;* Tomaten in ~ anbauen

mo|no|la|te|ral ⟨Adj.⟩ *einseitig*

Mo|no|la|trie, ⟨auch⟩ **Mo|no|lat|rie** ⟨f.; -; unz.⟩ *Verehrung nur eines Gottes (unter mehreren)* [< *Mono… + …latrie*]

Mo|no|lith ⟨m.; -s od. -en, -e od. -en⟩ **1** *einzelner Steinblock* **2** *aus nur einem Stein gemeißeltes, monumentales Bildwerk* [< *Mono…* + grch. *lithos* »Stein«]

mo|no|li|thisch ⟨Adj.⟩ *mit einheitl. Baustoff;* ~e Bauweise

Mo|no|log ⟨m.; -(e)s, -e⟩ *Selbstgespräch;* Ggs *Dialog(1)* [< *Mono… + …log*[1]]

mo|no|lo|gisch ⟨Adj.⟩ *in der Art eines Monologs*

mo|no|lo|gi|sie|ren ⟨V.⟩ *einen Monolog halten, führen*

Mo|nom ⟨n.; -s, -e; Math.⟩ *nur aus einem Glied bestehender Ausdruck;* oV *Mononom* [< *Mono… + …nom*[2]]

mo|no|man ⟨Adj.⟩ *von einer fixen Idee besessen, von einem einzigen Trieb fast ausschließlich beherrscht;* oV *monomanisch*

Mo|no|ma|ne(r) ⟨f. 2 (m. 1)⟩ *jmd., der an Monomanie leidet*

Mo|no|ma|nie ⟨f.; -, -n⟩ *Besessenheit von einer Wahnidee, krankhaft übersteigerter Trieb* [< *Mono… + Manie* < lat. *mania*]

mo|no|ma|nisch ⟨Adj.⟩ = *monoman*

mo|no|mer ⟨Adj.⟩ *aus einzelnen Molekülen bestehend;* Ggs *polymer* [< *mono… + …mer*]

Mo|no|mer ⟨n.; -s, -e⟩, **Mo|no|me|re(s)** ⟨n. 3⟩

monomer gebildete chem. Verbindung; Ggs *Polymer(es)*

Mo|no|me|rie ⟨f.; -, -n⟩ *Vorkommen als Monomeres;* Ggs *Polymerie(1)*

Mo|no|me|tal|lis|mus ⟨m.; -; unz.⟩ *auf nur einem Währungsmetall (Gold od. Silber) beruhendes Währungssystem;* Ggs *Bimetallismus* [< *Mono…* + *Metall*]

mo|no|misch ⟨Adj.; Math.⟩ *eingliedrig* [→ *Monom*]

mo|no|morph ⟨Adj.; Biol.⟩ *gleichartig, gleichförmig (von Blüten od. Geweben)* [< *mono…* + *…morph*]

Mo|no|nom ⟨n.; -s, -e⟩ = *Monom*

mo|no|phag ⟨Adj.⟩ *sich von nur einer Futterpflanze bzw. nur einer Tierart ernährend;* Ggs *pantophag;* →a. *oligophag* [< *mono…* + *…phag*]

Mo|no|pha|ge ⟨m.; -n, -n⟩ *monophages Tier;* Ggs *Pantophage*

Mo|no|pha|gie ⟨f.; -; unz.⟩ *auf nur eine Futterpflanze bzw. nur eine Tierart eingestellte Ernährungsweise;* Ggs *Pantophagie;* →a. *Oligophagie*

Mo|no|pho|bie ⟨f.; -; unz.⟩ *Angst vor dem Alleinsein* [< *Mono…* + *Phobie*]

mo|no|phon ⟨Adj.⟩ *auf Monophonie beruhend, einkanalig;* oV *monofon;* Sy *monaural;* Ggs *stereophon, quadrophon*

Mo|no|pho|nie ⟨f.; -; unz.⟩ *über nur einen Kanal erfolgende Wiedergabe von Tonaufzeichnungen, vermittelt im Unterschied zur Stereophonie oder Quadrophonie keinen räumlichen Klangeindruck;* oV *Monofonie* [< *Mono…* + *…phonie*]

Mo|no|phthong, ⟨auch⟩ **Mo|noph|thong** ⟨m.; -s, -e⟩ *einfacher Vokal;* Ggs *Diphthong* [< grch. *monophthongos* »eintönig«]

mo|no|phthon|gie|ren, ⟨auch⟩ **mo|noph|thon|gie|ren** ⟨V.⟩ einen Diphthong ~ *in einen Monophthong umwandeln;* Ggs *diphthongieren*

mo|no|phthon|gisch, ⟨auch⟩ **mo|noph|thon|gisch** ⟨Adj.⟩ *als Monophthong lautend;* Ggs *diphthongisch*

mo|no|phy|le|tisch ⟨Adj.⟩ *entwicklungsgeschichtlich von einem einzigen biolog. Stamm abstammend;* Ggs *diphyletisch, polyphyletisch*

Mo|no|phy|o|don|tie ⟨f.; -; unz.; Med.; Biol.⟩ *einmalige Dentition;* Ggs *Diphyodontie, Polyphyodontie* [< grch. *monophyes* »einfach« + *odon,* Gen. *odontis* »Zahn«]

Mo|no|ple|gie ⟨f.; -, -n⟩ *Lähmung eines einzelnen Glieds* [< *Mono…* + grch. *plege* »Schlag«]

Mo|no|po|die ⟨f.; -, -n⟩ *Versmaß aus einem einzigen Versfuß;* Ggs *Dipodie;* →a. *Tripodie* [< *Mono…* + grch. *pous,* Gen. *podos* »Fuß«]

Mo|no|pol ⟨n.; -s, -e⟩ **1** *alleiniges Vorrecht, alleiniger Anspruch;* das ~ für die Aus- od. Einfuhr von Kaffee haben; das ~ auf, für eine Ware **2** *Art des Angebotes einer Dienstleistung od. einer Ware durch ein Unternehmen od. eine Gruppe von Unternehmen mit dem Ziel, die Preise zu bestimmen;* (staaliches) Tabak~; Post~ [< lat. *monopolium,* grch. *monopolion* »Recht des Alleinhandels; Alleinverkauf« < *monos* »allein« + *polein* »verkaufen, Handel treiben«]

mo|no|po|li|sie|ren ⟨V.⟩ *zu einem Monopol zusammenschließen, in einer Hand vereinigen* [< frz. *monopoliser*]

Mo|no|po|lis|mus ⟨m.; -; unz.⟩ *Streben nach Monopolbildung, nach der Beherrschung des Marktes durch Monopole*

Mo|no|po|list ⟨m.; -en, -en⟩ *Inhaber eines Monopols*

mo|no|po|lis|tisch ⟨Adj.⟩ *den Monopolismus betreffend, zu ihm gehörig;* ~e Bestrebungen

Mo|no|pol|ka|pi|ta|lis|mus ⟨m.; -; unz.; nach Lenin⟩ *höchstes Stadium des Kapitalismus mit starker Konzentration wirtschaftl. u. polit. Macht*

Mo|no|po|ly ⟨n.; -s, -s; Ⓦz⟩ *Gesellschaftsspiel, bei dem um den Erwerb von Grundstücken u. Häusern gespielt wird* [engl.]

Mo|no|pte|ros, ⟨auch⟩ **Mo|nop|te|ros** ⟨m.; -, -pte|ren⟩ **1** ⟨Antike⟩ *Säulentempel ohne Heiligtum* **2** ⟨danach⟩ *kleiner, meist runder Tempel im Garten* [< grch. *monopteros* »nur mit einer Säulenreihe«]

Mo|no|sac|cha|rid ⟨[-zaxa-] n.; -s, -e⟩ *einfacher Zucker, der sich nicht weiter in kleinere Zuckermoleküle spalten lässt*

mo|no|sem ⟨Adj.; Sprachw.⟩ *nur eine Bedeutung habend;* oV *monosemantisch;* Ggs *polysem;* ~e sprachliche Zeichen [< *mono…* + grch. *sema* »Zeichen«]

mo|no|se|man|tisch ⟨Adj.; Sprachw.⟩ = *monosem*

Mo|no|se|mie ⟨f.; -; unz.; Sprachw.⟩ *genaue Entsprechung einer Bedeutung mit einem sprachlichen Zeichen;* Ggs *Polysemie* [< *Mono…* + grch. *semasia* »Bezeichnung«]

Mo|no|sper|mie ⟨f.; -, -n⟩ *Befruchtung der Eizelle durch nur eine Samenzelle;* Ggs *Polyspermie* [< *Mono…* + *Sperma*]

mo|no|sta|bil ⟨Adj.⟩ *nur einen stabilen Gleichgewichtszustand besitzend;* ~e Schaltung ⟨El.⟩ *Schaltung, die immer wieder von selbst in einen bestimmten Grundzustand zurückkehrt;* Ggs *multistabil*

mo|no|sti|chisch, ⟨auch⟩ **mo|nos|ti|chisch** ⟨Adj.⟩ *das metrische Schema eines Verses ständig wiederholend;* Ggs *distichisch, distichitisch;* oV *monostichitisch* [→ *Monostichon*]

mo|no|sti|chi|tisch, ⟨auch⟩ **mo|nos|ti|chi|tisch** = *monostichisch*

Mo|no|sti|chon, ⟨auch⟩ **Mo|nos|ti|chon** ⟨n.; -s, -cha⟩ *einzelner Vers* [< *Mono…* + grch. *stichos* »Reihe, Zeile, Vers«]

mo|no|syl|la|bisch ⟨Adj.⟩ *einsilbig;* Ggs *polysyllabisch* [→ *Monosyllabum*]

Mo|no|syl|la|bum ⟨n.; -s, -ba⟩ *einsilbiges Wort, Einsilber;* Ggs *Polysyllabum* [< *Mono…* + grch. *syllabe* »Silbe«]

mo|no|syn|de|tisch ⟨Adj.; Sprachw.⟩ *eine Reihung gleichartiger Wörter betreffend, bei der nur die letzten beiden Glieder durch eine*

Konjunktion verbunden sind [< *mono...* + *syndetisch*]

Mo|no|syn|de|ton ⟨n.; -s, -ta; Sprachw.⟩ *eine monosyndetische Reihe von Sätzen od. Satzteilen* [< *Mono...* + *syn...* + grch. *deein* »verbinden«]

Mo|no|the|is|mus ⟨m.; -; unz.; Rel.⟩ *Glaube an einen einzigen Gott;* Ggs *Polytheismus*

Mo|no|the|ist ⟨m.; -en, -en; Rel.⟩ *Vertreter, Anhänger des Monotheismus;* Ggs *Polytheist*

mo|no|the|is|tisch ⟨Adj.; Rel.⟩ *zum Monotheismus gehörend, auf ihm beruhend*

mo|no|ton ⟨Adj.⟩ *eintönig, ermüdend einförmig, langweilig* [< *mono...* + grch. *teinein* »spannen«]

Mo|no|to|nie ⟨f.; -; unz.⟩ *monotone Beschaffenheit, Eintönigkeit, ermüdende Einförmigkeit, Langweiligkeit*

mo|no|trop ⟨Adj.; Biol.⟩ *nur begrenzt anpassungsfähig*

Mo|no|tro|pie ⟨f.; -, -n; Chem.⟩ *chemische Zustandsform, bei der sich ein Stoff nur in eine Richtung umwandeln lässt* [< *Mono...* + *...tropie*]

Mo|no|type ⟨[-taip] f.; -, -s; (Wz)⟩ *Setz- u. Gießmaschine für Einzelbuchstaben;* → a. *Linotype* [engl., < grch. *monos* »allein« + engl. *type* »Drucktype«]

mo|no|va|lent ⟨[-va-] Adj.⟩ ~e Atome, Moleküle *Atome, Moleküle, die nur einwertige Bindungen eingehen können;* Ggs *polyvalent*

Mo|n|o|xid, ⟨auch⟩ **Mo|no|xid** ⟨n.; -(e)s, -e⟩ *Sauerstoffverbindung eines Elements mit nur einem Sauerstoffatom*

Mo|no|zel|le ⟨f.; -, -n⟩ *kleine Batterie, die nur ein einziges elektrochemisches Element enthält, liefert je nach verwendetem Element Spannungen zwischen 1,3 u. 1,5 Volt*

Mon|ö|zie, ⟨auch⟩ **Mo|nö|zie** ⟨f.; -; unz.⟩ *Vorkommen männl. u. weibl. Blüten auf derselben Pflanze, Einhäusigkeit;* Ggs *Diözie* [< *Mono...* + grch. *oikos* »Haus«]

mon|ö|zisch, ⟨auch⟩ **mo|nö|zisch** ⟨Adj.⟩ *Monözie aufweisend, einhäusig;* Ggs *diözisch*

mo|no|zy|got ⟨Adj.⟩ *eineiig;* ~e Zwillinge *Zwillinge, die sich aus einer befruchteten Eizelle entwickelt haben* Ggs *dizygot* [< *mono...* + grch. *zygon* »Joch«]

mo|no|zy|klisch, ⟨auch⟩ **mo|no|zyk|lisch** ⟨Adj.⟩ = *monocyclisch*

Mo|no|zyt ⟨m.; -en, -en; meist Pl.⟩ *größtes der weißen Blutkörperchen mit mehr od. weniger gelapptem Kern* [verkürzt < *mononuklear* (< grch. *monos* »allein, einzig« + lat. *nucleus* »Kern«) + Leuko*zyt*]

Mo|no|zy|to|se ⟨f.; -, -n; Med.⟩ *übermäßige Vermehrung der weißen Blutkörperchen* [→ *Monozyt*]

Mon|roe|dok|trin, ⟨auch⟩ **Mon|roe-Dokt|rin** ⟨[mɔnrou-] f.; -; unz.⟩ *von dem amerikan. Präsidenten Monroe 1823 abgegebene Erklärung, durch die fremden Staaten die Einmischung in amerikan. Angelegenheiten verwehrt wurde*

Mon|sei|gneur, ⟨auch⟩ **Mon|seig|neur** ⟨[mɔ̃sɛnjø:r] m.; -s, -s od. -e; Abk.: Mgr.; in Frankreich Titel für⟩ *hoher Geistlicher, fürstl. Person* [frz. *mon* »mein« + *seigneur* »Gutsherr, Landesherr, Herr«]

Mon|si|eur ⟨[məsjø:] m.; - od. -s, Mes|sieurs [mɛsjø:]; Abk.: M.⟩ *Herr (frz. Anrede, allein od. vor dem Namen)* [frz., verkürzt < *Monseigneur*]

Mon|si|gno|re, ⟨auch⟩ **Mon|sig|no|re** ⟨[mɔnsinjo:rə] m.; - od. -s, -ri; Abk.: Mgr., Msgr.; in Italien Titel für⟩ *hoher kath. geistl. Würdenträger* [ital. *mon* »mein« + *signore* »Herr«]

Mons|ter ⟨n.; -s, -⟩ **1** = *Monstrum* **2** ⟨in Zus.⟩ *riesig, riesenhaft, übermäßig groß od. lang,* z.B. Monsterschau; oV *Monstre...*

Mons|te|ra ⟨f.; -, -rae [-rɛ:]⟩ **1** *einer Gattung der Aronstabgewächse angehörende Kletterpflanze mit länglich eingebuchteten, häufig Löcher aufweisenden Blättern* **2** ⟨i.e.S.⟩ *im Zimmer kultivierte Zierpflanze, Fensterblatt: Monstera deliciosa* [< frz. *monstre* »Ungeheuer« < lat. *monstrum;* → *Monstrum*]

■ Die Buchstabenfolge **mons|tr...** kann auch **monst|r...** getrennt werden.

■ **Mons|tra** ⟨Pl. von⟩ *Monstrum*

■ **Mons|tranz** ⟨f.; -, -en⟩ *Gefäß (meist aus kostbarem Material) zum Zeigen der Hostie* [< lat. *monstrantia;* zu *monstrare* »zeigen«]

■ **Mons|tre...** ⟨in Zus.⟩ = *Monster(2)*

■ **mons|trös** ⟨Adj.⟩ **1** *groß u. scheußlich;* ein ~es Gemälde, Kunstwerk **2** *missgestaltet;* ein ~es Ungeheuer [< lat. *monstrosus* »wunderbar, widernatürlich; ungeheuerlich; missgestaltet; scheußlich«]

■ **Mons|tro|si|tät** ⟨f.; -, -en⟩ **1** ⟨unz.⟩ *monströse Beschaffenheit, Ungeheuerlichkeit* **2** ⟨Med.⟩ *Missbildung* [< lat. *monstrosus* »ungeheuerlich«]

■ **Mons|trum** ⟨n.; -s, -tra od. -tren⟩ oV *Monster* **1** *Ungeheuer* **2** *missgebildetes Wesen* **3** ⟨Med.⟩ *Missgeburt* [lat., »göttliches Mahnzeichen, Wahrzeichen; Ungetüm, Ungeheuer; unerhörte Tat«; zu *monere* »mahnen«]

Mon|sun ⟨m.; -s, -e⟩ *halbjährlich wechselnder Wind in Asien, bes. Indien* [< ndl. *monssoen* < port. *monção, moução* < arab. *mausim* »(für die Schiffahrt geeignete) Jahreszeit«]

Mon|ta|ge ⟨[-ʒə] f.; -, -n⟩ **1** *das Montieren, Aufstellung u. Zusammenbau* **2** ⟨Film⟩ *Schnitt, Auswahl u. Aneinanderreihen der Handlungseinheiten eines Films nach künstler. Gesichtspunkten zur endgültigen Gestaltung, oft mit den Mitteln der Ein- u. Überblendung u.a.* [< frz. *monter;* → *montieren*]

Mon|ta|ge|bau|wei|se ⟨[-ʒə-] f.; -; unz.⟩ *Bauverfahren, bei dem ein Bauwerk aus vorfabrizierten Bauteilen zusammengefügt wird*

Mon|ta|gnard, ⟨auch⟩ **Mon|tag|nard** ⟨[mɔ̃tanja:r] m.; -s, -s⟩ **1** *Angehöriger der radikalsten Gruppe im Konvent während der Fran-*

zös. Revolution **2** *Angehöriger eines im Gebirge lebenden Volksstammes* [frz.; zu *montagne* »Berg«; in der ersten Bedeutung nach den höher gelegenen Plätzen im Sitzungsraum der Verfassunggebenden Versammlung]

Mon|ta|gue-Gram|ma|tik ⟨[mɔntəgju:-] f.; -; unz.; Sprachw.⟩ *grammatisches System, das zur Analyse natürlicher Sprachen logisch-mathematische Kategorien gebraucht* [nach dem amerik. Sprachwissenschaftler Richard *Montague,* 1932–1971]

mon|tan ⟨Adj.⟩ *zum Bergbau u. Hüttenwesen gehörend* [<lat. *montanus* »die Gebirge, die Berge betreffend«; zu *mons,* Gen. *montis* »Berg, Gebirge«]

Mon|tan|in|dus|trie, ⟨auch⟩ **Mon|tan|in|dust|rie** ⟨f.; -; unz.⟩ *Vereinigung der Bergbau- u. Hüttenindustrie in Westeuropa*

Mon|ta|nis|mus ⟨m.; -; unz.⟩ *Lehre einer christl.-schwärmerischen Sekte in Kleinasien von der baldigen Wiederkunft Christi* [nach ihrem Begründer *Montanus,* um 150 n.Chr.]

Mon|ta|nist[1] ⟨m.; -en, -en⟩ *Sachverständiger in Bergbau u. Hüttenwesen* [→ *montan*]

Mon|ta|nist[2] ⟨m.; -en, -en⟩ *Angehöriger der Sekte der Montanisten im 2./3. Jh. n.Chr.;* → a. *Montanismus*

Mon|tan|u|ni|on ⟨f.; -; unz.⟩ *Europäische Gemeinschaft für Kohle u. Stahl*

Mon|tan|wachs ⟨n.; -es; unz.⟩ *für Schuhputzmittel, Schmierfette, Kerzen sowie in der Papierherstellung verwendetes Pflanzenwachs, das aus Braunkohle gewonnen wird*

Mont|bre|tie ⟨[mɔ̃bre:tsjə] f.; -, -n⟩ *südafrikanische Gattung der Schwertliliengewächse mit ährenförmigen Blütenständen: Tritonia* [nach dem frz. Forscher C. de *Montbret,* †1836]

Mon|teur ⟨[-tø:r] m.; -s, -e⟩ *Facharbeiter, der Geräte, Maschinen, Gerüste u.a. montiert* [frz.; zu *monter;* → *montieren*]

Mont|gol|fi|e|re ⟨[mɔ̃gɔlfjɛ:rə] f.; -, -n⟩ *mit Heißluft als Auftriebsmittel schwebender Ballon* [nach dem Erfinder, dem frz. Papierfabrikanten Joseph-Michel *Montgolfier,* 1740–1810]

mon|tie|ren ⟨V.⟩ **1** eine Maschine, techn. Anlage ~ *aufstellen u. (od.) zusammenbauen* **2** *(mit techn. Mitteln) anbringen, befestigen;* einen Griff an ein Gerät ~; eine Lampe auf ein Gestell ~ [<frz. *monter* »hinaufsteigen; hinaufbringen, aufstellen« <lat. *montare* »einen Berg besteigen«]

Mon|tur ⟨f.; -, -en⟩ **1** ⟨†⟩ *Uniform, Dienstkleidung* **2** ⟨umg.⟩ *Arbeitsanzug, Arbeitskleidung* [<frz. *monture* »Ausrüstung«]

Mo|nu|ment ⟨n.; -(e)s, -e⟩ *großes Denkmal* [<lat. *monumentum* »Denkzeichen, Denkmal, Mahnmal«]

mo|nu|men|tal ⟨Adj.⟩ **1** *wie ein Monument* **2** ⟨fig.⟩ *gewaltig, ungeheuer groß*

Mo|nu|men|tal|film ⟨m.; -(e)s, -e⟩ *Film mit riesigem Aufwand an Menschen u. Material, meist auch mit Überlänge* [→ *Monument*]

Mo|nu|men|ta|li|tät ⟨f.; -; unz.⟩ *monumentale Beschaffenheit, Wuchtigkeit, gewaltige Größe*

Mo|nu|men|tal|schrift ⟨f.; -, -en⟩ = *Lapidarschrift*

Moo|ring ⟨[mu:-] f.; -, -e⟩ = *Muring*

Mo|ped ⟨n.; -s, -s⟩ *leichtes Motorrad bis zu* $50\ cm^3$ *Hubvolumen* [verkürzt < *Mo*tor + *Pedal* od. Velozi*ped*]

Mopp ⟨m.; -s, -s⟩ *besenartiges Gerät mit Fransen aus Baumwolle anstelle von Borsten (zum Entstauben)* [engl.]

mop|pen ⟨V.⟩ *mit dem Mopp kehren*

Mo|quette ⟨[-kɛt] m.; -s; unz.⟩ = *Mokett*

Mo|ra[1] ⟨f.; -, -ren⟩ **1** *Verzug, Verzögerung der Zahlung* **2** ⟨Metrik⟩ *zeitl. Grundeinheit im Vers, Dauer einer kurzen Silbe* [lat., »Verzögerung, Verzug; Rast(tag); Aufenthalt«]

Mo|ra[2] ⟨f.; -; unz.⟩ *italien. Fingerspiel, bei dem zwei Spieler gleichzeitig eine Hand mit einem od. mehreren ausgestreckten Fingern auf den Tisch legen u. im gleichen Augenblick die Summe der ausgestreckten Finger zu erraten suchen u. laut ausrufen* [<ital. *giuoco della morra;* zu *giuoco* »Spiel«; Herkunft von *morra* ungeklärt]

Mo|ral ⟨f.; -; unz.⟩ **1** *Sittenlehre, Ethik* **2** *Nutzanwendung im Hinblick auf die Sittenlehre;* die ~ einer Erzählung, Fabel, eines Märchens; ... und die ~ von der Geschichte ... **3** *sittliches Verhalten, Sittlichkeit;* ~ einer sozialen Gruppe, eines Volkes; eine hohe, keine ~ haben; gegen die ~ verstoßen **4** *Bereitschaft zu kämpfen, Disziplin;* die ~ einer Truppe [<frz. *morale* <lat. *mos,* Gen. *moris* »Sitte, Brauch; Art und Weise«, Pl. *mores* »Sitten, (gute u. schlechte) Denkart, Charakter; Sittlichkeit«]

Mo|ra|lin ⟨n.; -s; unz.; scherzh.⟩ *spießige Entrüstung in moralischen Dingen*

Mo|ral In|sa|ni|ty ⟨[mɔrəl insæniti] f.; - -; unz.⟩ *Fehlen sittlicher Urteilsfähigkeit bei normaler Intelligenz* [engl., »moral. Krankheit, moral. Irresein«]

mo|ra|lisch ⟨Adj.⟩ **1** *die Moral betreffend, zu ihr gehörig, auf ihr beruhend* **2** *sittlich, sittenstreng;* Ggs *amoralisch, immoralisch, unmoralisch* **3** *Moral lehrend* **4** Moralische Aufrüstung ⟨Abk.: MRA⟩ *Schlagwort für eine 1938 von Frank Buchman begründete Bewegung zur geistigen, polit. u. sozialen Erneuerung;* Sy *Moral Rearmament* **5** Moralische Wochenschriften *Zeitschriften der Aufklärungszeit, die durch Erzählungen, Dialoge, fingierte Briefe u.a. moral. belehren u. den literar. Geschmack verbessern wollten* **6** einen Moralischen haben ⟨umg.⟩ *niedergeschlagen, reuig sein, bes. nach einem Rausch*

mo|ra|li|sie|ren ⟨V.⟩ *Moral predigen* [<frz. *moraliser*]

Mo|ra|lis|mus ⟨m.; -; unz.⟩ Ggs *Amoralismus, Immoralismus;* → a. *Antimoralismus* **1** *Anerkennung eines bindenden Sittengesetzes* **2** *Überbetonung sittl. Maßstäbe* [<lat. *moralis* »die Sitten betreffend, sittlich«]

Mo|ra|list ⟨m.; -en, -en⟩ **1** *Anhänger, Vertreter des Moralismus;* Ggs *Immoralist* **2** *moralphilosoph. Sittenlehrer* **3** *Literat, der in Essays od. Aphorismen menschl. Handlungsweisen im Hinblick auf ihren moral. Wert beleuchtet od. darstellt;* die französ. ~en *Schriftsteller des 16./18. Jh.,* z.B. Montaigne, Montesquieu **4** ⟨abwertend⟩ *Sittenrichter, Moralprediger*
mo|ra|lis|tisch ⟨Adj.⟩ *auf Moralismus beruhend, in der Art des Moralismus*
Mo|ra|li|tät ⟨f.; -, -en⟩ **1** ⟨unz.⟩ *Sittlichkeit, sittl. Gesinnung, moral. Bewusstsein;* Ggs *Amoralität, Immoralität* **2** ⟨zählb.⟩ *lehrhaftes Schauspiel des ausgehenden MA, bei dem Laster u. Tugenden personifiziert auftraten* [→ *Moral*]
Mo|ral|phi|lo|so|phie ⟨f.; -; unz.⟩ *philos. Disziplin, die nach den theoretischen Grundlagen der Sittlichkeit u. den Möglichkeiten ihrer praktischen Umsetzung fragt;* → a. *Ethik*
Mo|ral Re|ar|ma|ment ⟨[mɔrəl riːaːməmənt] n.; - -; unz.; Abk.: MRA⟩ = *Moralische Aufrüstung* [engl.]
Mo|rä|ne ⟨f.; -, -n⟩ *von Gletschern abgelagerter Gesteinsschutt* [< frz. *moraine* »Geröll«]
Mo|ra|to|ri|um ⟨n.; -s, -ri|en⟩ **1** *vertraglich vereinbarter od. gesetzlich angeordneter (Zahlungs-)Aufschub* **2** ⟨Bankw.⟩ *durch das Bundesaufsichtsamt für das Kreditwesen angeordnete Schließung eines Geldinstituts* **3** *Ruhenlassen einer Angelegenheit od. eines Plans;* das ~ der Friedensgespräche ist beendet; ein ~ des Staudammbaus beschließen [< lat. *mora* »Aufschub, Verzug«]
mor|bid ⟨Adj.⟩ **1** *krankhaft, kränklich, angekränkelt* **2** *morsch, brüchig* [< lat. *morbidus* »krank, ungesund«]
Mor|bi|di|tät ⟨f.; -; unz.⟩ **1** *morbide Beschaffenheit* **2** *Häufigkeit der Erkrankungen innerhalb einer Bevölkerung*
mor|bi|phor ⟨Adj.⟩ *krankheitsübertragend, ansteckend* [< lat. *morbus* »Krankheit« + *...phor*]
Mor|bus ⟨m.; -, -bi⟩ *Krankheit* [lat.]
Mor|dent ⟨m.; -(e)s, -e; Mus.⟩ *sehr kurzer Triller, einmaliger Wechsel zwischen dem betreffenden Ton u. dessen unterer kleiner Sekunde* [< ital. *mordente* »Beißender«]
Mo|rel|le ⟨f.; -, -n⟩ *Sauerkirsche* [< ital. *amarello* »herb«]
mo|ren|do ⟨Mus.⟩ *immer leiser werdend, ersterbend, leiser als diminuendo* [ital., »sterbend«; zu *morire* »sterben«]
Mo|res ⟨Pl.⟩ *Anstand, ordentl. Benehmen;* jmdn. ~ lehren *ihm energisch die Meinung sagen* [lat., »Sitten, Denkart«, Pl. zu *mos;* → *Moral*]
Mo|res|ca ⟨f.; -; unz.; 15./17. Jh.⟩ *verschieden gestalteter europäischer Tanz, häufig als pantomimische Maskerade den Kampf zwischen Christen u. Mauren darstellend;* oV *Moriska* [< ital. *moresco,* span. *morisco* »maurisch«]
Mo|res|ke ⟨f.; -, -n⟩ = *Maureske*
mor|ga|na|tisch ⟨Adj.⟩ ~e Ehe *Ehe zur linken Hand, d.h. nicht standesgemäß* [< mlat. *matrimonium ad morganaticam* »Ehe zur linken Hand«, eigtl. »Ehe auf (bloße) Morgengabe«; zu ahd. *morgan(geba)* »Morgengabe«]
mo|ri|bund ⟨Adj.⟩ *im Sterben liegend* [< lat. *moribundus*]
Mo|ri|nell ⟨m.; -s, -e⟩ *Art der Regenpfeifer mit rostroter Unterseite: Eudromias morinellus;* oV *Mornelle* [< lat. *Morini,* dem lat. Namen eines Volksstammes im nördl. Gallien, u. grch. *moros* »dumm«]
Mo|ris|ka ⟨f.; -, -ken⟩ = *Moresca*
Mo|ris|ke ⟨m.; -n, -n⟩ *nach der christl. Rückeroberung in Spanien zurückgebliebener u. getaufter Maure*
Mo|ri|tat ⟨a. [--'-] f.; -, -en⟩ *in rührselig-schauriger Weise zur Drehorgel vorgetragenes, gleichzeitig durch Bilder erläutertes Lied über ein schreckliches Ereignis, Bänkelsängerlied* [vermutl. < *Moralität*]
Mor|mo|ne ⟨m.; -n, -n⟩ *Mitglied einer im 19. Jh. gegründeten nordamerikan. Sekte auf christl. Grundlage* [nach dem »Buch *Mormon*«, das der Gründer Joseph Smith gefunden haben will]
Mor|nel|le ⟨f.; -, -n⟩ = *Morinell*
mo|ros ⟨Adj.⟩ *mürrisch, verdrießlich* [< lat. *morosus*]
...morph ⟨in Zus.⟩ *...förmig, ...gestaltig, eine bestimmte Gestalt aufweisend* [< grch. *morphe* »Gestalt«]
Morph ⟨n.; -(e)s, -e; Sprachw.⟩ *kleinste bedeutungstragende Einheit einer Sprache, die im Unterschied zum Morphem noch nicht klassifiziert ist;* → a. *Morphem*
Mor|phem ⟨n.; -s, -e⟩ *kleinste bedeutungshaltige Einheit einer Sprache, wobei die Bedeutung auch eine grammat. Funktion sein kann* [< grch. *morphe* »Gestalt, Form«]
mor|phen ⟨V.; EDV⟩ *ein Bild od. eine Gestalt übergangslos verwandeln* [→ *Morphing*]
...mor|phie ⟨in Zus.⟩ *Form, Gestalt, Gestaltigkeit* [→ *...morph*]
Mor|phin ⟨n.; -s; unz.⟩ *aus Opium rein gewonnenes Alkaloid, das die Schmerzempfindung herabsetzt, die Atmung vertieft u. Wohlgefühl verursacht;* Sy ⟨umg.⟩ *Morphium;* → a. *Speedball* [< grch. *Morpheus,* dem Gott des Schlafes u. der Träume]
Mor|phing ⟨n.; -s; unz.; EDV⟩ *computergesteuertes Verfahren, mit Hilfe dessen ein Bild od. eine Gestalt übergangslos in eine andere verwandelt werden kann;* ~-Software [engl.]
Mor|phi|nis|mus ⟨m.; -; unz.⟩ *Morphiumsucht*
Mor|phi|nist ⟨m.; -en, -en⟩ *jmd., der dem Morphinismus verfallen ist*
Mor|phi|um ⟨n.; -s; unz.; umg.⟩ = *Morphin*
Mor|pho|fo|no|lo|gie ⟨f.; -; unz.⟩ = *Morphophonologie*
Mor|pho|ge|ne|se ⟨f.; -, -n⟩, **Mor|pho|ge|ne|sis** ⟨f.; -, -ne|sen⟩ *Entwicklung der äußeren Form der Lebewesen;* Sy *Morphogenie, Morphose* [< grch. *morphe* »Gestalt« + *genesis* »Entstehung«]

mor|pho|ge|ne|tisch ⟨Adj.⟩ *auf Morphogenese beruhend*

Mor|pho|ge|nie ⟨f.; -, -n⟩ = *Morphogenese* [< *Morpho...* + *...genie*]

Mor|pho|lo|gie ⟨f.; -; unz.⟩ **1** ⟨Med.; Biol.; Geol.⟩ *Lehre von der Gestalt- u. Formenbildung* **2** ⟨Gramm.⟩ *Lehre von der Bildung der Wortstämme u. von der Beugung der Wörter mittels Morpheme* [< grch. *morphe* »Gestalt« + *logos* »Wort, Kunde«]

mor|pho|lo|gisch ⟨Adj.; Sprachw.⟩ *die Morphologie betreffend, zu ihr gehörig, auf ihr beruhend*

Mor|pho|me|trie, ⟨auch⟩ **Mor|pho|met|rie** ⟨f.; -, -n⟩ **1** ⟨Biol.⟩ *Messung der Größe u. Gestalt von Körpern od. Organen* **2** ⟨Geol.⟩ *Vermessung u. Systematisierung der Formen der Erdoberfläche* [< grch. *morphe* »Gestalt« + *...metrie*]

mor|pho|me|trisch, ⟨auch⟩ **mor|pho|met|risch** ⟨Adj.; Geol.⟩ *durch Messungen erfasst (von Geröllen)*

Mor|pho|pho|no|lo|gie ⟨f.; -; unz.⟩ *Teilgebiet der Sprachwissenschaft, das die Beziehungen zwischen morphologischen u. phonologischen Erscheinungen untersucht;* oV *Morphofonologie* [verkürzt < *Morpho*logie + *Phono*logie]

Mor|pho|se ⟨f.; -, -n⟩ = *Morphogenese*

Mor|se|al|pha|bet ⟨n.; -(e)s; unz.⟩ *aus Punkten u. Strichen (kurzen u. langen Stromimpulsen) bestehendes Alphabet zur telegrafischen Nachrichtenübermittlung* [nach dem nordamerikan. Erfinder Samiel *Morse,* 1791-1872]

Mor|se|ap|pa|rat ⟨m.; -(e)s, -e⟩ *Gerät zur Nachrichtenübermittlung in Morsezeichen*

mor|sen ⟨V.⟩ *ins Morsealphabet übertragene Nachrichten telegrafisch übermitteln*

Mor|ta|del|la ⟨f.; -, -s⟩ **1** *ital. Zervelatwurst* **2** *Fleischwurst aus Kalb- u. Schweinefleisch mit Speckwürfeln* [ital.]

Mor|ta|li|tät ⟨f.; -; unz.⟩ **1** *Sterblichkeit;* Ggs *Immortalität* **2** *Sterblichkeitsziffer;* Ggs *Natalität* [< lat. *mortalitas* »Sterblichkeit«]

Mor|ti|fi|ka|ti|on ⟨f.; -, -en⟩ **1** *Abtötung (von Begierden), Kasteiung* **2** ⟨Rechtsw.⟩ **2.1** *Erklärung der Ungültigkeit* **2.2** *Tilgung* **3** ⟨Med.⟩ *Absterben (von Gewebe)* **4** ⟨†⟩ *Kränkung* [< lat. *mortificatio* »Abtötung«]

mor|ti|fi|zie|ren ⟨V.⟩ **1** Begierden ~ *abtöten* **2** ⟨Rechtsw.⟩ **2.1** *für ungültig erklären* **2.2** *tilgen* **3** ⟨†⟩ *kränken* [< lat. *mortificare* »töten, abtöten, quälen«]

Mo|ru|la ⟨f.; -; unz.⟩ *früheste embryonale Entwicklungsstufe der mehrzelligen Tiere, bei der sich duch totale Furchung eines Eies ein maulbeerähnlicher Verband mehrerer Zellen bildet, Maulbeerkeim;* → a. *Blastula* [lat.]

Mo|sa|ik ⟨n.; -s, -e(n)⟩ *aus verschiedenfarbigen Stiften, Glasstückchen, Steinchen o.Ä. zusammengesetztes Muster od. Bildwerk auf Mauer od. Fußboden* [< frz. *mosaïque* < lat. *musaicum* < *musivum;* zu grch. *mousa* »Muse; Kunst, künstler. Tätigkeit«]

mo|sa|isch ⟨Adj.⟩ **1** *von Moses stammend* **2** *jüdisch, israelitisch;* das ~e Gesetz

Mo|sa|ist, Mo|sa|i|zist ⟨m.; -en, -en⟩ *Künstler, der Mosaiken anfertigt*

Mo|schaw ⟨m.; -s, -scha|wim⟩ *landwirtschaftliche Siedlungsform in Israel, Dorf selbständiger, genossenschaftlich organisierter Bauern* [hebr., »Kolonie«]

Mo|schee ⟨f.; -, -n⟩ *islam. Gotteshaus* [< frz. *mosquée* < span. *mezquita* < arab. *masgid* »Gebetshaus«]

Mo|schus ⟨m.; -; unz.⟩ *sehr stark riechende Flüssigkeit, die von den Duftorganen der Moschustiere abgesondert wird;* Sy ⟨†⟩ *Bisam(2)* [< lat. *muscus* < grch. *moschos* < altind. *muskrak* »Hode«]

Mo|schus|och|se ⟨m.; -n, -n⟩ *in der Arktis lebender Wiederkäuer, Bisamochse, Schafochse: Ovibos moschatus*

Mo|schus|tier ⟨n.; -(e)s, -e⟩ **1** ⟨i.w.S.⟩ *Vertreter einer Unterfamilie der Hirsche ohne Geweih, aber mit langen, hauerartigen Eckzähnen im Oberkiefer, Bisamhirsch: Moschinae* **2** ⟨i.e.S⟩ *in den Bergwäldern Mittel- u. Südostasiens beheimatete Art der Moschustiere(1) von 55 cm Schulterhöhe, mit Moschusdrüse in der Nabelgegend, Bisamtier: Moschus moschiferus*

Mos|ki|to ⟨m.; -s, -s; Sammelbez. für⟩ *Blut saugende Stechmücken tropischer Länder (Culicidae), die z.T. Malaria, Gelbfieber u.a. übertragen* [< span. *mosquito* < *mosca* »Fliege«]

Mos|lem ⟨m.; -s, -s⟩ = *Muslim*

mos|le|mi|nisch, mos|le|misch ⟨Adj.⟩ = *muslimisch*

Mo|tel ⟨n.; -s, -s⟩ *Hotel an Autostraßen mit kleinen Appartements u. dazugehörigen Garagen, bes. in den USA* [verkürzt < engl. *mo*torist's ho*tel* »Hotel für Reisende mit Motorfahrzeug«]

Mo|tet|te ⟨f.; -, -n; Mus.⟩ *mehrstimmiges, heute nur noch geistl. Chorstück, meist a cappella gesungen, mit verschiedenen, durch die Form des Textes bestimmten Abschnitten* [< ital. *mot(t)etto* »Kirchengesang, dem ein Bibelspruch zugrunde liegt«, < frz. *mot* »Wort«]

Mo|ti|li|tät ⟨f.; -; unz.⟩ *Bewegungsvermögen, Beweglichkeit (bes. der Muskeln)* [zu lat. *motus* »Bewegung«]

Mo|ti|on ⟨f.; -, -en⟩ **1** *Bewegung* **2** *Antrag im Parlament (bes. in Großbritannien u. der Schweiz)* **3** ⟨Gramm.⟩ *Bildung der verschiedenen Genusformen (bes. beim Adjektiv)* [< frz. *motion* < lat. *motio* »Bewegung«]

Mo|ti|o|när ⟨m.; -s, -e; schweiz.⟩ *jmd., der eine Motion(2) einreicht*

Mo|tion|pic|ture ⟨[moʊʃənpiktʃə(r)] n.; - od. -s, -s; †⟩ *Kinofilm, Spielfilm* [< engl. *motion picture* »Film«; zu *motion* »Bewegung« + *picture* »Bild«]

Mo|tiv ⟨n.; -s, -e [-və]⟩ **1** *Beweggrund, Antrieb;* das ~ einer Handlungsweise, einer Tat **2** *kennzeichnender inhaltl. Bestandteil einer Dichtung, charakterist., geformter Teil des Stoffes;* Dramen~; Märchen~; das ~ der feindlichen Brüder **3** ⟨Mus.⟩ *kleinste selb-*

ständige charakterist. melod. Einheit eines musikal. Stücks; musikalisches ~ **4** ⟨Kunst⟩ *Gegenstand der Darstellung;* Blumen~; ein beliebtes ~ der Malerei [<frz. *motif* <mlat. *motivum* »Bewegung, Antrieb«]

Mo|ti|va|ti|on ⟨[-va-] f.; -, -en⟩ **1** *Begründung* **2** *Gesamtheit der Motive (1), die nicht unmittelbar aus äußeren Reizen abgeleitet sind*

mo|ti|vie|ren ⟨[-viː-] V.⟩ *begründen, anregen, einen Antrieb geben (etwas zu tun)* [<frz. *motiver;* → *Motiv*]

mo|ti|viert ⟨[-viːrt] Adj.⟩ **1** ~e Handlung *begründete Handlung* **2** ~ sein *Antrieb besitzen, Beweggründe für etwas haben* **3** ⟨Sprachw.⟩ ~e Bildung *durchschaubare Wortbildung, deren Bildungsweise u. Bedeutung aus ihren Einzelteilen noch erkennbar ist*

Mo|ti|vie|rung ⟨[-viː-] f.; -, -en⟩ *das Motivieren, Motiviertwerden*

Mo|ti|vik ⟨[-vik] f.; -; unz.⟩ *Kunst der Behandlung musikalischer Motive*

Mo|to|cross, ⟨auch⟩ **Mo|to-Cross** ⟨n.; -; unz.; Motorradsport⟩ *Prüfung der Schnelligkeit im Gelände* [engl.]

Mo|to|drom ⟨n.; -s, -e; Motorradsport⟩ *Rennstrecke für Motorräder od. Autos, bei der die Zuschauer im Innenraum der außen um die Zuschauerplätze verlaufenden Rennbahn sitzen* [< *Motor* + grch. *dromos* »Lauf«]

Mo|tor ⟨a. [-'-] m.; -s, -to|ren⟩ *Kraftmaschine, die eine Art Energie, Wärme, Elektrizität, Wind u.a. in eine Bewegungsenergie umwandelt;* den ~ an-, abstellen, ein-, ausschalten; der ~ springt nicht an; der ~ läuft; elektrischer ~; jmd. ist der ~ eines Unternehmens *derjenige, der das U. voranbringt* [lat., »Beweger«; zu *movere* »bewegen, antreiben«]

Mo|to|rik ⟨f.; -; unz.⟩ **1** *Lehre von den verschiedenen Arten der Bewegung* **2** *Gesamtheit der willkürl. Bewegungen des Körpers*

mo|to|risch ⟨Adj.⟩ **1** *auf der Motorik beruhend* **2** *bewegend, der Bewegung dienend;* ~e Nerven *N., die eine Erregung vom Nervenzentrum an die Peripherie leiten;* ~er Typ *Typ eines Menschen, bei dem Vorstellungen von Bewegungen u. Tastgefühl überwiegen;* Sy *kinästhetischer Typ, taktiler Typ;* →a. *visueller Typ*

mo|to|ri|sie|ren ⟨V.⟩ *mit Motor versehen, mit Kraftmaschinen od. Kraftfahrzeugen ausrüsten;* sich ~ ⟨scherzh.⟩ *sich ein Kraftfahrzeug anschaffen*

Mot|to ⟨n.; -s, -s⟩ **1** *Leitspruch, Wahlspruch* **2** *einem Buch od. Kapitel vorangesetzter Spruch od. Ausspruch, der Inhalt od. Absicht kennzeichnen soll* [ital., »Denk-, Leitspruch«]

Mo|tu|pro|prio, ⟨auch⟩ **Mo|tu|prop|rio** ⟨n.; -s, -s⟩ *aus eigenem Antrieb vom Papst herausgegebener Erlass* [< lat. *motus* »Antrieb« + *proprius* »eigen«]

Mouches vo|lan|tes ⟨[muʃvolãːt(ə)] Pl.; Med.⟩ *durch Glaskörpertrübung bedingte Sehstörung mit mückenartig erscheinenden Wahrnehmungen* [frz., »fliegende Mücken«]

mou|il|lie|ren ⟨[mujiː-] V.⟩ *am vorderen Gaumen aussprechen, erweichen, z.B. die zwei l in frz. »fille«;* Sy *palatalisieren* [<frz. *mouiller*]

Mou|il|lie|rung ⟨[mujiː-] f.; -, -en⟩ *das Mouillieren, erweichte Aussprache*

Mou|la|ge ⟨[mulaːʒə] f.; -, -n od. m.; -, -s⟩ *Abguss, Abdruck, farbiges Wachsmodell (des Körpers od. eines Körperteils)* [frz.; zu *moule* »Gießform, Modell«]

Mou|li|né ⟨[mulineː] m.; -s, -s⟩ oV *Mulinee* **1** *Zwirn aus verschiedenfarbigen Garnen* **2** *gesprenkeltes Gewebe* [frz.]

mou|li|nie|ren ⟨[mu-] V.⟩ Seidenfäden ~ *zwirnen;* oV *mulinieren* [<frz. *mouliner*]

Mound ⟨[maund] m.; -s, -s⟩ *Erdhügel im vorkolumbian. Amerika, Tempel- od. Grabhügel* [engl.]

Mount ⟨[maunt] m.; -s, -s⟩ *Berg (meist vor Eigennamen);* ~ Everest [engl.]

Moun|tain|bike ⟨[mauntənbaik] n.; -s, -s⟩ *Sportfahrrad mit Profilreifen für Geländefahrten* [engl.; zu *mountain* »Berg, Gebirge« + *bike* »Fahrrad«]

Mouse ⟨[maus] f.; -, Mice [mais]; EDV⟩ *auf Rollen gelagertes Eingabegerät, dessen Bewegungen auf einer Arbeitsplatte direkt in Bewegungen des Cursors auf dem Bildschirm umgesetzt werden, Maus* [engl., »Maus«]

Mouse|pad ⟨[mauspæd] n.; -s, -s; EDV⟩ *aus Schaumstoff od. Hartkunststoff gefertigte Unterlage für die Maus, welche ein leichteres Navigieren des Bildschirmcursors ermöglicht u. die Maus vor Verunreinigungen schützt;* oV *Mauspad* [<engl. *mouse* »Maus« + *pad* »Polster, Schützer«]

Mous|sa|ka ⟨[mus-] n.; -s, -s; grch. Kochkunst⟩ *Gericht aus überbackenen Auberginen, Kartoffeln, Hackfleisch u.a.*

Mousse ⟨[muːs] f.; -, -s; [muːs]⟩ *schaumige Süßspeise;* ~ au chocolat [-oː ʃokola] *Süßspeise aus Schokolade u. Schlagsahne* [frz., »Schaum, Schlagsahne«]

Mous|seux ⟨[musøː-] m.; -, - [-søːz]⟩ *Schaumwein* [frz.; zu *mousser* »schäumen«]

mous|sie|ren ⟨[mus-] V.⟩ *schäumen, prickeln;* Schaumwein, Brauselimonade moussiert [<frz. *mousser*]

Mous|te|ri|en ⟨[musteːriɛ̃ː] n.; - od. -s; unz.⟩ *Kulturstufe der mittleren Altsteinzeit* [nach dem frz. Ort *Le Moustier* im Department Dordogne]

Mo|vens ⟨[-vɛns] n.; -; unz.⟩ *Antrieb, Antriebskraft* [lat., »das Bewegende«]

Mo|vie ⟨[muːvi] m. od. n.; -s, -s⟩ *Kino-, Spielfilm* [amerik.-engl.]

mo|vie|ren ⟨[-viː-] V.; Sprachw.⟩ *ein Wort entsprechend dem jeweiligen Genus verändern,* z.B. der Lehrer - die Lehrerin; →a. *Motion(3)* [<lat. *movere* »bewegen«]

Mo|vie|rung ⟨[-viː-] f.; -, -en; Sprachw.⟩ *das Movieren*

Moz|a|ra|ber ⟨m.; -s, -⟩ *Christ im maur. Spanien, der die arab. Kultur angenommen hatte* [<arab. *mustarib* »arabisiert«]

Moz|za|rẹl|la ⟨m.; -s, -s⟩ *ital. Büffelkäse*
mp ⟨Zeichen für⟩ **1** *Millipond* **2** ⟨Mus.; Abk. für⟩ *mezzopiano*
m.p. ⟨Abk. für⟩ *manu propria*
MP ⟨Abk. für⟩ **1** *Military Police, die engl. bzw. US-amerik. Militärpolizei* **2** *Maschinenpistole*
M.P. ⟨Abk. für⟩ *Member of Parliament, Mitglied des Parlaments (hinter engl. Namen)*
Mr. ⟨Abk. für⟩ *Mister*
MRA ⟨Abk. für⟩ *Moral Rearmament*
MRCA ⟨Abk. für⟩ *Multi Role Combat Aircraft, ein Mehrzweck-Kampfflugzeug, das zu Beginn der 80-er Jahre in den Luftwaffen der NATO eingeführt wurde;* Sy ⟨in der Bundesrepublik⟩ *Tornado*
Mrd. ⟨Abk. für⟩ *Milliarde, Milliarden*
Mrs. ⟨Abk. für⟩ *Mistress, Missis*
m.s. ⟨Abk. für⟩ *mano sinistra*
m/s ⟨Abk. für⟩ *meter pro Sekunde*
Ms. ⟨Abk. für⟩ *Manuskript*
MS-DOS ⟨EDV; Kurzw.: DOS; Abk. für engl.⟩ *Microsoft Disk Operating System, ein weit verbreitetes Betriebssystem für Personalcomputer*
Msgr. ⟨Abk. für⟩ *Monsignore*
Mskr. ⟨Abk. für⟩ *Manuskript*
Mss. ⟨Abk. für⟩ *Manuskripte*
MsTh ⟨Abk. für⟩ *Mesothorium*
MS-WORD ⟨[-wəːd] EDV⟩ *weit verbreitetes Textverarbeitungssystem der Firma Microsoft* [engl., verkürzt < *Microsoft* + *word* »Wort«]
mt ⟨Abk. für⟩ *Metertonne*
Mt ⟨Abk. für⟩ *Megatonne*
MTA ⟨Abk. für⟩ *medizinisch-technische Assistentin*
Mụch|tar ⟨m.; -s, -s⟩ *türk. Gemeindevorsteher* [< arab. *mukhtar,* eigtl. »erwählt«]
Mu|de|jar|stil ⟨[mudɛxar-] m.; -(e)s; unz.⟩ *stark arabisch beeinflusster span. Kunst-, bes. Baustil des 12. bis 16. Jh.* [nach den *Mudejaren,* den in Spanien gebliebenen Mauren]
Mu|di̲r ⟨m.; -s, -e⟩ **1** ⟨türk. Titel für⟩ *Beamter* **2** *Leiter einer ägypt. Provinz* [arab., »Leiter, Verwalter«]
Mu|dscha|hed|di̲n, ⟨auch⟩ **Mud|scha|hed|di̲n** ⟨Pl.; im Iran u. in Afghanistan⟩ *Widerstandskämpfer*
Mu|ẹz|zin ⟨m.; -s, -s⟩ *mohammedan. Beamter, der fünfmal täglich zum Gebet ruft* [< arab. *mu'adhdhin*]
Mụff ⟨m.; -(e)s, -e⟩ *Kleidungsstück aus Pelz zum Wärmen der Hände* [< ndrl. *moffel, muffel* < frz. *moufle* »Pelzhandschuh« < mlat. *muffula*]
Mụf|fe ⟨f.; -, -n⟩ **1** *Verbindungsstück für Rohrenden* **2** *Erweiterung eines Rohrendes zum Einsetzen eines anderen Rohres* **3** *wasserdichtes Verbindungsstück für Kabelenden* [zu *Muff* (nach der äußeren Ähnlichkeit)]
Mụf|fel ⟨n.; -s, -⟩, **Mụff|lon,** ⟨auch⟩ **Mụf|flon** ⟨m.; -s, -s⟩ *kleines Wildschaf auf Korsika u. Sardinien* [< frz. *mouflon* < sard. *muffolo* < lat.]
Muf|fins ⟨[mʌfinz] Pl.; engl. Kochk.⟩ *Gebäck aus Hefeteig* [engl.]
Mụf|ti ⟨m.; -s, -s⟩ *mohammedan. Rechtsgelehrter* [arab., »Rechtsprecher, Gesetzesausleger«, eigtl. »Entscheider«]
mu|kö̲s ⟨Adj.; Med.⟩ *schleimig* [< lat. *mucosus* < *mucus* »Schleim«]
Mu|ko|vis|zi|do̲|se ⟨f.; -, -n⟩ *angeborene Stoffwechselkrankheit, die auf Funktionsstörungen der Sekret produzierenden Drüsen beruht* [< lat. *mucus* »Schleim« + *viscosus* »zähflüssig«]
Mu|lạt|te ⟨m.; -n, -n⟩ *Mischling aus einem schwarzen u. einem europäischen Elternteil* [< span. *mulato* »Mulatte«; zu *mulo* »Maultier« < lat. *mulus;* → *Mulus*]
Mu̲|li **1** ⟨Pl. von⟩ *Mulus* **2** ⟨n.; -s, - od. -s; süddt. u. österr.⟩ = *Mulus(1)*
Mu|li|ne̲e̲ ⟨m.; -s, -s⟩ = *Mouliné*
mu|li|nie̲|ren ⟨V.⟩ = *moulinieren*
Mụll ⟨m.; -(e)s, -e⟩ *dünnes Baumwollgewebe;* Verband~ [engl.]
Mụl|la, Mụl|lah ⟨m.; -s, -s; Titel für⟩ *mohammedan. Gelehrter, Richter;* oV *Molla* [arab., »Herr«]
mul|ti..., Mul|ti... ⟨in Zus.⟩ *viel..., vielfach..., Viel...* [lat., Pl. zu *multus*]
Mụl|ti ⟨m.; -, -s; umg. Kurzw. für⟩ *multinationaler Konzern*
Mul|ti|ac|cess ⟨[mʌltiæksɛs] m.; -; unz.; EDV⟩ *gleichzeitige Benutzung derselben Daten von mehreren Personen innerhalb eines Betriebssystems* [engl., »Mehrfachzugang«]
mul|ti|di|men|si|o|na̲l ⟨Adj.; Psych., Soziol.⟩ *vielschichtig*
mul|ti|dis|zi|pli|nä̲r, ⟨auch⟩ **mul|ti|dis|zip|li|nä̲r** ⟨Adj.⟩ *viele Disziplinen(2) umfassend*
mụl|ti|fak|to|ri|ell ⟨Adj.; Med.; Philos.⟩ *von dem Zusammenwirken mehrerer Ursache-, Wirkungsfaktoren ausgehend, sie betreffend;* Ggs *monokausal*
Mul|ti|fo|ka̲l|glas ⟨n.; -es, -glä|ser⟩ *Brillenglas mit bis zu 40fachem, stufenlosem Schliff für unterschiedl. Entfernungen, Gleitsichtglas*
mụl|ti|funk|ti|o|nal ⟨Adj.⟩ *mehrere Funktionen einschließend, sie ermöglichend*
Mul|ti|funk|ti|o̲ns|dis|play ⟨[-plɛi] n.; -s, -s⟩ *elektronisches Anzeigefeld an Telefonen od. Taschenrechnern, das mehrere Funktionen ausführen kann, z.B. Adressen, Telefonnummern o.Ä. angeben* [→ *Display*]
mụl|ti|kụl|ti ⟨häufig in Zus.; umg. kurz für⟩ *multikulturell*
Mụl|ti|kul|tur ⟨f.; -, -en; selten Pl.⟩ *Kultur, in der viele Nationen zusammenkommen u. ihre jeweiligen Lebensformen u. Sprachen einbringen* [< *Multi...* + *Kultur*]
mul|ti|kul|tu|rẹll ⟨Adj.⟩ *mehrere verschiedene Kulturen einschließend, sie betreffend;* eine ~e Veranstaltung; die ~e Gesellschaft
mul|ti|la|te|ra̲l ⟨Adj.⟩ *viel-, mehrseitig, mehrere Personen od. Staaten betreffend;* ~e Atomstreitmacht ⟨Abk.: MLF⟩ [< *multi...* + lat. *latus* »Seite«]

Mul|ti|la|te|ra|lis|mus ⟨m.; -; unz.⟩ *System des internationalen Handelsverkehrs, bei dem Forderungen u. Guthaben von mehreren Partnern gegeneinander aufgerechnet werden*

Mul|ti|me|dia ⟨a. engl. [mʌltimiːdiə] n.; - od. -s; unz.; meist ohne Art.⟩ *Kombination, Verwendung mehrerer Medien* [< *Multi…* + engl. *media* »Medien«, Pl. zu *medium* »Medium« < lat. *medium* »das Mittlere«]

mul|ti|me|di|al ⟨Adj.⟩ *mehrere verschiedene Medien benutzend, berücksichtigend, für viele Medien bestimmt*

Mul|ti|me|di|a|show ⟨a. [mʌltimiːdiəʃou] f.; -, -s⟩ **1** ⟨EDV⟩ *Vorführung od. Präsentation, bei der verschiedene Anwendungsbereiche eines Computers genutzt werden, z.B. Grafiken, Tabellen, Animationen, Videosequenzen* **2** ⟨allg.⟩ = *Mixedmedia* [< *Multi…* + engl. *media* »(Massen)Medien, Kommunikationsmittel« + *Show*]

Mul|ti|me|dia|sys|tem ⟨n.; -(e)s, -e⟩ *Unterrichtssystem, bei dem mehrere Medien benutzt werden;* → a. *Medienverbund*

Mul|ti|me|ter ⟨n.; -s, -⟩ *elektr. Messgerät, das für Spannungs-, Strom-, Widerstands- u. Kapazitätsmessungen verwendet werden kann*

Mul|ti|mil|li|o|när ⟨m.; -s, -e⟩ *jmd., der Vermögen im Wert von vielen od. mehreren Millionen besitzt*

mul|ti|na|ti|o|nal ⟨Adj.⟩ *mehrere Staaten betreffend, in mehreren Staaten tätig;* ~er Konzern *Konzern mit hohem Anteil an Auslandsgeschäften u. mit Produktionsstätten in verschiedenen Ländern*

mul|ti|nu|kle|ar, ⟨auch⟩ **mul|ti|nuk|le|ar** ⟨Adj.; Biol.⟩ *viele Kerne enthaltend (von Zellen)*

Mul|ti|pack ⟨m. od. n.; -s, -s⟩ *Verkaufs- u. Verpackungsform, bei der eine Anzahl gleicher Waren zusammengepackt verkauft wird*

Mul|ti|pa|ra ⟨f.; -, -pa|ren⟩ *Frau, die mehrfach geboren hat;* Ggs *Primipara;* → a. *Nullipara* [< *Multi…* + lat. *parere* »hervorbringen«]

mul|ti|pel ⟨Adj.⟩ *vielfältig, vielfach;* multiple Sklerose *Krankheit des Zentralnervensystems mit vielen sich allmähl. verhärtenden Entzündungsherden u. fortschreitenden Lähmungen* [< lat. *multiplex* »vielfach, zahlreich«]

Mul|ti|ple|choice, ⟨auch⟩ **Mul|tip|le Choice** ⟨[mʌltipl tʃɔis] n.; (-) -; unz.⟩ *Testverfahren, bei dem die Versuchsperson aus mehreren vorgegebenen Antworten die richtige auswählen soll* [engl., »mehrfache Auswahl«]

mul|ti|plex ⟨Adj.⟩ *vielfältig, vielfach* [lat.]

Mul|ti|plex|ver|fah|ren ⟨n.; -s, -⟩ *Übermittlungsverfahren für Telefonie u. Telegrafie, das die gleichzeitige Übermittlung mehrerer Telegramme od. Telefongespräche auf nur einem Übertragungsweg zulässt*

Mul|ti|pli|er ⟨[mʌltiplaiə(r)] m.; -s, -⟩ *elektr. Schaltung, die einen einfallenden Elektronenstrahl um ein Vielfaches verstärkt, Elektronenvervielfacher* [engl., »Vermehrer, Vervielfacher«; zu *multiply* »vermehren, verstärken, vervielfachen«]

Mul|ti|pli|kand ⟨m.; -en, -en⟩ *die zu multiplizierende Zahl,* z.B. die „3“ in 2 x 3; → a. *Multiplikator* [< lat. *multiplicandus* »ein zu multiplizierender«]

Mul|ti|pli|ka|ti|on ⟨f.; -, -en⟩ *das Malnehmen, Vervielfachen von Zahlen, eine der vier Grundrechenarten* [< lat. *multiplicatio*]

mul|ti|pli|ka|tiv ⟨Adj.⟩ **1** *die Multiplikation betreffend, zu ihr gehörend* **2** ⟨Tech.⟩ ~e Mischung *Mischverfahren der Hochfrequenz-Empfangstechnik zur Erzeugung von Zwischenfrequenzen* [< lat. *multiplicativus* »zur Vervielfältigung dienlich«]

Mul|ti|pli|ka|ti|vum ⟨[-vum] n.; -s, -va [-va]⟩ *Zahlwort zur Angabe der Wiederholung,* z.B. dreimal, vierfach [< lat. *multiplicare* »vervielfachen«]

Mul|ti|pli|ka|tor ⟨m.; -s, -to|ren⟩ *die multiplizierende Zahl,* z.B. die „2“ in 2 x 3; → a. *Multiplikand* [< lat. *multiplicare* »vervielfältigen«]

mul|ti|pli|zie|ren ⟨V.⟩ *malnehmen* [< lat. *multiplicare* »vervielfachen«]

Mul|ti|pli|zi|tät ⟨f.; -, -en⟩ *mehrfaches Vorkommen, Vorhandensein* [< lat. *multiplicitas* »Vielfalt«]

Mul|ti|plum ⟨n.; -s, -pla⟩ *das Vielfache, ein Vielfaches* [< lat. *multiplus* »vielfach«]

Mul|ti|pol ⟨m.; -(e)s, -e; Phys.⟩ *System mit mehr als einem elektrischen od. magnetischen Pol,* z.B. Dipol

Mul|ti|pro|gram|ming ⟨[mʌltiprɔgræmiŋ] n.; -s; unz.; EDV⟩ *parallel stattfindendes, in zeitlicher Hinsicht auf den Ablauf hin koordiniertes, Arbeiten von mehreren Programmen innerhalb eines einzelnen Computers* [< *Multi…* + engl. *program* »Programm«]

mul|ti|sta|bil ⟨Adj.⟩ *mehrere Gleichgewichtslagen besitzend;* ~e Schaltung ⟨El.⟩ *Schaltung, die je nach äußerer Anregung mehrere stabile Zustände einnehmen kann;* Ggs *monostabil*

Mul|ti|task ⟨[mʌlti-] n.; -; unz.; EDV⟩ *gleichzeitige Verarbeitung mehrerer Befehle* [engl., »Mehrfachaufgabe«]

mul|ti|va|lent ⟨[-va-] Adj.⟩ *mehr-, vielwertig;* ~er Test *T., der mehrere Lösungen zulässt*

Mul|ti|va|lenz ⟨[-va-] f.; -, -en⟩ *multivalente Beschaffenheit (von psych. Eigenschaften, Tests u.a.)*

Mul|ti|vi|bra|tor, ⟨auch⟩ **Mul|ti|vib|ra|tor** ⟨[-vi-] m.; -s, -to|ren⟩ *in der Elektronik verwendete elektr. Schaltung zum Erzeugen von Kippschwingungen*

Mul|ti|vi|si|on ⟨a. engl. [mʌltiviʃən] f.; -; unz.⟩ *bei Diavorträgen u.ä. Anlässen verwendete Technik, bei der gleichzeitig mehrere Dias projiziert werden u. entweder mehrere Motive zeigen od. gemeinsam ein größeres Motiv bilden* [< *Multi…* + lat. *visio* »Sehen«]

mul|tum, non mul|ta *viel, (aber) nicht vielerlei, ein Ganzes, aber nicht viele Einzelheiten* [lat.]

Mu|lus ⟨m.; -, -li⟩ **1** *Maulesel* **2** ⟨scherzh.; †⟩ *angehender Student zwischen Reifeprüfung u. Studienbeginn* [lat., »Maultier (Bastard)«]

Mu|mie ⟨[-mjə] f.; -, -n⟩ *durch Austrocknen od.*

Einbalsamieren vor Verwesung geschützte Leiche [<ital. *mummia* <arab. *mumiya;* zu pers. *mum* »Wachs«]

Mu|mi|fi|ka|ti|on ⟨f.; -, -en⟩ *das Mumifizieren* [< *Mumie* + *…fikation*]

mu|mi|fi|zie|ren ⟨V.⟩ **1** *trocken werden, ledern werden, absterben;* Gewebe mumifiziert **2** *durch Einbalsamieren, Austrocknen u.Ä. vor Verwesung schützen, zur Erhaltung behandeln;* eine Leiche ~ [< *Mumie* + *…fizieren*]

Mu|mi|fi|zie|rung ⟨f.; -, -en⟩ *das Mumifizieren, Mumifiziertwerden*

Mum|my ⟨[mʌmi] m.; -s, -s⟩ *Auftraggeber eines Ghostwriters* [engl., »Mumie«]

Mumps ⟨m.; -; unz.; Med.⟩ *meist im Kindesalter auftretende Infektionskrankheit, Entzündung u. Anschwellung der Ohrspeicheldrüsen, Ziegenpeter: Parotitis epidemica* [<engl. *mump* »verdrießlich sein«]

mun|dan ⟨Adj.; †⟩ *weltlich, die Welt betreffend, zu ihr gehörig* [<lat. *mundanus;* zu *mundus* »Welt«]

Mun|di|um ⟨n.; -s, -di|en od. -dia; im alten dt. Recht⟩ *die Pflicht, Frauen u. minderjährige Kinder zu schützen, u. das Recht, über sie zu verfügen* [latinisiert; zu *Mund* »Schutz, Vormundschaft«; wie in Vor*mund*]

Mun|dus vult de|ci|pi ⟨[-vult-]⟩ *die Welt will betrogen sein* [lat.]

Mun|go¹ ⟨m.; -s, -s⟩ *in Indien u. Sri Lanka (Ceylon) heimische Schleichkatze, Manguste: Mungos mungo* [<engl. *mungoose, mungo, mongoose* <Hindi *mugus* <Prakrit *manguso,* vielleicht <drawid.]

Mun|go² ⟨m.; - od. -s, -s⟩ *kurzfaserige Wolle aus Lumpen* [engl.; weitere Herkunft unbekannt]

Mu|ni|ti|on ⟨f.; -; unz.⟩ *Treibstoff u. Geschosse für Feuerwaffen;* scharfe ~; Übungs~ [frz., eigtl. *munition (de guerre)* »Kriegsmaterial« <lat. *munitio* »Befestigung, Schanze«]

mu|ni|zi|pal ⟨Adj.⟩ *städtisch, die Gemeinde-, Stadtverwaltung betreffend* [<lat. *municipalis* »zu einem Munizipium gehörig«]

mu|ni|zi|pa|li|sie|ren ⟨V.⟩ *in Gemeindeeigentum überführen* [→ *munizipal*]

Mu|ni|zi|pa|li|tät ⟨f.; -, -en⟩ *Stadtobrigkeit, Gesamtheit der städt. Beamten (bes. in Frankreich)* [<lat. *municipalis* »zu einem Munizipium gehörig«]

Mu|ni|zi|pi|um ⟨n.; -s, -pi|en⟩ **1** *altröm. Landstadt* **2** ⟨†⟩ *Stadtgemeinde, Stadtverwaltung* [<lat. *municipium* »Landstadt, Provinzstadt«]

Mü|on ⟨n.; -s, -o|nen; †⟩ = *Myon*

Mu|rä|ne ⟨f.; -, -n⟩ **1** *Familie aalartiger Fische ohne Brust- u. Bauchflossen: Muraenidae* **1.1** ⟨i.e.S⟩ *im Mittelmeer u. im südlichen Atlantik beheimateter Fisch mit brauner, gelblich marmorierter Haut: Muraena helena* [<lat. *muraena*]

mu|ri|a|tisch ⟨Adj.⟩ *Kochsalz enthaltend (Heilquelle)* [<lat. *muria* »Salzlake«]

Mu|ring ⟨f.; -, -e⟩ *Vorrichtung zum Auswerfen zweier Anker;* oV *Mooring* [<engl. *moor* »verankern«]

Mus|ca|det ⟨[myskade:] m.; - od. -s, -s⟩ *trockener, würziger frz. Weißwein* [frz., zu *muscade* »Muskat«]

Mus|ca|rin ⟨n.; -s; unz.⟩ *auf die Nervenzentren erregend wirkendes Gift des Fliegenpilzes, ein Alkaloid;* oV *Muskarin* [nach dem wissenschaftlichen Namen für den Fliegenpilz, Amanita *muscaria* <lat. *muscarius;* zu *musca* »Fliege«]

Mu|schik ⟨m.; -s, -s⟩ *russ. Bauer* [russ.]

Musch|ko|te ⟨m.; -, -n; abwertend⟩ *Fußsoldat* [→ *Musketier*]

Mu|se ⟨f.; -, -n⟩ *jede der neun grch. Göttinnen der Künste u. Wissenschaften;* die ~ der Tanzkunst, der Musik usw.; die heitere, ernste ~ ⟨fig.⟩ *heitere, ernste Kunst* [<grch. *mousa* »Muse; Kunst, künstler. Tätigkeit«]

mu|se|al ⟨Adj.⟩ *Museums…, zum Museum gehörig*

Mu|sel|man ⟨m.; -en, -en; †⟩ = *Muslim* [<türk. *musulman* <pers. *musliman,* Pl. von *Muslim*]

Mu|sel|mann ⟨m.; -(e)s, -män|ner; volkstüml. für⟩ *Muselman*

Mu|sette ⟨[mysɛt] f.; -, -s; 17. Jh.⟩ **1** *verfeinerte französ. Form des Dudelsacks* **2** *ländl. französ. Tanz mit dudelsackähnl. Begleitung* [frz., Verkleinerungsform zu *cornemuse* »Dudelsack«]

Mu|sette|or|ches|ter ⟨[mysɛtɔrkɛs-] n.; -s, -; Mus.⟩ *in Frankreich entstandenes, kleines Orchester ohne Streicher für Tanz- u. Unterhaltungsmusik*

Mu|se|um ⟨n.; -s, -se|en⟩ **1** *öffentl. Sammlung von Gegenständen der Kunst od. Wissenschaft* **2** *Gebäude hierfür* [lat., »Ort für gelehrte Betätigung, Akademie; Bibliothek« <grch. *mouseion* »Musensitz, Musentempel«]

Mu|si|ca ⟨f.; -; unz.; lat. Form von⟩ *Musik* [lat. *musica* »Musik«]; **~ antiqua** *alte Musik* [lat. *antiqua,* Fem. zu *antiquus* »alt«]; **~ sacra** *Kirchenmusik* [lat. *sacra* Fem. zu *sacer* »heilig«]; **~ viva** *moderne Musik* [lat. *viva,* Fem. zu *vivus* »lebendig«]

Mu|si|cal ⟨[mju:zikəl] n.; -s, -s⟩ *bes. in Amerika verbreitete Form des Musiktheaters, das Merkmale der Operette, der Revue u. des Varietees verbindet* [engl., verkürzt <*musical comedy* »musikal. Lustspiel«]

Mu|sic|box ⟨[mju:zik-] f.; -, -en od. engl. -es [-bɔksiz]⟩ = *Musikbox* [engl.]

mu|siert ⟨Adj.⟩ = *musiv*

Mu|sik ⟨f.; -, -en⟩ **1** ⟨unz.⟩ *die Kunst, Töne in ästhet. befriedigender Form nacheinander (Melodie) u. nebeneinander (Harmonie) zu ordnen, rhythmisch zu gliedern u. zu einem geschlossenen Werk zusammenzufügen, Tonkunst;* ~ studieren **2** ⟨zählb.⟩ *Werk(e) der Tonkunst;* Opern~, Unterhaltungs~; ~ hören, machen; die ~ zu einem Film, Text, Theaterstück schreiben; leichte, schwere ~; einen Text in ~ setzen **3** ⟨unz.⟩ *Orchester, bes. Militärkapelle* **4** ⟨unz.⟩ *Gesamtheit der Tondich-*

tungen eines Landes, Volkes od. einer Zeit; Barock~; alte, moderne ~; deutsche, italienische, klassische ~ [< lat. *(ars) musica* »Tonkunst; Tonwerk; musikal. Darbietung« < grch. *mousike (techne)* »Musenkunst«]

Mu|sik|a|ka|de|mie ⟨f.; -, -n⟩ *Musikhochschule*

Mu|si|ka|li|en ⟨Pl.⟩ *Notenbücher u. -hefte*

mu|si|ka|lisch ⟨Adj.⟩ **1** *die Musik betreffend, zu ihr gehörig, auf ihr beruhend* **2** *begabt für das Aufnehmen u. Ausüben von Musik* **3** ⟨fig.⟩ *klangvoll, wie Musik klingend*

Mu|si|ka|li|tät ⟨f.; -; unz.⟩ **1** *Begabung für Musik* **2** ⟨fig.⟩ *Klangfülle*

Mu|si|kant ⟨m.; -en, -en⟩ **1** *Spielmann* **2** *Musiker, bes. für Unterhaltungs- u. Tanzmusik* **3** *von der Musik besessener, ganz besonders musikalischer Musiker, »geborener« Musiker*

mu|si|kan|tisch ⟨Adj.⟩ *musizierfreudig*

Mu|sik|au|to|mat ⟨m.; -en, -en⟩ *mechan. Musikinstrument,* z.B. elektr. Klavier, Spieldose

Mu|sik|box ⟨f.; -, -en⟩ *moderner Musikautomat, der nach Einwurf von Münzen Schallplatten spielt (bes. in Gaststätten);* oV *Musicbox* [< engl. *music* »Musik« + *box* »Büchse«]

Mu|sik|dra|ma ⟨n.; -s, -men⟩ **1** ⟨i.w.S.⟩ *Oper* **2** ⟨i.e.S.⟩ *einheitlich durchkomponierte Oper im Sinne Richard Wagners*

Mu|si|ker ⟨m.; -s, -⟩ **1** ⟨i.w.S.⟩ *Mann, der beruflich ein Musikinstrument spielt* **2** ⟨i.e.S⟩ *Mitglied eines Orchesters*

Mu|si|ke|rin ⟨f.; -, -rin|nen⟩, **1** ⟨i.w.S.⟩ *Frau, die beruflich ein Musikinstrument spielt* **2** ⟨i.e.S.⟩ *weibl. Mitglied eines Orchesters*

Mu|sik|kas|set|te ⟨f.; -, -n; Abk.: MC⟩ *mit Musik bespieltes Tonband für den Kassettenrekorder*

Mu|sik|korps ⟨[-ko:r] n.; - [-ko:r] od. [-ko:rs], - [-ko:rs]⟩ *Militärmusikkapelle*

Mu|sik|kri|tik ⟨f.; -, -en⟩ **1** ⟨unz.⟩ *krit. Betrachtung u. Bewertung von Musikwerken u. ihrer Darbietung* **2** ⟨zählb.⟩ *Besprechung einer öffentl. Musikaufführung in der Presse*

Mu|si|ko|lo|gie ⟨f.; -; unz.; selten⟩ *Musikwissenschaft* [< *Musik* + *...logie*]

mu|si|ko|lo|gisch ⟨Adj.; selten⟩ *zur Musikologie gehörend, sie betreffend*

Mu|sik|päd|a|go|ge, ⟨auch⟩ **Mu|sik|pä|da|go|ge** ⟨m.; -n, -n⟩ *Musiklehrer, Wissenschaftler auf dem Gebiet der Musikpädagogik*

Mu|sik|päd|a|go|gik, ⟨auch⟩ **Mu|sik|pä|da|go|gik** ⟨f.; -; unz.⟩ *(Lehre von) Erziehung u. Bildung im Bereich der Musik*

Mu|sik|päd|a|go|gin, ⟨auch⟩ **Mu|sik|pä|da|go|gin** ⟨f.; -, -gin|nen⟩ *Musiklehrerin, Wissenschaftlerin auf dem Gebiet der Musikpädagogik*

Mu|sik|the|o|rie ⟨f.; -; unz.⟩ *Lehre von der Musik, ihren Formen, Gattungen, ihrem Aufbau, Vortrag usw.*

Mu|sik|the|ra|pie ⟨f.; -, -n⟩ *Heilung von Kranken mit Hilfe der Musik*

Mu|si|kus ⟨m.; -, -si|zi od. (umg.) -kus|se; altertümelnd od. scherzh. für⟩ *Musiker* [< lat. *musicus* »Musiker, Tonkünstler«]

Mu|sique con|crète, ⟨auch⟩ **Mu|sique concrète** ⟨[myzik kɔ̃krɛ:t] f.; - -; unz.⟩ *Stilrichtung der elektroakustischen Musik, die auf konkreten Klängen aus der Umwelt basiert* [frz., »konkrete Musik«]

mu|sisch ⟨Adj.⟩ **1** *die Musen betreffend, von ihnen stammend* **2** *empfänglich für Kunst, künstlerisch;* ~ begabt; Ggs *amusisch*

mu|siv ⟨Adj.⟩ *mosaikartig, eingelegt;* Sy *musiert* [< lat. *musivum* »Bildwerk mit bunten Steinen, Mosaik«]

Mu|siv|ar|beit ⟨f.; -, -en⟩ *Mosaik, eingelegte Arbeit*

Mu|siv|gold ⟨n.; -(e)s; unz.⟩ *Zinnsulfid als Goldersatz* [→ *musiv*]

Mu|siv|sil|ber ⟨n.; -s; unz.⟩ *Zinn-Wismut-Amalgam als Silberersatz* [→ *musiv*]

mu|si|zie|ren ⟨V.⟩ *(gemeinsam) Musik machen*

Mus|ka|rin ⟨n.; -s; unz.⟩ = *Muscarin*

Mus|kat ⟨m.; -s; unz.⟩ *aus der Muskatnuss gewonnenes Gewürz* [< mhd. *muscat, muschat(e)* »Muskatnuss« < afrz. *noizmuscate* < mlat. *(nux) muscata;* zu *muscatus* »nach Moschus duftend«; → *Moschus*]

Mus|kat|blü|te ⟨f.; -, -n⟩ *getrocknete Samenmäntel der Muskatnuss*

Mus|ka|te ⟨f.; -, -n⟩ = *Muskatnuss*

Mus|ka|tel|ler ⟨m.; -s, -⟩ **1** *Traubensorte mit muskatartigem Geschmack* **2** *Wein daraus;* Sy *Muskatwein* [< mhd. *muscatel* < mlat. *muscatellum,* ital. *moscatello* < *muscat;* → *Muskat*]

Mus|kat|fink ⟨m.; -en, -en⟩ *Prachtfink aus Vorder- u. Hinterindien mit heller, braun geschuppter Brust: Lonchura punctulata*

Mus|kat|nuss ⟨f.; -, -nüs|se⟩ *als Gewürz gebrauchter getrockneter Same des Muskatnussbaumes;* Sy *Muskate*

Mus|kat|nuss|baum ⟨m.; -(e)s, -bäu|me⟩ *tropisches Holzgewächs mit pfirsichähnlichen Früchten, deren getrocknete Samenmäntel als Muskatblüte u. deren Samen als Muskatnüsse verwendet werden: Myristica fragrans*

Mus|kat|wein ⟨m.; -s, -e⟩ = *Muskateller*

Mus|kel ⟨m.; -s, -n⟩ *der Bewegung dienendes, zusammenziehbares Organ des tierischen u. menschl. Körpers* [< lat. *musculus*]

Mus|ke|te ⟨f.; -, -n; früher⟩ *Gewehr großen Kalibers* [< frz. *mousquet* »Luntenflinte«]

Mus|ke|tier ⟨m.; -s, -e; früher⟩ *mit einer Muskete bewaffneter Fußsoldat* [< frz. *mousquetaire*]

Mus|ko|vit ⟨[-vi:t] m.; -s, -e; Min.⟩ *kalihaltiger Glimmer* [< *Muskovia,* der lat. Bezeichnung der Stadt Moskau]

mus|ku|lär ⟨Adj.⟩ *zu den Muskeln gehörig, von ihnen ausgehend*

Mus|ku|la|tur ⟨f.; -, -en⟩ *Gesamtheit der Muskeln (eines Körpers)* [< nlat. *musculatura;* zu lat. *musculus;* → *Muskel*]

mus|ku|lös ⟨Adj.⟩ *mit starken Muskeln versehen, kräftig* [< frz. *musculeux*]

Mus|lim ⟨m.; -s, -li|me; umg. Pl. -s⟩ *Anhänger des Islams;* oV *Moslem;* Sy *Islamit, Mohammedaner,* ⟨†⟩ *Muselman;* Ggs *Kafir* [arab.]

Mus|li|me ⟨f.; -, -n⟩ *Anhängerin des Islams*
mus|li|misch ⟨Adj.⟩ *zum Islam gehörend, auf ihm beruhend;* oV *moslemisch, mosleminisch;* Sy *mohammedanisch*
Mus|se|lin ⟨m.; -s, -e⟩ *feines, leichtes Gewebe in Leinwandbindung, meist für Damenkleider* [<frz. *mousseline* <ital. *mussolina* <*Mussolo,* ital. Bezeichnung der Stadt *Mosul* im Irak]
Mus|tang ⟨m.; -s, -s⟩ *verwildertes Hauspferd der nordamerikan. Prärien* [<span. (mexikan.) *mesteño*]
Mu|ta ⟨f.; -, -tä⟩ *stimmloser Explosivlaut* [lat., Fem. zu *mutus* »stumm«]
mu|ta|bel ⟨Adj.⟩ *veränderlich* [<lat. *mutabilis;* zu *mutare;* → *mutieren*]
Mu|ta|bi|li|tant ⟨m.; -en, -en; bes. österr.⟩ *Jugendlicher im Stimmwechsel*
Mu|ta|bi|li|tät ⟨f.; -; unz.⟩ *mutable Beschaffenheit, Veränderlichkeit* [<lat. *mutabilitas*]
mu|ta|gen ⟨Adj.⟩ *Mutationen auslösend* [<*Mutation + …gen*]
Mu|ta|gen ⟨n.; -s, -e⟩ *chem. od. physikal. Agens, das Mutationen auslöst*
Mu|tant ⟨m.; -en, -en⟩, **Mu|tan|te** ⟨f.; -, -n⟩ *durch Mutation entstandene, vom ursprünglichen Typ abweichende Tier- bzw. Pflanzenform* [<lat. *mutare* »ändern«]
Mu|ta|ti|on ⟨f.; -, -en⟩ **1** ⟨Biol.⟩ *sprunghafte, plötzliche, ungerichtete, zufällige erbliche Abänderung der Eigenschaften eines Lebewesens;* Ggs *Modifikation(2)* **2** ⟨Med.⟩ *Stimmwechsel* [<lat. *mutatio* »Veränderung, Wechsel, Umtausch«]
mu|ta|tis mu|tan|dis ⟨Abk.: m.m.⟩ *mit den notwendigen Abänderungen (bei Vergleichen)* [lat.]
mu|ta|tiv ⟨Adj.; Biol.; Med.⟩ *sich plötzlich ändernd, durch Mutation hervorgerufen;* eine ~ veränderte Zelle [→ *Mutation*]
mu|tie|ren ⟨V.⟩ **1** ⟨Biol.⟩ *sich plötzlich erblich verändern* **2** ⟨Med.⟩ *im Stimmbruch sein, Stimmwechsel haben* [<lat. *mutare* »abändern, verwandeln, vertauschen«]
Mu|ti|la|ti|on ⟨f.; -, -en⟩ *Verstümmelung* [→ *mutilieren*]
mu|ti|lie|ren ⟨V.⟩ *verstümmeln* [<lat. *mutilare*]
Mu|tis|mus ⟨m.; -; unz.⟩ *seelisch bedingte Stummheit, obwohl organisch keine Behinderung vorliegt (bei Depressionen, Schizophrenie u. psychisch gestörten Kindern)* [<lat. *mutus* »stumm«]
Mu|tist ⟨m.; -en, -en⟩ *jmdn., der an Mutismus leidet*
Mu|ton ⟨n.; -s, -s; Biol.; Med.⟩ *kleinster Strukturbereich innerhalb eines Gens, der mutieren kann* [→ *mutieren*]
mu|tu|al ⟨Adj.⟩ *wechselseitig, gegenseitig;* oV *mutuell* [<lat. *mutuus* »wechselseitig«]
Mu|tu|a|lis|mus ⟨m.; -; unz.⟩ **1** *einräumende Gegenseitigkeit, gegenseitige Anerkennung, Duldung* **2** ⟨Biol.⟩ *Wechselbeziehung zwischen zwei Lebewesen verschiedener Art, die für beide Seiten förderlich, aber nicht lebensnotwendig ist* [<lat. *mutuus* »wechselseitig«]
Mu|tu|a|li|tät ⟨f.; -; unz.⟩ *mutuale Beschaffenheit, Gegenseitigkeit, Wechselseitigkeit*
mu|tu|ell ⟨Adj.⟩ = *mutual*
Mu|zin ⟨n.; -s, -e⟩ *schleimiger, stark quellfähiger Eiweißkörper im Schleim der Drüsen, Hauptbestandteil des Speichels* [<lat. *mucus* »Schleim«]
m. v. ⟨Abk. für⟩ *mezza voce*
MW ⟨Zeichen für⟩ *Megawatt*
my…, My… ⟨in Zus.⟩ = *myo…, Myo…*
My 1 ⟨n.; - od. -s, -s; Zeichen: µ, M⟩ *grch. Buchstabe* **2** ⟨n.; -s, -; †⟩ = *Mikro… (vor Maßeinheiten)*
My|al|gie ⟨f.; -, -n⟩ *Muskelschmerz* [<*Myo… + …algie*]
My|as|the|nie, ⟨auch⟩ **My|a|sthe|nie** ⟨f.; -, -n⟩ *krankhafte Muskelschwäche* [<*Myo… + Asthenie*]
My|dri|a|se, ⟨auch⟩ **Myd|ri|a|se** ⟨f.; -, -n⟩ *Pupillenerweiterung* [<grch. *mydriasis*]
My|dri|a|ti|kum, ⟨auch⟩ **Myd|ri|a|ti|kum** ⟨n.; -s, -ka⟩ *Mittel, das eine Pupillenerweiterung bewirkt*
my|el…, My|el… ⟨in Zus.⟩ = *myelo…, Myelo…*
My|el|as|the|nie, ⟨auch⟩ **My|el|a|sthe|nie** ⟨f.; -, -n⟩ *vom Rückenmark ausgehende Nervenschwäche* [<*Myelo… + Asthenie*]
My|e|lin ⟨n; -s; unz.; Med.⟩ *Gemisch aus fettähnlichen Stoffen, wesentlicher Bestandteil des Nervenmarks, der die Isolierschicht um die Nervenzellen des Rückenmarks bildet* [<grch. *myelos* »Mark«]
My|e|lin|schei|de ⟨f.; -, -n⟩ *Markscheide markhaltiger Nervenfasern* [→ *Myelo…*]
My|e|li|tis ⟨f.; -, -ti|den⟩ *Rückenmarkentzündung* [<grch. *myelos* »Rückenmark«]
my|e|lo…, My|e|lo… ⟨vor Vokalen⟩ myel…, Myel… ⟨in Zus.⟩ *Rückenmark, Mark…* [<grch. *myelos* »Mark«]
my|e|lo|gen ⟨Adj.; Med.⟩ *im Knochenmark entstanden* [<*myelo… + …gen*]
My|e|lo|gra|fie ⟨f.; -, -n⟩ = *Myelographie*
My|e|lo|gra|phie ⟨f.; -, -n⟩ *röntgenologische Darstellung des Wirbelkanals;* oV *Myelografie* [<*Myelo… + …graphie*]
my|e|lo|id ⟨Adj.; Med.⟩ *knochenmarkähnlich, markartig*
My|e|lom ⟨n.; -s, -e⟩ *vom Knochenmark ausgehende Geschwulst* [→ *Myelo…*]
My|i|a|se ⟨f; -, -n; Med.⟩ *Madenkrankheit, Befall durch Fliegenlarven bei Wirbeltier u. Mensch* [<grch. *myia* »Fliege«]
My|i|tis ⟨f.; -, -ti|den⟩ = *Myositis* [<*My… + …itis*]
My|ke|tis|mus ⟨m.; -, -men⟩ = *Myzetismus*
my|ko…, My|ko… ⟨vor Vokalen⟩ myk…, Myk… ⟨in Zus.⟩ *Pilz…, pilzartig* [<grch. *mykes* »Pilz«]
My|ko|bak|te|ri|um ⟨n.; -s, -ri|en⟩ *unbeweglicher Mikroorganismus von stäbchenförmiger Gestalt, der im Jugendstadium echte Verzweigungen bilden kann: Mycobacterium*

My|ko|lo|gie ⟨f.; -; unz.⟩ *Lehre von den Pilzen;* Sy *Myzetologie* [< *Myko...* + *...logie*]

my|ko|lo|gisch ⟨Adj.⟩ *die Mykologie betreffend, zu ihr gehörig*

My|ko|plas|ma ⟨n; -s, -men; Med.⟩ *Gattung zellwandloser Mikroorganismen, die zwischen Bakterien u. Viren stehen*

My|kor|rhi|za ⟨f.; -, -zen⟩ *Symbiose zwischen höheren Pflanzen u. Pilzen* [< *Myko...* + grch. *rhiza* »Wurzel«]

My|ko|se ⟨f.; -, -n⟩ *durch Pilze hervorgerufene Krankheit, Pilzkrankheit* [< grch. *mykes* »Pilz«]

My|ko|to|xin ⟨n.; -s, -e⟩ *von Schimmelpilzen produzierter Giftstoff* [< *Myko...* + *Toxin*]

My|la|dy ⟨[milɛidi] f.; -, -s⟩ *gnädige Frau (engl. Anrede für eine Lady)* [engl., »meine Dame«]

My|lo|nit ⟨m.; -s, -e⟩ *durch Gebirgsdruck zermahlenes u. später wieder fest gewordenes Gestein verschiedener petrograph. Zusammensetzung* [< grch. *myle* »Mühle«]

My|lord ⟨[milɔ:rd] m.; -s, -s⟩ *gnädiger Herr (engl. Anrede für einen Lord)* [engl., »mein Lord«]

Myn|heer ⟨[mənɛ:r] m.; -s, -s⟩ = *Mijnheer*

my|o..., My|o... ⟨vor Vokalen⟩ my..., My... ⟨in Zus.⟩ *muskel..., Muskel...* [< grch. *mys,* Gen. *myos* »Muskel«]

My|o|blast ⟨m; -en, -en; Med.⟩ *Bildungszelle für die Muskelfasern* [< *Myo...* + *...blast*]

My|o|dy|nie ⟨f.; -, -n⟩ *Muskelschmerz* [< *My...* + grch. *odyne* »Schmerz«]

My|o|fi|bril|le, ⟨auch⟩ **My|o|fib|ril|le** ⟨f.; -, -n⟩ *Muskelfibrille*

my|o|gen ⟨Adj.; Med.⟩ *vom Muskel ausgehend, herrührend* [< *myo..* + *...gen*]

My|o|glo|bin ⟨n.; -s; unz.⟩ *roter Muskelfarbstoff*

My|o|kard ⟨n.; -s; unz.⟩ *Herzmuskel* [< *Myo...* + grch. *kardia* »Herz«]

My|o|kard|in|farkt ⟨m.; -(e)s, -e⟩ *Herzinfarkt*

My|o|kar|di|tis ⟨f.; -, -ti|den⟩ *Herzmuskelentzündung* [→ *Myokard*]

My|o|klo|nie ⟨f.; -, -n⟩ *Schüttelkrampf* [< *Myo...* + *Klonus*]

My|o|ky|mie ⟨f; -, -n; Med.⟩ *kurze, schmerzlose u. oberflächliche Muskelverkrampfung, Muskelwogen* [< *Myo...* + grch. *kyma* »Woge, Welle«]

My|o|lo|gie ⟨f.; -; unz.⟩ *Lehre von den Muskeln* [< *Myo...* + *...logie*]

My|om ⟨n.; -s, -e⟩ *Muskelgeschwulst* [< grch. *mys,* Gen. *myos* »Muskel«]

My|on ⟨n.; -s, -o|nen⟩ *ein Elementarteilchen aus der Gruppe der Leptonen;* Sy ⟨†⟩ *Müon*

My|o|ni|um|a|tom ⟨n.; -(e)s, -e⟩ *künstlich herstellbares Atom, dessen Kern aus einem Myon u. einem Elektron in der Außenschale besteht*

my|op ⟨Adj.⟩ *kurzsichtig;* Ggs *hypermetropisch*

My|o|pa|ra|ly|se ⟨f.; -, -n⟩ *Muskellähmung* [< *Myo...* + *Paralyse*]

My|o|pie ⟨f.; -, -n⟩ *Kurzsichtigkeit;* Ggs *Hypermetropie* [< grch. *myein* »(die Augen) schließen, blinzeln« + *ops,* Gen. *opos* »Gesicht, Auge«]

my|o|pisch ⟨Adj.⟩ = *myop*

My|or|rhe|xis ⟨f.; -; unz.⟩ *Muskelriss* [< *Myo...* + grch. *rhexis* »Zerreißen, Zerbrechen«]

My|o|sin ⟨n.; -s; unz.⟩ *Protein der quer gestreiften Muskulatur* [< grch. *mys,* Gen. *myos* »Muskel«]

My|o|si|tis ⟨f.; -, -ti|den⟩ *Muskelentzündung;* Sy *Myitis* [< grch. *mys,* Gen. *myos* »Muskel«]

My|o|skle|ro|se ⟨f.; -, -n⟩ *Muskelverhärtung* [< *Myo...* + *Sklerose*]

My|o|spas|mus ⟨m.; -, -men⟩ = *Myotonie*

My|o|to|mie ⟨f.; -, -n⟩ *operative Muskeldurchtrennung* [< *Myo...* + *...tomie*]

My|o|to|nie ⟨f.; -, -n⟩ *tonischer Muskelkrampf, Muskelspannung;* Sy *Myospasmus* [< *Myo...* + *...tonie*]

My|ri|a|de ⟨f.; -, -n⟩ **1** *Menge von zehntausend* **2** ⟨Pl.; fig.⟩ *Unzahl, unzählige Menge* [< grch. *myrias,* Gen. *myriados*]

My|ri|a|gramm ⟨n.; -(e)s, -⟩ *zehntausend Gramm* [< grch. *myrias* »Menge von zehntausend« + *Gramm*]

My|ri|a|me|ter ⟨n.; -s, -⟩ *zehntausend Meter* [< grch. *myrias* »Menge von zehntausend« + *Meter*]

My|ri|a|po|de, My|ri|o|po|de ⟨m.; -n, -n⟩ *Tausendfüßer* [< grch. *myrioi* »zehntausend« + *pous,* Gen. *podos* »Fuß«]

My|rin|gi|tis ⟨f.; -, -ti|den⟩ *Entzündung des Trommelfelles* [< lat. *myrinx* »Trommelfell«]

My|ris|tin|säu|re ⟨f.; -, -n⟩ *in verschiedenen pflanzl. u. tier. Fetten auftretende, höhermolekulare Fettsäure*

Myr|me|ko|lo|gie ⟨f.; -; unz.⟩ *Ameisenkunde* [< grch. *myrmex,* Gen. *myrmekos* »Ameise« + *...logie*]

Myr|re ⟨f.; -, -n⟩ = *Myrrhe*

Myr|rhe ⟨f.; -, -n⟩ *nach Balsam riechende Mischung aus Harz, Gummi u. ätherischen Ölen verschiedener Arten;* oV *Myrre* [< ahd. *myrra* < lat. *myrrha* < grch. *myrrha* »Myrrhenbaum, Myrrhe« < altsemit. *murr* »bitter«; → a. *Myrte*]

Myr|te ⟨f.; -, -n⟩ *einer Gattung der Myrtengewächse angehörender, immergrüner Strauch mit weißen Blüten* [< mhd. *mirtelboum* < ahd. *mirtilboum* < lat. *myrtus* »Myrte« < grch. *myrtos* »Myrtenbeere«; zu altsemit. *murr* »bitter«; → a. *Myrrhe*]

Myr|ten|hei|de ⟨f.; -, -n⟩ = *Kajeputbaum*

Mys|te|ri|en ⟨Pl. von⟩ *Mysterium*

Mys|te|ri|en|spiel ⟨n.; -(e)s, -e; MA⟩ *dramat. Aufführung biblischer Stoffe, bes. des Lebens Jesu*

mys|te|ri|ös ⟨Adj.⟩ *geheimnisvoll, rätselhaft* [< frz. *mystérieux;* → *Misterium*]

Mys|te|ri|um ⟨n.; -s, -ri|en⟩ **1** *Geheimnis* **2** *Geheimlehre* **3** *geheimer Kult* **4** ⟨Pl.; kurz für⟩ *Mysterienspiele* [lat. < grch. *mysterion;* zu *mystes* »der (in die eleusinische Geheimlehre) Eingeweihte«]

Mys|ti|fi|ka|ti|on ⟨f.; -, -en⟩ *das Mystifizieren, Täuschung, Irreführung*

mys|ti|fi|zie|ren ⟨V.⟩ **1** *mit einem mystischen Gepräge versehen, mystisch, geheimnisvoll machen* **2** *täuschen, irreführen* [< *mystisch(2)* + ...*fizieren*]

Mys|tik ⟨f.; -; unz.⟩ *Form religiösen Erlebens, in der nach vorbereitender Askese durch Versenkung od. Ekstase innige Verbindung mit dem Göttlichen gesucht wird* [< lat. *mysticus* »die Mysterien betreffend, geheimnisvoll; geheim« < grch. *mystikos;* zu *myein* »(Augen u. Lippen) schließen«]

Mys|ti|ker ⟨m.; -s, -⟩ *Vertreter, Anhänger der Mystik*

mys|tisch ⟨Adj.⟩ **1** *zur Mystik gehörig, von ihr stammend* **2** *geheimnisvoll, dunkel*

Mys|ti|zis|mus ⟨m.; -, -men⟩ **1** ⟨unz.⟩ *Glaube an Wunder, schwärmerische Religiosität* **2** ⟨zählb.⟩ *religiös-schwärmerische Idee* [→ *Mystik, mystisch*]

My|the ⟨f.; -, -n⟩ **1** = *Mythos(2,3)* **2** ⟨umg.⟩ *Dichtung, Erdichtetes*

my|thisch ⟨Adj.⟩ *zu den Mythen gehörig, von ihnen stammend, durch sie überliefert, sagenhaft* [< grch. *mythikos*]

My|tho|lo|gie ⟨f.; -, -n⟩ **1** *Lehre von den Mythen* **2** *Gesamtheit der Mythen (eines Volkes)* [< grch. *mythos* »Rede, Erzählung« + ...*logie*]

my|tho|lo|gisch ⟨Adj.⟩ *zur Mythologie gehörend, sie betreffend*

my|tho|lo|gi|sie|ren ⟨V.⟩ *zum Mythos machen od. als solchen behandeln;* eine Begebenheit, eine Gestalt ~

My|thos, My|thus ⟨m.; -, -then⟩ **1** *Überlieferung eines Volkes von seinen Vorstellungen über die Entstehung der Welt, seine Götter, Dämonen usw.* **2** *Sage von Göttern, Helden, Dämonen* **3** *zur Legende gewordene Begebenheit od. Person von weltgeschichtl. Bedeutung* [< grch. *mythos* »Wort, Rede, Erzählung, Fabel, Sage«]

Myx|ö|dem ⟨n.; -s, -e⟩ *auf Unterfunktion der Schilddrüse zurückzuführende Verdickung der Haut durch Vermehrung schleimigen Bindegewebes in der Unterhaut* [< grch. *myxa* »Schleim« + *Ödem*]

My|xom ⟨n.; -s, -e⟩ *gutartige Geschwulst aus schleimbildendem Gewebe* [< grch. *myxa* »Schleim«]

my|xo|ma|tös ⟨Adj.; Biol.; Med.⟩ *schleimig, Schleim bildend, schleimähnlich* [zu grch. *myxa* »Schleim«]

My|xo|ma|to|se ⟨f.; -, -n; Vet.⟩ *(seuchenhaft auftretende), tödliche Viruskrankheit bei Kaninchen* [→ *Myxom*]

My|xo|my|zet ⟨m.; -en, -en⟩ *Schleimpilz* [< grch. *myxa* »Schleim« + *Myzet*]

My|zel ⟨n.; -s, -li|en⟩, **My|ze|li|um** ⟨n.; -s, -li|en⟩ *Gesamtheit der Hyphen, die zu einem Geflecht verschmelzen können* [< grch. *mykes* »Pilz«]

My|zet ⟨m.; -en, -en⟩ *Pilz* [< grch. *mykes* »Pilz«]

My|ze|tis|mus ⟨m.; -, -men⟩ *Pilzvergiftung;* oV *Myketismus* [< grch. *mykes* »Pilz«]

My|ze|to|lo|gie ⟨f.; -; unz.⟩ = *Mykologie*

N

n 1 ⟨Zeichen für⟩ *Nano...* **2** ⟨Phys.; Zeichen für⟩ *Neutron* **3** ⟨Chem.; Zeichen für⟩ *normal(4)*

N 1 ⟨chem. Zeichen für⟩ *Stickstoff (Nitrogen, Nitrogenium)* **2** ⟨Phys.; Zeichen für⟩ *Newton, Neper*

n., N. ⟨Abk. für⟩ *Neutrum*

Na ⟨chem. Zeichen für⟩ *Natrium*

Na|bob ⟨m.; -s, -s⟩ **1** ⟨urspr.⟩ *islam. Gouverneur einer Provinz in Indien* **2** ⟨dann⟩ *in Indien reich gewordener Engländer od. Holländer* **3** ⟨fig.⟩ *schwerreicher Mann* [< Hindi *nawwab, nabab* < arab. *nuwwab,* Pl. zu *naib* »Statthalter, Stellvertreter«]

Nach|rich|ten|sa|tel|lit ⟨m.; -en, -en⟩ *für die Übertragung von Fernsprechverbindungen, Rundfunk- u. Fernsehprogrammen auf einer geostationären Bahn im Weltraum umlaufender Satellit;* Sy *Kommunikationssatellit*

Na|dir ⟨a. ['--] m.; -s; unz.; Astron.⟩ *nicht sichtbarer Schnittpunkt einer unter dem Beobachtungspunkt gedachten senkrechten Linie mit der Himmelskugel;* Ggs *Zenit(1)* [arab.]

Nae|vus ⟨[nɛːvus] m.; -, -vi⟩ *Muttermal;* oV *Nävus* [lat.]

NAFTA ⟨f.; -; unz.; Kurzw.; Wirtsch.⟩ *Freihandelsabkommen zwischen den USA, Kanada u. Mexiko, das als erster Schritt zu einem gemeinsamen Wirtschaftsraum ähnlich der EU in Europa dienen soll* [< engl. *N*orth *Am*erican *F*ree *T*rade *A*greement »Nordamerikanisches Freihandelsabkommen«]

Na|gai|ka ⟨f.; -, -s⟩ *Peitsche (der Kosaken) aus geflochtenen Lederriemen* [russ.]

Na|ga|na ⟨f.; -; unz.; Vet.⟩ *eine afrikan. Viehseuche* [Zuluspr.]

na|iv ⟨Adj.⟩ **1** *natürlich, ursprünglich;* ~e Malerei; ~e Völker; ~er Dichter *(nach Schiller) Dichter, der nur der »einfachen Natur u. Empfindung« folgt;* Ggs *sentimentalischer Dichter* **2** *kindlich, unbefangen* **3** *harmlos, treuherzig, einfältig* [< frz. *naïf*]

Na|i|ve ⟨[-iːvə] f.; Theat.⟩ *Rollenfach der jugendl. Liebhaberin*

Na|i|vi|tät ⟨[-ivi-] f.; -; unz.⟩ *Kindlichkeit, Unbefangenheit, Natürlichkeit, Ursprünglichkeit, Harmlosigkeit, Treuherzigkeit, Einfalt* [< frz. *naïveté*]

Na|ja|de ⟨f.; -, -n⟩ **1** ⟨grch. Myth.⟩ *in Quellen u. Flüssen lebende Nymphe* **2** *Familie von im Süßwasser lebenden Muscheln, Flussmuschel: Unionidae* [< grch. *naiades*]

Name|drop|ping ⟨[nɛım-] n.; -s, -s⟩ **1** *Verwendung von Namen bekannter Persönlichkeiten als Produktbezeichnung (um ein Produkt besser verkaufen zu können)* **2** *Erwähnung bekannter Persönlichkeiten, die man angeblich kennt (um andere zu beeindrucken)* [<engl. *name* »Name« + *drop* »fallen lassen«]

Na|mu|ri|an ⟨n.; -s; unz.; Geol.⟩ *Stufe des Karbons vor 325-350 Millionen Jahren, die das untere Oberkarbon einleitete* [nach der belg. Stadt u. Provinz *Namur*]

Nan|du ⟨m.; -s, -s⟩ **1** *südamerikan. Laufvogel: Rheidae* **1.1** ⟨i.e.S.⟩ *Rhea americana* [<port. *nandu,* span. *ñandú* <südamerik. Indianerspr.]

Nang|ka ⟨f.; -, -s⟩ = *Jackfrucht*

Nä|nie ⟨[-njə] f.; -, -n⟩ *altröm. Totenklage* [<lat. *naenia*]

Na|nis|mus ⟨m.; -, -men⟩ *Zwergwuchs;* Sy *Nanosomie* [<lat. *nanus* »Zwerg«]

Nan|king ⟨m.; -s, -s od. -e⟩ *gelbliches Baumwollgewebe für Kleider* [nach der chines. Stadt *Nanking*]

Nan|no|plank|ton ⟨a. ['----] n.; -s; unz.; Biol.⟩ *feinstes Plankton, das nur durch Zentrifugieren des Wassers herausgefiltert werden kann, Zwergplankton* [<lat. *nanus* »Zwerg« + grch. *planktos* »Umherirrender«]

Na|no... ⟨in Zus. mit Maßeinheiten; Zeichen: n⟩ *das* 10^{-9}*fache (= 1 Milliardstel) der betreffenden Grundeinheit,* z.B. 1 Nanometer (nm) = 10^{-9} Meter = 1 Milliardstel Meter [<lat. *nanus* »Zwerg«]

Na|no|fa|rad ⟨n.; - od. -s, -; Zeichen: nF⟩ *ein Milliardstel Farad*

Na|no|me|ter ⟨n.; -s, -; Zeichen: nm⟩ *ein Milliardstel Meter*

Na|no|so|mie ⟨f.; -, -n⟩ = *Nanismus* [<lat. *nanus* »Zwerg« + grch. *soma* »Körper«]

Na|palm ⟨n.; -s; unz.⟩ *schwer zu löschende, klebrige Mischung von Benzin, Benzol, Dieselöl mit Naphthenen* [engl.-amerik.]

Na|palm|bom|be ⟨f.; -, -en⟩ *mit Napalm gefüllte Bombe, die Flächenbrände mit Temperaturen über 2000° C erzeugt*

Naph|tha ⟨f.; -; unz. od. (österr. nur so) n; -s; unz.⟩ **1** ⟨†⟩ *Roherdöl* **2** *russ. Erdöl* [<russ. *nafta* <grch. *naphtha* »Bergöl«]

Naph|tha|lin ⟨n.; -s; unz.⟩ *in Steinkohlenteer vorkommender fester Kohlenwasserstoff,* $C_{10}H_8$ [→ *Naphta*]

Naph|then ⟨n.; -(e)s, -e⟩ = *alicyclische Verbindung* [→ *Naphtha*]

Naph|thol ⟨n.; -(e)s, -e⟩ *vom Benzol abgeleiteter aromat. Alkohol, Ausgangsstoff für die Gewinnung von Duftstoffen* [< *Naphtha* + *...ol*]

Na|po|le|on|dor ⟨m.; -s, -e; bei Zahlenangaben Pl.: -⟩ *frz. Goldmünze zur Zeit Napoleons I. u. III.* [zu frz. *or* »Gold«]

Na|po|le|o|ni|de ⟨m.; -n, -n⟩ *Abkömmling der Familie Napoleons*

na|po|le|o|nisch ⟨Adj.⟩ **1** *Napoleon ähnlich, wie Napoleon;* ~er Unternehmungsgeist **2** *von Napoleon selbst ausgehend, stammend;* ~e Kriege, Schriften

Na|po|li|taine ⟨[-tɛːn] f.; -; unz.⟩ *ein weiches Wollgewebe* [nach der ital. Stadt *Neapel*]

Nap|pa ⟨n.; - od. -s; unz.⟩ *ein Glacéleder (Schaf-, Lamm- od. Ziegenleder) für Handschuhe u.a. Kleidungsstücke* [nach der kaliforn. Stadt *Napa*]

Nap|pa|le|der ⟨n.; -s, -⟩ *ein Glacéleder (Schaf-, Lamm- od. Ziegenleder) für Handschuhe u. andere Kleidungsstücke* [nach der kaliforn. Stadt *Napa*]

Nar|de ⟨f.; -, -n⟩ **1** ⟨i.w.S.⟩ *eine wohlriechende Pflanze* **2** ⟨i.e.S.⟩ Indische ~ *Pflanze, aus deren Wurzel Nardenöl hergestellt wird: Nardostachys jatamansi* [<ahd. *narda* <lat. *nardus* <grch. *nardos*]

Nar|gi|leh ⟨a. [-'--] f.; -, - od. n.; -s, -s⟩ *oriental. Wasserpfeife* [türk.]

Nar|ko|a|na|ly|se ⟨f.; -, -n⟩ *psychiatr. Befragung eines Kranken nach der Krankengeschichte, seel. Erlebnissen usw. während einer seel. Auflockerung nach Verabreichung eines Narkotikums* [<grch. *narkosis* »Betäubung« + *Analyse*]

Nar|ko|lep|sie ⟨f.; -, -n⟩ *anfallsweise, mehrmals täglich auftretende, unwidersteh1. Schlafsucht von einigen Minuten Dauer* [<grch. *narkosis* »Betäubung« + *...lepsie*]

Nar|ko|lo|gie ⟨f.; -; unz.⟩ *Lehre von der Schmerzbetäubung* [<grch. *narkosis* »Betäubung« + *...logie*]

Nar|ko|ma|nie ⟨f.; -; unz.⟩ *Sucht nach Betäubungsmitteln;* Sy *Narkotismus* [<grch. *narkosis* »Betäubung« + *Manie*]

Nar|ko|se ⟨f.; -, -n⟩ *künstlich herbeigeführter, schlafähnlicher Zustand mit Bewusstlosigkeit, also Schmerzunempfindlichkeit, Betäubung* [<grch. *narkosis* »Betäubung, Erstarrung, Lähmung«]

Nar|ko|ti|kum ⟨n.; -s, -ka⟩ *Narkose herbeiführendes Mittel* [zu grch. *narkotikos* »betäubend, erstarren machend«]

Nar|ko|tin ⟨n.; -s; unz.⟩ *Alkaloid des Opiums, chem. Formel* $C_{22}H_{23}O_7N$, *wirkt selbst nicht narkotisch, verstärkt aber die Wirkung des Morphins*

nar|ko|tisch ⟨Adj.⟩ *Narkose herbeiführend, auf ihr beruhend* [<grch. *narkotikos* »erstarren machend«]

nar|ko|ti|sie|ren ⟨V.⟩ *in Narkose versetzen, betäuben, einschläfern*

Nar|ko|tis|mus ⟨m.; -; unz.⟩ = *Narkomanie*

Na|rod|ni|ki ⟨Pl.⟩ *Anhänger einer polit. u. literar. Bewegung in Russland in der zweiten Hälfte des 19. Jh., die über eine Agrarreform die sozialistische Erneuerung Russlands anstrebten* [russ., »Volkstümler«; zu *narod* »Volk«]

nar|ra|tiv ⟨Adj.⟩ *erzählend, in erzählender Form;* ~er Roman; ~e Dichtung, Dichtkunst [<lat. *narrativus* »erzählend«; zu *narrare* »erzählen«]

Nar|ra|tor ⟨m.; -s, -to|ren⟩ *Erzähler* [lat.]

nar|ra|to|risch ⟨Adj.; Philol.⟩ **1** *den Erzähler, das Erzählen, die Erzählung betreffend* **2** *erzählerisch* [zu lat. *narrare* »erzählen«]
Nar|thex ⟨m.; -es, -e; in der Basilika⟩ *Vorhalle im Innern der Kirche* [grch.]
Nar|wal ⟨m.; -s, -e⟩ *Zahnwal mit nur zwei nach vorn gerichteten, hohlen Zähnen im Oberkiefer, von denen beim Männchen der eine zu einem schraubenförmigen Stoßzahn wird, Einhornwal: Monodon monoceros* [< dän., schwed. *narhval,* eigtl. »Leichenwal« (wohl wegen der schwarz u. weiß gefleckten Haut)]

Narziss (*Laut-Buchstaben-Zuordnung*) Die im Deutschen übliche schriftliche Kennzeichnung eines kurzen Vokals durch Verdoppelung des Folgekonsonanten wird auch auf Fremdwörter angewendet. Nach kurzem Vokal wird daher auch bei Fremdwörtern der Buchstabe *»ß«* künftig durch die Schreibung *»ss«* ersetzt (→ a. *Abszess; Kompass*).

Nar|ziss ⟨m.; - od. -es, -e⟩ *jmd., der nur sich selbst liebt u. bewundert* [nach lat. *Narcissus,* dem schönen Jüngling der grch. Sage, der in sein Spiegelbild verliebt war]
Nar|zis|se ⟨f.; -, -n; Bot.⟩ *Gattung der Amaryllisgewächse, Zwiebelgewächse mit schmal-linealischen Blättern, hohlem Blütenschaft u. ansehnlichen weißen od. gelben Blüten: Narcissus* [< lat. *narcissus*; → *Narziss*]
Nar|ziss|mus ⟨m.; -; unz.⟩ *krankhafte Verliebtheit in sich selbst* [→ *Narziss*]
Nar|zisst ⟨m.; -en, -en⟩ *jmd., dessen Verhalten vom Narzissmus geprägt ist*
nar|ziss|tisch ⟨Adj.⟩ *in der Art des Narzissmus, ihn betreffend, auf ihm beruhend*
NASA ⟨f.; -; unz.; Kurzw. für engl.⟩ *National Aeronautics and Space Administration (Nationale Luft- u. Raumfahrtbehörde der USA)*
na|sal ⟨Adj.⟩ **1** ⟨Anat.⟩ *die Nase betreffend, zu ihr gehörig* **2** ⟨Phon.⟩ *durch die Nase, als Nasal gesprochen* [< lat. *nasalis*]
Na|sal ⟨m.; -s, -e⟩ Sy *Nasallaut;* Ggs *Oral* **1** *stimmhafter Konsonant, bei dem die Luft durch die Nase entweicht,* z.B. m, n, ng **2** *Vokal, bei dem ein Teil der Luft durch die Nase entweicht,* z.B. frz. ã, ɔ̃; Sy *Nasalvokal*
na|sa|lie|ren ⟨V.⟩ *durch die Nase, nasal sprechen;* nasalierter Laut = *Nasal*
Na|sa|lie|rung ⟨f.; -, -en⟩ *nasale Aussprache*
Na|sal|laut ⟨m.; -(e)s, -e⟩ = *Nasal*
Na|sal|vo|kal ⟨[-vo-] m.; -(e)s, -e⟩ = *Nasal(2)*
Na|si|go|reng ⟨n.; - od. -s, -s; Kochk.⟩ *scharf gewürztes indonesisches Gericht aus gebratenem Reis, Hühner- u. Schweinefleisch, Krabben, Pilzen u.a.* [indones., eigtl. »gebratener Reis«]
Nas|tie ⟨f.; -; unz.⟩ *durch einen Reiz ausgelöste Bewegung festgewachsener Pflanzen, bei denen die Richtung des Reizes für die Richtung der Bewegung unerheblich ist;* → a. *Tropismus(1), Taxie* [< grch. *nastos* »geknetet«]
nas|zie|rend ⟨Adj.⟩ *im Entstehen, Werden begriffen;* → a. *Status Nascendi* [< lat. *nasci* »geboren werden, entstehen«]
Na|ta|li|tät ⟨f.; -; unz.⟩ *Zahl der jährl. Lebendgeburten auf 1000 Einwohner, Geburtenziffer;* Ggs *Mortalität(2)* [< frz. *natalité;* zu *natal* »Geburts...« < lat. *natalis;* zu *nasci* »geboren werden«]
Na|tes ⟨[-te:s] Pl.; Med.⟩ *Gesäß* [< lat. *natis* »Hinterbacke, Gesäß«]
Na|ti|on ⟨f.; -, -en⟩ *nach Abstammung, Sprache, Sitte, kultureller u. polit. Entwicklung zusammengehörige, innerhalb der gleichen Staatsgrenzen lebende polit. Gemeinschaft;* dieses Ereignis hat die ganze ~ bewegt [< lat. *natio,* Gen. *nationis,* »das Geborenwerden; Geschlecht, Volksstamm, Volk«]
na|ti|o|nal ⟨Adj.⟩ *einer Nation eigentümlich, ihr zugehörig, sie betonend;* Nationales Olympisches Komitee ⟨Abk.: NOK⟩ [frz.]
Na|ti|o|na|le ⟨n.; -s, -; österr.⟩ = *Personalien*
Na|ti|o|nal|e|pos ⟨n.; -, -e|pen⟩ *Heldenepos, das in seiner Grundhaltung der Wesensart des Volkes, in dem es entstanden ist, bes. entspricht u. das deshalb allgemein beliebt ist*
Na|ti|o|nal|far|ben ⟨Pl.⟩ *auf Fahnen, Kokarden usw. als Kennzeichen geführte Farben einer Nation*
Na|ti|o|nal|gar|de ⟨f.; -; unz.⟩ **1** ⟨urspr.⟩ *französ. Bürgerwehr nach 1789* **2** ⟨dann⟩ *in einigen Staaten (vor allem in den USA) übliche Schutztruppe mit teils militärischen, teils polizeilichen Aufgaben*
Na|ti|o|nal|hym|ne ⟨f.; -, -n⟩ *vaterländ., volkstüml., bei feierlichen Anlässen gespieltes od. gesungenes Lied als Ausdruck des Nationalbewusstseins eines Volkes*
na|ti|o|na|li|sie|ren ⟨V.⟩ **1** *einbürgern* **2** *verstaatlichen* [< frz. *nationaliser*]
Na|ti|o|na|li|sie|rung ⟨f.; -, -en⟩ *das Nationalisieren*
Na|ti|o|na|lis|mus ⟨m.; -; unz.⟩ *übersteigertes Nationalgefühl* [< frz. *nationalisme*]
Na|ti|o|na|list ⟨m.; -en, -en⟩ *Vertreter des Nationalismus*
na|ti|o|na|lis|tisch ⟨Adj.⟩ *auf Nationalismus beruhend, von ihm geprägt*
Na|ti|o|na|li|tät ⟨f.; -, -en⟩ **1** ⟨unz.⟩ *Zugehörigkeit zu einer Nation* **2** ⟨zählb.⟩ *nationale Minderheit, Volksgruppe in einem fremden Staat* [< frz. *nationalité*]
Na|ti|o|na|li|tä|ten|staat ⟨m.; -(e)s, -en⟩ *Staat, der mehrere Nationalitäten umfasst*
Na|ti|o|nal|kir|che ⟨f.; -, -n⟩ *auf den Bereich einer Nation beschränkte Kirchenorganisation, möglichst als Volkskirche in der Landessprache*
Na|ti|o|nal|ko|mi|tee ⟨n.; -s, -s⟩ ~ Freies Deutschland ⟨Abk.: NKFD⟩ *von kommunist. Emigranten 1943 gegründete Organisation dt. Kriegsgefangener in der Sowjetunion*
Na|ti|o|nal|kon|vent ⟨[-vɛnt] m.; -(e)s, -e⟩ **1** ⟨unz.; 1792–1795⟩ *die frz. Nationalversammlung* **2** ⟨zählb.; heute⟩ *Versammlung*

von Delegierten einer polit. Partei in den USA, um den Kandidaten für die Wahl des Präsidenten zu nominieren

na|ti|o|nal|li|be|ral ⟨Adj.⟩ *zur Nationalliberalen Partei (1867–1918) gehörig, einer aus der Fortschrittspartei hervorgegangenen Partei des liberalen u. nationalen Bürgertums; ihrem Programm entsprechend, ihre Ziele verfolgend*

Na|ti|o|nal|ö|ko|nom ⟨m.; -en, -en⟩ *Volkswirtschaftler*

Na|ti|o|nal|ö|ko|no|mie ⟨f.; -; unz.⟩ *Volkswirtschaftslehre*

Na|ti|o|nal|rat ⟨m.; -(e)s, -rä|te⟩ **1** ⟨unz.; österr.; schweiz.⟩ *oberste Volksvertretung* **2** ⟨DDR; kurz für⟩ ~ der Nationalen Front der DDR *oberstes Gremium der Dachorganisation der Parteien u. sozialist. Massenorganisationen der DDR* **3** ⟨zählb.⟩ *deren Mitglied*

Na|ti|o|nal|so|zi|a|lis|mus ⟨m.; -; unz.⟩ *expansive nationalist. u. antidemokratische Bewegung nach dem 1. Weltkrieg, die 1933–1945 in Dtschld. die Macht ausübte; →a. Faschismus*

Na|ti|o|nal|so|zi|a|list ⟨m.; -en, -en; Kurzw.: Nazi⟩ *Anhänger des Nationalsozialismus*

na|ti|o|nal|so|zi|a|lis|tisch ⟨Adj.⟩ *auf dem Nationalsozialismus beruhend, zu ihm gehörig, von seiner Doktrin geprägt*

Na|ti|o|nal|staat ⟨m.; -(e)s, -en⟩ *Staat, in dem sich die Gesamtheit seiner Angehörigen als einheitl. Nation fühlt*

Na|ti|o|nal|the|a|ter ⟨n.; -s, -⟩ **1** *die nationale Dramatik pflegendes Theater eines Landes* **2** ⟨allg.⟩ *repräsentatives Theater (einer Stadt)*

na|tiv ⟨Adj.⟩ **1** *natürlich entstanden* **2** ⟨Med.⟩ *angeboren* [< lat. *nativus* »angeboren, durch Geburt entstanden«]

Na|tive ⟨[nɛitiv]⟩ **1** ⟨m.; -s, -s⟩ *Eingeborener (der brit. Kolonien)* **2** ⟨f.; -, -s; meist. Pl.⟩ *Auster, die nicht in Austernbänken gezüchtet wurde* [engl.]

Na|tive Spea|ker ⟨[nɛitiv spi:kə(r)] m.; - -s, - -⟩ *jmd., der die Sprache, in der eben gesprochen wird od. von der die Rede ist, als Muttersprache hat, Muttersprachler* [engl., »eingeborener, einheimischer Sprecher«]

Na|ti|vis|mus ⟨[-vis-] m.; -; unz.⟩ *psycholog. Lehre, dass bestimmte Denk- u. Handlungsweisen eines Menschen od. Volkes angeboren sind* [< lat. *nativus* »angeboren, durch Geburt entstanden«]

Na|ti|vist ⟨[-vist] m.; -en, -en⟩ *Anhänger, Vertreter des Nativismus*

na|ti|vis|tisch ⟨[-vis-] Adj.⟩ **1** *auf Nativismus beruhend, zu ihm gehörig* **2** *angeboren, vererbt* [→ *Nativismus*]

Na|ti|vi|tät ⟨[-vi-] f.; -, -en⟩ **1** ⟨†⟩ *Geburt* **2** ⟨heute; Astrol.⟩ *Stand der Gestirne bei der Geburt* [< lat. *nativitas* »Geburt«]

NATO, Na|to ⟨f.; -; unz.; Kurzw. für engl.⟩ *North Atlantic Treaty Organization: 1949 gegr. westl. Verteidigungsbündnis, dem 1998 folgende Staaten angehörten: Belgien, Dänemark, Deutschland, Frankreich, Griechenland, Großbritannien, Island, Italien, Kanada, Luxemburg, Niederlande, Norwegen, Portugal, Spanien, USA, Türkei; Polen, Ungarn u. die Tschech. Republik sollen 1999 NATO-Mitglieder werden;* Sy *Nordatlantikpakt* [engl.]

■ Die Buchstabenfolge **na|tr...** kann auch **nat|r...** getrennt werden.

■ **Na|tri|um** ⟨n.; -s; unz.; Zeichen: Na⟩ *silberweißes, weiches Alkalimetall, Ordnungszahl 11*

■ **Na|tri|um|bi|car|bo|nat** ⟨n.; -(e)s; unz.⟩ = *Natron*

■ **Na|tri|um|car|bo|nat** ⟨n.; -(e)s; unz.; fachsprachl.⟩ *Natriumsalz der Kohlensäure, bei dem beide Wasserstoffatome der Kohlensäure durch Natrium ersetzt wurden, chem. Formel Na_2CO_3;* oV *Natriumkarbonat;* Sy ⟨umg.⟩ *Soda*

■ **Na|tri|um|chlo|rid** ⟨[-klo-] n.; -(e)s; unz.⟩ *in Wasser gut lösbares Salz mit farblosen, würfelförmigen Kristallen, Kochsalz, chem. Formel NaCl;* Sy *Chlornatrium*

■ **Na|tri|um|dampf|lam|pe** ⟨f.; -, -n⟩ *gelb leuchtende Gasentladungslampe, die kleine Mengen Natrium enthält*

■ **Na|tri|um|kar|bo|nat** ⟨n.; -(e)s; unz.⟩ = *Natriumcarbonat*

■ **Na|tri|um|ni|trat,** ⟨auch⟩ **Nat|ri|um|nit|rat** ⟨n.; -(e)s; unz.⟩ = *Natronsalpeter*

■ **Na|tri|um|salz** ⟨n.; -es, -e; Chem.⟩ *Salz des Natriums*

■ **Na|tri|um|sul|fat** ⟨n.; -(e)s; unz.⟩ *Natriumverbindung der Schwefelsäure zur Herstellung von Glas u. zum Appretieren von Gewebe, chem. Formel $Na_2SO_4 \cdot 10H_2O$*

■ **Na|tro|lith** ⟨m.; -s od. -en, -e od. -en⟩ *rhombische Kristalle bildendes Mineral aus der Gruppe der Zeolithe* [< *Natron* + *...lith*]

■ **Na|tron** ⟨n.; -s; unz.; umg. für⟩ *doppelt kohlensaures Natrium, Bestandteil des Badepulvers, chem. Formel $NaHCO_3$;* Sy *Natriumbicarbonat* [< arab. *natrun* < altägypt. *ntr(j)*]

■ **Na|tron|feld|spat** ⟨m.; -(e)s, -e⟩ *Natrium enthaltender Feldspat*

■ **Na|tron|lau|ge** ⟨f.; -, -n⟩ *wässrige Lösung aus Natrium u. Wasser*

■ **Na|tron|sal|pe|ter** ⟨m.; -s; unz.⟩ *Dünge- u. Oxidationsmittel, chem. Natriumnitrat, $NaNO_3$*

Na|tschal|nik, ⟨auch⟩ **Nat|schal|nik** ⟨m.; -s, -s; ostdt.; scherzh. od. abwertend⟩ *Chef* [russ.]

Nat|té ⟨[-te:] m.; - od. -s, -s⟩ *ein Gewebe aus Wolle, Zellwolle od. Seide, bei dem Kett- u. Schussfäden Gruppen bilden* [frz., eigtl. »geflochten«]

Na|tur ⟨f.; -, -en⟩ **1** ⟨unz.⟩ **1.1** *die uns umgebende, von Menschen nicht geschaffene Welt u. die ihr innewohnende Schöpferkraft* **1.2** *ursprünglicher, unverfälschter Zustand, Selbstgewachsenes* **1.3** *Wald u. Feld, freies Land* **2** ⟨zählb.⟩ **2.1** *Körperbeschaffenheit; Wesensart, Veranlagung, Charakter, Temperament* **2.2** ⟨oberdt.⟩ *Geschlechtsteile;* ⟨österr. a.⟩

Sperma **2.3** *Mensch mit einer bestimmten Wesensart;* die beiden sind einander widersprechende ~en [<ahd. *natura* <lat. *natura* »Kraft, Trieb; Natur, Naturkraft; Welt, Weltordnung; Schöpfung«]
na|tu|ra → *in natura*
na|tu|ral…, Na|tu|ral… ⟨in Zus.⟩ *zur Natur gehörend, auf ihr beruhend, natürlich* [<lat. *naturalis* »natürlich, zur Natur gehörig«]
Na|tu|ra|li|en ⟨nur Pl.⟩ **1** *Naturerzeugnisse, Lebensmittel;* in ~ bezahlen **2** *Gegenstände einer naturkundl. Sammlung,* z.B. Mineralien, Pflanzen, ausgestopfte Tiere [<lat. *(corpora) naturalia,* Neutr. Pl. zu *naturalis* »von Natur; zur Natur gehörig; der Natur entsprechend«]
Na|tu|ra|li|en|ka|bi|nett ⟨n.; -s, -e⟩ *naturkundliche Sammlung*
Na|tu|ra|li|sa|ti|on ⟨f.; -, -en; †⟩ *Einbürgerung;* Ggs *Denaturalisation* [frz.]
na|tu|ra|li|sie|ren ⟨V.; †⟩ *einbürgern;* Ggs *denaturalisieren* [<frz. *naturaliser*]
Na|tu|ra|li|sie|rung ⟨f.; -, -en⟩ *Einbürgerung*
Na|tu|ra|lis|mus ⟨m.; -, -men⟩ **1** ⟨unz.⟩ *Kunstrichtung, die eine möglichst genaue Wiedergabe der Wirklichkeit (auch des Hässlichen) anstrebt;* →a. *Moderne(1);* Werke des ~ **2** *naturalist. Zug eines Kunstwerkes*
Na|tu|ra|list ⟨m.; -en, -en⟩ *Anhänger, Vertreter des Naturalismus* [<frz. *naturaliste*]
na|tu|ra|lis|tisch ⟨Adj.⟩ *auf dem Naturalismus beruhend, in der Art des Naturalismus*
Na|tu|ral|lohn ⟨m.; -(e)s, -löh|ne⟩ *(zum Teil) in Naturalien gezahlter Lohn, Naturalbezüge, Sachbezüge, Sachleistungen*
Na|tu|ral|ob|li|ga|ti|on, ⟨auch⟩ **Na|tu|ral|o|bli|ga|ti|on** ⟨f.; -, -en⟩ *nicht einklagbare Schuld,* z.B. Spielschuld
Na|tu|ral|re|sti|tu|ti|on, ⟨auch⟩ **Na|tu|ral|res|ti|tu|ti|on** ⟨f.; -, -en⟩ *Schadenersatz durch Wiederherstellung des ursprünglichen Zustandes*
na|ture ⟨[-tyːr] Adj.; schweiz.⟩ *unvermischt, ohne Zusatz, rein;* Tee ~ [frz.; eigtl. »Natur«]
na|tu|rell ⟨Adj.⟩ *natürlich, ohne Zusätze, unbearbeitet, ungefärbt* [<frz. *naturel*]
Na|tu|rell ⟨n.; -s, -e⟩ *Naturanlage, Charakter, Temperament, Gemüts-, Wesensart;* er hat ein heiteres ~ [<frz. *naturel*]
Na|tu|ris|mus ⟨m.; -; unz.⟩ = *Nudismus*
Na|tu|rist ⟨m.; -en, -en⟩ *Anhänger des Naturismus*
na|tu|ris|tisch ⟨Adj.⟩ *zum Naturismus gehörend, auf ihm beruhend*
Na|tur|kon|stan|ten, ⟨auch⟩ **Na|tur|kons|tan|ten** ⟨f.; Pl.⟩ *die wichtigsten Zahlengrößen der Physik, auf deren allgemeiner Gültigkeit sich alle zahlenmäßigen Angaben in der Physik gründen, vor allem Größen, die in der heutigen Physik nicht ableitbar sind u. auf die alle anderen Größen zurückgeführt werden (Lichtgeschwindigkeit, plancksches Wirkungsquantum, Elementarladung)*
Na|tur|phi|lo|so|phie ⟨f.; -; unz.⟩ *Gesamtheit der philos. Versuche, Wesen, Gesetze u. Formen der Natur zu deuten*
Na|tur|raum ⟨m.; -(e)s, -räu|me⟩ *Gebiet, das mit biotischen u. abiotischen Faktoren (Klima, Wasser, Boden usw.) ausgestattet ist, die vom Menschen mehr od. weniger intensiv genutzt werden (können)*
Na|tur|raum|po|ten|ti|al ⟨n.; -s, -e⟩ = *Naturraumpotenzial*
Na|tur|raum|po|ten|zi|al ⟨n.; -s, -e⟩ = *Adaptionspotenzial;* oV *Naturraumpotential*
Na|tur|recht ⟨n.; -(e)s; unz.⟩ *im Wesen des Menschen begründetes, von staatl. u. gesellschaftl. Verhältnissen unabhängiges Recht*
Na|tur|ton ⟨m.; -(e)s, -tö|ne⟩ **1** *Farbton, der in der Natur vorkommt (bes. braun)* **2** ⟨Mus.⟩ *durch bloßes Anblasen eines Instruments hervorgebrachter Ton (ohne Klappen o.Ä. zu betätigen)*
Nau|arch ⟨m.; -en, -en; im antiken Griechenland⟩ *Befehlshaber eines Schiffes* [<grch. *nauarchos;* zu *naus* »Schiff« + *archein* »befehlen«]
Nau|pli|us, ⟨auch⟩ **Naup|li|us** ⟨m.; -, -pli|en⟩ *Larve der niedrigen Krebse mit zwei Fühler- u. drei Beinpaaren u. einem unpaaren Auge* [lat. <grch. *nauplios*]
Nau|sea ⟨f.; -; unz.⟩ *Übelkeit, die vor allem durch die Seekrankheit hervorgerufen wird* [<grch. *nausia* »Seekrankheit«]
…naut ⟨in Zus.⟩ *Fahrer, Teilnehmer einer Expedition;* Astro~ [<grch. *nautes* »Schiffer, Seemann«; zu *naus* »Schiff«]
Nau|tik ⟨f.; -; unz.⟩ *Lehre von der Führung eines Schiffes, von der Schifffahrt u. ihren Hilfsmitteln, von den Gewässern u. Wetterverhältnissen, der Standortbestimmung usw., Schifffahrtskunde* [<grch. *nautike (techne)* »Schifffahrtskunde«]
Nau|ti|ker ⟨m.; -s, -⟩ *Kenner der Nautik*
Nau|ti|lus ⟨m.; -, - od. -lus|se⟩ *Gattung der Kopffüßer mit spiraliger, in Kammern unterteilter Schale, Perlboot* [nlat. <grch. *nautilos;* eigtl. »Seemann«; zu *naus* »Schiff«]
nau|tisch ⟨Adj.⟩ *die Nautik betreffend, auf ihr beruhend;* ~e Karte *Karte mit geograph., ozeanograph. u. navigatorischen Hinweisen* [<grch. *nautikos* »die Schiff- od. Seefahrt betreffend«]
Na|vel|oran|ge ⟨[nɛivəlorãʒə] f.; -, -n⟩ *Apfelsinensorte ohne Kerne* [<engl. *navel* »Nabel + Orange«]
Na|vi|cert ⟨[nɛivisəːrt] n.; -s, -s⟩ *engl. Geleitbrief für neutrale Handelsschiffe im Kriege* [engl., verkürzt <*navigation certificate* »Schifffahrtsbescheinigung«]
Na|vi|cu|la ⟨[-viː] f.; -, -lae⟩ **1** ⟨kath. Kirche⟩ *Gefäß zum Aufbewahren von Weihrauch* **2** ⟨Biol.⟩ *Schiffchenalge, größte Gattung der Kieselalgen, im Süß-, Brack- u. Meerwasser vorkommend* [lat. Verkleinerungsform von *navis* »Schiff«]
Na|vi|ga|ti|on ⟨[-vi-] f.; -; unz.⟩ **1** *Lehre von der Führung der Schiffe od. Flugzeuge* **2** *Orts- u. Kursbestimmung von Schiffen u. Flugzeugen* [<lat. *navigatio* »Schifffahrt«]

Na|vi|ga|ti|ons|sys|tem ⟨[-vi-] n.; -s, -e⟩ **1** *System zur Kursbestimmung u. -kontrolle bei Schiffen u. Flugzeugen* **2** *System für satelliten- bzw. computergesteuerte Verkehrsführung, die per Bordcomputer im Fahrzeug empfangen wird*

Na|vi|ga|tor ⟨[-vi-] m.; -s, -to|ren⟩ *jmd., der für die Navigation eines Schiffes od. Flugzeuges zuständig ist* [lat., »Schiffer«]

na|vi|ga|to|risch ⟨[-vi-] Adj.; Mar.; Flugw.⟩ *die Navigation betreffend, zu ihr gehörend* [zu lat. *navigare* »schiffen, zur See fahren«]

na|vi|gie|ren ⟨[-vi-] V.⟩ *den Standort od. Kurs eines Schiffes od. Flugzeuges bestimmen* [< lat. *navigare* »schiffen, zur See fahren«]

Nä|vus ⟨[-vus] m.; -, -vi⟩ = *Naevus*

Nay ⟨[nai] m.; -s, -s; Mus.⟩ *klassische arab. Rohrflöte mit einer Länge zwischen 30 u. 80 cm u. mit bis zu zehn Grifflöchern* [arab.]

Na|za|rä|er ⟨m.; -s, -⟩ **1** der ~ *Jesus Christus* **2** ⟨Pl.⟩ *die ersten Christen, Urchristen*

Na|za|re|ner ⟨m.; -s, -⟩ **1** *Einwohner von Nazareth;* der ~ *Jesus Christus* **2** ⟨Pl.⟩ *christl. Sekte* **3** ⟨urspr. Spottname; später allg.⟩ *Angehöriger des Lukasbundes, einer Malergruppe der Romantik, die eine Erneuerung der christl. Kunst erstrebte* [nach *Nazareth,* arab. *En Nasira,* Stadt in Palästina u. Heimatort Jesu]

na|za|re|nisch ⟨Adj.⟩ *zu den Nazarenern(3) gehörend, sie betreffend, ihrem Stil gemäß*

Na|zi ⟨m.; -s, -s; Kurzw. für⟩ *Nationalsozialist*

Na|zis|mus ⟨m.; -, -men⟩ **1** ⟨unz.; Kurzw. für⟩ *Nationalsozialismus* **2** *eine vom Nationalsozialismus geprägte sprachl. Wendung*

na|zis|tisch ⟨Adj.; kurz für⟩ *nationalsozialistisch*

Nb ⟨chem. Zeichen für⟩ *Niob*

NB ⟨Abk. für⟩ *notabene*

NC ⟨Abk. für⟩ **1** *Numerus clausus* **2** ⟨EDV⟩ *Numerical Control, numerische Kontrolle (von Werkzeugmaschinen);* Sy *numerische Steuerung*

Nd ⟨chem. Zeichen für⟩ *Neodym*

Ne ⟨chem. Zeichen für⟩ *Neon*

ne…, Ne… ⟨in Zus.⟩ = *neo…, Neo…*

Ne|a|po|li|ta|ner ⟨m.; -s, -⟩ **1** *Einwohner der ital. Stadt Neapel* **2** ⟨österr.⟩ *eine Art gefüllter Waffel* **3** ⟨Mus.⟩ = *neapolitanischer Sextakkord*

ne|a|po|li|ta|nisch ⟨Adj.⟩ **1** ⟨allg.⟩ *Neapel betreffend, von dort stammend, dazu gehörig* **2** ⟨Mus.⟩ ~er Sextakkord *Dreiklang der Mollsubdominante, bei dem die kleine Sexte die Quinte ersetzt;* Sy *Neapolitaner(3)*

Ne|ark|tis ⟨f.; -; unz.; Geogr.⟩ *eine der beiden großen, gemäßigt kalten Zonen der Erde, die Nordamerika mit Grönland u. die Hochländer von Mexiko umfasst;* → a. *Paläarktis*

ne|ark|tisch ⟨Adj.⟩ **1** *westlich gemäßigt* **2** ~e Region; ~e Zone *Grönland, Kanada, die USA u. Mexiko umfassender biogeograph. Bereich*

Ne|ar|thro|se, ⟨auch⟩ **Ne|arth|ro|se** ⟨f.; -, -n⟩ *(krankhafte) Gelenkneubildung* [< *Neo…* + *Arthrose*]

neb|bich! ⟨Adv.⟩ *leider!, schade!* [jidd.]

Neb|bich ⟨m.; -s, -s; österr.⟩ *unbedeutender Mensch*

Ne|ben|schluss|ge|ne|ra|tor ⟨m.; -s, -en⟩ *elektrischer Generator, bei dem Erregerwicklung u. Anker parallel geschaltet sind*

Ne|bu|lar|hy|po|the|se ⟨f.; -; unz.⟩ *von I. Kant aufgestellte Theorie über die Entstehung des Sonnensystems aus einem Gasnebel, gilt heute nach einer Erweiterung durch P.S. Laplace als die wahrscheinlichste Theorie zur Entstehung der Galaxis*

ne|bu|los, ne|bu|lös ⟨Adj.⟩ *unklar, verschwommen, nebelhaft*

> **Necessaire / Nessessär** (*Laut-Buchstaben-Zuordnung*) Im Zuge der Integration fremdsprachlicher Wörter in die deutsche Standardsprache kann neben die ursprüngliche, der Herkunftssprache folgende Orthographie eine integrierte Schreibweise mit angepasster Laut-Buchstaben-Zuordnung treten (→ a. *Nougat / Nugat*).

Ne|ces|saire ⟨[nesɛsɛːr] n.; -s, -s⟩ *Behälter für kleine Gebrauchsgegenstände, z.B. für Nähzeug;* oV *Nessessär;* Reise~; Nagel~ [< frz. *nécessaire* »Behälter für notwendige Gebrauchsgegenstände«, eigtl. »notwendig«]

Neck ⟨m.; -en, -en; dt. Myth.⟩ *männl. Wassergeist;* oV *Nöck* [< schwed. *näck* »Nix, Wassergeist«]

Ne|cking ⟨n.; -s; unz.⟩ *Austausch von Liebkosungen unter Jugendlichen;* → a. *Petting* [zu engl. *neck* »schmusen«]

Need ⟨[niːd] n.; -s; unz.; Psych.⟩ *Menge aller subjektiven, an der Umwelt orientierten Bedürfnisse u. Verlangen* [< engl. *need* »Bedürfnis«]

Ne|fas ⟨[-faːs] n.; -; unz.⟩, *im antiken Rom die Gesamtheit des von den Göttern Verbotenen;* Ggs *Fas* [lat. »Gottlosigkeit, Frevel, Unrecht«; zu *ne* »nicht« + *fas* »göttliches Recht«]

Ne|ga|ti|on ⟨f.; -, -en⟩ *Verneinung;* Sy *Negierung;* Ggs ⟨Rechtsw.⟩ *Position(8), Affirmation;* ~ eines Urteils [< lat. *negatio*]

Ne|ga|ti|ons|schal|tung ⟨f.; -, -en⟩ = *Negator(2)*

ne|ga|tiv ⟨a. ['---] Adj.⟩ Ggs *positiv, affirmativ* **1** *verneinend;* ~er Befund ⟨Med.⟩ *B., dass keine Anzeichen einer Krankheit vorliegen* **2** *ablehnend;* ~e Haltung **3** *ergebnislos;* alle Bemühungen blieben ~ **4** ⟨Math.; Zeichen: -⟩ *kleiner als Null* **5** ⟨Fot.⟩ *in den Farben bzw. in der Helligkeit gegenüber dem Original vertauscht* **6** ⟨Phys.⟩ *mehr Elektronen als Protonen aufweisend;* Sy *minus(2)* **7** ⟨El.⟩ ~er Pol *Pol, an dem Elektronen aus einem Körper austreten* [< lat. *negativus* »verneinend«]

Ne|ga|tiv ⟨n.; -s, -e [-və]⟩ *fotograf. aufgenommenes Bild nach dem Entwickeln, bei dem Licht u. Schatten gegenüber dem Original vertauscht sind;* Ggs *Positiv(3)*

Ne|ga|ti|ve ⟨[-və] f.; -, -n⟩ **1** *Verneinung* **2** *Ablehnung;* sich in der ~ halten
Ne|ga|ti|vis|mus ⟨[-vis-] m.; -; unz.⟩ *ablehnende, zurückweisende Grundhaltung, bes. von Jugendlichen*
ne|ga|ti|vis|tisch ⟨[-vis-] Adj.⟩ *den Negativismus betreffend, auf ihm beruhend*
Ne|ga|ti|vi|tät ⟨[-vi-] f.; -; unz.⟩ *verneinendes, ablehnendes Verhalten*
Ne|ga|ti|vum ⟨[-vum] n.; -s, -va [-va]⟩ *etwas Negatives, etwas, was als negativ empfunden wird;* Ggs *Positivum*
Ne|ga|tor ⟨m.; -s, -to|ren⟩ **1** ⟨Logik; Math.⟩ *Wort od. Zeichen, das dem Ausdruck der aussagenlogischen Negation dient* **2** ⟨EDV⟩ *binäre Grundschaltung, bei der das Ausgangssignal den entgegengesetzten Wert des Eingangssignals hat;* Sy *Inverter, Negationsschaltung, NICHT-Glied*
Ne|ger ⟨m.; -s, -; abwertende Bez. für⟩ **1** *Negride(r)* **2** *Nachkomme der nach Amerika verschleppten schwarzen Afrikaner, Schwarze(r),* ⟨abwertend⟩ *Nigger* [<frz. *nègre* <span. *negro,* <lat. *niger* »schwarz«]
ne|gie|ren ⟨V.⟩ Ggs *affirmieren* **1** *verneinen, ablehnen* **2** *bestreiten* [<lat. *negare*]
Ne|gie|rung ⟨f.; -, -en⟩ = *Negation*

■ Die Buchstabenfolge **ne|gli...** kann auch **neg|li...** getrennt werden.

Negligé / Negligee (*Laut-Buchstaben-Zuordnung*) Diakritische Zeichen in Fremdwörtern zur Kennzeichnung einer Betonung o.Ä. können auch durch unmarkierte Buchstaben ersetzt werden. Dies gilt auch für das aus dem Französischen entlehnte »*é*«, das eine Vokallänge kennzeichnet, die im Deutschen durch die Doppelung des entsprechenden Vokals gekennzeichnet wird (→a. *Dekolleté / Dekolletee*).

■ **Ne|gli|gé** ⟨[-ʒe:] n.; -s, -s⟩ = *Negligee*
■ **ne|gli|geant** ⟨[-ʒant] Adj.; †⟩ *nachlässig, unachtsam* [<frz. *négligent* »nachlässig«]
■ **Ne|gli|gee** ⟨[-ʒe:] n.; -s, -s⟩ oV *Negligé* **1** *über dem Nachthemd zu tragender, leichter, bequemer Mantel* **2** *halbfertiger od. nachlässiger Anzug* [<frz. *négligé* »Morgenrock, Hauskleid«, eigtl. »nachlässige, lässig-intime Kleidung«; zu *négliger* »vernachlässigen«]
■ **ne|gli|gen|te** ⟨[-dʒɛntə] Adj.; Mus.⟩ *nachlässig, flüssig (zu spielen)* [zu ital. *negligere* <lat. *neglegere* »vernachlässigen«]
■ **ne|gli|gie|ren** ⟨[-ʒi:ren] Adj.⟩ jmdn. od. etwas ~ *vernachlässigen, nicht beachten* [zu frz. *négliger* <lat. *neglegere* »vernachlässigen«]
ne|go|zi|a|bel ⟨Adj.; Wirtsch.; †⟩ *handelsfähig, umsetzbar (von Waren od. Dokumenten);* ein negoziabler Wechsel [<frz. *négociable* »verkäuflich, marktfähig«]
Ne|go|zi|a|ti|on ⟨f.; -, -en; Wirtsch.⟩ *Verkauf von Wertpapieren durch eine Bank* [<frz. *négociation* »Verhandlung, Unterhandlung« <lat. *negotiatio* »Bankgeschäft, Großhandel«]
ne|go|zi|ie|ren ⟨V.; †⟩ *Handel treiben, Geschäfte abschließen, Wechsel begeben* [zu frz. *négocier* <lat. *negotiari* »Handel treiben«]

■ Die Buchstabenfolge **ne|gr...** kann auch **neg|r...** getrennt werden.

■ **ne|grid** ⟨Adj.⟩ *zu den Negriden gehörig, sie betreffend, ihre Rassenmerkmale zeigend* [< *Neger* + *...id*]
■ **Ne|gri|de(r)** ⟨f. 2 (m. 1)⟩ *Angehörige(r) der in Afrika südlich der Sahara beheimateten Menschenrasse, die durch dunkelbraune bis schwarze Haut u. schwarze, kurze, krause Haare gekennzeichnet ist;* Sy ⟨abwertend⟩ *Neger(1)*
■ **Ne|gri|to** ⟨m.; - od. -s, - od. -s⟩ *Angehöriger eines kleinwüchsigen negriden Volkes auf den Andamanen, den Philippinen u. Malakka* [span., Verkleinerungsform zu *negro;* → *Neger*]
■ **Ne|gri|tude** ⟨[-ty:d] f.; -; unz.⟩ *Rückbesinnung der Schwarzen auf ihre afrik. Kulturtradition* [frz., »Schwarzsein«]
■ **ne|gro|id** ⟨Adj.⟩ *den Negriden ähnlich*
■ **Ne|gro|i|de(r)** ⟨f. 2 (m. 1)⟩ *Mensch mit Rassenmerkmalen, die denen der Negriden ähneln*
■ **Ne|gro|spi|ri|tu|al** ⟨[ni:grospiritjuəl] m. od. n.; -s, -s⟩ *religiöses Lied der in den Südstaaten der USA lebenden amerikanischen Schwarzen* [engl.-amerikan.]
Ne|gus ⟨m.; -, - od. -se; Titel für⟩ *Kaiser von Äthiopien* [amhar., »König« <äthiop. *neguša nagašt* »König d. Könige«]

■ Die Buchstabenfolge **ne|kr...** kann auch **nek|r...** getrennt werden.

■ **ne|kro...,** **Ne|kro...** ⟨in Zus.⟩ *tot..., toten..., Toten..., Leichen...* [<grch. *nekros* »tot, gestorben; Toter, Verstorbener«]
■ **Ne|kro|bi|o|se** ⟨f.; -; unz.; Biol.⟩ *langsames Absterben einzelner Zellen* [< *Nekro...* + *...biose*]
■ **Ne|kro|hor|mon** ⟨n.; -s, -e⟩ *Hormon, das in verletzten Pflanzenteilen die Wundheilung anregt*
■ **Ne|kro|log** ⟨m.; -(e)s, -e⟩ **1** *Nachruf auf einen Verstorbenen* **2** *Verzeichnis der Todestage von Mitgliedern einer kirchlichen Gemeinschaft;* oV *Nekrologium* [< *Nekro...* + *...log*]
■ **Ne|kro|lo|gie** ⟨f.; -; unz.⟩ *Lehre von den Ursachen der Sterblichkeit, Todesstatistik* [< *Nekro...* + *...logie*]
■ **Ne|kro|lo|gi|um** ⟨n.; -s, -gi|en⟩ = *Nekrolog(2)*
■ **Ne|kro|ma|nie** ⟨f.; -; unz.⟩ = *Nekrophilie* [< *Nekro...* + *Manie*]
■ **Ne|kro|mant** ⟨m.; -en, -en; in der Antike⟩ *Toten-, Geisterbeschwörer* [<grch. *nekros* »Toter« + *mantis* »Seher«]

■ **Ne|kro|man|tie** ⟨f.; -; unz.⟩ *Weissagung durch Beschwörung der Geister von Toten;* Sy *Psychomantie* [< *Nekro…* + *…mantie*]
■ **Ne|kro|pha|ge** ⟨m.; -n, -n⟩ *Tier, das sich nur von toten Organismen ernährt* [< grch. *nekros* »tot« + *phagein* »essen«]
■ **Ne|kro|phi|lie** ⟨f.; -; unz.⟩ *Neigung, sexuelle Handlungen an Toten vorzunehmen;* Sy *Nekromanie* [< grch. *nekros* »tot« + *philia* »Liebe«]
■ **Ne|kro|pho|bie** ⟨f.; -; unz.⟩ *krankhafte Angst vor dem Tod od. vor Toten* [< grch. *nekros* »tot« + *Phobie*]
■ **Ne|kro|po|le, Ne|kro|po|lis** ⟨f.; -, -po|len⟩ *ausgedehnte urgeschichtl. od. antike Begräbnisstätte, Totenstadt* [< *Nekro…* + grch. *polis* »Stadt«]
■ **Ne|krop|sie** ⟨f.; -, -n⟩ *Leichenschau mit Leichenöffnung;* Sy *Nekroskopie* [< *Nekro…* + *…opsie*]
■ **Ne|kro|se** ⟨f.; -, -n⟩ *Absterben von Organen, Organteilen od. Geweben, Gewebstod* [< grch. *nekros* »tot, gestorben, Toter«]
■ **Ne|kro|sko|pie,** ⟨auch⟩ **Nek|ros|ko|pie** ⟨f.; -, -n⟩ = *Nekropsie* [< *Nekro…* + *…skopie*]
■ **Ne|kro|sper|mie** ⟨f.; -; unz.⟩ *Zeugungsunfähigkeit infolge von Unbeweglichkeit der Spermien* [< *Nekro…* + *Sperma*]
■ **ne|kro|tisch** ⟨Adj.⟩ *auf Nekrose beruhend, abgestorben*
Nek|tar ⟨m.; -s; unz.⟩ **1** ⟨grch. Myth.⟩ *Unsterblichkeit verleihender Göttertrank* **2** ⟨Bot.⟩ *eine zuckerhaltige Absonderung der Blüten* [< grch. *nektar* »Göttertrank«]
Nek|ta|ri|en ⟨Pl. von⟩ *Nektarium*
Nek|ta|ri|ne ⟨f.; -, -n⟩ *glatthäutiger Pfirsich* [→ *Nektar*]
nek|ta|risch ⟨Adj.⟩ Sy ⟨†⟩ *nektarn* **1** *süß wie Nektar* **2** ⟨fig.⟩ *göttlich*
Nek|ta|ri|um ⟨n.; -s, -ri|en; Bot.⟩ *Honigdrüse*
nek|tarn ⟨Adj.; †⟩ = *nektarisch*
Nek|ti|on ⟨f.; -, -en; Sprachw.⟩ *Verbindung mehrerer gleichartiger Satzteile od. Sätze durch koordinierende Konjunktionen* [zu lat. *nectere* »knüpfen, verknüpfen«]
Nek|tiv ⟨n.; -s, -e [-və]; Sprachw.⟩ *koordinierende Konjunktion,* z.B. „und", „oder"
Nek|ton ⟨n.; -s; unz.; Zool.⟩ *die aus eigener Kraft sich fortbewegende Tierwelt des Wassers;* Ggs *Plankton* [zu grch. *nektos* »schwimmend«]
nek|to|nisch ⟨Adj.⟩ *das Nekton betreffend, dazu gehörig;* Ggs *planktonisch*
Nel|son ⟨m.; - od. -s, - od. -s; Sp.; Ringen⟩ *am Nacken des Gegners angesetzter Griff, Nackenhebel* [engl.]
Ne|mat|hel|min|then ⟨Pl.⟩ *Rundwürmer* [< grch. *nema,* Gen. *nematos* »Faden« + *Helminthe*]
Ne|ma|ti|zid ⟨n.; -(e)s, -e⟩ *Pflanzenschutzmittel zur Bekämpfung Pflanzen schädigender Nematoden*
Ne|ma|to|den ⟨Pl.⟩ *Fadenwürmer* [< grch. *nema,* Gen. *nematos* »Faden«]
Ne|ma|to|zid ⟨n.; -s, -e⟩ *Mittel zur Bekämpfung der Fadenwürmer* [< grch. *nema,* Gen. *nematos* »Faden« + *…zid*[1]]
Ne|me|sis ⟨f.; -; unz.⟩ *strafende od. vergeltende Gerechtigkeit* [nach der grch. Göttin der Rache u. der gerechten Vergeltung]
ne|o…, Ne|o… ⟨vor Vokalen⟩ ne…, Ne… ⟨in Zus.⟩ **1** *neu…, Neu…* **2** *erneuert* **3** *jung* [< grch. *neos* »neu«]
Ne|o|dym ⟨n.; -s; unz.; Zeichen: Nd⟩ *chem. Element aus der Gruppe der Lanthanoiden, Ordnungszahl 60* [< *Neo…* + grch. *didymos* »doppelt«]
Ne|o|fa|schis|mus ⟨m.; -; unz.; nach dem 2. Weltkrieg⟩ *Strömung, die den Faschismus wiederzubeleben versucht*
Ne|o|fa|schist ⟨m.; -en, -en⟩ *Vertreter, Anhänger des Neofaschismus*
Ne|o|fa|schis|tin ⟨f.; -, -tin|nen⟩ *Vertreterin, Anhängerin des Neofaschismus*
ne|o|fa|schis|tisch ⟨Adj.⟩ *in der Art des Neofaschismus, auf ihm beruhend;* ~e Tendenzen
ne|o|gen ⟨Adj.⟩ *zum Neogen gehörig, daraus stammend*
Ne|o|gen ⟨n.; -s; unz.⟩ *jüngere Abteilung des Tertiärs;* Sy *Jungtertiär* [< *Neo…* + *…gen*[2]]
Ne|o|klas|si|zis|mus ⟨m.; -; unz.⟩ *an den Klassizismus anknüpfende Kunstrichtung*
ne|o|klas|si|zis|tisch ⟨Adj.⟩ *zum Neoklassizismus gehörig, seinem Stil gemäß*
Ne|o|ko|lo|ni|a|lis|mus ⟨m.; -; unz.⟩ *Politik der Industrieländer gegenüber den Staaten der Dritten Welt, die indirekt auf die Aufrechterhaltung der wirtschaftlichen u. politischen Abhängigkeit dieser Länder abzielt* [< *Neo…* + *Kolonialismus*]
ne|o|kom ⟨Adj.⟩ *zum Neokom gehörig, daraus stammend*
Ne|o|kom ⟨n.; -s; unz.⟩ *eine Stufe der unteren Kreideformation* [nach lat. *Neocomum* »Neuenburg«]
Ne|o|lin|gu|is|tik ⟨f.; -; unz.; frühes 20. Jh.⟩ *Strömung innerhalb der Linguistik, die die Sprache als individuellen, kreativen Schöpfungsakt auffasste u. die Sprachwissenschaft als Zweig der Ästhetik betrachtete;* Sy *idealistische Sprachwissenschaft* [< *Neo…* + *Linguistik*]
Ne|o|li|thi|ker ⟨m.; -s, -⟩ *Mensch des Neolithikums*
Ne|o|li|thi|kum ⟨n.; -s; unz.⟩ *Jungsteinzeit* [< *Neo…* + *…lithikum*]
ne|o|li|thisch ⟨Adj.⟩ *jungsteinzeitlich*
Ne|o|lo|gie ⟨f.; -, -n⟩ **1** ⟨†⟩ *Neuerung, sprachl. Neubildung* **2** ⟨unz.; Theol.⟩ *aufklärerische, rationalistische Richtung der evang. Theologie des 18. Jh., die die theol. Lehre den Erkenntnissen der damaligen Wissenschaften anzupassen suchte* [< *Neo…* + *logos* »Wort, Rede, Kunde«]
ne|o|lo|gisch ⟨Adj.⟩ **1** *die Neologie betreffend, erneuernd* **2** *aufklärerisch (im Sinne der Neologie des 18. Jh.)*
Ne|o|lo|gis|mus ⟨m.; -, -men⟩ *neu gebildeter*

sprachlicher Ausdruck, Wortneubildung [< *Neo…* + grch. *logos* »Wort«]

Ne|o|mar|xis|mus ⟨m.; -; unz.; Pol.⟩ *(nach dem 2. Weltkrieg entstandene) marxistische Strömung, die den Stalinismus ablehnt, an Frühschriften von Marx anknüpft u. seine Theorie durch psycholog. Aspekte erweitert*

Ne|o|mor|ta|li|tät ⟨f.; -; unz.⟩ *Frühsterblichkeit bei Säuglingen* [< *Neo…* + *Mortalität*]

Ne|on ⟨n.; -s; unz.; Zeichen: Ne⟩ *Edelgas, chem. Element, Ordnungszahl 10* [< grch. *neos* »neu, jung«]

Ne|o|na|to|lo|ge ⟨m.; -n, -n⟩ **1** *Mediziner, der Neugeborene behandelt* **2** *Wissenschaftler auf dem Gebiet der Neonatologie*

Ne|o|na|to|lo|gie ⟨f.; -; unz.; Med.⟩ *Teilgebiet der Medizin, das sich mit der Physiologie u. Pathologie Neugeborener befasst* [< *Neo…* + lat. *natio* »Geburt« + *…logie*]

Ne|o|na|to|lo|gin ⟨f.; -, -gin|nen⟩ *weibl. Neonatologe*

Ne|o|na|zi ⟨m.; -s, -s⟩ *Anhänger, Verfechter des Neonazismus;* Sy *Neonazist*

Ne|o|na|zis|mus ⟨m.; -; unz.⟩ *Strömung (nach 1945), die den Nationalsozialismus wiederzubeleben versucht*

Ne|o|na|zist ⟨m.; -en, -en⟩ = *Neonazi*

Ne|o|na|zis|tin ⟨f.; -, -tin|nen⟩ *Anhängerin, Verfechterin des Neonazismus*

ne|o|na|zis|tisch ⟨Adj.⟩ *zum Neonazismus gehörend, auf ihm beruhend, in seinem Geiste denkend, handelnd*

Ne|on|fisch ⟨m.; -(e)s, -e; Zool.⟩ *ca. 3 cm kleiner Salmler aus dem Amazonasgebiet mit einem von der Stirn bis zur Fettflosse strahlend blaugrün irisierenden Strich; beliebter Aquarienfisch: Paracheirodon innesi, Cheirodon axelrodi*

Ne|on|röh|re ⟨f.; -, -n⟩ *mit Neon gefüllte Leuchtröhre*

Ne|o|pal|li|um ⟨n.; -s, -li|en⟩ *Großhirnrinde* [< grch. *neos* »neu, jung« + lat. *pallium* »Mantel«]

Ne|o|phyt ⟨m.; -en, -en⟩ **1** ⟨in der urchristl. Gemeinde⟩ *durch die Taufe neu Aufgenommener* **2** *Pflanzenart, die in historischer Zeit eingeschleppt wurde u. sich inzwischen eingebürgert hat* [< *Neo…* + *…phyt*]

Ne|o|phy|ti|kum ⟨n.; -s; unz.; Geol.; Biol.⟩ = *Känophytikum*

Ne|o|plas|ma ⟨n.; -s, -men⟩ *Geschwulst*

Ne|o|plas|ti|zis|mus ⟨m.; -; unz.; Mal.⟩ *(vom Kubismus geprägte) Stilrichtung der modernen Malerei, die sich in der Bildgestaltung auf senkrechte u. waagerechte Linien sowie auf die Verwendung der Primärfarben beschränkt, vertreten durch P. Mondrian*

Ne|o|pla|to|nis|mus ⟨m.; -; unz.; antike Philos.⟩ *philos. Richtung des 3.–6. Jh. n. Chr., entstanden durch Verschmelzung platonischen, aristotelischen u. pythagoreischen Gedankenguts mit christlicher u. orientalischer Mystik u. Religion, Vertreter waren u.a. Plotin, Plutarch u. Boethius;* Sy *Neuplatonismus*

Ne|o|po|si|ti|vis|mus ⟨[-vis-] m.; -; unz.⟩ *philos. Strömung im 20. Jh., die auf den Positivismus zurückgeht*

Ne|o|pren, ⟨auch⟩ **Ne|op|ren** ⟨n.; -s; unz.; (Wz)⟩ *ein synthet. Kautschuk mit hoher Beständigkeit gegen chem. Beanspruchungen, schwer entflammbar (für Dichtungen, Keilriemen, Schläuche verwendet)* [< *Neo…* + *Propen*]

Ne|o|re|a|lis|mus ⟨m.; -; unz.⟩ = *Neoverismus*

Ne|o|te|nie ⟨f.; -; unz.⟩ *Eintritt der Geschlechtsreife bei Tieren, die noch Merkmale einer Larve aufweisen* [< *Neo…* + grch. *teinein* »sich ausdehnen«]

Ne|o|tro|pis ⟨f.; -; unz.; Geol.⟩ *einer der Tier- u. Pflanzengroßräume der Erde, der Süd- u. Mittelamerika mit den Antillen umfasst* [< *Neo…* + grch. *tropos* »Wendung, Wechsel«]

ne|o|tro|pisch ⟨Adj.⟩ *zu den Tropen der Neuen Welt gehörig;* ~e Region *das biogeographische Gebiet Mittel- u. Südamerikas*

Ne|ot|tia ⟨f.; -; unz.⟩ *Nestwurz (eine Orchideenart)* [grch. *neottia* »Nest«]

Ne|o|ve|ris|mus ⟨[-ve-] m.; -; unz.; bes. Lit. u. Film⟩ *von Italien ausgehende, den Verismus weiterführende künstler. Stilrichtung;* Sy *Neorealismus*

Ne|o|vi|ta|lis|mus ⟨[-vi-] m.; -; unz.; Philos.⟩ *Erneuerung des Vitalismus*

Ne|o|zo|i|kum ⟨n.; -s; unz.⟩ = *Känozoikum*

Ne|per ⟨n.; -s, -; Zeichen: N⟩ *elektrotechn. Maßeinheit der Dämpfung od. Verstärkung in Vierpolen, z.B. Filtern, Verstärkern* [nach dem engl. Mathematiker John *Napier,* 1550-1617]

Ne|phe|lin ⟨m.; -s, -e⟩ *Mineral aus der Gruppe der Feldspate, chem. ein Natrium-Aluminium-Silicat,* $NaAlSiO_4$ [< grch. *nephele* »Wolke«]

Ne|phe|lo|me|ter ⟨n.; -s, -⟩ *Gerät zur Nephelometrie* [< grch. *nephele* »Wolke« + *…meter*]

Ne|phe|lo|me|trie, ⟨auch⟩ **Ne|phe|lo|met|rie** ⟨f.; -; unz.; Chem.⟩ *Messung der Trübung von Flüssigkeiten od. Gasen (z.B. Rauch) zur Überwachung von industriellen Prozessen od. zur Analyse mit optischen Geräten* [< grch. *nephele* »Wolke« + *…metrie*]

Ne|phel|op|sie, ⟨auch⟩ **Ne|phe|lop|sie** ⟨f.; -; unz.; Med.⟩ *Sehstörung, Nebelsehen infolge Trübung der Hornhaut, der Linse od. des Glaskörpers des Auges* [< grch. *nephele* »Wolke« + *…opsie*]

Ne|pho|skop, ⟨auch⟩ **Ne|phos|kop** ⟨n.; -s, -e; Meteor.⟩ *Gerät zur Bestimmung der Richtung u. Geschwindigkeit des Wolkenzuges* [< grch. *nephos* »Wolke« + *…skop*]

> ■ Die Buchstabenfolge **ne|phr…** kann auch **neph|r…** getrennt werden.

■ **ne|phr…, Ne|phr…** ⟨in Zus.⟩ = *nephro…, Nephro…*

■ **Ne|phral|gie** ⟨f.; -, -n⟩ *Schmerzhaftigkeit der Nieren* [< *Nephr…* + *…algie*]

■ **Ne|phrek|to|mie** ⟨f.; -, -n⟩ *operative Entfernung der Niere* [< *Nephro…* + *Ektomie*]

■ **Ne|phri|di|um** ⟨n.; -s, -di|en⟩ *im Tierreich weit verbreitetes Ausscheidungsorgan, das entweder blind geschlossen od. als Kanälchen ausgebildet ist* [< grch. *nephros* »Niere«]

■ **Ne|phrit** ⟨m.; -s, -e⟩ *Mineral aus der Gruppe der Amphibole, das in der Vorzeit für Werkzeuge verwendet wurde* [< grch. *nephros* »Niere« (nach der Vorstellung, dass das Mineral gegen Nierenerkrankungen wirken sollte)]

■ **Ne|phri|tis** ⟨f.; -, -ti|den⟩ *Entzündung der Nieren* [< *Nephr…* + *…itis*]

■ **ne|phro…**, **Ne|phro…** ⟨vor Vokalen⟩ nephr…, Nephr… ⟨in Zus.⟩ *nieren…, Nieren…* [< grch. *nephros* »Niere«]

■ **ne|phro|gen** ⟨Adj.⟩ *von den Nieren ausgehend* [< *nephro…* + *…gen*[1]]

■ **Ne|phro|lith** ⟨m.; -s, -e od. -en, -en⟩ *Nierenstein;* → a. *Nephrolithiase* [< *Nephro…* + *…lith*]

■ **Ne|phro|li|thi|a|se, Ne|phro|li|thi|a|sis** ⟨f.; -, -thi|a|sen⟩ *Bildung von Nierensteinen* [< *Nephro…* + *Lithiasis*]

■ **Ne|phro|li|tho|to|mie** ⟨f.; -, -n⟩ *operative Entfernung von Nierensteinen*

■ **Ne|phro|lo|ge** ⟨m.; -n, -n; Med.⟩ *Facharzt für Nierenkrankheiten, Wissenschaftler im Bereich der Nephrologie* [< *Nephro…* + *…loge*]

■ **Ne|phro|lo|gie** ⟨f.; -; unz.⟩ *Lehre von den Nierenkrankheiten* [< *Nephro…* + *…logie*]

■ **ne|phro|lo|gisch** ⟨Adj.; Med.⟩ *die Nierenkrankheiten betreffend, zu ihnen gehörig*

■ **Ne|phrom** ⟨n.; -s, -e⟩ *Nierengeschwulst* [< grch. *nephros* »Niere«]

■ **Ne|phron** ⟨n.; -s; unz.⟩ *Grundbauelement der Niere, bestehend aus Nierenkörperchen u. Nierenkanälchen* [< grch. *nephros* »Niere«]

■ **Ne|phro|pa|thie** ⟨f.; -, -n⟩ *Nierenleiden* [< *Nephro…* + *…pathie*]

■ **Ne|phro|pto|se,** ⟨auch⟩ **Neph|rop|to|se** ⟨f.; -, -n⟩ *Senkniere* [< *Nephro…* + grch. *ptosis* »Fall«]

■ **Ne|phro|py|e|li|tis** ⟨f.; -, -ti|den⟩ = *Pyelitis*

■ **Ne|phro|se** ⟨f.; -, -n⟩ *nicht entzündliche, degenerative Nierenkrankheit, zu deren Symptomen Wassersucht u. Eiweißharnen gehören* [< grch. *nephros* »Niere«]

■ **Ne|phro|skle|ro|se** ⟨f.; -, -n⟩ *Verhärtung u. Schrumpfung des Nierengewebes, Schrumpfniere*

■ **Ne|phro|sto|mie,** ⟨auch⟩ **Neph|ros|to|mie** ⟨f.; -, -n; Med.⟩ *operative Anlegung einer Nierenfistel zur künstlichen Harnableitung* [< *Nephro…* + grch. *stoma* »Mund, Öffnung«]

■ **Ne|phro|to|mie** ⟨f.; -, -n⟩ *operativer Eingriff in die Niere* [< *Nephro…* + *…tomie*]

Ne|po|tis|mus ⟨m.; -; unz.⟩ *Bevorzugung der eigenen Verwandten beim Verleihen von Ämtern, Würden usw., Vetternwirtschaft* [< lat. *nepos,* Gen. *nepotis* »Neffe, Enkel, Nachkomme«]

ne|po|tis|tisch ⟨Adj.⟩ *den Nepotismus betreffend, durch N. begünstigt*

Nepp ⟨m.; -s; unz.; umg.⟩ *Überhöhung der Preise, Gaunerei, Übervorteilung* [→ *neppen*]

nep|pen ⟨V.; umg.⟩ jmdn. ~ *jmdn. übervorteilen, von jmdm. Überpreise verlangen* [< rotw. *neppen* »Unzucht treiben«; vermutl. zu hebr. *na'ap(h)* »unkeusch sein, ehebrechen«; verwandt mit rotw. *Neppe* »Dirne«, *Nepper* »Gauner (der mit *Neppsore* »Betrugsware« Leichtgläubige betrügt)«]

Nep|tu|nie ⟨[-niə] f.; -, -n⟩ *Sumpfpflanze mit mimosenähnlichen Blättern u. gelben Blüten: Neptunia oleracea*

nep|tu|nisch ⟨Adj.⟩ **1** *auf dem Neptunismus beruhend* **2** *durch Einwirkung des Wassers entstanden;* ~e Gesteine *Ablagerungen aus dem Meerwasser*

Nep|tu|nis|mus ⟨m.; -; unz.; Geol.⟩ *veraltete Auffassung, dass alle Gesteine aus Ablagerungen aus dem Meerwasser entstanden seien* [nach dem röm. Meeresgott *Neptunus*]

Nep|tu|nist ⟨m.; -en, -en⟩ *Anhänger, Vertreter des Neptunismus*

Nep|tu|ni|um ⟨n.; -s; unz., chem. Zeichen: Np⟩ *künstlich hergestelltes radioaktives Element, Ordnungszahl 93* [nach dem Planeten *Neptun*]

Ne|re|i|de ⟨f.; -, -n⟩ **1** ⟨grch. Myth.⟩ *Meerjungfrau* **2** *Familie frei schwimmender Borstenwürmer des Meeres: Nereidae* [< grch. *Nereis,* Gen. *Nereidos,* Tochter des grch. Meeresgottes *Nereus*]

ne rep. ⟨Abk. für⟩ *ne repetatur: es werde nicht wiederholt (Hinweis auf ärztl. Rezepten, dass die Verordnung nicht wiederholt angefertigt werden darf);* Ggs *rep., Rep.* [lat.]

ne|ri|tisch ⟨Adj.⟩ *zum Küstengewässer gehörig, aus ihnen stammend;* Ggs *ozeanisch(1)* [nach *Nerites,* dem Sohn des grch. Meeresgottes *Nereus*]

Ne|ro|li|öl ⟨n.; -(e)s; unz.⟩ *in der Parfümerie verwendetes, aus den frischen Blüten der Nerolipomeranze (Citrus aurantium varneroli) gewonnenes äther. Öl* [< frz. *Neroli* < ital. *Neroli,* angebl. Name einer Prinzessin]

Nerv ⟨m.; -s, -en⟩ **1** *faser- od. strangartiges Gebilde zwischen Gehirn, Rückenmark u. Körperteilen zur Weiterleitung von Reizen u. Bewegungsimpulsen;* den ~ (im Zahn) töten **2** ⟨fig.⟩ *geistige u. seelische Spannkraft;* ~en wie Bindfäden, Stricke; eiserne, schwache ~en; die ~en behalten, verlieren *die Ruhe, Fassung bewahren, verlieren;* der Lärm, dieser Mensch geht, fällt mir auf die ~en *macht mich nervös, reizt mich;* zum Zerreißen gespannte ~en *große Nervosität, Ungeduld;* mit den ~en herunter ⟨umg.⟩ *äußerst nervös, nahe am Zusammenbruch;* du tötest mir den letzten ~ ⟨umg.⟩ *dein Verhalten quält mich; du belästigst mich;* der hat ~en! ⟨umg.⟩ *er verlangt zu viel!; was denkt er sich dabei?* **3** *Strang von Leitbündeln, die das Skelett eines Pflanzenblattes bilden* **4** *Ader in den Flügeln von Insekten* **5** ⟨†⟩ *Sehne;* jeder ~ spannte sich [< lat. *nervus* »Sehne, Flechse, Band«]

ner|val ⟨[-va:l] Adj.⟩ *zur Nerventätigkeit gehörig, nervlich* [→ *Nerv*]
Ner|va|tur ⟨[-va-] f.; -, -en⟩ *Gesamtheit der Nerven im Blatt od. in den Flügeln von Insekten*
nẹr|ven ⟨V.; umg.⟩ *sehr lästig sein, nervös machen;* der Lärm nervt mich
nẹr|vig ⟨Adj.⟩ **1** *sehnig, kräftig, zäh* **2** ⟨fig.; umg.⟩ *entnervend, stressend, aufregend;* das war ein ~er Tag heute [→ *Nerv*]
ner|vös ⟨[-vø:s] Adj.⟩ **1** *zu den Nerven(1) gehörend, auf ihnen beruhend;* ~e Erschöpfung; ein ~er Reflex **2** *leicht reizbar, erregbar, überempfindlich;* ein ~er Mensch; sie ist heute wieder sehr ~ [zu *nervos* (17. Jh.) »nervig« (<lat. *nervosus*) u. frz. *nerveux* »nervös«]
Ner|vo|si|tät ⟨[-vo-] f.; -; unz.⟩ *leichte Reizbarkeit, Überempfindlichkeit, Erregbarkeit* [<frz. *nervosité*]
Nẹr|vus ⟨[-vus] m.; -; unz.⟩ **1** ~ **Probandi** *der eigentliche, entscheidende Beweisgrund* **2** ~ **Rerum** *Triebfeder, Triebkraft, Hauptsache;* ⟨fig.; scherzh.⟩ *das Geld* [lat. *nervus* »Nerv, Kraft, Stärke«; lat. *probandi* »des zu Beweisenden«; zu *probare* »prüfen, beweisen«; lat. *rerum,* Gen. Pl. zu *res* »Ding, Sache«]
Nẹrz ⟨m.; -es, -e⟩ **1** *zu den Mardern gehörendes, in sumpfigen Gebieten lebendes Raubtier mit tiefbraunem Fell, das für die Anfertigung von Pelzmänteln begehrt ist, Sumpfotter* **2** *dessen Fell* [<spätmhd. *nerz, norz* <ukrain. *noryca* »Nerz«, eigtl. »Taucher«]
Nẹs|ca|fé ⟨[-fe:] m.; -s; unz.; Ⓦⓩ⟩ *von der schweiz. Firma Nestlé in den Handel gebrachter Pulverkaffee*
Nẹs|chi ⟨[-çi] od. [-ki] n. od. f.; -; unz.⟩ *arab. Kurrentschrift* [arab.]
Nes|ses|sär ⟨n.; -s, -s⟩, = *Neccessaire*
Nẹs|sus|ge|wand ⟨n.; -(e)s, -wän|der⟩, **Nẹs|sus|hemd** ⟨n.; -(e)s, -en⟩ **1** ⟨grch. Myth.⟩ *durch das Blut des Zentauren Nessus vergiftetes, Verderben bringendes Hemd* **2** ⟨fig.⟩ *Verderben bringendes Geschenk*
Nẹs|tor ⟨m.; -s, -to|ren⟩ **1** ⟨fig.⟩ *Ältester einer Gemeinschaft* **2** *alter, weiser Berater* [nach *Nestor,* dem König von Pylos, dem ältesten u. weisesten grch. König im Trojan. Krieg]
Nes|to|ri|a|nịs|mus ⟨m.; -; unz.; Theol.⟩ *christologische Lehre von den zwei Naturen Jesu, nach der der göttliche Logos u. die Menschennatur in ihm unvermischt verbunden sind* [nach dem Patriarchen von Konstantinopel *Nestorius,* 381–451 n. Chr.]
Nẹt|su|ke ⟨a. [nɛtske] f.; -, - od. -s; od. n.; - od. -s, - od. -s⟩ *japanischer, zu Miniaturplastiken geschnitzter Gürtelknopf, an dem kleinere Gegenstände, z.B. Tabaksbeutel od. Geldtasche, befestigt wurden* [jap.]
net|sur|fen ⟨[nɛtsə:fən] V.; umg.; EDV⟩ *ziellos im Internet nach Angeboten suchen u. Seiten betrachten* [<engl. *surf the net*]
Net|sur|fing ⟨[nɛtsə:fiŋ] n.; - od. -s; unz.; umg.; EDV⟩ *das Netsurfen;* Sy *surfen(2)* [<engl. *net* »Netz« + *surfen*]
nẹt|to ⟨Adv.; Kaufmannsspr.⟩ Ggs *brutto* **1** *ausschließlich der Verpackung* **2** *nach Abzug von Unkosten od. Steuern* **3** ~ Kassa, ~ Kasse *bar ohne jeden Abzug* [<ital. *netto* »rein, unvermischt«]
Nẹt|to|er|trag ⟨m.; -(e)s, -trä|ge⟩ *nach Abzug sämtlicher Aufwendungen vom Verkaufspreis übrig bleibender Ertrag;* Sy *Nettogewinn*
Nẹt|to|ge|wicht ⟨n.; -(e)s, -e⟩ *reines Gewicht (einer Ware) nach Abzug der Verpackung;* Ggs *Bruttogewicht*
Nẹt|to|ge|winn ⟨m.; -(e)s, -e⟩ = *Nettoertrag;* Ggs *Bruttogewinn*
Nẹt|to|preis ⟨m.; -(e)s, -e⟩ *niedrigster Preis, von dem kein Abzug mehr gewährt wird, Fabrikpreis;* Ggs *Bruttopreis*
Nẹt|to|re|gis|ter|ton|ne ⟨f.; -, -n; Abk.: NRT⟩ *der für die Frachtzuladung eines Schiffes tatsächlich zur Verfügung stehende Raum;* Ggs *Bruttoregistertonne*
Nẹt|to|so|zi|al|pro|dukt ⟨n.; -(e)s, -e; Wirtsch.⟩ *Summe der Wertschöpfungen aller Wirtschaftsbereiche in einer Volkswirtschaft;* Ggs *Bruttosozialprodukt*
Net|work ⟨[nɛtwə:k] n.; -s, -s; bes. EDV⟩ *Netzwerk, Sendenetz* [engl.]
neu|a|po|sto|lisch, ⟨auch⟩ **neu|a|pos|to|lisch** ⟨Adj.; Rel.⟩ ~e Gemeinde *Religionsgemeinschaft mit streng hierarchischer Ordnung u. Apostelamt, die sich als Fortsetzung der Urkirche versteht*
Neu|me ⟨f.; -, -n; meist Pl.; MA; Mus.⟩ *nur die ungefähre Tonhöhe u. -bewegung angebendes Notenzeichen* [<grch. *neuma* »Wink«]
neu|mie|ren ⟨V.; Mus.⟩ *eine Melodie, einen Text mit Neumen versehen*
Neu|mi|nu|te ⟨f.; -, -n; †⟩ *Einheit des ebenen Winkels, ein hundertstel Gon*
Neu|pla|to|nis|mus ⟨m.; -; unz.; Philos.⟩ = *Neoplatonismus*
neur..., **Neur...** ⟨in Zus.⟩ = *neuro..., Neuro...*
neu|ral ⟨Adj.⟩ *zu den Nerven, zum Nervensystem gehörend*
Neur|al|gie, ⟨auch⟩ **Neu|ral|gie** ⟨f.; -, -n⟩ *anfallsweise auftretende Schmerzhaftigkeit der Nerven, Nervenschmerz* [<*Neuro...* + *...algie*]
Neur|al|gi|ker, ⟨auch⟩ **Neu|ral|gi|ker** ⟨m., -s, -⟩ *jmd., der an einer Neuralgie leidet*
neur|ạl|gisch, ⟨auch⟩ **neu|rạl|gisch** ⟨Adj.⟩ **1** *auf einer Neuralgie beruhend* **2** ⟨fig.⟩ *Spannungen verursachend, sehr problematisch, kritisch;* ~er Punkt
Neu|ral|pa|tho|lo|gie ⟨f.; -; unz.⟩ *Lehre, nach der Krankheiten als Folge von Reaktionen des Zentralnervensystems auf entsprechende Reize zu verstehen sind*
Neu|ral|the|ra|pie ⟨f.; -, -n⟩ *Methode zur Behandlung von Krankheiten durch Einwirken auf das örtliche Nervensystem*
Neur|a|sthe|nie, ⟨auch⟩ **Neu|ras|the|nie** ⟨f.; -, -n⟩ *nervöse Übererregbarkeit, Nervenschwäche* [<*Neuro...* + *Asthenie*]

Neur|a|sthe|ni|ker, ⟨auch⟩ **Neu|ras|the|ni|ker** ⟨m.; -s, -; Med.⟩ *an Neurasthenie Leidender*
neur|a|sthe|nisch, ⟨auch⟩ **neu|ras|the|nisch** ⟨Adj.⟩ *auf Neurasthenie beruhend, an N. leidend*
Neur|ek|to|mie, ⟨auch⟩ **Neu|rek|to|mie** ⟨f.; -, -n⟩ *Nervenschnitt, wobei ein Stück eines Nervs entfernt wird* [< *Neuro…* + *Ektomie*]
Neu|ri|lemm, Neu|ri|lem|ma ⟨n.; -s, -lem|men⟩ = *Neurolemm, Neurolemma*
Neu|rin ⟨n.; -s; unz.⟩ *starkes Fäulnisgift, Leichengift*
Neu|ri|nom ⟨n.; -s, -e; Med.⟩ *gutartiger Tumor, der von den Zellen der Nervenscheide ausgeht;* Sy *Schwannom* [< *Neuro…* + grch. *inos* »Sehne, Faser«]
Neu|rit ⟨m.; -en, -en⟩ *lang gestreckter Fortsatz einer Nervenzelle, der die Erregung von der Zelle wegleitet*
Neu|ri|tis ⟨f.; -, -ti|den⟩ *Nervenentzündung* [< grch. *neuron* »Sehne, Nerv«]
neu|ri|tisch ⟨Adj.; Med.⟩ *die Neuritis betreffend, dem Krankheitsbild der N. entsprechend*
neu|ro…, Neu|ro… ⟨vor Vokalen⟩ neur…, Neur… ⟨in Zus.⟩ *nervös, nerven…, Nerven…* [< grch. *neuron* »Sehne, Flechte, Band, Nerv«]
Neu|ro|a|na|to|mie ⟨f.; -; unz.⟩ *Anatomie des Nervensystems* [< *Neuro…* + *Anatomie*]
Neu|ro|bi|o|lo|gie ⟨f.; -; unz.⟩ *Teilgebiet der Biologie, das sich mit Aufbau u. Funktion der Nerven u. des Nervensystems befasst* [< *Neuro…* + *Biologie*]
Neu|ro|bi|o|nik ⟨f.; -; unz.; Med.⟩ *Forschungszweig, der sich zum Ziel setzt, mit Hilfe von Mikrochips defektes Nervengewebe des Menschen zu überbrücken u. so wieder funktionsfähig in das Nervensystem zu integrieren* [< *Neuro…* + *Bionik*]
Neu|ro|blast ⟨m.; -en, -en⟩ *unausgereifte Nervenzelle* [< *Neuro…* + *blastos* »Keim, Spross«]
Neu|ro|blas|tom ⟨n.; -(e)s, -e⟩ *Geschwulst aus Neuroblasten*
Neu|ro|che|mie ⟨[-çe-] f.; -; unz.⟩ *Zweiggebiet der Chemie, das sich mit der Untersuchung der in Nervenzellen ablaufenden chem. Vorgänge befasst*
Neu|ro|chir|urg, ⟨auch⟩ **Neu|ro|chi|rurg** ⟨a. ['--çir-] m.; -en, -en⟩ *Facharzt für Neurochirurgie* [< *Neuro…* + *Chirurgie*]
Neu|ro|chir|ur|gie, ⟨auch⟩ **Neu|ro|chi|rur|gie** ⟨a. ['--çir--] f.; -; unz.⟩ *Fachgebiet der chirurg. Eingriffe an Gehirn, Rückenmark u. Nervensystem*
Neu|ro|chir|ur|gin, ⟨auch⟩ **Neu|ro|chi|rur|gin** ⟨a. ['--çir--] f.; -, -gin|nen⟩ *Fachärztin für Neurochirurgie*
neu|ro|chir|ur|gisch, ⟨auch⟩ **neu|ro|chi|rur|gisch** ⟨a. ['--çir--] Adj.⟩ *zur Neurochirurgie gehörend, sie betrefffend, mit ihrer Hilfe*
Neu|ro|cra|ni|um ⟨n.; -s, -ni|en⟩ *Teil des Schädels, der das Gehirn umschließt;* oV *Neurokranium*
Neu|ro|der|ma|to|se ⟨f.; -, -n⟩ *nervöse Hauterkrankung*
Neu|ro|der|mi|tis ⟨f.; -, -ti|den; Med.⟩ *allergische Hauterkrankung mit starkem Juckreiz, die häufig in früher Kindheit auftritt* [< *Neuro…* + grch. *derma* »Haut«]
neu|ro|en|do|krin ⟨Adj.; Med.⟩ *die Sekretion von Neurohormonen betreffend* [< *neuro…* + *endokrin*]
Neu|ro|fi|bril|le, ⟨auch⟩ **Neu|ro|fib|ril|le** ⟨f.; -, -n⟩ *feinste, leitende Faser in der Nervenzelle*
neu|ro|gen ⟨Adj.⟩ *von Nerven ausgehend* [< *neuro…* + *…gen*[1]]
Neu|ro|glia ⟨f.; -; unz.⟩ *Stützgewebe im Nervensystem, bes. in Gehirn u. Rückenmark;* Sy *Glia*
Neu|ro|hor|mon ⟨n.; -s, -e⟩ *Wirkstoff, der bei der Nervenerregung freigesetzt wird* [< *Neuro…* + *Hormon*]
Neu|ro|kra|ni|um ⟨n.; -s, -ni|en⟩ = *Neurocranium*
Neu|ro|lemm, Neu|ro|lem|ma ⟨n.; -s, -lem|men⟩ *Hüllschicht der Nervenfasern, Nervenscheide;* oV *Neurilemm, Neurilemma* [< *Neuro…* + grch. *lemma* »Hülle«]
Neu|ro|lep|ti|kum ⟨n.; -s, -ka; Pharm.⟩ *Psychopharmakon, das Ängste, Verwirrtheit u. Wahnideen eindämmt* [< *Neuro…* + grch. *lepsis* »das Ergreifen, Fangen«]
Neu|ro|lin|gu|is|tik ⟨f.; -; unz.⟩ *Teilgebiet der Sprachwissenschaft, das sich (in Verbindung mit Neuropsychologie u. Neurologie) mit der Untersuchung von Sprachstörungen befasst, Sprachpathologie* [< *Neuro…* + *Linguistik*]
neu|ro|lin|gu|is|tisch ⟨Adj.⟩ *die Neurolinguistik betreffend, zu ihr gehörend, mit ihrer Hilfe*
Neu|ro|lo|ge ⟨m.; -n, -n⟩ *Facharzt für Nervenkrankheiten*
Neu|ro|lo|gie ⟨f.; -; unz.⟩ *Lehre von den Nervenkrankheiten, Nervenheilkunde* [< *Neuro…* + *…logie*]
Neu|ro|lo|gin ⟨f.; -,-gin|nen⟩ *Fachärztin für Nervenkrankheiten*
neu|ro|lo|gisch ⟨Adj.⟩ *die Neurologie betreffend, auf ihr beruhend, mit ihrer Hilfe*
Neu|rom ⟨n.; -s, -e⟩ *Geschwulst, die Nervenzellen, Nervenfasern u. Bindegewebe enthält* [< grch. *neuron* »Sehne, Band, Nerv«]
Neu|ron ⟨n.; -s, -ro|nen od. Neu|ren⟩ *Grundeinheit des Nervensystems, die aus einer Nervenzelle mit all ihren Fortsätzen besteht* [< grch. *neuron* »Sehne, Nerv«]
Neu|ro|pa|thie ⟨f.; -, -n⟩ *anlagebedingte Neigung zu Erkrankungen u. Störungen des Nervensystems* [< *Neuro…* + *…pathie*]
Neu|ro|pa|tho|lo|ge ⟨m.; -n, -n; Path.⟩ *Facharzt, Wissenschaftler im Bereich der Neuropathologie*
Neu|ro|pa|tho|lo|gie ⟨f.; -; unz.; Path.⟩ *Lehre von den Krankheiten des vegetativen Nervensystems*
Neu|ro|pa|tho|lo|gin ⟨f.; -, -gin|nen; Path.⟩ *Fachärztin, Wissenschaftlerin im Bereich der Neuropathologie*

neu|ro|pa|tho|lo|gisch ⟨Adj.; Path.⟩ *die Neuropathologie betreffend, zu ihr gehörend, mit ihrer Hilfe*

Neu|ro|phy|si|o|lo|ge ⟨m.; -n, -n⟩ *Facharzt, Wissenschaftler auf dem Gebiet der Neurophysiologie*

Neu|ro|phy|si|o|lo|gie ⟨f.; -; unz.⟩ *Teilgebiet der Physiologie, das sich mit der Tätigkeit des Nervensystems befasst*

Neu|ro|phy|si|o|lo|gin ⟨f.; -, -gin|nen⟩ *Fachärztin, Wissenschaftlerin auf dem Gebiet der Neurophysiologie*

neu|ro|phy|si|o|lo|gisch ⟨Adj.⟩ *die Neurophysiologie betreffend, zu ihr gehörend, auf ihr beruhend*

neu|ro|psy|chisch ⟨Adj.; Med.⟩ *die Zusammenhänge von Nervensystem u. Psyche betreffend*

Neu|ro|psy|cho|lo|ge ⟨m.; -n, -n⟩ *Facharzt, Wissenschaftler auf dem Gebiet der Neuropsychologie*

Neu|ro|psy|cho|lo|gie ⟨f.; -; unz.⟩ *Teilgebiet der Psychologie, das die Zusammenhänge von Nervensystem u. psychischen Vorgängen untersucht*

Neu|ro|psy|cho|lo|gin ⟨f.; -, -gin|nen⟩ *Fachärztin, Wissenschaftlerin auf dem Gebiet der Neuropsychologie*

Neu|ro|pte|ren, ⟨auch⟩ **Neu|rop|te|ren** ⟨Pl.⟩ *Ordnung der Insekten mit kauenden Mundwerkzeugen u. vier aderreichen, durchsichtigen Flügeln, Netzflügler: Neuroptera* [< *Neuro… + …ptere*]

Neu|ro|se ⟨f.; -, -n⟩ *anlage- u. umweltbedingte Neigung, seelische Erlebnisse abnorm u. krankhaft zu verarbeiten, was zu einer dauernden körperlichen u. seelischen Erkrankung der Gesamtpersönlichkeit führt;* Sy *Psychoneurose* [<grch. *neuron* »Sehne, Nerv«]

Neu|ro|se|kre|ti|on ⟨f.; -, -en⟩ *Produktion hormonaler Stoffe durch Nervenzellen*

Neu|ro|ti|ker ⟨m.; -s, -⟩ *an einer Neurose Leidender*

neu|ro|tisch ⟨Adj.⟩ *an einer Neurose leidend, auf ihr beruhend*

neu|ro|ti|sie|ren ⟨V.; geh.⟩ *eine Neurose verursachen, neurotisch machen*

Neu|ro|to|mie ⟨f.; -, -n⟩ *Nervenschnitt*

Neu|ro|to|xin ⟨n.; -s, -e; Med.⟩ *Nervengift*

neu|ro|to|xisch ⟨Adj.⟩ *das Nervensystem schädigend* [< *neuro… + toxisch*]

neu|ro|trop ⟨Adj.; Med.⟩ *auf Nerven od. Nervengewebe einwirkend* [< *neuro… + …trop*]

Neus|ton ⟨n.; -s; unz.⟩ *aus Mikroorganismen bestehende Lebensgemeinschaft des Oberflächenhäutchens stehender Gewässer* [<grch. *neusteon* »schwimmfähig«]

■ Die Buchstabenfolge **neu|tr…** kann auch **neut|r…** getrennt werden.

■ **Neu|tra** ⟨Pl. von⟩ *Neutrum*

■ **neu|tral** ⟨Adj.⟩ **1** *unbeteiligt, sich der Stellungnahme enthaltend, unparteiisch;* die Neutralen *die nicht am Kriege beteiligten Staaten;* sich bei einer Auseinandersetzung ~ verhalten **2** ⟨Chem.⟩ *in der Reaktion(2) weder sauer noch basisch;* eine ~e Flüssigkeit **3** ⟨Gramm.⟩ *sächlich;* ~e Substantive [<mlat. *neutralis* »keiner Partei angehörend«]

■ **Neu|tra|li|sa|ti|on** ⟨f.; -, -en⟩ **1** *das Aufheben einer Wirkung, das Unwirksammachen* **2** ⟨Chem.⟩ *Aufhebung der sauren od. basischen Reaktion* **3** ⟨Phys.⟩ *Aufhebung der Wirkung elektrischer Ladungen, Magnetfelder und Kräfte* **4** ⟨Pol.⟩ *Auferlegung der Pflicht, neutral zu bleiben, Abbau von Befestigungen u. Abzug von Truppen in bestimmtem Gebiet* **5** ⟨Sp.⟩ *Unterbrechung der Wertung während des Wettkampfes* [<frz. *neutralisation*]

■ **neu|tra|li|sie|ren** ⟨V.⟩ **1** *die Wirkung aufheben von, unwirksam machen* **2** ⟨Chem.⟩ *Säure u. Base so mischen, dass die Mischung eine weder saure noch basische Reaktion aufweist* **3** ⟨Phys.⟩ elektr. Ladungen, Kräfte ~ *durch geeignete Maßnahmen in ihrer Wirkung aufheben* **4** ⟨Pol.⟩ ein Gebiet ~ *in einem G. Befestigungen abbauen u. Truppen abziehen, es von Kriegshandlungen ausnehmen, für neutral erklären;* einen Staat ~ *zur Neutralität verpflichten* **5** ⟨Sp.⟩ *die Wertung während des Wettkampfes unterbrechen* [<frz. *neutraliser*]

■ **Neu|tra|li|sie|rung** ⟨f.; -, -en⟩ *das Neutralisieren, Neutralisiertwerden*

■ **Neu|tra|lis|mus** ⟨m.; -; unz.⟩ *Grundsatz der Nichteinmischung*

■ **Neu|tra|list** ⟨m.; -en, -en⟩ *jmd., der auf Nichteinmischung besteht, dem Neutralismus zuneigt*

■ **neu|tra|lis|tisch** ⟨Adj.⟩ *auf Neutralismus beruhend, im Sinne des Neutralismus*

■ **Neu|tra|li|tät** ⟨f.; -; unz.⟩ *Unbeteiligtsein, Nichtbeteiligung, Nichteinmischung, unparteiisches Verhalten* [<mlat. *neutralitas* »Parteilosigkeit«]

■ **Neu|tren** ⟨Pl. von⟩ *Neutrum*

■ **Neu|tri|no** ⟨n.; -s, -s; Zeichen: ν⟩ *(wahrscheinlich) masseloses Elementarteilchen*

■ **Neu|tron** ⟨n.; -s, -tro|nen; Zeichen: n; Phys.⟩ *ungeladenes Elemtarteilchen mit geringfügig größerer Masse als das Proton* [<lat. *neutro* »zu keiner Seite«]

■ **Neu|tro|nen|ak|ti|vie|rungs|a|na|ly|se** ⟨[-viː-] f.; -, -n⟩ *chem. Untersuchungsverfahren, bei dem unbekannte Verbindungen mit Neutronen beschossen werden, aus den dabei entstehenden Anregungszuständen werden Rückschlüsse auf ihre Struktur gezogen;* Sy *Aktivierungsanalyse*

■ **Neu|tro|nen|beu|gung** ⟨f.; -, -en⟩ *Interferenz- u. Beugungsvorgänge an Neutronenstrahlen*

■ **Neu|tro|nen|bom|be** ⟨f.; -, -n⟩ *Kernwaffe, die durch die von ihr freigesetzte Neutronenstrahlung zwar tödlich auf Lebewesen wirkt, wegen ihrer geringen Druck- und Hitzewelle aber kaum Materialzerstörungen anrichtet;* Sy *Neutronenwaffe*

■ **Neu|tro|nen|quel|le** ⟨f.; -, -n⟩ *kerntechnische Einrichtung, in der durch Kernreaktionen Neutronen für Bestrahlungszwecke oder wissenschaftliche Experimente erzeugt werden*
■ **Neu|tro|nen|spek|tro|me|ter,** ⟨auch⟩ **Neut-ro|nen|spekt|ro|me|ter** ⟨n.; -s, -⟩ *Apparatur zum Messen der Geschwindigkeiten in einem Neutronenstrahl od. zum Erzeugen von Neutronen einheitlicher Geschwindigkeit*
■ **Neu|tro|nen|waf|fe** ⟨f.; -, -n⟩ = *Neutronenbombe*
■ **neu|tro|phil** ⟨Adj.; Med.⟩ *durch chemisch neutrale Stoffe anfärbbar (z.B. von weißen Blutkörperchen)*
■ **Neu|trum** ⟨n.; -s, -tra od. -tren; Abk.: n. od. N.; Gramm.⟩ **1** *sächl. Geschlecht* **2** *sächl. Substantiv* [< lat. *neutrum (genus)* »sächl. Geschlecht«; zu *neuter* »nicht einer von beiden, keiner von beiden«]
New|age, ⟨auch⟩ **New Age** ⟨[nju:ɛɪdʒ] n.; (-) -; unz.⟩ *eine u.a. von Kalifornien seit den 60er-Jahren ausgehende Bewegung, die wegen der globalen ökol. u. sozialen Krisen in allen Lebensbereichen ein neues Denken u. Handeln, ein ganzheitl. u. spirituelles Selbst- u. Weltbewusstsein postuliert* [engl., »neues Zeitalter«]
New|co|mer ⟨[nju:kʌmə(r)] m.; -s, -⟩ *Neuankömmling, Neuling* [< engl. *new* »neu« + *come* »kommen«]
New Deal ⟨[nju: di:l] m.; - -; unz.⟩ *die Wirtschaftspolitik Roosevelts nach 1933 zur Bekämpfung der Wirtschaftskrisen* [engl., »neues Austeilen, Geben der Karten« (wobei jeder Mitspieler wieder Gewinnchancen erhält)]
New|look, ⟨auch⟩ **New Look** ⟨[nju:lʊk] m. od. n.; (-) - od. (-) -s; unz.⟩ *ungewohnter Anblick, ungewohnte Fragestellung* [engl., »neues Aussehen«]
New-Or|leans-Jazz ⟨[nju:ɔrli:nzdʒæz] m.; -; unz.⟩ *früheste, improvisierende Stilform des Jazz* [nach *New Orleans,* der größten Stadt des Staates Louisiana (USA), wo dieser Stil zuerst entwickelt wurde]
News ⟨[nju:z] nur Pl.⟩ *Nachrichten, Neuigkeiten* [engl.]
News|group ⟨[nju:zgru:p] f.; -, -s; EDV⟩ *thematisch gegliederte Übersichtsseite für Neuigkeiten u. Informationen im Internet* [engl., < *news* »Nachrichten, Neuigkeiten« + *group* »Gruppe, Gemeinschaft«]
News|let|ter ⟨[nju:z-] m.; - od. -s, -s; EDV⟩ *(per E-Mail verschickte) Nachricht, Rundschreiben* [engl., »Mitteilungsblatt, Rundschreiben«]
New|ton ⟨[nju:tən] n.; -s, -; Zeichen: N; Phys.⟩ *(allein noch zulässige) Maßeinheit der Kraft,* $1\ N = 1\ kgm/s^2 = 10^5\ dyn = 0{,}101\ kp$ [nach dem engl. Mathematiker u. Physiker Isaac *Newton,* 1643–1727]
New|wave, ⟨auch⟩ **New Wave** ⟨[nju:wɛɪv] f.; (-) -; unz.⟩ *Stilrichtung der Pop- u. Rockmusik in den 80er-Jahren* [engl., »neue Welle«]
Ne|xus ⟨m.; -, -⟩ *Zusammenhang, Verbindung, Verknüpfung* [lat.]
nF ⟨Zeichen für⟩ *Nanofarad*
NF ⟨Abk. für⟩ *Niederfrequenz*
nib|beln ⟨V.⟩ *mit kleinen Schnitten in die gewünschte Form bringen (Blech od. festen Kunststoff)* [< engl. *nibble* »knabbern«]
Ni|blick, ⟨auch⟩ **Nib|lick** ⟨m.; -s, -s; Sp.⟩ *schwerer Golfschläger mit Eisenkopf* [engl.]
NIC ⟨[enaisi:] Abk. für engl.⟩ *Newly Industrializing Countries, Schwellenländer*
nicht|eu|kli|disch, ⟨auch⟩ **nicht euk|li|disch** ⟨Adj.; Math.⟩ ~e Geometrie *nicht dem von Euklid aufgestellten Parallelenaxiom gehorchende Geometrie;* Ggs *euklidische Geometrie*
NICHT-Glied ⟨n.; -(e)s, -er⟩ = *Negator(2)*
ni|col|sche(s) Pris|ma, ⟨auch⟩ **Ni|col'sche(s) Pris|ma** ⟨n.; -n -s, -n -men⟩ *Prisma zum Erzeugen von polarisiertem Licht mittels Doppelbrechung* [nach dem engl. Physiker William *Nicol,* 1768-1851]
Ni|co|tin ⟨n.; -s; unz.⟩ = *Nikotin*
Ni|da|ti|on ⟨f.; -; unz.⟩ = *Implantation(2)* [< lat. *nidus* »Nest«]
Ni|da|ti|ons|hem|mer ⟨m.; -s, -; Med.⟩ *Empfängnisverhütungsmittel, das die Einnistung des befruchteten Eies in die Gebärmutterschleimhaut verhindert* [→ *Nidation*]
Nie|der|fre|quenz ⟨f.; -, -en; Abk.: NF⟩ **1** ⟨Schwachstromtechnik⟩ *Frequenz zwischen 0 u. 100 Hz* **2** ⟨Akustik⟩ *Frequenzbereich der Schallwellen, 20 bis 20000 Hz*
Nie|der|fre|quenz|in|duk|ti|ons|o|fen ⟨m.; -s, -ö|fen⟩ *Industrieofen zum Schmelzen von Stahl u. Metallen aus einer feuerfesten ausgemauerten Rinne mit einem Eisenkern, auf den eine Spule aufgebracht ist, nach dem Prinzip des Transformators entsteht in der Rinne die gewünschte hohe Temperatur*
ni|el|lie|ren ⟨V.⟩ **1** *ein Niello herstellen* **2** *mit einem Niello verzieren*
Ni|el|lo ⟨n.; -s od. -, -s od. -el|len od. -el|li⟩ *Verzierung von metallenen, bes. silbernen Gegenständen durch eingeritzte, mit schwarzem Schmelz ausgefüllte Zeichnungen* [ital.]
Ni|fe ⟨n.; -; unz.⟩ *Siderosphäre* [verkürzt < *Nickel* + lat. *ferrum* »Eisen«]
Ni|fe|kern ⟨m.; -s, -e; Geol.⟩ *aus Eisen u. Nickel bestehender Erdkern* [→ *Nife*]
Night|club ⟨[naitklʌb] m.; -s, -s⟩ *Nachtbar* [engl.]
Ni|gro|sin, ⟨auch⟩ **Nig|ro|sin** ⟨n.; -s, -e⟩ *blauvioletter Farbstoff, in der Leder- u. Textilindustrie verwendet* [< lat. *niger* »schwarz«]
Ni|hi|lis|mus ⟨m.; -; unz.⟩ *Überzeugung von der Nichtigkeit u. Sinnlosigkeit alles Seienden, Verneinung aller Werte u. Ziele* [< lat. *nihil* »nichts«]
Ni|hi|list ⟨m.; -en, -en⟩ *Anhänger, Vertreter des Nihilismus*
ni|hi|lis|tisch ⟨Adj.⟩ *auf Nihilismus beruhend, in der Art des N.*
Ni|ko|tin ⟨n.; -s; unz.⟩ *giftiges Alkaloid des Tabaks, Reiz- u. Genussmittel;* oV *Nicotin* [frz. *nicotine;* nach dem frz. Gesandten in Portugal

J. *Nicot,* der 1560 den Tabak in Frankreich einführte]
Ni|ko|ti|nis|mus ⟨m.; -; unz.⟩ *Nikotinvergiftung*
Nik|ta|ti|on ⟨f.; -, -en; Med.⟩ *Blinzelkrampf, krampfhafte Zuckungen des Augenlids* [zu lat. *nictare* »blinzeln«]
Nim|bo|stra|tus ⟨m.; -, -ti⟩ *dunkle, gleichmäßig dichte, tief hängende Regenwolke;* oV ⟨†⟩ *Nimbus²* [< lat. *nimbus* »Wolke« + *Stratus*]
Nim|bus¹ ⟨m.; -, -se⟩ **1** *Heiligenschein* **2** ⟨fig.⟩ *Ansehen, Glanz, der eine Person od. eine Sache umgibt;* jmdn. seines ~ entkleiden; das verleiht ihm od. der Sache noch einen zusätzlichen ~; im ~ der Heiligkeit, der Unfehlbarkeit stehen; er hüllt sich gern in einen gewissen ~ [mlat., »Heiligenschein, Strahlenglanz«]
Nim|bus² ⟨m.; -, -se⟩ = *Nimbostratus* [< lat. *nimbus* »Wolke«]
Nim|rod ⟨m.; -s, -e⟩ *leidenschaftl. Jäger* [nach dem alttestamentl. Gründer des babylon. Reiches]
Nin|ja ⟨m.; - od. -s, - od. -s⟩ *Krieger im feudalen Japan, der sich besonderer Waffen u. Kampftechniken bediente* [jap., »Spion, Kundschafter«]
Ni|no|flex ⟨m. od. n.; -; unz.⟩ *ein wasserdichtes, luftdurchlässiges Gewebe*
Ni|ob ⟨n.; -s; unz.; chem. Zeichen: Nb⟩ *seltenes, hellgrau glänzendes Metall, Ordnungszahl 41;* oV ⟨†⟩ *Niobium* [nach der grch. Sagengestalt *Niobe*]
Ni|o|bit ⟨m.; -s, -e; Min.⟩ *Niob enthaltendes Mineral*
Nip|pes ⟨Pl.⟩, **Nipp|sa|chen** ⟨Pl.⟩ *kleine Figuren (für Vitrinen)* [< frz. *nippes* »Putzsachen«]
Nir|wa|na ⟨n.; -s od. -; unz.; Buddhismus⟩ **1** *die völlige Ruhe, das Erlöschen aller Lebenstriebe, von den Heiligen schon im Diesseits erreicht;* ins ~ eingehen *sterben* **2** *Loslösung von dem Kreislauf der Wiedergeburten* [zu aind. *nirvana* »erloschen, ausgeblasen«]
Ni|sche ⟨f.; -, -n⟩ *Vertiefung in der Mauer, Wand;* Wand~; → a. *ökologisch* [< frz. *niche*]

■ Die Buchstabenfolge **ni|tr...** kann auch **nit|r...** getrennt werden.

■ **Ni|trat** ⟨n.; -(e)s, -e⟩ *Salz der Salpetersäure* [< grch. *nitros* »Salpeter«]
■ **Ni|trid** ⟨n.; -(e)s, -e⟩ **1** *Metall-Stickstoff-Verbindung* **2** ⟨selten⟩ *Nichtmetall-Stickstoff-Verbindung*
■ **ni|trie|ren** ⟨V.⟩ organ. Verbindungen ~ *die Nitrogruppe -NO_2 in organ. Verbindungen einfügen*
■ **ni|trier|här|ten** ⟨V.⟩ Stahl ~ *in Stickstoff abgebenden Mitteln glühen, um die Oberfläche zu härten*
■ **Ni|trier|säu|re** ⟨f.; -, -n⟩ *Gemisch aus konzentrierter Salpetersäure u. konzentrierter Schwefelsäure zum Nitrieren organischer Verbindungen*
■ **Ni|tri|fi|ka|ti|on** ⟨f.; -, -en⟩ *die Oxidation des bei der Zersetzung von Eiweiß entstehenden Ammoniaks durch nitrifizierende Bakterien* [< grch. *nitros* »Salpeter« + ...*fikation*]
■ **ni|tri|fi|zie|ren** ⟨V.⟩ *durch Bakterien im Boden Salpeter bilden;* ~de Bakterien [< grch. *nitros* »Salpeter« + ...*fizieren*]
■ **Ni|tril** ⟨n.; -s, -e⟩ *organ.-chem. Verbindung, die die Cyangruppe (-C≡ N) an Alkyl- od. Arylreste gebunden enthält*
■ **Ni|trit** ⟨n.; -s, -e⟩ *Salz der salpetrigen Säure*
■ **ni|tro...**, **Ni|tro...** ⟨in Zus.⟩ *die Nitrogruppe enthaltend* [< grch. *nitros* »Salpeter«]
■ **Ni|tro|bak|te|ri|um** ⟨n.; -s, -ri|en⟩ *Bakterium, das das Ammoniak des Ackerbodens zu Nitrit u. das Nitrit zu Nitrat oxidieren kann*
■ **Ni|tro|ben|zol** ⟨n.; -s; unz.⟩ *durch Nitrierung von Benzol hergestellte, bittermandelölartig riechende, giftige organ. Verbindung, chem. Formel $C_6H_5NO_2$*
■ **Ni|tro|cel|lu|lo|se** ⟨f.; -; unz.⟩ *Salpetersäureester der Cellulose, durch Nitrieren von Cellulose hergestellt, aus dem dann Waffenpulver od. Celluloid u. Lacke hergestellt werden kann;* oV *Nitrozellulose;* Sy *Cellulosenitrat*
■ **Ni|tro|farb|stoff** ⟨m.; -(e)s; unz.⟩ *Farbstoff (gelb bis orange), der Nitrogruppen als farbgebenden Bestandteil enthält*
■ **Ni|tro|ge|la|ti|ne** ⟨[-ʒe-] f.; -; unz.⟩ *von Kieselgur absorbiertes Nitroglycerin mit gegenüber diesem verminderter Stoßempfindlichkeit, Hauptbestandteil des Dynamits*
■ **Ni|tro|gen**, **Ni|tro|ge|ni|um** ⟨n.; -s; unz.; chem. Zeichen: N⟩ *Stickstoff* [lat.]
■ **Ni|tro|gly|ce|rin** ⟨n.; -s; unz.⟩ *hoch empfindlicher Sprengstoff, Trisalpetersäureester des Glycerins, $C_3H_5(ONO_2)_3$, gelbliche, ölige, stark giftige Flüssigkeit;* oV *Nitroglyzerin*
■ **Ni|tro|grup|pe** ⟨f.; -, -n⟩ *in chem. Verbindungen enthaltene Gruppe -NO_2*
■ **Ni|tro|lack** ⟨m.; -(e)s, -e⟩ *rasch trocknender Lack auf der Basis von Nitrocellulose, vor allem für Metalle, z.B. Kfz-Karosserien;* Sy *Zaponlack*
■ **Ni|tro|pen|ta** ⟨n.; - od. -s; unz.⟩ *hochexplosiver Sprengstoff für Sprengkapseln u. Sprengschnüre* [< *Nitro...* + grch. *pente* »fünf«]
■ **ni|tro|phil** ⟨Adj.⟩ *auf nitratreichem Boden gedeihend, Nitrate speichernd (von bestimmten Pflanzen)* [< *nitro...* + ...*phil*]
■ **Ni|tro|phos|ka** ⟨f.; -; unz.; Ⓦz⟩ *einstickstoff-, phosphor- u. calciumhaltiges Düngemittel*
■ **Ni|tro|phos|phat** ⟨n.; -(e)s, -e⟩ *aus Rohphosphat u. Salpetersäure hergestelltes Düngemittel*
■ **ni|tros** ⟨Adj.⟩ *Stickstoffoxid enthaltend;* ~e Gase *Gemische aus Stickstoffoxiden* [< grch. *nitros* »Salpeter«]
■ **Ni|tros|a|mi|ne** ⟨Pl.⟩ *durch Reaktion mit Salpetersäure entstandene Amine, die im Verdacht stehen, Krebs erregend zu sein* [< *Nitro...* + *Amin*]
■ **Ni|tro|zel|lu|lo|se** ⟨f.; -; unz.⟩ = *Nitrocellulose*

ni|tsche|wo, ⟨auch⟩ **nit|sche|wo** ⟨umg.; scherzh.⟩ *macht nichts!* [russ., »(es hat) nichts (zu bedeuten)«]

ni|val ⟨[-va:l] Adj.; Meteor.⟩ *vom Schnee beeinflusst, von ihm geprägt;* ~es Klima [<lat. *nivalis* »schneeig, beschneit«]

Ni|val ⟨[-va:l] n.; -s, -e⟩ *nivales Gebiet, Region mit dauernder Schnee- od. Eisbedeckung*

Ni|val|or|ga|nis|mus ⟨[-va:l-] m.; -, -men⟩ *Organismus, der in Schnee- u. Eisgebieten lebt* [<lat. *nivalis* »schneeig, beschneit« + *Organismus*]

Ni|va|ti|on ⟨[-va-] f.; -, -en; Geol.⟩ *Abtragung von Gesteinsmaterial durch Abgleiten von Schnee u. Firn*

Ni|veau ⟨[-vo:] n.; -s, -s⟩ **1** *waagerechte Ebene;* auf gleichem ~ mit der Erde **2** *Höhenlage;* das ~ liegt 150 m über dem Meeresspiegel **3** *Wasserspiegel, bes. Meeresspiegel* **4** *Energiezustand eines Atoms, Moleküls od. Atomkerns;* Sy *Term(2)* **5** ⟨fig.⟩ *Stufe, Rang, geistige Höhe, Bildungsgrad;* das ~ halten, heben, senken, wahren; das geistige, kulturelle, wirtschaftliche ~; sein Unterricht hat ein hohes, niedriges, überdurchschnittliches ~; eine Zeitschrift mit (einem gewissen) ~; kein ~ haben *geistig anspruchslos sein, auf geringer geistiger Höhe stehen* [frz., eigtl. »Wasserwaage«]

Ni|veau|flä|che ⟨[-vo:-] f.; -, -n⟩ *Fläche, auf der alle Punkte eines elektrostat. Feldes liegen*

ni|veau|frei ⟨[-vo:-] Adj.⟩ ~e Kreuzung *K. auf ungleichen Ebenen;* ~e Straßen *S., die sich auf ungleichen Ebenen kreuzen*

ni|veau|los ⟨[-vo:-] Adj.; fig.⟩ *kein Niveau aufweisend, anspruchslos, dürftig;* ~es Programm (einer Veranstaltung)

Ni|vel|le|ment ⟨[-vɛl(ə)mã:] n.; -s, -s⟩ **1** *das Nivellieren, Einebnen, Gleichmachen* **2** *Ergebnis des Nivellierens* **3** *Messung von Höhenunterschieden* **4** *deren Ergebnis* [frz., eigtl. »Abmessen mit der Wasserwaage«]

ni|vel|lie|ren ⟨[-vɛl-] V.⟩ **1** *ebnen, einebnen, gleichmachen, auf gleiche Höhe bringen* **2** *Höhenunterschiede messen von* [<frz. *niveler,* eigtl. »mit der Wasserwaage abmessen«]

Ni|vel|lier|in|stru|ment, ⟨auch⟩ **Ni|vel|lier|ins|tru|ment, Ni|vel|lier|inst|ru|ment** ⟨[-vɛl-] n.; -(e)s, -e⟩ *Messgerät mit Fernrohr zum Feststellen von Höhenunterschieden, Nivelliergerät, Nivellierwaage*

ni|vel|li|tisch ⟨[-vɛl-] Adj.⟩ *das Nivellement(3) betreffend, auf ihm beruhend*

nm ⟨Zeichen für⟩ *Nanometer*

NN, N.N.¹ ⟨Abk. für⟩ *Normalnull*

N.N.² ⟨Abk. für⟩ *nomen nescio, Name unbekannt* [lat., »den Namen weiß ich nicht«]

No 1 ⟨chem. Zeichen für⟩ *Nobelium* **2** ⟨n.; -, -; kurz für⟩ *No-Spiel* **3** ⟨Abk. für⟩ *Numero*

no|bel ⟨Adj.⟩ **1** *vornehm, adelig* **2** *edel, großzügig;* ein nobler Charakter, Mensch; noble Gesinnung **3** *freigiebig;* er hat sich stets ~ verhalten, gezeigt **4** *wie es einem reichen Adligen zukommt;* nobles Trinkgeld *hohes T.;* noble Passionen haben *teure P.* [<frz. *noble* »vornehm, edel, adlig« <lat. *nobilis* »edel, adlig, kenntlich«; zu *noscere* »kennen«]

No|bel|gar|de ⟨f.; -; unz.⟩ *Ehrenwache des Papstes aus ital. Adligen*

No|bel|ka|ros|se ⟨f.; -, -n; umg.⟩ *bes. teures od. exklusives Automobil* [< *nobel(1)* + *Karosse*]

No|be|li|um ⟨n.; -s; unz.; chem. Zeichen: No⟩ *künstlich hergestelltes, radioaktives Element, Ordnungszahl 102* [nach Alfred *Nobel,* 1833-1896]

No|bel|preis ⟨[-bɛl-] m.; -es, -e⟩ *jährlich verliehener Preis für die besten Leistungen auf den Gebieten der Physik, Chemie, Medizin, Literatur u. zur Förderung des Weltfriedens* [nach dem schwed. Chemiker Alfred *Nobel,* 1833-1896]

No|bi|les ⟨[-le:s] Pl.; im antiken Rom⟩ *die Angehörigen der führenden Schicht der Senatsfamilien, die die höchsten Staatsämter bekleideten* [<lat. *nobilis* »Adliger«]

No|bi|li ⟨Pl.; früher⟩ *Adelsgeschlechter der ehemaligen italienischen Freistaaten* [<ital. *nobile* »Herr, Adliger«]

No|bi|li|tät ⟨f.; -, -en⟩ **1** *Adel* **2** *Berühmtheit* [<lat. *nobilitas* »Adel, vornehme Geburt«]

no|bi|li|tie|ren ⟨V.⟩ *adeln* [<lat. *nobilitare* »bekannt, berühmt machen«]

No|bi|li|ty ⟨f.; -; unz.⟩ **1** *(hoher) Adel* **2** *Berühmtheit, bekannte Person des öffentl. Lebens* [engl.]

No|bles|se, ⟨auch⟩ **Nob|les|se** ⟨[nɔblɛs(ə)] f.; -; unz.⟩ **1** *Adel, adlige, vornehme Welt* **2** *vornehmes Benehmen, Freigebigkeit* [frz.]

No|blesse o|blige, ⟨auch⟩ **Nob|lesse ob|lige** ⟨[nɔblɛs ɔbli:ʒ]⟩ *Adel verpflichtet (edel zu handeln)* [frz.]

No|bo|dy ⟨[noubɔdi] m.; -s, -s⟩ *unbedeutende Person;* das ist ein ~ [engl., »Niemand«]

Nöck ⟨m.; -(e)s, -e⟩, = *Neck*

Noc|ti|lu|ca ⟨f.; -; unz.; Biol.⟩ *Gattung von Geißelalgen, die im Oberflächenwasser der Meere verbreitet sind u. das Phänomen des Meeresleuchtens verursachen* [lat., »bei Nacht leuchtend«]

> **Nocturne** (*Worttrennung am Zeilenende*)
> Die Trennung nach Sprechsilben richtet sich bei Fremdwörtern in der Regel nach der Aussprache in der Herkunftssprache. Wird, wie z.B. im Französischen, ein Vokal in Endstellung nicht gesprochen, so ist auch keine Silbenfuge zu setzen.
> Dies gilt auch für zahlreiche englische Wörter wie *Juice.*

Noc|turne ⟨[-tyrn] n.; -s, -s od. f.; -, -s; Mus.⟩ *schwermütiges Musikstück, Nachtstück;* Sy *Notturno* [frz.]

No|da|li|tät ⟨f.; -; unz.; Geogr.⟩ *ausgeprägte Kernstruktur eines Raumes, verdichteter Raum, z.B. im Hinblick auf die Bevölkerungsdichte od. die Wirtschaftskraft* [zu lat. *nodus* »Knoten«]

No|di ⟨Pl. von⟩ *Nodus*

No|du|lus ⟨m.; -, -du|li; Med.⟩ *Knötchen, Form eines Hautausschlags* [Verkleinerungsform zu lat. *nodus* »Knoten«]
No|dus ⟨m.; -, No|di⟩ **1** ⟨Med.⟩ *Knoten,* z.B. Lymphknoten **2** ⟨Bot.⟩ *knotig dicke Ansatzstelle am Pflanzenblatt* **3** *das Halten erleichternder Knauf am Schaft von Geräten, z.B. an Kelchen, Leuchtern u.Ä.* [lat., »Knoten«]
No|ël ⟨[nɔɛ̣l] m.; -; unz.⟩ *traditionelles frz. Weihnachtslied* [frz., »Weihnachten«]
No|e|ma ⟨n.; -s, -ta; Philos.⟩ *Gedanke, Sinn, Begriff, Inhalt eines Gedankens* [< grch. *noema* »Gedanke, Sinn, Verstand«]
No|e|ma|tik ⟨f.; -; unz.; Sprachw.⟩ *Lehre, Theorie von den Noemen*
No|e|sis ⟨f.; -; unz.⟩ *der Akt des Denkens, das Denken* [grch.]
No|e|tik ⟨f.; -; unz.⟩ *Denk-, Erkenntnislehre* [< grch. *noetike (techne);* zu *noetikos* »das Denken betreffend«]
no|e|tisch ⟨Adj.⟩ **1** ⟨Philos.⟩ *die Noetik betreffend* **2** ⟨Psych.⟩ *die Noesis, das Denken betreffend;* ~e Gefühle; ~er Habitus
no fu|ture! ⟨[nou fju̱:tʃə(r)]⟩ *keine Zukunft! (Schlagwort der Jugendlichen in den 80er- u. 90er-Jahren);* die No-Future-Generation *Jugend ohne Berufschancen, ohne Zukunftsperspektiven* [engl.]
noir ⟨[noa̱:r] Roulett⟩ *schwarz;* Ggs *rouge* [frz.]
no i|ron ⟨[nou a̱iən]⟩ *bügelfrei (Vermerk der Textilindustrie in Geweben)* [engl., »kein Bügeln«]
noi|sette ⟨[noazɛ̣t] Adj.⟩ *mit gemahlenen Haselnüssen* [frz., »Haselnuss«]
Noi|sette ⟨[noazɛ̣t] f.; -, -s⟩ *Milchschokolade mit gemahlenen Haselnüssen;* ~schokolade [frz., »Haselnuss«]
NOK ⟨Abk. für⟩ *Nationales Olympisches Komitee*
Nokt|am|bu|lis|mus, ⟨auch⟩ **Nok|tam|bu|lis|mus** ⟨m.; -; unz.⟩ = *Somnambulismus* [< lat. *nox,* Gen. *noctis,* »Nacht« + *ambulare* »gehen«]
Nok|turne ⟨[-tyṛn] n.; -s, -s od. f.; -, -s; eindeutschend für⟩ *Nocturne*
no|lens vo|lens ⟨[vo̱:-]⟩ *ob man will od. nicht, halb wider Willen, wohl od. übel* [lat., »nicht wollend, wollend«]
No|li|me|tan|ge|re ⟨n.; -, -; Bot.⟩ *einer Gattung der Balsaminengewächse angehörendes Kraut, aus dessen Frucht beim Berühren die Samen weggeschleudert werden, Rührmichnichtan, Springkraut: Impatiens* [lat.]
...nom[1] ⟨Adj.; in Zus.⟩ **1** *bestimmten Gesetzen gehorchend* **2** *...wertig* [< grch. *nomos* »Gesetz«; zu *nemein* »verteilen«]
...nom[2] ⟨n.; -s, -e; in Zus.⟩ **1** *Messgerät, ...messer* **2** *(mathemat.) Ausdruck* [→ *...nom*[1]]
...nom[3] ⟨m.; -en, -en; in Zus.⟩ *Sachverständiger, Wissenschaftler;* Astro~ [→ *...nom*[1]]
Nom. ⟨Abk. für⟩ *Nominativ*
No|ma ⟨f.; -, -mae [-mɛ:]; Med.⟩ *Wangenbrand, Erkrankung der Mundschleimhaut, die besonders bei unterernährten od. durch Infektionen geschwächten Kindern auftritt* [zu grch. *nome* »Weide«]
No|ma|de ⟨m.; -n, -n⟩ *Angehöriger eines wandernden Hirtenvolkes* [< grch. *nomas,* Gen. *nomados* »der mit weidendem Vieh umherzieht«]
no|ma|disch ⟨Adj.⟩ **1** *wie ein Nomade umherziehend* **2** *nicht sesshaft, unstet*
no|ma|di|sie|ren ⟨V.⟩ **1** *umherschweifen, nicht sesshaft sein* **2** ⟨fig.⟩ *oft den Wohnsitz wechseln*
No|ma|dis|mus ⟨m.; -; unz.⟩ **1** *mit der Suche nach neuem Weideland verbundenes Wandern* **2** *Form einer Gesellschaft, deren Mitglieder keinen festen Wohnsitz haben*
Nom de Plume ⟨[nɔ̃dəplyṃ] m.; - - -, -s [nɔ̃-] - -⟩ *Deckname (eines Schriftstellers);* → a. *Pseudonym* [frz., eigtl. »Federname«]
No|men ⟨n.; -s, -mi|na; Gramm.⟩ **1** *deklinierbare Wortart, Nennwort,* z.B. Substantiv, Pronomen, Adjektiv; → a. *Denominativ* **2** ~ **est omen** (eigtl. ~ et omen) *der Name hat (ist) zugleich eine Vorbedeutung, dieser Name sagt alles (eigtl.: Name und Zeichen)* **3** ~ **agentis** *von einem Verb abgeleitetes Substantiv, das den Träger eines Geschehens bezeichnet,* z.B. Flieger **4** ~ **proprium** *Eigenname* [lat. *nomen* »Name, Benennung«; lat. *omen* »Zeichen, Vorzeichen«; lat. *agentis*: Part. Präs. Gen. von *agere* »treiben, in Bewegung setzen«; lat. *proprium,* Neutr. zu *proprius* »eigen«]
No|men|kla|tor ⟨m.; -s, -to|ren⟩ **1** ⟨im antiken Rom⟩ *Sklave, der seinem Herren im Haus die Namen von Besuchern u. der anderen Sklaven, außerhalb des Hauses die Namen der ihm Entgegenkommenden nennen musste* **2** ⟨im MA⟩ *Zeremonienmeister* **3** = *Nomenklatur* [lat., »Namennenner«]
no|men|kla|to|risch ⟨Adj.⟩ *in der Art einer Nomenklatur*
No|men|kla|tur ⟨f.; -, -en⟩ *Verzeichnis bzw. Gesamtheit der Fachausdrücke eines Gebietes der Kunst od. der Wissenschaft;* Sy *Nomenklator(3);* → a. *Nomenklatura* [< lat. *nomenclatura* »Namensverzeichnis«]
No|men|kla|tu|ra ⟨f.; -; unz.; in der früheren Sowjetunion⟩ *führende Gesellschaftsschicht, Gruppe der polit. Machthaber;* → a. *Nomenklatur*
...no|mie ⟨in Zus.⟩ **1** *Abhängigkeit von Gesetzen, ...gesetzlichkeit* **2** *Wissenschaft* [< grch. *nomos;* → *...nom*[1]]
no|mi|nal ⟨Adj.; Gramm.⟩ **1** *in der Art eines Nomens, auf ihm beruhend* **2** ⟨selten für⟩ *nominell* **3** ⟨Bankw.⟩ *zum Nennwert* [< lat. *nominalis* »zum Namen gehörig«]
No|mi|nal|ab|strak|tum, ⟨auch⟩ **No|mi|nal|abs|trak|tum** ⟨n.; -s, -ta; Sprachw.⟩ *von einem Nomen abgeleiteter abstrakter Begriff,* z.B. Feindschaft, Kameradschaft [< *nominal* + *Abstraktum*]
No|mi|nal|de|fi|ni|ti|on ⟨f.; -, -en⟩ *Definition eines Wortes, Begriffs, Worterklärung;* Ggs *Realdefinition*
No|mi|nal|ein|kom|men ⟨n.; -s, -⟩ *das Ein-*

kommen ohne Berücksichtigung der Kaufkraft des Geldes; Ggs *Realeinkommen*

No|mi|nal|form ⟨f.; -, -en; Gramm.⟩ *nicht konjugierte Verbform,* z.B. der Infinitiv; Sy *infinites Verb*

no|mi|na|li|sie|ren ⟨V.⟩ = *substantivieren*

No|mi|na|lis|mus ⟨m.; -; unz.; Scholastik⟩ *Lehre, dass die allgemeinen Begriffe, z.B. die der Gattungen, nur Namen sind u. nichts Wirkliches bedeuten;* Ggs *Realismus(4);* →a. *Ockhamismus*

No|mi|na|list ⟨m.; -en, -en; Sprachw.⟩ *Anhänger, Vertreter des Nominalismus*

no|mi|na|lis|tisch ⟨Adj.⟩ *zum Nominalismus gehörend, auf ihm beruhend*

No|mi|nal|ka|pi|tal ⟨n.; -s; unz.; Wirtsch.⟩ *ausgewiesenes Grundkapital einer AG bzw. Stammkapital einer GmbH*

No|mi|nal|ka|ta|log ⟨m.; -(e)s, -e⟩ *alphabetisch nach Namen geordneter Katalog, Verfasserkatalog;* Ggs *Realkatalog*

No|mi|nal|kom|po|si|tum ⟨n.; -s, -ta; Gramm.⟩ *ein aus mehreren nominalen Gliedern zusammengesetztes Wort,* z.B. Haustür, Radiowecker

No|mi|nal|phra|se ⟨f.; -, -n; Gramm.; Abk.: NP⟩ *Satz od. Wortgruppe mit einem Nomen u. von ihm abhängigen Satzgliedern;* →a. *Verbalphrase*

No|mi|nal|prä|fix ⟨n.; -es, -e; Gramm.⟩ *Präfix, das sich mit einem Nomen(1) verbindet,* z.B. (un)schön, (Un)glaube

No|mi|nal|satz ⟨m.; -es, -sät|ze; Gramm.⟩ *verbloser Satz, der aus Nominalausdrücken besteht,* z.B »ohne Fleiß kein Preis«

No|mi|nal|stil ⟨m.; -(e)s; unz.⟩ *vor allem Nomina bevorzugender Schreibstil;* Ggs *Verbalstil*

No|mi|nal|wert ⟨m.; -(e)s, -e; Wirtsch.⟩ *auf Münzen, Geldnoten, Wertpapieren o.Ä. angegebener Geldwert, Nennwert*

No|mi|na|ti|on ⟨f.; -, -en⟩ **1** *Nennung, Benennung* **2** *Ernennung* [< lat. *nominatio* »Vorschlag, Nennung (für ein Amt)«]

No|mi|na|tiv ⟨m.; -s; -e [-və]; Abk.: Nom.; Gramm.⟩ *erster Fall der Deklination, Werfall* [< lat. *(casus) nominativus* »Nennfall«; zu *nomen;* → *Nomen*]

no|mi|na|ti|visch ⟨[-viʃ] Adj.; Gramm.⟩ *den Nominativ betreffend, als N. gebildet*

no|mi|nell ⟨Adj.⟩ **1** *zum Nomen gehörig* **2** *(nur) dem Namen nach, angeblich* [< lat. *nominalis* »zum Namen gehörig, namentlich«]

no|mi|nie|ren ⟨V.⟩ **1** *nennen, benennen, namhaft machen* **2** *ernennen* [< lat. *nominare*]

No|mi|nie|rung ⟨f.; -, -en⟩ *das Nominieren, Nominiertwerden;* die ~ zum Ehrenmitglied, zum Kanzlerkandidaten

No|mo|gra|fie ⟨f.; -; unz.⟩ = *Nomographie*

no|mo|gra|fisch ⟨Adj.⟩ = *nomographisch*

No|mo|gramm ⟨n.; -s, -e; Math.⟩ *graf. Darstellung funktionaler Zusammenhänge zwischen mehreren veränderl. Größen* [< grch. *nomos* »Zahl« + *…gramm*]

No|mo|gra|phie ⟨f.; -; unz.⟩ *Gesamtheit der Verfahren, mit Nomogrammen mathemat., naturwissenschaftl. u. techn. Problemen zu lösen;* oV *Nomografie* [< grch. *nomos* »Zahl« + *…graphie*]

no|mo|gra|phisch ⟨Adj.⟩ *zur Nomographie gehörend, mit Hilfe der N.;* oV *nomografisch*

No|mos ⟨m.; -, -moi⟩ **1** *menschl. Gesetz, Ordnung* **2** ⟨Mus.⟩ *antike Weise, Melodiemodell für solistischen Vortrag* [grch., »Brauch, Gesetz, Sangweise«]

non…, Non… ⟨in Zus.⟩ *nicht, un…* [< lat. *non* »nein« od. < frz. *non* »nein«]

No|na|gon ⟨n.; -s, -e⟩ *Neuneck* [< lat. *nonus* »der Neunte« + *…gon*]

Non|a|lign|ment ⟨[nɔnəlainmənt] n.; -s; unz.⟩ *(Politik der) Blockfreiheit, Nichtanbindung* [< *Non…* + engl. *alignment* »Anordnung«]

No-Name-Pro|dukt ⟨[nounɛim-] n.; -(e)s, -e⟩ *Produkt ohne Marken- od. Firmenbezeichnung auf der Verpackung* [< engl. *no name* »namenlos«]

Non-Book ⟨[-buk] n.; - od. -s, -s⟩ *(in Buchhandlungen angebotenes) Produkt, das kein Buch ist* [< *Non…* + engl. *book* »Buch«]

Non-Book-Ab|tei|lung ⟨[-buk-] f.; -, -en⟩ *Abteilung, Bereich einer Buchhandlung, in der andere Medien (Kalender, Spiele, CDs u. a.) angeboten werden* [→ *Non-Book*]

Non-Book-Ar|ti|kel ⟨[-buk-] m.; -s, -; meist Pl.⟩ *in einer Buchhandlung erhältlicher Artikel, der nicht dem Buchmarkt, sondern benachbarten Bereichen zuzuordnen ist,* z.B. Kalender, Spiele, CDs usw.; →a. *Non-Food-Artikel*

Non|cha|lance ⟨[nɔ̃ʃalɑ̃:s] f.; -; unz.⟩ *(liebenswürdige) Nachlässigkeit, Formlosigkeit, Ungezwungenheit* [frz.]

non|cha|lant ⟨[nɔ̃ʃalɑ̃:] Adj.⟩ *nachlässig, (liebenswürdig) formlos, ungezwungen* [frz.]

Non-Co|o|pe|ra|tion ⟨[-ko:ɔpərɛiʃn] f.; -; unz.; Pol.⟩ *Form des passiven Widerstands, bei der durch bewusste Boykottierung von Einrichtungen od. Produkten ein politisches Ziel durchgesetzt werden soll;* die Boykottierung der Tankstellen war eine moderne Form von ~ [< engl. *non* »nicht« + *cooperation* »Zusammenarbeit«; der Begriff wurde zuerst während des indischen Unabhängigkeitskampfes gebraucht]

No|ne ⟨f.; -, -n⟩ **1** *neunte Tagesstunde (15 Uhr)* **2** ⟨kath. Kirche⟩ *Gebetsstunde um die Mittagszeit* **3** ⟨Mus.⟩ **3.1** *neunter Ton der diaton. Tonleiter* **3.2** *Intervall von neun Tonstufen* **4** ⟨Pl.⟩ ~n ⟨im altröm. Kalender⟩ *im Allg. der fünfte Monatstag, im März, Mai, Juli, Oktober der siebente* [< lat. *nona,* Fem. zu *nonus* »der Neunte«; zu *novem* »neun«]

No|nen|ak|kord ⟨m.; -(e)s, -e; Mus.⟩ *Fünfklang, aus vier übereinander geschichteten Terzen*

No|nett ⟨n.; -s, -e; Mus.⟩ **1** *Musikstück für neun Instrumente* **2** *Gruppe von neun Instrumentalisten* [< ital. *nonetto* »Nonett«; zu *nove,* lat. *novem* »neun«]

Non|fic|tion, ⟨auch⟩ **Non-Fic|tion** ⟨[nɔnfikʃn] f.; -; unz.⟩ Ggs *Fiction* **1** *Sach-, Fachbuch* **2** *Sach-, Fachbuchliteratur* [< engl. *non* »nicht« + *fiction* »Erzähl-, Prosaliteratur, Belletristik«]

non|fi|gu|ra|tiv ⟨Adj.⟩ *nicht figürlich, abstrakt;* Ggs *figurativ;* ~e Malerei [< lat. *non* »nicht« + *figurativ*]

Non-food... ⟨[-fu:d] in Zus.⟩ *nicht zu den Lebensmitteln gehörig;* die ~-Abteilung eines Supermarktes [engl., »kein Essen«]

Non-Food-Ar|ti|kel ⟨[-fu:d-] m.; -s, -; meist Pl.⟩ (*in einem hauptsächlich Lebensmittel führenden Geschäft zum Kauf angebotener) Gegenstand bzw. Artikel, der nicht als Nahrungsmittel dient,* z.B. Bekleidung, Haushaltswaren usw.; → a. *Non-Book-Artikel* [< engl. *non* »nicht« + *food* »Lebensmittel, Nahrung, Speise«]

No|ni|us ⟨m.; -, -ni|en od. -se⟩ *verschiebbarer, zusätzlicher Maßstab an Messgeräten zum Ablesen von Zehnteln der kleinsten Längeneinheit des Gerätes* [nach dem portugies. Mathematiker P. *Nuñez,* 1492-1577, latinisiert *Nonius*]

Non|kon|for|mis|mus ⟨m.; -; unz.⟩ *individualist. Haltung in polit. u. sozialen Fragen;* Ggs *Konformismus*

Non|kon|for|mist ⟨m.; -en, -en⟩ **1** *jmd., der sich nicht der herrschenden Meinung anschließt,* Ggs *Konformist(1)* **2** = *Dissenter*

non|kon|for|mis|tisch ⟨Adj.⟩ *von der herrschenden Meinung abweichend, individualistisch;* Ggs *konformistisch(2)*

Non|kon|for|mi|tät ⟨f.; -; unz.⟩ Ggs *Konformität* **1** *Ungleichgestimmtheit, Nichtübereinstimmung* **2** *Nonkonformismus*

non li|quet **1** *es lässt sich nicht entscheiden* **2** ⟨Rechtsw.⟩ *der Sachverhalt ist ungeklärt u. kann auch nicht geklärt werden* [lat., »es ist nicht klar«]

non mul|ta, sed mul|tum *nicht vielerlei, sondern viel* [lat.]

non o|let *es (das Geld) stinkt nicht* [lat.]

Non-Pa|per ⟨[nɔnpɛipə(r)] n.; -s, -; Pol.⟩ *inoffizielles u. daher nicht zitierfähiges Schriftstück (im diplomatischen Dienst)* [engl.]

Non|pa|reille ⟨[nɔ̃:parɛj] f.; -; unz.⟩ **1** *kleine, gefärbte Perlen aus Zucker, die zum Verzieren von Schokoladenplätzchen benutzt werden* **2** ⟨Typ.⟩ *kleiner Schriftgrad, sechs Punkt* [frz., »unvergleichlich«]

Non|plus|ul|tra, ⟨auch⟩ **Non|plus|ult|ra** ⟨n.; -; unz.⟩ *das Unübertreffbare* [lat., »nicht darüber hinaus«]

non pos|su|mus *wir können nicht (Formel der Weigerung der kath. Kirche gegenüber der weltl. Macht)* [lat.]

Non|pro|fit..., ⟨auch⟩ **Non-Pro|fit...** ⟨[-prɔfit] in Zus.⟩ *ohne Gewinn(streben)*

Non|pro|fit|ma|nage|ment, ⟨auch⟩ **Non-Pro|fit-Ma|nage|ment** ⟨[nonprɔfitmænidʒmənt] n.; -s, -s; Wirtsch.⟩ *professionelle Führung von Nonprofitorganisationen, z.B. in kirchlichen u. sozialen Verbänden, Vereinen u. Stiftungen* [< engl. *nonprofit* »nicht auf Gewinn ausgerichtet, gemeinnützig« + *Management*]

Non|pro|fit|or|ga|ni|sa|ti|on, ⟨auch⟩ **Non-Profit-Or|ga|ni|sa|ti|on** ⟨[-prɔfit-] f.; -, -en; Wirtsch.; Abk.: NPO⟩ *nicht erwerbswirtschaftlich ausgerichtete Organisation, die auf dem Gebiet der Wohlfahrt, der Interessenvertretung od. der kollektiven Selbsthilfe tätig ist,* z.B. öffentl. Verwaltung, Wirtschaftsverband, Freizeitverein, politische Partei, Umweltschutzorganisation [→ *Nonprofit...*]

Non|pro|li|fe|ra|tion ⟨[-prɔlifərɛiʃən] f.; -; unz.⟩ *Nichtweitergabe von Kernwaffen an andere Länder, auch Nichtweitergabe von Kernbrennstoffen an Länder, die sich nicht der Kontrolle der Internationalen Atomenergie-Agentur unterwerfen;* Ggs *Proliferation(2)* [< engl. *non* »nicht« + *proliferation* »Wachstum, Vermehrung«]

non scho|lae, sed vi|tae dis|ci|mus ⟨[-sko:lɛ:-vi:tɛ:-]⟩ *Nicht für die Schule, sondern fürs Leben lernen wir* [lat.; nach Seneca, ca. 4 v.Chr.–65 n.Chr.]

Non|sens ⟨m.; -; unz.⟩ *Unsinn, törichtes Gerede* [< engl. *nonsense*]

non|stop ⟨Adv.⟩ *durchgehend, ohne Unterbrechung;* ~ fliegen; die Band spielt ~

Non|stop|flug, ⟨auch⟩ **Non-Stop-Flug** ⟨m.; -(e)s, -flü|ge⟩ *Flug ohne Zwischenlandung* [< engl. *non stop* »keine Unterbrechung«]

Non|stop|ki|no, ⟨auch⟩ **Non-Stop-Kino** ⟨n.; -s, -s⟩ *Kino mit ununterbrochenen Vorführungen u. durchgehendem Einlass* [< engl. *non stop* »keine Unterbrechung«]

non ta|nto ⟨Mus.⟩ *nicht so sehr (zu spielen);* allegro ma ~ [ital.]

non trop|po ⟨Mus.⟩ *nicht zu sehr, zu viel (zu spielen);* allegro ma ~ [ital.]

Non|va|lenz ⟨[-va-] f.; -, -en⟩ *Zahlungsunfähigkeit*

Non|va|leur ⟨[nɔ̃valœ:r] m.; -s, -s⟩ **1** *entwertetes Wertpapier* **2** *veraltete, unverkäufl. Ware* [frz., »Wertloses«]

non|ver|bal ⟨[-vɛr-] Adj.⟩ *nicht mündlich, nicht durch Worte mitgeteilt;* ~e Verständigung [< lat. *non* »nicht« + *verbal*]

no|o|gen ⟨[no:o-] Adj.; Psych.⟩ *durch ein geistiges Problem, einen sittlichen Konflikt od. eine existenzielle Krise hervorgerufen* [< grch. *nous* »Geist« + *...gen*]

No|o|ge|ne|tik ⟨[no:o-] f.; -; unz.; Ökol.⟩ *gezielte Einflussnahme des Menschen auf Fauna u. Flora, um das durch Zivilisation u. Industrialisierung gestörte ökologische Gleichgewicht wiederherzustellen* [< grch. *nous* »Geist, Verstand« + *Genetik*]

No|o|lo|gie ⟨[no:o-] f.; -; unz.⟩ *von R. Eucken (1846-1926) begründete Lehre, die den Geist in seinem Eigenleben untersucht* [< grch. *nous* »Geist« + *...logie*]

no|o|lo|gisch ⟨[no:o-] Adj.⟩ **1** *die Noologie betreffend, auf ihr beruhend* **2** *den Geist betreffend (nach Eucken)*

No|o|lo|gist ⟨[no:o-] m.; -en, -en; Philos.⟩ *Philosoph, der die Vernunft als Quelle aller Erkenntnis ansieht* [< grch. *nous* »Geist, Verstand« + *logos* »Vernunft, Rede, Wort«]
No|o|psy|che ⟨[no:o-] f.; -; unz.; Psych.⟩ *geistige, intellektuelle Seite od. Schicht des Seelenlebens;* → a. *Thymopsyche* [< grch. *nous* »Geist, Verstand« + *Psyche*]
No|o|sphä|re, ⟨auch⟩ **No|os|phä|re** ⟨[no:o-] f.; -; unz.; Geogr.; Ökol.⟩ *Teil der Erdoberfläche, in dem menschl. Gesellschaften existieren u. bewussten Einfluss auf die Lebensumwelt nehmen* [< grch. *nous* »Geist, Verstand« + *Sphäre*]
Noor ⟨n.; -(e)s, -e⟩ *Haff* [dän.]
Nord|at|lan|tik|pakt ⟨m.; -(e)s; unz.⟩ = *NATO, Nato*
Norm ⟨f.; -, -en⟩ **1** *Richtschnur, Vorbild, Regel;* als ~ dienen, gelten; der ~ entsprechen **2** *Vorschrift für Größen, Qualitäten, Verfahren, Darstellungsweisen;* Sy *Standard* **3** *am Fuß der ersten Seite des Druckbogens stehende Bez. des Autors u. abgekürzten Buchtitels* **4** ⟨DDR⟩ *vorgeschriebene Arbeitsleistung;* Leistungs~; die ~ erreichen, erfüllen [< lat. *norma* »Winkelmaß; Maßstab, Regel, Vorschrift«]
norm|a|cid, ⟨auch⟩ **nor|ma|cid** ⟨[-tsi:t] Adj.; Med.⟩ *die normalen Säurewerte betreffend (z.B. vom Magensaft);* oV *normazid* [< *Norm* + lat. *acidus* »sauer«]
Norm|a|ci|di|tät, ⟨auch⟩ **Nor|ma|ci|di|tät** ⟨[-tsi-] f.; -; unz.; Med.⟩ *normaler Säurewert, z.B. des Magensaftes;* oV *Normazidität* [→ *normazid*]
nor|mal ⟨Adj.⟩ **1** *regelmäßig, regelrecht* **2** *gewöhnlich, üblich, landläufig;* ~es Gewicht; ~e Größe; ~e Verhältnisse **3** ⟨umg.⟩ *geistig gesund;* er ist nicht ganz ~ **4** ⟨Chem.; Zeichen: n⟩ *auf eine Normallösung bezogen* [< lat. *normalis* »nach dem Winkelmaß gerecht; die Norm betreffend«]
nor|mal…, Nor|mal… ⟨in Zus.⟩ *der Norm entsprechend, durchschnittlich, üblich*
Nor|mal|be|din|gun|gen ⟨Pl.⟩ = *Normbedingungen*
Nor|ma|le ⟨f.; - od. -n, -n⟩ **1** *Richtgröße* **2** *Lot zur Tangente* [→ *normal, Norm*]
Nor|ma|li|en ⟨Pl.⟩ **1** *Gesamtheit der Grundformen* **2** *Regeln, Vorschriften*
nor|ma|li|sie|ren ⟨V.⟩ *der Norm (wieder) angleichen, normal gestalten* [< frz. *normaliser*]
Nor|ma|li|tät ⟨f.; -; unz.⟩ *normale Beschaffenheit, Vorschriftsmäßigkeit*
Nor|mal|lö|sung ⟨f.; -, -en⟩ *Lösung, die in 1 l Flüssigkeit ein Grammäquivalent des wirksamen Stoffes enthält*
Nor|mal|null ⟨Abk.: NN od. N.N.⟩ *die für alle deutschen Höhenmessungen verwendete Bezugsfläche in Höhe des mittleren Wasserstandes des Amsterdamer Pegels*
Nor|mal|vo|lu|men ⟨[-vo-] n.; -s; unz.⟩ = *Normvolumen*
Nor|mal|zeit ⟨f.; -, -en⟩ *im Gegensatz zur Ortszeit für ein größeres Gebiet festgelegte Zeit;* Sy *Zonenzeit, Standardzeit*
nor|ma|tiv ⟨Adj.⟩ *als Norm geltend, maßgebend*
Nor|ma|tiv ⟨n.; -s, -e [-və]; bes. Wirtsch.⟩ *allgemeiner Richtwert bei der Festlegung von Arbeitsnormen*
Nor|ma|ti|ve ⟨[-və] f.; -, -n⟩ *das Maßgebende, grundlegende Bestimmung*
Nor|ma|ti|vis|mus ⟨[-vis-] m.; -; unz.; Philos.⟩ *Lehre vom Vorrang des »Sollens« gegenüber dem »Sein«*
norm|a|zid, ⟨auch⟩ **nor|ma|zid** ⟨Adj.; Med.⟩ = *normacid*
Norm|a|zi|di|tät, ⟨auch⟩ **Nor|ma|zi|di|tät** ⟨f.; -; unz.; Med.⟩ = *Normacidität*
Norm|be|din|gun|gen ⟨Pl.⟩ *für Flüssigkeiten u. Gase festgelegte äußere Zustandsbedingungen, die einen Vergleich untereinander hinsichtlich Dichte, Dampfdruck usw. gestatten; in der Physik 0 °C u. 1013 mbar, in der Technik meist 20 °C u. 1013 mbar;* Sy *Normalbedingungen*
Norm|blatt ⟨n.; -(e)s, -blät|ter⟩ *vom Deutschen Institut für Normung (DIN) herausgegebenes Verzeichnis von Standards u. Normen für Industrieprodukte, Fertigungsverfahren u.Ä.*
nor|men, nor|mie|ren ⟨V.⟩ *als Norm(1, 2) od. nach einer Norm festlegen, einheitlich festsetzen*
Nor|men|kon|troll|kla|ge, ⟨auch⟩ **Nor|men|kont|roll|kla|ge** ⟨f.; -, -n; Rechtsw.; Pol.⟩ *Verfassungsbeschwerde, Klage der Bundes- od. der Landesregierung, aber auch der Bürger beim Bundesverfassungsgericht zur Prüfung der Gültigkeit einer Rechtsnorm*
Nor|mie|rung ⟨f.; -, -en⟩ *das Normen, Festlegen als Norm od. nach einer Norm, Vereinheitlichung* Sy *Normung*
Nor|mo|blast ⟨m.; -en, -en⟩ *kernhaltige Vorstufe des roten Blutkörperchens* [< lat. *norma* »Richtschnur« + grch. *blastos* »Keim«]
Nor|mo|glyk|ä|mie, ⟨auch⟩ **Nor|mo|gly|kä|mie** ⟨f.; -; unz.; Med.⟩ *normaler Blutzuckerspiegel* [< *Norm* + *Glykämie*]
nor|mo|ton ⟨Adj.; Med.⟩ *normalen Blutdruck aufweisend* [zu *norm* + grch. *tonos* »Spannung«]
Nor|mo|zyt ⟨m., -en, -en; Med.⟩ *(in Gestalt, Größe u. Farbe) normales rotes Blutkörperchen;* → a. *Makrozyt, Mikrozyt*
Nor|mung ⟨f.; -, -en⟩ = *Normierung*
Norm|vo|lu|men ⟨[-vo-] n.; -s; unz.⟩ *das Volumen von 1 Mol eines Gases od. einer Flüssigkeit bei Normbedingungen;* Sy *Normalvolumen*
Nor|ne ⟨f.; -, -n⟩ *eine der drei nord. Schicksalsgöttinnen* [< anord. *norn* »Schicksalsgöttin«; verwandt mit schwedisch (mundartlich) *norna, nyrna* »heimlich mitteilen, leise warnen«]
Nor|ther ⟨[nɔ:ðə(r)] m.; -s, -; Geogr.⟩ **1** *ein kalter Nordwind im Norden des amerikanischen Kontinents* **2** *im südlichen Teil des australischen Kontinents vorkommender, trockener Wüstenwind* [< engl. *north* »Norden«]

Nor|ton|ge|trie|be, ⟨auch⟩ **Nor|ton-Ge|trie|be** ⟨n.; -s, -⟩ *Zahnradgetriebe, das eine bes. feinfühlige Regelung der Übersetzungszahlen ermöglicht* [nach dem Erfinder, dem Engländer W.P. *Norton*]

No|se|an ⟨m.; -s, -e; Min.⟩ *braunes, zu den Feldspaten gehörendes Mineral* [nach dem dt. Geologen K. W. *Nose,* 1753–1835]

No|se|ma|seu|che ⟨f.; -, -n⟩ **1** *von Protozoen (Nosema apis) verursachte Krankheit der Bienen* **2** *von Nosema bombycis verursachte Fleckenkrankheit der Seidenraupen;* Sy *Pebrine* [< grch. *nosema* »Krankheit«]

no|so…, No|so… ⟨in Zus.⟩ *krank, leidend, übel* [< grch. *nosos* »Krankheit«]

No|so|de ⟨f.; -, -n; Med.⟩ *homöopathisches Arzneimittel, das aus Gewebe u. Flüssigkeiten erkrankter Organe hergestellt wird u. in höheren Potenzen zur Behandlung des gleichen Leidens verabreicht wird* [< grch. *nosos* »Krankheit«]

No|so|gra|fie ⟨f.; -, -n⟩ = *Nosographie*

No|so|gra|phie ⟨f.; -, -n⟩ *(systemat.) Bezeichnung u. Beschreibung der Krankheiten;* oV *Nosografie* [< *Noso…* + *…graphie*]

No|so|lo|gie ⟨f.; -, -n⟩ *Zweiggebiet der Pathologie, das sich mit der systematischen Beschreibung der Krankheiten befasst* [< *Noso…* + *…logie*]

no|so|lo|gisch ⟨Adj.⟩ *die Nosologie betreffend, zu ihr gehörend*

No|so|ma|nie ⟨f.; -, -n⟩ *Einbildung, an einer schweren Krankheit zu leiden* [< *Noso…* + *Manie*]

No|so|pho|bie ⟨f.; -, -n⟩ *krankhafte Angst vor Krankheiten;* Sy *Pathophobie* [< *Noso…* + *Phobie*]

No-Spiel ⟨n.; -(e)s, -e; Kurzw.: No⟩ *altjapan. Singspiel mit histor. od. sagenhaften Stoffen* [< jap. *no*]

Nost|al|gie, ⟨auch⟩ **Nos|tal|gie** ⟨f.; -; unz.⟩ **1** *Sehnsucht nach Vergangenem* **2** *Sehnsucht nach Rückkehr, Heimweh* [< grch. *nostos* »Heimkehr« + *…algie*]

Nost|al|gi|ker, ⟨auch⟩ **Nos|tal|gi|ker** ⟨m.; -s, -⟩ *jmd., der sich der Nostalgie hingibt, der sich nach Vergangenem sehnt*

nost|al|gisch, ⟨auch⟩ **nos|tal|gisch** ⟨Adj.⟩ *auf Nostalgie beruhend, wehmütig-sehnsüchtig*

Nos|tri|fi|ka|ti|on, ⟨auch⟩ **Nost|ri|fi|ka|ti|on** ⟨f.; -, -en⟩ **1** *Einbürgerung* **2** *staatl. Anerkennung (ausländischer Diplome)*

nos|tri|fi|zie|ren, ⟨auch⟩ **nost|ri|fi|zie|ren** ⟨V.⟩ **1** *einbürgern* **2** *staatl. anerkennen;* ausländische Diplome ~ [< lat. *noster* »unser« + *…fizieren*]

Nos|tro|kon|to, ⟨auch⟩ **Nost|ro|kon|to** ⟨n.; -s, -s od. -ti od. -ten⟩ *Konto einer Bank bei einer anderen;* Ggs *Lorokonto* [ital., »unser Konto«]

No|ta ⟨f.; -, -s⟩ **1** *Vormerkung, Aufzeichnung, Anmerkung;* in ~ geben *in Auftrag geben;* in ~ nehmen *vormerken;* → a. *ad notam* **2** *Rechnung* [lat., »Zeichen, Merkmal«]

No|ta|beln ⟨Pl.; in Frankreich seit dem 14 Jh. bis zur Frz. Revolution⟩ *die Oberschicht bildende, führende Persönlichkeiten* [< frz. *notable* »bemerkenswert«]

no|ta|be|ne ⟨Abk.: NB⟩ *wohlgemerkt!, übrigens, was ich noch sagen wollte* [lat.]

No|ta|be|ne ⟨n.; - od. -s, - od. -s⟩ *Merkzeichen, Merkzettel*

Not|al|gie, ⟨auch⟩ **No|tal|gie** ⟨f.; -, -n⟩ *Schmerz im Bereich des Rückens* [< grch. *noton* »Rücken« + *…algie*]

No|tar ⟨m.; -s, -e⟩ *ausgebildeter Jurist, der Unterschriften, Schriftstücke beglaubigt u. Rechtsgeschäfte beurkundet u.Ä.* [< lat. *notarius,* eigtl. »Geschwindschreiber«]

No|ta|ri|at ⟨n.; -(e)s, -e⟩ *Büro, Kanzlei eines Notars* [< mlat. *notariatus*]

no|ta|ri|ell ⟨Adj.⟩ *vom, durch einen Notar;* eine ~ beglaubigte Abschrift, Kopie

no|ta|risch ⟨Adj.⟩ = *notariell*

No|ta|ti|on ⟨f.; -, -en⟩ *das Aufschreiben von Musik in Noten, Notenschrift;* Sy *Notierung(3)* [< *notieren*]

Note|book ⟨[noutbuk] n.; -s, -s; EDV⟩ *kleiner, tragbarer Computer;* → a. *Laptop, Notepad, Handheldcomputer* [engl., eigtl. »Notizbuch«]

Note|pad ⟨[noutpæd] n.; -s, -s; EDV⟩ *tragbarer Computer von sehr geringer Größe, der nicht mit einer Tastatur, sondern mit einem Sensorstift bedient wird;* → a. *Laptop, Notebook, Handheldcomputer* [engl., eigtl. »Notizblock«]

Note sen|si|ble, ⟨auch⟩ **Note sen|sib|le** ⟨[nɔtsãsiːblə] f.; - -, -s -s [nɔtsãsiːblə]; Mus.⟩ *Leitton* [frz., eigtl. »empfindliche Note«]

no|tie|ren ⟨V.⟩ **1** *aufschreiben (um es sich zu merken);* (sich) ein Datum, eine Verabredung ~ **2** *vormerken;* jmdn. für die Teilnahme an einem Lehrgang ~ **3** einen Kurswert ~ *festsetzen u. veröffentlichen;* zum notierten Kurs [< lat. *notare* »kennzeichnen, bezeichnen; aufzeichnen, aufschreiben«]

No|tie|rung ⟨f.; -, -en⟩ **1** *das Notieren, Aufzeichnen, Vormerken* **2** *Festsetzung u. Veröffentlichung;* ~ von Kursen u. Preisen **3** ⟨Mus.⟩ = *Notation*

No|ti|fi|ka|ti|on ⟨f.; -, -en; †⟩ *Anzeige, Benachrichtigung* [zu lat. *notificare* »melden, anzeigen«]

No|tio, No|ti|on ⟨f.; -, -ti|o|nes [-neːs]; Philos.⟩ *Begriff, Gedanke* [lat., »Kenntnis, Begriff«]

No|tiz ⟨f.; -, -en⟩ **1** *notierte Bemerkung, kurze Angabe, Vermerk;* Zeitungs~; sich ~en machen; eine kurze ~ bringen **2** *Kenntnis, Beachtung;* (keine) ~ von etwas od. jmdm. nehmen [< lat. *notitia* »Kenntnis, Kunde; Aufzeichnung«; zu *notus* »bekannt«]

no|to|risch ⟨Adj.⟩ **1** *offenkundig, allbekannt* **2** *gewohnheitsmäßig;* ein ~er Trinker [< lat. *notorius* »anzeigend, kundtuend«; zu *noscere* »kennen lernen«]

No|tre-Dame, ⟨auch⟩ **Not|re-Dame** ⟨[nɔtrədam] f.; -; unz.⟩ **1** *frz. Bezeichnung für die Jungfrau Maria* **2** ⟨in Zus.⟩ *Name vieler der*

Muttergottes geweihter Kirchen im französischsprachigen Raum; ~ de Paris [frz.; »unsere Herrin, unsere Liebe Frau«]

Not|tu̩r|no ⟨n.; -s, -s od. -ni; Mus.⟩ = *Nocturne* [ital.]

Nougat/Nugat (*Laut-Buchstaben-Zuordnung*) Im Zuge der Integration fremdsprachlicher Wörter in die deutsche Standardsprache kann neben die ursprüngliche, der Herkunftssprache folgende Orthographie eine integrierte Schreibweise mit angepasster Laut-Buchstaben-Zuordnung treten (→a. *Panther/Panter*).

Nou|gat ⟨[nu:-] n. od. m.; -s, -s⟩ *Konfekt aus fein zerkleinerten Nüssen od. Mandeln mit Zucker u. Kakao;* oV *Nugat* [frz. <prov. *nogat;* zu *noga* »Nuss« <lat. *nux*]

Nou|veau Ro|man ⟨[nuvo: rɔmã:] m.; - -; unz.⟩ *in Frankreich entstandene Richtung des modernen Romans, in der völlige Subjektivität des Autors (im Gegensatz zur bisherigen »Allwissenheit«) angestrebt u. die Objekte des Geschehens, die Reaktionen auf (unterbewusste) Reize od. auf seel. Vorgänge betont werden* [frz., »neuer Roman«]

Nou|veau|té ⟨[nuvote:] f.; -, -s⟩ *Neuheit, Neuigkeit* [frz.]

Nou|velle Cu|i|sine ⟨[nuvɛl kyizin] f.; - -; unz.⟩ *moderne frz. Kochkunst, die auch neuere ernährungswissenschaftliche Erkenntnisse berücksichtigt* [frz., »neue Küche«]

Nov. ⟨Abk. für⟩ *November*

No̱|va ⟨[-va] Pl. von⟩ **1** *Novum* **2** ⟨f.; -, -vä⟩ **2.1** *Fixstern, dessen Helligkeit plötzlich sehr stark ansteigt* **2.2** *neuer Stern* [lat., »die Neue«]

No|va|ti|o̱n ⟨[-va-] f.; -, -en⟩ **1** *Erneuerung* **2** ⟨Rechtsw.⟩ *Umwandlung einer Schuld* [<lat. *novatio*]

No|ve|cen|to ⟨[nɔvətʃɛnto] n.; - od. -s; unz.⟩ *das 20. Jh. in der italien. Kunst;* Kunstwerke, Bauten des ~ [ital., »neunhundert« (nach Tausend)]

No|vel|food, ⟨auch⟩ **No|vel Food** ⟨[nɔvəlfu:d] n.; (-) - od. (-) -s; unz.⟩ *mit Hilfe der Gentechnik verändertes Nahrungsmittel;* Sy *Genfood* [<engl. *novel* »neu(artig)« + *food* »Essen, Speise«]

No|vel|le ⟨[-vɛl-] f.; -, -n⟩ **1** ⟨Rechtsw.⟩ *ergänzender od. ändernder Nachtrag zu einem Gesetz;* Gesetzes~ **2** ⟨Lit.⟩ *von einem einzelnen ungewöhnlichen Ereignis handelnde, kürzere, sich geradlinig bis zu einem Höhe- bzw. Wendepunkt steigernde, gedrängt berichtende Erzählung* [<ital. *novella* »Novelle; kleine Neuigkeit« <lat. *novellus,* Verkleinerungsform zu *novus* »neu«]

No|vel|le̩t|te ⟨[-vɛl-] f.; -, -n⟩ **1** *kleine Novelle(2)* **2** *kurzes (»erzählendes«) Musikstück* [<ital. *novelleta* »Kurznovelle«]

no|vel|lie̱|ren ⟨[-vɛl-] V.; österr.⟩ *neu formulieren od. ergänzen (Gesetz)* [→ *Novelle*]

No|vel|li̩st ⟨[-vɛl-] m.; -en, -en⟩ *Verfasser von Novellen(2)*

No|vel|li̩s|tik ⟨[-vɛl-] f.; -; unz.⟩ **1** *Kunst der Novelle(2)* **2** *Gesamtheit der Novellen (eines Volkes od. einer Zeit)*

no|vel|li̩s|tisch ⟨[-vɛl-] Adj.⟩ *in der Art einer Novelle(2)*

No|vem|ber ⟨[-vɛm-] m.; - od. -s, -; Abk.: Nov.⟩ *elfter Monat des Jahres* [lat., »der neunte« Monat des mit dem März beginnenden altrömischen Jahres; zu lat. *novem* »neun«]

No|ve|mo̱|le ⟨[-və-] f.; -, -n; Mus.⟩, *Gruppe von neuen gleichen rhythmischen Werten;* vgl. *Triole* [zu ital. *nove* <lat. *novem* »neun«]

No|ve|ne ⟨[-ve:-] f.; -, -n⟩ *neuntägige kath. Andacht* [<lat. *novem* »neun«]

No|vi|lu̱|ni|um ⟨[-vi-] n.; -s, -ni|en; Astron.⟩ *erstes Sichtbarwerden der Mondsichel nach Neumond* [<lat. *novus* »neu« + *luna* »Mond«]

No|vi|tä̱t ⟨[-vi-] f.; -, -en⟩, **1** *Neuheit, Neuigkeit* **2** *Neuerscheinung, z.B. ein Buch* [<lat. *novitas* »Neuheit«]

No|vi|ze ⟨[-vi:-] m.; -n, -n⟩ *junger Mönch während der Probezeit vor dem Ablegen der Gelübde* [<lat. *novicius* »Neuling«; zu *novus* »neu«]

No|vi|zi|a̱t ⟨[-vi-] n.; -(e)s, -e⟩ *Probezeit im Kloster* [→ *Novize*]

No|vi|zin ⟨[-vi:-] f.; -, -zin|nen⟩ *junge Nonne während der Probezeit vor dem Ablegen der Gelübde*

No|vo|ka|i̱n ⟨[-vo-] n.; -s; unz.⟩ *Anästhetikum, das anstelle des viel giftigeren Kokains heute vorwiegend für lokale od. oberflächl. Betäubungen verwendet wird* [<lat. *novum* »neu« + *Kokain*]

No|vo|te̩x ⟨[-vo-] m.; - od. -es; unz.; Wz⟩ *Kunststoff aus Baumwollgeweben u. Kunstharz, für Zahnräder u. als Isolationsmaterial verwendet* [<lat. *novus* »neu« + *textil*]

No̩|vum ⟨[-vum] n.; -s, -va [-va]⟩ *Neuheit, noch nicht Dagewesenes, neuer Gesichtspunkt* [lat., Neutr. zu *novus* »neu«]

No̩|xe ⟨f.; -, -n; Med.⟩ **1** *Schädlichkeit* **2** *Ursache einer Krankheit* [<lat. *noxa* »Schaden, Vergehen, Schuld«]

No|xi̱n ⟨n.; -s, -e; Med.⟩ *Giftstoff aus zerfallenem Körpereiweiß* [zu lat. *noxa* »Schaden«]

Np ⟨chem. Zeichen für⟩ *Neptunium*

NP ⟨Abk. für⟩ *Nominalphrase*

Nr. ⟨Abk. für⟩ *Nummer*

NRT ⟨Abk. für⟩ *Nettoregistertonne*

Nu|an|ce ⟨[nyã:sə] f.; -, -n⟩ **1** *Abstufung, feine Tönung;* eine ~ heller, dunkler **2** *winzige Kleinigkeit, Spur, Schimmer;* (keine) ~n unterscheiden (können); um eine ~ anders [frz.]

nu|an|cie|ren ⟨[nyãsi:-] V.⟩ *abstufen, kaum merklich ändern* [<frz. *nuancer*]

nu|an|ciert ⟨[nyãsi:rt] Adj.⟩ *differenziert, vielfach abgestuft;* eine ~e Darstellung

Nu̩|buk ⟨n.; -s; unz.⟩ *Rinds- od. Kalbsleder mit samtartiger Oberfläche*

Nu|cel|lus ⟨m.; -, -li⟩ *Teil der Samenanlage bei Blütenpflanzen, Gewebekern* [Neubildung zu spätlat. *nucella* »Haselnuss«; zu lat. *nucleus* »Nusskern, Kern«]

Nu|cle|us, ⟨auch⟩ **Nuc|le|us** ⟨m.; -, -clei [-kle:iː]⟩ = *Nukleus*

Nu|dis|mus ⟨m.; -; unz.⟩ *Freikörperkultur, Nacktkultur;* Sy *Naturismus* [<lat. *nudus* »nackt, bloß«]

Nu|dist ⟨m.; -en, -en⟩ *Anhänger des Nudismus, der Freikörperkultur*

nu|dis|tisch ⟨Adj.⟩ *den Nudismus betreffend, zu ihm gehörend, seinem Ideal gemäß*

nu|dis ver|bis ⟨[-vɛr]⟩ *mit nackten Worten* [lat.]

Nu|di|tät ⟨f.; -, -en⟩ **1** ⟨unz.⟩ *Nacktheit (oft im unzüchtigen Sinne)* **2** ⟨meist Pl.⟩ *sexuelle Anzüglichkeit, sexuell anzügliche Äußerung od. Darstellung* [<lat. *nuditas* »Blöße«]

Nu|gat ⟨n. od. m.; -s, -s⟩ = *Nougat*

Nug|get ⟨[nʌgit] n.; -s, -s⟩ *natürliches Goldklümpchen* [engl.]

■ Die Buchstabenfolge **nu|kl...** kann auch **nuk|l...** getrennt werden.

nukl... (*Worttrennung am Zeilenende*) Innerhalb von Präfixen kann nach Sprechsilben, wie sie sich bei langsamem Sprechen ergeben, getrennt werden. Möglich ist jedoch auch die Trennung zwischen zwei aufeinander folgenden Konsonanten.

■ **nu|kle|ar** ⟨Adj.⟩ **1** *den Atomkern betreffend, von ihm ausgehend* **2** *auf Kernreaktion beruhend* [→ *Nukleus*]

■ **Nu|kle|ar|me|di|zin** ⟨f.; -; unz.⟩ *Teilgebiet der Medizin, das sich mit der Anwendung radioaktiver Stoffe im medizin. Bereich befasst*

■ **Nu|kle|ar|waf|fe** ⟨f.; -, -n⟩ *auf explosiv verlaufenden Kernspaltungen od. Kernfusionen beruhende Waffe, Kernwaffe*

■ **Nu|kle|a|se** ⟨f.; -, -n⟩ *Enzym, das Nukleinsäuren spaltet*

■ **Nu|kle|in** ⟨n.; -s, -e⟩ *in Zellkernen vorkommende Eiweißverbindung* [→ *Nucleus*]

■ **Nu|kle|in|säu|re** ⟨f.; -, -n⟩ *kompliziert zusammengesetzte Verbindung der Zellkerne, die aus organ. Basen (Purin, Pyrimidin), Kohlenhydraten u. Phosphorsäure besteht*

■ **Nu|kle|o|id** ⟨n.; -(e)s, -e; Biol.⟩ *dem Zellkern höherer Organismen entsprechende Zellstruktur der Bakterien* [zu lat. *nucleus* »Kern«]

■ **Nu|kle|o|le** ⟨f.; -, -n⟩ = *Nukleolus*

■ **Nu|kle|o|lus** ⟨m.; -, -li od. -kle|o|len⟩ *Kernkörperchen des Zellkerns* [<spätlat. *nucleolus;* zu lat. *nucleus* »Nusskern, Kern«]

■ **Nu|kle|on** ⟨n.; -s, -o|nen⟩ *Baustein eines Atomkerns,* z.B. Proton, Neutron

■ **Nu|kle|o|nik** ⟨f.; -; unz.⟩ *Teilbereich der techn. Physik, der sich mit den Atomkernen befasst*

■ **Nu|kle|o|pro|te|id** ⟨n.; -(e)s, -e⟩ *hochmolekulare Verbindung von Nukleinsäuren mit Eiweißstoffen, Hauptbestandteil der Zellkerne von Pflanzen u. Tieren*

■ **Nu|kle|o|sid** ⟨n.; -s, -e⟩ *organischer Teil des Nukleotids*

■ **Nu|kle|o|tid** ⟨n.; -s, -e⟩ *Grundbaustein der Nukleinsäure*

■ **Nu|kle|us** ⟨m.; -, -klei [-kle:iː]⟩ **1** *Zellkern* **2** *Kern eines steinzeitlichen Knollens aus Feuerstein* **3** ⟨fachsprachl. für⟩ *Atomkern* [lat.]

■ **Nu|klid** ⟨n.; -s, -e⟩ *ein Atomkern* [<lat. *nucleus* »Kern« + grch. *eidos* »Gestalt«]

null ⟨Num.; Zeichen: 0⟩ *kein, nichts;* das Spiel steht zwei zu null (2:0); das Ergebnis der Sache ist ~; eine Temperatur von ~ Grad (0 °C) *am Anfang der Celsius-Skala, auf dem Gefrierpunkt;* zwei Grad über (unter) ~; in ~ Komma nichts ⟨umg.⟩ *im Nu*

Null 1 ⟨f.; -, -en; Zeichen: 0⟩ **1.1** *Ziffer ohne Wert* **1.2** *Ziffer, die einen Stellenwert im dekadischen Zahlensystem einnimmt;* einer Zahl eine ~ anhängen *sie mit 10 multiplizieren* **1.3** jmd. ist eine ~ *ein untüchtiger, bedeutungsloser Mensch* **2** ⟨m. od. n.; - od. -s, -s⟩ *im Skat ein Spiel, bei dem der Spieler keinen Stich bekommen darf;* ~ spielen; → a. *Null ouvert* [<ital. *nulla* »nichts« <lat. *nullus* »keiner«]

Null|di|ät ⟨f.; -, -en⟩ *Schlankheitsdiät mit vollständigem Verzicht auf Nahrung außer Wasser, Vitaminen u. Mineralstoffen;* auf ~ gehen

nul|len ⟨V.; refl.⟩ sich ~ ⟨umg.; scherzh.⟩ *eine Null aufweisen;* sein Geburtstag nullt sich in diesem Jahr zum dritten Mal

Nul|li|fi|ka|ti|on ⟨f.; -, -en⟩ *Erklärung der Ungültigkeit, Nichtigmachung, Aufhebung* [< *Null* + *...fikation*]

nul|li|fi|zie|ren ⟨V.⟩ *für ungültig erklären, zunichte machen, aufheben* [<lat. *nullus* »keiner« + *...fizieren*]

Null|in|stru|ment, ⟨auch⟩ **Null|ins|tru|ment, Null|inst|ru|ment** ⟨n.; -(e)s, -e⟩ *physikal. Messinstrument zur Bestimmung der Größe unbekannter Widerstände od. Kapazitäten, das zu bestimmende Bauteil wird über eine Messbrücke so lange mit Bauteilen bekannter Größen abgestimmt, bis ein Amperemeter keinen Stromfluss in der Schaltung mehr anzeigt*

Nul|li|pa|ra ⟨f.; -, -pa|ren; Med.⟩ *Frau, die noch nicht geboren hat;* → a. *Multipara, Primipara* [<lat. *nullus* »kein, nicht« + *parere* »hervorbringen, gebären«]

Nul|li|tät ⟨f.; -, -en; selten⟩ **1** *Nichtigkeit, Ungültigkeit* **2** *bedeutungslose Person od. Sache* [<frz. *nullité*]

Nulllösung (*Laut-Buchstaben-Zuordnung*) Beim Zusammentreffen von drei gleichen Buchstaben in Zusammensetzungen werden künftig alle Buchstaben geschrieben. Möglich ist auch das Setzen eines Bindestrichs zur übersichtlichen Gliederung einer Zusammensetzung (*Null-Lösung*).

Null|lö|sung ⟨f.; -, -en; Pol.; in den 80er-Jahren Schlagwort für⟩ *Herstellung eines Aus-*

gleichs bei der Aufstellung von atomaren Mittelstreckenwaffen; doppelte ~ *Verschrottung der atomaren Mittelstreckenwaffen der mittleren u. längeren Reichweite*

Null|me|ri|di|an ⟨m.; -s; unz.⟩ *der durch die Sternwarte Greenwich in London verlaufende Längengrad, von dem aus die Längengrade jeweils von 0° bis 180° nach Osten u. Westen gezählt werden*

Null|mor|phem ⟨n.; -s, -e; Sprachw.; Zeichen: ∅⟩ *der Form nach nicht ausgedrücktes Wortbildungselement, leeres Morphem,* z.B. die Pluralform von »Meister ∅«, dagegen »Person«, Pl. »Person*en*«

Null|ni|veau ⟨[-nivo:] n.; -s, -s⟩ *Höhenlage, von der aus kartographische Messungen durchgeführt werden*

Null|num|mer ⟨f.; -, -n⟩ *der ersten Ausgabe einer Zeitung od. Zeitschrift vorausgehende Probenummer*

Null|o|de, ⟨auch⟩ **Nul|lo|de** ⟨f.; -, -n⟩ *elektrodenlose Gasentladungsröhre* [verkürzt < *Null* + Elektr*ode*]

Null|o|pe|ra|ti|on ⟨f.; -; unz.⟩ *dem Computer eingegebene Information, die keinen Rechenvorgang auslöst, sondern Speicherkapazität für die Erweiterung von Programmen freihält, Leerbefehl*

Null ou|vert ⟨[-uvɛ:r] m. od. n.; - -, - -s⟩ *Nullspiel, bei dem der Spieler nach dem ersten Stich die Karten offen hinlegen muss* [→ *Null(2);* frz. *ouvert* »offen«]

Null|punkt ⟨m.; -(e)s; unz.⟩ *Bezugspunkt einer Skala, z.B. bei Thermometern der Gefrierpunkt des Wassers als Ausgangspunkt der Celsius-Skala;* auf dem ~ angekommen sein ⟨fig.⟩ *den größten Tiefstand erreicht haben;* unsere Stimmung sank auf den ~

Null|punkts|e|ner|gie ⟨f.; -; unz.⟩ *auch am absoluten Nullpunkt der Temperatur noch vorhandene Schwingungsenergie von Atomen und Molekülen;* die ~ von Kristallen

Null|ta|rif ⟨m.; -(e)s, -e⟩ *durch Verzicht auf Fahrgeld für die Beförderung in öffentl. Verkehrsmitteln auf Null gesenkter Tarif;* zum ~ *unentgeltlich*

Nul|lum ⟨n.; -s; unz.; Rechtsw.⟩ *etwas Gegenstandsloses, Unbegründetes, Hinfälliges, ein Nichts* [< lat. *nullum* »nichts«]

Nu|men ⟨n.; -s, -⟩ *göttl. Wesen, Gottheit ohne persönliche Gestalt, aber mit Wirkkraft* [lat.]

Nu|me|ra|le ⟨n.; -s, -lia od. -li|en; Gramm.⟩ *Wort, das die Zahl der beteiligten Größen bezeichnet, Zahlwort,* z.B. eins, zwei, dritter [< lat. *numeralis* »die Zahl betreffend«]

Nu|me|ri ⟨Pl. von⟩ **1** *Numerus* **2** *viertes Buch Mosis*

Nu|me|ri|cal|con|trol, ⟨auch⟩ **Nu|me|ri|cal Cont|rol** ⟨[nju:mɛrɪkəl kɔntro:l] f.; (-) -; unz.⟩ = *NC(2)*

nu|me|risch ⟨Adj.⟩ *der Zahl nach, die Zahl betreffend;* ~e Exzentrizität *Kenngröße von Ellipsen u. Hyperbeln, bezeichnet das Verhältnis zwischen dem Abstand des Brennpunktes vom Scheitelpunkt u. dem Abstand vom Mittelpunkt der halben Hauptachse;* ~e Steuerung = *NC(2);* oV *nummerisch* [→ *Numerus*]

Nu|me|ro ⟨n.; -s, -s; Abk.: No.; Zeichen: N°; †⟩ *Nummer (nur mit Zahlenangaben);* ~ eins, vier [lat., Dat. zu *numerus* »Zahl«]

Nu|me|ro|lo|gie ⟨f.; -; unz.⟩ *okkulte Wissenschaft, die aus dem Namen des Menschen seinen Charakter ableitet, indem sie die einzelnen Buchstaben in Zahlenwerte umsetzt;* → a. *Kabbala*

Nu|me|rus ⟨m.; -, -ri⟩ **1** ⟨Math.⟩ *Zahl, zu der der Logarithmus gesucht wird* **2** ⟨Gramm.⟩ *grammatische Kategorie, die angibt, ob die durch Nomen, Pronomen od. Verbum ausgedrückten Begriffe einfach (zweifach usw.) od. mehrfach aufzufassen sind,* z.B. Singular, Dual, Plural **3** ~ clausus ⟨Abk.: NC⟩ *begrenzte Zahl für die Zulassung von Bewerbern zum Studium, zu einem Gewerbe od. Beruf* [lat., »Teil, Zahl, Anzahl«]

nu|mi|nos ⟨Adj.⟩ *göttlich* [→ *Numen*]

Nu|mis|ma|tik ⟨f.; -; unz.⟩ *Münzkunde* [< mlat. *numisma,* Gen. *numismatis* »Münze« < lat. *nummus*]

Nu|mis|ma|tiker ⟨m.; -s, -⟩ *Kenner der Numismatik*

nu|mis|ma|tisch ⟨Adj.⟩ *die Numismatik betreffend, zu ihr gehörig*

Num|mer ⟨f.; -, -n; Abk.: Nr., No.⟩ **1** *Glied in einer Reihe von Ordnungszahlen;* Haus~; Los~; Telefon~; Zimmer~; er hat Zimmer ~ 10; laufende ~; in welcher ~ (Haus~) wohnen Sie?; wir sind unter ~ (Telefon~) 596775 zu erreichen; auf ~ Sicher/sicher gehen *nichts riskieren;* er sitzt auf ~ Sicher/sicher ⟨umg.⟩ *er ist im Gefängnis;* bei jmdm. eine gute ~ haben *von jmdm. geschätzt werden* **2** *Exemplar;* ~ einer Zeitschrift **3** *einzelne Darbietung innerhalb einer Folge von Vorführungen;* eine hervorragende, komische ~ **4** *Größe (eines Kleidungsstückes);* Handschuh~ 10; Anzug~ 56 **5** ⟨umg.⟩ *Person;* er ist eine komische, ulkige ~; jmd. ist eine tolle ~ ⟨fig.⟩ *ein lebenssprühender, allen Vergnügungen zugeneigter Mensch* [< lat. *numerus* »Teil; Zahl, Anzahl«]

> **nummerieren** (*Laut-Buchstaben-Zuordnung*) Aufgrund des sogenannten Stammerhaltungsprinzips richtet sich die Schreibung abgeleiteter Wortarten nach dem Wortstamm. Folglich wird das Verb »*nummerieren*« künftig wie das zugrunde liegende Substantiv »*Nummer*« mit doppeltem Konsonanten geschrieben.

num|me|rie|ren ⟨V.⟩ *mit Nummern, mit fortlaufenden Zahlen versehen, beziffern* [< lat. *numerare* »zählen, rechnen«]

Num|me|rie|rung ⟨f.; -, -en⟩ *Bezifferung, Bezeichnung mit Nummern*

num|me|risch ⟨Adj.⟩ = *numerisch*

Num|mern|girl ⟨[-gəːl] n.; -s, -s; Sp.; bes. Boxen⟩ *meist leicht bekleidete, gut aussehende junge Frau, die jeweils vor Beginn einer neuen Runde eine Tafel mit der aktuellen Rundenzahl durch den Boxring trägt* [< *Nummer* + engl. *girl* »Mädchen«]

Num|mern|kon|to ⟨n.; -s, -ten od. -ti od. -s⟩ *anonymes Konto, das nur durch die Kontonummer bezeichnet ist*

Num|mu|lit ⟨m.; -s od. -en, -e od. -en⟩ *zu den Foraminiferen gehörendes Tier aus dem Tertiär mit gekammerten, kalkigen Schalen* [< lat. *nummulus,* Verkleinerungsform zu *nummus* »Münze«]

Nu|na|tak ⟨m.; -s, -s od. -(e)r; Geogr.⟩ *Berg, der über die Oberfläche von Gletschern od. des Inlandeises aufragt* [eskim.]

Nun|ti|a|tur ⟨f.; -, -en⟩ *Amt u. Sitz eines Nuntius*

Nun|ti|us, ⟨österr.⟩ **Nun|zi|us** ⟨m.; -, -ti|en bzw. -zi|en⟩ *päpstl. Botschafter* [< lat. *nuntius* »Bote, Verkündiger«]

Nu|ta|ti|on ⟨f.; -, -en⟩ **1** *spiralförmige Bewegung bei Pflanzen, die durch unterschiedlich schnelles Wachstum der einzelnen Organe hervorgerufen wird* **2** *periodische Schwankung der Erdachse* [< lat. *nutatio* »das Schwanken«; zu *nutare* »nicken, schwanken«]

Nu|tria, ⟨auch⟩ **Nut|ria** ⟨f.; -, -s⟩ **1** *Tier mit einem Fell aus braunen, steifen Grannen u. bläulich braunem Unterpelz, Biberratte, Sumpfbiber: Myocaster coypus* **2** *dessen Fell* [< span. *nutria, nutra* < lat. *lutra*]

Nu|tri|ment, ⟨auch⟩ **Nut|ri|ment** ⟨n.; -(e)s, -e⟩ *Nahrungsmittel* [< lat. *nutrimentum,* zu *nutrire* »ernähren«]

Nu|tri|ti|on, ⟨auch⟩ **Nut|ri|ti|on** ⟨f.; -; unz.⟩ *Ernährung* [< lat. *nutrire* »ernähren«]

nu|tri|tiv, ⟨auch⟩ **nut|ri|tiv** ⟨Adj.⟩ *nahrhaft, Nahrungsmittel betreffend* [→ *Nutrition*]

Ny ⟨n.; - od. -s, -; Zeichen: ν, N⟩ *grch. Buchstabe, n, N* [grch.]

Nykt|al|gie, ⟨auch⟩ **Nyk|tal|gie** ⟨f.; -, -n⟩ *in der Nacht auftretender Schmerz, Nachtschmerz* [< grch. *nyx,* Gen. *nyktos* »Nacht« + *...algie*]

Nykt|al|o|pie, ⟨auch⟩ **Nyk|ta|lo|pie** ⟨f.; -; unz.⟩ *Herabsetzung des Sehvermögens bei hellem Tageslicht wegen Überempfindlichkeit der Netzhaut, während bei der Dämmerung besser gesehen wird, Tagblindheit* [< grch. *nyx,* Gen. *nyktos* »Nacht« + *alaos* »blind« + *...opie*]

Nyk|ti|nas|tie, Nyk|ti|tro|pie ⟨f.; -, -n⟩, **Nyk|ti|tro|pis|mus** ⟨m.; -, -men⟩ *durch den Wechsel von Licht u. Temperatur bewirkte Bewegung der Pflanzen (Senken der Blätter o.Ä.)* [< grch. *nyx,* Gen. *nyktos* »Nacht« + *Nastie, ...tropie, Tropismus*]

Nykt|u|rie, ⟨auch⟩ **Nyk|tu|rie** ⟨f.; -, -n⟩ *verstärkter nächtl. Harndrang* [< grch. *nyx,* Gen. *nyktos* »Nacht« + *...urie*]

Ny|lon ⟨[nai-] n.; -s, -s; Ⓦz⟩ **1** ⟨unz.⟩ *zu den Polyamiden gehörige synthet. Faser* **2** ⟨nur Pl.; umg.⟩ ~s *Strümpfe aus Nylon* [engl.]

Nym|pha ⟨f.; -, -phae [-fɛː] od. -phen⟩ = *Nymphe(3)*

Nym|phäa, Nym|phäe ⟨f.; -, -phä|en⟩ *See-, Wasserrose*

Nym|phä|um ⟨n.; -s, -phä|en⟩ **1** ⟨urspr.⟩ *Heiligtum einer Nymphe* **2** ⟨dann⟩ *mit Figuren, Säulen, Nischen ausgestatteter Brunnen (als Blickfang od. Abschluss von Gartenwegen)* [< lat. *nymphaeum* < grch. *nymphaion* < *nymphe*]

Nym|phe ⟨f.; -, -n⟩ **1** *grch. weibl. Naturgottheit* **2** *Übergangsstadium in der Entwicklung bestimmter Insekten zwischen Larve u. Puppe* **3** ⟨Anat.⟩ *kleine Schamlippe: Labium minus;* oV *Nympha* [< lat. *nympha* < grch. *nymphe* »Mädchen, Braut«]

Nym|phi|tis ⟨f.; -, -ti|den⟩ *Entzündung der kleinen Schamlippen* [< *Nymphe(3)* + *...itis*]

nym|pho|man ⟨Adj.⟩ *an Nymphomanie leidend, mannstoll*

Nym|pho|ma|nie ⟨f.; -; unz.⟩ *krankhaft gesteigerter Geschlechtstrieb bei Frauen, Mannstollheit* [< *Nymphe* + *Manie*]

Nym|pho|ma|nin ⟨f.; -, -nin|nen⟩ *an Nymphomanie leidende Frau*

nym|pho|ma|nisch ⟨Adj.⟩ = *nymphoman*

Ny|norsk ⟨n.; -; unz.; neuere Bez. für⟩ *Landsmål* [norw., »Neunorwegisch«]

Nys|tag|mus ⟨m.; -; unz.⟩ *Zittern der Augäpfel* [< grch. *nystagmos* »Schläfrigkeit«]

O

O ⟨chem. Zeichen für⟩ *Sauerstoff (Oxygenium)*

o- ⟨Chem.; Zeichen für⟩ *ortho-Stellung*

O' ⟨vor irischen Eigennamen⟩ *Sohn des ...,* z.B. O'Connor

OAS ⟨Abk. für engl.⟩ *Organization of American States (Organisation amerikan. Staaten)*

O|a|se ⟨f.; -, -n⟩ **1** *fruchtbare Stelle mit Quelle in der Wüste* **2** ⟨fig.⟩ *vom Lärm der Welt abgeschlossener Ort;* eine ~ des Friedens, der Stille [< lat. *oasis* < grch. *oasis* < ägypt. *owahe* »Kessel, Niederung«]

OAU ⟨Abk. für engl.⟩ *Organization of African Unity (Organisaton für die Einheit Afrikas)*

ob..., Ob... ⟨vor f⟩ of..., Of..., ⟨vor k⟩ ok..., Ok..., ⟨vor p⟩ op..., Op... **1** *auf ... hin* **2** *gegen, entgegen* [lat.]

Ob|duk|ti|on ⟨f.; -, -en; Med.⟩ *Leichenöffnung* [< lat. *obducere* »vorführen, öffnen«]

Ob|du|ra|ti|on ⟨f.; -; unz.⟩ *Verhärtung von Körpergewebe* [< lat. *obdurare* »hart sein«]

ob|du|zie|ren ⟨V.; Med.⟩ *eine Obduktion vornehmen an, bei;* eine Leiche ~

Ob|e|di|enz, ⟨auch⟩ **O|be|di|enz** ⟨f.; -; unz.; kath. Kirche⟩ **1** *Gehorsam (gegenüber den geistl. Vorgesetzten)* **2** *Anhängerschaft eines*

Kandidaten für die Wahl zum Papst od. Bischof bei zwiespältiger Wahl [zu lat. *oboedire* »gehorchen«]

O|be|lisk ⟨m.; -en, -en⟩ *vierkantige, in einer Spitze endende Säule* [< lat. *obeliscus*]

O|ber|li|ga ⟨f.; -, -li|gen; Sp.⟩ **1** *höchste od. zweithöchste Spielklasse* **1.1** ⟨BRD; Fußb.⟩ *Spielklasse unter der Regionalliga* **1.2** ⟨DDR; Fußb.⟩ *höchste Spielklasse*

O|ber|li|gist ⟨m.; -en, -en; Sp.⟩ *Spieler od. Verein, der der Oberliga angehört*

O|be|si|tät ⟨f.; -; unz.⟩ *Fettleibigkeit* [zu lat. *obesus* »fett, feist« < *ob* »zu hin« + *edere* »essen«]

O|bi ⟨m.; -s, -s; Sp.; Judo⟩ *Gürtel der Kampfbekleidung* [jap.]

o|bi|it ⟨†; Abk.: ob.⟩ *ist gestorben* [lat.]

O|bi|ter Dic|tum ⟨n.; - -, - Dic|ta; Rechtsw.⟩ *juristische Kennzeichnung von Teilen einer gerichtlichen Urteilsbegründung, die über das zur Entscheidung Nötige hinausgehen u. damit für spätere vergleichbare Fälle von geringerer Bedeutung sind* [lat., »das beiläufig Bemerkte«]

Ob|jekt ⟨n.; -(e)s, -e⟩ **1** *Sache, Gegenstand (bes. einer Verhandlung), z.B. Grundstück;* das ~ einer Untersuchung **2** ⟨Philos.⟩ *Gegenstand des Wahrnehmens, Erkennens u. Denkens;* Ggs *Subjekt(1)* **3** *Satzteil, der aus einer nominalen Ergänzung zum Verb besteht, Satzergänzung;* Ggs *Subjekt(4);* Akkusativ~; Dativ~; Genitiv~; die Tücke des ~s ⟨fig.; umg.⟩ *plötzlich auftretende, unvorhergesehene Schwierigkeit* [< lat. *obiectum,* Part. Perf. zu *obicere* »entgegenwerfen«]

Ob|jekt|e|ro|tik ⟨f.; -; unz.⟩ *sexuelle Befriedigung mit Hilfe eines Gegenstandes;* → a. *Objektlibido*

Ob|jek|ti|on ⟨f.; -, -en⟩ *das Verlegen von Empfindungen in einen Gegenstand od. Vorstellungsinhalt, z.B. das Empfinden eines Lichtes als „freundlich", einer dunklen Wolke als „drohend"* [< lat. *obiectio,* Gen. *-onis* »das Entgegenwerfen«]

ob|jek|tiv ⟨Adj.⟩ **1** *gegenständlich, tatsächlich* **2** Ggs *subjektiv(2)* **2.1** *sachlich, vorurteilsfrei, unparteiisch;* ein ~es Urteil; eine Sache ~ betrachten **2.2** *allgemein gültig* [→ *Objekt*]

Ob|jek|tiv ⟨n.; -s, -e [-və]; Optik⟩ *dem Gegenstand zugewandte Linse(ngruppe);* Ggs *Okular*

Ob|jek|ti|va|ti|on ⟨[-va-] f.; -, -en⟩ *das Objektivieren*

Ob|jek|ti|ve ⟨[-və] n.3; unz.; Philos.⟩ *das vom einzelnen Subjekt u. seinem Bewusstsein Unabhängige;* Ggs *Subjektive*

ob|jek|ti|vie|ren ⟨[-vi:-] V.⟩ **1** *zum Objekt machen* **2** *vom Persönlichen absehen*

Ob|jek|ti|vie|rung ⟨[-vi:-] f.; -, -en⟩ = *Objektivation*

Ob|jek|ti|vis|mus ⟨[-vis-] m.; -; unz.⟩ Ggs *Subjektivismus* **1** ⟨Philos.⟩ *Lehre, dass es vom Subjekt unabhängige Wahrheiten u. Werte gibt* **2** ⟨Ethik⟩ *Streben nach objektiven Maßstäben für das sittl. Handeln*

Ob|jek|ti|vist ⟨[-vist] m.; -en, -en⟩ *Anhänger, Vertreter des Objektivismus*

ob|jek|ti|vis|tisch ⟨[-vis-] Adj.⟩ *zum Objektivismus gehörig, auf ihm beruhend*

Ob|jek|ti|vi|tät ⟨[-vi-] f.; -; unz.⟩ *objektive Beschaffenheit, Allgemeingültigkeit, objektive Betrachtungsweise, Sachlichkeit, Vorurteilslosigkeit;* Ggs *Subjektivität;* die ~ wahren [→ *Objekt*]

Ob|jekt|kunst ⟨f.; -; unz.⟩ *Stilrichtung der modernen Kunst, die Produkte u. Fundstücke des Alltags für das Arrangement von Kunstwerken gebraucht*

Ob|jekt|li|bi|do ⟨f.; -; unz.; Psych.⟩ *auf Personen u. Dinge, nicht auf das eigene Ich gerichtete Libido;* → a. *Objekterotik*

Ob|jekt|satz ⟨m.; -es, -sät|ze⟩ *Gliedsatz, der die Funktion eines Objektes zum Verb des übergeordneten Satzes übernimmt, Ergänzungssatz,* z.B. ich weiß nicht, „ob du Recht hast"; wir helfen jetzt, „wem wir wollen" [→ *Objekt*]

Ob|jekt|schutz ⟨m.; -es; unz.⟩ *polizeil. od. militär. Schutz für gefährdete Objekte, z.B. Gebäude, Industrieanlagen*

Ob|jekt|spra|che ⟨f.; -, -n; Sprachw.⟩ Ggs *Metasprache* **1** *Sprache bzw. Sprachebenen, mit der außersprachliche Sachverhalte od. Gegenstände beschrieben werden* **2** *Sprache bzw. Sprachebene, die Gegenstand sprachwissenschaftl. Analysen ist*

Ob|jekt|trä|ger ⟨m.; -s, -⟩ *Objektglas, kleine Glasplatte, auf die das im Mikroskop zu untersuchende Präparat (Objekt) gelegt wird, im Gegensatz zum Deckglas*

Ob|last ⟨f.; -, -e⟩ *Verwaltungsbezirk in der UdSSR, dem ehemaligen Gouvernement entsprechend* [< russ. *oblast* »Gebiet«]

■ Die Buchstabenfolge **ob|l...** kann auch **o|bl...** getrennt werden.

■ **Ob|la|te** **1** ⟨f.; -, -n⟩ **1.1** *noch nicht geweihte Hostie* **1.2** *dünne, aus Weizenmehl gebackene Scheibe (als Unterlage für Backwerk, bes. Lebkuchen)* **1.3** *rundes, scheibenförmiges, dünnes, waffelartiges Gebäck* **1.4** *Marke zum Versiegeln, z.B. von Briefen* **1.5** *Kapsel zum Umhüllen von schlecht schmeckender Arznei* **2** ⟨m.; -n, -n⟩ **2.1** *für das Kloster bestimmtes u. dort erzogenes Kind* **2.2** ~n *Angehörige mehrerer Kongregationen(2)* [< lat. *oblata (hostia)* »Abendmahlbrot«; → *Oblation*]

■ **Ob|la|ti|on** ⟨f.; -, -en⟩ **1** *Darreichung, Opferung von Brot (u. Wein) durch den Priester* **2** *freiwillige Gabe (der Gemeinde an die Kirche)* [< lat. *oblatus,* Perf. zu *offerre* »entgegenbringen, darbieten«]

■ **ob|li|gat** ⟨Adj.⟩ **1** *verbindlich, unerlässlich, notwendig* **2** ⟨Mus.⟩ *als Begleitstimme selbständig geführt u. deshalb nicht dispensabel;* Ggs *ad libitum;* Sonate für zwei Flöten und ~es Cembalo [< lat. *obligatus,* Part. Perf. zu *obligare* »anbinden, verbinden; verpflichten«]

■ **Ob|li|ga|ti|on** ⟨f.; -, -en⟩ **1** *Haftung, Verbindlichkeit, Verpflichtung* **2** *Schuldverschreibung, festverzinsliches Wertpapier* [< lat. *obligatio* »das Binden; Verbindlichkeit, Verpflichtung«]

■ **Ob|li|ga|ti|o|när** ⟨m.; -(e)s, -e; schweiz.⟩ *Inhaber einer Obligation*

■ **ob|li|ga|to|risch** ⟨Adj.⟩ *verbindlich, verpflichtend, vorgeschrieben, Pflicht...;* Ggs *fakultativ;* die Vorlesung ist ~ [< lat. *obligatorius*]

■ **Ob|li|ga|to|ri|um** ⟨n.; -s, -ri|en; schweiz.⟩ *Verpflichtung, Verbindlichkeit* [→ *obligat*]

■ **Ob|li|go** ⟨n.; -s, -s⟩ *Verbindlichkeit, Haftung;* ohne ~ ⟨Abk.: o.O.⟩ *ohne Haftung, ohne Gewähr* [ital.]

■ **Ob|li|qui|tät** ⟨f.; -; unz.⟩ **1** ⟨†⟩ *Unregelmäßigkeit* **2** ⟨Sprachw.⟩ *syntaktische Abhängigkeit von Sätzen* **3** ⟨Med.⟩ *Schrägstellung des Kopfes des Kindes während der Geburt beim Eintritt in das kleine Becken* [< lat. *obliquitas* »Krümmung, schiefe Richtung«]

■ **Ob|li|te|ra|ti|on** ⟨f.; -, -en⟩ *das Obliterieren*

■ **ob|li|te|rie|ren** ⟨V.⟩ **1** etwas Geschriebenes, eine Eintragung ~ *löschen, tilgen* **2** ⟨Med.⟩ Sy *veröden* **2.1** ein Hohlraum obliteriert (infolge Entzündung) *verschwindet* **2.2** eine Ader (durch einen Eingriff) ~ *stilllegen, verschwinden lassen* [< lat. *obliterare* »(den Buchstaben) auslöschen«]

■ **ob|long** ⟨Adj.; †⟩ *länglich, rechteckig* [< lat. *oblongus* »lang«]

O|boe ⟨[-boːə] f.; -, -n; Mus.⟩ *aus der Schalmei entwickeltes Holzblasinstrument mit doppeltem Rohrblatt im Mundstück u. näselndem Klang;* ~ d'amore *eine Terz tiefer liegende Oboe, deren Schallstück nach unten birnenförmig zuläuft* [< frz. *hautbois* < mlat. *altus buxus* »Hochholz« (d.h. bis zu hohen Tönen gehend)]

O|boe d'A|mo|re ⟨[-boːə-] f.; - -, -n -; Mus.⟩ *Altoboe des 18. Jh. in der Tonlage A mit birnenförmigem Schalltrichter* [ital., »Liebesoboe«]

O|boe da Cac|cia ⟨[-boːə da katʃa] f.; - - -, -n - -; Mus.⟩ *gebogene Altoboe des frühen 18. Jh. in der Tonlage F* [ital., »Jagdoboe«]

O|bo|ist ⟨m.; -en, -en; Mus.⟩ *die Oboe blasender Musiker*

O|bo|lus ⟨m.; -, - od. -se⟩ **1** *kleine altgriech. Münze* **2** *kleiner Geldbetrag, Spende;* seinen ~ entrichten [lat., < grch. *obolos*]

ob|o|val ⟨[-vaːl] Adj.⟩ *verkehrt eiförmig*

ob|se|quent ⟨Adj.; Geol.⟩ *entgegengesetzt zur Ausrichtung der Gesteinsschichten fließend;* ~er Fluss; Ggs *resequent, subsequent* [< lat. *ob* »entgegen« + *sequi* »folgen, eine Richtung einschlagen«]

Ob|se|qui|en ⟨Pl.⟩ *Totenfeier* [< mlat. *obsequiae* »Leichenfeier«]

ob|ser|va|bel ⟨[-vaː-] Adj.⟩ *messbar, beobachtbar* [< frz. *observabel* »wahrnehmbar«]

Ob|ser|va|ble, ⟨auch⟩ **Ob|ser|vab|le** ⟨[-vaː-] f. 2⟩ *eine messbare physikalische Größe*

ob|ser|vant ⟨[-vant] Adj.⟩ *den Regeln streng nachfolgend* [< lat. *observans,* Gen. *observantis* »beobachtend, befolgend«]

Ob|ser|vant ⟨[-vant] m.; -en, -en⟩ **1** *Mönch, der der strengen Form einer Ordensregel folgt, z.B. bei den Franziskanern* **2** ⟨allg.⟩ *Anhänger, Vertreter einer strengeren Richtung (von zweien)* [zu frz. *observer* »beobachten« < lat. *observare*]

Ob|ser|vanz ⟨[-vanz] f.; -, -en⟩ **1** *Gewohnheitsrecht* **2** *strengere Form einer Ordensregel*

Ob|ser|va|ti|on ⟨[-va-] f.; -, -en⟩ **1** *wissenschaftl. Beobachtung* **2** *Wahrnehmung, Erfahrung* [< lat. *observatio* »Beobachtung«]

Ob|ser|va|tor ⟨[-vaː-] m.; -s, -to|ren⟩ *wissenschaftl. Beobachter an einem Observatorium* [lat., »Beobachter«]

Ob|ser|va|to|ri|um ⟨[-va-] n.; -s, -ri|en⟩ *Institut zur wissenschaftl. Beobachtung,* z.B. Sternwarte; Wetterwarte

ob|ser|vie|ren ⟨[-viː-] V.⟩ *(unauffällig) beobachten;* einen Verdächtigen ~ [< lat. *observare* »beobachten«]

Ob|ses|si|on ⟨f.; -, -en; bes. Psych.⟩ *Zwangsvorstellung od. -handlung* [< lat. *obsessio* »Besetztsein, Blockierung, Einschließung«]

ob|ses|siv ⟨Adj.; bes. Psych.⟩ *zwanghaft, in der Art einer Obsession*

Ob|si|di|an ⟨m.; -s, -e⟩ *meist schwarzes, kieselsaures, glasiges Gestein, das beim Erstarren vulkan. Auswürfe entsteht, Lavaglas* [< lat. *obsidianus, obsianus;* nach dem Römer *Obsius,* der (laut Plinius dem Älteren) der Entdecker des Gesteins gewesen sein soll]

ob|skur, ⟨auch⟩ **obs|kur** ⟨Adj.⟩ *dunkel, unklar, verdächtig* [< lat. *obscurus* »dunkel, undeutlich, trübe; verschlossen; unbekannt, unberühmt«]

Ob|sku|ran|tis|mus, ⟨auch⟩ **Obs|ku|ran|tis|mus** ⟨m.; -; unz.⟩ *feindselige Haltung gegenüber jeder Art von Aufklärung*

Ob|sku|ri|tät, ⟨auch⟩ **Obs|ku|ri|tät** ⟨f.; -, -en⟩ *obskure Beschaffenheit, Unklarheit, Dunkelheit* [< lat. *obscuritas*]

Ob|so|les|zenz ⟨f.; -; unz.⟩ **1** *das Veralten* **2** ⟨Wirtsch.⟩ *Veralten von Gütern* **2.1** *gewollt verkürzte Lebensdauer von Gütern, z.B. von Wegwerfartikeln* [→ *obsolet*]

ob|so|let ⟨Adj.⟩ *ungebräuchlich, überholt, veraltet* [< lat. *obsoletus*]

Ob|ste|trik, ⟨auch⟩ **Obs|tet|rik** ⟨f.; -; unz.⟩ *Lehre von der Geburtshilfe* [< lat. *obstetrix* »Hebamme«]

ob|sti|nat, ⟨auch⟩ **obs|ti|nat** ⟨Adj.⟩ *eigensinnig, widerspenstig* [< lat. *obstinatus* »beharrlich, fest; eigensinnig«]

Ob|sti|pa|ti|on, ⟨auch⟩ **Obs|ti|pa|ti|on** ⟨f.; -, -en; Med.⟩ *Verstopfung* [zu lat. *obstipare* »verstopfen«]

ob|sti|pie|ren, ⟨auch⟩ **obs|ti|pie|ren** ⟨V.; Med⟩ *eine Obstipation verursachen*

■ Die Buchstabenfolge **ob|str...** kann auch **obs|tr...** od. **obst|r...** getrennt werden.

■ **Ob|struc|tion|box** ⟨[ɔbstrʌkʃnbɔks] f.; -, -es [-siz]; Psych.⟩ *Gerät, welches mittels Behinderung der Nahrungsaufnahme zur Messung des Futtertriebes bei Tieren verwendet wird* [< engl. *obstruction* »Blockierung, Versperrung« + *box* »Kasten, Kiste, Schachtel«]

■ **Ob|stru|ent** ⟨m.; -en, -en; Sprachw.⟩ *Konsonant, der durch einen Verschluss (Verschlusslaut) od. eine Verengung (Reibelaut) der Atemorgane gebildet wird, Geräuschlaut, Geräuschkonsonant* [zu lat. *obstruere* »versperren«]

■ **ob|stru|ie|ren** ⟨V.⟩ **1** *hindern, hemmen, verhindern;* Parlamentsbeschlüsse ~ **2** ⟨Med.⟩ *verstopfen* [< lat. *obstruere* »aufbauen gegen«]

■ **Ob|struk|ti|on** ⟨f.; -, -en⟩ **1** *das Obstruieren, Störung, Verschleppung, Verhinderung;* ~ von Parlamentsbeschlüssen durch Dauerreden, aussichtslose Anträge u.Ä. **2** ⟨Med.⟩ *Verstopfung* [< lat. *obstructio*]

■ **ob|struk|tiv** ⟨Adj.⟩ *hemmend*

ob|szön, ⟨auch⟩ **obs|zön** ⟨Adj.⟩ *unanständig, schamlos, anstößig* [< lat. *obscoenus, obscenus,* eigtl. »das, was im Theater nicht gezeigt werden darf« < *ob scaenum* »außerhalb der Szene«]

Ob|szö|ni|tät, ⟨auch⟩ **Obs|zö|ni|tät** ⟨f.; -, -en⟩ **1** ⟨unz.⟩ *obszöne Beschaffenheit* **2** ⟨zählb.⟩ *obszöne Äußerung od. Darstellung* [< lat. *obscenitas* »Unanständigkeit, Schamlosigkeit«]

Ob|tu|ra|ti|on ⟨f.; -, -en⟩ *Verschließen von Hohlorganen, z.B. des Darms* [zu lat. *obturare* »verschließen«]

Ob|tu|ra|tor ⟨m.; -s, -to|ren⟩ *Platte zum Verschließen abnormer Körperöffnungen*

Oc|ca|mis|mus ⟨[ɔkɛ-] m.; -; unz.⟩ = *Ockhamismus*

Och|lo|kra|tie ⟨[ɔx-] f.; -, -n⟩ *Herrschaft des Pöbels, entartete Demokratie* [< grch. *ochlos* »Pöbel« + .. *kratie*]

och|lo|kra|tisch ⟨[ɔx-] Adj.⟩ *auf Ochlokratie beruhend, sie betreffend, zu ihr gehörend*

Ock|ha|mis|mus ⟨[ɔkɛ-] m.; -; unz.⟩ oV *Occamismus* **1** *Lehre des engl. scholastischen Theologen Wilhelm von Ockham (1270–1347), des Begründers des spätmittelalterl. Nominalismus* **2** *Schluss unter Zuhilfenahme von Ockhams Razor*

OCR ⟨Abk. für engl.⟩ *Optical Character Recognition (optische Zeichenerkennung), Methode zur automatischen Erfassung u. Umwandlung von gedruckten Zeichen in Schrift (mit Hilfe eines Scanners)*

Oc|tan ⟨n.; -s, -e⟩ *zu den Paraffinen gehörender, gesättigter Kohlenwasserstoff, chem. Formel C_8H_{18};* oV *Oktan* [< lat. *octo* »acht«]

Oc|tan|zahl ⟨f.; -, -en⟩ = *Oktanzahl*

Od ⟨n.; -(e)s; unz.⟩ *Mitte des 19. Jh. von dem dt. Chemiker u. Naturphilosophen C. L. von Reichenbach eingeführter Begriff, der eine alles durchdringende, dem Magnetismus ähnliche u. vom menschl. Körper ausstrahlende Lebenskraft bezeichnet*

O|dal ⟨n.; -s, -e⟩ *in der Sippe vererbtes Eigentum an Grund u. Boden* [< schwed. < norw. *odel*]

O|da|lis|ke ⟨f.; -, -n⟩ *weiße Sklavin in einem türk. Harem* [< türk. *odalyk* »Zimmermagd«]

Odd Fel|lows ⟨[ɔd fɛlouz] m.; Pl.⟩ **1** ⟨wörtlich⟩ Independent Order of ~ *unabhängiger Orden überzähliger (d.h. arbeitsloser) Gesellen* **2** ⟨seit dem 18. Jh.⟩ *engl. geheime Bruderschaft, die wohltätige Zwecke verfolgt* [engl.]

Odds ⟨Pl.⟩ **1** *Wette mit ungleichen Einsätzen* **2** ⟨Sp.⟩ *Vorgabe* [engl., »Gewinnquote; Chance«]

...o|de ⟨in Zus.⟩ **1** *Ein- od. Austrittsstelle von elektrischem Strom* **2** *Elektronenröhre mit einer bestimmten Anzahl von Polen od. Elektroden* [< grch. *hodos* »Weg«]

O|de ⟨f.; -, -n⟩ *Form des lyr. Gedichts in freien Rhythmen von erhaben-feierlicher Stimmung;* pindarische ~ *nach dem grch. Dichter Pindar benannte dreiteilige Form (Strophe, Antistrophe, Epoche) der Ode (bes. in der Renaissance- u. Barockdichtung)* [< lat. *ode* < grch. *oide* »Gesang, Gedicht, Lied«; zu *aeidein* »singen«]

Ö|dem ⟨n.; -s, -e⟩ **1** *krankhafte Ansammlung von wasserähnlicher, aus dem Blut stammender Flüssigkeit in den Zellen od. Spalten des Gewebes, Wassersucht* **2** malignes ~ = *Gasphlegmone* [< grch. *oidema* »Schwellung«]

ö|de|ma|tös ⟨Adj.⟩ *in der Art eines Ödems, auf ihm beruhend*

O|de|on ⟨n.; -s, -s⟩ *Gebäude für musikal. Aufführungen, Theater u. Tanz;* → a. *Odeum* [< grch. *odeion*]

O|de|um ⟨n.; -s, -de|en⟩ **1** ⟨Antike⟩ *rundes Gebäude für künstler. Aufführungen, Theater* **2** ⟨heute meist⟩ = *Odeon* [lat. < grch. *odeion;* → *Odeon*]

O|deur ⟨[-dø:r] n.; -s, -s od. -e⟩ *Duft, Wohlgeruch* [frz.]

o|di|ös, ⟨selten⟩ **o|di|os** ⟨Adj.⟩ *gehässig, widerwärtig, verhasst* [< lat. *odiosus*]

ö|di|pal ⟨Adj.; Psych.⟩ *den Ödipuskomplex betreffend, auf ihm beruhend;* die ~e Phase eines Kindes

Ö|di|pus|kom|plex ⟨m.; -es; unz.; Psych.⟩ *in früher Kindheit (bei Jungen) sich entwickelnde, übersteigerte Bindung an den Elternteil des anderen Geschlechts;* → a. *Elektrakomplex* [nach dem sagenhaften griech. König *Ödipus,* der unwissend seinen Vater erschlug u. seine Mutter heiratete]

O|di|um ⟨n.; -s; unz.⟩ **1** *Hass, Feindschaft* **2** *Makel* **3** *übler Beigeschmack* [lat., »Hass«]

...o|don ⟨in Zus.⟩ *Tier mit Zähnen* [< grch. *odon,* Gen. *odontos* »Zahn«]

o|dont..., **O|dont...** ⟨in Zus.⟩ = *odonto..., Odonto...*

O|dont|al|gie, ⟨auch⟩ **O|don|tal|gie** ⟨f.; -, -n⟩ *Zahnschmerz* [< grch. *odon,* Gen. *odontos* »Zahn« + *...algie*]

O|don|ti|tis ⟨f.; -, -ti|ti|den; Med.⟩ *Zahn- od. Zahnfleischentzündung* [< *Odonto...* + *...itis*]
o|don|to..., O|don|to... ⟨vor Vokalen⟩ o-dont..., O|dont... ⟨in Zus.⟩ *Zahn..., Kiefer...* [< grch. *odous,* Gen. *odontos* »Zahn«]
O|don|to|blast ⟨m.; -en, -en; Med.; meist Pl.⟩ *Bindegewebszelle im Zahn, die das Zahnbein produziert;* Sy *Dentinoblast* [< *Odonto...* + grch. *blastos* »Keim, Spross«]
o|don|to|gen ⟨Adj.; Med.⟩ *von den Zähnen ausgehend;* Sy *dentogen* [< *odonto...* + *...gen*]
O|don|to|lo|gie ⟨f.; -; unz.; †⟩ *Zahnheilkunde* [< grch. *odon,* Gen. *odontos* »Zahn« + *...logie*]
O|don|tom ⟨n.; -s, -e; Med.⟩ *Geschwulst aus fertigem Zahngewebe* [< grch. *odous,* Gen. *odontos* »Zahn«]
O|dor ⟨m.; -s, -do|res; Med.⟩ *Geruch* [lat.]
o|do|rie|ren ⟨V.; Chem.⟩ *geruchlosen Gasen eine stark riechende Substanz zusetzen* [< lat. *odorare* »riechend, duftend machend«]
O|do|rier|mit|tel ⟨n.; -s, -⟩ *gasförmige Substanz mit starkem Eigengeruch (z.B. ein Mercaptan), die geruchlosen, aber giftigen od. explosiven Gasen zugesetzt wird, um deren unbeabsichtigtes Ausströmen anzuzeigen*
O|do|rie|rung ⟨f.; -; unz.⟩ *Zusetzen von Odoriermitteln*
O|dys|see ⟨f.; -, -n; fig.⟩ *Irrfahrt* [nach dem gleichnamigen Heldengedicht Homers]
Oe ⟨Zeichen für⟩ *Oersted*
OECD ⟨Abk. für engl.⟩ *Organization for Economic Cooperation and Development (Organisation für Zusammenarbeit und Entwicklung), 1960 aus der OEEC hervorgegangen*
OEEC ⟨Abk. für engl.⟩ *Organization for European Economic Cooperation (Organisation für europäische wirtschaftl. Zusammenarbeit) 1948 zur Durchführung des Marshallplanes gegründet, 1960 durch die OECD abgelöst*
OEM ⟨Abk. für engl.⟩ *Original Equipment Manufacturer (Hersteller originaler Geräte od. Einrichtungen), Verfahren, bei dem ein Hersteller Originalgeräte einer anderen Firma in seine Geräte od. Produkte integriert u. unter seinem eigenen Namen in den Handel bringt*
Oe|no|the|ra ⟨f.; -, -the|ren⟩ *Nachtkerze* [lat., < grch.]
Oers|ted ⟨n.; -, -; Zeichen: Oe⟩ *nicht mehr zulässige Maßeinheit der magnet. Feldstärke, zu ersetzen durch die Einheit Ampere/Meter (A/m) Oe = 79,57 A/m;* oV *Örsted* [nach dem dän. Physiker H. Chr. *Oersted,* 1777-1851]

Œuvre (*Worttrennung am Zeilenende*) In Fremdwörtern können Buchstabenverbindungen aus Konsonant (hier: »*v*«) + *l, n* oder *r* entweder (nach der konsonantischen Trennung) vor dem letzten Konsonantenbuchstaben getrennt werden oder sie kommen (nach der silbischen Trennung) ungetrennt auf die neue Zeile.

Œu|vre, ⟨auch⟩ **Œuv|re** ⟨[œ:vrə] n.; -, -s⟩ *Gesamtwerk (eines Künstlers)* [frz., »Werk«]
of..., Of... ⟨in Zus.⟩ = *ob..., Ob...*
Off ⟨n.; -s; unz; Film; TV⟩ *Bereich außerhalb des Bildes;* Stimme aus dem ~; aus dem ~ sprechen; der Sprecher ist im ~ [< engl. *off* »weg, außerhalb«]
Off|beat ⟨[-bi:t] m.; - od. -s; unz.; Mus.; bes. Jazz u. Rock⟩ *gegen den rhythmischen Grundschlag gesetzte freie Betonung* [engl., eigtl. »außerhalb des Schlages, weg vom Schlag«]
Off|brands ⟨[-brænds] Pl.⟩ *(meist preisgünstig angebotene) Produkte, die keinen Markennamen bzw. keinen Herstellernachweis haben;* → a. *No-Name-Produkt* [< engl. *off* »weg, außerhalb, ohne« + *brand* »Handelsmarke, Warenzeichen«]
Off|de|sign ⟨[-dizain] n.; -s, -s; Tech.⟩ *Betriebspunkt außerhalb des eigentlichen Auslegungspunktes, z.B. bei der Konstruktion von Maschinenteilen* [< engl. *off* »weg, außerhalb« + *Design*]
of|fen|siv ⟨Adj.⟩ **1** *angreifend, angriffslustig;* Ggs *inoffensiv, defensiv* **2** *beleidigend* [< lat. *offendere* »beschädigen; verletzen«]
Of|fen|si|ve ⟨[-və] f.; -, -n⟩ *Angriff, Angriffsschlacht;* Ggs *Defensive*
Of|fen|si|vi|tät ⟨[-vi-] f.; -; unz.⟩, *entgegenkommendes, aktives Verhalten;* Ggs *Defensivität*
Of|fe|rent ⟨m.; -en, -en⟩ *jmd., der eine Offerte macht*
of|fe|rie|ren ⟨V.⟩ *anbieten* [< lat. *offerre* »entgegentragen; anbieten«]
Of|fert ⟨n.; -(e)s, -e; österr.⟩, **Of|fer|te** ⟨f.; -, -n⟩ *(kaufmänn.) Angebot (meist mit Angabe des Preises)* [< frz. *offert,* Part. Perf. zu *offrir* »anbieten« < lat. *offerre*]
Of|fer|to|ri|um ⟨n.; -s, -ri|en; kath. Kirche⟩ *Teil der Messe, Darbringung, Opferung von Brot u. Wein* [lat.]
Of|fice[1] ⟨[ɔfis] n.; -, -s [-sis] od. [-siz]⟩ *Büro, Dienststelle* [engl.]
Of|fice[2] ⟨[ɔfis] n.; -, -s [ɔfis]; schweiz.⟩ *Anrichte (in Gaststätten)* [frz.]
Of|fi|ci|um ⟨n.; -s, -cia⟩ = *Offizium*
Of|fi|zi|al ⟨m.; -s, -e; kath. Kirche⟩ *bischöfl. Vertreter bei der Ausübung kirchl. Gerichtsbarkeit* [< lat. *officialis* »zum Dienst gehörig; Beamter«]
Of|fi|zi|a|lat ⟨n.; -(e)s, -e; kath. Kirche⟩ *bischöfl. Gerichtsbehörde*
Of|fi|zi|al|de|likt ⟨n.; -(e)s, -e⟩ *Vergehen, das gerichtlich verfolgt werden muss, ohne dass ein Antrag eines in seinen Rechten verletzten Bürgers vorliegt*
Of|fi|zi|al|ma|xi|me ⟨f.; -; unz. Rechtsw.⟩ *amtlich angeordnete, gerichtliche Ermittlung, Verfolgung von Amts wegen;* Sy *Offizialprinzip* [< lat. *officialis* »zum Amt gehörig« + *Maxime*]
Of|fi|zi|al|prin|zip ⟨n.; -s; unz.; Rechtsw.⟩ = *Offizialmaxime*

Of|fi|zi|al|ver|tei|di|ger ⟨m.; -s, -; Rechtsw.⟩ *vom Gericht bestellter Verteidiger*

of|fi|zi|ell ⟨Adj.⟩ Ggs *inoffiziell* **1** ⟨i.e.S.⟩ **1.1** eine ~e Nachricht, Meldung *amtlich beglaubigte, verbürgte N., M.;* etwas ~ bekannt geben **1.2** ~er Anzug *vorgeschriebener (dunkler) A.* **2** ⟨i.w.S.⟩ *förmlich, feierlich;* eine ~e Einladung, Veranstaltung; ~es Benehmen; ein ~er Besuch, Empfang; er nahm wieder seinen ~en Ton an, wurde wieder ~; sie stehen sehr ~ miteinander [< frz. *officiel*]

Of|fi|zier ⟨m.; -s, -e⟩ **1** *militär. Rang vom Leutnant an aufwärts* **2** *Soldat in diesem Rang* [< frz. *officier*]

Of|fi|ziers|korps ⟨[-ko:r] n.; - [-ko:r] od. [-kors], - [-ko:rs]; Mil.⟩ *Gesamtheit der Offiziere einer Truppe od. eines Truppenteils*

Of|fi|zin ⟨f.; -, -en⟩ **1** *(Arbeitsraum einer) Apotheke* **2** *größere Druckerei* [< lat. *officina* »Werkstätte«]

of|fi|zi|nal, of|fi|zi|nell ⟨Adj.⟩ *arzneilich, als Heilmittel anerkannt*

of|fi|zi|ös ⟨Adj.⟩ *halbamtlich;* Ggs *inoffiziös;* ~e Nachricht, Presse [< frz. *officieux*]

Of|fi|zi|um ⟨n.; -s, -zi|en⟩ *Amtspflicht, Dienstpflicht, Obliegenheit;* oV *Officium* [< lat. *officium* »Pflicht«]

off li|mits *Zutritt verboten* [engl.-amerikan., »außerhalb (der) Grenzen«]

off|line ⟨[-lain] Adj.; undekl.; EDV⟩ *nicht mit einem Server verbunden, nicht in einem Netzwerk arbeitend;* Ggs *online* [engl.; zu *off* »außerhalb, weg« + *line* »Linie, Leitung«]

Off|line|be|trieb ⟨[-lain-] m.; -(e)s; unz.; EDV⟩ *Art der elektron. Datenverarbeitung, bei der die Daten nicht unmittelbar in den verarbeitenden Computer gegeben werden, sondern in Zwischenspeichern für eine spätere Aufarbeitung gesammelt werden;* Ggs *Online-Betrieb*

Off-off-Büh|ne ⟨f.; -, -n; Theat.⟩ *kleines, meist nicht öffentlich unterstütztes Theater, in dem wegen der geringeren Kosten verstärkt Stücke junger Autoren von wenig bekannten Schauspielern aufgeführt werden* [engl.]

off|peak ⟨[-pi:k] Adj.; undekl.⟩ *(aufgrund geringerer Nachfrage od. Nutzung) verbilligt, ermäßigt;* während der Offpeakphase telefonieren [< engl. *off-peak* »außerhalb der Stoßzeiten«; zu *off* »von, weg« + *peak* »Spitze, Höhepunkt«]

off|road ⟨[-roud] Adj.; undekl.; umg.⟩ *außerhalb normaler Straßen u. Verkehrswege, in schwierigem, unzugänglichem Terrain od. auf schwierig zu befahrendem Untergrund* [< engl. *off* »weg, außerhalb« + *road* »Straße«]

Off|roa|der ⟨[-roudə(r)] m.; -s, -⟩ **1** = *Offroadfahrzeug* **2** ⟨umg.⟩ *Besitzer bzw. Fahrer eines solchen Fahrzeugs* [→ *offroad*]

Off|road|fahr|zeug ⟨[-roud-] n.; -(e)s, -e⟩ *geländegängiges Fahrzeug;* Sy *Offroader(1)*

Off|set|druck ⟨m.; -(e)s, -e⟩ **1** ⟨unz.⟩ *indirektes Flachdruckverfahren, bei dem die Druckfarbe von der Druckplatte über einen mit einem Gummituch bespannten Zylinder auf das Papier übertragen wird* **2** ⟨zählb.⟩ *Erzeugnis dieses Druckverfahrens* [< engl. *offset* »absetzen«]

off|shore ⟨[-ʃɔ:] Adj.; undekl.⟩ *küstennah (im Meer), vor der Küste befindlich od. geschehend* [engl.]

Off|shore|boh|rung ⟨[-ʃɔ:-] f.; -, -en⟩ *von Bohrinseln od. Bohrschiffen aus in den Meeresboden eingebrachte Bohrung* [→ *offshore*]

Off|shore|tech|nik ⟨[-ʃɔ:-] f.; -; unz.⟩ *Teilgebiet der Technik, das sich mit der Erschließung von Erdöl-, Erdgas- u. Erzlagerstätten im Meer befasst* [→ *offshore*]

Off|shore|zen|trum, ⟨auch⟩ **Off|shore|zentrum** ⟨[-ʃɔ:-] n.; -s, -tren; Wirtsch.⟩ *Mittelpunkt des internationalen Bankgeschäfts, der jedoch keinerlei Einwirkung auf den nationalen Markt besitzt, Offshorefinanzplatz*

off|side ⟨[-said] Adj.; undekl.; Sp.; Fußb.; österr. u. schweiz.⟩ *abseits, im Abseits befindlich* [< engl. *off* »weg, außerhalb« + *side* »Seite«]

Off|side ⟨[-said] n.; -s, -s; Sp.; Fußb.; österr. u. schweiz.⟩ *Stellung, bei der ein eigener Angreifer beim Zuspiel näher am gegnerischen Tor steht als der letzte Spieler der gegnerischen Verteidiger, Abseits* [→ *offside*]

Off|site|ver|fah|ren ⟨[-sait-] n.; -s; unz.⟩ *Verfahren zur Reinigung verseuchter Materialien außerhalb ihres ursprünglichen Ablagerungsortes;* Ggs *Onsiteverfahren* [< engl. *off* »weg, außerhalb« + *site* »Stelle, Stätte«]

Off|spre|cher ⟨m.; -s, -; Film; TV⟩ *Sprecher, der außerhalb des Bildes spricht;* Ggs *On-Sprecher* [→ *Off*]

Off|stim|me ⟨f.; -, -n; Film; TV⟩ *Stimme eines nicht sichtbaren Sprechers;* Ggs *Onstimme* [→ *Off*]

Off|sze|ne ⟨f.; -, -n⟩ *alternative Szene(4)* [< engl. *off* »von, weg«]

off|white ⟨[-wait] Adj.; undekl.⟩ *gelblich od. gräulich weiß* [< engl. *off* »weg, außerhalb« + *white* »weiß«]

O|ger ⟨m.; -s, -; im französ. Märchen⟩ *Menschen fressendes Ungeheuer* [< frz. *Ogre* < lat. *Orcus;* → *Orkus*]

O|gi|ven ⟨[-vən], a. [-ʒi:vən] nur Pl.; Geol.⟩ *spitzbogenartige, durch Staubeinlagerungen entstandene Struktur auf der Gletscherzunge* [< frz. *ogive* »Spitzbogen«]

...o|id ⟨in Zus.⟩ *ähnlich, z.B. mongoloid, negroid, schizoid* [→ *...id*]

O|i|di|um ⟨n.; - od. -s, -di|en; Bot.⟩ **1** *Gattungsname für Pilze, die sich durch Sporenbildung vermehren* **2** ⟨Pl.⟩ *fortpflanzungsfähige Zellen bestimmter Pilze* **3** *Entwicklungsphase des Echten Mehltaus* [< grch. *oiidion* »kleines Ei«]

Oi|no|cho|e ⟨[-ço:ə] f.; -, -n⟩ *kleine altgrch. Weinkanne mit Henkel* [< grch. *oinochoein* »Wein einschenken«]

o.k., O.K. ⟨[ɔkɛi] od. [ɔke:] Abk. für⟩ *okay*

ok..., Ok... ⟨Vors.⟩ = *ob..., Ob...*

O|ka|pi ⟨n.; -s, -s⟩ *zur Familie der Giraffen ge-*

hörendes Tier Westafrikas mit etwas kürzerem Hals als andere Giraffen: Okapia johnstoni [<afrikan. Eingeborenensprache]

O|ka|ri|na ⟨f.; -, -nen⟩ *kleines, flötenähnliches Musikinstrument aus Ton in Form eines längl., an einem Ende spitz zulaufenden Eies mit einem senkrecht dazu stehenden Mundstück u. acht Grifflöchern* [ital., Verkleinerungsform zu *oca* »Gans«]

okay! ⟨[ɔkɛi] od. [ɔke:] Abk.: o.k., O.K.⟩ *in Ordnung* [engl.; Herkunft umstritten]

O|kay ⟨[ɔkɛi] od. [ɔke:] n.; -s, -s⟩ *Einverständnis, Zustimmung, Erlaubnis;* sein ~ zu einer Angelegenheit geben [engl.]

O|ke|a|ni|de ⟨f.; -, -n; grch. Myth.⟩ = *Ozeanide*

Ok|ka|si|on ⟨f.; -, -en⟩ **1** *günstige Gelegenheit* **2** *günstiges Angebot, Gelegenheitskauf* [<lat. *occasio* »Gelegenheit«]

Ok|ka|si|o|na|lis|mus ⟨m.; -; unz.; Philos.⟩ *philosoph. Lehre von der Zweiheit von Seele u. Körper, die nicht wechselseitig aufeinander wirken u. deren Übereinstimmung gelegentlich nur von Gott hergestellt wird*

Ok|ka|si|o|na|list ⟨m.; -en, -en; Philos.⟩ *Vertreter, Anhänger des Okkasionalismus*

ok|ka|si|o|nell ⟨Adj.⟩ *gelegentlich, Gelegenheits…* [→ *Okkasion*]

Ok|ki|ar|beit, Ok|ki|spit|ze ⟨f.; -, -(e)n⟩ *mit einem schiffchenförmigen Werkzeug hergestellte Spitze, Schiffchenarbeit* [<ital. *occhi,* Pl. zu *occio* »Auge«]

ok|klu|die|ren ⟨V.⟩ **1** *abschließen, versperren* **2** *hemmen* [<lat. *occludere* »verschließen«]

Ok|klu|si|on ⟨f.; -, -en⟩ **1** *Einschließung, Sperrung, Hemmung* **2** ⟨Meteor.⟩ *Zusammentreffen von Warm- u. Kaltfront* **3** *das Ineinandergreifen der oberen u. unteren Zähne beim Zusammenbeißen* **4** ⟨Med.⟩ *Verschluss eines Hohlorgans* [→ *okkludieren*]

ok|klu|siv ⟨Adj.⟩ *abschließend, sperrend, hemmend* [→ *okkludieren*]

Ok|klu|siv ⟨m.; -(e)s, -e [-və]⟩ = *Explosivlaut*

Ok|klu|siv|pes|sar ⟨n.; -s, -e⟩ *Einlage zur Empfängnisverhütung, das den Muttermund verschließt;* →a. *Pessar*

ok|kult ⟨Adj.⟩ *verborgen, heimlich, geheim;* ~e Wissenschaften [<lat. *occultus* »verborgen, versteckt«]

Ok|kul|tis|mus ⟨m.; -; unz.⟩ *Lehre von übersinnl. Wahrnehmungen (z.B. Telepathie), übernatürl. Erscheinung u. Kräften* [→ *okkult*]

Ok|kul|tist ⟨m.; -en, -en⟩ *Vertreter, Anhänger des Okkultismus*

ok|kul|tis|tisch ⟨Adj.⟩ *zum Okkultismus gehörend, auf ihm beruhend*

Ok|ku|pant ⟨m.; -en, -en⟩ *jmd., der etwas okkupiert*

Ok|ku|pa|ti|on ⟨f.; -, -en⟩ *Besetzung (fremden Staatsgebietes);* Sy *Okkupierung* [<lat. *occupatio* »Besetzung«]

ok|ku|pa|to|risch ⟨Adj.⟩ *in der Art einer Okkupation*

ok|ku|pie|ren ⟨V.⟩ *besetzen, sich aneignen, einnehmen;* fremdes Staatsgebiet ~ [<lat. *occupare* »einnehmen, besetzen, an sich reißen«]

Ok|ku|pie|rung ⟨f.; -, -en⟩ = *Okkupation*

Ok|kur|renz ⟨f.; -, -en; Sprachw.⟩ *das konkrete Vorkommen einer abstrakten sprachlichen Einheit in einer bestimmten Sprechsituation* [<engl. *occurrence* »Ereignis, Vorfall« <lat. *occurrere* »entgegenlaufen, begegnen«]

ö|ko…¹, ö|ko…¹ ⟨in Zus.⟩ **1** *den Lebensraum, die Natur betreffend* **2** *Haushalts…, Wirtschafts…* [<grch. *oikos* »Haus, Haushaltung«]

ö|ko…², Ö|ko…² ⟨in Zus.; kurz für⟩ *ökologisch; naturnah, naturbelassen;* ~milch; ~bauer; ~landwirtschaft

Ö|ko|au|dit ⟨a. [-ɔdit] n. od. m.; -s, -s⟩ Sy *Umweltaudit* **1** *Prüfung der Umweltverträglichkeit von Unternehmen* **2** *Auszeichnung für bes. Verdienste im Bereich des Umweltschutzes* [< *Öko…²* + *Audit*]

Ö|ko|bi|lanz ⟨f.; -, -en⟩ *Bilanz aller Folgen, die ein Produkt od. eine techn. Methode für die Umwelt hat*

Ö|ko|ka|ta|stro|phe, ⟨auch⟩ **Ö|ko|ka|tas|tro|phe, Ö|ko|ka|tast|ro|phe** ⟨f.; -, -n⟩ *Umweltkatastrophe, die den natürlichen Lebensraum von Mensch u. Tier zerstört od. ihn langfristig unbewohnbar macht* [< *Öko…¹* + *Katastrophe*]

Ö|ko|lo|ge ⟨m.; -en, -en⟩ *Wissenschaftler auf dem Gebiet der Ökologie*

Ö|ko|lo|gie ⟨f.; -; unz.⟩ *Lehre von den Beziehungen der Lebewesen zu ihrer Umwelt;* im Sinne der ~ handeln [<grch. *oikos* »Wohnung« + *…logie*]

Ö|ko|lo|gin ⟨f.; -, -gin|nen⟩ *Wissenschaftlerin auf dem Gebiet der Ökologie*

ö|ko|lo|gisch ⟨Adj.⟩ *zur Ökologie gehörend, auf ihr beruhend;* ~es **Gleichgewicht** *labiles Gleichgewicht zwischen den verschiedenen Gliedern einer Lebensgemeinschaft (Biozönose), das die Fähigkeit besitzt, sich selbst zu regulieren;* ~e **Nische** *Stellung einer Lebensform im Gefüge der ökologischen Beziehungen*

Ö|ko|lo|gi|sie|rung ⟨f.; -, -en⟩ *Schutz, Erhaltung des natürlichen Lebensraumes, umweltgerechte Gestaltung (bes. bei polit. Entscheidungen für Planung u. Wirtschaft)*

Ö|ko|nom ⟨m.; -en, -en⟩ **1** ⟨selten⟩ *Landwirt, Verwalter größerer Güter* **2** *Hausverwalter* **3** *Wirtschaftswissenschaftler* [<grch. *oikonomos* »Hausverwalter«]

Ö|ko|no|me|trie, ⟨auch⟩ **Ö|ko|no|met|rie** ⟨f.; -; unz.; Wirtsch.⟩ *Teilgebiet der Wirtschaftswissenschaft, das ökonomische Forschung u. Theorie mit mathematisch-statistischen Daten zu untermauern sucht*

Ö|ko|no|me|tri|ker, ⟨auch⟩ **Ö|ko|no|met|ri|ker** ⟨m.; -s, -; Wirtsch.⟩ *Wissenschaftler auf dem Gebiet der Ökonometrie*

ö|ko|no|me|trisch, ⟨auch⟩ **ö|ko|no|met|risch** ⟨Adj.⟩ *die Ökonometrie betreffend, zu ihr gehörend, auf ihr beruhend*

Ö|ko|no|mie ⟨f.; -, -n⟩ **1** *Wirtschaft* **2** ⟨†⟩ *Landwirtschaft* **3** ⟨unz.⟩ *Sparsamkeit, Wirt-*

schaftlichkeit [< lat. *oeconomia* »Einteilung, Ordnung, Verwaltung«]
Ö|ko|no|mik ⟨f.; -; unz.⟩ *Wirtschaftskunde, Wirtschaftswissenschaft*
ö|ko|no|misch ⟨Adj.⟩ **1** *die Ökonomie betreffend, auf ihr beruhend* **2** *wirtschaftlich, sparsam* [< lat. *oeconomicus* »die Hauswirtschaft betreffend«]
ö|ko|no|mi|sie|ren ⟨V.⟩ *ökonomisch gestalten*
Ö|ko|no|mi|sie|rung ⟨f.; -, -en⟩ *Steigerung der Wirtschaftlichkeit, Erhöhung der Effizienz*
Ö|ko|no|mis|mus ⟨m.; -; unz.⟩ *Betrachtungsweise nur vom wirtschaftlichen Standpunkt aus* [→ *Ökonomie*]
ö|ko|no|mis|tisch ⟨Adj.⟩ *den Ökonomismus betreffend, ihm gemäß denkend u. handelnd*
Ö|ko|sys|tem ⟨n.; -s, -e⟩ *natürliche Einheit, die aus einer Lebensgemeinschaft u. der sie umgebenden Umwelt besteht* [< grch. *oikos* »Wohnung« + *System*]
Ö|ko|top ⟨n.; -(e)s, -e⟩ *ökologisch einheitl. Raum* [< *Öko...* + grch. *topos* »Ort, Raum«]
Ö|ko|tro|pho|lo|gie ⟨f.; -; unz.⟩ *Haushalts- u. Ernährungswissenschaft* [< grch. *oikos* »Wohnung« + *Trophologie*]
Ö|ko|ty|pus ⟨m.; -, -pen⟩ *an einem bestimmten Standort heimische u. an ihn angepasste Gruppe von Organismen* [< grch. *oikos* »Wohnung« + *Typus*]
Ö|ko|zid ⟨m. od. n.; -s; unz.⟩ *durch Umweltverschmutzung hervorgerufenes Absterben von Lebewesen eines bestimmten Lebensraums* [< grch. *oikos* »Wohnung« + *...zid*[1]]
O|kra, ⟨auch⟩ **Ok|ra** ⟨f.; -, -s⟩ *längliche, als Gemüse genutzte Frucht eines strauchigen Malvengewächses: Hibiscus esculentus* [westafrik.]
Okt. ⟨Abk. für⟩ *Oktober*
Ok|ta|chord ⟨[-kɔrd] n.; -(e)s, -e; Mus.⟩ *Instrument mit acht Saiten* [< lat. *octo* »acht« + *...chord*]
Ok|ta|e|der ⟨n.; -s, -⟩ *platon. Körper, der von acht gleichseitigen Dreiecken begrenzt wird, Achtflach, Achtflächner* [< grch. *okto* »acht« + *...eder*]
ok|ta|e|drisch, ⟨auch⟩ **ok|ta|ed|risch** ⟨Adj.⟩ *in der Form eines Oktaeders*
Ok|ta|gon ⟨n.; -s, -e⟩ = *Oktogon*
Ok|tan ⟨n.; -s, -e⟩ = *Octan*
Ok|ta|na ⟨f.; -; unz.⟩ *jeden achten Tag wiederkehrendes Fieber* [zu lat. *octo* < grch. *okto* »acht«]
Ok|tant ⟨m.; -en, -en⟩ **1** *achter Teil einer Kreisfläche* **2** *Gerät zur Winkelmessung für die astronomische Navigation* [< lat. *octo* »acht«]
Ok|tan|zahl ⟨f.; -, -en; Abk.: OZ⟩ *Maßzahl für die Klopffestigkeit eines Kraftstoffes;* oV *Octanzahl*
Ok|tav ⟨n.; -s; unz.; Zeichen: 8°⟩ *ein Buchformat, 1/8 Bogen, der Bogen zu 16 Seiten;* Sy *Oktavformat* [< lat. *octava,* Fem. zu *octavus* »der Achte«; zu *octo* »acht«]
Ok|ta|va ⟨[-va] f.; -, -ven; in Österr.⟩ *achte Klasse des Gymnasiums* [lat., »die achte«]
Ok|tav|band ⟨m.; -(e)s, -bän|de⟩ *Buch in Oktavformat*
Ok|ta|ve ⟨[-və] f.; -, -n⟩ **1** ⟨Mus.⟩ **1.1** *achter u. letzter Ton der diaton. Tonleiter* **1.2** *Intervall von acht Tönen* **1.3** kleine ~ *unter der eingestrichenen Oktave liegende, mit kleinem Buchstaben gekennzeichnete Oktave* **2** ⟨kath. Kirche⟩ *achttägige Feier hoher Feste* **3** = *Ottaverime* [< mlat. *octava (vox);* zu lat. *octavus* »der achte«]
Ok|tav|for|mat ⟨n.; -(e)s; unz.⟩ = *Oktav*
ok|ta|vie|ren ⟨[-vi:-] V.; Mus.⟩ *eine Oktave höher spielen als in den Noten angegeben*
Ok|tett ⟨n.; -(e)s, -e; Mus.⟩ **1** *Musikstück für acht selbständige Stimmen* **2** *Gruppe von acht Instrumentalisten od. Sängern* **3** ⟨Phys.⟩ *die energetisch bes. stabile Anordnung von acht Elektronen in der Außenschale eines Atomkerns* [< frz. *octette,* ital. *ottetto* < lat. *octo* »acht«]
ok|to..., **Ok|to...** ⟨in Zus.⟩ *acht* [< lat. *octo,* grch. *okto*]
Ok|to|ber ⟨m.; - od. -s, -; Abk.: Okt.⟩ *10. Monat des Jahres* [< lat. *octavus* »der achte (Monat)« des mit dem Monat März beginnenden altröm. Jahres; zu *octo* »acht«]
Okt|o|de, ⟨auch⟩ **Ok|to|de** ⟨f.; -, -n⟩ *Elektronenröhre mit acht Elektroden* [< *Okto...* + *...ode*]
Ok|to|de|ka|gon ⟨n.; -s, -e⟩ *Achtzehneck* [< *Okto...* + *deka...* + *...gon*]
Ok|to|dez ⟨n.; -es, -e⟩ **Ok|to|dez|for|mat** ⟨n.; -(e)s; unz.⟩, *veraltetes Buchformat, 1/18 Bogen* [< *Okto...* + lat. *decem* »zehn«]
Ok|to|gon ⟨n.; -s, -e⟩ oV *Oktagon* **1** *Achteck* **2** *achteckiger Bau* [< *Okto...* + *...gon*]
ok|to|go|nal ⟨Adj.⟩ *achteckig*
Ok|to|po|de ⟨m.; -n, -n⟩ *Achtfüßer* [< *Okto...* + *...pode*]
ok|troy|ie|ren, ⟨auch⟩ **okt|ro|yie|ren** ⟨[-troa-] V.⟩ jmdm. etwas ~ *(rechtswidrig) aufdrängen, auferlegen;* Sy *aufoktroyieren* [< frz. *octroyer* »aufzwingen, aufnötigen«]
o|ku|lar ⟨Adj.⟩ *das Auge betreffend, Augen...*
O|ku|lar ⟨n.; -s, -e⟩ *dem Auge zugewandte Linse an optischen Geräten;* Ggs *Objektiv* [zu lat. *ocularis* »zu den Augen gehörig«; zu *oculus* »Auge«]
O|ku|lar|in|spek|ti|on, ⟨auch⟩ **O|ku|lar|ins|pek|ti|on** ⟨f.; -, -en; Med.⟩ *Besichtigung mit bloßem Auge*
O|ku|la|ti|on ⟨f.; -, -en⟩ *das Einsetzen einzelner Augen des Pfropfreises in die eingeschnittene Rinde der Unterlage* [→ *okultieren*]
O|ku|li *dritter Passionssonntag* [< lat. *oculi* »Augen«, nach Psalm 25,15, der zu Beginn des Gottesdienstes latein. gesungen wird: »Meine Augen sehen stets zu dem Herrn«]
o|ku|lie|ren ⟨V.⟩ *durch Einsetzen von Augen veredeln;* Obstbäume, Sträucher, Rosen ~ [< lat. *inoculare;* zu *oculus* »Auge, Knospe«]
Ö|ku|me|ne ⟨f.; -; unz.⟩ *die bewohnte Erde, die Erde als Lebensraum der Menschen* [< kir-

chenlat. *oecumene* < grch. *oikoumene* »die bewohnte Erde«]

ö|ku|me|nisch ⟨Adj.⟩ **1** *zur Ökumene gehörig, auf ihr beruhend* **2** ~e **Bewegung** ⟨seit dem 19. Jh.⟩ *Bewegung aller nicht kathol. christl. Kirchen zur Einigung in relig. Fragen* **3** ~es **Konzil** *Konzil als Vertretung der gesamten kath. Kirche (einschließlich Ostkirche, wo das Konzil von Konstantinopel 879-880 als letztes ökumen. Konzil gilt)*

Ö|ku|me|nis|mus ⟨m.; -; unz.; kath. Kirche⟩ *(seit dem 2. Vatikanischen Konzil, 1962–1965) angestrebte Überwindung der konfessionellen Trennung der christl. Religionen* [→ *Ökumene*]

Ok|zi|dent ⟨m.; -s; unz.⟩ Ggs *Orient* **1** ⟨†⟩ *Westen, Abend* **2** *Abendland (Europa)* [< mhd. *occident(e)* »Westen, Abendland« < lat. *occidens (sol)* »untergehende Sonne, Westen, Abendland (als der Teil der bewohnten Erde, der in Richtung der untergehenden Sonne liegt)«; zu *occidere* »niederfallen, hinfallen, untergehen«]

ok|zi|den|tal, ok|zi|den|ta|lisch ⟨Adj.⟩ Ggs *orientalisch* **1** *zum Okzident gehörig* **2** *abendländisch* [< lat. *occidentalis* < *occidens;* → *Okzident*]

ok|zi|pi|tal ⟨Adj.⟩ *das Hinterhaupt betreffend* [< lat. *occipitium* »Hinterhaupt«; zu *caput* »Kopf, Haupt«]

...ol ⟨Suffix zur Bez. für⟩ *chem. Verbindung, die zur Gruppe der Alkohole gehört, z.B. Methanol = Methylalkohol* [zu lat. *oleum* »Öl«]

Ol|die ⟨[oul-] od. [o:l-] m.; -s, -s⟩ **1** ⟨Mus.; Film⟩ *alter Schlager od. Film* **2** ⟨allg.⟩ *etwas Altes, das wieder in Mode kommt* **3** ⟨scherzh.⟩ *Angehöriger der älteren Generation* [engl., »alte Person, Sache«]

Old|red, ⟨auch⟩ **Old Red** ⟨[ouldrɛd] od. [o:ld-] m.; (-) -s; unz.; Geol.⟩ *(aus Ablagerungen des Devons entstandener) roter Sandstein* [< engl. *old* »alt« + *red* »rot«]

...o|le ⟨Suffix zur Bez. für⟩ *vom Takt abweichende musikal. Figur, z.B. Triole* [< lat. *...olus, ...ola, ...olum* (Verkleinerungssilbe)]

Old|ti|mer ⟨[ouldtai-] od. [o:ld-] m.; -s, -⟩ *altes Auto, auch Flugzeug, Motorrad od. Schiff, mit Liebhaber- u. Sammlerwert* [< engl. *old* »alt« + *time* »Zeit«]

o|lé! ⟨[-le:] Int.⟩ *los!, auf!, bravo!* [span.]

O|lea ⟨Pl. von⟩ *Oleum*

O|le|an|der ⟨m.; -s, -⟩ *zu einer Gattung der Hundsgiftgewächse gehörender giftiger Zierstrauch: Nerium* [< ital. *oleandro* < lat. *olea* »Olivenbaum« + mlat. *lorandum* (< lat. *laurus* »Lorbeerbaum« nach den lorbeerähnlichen Blättern + grch. *rhododendron*)]

O|le|as|ter ⟨m.; -s, -⟩ *Wildform des Ölbaums* [lat.; zu *olea* »Olive, Ölbaum«]

O|le|at ⟨n.; -(e)s, -e⟩ *Salz der Ölsäure* [< lat. *oleum* »Öl«]

O|le|fi|ne ⟨Pl.; Sammelbez. für⟩ *kettenförmige Kohlenwasserstoffverbindungen mit einer Doppelbindung im Molekül, allg. Formel* C_nH_{2n}*;* Sy *Alkene* [< lat. *oleum* »Öl«]

O|le|in ⟨n.; -s, -e⟩ *einfach ungesättigte aliphatische Carbonsäure,* $C_{17}H_{33}COOH$*, farbloses, dickflüssiges Öl, Ölsäure* [< lat. *oleum* »Öl«]

O|le|kra|non, ⟨auch⟩ **O|lek|ra|non** ⟨n.; - od. -s, -kra|na; Med.⟩ *Ellenbogen* [grch.]

O|le|um ⟨n.; -s, O|lea⟩ **1** ⟨Pharm.⟩ *Öl, ölige Flüssigkeit* **2** ⟨Chem.⟩ *rauchende Schwefelsäure* [lat., »Öl«]

Ol|fak|to|me|ter ⟨n.; -s, -⟩ *Gerät, mit dem der Geruchssinn getestet wird* [< lat. *olfacere* »riechen« + *...meter*[2]]

Ol|fak|to|me|trie, ⟨auch⟩ **Ol|fak|to|met|rie** ⟨f.; -; unz.⟩ *Messung der Geruchsempfindlichkeit* [< lat. *olfacere* »riechen« + *...metrie*]

ol|fak|to|risch ⟨Adj.⟩ *den Olfaktorius betreffend, von ihm ausgehend*

Ol|fak|to|ri|um ⟨n.; -s, -ri|en⟩ *Riechstoff* [→ *Olfaktorius*]

Ol|fak|to|ri|us ⟨m.; -; unz.⟩ *Riechnerv* [zu lat. *olfacere* »riechen«]

O|li|ba|num ⟨n.; -s; unz.⟩ *Weihrauch* [lat. < arab. *al-lu ban*]

O|li|fant ⟨m.; -(e)s, -e⟩ *mittelalterl. Jagd- u. Trinkhorn aus Elfenbein* [afrz., »Elefant«]

o|lig..., O|lig... ⟨in Zus.⟩ = *oligo..., Oligo...*

O|lig|ä|mie, ⟨auch⟩ **O|li|gä|mie** ⟨f.; -, -n⟩ *akute Blutarmut* [< *Oligo...* + *...ämie*]

O|lig|arch, ⟨auch⟩ **O|li|garch** ⟨m.; -en, -en⟩ **1** *Mitglied einer Oligarchie* **2** *Anhänger der Oligarchie*

O|lig|ar|chie, ⟨auch⟩ **O|li|gar|chie** ⟨f.; -, -n⟩ **1** *Herrschaft einer kleinen Gruppe, urspr. der Reichsten im Staat* **2** *Staatsform, bei der auch bei formeller Gleichberechtigung der Staatsbürger die tatsächliche Herrschaft in der Hand einer kleinen Gruppe liegt* [< *Oligo...* + *...archie*]

o|lig|ar|chisch, ⟨auch⟩ **o|li|gar|chisch** ⟨Adj.⟩ *die Oligarchie betreffend, auf ihr beruhend, in der Art einer Oligarchie*

o|li|go..., O|li|go... ⟨vor Vokalen⟩ olig..., Olig... ⟨in Zus.⟩ *wenig, klein, gering* [< grch. *oligos*]

O|li|go|chä|ten ⟨[-çɛ:-] Pl.⟩ *Klasse der Ringelwürmer (Wenigborsten) mit spindel- bis walzenförmigen, 1 mm bis 2 m langem Körper: Oligochaeta* [< *Oligo...* + grch. *chaite* »langes Haar«]

O|li|go|cho|lie ⟨[-xo-] f.; -, -n; Med.⟩ *Mangel an Galle (bei Erkrankungen der Leber u. der Galle)* [< *Oligo...* + *chole* »Galle«]

O|li|go|dy|na|mie ⟨f.; -; unz.⟩ *keimtötende Wirkung von Schwermetallionen in Flüssigkeiten, angewandt z.B. bei der Entkeimung des Wassers mit Silberionen im Katadynverfahren* [< *Oligo...* + grch. *dynamos* »Kraft«]

o|li|go|dy|na|misch ⟨Adj.⟩ **1** *die Oligodynamie betreffend* **2** *in geringer Menge wirksam*

O|li|go|glo|bu|lie ⟨f.; -; unz.⟩ = *Oligozythämie* [< *Oligo...* + lat. *globulus,* Verkleinerungsform zu *globus* »Kugel«]

O|li|go|hy|drä|mie, ⟨auch⟩ **O|li|go|hyd|rä|mie** ⟨f.; -, -n; Med.⟩ *Verminderung des Wassergehalts im Blut* [< *Oligo...* + *Hydrämie*]

O|li|go|klas ⟨m.; - od. -es, -e; Geol.⟩ *farbloser, weißer od. grünlicher Feldspat* [< *Oligo…* + grch. *klastazein* »(ab)brechen«]

O|li|go|me|nor|rhö ⟨f.; -, -en⟩, **O|li|go|me|nor-rhöe** ⟨[-røː] f.; -, -n; Med.⟩ *zu seltene Menstruationsblutung* [< *Oligo…* + *Menorrhö*]

o|li|go|mer ⟨Adj.; Bot.⟩ *eine verringerte Anzahl von Blütenkreisen besitzend* [< *oligo…* + *…mer*]

O|li|go|nu|kle|o|tid, ⟨auch⟩ **O|li|go|nuk|le|o|tid** ⟨n.; -s, -e; Biochem.⟩ **1** *aus mehreren einfachen Nukleotiden zusammengesetzte Nukleinsäure* **2** *kurze DNA-Sequenz* [< *Oligo…* + *Nukleotid*]

O|li|go|pep|tid ⟨n.; -(e)s, -e⟩ *Verbindung, die zwei bis zehn Aminosäureeinheiten enthält*

o|li|go|phag ⟨Adj.⟩ *sich von (nur) einigen Futterpflanzen bzw. Tierarten ernährend;* Ggs *polyphag* [< *oligo…* + *…phag*]

O|li|go|pha|ge ⟨m.1⟩ *oligophages Tier;* Ggs *Polyphage*

O|li|go|pha|gie ⟨f.; -; unz.⟩ *Ernährungsweise oligophager Tiere;* Ggs *Polyphagie(1)*

O|li|go|phre|nie ⟨f.; -, -n⟩ *Schwachsinn* [< *Oligo…* + *…phrenie*]

O|li|go|pnoe ⟨[-pnoːe] f.; -; unz.⟩ *verminderte Atemfrequenz* [< *Oligo…* + grch. *pnoe* »Hauch, Atem«]

O|li|go|pol ⟨n.; -s, -e⟩ *Marktform, bei der wenige große Anbieter vielen kleinen Nachfragern gegenüberstehen u. somit eine den Markt beherrschende Stellung innehaben* [< *Oligo…* + *Monopol*]

O|li|go|po|list ⟨m.; -en, -en⟩ *Befürworter, Angehöriger eines Oligopols*

o|li|go|po|lis|tisch ⟨Adj.⟩ *zur Marktform des Oligopols gehörend, auf ihr beruhend*

O|li|go|sa|pro|bie, ⟨auch⟩ **O|li|go|sap|ro|bie** ⟨[-biə] f.; -, -n⟩ *Lebewesen, das in schwach verschmutzten Gewässern lebt* [< *Oligo…* + *Saprobie*]

o|li|go|se|man|tisch ⟨Adj.; Sprachw.⟩ *nur wenige Bedeutungen aufweisend*

Oli|go|sper|mie ⟨f.; -, -n⟩ *starke Verminderung der Spermienzahl in der Samenflüssigkeit* [< *Oligo…* + *Sperma*]

O|li|go|tri|chie ⟨f.; -; unz.⟩ *mangelnder Haarwuchs* [< *Oligo…* + grch. *thrix,* Gen. *trichos* »Haar«]

o|li|go|troph ⟨Adj.⟩ *arm an Nährstoffen;* ~er Boden; Ggs *entroph* [< *oligo…* + *…troph*]

O|li|go|tro|phie ⟨f.; -; unz.⟩ *oligotrophe Beschaffenheit*

o|li|go|zän ⟨Adj.⟩ *aus dem Oligozän stammend*

O|li|go|zän ⟨n.; -s; unz.⟩ *jüngste Stufe des Paläogens* [< *Oligo…* + *…zän*]

O|li|go|zyt|hä|mie, ⟨auch⟩ **O|li|go|zy|thä|mie** ⟨f.; -; unz.⟩ *Verminderung der roten Blutkörperchen im Blut;* Sy *Oligoglobulie* [< *Oligo…* + *…zyt* + *…hämie*]

O|lig|u|rie, ⟨auch⟩ **O|li|gu|rie** ⟨f.; -; unz.⟩ *verminderte Ausscheidung von Harn* [< *Oligo…* + *…urie*]

O|lim ⟨umg.; scherzh.; nur in den Wendungen⟩ seit ~s Zeiten *seit undenklichen Zeiten, seit jeher;* zu ~s Zeiten *vor langer Zeit* [zu lat. *olim* »ehemals, einst«]

o|liv ⟨Adj.⟩ *olivenfarben, graugrün, braungrün*

O|li|ve ⟨[-və] f.; -, -n⟩ **1** *Frucht des Ölbaums;* eingelegte, gefüllte ~n **2** *Ölbaum* **3** *Drehgriff eines Fensterverschlusses* **4** *Teil des verlängerten Rückenmarks* [mhd. *olive* <lat. *oliva* »Ölbaum, Olive«]

O|li|vin ⟨[-viːn] m.; -s, -e; Min.⟩ *olivfarbiges Mineral, Magnesium-Eisen-Silicat, chem. Formel (Mg, Fe)$_2$SiO$_4$;* Sy *Chrysolith, Peridot* [→ *Olive*]

Ol|la po|dri|da, ⟨auch⟩ **Ol|la pod|ri|da** ⟨f.; - -, - -; österr. für⟩ *Olla potrida*

Ol|la po|tri|da, ⟨auch⟩ **Ol|la pot|ri|da** ⟨f.; - -, - -⟩ *traditionelles spanisches Eintopfgericht aus gekochtem Fleisch, geräucherter Wurst u. Gemüse;* oV ⟨österr.⟩ *Olla podrida* [< span. *olla podrida,* eigtl. »fauler, modriger Topf«]

O|lymp ⟨m.; -s; unz.⟩ **1** ⟨grch. Myth.⟩ *Wohnsitz der Götter* **2** ⟨umg.; scherzh.⟩ *oberster Rang im Theater* [nach grch. *Olympos,* dem Berg *Olymp* in Nordgriechenland]

O|lym|pi|a|de ⟨f.; -, -n⟩ **1** *Zeitraum von vier Jahren zwischen den altgriech. Olympischen Spielen* **2** *Olympische Spiele* [nach *Olympia,* der altgriech. Kultstätte u. dem Ort der Olymp. Spiele]

O|lym|pi|er ⟨m.; -s, -⟩ **1** *Bewohner des Olymps;* der ~ *Zeus* **2** ⟨fig.⟩ *Mann von erhabener Ruhe u. majestät. Überlegenheit*

O|lym|pi|o|ni|ke ⟨m.; -n, -n; Sp.⟩ *Teilnehmer bzw. Sieger bei den Olymp. Spielen*

O|lym|pi|o|ni|kin ⟨f.; -, -kin|nen; Sp.⟩ *Teilnehmerin bzw. Siegerin bei den Olymp. Spielen*

o|lym|pisch ⟨Adj.⟩ **1** *zum Olymp als Wohnsitz der altgriech. Götter gehörend* **2** *zu Olympia gehörend, von ihm ausgehend* **3** *zu den Olympischen Spielen gehörend* **3.1** Olympische Spiele ⟨bis 394 n. Chr.⟩ *im alten Griechenland alle vier Jahre stattfindende sportl. u. auch musikal. Wettkämpfe* **3.2** ⟨seit 1894⟩ *alle vier Jahre veranstaltete internationale Wettkämpfe im Sport* **4** ⟨fig.⟩ *erhaben-ruhig, majestätisch-überlegen* [→ *Olympiade*]

om *heilige Silbe des Hinduismus u. Buddhismus, die (mit befreiender Wirkung) während der Meditation gesprochen wird* [Sanskrit]

Om|ag|ra, ⟨auch⟩ **O|mag|ra** ⟨n.; -; unz.⟩ *Gicht im Schultergelenk* [< grch. *omos* »Schulter« + *agra* »Fang«]

…om, …o|ma ⟨Suffix zur Bez. für⟩ *Endung an Substantiven, die bei Geweben eine Geschwulst, bei Flüssigkeiten einen Erguss bezeichnen*

Om|al|gie, ⟨auch⟩ **O|mal|gie** ⟨f.; -, -n; Med.⟩ *Schulterschmerz;* Sy *Omodynie* [zu grch. *omos* »Schulter« + *algos* »Schmerz«]

Om|ar|thri|tis, ⟨auch⟩ **O|marth|ri|tis** ⟨f.; -, -ti-den⟩ *Schultergelenksentzündung* [< grch. *omos* »Schulter« + *Arthritis*]

O|ma|sus ⟨m.; -; unz.; Zool.⟩ *Teil des Magens bei Wiederkäuern, Blättermagen* [< lat. *omasum* »Rinderkaldaunen«]

■ Die Buchstabenfolge **om|br...** kann auch **omb|r...** getrennt werden.

■ **Om|bré** ⟨[õbreː] m.; -s, -s⟩ *Gewebe mit ineinander verlaufenden Farben* [frz. *ombré* »schattiert«]

■ **om|briert** ⟨Adj.; Textilw.⟩ *schattiert, Farbtöne ineinander verlaufen lassend* [< frz. *ombrer* »schattieren«]

■ **om|bro|gen** ⟨Adj.⟩ *durch Niederschläge bzw. Nässe entstanden;* Ggs *topogen* [< grch. *ombros* »Regen« + *...gen*]

■ **Om|bro|graf** ⟨m.; -en, -en; Meteor.⟩ = *Ombrograph*

■ **Om|bro|graph** ⟨m.; -en, -en; Meteor.⟩ = *Pluviograph;* oV *Ombrograf* [< grch. *ombros* »Regen« + *...graph*]

■ **om|bro|phil** ⟨Adj.⟩ *Regen u. Feuchtigkeit liebend;* ~e Lebewesen; Ggs *ombrophob* [< grch. *ombros* »Regen« + *...phil*]

■ **om|bro|phob** ⟨Adj.⟩ *Regen u. Feuchtigkeit nicht vertragend;* ~e Lebewesen; Ggs *ombrophil* [< grch. *ombros* »Regen« + *...phob*]

■ **om|bro|troph** ⟨Adj.⟩ *Nährstoffe ausschließlich über Niederschläge beziehend (von Pflanzen in Hochmooren)* [< grch. *ombros* »Regen« + *...troph*]

Om|buds|frau ⟨a. [-byds-] f.; -, -en⟩ **1** *Frau, die für die Rechte des Bürgers eintritt u. ihn vor behördlicher Willkür schützt* **2** ⟨allg.⟩ *weibl. Vertrauensperson, z.B. in Schulen*

Om|buds|mann ⟨a. [-byds-] m.; -(e)s, -männer⟩ **1** *Person, die für die Rechte des Bürgers eintritt u. ihn vor behördlicher Willkür schützt* **2** ⟨in einigen skandinav. Ländern⟩ *Beauftragter des Parlaments, an den sich jeder Bürger zum Schutz gegen behördl. Willkür wenden kann* **3** ⟨allg.⟩ *unabhängige Vertrauensperson* [< schwed. *ombudsman* »Schiedsmann«]

O|me|ga ⟨n.; - od. -s, -s; Zeichen: ω, Ω⟩ **1** *letzter Buchstabe des griech. Alphabets* **2** ⟨fig.⟩ *Ende, Schluss;* Alpha und ~ [grch.]

Omelett / Omelette (*Worttrennung am Zeilenende*) Die Trennung nach Sprechsilben richtet sich bei Fremdwörtern in der Regel nach der Aussprache in der Herkunftssprache. Wird, wie z.B. im Französischen, ein Vokal in Endstellung nicht gesprochen, so ist auch keine Trennung des Doppelkonsonanten zu empfehlen (→a. *Baguette*).

Ome|lett ⟨[ɔm-] n.; -(e)s, -e od. -s⟩, **Ome|lette** ⟨[ɔm-] f.; -, -s; österr. nur so⟩ *in einer Pfanne zubereitete Speise aus Eiern;* ~ **aux confitures** ⟨[-okõfityːr]⟩ *mit Marmelade o.Ä. gefülltes Omelett;* ~ **soufflé** [-sufleː] mit Eierschaum aufgelockertes Omelett [< frz. *omelette*]

O|men ⟨n.; -s, - od. O|mi|na⟩ **1** *Vorzeichen;* böses, gutes ~ **2** *Vorbedeutung;* →a. *Nomen est omen* [lat.]

O|men|tum ⟨n.; -s, -ta; Med.⟩ *Teil des Bauchfells, das aus dem schürzenförmigen großen Bauchnetz u. der Bauchfellfalte, dem kleinen Netz, besteht;* Sy *Epiploon* [lat., »Netz«]

Omi|kron, ⟨auch⟩ **O|mik|ron** ⟨n.; - od. -s, -s; Zeichen: o, O⟩ *griech. Buchstabe, kurzes, geschlossenes o* [grch.]

o|mi|nös ⟨Adj.⟩ **1** *von schlimmer Vorbedeutung* **2** *bedenklich, verdächtig* [< lat. *omen*, Pl. *omina* »Zeichen, Vorzeichen«]

O|mis|si|ve|likt ⟨n.; -(e)s, -e⟩ *strafbare Unterlassung* [< lat. *omissio* »Unterlassung«]

Om|ma|ti|di|um ⟨n.; -s, -di|en⟩ *Einzelauge des Facettenauges* [< grch. *omma* »Auge«]

om|ni..., **Om|ni...** ⟨in Zus.⟩ *alles..., überall..., ganz* [< lat. *omnie* »alles«]

om|nia ad ma|io|rem Dei glo|ri|am ⟨kath. Kirche⟩ *alles zur größeren Ehre Gottes (Wahlspruch der Jesuiten)* [lat.]

Om|ni|bus ⟨m.; -ses, -se; Kurzw.: Bus⟩ *Kraftwagen zur Beförderung von mehr als acht Fahrgästen, Autobus* [frz. < *voiture omnibus* »Wagen für alle«; zu lat. *omnibus* »für alle«; zu *omnes* »alle«]

om|ni|po|tent ⟨Adj.⟩ *allmächtig* [< lat. *omnia* »alles« + *potens,* Part. Präs. zu *posse* »können«]

Om|ni|po|tenz ⟨f.; -; unz.⟩ **1** *Allmacht* **2** *absolute Machtstellung*

om|ni|prä|sent ⟨Adj.⟩ *allgegenwärtig*

Om|ni|prä|senz ⟨f.; -; unz.; geh.⟩ *(göttl.) Allgegenwart* [< lat. *omnia* »alles« + *praesentia* »Gegenwart«]

Om|ni|um ⟨n.; -s, -ni|en; Sp.⟩ **1** ⟨Bahnradsport⟩ *aus mehreren Wettbewerben bestehender Mehrkampf ohne feste Norm* **2** ⟨Reit- u. Fahrsport⟩ *Rennen für alle Pferde ohne Beschränkung des Alters, der Herkunft u. des Geschlechts* [lat., Gen. zu *omnes* »alle«]

om|ni|vor ⟨[-voːr] Adj.; Zool.⟩ *sich von Pflanzen u. Tieren ernährend, alles fressend;* Sy *pantophag*

Om|ni|vo|re ⟨[-voː-] m.1⟩ *Tier, das sich von Pflanzen u. Tieren ernährt, Allesfresser;* Sy *Pantophage;* →a. *Herbivore, Karnivore* [< lat. *omnia* »alles« + *...vore*]

Om|ni|zid ⟨n.; -(e)s; unz.⟩ *Vernichtung allen menschlichen Lebens (z.B. durch Atomwaffen)* [< lat. *omnis* »alles« + *...zid*]

Om|o|dy|nie, ⟨auch⟩ **O|mo|dy|nie** ⟨f.; -, -n; Med.⟩ = *Omalgie*

Om|pha|li|tis ⟨f.; -, -ti|den⟩ *Entzündung des Nabels* [< grch. *omphalos* »Nabel« + *...itis*]

Om|pha|zit ⟨m.; -s, -e⟩ *in kristallinen Schiefern auftretendes Mineral* [< grch. *omphax,* Gen. *omphakos* »unreife Traube«, wegen der grünen Farbe]

...on ⟨Suffix zur Bez. für⟩ *chem. Verbindung, die zur Gruppe der Ketone gehört, z.B. Aceton = Dimethylketon*

On ⟨n.; -s; unz.; Film; TV⟩ *Bereich innerhalb des Bildes;* Sprecher im ~ [< engl. *on* »auf, an«]

O|na|ger ⟨m.; -s, -⟩ *westasiatischer Halbesel* [< grch. *onos* »Esel«]
O|na|nie ⟨f.; -; unz.⟩ = *Masturbation* [fälschlich nach der bibl. Gestalt *Onan,* der sich nicht selbst befriedigte, sondern den Coitus interruptus (unterbrochener C.) ausübte)]
o|na|nie|ren ⟨V.⟩ = *masturbieren*
O|na|nist ⟨m.; -en, -en⟩ *jmd., der onaniert*
o|na|nis|tisch ⟨Adj.⟩ *die Onanie betreffend, zu ihr gehörig*
on call ⟨[-kɔːl]⟩ *auf Abruf;* eine Bestellung ~ [engl.]
on|deg|gi|a|men|to, on|deg|gi|an|te ⟨[ɔndɛdʒa-, ɔndɛdʒi-] Mus.⟩ *bei Streichinstrumenten durch regelmäßige Druckveränderung mit dem Bogen den Ton an- u. abschwellen lassend (zu spielen)* [ital., »wogend«]
Ondes Mar|te|not ⟨[ɔ̃ːd martənoː] Pl.; Mus.⟩ *einstimmiges, hochfrequentes, elektronisches Tasteninstrument mit einem Tonumfang von sieben Oktaven* [frz., »Martenot-Wellen«; nach dem Erfinder Maurice *Martenot,* 1898–1980]
On|dit ⟨[ɔ̃diː] n.; -s od. -, -s⟩ *Gerücht* [< frz. *on dit* »man sagt«]
On|du|la|ti|on ⟨f.; -, -en⟩ *das Ondulieren*
on|du|lie|ren ⟨V.⟩ *(Haar) künstlich wellen, bes. mit der Brennschere* [< frz. *onduler;* zu *onde* »Welle« < lat. *unda*]
O|nei|ris|mus ⟨m.; -; unz.; Med.⟩ *bei Vergiftung durch Rauschmittel, Infektionskrankheiten od. nach seelischer Erschütterung als real empfundenes traumähnliches Halluzinieren* [< grch. *oneiros* »Traum«]
One-Man-Show ⟨[wʌnmænʃou] f.; -, -s⟩ **1** ⟨TV⟩ *von nur einer moderierenden od. spielenden Person gestaltete Fernsehshow, Einmannshow* **2** ⟨Wirtsch.; umg.⟩ *Firmengründung mit anfangs nur einer Person* [engl., »Einmannshow«]
One-Night-Stand ⟨[wʌnnaitstænd] m.; -s, -s; umg.⟩ **1** ⟨allg.⟩ *auf eine einzige gemeinsame Nacht beschränktes sexuelles Abenteuer* **2** ⟨Theat.⟩ *Vorstellung, die nur an einem Abend gegeben wird* [engl., eigtl. »einmalige Angelegenheit«]
One|stepp ⟨[wʌn-] m.; -s, -s; Mus.⟩ *aus Amerika stammender Gesellschaftstanz im ²/₄-Takt* [engl., eigtl. »Einschritt«]
on|ga|re|se, on|gha|re|se ⟨[ɔŋ-] Mus.⟩ *ungarisch (zu spielen)* [ital.]
on|ko…, On|ko… ⟨in Zus.⟩ *geschwollen…, Geschwulst…* [< grch. *onkos* »Masse«]
on|ko|gen ⟨Adj.⟩ *eine Geschwulst erzeugend* [< grch. *onkos* »Masse« + *…gen*[1]]
On|ko|ge|ne|se ⟨f.; -, -n; Med.⟩ *Entstehung von Geschwülsten* [< *Onko…* + *Genese*]
On|ko|lo|ge ⟨m.; -n, -n⟩ *Kenner, Facharzt der Onkologie*
On|ko|lo|gie ⟨f.; -; unz.⟩ *Lehre von den Geschwülsten* [< grch. *onkos* »Masse« + *…logie*]
on|ko|lo|gisch ⟨Adj.⟩ *zur Onkologie gehörend, auf ihr beruhend, mit ihrer Hilfe*
On|ko|ly|se ⟨f.; -, -n; Med.⟩ *Abtötung von Tumorgewebe* [< *Onko…* + *…lyse*]
on|ko|ly|tisch ⟨Adj.⟩ *die Onkolyse betreffend, zu ihr gehörend, auf ihr beruhend*
On|ko|sphae|ra, ⟨auch⟩ **On|kos|phae|ra** ⟨[-sfɛːra] f.; -, -ren; Biol.; Med.⟩ *Sechshakenlarve, mit sechs Haken versehene kugelförmige Larve des ersten Entwicklungsstadiums der Bandwürmer* [< *Onko…* + grch. *sphaira* »Kugel«]
on|ko|zid ⟨Adj.⟩ *Tumorzellen tötend* [< *onko…* + *…zid*]
on|line ⟨[-lain] Adj.; undekl.; EDV⟩ **1** *direkt mit einer EDV-Anlage verbunden* **2** *direkte Verbindung zwischen zwei Geräten besitzend* **3** *eingegebene Daten sofort verarbeitend;* ~ gehen; ~ sein; Ggs *offline* [engl., zu *on* »on, auf« + *line* »Leitung, Linie«]
On|line|be|trieb ⟨[-lain-] m.; -(e)s; unz.; EDV⟩ *Art der elektron. Datenverarbeitung, bei der Daten zur unmittelbaren Verarbeitung in einen angeschlossenen Computer eingespeist werden;* Ggs *Offlinebetrieb* [→ *online*]
On|line|dienst ⟨[-lain-] m.; -(e)s, -e; EDV⟩ *Dienstleistungsangebot im Bereich der Telekommunikation für Computeranwender (meist mit Verbindung zum Internet)* [→ *online*]
On|li|ner ⟨[-lai-] m.; -s, -; EDV; umg.⟩ *jmd., der den Onlinedienst bzw. das Internet nutzt*
Ö|no|lo|ge ⟨m.; -n, -n⟩ *Fachmann, Wissenschaftler auf dem Gebiet der Önologie*
Ö|no|lo|gie ⟨f.; -; unz.⟩ *Lehre vom Weinbau* [< grch. *oinos* »Wein« + *…logie*]
ö|no|lo|gisch ⟨Adj.⟩ *auf Önologie beruhend, zu ihr gehörend, sie betreffend*
O|no|man|tie ⟨f.; -; unz.⟩ *Wahrsagerei aus Namen* [< grch. *onoma* »Name, Benennung« + *…mantie*]
O|no|ma|si|o|lo|gie ⟨f.; -; unz.; Sprachw.⟩ *Zweig der Semantik, der erforscht, welche Wörter für ein u. denselben Begriff gebraucht werden bzw. im Lauf der Sprachentwicklung gebraucht worden sind* [< grch. *onomasia* »Benennung« + *…logie*]
o|no|ma|si|o|lo|gisch ⟨Adj.⟩ *zur Onomasiologie gehörend, auf ihr beruhend, mit ihrer Hilfe*
O|no|mas|tik ⟨f.; -; unz.⟩ *Namenkunde* [< grch. *onomastikos;* zu *onoma* »Name«]
O|no|mas|ti|kon ⟨n.; -, -ken od. -ka⟩ *Namensverzeichnis*
O|no|ma|to|lo|gie ⟨f.; -; unz.⟩ *Namenkunde* [< grch. *onoma* »Name« + *…logie*]
O|no|ma|to|po|e|se ⟨f.; -, -n; selten⟩ = *Onomatopöie*
O|no|ma|to|po|e|ti|kum ⟨n.; -s, -ti|ka; Philol.⟩ *lautnachahmendes, klangmalerisches Wort* [< grch. *onoma* »Name« + *poietikos* »dichterisch«]
o|no|ma|to|po|e|tisch ⟨Adj.⟩ *schall-, lautnachahmend, lautmalend;* ~e Wörter *lautmalende Wörter,* z.B. klirren, rasseln, zirpen
O|no|ma|to|pö|ie ⟨f.; -, -n⟩ *Nachahmung von natürl. Lauten, Geräuschen od. Klängen durch ähnliche sprachliche Laute, Lautmalerei;* Sy

Onomatopoese [< grch. *onoma,* Gen. *onomatos* »Name« + *…pöie*]
Ö|no|me|ter ⟨n.; -s, -⟩ *Gerät zur Bestimmung des Alkoholgehalts von Wein* [< grch. *oinos* »Wein« + *…meter*]
Ö-Norm ⟨Kurzw. für⟩ *österreichische Norm (dem dt. DIN entsprechend)*
on parle fran|çais ⟨[ɔ̃ pa:rl frãsɛ]⟩ *man spricht (hier) französisch* [frz.]
On|site|ver|fah|ren ⟨[-sait-] n.; -s; unz.⟩ *Verfahren zur Reinigung verseuchter Materialien direkt am Enstehungsort;* Ggs *Offsiteverfahren* [< engl. *on* »an, in« + *site* »Stelle, Stätte«]
On|spre|cher ⟨m.; -s, -; Film; TV⟩ *Sprecher, der im Bild sichtbar ist;* Ggs *Off-Sprecher* [→ *On*]
On|stim|me ⟨f.; -, -n; Film; TV⟩ *Stimme eines im Bild sichtbaren Sprechers;* Ggs *Offstimme* [→ *On*]
on the road ⟨[- ðə roud]⟩ *auf Reisen, unterwegs* [engl., »auf der Straße«; als Redewendung in Deutschland vermutlich durch den gleichnamigen Roman von Jack Kerouac (1922-1969) populär geworden]
on the rocks ⟨[- ðə rɔks]⟩ *mit Eiswürfeln;* Whisky ~ [engl., »auf den Felsen«]
on|tisch ⟨Adj.; Philos.⟩ *dem Sein nach, seiend* [< grch. *on,* Gen. *ontos,* Part. Präs. zu *einai* »sein«]
On|to|ge|ne|se ⟨f.; -; unz.⟩ *Entwicklung des Lebewesens von der befruchteten Eizelle bis zur Geschlechtsreife;* oV *Ontogenie* [< grch. *on,* Gen. *ontos* »seiend« + *Genese* < grch. *genesis* »Erzeugung, Ursprung«]
on|to|ge|ne|tisch ⟨Adj.⟩ *zur Ontogenese gehörend, auf ihr beruhend*
On|to|ge|nie ⟨f.; -; unz.⟩ = *Ontogenese* [< grch. *on,* Gen. *ontos* »seiend« + *…genie*]
On|to|lo|ge ⟨m.; -n, -n⟩ *Forscher, Philosoph auf dem Gebiet der Ontologie*
On|to|lo|gie ⟨f.; -; unz.; Philos.⟩ *Lehre vom Sein u. seinen Prinzipien* [< grch. *on,* Gen. *ontos* »seiend« + *…logie*]
On|to|lo|gin ⟨f.; -, -gin|nen⟩ *Forscherin, Philosophin auf dem Gebiet der Ontologie*
on|to|lo|gisch ⟨Adj.⟩ *zur Ontologie gehörend, auf ihr beruhend, sie betreffend*
On|to|lo|gis|mus ⟨m.; -, -men; Philos.⟩ **1** *die Erkenntnis des Seins an sich* **2** ⟨i.e.S.⟩ *(im 19. Jh. von dem ital. Philosophen V. Gioberti begründete) theologische Lehre, nach der Gott in seinem Wesen unerkennbar ist, sich aber in dem von ihm Geschaffenen offenbart*
on tour ⟨[- tu:r]⟩ *auf Tournee (bes. von Musikern u. Ensembles);* die Band ist ~ [engl.]
O|ny|chie ⟨[-çi:] f.; -, -n⟩ *Nagelbettentzündung* [< grch. *onyx,* Gen. *onychos* »Nagel«]
O|ny|cho|ly|se ⟨[-ço-] f.; -; unz.⟩ *Ablösung der Nagelplatte vom Nagelbett* [< grch. *onyx,* Gen. *onychos* »Nagel« + *…lyse*]
O|ny|cho|my|ko|se ⟨[-ço-] f.; -, -n⟩ *Pilzerkrankung der Nägel* [< grch. *onyx,* Gen. *onychos* »Nagel« + *Mykose*]
O|ny|cho|pha|gie ⟨[-ço-] f.; -, -n⟩ *Nägelkauen* [< grch. *onyx,* Gen. *onychos* »Nagel« + *…phagie*]
O|ny|cho|se ⟨[-ço-] f.; -, -n⟩ *Nagelkrankheit* [< grch. *onyx,* Gen. *onychos* »Nagel«]
O|nyx ⟨m.; -(e)s, -e⟩ *Mineral, schwarz-weißer Quarz* [lat. < grch. *onyx,* eigtl. »Klaue, Kralle, Fingernagel«]
o. O. ⟨Abk. für⟩ *ohne Obligo*
o|o…, O|o… ⟨[o:ɔ] in Zus.⟩ *Ei…, eiförmig* [< grch. *oon* »Ei«]
O|o|ga|mie ⟨[o:ɔ-] f.; -, -n⟩ *Befruchtung einer großen, unbeweglichen Eizelle durch eine kleinere, männliche Geschlechtszelle* [< *Oo…* + *…gamie*]
O|o|ge|ne|se ⟨[o:ɔ-] f.; -, -n⟩ *Bildung des Eis, Entwicklung der Eizelle;* Sy *Ovogenese* [< *Oo…* + *Genese*]
o|o|ge|ne|tisch ⟨[o:ɔ-] Adj.⟩ *auf Oogenese beruhend, aus dem Ei entstanden*
O|o|go|ni|um ⟨[o:ɔ-] n.; -s, -ni|en⟩ *Bildungsstätte der Eizelle niederer Pflanzen* [< *Oo…* + grch. *gone* »Erzeugung«]
O|o|ki|net ⟨m.; -en, -en; Med.⟩ *Keimzelle von Malariaparasiten* [< *Oo…* + grch. *kinetes* »Beweger«]
O|o|lem|ma ⟨[o:ɔ-] n.; -s, -men od. -ta⟩ *Zellmembran, die die Eizelle umgibt* [< *Oo…* + grch. *lemma* »Hülle«]
O|o|lith ⟨[o:ɔ-] m.; -s od. -en, -e od. -en⟩ *Gestein, das aus kleinen, runden, durch ein Bindemittel verkitteten Kügelchen besteht, Rogenstein* [< *Oo…* + *…lith*]
o|o|li|thisch ⟨[o:ɔ-] Adj.⟩ *zum Oolith gehörend, aus ihm bestehend*
O|o|lo|gie ⟨[o:ɔ-] f.; -; unz.⟩ *Lehre von den Eiern, bes. in der Vogelkunde* [< *Oo…* + *…logie*]
O|o|phor|ek|to|mie, ⟨auch⟩ **O|o|pho|rek|to|mie** ⟨f.; -, -n; Med.⟩ = *Ovariotomie* [< *Oophoron* + *Ektomie*]
O|o|pho|ri|tis ⟨[o:ɔ-] f.; -, -ti|den; Med.⟩ *Eierstockentzündung* [< *Oo…* + *…phor*[1] + *…itis*]
o|o|pho|ro|gen ⟨Adj.; Med.⟩ *von den Eierstöcken ausgehend (von Erkrankungen des Unterleibs)* [→ *Oophoron*]
O|o|pho|ron ⟨[oɔ-] n.; -s, -ra⟩ = *Ovarium* [< *Oo…* + grch. *pherein, phorein* »tragen«]
O|o|plas|ma ⟨[o:ɔ-] n.; -s, -men⟩ *Plasma der Eizelle;* Sy *Ovoplasma* [< *Oo…* + *Plasma(1)*]
O|o|zyt ⟨[o:ɔ-] m.; -en, -en⟩, **O|o|zy|te** ⟨[o:ɔ-] f.; -, -n⟩ *unreife Eizelle* [< *Oo…* + *…zyt*]
OP ⟨Abk. für⟩ *Operationssaal, Operation*
op. ⟨Abk. für⟩ *Opus*
o.P. ⟨Abk. für⟩ *ordentlicher Professor*
O.P. ⟨Abk. für⟩ *Ordo Fratrum Praedicatorum (offizieller Name der Dominikaner)*
o|pak ⟨Adj.⟩ *undurchsichtig;* oV *opaque* [< lat. *opacus* »schattig, beschattet; dunkel«]
O|pal ⟨m.; -s, -e⟩ **1** ⟨zählb.⟩ *amorpher Quarz, wasserhaltiges Kieselsäuregel, ein Halbedelstein* **2** ⟨unz.⟩ *steif appretierter, geschrumpfter, milchähnlich durchscheinender, feinfädiger Batist aus Baumwolle* [< lat. *opalus* < Sanskrit]

o|pa|len ⟨Adj.⟩ **1** *aus Opal bestehend* **2** *wie Opal schimmernd*
O|pa|les|zenz ⟨f.; -; unz.⟩ *Schimmern durch Beugung der Lichtstrahlen wie beim Opal*
o|pa|les|zie|ren ⟨V.⟩ *wie ein Opal schimmern*
O|pal|glas ⟨n.; -es; unz.⟩ *milchig getrübtes Glas, das die Eigenschaft der Opaleszenz zeigt*
o|pa|li|sie|ren ⟨V.⟩ = *opaleszieren*
O|pan|ke ⟨f.; -, -n⟩ *südslaw. Schuh mit aufgebogener Spitze u. ohne Absatz* [serb., »Sandale«]
o|paque ⟨Adj.⟩ = *opak*
Op-Art ⟨f.; -; unz.⟩ *zeitgenöss. Richtung der bildenden Kunst, bei der (meist räumliche) optische Illusionen durch verschiedene Mittel (Beleuchtung, Bewegung) erzielt werden* [engl.; verkürzt < *op*tical »optisch« + *art* »Kunst«]
O|pa|zi|tät ⟨f.; -; unz.⟩ **1** *Lichtundurchlässigkeit* **2** ⟨Fot.⟩ *Maß für die Schwärzung lichtempfindlicher Schichten* [< lat. *opacus* »schattig, dunkel«; zu *opacites* »Schatten«]
OPEC ⟨f.; -; unz.; Abk. für engl.⟩ *Organization of Petroleum-Exporting Countries (Organisation Erdöl exportierender Länder)*
O|pen ⟨[oupən] n.; - od. -s, -; Sp.⟩ *offene Meisterschaft;* British ~ *(für Profis u. Amateure bzw. In- u. Ausländer) offene Britische Meisterschaft im Golf* [engl., »offen«]
O|pen|air..., ⟨auch⟩ **O|pen-Air...** ⟨[oupən-ɛː(r)] in Zus.⟩ *im Freien (stattfindend),* z.B. ~veranstaltung [engl., »offene (freie) Luft, im Freien«]
O|pen|air|fes|ti|val, ⟨auch⟩ **O|pen-Air-Fes|ti|val** ⟨[oupənɛː(r)fɛstivəl] n.; -s, -s⟩ *große (Musik-)Veranstaltung im Freien*
o|pen end ⟨[oupən ɛnd]⟩ *ohne zeitliche Begrenzung, ohne zeitliches Limit (von Diskussionen, Veranstaltungen, Tagungen usw.)* [engl., »offenes Ende«]
O|pen-End-Dis|kus|si|on ⟨[oupənɛnd-] f.; -, -en⟩ *Diskussion mit nicht festgelegtem Ende* [→ *open end*]
O|pen|field, ⟨auch⟩ **O|pen Field** ⟨[oupən-] n.; (-) - od. (-) -s, -s; Geogr.⟩ *(Acker-)Feld, auf dem keinerlei Grenzmarkierungen wie Drähte, Hecken od. Steinmauern vorhanden sind* [engl., »offene Feldflur«]
O|pe|ning ⟨[oupəniŋ] n.; -s, -s⟩ **1** ⟨Lit.⟩ *erste Szene eines Romans od. Dramas, in der die Hauptcharaktere sowie Ort u. Zeit der Handlung eingeführt werden* **2** ⟨umg.⟩ *Anfang, Beginn, Eröffnung;* das ~ seiner Rede war nicht sehr vielversprechend [< engl. *opening* »Öffnen, Eröffnung, Beginn«]
O|per ⟨f.; -, -n⟩ **1** *musikalisch gestaltetes Bühnenstück* **2** *Opernhaus* [< ital. *opera (in musica)* »(Musik-)Werk«]
O|pe|ra ⟨Pl. von⟩ *Opus*
o|pe|ra|bel ⟨Adj.; Med.⟩ *so beschaffen, dass man es (noch) operieren kann;* Ggs *inoperabel*
O|pe|ra|bi|li|tät ⟨f.; -; unz.; Med.⟩ *Möglichkeit, einen Patienten zu operieren od. eine Erkrankung auf operativem Wege zu beheben*
O|pe|ra buf|fa ⟨f.; - -, -re -fe⟩ *komische Oper;* Sy *Buffa, Buffaoper, Buffooper* [ital.]
O|pé|ra co|mi|que ⟨[-kɔmik] f.; - -, -s -s [ɔpera kɔmik]⟩ **1** ⟨unz.⟩ *im 17. Jh. in Frankreich entstandene Operngattung mit vorwiegend heiterem od. satirischem Inhalt u. gesprochenen Dialogen* **2** *Werk aus dieser Gattung* **3** *Haus, Theater, in dem O. c. aufgeführt werden* [frz., »komische Oper«]
O|pe|rand ⟨m.; -en, -en; EDV⟩ *Information, die mit Hilfe eines Befehls verarbeitet werden kann* [zu lat. *operari* »beschäftigt sein«]
o|pe|rant ⟨Adj.; Psych.⟩ ~e Konditionierung *Form des Lernens, die durch die Konsequenzen einer Handlung (Erfolg od. Misserfolg) gesteuert wird* [< lat. *operans,* Gen. *operantis* »wirksam, tätig«]
O|pe|ra se|ria ⟨f.; - -, -re -rie⟩ *ernste Oper* [ital.]
O|pe|ra|teur ⟨[-tøːr] m.; -s, -e⟩ **1** *Chirurg, der eine Operation vornimmt od. leitet* **2** ⟨Film; †⟩ *Kameramann* **3** *Vorführer im Lichtspieltheater* **4** = *Operator(1)* [< frz. *opérateur* »operierender Arzt«]
O|pe|ra|ting ⟨[ɔpərɛitiŋ] n.; -s; unz.⟩ *Bedienen eines Computers od. einer Maschine* [zu engl. *operate* »tätig sein, funktionieren«]
O|pe|ra|ti|on ⟨f.; -, -en⟩ **1** ⟨Abk.: OP⟩ *chirurg. Eingriff* **2** *Ablauf einer Arbeit* **3** *Ausführung einer Rechnung* **4** *Truppenbewegung, militär. Unternehmen* [< lat. *operatio* »Arbeit, Verrichtung, Wirken«]
o|pe|ra|ti|o|na|bel ⟨Adj.⟩ *operationalisierbar*
o|pe|ra|ti|o|nal ⟨Adj.⟩ *auf Handlungen, Arbeitsvorgängen beruhend, verfahrensbedingt;* oV *operationell*
o|pe|ra|ti|o|na|li|sie|ren ⟨V.; Soziol.⟩ *theoretische Begriffe anwendbar machen, indem präzise u. überprüfbare Anweisungen für Forschungsziele u. -schritte gegeben werden*
O|pe|ra|ti|o|na|lis|mus ⟨m.; -; unz.⟩ *wissenschaftstheoretische Auffassung, nach der wissenschaftliche Ergebnisse nur gültig sind, wenn sie durch physikalische Operationen gewonnen wurden;* → a. *Operativismus*
o|pe|ra|ti|o|nell ⟨Adj.⟩ = *operational*
O|pe|ra|ti|ons|for|schung ⟨f.; -; unz.⟩ *Erforschung von Problemen aus Bereichen, die herkömmlich nicht als wissenschaftl. Disziplinen gelten (z.B. Verwaltung, Militärwesen), mit wissenschaftl., bes. mathemat. Methoden;* Sy *Operationsresearch*
O|pe|ra|tions|re|search ⟨[ɔpərɛiʃənz rizəːtʃ] n.; -s; unz.; Med.⟩ = *Operationsforschung* [engl.]
o|pe|ra|tiv ⟨Adj.⟩ **1** *auf chirurg. Wege, mit Hilfe einer Operation:* ~er Eingriff; ein Geschwür ~ entfernen **2** ⟨fig.⟩ *weit schauend u. planvoll tätig* **3** ⟨Mil.⟩ = *strategisch*
O|pe|ra|ti|vis|mus ⟨[-vis-] m.; -; unz.⟩ *wissenschaftstheoretische Auffassung, nach der wissenschaftl. Grundlagen u. Begriffe (z.B. in der Physik) allein durch messbare Operationen gewonnen werden können;* → a. *Operationalismus*

O|pe|ra|tor ⟨m.; -s, -to|ren⟩ **1** ⟨EDV; engl. [ɔpərɛitə(r)]⟩ *jmd., der beruflich eine Datenverarbeitungsanlage bedient;* oV *Operateur* **2** *Vorschrift, mit der auf eine mathemat. Gleichung od. Funktion eingewirkt wird*

O|pe|ret|te ⟨f.; -, -n⟩ *leichtes, heiteres, unterhaltendes Bühnenstück mit Musik u. gesprochenen Dialogen* [< ital. *operetta,* Verkleinerungsform zu *opera* »Oper«]

o|pe|rie|ren ⟨V.⟩ **1** *eine Operation vornehmen an, bei; einen chirurg. Eingriff vornehmen an, bei:* sich ~ lassen; jmdn. am Magen ~ **2** *eingreifen, handeln, wirken, verfahren* **3** *eine militär. Operation durchführen* [< lat. *operari* »beschäftigt sein, verfertigen; (den Göttern) opfern«]

O|per|ment ⟨n.; -(e)s, -e⟩ *giftige, gelbe Mineralfarbe aus einem Gemisch von Arsentrioxid u. Arsensulfid, Gelbglas* [< lat. *auripigmentum* »Rauschgelb« < *aurum* »Gold« + *pigmentum* »Farbe«]

O|phi|kle|i|de, ⟨auch⟩ **O|phik|le|i|de** ⟨f.; -, -n; Mus.⟩ *Blechblasinstrument in Alt-, Bass- u. Kontrabasslage, Vorläuferin der Tuba im 19. Jh.* [< grch. *ophis* »Schlange« + *kleis* »Schlüssel«]

O|phi|o|la|trie, ⟨auch⟩ **O|phi|o|lat|rie** ⟨f.; -; unz.⟩ *relig. Verehrung der Schlange als Vermittlerin der Erkenntnis* [< grch. *ophis* »Schlange« + *...latrie*]

O|phir ⟨a. [-ˈ-] n.; -s; unz.; im AT⟩ *sagenhaftes Goldland*

O|phit **1** ⟨m.; -en, -en⟩ *Anbeter von Schlangen* **2** ⟨m.; -(e)s, -e⟩ = *Serpentin* [< grch. *ophis* »Schlange«]

o|phi|tisch ⟨Adj.⟩ **1** *zu den Ophiten gehörend, Schlangen anbetend* **2** ⟨Min.⟩ *zum Gefügetyp dunkler, magmatischer Gesteine gehörend*

O|phi|u|ren ⟨Pl.⟩ *Schlangensterne, Stachelhäuter mit scharf vom zentralen Körper abgesetzten, dünnen u. sehr bewegl. Armen: Ophiuroidea* [< grch. *ophis* »Schlange« + *oura* »Schwanz«]

Oph|thal|mi|a|trie, ⟨auch⟩ **Oph|thalm|i|at|rie** ⟨f.; -; unz.; Med.⟩ *Augenheilkunde* [< grch. *ophthalmos* »Auge« + *iater* »Arzt«]

Oph|thal|mie ⟨f.; -, -n⟩ *Entzündung des Auges* [< grch. *ophthalmos* »Auge«]

Oph|thal|mi|kum ⟨n.; -s, -ka; Med.⟩ *in der Augenheilkunde verwendetes Mittel, wie Augentropfen, Augensalbe u.Ä.* [< grch. *ophthalmos* »Auge«]

oph|thal|misch ⟨Adj.⟩ *zum Auge gehörend*

Oph|thal|mo|blen|nor|rhö ⟨f.; -, -en⟩, **Oph|thal|mo|blen|nor|rhöe** ⟨[-rø:] f.; -, -n; Med.⟩ *Augentripper* [< grch. *ophthalmos* »Auge« + *Blennorrhö*]

Oph|thal|mo|lo|ge ⟨m.; -n, -n; Med.⟩ *Augenarzt* [→ *Ophthalmologie*]

Oph|thal|mo|lo|gie ⟨f.; -; unz.; Med.⟩ *Lehre von den Augenkrankheiten* [< grch. *ophthalmos* »Auge« + *...logie*]

Oph|thal|mo|lo|gin ⟨f.; -, -gin|nen; Med.⟩ *Augenärztin* [→ *Ophthalmologie*]

oph|thal|mo|lo|gisch ⟨Adj.; Med.⟩ *die Augenheilkunde betreffend, zu ihr gehörig*

Oph|thal|mo|ple|gie ⟨f.; -, -n; Med.⟩ *Augenmuskellähmung* [< grch. *ophthalmos* »Auge« + grch. *plege* »Schlag«]

Oph|thal|mo|skop, ⟨auch⟩ **Op|thal|mos|kop** ⟨n.; -s, -e⟩ *Spiegel zur Untersuchung des Augenhintergrundes, Augenspiegel* [< grch. *ophthalmos* »Auge« + *skopein* »sehen«]

Oph|thal|mo|sko|pie, ⟨auch⟩ **Oph|thal|mos|ko|pie** ⟨f.; -, -n⟩ *Ausspiegelung des Augenhintergrundes*

oph|thal|mo|sko|pisch, ⟨auch⟩ **oph|thal|mos|ko|pisch** ⟨Adj.⟩ *die Ophthalmoskopie betreffend, den Augenspiegel verwendend*

Oph|ti|o|le ⟨f.; -, -n⟩ *Medikamentenfläschchen zum Einträufeln von Augentropfen* [< grch. *ophtalmos* »Auge«]

O|pi|at ⟨n.; -(e)s, -e; Pharm.⟩ *Opium enthaltendes Arzneimittel*

...o|pie ⟨in Zus.⟩ *Sehen, Sehfehler, ...sichtigkeit* [< grch. *ops,* Gen. *opis* »Auge«]

O|pi|ni|o com|mu|nis ⟨f.; - -; unz.; geh.⟩ *allgemeine Meinung* [lat.]

O|pis|tho|ge|nie, O|pis|tho|gna|thie, ⟨auch⟩ **O|pis|thog|na|thie** ⟨f.; -, -n⟩ *Zurücktreten des Unterkiefers, eine Kieferanomalie* [< grch. *opisthen* »hinten« + *gnathos* »Kiefer«]

O|pi|um ⟨n.; -s; unz.⟩ *aus dem Saft des Schlafmohns gewonnenes Rauschmittel, auch als Heilmittel verwendet* [lat., »Mohnsaft«]

O|po|del|dok ⟨m. od. n.; -s; unz.⟩ *Mischung aus Kampfer, Seifenspiritus u. Salmiakgeist zum Einreiben gegen Rheumatismus, zur Förderung der Durchblutung* [von Paracelsus gebildeter Name < *Opo*panax + B*del*lium (Palmenharz) + Aris*to*lo*ch*ia (Zierpflanze aus der Familie der Osterluzei)]

O|pos|sum ⟨n.; -s, -s⟩ **1** *auf Bäumen wohnende Beutelratte mit Greifschwanz: Didelphys virginiana* **2** *deren Fell;* amerikanisches ~; australisches ~ *Fell des Fuchskusus* [< Algonkin *apäsum,* eigtl. »weißes Tier«]

Op|pa|nol ⟨n.; -s; unz.⟩ *thermoplast. Kunststoff aus Polyisobutylen, säure- u. laugenbeständig, als Imprägniermittel für wasserdichte Gewebe verwendet*

Op|po|nent ⟨m.; -en, -en⟩ *jmd., der opponiert, Gegner bei einem Disput*

op|po|nie|ren ⟨V.⟩ *sich widersetzen, widerstreben, eine gegenteilige Meinung vertreten;* gegen jmdn. od. etwas ~ [< lat. *opponere* »entgegenhalten, entgegensetzen«]

op|por|tun ⟨Adj.⟩ Ggs *inopportun* **1** *gelegen, nützlich, bequem* **2** *passend, angebracht* [< lat. *opportunus* »günstig, bequem«]

Op|por|tu|nis|mus ⟨m.; -; unz.⟩ **1** *Handeln allein unter dem Gesichtspunkt dessen, was Vorteile bringt* **2** *geschickte Anpassung an die jeweilige Lage* [< frz. *opportunisme*]

Op|por|tu|nist ⟨m.; -en, -en⟩ *jmd., der im Sinne des Opportunismus handelt* [→ *opportun*]

op|por|tu|nis|tisch ⟨Adj⟩ **1** *auf Opportunismus beruhend* **2** ⟨Med.⟩ ~e Infektion *infolge einer*

HIV-Infektion auftretender Pilz-, Schimmel- od. Parasitenbefall, der vom geschwächten menschlichen Immunsystem nicht mehr abgewehrt werden kann [→ *opportun*]

Op|por|tu|ni|tät ⟨f.; -; unz.⟩ *passende Gelegenheit, Nützlichkeit, Vorteil;* Ggs *Inopportunität* [< lat. *opportunitas*]

Op|po|si|ti|on ⟨f.; -, -en⟩ **1** *Gegensatz, Widerstand;* ~ machen ⟨umg.⟩ *widersprechen, eine gegenteilige Meinung verfechten* **2** *der Regierung sich entgegensetzende Partei od. Gruppe der Bevölkerung* **3** ⟨Astron.⟩ *entgegengesetzte Konstellation* [< lat. *oppositio* »Widerstand, Widerspruch«; zu *opponere;* → *opponieren*]

op|po|si|ti|o|nell ⟨Adj.⟩ *zur Opposition gehörend, auf ihr beruhend*

op. post., op. posth. ⟨Abk. für⟩ *Opus post(h)umum*

Op|pres|si|on ⟨f.; -, -en⟩ **1** *Bedrückung, Unterdrückung* **2** *Beklemmung* [< lat. *oppressio* »Unterdrückung«]

op|pres|siv ⟨Adj.⟩ *bedrückend, unterdrückend*

op|pri|mie|ren ⟨V.; †⟩ *bedrücken, überwältigen* [< lat. *opprimere* »niederdrücken«]

O.Pr., O. Praem. ⟨Abk. für⟩ *Ordinis Praemonstratensis: vom Orden der Prämonstratenser*

...op|sie ⟨in Zus.⟩ *Sehen, Schau, Beobachtung, Betrachtung* [< grch. *opsis* »Sehen«; zu *ops;* → *...opie*]

Op|so|nin ⟨n.; -s, -e; Med.; meist Pl.⟩ *körpereigener Stoff, der sich zur Infektionsabwehr an die eingedrungenen Bakterien, Pilze u.Ä. anlagert*

Op|tant ⟨m.; -en, -en⟩ *jmd., der optiert*

op|ta|tiv ⟨a. [--'-] Adj.⟩ *im Sinne des Optativs, den Wunsch ausdrückend*

Op|ta|tiv ⟨m.; -s, -e [-və]⟩ *den Wunsch ausdrückende Form des Verbums (z.B. im Altgriech.; im Dt. durch den Konjunktiv wiedergegeben)*

op|tie|ren ⟨V.⟩ für jmdn. od. einen Staat ~ *sich für jmdn. od. einen bestimmten Staat u. die entsprechende Staatsangehörigkeit entscheiden* [< lat. *optare* »wählen, wünschen«]

Op|tik ⟨f.; -, -en⟩ **1** ⟨unz.⟩ *Lehre vom sichtbaren Licht u. diesem ähnlichen Strahlungen, Lichtlehre* **2** ⟨zählb.⟩ *Linsensystem (eines Instruments)* [< lat. *optica (ars)* < grch. *optike (techne)* »Lehre vom Sehen«; zu *optikos* »das Sehen betreffend«]

Op|ti|ker ⟨m.; -s, -⟩ *Hersteller von opt. Geräten, Händler mit opt. Geräten* [→ *Optik*]

op|ti|ma fi|de ⟨geh.⟩ *besten Glaubens, im besten Glauben* [lat.]

op|ti|ma for|ma ⟨geh.⟩ *in bester Form* [lat.]

op|ti|mal ⟨Adj.⟩ *bestmöglich, beste, Best...* [zu lat. *optimus* »der Beste«]

op|ti|ma|li|sie|ren ⟨V.⟩ = *optimieren(2)*

Op|ti|mat ⟨m.; -en, -en; im antiken Rom⟩ *Angehöriger der herrschenden Geschlechter u. Anhänger der Vorherrschaft des Senats*

Op|ti|me|ter ⟨n.; -s, -⟩ *Gerät zum Messen der Länge u. Dicke von Blechen, Papieren u.a.* [< *Optik* + *...meter*]

op|ti|mie|ren ⟨V.⟩ **1** ⟨Math.⟩ eine Funktion ~ *die Extremwerte einer F. bestimmen* **2** ⟨allg.⟩ *so gut wie möglich gestalten;* oV *optimalisieren* [→ *Optimum*]

Op|ti|mie|rung ⟨f.; -, -en⟩ *das Optimieren, Optimiertwerden*

Op|ti|mis|mus ⟨m.; -; unz.⟩ Ggs *Pessimismus* **1** *Lebensbejahung, Zuversichtlichkeit in allen Dingen, Lebenseinstellung, infolge derer man alle Dinge von der besten Seite sieht* **2** ⟨Philos.⟩ *Auffassung, dass diese Welt die beste aller möglichen Welten u. in stetem Fortschritt begriffen sei* [< lat. *optimus* »der Beste, sehr gut«]

Op|ti|mist ⟨m.; -en, -en⟩ Ggs *Pessimist* **1** *optimistischer Mensch, lebensbejahender Mensch* **2** *Anhänger des philosoph. Optimismus*

op|ti|mis|tisch ⟨Adj.⟩ *auf Optimismus beruhend, im Sinne des Optimismus denkend, lebensbejahend, zuversichtlich;* Ggs *pessimistisch*

Op|ti|mum ⟨n.; -s, -ti|ma⟩ Ggs *Pessimum* **1** *Höchstmaß, günstigste Lage, günstigstes Verhältnis, günstigster Fall;* ein ~ an Lebensqualität erreichen **2** *Bereich der günstigsten Umweltbedingungen für ein Lebewesen* [lat., Neutr. zu *optimus* »bester, der beste«]

Op|ti|on ⟨f.; -, -en⟩ *das Optieren* [< lat. *optio* »Wunsch, Wahl«]

op|ti|o|nal ⟨Adj.⟩ *wahlfrei, nicht zwingend;* Sy *fakultativ* [zu lat. *optio* »Wahl, freier Wille«]

op|tisch ⟨Adj.⟩ **1** *die Optik betreffend, zu ihr gehörig, auf ihr beruhend* **2** = *visuell;* ~er Eindruck; ~e Täuschung *auf der unvollkommenen Verarbeitung der opt. Wahrnehmungen durch die Augen beruhende Täuschung* [< grch. *optikos* »das Sehen betreffend«]

Op|to|e|lek|tro|nik, ⟨auch⟩ **Op|to|e|lekt|ro|nik** ⟨f.; -; unz.⟩ *Technik, die das Gebiet der Glasfaseroptik mit dem von Halbleiterschaltungen kombiniert u. daraus äußerst leistungsfähige Bauelemente für die Nachrichtentechnik entwickelt*

op|to|e|lek|tro|nisch, ⟨auch⟩ **op|to|e|lekt|ro|nisch** ⟨Adj.⟩ *zur Optoelektronik gehörend, auf ihr beruhend, sie betreffend*

Op|to|me|ter ⟨n.; -s, -⟩ *Gerät zum Messen der Sehkraft* [< *Optik* + *...meter*]

Op|to|me|trie, ⟨auch⟩ **Op|to|met|rie** ⟨f.; -; unz.⟩ *Messung der Sehkraft* [< *Optik* + *...metrie*]

o|pu|lent ⟨Adj.⟩ *üppig, reichlich, reichhaltig;* ein ~es Mahl; Ggs *frugal* [< lat. *opulentus* »reich, üppig, reichhaltig«]

O|pu|lenz ⟨f.; -; unz.⟩ *opulente Beschaffenheit, Üppigkeit, Überfluss;* Ggs *Frugalität* [< lat. *opulentia* »Reichtum«]

O|pun|tie ⟨[-tsiə] f.; -, -n⟩ *Feigenkaktus, Gattung der Kaktusgewächse mit flachen, zuweilen rot od. bräunlich gefärbten Gliedern, von der einige Arten essbare Früchte tragen: Opuntia* [nach der altgriech. Stadt *Opus*]

O|pus ⟨n.; -, O|pe|ra; Abk.: op.⟩ **1** *Werk, Kunstwerk* **2** *einzelnes Werk in der Reihe der Werke eines Komponisten;* Konzert für Violine und Orchester, a-moll, op. 26; ~

post(h)umum ⟨Abk.: op. post(h).⟩ *nachgelassenes Werk* **3** *Gesamtwerk eines Künstlers* [lat., »Werk«; → *post(h)um*]

o|ra et la|bo|ra! *bete und arbeite! (alte Mönchsregel)* [lat.]

O|ra|kel ⟨n.; -s, -⟩ **1** *Deutung der Zukunft u. des Schicksals, Wahrsagung* **2** *rätselhafter Ausspruch* [<lat. *oraculum* »Weissagungsstätte; Götter-, Schicksals-, Weisheitsspruch, geheimnisvoller Ausspruch«]

o|ra|kel|haft ⟨Adj.⟩ *einem Orakel ähnlich, unverständlich, rätselhaft*

o|ra|keln ⟨V.⟩ *weissagen, wie ein Orakel, in rätselhaften Andeutungen sprechen*

o|ral ⟨Adj.⟩ *zum Mund gehörig, durch den Mund* [<lat. *os,* Gen. *oris* »Mund«]

O|ral ⟨m.; -s, -e; Sprachw.⟩ *mit dem Mund artikulierter Laut;* Sy *Orallaut;* Ggs *Nasal*

O|ral|e|ro|tik ⟨f.; -; unz.⟩ *Lustempfindung im Bereich der Mundzone im frühkindlichen Stadium*

O|ral|laut ⟨m.; -(e)s, -e; Sprachw.⟩ = *Oral*

o|ran|ge ⟨[orã:ʒ(ə)] Adj.⟩ *rötlich gelb, von der Farbe der Orange* [frz.]

O|ran|ge¹ ⟨[orã:ʒ(ə)] n.; - od. -s; unz.⟩ *orange Farbe* [<mittel- u. süddt. *Orangenapfel,* <frz. *pomme d'orange* »Apfelsine«]

O|ran|ge² ⟨[orã:ʒə] f.; -, -n⟩ *Apfelsine*

O|ran|gea|de ⟨[orãʒa:də] f.; -, -n⟩ *erfrischendes Getränk aus dem Saft der Orangen u. Zitronen, Zucker u. (Sprudel-)Wasser* [frz.]

O|ran|geat ⟨[orãʒa:t] n.; -s, -e⟩ *kandierte Schale von Apfelsinen* [frz.]

O|range Pe|koe ⟨[ɔrəndʒ piko] m.; - -; unz.⟩ *ind. Teesorte guter Qualität* [<engl. *orange* »orange« + chin. *pek-ho;* zu *pek* »weiß« + *ho* »Flaum«]

O|ran|ge|rie ⟨[orãʒəri:] f.; -, -n; bes. im Barock⟩ **1** *Gewächshaus zum Züchten von Orangen, meist künstlerisch gestaltet, mit Gartensaal usw.* **2** *Garten mit Apfelsinenbäumen (bes. bei Lustschlössern)* [frz.]

O|rang-U|tan ⟨m.; -s, -s⟩ *auf Bäumen lebende Gattung der Menschenaffen mit rostrotem Fell: Pongo* [<mal. *orang (h)utan* »Waldmensch«]

O|rant ⟨m.; -en, -en; bildende Kunst⟩ *betende Gestalt* [<lat. *orans,* Part. Präs. zu *orare* »beten«]

o|ra pro no|bis ⟨kath. Kirche⟩ *bitte für uns (Antwort der Gemeinde beim Anrufen eines Heiligen)* [kirchenlat.]

O|ra|tio ob|li|qua, ⟨auch⟩ **O|ra|tio o|bli|qua** ⟨f.; - -; unz.⟩ = *indirekte Rede;* Ggs *Oratio recta* [<lat. *oratio* »Rede, Sprache« + *obliquus* »seitlich, schief; verblümt, versteckt«]

O|ra|tio rec|ta ⟨f.; - -; unz.⟩ = *direkte Rede;* Ggs *Oratio obliqua* [<lat. *oratio* »Rede, Sprache« + *rectus* »gerade«]

O|ra|tor ⟨m.; -s, -to|ren⟩ *begabter, erfolgreicher Redner*

O|ra|to|ri|a|ner ⟨m.; -s, -⟩ *Angehöriger eines Oratoriums(3)*

o|ra|to|risch ⟨Adj.⟩ **1** *in der Art eines Orators, rednerisch* **2** *schwungvoll, mitreißend, phrasenhaft* [<lat. *oratorius* »rednerisch«]

O|ra|to|ri|um ⟨n.; -s, -ri|en⟩ **1** *Raum zum Beten, Hauskapelle* **2** *gemeinschaftl. Haus der Oratorianer* **3** *Kongregation für Priester u. Laien für seelsorger. u. erzieher. Tätigkeit* **4** ⟨Mus.⟩ *mehrteilige, episch-dramatische, geistl. (auch weltl.) Komposition für Chor, Einzelstimmen u. Orchester* [mlat., »Kapelle; Gebet«; zu mlat. *orare* »beten«]

or|bi|ku|lar ⟨Adj.⟩ *kreisförmig, ringförmig* [<lat. *orbicularis* »kreisförmig«]

Or|bis ⟨m.; -; unz.⟩ **1** *Kreis, Erdkreis* **2** ~ pictus *im 17./18. Jh. beliebtes, von Comenius 1658 herausgegebenes, bebildertes Buch zum Zwecke des synoptischen Lernens einer Sprache in mehrsprachigen Ländern* [lat. *orbis* »Kreis, Erdkreis«; lat. *pictus,* Part. Perf. zu *pingere* »malen«]

Or|bit ⟨m.; -s, -s⟩ *Umlaufbahn eines künstl. Satelliten um Erde, Mond od. einen anderen Himmelskörper;* Sy *Orbitalbahn* [<lat. *orbis* »Kreisbahn«]

Or|bi|ta ⟨f.; -, -tae [-tɛ:]⟩ *Augenhöhle* [vielleicht zu lat. *orbis* »Kreis, Rundung«]

or|bi|tal ⟨Adj.⟩ *im Orbit befindlich*

Or|bi|tal ⟨n. od. m.; -s, -e⟩ *aus energet. Gründen bevorzugte Umlaufbahn eines Elektrons od. eines Elektronenpaars um einen od. mehrere Atomkerne* [→ *Orbit*]

Or|bi|tal|bahn ⟨f.; -, -en⟩ = *Orbit*

Or|bi|tal|ra|ke|te ⟨f.; -, -n⟩ *Rakete, die eine Nutzlast in eine Erdumlaufbahn befördern kann*

Or|bi|tal|sta|ti|on ⟨f.; -, -en⟩ *in eine Umlaufbahn um einen Himmelskörper gebrachte Forschungsstation* [→ *Orbit*]

Or|bi|ter ⟨m.; -s, -⟩ *Raumflugkörper, der in eine Erdumlaufbahn od. in eine Umlaufbahn um einen anderen Himmelskörper gebracht worden ist*

> **Orchester** (*Worttrennung am Zeilenende*) Analog zur Worttrennung im Deutschen gilt auch für Fremdwörter, dass die Konsonantenverbindung *»st«* künftig zu trennen ist, da sie nicht für einen Einzellaut steht.

Or|ches|ter ⟨[-kɛs-], österr. a. [-çɛs] n.; -s, -⟩ **1** ⟨urspr. im altgrch. Theater⟩ *Raum für das Auftreten des Chores* **2** ⟨ab 1600⟩ *vertiefter Platz vor der Bühne für die Musiker* **3** ⟨heute⟩ *größere Zahl von Musikern zum Zusammenspiel unter einem Dirigenten;* Rundfunk~; Schul~; Sinfonie~ [<grch. *orchestra* »Tanzplatz (für den Chor)«; zu *orcheisthai* »tanzen«]

Or|ches|tik ⟨[-çɛs-] f.; -; unz.; in der Antike⟩ *das Zusammenwirken von Wort, Musik, Gebärde u. Tanz im lyrischen Drama* [<grch. *orchestike (techne)* »Tanzkunst«]

Or|ches|tra, ⟨auch⟩ **Or|chest|ra** ⟨[-çɛs-] f.; -, -tren⟩ **1** ⟨altgrch. Theater⟩ *kreisrunder Platz,* *der bes. dem (singenden u. tanzenden) Chor vorbehalten war* **2** ⟨hellenist. u. röm. Theater⟩ *hufeisen- od. halbkreisförmiger Platz zwischen Spielhaus u. Zuschauerraum* [grch.; → *Orchester*]

or|ches|tral, ⟨auch⟩ **or|chest|ral** ⟨[-kεs-] österr. a. [-çεs-] Adj.⟩ **1** *zum Orchester gehörend, durch ein Orchester* **2** *wie ein Orchester, wie von einem Orchester*

Or|ches|tra|ti|on, ⟨auch⟩ **Or|chest|ra|ti|on** ⟨[-kεs-] österr. a. [-çεs-] f.; -, -en⟩ = *Instrumentation*

or|ches|trie|ren, ⟨auch⟩ **or|chest|rie|ren** ⟨[-kεs-] österr. a. [-çεs-] V.⟩ = *instrumentieren*

Or|ches|tri|on, ⟨auch⟩ **Or|chest|ri|on** ⟨[-kεs-] österr. a. [-çεs-] n.; -s, -s od. -ri|en⟩ *eins von mehreren, zwischen 1791 u. 1851 erfundenen mechan. Musikinstrumenten*

Or|chi|da|ze|en ⟨[-çi-] Pl.⟩ *einkeimblättrige Pflanzenfamilie;* → a. *Orchidee*

Or|chi|dee ⟨[-çide:ə] f.; -, -n⟩ *Vertreterin einer sehr umfangreichen Pflanzenfamilie, deren Blüten oft auffällige Farben u. ungewöhnliche Formen aufweisen: Orchidiaceae;* → a. *Orchidazeen* [< frz. *orchidée;* < grch. *orchis* »Hode« (nach der Form der Wurzelknollen)]

Or|chis ⟨[-çis]⟩ **1** ⟨m.; -, -⟩ *Hode* **2** ⟨f.; -, -⟩ *einheimische Gattung der Orchideen, Knabenkraut* [< grch. *orchis* »Hode«]

Or|chi|tis ⟨[-çi:-] f.; -, -ti|den⟩ *Hodenentzündung*

Or|chi|to|mie ⟨[-çi-] f.; -, -n⟩ *operative Entfernung der Hoden* [< grch. *orchis* »Hode« + *...tomie*]

Or|dal ⟨n.; -s, -li|en⟩ *mittelalterl. Gottesurteil* [< mlat. *ordalium* < asächs. *ordal*]

Or|der ⟨f.; -, -n⟩ **1** *Anordnung, Auftrag* **2** *Verfügung, Befehl;* oV *Ordre* **3** ~ parieren ⟨fig.; umg.; †⟩ *gehorchen* [< frz. *ordre*]

or|dern ⟨V.; Kaufmannsspr.⟩ *bestellen, einen Auftrag (für etwas) erteilen;* Waren ~; Interessenten sollten rechtzeitig ~ [→ *Order*]

Or|der|pa|pier ⟨n.; -s, -e; Wirtsch.⟩ *Wertpapier, das durch einen schriftl. Vermerk auf eine andere als die eigtl. berechtigte u. namentlich genannte Person übertragen werden kann*

Or|der|scheck ⟨m.; -s, -s; Wirtsch.⟩ *(bes. international verwendete) Scheckform, die durch eine schriftliche Abtretungserklärung auf dem Scheck übertragen wird* [< engl. *order* »Befehl, Ordnung, Reihenfolge« + *Scheck*]

Or|di|na|le ⟨n.; -s, -lia⟩ = *Ordinalzahl*

Or|di|nal|zahl ⟨f.; -, -en⟩ *(Ordnungs-)Zahl, die die Stellung eines Dinges in einer Reihe angibt,* z.B. Erster, Zweiter; → a. *Kardinalzahl* [< lat. *ordo,* Gen. *ordinis* »Ordnung«]

or|di|när ⟨Adj.⟩ **1** ⟨urspr.⟩ *landläufig, alltäglich, gebräuchlich* **2** ⟨meist fig.⟩ *gemein, gewöhnlich, unanständig* **3** das Buch kostet ~ 10,-DM ⟨Buchhandel⟩ *im Laden* [< frz. *ordinaire* »ordnungsgemäß, gewöhnlich, mittelmäßig« < lat. *ordinarius* »ordentlich, in der Ordnung«]

Or|di|na|ri|at ⟨n.; -(e)s, -e⟩ **1** *Amt eines Ordinarius, ordentl. Lehrstuhl;* ein ~ innehaben; Innhaber eines ~s **2** *bischöfl. Verwaltungsbehörde* [→ *Ordinarius*]

Or|di|na|ri|um ⟨n.; -s, -ri|en⟩ **1** *ordentl. Staatshaushalt* **2** ⟨kath. Kirche⟩ *Gottesdienstordnung*

Or|di|na|ri|us ⟨m.; -, -ri|en⟩ **1** *ordentl. Professor (an einer Hochschule)* **2** ⟨†⟩ *Klassenlehrer (an einer höheren Schule)* **3** *Bischof od. dessen Stellvertreter in der geistl. Rechtsprechung* [verkürzt < *Professor ordinarius;* zu lat. *ordinarius* »ordentlich, in der Ordnung«]

Or|di|när|preis ⟨m.; -es, -e⟩ *vom Verleger für den Buchhandel festgesetzter Preis (eines Buches), Ladenpreis*

Or|di|na|te ⟨f.; -, -n⟩ *parallel zur Ordinatenachse abgemessener Linienabschnitt;* Ggs *Abszisse* [< lat. *ordinatus* »geordnet«; zu *ordinare;* → *Ordination*]

Or|di|na|ten|ach|se ⟨f.; -, -n⟩ *senkrechte Achse im Koordinatensystem;* Sy *y-Achse;* Ggs *Abszissenachse*

Or|di|na|ti|on ⟨f.; -, -en⟩ **1** ⟨kath. Kirche⟩ *Weihe zum geistl. Amt, Priesterweihe* **2** ⟨evang. Kirche⟩ *Einsetzung in das Amt des Pfarrers* **3** *ärztl. Verordnung* **4** *ärztl. Sprechstunde* **5** ⟨österr. a.⟩ *ärztl. Sprechzimmer* [< lat. *ordinare* »ordnen, einrichten; in ein Amt einsetzen«]

or|di|nie|ren ⟨V.⟩ **1** ⟨kath. Kirche⟩ *zum Priester weihen* **2** ⟨evang. Kirche⟩ *in das Amt des Pfarrers einsetzen* **3** *ärztlich verordnen* **4** *ärztl. Sprechstunde halten* [< lat. *ordinare;* → *Ordination*]

Or|do ⟨m.; -, -di|nes⟩ **1** ⟨im antiken Rom⟩ *Stand, Körperschaft;* ~ equestris *Ritterstand* **2** ⟨unz.; im MA⟩ *die gottgewollte, unveränderliche Gesellschafts- u. Werteordnung* **3** ⟨kath. Kirche⟩ *Weihegrad;* Ordines minores *niedere Weihen;* Ordines maiores *höhere Weihen (Subdiakonat, Diakonat, Presbyterat)* **3.1** ~ missae *formale Ordnung der Messe* **4** ⟨Biol.⟩ *größere Einheit in der Tier- u. Pflanzensystematik* [lat., »Ordnung«]

Or|do|nanz ⟨f.; -, -en; †⟩ = *Ordonnanz*

Or|do|nanz|of|fi|zier ⟨m.; -s, -e⟩ = *Ordonnanzoffizier*

Or|don|nanz ⟨f.; -, -en; †⟩ oV *Ordonanz* **1** *Befehl, Anweisung* **2** *für bestimmte Zwecke, bes. zum Überbringen von Befehlen, abkommandierter Soldat* [< frz. *ordonnance* »Befehl, Anordnung«]

Or|don|nanz|of|fi|zier ⟨m.; -s, -e; Mil.⟩ *den Stabsoffizieren zugeordneter Offizier;* oV *Ordonanzoffizier*

or|do|vi|zisch ⟨[-vi:-] Adj.⟩ *zum Ordovizium gehörend*

Or|do|vi|zi|um ⟨[-vi:-] n.; -s; unz.⟩ *Formation des Paläozoikums vor 460-410 Mill. Jahren mit beginnender kaledonischer Gebirgsbildung u. erstem Auftreten von Kephalopoden* [nach den *Ordoviziern,* einem kelt. Volksstamm in Wales]

Or|dre, ⟨auch⟩ **Ord|re** ⟨f.; -, -s⟩, = *Order(2)*
Ö|re ⟨n.; -s, - od. f.; -, -⟩ *kleinste Währungseinheit in Dänemark, Norwegen u. Schweden, 1/100 Krone* [dän., norw. *øre,* schwed. *öre* <lat. *aureus* »Goldmünze«]
O|re|a|de ⟨f.; -, -n; grch. Myth.⟩ *auf Bergen lebende Nymphe* [<grch. *Oreades* »Bergnymphen«; zu *oros* »Berg«]
o|re|al ⟨Adj.; Geogr.⟩ *zum Gebirgswald gehörend, in ihm vorkommend*
O|re|ga|no ⟨m.; - od. -s; unz.⟩ = *Origano*
O|ren|da ⟨n.; -s; unz.⟩ *in der Religion der Irokesen übernatürlich wirkende Kraft, die sich mit Menschen, Tieren u. Dingen verbinden kann* [indian.]
Or|gan ⟨n.; -s, -e⟩ **1** *Glied eines Ganzen* **2** *Werkzeug der Sinneswahrnehmung;* ein lautes, angenehmes, unangenehmes, sonores ~ *Stimme;* kein ~ für etwas haben ⟨fig.; umg.⟩ *keinen Sinn dafür haben, nicht empfänglich sein* **3** ⟨Biol.⟩ *funktionelle Einheit bestimmter Gestalt, die bestimmte Leistungen bringt* **4** *Aufträge od. Anordnungen ausführende Person od. Behörde;* beratendes, ausführendes ~ **5** *Zeitung oder Zeitschrift, die im Sinne einer Partei, für einen Fachbereich o.Ä. schreibt* [<lat. *organum,* grch. *organon* »Werkzeug, Hilfsmittel«]
Or|gan|bank ⟨f.; -, -bän|ke; Med.; Path.⟩ *Sammelstelle für entnommene u. konservierte Organe, die für Organverpflanzungen bereitgestellt werden*
Or|gan|din ⟨m.; -s; unz.; selten⟩, **Or|gan|dy** ⟨m.; -s; unz.⟩ *mit Schwefelsäure u. Lauge behandelte Baumwolle, die dadurch einen gläsernen Charakter erhält, als Gewebe in Taftbindung* [<frz. *organdi*]
Or|ga|nell ⟨n.; -s, -en⟩, **Or|ga|nel|le** ⟨f.; -, -n⟩ *Teil eines einzelligen Lebewesens, der wie ein Organ der mehrzelligen Lebewesen funktioniert* [<nlat. *organella,* Verkleinerungsform zu lat. *organum* <grch. *organon* »Werkzeug«]
Or|ga|ni|gramm ⟨n.; -s, -e⟩ **1** ⟨Wirtsch.⟩ *Hilfsmittel, Schaubild zur Darstellung von Organisationsstrukturen, vornehmlich im wirtschaftl. Bereich;* oV *Organogramm(2)* **2** = *Organogramm(1)* [< *Organ* + *…gramm*]
Or|ga|nik ⟨f.; -; unz.⟩ *Wissenschaft von den Organen*
Or|ga|ni|sa|ti|on ⟨f.; -, -en⟩ **1** ⟨unz.⟩ *das Organisieren* **2** *planmäßiger Aufbau, Ordnung, Gliederung, Gestaltung* **3** ⟨Biol.⟩ *Aufbau u. Tätigkeit der Organe* **4** ⟨zählb.⟩ *Personengruppe, die sich zu einem bestimmten Zweck zusammengeschlossen hat, Verband* [frz.]
Or|ga|ni|sa|tor ⟨m.; -s, -to|ren⟩ *jmd., der etwas organisiert, Gestalter, Veranstalter, Ordner*
or|ga|ni|sa|to|risch ⟨Adj.⟩ *die Organisation betreffend, auf ihr beruhend, ordnend*
or|ga|nisch ⟨Adj.⟩ **1** *ein Organ(3) betreffend, zu ihm gehörig, von ihm ausgehend;* ~es Leiden *auf Veränderungen der Organe beruhendes Leiden, Nervenleiden;* Ggs *psychisches Leiden* **2** *der belebten Natur angehörend;* Ggs *anorganisch* **2.1** *tierisch-pflanzlich* **2.2** *Kohlenstoffverbindungen betreffend;* ~e Chemie; ~e Verbindung; ~e **Basen** *Verbindungen des Kohlenstoffes, die außer Kohlenstoff u. Wasserstoff noch Stickstoff (bisweilen auch andere Atome) enthalten u. mit Säuren salzartige Anlagerungsverbindungen geben;* ~e **Säure** *Verbindung, die die Carboxylgruppe (-COOH) ein- od. mehrfach enthält* **3** *gegliedert, gesetzmäßig geordnet;* Ggs *unorganisch;* ein ~es Ganzes
or|ga|ni|sie|ren ⟨V.⟩ **1** *einrichten, aufbauen, gestalten, planen;* eine Veranstaltung ~ **2** ⟨umg.⟩ *beschaffen, bes. auf nicht ganz einwandfreie Weise* **3** sich ~ *sich einer Gewerkschaft, Partei anschließen;* organisierter Arbeiter [<frz. *organiser,* eigtl. »mit Organen versehen«, zu *organe* »Organ, Werkzeug«]
or|ga|ni|siert ⟨Adj.⟩ *in einer Organisation(4) zusammengeschlossen, ihr angehörend;* ~e Kriminalität *von einem festen, in sich strukturierten Personenkreis (z.B. Mafia) geplante u. verübte kriminelle Handlungen*
Or|ga|ni|sie|rung ⟨f.; -, -en⟩ *das Organisieren;* Ggs *Desorganisierung*
or|ga|nis|misch ⟨Adj.⟩ *zu einem Organismus gehörend, wie ein Organismus beschaffen*
Or|ga|nis|mus ⟨m.; -, -men⟩ **1** *selbständiges Lebewesen, lebendiger menschl., tier. od. pflanzl. Körper* **2** *sinnvoll gegliedertes Ganzes* [→ *Organ*]
Or|ga|nist ⟨m.; -en, -en; Mus.⟩ *Musiker, dessen Hauptaufgabe das Spielen der Orgel während des Gottesdienstes ist, Orgelspieler* [<mhd. *organiste* <mlat. *organista* <lat. *organista;* zu *organum* »Orgel«]
Or|gan|kon|ser|ve ⟨[-və] f.; -, -n⟩ *konserviertes Organ zur Organverpflanzung*
or|ga|no|gen ⟨Adj.⟩ **1** ⟨Biol.⟩ *von Organen od. Organismen gebildet, aus organ. Stoffen gebildet* **2** ⟨Chem.⟩ *aus organischen Stoffen zusammengesetzt* [< *Organ* + *…gen*[1]]
Or|ga|no|ge|ne|se ⟨f.; -, -n⟩ *Organbildung* [< *Organ* + *Genese*]
Or|ga|no|gra|fie ⟨f.; -, -n⟩ = *Organographie*
or|ga|no|gra|fisch ⟨Adj.⟩ = *organographisch*
Or|ga|no|gramm ⟨n.; -s, -e⟩ **1** ⟨Psych.⟩ *Hilfsmittel, Schaubild zur Darstellung der Verarbeitung von Informationen im Organismus;* oV *Organigramm(2)* **2** = *Organigramm(1)* [< *Organ* + *…gramm*]
Or|ga|no|gra|phie ⟨f.; -, -n⟩ oV *Organografie* **1** ⟨Biol.⟩ *Beschreibung von Bau u. Lage der Organe* **2** = *Organologie(2)* [< *Organ* + *…graphie*]
or|ga|no|gra|phisch ⟨Adj.⟩ *zur Organographie gehörig, auf ihr beruhend, mit ihrer Hilfe;* oV *organografisch*
or|ga|no|id ⟨Adj.⟩ *organähnlich*
Or|ga|no|lo|gie ⟨f.; -; unz.⟩ **1** ⟨Biol.⟩ *Lehre von den Organen* **2** ⟨Mus.⟩ *Lehre vom Instrumentenbau;* Sy *Organographie* [< *Organ* + *…logie*]

or|ga|no|lo|gisch ⟨Adj.⟩ *zur Organologie gehörend, auf ihr beruhend, mit ihrer Hilfe*
Or|ga|non ⟨n.; -s; unz.⟩ **1** ⟨urspr.⟩ *die logischen Schriften des Aristoteles als Hilfsmittel zur Erkenntnis der Wahrheit* **2** ⟨danach allg.⟩ *log. Schrift* [grch., »Werkzeug, Hilfsmittel«]
Or|ga|no|sol ⟨n.; -s, -e⟩ *in einem organ. Lösungsmittel vorliegendes Kolloid*
Or|ga|no|the|ra|pie ⟨f.; -, -n; Med.⟩ *Verwendung menschlicher od. tierischer Organe, Zellen, Gewebsflüssigkeiten od. Ausscheidungen zur Behandlung von Krankheiten;* oV *Organtherapie* [< *Organ* + *Therapie*]
or|ga|no|trop ⟨Adj.⟩ *auf Organe einwirkend* [< *Organ* + *…trop[1]*]
Or|ga|no|zo|on ⟨n.; -s, -zo|en⟩ *im Innern eines Organs lebender Parasit* [< *Organ* + grch. *zoon* »Lebewesen«]
Or|gan|schaft ⟨f.; -, -en⟩ *finanzielle, wirtschaftl. u. organisat. Einbindung eines selbständigen Unternehmens in ein anderes*
Or|gan|sin ⟨m. od. n.; -s; unz.⟩ *als Kettgarn verwendbarer Zwirn aus Grège, der zunächst vorgedreht u. dann entgegengesetzt gedreht wird* [nach *Urgenč,* Stadt in Usbekistan, wo *O.* zuerst hergestellt wurde]
Or|gan|spen|der ⟨m.; -s, -; Med.⟩ *jmd, der ein gesundes, aber notfalls entbehrliches Organ für eine Organverpflanzung zur Verfügung stellt, od. der zu Lebzeiten schriftlich seine Bereitschaft erklärt, sich im Falle seines Todes Organe entnehmen zu lassen, die zur Rettung anderer Menschen verwendet werden können*
Or|gan|the|ra|pie ⟨f.; -, -n⟩ = *Organotherapie*
Or|ga|num ⟨n.; -s, -na⟩ **1** ⟨†⟩ *Orgel* **2** ⟨MA⟩ *früheste Form der Mehrstimmigkeit auf der Grundlage des Gregorianischen Chorals* [lat., »Werkzeug, Hilfsmittel«]
Or|gan|za ⟨m.; -s; unz.⟩ *sehr feines Gewebe aus Naturseide* [→ *Organsin*]
Or|gas|mus ⟨m.; -, -men⟩ *Höhepunkt des Geschlechtsaktes od. anderer sexueller Handlungen* [< grch. *orgasmos;* zu *organ* »reifen, schwellen«]
or|gas|tisch ⟨Adj.⟩ *auf dem Orgasmus beruhend*
Or|gel ⟨f.; -, -n⟩ *größtes Musikinstrument, bei dem von einem Spieltisch aus durch Tasten u. Pedal sowie mechan. od. elektr. Luftzuführung Pfeifen in den verschiedensten Klangfarben zum Tönen gebracht werden* [< ahd. *orgela, organa* < lat. *organa,* Pl. von *organum* »Werkzeug, Musikinstrument, Orgel«]
Or|gel|pro|spekt, ⟨auch⟩ **Or|gel|pros|pekt** ⟨m.; -(e)s, -e⟩ *die sichtbare, oft künstlerisch gestaltete Vorderseite des Pfeifengehäuses der Orgel* [→ *Prospekt*]
Or|gi|as|mus ⟨m.; -, -men⟩ **1** *ausschweifende, ekstatische Kultfeier in den antiken Mysterien* **2** *Zügellosigkeit, Ausgelassenheit* [< grch. *orgiasmos,* zu *orgiazein* »ein Fest orgiastisch feiern«]
Or|gi|ast ⟨m.; -en, -en⟩ *jmd., der zügellos ist* [< grch. *orgiastes* »der Orgien Feiernde«]
or|gi|as|tisch ⟨Adj.⟩ *in der Art einer Orgie, zügellos, wild, ausschweifend*
Or|gie ⟨[-gjə] f.; -, -n⟩ **1** *kultische Feier der Antike* **2** *Ausschweifung, wüstes Gelage* [< lat. *orgia* »nächtliche Feier zu Ehren des Gottes Bacchus«]
Org|ware ⟨[-wɛ:(r)] f.; -, -s; EDV⟩ *Programme, die der Steuerung von (untergeordneten) Abläufen dienen od. als Betriebssystem die Abläufe eines Rechensystems koordinieren* [verkürzt < engl. *org*anizational »organisierend« + soft*ware* »Computerprogramm«]
O|ri|ent ⟨m.; -s; unz.⟩ Ggs *Okzident* **1** ⟨†⟩ *Osten, Morgen* **2** *Morgenland;* der Vordere ~ *Vorderasien* [< mhd. *orient* »Osten; Land im Osten« < lat. *oriens (sol)* »aufgehende (Sonne); Orient (als der Teil der bewohnten Erde, der in der Richtung der aufgehenden Sonne liegt)«; zu *oriri* »sich erheben, aufsteigen«; → *Okzident*]
O|ri|en|ta|le ⟨m.1⟩ *Bewohner des Orients*
O|ri|en|ta|lia ⟨Pl.⟩ *den Orient betreffende Sammlung, Bücher über den Orient*
O|ri|en|ta|lin ⟨f.; -, -lin|nen⟩ *Bewohnerin des Orients*
o|ri|en|ta|lisch ⟨Adj.⟩ *zum Orient gehörend, aus ihm stammend, morgenländisch;* Ggs *okzidental(isch)* [< lat. *orientalis*]
o|ri|en|ta|li|sie|ren ⟨V.⟩ **1** *einer Sache ein orientalisches Aussehen verleihen* **2** ⟨bild. Kunst; Lit.⟩ *orientalische Einflüsse, Traditionen aufnehmen, orientalische Stoffe, Themen u. Dichtformen verwenden*
O|ri|en|ta|list ⟨m.; -en, -en⟩ *Wissenschaftler auf dem Gebiet der oriental. Sprachen u. Kulturen*
O|ri|en|ta|lis|tik ⟨f.; -; unz.⟩ *Wissenschaft von den oriental. Sprachen u. Kulturen*
o|ri|en|ta|lis|tisch ⟨Adj.⟩ *zur Orientalistik gehörend, auf ihr beruhend*
O|ri|ent|beu|le ⟨f.; -, -n⟩ *durch Infektion entstehendes, beulenartiges eitriges Geschwür, das nach einiger Zeit aufbricht u. vernarbt, in den Tropen u. Subtropen endemisch auftretend;* Sy *Aleppobeule*
o|ri|en|tie|ren ⟨V.⟩ **1** jmdn. od. sich ~ *(über etwas) unterrichten, in Kenntnis setzen, Auskunft geben;* darüber bin ich nicht orientiert **2** sich ~ ⟨urspr.⟩ *den eigenen Standort nach der Himmelsrichtung feststellen* **3** ⟨allg.⟩ *den eigenen Standort bestimmen, sich zurechtfinden* [< frz. *(s')orienter;* zu *orient* »Sonnenaufgang, Osten, Orient«]
O|ri|en|tie|rung ⟨f.; -, -en⟩ *das Orientieren, das Orientsein;* zu Ihrer ~ *damit Sie Bescheid wissen;* die ~ verlieren *die Richtung verlieren, nicht mehr wissen, wo man sich befindet;* Ggs *Desorientierung*
O|ri|en|tie|rungs|stu|fe ⟨f.; -, -n⟩ *zwischen Grundschule u. weiterführenden Schulen eingeschaltete Förderstufe (5. u. 6. Schuljahr) mit Kern-Kurssystem, durch die die individuelle Begabung unterstützt u. eine Erprobung der gewählten Schulform ermöglicht werden soll*

O|ri|flam|me ⟨f.; -, -n; früher⟩ *Kriegsfahne, Banner der französischen Könige* [<mlat. *auriflamma* »Goldflamme«]
O|ri|ga|mi ⟨n.; - od. -s; unz.⟩ *japanische Kunst des Papierfaltens* [jap.]
O|ri|ga|no ⟨m.; - od. -s; unz.⟩ *Gewürz aus den getrockneten Blättern des Origanums;* oV *Oregano*
O|ri|ga|num ⟨n.; -s; unz.⟩ *wilder Majoran, Dost, eine Gewürzpflanze: Origanum vulgare* [lat. <grch.]
o|ri|gi|nal ⟨Adj.⟩ **1** *ursprünglich, echt, urschriftlich* **2** *schöpferisch, eigen* [<lat. *originalis* »ursprünglich«]
O|ri|gi|nal ⟨n.; -s, -e⟩ **1** *Vorbild, Urbild* **2** *erste Niederschrift, ursprüngliche Fassung, Urtext;* Ggs *Kopie(1);* das ~ eines Briefes, Gemäldes; Kopie nach einem ~ von Raffael **3** ⟨fig.; umg.⟩ *bemerkenswerte, skurrile Person, (meist witziger) Sonderling* [<mlat. *originale (exemplar)* »Urschrift«, zu *originalis* »ursprünglich«]
O|ri|gi|na|li|tät ⟨f.; -; unz.⟩ *originale Beschaffenheit, Ursprünglichkeit, Besonderheit, Eigenart* [<frz. *originalité*]
O|ri|gi|nal|ton ⟨m.; -(e)s; unz.; Kurzw.: O-Ton⟩ *der ursprüngliche, unveränderte, direkte Ton, Klang einer CD-, Film-, Fernseh-, Radio- od. Schallplattenaufnahme;* eine Rede im ~ senden
o|ri|gi|när ⟨Adj.⟩ *ursprünglich* [<frz. *originaire*]
o|ri|gi|nell ⟨Adj.⟩ **1** *ursprünglich, eigen, neuartig u. treffend;* ein ~er Einfall, Gedanke **2** *eigenartig u. geistreich, witzig;* ein ~er Mensch [<frz. *originel*]
Or|kan ⟨m.; -s, -e⟩ *Sturm von größter Windstärke* [<ndrl. *orkaan,* über frz. *ouragan,* ital. *uragano,* engl. *hurricane* <span. *huracán* »Wirbelsturm« <Taino *hurakán* <*hura* »Wind; wegblasen«]
Or|kus ⟨m.; -; unz.; röm. Myth.⟩ *Unterwelt, Totenreich* [<lat. *Orcus*]
Or|le|an ⟨m.; -s; unz.⟩ *organgegelber od. roter natürl. Farbstoff aus dem Samen des Orleanstrauchs zum Färben von Wolle, Seide u. Nahrungsmitteln (in der BRD nicht mehr zugelassen)* [<frz. *orléane,* nach dem span. Entdecker F. de *Orellana,* †1549, mit volksetymolog. Anlehnung an die frz. Stadt *Orléans*]
Or|le|a|nist ⟨m.; -en, -en⟩ *Anhänger der französ. Herzöge von Orléans (Gegner der Bourbonen)* [nach der frz. Stadt *Orléans*]
Or|le|ans ⟨[orleã:] m.; -; unz.⟩ *leichter Baumwollstoff mit lüsterähnlichem Glanz* [nach der frz. Stadt *Orléans*]
Or|le|an|strauch ⟨m.; -es, -sträu|cher⟩ *trop. kräftiger Strauch od. kleiner Baum mit blassrosa Blüten, der Orlean liefert: Bixa orellana*
Or|lon ⟨n.; -s; unz.⟩ *wollähnliche synthet. Faser aus Polyacrylnitril*
Or|na|ment ⟨n.; -(e)s, -e⟩ *Schmuck, Verzierung, schmückende Form* [<lat. *ornamentum* »Ausrüstung, Ausschmückung, Schmuck«]
or|na|men|tal ⟨Adj.⟩ *in der Art eines Ornaments, zierend, schmückend*
or|na|men|tie|ren ⟨V.⟩ *mit Ornamenten versehen, verzieren*
Or|na|men|tik ⟨f.; -; unz.⟩ **1** *Gesamtheit der Ornamente eines Stils, einer Epoche, eines Bauwerkes o.Ä.* **2** *Kunst der Verzierung*
Or|nat ⟨n.; -(e)s, -e⟩ *feierl. Amtstracht* [<lat. *ornatus* »Ausstattung; Schmuck; Kleidung«]
or|na|tiv ⟨Adj.⟩ *zum Ornativ gehörig, es betreffend*
Or|na|tiv ⟨n.; -s, -e [-və]; Sprachw.⟩ *Klasse von Verben, die ausdrücken, dass das in ihnen mitgedachte Objekt mit etwas versehen, ihm etwas hinzugefügt wird,* z.B. „bepflanzen", „verwunden"; oV *Ornativum* [<lat. *ornativus* »zur Ausstattung dienlich«]
Or|na|ti|vum ⟨[-vum] n.; -s, -va [-va]; Sprachw.⟩ = *Ornativ*
Or|nis ⟨f.; -; unz.⟩ *Gesamtheit der Vögel einer Landschaft* [grch., »Vogel«]
or|ni|tho…, Or|ni|tho… ⟨in Zus.⟩ *vogel…, Vogel…* [<grch. *ornis,* Gen. *ornithos* »Vogel«]
Or|ni|tho|ga|mie ⟨f.; -; unz.⟩ = *Ornithophilie* [<*Ornitho…* + *…gamie*]
Or|ni|tho|lo|ge ⟨m.; -n, -n⟩ *Wissenschaftler auf dem Gebiet der Ornithologie, Vogelkundler*
Or|ni|tho|lo|gie ⟨f.; -; unz.⟩ *Vogelkunde* [<*Ornitho…* + *…logie*]
Or|ni|tho|lo|gin ⟨f.; -, -gin|nen⟩ *Wissenschaftlerin auf dem Gebiet der Ornithologie, Vogelkundlerin*
or|ni|tho|lo|gisch ⟨Adj.⟩ *zur Ornithologie gehörend, sie betreffend, vogelkundlich*
or|ni|tho|phil ⟨Adj.; Biol.⟩ *die Bestäubung von bestimmten Pflanzen durch Vögel (z.B. Kolibris) vornehmen lassend (von best. Pflanzen)* [<*ornitho…* + *…phil*]
Or|ni|tho|phi|lie ⟨f.; -; unz.⟩ *Bestäubung von Blüten durch Vögel;* Sy *Ornithogamie* [<*Ornitho…* + *…philie*]
Or|ni|tho|se ⟨f.; -, -n⟩ *von Vögeln übertragene Infektionskrankheit* [<grch. *ornis,* Gen. *ornithos* »Vogel«]
o|ro…, O|ro… ⟨in Zus.⟩ *Berg…, Gebirgs…* [<grch. *oros* »Berg, Gebirge«]
o|ro|gen ⟨Adj.⟩ *Gebirge bildend, durch Bildung von Gebirgen veränderlich od. entstanden;* oV *orogenetisch* [<*oro…* + *…gen*[1]]
O|ro|ge|ne|se ⟨f.; -, -n⟩ *Bildung von Gebirgen;* Sy *Tektogenese;* Ggs *Epirogenese*
o|ro|ge|ne|tisch ⟨Adj.⟩ = *orogen*
O|ro|ge|nie ⟨f.; -; unz.⟩ *Lehre von der Entstehung der Gebirge* [<*Oro…* + *…genie*]
O|ro|gra|fie ⟨f.; -, -n; Geogr.⟩ = *Orographie*
o|ro|gra|fisch ⟨Adj.⟩ = *orographisch*
O|ro|gra|phie ⟨f.; -, -n; Geogr.⟩ *Beschreibung der Erdoberfläche;* oV *Orografie* [<*Oro…* + *…graphie*]
o|ro|gra|phisch ⟨Adj.⟩ *zur Orographie gehörend, auf ihr beruhend;* oV *orografisch*
O|ro|hy|dro|gra|fie, ⟨auch⟩ **O|ro|hyd|ro|gra|fie** ⟨f.; -, -n⟩ = *Orohydrographie*

o|ro|hy|dro|gra|fisch, ⟨auch⟩ **o|ro|hyd|ro|gra|fisch** ⟨Adj.⟩ = *orohydrographisch*

O|ro|hy|dro|gra|phie, ⟨auch⟩ **O|ro|hyd|ro|gra|phie** ⟨f.; -, -n⟩ *Beschreibung der Gebirgszüge u. Wasserläufe;* oV *Orohydrografie* [< *Oro…* + *hydro…* + *…graphie*]

o|ro|hy|dro|gra|phisch, ⟨auch⟩ **o|ro|hyd|ro|gra|phisch** ⟨Adj.⟩ *zur Orohydrographie gehörend, auf ihr beruhend;* oV *orohydrografisch*

O|ro|me|trie, ⟨auch⟩ **O|ro|met|rie** ⟨f.; -; unz.⟩ *Ausmessung der Erdoberfläche* [< *Oro…* + *…metrie*]

o|ro|me|trisch, ⟨auch⟩ **o|ro|met|risch** ⟨Adj.⟩ *zur Orometrie gehörend, auf ihr beruhend*

Or|phik ⟨f.; -; unz.⟩ *altgriech. Geheimlehre über Reinigung u. Askese, Unsterblichkeit der Seele, Seelenwanderung, Entstehung der Welt u. Erlösung des Menschen* [nach dem thrak. Gott *Orpheus*]

Or|phi|ker ⟨m.; -s, -⟩ *Vertreter, Anhänger der Orphik*

or|phisch ⟨Adj.⟩ **1** *zur Orphik gehörend, von ihr stammend* **2** *geheimnisvoll, dunkel*

Or|ping|ton ⟨[-tən]⟩ **1** ⟨f.; -, -s⟩ *Rasse der Hausenten* **2** ⟨n.; -s, -s⟩ *Rasse des Haushuhns mit schwerem Körper* [nach der engl. Stadt *Orpington*]

Or|plid, ⟨auch⟩ **Orp|lid** ⟨n.; -s; unz.; Kunstw.⟩ *Land der Träume* [von Mörike erfundener Name]

Or|sat|ap|pa|rat, ⟨auch⟩ **Or|sat-Ap|pa|rat** ⟨m.; -(e)s, -e; Chem.⟩ *Arbeitsgerät der chem. Gasanalyse, bei dem das zu untersuchende Gasgemisch durch eine Reihe hintereinander liegender Absorptionsflüssigkeiten gepresst wird, aus deren chem. u. physikal. Veränderungen man die Zusammensetzung des Gemischs ermitteln kann* [nach dem Erfinder M.H. *Orsat*]

Örs|ted ⟨n.; -, -⟩ = *Oersted*

Or|the|se ⟨f.; -, -n; Med.⟩ *orthopädische Prothese, die die Extremitäten od. die Wirbelsäule stützt* [verkürzt < *ortho*pädisch + Proth*ese*]

Or|the|tik ⟨f.; -; unz.; Med.⟩ *Teilgebiet der Medizinaltechnik, das sich mit der Konstruktion von Orthesen befasst*

or|the|tisch ⟨Adj.⟩ **1** *die Orthese betreffend* **2** *zur Orthetik gehörend*

or|tho…, Or|tho… ⟨in Zus.⟩ **1** *gerade, aufrecht* **2** *richtig, recht* [< grch. *orthos*]

Or|tho|chro|ma|sie ⟨[-kro-] f.; -; unz.⟩ *orthochromatische Beschaffenheit, Eigenschaft* [< *Ortho…* + grch. *chroma* »Farbe«]

or|tho|chro|ma|tisch ⟨[-kro-] Adj.⟩ *die Helligkeitswerte aller Farben (außer Rot) in Grautönen wiedergend;* Ggs *panchromatisch*

or|tho|dox ⟨Adj.⟩ **1** *rechtgläubig, strenggläubig* **2** ~e Kirche *Ostkirche* [< grch. *orthodoxein* »die richtige Meinung haben«]

Or|tho|do|xie ⟨f.; -; unz.⟩ *Rechtgläubigkeit, Strenggläubigkeit*

or|tho|drom ⟨Adj.; Karthogr.⟩ *auf der Orthodrome gemessen, zu ihr gehörig;* oV *orthodromisch;* Ggs *antidrom*

Or|tho|dro|me ⟨f.; -, -n; Karthogr.⟩ *kürzeste Verbindungslinie zweier Punkte der Erdoberfläche, gegeben durch den Großkreis, auf dem beide Punkte liegen* [< *Ortho…* + grch. *dromos* »Lauf«]

or|tho|dro|misch ⟨Adj.; Kartogr.⟩ = *orthodrom;* Ggs *antidromisch*

Or|tho|e|pie ⟨f.; -; unz.⟩, **Or|tho|e|pik** ⟨f.; -; unz.⟩ *Lehre von der richtigen Aussprache der Wörter nach der Norm einer Hochsprache, Rechtslautung* [< *Ortho…* + grch. *epos* »Wort, Rede«]

or|tho|e|pisch ⟨Adj.⟩ *zur Orthoepie gehörend, auf ihr beruhend, rechtlautend*

Or|tho|ge|ne|se ⟨f.; -, -n⟩ *Lehre von der gradlinigen, gerichteten Entwicklung der Lebewesen, nach der nicht erfassbare äußere Faktoren, immer in gleicher Richtung wirkend, die Entwicklung der Lebewesen im stammesgeschichtlichen Ablauf steuern*

Or|tho|ge|stein ⟨n.; -s, -e⟩ *aus Eruptivgestein hervorgegangenes metamorphes Gestein*

or|tho|gnath, ⟨auch⟩ **or|thog|nath** ⟨Adj.; Med.⟩ *einen geraden Biss der Zähne bei normaler Kieferstellung aufweisend* [< *ortho…* + grch. *gnathos* »Kiefer«]

Or|tho|gna|thie, ⟨auch⟩ **Or|thog|na|thie** ⟨f.; -; unz.⟩ *gerader (senkrechter) Stand der Kiefer u. Zähne im Verhältnis zum Schädel;* Ggs *Progenie, Prognathie* [< *Ortho…* + grch. *gnathos* »Kiefer«]

Or|tho|gneis ⟨m.; -es, -e; Geol.⟩ *aus magmatischen Gesteinen entstandener kristalliner Schiefer*

Or|tho|gon ⟨n.; -s, -e⟩ *Rechteck* [< *Ortho…* + *…gon*]

or|tho|go|nal ⟨Adj.⟩ **1** *rechtwinklig* **2** *rechteckig*

or|tho|grad ⟨Adj.; Med.⟩ **1** *in der physiologischen Richtung voranschreitend (von Speisen auf dem Weg durch den Zwölffingerdarm)* **2** *beim Röntgen in der Strahlenrichtung liegend* [< *ortho…* + lat. *gradus* »Schritt«]

Or|tho|gra|fie ⟨f.; -, -n⟩ = *Orthographie*

or|tho|gra|fisch ⟨Adj.⟩ = *orthographisch*

Or|tho|gra|phie ⟨f.; -, -n⟩ *Lehre von der richtigen Schreibung der Wörter, Rechtschreibung;* oV *Orthografie* [< *Ortho…* + *…graphie*]

or|tho|gra|phisch ⟨Adj.⟩ *die Orthographie betreffend, zu ihr gehörend, auf ihr beruhend, rechtschreiblich;* oV *orthografisch*

or|tho|ke|phal ⟨Adj.⟩ *mittelhohe Kopfform habend;* oV *orthozephal* [< *ortho…* + *…kephal*]

Or|tho|ke|pha|le(r) ⟨f. 2 (m. 1); Med.⟩ *Mensch mit mittelhoher Kopfform;* oV *Orthozephale*

Or|tho|ke|pha|lie ⟨f.; -, -n; Med.⟩ *mittelhohe Kopfform;* oV *Orthozephalie*

Or|tho|klas ⟨m.; -es, -e⟩ *Kalifeldspat* [< *Ortho…* + grch. *klasis* »Bruch«]

orth|o|nym, ⟨auch⟩ **or|tho|nym** ⟨Adj.⟩ *unter Angabe des richtigen Autornamens verfasst;* Sy *autonym;* Ggs *pseudonym* [< *ortho…* + grch. *onyma* »Name«]

Orth|o|nym, ⟨auch⟩ **Or|tho|nym** ⟨n.; -s, -e⟩ *der richtige Name eines Verfassers*

Or|tho|pä|de ⟨m.; -n, -n⟩ *Facharzt für Orthopädie*

Or|tho|pä|die ⟨f.; -; unz.⟩ *Fachgebiet der Medizin, das sich mit der Behandlung der angeborenen u. erworbenen Fehler in dem zur Bewegung nötigen Apparat befasst* [< *Ortho*… + …*pädie*]

Or|tho|pä|die|me|cha|ni|ker ⟨[-ça-] m.; -s, -⟩ *jmd., der beruflich künstl. Gliedmaßen u. a. orthopädische Hilfsmittel anfertigt*

Or|tho|pä|die|me|cha|ni|ke|rin ⟨[-ça-] f.; -, -rinnen⟩ *weibl. Person, die beruflich künstl. Gliedmaßen u.a. orthopädische Hilfsmittel anfertigt*

Or|tho|pä|din ⟨f.; -, -din|nen⟩ *Fachärztin für Orthopädie*

or|tho|pä|disch ⟨Adj.⟩ *zur Orthopädie gehörend, auf ihr beruhend*

Or|tho|pä|dist ⟨m.; -en, -en⟩ *Hersteller orthopädischer Geräte*

Or|tho|pnoe ⟨f.; -; unz.; Med.⟩ *Luftnot, die in horizontaler Lage auftritt u. durch Aufsitzen gebessert wird* [< *Ortho*… + grch. *pneuma* »Atem, Hauch«]

Or|tho|pte|re, ⟨auch⟩ **Or|thop|te|re** ⟨m.; -n, -n⟩ *Geradflügler, Vertreter einer großen Gruppe von Insekten: Orthopteroidea* [< *Ortho*… + …*ptere*]

Orth|op|tik, ⟨auch⟩ **Or|thop|tik** ⟨f.; -; unz.⟩ *Behandlung des Schielens durch Training der Augenmuskeln* [< grch. *orthos* »richtig, recht« + *optikos* »das Sehen betreffend«]

Orth|op|tist, ⟨auch⟩ **Or|thop|tist** ⟨m.; -en, -en⟩ *Helfer des Augenarztes, der Sehprüfungen u. das Training der Augenmuskeln zur Behandlung des Schielens vornimmt*

Orth|op|tis|tin, ⟨auch⟩ **Or|thop|tis|tin** ⟨f.; -, -tin|nen⟩ *Helferin des Augenarztes, die Sehprüfungen u. das Training der Augenmuskeln zur Behandlung des Schielens vornimmt*

Or|tho|skop, ⟨auch⟩ **Or|thos|kop** ⟨n.; -s, -e⟩ *Mikroskop, durch dessen Objektiv parallele Lichtstrahlen gehen, zur Untersuchung von Kristallen u. zur Polarisation von Licht* [< *Ortho*… + …*skop*]

Or|tho|sko|pie, ⟨auch⟩ **Or|thos|ko|pie** ⟨f.; -; unz.; Optik⟩ *unverzerrte Wiedergabe durch Linsen*

or|tho|sko|pisch, ⟨auch⟩ **or|thos|ko|pisch** ⟨Adj.⟩ *zur Orthoskopie gehörend, auf ihr beruhend*

Or|tho|sta|se, ⟨auch⟩ **Or|thos|ta|se** ⟨f.; -; unz.⟩ *aufrechte Körperhaltung* [< *Ortho*… + …*stase*]

Or|tho|stat ⟨auch⟩ **Or|thos|tat** ⟨m.; -en, -en; meist Pl.; antike Arch.⟩ *aufrecht stehender Quader, Steinblock* [< *Ortho*… + …*stat*]

or|tho|sta|tisch, ⟨auch⟩ **or|thos|ta|tisch** ⟨Adj.; Med.⟩ *die Orthostase betreffend, bei aufrechter Körperhaltung*

or|tho-Stel|lung ⟨f.; -; unz.; Zeichen: o-; Chem.; Bez. für⟩ *Anordnung zweier Substituenten in ringförmigen Kohlenstoffverbindungen, die einander unmittelbar benachbart sind*

ortho-Stellung (*Groß- und Kleinschreibung*) Die Schreibung wissenschaftlicher Begriffe ist teilweise in den jeweiligen Fachsprachen festgelegt und kann von den allgemein gültigen Regeln der Standardsprache abweichen.

or|tho|trop ⟨Adj.; Bot.⟩ *unter dem Einfluss der Erdanziehungskraft senkrecht aufwärts od. abwärts wachsend (von Pflanzen)* [< *ortho*… + …*trop*]

Or|tho|zen|trum, ⟨auch⟩ **Or|tho|zent|rum** ⟨n.; -s, -tren; Math.⟩ *Punkt, in dem sich die Höhen eines Dreiecks schneiden*

or|tho|ze|phal ⟨Adj.⟩ = *orthokephal*

Or|tho|ze|pha|le(r) ⟨f. 2 (m. 1); Med.⟩ = *Orthokephale*

Or|tho|ze|pha|lie ⟨f.; -, -n⟩ = *Orthokephalie*

Or|tho|ze|ras ⟨m.; -, -ze|ren⟩ *ausgestorbener Kopffüßer mit stabförmigem Gehäuse: Orthoceras* [< *Ortho*… + grch. *keras* »Horn«]

Or|to|lan ⟨m.; -s, -e⟩ *zu den Ammern gehörender, bunter Zugvogel: Emberiza hortulana* [< ital. *ortolano* »Gärtner« < lat. *hortolanus*]

O|ryx|an|ti|lo|pe ⟨f.; -, -n; Zool.⟩ *Spießbock, Angehörige einer Gattung rinderartiger Antilopen mit spießartig geraden Hörnern: Oryx* [< grch. *orys* »Tier mit Hörnern« + *Antilope*]

…os ⟨Adj.; in Zus.⟩ = *…ös*

…ös ⟨Adj.; in Zus.⟩ oV *…os* **1** *die Existenz des im substantivischen Ausgangswort Bezeichneten anzeigend;* tuberkulös; kariös; muskulös **2** *gemäß dem im substantivischen Ausgangswortes Bezeichneten;* kapriziös; fabulös; mysteriös [< frz. *-ieux, -ieuse* < lat. *-osus*]

Os ⟨chem. Zeichen für⟩ *Osmium*

Os|car ⟨m.; - od. -s, -s; seit 1928⟩ *jährlich verliehener Preis für die Einzelleistungen im amerikan. Film in Gestalt einer kleinen, männl. Bronzestatue;* Sy *Academy Award* [laut einer Anekdote nach einem Mr. *Oscar* Herrick, der dieser Statuette ähnlich gesehen haben soll]

…o|se ⟨f.; -, -n; in Zus.⟩ **1** ⟨Med.⟩ *einen Krankheitsverlauf od. -zustand benennend;* Neurose; Sklerose; Dermatose **2** ⟨Chem.⟩ *ein Mono- od. Disaccharid benennend;* Laktose; Glukose [grch.]

Os|ku|la|ti|on ⟨f.; -, -en; Math.⟩ *Art der Berührung zweier Kurven* [< lat. *osculatio* »das Küssen«]

os|ku|lie|ren ⟨V.⟩ *eine Oskulation bilden*

Os|ma|ne ⟨m.; -n, -n⟩ *Türke im früheren Osmanischen Reich;* Sy *Ottomane(1)* [nach dem Sultan *Osman I.*, 1288-1326]

Os|mi|um ⟨n.; -s; unz.; chem. Zeichen: Os⟩ *Edelmetall aus der Gruppe des Platins, Ordnungszahl 76* [< grch. *osme* »Geruch«]

Os|mo|lo|gie ⟨f.; -; unz.⟩ *Lehre von den Riechstoffen* [< grch. *osme* »Geruch« + …*logie*]

Os|mo|se ⟨f.; -; unz.; Chem.⟩ *Durchgang eines Lösungsmittels durch eine semipermeable Membran von der Seite der geringeren Kon-*

zentration zu der höheren Konzentration, wodurch die Konzentrationsunterschiede auf beiden Seiten ausgeglichen werden [<grch. *osmos* »das Stoßen, Schieben«]

Os|mo|the|ra|pie ⟨f.; -, -n; Med.⟩ *intravenöse Injektion hochkonzentrierter Zucker- od. Salzlösungen, die den osmotischen Druck des Blutes erhöhen u. der Gewebeentwässerung u. Entgiftung dienen*

os|mo|tisch ⟨Adj.⟩ **1** *auf Osmose beruhend* **2** ~er Druck; ~er Wert *der die Osmose bewirkende Unterschied in der Konzentration von Lösungsmitteln*

ö|so|pha|gisch ⟨Adj.⟩ *zum Ösophagus gehörend*

Ö|so|pha|gis|mus ⟨m.; -, -men; Med.⟩ *Speiseröhrenkrampf;* Sy *Ösophagospasmus*

Ö|so|pha|gi|tis ⟨f.; -, -ti|den⟩ *Entzündung der Speiseröhre* [< *Ösophagus* + *...itis*]

Ö|so|pha|go|skop, ⟨auch⟩ **Ö|so|pha|gos|kop** ⟨n.; -s, -e; Med.⟩ *Spiegel zur Untersuchung der Speiseröhre*

Ö|so|pha|go|spas|mus ⟨m.; -, -men; Med.⟩ = *Ösophagismus*

Ö|so|pha|go|to|mie ⟨f.; -, -n; Med.⟩ *operative Öffnung der Speiseröhre, Speiseröhrenschnitt* [< *Ösophagus* + *...tomie*]

Ö|so|pha|gus ⟨m.; -, -gi⟩ *Speiseröhre* [<grch. *oisophagos;* zu *oisai,* Futur zu *pherein* »tragen« + *phagein* »essen«]

os|sal, os|sär ⟨Adj.⟩ *zu den Knochen gehörend* [<lat. *os,* Gen. *ossis* »Knochen«]

Os|sa|ri|um ⟨n.; -s, -ri|en⟩ oV *Ossuarium* **1** *antike Urne zum Aufbewahren von Gebeinen* **2** *Beinhaus* [<lat. *os,* Gen. *ossis* »Knochen«, Pl. *ossa* »Gebein«]

os|sia ⟨Mus.⟩ *auf eine andere Lesart des Notentextes hinweisend* [ital., »oder (auch)«]

Os|si|fi|ka|ti|on ⟨f.; -, -en⟩ **1** *Bildung von Knochen* **2** *Verknöcherung von anderen Gewebearten* [→ *ossifizieren*]

os|si|fi|zie|ren ⟨V.⟩ *verknöchern* [<lat. *os,* Gen. *ossis* »Knochen« + *...fizieren*]

Os|su|a|ri|um ⟨n.; -s, -ri|en⟩ = *Ossarium*

os|te..., **Os|te...** ⟨in Zus.⟩ = *osteo..., Osteo...*

Os|te|al|gie ⟨f.; -, -n⟩ *Schmerzhaftigkeit der Knochen* [< *Osteo...* + *...algie*]

os|ten|siv, os|ten|ta|tiv ⟨Adj.⟩ **1** *offensichtlich, augenfällig* **2** *prahlerisch, herausfordernd, provozierend, betont;* ~ zu spät kommen; etwas ~ behaupten, fordern [<lat. *ostentare* »zur Schau stellen, zeigen«]

os|te|o..., **Os|te|o...** ⟨vor Vokalen⟩ oste..., Oste... ⟨in Zus.⟩ *Knochen...* [<grch. *osteon* »Knochen«]

Os|te|o|blast ⟨m.; -en, -en⟩ *Knochen bildende Zelle* [< *Osteo...* + *...blast*]

Os|te|o|blas|tom ⟨n.; -s, -e⟩ *Knochengeschwulst;* Sy *Osteom*

Os|te|o|ek|to|mie ⟨f.; -, -n⟩ *Ausmeißeln eines Knochenstücks*

os|te|o|gen ⟨Adj.⟩ *von den Knochen ausgehend* [< *osteo...* + *...gen*[1]]

Os|te|o|ge|ne|se ⟨f.; -, -n⟩ *Knochenbildung*

os|te|o|id ⟨Adj.⟩ *knochenähnlich* [< *osteo...* + *...id*]

Os|te|o|kla|sie ⟨f.; -, -n⟩ **1** ⟨Med.⟩ *chirurgisches Geraderichten verkrümmter Knochen* **2** ⟨Anat.⟩ *vermehrte Tätigkeit der Osteoklasten* [< *Osteo...* + grch. *klasis* »Zerbrechen, Bruch«]

Os|te|o|klast ⟨m.; -en, -en⟩ **1** ⟨meist Pl.; Med.⟩ *Knochen abbauende Zelle* **2** ⟨a.: n.; -s, -en; Med.⟩ *Gerät zur Durchführung einer Osteoklasie(1) an der fixierten Extremität*

Os|te|o|lo|gie ⟨f.; -; unz.⟩ *Lehre von den Knochen* [< *Osteo...* + *...logie*]

os|te|o|lo|gisch ⟨Adj.⟩ *die Osteologie betreffend, zu ihr gehörend, auf ihr beruhend*

Os|te|o|ly|se ⟨f.; -, -n⟩ *Auflösung von Knochengewebe* [< *Osteo...* + *...lyse*]

Os|te|om ⟨n.; -s, -e⟩ = *Osteoblastom*

Os|te|o|ma|la|zie ⟨f.; -, -n⟩ *Knochenerweichung* [< *Osteo...* + grch. *malakos* »weich«]

Os|te|o|my|e|li|tis ⟨f.; -, -ti|den⟩ *Entzündung des Knochenmarks*

Os|te|on ⟨n.; -s; unz.; Anat.⟩ *aus Knochenlamellen bestehende Baueinheit des Knochengewebes*

Os|te|o|pa|thie ⟨f.; -, -n; Med.⟩ *nicht entzündliche Knochenerkrankung* [< *Osteo...* + *...pathie*]

Os|te|o|plas|tik ⟨f.; -, -en⟩ *Ersatz von Knochen auf chirurg. Wege*

os|te|o|plas|tisch ⟨Adj.⟩ *mit Hilfe der Osteoplastik*

Os|te|o|po|ro|se ⟨f.; -, -n⟩ *krankhaftes Poröswerden von Knochen* [< *Osteo...* + grch. *poros* »Öffnung«]

Os|te|o|ta|xis ⟨f.; -, -xen⟩ *Einrenkung von Knochenbrüchen*

Os|te|o|to|mie ⟨f.; -, -n⟩ *chirurg. Durchschneidung eines Knochens* [< *Osteo...* + *...tomie*]

Os|te|ria ⟨f.; -, -ri|as od. -ri|en⟩ *Gaststätte, Schenke* [ital.]

o|sti|nat, ⟨auch⟩ **os|ti|nat** ⟨Adj.; Mus.⟩ *hartnäckig wiederholt (zu spielen);* ~er Bass = *Basso ostinato*

o|sti|na|to, ⟨auch⟩ **os|ti|na|to** ⟨Adj.; Mus.⟩ = *ostinat*

O|sti|na|to, ⟨auch⟩ **Os|ti|na|to** ⟨Mus.; kurz für⟩ *Basso ostinato* [ital. <lat. *obstinatus* »hartnäckig«]

Os|ti|tis ⟨f.; -, -ti|ti|den⟩ *Knochenentzündung* [< *Osteo...* + *...itis*]

■ Die Buchstabenfolge **os|tr...** kann auch **ost|r...** getrennt werden.

■ **Os|tra|ko|de** ⟨m.; -n, -n⟩ *Angehöriger einer Klasse der Krebse mit stark verkürztem Körper u. höchstens zwei Fühler- u. fünf Beinpaaren, von einer muschelähnlichen Schale umschlossen, Muschelkrebs* [<grch. *ostrakodes*]

■ **Os|tra|kon** ⟨n.; -s, -ka⟩ *Scherbe eines zerbrochenen Gefäßes, im alten Ägypten u. alten Griechenland als Schreibmaterial statt des* *kostbaren Papyrus u. Pergaments verwendet* [grch., »Scherbe«]

■ **Os|tra|zis|mus** ⟨m.; -; unz.; im alten Athen⟩ *Gericht, aufgrund dessen das Volk einen Bürger verbannen konnte, Scherbengericht* [<grch. *ostrakon* »Scherbe« (Tonscherben wurden damals als »Stimmzettel« benutzt)]

■ **Ös|tro|gen** ⟨n.; -s; unz.⟩ *ein weibl. Geschlechtshormon* [<grch. *oistron* »Stachel; Leidenschaft« + *gennan* »erzeugen«]

Os|zil|la|ti|on ⟨f.; -, -en; Phys.⟩ *Schwingung* [zu lat. *oscillare* »schwingen«]

Os|zil|la|ti|ons|the|o|rie ⟨f.; -; unz.; Geol.⟩ *Versuch, die Bildung von Gebirgsstöcken u. deren allmähliches Wiederversinken in der Erdkruste durch Schwingungsvorgänge des Erdmantels zu erklären*

Os|zil|la|tor ⟨m.; -s, -to|ren⟩ **1** *ein schwingendes physikal. System* **2** *Gerät zur Erzeugung elektrischer Schwingungen*

os|zil|la|to|risch ⟨Adj.⟩ *auf Oszillation beruhend, schwingend, schwankend, oszillierend*

Os|zil|la|tor|röh|re ⟨f.; -, -n⟩ **1** *Elektronenröhre zum Erzeugen hochfrequenter Schwingungen* **2** *Elektronenröhre mit Sichtschirm, auf der Schwingungsvorgänge dargestellt werden können, in abgewandelter Form, z.B. als Bildschirm eines Fernsehgerätes*

os|zil|lie|ren ⟨V.; Phys.⟩ *schwingen, sich mechanisch hin- u. herbewegen, pendeln*

Os|zil|lo|graf ⟨m.; -en, -en; Phys.⟩ = *Oszillograph*

Os|zil|lo|gramm ⟨n.; (e)s, -e; Phys.⟩ *aufgezeichnete Schwingung* [zu lat. *oscillare* »schwingen« + *...gramm*]

Os|zil|lo|graph ⟨m.; -en, -en; Phys.⟩ *Gerät zur (meist fotograf.) Aufzeichnung von Schwingungen;* oV *Oszillograf;* Sy *Oszilloskop* [zu lat. *oscillare* »schwingen« + *...graph*]

Os|zil|lo|skop, ⟨auch⟩ **Os|zil|los|kop** ⟨n.; -s, -e⟩ = *Oszillograph* [<lat. *oscillare* »schwingen« + *...skop*]

ot..., **Ot...** ⟨in Zus.⟩ = *oto..., Oto...*

Ot|al|gie, ⟨auch⟩ **O|tal|gie** ⟨f.; -, -n⟩ *Ohrenschmerzen* [< *Oto...* + *...algie*]

OTC ⟨Abk. für engl.⟩ *Over-the-Counter(-Market)*

Ot|i|a|ter, ⟨auch⟩ **O|ti|a|ter** ⟨m.; -s, -⟩ *Facharzt für Ohrenheilkunde;* Sy *Otologe* [< *Oto...* + *...iater*]

Ot|i|a|trie, ⟨auch⟩ **O|ti|at|rie** ⟨f.; -; unz.⟩ *Ohrenheilkunde*

ot|i|a|trisch, ⟨auch⟩ **o|ti|at|risch** ⟨Adj.⟩ = *otologisch*

O|ti|tis ⟨f.; -, O|ti|ti|den⟩ *Entzündung des Ohres* [<grch. *ous,* Gen. *otos* »Ohr« + *...itis*]

o|ti|tisch ⟨Adj.⟩ *mit einer Ohrenerkrankung verbunden*

o|to..., **O|to** ⟨vor Vokalen⟩ ot..., Ot... ⟨in Zus.⟩ *das Ohr betreffend, ohr..., Ohr...* [<grch. *ous,* Gen. *otos* »Ohr«]

O|to|fon ⟨n.; -s, -e⟩ = *Otophon*

o|to|gen ⟨Adj.⟩ *vom Ohr ausgehend* [< *oto...* + *...gen*]

O|to|lith ⟨m.; -s od. -en, -e od. -en⟩ *Teil des Gleichgewichtsorgans* [< *Oto...* + *...lith*]

O|to|lo|ge ⟨m.; -n, -n⟩ = *Otiater*

O|to|lo|gie ⟨f.; -; unz.⟩ **1** *Lehre vom Ohr* **2** *Ohrenheilkunde* [< *Oto...* + *...logie*]

o|to|lo|gisch ⟨Adj.⟩ *die Ohrenheilkunde betreffend, zu ihr gehörig;* Sy *otiatrisch*

O-Ton ⟨m.; -(e)s; unz.; Kurzw. für⟩ *Originalton*

O|to|phon ⟨n.; -s, -e⟩ *Hörrohr für Schwerhörige;* oV *Otofon* [< *Oto...* + *...phon*[2]]

Oto|rhi|no|la|ryn|go|lo|gie ⟨f.; -; unz.⟩ *Hals-Nasen-Ohren-Heilkunde* [< *Oto...* + *rhino...* + *laryngo...* + *...logie*]

O|tor|rhö ⟨f.; -, -en⟩, **O|tor|rhöe** ⟨[-rø:] f.; -, -n⟩ *häufig wiederkehrende Absonderung aus dem Ohr, Ohrenfluss* [< *Oto...* + *...rrhö*]

O|to|skle|ro|se ⟨f.; -, -n; Med.⟩ *Verknöcherung des Mittelohres, die zu Schwerhörigkeit führt* [<grch. *ous,* Gen. *otos* »Ohr« + *Sklerose*]

o|to|skle|ro|tisch ⟨Adj.⟩ *die Otosklerose betreffend, zu ihr gehörig*

O|to|skop, ⟨auch⟩ **O|tos|kop** ⟨n.; -s, -e⟩ *Gerät zur Untersuchung des Innenohrs, Ohrenspiegel* [< *Oto...* + *...skop*]

O|to|sko|pie, ⟨auch⟩ **O|tos|ko|pie** ⟨f.; -, -n; Med.⟩ *Untersuchung des äußeren Gehörganges einschließlich des Trommelfells mit dem Ohrenspekulum*

ot|ta|va ⟨[-va] Adj.; Mus.⟩ = *all'ottava*

Ot|ta|ve|ri|me ⟨[-ve-] f.; -, -n⟩ *Form der italien. Stanze;* Sy *Oktave(3)* [ital.; zu *ottavo* »der Achte« + *rima* »Reim« (die 7. u. 8. Zeile reimen paarig)]

Ot|ta|vi|no ⟨[-vi:-] m. od. n.; -s, -s od. -ni; Mus.⟩ *Pikkoloflöte* [ital.]

Ot|to|man ⟨m.; -s, -e⟩ *geripptes Gewebe für Kleider, Mäntel u. zum Beziehen von Möbeln*

Ot|to|ma|ne **1** ⟨m.; -n, -n⟩ = *Osmane* **2** ⟨f.; -, -n⟩ *breites Sofa, Liegesofa* [<frz. *ottoman* »osmanisch, türkisch«]

Ounce ⟨[auns] f.; -, -s [-siz]; Zeichen: oz⟩ *in den USA u. Großbritannien gebräuchliche Gewichtseinheit, 1 oz = 28,35 g* [engl., »Unze«]

out ⟨[aut]⟩ ~ sein ⟨umg.⟩ *unmodern sein, nicht mehr aktuell sein;* Hosen mit Schlag sind bei Männern schon lange ~; Ggs *in* [engl., »aus«]

Out ⟨[aut] n.; - od. -s, -s; †; noch österr. u. schweiz.⟩ **1** *Raum außerhalb des Spielfeldes* **2** *Fehlschuss* [engl., »Aus«]

Out|back ⟨[autbæk] n.; -s; unz.; Geogr.⟩ *das nur dünn besiedelte Landesinnere des australischen Kontinents* [engl., »Hinterland«]

Out|board ⟨[autbɔ:d] m.; -s, -s⟩ *Außenborder, Außenbordmotor* [engl.]

Out|burst ⟨[autbə:st] m.; - od. -s, -s⟩ **1** *Vulkanausbruch* **2** *Explosion eines Kernreaktors* [engl., »Ausbruch«]

Out|cast ⟨[autka:st] m.; -s, -s⟩ **1** *(aus der Gesellschaft) Ausgestoßener;* Sy *Paria(3)* **2** = *Paria(2)* [<engl. *out* »aus« + *cast* »Kaste«]

Out|door... ⟨[autdɔ:(r)] in Zus.⟩ *im Freien, unter freiem Himmel ausgetragen, veranstaltet;*

~skating; ~volleyball usw.; Ggs *Indoor...* [< engl. *outdoor* »Außen..., Freiluft...«]
Out|drop ⟨[autdrɔp] m.; -s, -s⟩ *jmd., der gesellschaftlich abgestiegen ist, Aussteiger* [< engl. *out* »aus, außerhalb« + *drop* »fallen lassen«]
ou|ten ⟨[autən] V.⟩ *öffentlich bekannt machen, bekennen (bes. von Homosexualität);* sich ~; einen Sänger, Schauspieler, Politiker ~ [zu engl. *out* »öffentlich bekennen«]
Out|fit ⟨[autfit] n.; -s, -s⟩ *Bekleidung, Ausstattung;* ein sportliches ~ [engl., »Ausrüstung, Ausstattung«]
Out|fit|ter ⟨[aut-] m.; -s, -⟩ *Ausstatter, Ausrüster, Bekleidungshersteller* [engl.]
Out|group ⟨[autgru:p] f.; -, -s⟩ *Gruppe, der man sich nicht zugehörig, nicht verbunden fühlt, von der man sich distanziert;* Ggs *Ingroup* [< engl. *out* »aus, außerhalb« + *group* »Gruppe«]
Ou|ting ⟨[autiŋ] n.; -s, -s⟩ *das Outen, Bekennen, Bekanntmachen, Bloßlegen in der Öffentlichkeit;* das ~ seiner homosexuellen Neigung [engl.]
Out|law ⟨[autlɔ:] m.; -s, -s⟩ **1** *jmd., der außerhalb der Gesellschaft steht, Geächteter, Verfemter* **2** *jmd., der die Gesetze der Gesellschaft, in der er lebt, missachtet, Verbrecher* [< engl. *out* »aus, außerhalb« + *law* »Gesetz«]
Out|pa|cing ⟨[autpɛisiŋ] n.; -s, -s; Pl. selten; Wirtsch.⟩ *Strategieveränderung von Unternehmen bei bestimmten Produkten, deren Marktsituation aktuellen Schwankungen unterworfen ist, z.B. Preis- od. Qualitätsanpassung* [< engl. *out* »außen, draußen, heraus« + *pacing* »Schritt halten, Schritt machen«]
Out|place|ment ⟨[autplɛismənt] n.; -s, -s; Wirtsch.⟩ *(von einem Unternehmen betriebenes) Programm zur Vermittlung von gekündigten Mitarbeitern (bes. von Führungskräften) an andere Betriebe* [< engl. *out* »außen, draußen, heraus« + *placement* »Platzierung, Vermittlung«]
Out|put ⟨[aut-] m. od. n.; -s, -s⟩ **1** *die Daten, die eine elektron. Datenverarbeitungsmaschine liefert;* Ggs *Input* **2** *Ausstoß (an Waren)* [< engl. *out* »aus« + *put* »setzen, stellen«]
ou|trie|ren, ⟨auch⟩ **out|rie|ren** ⟨[u-] V.⟩ *übertreiben* [< frz. *outrer*]
ou|triert, ⟨auch⟩ **out|riert** ⟨[u-] Adj.⟩ *übertrieben, gekünstelt*
out|side ⟨[autsaid] schweiz.; Sp.; Fußb.⟩ *aus, außerhalb (des Spielfeldes)* [engl., »außerhalb«]
Out|side ⟨[autsaid] m.; -s, -s; Sp.⟩ *Außenstürmer*
Out|si|der ⟨[autsaidə(r)] m.; -s, -⟩ *Außenseiter;* Ggs *Insider* [engl.]
out|sour|cen ⟨[autsɔ:sən] V.; Wirtsch.⟩ *bestimmte Arbeitsgänge außerhalb der eigenen Firma durchführen lassen, bes. ins Ausland verlagern, im Ausland produzieren;* Produktionszweige ~
Out|sour|cing ⟨[autsɔ:siŋ] n.; -s; unz.; Wirtsch.⟩ *Verlagerung der Produktion eines Unternehmens ins Ausland (um Produktionskosten zu senken u. die Wettbewerbsfähigkeit zu erhalten)* [< engl. *out* »außen, draußen, heraus« + *source* »Quelle, Ursprung«]
Ou|ver|tü|re ⟨[uvər-] f.; -, -n; Mus.⟩ **1** *instrumentale Einleitung zu größeren, meist zyklischen Musikwerken, bes. Opern, Operetten, Suiten* **2** ⟨bei Bach u.a.⟩ *selbständige Komposition, Suite* [< frz. *ouverture* »Öffnung, Eröffnung; Einleitung, Ouvertüre«]
Ou|zo ⟨[u:zo] m.; -s, -s⟩ *griech. Anislikör* [griech.]
ov..., Ov... ⟨in Zus.⟩, = *ovo..., Ovo...*
o|val ⟨[-va:l] Adj.⟩ *länglich rund, eiförmig;* ~e Fläche [< lat. *ovalis* »eiförmig«, zu *ovum* »Ei«]
O|val ⟨[-va:l] n.; -s, -e⟩ *ovale Form, Eiform*
o|va|ri|al ⟨[-va-] Adj.⟩ *den Eierstock betreffend, zu ihm gehörig, in ihm entstehend;* oV *ovariell* [→ *Ovarium*]
O|va|ri|al|gra|vi|di|tät ⟨[-va---vi--] f.; -, -en⟩ *Eierstockschwangerschaft*
O|va|ri|al|hor|mon ⟨[-va-] n.; -s, -e⟩ *Geschlechtshormon, das im Eierstock gebildet wird*
O|va|ri|ek|to|mie ⟨[-va-] f.; -, -n⟩ = *Ovariotomie* [< *Ovarium* + *Ektomie*]
o|va|ri|ell ⟨[-va-] Adj.⟩ = *ovarial*
O|va|ri|o|to|mie ⟨[-va-] f.; -, -n⟩ *operative Entfernung des Eierstocks;* Sy *Oophorektomie, Ovariektomie* [< *Ovarium* + *...tomie*]
O|va|ri|um ⟨[-va:-] n.; -s, -ri|en⟩ *Eierstock;* Sy *Oophoron* [lat.; zu *ovum* »Ei«]
O|va|ti|on ⟨[-va-] f.; -, -en⟩ *Huldigung, Beifallssturm* [< lat. *ovatio* »kleiner Triumph«]
O|ver|all, ⟨auch⟩ **O|ve|rall** ⟨[ouvərɔ:l] m.; -s, -s⟩ *Schutzanzug aus Jacke u. Hose in einem Stück* [< engl. *over* »über« + *all* »alle(s)«]
o|ver|dressed ⟨[ouvə(r)drɛsd] Adj.⟩ *zu vornehm, zu fein angezogen (für einen bestimmten Anlass);* für eine Party ist sie ~; → a. *overstyled* [< engl. *over* »über(mäßig)« + *dressed* »gekleidet«]
O|ver|drive ⟨[ouvə(r)draiv] m.; -s, -s⟩ **1** ⟨in KFZ⟩ *zusätzlicher Gang im Getriebe, der beim Erreichen einer bestimmten Fahrgeschwindigkeit zugeschaltet wird und durch Herabsetzen der Motordrehzahl einen geringeren Kraftstoffverbrauch ermöglicht* **2** *Mikroprozessor höherer Leistung, durch den ein vorhandener Prozessor im PC ohne weitere Veränderungen ersetzt werden kann* [engl., »übertrieben, übersteuern«; »Schnellgang«; »höhere Leistung bringen«]
O|ver|flow ⟨[ouvə(r)flou] m.; -s, -s; EDV⟩ *Überschreiten der Speicherkapazität einer EDV-Anlage;* → a. *Overrun* [engl., »Überflutung«]
O|ver|head|pro|jek|tor ⟨[ouvə(r)hɛd-] m.; -s, -en⟩ *Gerät, das ein Bild od. einen Text mit Hilfe eines Spiegels vom Pult des Vortragenden aus an die Wand hinter diesem projiziert* [< engl. *over* »über« + *head* »Kopf« + *Projektor*]

O|ver|kill ⟨[ouvə(r)-] m.; -s, -s⟩ *Vorrat an Waffen, der über die Menge hinausgeht, die zur Vernichtung des Gegners notwendig wäre* [< engl. *over* »über(mäßig)« + *kill* »töten«]

O|ver|run ⟨[ouvər(r)ʌn] m.; -s, -s; EDV⟩ *Fehler in der Datenverarbeitung, der dann entsteht, wenn das arithmetische Ergebnis einer Operation die Größe der zugeordneten Speicherstelle übersteigt;* → a. *Overflow* [engl., »Überlauf«]

o|ver|sized ⟨[ouvə(r)saizd] Adj.; undekl.⟩ *übergroß, größer als die erforderliche Kleidergröße;* einen Pullover ~ tragen [engl., »übergroß«]

O|ver|spill|town ⟨[ouvə(r)spiltaun] f.; -, -s ⟩ *Trabanten- od. Satellitenstadt, die den zunehmenden Bevölkerungszuwachs eines Ballungsraumes aufnimmt* [engl.]

O|ver|state|ment ⟨[ouvə(r)stɛitmənt] n.; -s, -s; umg.⟩ *(gelinde od. augenfällige) Übertreibung od. Überbewertung eines Sachverhalts;* Ggs *Understatement* [engl., »Übertreibung«]

o|ver|styled ⟨[ouvə(r)staild] Adj.; undekl. ⟩ *zu festlich, zu auffällig zurechtgemacht (für einen bestimmten Anlass);* sie war für diese Veranstaltung etwas ~; → a. *overdressed* [< engl. *over* »über(mäßig)« + *styled* »gestaltet«]

Over-the-Coun|ter-Mar|ket ⟨[ouvə(r) ðə kauntə(r) ma:kit] m.; -s; unz.; Wirtsch.; Abk.: OTC⟩ **1** ⟨in Großbritannien⟩ *Handel von Wertpapieren u. Aktien am Bankschalter* **2** ⟨in den USA⟩ *telefonischer Wertpapieran- u. -verkauf von nicht offen gehandelten Werten zwischen einzelnen Bankunternehmen* [< engl. *over* »über« + *counter* »Schalter, Tresen« + *market* »Markt«]

O|vi|dukt ⟨[-vi-] m.; -s, -e⟩ *Eileiter* [< lat. *ovum* »Ei« + *ducere* »führen, leiten«]

o|vi|par ⟨[-vi-] Adj.⟩ *Eier legend;* Ggs *vivipar* [< lat. *ovum* »Ei« + *…par*]

O|vi|pa|rie ⟨[-vi-] f.; -, -n⟩ *Ablage von Eiern, deren Befruchtung dann außerhalb des Mutterkörpers (z.B. bei Fischen u. Lurchen) od. während des Ablegens (z.B. bei Insekten u. Spinnen) erfolgt;* Ggs *Viviparie* [→ *ovipar*]

O|vi|zid ⟨[-vi-] n.; -s, -e⟩ *Mittel zur Abtötung von Insekteneiern* [< lat. *ovum* »Ei« + *…zid*[1]]

o|vo…, O|vo… ⟨vor Vokalen⟩ ov…, Ov… ⟨[-vo] in Zus.⟩ *ei…, Ei…* [< lat. *ovum* »Ei«]

O|vo|ge|ne|se ⟨[-vo-] f.; -, -n⟩ = *Oogenese* [< lat. *ovum* »Ei« + *Genese*]

o|vo|id ⟨[-vo-] Adj.⟩ *länglich-rund, eiförmig;* ~er Körper [< lat. *ovum* »Ei« + *…id*]

O|vo|plas|ma ⟨[-vo-] n.; -s, -men⟩ = *Ooplasma* [< lat. *ovum* »Ei« + *Plasma(1)*]

o|vo|vi|vi|par ⟨[-vovivi-] Adj.⟩ *Eier mit entwickelten Embryonen legend* [< *ovipar* + *vivipar*]

O|vu|la|ti|on ⟨[-vu-] f.; -, -en⟩ = *Follikelsprung* [< nlat. *ovulum,* Verkleinerungsform zu lat. *ovum* »Ei«]

O|vu|la|ti|ons|hem|mer ⟨[-vu-] m.; -s, -⟩ *hormonales Empfängnisverhütungsmittel, das die Ovulation verhindert*

O|vu|lum ⟨[-vu-] n.; -s, -la⟩, **O|vum** ⟨[-vum] n.; -s, O|va⟩ *Ei, Eizelle* [< lat. *ovum* »Ei«]

O|wrag, ⟨auch⟩ **Ow|rag** ⟨m.; - od. -s, -wra|gi; Geol.⟩ *tiefe Erosionsschluchten in Tälern der ost- u. südosteurop. Steppengebiete* [russ.]

O|xa|lat ⟨n.; -(e)s, -e⟩ *Salz der Oxalsäure;* Sy *Oxalsalz*

O|xa|lat|stein ⟨m.; -(e)s, -e; Med.⟩ *Harnstein* [→ *Oxalsäure*]

O|xa|lit ⟨m.; -s, -e; Min.⟩ *gelbes, erdiges Mineral*

O|xal|salz ⟨n.; -es, -e⟩ = *Oxalat*

O|xal|säu|re ⟨f.; -, -n⟩ *einfachste aliphat. Dicarbonsäure, HOOC-COOH, in Form der Salze im Pflanzenreich weit verbreitet, so als saures Kalisalz im Rhabarber, Sauerklee u. Sauerampfer, Kleesäure* [< lat. *oxalis* »Sauerklee«; zu grch. *oxys* »scharf, spitz«]

O|xer ⟨m.; -s, -⟩ **1** ⟨Reitsport⟩ *Hindernis aus zwei hintereinander angebrachten Barrieren, deren jede aus mehreren waagerechten Stangen besteht* **2** *Sperre zwischen Weiden* [engl.]

Ox|for|di|an ⟨[-fə:diən] n.; -s; unz.; Geol.⟩ *untere Stufe des weißen Jura, vor ca. 149–143 Millionen Jahren* [nach der engl. Stadt *Oxford*]

o|xi…, O|xi… ⟨in Zus.⟩ **1** *scharf, sauer, Sauerstoff enthaltend* **2** *eine od. mehrere Hydroxylgruppen aufweisend* [< grch. *oxys* »scharf, sauer«]

O|xi|bi|o|se ⟨f.; -; unz.⟩ *Leben in einer Umgebung, die Sauerstoff enthält* [< *Oxi…* + grch. *bios* »Leben«]

O|xid ⟨n.; -(e)s, -e⟩ *Verbindung eines chem. Elements mit Sauerstoff;* oV *Oxyd* [< frz. *oxyde* < grch. *oxys* »scharf«]

O|xi|da|se ⟨f.; -, -n⟩ *oxidierend wirkendes Enzym*

O|xi|da|ti|on ⟨f.; -, -en⟩ *das Oxidieren (eines Stoffes);* Ggs *Reduktion(3)*

O|xi|da|ti|ons|mit|tel ⟨n.; -s, -⟩ *Sauerstoff abgebende Substanz, die andere Stoffe oxidiert;* Sy ⟨†⟩ *Oxidator*

O|xi|da|ti|ons|zo|ne ⟨f.; -, -n⟩ *Bereich der Erdkruste, in dem durch den von der Atmosphäre aus einwirkenden Sauerstoff vor allem Oxidationsvorgänge in Erzlagerstätten ablaufen*

o|xi|da|tiv ⟨Adj.⟩ *auf Oxidation beruhend, mit Hilfe der Oxidation*

O|xi|da|tor ⟨m.; -s, -to|ren; †⟩ = *Oxidationsmittel*

o|xi|die|ren ⟨V.⟩ *sich mit Sauerstoff verbinden, Sauerstoff aufnehmen* [< frz. *oxyder*]

O|xi|di|me|ter ⟨n.; -s, -⟩ *Gerät zur Oxidimetrie*

O|xi|di|me|trie, ⟨auch⟩ **O|xi|di|met|rie** ⟨f.; -; unz.⟩ *Teilgebiet der chem. Analyse, das sich mit der quantitativen Bestimmung von Substanzen unter Ausnutzung von Oxidationsvorgängen befasst* [< *oxidieren* + *…metrie*]

o|xi|disch ⟨Adj.⟩ *auf Oxiden beruhend, durch Oxidationsvorgänge verursacht*

O|xi|hä|mo|glo|bin ⟨n.; -s; unz.⟩ *hellroter Blutfarbstoff, der in der Lunge entsteht, wenn die vier zweiwertigen Atome des Eisens im Hämoglobin durch Nebenvalenzen vier Moleküle Sauerstoff binden*

o|xi|phil ⟨Adj.⟩ *saure Farbstoffe bindend* [< *oxi… + …phil*]

O|xi|säu|re ⟨f.; -, -n⟩ *organ. Säure, die durch den gleichzeitigen Gehalt an Carboxyl- u. Hydroxidgruppen sowohl saure als auch basische Eigenschaften zeigt*

o|xy…, O|xy… ⟨veraltete Schreibung von⟩ *oxi…, Oxi…*

O|xyd ⟨n.; -(e)s, -e; veraltet für⟩ *Oxid*

O|xy|dul ⟨n.; -s, -e⟩ *Oxid eines Elementes, in dem dieses in seiner niedrigsten Wertigkeit auftritt,* z.B. Kupferoxydul (Cu_2O), heutige Bez.: Kupfer(I)-oxid

O|xy|gen ⟨n.; -s; unz.; Zeichen: O⟩ *chem. Element, Sauerstoff;* oV *Oxygenium* [< frz. *oxygène* »Sauerstoff«, eigtl. »Säurebildner«; zu *Oxy… + …gen*]

O|xy|ge|na|se ⟨f.; -, -n; meist Pl.⟩ *Sauerstoff übertragendes Enzym*

O|xy|ge|ni|um ⟨n.; -s; unz.⟩ = *Oxygen*

O|xy|mo|ron ⟨n.; -s, -mo|ra; Rhet.; Philol.⟩ *rhetorische Figur, bei der zwei sich widersprechende Begriffe verbunden sind,* z.B. „beredtes Schweigen", „alter Knabe", „bittersüß" [< grch. *oxys* »scharf(sinnig)« + *moros* »dumm«]

O|xy|to|non ⟨n.; -s, -na; grch. Betonungslehre⟩ *auf der letzten u. kurzen Silbe betontes Wort* [grch.]

O|xy|u|re ⟨f.; -, -n⟩ *Madenwurm, zu den Fadenwürmern gehörender, im menschl. Dickdarm lebender Parasit: Enterobius (Oxyuris) vermicularis* [< grch. *oxys* »scharf, spitz« + *oura* »Schwanz«]

O|xy|u|ri|a|sis ⟨f.; -, -ri|a|sen⟩ *durch den Madenwurm Oxyuris hervorgerufene Krankheit, die bes. bei Kindern auftritt u. Juckreiz am After sowie Stuhldrang zur Folge hat*

OZ ⟨Abk. für⟩ *Oktanzahl*

O|zä|na ⟨f.; -, -nen; Med.⟩ *Erkrankung der Nasenschleimhaut mit übel riechender Borkenbildung, kann zum Verlust des Geruchsvermögens führen, Stinknase* [zu grch. *ozein* »riechen«]

O|ze|an ⟨m.; -s, -e⟩ *Weltmeer* [< lat. *Oceanus,* grch. *Okeanos,* Name des myth., die Erde umschließenden, Weltstromes]

O|ze|a|na|ri|um ⟨n.; -s, -ri|en⟩ *großes Meerwasseraquarium* [*Ozean*]

O|ze|a|ni|de ⟨f.; -, -n; grch. Myth.⟩ *Meernymphe, eine der 3000 Töchter des Meergottes Okeanos;* oV *Okeanide*

o|ze|a|nisch ⟨Adj.⟩ **1** *zum Ozean gehörig, aus der Hochsee stammend;* Ggs *neritisch* **2** *zu Ozeanien gehörig, von dort stammend*

O|ze|a|nist ⟨m.; -en, -en⟩ *Wissenschaftler, Erforscher der ozeanischen Völker u. ihrer Kulturen*

O|ze|a|nis|tik ⟨f.; -; unz.⟩ *Wissenschaft von den Völkern des ozeanischen Raums u. ihrer Kultur*

O|ze|a|no|graf ⟨m.; -en, -en⟩ = *Ozeanograph*

O|ze|a|no|gra|fie ⟨f.; -; unz.⟩ = *Ozeanographie*

O|ze|a|no|gra|fin ⟨f.; -, -fin|nen⟩ = *Ozeanographin*

o|ze|a|no|gra|fisch ⟨Adj.⟩ = *ozeanographisch*

O|ze|a|no|graph ⟨m.; -en, -en⟩ *Meeresforscher;* oV *Ozeanograf;* Sy *Ozeanologe*

O|ze|a|no|gra|phie ⟨f.; -; unz.⟩ *Meereskunde;* oV *Ozeanografie* [< *Ozean + …graphie*]

O|ze|a|no|gra|phin ⟨f.; -, -phin|nen⟩ *Meeresforscherin;* oV *Ozeanografin;* Sy *Ozeanologin*

o|ze|a|no|gra|phisch ⟨Adj.⟩ *die Ozeanographie betreffend, meereskundlich;* oV *ozeanografisch;* Sy *ozeanologisch*

O|ze|a|no|lo|ge ⟨m.; -n, -n⟩ = *Ozeanograph*

O|ze|a|no|lo|gie ⟨f.; -; unz.⟩ = *Ozeanographie* [< *Ozean + …logie*]

O|ze|a|no|lo|gin ⟨f.; -, -gin|nen⟩ = *Ozeanographin*

o|ze|a|no|lo|gisch ⟨Adj.⟩ = *ozeanographisch*

O|zel|le ⟨f.; -, -n⟩ *primitives Sinnesorgan bei niederen Tieren zur Wahrnehmung der Richtung des Lichtes, Punktauge* [< lat. *ocellus* »Äuglein«]

O|ze|lot ⟨a. [-zə-] m.; -s, -e od. -s⟩ **1** *gelblich braun gefleckte Raubkatze in Wald-, Fels- u. Sumpfgebieten Amerikas von Nordmexiko bis Nordargentinien, Pardelkatze: Leopardus pardalis* **2** *Fell dieser Raubkatze* [< Nahuatl *ocelotl* »Jaguar«]

O|zo|ke|rit ⟨m.; -s; unz.⟩ = *Ceresin* [< grch. *ozein,* »riechen« + *keros* »Wachs«]

O|zon ⟨n.; umg. a. m.; -s; unz.; chem. Zeichen: O_3⟩ *Form des Sauerstoffs, dessen Moleküle aus drei statt zwei Atomen bestehen* [grch., Part. Präs. zu *ozein* »riechen«]

O|zo|nid ⟨n.; -(e)s, -e; Chem.⟩ *Verbindung des Ozons mit ungesättigten organischen Verbindungen*

o|zo|ni|sie|ren ⟨V.⟩ *mit Ozon versetzen*

O|zon|loch ⟨n.; -(e)s, -lö|cher⟩ *(durch den weltweiten Einsatz von FCKW entstandenes) Loch in der Ozonschicht der Erdatmosphäre*

O|zo|no|sphä|re, ⟨auch⟩ **O|zo|nos|phä|re** ⟨f.; -; unz.⟩ *obere Schicht der Erdatmosphäre, die durch bes. hohen Ozongehalt gekennzeichnet ist;* Sy *Ozonschicht*

O|zon|schicht ⟨f.; -; unz.⟩ = *Ozonosphäre*

O|zon|the|ra|pie ⟨f.; -, -n; Med.⟩ *therapeutische Behandlung mit einem Ozongemisch*

P

p 1 ⟨Abk. für⟩ *typograf. Punkt* **2** ⟨Mus.; Abk. für⟩ *piano* **3** ⟨Phys.; †; Zeichen für⟩ *Pond* **4** ⟨Phys.; Zeichen für⟩ *Proton* **5** ⟨Phys.; Formelzeichen für⟩ *Druck u. Impuls* **6** ⟨Chem.; Zeichen für⟩ *para-Stellung* **7** ⟨vor Maßeinheiten Zeichen für⟩ *Piko*

P 1 ⟨chem. Zeichen für⟩ *Phosphor* **2** ⟨†; Zeichen für⟩ *Poise* **3** ⟨Phys.; Formelzeichen für⟩ *Leistung, Impuls u. Polstärke*

p. **1** ⟨Abk. für⟩ *Pagina* **2** ⟨auf Gemälden Abk. für⟩ *pinxit*

P. ⟨Abk. für⟩ **1** *Pater* **2** *Pastor* **3** *Pengö*

p.a. ⟨Abk. für⟩ **1** *per annum* **2** ⟨†⟩ *pro anno*

p.A. ⟨Abk. für⟩ *per Adresse*

pa. ⟨Abk. für⟩ *prima*

Pa **1** ⟨chem. Zeichen für⟩ *Protactinium* **2** ⟨Phys.; Zeichen für⟩ *Pascal*

Pä|an ⟨m.; -s, -e⟩ *an Apoll gerichteter Hymnus, der vor u. nach siegreicher Schlacht u. beim Symposium ertönte* [< grch. *paian*]

Pace ⟨[pɛis] f.; -; unz.; Sp.⟩ *Geschwindigkeit, in der ein Pferderennen gelaufen wird* [engl., »Schritt«]

Pa|cer ⟨[pɛisə(r)] m., -s, -; Sp.⟩ *Pferd, das bei langsameren Gangarten (Schritt, Trab) jeweils mit beiden Beinen einer Körperhälfte zur gleichen Zeit aufsetzt, Passgänger* [engl.]

Pace|ma|ker ⟨[pɛismɛikə(r)] m.; -s, -⟩ **1** ⟨Sp.⟩ *Pferd, das bei einem Rennen das Tempo bestimmt* **2** ⟨Med.⟩ *Herzschrittmacher* [engl.; »Schrittmacher«]

Pa|chul|ke ⟨m.; -n, -n; umg.⟩ *unkultivierter Knecht, Tölpel* [tschech. *pacholek* »Knecht, Bursche«]

pa|chy…, Pa|chy… ⟨in Zus.⟩ *dick…, Dick…* [< grch. *pachys* »dick«]

Pa|chy|a|krie, ⟨auch⟩ **Pa|chy|ak|rie** ⟨f.; -, -n⟩ **1** *Verdickung von Zehen u. Fingern;* Sy *Pachydaktylie* **2** = *Akromegalie* [< *Pachy…* + grch. *akron* »Spitze«]

Pa|chy|dak|ty|lie ⟨f.; -, -n⟩ = *Pachyakrie(1)* [< *Pachy…* + grch. *daktylos* »Finger«]

Pa|chy|der|me ⟨m.; -n, -n⟩ *Tier mit dicker Haut, Dickhäuter* [< *Pachy…* + *…derm*]

Pa|chy|der|mie ⟨f.; -, -n⟩ = *Elephantiasis* [< grch. *Pachy…* + *…dermie*]

pa|chy|ke|phal ⟨Adj.⟩ *einen kurzen, dicken Schädel habend* [< *pachy…* + *…kephal*]

Pa|chy|ke|pha|lie ⟨f.; -, -n⟩ *kurze, dicke Schädelform;* oV *Pachyzephalie*

Pa|chy|me|nin|gi|tis ⟨f.; -, -ti|den; Med.⟩ *Entzündung der harten Haut des Gehirns u. des Rückenmarks* [< *Pachy…* + *Meningitis*]

Pa|chy|ze|pha|lie ⟨f.; -, -n⟩ = *Pachykephalie*

Pack ⟨[pæk] n. od. m.; -, -s⟩ **1** ⟨Handel⟩ *spezielle Abgabeform von Waren im Einzelhandel,* z.B. One~, Bonus~ usw. **2** ⟨in Großbritannien⟩ *Gewichtseinheit für natürlich hergestellte Textilfaser (Wolle, Leinen, Hanfgarn)* [< engl. *pack* »(Ver-)Packung, Bündel«]

Pa|ckage|tour ⟨[pækidʒtu:r] f.; -, -en od. -s⟩ *Reise im eigenen Auto, die durch ein Reisebüro detailliert geplant u. vorbereitet wurde* [engl. *package tour* »Pauschalreise«]

Pack|fong ⟨n.; -s; unz.⟩ *aus Nickel u. Zink bestehende Legierung mit silberartigem Glanz für Schmuck u. Besteckwaren, Neusilber* [chines.]

Pad ⟨[pæd] n.; -s, -s; kurz für⟩ *Mousepad*

päd…, Päd… ⟨in Zus.⟩ = *pädo…, Pädo…*

Päd|a|go|ge, ⟨auch⟩ **Pä|da|go|ge** ⟨m.; -n, -n⟩ **1** *Erzieher, Lehrer* **2** *Wissenschaftler der Pädagogik* [< grch. *paidagogos* »Kinder-, Knabenführer«; zu *pais,* Gen. *paidos* »Kind, Knabe« + *agogos* »führend; Führer«; zu *agein* »führen«]

> **Pädagogik** (*Worttrennung am Zeilenende*) Bei fremdsprachlichen Zusammensetzungen, deren einzelne Bestandteile für den deutschen Muttersprachler nicht unbedingt ersichtlich sind, kann zwischen den einzelnen Bestandteilen (Morphemen) *Päd-a-go-gik* oder nach Sprechsilben *Pä-da-go-gik* getrennt werden.

Päd|a|go|gik, ⟨auch⟩ **Pä|da|go|gik** ⟨f.; -; unz.⟩ *praktische u. theoretische Lehre von Erziehung u. Bildung* [→ *Pädagoge*]

Päd|a|go|gi|kum, ⟨auch⟩ **Pä|da|go|gi|kum** ⟨n.; -s, -ka⟩ *Bestandteil der 1. Staatsexamensprüfung von Lehramtskandidaten, in dem sowohl allgemeine pädagog. als auch fachdidaktische Kenntnisse nachgewiesen werden müssen*

päd|a|go|gisch, ⟨auch⟩ **pä|da|go|gisch** ⟨Adj.⟩ **1** *die Pädagogik betreffend, zu ihr gehörend, auf ihr beruhend* **2** *in der Art eines Pädagogen, ihm gemäß, erzieherisch*

päd|a|go|gi|sie|ren, ⟨auch⟩ **pä|da|go|gi|sie|ren** ⟨V.⟩ *aus pädagogischer Perspektive betrachten, für pädagogische Ziele nutzbar machen*

Päd|a|tro|phie, ⟨auch⟩ **Pä|da|tro|phie** ⟨f.; -, -n; Med.⟩ *Entkräftung infolge von Ernährungsstörungen bei Kleinkindern* [< *Päd…* + *Atrophie*]

Pad|del ⟨n.; -s, -⟩ *frei (ohne Dolle) geführtes Ruder mit einem od. zwei gegeneinander verdrehten Blättern an den Enden des Schaftes* [< engl. *paddle;* weitere Herkunft ungeklärt]

Pad|del|boot ⟨n.; -(e)s, -e⟩ *mit Paddel fortbewegtes, kleines Boot*

pad|deln ⟨V.⟩ **1** *mit Paddeln rudern, mit dem Paddelboot fahren* **2** ⟨fig.⟩ *wie ein Hund schwimmen*

Pad|dock ⟨[pædɔk] m.; -s, -s⟩ *eingezäunter offener Raum als Weide u. Auslauf für Pferde* [engl. < aengl. *pearroc* »Gehege« < vulgärlat. *parricus* »Koppel«]

Pad|dy[1] ⟨[pædi] m.; -s; unz.⟩ **1** *ungeschälter Reis* **2** *Gericht aus diesem Reis* [engl. < mal. *padi* »Reis in der Hülse«]

Pad|dy[2] ⟨[pædi] m.; -s, -s; umg.; scherzh.⟩ *Ire* [nach St. *Patrick,* dem Schutzheiligen Irlands]

Päd|e|rast, ⟨auch⟩ **Pä|de|rast** ⟨m.; -en, -en⟩ *jmd., der Päderastie treibt;* Sy *Kinäde*

Päd|e|ras|tie, ⟨auch⟩ **Pä|de|ras|tie** ⟨f.; -; unz.⟩ *geschlechtl. Beziehung zwischen Männern u. Knaben, Knabenliebe* [< *Pädo…* + grch. *eraste* »Liebender«]

Päd|i|a|ter, ⟨auch⟩ **Pä|di|a|ter** ⟨m.; -s, -⟩ *Facharzt der Pädiatrie, Kinderarzt* [< *Pädo…* + *…iater*]

Päd|i|a|trie, ⟨auch⟩ **Pä|di|at|rie** ⟨f.; -; unz.⟩ *Kinderheilkunde*

päd|i|a|trisch, ⟨auch⟩ **pä|di|at|risch** ⟨Adj.⟩ *zur Pädiatrie gehörend, auf ihr beruhend*
...pä|die ⟨in Zus.⟩ *Erziehung, Heilkunde, Wissen* [< grch. *paideia* »Erziehung«]
Pa|di|schah ⟨m.; -s, -s; früher⟩ *Großherr, islam. Fürst* [pers.]
pä|do..., **Pä|do...** ⟨vor Vokalen⟩ päd..., Päd... ⟨in Zus.⟩ *Knaben..., Kinder..., Jugend...* [< grch. *pais,* Gen. *paidos* »Kind, Knabe«]
Pä|do|au|di|o|lo|ge ⟨m.; -n, -n; Med.⟩ *Wissenschaftler od. Mediziner, der pädoaudiologische Untersuchungen durchführt*
Pä|do|au|di|o|lo|gie ⟨f.; -; unz.; Med.⟩ *Lehre von den Methoden der Hörleistungsmessung bei Kindern* [< *Pädo...* + *Audiologie*]
pä|do|au|di|o|lo|gisch ⟨Adj.; Med.⟩ *die Pädoaudiologie betreffend, auf ihr beruhend, zu ihr gehörend*
Päd|o|don|tie, ⟨auch⟩ **Pä|do|don|tie** ⟨f.; -; unz.; Med.⟩ *Kinderzahnheilkunde* [< *Pädo...* + grch. *odon,* Gen. *odontos* »Zahn«]
Pä|do|ge|ne|se, Pä|do|ge|ne|sis ⟨f.; -; unz.⟩ *die Eigenschaft bestimmter Insekten, bereits als Larve aus unbefruchteten Eiern Nachkommen zu entwickeln*
pä|do|ge|ne|tisch ⟨Adj.; Biol.⟩ *sich bereits im Larvenstadium fortpflanzend*
Pä|do|lin|gu|is|tik ⟨f.; -; unz.⟩ *Teilgebiet der Linguistik, das Spracherwerb u. Kindersprache erforscht* [< *Pädo...* + *Linguistik*]
Pä|do|lo|ge ⟨m.; -n, -n⟩ *Wissenschaftler auf dem Gebiet der Pädologie*
Pä|do|lo|gie ⟨f.; -; unz.⟩ *Lehre vom Kind, Kinder- u. Jugendpsychologie* [< *Pädo...* + *...logie*]
pä|do|lo|gisch ⟨Adj.⟩ *die Pädologie betreffend, zu ihr gehörig*
pä|do|phil ⟨Adj.⟩ *zur Pädophilie gehörig, zu ihr neigend* [< *pädo...* + *...phil*]
Pä|do|phi|le(r) ⟨f. 2 (m. 1)⟩ *Frau bzw. Mann mit pädophilen Neigungen*
Pä|do|phi|lie ⟨f.; -; unz.⟩ *erotische Zuneigung Erwachsener zu Kindern* [< *Pädo...* + *...philie*]
p. Adr. ⟨Abk. für⟩ *per Adresse*
Pa|dre, ⟨auch⟩ **Pad|re** ⟨m.; -, -dri⟩ *Vater (Anrede für ital. Ordenspriester)* [ital.]
Pa|dro|na, ⟨auch⟩ **Pad|ro|na** ⟨f.; -, -ne⟩ *Gebieterin, Wirtin, Hausfrau* [ital.]
Pa|dro|ne, ⟨auch⟩ **Pad|ro|ne** ⟨m.; -s, -ni⟩ *Herr, Wirt, Chef* [ital.]
Pa|du|a|na ⟨f.; -, -nen⟩ = *Pavane*
Pa|el|la ⟨[paɛlja] f.; -, -s⟩ *spanisches Reisgericht mit verschiedenen Fleisch u. Fischsorten, Muscheln usw.* [katalan., eigtl. »Metalltopf, Bratpfanne« < lat. *patella* »kleine Pfanne«]
Pa|fe|se ⟨f.; -, -n; österr.⟩ *in Schmalz gebackene Weißbrotschnitte;* oV *Pofese* [ital.]
pag. ⟨Abk. für⟩ *Pagina;* ~ 29
Pa|gaie ⟨f.; -, -n⟩ *Paddel mit breitem Blatt für den Kanadier(2)* [frz. < mal. *pengajoeh*]
pa|gan ⟨Adj.⟩ *heidnisch* [< mlat. *paganus* »heidnisch«]
pa|ga|ni|sie|ren ⟨V.⟩ *mit heidnischen Elementen anreichern, heidnisch machen*
Pa|ga|nis|mus ⟨m.; -; unz.⟩ *Heidentum*
Pa|gat ⟨m.; -(e)s, -e⟩ *Trumpfkarte im Tarock* [< ital. *bagata* »Kleinigkeit«]
pa|ga|to|risch ⟨Adj.; Wirtsch.⟩ *Zahlungsvorgänge betreffend, auf ihnen beruhend* [zu ital. *pagatura* »Bezahlung«; zu *pagare* »(be)zahlen«]
Page[1] ⟨[pɛidʒ] f.; -, -s [-dʒiz]; EDV; kurz für⟩ *Homepage* [engl., »Seite«]
Pa|ge[2] ⟨[-ʒə] m.; -n, -n⟩ **1** ⟨MA⟩ *junger Adliger im fürstlichen Dienst, Edelknabe* **2** ⟨heute⟩ *junger (livrierter) Bote od. Diener, z.B. in Hotels* [frz., »Edelknabe«]
Pa|ger ⟨[pɛidzə(r)] m.; -s, -⟩ *sehr kleines Funkempfangsgerät, das jmd. mit sich führt u. das Signaltöne aussendet, wenn der Träger gesucht wird, Piepser* [engl.]
Pa|gi|na ⟨f.; -, -s; †; Abk.: p., pag.⟩ *Seite eines Buches, Seitenzahl* [lat., »Blatt, Seite«]
Pa|ging ⟨[pɛidʒiŋ] n.; -s; unz.; EDV⟩ *Technik des Seitenaustausches bei der virtuellen Speicherverwaltung* [zu engl. *page* »Seite«]
pa|gi|nie|ren ⟨V.⟩ *mit Seitenzahlen versehen* [→ *Pagina*]
Pa|go|de ⟨f.; -, -n⟩ **1** *turmartiger japan. od. chines. Tempel mit mehreren überdachten Stockwerken* **2** ⟨m.; -n, -n od. f. -, -n; †; noch österr.⟩ **2.1** *asiat. Götzenbild, meist aus Porzellan* **2.2** *ostind. Goldmünze, nach dem auf der einen Seite aufgeprägten Götterbild* [port.; zu Sanskrit *bhagavati* »selig, glücklich«]
Pah|le|wi ⟨n.; - od. -s; unz.⟩ = *Pehlewi*
paille ⟨[paːj(ə)] Adj.; undekl.; †⟩ *strohfarben, strohgelb* [frz., »Stroh«]
Pail|let|te ⟨[paijɛtə] f.; -, -n⟩ *kleines, rundes Plättchen aus Metall (zum Aufnähen auf Kleider)* [frz., »Goldkörnchen, Flitter«]
Paint-in ⟨[pɛint in] n.; -s, -s⟩ *Ausstellung von Bildern, in der das Publikum (bes. Kinder) selbst mitmalen kann* [engl. *paint* »malen« + *in* »in, hinein«]
pair ⟨[pɛːr] Adj.; Roulett⟩ *gerade (von Zahlen);* Ggs *impair* [frz.]
Pair ⟨[pɛːr] m.; -s, -s; im alten Frankreich⟩ *Angehöriger des polit. bevorzugten Hochadels* [frz. < lat. *paria* »Gleiches«]
Pai|ring ⟨[pæːriŋ] n.; -s; unz.⟩ *partnerschaftlicher bzw. freundschaftlicher Umgang, z.B. mit Arbeitskollegen od. Geschäftspartnern* [engl., »Paarung«; zu engl. *pair* »Paar«]
Pai|rie ⟨[pɛ-] f.; -, -n⟩ *Würde eines Pairs*
Pa|ka ⟨n.; -s, -s⟩ = *Aguti* [< port., span. *paca* < Tupi *páca*]
Pa|ket ⟨n., -(e)s, -e⟩ **1** *etwas Zusammengepacktes (bes. als Postsendung)* **2** *verschnürter Packen;* Akten~, Bücher~, Post~ [< frz. *paquet;* zu *paque* »Bündel, Ballen«]
Pa|ket|ad|res|se, ⟨auch⟩ **Pa|ket|a|dres|se** ⟨f.; -, -n⟩ *gummiertes Blatt bzw. Papier mit Vordruck zum Ausfüllen der Anschrift für ein Postpaket*
pa|ke|tie|ren ⟨V.⟩ *in Pakete, als Paket verpacken*

Pakt ⟨m.; -(e)s, -e⟩ *Vertrag, Bündnis;* Atlantik~, Freundschafts~ [< lat. *pactum* »Vertrag, Vereinbarung«]
pak|tie|ren ⟨V.⟩ *einen Pakt schließen, gemeinsame Sache machen (mit)*
PAL ⟨Tech.; Abk. für engl.⟩ *Phase Alternation Line, (von W. Bruch u. Telefunken entwickeltes) Verfahren zum Farbfernsehen, das von Phasenfehlern bei der Übertragung u. bei örtlichen Empfangsstörungen unabhängig ist;* Sy *PAL-System* [engl.]
pa|lä..., Pa|lä... ⟨in Zus.⟩ = *paläo..., Paläo...*
Pa|lä|an|thro|po|lo|ge, ⟨auch⟩ **Pa|lä|anth|ro|po|lo|ge** ⟨m.; -n, -n⟩ *Wissenschaftler auf dem Gebiet der Paläanthropologie*
Pa|lä|an|thro|po|lo|gie, ⟨auch⟩ **Pa|lä|anth|ro|po|lo|gie** ⟨f.; -; unz.⟩ *Teilgebiet der Anthropologie, das sich mit der Abstammung u. Entwicklung des Menschen beschäftigt*
pa|lä|an|thro|po|lo|gisch, ⟨auch⟩ **pa|lä|anth|ro|po|lo|gisch** ⟨Adj.⟩ *die Paläanthropologie betreffend, zu ihr gehörig, auf ihr beruhend*
Pa|lä|ark|tis ⟨f.; -; unz.; Geogr.⟩ *eine der beiden großen tiergeographischen Zonen der Erde, die Europa, Nordafrika sowie das außertropische Asien nördl. des Himalaya umfasst;* → a. *Nearktis*
pa|lä|ark|tisch ⟨Adj.⟩ *zum altweltl. Teil der Arktis gehörend*
Pa|la|din ⟨m.; -s, -e⟩ **1** ⟨urspr.⟩ *einer der zwölf Begleiter Karls des Großen* **2** ⟨danach⟩ *Ritter, Gefolgsmann* [< lat. *(comes) palatinus* »kaiserl. Begleiter«; zu *palatinus* »zum Palatium gehörend«, einem der sieben Hügel Roms mit der Kaiserburg]
Pa|lais ⟨[-lɛː] n.; - [-lɛːs], - [-lɛːs]⟩ *Palast, Schloss* [frz., < lat. *Palatium,* Name eines der sieben Hügel Roms]
Pa|lan|kin ⟨m.; -s, -s od. -e⟩ *ind. Sänfte* [< jav. *pëlanki* < Prakrit *pallanka* < Sanskrit *palyanka, paryanka* < *pari* »herum« + *ancati* »er biegt«]
pa|lä|o..., Pa|lä|o... ⟨vor Vokalen⟩ palä..., Palä... ⟨in Zus.⟩ *alt, ur..., Ur...;* oV *paleo..., Paleo...* [< grch. *palaios* »alt«]
Pa|lä|o|bi|o|lo|gie ⟨f.; -; unz.⟩ = *Paläontologie*
Pa|lä|o|bo|ta|nik ⟨f.; -; unz.⟩ *Lehre von den ausgestorbenen u. versteinerten Pflanzen;* Sy *Paläophytologie*
Pa|lä|o|bo|ta|ni|ker ⟨m.; -s, -⟩ *Wissenschaftler auf dem Gebiet der Paläobotanik*
pa|lä|o|bo|ta|nisch ⟨Adj.⟩ *die Paläobotanik betreffend, zu ihr gehörig, auf ihr beruhend*
Pa|lä|o|gen ⟨n.; -s; unz.⟩ *ältere Abteilung des Tertiärs;* Sy *Alttertiär* [< *Paläo...* + *...gen*[2]]
Pa|lä|o|ge|o|gra|fie ⟨f.; -; unz.⟩ = *Paläogeographie*
Pa|lä|o|ge|o|gra|phie ⟨f.; -; unz.⟩ *Lehre von den geograph. Verhältnissen der Vorzeit;* oV *Paläogeografie*
Pa|lä|o|graf ⟨m.; -en, -en⟩ = *Paläograph*
Pa|lä|o|gra|fie ⟨f.; -; unz.⟩ = *Paläographie*
pa|lä|o|gra|fisch ⟨Adj.⟩ = *paläographisch*
Pa|lä|o|graph ⟨m.; -en, -en⟩ *Erforscher, Kenner der Paläographie;* oV *Paläograf*
Pa|lä|o|gra|phie ⟨f.; -; unz.⟩ *Handschriftenkunde, Lehre von den Schriften u. Schreibmaterialien des Altertums u. MA;* oV *Paläografie* [< *Paläo...* + *...graphie*]
pa|lä|o|gra|phisch ⟨Adj.⟩ *die Paläographie betreffend, zu ihr gehörig, auf ihr beruhend;* oV *paläografisch*
Pa|lä|o|kli|ma|to|lo|gie ⟨f.; -; unz.⟩ *Teilgebiet der Klimatologie, das sich mit der Untersuchung des Klimas früherer Erdzeitalter befasst*
Pa|lä|o|lith ⟨m.; -s od. -en, -e od. -en⟩ *Steinwerkzeug des altsteinzeitlichen Menschen* [→ *Paläolithikum*]
Pa|lä|o|li|thi|ker ⟨m.; -s, -⟩ *Mensch des Paläolithikums*
Pa|lä|o|li|thi|kum ⟨n.; -s; unz.⟩ *Altsteinzeit* [< *Paläo...* + *...lithikum*]
pa|lä|o|li|thisch ⟨Adj.⟩ *zum Paläolithikum gehörig, aus ihm stammend, altsteinzeitlich*
pa|lä|o|ma|gne|tisch, ⟨auch⟩ **pa|lä|o|mag|ne|tisch** ⟨Adj.; Geol.⟩ *den Paläomagnetismus betreffend, auf ihm beruhend;* ~e Untersuchungen
Pa|lä|o|ma|gne|tis|mus, ⟨auch⟩ **Pa|lä|o|mag|ne|tis|mus** ⟨m.; -; unz.⟩ *magnet. Ausrichtung von Gesteinen entsprechend dem bei ihrer Entstehung vorherrschenden erdmagnet. Feld*
Pa|lä|on|to|gra|fie ⟨f.; -; unz.⟩ = *Paläontographie*
Pa|lä|on|to|gra|phie ⟨f.; -; unz.⟩ *Lehre von den Versteinerungen;* oV *Paläontografie* [< *Paläo...* + grch. *on,* Gen. *ontos* »seiend« + *...graphie*]
Pa|lä|on|to|lo|ge ⟨m.; -n, -n⟩ *Kenner, Erforscher der Paläontologie*
Pa|lä|on|to|lo|gie ⟨f.; -; unz.⟩ *Lehre von den ausgestorbenen Tieren u. Pflanzen vergangener Erdzeitalter;* Sy *Paläobiologie* [< *Paläo...* + grch. *on,* Gen. *ontos* »seiend« + *...logie*]
pa|lä|on|to|lo|gisch ⟨Adj.⟩ *die Paläontologie betreffend, zu ihr gehörig, auf ihr beruhend*
Pa|lä|o|phy|ti|kum ⟨n.; -s; unz.; Bot.⟩ *die Pflanzenwelt im erdgeschichtlichen Altertum* [< *Paläo...* + grch. *phyton* »Pflanze«]
Pa|lä|o|phy|to|lo|gie ⟨f.; -; unz.⟩ = *Paläobotanik*
Pa|lä|o|tro|pis ⟨f.; -; unz.; Bot.⟩ *Flora der altweltlichen Tropen* [< *Paläo...* + grch. *tropus* »Drehung, Wendung«]
Pa|lä|o|ty|pe ⟨f.; -, -n; Buchw.⟩ *Inkunabel* [< *Paläo...* + *Type*]
pa|lä|o|zän ⟨Adj.⟩ *zum Paläozän gehörend*
Pa|lä|o|zän ⟨n.; -s; unz.⟩ *älteste Stufe des Paläogens* [< *Paläo...* + *...zän*]
Pa|lä|o|zo|i|kum ⟨n.; -s; unz.⟩ *Zeitalter der Erdgeschichte vor 580-200 Mill. Jahren, in dem die ersten Spuren von Leben auftraten;* Sy *Archäozoikum*
pa|lä|o|zo|isch ⟨Adj.⟩ *zum Paläozoikum gehörend*
Pa|lä|o|zo|o|lo|ge ⟨m.; -n, -n⟩ *Wissenschaftler auf dem Gebiet der Paläozoologie*

Pa|lä|o|zo|o|lo|gie ⟨[-tso:ɔ-] f.; -; unz.⟩ *Lehre von den Versteinerungen ausgestorbener Tiere*
pa|lä|o|zo|o|lo|gisch ⟨Adj.⟩ *die Paläozoologie betreffend, zu ihr gehörend, auf ihr beruhend*
Pa|las ⟨m.; -, -las|se⟩ *Hauptgebäude der mittelalterl. Burg* [<mhd. *palas* <frz. *palais* »Hauptgebäude einer Burg« <lat. *palatium,* dem Namen eines der sieben Hügel Roms. u. der darauf befindl. Kaiserburg]
Pa|läs|tra, ⟨auch⟩ **Pa|läst|ra** ⟨f.; -, -tren⟩ *altgriech. Schule für Ringer* [<grch. *palaiein* »kämpfen«]
pa|la|tal ⟨Adj.; Sprachw.⟩ *zum Gaumen gehörend*
Pa|la|tal ⟨m.; -s, -e; Sprachw.⟩ *Gaumenlaut, mit der Zunge am harten Gaumen gebildeter Konsonant,* z.B. ch (vor e und i) [<lat. *palatum* »Gaumen«]
pa|la|ta|li|sie|ren ⟨V.⟩ = *mouillieren*
Pa|la|tin ⟨m.; -s, -e⟩ **1** *Pfalzgraf* **2** ⟨in Ungarn bis 1848⟩ *Stellvertreter des Königs* [<lat. *(comes) palatinus* »kaiserl. Begleiter«; → *Paladin*]
Pa|la|ti|nat ⟨n.; -(e)s, -e⟩ *Verwaltungsgebiet eines Pfalzgrafen*
pa|la|ti|nisch ⟨Adj.⟩ **1** *zum Palatinat gehörend* **2** *zum Pfalzgrafen gehörend*
Pa|la|to|gra|fie ⟨f.; -, -n⟩ = *Palatographie*
Pa|la|to|gramm ⟨n.; -s, -e⟩ *Aufzeichnung mit dem Palatographen* [<lat. *palatum* »Gaumen« + *...gramm*]
Pa|la|to|gra|phie ⟨f.; -, -n⟩ *Verfahren zur Analyse u. Abbildung der Berührungsstellen zwischen Zunge u. Gaumen beim Bilden sprachlicher Laute;* oV *Palatografie* [<lat. *palatum* »Gaumen« + *...graphie*]
Pa|la|to|schi|sis ⟨[-sçi:-] f.; -; unz.; Path.; Med.⟩ *anatomisch gestörte Gaumenbildung, die entsteht, wenn sich während der Fruchtentwicklung die harten, den Gaumen bildenden Knochen nicht vereinigen, Gaumenspalte* [<lat. *palatum* »Gaumen« + grch. *schisis* »Spalten, Trennen«]
Pa|la|tschin|ke, ⟨auch⟩ **Pa|lat|schin|ke** ⟨f.; -, -n; meist Pl.; österr.⟩ *gefüllter Eierkuchen* [<rumän. *placinta*]
Pa|la|tum ⟨n.; -s, -ta⟩ *Gaumen* [lat.]
Pa|la|ver ⟨[-vər] n.; -s, -⟩ **1** ⟨urspr.⟩ *Versammlung von Schwarzen, Unterredung von Weißen mit Schwarzen* **2** ⟨fig.⟩ *überflüssiges Gerede, nutzlose Verhandlung* [<port. *palavra* »Wort, Sprache«]
pa|la|vern ⟨[-vərn] V.; umg.⟩ **1** *nutzlos, lange verhandeln* **2** *sich angeregt unterhalten*
Pa|laz|zo ⟨m.; - od. -s, -laz|zi; ital. Bez. für⟩ **1** *Palast* **2** *vornehmes Wohnhaus in der Stadt*
pa|le|o..., **Pa|le|o...** ⟨in Zus.⟩ = *paläo..., Paläo...*
Pa|le|tot ⟨[-to:] m.; -s, -s; †⟩ **1** *doppelreihiger Mantel für Herren* **2** *dreiviertellanger Mantel für Damen od. Herren* [frz. <mengl. *paltok* »Jacke«]
Pa|let|te ⟨f.; -, -n⟩ **1** *Scheibe mit Loch für den Daumen zum Mischen der Farben beim Malen* **2** *Untersatz für Stapelwaren, die dadurch mit Gabelstaplern leicht u. in größerer Menge bewegt werden können* **3** *reiche Auswahl, große Menge (von Möglichkeiten)* [<frz. *palette,* ital. *paletta* »kleine Schaufel« <lat. *pala* »Schaufel, Spaten«]
pa|let|ti ⟨Adj.; nur in der Wendung⟩ alles ~ ⟨umg.⟩ *alles in Ordnung;* oV *palletti* [Herkunft nicht bekannt]
pa|let|tie|ren *auf einer Palette(3) stapeln und verladen*
Pa|li|la|lie ⟨f.; -, -n; Med.⟩ *Sprachstörung, die eine mehrmalige Wiederholung desselben Wortes, Satzteils od. Satzes verursacht* [<grch. *palin* »wiederum, erneut« + *lalein* »schwatzen, viel reden«]
Pa|lim|psest, ⟨auch⟩ **Pa|limp|sest** ⟨m. od. n.; -(e)s, -e⟩ *antikes, urspr. beschriebenes, abgeschabtes u. wieder neu beschriebenes Pergament* [<grch. *palin* »wieder« + *psestos,* Part. Perf. zu *psen* »abwischen«]
pa|lin|gen ⟨Adj.; Geol.⟩ *die Palingenese(3) betreffend, zu ihr gehörig, aus ihr stammend;* ~es Magma
pa|lin|ge|ne|tisch ⟨Adj.⟩ *die Palingenese(1,2) betreffend, zu ihr gehörend, auf ihr beruhend*
Pa|lin|drom ⟨n.; -s, -e⟩ *Wort od. Vers, das bzw. der vorwärts wie rückwärts gelesen einen Sinn ergibt,* z.B. Neger [<grch. *palindromos* »rückläufig«]
Pa|lin|ge|ne|se ⟨f.; -, -n⟩, **Pa|lin|ge|ne|sis** ⟨f.; -, -ne|sen⟩ **1** *Wiedergeburt durch Seelenwanderung* **2** *die bei der Entwicklung eines Individuums (bes. im embryonalen Stadium) beobachtbare Wiederholung der stammesgeschichtlichen Entwicklung entsprechend dem biogenetischen Grundgesetz E. Haeckels* **3** *Entstehung von Magma durch Wiederaufschmelzen von Eruptivgesteinen u. Sedimenten* [<grch. *palin* »wieder« + *Genese*]
Pa|li|sa|de ⟨f.; -, -n⟩ **1** *starker, oben zugespitzter Pfahl zur Befestigung* **2** *aus einer Reihe von Pfählen bestehendes Hindernis* [<frz. *palissade,* ital. *palizzata* <lat. *palus* »Pfahl«]
Pa|li|sa|den|ge|we|be ⟨n.; -s, -; Bot.⟩ *an Chloroplasten reiches Assimilationsgewebe der grünen Blätter, das aus mehreren Schichten senkrecht zur Oberfläche stehender Zellen gebildet wird*
Pa|li|san|der ⟨m.; -s, -⟩ *sehr hartes, schweres südamerikan. Edelholz mehrerer trop. Bäume;* ~holz; Möbel aus ~ [<frz. *palissandre* <indian. (Guayana)]
pa|li|san|dern ⟨Adj.⟩ *aus Palisanderholz bestehend* [→ *Palisander*]
Pal|la|di|a|nis|mus ⟨m.; -; unz.; Arch.⟩ *(auf den ital. Baumeister Andrea Palladio (1508–1580) zurückgehender) Architekturstil, der sich im 17. u. 18. Jh. besonders in Holland, Frankreich u. England durchsetzte u. von einer strengen Ausgewogenheit der Formen gekennzeichnet war*
Pal|la|di|um 1 ⟨n.; -s, -di|en⟩ **1.1** *kult. Bild der griech. Göttin Pallas Athene in Troja* **1.2** ⟨fig.⟩

schützendes Heiligtum [nach *Pallas* Athene, der grch. Göttin] 2 ⟨unz.; Zeichen: Pd⟩ *chem. Element, platinähnl. Edelmetall, Ordnungszahl 46* [nach dem Planetoiden *Pallas;* zu *Pallas* Athene]
Pal|lasch ⟨m.; -es, -e⟩ *schwerer Degen* [ung. < türk.]
Pal|la|watsch ⟨m.; -(e)s; unz.; österr.⟩ = *Ballawatsch*
pal|let|ti ⟨Adj.⟩ = *paletti*
pal|li|a|tiv ⟨Adj.⟩ *Schmerzen lindernd*
Pal|li|a|tiv ⟨n.; -s, -e [-və]⟩, **Pal|li|a|ti|vum** ⟨[-vum] n.; -s, -va [-va]⟩ *Mittel zur Linderung von Schmerzen* [< lat. *palliare* »bedecken«]
Pal|li|um ⟨n.; -s, -li|en⟩ **1** *altröm. mantelähnl. Umhang* **2** ⟨MA⟩ *kaiserl. Mantel* **3** ⟨kath. Kirche⟩ *mit Kreuzen verzierte, lange Binde über Schultern, Rücken u. Brust des päpstlichen u. erzbischöfl. Ornats* [lat., »Mantel«]
Pal|ma|rum *Palmsonntag* [< lat. *(dies) palmarum* »(Tag) der Palmen« (beim Einzug Christi in Jerusalem wurden Palmblätter auf seinen Weg gestreut)]
Pal|me ⟨f.; -, -n⟩ *Vertreter einer Familie meist tropischer einkeimblättriger Bäume mit schlankem Stamm u. gefiederten Blättern: Palmae;* jmdn. auf die ~ bringen ⟨fig.: umg.⟩ *jmdn. erbosen, jmdn. wütend machen* [< lat. *palma* »Palme«, eigtl. »flache Hand« (wegen der Ähnlichkeit des Blattes mit einer ausgestreckten Hand)]
Pal|met|te ⟨f.; -, -n⟩ *dem Blatt der Palme ähnliche, fächerförmige Verzierung* [mit frz. Verkleinerungsendung zu *Palme*]
Pal|min ⟨n.; -s; unz.; Ⓦⓩ⟩ *Speisefett aus der Kokosnuss* [→ *Palme*]
Pal|mi|tat ⟨n.; -s, -e⟩ *Salz oder Ester der Palmitinsäure*
Pal|mi|tin ⟨n.; -s; unz.⟩ *festes, weißliches Fett, Glycerinester der Palmitinsäure* [< frz. *palmite* »Mark der Palme«; → *Palme*]
Pal|mi|tin|säu|re ⟨f.; -, -n⟩ *in den meisten tierischen Fetten, bes. aber im Palmöl u. im Japanwachs vorkommende höhere ungesättigte Fettsäure, chem. Formel* $C_{15}H_{31}COOH$
Pa|lo|lo|wurm ⟨m.; -(e)s, -wür|mer⟩ *im Meer lebender Ringelwurm der Südsee: Eunice* [< samoanisch *palolo*]
pal|pa|bel ⟨Adj.; Med.⟩ *so beschaffen, dass man es palpieren kann, fühlbar, tastbar, greifbar, z.B. der Puls*
Pal|pa|ti|on ⟨f.; -, -en; Med.⟩ *Untersuchung durch Palpieren*
pal|pa|to|risch ⟨Adj.; Med.⟩ *abtastend, abklopfend, durch Palpation* [< nlat. *palpatorius*]
Pal|pe ⟨f.; -, -n; Zool.⟩ **1** *fühlerförmiger, mit Sinnesorganen besetzter Anhang der Mundwerkzeuge von Insekten* **2** *das zweite Paar der Gliedmaßen am Kopf der Spinnentiere, Taster* [< lat. *palpare* »tasten, streicheln«]
pal|pie|ren ⟨V.; Med.⟩ *befühlen, betasten, beklopfen, durch Betasten untersuchen* [< lat. *palpare* »tasten, streicheln«]
Pal|pi|ta|ti|on ⟨f.; -, -en⟩ *Herzklopfen* [→ *palpitieren*]
pal|pi|tie|ren ⟨V.⟩ *(wie das Herz) klopfen, schlagen* [< lat. *palpitare »zucken«*]
PAL-Sys|tem ⟨n.; -s; unz.⟩ = *PAL;* → a. *SECAM-System*
Pa|lu|da|ri|um ⟨n.; -s, -ri|en⟩ *Sumpfaquarium zur Haltung von Amphibien u. Reptilien mit einem Wasser- u. einem (bepflanzten) Landteil* [zu lat. *palus,* Gen. *paludis* »Sumpf«]
Pa|ly|no|lo|gie ⟨f.; -; unz.⟩ *Teilgebiet der Botanik, das sich mit der Untersuchung von Blütenpollen u. Sporen befasst* [< grch. *palynein* »(be)streuen« + *...logie*]
Pa|mir|schaf ⟨n.; -(e)s, -e; Zool.⟩ *im Hochland von Pamir lebendes Wildschaf*
Pam|pa ⟨f.; -, -s⟩ **1** *argentin. Grassteppe* **2** ⟨fig.; umg.⟩ *abgelegene Gegend* [Ketschua, »Ebene«]
Pam|pel|mu|se ⟨f.; -, -n⟩ *Zitrusgewächs mit großen, gelben, säuerlich-bitter schmeckenden Früchten: Citrus aurantium decumana;* Sy *Grapefruit* [< Afrikaans *pompelmoosje* < ndrl.]
Pam|phlet, ⟨auch⟩ **Pamph|let** ⟨n.; -(e)s, -e⟩ *polit. Schmähschrift, Streitschrift* [vielleicht < *Pamphilet, Pamphilus,* dem Titel eines Liebesliedes des 12. Jh.]
Pam|phle|tist, ⟨auch⟩ **Pamph|le|tist** ⟨m.; -en, -en; abwertend⟩ *Verfasser von Pamphleten, Streitschriften*
pam|phle|tis|tisch, ⟨auch⟩ **pamph|le|tis|tisch** ⟨Adj.; abwertend⟩ *im Stil, in der Art eines Pamphlets*
Pam|pu|sche ⟨f.; -, -n; norddt.⟩ = *Babusche*
pan..., **Pan...** ⟨in Zus.⟩ *all, ganz, gesamt* [< grch. *pan* »ganz, all, jeder«; → *panto...*]
Pan ⟨m.; - od. -s, -s od. -ni⟩ *Herr (poln. Anrede mit Familiennamen)* [poln. < alttschech.]
Pa|na|ché ⟨[-ʃe:] n.; -s, -s⟩ = *Panaschee*
Pa|na|de ⟨f.; -, -n⟩, **Pa|nadl** ⟨f.; -, -n; österr.⟩ *Brei aus Brötchen od. Mehl zum Binden von Farcen* [< ital. *pane* »Brot« + frz. Endung *...ade*]
pan|a|fri|ka|nisch, ⟨auch⟩ **pan|af|ri|ka|nisch** ⟨Adj.⟩ *auf dem Panafrikanismus beruhend, ihn betreffend*
Pan|a|fri|ka|nis|mus, ⟨auch⟩ **Pan|af|ri|ka|nis|mus** ⟨m.; -; unz.⟩ *Streben der Völker u. Staaten Afrikas nach wirtschaftlichem u. kulturellem Zusammenschluss* [< *Pan... + Afrika*]
Pa|na|ma ⟨m.; -s, -s⟩ **1** *poröses Gewebe* **2** ⟨kurz für⟩ *Panamahut* [nach dem mittelamerikan. Staat *Panama*]
Pa|na|ma|hut ⟨m.; -(e)s, -hü|te⟩ *fein geflochtener, breitkrempiger Strohhut*
Pa|na|ma|rin|de ⟨f.; -, -n⟩ = *Quillajarinde*
pan|a|me|ri|ka|nisch ⟨Adj.⟩ *den Panamerikanismus betreffend, auf ihm beruhend*
Pan|a|me|ri|ka|nis|mus ⟨m.; -; unz.⟩ *Streben nach Zusammenarbeit aller amerik. Staaten* [< *Pan... + Amerika*]
Pa|na|ri|ti|um ⟨n.; -s, -ti|en⟩ *Infektion eines Fingers durch Eitererreger, Fingerentzündung,*

Nagelgeschwür; Sy *Daktylitis, Paronychie* [lat., vermutl. <lat., grch. *paronychia (→ Paronychie),* vermutl. beeinflusst von lat. *panus,* grch. *penos* »eitrige Entzündung«]

Pa|nasch ⟨m.; -es, -e⟩ *Federbusch, Helmbusch* [<frz. *panache,* verwandt mit lat. *penna* »Feder«]

Pa|na|schee ⟨n.; -s, -s⟩ oV *Panaché* **1** *Speise aus mehrfarbigen Kompotten, mehrfarbigem Eis o.Ä.* **2** = *Panaschierung* [<frz. *panachent* »bunt, gestreift, gefleckt«]

pa|na|schie|ren ⟨V.⟩ **1** *mit bunten Streifen mustern* **2** mehrere Kandidaten ~ *zugleich wählen* [<frz. *panacher* »bunt machen, bunstreifig verzieren«]

Pa|na|schie|rung ⟨f.; -, -en⟩, **Pa|na|schü|re** ⟨f.; -, -n⟩ *durch Fehlen von Blattgrün hervorgerufene weiße od. bunte Zeichnung des Laubes;* oV *Panaschee(2)* [→ *panaschieren*]

Pan|a|the|nä|en ⟨Pl.⟩ *alle vier Jahre gefeiertes, größtes Fest aller Athener zu Ehren der Pallas Athene mit Wettkämpfen, Opfern, Prozessionen* [<grch. *Panathenaia,* <*pan* »alles, jedes« + *Athena,* grch. Göttin *Athene*]

Pan|a|zee, ⟨auch⟩ **Pa|na|zee** ⟨[-atse:(ə)] f.; -, -ze|en [-atse:(ə)n]⟩ *Allheilmittel* [<lat. *panacea* »Allheilkraut« <grch. *panakeia* »Allheilerin«, zu grch. *pan* »ganz, jeder« + *akos* »Heilmittel«]

pan|chro|ma|tisch ⟨[-kro-] Adj.⟩ *für alle Farben empfindlich (Filmmaterial);* Ggs *orthochromatisch;* ~er Film

Pan|da ⟨m.; -s, -s⟩ **1** *Vertreter einer Unterfamilie der Kleinbären: Ailurinae* **1.1** großer ~ *im Dschungel zwischen Ost-Tibet u. Szetschuan lebender schwarz-weißer Kleinbär, der sich von Bambus ernährt, Bambusbär: Ailuropoda melanoleuca* **1.2** kleiner ~ *im östl. Himalaja lebender Kleinbär mit fuchsrotem Rücken, Katzenbär: Ailurus fulgens* [<nepales.]

Pan|dä|mo|ni|um ⟨n.; -s, -ni|en; grch. Myth.⟩ **1** *Versammlungsort aller bösen Geister* **2** *Gesamtheit aller bösen Geister* [<*Pan…* + *Dämon*]

Pan|dek|ten ⟨Pl.⟩ *Sammlung von Sprüchen aus dem röm. Recht* [<lat. *Pandectes* <grch. *pandektes* »alles enthaltend«]

Pan|de|mie ⟨f.; -, -n⟩ *über Länder u. Erdteile sich ausbreitende Seuche* [<grch. *pandemia* »alle Leute«]

pan|de|misch ⟨Adj.⟩ *in der Art einer Pandemie*

Pan|de|ra ⟨f.; -, -s⟩ = *Pandero*

Pan|der|mit ⟨m.; -s, -e⟩ *in feinkörnigen Knollen auftretendes Bormineral*

Pan|de|ro ⟨m.; -s, -s⟩ *Schellentrommel aus dem Baskenland;* oV *Pandera* [span.]

Pan|dit ⟨m.; -s, -e; ind. Titel für⟩ *Gelehrter* [Hindi <Sanskrit *pandita* »klug, gelehrt«]

Pan|dur ⟨m.; -en, -en⟩ **1** *bewaffneter ungar. Diener* **2** ⟨17./18. Jh.⟩ *ungar. Fußsoldat* [<ung. *pandúr*]

Pa|neel ⟨n.; -s, -e⟩ **1** *vertieftes Feld der Täfelung* **2** *Täfelung* [<afrz. *panel,* frz. *panneau* »Tafel«]

pa|nee|lie|ren ⟨V.⟩ *mit Paneel versehen, mit Holz täfeln*

Pan|e|gy|ri|ker, ⟨auch⟩ **Pa|ne|gy|ri|ker** ⟨m.; -s, -⟩ *Verfasser von Panegyriken, Festredner, Lobredner*

Pan|e|gy|ri|kos, ⟨auch⟩ **Pa|ne|gy|ri|kos** ⟨m.; -, -koi⟩ = *Panegyrikus*

Pan|e|gy|ri|kus, ⟨auch⟩ **Pa|ne|gy|ri|kus** ⟨m.; -, -ken⟩ *Festrede, Lobrede;* oV *Panegyrikos* [<grch. *panegyris* »Versammlung aller, Festversammlung«]

pan|e|gy|risch, ⟨auch⟩ **pa|ne|gy|risch** ⟨Adj.⟩ *in der Art eines Panegyrikus, lobrednerisch*

Pa|nel ⟨[pænəl] n.; -s, -s⟩ **1** ⟨Meinungsforschung⟩ *für einen bestimmten Zweck ausgewählte, repräsentative Gruppe* **2** *typografisch umgrenzter Teil eines Werbemittels* **3** ⟨engl. Bez. für⟩ *Anzeige- und Regelungseinheit von Maschinen* [engl. <mengl., eigtl. »Stück Stoff, Pergament« <vulgärlat. *panellus* »kleines Stück Stoff«; zu lat. *pannus* »Stück Stoff, Tuch«]

Pa|nel|a|na|ly|se ⟨[pænəl-] f.; -, -n; Stat.⟩ *Auswertung der durch Befragung eines Panels(1) erhobenen Daten* [< *Panel* + *Analyse*]

pa|nem et cir|cen|ses *Brot u. Spiele (Forderung des altröm. Volkes)* [lat.]

Pan|en|the|is|mus ⟨m.; -; unz.⟩ *Lehre, dass das Weltall in Gott ruhe, in Gott eingeschlossen sei* [< *Pan…* + *Theismus*]

pan|en|the|is|tisch ⟨Adj.⟩ *zum Panentheismus gehörend, auf ihm beruhend*

Pa|net|to|ne ⟨m.; -, -ni⟩ *ital. Hefekuchen mit Rosinen u. kandierten Früchten (für die Weihnachtszeit)* [ital.]

pan|eu|ro|pä|isch ⟨Adj.⟩ *ganz Europa umfassend* [<*pan…* + *europäisch*]

Pan|flö|te ⟨f.; -, -n⟩ *antike Hirtenflöte aus mehreren, verschieden langen Pfeifen aus Bambus od. Schilfrohr ohne Grifflöcher;* Sy *Syrinx(2)* [nach dem griech. Hirtengott *Pan*]

Pan|ger|ma|nis|mus ⟨m.; -; unz.; früher⟩ *Bestreben, alle Deutschen in einem Staat zu vereinigen* [< *Pan…* + *Germane*]

pan|hel|le|nisch ⟨Adj.⟩ *die hellenischen Völker u. Staaten betreffend, zu ihnen gehörig* [→ *Panhellenismus*]

Pan|hel|le|nis|mus ⟨m.; -; unz.⟩ *Bestreben, alle Griechen in einem Staat zu vereinigen* [< *Pan…* + *Hellene*]

Pa|ni ⟨m.; -s od. -, -s⟩ *Angehöriger eines nordamerikanischen Prärie-Indianerstammes*

Pa|nier ⟨n.; -s, -e⟩ **1** *Banner, Feldzeichen* **2** ⟨fig.⟩ *Wahlspruch, Motto* [<frz. *bannière* <afrz. *banière* <germ. **banda* »Feldzeichen, Fähnlein«; verwandt mit *Banner*]

pa|nie|ren ⟨V.⟩ *in Ei u. Mehl od. geriebenem Brötchen wenden;* Fisch, ein Schnitzel, eine Scheibe Weißbrot ~ [<frz. *paner* »mit geriebenem Brot bestreuen«; zu *pain* »Brot«]

Pa|nik ⟨f.; -, -en⟩ *allgemeine Verwirrung, plötzlich ausbrechende Angst (bes. bei Massenansammlungen)* [<frz. *panique* <grch. *panikos;* → *panisch*]

pa|nisch ⟨Adj.⟩ **1** *alles, das ganze Innere erfüllend* **2** *in der Art einer Panik, angsterfüllt;* ~er Schrecken, ~e Angst; in ~er Flucht davonstürzen [<frz. *panique* <grch. *panikos* »von Pan herrührend«; nach dem Wald- und Hirtengott *Pan,* dessen Erscheinen Schrecken auslöste]

Pan|is|la|mis|mus ⟨m.; -; unz.⟩ *Bestreben, alle islam. Völker politisch u. religiös zu vereinigen* [< *Pan...* + *Islam*]

Pan|je ⟨m.; -s, -s; scherzh.⟩ *russ., poln. Bauer* [<poln. *panie,* Vokativ zu *pan* »Herr«]

Pan|je|pferd ⟨n.; -(e)s, -e⟩ *kleines russ. Pferd*

Pan|je|wa|gen ⟨m.; -s, -⟩ *kleiner, einfacher, von einem Pferd gezogener Wagen*

Pan|kar|di|tis ⟨f.; -, -ti|den⟩ *Entzündung aller Schichten der Herzwand* [< *Pan...* + *Karditis*]

■ Die Buchstabenfolge **pan|kr...** kann auch **pank|r...** getrennt werden.

■ **Pan|kra|ti|on** ⟨n.; -s; unz.; im alten Griechenland⟩ *Verbindung von Ringkampf u. Faustkampf nach besonderen Regeln* [< *Pan...* + grch. *kratos* »Kraft«]

■ **Pan|kre|as** ⟨f.; -, -kre|a|ta od. -kre|a|ten⟩ *Bauchspeicheldrüse* [< *Pan...* + grch. *kreas* »Fleisch«]

■ **Pan|kre|at|ek|to|mie**, ⟨auch⟩ **Pank|re|a|tek|to|mie** ⟨f.; -, -n⟩ *operatives Entfernen der Bauchspeicheldrüse*

■ **Pan|kre|a|tin** ⟨n.; -s; unz.⟩ *Enzym der Bauchspeicheldrüse* [→ *Pankreas*]

■ **Pan|kre|a|ti|tis** ⟨f.; -, -ti|ti|den⟩ *Entzündung der Bauchspeicheldrüse* [< *Pankreas* + *...itis*]

Pan|lo|gis|mus ⟨m.; -; unz.⟩ **1** *philosoph. Lehre, dass die Welt als Verwirklichung der Vernunft aufzufassen sei* **2** *Lehre vom log. Aufbau der Welt*

Pan|mi|xie ⟨f.; -, -n⟩ *Möglichkeit der Kreuzung aller Tiere od. Pflanzen, die zu einer Population gehören* [< *Pan...* + grch. *mixis* »Vermischung«]

Pan|ne ⟨f.; -, -n⟩ **1** *Schaden, Betriebsstörung (bes. an Fahrzeugen);* Auto~, Rad~, Reifen~ **2** *Störung im Arbeitsablauf, Fehler, Missgeschick;* da ist beim Abschreiben eine ~ passiert [<frz. *panne,* eigtl. »Stellung der Segel, bei der sie keinen Wind bekommen«]

Pan|ni|ku|li|tis ⟨f.; -, -ti|den; Med.⟩ *Entzündung des Unterhautfett- u. Bindegewebes* [lat. *panniculus* »Stückchen Stoff, Läppchen« + *...itis*]

Pan|nus ⟨m.; -; unz.; Path.⟩ *Hornhauttrübung infolge der Ausbildung eines gefäßreichen Bindegewebes* [lat., »Lappen«]

Pan|oph|thal|mie, ⟨auch⟩ **Pa|noph|thal|mie** ⟨f.; -, -en; Med.⟩ *eitrige Augenentzündung infolge einer Verletzung od. Infektion* [< *Pan...* + grch. *ophthalmos* »Auge«]

Pan|op|ti|kum, ⟨auch⟩ **Pa|nop|ti|kum** ⟨n.; -s, -ken⟩ **1** *Wachsfigurenkabinett* **2** *Kuriositätenkabinett* [< *Pan...* + grch. *optikos* »zum Sehen gehörend«]

pan|op|tisch, ⟨auch⟩ **pa|nop|tisch** ⟨Adj.⟩ *von allen Seiten einsehbar;* ~es System *sternförmige Anordnung der Zellen in Strafanstalten zum Zweck zentraler Überschaubarkeit* [< *pan...* + *optisch*]

Pan|o|ra|ma, ⟨auch⟩ **Pa|no|ra|ma** ⟨n.; -s, -men⟩ **1** *Rundblick, Ausblick in die Landschaft* **2** *Rundbild, das einen weiten Horizont vortäuscht* **3** ⟨Theat.⟩ *im Halbkreis um die Bühne reichendes Rundbild einer Landschaft o.Ä. als Hintergrund, Vorläufer des Rundhorizonts* [< *Pan...* + grch. *horama* »Anblick«]

Pan|o|ra|ma|fern|rohr, ⟨auch⟩ **Pa|no|ra|ma|fern|rohr** ⟨n.; -(e)s, -e⟩ *Fernrohr mit beweglichen Prismen, durch deren Verschiebung sich bei fest stehendem Okular der gesamte Horizont absuchen lässt*

Pan|o|ra|ma|ver|fah|ren, ⟨auch⟩ **Pa|no|ra|ma|ver|fah|ren** ⟨n.; -s; unz.⟩ *Aufnahme- u. Wiedergabeverfahren für Kinofilme mit bes. großflächiger Wirkung*

Pan|ple|gie ⟨f.; -, -n⟩ *völlige Lähmung des Körpers* [< *Pan...* + grch. *plege* »Schlag«]

Pan|psy|chis|mus ⟨m.; -; unz.⟩ *philosoph. Lehre, dass alle Dinge beseelt seien* [< *Pan...* + *Psyche*]

Pan|sen ⟨m.; -s, -⟩ **1** *erster Magen der Wiederkäuer* **2** ⟨niederdt.⟩ *Magen* [<ital. *pancia* »Bauch«]

Pan|sla|wis|mus ⟨m.; -; unz.⟩ *Bestreben, alle slaw. Völker politisch u. kulturell zu vereinigen* [< *Pan...* + *Slawe*]

Pan|sla|wist ⟨m.; -en, -en⟩ *Verfechter des Panslawismus* [< *Pan...* + *Slawe*]

pan|sla|wis|tisch ⟨Adj.⟩ *die slawischen Völker, den Panslawismus betreffend, zu ihnen gehörend*

Pan|so|phie ⟨f.; -; unz.; Philos.; 16.–18. Jh.⟩ *philosophisch-religiöse Strömung mit dem Ziel, alle Wissenschaften zu einer Gesamtwissenschaft zusammenzufassen* [<grch. *pan* »alles« + *sophia* »Weisheit«]

pan|so|phisch ⟨Adj.⟩ *die Pansophie betreffend, auf ihr beruhend, zu ihr gehörig*

Pan|sper|mie ⟨f.; -; unz.; Biol.⟩ *Besamung aus dem All (nach einer heute abgelehnten Hypothese von Arrhenius sollen Keime das Leben von Himmelskörper zu Himmelskörper übertragen)* [< *Pan...* + *Sperma*]

Pan|ta|le|on, Pan|ta|lon ⟨n.; -s, -s; Mus.⟩ *weiterentwickelte Form des Hackbretts mit zwei Resonanzböden u. beidseitiger Saitenbespannung, Vorläufer des Hammerklaviers* [nach dem Erbauer *Pantaleon* Hebenstreit, 1667–1750]

Pan|ta|lo|ne ⟨m.; -s, -ni⟩ *Gestalt der commedia dell'arte, komischer Alter* [<ital. *pantaloni* »lange Hosen«, die zum Kostüm des *Pantalone* gehörten]

Pan|ta|lons ⟨[pãtalɔ̃ːs] Pl.⟩ *während der Französ. Revolution modern gewordene lange Hosen* [<ital. *pantaloni*]

pan|ta rhei *alles fließt (dem griech. Philosophen Heraklit zugeschriebener Ausspruch, der* *bedeuten soll, dass die Welt auf ewigem Werden u. Vergehen beruhe)* [grch.]

Pạn|ter ⟨m.; -s, - ⟩ = *Panther*

Pan|the|lịs|mus ⟨m.; -; unz.⟩ *philosophische Auffassung, dass der Wille das Wesen aller Dinge sei* [< *Pan*… + *Thelismus*]

Pan|the|ịs|mus ⟨m.; -; unz.⟩ *philosoph. Lehre, dass Gott u. die Welt, die Natur eins seien, dass Gott überall in der Natur sei*

Pan|the|ịst ⟨m.; -en, -en⟩ *Vertreter, Anhänger des Pantheismus*

pan|the|ịs|tisch ⟨Adj.⟩ *zum Pantheismus gehörend, auf ihm beruhend*

Pạn|the|on ⟨n.; -s, -s⟩ **1** *antiker Tempel aller Götter* **2** ⟨fig.⟩ *Ehrentempel* **3** *Gesamtheit aller Götter (eines Volkes)* [< *Pan*… + grch. *theos* »Gott«]

Panther / Panter (*Laut-Buchstaben-Zuordnung*) Im Zuge der Integration fremdsprachlicher Wörter in die deutsche Standardsprache kann neben die ursprüngliche, der Herkunftssprache folgende Orthographie eine integrierte Schreibweise mit angepasster Laut-Buchstaben-Zuordnung treten. Es bleibt dem Schreibenden überlassen, welche Schreibweise er vorzieht.

Pạn|ther ⟨m.; -s, -⟩ = *Leopard;* oV *Panter* [lat. < grch. *panther(os)*]

Pan|ti|ne ⟨f.; -, -n; norddt.⟩ = *Pantoffel(1);* Holz~ [< frz. *patin* »Schuh mit Holzsohle«]

pan|to…, Pan|to… ⟨in Zus.⟩ *all…, All…, alles* [< grch. *pan,* Gen. *pantos* »ganz, all, jeder«; → a. *pan…*]

Pan|tọf|fel ⟨m.; -s, -n⟩ **1** *Hausschuh ohne Fersenteil;* Sy *Pantine;* Filz~ **2** *Sinnbild des häusl. Regiments der Ehefrau;* sie hat ihn unter dem ~ ⟨fig.; umg.⟩ *sie beherrscht ihren Ehemann, sie ordnet alles an;* unter dem ~ stehen ⟨fig. umg.⟩ *von seiner Ehefrau beherrscht werden, daheim nichts zu sagen haben* [< frz. *pantoufle*]

Pan|to|graf ⟨m.; -en, -en⟩ = *Pantograph*

Pan|to|gra|fie ⟨f.; -, -n ⟩ = *Pantographie*

Pan|to|graph ⟨m.; -en, -en⟩ *Gerät zum Vergrößern od. Verkleinern von geometr. Figuren, Storchschnabel;* oV *Pantograf* [< *Panto*… + …*graph*]

Pan|to|gra|phie ⟨f.; -, -n⟩ *mit dem Pantographen verfertigte Umrisszeichnung;* oV *Pantografie*

Pan|to|kra|tor ⟨m.; -s; unz.⟩ **1** *Titel für Gott u. den auferstandenen Christus* **2** ⟨(bes. byzantin.) Kunst⟩ *Darstellung des thronenden Christus* [< *Panto*… + grch. *kratein* »herrschen«]

Pan|to|lẹt|te ⟨f.; -, -n⟩ *leichter Schuh ohne Fersenteil u. meist mit Keilabsatz* [< *Pantoffel* + Sanda*lette*]

Pan|to|me|ter ⟨n.; -s, -⟩ *vielseitig verwendbares Winkelmessgerät* [< *Panto*… + …*meter*]

Pan|to|mi|me 1 ⟨f.; -, -n⟩ *Bühnenstück, das ohne Worte, nur durch Gebärden, Mienenspiel u. Bewegung od. Tanz dargestellt wird* **2** ⟨m.; -n, -n⟩ *Künstler, der Pantomimen darstellt* [< grch. *pantomimos* »alles nachahmend«; zu *pan,* Gen. *pantos* »alles« + *mimesthai* »nachahmen«]

Pan|to|mi|mik ⟨f.; -; unz.⟩ **1** *Gebärdenspiel* **2** *Kunst der Pantomime*

pan|to|mi|misch ⟨Adj.⟩ *die Pantomime betreffend, nur durch Gebärden (ausgedrückt)*

pan|to|phag ⟨Adj.⟩ = *omnivor;* Ggs *monophag* [< *panto*… + …*phag*]

Pan|to|pha|ge ⟨m.; -n, -n⟩ = *Omnivore;* Ggs *Monophage*

Pan|to|pha|gie ⟨f.; -; unz.⟩ *Ernährungsweise ohne Wahl (bei Tieren)*; Ggs *Monophagie*

Pan|to|po|de ⟨m.; -n, -n; Zool.⟩ *räuberisch lebende, meeresbewohnende Asselspinne, gehört zur Klasse der Gliederfüßer aus dem Unterstamm der Chelicerata* [< *Panto*… + …*pode*]

Pan|to|then|säu|re ⟨f.; -, -n⟩ *Vitamin aus der Gruppe der B_2-Vitamingruppe* [grch. *pantothen* »von allen Seiten«; die Säure kommt in allen pflanzl. u. tier. Geweben vor]

Pan|try, ⟨auch⟩ **Pant|ry** ⟨[pæntri] f.; -, -s⟩ *Anrichte (auf Schiffen od. Flugzeugen)* [engl., »Speisekammer, Anrichteraum«]

Pạn|tschen-La|ma, ⟨auch⟩ **Pạnt|schen-La|ma** ⟨m.; - od. -s, -s⟩ *zweites kirchliches Oberhaupt der Tibeter nach dem Dalai-Lama* [tibet., »Juwel des großen Priesters«]

Pan|ty ⟨[pænti] f.; -, -s [-ti:s]; meist Pl.⟩ **1** *von Frauen getragene Unterwäsche, Miederhöschen* **2** *Strumpfhose* [engl.]

Pän|ul|ti|ma, ⟨auch⟩ **Pä|nụl|ti|ma** ⟨f.; -, -mä od. -men⟩ *vorletzte Silbe* [< lat. *paenultima,* < *paene* »fast, beinahe« + *ultimus* »der letzte«]

Pä|o|nie ⟨[-o:njə] f.; -, -n⟩ *Pfingstrose* [< grch. *paionia*]

p.a.p. ⟨Abk. für⟩ *poco a poco*

Pa|pa ⟨[pa:-] lat. Bez. für⟩ **1** *Papst* **2** ⟨Ostkirche⟩ *höherer Geistlicher* [lat., »Papst«]

Pa|pa|gal|lo ⟨m.; -s, -s od. -li; in Mittelmeerländern⟩ *einheim., zu Liebesabenteuern mit Touristinnen bereiter junger Mann* [ital., »Papagei«]

Pa|pa|gei ⟨m.; -(e)s, -e od. -en⟩ *in wärmeren Zonen der Erde verbreitete Ordnung von Vögeln mit meist farbenprächtigem Gefieder u. großem Kopf sowie stark gekrümmtem Schnabel u. Greiffüßen: Psittaci;* schwatzen wie ein ~ *unaufhörlich reden* [< mhd. *papegan* < frz. *papegai,* span. *papagayo,* ital. *pappagallo* < arab. *babagha,* westafrikan. Eingeborenenspr. *pampakei*]

Pa|pa|gei|en|krank|heit ⟨f.; -; unz.; Med.⟩ = *Psittakose*

Pa|pa|in ⟨n.; -s; unz.⟩ *Eiweiß spaltendes Enzym, das aus den Früchten des Melonenbaumes gewonnen wird u. als Mittel gegen Verdauungsbeschwerden, bei der Klärung von Getränken u. als Zartmacher für Fleisch Verwendung findet* [→ *Papaya*]

pa|pal ⟨Adj.⟩ *päpstlich* [< lat. *pap* »Papst«]

Pa|pa|lis|mus ⟨m.; -; unz.⟩ *kirchenrechtl. Ordnung, nach der die höchste Kirchengewalt beim Papst, nicht bei den Bischöfen (Konzil) liegt;* Sy *Kurialismus, Papalsystem;* Ggs *Episkopalismus(2)*

Pa|pa|list ⟨m.; -en, en⟩ *Befürworter des Papalismus*

pa|pa|lis|tisch ⟨Adj.⟩ *den Papalismus betreffen, zu ihm gehörig, auf ihm beruhend*

Pa|pal|sys|tem ⟨n.; -s; unz.⟩ = *Papalismus*

Pa|pa|raz|zo ⟨m.; -s, -zi; meist Pl.; umg.; abwertend⟩ *aufdringlicher Pressefotograf, Sensationsreporter* [ital., abgeleitet von dem Beinamen eines Fotografen in dem Film »La dolce vita« (1959) von Federico Fellini]

Pa|pat ⟨n. od. m.; -(e)s; unz.⟩ *Wesen, Würde, Herrschaft des Papstes, Papsttum* [<lat. *papa* »Papst«]

Pa|pa|ve|ra|zee ⟨[-ve-] f.; -, -n⟩ *Mohngewächs* [<lat. *papaver* »Mohn«]

Pa|pa|ve|rin ⟨[-ve-] n.; -s; unz.⟩ *im Opium vorkommendes Alkaloid, wegen seiner Fähigkeit, krampflösend zu wirken, als Mittel gegen Geisteskrankheiten, als Schlafmittel u. gegen erhöhten Blutdruck benutzt* [<lat. *papaver* »Mohn«]

Pa|pa|ya, Pa|pa|ye ⟨f.; -, -yen⟩ **1** *Melonenbaum* **2** *Frucht des Melonenbaums* [karib.]

Pa|pel ⟨f.; -, -n⟩ *entzündliche, etwa reiskorn- bis linsengroße Erhebung auf der Haut bei vielen Hautkrankheiten;* oV *Papula* [<lat. *papula* »Bläschen«]

Pa|per ⟨[pɛipə(r)] n.; -s, -⟩ **1** *Arbeitspapier (bei Konferenzen, Vorträgen)* **2** *Dokument, Schriftstück* [engl., »Papier«]

Pa|per|back ⟨[pɛipə(r)bæk] n.; -s, -s⟩ *broschiertes Buch mit dünnen Einbanddecken, Taschenbuch;* Ggs *Hardcover* [engl.]

Pa|pe|te|rie ⟨f.; -, -n; schweiz.⟩ *(Geschäft für) Papier, Schreibwaren* [frz.]

Pa|pil|lar|schicht ⟨f.; -, -en; Anat.⟩ *mit papillenförmigen Ausbuchtungen versehene obere Schicht der Lederhaut*

Pa|pier ⟨n.; -s, -e⟩ **1** ⟨unz.⟩ *durch Faserverfilzung entstandenes, blattartiges Gebilde zum Schreiben, Drucken, Einpacken* **2** ⟨zählb.⟩ **2.1** *Schriftstück, Urkunde* **2.2** *Denkschrift, Resolution o.Ä.* **2.3** *Zettel* **2.4** *Aufzeichnung, kurze schriftl. Arbeit* **2.5** *Wertpapier, Aktie, Pfandbrief* **2.6** ⟨Pl.⟩ ~e *Ausweise* [<mhd. (14. Jh.) *papier* <lat. *papyrum;* zu *papyrus* <grch. *papyros* »Papyrus; daraus hergestelltes Schreibmaterial«]

Pa|pier|ma|ché ⟨[-maʃe:] n.; -s, -s⟩ = *Papiermaschee*

Pa|pier|ma|schee ⟨n.; -s, -s⟩ *formbare Masse aus eingeweichtem Papier u. Leim, Stärke u. Ton, die nach dem Trocknen mit Firnis überzogen wird;* oV *Papiermaché;* Sy *Pappmaschee* [frz., eigtl. »Papierteig«]

pa|pil|lar ⟨Adj.⟩ *warzenförmig* [→ *Papille*]

Pa|pil|lar|li|ni|en ⟨Pl.⟩, **Pa|pil|lar|mus|ter** ⟨n.; -s, -⟩ *feine, leistenartige Riffelung der Haut auf der Innenseite der Finger u. Zehen, der Handflächen u. Fußsohlen mancher Affen u. des Menschen, Hautleisten*

Pa|pil|le ⟨f.; -, -n⟩ *warzenförmige Erhebung* [<lat. *papilla* »Brustwarze, Wärzchen«]

pa|pil|li|form ⟨Adj.⟩ *warzenförmig*

Pa|pil|lom ⟨n.; -s, -e⟩ *Geschwulst mit warzenartig zerklüfteter Oberfläche, Zotten-, Warzengeschwulst* [→ *Papille*]

Pa|pil|lon ⟨[papijɔ̃:] m.; -s, -s⟩ **1** ⟨Zool.⟩ *kleine Hunderasse, deren Ohren wie Schmetterlingsflügel geformt sind* **2** ⟨Textilw.⟩ *leichter Kleiderstoff aus Seide, Kammgarn, Halbseide od. Chemiefaser* **3** ⟨†⟩ *unbeständiger, leichtlebiger Mensch* [frz., »Schmetterling«]

pa|pil|lös ⟨Adj.⟩ *warzig* [→ *Papille*]

Pa|pil|lo|te ⟨[-jo:tə] f.; -, -n⟩ *Lockenwickel aus Papier* [frz.]

pa|pil|lo|tie|ren ⟨[papijo:-] V.⟩ Haarsträhnen ~ *zum Wellen auf Papilloten aufdrehen*

Pa|pi|ros|sa ⟨f.; -, -ros|si od. -ros|sy⟩ *russ. Zigarette mit langem, hohlem Pappmundstück* [<russ. *papirosa* »Zigarette« <poln. *papieros* <dt. *Papier*]

Pa|pis|mus ⟨m.; -; unz.; abwertend⟩ *Papsttum* [<frz. *papisme,* <lat. *papa* »Papst«]

Pa|pist ⟨m.; -en, -en; abwertend⟩ *Anhänger des Papsttums* [→ *Papismus*]

pa|pis|tisch ⟨Adj.⟩ *zum Papismus gehörig, ihn betreffend*

Pap|pa|ta|ci|fie|ber ⟨[-tʃi-] n.; -s, -⟩ *in trop. u. subtrop. Ländern heimische Infektionskrankheit, deren Virus durch die Pappatacimücke übertragen wird, Hundskrankheit, Sandflohfieber, Dreitagefieber* [→ *Pappatacimücke*]

Pap|pa|ta|ci|mü|cke ⟨[-tʃi-] f.; -, -en⟩ *etwa 2 mm große Stechmücke, die in den Mittelmeerländern sowie in Süd- u. Ostasien Überträger des Pappatacifiebers ist: Phlebotomus pappatasii* [<ital. *pappataci;* zu *pappare* »essen« + *tacito* »leise« (zu *tacere* »schweigen« <lat. *tacere*)]

Papp|ma|ché ⟨[-ʃe:] n.; -s, -s⟩ = *Pappmaschee*

Papp|ma|schee ⟨n.; -s, -s⟩ = *Papiermaschee;* oV *Pappmaché*

Pap|pus ⟨m.; -, - od. -pus|se⟩ *den fehlenden Kelch vieler Korbblütler ersetzender Kranz aus Haaren, der an der Frucht verbleibt u. ihrer Verbreitung dient, Federkrone* [<grch. *pappos* »Großvater«]

Pa|pri|ka, ⟨auch⟩ **Pap|ri|ka** ⟨m.; -s, -s⟩ *zu einer Gattung der Nachtschattengewächse gehörende krautige Pflanze, die wegen ihrer Frucht angebaut wird, span. Pfeffer: Capsicum;* Sy *Kapsikum(1)* [ung. <serb. *paprika;* zu *papar* »Pfeffer« <lat. *piper* <grch. *peperi*]

Pa|pu|la ⟨f.; -, -lae [-lɛ:]⟩ = *Papel* [lat.]

Pa|py|ri ⟨Pl. von⟩ *Papyrus*

Pa|py|rin ⟨n.; -s; unz.⟩ *Pergamentpapier* [→ *Papyrus*]

Pa|py|ro|lo|ge ⟨m.; -n, -n⟩ *Wissenschaftler auf dem Gebiet der Papyrologie*

Pa|py|ro|lo|gie ⟨f.; -; unz.⟩ *Lehre von den Papyri* [<*Papyrus* + *…logie*]

pa|py|ro|lo|gisch ⟨Adj.⟩ *die Papyrologie betref-*

fend, auf ihr beruhend, zu ihr gehörend; ~er Befund

Pa|py|rus ⟨m.; -, -ri⟩ **1** *papierähnlicher Schreibstoff, der aus dem in Streifen geschnittenen u. kreuzweise übereinander geklebten Mark der Stängel der Papyrusstaude gewonnen wird* **2** *Schriftstück daraus, Papyrusrolle* [lat. < grch. *papyros*]

Par ⟨n.; - od. -s, -s; Sp.; Golf⟩ *vorgegebene Anzahl von Schlägen, mit denen ein Golfloch erreicht werden soll* [engl., < lat. *par* »gleich (groß)«]

par…, Par… ⟨Vors.⟩ = *para…, Para…*

…par ⟨in Zus.⟩ *gebärend* [< lat. *parere* »gebären«]

Pa|ra ⟨m.; -s, -s; bei Zahlenangaben Pl. -⟩ *kleinste jugoslaw. u. türk. Währungseinheit, $^1/_{100}$ Dinar, $^1/_{10}$ Piaster*

pa|ra…, Pa|ra… ⟨vor Vokalen⟩ par…, Par… ⟨in Zus.⟩ **1** *neben, bei* **2** *gegen, wider* [< grch. *para*]

Pa|ra|ba|se ⟨f.; -, -n; in der altgriech. Komödie⟩ *polit.-soziale, satir. Ansprache des Chors an die Zuschauer* [< grch. *parabiasis* »Vorbeimarsch«]

Pa|ra|bel ⟨f.; -, -n⟩ **1** *lehrhafte Erzählung, die eine allg. sittl. Wahrheit an einem Beispiel veranschaulicht* **2** *Kegelschnitt, der dadurch gekennzeichnet ist, dass alle auf ihm liegenden Punkte von einem festen Punkt (dem Brennpunkt) u. einer Geraden den gleichen Abstand haben* [< grch. *parabola* < grch. *parabole*]

Pa|ra|bel|lum|pis|to|le ⟨f.; -, -n⟩ *Selbstladepistole*

Pa|ra|bi|ont ⟨m.; -en, -en; Biol.⟩ *Lebewesen, das mit einem anderen der gleichen Art verwachsen ist,* z.B. siamesischer Zwilling [→ *Parabiose*]

Pa|ra|bi|o|se ⟨f.; -, -n⟩ *Zusammenleben zweier Lebewesen, die miteinander verwachsen sind, z.B. bei siamesischen Zwillingen* [< *Para…* + *…biose*]

Pa|ra|blacks ⟨[pærəblæks] Pl.⟩ *auf dem vorderen Teil von Skiern befestigte Klötze, die das Überkreuzen verhindern* [engl.]

Pa|ra|blep|sie ⟨f.; -, -n⟩ *Sehstörung* [< *Para…* + grch. *blepein* »sehen«]

Pa|ra|bol|an|ten|ne ⟨f.; -, -n⟩ *Antenne zum Bündeln von Ultrakurzwellen mit einem Reflektor in Form eines Paraboloids* [→ *Paraboloid*]

pa|ra|bo|lisch ⟨Adj.⟩ *eine Parabel betreffend, auf ihr beruhend, in der Art einer Parabel*

pa|ra|bo|li|sie|ren ⟨V.⟩ *in der Art einer Parabel darstellen*

Pa|ra|bo|lo|id ⟨n.; -(e)s, -e⟩ *Korper, der durch Drehen einer Parabel od. einer Hyperbel entsteht* [< *Parabel* + *…id*]

Pa|ra|bol|spie|gel ⟨m.; -s, -⟩ *als Paraboloid geformter Hohlspiegel zur Aussendung oder zum Empfang elektromagnetischer Strahlung*

Pa|ra|ce|ta|mol ⟨n.; -s; unz.; Pharm.; intern. Freiname für⟩ *ein Medikament zur Schmerzbekämpfung u. Fiebersenkung* [Kunstw.]

Pa|ra|de ⟨f.; -, -n⟩ **1** ⟨Mil.⟩ *Vorbeimarsch* **2** ⟨Fechten, Boxen⟩ *Abwehrbewegung gegen einen Angriff* **3** ⟨Reiten⟩ **3.1** *Anhalten des Pferdes* **3.2** *Verkürzen der Gangart* [< ital. *parata,* beeinflusst von frz. *parade*]

Pa|ra|dei|ser ⟨m.; -s, -; österr.⟩ = *Tomate* [→ *Paradies*]

Pa|ra|den|ti|tis ⟨f.; -, -ti|ti|den⟩ *Entzündung des Zahnfleisches u. der Wurzelhaut;* oV *Parodontitis* [< *Para…* + lat. *dens,* Gen. *dentis* »Zahn«]

Pa|ra|den|to|se ⟨f.; -, -n⟩ *Rückbildungsvorgänge an Kieferknochen, Zahnfleisch u. am Zahnbettgewebe;* oV *Parodontose* [→ *Paradentitis*]

pa|ra|die|ren ⟨V.⟩ **1** ⟨Mil.⟩ *vorbeimarschieren* **2** mit etwas ~ ⟨fig.⟩ *sich mit etwas brüsten, mit etwas prunken, Eindruck zu machen suchen*

Pa|ra|dies ⟨n.; -es, -e⟩ **1** *Garten Eden, Garten Gottes, Himmel* **2** *Vorhalle der altchristl. Basilika mit Brunnen* **3** *Ort der Freude, der Glückseligkeit, bes. schöner Ort;* dieses Fleckchen Erde ist wirklich ein ~ ⟨fig.⟩; die Vertreibung aus dem ~; dieser Garten ist ein ~ für Kinder; im ~(e) sein *gestorben sein* [< ahd. *paradis,* über kirchenlat. *paradisum* < grch. *paradeisos* »Garten Eden« (1. Buch Mosis); lautliche Anlehnung an das lat. Vorbild im Nhd.]

pa|ra|die|sisch ⟨Adj.⟩ *wie im Paradies, herrlich, himmlisch, lieblich, bezaubernd;* ein ~er Ort; hier ist es ~; ich fühle mich ~ wohl [→ *Paradies*]

Pa|ra|dig|ma ⟨n.; -s, -men od. -ma|ta⟩ **1** ⟨Sprachw.⟩ *Musterbeispiel, Flexionsmuster* **2** *Gesamtheit an sprachlichen Einheiten, die in einem sprachlichen Kontext gegeneinander austauschbar sind (z.B. hier, oben, darüber);* Ggs *Syntagma* **3** *kurze Erzählung, die in Beispielen eine moral. Lehre erläutert* [< grch. *paradeigma* »Beispiel«]

pa|ra|dig|ma|tisch ⟨Adj.⟩ *in der Art eines Paradigmas, beispielhaft*

Pa|ra|dor ⟨m. od. n.; -s, -e⟩ *staatl. span. Luxushotel* [span., »Wirtshaus, Gasthaus«]

pa|ra|dox ⟨Adj.⟩ *widersinnig* [< lat. *paradoxus*]

Pa|ra|do|xie ⟨f.; -, -n⟩ *Widersinnigkeit*

Pa|ra|do|xi|tät ⟨f.; -; unz.⟩ *paradoxe Beschaffenheit*

Pa|ra|do|xon ⟨n.; -s, -xa⟩ *paradoxe Aussage, paradoxe Behauptung*

Par|af|fin, ⟨auch⟩ **Pa|raf|fin** ⟨n.; -s, -e⟩ **1** *farbloses Gemisch von gesättigten höheren aliphat. Kohlenwasserstoffen mit flüssiger, wachsartiger od. fester Konsistenz* **2** *ein Vertreter aus der Reihe der Paraffine* **3** ⟨Pl.⟩ ~e *gesättigte, kettenförmige Kohlenwasserstoffe, die eine homologe Reihe der allgemeinen Formel C_nH_{2n+2} aufbauen;* die einfachsten Vertreter *sind Methan, CH_4, Äthan, C_2H_6, Propan, C_3H_8;* Sy *Alkane* [< lat. *parum affinis* »wenig reaktionsfähig« (früher meinte man, die Paraffine gingen keine chem. Bindungen ein); zu *parum* »wenig« + *affinis* »verwandt«]

par|af|fi|nie|ren, ⟨auch⟩ **pa|raf|fi|nie|ren** ⟨V.⟩ *mit Paraffin behandeln*
par|af|fi|nisch, ⟨auch⟩ **pa|raf|fi|nisch** ⟨Adj.; Chem.⟩ *das Paraffin betreffend, zu den Paraffinen gehörend, ihre Eigenschaften aufweisend*
Pa|ra|fo|nie ⟨f.; -, -n⟩ = *Paraphonie*
Pa|ra|ge|ne|se ⟨f.; -, -n⟩ *typische, gesetzmäßige Kombination von bestimmten Mineralien od. Gesteinen nebeneinander*
pa|ra|ge|ne|tisch ⟨Adj.; Geol.⟩ *die Paragenese betreffend;* ~e Mineraliengesellschaft
Pa|ra|ge|stein ⟨n.; -s, -e⟩ *aus Sedimentgesteinen entstandenes, metamorphes Gestein*
Pa|ra|geu|sie ⟨f.; -, -n; Med.⟩ *schlechter Geschmack (im Mund), der im Zusammenhang mit bestimmten Krankheiten auftritt, z.B. im Vorfeld eines epileptischen Anfalls* [< *Para…* + grch. *geusis* »Geschmack«]
Pa|ra|gli|ding ⟨[-glaidiŋ] n.; -s; unz.⟩ *das Fliegen mit einem Gleitsegler (als Sportart)* [engl., verkürzt < *parachute* »Fallschirm« + *glide* »gleiten«]
Pa|ra|gneis ⟨m.; -es, -e; Geol.⟩ *aus Sedimentgestein, bes. aus Sandstein u. Tonschiefer entstandener Gneis*
Pa|ra|graf ⟨m.; -en, -en⟩ = *Paragraph*
Pa|ra|gra|fen|rei|ter ⟨m.; -s, -; fig.; abwertend⟩ = *Paragraphenreiter*
Pa|ra|gra|fie ⟨f.; -; unz. ⟩ = *Paragraphie*
pa|ra|gra|fie|ren ⟨V.⟩ = *paragraphieren*
Pa|ra|gramm ⟨n.; -s, -e; Lit.⟩ *scherzhafte, verspottende Veränderung eines Namens od. Wortes durch den Austausch eines od. mehrerer Buchstaben* [<grch. *paragramma* »Zusatz«]
Pa|ra|gram|ma|tis|mus ⟨m.; -; unz.; Med.⟩ *Sprach- u. Schriftstörung, die zum Verlust der Fähigkeit führt, richtige grammatikalische Konstruktionen zu bilden, z.B. bei Schizophrenie* [< *Para…* + *Grammatik* + *…ismus* <grch. *…ismos*]
Pa|ra|graph ⟨m.; -en, -en⟩ oV *Paragraf* **1** *Absatz in amtl. formellen Schriftstücken, z.B. Verträgen u. Gesetzbüchern* **2** ⟨Zeichen: §⟩ *das Zeichen dafür vor der laufenden Nummer* [<mhd. *paragraf,* eigtl. »Buchstabe, Zeichen« <lat. *paragraphus* »dem S ähnliches grammatisches Zeichen für den Stoffeinschnitt« <grch. *paragraphos (gramme)* »Linie (Strich mit einem Punkt darüber) am Rand von Buchrollen, die die Vortragsteile des Chors im antiken Drama kennzeichnet«; zu *paragraphein* »danebenschreiben«]
Pa|ra|gra|phen|rei|ter ⟨m.; -s, -; fig.; abwertend⟩ *jmd., der sich kleinlich u. überkorrekt an Vorschriften hält;* oV *Paragrafenreiter*
Pa|ra|gra|phie ⟨f.; -; unz.⟩ *Störung der Fähigkeit, Buchstaben u. Wörter richtig zu schreiben;* oV *Paragrafie* [< *Para…* + *…graphie*]
pa|ra|gra|phie|ren ⟨V.⟩ *in Abschnitte unterteilen;* oV *paragrafieren; einen Text ~*
Pa|ra|kla|se ⟨f.; -, -n; Geol.⟩ *durch Auswittern von Klüften od. durch Erdbeben entstandene offene Spalte* [< *Para…* + grch. *klasis* »Zerbrechen«]
Pa|ra|klet, ⟨auch⟩ **Pa|rak|let** ⟨m.; -(e)s od. -en, -e od. -en⟩ *Helfer, Tröster, Fürsprecher, bes. der Hl. Geist* [<grch. *parakletos*]
Pa|ra|ki|ne|se ⟨f.; -; unz.⟩ *Störung im Ablauf der Bewegungen infolge mangelhafter Koordination* [< *Para…* + *…kinese*]
Par|a|ku|sis, ⟨auch⟩ **Pa|ra|ku|sis** ⟨f.; -, -ses⟩ *falsche akustische Wahrnehmung* [<grch. *parakouein* »falsch hören, falsch verstehen«]
Pa|ra|la|lie ⟨f.; -, -n; Med.⟩ *Sprechstörung, bei der es zu einer Vertauschung von Lauten u. Lautgruppen durch andere Laute kommt* [< *Para…* + grch. *lalia* »Sprache, Redeweise«]
Pa|ra|le|xie ⟨f.; -, -n; Med.⟩ *Störung des Leseverständnisses, bei der es zu einer Verwechslung der gelesenen Wörter kommt, z.B. bei Aphasie* [< *Para…* + grch. *lexis* »Ausdruck«]
pa|ra|lin|gu|al ⟨Adj.; Sprachw.⟩ *durch Artikulationsorgane erzeugt, jedoch ohne Funktion für die Artikulation von Wörtern* [< *para…* + *lingual*]
Pa|ra|lin|gu|is|tik ⟨f.; -; unz.; Sprachw.⟩ *Teilgebiet der Linguistik, das sprachbegleitende Erscheinungen (Mimik, Atmung u.a.) untersucht* [< *Para…* + *Linguistik*]
pa|ra|lin|gu|is|tisch ⟨Adj.; Sprachw.⟩ *die Paralinguistik betreffend, zu ihr gehörend, auf ihr beruhend*
Pa|ra|li|po|me|non ⟨n.; -s, -na⟩ *Nachtrag, Zusatz (zu einem Schriftwerk)* [<grch. *paraleipein* »übergehen«]
par|a|lisch, ⟨auch⟩ **pa|ra|lisch** ⟨Adj.; Geol.⟩ *in Meeresnähe entstanden;* Ggs *limnisch;* ein ~es Kohlenlager [<grch. *paralia* »Meeresküste« <*para…* + grch. *hals* »Salzflut, Meer«]

■ Die Buchstabenfolge **par|al|l…** kann auch **pa|ral|l…** getrennt werden.

■ **par|al|lak|tisch** ⟨Adj.⟩ *die Parallaxe betreffend, in der Art einer P., auf ihr beruhend*
■ **Par|al|la|xe** ⟨f.; -, -n⟩ **1** ⟨Astron.⟩ *Winkel, der entsteht, wenn ein Punkt von zwei verschiedenen Punkten einer Geraden aus beobachtet wird* **2** *Entfernung eines Sterns, die aus dem Winkel zwischen zwei von verschiedenen Standorten ausgehenden Geraden bestimmt wird* **3** ⟨Fot.⟩ *Unterschied zwischen dem Bild im Sucher u. jenem, das dann tatsächl. auf dem Film erscheint* [<grch. *parallaxis* »Abwechslung«]
■ **Par|al|la|xen|aus|gleich** ⟨m.; -(e)s, -e; Fot.⟩ *Einrichtung, um die Parallaxe für eine bestimmte Entfernung am Sucher einzustellen*
■ **Par|al|la|xen|se|kun|de** ⟨f.; -, -n⟩ = *Parsec*
■ **par|al|lel** ⟨Adj.⟩ *in der Parallele, in gleicher Richtung u. gleich bleibendem Abstand zueinander verlaufend;* ~e Linien; die Straßen laufen ~ (miteinander); der Weg läuft ~ zum Fluss [<lat. *parallelus* <grch. *parallelos,* <*para…* »neben(hin)« + *allelon* »einander«]

■ **Par|al|le̲l|be|trieb** ⟨m.; -es; unz.⟩ *gleichzeitiger Ablauf mehrerer Programme auf einer EDV-Anlage;* Ggs *Batchprocessing*
■ **Par|al|le̲|le** ⟨f.; -, -n⟩ **1** ⟨Math.⟩ *Gerade, die zu einer anderen Geraden in gleichem Abstand u. gleicher Richtung verläuft* **2** ⟨fig.⟩ *etwas Vergleichbares, etwas Ähnliches, ähnliche Begebenheit, Erscheinung;* eine ~ zu einem Ereignis ziehen [zu *parallel,* beeinflusst von frz. *parallèle* »Parallele«]
■ **Par|al|le̲|len|a|xi|om** ⟨n.; -s; unz.⟩, *Grundsatz der euklidischen Geometrie, nach dem es zu einer gegebenen Geraden durch einen nicht auf ihr liegenden Punkt nur eine Parallele zu dieser Geraden gibt*
■ **Par|al|lel|e|pi|pe|don** ⟨n.; -s, -da od. -pe̲den⟩ *geometr. Körper, der von sechs paarweise in parallelen Ebenen gelegenen Parallelogrammen begrenzt wird;* Sy *Parallelflach* [< *parallel* + grch. *epipedon* »Ebene, Fläche«]
■ **Par|al|le̲l|flach** ⟨n.; -s, -e⟩ = *Parallelepiped*
■ **par|al|le|li|sie̲|ren** ⟨V.⟩ *vergleichend nebeneinander stellen* [→ *parallel*]
■ **Par|al|le|lis|mus** ⟨m.; -, -men⟩ **1** *Übereinstimmung (von Dingen, Vorgängen)* **2** *gleichmäßiger Bau (von Satzgliedern od. Sätzen)* [→ *parallel*]
■ **Par|al|le|li|tä̲t** ⟨f.; -; unz.⟩ *parallele Beschaffenheit, das Parallelsein*
■ **Par|al|le̲l|kreis** ⟨m.; -es, -e⟩ *jeder der auf der Erdkugel parallel zum Äquator verlaufenden Breitenkreise*
■ **Par|al|le|lo|gramm** ⟨n.; -s, -e⟩ *Viereck, das von zwei Paaren paralleler Geraden begrenzt wird* [< *parallel* + *…gramm*]
■ **Par|al|le̲l|per|spek|ti|ve,** ⟨auch⟩ **Pa|ral|le̲l|pers|pek|ti|ve** ⟨[-və] f.; -, -n⟩ = *Parallelprojektion*
■ **Par|al|le̲l|pro|jek|ti|on** ⟨f.; -, -en⟩ *zeichner. Darstellung räuml. Gebilde, wobei alle Strahlen parallel laufen;* oV *Parallelperspektive*
■ **Par|al|le̲l|schal|tung** ⟨f.; -, -en⟩ *Schaltung mehrerer elektrischer Widerstände, Kondensatoren od. Stromquellen in der Weise, dass jedes Schaltelement an die gleiche Spannung angeschlossen ist, Nebeneinanderschaltung, Nebenschaltung, Nebenschluss*
■ **Par|al|le̲l|ton|art** ⟨f.; -, -en⟩ *die zu einer Dur-Tonart gehörende Moll-Tonart bzw. die zu einer Moll-Tonart gehörende Dur-Tonart mit denselben Vorzeichen,* z.B. C-Dur und a-Moll
Pa|ra|lo|gie ⟨f.; -, -n; Med.⟩ *sinnwidriger Gebrauch von Wörtern, Störung der grammatischen Sprachstruktur (bei Psychosen)* [< *Para…* + grch. *logos* »Wort, Kunde«]
Pa|ra|lo|gis|mus ⟨m.; -, -men; Philos.⟩ *Fehlschluss* [< *Para…* + *Logismus*]
Pa|ra|lo|gis|tik ⟨f.; -; unz.⟩ *Beweis mit Hilfe eines Trugschlusses* [< *Para…* + *Logistik*]
Pa|ra|lym|pics ⟨Pl.; Sp.⟩ *seit 1960 nach einer jeweiligen Olympiade ausgetragene olympische Veranstaltung für Behindertensportler* [< *Para…* + engl. *olympics* »olympische Spiele«]
Pa|ra|ly|se ⟨f.; -, -n⟩ *Gehirnerweichung, vollkommene Bewegungslähmung als Folge von Schädigungen in den motorischen Nervenbahnen;* progressive ~ *späte Form der Syphilis, die erst etwa 10 od. mehr Jahre nach der Infektion auftritt u. ohne Behandlung über körperl. u. geistigen Verfall zum Tode führt: Dementia paralytica;* oV *Paralysis* [< grch. *paralysis* »Lähmung«]
pa|ra|ly|sie̲|ren ⟨V.⟩ **1** *lähmen* **2** ⟨fig.⟩ *unwirksam machen, schwächen*
Pa|ra̲|ly|sis ⟨f.; -, -sen; Med.⟩ = *Paralyse*
Pa|ra|ly|ti|ker ⟨m.; -s, -⟩ *jmd., der an Paralyse leidet*
pa|ra|ly|tisch ⟨Adj.⟩ *an Paralyse leidend, gelähmt* [< grch. *paralytikos* »gelähmt«]
Pa|ra|mae|ci|um ⟨[-mɛː-] n.; -s, -ci|en⟩ *zu den Wimpertierchen gehöriger Einzeller, Pantoffeltierchen;* oV *Paramecium* [lat.]
pa|ra|ma|gne̲|tisch, ⟨auch⟩ **pa|ra|mag|ne̲|tisch** ⟨Adj.⟩ *die Eigenschaft des Paramagnetismus zeigend;* Ggs *diamagnetisch*
Pa|ra|ma|gne|tis|mus, ⟨auch⟩ **Pa|ra|mag|ne|tis|mus** ⟨m.; -; unz.⟩ *Verstärkung des einen Stoff durchdringenden magnet. Feldes durch teilweise Ausrichtung der magnet. Momente der einzelnen Atome in Richtung des Magnetfeldes;* Ggs *Diamagnetismus* [< *Para…* + *Magnetismus*]
Pa|ra|me̲|ci|um ⟨n.; -s, -ci|en⟩ = *Paramaecium*
Pa̲|ra|me|di|zin ⟨f.; -; unz.⟩ *Gesamtheit der medizinischen Systeme u. Auffassungen, die sich von der Schulmedizin in Bezug auf diagnostische u. therapeutische Methoden abheben* [< *Para…* + *Medizin*]
Pa|ra|ment ⟨n.; -s, -e⟩ *textiler Gegenstand für gottesdienstl. Zwecke,* z.B. Altardecke, Fahne [< lat. *parare* »bereiten«]
Pa|ra̲|me|ter ⟨m.; -s, -; Math.⟩ *unbestimmte Konstante einer Funktion, Gleichung, Kurve od. Fläche, von der die Funktion usw. abhängt u. durch deren verschiedene Wahl sich die Gestalt der Funktion usw. ändert* [< *Para…* + *…meter*]
Pa|ra|me|tri̲|tis, ⟨auch⟩ **Pa|ra|met|ri̲|tis** ⟨f.; -, -ti̲den; Med.⟩ *Entzündung des Beckenbindegewebes im Umfeld des Gebärmutterhalses infolge einer Infektion* [< *Para…* + *Metritis*]
Pa|ra|me̲|tri|um, ⟨auch⟩ **Pa|ra|me̲t|ri|um** ⟨n.; -s, -tri|en; Anat.⟩ *das Beckenbindegewebe, das die Gebärmutter umgibt u. hält* [< *Para…* + grch. *metra* »Gebärmutter«]
pa̲|ra|mi|li|tä|risch ⟨Adj.⟩ *dem Militär vergleichbar;* ein ~er Aufmarsch
Par|a|mne|sie̲, ⟨auch⟩ **Pa|ram|ne|sie̲** ⟨f.; -, -n; Med.; Psych⟩ *(bes. bei häufigem Drogenkonsum auftretende) Gedächtnistäuschung, bei der man sich an etwas zu erinnern glaubt, was in Wirklichkeit nicht stattgefunden hat* [< *Para…* + *Amnesie*]
Pa̲|ra|mo ⟨m.; - od. -s, -s; Geogr.⟩ *Vegetationstyp in den feuchttropischen Hochanden Südamerikas oberhalb der Waldgrenze* [span., »Ödland«]

Par|ä|ne|se, ⟨auch⟩ **Pa|rä|ne|se** ⟨f.; -, -n⟩ **1** *ermahnende Schrift od. Rede* **2** *Nutzanwendung (einer Predigt)* [< grch. *parainesis* »Ermahnung; Zuspruch«]

par|ä|ne|tisch, ⟨auch⟩ **pa|rä|ne|tisch** ⟨Adj.⟩ *in der Art einer Paränese, ermahnend*

Pa|ra|noia ⟨f.; -; unz.⟩ *Geisteskrankheit, die sich in Wahnideen äußert;* Sy *Paranoismus* [grch., »Schwachsinn«]

pa|ra|no|id ⟨Adj.⟩ *der Paranoia ähnlich*

Pa|ra|no|i|ker ⟨m.; -s, -⟩ *jmd., der an Paranoia leidet*

pa|ra|no|isch ⟨Adj.⟩ *geistesgestört, in der Art der Paranoia*

Pa|ra|no|is|mus ⟨m.; -; unz.⟩ = *Paranoia*

Par|an|thro|pus, ⟨auch⟩ **Pa|ranth|ro|pus** ⟨m.; -, -pi⟩ *Angehöriger einer Gattung der Prähominiden* [< *Para…* + *Anthropus*]

Pa|ra|nuss ⟨f.; -, -nüs|se⟩ *fettreiche, wohlschmeckende Nuss mit dunkler, dreikantiger Schale* [nach dem brasilian. Staat u. Ausfuhrhafen *Pará*]

Pa|ra|per|tus|sis ⟨f.; -, -tus|ses; Med.⟩ *durch Stäbchenbakterien hervorgerufene, abgeschwächte Form des Keuchhustens* [< *Para…* + *Pertussis*]

Pa|ra|pha|ge ⟨m.1⟩ *Tier, das auf einem anderen lebt, ohne diesem zu nützen od. zu schaden,* z.B. der Schiffshalter (Echeneiformes), der sich von großen Fischen transportieren lässt [< *Para…* + *phagein* »fressen«]

Pa|ra|pha|sie ⟨f.; -; unz.⟩ *Sprachstörung, die durch Verwechslung von Wörtern, Silben od. Buchstaben gekennzeichnet ist* [< *Para…* + grch. *phasis* »Äußerung, Feststellung«]

Pa|ra|phe ⟨f.; -, -n⟩ **1** *Namenszeichen* **2** *abgekürzter Namenszug* **3** *Stempel mit Namenszug* [< mfrz. *paraffe* < lat. *paragraphus;* → *Paragraph*]

pa|ra|phie|ren ⟨V.⟩ *mit der Paraphe versehen, abzeichnen;* einen Vertrag ~ *vorläufig anerkennen*

Pa|ra|phi|mo|se ⟨f.; -, -n⟩ *Abschnürung der Eichel des männl. Gliedes durch gewaltsames Zurückstreifen der zu engen Vorhaut, spanischer Kragen*

Pa|ra|pho|nie ⟨f.; -, -n⟩ oV *Parafonie* **1** ⟨Mus.⟩ **1.1** *Parallelsingen in Quart- u. Quintintervallen* **1.2** *(in der altgrch. Musiklehre) Zusammenklang von Quinte u. Quarte* **2** ⟨Med.⟩ *plötzliche Höhenveränderung der Stimme, z.B. während des Stimmbruchs* [< *Para…* + *…phonie*]

Pa|ra|phra|se ⟨f.; -, -n⟩ **1** ⟨Sprachw.⟩ **1.1** *verdeutlichende Umschreibung* **1.2** *freie Übertragung* **2** ⟨Mus.⟩ *Ausschmücken, Verzieren (einer Melodie)* [< grch. *paraphrasis* »Umschreibung«]

pa|ra|phra|sie|ren ⟨V.⟩ **1** *mit einer Paraphrase(1.1) erklären* **2** ⟨Mus.⟩ *ausschmücken, verzieren, umspielen*

pa|ra|phras|tisch ⟨Adj.⟩ *in der Art einer Paraphrase*

Pa|ra|phre|nie ⟨f.; -, -n⟩ *leichte Form der Schizophrenie mit paranoischen Elementen* [< *Para…* + *…phrenie*]

Pa|ra|phy|se ⟨f.; -, -n; meist Pl.; Bot.⟩ *steriler Saftfaden in den Fruchtkörpern bestimmter Pilze;* → a. *Hyphe* [< *Para…* + *…physe*]

Pa|ra|pla|sie ⟨f.; -, -n⟩ *krankhafte Bildung, Missbildung* [< *Para…* + *…plasie*]

Pa|ra|plas|ma ⟨n.; -s, -men⟩ *klares, körnchenarmes Plasma* [< *Para…* + *Plasma*]

Pa|ra|ple|gie ⟨f.; -, -n⟩ *vollständige Lähmung der Gliedmaßen, die beide Seiten gleichermaßen betrifft* [< *Para…* + grch. *plege* »Schlag«]

pa|ra|ple|gisch ⟨Adj.; Med.⟩ *auf Paraplegie beruhend, sie betreffend*

Pa|ra|pluie, ⟨auch⟩ **Pa|rap|luie** ⟨[-plyː] m. od. n.; -s, -s⟩ *Regenschirm* [frz.]

pa|ra|pneu|mo|nisch ⟨Adj.; Med.⟩ *im Zusammenhang einer Pneumonie auftretend, bes. in Bezug auf eine begleitende Brustfellentzündung* [< *para…* + *pneumonisch*]

Pa|ra|po|di|um ⟨n.; -s, -di|en⟩ **1** *nur als Stummel vorhandener Fuß der Vielborster* **2** *seitlicher Fortsatz der Flossenfüßer* [< *Para…* + *…podium*]

Pa|ra|pro|te|in ⟨n.; -s, -e; meist Pl.; Med.⟩ *abnormer, biologisch minderwertiger Eiweißkörper im Blut, der im Harn ausgeschieden wird u. keine Antikörperfunktion übernehmen kann (häufig Anzeichen für Krankheiten, z.B. Leukämie)* [< *Para…* + *Protein*]

pa|ra|psy|chisch ⟨Adj.⟩ *okkult, außersinnlich, spiritistisch* [< *para…* + *psychisch*]

Pa|ra|psy|cho|lo|gie ⟨f.; -; unz.⟩ *Teilgebiet der Psychologie, das die außersinnlichen (okkulten) Erscheinungen untersucht;* Sy *Metapsychik, Metapsychologie*

pa|ra|psy|cho|lo|gisch ⟨Adj.⟩ *die Parapsychologie betreffend, auf ihr beruhend*

Pa|ra|schi ⟨m.; - od. -s; unz.⟩ = *Paraski*

Pa|ra|sit ⟨m.; -en, -en⟩ **1** *Lebewesen (Tier od. Pflanze), das von einem anderen Lebewesen lebt, ohne dieses zu töten, Schmarotzer* **2** ⟨fig.⟩ *jmd., der von (einem) anderen lebt* **3** *kleiner, am Hang eines Vulkans gebildeter Krater* [< lat. *parasitus* »Tischgenosse; Schmarotzer« < grch. *parasitos* »wer mitisst« < *para* »neben, bei« + *sitos* »Speise«]

pa|ra|si|tär, pa|ra|si|tisch ⟨Adj.⟩ *in der Art eines Parasiten, schmarotzerhaft*

pa|ra|si|tie|ren ⟨V.⟩ *als Parasit leben, schmarotzen*

Pa|ra|si|tis|mus ⟨m.; -; unz.⟩ *Zusammenleben zweier Organismen zum einseitigen Vorteil des einen auf Kosten des anderen, Schmarotzertum;* → a. *Kommensalismus*

Pa|ra|si|to|lo|ge ⟨m.; -n, -n⟩ *Wissenschaftler auf dem Gebiet der Parasitologie*

Pa|ra|si|to|lo|gie ⟨f.; -; unz.⟩ *Lehre von den pflanzl. u. tier. Schmarotzern* [< *Parasit(1)* + *…logie*]

pa|ra|si|to|lo|gisch ⟨Adj.⟩ *die Parasitologie betreffend, zu ihr gehörend, auf ihr beruhend*

pa|ra|si|to|trop ⟨Adj.⟩ *gegen Parasiten wirksam* [< *Parasit* + *…trop*]

Pa|ra|ski ⟨[-ʃi] m.; - od. -s; unz.⟩ *sportl. Disziplin, die aus Fallschirmspringen u. aus einem Riesenslalom besteht;* oV *Paraschi* [verkürzt < engl. *parachute* »Fallschirm« + *Ski*]

Pa|ra|sol ⟨m. od. n.; -s, -s⟩ *Sonnenschirm* [frz.]

Pa|ra|sol|pilz ⟨m.; -es, -e⟩, **Pa|ra|sol|schwamm** ⟨m.; -(e)s, -schwäm|me⟩ *Schirmpilz*

pa|ra-Stel|lung ⟨f.; -, -en; Zeichen: p; Bez. für⟩ *die Anordnung zweier Substituenten in ringförmigen Kohlenstoffverbindungen, die sich genau gegenüberliegen*

Par|äs|the|sie, ⟨auch⟩ **Pa|räs|the|sie** ⟨f.; -, -n⟩ *abnorme Empfindung, die durch mangelhafte Durchblutung od. Druck auf einen Nerv hervorgerufen wird* [< *Para...* + *...ästhesie*]

Pa|ra|sym|pa|thi|kus ⟨m.; -; unz.⟩ *Teil des Lebensnervensystems*

pa|ra|sym|pa|thisch ⟨Adj.⟩ *zum Parasympathikus gehörend, auf ihm beruhend, von ihm ausgehend;* ~es Nervensystem = *Parasympathikus*

pa|rat ⟨Adj.⟩ *bereit, gebrauchsfertig;* eine Antwort, Ausrede ~ haben [< lat. *paratus,* Part. Perf. zu *parare* »bereiten, rüsten«]

pa|ra|tak|tisch ⟨Adj.; Sprachw.⟩ *in der Art der Parataxe, nebenordnend;* Ggs *hypotaktisch*

Pa|ra|ta|xe ⟨f.; -, -n⟩ **1** ⟨Sprachw.⟩ *Nebeneinander gleichberechtigter Hauptsätze;* Ggs *Hypotaxe(1)* **2** ⟨Psych.⟩ *Störung der sozialen Beziehungen durch falsche Urteile, Vorstellungen usw.* [< *Para...* + *taxis* »Ordnung«]

Pa|ra|ta|xie ⟨f.; -, -n⟩ = *Parataxe(2)*

Pa|ra|ta|xis ⟨f.; -, -ta|xen; ältere Form von⟩ *Parataxe(1)* [< *Para...* + *Taxis*]

pa|ra|to|nisch ⟨Adj.⟩ *durch Umweltreize wie Licht, Wind u.Ä. bewirkt (in Bezug auf Bewegungen von Pflanzen)* [< *para...* + *tonisch*]

Pa|ra|ty|phus ⟨m.; -; unz.⟩ *typhusähnliche Infektionskrankheit, die von Salmonellen hervorgerufen wird*

pa|ra|ty|pisch ⟨Adj.⟩ *nicht erblich*

Pa|ra|va|ri|a|ti|on ⟨[-va-] f.; -, -en; Biol.⟩ = *Modifikation(2)* [< *Para...* + *Variation*]

pa|ra|ve|nös ⟨[-ve-] Adj.⟩ *neben einer Vene (gelegen)*

Pa|ra|vent ⟨[-vã:] m. od. n.; -s, -s⟩ *zusammenklappbare Wand aus mehreren, mit Stoff od. Papier bespannten, durch Scharniere verbundenen Holzrahmen, spanische Wand* [frz., eigtl. »gegen den Wind«]

pa|ra|ver|te|bral, ⟨auch⟩ **pa|ra|ver|teb|ral** ⟨[-vɛr-] Adj.; Med.⟩ *neben einem Wirbel gelegen* [< *para...* + *vertebral*]

par a|vi|on ⟨[par avjɔ̃:]⟩ *mit dem Flugzeug, durch Luftpost (Vermerk auf Postsendungen im Auslandsverkehr)* [frz.]

Pa|ra|zen|te|se ⟨f.; -, -n; Med.⟩ **1** *Stich, Einstich* **1.1** ⟨i.e.S.⟩ *Durchstechen des Trommelfells bei Mittelohrentzündung, um dem Eiter Abfluss zu verschaffen* [< *Para...* + grch. *kentein* »stechen«]

pa|ra|zen|trisch, ⟨auch⟩ **pa|ra|zent|risch** ⟨Adj.⟩ *mit Hilfe einer Parazentese*

Pa|ra|zo|on ⟨n.; -s, -zo|en⟩ *Angehöriger einer Abteilung der Vielzeller, deren Zellen weder zu echtem Gewebe noch zu Organen verbunden sind* [< *Para...* + *Zoon*]

par|bleu! ⟨[-blø:]⟩ *Donnerwetter!* [frz., entstellt < *par Dieu* »bei Gott«]

par|boiled ⟨[pa:(r)bɔild] Adj.; undekl.⟩ *vorbehandelt, vorgekocht (von Reis)* [engl.]

Par|cours ⟨[parku:r] m.; - [-ku:rs], - [-ku:rs]⟩ *die von den Pferden zu durchlaufende Strecke bei Springprüfungen* [frz., »zu durchlaufende Strecke; Umlaufbahn«]

Pard ⟨m.; -en, -en⟩, **Par|del** ⟨m.; -s, -⟩, **Par|der** ⟨m.; -s, -; †⟩ = *Leopard* [< lat. *pardus* »Leopard«]

par dis|tance ⟨[par distã:s] Adv.⟩ *aus der Entfernung;* mit jmdm. ~ verkehren *förmlich, nicht freundschaftlich* [frz., »aus der Entfernung«]

par|don! ⟨[-dɔ̃:]⟩ *(als Entschuldigung od. Bitte, Platz zu machen) Verzeihung!* [frz.]

Par|don ⟨[-dɔ̃:] m. od. n.; -s; unz.⟩ *Verzeihung, Gnade, Begnadigung;* kein(en) ~ geben *gegen jmdn. schonungslos vorgehen* [frz.]

par|do|nie|ren ⟨V.⟩ jmdn. ~ *jmdm. Pardon geben, gewähren, jmdn. begnadigen* [< frz. *pardonner*]

Par|dun ⟨n.; -(e)s, -s⟩, **Par|du|ne** ⟨f.; -, -n⟩ *Tau, das Masten od. Stangen von hinten hält* [< ndrl. *pardoen* < ital. *bardoni*]

Par|en|chym, ⟨auch⟩ **Pa|ren|chym** ⟨[-çy:m] n.; -s, -e⟩ **1** *Grundform des pflanzl. Gewebes aus dünnwandigen Zellen* **2** *dichtes Bindegewebe, in das bei den Platt- u. Schnurwürmern alle Organe eingebettet sind;* **2.1** ⟨bei Wirbeltieren⟩ *Gewebe, das die eigentl. Substanz einiger Organe, vor allem der Drüsen ausmacht* [< grch. *parenchyma* »Eingeweide«]

par|en|chy|ma|tös, ⟨auch⟩ **pa|ren|chy|ma|tös** ⟨[-çy:-] Adj.; Biol.; Med.⟩ *zum Parenchym gehörend, es betreffend, reich an Parenchym*

pa|ren|tal ⟨Adj.⟩ *die Generation der Eltern im genetischen Experiment betreffend, von ihr stammend* [< lat. *parens,* Gen. *parentis* »Elternteil«]

Pa|ren|tal|ge|ne|ra|ti|on ⟨f.; -, -en; Biol.⟩ *Generation der Eltern (im Hinblick auf die Nachkommen gesehen)* [< *parental* + *Generation*]

Pa|ren|tel ⟨f.; -, -en; Rechtsw.⟩ *Gesamtheit der Abkömmlinge eines Stammvaters, diesen eingeschlossen* [< lat. *parentela* »Abstammung, Verwandtschaft«]

par|en|te|ral, ⟨auch⟩ **pa|ren|te|ral** ⟨Adj.⟩ *unter Umgehung des Verdauungsapparates;* ~e Aufnahme *Ernährungsweise, bei der die Nahrung nicht in den Darm gelangt, sondern durch die Körperoberfläche aufgenommen wird* [< *para...* + *enteral*]

Par|en|the|se, ⟨auch⟩ **Pa|ren|the|se** ⟨f.; -, -n⟩ **1** *Klammer (als Satzzeichen)* **2** *eingeschobener Teil einer Rede od. eines Satzes* [< grch. *parenthesis* »Zusatz«]

par|en|the|tisch, ⟨auch⟩ **pa|ren|the|tisch** ⟨Adj.⟩ *in der Art einer Parenthese, eingeschaltet, nebenbei (gesagt)*

Pa|reo ⟨m.; -s, -s⟩ *Wickeltuch, das um die Hüften getragen wird* [polynesisch]

Par|er|gon, ⟨auch⟩ **Pa|rer|gon** ⟨m.; -s, -ga⟩ *Anhang, Nachtrag, gesammelte kleine Schriften* [grch., »Zugabe; Nebenwerk«]

Pa|re|se ⟨f.; -, -n⟩ *unvollkommene Bewegungslähmung bei verminderter Funktion eines Nervs od. Muskels* [< grch. *paresis* »Erschlaffung«]

pa|re|tisch ⟨Adj.⟩ *in der Art einer Parese, halb gelähmt, schwach*

par ex|cel|lence ⟨[- ɛksəlã:s]⟩ **1** *vorzugsweise, vor allem* **2** *schlechthin* [frz., »in vorzüglichem Maße«]

par ex|em|ple, ⟨auch⟩ **par e|xemp|le** ⟨[parɛksã:p(ə)l] †⟩ *zum Beispiel* [frz.]

Par|fait ⟨[-fɛ] n.; - od. -s, -s⟩ *halb gefrorenes Speiseeis;* Erdbeer~ [frz., eigtl. »vollkommen, perfekt«]

par force ⟨[-fɔrs] Adv.; †⟩ *mit Gewalt, heftig, unbedingt, unter allen Umständen* [frz., »mit Gewalt«]

Par|force ⟨[-fɔrs] f.; -, -n⟩, **Par|force|jagd** ⟨f.; -, -en⟩ *Hetzjagd mit Pferden u. Hunden* [< frz. *par force* »mit Gewalt«]

Par|force|ritt ⟨[-fɔrs-] m.; -(e)s, -e⟩ *schneller Ritt über eine große Strecke*

Par|fum ⟨[-fœ̃:] n.; -s, -s; frz. Schreibung von⟩ *Parfüm* [frz., eigtl. »Wohlgeruch«]

Par|füm ⟨n.; -s, -s od. -e⟩ **1** *meist wässrig-alkoholische Lösung tierischer od. synthetischer, vorwiegend jedoch pflanzlicher Riechstoffe* **2** *Wohlgeruch* [< frz. *parfum;* → *Parfum*]

Par|fü|me|rie ⟨f.; -, -n⟩ *Geschäft, in dem Parfüms, Seifen u. Kosmetika verkauft werden* [→ *parfümieren,* mit frz. Endung]

Par|fü|meur ⟨[-mø:r] m.; -s, -e⟩ *Fachmann für Parfümherstellung*

par|fü|mie|ren ⟨V.⟩ **1** *mit Parfüm besprühen, betupfen* **2** *wohlriechend machen* [< frz. *parfumer*]

pa|ri = *al pari*

Pa|ri ⟨m.; - od. -s; unz.⟩ *Nennwert;* über ~ stehen [ital.]

Pa|ria ⟨m.; -s, -s⟩ **1** *Angehöriger einer Kaste von Landarbeitern, Tagelöhnern usw. in Südindien* **2** *kastenloser Inder;* Sy *Outcast(2)* **3** = *Outcast(1)* [< engl. *pariah* »Paria, Rechtloser« < Tamil *paraiyan,* eigtl. »Trommler« < *parai* »Trommel«]

pa|rie|ren ⟨V.; Sp.; Fechten⟩ **1** einen **Angriff** ~ *abwehren* **2** ⟨Sp.; Reiten⟩ ein **Pferd** ~ *in eine langsamere Gangart, zum Stehen bringen* **3** ⟨Kochen⟩ **Fleisch, Fisch** ~ *zurechtschneiden* **4** ⟨umg.⟩ *gehorchen* [< frz. *parer* »Pferd in eine mäßige Gangart bringen; ein Pferd anhalten«]

pa|ri|e|tal ⟨[-rie:-] Adj.⟩ **1** *so beschaffen, dass die Samenanlage an der Wand des Fruchtknotens steht* **2** *zum Scheitelbein gehörend* [< lat. *parietalis* »zum Scheitelbein gehörend«; zu *paries* »Wand«]

Pa|ri|e|tal|au|ge ⟨[-rie:-] n.; -s, -n⟩ = *Parietalorgan*

Pa|ri|e|tal|or|gan ⟨[-rie:-] n.; -s, -e⟩ *vom Zwischenhirn gebildetes, unpaares, lichtempfindliches Sinnesorgan niederer Wirbeltiere*

Pa|ri|kurs ⟨m.; -es, -e⟩ *dem Nennwert (eines Wertpapieres) entsprechender Kurs*

Pa|ri|ser ⟨m.; -s, -; umg.⟩ = *Kondom* [zuerst aus *Paris* eingeführt]

Pa|ri|si|enne ⟨[-zjɛn] f.; -; unz.⟩ **1** *gemustertes, mit Metallfäden durchwirktes Gewebe aus Seide* **2** *frz. Revolutionslied von 1830* [frz., »Pariserin«]

pa|ri|syl|la|bisch ⟨Adj.⟩ *in allen Kasus die gleiche Silbenzahl aufweisend* [→ *Parisyllabum*]

Pa|ri|syl|la|bum ⟨n.; -s, -ba⟩ *parisyllab. Substantiv* [< lat. *par,* Gen. *paris* »gleich« + *syllaba* »Silbe«]

Pa|ri|tät ⟨f.; -; unz.⟩ **1** *Gleichberechtigung, Gleichwertigkeit;* Ggs *Disparität, Imparität* **2** *Verhältnis des Wertes zweier Währungen* **3** ⟨Math.⟩ *Austauschbarkeit der Werte gewisser Funktionen der drei räumlichen Koordinaten von Punkten beim Vorzeichenwechsel aller drei Koordinaten (Spiegelung am Koordinatenursprung)* [< lat. *paritas* »Gleichheit«]

pa|ri|tä|tisch ⟨Adj.⟩ *gleichgestellt, gleichberechtigt, gleichwertig;* ~ zusammengesetzt *so zusammengesetzt, dass jede Partei die gleiche Stimmenzahl hat* [→ *Parität*]

Park ⟨m.; -s, -s⟩ **1** *sehr großer, künstlich geschaffener Naturraum* **2** *der gesamte Bestand an Fahrzeugen* **3** ⟨nur in Zus.⟩ *Sammelplatz für Fahrzeuge;* Fuhr~, Wagen~ [< engl. *park,* frz. *parc,* eigtl. »eingeschlossener Raum« < mlat. *parricus*]

Par|ka ⟨m.; - od. -s, -s⟩ *wattierter od. gesteppter Anorak mit Kapuze* [aleut., »Haut, Kleidung« < russ. *parka* »Rentier-, Hunde-, Schaffell« < samojed.]

Park-and-ride-Sys|tem ⟨[pa:rk ənd raid-] n.; -s; unz.⟩ *Verkehrssystem, bei dem Kraftfahrer ihre Fahrzeuge auf eigens geschaffenen Parkplätzen abstellen u. von dort mit öffentl. Verkehrsmitteln weiterfahren* [engl. *park* »parken« + *ride* »fahren«]

par|ken ⟨V.⟩ **1** *parkieren, abgestellt sein;* ein Auto, Motorrad parkt **2** *abstellen, stehen lassen;* seinen Wagen ~ [< engl. (amerik.) *park*]

par|ke|ri|sie|ren ⟨V.⟩ Eisenoberflächen ~ *durch Bestreichen mit Phosphorverbindungen gegen Rost schützen;* Sy *phosphatieren* [nach dem Erfinder *Parker*]

Par|kett ⟨n.; -(e)s, -e⟩ **1** *Fußbodenbelag aus Holz, dessen einzelne Teile zu Mustern zusammengefügt sind;* sich auf dem ~ bewegen können ⟨fig.⟩ *sich ungezwungen, sicher in guter Gesellschaft benehmen können* **2** ⟨Theat.⟩ *vorderer Teil des Zuschauerraums zu ebener Erde* **3** ⟨an der Pariser Börse⟩ *Raum, in dem die Geschäfte abgeschlossen werden* **4** *gesamter offizieller Börsenverkehr* [< frz. *parquet,* eigtl. »kleiner, abgegrenzter Raum«; zu *parc* »eingeschlossener Raum«]

Par|ket|te ⟨f.; -, -n; österr.⟩ *einzelnes Brett des Parketts(1)*

par|ket|tie|ren ⟨V.⟩ *mit Parkett auslegen*
par|kie|ren ⟨V.; schweiz.⟩ = *parken*
Par|kin|so|nis|mus ⟨m.; -; unz.⟩ = *Parkinson-Syndrom*
Par|kin|son|syn|drom, ⟨auch⟩ **Par|kin|son-Syn|drom** ⟨n.; -s; unz.; Med.⟩ *aufgrund einer Erkrankung bestimmter Stammhirnregionen verursachte, durch erbliche u. Umweltfaktoren ausgelöste Schüttellähmung, die mit Muskelsteifheit, Zittern u. einem starren Gesichtsausdruck einhergeht (tritt vor allem im höheren Lebensalter auf);* Sy *Parkinsonismus* [nach dem engl. Arzt James *Parkinson,* 1755–1824]
Par|ko|me|ter ⟨n. od. (umg.) m.; -s, -; †⟩ *Parkuhr, die anzeigt, wie lange man sein Fahrzeug nach dem Münzeinwurf auf einem gebührenpflichtigen Parkplatz abstellen darf* [< *parken* + *…meter*]
Park|stu|di|um ⟨n.; -s; unz.; umg.⟩ *Studium, das nur aufgenommen wird, um die Wartezeit bis zur Erteilung eines Studienplatzes im eigentlich gewünschten Fach zu überbrücken* [< *parken* + *Studium*]
Par|la|ment ⟨n.; -(e)s, -e⟩ *gewählte Volksvertretung aus einer od. zwei Kammern mit beratender u. gesetzgebender Funktion* [< engl. *parliament*]
Par|la|men|tär ⟨m.; -s, -e⟩ *Unterhändler (zwischen feindl. Heeren)* [< frz. *parlementaire*]
Par|la|men|ta|ri|er ⟨m.; -s, -⟩ *Angehöriger des Parlaments*
par|la|men|ta|risch ⟨Adj.⟩ *zum Parlament gehörig, auf ihm beruhend, in ihm üblich* [< engl. *parliamentary*]
Par|la|men|ta|ris|mus ⟨m.; -; unz.⟩ *demokrat. Regierungsform, in der das Parlament an der Regierung teilhat*
par|lan|do ⟨Mus.⟩ *im Sprechgesang (gesungen od. zu singen)* [ital., »erzählend«]
Par|lan|do ⟨n.; -s, -s od. -di⟩ *Sprechgesang*
par|lie|ren ⟨V.⟩ *rasch u. eifrig reden* [< frz. *parler*]
Par|mä|ne ⟨f.; -, -n⟩ *zu den Renetten gehörige Sorte von Äpfeln* [< engl. *pearmain*]
Par|me|lia ⟨f.; -, -li|en⟩ *auf Baumrinden u. Steinen vorkommende Flechte* [lat.]
Par|me|san ⟨m.; - od. -s; unz.⟩ *harter, fetter Käse aus Parma, bes. zum Reiben* [< ital. *parmigiano*]
Par|nass ⟨m.; -es; unz.; fig.⟩ *Berg der Musen, Reich der Dichtkunst* [< grch. *Parnassos,* Berg in Mittelgriechenland, Apollo und den Musen geweiht]
Par|nas|sien ⟨[-sjɛ̃:] m.; -s, -s⟩ *Mitglied einer Gruppe französ. Dichter in der 2. Hälfte des 19. Jh., die als Gegner der gefühlsbetonten Romantik eine gegenstandsbezogene, formvollendete Dichtung anstrebten* [frz.; zu grch. *Parnassos;* → *Parnass*]
par|nas|sisch ⟨Adj.⟩ *zum Parnass gehörig, von ihm ausgehend*
Par|nas|sos, Par|nas|sus ⟨m.; -; unz.⟩ = *Parnass*

■ Die Buchstabenfolge **par|o…** kann auch **pa|ro…** getrennt werden. Davon ausgenommen sind Zusammensetzungen, in denen *par…* sprachhistorisch nicht auf die aus dem Griechischen stammende Vorsilbe *para…* zurückgeht, z.B. bei *Parole* u. *Paroli.*

■ **par|o|chi|al** ⟨[-xi-] Adj.⟩ *zur Parochie gehörig*
■ **Par|o|chi|al|kir|che** ⟨[-xi-] f.; -, -n⟩ *Pfarrkirche*
■ **Par|o|chie** ⟨[-xi:] f.; -, -n⟩ *Amtsbezirk eines Pfarrers, Pfarrbezirk* [< lat. *parochia* »Pfarrgemeinde, Kirchspiel«]
■ **Par|o|die** ⟨f.; -, -n⟩ **1** *komisch-satir., übertreibende Nachahmung eines literar. Werkes od. dicht. Stils in gleicher Form, aber mit anderem, meist unpassendem Inhalt* **2** *Unterlegung einer Komposition mit anderem Text od. eines Textes mit anderer Melodie* **3** *Austausch von instrumentaler u. vokaler Musik* **4** *Austausch von geistl. u. weltl. Texten u. Kompositionen* **5** ⟨bei Bach⟩ *Austausch der Teile verschiedener Musikstücke innerhalb des eigenen Werkes* [frz., eigtl. »Nebengesang«]
■ **Par|o|die|mes|se** ⟨f.; -, -n; Mus.⟩ *Messkomposition des 16. Jh., die Motive eines anderen Werkes (bes. Madrigal, Motette) aufgreift* [< *Parodie* + *Messe*]
■ **par|o|die|ren** ⟨V.⟩ **1** *als Parodie gestalten* **2** *mit einer Parodie verspotten* [< frz. *parodier*]
■ **Par|o|dist** ⟨m.; -en, -en⟩ *Verfasser von Parodien* [< frz. *parodiste*]
■ **Par|o|dis|tik** ⟨f.; -; unz.⟩ *Kunst des Parodierens*
■ **par|o|dis|tisch,** ⟨auch⟩ **pa|ro|dis|tisch** ⟨Adj.⟩ *in der Art einer Parodie;* ~er Sketch; ~e Nachahmung eines Politikers, einer bekannten Persönlichkeit
■ **Par|o|don|ti|tis** ⟨f.; -, -ti|ti|den⟩ = *Paradentitis* [< *Para…* + grch. *odon,* Gen. *odontos* »Zahn«]
■ **Par|o|don|ti|um** ⟨n.; -s, -ti|en; Med.⟩ *Zahnbett, Zahnhalteapparat* [→ *Parodontitis*]
■ **Par|o|don|to|se** ⟨f.; -, -n⟩ = *Paradentose* [→ *Parodontitis*]
pa|role ⟨[-rɔl] f.; -; unz.; Sprachw.⟩ *nach Saussure der Akt des Sprechens;* Ggs *langue* [frz.; → *Parole*]
Pa|ro|le ⟨f.; -, -n⟩ **1** *Kennwort* **2** ⟨fig.⟩ *Wort als Anweisung für eine Handlung, z.B. an eine politische Partei;* Wahl~ [frz., eigtl. »Wort, Spruch«]
Pa|ro|li ⟨n.; -s, -s; im Pharaospiel⟩ *Verdoppelung des ersten Einsatzes;* jmdm. ein ~ bieten *seine Karten gegen den anderen einsetzen;* (jmdm.) ~ bieten ⟨fig.⟩ *jmdm. widersprechen, sich jmdm. widersetzen* [frz. < ital. (neapolitan.) *paroli*]
■ **Par|ö|mie** ⟨f.; -, -n⟩ *altgriech. Sprichwort, Denkspruch* [< grch. *paroimia*]
■ **Par|ö|mi|o|graf** ⟨m.; -en, -en⟩ = *Parömiograph*

■ **Par|ö|mi|o|graph** ⟨m.; -en, -en⟩ *jmd., der Sprichwörter sammelt u. aufzeichnet;* oV *Parömiograf* [< *Parömie* + *…graph*]

■ **Par|ö|mi|o|lo|gie** ⟨f.; -; unz.⟩ *Lehre von den Sprichwörtern* [< grch. *paroimia* »Sprichwort, Denkspruch, Gleichnis« + *…logie*]

■ **Par|o|no|ma|sie** ⟨f.; -, -n; Rhet.⟩ *Zusammenstellung gleicher od. ähnl. Wörter gleicher Herkunft* [< grch. *paronomasia,* < *para* »bei, neben« + *onomasia* »Benennung, Name«]

■ **par|o|no|mas|tisch** ⟨Adj.⟩ *die Paronomasie betreffend, in der Art der Paronomasie*

■ **Par|o|ny|chie** ⟨f.; -, -n⟩ = *Panaritium* [< lat., grch. *paronychi* < grch. *para* »neben« + *onyx* »Nagel«]

par or|dre, ⟨auch⟩ **par ord|re** ⟨[parɔrdrə]⟩ *auf Befehl* [frz.]

■ **Par|o|re|xie** ⟨f.; -, -n; Med.⟩ *Heißhunger auf bestimmte Speisen bei Schwangeren* [< *Para…* + grch. *orexis* »Verlangen«]

■ **Par|os|mie** ⟨f.; -, -n⟩ *Störung des Geruchssinns* [< *Para…* + grch. *osme* »Geruch«]

■ **Par|o|tis** ⟨f.; -, -ti|den⟩ *Ohrspeicheldrüse* [< *Para…* + grch. *ous,* Gen. *otos* »Ohr«]

■ **Par|o|ti|tis** ⟨f.; -, -ti|ti|den⟩ *Entzündung der Ohrspeicheldrüse;* ~ epidemica = *Mumps* [→ *Parotis*]

■ **par|o|xys|mal** ⟨Adj.⟩ *in der Art eines Paroxysmus, anfallsweise (auftretend)*

■ **Par|o|xys|mus** ⟨m.; -, -men⟩ **1** ⟨Med.⟩ *Anfall, höchste Steigerung von Krankheitserscheinungen* **2** ⟨Geol.⟩ *gesteigerte tektonische Vorgänge, verbunden mit vulkanischen Ergüssen* [< grch. *paroxysmos* »Verschärfung«, *para* »neben, bei« + *oxys* »scharf«]

■ **Par|o|xy|to|non** ⟨n.; -s, -na; altgriech. Betonungslehre⟩ *Wort, das auf der vorletzten Silbe betont wird* [< *Para…* + *Oxytonon*]

Par|se ⟨m.; -n, -n⟩ *einer der Anhänger des Parsismus, die im 8. Jh. von Persien nach Indien auswanderten*

Par|sec, Par|sek ⟨f.; -, -; Zeichen: pc; Astron.⟩ *gelegentlich verwendete Längeneinheit, bezeichnet diejenige Strecke, aus der der Radius der Erdbahn um die Sonne unter einem Winkel von einer Bogensekunde ("1) erscheint; 1 pc = 3,262 Lichtjahre; heute meist durch die Einheit Lichtjahr ersetzt;* Sy ⟨†⟩ *Parallaxensekunde*

par|sen ⟨V.; EDV⟩ *mit einem Parser analysieren, segmentieren (in Bezug auf Daten)*

Par|ser ⟨m.; -s, -; EDV⟩ *Bestandteil eines Compilers, Programm, das die syntaktische Analyse des Quellprogramms durchführt, um es in eine Maschinensprache zu übertragen* [engl., zu *parse* »(grammatisch) analysieren«]

Par|sing ⟨n.; -s, -s; EDV⟩ *Teil der Programmübersetzung durch einen Compiler, der sich mit der syntaktischen Analyse des Quellprogrammes befasst, um dessen formale Struktur zu ermitteln;* Sy *Syntaxanalyse* [zu engl. *parse* »(grammatisch) analysieren«]

par|sisch ⟨Adj.⟩ *zu den Parsen gehörend, von ihnen stammend*

Par|sis|mus ⟨m.; -; unz.⟩ *die durch die Parsen ausgebildete Form der Lehre Zarathustras*

Pars pro To|to ⟨n.; - - -, - - -; Rhet.⟩ *Form der Synekdoche, bei der ein Ganzes durch ein Teil bezeichnet wird,* z.B. »kluger Kopf« statt »kluger Mensch« [lat., »ein Teil für das Ganze«]

part. ⟨Abk. für⟩ *parterre*

Part ⟨m.; -s, -e⟩ **1** *Teil, Anteil* **2** *Anteil am Eigentum eines Schiffes* **3** *Stimme (eines Gesangs- od. Instrumentalstücks)* **4** *Rolle (im Theaterstück)* [< mhd. »Anteil; Abteilung; Partei« < frz., »Anteil«]

Par|te ⟨f.; -, -n; österr.⟩ **1** *Traueranzeige* **2** ⟨landschaftlich⟩ *Mieter, Mietpartei* [umg. Verkürzung von *Partei*]

Par|tei ⟨f.; -, -en⟩ **1** *Vereinigung von Personen mit gleichen polit., sozialen u. weltanschaul. Überzeugungen, die sie im staatl. Leben durchzusetzen suchen* **2** *Partner eines Vertrages* **3** *jeder der beiden Gegner im Rechtsstreit* **4** *jede von zwei oder mehreren gegeneinander spielenden oder miteinander streitenden Gruppen;* jmds. ~ ergreifen *sich auf jmds. Seite stellen;* für, gegen jmdn. ~ ergreifen *für, gegen einen Streitenden sprechen* **5** *Mieter (einer Wohnung im Mietshaus)* [< mhd. *partie* »Abteilung, Gruppe, Personenverband« < frz. *partie* »Teil, Anteil; Gruppe; Beteiligung«, zu *partir* »teilen, trennen« < vulgärlat. *partire* (= lat. *partiri*)]

par|tei|isch ⟨Adj.⟩ *einseitig für eine von zwei od. mehreren streitenden Parteien eingestellt, voreingenommen, befangen*

par|tei|lich ⟨Adj.⟩ *bewusst auf der Seite einer Partei stehend*

Par|tei|or|gan ⟨n.; -s, -e⟩ *an eine Partei gebundene, im Sinne einer Partei schreibende Zeitung*

par|terre ⟨[-tɛ̨r] Adv.; Abk.: part.⟩ *im Erdgeschoss;* wir wohnen ~ [< frz. *par terre* »zu ebener Erde«]

Par|terre ⟨[-tɛ̨r] n.; -s, -s⟩ **1** *Erdgeschoss* **2** ⟨Theat.; †⟩ *mittlere u. hintere Reihen des Zuschauerraumes zu ebener Erde* **3** *kunstvoll angelegtes Blumenbeet in großem Ausmaß* [frz., »Fußboden, Gartenbeet«; zu *par terre* » zu ebener Erde«]

Par|terre|a|kro|ba|tik, ⟨auch⟩ **Par|terre|ak|ro|ba|tik** ⟨[-tɛ̨r-] f.; -; unz.⟩ *Akrobatik auf dem Fußboden ohne Geräte*

Par|the|no|ge|ne|se ⟨f.; -; unz.⟩ **1** ⟨Myth.⟩ *Geburt eines Gottes od. Helden durch eine Jungfrau* **2** ⟨Biol.⟩ *Entstehung der Eizelle ohne vorherige Befruchtung, Jungfernzeugung* [< grch. *parthenos* »Jungfrau« + *Genese*]

par|the|no|ge|ne|tisch ⟨Adj.⟩ *auf Parthenogenese beruhend, aus unbefruchteten Keimzellen entstehend*

par|the|no|karp ⟨Adj.; Biol.⟩ *auf Parthenokarpie beruhend, ohne Befruchtung gebildet*

Par|the|no|kar|pie ⟨f.; -; unz.⟩ *Bildung von Früchten ohne Samen* [< grch. *parthenos* »Jungfrau« + *karpos* »Frucht«]

par|ti|al ⟨Adj.; †⟩ = *partiell* [< spätlat. *partialis* »(an)teilig«]
Par|ti|al|bruch ⟨m.; -(e)s, -brü|che⟩ *Bruch, dessen Nenner aus weiteren Brüchen besteht*
Par|ti|al|druck ⟨m.; -(e)s, -e⟩ *in einem Gasgemisch der Druck, der von einem Bestandteil dieses Gemisches erzeugt wird, addiert sich mit den Partialdrücken der anderen Bestandteile zum Gesamtdruck des Systems*
Par|ti|al|kon|trol|le, ⟨auch⟩ **Par|ti|al|kont|rol|le** ⟨f.; -, -n; Wirtsch.⟩ *statistische Qualitätskontrolle mit Hilfe von Stichproben.*
Par|ti|al|ob|li|ga|ti|on, ⟨auch⟩ **Par|ti|al|o|bli|ga|ti|on** ⟨f.; -, -en⟩ *Teilschuldverschreibung*
Par|ti|al|schwin|gung ⟨f.; -, -en⟩ *eine der sinusförmig mit bestimmter Frequenz verlaufenden Teilschwingungen bei der Überlagerung mehrerer Schwingungen mit verschiedenen Frequenzen*
Par|ti|al|ton ⟨m.; -(e)s, -tö|ne⟩ *Teilton eines Klanges*
Par|ti|cell ⟨[-tʃɛl] n.; -s, -e; Mus.⟩ *Entwurf einer Komposition als verkürzte Partitur mit mehreren Stimmen in einer Notenzeile;* oV *Particella* [ital. *particella* »Teilchen«]
Par|ti|cel|la ⟨[-tʃɛla] f.; -, -cel|le; Mus.⟩ = *Particell*
Par|tie ⟨f.; -, -n⟩ **1** *Teil, Abschnitt, Stück, Ausschnitt;* die obere, untere ~ des Bildes, des Gesichtes; die reizvollsten, schönsten ~n des Parks, des Gebirges **2** *Warenposten, Restwaren, die im Großen gekauft u. billig abgegeben werden;* eine ~ Bettwäsche, Schürzen **3** *einzelne Stimme eines Musikstückes;* Gesangs~, Klavier~ **4** *einzelne Rolle eines Sängers od. einer Sängerin;* die ~ des Rigoletto **5** *Ausflug, kleine Reise;* Land~, Jagd~; mit von der ~ sein ⟨a. fig.⟩ *mitspielen, mitmachen, sich beteiligen;* eine ~ (Schach) spielen *Spiel als Einzelspiel* **6** *Heirat, Heiratsmöglichkeit;* eine gute ~ machen *ein reiches Mädchen od. einen reichen Mann heiraten od. sonstige Vorteile bei der Heirat gewinnen;* er (sie) ist eine gute ~ [frz.]
Par|tie|füh|rer ⟨m.; -s, -; österr.⟩ *Vorarbeiter*
par|ti|ell ⟨Adj.⟩ **1** *teilweise* **2** *anteilig;* oV *partial* [< frz. *partiel*]
par|tie|ren ⟨V.⟩ **1** ⟨†⟩ *teilen* **2** ⟨Mus.⟩ Stimmen ~ *in einer Partitur zusammenstellen* [< lat. *partire;* zu *pars;* → *Part*]
Par|tie|wa|re ⟨f.; -, -n; Wirtsch.⟩ *veraltete od. unansehnliche Ware, die zu reduziertem Preis abgestoßen wird* [→ *Partie*]
Par|ti|kel ⟨a. [-ti̯-] f.; -, -n⟩ **1** ⟨Gramm.⟩ *unbeugbares Wort,* z.B. Präposition, Konjunktion **2** ⟨f.; auch n.; -s, -; Phys.⟩ *kleiner Bestandteil, atomares Teilchen* **3** ⟨kath. Kirche⟩ **3.1** *kleine Hostie* **3.2** *Teilchen einer (größeren) Reliquie* [< lat. *particula* »Teilchen«; zu *pars,* Gen. *partis* »Teil«]
par|ti|ku|lar, par|ti|ku|lär ⟨Adj.⟩ *einen Teil betreffend, (nur) in einem Teil vorhanden, einzeln* [< lat. *particularis;* zu *particula;* → *Partikel*]
Par|ti|ku|la|ris|mus ⟨m.; -; unz.⟩ **1** *Bestrebung (von kleinen Ländern), die eigenen Interessen gegenüber dem Ganzen durchzusetzen* **2** *Vielstaaterei*
Par|ti|ku|la|rist ⟨m.; -en, -en⟩ *Anhänger, Vertreter des Partikularismus*
par|ti|ku|la|ris|tisch ⟨Adj.⟩ *zum Partikularismus gehörend, auf ihm beruhend*
Par|ti|ku|lier ⟨m.; -s, -e; Binnenschifffahrt⟩ *Schiffseigentümer, der selbst sein Schiff führt* [< frz. *particulier* »besonders; privat« < lat. *particularis;* → *partikulär*]
Par|ti|men|to ⟨m.; - od. -s, -ti; Mus.⟩ *Generalbassstimme* [ital., »Teilung«]
Par|ti|san ⟨m.; -s od. -en, -en⟩ *bewaffneter Widerstandskämpfer im Hinterland;* Sy *Guerillero* [frz., eigtl. »Parteigänger, Anhänger«]
Par|ti|sa|ne ⟨f.; -, -n; 15.–18. Jh.⟩ *spießartige Stoßwaffe mit zweischneidiger, spitzer Klinge* [< frz. *pertuisane* »Knebelspieß«]
Par|ti|ta ⟨f.; -, -ten; Mus.⟩ = *Suite(1)* [ital.]
Par|ti|te ⟨f.; -, -n⟩ **1** = *Posten(4)* **2** = *Posten(5)* [< lat. *partitus* »geteilt«]
Par|ti|ti|on ⟨f.; -, -en⟩ **1** *Teilung, Einteilung* **2** ⟨antike Rhet.⟩ *Zerlegung des Begriffs in seine Teile* [< lat. *partitio* »Teilung, Verteilung«]
par|ti|tiv ⟨Adj.; Gramm.⟩ *die Teilung ausdrückend, teilend*
Par|ti|tiv|zahl ⟨f.; -, -en⟩ *Bruchzahl,* z.B. zwei Drittel, ein Viertel
Par|ti|tur ⟨f.; -, -en⟩ *zusammenfassende Niederschrift eines vielstimmigen Musikstückes, jeweils in Einzelstimmen Takt für Takt untereinander* [< ital. *partitura*]
Par|ti|zip ⟨n.; -s, -pi|en⟩ *infinite Form des Verbs, die die Funktion eines Adjektivs übernehmen u. dekliniert werden kann, Mittelwort;* ~ **Präsens** *Mittelwort der Gegenwart,* z.B. gehend; ~ **Perfekt** *Mittelwort der Vergangenheit,* z.B. gegangen [verkürzt < *Partizipium*]
Par|ti|zi|pa|ti|on ⟨f.; -, -en; Philos.⟩ *das Partizipieren, Teilnahme* [< lat. *participatio* »Teilnahme«]
Par|ti|zi|pa|ti|ons|ge|schäft ⟨n.; -(e)s, -e; Wirtsch.⟩ *Handelsgeschäft, bei dessen Durchführung mehrere selbständige Personen u. Unternehmen kooperieren* [→ *Partizipation*]
par|ti|zi|pi|al ⟨Adj.⟩ *mit Hilfe des Partizips (gebildet), in der Art eines Partizips*
Par|ti|zi|pi|al|grup|pe ⟨f.; -, -n; Gramm.⟩ *Partizip, das durch ein Objekt od. eine adverbiale Bestimmung erweitert ist (oft anstelle eines Relativ- od. Konjunktionalsatzes)* z.B. früh am Morgen in Gütersloh eingetroffen; der Zuverlässigkeit ihrer Nachbarin vertrauend
Par|ti|zi|pi|al|satz ⟨m.; -es, -sät|ze⟩ *mit einem Partizip gebildeter, verkürzter Nebensatz*
par|ti|zi|pie|ren ⟨V.⟩ *teilnehmen, Anteil haben* [< lat. *participare* »teilhaben«]
Par|ti|zi|pi|um ⟨n.; -s, -pia⟩ = *Partizip* [< lat. *participium;* zu *particeps* »teilhabend« (wegen der Mittelstellung zwischen Verb u. Adj.); zu *pars,* Gen. *partis* »Teil« + *capere* »nehmen«]
Part|ner ⟨m.; -s, -⟩ **1** *jmd., der mit an etwas teilnimmt, teilhat, an derselben Sache beteiligt ist;*

Ehe~; Geschäfts~; Gesprächs~; Tanz~; Vertrags~ **2** *Mitspieler, der im Spiel auf derselben Seite steht;* Tennis~ [engl.]

Part|ne|rin ⟨f.; -, -rin|nen⟩ **1** *Frau, die mit an etwas teilnimmt, an derselben Sache beteiligt ist* **2** *Mitspielerin, die im Spiel auf derselben Seite steht;* Mixed~

Part|ner|look ⟨[-luk] m.; -s; unz.⟩ *ähnliches Aussehen zweier Partner, bes. in Bezug auf die Kleidung* [< *Partner* + *Look*]

Par|ton ⟨n.; -s, -to|nen; meist Pl.⟩ *(nur angenommene) Komponente von Elementarteilchen u. Nukleonen* [zu lat. *pars,* Gen. *partis* »Teil« + ...*on*]

par|tout ⟨[-tu:] Adv.; umg.⟩ *durchaus;* er will ~ (nicht) mitgehen [< frz. »überall, allenthalben«]

part per bil|li|on → *ppb*

part per mil|li|on → *ppm*

Par|tus ⟨m.; -, -⟩ *Geburt, Entbindung* [lat., Part. Perf. zu *parere* »gebären«]

Part|work ⟨[pa:(r)twə:k] n.; -s, -s⟩ *in Teillieferungen erscheinende Buchreihe, Zeitschrift o.Ä.* [engl., zu *part* »Teil« + *work* »Arbeit«]

Par|ty ⟨[pa:(r)ti] f.; -, -s⟩ *zwanglose Geselligkeit, geselliges Beisammensein;* Cocktail~, Garten~; eine ~ geben [engl. < frz. *parti* »geteilt«; zu *partir* »teilen«]

Par|ty|ser|vice ⟨[-sə:(r)vis] m.; -, -s [-visiz]⟩ *Service von Restaurants, Feinkostgeschäften u.a., die Speisen u. Getränke zubereiten, außer Haus liefern u. bei Bedarf Bedienungspersonal zur Verfügung stellen*

Par|u|lis, ⟨auch⟩ **Pa|ru|lis** ⟨f.; -; unz.⟩ *Zahnfleischgranulom* [< *Para...* + grch. *oulon* »Zahnfleisch«]

Par|u|sie, ⟨auch⟩ **Pa|ru|sie** ⟨f.; -; unz.⟩ **1** *Wiederkunft Christi beim Jüngsten Gericht* **2** ⟨bei Plato⟩ *Gegenwart der Ideen in den Dingen* [< grch. *parusia* »Gegenwart, Anwesenheit«]

Par|ve|nü ⟨[-və-] m.; -s, -s⟩ *Emporkömmling* [< frz. *parvenu*]

Par|ze ⟨f.; -, -n; meist Pl.⟩ *eine der drei altröm., urspr. griech. Schicksalsgöttinnen* [< lat. *Parca,* eigtl. eine Geburtsgöttin]

Par|zel|le ⟨f.; -, -n⟩ *kleinste im Grundbuch eingetragene Einheit vermessenen Baulandes* [< frz. *parcelle* »Stückchen, Teilchen; (vermessenes) Grundstück«]

par|zel|lie|ren ⟨V.⟩ Land, Grund ~ *in Parzellen einteilen* [< frz. *parceller* »in kleine Stücke teilen«]

Pas ⟨[pa] m.; -, -; Ballett⟩ **1** *Tanzschritt* **2** *bestimmte Abfolge verschiedener Tanzschritte;* → a. *Pas de deux* [frz. < lat. *passus* »Schritt«]

PASCAL ⟨EDV⟩ *höhere Programmiersprache für strukturierte Programmierung, Weiterentwicklung von ALGOL*

Pasch ⟨m.; -es, -e od. Pä|sche⟩ **1** *Wurf mit gleicher Augenzahl auf mehreren Würfeln* **2** *Dominostein mit gleicher Punktzahl auf beiden Hälften* [vermutl. < frz. *passe-dix* »überschreite zehn«, ein Würfelspiel, bei dem der gewinnt, der mehr als zehn Augen u. auf zwei von drei Würfeln die gleiche Augenzahl wirft]

Pa|scha ⟨m.; -s, -s⟩ **1** ⟨früher⟩ *hoher türk. u. ägypt. Offizier od. Beamter* **2** ⟨fig.⟩ *anspruchsvoller Mensch, der sich gern bedienen lässt* [< türk. *paša* »Exzellenz«]

Pa|scha|lik ⟨n.; -s, -e od. -s; früher⟩ *Würde, Amt, Amtsbereich eines Paschas*

pa|schen[1] ⟨V.⟩ *einen Pasch(1) würfeln* [→ *Pasch*]

pa|schen[2] ⟨V.; umg.⟩ *schmuggeln* [rotw., eigtl. »(unehrlich erworbenes Gut) kaufen und verkaufen«; vermutl. zu Zig. *paš* »Teil«]

Pa|scher ⟨m.; -s, -; umg.⟩ *Schmuggler* [→ *paschen*[2]]

Pasch|tu ⟨n.; - od. -s; unz.⟩ = *Puschtu*

Pas de deux ⟨[pa də dø:] m.; - - -, - - -; Ballett⟩ *Tanz zu zweit, Tanz eines Solotänzers mit einer Solotänzerin* [frz., »Tanzschritt zu zweit, von zweien«]

Pas de trois ⟨[pa də troa] m.; - - -, - - -; Ballett⟩ *Tanz zu dritt, Tanz dreier Solotänzer(innen)* [frz., »Tanzschritt zu dritt«]

Pa|so do|ble, ⟨auch⟩ **Pa|so dob|le** ⟨[do:blə] m.; - -, - -⟩ *Gesellschaftstanz in raschem ²/₄-Takt* [span., »Doppelschritt«]

Pas|pel ⟨f.; -, -n⟩ *schmales Band zur Verzierung (an Nähten od. Rändern von Kleidungsstücken, bes. von Uniformen);* oV ⟨österr.⟩ *Passepoil* [< frz. *passepoil*]

pas|pe|lie|ren ⟨V.⟩ *mit einer Paspel versehen;* oV ⟨österr.⟩ *passepoilieren*

Pas|quill ⟨n.; -s, -e⟩ *(anonyme) Schmähschrift, Spottschrift* [< ital. *pasquillo* < *pasquino* Name einer Statue, an die anonyme Schmähschriften geheftet wurden]

Pas|quil|lant ⟨m.; -en, -en⟩ *Verfasser eines Pasquills*

pass. ⟨Abk. für⟩ *passim*

Pass ⟨m.; -es, Päs|se⟩ **1** *Personalausweis zur Reise in fremde Länder* **2** *Durchgang, schmaler Weg quer durch ein Gebirge od. zwischen zwei Bergen hindurch* **3** ⟨Jägerspr.⟩ *Wechsel des niederen Haarwildes u. Raubwildes* **4** *aus mehreren Kreisbogen gleichen Durchmessers gebildete Figur des got. Maßwerks;* Drei~, Vier~, Viel~ **5** ⟨unz.⟩ *Gangart mancher Vierfüßer, bei der beide Beine einer Seite gleichzeitig vorgesetzt werden, Passgang* [< frz. *pas,* ital. *passo* u. ndrl. *pas* »Schritt«]

pas|sa|bel ⟨Adj.⟩ *leidlich, annehmbar* [< frz. *passable*]

Pas|sa|ca|glia, ⟨auch⟩ **Pas|sa|cag|lia** ⟨[-kalja] f.; -, -gli|en [-ljən]⟩ **1** ⟨urspr.⟩ *span.-ital. Tanz* **2** ⟨dann⟩ *Instrumentalstück im Dreiertakt mit ostinatem Bass* [< frz. *passacaille* (beeinflusst von ital. *passagaglia*) < span. *pasacalle* »Gitarrenmelodie« < *paser* »(vorüber)gehen« + *calle* »Straße«]

Pas|sa|de ⟨f.; -, -n; Sp.; hohe Schule⟩ *kurz ausgeführte Wendung im Galopp mit gleichzeitigem Fußwechsel* [frz.]

Pas|sa|ge ⟨[-ʒə] f.; -, -n⟩ **1** *Durchgang* **2** *Durchfahrt, Meerenge* **3** *überdachte Ladenstraße*

4 *Reise mit Schiff od. Flugzeug, bes. übers Meer, Überfahrt* **5** ⟨Astr.⟩ *Durchgang eines Gestirns durch den Meridian* **6** ⟨Mus.⟩ *Lauf, schnelle Tonfolge* **7** ⟨Sp.; hohe Schule⟩ *Trab in höchster Versammlung, bei dem die Vorderbeine schwungvoll gehoben werden* [frz.]

Pas|sa|ge|in|stru|ment, ⟨auch⟩ **Pas|sa|ge|ins|tru|ment, Pas|sa|ge|inst|ru|ment** ⟨[-ʒə-] n.; -(e)s, -e⟩ *astronom. Gerät zum Beobachten der Passage eines Gestirns*

Pas|sa|gier ⟨[-ʒiːr] m.; -s, -e⟩ *Reisender eines Schiffes, Flugzeugs, der Eisenbahn, Fahrgast, Fluggast* [<ital. *passeggiere* »Reisender, Schiffsreisender«, unter Einwirkung von frz. *passager* »Reisender, Fahrgast«]

Pas|sah ⟨n.; -s; unz.⟩ *achttägiges, im März gefeiertes jüd. Fest, ursprüngl. altes Hirtenfest, an dem man dem Gott des Mondes die Erstgeburten der Tiere darbrachte, später umgedeutet, zum Andenken an den Auszug aus Ägypten* [<grch. *passa* <aram. *peha,* hebr. *pesah*]

Pas|sa|me|ter ⟨n.; -s, -⟩ *Gerät für Außenmessungen an Werkstücken;* Ggs *Passimeter* [<lat. *passus* »Schritt« + *...meter*]

Pas|sa|mez|zo ⟨m.; -s, -zi; Mus.; 16./18. Jh.⟩ **1** *altitalienischer, rascher Schreittanz in geradem Takt* **2** *Satz der Suite* [ital. *passo e mezzo* »anderthalb Schritt«]

Pas|sant ⟨m.; -en, -en⟩ *vorübergehender Fußgänger* [frz.; zu ital. *passare* »vorübergehen«]

Pas|sat ⟨m.; -(e)s, -e⟩ *beständiger Wind in den Tropen innerhalb der Wendekreise, infolge der Erdumdrehung wechselnd aus NO u. SO wehend;* → a. *Urpassat* [<ndrl. *passaat(wind)*]

passe ⟨[pas] Roulett⟩ *die Zahlen 19–36 betreffend;* Ggs *manque* [frz., »übertrifft, geht hinaus über«]

pas|sé ⟨[-seː] Adj.; nur prädikativ⟩ = *passee*

Pas|se ⟨f.; -, -n⟩ *angesetztes Stück über beide Schultern (an Kleidern, Blusen, Hemden)* [frz.]

pas|see ⟨Adj.; nur prädikativ⟩ *vorbei, vergangen, nicht mehr modern;* oV *passé;* das ist (längst) ~ [frz., Part. Perf. von *passer* »(vorüber)gehen«]

Passe|par|tout ⟨[paspartuː] n.; -s, -s⟩ **1** *Rahmen aus Karton für ein Bild (Foto od. Zeichnung)* **2** *Schlüssel, der für alle Türschlösser eines Hauses (z.B. eines Hotels) benutzbar ist* [<frz. *passe partout* »passt überall«]

Passe|pi|ed ⟨[paspjeː] m.; -s, -s⟩ **1** *altfrz. Rundtanz in raschem Dreiertakt* **2** *Satz der Suite* [frz.; zu *passer* »vorbeigehen« + *pied* »Fuß«]

Passe|poil ⟨[paspoaːl] m.; -s, -s; österr.⟩ = *Paspel* [frz.]

passe|poi|lie|ren ⟨[paspoa-] V.; österr.⟩ = *paspelieren* [<frz. *passepoiler*]

Passe|port ⟨[paspɔː(r)] m.; -s, -s; frz. Bez. für⟩ *Pass, Ausweis*

Pas|se|rel|le ⟨f.; -, -n⟩ *überdachte Ladenpassage* [frz., »Steg, schmale Brücke«]

pas|sie|ren ⟨V.⟩ **1** *vorüberfahren, -gehen, hindurchfahren, -gehen, überfliegen, überqueren;* eine Brücke, Grenze ~; jmdn. ungehindert ~ lassen; die Zensur ~ *durch eine Z. gehen* **2** *durch ein Sieb streichen;* Quark, Gemüse, Suppe, Kartoffeln ~ **3** *geschehen, sich ereignen;* ist etwas passiert? **4** *zustoßen;* mir ist etwas Unangenehmes passiert; das kann auch nur ihm ~ ⟨umg.⟩ *er ist immer so ungeschickt* [<frz. *passer* »gehen, vorbeigehen«]

Pas|sier|schlag ⟨m.; -(e)s, -schlä|ge; Sp.; Tennis⟩ *Ball, der mit meist hartem Schlag an dem bis nah ans Netz vorgelaufenen Gegner vorbeigespielt wird* [→ *passieren*]

pas|sim ⟨Adv.; Abk.: pass.⟩ *hier und da (bei Angabe der Belegstellen für Zitate)* [lat.]

Pas|si|me|ter ⟨n.; -s, -⟩ *Gerät für Innenmessungen an Werkstücken;* Ggs *Passameter* [<lat. *passus* »Schritt« + *...meter*]

Pas|si|on ⟨f.; -, -n⟩ **1** *Leidenschaft* **2** *Leidensgeschichte (Christi)* [<mhd. *passion, passie* <kirchenlat. *passio* »Leiden(sgeschichte) Christi«, eigtl. »Leiden, Erdulden«]

Pas|si|o|nal ⟨n.; -s, -e⟩, **Pas|si|o|na|le** ⟨n.; -s, -⟩ *(in der Liturgie verwendetes) Buch mit Legenden von Heiligen u. Märtyrern;* Sy *Passionar*

Pas|si|o|nar ⟨n.; -s, -e⟩ = *Passional*

pas|si|o|na|to ⟨Mus.⟩ = *appassionato* [ital., »mit Leidenschaft«]

pas|si|o|niert ⟨Adj.⟩ *begeistert, leidenschaftlich;* ein ~er Reiter, Schwimmer

Pas|si|ons|blu|me ⟨f.; -, -n⟩ *die Kletterpflanze Passiflora, deren Seitensprosse zu Ranken umgebildet sind*

Pas|si|ons|frucht ⟨f.; -, -früch|te⟩ *Frucht der Passionsblume;* Gelbe ~ = *Maracuja*

Pas|si|ons|sonn|tag ⟨m.; -es, -e⟩ *jeder der sechs Sonntage in der Passionszeit* [→ *Passion*]

Pas|si|ons|spiel ⟨n.; -(e)s, -e⟩ *mittelalterliches geistliches Schauspiel, in dem an mehreren Tagen die Leidensgeschichte Jesu dargestellt wurde (vereinzelt noch heute aufgeführt, z.B. in Oberammergau)* [→ *Passion*]

pas|siv ⟨a. [-'-] Adj.⟩ Ggs *aktiv* **1** *nicht tätig, nichts bewirkend, nichts verändernd;* ~er Charakter, eine ~e Natur; sich ~ verhalten; ~e **Handelsbilanz** *H. eines Landes, bei der die Einfuhr die Ausfuhr übersteigt;* ~e **Immunisierung** *I. durch Übertragung von Serum aktiv immunisierter Tiere;* ~es **Wahlrecht** *das Recht, gewählt zu werden;* ~er **Widerstand,** ~e Resistenz *W. durch Untätigkeit;* ~er **Wortschatz** *W., den jmd. in einer Sprache zwar kennt, aber nicht von sich aus verwendet* **2** ⟨Gramm.⟩ = *passivisch* **3** *untätig, träge, teilnahmslos, still duldend* [<lat. *passivus* »duldend«]

Pas|siv ⟨n.; -s, -e [-və]; Gramm.⟩ *Ausdrucksform des Verbs, bei der das Subjekt syntaktisch das Ziel eines Geschehens ist, Leideform;* Ggs *Aktiv(1);* oV *Passivum*

Pas|si|va, Pas|si|ven ⟨[-va, -ven] Pl.⟩ *Verbindlichkeiten, Schulden;* Ggs *Aktiva*

Pas|siv|ge|schäft ⟨n.; -(e)s, -e; Wirtsch.⟩ *Bankgeschäft (auf der Passivseite der Bankbilanz) zur Beschaffung von Geldkapital,* z.B. Annahme von Spareinlagen; Ggs *Aktivgeschäft* [→ *passiv*]

pas|si|vie|ren ⟨[-viː-] V.⟩ **1** Posten ~ *vom Haben einer Bilanz auf das Soll setzen* **2** ⟨Chem.⟩ Metalle ~ *Metallen die Eigenschaft der Passivität(2) verleihen*

pas|si|visch ⟨Adj.⟩ *im Passiv (stehend)*

Pas|si|vi|tät ⟨[-vi-] f.; -; unz.⟩ **1** *passives Wesen, Untätigkeit, Teilnahmslosigkeit, Trägheit* **2** ⟨Chem.⟩ *Widerstandsfähigkeit unedler Metalle gegen chem. Einflüsse nach Behandlung mit oxidierenden Säuren* [<frz. *passivité*]

Pas|siv|rau|chen ⟨n.; -s; unz.⟩ *das (ungewollte) Einatmen von Tabakrauch durch einen Nichtraucher, der sich in der Gesellschaft von Rauchern aufhält* [→ *passiv*]

Pas|si|vum ⟨n.; -s, -va⟩ = *Passiv*

Pas|so|me|ter ⟨n.; -s, -⟩ = *Pedometer*

Pas|sus ⟨m.; -, -⟩ **1** *Abschnitt in einem Buch od. Text* **2** *altröm. Längenmaß, Doppelschritt, 147,9 cm* [<mlat. *passus* »Schritt«]

Pas|ta ⟨f.; -, -ten⟩ **1** *streichbare Masse;* Zahn~ **2** ⟨ital. Bez. für⟩ *Teigware, Gericht aus Teigwaren;* ~ asciutta [pasta ʃuta] *Spaghetti mit Tomatensoße u. geriebenem Käse (und Hackfleisch)* [ital., »Teig, Brei«; *asciutta* »getrocknet«]

Pas|te ⟨f.; -, -n⟩ **1** *streichbare Masse;* Fleisch~, Sardellen~ **2** *Salbe-Pulver-Mischung;* Zink~ [<ital. *pasta* »Teig, Brei«]

Pas|tell ⟨n.; -(e)s, -e⟩ *Zeichnung mit Pastellfarben* [<frz. *pastel* <ital. *pastello* »kleine Paste«; zu *pasta* »Teig, Brei«]

pas|tel|len ⟨Adj.⟩ *mit Pastellfarben gemalt, pastellfarben* [→ *Pastell*]

Pas|tell|far|be ⟨f.; -, -n⟩ **1** *Farbe aus Gips od. Kreide, der Farbe u. Bindemittel zugesetzt wurde* **2** ⟨allg.⟩ *zarte, helle Farbe*

Pas|te|te ⟨f.; -, -n⟩ **1** *mit Fleisch, Fisch, Gemüse od. anderem gefülltes Gebäck aus Blätterteig* **2** *streichbare Masse aus bes. feiner Kalbs- od. Gänseleber;* Leber~, Gänseleber~ [<roman. *pastata* <mlat. *pasta* »Teig«]

Pas|teu|ri|sa|ti|on ⟨[-tø-] f.; -; unz.⟩ = *Pasteurisierung*

pas|teu|ri|sie|ren ⟨[-tø-] V.⟩ Nahrungsmittel ~ *N., bes. Milch, auf Temperaturen von etwas weniger als 100° C kurz erhitzen zur weitgehenden Vernichtung von krankheitserregenden Bakterien* [nach dem frz. Mediziner Louis *Pasteur,* 1822-1895]

Pas|teu|ri|sie|rung ⟨[-tø-] f.; -; unz.⟩ *das Pasteurisieren*

Pas|tic|cio ⟨[-tɪtʃo] n.; -s, -s od. -tic|ci [-tɪtʃi]⟩ **1** *zu betrüger. Zwecken in der Manier eines Künstlers gemaltes Bild* **2** *aus den Werken verschiedener Komponisten zusammengesetztes Musikstück, bes. Oper od. Singspiel (mit neuem Libretto)* [ital., »Pastete; verwickelte Geschichte«]

Pas|tiche ⟨[pastiʃ] m.; - od. -s, -s; frz. Bez. für⟩ *Pasticcio*

Pas|til|le ⟨f.; -, -n; Pharm.⟩ *Kügelchen, Plätzchen, Pille (in der Arzneimittelherstellung)* [<lat. *pastillus*]

Pas|ti|nak ⟨m.; -s, -e⟩, **Pas|ti|na|ke** ⟨f.; -, -n⟩ *gelb blühendes Doldengewächs, dessen Pfahlwurzel wie Schwarzwurzel zubereitet wird: Pastinaca sativa* [<lat. *pastinaca*]

Pas|tis ⟨m.; -; unz.⟩ *frz. Anislikör*

Pas|tor ⟨m.; -s, -to|ren; Abk.: P.⟩ *Pfarrer, Geistlicher* [<kirchenlat. *pastor* »Seelenhirt«, lat. »Hirt«; zu *pascere* »(Vieh) weiden, füttern, (er)nähren«]

pas|to|ral ⟨Adj.⟩ **1** *ländlich, hirtenartig, idyllisch* **2** *den Pastor betreffend, zu ihm gehörend, ihm gemäß, ihm zustehend, pfarramtlich* **3** ⟨fig.⟩ *feierlich, würdig, getragen;* ~er Ton [<lat. *pastoralis* »hirtenartig, Hirten…«]

Pas|to|ra|le ⟨n.; -s, -s od. f.; -, -n⟩ **1** ⟨Mus.⟩ **1.1** *Hirtenmusik, ländl.-idyll. Musikstück* **1.2** *musikal. Schäferspiel der Barockzeit* **2** ⟨Mal.⟩ *Darstellung einer Szene aus dem Leben der Hirten*

Pas|to|ral|the|o|lo|gie ⟨f.; -; unz.; kath. Bezeichnung für⟩ *prakt. Theologie, Seelsorge*

Pas|to|rat ⟨n.; -(e)s, -e⟩ *Amt, Wohnung eines Pastors*

Pas|to|rel|le ⟨f.; -, -n⟩ *kleines Hirtenlied (Zwiesprache zwischen Schäfer u. Schäferin);* oV *Pastourelle* [→ *pastoral*]

Pas|to|rin ⟨f.; -, -rin|nen⟩ *weibl. Pastor*

pas|tos ⟨Adj.⟩ **1** *dick, reliefartig aufgetragen;* ~e Farbe **2** *teigig, dickflüssig* [<ital. *pastoso* »teigig, breiig«; zu ital., lat. *pasta* »Teig«]

pas|tös ⟨Adj.; Med.⟩ *gedunsen, aufgeschwemmt*

Pas|to|si|tät ⟨f.; -; unz.⟩ *Schriftbild mit dicken, rundlichen Linien* [→ *pastos*]

Pas|tou|rel|le ⟨[-tu-] f.; -, -n⟩ = *Pastorelle* [frz.]

Patch ⟨[pætʃ] m. od. n.; - od. s, -s⟩ **1** ⟨EDV⟩ *(meist kostenlos zur Verfügung gestelltes) Softwareprogramm, das in einem vorhandenen Programm enthaltene Fehler od. Mängel beheben soll;* →a. *Bug, Update* **2** ⟨Med.⟩ *zur Transplantation operativ entnommenes Hautgewebe* [<engl. *patch* »Flicken«]

Patch|work ⟨[pætʃwɔːk] n.; -s, -s⟩ *Textilerzeugnis, das aus vielen kleinen Stücken unterschiedlicher Farbe und Form zusammengesetzt ist,* z.B. Decke, Kleiderstoff, Wandbehang [engl., »Flickwerk«]

Pa|te ⟨m.; -n, -n⟩ **1** *Zeuge der Taufe bzw. Firmung, der die Mitverantwortung für die christl. Erziehung des Kindes (Täuflings bzw. Firmlings) übernimmt;* bei einem Kind ~ stehen *die Patenschaft eines K. übernehmen* **2** *Täufling, Firmling im Verhältnis zum Paten* [<mlat. *pater spiritualis* »geistl. Vater«]

Pa|tel|la ⟨f.; -, -len⟩ *Kniescheibe* [lat., »kleine Pfanne«]

pa|tel|lar ⟨Adj.⟩ *zur Patella gehörend, von ihr ausgehend*

Pa|tel|lar|re|flex ⟨m.; -es, -e⟩ *Reflex beim Schlag unmittelbar unter die Kniescheibe, Kniesehnenreflex*

Pa|te|ne ⟨f.; -, -n⟩ *Teller zur Darreichung der Hostie beim Abendmahl* [<lat. *patina* »flache Schüssel«]

pa|tent ⟨Adj.⟩ *geschickt, praktisch, tüchtig,*

brauchbar [zunächst vorwiegend studentensprachlich, vermutl. nach *Patent*... als Bestimmungswort von Zusammensetzungen wie *Patent*waren]

Pa|tent ⟨n.; -(e)s, -e⟩ **1** ⟨allg.⟩ *Urkunde* **1.1** *Urkunde über die Ernennung von Beamten u. Offizieren;* Kapitäns~, Offiziers~ **1.2** *Urkunde über ein verliehenes Recht, z.B. zur alleinigen Benutzung einer Erfindung;* ein ~ verleihen, erhalten **2** ⟨schweiz.⟩ *Erlaubnis zur Ausübung gewisser Berufe od. Betätigungen;* Fischer~, Gastwirtschafts~, Musizier~ [< lat. *(littera) patens* »(landesherrl.) offener Brief«; zu *patens* »offen stehend, offen«]

Pa|tent|amt ⟨n.; -(e)s, -äm|ter⟩ *Behörde, die Anmeldungen von Patenten (1.2) prüft u. Patente erteilt*

pa|ten|tie|ren ⟨V.⟩ **1** *durch Patent(1.2) vor Nachahmung schützen;* eine Erfindung ~ **2** *mit Wärme so behandeln, dass man für die Kaltformung ein günstiges Gefüge erhält;* Stahlband ~ [→ *Patent*]

Pa|tent|re|zept ⟨n.; -(e)s, -e; umg.⟩ *einfacher Vorschlag zur Lösung einer Schwierigkeit*

Pa|ter ⟨m.; -s, -tres; Abk.: P.⟩ **1** *Mönch, der die Priesterweihen erhalten hat* **2** ~ Patriae *Vater des Vaterlandes (Ehrentitel röm. Kaiser)* [lat., »Vater«]

Pa|ter|fa|mi|li|as ⟨m.; -, -; altröm., heute scherzh. Bez. für⟩ *Familienvater, Familienoberhaupt, Haushaltsvorstand* [lat.]

Pa|ter|na|lis|mus ⟨m.; -; unz.⟩ *Bestreben (des Staates), den Bürger zu bevormunden* [< lat. *pater* »Vater«]

pa|ter|na|lis|tisch ⟨Adj.⟩ *in der Art des Paternalismus, bevormundend*

Pa|ter|ni|tät ⟨f.; -; unz.⟩ *Vaterschaft* [< lat. *paternitas,* »Vaterwürde«]

Pa|ter|nos|ter **1** ⟨n.; -s, -⟩ *Vaterunser* **2** ⟨m.; -s, -⟩ *Aufzug ohne Tür, der dauernd fährt, ohne anzuhalten* [lat., »Vaterunser«; nach den Anfangsworten des Gebetes bei Matth. 6,9]

Pa|ter|pec|ca|vi ⟨n.; -, -⟩ *reuiges Geständnis;* ~ machen, sagen *beichten, Verzeihung erflehen* [lat., »Vater, ich habe gesündigt«, Lukas 15,18]

pa|te|ti|co ⟨Mus.⟩ *pathetisch, feierlich, erhaben (zu spielen)* [ital.]

path..., **Path**..., ⟨in Zus.⟩ = *patho*..., *Patho*...

...path ⟨in Zus.⟩ **1** *jmd., der ein bestimmtes Heilverfahren anwendet,* z.B. Homöo~; Allo~ **2** *jmd., der unter einer bestimmten Krankheit leidet,* z.B. Psycho~ [< grch. *pathos* »Leiden«]

Pa|the|tik ⟨f.; -; unz.⟩ *schwülstige, übertriebene Feierlichkeit* [→ *pathetisch*]

pa|thé|tique ⟨[pateti:k] Mus.⟩ *leidenschaftlich (zu spielen)* [frz.; → *pathetisch*]

pa|the|tisch ⟨Adj.⟩ **1** *voller Pathos, erhaben, feierlich* **2** ⟨fig.⟩ *salbungsvoll, übertrieben feierlich* [< lat. *patheticus* < grch. *pathetikos* »leidend; gefühlvoll; leidenschaftlich«]

...pa|thie ⟨in Zus.⟩ **1** *Leiden, Krankheit, besondere Fähigkeit* **2** *Heilkunde, Heilverfahren* **3** *Gefühl, Neigung, Anteilnahme* [< grch. *pathos* »Leiden«]

pa|tho..., **Pa|tho**... ⟨vor Vokalen⟩ path..., Path... ⟨in Zus.⟩ *krankhaft, krankheits..., Krankheits...* [< grch. *pathos*]

pa|tho|gen ⟨Adj.⟩ *Krankheit erzeugend* [< *patho*... + ...*gen*[1]]

Pa|tho|ge|ne|se ⟨f.; -, -n⟩ *Entstehung, Entwicklung einer Krankheit* [< *Patho*... + *Genese*]

pa|tho|ge|ne|tisch ⟨Adj.; Med.⟩ *die Pathogenese betreffend, zu ihr gehörend*

Pa|tho|ge|ni|tät ⟨f.; -; unz.⟩ *pathogene Beschaffenheit, Fähigkeit, Krankheiten hervorzurufen*

Pa|tho|gno|mik, ⟨auch⟩ **Pa|thog|no|mik** ⟨f.; -; unz.; Med.; Psych.⟩ **1** *Lehre von den Merkmalen u. Anzeichen der Krankheiten* **2** *Ableitung der psychischen Befindlichkeit aus körperlichen Kennzeichen, bes. im Gesicht* [< *Patho*... + *Gnome*]

pa|tho|gno|mo|nisch, ⟨auch⟩ **pa|thog|no|monisch** ⟨Adj.; Med.⟩ *kennzeichnend für eine Krankheit, ein Krankheitsbild* [< grch. *pathognomonikos*]

Pa|tho|lin|gu|is|tik ⟨f.; -; unz.⟩ *Bereich der angewandten Sprachwissenschaft, der die Diagnostik u. Therapie von Sprachstörungen zum Gegenstand hat u. psychologische, neurologische u. sprachwissenschaftliche Methoden anwendet* [< *Patho*... + *Linguistik*]

Pa|tho|lo|ge ⟨m.; -n, -n⟩ *Wissenschaftler, Arzt auf dem Gebiet der Pathologie*

Pa|tho|lo|gie ⟨f.; -; unz.⟩ *Lehre von den Krankheiten* [< mlat. *pathologia,* < grch. *pathos* »Leiden, Krankheit« + ...*logie*]

pa|tho|lo|gisch ⟨Adj.⟩ **1** *zur Pathologie gehörend, auf ihr beruhend* **2** *krankhaft*

Pa|tho|pho|bie ⟨f.; -, -n⟩ = *Nosophobie*

Pa|tho|phy|si|o|lo|ge ⟨m.; -n, -n⟩ *Wissenschaftler auf dem Gebiet der Pathophysiologie*

Pa|tho|phy|si|o|lo|gie ⟨f.; -; unz.⟩ *Lehre von den Funktionsstörungen des menschlichen Organismus* [verkürzt < *Patho*logie + *Physiologie*]

pa|tho|phy|si|o|lo|gisch ⟨Adj.⟩ *die Pathophysiologie betreffend, zu ihr gehörig*

Pa|tho|psy|cho|lo|gie ⟨f.; -; unz.⟩ *Lehre von den Krankheitserscheinungen im Seelenleben;* Sy *Psychopathologie* [verkürzt < *Patho*logie + *Psychologie*]

Pa|thos ⟨n.; -; unz.⟩ *erhabene Leidenschaft, leidenschaftl., gefühlvoller Nachdruck* [grch., »Leid, Gemütsbewegung, Leidenschaft«]

Pa|ti|en|ce ⟨[pasjã:s] f.; -, -n⟩ *Geduldspiel mit Karten, meist nur für eine Person* [frz., eigtl. »Geduld«]

Pa|ti|ens ⟨n.; -, -; Sprachw.⟩ *Ziel eines Geschehens innerhalb eines Satzes, Akkusativobjekt;* Ggs *Agens(4)* [lat., Part. Präs. zu *pati* »leiden«]

Pa|ti|ent ⟨[patsjent] m.; -en, -en⟩ *Kranker in ärztl. Behandlung* [< lat. *patiens,* Gen. *patientis,* Part. Präs. zu *pati* »(er)dulden, leiden«]

Pa|ti|en|tin ⟨[patsjɛn-], f.; -, -tin|nen⟩ *Kranke in ärztlicher Behandlung*
Pa|ti|na[1] ⟨f.; -; unz.⟩ *grüner Überzug auf Kupfer u. Kupferlegierungen, Edelrost* [ital., eigtl. »Firnis; Glanzmittel für Felle«]
Pa|ti|na[2] ⟨f.; -, -ti|nen⟩, **Pa|ti|ne** ⟨f.; -, -n⟩ *(im Gottesdienst verwendete) Schüssel* [lat., »Schüssel«]
pa|ti|nie|ren ⟨V.⟩ *mit künstlicher Patina versehen* [→ *Patina*]
Pa|tio ⟨[-tsjo] m.; -s, -s⟩ *gefliester u. gekachelter Innenhof des span. Hauses* [span. < altspan. *patio* »ungepflügtes Land«, vermutl. < altprov. *patu, pati* »verpachtetes Land, Weide«, vielleicht < lat. *pactum* »Vertrag«]
Pa|tis|se|rie ⟨f.; -, -n; bes. schweiz.⟩ **1** *feines Backwerk* **2** *Raum zur Herstellung von feinem Backwerk in Hotels* **3** *Feinbäckerei* [< frz. *pâtisserie* < afrz. *pastis* »Kuchen« < lat. *pasta* »Teig«]
Pa|tis|si|er ⟨[-sje:] m.; -s, -s⟩ *Konditor* [< frz. *pâtissier* < afrz. *pastis;* → *Patisserie*]
Pat|na|reis ⟨m.; -es; unz.; bei Sorten Pl. -e⟩ *Langkornreis* [nach der ind. Stadt *Patna*]
Pa|tois ⟨[patoa] n.; -; unz.⟩ **1** *Mundart der französ. Landbevölkerung* **2** ⟨allg.⟩ *Mundart, unkorrekte Sprache* [frz.]

■ Die Buchstabenfolge **pa|tr...** kann auch **pat|r...** getrennt werden.

■ **Pa|tres** ⟨Abk.: PP.; Pl. von⟩ *Pater*
■ **Pa|tri|arch** ⟨m.; -en, -en⟩ **1** ⟨AT⟩ *Stammvater der Israeliten, Erzvater (Abraham, Isaak, Jakob)* **2** *Bischof in bes. hervorgehobener Stellung, z.B. der P. von Rom, der Papst;* ~ des Abendlandes *der Papst* **3** ⟨Titel für⟩ *oberster Geistlicher in Moskau, Konstantinopel u. den christl. Ostkirchen* [< grch. *patriarches,* < *pater* »Vater« + *arche* »Herrschaft«]
■ **pa|tri|ar|chal** ⟨[-ça:l] Adj.⟩ = *patriarchalisch*
■ **pa|tri|ar|cha|lisch** ⟨[-ça:-] Adj.⟩ oV *patriarchal;* Ggs *matriarchalisch* **1** *den Patriarchen betreffend, zu ihm gehörig, ihm gemäß* **2** *altväterlich* **3** *vaterrechtlich* **4** ⟨fig.⟩ *Rücksicht u. Gehorsam fordernd (wie es einem Patriarchen zukommt)*
■ **Pa|tri|ar|chat** ⟨[-ça:t] n.; -(e)s, -e⟩ **1** *absoluter Vorrang des Vaters in der Familie, Vaterherrschaft;* Ggs *Matriarchat(1)* **2** *Gesellschaftsordnung, in der die Kinder verwandtschaftlich u. rechtlich zur Sippe des Vaters gerechnet werden, Vaterrecht;* Ggs *Matriarchat(2)* **3** *Würde, Amt, Amtsbereich eines kath. Patriarchen*
■ **pa|tri|ar|chisch** ⟨Adj.⟩ *in der Art eines Patriarchen, ehrwürdig, Ehrfurcht gebietend*
■ **pa|tri|mo|ni|al** ⟨Adj.⟩ *zum Patrimonium gehörig, auf ihm beruhend*
■ **Pa|tri|mo|ni|um** ⟨n.; -s, -ni|en⟩ **1** ⟨röm. Recht⟩ *väterl. Erbteil* **2** ~ Petri **2.1** *der alte Grundbesitz der röm. Kirche* **2.2** ⟨später⟩ *Kirchenstaat* [lat.; zu *pater,* Gen. *patris* »Vater«]
■ **Pa|tri|ot** ⟨m.; -en, -en⟩ *jmd., der vaterländisch gesinnt ist* [< mlat. *patriota* »Landsmann« u. frz. *patriote* »Landsmann, vaterländisch Gesinnter«; zu lat. *patria* »Vaterland«]
■ **pa|tri|o|tisch** ⟨Adj.⟩ *vaterländisch gesinnt, vaterlandsliebend* [< lat. *patrioticus* »zum Patrioten gehörig«]
■ **Pa|tri|o|tis|mus** ⟨m.; -; unz.⟩ *Vaterlandsliebe* [< frz. *patriotisme*]
■ **Pa|tris|tik** ⟨f.; -; unz.⟩ *Wissenschaft von den Schriften u. Lehren der Kirchenväter;* Sy *Patrologie* [< lat. *pater,* Gen. *patris* »Vater«]
■ **Pa|tris|ti|ker** ⟨m.; -s, -⟩ *Kenner, Erforscher der Patristik;* Sy *Patrologe*
■ **pa|tris|tisch** ⟨Adj.⟩ *zur Patristik gehörend, sie betreffend;* oV *patrologisch*
■ **Pa|tri|ze** ⟨f.; -, -n⟩ *Prägestock, -stempel mit erhaben herausgearbeitetem Bild;* Ggs *Matrize(1)* [< lat. *pater* »Vater«; nach dem Gegensatz *Matrize* gebildet]
■ **pa|tri|zi|al** ⟨Adj.⟩ = *patrizisch(1)*
■ **Pa|tri|zi|at** ⟨n.; -(e)s, -e⟩ *Gesamtheit der Patrizier*
■ **Pa|tri|zi|er** ⟨m.; -s, -⟩ **1** *Mitglied des altrömischen Adels* **2** ⟨MA⟩ *vornehmer, wohlhabender Bürger* [< lat. *patricius;* zu *pater,* Gen. *patris* »Vater«]
■ **pa|tri|zisch** ⟨Adj.⟩ **1** *die Patrizier betreffend, zu ihnen gehörend, von ihnen stammend;* oV *patrizial* **2** *vornehm, wohlhabend*
■ **Pa|tro|lo|ge** ⟨m.; -n, -n⟩ = *Patristiker*
■ **Pa|tro|lo|gie** ⟨f.; -; unz.⟩ = *Patristik* [< lat. *pater,* Gen. *patris* »Vater« + *...logie*]
■ **pa|tro|lo|gisch** ⟨Adj.⟩ = *patristisch*
■ **Pa|tron** ⟨m.; -s, -e⟩ **1** ⟨im antiken Rom⟩ *Herr (seiner freigelassenen Sklaven)* **2** *Schutzheiliger, Schirmherr, Gönner* **3** *Stifter einer Kirche* **4** *Handelsherr, Schiffseigentümer;* Schiffs~ **5** ⟨kath. Kirche⟩ *Schutzheiliger (einer Kirche od. eines Berufsstandes)* **6** ⟨umg.; meist abwertend⟩ *Kerl, Bursche;* grober ~ [< lat. *patronus* »Schutzherr«]
■ **Pa|tro|na** ⟨f.; -, -nä⟩ *heilige Beschützerin*
■ **Pa|tro|na|ge** ⟨[-ʒə] f.; -; unz.⟩ *Günstlingswirtschaft;* oV ⟨†⟩ *Patronanz*
■ **Pa|tro|nanz** ⟨f.; -, -en; †⟩ **1** = *Patronage* **2** ⟨österr.⟩ = *Patronat(3)* [→ *Patron*]
■ **Pa|tro|nat** ⟨n.; -(e)s, -e⟩ **1** ⟨im antiken Rom⟩ *Würde, Amt, Stellung eines Patrons* **2** ⟨kath. Kirche⟩ *Rechte u. Pflichten des Stifters einer Kirche* **3** ⟨allg.⟩ *Schirmherrschaft*
■ **Pa|tro|ne** ⟨f.; -, -n⟩ **1** *mit Sprengstoff u. Zünder versehener Behälter;* Spreng~ **2** *als Munition für Handfeuerwaffen dienende Hülse mit Zünder, Treibladung u. aufgesetztem Geschoss;* Gewehr~ **3** *lichtundurchlässiger Behälter für Filme einer Kleinbildkamera* **4** *auf kariertes Papier gezeichnetes Muster für das Weben auf Jacquardwebstühlen* [< frz. *patron* »Musterform«, eigtl. »Vaterform« < lat. *patronus* »Schutzherr«]
■ **Pa|tro|nin** ⟨f.; -, -nin|nen⟩ *Schutzheilige, Schirmherrin, Gönnerin* [→ *Patron*]

■ **pa|tro|ni|sie|ren** ⟨V.⟩ **1** ⟨urspr.; †⟩ *beschützen;* jmdn. ~ **2** ⟨heute⟩ *jmdn. heimlich, auf unterschwellige Art u. Weise gegen dessen Willen bevormunden* [→ *Patron*]

■ **Pa|tro|ny|mi|kon, Pa|tro|ny|mi|kum** ⟨n.; -s, -ka⟩ *vom Namen des Vaters abgeleiteter Eigenname,* z.B. Petersen, Nikolajewitsch [<grch. *pater* »Vater« + *onyma* »Name«]

■ **pa|tro|ny|misch** ⟨Adj.⟩ *in der Art eines Patronymikons, vom Namen des Vaters abgeleitet*

■ **Pa|trouil|le** ⟨[-truljə] f.; -, -n⟩ **1** *Spähtrupp* **2** *Streife;* ~ gehen [frz.]

■ **pa|trouil|lie|ren** ⟨[-trul(j)i:-] V.⟩ *auf Patrouille gehen od. fahren, als Posten, Wache auf u. ab gehen* [<frz. *patrouiller*]

■ **Pa|tro|zi|ni|um** ⟨n.; -s, -ni|en⟩ **1** ⟨im antiken Rom⟩ *Vertretung durch einen Patron vor Gericht* **2** ⟨MA⟩ *Rechtsschutz des Gutsherrn für seine Untergebenen* **3** *Schutzherrschaft eines Heiligen (Patrons) über eine Kirche* **4** *Fest dieses Heiligen* [→ *Patron*]

Pat|schu|li ⟨n.; -s, -s⟩ *Lippenblütler, dessen äther. Öl in der Parfümerie verwendet wird: Pogostemon patchouly* [<Tamil *pacculi*]

patt ⟨Adj.⟩ *im Patt befindlich;* ein Spieler ist ~; das Spiel steht ~ [<frz. *pat*]

Patt ⟨n.; -s, -s; Schach, Damespiel⟩ **1** *als unentschieden gewertete Stellung, in der kein Stein der am Zug befindlichen Partei ziehen kann u. ihr König nicht direkt bedroht ist* **2** ⟨fig.⟩ *polit.-militär. Stellung zweier Großmächte, in der keine von beiden im eigenen Interesse eine militärische Auseinandersetzung riskieren kann;* atomares ~

Pat|tern ⟨[pætərn] n.; -s, -s⟩ *Muster, Modell, als Muster verwendbares Schema, bes. Verhaltensmuster, Denkschema* [engl.]

pat|tie|ren ⟨V.⟩ *mit einem Raster, mit Notenlinien versehen* [frz.]

Pau|ca|lis ⟨m.; -, -les⟩ = *Paukal*

Pau|kal ⟨m.; -s, -e; Sprachw.⟩ *Numerus, der eine kleine Anzahl umfasst;* oV *Paucalis* [zu lat. *paucus* »klein, gering, nur wenige«]

Pau|kant ⟨m.; -en, -en; Studentenspr.⟩ *Fechter bei einer Mensur(2)* [zu *pauken* »fechten, eine Mensur schlagen«]

pau|li|nisch ⟨Adj.⟩ *der Theologie des Apostels Paulus gemäß, auf ihr beruhend, von Paulus herrührend;* die Paulinischen Briefe *13 Briefe des Paulus im NT, u.a. Römerbrief, Korintherbrief* [nach *Paulus,* dem bedeutendsten Missionar des Urchristentums, ca. 10–64]

Pau|li|nis|mus ⟨m.; -; unz.⟩ *die Theologie des Apostels Paulus gemäß seinen Briefen im NT*

pau|pe|rie|ren ⟨V.; Biol.⟩ *gute Eigenschaften durch Inzucht verlieren* [<lat. *pauper* »arm«]

Pau|pe|ris|mus ⟨m.; -; unz.⟩ *allgemeine Armut breiter Schichten der Bevölkerung* [<lat. *pauper* »arm«]

Pau|per|tät ⟨f.; -; unz.⟩ *Armut, Dürftigkeit* [<lat. *paupertas,* Gen. *paupertatis*]

pau|schal ⟨Adj.⟩ *alles zusammen (gerechnet), rund* [→ *Pauschale*]

Pau|scha|le ⟨f.; -, -n; selten n.; -s, -li|en⟩ *Preis für alles zusammen, einmalige Bezahlung statt einzelner Zahlungen* [latinisiert <*Pausch(e)* »Wulst (am Sattel)«, Nebenform zu *Bausch;* verwandt mit *in Bausch u. Bogen*]

pau|scha|lie|ren ⟨V.⟩ einzelne Summen od. Leistungen ~ *zu einer Pauschale zusammenrechnen*

pau|scha|li|sie|ren ⟨V.⟩ *pauschal beurteilen, sehr stark verallgemeinern;* dieser Befund lässt sich nicht ~

Pausch|be|trag ⟨m.; -(e)s, -trä|ge; Rechtsw.⟩ *Steuerfreibetrag, der unabhängig von nachweisbaren Ausgaben vom zu versteuernden Einkommen abgezogen wird,* z.B. für Werbeaufwendungen [→ *pauschal*]

Pausch|quan|tum ⟨n; -s, -ten⟩ *geschätzte u. abgerundete Gesamtmenge;* oV *Bauschquantum* [zu *pauschal* + *Quantum*]

Pau|se ⟨f.; -, -n⟩ **1** *Durchzeichnung, Kopie mit Hilfe von durchsichtigem, auf das Original gelegtem Papier* **2** *Kopie von Zeichnungen u.Ä. auf lichtempfindlichem Papier, Lichtpause* [→ *pausen*]

pau|sen ⟨V.⟩ *eine Pause (Kopie) machen von, durchzeichnen* [<frz. *ébaucher* »entwerfen« u. *poncer* »durchpausen«]

pau|sie|ren ⟨V.⟩ *eine Pause machen, kurz ausruhen, rasten* [<lat. *pausare* <grch. *pauein* »aufhören«]

Pa|va|ne ⟨[-va:-] f.; -, -n; Mus.⟩ **1** ⟨bis 16. Jh.⟩ *Satz der Suite* **2** ⟨16./18. Jh.⟩ *feierl. Schreittanz in geradem Takt;* oV *Paduana* [<span. *pavana* »Pfauentanz«; zu *pavo* »Pfau«]

Pa|ve|se ⟨[-ve:-] f.; -, -n⟩ *hoher mittelalterlicher Schild für Armbrustschützen, der mit einem eisernen Sporn in den Boden gerammt werden konnte* [von der ital. Stadt *Pavia*]

Pa|vi|an ⟨[-vi-] m.; -s, -e⟩ *Gattung der Tieraffen mit langer Schnauze: Papio* [<frühnhd. *bavian* <ndrl. *bavian* <afrz. *babouin*]

Pa|vil|lon ⟨[-viljɔ̃:] m.; -s, -s⟩ **1** *kleines, meist rundes, leicht gebautes, häufig offenes, frei stehendes Gebäude in Gärten od. auf Ausstellungen;* Garten~ **2** *oriental. Gartenhäuschen;* Sy *Kiosk(1)* **3** *runder od. viereckiger Vorbau (bes. an Barockschlössern)* **4** *großes, viereckiges Zelt* [frz.]

Paw|lat|sche, ⟨auch⟩ **Paw|la|tsche** ⟨f.; -, -n; österr.⟩ *der Hofseite zugekehrter offener Gang eines Wiener Hauses, baufälliges Haus, Bretterbühne* [<tschech. *pavlac* »offener Hausgang«]

Pax ⟨f.; -; unz.⟩ **1** *Friede;* ~ **Christi** *1944 von Lourdes ausgegangene kath. Friedensbewegung;* ~ **Dei** *Gottesfriede;* ~ **Romana** *Schlagwort für die Zeit des befriedeten Röm. Reiches etwa von Augustus bis zum Beginn der Völkerwanderung;* ~ **vobiscum** *Friede (sei) mit euch (Gruß des kath. Bischofs)* **2** *1921 in Freiburg (Schweiz) gegründete kath. Studentenbewegung* [lat., »Friede«]

Pay-back, ⟨auch⟩ **Pay|back** ⟨[pεibæk] n.; -s; unz.⟩ = *Pay-out*

Pay|card ⟨[pɛika:d] f.; -, -s⟩ *mit einem Chip (auf den ein bestimmter Geldbetrag vom Konto des Karteninhabers gespeichert werden kann) ausgestattete Kreditkarte für den bargeldlosen Zahlungsverkehr ohne Eingabe einer Geheimnummer o.Ä.* [<engl. *paycard* »(Be-)Zahlkarte«]

Pay|ing|guest, ⟨auch⟩ **Pa|ying Guest** ⟨[pɛiiŋ gɛst] m.; (-) -s, (-) -s⟩ *Gast, der gegen Entgelt bei einer Familie wohnt u. verköstigt wird* [engl., »zahlender Gast«]

Pay-out, ⟨auch⟩ **Pay|out** ⟨[pɛiaut] n.; -s; unz.⟩ *Rückgewinnung investierten Kapitals;* oV *Payback* [engl., »zahle aus, zahle zurück«]

Pay-per-View ⟨[pɛi pə(r) vju:] n.; -s; unz.; TV⟩ *Sendeart, bei der der Zuschauer keine monatliche Pauschale zahlt, sondern für tatsächlich empfangene Beiträge Einzelgebühren entrichten muss* [<engl. *pay* »zahlen« + *per* »pro« + *view* »Blick«]

Pay-TV ⟨[pɛiti:vi:] n.; -; unz.⟩ *Finanzierungssystem eines Fernsehsenders, orientiert an Gebühren für einzelne Sendungen od. an der Nutzung eines bestimmten Kanals* [<engl. *pay* »bezahlen« + *TV*]

pa|zi|fisch ⟨Adj.⟩ *zum Pazifik, zum Stillen Ozean gehörig*

Pa|zi|fis|mus ⟨m.; -; unz.⟩ *Bestreben, unter allen Umständen den Frieden zu erhalten, absolute Ablehnung des Krieges u. Kriegsdienstes aus ethischen u. praktischen Gründen* [<frz. *pacifisme*]

Pa|zi|fist ⟨m.; -en, -en⟩ *Anhänger, Vertreter des Pazifismus;* Ggs *Bellizist* [<frz. *pacifiste*]

pa|zi|fis|tisch ⟨Adj.⟩ *auf Pazifismus beruhend, allem Militärischen u. Kriegerischen abgeneigt;* er vertritt eine ~e Haltung

Pb ⟨chem. Zeichen für⟩ *Blei (Plumbum)*

pc ⟨Abk. für⟩ *Parsec*

p.c. ⟨Abk. für⟩ *per centum, pro centum, Prozent*

PC ⟨Abk. für⟩ **1** ⟨Abk. für⟩ *Personalcomputer* **2** ⟨Abk. für⟩ *Political Correctness*

PCB ⟨Abk. für⟩ *polychlorierte Biphenyle, hochgiftige synthetische Verbindungen aus Chlor u. Biphenyl, die u.a. als Zusätze in Holzanstrichen verwendet werden*

p.Chr.(n.) ⟨Abk. für⟩ *post Christum (natum)*

PCM-Tech|nik ⟨f.; -; unz.; Abk. für⟩ *Pulse-Code-Modulations-Technik, ein neuartiges techn. Verfahren zur Übertragung elektromagnetischer Signale, bei dem diese als eine Folge digitaler Impulse übermittelt werden*

Pd ⟨chem. Zeichen für⟩ *Palladium(2)*

Peak ⟨[pi:k] m.; -s, -s; engl. Bez. für⟩ **1** *Bergspitze, -gipfel (bes. in Namen)* **2** *Spitze, Höhepunkt, Spitzenwert* [engl.]

Pea|nuts ⟨[pi:nʌts] Pl.; umg.; meist scherzh.⟩ *Kleinigkeit, geringe Geldmenge;* das sind doch ~! [engl., eigtl. »Erdnüsse«]

Pearl|in|dex, ⟨auch⟩ **Pearl-In|dex** ⟨[pə:l-] m.; - od. -es, -e od. -di|zes od. -di|ces; Abk.: PI; Med.⟩ *Maßstab für die Verlässlichkeit von Kontrazeptiva, ermittelt anhand der Ergebnisse von 100 Frauen, die die zu bewertende Methode ein Jahr lang anwenden* [nach dem amerik. Biologen R. *Pearl,* 1879–1940]

Pe|bri|ne, ⟨auch⟩ **Peb|ri|ne** ⟨f.; -; unz.⟩ = *Nosemaseuche (2)* [<frz. *pébrine* <prov. *pebrino* <*pebre* »Pfeffer« <lat. *piper*]

Pe|can|nuss ⟨f.; -, -nüs|se⟩ *Nuss des Hickorybaumes;* oV *Pekannuss* [<engl. *pecan* <algonkin *paccan* »Nuss«]

Pe-Ce-Fa|ser ⟨f.; -, -n⟩ *Kunstfaser aus Polyvinylchlorid für technische Gewebe, Dekorationen, Isolierstoffe, Seile, Netze* [verkürzt < *Polyvinylchlorid*]

Pe|dal ⟨n.; -s, -e⟩ **1** *mit dem Fuß zu betätigende Tretkurbel;* Fahrrad~ **2** ⟨Mus.⟩ **2.1** ⟨Orgel⟩ *Reihe der Tasten, die mit den Füßen bedient wird;* Ggs *Manual* **2.2** ⟨Klavier⟩ *Fußhebel zum Nachschwingenlassen der Saiten od. Dämpfen der Töne* **2.3** ⟨Cembalo⟩ *Fußhebel zum Mitschwingenlassen anderer Saiten* **2.4** ⟨Harfe⟩ *Fußhebel zum chromat. Umstimmen der Saiten* [<lat. *pedalis* »zum Fuß gehörig«; zu *pes,* Gen. *pedis* »Fuß«]

pe|dant ⟨Adj.; österr.⟩ = *pedantisch*

Pe|dant ⟨m.; -en, -en⟩ *pedant. Mensch*

Pe|dan|te|rie ⟨f.; -; unz.⟩ *pedant. Wesen, übertriebene Genauigkeit oder Ordnungsliebe* [<frz. *pédanterie*]

pe|dan|tisch ⟨Adj.⟩ *übertrieben genau, übertrieben gewissenhaft od. ordentlich* [<frz. *pédantesque*]

Ped|dig|rohr ⟨n.; -(e)s; unz.⟩ *Rohr aus dem Inneren des Stammes der Rotangpalme zum Flechten von Körben u. Stühlen, auch für Spazierstöcke;* Sy *Rattan*

Pe|dell ⟨m.; -s, -e; †⟩ *Hausmeister an einer Schule od. Universität* [<mlat. *pedellus, bedellus, bidellus* »Gerichtsdiener, Gerichtsbote« <ahd. *bitil* »Gerichtsdiener«; zu *bitten*]

pe|des|trisch, ⟨auch⟩ **pe|dest|risch** ⟨Adj.⟩ **1** *zu Fuß, Fußgänger betreffend* **2** ⟨†⟩ *niedrig, gewöhnlich, prosaisch* [<lat. *pedester,* zu *pes,* Gen. *pedis* »Fuß«]

Pe|di|ca|tio ⟨f.; -, -ti|o|nes⟩ *Analverkehr* [zu lat. *paedicare* »(einen Knaben) schänden, widernatürliche Unzucht treiben«]

Pe|di|gree, ⟨auch⟩ **Pe|dig|ree** ⟨[pɛdigri:] m.; -s, -s⟩ **1** *Stammbaum von Tieren, bes. Pferden u. Hunden* **2** ⟨österr.⟩ *(militär.) Führungszeugnis* [engl.]

Pe|di|ku|lo|se ⟨f.; -, -n⟩ *Läusebefall beim Menschen* [<lat. *pediculus* »Laus«]

Pe|di|kü|re ⟨f.; -, -n⟩ **1** ⟨unz.⟩ *Fußpflege* **2** ⟨zählb.⟩ *Angestellte, deren Beruf die Fußpflege ist* [<frz. *pédicure*]

pe|di|kü|ren ⟨V.⟩ jmdn. ~ *bei jmdm. Fußpflege treiben;* sich die Füße ~ *sich die F. behandeln, Nägel u. Hornhaut beschneiden usw.*

Pe|di|ment ⟨n.; -s, -e⟩ *durch Abtragung hervorgerufene, terrassenartige Fläche am Fuße von Gebirgen in Trockengebieten* [<lat. *pes,* Gen. *pedis* »Fuß«]

Pe|di|skript, ⟨auch⟩ **Pe|dis|kript** ⟨n.; -s, -e⟩ *mit den Füßen geschriebenes Schriftstück* [<lat.

pes, Gen. *pedis* »Fuß« + *scriptum* »Geschriebenes«]

pe|do…, Pe|do… ⟨in Zus.⟩ *Boden* [< grch. *pedos* »Boden«]

Pe|do|graf ⟨m.; -en, -en⟩ = *Pedeograph*

Pe|do|graph ⟨m.; -en, -en⟩ = *Pedometer;* oV *Pedograf* [< lat. *pes,* Gen. *pedis* »Fuß« + *…graphie*]

Pe|do|lo|gie ⟨f.; -; unz.⟩ *Bodenkunde* [< *Pedo…* + *…logie*]

pe|do|lo|gisch ⟨Adj.⟩ *zur Pedologie gehörend, auf ihr beruhend;* ein ~er Befund

Pe|do|me|ter ⟨n.; -s, -⟩ *Schrittzähler, der eine zurückgelegte Wegstrecke über die dabei von den Beinen ausgehenden Erschütterungen misst;* Sy *Passometer, Pedograph* [< lat. *pes,* Gen. *pedis* »Fuß« + *…meter*]

Pee|ling ⟨[piː-] n.; -s, -s⟩ *kosmetische Creme zur Schälung u. Reinigung der Gesichtshaut* [engl., zu *peel* »schälen«]

Peep|show ⟨[piːpʃou] f.; -, -s⟩ *Zurschaustellung einer nackten Frau, die gegen Entgelt durch ein Fensterchen betrachtet werden kann* [< engl. *peep* »(verstohlen) blicken« + *Show*]

Peer ⟨[piːr] m.; -s, -s⟩ **1** *Mitglied des engl. Hochadels* **2** *Mitglied des Oberhauses im engl. Parlament* [engl.]

Pee|ress ⟨[piːris] f.; -, -res|ses [-risiz]⟩ **1** *Ehefrau eines Peers* **2** *weibliches Mitglied des engl. Hochadels im Rang eines Peers* [engl.]

Peer|group ⟨[piːrgruːp] f.; -, -s⟩ *Gruppe von Jugendlichen, die sich gegenseitig bei der Loslösung vom Elternhaus unterstützen* [< engl. *peer* »gleichrangig« + *group* »Gruppe«]

Pe|ga|sos ⟨m.; -; unz.⟩ = *Pegasus*

Pe|ga|sus ⟨m.; -; unz.⟩ *geflügeltes Pferd als Sinnbild der Dichtkunst, der dichter. Fantasie;* den ~ besteigen ⟨poet.⟩ *zu dichten beginnen, dichten;* oV *Pegasos* [< grch. *Pegasos* »geflügeltes Pferd, dessen Hufschlag den Musenquell Hippokrene entspringen ließ«]

Pe|ge ⟨f.; -, -n⟩ *kalte Quelle (unter 20 °C)* [grch., »Quelle«]

Peg|ma|tit ⟨m.; -s, -e⟩ *aus magmatischen Einschüben entstandenes, grobkörniges Gestein* [< grch. *pegma* »das Festgewordene«]

Pe|ha|me|ter ⟨n.; -s, -⟩ *Gerät zur Bestimmung des pH-Wertes von Lösungen*

Peh|la|wi, Peh|le|wi ⟨[pɛx-] n.; - od. -s; unz.⟩ *mittelpers. Sprache u. Schrift;* oV *Pahlewi* [< pers. *pahlavi*]

Pei|es ⟨Pl.⟩ *Schläfenlocken (der orthodoxen Juden)* [jidd. < hebr. *peo*]

Pei|gneur, ⟨auch⟩ **Peig|neur** ⟨[pɛnjøːr] m.; -s, -e; Textilw.⟩ *Walze an der Karde zum Abnehmen des Materials* [frz., »Kämmer«]

Pe|jo|ra|ti|on ⟨f.; -, -en⟩ *Bedeutungswandel eines Wortes zum Schlechteren,* z.B. gemein, Frauenzimmer, Weib; Ggs *Melioration* [< lat. *peior* »schlechter«, Komparativ zu *malus* »schlecht; böse, schlimm«]

pe|jo|ra|tiv ⟨Adj.⟩ *bedeutungsverschlechternd, in der Bedeutung sich negativ verändernd;* Ggs *meliorativ*

Pe|jo|ra|ti|vum ⟨[-vum] n.; -s, -va [-va]⟩ *Wort, dessen Bedeutung sich im Lauf seiner Entwicklung verschlechtert hat,* z.B. Frauenzimmer; Ggs *Meliorativum*

Pe|jus ⟨m.; -; unz.; Biol.⟩ *Bereich der Umweltbedingungen eines Lebewesens, der zwischen dem günstigsten u. dem ungünstigsten Zustand liegt;* → a. *Optimum(2), Pessimum* [< lat. *peius,* Neutr. zu *peior;* → *Pejoration*]

Pe|kan|nuss ⟨f.; -, -nüs|se⟩ = *Pecannuss*

Pe|ka|ri ⟨n.; -s, -s⟩ *amerik. Wildschwein, Nabelschwein* [karib.]

Pe|ke|sche ⟨f.; -, -n⟩ **1** *mit Pelz, Litzen u. Tressen verzierter Überrock der Polen;* oV *Bekische* **2** ⟨seit dem 19. Jh.⟩ *festliche Jacke mit Schnüren der Verbindungsstudenten* [< ung. *bekes* »Pelzrock«, dazu poln. *bekiesza*]

Pe|ki|ne|se ⟨m.; -n, -n⟩ *Angehöriger einer chines. Zwerghundrasse mit stark verkürzter Schnauze, kurzen Beinen u. langem Fell* [nach der chines. Stadt *Peking*]

Pe|koe ⟨[piːko] m.; - od. -s; unz.⟩ *gute Qualität des schwarzen Tees* [< chin. *pek* »weiß« + *ho* »Flaum«]

pekt|an|gi|nös, ⟨auch⟩ **pek|tan|gi|nös** ⟨Adj.; Med.⟩ *die Angina Pectoris betreffend, mit ihr vergleichbar, von Herzschmerzen u. Engegefühl in der Brust begleitet*

Pek|ta|se ⟨f.; -; unz.⟩ *Pektin abbauendes Enzym, das sich in Früchten, Pilzen u. Mohrrüben findet* [→ *Pektin*]

Pek|ten|mu|schel ⟨f.; -, -n; Zool.⟩ *mit vielen Augen am Mantelrand versehene Meeresmuschel, die sich festheften, aber auch durch Auf- u. Zuklappen der Schalen nach dem Rückstoßprinzip fortbewegen kann: Pectinidae* [< lat. *pecten* »Kammmuschel«]

Pek|tin ⟨n.; -s, -e⟩ *stark quellender, kohlenhydratähnlicher Stoff in saurem Obst, der zusammen mit Zucker u. Säure das Gelieren der Obstsäfte beim Kochen bewirkt* [< grch. *pektos* »fest; geronnen«]

Pek|ti|na|se ⟨f.; -; unz.⟩ *Pektin abbauendes Enzym, das sich in Pollenkörnern u. Malz findet* [→ *Pektin*]

pek|to|ral ⟨Adj.⟩ *zur Brust gehörend, von ihr ausgehend* [< lat. *pectus,* Gen. *pectoris* »Brust«]

Pek|to|ra|le ⟨n.; - od. -s, -s od. -li|en; Theol.⟩ *kostbares Kreuz hoher Geistlicher, Brustkreuz* [→ *pektoral*]

Pe|ku|li|ar|be|we|gung ⟨f.; -, -en⟩ *Eigenbewegung von Fixsternen gegenüber den sie umgebenden Sternen* [< lat. *peculiaris* »eigen, eigentümlich, besonders«]

pe|ku|ni|är ⟨Adj.⟩ *das Geld betreffend, geldlich, finanziell;* ~e Schwierigkeiten; es geht ihm ~ gut, schlecht [< frz. *pécuniaire* < lat. *pecunia* »Geld, Vermögen«]

pek|zie|ren ⟨V.⟩ *Böses verüben, eine Dummheit machen* [< lat. *peccare* »sündigen, sich vergehen; einen Fehler machen«]

Pe|la|de ⟨f.; -, -n; Med.⟩ *plötzlich auftretender, krankhafter Haarausfall auf kreisrunden Flä-*

chen der Kopfhaut u. in der Bartregion; → a. *Alopezie* [frz.]

pe|la|gi|al ⟨Adj.⟩ = *pelagisch*

Pe|la|gi|al ⟨n.; -s; unz.⟩ *Region des freien Wassers im Meer u. in Binnengewässern* [< grch. *pelagos* »Meer«]

pe|la|gisch ⟨Adj.⟩ *im Meer u. in großen Binnengewässern lebend;* oV *pelagial;* ~e Pflanze, ~es Tier [< grch. *pelagios* »in der hohen See, im Meer«]

Pe|lar|go|nie ⟨[-niə] f.; -, -n⟩ *zu einer Gattung der Storchschnabelgewächse gehörende Zierpflanze mit leuchtenden Blüten: Pelargonium;* Sy ⟨umg.⟩ *Geranie(1)* [< grch. *pelargos* »Storch« (wegen der Fruchtform)]

pêle-mêle ⟨[pɛlmɛl] Adv.⟩ *durcheinander, wie es gerade kommt* [frz.]

Pele-mele ⟨[pɛlmɛl] n.; -; unz.⟩ **1** *Durcheinander, Mischmasch* **2** *Süßspeise aus Früchten u. Vanillecreme* [→ *pêle-mêle*]

Pe|le|ri|ne ⟨f.; -, -n⟩ *weiter, ärmelloser Umhang* [< frz. *pélerine,* eigtl. »Pilgerin; (von Pilgern getragener) Schulterumhang«]

Pel|ham ⟨[pɛləm] n.; -s, -s; Reitsp.⟩ *Zäumung mit einem Gebiss aus Kandare u. untergelegter Trense, das mit einem Zügel geführt wird (bes. für Springpferde)* [engl.]

Pe|li|kan ⟨m.; -s, -e⟩ *sehr großer Ruderfüßer: Pelicanidae* [< mhd. *pel(l)ican, pillecan* < kirchenlat. *pelicanus*]

Pe|lit ⟨m.; -s, -e; meist Pl.; Geol.⟩ *feinkörniges Sedimentgestein mit Korngrößen unter 0,02 mm* [zu grch. *pelos* »Ton, Lehm«]

pe|li|tisch ⟨Adj.; Geol.⟩ *die Pelite betreffend, zu ihnen gehörend*

Pel|la|gra, ⟨auch⟩ **Pel|lag|ra** ⟨f.; -; unz.⟩ *Hautkrankheit mit Durchfall u. Lähmungen infolge Mangels an Vitamin B_2* [< ital. *pella agra* »raue Haut«]

pel|le|tie|ren, pel|le|ti|sie|ren ⟨V.⟩ *Pellets herstellen von*

Pel|lets ⟨Pl.⟩ *aus feinkörnigem Material durch Anteigen mittels Wasser od. anderen Flüssigkeiten gewonnene gerundete Bröckchen, z.B. als Viehfutter* [engl. *pellet* »Kügelchen, Pille, Schrotkugel«]

Pel|li|cu|la ⟨f.; -, -lae [-lɛ:]⟩ *elastische Zellmembran der Protozoen* [< lat. *pellicula* »Fellchen«]

pel|lu|zid ⟨Adj.⟩ *lichtdurchlässig;* ~e Minerale [< lat. *pellucidus* »durchsichtig«]

Pel|me|ni, Pel|me|nis ⟨Pl.⟩ *russisches Nationalgericht (in Salzwasser od. Brühe gekochte Teigtaschen, serviert mit Öl o.Ä.)*

Pe|log ⟨n.; - od. -s; unz.; Mus.⟩ *siebentöniges Tonsystem in der javanischen u. balinesischen Musik*; oV *Pelok* [javanisch]

Pe|lok ⟨n.; - od. -s; unz.; Mus.⟩ = *Pelog*

Pe|lo|rie ⟨[-riə] f.; -, -n⟩ *strahlige Ausbildung einer Blüte, die in der Regel zweiseitig-symmetrisch ist* [< grch. *pelos* »Missgestalt«]

Pe|lo|ta ⟨f.; -; unz.⟩ *bask. Ballspiel zu vier Spielern (zwei gegen zwei), die mit Schlägern einen Ball gegen eine Wand schleudern, wobei jeder verfehlte Ball als Pluspunkt für den Gegner gilt* [span., »Ball«]

Pe|lo|ton ⟨[-tɔ̃:] n.; -s, -s⟩ **1** ⟨†⟩ *Unterabteilung eines Bataillons, Gefechtseinheit der Lineartaktik des 18. Jh.* **1.1** ⟨heute noch in⟩ Exekutions~ **2** ⟨Radsp.⟩ *Hauptfeld der Fahrer beim Straßenrennen* [frz., »Gruppe, Schar, Zug«]

Pe|lot|te ⟨f.; -, -n⟩ **1** *ballenförmiges Polster, z.B. am Bruchband* **2** *Einlage in Schuhen* [frz.]

Pel|sei|de ⟨f.; -, -n⟩ *locker gedrehte Fäden aus minderwertigen Kokons* [< ital. *pelo* »Haar« + *Seide*]

Pe|lusch|ke ⟨f.; -, -n⟩ *Art der Felderbsen mit eckigen Samen: Pisum sativum var. arvensi* [< tschech. *peluška*]

Pem|mi|kan ⟨m.; -s; unz.⟩ **1** *zerstampftes, mit Fett übergossenes Dörrfleisch der nordamerikan. Indianer* **2** ⟨heute⟩ *Konserve aus Fleischpulver u. Fett* [< Cree *pimikân* < *pimii* »Fett«]

Pem|phi|gus ⟨m.; -; unz.⟩ *von Fieber begleitete Erkrankung, die durch schlaffe Blasen auf Haut u. Schleimhaut gekennzeichnet ist, Schälblattern;* ~ neonatorum *ähnl. verlaufende, aber weniger gefährliche Erkrankung Neugeborener* [< grch. *pemphix* »Blase«]

P.E.N., PEN → *Pen-Club*

Pe|nal|ty ⟨[pɛnəlti] m.; - od. -s, - od. -s; Sp.⟩ **1** ⟨Fußb.⟩ *Strafstoß (Elfmeter)* **2** ⟨Eishockey⟩ *Strafschuss* [engl., »Strafe«]

Pe|na|ten ⟨Pl.⟩ **1** *altröm. Götter des Hauses, urspr. Götter der Vorratskammer* **2** ⟨fig.⟩ *Haus u. Herd* [< lat. *penates*]

Pence ⟨[pɛns] Pl. von⟩ *Penny*

Pen-Club ⟨m.; -s; unz.⟩ *1921 gegründete internationale Dichter- u. Schriftstellervereinigung gegen Rassenhass u. Unterdrückung der Meinungsfreiheit* [engl., gebildet aus den Anfangsbuchstaben von *poets, playwrights, essayists, editors, novelists* »Dichter, Dramatiker, Essayisten, Herausgeber, Romanschriftsteller«]

Pen|dant ⟨[pãdã:] n.; -s, -s⟩ **1** *Gegenstück, inhaltl. od. formale Entsprechung* **2** ~s ⟨Pl.; †⟩ *Ohrgehänge* [frz., eigtl. »hängend«]

Pen|del ⟨n.; -s, -⟩ *länglicher Körper, der unter der Wirkung der Schwerkraft um seine Ruhelage schwingt;* Uhr~ [< mlat. *pendulum* »Schwinggewicht«; zu lat. *pendulus* »herabhängend«; zu *pendere* »hängen, herabhängen, schweben«]

pen|dent ⟨Adj.; schweiz.⟩ *schwebend, unerledigt;* ein ~es Gerichtsverfahren [< lat. *pendens,* Part. Präs. von *pendere* »hängen, herabhängen, schweben«]

Pen|den|tif ⟨[pãdãti:f] n.; -s, -s; Arch.⟩ *Zwickel, der den quadrat. Unterbau mit einer Kuppel verbindet* [frz.; zu *pendant* »hängend«]

Pen|denz ⟨f.; -, -en; meist Pl.; schweiz.⟩ *unerledigte, schwebende Sache* [→ *pendent*]

Pen|do|li|no ⟨m.; -s, -s⟩ *Eisenbahnzug, der durch computergesteuerte Neigung des Wagens die Fliehkraft ausgleichen u. dadurch selbst auf kurvenreichen Strecken hohe Ge-*

schwindigkeiten beibehalten kann [zu ital. *pendolare* »pendeln, hin- u. herschwingen«]

Pe|ne|plain ⟨[piːniplɛiːn] f.; -, -s; Geogr.⟩ *durch abtragende Kräfte nahezu ebenes Gelände mit flachen Erhebungen u. sehr breiten Tälern* [engl.]

Pe|ne|tro|me|ter, ⟨auch⟩ **Pe|net|ro|me|ter** ⟨n.; -s, -; Tech.⟩ *Gerät zur Messung der Härte bzw. Konsistenz fester Stoffe aufgrund der Eindringtiefe genormter Körper in diese Stoffe* [zu lat. *penetrare* »hinein-, durchdringen« + *...meter*]

Pen|dü|le ⟨[pã-] f.; -, -n⟩ *Pendeluhr, Stutzuhr* [< frz. *pendule;* zu *pendre* »an-, aufhängen, schweben«]

pe|ne|trant, ⟨auch⟩ **pe|net|rant** ⟨Adj.⟩ **1** *durchdringend;* ~er Geruch; es riecht, schmeckt ~ nach Fisch **2** ⟨fig.; umg.⟩ *aufdringlich;* ein ~er Kerl [< frz. *pénétrant*]

Pe|ne|tranz, ⟨auch⟩ **Pe|net|ranz** ⟨f.; -; unz.⟩ *penetrante Beschaffenheit*

Pe|ne|tra|ti|on, ⟨auch⟩ **Pe|net|ra|ti|on** ⟨f.; -; unz.⟩ *das Penetrieren, Durchdringung, Durchsetzung*

pe|ne|trie|ren, ⟨auch⟩ **pe|net|rie|ren** ⟨V.⟩ *durchdringen, durchsetzen* [< lat. *penetrare* »hinein-, durchdringen«]

Pen|gö ⟨m.; - od. -s, - od. -s; Abk.: P.; 1925–46⟩ *ungar. Währungseinheit* [ung., eigtl. »klingend« < *pengeni* »klingen, klingeln«]

Pen|hol|der ⟨[pɛnhouldə(r)] m.; -s; unz.; Sp.; Tischtennis⟩ *Greifen des Schlägers in der Art, wie gewöhnlich ein Stift gehalten wird, wobei die Schlagfläche nach unten weist* [< engl. *pen* »Stift« + *holder* »Griff, Halter«]

pe|ni|bel ⟨Adj.⟩ *peinlich genau, sehr sorgfältig, sehr gewissenhaft* [< frz. *pénible* »mühsam; schmerzlich«]

Pe|ni|bi|li|tät ⟨f.; -; unz.⟩ *penible Beschaffenheit, penibles Wesen*

Pe|ni|cil|lin ⟨n.; -s; unz.⟩ *Antibiotikum gegen viele Krankheitserreger, das von verschiedenen Arten des Pinselschimmels gewonnen wird;* oV *Penizillin* [< lat. *penicillium notatum* »Pinselschimmel(pilz)«; zu *penicillum* »Pinsel«]

Pe|ni|cil|li|na|se ⟨f.; -; unz.⟩ *Penicillin abbauendes Enzym, das von einigen Bakterien gebildet wird* [→ *Penicillin*]

Pe|ni|cil|li|um ⟨n.; -s; unz.; Biol.⟩ *Angehöriger einer Gattung weit verbreiteter Schlauchpilze, von denen einige Arten Penicilline hervorbringen, Pinselschimmel* [→ *Penicillin*]

Pen|in|su|la ⟨f.; -, -suln⟩ *Halbinsel* [< lat. *paene* »fast beinahe« + *insula* »Insel«]

pen|in|su|la|risch ⟨Adj.⟩ *wie eine Halbinsel, zu einer Halbinsel gehörend*

Pe|nis ⟨m.; -, -nis|se od. Pe|nes⟩ *schwellfähiges, männliches Begattungsorgan verschiedener Tiere u. des Menschen* [lat., eigtl. »Schwanz«]

Pe|ni|zil|lin ⟨n.; -s; unz.⟩ = *Penicillin*

Pen|nal ⟨n.; -s, -e; Schülerspr.⟩ *höhere Lehranstalt* [< mlat. *pennale;* zu lat. *penna* »Feder«]

Pen|nä|ler ⟨m.; -s, -⟩ *Schüler (eines Pennals)*

Pen|ne[1] ⟨f.; -, -n; Schülerspr.⟩ *Schule* [→ *Pennal*]

Pen|ne[2] ⟨f.; -, -n; Gaunerspr.⟩ *Kneipe, schlechte Herberge* [rotw., urspr. *Bonne;* vermutl. < jidd. *binjan* »Gebäude«, *bono* »er hat gebaut«]

pen|nen ⟨V.; umg.⟩ *schlafen* [rotw.; vermutl. < jidd. *pannai* »müßig« < hebr. *penai* »Zeit«, als »Zeit zur Muße«, später Anlehnung an rotw. *Penne* »schlechte Herberge«]

Pen|ni ⟨m.; - od. -s, -niä⟩ *finn. Münze, 1/100 Finnmark* [finn., vermutl. < dt. *Pfennig*]

Pen|ny ⟨m.; -s; Pence (als Wertangabe) od. -nys (bei einzelnen Stücken)⟩ *engl. Münze, 1/100 Pfund* [engl., verwandt mit dt. *Pfennig*]

Pen|ny|weight ⟨[-wɛit] n.; -, -; Abk.: pwt., dwt⟩ *engl. Gewichtseinheit für Münzen, Edelmetalle und Edelsteine, 1,5552 g* [engl., »Pfenniggewicht«]

Pen|sa ⟨Pl. von⟩ *Pensum*

pen|see, ⟨schweiz.⟩ **pen|sée** ⟨[pãseː] Adj.⟩ *dunkellila*

Pen|see ⟨[pãseː] n.; -s, -s⟩ *Stiefmütterchen* [< frz. *pensée*]

Pen|si|on ⟨[pã-] bair.-österr. [pɛn-] f.; -, -en⟩ **1** *Ruhegehalt (für Beamte);* ~ beziehen **2** *Ruhestand (Beamter);* in ~ gehen **3** *Fremdenheim* **4** *Unterkunft u. Verköstigung;* volle ~ *Unterkunft u. vollständige Verköstigung* (Voll~); Halb~ *Unterkunft mit Frühstück u. Mittag- od. Abendessen* **5** = *Pensionat* [frz.]

Pen|si|o|när ⟨[pã-] bair.-österr. [pɛn-] m.; -s, -e⟩ **1** *jmd., der eine Pension bezieht, im Ruhestand lebt* **2** *jmd., der in einer Pension wohnt, Gast in einer Pension* **3** *Schüler eines Pensionats* [< frz. *pensionnaire*]

Pen|si|o|nat ⟨[pã-] bair.-österr. [pɛn-] n.; -(e)s, -e⟩ = *Internat* [< frz. *pensionnat*]

pen|si|o|nie|ren ⟨[pã-] bair.-österr. [pɛn-] V.⟩ *mit Pension in den Ruhestand versetzen* [< frz. *pensionner*]

Pen|si|o|nie|rung ⟨[pã-] bair.-österr. [pɛn-] f.; -, -en⟩ *das Pensioniertwerden*

Pen|si|o|nist ⟨[pɛn-] m.; -en, -en; österr. u. schweiz.⟩ = *Pensionär(1)*

Pen|sum ⟨n.; -s, -sa od. -sen⟩ **1** *in einer bestimmten Zeit zu erledigende Arbeit, Aufgabe;* Arbeits~, Tages~ **2** *Abschnitt (einer Arbeit od. Aufgabe), für eine bestimmte Zeit vorgeschriebener Lehrstoff;* Schul~ [lat., »Aufgabe, zugeteilte Tagesarbeit«, eigtl. »die einer Spinnerin zur täglichen Verarbeitung zugewogene Wollmenge«; zu *pensum* »zugewogen«; zu *pendere* »(an die Waage) hängen«]

pen|ta..., **Pen|ta...** ⟨vor Vokalen⟩ pent...,Pent... ⟨in Zus.⟩ *fünf* [< grch. *pente* »fünf«]

Pen|ta|chord ⟨[-kɔrd] n.; -s, -e⟩ *Saiteninstrument mit fünf Saiten* [< *Penta...* + grch. *chorde* »Darm(saite)«]

Pen|ta|de ⟨f.; -, -n⟩ *Zeitraum von fünf Tagen* [< grch. *pente* »fünf«]

Pen|ta|e|der ⟨n.; -s, -⟩ *von fünf Flächen be-*

grenzter Körper, Fünfflach, Fünfflächner [< *Penta...* + *...eder*]
Pen|ta|glot|te ⟨f.; -, -n⟩ *ein Buch, das in fünf Sprachen geschrieben ist, vor allem eine fünfsprachige Bibel* [< *Penta...* + grch. *glotta* »Zunge«]
Pen|ta|gon ⟨n.; -s, -e⟩ **1** *Fünfeck* **2** ⟨['---] unz.⟩ *das auf einer fünfeckigen Fläche errichtete Verteidigungsministerium der USA* [< *Penta...* + *...gon*]
pen|ta|go|nal ⟨Adj.⟩ *fünfeckig*
Pen|ta|gon|do|de|ka|e|der ⟨n.; -s, -⟩ *platon. Körper, der von zwölf regelmäßigen Fünfecken begrenzt wird, Zwölfflach, Zwölfflächner*
Pen|ta|gon|i|ko|si|te|tra|e|der, ⟨auch⟩ **Pen|ta-gon|i|ko|si|tet|ra|e|der** ⟨n.; -s, -⟩ *aus untereinander gleichen Fünfecken aufgebauter, vierundzwanzigflächiger Körper* [< *Pentagon* + grch. *eikosi* »zwanzig« + *Tetraeder*]
Pen|ta|gramm ⟨n.; -s, -e⟩ *Stern mit fünf Zacken, der in einem Zug gezeichnet werden kann;* Sy *Pentalpha* [< *Penta...* + *...gramm*]
Pent|al|pha, ⟨auch⟩ **Pen|tal|pha** ⟨n.; -, -s⟩ = *Pentagramm* [< *Penta...* + *Alpha*]
pen|ta|mer ⟨Adj.⟩ *fünfgliedrig* [< *penta...* + *...mer*]
Pent|a|me|ro|ne, ⟨auch⟩ **Pen|ta|me|ro|ne** ⟨n.; -s; unz.⟩ *Sammlung neapolitanischer Märchen von Giambattista Basile († 1637), die an fünf Tagen erzählt werden* [< *Penta...* + grch. *hemera* »Tag«]
Pen|ta|me|ter ⟨m.; -s, -⟩ *fünffüßiger daktylischer Vers* [< *Penta...* + *...meter*]
Pen|tan ⟨n.; -s, -e⟩ *gesättigter aliphat. Kohlenwasserstoff, der in drei isomeren Formen vorkommt,* C_5H_{12} [< grch. *pente* »fünf«]
Pen|ta|nol ⟨n.; -s; unz.; fachsprachl. Bez. für⟩ *Amylalkohol* [< grch. *pente* »fünf«]
Pen|tan|säu|re ⟨f.; -; unz.⟩ = *Valeriansäure*
Pen|ta|pris|ma ⟨n.; -s, -men⟩ *fünfkantiges Prisma mit besonderen Brechungseigenschaften, in optischen Instrumenten verwendet* [< *Penta...* + *Prisma*]
Pent|ar|chie, ⟨auch⟩ **Pen|tar|chie** ⟨f.; -, -n⟩ *Herrschaft von fünf Mächten (bes. von Russland, England, Frankreich, Österreich u. Preußen 1815–60)* [< *Penta...* + *...archie*]
Pen|ta|sty|los, ⟨auch⟩ **Pen|tas|ty|los** ⟨m.; -, -stylen; Arch.⟩ *antiker Tempel mit fünf Säulen an jeder Schmalseite* [< *Penta...* + grch. *stylos* »Säule«]
Pen|ta|teuch ⟨m.; -s; unz.⟩ *die fünf Bücher Mosis im AT* [< grch. *pentateuchos* »aus fünf Büchern bestehend«]
Pent|ath|lon, ⟨auch⟩ **Pen|tath|lon** ⟨n.; -s; unz.⟩ *antiker Fünfkampf* [< *Penta...* + grch. *athlon* »Wettkampf«]
Pen|ta|to|nik ⟨f.; -; unz.⟩ *Skala, System von fünf Tönen als Grundtonleiter der oriental. u. mittelalterl. europäischen Musik sowie der Musik vieler Naturvölker* [< *Penta...* + grch. *tonos* »Spannung, Ton«]
pen|ta|to|nisch ⟨Adj.⟩ *auf der Pentatonik beruhend, in der Art der Pentatonik;* ~e Musik
Pen|te|kos|te ⟨f.; -; unz.⟩ *Pfingsten als der 50. Tag nach Ostern* [grch., »das am 50. Tage (nach Ostern) stattfindende Fest«]
Pen|ten ⟨n.; -s, -e⟩ *ungesättigter Kohlenwasserstoff aus der Gruppe der Olefine, chem. Formel* C_5H_{10}; Sy *Pentylen* [< grch. *pente* »fünf«]
Pen|te|re ⟨f.; -, -n⟩ *antikes Kriegsschiff mit etwa 300 Ruderern in fünf Reihen übereinander* [< grch. *penteres;* zu *pente* »fünf« + *arein* »ausgerüstet sein mit«]
Pent|house ⟨[-haus] n.; -, -hou|ses [-siz]⟩ *Wohnung auf dem flachen Dach eines Hauses* [< engl. *penthouse*]
Pen|ti|um ⟨m.; -s; unz.; ⓌⓏ⟩ *Mikroprozessor mit hoher Rechenleistung*
Pent|lan|dit ⟨m.; -s; unz.⟩ *Eisennickelkies, gelbes bis bronzefarbenes Mineral, chemisch Eisen-Nickel-Sulfid,* $(FeNi)_9S_8$ [nach dem engl. Naturforscher J. *Pentland,* † 1873]
Pent|o|de, ⟨auch⟩ **Pen|to|de** ⟨f.; -, -n⟩ *Elektronenröhre mit fünf Elektroden* [< *Penta...* + *...ode*]
Pen|to|se ⟨f.; -, -n⟩ *aus fünf Kohlenstoffatomen bestehender Zucker, Vertreter der Monosaccharide, Vorkommen in vielen Nucleinen* [< grch. *pente* »fünf«]
Pen|tos|u|rie, ⟨auch⟩ **Pen|to|su|rie** ⟨f.; -; unz.; Med.⟩ *Ausscheidung von Pentosen im Harn nach der Einnahme bestimmter Medikamente od. dem Verzehr von Kirschen, Dörrpflaumen, Heidelbeeren u.Ä.* [< *Penta...* + *...urie*]
Pen|ty|len ⟨n.; -s, -e⟩ = *Penten*
Pen|um|bra, ⟨auch⟩ **Pe|numb|ra** ⟨f.; -; unz.⟩ *Randgebiet um den Kern eines Sonnenflecks* [< lat. *paene* »fast, beinahe« + *umbra* »Schatten«]
Pe|nun|se ⟨f.; -; unz.; berlin., nordostdt.⟩ *Geld* [vielleicht < poln. *penadz* od. frz. Argot *pécuniaux* »Geld«]
Pe|on ⟨m.; -en, -en⟩ *eingeborener Tagelöhner in Mexiko u. Südamerika* [< port. *peão* u. frz. *pion*]
Pe|o|na|ge ⟨[-ʒə] f.; -; unz.⟩ *von den span. Eroberern in Mittel- u. Südamerika eingeführtes System der Entlohnung, das durch Vorschüsse zur Verschuldung der Peonen führte*
Pep ⟨m.; - od. -s; unz.⟩ *Schwung, Elan* [engl., verkürzt < *pepper* »Pfeffer«]
Pe|pe|ro|ne ⟨m.; -s, -ni⟩ = *Peperoni*
Pe|pe|ro|ni ⟨f.; -, -; meist Pl.⟩ *kleine, scharf schmeckende, meist in Essig eingelegte Paprikafrucht;* oV *Peperone,* ⟨österr.⟩ *Pfefferoni* [< ital. *peperone,* zu *pepe* »Pfeffer«]
Pe|pi|no ⟨f.; -, -s⟩ *(aus Südamerika stammendes) Nachtschattengewächs mit melonenförmigen Früchten, Birnenmelone: Solanum muricatum* [span.; »Gurke; unreife Melone«]
Pe|pi|ta 1 ⟨n.; -s, -s⟩ *kleines Muster in Hahnentritt* **2** ⟨m.; -s, -s⟩ *Stoff in diesem Muster* [nach einer span. Tänzerin aus der Zeit des Biedermeier]
Pe|plon, ⟨auch⟩ **Pep|lon** ⟨m.; -s, -s od. -plen⟩ = *Peplos*

Pe|plo|pau|se, ⟨auch⟩ **Pep|lo|pau|se** ⟨f.; -; unz.; Meteor.⟩ *obere Grenze der Troposphäre in 1500-2500 m Höhe* [< grch. *peplos* »Decke, Hülle« + *panein* »aufhören«]

Pe|plos, ⟨auch⟩ **Pep|los** ⟨m.; -, - od. -plen⟩ *ärmelloses, oft reich verziertes, langes, weites altgriech. Gewand;* oV *Peplon* [grch.]

pep|pig ⟨Adj.; umg.⟩ *Pep habend, schwungvoll, schmissig, flott, munter;* eine ~e Show, Vorstellung [→ *Pep*]

Pep|pill ⟨f.; -, -s⟩, **Pep|pil|le** ⟨f.; -, -n⟩ *als Rauschmittel verwendetes Weckamin* [< *Pep* + engl. *pill* »Pille«]

Pep|sin ⟨n.; -s, -e; Biochem.⟩ *Enzym des Magensaftes, das Eiweiß spaltet* [< grch. *pepsis* »das Kochen«; zu *pessein* »kochen«, übertr. »verdauen«]

Pep|sin|wein ⟨m.; -(e)s, -e; Pharm.⟩ *pepsinhaltiger medizinischer Wein, der die Magentätigkeit unterstützt* [→ *Pepsin*]

Pep|tid ⟨n.; -(e)s, -e⟩ *bei der Hydrolyse von Proteinen auftretende, aus gleichen od. verschiedenen Aminosäuren aufgebaute Verbindung* [< grch. *peptos* »gekocht«]

Pep|ti|da|se ⟨f.; -, -n⟩ *Enzym, das Peptide spaltet*

Pep|tid|hor|mon ⟨n.; -s, -e⟩ *Hormon, das seiner chemischen Natur nach ein Peptid ist,* z.B. Insulin od. Glucagon [< *Peptid* + *Hormon*]

Pep|ti|sa|ti|on ⟨f.; -; unz.⟩ *Umwandlung eines Gels in ein Sol*[2]*, d.h. Herstellung einer kolloidalen Lösung*

pep|tisch ⟨Adj.⟩ *in der Art des Pepsins*

pep|ti|sie|ren ⟨V.⟩ ein Gel ~ *in ein Sol umwandeln* [→ *Peptid*]

Pep|ton ⟨n.; -s, -e⟩ *bei der Verdauung von Proteinen entstehendes, hochmolekulares, wasserlösl. Abbauprodukt, als Nährpräparat verwendbar* [< grch. *peptein* »kochen«]

Pep|ton|u|rie, ⟨auch⟩ **Pep|to|nu|rie** ⟨f.; -; unz.⟩ *Auftreten von Peptonen im Harn* [< *Pepton* + *...urie*]

PER ⟨Abk. für⟩ *Perchlorethylen*

per ⟨Präp. m. Akk.⟩ **1** *mittels, durch, mit;* ~ Bahn, ~ Flugzeug, ~ Post; ~ Eilboten **2** ⟨zeitlich⟩ *bis, am;* ~ 1. April (zu liefern) [lat. *per* »durch, für«]

per..., **Per...** ⟨in Zus.; Med.⟩ **1** *durch, hindurch* **2** *ringsum, völlig, sehr* [lat., »durch, für«]

per ac|cla|ma|ti|o|nem ⟨†⟩ *durch Zuruf* [lat.]

per Ad|res|se, ⟨auch⟩ **A|dres|se** ⟨Abk.: p.A., p. Adr.; in Anschriften⟩ *wohnhaft bei..., über die Adresse von... zu erreichen;* Herrn XY, ~ Familie Meier

per|a|kut ⟨Adj.; Med.⟩ *sehr akut, bedrohlich* [< *per...* + lat. *acutus* »scharf, spitz«]

per an|num ⟨Abk.: p.a.⟩ *im Jahr, jährlich* [lat.]

per as|pe|ra ad as|tra, ⟨auch⟩ **per as|pe|ra ad ast|ra** *auf rauen (Wegen) zu den Sternen; vgl. durch Nacht zum Licht* [lat.]

Per|bo|rat ⟨n.; -(e)s, -e⟩ *Verbindung aus Wasserstoffperoxid u. Boraten, Wasch- u. Bleichmittel* [< *PER* + *Borat*]

Per|bu|nan ⟨n.; -s; unz.⟩ *gegen Benzin u. Öl bes. beständiger Synthesekautschuk* [< *PER* + *Buna*]

per cas|sa *gegen Barzahlung* [ital., »durch Bargeld«]

per cen|tum ⟨Abk.: p.c.⟩ = *pro centum*

Per|che|ron ⟨[pɛrʃərɔ̃:] m.; - od. -s, -s⟩ *frz. Ackerpferderasse* [frz.; nach der ehem. Grafschaft *Perche* zwischen der Normandie u. dem Ostteil des Maine]

Per|chlo|rat ⟨[-klo-] n.; -(e)s, -e⟩ *Salz der Perchlorsäure* [< *PER* + *Chlorat*]

Per|chlor|e|thy|len ⟨[-klo:r-] n.; -s; unz.; Abk.: PER⟩ *giftiges chem. Lösungsmittel, das u.a. in chemischen Reinigungen verwendet wird*

Per|chlor|säu|re ⟨[-klo:r-] f.; -, -n⟩ *Sauerstoffsäure des Chlors, Formel* $HClO_4$*, tritt vor allem in Form ihrer Salze, der Perchlorate, auf*

per con|to *auf Rechnung* [ital., → *Konto*]

Per|cus|sion ⟨[pərkʌʃn] f.; -; unz.; Popmus.⟩ **1** *Schlagzeug* **2** *Orgelregister an elektronischen Orgeln;* → a. *Perkussion* [engl.]

per de|fi|ni|ti|o|nem *wie es die Definition sagt, wie es sich im Wort ausdrückt, wie schon der Ausdruck besagt* [lat., »durch die Definition«]

per|den|do|si ⟨Mus.⟩ *abnehmend, sich verlierend (zu spielen)* [ital.]

per|du ⟨[-dy:] Adj.; nur prädikativ⟩ *verloren, weg;* das Geld ist ~ [frz., Part. Perf. von *perdre* »verlieren«]

Per|emp|ti|on, ⟨auch⟩ **Pe|remp|ti|on** ⟨f.; -, -en; Rechtsw.⟩ oV *Peremtion* **1** *Verfall* **2** *Verjährung* [< lat. *peremptus,* Part. Perf. zu *perimere* »wegnehmen, zerstören, töten«]

per|emp|to|risch, ⟨auch⟩ **pe|remp|to|risch** ⟨Adj.⟩ Ggs *dilatorisch;* oV *peremtorisch* **1** ⟨Rechtsw.⟩ *vernichtend, aufhebend* **2** *zwingend* [→ *Peremption*]

Per|em|ti|on, ⟨auch⟩ **Pe|rem|ti|on** ⟨f.; -, -en⟩ = *Peremption*

per|em|to|risch, ⟨auch⟩ **pe|rem|to|risch** ⟨Adj.⟩ = *peremptorisch*

Per|en|ne, ⟨auch⟩ **Pe|ren|ne** ⟨f.; -, -n; Bot.⟩ *mehrjährige, unterirdisch überwinternde Pflanze* [zu lat. *perennis* »ausdauernd«]

per|en|nie|rend, ⟨auch⟩ **pe|ren|nie|rend** ⟨Adj.⟩ *wiederkommend, ausdauernd, überwinternd, mehrjährig blühend (Pflanze)* [< lat. *perennis* »ausdauernd«]

Pe|res|tro|i|ka, ⟨auch⟩ **Pe|rest|ro|i|ka** ⟨f.; -; unz.; in der Sowjetunion⟩ *Politik der wirtschaftlichen u. sozialen Umgestaltung* [russ., »Umbau, Umgestaltung«]

per ex|em|plum, ⟨auch⟩ **per e|xem|plum** *zum Beispiel* [lat.]

per fas *auf redliche, erlaubte Weise;* → a. *per nefas* [lat., »durch das Erlaubte, nach dem Gesetz«]

per|fekt ⟨Adj.⟩ **1** *vollkommen (ausgebildet);* ~ Englisch, Französisch sprechen; ~ in Stenografie und Maschinenschreiben **2** *gültig, abgemacht, abgeschlossen;* einen Vertrag, ein Geschäft ~ machen [< lat. *perfectus,* Part. Perf. zu *perficere* »vollenden«]

Per|fekt ⟨n.; -s, -e⟩ *Zeitform des Verbums, die ein vergangenes, in die Gegenwart fortwirkendes Geschehen bezeichnet, zweite Vergangenheit, vollendete Gegenwart,* z.B. ich habe Kuchen gebacken; oV *Perfektum* [<lat. *perfectum (tempus)* »vollendete (Zeit)«; zu *perfectus;* → *perfekt*]

per|fek|ti|bel ⟨Adj.⟩ *fähig, sich zu entwickeln u. zu vervollkommnen* [→ *perfekt*]

Per|fek|ti|bi|lis|mus ⟨m.; -; unz.⟩ = *Perfektionismus*

Per|fek|ti|bi|li|tät ⟨f.; -; unz.⟩ *Fähigkeit zur Vervollkommnung*

Per|fek|ti|on ⟨f.; -, -en⟩ *Vollendung, Vollkommenheit* [frz.]

per|fek|ti|o|nie|ren ⟨V.⟩ *vollenden, vervollkommnen*

Per|fek|ti|o|nie|rung ⟨f.; -; unz.⟩ *das Perfektionieren*

Per|fek|ti|o|nis|mus ⟨m.; -; unz.⟩ **1** ⟨Philos.⟩ *Lehre von der Vervollkommnung des Menschen als sittl. Ziel der Entwicklung der Menschheit u. Sinn der Geschichte* **2** ⟨allg.⟩ *übertriebenes Streben nach (bes. technischer) Vollkommenheit* [<lat. *perfectio* »Vollkommenheit«]

Per|fek|ti|o|nist ⟨m.; -en, -en⟩ **1** *Anhänger, Vertreter des philosoph. Perfektionismus* **2** *Angehöriger der nordamerikan. methodist. Sekte der Perfektionisten, die nach Sündlosigkeit durch innere Wiedergeburt streben* **3** ⟨allg.⟩ *jmd., der übertrieben nach Perfektion strebt*

per|fek|ti|o|nis|tisch ⟨Adj.⟩ *auf Perfektionismus beruhend*

per|fek|tisch ⟨Adj.; Gramm.⟩ *im Perfekt stehend, das Perfekt betreffend*

per|fek|tiv ⟨Adj.⟩ *eine zeitl. Begrenzung des Geschehens ausdrückend;* ~e Aktionsart des Verbums [→ *Perfekt*]

Per|fek|tiv ⟨n.; -s, -e [-və]; in slaw. Sprachen⟩ *Aspekt des Verbums, der das Ende einer Handlung od. eines Vorgangs ausdrückt*

per|fek|ti|vie|ren ⟨[-viː-] V.; Sprachw.⟩ ein Verb ~ *mit Hilfe von Partikeln in eine perfektive Aktionsart umformen,* z.B. »blühen« in »verblühen« überführen

per|fek|ti|visch ⟨Adj.⟩ = *perfektiv*

Per|fek|ti|vum ⟨[-vum] n.; -s, -va [-va]; ältere Form von⟩ *Perfektiv*

Per|fek|tum ⟨n.; -s, -ta; ältere Form von⟩ *Perfekt*

per|fid, per|fi|de ⟨Adj.⟩ *treulos, hinterhältig, heimtückisch, niederträchtig* [<frz. *perfide* »treulos«]

Per|fi|die ⟨f.; -, -n⟩ **1** ⟨unz.⟩ *Treulosigkeit, Hinterlist, Heimtücke, Niedertracht* **2** ⟨zählb.⟩ *perfide Handlung*

Per|fi|di|tät ⟨f.; -; unz.⟩ *perfide Beschaffenheit (einer Tat)*

Per|fo|ra|ti|on ⟨f.; -, -en⟩ **1** ⟨Med.⟩ *Durchbohrung, Durchbruch, Durchlöcherung* **2** *durchlochte Linie (auf Papierblättern od. Filmen) zum Abtrennen eines Teils (des Blattes) od. zum Transportieren (des Films) über ein Zahnrad* [<lat. *perforare* »durchbohren, durchlöchern«]

Per|fo|ra|tor ⟨m.; -s, -to|ren⟩ *Gerät zum Perforieren von Papier u. anderen Materialien*

per|fo|rie|ren ⟨V.⟩ *durchlöchern, mit Löchern in gleichem Abstand u. gleicher Größe versehen* [<lat. *perforare* »durchbohren«]

Per|for|mance ⟨[pə(r)fɔːməns] f.; -, -s [-siz]; Theat.⟩ **1** *Vorstellung, Aufführung (in der Art eines Happenings);* eine gute, schlechte, gelungene ~ **2** ⟨Techn.⟩ *Betriebsverhalten* **3** ⟨EDV⟩ *Güte u. Schnelligkeit, mit der ein Computer einen Auftrag erledigt* [engl., »Verrichtung, Vorführung«]

Per|for|manz ⟨f.; -; unz.; Sprachw.⟩ *Verwendung von Sprache in einer konkreten Situation* [<engl. *performance* »Verrichtung, Vorführung«]

per|for|ma|tiv ⟨Adj.; Sprachw.⟩ *die sprachliche Aussage im Moment ihrer Artikulation realisierend,* z.B. ich danke Ihnen; oV *performatorisch* [→ *Performanz*]

per|for|ma|to|risch ⟨Adj.; Sprachw.⟩ = *performativ*

Per|for|mer ⟨[pərfɔːmə(r)] m.; -s, -⟩ *jmd., der eine Performance veranstaltet, Performancekünstler* [engl., »Vorführer«]

Per|fu|si|on ⟨f.; -, -en; Med.⟩ **1** *Durchströmung von Gewebe mit Körperflüssigkeiten zur Ernährung u. Reinigung, z.B. durch Blut, Plasma u.Ä.* **2** *künstliche Durchströmung des Körpers, z.B. mit einer Herz-Lungen-Maschine* [zu lat. *perfundere* »übergießen, begießen«]

Per|ga|ment ⟨n.; -(e)s, -e⟩ **1** *bearbeitete, als Schreibstoff dienende Tierhaut* **2** *Schriftstück auf dieser Haut* [<mlat. *pergamen(t)um* <lat. *(charta) Pergamena;* nach der antiken kleinasiat. Stadt *Pergamon*]

per|ga|men|ten ⟨Adj.⟩ *aus Pergament bestehend;* ein ~er Einband

per|ga|men|tie|ren ⟨V.⟩ **1** *Papier herstellen, das in Konsistenz u. Aussehen dem Pergament gleicht* **2** *Baumwollgewebe mit Hilfe von Schwefelsäure pergamentartig machen*

Per|ga|min ⟨n.; -s; unz.⟩ *pergamentartiges, durchsichtiges Papier*

Per|go|la ⟨f.; -, -go|len⟩ *Laube, Laubengang aus Pfeilern u. Säulen, meist von Schlingpflanzen umrankt* [ital.]

Pe|ri ⟨f.; -, -s; pers. Myth.⟩ *feenhaftes Wesen*

pe|ri…, Pe|ri… ⟨in Zus.⟩ *um… herum, ringsum, über… hin, über… hinaus* [<grch. *peri* »(rings)um, um… herum; über… hinaus, gegen«]

Pe|ri|a|de|ni|tis ⟨f.; -, -ti|den; Med.⟩ *Entzündung des Gewebes, das eine Drüse umgibt* [<*Peri…* + *Adenitis*]

Pe|ri|anth ⟨n.; -(e)s, -e⟩, **Pe|ri|an|thi|um** ⟨n.; -s, -thi|en⟩ **1** *Hülle der Bedecktsamer, die die männl. u. weibl. Teile der Blüte schützt, Blütenhülle* **2** *blattartige Bildung zum Schutz der Fortpflanzungsorgane bei Moosen* [<*Peri…* + grch. *anthos* »Blume«]

Pe|ri|ar|thri|tis, ⟨auch⟩ **Pe|ri|arth|ri|tis** ⟨f.; -, -ti-den⟩ *Entzündung der gelenkumgebenden Teile* [< *Peri... + Arthritis*]

Pe|ri|as|tron, ⟨auch⟩ **Pe|ri|ast|ron** ⟨n.; -s, -tren⟩ *bei Doppelsternen der nächste Punkt, den der Begleitstern zum Hauptstern erreicht* [< *Peri...* + grch. *astron* »Stern«]

Pe|ri|chon|dri|tis, ⟨auch⟩ **Pe|ri|chond|ri|tis** ⟨[-xɔn-] f.; -, -ti|den⟩ *Knorpelhautentzündung* [< *Peri... + Chondritis*]

Pe|ri|chon|dri|um, ⟨auch⟩ **Pe|ri|chond|ri|um** ⟨[-xɔn-] n.; -s, -dri|en⟩ *Knorpelhaut* [< *Peri...* + grch. *chondros* »Knorpel«]

pe|ri|cu|lum in mo|ra *Gefahr (ist) im Verzug, das heißt: es ist gefährlich zu zögern* [lat.]

Pe|ri|derm ⟨n.; -s, -e⟩ *sekundäres Abschlussgewebe, das die beim Dickenwachstum der pflanzl. Sprosse zersprengte Epidermis ersetzt* [< *Peri... + ...derm*]

Pe|ri|dot ⟨m.; -s, -e⟩ = *Olivin* [< frz. *péridot*]

Pe|ri|do|tit ⟨m.; -s, -e⟩ *schwarzes, hauptsächlich aus Olivin bestehendes Tiefengestein*

Pe|ri|du|ral|an|äs|the|sie, auch **Pe|ri|du|ral|a|näs|the|sie** ⟨f.; -, -n; Med.⟩ *Betäubung der unteren Körperhälfte durch Einspritzung eines Anästhetikums im Lendenwirbelbereich* [< *Peri...* + lat. *durus* »hart« + *Anästhesie*]

pe|ri|fo|kal ⟨Adj.; Med.⟩ *um einen Krankheitsherd herum* [< *peri... + fokal*]

Pe|ri|gä|um ⟨n.; -s, -gä|en⟩ *Punkt der geringsten Entfernung eines Himmelskörpers von der Erde, Erdnähe;* Ggs *Apogäum* [< *Peri...* + grch. *gaia, ge* »Erde«]

pe|ri|gla|zi|al ⟨Adj.; Geogr.⟩ *das Umfeld von Gletschern u. Inlandeisflächen betreffend* [< *peri... + glazial*]

Pe|ri|gla|zi|al|ge|biet ⟨n.; -(e)s; unz.; Geogr.⟩ *das pleistozäne Zwischeneisgebiet zwischen dem skandinavischen Inlandeis u. der alpinen Vergletscherungsregion* [→ *periglazial*]

Pe|ri|gon ⟨n.; -s, -e⟩, **Pe|ri|go|ni|um** ⟨n.; -s, -ni|en⟩ *nicht in Kelch u. Krone gegliederte Blütenhülle* [< *Peri...* + grch. *gony* »Knoten«]

Pe|ri|gramm ⟨n.; -s, -e⟩ *diagrammartige Darstellung von Größenverhältnissen als Sektoren eines Kreises* [< *Peri... + ...gramm*]

pe|ri|gyn ⟨Adj.; Bot.⟩ *mit mittelständigem Fruchtknoten ausgestattet (in Bezug auf Blüten);* →a. *hypogyn* [< *peri...* + grch. *gyne* »Weib«]

Pe|ri|hel ⟨n.; -s, -e⟩, **Pe|ri|he|li|um** ⟨n.; -s, -li|en⟩ *Punkt der geringsten Entfernung eines Himmelskörpers von der Sonne, Sonnennähe;* Ggs *Aphel(ium)* [< *Peri...* + grch. *helios* »Sonne«]

Pe|ri|he|pa|ti|tis ⟨f.; -, -ti|den; Med.⟩ *Entzündung der Bauchfellhülle der Leber* [< *Peri... + Hepatitis*]

Pe|ri|kard ⟨n.; -(e)s, -e⟩ *Herzbeutel* [< *Peri...* + grch. *kardia* »Herz«]

Pe|ri|kard|ek|to|mie, ⟨auch⟩ **Pe|ri|kar|dek|to|mie** ⟨f.; -, -n⟩ *operative Entfernung des Herzbeutels*

pe|ri|kar|di|al ⟨Adj.; Med.⟩ *zum Herzbeutel gehörig* [→ *Perikard*]

Pe|ri|kar|di|o|to|mie ⟨f.; -, -n⟩ *operatives Öffnen des Herzbeutels bei Eiteransammlung* [< *Perikard + ...tomie*]

Pe|ri|kar|di|tis ⟨f.; -, -ti|den⟩ *Entzündung des Herzbeutels* [< *Perikard + ...itis*]

Pe|ri|karp ⟨n.; -(e)s, -e⟩ *aus mehreren Schichten bestehende Wand einer Frucht, Fruchtwand* [< *Peri... + ...karp*[2]]

Pe|ri|klas ⟨m.; - od. -es, -e⟩ *in Körnern od. kleinen Kugeln auftretendes, durchsichtiges bis grünliches Mineral, chemisch Magnesiumoxid, MgO* [< *Peri...* + grch. *klasis* »Bruch«]

Pe|ri|ko|pe ⟨f.; -, -n⟩ **1** *Abschnitt aus der Bibel (zum Vorlesen beim Gottesdienst)* **2** *Gruppe zusammengehöriger Strophen, größerer metrischer Abschnitt* [< grch. *perikope* »Abschnitt«]

Pe|ri|ko|pen|buch ⟨n.; -(e)s, -bü|cher⟩ = *Evangelistar*

Pe|ri|kra|ni|um ⟨n.; -s, -ni|en⟩ *äußere Knochenhaut des Schädels* [< *Peri... + kranion* »Schädel«]

Pe|ri|lun ⟨n.; -s, -e; Astron.⟩ *mondnächster Punkt der Umlaufbahn eines den Erdtrabanten umkreisenden Objekts* [< *Peri...* + lat. *luna* »Mond«]

pe|ri|mag|ma|tisch ⟨Adj.; Geol.⟩ *im Umfeld eines Magmaherdes gebildet (von Erzlagerstätten)* [< *peri... + magmatisch*]

Pe|ri|me|ter 1 ⟨m.; -s, -⟩ *Umfang einer Figur* **2** ⟨n.; -s, -; Med.⟩ *Gerät zum Bestimmen des Gesichtsfeldes* [< *Peri... + ...meter*]

Pe|ri|me|trie, ⟨auch⟩ **Pe|ri|met|rie** ⟨f.; -, -n; Med.⟩ *Gesichtsfeldbestimmung des Auges* [< *Peri... + ...metrie*]

pe|ri|me|trie|ren, ⟨auch⟩ **pe|ri|met|rie|ren** ⟨V.; Med.⟩ *eine Perimetrie durchführen*

pe|ri|me|trisch, ⟨auch⟩ **pe|ri|met|risch** ⟨Adj.⟩ *die Grenzen des Gesichtsfelds betreffend*

Pe|ri|me|tri|tis, ⟨auch⟩ **Pe|ri|met|ri|tis** ⟨f.; -, -ti|den; Med.⟩ *Bauchfellentzündung* [< *Perimetrium + ...itis*]

Pe|ri|me|tri|um, ⟨auch⟩ **Pe|ri|met|ri|um** ⟨n.; -s, -tri|en⟩ *Bauchfellüberzug der Gebärmutter* [< *Peri...* + grch. *metra* »Gebärmutter«]

pe|ri|na|tal ⟨Adj.⟩ *in den Zeitraum der Geburt fallend, während der Geburt auftretend* [< *peri...* + lat. *natalis* »zur Geburt gehörig«]

Pe|ri|ne|phri|tis, ⟨auch⟩ **Pe|ri|neph|ri|tis** ⟨f.; -, -ti|den; Med.⟩ *Entzündung von Nierenkapsel u. Nierenoberfläche* [< *Peri... + Nephritis*]

Pe|ri|ne|um ⟨n.; -s, -ne|en; Anat.⟩ *Körperabschnitt zwischen After und Geschlechtsteilen, Damm* [nlat., < grch. *perinaion*]

Pe|ri|o|de ⟨f.; -, -n⟩ **1** *Zeitabschnitt* **2** *Umlaufzeit eines Sternes* **3** *Zeitabschnitt einer Formation der Erdgeschichte* **4** *Zeit, die vergeht, bis eine Schwingung wieder ihren Ausgangspunkt erreicht hat, Schwingungszeit* **5** = *Menstruation* **6** *in bestimmter stilistischer Absicht mehrfach zusammengesetzter Satz* **7** *musikal. Satz aus 8 od. 16 Takten, der sich aus zwei miteinander korrespondierenden Teilen zusammensetzt* [< grch. *periodos* < *peri...* + *hodos* »Weg; Mittel u. Weg«]

Pe|ri|o|den|sys|tem ⟨n.; -s; unz.⟩ ~ der chem. Elemente *System der Anordnung der chem. E. nach Eigenschaften, die sich in einer bestimmten Reihenfolge wiederholen*
Pe|ri|o|dik ⟨f.; -; unz.⟩ = *Periodizität*
Pe|ri|o|di|kum ⟨n.; -s, -ka⟩ *in gewissen Zeitabständen mehr od. weniger regelmäßig erscheinende Druckschrift*
pe|ri|o|disch ⟨Adj.⟩ *in gleichen Abständen wiederkehrend*
pe|ri|o|di|sie|ren ⟨V.⟩ *in Zeitabschnitte einteilen*
Pe|ri|o|di|zi|tät ⟨f.; -; unz.⟩ *periodische Beschaffenheit, regelmäßige Wiederkehr;* Sy *Periodik*
Pe|ri|o|don|ti|tis ⟨f.; -, -ti|den⟩ *Wurzelhautentzündung der Zähne* [< *Peri...* + grch. *odon,* Gen. *odontos* »Zahn«]
Pe|ri|ö|ke ⟨m.; -n, -n⟩ *freier Einwohner Spartas, der das Recht auf Grundbesitz, aber keine polit. Rechte hatte;* →a. *Spartiat* [< grch. *perioikoi* »Nachbarn«]
pe|ri|o|ral ⟨Adj.; Med.⟩ *im Umfeld des Mundes liegend* [< *peri...* + *oral*]
Pe|ri|ost ⟨n.; -(e)s, -e⟩ *Knochenhaut* [< *Peri...* + grch. *osteon* »Knochen«]
pe|ri|os|tal ⟨Adj.⟩ *zum Periost gehörend, von ihm ausgehend*
Pe|ri|os|ti|tis ⟨f.; -, -ti|ti|den⟩ *Knochenhautentzündung* [< *Periost* + *...itis*]
Pe|ri|pa|te|ti|ker ⟨m.; -s, -⟩ *Schüler des Aristoteles* [< grch. *peripatos* »Promenade, Säulengang; Säulenhalle der Schule, in der Aristoteles lehrte«]
pe|ri|pa|te|tisch ⟨Adj.⟩ *zu den Peripatetikern gehörig, ihnen entsprechend, von ihnen stammend*
Pe|ri|pa|tos ⟨m.; -; unz.⟩ *athenische Säulenhalle, in der Aristoteles im Umherwandeln Lehrgespräche mit seinen Schülern führte* [grch., »Wandelgang«]
Pe|ri|pe|tie ⟨f.; -, -n; Lit.⟩ *Wendepunkt, Umschwung zum Guten od. Bösen (bes. im Drama)* [< grch. *peripeteia* »Wendepunkt im Drama«, eigtl. »plötzlicher Umschwung des Schicksals«]
pe|ri|pher ⟨Adj.⟩ *am Rand (befindlich), an der Peripherie (liegend), Rand...;* ~e Fragen, Probleme ⟨fig.⟩ *(im Augenblick) nicht so wichtige F., P.*
Pe|ri|phe|rie ⟨f.; -, -n⟩ **1** ⟨Math.⟩ *äußere Linie (bes. des Kreises)* **2** *Rand (bes. einer Stadt)* [< lat. *peripheria* < grch. *periphereia,* eigtl. »das Herumtragen; der Umlauf«; zu *peripherein* »herumtragen«]
Pe|ri|phe|rie|ge|rät ⟨n.; -(e)s, -e; EDV⟩ *an einen Computer angeschlossenes Gerät,* z.B. Bildschirm, Drucker, Eingabegerät, Modem, Scanner etc.
Pe|ri|phe|rie|win|kel ⟨m.; -s, -⟩ *Winkel, dessen Scheitel auf der Peripherie eines Kreises liegt u. dessen Schenkel von Sehnen des Kreises gebildet werden*
Pe|ri|phle|bi|tis ⟨f.; -, -ti|den; Med.⟩ *Entzündung der äußeren Venenhaut* [< *Peri...* + *Phlebitis*]
Pe|ri|phra|se ⟨f.; -, -n⟩ *Umschreibung (eines Begriffes)* [< grch. *periphrasis,* < *peri...* + *phrasis* »Ausdruck«]
pe|ri|phra|sie|ren ⟨V.⟩ *umschreiben*
pe|ri|phras|tisch ⟨Adj.⟩ *umschreibend*
Pe|ri|po|ri|tis ⟨f.; -, -ti|den; Med.⟩ *eitrige, durch Staphylokokken hervorgerufene Entzündung der Schweißporen von Säuglingen mit zuweilen tödlichem Ausgang* [< *Peri...* + *Pore* + *...itis*]
Pe|ri|prok|ti|tis ⟨f.; -, -ti|ti|den; Med.⟩ *Entzündung des Zellgewebes im Umfeld des Mastdarms nach Verletzungen, Hämorrhoiden u.Ä.* [< *Peri...* + *Proktitis*]
Pe|ri|pte|ral|tem|pel, ⟨auch⟩ **Pe|rip|te|ral|tem|pel** ⟨m.; -s, -⟩ = *Peripteros*
Pe|ri|pte|ros, ⟨auch⟩ **Pe|rip|te|ros** ⟨m.; -, - od. -pte|ren⟩ *Antentempel mit ringförmig umgebender Säulenhalle;* oV *Peripteraltempel* [< grch. *peripteros* »ringsum beflügelt«]
pe|ri|re|nal ⟨Adj.; Med.⟩ *im Umfeld der Niere liegend, es betreffend* [< *peri...* + *renal*]
Pe|ri|skop, ⟨auch⟩ **Pe|ris|kop** ⟨n.; -s, -e⟩ **1** *aus Linsen u. totalreflektierenden Prismen bestehendes opt. Gerät, mit dessen Hilfe man über Hindernisse hinwegblicken kann* **2** *aus dem Kommandoturm eines U-Bootes ausfahrbares Fernrohr, mit dem man im getauchten Zustand noch die Oberfläche des Meeres beobachten kann* [< *Peri...* + *...skop*]
pe|ri|sko|pisch, ⟨auch⟩ **pe|ris|ko|pisch** ⟨Adj.⟩ *in der Art eines Periskops, mit Hilfe eines Periskops*
Pe|ri|spo|me|non, ⟨auch⟩ **Pe|ris|po|me|non** ⟨n.; -s, -me|na; Phon.; im Griechischen⟩ *Wort mit einem Dehnungszeichen auf der letzten Silbe* [grch.]
Pe|ri|stal|tik, ⟨auch⟩ **Pe|ris|tal|tik** ⟨f.; -; unz.⟩ *Bewegung von Hohlorganen, deren Wände Muskeln enthalten* [< grch. *peristaltikos* »ringsum zusammendrückend«]
pe|ri|stal|tisch, ⟨auch⟩ **pe|ris|tal|tisch** ⟨Adj.⟩ *in der Art der Peristaltik*
Pe|ri|sta|se, ⟨auch⟩ **Pe|ris|ta|se** ⟨f.; -, -n⟩ **1** *Gesamtheit der Einflüsse, die von der Umwelt auf die Entwicklung eines Organismus ausgeübt werden* **2** *örtliche Kreislaufstörung, ein ungeordneter Blutstrom in den Gefäßen* [< grch. *peristasis* »Umgebung«]
pe|ri|sta|tisch, ⟨auch⟩ **pe|ris|ta|tisch** ⟨Adj.⟩ *auf Peristase beruhend*
Pe|ri|styl, ⟨auch⟩ **Pe|ris|tyl** ⟨n.; -s, -e⟩ *von Säulen umgebener, oft bepflanzter Innenhof des altgriechischen Hauses* [< grch. *peristylon,* < *peri...* + *stylos* »Säule«]
Pe|ri|the|zi|um ⟨n.; -s, -zi|en⟩ *Fruchtkörper der Schlauchpilze* [< *Peri...* + grch. *thekion* »kleiner Behälter«]
pe|ri|to|ne|al ⟨Adj.⟩ *zum Peritoneum gehörig, von ihm ausgehend*
Pe|ri|to|ne|um ⟨n.; -s, -ne|en⟩ *Bauchfell* [< grch. *peritonaion*]
Pe|ri|to|ni|tis ⟨f.; -, -ti|den⟩ *Bauchfellentzün-*

dung [<grch. *peritonaion* »Bauchfell« + *...itis*]

pe|ri|trich, ⟨auch⟩ **pe|rit|rich** ⟨Adj.; bei Mikroorganismen⟩ *auf der Oberfläche mit Geißeln umgeben* [<*peri...* + grch. *thrix,* Gen. *trichos* »Haar«]

Pe|ri|zy|kel ⟨m.; -s, -⟩ *Zellschicht, die den Zentralzylinder der Wurzel umgibt* [<*Peri...* + grch. *kyklos* »Kreis«]

Per|jo|dat ⟨n.; -s, -e⟩ *Salz der Perjodsäure*

Per|jod|säu|re ⟨f.; -, -n⟩ *Sauerstoffsäure des Jods, Formel HJO_4, tritt vor allem in Form ihrer Salze, der Perjodate, auf*

Per|kal ⟨m.; -s, -e⟩ *sehr dichtes, feinfädiges Gewebe aus Baumwolle für Wäsche* [<pers. *pargalah*]

Per|ka|lin ⟨n.; -s, -e⟩ *gestreifter Perkal für Bucheinbände*

Per|ko|lat ⟨n.; -(e)s, -e⟩ *Ergebnis der Perkolation*

Per|ko|la|ti|on ⟨f.; -, -en⟩ *Gewinnung von Auszügen aus klein geschnittenen Drogen mittels eines kontinuierlich fließenden Lösungsmittels (Alkohol, Äthanol, Wasser)* [<lat. *percolare* »durchsickern lassen, durchseihen«]

Per|ko|la|tor ⟨m.; -s, -to|ren⟩ *Gerät zur Gewinnung von Pflanzenauszügen durch deren Auslaugung mit Wasser od. Alkohol*

per|ko|lie|ren ⟨V.⟩ *durch Perkolation gewinnen*

per|kus|siv ⟨Adj.; Mus.⟩ *vom Rhythmus dominiert, von Rhythmusinstrumenten erzeugt* [→ *Perkussion*]

Per|kus|si|on ⟨f.; -, -en⟩ **1** *Zündung durch Stoß od. Schlag auf ein Zündhütchen* **2** *Untersuchung (eines Organs) durch Beklopfen der Körperoberfläche u. Deutung der Töne* **3** *Einrichtung am Harmonium, durch die (zur Erzeugung präziserer Töne) Hämmerchen gegen die frei schwingenden Zungen schlagen;* → a. *Percussion* [<lat. *percussio* »Schlagen«]

per|kus|so|risch ⟨Adj.⟩ *mit Hilfe der Perkussion (nachweisbar);* oV *perkutorisch*

per|ku|tan ⟨Adj.; Med.⟩ *durch die Haut hindurch (wirkend)* [<*per...* + *kutan*]

per|ku|tie|ren ⟨V.⟩ *mittels Perkussion (2) untersuchen, mit Perkussionshammer od. Fingern beklopfen* [<lat. *percutere* »schlagen«]

per|ku|to|risch ⟨Adj.⟩ = *perkussorisch*

per|lin|gu|al ⟨Adj.; Med.⟩ *durch die Zungenschleimhaut hindurch wirkend (von Medikamenten, die über die Zunge ins Blut gelangen)* [<*per...* + *lingual*]

Per|lit ⟨m.; -s, -e⟩ **1** *feinkörniger Gefügebestandteil des Stahls* **2** *vulkanisches Glas*

per|li|tisch ⟨Adj.⟩ **1** *perlenähnlich (in Bezug auf den Aufbau glasiger Gesteine)* **2** *aus Perlit bestehend*

Per|lo|ku|ti|on ⟨f.; -, -en; Sprachw.⟩ *(in der Sprechakttheorie J. R.. Searles) die Wirkung der Sprechhandlung auf die Gedanken, Gefühle u. nachfolgenden Handlungen des Kommunikationspartners* [<*per...* + lat. *locutio* »das Reden, Redensart«, zu *loqui* »reden, sprechen«]

per|lo|ku|ti|o|när ⟨Adj.; Sprachw.⟩ *die Perlokution betreffend;* oV *perlokutiv;* ein ~er Akt

per|lo|ku|tiv ⟨Adj.; Sprachw.⟩ = *perlokutionär*

Per|lon ⟨n.; -s; unz.; Ⓦⓩ⟩ *aus Kaprolactam hergestellte Kunstfaser*

Per|lus|tra|ti|on, ⟨auch⟩ **Per|lust|ra|ti|on** ⟨f.; -, -en; †; noch österr.⟩ *Durchsicht, genaue Untersuchung (z.B. eines Verdächtigen)* [<lat. *perlustrare* »durchmustern«]

per|lus|trie|ren, ⟨auch⟩ **per|lust|rie|ren** ⟨V.; †; noch österr.⟩ *durchsehen, durchsuchen, genau untersuchen (Verdächtige)* [<lat. *perlustrare* »durchmustern«]

Perm ⟨n.; -s; unz.⟩ *geolog. Formation des Paläozoikums vor 230-200 Mill. Jahren mit kali- u. salzhaltigen Ablagerungen* [nach der Stadt u. dem Gebiet *Perm* westl. des Urals]

Per|mal|loy ⟨auch [-lo|a] n.; -s; unz.⟩ *aus Nickel u. Eisen bestehende Legierung mit sehr guten magnet. Eigenschaften*

per|ma|nent ⟨Adj.⟩ *ununterbrochen, dauernd, bleibend, ständig;* in der Schule ~ stören [<lat. *permanens,* Part. präs. zu *permanere* »(ver)bleiben«]

Per|ma|nent|farb|stoff ⟨m.; -(e)s, -e⟩ *lichtechter Pigmentfarbstoff*

Per|ma|nent|ma|gnet, ⟨auch⟩ **Per|ma|nent|mag|net** ⟨m.; -en, -en⟩ *Magnet, der nach einmaliger Magnetisierung seinen Magnetismus behält, Dauermagnet*

Per|ma|nent|weiß ⟨n.; -; unz.⟩ *weißes Pigment hoher Lichtbeständigkeit, chemisch Bariumsulfat, $BaSO_4$;* Sy *Barytweiß, Blanc fixe*

Per|ma|nenz ⟨f.; -; unz.⟩ *permanente Beschaffenheit, Dauer*

Per|ma|nenz|the|o|rie ⟨f.; -; unz.⟩ *heute widerlegte Annahme, dass die Anordnung von Kontinenten u. Meeren während der gesamten Erdgeschichte keinen wesentlichen Änderungen unterworfen gewesen sei*

Per|man|ga|nat ⟨n.; -(e)s, -e⟩ *Salz der Permangansäure*

Per|man|ga|no|me|trie, ⟨auch⟩ **Per|man|ga|no|met|rie** ⟨f.; -; unz.⟩ = *Manganometrie*

Per|man|gan|säu|re ⟨f.; -, -n⟩ *frei nicht beständige Sauerstoffsäure des Mangans der Formel $HMnO_4$, nur bekannt in Form ihrer Salze, der Permanganate, z.B. als Kaliumpermanganat, $KMnO_4$*

per|me|a|bel ⟨Adj.⟩ *durchdringbar, durchlässig;* Ggs *impermeabel* [<lat. *permeare* »durchgehen, durchwandern«]

Per|me|a|bi|li|tät ⟨f.; -; unz.⟩ *permeable Beschaffenheit, Durchlässigkeit;* Ggs *Impermeabilität*

Per|me|at ⟨n.; -s, -e⟩ *einen Filter durchfließender Flüssigkeitsanteil* [→ *permeabel*]

Per|mi|gra|ti|on, ⟨auch⟩ **Per|mig|ra|ti|on** ⟨f.; -, -en⟩ *Durchzug von Auswanderern durch ein Land in das eigentliche Einwanderungsland* [<*Per...* + *Migration*]

per|misch ⟨Adj.; Geol.⟩ *zum Perm gehörend, es betreffend;* ~e Gesteinsschichten

per|mis|siv ⟨Adj.⟩ *erlaubend;* ~e Gesellschaft

auf Freizügigkeit (nicht auf Autorität u. Leistung) beruhende Gesellschaft [< lat. *permissio* »Erlaubnis«]

Per|mis|si|vi|tät ⟨[-vi-] f.; -; unz.⟩ *Gewährenlassen, Freizügigkeit*

Per|mit ⟨[pəːmit] n.; -s, -s⟩ *Berechtigungs-, Erlaubnis-, Passier-, Zugangsschein* [< engl. *permit* »Zulassung« < lat. *permittere* »erlauben, gestatten«]

per|mu|ta|bel ⟨Adj.; Math.⟩ *vertauschbar, austauschbar* [< lat. *permutare* »vertauschen«]

Per|mu|ta|ti|on ⟨f.; -, -en; Math.⟩ *Vertauschung, Umstellung in der Reihenfolge* [< lat. *permutatio* »Wechsel, Tausch«]

per|mu|tie|ren ⟨V.; Math.⟩ *die Reihenfolge (einer Zusammenstellung) ändern* [< lat. *permutare* »vertauschen, verändern«]

Per|mu|tit ⟨m.; -s, -e⟩ *ein Natrium-Aluminium-Silicat, das die Fähigkeit hat, als Ionenaustauscher Natrium gegen Calcium, Mangan u. Eisen auszutauschen, u. dazu verwendet wird, Wasser, das diese Metalle in Form von Salzen gelöst enthält, zu enthärten* [→ *permutieren*]

Per|nam|buk|holz ⟨n.; -es, -höl|zer⟩ *Edelholz aus Brasilien;* oV *Fernambukholz* [nach dem brasilian. Staat *Pernambuco*]

per ne|fas *auf unerlaubte Weise, widerrechtlich* [lat., »durch Unrecht«]

Per|nio ⟨m.; -, -ni|o|nes od. -ni|o|nen; meist Pl.; Med.⟩ *chronische Hautschwellung infolge Frosteinwirkung* [lat., »Frostbeule«]

per|ni|zi|ös ⟨Adj.; Med.⟩ *bösartig;* ~e Anämie [< frz. *pernicieux*]

Per|nod ⟨[pɛrnoː] m.; - od. -s, - od. -s⟩ *frz. Anislikör* [nach dem frz. Hersteller H.-L. *Pernod*]

Pe|ro|nis|mus ⟨m.; -; unz.⟩ *politisch-soziale Bewegung in Argentinien* [nach dem Begründer J.D. *Peron,* 1895-1975]

Pe|ro|nist ⟨m.; -en, -en; Pol.⟩ *Verfechter, Vertreter des Peronismus*

pe|ro|nis|tisch ⟨Adj.; Pol.⟩ *den Peronismus betreffend, ihm entsprechend, auf ihm beruhend;* der ~e Regierungsstil

Pe|ro|no|spo|ra, ⟨auch⟩ **Pe|ro|nos|po|ra** ⟨f.; -; unz.⟩ *Gattung der Algenpilze, deren Arten z.T. als Krankheitserreger an Nutzpflanzen auftreten* [< grch. *perone* »Spitze« + *spora* »Saat«]

per|o|ral ⟨Adj.; Med.⟩ *durch den Mund (einzunehmen, einzuführen);* Sy *per os*

per os ⟨Med.⟩ = *peroral;* das Medikament ist ~ einzunehmen [lat., »durch den Mund«]

Per|o|xid ⟨n.; -(e)s, -e⟩ *chem. Verbindung, die mehr Sauerstoffatome aufweist als in der sonst vorherrschenden Oxidationsstufe gebunden werden, z.B. beim Wasserstoffperoxid, H_2O_2, gegenüber dem normalen Wasser, H_2O*

Per|o|xi|da|se, Per|o|xy|da|se ⟨f.; -, -n⟩ *Peroxid spaltendes Enzym*

per pe|des ⟨umg.; scherzh.⟩ *zu Fuß* [lat., eigtl. »durch die Füße, mit den Füßen«]

Per|pen|di|kel ⟨m.; -s, -⟩ **1** *Abstand der (gedachten) Senkrechten durch Vorder- u. Achtersteven des Schiffes, der dessen Länge ergibt* **2** *Uhrpendel* [< lat. *perpendiculum* »Bleilot«]

per|pen|di|ku|lar, per|pen|di|ku|lär ⟨Adj.⟩ *senkrecht* [< frz. *perpendiculaire*]

Per|pen|di|ku|lar|stil ⟨m.; -(e)s; unz.; Baukunst⟩ *durch häufige Verwendung senkrechter Linien gekennzeichnete Art der engl. Gotik* [→ *Perpendikel*]

per|pe|tu|ier|lich ⟨Adj.; †⟩ *beständig, fortwährend* [< frz. *perpétuel* < lat. *perpetualis*]

Perpe|tu|um mo|bi|le ⟨[-leː] n.; - -, - - od. -tua -bi|lia⟩ **1** *utopische Maschine, die, ohne Energie zu verbrauchen, dauernd in Bewegung bleibt* **2** *Musikstück mit ununterbrochener gleichmäßiger u. schneller Bewegung* [lat., »etwas beständig Bewegtes«]

per|plex ⟨Adj.⟩ *verblüfft, überrascht, bestürzt, betroffen* [< lat. *perplexus* »verschlungen, verworren«]

Per|ple|xi|tät ⟨f.; -; unz.⟩ *Bestürztheit, Erstauntsein, Verblüffung* [→ *perplex*]

per pro|cu|ra ⟨Abk.: p.p., ppa.; vor der Unterschrift des Prokuristen einer Firma⟩ *bevollmächtigt* [< *per* + ital. *procura;* → *Prokura*]

per rec|tum ⟨Med.⟩ = *rektal* [lat., »durch den Mastdarm«]

Per|ron ⟨[-rɔ̃ː] ⟩ **1** ⟨m.; -s, -s⟩ *Plattform eines Wagens der Straßenbahn od. der alten Eisenbahn* **2** ⟨n.; -s, -s⟩ *Bahnsteig* [frz. < afrz. *perron* »großer Steinblock«]

per sal|do *durch Ausgleich (der beiden Seiten eines Kontos)* [lat.]

per se *von selbst, durch sich selbst;* das versteht sich ~ [lat.]

Per|se|i|den ⟨[-seiː-] Pl.⟩ *regelmäßig in der ersten Augusthälfte des Jahres auftretender Meteorstrom, der seinen Ursprung scheinbar im Sternbild Perseus hat*

Per|sen|ning ⟨f.; -, -e od. -en⟩ *Segeltuch zum Schutz vor überkommendem Seewasser als Abdeckung von Luken od. als Reling;* oV *Presenning* [< ndrl. *presenning* < frz. *préceinte* »Umhüllung«]

Per|se|ve|ranz ⟨[-və-] f; -; unz.; †⟩ *Ausdauer, Beharrlichkeit* [< lat. *perseverantia*]

Per|se|ve|ra|ti|on ⟨[-və-] f.; -, -en; Psych.⟩ *Beharren od. beharrl. Wiederkehr von Vorstellungen, Bildern, Gehörtem (Melodie) usw. im Bewusstsein*

per|se|ve|rie|ren ⟨[-və-] V.; Psych.⟩ *beharren, beharrlich wiederkehren (im Bewusstsein)* [< lat. *perseverare* »beharren, bestehen«]

Per|shing ⟨[pəːʃiŋ] f.; -, -s⟩ *in den USA hergestellter Raketentyp mittlerer Reichweite, der Atomsprengköpfe transportieren kann* [nach dem US-amerikan. General John Joseph *Pershing*]

Per|si|a|ner ⟨m.; -s, -⟩ **1** *Fell der höchstens 14 Tage alten Lämmer des Karakulschafes* **2** *aus diesem Fell gearbeiteter Pelz*

Per|si|fla|ge, ⟨auch⟩ **Per|sif|la|ge** ⟨[-ʒə] f.; -, -n⟩ *(geistvolle, bes. literar.) Verspottung* [frz.]

per|si|flie|ren, ⟨auch⟩ **per|sif|lie|ren** ⟨V.⟩ *(geistvoll, bes. literar.) verspotten* [< frz. *persifler*]

Per|si|ko ⟨m.; -s, -s⟩ *Pfirsichlikör* [< lat. *persicum,* eigtl. »persischer Apfel«]

Per|si|pan ⟨a. ['---] n.; -s, -e⟩ *Marzipanersatz aus geschälten, entbitterten, feucht zerriebenen Pfirsich- od. Aprikosenkernen u. Zucker* [verkürzt <lat. *persi*cus »Pfirsich« + Marzi*pan*]

per|sis|tent ⟨Adj.; Med.; Biol.⟩ *anhaltend, dauernd* [<lat. *persistens,* Part. Präs. zu *persistere* »verharren«]

Per|sis|tenz ⟨f.; -; unz.⟩ **1** ⟨Med.; Biol.⟩ *persistente Beschaffenheit, Beharrlichkeit, Ausdauer* **2** ⟨fig.⟩ *Eigensinn*

per|sis|tie|ren ⟨V.⟩ **1** ⟨†⟩ *(auf etwas) bestehen, insistieren, nicht (von etwas) ablassen* **2** ⟨Med.⟩ *fortdauern, anhalten (von Krankheiten)* [<lat. *persistere*]

Per|son ⟨f.; -, -en⟩ **1** *Mensch (als lebendes Wesen) im Gegensatz zu einer Sache;* das Fahrzeug fasst 20 ~en; bei einer Beurteilung die ~ von der Sache trennen **2** *Mensch besonderer Eigenart;* große, stattliche ~; unbekannte, geheimnisvolle ~; ich für meine ~; in ~ *völlig, durch u. durch;* er ist die Gutmütigkeit, Geduld in ~; *gleichzeitig;* Hausmeister u. Gärtner in einer ~; in eigener ~ *selbst* **3** *Mensch im Gefüge von Staat u. Gemeinschaft;* du nimmst deine ~ zu wichtig; er ist dort eine wichtige ~ **4** ⟨Lit.⟩ *handelnde Figur, Gestalt* **5** ⟨abwertend⟩ *weibl. Wesen, Frau, Mädchen* **6** *Sprecher, Hörer od. etwas Drittes (einen Dritten) bezeichnende grammat. Kategorie;* erste, zweite, dritte ~ [<mhd. *persone* <lat. *persona* »Person, Rolle, Maske des Schauspielers«, vermutl. <etrusk. *phersu* »Maske«]

Per|so|na ⟨f.; -, -nae⟩ **1 ~ grata** *gern gesehener Mensch* **2 ~ gratissima** *sehr willkommener Mensch* **3 ~ ingrata, ~ non grata** *in Ungnade gefallener, nicht mehr gern gesehener Mensch; in einem fremden Staat nicht mehr zum Dienst zugelassener Diplomat* [lat. *persona* »Person« (→ *Person*); lat. *gratus,* Fem. *grata* »willkommen, angenehm«; lat. *gratissimus,* Fem. *gratissima,* Superlativ zu *gratus;* lat. *ingratus,* Fem. *ingrata* »nicht angenehm«]

per|so|nal ⟨Adj.⟩ = *personell*

Per|so|nal ⟨n.; -s; unz.⟩ *Gesamtheit der besonders im Dienstleistungsbereich angestellten od. beschäftigten Personen (in Betrieben, Hotels, Haushalten);* Dienst~, Küchen~ [<mlat. *personale;* zu *personalis* »dienerhaft«, zu lat. *personalis* »persönlich«; zu *persona;* → *Person*]

per|so|nal..., Per|so|nal... ⟨in Zus.⟩ *die Person betreffend, persönlich, Persönlichkeits...* [<lat. *personalis* »persönlich«]

Per|so|nal|ak|te ⟨f.; -, -n⟩ *Akte, die über eine Person geführt wird u. Angaben über deren Leben enthält*

Per|so|nal|com|pu|ter, ⟨auch⟩ **Per|so|nal Com|pu|ter** ⟨[pəːsənəl kɔmpjuːtə(r)] m.; (-) -s, (-) -; Abk.: PC⟩ *Mikrocomputer für den häuslichen u. professionellen Einsatz* [engl., zu *personal* »persönlich« + *Computer*]

Per|so|nal|form ⟨f.; -, -en; Gramm.⟩ *Flexionsform des Verbs, durch die die Person u. der Numerus des Subjekts bestimmt werden,* z.B. (ich) singe, (du) singst, (wir) singen

Per|so|na|li|en ⟨Pl.⟩ *Angaben über Geburt, Ehestand, Beruf einer Person;* Sy ⟨österr.⟩ *Nationale;* jmds. ~ aufnehmen; seine ~ angeben [<lat. *personalia* »persönliche Dinge«]

per|so|nal|in|ten|siv ⟨Adj.⟩ *Personen einsetzend, bevorzugend (anstatt Maschinen)*

per|so|na|li|sie|ren ⟨V.⟩ *ein Thema an einer einzelnen Person festmachen, eine Sachdiskussion in eine Diskussion über das Verhalten eines Einzelnen umlenken u. dadurch unsachlich führen* [→ *Person*]

Per|so|na|lis|mus ⟨m.; -; unz.⟩ **1** *Glaube an einen persönl. Gott* **2** *Lehre, dass der Mensch als wertendes, Stellung nehmendes Wesen aufzufassen sei* [<lat. *persona* »Person«]

per|so|na|lis|tisch ⟨Adj.⟩ *zum Personalismus gehörig, auf ihm beruhend*

Per|so|na|li|tät ⟨f.; -, -en⟩ *Persönlichkeit* [<lat. *personalitas*]

per|so|na|li|ter ⟨Adv.; geh.⟩ *persönlich, selbst, in Person*

Per|so|na|li|ty|show ⟨[pəːsənælitiʃou] f.; -, -s⟩ *(Fernseh-)Show, die Lebensweg und Arbeit eines bekannten Künstlers in den Mittelpunkt stellt* [<engl. *personality* »Persönlichkeit« + *Show*]

Per|so|nal|kre|dit ⟨m.; -(e)s, -e; Wirtsch.⟩ *Bankkredit, der ohne materielle Absicherung allein auf Vertrauensbasis gewährt wird* [< *Personal... + Kredit*]

Per|so|nal|pro|no|men ⟨n.; -s, - od. -mi|na⟩ *Pronomen, das anstelle einer bestimmten Person od. Sache steht,* z.B. ich, ihm, sie

Per|so|nal|u|ni|on ⟨f.; -, -en⟩ **1** *Vereinigung zweier selbständiger Staaten unter einem Monarchen;* Ggs *Realunion* **2** *Vereinigung von Ämtern in der Hand einer Person*

per|so|nell ⟨Adj.⟩ oV *personal* **1** *persönlich* **2** *das Personal, die Angestellten betreffend, zu ihm gehörend* [<frz. *personnel*]

Per|so|nen|kult ⟨m.; -(e)s; unz.; abwertend⟩ *übersteigerte Verehrung u. Mystifizierung einer Person, z.B. eines Politikers, Dichters, Wissenschaftlers;* der stalinistische ~; der nationalsozialistische ~

Per|so|ni|fi|ka|ti|on ⟨f.; -, -en⟩ **1** *Verkörperung* **2** *Vorstellung u. Darstellung von Dingen u. Kräften als Person;* Sy *Prosopopöie, Vermenschlichung* [<frz. *personnification*]

per|so|ni|fi|zie|ren ⟨V.⟩ **1** *verkörpern* **2** *als Person darstellen, vermenschlichen;* Götter, Begriffe, Eigenschaften ~ [<frz. *personnifier,* <lat. *persona* »Person« + *facere* »machen«]

Per|so|ni|fi|zie|rung ⟨f.; -, -en⟩ = *Personifikation*

■ Die Buchstabenfolge **per|sp...** kann auch **pers|p...** getrennt werden.

■ **Per|spek|tiv** ⟨n.; -s, -e [-və]⟩, *kleines Fernrohr*

■ **Per|spek|ti|ve** ⟨[-və] f.; -, -n⟩ **1** *scheinbare Verkürzung u. scheinbares Zusammentreffen der in die Tiefe des Raumes laufenden paralle-*

len Strecken in einem Punkt (Fluchtpunkt) **2** *Darstellung des Raumes u. räumlicher Gegenstände auf einer ebenen Bildfläche mit räuml. Wirkung;* ein Gemälde ohne ~ **3** ⟨fig.⟩ *Blick in die Zukunft, Aussicht;* hier öffnen sich neue, nicht geahnte ~n **4** *Blickwinkel* [< mlat. *perspectiva(ars)* »hindurchblickende(Kunst)«; zu lat. *perspicere* »mit dem Blick durchdringen, deutlich sehen«]

■ **per|spek|ti|visch** ⟨Adj.⟩ *die Perspektive betreffend, mit ihrer Hilfe, auf Grund der Perspektive, nach ihren Gesetzen* [< spätlat. *perspectivus* »durchblickend«]

■ **Per|spek|ti|vis|mus** ⟨[-vis-] m.; -; unz.; Philos.⟩ *Lehre, dass die Erkenntnis der Welt durch die jeweilige Perspektive des Betrachters bedingt sei*

■ **Per|spek|ti|vi|tät** ⟨[-vi-] f.; -; unz.⟩, *Verfahren der projektiven Abbildung, bei dem alle Geraden eines Punktes zu einem Bildpunkt sich in einem festen Punkt schneiden*

■ **Per|spi|ra|ti|on** ⟨f.; -; unz.⟩, *Hautatmung* [< *per* + lat. *spirare* »atmen, blasen, wehen«]

■ **per|spi|ra|to|risch,** ⟨Adj.⟩ *auf Perspiration beruhend, sie betreffend*

Per|su|a|si|on ⟨f.; -, -en; geh.⟩ *Überredung* [zu lat. *persuasio* »Überredung, Überzeugung«]

Per|sua|sion|test ⟨[pə(r)sweiʒən-] m.; -(e)s, -e od. -s; Wirtsch.⟩ *Testverfahren, das zur Ermittlung von Einstellungsveränderungen bei Konsumenten durch Werbung dient* [< engl. *persuasion* »Überredung, Überzeugung« + *Test*]

per|su|a|siv ⟨Adj.⟩ *überredend, überzeugend* [zu lat. *persuasio* »Überredung, Überzeugung«]

Per|sul|fat ⟨n.; -(e)s, -e; Chem.⟩ *Salz der Überschwefelsäure, z.B. das als Bleich- u. Oxidationsmittel verwendete Kaliumper(oxodi)sulfat* [< *PER* + *Sulfat*]

PERT ⟨EDV; Abk. für engl.⟩ *Program Evaluation and Review Technique (Methode zur Bewertung u. Überprüfung von Programmen), grafisch-mathematisches Verfahren zur Abbildung komplexer Prozesse, das der Planung u. Kontrolle von Projekten dient*

Per|thit ⟨m.; -s, -e; Min.⟩ *Kalifeldspat mit Durchwachsungen von Albit* [nach dem Ort *Perth,* Ontario (Kanada)]

Per|ti|nenz ⟨f.; -, -en; †⟩ *Zugehörigkeit, Zubehör* [< lat. *pertinens,* Part. Präs. von *pertinere* »betreffen, sich erstrecken, sich ausdehnen«]

Per|ti|nenz|da|tiv ⟨m.; -s, -e [-və]; Gramm.⟩ *die Zugehörigkeit anzeigender, durch ein Genitivattribut od. Possessivpronomen ersetzbarer Dativ,* z.B. er klopfte »mir« auf die Schulter [< *Pertinenz* + *Dativ*]

Per|tu|ba|ti|on ⟨f.; -, -en⟩ *Eileiterdurchblasung* [< *per* + lat. *tuba* »Röhre«]

Per|tur|ba|ti|on ⟨f.; -, -en⟩ *Störung in der Bewegung eines Gestirns* [< lat. *perturbatio* »Verwirrung, Störung«]

Per|tus|sis ⟨f.; -, -ses⟩ *Keuchhusten* [< *per* + lat. *tussis* »Husten«]

Pe|ru|bal|sam ⟨a. ['----] m.; -s, -e⟩ *zur Herstellung von Parfüm verwendete, zähe, braune Flüssigkeit, die vom Perubalsambaum gewonnen wird: Balsamum peruvianum*

Pe|rü|cke ⟨f.; -, -n⟩ **1** *künstl. Haartracht aus Haaren od. synthetischen Fasern, den ganzen Kopf bedeckender Haarersatz* **2** ⟨Jagd⟩ *durch Verletzung hervorgerufene, krankhafte Wucherung am Gehörn, seltener am Geweih* [< frz. *perruque* < ital. *perrucca* »Haarschopf«]

per ul|ti|mo *am Letzten, zum Letzten (Tag des Monats, als Zahlungsfrist)* [ital.]

per|vers ⟨[-vɛrs] Adj.⟩ **1** *abartig (im geschlechtl. Verhalten)* **2** *widernatürlich, vom Normalen abweichend* [< lat. *perversus* »verdreht, verkehrt, schlecht«; zu *pervertere* »umkehren«]

Per|ver|si|on ⟨[-vɛr-] f.; -, -en⟩ *krankhafte Abweichung vom normalen geschlechtl. Verhalten* [< lat. *perversio* »Verdrehung«; zu *perversus;* → *pervers*]

Per|ver|si|tät ⟨[-vɛr-] f.; -, -en⟩ *perverse Veranlagung* [< lat. *perversitas* »Verkehrtheit«; zu *pervertere* »umkehren«]

per|ver|tie|ren ⟨[-vɛr-] V.⟩ **1** *vom Normalen krankhaft abweichen* **2** *in sein Gegenteil verkehren, verdrehen, verfälschen* [< lat. *pervertere* »umkehren«]

Per|ver|tiert|heit ⟨[-vɛr-] f.; -, -en⟩ *pervertierte Beschaffenheit, Perversität*

Per|ver|tie|rung ⟨[-vɛr-] f.; -, -en⟩ *das Pervertieren, das Pervertiertwerden, das Pervertiertsein*

Per|vi|tin ⟨[-vi-] n.; -s; unz.⟩ *ein anregendes Kreislaufmittel* [< *per* + lat. *vita* »Leben«]

Per|zent ⟨n.; -(e)s, -e; österr.⟩ = *Prozent* [< ital. *per cento* »für hundert«]

per|zen|tu|ell ⟨Adj.; österr.⟩ = *prozentual*

per|zep|ti|bel ⟨Adj.; Philos.⟩ *wahrnehmbar, fassbar, erfassbar* [< lat. *perceptibilis* »wahrnehmbar, begreiflich«, zu *percipere* »wahrnehmen«]

Per|zep|ti|bi|li|tät ⟨f.; -, -en⟩ **1** *perzeptible Beschaffenheit, Wahrnehmbarkeit, Fassbarkeit* **2** *Wahrnehmungsfähigkeit*

Per|zep|ti|on ⟨f.; -, -en⟩ **1** ⟨Biol.⟩ *Reiz durch Sinneszellen* **2** ⟨Philos.⟩ *sinnl. Wahrnehmung als erste Stufe der Erkenntis;* Ggs *Apperzeption* [< lat. *perceptio* »das Empfangen, das Begreifen«; zu *percipere* »in Besitz nehmen, wahrnehmen«]

Per|zep|ti|o|na|lis|mus ⟨m.; -; unz.⟩ *philosoph. Lehre, dass die Wahrnehmung die Grundlage allen Denkens sei*

per|zep|tiv, per|zep|to|risch ⟨Adj.⟩ *auf Perzeption beruhend, mit ihrer Hilfe*

Per|zep|ti|vi|tät ⟨[-vi-] f.; -; unz.⟩ *Wahrnehmungs-, Aufnahmefähigkeit* [→ *Perzeption*]

Per|zi|pi|ent ⟨m.; -en, -en; †⟩ *Empfänger* [< lat. *percipiens* »in Besitz nehmend«, Part. Präs. von *percipere;* → *perzipieren*]

per|zi|pie|ren ⟨V.⟩ *sinnlich wahrnehmen* [< lat. *percipere* »einnehmen, in Besitz nehmen, wahrnehmen«]

Pe|sa|de ⟨f.; -, -n; Sp.; hohe Schule⟩ *kurzes Aufrichten des Pferdes auf der Hinterhand* [frz. < ital. *posata* »Anhalten«; zu *posarsi* »innehalten«]

pe|san|te ⟨Mus.⟩ *schwer, schleppend, wuchtig (zu spielen)* [ital.]

Pe|se|ta ⟨f.; -, -ten⟩, **Pe|se|te** ⟨f.; -, -n⟩ *span. Währungseinheit, 100 Centimos* [span., eigtl. »kleines Gewicht«]

Pe|so ⟨m.; - od. -s, - od. -s⟩ *Währungseinheit in Argentinien, Chile, der Dominikanischen Republik, Kolumbien, Kuba, Mexiko, Uruguay, Guinea-Bissau u. auf den Philippinen* [span., »Gewicht«; zu lat. *pensum; → Pensum*]

Pes|sar ⟨n.; -s, -e⟩ *Einlage in die Scheide, bes. zum Stützen der vorfallenden Gebärmutter od. zur Empfängsnisverhütung, Mutterring* [< lat. *pessarium* »Mutterkranz«]

Pes|si|mis|mus ⟨m.; -; unz.⟩ *Neigung, in der Welt, im Leben od. bei einer Sache nur das Schlechte zu sehen, Schwarzseherei;* Ggs *Optimismus* [< lat. *pessimus* »der schlechteste, sehr schlecht«]

Pes|si|mist ⟨m.; -en, -en⟩ *jmd., der zum Pessimismus neigt, Schwarzseher;* Ggs *Optimist*

pes|si|mis|tisch ⟨Adj.⟩ *in der Art eines Pessimisten, von allem nur die schlechten Seiten sehend, bei einer Sache od. im Leben nichts Gutes erwartend, schwarzseherisch;* Ggs *optimistisch*

Pes|si|mum ⟨n.; -s, -ma⟩ *Bereich der schlechtesten Umweltbedingungen für ein Lebewesen;* Ggs *Optimum(2)* [lat., Neutr. zu *pessimus* »das schlechteste, sehr schlecht«]

Pest ⟨f.; -; unz.⟩ *durch Pestbakterien hervorgerufene epidemische Krankheit, schwarzer Tod;* Sy *Pestilenz* [< lat. *pestis* »ansteckende Krankheit, Seuche«]

Pes|ti|lenz ⟨f.; -, -en⟩ **1** = *Pest* **2** ⟨allg.⟩ *schwere Seuche* [< lat. *pestilentia* »ansteckende Krankheit, Seuche, Pest«]

pes|ti|len|zi|a|lisch ⟨Adj.⟩ *verpestet*

Pes|ti|zid ⟨n.; -s, -e⟩ *Mittel zur Bekämpfung von Schädlingen bei Tieren u. Pflanzen* [< lat. *pestis* »Seuche« + *…zid*[1]]

Pes|to ⟨n.; -s; unz.; Kochk.⟩ *Sauce aus Öl, gehackten Kräutern u. Gewürzen (bes. Basilikum);* Spaghetti mit ~ [ital.]

Pe|tal ⟨n.; -s, -en; meist Pl.; Bot.⟩ *Blüten-, Kronblatt;* oV *Petalum* [< lat. < grch. *petalon* »Blatt, Platte«]

Pe|ta|lum ⟨n.; -s, -ta|len; meist Pl.; Bot.⟩ = *Petal*

Pe|tar|de ⟨f.; -, -n; früher⟩ *ein mit Sprengstoff gefülltes, mörserartiges Gefäß, das an den Toren von Festungen angebracht wurde, um sie zu sprengen* [< frz. *pétard* »Petarde, Sprengbüchse, Knallfrosch, Sprengschuss«]

Pe|te|chi|en ⟨[-çiən] Pl.⟩ *punktförmige Hautblutungen* [< ital. *petechia*]

Pe|tent ⟨m.; -en, -en⟩ *Bewerber, Bittsteller* [< lat. *petens* »bittend«, Part. Präs. zu *petere* »bitten, nachsuchen«]

Pe|ter|si|lie ⟨[-liə] f.; -, -n⟩ *zu den Doldenblütlern gehörende Gewürz- u. Gemüsepflanze* [< lat. *petroselinum*]

Pe|tit ⟨[pəti:] f.; -; unz.; Typ.⟩ *Schriftgrad, 8 Punkt;* Sy *Petitschrift* [frz., »klein«]

Pe|ti|tes|se ⟨[pətitɛs(ə)] f.; -, -n⟩ *Geringfügigkeit, Unerheblichkeit, Kleinigkeit, Bagatelle;* das ist nur eine ~ [frz., »Geringfügigkeit, Unerheblichkeit«]

Pe|ti|ti|on ⟨f.; -, -en⟩ *Bittschrift, Eingabe* [< lat. *petitio* »das Verlangen, das Bitten, Gesuch«; zu *petere* »zu erlangen suchen, bitten«]

pe|ti|ti|o|nie|ren ⟨V.⟩ (um eine Sache) ~ *eine Bittschrift einreichen (wegen einer S.)*

Pe|ti|ti|ons|recht ⟨n.; -(e)s; unz.; Rechtsw.⟩ *durch die Verfassung garantiertes Recht, sich mit einem Gesuch an die zuständigen Behörden od. die Volksvertretung zu wenden* [→ *Petition*]

Pe|tit Mal ⟨[pətimal] n.; - -, - -s [-mal]; Med.; †⟩ *von Bewusstseinsstörungen begleiteter (kleiner) epileptischer Anfall mit nur schwachen Krampferscheinungen;* → a. *Haut Mal* [frz., »kleines Übel«]

pe|ti|to|risch ⟨Adj.; Rechtsw.⟩ *sich auf das Recht berufend, eine Sache zu besitzen od. zu nutzen;* ~e Ansprüche [→ *Petition*]

Pe|tit|schrift ⟨[pəti:-] f.; -; unz.; Typ.⟩ = *Petit*

Pe|tits fours ⟨[pəti fu:r] Pl.⟩ *feines, mit farbiger Zuckerglasur überzogenes, würfelförmiges Gebäck* [frz., »kleines Gebäck«, *petit* »klein« + *four* »Backofen«]

Pe|ti|tum ⟨n.; -s, -ta⟩ *Gesuch, Antrag* [lat., »das Angestrebte«, Part. Perf. zu *petere* »anstreben, zu erlangen suchen«]

Pe|tong ⟨n.; -s; unz.⟩ *aus China stammende harte Kupferlegierung*

■ Die Buchstabenfolge **pe|tr…** kann auch **pet|r…** getrennt werden.

■ **Pe|trar|kis|mus** ⟨m.; -; unz.⟩ *lyrischer Stil der Renaissance u. des Humanismus in der Art der Liebesgedichte Francesco Petrarcas, gekennzeichnet durch Form- u. Klangschönheit, Bilderreichtum u. Leidenschaftlichkeit*

■ **Pe|trar|kist** ⟨m.; -en, -en⟩ *Repräsentant des Petrarkismus*

■ **pe|tre…, Pe|tre…** ⟨in Zus.⟩ = *petro…, Petro…*

■ **Pe|tre|fakt** ⟨n.; -(e)s, -e⟩ *Versteinerung* [< grch. *petros* »Stein« + lat. *facere* »machen«]

■ **pe|tri…, Pe|tri…** ⟨in Zus.⟩ = *petro…, Petro…*

■ **Pe|tri|fi|ka|ti|on** ⟨f.; -, -en⟩ *das Versteinern* [< grch. *petros* »Stein« + *…fikation*]

■ **pe|tri|fi|zie|ren** ⟨V.⟩ *versteinern* [< grch. *petros* »Stein« + *…fizieren*]

■ **pe|tro…, Pe|tro…** ⟨vor Vokalen⟩ petr…, Petr… ⟨in Zus.⟩ *stein…, Stein…;* oV *petre…, Petre…; petri…, Petri…* [< grch. *petra, petros* »Fels, Felsblock, Stein«]

■ **Pe|tro|che|mie** ⟨[-çe-] f.; -; unz.⟩ **1** *Lehre von der Zusammensetzung der Gesteine* [< grch.

petros »Stein« + *Chemie*] **2** ⟨nicht korrekte, aber heute übl. Bez. für⟩ *Petrolchemie*

■ **pe|tro|che|misch** ⟨[-çeː-] Adj.⟩ **1** *die Petrochemie betreffend, zu ihr gehörend* **2** ⟨nicht korrekt für⟩ = *petrolchemisch*

■ **Pe|tro|ge|ne|se** ⟨f.; -, -n; Geol.⟩ *Bildung von Gesteinen* [< *Petro…* + *Genese*]

■ **pe|tro|ge|ne|tisch** ⟨Adj.; Geol.⟩ *die Petrogenese betreffend, auf ihr beruhend*

■ **Pe|tro|gly|phe** ⟨f.; -, -n⟩ *vorgeschichtliche Felszeichnung* [<grch. *petros* »Stein« + *glyphein* »einschneiden, einritzen«]

■ **Pe|tro|gra|fie** ⟨f.; -; unz.⟩ = *Petrographie*

■ **Pe|tro|gra|phie** ⟨f.; -; unz.⟩ *Zweig der Petrologie, der sich mit der Beschreibung u. Klassifizierung der Gesteine befasst;* oV *Petrografie* [<grch. *petros* »Stein« + *…graphie*]

■ **Pe|trol** ⟨n.; -s; unz.; schweiz.⟩ = *Petroleum*

■ **Pe|trol|ä|ther** ⟨m.; -s; unz.⟩ = *Gasolin(1)*

■ **Pe|trol|che|mie** ⟨[-çe-] f.; -; unz.⟩ *Teilgebiet der Chemie, das sich mit der Förderung u. Verarbeitung von Erdöl befasst (heute meist als Petrochemie bezeichnet)* [< *Petroleum* + *Chemie*]

■ **pe|trol|che|misch** ⟨[-çe-] Adj.⟩ *die Petrolchemie betreffend, zu ihr gehörend;* oV *petrochemisch(2)*

■ **Pe|tro|le|um** ⟨n.; -s; unz.⟩ *Destillationsprodukt des Erdöls;* Sy *Kerosin;* oV ⟨schweiz.⟩ *Petrol* [<grch. *petros* »Stein« + lat. *oleum* »Öl«]

■ **Pe|tro|lo|ge** ⟨m.; -n, -n⟩ *Wissenschaftler auf dem Gebiet der Petrologie*

■ **Pe|tro|lo|gie** ⟨f.; -; unz.⟩ *Teilgebiet der Mineralogie, das die Geschichte der Gesteine erforscht, Gesteinskunde* [<grch. *petros* »Stein« + *…logie*]

■ **pe|tro|phil** ⟨Adj.⟩ *steinigen Untergrund liebend (von Pflanzen)* [< *petro…* + *…phil*]

Pet|schaft ⟨n.; -s, -e⟩ *Stempel zum Siegeln* [<mhd. *petschat* <tschech. *pečet* »Siegel, Petschaft«; angelehnt an *Schaft*]

pet|schiert ⟨Adj.; österr.⟩ *in einer misslichen, unangenehmen Lage sein, erledigt sein* [→ *Petschaft*]

Pet|ti|coat ⟨[-koːt] m.; -s, -s⟩ *weiter, steifer Unterrock* [engl. *petty coat* »kleiner Rock«]

Pet|ting ⟨n.; -s, -s⟩ *sexuell erregende körperliche Berührungen aller Art mit Ausnahme des Geschlechtsakts selbst;* → a. *Necking* [engl., < *pet* »liebkosen«]

pet|to etwas in ~ haben *etwas bereithalten* [ital., »in der Brust«]

Pe|tu|nie ⟨[-niə] f.; -, -n⟩ *einer Gattung der Nachtschattengewächse angehörende Zierpflanze mit trichterförmigen Blüten: Petunia* [wegen der Ähnlichkeit mit dem verwandten Tabak, der im 16./17. Jh. mit einem indian. Wort *Petum* genannt wurde]

peu à peu ⟨[pøapøː] Adv.⟩ *allmählich, nach u. nach* [frz.]

pe|xie|ren ⟨V.⟩ *anstellen, begehen, verüben;* Böses, Dummheiten ~ [< *pekzieren* <lat. *peccare* »verkehrt machen, sich vergehen«]

Pfd. ⟨Abk. für⟩ *Pfund*

Pfef|fe|ro|ni ⟨m.; -, -; meist Pl.; österr.⟩ = *Peperoni*

ph ⟨Zeichen für⟩ *Phot*

pH ⟨kurz für⟩ *pH-Wert*

PH ⟨Abk. für⟩ *Pädagogische Hochschule*

Phä|a|ke ⟨m.; -n, -n; bei Homer⟩ *Angehöriger eines sorglos lebenden, genussfreudigen Volkes auf einer griech. Insel*

Pha|e|ton ⟨[faːe-] m.; -s, -s⟩ *leichte, vierrädrige, offene Kutsche* [nach *Phaethon,* dem Sohn des grch. Sonnengottes, der einmal den Sonnenwagen lenkte u. dabei die Erde in Brand steckte, eigtl. »der Leuchtende«; zu grch. *phaethein* »leuchten«]

pha|e|to|nisch, pha|e|thon|tisch ⟨[faːe-] Adj.⟩ *unerschrocken, beherzt, waghalsig* [→ *Phaeton*]

…phag ⟨in Zus.⟩ *fressend, sich ernährend von, sich hineinfressend in* [<grch. *phagein* »fressen«]

…pha|ge ⟨in Zus.⟩ *…fresser, Lebewesen, das etwas frisst od. zerstört* [→ *…phag*]

Pha|ge ⟨m.; -n, -n; kurz für⟩ *Bakteriophage* [→ *…phag*]

…pha|gie ⟨in Zus.⟩ *Ernährungsweise;* z.B. Oligophagie [→ *…phag*]

Pha|go|zyt ⟨m.; -en, -en; meist Pl.⟩ *Zelle, die kleine Fremdkörper, bes. Bakterien, in sich aufnehmen u. vernichten kann, Fresszelle* [<grch. *phagein* »essen, fressen« + *…zyt*]

pha|go|zy|tie|ren ⟨V.; Med.⟩ Fremdstoffe, Abfallprodukte u. Feindorganismen ~ *aufnehmen u. durch Verdauung unschädlich machen;* weiße Blutkörperchen ~ Krankheitserreger [→ *Phagozyt*]

Pha|go|zy|to|se ⟨f.; -; unz.⟩ **1** *Aufnahme fester Nahrungspartikelchen der Zelle durch Einstülpung der Zellmembran* **2** *Aufnahme u. Verdauung von Bakterien durch Phagozyten*

Pha|ko|ma|to|sen ⟨Pl.; Med.⟩ *erbliche, geschwulstartige Missbildungen an Haut, Zentralnervensystem u. Augen* [zu grch. *phakos* »Linse«]

Pha|lanx ⟨f.; -, -lan|gen⟩ **1** ⟨Antike⟩ *lange, geschlossene Schlachtreihe in mehreren Gliedern* **2** ⟨fig.⟩ *geschlossene Reihe, Front* **3** *Knochen der Finger bzw. Zehen* [grch., »Baumstamm, Block, Schlachtreihe«]

phal|lisch ⟨Adj.⟩ *den Phallus, Phalluskult betreffend, auf ihnen beruhend*

Phal|lo|gra|fie ⟨f.; -, -n; Med.⟩ = *Phallographie*

Phal|lo|gra|phie ⟨f.; -, -n; Med.⟩ *Messverfahren zur Bestimmung der Erektionsfähigkeit des Penis;* oV *Phallografie* [< *Phallus* + *…graphie*]

Phal|lo|plas|tik ⟨f.; -, -en; Chir.⟩ *chirurgische Umformung od. Nachbildung des männlichen Gliedes* [< *Phallus* + *Plastik*]

Phal|lus ⟨m.; -, Phal|li od. Phal|len⟩ *das (erigierte) männliche Glied* [<grch. *phallos* »das männliche Glied als Sinnbild der Zeugungskraft«]

Phal|lus|kult ⟨m.; -(e)s, -e⟩ *Kult, Verehrung des Phallus als Sinnbild der Fruchtbarkeit*

Phän ⟨n.; -s, -e; Genetik⟩ *einzelnes Erbmerkmal, das zusammen mit anderen den Phänotyp eines Lebewesens konstituiert* [< gr. *phainestai* »erscheinen, sichtbar werden«]

Pha|ne|ro|ga|me ⟨f.; -, -n⟩ *Blütenpflanze;* Ggs *Kryptogame* [< grch. *phaneros* »sichtbar« + *...game*]

Pha|ne|ro|phyt ⟨m.; -en, -en; meist Pl.; Bot.⟩ *Pflanzen mit frei in die Luft ragenden Trieben, die an der Spitze Knospen tragen, die die klimatisch ungünstige Jahreszeit ungeschützt überstehen,* z.B. Sträucher u. Bäume [< grch. *phaneros* »sichtbar« + *...phyt*]

Phä|no|lo|gie ⟨f.; -; unz.⟩ *Lehre von den jahreszeitlich bedingten Erscheinungformen bei Tieren u. Pflanzen* [< grch. *phainesthai* »erscheinen« + *...logie*]

phä|no|lo|gisch ⟨Adj.⟩ *die Phänologie betreffend, zu ihr gehörig*

Phä|no|men ⟨n.; -s, -e⟩ **1** *Erscheinung, etwas sich den Sinnen Zeigendes* **2** *der sich der Erkenntnis zeigende Bewusstseinsinhalt* **3** ⟨fig.⟩ *Wunder, Wunderding, ungewöhnl. Mensch* [< grch. *phainomenon* »Erscheinendes, sinnlich Wahrnehmbares«; zu *phainein* »sichtbar machen«]

phä|no|me|nal ⟨Adj.⟩ *großartig, erstaunlich*

Phä|no|me|na|lis|mus ⟨m.; -; unz.⟩ *Lehre, dass alle Gegenstände der Wahrnehmung od. Erfahrung nur Erscheinungsformen eines unerkennbaren »Dinges an sich« seien*

Phä|no|me|no|lo|gie ⟨f.; -; unz.⟩ *Lehre von den Erscheinungen der Dinge (auch der nur vorgestellten, gedachten) ohne den Anspruch, ihre Individualität u. (od.) ihr Wesen zu erfassen* [< grch. *phainomenon* »Erscheinendes, sinnlich Wahrnehmbares« + *...logie*]

phä|no|me|no|lo|gisch ⟨Adj.; Philos.⟩ *die Phänomenologie betreffend, zu ihr gehörig, von ihr stammend*

phä|no|ty|pisch ⟨Adj.⟩ *zum Phänotypus gehörend, auf ihm beruhend*

Phä|no|ty|pus ⟨m.; -, -ty|pen⟩ *Erscheinungsbild eines Lebewesens;* Ggs *Genotypus* [< grch. *phainesthai* »erscheinen« + *Typus*]

Phan|ta|sie ⟨f.; -, -n ⟩ = *Fantasie*

phan|ta|sie|ren ⟨V.⟩ = *fantasieren*

Phan|tas|ma ⟨n.; -s, -men⟩ **1** *Sinnestäuschung, Trugbild* **2** *anschauliches, inneres Bild* [grch., »Erscheinung, Gestalt, Trugbild«]

Phan|tas|ma|go|rie ⟨f.; -, -n⟩ *Darstellung von Trugbildern, Geistererscheinungen auf der Bühne* [< grch. *phantasma* »Erscheinung, Gestalt, Trugbild« + *agora* »Versammlung«]

phan|tas|ma|go|risch ⟨Adj.⟩ *in der Art einer Phantasmagorie, spukhaft, täuschend, irreal*

Phan|tast ⟨m.; -en, -en ⟩ = *Fantast*

Phan|tas|te|rei ⟨f.; -, -en; meist abwertend⟩ = *Fantasterei*

Phan|tas|tik ⟨f.; -; unz.⟩ = *Fantastik*

phan|tas|tisch ⟨Adj. ⟩ = *fantastisch*

Phan|tom ⟨n.; -s, -e⟩ **1** *Trugbild, gespenst. Erscheinung* **2** ⟨Med.⟩ *Nachbildung eines Körperteils als Anschauungsmittel* [< frz. *fantôme* »Gespenst, Trugbild« < vulgärlat. **fantauma* < grch. *phantasma* »Erscheinung, Gestalt, Trugbild«]

Phan|tom|bild ⟨n.; -(e)s, -er⟩ *nach Beschreibungen von Zeugen gezeichnetes Bild (eines gesuchten Verbrechers)*

Phan|tom|schmerz ⟨m.; -es, -en⟩ *scheinbarer Schmerz in einem amputierten Glied*

Phä|o|phy|zee ⟨[-tse:ə] f.; -, -n⟩ *Braunalge* [< grch. *phaios* »dunkelfarbig« + *...phyzee*]

Pha|rao ⟨m.; -s, -o|nen⟩ **1** *altägypt. König* **2** ⟨n.; -s; unz.⟩ *frz. Glücksspiel mit Karten;* oV *Pharo* [grch. < altägypt. *per-a* »großes Haus, Palast, Hof« (Titel des Königs)]

pha|ra|o|nisch ⟨Adj.⟩ *von den Pharaonen stammend, zu ihnen gehörend*

Pha|ri|sä|er ⟨m.; -s, -⟩ **1** *Angehöriger der führenden altjüd. religiös-polit. Partei seit dem 3. Jh. v.Chr., die sich streng an das mosaische Gesetz hielt* **2** ⟨fig.⟩ *selbstgerechter, engstirniger Mensch* [< lat. *Pharisaeus* < grch. *Pharisaios* < aram. *perishaiya* »abgesondert«]

pha|ri|sä|isch ⟨Adj.⟩ **1** *zu den Pharisäern(1) gehörend, in der Art der Pharisäer* **2** ⟨fig.⟩ *wie ein Pharisäer(2), selbstgefällig, heuchlerisch*

Pha|ri|sä|is|mus ⟨m.; -; unz.⟩ **1** *Lehre der Pharisäer* **2** ⟨fig.⟩ *engstirnige Selbstgerechtigkeit*

Phar|ma|in|dus|trie, ⟨auch⟩ **Phar|ma|in|dust|rie** ⟨f.; -; unz.⟩ *Industriezweig, der pharmazeutische Produkte herstellt*

Phar|ma|keu|le ⟨f.; -, -n; umg.⟩ *sehr hohe Dosis eines Medikaments, besonders stark wirkendes Medikament*

Phar|ma|ko|dy|na|mik ⟨f.; -; unz.⟩ **1** *Lehre von der Wirkungsweise der Medikamente u. Gifte im Körper* **2** *Wirkungsweise der Arzneimittel selbst* [< *Pharmakon* + *Dynamik*]

phar|ma|ko|dy|na|misch ⟨Adj.⟩ *die Pharmakodynamik betreffend, auf ihr beruhend*

Phar|ma|ko|ge|ne|tik ⟨f.; -; unz.⟩ *pharmakologische Disziplin, die sich mit den genetischen Grundlagen irregulärer Reaktionsweisen auf Arzneimittelgaben befasst* [< *Pharmakon* + *Genetik*]

Phar|ma|ko|gno|sie, ⟨auch⟩ **Phar|ma|kog|no|sie** ⟨f.; -; unz.⟩ *Lehre vom Erkennen der Medikamente u. ihrer Rohstoffe* [< *Pharmakon* + *...gnosie*]

phar|ma|ko|gnos|tisch, ⟨auch⟩ **phar|ma|kog|nos|tisch** ⟨Adj.⟩ *die Pharmakognosie betreffend, auf ihr beruhend*

Phar|ma|ko|lo|ge ⟨m.; -n, -n⟩ *Wissenschaftler, Student der Pharmakologie*

Phar|ma|ko|lo|gie ⟨f.; -; unz.⟩ *Lehre von den Wirkungen u. Anwendungen der Medikamente* [< *Pharmakon* + *...logie*]

Phar|ma|ko|lo|gin ⟨f.; -, -gin|nen⟩ *Wissenschaftlerin, Studentin der Pharmakologie;* Sy *Pharmazeutin(1)*

phar|ma|ko|lo|gisch ⟨Adj.⟩ *die Pharmakologie betreffend, zu ihr gehörig, auf ihr beruhend*

Phar|ma|kon ⟨n.; -s, -ka⟩ **1** = *Medikament;* Sy *Pharmazeutikum* **2** *Gift* [grch., »Heilmittel, Gift, Zaubermittel«]

Phar|ma|ko|pöe ⟨f.; -, -n⟩ *amtl. Arzneibuch* [< *Pharmakon* + *...pöe*]
Phar|ma|ko|the|ra|pie ⟨f.; -, -n⟩ *Anwendung der Arzneimittel zu Heilzwecken*
Phar|ma|re|fe|rent ⟨m.; -en, -en⟩ *Repräsentant eines Arzneimittelherstellers, der Ärzte u. Krankenhäuser über die pharmazeutischen Produkte seines Auftraggebers informiert u. Bestellungen entgegennimmt* [verkürzt < *pharmazeutischer Referent*]
Phar|ma|re|fe|ren|tin ⟨f.; -, -tin|nen⟩ *Repräsentantin eines Arzneimittelherstellers*
Phar|ma|zeut ⟨m.; -en, -en⟩ **1** = *Pharmakologe* **2** *wissenschaftlich ausgebildeter Apotheker* [<grch. *pharmakeutes* »Hersteller von Arzneimitteln, Giftmischer«, zu *pharmakon* »Heilmittel; Gift, Zaubermittel«]
Phar|ma|zeu|tik ⟨f.; -; unz.⟩ = *Pharmazie*
Phar|ma|zeu|ti|kum ⟨n.; -s, -ka⟩ = *Pharmakon(1)*
Phar|ma|zeu|tin ⟨f.; -, -tin|nen⟩ **1** = *Pharmakologin* **2** *Apothekerin*
phar|ma|zeu|tisch ⟨Adj.⟩ *zur Pharmazie gehörig, auf ihr beruhend* [<grch. *pharmakeutikos* »die Kenntnis u. Herstellung von Arzneimitteln u. Giften betreffend«; zu *pharmakon* »Heilmittel; Gift, Zaubermittel«]
Phar|ma|zie ⟨f.; -; unz.⟩ *Lehre von der Zubereitung der Medikamente;* Sy *Pharmazeutik* [<lat. *pharmacia* <grch. *pharmakeia* »Gebrauch von Heilmitteln, Giften, Zaubermitteln; Arznei«; zu *pharmakon* »Heilmittel; Gift, Zaubermittel«]
Pha|ro ⟨n.; -s; unz.⟩ = *Pharao(2)*
pha|ryn|gal ⟨Adj.; Phon.⟩ *den Pharynx betreffend, von ihm stammend, zu ihm gehörig;* ~ gebildete Konsonanten
pha|ryn|ga|li|sie|ren ⟨V.; Phon.⟩ *Laute mit verengtem Rachenraum erzeugen* [→ *Pharynx*]
Pha|ryn|gis|mus ⟨m.; -, -men; Med.⟩ *Krampf der Schlundmuskeln infolge von Nervenleiden, Reizung od. organische Erkrankungen;* Sy *Pharyngospasmus* [→ *Pharynx*]
Pha|ryn|gi|tis ⟨f.; -, -ti|den⟩ *Rachenkatarrh* [<grch. *pharynx,* Gen. *pharyngis* »oberer Teil der Speiseröhre, Schlund«]
pha|ryn|go..., **Pha|ryn|go...** ⟨in Zus.⟩ *rachen..., Rachen...* [<grch. *pharynx* »oberer Teil der Speiseröhre, Rachen«]
Pha|ryn|go|lo|ge ⟨m.; -n, -n⟩ *Wissenschaftler od. Arzt auf dem Gebiet der Pharyngologie*
Pha|ryn|go|lo|gie ⟨f.; -; unz.⟩ *Lehre von den Krankheiten des Rachens* [< *Pharyngo...* + *...logie*]
pha|ryn|go|lo|gisch ⟨Adj.⟩ *die Pharyngologie betreffend, zu ihr gehörig, auf ihr beruhend*
Pha|ryn|go|skop, ⟨auch⟩ **Pha|ryn|gos|kop** ⟨n.; -s, -e⟩ *Kehlkopfspiegel* [< *Pharyngo...* + *...skop*]
Pha|ryn|go|sko|pie, ⟨auch⟩ **Pha|ryn|gos|ko|pie** ⟨f.; -, -n⟩ *Untersuchung mit dem Pharyngoskop*
pha|ryn|go|sko|pisch, ⟨auch⟩ **pha|ryn|gos|ko-pisch** ⟨Adj.⟩ *die Pharyngoskopie betreffend, auf ihr beruhend, mit ihrer Hilfe*
Pha|ryn|go|spas|mus ⟨m.; -, -men; Med.⟩ = *Pharyngismus* [< *Pharyngo...* + *Spasmus*]
Pha|ryn|go|to|mie ⟨f.; -, -n⟩ *operative Öffnung des Schlundes* [< *Pharyngo...* + *...tomie*]
Pha|rynx ⟨m.; -, -ryn|gen⟩ *Rachen* [grch.]
Pha|se ⟨f.; -, -n⟩ **1** *Abschnitt, Stufe einer Entwicklung;* in einer schwierigen ~ sein **2** *Zeit, in der ein Himmelskörper nur zum Teil erleuchtet ist;* Mond~ **3** ⟨Phys.⟩ *jeweiliger Zustand eines schwingenden Systems* [frz. <grch. *phasis* »Erscheinung, Aufgang eines Gestirns«; zu *phainesthai* »erscheinen«]
pha|sisch ⟨Adj.⟩ *periodisch wiederkehrend, in Phasen auftretend, ablaufend;* ein ~er Krankheitsverlauf
pha|tisch ⟨Adj.; Sprachw.⟩ *Kontakt herstellend u. sichernd;* die ~e Funktion einer Rede, eines Textes [<grch. *phatizein* »sprechen, reden«]
Pha|ze|lie ⟨[-ljə] f.; -, -n⟩ *zu den Wasserblattgewächsen gehörende Pflanze mit lila Blüten, die als Bienenweide dient, Büschelschön* [<grch. *phakelos* »Büschel«]
Phel|lo|den|dron, ⟨auch⟩ **Phel|lo|dend|ron** ⟨m. od. n.; -s, -dren⟩ *Korkbaum* [<grch. *phellos* »Kork« + *dendron* »Baum«]
Phel|lo|derm ⟨n.; -s, -e; Bot.⟩ *unverkorktes, blattgrünhaltiges Rindengewebe* [<grch. *phellos* »Kork« + *derma* »Haut«]
Phel|lo|gen ⟨n.; -s, -e; Bot.⟩ *Kambium, das nach innen Phelloderm, nach außen Kork bildet* [<grch. *phellos* »Kork« + *...gen*]
Phel|lo|id ⟨n.; -(e)s, -e; Bot.⟩ *unverkorktes Gewebe innerhalb der Korkschicht des Periderms* [<grch. *phellos* »Kork« + *...id*]
Phe|lo|ni|on ⟨n.; -s, -ni|en⟩ = *Phelonium*
Phe|lo|ni|um ⟨n.; -s, -ni|en⟩ *liturgisches Gewand des Priesters in der orthodoxen Kirche, das dem Chormantel im lateinischen Ritus ähnelt;* oV *Phelonion* [<spätgrch. *phelonion, phailonion;* zu grch. *phailones* »Reisemantel«]
Phen|a|ce|tin, ⟨auch⟩ **Phe|na|ce|tin** ⟨n.; -s; unz.; Pharm.; internationaler Freiname für⟩ *ein fiebersenkendes u. schmerzstillendes Medikament, das bei Überdosierung zu Nierenschäden führen kann* [verkürzt < *Paraacetphenetidin*]
Phen|an|thren, ⟨auch⟩ **Phe|nanth|ren** ⟨n.; -s; unz.⟩ *im Steinkohlenteer auftretende, aus drei kondensierten Benzolkernen aufgebaute aromat. Verbindung, bildet das Grundgerüst der Sexualhormone u. vieler Vitamine* [< *Phenol* + *Anthrazen*]
Phe|nol ⟨n.; -s, -e⟩ **1** *chem. Verbindung, die sich aus Benzol durch Ersatz eines Wasserstoffatoms gegen eine Hydroxidgruppe (-OH) ergibt, Formel C_6H_5OH; zeigt sowohl Eigenschaften einer Säure als auch einer Base; Grundkörper der Verbindungsklasse der Phenole;* Sy *Karbol, Karbolsäure* **2** ⟨Pl.⟩ ~e *Gruppe chemischer Verbindungen, die sich vom Benzol durch Ersatz eines od. mehrerer Wasserstoffatome gegen Hydroxidgruppen ableiten,*

Grundkörper ist das Phenol [< grch. *phainein* »zeigen« + lat. *oleum* »Öl«]

Phe|nol|harz ⟨n.; -es, -e⟩ *Kunststoff, der durch Kondensation von Phenol mit Formaldehyd gewonnen wird;* Sy *Phenoplast*

Phe|nol|phtha|le|in, ⟨auch⟩ **Phe|nolph|tha|le|in** ⟨n.; -s; unz.⟩ *zur Gruppe der Phthaleine zählender Farbstoff, der als Indikator in der analytischen Chemie verwendet wird*

Phe|no|plast ⟨m.; -(e)s, -e⟩ = *Phenolharz* [< *Phenol* + grch. *plassein* »bilden«]

Phe|nyl ⟨n.; -s, -e⟩ *das einwertige aromat. Radikal C_6H_5-, Bestandteil vieler chemischer Verbindungen* [< grch. *phainein* »zeigen« + *...yl*]

Phe|nyl|a|min, ⟨auch⟩ **Phe|ny|la|min** ⟨n.; -s, -e⟩ = *Anilin*

Phe|nyl|grup|pe ⟨f.; -, -n; Chem.⟩ = *Phenyl*

Phe|nyl|ke|ton|u|rie, ⟨auch⟩ **Phe|nyl|ke|to|nurie** ⟨f.; -, -n⟩ *durch einen Enzymdefekt verursachte Stoffwechselkrankheit, die zu Gehirnschädigungen führt* [verkürzt aus *Phenyl*alanin (Enzym) + *Keton* + *...urie*]

Phe|ro|mon ⟨n.; -s, -e⟩ *Wirkstoff, der von einem Tier an die Umgebung abgegeben wird u. bei Individuen derselben Art spezifische Reaktionen auslöst (z.B. Sexuallockstoff)* [< grch. *pherein* »tragen« + *Hormon*]

Phi ⟨n.; -s, -s; Zeichen: φ, Φ⟩ *griech. Buchstabe*

Phi|a|le ⟨f.; -, -n⟩ *altgriech. flache Schale* [grch., »Kessel, Urne, Schale«]

...phil ⟨in Zus.⟩ *liebend, jmdm. od. etwas wohl gesonnen,* z.B. anglophil [< grch. *philos* »Freund«]

phil..., Phil... ⟨in Zus.⟩ = *philo..., Philo...*

Phil|an|throp, ⟨auch⟩ **Phi|lanth|rop** ⟨m.; -en, -en⟩ *Menschenfreund;* Ggs *Misanthrop* [< *Phil...* + grch. *anthropos* »Mensch«]

Phil|an|thro|pie, ⟨auch⟩ **Phi|lanth|ro|pie** ⟨f.; -; unz.⟩ *Menschenliebe;* Ggs *Misanthropie*

phil|an|thro|pisch, ⟨auch⟩ **phi|lanth|ro|pisch** ⟨Adj.⟩ *menschenfreundlich;* Ggs *misanthropisch* [→ *Philanthrop*]

Phil|an|thro|pis|mus, ⟨auch⟩ **Phi|lanth|ro|pismus** ⟨m.; -; unz.⟩ *von Basedow begründete, auf der Lehre Rousseaus beruhende, naturgemäße u. philanthrop. Erziehungsmethode*

Phil|a|te|lie, ⟨auch⟩ **Phi|la|te|lie** ⟨f.; -; unz.⟩ *Briefmarkenkunde* [< *Phil...* + grch. *ateles* »abgaben-, steuerfrei«]

Phil|a|te|list, ⟨auch⟩ **Phi|la|te|list** ⟨m.; -en, -en⟩ *Kenner der Philatelie, Briefmarkensammler*

Phil|har|mo|nie ⟨f.; -, -n⟩ *Name von musikal. Gesellschaften, Orchestern od. Konzertsälen* [< *Phil...* + *Harmonie*]

Phil|har|mo|ni|ker ⟨m.; -s, -⟩ **1** *Musiker in einem philharmon. Orchester* **2** ⟨Pl.⟩ *Gesamtheit dieser Musiker*

phil|har|mo|nisch ⟨Adj.⟩ *zur Philharmonie gehörend, auf ihr beruhend;* ~es Orchester ⟨eigtl.⟩ *Musik liebendes O. (Name mancher Orchester)*

Phil|hel|le|ne ⟨m.; -, -n⟩ *Unterstützer des Freiheitskampfes der Griechen gegen die Türken* [< *Phil...* + *Hellene*]

Phil|hel|le|nis|mus ⟨m.; -; unz.⟩ *romantisch-polit. Bewegung zugunsten der Griechen in ihrem Kampf gegen die Türken*

...phi|lie ⟨in Zus.⟩ *Liebhaberei, Vorliebe,* z.B. Homophilie [< grch. *philos* »Freund«]

Phil|ip|pi|ka, ⟨auch⟩ **Phi|lip|pi|ka** ⟨f.; -, -ken⟩ **1** *eine der Reden des Demosthenes gegen Philipp von Mazedonien* **2** ⟨allg.⟩ *Straf-, Kampfrede*

Phi|lis|ter ⟨m.; -s, -⟩ **1** *Angehöriger eines nichtsemit. Volkes an der Küste Palästinas, das in der Nachbarschaft der Israeliten angesiedelt wurde* **2** ⟨fig.⟩ *engstirniger Mensch, Spießbürger, kleinlicher Besserwisser* **3** ⟨Studentenspr.; †⟩ **3.1** *Nichtstudent* **3.2** *Alter Herr einer Verbindung* [< hebr. *Pelistim,* eigtl. »Einwanderer«; zu *palasch* »wandern«]

phi|lis|trös, ⟨auch⟩ **phi|list|rös** ⟨Adj.⟩ *philisterhaft*

Phil|lu|me|nie ⟨f.; -; unz.⟩ *das Sammeln von Streichholzschachteln u. deren Etiketten* [< *Philo...* + lat. *lumen* »Licht«]

phi|lo..., Phi|lo... ⟨vor h u. vor Vokalen⟩ phil..., Phil... ⟨in Zus.⟩ *...freundlich, ...freund, freundlich gesinnt, ...liebend, ...liebhaber,* z.B. philharmonisch, Philosoph [< grch. *philein* »lieben« u. *philos* »liebend, Freund«]

Phi|lo|den|dron, ⟨auch⟩ **Phi|lo|dend|ron** ⟨m. od. n.; -s, -dren⟩ **1** *zu einer Gattung der Aronstabgewächse gehörende trop. Kletterpflanze mit Luftwurzeln: Philodendron* **2** ⟨fälschlich⟩ = *Monstera* [< *Philo...* + grch. *dendron* »Baum«]

Phi|lo|gyn ⟨m.; -en, -en⟩ *den Frauen freundlich gesinnter Mann;* Ggs *Misogyn* [< *Philo...* + grch. *gyne* »Weib«]

Phi|lo|lo|ge ⟨m.; -n, -n⟩ *Wissenschaftler, Student der Philologie*

Phi|lo|lo|gie ⟨f.; -; unz.⟩ *Sprach- u. Literaturwissenschaft* [< *Philo...* + *...logie*]

Phi|lo|lo|gin ⟨f.; -, -gin|nen⟩ *Wissenschaftlerin, Studentin der Philologie*

phi|lo|lo|gisch ⟨Adj.⟩ **1** *zur Philologie gehörend, auf ihr beruhend* **2** ⟨fig.⟩ *trocken wissenschaftlich, übertrieben genau, unlebendig*

Phi|lo|me|la ⟨f.; -, -me|len⟩, **Phi|lo|me|le** ⟨f.; -, -n; poet.⟩ *Nachtigall* [nach *Philomela,* der Tochter König Pandions von Athen, die in eine Nachtigall verwandelt wurde]

Phi|lo|se|mit ⟨m.; -en, -en⟩ *den Juden freundlich gesinnter Vertreter einer Gegenbewegung gegen den Antisemitismus;* Ggs *Antisemit* [< *Philo...* + *Semit*]

Phi|lo|se|mi|tis|mus ⟨m.; -; unz.⟩ *freundliche, tolerante Haltung gegenüber dem Judentum;* Ggs *Antisemitismus*

Phi|lo|soph ⟨m.; -en, -en⟩ **1** *Erforscher der Ursprünge des Denkens u. Seins* **2** *jmd., der nach letzter Klarheit u. Wahrheit strebt, Denker* **3** *Begründer einer philosoph. Methode* [< *Philo...* + grch. *sophos* »weise«]

Phi|lo|so|phas|ter ⟨m.; -s, -⟩ *jmd., der sich oberflächlich mit Philosophie beschäftigt, philosoph. Schwätzer* [< *Philosoph* + Pejorativendung *...aster*]
Phi|lo|so|phem ⟨n.; -s, -e⟩ **1** *Ergebnis philosophischer Forschung, Ergebnis einer philosoph. Lehre* **2** *philosoph. Behauptung* [< *Philosophie* + grch. *pheme* »Rede«]

Philosophie (*Laut-Buchstaben-Zuordnung*) Für die Silben *»-fon«, »-fot«* und *»-graf«* kann die eingedeutschte (integrierte) Lautschreibung generell verwendet werden. Für andere griechische Silben wie *»philo-«*, die in vielen Fremdwörtern bzw. Fachbegriffen vorkommen, gilt jedoch weiterhin ausschließlich die Schreibung mit *»ph«* (→a. *Foto...*).

Phi|lo|so|phie ⟨f.; -, -n⟩ *Lehre vom Wissen, von den Ursprüngen u. vom Zusammenhang der Dinge in der Welt, vom Sein u. Denken* [< *Philo...* + *...sophie*]
phi|lo|so|phie|ren ⟨V.⟩ **1** *Philosophie betreiben, über die Ursprünge u. das Wesen der Dinge nachdenken* **2** ⟨fig.⟩ *nachdenklich über etwas sprechen, im Gespräch zu erkennen suchen;* über etwas ~
Phi|lo|so|phi|kum ⟨n.; -s, -ka⟩ *Teilprüfung des 1. Staatsexamens für Lehramtskandidaten, in der der Nachweis philosophischer u. erziehungswissenschaftlicher Kenntnisse erbracht werden muss*
Phi|lo|so|phin ⟨f.; -, -phin|nen⟩ *weibl. Philosoph*
phi|lo|so|phisch ⟨Adj.⟩ **1** *zur Philosophie gehörend, auf ihr beruhend* **2** ⟨fig.⟩ *denkend, denkerisch, weise*
Phil|trum, ⟨auch⟩ **Philt|rum** ⟨n.; -s, -tra od. -tren; Anat.⟩ *Rinne in der Mitte der Oberlippe* [lat., zu grch. *philtron* »Liebestrank«]
Phi|mo|se ⟨f.; -, -n⟩ *Verengung der Vorhaut am männl. Glied* [< grch. *phimoun* »schnüren, knebeln«]
Phi|o|le ⟨f.; -, -n⟩ *langhalsiges, birnenförmiges Glasfläschchen (bes. in der Alchimie)* [< ahd. *fiala* < mlat. *fiole* < grch. *phiale* »Kessel, Urne, Schale«]
Phle|bi|tis ⟨f.; -, -ti|den⟩ *Venenentzündung* [< grch. *phleps,* Gen. *phlebos* »Blutader«]
phle|bo|gen ⟨Adj.; Med.⟩ *von den Venen ausgehend,* z.B. Krampfaderschmerzen [< grch. *phleps,* Gen. *phlebos* »Blutader« + *...gen*]
Phle|bo|to|mie ⟨f.; -, -n⟩ *Aderlass* [< grch. *phleps,* Gen. *phlebos* »Blutader« + *...tomie*]
Phleg|ma ⟨n.; -s; unz.⟩ *Trägheit, Schwerfälligkeit, träge Ruhe, Mangel an Erregbarkeit* [grch., »Brand, Flamme, Hitze«]
Phleg|ma|sie ⟨f.; -, -n; Med.⟩ *Entzündung* [< grch. *phlegmasia*]
Phleg|ma|ti|ker ⟨m.; -s, -⟩ *träger, nicht leicht erregbarer Mensch*
Phleg|ma|ti|kus ⟨m.; -, -se; umg.; scherzh.⟩ = *Phlegmatiker*
phleg|ma|tisch ⟨Adj.⟩ *träge, schwerfällig, nicht leicht erregbar* [→ *Phlegma*]
Phleg|mo|ne ⟨f.; -, -n⟩ *Zellgewebsentzündung* [< grch. *phlegmone* »Entzündung«; zu *phlegma* »Brand, Flamme, Hitze«]
Phlo|em ⟨n.; -s, -e⟩ *Siebteil der Leitbündel bei Pflanzen;* Sy *Leptom* [< grch. *phloios* »Bast«]
phlo|gis|tisch ⟨Adj.; Med.⟩ *auf einer Entzündung beruhend, entzündlich* [→ *Phlogose*]
Phlo|go|se, Phlo|go|sis ⟨f.; -, -sen⟩ *eitrige Entzündung des Bindegewebes* [< grch. *phlogosis* »Entzündung«]
Phlox ⟨m.; -es, -e od. f.; -, -e⟩ *zu einer Gattung der Sperrkrautgewächse gehörende Dauerpflanze mit leuchtenden, duftenden Blütenständen, Flammenblume: Phlox* [grch., »Brand, Flamme, Feuer, Glut«]
Phlo|xin ⟨n.; -s; unz.⟩ *für Farblacke u. Druckfarben verwendeter roter Teerfarbstoff* [→ *Phlox*]
Phlyk|tä|ne ⟨f.; -, -n; Med.⟩ *meist von einer Hornhautentzündung begleitete, bläschenartige Einlagerung in der Augapfelbindehaut infolge einer Allergie* [< grch. *phlyktaina* »Blase«]
...phob ⟨in Zus.⟩ *jmdm. od. etwas abgeneigt* [< grch. *phobos* »Furcht«]
Pho|bie ⟨f.; -, -n⟩ *als Zwangserscheinung auftretende Angst vor bestimmten Objekten od. Situationen,* z.B. Klaustrophobie [< grch. *phobos* »Furcht«]
pho|bisch ⟨Adj.; Med.⟩ *in der Art einer Phobie, auf ihr beruhend*
Phon ⟨n.; -s, -; Zeichen: phon⟩ *Maßeinheit der Lautstärke;* oV *Fon*[2] [< grch. *phone* »Stimme, Laut, Ton«]
...phon[1] ⟨Adj.; in Zus.⟩ *klingend, ...stimmig;* oV *...fon*[1] [< grch. *phone* »Stimme«]
...phon[2] ⟨n.; -s, -e; in Zus.⟩ oV *...fon*[2] **1** *Musikinstrument* **2** *Gerät zur Wiedergabe von Tönen u. Geräuschen* [→ *...phon*[1]]
Phon|a|sthe|nie, ⟨auch⟩ **Pho|nas|the|nie** ⟨f.; -, -n; Med.⟩ *Ausfall der Stimme infolge falscher Sprechweise od. nervlicher Erschöpfung;* oV *Fonasthenie* [< *Phono...* + *Asthenie*]
Pho|na|ti|on ⟨f.; -; unz.⟩ *Stimm- u. Lautbildung;* oV *Fonation*
Pho|nem ⟨n.; -(e)s, -e⟩ oV *Fonem* **1** ⟨Sprachw.⟩ *kleinste Einheit der Phonologie, Laut, der im Vergleich zu einem anderen Laut in derselben Stellung eine unterschiedl. Bedeutung ausdrückt, z.B. sind das i u. a in »ich« u. »ach« zwei Phoneme, das ch ein Phonem* **2** ⟨Med.⟩ *akustische Sinnestäuschung, bes. bei Schizophrenie* [< grch. *phone* »Stimme, Laut, Ton«]
Pho|nema|tik ⟨f.; -; unz.⟩ oV *Fonematik* **1** = *Phonologie* **2** *Oberbegriff für Phonologie und Phonetik* [< spätgrch. *phonema* »Stimme, Ton, Laut«]
pho|ne|ma|tisch ⟨Adj.; Phonol.⟩ oV *fonematisch;* Sy *phonemisch* **1** *ein Phonem betreffend* **2** *auf der Phonematik beruhend, zu ihr gehörend;* ~e Untersuchung

Pho|ne|mik ⟨f.; -; unz.⟩ = *Phonologie;* oV *Fonemik*

pho|ne|misch ⟨Adj.; Phonol.⟩ = *phonematisch;* oV *fonemisch*

Pho|ne|tik ⟨f.; -; unz.⟩ *Lehre von der Art u. Erzeugung der Laute, vom Vorgang des Sprechens;* oV *Fonetik* [< grch. *phonetikos* »zum Tönen, Sprechen gehörig«; zu *phone* »Stimme, Laut, Ton«]

Pho|ne|ti|ker ⟨m.; -s, -⟩ *Kenner der Phonetik;* oV *Fonetiker*

pho|ne|tisch ⟨Adj.⟩ *die Phonetik betreffend, zu ihr gehörend, auf ihr beruhend, lautlich;* oV *fonetisch*

Phon|i|a|ter, ⟨auch⟩ **Pho|ni|a|ter** ⟨m.; -s, -⟩ *Facharzt auf dem Gebiet der Phoniatrie;* oV *Foniater*

Phon|i|a|trie, ⟨auch⟩ **Pho|ni|at|rie** ⟨f.; -; unz.; Med.⟩ *Lehre von den Hör-, Stimm- und Sprechkrankheiten;* oV *Foniatrie* [< grch. *phone* »Stimme, Laut, Ton« + *iatreia* »ärztliche Behandlung, Heilung«]

...pho|nie ⟨in Zus.⟩ oV *...fonie* **1** *Klingen, Klang* **2** *Gesang, Musik* [→ *...phon*[1]]

pho|nisch ⟨Adj.⟩ *die Stimme betreffend, auf ihr beruhend;* oV *fonisch* [< grch. *phone* »Stimme, Laut, Ton«]

Pho|nis|mus ⟨m.; -, -men; meist Pl.; Med.⟩ *Wahrnehmung eines Tons bei Reizung anderer Sinne als des Gehörsinns,* z.B. beim Sehen; oV *Fonismus;* → a. *Synästhesie*

Phö|nix ⟨m.; - od. -es, -e; ägypt. Myth.⟩ *Vogel, der sich im Feuer verjüngt, Sinnbild der Unsterblichkeit* [< grch. *phoinix* »Purpur« (kam bei den *Phöniziern* zuerst in Gebrauch)]

pho|no..., Pho|no... ⟨vor Vokalen⟩ phon..., Phon... ⟨in Zus.⟩ *Schall, Laut, Ton;* oV *fono..., Fono...* [< grch. *phone* »Stimme, Laut, Ton«]

Pho|no|dik|tat ⟨n.; -(e)s, -e⟩ *Diktat, das auf ein Tonband gesprochen wird;* oV *Fonodiktat* [< *Phono...* + *Diktat*]

pho|no|gen ⟨Adj.⟩ ~e Stimme *für Rundfunksendungen geeignete Stimme;* oV *fonogen* [< grch. *phono...* + *...gen*]

Pho|no|graf ⟨m.; -en, -en⟩ = *Phonograph;* oV *Fonograf*

Pho|no|gra|fie ⟨f.; -, -n⟩ = *Phonographie;* oV *Fonografie*

Pho|no|gramm ⟨n.; -(e)s, -e⟩ *Aufzeichnung von Tönen auf Schallplatten od. Tonbändern;* oV *Fonogramm* [< *Phono...* + *...gramm*]

Pho|no|graph ⟨m.; -en, -en⟩ *erstes, von Edison erfundenes Gerät zur Aufzeichnung von Schallwellen auf Platten aus Wachs;* oV *Phonograf, Fonograf* [< *Phono...* + *...graph*]

Pho|no|gra|phie ⟨f.; -, -n⟩ *Aufzeichnung von Tönen zum Sichtbarmachen der Schwingungen od. zur Wiedergabe auf Schallplatten, Tonbändern usw.;* oV *Phonografie, Fonografie* [< *Phono...* + *...graphie*]

pho|no|gra|phisch ⟨Adj.⟩ *auf Phonographie beruhend, mit ihrer Hilfe;* oV *fonografisch*

Pho|no|kof|fer ⟨m.; -s, -⟩ *tragbarer Schallplattenspieler mit eingebautem Lautsprecher;* oV *Fonokoffer*

Pho|no|la ⟨n.; -s, -s od. f.; -, -s⟩ *mechanisches Klavier, das von einem Lochstreifen gesteuert wird;* oV *Fonola* [< grch. *phone* »Stimme, Laut, Ton«]

Pho|no|lith ⟨m.; -s od. -en, -e od. -en⟩ *grünliches bis bräunliches tertiäres Ergussgestein aus Kalifeldspat u.ä. Mineralien;* oV *Fonolith* [< *Phono...* + *...lith*]

Pho|no|lo|ge ⟨m.; -n, -n⟩ *Wissenschaftler auf dem Gebiet der Phonologie;* oV *Fonologe*

Pho|no|lo|gie ⟨f.; -; unz.⟩ *Lehre von den Lauten u. Lautgruppen im Hinblick auf ihre Bedeutung für die Wörter;* oV *Fonologie;* Sy *Phonematik(1), Phonemik* [< *Phono...* + *...logie*]

pho|no|lo|gisch ⟨Adj.⟩ *zur Phonologie gehörend, mit ihrer Hilfe, auf ihr beruhend;* oV *fonologisch*

Pho|no|ma|nie ⟨f.; -, -n⟩ *Mordsucht;* oV *Fonomanie* [< grch. *phonos* »Mord« + *Manie*]

Pho|no|me|ter ⟨n.; -s, -⟩ *Gerät zur Messung der Hörschärfe;* oV *Fonometer*

Pho|no|me|trie, ⟨auch⟩ **Pho|no|met|rie** ⟨f.; -; unz.⟩ *an Stelle von Phonetik u. Phonologie von E. Zwirner konzipierte Wissenschaft mit dem Ziel exakter statistischer Messung der Mittelwerte der Laute beim Sprechen;* oV *Fonometrie* [< *Phono...* + *...metrie*]

pho|no|me|trisch, ⟨auch⟩ **pho|no|met|risch** ⟨Adj.⟩ *die Phonometrie betreffend, zu ihr gehörend;* oV *fonometrisch*

Pho|non ⟨n.; -s, -en⟩ *hypothet. Elementarteilchen, das ähnlich wie das Foton bei der elektromagnet. Strahlung als Energieüberträger in festen od. flüssigen Stoffen wirkt, Gitterschwingungsquant;* oV *Fonon;* Sy *Schallquant* [< grch. *phone* »Laut, Ton«]

Pho|no|thek ⟨f.; -, -en⟩ *Archiv von Tonbandaufnahmen;* oV *Fonothek* [< *Phono...* + *...thek*]

Pho|no|ty|pis|tin ⟨f.; -, -tin|nen⟩ *Angestellte, die nach Diktiergerät auf der Maschine schreibt;* oV *Fonotypistin* [< *Phono...* + Steno*typistin*]

...phor[1] ⟨Adj.; in Zus.⟩ *tragend* [< grch. *pherein* »tragen«]

...phor[2] ⟨m.; -s, -e; in Zus.⟩ *Träger* [→ *...phor*[1]]

Pho|re|sie ⟨f.; -; unz.; Biol.⟩ *vorübergehender Anschluss eines Tieres an ein anderes zum Zweck des Transports, ohne dass der Transportwirt geschädigt wird* [zu grch. *pherein* »tragen«]

Phor|minx ⟨f.; -, -min|gen; Mus.⟩ *altgriech., leierähnliches Zupfinstrument mit einem halbkreisförmigen Korpus u. 3–5 Saiten, Vorläufer der Kithara* [grch.]

Pho|ro|ni|den ⟨Pl.⟩ *ausschließlich im Meer vorkommende Klasse der Tentakeltiere mit wurmförmigem Körper, Hufeisenwürmer: Phoronidea* [< grch. *pherein* »tragen«]

Pho|ro|no|mie ⟨f.; -; unz.⟩ = *Kinematik* [< grch. *pherein* »tragen« + *...nomie*]

Phos|gen ⟨n.; -s; unz.; Chem.⟩ *giftiges, farbloses Gas, chem. Kohlensäuredichlorid,* $COCl_2$*, chem. Kampfstoff (wichtige Chemikalie für zahlreiche Synthesen)* [< grch. *phos* »Licht« + *...gen*[2]]
Phos|phat ⟨n.; -(e)s, -e⟩ *Salz od. Ester der Phosphorsäure*
Phos|pha|ta|se ⟨f.; -, -n; meist Pl.⟩ *in der Natur häufig vorkommendes Enzym, das aus Nucleotiden, Phosphatiden u. Zuckerphosphaten den esterartig gebundenen Phosphatrest abspaltet* [→ *Phosphor*]
Phos|pha|tid ⟨n.; -(e)s, -e; meist Pl.⟩ *zum Aufbau des Nervengewebes wichtiger Stoff, der sich aus Glycerin, Phosphorsäure u. Aminoverbindungen zusammensetzt* [→ *Phosphor*]
phos|pha|tie|ren ⟨V.⟩ = *parkerisieren*
Phos|phen ⟨n.; -s, -e; Med.⟩ *subjektiv sichtbare Lichterscheinungen wie Blitze od. helle Kreise infolge einer anormalen Reizung des Sehnervs od. der Netzhaut, z.B. durch elektrischen Strom, Druck, Gehirnverletzungen* [< grch. *phos* »Licht« + *phainein* »zeigen«]
Phos|phid ⟨n.; -(e)s, -e⟩ *chem. Verbindung eines Metalls mit Phosphor*
Phos|phin ⟨n.; -s; unz.⟩ *knoblauchartig riechende, giftige Verbindung des Phosphors mit Wasserstoff, chem. Formel* PH_3*;* Sy *Phosphorwasserstoff*
Phos|phit ⟨n.; -s, -e⟩ *Salz der phosphorigen Säure*
Phos|phor ⟨m.; -s; unz.; Zeichen: P⟩ *nichtmetall. chem. Element, Ordnungszahl 15*
Phos|pho|re ⟨Pl.⟩ *Leuchtmassen, die die Eigenschaft der Phosphoreszenz aufweisen* [< grch. *phosphoros* »Licht bringend« < *phos* »Licht« + *pherein* »tragen«]
Phos|pho|res|zenz ⟨f.; -; unz.⟩ *Fähigkeit mancher Stoffe, nach einer Bestrahlung mit Lichtwellen selbst zu leuchten* [→ *Phosphor*]
phos|pho|res|zie|ren ⟨V.⟩ *Phosphoreszenz zeigen*
phos|pho|rig ⟨Adj.; Chem.⟩ ~e Säure *eine Phosphorsauerstoffsäure, chem. Formel* H_3PO_3
Phos|pho|ris|mus ⟨m.; -, -men⟩ *Phosphorvergiftung*
Phos|pho|rit ⟨m.; -s, -e⟩ *Mineral, chem. Calciumphosphat,* $Ca_3(PO_4)_2$
Phos|phor|säu|re ⟨f.; -, -n⟩ *wichtigste Sauerstoffsäure des Phosphors, chem. Formel* H_3PO_4*, deren Salze die Phosphate sind*
Phos|phor|was|ser|stoff ⟨m.; -(e)s; unz.⟩ = *Phosphin*
Phos|pho|ry|lie|rung ⟨f.; -, -en⟩ *Stoffwechsel, bei dem ein Phosphatrest übertragen wird*
Phot ⟨n.; -s, -; Zeichen: ph⟩ *nicht mehr zulässige Maßeinheit der Beleuchtungsstärke, zu ersetzen durch die Einheit Lux (lx); 1 ph = 10 000 lx* [< grch. *phos,* Gen. *photos* »Licht«]
pho|to..., **Pho|to...** ⟨in Zus.⟩ = *foto..., Foto...*
Pho|to|bi|o|lo|gie ⟨f.; -; unz.⟩ = *Fotobiologie*
pho|to|bi|o|lo|gisch ⟨Adj.⟩ = *fotobiologisch*
Pho|to|che|mie ⟨[-çe-] f.; -; unz.⟩ = *Fotochemie*
Pho|to|che|mi|gra|phie ⟨[-çe-] f.; -; unz.⟩ = *Fotochemigrafie*
pho|to|che|misch ⟨[-çe:-] Adj.⟩ = *fotochemisch*
pho|to|chrom ⟨[-kro:m] Adj.; Phys.; Opt.⟩ = *fotochrom*
Pho|to|ef|fekt ⟨m.; -(e)s, -e⟩ = *Fotoeffekt*
pho|to|e|lek|trisch, ⟨auch⟩ **pho|to|e|lekt|risch** ⟨Adj.⟩ = *fotoelektrisch*
Pho|to|e|lek|tri|zi|tät, ⟨auch⟩ **Pho|to|e|lekt|ri|zi|tät** ⟨f.; -; unz.⟩ = *Fotoelektrizität*
Pho|to|e|lek|tron, ⟨auch⟩ **Pho|to|e|lekt|ron** ⟨n.; -s, -en⟩ = *Fotoelektron*
Pho|to|e|le|ment ⟨n.; -(e)s, -e⟩ = *Fotoelement*
Pho|to|gramm ⟨n.; -s, -e⟩ = *Fotogramm*
Pho|to|gramm|me|trie, ⟨auch⟩ **Pho|to|gramm|met|rie** ⟨f.; -; unz.⟩ = *Fotogrammmetrie*
pho|to|gramm|me|trisch, ⟨auch⟩ **pho|to|gramm|met|risch** ⟨Adj.⟩ = *fotogrammmetrisch*
Pho|to|graph ⟨m.; -en, -en⟩ = *Fotograf*
Pho|to|gra|phie ⟨f.; -, -n⟩ = *Fotografie*
pho|to|gra|phie|ren ⟨V.⟩ = *fotografieren*
pho|to|gra|phisch ⟨Adj.⟩ = *fotografisch*
pho|to|ki|na ⟨f.; -, -ki|nen; in Köln⟩ *alle zwei Jahre veranstaltete internationale Fachmesse für Fotografie*
Pho|to|ly|se ⟨f.; -; unz.⟩ = *Fotolyse*
Pho|to|me|ter ⟨n.; -s, -⟩ = *Fotometer*
Pho|to|me|trie, ⟨auch⟩ **Pho|to|met|rie** ⟨f.; -; unz.⟩ = *Fotometrie*
pho|to|me|trisch, ⟨auch⟩ **pho|to|met|risch** ⟨Adj.⟩ = *fotometrisch*
Pho|ton ⟨n.; -s, -to|nen⟩ = *Foton*
Pho|to|nas|tie ⟨f.; -, -n⟩ = *Fotonastie*
Pho|to|ob|jek|tiv ⟨n.; -s, -e [-vəl]⟩ = *Fotoobjektiv*
Pho|to|op|tik ⟨f.; -, -en; Pl. selten⟩ = *Fotooptik*
Pho|to|pe|ri|o|dis|mus ⟨m.; -; unz.⟩ = *Fotoperiodismus*
pho|to|phil ⟨Adj.; Biol.⟩ = *fotophil*
pho|to|phob ⟨Adj.; Biol.⟩ = *fotophob*
Pho|to|pho|bie ⟨f.; -, -n⟩ = *Fotophobie*
Pho|to|re|a|lis|mus ⟨m.; -; unz.; Mal.⟩ = *Fotorealismus*
Pho|to|re|a|list ⟨m.; -en, -en⟩ = *Fotorealist*
Pho|to|sa|fa|ri ⟨f.; -, -s⟩ = *Fotosafari*
Pho|to|sphä|re, ⟨auch⟩ **Pho|tos|phä|re** ⟨f.; -; unz.⟩ = *Fotosphäre*
Pho|to|syn|the|se ⟨f.; -; unz.⟩ = *Fotosynthese*
pho|to|tak|tisch ⟨Adj.⟩ = *fototaktisch*
Pho|to|ta|xis ⟨f.; -, -xi|en⟩ = *Fototaxis*
Pho|to|the|ra|pie ⟨f.; -, -n⟩ = *Fototherapie*
pho|to|trop, **pho|to|tro|pisch** ⟨Adj.⟩ = *fototrop, fototropisch*
Pho|to|tro|pie ⟨f.; -; unz.; Chem.⟩ = *Fototropie*
Pho|to|tro|pis|mus ⟨m.; -; unz.⟩ = *Fototropismus*
Pho|to|vol|ta|ik ⟨[-vɔl-] f.; -; unz.⟩ = *Fotovoltaik*
pho|to|vol|ta|isch ⟨[-vɔl-] Adj.⟩ = *fotovoltaisch*
Pho|to|zel|le ⟨f.; -, -n⟩ = *Fotozelle*

Pho|to|zin|ko|gra|phie ⟨f.; -, -n⟩ = *Fotozinkografie*

Phra|se ⟨f.; -, -n⟩ **1** *Teil eines Satzes;* einen Satz in ~n teilen **2** *nichts sagende, abgegriffene Redensart;* er redet nur ~n **3** *Versprechen, das nicht erfüllt wird;* jmdn. mit ~n abfertigen, abspeisen **4** *kleinster Abschnitt eines Musikstückes, zusammengehörige Gruppe von Tönen* [frz., »Satz, Phrase« < spätlat. *phrasis* »redner. Ausdruck« < grch. *phrasis* »das Sprechen, der Ausdruck«]

Phra|sen|struk|tur|gram|ma|tik ⟨f.; -; unz.; Sprachw.; Abk.: PS-Grammatik⟩ *Grammatik, die die syntaktische Struktur von Sätzen anhand ihrer einzelnen, voneinander abgegrenzten u. hierarchisch geordneten Phrasen analysiert;* Sy *Konstituentenstrukturgrammatik*

Phra|se|o|le|xem ⟨n.; -s, -e; Sprachw.⟩ *phraseologische Verbindung von Lexemen, die zu einem festen u. formelhaften, nicht nach den gängigen syntaktischen u. semantischen Regeln erklärbaren Ausdruck geworden ist,* z.B. er hat an ihr einen Narren gefressen [< *Phrase* + *Lexem*]

Phra|se|o|lo|gie ⟨f.; -, -n⟩ **1** ⟨unz.⟩ *Lehre von den einer Sprache eigentüml. Redewendungen* **2** ⟨zählb.⟩ *Sammlung solcher Redewendungen* [< *Phrase* + *...logie*]

phra|se|o|lo|gisch ⟨Adj.⟩ *die Phraseologie betreffend, auf ihr beruhend;* ~es Wörterbuch

Phra|se|o|lo|gis|mus ⟨m.; -, -men; Sprachw.⟩ = *Idiom(2)*

Phra|se|o|nym ⟨n.; -s, -e⟩ *Redewendung, die als Deckname verwendet wird,* z.B. »von einem Verehrer« [< grch. *phrasis* »Ausdruck« + *onyma* »Name«]

phra|sie|ren ⟨V.; Mus.⟩ *in sinnvolle Abschnitte einteilen, in melodisch-rhythmische, beim Wiederholen in verschieden zu spielende Gruppen von Tönen gliedern;* ein Musikstück, eine Melodie gut ~

Phra|sie|rung ⟨f.; -, -en; Mus.⟩ *das Phrasieren*

Phra|trie, ⟨auch⟩ **Phrat|rie** ⟨f.; -, -n⟩ **1** ⟨Völkerk.⟩ *Verband mehrerer Klane, die ihre Abstammung von einem gemeinsamen Ahnen herleiten* **2** ⟨im antiken Griechenland⟩ *Kultgemeinde meist blutsverwandter Bürger, die auch eine soziale, rechtl. u. militärische Funktion hatte* [< grch. *phratria* »Brüderschaft«]

Phre|ne|sie ⟨f.; -; unz.⟩ *mit Irrereden verbundene seel. Störung* [< grch. *phren* »Zwerchfell; Geist, Sinn, Gemüt, Verstand«]

phre|ne|tisch ⟨Adj.⟩ **1** *seelisch gestört* **2** ⟨aber⟩ → *frenetisch*

...phre|nie ⟨in Zus.⟩ *Geisteszustand, -krankheit* [< grch. *phren* »Gemüt, Geist, Seele«]

Phre|ni|tis ⟨f.; -, -ti|den⟩ *Entzündung des Zwerchfells* [< grch. *phren* »Zwerchfell; Geist, Sinn, Gemüt, Verstand«]

Phre|no|kar|die ⟨f.; -, -n; Med.⟩ *neurotische Herzbeschwerden ohne erkennbare anatomische Ursache, verbunden mit Atemnot, Schwindelgefühlen u. Herzstichen* [< grch. *phren* »Zerchfell; Geist, Sinn, Gemüt, Verstand« + *kardia* »Herz, Magenmund«]

Phre|no|lo|ge ⟨m.; -n, -n⟩ *Vertreter, Anhänger der Phrenologie*

Phre|no|lo|gie ⟨f.; -; unz.⟩ = *Kraniologie* [< grch. *phren* »Zwerchfell; Geist, Sinn, Gemüt, Verstand« + *...logie*]

phre|no|lo|gisch ⟨Adj.⟩ *die Phrenologie betreffend, auf ihr beruhend, zu ihr gehörig;* Sy *kraniologisch*

phry|gisch ⟨Adj.⟩ **1** *Phrygien betreffend, zu ihm gehörend, aus ihm stammend* **2** ~e **Mütze 2.1** *über die Schultern reichende, kegelförmige Mütze mit nach vorn gebogener Spitze* **2.2** ⟨Med.⟩ *der phrygischen Mütze ähnliche Verformung der Gallenblase* **3** ~e **Tonart** *eine der altgrch. Tonarten, Kirchentonart mit dem Grundton e*

Phtha|lat ⟨n.; -(e)s, -e; Chem.⟩ *Salz bzw. Ester der Phthalsäure, bedeutsam u.a. als Weichmacher für Kunststoffe u. in der Kosmetikindustrie*

Phtha|le|in ⟨n.; -s; unz.⟩ *aus Phthalsäureanhydrid u. Phenolen hergestellter Farbstoff, z.B. Phenolphthalein u. Fluoreszein* [Kunstwort < *Naphthalin*]

Phthal|säu|re ⟨f.; -, -n⟩ *eine aromat. Dicarbonsäure, die aus Naphthalin durch Oxidation mit Luftsauerstoff hergestellt u. für Farbstoffe sowie als Weichmacher für PVC verwendet wird* [→ *Naphthalin*]

Phthi|ri|a|sis ⟨f.; -, -ri|a|sen; Med.⟩ *Läusebefall* [< grch. *phthirein* »verzehren«]

Phthi|se ⟨f.; -, -n; Med.⟩ = *Phthisis*

Phthi|si|ker ⟨m.; -s, -⟩ *jmd., der an Phthisis leidet, Schwindsüchtiger*

Phthi|sis ⟨f.; -, -sen⟩ *Schwindsucht, bes. Lungentuberkulose* [grch.]

phthi|sisch ⟨Adj.; Med.⟩ *auf Phthisis beruhend, schwindsüchtig*

pH-Wert ⟨m.; -(e)s, -e⟩ *Maß für den Säure- od. Basengehalt einer Lösung*

Phy|ko|e|ry|thrin, ⟨auch⟩ **Phy|ko|e|ryth|rin** ⟨n.; -s; unz.⟩ *Farbstoff der Blau- u. Rotalgen* [< grch. *phykos* »Tang« + *Erythrin*]

Phy|ko|lo|gie ⟨f.; -; unz.; †⟩ = *Algologie* [< grch. *phykos* »Tang« + *...logie*]

Phy|ko|my|zet ⟨m.; -en, -en⟩ *Algenpilz* [< grch. *phykos* »Tang« + *Myzet*]

Phy|le ⟨f.; -, -n⟩ *Unterabteilung der altgriech., urspr. nach familiären, später nach territorialen Gesichtspunkten gegliederten Stadtstaaten bzw. Gemeinden* [grch., »Volksstamm«]

phy|le|tisch ⟨Adj.; Biol.⟩ *die Abstammung betreffend* [→ *Phyle*]

Phyl|lit ⟨m.; -s, e; Geol.⟩ *aus Quarz u Muskovit bestehendes, fein geschiefertes Gestein* [< *Phyllo...* + *...lith*]

phyl|li|tisch ⟨Adj.; Geol.⟩ *feinblättrig (von Gesteinen)* [→ *Phyllit*]

phyl|lo..., **Phyl|lo...** ⟨in Zus.⟩ *blatt..., Blatt...* [< grch. *phyllon* »Blatt«]

Phyl|lo|kak|tus ⟨m.; -, -te|en od. österr. -ses, -se⟩ *Blattkaktus*

Phyl|lo|kla|di|um ⟨n.; -s, -di|en⟩ *blattartig verbreiterte, die Funktion des Blattes ausübende Sprossachse* [< *Phyllo…* + grch. *klados* »Sprössling«]
Phyl|lo|pha|ge ⟨m.; -n, -n⟩ **1** *Tier, das sich nur von Blättern ernährt* **2** ⟨i.w.S⟩ *Pflanzenfresser* [< *Phyllo…* + *…phage*]
Phyl|lo|po|de ⟨m.; -n, -n⟩ *Blattfußkrebs* [< *Phyllo…* + *…pode*]
Phyl|lo|ta|xis ⟨f.; -, -ta|xen⟩ *Stellung der Blätter von Pflanzen*
Phyl|lo|xe|ra ⟨f.; -, -ren⟩ *Reblaus* [< *Phyllo…* + grch. *xeros* »trocken«, eigtl. »Blattaustrocknerin«]
Phy|lo|ge|ne|se ⟨f.; -, -n⟩ = *Phylogenie* [< grch. *phyle* »Volksstamm« + *Genese*]
phy|lo|ge|ne|tisch ⟨Adj.⟩ *zur Phylogenese, Phylogenie gehörend, auf ihr beruhend, stammesgeschichtlich*
Phy|lo|ge|nie ⟨f.; -, -n⟩ *Stammesentwicklung der Lebewesen;* Sy *Phylogenese* [< grch. *phyle* »Volksstamm« + *…genie*]
Phy|lum ⟨n.; -s, -la; Biol.⟩ *Stamm (in der Systematik der Lebewesen)* [→ *Phyle*]
Phy|ma ⟨n.; -s, -ta; Med.⟩ *knollenartige Verdickung der Nase infolge der Vergrößerung von Talgdrüsen u. Bindegewebe* [grch., »Gewächs, Knolle«]
Phy|sa|lis ⟨f.; -, -⟩ *aus Peru stammende, bes. in Südafrika kultivierte kirschförmige Beere, die mit einer papierartigen Hülle versehen ist: Physalis peruviana; Ananaskirsche, Kap-Stachelbeere*
…phy|se ⟨in Zus.⟩ *etwas Gewachsenes* [< grch. *phaein* »wachsen«]
Phys|i|a|ter, ⟨auch⟩ **Phy|si|a|ter** ⟨m.; -s, -⟩ *Naturheilkundiger* [< grch. *physis* »Natur« + *…iater*]
Phys|i|a|trie, ⟨auch⟩ **Phy|si|at|rie** ⟨f.; -; unz.⟩ *Naturheilkunde* [< grch. *physis* »Natur« + *…iatrie*]
Phy|sik ⟨f.; -; unz.⟩ *Lehre von den unbelebten Dingen der Natur, ihrem Aufbau u. ihrer Bewegung, von den Strahlungen u. Kraftfeldern* [< lat. *physica* »Naturlehre« < grch. *physike (theoria)* »Naturforschung«; zu *physis* »Natur«]
phy|si|ka|lisch ⟨Adj.⟩ *die Physik betreffend, zu ihr gehörend, auf ihr beruhend;* ~e **Chemie** *Lehre von den physikal. Erscheinungen chemischer Vorgänge;* ~e **Konstanten** *wichtige Größen in der Physik, die universell einen festen Wert haben od. eine Eigenschaft eines Stoffes zahlenmäßig festlegen;* ~e **Therapie** *Th. mit Wärme, Licht usw.;* Sy *Physiotherapie*
Phy|si|ka|lis|mus ⟨m.; -; unz.; Philos.⟩ *Lehre, die allein die physikalische Wirklichkeit anerkennt u. alles für nichtig erklärt, was sich nicht mit den Methoden der Physik erfassen lässt*
phy|si|ka|lis|tisch ⟨Adj.; Philos.⟩ *den Physikalismus betreffend, auf ihm beruhend, zu ihm gehörig*
Phy|si|ker ⟨m.; -s, -⟩ *Wissenschaftler der Physik*
Phy|si|ko|che|mie ⟨[-çe-] f.; -; unz.; gelegentlich verwendete Bez. für⟩ *physikalische Chemie*
Phy|si|ko|che|mi|ker ⟨[-çe:-] m.; -s, -⟩ *Wissenschaftler auf dem Gebiet der physikal. Chemie*
phy|si|ko|che|misch ⟨[-çe:-] Adj.⟩ *zur physikalischen Chemie gehörend, auf ihr beruhend*
Phy|si|kum ⟨n.; -s, -ka⟩ *medizin. Vorprüfung, meist nach dem 4. Semester* [< lat. *(testamen) physicum* »Prüfung in den Naturwissenschaften«]
Phy|si|kus ⟨m.; -, -kus|se; †⟩ **1** *Kreisarzt;* Kreis~ **2** *Bezirksarzt* [< lat. *physicus* »Naturkenner« < grch. *physis* »Natur«]
phy|si|o|gen ⟨Adj.; Med.⟩ *körperlich bedingt;* Ggs *psychogen* [< grch. *physis* »Natur« + *…gen*]
Phy|si|o|ge|o|gra|fie ⟨f.; -; unz.⟩ = *Physiogeographie*
phy|si|o|ge|o|gra|fisch ⟨Adj.⟩ = *physiogeographisch*
Phy|si|o|ge|o|gra|phie ⟨f.; -; unz.⟩ *Disziplin der Geographie, die den Systemzusammenhang der physischen Faktoren einer Landschaft, zu denen alle abiotischen u. biotischen Faktoren gehören, untersucht;* oV *Physiogeografie* [< *Physis* + *Geographie*]
phy|si|o|ge|o|gra|phisch ⟨Adj.⟩ *den Zusammenhang der physischen Faktoren einer Landschaft betreffend, zur Physiogeographie gehörend, auf ihr beruhend;* oV *physiogeografisch*
Phy|si|o|gnom, ⟨auch⟩ **Phy|si|og|nom** ⟨m.; -en, -en⟩ *Forscher, Kenner auf dem Gebiet der Physiognomik;* Sy *Physiognomiker*
Phy|si|o|gno|mie, ⟨auch⟩ **Phy|si|og|no|mie** ⟨f.; -, -n⟩ *äußere Erscheinung eines Menschen, auch Tieres, bes. der Gesichtsausdruck* [< *Physis* + grch. *gnonai* »erkennen«]
Phy|si|o|gno|mik, ⟨auch⟩ **Phy|si|og|no|mik** ⟨f.; -; unz.⟩ *Lehre von den aus den Gesichtszügen zu erschließenden charakterl. Eigenschaften*
Phy|si|o|gno|mi|ker, ⟨auch⟩ **Phy|si|og|no|miker** ⟨m.; -s, -⟩ = *Physiognom*
phy|si|o|gno|misch, ⟨auch⟩ **phy|si|og|nomisch** ⟨Adj.⟩ *zur Physiognomie gehörend, auf ihr beruhend*
Phy|si|o|gra|fie ⟨f.; -; unz.⟩ = *Physiographie*
phy|si|o|gra|fisch ⟨Adj.⟩ = *physiographisch*
Phy|si|o|gra|phie ⟨f.; -; unz.⟩ *beschreibende Naturwissenschaft, Naturkunde* z.B. Zoologie, Botanik*;* oV *Physiografie* [< *Physis* + *…graphie*]
phy|si|o|gra|phisch ⟨Adj.⟩ *zur Physiographie gehörend, auf ihr beruhend;* oV *physiografisch*
Phy|si|o|kra|tie ⟨f.; -; unz.⟩ *im 18. Jh. von François Quesnay begründete Volkswirtschaftslehre, nach der es dem Staat obliegt, die Gesellschaftsordnung durch Gesetze der natürlichen Ordnung anzupassen u. dabei bes. das Eigentum zu schützen u. das Prinzip des Gewährenlassens u. der Nichteinmischung zu befolgen* [< *Physis* + *…kratie*]
phy|si|o|kra|tisch ⟨Adj.⟩ *die Physiokratie betreffend, auf ihr beruhend*

Phy|si|o|lo|ge ⟨m.; -n, -n⟩ *Wissenschaftler der Physiologie*
Phy|si|o|lo|gie ⟨f.; -; unz.⟩ *Lehre von den Lebensvorgängen, von den Vorgängen im (gesunden) Lebewesen* [< *Physis* + *...logie*]
phy|si|o|lo|gisch ⟨Adj.⟩ *die Physiologie betreffend, zu ihr gehörend, auf ihr beruhend;* ~e Chemie = *Biochemie*
Phy|si|o|no|mie ⟨f.; -; unz.; †⟩ *Lehre von den Naturgesetzen* [< *Physis* + *...nomie*]
Phy|si|o|the|ra|peut ⟨m.; -en, -en⟩ *freiberuflich tätiger od. in Kliniken u. Rehabilitationszentren angestellter Therapeut, der durch Krankengymnastik die Behandlung von Kranken unterstützt* [< *Physis* + *Therapeut*]
Phy|si|o|the|ra|peu|tin ⟨f.; -, -tin|nen⟩ *weibl. Physiotherapeut*
Phy|si|o|the|ra|pie ⟨f.; -, -n⟩ = *physikalische Therapie*
Phy|si|o|top ⟨n.; -(e)s, -e; Geogr.⟩ *durch eine bestimmte Konstellation abiotischer Faktoren (Relief, Boden, Klima, Wasser) gekennzeichnete, homogene Landschaftseinheit* [< *Physis* + *...top*]
Phy|sis ⟨f.; -; unz.⟩ *Natur, natürl. Beschaffenheit des Körpers* [grch., »Natur«]
phy|sisch ⟨Adj.⟩ *die Physis betreffend, zu ihr gehörend, auf ihr beruhend, körperlich, natürlich, in der Natur begründet*
Phy|so|stig|min, ⟨auch⟩ **Phy|sos|tig|min** ⟨n.; -s: unz.⟩ *aus den Samen der Kalabarbohne gewonnenes Alkaloid, das in der Tiermedizin als Abführmittel u. in der Augenheilkunde als Mittel zur Pupillenverengung verwendet wird* [< grch. *physan* »einhauchen« + *stigma* »Stich, Punkt«]
...phyt ⟨in Zus.⟩ *Pflanze* [< grch. *phyton* »Pflanze«]
phy|to..., **Phy|to...** ⟨in Zus.⟩ *pflanzen..., Pflanzen...* [< grch. *phyton* »Pflanze«]
Phy|to|che|mie ⟨[-çe-] f.; -; unz.⟩ *Teilgebiet der Chemie, das sich mit der Zusammensetzung von Pflanzen u. mit den bei ihnen auftretenden chem. Vorgängen befasst*
phy|to|gen ⟨Adj.⟩ *aus Pflanzen entstanden* [< *phyto...* + *...gen*[1]]
Phy|to|ge|o|gra|fie ⟨f.; -; unz. ⟩ = *Phytogeographie*
Phy|to|ge|o|gra|phie ⟨f.; -; unz.⟩ = *Geobotanik;* oV *Phytogeografie*
Phy|to|hor|mon ⟨n.; -s, -e⟩ *pflanzliches Hormon*
Phy|to|kli|ma ⟨n.; -s, -s od. -ma|te od. -ma|ta⟩ *Mikroklima, das sich innerhalb einer Pflanzengesellschaft einstellt u. von deren Zusammensetzung abhängig ist* [< *Phyto...* + *Klima*]
Phy|to|lith ⟨m.; -s od. -en, -e od. -en⟩ *aus pflanzl. Ablagerungen entstandenes Sedimentgestein*
Phy|to|lo|gie ⟨f.; -; unz.⟩ *Pflanzenkunde* [< *Phyto...* + *...logie*]
Phy|to|me|di|zin ⟨f.; -; unz.⟩ *Lehre von den Pflanzenkrankheiten, Pflanzenmedizin* [< *Phyto...* + *Medizin*]
phy|to|pa|tho|gen ⟨Adj.⟩ *Pflanzenkrankheiten verursachend* [< *phyto...* + *pathogen*]
Phy|to|pa|tho|lo|gie ⟨f.; -; unz.⟩ *Lehre von den Krankheiten der Pflanzen*
phy|to|pa|tho|lo|gisch ⟨Adj.⟩ *die Phytopathologie betreffend, zu ihr gehörend* [< *phyto...* + *pathologisch*]
phy|to|phag ⟨Adj.⟩ *Pflanzen fressend* [< *phyto...* + *...phag*]
Phy|to|pha|ge ⟨m.; -n, -n⟩ *Pflanzenfresser* [< *Phyto...* + *...phage*]
Phy|to|plank|ton ⟨n.; -s; unz.⟩ *pflanzliches Plankton*
Phy|to|the|ra|pie ⟨f.; -, -n⟩ *Heilverfahren, das sich pflanzlicher Arzneimittel bedient, Pflanzenheilkunde*
Phy|to|to|mie ⟨f.; -; unz.⟩ *Anatomie der Pflanzen* [< *Phyto...* + *...tomie*]
Phy|to|zo|on ⟨n.; -s, -zo|en⟩ *Meerestier mit pflanzenähnlicher Gestalt*
...phy|zee ⟨[-tse:ə] in Zus.⟩ *Alge* [< grch. *phykos* »Tang, Seegras«]
Pi ⟨n.; - od. -s, -s; Zeichen: π, Π⟩ **1** *griech. Buchstabe* **2** ⟨Math.; Zeichen: π⟩ *Verhältnis eines Kreisumfangs zum Kreisdurchmesser, ein unendlicher Dezimalbruch, Wert etwa 3,142..., ludolfsche Zahl* [grch.]
Pi|af|fe ⟨f.; -, -n; Sp.; hohe Schule⟩ *Trab auf der Stelle* [frz., »Großtuerei, Prunk«]
pi|af|fie|ren ⟨V.⟩ *die Piaffe ausführen*
Pia Ma|ter ⟨f.; - -; unz.⟩ *weiche Hirnhaut* [lat.]
Pi|a|ni|no ⟨n.; -s, -s⟩ *kleines Klavier* [ital., Verkleinerungsform zu *piano* »Klavier«]
pi|a|nis|si|mo ⟨Abk.: pp; Mus.⟩ *sehr leise (zu spielen)* [ital., »sehr leise«]
Pi|a|nis|si|mo ⟨n.; -s, -s od. -mi; Mus.⟩ *sehr leises Singen od. Spielen von Instrumenten* [ital.]
Pi|a|nist ⟨m.; -en, -en⟩ *Musiker, der (beruflich) Klavier spielt* [→ *Piano*]
Pi|a|nis|tin ⟨f.; -, -tin|nen⟩ *Musikerin, die (beruflich) Klavier spielt*
pi|a|nis|tisch ⟨Adj.⟩ *hinsichtlich des Klavierspiels, zum Klavierspielen gehörig;* ~es Können, ~e Schwierigkeiten
pi|a|no ⟨Abk.: p; Mus.⟩ *leise* [ital., »leise«]
Pi|a|no ⟨n.; -s, -s⟩ **1** *piano zu spielende Stelle* **2** = *Pianoforte* [ital., verkürzt < *Pianoforte*]
Pi|a|no|ak|kor|de|on ⟨n.; -s, -s⟩ *Akkordeon, das auf seiner rechten (Melodie-)Seite über eine verkleinerte Klaviertastatur verfügt* [< *Piano* + *Akkordeon*]
Pi|a|no|for|te ⟨n.; -s, -s⟩ *Klavier mit im Gegensatz zum Flügel senkrecht gespannten Saiten;* Sy ⟨†⟩ *Fortepiano(2)* [ital. < *piano* »leise« + *forte* »stark« (das Hammerklavier lässt sich im Unterschied zum Spinett und Klavichord leise u. laut anschlagen)]
Pi|a|no|la ⟨n.; -s, -s⟩ *selbsttätig spielendes Klavier* [→ *Piano*]
Pi|a|rist ⟨m.; -en, -en⟩ *Mitglied des Piaristenordens*
Pi|a|ris|ten|or|den ⟨m.; -s; unz.⟩ *1607 gestifteter Orden für unentgelt. Schulunterricht, bes. in Polen u. Österreich wirksam* [< lat. *Ordo*

Clericorum Regularium Pauperum Matris Dei Scholarum Piarum »Orden der armen Regularkleriker der Mutter Gottes für fromme Schulen«]

Pi|as|sa|va ⟨[-va] f.; -, -ven [-ven]⟩, **Pi|as|sa|ve|fa|ser** ⟨[-və-] f.; -, -n⟩ *Faser aus den Blattscheiden verschiedener Palmen* [< port. *piassaba, piasaba* < Tupi *piasaba*]

Pi|as|ter ⟨m.; -s, -⟩ **1** *Währungseinheit in Indochina, 100 Centimes* **2** *Währungseinheit in Ägypten, Syrien, Libanon u. der Türkei, 1/100 Pfund, sowie auf Zypern, 1/180 Pfund* [< ital. *piastra* »Metallplatte«]

Pi|at|ti ⟨Pl.; Mus.⟩ *flach gewölbte Metallscheiben (Becken) an Schlaginstrumenten* [ital.; zu *piatto* »Teller«]

Pi|az|za ⟨f.; -, -ze; in ital. Städten⟩ *Marktplatz* [ital., »Platz«]

Pi|az|zet|ta ⟨f.; -, -te od. -ten⟩ *kleine Piazza* [ital.]

Pi|broch, ⟨auch⟩ **Pib|roch** ⟨[-brɔk] m.; -s, -s⟩ *altschottisches Musikstück für Dudelsack* [engl.]

Pi|ca ⟨f.; -; unz.⟩ *normierte Buchstabengröße bei Schreibmaschinen (2,6 mm Schrifthöhe)* [engl.]

Pi|ca|dor ⟨m.; -s, -es⟩ *berittener Stierkämpfer, der den Stier mit einer Lanze sticht, um Nacken- u. Schultermuskeln zu schwächen* [span.; zu *picado,* Part. Perf. zu *picar* »stechen«]

Pi|ca|ro ⟨m.; -s, -s⟩ *tragisch-komische Hauptfigur des span. Schelmenromans (pikaresker Roman), bes. ab dem 16. Jh.* [span.]

pic|co|lo ⟨Adj.; Mus.⟩ *sehr klein (als Zusatzbez. für Instrumente);* Flauto ~ *Pikkoloflöte* [ital., »klein«]

Pic|co|lo ⟨m.; -s, -s⟩ = *Pikkolo*

Pick|les, ⟨auch⟩ **Pi|ckles** ⟨[pikl̩z] Pl.; kurz für⟩ *Mixed Pickles*

Pick|nick ⟨n.; -s, -s od. -e⟩ *Essen im Freien während eines Ausflugs* [< engl. *picnic* »Landpartie, Mahlzeit im Freien«]

pick|ni|cken ⟨V.⟩ *ein Picknick abhalten*

Pick-up ⟨[-ʌp] m.; -s, -s⟩ *Tonabnehmer* [< engl. *pick up* »aufnehmen«]

Pick-up-Shop ⟨[pikʌpʃɔp] m.; -s, -s⟩ *Geschäft, dessen Angebote als reine Mitnahmepreise kalkuliert sind u. das über keine eigene Auslieferung verfügt* [< engl. *pick up* »aufheben, mitnehmen« + *shop* »Geschäft«]

Pi|co... = *Piko*

pi|co|bel|lo ⟨Adj.; undekl.; meist adv.; umg.⟩ *sehr fein, tadellos, ausgezeichnet;* ~ angezogen; ~ sauber [zu ndrl. *pük* »auserlesen« + ital. *bello* »schön«]

Pi|cot ⟨[-ko:] m.; -s, -s⟩ *kleine Zacke am Rand von Spitzen* [frz.]

Pic|to|fon ⟨n.; -s, -s; EDV⟩ = *Pictophone*

Pic|to|phone ⟨[-fo:n] n.; -s, -s; EDV⟩ *Gerät, das digital aufgenommene Bilder durch das Funktelefonnetz versendet;* oV *Pictofon* [engl., < lat. *pictus* »gemalt« + *phone* »Telefon; telefonieren« < grch. *phone* »Stimme«]

Pid|gin ⟨[pidʒin] n.; -; unz.; Sprachw.⟩ *durch das Aufeinandertreffen zweier unterschiedlicher Sprachen entstandene, vereinfachte u. zumeist nicht verschriftete Verkehrssprache, z.B. in Überseehäfen u. Kolonien* [engl., chines. Entstellung von engl. *business* »Geschäft«]

Pid|gin-Eng|lish ⟨[pidʒin iŋgliʃ] n.; -; unz.⟩ **1** *Mischsprache aus engl. u. chines. Elementen als Verkehrssprache zwischen Engländern u. Ostasiaten* **2** *vereinfachtes Englisch als Verkehrssprache zwischen Engländern u. Afrikanern, auch dieser untereinander* [< engl. *pidgin;* → a. *Pidgin*]

pid|gi|ni|sie|ren ⟨[pidʒin-] V.⟩ Sprachen ~ *durch Vereinfachung u. morphologische Reduktion zum Pidgin machen*

Pie ⟨[pai] f.; -, -s⟩ *gefüllte Pastete od. Kuchen;* Apple~ *Apfelkuchen* [engl.]

Pi|e|ce ⟨[pjɛ:s(ə)] f.; -, -n⟩ *Stück, Tonstück, musikalisches Zwischenspiel, Theaterstück* [< frz. *pièce* »Stück«]

Pi|e|des|tal ⟨[pie:-] n.; -s, -e⟩ *Sockel, kleines Podest;* Sy *Postament* [< frz. *piédestal* »Sockel, Postament«]

Piek ⟨f.; -, -en⟩ *unterster Raum im Schiff* [< engl. *peak*]

pi|e|no ⟨Mus.⟩ *vollstimmig, mit starkem Ton (zu spielen)* [ital. < lat. *plenus* »voll, reichlich«]

Pier[1] ⟨m.; -s, -e; seemänn. f.; -, -s⟩ *Hafendamm (rechtwinklig od. schräg zum Ufer) als Anlegeplatz für Schiffe* [engl., »Pfeiler, Brückenpfeiler, Hafendamm«]

Pier[2] ⟨m.; -s, -e⟩ *Köderwurm, Sandpier, auf Sandböden der Meeresküste lebender Ringelwurm, der als Köder zum Angeln benutzt wird: Arenicola marina* [< ndrl. *pier,* mnddt. *pyr, pyer* »Regenwurm«]

Pier|cing ⟨[pi:rsiŋ] n.; -s, -s⟩ *das Durchstechen von Haut (Ohren, Nase), um Schmuck anzubringen* [engl., zu *pierce* »(durch)stechen«]

Pier|cing|stu|dio ⟨[pi:rsiŋ-] n.; -s, -s⟩ *Geschäft, in dem man Schmuck u. Accessoires für das Piercing kaufen u. fachmännisch einsetzen lassen kann*

Pi|er|ret|te ⟨[pjɛrɛtə] f.; -, -n⟩ *weibl. Pierrot* [frz.; → *Pierrot*]

Pi|er|rot ⟨[pjɛro:] m.; -s, -s⟩ *aus der Commedia dell'Arte stammende, komische, melanchol. Figur mit weiß gepudertem Gesicht in der französ. Pantomime* [frz., Verkleinerungsform zu *Pierre* »Peter«]

Pi|e|tà ⟨[pieta:] f.; -, -s⟩ *Darstellung Marias mit dem Leichnam Christi auf dem Schoß* [ital., »Frömmigkeit« < lat. *pietas* »Frömmigkeit«]

Pi|e|tät ⟨[piə-] od. [pie-] f.; -; unz.⟩ **1** *Ehrfurcht vor der Religion, Achtung vor dem religiösen Empfinden anderer* **2** *Ehrfurcht, bes. vor Toten bzw. dem Gedenken an Tote* **3** *kindl. Liebe, Achtung, Rücksicht* [< lat. *pietas* »Frömmigkeit«]

Pi|e|tis|mus ⟨[piə-] od. [pie-] m.; -; unz.⟩ *protestant. Bewegung im 17./18. Jh. (als Reaktion* *auf die als erstarrt empfundene Orthodoxie), die eine gefühlsbetonte Frömmigkeit u. tätige Nächstenliebe erstrebte* [<lat. *pietas* »Frömmigkeit«]

Pi|e|tist ⟨[piə-] od. [pie-] m.; -en, -en⟩ **1** *Vertreter, Anhänger des Pietismus* **2** ⟨auch leicht abwertend⟩ *schwärmerisch-frommer Mensch*

pi|e|tis|tisch ⟨[piə-] od. [pie-] Adj.⟩ *zum Pietismus gehörend, auf ihm beruhend*

pi|e|to|so ⟨[piə-] od. [pie-] Mus.⟩ *mitleids-, andachtsvoll (zu spielen)* [ital.]

pi|e|zo... Pi|e|zo... ⟨[piɛ̢-] in Zus.⟩ *druck..., Druck...* [<grch. *piezein* »drücken«]

Pi|e|zo|che|mie ⟨[piɛtsoçe-] f.; -; unz.⟩ *Teilgebiet der Chemie, das sich mit der Untersuchung piezoelektrischer Eigenschaften befasst*

pi|e|zo|e|lek|trisch, ⟨auch⟩ **pi|e|zo|e|lekt|risch** ⟨[piɛ̢-] Adj.⟩ *auf Piezoelektrizität beruhend, von ihr stammend, sie betreffend;* ~er Effekt *elektr. Aufladung von Kristallen unter Druck;* inverser ~er Effekt *Änderung der Länge von Kristallen bei elektr. Aufladung*

Pi|e|zo|e|lek|tri|zi|tät, ⟨auch⟩ **Pi|e|zo|e|lekt|ri|zi|tät** ⟨[piɛ̢-] f.; -; unz.⟩ *durch Druck auf die Flächen mancher Kristalle entstehende Elektrizität*

Pi|e|zo|me|ter ⟨[piɛ-] n.; -s, -⟩ *Gerät zum Messen der Kompressibilität von Flüssigkeiten* [<*Piezo...* + *...meter*]

Pi|e|zo|quarz ⟨[piɛ̢-] m.; -es, -e⟩ *Quarzkristall, der piezoelektrische Eigenschaften zeigt*

Pif|fe|ra|ri ⟨Pl. von⟩ *Pifferaro*

Pif|fe|ra|ro ⟨m.; -s, -ri⟩ *einer der nach Rom kommenden Hirten, die zur Erinnerung an die Hirten von Bethlehem zur Weihnachtszeit vor den Madonnenbildern spielen u. singen* [ital.; zu *Piffero* »Schalmei«, eigtl. »Dudelsack« (der Dudelsack hat ein Schalmeienmundstück)]

Pif|fe|ro ⟨m.; -s, -ri⟩ *ital. Schalmei* [ital.]

Pig|ment ⟨n.; -(e)s, -e⟩ **1** *in einem Bindemittel angeriebener, praktisch unlösl. Stoff, der auf einen Körper aufgetragen wird, um diesem eine bestimmte Farbe zu geben* **2** *in menschl. u. tier. Zellen abgesetzter Farbstoff* [<lat. *pigmentum* »Farbstoff«]

Pig|men|ta|ti|on ⟨f.; -, -en⟩ *Färbung durch Ablagerung von Pigment*

Pig|ment|bak|te|ri|en ⟨Pl.⟩ *Farbstoff bildende Bakterien*

Pig|ment|druck ⟨m.; -es; unz.⟩ *Druckverfahren mittels einer lichtempfindlichen Schicht, der als Farbpigment Kohle od. Rötel zugesetzt worden ist*

pig|men|tie|ren ⟨V.⟩ **1** Farbstoff ~ *in kleinste Teilchen zerteilen* **2** *sich durch Pigment färben*

Pig|men|tie|rung ⟨f.; -; unz.⟩ **1** *das Pigmentieren* **2** *Bildung von Pigment*

Pi|gno|lie, ⟨auch⟩ **Pig|no|lie** ⟨[-njo:liə] f.; -, -n⟩ *essbarer Samen der Pinie;* Sy *Piniole* [ital., »Frucht der Pinie«]

Pik¹ ⟨m.; -s, -e od. -s⟩ *Berggipfel (bes. in Namen von Bergen)* [<engl. *peak* »Bergspitze, Gipfel«]

Pik² ⟨n.; -s, -s⟩ **1** *Farbe der frz. Spielkarten, die mit einer Schippe gekennzeichnet ist* **2** ⟨m.; -s; unz.; umg.⟩ *Groll;* einen ~ auf jmdn. haben [<frz. *pique* »Lanze, Spieß, Groll«]

pi|kant ⟨Adj.⟩ **1** *kräftig gewürzt;* ~e Speisen **2** ⟨fig.⟩ *prickelnd, schlüpfrig, anzüglich;* ~e Lektüre, Bemerkung, Anekdote [<frz. *piquant* »stechend«, Part. Präs. zu *piquer* »stechen«]

Pi|kan|te|rie ⟨f.; -, -n⟩ **1** ⟨unz.⟩ *pikante Beschaffenheit* **2** ⟨zählb.⟩ *pikante Bemerkung, Anzüglichkeit*

pi|ka|resk ⟨Adj.⟩ *vom Picaro handelnd, in der Art des Picaros;* ~er Roman *in der Ich-Form erzählter span. Schelmenroman*

Pi|ka|zis|mus ⟨m.; -; unz.⟩ *abnormales Verlangen, ungenießbare od. schädliche Dinge zu essen* [<lat. *pica* »Elster«, ein Vogel, der »alle möglichen Dinge« in den Schnabel nimmt]

Pi|ke ⟨f.; -, -n⟩ *Spieß (des Landsknechts);* von der ~ auf dienen ⟨fig.⟩ *von der untersten Stufe an* [<frz. *pique* »Spieß, Lanze«]

Pi|kee ⟨m.; österr. auch n.; -s, -s⟩ *Baumwollstoff mit erhabenem Muster;* oV *Piqué* [<frz. *piqué* »Steppstich, Pikee«; zu *piquer* »stechen, durchlöchern, steppen«]

Pi|ke|nier ⟨m.; -s, -e⟩ *Landsknecht mit Pike* [zu frz. *piquer* »Pikenträger«]

Pi|kett¹ ⟨n.; -(e)s, -e⟩ **1** ⟨früher⟩ *kleine Abteilung meist berittener Soldaten* **2** ⟨schweiz.⟩ *einsatzbereite Mannschaft im Heer u. bei der Feuerwehr* [<frz. *piquet* »Absteckpfahl, kleine Abteilung Soldaten«; zu *pique* »Lanze, Spieß«]

Pi|kett² ⟨n.; -(e)s, -e⟩ *frz. Kartenspiel zu zweien* [<frz. *piquet* »Pikettspiel«; zu *pique* »Pik«; → *Pik²*]

pi|kie|ren ⟨V.⟩ *mit Hilfe eines Pflanzholzes auf größeren Abstand verpflanzen;* Stecklinge ~ [→ *Pike*]

pi|kiert ⟨Adj.⟩ *verärgert, gereizt, etwas beleidigt* [<frz. *piquer* »stechen, ärgern, reizen«]

Pik|ko|lo ⟨m.; -s, -s⟩ oV *Piccolo* **1** *junger Kellner als Lehrling* **2** *kleine Flasche Sekt* [<ital. *piccolo* »klein«]

Pik|ko|lo|flö|te ⟨f.; -, -n⟩ *kleine Querflöte in Diskant-Tonlage*

Pi|ko... ⟨Zeichen: p; vor Maßeinheiten⟩ *ein Billionstel der betreffenden Grundeinheit,* z.B. ein pF (8 Pikofarad) = 10^{-12} Farad = 1 Billionstel Farad; oV *Pico...* [<ital. <span. *picol* »ein bisschen«]

Pi|ko|fa|rad ⟨n.; -s, -; Phys.; Abk.: pF⟩ *das 10^{-12}fache eines Farads* [<*Piko...* + *Farad*]

Pi|kör ⟨m.; -s, -e⟩ *die Meute führender Reiter bei der Parforcejagd;* oV *Piqueur* [<frz. *piqueur;* zu *piquer* »beaufsichtigen, zur Arbeit anhalten«]

Pi|krat, ⟨auch⟩ **Pik|rat** ⟨n.; -(e)s, -e⟩ *Salz der Pikrinsäure*

Pi|krin|säu|re, ⟨auch⟩ **Pik|rin|säu|re** ⟨f.; -, -n⟩ *durch Nitrierung von Phenol darstellbare, hellgelbe, bitter schmeckende Verbindung, chem.*

Formel $C_6H_2(OH)(NO_2)_3$*;* Sy *Trinitrophenol* [<grch. *pikros* »bitter«]

Pik|to|gra|fie ⟨f.; -, -n⟩ = *Piktographie*

pik|to|gra|fisch ⟨Adj.⟩ = *piktographisch*

Pik|to|gramm ⟨n.; -s, -e⟩ *Bild od. Zeichen mit festgelegter, international verständlicher Bedeutung,* z.B. Verkehrszeichen [<lat. *pictus* »gemalt« + grch. *gramma* »Schriftzeichen«]

Pik|to|gra|phie ⟨f.; -, -n⟩ *Bilderschrift;* oV *Piktografie* [<lat. *pictus* »gemalt« (zu *pingere* »malen«) + *...graphie*]

pik|to|gra|phisch ⟨Adj.⟩ *die Piktographie betreffend, auf ihr beruhend;* oV *piktografisch*

Pi|kul ⟨m. od. n.; -s, -⟩ *ostasiatische Gewichtseinheit* [<mal. *pikul* »eine schwere Last tragen«]

Pil|chard ⟨[piltʃəd] m.; -s, -s; Zool.⟩ *an den West- u. Südwestküsten Europas u. im Mittelmeer verbreiteter Heringsfisch, dessen Jungtiere als Sardinen bezeichnet werden; wichtiger Nutzfisch: Clupea (Sardina) pilchardus* [engl.]

Pi|laf ⟨m.; -s; unz.⟩ *oriental. Gericht aus geschrotetem Reis u. gedünstetem u. gewürfeltem Hammel- od. Geflügelfleisch;* oV *Pilaw, Pilau* [<pers. u. türk. *pilau, palau*]

Pi|lar ⟨m.; -en, -en⟩ *Vorrichtung aus zwei Pfosten, an denen das Pferd bei der Dressur mit dem Zügel festgebunden wird* [span., »Säule, Pfeiler«]

Pi|las|ter ⟨m.; -s, -⟩ *Wandpfeiler* [<ital. *pilastro;* zu lat. *pila* »Pfeiler«]

Pi|lau, Pi|law ⟨m.; -s; unz.⟩ = *Pilaf*

Pile ⟨[pail] n.; -s, -s⟩ *Kernreaktor* [engl., »galvan. Säule, elektr. Batterie, Atombatterie« <lat. *pila* »Pfeiler, Säule«]

pi|lie|ren ⟨V.⟩ Seife ~ *gehobelte Seife im Rohzustand auf Walzen weiterverarbeiten* [<lat. *pila* »Mörser«]

Pil|ling|ef|fekt ⟨m.; -(e)s; unz.; Textilw.⟩ *Hervortreten knötchenartiger Verflechtungen von Chemie- od. Wollfasern aus Geweben* [zu engl. *pill* »Kügelchen«]

Pil|low|la|va ⟨[pilo:-] f.; -; unz.⟩ *in charakteristisch kissenförmiger Form erstarrte Lava beim untermeerischen Austritt, Kissenlava* [engl. *pillow* »Kissen«]

Pi|lo|kar|pin ⟨n.; -s; unz.⟩ *Alkaloid aus den Blättern des Rautengewächses Pilocarpus pennatifolius, wirkt schweißtreibend u. pupillenverengend; gegen Asthma u. Diphtherie sowie als Haarwuchsmittel verwendet* [<grch. *pilos* »Filz« + *karpos* »Frucht«]

Pi|lo|se, Pi|lo|sis ⟨f.; -, -sen⟩ *übermäßiger Haarwuchs* [<lat. *pilus* »Haar«]

Pi|lot ⟨m.; -en, -en⟩ **1** *Flugzeugführer* **2** *Lotse* **3** *strapazierfähiger Baumwollstoff für Berufskleidung* [<frz. *pilote* <ital. *piloto, pedoto* <mgrch. **pedotes* »Steuermann«; zu grch. *pedon* »Ruderblatt, Steuerruder«]

Pi|lot|an|la|ge ⟨f.; -, -n⟩ *Versuchsanlage mittlerer Größe, in der im Labor erarbeitete Verfahren von ihrer Umsetzung auf Großanlagen in allen Einzelheiten nochmals überprüft werden*

Pi|lot|bal|lon ⟨[-lɔ̃] m.; -s, -s od. [-lo:n] m.; -s, -e⟩ *kleiner, unbemannter Ballon zum Feststellen des Höhenwindes*

Pi|lo|te ⟨f.; -, -n⟩ *Pfahl, der in den Baugrund eingerammt wird* [<frz. *pilot* »Grundpfahl«; zu *pile* »Pfeiler«]

Pi|lot|film ⟨m.; -(e)s, -e; TV⟩ *einer neuen bzw. geplanten Fernsehserie vorausgehender Film, in dem die Hauptcharaktere eingeführt werden u. der Rückschlüsse über die Publikumsakzeptanz ermöglichen soll;* Sy *Pilotsendung*

pi|lo|tie|ren ⟨V.⟩ *Piloten einrammen*

Pi|lot|sen|dung ⟨f.; -, -en; Rundfunk; TV⟩ *Probesendung für eine Serie, von der man wissen möchte, wie sie von den Zuhörern (Zuschauern) aufgenommen wird;* Sy *Pilotfilm*

Pi|lot|stu|die ⟨[-diə] f.; -, -n⟩ *erste Untersuchung in ihrer Art, wegweisende Studie*

Pi|lot|ton ⟨m.; -(e)s, -tö|ne; Film; TV⟩ **1** *zur Steuerung von Bild u. Ton dienender hochfrequenter Ton, der bei Aufzeichnungen zunächst zusätzlich aufgezeichnet u. bei der Wiedergabe unterdrückt wird* **2** *hochfrequentes Begleitsignal bei Stereosendungen, das zur Trennung der Nachrichtensignale in die Stereokanäle dient* [→ *Pilot*]

Pi|me|lo|se ⟨f.; -; unz.⟩ *Fettleibigkeit* [<grch. *pimele* »Fett«]

Pi|ment ⟨m. od. n.; -(e)s, -e⟩ *die als Gewürz gebrauchten, unreifen, getrockneten Beeren des Pimentbaumes, Gewürzkörner, Jamaikapfeffer,* ⟨österr.⟩ *Neugewürz* [<span. *pimentia* <lat. *pigmentum* »Kräutersaft, Gewürz«]

Pim|per|nell ⟨m.; -s, -e⟩, **Pim|pi|nel|le** ⟨f.; -, -n⟩ *einer Gattung der Rosengewächse angehörendes, aromatisch duftendes, auf trockenen Weiden vorkommendes Kraut: Sanguisorba minor* [<lat. *pimpinella* »kleines Ding« (nach den dunkelroten Blütenknöpfchen)]

Pin ⟨m.; -s, -s⟩ **1** *ansteckbares Schildchen, Anstecknadel* **2** ⟨Sp.; Bowling⟩ *Wertungspunkt für einen getroffenen Kegel* [engl.]

PIN ⟨Abk. für⟩ *Personal Identification Number, persönliche Identifikationsnummer (für Scheckkarten)*

Pi|na|ko|id ⟨n.; -(e)s, -e⟩ *zweiflächige Kristallform* [<grch. *pinax,* Gen. *pinakos* »Tafel« + *...id*]

Pi|na|ko|thek ⟨f.; -, -en⟩ **1** ⟨urspr.⟩ *Sammlung von gemalten Tafeln als Weihgeschenke auf der Akropolis* **2** ⟨danach Name für⟩ *Sammlung von Gemälden;* Alte, Neue ~ *(Name zweier berühmter Gemäldesammlungen in München)* [<grch. *pinax,* Gen. *pinakos* »Tafel« + *...thek*]

Pi|nas|se ⟨f.; -, -n⟩ **1** ⟨17. Jh.⟩ *dreimastiges Segelschiff* **2** ⟨heute⟩ *Beiboot auf Kriegsschiffen* [frz., eigtl. »Boot aus Fichtenholz« <lat. **pinacia;* zu *pinus* »Fichte«]

Pin|board ⟨[-bɔ:d] n.; -s, -s⟩ *an der Wand befestigte Tafel od. Brett zum Anheften von Merkzetteln, Mitteilungen u.Ä., Pinnwand* [engl.]

Pince|nez ⟨[pɛ̃sne:] n.; - [-ne:s] - [-ne:s]⟩ *Kneifer* [<frz. *pince-nez* »Kneifer« <*pincer* »kneifen« + *nez* »Nase«]

Pinch|ef|fekt ⟨[pintʃ-] m.; -(e)s, -e⟩ *Kontraktion eines Plasmas(3) durch ein von außen einwirkendes Magnetfeld* [engl. *pinch* »Kneifen, Zwicken, Einklemmen, Druck«]

pin|da|ri|sche O|de ⟨f.; -n -, -n -n⟩ → *Ode*

Pi|ne|al|or|gan ⟨n.; -s, -e⟩ *vom Zwischenhirn gebildetes, unpaares, lichtempfindl. Sinnesorgan niederer Wirbeltiere, das hinter dem Parietalorgan liegt* [<lat. *pinea*»Fichtenzapfen«]

Pine|ap|ple ⟨[painæpl] m.; - od. -s, -s⟩ *Ananas, vor allem in Produktbezeichnungen,* z.B. ~saft etc. [engl.]

Pi|nen ⟨n.; -s, -e⟩ *im Terpentinöl vorkommender natürlicher Kohlenwasserstoff mit charakteristischem Geruch* [→ *Pinie*]

Ping|pong ⟨n.; -s; unz.⟩ *Tischtennis* [engl.]

Pin|gu|in ⟨m.; -s, -e⟩ *Angehöriger einer Ordnung am Meer lebender, flugunfähiger Vögel der Südhalbkugel mit starkem Fettpolster: Sphenisci* [<frz. *pingouin,* vielleicht <lat. *pinguis* »fett, plump«]

Pin|holes ⟨[-ho:ls] Pl.⟩ *kleine, lang gestreckte Luftblasen unter der Oberfläche von Gussstücken* [engl., »Nadellöcher«]

Pi|nie ⟨[-niə] f.; -, -n⟩ *Kiefer der Mittelmeerländer mit Schirmkrone u. essbaren Samen: Pinus pinea* [<lat. *pinea;* zu *pinus* »Fichte«]

Pi|ni|o|le ⟨f.; -, -n⟩ = *Pignole*

pink ⟨Adj.⟩ *leuchtend rosa* [engl.]

Pink ⟨n.; - od. -s, -s⟩ *leuchtend rosa Farbe* [engl.]

Pi|noc|chio ⟨[pinɔkjo] m.; -s, -s⟩ *hölzerne Gliederpuppe mit einer langen Nase* [Hauptfigur des gleichnamigen Kinderbuches, das der Italiener C. Collodi 1880 verfasste]

Pi|no|le ⟨f.; -, -n⟩ *Spannfutter für die Spitze des Reitstockes an einer Drehbank* [<ital. *pinola, pignola* »Pinienzapfen« <mlat. *piniola;* zu lat. *pinea;* → *Pinie*]

Pi|not ⟨[pino:] m.; - od. -s, -s⟩ *eine Rebsorte;* ~ **blanc** [blã:] *weißer Burgunder;* ~ **gris** [gri] *Ruländer;* ~ **noir** [noar] *Spätburgunder* [frz.]

Pi|no|zy|to|se ⟨f.; -; unz.⟩ *Aufnahme flüssiger Nährstoffe der Zelle durch Einstülpung der Zellmembran* [<grch. *pinein* »trinken« + ...*zyt*]

Pin|scher ⟨m.; -s, -⟩ *kleiner, zierlicher, glatthaariger Hund* [eigtl. »gestutzter Hund«; <engl. *pinch* »(ab)kneifen«]

Pint ⟨[paint] n.; -s, -s; Abk.; pt.⟩ *engl. u. nordamerikan. Hohlmaß, ca. 0,5 l* [engl.]

Pin|te ⟨f.; -, -n⟩ **1** *altes Hohlmaß, 0,9 l* **2** ⟨umg.⟩ *kleine, schlechte Gastwirtschaft, Kneipe* [<frz. *pinte* <prov. *pinte,* eigtl. »die Gemalte«, nach den aufgemalten Eichzeichen <lat. *pingere* »malen«, od. <mndrl. *pinte* »Pflock; Kneipe« (nach dem Eichzeichen als Wirtshauszeichen)]

Pin-up-Girl ⟨[pinʌpgə:rl] n.; -s, -s; umg.⟩ **1** *aus einer Illustrierten ausgeschnittenes u. an die Wand geheftetes Bild eines attraktiven Mädchens* **2** *Mädchen, das einem solchen Bild gleicht* [<engl. *pin up* »anheften« + *girl* »Mädchen«]

pinx. ⟨Abk. für⟩ *pinxit*

pin|xit ⟨Abk.: p., pinx⟩ *hat (es) gemalt (Vermerk auf Bildern vor od. nach dem Namen des Malers)* [lat., zu *pingere* »malen«]

Pin|zet|te ⟨f.; -, -n⟩ *kleine Greifzange mit zwei federnden, geraden Schenkeln* [<frz. *pincette,* Verkleinerungsform zu *pince* »Zange«; zu *pincer* »kneifen«]

pin|zie|ren ⟨V.; Obstbau⟩ *den Endtrieb einer Pflanze abschneiden* [<frz. *pincer* »abkneifen, -zwicken«]

Pi|on ⟨n.; -s, -o|nen⟩ *Elementarteilchen aus der Gruppe der Mesonen* [< *Pi* + *Meson*]

Pi|o|nier ⟨m.; -s, -e⟩ **1** *Angehöriger einer für kriegstechn. Arbeiten an der Front (Brücken-, Wegebau) ausgebildeten Truppe* **2** ⟨fig.⟩ *Bahnbrecher, Wegbereiter* **3** ⟨Pl.⟩ ~e ⟨früher in der DDR u.a. sozialist. Staaten⟩ *Organisation für Kinder von 6 bis 10* (Jung~e) *u. 10 bis 13 Jahren* (Thälmann~e) [<frz. *pionnier* »Schanzarbeiter, Pionier, Bahnbrecher«]

Pi|pa ⟨f.; -, -s; Mus.⟩ *lautenähnliches chinesisches Zupfinstrument mit vier Saiten* [<chin. *pi pa*]

Pipe ⟨[paip] n. od. f.; -, -s⟩ *engl. u. nordamerikan. Hohlmaß für Wein u. Branntwein, 400-570 l* [engl., eigtl. »Rohr, Röhre«]

Pipe|line ⟨[paiplain] f.; -, -s⟩ *Rohrleitung (bes. für Erdöl od. Erdgas)* [<engl. *pipe-line* »Röhrenleitung«]

Pi|pe|ri|din ⟨n.; -s; unz.⟩ *Grundkörper einer Reihe von Alkaloiden (z.B. des Piperins), chemisch eine cyclische Verbindung der Zusammensetzung $C_5H_{11}N$, bildet in reiner Form eine farblose Flüssigkeit mit charakteristischem Geruch* [<lat. *piper,* Gen. *piperis* »Pfeffer«]

Pi|pe|rin ⟨n.; -s,; unz.⟩ *Verbindung aus der Gruppe der Alkaloide, tritt vor allem als Hauptgeschmacksträger des Pfeffers auf* [<lat. *piper* »Pfeffer«]

Pi|pet|te ⟨f.; -, -n⟩ *Stechheber zum Abmessen kleiner Mengen von Flüssigkeiten* [frz., »Pfeifchen, Röhrchen«, Verkleinerungsform zu *pipe* »Pfeife«]

Pique ⟨[pik] n.; -s, -s; frz. Bez. für⟩ *Bergspitze, -gipfel (bes. in Namen)*

Pi|qué ⟨[-ke:] m.; österr. auch n.; -s, -s⟩ = *Pikee*

Pi|queur ⟨[-kø:r] m.; -s, -e⟩ = *Pikör*

Pi|ran|ha ⟨[-ranja] m.; -s, -s⟩ *Raubfisch in südamerikan. Flüssen: Pygocentrus piraya;* oV *Piraya* [port. < *Tupi*]

Pi|rat ⟨m.; -en, -en⟩ *Seeräuber* [<ital. *pirata* <lat. *Pirata* <grch. *peirates*]

Pi|ra|te|rie ⟨f.; -; unz.⟩ *Seeräuberei*

Pi|ra|ya ⟨m ; -s, -s⟩ = *Piranha*

Pi|ro|ge ⟨f.; -, -n⟩ *indian. Einbaum mit seitlich aufgesetzten Planen* [<engl. *pirogue* <frz. *pirogue* <span. *piragua* <karib.]

Pi|rog|ge ⟨f.; -, -n⟩ *mit Fleisch, Fisch, Reis od. Kohl gefüllte Pastete aus Hefe- od. Blätterteig* [<russ. *pirog* »Kuchen«]

Pi|rou|et|te ⟨[-ru-] f.; -, -n; Sp.⟩ **1** ⟨Eiskunstlauf; Ballett⟩ *schnelle, mehrmalige Drehung* *um die eigene Längsachse* **2** ⟨hohe Schule⟩ *Drehung des Pferdes im Galopp um den inneren Hinterfuß* **3** ⟨Ringen⟩ *rasche Drehung, um sich aus schwieriger Lage zu befreien* [frz., »Drehrädchen, Drehung auf dem Fuß«]

pi|rou|et|tie|ren ⟨[-ru-] V.⟩ *eine Pirouette ausführen*

Pi|sang ⟨m.; -s, -e⟩ = *Banane* [mal.]

Pi|sang|fa|ser ⟨f.; -, -n⟩ *aus den Blättern einiger Arten der Banane gewonnene Faser*

Pis|ci|na ⟨f.; -, -ci|nen⟩ **1** *Taufbecken im Baptisterium* **2** *Becken an der Südwand des Chors neben dem Altar für das beim Händewaschen des Priesters u. Reinigen der sakramentalen Gefäße gebrauchte Wasser* [lat., »Fischteich«]

Pi|see ⟨m.; -s; unz.⟩ *Erde od. Lehm als Baumaterial im Piseebau* [< frz. *pisé* »Stampferde, Stampfbau«; zu *piser* »die Bauerde stampfen« < lat. *pisare* »zerstampfen«]

Pi|see|bau ⟨m.; -(e)s; unz.⟩ *veraltete Bauweise, bei der Erde od. Lehm zwischen Verschalungen aus Brettern gestampft wird*

Pi|so|lith ⟨m.; -en, -en⟩ *konzentrisch-schaliger Aragonit, Erbsenstein* [< grch. *pisos* »Erbse« + *...lith*]

Pis|soir ⟨[-soa:r] n.; -s, -s od. -e⟩ *öffentl. Toilette für Männer* [frz.]

Pis|ta|zie ⟨[-tsiə] f.; -, -n⟩ **1** *einer Gattung der Anacardiengewächse angehörender immergrüner Strauch mit trockenen od. fleischigen Steinfrüchten: Pistacia;* **1.1** ⟨i.e.S.⟩ *im Mittelmeergebiet heim. Art, deren mandelähnl. Samen als Gewürz verwendet werden: Pistacia vera* [< lat. *pistacia* < grch. *pistake* < pers. *pistah* »Pistazienbaum, Pistazienfrucht«]

Pis|te ⟨f.; -, -n⟩ **1** *Einfassung der Manege im Zirkus* **2** *Radrennbahn* **3** *Bahn, Hang zum Rodeln u. Skilaufen* **4** ⟨Flugw.⟩ *Rollbahn* [frz., »Fußspur, Fährte, Rennbahn, Fahrbahn« < aital. *pista;* zu lat. *pistare* »stampfen«]

Pis|till ⟨n.; -s, -e⟩ **1** *Stößel, Mörserkeule* **2** ⟨Bot.⟩ *Stempel der Blüte der bedecktsamigen Pflanze: Pistillum* [< lat. *pistillum* »Stampfer«; zu *pistare* »stampfen«]

Pis|to|le[1] ⟨f.; -, -n⟩ *kurze Handfeuerwaffe;* jmdm. die ~ auf die Brust setzen ⟨fig.⟩ *jmdn. unter Drohungen zu etwas zwingen, jmdn. zu einer Entscheidung drängen;* seine Antwort kam wie aus der ~ geschossen *ohne dass er überlegte, rasch* [< tschech. *pístala* »Pfeife, Rohr, Pistole«]

Pis|to|le[2] ⟨f.; -, -n; 17./19. Jh.⟩ *urspr. span., dann auch frz. u. dt. Goldmünze, etwa 17 Mark, 10 Francs* [< zu *Pistole*[1] od. < ital. *piastruola,* Verkleinerungsform zu *piastra;* → *Piaster*]

Pis|to|le|ro ⟨m.; -s, -s⟩ *Revolverheld* [span.]

Pis|ton ⟨[-stɔ̃:] n.; -s, -s⟩ **1** *Kolben einer Pumpe* **2** *Ventil der Blechblasinstrumente* **3** = *Kornet*[1] [frz., »Kolben, Klapphorn«, als Musikinstrument eigtl. *cornet à pistons* »Klapphorn«]

Pit ⟨n.; -s, -s⟩ **1** ⟨im altengl. Theat.⟩ *der Bühne gegenüberliegender Hof mit billigen Stehplätzen* **2** ⟨meist Pl.; Elektrotechn.⟩ *Informationsträger auf CDs* [engl., »Parkett; Grube, Vertiefung«]

Pi|ta ⟨f.; -; unz.⟩, **Pi|ta|hanf** ⟨m.; -(e)s; unz.⟩ *aus verschiedenen Arten der Agave gewonnene Blattfaser* [< span., port. *pita*]

Pi|ta|val ⟨[-val] m.; - od. -s, -s⟩ *Sammlung bedeutender Fälle aus dem Strafrecht* [nach dem frz. Rechtsgelehrten François Gayot de *Pitaval,* 1673-1743]

Pit|bull ⟨m.; -s, -s⟩ *mit Terrier u. Dogge verwandte engl. Hunderasse, häufig als Kampfhund ausgebildet* [zu engl. *pit* »Grube« (als Austragungsort von Hundekämpfen) + *Bullterrier*]

pit|chen ⟨[pitʃən] V.; Sp.; Golf⟩ *einen steilen Annäherungsschlag ausführen* [< engl. *pitch*]

Pitch|mar|ke ⟨[pitʃ-] f.; -, -n; Sp.; Golf⟩ *Einschlagloch (auf dem Grün)* [→ *pitchen*]

Pitch|pine ⟨[pitʃpain] f.; -, -s⟩ *Stammholz nordamerik. Kiefern, meist: Pinus palustris* [engl., »Pechtanne«]

Pi|thek|an|thro|pus, ⟨auch⟩ **Pi|the|kanth|ropus** ⟨m.; -, -pi⟩ *auf Java u. in China gefundene Vorform des Menschen mit niedrigem, langem Schädeldach u. fliehender Stirn, Affenmensch, Vormensch: Pithecanthropus* [< grch. *pithekos* »Affe« + *anthropos* »Mensch«]

pi|the|ko|id ⟨Adj.⟩ *dem Affen ähnlich* [< grch. *pithekos* »Affe« + *...id*]

Pi|tot|rohr, ⟨auch⟩ **Pi|tot-Rohr** ⟨[pito:-] n.; -(e)s, -e⟩ *Gerät der Hydrodynamik zum Messen des Staudrucks von strömenden Flüssigkeiten sowie von Strömungsgeschwindigkeiten* [nach dem frz. Physiker Henri *Pitot,* 1695-1771]

Pit|tings ⟨Pl.⟩ *kleine Korrosionsstellen an Maschinenteilen, die durch Rost od. durch Einwirkung salzhaltiger Substanzen entstanden sind* [engl. *pitting* »Körnung, Lochfraß, Angefressensein«]

pit|to|resk ⟨Adj.⟩ *malerisch* [< ital. *pittoresco* »malerisch« < lat. *pictor* »Maler«]

Pi|ty|ri|a|sis ⟨f.; -, -ri|a|sen; Med.⟩ *schuppende Hauterkrankung* [< grch. *pityra* »Kleie«]

più ⟨Mus.⟩ *mehr,* z.B. ~ allegro [ital.]

Pi|va ⟨[pi:va] f.; -, -ven [-vən]⟩ *schneller altital. Volkstanz* [ital., »Dudelsack«]

Pi|vot ⟨[-vo:] m. od. n.; -s, -s⟩ *Zapfen, um den ein Geschütz od. ein Kran gedreht werden kann* [frz.]

Pi|xel ⟨m.; -s, -; EDV; Kurzw. für engl.⟩ *Picture Element, Bildpunkt, kleinstes, matrixartig angeordnetes Element auf dem Bildschirm einer EDV-Anlage*

Piz ⟨m.; -es, -e⟩ *Berggipfel (bes. in Namen von Bergen)* [rätoroman.]

Piz|za ⟨f.; -, -s od. Piz|zen⟩ *italien. Gericht, Fladen aus Hefeteig, der mit Käse u. Tomaten sowie nach Geschmack mit Sardellen, Salami, Pilzen, Oliven u.a. belegt u. gebacken wird* [ital. < vulgärlat. *picea,* Fem. zu *piceus* »aus Pech« zu *pix,* Gen. *pictis* »Pech«, vielleicht angelehnt an mgrch. *pitta* »Kuchen, Pastete«]

Piz|ze|ria ⟨f.; -, -ri|en od. -s⟩ *kleine italien. Gaststätte, in der bes. Pizzas zubereitet werden* [ital.]

piz|zi|ca|to ⟨Mus.; bei Streichinstrumenten⟩ *mit den Fingern gezupft* [ital., »gezupft, gezwickt«]

Piz|zi|ca|to ⟨n.; -s, -ti od. -s⟩ *Vortrag, bei dem die Saiten gezupft werden*

Pla|ce|bo ⟨[-tse:-] n.; -s, -s⟩ *unwirksames Scheinmedikament (für Versuche)* [<lat. *placere* »gefallen«]

Pla|ce|ment ⟨[plas(ə)mã:] n.; -s, -s⟩ **1** *Anlage, Unterbringung (von Kapital)* **2** *Absatz (von Waren)* **3** = *Platzierung* [frz., »Unterbringung, Anlegung (des Geldes)«]

plä|die|ren ⟨V.⟩ **1** *ein Plädoyer halten;* auf Freispruch ~ **2** für etwas ~ *für etwas sprechen, sich (mit Worten) für etwas einsetzen, (mit Worten) etwas unterstützen* [<frz. *plaider* »gerichtlich vorgehen«]

Plä|doy|er, ⟨auch⟩ **Plä|do|yer** ⟨[-doaje:] n.; -s, -s⟩ *zusammenfassende Rede vom Staatsanwalt od. Verteidiger vor Gericht* [<frz. *plaidoyer* »Verteidigungsrede (eines Advokaten)«]

Pla|fond ⟨[-fõ:] m.; -s, -s⟩ *Zimmerdecke* [frz.]

pla|fo|nie|ren ⟨V.; schweiz.⟩ *nach oben hin begrenzen* [<frz. *plafonner* »eine Decke verschalen, vergipsen«]

pla|gal ⟨Adj.; Mus.⟩ **1** ~e **Kadenz** *K. mit der Harmoniefolge Subdominante-Tonika* **2** ~e **Kirchentöne** *2., 4., 6. u. 8. Kirchenton* [<lat. *plagalis* <grch. *plagios* »seitlich; hergeleitet«]

Pla|gi|at ⟨n.; -(e)s, -e⟩ *Diebstahl geistigen Eigentums, Veröffentlichung des geistigen Werkes (od. eines Teils davon) eines anderen als eigenes Werk* [frz., »literar. Diebstahl« <lat. *plagium* »Menschendiebstahl, Seelenverkauf« <grch. *plagios* »unredlich«]

Pla|gi|a|tor ⟨m.; -s, -to|ren⟩ *jmd., der ein Plagiat begeht oder begangen hat* [→ *Plagiat*]

pla|gi|a|to|risch ⟨Adj.⟩ *in der Art eines Plagiats oder Plagiators*

pla|gi|ie|ren ⟨V.⟩ *ein Plagiat begehen* [nach lat. *plagiare* »Menschendiebstahl begehen«; zu *plagium* »Menschendiebstahl, Seelenverkauf«]

pla|gi|o|ge|o|trop ⟨Adj.⟩ = *plagiotrop* [<grch. *plagios* »quer, schief, schräg« + *geo...* + *...trop*[1]]

Pla|gi|o|ke|pha|lie ⟨f.; -; unz.⟩ *unsymmetrischer Bau des Schädels, Schiefköpfigkeit;* oV *Plagiozephalie* [<grch. *plagios* »quer, schief, schräg« + *...zephalie*]

Pla|gi|o|klas ⟨m.; -es, -e⟩ *die Minerale Kalifeldspat u. Natronfeldspat* [<grch. *plagios* »quer, schief, schräg« + *klasis* »das Brechen«]

pla|gi|o|trop ⟨Adj.⟩ *schräg zur Richtung der Schwerkraft ausgerichtet (von Pflanzenteilen);* Sy *plagiogeotrop* [<grch. *plagios* »quer, schief, schräg« + *...trop*[1]]

Pla|gi|o|ze|pha|lie ⟨f.; -; unz.⟩ = *Plagiokephalie*

Plaid ⟨[plɛid] n.; -s, -s⟩ **1** *meist karierte Reisedecke* **2** *großes Umschlagtuch aus Wolle;* Sy *Tartan(1)* [engl. <schott. *plaide*]

Pla|kat ⟨n.; -(e)s, -e⟩ *öffentl. Aushang, Bekanntmachung in großem Format (bes. zu Werbezwecken, an Wänden, Litfaßsäulen usw.)* [<ndrl. *plakkaat* <frz. *placard* »Wandschrank, Anschlagzettel«; zu *plaque* »Platte« <ndrl. *plak*]

pla|ka|tie|ren ⟨V.⟩ *öffentlich anschlagen, durch ein Plakat bekannt machen*

Pla|ka|tie|rung, Pla|ka|ti|on ⟨f.; -, -en⟩ *das Plakatieren, das Plakatiertwerden;* die ~ von Werbepostern

pla|ka|tiv ⟨Adj.⟩ **1** *so beschaffen wie ein Plakat;* ~e Darstellung, Aufmachung, Wiedergabe **2** *oberflächlich*

Pla|ket|te ⟨f.; -, -n⟩ **1** *kleine Platte mit einer Reliefdarstellung als Anstecknadel od. Gedenkmünze* **2** *Schildchen zum Aufkleben;* Autobahn~ [<frz. *plaquette* »kleine Platte, Gedenktäfelchen«, Verkleinerungsform zu *plaque* »Tafel, Platte«]

Pla|ko|derm ⟨m.; -s, -en⟩ *einer ausgestorbenen Ordnung angehörender Fisch mit mehr od. weniger geschlossenem Knochenpanzer, Panzerfisch* [<grch. *plax,* Gen. *plakos* »Platte, Ebene« + *...derm*]

Pla|ko|id|schup|pen ⟨Pl.⟩ *schuppenartige Körperbedeckung der Knorpelfische aus knochenähnl. Substanz, Hautzähne* [<grch. *plax,* Gen. *plakos* »Platte« + *eidos* »Gestalt, Aussehen«]

plan ⟨Adj.; meist adverbial⟩ *eben, flach, platt, glatt;* das Papier liegt ~ [<mhd. *plan* »eben« <lat. *planus*]

Plan[1] ⟨m.; -(e)s, Plä|ne⟩ **1** *Vorhaben, Absicht;* einen ~ ausführen, verwirklichen; jmds. Pläne durchkreuzen **2** *schemat. Zeichnung aus der Vogelschau, Grundriss;* Stadt~; den ~ eines Gebäudes, Raumes, Grundstücks zeichnen **3** *Skizze für eine zu leistende Arbeit, ein Vorhaben, Einteilung einer Arbeit, eines Vorhabens;* Zeit~; einen ~ entwerfen [<frz. *plan, plant* »Grundriss, Plan« <ital. *pianta* »Grundriss« <lat. *planta* »Fußsohle«]

Plan[2] ⟨m.; -(e)s, Plä|ne; Pl. selten⟩ **1** *ebene Fläche, freier Platz;* Wiesen~ **2** *Kampfplatz,* als Sieger auf dem ~ bleiben **3** auf dem ~ erscheinen ⟨fig.⟩ *in Erscheinung treten* [<mhd. *plan* <mlat. *planum,* »Ebene«; zu lat. *planus* »eben«; → a. *plan*]

Pla|nar ⟨n.; -s, -e⟩ *fotograf. Objektiv besonders flacher Bauweise bei großem Durchmesser* [→ *plan*]

Pla|na|rie ⟨[-riə] f.; -, -n⟩ *Angehöriger einer Ordnung stark abgeplatteter Strudelwürmer im Süßwasser u. auf feuchten Böden* [<lat. *planus* »eben, flach«]

Plan|che ⟨[plã:ʃ(ə)] f.; -, -n⟩ *Fechtbahn* [frz., »Brett«]

Pla|net ⟨m.; -en, -en⟩ *Himmelskörper, der sich auf ellipt. Bahn um die Sonne bewegt, Wandelstern* [<mhd. *planete* <lat. *planeta* <grch.

planetes; zu *planus* »irrend, umherschweifend«]

pla|ne|ta|risch ⟨Adj.⟩ *zu den Planeten gehörend*

Pla|ne|ta|ri|um ⟨n.; -s, -ri|en⟩ **1** *Vorrichtung zum Darstellen des Himmels, mit den Gestirnen u. ihrer Bahn* **2** *Raum mit halbkugelförmiger Kuppel für diese Darstellung* [→ *Planet*]

Pla|ne|ten|ge|trie|be ⟨n.; -s, -⟩ *Zahnradgetriebe aus drei Gliedern mit verschiedenen Übersetzungsmöglichkeiten*

Pla|ne|ten|sys|tem ⟨n.; -s, -e; Astron.⟩ *Gesamtheit der ein Zentralgestirn umlaufenden Planeten (z.B. der Planeten der Sonne)* [< *Planet + System*]

Pla|ne|to|id ⟨m.; -en, -en; Astron.⟩ *kleiner, planetenartiger Himmelskörper, der um die Sonne kreist;* Sy *Asteroid* [< *Planet + …id*]

Plan|film ⟨m.; -(e)s, -e; Fot.⟩ *im Gegensatz zum Rollfilm flach, eben in der Kamera gelagerter Film* [< *plan + Film*]

Pla|nier|bank ⟨f.; -, -bän|ke⟩ *Maschine zur spanlosen Verformung von Metallen*

pla|nie|ren ⟨V.⟩ Gelände, Boden ~ *plan machen, ebnen, glätten* [< frz. *planer* < spätlat. *planare* < lat. *planus;* → *plan*]

Pla|nier|rau|pe ⟨f.; -, -n⟩ *auf Raupenketten laufende Maschine mit vorgesetztem Schild zur großflächigen Erdbewegung*

Pla|ni|glob ⟨n.; -s, -en⟩ *Darstellung der Erdoberfläche in zwei Kreisflächen* [< lat. *planus* »eben, flach« + *globus* »Kugel«]

Pla|ni|me|ter ⟨n.; -s, -⟩ *Gerät zum Messen des Flächeninhalts ebener Figuren* [< lat. *planus* »eben, flach« + *…meter*]

Pla|ni|me|trie, ⟨auch⟩ **Pla|ni|met|rie** ⟨f.; -; unz.⟩ *Geometrie der Ebene*

pla|ni|me|trie|ren, ⟨auch⟩ **pla|ni|met|rie|ren** ⟨V.⟩ *den Inhalt ebener Flächen mit dem Planimeter bestimmen*

pla|ni|me|trisch, ⟨auch⟩ **pla|ni|met|risch** ⟨Adj.⟩ *auf Planimetrie beruhend, mit ihrer Hilfe*

plan|kon|kav ⟨Adj.⟩ *auf einer Seite plan, eben, auf der anderen konkav*

plan|kon|vex ⟨Adj.⟩ *auf einer Seite plan, eben, auf der anderen konvex*

Plank|ter ⟨m.; -s, -⟩ = *Planktont*

Plank|ton ⟨n.; -s; unz.⟩ *Gesamtheit der im Wasser schwebenden u. durch die Bewegung des Wassers transportierten Pflanzen u. Tiere;* Ggs *Nekton* [< grch. *planktos* »Umherirrender«]

plank|to|nisch ⟨Adj.⟩ ~e Lebewesen = *Plankton;* Ggs *nektonisch*

Plank|tont ⟨m.; -en, -en⟩ *einzelnes Lebewesen des Planktons;* Sy *Plankter*

pla|no ⟨Adv.⟩ *glatt, nicht gefalzt* [< lat. *planus,* »eben, flach«]

plan|par|al|lel, ⟨auch⟩ **plan|pa|ral|lel** ⟨Adj.⟩ *in parallelen Ebenen angeordnet;* ~e Platte *lichtdurchlässige Platte mit zwei parallelen Flächen, durch die ein Lichtstrahl beim Durchgang eine parallele Verschiebung erfährt*

Plan|qua|drat, ⟨auch⟩ **Plan|quad|rat** ⟨n.; -(e)s, -e⟩ *auf Landkarten durch parallele Längs- u. Querlinien gebildetes Quadrat*

Plan|ta|ge ⟨[-ʒə] f.; -, -n⟩ *Pflanzung in großem Umfang, großes, bepflanztes Stück Land;* Baumwoll~, Erdbeer~, Kaffee~, Tabak~ [frz., »Pflanzung, Anpflanzung«; zu *planter* »(an)pflanzen«]

plan|tar ⟨Adj.⟩ *zur Fußsohle gehörend, von ihr ausgehend* [< lat. *planta* »Fußsohle«]

Plan|ta|tion|song ⟨[plæntɛiʃnsɔŋ] m.; -s, -s⟩ *von den afrikanischen Sklaven in den Südstaaten der USA entwickelter Gesangsstil, Arbeitslied* [< engl. *plantation* »Plantage«, da diese Lieder vor allem von den in Baumwollplantagen eingesetzten Sklaven gesungen wurden + *song* »Lied«]

Pla|nu|la ⟨f.; -, -s⟩ *bewimperter Keim der Hohltiere, der Gastrula entsprechend* [nlat., Fem. zu *planulus,* Verkleinerungsform zu lat. *planus* »eben, flach«]

Pla|num ⟨n.; -s; unz.⟩ *für den Oberbau von Eisen- u. Straßenbahn vorgesehene u. hergerichtete Fläche des Bahnkörpers* [Neutr. zu lat. *planus* «eben, flach«]

Plaque ⟨[plạk] f.; -, -s⟩ **1** *Zahnbelag* **2** *erhabener Hautfleck* [frz., »Platte«]

…pla|sie ⟨in Zus.⟩ *Bildung, Entwicklung* [< grch. *plassein* »bilden, gestalten«]

Plä|sier ⟨n.; -s, -e⟩ *Vergnügen, Freude, Lust, Spaß* [< frz. *plaisir*]

Plä|sier|chen ⟨n.; -s, -; umg.; scherzh.; Verkleinerungsform von⟩ *Pläsier;* jedem Tierchen sein ~ *man soll jedem sein Vergnügen lassen, gönnen (auch wenn man es selbst nicht begreift)*

Plas|ma ⟨n.; -s, -men⟩ **1** ⟨Biol.; kurz für⟩ *Protoplasma* **2** ⟨Med.⟩ *flüssiger Bestandteil von Blut u. Milch* **3** ⟨Phys.⟩ *hoch erhitztes Gas, das aus freien Elektronen u. positiv geladenen Ionen besteht u. elektrische Leitfähigkeit aufweist* **4** ⟨Min.⟩ *grüner Chalcedon* [grch., »Gebilde«; zu *plassein* »bilden, gestalten«]

Plas|ma|bren|ner ⟨m.; -s, -⟩ *Vorrichtung zum Erzeugen von hohen Temperaturen (10000 bis 30000° C) durch ein Plasma*

Plas|ma|phe|re|se ⟨f.; -, -n; Med.⟩ *apparative Trennung von Plasma u. Blutzellen nach Blutentnahme durch Zentrifugierung zum Zweck der Gewinnung von Spenderplasma bzw. der Behandlung schwerer Vergiftungen u. Stoffwechselerkrankungen (nach erfolgter P. werden die übrig bleibenden Blutkörperchen in einer das Volumen des Plasmas ersetzenden physiol. Kochsalzlösung in den Blutkreislauf des Spenders zurückgeleitet)* [zu *Plasma* + grch. *pherein* »herbeibringen«]

Plas|ma|phy|sik ⟨f.; -; unz.⟩ *Teilgebiet der Physik, das sich mit den Eigenschaften u. der Anwendung des Plasmas befasst* [< *Plasma + Physik*]

plas|ma|tisch ⟨Adj.; Phys.⟩ *das Plasma betreffend, zu ihm gehörig*

Plas|mid ⟨n.; -s, -e⟩ *in Bakterienzellen vorhan-*

denes DNA-Molekül, das innerhalb od. getrennt vom Chromosomen liegen kann u. sich in das Genom einer Zelle integrieren lässt (wichtig für die Ausbildung der Resistenz); → a. *Cosmid* [< *Plasma* + *...id*]

Plas|mo|des|men ⟨Pl.⟩ *feine Plasmastränge, die als Verbindungsstücke benachbarter Zellen den Stofftransport gewährleisten* [< *Plasma* + grch. *desma* »Band, Binde«]

Plas|mo|di|um ⟨n.; -s, -di|en⟩ **1** *vielkernige, nackte Protoplasmamasse der Schleimpilze* **2** *im Blut schmarotzendes, einzelliges Lebewesen, Erreger der Malaria;* ~ Malariae [< *Plasma* + grch. *eidos* »Form«]

Plas|mo|go|nie ⟨f.; -; unz.⟩ *nach einer Hypothese Ernst Haeckels (1834-1919) die Urzeugung aus dem Protoplasma* [< *Plasma* + *...gonie*]

Plas|mo|ly|se ⟨f.; -, -n; Bot.⟩ *Ablösung des Protoplasmas von der Zellwand durch Entzug von Wasser* [< *Plasma* + *...lyse*]

Plas|mon ⟨n.; -s; unz.; Biol.⟩ *Gesamtheit des im Zytoplasma vorhandenen Erbgutes*

Plas|te ⟨Pl.; umg.; DDR⟩ *Kunststoffe* [→ *Plastik*]

Plas|tics ⟨[plæstiks] Pl.; engl. Bez. für⟩ *Kunststoffe*

Plas|ti|de ⟨f.; -, -n⟩ *Zellorganell im Dienst der Fotosynthese* [< grch. *plastes* »Bildner«; zu *plassein* »bilden, formen«]

Plas|tik ⟨f.; -, -en⟩ **1** ⟨unz.⟩ *Bildhauerkunst* **2** ⟨zählb.⟩ *Erzeugnis der Bildhauerkunst, z.B.* Statue **3** ⟨Chir.⟩ **3.1** ⟨unz.⟩ *Ersatz, Wiederherstellung von Organen u. Lücken im Gewebe* **3.2** ⟨zählb.⟩ *auf chirurg. Wege wiederhergestelltes Teil eines Organs* **4** ⟨Tech.⟩ **4.1** *Kunststoff* **4.2** *Gegenstand aus Kunststoff* [< frz. *plastique* »Bildhauerkunst« < grch. *plastike (techne)* »Kunst des Gestaltens«, zu *plastikos;* → *plastisch*]

Plas|tik|bom|be ⟨f.; -, -n⟩ *Sprengstoff, der durch chem. Zusätze knetbar gemacht wird*

Plas|ti|ker ⟨m.; -s, -⟩ *Bildhauer* [→ *Plastik*]

Plas|ti|lin ⟨n.; -s; unz.⟩, **Plas|ti|li|na** ⟨f.; -; unz.⟩ *(gefärbte) Knetmasse zum Modellieren aus Kalk, Paraffinen u. Schlämmkreide* [< ital. *plastilina* < grch. *plassein* »formen, gestalten« + lat. *linere* »schmieren«]

plas|tisch ⟨Adj.⟩ **1** *die Plastik(1) betreffend, zu ihr gehörig* **2** *in der Art einer Plastik(2)* **3** *knetbar, modellierbar* **4** ⟨fig.⟩ *anschaulich, einprägsam, deutlich, bildhaft* [< frz. *plastique* < grch. *plastikos* »zum Gestalten gehörig«; zu *plassein* »gestalten«]

Plas|ti|zi|tät ⟨f.; -; unz.⟩ **1** *plast. Beschaffenheit, Körperlichkeit* **2** *Geschmeidigkeit, Form-, Knetbarkeit*

Plas|tron, ⟨auch⟩ **Plast|ron** ⟨[-strɔ̃:] m. od. n.; -s, -s⟩ **1** ⟨urspr.⟩ *Brustharnisch* **2** ⟨Sp.; Fechten⟩ *Polster, das beim Üben Brust u. Arm schützt* **3** *breite Krawatte (aus Seide) zum festl. Anzug* **3.1** ⟨Reitsp.⟩ *gebundene Krawatte für Turnierbekleidung* **4** *verzierter Brustlatz an Kleidern* [frz., »Brustharnisch, Hemdbrust«]

Pla|ta|ne ⟨f.; -, -n⟩ *der einzigen Gattung der Platanengewächse angehörender Laubbaum mit glatter Rinde, die sich in Platten ablöst, u. kugeligen, borstigen Früchten: Platanus* [< grch. *platanos;* zu *platys* »breit« (nach den breiten Blättern od. dem breiten Wuchs)]

Pla|teau ⟨[-to:] n.; -s, -s⟩ **1** *Hochebene* **2** *obere ebene Fläche eines Felsens;* Fels~ [frz., »Tablett, Platte; Hochebene«]

Pla|teau|ba|salt ⟨[-to:-] m.; -(e)s, -e⟩ = *Trapp*

pla|te|resk ⟨Adj.⟩ *wunderlich verziert* [< span. *plateresco* »nach Art von Silberschmiedearbeit«; zu *platero* »Silberschmied«; zu *plata* »Silber«]

Pla|te|res|ken|stil ⟨m.; -(e)s; unz.⟩ *Stil in der span. Baukunst des 15./16. Jh., der beim Verzieren von Fassaden maur., spätgot. u. Renaissance-Elemente verwendete*

Pla|tin ⟨n.; -s; unz.; Zeichen: Pt⟩ *chem. Element, weißes, glänzendes Edelmetall, Ordnungszahl 78* [< span. *platina* (heute *platino)* »Silberkörnchen«, Verkleinerungsform zu span. *plata* »Silber« < mlat. *platta* »Metallplatte«]

Pla|ti|ne ⟨f.; -, -n⟩ **1** *kleiner Metallblock, aus dem dünne Bleche ausgewalzt werden* **2** ⟨Web.⟩ *Haken zum Anheben der Kettfäden bei der Jacquardmaschine od. dünner Metallstreifen zum Bilden von Schleifen aus geraden Fäden* [→ *Platin*]

pla|ti|nie|ren ⟨V.⟩ *mit Platin überziehen*

Pla|tin|mohr ⟨n.; -s; unz.⟩ *sehr fein pulverisiertes Platin, das in der Chemie vielfach als Katalysator verwendet wird*

Pla|ti|tu|de ⟨[-ty:-] f.; -, -n⟩ = *Plattitüde*

pla|to|nisch ⟨Adj.⟩ *zur Philosophie Platos gehörend, auf ihr beruhend;* ~e Körper ⟨Math.⟩ *von lauter regelmäßigen, kongruenten Vielecken begrenzte K., regelmäßige K.;* ~e Liebe ⟨fig.⟩ *nicht körperliche, rein seelische od. geistige L.*

Pla|to|nis|mus ⟨m.; -; unz.⟩ *Weiterentwicklung der Lehre Platos*

Plat|ten|kon|den|sa|tor ⟨m.; -s, -en⟩ *Kondensator aus zwei Metallplatten mit Luft, Öl od. Papier als Dielektrikum*

plat|tie|ren ⟨V.⟩ ein Metallstück ~ *eine (edlere) Metallschicht darauf auftragen;* einen Faden ~ *mit einem anderen Faden überdecken* [zu *Platte* < spätahd. *platta, blatta* »Steinplatte, Tonsur« < mlat. *platta* »Metallplatte«; zu vulgärlat. *plattus* »flach, eben«]

Plat|ti|tü|de ⟨f.; -, -n⟩ *nichts sagende, geistlose Redensart, Plattheit;* oV *Platitude* [< frz. *platitude* »Plattheit, Seichtheit«]

pla|ty|ke|phal ⟨Adj.⟩ *mit anomal flachem Schädel versehen* [< grch. *platys* »flach« + *kephale* »Kopf«]

Pla|ty|ke|pha|lie ⟨f.; -; unz.⟩ *Kopfform mit fast rechtwinkliger Absetzung der oberen Schädelfläche gegen die Seitenwände, Flachköpfigkeit;* oV *Platyzephalie*

plat|zie|ren ⟨V.⟩ **etwas** ~ *an einen bestimmten Platz stellen, befördern, legen;* **einen Ball** (an eine bestimmte Stelle) ~ ⟨Tennis, Tischtennis⟩ *so schlagen, dass er auf einer bestimmten Stelle auftrifft;* **Kapital** ~ *anlegen;* **jmdn.** (auf einen bestimmten Platz) ~ *jmdm. einen bestimmten Platz anweisen* [<frz. *placer* »an seinen Platz stellen, unterbringen, (Geld) anlegen«]

platzieren (*Laut-Buchstaben-Zuordnung*) Aufgrund des Stammerhaltungsprinzips richtet sich die Schreibung abgeleiteter Wortarten nach dem Wortstamm. Folglich wird das Verb »*platzieren*« künftig wie das zugrunde liegende Substantiv »*Platz*« mit »*tz*« geschrieben.

Plat|zie|rung ⟨f.; -, -en⟩ **1** *das Platzieren* **2** ⟨Reitsport; Pferderennen⟩ *Ehrung der besten Pferde eines Wettbewerbes*

plau|si|bel ⟨Adj.⟩ *einleuchtend;* jmdm. etwas ~ machen, erklären, zu verstehen geben [<frz. *plausible* »glaubhaft« <lat. *plausibilis* »Beifall verdienend«; zu *plaudere* »(Beifall) klatschen«]

plau|si|bi|lie|ren, plau|si|bi|li|sie|ren ⟨V.⟩ *plausibel machen, erklären*

Plau|si|bi|li|tät ⟨f.; -; unz.⟩ *plausible Beschaffenheit*

Pla|ya ⟨f.; -, -s⟩ **1** *von salzhaltigen Tonen od. Mergeln gebildete, durch zeitweiligen Regen od. ansteigendes Grundwasser von einem See bedeckte Fläche (Salztonebene), z.B. in Trockenregionen Mexikos;* oV *Playe* **2** ⟨span. Bez. für⟩ *Strand*

Play-back, ⟨auch⟩ **Play|back** ⟨[plɛibæk] n.; -; unz.⟩ **1** *nachträgliche Abstimmung der Bildstreifen mit der bereits vorliegenden Tonaufzeichnung* **2** *bei Livesendungen in Fernsehen u. Hörfunk angewandtes Verfahren, bei dem der Sänger zu dem durch Tonband eingespielten, gesungenen Text nur noch synchron die Lippen bewegt;* ~Verfahren [engl., eigtl. »spiel zurück«]

Play|board ⟨[plɛibɔ:(r)d] n.; -s, -s⟩ = *Tin* [engl.]

Play|boy ⟨[plɛibɔi] m.; -s, -s⟩ *(meist reicher) junger Mann, der hauptsächlich nach seinem Vergnügen lebt* [engl.; zu *play* »spielen« + *boy* »Knabe«]

Pla|ye ⟨f.; -, -n⟩ = *Playa(1)*

Play|girl ⟨[plɛigə:(r)l] n.; -s, -s⟩ *dem Playboy entsprechendes, reiches, attraktives, junges Mädchen* [engl.; zu *play* »spielen« + *girl* »Mädchen«]

Play|mate ⟨[plɛimɛit] n.; -s, -s⟩ *attraktive Freundin, Begleiterin eines Playboys,* ⟨auch verhüllend für⟩ *Prostituierte* [engl., »Spielgefährte«]

Play-off, ⟨auch⟩ **Play|off** ⟨[plɛiɔf] n.; -s, -s; Sp.⟩ *Verfahren der Qualifikation durch Ausscheidungsspiele;* ~-Runde [engl., zu *play* »spielen« + *off* »fort, weg«]

Pla|zen|ta ⟨f.; -, -s od. -ten⟩ **1** *die Zottenhaut des Embryos mit der Wand der Gebärmutter verbindendes, gefäßreiches Organ, das für den Stoffwechsel zwischen Mutter u. Kind sorgt, Mutterkuchen* **2** *Stelle des Fruchtblattes, an der die Samenanlage befestigt ist* [<lat. *placenta* »Kuchen« <grch. *plakus* »flach; flacher Kuchen«]

pla|zen|tal, pla|zen|tar ⟨Adj.⟩ *zur Plazenta gehörend*

Pla|zen|ta|ti|on ⟨f.; -; unz.⟩ *Bildung der Plazenta*

Pla|zen|ti|tis ⟨f.; -, -ti|den; Med.⟩ *Entzündung der Plazenta* [< *Plazenta* + *…itis*]

Pla|zet ⟨n.; -s, -s⟩ *Bestätigung, Erlaubnis, Zustimmung* [<lat. *placet* »es gefällt«; zu *placere* »gefallen«]

Ple|be|jer ⟨m.; -s, -⟩ **1** ⟨im antiken Rom⟩ *Angehöriger der Plebs* **2** ⟨fig.⟩ *ungehobelter, ungebildeter Mensch;* er benimmt sich wie ein ~ [<lat. *plebeius* »der Plebs, dem Bürgerstand angehörig«; → *Plebs*]

ple|be|jisch ⟨Adj.⟩ **1** *zu den Plebejern gehörig* **2** ⟨fig.⟩ *ungebildet, ungehobelt*

Ple|bis|zit ⟨n.; -(e)s, -e⟩ **1** *Volksentscheid* **2** *Volksbefragung* [<lat. *plebis scitum* »Beschluss der Plebs«; → *Plebs*]

ple|bis|zi|tär ⟨Adj.⟩ *durch ein Plebiszit erfolgend*

Plebs ⟨f.; -; unz.⟩ **1** ⟨im antiken Rom⟩ *das Volk* **2** ⟨m.; -es; unz.; fig.: abwertend⟩ *ungebildete Menge, die breite Masse* [lat., »Bürgerstand, Gesamtheit der frei geborenen, aber nicht zum Adel (Patrizier) gehörenden Bürger im antiken Rom«]

Plé|i|a|de, ⟨auch⟩ **Plé|ia|de** ⟨[pleja:də] f.; -; unz.⟩ *Kreis von sieben frz. Dichtern (u.a. Ronsard) um 1550, die eine Erneuerung der Dichtung nach antikem Vorbild anstrebten* [nach der *Pleias,* sieben Tragikern am Hofe Ptolemaios' II. in Alexandria; → *Plejaden*]

Plein|air, ⟨auch⟩ **Plei|nair** ⟨[plɛnɛ:r] n.; -s; unz.⟩ *(Erzeugnis der) Freilichtmalerei* [<frz. *plein air* »im Freien«]

Plein|ai|ris|mus, ⟨auch⟩ **Plei|nai|ris|mus** ⟨m.; -; unz.⟩ *Freilichtmalerei* [<frz. *plein air* »im Freien«]

Plein|pou|voir ⟨[plɛ̃puvoa:r] n.; -s; unz.⟩ *unbeschränkte Vollmacht* [<frz. *plein pouvoir* »Vollmacht«]

pleis|to|zän ⟨Adj.⟩ *zum Pleistozän gehörig, aus ihm stammend, es betreffend*

Pleis|to|zän ⟨n.; -s; unz.⟩ *älteste Abteilung des Quartärs mit Eiszeiten u. dazwischenliegenden Warmzeiten vor 700 000 bis 20 000 Jahren;* Sy *Diluvium* [<grch. *pleistos* »am meisten« + *…zän*]

plei|te ⟨Adv.⟩ **1** ⟨Adv.⟩ ~ sein ⟨*umg.*⟩ = *bankrott sein (Firma)* **2** ⟨Adv.⟩ ich bin (völlig) ~ ⟨umg.⟩ *ich habe kein Geld mehr, ich bin vorübergehend zahlungsunfähig*

Plei|te ⟨f.; -, -n⟩ **1** ~ gehen ⟨*umg.*⟩ = *Bankrott machen* **2** = *Bankrott;* ~ machen **3** ⟨fig.; umg.⟩ *Reinfall, Misserfolg;* die ganze Sache war eine ~ [<hebr. *peleta* »Entrinnen, Rettung; Flucht vor der Schuldhaft«]

Ple|ja|den ⟨Pl.⟩ *die sieben Töchter des Atlas u. der Pleione, die von Zeus als Siebengestirn an den Himmel versetzt wurden* [< grch. *Pleiades;* zu *plein* »fahren, segeln« (das Siebengestirn, mit dessen Aufgang im Mai bei den Griechen die Schifffahrt begann u. mit dessen Untergang im November sie eingestellt wurde)]

Plekt|en|chym, ⟨auch⟩ **Plek|ten|chym** ⟨n.; -s, -e; bei Pilzen⟩ *unechter Gewebeverband durch Verflechtung einzelner Zellfäden, Flechtgewebe* [< lat. *plectere* »flechten« + *en...* + grch. *chymos* »Saft«]

Plek|tron, ⟨auch⟩ **Plekt|ron** ⟨n.; -s, -tren od. -tra⟩ = *Plektrum*

Plek|trum, ⟨auch⟩ **Plekt|rum** ⟨n.; -s, -tren od. -tra⟩ *Plättchen aus Holz, Metall, Elfenbein o.Ä., mit dem die Saiten von Zupfinstrumenten angerissen werden;* oV *Plektron* [< grch. *plektron;* zu *plessein* »schlagen«]

Ple|nar... ⟨in Zus.⟩ *Voll..., Gesamt...;* z.B. ~saal [< lat. *plenarius* »vollständig«; zu *plenus* »voll«]

Ple|ni|lu|ni|um ⟨n.; -s; unz.; Astron.⟩ *Vollmond* [lat., zu *plenus* »voll« + *luna* »Mond«]

ple|ni|po|tent ⟨Adj.; †⟩ *uneingeschränkt bevollmächtigt* [zu lat. *plenus* »voll« + *potens* »mächtig«]

Ple|ni|po|tenz ⟨f.; -; unz.; †⟩ *uneingeschränkte Vollmacht* [zu lat. *plenus* »voll« + *potentia* »Macht«]

Ple|num ⟨n.; -s; unz.⟩ *Versammlung aller Mitglieder, Vollversammlung* [lat., Neutr. von *plenus* »voll«]

Ple|o|chro|is|mus ⟨[-kro-] m.; -; unz.⟩ *die Eigenschaft vieler Kristalle, im polarisierten Licht nach ihren verschiedenen Richtungen unterschiedliche Farben zu zeigen* [< grch. *pleon* »mehr« + *chros* »Farbe«]

ple|o|morph ⟨Adj.⟩ = *polymorph* [< grch. *pleon* »mehr« + *...morph*]

Ple|o|mor|phis|mus ⟨m.; -; unz.⟩ = *Polymorphismus(2)*

Ple|o|nas|mus ⟨m.; -, -men⟩ *rhetor. Figur, bei der ein Wort hinzugefügt wird, dessen Bedeutung schon in dem Hauptwort enthalten ist,* z.B. alter Greis; Sy *Abundanz(3)* [< grch. *pleon* »mehr«]

ple|o|nas|tisch ⟨Adj.⟩ *in der Art eines Pleonasmus*

Ple|op|tik ⟨f.; -; unz.; Med.⟩ *Behandlung des schielenden, sehschwachen Auges durch bestimmte Übungen mit zugedecktem, normalsichtigem Auge zur Stärkung der Augenmuskeln* [< grch. *pleon* »mehr« + *Optik*]

Ple|rem ⟨n.; -s, -e; Sprachw.⟩ *kleinste (semant.) Einheit der Inhaltsebene;* → a. *Glossem, Kenem* [zu grch. *pleres* »voll, reichlich vorhanden«]

Ple|re|ma|tik, Ple|re|mik ⟨f.; -; unz.; Sprachw.⟩ *Disziplin der Sprachwissenschaft, die sich mit der Beschreibung der Grundstrukturen der kleinsten (semantischen) Spracheinheiten befasst* [→ *Plerem*]

Ple|rom ⟨n.; -s, -e; Bot.⟩ *in der Entwicklung befindliche zentrale Röhre der Pflanzenwurzel* [zu grch. *pleroma* »Vervollständigung, Ausfüllung«]

Ple|si|an|thro|pus, ⟨auch⟩ **Ple|si|anth|ro|pus** ⟨m.; -, -pi⟩ *in Südafrika gefundener fossiler Hominide des Pliozäns* [< grch. *plesios* »nahe« + *anthropos* »Mensch«]

Ple|si|o|sau|rus ⟨m.; -, -ri|er; Paläontol.⟩ *Saurier mit kleinem Schädel, langem Hals, kurzem Schwanz u. paddelartigen Gliedmaßen* [< grch. *plesios* »nahe« + *sauros* »Eidechse«]

Ples|si|me|ter ⟨n.; -s, -; Med.⟩ *Klopfplättchen aus Holz od. Gummi, das bei der Perkussion(2) eingesetzt wird* [zu grch. *plessein* »schlagen« + *...meter*]

Ple|tho|ra ⟨f.; -, -ren; Med.⟩ *Überfülle;* ~ **sanguinea** *krankhafte Vermehrung der roten Blutkörperchen;* ~ **serosa** *übermäßiger Gehalt der Gewebe an Wasser* [< grch. *plethore* »Fülle«]

Pleu|ra ⟨f.; -, Pleu|ren⟩ *Brustfell* [grch. »Rippe, Seite«]

pleu|ral ⟨Adj.⟩ *die Pleura betreffend, zu ihr gehörig*

Pleur|al|gie, ⟨auch⟩ **Pleu|ral|gie** ⟨f.; -, -n⟩ *Brustfellschmerz* [< *Pleura* + *...algie*]

Pleu|re|sie ⟨f.; -, -n⟩ *Brustfellentzündung* [< grch. *pleura* »Rippe, Seite«]

Pleu|reu|se ⟨[plørø:zə] f.; -, -n; †⟩ **1** *um den Ärmel getragene weiße Binde als Zeichen der Trauer* **2** ⟨seit 1900⟩ *lange Straußenfeder als Schmuck für Damenhüte* [frz., »Trauerbesatz an Kleidern«; zu *pleurer* »weinen, beweinen, betrauern«]

Pleu|ri|tis ⟨f.; -, -ti|den⟩ *Brustfellentzündung* [< grch. *pleura* »Rippe, Seite«]

Pleur|o|dy|nie, ⟨auch⟩ **Pleu|ro|dy|nie** ⟨f.; -, -n⟩ *Schmerz im seitlichen Brust- u. Rippenfell* [< *Pleura* + grch. *odyne* »Schmerz«]

Pleu|ro|pneu|mo|nie ⟨f.; -, -n; Med.⟩ *Rippenfell- u. Lungenentzündung* [< *Pleura* + *Pneumonie*]

Pleus|ton ⟨n.; -s; unz.⟩ *Lebensgemeinschaft der auf der Wasseroberfläche treibenden Organismen* [< grch. *pleuston* »Segelndes«, zu *plein* »segeln«]

Ple|xi|glas ⟨n.; -es; unz.⟩ *leicht zu bearbeitender, splitterfreier, glasartiger Kunststoff;* Sy *Acrylglas* [< lat. *plexus* »Geflecht« + *Glas*]

Ple|xus ⟨m.; -, -⟩ *die netzartige Vereinigung von Blut- od. Lymphgefäßen sowie von Nerven;* Solar~ [lat., »Geflecht«; zu *plectere* »flechten«]

Pli ⟨m.; -s; unz.; westdt.⟩ *Gewandtheit, Mutterwitz, Schliff* [frz., »Falte, Angewohnheit, Gewandtheit«]

Plin|se ⟨f.; -, -n; ostmitteldt.⟩ *Eierkuchen, oft mit Hefe;* Hefe~ [< sorb. *blinc, mlinc* »dünner Buchweizenkuchen, in der Pfanne gebacken u. gerollt«; zu idg. **mel-* »mahlen«]

Plin|the ⟨f.; -, -n⟩ *quadrat. od. rechteckige Platte (unter Säule, Pfeiler od. Statue)* [< grch. *plinthos* »Ziegel«]

pli|o|zän ⟨Adj.⟩ *zum Pliozän gehörend, aus ihm stammend*
Pli|o|zän ⟨n.; -s; unz.⟩ *jüngste Stufe des Neogens* [<grch. *pleion* »mehr« + *…zän*]
Plis|see ⟨n.; -s, -s⟩ *schmale, gepresste Falten (im Stoff)* [<frz. *plissé* »Fältchen, Plissee«; zu *plisser* »fälteln«]
plis|sie|ren ⟨V.⟩ *Stoff mit Plissee versehen*
PLO ⟨Abk. für engl.⟩ *Palestine Liberation Organization, Palästinensische Befreiungsorganisation*
Plom|be ⟨f.; -, -n⟩ **1** *Siegel aus Metall zum Verschluss von Behältern od. Eisenbahnwagen* **2** *Zahnfüllung* [→ *plombieren*]
plom|bie|ren ⟨V.⟩ *mit einer Plombe versehen* [<frz. *plomber* »mit Blei verschließen«; zu frz. *plomb* »Blei« <lat. *plumbum* »Blei«]
plo|siv ⟨Adj.; Phon.⟩ *als Plosiv ausgesprochen*
Plo|siv ⟨m.; -s, -e [-və]⟩, **Plo|siv|laut** ⟨m.; -s, -e; Phon.⟩ = *Explosivlaut* [zu lat. *plausus*, Part. Perf. von *plaudere* »klatschen«]
Plot ⟨n. od. m.; -s, -s⟩ *Entstehung u. Lösung des Konflikts im Drama, Ablauf der dramat. Handlung* [engl., »Fabel, Handlung«]
plot|ten ⟨V.⟩ etwas ~ *einen Plot von etwas erstellen, mit einem Plotter darstellen* [zu engl. *plot* »zeichnen«]
Plot|ter ⟨m.; -s, -⟩ *Gerät zur unmittelbaren graf. Darstellung von Computerberechnungen, meist mit mehreren mehrfarbigen Stiften ausgerüstet, Zeichenmaschine* [<engl. *plot* »eine Zeichnung machen, grafisch darstellen«]
Plug-in ⟨[plʌgin] m. od. n.; -s, -s; EDV⟩ *Stecker, Stöpsel, Sockel* [engl., < *plug in* »einstecken«]
Plum|bat ⟨n.; -s, -e; Chem.⟩ *Verbindung mit Blei als zentralem Atom* [→ *Plumbum*]
Plum|bum ⟨n.; -s; unz.; Zeichen: Pb⟩ *Blei* [lat.]
Plu|meau ⟨[plymoː] n.; -s, -s⟩ *Federbett von der halben Größe des Deckbetts* [frz., »Federbesen, Deckbett«; zu *plume* »Feder«]
Plum|me|rung ⟨[plʌm-] f.; -, -en; Med.⟩ = *Strumektomie* [nach dem amerikan. Arzt Henry St. *Plummer*, 1874-1937]
Plu|mo|sit ⟨n.; -s; unz.⟩ *Federerz* [<lat. *pluma* »Feder«]
Plum|pud|ding ⟨[plʌm-] m.; -s, -s⟩ *in England zu Weihnachten bereiteter, gekochter od. gedämpfter Pudding aus Mehl od. Brot, Rosinen u. Gewürzen* [<engl. *plum-pudding* »Rosinenpudding«]
Plun|ger ⟨[plʌndʒə(r)] m.; -s, -⟩, **Plun|scher** ⟨m.; -s, -⟩ *langer Kolben ohne Kolbenringe an Arbeitsmaschinen, Tauchkolben* [engl., »Taucher«; zu *plunge* »tauchen«]
plu|ral ⟨Adj.⟩ = *pluralistisch*
Plu|ral ⟨m.; -s, -e⟩ *Numerus, der eine Vielheit od. etwas mehrfach Vorkommendes ausdrückt, Mehrzahl;* Ggs *Singular;* → a. *Dual* [<lat. *pluralis* »Mehrzahl«, zu *plus* »mehr«]
Plu|ra|le|tan|tum ⟨n.; -s, -s od. Plu|ra|li|a|tantum⟩ *Wort, das nur im Plural vorkommt,* z.B. Leute, Kosten; Ggs *Singularetantum* [lat., »nur in der Mehrzahl vorkommend«; zu *pluralis* »Mehrzahl« + *tantum* »immer«]
plu|ra|lisch ⟨Adj.⟩ *im Plural (gebraucht)*
Plu|ra|lis Ma|jes|ta|tis ⟨m.; - -; unz.⟩ *der Plural »wir« zur Bez. der eigenen Person (von Fürsten gebraucht od. vom Autor innerhalb seiner Schrift)* [<lat. *pluralis maiestatis* »Plural der Majestät, der Erhabenheit«]
Plu|ra|lis|mus ⟨m.; -; unz.⟩ **1** *philosoph. Lehre, nach der die Wirklichkeit aus vielen selbständigen Wesen besteht, die insgesamt keine Einheit bilden;* Ggs *Monismus, Singularismus* **2** *Auffassung, dass der Staat aus vielen koexistierenden Interessengruppen besteht* [<lat. *pluralis* »zu mehreren gehörig, aus mehreren bestehend, Mehrzahl«; zu *plus* »mehr«]
Plu|ra|list ⟨m.; -en, -en⟩ *Anhänger, Vertreter des Pluralismus*
plu|ra|lis|tisch ⟨Adj.⟩ *zum Pluralismus gehörend, auf ihm beruhend;* ~e Gesellschaft *aus vielen Gruppen mit unterschiedlichen Wertsystemen aufgebaute G.;* Sy *plural*
Plu|ra|li|tät ⟨f.; -, -en⟩ *Mehrheit, Vielheit* [→ *Pluralismus*]
Plu|ri|pa|ra ⟨f.; -, -pa|ren⟩ *Frau, die mehrmals geboren hat;* → a. *Nullipara, Primipara* [zu lat. *plus, pluris* »mehr« + *parere* »hervorbringen«]
plus ⟨Adv.; Zeichen: +⟩ *und, dazu, zuzüglich;* Ggs *minus* [lat., »mehr«]
Plus ⟨n.; -, -⟩ Ggs *Minus* **1** *Mehrbetrag, Überschuss* **2** ⟨umg.⟩ *Vorteil, Gewinn*
Plüsch ⟨m.; -(e)s, -e⟩ **1** *Baumwollstoff mit langem Flor* **2** *Wirkware mit langem Flor* [<frz. *peluche* »Wollsamt« <galloroman. **piluccare* »enthaaren« <lat. *pilus* »Haar«]
Plus|pol ⟨m.; -(e)s, -e; El.⟩ *positiver Pol;* Ggs *Minuspol*
Plus|quam|per|fekt ⟨n.; -(e)s, -e⟩ *Tempus des Verbums, das ein im Präteritum bereits vollendetes Geschehen bezeichnet, Vorvergangenheit* z.B. als ich gegangen war … [<lat. *plus quam perfectum* »mehr als vollendet«]
Plu|te|us ⟨m.; -; unz.⟩ *Larve der Schlangensterne u. Seeigel* [lat., »Schutzwand, Schirmdach«]
Plu|to|krat ⟨m.; -en, -en⟩ **1** *Träger der Macht in der Plutokratie* **2** ⟨fig.; umg.⟩ *Angehöriger der reichen Oberschicht der Gesellschaft*
Plu|to|kra|tie ⟨f.; -, -n⟩ *Staatsform, in der die Macht auf dem Besitz, dem Reichtum beruht* [<grch. *plutos* »Reichtum« + *…kratie*]
plu|to|kra|tisch ⟨Adj.⟩ *zur Plutokratie gehörend, auf ihr beruhend*
plu|to|nisch ⟨Adj.⟩ **1** *zur Unterwelt gehörend* **2** ⟨Geol.⟩ *auf Plutonismus beruhend, durch ihn entstanden*
Plu|to|nis|mus ⟨m.; -; unz.⟩ **1** *Vulkanismus der tieferen Zonen der Erdrinde* **2** *früher vertretene geolog. Lehre, dass die meisten Gesteine durch Erstarrung geschmolzener Massen entstanden seien* [nach lat. *Pluto*, grch. *Pluton*, dem Gott der Unterwelt]
Plu|to|nist ⟨m.; -en, -en⟩ *Anhänger des Plutonismus*

Plu|to|nit ⟨m.; -s, -e; Geol.; Min.⟩ *in größeren Tiefen der Erdkruste erstarrtes Eruptivgestein von grobkörniger, vollkristalliner Konsistenz,* z.B. Granit, Diorit, Gabbro [→ *Plutonismus*]
Plu|to|ni|um ⟨n.; -s; unz.; Zeichen: Pu⟩ *radioaktives, künstlich hergestelltes chem. Element, Ordnungszahl 96* [nach dem Planeten *Pluto*]
plu|vi|al ⟨[-vi-] Adj.⟩ *als Regen fallend, Regen betreffend* [< lat. *pluvia* »Regen«]
Plu|vi|a|le ⟨[-vi-] n.; -s, -s od. -⟩ **1** ⟨urspr.⟩ *Regenmantel der kath. Geistlichen* **2** ⟨seit dem 13. Jh.⟩ *mantelähnl., ärmelloser Überwurf der kath. Geistlichen bei manchen gottesdienstl. Handlungen* [mlat., »Regenmantel« < lat. *pluvia* »Regen«]
Plu|vi|al|zeit ⟨[-vi-] f.; -, -en⟩ *Periode stärkerer Niederschläge in den Tropen u. Subtropen während der quartären Eiszeit* [< lat. *pluvia* »Regen«]
plu|vi|o…, Plu|vi|o… ⟨[-vio] in Zus.⟩ *regen…, Regen…* [< lat. *pluvia* »Regen«]
Plu|vi|o|graf ⟨[-vio-] m.; -en, -en ⟩ = *Pluviograph*
Plu|vi|o|graph ⟨[-vio-] m.; -en, -en⟩ *Gerät zum Aufzeichnen der Niederschlagsmenge;* oV *Pluviograf;* Sy *Hyetograph, Ombrograph* [< *Pluvio…* + *…graph*]
Plu|vi|o|me|ter ⟨[-vio-] n.; -s, -⟩ *Niederschlagsmesser* [< *Pluvio…* + *…meter*]
Plu|vi|o|ni|vo|me|ter ⟨[-vionivo-] n.; -s, -⟩ *Niederschlagsmesser, der sowohl die Regenmenge als auch die Schneemenge registriert* [< *Pluvio…* + lat. *nix,* Gen. *nivis* »Schnee« + *…meter*]
Pm ⟨chem. Zeichen für⟩ *Promethium*
PM ⟨Abk. für⟩ *Publicmanagement*
p.m. ⟨Abk. für⟩ **1** *post meridiem* **2** *pro mille* **3** *pro memoria* **4** *post mortem*
P-Mar|ker ⟨[pi:-] m.; -s, -; Sprachw.⟩ *in der generativen Transformationsgrammatik verwendeter Begriff für einen semantischen Marker* [< engl. *p*hrase »Satzteil« + *Marker(2)*]
Pneu ⟨m.; -s, -s; kurz für⟩ **1** *Pneumatik(1)* **2** *Pneumothorax*
pneum…, Pneum… ⟨in Zus.⟩ = *pneumo…, Pneumo…*
Pneu|ma ⟨n.; -s; unz.⟩ **1** *Hauch, Atem, luftartige Substanz* **2** ⟨Philos.⟩ *Seele, Lebenskraft, Geist* [grch., »Hauch, Atem, Wind«]
Pneu|ma|tik **1** ⟨m.; -s, -s; österr.: f.; -, -en⟩ *Luftreifen* **2** ⟨f.; -; unz.; Phys.⟩ *Lehre von der Luft u. anderen Gasen sowie deren Verhalten bei Druck- u. Temperaturänderungen* [< grch. *pneuma* »Hauch, Atem, Wind«]
Pneu|ma|ti|ker ⟨m.; -s, -; Gnosis⟩ *vom göttl. Geist Erleuchteter, aus göttl. Geist Wirkender, Prophet*
pneu|ma|tisch ⟨Adj.⟩ **1** ⟨Philos.⟩ *das Pneuma betreffend, auf ihm beruhend* **2** *vom Geist Gottes erfüllt* **3** ⟨Med.⟩ ~e Kammer *luftdicht verschlossene Kammer zum Herstellen von Unter- od. Überdruck zur Behandlung von Erkrankungen der Lunge od. für Operationen, die die Öffnung der Brusthöhle erfordern*
Pneu|ma|to|ly|se ⟨f.; -, -n; Geol.⟩ *Neubildung von Mineralien durch die Einwirkung von Gasen, die aus erstarrendem Magma austreten, auf bereits fest gewordenes Gestein* [< *Pneuma* + *…lyse*]
pneu|ma|to|ly|tisch ⟨Adj.; Geol.⟩ *durch Pneumatolyse hervorgerufen, auf ihr beruhend;* ~e Erzlagerstätten
Pneu|ma|to|me|ter ⟨n.; -s, -⟩ *Gerät zum Messen der Ein- u. Ausatmung*
Pneu|ma|to|phor ⟨n.; -s, -e; meist Pl.; Biol.⟩ *aus dem Boden herausragende Atemwurzeln der Mangroven, die dazu dienen, dem im sauerstoffarmen Schlamm gründenden Wurzelwerk Sauerstoff zuzuführen* [< *Pneuma* + *…phor*]
Pneum|ek|to|mie, ⟨auch⟩ **Pneu|mek|to|mie** ⟨f.; -, -n⟩ = *Pneumonektomie*
pneu|mo…, Pneu|mo… ⟨vor Vokalen⟩ pneum…, Pneum… ⟨in Zus.⟩ *Lunge* [< grch. *pneumon*]
Pneu|mo|at|mo|se ⟨f.; -, -n; Med.⟩ *Lungenerkrankung durch Einatmen von giftigen, schädlichen Gasen* [< *Pneumo…* + grch. *atmis* »Dampf«]
Pneu|mo|graf ⟨m.; -en, -en ⟩ = *Pneumograph*
Pneu|mo|graph ⟨m.; -en, -en⟩ *Gerät zum Aufzeichnen der Bewegung des Brustkorbs beim Atmen u. der Häufigkeit u. Tiefe der Atmungen;* oV *Pneumograf* [< *Pneumo…* + *…graph*]
Pneu|mo|kok|kus ⟨m.; -, -kok|ken⟩ *in mehreren Typen vorkommendes Bakterium, Erreger der Lungenentzündung* [< *Pneumo…* + *Kokkus*]
Pneu|mo|ko|ni|o|se ⟨f.; -, -n⟩ *durch ständiges Einatmen von bestimmten Staubarten hervorgerufene, chronisch entzündl. Erkrankung der Atemwege, Staublunge* [< *Pneumo…* + grch. *komis* »Staub«]
Pneu|mo|lith ⟨m.; -s od. -en, -e od. -en; Med.⟩ *Kalkablagerung in der Lunge bei chronischen Erkrankungen, Lungenstein* [< *Pneumo…* + *…lith*]
Pneu|mo|lo|gie ⟨f.; -; unz.; Med.⟩ *Lehre von den Lungenkrankheiten;* oV *Pneumonologie* [< *Pneumo* + *…logie*]
Pneu|mo|ly|se ⟨f.; -, -n⟩ *operative Ablösung der Lunge, um sie ruhig zu stellen* [< *Pneumo…* + *…lyse*]
Pneu|mon|ek|to|mie, ⟨auch⟩ **Pneu|mo|nek|to|mie** ⟨f.; -, -n⟩ *operative Entfernung eines Lungenflügels;* oV *Pneumoektomie* [< *Pneumo…* + *Ektomie*]
Pneu|mo|nie ⟨f.; -, -n⟩ *Lungenentzündung* [< grch. *pneumon* »Lunge«]
Pneu|mo|nik ⟨f.; -; unz.; Tech.⟩ *Steuerungstechnik mit Hilfe von Luftdruck* [< *Pneuma* + Elektr*onik*]
pneu|mo|nisch ⟨Adj.; Med.⟩ *die Pneumonie betreffend, mit ihr einhergehend, durch sie verursacht*
Pneu|mo|no|lo|gie ⟨f.; -; unz.; Med.⟩ = *Pneumologie*

Pneu|mo|pleu|ri|tis ⟨f.; -, -ti|den; Med.⟩ *Brustfellentzündung infolge einer Pneumonie* [< *Pneumo…* + *Pleuritis*]

Pneu|mo|tho|rax ⟨m.; - od. -es, -e; Kurzw.: Pneu⟩ *Füllung des Spaltes zwischen den beiden Blättern des Brustfells mit Luft od. Gasen, Gasbrust, Luftbrust, künstlich bes. bei Tuberkulose zur Ruhigstellung der Lunge*

pneu|mo|trop ⟨Adj.; Med.⟩ *auf die Lunge wirkend, sie beeinträchtigend (z.B. von Bakterien)* [< *pneumo…* + *…trop*]

Po ⟨chem. Zeichen für⟩ *Polonium*

po|chie|ren ⟨[-ʃiː-] V.⟩ oV *poschieren* **1** eine Speise ~ *bei milder Hitze in wenig Flüssigkeit ziehen lassen bis sie gar ist* **2** Eier ~ *in fast noch kochendes Essigwasser schlagen u. darin gar werden lassen;* pochierte Eier *verlorene Eier* [< frz. *œufs pochés* »verlorene Eier«]

Po|cket|book ⟨[pɔkitbuk] n.; -s, -s; engl. Bez. für⟩ *Taschenbuch*

Po|cket|ka|me|ra ⟨[pɔkit-] f.; -, -s⟩ *sehr kleiner, handlicher Fotoapparat* [zu engl. *pocket* »Tasche« + *Kamera*]

po|co ⟨Mus.⟩ *ein wenig, etwas;* ~ adagio; ~ a ~ *nach u. nach* [ital., »wenig«]

Pod ⟨m.; -s, -s; Geol.⟩ *flache, abflusslose Mulde im Lössboden osteuropäischer Steppenlandschaften, die sich infolge der Schneeschmelze im Frühling mit Wasser füllt* [russ.]

Pod|a|gra, ⟨auch⟩ **Po|dag|ra** ⟨n.; -; unz.⟩ *Gicht der großen Zehe* [< grch. *pous,* Gen. *podos* »Fuß« + *agra* »Fang, Fessel«]

pod|a|grisch, ⟨auch⟩ **po|dag|risch** ⟨Adj.⟩ *auf Podagra beruhend*

Pod|al|gie ⟨auch⟩ **Po|dal|gie** ⟨f.; -, -n; Med.⟩ *Fußschmerz* [< grch. *pous,* Gen. *podos* »Fuß« + *…algie*]

…po|de ⟨in Zus.⟩ *Tier mit bestimmten Füßen, …füßer, …füßler* [< grch. *pous,* Gen. *podos* »Fuß«]

Po|dest ⟨n. od. m.; -(e)s, -e⟩ **1** *Treppenabsatz* **2** *schmales Podium* **3** *schmales Gestell mit einem Fuß* [→ *Podium*]

Po|dex ⟨m.; - od. -es, -e; umg.⟩ *Gesäß (bes. bei Kindern)* [lat., »Gesäß«]

…po|di|um ⟨in Zus.⟩ *Fuß, Füßchen* [lat. *podium* »Füßchen« < grch. *podion;* zu *pous,* Gen. *podos* »Fuß«]

Po|di|um ⟨n.; -s, -di|en⟩ *gegenüber dem Fuß boden erhöhte Fläche* [lat., »Tritt, trittartige Erhöhung« < grch. *podion*; zu *pous,* Gen. *podos* »Fuß«]

Po|di|ums|ge|spräch ⟨n.; -(e)s, -e⟩ *Diskussion mehrerer Redner (nicht aus dem Publikum) vor Zuhörern*

Po|do|me|ter ⟨n.; -s, -⟩ *Messgerät zum Zählen der Schritte, Schrittmesser* [< grch. *pous,* Gen. *podos* »Fuß« + *metrein* »messen«]

Pod|sol ⟨m.; -s; unz.⟩ *heller, sandiger, wenig fruchtbarer Boden über durchlässigen Gesteinen, Bleicherde* [russ., »unter Asche«]

Po|em ⟨n.; -s, -e; manchmal abwertend⟩ *Gedicht* [< grch. *poiema* »Gedicht«, eigtl. »Erzeugnis«; zu *poiein* »schaffen«]

Po|e|sie ⟨f.; -, -n⟩ **1** ⟨i.w.S.⟩ *Dichtkunst* **2** ⟨i.e.S.⟩ *Dichtung in Versen, in gebundener Rede;* Ggs *Prosa(1)* **3** ⟨fig.⟩ *Stimmungsgehalt, Zauber;* Ggs *Prosa(2);* die ~ des Alltags [< frz. *poésie* < lat. *poesis* < grch. *poesis* »das Verfertigen, das Dichten, Dichtkunst«; zu *poiein* »machen, schaffen«]

Po|e|sie|al|bum ⟨n.; -s, -al|ben⟩ *Album, in das man Freunde zur Erinnerung Gedichte od. Sprüche schreiben lässt, bes. bei Kindern u. jungen Mädchen beliebt*

Po|et ⟨m.; -en, -en⟩ *Dichter,* ⟨i.e.S.⟩ = *Lyriker;* Ggs *Prosaist* [< mhd. *poete* < lat. *poeta* »Dichter« < grch. *poietes* »schöpfer. Mensch, Dichter«; zu *poiein;* → *Poesie*]

Po|e|ta doc|tus ⟨m.; - -, -tae -ti; †⟩ *gelehrter Dichter, der sein Wissen u. die Beherrschung poetischer Formen bei seiner literarischen Arbeit bewusst anwendet u. ausstellt (Idealbild des Dichters in alexandrinischer Zeit, im Humanismus u. während der Aufklärung)* [lat., »gelehrter Dichter«]

Po|e|ta lau|re|a|tus ⟨m.; - -, -tae -ti⟩ **1** ⟨Antike⟩ *mit dem Lorbeerkranz gekrönter Dichter* **2** ⟨MA u. in England noch heute⟩ *mit gewissen Rechten verbundener Ehrentitel für den besten Dichter* [lat., »mit Lorbeer geschmückter Dichter«]

Po|e|tas|ter ⟨m.; -s, -; abwertend⟩ *Dichterling* [< *Poet* + Pejorativendung *…aster*]

Po|e|tik ⟨f.; -, -en⟩ **1** *Lehre von der Dichtkunst* **2** *Lehrbuch der Dichtkunst* [< grch. *poietike (techne)* »Dichtkunst«; zu *poiesis;* → *Poesie*]

po|e|tisch ⟨Adj.⟩ *zur Poesie gehörend, in der Art der Poesie, dichterisch;* Ggs *prosaisch(1)* [< frz. *poétique* < lat. *poeticus* < grch. *poietikos* »die Poesie betreffend«; zu *poiesis;* → *Poesie*]

po|e|ti|sie|ren ⟨V.⟩ *poetisch gestalten, mit Poesie durchdringen*

Po|e|to|lo|gie ⟨f.; -; unz.; neuere Bez. für⟩ *Poetik(1)* [< *Poet* + *…logie*]

po|e|to|lo|gisch ⟨Adj.⟩ *die Poetologie betreffend, auf ihr beruhend, zu ihr gehörig*

Po|e|try|slam, ⟨auch⟩ **Po|et|ry Slam** ⟨[poːətrislæm] m.; (-) - od. (-) -s, (-) -s; Lit.⟩ *Wettkampf zwischen Nachwuchsschriftsteller(inne)n, die (meist in kleinen Kultureinrichtungen) eine Auswahl eigener Texte vortragen u. von einer Jury bewertet werden* [engl., eigtl. »Poesieschlag«, parallel zu *Grandslam* gebildet]

Po|fe|se ⟨f.; -, -n⟩ = *Pafese*

Po|grom, ⟨auch⟩ **Pog|rom** ⟨m. od. n.; -s, -e⟩ *Hetze, Ausschreitung gegen nationale, religiöse od. rassische Gruppen;* Juden~ [russ., »Verheerung, Verwüstung«]

…pö|ie ⟨in Zus.⟩ *Machen, Nachahmen* [< grch. *poiein* »machen«]

po|i|e|tisch ⟨Adj.⟩ *mit dem Hervorbringen, Schaffen zu tun habend;* ~e Philosophie ⟨nach Plato⟩ *Wissenschaft, die sich mit der Anfertigung, Erzeugung einer Sache befasst,* z.B. Baukunst

po|i|ki|lo|therm ⟨Adj.; Biol.⟩ *wechselwarm;* ~e Tiere *Tiere, deren Körpertemperatur von der Temperatur ihrer Umgebung abhängt, Wechselwarmblüter* [< grch. *poikilos* »bunt« + ...*therm*]

Po|i|ki|lo|ther|mie ⟨f.; -, -n; Med.⟩ *Instabilität der Körpertemperatur durch ungenügende Wärmeregulationsfähigkeit des Organismus,* z.B. bei zu früh geborenen Säuglingen [< grch. *poikilos* »bunt« + *therme* »Wärme«]

Poil ⟨[poa:l] m.; -s, -e⟩ = *Pol*^{2} [frz., »Haar«]

Poi|lu ⟨[poaly:] m.; - od. -s, -s; Spitzname für⟩ *frz. Soldat (im 1. Weltkrieg)* [frz., eigtl. »behaart, haarig«; zu *poil* »Haar«]

Point ⟨[poɛ̃:] m.; -s, -s⟩ **1** *Stich (beim Kartenspiel)* **2** *Auge (beim Würfelspiel)* [frz., »Punkt« < lat. *punctum* »Punkt, Stich«]

Poin|te ⟨[poɛ̃:t(ə)] f.; -, -n⟩ *geistreicher, überraschender Höhepunkt einer Erzählung od. Darstellung;* die ~ des Witzes [frz., »Spitze, Stachel« < vulgärlat. *puncta* »Stich«]

Poin|ter ⟨[pɔintə(r)] m.; -s, -⟩ *gescheckter engl. Vorstehhund* [engl., »Vorstehhund, Hühnerhund«, zu *point out* »zeigen, hinweisen«]

poin|tie|ren ⟨[poɛ̃-] V.⟩ *nachdrücklich betonen, hervorheben* [< frz. *pointer* »auf etwas zielen, hervorheben, zuspitzen«; zu *pointe* »Spitze«]

poin|tiert ⟨[poɛ̃-] Adj.⟩ *auf den Punkt gebracht, überspitzt, zugespitzt, das Wesentliche betonend, hervorhebend;* eine Geschichte ~ erzählen

Poin|til|lis|mus ⟨[poɛ̃-] m.; -; unz.⟩ *Richtung der Malerei am Ende des Impressionismus, die durch das dichte Nebeneinander von unvermischten Farbpunkten bestimmte opt. Wirkung (aus der Entfernung) erstrebte;* → a. *Divisionismus* [< frz. *pointillisme;* zu *pointiller* »mit Punkten darstellen«; zu *point* »Punkt«]

Poin|til|list ⟨[poɛ̃-] m.; -en, -en⟩ *Vertreter des Pointillismus*

poin|til|lis|tisch ⟨[poɛ̃-] Adj.; Kunst⟩ *im Stil des Pointillismus*

Poise ⟨[poa:z] n.; -, -; Zeichen: P⟩ *nicht mehr zulässige Maßeinheit der Viskosität, zu ersetzen durch die Einheit Pascalsekunde (Pas), 1 P = 0,1 Pas* [nach dem frz. Mediziner Jean-Louis-Marie *Poiseuille,* 1799-1869]

Po|kal ⟨m.; -s, -e⟩ *Trinkgefäß aus Silber, Gold od. Kristall mit Fuß u. oft mit Deckel (auch als Siegespreis bei sportl. Wettkämpfen)* [< ital. *boccale* »Krug, Becher« < lat. *baucalis* »tönernes Kühlgefäß« < grch. *baukalis* »enghalsiges Gefäß«; beeinflusst von lat. *poculum* »Becher«]

Po|ker ⟨n.; -s, -; unz.⟩ *Glücksspiel mit frz. Karten, bei dem der Spieler mit der besten Zusammenstellung der Karten (Pokerhand) gewinnt* [engl., zu *poke* »schlagen, stechen«]

Po|ker|face ⟨[-fɛis] n.; -, -s [-fɛisiz]⟩ *unbewegliches Gesicht, das die wahren Absichten einer Person nicht erkennen lässt* [engl., zu *Poker* + *face* »Gesicht«]

po|kern ⟨V.⟩ **1** *Poker spielen* **2** ⟨fig.⟩ *bei einem Geschäft o.Ä. mit hohem Risiko verhandeln*

po|ku|lie|ren ⟨V.⟩ *bechern, zechen* [< lat. *poculum* »Becher«]

Pol^{1} ⟨m.; -s, -e⟩ **1** *Drehpunkt, Mittelpunkt* **2** *nördl. bzw. südl. Endpunkt der Erdachse;* Nord~, Süd~ **3** ⟨Math.⟩ *Punkt mit bes. Bedeutung* **4** ⟨El.⟩ **4.1** *Anschlussklemme von Stromquellen;* Minus~, Plus~ **4.2** *Ein- od. Austrittsstelle magnetischer Feldstärkenlinien;* Magnet~, Minus~, Plus~; negativer ~, positiver ~ [< lat. *polus* »Drehpunkt, Achse, Erdpol« < grch. *polos;* zu *pelein* »in Bewegung sein«]

Pol^{2} ⟨m.; -s, -e⟩ *die mit Flor bedeckte Oberseite von Samt u. Plüsch;* oV *Poil* [< lat. *poil* »Haar«]

po|lac|ca ⟨Mus.⟩ *in der Art der Polonäse;* Rondo alla ~ [ital., »polnisch«]

po|lar ⟨Adj.; Geogr.⟩ *zu den Polen gehörend* [< nlat. *polaris* »den Pol betreffend, am Pol befindlich«; zu lat. *polus;* → *Pol*^{1}]

Po|lar|ach|se ⟨f.; -; unz.⟩ *zwischen dem Nord- u. Südpol verlaufende gedachte Achse, um die sich die Erde dreht*

Po|lar|ban|den ⟨Pl.⟩ *hohe, in Nord-Süd-Richtung ausgerichtete, parallel verlaufende Wolkenstreifen*

Po|la|re ⟨f.; -, -n; Math.⟩ *durch einen außerhalb eines Kreises liegenden Punkt gezogene Tangente zu diesem Kreis*

Po|lar|front ⟨f.; -, -en; Meteor.⟩ *Region, in der Tropen- u. Polarluft zusammentreffen u. in der häufig Zyklone entstehen*

Po|la|ri|me|ter ⟨n.; -s, -⟩ *Gerät zum Messen der Polarisationsebene von Licht* [< *polar* + ...*meter*]

Po|la|ri|me|trie, ⟨auch⟩ **Po|la|ri|met|rie** ⟨f.; -; unz.⟩ *Verfahren der chem. Maßanalyse, das mit der Messung des Polarisationswinkels des Lichts beim Durchgang durch Lösungen arbeitet, dient vor allem zur Bestimmung von Lösungskonzentrationen* [< *polar* + ...*metrie*]

po|la|ri|me|trisch, ⟨auch⟩ **po|la|ri|met|risch** ⟨Adj.; Phys.⟩ *durch Polarimetrie ermittelt, bestimmt*

Po|la|ri|sa|ti|on ⟨f.; -, -en⟩ *Beschränkung der Schwingungen des Lichtes od. anderer elektromagnetischer Wellen auf eine bestimmte Ebene*

Po|la|ri|sa|ti|ons|fil|ter ⟨m.; -s, -; Fot.⟩ *aus Spezialglas bestehender Filter, der nur Licht einer bestimmten Polarisationsebene durchtreten lässt u. so Lichtreflexe beseitigt*

Po|la|ri|sa|ti|ons|mi|kro|skop, ⟨auch⟩ **Po|la|ri|sa|ti|ons|mik|ros|kop** ⟨n.; -(e)s, -e⟩ *mit polarisiertem Licht arbeitendes Mikroskop*

Po|la|ri|sa|tor ⟨m.; -s, -en; Opt.⟩ *Vorrichtung zur Erzeugung von linear polarisiertem Licht*

po|la|ri|sie|ren ⟨V.⟩ *der Polarisation unterwerfen*

Po|la|ri|sie|rung ⟨f.; -; -en⟩ *das Polarisieren, das Sichpolarisieren*

Po|la|ri|tät ⟨f.; -, -en⟩ **1** *Gegensätzlichkeit* **2** *Verhältnis von Gegensätzen zueinander* [→ *polar*]

Po|lar|ko|or|di|na|ten|sys|tem ⟨n.; -s, -e⟩ *ma-*

themat. Koordinatensystem, das die Lage eines Punktes durch Angabe seiner Entfernung von einem Nullpunkt des Systems u. den Winkel, den die Verbindungslinie zwischen Nullpunkt u. Punkt mit einer Achse bildet, angibt

Po|lar|kreis ⟨m.; -es, -e⟩ *die Breitenkreise von 66° 33' nördl. u. südl. Breite, die die Polarzonen von den gemäßigten Zonen abgrenzen*

Po|la|ro|graf ⟨m.; -en, -en⟩ = *Polarograph*

Po|la|ro|gra|fie ⟨f.; -, -n ⟩ = *Polarographie*

Po|la|ro|graph ⟨m.; -en, -en⟩ *Gerät zur Polarographie;* oV *Polarograf*

Po|la|ro|gra|phie ⟨f.; -, -n⟩ *Verfahren der chem. Analyse, das mittels eines Polarographen die Änderungen von Spannung u. Strom während des Ablaufs bestimmter chemischer Reaktionen aufzeichnet;* oV *Polarografie* [< *polar* + *...graphie*]

Po|la|ro|id|ka|me|ra ⟨a. [-rɔid-] f.; -, -s; Fot.; (Wz)⟩ *(von Edwin H. Land 1947 erfundene) Sofortbildkamera, die in wenigen Sekunden fertige Bilder liefert* [zu engl.-amerik. *polaroid,* Wz. für ein Licht polarisierendes Material]

Po|la|ro|id|ver|fah|ren ⟨a. [rɔid-] n.; -s; unz.⟩ *ein fotograf. Verfahren, das kurze Zeit nach der Aufnahme positive fixierte Bilder liefert*

Po|lar|stern ⟨m.; -s, -e⟩ *hellster Stern im Sternbild Kleiner Bär, der fast immer genau die Nordrichtung anzeigt (470 Lichtjahre von der Erde entfernt)*

Pol|der ⟨m.; -s, -⟩ **1** *eingedeichtes Marschland, Koog* **2** *Überflutungsfläche* [ndrl.; vielleicht verwandt mit *Pfuhl* oder < ndrl. *(hoender) polder* »Hühnerbehälter« < frz. *poulailler* < mlat. *pullarium*]

Po|lei ⟨m.; -s, -e⟩ *an feuchten Orten wachsende Art der Minze: Mentha pulegium* [< ahd. *polaia, poleige, pulei* < lat. *pulegium, puleium;* angelehnt an lat. *pulex* »Floh«, daher auch »Flohkraut«]

Po|le|mik ⟨f.; -, -en⟩ **1** *wissenschaftl. od. literarischer, meist publizistisch ausgetragener Streit* **2** *unsachliche Auseinandersetzung* [< frz. *polémique,* eigtl. »kriegerisch, streitbar« < grch. *polemikos* »den Krieg betreffend, kriegerisch«; zu *polemos* »Krieg«]

Po|le|mi|ker ⟨m.; -s, -⟩ *jmd., der sich in einer polemischen Art u. Weise äußert, zu aggressiven u. unsachlichen Bemerkungen neigt*

po|le|misch ⟨Adj.⟩ *in der Art einer Polemik, streitbar, feindselig, unsachlich*

po|le|mi|sie|ren ⟨V.⟩ *wissenschaftlich od. literarisch, in der Art einer Polemik streiten*

po|len ⟨V.⟩ *an einen elektr. Pol anschließen*

Po|len|ta ⟨f.; -, -ten od. -s⟩ *norditalien. Nationalgericht, dicker Brei aus Maismehl, der nach dem Erkalten in Stücke geschnitten u. gebraten wird* [ital. < lat. *polenta* »Gerstengraupen«]

Pole|po|si|tion ⟨[poulpəziʃn] f.; -, -s⟩ **1** ⟨Motorsp.⟩ *(aufgrund der Trainingszeiten ermittelte) beste Startposition bei Motorrad- u. Autorennen* **2** ⟨fig.⟩ *vorderste, günstigste Start-, Ausgangsposition* [engl.]

Po|li|ce ⟨[-li:s(ə)] f.; -, -n⟩ *vom Versicherer ausgestellte Urkunde über eine abgeschlossene Versicherung;* Versicherungs~; oV ⟨österr.⟩ *Polizze* [frz. < ital. *polizza* < mlat. *apodixa* »Nachweis, Quittung« < grch. *apodeixis* »Darlegung, Nachweis«]

Po|li|ci|nel|lo ⟨[-tʃi-] m.; -s, -li⟩ = *Pulcinella*

Po|lier ⟨m.; -s, -e⟩ *Vorarbeiter der Maurer u. Zimmerleute* [< spätmhd. (im 14. Jh. bei den Bauhütten entstanden) *parlier* < afrz. *parlier* »Sprecher« (nfrz. *parleur*); zu frz. *parler* »sprechen«; vielleicht beeinflusst von *polieren*]

po|lie|ren ⟨V.⟩ **1** *glänzend machen, putzen* **2** *die letzten Unebenheiten entfernen von, fein glätten;* Metall, Möbel ~ [< lat. *polire* »glätten«]

Po|li|kli|nik ⟨f.; -, -en⟩ **1** *(organisator. u. räuml.) Zusammenschluss mehrerer Ärzte verschiedener Fachrichtungen in einer Einrichtung* **2** *Abteilung eines Krankenhauses zur ambulanten Behandlung* [< grch. *polis* »Stadt« + *Klinik*]

po|li|kli|nisch ⟨Adj.⟩ *zur Poliklinik gehörend, sie betreffend, in ihr stattfindend;* die ~e Abteilung eines Krankenhauses

Po|lio ⟨f.; -; unz.; kurz für⟩ *Poliomyelitis*

Po|li|o|my|e|li|tis ⟨f.; -, -ti|den⟩ *Kinderlähmung* [< grch. *polios* »grau« + *Myelitis*]

Po|li|o|sis ⟨f.; -, -o|sen⟩ *Ergrauen der Haare* [zu grch. *polios* »grau«]

Po|lis ⟨f.; -, Po|le|is; im antiken Griechenland⟩ *Stadtstaat*

Po|li|sa|rio ⟨f.; -; unz.; Abk. für span.⟩ *Frente Popular para la Liberación de Saguia el-Hamra y Río de Oro, Befreiungsbewegung in der Westsahara*

Po|lit|bü|ro ⟨n.; -s, -s; Kurzw. für⟩ *Politisches Büro, ständiges Gremium des Zentralkomitees einer kommunist. Partei*

Po|li|tes|se ⟨f.; -, -n⟩ *Angestellte zur Unterstützung der Polizei, die den ruhenden Verkehr überwacht* [< *Poli*zist + Hos*tess*]

Po|li|ti|cal Cor|rect|ness ⟨[-kəl-] f.; - -; unz.; Abk.: PC⟩ *in sprachlicher, sozialer u. gesellschaftlicher Hinsicht korrektes, gerechtes Verhalten, vorurteilsfreie Gesinnung, Vermeidung jeglicher Art von Diskriminierung* [engl., eigtl. *politically correct*]

Po|li|tik ⟨f.; -, -en⟩ **1** *alle Maßnahmen zur Führung eines Gemeinwesens hinsichtlich seiner inneren Verwaltung u. seines Verhältnisses zu anderen Gemeinwesen, Staatskunst;* Partei~; Kommunal~; Außen~; Innen~; eine (bestimmte) ~ treiben, verfolgen **2** ⟨fig.⟩ *berechnendes Verhalten;* mit dieser ~ kommt er nicht durch [< frz. *politique* < grch. *politike (techne)* »Kunst der Staatsverwaltung«; zu *polites* »Stadtbürger, Staatsbürger«; zu *polis* »Stadt, Bürgerschaft, Staat«]

Po|li|ti|kas|ter ⟨m.; -s, -⟩ *jmd., der über Politik spricht, ohne wirklich etwas davon zu verstehen* [< *Politiker* + Pejorativendung *...aster*]

Po|li|ti|ker ⟨m.; -s, -⟩ *jmd., der aktiv an der Politik teilnimmt, Staatsmann* [< mlat. *politicus* < grch. *politikos* »Staatsmann«; → *Politik*]

Po|li|ti|kum ⟨n.; -s, -ka⟩ *Gegenstand der Politik, Sache, Ereignis von polit. Bedeutung*
Po|li|ti|kus ⟨m.; -, -kus|se; umg.; scherzh.⟩ *jmd., der sich viel mit Politik beschäftigt* [< mlat. *politicus;* → *Politiker*]
po|li|tisch ⟨Adj.⟩ *die Politik betreffend, zu ihr gehörend, auf ihr beruhend;* im ~en Leben stehen; ~e Nachrichten; ~es Verbrechen *gegen Bestand u. Sicherheit eines (bes. totalitären) Staates gerichtetes V.;* ~e Ökonomie *Volkswirtschaftslehre* [< frz. *politique* < lat. *politicus* < grch. *politikos* »die Bürgerschaft betreffend«; → *Politik*]
po|li|ti|sie|ren ⟨V.⟩ **1** *über Politik reden* **2** ein Thema ~ *zum Gegenstand politischer Analyse u. Diskussion machen*
Po|li|ti|sie|rung ⟨f.; -, -en⟩ **1** *das Politisieren, politische Betrachtungsweise, Analyse u. Diskussion;* er forderte eine ~ des Umweltschutzes **2** *das Initiieren politischen Engagements;* damit sich etwas verändert, bedarf es einer ~ breiter Bevölkerungsschichten
Po|lit|ö|ko|no|mie ⟨f.; -; unz.⟩ *Volkswirtschaftslehre* [< *Politik* + *Ökonomie*]
Po|li|to|lo|ge ⟨m.; -n, -n⟩ *Experte, Wissenschaftler auf dem Gebiet der Politologie*
Po|li|to|lo|gie ⟨f.; -; unz.⟩ *Wissenschaft von der Politik* [< *Politik* + *...logie*]
Po|li|to|lo|gin ⟨f.; -, -gin|nen⟩ *Expertin, Wissenschaftlerin auf dem Gebiet der Politologie*
po|li|to|lo|gisch ⟨Adj.⟩ *zur Politologie gehörend, auf ihr beruhend*
Po|lit|pro|mi|nenz ⟨f.; -; unz.; umg.⟩ *Gesamtheit der prominenten Politiker;* bei dem Empfang war die ganze ~ versammelt
Po|lit|thril|ler ⟨[-θril-] m.; -s, -; umg.⟩ **1** *Thriller, in dem es um kriminelle Verstrickungen von Politikern u. dubiose Hintergründe politischer Entscheidungen geht* **2** ⟨fig.⟩ *einem Thriller ähnlicher Vorfall im Bereich der Politik;* dieser Skandal ist ein ~; der Wahlverlauf glich einem ~
Po|li|tur ⟨f.; -, -en⟩ **1** *durch Polieren erzeugter Glanz* **2** *Poliermittel* [< lat. *politura* »das Glätten«; zu *polire* »glätten«]
Po|li|zei ⟨f.; -; unz.⟩ **1** *Behörde zur Aufrechterhaltung der öffentl. Ordnung u. Sicherheit* **2** *deren Amtsräume* **3** *Gesamtheit der Polizeibeamten* [< mlat. *policia* < lat. *politia* »Staatsverwaltung« < grch. *politeia* »Bürgerrecht, Staatsverwaltung, Staatsverfassung«; zu *polites* »Stadtbürger, Staatsbürger«; zu *polis* »Stadt, Staat«]
Po|li|zei|staat ⟨m.; -(e)s, -en; abwertend⟩ *Staat, der auf repressive Weise mit einem großen Polizeiapparat die öffentl. Ordnung aufrechterhält u. in dem die Bürger nicht verfassungsmäßig vor Übergriffen u. Schikanen der Staatsmacht geschützt sind*
Po|li|zist ⟨m.; -en, -en⟩ *Polizeibeamter*
Po|liz|ze ⟨f.; -, -n; österr.⟩ = *Police* [< ital. *polizza;* → *Police*]
Pol|je ⟨f.; -, -n od. n.; - od. -s, -n; Geol.⟩ *periodisch mit Wasser gefülltes, wannen- od. kesselförmiges Becken mit steilen Hängen u. ebenem Boden in Karstlandschaften, das einen unterirdischen Zu- u. Abfluss besitzt* [serbokr., »Feld«]
Pol|ka ⟨f.; -, -s⟩ *Rundtanz im 2/4-Takt u. Wechselschritt* [tschech., »polnischer Tanz«]
Poll ⟨[poul] m. od. f.; -s od. -, -s⟩ **1** *Umfrage, die der Meinungsforschung dient* **2** ⟨in den USA⟩ *Wählerverzeichnis* [engl., »Abstimmung, Umfrage; Wahllokal«]
Pol|lack ⟨m.; -en, -en⟩ *Dorsch des östl. Atlantiks mit schmackhaftem Fleisch: Pollachius pollachius* [engl. < skand. *podlok*]
Pol|la|kis|u|rie, ⟨auch⟩ **Pol|la|ki|su|rie** ⟨f.; -; unz.⟩ *übermäßiger Harndrang* [< grch. *pollakis* »oft« + *...urie*]
Pol|len ⟨m.; -s, -⟩ *Blütenstaub* [lat., »sehr feines Mehl, Staubmehl«]
Pol|ling ⟨n.; -s, -s; EDV⟩ *an mehreren Geräten periodisch durchgeführte Statusabfrage;* Sy *Autopolling* [engl., eigtl. »Umfrage, Abstimmung«]
Pol|li|no|se ⟨f.; -, -n; Med.⟩ *Allergie, die auf einer Überempfindlichkeit gegen Eiweißbestandteile bestimmter Pollenarten beruht u. während der Gras- u. Baumblüte im Frühjahr u. Sommer durch das Einatmen pollenreicher Luft ausgelöst wird, geht mit einer Reizung der Nasenschleimhaut u. der Bindehaut der Augen einher (Heufieber)* [zu *Pollen* + grch. *-osis* »Erkrankung, krankhafter Zustand«]
Pol|lo|pas ⟨m.; -; unz.;⟩ **1** *Kondensationsprodukt aus Formaldehyd u. Harnstoff* **2** *Glaserstaz, den man leicht formen kann u. der kurzwellige Strahlen besser als Glas durchlässt*
Pol|lu|ti|on ⟨f.; -, -en⟩ **1** *Umweltverschmutzung* **2** *unwillkürl. Samenerguss* [< lat. *pollutio* »Befleckung«; zu *polluere* »verunreinigen«]
Po|lo ⟨n.; -s, -s; Sp.⟩ *dem Hockey ähnl. Ballspiel zu Pferde* [engl. < Balti *polo* »Ball«]
Po|lo|hemd ⟨n.; -(e)s, -en⟩ *Hemd aus Trikot mit kurzen Ärmeln*
Po|lo|nai|se, Po|lo|nä|se ⟨[-nɛ:-] f.; -, -n⟩ *poln. Schreittanz im 3/4-Takt, meist zur Eröffnung des Tanzes* [< frz. *polonaise* »polnischer (Tanz)«]
po|lo|ni|sie|ren ⟨V.⟩ *der polnischen Kultur u. Sprache angleichen, polnisch machen*
Po|lo|nist ⟨m.; -en, -en⟩ *Wissenschaftler, Student der Polonistik*
Po|lo|nis|tik ⟨f.; -; unz.⟩ *Wissenschaft von der polnischen Sprache, Literatur u. Kultur* [zu *Polonia,* dem nlat. Namen für Polen]
Po|lo|nis|tin ⟨f.; -, -tin|nen⟩ *Wissenschaftlerin, Studentin der Polonistik*
po|lo|nis|tisch ⟨Adj.⟩ *zur Polonistik gehörend, sie betreffend, auf ihr beruhend*
Po|lo|ni|um ⟨n.; -; unz.; Zeichen: Po⟩ *radioaktives chem. Element, Ordnungszahl 84* [nach *Polonia,* dem lat. Namen für Polen, dem Heimatland von Marie Curie]
Pol|schuh ⟨m.; -s, -e; in elektr. Maschinen u. Geräten⟩ *Teil eines Eisenkerns zur Konzentration des magnetischen Feldes*

Pol|stär|ke ⟨f.; -; unz.⟩ magnetische ~ *Größe der scheinbaren magnet. Ladung eines Magneten*

Pol|tron, ⟨auch⟩ **Polt|ron** ⟨[-trɔ̃:] m.; -s, -s⟩ *Feigling, Maulheld* [frz.]

po|ly…, Po|ly… ⟨in Zus.⟩ *viel…, Viel…* [< grch. *polys*]

Po|ly|a|cryl, ⟨auch⟩ **Po|ly|ac|ryl** ⟨n.; -s; unz.⟩ *synthetische Faser* [< *Poly…* + *Acryl*]

Po|ly|a|c|ryl|ni|tril, ⟨auch⟩ **Po|ly|ac|ryl|nit|ril** ⟨n.; -s; unz.⟩ *durch Polymerisation von Acrylnitril gewonnener Kunststoff, aus dem Kunstfasern (Orlon, Dralon) hergestellt werden;* oV *Polyakrylnitril*

Po|ly|ad|di|ti|on ⟨f.; -, -en⟩ *Verfahren zum Aufbau von hochpolymeren Stoffen aus kleinen Molekülen, wobei reaktionsfähige Gruppen der Moleküle ohne Abspaltung anderer Stoffe, aber unter innerer Umlagerung der Moleküle zusammentreten*

Po|ly|ad|dukt ⟨n.; -(e)s, -e⟩ *Endprodukt einer Polyaddition*

Po|ly|a|kryl|ni|tril, ⟨auch⟩ **Po|ly|ak|ryl|nit|ril** ⟨n.; -s; unz.⟩ = *Polyacrylnitril*

Po|ly|a|mid ⟨n.; -(e)s, -e⟩ *durch Kondensation von organ. Säuren mit Aminen hergestellter thermoplast. Kunststoff (Nylon, Perlon)*

Po|ly|ä|mie ⟨f.; -, -n⟩ *krankhafte Vermehrung der Blutkörperchen* [< *Poly…* + *…ämie*]

Po|ly|an|drie, ⟨auch⟩ **Po|ly|and|rie** ⟨f.; -; unz.; bei einigen Naturvölkern⟩ *Ehegemeinschaft einer Frau mit mehreren Männern, Vielmännerei;* Ggs *Polygynie* [< *Poly…* + grch. *aner,* Gen. *andros* »Mann«]

po|ly|an|drisch, ⟨auch⟩ **po|ly|and|risch** ⟨Adj.⟩ *die Polyandrie betreffend, auf ihr beruhend*

Po|ly|ar|thri|tis, ⟨auch⟩ **Po|ly|arth|ri|tis** ⟨f.; -, -ti|den⟩ *Entzündung mehrerer Gelenke;* Ggs *Monarthritis* [< grch. *polys* »viel« + *arthron* »Glied«]

Po|ly|a|se ⟨f.; -, -n; meist Pl.⟩ *Enzym, das hochmolekulare Polysaccharide abbaut,* z.B. Cellulase u. Amylase

Po|ly|ä|thy|len ⟨n.; -s; unz.⟩ *durch Polymerisation von Äthylen hergestellter Kunststoff* [< *Poly…* + *Äthylen*]

Po|ly|car|bo|nat ⟨n.; -(e)s, -e⟩ *thermoplastischer Kunststoff, der aus Phenolen u. Kohlensäureestern unter Abspaltung von Alkohol hergestellt wird;* oV *Polykarbonat*

Po|ly|chä|te ⟨[-çɛ:-] m.; -n, -n; Zool.⟩ *Klasse der Ringelwürmer mit seitlichen Anhängen an den Segmenten des Körpers, auf denen Borsten, Fühler u. Kiemen sitzen, Vielborster: Polychaeta* [< grch. *polychaites* »viele Haare besitzend«]

po|ly|chrom ⟨[-kro:m] Adj.⟩ *vielfarbig;* Ggs *monochrom* [< *poly…* + *…chrom*]

Po|ly|chro|mie ⟨[-kro-] f.; -, -n⟩ *Vielfarbigkeit, bunte Bemalung in kontrastierenden Farben*

po|ly|chro|mie|ren ⟨[-kro-] V.⟩ *bunt bemalen, bunt ausstatten, z.B. mit Mosaik*

po|ly|cy|clisch, ⟨auch⟩ **po|ly|cyc|lisch** ⟨Adj.⟩ ~e Verbindung *organisch-chem. Verbindung aus zwei oder mehr Ringen von Molekülen;* Ggs *monocyclisch;* oV *polyzyklisch*

Po|ly|dak|ty|lie ⟨f.; -; unz.⟩ = *Hyperdaktylie* [< *Poly…* + grch. *daktylos* »Finger«]

Po|ly|dä|mo|nis|mus ⟨m.; -; unz.⟩ *Glaube an eine Vielzahl von Geistern*

Po|ly|dip|sie ⟨f.; -; unz.⟩ *krankhaft gesteigerter Durst (ein Symptom der Zuckerkrankheit)* [< *Poly…* + grch. *dipsa* »Durst«]

Po|ly|e|der ⟨n.; -s, -⟩ *von Vielecken begrenzter Körper, Vielflächner* [< *Poly…* + *…eder*]

Po|ly|e|der|pro|jek|ti|on ⟨f.; -, -en⟩ *Kartennetzentwurf, wobei jedes Blatt durch einen gerade gezeichneten Längen- u. Breitenkreis begrenzt u. die Krümmung der Erdoberfläche vernachlässigt wird*

po|ly|e|drisch, ⟨auch⟩ **po|ly|ed|risch** ⟨Adj.⟩ *in der Art eines Polyeders*

Po|ly|em|bry|o|nie, ⟨auch⟩ **Po|ly|emb|ry|o|nie** ⟨f.; -; unz.; bei Tieren⟩ *vegetative Vermehrung während der Embryonalentwicklung* [< *Poly…* + *Embryo*]

Po|ly|es|ter ⟨m.; -s, -⟩, **Po|ly|es|ter|harz** ⟨n.; -es, -e⟩ *Kunstharz od. Kunststoff, der durch Polykondensation von Säuren u. Alkoholen hergestellt wird u. die Estergruppe -CO-O- enthält;* Sy *Esterharz*

po|ly|fon ⟨Adj.⟩ = *polyphon*

Po|ly|fo|nie ⟨f.; -; unz.⟩ = *Polyphonie*

Po|ly|fo|ni|ker ⟨m.; -s, -; Mus.⟩ = *Polyphoniker*

po|ly|gam ⟨Adj.⟩ **1** *in Polygamie lebend;* Ggs *monogam* **2** ⟨auch⟩ *sich zu mehreren Frauen zugleich hingezogen fühlend* **3** *ein- u. zweigeschlechtige Blüten tragend* [< *poly…* + *…gam*]

Po|ly|ga|mie ⟨f.; -; unz.; bei Naturvölkern u. im Orient⟩ *Ehegemeinschaft mit mehreren Frauen, Vielweiberei;* Ggs *Monogamie*

po|ly|gen ⟨Adj.⟩ Sy *polygenetisch* **1** *durch mehrere Ursachen hervorgerufen* **2** ⟨Biol.⟩ *Polygenie aufweisend* [< *poly…* + *…gen*[1]]

Po|ly|ge|ne|se ⟨f.; -; unz.⟩ *Auftreten eines neuen geo- od. biowissenschaftlichen Phänomens in verschiedenen Zeiträumen od. in unterschiedlichen Regionen* [< *Poly…* + *Genese*]

po|ly|ge|ne|tisch ⟨Adj.⟩ = *polygen*

Po|ly|ge|nie ⟨f.; -, -n⟩ *Ausbildung eines Merkmals infolge Beteiligung mehrerer Gene;* Sy *Polymerie(2)* [< *Poly…* + *…genie*]

po|ly|glott ⟨Adj.⟩ *mehrsprachig* [< *poly…* + grch. *glotta* »Zunge«]

Po|ly|glot|te ⟨m.; -n, -n⟩ **1** *jmd., der viele Sprachen beherrscht* **2** ⟨f.; -, -n⟩ **2.1** *mehrsprachiges Wörterbuch* **2.2** *Buch, bes. Bibel, mit Text in mehreren Sprachen*

Po|ly|gon ⟨n.; -s, -e⟩ *geometr. Figur mit mehr als drei Ecken, Vieleck* [< *Poly…* + *…gon*]

po|ly|go|nal ⟨Adj.⟩ *in der Art eines Polygons, vieleckig*

Po|ly|gon|bo|den ⟨m.; -s, -bö|den; Geogr.⟩ *vertikal u. horizontal in Polygone gegliederter Boden, z.B. in Frost- od. Trockengebieten* [→ *Polygon*]

Po|ly|go|num ⟨n.; -s; unz.⟩ *Knöterichgewächs* [lat. < grch. *polygonon* »vielsamig, vielzeugend, fruchtbar« < *poly* »viel« + *gone* »Same«]

Po|ly|graf ⟨m.; -en, -en; DDR⟩ *Angehöriger des graf. Gewerbes;* oV *Polygraph*

Po|ly|gra|fie ⟨f.; -; unz.⟩ *alle Zweige des graf. Gewerbes;* oV *Polygraphie*

Po|ly|graph ⟨m.; -en, -en; DDR⟩ = *Polygraf*

Po|ly|gra|phie ⟨f.; -; unz.⟩ = *Polygrafie*

po|ly|gyn ⟨Adj.⟩ *die Polygynie betreffend, auf ihr beruhend*

Po|ly|gy|nie ⟨f.; -; unz.; im Orient⟩ *Ehegemeinschaft eines Mannes mit mehreren Frauen, Vielweiberei;* Ggs *Polyandrie* [< *Poly…* + *gyne* »Frau«]

Po|ly|ha|lit ⟨m.; -s, -e⟩ *natürlich vorkommende Kalium-Magnesium-Verbindung, die in vielen Düngemitteln enthalten ist* [< *Poly…* + grch. *hals,* Gen. *halos* »Salz«]

Po|ly|his|tor ⟨m.; -s, -to|ren⟩ *jmd., der in vielen Fächern Kenntnisse besitzt, Vielwisser* [< *Poly…* + grch. *histor* »kundig«]

po|ly|hy|brid, ⟨auch⟩ **po|ly|hyb|rid** ⟨Adj.⟩ *sich in mehreren erbl. Merkmalen unterscheidend*

Po|ly|hy|bri|de, ⟨auch⟩ **Po|ly|hyb|ri|de** ⟨m.1 od. f.2⟩ *Bastard, dessen Eltern sich in mehreren Merkmalen unterscheiden*

Po|ly|kar|bo|nat ⟨n.; -(e)s, -e⟩ = *Polycarbonat*

po|ly|karp, po|ly|kar|pisch ⟨Adj.⟩ *in einem bestimmten Zeitraum mehrmals Früchte tragend* [< *poly…* + *…karp*[1]]

Po|ly|kon|den|sa|ti|on ⟨f.; -, -en; Chem.⟩ *Kondensation zwischen Verbindungen mit mindestens zwei reaktionsfähigen Gruppen, wobei kettenförmige od. vernetzte Makromoleküle entstehen, die die Reste der Moleküle der Ausgangsstoffe abwechselnd enthalten, u. kleinere Moleküle wie Wasser od. Ammoniak abgespalten werden*

po|ly|kon|den|sie|ren ⟨V.; Chem.⟩ *auf dem Weg der Polykondensation herstellen, eine Polykondensation durchführen*

Po|ly|mas|tie ⟨f.; -, -n⟩ *Ausbildung überzähliger Brustdrüsen bei Frauen;* Sy *Polythelie* [< *Poly…* + grch. *mastos* »Brust«]

Po|ly|me|lie ⟨f.; -, -n; Med.⟩ *Überzahl an Gliedmaßen* [< *Poly…* + grch. *melos* »Glied«]

Po|ly|me|nor|rhö ⟨f.; -, -en⟩ **Po|ly|me|nor|rhöe** ⟨[-røː] f.; -, -n; Med.⟩ *zu häufig eintretende Regelblutung* [< *Poly…* + *Menorrhö*]

po|ly|mer ⟨Adj.⟩ *durch Polymerisation entstanden, auf ihr beruhend, sie betreffend;* Ggs *monomer* [< *poly…* + *…mer*]

Po|ly|mer ⟨n.; -s, -e⟩, **Po|ly|me|re(s)** ⟨n. 3⟩ *durch Polymerisation entstandener Stoff aus mehreren gleichartigen Molekülen;* Sy *Polymerisat;* Ggs *Monomer(es)*

Po|ly|me|rie ⟨f.; -, -n⟩ **1** ⟨Chem.⟩ *Eigenschaft der Polymeren;* Ggs *Monomerie* **2** ⟨Biol.⟩ = *Polygenie*

Po|ly|me|ri|sat ⟨n.; -(e)s, -e⟩ = *Polymer*

Po|ly|me|ri|sa|ti|on ⟨f.; -, -en⟩ *Zusammentritt von mehreren Molekülen eines Stoffes zu einer neuen Verbindung, deren Molekulargewicht ein ganzzahliges Vielfaches von dem des Ausgangsstoffes beträgt*

po|ly|me|ri|sie|ren ⟨V.⟩ *zu größeren Molekülen vereinigen*

Po|ly|me|ri|sie|rung ⟨f.; -, -en⟩ = *Polymerisation*

Po|ly|me|ter ⟨n.; -s, -⟩ *Messgerät zum Bestimmen von Temperatur, Luftfeuchtigkeit, Taupunkt u. Dampfdruck* [< *Poly…* + *…meter*]

po|ly|morph ⟨Adj.⟩ *in vielen Gestalten vorkommend, vielgestaltig;* Sy *pleomorph* [< *poly…* + *…morph*]

Po|ly|mor|phie ⟨f.; -; unz.⟩, **Po|ly|mor|phis|mus** ⟨m.; -; unz.⟩ **1** *Ausbildung verschiedener Kristallformen von Mineralen bei gleicher chem. Zusammensetzung* **2** *Vielgestaltigkeit ein u. derselben Art von Pflanzen od. Tieren, die je nach der Umgebung ihr Aussehen ändern;* Sy *Pleomorphismus*

Po|ly|neu|ri|tis ⟨f.; -, -ti|den⟩ *an mehreren Nerven zugleich auftretende Nervenentzündung*

Po|ly|nom ⟨n.; -s, -e⟩ *mathemat. Ausdruck, der aus mehr als zwei zu addierenden od. zu subtrahierenden Gliedern besteht* [< *Poly…* + *…nom*[2]]

po|ly|no|misch ⟨Adj.⟩ *in der Art eines Polynoms, vielgliedrig*

po|ly|nu|kle|är, ⟨auch⟩ **po|ly|nuk|le|är** ⟨Adj.⟩ *vielkernig (von Zellen)* [< *poly…* + *Nukleus*]

Po|ly|o|pie ⟨f.; -, -n; Med.⟩ *durch Sehstörungen verursachtes Vielfachsehen, z.B. zu Beginn des grauen Stars* [< *Poly…* + grch. *ops,* Gen. *opis* »Auge«]

Po|lyp ⟨m.; -en, -en⟩ **1** *gestielte Geschwulst* **2** *Kopffüßer* **3** *auf einer Unterlage festsitzendes einzelnes Nesseltier mit Tentakeln;* Süßwasser~ **4** ⟨umg.; scherzh.⟩ *Polizist* [< lat. *polypus* < grch. *polys* »viel« + *pous* »Fuß«]

Po|ly|pep|tid ⟨n.; -(e)s, -e⟩ *Verbindung, die aus vielen, miteinander verknüpften Aminosäuren besteht*

po|ly|phag ⟨Adj.⟩ *sich von verschiedenartigen Futterpflanzen bzw. verschiedenen Tierarten ernährend;* Ggs *oligophag* [< *poly…* + *…phag*]

Po|ly|pha|ge ⟨m.1⟩ *polyphages Tier;* Ggs *Oligophage*

Po|ly|pha|gie ⟨f.; -; unz.⟩ **1** *auf verschiedenartige Futterpflanzen bzw. verschiedene Tierarten eingestellte Ernährungsweise;* Ggs *Oligophagie* **2** *krankhafte Gefräßigkeit*

po|ly|phän ⟨Adj.⟩ *auf Polyphänie beruhend*

Po|ly|phä|nie ⟨f.; -; unz.; Biol.⟩ *Einfluss eines Gens auf die Ausbildung mehrerer Merkmale eines Organismus* [< *Poly…* + grch. *phainesthai* »erscheinen«]

po|ly|phon ⟨Adj.⟩ *in der Art der Polyphonie, aus mehreren selbständigen Stimmen bestehend;* oV *polyfon;* Ggs *homophon* [< *poly…* + *…phon*[1]]

Po|ly|pho|nie ⟨f.; -; unz.⟩ *Mehrstimmigkeit, Musik mit mehreren, bis zu einem gewissen*

Grade selbständigen Stimmen; oV *Polyfonie;* Ggs *Homophonie*

Po|ly|pho|ni|ker ⟨m.; -s, -; Mus.⟩ *Komponist polyphoner Musik;* oV *Polyfoniker*

Po|ly|phy|don|tie ⟨f.; -; unz.; Med.; Biol.⟩ *mehrmalige Dentition;* Ggs *Monophydontie;* →a. *Diphydontie* [zu grch. *polyphyes* »mehrfach« + *odon,* Gen. *odontis* »Zahn«]

po|ly|phy|le|tisch ⟨Adj.⟩ *entwicklungsgeschichtlich von mehreren biolog. Stämmen abstammend;* Ggs *monophyletisch;* →a. *diphyletisch*

po|ly|plo|id ⟨Adj.⟩ *mehr als zwei Chromosomensätze aufweisend* [< *poly...* + dem zweiten Teil von *diploid, haploid*]

Po|ly|plo|i|die ⟨f.; -; unz.⟩ *Auftreten von mehr als zwei Chromosomensätzen in der Zelle* [→ *polyploid*]

Po|ly|pol ⟨n.; -s, -e; Wirtsch.⟩ *Form der Marktwirtschaft, bei der zahlreiche kleinere Anbieter eines Rohstoffs od. einer Ware miteinander bei vielen Nachfragern konkurrieren;* Ggs *Monopol* [< *Poly...* + grch. *polein* »verkaufen, Handel treiben«]

po|ly|po|lis|tisch ⟨Adj.; Wirtsch.⟩ *auf vollkommenem Wettbewerb ohne Monopolbildung beruhend;* ~e Preisbildung

Po|ly|prag|ma|sie ⟨f.; -, -n; Med.⟩ *Behandlung eines Kranken mit einer Vielzahl von Medikamenten* [< *Poly...* + grch. *pragma* »das Handeln«]

Po|ly|pro|py|len ⟨n.; -s, -e; Zeichen : PP⟩ *durch Polymerisation von Propylen hergestellter thermoplastischer Kunststoff, der vielseitige Verwendung im Apparatebau sowie in der Verpackungs- u. Textilindustrie findet*

Po|ly|pto|ton, ⟨auch⟩ **Po|lyp|to|ton** ⟨n.; -s, -ta; Rhet.⟩ *Stilfigur, bei der dasselbe Wort in unterschiedlichen Kasus wieder aufgenommen wird,* z.B. »homo homini lupus« [< *Poly...* + grch. *ptosis* »Kasus, Fall«]

Po|ly|pty|chon, ⟨auch⟩ **Po|lyp|ty|chon** ⟨[-çɔn] n.; -s, -chen od. -cha⟩ *Altar mit mehr als zwei Flügeln* [< *Poly...* + grch. *ptyx,* Gen. *ptychos* »Falte, Schicht«]

Po|ly|rhyth|mik ⟨f.; -; unz.⟩ *Nebeneinander verschiedener Rhythmen in den einzelnen Stimmen eines Musikstücks*

po|ly|rhyth|misch ⟨Adj.⟩ *in der Art der Polyrhythmik, verschiedene Rhythmen zugleich aufweisend*

Po|ly|sac|cha|rid ⟨[-xa-] n.; -(e)s, -e⟩ *Kohlenhydrat, das sich aus mehr als zehn einfachen Zuckermolekülen unter Bildung hochmolekularer Stoffe zusammensetzt,* z.B. Stärke

po|ly|sem, po|ly|se|man|tisch ⟨Adj.; Sprachw.⟩ *mehrdeutig (von Wörtern)* [→ *Polysemie*]

Po|ly|se|mie ⟨f.; -; unz.; Sprachw.⟩ *Mehrdeutigkeit;* Ggs *Monosemie* [< *Poly...* + *semasia* »Bezeichnung«]

Po|ly|sper|mie ⟨f.; -, -n⟩ *Eindringen mehrerer Spermien in das Ei bei der Befruchtung;* Ggs *Monospermie* [< *Poly...* + *Sperma*]

Po|ly|sty|rol, ⟨n.; -s, -e⟩ *durch Polymerisation von Styrol hergestellter Kunststoff*

po|ly|syl|la|bisch ⟨Adj.; Sprachw.⟩ *aus mehreren Silben bestehend;* Ggs *monosyllabisch*

Po|ly|syl|la|bum ⟨n.; -s, -ba; Sprachw.⟩ *aus mehreren Silben bestehendes Wort;* Ggs *Monosyllabum* [< *Poly...* + grch. *syllabe* »Silbe«]

Po|ly|syl|lo|gis|mus ⟨m.; -, -men; Logik⟩ *Schluss, bei dem jeweils die Folgerung zugleich die Prämisse für den nächsten Schluss ist, Schlusskette* [< *Poly...* + *Syllogismus*]

po|ly|syn|de|tisch ⟨Adj.⟩ *in der Art eines Polysyndetons, durch Bindewörter verbunden;* Ggs *asyndetisch* [→ *Polysyndeton*]

Po|ly|syn|de|ton ⟨n.; -s, -ta; Sprachw.⟩ *durch Bindewörter verbundene Wortreihe,* z.B. und es wallet und siedet und brauset und zischt (Schiller, Der Taucher); Ggs *Asyndeton* [< *Poly...* + *syn...* + grch. *deein* »binden«]

Po|ly|syn|the|se ⟨f.; -, -n⟩, **Po|ly|syn|the|sis** ⟨f.; -, -the|sen⟩ *Zusammenfassung vieler Teile*

po|ly|syn|the|tisch ⟨Adj.⟩ *vielfach zusammengesetzt;* ~e Sprachen *»einverleibende« S., bei denen mehrere Satzteile zu einem einzigen Wort zusammengeschlossen werden,* z.B. die nordamerikan. Indianersprachen, Bantusprachen, Grönländisch; Sy *inkorporierende Sprachen*

Po|ly|tech|nik ⟨f.; -; unz.; DDR⟩ *polytechnische Ausbildung an allgemein bildenden Schulen, die sowohl naturwissenschaftlich-technische als auch gesellschaftskundliche u. berufsorientierende Komponenten beinhaltete* [< *Poly...* + *Technik*]

Po|ly|tech|ni|ker ⟨m.; -s, -⟩ *Schüler am Polytechnikum*

Po|ly|tech|ni|kum ⟨n.; -s, -ka od. -ken⟩ *höhere techn. Fachschule*

po|ly|tech|nisch ⟨Adj.⟩ *mehrere Zweige der Technik umfassend*

Po|ly|te|tra|flu|or|ä|thy|len, ⟨auch⟩ **Po|ly|tet|ra|flu|or|ä|thy|len** ⟨n.; -s, -e⟩ *für die Raumfahrt entwickelter, auch in der Industrie vielseitig verwendeter, gegen Chemikalien u. hohe Temperatur beständiger Kunststoff, Teflon (USA), Hostaflon (BRD)* [< *Poly...* + grch. *tetras* »vier« + *Fluor* + *Äthylen*]

Po|ly|tha|la|mie ⟨f.; -, -n⟩ = *Foraminifere* [< *Poly...* + grch. *thalamos* »Lager«]

Po|ly|the|is|mus ⟨m.; -; unz.⟩ *Glaube an mehrere Götter zugleich, Vielgötterei;* Ggs *Monotheismus*

Po|ly|the|ist ⟨m.; -en, -en⟩ *Anhänger des Polytheismus;* Ggs *Monotheist*

po|ly|the|is|tisch ⟨Adj.⟩ *zum Polytheismus gehörend, auf ihm beruhend*

Po|ly|the|lie ⟨f.; -, -n⟩ = *Polymastie* [< *Poly...* + grch. *thele* »Brustwarze«]

po|ly|to|nal ⟨Adj.⟩ *gleichzeitig mehrere Tonarten in den verschiedenen Stimmen aufweisend*

Po|ly|to|na|li|tät ⟨f.; -; unz.; Mus.⟩ *gleichzeitiges Verwenden mehrerer Tonarten in den Stimmen eines Musikstücks*

Po|ly|tri|chie ⟨f.; -, -n; Med.⟩ *abnorm starker Haarwuchs* [< *Poly…* + grch. *thris,* Gen. *trichos* »Haar«]

po|ly|trop ⟨Adj.; Biol.⟩ *sehr anpassungsfähig* [< *poly…* + *…trop*[1]]

Po|ly|tro|pis|mus ⟨m.; -; unz.; Biol.⟩ *polytrope Beschaffenheit, große Anpassungsfähigkeit*

Po|ly|u|re|than ⟨n.; -s, -e⟩ *Kunststoff, der durch Polyaddition von Cyanaten an Verbindungen mit zwei od. mehreren reaktionsfähigen Wasserstoffatomen erzeugt wird* [< *Poly…* + grch. *ouron* »Harn« + *Äthan*]

Po|ly|u|rie ⟨f.; -, -n⟩ *Vermehrung der Ausscheidung von Harn bei zu großer Aufnahme von Flüssigkeit* [< *Poly…* + *…urie*]

po|ly|va|lẹnt ⟨[-va-] Adj.⟩ *in mehrfacher Beziehung wirksam;* Ggs *monovalent* [< *poly…* + *valent*]

Po|ly|vi|nyl… ⟨[-vi-] in Zus.⟩ *einen durch Polymerisation, Polyaddition od. Polykondensation meist aus Acetylen gewonnenen, vom Äthylen abgeleiteten Kunststoff betreffend*

Po|ly|vi|nyl|a|ce|tal ⟨[-vi-] n.; -s, -e⟩ *aus Polyvinylalkohol durch Kondensation mit Aldehyden od. Ketonen hergestellter Kunststoff*

Po|ly|vi|nyl|a|ce|tat ⟨[-vi-] n.; -s, -e⟩ *durch Polymerisation von Vinylacetat (aus Acetylen u. Essigsäure) hergestellter harzartiger Kunststoff, der sehr leicht zu erweichen ist*

Po|ly|vi|nyl|al|ko|hol ⟨[-vi-] m.; -s, -e⟩ *durch Hydrolyse der Estergruppen aus Polyvinylacetat hergestellter Kunststoff*

Po|ly|vi|nyl|ä|ther ⟨[-vi-] m.; -s; unz.⟩ *durch Anlagerung von Alkoholen an Äthylen u. Polymerisation unter Druck hergestellter Kunststoff*

Po|ly|vi|nyl|chlo|rid ⟨[-viny:lklo-] n.; -(e)s, -e; Abk.: PVC⟩ *durch Polymerisation von Vinylchlorid hergestellter Kunststoff, thermoplastisch, zäh u. hart (Hart-PVC), lässt sich durch Zusatz von Weichmachern biegsam u. elastisch machen (Weich-PVC)*

po|ly|zy|klisch, ⟨auch⟩ **po|ly|zyk|lisch** ⟨Adj.⟩ = *polycyclisch*

Po|ly|zyt|hä|mie ⟨f.; -, -n; Med.⟩ *krankhafte Vermehrung der Erythrozyten, Thrombozyten u. Leukozyten, die eine tiefrote Färbung von Haut u. Schleimhäuten hervorruft* [< *Poly…* + *…zyt* + *…ämie*]

Po|ma|de ⟨f.; -, -n⟩ *wohlriechendes Fett zur Pflege des Haars u. der Lippen;* Haar~, Lippen~ [frz. < ital. *pomata* < vulgärlat. **pomata;* zu lat. *pomum* »Baumfrucht«]

po|ma|dig[1] ⟨Adj.⟩ *mit Pomade eingerieben*

po|ma|dig[2] ⟨Adj.; fig.; umg.⟩ *träge, langsam, bequem, nicht aus der Ruhe zu bringen* [< *pomale* < poln. *po malu* »allmählich«]

po|ma|di|sie|ren ⟨V.⟩ *mit Pomade behandeln*

Po|me|rạn|ze ⟨f.; -, -n⟩ *Zitrusgewächs, dessen bittere Fruchtschale als Gewürz verwendet wird, Bitterorange: Citrus aurantium amara* [< mlat., ital. *pomerancia* < ital. *pomo* »Apfel« (< lat. *pomum* »Baumfrucht«) + ital. *arancia* (< pers. *naräng* »bittere Apfelsine«; → *Orange*)]

Pọm|mer ⟨m.; -s, -; Mus.⟩ *altes, schalmeiähnl. Holzblasinstrument, wahrscheinlich Vorläufer von Oboe u. Fagott;* Sy *Bombarde(3)* [< frz. *bombarde,* ital. *bombardo,* span. *bombarda,* < grch. *bombos* »das Brummen«]

Pommes Cro|quettes ⟨[pɔmkrokɛt] Pl.⟩ *Kroketten aus Kartoffelbrei* [frz., verkürzt aus *pommes de terre* »Kartoffeln« + *croquettes* »Kroketten«]

Pommes Dau|phine ⟨[pɔmdofi:n] Pl.⟩ *Kartoffelkroketten* [frz.]

Pommes frites ⟨[pɔmfrit] Pl.⟩ *in Stäbchen geschnittene, rohe Kartoffeln, die schwimmend in heißem Fett ausgebacken werden* [frz., »Röstkartoffeln« < *pomme de terre* »Kartoffel« + *frire* »braten, backen«]

Po|mo|lo|ge ⟨m.; -n, -n⟩ *Experte auf dem Gebiet der Pomologie*

Po|mo|lo|gie ⟨f.; -; unz.⟩ *Lehre vom Obstanbau* [< lat. *pomum* »Obst, Baumfrucht« + *…logie*]

po|mo|lo|gisch ⟨Adj.⟩ *die Pomologie betreffend, auf ihr beruhend, zu ihr gehörend*

Pọmp ⟨m.; -(e)s; unz.⟩ *Prunk, übertriebene Pracht, Schaugepränge* [< frz. *pompe,* mhd. *pomp(e)* < lat. *pompa* »festl. Aufzug« < grch. *pompe* »Sendung, Geleit, festl. Aufzug«]

Pọm|pa|dour ⟨[-du:r] m.; -s, -e od. -s; früher⟩ **1** *beutelartige Handtasche aus Stoff* **2** *breite Locke bei Damenfrisuren* [nach der Marquise de *Pompadour,* 1721-1764]

Pom|pon ⟨[pɔ̃pɔ̃:] m.; -s, -s⟩ *Quaste, Troddel, Bällchen aus Wolle od. Seide* [frz.]

pom|pös ⟨Adj.⟩ *pomphaft* [< frz. *pompeux* »prunkhaft« < lat. *pomposus* »prächtig«; zu *pompa;* → *Pomp*]

pö|nal ⟨Adj.; Rechtsw.; †⟩ *mit dem Strafrecht, der Strafe zu tun habend* [< lat. *poenalis* »zur Strafe gehörend, qualvoll, sträflich«]

Pö|nal|ver|si|che|rung ⟨f.; -, -en⟩ *Versicherung gegen Strafzahlungen, die ein Auftragnehmer dem Auftraggeber zu entrichten hat, wenn er die Vertragsbedingungen, z.B. Liefertermine od. eine bestimmte Qualität der vereinbarten Leistungen, nicht einhalten kann* [→ *pönal*]

pon|ceau ⟨[pɔ̃so:] Adj.⟩ *hochrot* [frz., »Klatschmohn; hochrot«]

Pon|ceau ⟨[pɔ̃so:] n.; -s; unz.⟩ *hochroter Farbstoff*

Pọn|cho ⟨[-tʃo] m.; -s, -s⟩ **1** *von den Indianern Mittel- u. Südamerikas getragener, viereckiger Überwurf mit einem Loch in der Mitte für den Kopf* **2** ⟨Mode⟩ *weiter, mantelartiger Umhang für Frauen u. Mädchen* [span.]

Pọnd ⟨n.; -s, -; Zeichen: p⟩ *nicht mehr zulässige Maßeinheit für die Kraft, zu ersetzen durch die Einheit Newton (N), 1 p = 0,0098 N* [< lat. *pondus* »Gewicht«]

pon|de|ra|bel ⟨Adj.⟩ *wägbar;* Ggs *imponderabel* [< lat. *ponderabilis* »wägbar«; zu *pondus* »Gewicht«]

Pon|de|ra|bi|li|en ⟨Pl.⟩ *fass- u. wägbare Dinge;* Ggs *Imponderabilien* [< lat. *ponderabilis;* → *ponderabel*]

Pon|de|ra|ti|on ⟨f.; -, -en; bildende Kunst⟩ *Gleichgewicht der Massen, gleichmäßige Verteilung des Körpergewichts auf die Gliedmaßen (bei Statuen)* [< lat. *ponderare* »abwägen«]

Pon|gé ⟨[pɔ̃ʒe:] m.; - od. -s, -s⟩ *leichtes Gewebe aus Seide in Leinwandbindung* [frz. < engl. < chin.]

Pö|ni|tent ⟨m.; -en, -en; kath. Kirche⟩ *Büßender, Beichtender* [< lat. *poenitens* »bereuend«, Part. Präs. zu *poenitere* »bereuen«]

Pö|ni|ten|ti|ar ⟨m.; -s, -e⟩ = *Pönitenziar*

Pö|ni|tenz ⟨f.; -, -en; kath. Kirche⟩ *Bußübung, Buße* [< lat. *poenitentia* »Reue«]

Pö|ni|ten|zi|ar ⟨m.; -s, -e; kath. Kirche⟩ *Beichtvater;* oV *Pönitentiar* [< lat. *poenitentia* »Reue«]

Po|nor ⟨m.; -s, -no|re; Geogr.⟩ *Versickerungsstelle eines Flusses in einem Karstgebiet, durch die das Wasser in unterirdische Karsthohlräume abfließen kann* [serbokr., »Abgrund«]

Pon|ti|cel|lo ⟨[-tʃɛl-] m.; -s, -s od. -li; Mus.⟩ *die Saitenschwingungen auf den Klangkörper übertragendes Plättchen aus Hartholz, Steg* [ital., eigtl. »kleine Brücke«; zu *ponte* < lat. *pons,* Gen. *pontis* »Brücke«]

Pon|ti|fex ⟨m.; -, -ti|fi|zes od. -ti|fi|ces⟩ **1** ⟨im antiken Rom⟩ *Oberpriester* **2** ~ maximus *Titel des röm. Kaisers,* ⟨später⟩ *Titel des Papstes* [lat. *pontifex* »Priester, Oberpriester«; Herkunft umstritten; vielleicht zu *pons.* Gen. *pontis* »Brücke« + *feci,* 1. Pers. Perf. zu *facere* »machen« (die Pontifizes hatten für die Instandhaltung der den Römern heiligen Brücke, des Pons Sublicius, zu sorgen); lat. *pontifex maximus* »höchster Priester«; zu *maximus* »der Größte«]

pon|ti|fi|kal ⟨Adj.⟩ *zum Bischof gehörend, ihm vorbehalten, entsprechend, gemäß* [< lat. *pontificalis* »oberpriesterlich«; zu *pontifex;* → *Pontifex*]

Pon|ti|fi|ka|le ⟨n.; -s, -li|en⟩ *Buch mit den vorgeschriebenen Formeln für die Amtshandlungen des Bischofs*

Pon|ti|fi|ka|li|en ⟨Pl.⟩ **1** *Amtshandlungen des Bischofs, bei denen er seine bischöfl. Gewänder u. Abzeichen trägt* **2** *die Gewänder u. Abzeichen selbst*

Pon|ti|fi|kat ⟨n.; -(e)s, -e⟩ *Amt, Amtszeit, Würde des Bischofs od. Papstes* [< lat. *pontificatus* »Oberpriesterwürde«; zu *pontifex;* → *Pontifex*]

pon|tisch ⟨Adj.⟩ *steppenhaft* [< grch. *pontos* »Meer« (nach den Steppen nördl. des Schwarzen Meeres)]

Pon|ton ⟨[pɔtɔ̃:] od. [pɔntɔ̃:] m.; -s, -s⟩ **1** *breiter, flacher Kahn als Teil einer schwimmenden Brücke;* ~brücke **2** *geschlossener Schwimmkörper von Docks, schwimmenden Kränen u.a.* [< frz. *pont* »Brücke«]

Po|ny 1 ⟨n.; -s, -s⟩ *Pferd, dessen Widerrist nicht höher als 1,50 m ist* **2** ⟨m.; -s, -s; fig.⟩ *in die Stirn gekämmtes, gleichmäßig geschnittenes Haar* [engl.]

Pool[1] ⟨[pu:l] m.; -s, -s⟩ **1** *Zusammenschluss von Firmen mit gemeinsamer Beteiligung am Gewinn* **2** *Zusammenfassung von Beteiligungen am gleichen Objekt* **3** *Einsatz beim Spiel* [engl., »gemeinsame Kasse, gemeinsamer Fonds«]

Pool[2] ⟨[pu:l] m.; -s, -s; kurz für⟩ *Swimmingpool*

Pool|bil|lard ⟨[pu:lbiljard] n.; -s; unz.⟩ *Billard, bei dem Kugeln in Löcher gespielt werden, Lochbillard*

poo|len ⟨[pu:lən] V.; Wirtsch.⟩ **1** *Gewinne (z.B. aus Anlagen od. verschiedenen Unternehmensaktivitäten) nach einem Verteilungsschlüssel aufteilen* **2** *zusammenfassen (von Beteiligungen am gleichen Anlageobjekt)* [→ *Pool*]

Poo|ler ⟨[pu:lə(r)] m.; -s, -; EDV⟩ *Gerät zur Vereinigung kleiner Datenmengen auf einem Datenträger mit hoher Speicherkapazität zur zweckmäßigen Dateneingabe* [zu engl. *pool* »zusammenlegen, vereinen«]

Poo|na ⟨[pu:nə] od. [pu:na] n.; -s; unz.; Sp.⟩ *indisches Rückschlagspiel, Vorform des Badminton* [indisch, nach der Stadt *Poona* südöstl. von Bombay]

Pop... ⟨in Zus.⟩ *modern, auffallend, bes. Jugendliche ansprechend* [engl. *pop* »Klatsch, Knall« od. < engl. *popular* »volkstümlich«]

Po|panz ⟨m.; -es, -e⟩ **1** *Schreckgespenst, Schreckgestalt* **2** *spaßige Figur, Strohpuppe* **3** ⟨fig.⟩ *willenloser, von anderen in seinen Handlungen abhängiger Mensch;* jmdn. zum ~ machen [< ostmitteldt. *popenz* < tschech. *bubák* »Schreckgestalt«]

Pop-Art ⟨f.; -; unz.⟩ *Richtung der modernen Kunst, die banale Objekte (des Massenkonsums) durch die Art ihrer Darstellung (grelle Farbzusammenstellung, Collage, Montage von Gegenständen) zu verfremden, zu parodieren od. zu poetisieren sucht;* → a. *Combinepainting* [< *Pop...* + engl. *art* »Kunst«]

Pop|corn ⟨n.; -s; unz.⟩ *durch Erhitzen in heißem Fett aufgeplatzte Maiskörner, Puffmais* [engl. (amerik.) < *pop* »Knall« + *corn* »Mais«]

Po|pe ⟨m.; -n, -n; russ. u. grch.-orthodoxe Kirche⟩ *niederer Geistlicher* [< russ. *pop* < ngrch. *papas* »Priester« < grch. *pappas* »Vater«]

Po|pe|lin ⟨m.; -s; unz.⟩, **Po|pe|li|ne** ⟨f.; -; unz.⟩ *dichter, fester Baumwollstoff in Leinwandbindung für Oberbekleidung, bes. Hemden* [< frz. *popeline*]

Pop|far|be ⟨f.; -, -n⟩ *auffallende, modische, kräftige Farbe* [< *Pop...*]

Pop|mu|sik ⟨f.; -; unz.⟩ *moderne, dem Beat u. Rock ähnliche Musik* [< *Pop...*]

Pop|per ⟨m.; -s, -; bes. Ende der 70er-Jahre⟩ *betont gepflegt u. modisch-teuer gekleideter u. frisierter, angepasster Jugendlicher* [wohl in Anlehnung an *Pop...* < engl. *teeny-bopper* »Jugendlicher, der immer der neuesten Mode folgt«]

Pop|pers ⟨Pl.⟩ *(bes. unter Homosexuellen verbreitete) gefäßerweiternde Droge, die aus Ampullen inhaliert wird* [zu engl. *pop* »Knall« (beim Öffnen der Ampullen)]

pop|pig ⟨Adj.⟩ *in der Art der Pop-Art, modern, auffallend* [< *Pop*...]

Pop|star ⟨m.; -s, -s⟩ *eine Größe der Popmusik, z.B. ein bekannter Sänger od. eine bekannte Sängerin*

po|pu|lär ⟨Adj.⟩ *volkstümlich, beliebt* [< frz. *populaire* »volkstümlich« < lat. *popularis* »zum Volke gehörig, volkstümlich«; zu *populus* »Volk«]

po|pu|la|ri|sie|ren ⟨V.⟩ *populär machen, allgemein verständlich machen* [< frz. *populariser* »volkstümlich machen« < lat. *popularis;* → *populär*]

Po|pu|la|ri|tät ⟨f.; -; unz.⟩ *populäre Beschaffenheit, Volkstümlichkeit, Beliebtheit* [< frz. *popularité* »Volkstümlichkeit« < lat. *popularitas* »Gefälligkeit gegen das Volk«; zu *populus* »Volk«]

po|pu|lär|wis|sen|schaft|lich ⟨Adj.⟩ *wissenschaftlich, aber allgemein verständlich*

Po|pu|la|ti|on ⟨f.; -, -en⟩ **1** *Bevölkerung* **2** ⟨Biol.⟩ *Gesamtheit der Angehörigen einer Art in einem bestimmten Gebiet* **3** ⟨Astron.⟩ *Gesamtheit der Sterne mit ähnlicher chemischer Zusammensetzung, räumlicher Stellung u. gleichem Alter* **4** ⟨Statistik⟩ *Klasse von zu untersuchenden Gegenständen* [frz., »Bevölkerung«, < lat. *populus* »Volk«]

Po|pu|lis|mus ⟨m.; -; unz.⟩ **1** *Politik, die durch übertriebene Darstellung der polit. Lage die Volksmassen zu beeinflussen sucht* **2** *literar. Richtung, die das Leben des einfachen Volkes leicht verständlich darstellt* [zu lat. *populus* »Volk«]

Po|pu|list ⟨m.; -en, -en; abwertend⟩ *politischer Führer, der (ohne ein festes Programm zu vertreten) seine Haltungen u. Forderungen opportunistisch nach den Ängsten u. Bedürfnissen breiter Bevölkerungsschichten ausrichtet, um sich beliebt zu machen u. sich die Unterstützung der Wähler zu sichern* [zu lat. *populus* »Volk«]

po|pu|lis|tisch ⟨Adj.; abwertend⟩ *in der Art eines Populisten, auf Populismus beruhend;* der Kandidat geht mit ~en Äußerungen auf Stimmenfang

Pop-up-Buch ⟨[-ʌp-] n.; -(e)s, -bü|cher⟩ *Buch, bei dem sich beim Aufschlagen Bildteile aus Pappe aufstellen* [zu engl. *pop-up* »aufspringend«]

Pop-up-Fens|ter ⟨[-ʌp-] n.; -s, -; EDV⟩ *bei Anklicken aufspringendes kleines Fenster* [zu engl. *pop-up* »aufspringend«]

Po|re ⟨f.; -, -n⟩ **1** *feines Loch, kleine Öffnung* **2** *Mündung der Schweißdrüsen in der Haut* [< grch. *poros* »Durchgang«]

Po|ris|ma ⟨n.; -s, -men; Logik⟩ *Ableitung aus einem anderen Satz* [grch., »das Herbeigeschaffte, Gewinn, Vorteil«, zu *porizein* »zustande bringen, herbeischaffen«]

po|ris|ma|tisch ⟨Adj.⟩ *in der Art eines Porismas, abgeleitet, gefolgert*

Pör|kel(t), Pör|köl(t) ⟨n.; -s; unz.⟩ *mit Paprika gewürztes, in wenig Saft gebratenes, gulaschähnl. Gericht* [< ung.]

Por|no ⟨m.; -s, -s⟩ *pornografischer Film, Roman usw.*

Por|no|graf ⟨m.; -en, -en⟩ *Verfasser pornografischer Schriften;* oV *Pornograph*

Por|no|gra|fie ⟨f.; -; unz.⟩ *obszöne Darstellung geschlechtlicher Vorgänge in Wort u. Bild;* oV *Pornographie* [< grch. *porne* »Hure« + ...*graphie*]

por|no|gra|fisch ⟨Adj.⟩ *unzüchtig, die geschlechtl. Begierden anreizend;* oV *pornographisch;* ~es Buch, Bild, ~er Film

Por|no|graph ⟨m.; -en, -en⟩ = *Pornograf*

Por|no|gra|phie ⟨f.; -; unz.⟩ = *Pornografie*

por|no|gra|phisch ⟨Adj.⟩ = *pornografisch*

po|rös ⟨Adj.⟩ **1** *durchlässig (für Flüssigkeit u. Luft)* **2** *mit feinsten Löchern versehen* [< frz. *poreux* »porös, löcherig«; zu *pore* »Pore« < grch. *poros;* → *Pore*]

Po|ro|si|tät ⟨f.; -; unz.⟩ *poröse Beschaffenheit* [< frz. *porosité* »Porosität, Durchlässigkeit«; zu *pore;* → *porös*]

Por|phyr ⟨m.; -s, -e; Geol.⟩ *dichtes, feinkörniges Ergussgestein mit Einsprenglingen von Feldspat* [< ital. *porfiro* < mlat. *porphyreum* »purpurfarbig« < grch. *porphyra* »Purpurschnecke«; → a. *Purpur*]

Por|phy|rie ⟨f.; -, -n; Med.⟩ *Ausscheidung einer größeren Menge an Porphyrinen im Urin als Indikator für eine Störung des Blutbildungsprozesses* [→ *Porphyr*]

Por|phy|rin ⟨n.; -s, -e⟩ *aus vier Pyrrol-Ringen bestehende, makromolekulare chem. Verbindung, deren metallorganische Verbindungen mit Eisen oder Magnesium das Grundgerüst des Blutfarbstoffs od. Chlorophylls bilden*

por|phy|risch ⟨Adj.; Geol.⟩ *entsprechend der dichten u. feinkörnigen, mit Kristalleinsprengseln versehenen Grundmasse von Ergussgestein strukturiert* [→ *Porphyr*]

Por|phy|rit ⟨m.; -s, -e; Geol.⟩ *graues, rötliches od. grünliches Ergussgestein aus dem Paläozoikum*

Por|ree ⟨m.; -s, -s⟩ *als Gemüse verwendeter, zweijähriger Lauch: Allium porrum* [< westfrz. *porrée* (= frz. *porreau*) < vulgärlat. **porrata;* zu lat. *porrum* »Lauch«]

Por|ridge ⟨[-ridʒ] m.; -s; unz.⟩ *dicker Brei aus Hafergrütze u. Milch, der in den angelsächs. Ländern zum Frühstück gegessen wird* [engl.]

Port ⟨m.; -(e)s, -e; poet.⟩ *Hafen* [< mhd. *port(e)* < afrz. *port* < lat. *portus*]

por|ta|bel ⟨Adj.⟩ *tragbar, leicht beförderbar;* portable Geräte [zu lat. *portare* »tragen«]

Por|ta|ble, ⟨auch⟩ **Por|tab|le** ⟨[pɔːrtəbəl] m.; -s, -s⟩ *tragbarer Fernsehapparat* [engl., »tragbar«]

Por|tal ⟨n.; -s, -e⟩ *architektonisch verziertes Tor;* Kirchen~ [< mlat. *portale* »Vorhalle«; zu lat. *porta* »Tor«]

Por|ta|men|to ⟨n.; -s, -s od. -ti; musikal. Vortragsbezeichnung⟩ *gleitende Verbindung aufeinander folgender Töne* [ital., »das Tragen«; zu *portare* »tragen«]

Por|ta|tiv ⟨n.; -s, -e [-və]; Mus.⟩ *kleine, tragbare Orgel mit 14–28 Pfeifen u. mit der Hand zu bedienendem Blasebalg* [<frz. *portatif* »tragbar«; zu *porter* »tragen«]

por|ta|to ⟨Mus.⟩ *breit, getragen (zu spielen), aber nicht gebunden* [ital., Part. Perf. zu *portare* »tragen«]

Porte|chai|se ⟨[pɔrtʃɛːz(ə)] f.; -, -n; †⟩ *Tragsessel* [<frz. *chaise à porteur(s)* »Stuhl für Träger; Sänfte«; beeinflusst von *Portefeuille, Portemonnaie*]

Porte|feuille ⟨[pɔrtfœːj] n.; -s, -s⟩ Sy *Portfolio* **1** *Brieftasche* **2** *Aktenmappe* **3** *Geschäftsbereich;* Minister ohne ~ *M. ohne eigenen Amtsbereich* **4** *Bestand an Wertpapieren* [frz., »Brieftasche« <*porter* »tragen« + *feuille* »Blatt«]

Portemonnaie / Portmonee (*Laut-Buchstaben-Zuordnung*) Im Zuge der Integration fremdsprachlicher Wörter in die deutsche Standardsprache kann neben die ursprüngliche, der Herkunftssprache folgende Orthographie eine integrierte Schreibweise, mit angepasster Laut-Buchstaben-Zuordnung treten (→a. *Plattitüde / Platitude*).

Porte|mon|naie ⟨[pɔrtmɔneː] a. ['---] n.; -s, -s⟩ = *Portmonee*

Port|e|pee, ⟨auch⟩ **Por|te|pee** ⟨n.; -s, -s⟩ *Riemen od. Band mit Quaste am Degen od. Säbel (des Offiziers od. Unteroffiziers)* [<frz. *porteépée* »Degengehenk« <*porter* »tragen« + *épée* »Schwert, Degen«]

Por|ter ⟨m.; -s, -; in Großbritannien⟩ *starkes, dunkles, obergäriges Bier* [engl.; zu *porter* »Lastenträger« (da es früher bes. von diesen getrunken wurde)]

Por|ter|house|steak ⟨[pɔː(r)tə(r)haussteːk] n.; -s, -s⟩ *dickes Rinderlendensteak mit einem T-förmigen Knochen;* → a. *T-Bone-Steak* [engl. zu (veraltet) *porterhouse* »Bierlokal« + *Steak;* →a. *Porter*]

Port|fo|lio ⟨n.; -s, -s⟩ **1** = *Portefeuille* **2** ⟨Fot.⟩ (großformatiger) Bildband [engl., <ital. *portafoglio* <*portare* »tragen « + *foglio* »Blatt (Papier)«]

Por|ti ⟨Pl. von⟩ *Porto*

Por|ti|er ⟨[-tjeː] m.; -s, -s⟩ *Pförtner* [frz., »Hausmeister«; zu *porte* »Tür«]

Por|ti|e|re ⟨[-tjɛːrə] f.; -, -n⟩ *schwerer Vorhang zu beiden Seiten der Tür* [<frz. *portière* »Türvorhang«; zu *porte* »Tür«]

por|tie|ren ⟨V.; schweiz.⟩ *zur Wahl vorschlagen* [<frz. *porter,* ital. *portare* »tragen«]

Por|ti|kus ⟨m.; -, -⟩ *von Säulen getragener Vorbau* [<lat. *porticus* »Säulengang, Halle«; zu *porta* »Tor«]

Por|tio ⟨f.; -; unz.⟩ **1** *Teil, Anteil* **2** ⟨f.; -; unz.; Med.⟩ ~ vaginalis *äußerer Gebärmuttermund mit dem dazugehörigen Teil der Scheide* [lat., »Anteil«]

Por|ti|o|kap|pe ⟨f.; -, -n; Med.⟩ *mechanisches Empfängnisverhütungsmittel, das aus einer Kunststoffkappe besteht, die dem äußeren Gebärmuttermund aufgestülpt wird* [→ *Portio*]

Por|ti|on ⟨f.; -, -en⟩ *abgemessene Menge (bes. von Speisen);* eine ~ Eis, Gemüse, Kartoffeln; er ist nur eine halbe ~ ⟨fig.; umg.⟩ *er ist sehr dünn, klein;* er besitzt eine tüchtige ~ Frechheit ⟨fig.; umg.⟩ *ist sehr frech* [<lat. *portio* »Anteil«]

por|ti|o|nie|ren ⟨V.⟩ *in Portionen aufteilen;* Essen ~

Por|ti|o|nie|rer ⟨m.; -s, -⟩ *Gerät zum Aufteilen in Portionen (bes. von Speiseeis)*

Por|ti|un|ku|la|ab|lass, ⟨auch⟩ **Por|ti|un|ku|la-Ab|lass** ⟨m.; -es, -läs|se⟩ *vollkommener Ablass, der am 2. August, dem Tag der Weihe der Portiunkula, in Franziskanerkirchen gewonnen werden kann* [nach *Portiuncula,* Muttergotteskapelle bei Assisi, Lieblingskirche des hl. Franziskus]

Port|land|ze|ment ⟨m.; -(e)s, -e; Bauw.⟩ *der übliche, zum Bauen verwandte Zement aus gemahlenem Kalkstein u. Kalkmergel* [nach der engl. Halbinsel *Portland*]

Port|mo|nee ⟨a. ['---] n.; -s, -s⟩ *Geldbeutel;* oV *Portemonnaie* [<frz. *porte-monnaie* »Geldbörse« <*porter* »tragen« + *monnaie* »Münze, Kleingeld«]

Por|to ⟨n.; -s, -s od. -ti⟩ *Gebühr für das Befördern von Postsendungen;* Brief~, Paket~ [ital., »Porto, Fracht«; zu *portare* »tragen«]

■ Die Buchstabenfolge **por|tr...** kann auch **port|r...** getrennt werden.

■ **Por|trait** ⟨[-trɛː] n.; -s, -s⟩, **Por|trät** ⟨[-trɛː] od. (selten) [-trɛːt] n.; -s, -s⟩ *Bildnis* [<frz. *portrait* »Bildnis«]

■ **por|trä|tie|ren** ⟨[-trɛ-] V.⟩ jmdn. ~ *jmds. Bildnis malen*

■ **Por|trä|tist** ⟨[-trɛ-] m.; -en, -en⟩ *auf Porträts spezialisierter Maler*

Por|tu|gie|ser ⟨m.; -s, -; Weinbau⟩ *eine rote Rebsorte* [Herkunft unsicher; die Rebe wird nicht in Portugal angebaut]

Por|tu|lak ⟨m.; -s, -e od. -s⟩ *zu einer Gattung der Portulakgewächse gehörendes Kraut mit fleischigen Blättern, die als Salat dienen, Burzelkraut: Portulaca* [<lat. *portulaca* »Portulak«]

Port|wein ⟨m.; -(e)s, -e⟩ *dunkelroter od. weißer, süßer portugiesischer Dessertwein* [nach dem portugies. Ausfuhrhafen *Porto,* portugies. *Oporto*]

Po|rus ⟨m.; -, -ri; Med.⟩ *Körperöffnung* [<grch. *poros* »Öffnung, Durchgang«]

Por|zel|lan ⟨n.; -s, -e⟩ **1** *dichtes, weißes, durchscheinendes keramisches Erzeugnis* **2** *Tafelgeschirr daraus* [<ital. *porcellana,* eigtl. eine Art weißer Meeresmuscheln]

Por|zel|lan|blu|me ⟨f.; -, -n⟩ *zur Familie der Schwalbenwurzgewächse gehörende Zierpflanze, deren weiße bis rosa Blütendolden wie aus Porzellan geformt bzw. aus Wachs gegossen aussehen, Wachsblume*
Por|zel|lan|schne|cke ⟨f.; -, -n⟩ = *Kaurischnecke*
Pos. ⟨Abk. für⟩ *Position(7)*
Po|sa|ment ⟨n.; -(e)s, -en; meist Pl.⟩ *Ware, die als Besatz für Kleidung verwendet wird,* z.B. Borten, Schnüre, Quasten, Litzen, Bänder [< frz. *passement* »Borte, Besatz«]
po|sa|men|tie|ren ⟨V.⟩ *mit Posamenten verzieren*
Po|sau|ne ⟨f.; -, -n⟩ *Blechblasinstrument mit zwei ineinander liegenden U-förmigen Rohren, von denen das eine (der Zug) verschoben werden kann, Zugposaune;* die ~n des Jüngsten Gerichts ⟨sinnbildl.⟩ *Ankündigung des J.G. (nach 1. Korintherbrief 15,52)* [< mhd. *busune* < afrz. *buisine* < lat. *bucina* »Jagdhorn, Signalhorn« < *bos* »Rind« + *canere* »singen, tönen, klingen«; also: »aus einem Rinderhorn hergestelltes Toninstrument«]
po|sau|nen ⟨V.⟩ **1** *die Posaune blasen* **2** ⟨fig.; umg.⟩ *laut rufen, laut verraten, verkünden;* etwas in alle Welt ~
Po|sau|nist ⟨m.; -en, -en⟩ *Musiker, der Posaune spielt*
Po|sau|nis|tin ⟨f.; -, -tin|nen⟩ *Musikerin, die Posaune spielt*
po|schie|ren ⟨V.⟩ = *pochieren*
Po|se ⟨f.; -, -n⟩ **1** *gekünstelte, gezierte Haltung;* eine ~ einnehmen **2** ⟨bildende Kunst⟩ *Stellung, Haltung (einer Person);* Figur in der ~ eines Schlafenden, Kämpfenden [frz., »das Legen, Setzen, Stellen«]
Po|seur ⟨[-zøːr] m.; -s, -e⟩ *jmd., der posiert* [frz., »Angeber, Wichtigtuer«]
po|sie|ren ⟨V.⟩ **1** *eine Pose einnehmen u. einhalten* **2** ⟨fig.⟩ *sich gekünstelt benehmen, sich wichtig machen* [< frz. *poser* »setzen, legen, stellen«]
Po|si|ti|on ⟨f.; -, -en⟩ **1** *Haltung, Stellung;* sich jmdm. gegenüber in einer starken (schwachen) ~ befinden **2** *Stellung im Beruf;* eine gesicherte (unsichere), gute (schlechte) ~ haben **3** *Lage;* ~ einer Figur **4** *Standort;* die ~ eines Schiffes, Flugzeugs ermitteln **5** *astronom. Ort;* ~ eines Gestirns **6** *Stelle in einem System;* ~ einer Zahl, Ziffer **7** ⟨Abk.: Pos.⟩ *einzelner Posten (in einem Haushaltsplan, einer Liste)* **8** ⟨Rechtsw.⟩ *Bejahung;* Ggs *Negation;* ~ eines Urteils [< frz. *position* »Lage, Stellung« u. lat. *positio* »das Setzen, Stellen«; zu *ponere* »setzen, stellen«]
po|si|ti|o|nell ⟨Adj.⟩ *hinsichtlich der Position, sie betreffend;* ~ hat er sich in seiner Firma verbessert; eine ~e Umstellung
po|si|ti|o|nie|ren ⟨V.⟩ **1** *in eine bestimmte Position bringen* **2** ⟨fig.⟩ *in einen Zusammenhang bringen, ein-, zuordnen*
Po|si|ti|o|nie|rung ⟨f.; -, -en⟩ *das Positionieren, Positioniertwerden*
Po|si|ti|ons|as|tro|no|mie, ⟨auch⟩ **Po|si|ti|ons-ast|ro|no|mie** ⟨f.; -; unz.⟩ = *Astrometrie*
Po|si|ti|ons|lam|pe ⟨f.; -, -n⟩ *Lampe (eines Schiffes, Flugzeugs, einer Boje) zur Kennzeichnung der Fahrt-, Flugrichtung od. Lage, bes. bei Nacht, Positionslaterne*
po|si|ti|ons|lang ⟨Adj.; antike Metrik⟩ ~e Silbe *kurze Silbe, die metrisch als lang gilt, wenn sie auf zwei od. mehreren Konsonanten endet*
Po|si|ti|ons|win|kel ⟨m.; -s, -; Astron.⟩ *Winkel zwischen den gedachten Verbindungslinien zweier Sterne zum Himmelsnordpol*
po|si|tiv ⟨Adj.⟩ Ggs *negativ* **1** *bejahend;* eine ~e Antwort; ~es Ergebnis, ~e Haltung, ~er Befund *B., dass tatsächlich Anzeichen einer Krankheit vorliegen* **2** *zustimmend;* sich zu einer Sache ~ äußern; ~e Kritik, ~es Urteil **3** ⟨Math.⟩ *größer als Null;* ~e mathemat. Größe **4** ⟨Philos.⟩ *wirklich vorhanden, gegeben* **5** ⟨El.⟩ ~er Pol *P., an dem Elektronen in einen Körper eintreten* **6** ⟨umg.⟩ *bestimmt, gewiss;* weißt du das ~? **7** ⟨kurz für⟩ *HIV-positiv* [< frz. *positif* »positiv, bejahend, sicher« u. spätlat. *positivus* »gesetzt, gegeben«; zu lat. *ponere* »setzen, stellen, legen«]
Po|si|tiv 1 ⟨m.; -s, -e⟩ *Grundform der Adjektive, auf die sich die Komparation bezieht* **2** ⟨n.; -s, -e⟩ *kleine Orgel ohne festen Standort mit Manual (ohne Pedal)* **3** *Bild in der richtigen Wiedergabe der Seiten u. von Licht u. Schatten;* Ggs *Negativ*
po|si|tiv|e|lek|trisch, ⟨auch⟩ **po|si|tiv|e|lekt-risch** ⟨Adj.⟩ *einen Mangel an Elektronen aufweisend*
Po|si|ti|vis|mus ⟨[-vɪs-] m.; -; unz.⟩ *philos. Lehre, die nur auf dem Gegebenen, Tatsächlichen, dem »Positiven«, beruht u. metaphys. Erörterungen ablehnt*
Po|si|ti|vist ⟨[-vɪst] m.; -en, -en⟩ *Vertreter, Anhänger des Positivismus*
po|si|ti|vis|tisch ⟨[-vɪs-] Adj.⟩ **1** *zum Positivismus gehörend, auf ihm beruhend* **2** ⟨oft abwertend⟩ *auf einer bloßen Materialsammlung ohne analytischen Anspruch beruhend (z.B. von wissenschaftlichen Untersuchungen);* diese Textinterpretation stellt lediglich eine ~e Datenerhebung dar
Po|si|ti|vum ⟨[-vum] n.; -s, -va [-va]⟩ *etwas Positives, etwas, das als positiv empfunden wird;* Ggs *Negativum*
Po|si|tiv|ver|fah|ren ⟨n.; -s; unz.⟩ *fotograf. Verfahren zur Herstellung von Positiven ohne Negative als Zwischenstufe*
Po|si|tron, ⟨auch⟩ **Po|sit|ron** ⟨n.; -s, -tro|nen⟩ *leichtes Elementarteilchen mit elektr. positiver Ladung* [< *posi*tiv + Elek*tron;* → *elektrisch*]
Po|si|tur ⟨f.; -, -en⟩ oV ⟨schweiz.⟩ *Postur* **1** *für eine bestimmte Situation gewählte Haltung;* sich in ~ setzen **2** ⟨umg.⟩ *Gestalt, Statur, Figur* [< lat. *positura* »Stellung, Lage«; zu *ponere* »setzen, stellen, legen«]
Pos|se ⟨f.; -, -n⟩ *anspruchslose, derbe Komödie, in der die Komik meist durch Übertreibung*

erreicht wird; Sy *Farce(2)* [< frühnhd. *bosse, posse* »Zierrat, Beiwerk an Kunstdenkmälern« < spätmhd. *possen* »Figur« < frz. *(ouvrage à) bosse* »erhabene Arbeit« < galloroman. **bottia* »Schwellung«, < altfränk. **botan* »ausschlagen, sprießen«, zuerst »Scherzfiguren an öffentl. Brunnen«]

pos|ses|siv ⟨a. ['---] Adj.; Gramm.⟩ *auf die Zugehörigkeit einer Person od. Sache zu einer anderen Person od. Sache hinweisend, besitzanzeigend* [< lat. *possessivus* »einen Besitz anzeigend«; zu *possidere* »besitzen«]

Pos|ses|siv ⟨a. ['---] n.; -s, -e [-və]⟩ = *Possessivpronomen*

Pos|ses|siv|kom|po|si|tum ⟨a. ['-------] n.; -s, -ta od. -ten; Gramm.⟩ *Kompositum, das eine in seinen Bestandteilen nicht erwähnte Sache od. Person nach der sie kennzeichnenden Eigenschaft benennt,* z.B. Dickkopf, Grünschnabel, Großhals

Pos|ses|siv|pro|no|men ⟨n.; -s, - od. -mi|na⟩, **Pos|ses|si|vum** ⟨[-vum] n.; -s, -va [-va]⟩ *Pronomen, das auf die Zugehörigkeit einer Person od. Sache zu einer anderen Person od. Sache hinweist, besitzanzeigendes Fürwort,* z.B. mein, unser; Sy Possessiv [< lat. *(nomen) possessivum* »besitzanzeigende Benennung«; zu *possessivus;* → *possessiv*]

pos|ses|so|risch ⟨Adj.; Rechtsw.⟩ *den Besitz betreffend* [< lat. *possessor* »Besitzer«; zu *possidere* »besitzen«]

Pos|si|bi|li|tät ⟨f.; -, -en; †⟩ *Möglichkeit* [< frz. *possibilité* »Möglichkeit« u. lat. *possibilitas* »Möglichkeit«]

pos|sier|lich ⟨Adj.⟩ *(klein u.) lustig, drollig* [→ *Posse*]

post..., Post... ⟨in Zus.⟩ *nach..., Nach..., hinter..., Hinter...* [< lat. *post* »nach, hinter«]

Post ⟨f.; -; unz.⟩ **1** *(staatl.) Einrichtung zur Beförderung von Nachrichten (Briefen, Karten, Fernschreiben, Telefongesprächen), Geld, Gütern (Päckchen, Paketen);* er arbeitet, ist bei der ~ **2** *die von der Post(1) beförderten Briefe u.a. Gegenstände;* ist ~ für mich da?; die eingegangene, heutige ~; mit gleicher ~ senden wir Ihnen... *gleichzeitig, am selben Tage* **3** *der Inhalt einer Nachricht;* gute, schlechte, traurige ~ **4** ⟨umg.⟩ *Postamt;* die ~ ist von 8-18 Uhr geöffnet; einen Brief auf die ~ bringen **5** ⟨†⟩ *Postkutsche* **6** *zur Post(1) gehörendes Kraftfahrzeug* [< frühnhd. *post* < ital. *posta* < lat. *posita (mansio)* »festgesetzter Aufenthaltsort«]

pos|ta|lisch ⟨Adj.⟩ *die Post betreffend, zu ihr gehörend*

Pos|ta|ment ⟨n.; -s, -e⟩ = *Piedestal* [→ *Posto, postieren*]

post Chris|tum (na|tum) ⟨Abk.: p. Chr. (n.); nach Jahreszahlen⟩ *nach Christi Geburt* [lat.]

post|da|tie|ren ⟨V.⟩ *nachdatieren, mit einem späteren Datum versehen*

Post|de|bit ⟨m.; -s; unz.⟩ *Vertrieb von Zeitungen durch die Post*

post|em|bry|o|nal, ⟨auch⟩ **post|emb|ry|o|nal** ⟨Adj.⟩ *nach Abschluss der embryonalen Entwicklung auftretend*

Pos|ten ⟨m.; -s, -⟩ **1** *jmd., der Wache hält, etwas beobachtet, bewacht;* Wacht~ **2** *Wache;* auf ~ ziehen *den Dienst als Wache antreten;* ~stehen *Wache halten;* auf dem ~ sein *aufpassen, Wache halten;* ⟨fig.⟩ *wohlauf, gesund sein;* auf verlorenem ~ kämpfen ⟨fig.⟩ *für eine aussichtslose od. überholte Sache kämpfen* **3** *Anstellung, Stelle, Amt;* ein guter ~; einen ~ bei einer Partei haben **4** *bestimmte Menge von Waren (aus einem Sortiment);* Sy *Partite(1);* einen ~ Unterhemden kaufen **5** *einzelner Betrag (in einer Rechnung);* Sy *Partite(2);* dieser ~ stimmt nicht **6** *einzelne Ziffer in einem Haushalt* **7** ⟨Jagd⟩ = *Rehposten* [< ital. *posto* < lat. *positus* »festgesetzt«, Part. Perf. zu *ponere* »setzen, stellen, legen«; in der Bedeutung »Betrag in einer Rechnung« < ital. *posta* »bestimmter Geldbetrag, Spieleinsatz«, eigtl. »die gesetzte (Summe)« < lat. *positus,* Part. Perf. zu *ponere* »setzen, stellen, legen«]

Pos|ter ⟨[po:s-] m. od. n.; -s, -⟩ *künstlerisch gestaltetes Plakat, das dekorativen Zwecken dient* [engl., »Plakat«]

pos|te res|tante ⟨a. [pɔst(ə) rɛstã:t] Abk.: p.r.⟩ *postlagernd* [frz.]

Pos|te|ri|o|ra ⟨Pl.⟩ **1** *nachfolgendes, Späteres* **2** ⟨auch⟩ *Gesäß* [lat., »spätere Ereignisse«, Neutr. Pl. zu *posterior* »später folgend«]

Pos|te|ri|o|ri|tät ⟨f.; -; unz.⟩ *Nachstehen (im Amt od. Rang)* [< frz. *postériorité* »das Spätersein« < lat. *posterus* »(zeitlich) nachfolgend«]

Pos|te|ri|tät ⟨f.; -, -en⟩ **1** *Nachkommenschaft* **2** *Nachwelt* [< lat. *posteritas,* frz. *postérité* »Nachkommenschaft«]

post fes|tum *hinterher, zu spät* [lat., »nach dem Fest«]

Post|gi|ro|ko|nto ⟨[-ʒi:-] n.; -s, -ten od. -ti od. -s⟩ *Girokonto, das bei der Deutschen Postbank AG geführt wird*

post|gla|zi|al ⟨Adj.⟩ *nach der Eiszeit (auftretend);* Ggs *präglazial*

Post|gla|zi|al ⟨n.; -s; unz., Geol.⟩ *Zeit nach der pleistozänen Vereisung, die den Rückgang des skandinavischen Inlandeises, die Entstehung von Ost- u. Nordsee sowie die Wiederbewaldung Mitteleuropas mit sich brachte;* Ggs *Präglazial* [→ *postglazial*]

post|gra|du|al ⟨Adj.; DDR⟩ *nach Beendigung eines Universitätsstudiums erfolgend* [< *post...* + *gradual*]

post|gra|du|ell ⟨Adj.⟩ *nach der Graduierung an einer Hochschule stattfindend, durchgeführt;* ein ~es Aufbaustudium [< *post...* + *graduell*]

Pos|thi|tis ⟨f.; -, -ti|den⟩ *Entzündung der Vorhaut* [< grch. *posthe* »Vorhaut« + *...itis*]

post|hum ⟨Adj.⟩ = *postum*

pos|tie|ren ⟨V.⟩ jmdn. od. sich an eine od. an einer Stelle ~ *jmdn. od. sich an einer Stelle aufstellen;* jmdn. (als Wache) vor die od. vor der Tür, vor ein od. einem Gebäude ~ [<frz. *poster* »aufstellen«; zu *poste* »Stelle, Posten«]

Pos|til|le ⟨f.; -, -n⟩ **1** ⟨urspr.⟩ *abschnittsweise Erklärung von Bibelstellen (bes. als Einleitung zu Hausandachten, Meditationen, Predigten)* **2** ⟨danach⟩ *religiöses Erbauungsbuch* [<mlat. *post illa verba* »nach jenen Worten« (urspr. in der Erklärung eines bibl. Textes, dessen Wortlaut abschnittweise vorangestellt war)]

Pos|til|li|on ⟨m.; -s, -e⟩ **1** *Fahrer der Postkutsche* **2** ⟨Zool.⟩ *zu den Weißlingen gehörender Falter mit dunkel gesäumten, gelben Flügeln, Posthörnchen: Colias croceus* [<frz. *postillon* <ital. *postiglione* »Postknecht«; zu *posta* »Post«]

post|kar|bo|nisch ⟨Adj.⟩ *nach dem Karbon (liegend, auftretend);* Ggs *präkarbonisch*

post|kul|misch ⟨Adj.⟩ *nach dem Kulm (liegend, auftretend)*

Post|lu|di|um ⟨n.; -s, -di|en⟩ *Nachspiel (eines Klavierzyklus; als Orgelkomposition für den gottesdienstlichen Gebrauch);* Ggs *Präludium(1)* [< *Post...* + *ludere* »spielen«]

post me|ri|di|em ⟨Abk.: p.m.⟩ *nachmittags;* 6 Uhr p.m. [lat., »nach Mittag«]

post|mo|dern ⟨Adj.⟩ *die Postmoderne betreffend, zu ihr gehörig*

Post|mo|der|ne ⟨f.; -; unz.⟩ *in den 1960er-Jahren eingeführter Begriff der Kulturtheorie für Entwicklungen u.a. in Architektur, Kunst, Literatur u. Musik; auf die Moderne folgende Epoche, die durch Subjektivismus, Stilpluralismus u. spielerischen Umgang mit historischen Elementen gekennzeichnet ist* [<lat. *post* »nach« + *modern*]

Post|mo|lar ⟨m.; -en, -en; Med.⟩ *hinterer Backenzahn* [< *Post...* + *Molar*]

post|mor|tal ⟨Adj.⟩ *nach dem Tod (eintretend);* Ggs *prämortal* [< *post...* + lat. *mors,* Gen. *mortis* »Tod«]

post mor|tem ⟨Abk.: p.m.⟩ *nach dem Tode* [lat.]

post|na|tal ⟨Adj.⟩ *nach der Geburt (eintretend);* Ggs *pränatal* [< *post...* + lat. *natalis* »Geburtstag«]

post|nu|me|ran|do ⟨Adv.⟩ *nachträglich, nach Empfang, nach der Leistung;* Ggs *pränumerando;* ~ bezahlen [< *post...* + lat. *numerare* »zählen«]

Post|nu|me|ra|ti|on ⟨f.; -, -en⟩ *Nachzahlung;* Ggs *Pränumeration*

post|o|pe|ra|tiv ⟨Adj.⟩ *nach der Operation;* Ggs *präoperativ*

post|pa|la|tal ⟨Adj.; Phonol.⟩ *hinter dem Gaumen artikuliert (von Lauten);* Ggs *präpalatal* [< *post...* + *palatal*]

post|po|nie|rend ⟨Adj.; Med.⟩ *mit Verspätung eintreffend (von Krankheitsanzeichen), z.B. Fieber bei Malaria* [< *post...* + lat. *ponere* »setzen, stellen, legen«]

Post|po|si|ti|on ⟨f.; -, -en⟩ *nachgestellte Präposition,* z.B. »wegen« in »der Kinder wegen« [verkürzt aus lat. *post* »nach« + Prä*position*]

post|po|si|tiv ⟨Adj.; Sprachw.⟩ *dem Substantiv nachgestellt* [< *post...* + lat. *ponere* »setzen, stellen, legen«]

Post|scheck ⟨m.; -s, -s⟩ *Anweisung an die Post auf Barauszahlung*

post|tek|to|nisch ⟨Adj.; Geol.⟩ *im Anschluss an Bewegungen der Erdkruste;* ~er Vulkanausbruch [< *post...* + *tektonisch*]

Post|script ⟨n.; -s; unz.⟩ *Programmiersprache zur Datenausgabe mit vielen grafischen Möglichkeiten, die eine systemunabhängige Übertragung von dem die Datei erstellenden System zu dem die Datei darstellenden System (z.B. Drucker) erlaubt*

Post|skript ⟨n.; -(e)s, -e⟩, **Post|skrip|tum** ⟨n.; -s, -ta; Abk.: PS⟩ *Nachschrift (im Brief)* [< *Post...* + *Skriptum*]

Post|sze|ni|um ⟨n.; -s, -ni|en; früher⟩ *Raum hinter der Bühne (zum Umkleiden der Schauspieler);* Ggs *Proszenium* [< *Post...* + lat. *scena* »Bühne« <grch. *skene* »Bühne«]

post|ter|ti|är ⟨Adj.⟩ *nach dem Tertiär (liegend, auftretend)*

post|trau|ma|tisch ⟨Adj.; Med.⟩ *im Anschluss an ein Trauma, infolge eines Traumas sich einstellend, zeigend;* ~es Syndrom [< *post...* + *traumatisch*]

Pos|tu|lant ⟨m.; -en, -en⟩ **1** *Bewerber* **2** *Mitglied eines kath. Ordens während der Probezeit* [<lat. *postulans,* Part. Präs. zu *postulare* »fordern«]

Pos|tu|lat ⟨n.; -(e)s, -e⟩ **1** *sittl. Forderung* **2** ⟨Philos.⟩ *Annahme, die unbeweisbar, aber glaubhaft ist* **3** *Probezeit beim Eintritt in einen kath. Orden* [<lat. *postulatum* »Forderung«; zu *postulare* »fordern«]

Pos|tu|la|ti|on ⟨f.; -, -en; kath. Kirche⟩ *Bitte an den Papst um nachsichtige Prüfung eines Vorschlags für die Ernennung zum Bischof, wenn der Kandidat die dafür notwendigen kirchenrechtlichen Voraussetzungen noch nicht erfüllt* [<lat. *postulatio* »Forderung, Klage«]

pos|tu|lie|ren ⟨V.⟩ *fordern, ein Postulat(2) aufstellen über* [<lat. *postulare* »fordern«]

pos|tum ⟨Adj.⟩ oV *posthum* **1** *nachgeboren* **2** *nach dem Tode des Verfassers od. Komponisten (erschienen), nachgelassen* [<lat. *postumus* »nachgeboren, zuletzt geboren«]

Pos|tu|mus ⟨m.; -, -mi⟩ *jmd., der nachgeboren ist* [lat., »nachgeboren, zuletzt geboren«]

Pos|tur ⟨f.; -, -en; schweiz.⟩ = *Positur*

post ur|bem con|di|tam ⟨Abk.: p. u. c.⟩ *nach der Gründung der Stadt Rom (in der altröm. Jahreszählung)* [lat.]

Post|ver|ba|le ⟨[-vɛr-] n.; - od. -s, -lia; Sprachw.⟩ *von einem Verb abgeleitetes Substantiv,* z.B. »Jäger« nach »jagen«, »Band« nach »binden« [< *Post...* + lat. *verbalis;* → *Verbum*]

Pot 1 ⟨n.; -s; unz.⟩ = *Marihuana* **2** ⟨m.; -s, -s⟩ *Summe der Einsätze (beim Glücksspiel)* [engl., eigtl. »Topf«]

po|ta|mo|gen ⟨Adj.; Geol.⟩ *durch Einwirkung von Flüssen gebildet, z.B. Küstenformen* [<grch. *potamos* »Fluss« + *...gen*]

Po|ta|mo|lo|gie, ⟨f.; -; unz.⟩ *Lehre von den Flüssen, Flusskunde* [< grch. *potamos* »Fluss« + …*logie*]

Pot|as|si|um, ⟨auch⟩ **Po|tas|si|um** ⟨n.; -s; unz.; engl. u. frz. Bez. für⟩ *Kalium* [< mlat. *potassa,* latinisierte Form von *Pottasche*]

Pot|au|feu, ⟨auch⟩ **Po|tau|feu** ⟨[potofø:] m. od. n.; - od. -s, -s; Kochk.⟩ **1** *Fleisch- u. Gemüseeintopf* **2** ⟨nur m.⟩ *großer, hitzebeständiger Suppentopf* [frz., eigtl. »Topf auf dem Feuer«]

po|tem|kin|sche Dör|fer, ⟨auch⟩ **Po|tem-kin'sche Dör|fer** ⟨[pʌtjɔm-] Pl.⟩ *Vorspiegelungen, Blendwerk* [nach dem russ. Feldherrn u. Staatsmann Grigorij Alexandrovič *Potemkin,* Fürst Tavričeskij, 1739-1791, der in Südrussland zum Schein Dörfer errichten u. bevölkern ließ, um Katharina II. Wohlstand des Landes vorzutäuschen]

po|tent ⟨Adj.⟩ **1** *leistungsfähig* **2** *fähig zum Geschlechtsverkehr (vom Mann);* ⟨auch⟩ *zeugungsfähig;* Ggs *impotent* [< lat. *potens* »mächtig«]

Po|ten|tat ⟨m.; -en, -en⟩ *Machthaber, regierender Fürst* [< lat. *potentatus* »Macht, Oberherrschaft«; zu *potens* »mächtig«]

po|ten|ti|al ⟨Adj.⟩ = *potenzial*

Po|ten|ti|al ⟨n.; -s, -e; Adj.⟩ = *Potenzial*

Po|ten|ti|al|dif|fe|renz ⟨f.; -, -en; Phys.⟩ = *Potenzialdifferenz*

Po|ten|ti|al|ge|fäl|le ⟨n.; -s, -⟩ = *Potenzialgefälle*

Po|ten|ti|a|lis ⟨m.; -, -les⟩ = *Potenzialis*

Po|ten|ti|a|li|tät ⟨f.; -, -en; Philos.⟩ = *Potenzialität*

po|ten|ti|ell ⟨Adj.⟩ = *potenziell*

Po|ten|til|la ⟨f.; -, -til|len⟩ *zu den Rosengewächsen gehörige Heilpflanze, Fingerkraut* [< lat. *potentia* »Macht, Kraft« u. Verkleinerungsendung *-illa*]

Po|ten|ti|o|me|ter ⟨n.; -s, -⟩ = *Potenziometer*

Po|ten|ti|o|me|trie, ⟨auch⟩ **Po|ten|ti|o|met|rie** ⟨f.; -; unz.⟩ = *Potenziometrie*

Po|tenz ⟨f.; -, -en⟩ **1** ⟨unz.⟩ *Fähigkeit des Mannes, den Geschlechtsverkehr auszuüben;* Ggs *Impotenz(1)* **2** ⟨unz.⟩ *Zeugungsfähigkeit;* Ggs *Impotenz(2)* **3** ⟨Homöopathie⟩ *Grad der Verdünnung (eines Arzneimittels)* **4** ⟨zählb.; Math.⟩ *Produkt mehrerer gleicher Faktoren;* eine Zahl in die zweite, dritte ~ erheben *zwei-, dreimal mit sich selbst multiplizieren* [< lat. *potentia* »Macht«]

Po|tenz|ex|po|nent ⟨m.; -en, -en⟩ *Hochzahl einer Potenz*

po|ten|zi|al ⟨Adj.⟩ oV *potential* **1** *eine Möglichkeit enthaltend, als Möglichkeit vorhanden;* Ggs *aktual(1)* **2** *eine Möglichkeit ausdrückend;* Ggs *aktual(2)* [< lat. *potentialis* »nach Vermögen, tätig wirkend«; zu *potens* »mächtig«]

Po|ten|zi|al ⟨n.; -s, -e⟩ oV *Potential* **1** *Leistungsfähigkeit* **1.1** *unterschwelliges Vorhandensein;* Käufer~ **2** ⟨Phys.⟩ **2.1** *Maß für die Stärke eines Kraftfeldes an einem Punkt im Raum* **2.2** = *potenzielle Energie*

Po|ten|zi|al|dif|fe|renz ⟨f.; -, -en; Phys.⟩ oV *Potentialdifferenz;* Sy *Potenzialgefälle* **1** *Unterschied zwischen den Werten der Potenziale an zwei verschiedenen Raumpunkten* **2** ⟨i.e.S.⟩ *Spannung zwischen zwei elektrisch geladenen Körpern*

Po|ten|zi|al|ge|fäl|le ⟨n.; -s, -⟩ = *Potenzialdifferenz;* oV *Potentialgefälle*

Po|ten|zi|a|lis ⟨m.; -, -les⟩ *Aussageweise der Möglichkeit (eine der Funktionen des Konjunktivs);* oV *Potentialis*

Po|ten|zi|a|li|tät ⟨f.; -, -en; Philos.⟩ *Möglichkeit, die zur Wirklichkeit werden kann;* oV *Potentialität*

> **potenziell / potentiell** (*Laut-Buchstaben-Zuordnung*) Bei der Schreibung abgeleiteter Adjektive wird künftig stärker das Stammprinzip berücksichtigt. Lässt sich die abgeleitete Form auf ein Substantiv, das auf »*z*« endet, wie z.B. »*Potenz*«, zurückführen, gilt künftig die Stammschreibung als Hauptvariante.

po|ten|zi|ell ⟨Adj.⟩ oV *potentiell* **1** *möglich, denkbar* **2** ⟨Phys.⟩ ~e Energie *Energie der Lage* [< frz. *potentiel* »möglich« < lat. *potentialis;* → *potential*]

po|ten|zie|ren ⟨V.⟩ **1** *steigern, erhöhen* **2** ⟨Math.⟩ *in die Potenz erheben, mit sich selbst multiplizieren* **3** ⟨Homöopathie⟩ Arzneimittel ~ *verdünnen*

Po|ten|zi|o|me|ter ⟨n.; -s, -⟩ *Spannungsteiler, aus hintereinander geschalteten Widerständen bestehendes Bauelement zum Teilen einer elektr. Spannung in Teilspannungen;* oV *Potentiometer*

Po|ten|zi|o|me|trie, ⟨auch⟩ **Po|ten|zi|o|met|rie** ⟨f.; -; unz.⟩ *Verfahren der chem. Maßanalyse, das Leitfähigkeitsänderungen einer Lösung beim Ablauf bestimmter Reaktionen ausnützt;* oV *Potentiometrie* [< lat. *potentia* »Macht, Kraft« + …*metrie*]

Pot|pour|ri ⟨[-pur-] n.; -s, -s⟩ **1** *aus verschiedenen, durch Übergänge verbundenen Melodien eines od. mehrerer Musikstücke zusammengesetztes Musikstück* **2** ⟨fig.⟩ *kunterbuntes Allerlei* [< frz. *potpourri,* übersetzt < span. *olla podrida* »fauler Topf, buntes Allerlei; Eintopfgericht; Melodienfolge«]

Pou|dret|te, ⟨auch⟩ **Poud|ret|te** ⟨[pu-] f.; -; unz.⟩ *Fäkaldünger* [frz., »Staubdünger«; zu *poudre* »Pulver«]

Pou|lard ⟨[pula:r] n.; -s, -s⟩ = *Poularde*

Pou|lar|de ⟨[pu-] f.; -, -n⟩ *junges, vor der Geschlechtsreife geschlachtetes Masthuhn;* oV *Poulard* [frz., »junges Masthuhn«; zu *poule* »Huhn»]

Pou|let ⟨[pule:] n.; -s, -s⟩ *junges Huhn od. Hähnchen zum Braten* [frz., »Hühnchen«; zu *poule* »Huhn«]

Pound ⟨[paund] n.; -s, - od. -s; Zeichen: lb, Plural: lbs⟩ *engl. Gewichtseinheit, 453,6 g*

Pour le mé|ri|te ⟨[pur lə meri:t(ə)] m.; - - -, - - -⟩

1 *1740 von Friedrich dem Großen gestifteter hoher Verdienstorden (bis 1918; seit 1952 in der BRD wieder verliehen)* **2** Friedensklasse des ~ *1842 von Friedrich Wilhelm IV. gestifteter Orden für Verdienste in Wissenschaft u. Kunst* [frz., »für das Verdienst«]
Pous|sa|ge ⟨[pusa:ʒə] f.; -, -n; umg.; †⟩ *Liebelei* [zu *poussieren,* mit frz. Endung]
pous|sie|ren ⟨[pus-] V.; umg.⟩ oV *pussieren* **1** jmdn. ~ *jmdn. umwerben, jmdm. schmeicheln (um etwas zu erreichen)* **2** mit einem Mädchen ~ *einem Mädchen den Hof machen* [< frz. *pousser* »stoßen, treiben, fördern, unterstützen«]
Pou|voir ⟨[puvoa:r] n.; -s, -s; österr.⟩ *Handlungsvollmacht, Vertretungsvollmacht;* → a. *Pleinpouvoir* [frz., eigtl. »Macht, Herrschaft, Gewalt«]
Pow|er, ⟨auch⟩ **Po|wer** ⟨[pauə(r)] f.; -; unz.; Jugendspr.⟩ *Kraft, Stärke, Schwung;* gib dem Auto mal ein bisschen ~! *fahr mal ein bisschen schneller!* [engl.]
Pow|er|frau, ⟨auch⟩ **Po|wer|frau** ⟨[pauə(r)-] f.; -, -en; salopp⟩ *emanzipierte, energisch handelnde u. in allen Lebensbereichen erfolgreiche Frau* [< engl. *power* »Kraft, Stärke, Schwung«]
pow|ern, ⟨auch⟩ **po|wern** ⟨[pauə(r)n] V.; umg.⟩ **1** *mit großer Energie u. Leistungskraft arbeiten* **2** *Macht ausüben, selbstherrlich handeln, rücksichtslos vorgehen* [zu engl. *power* »Macht, Gewalt«]
Pow|er|pack, ⟨auch⟩ **Po|wer|pack** ⟨[pauə(r)-pæk] n.; -s, -s⟩ *Transformator, mit dem die Voltstärke einer Energiequelle od. Batterie an die Voltstärke, die ein elektrisches Gerät benötigt, angeglichen werden kann* [engl., »Netzteil«]
Pow|er|play, ⟨auch⟩ **Po|wer|play** ⟨[pauə(r)plɛi] n.; -s, -s; Sp.; bes. Eishockey⟩ *verstärkter Ansturm auf den Gegner bzw. auf das gegnerische Tor, i. d. Regel bei Überzahlspiel praktiziert* [engl.; zu *power* »Kraft« + *play* »Spiel«]
Pow|er|slide, ⟨auch⟩ **Po|wer|slide** ⟨[pauə(r)-slaid] n.; -s, -s; Autorennen⟩ *Wegschlittern des hinteren Wagenteils in Kurven* [engl.; zu *power* »Kraft« + *slide* »schlittern«]
Po|widl ⟨m.; -s, -; österr.⟩ *Pflaumenmus* [< tschech. *povidla*]
Poz|zo|lan ⟨n.,-s, -e⟩ = *Puzzolan*
pp ⟨Abk. für⟩ *pianissimo*
PP ⟨Zeichen für⟩ *Polypropylen*
p.p. ⟨Abk. für⟩ *per procura*
P.P. ⟨Abk. für⟩ *Praemissis praemittendis*
PP. ⟨Abk. für⟩ *Patres*
ppa. ⟨Abk. für⟩ *per procura*
ppb ⟨Phys.; Abk. für engl.⟩ *part per billion (engl. billion entspricht der dt. Milliarde), gibt an, dass auf eine Milliarde Teilchen einer Sorte ein Teilchen einer anderen Sorte kommt*
ppm ⟨Phys.; Abk. für engl.⟩ *part per million, gibt an, dass auf eine Million Teilchen einer Sorte ein Teilchen einer anderen Sorte kommt*
PPS ⟨Abk. für engl.⟩ *Production Planning and Scheduling, Produktionsplanung u. -steuerung (per Computer)*
p.r. ⟨Abk. für⟩ *poste restante*
Pr ⟨chem. Zeichen für⟩ *Praseodym*
PR ⟨Abk. für⟩ *Publicrelations*
Prä ⟨n.; -s, -s; umg.⟩ **1** das ~ haben *den Vorrang haben* **2** ein ~ jmdm. gegenüber haben *einen Vorteil* [< lat. *prae* »vor«]
prä…, Prä… ⟨in Zus.⟩ *vor…, Vor…* [< lat. *prae…* »vor, vorher«]
Prä|am|bel ⟨f.; -, -n⟩ *Einleitung (zu einer Urkunde, einem Staatsvertrag)* [< lat. *praeambulum* »Vorangehendes, Vorrede« < *prae…* »vor« + *ambulare* »gehen«]
Prä|ben|dar ⟨m.; -s, -e⟩, **Prä|ben|da|ri|us** ⟨m.; -, -ri|en⟩ *Inhaber einer Präbende*
Prä|ben|de ⟨f.; -, -n⟩ *kirchl. Pfründe* [< lat. *praebenda,* »der einem von Staats wegen zukommende Unterhalt«; zu *praebere* »darreichen«; verwandt mit *Pfründe*]
Pra|cher ⟨m.; -s, -; norddt.⟩ *zudringl. Bettler* [< altpoln. mundartl. *pracharz* »Bettler«]
pra|chern ⟨V.⟩ *zudringlich betteln*
Prä|des|ti|na|ti|on ⟨f.; -; unz.⟩ *die Vorbestimmung des Menschen zur Gnade od. Verdammnis durch den Willen Gottes* [< lat. *praedestinatio* »Vorherbestimmung«; zu *praedestinare* »im Voraus bestimmen«]
prä|des|ti|nie|ren ⟨V.⟩ *vorausbestimmen (im Sinne der theolog. Prädestinationslehre);* zu etwas prädestiniert sein ⟨fig.; umg.⟩ *für etwas bes. gut geeignet, veranlagt sein* [< lat. *praedestinare* »im Voraus bestimmen«]
Prä|de|ter|mi|na|ti|on ⟨f.; -; unz.; Biol.⟩ *Festlegung von Merkmalen des Nachkommen durch Umwelteinflüsse od. genetische Anlagen der Mutter, die die noch unbefruchtete Eizelle beeinflussen* [< *Prä…* + *Determination*]
prä|de|ter|mi|nie|ren ⟨V.; Biol.⟩ *durch Prädetermination festlegen, steuern*
Prä|di|ka|ment ⟨n.; -(e)s, -e; Philos.; Scholastik⟩ *Kategorie* [< lat. *praedicamentum* »im Voraus erfolgende Hinweisung«]
Prä|di|kant ⟨m.; -en, -en⟩ *Pfarrhelfer* [< lat. *praedicans* »verkündigend«, Part. Präs. zu *praedicare* »verkündigen, predigen«]
Prä|di|kan|ten|or|den ⟨m.; -s; unz.⟩ *Dominikanerorden* [→ *Prädikant*]
Prä|di|kat ⟨n.; -(e)s, -e⟩ **1** *Titel, Rangbezeichnung;* Adels~ **2** *Ergebnis einer Bewertung;* eine Arbeit mit dem ~ »sehr gut« bewerten; ein Wein mit dem ~ »Kabinett« **3** ⟨Logik⟩ *Glied eines Urteils, das die Aussage über ein Subjekt enthält* **4** ⟨Gramm.⟩ *Satzteil, der Tätigkeit, Zustand od. Eigenschaft eines Subjektes angibt, Satzaussage* [< lat. *praedicatum* »Rangbezeichnung«]
Prä|di|ka|ten|lo|gik ⟨f.; -; unz.; Philos.⟩ *Teilgebiet der mathematischen Logik, das sich mit der formalen Analyse von Aussagen befasst u. dabei die Aussageform als eine Funktion mit Konstanten u. Variablen betrachtet*
Prä|di|ka|ti|on ⟨f.; -, -en; Logik, Philos.⟩ *Aussage über etwas, Gebrauch von Prädikaten(3)*

prä|di|ka|ti|sie|ren ⟨V.⟩ etwas ~ *prämieren, mit einem Prädikat auszeichnen;* ein Gesellschaftsspiel ~; ein Restaurant ~
prä|di|ka|tiv ⟨Adj.; Gramm.⟩ *als Prädikat(4) (verwendet), zum Prädikat(4) gehörend*
Prä|di|ka|tiv ⟨n.; -s, -e [-və]; Gramm.⟩ *den Sinn tragender Teil des zusammengesetzten Prädikats in Form eines Substantivs, Adjektivs, Pronomens, Adverbs od. Zahlwortes*
Prä|di|ka|tiv|satz ⟨m.; -es, -sät|ze; Gramm.⟩ *Nebensatz, der ein substantivisches Prädikativ ersetzt;* z.B. er ist, „was man einen Intellektuellen nennt"
Prä|di|ka|tor ⟨m.; -s, -to|ren; Philos.; Logik⟩ *Ausdruck, der die Eigenschaft einer Sache bestimmt u. sie so von anderen Sachen unterscheidbar macht*
Prä|di|kats|no|men ⟨n.; -s, - od. -mi|na; Gramm.⟩ *aus einem Nomen bestehendes Prädikativ;* z.B. der Wal ist „ein Säugetier"
Prä|di|kats|wein ⟨m.; -(e)s, -e⟩ *Qualitätswein mit einem Prädikat,* z.B. Kabinett, Spätlese, Beerenauslese
prä|dik|ta|bel ⟨Adj.⟩ *durch wissenschaftlich fundierte Generalisierung vorhersagbar;* prädiktable Ereignisse [zu lat. *praedicere* »vorhersagen«]
Prä|dik|ta|bi|li|tät ⟨f.; -; unz.⟩ *Vorhersagbarkeit aufgrund wissenschaftlich fundierter Generalisierung* [→ *prädiktabel*]
Prä|dik|ti|on ⟨f.; -, -en⟩ *Vorhersage* [< *Prä… + Diktion*]
prä|dis|po|nie|ren ⟨V.⟩ **1** *vorausbestimmen* **2** für eine Krankheit prädisponiert sein *anfällig, empfänglich sein*
Prä|dis|po|si|ti|on ⟨f.; -, -en⟩ *Anlage, Empfänglichkeit (für eine Krankheit)*
prä|di|zie|ren ⟨V.; Logik⟩ *durch ein Prädikat(3) bestimmen* [<lat. *praedicare* »vorausbestimmen; vorschreiben«]
Prä|do|mi|na|ti|on ⟨f.; -; unz.⟩ *das Prädominieren, Vorherrschaft*
prä|do|mi|nie|ren ⟨V.⟩ *vorherrschen, überwiegen*
prae|cox ⟨Med.⟩ *verfrüht, vorzeitig;* Ejaculatio ~ [lat.]
prae|mis|sis prae|mit|ten|dis ⟨Abk.: P. P.; ⟨†⟩ *man nehme an, der gebührende Titel sei vorausgeschickt (Vermerk auf Rundschreiben statt der einzelnen Anreden)* [lat., »nach Vorausschickung des Vorauszuschickenden«]
prae|mis|so ti|tu|lo ⟨Abk.: P. T.; †⟩ *den (gebührenden) Titel vorausgeschickt* [lat., »nach Vorausschickung des Titels«]
Prä|e|xis|tenz ⟨f.; -, -en⟩ **1** *Dasein der Seele vor Eintritt in den Körper* **2** *Dasein in einem früheren Leben*
prä|fa|bri|zie|ren, ⟨auch⟩ **prä|fab|ri|zie|ren** ⟨V.; geh.⟩ *im Voraus festlegen, vorfertigen;* eine präfabrizierte Meinung haben [< *prä… + fabrizieren*]
Prä|fa|ti|on ⟨f.; -, -en; kath. Messe⟩ *feierl. Gesang des Priesters vor der Wandlung* [<lat. *praefatio* »Eingangsworte, Vorformel«]
Prä|fekt ⟨m.; -en, -en⟩ **1** ⟨im antiken Rom⟩ *hoher ziviler od. militär. Beamter* **2** *Beamter in der Verwaltung* **3** ⟨in Frankreich seit 1800⟩ *oberster Beamter in der Verwaltung eines Departements;* Sy *Intendant(3)* **4** ⟨in engl. Internaten⟩ *älterer Schüler, der die Aufsicht über die jüngeren Schüler eines Hauses hat* **5** ⟨in Deutschland⟩ *älterer Schüler des Chors einer Schule, der den Kantor als Dirigent vertritt* [<lat. *praefectus* »Vorgesetzter«]
Prä|fek|tur ⟨f.; -, -en⟩ *Amt eines Präfekten*
prä|fe|ren|ti|ell ⟨Adj.⟩ = *präferenziell*
Prä|fe|renz ⟨f.; -, -en⟩ **1** *Vorrang, Vorzug* **2** ⟨Kart.⟩ *Trumpfkarte* [<lat. *praeferre* »vorziehen« u. frz. *préférence* »Bevorzugung, Vorzug«]
prä|fe|ren|zi|ell ⟨Adj.; bes. Wirtsch.⟩ *auf Präferenzen beruhend, Präferenzen zeigend;* oV *präferentiell*
prä|fi|gie|ren ⟨V.⟩ *ein Präfix anfügen*
Prä|fix ⟨a. ['--] n.; -es, -e⟩ *Vorsilbe* [<lat. *praefixum,* Part. Perf. zu lat. *praefigere* »vorn anheften, vorstecken«]
Prä|fi|xo|id ⟨n.; -(e)s, -e; Sprachw.⟩ *dem Präfix verwandtes Wortbildungselement, das mit dem entsprechenden selbständig vorkommenden Lexem nicht bedeutungsgleich ist,* z.B. »Bomben«-erfolg, »Heiden«-lärm, »Affen«-hitze [< *Präfix + …oid*]
Prä|fix|verb ⟨[-vɛrb] n.; -s, -en; Sprachw.⟩ *präfigiertes Verb,* z.B. behindern, entfalten, vertreiben
Prä|for|ma|ti|on ⟨f.; -, -en; Biol.⟩ *ontogenet. Vorstellung, nach der die Lebewesen bereits im Keim vorgebildet sind* [<lat. *praeformatio* »Vorherbildung«]
prä|for|mie|ren ⟨V.⟩ *im Keim vorbilden* [<lat. *praeformare* »vorher bilden«]
prä|ge|ni|tal ⟨Adj.; Psych.⟩ ~e Phase ⟨nach S. Freud (1856–1939)⟩ *psychosexueller Entwicklungsabschnitt bis zum 4.–5. Lebensjahr, der sich aus der oralen, analen u. phallischen Phase zusammensetzt* [< *prä… + genital*]
prä|gla|zi|al ⟨Adj.⟩ *vor der Eiszeit (vorhanden, auftretend);* Ggs *postglazial*
Prä|gla|zi|al ⟨n.; -s; unz.; Geol.⟩ *Zeitraum vor der pleistozänen Vereisung, gekennzeichnet durch zunehmende Klimaverschlechterung;* Ggs *Postglazial* [→ *präglazial*]
Prag|ma|lin|gu|is|tik ⟨a. ['------] f.; -; unz.; Sprachw.⟩ *soziologisch ausgerichteter Teilbereich der Linguistik, der sprachl. Äußerungen im Zusammenhang mit sozialen, psychischen u. situativen Bedingungen untersucht;* →a. *Pragmatik* [< *Pragmatik + Linguistik*]
prag|ma|lin|gu|is|tisch ⟨a. ['------] Adj.; Sprachw.⟩ *auf der Pragmalinguistik beruhend, zu ihr gehörend, sie betreffend*
Prag|ma|tik ⟨f.; -; unz.⟩ **1** *derjenige Aspekt der Semiotik, der die Beziehungen zwischen den Zeichen u. den Menschen, die sie vereinbaren u. anwenden, betrifft* **2** ⟨österr.⟩ *Ordnung des Staatsdienstes* [<grch. *pragmatike (techne)* »Kunst, richtig zu handeln«]

Prag|ma|ti|ker ⟨m.; -s, -⟩ *Anhänger, Vertreter des Pragmatismus;* Sy *Pragmatist*

prag|ma|tisch ⟨Adj.⟩ **1** *im Sinne des Pragmatismus* **2** *zur Pragmatik(1) gehörig, auf der P. beruhend* **3** *sachlich, den Tatsachen, Erfahrungen, der Praxis des Lebens entsprechend, dem prakt. Nutzen dienend;* ~e Geschichtsschreibung *G., die die Ursachen u. Wirkungen von histor. Ereignissen erforscht u. daraus Lehren zu ziehen sucht* [<grch. *pragmatikos* »praktisch, tätig«; zu *pragma* »das Handeln«]

prag|ma|ti|sie|ren ⟨V.; österr.⟩ jmdn. ~ *jmdm. eine feste Anstellung auf Lebenszeit geben, jmdn. verbeamten* [→ *Pragmatik*]

Prag|ma|tis|mus ⟨m.; -; unz.⟩ **1** *Lehre, nach der sich das Wesen des Menschen in seinem Handeln ausdrückt u. nach der Handeln u. Denken dem prakt. Leben dienen sollen* **2** = *Praktizismus*

Prag|ma|tist ⟨m.; -en, -en⟩ = *Pragmatiker*

prä|gnant, ⟨auch⟩ **präg|nant** ⟨Adj.⟩ *genau, kurz u. treffend;* ~e Ausdrucksweise; einen Sachverhalt ~ ausdrücken, bezeichnen [<lat. *praegnans* »schwanger, trächtig, voll, strotzend«]

Prä|gnanz, ⟨auch⟩ **Präg|nanz** ⟨f.; -; unz.⟩ *prägnante Beschaffenheit*

Prä|his|to|rie ⟨[-riə] f.; -; unz.⟩ *Vorgeschichte*

Prä|his|to|ri|ker ⟨a.['-----] m.; -s, -⟩ *Erforscher der Prähistorie*

prä|his|to|risch ⟨Adj.⟩ *vorgeschichtlich*

Prahm ⟨m.; -(e)s, -e⟩ *flacher, breiter, schwerer Lastkahn* [<tschech. *prám* »Fahrzeug«]

Prai|ri|al ⟨[prɛ-] m.; -s, -s; Pl. selten; Gesch.⟩ *neunter Monat des französ. Revolutionskalenders, 20. bzw. 21. Mai bis 18. bzw. 19. Juni* [frz., »Wiesenmonat« <*prairie* »Wiese«]

Prai|rie|oys|ter, ⟨auch⟩ **Prai|rie-Oys|ter** ⟨[prɛ:riɔistə(r)] f.; (-) -, (-) -s⟩ *Cocktail aus Eigelb, Gewürzen (u. Weinbrand);* Sy *Prärieauster* [engl., »Prärieauster«]

Prä|ju|diz ⟨n.; -es, -e⟩ **1** *vorher getroffene Entscheidung* **2** ⟨Rechtsw.⟩ *für spätere Fälle maßgebende richterliche Entscheidung* [<lat. *praeiudicium* »Vorentscheidung«; zu *iudicare* »urteilen«]

prä|ju|di|zi|al, prä|ju|di|zi|ell ⟨Adj.; Rechtsw.⟩ *wichtig für die Entscheidung eines späteren Sachverhalts*

prä|ju|di|zie|ren ⟨V.⟩ eine Sache ~ *der Entscheidung über eine Sache vorgreifen*

prä|kam|brisch, ⟨auch⟩ **prä|kamb|risch** ⟨Adj.⟩ = *proterozoisch*

Prä|kam|bri|um, ⟨auch⟩ **Prä|kamb|ri|um** ⟨n.; -s; unz.⟩ = *Proterozoikum*

prä|kan|ze|rös ⟨Adj.; Med.⟩ *potenziell in Krebs übergehend, Vorstufen von Krebs darstellend (von Gewebeveränderungen)* [<*prä...* + *kanzerös*]

Prä|kan|ze|ro|se ⟨f.; -, -n; Med.⟩ *potenziell maligne Gewebeveränderung, die als Krebsvorstufe anzusehen ist u. chirurgisch entfernt werden muss*

prä|kar|bo|nisch ⟨Adj.⟩ *vor dem Karbon (liegend, auftretend);* Ggs *postkarbonisch*

prä|kar|di|al ⟨Adj.⟩ *in der Herzgegend (liegend);* oV *präkordial*

Prä|kar|di|al|gie ⟨f.; -, -n⟩ *Schmerz in der Herzgegend* [<*Prä...* + *Kardialgie*]

prä|klu|die|ren ⟨V.⟩ *ausschließen, wegen Versäumnis einer Frist gerichtlich verweigern* [<lat. *praecludere* »verschließen, versperren«; zu *claudere* »schließen«]

Prä|klu|si|on ⟨f.; -, -en⟩ *Ausschließung, gerichtl. Verweigerung* [<lat. *praeclusio* »Verschließung«; zu *claudere* »schließen«]

prä|klu|siv ⟨Adj.⟩ *ausschließend, ein Recht verwirkend*

Prä|klu|siv|frist ⟨f.; -, -en⟩ *gerichtlich festgelegte Frist, nach deren Ablauf ein Recht nicht mehr geltend gemacht werden kann*

Prä|ko|gni|ti|on, ⟨auch⟩ **Prä|kog|ni|ti|on** ⟨f.; -; unz.; Parapsych.⟩ *Wahrnehmung außersinnlicher Vorgänge;* ⟨auch⟩ *angebliches Voraussehen der Zukunft, Hellsehen* [<*Prä...* + lat. *cognitio* »Wahrnehmung«]

prä|ko|lum|bisch ⟨Adj.⟩ *vor der Entdeckung durch Kolumbus;* das ~e Amerika; in ~er Zeit [<*prä...* + Christoph *Kolumbus,* 1446 od. 1447-1506, Entdecker Amerikas]

Prä|ko|ma ⟨n.; -s, -s; Med.⟩ *Vorstufe des Komas noch ohne Bewusstseinstrübung, z.B. bei Zuckerkrankheit* [<*Prä...* + *Koma*]

Prä|ko|ni|sa|ti|on ⟨f.; -, -en⟩ *feierl. Ernennung eines Bischofs durch den Papst vor den Kardinälen* [<lat. *praeco* »Herold, Ausrufer, Verkündiger«]

prä|ko|ni|sie|ren ⟨V.⟩ *vor den Kardinälen feierlich zum Bischof ernennen*

prä|kor|di|al ⟨Adj.⟩ = *präkardial* [<*prä...* + lat. *cor,* Gen. *cordis* »Herz«]

Prä|kor|di|al|angst ⟨f.; -, -ängs|te; Pl. selten; Med.⟩ *beklemmendes Angstempfinden, das in der Herzgegend wahrgenommen wird* [→ a. *präkordial*]

Pra|krit, ⟨auch⟩ **Prak|rit** ⟨n.; -(e)s; unz.⟩ *mehrere mittelind. Dialekte zwischen 500 v.Chr. u. 1000 n.Chr., die (neben dem Sanskrit als Hochsprache) auch in der Literatur verwendet wurden* [<Sanskrit *prakrita* »gemein, gewöhnlich«]

Prak|tik ⟨f.; -, -en⟩ **1** *Ausübung (einer Tätigkeit)* **2** *Handhabung (eines Werkzeugs)* **3** *Verfahren* **4** ⟨fig.⟩ *Kunstgriff, Kniff* **5** ⟨15./17. Jh.⟩ *(Anhang an den) Kalender mit Bauernregeln* [<mlat. *practica* <grch. *praktike (techne)* »Lehre vom Tun u. Handeln«]

Prak|ti|ka ⟨Pl. von⟩ *Praktikum*

prak|ti|ka|bel ⟨Adj.⟩ **1** *brauchbar, benutzbar, zweckmäßig;* praktikable Vorschläge **2** *anwendbar, durchführbar;* Ggs *impraktikabel* **3** ⟨Theat.⟩ *begehbar, fest, echt (nicht gemalt od. markiert);* praktikable Dekorationsteile [<mlat. *practicabilis* »tunlich, ausführbar«; zu *practica;* → *Praktik*]

Prak|ti|ka|bi|li|tät ⟨f.; -; unz.⟩ *praktikable Beschaffenheit, Durchführbarkeit*

Prak|ti|kant ⟨m.; -en, -en⟩ *jmd., der in der prakt. Ausbildung, im Praktikum steht* [<mlat. *practicans,* Part. Präs. von *practicare* »eine Tätigkeit ausüben«; zu *practica;* → *Praktik*]

Prak|ti|kan|tin ⟨f.; -, -tin|nen⟩ *weibl. Praktikant*

Prak|ti|ker ⟨m.; -s, -⟩ *praktischer Mensch, Mann mit praktischer Erfahrung;* Sy ⟨umg.; scherzh.⟩ *Praktikus;* Ggs *Theoretiker(1)* [<mlat. *practicus* »tätig« <grch. *praktikos* »tätig, auf das Handeln gerichtet«]

Prak|ti|kum ⟨n.; -s, -ka⟩ **1** *Übungen, Kurs zur prakt. Anwendung des in der Vorlesung Erlernten* **2** *zeitl. zusammenhängende Ausbildung in der praktischen Arbeit als Teil der gesamten Ausbildung*

Prak|ti|kus ⟨m.; -, -kus|se; umg.; scherzh.⟩ = *Praktiker* [<mlat. *practicus* »tätig«; → *Praktiker*]

prak|tisch ⟨Adj.⟩ **1** *auf Praxis(1) beruhend, in der Praxis, in Wirklichkeit, tatsächlich;* Ggs *theoretisch;* etwas lässt sich ~ kaum durchführen **2** Ggs *unpraktisch* **2.1** *zweckmäßig, gut zu handhaben;* ~e Einrichtung **2.2** *geschickt, findig;* du machst das sehr ~ **3** ~er Arzt *A. für alle Krankheiten, im Gegensatz zum Facharzt nicht spezialisierter A.* **4** ~es Jahr *Praktikum von einem Jahr Dauer* [<mlat. *practicus* »tätig« <grch. *praktikos* »tätig, auf das Handeln gerichtet«]

prak|ti|zie|ren ⟨V.⟩ **1** *in die Praxis umsetzen, in der Praxis anwenden, durchführen, ausführen* **2** etwas an eine Stelle ~ ⟨umg.⟩ *geschickt an eine S. bringen* **3** *als Arzt tätig sein;* Dr. X praktiziert ab 1.10. wieder; ~der Arzt *in der Praxis tätiger Arzt (im Unterschied zum Arzt an einer Behörde, Hochschule usw.)* [<mlat. *practicare* »eine Tätigkeit ausüben«; zu *practica;* → *Praktik*]

Prak|ti|zis|mus ⟨m.; -; unz.⟩ *Neigung, in der Praxis aufzugehen u. die Ideologie außer Acht zu lassen;* Sy *Pragmatismus(2)*

Prä|lat ⟨m.; -en, -en; Titel für⟩ **1** *kath. geistl. Würdenträger,* z.B. Bischof, Abt mit bes. Befugnissen **2** *leitender evang. Geistlicher in einigen süddt. Landeskirchen* [<mlat. *praelatus* »höherer geistl. Würdenträger«]

Prä|la|tur ⟨f.; -, -en⟩ *Amt, Wohnung eines Prälaten*

Prä|li|mi|na|re ⟨n.; -s, -ri|en; meist Pl.⟩ *diplomat. Vorverhandlung* [<*Prä…* + lat. *limen,* Gen. *liminis* »Schwelle«]

Prä|li|mi|nar|frie|den ⟨m.; -s, -⟩ *vorläufiger Frieden, dessen Einzelheiten noch ausgearbeitet werden müssen*

prä|li|mi|nie|ren ⟨V.⟩ *vorläufig festlegen, vorläufig bestimmen*

Pra|li|ne ⟨f.; -, -n⟩ *kleines Stück Konfekt mit einem Überzug aus Schokolade u. mit verschiedenen Füllungen* [frz., »gebrannte Mandel«, nach dem frz. Marschall du Plessin-*Praslin,* † 1675, dessen Koch diese Süßigkeit angeblich erfand]

Pra|li|né ⟨[-ne:] n.; -s, -s; oberdt.; schweiz.⟩, **Pra|li|nee** ⟨m.; -s, -s; oberdt.⟩ = *Praline* [deutsche Bildung zu *Praline*]

prä|lo|gisch ⟨Adj.⟩ *vor der Logik liegend, noch nicht logisch;* ~es Denken *in der Entwicklung des Menschen dem logischen Denken vorausgehendes Denken, z.B. magisches, mystisches od. mythologisches Denken* [<*prä…* + *logisch*]

Prä|lo|gis|mus ⟨m.; -; unz.; Philos.⟩ *Lehre von den naturgegebenen, prälogischen Denkweisen*

prä|lu|die|ren ⟨V.; Mus.⟩ *einleitend u. frei gestaltend spielen (auf Klavier od. Orgel)* [<lat. *praeludere* »vorspielen, ein Vorspiel machen«; zu *ludere* »spielen«]

Prä|lu|di|um ⟨n.; -s, -di|en⟩ oV *Prélude* **1** *Vorspiel;* Ggs *Postludium* **2** *frei gestaltetes, einleitendes Musikstück* **3** ⟨fig.⟩ *einem Vorgang od. Ereignis vorausgehender Vorgang* [→ *präludieren*]

prä|ma|tur ⟨Adj.; Med.⟩ *frühreif*

Prä|ma|tu|ri|tät ⟨f.; -; unz.; Med.⟩ *Frühreife* [<lat. *praematurus* »frühreif«; zu *maturus* »reif«]

Prä|me|di|ta|ti|on ⟨f.; -, -en⟩ *Vorüberlegung, Vorausdenken* [<lat. *praemeditatio* »Vorherbedenken«; zu *meditari* »nachdenken«]

Prä|mie ⟨[-miə] f.; -, -n⟩ **1** *Preis, Belohnung für gute Leistung;* Buch~, Geld~ **2** *Betrag, den der Versicherte der Versicherung regelmäßig zu zahlen hat;* Versicherungs~ [<lat. *praemium* »Belohnung, Preis«]

prä|mie|ren ⟨V.⟩ = *prämiieren*

Prä|mie|rung ⟨f.; -, -en⟩ = *Prämiierung*

prä|mi|ie|ren ⟨V.⟩ *mit einer Prämie belohnen, auszeichnen;* oV *prämieren* [<lat. *praemiare* »belohnen«; zu *praemium* »Belohnung«]

Prä|mi|ie|rung ⟨f.; -, -en⟩ *das Prämiieren, Preisverleihung;* oV *Prämierung*

Prä|mis|se ⟨f.; -, -n; Logik⟩ *Voraussetzung (eines Schlusses)* [<lat. *(propositio) praemissa* »vorausgeschickter (Satz)«]

Prä|mo|lar ⟨m.; -en, -en⟩ *vorderer Backenzahn* [<lat. *prä…* »vor, vorher« + *Molar*]

Prä|mons|tra|ten|ser, ⟨auch⟩ **Prä|monst|ra|ten|ser** ⟨m.; -s, -; Abk.: O.Pr., P. Praem.⟩ *Angehöriger eines 1120 vom hl. Norbert gestifteten Ordens, der in Deutschland bes. in der Christianisierung der Ostgebiete wirkte* [nach dem frz. Ort *Prémontré* <frz. *pré montré* <lat. *pratum monstratum* »gezeigte Wiese«; nach der Legende wurde dem hl. Norbert 1120 dort von Gott ein Wiesental zur Ordensgründung gezeigt]

prä|mor|tal ⟨Adj.⟩ *dem Tod vorausgehend, vor dem Tod;* Ggs *postmortal* [<*prä…* + lat. *mors,* Gen. *mortis* »Tod«]

prä|na|tal ⟨Adj.⟩ *vor der Geburt eintretend;* Ggs *postnatal* [<*prä* + lat. *natalis* »Geburtstag«]

Prä|no|men ⟨n.; -s, -mi|na⟩ *Vorname (der alten Römer)* [<lat. *praenomen* »Vorname«; zu *nomen* »Name«]

Prä|no|va ⟨[-va] f.; -, -no|vä⟩ *Zustand eines*

Sternes vor dem Ausbruch einer Nova [< *Prä... + Nova*]

prä|nu|me|ran|do 〈Adv.〉 *im Voraus;* Ggs *postnumerando* [< *prä...* + lat. *numerare* »zählen«]

Prä|nu|me|ra|ti|on 〈f.; -, -en〉 *Vorauszahlung;* Ggs *Postnumeration*

prä|nu|me|rie|ren 〈V.〉 *vorauszahlen* [< *prä...* + lat. *numerare* »zählen«]

Prä|ok|ku|pa|ti|on 〈f.; -; unz.〉 **1** *Vorwegnahme* **2** *Voreingenommenheit* [< lat. *praeoccupatio* »Voreinnahme, Vorwegnahme«; zu *occupare* »besetzen«]

prä|ok|ku|pie|ren 〈V.〉 jmdn. ~ *jmdm. zuvorkommen; jmdn. befangen machen* [< lat. *praeoccupare* »vorwegnehmen«; zu *occupare* »besetzen«]

prä|o|pe|ra|tiv 〈Adj.〉 *vor der Operation;* Ggs *postoperativ*

prä|pa|la|tal 〈Adj.; Phonol.〉 *vor dem Gaumen artikuliert (von Lauten);* Ggs *postpalatal* [< *prä... + palatal*]

Prä|pa|rand 〈m.; -en, -en; †〉 *Schüler, der sich auf das Lehrerseminar vorbereitet* [< lat. *praeparandus* »Vorzubereitender«; zu *praeparare* »vorbereiten«]

Prä|pa|rat 〈n.; -(e)s, -e〉 **1** *etwas kunstgerecht Vor-, Zubereitetes,* z.B. Arzneimittel **2** *getrocknete Pflanze od. ausgestopftes Tier als Lehrmittel* **3** *zum Mikroskopieren vorbereiteter Teil eines Gewebes* [< lat. *praeparatus,* Part. Perf. zu *praeparare* »vor-, zubereiten«]

Prä|pa|ra|ti|on 〈f.; -, -en〉 **1** *das Präparieren* **2** 〈†〉 *Vorbereitung, das Lernen der Hausaufgaben* [< lat. *praeparatio* »Vorbereitung«; zu *praeparare* »vorbereiten«]

prä|pa|ra|tiv 〈Adj.〉 *die Anfertigung von Präparaten(2,3) betreffend*

Prä|pa|ra|tor 〈m.; -s, -to|ren〉 *Hersteller von naturwissenschaftl. Präparaten* [< lat. *praeparator* »Vorbereiter, Zubereiter«; zu *praeparare* »vor-, zubereiten«]

prä|pa|rie|ren 〈V.〉 **1** Pflanzen, Tiere ~ *zur Aufbewahrung dauerhaft machen* **2** pflanzl., tier., menschl. Körper ~ *zerlegen, um daran zu lernen* **3** sich ~ *sich auf den Unterricht vorbereiten* **4** ein fremdsprachiges Lesestück ~ *vorbereitend lesen u. übersetzen* [< lat. *praeparare* »vor-, zubereiten«]

Prä|pon|de|ranz 〈f.; -; unz.; †〉 *Übergewicht (eines Staates), Vorherrschaft* [< frz. *prépondérance* »Übergewicht«]

prä|pon|de|rie|ren 〈V.; †〉 *überwiegen, das Übergewicht haben* [< lat. *praeponderare;* zu *pondus* »Gewicht«]

prä|po|nie|ren 〈V.〉 *voransetzen, -stellen* [< lat. *praeponere*]

Prä|po|si|ti|on 〈f.; -, -en〉 *Verhältniswort, Klasse von Wörtern (Wortart), die vor einem Nomen od. Pronomen stehen u. die Relationen zwischen den übrigen Wortarten u. Gliedern eines Satzes ausdrücken* [< lat. *praepositio* »Voransetzung«; zu *praeponere* »voranstellen«]

prä|po|si|ti|o|nal 〈Adj.〉 *mit einer Präposition zusammenstehend*

Prä|po|si|ti|o|nal|at|tri|but 〈n.; -(e)s, -e; Gramm.〉 *mit Hilfe einer Präposition gebildeter Satzgliedteil, der ein Nomen näher bestimmt,* z.B. die Reise »nach Italien«, das Wetter »in diesem Sommer«

Prä|po|si|ti|o|nal|ka|sus 〈m.; -, - Gramm.〉 *von einer Präposition festgelegter Kasus,* z.B. gegen »ihn«, entlang »des Flusses«, »ihr« gemäß [< *präpositional + Kasus*]

Prä|po|si|ti|o|nal|ob|jekt 〈n.; -(e)s, -e〉 *mit einer Präposition verbundenes Objekt, Verhältnisergänzung*

Prä|po|si|tiv 〈m.; -s, -e [-və]〉 *von einer Präposition abhängiger Beugungsfall, z.B. im Russischen*

Prä|po|si|tur 〈f.; -, -en〉 *Stelle eines Präpositus*

Prä|po|si|tus 〈m.; -, -ti〉 *Vorgesetzter, Propst* [< lat. *praepositus,* Part. Perf. zu *praeponere* »vorsetzen, voranstellen«]

prä|po|tent 〈Adj.〉 **1** 〈österr.; abwertend〉 *überheblich, aufdringlich, unverschämt* **2** 〈†〉 *überlegen, übermächtig* [< lat. *präepotens* »sehr mächtig«; zu *potens* »mächtig«]

Prä|pu|ti|um 〈n.; -s, -ti|en; Anat.〉 *Vorhaut* [< lat. *praeputium* » Vorhaut«]

Prä|raf|fa|e|lis|mus 〈m.; -; unz.; Mal.〉 *Kunstanschauung u. Malstil der Präraffaeliten*

Prä|raf|fa|e|lit 〈[-fa:e-] m.; -en, -en〉 *Mitglied der von D.G. Rosetti gegründeten Vereinigung engl. Maler, die der Kunst einen neuen Gehalt im Sinne der Vorläufer Raffaels zu geben suchte* [nach dem ital. Maler u. Baumeister *Raffaello* Santi, 1483-1520]

Prä|rie 〈f.; -, -n〉 *nordamerikan. Grassteppe* [< frz. *prairie* »Wiese«]

Prä|rie|aus|ter 〈f.; -, -n〉 = *Prairieoyster*

Prä|ro|ga|tiv 〈n.; -s, -e [-və]〉, **Prä|ro|ga|ti|ve** 〈f.; -, -n〉 *Vorrecht des Herrschers,* z.B. Auflösung des Parlaments, Erlass von Gesetzen, Begnadigung [< lat. *praerogativa* »Vorrang, Vorrecht«; zu *rogare* »verlangen«]

Prä|sa|pi|ens|mensch 〈m.; -en, -en; Anthrop.〉 *unmittelbarer stammesgeschichtl. Vorfahre des Homo sapiens*

Prä|sens 〈n.; -, -sen|tia od. -sen|zi|en〉 *Tempus des Verbums, das ein gegenwärtiges od. zeitlich unbestimmtes Geschehen bezeichnet, Gegenwartsform,* z.B. ich gehe [< lat. *(tempus) praesens* »gegenwärtige (Zeit)«]

prä|sent 〈Adj.〉 *anwesend, gegenwärtig;* Ggs *absent* [< lat. *praesens* »gegenwärtig«]

Prä|sent 〈n.; -(e)s, -e〉 *Geschenk, kleine Aufmerksamkeit* [< frz. *présent* »Geschenk«; zu *présenter* »darbieten, vorstellen« < lat. *praesentare* »gegenwärtig machen, zeigen«]

prä|sen|ta|bel 〈Adj.〉 *so beschaffen, dass man es vorzeigen kann, ansehnlich*

Prä|sen|tant 〈m.; -en, -en〉 *jmd., der eine Urkunde, bes. einen fälligen Wechsel, vorlegt* [< lat. *praesentans,* Part. Präs. zu *praesentare* »gegenwärtig machen, zeigen«]

Prä|sen|ta|ti|on 〈f.; -, -en〉 **1** *Vorlegung (bes. ei-*

nes Wechsels zur Annahme) **2** *Vorschlag (für ein Amt)* **3** *Vorführung (eines neuen Produktes);* die ~ eines neuen Autotyps [<lat. *praesentatio* »Vorzeigung«; zu *praesentare* »gegenwärtig machen, zeigen«]

prä|sen|tie|ren ⟨V.⟩ *darreichen, darbieten, vorlegen;* jmdm. die Rechnung ~ *zur Bezahlung vorlegen,* ⟨fig.⟩ *Vergeltung üben;* jmdm. einen Wechsel ~ *zur Einlösung vorlegen;* das Gewehr ~ *das G. senkrecht vor den Körper halten (als militär. Ehrenbezeigung);* präsentiert das Gewehr! *(militär. Kommando)* [<lat. *praesentare* »gegenwärtig machen, zeigen«; zu *praesens* »gegenwärtig«]

Prä|sen|tie|rung ⟨f.; -, -en; Pl. selten⟩ *das Präsentieren, Präsentiertwerden*

prä|sen|tisch ⟨Adj.; Gramm.⟩ *im Präsens stehend, das Präsens betreffend*

Prä|senz ⟨f.; -; unz.⟩ **1** *Anwesenheit* **2** *Anzahl der Anwesenden* [<lat. *praesentia* »Gegenwart«]

Prä|senz|bi|bli|o|thek, ⟨auch⟩ **Prä|senz|bib|li|o|thek** ⟨f.; -, -en⟩ *Bibliothek, deren Bücher im Gegensatz zu einer Ausleihbibliothek nicht ausgeliehen werden, sondern nur im Lesesaal benutzt werden dürfen*

Prä|senz|lis|te ⟨f.; -, -n⟩ *Anwesenheitsliste (in Konferenzen, Seminaren u.Ä.)* [→ *Präsenz*]

Pra|se|o|dym ⟨n.; -s; unz.; Zeichen: Pr⟩ *chem. Element, Metall der Seltenen Erden, Ordnungszahl 59* [<grch. *prasios* »grün« + *didymos* »Zwilling«]

Prä|ser ⟨m.; -s, -; umg.; kurz für⟩ *Präservativ*

Prä|ser|va|ti|on ⟨[-va-] f.; -, -en⟩ *das Präservieren*

prä|ser|va|tiv ⟨[-va-] Adj.⟩ *verhütend, verhindernd, vorbeugend (z.B. in Bezug auf Krankheiten, Unfälle)* [→ *präservieren*]

Prä|ser|va|tiv ⟨[-va-] n.; -s, -e [-və]⟩ *Kondom, Empfängnisverhütungsmittel* [→ *präservieren*]

Prä|ser|ve ⟨[-və] f.; -, -n⟩ *nicht vollständig keimfreie Konserve, Halbkonserve* [→ *präservieren*]

prä|ser|vie|ren ⟨[-viː-] V.⟩ **1** *schützen, bewahren (vor)* **2** *haltbar machen* [<nlat. *praeservare* <lat. *prae* »vor« + *servare* »retten, bewahren«]

Prä|ses ⟨m.; -, -si|des od. -si|den⟩ **1** ⟨kath. Kirche⟩ *Vorstand (eines kirchl. Vereins)* **2** ⟨evangel. Kirche⟩ **2.1** *Vorsitzender (einer Landessynode)* **2.2** ⟨Rheinland-Westfalen⟩ *Vorsitzender (der Kirchenleitung)* [<lat. *praeses,* Gen. *praesidis* »vor etwas sitzend, leitend; Vorsteher«; zu *sedere* »sitzen«]

Prä|si|de ⟨m.; -n, -n⟩ *Vorsitzender eines student. Kommerses* [<lat. *praeses;* → *Präses*]

Prä|si|den ⟨Pl. von⟩ **1** *Präses* **2** *Präside*

Prä|si|dent ⟨m.; -en, -en⟩ **1** *Vorsitzender (einer Versammlung)* **2** *Leiter (einer Behörde, eines Vereins);* ~ eines Sportvereins; Ehren~ **3** *republikanisches Staatsoberhaupt;* Bundes~; Reichs~; Staats~ [<lat. *praesidens,* Part. Präs. zu *praesidere* »voransitzen, vorsitzen, leiten«; zu *sedere* »sitzen«]

prä|si|di|al..., **Prä|si|di|al...** ⟨in Zus.⟩ *zum Präsidenten, Präsidium gehörend, von ihm ausgehend* [<lat. *praesidialis* »den Vorsitzer betreffend«; zu *praeses,* Gen. *praesidis* »Vorsitzer, Vorsteher«]

Prä|si|di|al|sys|tem ⟨n.; -s, -e⟩ *demokrat. Regierungssystem mit einem mit großen Vollmachten ausgestatteten, direkt gewählten Präsidenten an der Spitze, z.B. in den USA*

prä|si|die|ren ⟨V.⟩ *das Amt des Vorsitzenden ausüben, vorsitzen;* einer Versammlung, ⟨schweiz.⟩ eine Versammlung ~ [<lat. *praesidere* »voransitzen, vorsitzen, leiten«; zu *sedere* »sitzen«]

Prä|si|di|um ⟨n.; -s, -di|en⟩ **1** *Vorsitz, Leitung* **2** *Amtsgebäude eines Polizeipräsidenten;* Polizei~ [<lat. *praesidium* »Vorsitz«; zu *sedere* »sitzen«]

prä|si|lu|risch ⟨Adj.⟩ *vor dem Silur (liegend)*

prä|skri|bie|ren ⟨auch⟩ **präs|kri|bie|ren, präsk|ri|bie|ren** ⟨V.; †⟩ **1** *vorschreiben, verordnen* **2** ⟨Rechtsw.⟩ *für verjährt erklären* [<lat. *praescribere* »voranschreiben, vorschreiben«; zu *scribere* »schreiben«]

Prä|skrip|ti|on ⟨auch⟩ **Präs|krip|ti|on, Präsk|rip|ti|on** ⟨f.; -, -en; †⟩ **1** *Vorschrift, Verordnung* **2** ⟨Rechtsw.⟩ *Verjährung* [<lat. *praescriptio* »Vorschrift«; zu *scribere* »schreiben«]

prä|skrip|tiv, ⟨auch⟩ **präs|krip|tiv, präsk|rip|tiv** ⟨Adj.⟩ *auf Vorschriften beruhend;* Ggs *deskriptiv;* ~e Sprachwissenschaft *diejenige Einstellung zur Sprache, die sogenannte Mängel im überlieferten Sprachsystem durch logisch begründete Vorschriften zu beseitigen sucht* [<lat. *praescribere* »vorschreiben«]

prä|sta|bi|lie|ren ⟨V.⟩ *vorher festsetzen, festlegen;* prästabilierte Harmonie *nach Leibniz die von Gott geschaffene harmon. Übereinstimmung der Dinge in der Welt, bes. die Übereinstimmung von Körper u. Seele* [<*prä...* + lat. *stabilis* »feststehend«]

prä|su|mie|ren ⟨V.; Rechtsw.; Philos.⟩ *annehmen, vermuten, voraussetzen* [<lat. *praesumere* »vorwegnehmen, im Voraus annehmen, vermuten«; zu *sumere* »nehmen«]

Prä|sump|ti|on ⟨f.; -, -en⟩ = *Präsumtion*

prä|sump|tiv ⟨Adj.⟩ = *präsumtiv*

Prä|sum|ti|on ⟨f.; -, -en; Rechtsw.; Philos.⟩ *Annahme, Vermutung, Voraussetzung;* oV *Präsumption* [<lat. *praesumptio* »das Vorwegnehmen, Annahme, Vermutung«; zu *praesumere* »annehmen«]

prä|sum|tiv ⟨Adj.; Rechtsw.; Philos.⟩ *vermutlich, voraussetzend;* oV *präsumptiv* [<lat. *praesumptivus* »annehmend«; zu *praesumere* »annehmen«]

prä|sup|po|nie|ren ⟨V.⟩ *unausgesprochen voraussetzen* [<lat. *praesupponere* »zugrunde liegen«]

Prä|sup|po|si|ti|on ⟨f.; -, -en; geh.⟩ **1** *Voraussetzung* **2** ⟨Sprachw.⟩ *einer Äußerung zugrunde liegende Voraussetzung* [→ *präsupponieren*]

Prä|ten|dent ⟨m.; -en, -en⟩ *jmd., der Ansprüche*

erhebt; Kron~ [<frz. *prétendant* »Bewerber«; zu *prétendre;* → *prätendieren*]

prä|ten|die|ren ⟨V.⟩ *fordern, beanspruchen* [<frz. *prétendre* »behaupten, die Absicht haben, streben nach«, beeinflusst von lat. *praetendere* »hervorstrecken«]

Prä|ten|si|on, Prä|ten|ti|on ⟨f.; -, -en⟩ *Anspruch, Anmaßung* [<frz. *prétention* »Behauptung, Forderung, Anmaßung«; zu *prétendre;* → *prätendieren*]

prä|ten|ti|ös ⟨Adj.⟩ *anspruchsvoll, anmaßend* [<frz. *prétentieux* »anspruchsvoll, anmaßend«; zu *prétendre;* → *prätendieren*]

Prä|ter|i|to|prä|sens, ⟨auch⟩ **Prä|te|ri|to|prä|sens** ⟨n.; -, -sen|tia od. -sen|zi|en⟩ *Zeitwort, dessen Präsens aus einem früheren Präteritum entstanden ist,* z.B. wissen, können, mögen [< *Präteritum* + *Präsens*]

Prä|ter|i|tum, ⟨auch⟩ **Prä|te|ri|tum** ⟨n.; -s, -ta⟩ *Tempus des Verbums, das ein Geschehen in der Vergangenheit bezeichnet, welches nicht in die Gegenwart fortwirkt, Tempus der historischen Erzählung, erste Vergangenheit,* z.B. „ich ging"; Sy *Imperfekt* [<lat. *(tempus) praeteritum* »vorübergegangene (Zeit)«]

prä|ter|prop|ter ⟨Adv.; †⟩ *etwa, ungefähr* [<lat. *praeterpropter* »ungefähr«]

Prä|text ⟨a. [-'-] m.; -es, -e⟩ *Vorwand* [<lat. *praetextum* »Vorwand«; zu *texere* »weben«]

Prä|tor ⟨m.; -s, -to|ren; im antiken Rom⟩ *Justizbeamter, höchster Beamter nach den Konsuln* [<lat. *praetor* »Anführer, Prätor, Statthalter«]

Prä|to|ri|a|ner ⟨m.; -s, -⟩ *Angehöriger der Leibwache der röm. Kaiser u. Feldherren* [<lat. *praetorianus* »zur Leibwache gehörig«; zu *praetor;* → *Prätor*]

Prä|tur ⟨f.; -, -en⟩ *Amt, Amtszeit des Prätors*

Prau ⟨f.; -, -e⟩ *malaiisches Segelboot mit Auslegern* [<engl. *prow* u. ndrl. *prauw* <mal. *peharu* »offenes Boot mit flachem Boden«]

prä|va|lent ⟨[-va-] Adj.⟩ **1** *vorherrschend, überwiegend* **2** *überlegen* [<lat. *praevalere;* → *prävalieren*]

Prä|va|lenz ⟨[-va-] f.; -; unz.⟩ *prävalente Beschaffenheit*

prä|va|lie|ren ⟨[-va-] V.⟩ *vorherrschen, überwiegen* [<lat. *praevalere* »sehr stark, überlegen sein«]

prä|ve|nie|ren ⟨[-vɛ-] V.⟩ *zuvorkommen* [<lat. *praevenire* »zuvorkommen«; zu *venire* »kommen«]

Prä|ven|ti|on ⟨[-vɛn-] f.; -, -en⟩ **1** *das Zuvorkommen (z.B. mit einer Rechtshandlung)* **2** *Vorbeugung, Abschreckung* [→ *prävenieren;* beeinflusst von frz. *prévention* »Vorbeugung«]

prä|ven|tiv ⟨[-vɛn-] Adj.⟩ *vorbeugend* [zu *prävenieren, Prävention,* beeinflusst von frz. *préventif* »vorbeugend«]

Prä|ven|tiv|me|di|zin ⟨[-vɛn-] f.; -; unz.⟩ *vorbeugende Gesundheitsfürsorge*

Prä|ven|tiv|mit|tel ⟨[-vɛn-] n.; -s, -; Med.⟩ *dem Ausbruch einer Krankheit od. dem Eintritt einer Schwangerschaft vorbeugendes Medikament od. Hilfsmittel* [→ *präventiv*]

Prä|ven|tiv|ver|kehr ⟨[-vɛn-] m.; -s; unz.; Med.⟩ *Geschlechtsverkehr mit empfängnisverhütenden Mitteln* [→ *präventiv*]

Prä|verb ⟨[-vɛrb] n.; -s, -bi|en; Gramm.⟩ *Bestandteil eines zusammengesetzten Verbs, der nur im Infinitiv, im Partizip u. im Nebensatz bei Endstellung des Verbs nicht abgetrennt wird,* z.B. „herunter"-laufen, „umher"-irren, „vorüber"-gehen [< *Prä...* + *Verb*]

prä|ver|bal ⟨[-vɛr-] Adj.⟩ *die Zeit vor dem Spracherwerb betreffend;* die ~e Phase [< *prä...* + *verbal*]

Pra|xis ⟨f.; -, -xen⟩ **1** ⟨unz.⟩ *Ausübung, Anwendung, Tätigkeit;* Ggs *Theorie(1);* das ist in der Theorie richtig, sieht aber in der ~ anders aus **2** ⟨unz.⟩ *Erfahrung in der Ausübung eines Berufes;* auf einem Gebiet ~ besitzen; sich eine gewisse ~ aneignen **3** ⟨unz.⟩ *Sprechstunde eines Arztes;* Dr. W. hat (hält) heute ~ **4** ⟨zählb.⟩ *Raum od. Räume zur Ausübung des Berufes (von Ärzten u. Rechtsanwälten);* Arzt~; Anwalts~; die ~ des Vaters übernehmen [grch., »Tätigkeit, Handlungsweise, Geschäft, Unternehmen, Tatsächlichkeit«]

Prä|ze|dens ⟨n.; -, -den|zi|en⟩ *früherer Fall, früheres Beispiel* [<lat. *praecedens,* Part. Präs. zu *praecedere* »vorausgehen«; zu *cedere* »gehen«]

Prä|ze|denz ⟨f.; -, -en⟩ *Vorrang, Vortritt (bes. in der kirchl. Rangordnung)* [<lat. *praecedentia* »das Vorwärtsschreiten«; zu *praecedere;* → *Präzedens*]

Prä|ze|denz|fall ⟨m.; -(e)s, -fäl|le⟩ *Fall, der für künftige ähnl. Fälle beispielgebend ist;* einen ~ schaffen

prä|zes|sie|ren ⟨V.; Phys.; Astron.⟩ *eine Präzession ausführen;* die Erde präzessiert

Prä|zes|si|on ⟨f.; -, -en⟩ **1** ⟨Phys.⟩ *drehende Bewegung, die die Achse eines Kreisels um eine außerhalb des Kreisels liegende feste Achse ausführt* **2** ⟨Astron.⟩ *Verlagerung der Schnittpunkte des Himmelsäquators mit der Ekliptik längs der Ekliptik* [<lat. *praecessio* »das Vorangehen«; zu *praecedere;* → *Präzedens*]

Prä|zi|pi|tat ⟨n.; -(e)s, -e⟩ **1** *durch Ausfällung gelöster Mineralien entstandenes Sediment* **2** ⟨†⟩ *chem. Niederschlag* **3** ⟨veraltete Bez. für⟩ *bestimmte, schwer lösliche Quecksilber-Ammoniak-Verbindungen* [<lat. *praecipitatum,* Part. Perf. zu *praecipitare* »jählings herabstürzen«; zu *caput* »Kopf«]

Prä|zi|pi|ta|ti|on ⟨f.; -, -en; Chem.⟩ *Fällung* [<lat. *praecipitatio* »das Herabstürzen«; zu *praecipitare;* → *Präzipitat*]

prä|zi|pi|tie|ren ⟨V.; Chem.⟩ *ausfällen* [<lat. *praecipitare;* → *Präzipitat*]

Prä|zi|pi|tin ⟨n.; -s, -e⟩ *Antikörper, der sich bei Mensch u. Tier nach Injektion mit artfremdem Blut bildet* [<lat. *praecipitare;* → *Präzipitat*]

Prä|zi|pu|um ⟨n.; -s, -pua⟩ *Betrag, der in einer Gesellschaft vor Ausschüttung des Gewinns ei-*

nem Gesellschafter für bes. Leistungen gezahlt wird [<lat. *praecipuum* »das Vorausgenommene«, <*prae* »vor« + *capere* »nehmen«]
prä|zis, prä|zi|se ⟨Adj.⟩ *genau, exakt;* ~e Ausdrucksweise; 3 Uhr ~; ~ arbeiten; etwas ~ formulieren [<frz. *précis* »genau« <lat. *praecisus* »vorn abgeschnitten, abgekürzt«]
prä|zi|sie|ren ⟨V.⟩ *genauer angeben, genauer ausdrücken*
Prä|zi|si|on ⟨f.; -; unz.⟩ *Genauigkeit, Feinheit, Exaktheit* [<frz. *précision* »Genauigkeit« <lat. *praecisio* »das Abschneiden«]
Pre|can|cel ⟨[pri:kænsəl] f. od. n.; - od. -s, -s⟩ *Briefmarke, die bereits vor dem Aufkleben auf eine zu befördernde Sendung entwertet wird* [engl.; zu *precancel* »entwerten«]
pre|ci|pi|tan|do ⟨[pretʃi-] Mus.⟩ *beschleunigend, plötzlich eilend (zu spielen)* [ital.]
Pre|del|la ⟨f.; -, -s od. -del|len⟩ *meist verzierter Untersatz, Sockel des Flügelaltars* [ital., »Stuhl; Sockel«, vermutl. <ahd. *bret* »Brett«]
Pre|em|pha|sis ⟨f.; -; unz.; Funkw.⟩ *Übertragung der höheren Frequenzanteile eines Funksignals mit vergrößerter Amplitude zur Verbesserung des Störabstandes bei Frequenzmodulation;* Ggs *Deemphasis* [<*Prä...* + *Emphase*]
Pre|fe|ren|ce ⟨[-rã:s(ə)] f.; -, -n⟩ *frz. Kartenspiel für drei Personen mit 32 Karten* [<frz. *préférence* »Bevorzugung, Vorzug«]
prei|en ⟨V.; Mar.⟩ ein anderes Schiff ~ *anrufen* [<ndrl. *praaien* <mengl. *preien* »bitten, anrufen« (engl. *pray*) <afrz. *preier* (frz. *prier*) <lat. *precari* »bitten«]
Preis|in|dex ⟨m.; - od. -es, -e od. -di|zes od. -di|ces; Wirtsch.⟩ *statistisch ermittelte Kennziffer für die durchschnittliche Veränderung von Preisen u. Dienstleistungen;* der ~ für Nahrungsmittel [→ *Index*]
pre|kär ⟨Adj.⟩ *misslich, schwierig, bedenklich, peinlich, unangenehm;* eine ~e Frage, Situation [<frz. *précaire* »durch Bitten erlangt; widerruflich, unsicher, heikel« <lat. *precarius;* zu *preces* »Bitten«]
Pre-Launch-Mar|ke|ting ⟨[prilɔ:ntʃ-] n.; -s; unz.; Wirtsch.⟩ *Bewerben eines Produktes, bevor es auf den Markt gebracht wird* [<engl. *pre* »vor, bevor« + *launch* »auf den Markt bringen« + *Marketing*]
Pré|lude ⟨[prely:d] n.; -s, -s⟩ = *Präludium* [frz.]
Pre|mi|er ⟨[prəmje:] m.; -s, -s; kurz für⟩ *Premierminister* [frz., »Erster«]
Pre|mi|e|re ⟨[prəmjɛ:rə] f.; -, -n⟩ *Ur- od. Erstaufführung* [<frz. *première (représentation)* »erste (Aufführung)«]
Pre|mi|er|leut|nant ⟨[prəmje:-] m.; -s, -s od. -e; im alten dt. Heer bis 1899⟩ *Oberleutnant*
Pre|mi|er|mi|nis|ter ⟨[prəmje:-] m.; -s, -; in Großbritannien u. einigen anderen Ländern⟩ *oberster Leiter der Regierung;* Sy *Ministerpräsident, Premier*
pre|mi|um ⟨engl. [pri:miəm] Adj.; undekl.⟩ *ausgezeichnet, herausragend;* eine ~ Qualität; ein ~ Bier [engl., »Prämie«]
Pren|o|nym, ⟨auch⟩ **Pre|no|nym** ⟨n.; -s, -e⟩ *aus den eigenen Vornamen gebildeter Deckname,* z.B. Jean Paul aus Jean Paul Friedrich Richter [<*Prä...* + grch. *onyma* »Name«]
Prep|pie ⟨m.; -s, -s; in Amerika⟩ *Absolvent einer privaten Oberschule* [engl.; zu *preparatory* school »Vorbereitungsschule (für das Studium)«]
Pre|print ⟨[pri-] n.; -s, -s⟩ *Vorabdruck eines Werkes* [<engl. *pre* »vor« + *print* »Druck«]
Pres|by|o|pie ⟨f.; -, -n; Med.⟩ *Altersweitsichtigkeit durch Elastizitätsverlust der Linse* [<grch. *presbys* »alt, bejahrt« + *ops,* Gen. *opis* »Auge«]
Pres|by|ter ⟨m.; -s, -⟩ **1** ⟨urspr.⟩ *Ältester der urchristl. Gemeinde* **2** ⟨später; kath. Kirche⟩ *Priester* **3** ⟨evang.-reformierte Kirche⟩ *Mitglied des Presbyteriums* [<grch. *presbyteros* »älter«]
pres|by|te|ri|al ⟨Adj.; ev. Kirche⟩ *das Presbyterium betreffend, zu ihm gehörend, von ihm beschlossen*
Pres|by|te|ri|al|ver|fas|sung ⟨f.; -; unz.; evang.-reformierte Kirche⟩ *Kirchenverfassung, nach der die Gemeinde durch Geistliche u. (gleichberechtigte) Presbyter verwaltet wird*
Pres|by|te|ri|a|ner ⟨m.; -s, -⟩ *Angehöriger der evang.-reformierten Kirche in England u. den USA, die die bischöfl. Leitung der anglikan. Kirche ablehnt u. ihre Gemeinden durch Presbyter u. Geistliche verwalten lässt*
pres|by|te|ri|a|nisch ⟨Adj.; ev. Kirche⟩ **1** *die Presbyterialverfassung betreffend, presbyterial verwaltete Kirchen betreffend* **2** *zu den Presbyterianern gehörend*
Pres|by|te|ri|a|nis|mus ⟨m.; -; unz.⟩ *Verwaltung der Kirche durch Presbyter u. Geistliche*
Pres|by|te|ri|um ⟨n.; -s, -ri|en⟩ **1** = *Chor(5)* **2** ⟨evang.-reformierte Kirche⟩ *von der Gemeinde gewählter Kirchenvorstand, der mit den Geistlichen zusammen die Gemeinde verwaltet* **3** *kathol. Priesterschaft* [→ *Presbyter*]
Pre|sen|ter ⟨[prisɛntə(r)] m.; -s, -⟩ *Verkäufer, der eine Ware im Rahmen einer Verkaufsveranstaltung od. Werbesendung vorstellt* [zu engl. *present* »präsentieren, vorführen«]
Pre|sen|ning ⟨f.; -, -e od. -en⟩ = *Persenning*
pres|sant ⟨Adj.⟩ *eilig, dringend* [frz., »dringend, eilig«]
pres|san|te ⟨Mus.⟩ *eilig, drängend (zu spielen)* [ital.]
pres|sie|ren ⟨V.; unpersönl.⟩ *eilen;* es pressiert (mir); ich bin pressiert ⟨umg.⟩ *ich habe Eile* [<frz. *presser* »pressen, drängen« <lat. *pressare* »drücken, pressen«]
Pres|sing ⟨n.; -s; unz.; Sp.; bes. Fußb.⟩ *energisches Bedrängen der gegnerischen Mannschaft bereits in der eigenen Spielfeldhälfte mit dem Ziel, den Gegner an der Entwicklung einer systematischen Spieltaktik u. damit am Gegenangriff zu hindern* [zu engl. *press* »bedrängen, unter Druck setzen«]

Pres|si|on ⟨f.; -, -en⟩ *Druck, Zwang, Nötigung, Erpressung* [< lat. *pressio* »Druck«; zu *premere* »drücken«]

Pres|sure|group ⟨[prɛʃərgruːp] f.; -, -s⟩ *Gruppe von Personen, die (durch Propaganda, Druckmittel usw.) Einfluss zu gewinnen u. ihre Interessen durchzusetzen sucht* [< engl., *pressure* »Druck, Drängen« + *group* »Gruppe«]

Pres|ti|ge ⟨[-stiːʒ(ə)] n.; -s; unz.⟩ *Ansehen, Geltung* [frz., »Einfluss, Ansehen«]

pres|tis|si|mo ⟨Mus.⟩ *sehr schnell (zu spielen)* [ital.; Superlativ zu *presto*]

pres|to ⟨Mus.⟩ *schnell (zu spielen)* [ital.]

Pres|to ⟨n.; -s, -s od. -ti; Mus.⟩ *schnell zu spielender Teil eines Musikstückes*

Prêt-à-por|ter ⟨[prɛtapɔrteː] n.; -s, -s⟩ *Konfektionskleidung eines Modeschöpfers* [frz., eigtl. »fertig zum Tragen«]

Pre|test ⟨[priː-] m.; -s, -s; Soziol.⟩ *dem Haupttest vorangehender Test, z.B. zur Absicherung eines Fragebogens od. zur Auswahl geeigneter Testpersonen* [engl., »Vortest«]

pre|ti|ös ⟨Adj.⟩ = *preziös(1,2)*

Pre|ti|o|sen ⟨[-tsjoː-] Pl.⟩ *Geschmeide, kostbarer Schmuck, Edelsteine;* oV *Preziosen* [< lat. *pretiosus* »kostbar«; zu *pretium* »Preis, Wert«]

Pre|ti|o|si|tät ⟨f.; -; unz.⟩ = *Preziosität*

Pre|view ⟨[priːvjuː] m. od. f.; -, -s⟩ *Voraufführung (vor allem von Filmen) vor einem meist selektierten bzw. geladenen Publikum* [< engl. *preview* »Vorschau«]

pre|zi|ös ⟨Adj.⟩ **1** *kostbar;* oV *pretiös* **2** ⟨fig.⟩ *geziert, geschraubt;* oV *pretiös* **3** die Preziösen *Mitglieder literarischer Salons in Frankreich um 1650, die sich um die Verfeinerung des Gefühls, der Sitten u. des literar. Ausdrucks bemühten* [< frz. *précieux* »kostbar, wertvoll, geziert, gesucht«]

Pre|zi|o|si|tät ⟨f.; -; unz.⟩ *preziöses(2) Gebaren, gespreiztes Gehabe;* oV *Pretiosität*

Pre|zi|o|sen ⟨Pl.⟩ = *Pretiosen*

Pri|a|mel ⟨f.; -, -n od. n.; -s, -n⟩ *meist scherzhaftes Spruchgedicht des späten MA mit einer überraschenden Schlusswendung* [< spätmhd. *preambel* < mlat. *praeambulum* »das Vorangehende«; zu lat. *praeambulare* »vorangehen«; → *Präambel*]

Pri|a|pis|mus ⟨m.; -; unz.⟩ *krankhafte, anhaltende, schmerzhafte Erektion des männl. Gliedes ohne geschlechtl. Erregung* [< grch. *Priapos,* dem Gott der Fruchtbarkeit]

Pri|a|pu|li|de ⟨m.; -n, -n⟩ *am Meer lebender Wurm von kurzer, gedrungener Gestalt mit vorstülpbarem Rüssel: Priapulida* [< grch. *Priapos,* dem grch. Gott der Fruchtbarkeit]

Priem ⟨m.; -(e)s, -e⟩ **1** *ein Stück Kautabak* **2** ⟨nddt.⟩ *Ahle, Pfriem* [< ndrl. *pruim* »Pflaume«]

prim ⟨Adj.; Math.⟩ *teilbar nur durch 1 u. sich selbst (von Zahlen)* [→ *Primzahl*]

Prim ⟨f.; -, -en⟩ **1** ⟨kath. Kirche⟩ *Zeit des morgendl. Stundengebets* **2** ⟨Mus.⟩ = *Prime(2)* **3** ⟨Sp.; Fechten⟩ = *Prime(3)* [< lat. *primus* »der erste«]

Prim. ⟨Abk. für⟩ **1** *Primar, Primararzt* **2** *Primarius*

pri|ma **1** ⟨Adj.; Kaufmannsspr.; Abk.: pa., Ia⟩ *erstklassig, erster Güte, bester Qualität* **2** ⟨umg.⟩ *ausgezeichnet, hervorragend;* ~ Qualität; das hast du ~ gemacht **3** *herrlich, großartig, sehr schön;* wie war es im Urlaub? ~!; das ist ~! **4** ⟨umg.⟩ *tüchtig, prächtig;* ein ~ Kerl, Schüler [→ *Prima*]

Pri|ma ⟨f.; -, Pri|men⟩ *eine der beiden letzten Klassen der höheren Schule;* Ober~; Unter~ [lat., Fem. zu *primus*]

Pri|ma|bal|le|ri|na ⟨f.; -, -ri|nen⟩ *erste Tänzerin eines Balletts* [< ital. *prima ballerina* »erste Tänzerin«]

Pri|ma|don|na ⟨f.; -, -don|nen⟩ *Hauptdarstellerin (bes. in der Barockoper)* [< ital. *prima donna* »erste Dame«]

Pri|ma-fa|cie-Be|weis ⟨[-tsiə-] m.; -es, -e; Rechtsw.⟩ *(bes. im Schadensrecht) Beweisführung auf der Grundlage allgemeiner u. begründbarer Erfahrungssätze, die die Rekonstruktion eines typischen Geschehensablaufs erlauben* [lat., »der erste Anschein«]

Pri|ma|ge ⟨[-ʒə] f.; -, -n⟩ *Prämie, die dem Kapitän für die Fracht gewährt werden kann;* Sy *Primgeld* [frz.; zu *prime* »Prämie« < lat. *praemium* »Belohnung, Preis«]

Pri|ma|ner ⟨m.; -s, -⟩ *Schüler der Prima*

Pri|ma|no|ta ⟨f.; -; unz.⟩ *Geschäftsbuch der Banken* [< lat. *prima* »die erste«, Fem. zu *primus* »der erste« + *nota* »Schriftzeichen, Buchstabe«]

pri|mär ⟨Adj.⟩ **1** *unmittelbar entstanden, erst...* **2** *ursprünglich, Anfangs...* **3** *die Grundlage, Voraussetzung bildend;* Ggs *sekundär(1)* [< frz. *primaire* »zuerst vorhanden, ursprünglich, vorrangig« < lat. *primarius* »zu den ersten gehörend«; zu *primus* »der erste«]

Pri|mar ⟨m.; -(e)s, -e; Abk.: Prim.; österr.⟩ = *Primararzt*

Pri|mär|af|fekt ⟨m.; -(e)s, -e⟩ *erste krankhafte Veränderung des Gewebes nach einer Infektion bei Syphilis u. Lungentuberkulose*

Pri|mar|arzt ⟨m.; -es, -ärz|te; Abk.: Prim.; österr.⟩ *leitender Arzt einer Abteilung eines Krankenhauses;* Sy *Primarius;* Ggs *Sekundararzt* [→ *Primarius*]

Pri|mär|e|ner|gie ⟨f.; -, -n⟩ *naturbelassene Energieträger unmittelbar nach der Gewinnung,* z.B. Rohöl, Kohle, Erdgas

Pri|mär|ge|stein ⟨n.; -s, -e⟩ *aus dem flüssigen Magma auskristallisiertes Gestein, das keine weiteren Umwandlungen erfahren hat*

Pri|ma|ri|us ⟨m.; -, -ri|en; Abk.: P., Prim.⟩ **1** *oberster Pfarrer* **2** ⟨Mus.⟩ *erster Geiger (in der Kammermusik);* Sy *Primgeiger* **3** ⟨österr.⟩ = *Primararzt* [lat., »zu den Ersten gehörend«; zu *primus* »der erste«]

Pri|mär|kreis ⟨m.; -es, -e⟩ *Stromkreis in der Primärwicklung eines Transformators*

Pri|mär|li|te|ra|tur ⟨f.; -; unz.⟩ *die literaturwissenschaftl. behandelten dichter. Werke u. Quellen;* Ggs *Sekundärliteratur*

Pri|mar|schu|le ⟨f.; -, -n; schweiz.⟩ *Volksschule*
Pri|mär|strah|lung ⟨f.; -, -en⟩ *Teil der kosmischen Strahlung, der unmittelbar aus dem Weltraum stammt*
Pri|mar|stu|fe ⟨f.; -, -n; Päd.⟩ *Eingangsstufe des Schulsystems, Grundschule* [→ *primär*]
Pri|mär|tu|mor ⟨m.; -s, -en; Med.⟩ *Erstgeschwulst, von der Metastasen ausgehen*
Pri|mär|wick|lung ⟨f.; -, -en; bei Transformatoren⟩ *Teil der Wicklung, der die Leistung mit der verfügbaren Spannung aufnimmt u. durch Induktion in der Sekundärwicklung eine meist höhere Spannung erzeugt;* Ggs *Sekundärwicklung*
Pri|ma|ry ⟨[praiməri] f.; -, -s; Pol.⟩ *(in den USA übliches Wahlsystem) von Vorwahlen, bei denen die Endkandidaten für ein politisches Amt ermittelt werden* [engl.]
Pri|mas ⟨m.; -, -mas|se⟩ **1** *oberster Bischof der röm.-kath. Kirche (eines Landes)* **2** *Primgeiger einer Zigeunerkapelle, Zigeunerprimas* [lat., kirchenlat., »der dem Range nach Erste, der Vornehmste«; zu lat. *primus* »der erste«]
Pri|mat 1 ⟨m. od. n.; -(e)s, -e⟩ **1.1** *Vorrang, Vorzug, Vorherrschaft* **1.2** *Erstgeburtsrecht* **1.3** *Vorrangstellung (des Papstes als Oberhaupt der kath. Kirche)* **2** ⟨m.; -en, -en; meist Pl.⟩ *Angehöriger einer Reihe der Säugetiere, zu denen Halbaffen, Affen u. Menschen gerechnet werden, Herrentier* [< lat. *primatus* »erste Stelle, erster Rang«; zu *primus* »der erste«]
pri|ma vis|ta ⟨[-vis-] Mus.⟩ *vom Blatt;* ein Musikstück ~ spielen [ital., »beim ersten Blick«]
Pri|ma|wech|sel ⟨m.; -s, -⟩ *Erstausfertigung eines Wechsels*
Pri|me ⟨f.; -, -n⟩ **1** ⟨Typ.⟩ *Signatur auf der ersten Seite des Druckbogens;* Ggs *Sekunde(5)* **2** ⟨Mus.⟩ *erster Ton der diaton. Tonleiter;* Sy *Primton;* oV *Prim(2)* **3** ⟨Sp.; Fechten⟩ *den Kopf senkrecht von oben treffender Hieb;* Sy *Primhieb;* oV *Prim(3)* [< lat. *prima,* Fem. zu *primus* »der erste«]
Pri|mel ⟨f.; -, -n⟩ *gezüchtete Form der Schlüsselblume: Primula* [< nlat. *primula veris* »erste (Blume) des Frühlings«; zu lat. *primulus,* Verkleinerungsform zu *primus* »der erste«]
Pri|mer ⟨[praimə(r)] m.; -s, -⟩ **1** *Fibel, Erstlesebuch* **2** *Grundierung, Grundanstrich* [engl.]
Prime|rate, ⟨auch⟩ **Prime Rate** ⟨[praimrεit] f.; (-) -; unz.; in den USA⟩ *Diskontsatz für Großbanken mit Leitzinsfunktion* [< engl. *prime* »Haupt-, wesentlich« + *rate* »Rate«]
Prime|time, ⟨auch⟩ **Prime Time** ⟨[praimtaim] f.; (-) -, (-) -s; TV⟩ *Hauptsendezeit mit der durchschnittlich höchsten Einschaltquote, in Deutschland z.B. die Zeit zwischen 20 u. 22 Uhr;* Sy *Primetime-TV* [< engl. *prime time* »Spitzen-, Stoßzeit«]
Prime|time-TV, ⟨auch⟩ **Prime-Time-TV** ⟨[praimtaim ti:vi:] n.; -s; unz.; TV⟩ = *Primetime*
Pri|meur ⟨[primø:r] m.; - od. -s, -s⟩ *junger Rotwein;* Beaujolais [boʒɔlε] ~ [frz.; eigtl. »Neuheit«]
Prim|gei|ger ⟨m.; -s, -; Mus.⟩ = *Primarius(2)* [< lat. *primus* »der erste«]
Prim|geld ⟨n.; -(e)s, -er⟩ = *Primage* [< frz. *prime* »Prämie« < lat. *praemium* »Belohnung, Preis«]
Prim|hieb ⟨m.; -(e)s, -e⟩ = *Prime(3)*
Pri|mi|pa|ra ⟨f.; -, -pa|ren⟩ *Frau, die zum ersten Male ein Kind bekommt, Erstgebärende;* Ggs *Multipara* [< lat. *primus* »der erste« + *parere* »hervorbringen«]
pri|mis|si|ma ⟨Adj.; meist adverbial; umg.⟩ *noch besser als prima, hervorragend, vorzüglich* [zu *prima,* der ital. Steigerungsform nachgebildet]
pri|mi|tiv ⟨Adj.⟩ **1** *ursprünglich, dem Urzustand nahe;* ~e Völker *Naturvölker* **2** *einfach, dürftig, unvollkommen;* ~e Häuser, Geräte **3** *geistig anspruchslos, wenig entwickelt;* sie ist sehr ~; ein ~ geschriebenes Buch [< frz. *primitiv* »primitiv, ursprünglich« < lat. *primitivus* »der erste in seiner Art«; zu *primus* »der erste«]
pri|mi|ti|vie|ren ⟨[-vi:-] V.⟩ = *primitivisieren*
pri|mi|ti|vi|sie|ren ⟨[-vi-] V.⟩ etwas ~ *primitiver darstellen, umsetzen, abbilden, als es tatsächlich ist;* oV *primitivieren;* einen Sachverhalt ~ [→ *primitiv*]
Pri|mi|ti|vis|mus ⟨[-vis-] m.; -; unz.⟩ *Kunstrichtung, die sich an der Kunst der Naturvölker, der sogenannten primitiven Völker, orientiert*
Pri|mi|ti|vi|tät ⟨[-vi-] f.; -; unz.⟩ *primitive Beschaffenheit, primitives Wesen*
Pri|miz ⟨f.; -, -en⟩ *erste Messe (eines neu geweihten kath. Geistlichen)* [< lat. *primitiae* »Erstlinge«; zu *primus* »der erste«]
Pri|mi|zi|ant ⟨m.; -en, -en⟩ *neu geweihter kath. Geistlicher* [→ *Primiz*]
Pri|mi|zi|en ⟨Pl.⟩ *den röm. Göttern dargebrachte »Erstlinge«, d.h. die ersten Früchte od. jungen Tiere des Jahres* [< lat. *primitiae;* → *Primiz*]
pri|mo ⟨Mus.⟩ *erste(r);* Ggs *secondo;* violino ~ *erste Geige;* ~ tempo *erstes (d.h. ursprüngliches) Tempo* [ital.]
Pri|mo ⟨n.; - od. -s, -mi; Mus.; beim vierhändigen Klavierspiel⟩ *erste Stimme, Diskant;* Ggs *Secondo*
Pri|mo|ge|ni|tur ⟨f.; -, -en⟩ *Erbfolge des Erstgeborenen;* Ggs *Sekundogenitur(1)* [< *primus* »der erste« + *genitus* »geboren«, Part. Perf. zu *gignere* »erzeugen, gebären«]
prim|or|di|al, ⟨auch⟩ **pri|mor|di|al** ⟨Adj.; Philos.⟩ *ursprünglich, am Anfang seiend* [< lat. *primordialis*]
Prim|ton ⟨m.; -(e)s, -tö|ne⟩ = *Prime(2)*
Pri|mus ⟨m.; -, -mus|se od. Pri|mi⟩ *Klassenerster;* ~ inter Pares *der Erste unter im Rang Gleichen* [lat. *primus* »der erste«; lat. *inter pares* »unter Gleichen«]
Prim|zahl ⟨f.; -, en⟩ *nur durch 1 u. durch sich selbst teilbare ganze Zahl, z. B 5, 7, 11* [< lat. *primus* »der erste«]

Prince of Wales ⟨[prins ɔf weilz] m.; - - -; unz.; Titel für⟩ *engl. Kronprinz* [engl., »Prinz von Wales«]

Prin|te ⟨f.; -, -n⟩ *stark gewürzter, harter Pfefferkuchen, urspr. mit Heiligenbild* [< ndrl. *prent;* zu *prenten* »drucken« (nach den urspr. aufgedruckten Heiligenfiguren)]

prin|ted in... ⟨[printid]⟩ *gedruckt in... (Angabe in Büchern),* z.B. printed in USA [engl.]

Prin|ter ⟨m.; -s, -; bes. EDV⟩ *Drucker* [engl., < *print* »drucken«]

Print|me|di|um ⟨n.; -s, -di|en⟩ *Druckerzeugnis (als Medium),* z.B. Buch, Zeitung [< engl. *print* »drucken« + *Medium*]

Prin|zeps ⟨m.; -, -zi|pes⟩ **1** *altröm. Senator, der als Erster auf der Liste der Senatoren stand u. bei Abstimmungen zuerst gefragt wurde* **2** ⟨seit Augustus Titel für⟩ *röm. Kaiser* [< lat. *princeps* »die erste Stelle einnehmend, Vornehmster; Führer, Fürst«; zu *primus* »der erste« + *capere* »nehmen«]

Prin|zip ⟨n.; -s, -pi|en; od. selten -e⟩ *Grundsatz, Regel, Richtschnur;* ~ien haben; etwas aus ~ tun od. nicht tun; im ~ habe ich nichts dagegen [< lat. *principium* »Anfang, Ursprung, Grundlage«; zu *princeps;* → *Prinzeps*]

Prin|zi|pal 1 ⟨m.; -s, -e⟩ **1.1** *Inhaber eines Geschäfts* **1.2** *Lehrherr (in kaufmänn. Berufen)* **2** ⟨n.; -s, -e⟩ *Register der Orgel, die tiefste Stimme eines Manuals;* Sy *Vox principalis* [< lat. *principalis* »Erster, Vornehmster, Vorsteher; zu *princeps;* → *Prinzeps*]

prin|zi|pi|ell ⟨Adj.⟩ **1** *grundsätzlich, im Prinzip;* ~ bin ich einverstanden **2** *aus Prinzip;* das tue ich ~ nicht [< lat. *principialis* »anfänglich, ursprünglich«; zu *principium;* → *Prinzip*]

Prinz|re|gent ⟨m.; -en, -en⟩ *stellvertretend regierendes Mitglied eines Fürstenhauses*

Pri|on ⟨n.; -s, -o|nen; Med.⟩ *kleines Proteinpartikel, das im Verdacht steht, Gehirnerkrankungen wie die Alzheimer'sche Krankheit od. BSE mit zu verursachen* [< *Pr*otein + *in*fektiös + *...on*]

Pri|or ⟨m.; -s, -o|ren⟩ **1** *Vorsteher eines Klosters* **2** *Stellvertreter eines Abtes* [mlat., »der Vordere, der dem Range nach höher Stehende« < lat. *prior* »eher, früher, vorzüglicher«]

Pri|o|rat ⟨n.; -(e)s, -e⟩ *Amt, Würde eines Priors*

Pri|o|ri|tät ⟨f.; -, -en⟩ **1** *Vorrang, Vorrecht (bes. eines älteren Rechts vor dem jüngeren)* **2** ~en *Wertpapiere, die vor anderen gleicher Art bevorzugt sind* [< frz. *priorité* »Vorrang, Vorrecht«, < lat. *prior* »eher, früher«]

Pri|o|ri|täts|ak|tie ⟨[-tsiə] f.; -, -n⟩ *Wertpapier, das vor anderen, gleichartigen bevorzugt wird*

Pri|se ⟨f.; -, -n⟩ **1** *von einem Krieg führenden Staat erobertes feindl. od. neutrales Handelsschiff od. Handelsgut* **2** *kleine Menge, die man mit zwei Fingern fassen kann;* eine ~ Salz, eine ~ Schnupftabak [frz., »das Ergreifen, das Ergriffene, Fang, Beute«]

Pris|ma ⟨n.; -s, Pris|men⟩ **1** ⟨Math.⟩ *Körper, der von zwei kongruenten n-Ecken (z.B. Drei-, Vierecken) u. n- (z.B. drei, vier) Rechtecken* (gerades ~) *od. Parallelogrammen* (schiefes ~) *begrenzt ist* **2** ⟨Kristallographie⟩ *Körper, dessen Flächen einer Koordinatenachse parallel sind, die übrigen Achsen aber schneiden* **3** ⟨Optik⟩ *durchsichtiger, keilförmiger Körper, der zur Totalreflexion von Lichtstrahlen od. zu ihrer Zerlegung in Spektralfarben dient* [grch., eigtl. »das Zersägte, das Zerschnittene«; zu *priein* »sägen, zerschneiden«]

pris|ma|tisch ⟨Adj.⟩ *in der Form eines Prismas, wie ein P.*

Pris|ma|to|id ⟨n.; -(e)s, -e⟩ *prismaähnl. Körper* [< *Prisma* + *...id*]

pris|ma|to|i|disch ⟨Adj.⟩ *in der Art eines Prismatoids*

Pris|men|kreis ⟨m.; -es, -e⟩ *Winkelmessinstrument der Geodäsie u. Astronomie, das aus einem totalreflektierenden Prisma und einem in Grad unterteilten Kreis besteht*

pri|vat ⟨[-va:t] Adj.⟩ **1** *nicht öffentlich, Einzelnen vorbehalten;* ~e Angelegenheiten; ~er Eingang; ~e Meinung *M., die jmd. als Einzelner, nicht als Vertreter seiner Gruppe od. als Inhaber eines Amtes äußert* **2** *nicht öffentlich, persönlich, vertraulich;* ~e Mitteilung; jmdn. ~ sprechen wollen **3** ~es Unternehmen *einer od. mehreren Personen, nicht dem Staat od. einer Genossenschaft gehörendes U.* [< lat. *privatus* »(der Herrschaft) beraubt, gesondert«; zu *privare* »berauben, befreien, sondern«]

Pri|vat|au|di|enz ⟨[-va:t-] f.; -, -en⟩ *persönlicher Empfang ohne dienstlichen Anlass, z.B. beim Papst*

Pri|vat|de|tek|tiv ⟨[-va:t-] m.; -s, -e⟩ *freiberuflich arbeitender Detektiv*

Pri|vat|do|zent ⟨[-va:t-] m.; -en, -en⟩ *nicht beamteter Hochschullehrer*

Pri|va|ti|er ⟨[-vatje:] m.; -s, -s; †⟩ *jmd., der privatisiert* [französierende Bildung zu *privat*]

pri|va|tim ⟨[-va:-] Adv.⟩ **1** *nicht amtlich, nicht öffentlich* **2** *vertraulich, unter vier Augen, für sich allein* [lat., »als Privatmann«]

Pri|vat|in|i|ti|a|ti|ve, ⟨auch⟩ **Pri|vat|i|ni|ti|a|ti|ve** ⟨[-va:t-] f.; -, -n⟩ *Initiative, die von Privatpersonen (nicht von staatl. Seite) ausgeht*

Pri|vat|in|ter|es|se, ⟨auch⟩ **Pri|vat|in|te|res|se** ⟨[-va:t-] n.; -s, -n⟩ *persönl. Interesse;* seine ~n vertreten

Pri|va|ti|on ⟨[-va-] f.; -, -en⟩ **1** ⟨†⟩ *Beraubung* **2** ⟨†⟩ *Entziehung* **3** ⟨Logik⟩ *Negation, bei der das Prädikat dem Subjekt das diesem Wesentliche nimmt,* z.B. die Uhr geht nicht [< lat. *privatio* »Befreiung«; zu *privare* »berauben, befreien«]

pri|va|ti|sie|ren ⟨[-va-] V.⟩ **1** staatliche Unternehmen ~ *in Privateigentum umwandeln* **2** *ohne Ausübung eines Berufes leben, vom Vermögen od. von einer (nicht staatl.) Rente leben* [→ *privat*]

Pri|va|ti|sie|rung ⟨[-va-] f.; -, -en; Wirtsch.⟩ *Überleitung staatlicher Unternehmen in Privateigentum*

pri|va|tis|si|me ⟨[-va-] Adv.⟩ *im engsten Kreis, vertraulich*

Pri|va|tis|si|mum ⟨[-va-] n.; -s, -ma⟩ *Vorlesung für eine kleine Hörerschaft* [lat., »sehr privat, das Privateste«; zu *privatus* »gesondert, für sich, privat«]
pri|va|tis|tisch ⟨[-va-] Adj.⟩ *von der Öffentlichkeit zurückgezogen, vorwiegend im Privaten lebend*
Pri|va|tiv ⟨[-vati:f] n.; -s, -e [-və]; Sprachw.⟩ *Verb, das ein Wegnehmen, Beseitigen ausdrückt,* z.B. enteignen, entfernen [→ *privat*]
Pri|vat|pa|ti|ent ⟨[-va:tpatsjɛnt] m.; -en, -en⟩ *Patient, der das Honorar für den Arzt nicht über eine Pflichtkrankenkasse, sondern selbst bzw. über eine private Krankenversicherung bezahlt*
Pri|vat|per|son ⟨[-va:t-] f.; -, -en⟩ *Person außerhalb des behördlichen od. staatlichen Lebens, nicht im Auftrag od. als Repräsentant einer Institution auftretende Person;* ist das Museum in Staatsbesitz oder gehört es einer ~?; als Beamter, als Soldat muss er sich so verhalten, als ~ braucht er das nicht
Pri|vi|leg ⟨[-vi-] n.; -s, -gi|en⟩ *besonderes Recht Einzelner od. eines Einzelnen, Sonderrecht* [< lat. *privilegium* »Vorrecht«]
pri|vi|le|gie|ren ⟨[-vi-] V.⟩ *mit einem Privileg ausstatten, bevorzugen* [< mlat. *privilegiare* »ein Vorrecht einräumen«; zu lat. *privilegium* »Vorrecht«]
Prix ⟨[pri:] m.; -, -; frz. Bez. für⟩ *Preis;* Grand~ [grã pri] *Großer Preis* [frz.]
pro ⟨Adv.⟩ **1** *für;* Ggs *kontra* **2** ⟨Präp. mit Akk.⟩ *je;* fünf Mark ~ Person, ~ Stunde, ~ Stück
Pro[1] ⟨n.; -s; unz.⟩ *Stellungnahme für etwas;* das ~ und (das) Kontra gegeneinander abwägen *das Für u. (das) Wider (einer Sache);* Ggs *Kontra (1)* [< lat. *pro* »vor, für, gemäß, im Verhältnis zu«]
Pro[2] ⟨[prou] m.; -s, -s; Sp.; bes. Golf; kurz für⟩ *Professional (Berufsspieler u. z. B. Golftrainer)*
pro..., Pro... ⟨Vors.⟩ **1** *vor, vorher, vorwärts,* z.B. Progression **2** *für,* z.B. proarabisch [lat. »vor, vorwärts, hervor, vorher; für, eher, lieber«]
pro an|no ⟨Abk.; p.a.; †⟩ *für ein Jahr, je Jahr, jährlich* [lat.]
pro|ba|bel ⟨Adj.; geh.⟩ *wahrscheinlich, glaubhaft, annehmbar* [< lat. *probabilis* »beifallswert, gefällig, annehmbar, wahrscheinlich«]
Pro|ba|bi|lis|mus ⟨m.; -; unz.⟩ **1** *Lehre, nach der alles Wissen nur auf Wahrscheinlichkeit beruht, da die Wahrheit nicht erkennbar ist* **2** *moral. Prinzip, nach dem in Zweifelsfällen eine Handlung erlaubt werden kann, wenn stichhaltige Gründe dafür sprechen* [→ *probabel*]
Pro|ba|bi|li|tät ⟨f.; -, -en⟩ *Wahrscheinlichkeit* [< lat. *probabilitas* »Glaubhaftigkeit, Wahrscheinlichkeit«; zu *probabilis;* → *probabel*]
Pro|band ⟨m.; -en, -en⟩ **1** *Person, deren Ahnentafel aufgestellt wird* **2** *jmd., der zu wissenschaftl. Zwecken beobachtet wird, Versuchsperson* [< lat. *probandus* »ein zu Erprobender, zu Prüfender«; zu *probare* »erproben, prüfen«]
pro|bat ⟨Adj.⟩ *erprobt, bewährt;* ein ~es Mittel [< lat. *probatus* »erprobt«, Part. Perf. zu *probare* »erproben, prüfen«]
pro|bie|ren ⟨V.⟩ **1** *versuchen;* den Kopfstand, das Radfahren ~; Probieren geht über Studieren ⟨Sprichw.⟩ *Praxis ist im Leben wichtiger als alle Theorie* **2** Speisen ~ *ihren Geschmack prüfen, kosten;* ein Getränk, eine Soße ~ **3** ⟨Theat.⟩ *proben* [< lat. *probare* »erproben, prüfen«]

■ Die Buchstabenfolge **pro|bl...** kann auch **prob|l...** getrennt werden.

■ **Pro|blem** ⟨n.; -s, -e⟩ *schwierige, ungelöste Aufgabe od. Frage* [< grch. *problema* »das Vorgelegte, die gestellte Aufgabe, Streitfrage«]
■ **Pro|ble|ma|tik** ⟨f.; -; unz.⟩ *Schwierigkeit (einer Aufgabe, einer Frage)*
■ **pro|ble|ma|tisch** ⟨Adj.⟩ *schwierig, schwer zu lösen* [< grch. *problematikos;* → *Problem*]
■ **pro|ble|ma|ti|sie|ren** ⟨V.⟩ **1** *zum Problem machen, als problematisch darstellen;* wir sollten die Sache nicht unnötig ~ **2** *die Problematik eines Sachverhalts darstellen, diskutieren;* du solltest den Vorgang bei der nächsten Besprechung noch einmal ~
■ **pro|blem|o|ri|en|tiert** ⟨Adj.⟩ **1** *auf ein bestimmtes Problem bezogen, konzentriert* **2** ⟨EDV⟩ *speziell auf die Problemstellung des Anwenders zugeschnitten (von Computerprogrammen)*
■ **Pro|blem|schach** ⟨n.; -s; unz.⟩ *Variation des Schachspiels, bei der es um die Lösung konstruierter, mit bestimmten Forderungen verbundener Schachstellungen geht,* z.B. Mattaufgaben, Märchenschach
Pro|ca|in ⟨n.; -s; Pharm.; intern. Freiname für⟩ *ein häufig verwendetes Lokalanästhetikum;* → a. *Novokain*
Pro|ce|de|re ⟨n.; -, -⟩ = *Prozedere*
Pro|ce|dure ⟨[prɔsi:dʒə(r)] n.; -, -s; EDV⟩ *Baustein eines Programms* [engl., »Prozedur«]
pro cen|tum ⟨Abk.: p.c.⟩ *pro hundert* [lat., »für hundert«]
Pro|ces|sor ⟨[-sɛs-] m.; -s, -⟩ = *Prozessor*
Pro|ces|sus ⟨m.; -; unz.; Med.⟩ *vorspringender Teil eines Knochens, Fortsatz* [lat., eigtl. »das Fortschreiten«]
Proc|tor|dich|te, ⟨auch⟩ **Proc|tor-Dich|te** ⟨[prɔktər-] f.; -; unz.⟩ *höchste Dichte einer Bodenprobe bei günstigstem Wassergehalt* [nach dem amerikan. Bauingenieur R.R. *Proctor*]
Pro|de|kan ⟨m.; -s, -e⟩ *Vertreter des Dekans*
Pro|di|gi|o|sus|ba|zil|lus ⟨m.; -, -zil|len⟩ *Bazillus, der bei Zimmertemperatur auf Brot, Mehlspeisen usw. einen blutroten Überzug (blutendes Brot) entwickelt: Serratia marcescens* [< lat. *prodigiosus* »ungeheuer, unnatürlich« + *Bazillus*]

pro do|mo *in eigener Sache, zum eigenen Nutzen, für sich selbst;* ~ sprechen [lat., »für das (eigene) Haus«]
Pro|drom ⟨n.; -s, -e⟩ *dem eigentl. Krankheitsausbruch vorangehende Erscheinung uncharakteristischer Natur;* Sy *Prodromalsymptom* [zu grch. *prodromos* »vorauslaufen«]
pro|dro|mal ⟨Adj.; Med.⟩ *ankündigend, vorangehend*
Pro|dro|mal|sym|ptom, ⟨auch⟩ **Pro|dro|mal-symp|tom** ⟨n.; -(e)s, -e⟩ = *Prodrom*
Pro|drug ⟨[-drʌg] f.; -, -s; Pharm.⟩ *Arzneistoff, der als Vorstufe verabreicht u. im Organismus allmählich enzymat. in einen Wirkstoff transformiert wird, Langzeitpräparat* [< *Pro...* + engl. *drug* »Medikament, Droge«]
Pro|du|cer ⟨[prɔdjuːsə(r)] m.; -s, -⟩ *(Film-, Musik-)Produzent* [engl.]
Pro|duct|ma|na|ger ⟨[prɔdʌktmænidʒər] m.; -s, -⟩ *jmd., der für die Planung u. Betreuung eines industriellen Produktes zuständig ist;* oV *Produktmanager* [engl., zu *product* »Produkt« + *Manager*]
Pro|duct|place|ment ⟨[prɔdʌktplεismənt] n.; -s, -s⟩ *sichtbare Verwendung eines Markennamens in Film u. Fernsehen (als verdeckte Werbemaßnahme)* [< engl. *product* »Produkt« + *placement* »Platzierung«]
Pro|dukt ⟨n.; -(e)s, -e⟩ **1** *mit Hilfe menschlicher Arbeit hergestellter Gegenstand, Erzeugnis;* ~ der Landwirtschaft; Industrie~; tierische, pflanzliche ~e; maschinelle ~e **2** *Ergebnis menschl. Bemühens;* ein geistiges, künstlerisches ~; das ist das ~ unserer Erziehung ⟨iron.⟩ **3** *Ergebnis der Multiplikation;* das ~ aus (von) drei mal vier ist zwölf [< lat. *productum,* Part. Perf. zu *producere* »hervorbringen«]
Pro|duk|ti|on ⟨f.; -, -en⟩ *Herstellung, Erzeugung von Gütern, Waren mit Hilfe menschlicher Arbeit;* handwerkliche, landwirtschaftliche, literarische, maschinelle ~ [< frz. *production* »Erzeugung« < lat. *productio* »das Hervorführen«; beeinflusst von frz. *produire* »hervorbringen, erzeugen«; zu lat. *producere* »hervorbringen«]
pro|duk|tiv ⟨Adj.⟩ **1** *Produkte hervorbringend* **2** *schöpferisch, fruchtbar;* ~e Arbeit; ~ arbeiten, tätig sein [< frz. *productif* < lat. *productivus* »zur Verlängerung geeignet«; beeinflusst von frz. *produire* »hervorbringen, erzeugen«, < lat. *producere*]
Pro|duk|ti|vi|tät ⟨[-vi-] f.; -; unz.⟩ *schöpfer. Leistung, Fruchtbarkeit, Ergiebigkeit*
Pro|duk|tiv|kraft ⟨f.; -, -kräf|te⟩ *Faktor, der die Produktivität einer Arbeit bestimmt (z.B. Arbeitskraft, Maschinen, Wissenschaft)* [→ *produktiv*]
Pro|dukt|li|nie ⟨[-njə] f.; -, -n⟩ *Markenprodukte eines Herstellers, die im Zusammenhang angeboten werden;* eine ~ von Körperpflege- u. Kosmetikartikeln
Pro|dukt|ma|na|ger ⟨[-mænidʒə(r)] m.; -s, -⟩ = *Productmanager*
Pro|dukt|pi|ra|te|rie ⟨f.; -; unz.⟩ *Imitation von Markenartikeln, die rechtswidrig unter ihrem echten Handelsnamen verkauft werden*
Pro|du|zent ⟨m.; -en, -en⟩ Ggs *Konsument* **1** *jmd., der Güter produziert, Erzeuger, Hersteller* **2** *grüne Pflanze, die organ. Substanz aus anorganischer aufzubauen vermag* [< lat. *producens,* Part. Präs. zu *producere* »hervorbringen«]
pro|du|zie|ren ⟨V.⟩ **1** Verbrauchsgüter ~ *schaffen, hervorbringen, erzeugen* **2** sich ~ *zeigen, was man kann (u. dabei die Aufmerksamkeit auf sich lenken)* [< lat. *producere* »hervorführen, hervorbringen«]
Pro|en|zym ⟨n.; -s, -e⟩ *Vorstufe, Grundkörper eines Enzyms*
Prof. ⟨Abk. für⟩ *Professor*
pro|fan ⟨Adj.⟩ **1** *weltlich, unkirchlich, unheilig;* Ggs *sakral(2)* **2** *alltäglich* [< lat. *profanus* »vor dem heiligen Bezirk liegend, ungeheiligt«; zu *fanum* »Heiligtum«; verwandt mit *fanatisch*]
Pro|fa|na|ti|on ⟨f.; -, -en⟩ = *Profanierung* [< lat. *profanatio* »Entheiligung«; zu *profanus;* → *profan*]
Pro|fan|bau ⟨m.; -(e)s, -ten⟩ *Bauwerk für weltl. Zwecke;* Ggs *Sakralbau*
pro|fa|nie|ren ⟨V.⟩ *entweihen, entwürdigen, ins Alltägliche herabziehen* [< lat. *profanare* »entweihen«; zu *profanus;* → *profan*]
Pro|fa|nie|rung ⟨f.; -, -en⟩ *das Profanieren;* Sy *Profanation*
Pro|fa|ni|tät ⟨f.; -; unz.⟩ *profane Beschaffenheit, Weltlichkeit, Unheiligkeit* [< lat. *profanitas* »Unheiligkeit«; zu *profanus;* → *profan*]
pro|fa|schis|tisch ⟨Adj.⟩ *dem Faschismus zugeneigt, ihn unterstützend* [< *pro...* + *faschistisch*]
Pro|fess ⟨f.; -, -fes|se⟩ **1** *Ablegung der Klostergelübde* **2** ⟨m.; -fes|sen, -fes|sen⟩ *Klostermitglied, das die Ordensgelübde abgelegt hat* [< lat. *professio* »Bekenntnis«; < lat. *professus* »einer, der ein öffentl. Bekenntnis abgelegt hat«, Part. Perf. zu *profiteri* »öffentlich bekennen«]
Pro|fes|si|on ⟨f.; -, -en⟩ *Beruf, Gewerbe, Handwerk* [frz., »Beruf, Stand«]
Pro|fes|sio|nal ⟨m.; -s, -e; engl. [prɔfεʃənəl] m.; -s, -s; Kurzw.: Profi⟩ *Berufssportler* [engl., »beruflich, berufsmäßig«]
pro|fes|si|o|na|li|sie|ren ⟨V.⟩ *zum Beruf, zur Erwerbsquelle machen;* er will seine Computerkenntnisse demnächst ~ [→ *Profession*]
Pro|fes|si|o|na|lis|mus ⟨m.; -; unz.⟩ *Berufsmäßigkeit* [< frz. *professionnel* »berufsmäßig«]
pro|fes|si|o|nell ⟨Adj.⟩ **1** *berufsmäßig, als Beruf ausgeübt;* ~er Sportler **2** *fachmännisch, mit großem Können ausgeführt;* ein ~er Einbruch [< frz. *professionnel* »berufsmäßig« < lat. *professio* »Gewerbe, Geschäft«]
pro|fes|si|o|niert ⟨Adj.⟩ *gewerbsmäßig*
Pro|fes|si|o|nist ⟨m.; -en, -en; österr.⟩ *gelernter Arbeiter, Fachmann*
Pro|fes|sor ⟨m.; -s, -so|ren; Abk.: Prof.⟩ **1** *beamteter Hochschullehrer;* Universitäts~; ~ der

Germanistik, der Medizin; ordentlicher, außerordentlicher ~ **2** ⟨Ehrentitel für⟩ *Gelehrter, Künstler* **3** ⟨früher Titel für⟩ *Lehrer an einer höheren Schule;* Studien~ [lat., »einer der sich öffentlich bekennt, erklärt; öffentl. Lehrer«; zu *profiteri* »öffentlich bekennen, erklären«]
pro|fes|so|ral ⟨Adj.⟩ *wie ein Professor;* ~es Gehabe
Pro|fes|so|rin ⟨f.; -, -rin|nen⟩ *weibl. Professor*
Pro|fes|sur ⟨f.; -, -en⟩ *Lehrstuhl,* eine ~ innehaben [→ *Professor*]
Pro|fi ⟨m.; -s, -s; umg.; kurz für⟩ = *Professional*
Pro|fil ⟨n.; -s, -e⟩ **1** *Seitenansicht,* das ~ eines Gesichts; er wandte mir das, sein ~ zu; jmdn. od. etwas im ~ darstellen, malen, zeichnen **2** *Umriss, Längs- od. Querschnitt;* das ~ eines Eisenbahnwagens, Gebäudes, Turmes **3** *vorspringendes Bauelement* **4** *senkrechter Schnitt durch die Erdoberfläche;* geologisches ~ **5** *Erhebungen aufweisende Oberfläche;* ~ von Reifen, Schuhsohlen; Kreppsohlen mit ~ **6** *Höhe u. (od.) Breite einer Durchfahrt;* Brücken~ **7** ⟨fig.⟩ *klare Richtung, klare Haltung;* der Politiker hat kein ~ [<frz. *profil,* ital. *profilo* »Seitenansicht, Umriss«]
Pro|fil|ei|sen ⟨n.; -s, -⟩ *durch Walzen hergestellte Stahlstangen mit viereckigem, T- oder L-förmigem Querschnitt*
pro|fi|lie|ren ⟨V.⟩ **1** *im Profil darstellen* **2** ⟨fig.⟩ *scharf umreißen;* eine profilierte Persönlichkeit ⟨fig.⟩ *scharf umrissene, markante, hervorstechende P.* **3** ⟨fig.; häufig abwertend⟩ sich ~ *sich durch besondere, hervorstechende Leistungen hervortun, besondere Anerkennung, eine bedeutende Stellung erwerben*
pro|fi|liert ⟨Adj.⟩ **1** *mit einem Profil (5) versehen* **2** *mit ausgeprägten, hervorstechenden Eigenschaften ausgestattet, als kompetent ausgewiesen;* er ist ein ~er Politiker, Kunstkritiker, Wirtschaftsfachmann
Pro|fi|lie|rung ⟨f.; -, -en⟩ *das Profilieren, das Profiliertwerden*
Pro|fil|neu|ro|se ⟨f.; -, -n; abwertend⟩ *verkrampft-übertriebenes Bestreben, sich vor anderen zu profilieren(3)*
Pro|fit ⟨a. [-fịt] m.; -(e)s, -e⟩ *Gewinn, Vorteil, Nutzen;* ~ aus etwas schlagen, ziehen; mit, ohne ~ arbeiten [frz., »Gewinn«]
pro|fi|ta|bel ⟨Adj.⟩ *Gewinn bringend, vorteilhaft, einträglich* [<frz. *profitable* »nutzbringend«]
Pro|fit|cen|ter ⟨[prɔfitsɛntə(r)] n.; -s, -; Wirtsch.⟩ *(innerhalb eines größeren Unternehmens) abgetrennter Produktionsbereich mit eigener Verantwortlichkeit für den wirtschaftl. Erfolg* [<engl. *profit* »Gewinn, Profit« + *center* »Abteilung, Zentrum«]
Pro|fi|te|roles ⟨[-ro:l] Pl.; frz. Kochk.⟩ *mit Eis gefülltes Brandteiggebäck*
pro|fi|tie|ren ⟨V.⟩ *Profit, Gewinn erzielen, Nutzen haben (von, bei)* [<frz. *profiter* »ausnutzen«]
Pro|fit|ma|xi|mie|rung ⟨a. [-fịt-] f.; -, -en⟩ *(marxistischer Begriff für den) Erhalt hoher Gewinne*
Pro-Form ⟨f.; -, -en; Sprachw.⟩ *meist pronominales Satzelement, das einen vorausgegangenen Ausdruck wieder aufnimmt od. einen nachfolgenden vorwegnimmt,* z.B. ich sah einen Mann auf der Straße, »er« ging gebückt; »das« war etwas, wogegen er sein Leben lang gekämpft hatte: die Einschränkung der Meinungsfreiheit [→ *Pro…*]
pro for|ma *nur der Form wegen, nur zum Schein* [lat.]
Pro|fos ⟨[-fo:s] m.; -es od. -en, -e od. -en⟩ *Ankläger u. Vollstrecker des Urteils (in mittelalterl. Söldnerheeren)* [<afr. *provost* <lat. *propositus* »vorgesetzt«]
pro|fund ⟨Adj.⟩ *tief(gründig), gründlich;* ~e Kenntnisse; ~es Wissen [<lat. *profundus* »tief«]
Pro|fun|dal ⟨n.; -s, -e; Geogr.⟩ *lichtarme Tiefenzone von Seen* [zu lat. *profundum* »Abgrund«]
Pro|fun|di|tät ⟨f.; -; unz.⟩ *Gründlichkeit, Tiefgründigkeit* [→ *profund*]
pro|fus ⟨Adj.⟩ *verschwenderisch, übermäßig, stark, reichlich;* ~e Schweißabsonderung [<lat. *profusus* »unmäßig, verschwenderisch«]
Pro|ge|ne|se ⟨f.; -, -n⟩ *vorzeitige Geschlechtsentwicklung* [< *Pro…* + *Genese*]
Pro|ge|nie ⟨f.; -, -n⟩ *das Vorstehen des Unterkiefers, eine Kieferanomalie;* Ggs *Prognathie, Orthognathie* [< *Pro…* + grch. *genys* »Kinn«]
Pro|ge|ni|tur ⟨f.; -, -en⟩ *Nachkommenschaft* [<lat. *progenitus,* Part. Perf. zu *progignere* »erzeugen« u. *progenies* »Nachkommenschaft«]
Pro|ges|te|ron ⟨n.; -s; unz.⟩ *Gelbkörperhormon, das der Vorbereitung der Gebärmutterschleimhaut zur Aufnahme des befruchteten Eies u. der Aufrechterhaltung der Schwangerschaft dient* [< *Pro…* + lat. *gestare* »tragen«]
Pro|glot|tid ⟨m.; -en, -en⟩ *Glied eines Bandwurms* [< *Pro…* + grch. *glotta* »Zunge« + *…id*]

■ Die Buchstabenfolge **pro|gn…** kann auch **prog|n…** getrennt werden.

■ **Pro|gna|thie** ⟨f.; -, -n⟩ *das Vorstehen des Oberkiefers, eine Kieferanomalie;* Ggs *Progenie, Orthognathie* [< *Pro…* + grch. *gnathos* »Kiefer«]
■ **pro|gna|thisch** ⟨Adj.; Med.⟩ *auf Prognathie beruhend, sie betreffend*
■ **Pro|gno|se** ⟨f.; -, -n⟩ *Vorhersage, z.B. des Ablaufs einer Krankheit od. des Wetters* [<grch. *progignoskein* »im Voraus erkennen«]
■ **Pro|gnos|tik** ⟨f.; -; unz.⟩ *Lehre von den Prognosen*
■ **Pro|gnos|ti|ker** ⟨m.; -s, -⟩ *jmd., der (wissenschaftlich fundierte) Prognosen erstellt, zu-*

künftige Entwicklungen (aufgrund von Daten) vorausdeutet
■ **Pro|gnos|ti|kon, Pro|gnos|ti|kum** ⟨n.; -s, -ken od. -ka⟩ *Vorzeichen* [→ *Prognose*]
■ **pro|gnos|tisch** ⟨Adj.⟩ *vorhersagend, vorbedeutend* [→ *Prognose*]
■ **pro|gnos|ti|zie|ren** ⟨V.⟩ *voraussagen*
Pro|gramm ⟨n.; -s, -e⟩ **1** *Folge der Darbietungen bei Veranstaltungen, Sendungen im Rundfunk;* Rundfunk~; Sende~; Film~; Theater~; das ~ der Woche **2** *Blatt od. Heft mit dem Programm(1)* **3** *Angebot von Waren;* Sy *Sortiment;* Möbel~ **4** *Plan, Pläne, Vorhaben;* hast du für heute Abend ein ~?; jmds. ~ stören; das steht nicht in unserem ~ ⟨a. fig.⟩ *das beabsichtigen wir nicht* **5** *öffentlich verkündete Gesamtheit der Tätigkeit u. Ziele einer polit. Partei, einer literar. Richtung o.Ä.;* Partei~; ein ~ aufstellen **6** ⟨EDV; Kyb.⟩ *eindeutige Anweisung an eine Maschine, bestimmte Aufgaben in einer bestimmten Reihenfolge zu erfüllen;* ein ~ für einen Rechner, einen Computer entwickeln, in einen R., C. eingeben **7** ⟨Mal., bildende Kunst⟩ *Gesamtheit der Szenen einer einen Ablauf schildernden künstlerischen Darstellung* [<grch.-lat. *programma* »schriftl. Bekanntmachung, Aufruhr, Tagesordnung«, <grch. *pro* »vor« + *graphein* »schreiben«]
Pro|gram|ma|tik ⟨f.; -; unz.⟩ *Zielsetzung, Zielvorstellung*
Pro|gram|ma|ti|ker ⟨m.; -s, -⟩ *jmd., der ein Programm(5) entwickelt od. vertritt;* er fungiert in seiner Partei als ~
pro|gram|ma|tisch ⟨Adj.⟩ *einem Programm(5), einem Grundsatz entsprechend, richtungweisend, zielsetzend;* eine ~e Rede, Schrift verfassen
pro|gram|mie|ren ⟨V.⟩ **1** ⟨EDV⟩ einen Computer ~ *ein Programm für einen C. aufstellen* **2** programmierter Unterricht *durch Bücher od. Lernmaschinen vermittelter Unterricht, bei dem der Lehrstoff in kleinste Einheiten eingeteilt ist u. jeder Schritt des Lernens überprüft werden kann*
Pro|gram|mie|rer ⟨m.; -s, -; EDV⟩ *jmd., der Computer programmiert, Programme(6) schreibt*
Pro|gram|mier|spra|che ⟨f.; -, -n; EDV⟩ *formalisierbare Sprache mit eindeutigen Zeichen zum Programmieren von EDV-Anlagen, Maschinensprache*
Pro|gram|mie|rung ⟨f.; -, -en⟩ *das Programmieren*
Pro|gramm|ki|no ⟨n.; -s, -s⟩ *kleineres Kino mit einem von den kommerziellen Verleihern unabhängigen Filmprogramm, das auch Produktionen unbekannterer Regisseure od. Filme über Themen enthält, die eher ein kleines Publikum ansprechen*
Pro|gramm|mu|sik ⟨f.; -; unz.⟩ *(Instrumental-)Musik, die ein Programm hat, d.h. außermusikalische Vorgänge, z.B. seelische Erlebnisse, Bilder od. Naturszenen, durch tonmalerische Mittel wiederzugeben versucht*
Pro|gramm|steu|e|rung ⟨f.; -, -en⟩ *Steuerung automatischer Arbeitsvorgänge mittels eines Programms*
pro|gre|di|ent ⟨Adj.; Med.⟩ *progressiv, fortschreitend (von Krankheiten)* [zu lat. *progredi* »fortschreiten«]
Pro|gre|di|enz ⟨f.; -; unz.⟩ *zunehmende Verschlimmerung, Progression (einer Krankheit)* [<lat. *progredi* »fortschreiten«]
Pro|gress ⟨m.; -es, -e⟩ *Fortschritt, Fortgang* [<lat. *progressus* »das Vorwärtsschreiten, Fortschritt«; zu *progredi* »vorwärts schreiten«]
Pro|gres|si|on ⟨f.; -, -en⟩ **1** *Zunahme, Steigerung, z.B. in arithmet. Reihen* **2** *Zunahme des Steuersatzes bei der progressiven Steuer;* Steuer~ [<lat. *progressio* »Fortschritt«; zu *progredi* »vorwärts gehen«]
Pro|gres|sist ⟨m.; -en, -en⟩ *Anhänger einer Fortschrittspartei;* oV *Progressivist*
pro|gres|sis|tisch ⟨Adj.⟩ *überzogen fortschrittsgläubig*
pro|gres|siv ⟨a. ['---] Adj.⟩ **1** *fortschrittlich* **2** *im Verhältnis zu einer Bezugsgröße mehr werdend, ansteigend;* ~e Werte; ~e Steuer *S., bei der sich der prozentuale Steuersatz bei Zunahme der zu versteuernden Werte erhöht* [<frz. *progressif* »vorwärts schreitend«, <lat. *progressus;* → *Progress*]
Pro|gres|sive Jazz ⟨[-grɛsiv dʒæz] m.; - -; unz.⟩ *Stilrichtung des modernen Jazz, die durch neuartige Instrumentierung u. konzertante Elemente gekennzeichnet ist* [engl., »progressiver Jazz«]
Pro|gres|si|vist ⟨m.; -en, -en⟩ = *Progressist*
Pro|hi|bi|ti|on ⟨f.; -; unz.⟩ *Alkoholverbot* [<lat. *prohibitio* »Verbot«]
Pro|hi|bi|ti|o|nist ⟨m.; -en, -en⟩ *Anhänger der Prohibition*
pro|hi|bi|tiv ⟨Adj.⟩ Sy prohibitorisch **1** *verhindernd, verbietend* **2** *vorbeugend* [<frz. *prohibitif* »prohibitiv, ausschließend« <lat. *prohibere* »hindern«]
Pro|hi|bi|tiv|preis ⟨m.; -es, -e; Wirtsch.⟩ *Preishöhe, ab der jede Nachfrage erlischt* [→ *prohibitiv*]
Pro|hi|bi|tiv|zoll ⟨m.; -s, -zöl|le⟩ *im Rahmen des Protektionismus erhobener Schutzzoll* [→ *prohibitiv*]
pro|hi|bi|to|risch ⟨Adj.⟩ = *prohibitiv*
Pro|jekt ⟨n.; -(e)s, -e⟩ **1** *Plan, Vorhaben, Absicht* **2** *Entwurf* **3** *Vorhaben im Schulunterricht, bei dem die Schüler aktiv an der Lösung eines Problems mitarbeiten* [<lat. *proiectum,* Part. Perf. zu *proicere* »hinwerfen, vorwärts werfen«; → *projizieren*]
pro|jek|tie|ren ⟨V.⟩ *ein Projekt entwerfen für, planen, beabsichtigen*
Pro|jek|til ⟨n.; -s, -e⟩ *Geschoss* [<frz. *projectile* »Geschoss«, <lat. *proicere* »vorwärts werfen«]
Pro|jek|ti|on ⟨f.; -, -en⟩ **1** ⟨Math.⟩ *Abbildung räumlicher Gebilde auf einer Ebene* **2** ⟨Kartogr.⟩ *Darstellung der gekrümmten Erdober-*

fläche auf einer Ebene **3** ⟨Opt.⟩ *vergrößerte Abbildung durchsichtiger od. undurchsichtiger Bilder mittels Lichtstrahlen auf einer hellen Fläche* [< lat. *proiectio* »das Hervorwerfen«; zu *proicere;* → *projizieren*]
Pro|jek|ti|ons|ap|pa|rat ⟨m.; -(e)s, -e⟩ = *Projektor*
pro|jek|tiv ⟨Adj.⟩ *in der Art einer Projektion, auf ihr beruhend*
Pro|jekt|ma|nage|ment ⟨[-mænidʒmənt] n.; -s; unz.⟩ *Gesamtheit der Maßnahmen zur Konzeption, Steuerung u. Durchführung eines (Industrie-)Projekts* [< *Projekt* + engl. *management* »Führung, Leitung«]
Pro|jek|tor ⟨m.; -s, -en⟩ *opt. Gerät zur Projektion von Bildern, Bildwerfer;* Film~; Dia~; Sy *Projektionsapparat*
pro|ji|zie|ren ⟨V.⟩ **1** einen Körper ~ *auf einer Fläche zeichnerisch darstellen* **2** ein Lichtbild ~ *auf eine Bildwand werfen* [< lat. *proicere* »vorwärts werfen, hinwerfen«]
Pro|ka|ry|on|ten ⟨Pl.; Biol.⟩ *Organismen, deren Zellen keinen echten Zellkern besitzen,* z.B. Bakterien, Blaualgen, Viren; Ggs *Eukaryonten* [< *Pro...* + grch. *karyon* »Kern«]
Pro|ka|ta|lep|sis ⟨f.; -, -lep|sen; Rhet.⟩ *Vorwegnahme u. Widerlegung eines erwarteten Einwands;* Sy *Prolepse(1)* [< *Pro...* + grch. *katalepsis* »Fassen, Ergreifung«]
Pro|kla|ma|ti|on ⟨f.; -, -en⟩ *öffentl. Bekanntmachung, Aufruf* [< lat. *proclamatio* »das Ausrufen«; zu *proclamare* »ausrufen«]
pro|kla|mie|ren ⟨V.⟩ *öffentlich bekannt machen, feierlich verkünden, einen Aufruf erlassen über* [< lat. *proclamare* »ausrufen«]
Pro|kla|mie|rung ⟨f.; -, -en; Pl. selten⟩ *das Proklamieren, das Proklamiertwerden*
Pro|kli|se ⟨f.; -, -n⟩, **Pro|kli|sis** ⟨f.; -, -kli|sen⟩ *die Anlehnung eines kaum betonten u. unwichtigen Wortes (Proklitikon) an das folgende, stärker betonte u. wichtigere,* z.B. »'n Kind« statt »ein Kind«; Ggs *Enklise* [< grch. *proklisis* »Vorwärtsneigung«]
Pro|kli|ti|kon ⟨n.; -s, -ka⟩ *unbetontes Wort, das sich an das folgende, stärker betonte anlehnt;* Ggs *Enklitikon* [→ *Proklise*]
pro|kli|tisch ⟨Adj.⟩ *in der Art einer Proklise, sich an ein folgendes, stärker betontes Wort anlehnend;* Ggs *enklitisch*
Pro|kon|sul ⟨m.; -s, -n⟩ *altröm. ehemaliger Konsul, der als Statthalter in eine Provinz ging*
Pro|kon|su|lat ⟨n.; -(e)s, -e⟩ *Amt des Prokonsuls*
Pro|krus|tes|bett, ⟨auch⟩ **Prok|rus|tes|bett** ⟨n.; -(e)s; unz.; fig.⟩ *Schema, in das etwas mit Gewalt hineingezwängt werden soll* [nach *Prokrustes,* dem Unhold der griech. Sage, der bei ihm einkehrende Wanderer in ein Bett legte u. sie entweder streckte od. ihnen die Füße abschlug, bis sie hineinpassten]
Prokt|al|gie, ⟨auch⟩ **Prok|tal|gie** ⟨f.; -, -n; Med.⟩ *Schmerzen in After u. Mastdarm* [< grch. *proktos* »Mastdarm, After« + *algos* »Schmerz«]
Prok|ti|tis ⟨f.; -, -ti|ti|den⟩ *Mastdarmentzündung* [< grch. *proktos* »Mastdarm, After«]
Prok|to|lo|ge ⟨m.; -n, -n⟩ *Facharzt für Proktologie*
Prok|to|lo|gie ⟨f.; -; unz.⟩ *Lehre von den Erkrankungen des Mastdarms* [< grch. *proktos* »Mastdarm, After« + *...logie*]
prok|to|lo|gisch ⟨Adj.⟩ *die Proktologie angehend, auf ihr beruhend*
Prok|to|plas|tik ⟨f.; -, -en; Med.⟩ *chirurgische Anlage eines künstlichen Afters bei Verschluss des Mastdarms* [< grch. *proktos* »Mastdarm, After« + *Plastik*]
Prok|to|sko|pie, ⟨auch⟩ **Prok|tos|ko|pie** ⟨f.; -, -n; Med.⟩ *Untersuchung des Mastdarms mittels eines rohrförmigen Endoskops* [< grch. *proktos* »Mastdarm, After« + *...skopie*]
Prok|to|to|mie ⟨f.; -, -n⟩ *operatives Öffnen des Mastdarms* [< grch. *proktos* »Mastdarm, After« + *...tomie*]
Pro|ku|ra ⟨f.; -, -ren⟩ *im Handelsregister eingetragene Vollmacht, alle Arten von Rechtsgeschäften u. -handlungen für einen Betrieb des Handelsgewerbes vorzunehmen;* → a. *per procura* [< ital. *procura* »Vollmacht«; zu ital., lat. *procurare* »für etwas Sorge tragen«; zu lat. *cura* »Sorge«]
Pro|ku|ra|ti|on ⟨f.; -, -en⟩ *Stellvertretung, Auftragsbesorgung durch einen Bevollmächtigten* [< lat. *procuratio* »Besorgung, Verwaltung«; zu *cura* »Sorge«]
Pro|ku|ra|tor ⟨m.; -s, -to|ren⟩ **1** ⟨im antiken Rom⟩ *Statthalter einer Provinz* **2** ⟨in der Republik Venedig⟩ *einer der neun höchsten Staatsbeamten, unter denen der Doge gewählt wurde* **3** *Verwalter der Finanzen eines Klosters* **4** ⟨allg.⟩ *Bevollmächtigter, Sachwalter, Geschäftsträger* [< lat. *procurator* »Verwalter, Stellvertreter«; zu *cura* »Sorge«]
Pro|ku|rist ⟨m.; -en, -en⟩ *Inhaber der Prokura*
Pro|lak|tin ⟨n.; -s, -e⟩ *Hormon, das die Milchbildung in Gang setzt* [< lat. *pro* »für, gemäß« + *lac,* Gen. *lactis* »Milch«]
Pro|la|min ⟨n.; -s, -e; meist Pl.; Biol.⟩ *Protein, das bes. in Getreidesamen vorkommt* [nach den Bestandteilen *Prol*in + Glut*amin*säure]
Pro|laps ⟨m.; -(e)s, -e⟩, **Pro|lap|sus** ⟨m.; -, -⟩ *Vorfall (eines inneren Organs)* [< lat. *prolapsus,* Part. Perf. zu *prolabi* »vorwärts-, hinabgleiten«]
Pro|le|go|me|non ⟨n.; -s, -na⟩ *einführende Worte, Vorbemerkung, Vorwort* [grch., < *pro* »vor« + *legein* »sagen«]
Pro|lep|se ⟨f.; -, -n⟩, **Pro|lep|sis** ⟨f.; -, -lep|sen⟩ **1** ⟨Rhet.⟩ = *Prokatalepsis* **2** *Vorwegnahme des Subjekts des Nebensatzes in den vorhergehenden Hauptsatz,* z.B. »hörst du den Bach, wie er rauscht« statt »hörst du, wie der Bach rauscht« [< grch. *prolepsis* »Vorwegnahme«]
pro|lep|tisch ⟨Adj.⟩ *in der Art einer Prolepse, vorgreifend, vorwegnehmend*
Pro|let ⟨m.; -en, -en; umg.; abwertend⟩ **1** = *Proletarier (2)* **2** ⟨fig.⟩ *ungebildeter, ungehobelter Kerl* [→ *Proletarier*]

Pro|le|ta|ri|at ⟨n.; -(e)s, -e⟩ *die Klasse der Proletarier*

Pro|le|ta|ri|er ⟨m.; -s, -⟩ **1** ⟨im antiken Rom⟩ *Angehöriger der Klasse, die nicht besteuert wurde, da ihr Vermögen den Mindestsatz nicht erreichte* **2** ⟨nach Marx u. Engels⟩ *Lohnarbeiter ohne Besitz an Produktionsmitteln* [< lat. *proletarius* »Bürger der untersten Klasse, der dem Staat nur mit seiner Nachkommenschaft dient«; zu *proles* »Nachkomme«]

pro|le|ta|risch ⟨Adj.⟩ **1** *zu den Proletariern gehörend, von ihnen stammend* **2** *in der Art eines Proletariers*

pro|le|ta|ri|sie|ren ⟨V.⟩ *zu Proletariern machen*

Pro|li|fe|ra|ti|on ⟨f.; -, -en⟩ **1** *Vermehrung des Gewebes, Sprossung, Wucherung* **2** ⟨engl. [-fərɛiʃən] f.; -; unz.;⟩ *Weitergabe von kerntechnischem Material od. kerntechnischen Verfahren an Länder, die sich nicht internationalen Kontrollen über deren Verwendung unterwerfen;* Ggs *Nonproliferation* [< lat. *proles* »Nachkommenschaft« + *ferre* »tragen«]

pro|li|fe|ra|tiv ⟨Adj.; Med.⟩ *in der Art einer Proliferation(1), mit Proliferation einhergehend*

pro|li|fe|rie|ren ⟨V.; Med.⟩ *Proliferation(1) zeigen, sprossen, wuchern*

Pro|log ⟨m.; -(e)s, -e⟩ Ggs *Epilog* **1** *Einleitung* **2** *Vorrede, Vorspiel* [< *Pro…* + *…log*[1]]

Pro|lon|ga|ti|on ⟨f.; -, -en⟩ **1** *Verlängerung (einer Frist)* **2** *Aufschub, Stundung (einer Forderung)* [< lat. *prolongatio* »Verlängerung«; zu *longus* »lang«]

Pro|lon|ge|ment ⟨[prɔlɔ̃ʒ(ə)mã:] n., -s, -s⟩ *Einrichtung an Tasteninstrumenten, die es ermöglicht, den Ton nach Loslassen der Tasten nachhallen zu lassen* [frz., »Verlängerung, Fortsetzung«]

pro|lon|gie|ren ⟨V.⟩ **1** *verlängern* **2** *aufschieben, stunden* [< lat. *prolongare* »verlängern«; zu *longus* »lang«]

pro me|mo|ria ⟨Abk.: p.m.⟩ *zum Gedächtnis, zur Erinnerung an* [lat.]

Pro|me|mo|ria ⟨n.; -s, -ri|en⟩ *Denkschrift*

Pro|me|na|de ⟨f.; -, -n⟩ **1** *Spaziergang* **2** *Spazierweg, meist mit Grünanlagen* [frz., »Spaziergang«]

pro|me|nie|ren ⟨V.⟩ *spazieren gehen* [< frz. *se promener* »spazieren gehen«]

Pro|mes|se ⟨f.; -, -n⟩ **1** *schriftl. Versprechen, schriftl. Zusage* **2** *Schuldschein* [frz., »Versprechen«]

pro|me|the|isch ⟨Adj.⟩ *an Stärke, Energie u. Größe alles überragend, himmelstürmend* [nach dem Titanensohn *Prometheus*, der aus Lehm u. Wasser die ersten Menschen knetete u. ihnen das von Zeus gehütete Feuer brachte, wofür er zur Strafe an einen Felsen geschmiedet wurde, wo ein Adler bis zur Befreiung durch Herakles seine immer wieder nachwachsende Leber fraß]

Pro|me|thi|um ⟨n.; -s; unz.; chem. Zeichen: Pm⟩ *zu den Metallen der Seltenen Erden gehörendes chem. Element, Ordnungszahl 61* [nach dem grch. Titanen *Prometheus*]

pro mil|le ⟨Abk.: p.m.; Zeichen: ‰⟩ **1** *für tausend, für, auf 1000 (Stück)* **2** *vom Tausend* [lat., »für tausend«]

Pro|mil|le ⟨n.; -s, -⟩ **1** *ein Teil vom Tausend, Tausendstel* **2** *in Promille (1) gemessener Anteil des Alkohols am Blut* [< lat. *pro mille* »für tausend«]

pro|mi|nent ⟨Adj.⟩ *hervorragend, bedeutend, allgemein bekannt, maßgebend, tonangebend;* ~e Persönlichkeit [< lat. *prominens*, Part. Präs. zu *prominere* »hervorragen«]

Pro|mi|nenz ⟨f.; -, -en⟩ **1** ⟨zählb.⟩ *prominente Personen* **2** ⟨unz.⟩ *Gesamtheit der prominenten Personen;* die gesamte ~ war auf dem Empfang [< lat. *prominentia* »das Hervorragen«; zu *prominere* »hervorragen«]

pro|mis|cue ⟨[-kue:] Adv.⟩ *vermengt, durcheinander* [lat., »ohne Unterschied, gemeinschaftlich«; zu *miscere* »mischen«]

pro|misk ⟨Adj.⟩ *häufig den Geschlechtspartner wechselnd, in Promiskuität lebend;* Sy *promiskuitiv*

Pro|mis|ku|i|tät ⟨f.; -; unz.⟩ **1** *Vermischung* **2** *Geschlechtsverkehr mit häufig wechselnden Partnern ohne gegenseitige Bindung auf längere Zeit* **3** ⟨Zool.⟩ *geschlechtl. Vermischung von Stämmen* [< lat. *promiscuus* »gemischt, gemeinschaftlich«; zu *miscere* »mischen«]

pro|mis|ku|i|tiv ⟨Adj.⟩ = *promisk*

Pro|mon|to|ri|um ⟨n.; -s, -ri|en⟩ *der am meisten in das kleine Becken vorspringende Punkt der Wirbelsäule* [lat., »Vorgebirge«, < *pro* »vor« + *mons*, Gen. *montis* »Berg«]

pro|mo|ten ⟨V.⟩ jmdn. ~ *als Promotor für jmdn. auftreten, jmdn. managen, fördern;* einen Sportler ~

Pro|mo|ter ⟨m.; -s, -; im Berufssport; bes. Boxen u. Ringen⟩ *Veranstalter, Förderer;* oV *Promotor(2)* [engl., »Förderer«; zu *promote* »fördern, begünstigen«]

Pro|mo|ti|on[1] ⟨f.; -, -en⟩ *Erlangen, Verleihung der Doktorwürde* [< lat. *promotio* »Beförderung«; zu lat. *movere* »bewegen«]

Pro|mo|tion[2] ⟨[prɔmo:ʃ(ə)n] f.; -; unz.⟩ *Verkaufsförderung von Waren (durch Werbung)* [engl.]

Pro|mo|tor ⟨m.; -s, -to|ren⟩ **1** ⟨österr.⟩ *Professor, der den Doktorgrad verleiht* **2** = *Promoter* [lat.; zu *promovere;* → promovieren]

Pro|mo|vend ⟨[-vɛnd] m.; -en, -en⟩ *jmd., der im Begriff steht, zu promovieren*

pro|mo|vie|ren ⟨[-vi:-] V.⟩ **1** *die Doktorarbeit schreiben;* über ein Thema ~; bei Professor X ~ **2** jmdn. ~ *jmdm. die Doktorwürde verleihen* [< lat. *promovere* »vorwärts bewegen«; zu *movere* »bewegen«]

prompt ⟨Adj.⟩ **1** *rasch, unmittelbar, sofort;* ~e Erledigung eines Auftrages; ich ließ ihn einen Augenblick los, und ~ fiel er herunter **2** *schlagfertig;* eine ~e Antwort **3** *ohne zu überlegen;* sie wollten mich veralbern, und ich bin auch ~ darauf hereingefallen [frz., »bereit, geschwind« < lat. *promptus* »bereit, verfügbar«]

Pro|mul|ga|ti|on ⟨f.; -, -en⟩ *Verbreitung, Bekanntgabe, Veröffentlichung, z.B. eines Gesetzes* [< lat. *promulgatio* »Bekanntmachung«; zu *promulgare* »öffentlich anschlagen«]

pro|mul|gie|ren ⟨V.⟩ ein Gesetz ~ *verbreiten, bekannt geben, veröffentlichen* [< lat. *promulgare* »öffentlich anschlagen«]

Pro|na|ti|on ⟨f.; -, -en; Med.⟩ *anomale Einwärtsdrehung des Handtellers bzw. Absenkung des inneren Fußrandes* [< spätlat. *pronatio;* zu *pronare* »nach vorne beugen«]

Pro|no|men ⟨n.; -s, - od. -mi|na⟩ *Fürwort, Vertreter einer Klasse von Wörtern, die entweder anstelle eines Namens stehen, der dem Sprecher u. Hörer bekannt ist u. in der Rede nicht wiederholt werden soll, od. die auf bestimmte Individuen der mit einem folgenden Namen benannten Klasse von Sachen hinweisen;* Personal~; Indefinit~; Possessiv~; Relativ~; Interrogativ~; Demonstrativ~

pro|no|mi|nal ⟨Adj.⟩ *als Pronomen (gebraucht), in der Form eines Pronomens, fürwörtlich*

Pro|no|mi|nal|ad|jek|tiv ⟨n.; -s, -e⟩ *wie ein Pronomen verwendetes Adjektiv,* z.B. kein, viel

Pro|no|mi|nal|ad|verb ⟨n.; -s, -bi|en od. -ben⟩ *für ein Nomen stehendes Adverb,* z.B. da, daran

pro|non|cie|ren ⟨[-nɔ̃siː-] V.⟩ **1** *deutlich aussprechen* **2** *stark betonen, Nachdruck legen auf;* ein Wort prononciert aussprechen [< frz. *prononcer* »aussprechen«]

pro|non|ciert ⟨[-nɔ̃siːrt] Adj.⟩ *mit Nachdruck vorgebracht, scharf betont, deutlich ausgesprochen;* er war stets ein ~er Gegner dieses Plans; etwas ~ kritisieren

Pro|ö|mi|um ⟨n.; -s, -mi|en⟩ **1** ⟨Antike⟩ *Vorrede, Einleitung* **2** *homer. Hymne (da sie dem Vortrag der Rhapsoden vorangestellt wurde)* [< grch. *prooimion* < *pro* »vor« + *oimos* »Gang, Weg«]

Pro|pä|deu|tik ⟨f.; -; unz.⟩ *vorbereitende Einführung in eine Wissenschaft, Vorübung* [< *Pro...* + grch. *paideuein* »erziehen, unterrichten«]

Pro|pä|deu|ti|kum ⟨n.; -s, -ken od. -ka; schweiz.⟩ *medizin. Vorprüfung*

pro|pä|deu|tisch ⟨Adj.⟩ *in der Art der Propädeutik, vorbereitend, einführend*

Pro|pa|gan|da ⟨f.; -; unz.⟩ *werbende Tätigkeit für Ziele, bes. auf politischem Gebiet* [verkürzt aus *Congregatio de propaganda fide* »(päpstl.) Gesellschaft zur Verbreitung des Glaubens«, 1622 in Rom gegründet; zu lat. *propagare* »weiter ausbreiten, ausdehnen«; → *propagieren*]

Pro|pa|gan|dist ⟨m.; -en, -en⟩ *jmd., der Propaganda treibt*

pro|pa|gan|dis|tisch ⟨Adj.⟩ *in der Art der Propaganda, auf ihr beruhend*

Pro|pa|ga|ti|on ⟨f.; -, -en⟩ **1** *Ausbreitung* **2** *Vermehrung, Fortpflanzung* [< lat. *propagatio* »Erweiterung«; zu *propagare* »weiter ausbreiten«]

pro|pa|gie|ren ⟨V.⟩ etwas ~ *für etwas Propaganda machen, für etwas werben* [< lat. *propagare* »weiter ausbreiten, ausdehnen«]

Pro|pan ⟨n.; -s; unz.⟩ *aliphatischer, gasförmiger Kohlenwasserstoff,* $CH_3–CH_2–CH_3$, *Nebenprodukt der Kokereien u. Erdölraffinerien, das als Heizgas verwendet wird* [verkürzt < *Prop*ylen + Meth*an*]

Pro|pa|non ⟨n.; -s; unz.; fachsprachl. Bez. für⟩ *Aceton* [< *Propan* + *...on*]

pro pa|tria, ⟨auch⟩ **pro pat|ria** *für das Vaterland* [lat.]

Pro|pel|ler ⟨m.; -s, -⟩ **1** *Luftschraube* **2** *Schiffsschraube* [engl.; zu *propel* »vorwärts treiben« < lat. *propellere*]

Pro|pen ⟨n.; -s; unz.⟩ *ungesättigter Kohlenwasserstoff mit drei Kohlenstoffatomen,* C_3H_6, *als Brenngas verwendet;* Sy ⟨†⟩ *Propylen*

pro|per ⟨Adj.⟩ *sauber, ordentlich;* oV *propre;* ~ aussehen; ~ gekleidet sein [< frz. *propre* »sauber«]

Pro|per|han|del ⟨m.; -s; unz.⟩ oV *Proprehandel* **1** *Eigenhandel, Handel auf eigene Rechnung u. Gefahr* **2** *die Ein- u. Ausfuhr eines Landes (ohne Durchfuhr)* [< frz. *propre* »eigen«]

Pro|pe|ri|spo|me|non, ⟨auch⟩ **Pro|pe|ris|po|me|non** ⟨n.; -s, -me|na; Phon.⟩ *grch. Wort mit Zirkumflex auf der vorletzten Silbe* [< *Pro...* + *Perispomenon*]

Pro|pha|se ⟨f.; -, -n⟩ *einleitende Phase der Kernteilung, in der die Chromosomen sichtbar werden* [< *Pro...* + *Phase*]

Pro|phet ⟨m.; -en, -en⟩ **1** *jmd., der etwas Zukünftiges vorhersagt, Wahrsager, Seher* **2** *Verkünder u. Deuter einer göttl. Botschaft* **3** ⟨im Islam Bez. für⟩ *Mohammed* **4** der ~ gilt nichts in seinem Vaterlande (nach Matth. 13,57) *in der näheren Umgebung werden bedeutende Leistungen oft nicht anerkannt* [< lat. *propheta* < grch. *prophetes* »Verkünder u. Deuter der Orakelsprüche, Wahrsager, Seher, Prophet«]

Pro|phe|tie ⟨f.; -, -n⟩ **1** *Weissagung* **2** *Verkündung des Propheten(2)* [< mhd. *prophetie, prophezie* < lat. *prophetia,* grch. *propheteia* »Weissagung«]

pro|phe|tisch ⟨Adj.⟩ **1** *weissagend* **2** *in der Art eines Propheten(2)* [< lat. *propheticus* < grch. *prophetikos* »weissagend«]

pro|phe|zei|en ⟨V.⟩ **1** *weissagen* **2** *in der Art eines Propheten(2) verkünden* [< mhd. *prophetien, prophezien;* zu *prophetie, prophezie;* → *Prophetie*]

Pro|phe|zei|ung ⟨f.; -, -en⟩ *Weissagung*

Pro|phy|lak|ti|kum ⟨n.; -s, -ka; Med.⟩ *vorbeugendes Mittel* [< lat. *prophylacticum* < grch. *prophylaktikos* »schützend«]

pro|phy|lak|tisch ⟨Adj.⟩ *vorbeugend, verhütend*

Pro|phy|la|xe ⟨f.; -, -n⟩ *Vorbeugung, Verhütung (von Krankheiten)* [< grch. *prophylaxis* »Vorsicht«]

Pro|po|lis ⟨f.; -; unz.⟩ *Kittharz, Baustoff der Bienenwabe mit antibakterieller Wirkung,*

Vorwachs [< *Pro...* + grch. *polis* »Stadt, Staat«]
Pro|po|nent ⟨m.; -en, -en⟩ *Antragsteller* [< lat. *proponens,* Part. Präs. von *proponere* »öffentlich hinstellen, vorlegen«]
pro|po|nie|ren ⟨V.⟩ *vorschlagen, beantragen* [< lat. *proponere* »öffentlich hinstellen, vorlegen«]
Pro|por|ti|on ⟨f.; -, -en⟩ **1** *Größenverhältnis;* Ggs *Disproportion;* die Zeichnung ist in den ~en falsch, richtig **2** ⟨Math.⟩ *Verhältnisgleichung* [< lat. *proportio* »entsprechendes Verhältnis, Ebenmaß«; zu *portio* »Anteil«]
pro|por|ti|o|nal ⟨Adj.⟩ **1** *hinsichtlich der Proportion, eine Proportion ausdrückend, im gleichen Verhältnis stehend* **2** ~e Konjunktion *K., die in Verbindung mit einer anderen K. das Verhältnis eines Sachverhaltes zu einem anderen ausdrückt,* z.B. je – desto [< lat. *proportionalis;* zu *proportio;* → *Proportion*]
Pro|por|ti|o|na|le ⟨f.2; Math.⟩ *Glied einer Verhältnisgleichung*
Pro|por|ti|o|na|li|tät ⟨f.; -; unz.⟩ *Beschaffenheit hinsichtlich der Proportionen, richtiges Verhältnis*
Pro|por|ti|o|nal|wahl ⟨f.; -, -en⟩ *Wahl, bei der die Sitze auf die Listen der Parteien im Verhältnis der abgegebenen Stimmen verteilt werden, Verhältniswahl;* Ggs *Majoritätswahl*
pro|por|ti|o|nell ⟨Adj.; österr.⟩ = *proporzionell*
pro|por|ti|o|niert ⟨Adj.⟩ *im richtigen Verhältnis stehend;* Ggs *disproportioniert*
Pro|por|ti|ons|glei|chung ⟨f.; -, -en⟩ *mathematische Gleichung, die mit der Gleichsetzung von Zahlenverhältnissen arbeitet, z.B. ist die Gleichung a : b = c : d erfüllt für die Werte 4 : 9 = 8 : 18*
Pro|porz ⟨m.; -es, -e⟩ **1** ⟨österr.⟩ *Verteilung der Mandate, Ämter usw. nach dem Verhältnis der Stimmen bei der Proportionalwahl* **2** ⟨schweiz.; unz.; Kurzw. für⟩ *Proportionalwahl;* Ggs *Majorz* [< lat. *proportio;* → *Proportion*]
pro|por|zi|o|nell ⟨Adj.; österr.⟩ *dem Proporz entsprechend;* oV *proportionell* [< frz. *proportionel,* < lat. *proportio;* → *Proportion*]
Pro|po|si|tio ⟨f.; -, -nes [-ne:s]; Logik⟩ *Urteil, Lehrsatz* [lat., »Thema, Vordersatz«]
Pro|po|si|ti|on ⟨f.; -, -en; Sprachw.; bes. in der Sprechakttheorie⟩ *Inhalt, Wahrheitswert der Bedeutung einer sprachlichen Äußerung;* → a. *Illokution, Perlokution* [< lat. *propositio* »Vorstellung, Vorsatz«; zu *proponere* »öffentlich vorlegen«]
pro|po|si|ti|o|nal ⟨Adj.; Sprachw.⟩ *den Inhalt einer sprachlichen Äußerung betreffend* [zu lat. *proponere* »öffentlich vorlegen«]
Pro|po|si|tum ⟨n.; -s, -ta; †⟩ *Äußerung, Rede, Vorhaben, Absicht* [lat., »das Vorgeschlagene«, Neutr. zu *propositus,* Part. Perf. von *proponere* »vorschlagen«]
Pro|pos|ta ⟨f.; -, -ten; Mus.⟩ *im Kanon die Stimme, die mit der Melodie beginnt;* Ggs *Risposta* [ital., »Vordersatz«]
Pro|prä|tor ⟨m.; -s, -to|ren; im antiken Rom⟩ *Statthalter einer Provinz, der vorher Prätor war* [< *Pro...* + *Prätor*]

■ Die Buchstabenfolge **pro|pr...** kann auch **prop|r...** getrennt werden.

■ **pro|pre** ⟨Adj.⟩ = *proper*
■ **Pro|pre|han|del** ⟨m.; -s; unz.⟩ = *Properhandel*
■ **Pro|pre|tät** ⟨f.; -; unz.; †⟩ *Sauberkeit* [< frz. *proprete* »Sauberkeit«]
■ **Pro|pri|e|tär** ⟨[-priə-] m.; -s, -e; †⟩ *Eigentümer* [< frz. *propriétaire*]
■ **pro|prio mo|tu** *aus eigenem Antrieb* [lat.]
■ **Pro|pri|um** ⟨n.; -s, -pria; Gramm.⟩ *Eigenname* [< lat. *proprius* »eigen«]
Pro|pusk ⟨m.; -es, -e⟩ *Ausweis, Passierschein* [russ., »Ausweis«]
Pro|py|lä|en ⟨Pl.⟩ **1** *von Säulen getragene Vorhalle griechischer Tempel od. anderer monumentaler Gebäude* **2** ⟨danach⟩ *mit Säulen versehener Eingang od. Durchgang* [< grch. *propylaia* »Vorhalle«, < *pro* »vor« + *pyle* »Tor«]
Pro|py|len ⟨n.; -s; unz.⟩ = *Propen* [< grch. *protos* »erster« + *pion* »Fett« + *hyle* »Stoff«]
Pro|rek|tor ⟨m.; -s, -en⟩ *Stellvertreter des Rektors*
Pro|rek|to|rat ⟨n.; -(e)s, -e⟩ *Amt, Büro des Prorektors*
Pro|ro|ga|ti|on ⟨f.; -, -en⟩ **1** *Verlängerung der Amtszeit* **2** *Aufschub, Vertagung* [< lat. *prorogatio* »Verlängerung«]
pro|ro|ga|tiv ⟨Adj.⟩ *aufschiebend* [< lat. *prorogativus* »Aufschub leidend«; zu *prorogare* »verlängern«]
pro|ro|gie|ren ⟨V.⟩ **1** *aufschieben, vertagen* **2** *verlängern* [< lat. *prorogare* »verlängern«]
Pro|sa ⟨f.; -; unz.⟩ **1** *nicht durch Verse, Rhythmus od. Reim gebundene Sprachform;* Ggs *Poesie(2);* er schreibt eine gute ~ **2** ⟨fig.⟩ *Nüchternheit, Nüchternes;* Ggs *Poesie(3);* die ~ des Alltags [< lat. *prosa (oratio)* »geradeaus gerichtete (= schlichte) Rede«]
Pro|sa|i|ker ⟨m.; -s, -⟩ **1** = *Prosaist* **2** ⟨fig.; umg.⟩ *prosaischer Mensch, nüchterner Mensch*
pro|sa|isch ⟨Adj.⟩ **1** *in Prosa (geschrieben, abgefasst);* Ggs *poetisch* **2** ⟨meist fig.⟩ *nüchtern, alltäglich*
Pro|sa|ist ⟨m.; -en, -en⟩ *Prosa schreibender Schriftsteller;* Ggs *Poet*
pro|sa|is|tisch ⟨Adj.⟩ *nüchtern, ohne Emotionen berichtend* [→ *Prosa*]
Pro|sec|co ⟨m.; - od. -s, -s⟩ *leicht moussierender, trockener ital. Weißwein* [ital., zu *secco* »trocken«]
Pro|sek|tor ⟨m.; -s, -to|ren⟩ **1** ⟨früher⟩ *der Assistent eines patholog. Instituts, der die Sektionen durchführt* **2** ⟨heute⟩ *der das patholog. Institut leitende Facharzt für Pathologie* [< lat. *prosector* »Zerschneider«; zu *secare* »schneiden«; → *sezieren*]
Pro|sek|tur ⟨f.; -, -en⟩ *patholog. Abteilung eines Krankenhauses, patholog. Institut*

Pro|se|ku|ti|on ⟨f.; -, -en⟩ *gerichtl. Verfolgung* [<lat. *prosecutio* »Fortsetzung, Verfolgung«; zu *prosequi* »verfolgen«]
Pro|se|ku|tor ⟨m.; -s, -to|ren; Rechtsw.⟩ *Verfolger, Ankläger* [<lat. *prosecutor* »Verfolger«; zu *prosequi* »verfolgen«]
Pro|se|lyt ⟨m.; -en, -en⟩ *jmd., der eben zu einem anderen Glauben übergetreten ist, Neubekehrter;* ~en machen *andere rasch bekehren, ohne sie schon wirklich überzeugt zu haben* [<grch. *proselytos* »hinzugekommen«]
Pro|se|mi|nar ⟨n.; -(e)s, -e⟩ *einführendes Seminar, Vorstufe zum Hauptseminar*
Pros|en|chym, ⟨auch⟩ **Pro|sen|chym** ⟨n.; -(e)s, -e⟩ *Grundform des pflanzl. Gewebes mit lang gestreckten Zellen* [<grch. *pros* »zu« + *en...* + grch. *chein* »gießen«]
pros|en|chy|ma|tisch, ⟨auch⟩ **pro|sen|chy|ma-tisch** ⟨[-çy-] Adj.; Biol.⟩ *aus Prosenchym gebildet, lang gestreckt u. an den Enden zugespitzt (von pflanzl. Gewebezellen)*
pro|sit! *wohl bekomm's, zum Wohl! (Zuruf beim Trinken, auch beim Niesen);* ~ Neujahr! *ein glückliches neues Jahr!;* Sy *prost*
Pro|sit ⟨n.; -s; unz.⟩ *Trinkspruch;* ein ~ ausbringen (auf); ein ~ dem Hausherrn! [lat., »es möge (dir) nützen«]
pro|skri|bie|ren, ⟨auch⟩ **pros|kri|bie|ren, prosk-ri|bie|ren** ⟨V.⟩ *(urspr. durch öffentl. Bekanntmachung) ächten* [<lat. *proscribere* »öffentlich anschlagen, durch öffentl. Anschlag ächten«]
Pro|skrip|ti|on, ⟨auch⟩ **Pros|krip|ti|on, Prosk-rip|ti|on** ⟨f.; -, -en⟩ *Ächtung (urspr. im alten Rom durch öffentl. Bekanntmachung)* [<lat. *proscriptio* »öffentl. Anschlag, Achterklärung«; zu *proscribere;* → *proskribieren*]
Pros|o|dem, ⟨auch⟩ **Pro|so|dem** ⟨n.; -s, -e; Phonol.⟩ *Lautmerkmal eines sprachlichen Ausdrucks, das nicht durch die Phoneme geprägt wird, sondern durch das Zusammenwirken mehrerer phonolog. Faktoren wie Intonation, Dauer, Tonhöhe u. -stärke* [→ *Prosodie*]
Pros|o|die, ⟨auch⟩ **Pro|so|die** ⟨f.; -, -n⟩ Sy *Prosodik* **1** *Lehre von der Behandlung der Sprache im Vers* **2** ⟨Mus.⟩ *Verhältnis zwischen Ton u. Wort, Betonung mit Hilfe von Musik u. Rhythmus* [<grch. *prosodia,* eigtl. »Zugesang«, <*pros* »zu« + *ode* »Gesang«]
Pros|o|dik, ⟨auch⟩ **Pro|so|dik** ⟨f.; -, -en⟩ = *Prosodie*
pros|o|disch, ⟨auch⟩ **pro|so|disch** ⟨Adj.⟩ *auf Prosodie beruhend*
Pros|o|po|pö|ie, ⟨auch⟩ **Pro|so|po|pö|ie** ⟨f.; -, -n⟩ = *Personifikation(2)* [<grch. *prosopon* »Gesicht, Person« + *...pöie*]

■ Die Buchstabenfolge **pro|sp...** kann auch **pros|p...** getrennt werden. Davon ausgenommen sind Zusammensetzungen, in denen die fremdsprachigen bzw. sprachhistorischen Bestandteile deutlich als solche erkennbar sind, z. B. *-spermie.*

■ **Pro|spekt** ⟨m.; -(e)s, -e⟩ **1** *in der Form eines senkrecht halbierten Zylinders gespannte Leinwand als hinterer Abschluss des Bühnenraumes mit darauf gemalter od. projizierter Landschaft bei Szenen im Freien, Bühnenhimmel, Rundhorizont* **2** *meist perspektivisch übertriebene Ansicht, bildl. Darstellung (von Gebäuden, Straßen, Plätzen);* → a. *Vedute* **3** *meist bebilderte Werbeschrift* **4** *Preisliste* **5** *das kunstvoll gestaltete Gehäuse des Pfeifenwerks der Orgel* [<lat. *prospectus* »Hinblick, Aussicht«; zu *specere* »schauen«]
■ **pro|spek|tie|ren** ⟨V.⟩ *durch geolog. Beobachtung ohne größeres Schürfen u. Bohren aufsuchen;* Lagerstätten nutzbarer Mineralien ~
■ **Pro|spek|tie|rung** ⟨f.; -, -en; Geol.; Bgb.⟩ *das Prospektieren, Prospektiertwerden*
■ **Pro|spek|ti|on** ⟨f.; -, -en⟩ *das Prospektieren*
■ **pro|spek|tiv** ⟨Adj.⟩ **1** *eine Aussicht, Möglichkeit betreffend* **2** *vorausschauend* **3** *die Weiterentwicklung betreffend* [<lat. *prospectivus* »die Aussicht betreffend«; zu *prospectus;* → *Prospekt*]
■ **Pro|spek|tor** ⟨m.; -s, -to|ren; Geol.; Bgb.⟩ *jmd., der Bodenschätze erkundet u. auf ihre Abbauwürdigkeit hin untersucht*
■ **pro|spe|rie|ren** ⟨V.⟩ *gedeihen, blühen, gut vorankommen (bes. wirtschaftlich)* [<frz. *prospérer* »gedeihen« <lat. *prosperare* »gedeihen lassen«]
■ **Pro|spe|ri|tät** ⟨f.; -; unz.⟩ *das Blühen, Gedeihen (bes. wirtschaftlich), Erfolg, Wohlstand;* Ggs *Depression* [<lat. *prosperitas,* frz. *prospérité* »Gedeihen, Glück«, <lat. *prosper(us)* »günstig, glücklich«]
Pro|sper|mie ⟨f.; -; unz.⟩ *vorzeitiger Samenerguss* [< *Pro...* + *Sperma*]
prost! ⟨umg.⟩ = *prosit!*

■ Die Buchstabenfolge **pro|st...** kann auch **pros|t...** getrennt werden.

■ **Pro|sta|glan|di|ne,** ⟨auch⟩ **Pros|tag|lan|di-ne** ⟨Pl.⟩ *Wirkstoffe, die in den Zellen bestimmter Gewebe gebildet werden und u.a. blutdrucksenkend u. wehenerregend wirken* [<grch. *prostates* »Vorsteher« + lat. *glandula* »Drüse« (sie wurden erstmals im menschl. Sperma gefunden)]
■ **Pro|sta|ta** ⟨f.; -; unz.⟩ *beim männl. Säugetier u. beim Mann am Anfang der Harnröhre gelegene Drüse, Vorsteherdrüse* [< *Pro...* + grch. *statos* »stehend«]
■ **Pro|stat|ek|to|mie,** ⟨auch⟩ **Pros|ta|tek|to-mie** ⟨f.; -, -n; Med.⟩ *chirurgische Entfernung der Prostata (bei Prostatakarzinomen)* [< *Prostata* + *Ektomie*]
■ **Pro|sta|ti|tis** ⟨f.; -, -ti|ti|den⟩ *Entzündung der Prostata*
■ **pro|sti|tu|ie|ren** ⟨V.⟩ **1** *bloßstellen, preisgeben* **2** sich ~ **2.1** *Prostitution betreiben* **2.2** ⟨fig.⟩ *sich unter Verletzung moralischer Wertmaßstäbe für etwas hergeben, um einen persönli-*

chen Vorteil zu erzielen [< frz. *prostituer* »der Unzucht preisgeben« < lat. *prostituere* »vorn hinstellen, öffentlich preisgeben«]

■ **Pro|sti|tu|ier|te** ⟨f. 2⟩ *Frau, die sich gewerbsmäßig zum Geschlechtsverkehr zur Verfügung stellt, Hure*

■ **Pro|sti|tu|ti|on** ⟨f.; -; unz.⟩ *gewerbsmäßige körperl. Hingabe zum Geschlechtsverkehr;* der ~ nachgehen [frz., »gewerbsmäßige Unzucht« < lat. *prostitutio* »Preisgebung zur Unzucht«; zu *prostituere;* → *prostituieren*]

■ **pro|sti|tu|tiv** ⟨Adj.⟩ *die Prostitution anbelangend, mit ihr zusammenhängend*

■ **Pro|stra|ti|on,** ⟨auch⟩ **Prost|ra|ti|on** ⟨f.; -, -en⟩ **1** *Kniefall* **2** ⟨Med.⟩ *Erschöpfung* [< lat. *prostratio* »das Niederwerfen«, < *pro* »für« + *status,* Part. Perf. zu *sternere* »hinbreiten, hinstreuen«]

■ **Pro|sty|los** ⟨m.; -, -loi⟩ *griech. Tempel mit Säulenvorhalle* [grch., »vorn mit Säulen versehen«]

Pro|sze|ni|um ⟨n.; -s, -ni|en⟩ *vorderster Teil der Bühne zwischen Vorhang u. Orchester;* Ggs *Postszenium* [< *Pro...* + grch. *skene* »Bühne«]

Pro|sze|ni|ums|lo|ge ⟨[-ʒə] f.; -, -n⟩ *Bühnenloge rechts u. links neben dem Proszenium*

prot..., **Prot...** ⟨in Zus.⟩ = *proto..., Proto...*

Prot|ac|ti|ni|um, ⟨auch⟩ **Pro|tac|ti|ni|um** ⟨n.; -s; unz.; chem. Zeichen: Pa⟩ *radioaktives chem. Element, Ordnungszahl 91* [< *Proto...* + *Actinium*]

Prot|a|go|nist, ⟨auch⟩ **Pro|ta|go|nist** ⟨m.; -en, -en⟩ **1** *der erste Schauspieler des altgrch. Theaters;* → a. *Deuteragonist, Tritagonist* **2** ⟨fig.⟩ *Vorkämpfer, Bahnbrecher (für eine Sache);* ~ für eine Reform des Schulwesens [< *Proto...* + grch. *agon* »Wettkampf«]

Prot|a|min, ⟨auch⟩ **Pro|ta|min** ⟨n.; -s, -e; meist Pl.; Chem.⟩ *Polypeptid mit geringer Molekularmasse* [< *Proto...* + *Amin*]

Prot|an|drie, ⟨auch⟩ **Pro|tand|rie** ⟨f.; -; unz.⟩ *Reifung der männl. Geschlechtsprodukte vor den weiblichen (bei zwittrigen Pflanzen u. Tieren);* Ggs *Protogynie* [< *Proto...* + *aner,* Gen. *andros* »Mann«]

prot|an|drisch, ⟨auch⟩ **pro|tand|risch** ⟨Adj.⟩ *vor den weibl. Geschlechtsprodukten reifend (von den männl. Geschlechtsprodukten zwittriger Pflanzen u. Tiere);* Ggs *protogyn*

Pro|ta|sis ⟨f.; -, -ta|sen; Gramm.⟩ *Vordersatz, bes. der bedingende Nebensatz eines Konditionalsatzes;* Ggs *Apodosis* [< grch. *protasis* »vorgelegte Frage«, zu *protassein* »voranstellen, vorn hinstellen«]

Pro|te|a|se ⟨f.; -, -n⟩ *Eiweiß spaltendes Enzym* [→ *Protein*]

Pro|te|gé ⟨[-ʒe:] m.; -s, -s⟩ *jmd., der protegiert wird, Schützling* [frz., »Schützling; beschützt«, Part. Perf. zu *protéger* »schützen, beschützen«]

pro|te|gie|ren ⟨[-ʒi:-] V.⟩ *fördern, begünstigen* [< frz. *protéger* »schützen, beschützen«]

Pro|te|id ⟨n.; -(e)s, -e⟩ *Eiweiß, das mit nicht eiweißartigen Stoffen zusammengesetzt ist* [< *Protein* + *...id*]

Pro|te|in ⟨n.; -s, -e⟩ *chem. Verbindung aus einer Gruppe hochmolekularer organ. Stoffe, aus denen die lebende Substanz des pflanzl. u. tier. Körpers besteht, Eiweiß* [< grch. *protos* »der erste«]

Pro|te|i|na|se ⟨f.; -, -n; Chem.⟩ *Proteine spaltendes Enzym, das bei der Verdauung mitwirkt* [→ *Protein*]

Pro|tek|ti|on ⟨f.; -, -en⟩ *Schutz, Förderung, Gönnerschaft* [< frz. *protection* »Schutz« < lat. *protectio* »Schutz«]

Pro|tek|ti|o|nis|mus ⟨m.; -; unz.⟩ *wirtschaftl. Abschirmung der Industrie eines Staates gegen ausländ. Konkurrenz*

Pro|tek|ti|o|nist ⟨m.; -en, -en⟩ *Vertreter, Anhänger des Protektionismus*

pro|tek|ti|o|nis|tisch ⟨Adj.⟩ *auf Protektionismus beruhend;* ~e Wirtschaftspolitik = *Protektionismus*

Pro|tek|tor ⟨m.; -s, -to|ren⟩ *Schutzherr, Schirmherr; Gönner, Förderer, Ehrenvorsitzender* [< lat. *protector* »Beschützer«; zu *protegere* »schützen, beschützen«]

Pro|tek|to|rat ⟨n.; -(e)s, -e⟩ **1** *Schutzherrschaft* **2** *Gönnerschaft, Ehrenvorsitz*

pro tem|po|re ⟨Abk.: p.t.⟩ *für jetzt, vorläufig* [lat., »zur Zeit«]

Pro|te|o|ly|se ⟨f.; -, -n; Biochem.⟩ *Aufspaltung von Proteinen durch proteolytische Enzyme, z.B. bei der Verdauung* [< *Protein* + *...lyse*]

pro|te|o|ly|tisch ⟨Adj.; Biochem.⟩ *die Proteolyse betreffend, auf ihr beruhend, Proteine spaltend*

Pro|te|ro|zo|i|kum ⟨[-tso:i-] n.; -s; unz.⟩ *Erdurzeit, ältestes Zeitalter der Erdgeschichte mit Archaikum u. Algonkium vor 2,7–1,2 Milliarden Jahren, Kryptozoikum, Präkambrium* [< grch. *proteros* »früher« + *...kum*]

pro|te|ro|zo|isch ⟨Adj.⟩ *zum Proterozoikum gehörig;* Sy *präkambrisch*

Pro|test ⟨m.; -(e)s-, -e⟩ **1** *Einspruch, Widerspruch;* ~ erheben (gegen); unter ~ den Saal verlassen **2** *Beurkundung der vergebl. Präsentation eines Wechsels auf diesem selbst od. auf einem angefügten Blatt;* Wechsel zu ~ gehen lassen *feststellen lassen, dass ein W. nicht angenommen od. nicht eingelöst worden ist* [< ital. *protesto* »Widerspruch, Einspruch«; zu *protestare* < lat. *protestari* »öffentlich bezeugen, erklären, eine Gegenerklärung abgeben, missbilligen«]

Pro|tes|tant ⟨m.; -en, -en⟩ *Angehöriger der protestant. Kirche* [< lat. *protestans,* Part. Präs. zu *protestari* »öffentlich bezeugen, eine Gegenerklärung abgeben, missbilligen« (nach dem Protest der evang. Stände auf dem Reichstag zu Speyer 1529 gegen die Wiederherstellung des Wormser Edikts, das alle kirchl. Reformen verbot)]

pro|tes|tan|tisch ⟨Adj.⟩ *auf dem Protestantismus beruhend, ihm angehörend;* → a. *evangelisch(2)*

Pro|tes|tan|tis|mus ⟨m.; -; unz.⟩ *Gesamtheit der aus der Reformation hervorgegangenen christl. Kirchen*
pro|tes|tie|ren ⟨V.⟩ *widersprechen, Einspruch erheben gegen, sich gegen etwas verwahren;* gegen etwas od. jmdn. ~ [< frz. *protester* »beteuern, versichern, Einspruch erheben« < lat. *protestari* »öffentlich als Zeuge auftreten, beweisen, dartun«]
Pro|test|no|te ⟨f.; -, -n; Pol.⟩ *offizieller schriftlicher Einspruch, Protest gegen die Verhaltensweise einer Partei od. Regierung;* eine ~ einreichen, verlesen [→ *Protest*]
Pro|test|song ⟨m.; -s, -s⟩ *gegen die bestehenden gesellschaftl. u. polit. Zustände protestierendes Lied, meist von einem einzelnen Sänger zur Gitarre vorgetragen*
Pro|teus|na|tur ⟨f.; -, -en⟩ *Mensch, der rasch seine Gesinnung wechselt* [nach dem grch. Meergreis *Proteus,* der sich in viele Gestalten verwandeln kann]
Pro|thal|li|um ⟨n.; -s, -thal|li|en⟩ *Vorkeim (der Farnpflanzen)* [< grch. *pro* »vor« + *thallos* »grüner Spross«]
Pro|the|se ⟨f.; -, -n⟩ **1** *künstl. Ersatz für ein fehlendes Glied* **2** *Zahnersatz* **3** *Voransetzen eines Lautes vor den Anfang des Wortes, ohne die Bedeutung zu verändern,* z.B. frz. »esprit« aus lat. »spiritus« [< *Prothesis, Prosthesis* < grch. *prosthesis* »das Hinzufügen, das Ansetzen«]
Pro|the|tik ⟨f.; -; unz.; Med.⟩ *Wissenschaft von der Herstellung u. Eingliederung von Prothesen u. künstlichen Organen in den Organismus*
pro|the|tisch ⟨Adj.⟩ *mit Hilfe einer Prothese, ersetzend*
Pro|tist ⟨m.; -en, -en⟩ *einzelliges Lebewesen tierischer od. pflanzlicher Art* [< grch. *protos* »der erste«]
Pro|ti|um ⟨n.; -s; unz.; Chem.⟩ *Wasserstoffisotop mit der Atommasse 1,008, dessen Atomkern aus einem Proton besteht* [zu grch. *protos* »der erste«]
pro|to..., **Pro|to...** ⟨vor Vokalen⟩ prot..., Prot... ⟨in Zus.⟩ *erster, vorderster, wichtigster, erst..., Erst..., ur..., Ur...* [< grch. *protos* »erster, vorderster, wichtigster, Ur...«]
pro|to|gen ⟨Adj.; Geol.⟩ *zuerst entstanden, urzeitlich, am Fundort entstanden* [< *proto...* + *...gen*[1]]
pro|to|gyn ⟨Adj.⟩ *vor den männl. Geschlechtsprodukten reifend (von den weibl. Geschlechtsprodukten mancher zwittriger Pflanzen und Tiere);* Ggs *protandrisch* [< *proto...* + grch. *gyne* »Weib«]
Pro|to|gy|nie ⟨f.; -; unz.⟩ *Reifung der weibl. Geschlechtsprodukte vor den männlichen (bei zwittrigen Pflanzen u. Tieren);* Ggs *Protandrie*
Pro|to|kla|se ⟨f.; -, -n⟩ *Zertrümmerung eines magmat. Gesteins infolge tektonischer Pressungen in noch nicht ganz verfestigtem Magma;* Ggs *Kataklase* [< *Proto...* + grch. *klasis* »das Abbrechen«; zu *klan* »zerbrechen«]
Pro|to|koll ⟨n.; -s, -e⟩ **1** *gleichzeitig erfolgende od. erfolgte (wortgetreue) Niederschrift einer Verhandlung od. eines Verhörs;* das ~ führen; eine Aussage zu ~ geben, zu ~ nehmen **2** *Gesamtheit der Regeln für Höflichkeit u. angemessene Form im diplomat. Verkehr, diplomat. Etikette;* das ~ schreibt vor, dass... [< mlat. *protocollum* < mgrch. *protokollon,* eigtl. »ein den amtl. Papyrusrollen vorgeleimtes Blatt mit Angaben über Entstehung u. Verfasser des Papyrus« < grch. *protos* »der erste« + *kolla* »Leim«]
Pro|to|kol|lant ⟨m.; -en, -en⟩ *Protokollführer*
pro|to|kol|la|risch ⟨Adj.⟩ *aufgrund des Protokolls, mit Hilfe des Protokolls*
pro|to|kol|lie|ren ⟨V.⟩ **1** *zu Protokoll nehmen, urkundlich niederschreiben* **2** *das Protokoll führen* [< mlat. *protocollare* »ein Protokoll anfertigen«]
Pro|to|ly|se ⟨f.; -, -n⟩ *chem. Reaktion, bei der eine Säure an eine Base Protonen abgibt* [< grch. *protos* »erster« + *lysis* »Lösung«]
Pro|ton ⟨n.; -s, -to|nen; Zeichen: p⟩ *positiv geladenes Elementarteilchen, zusammen mit dem Neutron Baustein von Atomkernen* [< grch. *proton* »das erste«]
Pro|to|nen|syn|chro|tron, ⟨auch⟩ **Pro|to|nen-syn|chrot|ron** ⟨[-kro-] n.; -s, -e⟩ *Gerät zum Beschleunigen von Protonen*
Pro|to|phyt ⟨m.; -en, -en⟩ *einzellige Pflanze* [< *Proto...* + *...phyt*[1]]
Pro|to|phy|to|lo|gie ⟨f.; -; unz.⟩ *Lehre von den einzelligen Pflanzen*
Pro|to|plas|ma ⟨n.; -s; unz.⟩ *die von der Zellmembran umhüllte, grundlegende Substanz der lebenden Zelle*
Pro|to|plast ⟨m.; -en, -en⟩ *der aus dem Protoplasma bestehende Zellleib*
Pro|to|sto|mi|er, ⟨auch⟩ **Pro|tos|to|mi|er** ⟨m.; -s, -⟩ *Tier, bei dem der Urmund in den endgültigen Mund übergeht, während der After neu gebildet wird* [< *Proto...* + *Stoma*]
Pro|to|typ ⟨m.; -s, -en⟩ **1** *Urbild, Vorbild, Muster* **2** *Normalmaß* **3** *erster Abdruck* **4** *erste Ausführung eines Flugzeugs, Fahrzeugs od. einer Maschine, die so weit entwickelt ist, dass danach der Serienbau erfolgen kann*
pro|to|ty|pisch ⟨Adj.⟩ *in der Art eines Prototyps, vorbildlich, urbildlich*
Pro|to|zo|o|lo|gie ⟨[-tso:ɔ-] f.; -; unz.⟩ *Lehre von den einzelligen Tieren*
Pro|to|zo|on ⟨n.; -s, -zo|en⟩ *einzelliges Tier;* Ggs *Metazoon* [< *Proto...* + *Zoon*]
pro|tra|hie|ren ⟨V.; Med.⟩ *verzögern, verlängern, aufschieben* [< lat. *protrahere* »hervorziehen«]
Pro|tu|be|ranz ⟨f.; -, -en⟩ **1** *Eruption von Gasmassen (auf der Sonne)* **2** *natürl. Vorsprung (an Organen, Knochen)* [< lat. *protuberare* »hervorschwellen«]
Pro|ve|ni|enz ⟨[-ve-] f.; -, -en⟩ *Herkunft, Ursprung* [< lat. *provenire* »hervorkommen«]
Pro|verb ⟨n.; -s, -en⟩ *Sprichwort* [< lat. *proverbium* »Sprichwort«]

pro|ver|bi|al ⟨[-vɛr-] Adj.⟩ *sprichwörtlich;* oV *proverbiell* [<lat. *proverbialis;* zu *proverbium* »Sprichwort«]

pro|ver|bi|ell ⟨[-vɛr-] Adj.⟩ = *proverbial*

Pro|vi|ant ⟨[-vi-] m.; -s; unz.⟩ *Lebensmittel für einen begrenzten Zeitraum;* Reise~ [<mndrl. *provande* »Mundvorrat« (<afrz. *provende)* <ital. *provianda* »Mundvorrat« <vulgärlat. *probenda,* lat. *praebenda* »das Darzureichende«; zu *praebere* »darreichen«]

pro|vi|an|tie|ren ⟨[-vi-] V.⟩ *mit Proviant, Mundvorrat versorgen*

Pro|vi|denz ⟨[-vi-] f.; -; unz.⟩ *Vorsehung* [<lat. *providentia* »Voraussicht, Vorsehung«; zu *providere* »vorhersehen«]

Pro|vi|der ⟨[-vaidə(r)] m.; -s, -⟩ *Anbieter (bes. von Onlinediensten)* [engl., eigtl. »Ernährer«]

Pro|vinz ⟨[-vints] f.; -, -en⟩ **1** *Verwaltungsbezirk;* ~ Sachsen **2** ⟨fig.⟩ *ländl. Gegend, im Unterschied zur Stadt;* aus der ~ kommen, stammen [<lat. *provincia* »Herrschaftsbereich, unter röm. Oberherrschaft u. Verwaltung stehendes erobertes Gebiet außerhalb Italiens; Gegend, Bereich«]

pro|vin|zi|al ⟨[-vin-] Adj.⟩ *eine Provinz betreffend, zu ihr gehörend*

Pro|vin|zi|al ⟨[-vin-] m.; -s, -e⟩ *Vorsteher mehrerer, zu einer Provinz zusammengefasster Klöster* [<lat. *provincialis* »zur Provinz gehörig, die Provinz betreffend«]

Pro|vin|zi|a|lis|mus ⟨[-vin-] m.; -, -men⟩ *mundartl. Ausdruck,* z.B. Stulle (berlin.), Gaudi (bair.-österr.)

pro|vin|zi|ell ⟨[-vin-] Adj.⟩ *kleinstädtisch;* ~e Ansichten haben

Pro|vinz|ler ⟨[-vints-] m.; -s, -; umg.; abwertend⟩ *Bewohner der Provinz, Mensch mit engem Gesichtskreis*

pro|vinz|le|risch ⟨[-vints-] Adj.; umg.; abwertend⟩ *provinziell;* diese Stadt verfügt nur über ein ~es Kulturangebot

Pro|vi|si|on ⟨[-vi-] f.; -, -en⟩ **1** *Vermittlungsgebühr* **2** *Vergütung durch prozentualen Gewinnanteil;* auf ~ arbeiten [<ital. *provvigione* »Vorsorge; Vorrat, Erwerb, Vergütung« <lat. *provisio* »Vorausschau, Vorsorge«; zu *providere* »vorhersehen«]

Pro|vi|sor ⟨[-viː-] m.; -s, -so|ren⟩ *Verwalter einer Apotheke* [lat., »Voraussehen, Vorsorger«; zu *providere* »vorhersehen«]

pro|vi|so|risch ⟨[-vi-] Adj.⟩ *vorübergehend, vorläufig, behelfsmäßig* [<frz. *provisoire* »vorläufig, einstweilen«]

Pro|vi|so|ri|um ⟨[-vi-] n.; -s, -ri|en⟩ *behelfsmäßige Einrichtung, vorläufiger Zustand* [zu *provisorisch,* mit lat. Endung]

Pro|vit|a|min, ⟨auch⟩ **Pro|vi|ta|min** ⟨n.; -s, -e⟩ *Vorstufe eines Vitamins*

Pro|vo ⟨[-voː] m.; -s, -s; in den 60er-Jahren⟩ *Jugendlicher, der sich durch Verhalten, äußere Erscheinung u. Werturteile (Verachtung von Konventionen u. staatl. Autorität, Bedürfnislosigkeit) bewusst in Gegensatz zu seiner Umgebung setzt u. seine (nicht klar umrissenen) polit. Ziele mit den organisator. Methoden der bestehenden Gesellschaftsordnung durchzusetzen sucht* [<ndrl. *provocatie* »Provokation«, *provoceren* »provozieren«]

pro|vo|kant ⟨[-vo-] Adj.⟩ *herausfordernd*

Pro|vo|ka|teur ⟨[-vokatøːr] m.; -s, -e⟩ *jmd., der andere zu unbedachten Handlungen, Sabotage, Widerstand od. polit. Gewalttaten provoziert;* Sy *Agent Provocateur* [<frz. *provocateur* »Aufwiegler, Hetzer«]

Pro|vo|ka|ti|on ⟨[-vo-] f.; -, -en⟩ *das Provozieren, Provoziertwerden* [<lat. *provocatio* »Herausforderung, Aufreizung«]

pro|vo|ka|tiv, pro|vo|ka|to|risch ⟨[-vo-] Adj.⟩ *provozierend, in der Art eines Provokateurs, herausfordernd, zu unbedachten Handlungen aufreizend*

pro|vo|zie|ren ⟨[-vo-] V.⟩ **1** etwas ~ *heraufbeschwören, hervorrufen;* eine Krankheitserscheinung ~ **2** jmdn. ~ *jmdn. zu einer unbedachten Handlung veranlassen, jmdn. herausfordern;* Widerstand, Widerspruch ~; ein solches Verhalten wirkt ~d *herausfordernd* [<lat. *provocare* »heraus-, hervorrufen«; zu *vocare* »rufen«]

pro|xi|mal ⟨Adj.⟩ *nach dem Mittelpunkt des Körpers zu gelegen;* Ggs *distal* [<lat. *proximus* »der nächste«]

Pro|ze|de|re ⟨n.; -, -; geh.⟩ *Prozedur, Vorgehensweise;* oV *Procedere* [→ *Prozedur*]

Pro|ze|dur ⟨f.; -, -en⟩ **1** *Behandlung, Verfahren* **2** *Rechtsgang* [<lat. *procedere* »vorrücken, fortschreiten, vor sich gehen«; zu *cedere* »einhergehen«]

pro|ze|du|ral ⟨Adj.⟩ *das Verfahren, den äußeren Ablauf betreffend* [→ *Prozedur*]

Pro|zent ⟨n.; -(e)s, -e; bei Zahlenangaben Pl. -; Abk.: p.c.; Zeichen: %⟩ **1** *Hundertstel;* Sy ⟨österr.⟩ *Perzent;* 10 ~ Bedienungszuschlag; der Schnaps enthält 40 ~ Alkohol; es waren höchstens 75 ~ aller Mitglieder anwesend; das Kapital verzinst sich mit 4 ~ **2** ~e *nach Prozenten berechneter Gewinnanteil* **3** ~e (beim Verkauf einer Ware) = *Rabatt* [< *pro cento,* latinisiert <ital. *per cento* »für hundert«]

pro|zen|tisch ⟨Adj.; †⟩ *prozentual*

Pro|zent|punkt ⟨m.; -(e)s, -e⟩ *Differenzwert in Prozent beim Vergleich zweier Prozentzahlen;* eine Abweichung von einem ~

Pro|zent|satz ⟨m.; -es, -sät|ze⟩ *eine bestimmte Anzahl von Prozenten;* ein hoher ~ von Abiturienten nimmt ein Studium auf

pro|zen|tu|al ⟨Adj.⟩ *in Prozenten (ausgedrückt, gerechnet), im Verhältnis zum Ganzen (betrachtet);* Sy ⟨österr.⟩ *perzentuell*

pro|zen|tu|a|li|ter ⟨Adv.⟩ *in Prozenten berechnet, im Verhältnis zum Gesamten gesehen*

pro|zen|tu|ell ⟨Adj.; österr.⟩ = *prozentual*

Pro|zess ⟨m.; -zes|ses, -zes|se⟩ **1** *Gerichtsverfahren, Rechtsstreit;* einen ~ gegen jmdn. anstrengen, führen; einen ~ gewinnen, verlieren; jmdm. den ~ machen *jmdn. verklagen;* jetzt mache ich (mit ihm) kurzen ~ *jetzt greife* *ich energisch, kurz entschlossen ein* **2** *Vorgang, Verlauf;* Entwicklungs~, Fäulnis~, Wachstums~; ein langwieriger, schwieriger, schneller ~; chemischer ~ *Vorgang bei der Umwandlung von Stoffen* [<lat. *processus* »Fortschreiten, Fortgang, Verlauf«, mlat. »Handlungsweise, Rechtsstreit«; zu lat. *procedere* »vorwärts schreiten«]

Prozess (*Laut-Buchstaben-Zuordnung*) Die im Deutschen übliche Kennzeichnung eines kurzen Vokals durch Verdoppelung des Folgekonsonanten wird auch auf Fremdwörter angewendet. Nach kurzem Vokal wird daher auch bei Fremdwörtern der Buchstabe *»ß«* künftig durch die Schreibung *»ss«* ersetzt (→a. *Showbusiness*).

pro|zes|sie|ren ⟨V.⟩ *einen Prozess anstrengen, führen;* gegen jmdn. ~

Pro|zes|si|on ⟨f.; -, -en⟩ **1** ⟨kath. Kirche⟩ *feierl. Umzug der Geistlichen u. der Gemeinde;* Fronleichnams~ **2** ⟨allg.⟩ *feierl. Aufzug, Umzug* [<lat. *processio* »das Vorrücken, feierl. Aufzug«; zu *procedere* »vorwärts schreiten«]

Pro|zes|sor ⟨m.; -s, -so|ren⟩ *Recheneinheit einer Datenverarbeitungsanlage;* oV *Processor*

Pro|zess|rech|ner ⟨m.; -s, -⟩ *Großrechner einer Datenverarbeitungsanlage*

pro|zes|su|al ⟨Adj.⟩ *einen Prozess betreffend, von ihm bewirkt, zu ihm gehörend*

pro|zöl ⟨Adj.; Anat.⟩ *vorn ausgehöhlt (Wirbel)* [<grch. *pro* »vorn« + *koilos* »hohl«]

prü|de ⟨Adj.⟩ *übertrieben sittsam, zimperlich (in geschlechtl. Dingen)* [<frz. *prude* »prüde, geziert«]

Prü|de|rie ⟨f.; -, -n⟩ *prüdes Wesen, Zimperlichkeit, Ziererei (in geschlechtl. Dingen)* [<frz. *pruderie* »Prüderie, geheuchelte Sittsamkeit«]

Prü|nel|le ⟨f.; -, -n⟩ **1** *vor der Reife geerntete, entsteinte, getrocknete u. gepresste Pflaume* **2** *daraus gewonnener Likör* [<frz. *pruneau* »Backpflaume«, <lat. *prunum* »Pflaume«]

Pru|nus ⟨f.; -; unz.; Bot.⟩ *Pflanzengattung der Pflaume mit den Arten Aprikose, Kirsche, Pfirsich u. Schlehe* [lat., »Pflaumenbaum«]

pru|ri|gi|nös ⟨Adj.; Med.⟩ *juckend (z.B. von Hautausschlag)* [→ *Prurigo*]

Pru|ri|go ⟨f.; -; unz.; od. m.; -s; unz.⟩ *juckende Flechte* [lat., »das Jucken«; zu *prurire* »jucken«]

Pru|ri|tus ⟨m.; -; unz.⟩ *Hautjucken* [lat., »das Jucken«; zu *prurire* »jucken«]

PS ⟨Abk. für⟩ *Postskriptum*

Psa|li|gra|fie ⟨f.; -; unz.⟩ = *Psaligraphie*

psa|li|gra|fisch ⟨Adj.⟩ = *psaligraphisch*

Psa|li|gra|phie ⟨f.; -; unz.⟩ *Kunst des Scherenschnittes;* oV *Psaligrafie* [<grch. *psalis* »Schere« + ...*graphie*]

psa|li|gra|phisch ⟨Adj.⟩ *in der Art des Scherenschnitts;* oV *psaligrafisch*

Psalm ⟨m.; -s, -en⟩ *geistl. Lied aus dem Psalter;* →a. *Salm(2)* [<ahd. *psalm(o)* <kirchenlat. *psalmus* <grch. *psalmos* »das Zupfen der Saiten eines Musikinstrumentes, Saitenspiel, zum Saitenspiel vorgetragenes Lied, Psalm«; zu *psallein* »berühren, betasten, die Saite zupfen«]

Psal|mist ⟨m.; -en, -en⟩ *Dichter od. Sänger von Psalmen, bes. König David*

Psalm|o|die, ⟨auch⟩ **Psal|mo|die** ⟨f.; -, -n⟩ *Gesang von Psalmen im Rezitationston* [< *Psalm* + grch. *ode* »Gesang«]

psalm|o|die|ren, ⟨auch⟩ **psal|mo|die|ren** ⟨V.⟩ *in der Art der Psalmodie singen*

psalm|o|disch, ⟨auch⟩ **psal|mo|disch** ⟨Adj.⟩ *in der Art der Psalmodie*

Psal|ter ⟨m.; -s, -⟩ **1** *Buch der 150 geistl. Lieder des AT* **2** = *Psalterium* **3** *Blättermagen (der Wiederkäuer)* [<kirchenlat. *psalterium* <grch. *psalterion,* (Name eines Saiteninstrumentes); → *Psalm*]

Psal|te|ri|um ⟨n.; -s, -ri|en⟩ *mittelalterl. dreieckiges od. trapezförmiges Saiteninstrument, das mit kleinen Holzhämmern geschlagen wird, Hackbrett;* oV *Psalter(2)* [lat. <grch. *psalterion;* → *Psalter*]

Psam|mit ⟨m.; -s, -e; Geol.⟩ *klastisches Sedimentgestein aus Körnern von 2–0,02 mm Größe,* z.B. Sandstein [zu grch. *psammos* »Sand«]

psam|mo|phil ⟨Adj.; Biol.⟩ *sandige Lebensräume bevorzugend (von Tieren u. Pflanzen)* [<grch. *psammos* »Sand« + ...*phil*]

Psam|mo|phyt ⟨m.; -en, -en⟩ *Pflanze, die auf sandigem Boden gedeiht* [<grch. *psammos* »Sand« + ...*phyt*]

Pse|phit ⟨m.; -s, -e; Geol.⟩ *klastisches Gestein mit grober Körnung* [zu grch. *psephos* »Steinchen«]

pseud..., **Pseud...** ⟨in Zus.⟩ = *pseudo...*, *Pseudo...*

Pseud|e|pi|gra|fen, ⟨auch⟩ **Pseu|de|pi|gra|fen** ⟨Pl.⟩ = *Pseudepigraphen*

pseud|e|pi|gra|fisch, ⟨auch⟩ **pseu|de|pi|gra|fisch** ⟨Adj.⟩ = *pseudepigraphisch*

Pseud|e|pi|gra|phen, ⟨auch⟩ **Pseu|de|pi|gra|phen** ⟨Pl.⟩ *unter falschem Namen bekannte Schriften (aufgrund von Fälschungen od. falschen Überlieferungen);* oV *Pseudepigrafen* [< *Pseudo...* + grch. *epigraphein* »aufschreiben«]

pseud|e|pi|gra|phisch, ⟨auch⟩ **pseu|de|pi|gra|phisch** ⟨Adj.⟩ *falsch überschrieben, untergeschoben, einem Verfasser fälschlich zugeschrieben;* oV *pseudepigrafisch*

pseu|do..., **Pseu|do...** ⟨vor Vokalen⟩ pseud..., Pseud... ⟨in Zus.⟩ *falsch, unecht, vorgetäuscht, schein..., Schein...* [<grch. *pseudein* »belügen, täuschen«; zu *pseudos* »Lüge«]

Pseu|do|ar|thro|se, ⟨auch⟩ **Pseu|do|arth|ro|se** ⟨f.; -, -n⟩ *nach schlecht verheilten Knochenbrüchen entstehendes Gelenk, falsches Gelenk*

pseu|do|gla|zi|al ⟨Adj.; Geol.⟩ *eiszeitlichen Bildungen ähnlich, jedoch von anderen geologischen Faktoren hervorgerufen, z.B. be-*

stimmte Schuttablagerungen in europ. Mittelgebirgen [< *pseudo… + glazial*]

Pseu|do|graf ⟨m.; -en, -en⟩ = *Pseudograph*

Pseu|do|graph ⟨m.; -en, -en⟩ *Schriftfälscher;* oV *Pseudograf* [< *Pseudo… + …graph*]

Pseu|do|kon|kor|danz ⟨f.; -, -en; Geol.⟩ *gleichmäßige, ungestörte Lagerung von jüngeren Schichten auf älteren, wenn zwischen beiden ein Sediment lag*

Pseu|do|krupp ⟨m.; -s; unz.⟩ *(bes. bei Kindern) durch Luftverschmutzung verursachte Kehlkopfentzündung;* → a. *Krupp*

Pseu|do|le|gie|rung ⟨f.; -, -en⟩ *gesinterte Mischung zweier nicht legierbarer Metallpulver* [< *Pseudo… + Legierung*]

Pseu|do|list ⟨m.; -en, -en; Psych.⟩ *jmd., der eine krankhafte Neigung zum Lügen hat, bes. in Bezug auf sexuelle Erlebnisse* [zu lat. *pseudolus* »Lügner«]

Pseu|do|lo|gie ⟨f.; -; unz.⟩ *krankhaftes Lügen, das von dem Kranken selbst geglaubt wird u. mit dem sich entsprechende Handlungen verbinden* [< *Pseudo… + …logie*]

pseu|do|lo|gisch ⟨Adj.; Psych.⟩ *auf Pseudologie beruhend, sie betreffend*

Pseu|do|mo|nas ⟨f.; -, -na|den⟩ *Gattung begeißelter Stäbchenbakterien* [< *Pseudo…* + grch. *monas* »Einheit«]

pseu|do|morph ⟨Adj.⟩ *Pseudomorphose aufweisend, durch Pseudomorphose entstanden*

Pseu|do|mor|pho|se ⟨f.; -, -n⟩ *Umbildung eines Minerals durch chem. od. physikal. Mittel* [< *pseudo… + …morph*]

pseud|o|nym, ⟨auch⟩ **pseu|do|nym** ⟨Adj.⟩ *unter einem Pseudonym verfasst;* Ggs *orthonym*

Pseud|o|nym, ⟨auch⟩ **Pseu|do|nym** ⟨n.; -s, -e⟩ *Deckname (bes. von Schriftstellern);* → a. *Nom de Plume* [< *Pseudo…* + grch. *onyma* »Name«]

Pseu|do|po|di|um ⟨n.; -s, -di|en⟩ *vorübergehende Bildung eines Fortsatzes aus Plasma, der vielen Wurzelfüßern die Fortbewegung ermöglicht, Scheinfüßchen* [< *Pseudo… + …podium*]

Pseu|do|säu|re ⟨f.; -, -n⟩ *chem. Verbindung, die sich je nach Umgebungsbedingungen als Säure oder neutrale Verbindung verhalten kann*

PS-Gram|ma|tik ⟨f.; -; unz.; Sprachw.; Abk. für⟩ *Phrasenstrukturgrammatik*

Psi ⟨n.; - od. -s, -s; Zeichen: ψ, Ψ⟩ *griech. Buchstabe*

Psi|lo|me|lan ⟨n.; -s, -e⟩ *schwarzes Mineral, das zapfen- u. krustenförmige Massen bilden kann, Hartmanganerz* [< grch. *psilos* »kahl« + *melas* »schwarz«]

Psi|lo|se, Psi|lo|sis ⟨f.; -, -sen⟩ *Haarausfall, Kahlheit* [< grch. *psilos* »kahl«]

Psit|ta|ko|se ⟨f.; -, -n⟩ *durch ein Virus erregte, akute Infektionskrankheit, Papageienkrankheit* [< grch. *psittakos* »Papagei«]

Pso|ri|a|sis ⟨f.; -, -ri|a|sen⟩ *chron. Hautkrankheit, bei der sich scharf begrenzte, rötl. Flecken bilden, die mit matt silbrigen Schuppen bedeckt sind, Schuppenflechte* [< grch. *psora* »Krätze, Räude«]

Pso|ri|a|ti|ker ⟨m.; -s, -⟩ *jmd., der an Psoriasis erkrankt ist*

psych…, Psych… ⟨in Zus.⟩ = *psycho…, Psycho…*

Psych|a|go|ge, ⟨uch⟩ **Psy|cha|go|ge** ⟨m.; -n, -n⟩ *Heilpädagoge mit vierjähriger theoret. u. prakt. Ausbildung* [< grch. *psyche* »Seele« + *agogos* »führend; Führer«; zu *agein* »führen«]

Psych|a|go|gik, ⟨auch⟩ **Psy|cha|go|gik** ⟨f.; -; unz.⟩ *Gesamtheit pädagogisch-therapeutischer Maßnahmen zur Behandlung von Verhaltensstörungen* [→ *Psychagoge*]

psych|a|go|gisch, ⟨auch⟩ **psy|cha|go|gisch** ⟨Adj.⟩ *die Psychagogik betreffend, zu ihr gehörend, auf ihr beruhend*

Psych|al|gie, ⟨auch⟩ **Psy|chal|gie** ⟨f.; -, -n; Med.; Psych.⟩ *seelisch bedingte Schmerzen ohne organische Ursache,* z.B. Kopf- od. Herzschmerzen [< *Psych… + …algie*]

Psy|che ⟨f.; -, -n⟩ **1** *Seele, seelisch-geistiges Leben* **2** ⟨österr. a.⟩ *dreiteiliger Spiegel* [grch., »Lebensodem, Lebenskraft, Seele«]

psy|che|de|lisch ⟨Adj.⟩ ~e Droge *bewusstseinserweiternde D.;* Sy *psychodelisch*

Psych|i|a|ter, ⟨auch⟩ **Psy|chi|a|ter** ⟨m.; -s, -⟩ *Facharzt für Geistes- u. Gemütskrankheiten* [< *Psyche + …iater*]

Psych|i|a|trie, ⟨auch⟩ **Psy|chi|at|rie** ⟨f.; -; unz.⟩ **1** *Lehre von den Geistes- u. Gemütskrankheiten* **2** ⟨umg. a.⟩ *psychiatr. Klinik*

psych|i|a|trie|ren, ⟨auch⟩ **psy|chi|at|rie|ren** ⟨V.; österr.⟩ jmdn. ~ *jmdn. auf seinen Geisteszustand hin untersuchen*

psych|i|a|trisch, ⟨auch⟩ **psy|chi|at|risch** ⟨Adj.⟩ *zur Psychiatrie gehörend, auf ihr beruhend, mit ihrer Hilfe*

psy|chisch ⟨Adj.⟩ *die Psyche betreffend, zu ihr gehörend, seelisch*

psy|cho…, Psy|cho… ⟨vor Vokalen⟩ psych…, Psych… ⟨in Zus.⟩ *seelisch, seelen…, Seelen…* [< grch. *psyche;* → *Psyche*]

Psy|cho|a|na|ly|se ⟨f.; -, -n⟩ *Methode zur Heilung psychischer Krankheiten, Störungen od. Fehlleistungen durch Bewusstmachen der ins Unterbewusstsein verdrängten Komplexe, Ängste u. Triebkonflikte*

psy|cho|a|na|ly|sie|ren ⟨V.⟩ *mit dem Instrumentarium der Psychoanalyse therapieren, untersuchen*

Psy|cho|a|na|ly|ti|ker ⟨m.; -s, -⟩ *Psychologe auf dem Gebiet der Psychoanalyse*

psy|cho|a|na|ly|tisch ⟨Adj.⟩ *zur Psychoanalyse gehörend, mit ihrer Hilfe*

Psy|cho|chir|ur|gie, ⟨auch⟩ **Psy|cho|chi|rur|gie** ⟨[-çir-] f.; -; unz.⟩ *chirurg. Behandlung des Hirns bei sonst nicht beeinflussbaren Geisteskrankheiten*

psy|cho|de|lisch ⟨Adj.⟩ = *psychedelisch*

Psy|cho|di|a|gnos|tik, ⟨auch⟩ **Psy|cho|di|ag|nos|tik** ⟨f.; -; unz.⟩ *psycholog. Verfahren zum Erkennen u. Beurteilen einer Persönlichkeit* *hinsichtl. ihrer Anlagen, Fähigkeiten, Verhaltensweisen usw.*

Psy|cho|dra|ma ⟨n.; -s, -men⟩ *schauspielerische Darstellung von Konflikten, die deren Bewältigung bezweckt*

psy|cho|gal|va|nisch ⟨[-va:-] Adj.; in der Wendung⟩ ~e Reaktion *Verringerung des elektr. Widerstands der Haut bei seel. Erregung*

psy|cho|gen ⟨Adj.⟩ *seelisch bedingt*

Psy|cho|ge|ne|se, Psy|cho|ge|ne|sis ⟨f.; -, -nesen⟩ *Entwicklung der Seele, des Seelenlebens* [< *Psycho... + Genese*]

Psy|cho|gra|fie ⟨f.; -, -n⟩ = *Psychographie*

Psy|cho|gramm ⟨n.; -s, -e; Psych.⟩ *Versuch einer Persönlichkeitsbeschreibung anhand aller erfassbaren psychologischen Daten* [< *Psycho... + ...gramm*]

Psy|cho|gra|phie ⟨f.; -, -n⟩ *psycholog. Beschreibung einer Person aufgrund ihrer Äußerungen, schriftl. u.a. Werke sowie der Äußerungen anderer;* oV *Psychografie* [< *Psycho... + ...graphie*]

Psy|cho|id ⟨n.; -(e)s; unz.⟩ *seelenartige Kraft (bei niederen Lebewesen, die noch keine Seele i.e.S. besitzen)* [< *Psycho... + ...id*]

Psy|cho|ki|ne|se ⟨f.; -; unz.; Parapsych.⟩ *physikalisch nicht erklärbare mechan. Einwirkung des Menschen auf Gegenstände* [< *Psyche* + grch. *kinesis* »Bewegung«]

psy|cho|ki|ne|tisch ⟨Adj.⟩ *auf Psychokinese beruhend, sie betreffend*

Psy|cho|kri|mi ⟨m.; -s, -s; umg.⟩ *spannender, auf psychologischen Motiven aufbauender Kriminalroman od. -film* [< *Psycho... + Krimi*]

Psy|cho|lin|gu|is|tik ⟨f.; -; unz.⟩ *Teilgebiet der Linguistik, das die psychischen Vorgänge beim Sprachgebrauch u. beim Sprechenlernen untersucht*

psy|cho|lin|gu|is|tisch ⟨Adj.⟩ *die Psycholinguistik betreffend, zu ihr gehörend, auf ihren Ergebnissen beruhend*

Psy|cho|lo|ge ⟨m.; -n, -n⟩ **1** *Wissenschaftler auf dem Gebiet der Psychologie* **2** ⟨umg.⟩ *jmd., der Menschen zu beobachten u. entsprechend zu behandeln versteht*

Psy|cho|lo|gie ⟨f.; -; unz.⟩ *Wissenschaft vom Seelenleben* [< *Psycho... + ...logie*]

Psy|cho|lo|gin ⟨f.; -, -gin|nen⟩ *Expertin, Wissenschaftlerin auf dem Gebiet der Psychologie*

psy|cho|lo|gisch ⟨Adj.⟩ *die Psychologie betreffend, auf ihr beruhend, mit ihrer Hilfe;* ~e Kampfführung *K. durch psychische Beeinflussung von Freund u. Feind;* das ist ~ falsch, richtig (gedacht, gehandelt, geurteilt); ein ~es Gutachten erstellen; ~e Tests durchführen; eine Romanfigur ~ sorgfältig anlegen; über ~en Scharfblick verfügen

psy|cho|lo|gi|sie|ren ⟨V.⟩ *unter psychologischen Gesichtspunkten darstellen, die psycholog. Hintergründe, Beweggründe usw. deutlich machen*

Psy|cho|lo|gis|mus ⟨m.; -; unz.⟩ *Überbewertung psycholog. Erkenntnisse*

psy|cho|lo|gis|tisch ⟨Adj.⟩ *im Sinne des Psychologismus (verfahrend)*

Psy|cho|ly|se ⟨f.; -, -n⟩ *Therapie psychischer Krankheiten mit einer Kombination aus Psychoanalyse u. der Verabreichung von Halluzinogenen* [< *Psycho... + ...lyse*]

Psy|cho|man|tie ⟨f.; -; unz.⟩ = *Nekromantie* [< *Psycho... + ...mantie*]

Psy|cho|me|trie, ⟨auch⟩ **Psy|cho|met|rie** ⟨f.; -, -n⟩ **1** *Messung der zeitl. Dauer psychischer Vorgänge* **2** *messendes Erfassen psychischer Fähigkeiten, Funktionen usw.* **3** ⟨Parapsych.⟩ *Verwendung von Gegenständen, die auf die hellseherische Aufgabe des Mediums hinweisen, z.B. Fotografien usw.* [< *Psycho... + ...metrie*]

psy|cho|me|trisch, ⟨auch⟩ **psy|cho|met|risch** ⟨Adj.⟩ *auf Psychometrie beruhend, mit ihrer Hilfe*

Psy|cho|mo|to|rik ⟨f.; -; unz.⟩ *Gesamtheit der psychisch bedingten u. vom Willen abhängigen Bewegungen, im Unterschied zu den vom Willen unabhängigen Bewegungen*

psy|cho|mo|to|risch ⟨Adj.⟩ *auf Psychomotorik beruhend, durch Seele u. Willen bedingt*

Psy|cho|neu|ro|se ⟨f.; -, -n⟩ = *Neurose*

psy|cho|nom ⟨Adj.⟩ *nach psychischen Gesetzen verlaufend, der Psyche, dem Bewusstsein u. Willen unterstehend* [< *psycho... + ...nom[1]*]

Psy|cho|path ⟨m.; -en, -en⟩ *seelisch-charakterlich gestörter Mensch*

Psy|cho|pa|thie ⟨f.; -, -n⟩ *seelisch-charakterl. Störung* [< *Psycho... + ...pathie*]

psy|cho|pa|thisch ⟨Adj.⟩ *auf Psychopathie beruhend, durch sie bewirkt, seel.-charakterl. gestört*

Psy|cho|pa|tho|lo|gie ⟨f.; -; unz.⟩ *Lehre vom kranken Seelenleben*

Psy|cho|phar|ma|kon ⟨n.; -s, -ka⟩ *auf die Psyche wirkendes Medikament*

Psy|cho|phy|sik ⟨f.; -; unz.⟩ *Lehre von den Wechselbeziehungen zwischen physischen Reizen u. den dadurch hervorgerufenen Empfindungen*

psy|cho|phy|sisch ⟨Adj.⟩ *zur Psychophysik gehörend, auf ihr beruhend;* ~er Parallelismus *Theorie, nach der die physischen Reize von den Empfindungen unabhängig sind, aber mit ihnen parallel verlaufen*

Psy|cho|se ⟨f.; -, -n⟩ *seel. Krankheit* [< grch. *psyche* »Seele«]

Psy|cho|so|ma|tik ⟨f.; -; unz.⟩ *Lehre von den Beziehungen zwischen Körper u. Seele* [< *Psycho... + Soma*]

Psy|cho|so|ma|ti|ker ⟨m.; -s, -⟩ *Fachmann, Forscher auf dem Gebiet der Psychosomatik*

psy|cho|so|ma|tisch ⟨Adj.⟩ *die Psychosomatik betreffend, auf den Beziehungen zwischen Körper u. Seele beruhend;* ~e Störungen

psy|cho|so|zi|al ⟨Adj.⟩ *durch soziale u. psychische Faktoren bedingt*

Psy|cho|tech|nik ⟨f.; -; unz.⟩ *Anwendung der Psychologie u. ihrer Methoden auf die Bereiche des prakt. Lebens*

Psy|cho|ter|ror ⟨m.; -s; unz.⟩ *Bedrohung mit psychologisch wirksamen Mitteln;* ~ auf jmdn. ausüben

Psy|cho|test ⟨m.; -(e)s, -e od. -s⟩ *psychologischer Test, der Daten über bestimmte psychische Befindlichkeiten od. Gesetzmäßigkeiten erhebt*

Psy|cho|the|ra|peut ⟨m.; -en, -en⟩ *Arzt, der Kranke mit den Verfahren der Psychotherapie behandelt*

Psy|cho|the|ra|peu|tik ⟨f.; -; unz.; Psych.; Med.⟩ *Gesamtheit der bei seelischen Erkrankungen angewandten Behandlungsmethoden*

psy|cho|the|ra|peu|tisch ⟨Adj.; Psych.; Med.⟩ *auf der Psychotherapie beruhend, zu ihr gehörend;* an einem ~en Geprächskreis teilnehmen

Psy|cho|the|ra|pie ⟨f.; -, -n⟩ *Behandlung von Kranken (bei Neurosen, psychischen Fehlleistungen usw.) durch seelische Beeinflussung*

Psy|cho|thril|ler ⟨[-θril-] m.; -s, -; bes. Film⟩ *mit psycholog. Mitteln arbeitender Thriller*

Psy|cho|ti|ker ⟨m.; -s, -; Psych.; Med.⟩ *an einer Psychose Erkrankter*

psy|cho|tisch ⟨Adj.; Psych.; Med.⟩ **1** *auf einer Psychose beruhend, zum Krankheitsbild einer Psychose gehörend* **2** *an einer Psychose erkrankt*

psy|cho|trop ⟨Adj.; Psych.; Med.⟩ *bewusstseinsverändernd, auf die Psyche wirkend* [< *psycho…* + *…trop*]

Psy|chro|me|ter ⟨[-kro-] n.; -s, -⟩ *aus zwei Thermometern kombinierter Luftfeuchtigkeitsmesser* [< grch. *psychros* »kalt« + *…meter*]

psy|chro|phil ⟨[-kro-] Adj.; Biol.⟩ *Kälte liebend (von bestimmten Organismen)* [< grch. *psychros* »kalt« + *…phil*]

Psy|chro|phyt ⟨[-kro-] m.; -en, -en⟩ *Kälte liebende Pflanze* [< grch. *psychros* »kalt« + *…phyt*]

Pt ⟨chem. Zeichen für⟩ *Platin*

pt. ⟨Abk. für⟩ *Pint*

p.t. ⟨Abk. für⟩ *pro tempore*

P.T. ⟨Abk. für⟩ *praemisso titulo*

pter…, Pter… ⟨in Zus.⟩ = *ptero…, Ptero…*

Pte|ran|o|don, ⟨auch⟩ **Pte|ra|no|don** ⟨n.; -s, -nodọn|ten⟩ *ein Pterosaurier aus der geolog. Abteilung der oberen Kreide Nordamerikas* [< *Ptero…* + grch. *anodos* »Aufstieg«]

…pte|re ⟨in Zus.⟩ *…flügler, Fliege* [< grch. *pteron* »Flügel«]

Pte|ri|do|phyt ⟨m.; -en, -en⟩ *Farnpflanze* [< grch. *pteron* »Flügel« + *…phyt*]

Pte|ri|ne ⟨Pl.⟩ *Gruppe stickstoffreicher organischer Verbindungen, die in vielen Enzymen u. Farbstoffen auftreten* [< grch. *pteron* »Flügel« (sie kommen in Schmetterlingsflügeln vor)]

pte|ro…, Pte|ro… ⟨vor Vokalen⟩ pter…, Pter… ⟨in Zus.⟩ *Flug, Flügel* [< grch. *pteron* »Flügel«]

Pte|ro|dạk|ty|lus ⟨m.; -, -ty|len⟩ *ein Pterosaurier der Jura- u. der Kreidezeit* [< *Ptero…* + grch. *daktylos* »Finger«]

Pte|ro|po|de ⟨f.; -, -n⟩ *Flossenfüßer, Flügelschnecke, ozean. Schnecke mit flügelartigen Verbreiterungen am Schwimmfuß: Pteropoda* [< *Ptero…* + *…pode*]

Pte|ro|sau|ri|er ⟨m.; -s, -⟩ *Angehöriger einer Gruppe ausgestorbener Reptilien mit Flughäuten, Flugsaurier, Flugechse*

Pte|ry|gi|um ⟨n.; -s, -gia⟩ *dreieckige Wucherung der Bindehaut zwischen (meist) innerem Augenwinkel u. Hornhaut, Flügelfell* [< grch. *pteron* »Flügel«]

pte|ry|got ⟨Adj.⟩ *geflügelt (von Insekten)* [< grch. *pteryx*, Gen. *pterygos* »Flügel«]

Pto|ma|in ⟨n.; -s; unz.⟩ *Leichengift* [< grch. *ptoma* »Fall, Gefallenes, Leichnam«]

Pty|a|lin ⟨n.; -s; unz.⟩ *Stärke abbauendes Enzym im Speichel des Menschen* [< grch. *ptyalon* »Speichel«]

Pu ⟨chem. Zeichen für⟩ *Plutonium*

Pub ⟨[pʌb] n. od. m.; -s, -s⟩ *kleine engl. Gaststätte, gemütliche Kneipe* [engl., Kurzw. für *pub*lic house »öffentliches Haus«]

pu|be|ral ⟨Adj.; selten⟩ = *pubertär*

pu|ber|tär ⟨Adj.⟩ *zur Pubertät gehörig;* Sy *puberal*

Pu|ber|tät ⟨f.; -; unz.⟩ *Zeit des Eintritts der Geschlechtsreife* [< lat. *pubertas* »Mannbarkeit, Geschlechtsreife«; zu *pubes* »mannbar, erwachsen«]

pu|ber|tie|ren ⟨V.⟩ *in die Pubertät eintreten, in der Pubertät sein*

Pu|bes ⟨f.; -, -; Anat.⟩ **1** *Schamhaare* **2** *Schambereich* [lat.]

pu|bes|zẹnt ⟨Adj.; Med.⟩ *heranwachsend, geschlechtsreif*

Pu|bes|zẹnz ⟨f.; -; unz.⟩ *Ausbildung der sekundären Geschlechtsmerkmale* [< lat. *pubescere* »mannbar werden«]

pu|bisch ⟨Adj.; Anat.⟩ *die Schambehaarung, die Schamgegend betreffend, zu ihr gehörig* [→ *Pubes*]

■ Die Buchstabenfolge **pu|bl…** kann auch **pub|l…** getrennt werden.

■ **Pu|blic-Do|main-Soft|ware** ⟨[pʌblik domɛin sɔftwɛ:(r)] f.; -; unz.⟩ *Software, die jedem Computeranwender ohne eine Lizenz zugänglich ist* [engl.; zu *public domain* »öffentlicher Zugang« + *Software*]

■ **Pu|bli|ci|ty** ⟨[pʌblisiti] f.; -; unz.⟩ *Bekanntsein in der Öffentlichkeit, Werbung, die die Bekanntheit einer Person od. Sache sichern od. erhöhen soll* [engl., »Öffentlichkeit«]

■ **Pu|blic|ma|nage|ment,** ⟨auch⟩ **Pub|lic Ma|nage|ment** ⟨[pʌblikmænidʒmənt] n.; -s; unz.; Abk.: PM⟩ *organisatorische u. personelle Bewertung u. Einrichtung der öffentlichen Verwaltung unter Gesichtspunkten der Effizienz u. Wirtschaftlichkeit, z.B. bei Hochschulen, Einwohnermeldeämtern u. Ministerien* [engl., »öffentliche Verwaltung«]

■ **Pu|blic|re|la|tions,** ⟨auch⟩ **Pub|lic Re|la|tions** ⟨[pʌblikrilɛiʃənz] Pl.; Abk.: PR⟩ *Arbeit* *mit der Öffentlichkeit, Bemühen um das Vertrauen der Öffentlichkeit* [engl., »öffentl. Beziehungen«]

■ **pu|blik** ⟨Adv.⟩ **1** *öffentlich* **2** *allgemein bekannt* [<frz. *public* <lat. *publicus* »öffentlich, staatlich, allgemein«]

■ **Pu|bli|ka|ti|on** ⟨f.; -, -en⟩ *Veröffentlichung, im Druck erschienene Schrift* [<frz. *publication* »Veröffentlichung« <lat. *publicatio;* zu *publicare* »zum Staatseigentum machen, veröffentlichen«]

■ **Pu|bli|kum** ⟨n.; -s; unz.⟩ **1** *Allgemeinheit, Öffentlichkeit* **2** *Gesamtheit der an Kunst u. Wissenschaft interessierten Menschen;* er wendet sich mit seinen Büchern an ein großes, breites ~ **3** *Gesamtheit der Zuhörer, Besucher;* das ~ lachte, pfiff, schrie, tobte; er hat in den Kindern ein dankbares ~ für seine Späße; in diesem Lokal verkehrt gutes, schlechtes ~; vor einem großen ~ sprechen; er braucht immer ein ~ ⟨umg.⟩ *er tut sich gern vor anderen hervor* **4** ⟨†⟩ *öffentl., gebührenfreie Vorlesung an der Universität* [<lat. *publicum (vulgus)* »das gemeine Volk, die Öffentlichkeit«]

■ **pu|bli|zie|ren** ⟨V.⟩ *veröffentlichen, bekannt machen, bes. im Druck* [<lat. *publicare* »zum Staatseigentum machen, veröffentlichen«]

■ **Pu|bli|zie|rung** ⟨f.; -, -en⟩ *das Publizieren, Publiziertwerden*

■ **Pu|bli|zist** ⟨m.; -en, -en⟩ **1** *Lehrer od. Student der Publizistik, Zeitungswissenschaftler* **2** *polit. Schriftsteller, der sich in der Presse äußert*

■ **Pu|bli|zis|tik** ⟨f.; -; unz.⟩ *Lehre von der zwischenmenschl. Kommunikation (bes. in ihren öffentl. Funktionen der Information, Meinungsbildung u. Unterhaltung) u. ihrer Wirkung in der Gesellschaft, Zeitungswissenschaft* [<frz. *publiciste* »Journalist«, <lat. *publicus* »öffentlich«]

■ **Pu|bli|zis|tin** ⟨f.; -, -tin|nen⟩ **1** *Lehrerin od. Studentin der Publizistik, Zeitungswissenschaftlerin* **2** *polit. Schriftstellerin, die sich in der Presse äußert*

■ **pu|bli|zis|tisch** ⟨Adj.⟩ *zur Publizistik gehörend, auf ihr beruhend, sie betreffend;* sich ~ betätigen *für die Presse schreiben*

■ **Pu|bli|zi|tät** ⟨f.; -; unz.⟩ *Zugänglichkeit für die Öffentlichkeit, Offenkundigkeit* [<frz. *publicité* »Öffentlichkeit«; zu lat. *publicus* »öffentlich«]

p.u.c. ⟨Abk. für⟩ *post urbem conditam*

Puck ⟨m.; -s, -s⟩ *Scheibe aus Hartgummi für Eishockey* [engl.; <*poke* »stoßen, puffen«]

Pud ⟨n.; -, -⟩ *altes russ. Gewicht, = 16,38 kg* [russ.]

Pud|ding ⟨m.; -s, -e od. -s⟩ *warme, gestürzte, salzige od. süße Speise, die im Wasserbad gegart wurde* [engl., »feine, in einer Form gekochte Mehlspeise; Blutwurst« <lat. *botulus* »Wurst«]

pu|den|dal ⟨Adj.; Med.⟩ *die Schamgegend betreffend, zu ihr gehörig* [<lat. *pudendus*]

Pu|der ⟨m.; -s, -⟩ *zur Körperpflege u. Heilung verwendetes, feines Pulver auf der Grundlage von Talkum, Stärke, Zinkoxid mit Zusätzen* [<frz. *poudre* »Staub, Pulver, Puder« <lat. *pulvis* »Staub«]

Pu|e|blo, ⟨auch⟩ **Pu|eb|lo** ⟨m.; - od. -s, - od. -s⟩ **1** *Indianer, der einem der vier Stämme (Zuni u.a.) im Südwesten der USA angehört* **2** ⟨n.; -s, -s⟩ *Dorf der Pueblo(1) mit kastenförmigen, nebeneinander u. übereinander geschachtelten Häusern aus Stein* [span. »Volk, Dorf« <lat. *populus* »Volk«]

pu|e|ril ⟨[puə-] Adj.⟩ *(noch) kindlich, kindisch, zurückgeblieben* [<lat. *puerilis* »kindlich, knabenhaft«; zu *puer* »Knabe«]

Pu|e|ri|lis|mus ⟨[puə-] m.; -, -men; Psych.⟩ *situative od. altersbedingte, anormale kindische Verfasstheit von Intelligenz, Verhaltensäußerungen u. Gefühlsleben bei Erwachsenen* [→ *pueril*]

Pu|e|ri|li|tät ⟨[puə-] f.; -; unz.⟩ *(noch) kindl., kindisches Wesen* [<lat. *puerilitas* »Knabenalter, kindl. Wesen«; zu *puer* »Knabe«]

pu|er|pe|ral ⟨[puər-] Adj.; Med.⟩ *das Wochenbett betreffend, zu ihm gehörig, während des Wochenbetts* [→ *Puerperium*]

Pu|er|pe|ral|fie|ber ⟨[puər-] n.; -s, -⟩ *Kindbettfieber* [<lat. *puer* »Knabe« + *parere* »gebären«]

Pu|er|pe|ri|um ⟨[puər-] n.; -s, -ri|en; Med.⟩ *Wochenbett, 6–8 Wochen nach der Geburt des Kindes* [lat., »Kindbett, Niederkunft«]

Pul|ci|nel|la ⟨[-tʃi-] m.; - od. -s, -nel|le⟩ *Figur des gefräßigen u. listigen Dieners der neapolitan. Posse u. später der Commedia dell'Arte;* oV *Policinello* [ital.; zu *pulcino* »Hühnchen«, <lat. *pullus* »Hühnchen« (nach der piependen Stimme u. der schnabelähnl. Nase der Maske des Pulcinella)]

Pulk ⟨m.; -s, -s od. -e⟩ *Haufen, Trupp, Verband;* in einem ~ auftreten, erscheinen, randalieren [<poln. *pulk,* russ. *polk* »Regiment, bes. leichter Reiter«]

Pull ⟨m.; -s, -s; Sp.; Golf⟩ *Schlag, der dem Ball einen Linksdrall verleiht* [engl.]

pul|len ⟨V.⟩ **1** *rudern* **2** das Pferd pullt *drängt vorwärts, legt sich aufs Gebiss* [<engl. *pull* »ziehen«]

Pull|man|wa|gen, ⟨auch⟩ **Pull|man-Wa|gen** ⟨m.; -s, -⟩ *bequem ausgestatteter Eisenbahnwagen* [nach dem amerikan. Industriellen George Mortimer *Pullmann,* 1831-1897]

Pull|o|ver, ⟨auch⟩ **Pul|lo|ver** ⟨m.; -s, -⟩ *über den Kopf zu ziehendes, gestricktes Stück der Oberbekleidung;* Sy *Jumper* [engl., eigtl. »zieh über«]

Pull|un|der, ⟨auch⟩ **Pul|lun|der** ⟨m.; -s, -⟩ *ärmelloser Pullover, unter dem man eine Bluse od. ein Hemd trägt;* Sy *Westover* [<engl. *pull* »ziehen« + *under* »unter«]

Pul|mo ⟨m.; - od. -s, -mo|nes [-ne:s]; Anat.⟩ *Lunge* [lat.]

Pul|mo|lo|gie ⟨f.; -; unz.⟩ *Teilgebiet der Medizin, das sich mit der Lunge u. ihren Erkran-*

kungen befasst [< lat. *pulmo* »Lunge« + *…logie*]

pul|mo|nal ⟨Adj.⟩ *die Lunge betreffend, von ihr ausgehend, Lungen…* [< lat. *pulmo* »Lunge«]

Pul|mo|na|te ⟨f.; -, -n⟩ *Lungenschnecke* [< lat. *pulmo* »Lunge«]

Pụlp ⟨m.; -s, -en⟩ *Fruchtmark;* oV *Pulpe, Pülpe* [< lat. *pulpa* »Fleisch«]

Pụl|pa ⟨f.; -, -pae⟩ **1** *Mark* **2** *weiches, an Blutgefäßen u. Nerven reiches Gewebe in der Zahnhöhle, Zahnmark* **3** *Fruchtmark* [lat., »Fleisch«]

Pụl|pa|höh|le ⟨f.; -, -n⟩ *Zahnhöhle*

Pụl|pe, Pụ̈l|pe ⟨f.; -, -n⟩ = *Pulp*

Pulp|fic|tion, ⟨auch⟩ **Pulp Fic|tion** ⟨[pʌlpfikʃn] f.; -; unz.⟩ *(in Form von Groschenheften od. Zeitschriften verbreitete) anspruchslose Massenliteratur* [< engl. *pulp* »Schund-; wertlos« + *Fiction*]

Pul|pi|tis ⟨f.; -, -ti|den⟩ *Entzündung der Pulpa*

pul|pös ⟨Adj.⟩ *fleischig, markig* [< frz. *pulpeux,* lat. *pulposus* »fleischig«; zu *pulpa* »Fleisch«]

Pul|que ⟨[pụlkə] m.; - od. -s; unz.⟩ *in Mexiko beliebtes alkohol. Getränk aus dem Saft der Agave* [span.]

Pụls ⟨m.; -es, -e⟩ **1** *durch rhythm. Zusammenziehungen des Herzens u. dadurch stoßweises Einfließen des Blutes in die Arterien erzeugter, leichter, an manchen Stellen des Körpers (Hals, Innenseite des Handgelenks) fühlbarer Schlag der Arterien;* jmdm. den ~ fühlen (am Handgelenk, um die Tätigkeit des Herzens zu prüfen), ⟨fig.⟩ *jmdn. testen, ausforschen, seine Gesinnung prüfen;* der ~ geht ruhig, langsam, schnell; ⟨fig.⟩ am ~ der Zeit sein *auf der Höhe der Zeit, aktuell sein* **2** *regelmäßige Folge von gleichartigen Stößen* [< mhd. *puls* < lat. *pulsus* »Schlag (der Ader)«; zu *pellere* »schlagen, stoßen, treiben«]

Pul|sar ⟨m.; -s, -e⟩ *Stern, der in regelmäßiger Folge Radiostrahlung aussendet* [→ *Puls(2)*]

Pul|sa|ti|on ⟨f.; -, -en⟩ **1** *rhythm. Tätigkeit des Herzens* **2** *der dadurch erzeugte rhythm. Druck im arteriellen Gefäßsystem* **3** *sich periodisch wiederholende Änderung bestimmter Größen eines elektr. Systems, z.B. regelmäßige Ab- oder Zunahme einer Spannung oder eines Stromes* [< lat. *pulsatio* »das Stoßen, Schlagen«; zu *pulsare* »stoßen, schlagen«]

Pul|sa|tor ⟨m.; -s, -to|ren⟩ *Melkmaschine* [lat., »Klopfer, Schläger«; zu *pulsare* »schlagen, klopfen«]

Pulse-Code-Mo|du|la|ti|ons-Tech|nik ⟨[pulsko:d-] f.; -; unz.⟩ = *PCM-Technik*

pụl|sen ⟨V.⟩ *durch Schlagen, Klopfen sein Leben, sein Vorhandensein zeigen;* das Blut, ⟨fig.⟩ das Leben pulst in den Adern [→ *Puls*]

pul|sie|ren ⟨V.⟩ **1** *durch Schlagen, Klopfen, Strömen sein Leben zeigen;* Sy *pulsen;* das Blut pulsiert in den Adern; ~de Vakuole *sich periodisch nach außen entleerendes, mit Flüssigkeit gefülltes Bläschen vieler Protozoen zur Ausscheidung u. zur Aufrechterhaltung des isoton. Gleichgewichts;* ~der Gleichstrom *gleichgerichteter Wechselstrom, der keine weiteren Umwandlungen erfahren hat* **2** ⟨fig.⟩ *hin und her wogen;* ~des Leben (in einer Stadt) [< lat. *pulsare* »schlagen, stoßen«]

Pul|si|on ⟨f.; -, -en⟩ **1** *Stoß, Schlag* **2** *schwingende Bewegung* [< lat. *pulsare* »schlagen, stoßen«]

Pul|so|me|ter ⟨n.; -s, -⟩ *Pumpe ohne Kolben, die durch Kondensation von Dampf arbeitet* [< lat. *pulsus* »Schlag, Stoß« + *…meter*]

Pụl|ver ⟨n.; -s, -⟩ **1** *in feinste Teilchen zerriebener, fester Stoff* **2** *Arznei in dieser Form;* Schlaf~ **3** *explosive Mischung aus pulverförmigen Stoffen, die bei der Verbrennung Gas entwickeln, das sich plötzlich stark ausdehnt, Schießpulver* **4** ⟨fig.; umg.⟩ *Geld* [< mhd. *pulver* »Pulver, Staub, Asche, Sand« < mlat. *pulver* < lat. *pulvis,* Gen. *pulveris* »Staub«]

Pul|ve|ri|sa|tor ⟨[-vε-] n.; -s, -to|ren⟩ *Maschine zur Herstellung von Pulver* [< frz. *pulvérisateur* »Zerstäuber«, < lat. *pulvis* »Staub«]

pul|ve|ri|sie|ren ⟨[-vε-] V.⟩ *zu Pulver zerkleinern* [< frz. *pulvériser* »pulverisieren, zerstäuben« < lat. *pulvis* »Staub«]

Pụl|ver|me|tall|ur|gie, ⟨auch⟩ **Pụl|ver|me|tal|lur|gie** ⟨f.; -; unz.⟩ *Herstellung von Metallpulvern u. ihre Verarbeitung zu Halbzeug u. Werkstücken durch Sintern;* Sy *Metallkeramik*

Pu|ma ⟨m.; -s, -s⟩ *gelblich bis silbergrau gefärbte Raubkatze: Puma concolor;* Sy *Kuguar* [span. < Ketschua]

Pump|gun ⟨[pʌmpgʌn] f.; -, -s⟩ *Repetiergewehr von großem Kaliber, bei dem das Repetieren manuell od. halbautomatisch durch Zurückziehen des Schaftes erfolgt, wodurch die verschossene Hülse ausgeworfen u. eine neue Patrone dem Lauf zugeführt wird* [< engl. *pump* »Pumpe« + *gun* »Feuerwaffe, Gewehr«]

Pumps ⟨[pœmps] m.; -, -; meist Pl.⟩ *geschlossener Damenschuh mit hohem od. halbhohem Absatz* [engl.: Herkunft unbekannt]

Pu|na ⟨f.; -; unz.; Geogr.⟩ *steppenartiges Hochland zwischen 3000 u. 4500 m in den Anden Argentiniens, Nordchiles, Boliviens u. Perus mit großen tägl. Temperaturunterschieden u. jahreszeitl. Niederschlagsschwankungen u. einer Vegetation aus Gräsern, Zwergsträuchern u. Polsterpflanzen* [span.]

Punch[1] ⟨[pʌntʃ] m.; -s, -s⟩ **1** *Hanswurst im engl. Puppenspiel u. in der engl. Komödie des 18. Jh.* **2** ⟨unz.⟩ *Name eines 1841 von Ch. Dickens mitgegründeten engl. Witzblattes* [engl., verkürzt < *punchinello,* < ital. *pulcino;* → *Pulcinella*]

Punch[2] ⟨[pʌntʃ] m.; -s, -s; Boxen⟩ *harter Faustschlag* [< engl. *punch* »mit der Faust schlagen; Faustschlag«]

Pun|cheon ⟨[pʌntʃən] n.; -, -⟩ **1** *engl. Hohlmaß für Wein, 381,6 l* **2** *amerikan. Maß für Maismehl, 362,9 kg* [< mengl. *poncion,* mfrz. *poinçon;* weitere Herkunft unbekannt]

Pun|cher ⟨[pʌntʃər] m.; -s, -⟩ *schlagkräftiger Boxer* [→ *Punch*[2]]

Pun|ching|ball ⟨[pʌntʃiŋ-] m.; -(e)s, -bäl|le⟩ *frei beweglich aufgehängter Ball in Höhe des Kopfes zum Trainieren der Schnelligkeit u. der Treffsicherheit beim Boxen* [< engl. *punching ball* »Stoßball«, < *punch* »mit der Faust schlagen, stoßen« + *ball* »Ball«]

Pụnc|tum Pụnc|ti *der wesentliche Punkt, das Wesentliche, das Wichtigste (bes. bei finanziellen Angelegenheiten)* [lat., »der Punkt des Punktes«]

Pụnc|tum sa|li|ens *der springende Punkt* [lat.]

pu|ni|tiv ⟨Adj.; †⟩ *strafend* [zu lat. *punire* »strafen«]

Punk ⟨[pʌŋk]⟩ **1** ⟨m.; -s; unz.⟩ *Protestbewegung der Jugendlichen in den 70er- u. 80er-Jahren* **2** ⟨m; -s, -s⟩ = *Punker(1)* [< engl.-amerikan. *punk* »Landstreicher, junger Tunichtgut«, weitere Herkunft unsicher]

Pun|ker ⟨[pʌŋ-] m.; -s, -⟩ **1** *Angehöriger einer von London ausgehenden Protestbewegung Jugendlicher gegen die Gesellschaft, die durch auffälliges Aussehen (z.B. grell gefärbte Haare, zerrissene, oft schwarze Kleidung, Sicherheitsnadel im Gesicht, Metallketten als Schmuck) u. rüdes Benehmen provozieren wollen;* Sy *Punk(2)* **2** *Musiker des Punkrocks* [→ *Punk*]

pun|kig ⟨[pʌŋ-] Adj.⟩ *in der Art des Punks, zu ihm gehörig, ihn betreffend*

Punk|rock ⟨[pʌŋk-] m.; -s; unz.⟩ *sehr laute Rockmusik mit schnellen, hämmernden Rhythmen*

Punk|ta|l|glas ⟨n.; -es, -glä|ser; Wz⟩ *Brillenglas, das vorn konvex u. hinten konkav gewölbt ist, um eine scharfe Abbildung auch bei schrägem Durchblick zu ermöglichen*

Punk|ta|ti|on ⟨f.; -, -en⟩ **1** *vorläufige Festlegung (eines Vertrages) in den wichtigsten Punkten* **2** *Einsetzung von Punkten, die die Vokale ersetzen, unter od. über den Konsonanten der hebräischen Schrift* [→ *Punkt*]

punk|tie|ren ⟨V.⟩ **1** jmdn. ~ ⟨Med.⟩ *an jmdm. eine Punktion vornehmen* **2** etwas ~ *mit vielen Punkten versehen;* punktierte Linie *durch Punkte angedeutete L.* [< mlat. *punctare* »Einstiche, Punkte machen«; zu lat. *pungere* »stechen«]

Punk|tier|ma|nier ⟨f.; -; unz.⟩ *Art des Kupferstiches, bei dem sich die Zeichnung aus feinen, mit der Punze gestochenen Punkten zusammensetzt*

Punk|ti|on ⟨f.; -, -en⟩ *Entnahme von Flüssigkeit od. Gewebe aus dem Körper mit einer Hohlnadel für diagnost. Zwecke* [< lat. *punctio* »das Stechen«; zu *pungere* »stechen«]

Pụnkt|mu|ta|ti|on ⟨f.; -, -en⟩ = *Genmutation*

Punk|tu|a|li|tät ⟨f.; -; unz.; †⟩ *Pünktlichkeit, Genauigkeit* [< frz. *ponctualité* »Pünktlichkeit« (latinisiert)]

punk|tu|ẹll ⟨Adj.⟩ *an, in einzelnen Punkten, einzelne Punkte betreffend*

Pụnk|tum! *Schluss!;* und damit ~!; ~, so wird's gemacht (und nicht anders)! [< lat. *punctum* »Punkt«]

Punk|tur ⟨f.; -, -en⟩ *Einstich in Körpergewebe od. ein Organ zu therapeut. Zwecken*

Pụnsch ⟨m.; -es, -e⟩ *Getränk aus Rum od. Arrak mit Wasser od. Tee, auch Wein, u. Zucker, meist heiß getrunken* [< engl. *punch* < Hindi *pantsch* »fünf« (nach den fünf Zutaten)]

Pụnsch|glas ⟨n.; -es, -glä|ser⟩ *Trinkglas mit Henkel ohne Fuß für Punsch*

Pụn|ze ⟨f.; -, -n⟩ **1** *meißelartiger Stempel zum Anfertigen erhabener Muster in Metall od. Leder* **2** ⟨österr.⟩ *eingestanztes Zeichen zur Angabe des Goldgehalts* **3** *in Gegenstände aus Edelmetall vom amtl. Prüfer eingeschlagenes Zeichen als Bestätigung des Feingehaltes u. der Qualität, Beschauzeichen* [< mhd. *punze* »Stichel« < ital. *punzone* »Stoß, Stempel« < lat. *punctio* »das Stechen«; zu *pungere* »stechen«]

pụn|zen, pun|zie|ren ⟨V.⟩ **1** *mit der Punze stanzen, treiben (Metall, Leder)* **2** *mit dem Prüfungszeichen stempeln (Gold)*

pu|pil|lar ⟨Adj.⟩ **1** *die Pupille betreffend, zu ihr gehörend* **2** = *pupillarisch*

pu|pil|la|risch ⟨Adj.; Rechtsw.⟩ *das Mündel betreffend;* ~ sicher *mündelsicher;* oV *pupillar(2)* [< lat. *pupillus* »Waisenkind«; zu *pupus* »Bübchen«]

Pu|pil|le ⟨f.; -, -n⟩ *die Öffnung der Regenbogenhaut des Auges, Sehloch* [< lat. *pupilla* »Pupille«, Verkleinerungsform zu *pupa* »Mädchen, Puppe« (nach dem Püppchen, als das sich der Betrachter im Auge seines Gegenübers abbildet)]

pu|pi|par ⟨Adj.⟩ *Larven gebärend, die sich sofort verpuppen* [< lat. *pupa* »Mädchen, Puppe« + *…par*, < lat. *parere* »gebären«]

Pu|pi|pa|rie ⟨f.; -; unz.; Zool.⟩ *Erscheinung, dass sich Insektenlarven sofort nach der Geburt verpuppen* [→ *pupipar*]

Pup|pet ⟨[pʌpət] n.; -s, -s⟩ *Marionette* [engl., »Puppe, Marionette«]

pur ⟨Adj.⟩ *rein, lauter, unverfälscht, unverdünnt;* ~es Gold; aus ~er Neugierde *nur aus N.;* es war ~er Zufall; den Whisky, Fruchtsaft ~ trinken [< lat. *purus* »rein«]

Pü|ree ⟨n.; -s, -s⟩ *Brei, Mus;* Erbs~; Kartoffel~ [< frz. *purée* »Brei aus Hülsenfrüchten«; zu *purer* »reinigen«; zu lat. *purus* »rein«]

Pụr|gans ⟨n.; -, -gạn|zi|en od. -gan|tia⟩ *Abführmittel* [lat., Part. Präs. zu *purgare* »reinigen«]

Pur|ga|ti|on ⟨f.; -, -en⟩ **1** *Reinigung* **2** *(gerichtl.) Rechtfertigung* [< lat. *purgatio* »Reinigung«; zu *purgare* »reinigen«]

pur|ga|tiv ⟨Adj.; Med.⟩ *abführend* [< lat. *purgativus* »reinigend«; zu *purgare* »reinigen«]

Pur|ga|tiv ⟨n.; -s, -e [-və]⟩ *Abführmittel*

Pur|ga|to|ri|um ⟨n.; -s; unz.⟩ *Fegefeuer* [< lat. *purgatorius* »reinigend«; zu *purgare* »reinigen«]

pur|gie|ren ⟨V.; Med.⟩ *abführen* [< lat. *purgare* »reinigen«]

pü|rie|ren ⟨V.⟩ *zu Püree machen, fein zerkleinern*

Pu|ri|fi|ka|ti|on ⟨f.; -, -en; kath. Kirche⟩ *Reinigung (bes. des Kelches nach der Kommunion)* [< lat. *purus* + ...*fikation*]

pu|ri|fi|zie|ren ⟨V.⟩ *reinigen, läutern* [< lat. *purus* »rein« + ...*fizieren*]

Pu|rim ⟨n.; -s; unz.⟩, **Pu|rim|fest** ⟨n.; -(e)s; unz.⟩ *jüd. Fest zur Erinnerung an die Abwendung eines pers. Pogroms gegen die Juden durch Esther* [hebr.; zu pers. *pur* »Los«]

Pu|rin ⟨n.; -s, -e⟩ *organ.-chem. Verbindung, z.B. Coffein od. Theobromin, Bestandteil der Harnsäureverbindungen* [< lat. *purus* »rein« + *urina* »Harn«]

Pu|ris|mus ⟨m.; -; unz.⟩ *(übertriebenes) Streben, die Sprache von Fremdwörtern zu reinigen* [< lat. *purus* »rein«]

pu|ris|si|mum ⟨Adv.; Chem.⟩ *von höchster Reinheit, so dass mit normalen chem. Analysemethoden keine Fremdstoffe mehr nachgewiesen werden können* [→ *pur*]

Pu|rist ⟨m.; -en, -en⟩ *Anhänger des Purismus*

pu|ris|tisch ⟨Adj.⟩ *auf Purismus beruhend, in der Art des Purismus*

Pu|ri|ta|ner ⟨m.; -s, -⟩ **1** *Vertreter, Anhänger des Puritanismus* **2** ⟨fig.⟩ *sittenstrenger Mensch*

pu|ri|ta|nisch ⟨Adj.⟩ **1** *zum Puritanismus gehörend, auf ihm beruhend, von ihm ausgehend* **2** ⟨fig.⟩ *sittenstreng*

Pu|ri|ta|nis|mus ⟨m.; -; unz.⟩ *seit etwa 1560 Bewegung in der engl. protestant. Kirche, die im Sinne Calvins die anglikan. Kirche von kath. Elementen reinigen, die bischöfliche durch eine Presbyterialverfassung ersetzen wollte u. ein sittenstrenges persönl. Leben erstrebte* [< lat. *purus* »rein«]

Pu|ri|tät ⟨f.; -; unz.; †⟩ *Sittenreinheit, Unschuld* [< lat. *puritas* »Reinheit«; zu *purus* »rein«]

Pur|pur ⟨m.; -s; unz.⟩ *blaustichiger roter Farbstoff, ursprüngl. aus den im Mittelmeer lebenden Purpurschnecken gewonnen* [< ahd. *purpura* < lat. *purpura* < grch. *porphyra* »Purpurschnecke, aus dem Saft der Purpurschnecke gewonnener Farbstoff«]

Pur|pur|bak|te|ri|en ⟨Pl.⟩ *fotosynthetisch aktive Bakterien, deren Pigmente einen purpurnen Farbeindruck vermitteln*

Pur|pu|rin ⟨n.; -s; unz.⟩ *roter Farbstoff aus der Wurzel der Färberröte, Krappfarbstoff*

Pur|ser ⟨[pə:sə(r)] m.; -s, -⟩ *Chefsteward, leitender Steward im Flugzeug* [engl., eigtl. »Zahlmeister«]

Pur|se|ret|te ⟨[pəsərɛtə] f.; -, -n⟩ *Chefstewardess, leitende Stewardess im Flugzeug* [zu *Purser* + engl. < frz. (fem.) Verkleinerungsendung *-ette*]

pu|ru|lent ⟨Adj.⟩ *eitrig* [< lat. *purulentus*]

Pu|ru|lenz ⟨f.; -, -en; Med.; †⟩ *Eiterung, Vereiterung* [< lat. *purulentia* »Menge Eiter«; zu *pus* »Eiter«]

pu|schen ⟨V.⟩ oV *pushen* **1** *antreiben, in Schwung bringen;* den Verkauf einer Ware ~ **2** ⟨umg.⟩ *dazu beitragen, dass jmd. beruflich weiterkommt, in der Hierarchie aufsteigt;* jmdn. dadurch ~, dass man ihn für einen bestimmten Posten vorschlägt [< engl. *push* »stoßen, treiben«]

Pusch|tu ⟨n.; - od. -s; unz.⟩ *afghanische Sprache;* oV *Paschtu*

Push ⟨[puʃ] m.; -(e)s, -es [-ʃiz]⟩ **1** ⟨umg.⟩ *(nachdrückliche) Unterstützung eines Produktes od. einer Person durch Werbemaßnahmen, Nutzen von Beziehungen usw.* **2** ⟨Sp.; Golf⟩ *Schlag, der den Ball zu weit in die der Schlaghand entgegengesetzte Richtung treibt* [< engl. push »Stoß«]

Push-and-pull-The|o|rie ⟨[puʃ ænd pul-] f.; -; unz.; Geogr.⟩ *Theorie zur Deutung von Bevölkerungswanderungen zwischen Gebieten mit unterschiedlichen Lebensstandards u. Arbeitsmöglichkeiten, z.B. Land u. Stadt* [engl., eigtl. »Abstoßung und Anziehung«]

Push|ball ⟨[puʃbɔ:l] m.; -s; unz.⟩ *nordamerikan. Spiel, bei dem ein hohler Ball von bis zu 180 cm Durchmesser durch das gegner. Tor getrieben, gestoßen od. gerollt wird* [< engl. *push* »stoßen« + *ball* »Ball«]

pu|shen ⟨[puʃən] V.; umg.⟩ **1** *mit »harten« Drogen handeln* **2** *puschen* [engl. *push* »stoßen«]

Pu|sher ⟨[puʃə(r)] m.; -s, -; umg.⟩ *Händler mit »harten« Drogen, z.B. Heroin;* → a. *Dealer* [< engl. *push* »stoßen«]

pus|sie|ren ⟨V.⟩ = *poussieren*

Pus|tel ⟨f.; -, -n⟩ *Bläschen, Pickel, Eiterblase auf der Haut* [< lat. *pustula* »Hautbläschen«]

pus|tu|lös ⟨Adj.⟩ *mit Pusteln einhergehend, mit Pusteln versehen* [< frz. *pustuleux* »mit Pusteln behaftet«]

Pusz|ta ⟨f.; -; unz.⟩ *ungar. Steppe* [< ung. *puszta* »Heide; öde, nackt, leer«]

pu|ta|tiv ⟨Adj.⟩ *vermeintlich, irrtümlich* [< lat. *putativus* »vermeintlich«; zu *putare* »vermuten, meinen«]

Pu|ta|tiv|e|he ⟨f.; -, -n; Rechtsw.; kath. Kirche⟩ *ungültige Ehe, bei deren Zustandekommen jedoch wenigstens einer der Partner über das bestehende Ehehindernis nicht informiert war* [→ *putativ*]

Pu|ta|tiv|not|wehr ⟨f.; -; unz.⟩ *Notwehr, die auf der irrigen Annahme einer Bedrohung beruht*

Pu|tre|fak|ti|on, ⟨auch⟩ **Put|re|fak|ti|on** ⟨f.; -, -en⟩ *Verwesung, Fäulnis* [< lat. *puter* »faul« + ...*faktion*]

Pu|tres|zenz, ⟨auch⟩ **Put|res|zenz** ⟨f.; -, -en⟩ = *Putrefaktion* [→ *putreszieren*]

pu|tres|zie|ren, ⟨auch⟩ **put|res|zie|ren** ⟨V.⟩ *verwesen, verfaulen* [< lat. *putrescere* »in Fäulnis übergehen«; zu *puter* »faul«]

pu|trid, ⟨auch⟩ **put|rid** ⟨Adj.; Med.⟩ *faulig, übel riechend* [< lat. *put(r)idus* »faul«]

Putt ⟨[pʌt] m.; -s, -s; Sp.; Golf⟩ *leichter, kurzer Schlag auf dem Grün* [engl.; → putten]

Put|te ⟨f.; -, -n⟩ = *Putto*

put|ten ⟨[pʌtən] V.; Golf⟩ *einlochen* [< engl. *put, putt* »(Golfball) mit bes. Schläger kurz u. leicht über das Grün schlagen, einlochen«]

Put|ter ⟨[pʌtər] m.; -s, -; Sp.⟩ *Golfschläger zum Putten*

Put|to ⟨m.; -s, Put|ti od. Put|ten; Kunst⟩ *kleiner Engel in Gestalt eines Knaben mit od. ohne Flügel;* oV *Putte* [<ital. *putto* »Knäblein« <lat. *putus* »Knabe«]

puz|zeln ⟨[pʌzln] V.⟩ *ein Puzzlespiel zusammensetzen*

Puz|zle, ⟨auch⟩ **Puzz|le** ⟨[pʌz(ə)l] n.; -s, -s⟩ *Geduldsspiel, bei dem viele kleine Teile zu einem Bild zusammengesetzt werden müssen* [<engl. *puzzle* »Rätsel, Geduldspiel«, eigtl. »Verlegenheit«]

Puz|zo|lan ⟨n.; -s, -e⟩ *natürlich vorkommende od. aus Hochofenschlacke gewonnene Tonerdeverbindung, die mit alkalisch reagierenden Anregern (Kalk, Zement, Gips) mit Wasser u. unter Wasser erhärtet;* oV *Pozzolan* [nach dem urspr. Fundort *Pozzuolo* am Vesuv]

PVC ⟨Abk. für⟩ *Polyvinylchlorid*

pwt ⟨Abk. für⟩ *Pennyweight*

py…, Py… ⟨in Zus.⟩ = *pyo…, Pyo…*

Py|ä|mie ⟨f.; -, -n⟩ *Blutvergiftung als Folge einer Verschleppung von Eiter erzeugenden Keimen* [< *Pyo…* + *…ämie*]

Py|ar|thro|se, ⟨auch⟩ **Py|arth|ro|se** ⟨f.; -, -n⟩ *eitrige Gelenkentzündung* [< *Pyo…* + *Arthrose*]

Py|e|li|tis ⟨f.; -, -ti|den⟩ *Nierenbeckenentzündung;* Sy *Nephropyelitis* [<grch. *pyelos* »Becken«]

Py|e|lo|gra|fie ⟨f.; -, -n; Med.⟩ = *Pyelographie*

Py|e|lo|gramm ⟨n.; -s, -e⟩ *Röntgenaufnahme des Nierenbeckens u. der Harnwege* [<grch. *pyelos* »Becken« + *gramma* »Schriftzeichen«]

Py|e|lo|gra|phie ⟨f.; -, -n; Med.⟩ *Darstellung des Nierenbeckens, der Nierenkelche, des Harnleiters u. der Blase mit Hilfe eines Röntgenkontrastmittels;* oV *Pyelografie* [<grch. *pyelos* »Becken« + *…graphie*]

Py|e|lo|to|mie ⟨f.; -, -n; Med.⟩ *chirurg. Öffnung des Nierenbeckens, z.B. bei der Entfernung von Nierensteinen* [<grch. *pyelos* »Becken« + *…tomie*]

Pyg|mäe ⟨m.; -n, -n⟩ *Angehöriger einer Gruppe verschiedener zwergwüchsiger Stämme in Afrika u. Südostasien* [<lat. *pygmaeus* »Pygmäen betreffend« <grch. *pygmaios;* grch. *pygme* »Faust; (kurzes) Längenmaß«]

pyg|mä|isch ⟨Adj.⟩ **1** *zu den Pygmäen gehörend, sie betreffend* **2** *zwergwüchsig*

Py|ja|ma ⟨[pydʒa:ma] m.; -s, -s; schweiz. u. österr. n.; -s, -s⟩ *Schlafanzug* [engl. <Hindi *paejama* »lose, um die Hüften geknüpfte Hose«]

Pyk|ni|ker ⟨m.; -s, -⟩ *gedrungener, zu Fettansatz neigender Konstitutionstyp;* →a. *Endomorphie* [<grch. *pyknos* »dicht, fest, stark, groß«]

pyk|nisch ⟨Adj.⟩ *in der Art eines Pyknikers, untersetzt, gedrungen;* →a. *endomorph*

Pyk|no|me|ter ⟨n.; -s, -⟩ *Gerät zum Bestimmen der Dichte von Flüssigkeiten od. festen Stoffen mit eingesetztem Thermometer* [< *pyknos* »dicht, fest« + *…meter*]

Pyk|no|se ⟨f.; -, -n; Med.⟩ *Verdichtung von Zellkernen mit vielen Chromatinkörnchen beim Absterben der Zelle* [zu grch. *pyknos* »dicht, fest«]

Py|lon ⟨m.; -en, -en⟩, **Py|lo|ne** ⟨f.; -, -n⟩ **1** ⟨ägypt. Baukunst⟩ *Eingangstor zum Tempel mit zwei festungsartigen Türmen* **2** ⟨danach⟩ *das Seil tragende Stütze einer Hängebrücke* [<grch. *pylon* »Tor«]

Py|lo|ro|spas|mus ⟨m.; -, -men⟩ *Krampf des Magenpförtners* [< *Pylorus* + *Spasmus*]

Py|lo|rus ⟨m.; -, -ren⟩ *Schließmuskel am Ausgang des Magens, Magenpförtner* [nlat. <grch. *pyloros* »Torhüter«]

py|o…, Py|o… ⟨vor Vokalen⟩ py…, Py… ⟨in Zus.⟩ *eitrig, eiter…, Eiter…* [<grch. *pyon* »Eiter«]

py|o|gen ⟨Adj.⟩ *Eiterung erregend* [< *pyo…* + *…gen[1]*]

Py|or|rhö, ⟨f.; -, -en⟩ **Py|or|rhöe** ⟨[-rø:] f.; -, -n⟩ *Eiterfluss* [< *Pyo…* + *…rrhö,* <nlat. *…rhoea,* zu *rheein* »fließen«]

py|or|rho|isch ⟨Adj.⟩ *mit Pyorrhö einhergehend*

pyr…, Pyr… ⟨in Zus.⟩ = *pyro…, Pyro…*

py|ra|mi|dal ⟨Adj.⟩ **1** *pyramidenförmig* **2** ⟨fig.; umg.⟩ *riesenhaft, gewaltig, überwältigend*

Py|ra|mi|de ⟨f.; -, -n⟩ **1** *altägypt. Grabbau* **2** *Gebilde in Form einer Pyramide* (Weihnachts~) *od. aus pyramidenförmig aufrecht zusammengestellten Einzelteilen* (Gewehr~) **3** *geometr. Körper mit einem Viereck als Basis u. dreieckigen Seitenflächen, die in einer Spitze zusammenlaufen* [<grch. *pyramis,* vermutl. <altägypt. *mr* »Pyramide«]

Pyr|a|no|me|ter, ⟨auch⟩ **Py|ra|no|me|ter** ⟨n.; -s, -⟩ *meteorolog. Gerät zum Messen der Sonnen- u. Himmelsstrahlung sowie des Streulichts bei bedecktem Himmel* [<grch. *pyr* »Feuer« + *…meter*]

Py|re|thrum, ⟨auch⟩ **Py|reth|rum** ⟨n.; -s, -thra⟩ *Chrysanthemenart* [<grch. *pyrethron;* zu *pyr* »Feuer«]

Py|re|ti|kum ⟨n.; -s, -ka⟩ *Fieber erzeugendes Mittel* [<grch. *pyretos* »Fieber«; zu *pyr* »Feuer«]

py|re|tisch ⟨Adj.; Med.⟩ *Fieber erzeugend* [zu grch. *pyretos* »Fieber«]

Pyr|e|xie, ⟨auch⟩ **Py|re|xie** ⟨f.; -, -n⟩ *Fieberanfall* [<grch. *pyressein* »fiebern«; zu *pyr* »Feuer«]

Pyr|ge|o|me|ter ⟨n.; -s, -⟩ *Messgerät zur Bestimmung der von der Erdoberfläche ausgehenden elektromagnetischen Strahlung* [< *Pyro…* + *geo…* + *…meter*]

Pyr|he|li|o|me|ter ⟨n.; -s, -⟩ *meteorolog. Gerät zum Messen der direkt einfallenden Sonnenstrahlung* [<grch. *pyr* »Feuer« + *helios* »Sonne« + *…meter*]

Py|ri|din ⟨n.; -s; unz.⟩ *heterocyclische Verbindung, Derivat des Benzols, wobei ein Kohlenstoffatom durch ein Stickstoffatom ersetzt ist, Formel* C_5H_5N*, Grundkörper vieler organischer Verbindungen, zur Herstellung von Arz-*

neimitteln u. zum Vergällen von Alkohol verwendet [< grch. *pyr* »Feuer«]

Py|ri|mi|din ⟨n.; -s, -e⟩ *vom Pyridin abgeleitete heterocyclische Verbindung, die in Form zahlreicher Derivate als Bestandteil der Nucleinsäuren auftritt*

Py|rit ⟨m.; -s, -e; Min.⟩ *Schwefelkies, Eisenkies, im Volksmund Katzengold, gelbes, braun anlaufendes Mineral,* FeS_2, *dient zur Gewinnung von Schwefelsäure u. Eisenvitriol* [< grch. *pyr* »Feuer«]

py|ro..., Py|ro... ⟨in Zus.⟩ *durch Feuer, Hitze, Wärme bewirkt, feuer..., Feuer...* [< grch. *pyr* »Feuer«]

py|ro|e|lek|trisch, ⟨auch⟩ **py|ro|e|lekt|risch** ⟨Adj.; Phys.⟩ *durch Pyroelektrizität bewirkt, auf ihr beruhend, sie betreffend*

Py|ro|e|lek|tri|zi|tät, ⟨auch⟩ **Py|ro|e|lekt|ri|zi|tät** ⟨f.; -; unz.⟩ *durch Temperaturänderungen bei manchen Kristallen auftretende elektrische Spannungen an den Kristalloberflächen*

Py|ro|gal|lol ⟨n.; -s; unz.⟩, **Py|ro|gal|lus|säu|re** ⟨f.; -; unz.⟩ *zum Färben der Haare, früher auch als fotograf. Entwickler verwendetes Mittel zur Reduktion, das durch Erhitzen von Gallussäure entsteht, chem. Trioxibenzol* [< *Pyro...* + *Gallussäure*]

py|ro|gen ⟨Adj.⟩ **1** *Fieber erzeugend* **2** *aus glühendem Magma entstanden* [< *pyro...* + *...gen*[1]]

Py|ro|gen ⟨n.; -s, -e; Med.⟩ *von Bakterien gewonnenes, Fieber hervorrufendes Protein* [< *Pyro...* + *...gen*]

Py|ro|ly|se ⟨f.; -, -n⟩ *Zersetzung infolge Einwirkung höherer Temperaturen, z.B. zum Reinigen von Backöfen* [< *Pyro...* + *...lyse*]

Py|ro|ly|se|an|la|ge ⟨f.; -, -n⟩ *Anlage zum langsamen Verbrennen von Müll, wobei wiederverwertbare Gase u. Öle gewonnen werden*

py|ro|ly|tisch ⟨Adj.⟩ *auf Pyrolyse beruhend, sie betreffend, mit ihrer Hilfe*

Py|ro|ma|ne ⟨m.; -n, -n⟩ *jmd., der an Pyromanie leidet*

Py|ro|ma|nie ⟨f.; -; unz.⟩ *krankhafter Trieb zur Brandstiftung* [< *Pyro...* + *Manie*]

py|ro|ma|nisch ⟨Adj.⟩ *die Pyromanie betreffend, auf ihr beruhend, wie ein Pyromane*

Py|ro|me|tall|ur|gie, ⟨auch⟩ **Py|ro|me|tal|lur|gie** ⟨f.; -; unz.⟩ *Gewinnung von Metall bei höheren Temperaturen*

Py|ro|me|ter ⟨n.; -s, -⟩ *Gerät zum Messen hoher Temperaturen* [< *Pyro...* + *...meter*]

Py|ro|mor|phit ⟨m.; -s, -e⟩ *grünes, braunes, auch gelbes, leicht schmelzbares Mineral, Buntbleierz,* $Pb_5Cl(PO_4)_3$ [< *Pyro...* + grch. *morphe* »Gestalt«]

Py|ro|my|zet ⟨m.; -en, -en; meist Pl.⟩ *Kernpilz, Angehöriger der formenreichen Gruppe der Schlauchpilze, der parasitisch in Pflanzen od. saprophytisch in faulem Holz od. Mist lebt: Pyromycetales* [< *Pyro...* + *Myzel*]

Py|ron ⟨n.; -s, -e⟩ *vom Benzol abgeleitete heterocyclische Verbindung mit einem Sauerstoffatom im Ringgerüst* [< grch. *pyr* »Feuer«]

Pyr|op, ⟨auch⟩ **Py|rop** ⟨m.; -(e)s, -e; Min.⟩ *dunkelroter, bräunlicher Granat* [zu grch. *pyropos* »feuerähnlich«]

Py|ro|pho|bie ⟨f.; -; unz.; Psych.⟩ *krankhafte Furcht vor Feuer* [< *Pyro...* + *Phobie*]

py|ro|phor ⟨Adj.⟩ *selbstentzündlich* [< *pyro...* + *...phor*[1]]

Py|ro|phor ⟨m.; -s, -e; Chem.⟩ *feinstes Metallpulver aus Eisen, Nickel od. Blei, das durch Reduktion von Oxiden im Wasserstoffstrom hergestellt wird u. bei Kontakt mit Luft sofort verbrennt* [< *Pyro...* + *...phor*]

Py|ro|sis ⟨f.; -; unz.⟩ *Sodbrennen* [< grch. *pyr,* Gen. *pyros* »Feuer«]

Py|ro|stilp|nit ⟨m.; -s, -e⟩ *dunkles Silbererz,* Ag_3SbS_3, *Feuerblende* [< *Pyro...* + grch. *stilpnos* »glänzend, leuchtend«; zu *stilbein* »glänzen, leuchten«]

Py|ro|tech|nik ⟨f.; -; unz.⟩ *Feuerwerkerei*

Py|ro|tech|ni|ker ⟨m.; -s, -⟩ *Feuerwerker*

py|ro|tech|nisch ⟨Adj.⟩ *zur Pyrotechnik gehörend, auf ihr beruhend, mit ihrer Hilfe* [< *pyro...* + *technisch*]

Py|ro|xen ⟨m.; -s, -e⟩ = *Augit* [< *Pyro...* + grch. *xenos* »fremd«]

Py|ro|xe|nit ⟨m.; -s, -e⟩ *ein Tiefengestein* [< *Pyro...* + grch. *xenos* »fremd«]

Pyr|rhi|chi|us ⟨m.; -, -chii⟩ **1** *(von Flötenmusik begleiteter) Waffentanz im antiken Griechenland* **2** ⟨Metrik⟩ *antiker Versfuß aus zwei Kürzen* [< grch. *pyrrhichios* »zum Waffentanz gehörig«]

Pyr|rhus|sieg ⟨m.; -(e)s, -e; fig.⟩ *mit zu großen Opfern erkaufter Sieg* [nach dem Sieg des Königs *Pyrrhus* von Epirus über die Römer bei Asculum 279 v.Chr.]

Pyr|rol ⟨n.; -s; unz.⟩ *im Steinkohlenteer u. im Knochenfett vorkommende heterocyclische, organ. Base,* C_4H_5N [< grch. *pyrros* »feuerartig, feuerfarben« + *...ol*]

py|tha|go|rä|isch ⟨Adj.⟩ = *pythagoreisch*

py|tha|go|re|isch ⟨Adj.⟩ *von dem griech. Mathematiker Pythagoras stammend, zu seiner Lehre gehörig;* oV *pythagoräisch* ~er Lehrsatz *angeblich von Pythagoras entdeckter, in Wirklichkeit bereits allen Kulturen des Altertums bekannter Lehrsatz über die Seitenverhältnisse in rechtwinkligen Dreiecken, nach dem die Summe der Fläche der Quadrate über den beiden Katheten a u. b gleich der Fläche des Quadrates über der Hypotenuse c ist:* $a^2 + b^2 = c^2$

Py|thia ⟨f.; -, -thi|en; fig.; umg.⟩ *angebliche Weissagerin, geheimnisvolle Andeutungen machende Frau* [nach der grch. Priesterin *Pythia* in *Pytho,* heute Delphi]

py|thisch ⟨Adj.⟩ *orakelhaft, dunkel, rätselhaft*

Py|thon ⟨m.; -s, -s od. -tho|nen⟩ *Angehöriger einer Unterfamilie Eier legender Riesenschlangen: Pythonidae* [nach *Python,* dem von Apollo getöteten Ungeheuer der grch. Sage]

Py|u|rie ⟨f.; -, -n⟩ *Ausscheiden von eitrigem Harn* [< *Pyo...* + *...urie*]

Py|xis ⟨f.; -, -xi|den⟩ *Hostienbehälter im Tabernakel* [< grch. *pyxos* »Buchsbaum«]

Q

q 1 ⟨nicht mehr zulässige Abk. für⟩ *Flächen…, z.B. qm (= m^2), qkm (= km^2)* **2** ⟨Abk. für⟩ *Quintal*

Q ⟨Zeichen für⟩ *elektrische Ladung u. Wärmemenge*

qcm ⟨nicht mehr zulässige Abk. für⟩ *Quadratzentimeter*

qdm ⟨nicht mehr zulässige Abk. für⟩ *Quadratdezimeter*

q.e.d. ⟨Abk. für⟩ *quod erat demonstrandum*

Q-Fie|ber ⟨n.; -s, -⟩ *gutartig verlaufende, akute, fieberhafte, grippeähnl. Infektionskrankheit* [Abk. < engl. *query* »Fragezeichen« od. zu *Queensland*]

qhm ⟨nicht mehr zulässige Abk. für⟩ *Quadrathektometer*

Qi|dusch ⟨m.; -, -im⟩ = *Kiddusch*

Qi|gong ⟨[tʃigun] n.; - od. -s; unz.⟩ *aus China stammende (Selbst-)Heilmethode, bei der Erkrankungen von Herz, Kreislauf od. Nervensystem über die Atmung, Bewegung u. Vorstellungskraft behandelt werden* [nach dem philos. chines. Begriff *Qi* »Dunst, Äther, Stoff«]

Qi|gong|ku|gel ⟨[tʃigun-] f.; -, -n⟩ *Hohlkugel, in der eine innere Kugel durch bestimmte Bewegungen in der Hand in Drehungen versetzt wird, wodurch Vibrationen entstehen, die über die Hand- u. Armmuskulatur den Kreislauf anregen*

Qind ⟨[kjint] m.; -s, -e; bei Zahlenangaben Pl. -⟩ *Währungseinheit in Albanien, $^1/_{100}$ Lek;* Sy *Qindar* [alban.]

Qin|dar ⟨[kjin-] m.; - od. -s, Qin|dar|ka⟩ = *Qind*

qkm ⟨nicht mehr zulässige Abk. für⟩ *Quadratkilometer*

qm ⟨nicht mehr zulässige Abk. für⟩ *Quadratmeter*

qmm ⟨nicht mehr zulässige Abk. für⟩ *Quadratmillimeter*

qr., qrs. ⟨Abk. für⟩ *Quarter, Quarters*

qua *als, in der Eigenschaft als …:* ~ Mediziner (muss ich sagen…) [lat.]

Quack|sal|ber ⟨m.; -s, -⟩ *Arzt, der von seinem Handwerk nichts versteht, Kurpfuscher* [< ndrl. *kwaksalver* »prahler. Salbenkrämer«; zu *kwakken* »schwatzen, prahlen« + *zalven* »salben«]

Qua|der ⟨m.; -s, -⟩ **1** *rechteckig behauener Block* **2** ⟨Math.⟩ *Körper mit drei Paar kongruenten, in parallelen Ebenen liegenden Rechtecken als Oberfläche* [< mhd. *quader* < mlat. *quadrus (lapis)* »viereckiger Stein«; zu lat. *quattuor* »vier«]

■ Die Buchstabenfolge **qua|dr…** kann auch **quad|r…** getrennt werden.

■ **Qua|dra|ge|si|ma** ⟨f.; -; unz.⟩ *40. Tag vor Karfreitag, Beginn der Fastenzeit* [< lat. *quadragesima (dies)* »der 40. (Tag)«; zu *quadraginta* »vierzig«]

■ **Qua|dran|gel** ⟨n.; -s, -⟩ *Viereck* [< lat. *quadrangulum* »Viereck« < *quattuor* »vier« + *angulus* »Ecke, Winkel«]

■ **qua|dran|gu|lär** ⟨Adj.⟩ *viereckig*

■ **Qua|drant** ⟨m.; -en, -en⟩ **1** *Viertelkreis* **2** *Messgerät für Höhenwinkel* **3** ⟨Astr.; Nautik⟩ *Gerät zum Bestimmen von Höhen im Meridian* [< lat. *quadrans* »der vierte Teil«, Part. Präs. zu *quadrare* »viereckig machen«; zu *quadrus* »viereckig«]

■ **Qua|drat** ⟨n.; -(e)s, -e⟩ **1** *Viereck mit vier gleichen Seiten u. vier rechten Winkeln* **2** ⟨Math.⟩ *die 2. Potenz;* eine Zahl ins ~ erheben [< lat. *quadratum* »Viereck«; → Quadrant]

■ **Qua|drat|de|zi|me|ter** ⟨m. od. n.; -s, -; Zeichen: dm^2⟩ *Maßeinheit, Fläche eines Quadrates, dessen Seiten je 1 Dezimeter lang sind*

■ **Qua|drat|hek|to|me|ter** ⟨m. od. n.; -s, -; Zeichen: hm^2⟩ *Maßeinheit, Fläche eines Quadrates, dessen Seiten je 1 Hektometer lang sind*

■ **qua|dra|tisch** ⟨Adj.⟩ **1** *in der Form eines Quadrats* **2** ⟨Math.⟩ *in der zweiten Potenz* **2.1** ~e Gleichung *algebraische Gleichung zweiten Grades nach der Formel* $ax^2 + bx + c = 0$

■ **Qua|drat|ki|lo|me|ter** ⟨m. od. n.; -s, -; Zeichen: km^2⟩ *Maßeinheit, Fläche eines Quadrates, dessen Seiten je 1 Kilometer lang sind*

■ **Qua|drat|me|ter** ⟨m. od. n.; -s, -; Zeichen: m^2⟩ *Maßeinheit, Fläche eines Quadrates, dessen Seiten je 1 Meter lang sind*

■ **Qua|drat|mil|li|me|ter** ⟨m. od. n.; -s, -; Zeichen: mm^2⟩ *Maßeinheit, Fläche eines Quadrates, dessen Seiten je 1 Millimeter lang sind*

■ **Qua|dra|tur** ⟨f.; -, -en⟩ **1** ⟨Math.⟩ **1.1** *Bestimmung einer von einer krummen Linie begrenzten ebenen Fläche durch Berechnung des Integrals* **1.2** ~ des Kreises ⟨fig.⟩ *unlösbare Aufgabe (da ein Kreis mit geometr. Mitteln nicht in ein Quadrat verwandelt werden kann)* **2** ⟨Astron.⟩ *Stellung eines Planeten, bei dem der Winkel zwischen ihm u. der Sonne, von der Erde aus gesehen, 90° beträgt* [< lat. *quadrare* »viereckig machen«; → *quadrieren*]

■ **Qua|drat|wur|zel** ⟨f.; -, -n⟩ *die Zahl b, deren 2. Potenz gleich a ist;* $a = \sqrt{b}$

■ **Qua|drat|zahl** ⟨f.; -, -en⟩ *die 2. Potenz einer Zahl,* z.B. 4 $(=2^2)$

■ **Qua|drat|zen|ti|me|ter** ⟨m. od. n.; -s, -; Zeichen: cm^2⟩ *Maßeinheit, Fläche eines Quadrates, dessen Seiten je 1 Zentimeter lang sind*

■ **qua|dri…, Qua|dri…** ⟨in Zus.⟩ *vier* [< lat. *quattuor* »vier…«]

■ **Qua|dri|en|na|le** ⟨f.; -, -n⟩ *im Zyklus von vier Jahren stattfindende Ausstellung od. Veranstaltung im kulturellen Sektor* [< *Quadri…* + lat. *analis* »die Jahre betreffend; Jahres…«]

■ **Qua|dri|en|ni|um** ⟨n.; -s, -ni|en⟩ *Zeitraum von vier Jahren* [< *Quadri…* + lat. *annus* »Jahr«]

■ **qua|drie|ren** ⟨V.⟩ eine Zahl ~ *ins Quadrat erheben, mit sich selbst multiplizieren* [< lat. *quadrare* »viereckig machen«; zu *quattuor* »vier«]

■ **Qua|dri|ga** ⟨f.; -, -dri|gen⟩ **1** *antikes zweirädriges Viergespann* **2** ⟨fig.; bes. Pol.⟩ *Gruppe von vier Personen (als Führungsgremium);* → *Troika(3)* [lat., < *quattuor* »vier + *iugum* »Joch«]

■ **Qua|dril|le** ⟨[-driljə] od. [kadriljə], österr. [kadril] f.; -, -n⟩ **1** ⟨18. bis Anfang 20. Jh.⟩ *Tanz mit vier Tänzern od. vier Paaren, die sich im Karree gegenüberstehen, Form des Kontertanzes* **2** ⟨Reitsp.⟩ *zu Musik gerittene (festliche) Dressurvorstellung von mindestens vier Reitern* [< frz. *quadrille* < span. *cuadrilla* »Gruppe von vier Reitern, Quadrille« < lat. *cuadrus* »viereckig«]

■ **Qua|dril|li|ar|de** ⟨f.; -, -n⟩ *dritte Potenz einer Milliarde,* 10^{27}

■ **Qua|dril|li|on** ⟨f.; -, -en⟩ **1** *4. Potenz einer Million,* 10^{24} **2** ⟨USA⟩ = *Billiarde,* 10^{15} [< lat. *quattuor* »vier« + *Million*]

■ **Qua|dri|nom** ⟨n.; -s, -e⟩ *aus vier Gliedern bestehende Größe* [< *Quadri…* + *…nom*[2]]

■ **Qua|dri|vi|um** ⟨[-vi-] n.; -s; unz.⟩ *der obere Lehrgang mittelalterlicher Universitäten, die vier höheren Wissensgebiete der sieben Freien Künste: Arithmetik, Geometrie, Astronomie, Musik;* →a. *Trivium* [lat., »Kreuzweg, Vierweg« < *quattuor* »vier« + *via* »Weg«]

■ **qua|dro|fon** ⟨Adj.⟩ = *quadrophon*

■ **Qua|dro|fo|nie** ⟨f.; -; unz.⟩ = *Quadrophonie*

■ **qua|dro|fo|nisch** ⟨Adj.⟩ = *quadrophonisch*

■ **qua|dro|phon** ⟨Adj.⟩ *auf Quadrophonie beruhend, zu ihr gehörend;* oV *quadrofon;* Sy *quadrophonisch*

■ **Qua|dro|pho|nie** ⟨f.; -; unz.⟩ *Stereophonie über vier Kanäle u. vier Lautsprecher (vorn links u. rechts, hinten links u. rechts);* oV *Quadrofonie* [< lat. *quadro, quattuor* »vier« + *phone* »Stimme«]

■ **qua|dro|pho|nisch** ⟨Adj.⟩ = *quadrophon;* oV *quadrofonisch*

■ **Qua|dro|sound** ⟨[-saund] m; -s; unz.⟩ *durch Quadrophonie erzeugter Klang* [verkürzt < *Quadro*phonie + engl. *sound* »Klang«]

■ **Qua|dru|ma|ne** ⟨m.; -n, -n⟩ *Vierhänder, Affe* [< lat. *quadrumanis* »Vierhänder« < *quattuor* »vier« + *manus* »Hand«]

■ **Qua|dru|pe|de** ⟨m.; -n, -n⟩ *Vierfüßer* [< lat. *quadrupedus* »Vierfüßer« < *quattuor* »vier« + *pes,* Gen. *pedis* »Fuß«]

■ **Qua|dru|pel** ⟨n.; -s, -⟩ **1** *vier zusammengehörige Zahlen od. Größen* **2** ⟨allg.⟩ *Vierfaches* [< lat. *quadruplus* »vierfach«; zu *quattuor* »vier«]

■ **Qua|dru|pol** ⟨m.; -(e)s, -e⟩ *elektr. Schaltung mit vier Ein- od. Ausgängen,* z.B. Zusammenschaltung von zwei Dipolen

Quaes|tio ⟨f.; -, -ti|o|nes⟩ **1** *jurist. Frage;* ~ **Facti** *Frage nach den Tatsachen, Vorgängen;* ~ **Iuris** *Frage nach der Strafbarkeit einer Handlung* **2** ⟨Philos.⟩ *scholastisches Disputationsverfahren zur Entscheidung von Streitfragen in der mündl. Diskussion u. in schriftl. Abhandlungen* [< lat. *quaestio* »Frage, Untersuchung«; lat. *factum,* Gen. *facti* »Tat, Handlung«; lat. *ius,* Gen. *iuris* »Recht«]

Quag|ga ⟨n.; -s, -s⟩ *ausgerotteter, zu den Zebras gehörender Einhufer in den Steppen Südafrikas: Equus quagga quagga* [< Afrikaans *quagga, kwagga,* vermutl. < Bantu]

Quai ⟨[kɛ:] m.; -s, -s⟩ = *Kai*

Quä|ker ⟨m.; -s, -⟩ *Angehöriger einer evangel., aus der puritan. Bewegung hervorgegangenen, von George Fox 1649 in England gegründeten, von William Penn in den USA weiterentwickelten Gemeinschaft (eigener Name: Gesellschaft der Freunde)* [< engl. *quaker* »Zitterer«, eigtl. Spottname, nachdem G. Fox bei einer Gerichtsverhandlung dem Richter zugerufen hatte, er solle Gott verehren u. vor dem Jüngsten Gericht zittern, worauf der Richter ihn spöttisch »Zitterer« nannte]

Qua|li|fi|ka|ti|on ⟨f.; -, -en⟩ **1** *das Qualifizieren, Ausbildung* **2** *Fähigkeit, Eignung, Befähigung* **3** *Befähigungsnachweis* [< frz. *qualification* »Eignung, Befähigung« < mlat. *qualificatio* < lat. *qualis* »wie beschaffen« + *facere* »machen«]

qua|li|fi|zie|ren ⟨V.⟩ **1 jmdn.** ~ *befähigen, fähig machen (zu etwas), durch Unterricht u. Übung ausbilden u. entwickeln (für etwas)* **2 sich** ~ *sich ausbilden, sich durch Fleiß u. Übung entwickeln, sich als geeignet erweisen* **3 etwas** ~ **3.1** *als geeignet anerkennen* **3.2** *beurteilen, kennzeichnen* [< mlat. *qualificare* »bezeichnen, kennzeichnen, befähigen« < lat. *qualis* »wie beschaffen« + *facere* »machen«]

qua|li|fi|ziert ⟨Adj.⟩ *durch Übung, Erfahrung geeignet, befähigt;* ~e Arbeit leisten *sehr gute, brauchbare Arbeit;* ~er Diebstahl *unter erschwerenden Umständen begangener u. deshalb strenger bestrafter Diebstahl;* ~e Mehrheit *für bestimmte Parlamentsbeschlüsse notwendige Mehrheit (Zweidrittel-, Dreiviertelmehrheit)* [< mlat. *qualificare* »bezeichnen, kennzeichnen, befähigen«; zu lat. *qualis* »wie beschaffen« + *facere* »machen«]

Qua|li|fi|zie|rung ⟨f.; -, -en⟩ *das Qualifizieren, Qualifikation*

Qua|li|tät ⟨f.; -, -en⟩ →a. *Quantität* **1** *Art, Beschaffenheit* **2** *Eigenschaft, Fähigkeit;* auch er hat seine ~en; er hat besondere ~en **3** ⟨Phon.⟩ *Vokalfärbung, z.B. e gegenüber o* **4** *Sorte, Güte, Brauchbarkeit;* ausgezeichnete, hervorragende, gute ~; beste, mittlere ~ [< lat. *qualitus* »Beschaffenheit, Verhältnis, Eigenschaft«; zu *qualis* »wie beschaffen«]

qua|li|ta|tiv ⟨Adj.⟩ *die Qualität betreffend, der Güte, dem Werte nach* [< mlat. *qualitativus* »der Beschaffenheit, dem Wert nach«; zu lat. *qualis* »wie beschaffen«]

Quant ⟨n.; -s, -en⟩ *kleinste Einheit nicht teilbarer physikalischer Größen* [< lat. *quantum,* Neutr. zu *quantus* »wie groß, wie viel«]

Quäntchen (*Laut-Buchstaben-Zuordnung*) Aufgrund des Stammerhaltungsprinzips richtet sich die Schreibung abgeleiteter Wortarten nach dem Wortstamm. Deshalb wird das Substantiv »*Quäntchen*« künftig wie das zugrunde gelegte Substantiv »*Quantum*« mit (infolge des Diminutivs) umgelautetem »*a*« geschrieben.
Diese Neuschreibung ist aus etymologischer Sicht umstritten, da der Diminutiv bislang auf »*Quent*« [<lat. *quintus*] zurückgeführt wurde.

Quänt|chen ⟨n.; -s, -⟩ ein ~ *ein wenig, eine kleine Menge* [urspr. zu *Quent;* heute zu *Quantum*]
quan|teln ⟨V.⟩ *bei der mathemat. Beschreibung physikalischer Vorgänge od. Theorien von der Art der Beschreibung der klass. Physik auf die der Quantentheorie übergehen;* Sy *quantisieren* [→ *Quant*]
Quan|te|lung ⟨f.; -; unz.⟩ *das Quanteln;* Sy *Quantisierung*
Quan|ten|bi|o|lo|gie ⟨f.; -; unz.⟩ *Anschauung, die entsprechend der Quantentheorie in der Physik auch in der Biologie Vorgänge sieht, bei denen Entwicklungen im Großen durch Prozesse an einzelnen Atomen gesteuert werden*
Quan|ten|lo|gik ⟨f.; -; unz.⟩ *Logik, die für den Bereich der Quantenmechanik u. Quantenphysik gültig ist*
Quan|ten|me|cha|nik ⟨[-ça-] f.; -; unz.⟩ *Mechanik atomarer Teilchen, die die zweifache Natur der Elektronen als Teilchen u. als Welle berücksichtigt*
Quan|ten|phy|sik ⟨f.; -; unz.⟩ *Teilgebiet der Physik, das sich mit der Entwicklung der Quantenmechanik u. Quantenstatistik befasst*
Quan|ten|sta|tis|tik ⟨f.; -; unz.⟩ *die statist. Behandlung sehr vieler Teilchen, die sich nach den Gesetzen der Quantentheorie bewegen*
Quan|ten|the|o|rie ⟨f.; -; unz.⟩ *Theorie, nach der die Energie der Strahlung nicht gleichmäßig, sondern sprunghaft in Portionen entsteht*
Quan|ten|zahl ⟨f.; -, -en⟩ *dimensionslose Zahl, die in der Quantenmechanik mögliche Energiezustände von Teilchen kennzeichnet*
quan|ti|fi|zie|ren ⟨V.⟩ *mathematisch beschreibbar machen;* Eigenschaften ~ [<lat. *quantus* »wie groß, wie viel« + *facere* »machen«]
quan|ti|sie|ren ⟨V.⟩ = *quanteln*
Quan|ti|sie|rung ⟨f.; -, -en⟩ = *Quantelung*
Quan|ti|tät ⟨f.; -, -en⟩ →a. *Qualität* **1** *Menge, Masse, Größe, Umfang;* die Qualität entspricht nicht der ~ **2** ⟨Phon.⟩ *Dauer der Vokale (Länge bzw. Kürze)* **3** *Anzahl* [<lat. *quantitas* »Größe, Menge, Zahl, Umfang«; zu *quantus* »wie groß, wie viel«]
quan|ti|ta|tiv ⟨Adj.⟩ *hinsichtlich der Quantität, der Menge, Größe, Anzahl, dem Umfang nach;* ~e Analyse *Gewichtsanalyse*
Quan|ti|té né|gli|gea|ble, ⟨auch⟩ **Quan|ti|té nég|li|geab|le** ⟨[kãtite: negliʒa:bl(ə)] f.; - -; unz.⟩ *wegen ihrer Geringfügigkeit nicht zu berücksichtigende Menge, Größe, Anzahl* [frz., »belanglose Größe«]
quan|ti|tie|ren ⟨V.⟩ Silben ~ *S. im Vers nach ihrer Quantität (Länge bzw. Kürze) messen (nicht nach der Betonung)* [<lat. *quantitas* »Größe, Menge«]
Quan|tor ⟨m.; -s, -to|ren⟩ *mathemat. Symbol der Mengenlehre u. der algebraischen Logik*
Quan|tum ⟨n.; -s, -ten⟩ *bestimmte Menge, Anzahl;* ein großes, kleines ~ [lat., Neutr. zu *quantus* »wie groß, wie viel«]
quan|tum sa|tis *in ausreichender Menge* [lat.]
quan|tum vis ⟨[-vi:s]⟩ *nach Belieben (Hinweis auf Rezepten)* [lat.]
Qua|ran|tä|ne ⟨[karã-] od. [karan-] f.; -, -n⟩ *Isolierung (von Personen od. Tieren) als Schutzmaßnahme gegen das Einschleppen od. Verbreiten epidemischer Krankheiten* [<frz. *quarantaine* »Zeitraum von 40 Tagen«; zu *quarante* »vierzig«]
Quark ⟨[kwɔ:k] n.; -s, -s⟩ *als kleinster unteilbarer Baustein der Materie angesehenes Elementarteilchen, das bisher nur in Form von Quark-Antiquark-Paaren nachgewiesen werden konnte, die Isolierung eines einzelnen Quarks erscheint nach heutiger Kenntnis nicht möglich* [Phantasiename nach einem von James Joyce geprägten Wort]
Quart 1 ⟨n.; -s, -e; bei Zahlenangaben Pl.: -⟩ **1.1** *altes Maß für Flüssigkeiten, 0,24-1,1 l* **1.2** = *Quarter* **2** ⟨n.; -s; unz.; Typ.; Zeichen: 4°⟩ *Buchformat von der Größe eines Viertelbogens;* oV ⟨ital.⟩ *Quarto;* Sy *Quartformat* **3** ⟨f.; -, -en; Sp.; Fechten⟩ *Hieb von rechts nach links* [<lat. *quartus* »der vierte«; zu *quattuor* »vier«]
Quar|ta ⟨f.; -, Quar|ten⟩ *dritte Klasse der höheren Schule* [lat., Fem. zu *quartus* »der vierte«; zu *quattuor* »vier«]
Quar|tal ⟨n.; -s, -e⟩ *Vierteljahr;* erstes, zweites ~; zum ~ kündigen *zum Ende des Vierteljahres* [<mlat. *quartale (anni)* »Viertel (eines Jahres)«]
Quar|tals|säu|fer ⟨m.; -s, -; umg.⟩ *jmd., der an periodisch auftretender Trunksucht leidet*
Quar|ta|na|fie|ber ⟨n.; -s, -⟩ *Malaria mit Fieberanfällen an jedem vierten Tag* [<lat. *quartana,* Fem. zu *quartanus* »der vierte«]
Quar|ta|ner ⟨m.; -s, -⟩ *Schüler der Quarta*
quar|tär ⟨Adj.⟩ **1** *die vierte Stelle in einer Reihe einnehmend* **2** ⟨Geol.⟩ *zum Quartär gehörig* [<frz. *quartaire* <lat. *quartus* »der vierte«]
Quar|tär ⟨n.; -s; unz.; Geol.⟩ *jüngste Formation des Känozoikums mit den Eiszeiten, seit 700 000 Jahren* [→ *quartär* (die vierte Stufe der Erdgeschichte nach alter Zählung)]
Quar|te ⟨f.; -, -n; Mus.⟩ **1** *vierte Stufe der diaton. Tonleiter* **2** *Intervall von vier Stufen* [<lat. *quarta,* Fem. zu *quartus* »der Vierte«]
Quar|ter ⟨[kwɔ:tə(r)] m.; -s, -; Abk.: qr., Pl. qrs.⟩ *engl. Hohlmaß, 2 Pint, 1,136 l;* oV *Quart(1.2)* [engl. <afrz. *quartier* <lat. *quartarius* »Viertel«; zu *quattuor* »vier«]

Quar|ter|back ⟨[kwɔːtə(r)bæk] m.; -s, -s; Sp.; American Football⟩ *zentral defensiv spielender Feldspieler, der aus der Abwehr heraus Angriffe der eigenen Mannschaft einleitet u. insbesondere für das Passspiel zuständig ist* [< engl. *quarter* »Viertel« + *back* »Verteidiger«, da der Quarterback aus dem eigenen Viertel des Spielfeldes heraus agiert]
Quar|ter|deck ⟨n.; -s, -e od. -s⟩ *hinteres Deck (des Schiffes)* [< engl. *quarter-deck* »Quarterdeck, Achterdeck«]
Quar|ter|horse ⟨[kwɔːtə(r)hɔːs] n.; -, -s [-siz]⟩ *kleinere, leistungsfähige Pferderasse, die bes. in den USA eingesetzt wird* [engl.; zu *quartermile* »Viertelmeile«, da diese Pferde urspr. für Viertelmeilenrennen gezüchtet wurden + *horse* »Pferd«]
Quar|ter|meis|ter ⟨m.; -s, -⟩ *Steuermann auf einem Handelsschiff*
Quar|tett ⟨n.; -(e)s, -e⟩ **1** ⟨Mus.⟩ *Musikstück für vier Stimmen* (Vokal~) *od. Instrumente* (Bläser~; Streich~) **2** ⟨Mus.⟩ *Gruppe von vier Sängern od. Instrumentalisten* **3** *Kartenspiel, bes. für Kinder, bei dem vier zusammengehörige Karten abgelegt werden, die man durch Fragen von den anderen Spielern zu erhalten sucht* **4** ⟨Verslehre⟩ *vierzeilige Strophe eines Sonetts;* Sy *Quatrain(2)* [< ital. *quartetto* < lat. *quattuor* »vier«]
Quart|for|mat ⟨n.; -(e)s; unz.⟩ = *Quart(2)*
Quar|tier ⟨n.; -s, -e⟩ **1** *Unterkunft;* Nacht~; Ferien~; Urlaubs~; Übergangs~ **1.1** *Unterkunft von Truppen außerhalb einer Kaserne;* ~e beziehen, nehmen; ~ machen *Unterkünfte für Truppen bestimmen;* bei einem Bauern im ~ liegen (von Soldaten) **2** ⟨schweiz.; österr.⟩ *Stadtviertel* [< mhd. *quartier* < frz. *quartier* < lat. *quartarius* »Viertel«; zu *quattuor* »vier«]
quar|tie|ren ⟨V.⟩ *in einem Quartier unterbringen*
Quar|to ⟨n.; -; unz.⟩ = *Quart(2)* [ital., »Viertel«]
Quar|to|le ⟨f.; -, -n; Mus.⟩ *Gruppe von vier zusammengehörigen Noten, die anstelle von drei Noten des gleichen Wertes treten* [< lat. *quattuor* »vier« + *...ole*]
Quart|sext|ak|kord ⟨m.; -(e)s, -e; Mus.⟩ *zweite Umkehrung eines Dreiklangs aus der Grundstellung mit der Quinte als neuem Grundton u. darüber Quarte u. Sexte,* z.B. g-c-e
Quarz ⟨m.; -es, -e⟩ *eines der häufigsten Mineralien, besteht in reinem Zustand aus Siliciumdioxid, SiO_2, tritt aber meist als Bestandteil vieler Gesteine auf* [vielleicht < slaw.]
quar|zen ⟨V.; umg.⟩ *stark rauchen* [vielleicht zu poln. *kurzyc* »rauchen«]
Quar|zit ⟨m.; -s, -e⟩ *Gestein aus Quarz u. einem kieseligen Bindemittel*
Quarz|uhr ⟨f.; -, -en⟩ *mit einem Quarzkristall als Frequenzgeber betriebene Uhr hoher Ganggenauigkeit mit Abweichungen von höchstens einigen tausendstel Sekunden je Tag*
Qua|sar ⟨m.; -s, -e⟩ *sternähnl. Objekt mit intensiver Radiostrahlung* [verkürzt < *quasistellare Radioquelle*]
qua|si ⟨Adv.⟩ *gewissermaßen, gleichsam* [lat., »gleichsam«]
Qua|si|mo|do|ge|ni|ti *erster Sonntag nach Ostern* [< lat. *quasi modo geniti* »wie eben erst Geborene« (Eingangsworte der Messe)]
qua|si|op|tisch ⟨Adj.⟩ *sich geradlinig wie Licht ausbreitend;* ~e elektromagnetische Wellen
qua|si|stel|lar ⟨Adj.⟩ *ähnlich den Sternen, sternartig* [< *quasi* + *stellar*]
Quas|sie ⟨[-sjə] f.; -, -n⟩ **1** *Bitterholzbaum* **2** *daraus gewonnenes Bittermittel, das als Magenbitter u. zur Bekämpfung von Fliegen u. pflanzl. Parasiten verwendet wird* [angebl. nach dem Entdecker, dem Eingeborenen *Coassi* in Surinam]
Quäs|ti|on ⟨f.; -, -en; geh.⟩ *in der wissenschaftl. Diskussion entwickelte u. gelöste Frage* [< lat. *quaestio* »das Suchen, Befragung«; zu *quaerere* »suchen, fragen«]
Quäs|tor ⟨m.; -s, -to|ren⟩ **1** ⟨im alten Rom⟩ *hoher Finanzbeamter* **2** ⟨an Hochschulen⟩ *oberster, für die Kasse verantwortl. Beamter* **3** ⟨schweiz. a.⟩ *Kassierer eines Vereins* [< lat. *quaestor*; zu *quaerere* »suchen, fragen«]
Quäs|tur ⟨f.; -, -en⟩ **1** *Amt eines Quästors* **2** ⟨an Hochschulen⟩ *Kasse* [< lat. *quaestura* »Amt u. Würde des Quästors«]
Qua|tem|ber ⟨m.; -s, -⟩ **1** *erster Tag eines Vierteljahres* **2** ⟨kath. Kirche⟩ *einer der drei Festtage (Mittwoch, Freitag u. Samstag) zu Beginn des Vierteljahres, nach dem 3. Advent, dem 1. Fastensonntag, nach Pfingsten u. nach dem 14. September (Kreuzerhöhung)* [< mhd. *quatember* < kirchenlat. *quattuor tempora* »vier Zeiten«]
qua|ter|när ⟨Adj.; Chem.⟩ *aus vier Teilen bestehend* [< lat. *quarternarius* »je aus vieren bestehend, je vier enthaltend«; zu *quaterni* »je vier«; zu *quattuor* »vier«]
Qua|ter|ne ⟨f.; -, -n; Lotto⟩ *vier gewinnende Nummern* [< ital. *quaterna* »Vierertreffer im Lotto« < lat. *quaterni* »je vier«; zu *quattuor* »vier«]
Qua|ter|nio ⟨m.; -s, -ni|o|nen⟩ **1** *aus vier Einheiten bestehendes Ganzes;* → a. *Quaternion* **2** ⟨bes.⟩ *zu vier Doppelbogen abgeheftete Lage mittelalterlicher Handschriften* [lat., »die Vier, Vierzahl«; zu *quattuor* »vier«]
Qua|ter|ni|on ⟨f.; -, -en; Math.⟩ *Satz von vier Größen zur Beschreibung der Bewegungsgleichung von dreidimensionalen (starren) Körpern, insbes. von deren Rotationen;* → a. *Quaternio(1)*
Qua|train, ⟨auch⟩ **Quat|rain** ⟨[katrɛ̃ː] n. od. m.; -s, -s od. -en [-trɛ̃ːnən]⟩ **1** *vierzeiliges Gedicht* **2** = *Quartett(4)* [frz.]
Quat|tro|cen|tist, ⟨auch⟩ **Quatt|ro|cen|tist** ⟨[-tʃɛn-] m.; -en, -en⟩ *Künstler aus dem Quattrocento*
Quat|tro|cen|to, ⟨auch⟩ **Quatt|ro|cen|to** ⟨[-tʃɛn-] n.; -s; unz.⟩ *die ital. Kunst im 15. Jh.,*

frühe Renaissance [ital., »vierhundert (Jahre nach 1000 n.Chr.)«]

Que|bra|cho, ⟨auch⟩ **Queb|ra|cho** ⟨[kɛbratʃo] n.; -s; unz.⟩ **1** *sehr hartes, schweres Holz des Quebrachobaumes* **2** *aus der Rinde des Quebrachobaumes gewonnener Gerbstoff* [span. (amerik.) < *quiebra(ha)cha* »Axtbrecher« < *quebrar* »brechen« + *hacha* »Axt«]

Que̜|chua ⟨[-tʃua]⟩ **1** ⟨m.; - od. -s, - od. -s⟩ = *Ketschua(1)* **2** ⟨n.; -; unz.⟩ = *Ketschua(2)*

Queen ⟨[kwi:n]⟩ **1** ⟨f.; -; unz.⟩ *die englische Königin* **2** ⟨f; -, -s; umg.⟩ *(im Mittelpunkt stehende) attraktive Frau od. junges Mädchen* **3** *attraktiver, bes. femininer Homosexueller* [engl., »Königin«]

Que̜ll|do|ku|ment ⟨n.; -(e)s, -e; EDV⟩ *ursprüngliches Dokument, aus dem Daten entnommen sind;* Sy *Quellentext;* →a. *Quellenprogramm*

Que̜l|len|pro|gramm ⟨n.; -(e)s, -e; EDV⟩ *in Programmiersprache erstelltes EDV-Programm, das erst mit Hilfe eines Übersetzers verwendungsfähig wird;* →a. *Quelldokument*

Que̜l|len|text ⟨m.; -es, -e; EDV⟩ = *Quelldokument*

Que̜ll|ton ⟨m.; -s; unz.⟩ = *Bentonit*

Que̜m|pas ⟨m.; -; unz.⟩, **Que̜m|pas|lie|der** ⟨Pl.⟩ *Lieder im Wechselgesang über die Geschichte von Christi Geburt, die früher von Jugendlichen im Gottesdienst u. bei Umzügen von Haus zu Haus gesungen wurden* [nach den Anfangssilben des Liedes *Quem pastores laudavere* (Den die Hirten lobeten sehre)]

Que̜nt ⟨n.; -(e)s, -e; bei Zahlenangaben Pl.: -⟩ *altes dt. Gewicht,* $^1/_{10}$ *Lot = 1,67 g* [< lat. *quintus* »der fünfte (Teil)«]

Que|re̜|le ⟨f.; -, -n⟩ *Klage, Streit* [< lat. *querela* »Klage, Beschwerde«; zu *queri* »klagen«]

Que|ru|la̜nt ⟨m.; -en, -en; abwertend⟩ *jmd., der ständig queruliert, Nörgler, Quengler*

Que|ru|la̜n|tin ⟨f.; -, -tin|nen; abwertend⟩ *Nörglerin, Quenglerin*

Que|ru|la̜nz ⟨f.; -; unz.; abwertend⟩ *auf einem extrem übertriebenen Rechtsgefühl basierendes, dauerndes Querulieren*

que|ru|lie̲|ren ⟨V.⟩ *quengeln, nörgeln, ein eingebildetes Recht hartnäckig verteidigen* [< lat. *querulus* »klagend«; zu *queri* »klagen«]

Quer|ze|tin ⟨n.; -s; unz.⟩ *in der Rinde der Eiche enthaltener gelber Farbstoff* [< lat. *quercus* »Eiche« + frz. *citron* »Zitrone«]

Quer|zi̲t ⟨m.; -s, -e⟩ *in Eicheln enthaltener Zucker* [< lat. *quercus* »Eiche«]

Quer|zi|tron, ⟨auch⟩ **Quer|zit|ro̲n** ⟨n.; -s, -e⟩ *Extrakt aus der Rinde der amerikanischen Färbereiche* [< lat. *quercus* »Eiche« + frz. *citron* »Zitrone«]

Que|sa̲l ⟨[kɛ-] m.; -s, -s⟩, **Quet|za̲l** ⟨[kɛt-] m.; -s, -s⟩ **1** *mittelamerikan., zu den Trogons gehöriger Vogel mit langen, metallisch schimmernden grünen Schwanzfedern: Pharomachrus mocinno;* oV *Quezal* **2** ⟨Pl. -⟩ *Währungseinheit in Guatemala, 100 Centavos* [< span. *quetzal(e)* < Nahuatl *quetzalli* »Schwanzfeder«]

Queue ⟨[kø̲:]⟩ **1** ⟨n.; -s, -s⟩ *Billardstock* **2** ⟨f.; -, -s⟩ *lange Reihe (von Personen)* **2.1** ⟨†⟩ *Ende einer Marschkolonne* **3** ⟨EDV⟩ *Speicherstruktur, die Daten nach dem zeitlichen Prioritätsprinzip (Warteschlange) aufnimmt u. abgibt* [frz., »Schwanz, Stiel, Schlange (von Menschen), Billardstock«]

Que|zal ⟨[kɛza̲:l] m.; -s, -s⟩ = *Quetzal*

Quiche ⟨[kiʃ] f.; -, -s⟩ *herzhafte Torte aus Mürbe- oder Blätterteig;* ~ Lorraine [lɔrɛ̲:n] *lothringische Torte mit einer Auflage aus Speck, Käse, Eiern u. Milch* [frz.]

Qui̜|ckie ⟨m.; -s, -s; umg.⟩ **1** *etwas, das schnell u. leicht zu machen od. zu erledigen ist* **2** *schnell vollzogener Geschlechtsverkehr* [zu engl. *quick* »schnell«]

Quick|out ⟨[-a̲ut] n.; -s, -s⟩ *Autoradio, das sich zum Schutz vor Diebstahl schnell ausbauen u. mitnehmen lässt* [engl., < *quick* »schnell« + *out* »heraus«]

> **Quickstepp** (*Laut-Buchstaben-Zuordnung*) Analog zum Verb *steppen* wird jetzt auch das Substantiv »Stepp« bzw. werden alle davon abgeleiteten Wörter mit »*pp*« geschrieben (→a. *Stopp*).

Qui̜ck|stepp ⟨m.; -s, -s⟩ *schneller Foxtrott* [engl., eigtl. »schneller Schritt«]

Qui̜ck|wert, ⟨auch⟩ **Qui̜ck-Wert** ⟨m.; -(e)s, -e; Med.⟩ *Blutgerinnungsfaktor* [nach dem amerikan. Physiologen Armand James *Quick,* 1894–1978]

Qui̲|dam ⟨m.; -; unz.⟩ *ein gewisser Jemand, ein gewisser ...* [lat.]

Qui̜d|di|tas ⟨f.; -; unz.; Philos.⟩, **Quid|di|tä̲t** ⟨f.; -; unz.⟩ *das Wesen (eines Dinges), das Was-Sein;* Ggs *Entität* [< lat. *quid* »was«]

Quid|pro|quo̲ ⟨n.; -s, -s⟩ *Verwechslung einer Sache mit einer andern, Missverständnis* [lat., »was für was?«]

Qui|e|ti̜s|mus ⟨[kviə-] m.; -; unz.⟩ **1** *von der Welt abgewandte Lebenshaltung in völliger Ruhe des Gemüts* **2** *relig. Lehre, die die Verschmelzung mit Gott durch das wunsch- u. willenlose Ergeben in seinen Willen erstrebt* [< lat. *quietus* »ruhig«]

Qui|e|ti̜st ⟨[kviə-] m.; -en, -en⟩ *Vertreter, Anhänger des Quietismus*

Qui|e|ti̲v ⟨[kviə-] n.; -s, -e⟩, **Qui|e|ti|vum** ⟨[kviəti̲:vum] n.; -s, -va; Med.⟩ *Beruhigungsmittel* [zu lat. *quietus* »ruhig«]

qui|e̲|to ⟨[kvi-] Mus.⟩ *ruhig (zu spielen)* [ital.]

Quil|la̲|ja ⟨f.; -, -s⟩ *in Südamerika heim. Baum, aus dem Quillajarinde gewonnen wird, Seifenbaum: Quillaja saponaria* [< span. (amerikan.) *quillai, quillay* < araukan.]

Quil|la̲|ja|rin|de ⟨f.; -, -n⟩ *gelblich weiße Rinde des Seifenbaumes, die reinigende Saponine enthält u. deshalb zum Reinigen u. Entflecken dient, Seifenrinde;* Sy *Panamarinde*

Quilt ⟨[kwi̜lt] m.; -s, -s⟩ *in Nordamerika hergestellte Steppdeckenart* [engl.]

Qui|na̲r ⟨m.; -s, -e⟩ *altröm. Silbermünze* [< lat.

quinarius »fünf enthaltend«; zu *quinque* »fünf«]

Quin|cunx ⟨m.; -; unz.⟩ **1** *Anordnung von fünf Elementen in zwei sich schneidenden Diagonalen (wie die Fünf des Würfels, z.B. bei Säulen)* **2** ⟨Astrol.⟩ *Winkelabstand von 150° zwischen den Planeten* [lat., »fünf Zwölftel«]

quin|ke|lie|ren ⟨V.; umg.⟩ **1** *trällern, trillern* **2** *Winkelzüge machen* [Weiterbildung von mnddt. *quintieren* < mlat. *quintare* »in Quinten singen«]

Quin|qua|ge|si|ma *50. Tag vor Ostern* [< lat. *quinquagesima (dies)* »der 50. (Tag)«]

Quin|quen|ni|um ⟨n.; -s, -ni|en⟩ *Zeitraum von fünf Jahren* [lat. < *quinque* »fünf« + *annus* »Jahr«]

Quin|quil|li|on ⟨f.; -, -en⟩ = *Quintillion*

Quint ⟨f.; -, -en⟩ **1** = *Quinte* **2** ⟨Sp.⟩ *bestimmte Klingenlage beim Fechten* [zu lat. *quintus* »der fünfte«]

Quin|ta ⟨f.; -, Quin|ten⟩ *zweite Klasse der höheren Schule* [lat. Fem. zu *quintus* »der fünfte«; zu *quinque* »fünf«]

Quin|tal ⟨[kɛ̃-] m.; -s, -e; bei Zahlenangaben Pl. -; Abk.: q; früher⟩ *Maßeinheit für das Gewicht in roman., mittel- u. südamerikan. Ländern, 1 Zentner* [frz., »Zentner« < mlat. *quintale* < arab. *quintar*]

Quin|ta|na|fie|ber ⟨n.; -s; unz.⟩ *periodisch im Abstand von fünf Tagen wiederkehrendes Fieber auf Grund einer Infektion mit dem Krankheitserreger Rickettsia quintana;* Sy *wolhynisches Fieber* [< lat. *quintana;* Fem. zu *quintanus* »der fünfte«]

Quin|ta|ner ⟨m.; -s, -⟩ *Schüler der Quinta*

Quin|te ⟨f.; -, -n⟩ Sy *Quint(1)* **1** *fünfter Ton der diaton. Tonleiter* **2** *Intervall von fünf Stufen* [< lat. *quinta,* Fem. zu *quintus* »der fünfte«; zu *quinque* »fünf«]

Quin|ten|zir|kel ⟨m.; -s, -⟩ *kreisförmige Aufzeichnung sämtlicher Tonarten jeweils in Quinten fortschreitend, nach links die b-, nach rechts die Kreuz-Tonarten*

Quin|ter|ne ⟨f.; -, -n; Lotto⟩ *fünf gewinnende Nummern* [< ital. *quinterna,* < lat. *quinque* »fünf«]

Quint|es|senz ⟨f.; -, -en⟩ *Wesen (einer Sache), Kern, Auszug* [< mlat. *quinta essentia* »das fünfte Seiende«]

Quin|tett ⟨n.; -(e)s, -e; Mus.⟩ **1** *Musikstück für fünf Singstimmen od. fünf Instrumente* **2** *Gruppe von fünf Sängern od. Instrumentalisten* [< ital. *quintetto;* zu *quinto* »der fünfte« < lat. *quintus*]

Quin|til|li|ar|de ⟨f.; -, -n⟩ *1000 Quintillionen (geschrieben als 1 mit 33 Nullen) =* 10^{33} [< lat. *quinque* »fünf« + *Milliarde*]

Quin|til|li|on ⟨f.; -, -en⟩ *fünfte Potenz einer Million (eine 1 mit 30 Nullen) =* 10^{30}; oV *Quinquillion* [< lat. *quinque* »fünf« + *Million*]

Quin|to|le ⟨f.; -, -n; Mus.⟩ *Gruppe von fünf zusammengehörenden Noten, die an die Stelle von vier (drei od. sechs) Noten des gleichen Wertes treten* [< lat. *quinque* »fünf« + *…ole*]

Quint|sext|ak|kord ⟨m.; -(e)s, -e; Mus.⟩ *erste Umkehrung des Septimenakkords, bei der die Terz den Grundton bildet*

Quip|pu ⟨[-ki-] n.; - od. -s, - od. -s⟩ = *Quipu*

Qui|pro|quo ⟨n.; -s, -s; bes. im Lustspiel⟩ *Verwechslung von Personen* [lat., »wer für wen?«]

Qui|pu ⟨[ki-] n.; - od. -s, - od. -s⟩ *eine Reihe verschiedenfarbig geknoteter, an einem Stab befestigter Schnüre der Inkas (als Gedächtnisstütze, Schriftersatz, bes. für Zahlen);* oV *Quippu* [< span. *quipo* < Ketschua *quipu*]

Qui|ri|nal ⟨m.; -s; unz.⟩ **1** ⟨urspr.⟩ *einer der sieben Hügel Roms mit einer der ältesten Siedlungen, aus denen die spätere Stadt zusammenwuchs* **2** ⟨kurz für⟩ *Palazzo del Quirinale (seit 1870 Residenz des ital. Königs, seit 1948 des ital. Staatspräsidenten)* [zu lat. *Quirinalis mons* »Quirinischer Hügel«]

Qui|ri|te ⟨m.; -n, -n; Ehrentitel für⟩ *röm. Bürger* [< lat. *quiris,* Gen. *quiritis* »röm. Bürger in staatsbürgerl. Beziehung«]

Quis|ling ⟨m.; -s, -e; fig.; umg.⟩ *Verräter, Kollaborateur* [nach dem norweg. Faschistenführer Vidkun *Quisling,* 1887–1945, der mit der deutschen Besatzungsmacht im 2. Weltkrieg kollaborierte]

Quis|qui|li|en ⟨Pl.⟩ *Kleinigkeiten, Nichtigkeiten, Abfall* [< lat. *quisquiliae* »Abfall, Ausschuss«]

Qui|to-O|ran|ge ⟨[kiːtoorɑ̃ːʒə] f.; -, -n⟩ = *Lulo*

quitt ⟨Adj.⟩ *frei von allen Verbindlichkeiten, ausgeglichen, fertig, wett;* nun sind wir ~ [< afrz. *quite* »los, ledig, frei« < lat. *quietus* »ruhig«]

quit|tie|ren ⟨V.⟩ **1** einen **Betrag** ~ *den Empfang eines B. bescheinigen* **2** den **Dienst** ~ *den D. aufgeben, das Amt niederlegen* **3** eine **Rechnung** ~ *den Empfang des Betrages auf der R. bescheinigen* **4** ⟨fig.⟩ eine **Bemerkung** mit einem **Lächeln** ~ ⟨umg.⟩ *mit einem L. beantworten* [< frz. *quitter* »frei machen, verlassen« < afrz. *quite;* → *quitt*]

Quit|tung ⟨f.; -, -en⟩ **1** *Empfangsbescheinigung;* Sy *Acquit* **2** ⟨fig.⟩ *Antwort, bes. Strafe*

Qui|vive ⟨[kiviːf] n.; -s, -s⟩ *Ruf des französ. Postens, »Wer da?«;* auf dem ~ sein ⟨fig.; umg.⟩ *auf der Hut sein, aufpassen* [< frz. *qui vive?* »wer lebe?«]

Quiz ⟨[kvis] n.; -, -⟩ *unterhaltsames Frage- u. Antwort-Spiel* [engl., »Scherz, Neckerei, Prüfung«]

Quiz|mas|ter ⟨[kvis-] m.; -s, -⟩ *Leiter eines Quiz* [< *Quiz* + engl. *master* »Herr, Meister«]

quiz|zen ⟨[kvisən] V.⟩ *Quiz spielen;* jmdn. ~ *mit jmdm. ein Quiz veranstalten*

Qum|ran|rol|le ⟨[kum-] f.; -, -n⟩ *eine der seit 1947 in den Höhlen in der Nähe von Qumran entdeckten Schriftrollen, die Texte des AT u. Kommentare enthalten, die Rückschlüsse über die Überlieferung des AT erlauben* [< arab. *Qumran* »Ruine von Qum« (Siedlung am Nordwestufer des Toten Meeres)]

quod e|rat de|mons|tran|dum, ⟨auch⟩ **quod e|rat de|monst|ran|dum** ⟨Abk.: q. e. d.⟩ *was zu beweisen war* [lat., auf Euklid zurückgehende Redensart als Schlusssatz eines mathemat. od. philosoph. Beweises]

Quod|li|bet ⟨n.; -s, -s⟩ **1** *buntes Durcheinander, willkürl. Auswahl* **2** *mehrstimmiger, humorist. Gesang mit lustigen Texten u. wechselnden Melodien* [< lat. *quod libet* »was gefällt«]

Quod li|cet Jo|vi, non li|cet bo|vi *eines schickt sich nicht für alle,* ⟨eigtl.⟩ *was dem Jupiter erlaubt ist, ist (darum noch lange) nicht dem Ochsen erlaubt* [lat.]

Quo|rum ⟨n.; -s; unz.⟩ *beschlussfähige Anzahl, die für einen Beschluss einer Körperschaft erforderl. Zahl anwesender Mitglieder* [engl., eigtl. *quorum of justices of the peace* »zur Bildung eines Gerichtshofes nötige Zahl von Friedensrichtern« < lat. *quorum,* Gen. Pl. zu *qui* »wer«]

Quo|ta|ti|on ⟨f.; -, -en⟩ *Notierung des Kurses (an der Börse), Berechnung eines Anteils* [→ *quotieren*]

Quo|te ⟨f.; -, -n⟩ **1** *den Verhältnissen entsprechender Anteil, Teilbetrag* **2** *Zahl der Beteiligten* [< mlat. *quota (pars)* »der wievielte (Teil)?« zu *quot?* »wie viele?«]

Quo|ten|frau ⟨f.; -, -en; umg.⟩ *Frau, die ihren Arbeitsplatz aufgrund der Quotenregelung erhalten hat*

Quo|ten|me|tho|de ⟨f.; -, -n⟩ *Verfahren der Meinungsforschung, bei dem sowohl die Zahl als auch die Art der zu befragenden Personen (Stichprobe) durch statistische Berechnungen ermittelt wird*

Quo|ten|re|ge|lung ⟨f.; -, -en⟩ *Festschreibung einer bestimmten Anzahl von Arbeitsplätzen od. Positionen, die von Frauen besetzt werden sollen*

quo|ti|di|an ⟨Adj.⟩ *täglich* [< lat. *quotidianus* »täglich«]

Quo|ti|di|a|na ⟨f.; -; unz.⟩ *Form der Malaria mit unregelmäßigem Fieberverlauf* [→ *quotidian*]

Quo|ti|ent ⟨m.; -en, -en⟩ *Zähler u. Nenner eines Bruches* [< lat. *quotiens?* »wie oft?« zu *quot?* »wie viele?«]

quo|tie|ren ⟨V.⟩ Kurs, Preis ~ *angeben, mitteilen* [→ *Quote*]

Quo|tie|rung ⟨f.; -, -en⟩ *das Quotieren*

quo|ti|sie|ren ⟨V.⟩ Betrag, Summe ~ *in Quoten aufteilen, dem Anteil gemäß verteilen*

quo|us|que tan|dem? *wie lange noch (soll es dauern)?* [lat., eigtl. *Quousque tandem, Catilina, abutere patientia nostra?* »Wie lange noch, Catilina, wirst du unsere Geduld missbrauchen?« (Anfang einer Rede Ciceros)]

Quo va|dis? ⟨[-va:-]⟩ *Wohin gehst du? (Titel eines berühmten Romans von Sienkiewicz, 1896)* [lat., eigtl. *Quo vadis, Domine?* »Wohin gehst du, Herr?« (Frage des aus dem Kerker entflohenen Petrus an den ihm erscheinenden Christus)]

R

r ⟨Zeichen für⟩ **1** ⟨†⟩ *Röntgen* **2** ⟨Math.⟩ *Radius(1)*

R 1 ⟨Abk. für⟩ *Reaumur, z.B. 20° R* **2** ⟨Math.; Zeichen für⟩ *Radius(1)* **3** ⟨Formelzeichen für⟩ *elektr. Widerstand* **4** ⟨Abk. für⟩ *Röntgen* **5** ⟨auf der Stellscheibe von Uhren Abk. für⟩ *Retard;* Ggs *A(3), F(1)* **6** ⟨in Bibliotheken Abk. für⟩ *rarus = selten* **7** ⟨Abk. für⟩ *Rand*

Ra ⟨chem. Zeichen für⟩ *Radium*

Ra|batt ⟨m.; -(e)s, -e⟩ *prozentualer Nachlass des Preises;* Sy *Prozente(3)* [< ital. *rabatto;* zu *rabattere;* → *rabattieren*]

Ra|bat|te ⟨f.; -, -n⟩ **1** *schmales Beet, bes. als Einfassung von Wegen u. Rasenflächen* **2** *Aufschlag an Ärmel od. Kragen, bes. von Uniformen* [< ndrl. *rabar* »Randbeet« < frz. *rabat* »Umschlag an Kleid od. Tasche«]

ra|bat|tie|ren ⟨V.⟩ eine Ware ~ *für eine W. Rabatt gewähren* [< ital. *rabattere* »niederschlagen, Preisnachlass gewähren«]

Ra|bau ⟨m.; -s od. -en, -e od. -en⟩ **1** *unechte Renette* **2** = *Rabauke* [< ndrl. *rabauw* < frz. *ribaud* »ausschweifender Mensch«]

Ra|bau|ke ⟨m.; -n, -n⟩ *Rüpel* [< ndrl. *rabauw* < frz. *ribaud* »ausschweifender Mensch«]

Rab|bi ⟨m.; - od. -s, -s od. Rab|bi|nen; Ehrentitel für⟩ *jüd. Schriftgelehrter* [< grch. *rhabbi* < hebr. *rabbi,* Anredeform zu *robb* »Herr, Lehrer«]

Rab|bi|nat ⟨n.; -(e)s, -e⟩ *Amt u. Würde eines Rabbiners*

Rab|bi|ner ⟨m.; -s, -⟩ **1** *Geistlicher der jüd. Gemeinde* **2** *Lehrer der jüd. Gesetze u. der jüd. Religion* [< mlat. *rabbinus* < hebr. *rabbuni;* zu *rabb;* → *Rabbi*]

rab|bi|nisch ⟨Adj.⟩ *zum Rabbiner gehörend, in der Art eines Rabbiners*

ra|bi|at ⟨Adj.; umg.⟩ *wild vor Zorn, sehr wütend* [< lat. *rabies* »Wut, Tollheit«; zu *rabere;* → *Rabulist*]

Ra|bi|es ⟨f.; -; unz.⟩ *Tollwut, durch Biss übertragbare Viruskrankheit warmblütiger Säugetiere u. des Menschen;* Sy *Lyssa* [< lat. *rabies* »Wut«]

Ra|bu|list ⟨m.; -en, -en⟩ *Rechtsverdreher, Haarspalter* [< lat. *rabula* »mit geläufiger Zunge tobender Sachwalter«; zu *rabere* »toben«; vermutl. nach dem 1688 erschienenen Buch »Rabulist oder Zungendrescher«]

Ra|bu|lis|tik ⟨f.; -, -en⟩ *Rechtsverdrehung, Haarspalterei*

ra|bu|lis|tisch ⟨Adj.⟩ *rechtsverdrehend, haarspalterisch*

Ra|ce|mat ⟨[-tse-] n.; -s, -e⟩ *Substanz, die zu gleichen Teilen aus einer die Polarisationsebene des Lichts nach links drehenden u. einer nach rechts drehenden Molekülart aufgebaut ist u. daher nach außen optisch inaktiv wirkt;* oV *Razemat* [< lat. *racemus* »Traube«]

ra|ce|misch ⟨[-tse:-] Adj.⟩ *die Eigenschaft eines Racemats zeigend;* oV *razemisch*
Ra|chi|tis ⟨[-xi-] f.; -, -ti|den⟩ *Stoffwechselkrankheit, die auf Vitamin-D-Mangel beruht u. zur Erweichung der Knochen führt, englische Krankheit;* oV *Rhachitis* [< grch. *rhachis* »Rücken, Rückgrat, Wirbelsäule«]
ra|chi|tisch ⟨[-xi-] Adj.⟩ *an Rachitis leidend, durch Rachitis hervorgerufen*
Ra|cing|rei|fen ⟨[reisiŋ-] Pl.⟩ *für Rennautos verwendete Reifen mit bes. widerstandsfähiger Lauffläche* [< engl. *racing* »zum Rennen gehörig, Renn...«]
Rack ⟨[ræk] n.; -s, -s⟩ *Regal, Gestell (bes. für Stereoanlagen)* [engl.]
Ra|cket[1] ⟨[rækət] n.; -s, -s⟩ *Tennisschläger;* oV *Rakett* [engl. < frz. *raquette* < arab. *raha* »Handfläche«]
Ra|cket[2] ⟨[rækət] n.; -s, -s⟩ *Bande von Verbrechern, Erpressern* [engl. (amerik.), »Erpressung, Überfall«]
Ra|cke|teer ⟨[rækəti:r] m.; -s, -s⟩ *Erpresser, Schieber, Gangster* [→ *Racket*[2]]
Rack|job|ber ⟨[rækdʒɔbə(r)] m.; -s, -; Wirtsch.⟩ *Produzent od. Händler, der in Einzel- u. Großhandelsmärkten Verkaufs- u. Regalflächen anmietet, um dort seine eigenen Produkte anzubieten u. z.T. auch auf eigene Rechnung zu verkaufen* [< engl. *rack* »Regal« + *jobber* »Händler]
Rack|job|bing ⟨[rækdʒɔbiŋ] n.; -s, -s⟩ *(das Sortiment ergänzender) Warenvertrieb in angemieteten Verkaufsflächen eines größeren Geschäftes;* Sy *Shop-in-Shop*
Ra|clette, ⟨auch⟩ **Rac|lette** ⟨[-klɛt]⟩ **1** ⟨m.; -s; unz.⟩ *ein schweizer. Schnittkäse* **2** ⟨f.; -, -s od. n.; -s, -s⟩ *Gericht aus erhitztem R. mit Brot od. Kartoffeln u.a. Zutaten* **3** *kleines Gerät zum Herstellen des Gerichts* [frz.]
rad 1 ⟨Math.; Abk. für⟩ *Radiant(2)* **2** ⟨Zeichen für⟩ *Rad*
Rad ⟨n.; - od. -s, -; Zeichen: rad⟩ *(bis 31.12.1985 verwendete Bez. für) Strahlungseinheit, 1 rad entspricht einer absorbierten Energie von 100 erg je Gramm Substanz, ersetzt durch die Einheit Joule/Kilogramm (J/kg); 1 rad = 0,01 J/kg*
Ra|dar ⟨m. od. n.; -s; unz.⟩ **1** *Funkmesstechnik;* Sy *Radartechnik* **2** *Funkmessgerät* [engl., verkürzt < *radio detecting and ranging (durch Funk auffinden u. die Entfernung messen)*]
Ra|dar|as|tro|no|mie, ⟨auch⟩ **Ra|dar|ast|ro|nomie** ⟨f.; -; unz.⟩ *Untersuchung von Mond u. Planeten mittels Radarwellen*
Ra|dar|ge|rät ⟨n.; -(e)s, -e⟩ *Einrichtung zum Aussenden u. Empfangen von Radarwellen*
Ra|dar|tech|nik ⟨f.; -; unz.⟩ = *Radar(1)*
Ra|dar|wel|len ⟨Pl.⟩ *elektromagnet. Strahlung mit Wellenlängen im Zentimeterbereich*
Rad|dop|pio ⟨m.; -s, -s; Sp.⟩ *eine Figur im Fechtsport* [ital., »Verdoppeln, Verdoppelung«]
ra|di|al ⟨Adj.⟩ **1** *in Richtung des Radius* **2** *strahlenförmig* [< lat. *radius* »Strahl«]
Ra|di|al|ge|schwin|dig|keit ⟨f.; -, -en⟩ *Geschwindigkeit eines Gestirns in Richtung auf den Beobachter zu od. von ihm weg*
Ra|di|a|li|tät ⟨f.; -; unz.⟩ *Anordnung od. Aufstellung in radialer Form*
Ra|di|al|li|nie ⟨[-niə] f.; -, -n; österr.⟩ *Straßenbahn- od. Buslinie, die von der Stadtmitte zum Stadtrand führt*
Ra|di|al|rei|fen ⟨m.; -s, -⟩ *Gürtelreifen; Fahrzeugreifen, dessen Unterbau unter der Lauffläche durch kreisförmig angeordnete Stahl- od. Kunststofffäden verstärkt ist*
Ra|di|al|sym|me|trie, ⟨auch⟩ **Ra|di|al|sym|metrie** ⟨f.; -; unz.⟩ *Symmetrie, bei der die Symmetrieachsen vom Mittelpunkt ausgehende Strahlen sind, Strahlensymmetrie*
Ra|di|al|tur|bi|ne ⟨f.; -, -n⟩ *Wasserturbine, bei der das Wasser das Laufrad von innen nach außen durchströmt*
Ra|di|ant ⟨m.; -en, -en⟩ **1** ⟨Astr.⟩ *scheinbarer Ausgangspunkt eines Meteorstroms* **2** ⟨Abk.: rad; Math.⟩ *Winkel, zu dem das Bogenmaß = 1 ist* [< lat. *radians,* Part Präs. zu *radiare* »Strahlen von sich geben, strahlen«]
ra|di|är ⟨Adj.⟩ *strahlig* [< frz. *radiaire* »strahlenförmig« < lat. *radius* »Strahl«]
Ra|di|äs|the|sie ⟨f.; -; unz.⟩ *das Wahrnehmen von Wasseradern u.Ä. mit Hilfe von Pendeln od. Wünschelruten* [zu lat. *radius* »Strahl« + *Ästhesie*]
ra|di|äs|the|tisch ⟨Adj.⟩ *die Radiästhesie betreffend, ihr zugehörig*
Ra|di|a|ta ⟨Pl.⟩ *Tiere mit radiärsymmetrischem Bau, Hohltiere* [→ *Radius*]
Ra|di|a|ti|on ⟨f.; -, -en⟩ **1** *Strahlung* **2** *Ausstrahlung* [< lat. *radiatio* »das Strahlen, Glanz«; zu *radius* »Strahl«]
Ra|di|a|tor ⟨m.; -s, -to|ren⟩ *Heizkörper, der die Luft in einem Raum vorwiegend durch Strahlung erwärmt;* Ggs *Konvektor* [< lat. *radiare* »strahlen, Strahlen von sich geben«]
Ra|dic|chio ⟨[-dikjo] m.; -s, -chi [-ki]⟩ *als Salatpflanze genutzte Zichorienart mit rotweißen, bitter schmeckenden Blättern* [ital., zu lat. *radicula* »kleine Wurzel«]
Ra|di|en ⟨Pl. von⟩ *Radius*
ra|die|ren ⟨V.⟩ **1** *mit einem Radiergummi od. dem Radiermesser entfernen;* Geschriebenes ~ **2** *mit der Radiernadel in eine geätzte Kupferplatte ritzen;* eine Zeichnung ~ [< lat. *radere* »schaben, kratzen«]
Ra|die|rer ⟨m.; -s, -⟩ **1** *Künstler, der Radierungen herstellt* **2** *Radiergummi*
Ra|die|rung ⟨f.; -, -en⟩ **1** ⟨unz.⟩ *Art des Kupferstichs, bei der die Zeichnung mit der Radiernadel in eine mit einer säurefesten Masse überzogenen Kupferplatte eingeritzt wird; die Platte wird dann mit einer Säure übergossen, die in die eingeritzten Stellen eindringt* **2** ⟨zählb.⟩ *Abdruck davon*
ra|di|kal ⟨Adj.⟩ **1** *bis auf die Wurzel, bis zum Äußersten (gehend)* **2** *von Grund auf;* eine Sache ~ ändern **3** *gründlich;* sie haben alles ~ aufgegessen **4** *rücksichtslos, scharf;* etwas ~

beseitigen **5** *politisch extrem* [<frz. *radical* <lat. *radicalis* »an die Wurzel gehend, von Grund auf, gründlich«; zu *radix;* → *Radix*]

Ra|di|kal ⟨n.; -s, -e⟩ **1** *das zur Bezeichnung des Wurzelziehens verwendete Zeichen* $\sqrt{x}$ **2** *Resultat des Wurzelziehens* **3** *Gruppe von untereinander gebundenen Atomen mit einer nach außen hin ungesättigten Elektronenschale, die nur kurz beständig ist u. als Auslöser vieler chem. Reaktionen in Erscheinung tritt*

Ra|di|ka|le(r) ⟨f.2 (m.1)⟩ *Vertreter(in), Anhänger(in) des Radikalismus*

Ra|di|ka|lins|ki ⟨m.; -s, -s; umg.; abwertend⟩ **1** *politisch radikal eingestellter Mensch* **2** *rücksichtslos seine Forderungen durchsetzender, zu Gewalttaten neigender Mensch*

ra|di|ka|li|sie|ren ⟨V.⟩ *radikal machen*

Ra|di|ka|li|sie|rung ⟨f.; -, -en⟩ *das Radikalisieren;* eine zunehmende ~ des Strafvollzugs

Ra|di|ka|lis|mus ⟨m.; -; unz.⟩ **1** *bis zum Äußersten gehende Richtung in der Politik* **2** *radikales Denken, extreme Anschauungen*

ra|di|ka|lis|tisch ⟨Adj.⟩ *in der Art des Radikalismus, ihn betreffend, zu ihm gehörig;* eine ~e Gruppierung

Ra|di|kand ⟨m.; -en, -en⟩ *Zahl, aus der die Wurzel gezogen werden soll* [<lat. *radicandus (numerus)* »die zu radizierende (Zahl)«; zu *radicari;* → *radizieren*]

Ra|di|ku|la ⟨f.; -; unz.⟩ *Keimwurzel der Samenpflanzen* [→ *Radix*]

Ra|dio ⟨n.; -s, -s; schweiz. a. (bes. für das Gerät) m.; -s, -s⟩ **1** *Rundfunkgerät* **2** *Rundfunk* [engl. (amerika.), verkürzt <*radio*telegraphy »Übermittlung von Nachrichten durch Ausstrahlung elektromagnet. Wellen«, <lat. *radius* »Strahl«]

ra|di|o…, Ra|di|o… ⟨in Zus.⟩ **1** *strahl(en)…, Strahl(en)…* **2** *Rundfunk…* [<lat. *radius* »Strahl«]

ra|di|o|ak|tiv ⟨Adj.⟩ **1** *unter Aussendung von Strahlen sich umwandelnd, Strahlen aussendend;* ~e chem. Elemente, Isotope **1.1** ~e Markierung *M. eines Moleküls mit einem radioaktiven Stoff* **2** *von Kernwaffen herrührend;* ~er Niederschlag; ~e Verseuchung = *Kontamination(2)* [< *radio…* + *aktiv*]

Ra|di|o|ak|ti|vi|tät ⟨[-vi-] f.; -; unz.⟩ *radioaktive Beschaffenheit*

Ra|di|o|as|tro|no|mie, ⟨auch⟩ **Ra|di|o|ast|ro|no|mie** ⟨f.; -; unz.⟩ *Messung u. Deutung der von Himmelskörpern u. aus dem Weltraum kommenden Strahlung*

Ra|di|o|bi|o|che|mie ⟨[-çe-] f.; -; unz.⟩ *Arbeitsgebiet der Biologie u. Chemie, das sich sowohl mit der Untersuchung der Wirkung radioaktiver Strahlen auf lebende Gewebe befasst als auch Stoffwechselvorgänge durch die Verwendung von Radioindikatoren zu klären versucht*

Ra|di|o|bi|o|lo|gie ⟨f.; -; unz.⟩ *Teilgebiet der Biologie, das sich mit der Wirkung von Strahlung auf Lebewesen befasst, Strahlenbiologie*

Ra|di|o|che|mie ⟨[-çe-] f.; -; unz.⟩ *Chemie der radioaktiven Stoffe*

Ra|di|o|chro|no|lo|gie ⟨[-kro-] f.; -; unz.⟩ *Wissenschaft von der Altersbestimmung eines Objekts mit Hilfe des radioaktiven Zerfalls*

Ra|di|o|e|le|ment ⟨n.; -(e)s, -e⟩ *ein radioaktiv strahlendes Isotop eines chem. Elements*

Ra|di|o|fre|quenz|strah|lung ⟨f.; -, -en⟩ = *Radiowellen*

ra|di|o|gen ⟨Adj.; Phys.; Chem.⟩ *durch den Zerfall eines radioaktiven Stoffes entstanden;* ~es Blei in Uranerzen [< *radio…* + *…gen*[1]]

Ra|di|o|gen ⟨n.; -s, -e; Phys.; Chem.⟩ *Element, das durch den Zerfall eines radioaktiven Stoffes entstanden ist*

Ra|di|o|gra|fie ⟨f.; -, -n⟩ = *Radiographie*

Ra|di|o|gramm ⟨n.; -s, -e⟩ *Schwärzung fotograf. Schichten durch radioaktive Stoffe, die in Organismen enthalten sind*

Ra|di|o|gra|phie ⟨f.; -, -n⟩ *Durchstrahlen von Werkstoffen mittels Röntgen- od. Gammastrahlen zur Werkstoffprüfung;* oV *Radiografie* [< *Radio…* + *…graphie*]

Ra|di|o|in|di|ka|tor ⟨m.; -s, -to|ren⟩ *radioaktives Isotop eines von einem Lebewesen aufgenommenen chem. Elements, das anzeigt, an welcher Stelle eines Organismus das Element wirksam wird*

Ra|di|o|in|ter|fe|ro|me|ter ⟨n.; -s, -⟩ *Gerät zur Erhöhung der Messgenauigkeit u. des Auflösungsvermögens von Radioteleskopen* [< *Radio…* + *Interferometer*]

Ra|di|o|i|so|top ⟨n.; -s, -e⟩ *radioaktiv strahlendes Isotop eines chemischen Elements;* Sy *Radionuklid*

Ra|di|o|kar|bon|me|tho|de ⟨f.; -; unz.⟩ *Verfahren zur Altersbestimmung organischer Stoffe durch Feststellung des Gehaltes an radioaktivem Kohlenstoff (C 14), dessen Halbwertzeit 5500 Jahre beträgt; wichtige Untersuchungsmethode u.a. in der Archäologie*

Ra|di|o|la|rie ⟨[-riə] f.; -, -n; meist Pl.⟩ *Strahlentierchen, vom Plankton des Meerwassers lebender Wurzelfüßer mit strahlenförmigem Skelett aus Strontiumsulfat od. Kieselsäure: Radiolaria* [<lat. *radiolus,* Verkleinerungsform zu *radius* »Strahl«]

Ra|di|o|la|ri|en|schlamm ⟨m.; -(e)s; unz.⟩ = *Radiolarit*

Ra|di|o|la|rit ⟨m.; -s; unz.⟩ *rotes, toniges, an Skeletten von Radiolarien reiches Meeressediment;* Sy *Radiolarienschlamm* [→ *Radiolarien*]

Ra|di|o|lo|ge ⟨m.; -n, -n⟩ *Facharzt für Radiologie* [< *Radio…* + *…logie*]

Ra|di|o|lo|gie ⟨f.; -; unz.⟩ *Lehre von den Strahlen, bes. den Röntgen- u. radioaktiven Strahlen u. ihrer Anwendung;* Sy *Röntgenologie* [< *Radio…* + *…logie*]

Ra|di|o|lo|gin ⟨f.; -, -gin|nen⟩ *Fachärztin für Radiologie*

ra|di|o|lo|gisch ⟨Adj.⟩ *die Radiologie betreffend, zu ihr gehörig*

Ra|di|o|ly|se ⟨f.; -, -n⟩ *durch radioaktive Strahlung ausgelöste chem. Reaktionen* [< *Radio* + *…lyse*]

Ra|di|o|me|te|o|ro|lo|gie ⟨f.; -; unz.⟩ *Erforschung von Vorgängen in der Atmosphäre mittels Rundfunkwellen*

Ra|di|o|me|ter ⟨n.; -s, -⟩ *Lichtmühle, empfindl. Messgerät für Wärmestrahlung mit einem in einem evakuierten Gefäß befindlichen, leicht drehbaren Flügelrad, dessen Flügel auf einer Seite geschwärzt sind*

Ra|di|o|me|trie, ⟨auch⟩ **Ra|di|o|met|rie** ⟨f.; -; unz.⟩ *Untersuchung der Radioaktivität von Gesteinen in der Erdkruste* [< *Radio...* + *...metrie*]

Ra|di|o|nu|klid, ⟨auch⟩ **Ra|di|o|nuk|lid** ⟨n.; -s, -e⟩ = *Radioisotop*

Ra|di|o|nu|klid|bat|te|rie, ⟨auch⟩ **Ra|di|o|nuk|lid|bat|te|rie** ⟨f.; -, -n⟩ *mit der Energie, die beim Zerfall radioaktiver Stoffe frei wird, arbeitende elektrische Batterie;* Sy *Atombatterie, Atomgenerator, Isotopenbatterie*

Ra|di|o|quel|le ⟨f.; -, -n⟩ *Ausgangspunkt einer starken Radiostrahlung im Kosmos;* Sy *Radiostrahler*

Ra|di|o|re|cor|der ⟨m.; -s, -⟩ = *Radiorekorder*

Ra|di|o|re|kor|der ⟨m.; -s, -⟩ *(tragbares) Radio mit eingebautem Kassettenrekorder;* oV *Radiorecorder*

Ra|di|o|sko|pie, ⟨auch⟩ **Ra|di|os|ko|pie** ⟨f.; -, -n; Med.⟩ *Durchleuchtung mit Röntgenstrahlen*

Ra|di|o|son|de ⟨f.; -, -n⟩ *Gerät zur meteorolog. Beobachtung, das aus einem Ballon, Messgeräten für Luftdruck, Temperatur u. Feuchtigkeit u. einem Sender besteht, der die ermittelten Werte zur Erde funkt*

Ra|di|o|stern ⟨m.; -s, -e⟩ *Stern, der Radiostrahlungen aussendet*

Ra|di|o|strah|ler ⟨m.; -s, -⟩ = *Radioquelle*

Ra|di|o|strah|lung ⟨f.; -, -en⟩ *von der Radioastronomie untersuchte Strahlung*

Ra|di|o|tech|nik ⟨f.; -; unz.⟩ *Zweig der Technik, der sich mit Sendung u. Empfang von Rundfunksendungen befasst*

Ra|di|o|te|le|fon ⟨n.; -s, -e⟩ *ohne Leitungen, nur über drahtlos übermittelte Radiowellen arbeitender Fernsprechapparat*

Ra|di|o|te|le|skop, ⟨auch⟩ **Ra|di|o|te|les|kop** ⟨n.; -s, -e⟩ *zum Empfang u. zur Auswertung von Radiostrahlung aus dem Weltraum errichtetes Teleskop, das nicht mit optischen Linsen arbeitet, sondern mit einem Empfangsschirm ähnlich einer großen Radioantenne*

Ra|di|o|the|ra|pie ⟨f.; -, -n⟩ *Strahlenbehandlung*

Ra|di|o|tho|ri|um ⟨n.; -s; unz.; veraltete Bez. für⟩ *das radioaktiv strahlende Thoriumisotop 228*

Ra|di|o|was|ser|stoff ⟨m.; -(e)s; unz.⟩ = *Tritium*

Ra|di|o|wel|len ⟨Pl.⟩ *der Übertragung von Rundfunksendungen dienende elektromagnet. Wellen;* Sy *Radiofrequenzstrahlung*

Ra|di|um ⟨n.; -s; unz.; chem. Zeichen: Ra⟩ *radioaktives chem. Element, Ordnungzahl 88* [< lat. *radius* »Strahl«]

Ra|di|um|the|ra|pie ⟨f.; -, -n⟩ *Strahlenbehandlung mit Radium*

Ra|di|us ⟨m.; -, -di|en⟩ **1** ⟨Zeichen: r, R⟩ *Halbmesser eines Kreises od. einer Kugel* **2** *einer der Knochen des Unterarms, Speiche* [lat., »Stab, Speiche, Strahl«]

Ra|di|us|vek|tor ⟨[-vɛk-] m.; -s, -en; Math.⟩ *Verbindungslinie zwischen einem Punkt eines Kegelschnitts u. seinem Brennpunkt, Fahrstrahl, Leitstrahl*

Ra|dix ⟨f.; -, -di|zes⟩ *Wurzel* [lat., »Wurzel«]

ra|di|zie|ren ⟨V.; Math.⟩ eine Zahl ~ *eine Wurzel aus einer Zahl ziehen* [< lat. *radicari* »wurzeln, auf seinen Ursprung zurückführen, die Wurzel einer Zahl suchen«; zu *radix* »Wurzel«]

Ra|dja, ⟨auch⟩ **Rad|ja** ⟨[-dʒa] m.; -s, -s⟩ = *Radscha*

Ra|dom ⟨n.; -s, -s⟩ *gegen Witterungseinflüsse schützende, aber für elektromagnet. Strahlung durchlässige Kunststoffkuppel um funktechn. Empfangs- od. Sendeeinrichtungen* [verkürzt < engl. *ra*dar *dom*e »Radarkuppel«]

Ra|don ⟨a. [-'-] n.; -s; unz.; chem. Zeichen: Rn⟩ *chem. Element, radioaktives Edelgas, Ordnungszahl 86* [< lat. *radius* »Strahl«]

Ra|dscha, ⟨auch⟩ **Rad|scha** ⟨m.; -s, -s⟩ *eingeborener ind. Fürst;* oV *Radja, Raja(h)* [< Hindi *raja* »Fürst«]

Ra|du|la ⟨f.; -, -lae [-lɛ:]⟩ *mit vielen Zähnchen besetzte Reibplatte auf der Zunge von Schnecken u. anderen Weichtieren* [< lat. *radere* »kratzen, schaben«]

R.A.F. ⟨Abk. für⟩ *Royal Air Force*

Raf|fia ⟨f.; -, -fi|en⟩ = *Raphia*

Raf|fi|na|de ⟨f.; -, -n⟩ *reinster, durch Filtern u. Bleichen gereinigter Zucker;* Zucker~ [frz., »fein gemahlener, gereinigter Zucker«; zu *raffiner;* → *raffinieren*]

Raf|fi|nat ⟨n.; -(e)s, -e⟩ *durch Raffinieren Verfeinertes*

Raf|fi|na|ti|on ⟨f.; -, -en⟩ **1** *das Raffinieren, Verfeinerung* **2** *Reinigung (bes. von Zucker u. Erdöl)*

Raf|fi|ne|ment ⟨[rafinəmã:] n.; -s, -s; geh.⟩ **1** ⟨unz.⟩ *Überfeinerung* **2** *Durchtriebenheit, Schlauheit* **3** ⟨zählb.⟩ *Feinheit, fein ausgedachte Sache;* mit allen ~s [frz., »Verfeinerung; Durchtriebenheit«; zu *raffiner;* → *raffinieren*]

Raf|fi|ne|rie ⟨f.; -, -n⟩ *Fabrikanlage zur Reinigung von Zucker u. Erdöl;* Zucker~, Erdöl~ [frz.; zu *raffiner;* → *raffinieren*]

Raf|fi|nes|se ⟨f.; -, -n; umg.⟩ **1** ⟨unz.⟩ = *Raffinement(2)* **2** ⟨zählb.⟩ = *Raffinement(3);* mit allen ~n *mit allem prakt. u. bequemen Zubehör, mit allen Feinheiten* [zu *raffiniert,* beeinflusst von *Finesse*]

Raf|fi|neur ⟨[-nø:r] m.; -s, -e⟩ *Maschine, in der Holzfasern zwischen Mühlsteinen zerkleinert werden* [frz.; zu *raffiner;* → *raffinieren*]

raf|fi|nie|ren ⟨V.⟩ Zucker, Erdöl ~ *reinigen, läutern* [< frz. *raffiner* »verfeinern, läutern«; zu *fin* »fein«]

raf|fi|niert ⟨Adj.⟩ **1** *schlau, durchtrieben;* er ist ~ **2** *ausgeklügelt, fein ausgedacht;* ~er Plan
Raf|fi|niert|heit ⟨f.; -; unz.⟩ *das Raffiniertsein, raffinierte Beschaffenheit, raffiniertes Wesen*
Raf|fi|no|se ⟨f.; -, -n⟩ *in Melasse aus Zuckerrüben vorkommende Zuckerart, aus der Gruppe der Trisaccharide;* Sy *Melitose* [→ *raffinieren*]
Raf|fle|sie, ⟨auch⟩ **Raff|le|sie** ⟨[-siə] f.; -, -si|en⟩ *Riesenblume, zu einer Gattung der Schmarotzerblumengewächse gehörende Schmarotzerpflanze, die das Gewebe ihrer Wirtspflanze durchdringt u. Blüten mit einem Durchmesser bis zu 1 m bildet: Rafflesia* [nach dem brit. Beamten H.S. *Raffles,* 1781–1826]
Raft ⟨n.; -s, -s⟩ *schwimmende Insel* [engl., »Floß«]
Raf|ting ⟨[ra:ftiŋ] n.; -s; unz.; Sp.⟩ *Wildwasserfahren (als Sportart);* →a. *Snowrafting* [<engl. *raft* »Floß«]
Rag ⟨[ræg] m.; - od. -s; unz.; kurz für⟩ *Ragtime*
Ra|ge ⟨[-ʒə] f.; -; unz.; umg.⟩ *Wut, Raserei;* jmdn. in ~ bringen; in ~ kommen [frz.]
Ra|gio|ne ⟨[-dʒo:-] f.; -, -n; schweiz.⟩ *im Handelsregister eingetragene Firma* [ital. <lat. *ratio,* Gen. *rationis* »Berechnung, Geschäftsverhältnis«]
Ra|glan|är|mel, ⟨auch⟩ **Rag|lan|är|mel** ⟨m.; -s, -⟩ *Ärmel, der bis an den Kragen bzw. Halsausschnitt reicht* [<engl. *raglan sleeve;* nach Lord *Raglan,* 1788–1855, dem engl. Befehlshaber im Krimkrieg, der einen Mantel mit solchen Ärmeln trug]
Rag|na|rök ⟨f.; -; unz.; nord. Myth.⟩ *Weltuntergang nach vergebl. Kampf der Götter mit bösen Mächten, in dem Edda-Lied »Völupsa« geschildert* [anord. <*regin, rögn* »Götter« + *rök* »Ursprung, Geschichte«]
Ra|gout ⟨[-gu:] n.; -s, -s⟩ *Gericht aus fein geschnittenem Fleisch mit stark gewürzter Soße;* ~ fin [-fɛ̃:] *Ragout aus hellem Fleisch in einer hellen Soße* [frz. *ragoût* »Ragout«; frz. *fin* »fein«]
Rag|time ⟨[rægtaim] m.; - od. -s; unz.; seit der 2. Hälfte des 19. Jh.⟩ *stark synkopierte Frühform des Jazz, bes. für Klavier* [engl., eigtl. »zerrissener Takt«; zu *rag* »reißen« + *time* »Zeit; Takt«]
Raid ⟨[rɛid] m.; -s, -s⟩ *Streifzug, bewaffneter Einfall* [engl., »Beutezug, Überfall«]
Rai|gras ⟨n.; -es, -grä|ser⟩ *einer Gattung der Süßgräser angehörende Futterpflanze, Lolch: Lolium;* oV *Raygras* [<engl. *raygrass* »Strahlengras«]
Rai|son ⟨[rɛzɔ̃:] f.; -; unz.⟩ = *Räson*
Ra|ja, Ra|jah ⟨[-dʒa] m.; -s, -s⟩ = *Radscha*
ra|jo|len ⟨V.⟩ = *rigolen*
Ra|kel ⟨f.; -, -n⟩ **1** ⟨Siebdruck⟩ *Gerät aus Gummi, mit dem die Druckfarbe durch das Sieb gequetscht wird* **2** ⟨Tiefdruck⟩ *scharfes, federndes Lineal aus Stahl, mit dem die überschüssige Druckfarbe von der Platte abgestrichen wird* [<frz. *racle* »Schabeisen, Abstreichmesser«]
Ra|ke|te ⟨f.; -, -n⟩ *durch Rückstoß angetriebener Flug- od. Feuerwerkskörper* [<ital. *rocchetta,* eigtl. »kleine Spindel« (nach der Ähnlichkeit); zu *rocca* »Spinnrocken«]
Ra|ke|ten|ba|sis ⟨f.; -, -ba|sen⟩ *militär. Stützpunkt, von dem aus Raketen abgeschossen werden können*
Ra|ke|ten|schlit|ten ⟨m.; -s, -⟩ *auf Schienen laufender, durch Raketen beschleunigter Wagen zur Untersuchung von Vorgängen bei höchsten Geschwindigkeiten*
Ra|kett ⟨n.; -(e)s, -e od. -s⟩ = *Racket*[1] [<engl. *racket;* → *Racket*]
Ra|ki ⟨m.; - od. -s; unz.⟩ *Branntwein aus vergorenen Rosinen mit Anis* [türk.]
rall. ⟨Abk. für⟩ *rallentando*
Ral|le ⟨f.; -, -n⟩ *Angehörige einer Familie kleiner Vögel mit kurzen Flügeln, langen Beinen u. großen Zehen: Rallidae* [<frz. *râle*]
ral|len|tan|do ⟨Mus.; Abk.: rall.⟩ *langsamer werdend* [ital., Part. Präs. zu *rallentare* »verlangsamen«]
Ral|ly, Ral|lye ⟨[ræli] od. [rali] n. od. f.; -, -s⟩ *sportl. Wettfahrt mit verschiedenen Etappen auf ein Ziel zu* [frz., <engl. *rally* »Zusammenkunft, Treffen«]
Ral|lye-Cross ⟨[ræli-] od. [rali-] n.; -, -⟩ *Autorennen im Gelände* [< *Rally, Rallye* + engl. *cross* »quer«]
RAM ⟨Abk. für engl.⟩ *Random Access Memory, ein Direktzugriffsspeicher für EDV-Anlagen, bei dem die Daten in beliebiger Reihenfolge abgerufen od. eingegeben werden können*
Ra|ma|dan ⟨m.; - od. -s; unz.⟩ **1** *einen Monat dauernde Fastenzeit der Muslime* **2** *Monat des islam. Kalenders, Ende Febr./März* [arab., eigtl. »der heiße Monat«; zu *ramida* »sehr heiß sein«]
Ra|man|ef|fekt ⟨auch⟩ **Ra|man-Ef|fekt** ⟨m.; -(e)s, -e⟩ *bei der Streuung einfarbigen, zu einer einzigen Spektrallinie gehörigen Lichtes an Molekülen beobachtete Erscheinung, dass im gestreuten Licht außer der Frequenz des einfallenden Lichtes auch schwache Linien ein wenig verschobener Frequenzen auftreten* [nach dem ind. Physiker S.V. *Raman,* 1888–1970]
Ra|man|spek|trum, ⟨auch⟩ **Ra|man-Spektrum** ⟨n.; -s, -tren⟩ *durch den Raman-Effekt erzeugtes Spektrum*
Ra|mas|su|ri ⟨f.; -; unz.; bair.; österr.⟩ *Wirbel, Durcheinander, Trubel* [<ital. *ramazza* »Besen«]
Ram|bla ⟨auch⟩ **Ramb|la** ⟨f.; -, -s⟩ *junger Boden in Auegebieten, der nur einen geringen Anteil an abgestorbener organischer Substanz aufweist* [span. »Trockenflussbett, Straße (zum Meer)«]
Ram|bo ⟨m.; -s, -s; umg.⟩ *angriffslustiger Kämpfer, Rächer* [nach dem Held des gleichnamigen amerikan. Spielfilms]
Ram|bouil|let|schaf ⟨[rãbuje:-] n.; -(e)s, -e⟩ *Schaf mit feiner Wolle* [nach der nordfrz. Stadt *Rambouillet*]
Ram|bu|tan ⟨f.; -, -s⟩ *in Südostasien verbrei-*

tete, pflaumengroße, der Litschi ähnliche Frucht mit stacheliger Schale u. weißem Fruchtfleisch: Nephelium Lappaceum [engl., frz. *ramboutan* < malaiisch]

Ra|mie ⟨f.; -, -n⟩ **1** *ostasiat. Nesselpflanze, die wegen ihrer Fasern gezüchtet wird: Boehmeria nivea* **2** *Bastfaser dieser Pflanze, Chinagras* [< engl. *rami(e)* < mal. *rami*]

Ra|mi|fi|ka|ti|on ⟨f.; -, -en; Biol.; Med.⟩ *Verzweigung, Verästelung* [zu lat. *ramus* »Ast, Zweig« + ...*fikation*]

ra|mi|fi|zie|ren ⟨V.; Biol.⟩ *verästeln, verzweigen* [< lat. *ramus* »Ast, Zweig« + *facere* »machen«]

Ram|ming ⟨[ræmiŋ] n.; - od. -s, -s; Nautik⟩ *das Zusammenstoßen, Kollidieren zweier Schiffe* [engl.]

Ram|pe ⟨f.; -, -n⟩ **1** *schiefe Ebene als Auffahrt für Wagen zum Verladen von Gütern;* Lade~ **2** *vorderer, etwas erhöhter Rand der Bühne, an dem innen die Lampen zum Beleuchten der Bühne von unten angebracht sind* [frz., »geneigte Fläche, Abhang, Verladerampe«]

ram|po|nie|ren ⟨V.; umg.⟩ *beschädigen* [Seemannsspr., eigtl. »mit eisernen Haken bearbeiten«; zu ital. *rampone* »Enterhaken«]

Ramsch[1] ⟨m.; -(e)s, (selten) -e⟩ *Plunder, Ausschuss, billige, alte Ware* [entweder < hebr. *ramma'uth* »Betrug«, od. zu spätmnddt. *im rampe kopen* »in Bausch u. Bogen kaufen« (zu *ramp* »Menge bunt zusammengewürfelter Sachen«), od. < frz. *ramas* »wirre Menge von Dingen«; zu *ramasser* »sammeln«]

Ramsch[2] ⟨m.; -(e)s, -e⟩ **1** *Spiel beim Skat, wenn niemand reizt* **2** ⟨Studentenspr.⟩ *zu einer Forderung führender Streit* [< frz. *ramas* »das Auflesen, das Sammeln«; zu *ramasser* »sammeln«]

ram|schen[1] ⟨V.⟩ *zu Schleuderpreisen aufkaufen* [→ *Ramsch*[1]]

ram|schen[2] ⟨V.⟩ **1** *Ramsch*[2]*(1) spielen* **2** ⟨Studentenspr.⟩ *jmdn. fordern* [→ *Ramsch*[2]]

Ranch ⟨[ra:ntʃ] od. [ræntʃ] f.; -, -s od. -es [-ʃiz]⟩ **1** *landwirtschaftl. Betrieb mit Viehzucht im nordamerikan. Westen* **2** ⟨i.w.S.⟩ = *Farm* [engl. (amerik.) < span. *rancho*]

Ran|cher ⟨[ra:ntʃə(r)] od. [ræntʃə(r)] m.; -s, -⟩ *Inhaber einer Ranch*

Ran|ching ⟨[ra:ntʃiŋ] od. [ræntʃiŋ] n.; -s; unz.⟩ *die Arbeit auf einer Ranch, das Führen einer Ranch* [< engl. *ranch* »(Vieh-)Farm«]

Ran|cho ⟨[rantʃo] m.; -s, -s; in Südamerika⟩ *kleine Farm, Hütte* [span.]

Rand ⟨[rænt] m.; -s, -s; nach Zahlenangaben Pl.: -; Abk.: R⟩ *Währungseinheit der Republik Südafrika, 100 Cent*

Ran|da|le ⟨f.; -; unz.; Jugendspr.⟩ *Unfug, Lärm, Gejohle;* ~ machen *randalieren* [→ *randalieren*]

ran|da|lie|ren ⟨V.⟩ *zügellos lärmend Unfug treiben, mutwillig beschädigen* [< *Randal* »lärmender Unfug«, Vermischung < *Skandal* + *Rant* »Auflauf« (zu *rinnen*)]

Ran|da|lie|rer ⟨m.; -s, -⟩ *jmd., der randaliert*

Rang ⟨m.; -(e)s, Rän|ge⟩ **1** *Stellung, Stufe innerhalb einer Ordnung von Werten;* ein Mann ohne ~ u. Namen; ein Mann von hohem ~ **2** ⟨Mil.⟩ *Gruppe von Dienstgraden;* Dienst~, Unteroffiziers~, Offiziers~; im ~ eines Stabsoffiziers **3** ⟨Toto, Lotto⟩ *Klasse von Gewinnen;* Gewinn im zweiten ~ **4** *Stufe, Grad entsprechend der Leistung od. Qualität;* ein Lokal ersten (dritten) ~es; ein Dirigent ersten (minderen) ~es; jmdm. den ~ streitig machen *mit jmdm. in Wettbewerb treten* **5** ⟨Theat.⟩ *Stockwerk im Zuschauerraum;* Loge im ersten ~; zweiter ~ Seite [frz., »Reihe, Ordnung« < fränk. **(h)ring* »Kreis, Ring«]

Ran|ger ⟨[rɛindʒə(r)] m.; -s, -⟩ **1** ⟨*in England*⟩ *Aufseher eines königl. Forstes* **2** ⟨in den USA⟩ *Angehöriger einer berittenen Schutztruppe* **3** *für den Nahkampf ausgebildeter Soldat* [engl., zu *range* »Gebiet, Bereich, Weide-, Jagdgebiet«]

ran|gie|ren ⟨[rãʒi:-] od. [raŋʒi:-] V.⟩ **1** *einen bestimmten Rang einnehmen, eine bestimmte Stellung innehaben;* er rangiert als Erster **2** Eisenbahnwagen ~ *verschieben* **3** ⟨umg.⟩ *ordnen, (an eine bestimmte Stelle) bringen, setzen* [< frz. *ranger* »ordnen, anordnen«; zu *rang;* → *Rang*]

Ran|king ⟨[ræŋkiŋ] n.; -s, -s; Wirtsch.⟩ *Eingruppierung, Bewertung, Rangliste;* das hohe ~ der neuen Aktie war erstaunlich [engl.]

Ran|kü|ne ⟨f.; -, -n⟩ *Groll, heiml. Feindschaft* [< frz. *rancune*]

Ra|nu|la ⟨f.; -, -lae [-lɛ:]⟩ *kleine, kugelige, mit Flüssigkeit gefüllte Geschwulst unter der Zunge, Froschgeschwulst* [< lat. *rana* »Frosch«]

Ra|nun|kel ⟨f.; -, -n⟩ *Hahnenfuß (Pflanzengattung)* [< lat. *ranunculus* »Fröschchen«; zu *rana* »Frosch«]

Ra|nun|ku|la|zee ⟨[-tse:ə] f.; -, -n⟩ *Hahnenfußgewächs* [→ *Ranunkel*]

Ran|zi|on ⟨f.; -, -en; †⟩ *Lösegeld (für Kriegsgefangene od. gekaperte Schiffe)* [< frz. *rançon* »Lösegeld« < lat. *redemptio* »Loskauf«]

ran|zi|o|nie|ren ⟨V.; †⟩ *freikaufen;* einen Kriegsgefangenen ~

Rap ⟨[ræp] m.; -s; unz.; Mus.⟩ *mechanischer Sprechgesang, der dem Rhythmus sich wiederholender Bass- u. Schlagzeugfiguren angepasst ist;* oV *Rapping* [engl.]

Ra|phia ⟨f.; -, -phi|en⟩ oV *Raffia* **1** *einer afrikan. Gattung der Palmen angehörende Fiederpalme, deren Blätter Fasern liefern, Bambuspalme: Raphia* **2** *Bastfaser dieser Pflanze* [< grch. *rhaphis* »Nadel«]

Ra|phi|a|bast ⟨m.; -(e)s, -e⟩ *aus den Raphiablättern gewonnener Bast*

Ra|phi|den ⟨nur Pl.⟩ *in Bündeln auftretende, nadelförmige Kristalle, die in manche Pflanzenzellen eingelagert sind* [< grch. *rhaphis* »Nadel« + ...*id*]

ra|pid ⟨Adj.⟩ = *rapide*

ra|pi|da|men|te ⟨Mus.⟩ *rasend, sehr schnell (zu spielen)* [ital.]

ra|pi|de ⟨Adj.⟩ *sehr schnell, blitzartig;* oV *rapid* eine ~ Ausbreitung der Seuche [< frz. *rapide* < lat. *rapidus* »schnell«]
Ra|pi|di|tät ⟨f.; -; unz.⟩ *große Schnelligkeit* [< frz. *rapidité* »Schnelligkeit« < lat. *rapiditas;* zu *rapidus* »schnell«]
ra|pi|do ⟨Mus.⟩ *reißend, schnell (zu spielen)* [ital.]
Ra|pier ⟨n.; -s, -e⟩ *Degen mit einer besonderen Art des Korbes* [< frz. *rapière* »Rapier«]
rap|pen ⟨[ræp-] V.; Mus.⟩ *Rap spielen, sprechen* [→ *Rap*]
Rap|per ⟨[ræp-] m.; -s, -; Mus.⟩ *jmd., der Rap spielt* [→ *Rap*]
Rap|ping ⟨[ræp-] n.; -s; unz.⟩ = *Rap*
Rap|port ⟨m.; -(e)s, -e⟩ **1** *Bericht, Meldung, regelmäßiger Bericht an eine übergeordnete Stelle od. Behörde* **2** *Verbindung, Zusammenhang, Wechselbeziehung (bes. bei der Hypnose zwischen Hypnotiseur u. Medium)* **3** *sich regelmäßig wiederholendes Muster (auf Geweben, Teppichen usw.)* [frz., »Bericht«]
rap|por|tie|ren ⟨V.⟩ *berichten, melden* [< frz. *rapporter* »berichten«]
Rap|tus ⟨m.; -, - [-tu:s]⟩ **1** ⟨Psych.⟩ *Ausbruch, plötzl. auftretender u. rasch abklingender Wutanfall* **2** ⟨Pl. a. -tus|se; umg.⟩ *Koller, Rappel, Wutanfall* [mlat., »Verzückung, Unsinn«, eigtl. »Beraubung (des Verstandes)«; zu lat. *rapere* »rauben«]
Ra|pu|sche ⟨f.; -; unz.; mdt.⟩, **Ra|pu|se** ⟨f.; -; unz.⟩ **1** *Raub, Plünderung* **2** *Beute;* in die ~ geben *preisgeben;* in die ~ gehen, kommen *verloren gehen* **3** *Wirrwarr* **4** *ein Kartenspiel* [< mhd. *rabusch* »Kerbholz, Schulden im Wirtshaus« < tschech. *rabuše* »Kerbholz«; beeinflusst von *rapschen* »eilig wegnehmen«]
rar ⟨Adj.⟩ *selten, knapp (u. daher) begehrt, kostbar,* ein ~er Artikel; sich ~ machen ⟨umg.⟩ *sich selten blicken lassen, selten zu Besuch kommen* [< lat. *rarus* »selten«]
Ra|ra ⟨Pl.; Abk.: RR; in Bibliotheken Bez. für⟩ *seltene Bücher* [lat., Neutr. Pl. zu *rarus* »selten«]
Ra|re|fi|ka|ti|on ⟨f.; -; unz.⟩ *Gewebsschwund (bei Knochen)* [< lat. *rarus* »locker, selten« + *facere* »machen«]
Ra|ri|tät ⟨f.; -, -en⟩ **1** *Seltenheit* **2** *selten vorkommender, (u. daher) kostbarer Gegenstand* [< lat. *raritas* »Seltenheit«; zu *rarus* »selten«]
ra|sant ⟨Adj.⟩ **1** *flach verlaufend;* eine ~e Flugbahn eines Geschosses **2** ⟨fig.; umg.⟩ *rasend, schnell* **3** ⟨umg.⟩ *interessant, attraktiv;* eine ~e Frau [frz., »den Erdboden streifend, niedrig, flach«; zu *raser* »über etwas hinstreichen, rasieren«, volksetymologisch beeinflusst von *rasend*]
Ra|sanz ⟨f.; -; unz.⟩ **1** *(möglichst) flacher Verlauf (der Flugbahn eines Geschosses)* **2** ⟨fig.; umg.⟩ *rasende Geschwindigkeit, große Schnelligkeit* [→ *rasant*]
Ra|ser ⟨[rɛizə(r)] m.; -s, -; Phys.⟩ *Apparat, der kohärente Röntgenstrahlen erzeugt u. verstärkt* [< engl. *r*atio *a*mplification by *s*timulated *e*mission of *r*adiation »proportionale Verstärkung durch stimulierte Röntgenstrahlung«]
Rash ⟨[ræʃ] m.; - od. -es, -s; Med.⟩ *flüchtige Hautrötung an der Innenseite der Oberschenkel, die einem akuten Exanthem vorausgeht* [< engl. *rash* »zu schnell, rasch«]
ra|sie|ren ⟨V.⟩ jmdn. od. sich ~ *jmdm. od. sich mit dem Rasierapparat od. -messer unmittelbar an der Haut die Barthaare abschneiden;* sich ~ lassen; rasiertes Gesicht, Kinn; frisch, glatt, gut, schlecht rasiert sein; sich die Beine ~ *sich die Haare auf den Beine völlig abschneiden;* jmdm. den Kopf ~ *jmdm. die Kopfhaare völlig abschneiden* [< frz. *raser* »rasieren«; verwandt mit *radieren, Raster*]
Rä|son ⟨[-zɔ̃:] f.; -; unz.⟩ *Vernunft, Einsicht, Zucht;* ⟨nur noch in der Wendung⟩ jmdn. zur ~ bringen; oV *Raison* [< frz. *raison* »Vernunft, Verstand«]
rä|so|nie|ren ⟨V.; †⟩ **1** *nachdenken, eine Sache durchdenken* **2** *schimpfen, laut nörgeln* [< frz. *raisonner* »(vernünftig) denken, urteilen«]
Rä|son|ne|ment ⟨[-mã:] n.; -s, -s; †⟩ *vernünftige Beurteilung, vernünftige Erwägung, Vernunftschluss* [< frz. *raisonnement* »Urteil, Urteilskraft, Schlussfolgerung«]
Ras|se ⟨f.; -, -n⟩ **1** *Gesamtheit der Angehörigen einer Art, die sich durch bestimmte erbliche Merkmale voneinander unterscheiden, mit Angehörigen anderer Rassen dieser Art aber fruchtbare Nachkommen zeugen können;* natürliche ~; Menschen~ **2** *durch Züchtung ausgewählte Angehörige einer Art mit vom Menschen besonders geschätzten erblichen Eigenschaften;* Zucht~ **3** ⟨fig.⟩ *ausgeprägtes, feuriges Wesen;* er hat ~ [< frz. *race* »Geschlecht, Stamm, Rasse« < ital. *razza;* zu arab. *ra's* »Kopf«]
ras|sig ⟨Adj.⟩ **1** *von ausgeprägter, edler Rasse* **2** ⟨fig.⟩ *feurig, schwungvoll, temperamentvoll* **3** *mit ausgeprägten, edlen, schönen Zügen ausgestattet;* ~es Gesicht
ras|sisch ⟨Adj.⟩ *die Rasse betreffend*
Ras|sis|mus ⟨m.; -; unz.⟩ **1** *Rassenhass* **2** *Unterdrückung von Menschen anderer Rasse*
Ras|sist ⟨m.; -en, -en⟩ *Vertreter, Anhänger des Rassismus*
ras|sis|tisch ⟨Adj.⟩ *auf Rassismus beruhend, zu ihm gehörend;* ein ~es Gesetz
Ras|ter ⟨m.; -s, -⟩ **1** *zur Reproduktion von Halbtonbildern verwendetes Gerät aus zwei mit eingeätzten, geschwärzten Linien versehenen gläsernen Platten, die so zusammengekittet sind, dass sich die Linien kreuzen* **2** ⟨n.; -s, -⟩ *genormte (punkt- oder strichförmige) Vorgabe* **2.1** ⟨fig.⟩ *vorgegebenes Schema;* er passt nicht in dieses ~ [lat., »Hacke, Karst«, mlat. auch »Rechen«; verwandt mit *radieren, rasieren*]
Ras|ter|ät|zung ⟨f.; -, -en⟩ = *Autotypie*
Ras|ter|e|lek|tro|nen|mi|kro|skop, ⟨auch⟩ **Ras|ter|e|lekt|ro|nen|mik|ros|kop** ⟨n.; -(e)s, -e⟩ *Elektronenmikroskop, das durch eine spezielle*

Führung u. Bündelung der abbildenden Elektronenstrahlen eine räumliche Darstellung der untersuchten Objekte ermöglicht
Ras|ter|fahn|dung ⟨f.; -, -en⟩ *polizeiliche Fahndung, bei der die Daten einer größeren Personengruppe mittels Computers überprüft werden*
ras|tern ⟨V.⟩ ein Bild ~ *mit Raster versehen, mit Raster aufnehmen, in Punkte zerlegen*
Ras|tral, ⟨auch⟩ **Rast|ral** ⟨n.; -s, -e⟩ *Werkzeug mit fünf Zinken zum Ziehen der Notenlinien* [→ *Raster*]
ras|trie|ren, ⟨auch⟩ **rast|rie|ren** ⟨V.⟩ **1** *mit Hilfe des Rastrals mit Notenlinien versehen* **2** ⟨österr.⟩ = *karieren*
Ra|sur ⟨f.; -, -en⟩ **1** *das Rasieren* **2** *das Radieren* **3** *ausradierte Stelle* [< lat. *rasura* »das Schaben, Kratzen, Abrasieren«; zu *radere* »schaben, kratzen«]
Ra|ta|touille ⟨[-tuj] f. od. n.; - od. -s, -s; frz. Kochkunst⟩ *Gericht aus verschiedenen Gemüsesorten (Auberginen, Zucchini, Tomaten u.a.)* [frz., »Gemüseeintopf, schlechtes Ragout«, < *ratouiller* + *tatouiller*, zu *touiller* »umrühren, mischen«]
Ra|te ⟨f.; -, -n⟩ **1** *Teilzahlung, Teilbetrag;* Monats~; etwas in ~n zahlen **2** *Anzahl, Durchschnittswert;* Todes~ [< ital. *rata* < mlat. *rata (pars)* »berechneter (Anteil)« < lat. *ratus* »berechnet, bestimmt«, Part. Perf. zu *reri* »(im Geiste) ordnen, schätzen, meinen«]
Ra|ti|fi|ka|ti|on ⟨f.; -, -en⟩ *das Ratifizieren, Bestätigung, Genehmigung (bes. von Staatsverträgen durch das Parlament)* [< mlat. *ratificatio* »Bestätigung, Genehmigung« < lat. *ratus* »berechnet, gültig« + *facere* »machen«]
ra|ti|fi|zie|ren ⟨V.⟩ *bestätigen (bes. von Staatsverträgen durch das Parlament)* [< mlat. *ratificare* »bestätigen, genehmigen« < lat. *ratus* »berechnet, gültig« + *facere* »machen«]
Ra|ti|fi|zie|rung ⟨f.; -, -en⟩ = *Ratifikation*
Ra|ti|né ⟨[-ne:] m.; -s, -s⟩ *flauschiges Gewebe od. Gewirke mit lockigem od. knotigem Flor* [< frz. *ratiné*]
Ra|ting ⟨[rɛitiŋ] n.; -s, -s⟩ *ungefähre Berechnung, Beurteilung von Personen od. Sachverhalten anhand von Skalen* [engl., »Schätzen, Einschätzen«]
Ra|ting|ska|la ⟨[rɛitiŋ-] f.; -, -len; Psych.; Soziol.⟩ *Skala zur Bewertung von Personen od. Sachverhalten;* eine ~ über den Fernsehkonsum von Kindern
ra|ti|nie|ren ⟨V.⟩ Wollstoff ~ *auf der Oberseite kräuseln* [< frz. *ratiner;* zu *ratine;* → *Ratiné*]
Ra|tio ⟨f.; -; unz.⟩ **1** *Vernunft, logisches Denkvermögen* **2** *Grund* [lat., »Berechnung, Vernunft, Beweisführung«]
Ra|ti|on ⟨f.; -, -en⟩ *zugeteiltes Maß, tägl. Bedarf* [frz., »Zuteilung« < mlat. *ratio* »berechneter Anteil« < lat. *ratio;* → *Ratio*]
ra|ti|o|nal ⟨Adj.⟩ Ggs *irrational* **1** *auf der Ratio beruhend* **2** *vernünftig* **3** *begrifflich (fassbar);* ~es Denken [< lat. *rationalis* »vernünftig«; zu *ratio* »Vernunft«]
Ra|ti|o|na|li|sa|tor ⟨m.; -s, -to|ren⟩ *jmd., der ein Unternehmen, einen Betrieb rationalisiert*
ra|ti|o|na|li|sie|ren ⟨V.⟩ *wirtschaftlich gestalten;* Arbeitsvorgänge ~ *A. zweckmäßig gestalten zur Erhöhung der Wirtschaftlichkeit*
Ra|ti|o|na|li|sie|rung ⟨f.; -; unz.⟩ *das Rationalisieren*
Ra|ti|o|na|lis|mus ⟨m.; -; unz.⟩ **1** *Auffassung, dass die Welt von vernünftiger, d.h. logischer, logisch berechenbarer Beschaffenheit sei* **2** *Richtung der Philosophie, die das abstrakte begriffl. Denken als Hauptquelle der Erkenntnis ansieht;* Ggs *Empirismus* **3** *durch Vernunft bestätigter Standpunkt, rein vernunftgemäßes Denken;* Ggs *Irrationalismus*
Ra|ti|o|na|list ⟨m.; -en, -en⟩ **1** *Vertreter, Anhänger des Rationalismus* **2** *jmd., für den nur die Vernunft, das vernünftige Denken maßgebend ist*
ra|ti|o|na|lis|tisch ⟨Adj.⟩ **1** *zum Rationalismus gehörend, auf ihm beruhend* **2** ⟨auch⟩ = *rational*
Ra|ti|o|na|li|tät ⟨f.; -; unz.⟩ *rationale Beschaffenheit, rationale Denkweise;* Ggs *Irrationalität*
ra|ti|o|nell ⟨Adj.⟩ *zweckmäßig, wirtschaftlich, sparsam, haushälterisch* [< frz. *rationnel* »rational, vernunftgemäß« < lat. *ratio* »Vernunft«]
ra|ti|o|nie|ren ⟨V.⟩ *planmäßig einteilen* [< frz. *rationner* »rationieren, auf Rationen setzen«]
Rat|tan ⟨n.; -s; unz.⟩ = *Peddigrohr* [< engl. *rat(t)an* < mal. *rotan*]
Rau|ke ⟨f.; -, -n⟩ *einer Gattung der Kreuzblütler angehörende krautige Pflanze mit gelben Blüten u. Schotenfrüchten: Sisymbrium* [< lat. *eruca* »Senfkohl«]
Raum|son|de ⟨f.; -, -n⟩ *unbemannter Flugkörper zur Erforschung von Monden u. Planeten des Sonnensystems*
Rausch|ge|ne|ra|tor ⟨m.; -s, -en⟩ *Gerät der Elektrotechnik, das über einen weiten Frequenzbereich Schwingungen genau gleicher Leistung erzeugt u. deshalb für Messzwecke eingesetzt werden kann*
Rave ⟨[rɛiv] m. od. n.; -s, -s; Mus.⟩ **1** ⟨unz.⟩ *ein Ende der 80er Jahre in England entstandener Musikstil, der klassischen Gitarrenpop mit schnellen Schlagzeugrhythmen u. Synthesizerklängen verbindet* **2** *große Tanzparty (bes. mit Technomusik)* [< engl. *rave* »toben; begeistert, enthusiastisch, außer Kontrolle sein«]
ra|ven ⟨[rɛivən] V.; Mus.⟩ **1** *Ravemusik spielen* **2** *an einem Rave teilnehmen*
Ra|ver ⟨[rɛivə(r)] m.; -s, -; Mus.⟩ **1** *jmd., der Ravemusik spielt* **2** *jmd., der an einem Rave (2) teilnimmt* [→ *Rave*]
Ra|vi|o|li ⟨[-vio:-] Pl.⟩ *mit Fleisch gefüllte kleine Vierecke aus Nudelteig* [ital.]
Ra|yé ⟨[rɛje:] m.; -s, -s⟩ *gestreiftes Gewebe* [frz., »gestreift«]
Ray|gras ⟨n.; -es, -gräs|er⟩ = *Raigras*
Ray|on[1], ⟨auch⟩ **Ra|yon**[1] ⟨[rɛjɔ̃:] m.; -s, -s⟩ **1** *Bereich, Bezirk* **2** *Abteilung (im Warenhaus)*

[frz., »Lichtstrahl, Radius, Fach, Regal, Abteilung, Bereich, Bezirk«]

Ray|on², ⟨auch⟩ **Ra|yon²** ⟨[rɛjɔ̃:] m. od. n.; -; unz.⟩ = *Reyon*

Rayon (*Worttrennung am Zeilenende*) Im Französischen wird der Laut »y« verwendet, um einen vorausgehenden an einen folgenden Vokal zu binden. Im Deutschen bleibt es dem Schreibenden überlassen, ob er vor dem Konsonanten trennt oder die Buchstabengruppe »ay« als eigenen Laut [ɛj] auffasst und dementsprechend hinter dem Konsonanten trennt (→ a. *Krayon).*

Ray|on|chef, ⟨auch⟩ **Ra|yon|chef** ⟨[rɛjɔ̃:ʃɛf] m.; -s, -s⟩ *Leiter einer Abteilung (im Warenhaus)* [→ *Rayon¹*]

ray|o|nie|ren, ⟨auch⟩ **ra|yo|nie|ren** ⟨[rɛjɔni:-] V.; österr.; †⟩ *in Rayons einteilen*

Ra|ze|mat ⟨n.; -s, -e⟩ = *Racemat*

ra|ze|misch ⟨Adj.⟩ = *racemisch*

ra|ze|mos, ra|ze|mös ⟨Adj.⟩ *traubenförmig;* ~e Blüte [→ *Racemat*]

Raz|zia ⟨f.; -, Raz|zi|en⟩ *Streife der Polizei bei der Fahndung nach verdächtigen Personen* [frz., »Beutezug, Strafexpedition, Razzia« < arab. *ghazija* »Kriegszug eines Stammes gegen einen anderen«]

Rb ⟨chem. Zeichen für⟩ *Rubidium*

Rbl. ⟨Abk. für⟩ *Rubel*

Re¹ ⟨chem. Zeichen für⟩ *Rhenium*

Re² ⟨n.; -s, -s; Kart.⟩ *Erwiderung auf Kontra* [→ *re…*]

Re³ ⟨n.; -, -; Mus.; ital. u. frz. Bez. für⟩ *Ton D, in der Tonika-Do-Methode jeweils der zweite Ton einer Tonleiter;* → a. *Solmisation*

re…, Re… ⟨Vors.⟩ *zurück, wieder, noch einmal* [lat.]

Rea|der ⟨[ri:də(r)] m.; -s, -⟩ *aus wissenschaftlichen Beiträgen zu einem Thema (od. aus Abschnitten daraus) zusammengestelltes Buch od. Heft* [zu engl. *read* »lesen«]

rea|dy ⟨[rɛdi] Adj.; engl. Bez. für⟩ *fertig, bereit*

Rea|dy|made ⟨[rɛdimɛid] n.; - od. -s, -s⟩ *als Kunstwerk betrachteter, industriell erzeugter, alltäglicher Gebrauchsgegenstand* [engl., eigtl. »gebrauchsfertig«]

Rea|gens, Re|a|genz ⟨n.; -, -gen|zi|en; Chem.⟩ *Stoff, der mit einem anderen eine bestimmte Reaktion herbeiführt u. ihn so identifiziert* [→ *reagieren*]

Re|a|genz|glas ⟨n.; -es, -glä|ser⟩ *schmales, röhrenförmiges Glas für chem. Untersuchungen*

re|a|gie|ren ⟨V.⟩ *eine Gegenwirkung zeigen;* auf einen Reiz ~; schnell, langsam, sofort ~; Chemikalien ~ miteinander *erfahren beim Zusammentreffen eine chem. Umwandlung;* sauer, basisch ~ ⟨Chem.⟩ *die Eigenschaften einer Säure, Base zeigen* [< lat. *re…* + *agieren* (< lat. *agere* »treiben, tun, handeln«)]

Re|akt ⟨m.; -(e)s, -e⟩ *Handlung als Reaktion auf bestimmte Verhaltensweisen anderer*

Re|ak|tant ⟨m.; -en, -en⟩ *Stoff, der mit einem anderen eine chem. Reaktion eingeht*

Re|ak|tanz ⟨f.; -, -en⟩ *relativer Spannungsabfall an elektr. Maschinen* [→ *Reaktion*]

Re|ak|ti|on ⟨f.; -, -en⟩ **1** *Gegenwirkung, Rückwirkung* **2** ⟨Phys.; Chem.⟩ *Vorgang, der eine stoffliche Umwandlung zur Folge hat;* chemische ~, Kern~ **3** *das Streben, alte, nicht mehr zeitgemäße Einrichtungen, bes. auf polit. Gebiet, zu erhalten* [< *Re…* + *Aktion*]

re|ak|ti|o|när ⟨Adj.⟩ *rückschrittlich*

Re|ak|ti|o|när ⟨m.; -s, -e⟩ *jmd., der den (polit. od. sozialen) Rückschritt anstrebt* [< frz. *réactionnaire* »fortschrittsfeindlich; Reaktionär«; → *Reaktion*]

Re|ak|ti|ons|ge|schwin|dig|keit ⟨f.; -, -en; Chem.⟩ *die Geschwindigkeit, mit der eine chem. Reaktion abläuft; sie ist abhängig von der Konzentration der Reaktionspartner, dem Aggregatzustand, vom Druck, von der Temperatur u. vom Katalysator*

Re|ak|ti|ons|mo|tor ⟨m.; -s, -en⟩ **Re|ak|ti|ons|trieb|werk** ⟨n.; -(e)s, -e⟩ *Triebwerk, das auf einem Rückstoß beruht*

Re|ak|ti|ons|tur|bi|ne ⟨f.; -, -n⟩ *in zwei Stufen arbeitende Turbine, bei der die Energie des antreibenden Mediums zum Teil im Leitrad, zum Teil im Laufrad in Drehenergie umgesetzt wird*

Re|ak|ti|ons|wär|me ⟨f.; -; unz.⟩ *Wärme, die bei chem. Reaktionen frei wird, Wärmetönung*

re|ak|tiv ⟨Adj.⟩ *als Reaktion auftretend, rückwirkend*

re|ak|ti|vie|ren ⟨[-vi:-] V.⟩ **1** *wieder in Tätigkeit setzen* **2** *wieder chemisch wirksam machen*

Re|ak|ti|vi|tät ⟨[-vi-] f.; -; unz.⟩ *Rückwirkung*

Re|ak|tor ⟨m.; -s, -to|ren; allg.⟩ **1** *Gefäß od. Behälter, in dem großtechnische chem. Umsetzungen durchgeführt werden* **2** ⟨kurz für⟩ *Kernreaktor* **3** ⟨Chem.⟩ *Apparat, in dem chemische Reaktionen ablaufen* [→ *Reaktion*]

Re|ak|tor|phy|sik ⟨f.; -; unz.⟩ *Teilgebiet der Physik, das sich mit der Untersuchung physikalischer u. chemischer Gesetzmäßigkeiten in Kernreaktoren befasst*

re|al ⟨Adj.⟩ Ggs *irreal* **1** *sachlich, dinglich, stofflich* **2** *der Realität entsprechend, tatsächlich, wirklich;* ~ denken [< mlat. *realis* »sachlich, wesentlich«; zu lat. *res* »Sache, Ding«]

Re|al ⟨span.: m.; -s, -en; port.: m.; -s, Re|is⟩ **1** *brasilian. Währungseinheit (100 centavos)* **2** *alte span., portugies. u. mexikan. Silbermünze* [span., »königlich« < lat. *realis;* zu *res* »König«]

Re|al|akt ⟨m.; -(e)s, -e⟩ **1** *tatsächliche Handlung* **2** ⟨österr.⟩ *gerichtl. Handlung, die ein Grundstück betrifft*

Re|al|de|fi|ni|ti|on ⟨f.; -, -en⟩ *Definition des Wesens einer Sache, Sacherklärung;* Ggs *Nominaldefinition* [< *real(1)* + *Definition*]

Re|al|ein|kom|men ⟨n.; -s, -⟩ *Einkommen mit Berücksichtigung der Kaufkraft des Geldes;* Ggs *Nominaleinkommen*

Re|al|en|zy|klo|pä|die, ⟨auch⟩ **Re|al|en|zyk|lo|pä|die** ⟨f.; -, -n⟩ = *Reallexikon*

Re|al|gar ⟨m.; -s, -e⟩ *monoklin-prismatisches Arsen-Schwefel-Mineral, chem. Formel As_4S_4, Rauschrot* [< frz. *réalgar* < arab. *rahj-alghar* »Höhlenpulver«]
Re|al|gym|na|si|um ⟨n.; -s, -si|en; früher⟩ *Gymnasium, in dem entweder neue Sprachen od. Mathematik u. Naturwissenschaft stärker betont wurden* [→ *Realien*]
Re|a|li|en ⟨Pl.⟩ **1** *wirkliche Dinge, Tatsachen* **2** *Sachkenntnisse* **3** *die Wissenschaft von der Wirklichkeit, neusprachliche u. naturwissenschaftliche Fächer* [→ *real*]
Re|a|lign|ment ⟨[riəlainmənt] n.; -s, -s⟩ *neues Festlegen der Wechselkurse* [< engl. *re...* »wieder« + *alignment* »Anordnung«]
Re|al|in|ju|rie ⟨[-riə] f.; -, -n⟩ *tätliche Beleidigung*
Re|a|li|sa|ti|on ⟨f.; -, -en⟩ = *Realisierung*
Re|a|li|sa|tor ⟨m.; -s, -to|ren⟩ *jmd., der einen Film, ein Theaterstück o.Ä. herstellt, inszeniert* [< frz. *réalisateur* »Filmregisseur, Sendeleiter, Moderator«]
re|a|li|sie|ren ⟨V.⟩ **1** *in die Tat umsetzen, verwirklichen* **2** *in Geld umwandeln, gegen bares Geld verkaufen, zu Geld machen* [< frz. *réaliser* »verwirklichen«]
Re|a|li|sie|rung ⟨f.; -, -en⟩ **1** *Verwirklichung* **2** *Umwandlung in, Verkauf gegen bares Geld*
Re|a|lis|mus ⟨m.; -; unz.⟩ **1** *philosoph. Lehre, die die Wirklichkeit als außerhalb u. unabhängig vom Bewusstsein stehend betrachtet* **2** *Wirklichkeitssinn, Sachlichkeit;* Ggs *Idealismus(1)* **3** *wirklichkeitsnahe Darstellung* **3.1** *Richtung der Kunst Mitte des 19. Jh., die diese Art der Darstellung vertrat* **4** ⟨Scholastik⟩ *Lehre, die besagt, dass die allgemeinen Begriffe die eigentlich realen Dinge sind;* Ggs *Nominalismus* [→ *real*]
Re|a|list ⟨m.; -en, -en⟩ **1** *Vertreter, Anhänger des Realismus* **2** *sachlich, nüchtern denkender u. handelnder Mensch;* Ggs *Idealist*
Re|a|lis|tik ⟨f.; -; unz.⟩ **1** *Wirklichkeitsnähe* **2** *realist. Art der Darstellung*
re|a|lis|tisch ⟨Adj.⟩ **1** *auf dem Realismus beruhend, in der Art, im Sinne des Realismus* **2** *wirklichkeitsnah, naturgetreu* **3** *nüchtern, sachlich (denkend);* Ggs *idealistisch*
Re|a|li|tät ⟨f.; -, -en⟩ **1** *reale Beschaffenheit;* Ggs *Idealität(1)* **2** *Gesamtheit dessen, was real ist;* Ggs *Idealität(2)* **3** *Wirklichkeit, Tatsache;* Ggs *Irrealität* [< frz. *réalité* »Wirklichkeit, Tatsächlichkeit«]
Re|a|li|tä|ten ⟨f.; Pl.; österr.⟩ *Immobilien, Grundeigentum*
re|a|li|ter ⟨Adv.⟩ *in Wirklichkeit* [lat.; zu *realis* »sachlich, wesentlich«]
Re|a|li|ty|show ⟨[riælitiʃou] f.; -, -s; TV⟩ *Unterhaltungssendung, in der reale Begebenheiten gezeigt bzw. nachgespielt werden* [engl., < *reality* »Realität, Wirklichkeit« + *show* »Schau, Aufführung«]
Re|a|li|ty-TV ⟨[riælititivi:] n.; -s; unz.⟩ *Sparte des Fernsehprogramms, zu der die Realityshows zählen;* → a. *Realityshow*
Re|al|ka|pi|tal ⟨n.; -s; unz.⟩ *angelegtes Kapital*
Re|al|ka|ta|log ⟨m.; -(e)s, -e⟩ *alphabetisch nach Sachbegriffen geordneter Katalog, Sach-, Schlagwortkatalog;* Ggs *Nominalkatalog*
Re|al|kon|kur|renz ⟨f.; -, -en⟩ *Verletzung mehrerer Strafgesetze durch verschiedene Handlungen, Tatmehrheit;* Ggs *Idealkonkurrenz*
Re|al|kon|trakt ⟨m.; -(e)s, -e⟩ *Vertrag, bei dem zum Vertragsabschluss die Übergabe von Geld od. Sachen gehört*
Re|al|le|xi|kon ⟨n.; -s, -ka⟩ *Lexikon, das (nur) die Sachbegriffe eines Wissensgebietes erklärt;* Sy *Realenzyklopädie*
Re|a|lo ⟨m.; -s, -s; umg.; verkürzt für⟩ *Realpolitiker*
Re|al|po|li|tik ⟨f.; -; unz.⟩ *Politik, die die realen Gegebenheiten u. Tatsachen als ihre Grundlage betrachtet*
Re|al|po|li|ti|ker ⟨m.; -s, -⟩ *Politiker (bes. der Grünen), der Realpolitik betreibt*
Re|al|schu|le ⟨f.; -, -n⟩ *Mittelschule*
Real|time ⟨[riəltaim] f.; -; unz.; EDV⟩ *Echtzeit, die vom Computer tatsächlich benötigte Zeit, um einen Rechenvorgang durchzuführen* [engl.]
Real-Time-Pro|ces|sing ⟨[ri:əltaim prɔsɛsiŋ] n.; - od. -s; unz.; EDV⟩ *Verfahren zur gleichzeitigen Dateneingabe u. -erfassung* [engl., »Realzeitverfahren«]
Re|al|u|ni|on ⟨f.; -, -en⟩ *Vereinigung zweier od. mehrerer Staaten (unter einem Herrscher u. mit gemeinsamen Einrichtungen), die völkerrechtl. als eine Einheit auftreten;* Ggs *Personalunion(1)*
re|a|ma|teu|ri|sie|ren ⟨[-tø-] V.⟩ *einen Berufssportler wieder in den Stand eines Amateursportlers zurückversetzen*
Re|a|ma|teu|ri|sie|rung ⟨f.; -, -en⟩ *das Reamateurisieren*
Re|a|ni|ma|ti|on ⟨f.; -; unz.⟩ *Wiederbelebung durch Maßnahmen wie Herzmassage, künstliche Beatmung o.Ä.* [< *Re...* + lat. *animatio* »Belebung«, zu *animare* »beleben«]
re|a|ni|mie|ren ⟨V.⟩ *wiederbeleben* [< *re...* + *animieren*]
Re|as|se|ku|ranz ⟨f.; -, -en⟩ *Rückversicherung*
Re|au|mur ⟨[re:omy:r] Abk.: R⟩ *veraltete Gradeinteilung des Thermometers in °R* [nach dem frz. Physiker R.-A. F. de *Réaumur*, 1683–1757]
Reb|bach ⟨m.; -s; unz.; Gaunerspr.⟩ = *Reibach*
Re|bell ⟨m.; -en, -en⟩ *Anführer* [< frz. *rebelle* »aufrührerisch; Rebell« < lat. *rebellis*, eigtl. »den Krieg erneuernd«, < *re...* »zurück, wieder« + *bellum* »Krieg«]
re|bel|lie|ren ⟨V.⟩ *sich empören, sich auflehnen* [< lat. *rebellare* »sich auflehnen«]
Re|bel|li|on ⟨f.; -, -en⟩ *Aufruhr* [< lat. *rebellio* »Erneuerung des Krieges, Aufstand«; → a. *Rebell*]
re|bel|lisch ⟨Adj.⟩ *aufrührerisch;* ~ werden *sich empören, sich auflehnen*
Re|bir|thing ⟨[ribə:θiŋ] n.; -s, -s; Psych.⟩ *The-*

rapie, mit der Ereignisse vor od. während der Geburt bewusst gemacht u. dadurch hervorgerufene Traumata bewältigt werden sollen [< engl. *rebirth* »Wiedergeburt«]

Re|bound ⟨[ribaund] m.; -s, -s; Sp.; Basketball⟩ *Ball, der vom Brett od. Korb abprallt* [engl., »Rückprall; zurückprallen«]

Re|break ⟨[ribrɛik] m. od. n.; -s, -s; Sp.; Tennis⟩ *Gewinn des gegnerischen Aufschlagspiels direkt nach einem eigenen verlorenen Aufschlagspiel* [→ *Break*[1]]

Re|bus ⟨m. od. n.; -, -bus|se⟩ *Bilderrätsel* [< frz. *rêbus* (de Picardie), in der Pikardie um 1600 von Studenten gezeichnete satir. Bilderrätsel < lat. *de rebus quae geruntur* »von Dingen, die sich ereignen«]

Rec. ⟨Abk. für⟩ *recipe*

Re|call ⟨[rikɔ:l] m.; -s, -s⟩ **1** *(schriftl.) Erinnerung, Mahnung* **2** *Rückruf (eines Firmenproduktes) wegen Fehlerhaftigkeit* [engl., »Rückruf, Rückforderung«]

Re|call|test ⟨[rikɔ:l-] m.; -s, -s od. -e⟩ *Untersuchung der Einprägsamkeit von Werbebotschaften (mithilfe von Testpersonen)* [< engl. *recall* »zurückrufen, erinnern, Zurücknahme, Widerruf« + *Test*]

Re|cei|ver ⟨[risi:və(r)] m.; -s, -⟩ **1** *Behälter (in Verbunddampfmaschinen), der den Dampf aufnimmt, wenn er aus dem Zylinder mit hohem Druck in den mit niedrigem Druck strömt* **2** *Rundfunkempfänger mit Verstärker* [engl., »Empfänger«]

Re|chaud ⟨[reʃo:] m. od. n.; -s, -s⟩ **1** ⟨österr.⟩ *Gaskocher* **2** *Gerät, das die Speisen bei Tisch warm hält* [< frz. *réchaud;* zu *réchauffer* »aufwärmen«]

Re|cher|che ⟨[reʃɛrʃə] f.; -, -n; meist Pl.⟩ *Ermittlung, Nachforschung;* ~n anstellen; Internet~ *Material- od. Informationssuche bezüglich eines bestimmten Themas od. Begriffes im Internet* [frz., »Suche«]

Re|cher|cheur ⟨[reʃɛrʃø:r] m.; -s, -e⟩ *jmd., der recherchiert, Ermittler*

re|cher|chie|ren ⟨[reʃɛrʃi:-] V.⟩ *nachforschen, ermitteln* [< frz. *rechercher* »erforschen«]

re|ci|pe ⟨[-pe:] Abk.: Rc., Rec. od. Rp.; auf ärztl. Rezepten⟩ *nimm!* [lat., »empfange!« zu *recipere* »empfangen«]

Re|ci|tal ⟨engl. [risaitl] n.; -s, -s⟩, **Ré|ci|tal** ⟨frz. [resital] n.; -s, -s⟩ **1** *von nur einem Künstler bestrittenes Programm, Solistenkonzert* **2** *Vortrag der Werke nur eines Komponisten* [engl. od. frz. »Vortrag«; zu engl. *recite,* frz. *réciter* »vortragen«]

re|ci|tan|do ⟨[-tʃi-] Mus.⟩ *rezitierend, sprechend* [ital.]

Re|con|quis|ta ⟨[rekɔŋkista] f.; -; unz.⟩ *Kämpfe der Christen gegen die Araber im 8.-15. Jh. auf der iberischen Halbinsel* [span., »Wiedereroberung«]

Re|cor|der ⟨m.; -s, -⟩ = *Rekorder*

Re|co|ve|ry ⟨[rikʌvəri] m.; -s, -s; Sp.; Golf⟩ *Schlag aus einem Hindernis heraus* [engl., zu *recover* »wiedererlangen«]

rec|te ⟨[-te:] Adv.⟩ *mit Recht, zu Recht, recht* [lat.]

Rec|tor ma|gni|fi|cen|tis|si|mus, ⟨auch⟩ **Rector mag|ni|fi|cen|tis|si|mus** ⟨m.; - -, -to|res -simi; früher Titel für⟩ *Landesherr als Rektor der Hochschule* [lat., »der sehr erhabene Leiter«]

Rec|tor ma|gni|fi|cus, ⟨auch⟩ **Rec|tor mag|ni|ficus** ⟨m.; - -, -to|res -fi|ci; früher Titel für⟩ *Rektor der Hochschule* [lat., »der erhabene Leiter«]

re|cy|celn ⟨[risaikəln] V.⟩ *wiederverwerten, aufarbeiten;* Altglas ~ [→ *Recycling*]

Re|cy|cling, ⟨auch⟩ **Re|cyc|ling** ⟨[risaikliŋ] n.; -s; unz.⟩ *Rückgewinnung u. Wiederverwendung von Stoffen aus Abfällen* [< *Re...* + engl. *cycle* »Kreislauf«]

Re|cy|cling|pa|pier, ⟨auch⟩ **Re|cyc|ling|pa|pier** ⟨[risaikliŋ-] n.; -s, -e⟩ *aus Altpapier hergestelltes Papier, Umweltschutzpapier*

Re|dak|teur ⟨[-tø:r] m.; -s, -e⟩ *(wissenschaftl. ausgebildeter) Angestellter einer Zeitung, eines Verlages od. des Rundfunks, der Manuskripte beurteilt u. bearbeitet, mit Autoren verhandelt usw.* [< frz. *rédacteur* »Verfasser, Schriftleiter, Redakteur«]

Re|dak|teu|rin ⟨[-tø:-] f.; -, -rin|nen⟩ *weibl. Redakteur*

Re|dak|ti|on ⟨f.; -, -en⟩ **1** *Bearbeitung des Manuskripts für ein Druckwerk* **2** *Gesamtheit der hierbei mitwirkenden Arbeitskräfte* **3** *die für diese Arbeit zur Verfügung stehenden Räume* [< frz. *rédaction* »Abfassung, Ausarbeitung, Redaktion«]

re|dak|ti|o|nell ⟨Adj.⟩ *zur Redaktion gehörend, auf ihr beruhend, in der Redaktion (vor sich gehend)*

Re|dak|tor ⟨m.; -s, -to|ren; Sammelbez. für⟩ **1** *Herausgeber, wissenschaftlicher Leiter* **2** ⟨schweiz.⟩ = *Redakteur*

Red|emp|to|rist, ⟨auch⟩ **Re|demp|to|rist** ⟨m.; -en, -en⟩ *Angehöriger eines 1732 gegründeten kath. Ordens für Seelsorge u. Volksmission* [< lat. *Congregatio Sanctissimi Redemptoris* »Kongregation vom Allerheiligsten Erlöser«]

re|di|gie|ren ⟨V.⟩ ein Manuskript ~ *bearbeiten, fertig machen zum Setzen bzw. im Rundfunk zum Senden* [< frz. *rédiger* »ausarbeiten, verfassen, redigieren«]

Re|din|gote ⟨[redɛ̃gɔt] f.; -, -en; 18. Jh.⟩ *taillierter Damenmantel* [< frz. »Gehrock« < engl. *riding-coat* »Reitrock«]

Re|dis|kont ⟨m.; -s, -e⟩ *erneuter Kauf od. Weiterverkauf (eines diskontierten Wechsels)*

re|dis|kon|tie|ren ⟨V.⟩ einen diskontierten Wechsel ~ *erneut kaufen od. weiterverkaufen*

Re|dis|tri|bu|ti|on, ⟨auch⟩ **Re|dist|ri|bu|ti|on** ⟨f.; -, -en; Wirtsch.⟩ *Neuverteilung der Einkommen, z.B. durch eine veränderte Besteuerung* [< lat. *re...* »wieder« + *Distribution*]

re|di|vi|vus ⟨[-vi:vus] Adj.⟩ *wiedererstanden, erneuert* [lat., »wieder lebendig geworden«; zu *vivus* »lebendig«]

Rẹd|neck ⟨m.; -s, -s; umg.⟩ *einfacher, ungeschliffener Mann aus ländlicher Gegend in den Vereinigten Staaten* [engl., »Rothals«]

Re|dou|te ⟨[rədu:t(ə)] f.; -, -n⟩ **1** ⟨†⟩ *geschlossene Veranstaltung (bes. Ball) für geladene Gäste* **2** *trapezförmige Festung* [frz., »geschlossene Schanze; Festraum, Fest« < ital. *ridotto* »Zufluchtsort«]

Red|ọx|po|ten|ti|al, ⟨auch⟩ **Re|dọx|po|ten|ti|al** ⟨n.; -s; unz.⟩ = *Redoxpotenzial*

Red|ọx|po|ten|zi|al, ⟨auch⟩ **Re|dọx|po|ten|zi|al** ⟨n.; -s; unz.⟩ *Maß für die Fähigkeit eines chem. Systems, auf andere Stoffe oxidierend od. reduzierend zu wirken;* oV *Redoxpotential*

Red|ọx|re|ak|ti|on, ⟨auch⟩ **Re|dọx|re|ak|ti|on** ⟨f.; -, -en⟩ *chem. Reaktion, die durch den gleichzeitigen Ablauf einer Reduktion u. einer Oxidation gekennzeichnet ist*

Red|ọx|sys|tem, ⟨auch⟩ **Re|dọx|sys|tem** ⟨n.; -s; unz.⟩ *chem. System, in dem Oxidations- u. Reduktionsreaktionen nebeneinander ablaufen u. miteinander im Gleichgewicht stehen* [verkürzt < *Red*uktions-*Ox*idations-*System*]

Red|po|wer, ⟨auch⟩ **Red Pow|er** ⟨[rɛd pauə(r)] f.; - -; unz.⟩ *Unabhängigkeitsbewegung nordamerikan. Indianer* [engl., *red* »rot« + *power* »Macht«]

Re|dres|se|ment ⟨[redrɛs(ə)mã:] n.; -s, -s; Med.⟩ **1** *Einrenkung* **2** *orthopäd. Behandlung (von Missbildungen, bes. an Beinen u. Füßen)* [frz., »Berichtigung, Wiedergutmachung«]

re|dres|sie|ren ⟨V.; Med.⟩ **1** *einrenken* **2** *gerade richten* [< frz. *redresser* »(wieder) aufrichten, richtig stellen, wieder in Ordnung bringen«]

Re|duk|ta|se ⟨f.; -, -n⟩ *reduzierendes Enzym* [→ *Reduktion*]

Re|duk|ti|on ⟨f.; -, -en⟩ **1** *das Reduzieren, Herabsetzung;* Preis~ **1.1** *Einschränkung* **1.2** *Minderung* **2** *das Zurückführen;* ~ eines komplizierten Sachverhalts od. Begriffes auf einen einfachen **3** *Entzug von Sauerstoff aus einer chem. Verbindung od. Anlagerung von Elektronen an Atome od. Moleküle;* Ggs *Oxidation* **4** *die rückschreitende Umwandlung von Organen im Laufe der Stammesgeschichte od. der Entwicklung eines Individuums* [< lat. *reductio* »Zurückführung«; zu *reducere* »zurückführen«]

Re|duk|ti|ons|di|ät ⟨f.; -; unz.⟩ *Diät zur Gewichtsabnahme, zum Reduzieren des Körpergewichts*

Re|duk|ti|ons|mit|tel ⟨n.; -s, -⟩ *Substanz, die eine andere Substanz reduziert, wobei sie selbst oxidiert wird*

Re|duk|ti|ons|o|fen ⟨m.; -s, -ö|fen⟩ *chem. Vorrichtung zur Durchführung von Reduktionsvorgängen an Erzen od. anderen Rohstoffen*

Re|duk|ti|ons|tei|lung ⟨f.; -, -en⟩ *Zellkernteilung, bei der der doppelte Chromosomensatz auf den einfachen verringert wird, Reifungsteilung, Reifeteilung;* Sy *Meiose*

re|duk|tiv ⟨Adj.⟩ *durch Reduktion bewirkt, von ihr stammend, sie betreffend*

red|un|dạnt, ⟨auch⟩ **re|dun|dạnt** ⟨Adj.⟩ *überflüssig, über das Notwendige (einer Information) hinausgehend*

Red|un|dạnz, ⟨auch⟩ **Re|dun|dạnz** ⟨f.; -; unz.⟩ **1** *Überflüssigkeit, über das Notwendige Hinausgehendes* **2** *derjenige Teil einer Nachricht, der keinen informativen Wert hat u. deshalb bei der Übermittlung weggelassen werden kann* [< engl. *redundance* < lat. *redundare* »überfließen«]

Re|du|pli|ka|ti|on ⟨f.; -, -en; Sprachw.⟩ *Wiederholung des anlautenden Buchstabens mit einem e-Laut (oft ai geschrieben) im Präteritum,* z.B. got. haitan (heißen), Prät. haihait (hieß) [< lat. *reduplicatio* »Verdopplung«; zu *reduplicare* »verdoppeln«]

re|du|pli|zie|ren ⟨V.; Sprachw.⟩ **1** *verdoppeln, wiederholen* **2** ~de Verben *V., die im Präteritum den anlautenden Buchstaben mit einem e-Laut wiederholen;* → *Reduplikation* [< lat. *reduplicare* »verdoppeln«; zu *duplex* »doppelt«]

Re|du|zẹnt ⟨m.; -en, -en⟩ *Mikroorganismus, der organ. Stoffe in einfache, anorgan. Bestandteile zerlegt u. damit zur funktionellen Organismengruppe der Destruenten gehört* [zu lat. *reducere* »zurückführen«]

re|du|zi|bel ⟨Adj.⟩ *so beschaffen, dass man es reduzieren kann;* Ggs *irreduzibel*

re|du|zie|ren ⟨V.⟩ **1** *einschränken, herabsetzen;* die tägl. Dosis eines Arzneimittels (auf zehn Tropfen, drei Tabletten) ~; die Preise auf die Hälfte ~; Forderungen ~ **2** *zurückführen* **3** *mindern, verkleinern;* die Zahl der Mitglieder, Teilnehmer ~; den Arbeitsaufwand auf ein Mindestmaß ~ **4** eine Substanz ~ *durch Entzug von Sauerstoff od. Anlagerung von Elektronen umwandeln;* Wasserstoff reduziert Kupferoxid zu reinem Kupfer [< lat. *reducere* »zurückführen«; zu *ducere* »führen«]

Re|du|zie|rung ⟨f.; -, -en⟩ *das Reduzieren, Reduktion(1)*

Re|du|zier|walz|werk ⟨n.; -(e)s, -e⟩ *Walzwerk mit mehreren hintereinander angeordneten, enger werdenden Kaliberwalzpaaren zur Verringerung des Durchmessers nahtloser Rohre*

Red|wood ⟨[rẹdwud] n.; -s; unz.⟩ *rotes Holz der Sequoie* [engl., »Rotholz«]

re|ẹll ⟨Adj.⟩ **1** *redlich, ehrlich, zuverlässig;* ein ~er Mensch; eine ~e Firma; er ist (sehr) ~; ~es Geschäft *anständiges G. ohne Übervorteilung des Käufers;* in diesem Geschäft wird man ~ bedient **2** ~e **Zahlen** *rationale u. irrationale Zahlen* [< frz. *réel* »tatsächlich, wirklich < mlat. *realis* »sachlich, wesentlich«; → *real*]

Re|el|li|tät ⟨f.; -; unz.; selten⟩ *reelles Wesen, Redlichkeit, Zuverlässigkeit, Ehrlichkeit*

Re|en|ga|ge|ment ⟨[-ãgaʒ(ə)mã:] n.; -s, -s⟩ *Wiederverpflichtung, Wiederanstellung* [< *Re…* + *Engagement*]

re|en|ga|gie|ren ⟨[-ãga:ʒi:rən] V.⟩ *erneut, wieder verpflichten od. einstellen* [< *re…* + *engagieren*]

ref. ⟨Abk. für⟩ *reformiert*

Re|fait ⟨[rəfɛ:] n.; -s, -s⟩ *Unentschieden beim Spiel* [frz., zu *refaire* »noch einmal machen«]
Re|fak|tie ⟨[-tsjə] f.; -, -n⟩ *Nachlass des Preises bei beschädigter od. fehlerhafter Ware* [ndrl., eigtl. »Wiederherstellung (des angemessenen Preises)« < lat. *re...* »wieder« + *facere* »machen«]
re|fak|tie|ren ⟨V.⟩ *Refaktie gewähren*
Re|fek|to|ri|um ⟨n.; -s, -ri|en⟩ *Speisesaal (in Klöstern);* Sy *Zönakel* [< mlat. *refectorium;* zu *reficere* »wiederherstellen«]
Re|fe|rat ⟨n.; -(e)s, -e⟩ **1** *Bericht, Vortrag in der Art eines Gutachtens, Berichterstattung eines Fachkundigen* **2** *Vortrag zur Übung (in der Schule u. im Hochschulseminar)* **3** *Arbeitsgebiet;* Presse~ [< lat. *referat* »es möge berichten ...«; zu *referre* »berichten«; zu *ferre* »tragen«]
Re|fe|ree ⟨[rɛfəri:] m.; -s, -s; Sp.⟩ *Schiedsrichter, Kampf-, Ringrichter* [engl.]
Re|fe|ren|dar ⟨m.; -s, -e⟩ *Anwärter auf die höhere Beamtenlaufbahn im Vorbereitungsdienst nach der (ersten) Staatsprüfung;* Gerichts~, Studien~ [< mlat. *referendarius* »einer, der Bericht zu erstatten hat«; zu *referendum* »das zu Berichtende; → *Referendum*]
Re|fe|ren|da|ri|at ⟨n.; -(e)s, -e⟩ *berufsvorbereitender Dienst für Referendare*
Re|fe|ren|dum ⟨n.; -s, -den od. -da⟩ *Volksentscheid* [lat., »zu Berichtendes«, Gerundivum zu *referre* »berichten«]
Re|fe|rent ⟨m.; -en, -en⟩ **1** *jmd., der ein Referat hält* **2** *jmd., der ein Referat bearbeitet, Sachbearbeiter* [< lat. *referens,* Part. Präs. zu *referre* »berichten«]
re|fe|ren|ti|ell ⟨Adj.; Sprachw.⟩ = *referenziell*
Re|fe|renz ⟨f.; -, -en⟩ **1** *Empfehlung* **2** *Person od. Stelle, auf die man sich berufen kann, bei der Auskünfte eingeholt werden können* **3** ⟨unz.; Sprachw.⟩ *Beziehung zwischen einem sprachl. Ausdruck u. dem damit bezeichneten Inhalt* [< frz. *référence* »Bezugnahme, Empfehlung« < lat. *referre;* → *referieren*]
Re|fe|renz|el|lip|so|id ⟨n.; -(e)s, -e⟩ *Rotationsellipsoid, das statt des Geoides für Berechnungen auf der Erdoberfläche benutzt wird u. dessen Dimensionen je nach den zur Bestimmung benutzten Messungen verschieden sind;* Sy *Bezugsellipsoid*
Re|fe|renz|i|den|ti|tät ⟨f.; -, -en⟩ = *Korreferenz*
re|fe|ren|zi|ell ⟨Adj.; Sprachw.⟩ *die Referenz betreffend;* oV *referentiell;* ~e Bedeutung
Re|fe|renz|sen|der ⟨m.; -s, -⟩ *in der Funktechnik eingesetzter Sender, der elektromagnet. Wellen konstanter Frequenz aussendet, die für Messzwecke verwendet werden können*
re|fe|rie|ren ⟨V.⟩ über etwas ~ *über etwas ein Referat, einen Vortrag halten, über etwas berichten;* über neue, wissenschaftliche Erkenntnisse ~ [< frz. *référer* »Bericht erstatten, berichten« < lat. *referre* »zurücktragen, überbringen, berichten«; zu *ferre* »tragen«]
re|fi|nan|zie|ren ⟨V.⟩ Kredite ~ *durch Aufnahme von Krediten finanzieren*
Re|fi|nan|zie|rung ⟨f.; -, -en⟩ *Aufnahme von Krediten, um Kredite gewähren zu können*
Re|fla|ti|on ⟨f.; -, -en⟩ *die Erhöhung des Geldumlaufs als finanzpolit. Maßnahme* [< *Re...* + lat. *flare* »blasen, blähen«; nach *Inflation* gebildet]
re|fla|ti|o|när ⟨Adj.; Wirtsch.⟩ *die Reflation betreffend, auf ihr beruhend*
Re|flek|tant ⟨m.; -en, -en⟩ *jmd., der auf etwas, bes. auf einen Posten, reflektiert*
re|flek|tie|ren ⟨V.⟩ **1** auftretende Strahlen ~ *zurückwerfen;* reflektierte Strahlen **2** ⟨fig.⟩ *nachdenken, bes. über die eigenen Handlungen, Gedanken, Empfindungen;* auf etwas ~ ⟨umg.⟩ *etwas haben wollen, Interesse für etwas haben, bes. für eine Ware;* ~ Sie noch auf das bestellte Buch?; auf einen Posten, eine Stelle ~ *sich um einen P., eine S. bewerben* [< lat. *reflectere* »zurückbiegen, umwenden«; zu *flectere* »beugen; auf etwas reflektieren«; nach lat. *animum reflectere* »seine Gedanken auf etwas hinwenden«]
Re|flek|tor ⟨m.; -s, -to|ren⟩ **1** *Hohlspiegel hinter einer Lichtquelle* **2** *Spiegelfernrohr* **3** *Teil einer Richtantenne, der einfallende elektromagnet. Strahlen zur Sammlung nach einem Brennpunkt hin reflektiert* [< frz. *réflecteur* »Reflektor«]
re|flek|to|risch ⟨Adj.⟩ *durch einen Reflex bedingt, bewirkt*
Re|flex ⟨m.; -es, -e⟩ **1** *Widerschein;* Licht~ **2** ⟨Physiol.⟩ *Ansprechen auf einen Reiz;* bedingter ~; unbedingter ~ [< frz. *réflexe* »unwillkürlich; Reflex« < lat. *reflexum* »das Zurückgeworfene«, Part. Perf. zu *reflectere;* → *reflektieren*]
Re|fle|xi|on ⟨f.; -, -en⟩ **1** ⟨Phys.⟩ *das Zurückwerfen von Strahlen an der Grenze zweier Medien* **2** *das prüfende, vergleichende Nachdenken, bes. über die eigenen Handlungen, Gedanken, Empfindungen* [< frz. *réflexion* »Reflektion, Rückstrahlung, Überlegung« < lat. *reflexio* »Zurückbeugung«; zu *reflectere;* → *reflektieren*]
Re|fle|xi|ons|win|kel ⟨m.; -s, -⟩ *Winkel zwischen einem einfallenden u. einem reflektierten Strahl*
re|fle|xiv ⟨Adj.⟩ **1** ~es Pronomen = *Reflexivpronomen* **2** ~es Verbum *V., das mit einem Reflexivpronomen stehen muss* (z.B. sich schämen) *od. kann* (z.B. waschen) [< lat. *reflexus,* Part Perf. zu *reflectere* »zurückbiegen, umwenden«; → *reflektieren*]
Re|fle|xiv ⟨n.; -s, -e⟩ **1** = *Reflexivpronomen* **2** = *reflexives Verb*
Re|fle|xi|vi|tät ⟨[-vi-] f.; -, unz.⟩ *reflexive Beschaffenheit, Eigenschaft*
Re|fle|xiv|pro|no|men ⟨n.; -s, - od. -mi|na⟩ *Personalpronomen, das als Objekt mit dem Subjekt eines Satzes identisch ist, rückbezügliches Fürwort,* z.B. sie beeilten sich
Re|fle|xi|vum ⟨n.; -s, -va⟩ = *Reflexivpronomen*
Re|fle|xo|lo|gie ⟨f.; -; unz.⟩ *Wissenschaft von den Reflexen* [< *Reflex(2)* + *...logie*]

Re|flex|schal|tung ⟨f.; -, -en⟩ *Verwendung einer Elektronenröhre zur gleichzeitigen Verstärkung sowohl hoher als auch niederer Frequenzen*

Re|flex|zo|nen|mas|sa|ge ⟨[-ʒə] f.; -, -n; Med.⟩ *Massage bestimmter Hautbezirke, über die auf reflektorischem Weg therapeutisch auf die ihnen entsprechenden Organe eingewirkt werden kann*

Re|flux ⟨m.; -es, -e⟩ *Rückfluss (z.B. von Harn aus der Blase über die Harnleiter in die Nierenbecken od. von Magensaft in die Speiseröhre)* [<lat. *refluxum* »das Zurückgeflossene«; zu *refluere* »zurückfließen«]

Re|form ⟨f.; -, -en⟩ *verbessernde Umgestaltung, planmäßige Neugestaltung* [<frz. *réforme* »Umgestaltung, Neugestaltung«; → *reformieren*]

Re|for|ma|ti|on ⟨f.; -, -en⟩ **1** ⟨unz.; i.e.S.⟩ *die durch Luther, Zwingli u. Calvin ausgelöste Bewegung zur Erneuerung der Kirche, wodurch die abendländ. Kirche gespalten wurde u. neue, vom Papst unabhängige evangel. Kirchen (protestant., reformierte Kirche) entstanden* **2** ⟨zählb.; i.w.S.⟩ *Erneuerung, Neugestaltung* [<lat. *reformatio* »Umgestaltung, Erneuerung«; zu *reformare; → reformieren*]

Re|for|ma|tor ⟨m.; -s, -to|ren⟩ **1** ⟨i.e.S.⟩ *Begründer der Reformation(1) (Luther, Zwingli, Calvin)* **2** ⟨i.w.S.⟩ = *Reformer* [<lat. *reformator* »Umgestalter, Erneuerer«; zu *reformare; → reformieren*]

re|for|ma|to|risch ⟨Adj.⟩ *in der Art einer Reformation, erneuernd, umgestaltend, verbessernd*

Re|for|mer ⟨m.; -s, -⟩ *jmd., der eine Reform anstrebt od. durchführt;* Sy *Reformator(2)*

re|for|me|risch ⟨Adj.⟩ *nach Reformen, Umgestaltungen strebend;* ~e Ansprüche erheben

Re|form|haus ⟨n.; -es, -häu|ser⟩ *Fachgeschäft für Lebensmittel zur Reformkost*

re|for|mie|ren ⟨V.⟩ **1** *verbessern, erneuern, umgestalten* **2** hoch siedende Erdölfraktionen ~ *zur Gewinnung niedrig siedender Bestandteile (z.B. von Benzin od. Heizöl) mit Wasserstoff behandeln* [<lat. *reformare* »umgestalten, umbilden, neu gestalten«; zu *forma* »Form, Gestalt«]

re|for|miert ⟨Adj.⟩ **1** *verbessert, erneuert, umgestaltet;* die Zustände wurden ~ **2** ⟨Abk.: ref.⟩ *der reformierten Kirche angehörend;* ~e Kirche *die durch die Reformation Zwinglis u. Calvins entstandene K.*

Re|for|mie|rung ⟨f.; -, -en⟩ *Umgestaltung, Erneuerung, Verbesserung;* angestrebt wird eine ~ des Sozialsystems

Re|for|mis|mus ⟨m.; -; unz.⟩ **1** *Streben nach Umwandlung des Staates nicht durch Gewalt, sondern durch Reformen* **2** ⟨i.e.S.⟩ *gemäßigter Sozialismus* **3** ⟨allg.⟩ *Streben nach Reformen*

Re|for|mist ⟨m.; -en, -en⟩ *Vertreter, Anhänger des Reformismus*

re|for|mis|tisch ⟨Adj.⟩ *in der Art des Reformismus, auf ihm beruhend*

Re|form|ka|tho|li|zis|mus ⟨m.; -; unz.⟩ *dem Modernismus angehörende Richtung der röm.-kath. Kirche, die sich um 1900 der Kirche unterwarf*

Re|form|kom|mu|nis|mus ⟨m.; -; unz.; bes. in der ehem. Sowjetunion⟩ *gemäßigte Richtung des Kommunismus*

Re|form|kon|zil ⟨n.; -s, -e⟩ *eines der Konzile von Pisa (1409), Konstanz (1414–18), Basel (1431–49) od. Rom (1512–17), die das Schisma u. andere kirchl. Missstände beseitigen sollten*

Re|form|kost ⟨f.; -; unz.⟩ *natürliche, leichte, vitamin- u. mineralreiche Kost*

Re|form|päd|a|go|gik, ⟨auch⟩ **Re|form|pä|da|go|gik** ⟨f.; -; unz.⟩ *der reinen Lernschule entgegenwirkende Richtung der Pädagogik*

■ Die Buchstabenfolge **re|fr...** kann auch **ref|r...** getrennt werden. Davon ausgenommen sind Zusammensetzungen, in denen die fremdsprachigen bzw. sprachhistorischen Bestandteile deutlich als solche erkennbar sind, z.B. *-fraktion* (→ a. *Diffraktion*).

■ **Re|frain** ⟨[rəfrɛ̃ː] m.; -s, -s⟩ *am Schluss jeder Strophe eines Liedes od. Gedichtes regelmäßig wiederkehrende Worte od Sätze, Kehrreim* [frz., eigtl. »Rückschlag der brandenden Wellen« <afrz. *refreindre* »brechen, zurückschlagen, unterbrechen«]

re|frak|tär ⟨Adj.; Med.⟩ *unempfänglich, unempfindlich* [<frz. *réfractaire* »aufsässig, widerspenstig« <lat. *refractarius* »halsstarrig«]

Re|frak|tär ⟨m.; -s, -s; schweiz.⟩ *ausländ. Kriegsdienstverweigerer*

Re|frak|ti|on ⟨f.; -, -en⟩ **1** *Brechung (von Lichtstrahlen)* **2** *Brechung des Lichts von Himmelskörpern durch die Atmosphäre der Erde*

Re|frak|to|me|ter ⟨n.; -s, -⟩ *optisches Messgerät zum Bestimmen des Brechungsindexes bei der Ablenkung von Lichtstrahlen* [< *Refraktion* + *...meter*]

Re|frak|tor ⟨m.; -s, -to|ren⟩ *hauptsächl. zu astronom. Beobachtungen verwendetes Fernrohr mit achromatischen Sammellinsen* [< *Re...* + lat. *fractor* »Brecher«; zu *frangere* »brechen«]

re|frak|tu|rie|ren ⟨V.⟩ einen gebrochenen u. schlecht verheilten Knochen ~ *wieder, nochmals zerbrechen* [< *Re...* + lat. *fractura* »Bruch«]

Re|frak|tu|rie|rung ⟨f.; -, -en; Med.⟩ *das Refrakturieren*

■ **Re|fri|ge|ran|zi|en** ⟨Pl.⟩ *abkühlende Mittel* [→ *Refrigeration*]

■ **Re|fri|ge|ra|ti|on** ⟨f.; -, -en⟩ *Erkältung* [<lat. *refrigeratio* »Abkühlung«; zu *refrigerare* »abkühlen«]

Re|fu|gi|al|ge|biet ⟨n.; -(e)s, -e; Biol.⟩ *Rückzugsgebiet für vom Aussterben bedrohte Tier- u. Pflanzenarten, in dem diese bessere Lebensbedingungen als in ihrem angestammten Le-*

bensraum vorfinden, Refugium; Sy *Residualgebiet*

Re|fu|gié ⟨[refyʒie:] m.; -s, -s; †⟩ *Flüchtling, bes. Hugenotte* [frz., »Flüchtling«]

Re|fu|gi|um ⟨n.; -s, -gi|en⟩ *Zufluchtsort* [lat.]

re|fun|die|ren ⟨V.⟩ **1** ⟨†⟩ *zurückzahlen, begleichen, ersetzen* **2** ⟨Wirtsch.⟩ *einen Bankkredit durch Emission von Aktien od. Obligationen zurückzahlen* [< lat. *refundere* »zurückgießen, zurückgeben, zurückerstatten«; zu *fundere* »gießen«]

reg. ⟨Abk. für⟩ *registered*

Reg. ⟨Abk. für⟩ *Regiment(1)*

Re|gal[1] ⟨n.; -s, -e⟩ **1** *Gestell mit Fächern (für Bücher od. Waren);* Bücher~ **2** *kleine, tragbare Orgel nur mit Zungenpfeifen u. leicht schnarrendem Ton* **3** ⟨Typ.⟩ *Gestell für Setzkästen* [< nddt. *rijol, riole* »Bretterfach für Bücher, Waren, Küchengeschirr« < ital. *riga* »Zeile, Reihe« < ahd. *riga* »Reihe«]

Re|gal[2], **Re|ga|le** ⟨n.; -s, -li|en; früher⟩ *wirtschaftlich nutzbares Hoheitsrecht;* Münz~; Post~ [< lat. *regalis* »königlich«; zu *rex* »König«]

Re|ga|li|tät ⟨f.; -, -en⟩ *Anspruch (des Staates) auf ein Regal*[2]

Re|gat|ta ⟨f.; -, -gat|ten⟩ *Wettfahrt von Booten;* Ruder~; Segel~ [venezian., »Wettfahrten der Gondeln in Venedig«; zu ital. *riga* »Reihe« < ahd. *riga* »Reihe«]

Re|ge|la|ti|on ⟨f.; -, -en⟩ *Umwandlung von Wasser in Eis bei niedrigen Temperaturen u. einer plötzlichen Abnahme des Drucks, unter dem es vorher (wegen des gegenüber dem Eis geringeren Volumens) flüssig war, verantwortlich für das Fließen von Gletschern u. das Entstehen von Erosionstälern* [< lat. *regelare* »erkalten«]

Re|gel|de|tri, ⟨auch⟩ **Re|gel|det|ri** ⟨f.; -; unz.⟩ *Dreisatzrechnung, einfache Schlussrechnung zum Finden einer unbekannten Größe, wenn drei andere, davon abhängige Größen gegeben sind* [< lat. *regula de tribus (numeris)* »Regel von den drei (Zahlen)«]

Re|gel|trans|for|ma|tor ⟨m.; -s, -en⟩ *Transformator mit angezapften Wicklungen, um verschiedene Spannungen einstellen zu können*

Ré|gence ⟨[reʒã:s] f.; -; unz.⟩ *Richtung der französ. Kunst zur Zeit Philipps von Orléans (1715–1725), Übergang vom Louis-Quattorze- zum Louis-Quinze-Stil in lockeren, zierlichen Formen* [frz., »Regentschaft« (des Philipp von Orléans)]

Re|ge|ne|rat ⟨n.; -(e)s, -e; Biol.⟩ **1** *Produkt der Regeneration* **2** *aus altem Gummi unter Zusatz von Mineralöl gewonnene, schwammige, plast. Masse* [< lat. *regeneratum,* Part. Perf. neutr. zu *regenerare* »wiedererzeugen«]

Re|ge|ne|ra|ti|on ⟨f.; -, -en⟩ **1** *Wiederherstellung, Erneuerung;* Ggs *Degeneration* **2** ⟨Biol.⟩ *natürliches Ersetzen verloren gegangener organischer Teile* **3** ⟨Geol.⟩ *Zurückführung erstarrter, konsolidierter Teile der Erdkruste in einen mobilen, faltbaren Zustand* [< lat. *regeneratio* »Wiedererzeugung«; zu *regenerare* »wiedererzeugen«]

re|ge|ne|ra|tiv ⟨Adj.⟩ *durch Regeneration bewirkt, entstanden;* oV *regeneratorisch* [< lat. *regenerare* »wiedererzeugen«; → *regenerieren*]

Re|ge|ne|ra|tiv|feu|e|rung ⟨f.; -, -en⟩ *Feuerung metallurgischer Öfen, bei der die Frischluft u. das Heizgas erwärmt werden*

Re|ge|ne|ra|tiv|ver|fah|ren ⟨n.; -s, -⟩ *Verfahren zur Rückgewinnung u. Nutzung der bei techn. Prozessen entstehenden Abwärme*

Re|ge|ne|ra|tor ⟨m.; -s, -to|ren⟩ *Einrichtung zum Erwärmen der Frischluft u. der Heizgase bei Regenerativfeuerungen* [→ *regenerieren*]

re|ge|ne|ra|to|risch ⟨Adj.⟩ = *regenerativ*

re|ge|ne|rie|ren ⟨V.; Biol.⟩ **1** *neu bilden;* verloren gegangene Körperteile ~ sich; Ggs *degenerieren* **2** ⟨V.⟩ *auffrischen, wiedererzeugen, erneuern* [< lat. *regenerare* »wiedererzeugen«; zu *generare* »erzeugen«]

Re|gens ⟨m.; -, -gen|tes od. -gen|ten⟩ *Leiter (bes. eines kath. Priesterseminars);* Studien~ [lat., Part. Präs. zu *regere* »richten, lenken, leiten«]

Re|gens Cho|ri ⟨[ko:-] m.; - -, -gen|tes -⟩, **Regens|cho|ri** ⟨[-ko:-] m.; -, -; österr.⟩ *Dirigent eines (kath.) Kirchenchores* [lat., »Chorleiter«]

Re|gent ⟨m.; -en, -en⟩ *regierender Fürst od. dessen Stellvertreter* [< lat. *regens,* Part. Präs. zu *regere* »richten, lenken, leiten«]

Re|gent|schaft ⟨f.; -; unz.⟩ *Amt, Amtszeit eines Regenten;* die ~ antreten, übernehmen; während seiner ~

Re|ges|tum ⟨n.; -s, -ten; meist Pl.⟩ *Auszug von Urkunden* [< lat. *regesta* »das Eingetragene«; zu *regerere* »zurückbringen, eintragen«]

Reg|gae ⟨[rεgεi] m.; - od. -s; unz.⟩ *von der farbigen Bevölkerung Jamaicas entwickelte Stilrichtung der Popmusik mit starker Betonung des gleichbleibenden Rhythmus*

Re|gie ⟨[-ʒi:] f.; -, -n⟩ **1** *Leitung, Verwaltung;* ein Geschäft in eigener ~ führen; ein Unternehmen in fremde ~ geben **2** *Verwaltung der Betriebe, die Eigentum einer Gemeinde od. des Staates sind, durch Gemeinde od. Staat selbst;* die Arbeiten werden in städtischer ~ ausgeführt **3** *Spielleitung* **3.1** *künstler. Gestaltung eines Dramas für die Aufführung auf der Bühne u. Leitung der Schauspieler bei den Proben* **3.2** *künstler. Gestaltung des Drehbuches für einen Film u. Leitung der Schauspieler u. des Kameramannes bei den Aufnahmen* **3.3** *künstler. Gestaltung einer Rundfunk- od. Fernsehsendung* **4** ⟨österr.⟩ ~ fahren *(als Angestellter der Bahn) ermäßigt fahren* [< frz. *régie* »verantwortl. Leitung, Verwaltung«]

Re|gie|as|sis|tenz ⟨[-ʒi:-] f.; -; unz.; Theat.; Film⟩ *Assistenz bei der Regie(3)*

re|gie|ren ⟨V.⟩ **1** *lenken, leiten, beherrschen;* eine Gemeinschaft, ein Land, ein Volk, einen Staat ~; diese Maschine lässt sich leicht, schwer ~ **2** ⟨Gramm.⟩ *fordern, nach sich ziehen;* die Präposition »mit« regiert den Dativ

[<mhd. *regieren* <afrz. *reger* »herrschen« <lat. *regere* »gerade richten, lenken, herrschen«; zu idg. **reg-* »aufrichten, richten, lenken«]

Re|gie|rung ⟨f.; -, -en⟩ **1** *Tätigkeit u. Dauer des Regierens, Ausübung der Staatsgewalt, Herrschaft, Regentschaft* **2** *oberste staatl. Behörde, deren Mitglieder den Staat leiten;* die ~ antreten, niederlegen; eine (neue) ~ bilden; eine ~ stürzen, umbilden; starke, schwache ~; unter, während seiner ~

Re|gime ⟨[-ʒi:m] n.; - od. -s, - [ʒi:mə]⟩ *Form der Regierung eines Staates;* ein totalitäres ~ [<frz. *régime* »Regierungsform, Staatsform« <lat. *regimen* »Lenkung, Leitung, Regierung«; zu *regere;* → *regieren*]

Re|gime|kri|ti|ker ⟨[-ʒi:m-] m.; -s, -⟩ *jmd., der das Regime des eigenen Staates kritisiert, Systemkritiker;* →a. *Dissident*

Re|gi|ment ⟨n.; -(e)s, -e od. -er⟩ **1** ⟨Mil.; Abk.: Reg., Regt.⟩ *Verband aus zwei bis vier Bataillonen unter einem Obersten od. Oberstleutnant* **2** ⟨unz.⟩ *Herrschaft, Leitung;* das ~ führen *herrschen, die Leitung haben* [<lat. *regimentum* »Leitung, Oberbefehl«; zu *regere;* → *regieren*]

Re|gi|o|lekt ⟨m.; -(e)s, -e⟩ *in einer Region übliche dialektale Ausdrucksweise* [< *Region* + Dia*lekt*]

Re|gi|on ⟨f.; -, -en⟩ **1** *Landstrich, Gebiet, Gegend* **2** *Bezirk* [<lat. *regio* »Richtung, Gegend, Bereich, Gebiet«; zu *regere;* → *regieren*]

re|gi|o|nal ⟨Adj.⟩ *die Region(en) betreffend, hinsichtlich der Region(en);* der Gebrauch dieses Wortes ist ~ verschieden [<lat. *regionalis* »zu einer Landschaft gehörig«; → *Region*]

Re|gi|o|na|lis|mus ⟨m.; -; unz.⟩ **1** *das Vertreten der eigenen Interessen einer Landschaft innerhalb des Staates* **2** *Bewegung der Heimatkunst Ende des 19. u. Anfang des 20. Jh.*

Re|gi|o|na|list ⟨m.; -en, -en⟩ *Vertreter, Anhänger des Regionalismus*

Re|gi|o|nal|li|ga ⟨f.; -, -gen; Sp.; Fußb.⟩ **1** ⟨früher⟩ *Spielklasse unter der Bundesliga* **2** *höchste Spielklasse des Amateurfußballs (unter der 2. Bundesliga);* ~ Nord

Re|gi|o|nal|pro|gramm ⟨n.; -s, -e; Funk, TV⟩ *Programm für ein bestimmtes Gebiet eines Sendebereichs;* die ~e des Bayerischen, Österreichischen Rundfunks

re|gi|o|när ⟨Adj.⟩ *einen bestimmten Bereich des Körpers betreffend* [→ *Region*]

Re|gis|seur ⟨[reʒisø:r] m.; -s, -e⟩ *derjenige, der die Regie(3) führt, Spielleiter* [<frz. *régisseur* »Gutsverwalter, Spielleiter«]

Re|gis|ter ⟨n.; -s, -⟩ **1** *alphabet. Verzeichnis (der Namen od. Begriffe in einem Buch);* Namens~, Sach~ **2** *amtl. Verzeichnis wichtiger Vorgänge;* Handels~, Standes~; etwas ins ~ eintragen **3** *durch Ausstanzen sichtbar gemachte Titel od. Buchstaben am Rande von Geschäfts-, Notiz-, Telefonbüchern zum schnellen Nachschlagen* **4** ⟨EDV⟩ *Anordnung zur vorübergehenden Speicherung kleiner Mengen von Informationen* **5** *genaues Aufeinanderpassen der Druckseiten u. des Satzspiegels auf Vorder- u. Rückseite;* ~ halten **6** *genaues Aufeinanderpassen der einzelnen Farben beim Mehrfarbendruck* **7** ⟨Mus.⟩ **7.1** *Stimme, Stimmlage, Klangfarbe* **7.2** *Bereich der mit gleicher Einstellung der Stimmbänder hervorgebrachten Töne,* z.B. Brust-, Kopf-, Falsett-, gemischte Stimme **8** ⟨an der Orgel⟩ *Gruppe von Tönen aus Pfeifen gleicher Klangfarbe u. Bauart,* z.B. Stimmen der Labial- bzw. Zungenpfeifen; alle ~ ziehen ⟨fig.⟩ *alle Mittel anwenden (um etwas zu erreichen)* [<mlat. *registrum* »Verzeichnis« <lat. *regesta* »Verzeichnis«; → *Regesten*]

re|gis|tered ⟨[rɛdʒistərd] Abk.: reg.; engl. Bez. für⟩ **1** *in ein Register eingetragen* (Firma) **2** *gesetzl. geschützt* (Patent) **3** *eingetragen* (Warenzeichen) **4** *eingeschrieben* (Postsendung) [engl.]

Re|gis|ter|ton|ne ⟨f.; -, -n; Abk.: RT⟩ *Raummaß für Schiffe, 2,8 m*^{3}

Re|gis|tra|tur, ⟨auch⟩ **Re|gist|ra|tur** ⟨f.; -, -en⟩ **1** *das Eintragen in ein Register* **2** *Arbeitsstätte des Registrators* **3** *Aufbewahrungsraum für Briefe usw.* **4** *Aktenschrank* **5** ⟨an der Orgel⟩ *Gesamtheit der Registerzüge* [<mlat. *registrare;* → *registrieren*]

re|gis|trie|ren, ⟨auch⟩ **re|gist|rie|ren** ⟨V.⟩ **1** *in ein Register eintragen* **2** ⟨fig.; umg.⟩ *zur Kenntnis nehmen (ohne sich zu äußern)* **3** ⟨Orgel⟩ *Register ziehen* [<mlat. *registrare* »in ein Verzeichnis eintragen«; zu *registrum;* → *Register*]

Re|gis|trier|ge|rät, ⟨auch⟩ **Re|gist|rier|ge|rät** ⟨n.; -(e)s, -e⟩ *Gerät zum Aufzeichnen von Messgrößen auf einen ablaufenden Papierstreifen, Registrierapparat*

■ Die Buchstabenfolge **re|gl...** kann auch **reg|l...** getrennt werden.

■ **Re|gle|ment** ⟨[-mã:] n.; -s, -s; schweiz. [-mɛnt] n.; -s, -e⟩ *Vorschriften, Bestimmungen, Satzung, z.B. bei Sportarten;* das ~ sieht vor; nach dem ~ [<frz. *règlement* »Regelung, Abwicklung, Erledigung«; zu *régler* »regulieren«]

■ **re|gle|men|ta|risch** ⟨[-mɛn-] Adj.⟩ *dem Reglement gemäß, aufgrund des Reglements*

■ **re|gle|men|tie|ren** ⟨[-mɛn-] V.⟩ *durch ein Reglement, durch Vorschriften regeln*

■ **Re|gle|men|tie|rung** ⟨[-mɛn-] f.; -, -en⟩ *behördl. Beaufsichtigung, Regelung, Anweisung*

■ **Re|glet|te** ⟨f.; -, -n; Typ.⟩ *nicht druckender Streifen aus Metall zwischen den Zeilen zur Herstellung von Zwischenräumen;* Sy *Durchschuss* [<frz. *réglette* »Durchschuss, Reglette«; zu *régler* »regulieren«]

■ **Re|gleur** ⟨[-glø:r] m.; -s, -e; in Uhren⟩ *Spirale, die den Gang regelt* [<frz. *régleur;* zu *régler* »regulieren«]

re|gre|die|ren ⟨V.⟩ **1** *(auf Früheres) zurückgreifen, (auf die Ursache) zurückgehen* **2** ⟨Rechtsw.⟩ *(auf den Hauptschuldner od. einen Bürgen) zurückgreifen* [< lat. *regredi* »zurückgehen«, Rechtsw.: »Ersatzansprüche stellen«]
Re|gress ⟨m.; -es, -e⟩ **1** ⟨Philos.⟩ *das Zurückgehen von der Wirkung zur Ursache* **2** ⟨Rechtsw.⟩ **2.1** *Ersatz, Entschädigung* **2.2** *Ersatzanspruch an den Hauptschuldner, Rückgriff (auf Bürgen od. an zweiter Stelle haftbar gemachte Personen);* auf jmdn. ~ nehmen [< lat. *regressus* »Rückkehr, Rückhalt, Zuflucht«; zu *regredi* »zurückgehen«]
Re|gres|sat ⟨m.; -en, -en⟩ *derjenige, auf den Regress genommen wird*
Re|gres|sion ⟨f.; -, -en⟩ **1** *Rückbildung* **2** *Rückbewegung* [< lat. *regressio* »Rückgang«; zu *regredi* »zurückgehen«]
re|gres|siv ⟨Adj.⟩ **1** *zurückgreifend (im Sinne eines Regresses)* **2** ⟨Philos.⟩ *von der Wirkung auf die Ursache zurückgehend* [< lat. *regredi* »zurückgehen« u. *regressio* »Rückgang«]
Re|gres|si|vi|tät ⟨[-vi-] f.; -; unz.⟩ *regressive Wesensart od. Beschaffenheit*
re|gress|pflich|tig ⟨Adj.⟩ *zum Regress(2) verpflichtet;* jmdn. ~ machen
Regt. ⟨Abk. für⟩ *Regiment(1)*
Reg.-T. ⟨†; Abk. für⟩ *Registertonne*
Re|gu|la Fal|si ⟨f.; - -; unz.⟩ *mathemat. Näherungsverfahren zur Verbesserung der Lösungswerte einer mit normalen Mitteln nicht lösbaren mathemat. Gleichung* [lat., »Regel des Falschen (= Vermeintlichen)«]
Re|gu|la Fi|dei ⟨[fi:dei] f.; - -; unz.; Theol.⟩ *Glaubensbekenntnis, Glaubensregel* [lat., »Regel des Glaubens«]
re|gu|lär ⟨Adj.⟩ *der Regel entsprechend, üblich, gewöhnlich;* Ggs *irregulär(1)* [< lat. *regularis* »einer Richtschnur gemäß, regelmäßig«]
Re|gu|lar ⟨m.; -s, -e⟩, **Re|gu|la|re** ⟨m.; -n, -n⟩ *Mitglied eines Ordens nach Ablegung der Gelübde* [< lat. *regularis* »einer Regel, Richtschnur gemäß«]
Re|gu|la|ri|en ⟨f.; Pl.⟩ *regelmäßig anfallende od. auf der Tagesordnung stehende Sachverhalte u. Angelegenheiten, die abgewickelt werden müssen;* die monatliche Versammlung gehört zu den ~ des Vereins
Re|gu|la|ri|tät ⟨f.; -, -en⟩ *reguläre Beschaffenheit;* Ggs *Irregularität(1)*
Re|gu|lar|kle|ri|ker ⟨m.; -s, -⟩ **1** ⟨i.w.S.⟩ *Ordensgeistlicher* **2** ⟨i.e.S.⟩ *Angehöriger eines Klosters ohne räuml. Bindung an das Kloster, in das er urspr. eingetreten ist*
Re|gu|la|ti|on ⟨f.; -, -en⟩ *das Regulieren, Regelung, Ausgleich* [zu lat. *regulare;* → *regulieren*]
re|gu|la|tiv ⟨Adj.⟩ *als Regel dienend, regelnd, aufgrund einer Regel*
Re|gu|la|tiv ⟨n.; -s, -e⟩ *allgemeine Anweisung, Verfügung* [zu lat. *regulare;* → *regulieren*]
Re|gu|la|tor ⟨m.; -s, -to|ren⟩ **1** ⟨i.e.S.⟩ *Uhrpendel* **2** ⟨i.w.S.⟩ *Wanduhr mit Pendel in geschlossenem Gehäuse* [< lat. *regulare;* → *regulieren*]
re|gu|la|to|risch ⟨Adj.⟩ *regulierend, lenkend;* ein wichtiger ~er Eingriff in das System
re|gu|lie|ren ⟨V.⟩ **1** *regeln, ordnen, gleichmäßig machen;* Ggs *deregulieren* **2** *nach einer Norm, einem Maß einrichten* **3** regulierter Kleriker = *Regularkleriker* [< lat. *regulare* »regeln, einrichten«; zu *regula* »Maßstab, Regel«]
Re|gu|lie|rung ⟨f.; -, -en⟩ *das Regulieren;* Ggs *Deregulierung*
Re|gu|lus 1 ⟨m.; -; unz.⟩ **1.1** ⟨Alchimie⟩ *die beim Schmelzen unter der Schlacke entstehende Metallschicht* **1.2** ⟨Met.⟩ *kleinere Abscheidung von Metall* **1.3** ⟨Handelsbez. für⟩ *metallisches Antimon* **2** ⟨m.; -, -li od. -lus|se⟩ *Angehöriger einer einheimischen Familie von Singvögeln, Goldhähnchen* [lat. *regulus* »König eines kleines Landes, kleiner König«, Verkleinerungsform zu *rex* »König«]
Re|ha|bi|li|tand ⟨m.; -en, -en⟩ *jmd., der rehabilitiert wird*
Re|ha|bi|li|ta|ti|on ⟨f.; -, -en⟩ **1** *Wiedereinsetzung in frühere Rechte, in den früheren Stand* **2** *Wiederherstellung der verletzten Ehre* **3** *Wiedereingliederung (von Kranken, Süchtigen usw.) in die Gesellschaft* **4** *Nachbehandlung, Wiederherstellung der Leistungsfähigkeit u. Gesundheit durch Bewegungstherapie, Gymnastik u.Ä.* [→ *rehabilitieren*]
Re|ha|bi|li|ta|ti|ons|zen|trum, ⟨auch⟩ **Re|ha|bi|li|ta|ti|ons|zent|rum** ⟨n.; -s, -tren; Med.⟩ *Einrichtung, die der Rehabilitation dient*
re|ha|bi|li|ta|tiv ⟨Adj.⟩ *der Rehabilitation dienend, sie betreffend;* ~e Behandlung
re|ha|bi|li|tie|ren ⟨V.⟩ **1** jmdn. ~ **1.1** *jmdn. in seine früheren Rechte, in seinen früheren Stand wiedereinsetzen* **1.2** *jmds. Ansehen wiederherstellen* **1.3** *jmdn. (nach Krankheit, Unfall o.Ä.) wieder ins gesellschaftliche Leben zurückführen* **2** sich ~ *sich rechtfertigen u. seinen Ruf wiederherstellen* [< *re...* + *habilitieren*]
Re|ha|bi|li|tie|rung ⟨f.; -, -en⟩ = *Rehabilitation*
Re|haut ⟨[rəo:] m.; -s, -s; Mal.⟩ *lichte, hervorgehobene Stelle (auf Gemälden)* [frz., zu *haut* »hoch; hell, lebhaft« (Farbe)]
Re|ha|zen|trum, ⟨auch⟩ **Re|ha|zent|rum** ⟨n.; -s, -tren; kurz für⟩ *Rehabilitationszentrum*
Reh|pos|ten ⟨m.; -s, -⟩ *grober Schrot;* Sy *Posten(7)* [< *Reh* + frz. *poste* »Rehposten« < ital. *posta;* → *Posten*]
Rei|bach ⟨m.; -s; unz.⟩ *Gewinn (bes. durch Betrug), Verdienst;* oV *Rebbach* [< jidd. *rewach* »Zins«]
Rei|bungs|ko|ef|fi|zi|ent ⟨m.; -en, -en⟩ *Konstante als Koeffizient des Verhältnisses der Reibungskräfte fester Körper*
Re|im|plan|ta|ti|on ⟨f.; -, -en⟩ = *Replantation*
re|im|plan|tie|ren ⟨V.⟩ = *replantieren*
Re|im|port ⟨m.; -(e)s, -e⟩ **Re|im|por|ta|ti|on** ⟨f.; -, -en⟩ *Wiedereinführung von exportierten Gütern*
re|im|por|tie|ren ⟨V.⟩ exportierte Güter ~ *wieder einführen*
Rei|ne|clau|de ⟨[rɛnəklo:d] f.; -, -n⟩ = *Reneklode*

Rei|net|te ⟨[rɛnɛ̣tə] f.; -, -n; österr. u. schweiz. nur so; frz. Schreibung von⟩ *Renette*
Re̲|in|fek|ti|on ⟨f.; -, -en⟩ *erneute Infektion*
Re|in|force|ment ⟨[riinfɔ:smənt] n.; - od. -s; unz.; Psych.⟩ *Bekräftigung des Gewohnten, Erlernten, z. B. durch Belohnung* [engl. »Verstärkung, Bestätigung«]
Re|in|fu|si|o̲n ⟨f.; -, -en⟩ *Zurückführung körpereigener Flüssigkeiten ins Gefäßsystem;* Sy *Retransfusion*
Re|in|kar|na|ti|o̲n ⟨f.; -, -en; Buddhismus, Anthroposophie⟩ *Wiedergeburt (der Seele in einem neuen Leben)*
Re̲|in|te|gra|ti|on, ⟨auch⟩ **Re̲|in|teg|ra|ti|on** ⟨f.; -, -en⟩ *Wiedereingliederung (in die Gesellschaft);* die ~ von Strafgefangenen [< lat. *re...* »wieder« + *Integration*]
re|in|ves|tie̲|ren ⟨[-vɛs-] V.⟩ *erneut investieren;* freigewordenes Kapital ~
Re|is ⟨[rɛ̲is] Pl. von⟩ *Real*
Re̲iz|ker ⟨m.; -s, -⟩ *Milchling, Milchblätterschwamm, Gattung der Blätterpilze mit milchigem Saft, der bei Verletzung des Fruchtkörpers austritt: Lactarius* [russ. *ryžik,* poln. *rydz,* tschech. *ryzec* »der Rötliche« (wegen seines roten Saftes)]
Re|jek|ti|o̲n ⟨f.; -, -en; Rechtsw.⟩ *Verwerfung, Abweisung* [< lat. *reiectio* »das Zurückwerfen«; zu *reicere* »zurückwerfen«]
Re|jek|to̲|ri|um ⟨n.; -s, -ri|en⟩ *abweisendes Urteil eines Gerichts höherer Instanz* [→ *Rejektion*]
re|ji|zie̲|ren ⟨V.; Rechtsw.⟩ *verwerfen, abweisen, nicht zulassen* [< lat. *reicere* »zurückwerfen«; zu *iacere* »werfen«]
Re|ka|pi|tu|la|ti|o̲n ⟨f.; -, -en⟩ *zusammenfassende Wiederholung* [< lat. *recapitulatio* »Zusammenfassung in den Hauptpunkten, Wiederholung«; zu *recapitulare;* → *rekapitulieren*]
re|ka|pi|tu|lie̲|ren ⟨V.⟩ *zusammenfassend wiederholen* [< lat. *recapitulare* »in den Hauptpunkten zusammenfassen, wiederholen«; zu *capitulum* »Köpfchen, Hauptabschnitt«; → *Kapitel*]
Re|kla|ma̦nt ⟨m.; -en, -en⟩ *jmd., der eine Reklamation geltend macht, Beschwerdeführer* [< lat. *reclamans,* Part. Präs. zu *reclamare;* → *reklamieren*]
Re|kla|ma|ti|o̲n ⟨f.; -, -en⟩ *Beschwerde, Beanstandung von Mängeln einer Sache od. eines Rechts* [< lat. *reclamatio* »Gegenruf, das Neinrufen«; zu *reclamare;* → *reklamieren*]
Re|kla̲|me ⟨f.; -, -n⟩ *Werbung für Waren durch Plakate, Zeitung, Film, Funk;* ~ für etwas machen [< frz. *réclame* < *ré* »zurück« + afrz. *clamer* < lat. *clamare* »rufen«]
Re|kla̲|me|chef ⟨[-ʃɛf] m.; -s, -s⟩ *Werbeleiter*
re|kla|mie̲|ren ⟨V.⟩ **1** *beanstanden, zurückfordern* **2** *sich beschweren* [< lat. *reclamare* »dagegen rufen, laut »nein« rufen«; zu *clamare* »laut rufen«]
Re|kli|na|ti|o̲n ⟨f.; -, -en⟩ *Zurückbiegen der verkrümmten Wirbelsäule* [< lat. *reclinatio,* »das Zurückbeugen«; zu *reclinare* »zurücklehnen, zurückbeugen«]
re|ko|gnos|zie̲|ren, ⟨auch⟩ **re|kog|nos|zie̲|ren** ⟨V.; Mil.⟩ *erkunden, erforschen, aufklären* [< lat. *recognoscere* »wiedererkennen, prüfend besichtigen«; zu *cognoscere* »kennen lernen«]
Re|kom|bi|na|ti|o̲n ⟨f.; -, -en⟩ *Wiedervereinigung abgespaltener Elektronen mit den ihnen zugehörigen Ionen*
Re|kom|pe̦ns, Re|kom|pen|sa|ti|o̲n ⟨f.; -, -en⟩ *Entschädigung* [< lat. *recompensatio* »Wiederausgleich«]
re|kom|pen|sie̲|ren ⟨V.⟩ *entschädigen* [< lat. *recompensare* »wieder ausgleichen«; zu *compensare* »abwägen, ausgleichen«]
Re|kon|sti|tu|ti|o̲n, ⟨auch⟩ **Re|kons|ti|tu|ti|o̲n** ⟨f.; -, -en⟩ *Wiederherstellung* [< frz. *reconstitution*]
re|kon|stru|ie̲|ren, ⟨auch⟩ **re|kons|tru|ie̲|ren, re|konst|ru|ie̲|ren** ⟨V.⟩ **1** *den ursprünglichen Zustand wiederherstellen* **2** *naturgetreu nachbilden* **3** einen Vorgang ~ *ihn nach der Erinnerung berichten*
Re|kon|struk|ti|o̲n, ⟨auch⟩ **Re|kons|truk|ti|o̲n, Re|konst|ruk|ti|o̲n** ⟨f.; -, -en⟩ **1** *Wiederherstellung (des ursprünglichen Zustandes)* **2** *Wiederherstellung eines Kunstwerkes, dessen ursprünglicher Zustand nicht mehr erkennbar, nur noch erschließbar ist;* → a. *Restauration* **3** *das Ergebnis einer Wiederherstellung* **4** *Bericht eines Vorgangs nach der Erinnerung*
re|kon|va|les|ze̦nt ⟨[-va-] Adj.⟩ *genesend, auf dem Wege der Besserung befindlich*
Re|kon|va|les|ze̦nt ⟨[-va-] m.; -en, -en⟩ *Genesender* [< lat. *reconvalescens,* Part. Präs. zu *reconvalescere* »wieder erstarken«; zu *valere* »bei Kräften sein, stark sein«]
Re|kon|va|les|ze̦nz ⟨[-va-] f.; -; unz.⟩ *Genesung, Zeit der Genesung* [→ *Rekonvaleszent*]
re|kon|va|les|zie̲|ren ⟨[-va-] V.⟩ *genesen;* nach einer Krankheit ~
Re|kon|zi|li|a|ti|o̲n ⟨f.; -, -en⟩ *Wiederaufnahme eines (religiös) Schuldigen in die kirchl. Gemeinschaft nach der Buße* [< *reconciliatio* »Versöhnung«; zu *reconciliare* »wieder vereinigen, versöhnen«]
Re|ko̦rd ⟨m.; -(e)s, -e⟩ **1** *(offiziell anerkannte) sport. Höchstleistung;* einen ~ aufstellen, brechen, halten **2** ⟨allg.⟩ *Höchstleistung* **3** *Verzeichnis der Kämpfe eines Boxers* [engl., »Aufzeichnung, Beurkundung, Urkunde; urkundl. Bestätigung einer sportl. Leistung, sportl. Höchstleistung« < lat. *recordari* »sich erinnern«]
Re|ko̦r|der ⟨m.; -s, -⟩ *Gerät zur elektromagnet. Ton- u./od. Bildaufzeichnung u. deren Wiedergabe;* Kassetten~, Video~; oV *Recorder* [zu engl. *record* »aufnehmen«]
Re|ko̦rd|ni|veau ⟨[-vo:] n.; -s, -s⟩ eine Leistung auf ~ *eine hervorragende Leistung, deren messbares Ergebnis im Bereich eines neuen Rekordes liegt (bes. im Sport)*

■ Die Buchstabenfolge **re|kr...** kann auch **rek|r...** getrennt werden. Davon ausgenommen sind Zusammensetzungen, in denen die fremdsprachigen bzw. sprachhistorischen Bestandteile deutlich als solche erkennbar sind, z.B. *-kret* (→a. *Dekret, Sekret*) od. *-kreation, -kreieren, -kristallisation*

Re|kre|a|ti|on ⟨f.; -; unz.⟩ *Erholung* [< lat. *recreatio* »Erholung, Wiederherstellung«; zu *recreare* »kräftigen, sich erholen«]

re|kre|ie|ren ⟨V.⟩ sich ~ *sich erholen, ausspannen* [< lat. *recreare* »neu beschaffen, neu beleben«, zu *creare* »erschaffen«]

Re|kret ⟨n.; -(e)s, -e⟩ *von einer Pflanze aufgenommener u. unverändert ausgeschiedener Stoff* [< *Re...* + *...kret*]

Re|kre|ti|on ⟨f.; -, -en⟩ *Ablagerung von nicht mehr benötigten Stoffwechselprodukten bei Pflanzen* [< *Re...* + *...kret* + *...ion*]

Re|kris|tal|li|sa|ti|on ⟨f.; -, -en⟩ **1** *das Wiederauskristallisieren eines Stoffes aus einer Lösung* **2** ⟨Met.⟩ *durch Erwärmen bewirkte Gefügeänderung eines durch Kaltbearbeitung verformten Materials*

■ **Re|kru|des|zenz** ⟨f.; -; unz.⟩ *Wiederverschlimmerung (bei Krankheiten)* [< lat. *recrudescens*, Part. Präs. zu *recrudescere* »wieder ausbrechen«]

■ **Re|krut** ⟨m.; -en, -en⟩ *Soldat in der ersten Ausbildung, eben ausgehobener Soldat* [< frz. *recrue* »Nachwuchs, Rekrut», Part. Perf. zu *recroître* »nachwachsen«]

■ **re|kru|tie|ren** ⟨V.⟩ **1** *Rekruten ausheben* **2** sich ~ *sich zusammensetzen, sich ergänzen (aus)* [< frz. *recruter* »ausheben, rekrutieren«; → *Rekrut*]

Rek|ta ⟨Pl. von⟩ *Rektum*

Rek|ta|klau|sel ⟨f.; -, -n⟩ *auf einem Orderpapier vermerkte Klausel, die eine Übertragung durch Indossament verbietet* [< lat. *recta (via)* »auf geradem (Weg)«]

rek|tal ⟨Adj.⟩ *zum Mastdarm gehörig, im Mastdarm, durch den M.;* Sy *per rectum;* Temperatur ~ messen [→ *Rektum*]

Rekt|al|gie, ⟨auch⟩ **Rek|tal|gie** ⟨f.; -, -n⟩ *Mastdarmschmerz* [< *Rektum* + *...algie*]

Rek|tal|nar|ko|se ⟨f.; -, -n⟩ *Betäubung durch Verabreichen eines Darmeinlaufs* [< *rektal* + *Narkose*]

rekt|an|gu|lär, ⟨auch⟩ **rek|tan|gu|lär** ⟨Adj.⟩ *rechtwinklig* [< frz. *rectangulaire* »rechtwinklig, rechteckig« < lat. *rectus* »gerade« + *angulus* »Winkel«]

Rek|ta|pa|pier ⟨n.; -s, -e⟩ *auf den Namen des Berechtigten lautendes Wertpapier, Namenpapier* [→ *Rektaklausel*]

Rek|ta|scheck ⟨m.; -s, -s⟩ *auf den Namen des Empfängers lautender Scheck mit Rektaklausel*

Rekt|as|zen|si|on, ⟨auch⟩ **Rek|tas|zen|si|on, Rekt|a|szen|si|on** ⟨f.; -, -en⟩ *zur Angabe der Sternörter in Sternkarten verwendete Koordinate, die sich auf den Frühlings-(Widder-)Punkt bezieht* [< lat. *recta* »gerade« + *ascensio* »Aufstieg«]

Rek|ta|wech|sel ⟨m.; -s, -⟩ *Wechsel mit Rektaklausel*

Rek|ti|fi|ka|ti|on ⟨f.; -, -en⟩ **1** ⟨†⟩ *Berichtigung, Zurechtweisung* **2** ⟨Chem.⟩ *wiederholte Destillation* **3** ⟨Math.⟩ *Bestimmung der Bogenlänge einer Kurve* [< lat. *rectus* »richtig, recht« + *...fikation*]

rek|ti|fi|zie|ren ⟨V.⟩ **1** *berichtigen, zurechtweisen* **2** *einer Rektifikation unterwerfen* **3** *eine Rektifikation vornehmen* [< lat. *rectus* »richtig, recht« + *...fizieren*]

Rek|ti|on ⟨f.; -, -en⟩ *Fähigkeit eines Wortes, den Kasus des von ihm abhängigen Wortes zu bestimmen, zu regieren,* z.B. die Präposition »mit« hat als Rektion (regiert) den Dativ; → a. *Valenz(3)* [< lat. *rectio* »Lenkung, Leitung«; zu *regere;* → *regieren*]

Rek|to ⟨n.; -s, -s⟩ *Vorderseite, erste Seite (eines Blattes);* Ggs *Verso* [< lat. *recto (folio)* »auf der rechten (Seite)«]

Rek|tor ⟨m.; -s, -to|ren⟩ *Leiter (einer Schule, Hochschule od. kirchl. Einrichtung)* [< kirchenlat. *rector scholae* »Leiter einer Schule«; zu *regere;* → *regieren*]

Rek|to|rat ⟨n.; -(e)s, -e⟩ **1** *Amt, Amtszeit eines Rektors* **2** *dessen Geschäftsstelle*

Rek|to|skop, ⟨auch⟩ **Rek|tos|kop** ⟨n.; -(e)s, -e⟩ *ein etwa 30 cm langes, metallenes Rohr (mit einer elektr. Lichtquelle, einer Optik u. einem Gebläse), das durch den After eingeführt wird u. eine genaue Untersuchung der Wand des Mastdarms gestattet, Mastdarmspiegel* [< *Rektum* + *...skop*]

Rek|to|sko|pie, ⟨auch⟩ **Rek|tos|ko|pie** ⟨f.; -, -n⟩ *Untersuchung des Mastdarms mit Hilfe des Rektoskops, Mastdarmspiegelung*

rek|to|sko|pisch, ⟨auch⟩ **rek|tos|ko|pisch** ⟨Adj.⟩ *die Rektoskopie betreffend, durch den Einsatz des Rektoskops ermittelt*

Rek|to|ze|le ⟨f.; -, -n⟩ *Mastdarmvorfall* [< *Rektum* + grch. *kele* »Bruch«]

Rek|tum ⟨n.; -s, -ta⟩ *letzter Abschnitt des Darmes, der sich an den Blinddarm anschließt u. mit dem After endet, Mastdarm* [verkürzt < lat. *rectum intestinum* »gerade verlaufender Darm«]

re|kul|ti|vie|ren ⟨[-vi:-] V.⟩ *für die landwirtschaftl. Nutzung wiedergewinnen;* Bodenflächen ~ [< *re...* + *kultivieren*]

Re|kul|ti|vie|rung ⟨[-vi:-] f.; -, -en⟩ *Wiederherstellung der ursprünglichen ökologischen Verhältnisse in Landesteilen, die durch menschliche Aktivitäten beeinträchtigt wurden*

Re|ku|pe|ra|tor ⟨m.; -s, -to|ren⟩ *Anlage zum Vorwärmen von Gasen od. Flüssigkeiten an techn. Feuerungsanlagen* [< lat. *recuperator* »Wiedererwerber«]

Re|kur|rens|fie|ber ⟨n.; -s, -⟩ *Rückfallfieber* [< lat. *recurrens*, Part. Präs. von *recurrere* »zurücklaufen«]

re|kur|rent ⟨Adj.⟩ = *rekursiv*

Re|kur|ṛenz ⟨f.; -; unz.⟩ = *Rekursivität* [zu lat. *recurrere* »zurücklaufen, wiederkehren«]

re|kur|ri̱e|ren ⟨V.⟩ **1** *Bezug nehmen, anknüpfen, aufgreifen* **2** ⟨Rechtsw.; †; noch österr.⟩ *Einspruch erheben, Berufung einlegen* **3** ⟨†⟩ *seine Zuflucht nehmen* **4** ⟨V.⟩ auf etwas ~ *auf etwas Bezug nehmen* [< lat. *recurrere* »zurücklaufen, seine Zuflucht nehmen«; zu *currere* »laufen«]

Re|kụrs ⟨m.; -es, -e⟩ **1** *Rückgriff, Bezugnahme* **2** ⟨Rechtsw.⟩ *Beschwerde, Einspruch, Berufung* [< lat. *recursus* »Rücklauf, Rückkehr, Berufung«; → *rekurrieren*]

re|kur|si̱v ⟨Adj.⟩ **1** ⟨Math.; EDV⟩ *auf bekannte Werte zurückgehend, in der Art einer Rekursion* **2** ⟨Sprachw.⟩ *(bei der Bildung von Sätzen) auf Regeln, die für vorangegangene Sätze gelten, zurückgreifend;* Sy *rekurrent* [→ *rekurrieren*]

Re|kur|si|vi|tä̱t ⟨[-vi-] f.; -; unz.⟩ *Möglichkeit einer Grammatik, mit einer endlichen Anzahl von Regeln eine unendlichen Menge von Sätzen zu bilden;* Sy *Rekurrenz*

Re|lais ⟨[rəlɛ̱:] n.; - [-lɛ̱:s], - [-lɛ̱:s]⟩ **1** ⟨früher⟩ *Wechsel der Pferde, Stelle zum Auswechseln der Postpferde* **2** ⟨Mil.⟩ *Kette von Meldegängern* **3** *elektr. Schaltvorrichtung zum Steuern großer Strom- u. Spannungsstärken durch kleine Strom- u. Spannungsstärken* [frz., »Staffel, Stafette, Relais«]

Re|lais|be|ben ⟨[rəlɛ̱:-] n.; -s, -⟩ *Erdbeben, das von einem anderen, möglicherweise auch weit entfernten Beben ausgelöst wird;* Sy *Simultanbeben*

Re|lais|sta|ti|on ⟨[rəlɛ̱:-] f.; -, -en⟩ **1** *auf der Erde befindliche Funkstation zum Auffangen u. Weiterleiten von Funk- u. Fernsehwellen, die bei ihrer Ausbreitung nicht der Erdkrümmung folgen* **2** *in längeren Telefon- od. Telegrafiekabeln (z.B. Überseekabeln) eingebaute Verstärkereinrichtung* **3** *als Reflektor u. Verstärker für elektromagnet. Wellen dienende Satelliten, bes. Nachrichtensatelliten*

Re|lạps ⟨m.; -es, -e⟩ *Wiederausbrechen einer Krankheit, Rückfall* [< lat. *relapsio* »das Zurückgleiten«; zu *relabi* »zurückgleiten, -fallen«]

Re|la|ti|o̱n ⟨f.; -, -en⟩ **1** *Beziehung, Verhältnis;* in ~ zur Qualität ist der Preis zu hoch **2** *Bericht, Mitteilung* [< lat. *relatio* »Bericht, Berichterstattung; Beziehung, Verhältnis«]

re|la|ti|o|na̱l ⟨Adj.⟩ *die Relation betreffend, in einer Beziehung, einem Verhältnis stehen*

re|la|ti̱v ⟨Adj.⟩ **1** *in einem Verhältnis zu etwas stehend, im Verhältnis zu etwas anderem zu betrachten, bedingt verhältnismäßig;* Ggs *absolut* **1.1** ~e **Bewegung** *B. innerhalb eines Bezugssystems* **1.2** ~es **Gehör** *Fähigkeit, einen Ton durch Intervalle zu bestimmen* **1.3** ~e **Feuchtigkeit** *Feuchtigkeitsgehalt der Luft unter Berücksichtigung der Tatsache, dass warme Luft mehr Wasser aufnimmt als kalte* **1.4** ~e **Helligkeit** *H. eines Sternes, wie sie sich dem Betrachter bietet, ohne Rücksicht auf die Entfernung, scheinbare Helligkeit* **1.5** ~e **Mehrheit** *Abstimmungsergebnis, bei dem der Wahlkandidat mehr Stimmen als die anderen erhalten hat, ohne aber die absolute Mehrheit erreicht zu haben* **1.6** ~e **Zahl** *mit einem negativen od. positiven Vorzeichen versehene Zahl* **2** ⟨adv. u. präd.⟩ *von den Umständen od. wechselnder Beurteilung abhängig;* er ist ~ groß; es ist ~ gut gegangen [< frz. *relatif* < lat. *relativus* »sich beziehend, bezüglich«]

Re|la|ti̱v ⟨n.; -s, -e⟩ = *Relativpronomen*

re|la|ti|vie|ren ⟨[-vi̱:-] V.⟩ **1** *in Beziehung, in ein Verhältnis setzen zu* **2** *in Zweifel ziehen, einschränken*

re|la|ti|visch ⟨[-viʃ-] Adj.⟩ *das Relativ betreffend, als Relativ verwendet*

Re|la|ti|vis|mus ⟨[-vịs-] m.; -; unz.; Philos.⟩ *Lehre, dass alle Dinge für uns nur in ihren Beziehungen zueinander, nicht aber als die Dinge selbst erkennbar sind*

Re|la|ti|vist ⟨[-vịst] m.; -en, -en⟩ **1** ⟨Philos.⟩ *Vertreter, Anhänger des Relativismus* **2** ⟨geh.⟩ *jmd., der alle Erkenntnis als subjektiv einstuft*

re|la|ti|vis|tisch ⟨[-vịs-] Adj.⟩ *den Relativismus od. die Relativitätstheorie betreffend, auf ihm od. ihr beruhend*

Re|la|ti|vi|tä̱t ⟨[-vi-] f.; -, -en⟩ *auf eine bestimmte Sache bezogene, bedingte Geltung*

Re|la|ti|vi|tä̱ts|the|o|rie ⟨[-vi-] f.; -; unz.⟩ *von A. Einstein erstmals formulierte Theorie, nach der Zeit u. Raum nicht unveränderlich, sondern vom Bezugssystem des jeweiligen Beobachters abhängig sind u. bes. bei Annäherung an die Lichtgeschwindigkeit starke Veränderungen erfahren (heute vielfach bewiesen)*

Re|la|ti̱v|pro|no|men ⟨n.; -s, - od. -mi|na⟩ *bezügliches Fürwort, Pronomen, das in einem untergeordneten Gliedsatz anstelle der Benennung einer Person od. Sache steht,* z.B. der Mann, welcher… (der…)

Re|la|ti̱v|satz ⟨m.; -es, -sät|ze⟩ *durch ein Relativpronomen an den Hauptsatz angeschlossener Nebensatz, Bezugssatz,* z.B. ich kaufe mir das Buch, „von dem alle sprechen“

Re|la|ti̱|vum ⟨n.; -s, -va⟩ = *Relativpronomen* [< lat. *(pronomen) relativum* »bezügliches (Fürwort)«]

Re|la|ti̱v|zahl ⟨f.; -, -en⟩ = *Index(4)*

Re|launch ⟨[rilɔ̱:nʃ] m. od. n.; -(e)s, -(e)s⟩ *neue Werbekampagne für ein Produkt, das bereits längere Zeit auf dem Markt ist* [engl., < *re-* »wieder, erneut« + *launch* »auf den Markt bringen«]

Re|lạ|xans ⟨n.; -, -xạn|tia od. -xạn|zi|en⟩ *Mittel zur Entspannung der Muskeln* [< lat. *relaxans,* Part. Präs. zu *relaxare* »lockern, lösen«]

Re|la|xa|ti|o̱n ⟨f.; -, -en⟩ **1** ⟨Phys.⟩ *Verminderung der Elastizität* **2** ⟨Chem.⟩ *Wiederherstellung eines chem. Gleichgewichts* **3** ⟨Physiol.⟩ *Entspannung der Muskulatur* **4** ⟨Math.⟩ *Verfahren zur näherungsweisen Lösung von Gleichungen* [< lat. *relaxatio* »Entspannung«]

re|laxed ⟨[rilækst] Adj.; umg.⟩ *ungezwungen, gelöst, entspannt;* → a. *relaxen*

re|la|xen ⟨[rilæksən] V.⟩ *sich entspannen, erholen;* → a. *relaxed* [< engl. *relax* »entspannen«]
Re|la|xing ⟨[rilæksiŋ] n.; -s; unz.⟩ *das Entspannen, Erholen* [zu engl. *relax* »entspannen, erholen]
Re|lease ⟨[rili:s] n.; -, -s [-sis] od. [-siz]; verkürzt für⟩ *Releasezentrum*
Re|lease|cen|ter ⟨[rili:ssɛntə(r)] n.; -s, -⟩ = *Releasezentrum*
Re|lea|ser ⟨[rili:zə(r)] m.; -s, -; umg.⟩ *Betreuer von Drogenabhängigen* [< engl. *release* »Befreiung, Erlösung«]
Re|lease|zen|trum, ⟨auch⟩ **Re|lease|zent|rum** ⟨[rili:s-] n.; -s, -tren⟩ *Einrichtung zur Heilung Drogenabhängiger;* Sy *Releasecenter* [< engl. *release* »befreien«]
Re|le|ga|ti|on ⟨f.; -, -en⟩ *Verweisung eines Studenten bzw. Schülers von der Hochschule bzw. Schule* [< lat. *relegatio* »Fortschickung, Verweisung«; zu *relegare* »fortschicken, entfernen«]
Re|le|ga|ti|ons|spiel ⟨n.; -(e)s, -e; Sp.⟩ *entscheidendes Spiel einer schlechteren Mannschaft einer höheren Spielklasse gegen eine bessere Mannschaft der darunter liegenden Spielklasse um den Verbleib in derselben od. den Aufstieg in die höhere Spielklasse*
re|le|gie|ren ⟨V.⟩ einen Studenten, Schüler ~ *von der Hochschule bzw. Schule verweisen* [< lat. *relegare* »fortschicken, entfernen«, < *re...* »zurück« + *legare* »entsenden«]
re|le|vant ⟨[-vant] Adj.⟩ *wichtig, erheblich, belangvoll;* Ggs *irrelevant* [< lat. *relevans,* Part. Präs. zu *relevare* »erleichtern, mildern, abhelfen«]
Re|le|vanz ⟨[-vants] f.; -, -en⟩ *die Eigenschaft, relevant zu sein;* Ggs *Irrevelanz*
Re|li|a|bi|li|tät ⟨f.; -; unz.; Psych.⟩ *Zuverlässigkeit (eines psycholog. Tests)* [< engl. *reliability* »Zuverlässigkeit«]
Re|li|ef ⟨n.; -s, -s od. -e⟩ **1** *aus einer Fläche mehr od. minder erhaben herausgearbeitetes, in der ägypt. Kunst auch eingegrabenes Bild* **2** *Form der Erdoberfläche* **3** *verkleinerte Nachbildung der Erdoberfläche* [frz., »Relief, erhabene Arbeit«]
Re|li|ef|druck ⟨m.; -(e)s, -e⟩ *Präge- od. Blinddruck, die Prägung (von Platten, bes. von Buchdeckeln)*
re|li|e|fie|ren ⟨[-ljɛ-] V.⟩ *mit einem Relief versehen, verzieren, ein Relief herausarbeiten aus;* eine Fläche ~
Re|li|ef|um|kehr ⟨f.; -; unz.; Geol.⟩ *Umkehrung der Übereinstimmung zwischen Relief u. Struktur eines Faltengebirges, wenn in diesem die zerklüfteten, höher liegenden u. leichter abzutragenden Schichten von Faltensätteln durch Abtragung so weit verringert werden, dass die Erdoberfläche schließlich tiefer liegt als in den tektonischen Mulden;* Sy *Inversion(9)*
Re|li|gi|on ⟨f.; -, -en⟩ **1** *Glaube an u. Auseinandersetzung mit einer überirdischen Macht sowie deren kultische Verehrung* **2** *Gottesglaube, Gottesverehrung* **3** *Glaubensbekenntnis* **4** *Unterricht im Glaubensbekenntnis (als Schulfach)* [< lat. *religio* »rücksichtsvolle, gewissenhafte Beachtung, Gewissensscheu«]
Re|li|gi|ons|phi|lo|so|phie ⟨f.; -, -n⟩ **1** *Teil der Philosophie, der Inhalt u. Bedeutung der Religion erforscht* **2** *philosoph. Behandlung religiöser u. dogmat. Fragen vom Standpunkt der Theologie aus;* jüdische, katholische, protestantische ~
re|li|gi|ös ⟨Adj.⟩ Ggs *irreligiös* **1** *zur Religion gehörend, auf ihr beruhend* **2** *gläubig, fromm* [< lat. *religiosus* »gewissenhaft, gottesfürchtig, fromm«; → *Religion*]
Re|li|gi|o|se(r) ⟨f.2 (m.1)⟩ *Mitglied einer religiösen Genossenschaft mit einfachen Gelübden*
Re|li|gi|o|si|tät ⟨f.; -; unz.⟩ *Gläubigkeit, Frömmigkeit;* Ggs *Irreligiosität*
re|li|gio|so ⟨[-lidʒo:zo] Mus.⟩ *andachtsvoll, fromm* [ital.]
re|likt ⟨Adj.⟩ *als Relikt vorkommend (von Tieren u. Pflanzen)*
Re|likt ⟨n.; -(e)s, -e⟩ *Überbleibsel, Rest* [< lat. *relictum* Part. Perf. zu *relinquere* »zurücklassen«]
Re|lik|ten ⟨nur Pl.⟩ **1** *Hinterbliebene* **2** *Hinterlassenschaft*
Re|lik|ten|fau|na ⟨f.; -, -nen⟩ *letzte Exemplare einer vormals lebenden Tierwelt*
Re|lik|ten|flo|ra ⟨f.; -, -ren⟩ *letzte Exemplare einer vormals lebenden Pflanzenwelt*
Re|li|qui|ar ⟨n.; -s, -e⟩ *oft kunstvoll gearbeiteter Behälter zur Aufnahme von Reliquien, Reliquienbehälter, Reliquienschrein, Heiligenschrein*
Re|li|quie ⟨[-kviə] f.; -, -n⟩ *körperl. Überrest eines Heiligen od. Gegenstand, der ihm einst gehörte* [< lat. *reliquiae* »Zurückgelassenes, Überrest«; zu *relinquere* »zurück lassen, übrig lassen«]
Re|lish ⟨[rɛliʃ] n.; -s, -s od. -es [-ʃiz]⟩ *würzige Soße mit kleinen Gemüsestückchen* [engl., »Gewürz, Geschmack«]
Re|luk|tanz ⟨f.; -, -en⟩ *magnetischer Widerstand, Kehrwert der magnet. Induktivität* [< lat. *reluctari* »sich widersetzen«]
Re|lu|xa|ti|on ⟨f.; -, -en⟩ *wiederholte Ausrenkung eines Gelenks* [< *Re...* + *Luxation*]
rem ⟨Zeichen für⟩ *Rem*
Rem ⟨n.; -, -; Zeichen: rem⟩ *bis zum 31.12.1985 verwendete Maßeinheit der Röntgenstrahlung od. radioaktiven Strahlung, ersetzt durch die Einheit Joule/Kilogramm (J/kg), 1 rem = 0,01 J/kg;* → a. *rep* [engl., verkürzt < *r*oentgen *e*quivalent *m*an]
Re|mail|ling ⟨[rimɛil-] n.; -s; unz.; Wirtsch.⟩ *Versand von Massenpost unter Ausnutzung der jeweils günstigsten Gebührenstruktur im In- u. Ausland (basiert darauf, dass Inlandspost unter Umständen ins Ausland transferiert wird, um von dort kostengünstiger wieder ins Inland geschickt zu werden)* [< engl. *re* »zurück« + *mailing* »Postversand«]

Re|make ⟨[ri:mɛik] n.; -s, -s⟩ *neue Verfilmung eines bereits verfilmten Stoffes* [<engl. *remake* »erneuern« <*re...* »wieder...« + *make* »machen«]
re|ma|nent ⟨Adj.; fachspr.⟩ *zurückbleibend;* ~er Magnetismus [<lat. *remanens,* Part. Präs. von *remanere* »zurückbleiben«]
Re|ma|nenz ⟨f.; -; unz.⟩ *in Körpern aus Stahl od. Eisen zurückbleibender Magnetismus, Restmagnetismus* [<lat. *remanere* »zurückbleiben«]
Re|ma|te|ri|a|li|sa|ti|on ⟨f.; -, -en⟩ *Bildung von Materie aus einer entsprechend energiereichen Strahlung*
Rem|bours ⟨[rãbu:r] m.; -, -⟩ *Deckung, Erstattung (von Auslagen)* [verkürzt <frz. *remboursement* »Rückzahlung, Rückerstattung«; zu *rembourser* »zurückzahlen«]
Rem|bours|ge|schäft ⟨[rãbu:r-] n.; -(e)s, -e; Bankw.⟩ *Geschäft, bei dem man sich durch Wechsel teilweise Deckung für die in Kommission gegebenen Waren verschafft*
Rem|bours|kre|dit ⟨[rãbu:r-] m.; -s, -e⟩ *kurzfristiger, durch Waren gesicherter Kredit einer Bank an einen Importeur im Überseehandel*
re|me|die|ren ⟨V.⟩ *heilen, helfen* [<lat. *remediari* »heilen«; zu *remedium* »Heilmittel«]
Re|me|di|um ⟨n.; -s, -di|en od. -dia⟩ **1** *Heil-, Hilfsmittel* **2** *die gesetzlich gestattete geringe Abweichung von der normalen Feinheit u. vom Normalgewicht einer Münze* [lat., »Heilmittel, Arznei, Hilfsmittel«]
Re|mi|grant, ⟨auch⟩ **Re|mig|rant** ⟨m.; -en, -en⟩ *jmd., der remigriert*
re|mi|grie|ren, ⟨auch⟩ **re|mig|rie|ren** ⟨V.⟩ *aus dem Exil zurückkehren* [<*re...* + lat. *migrare* »wandern«]
re|mi|li|ta|ri|sie|ren ⟨V.⟩ ein Land ~ *das Heerwesen eines Landes wiederherstellen, ein Land wieder bewaffnen*
Re|mi|li|ta|ri|sie|rung ⟨f.; -; unz.⟩ *das Remilitarisieren*
Re|mi|nis|zenz ⟨f.; -, -en⟩ *Erinnerung, Anklang;* Kindheits~ [<lat. *reminiscentia* »Rückerinnerung«; zu *reminisci* »sich erinnern«]
Re|mi|nis|ze|re *zweiter Sonntag der Passionszeit, fünfter Sonntag vor Ostern* [lat., »gedenke«; nach dem Anfangswort des Messeingangs aus Psalm 24,6]
re|mis ⟨[rəmi:] Adj.; undekl.; nur präd. u. adv.⟩ *unentschieden (bes. beim Schachspiel)* [frz., »unentschieden«, eigtl. »aufgeschoben«, Part. Perf. zu *remettre* »aufschieben; einstellen«]
Re|mis ⟨[rəmi:] n.; -, - od. -en [-zən]⟩ *unentschiedenes Spiel (bes. beim Schach)*
Re|mi|se ⟨f.; -, -n⟩ **1** *Einstellraum für Wagen u. Geräte* **2** *zum Schutz von Wild angelegtes, dichtes Gehölz* [frz., »das Zurückstellen; das Einstellen«; zu *remettre;* → *remis*]
re|mi|sie|ren ⟨V.⟩ *einen Wettkampf für unentschieden erklären (bes. beim Schachspiel)*
Re|mis|si|on ⟨f.; -, -en⟩ **1** *Rücksendung* **2** *Erlass, Vermittlung* **3** *Verminderung* **4** *vorübergehendes Zurückgehen von Krankheitserscheinungen* [<lat. *remissio* »Zurücksendung, Unterbrechung, Erlassung«; zu *remittere* »zurückschicken, nachlassen«]
Re|mit|ten|de ⟨f.; -, -n⟩ *vom Buchhändler dem Verlag zurückgeschicktes Buch* [<lat. *remittenda* »zurückzuschickende«, Gerundivum zu *remittere* »zurückschicken«]
Re|mit|tent ⟨m.; -en, -en⟩ *jmd., an den od. an dessen Order ein Wechsel gezahlt werden soll* [<lat. *remittens* »zurücksendend, (wieder) zustellend«, Part. Präs. zu *remittere* »zurücksenden, (wieder) zustellen«]
re|mit|tie|ren ⟨V.⟩ **1** *zurücksenden* **2** *übersenden, überweisen* **3** *vermindern* **4** ⟨Med.⟩ *nachlassen, zurückgehen;* eine Krankheitserscheinung remittiert [<lat. *remittere* »zurücksenden, (wieder) zustellen«; zu *mittere* »senden«]
Re|mons|trant, ⟨auch⟩ **Re|monst|rant** ⟨m.; -en, -en⟩ *Angehöriger der Partei der niederländ. reformierten Kirche* [<*Re...* + lat. *monstrare* »zeigen«]
re|mon|tant ⟨a. [-mɔ̃:-] Adj.⟩ *wiederkehrend, zum zweiten Mal blühend* [frz., »zweimal (jährlich) blühend«; zu *remonter;* → *remontieren*]
Re|mon|te ⟨a. [-mɔ̃:tə] f.; -, -n⟩ *junges (drei- bis fünfjähriges) Pferd, bes. für das Militär* [frz., »Gesamtheit der Nachwuchspferde«]
re|mon|tie|ren ⟨V.⟩ **1** *wiedereinrichten* **2** ⟨†⟩ *den Bestand an Pferden auffrischen, junge Pferde kaufen* **3** ⟨Bot.⟩ *nach dem Hauptflor am jungen Trieb zum zweiten Mal blühen* [<frz. *remonter* »wieder hinaufsteigen, auffrischen, ergänzen; zweimal (im Jahr) blühen«]
Re|mor|queur ⟨[-kø:r] m.; -s, -e; österr.⟩ *kleiner Schleppdampfer* [frz., »Schlepper, Schleppdampfer«]
re|mor|quie|ren ⟨[-ki:-] V.⟩ *mit Schleppdampfer ziehen, schleppen* [<frz. *remorquer* »schleppen, ins Schlepptau nehmen«]
Re|mote|sen|sing, ⟨auch⟩ **Re|mote Sen|sing** ⟨[rimout-] n.; (-) -s; unz.⟩ **1** *Führung von Anlagen od. techn. Verfahren durch Fernsteuerungseinrichtungen* **2** ⟨Weltraumfahrt⟩ *Erkundung von Planeten od. Sternen aus großer Entfernung* [engl. *remote* »weit entfernt« + *sensing* »das Fühlen«]
Re|mou|la|de ⟨[rəmu-] f.; -, -n⟩ *pikante, dicke Soße aus Öl, Ei u. Gewürzen* [<frz. *rémoulade* »Remoulade(nsoße)«]
REM-Pha|se ⟨f.; -, -n⟩ *Traumphase des Schlafs, die durch schnelle Augenbewegungen u. eine auffallend starke Aktivität des Gehirns gekennzeichnet ist* [Abk. zu engl. *rapid eye movement* »schnelle Augenbewegung«]
Re|mu|ne|ra|ti|on ⟨f.; -, -en; †; noch österr.⟩ *Vergütung, Entschädigung* [<lat. *remuneratio* »Erkenntlichkeit, Belohnung«; zu *remunerari* »belohnen«]
Ren[1] ⟨[re:n] n.; -s, -s od. -e⟩ *im Norden lebende Art der Hirsche, von denen beide Geschlechter ein Geweih tragen, Rentier: Rangifer tarandus*

[< norw., dän., schwed. *ren* < germ. **hraina-* < idg. **kroino;* zur Wurzel **ker-* »Horn«]
Ren[2] ⟨m.; -, Re|nes⟩ *Niere* [lat.]
Re|nais|san|ce ⟨[rənɛsã:s(ə)] f.; -, -n [-sən]⟩ **1** *Wiedererweckung der antiken Kultur seit dem 14. Jh. in Europa* **2** *Wiedererweckung einer untergegangenen Kultur;* karolingische ~ [frz., »Wiedergeburt«]
re|nal ⟨Adj.⟩ *zu den Nieren gehörig* [zu lat. *ren* »Niere«]
re|na|tu|rie|ren ⟨V.⟩ *in einen naturnahen Zustand zurückführen;* Ackerland ~
Re|na|tu|rie|rung ⟨f.; -, -en⟩ *Wiederherstellung naturnaher Verhältnisse* [zu lat. *re...* »wieder« + *Natur*]
Ren|con|tre, ⟨auch⟩ **Ren|cont|re** ⟨[rãkɔ̃:trə] n.; -s, -s⟩ = *Renkontre*
Ren|dant ⟨m.; -en, -en⟩ *Rechnungsführer, Kassenverwalter, Rentmeister* [frz., »Rechnungsablegender«]
Ren|de|ment ⟨[rãdəmã:] n.; -s, -s⟩ *Ausbeute, Ertrag (bes. von Fertigwaren aus einem Rohstoff)* [frz., »Ertrag, Nutzen«]
Ren|dez|vous ⟨[rãdevu:] n.; - [-vu:s], - [-vu:s]⟩ **1** *Verabredung, Treffen, Stelldichein;* ein ~ haben; sich mit jmdm. ein ~ geben **2** *durch Änderung der Umlaufbahnen erreichte Begegnung bemannter od. unbemannter Satelliten oder Weltraumstationen* [< frz. *rendez-vous* »Verabredung, Stelldichein«]
Ren|dez|vous|ma|nö|ver ⟨[rãndevu:-] n.; -s, -⟩ *Kurskorrektur von Satelliten, die zum Erreichen eines Rendezvous(2) notwendig sind*
Ren|di|te ⟨f.; -, -n⟩ **1** *Gewinn in der Zeiteinheit im Verhältnis zum eingesetzten Kapital* **2** *Ertrag im Verhältnis zum Kurs (eines Wertpapiers)* [< ital. *rendita* »Einkünfte, Gewinn«]
Ren|di|ten|haus ⟨n.; -es, -häu|ser; schweiz.⟩ *Mietshaus*
Re|ne|gat ⟨m.; -en, -en⟩ *Abtrünniger eines Glaubens od. einer polit. Überzeugung* [< *Re...* + lat. *negare* »verneinen, verleugnen«]
Re|ne|ga|ti|on ⟨f.; -, -en⟩ *das Abweisen der bisherigen Überzeugung, Glaubensabfall*
Re|ne|klo|de, ⟨auch⟩ **Re|nek|lo|de** ⟨f.; -, -n⟩ *feste, grüne Pflaume;* oV *Reineclaude,* ⟨österr.⟩ *Ringlotte* [< frz. *reineclaude* = *Reine Claude* »Königin Claudia (Gemahlin Franz' I. von Frankreich)]
Re|net|te ⟨f.; -, -n⟩ *fester, haltbarer grüner Apfel;* oV *Reinette* [< frz. *reinette, rainette* »Laubfrosch« (wegen der gefleckten Schale)]
Ren|for|cé ⟨[rãfɔrse:] m. od. n.; -s, -s⟩ *feiner, gebleichter Baumwollstoff für Wäsche u. Hemden in Leinwandbindung;* Sy *Madapolam* [frz., »verstärkt«]
re|ni|tent ⟨Adj.⟩ *widerspenstig, widersetzlich* [< frz. *rênitent* »dem Druck widerstehend« < lat. *renitens* »sich entgegenstemmend«, Part. Präs. zu *reniti* »sich entgegenstemmen«]
Re|ni|tenz ⟨f.; -; unz.⟩ *Widerspenstigkeit, Widersetzlichkeit* [< frz. *rénitence* »Widerstand gegen Druck, Widersetzlichkeit«]
Ren|kon|tre, ⟨auch⟩ **Ren|kont|re** ⟨[rãkɔ̃:trə] n.; -s, -s⟩ oV *Rencontre* **1** *Zusammenstoß, feindl. Begegnung* **2** *sich daraus entwickelnder Kampf* [< frz. *rencontre* »Begegnung, Zusammenstoß«]
Re|no|gra|fie ⟨f.; -, -n⟩ = *Renographie*
Re|no|gra|phie ⟨f.; -, -n⟩ *Röntgendarstellung der Nieren;* oV *Renografie* [< *Ren*[2] + *...graphie*]
Re|nom|mee ⟨n.; -s, -s⟩ *Ruf, Leumund, Ansehen, Prestige* [frz., »(guter) Ruf, Leumund, Ansehen«]
re|nom|mie|ren ⟨V.⟩ *angeben, aufschneiden, prahlen* [< frz. *renommer* »wieder ernennen, loben, rühmen«]
re|nom|miert ⟨Adj.⟩ *angesehen, anerkannt, gelobt, berühmt*
Re|non|ce ⟨[rənɔ̃:sə] f.; -, -n; Kart.⟩ *Fehlfarbe* **1** *Spielkarte, die nicht Trumpf ist* **2** *Spielkarte, die einem Spieler fehlt* [frz.; zu *renoncer* »verzichten«]
Re|no|va|ti|on ⟨[-va-] f.; -, -en⟩ *Erneuerung, Renovierung* [< lat. *renovatio* »Erneuerung«; zu *renovare* »erneuern«]
re|no|vie|ren ⟨[-vi:-] V.⟩ *neu herrichten, instand setzen, erneuern;* Gebäude ~ [< lat. *renovare* »erneuern«; zu *novus* »neu«]
Re|no|vie|rung ⟨[-vi:-] f.; -, -en⟩ *Instandsetzung, Erneuerung (von Wohnungen, Häusern)*
ren|ta|bel ⟨Adj.⟩ **1** *so geartet, dass es sich rentiert* **2** *einträglich, Gewinn bringend, vorteilhaft* [< frz. *rentable;* zu *rente;* → *Rente*]
Ren|ta|bi|li|tät ⟨f.; -; unz.⟩ *rentable Beschaffenheit, Einträglichkeit, Verzinsung*
Ren|te ⟨f.; -, -n⟩ *regelmäßiges Einkommen aus Versicherung od. Vermögen;* Alters~; Invaliden~ [< mhd. *rente* < afrz. *rente* »Einkommen, Ertrag, Gewinn«]
Ren|tier[1] ⟨n.; -(e)s, -e⟩ = *Ren*[1]
Ren|ti|er[2] ⟨[-tje:] m.; -s, -s⟩ *Rentenempfänger, Renteninhaber* [frz.]
ren|tie|ren ⟨V.⟩ sich ~ **1** *Gewinn bringen, Ertrag abwerfen;* diese Ausgabe, das Geschäft rentiert sich nicht **2** ⟨fig.⟩ *sich lohnen;* das rentiert sich nicht *ist zwecklos, sinnlos* [→ *Rente*]
Re|nu|me|ra|ti|on ⟨f.; -, -en⟩ *Rückzahlung* [< lat. *renumerare;* → *renumerieren*]
re|nu|me|rie|ren ⟨V.⟩ *zurückzahlen* [< lat. *renumerare* »wieder auszahlen«; zu *numerus* »Zahl«]
Re|nun|ti|a|ti|on, Re|nun|zi|a|ti|on ⟨f.; -, -en⟩ *Verzicht, Abdankung;* ~ eines Monarchen [< lat. *renuntiatio* »Verkündigung, Aufkündigung«; zu *renuntiare* »verkündigen, aufkündigen«]
re|nun|zie|ren ⟨V.⟩ *verzichten* [< lat. *renuntiare* »verkündigen, aufkündigen«; zu *nuntius* »Bote«]
Ren|vers ⟨[rãvɛ:r] n.; -; unz.; Reitsp.⟩ *Seitengang der Dressur, bei dem die Vorhand des Pferdes in das Bahninnere zeigt u. das Pferd dahin tritt, wohin es gestellt ist;* Ggs *Travers* [frz., zu *renverser* »umkehren«]
Re|ok|ku|pa|ti|on ⟨f.; -, -en⟩ *erneute Okkupa-*

tion, Wiederbesetzung; ~ eines Landes od. Landesteiles durch Truppen

re|ok|ku|pie|ren ⟨V.⟩ *erneut okkupieren, wieder besetzen*

Re|or|ga|ni|sa|ti|on ⟨f.; -, -en⟩ *Neuordnung, Umgestaltung*

Re|or|ga|ni|sa|tor ⟨m.; -s, -to|ren⟩ *jmd., der etwas reorganisiert*

re|or|ga|ni|sie|ren ⟨V.⟩ *neuordnen, umgestalten*

rep *bis zum 31.12.1985 verwendete Maßeinheit für eine absorbierte radioaktive Strahlung von 93 erg/g;* → a. *rem* [engl., verkürzt < *r*oentgen *e*quivalent *p*hysical]

rep., Rep. ⟨Abk. für⟩ *repetatur, es werde wiederholt (Hinweis auf ärztl. Rezepten, dass die Verordnung wiederholt angefertigt werden darf);* Ggs *ne rep.*

re|pa|ra|bel ⟨Adj.⟩ *ersetzbar, wiederherstellbar, so geartet, dass es wiedergutzumachen, zu reparieren ist;* Ggs *irreparabel;* reparable Schäden [< lat. *reparabilis* »ersetzbar«; zu *reparare* »wiederherstellen, ersetzen«]

Re|pa|ra|teur ⟨[-tø:r] m.; -s, -e⟩ *jmd., der Reparaturen ausführt* [< frz. réparateur]

Re|pa|ra|ti|on ⟨f.; -, -en⟩ *dem Besiegten auferlegte Geld-, Sach- od. Arbeitsleistungen als Wiedergutmachung von Kriegsschäden* [< lat. *reparatio* »Wiederherstellung«; zu *reparare* »wiederherstellen«]

Re|pa|ra|tur ⟨f.; -, -en⟩ *Instandsetzung, Wiederherstellung, Ausbesserung* [→ *reparieren*]

re|pa|rie|ren ⟨V.⟩ *eine Reparatur ausführen an, instand setzen, wiederherstellen, ausbessern* [< lat. *reparare* »wiederherstellen«; zu *parare* »bereiten«]

re|par|tie|ren ⟨V.⟩ Kosten ~ *berechnen u. auf die Beteiligten umlegen* [< frz. *répartir* »aufteilen, verteilen«]

Re|par|ti|ti|on ⟨f.; -, -en⟩ *das Repartieren* [< frz. *répartition* »Aufteilung, Verteilung«]

re|pas|sie|ren ⟨V.⟩ **1** Rechnungen ~ *nochmals prüfen, wieder durchsehen* **2** eine Behandlung ~ *wiederholen* **3** Laufmaschen ~ *aufnehmen* [< frz. *repasser* »wieder (vorbei)kommen, -gehen, nochmals nachsehen, überarbeiten«]

re|pa|tri|ie|ren, ⟨auch⟩ **re|pat|ri|ie|ren** ⟨V.⟩ **1** *in den Heimatstaat zurückführen, dort aufnehmen* **2** *die frühere Staatsangehörigkeit wiedergeben* [< frz. *repartrier, rapatrier* »in das Heimatland zurückführen«]

Re|peat ⟨[ripi:t] n.; -s, -s; Mus.⟩ *Register an elektron. Orgeln zur raschen Wiederholung des angeschlagenen Tones od. Akkordes* [engl., »Wiederholung«]

Re|peat|per|kus|si|on ⟨[ripi:t-] f.; -, -en; Mus.⟩ *rasche Wiederholung des angeschlagenen Tones od. Akkordes bei einer elektronischen Orgel*

Re|pel|lents ⟨[ri-] Pl.⟩ *chemische Mittel, die der Abschreckung u. dem Fernhalten von Schädlingen dienen, ohne sie zu töten* [engl.; zu *repel* »abschrecken«]

Re|per|kus|si|on ⟨f.; -, -en⟩ **1** *Rückprall* **2** ⟨Mus.⟩ *Durchführung des Themas durch alle Stimmen der Fugen* **2.1** *Tonwiederholung mit jeweils neuem Stimmansatz beim Vortrag bestimmter Neumen* [< lat. *repercussio* »das Zurückschlagen«; zu *repercutere* »zurückschlagen«]

Re|per|kus|si|ons|ton ⟨m.; -(e)s, -tö|ne; Mus.⟩ *durchlaufend wiederholter Ton des Mittelteils der Sprech- od. Gesangsmelodie beim Vortrag von Psalmen*

Re|per|toire ⟨[-toa:r] n.; -s, -s⟩ **1** *Gesamtheit der Bühnenstücke im Spielplan (eines Theaters)* **2** *Gesamtheit der einstudierten Rollen, Lieder (eines Künstlers)* [< frz. *répertoire* »Verzeichnis, Textsammlung«]

Re|per|to|ri|um ⟨n.; -s, -ri|en⟩ *Verzeichnis, Register, Nachschlagewerk* [lat., »Verzeichnis«; zu *reperire* »wiederfinden, auffinden«]

Re|pe|tent ⟨m.; -en, -en⟩ **1** ⟨†⟩ = *Repetitor* **2** ⟨geh.⟩ *sitzen gebliebener Schüler, der die Klasse wiederholt* [< lat. *repetens,* Part. Präs. zu *repetere* »wiederholen«]

re|pe|tie|ren ⟨V.⟩ *wiederholen, durch Wiederholen einüben* [< lat. *repetere* »wiederholen«; zu *petere* »anstreben, zu erreichen suchen«]

Re|pe|tier|ge|wehr ⟨n.; -s, -e⟩ *Mehrlader*

Re|pe|tier|uhr ⟨f.; -, -en⟩ *Taschenuhr mit Schlagwerk, das bei Druck auf einen Knopf die letzte volle Stunde u. die seitdem abgelaufenen Viertelstunden anzeigt*

Re|pe|ti|ti|on ⟨f.; -, -en⟩ *Wiederholung* [< lat. *repetitio* »Wiederholung«; zu *repetere* »wiederholen«]

Re|pe|ti|ti|ons|me|cha|nik ⟨f.; -, -en; Mus.⟩ *die schnelle Wiederholung eines Tones ermöglichende Mechanik eines Klaviers, wobei der Hammer nach einem Tonanschlag abgefangen wird u. sofort wieder anschlagbereit ist*

re|pe|ti|tiv ⟨Adj.⟩ *sich wiederholend, einübend*

Re|pe|ti|tor ⟨m.; -s, -to|ren⟩ *jmd., der mit Schülern od. Studenten vor der Prüfung den Lehrstoff wiederholt u. einübt* [lat., »Wiederholer«; zu *repetere* »wiederholen«]

Re|pe|ti|to|ri|um ⟨n.; -s, -ri|en⟩ *Unterricht od. Lehrbuch zur Wiederholung u. Festigung eines bereits erarbeiteten Stoffes* [→ *Repetitor, Repetition*]

Re|place|ment ⟨[riplɛismənt] n.; -s, -s⟩ *Ersatz, Vertretung, vor allem das Ersetzen von Arbeitskräften durch Maschinen* [engl.]

Re|plan|ta|ti|on ⟨f.; -, -en⟩ *Wiedereinpflanzung (eines vorher zur Behandlung entfernten Körperteils in den Organismus);* Sy *Reimplantation* [< *Re...* + *plantare* »pflanzen«]

re|plan|tie|ren ⟨V.⟩ *wieder einpflanzen;* Sy *reimplantieren*

Re|plik ⟨f.; -, -en⟩ **1** *Entgegnung, Erwiderung* **2** *Gegenrede (bes. des Klägers auf die Verteidigung des Beklagten)* **3** *genaue Wiederholung eines Kunstwerks durch den Künstler selbst, im Unterschied zur Kopie* [< frz. *réplique* »Antwort, Gegenrede«]

Re|pli|kat ⟨n.; -(e)s, -e; Kunst⟩ *genaue Nachbildung einer Skulptur* [→ *Replikation*]

Re|pli|ka|ti|on ⟨f.; -, -en⟩ *Kopieren der in der DNS gespeicherten genetischen Information als Voraussetzung für die Eiweiß-Biosynthese* [< lat. *replicatio* »das Wiederaufrollen«; zu *replicare* »wieder aufrollen, entfalten«]

re|pli|zie|ren ⟨V.⟩ **1** *antworten, entgegnen, erwidern* **2** *eine Replik herstellen* [< lat. *replicare* »eine Replik machen«, eigtl. »wieder auseinanderfalten«; zu *plica* »Falte«]

re|po|nie|ren ⟨V.⟩ ein gebrochenes od. verrenktes Glied ~ *wiedereinrichten* [< lat. *reponere* »zurücksetzen, -stellen, -legen«; zu *ponere* »setzen, stellen, legen«]

Re|port[1] ⟨m.; -(e)s, -e od. -s⟩ *Bericht, Mitteilung, ausführliche, oft wissenschaftl. Darstellung od. Studie zu einem aktuellen od. gesellschaftl. Thema* [< engl. *report* »Bericht«]

Re|port[2] ⟨m.; -(e)s, -e; Börse⟩ *Kurszulage bei Prolongationsgeschäften* [< frz. *report* »Kurszuschlag, Prolongation«]

Re|por|ta|ge ⟨[-ʒə] f.; -, -n⟩ *Tatsachenbericht, anschauliche Schilderung eines Geschehens in Presse, Film, Funk* [frz., »Berichterstattung«, < engl. *reporter;* → *Reporter*]

Re|por|ter ⟨m.; -s, -⟩ *Berichterstatter bei Presse, Film, Funk* [engl., »Berichterstatter (einer Zeitung)« < lat. *reportare* »zurücktragen, überbringen«]

Re|po|si|ti|on ⟨f.; -, -en⟩ *Wiedereinrichtung (eines verrenkten od. gebrochenen Gliedes)* [< lat. *reponere* »zurücksetzen, -stellen«]

re|prä|sen|ta|bel ⟨Adj.⟩ *würdig, stattlich, wirkungsvoll* [< frz. *représentable* »darstellbar« < lat. *representare;* → *repräsentieren*]

Re|prä|sen|tant ⟨m.; -en, -en⟩ **1** *jmd., der etwas repräsentiert, Vertreter* **2** *Volksvertreter, Abgeordneter* [< lat. *repraesentans,* Part. Präs. zu *repraesentare;* → *repräsentieren*]

Re|prä|sen|tan|ten|haus ⟨n.; -(e)s; unz.; in den USA⟩ *eine der zwei Kammern des Kongresses*

Re|prä|sen|tanz ⟨f.; -, -en⟩ **1** *geschäftl. Vertretung* **2** *das Repräsentativsein* [→ *Repräsentant*]

Re|prä|sen|ta|ti|on ⟨f.; -, -en⟩ **1** *Vertretung, Stellvertretung* **2** *würdiges Auftreten* **3** *(gesellschaftlicher) Aufwand* [< lat. *repraesentatio* »Vergegenwärtigung«; zu *repraesentare;* → *repräsentieren*]

re|prä|sen|ta|tiv ⟨Adj.⟩ **1** *würdig vertretend, wirkungsvoll* **2** ⟨Statistik⟩ *eine Auswahl aus einer Population betreffend, die so getroffen wurde, dass das Ergebnis der Teiluntersuchung auf die übergeordnete Gesamtheit übertragen werden kann* [< frz. *représentatif* »vorstellen, darstellen«; → *repräsentieren*]

re|prä|sen|tie|ren ⟨V.⟩ **1** *vertreten* **2** *darstellen;* das Grundstück repräsentiert einen Wert von 500 000 Mark **3** *würdig auftreten, bes. gesellschaftlich, etwas darstellen* [< lat. *representare* »vergegenwärtigen, vorstellen, darstellen«; zu *praesens* »gegenwärtig«]

Re|pres|sa|lie ⟨[-liə] f.; -, -n; meist Pl.⟩ **1** *Vergeltung, Gegenmaßnahme* **2** *Druckmittel* [< mlat. *repre(n)salia* »gewaltsame Zurücknahme dessen, was einem widerrechtlich genommen wurde« < lat. *reprehendere* »zurücknehmen«]

Re|pres|si|on ⟨f.; -, -en⟩ **1** *Abwehr, Hemmung* **2** *Unterdrückung* [< lat. *repressio* »das Zurückdrängen«; zu *reprimere* »zurückdrängen«]

re|pres|siv ⟨Adj.⟩ **1** *hemmend, unterdrückend;* ~e Maßnahmen ergreifen **2** *entgegenwirkend* [→ *Repression*]

re|pri|mie|ren ⟨V.⟩ *genetische Informationen hemmen, blockieren* [zu lat. *reprimere* »zurückdrängen«]

Re|print ⟨[ri:-] m.; -s, -s⟩ *fotomechan. Nach-, Neudruck* [engl., »Neudruck« < *re...* »wieder« + *print* »Druck«]

Re|pri|se ⟨f.; -, -n⟩ **1** *Wiederholung eines bes. bezeichneten Teils eines Musikstückes* **2** *Wiederaufnahme eines älteren (evtl. überarbeiteten) Bühnenstücks in den Spielplan* **3** *Wiederaufführung eines Films* **4** ⟨Mil.⟩ *Zurückeroberung einer Prise* [frz., »Wiedereinnahme, Wiederaufnahme«]

re|pri|va|ti|sie|ren ⟨[-va-] V.⟩ verstaatlichte Unternehmen ~ *in Privatbesitz zurückführen;* Sy *entnationalisieren*

Re|pri|va|ti|sie|rung ⟨[-va-] f.; -, -en⟩ *das Reprivatisieren;* Sy *Entnationalisierung*

Re|pro ⟨n.; -s, -s⟩ **1** ⟨kurz für⟩ *Reproduktion (1)* **2** ⟨in Zus.⟩ *eine drucktechn. Reproduktion betreffend* [verkürzt < *Reproduktion*]

Re|pro|ba|ti|on ⟨f.; -, -en; †⟩ **1** *Zurückweisung* **2** *Gegenbeweis* [< lat. *reprobatio* »Verwerfung«; zu *reprobare* »für untüchtig erkennen, verwerfen«]

Re|pro|duk|ti|on ⟨f.; -, -en⟩ **1** *Nachbildung, Wiedergabe durch Fotografie od. Druck* **2** *Vervielfältigung* **3** *Fortpflanzung* [< *Re...* + *Produktion*]

Re|pro|duk|ti|ons|ka|me|ra ⟨f.; -, -s; verkürzt: Reprokamera⟩ *Kamera zur Vorbereitung von Druckvorlagen mittels Fotografie*

Re|pro|duk|ti|ons|me|di|zin ⟨f.; -; unz.⟩ *Forschungsgebiet, das die medizinischen Grundlagen der menschlichen Fortpflanzung untersucht*

re|pro|duk|tiv ⟨Adj.⟩ *mittels Reproduktion, auf ihr beruhend* [< *re...* + *produktiv*]

re|pro|du|zie|ren ⟨V.⟩ *eine Reproduktion herstellen von, (durch Fotografie od. Druck) wiedergeben, vervielfältigen* [< *re...* + *produzieren*]

Re|pro|gra|fie ⟨f.; -, -n⟩ = *Reprographie*

re|pro|gra|fie|ren ⟨V.⟩ = *reprographieren*

re|pro|gra|fisch ⟨Adj.⟩ = *reprographisch*

Re|pro|gra|phie ⟨f.; -, -n⟩ *alle Verfahren der originalgetreuen Wiedergabe von Dokumenten aller Art (Fotokopie, Mikroskopie, Lichtpause u.Ä.);* oV *Reprografie* [< *Repro...* + *...graphie*]

re|pro|gra|phie|ren ⟨V.⟩ *eine Reprographie erstellen;* oV *reprografieren*

re|pro|gra|phisch ⟨Adj.⟩ *die Reprographie be-*

treffend, auf ihr beruhend, aus ihr hervorgegangen; oV *reprografisch*
Re|pro|ka|me|ra ⟨f.; -, -s; Kurzw. für⟩ *Reproduktionskamera*
Rep|til ⟨n.; -s, -li|en od. (selten) -e⟩ *Kriechtier, eine Klasse durch Lungen atmender, wechselwarmer Wirbeltiere mit Schuppen od. Schilden u. meist vier Gliedmaßen, die den Körper bei der schlängelnd-kriechenden Bewegung nur unvollkommen vom Boden abheben: Reptilia* [< lat. *reptilis* »kriechend«; zu *repere* »kriechen«]
Re|pu|blik, ⟨auch⟩ **Re|pub|lik** ⟨f.; -, -en⟩ *Staatsform, bei der die Regierung auf bestimmte Zeit gewählt wird* [< frz. *république* < lat. *res publica* »Gemeinwesen, Staat«, eigtl. »öffentliche Angelegenheit«]
Re|pu|bli|ka|ner, ⟨auch⟩ **Re|pub|li|ka|ner** ⟨m.; -s, -⟩ *Anhänger der republikan. Staatsform od. einer republikan. Partei*
re|pu|bli|ka|nisch, ⟨auch⟩ **re|pub|li|ka|nisch** ⟨Adj.⟩ *zur Republik gehörig, auf ihr beruhend, für sie eintretend*
Re|pu|gnanz ⟨auch⟩ **Re|pug|nanz** ⟨f.; -, -en; Philos.⟩ *Gegensatz, Widerstreit* [< lat. *repugnantia* »Widerstand«; zu *repugnare* »dagegen kämpfen, widerstreben, Widerstand leisten, sich widersetzen«]
Re|pul|si|on ⟨f.; -, -en⟩ **1** ⟨Tech.⟩ *das Zurückstoßen, Abstoßen* **2** ⟨†⟩ *Abweisung* [< lat. *repulsio* »Zurücktreibung«; zu *repellere* »zurücktreiben, zurückstoßen«]
Re|pul|si|ons|mo|tor ⟨m.; -s, -en⟩ *einfacher Elektromotor für geringe Leistungen*
re|pul|siv ⟨Adj.⟩ *zurückstoßend, abstoßend* [zu *Repulsion,* nach frz. *répulsif* »zurückstoßend«]
Re|pun|ze ⟨f.; -, -n⟩ *Stempel, bes. zur Angabe des Feingehalts an Edelmetall* [< *Re...* + *Punze*]
re|pun|zie|ren ⟨V.⟩ *mit einer Repunze versehen*
Re|pu|ta|ti|on ⟨f.; -; unz.⟩ *Ruf, Ansehen* [< lat. *reputatio* »Berechnung, Erwägung, Betrachtung«; zu *reputare* »rechnen, erwägen«]
re|pu|tier|lich ⟨Adj.⟩ *achtbar, ehrbar, ansehnlich* [< frz. *réputé* »geschätzt, angesehen« mit deutscher Endung]
Re|qui|em ⟨n.; -s, -s od. -qui|en⟩ *Totenmesse* [nach den Anfangsworten des Introitus, lat. *requiem aeternam dona eis, Domine* »gib ihnen die ewige Ruhe, o Herr«]
re|qui|es|cat in pa|ce! ⟨[-kat -tse] Abk.: R.I.P.⟩ *er (sie, es) ruhe in Frieden! (Grabaufschrift)* [lat.]
re|qui|rie|ren ⟨V.⟩ **1** *beschlagnahmen, herbeischaffen, besorgen (für Truppen)* **2** *untersuchen, (um Rechtshilfe) ersuchen* **3** *anfordern* [< lat. *requirere* »aufsuchen, nach etwas fragen, erstreben, verlangen«; zu *quaerere* »suchen, erstreben, verlangen«]
Re|qui|sit ⟨n.; -(e)s, -en; meist Pl.⟩ **1** *Rüstzeug, Zubehör* **2** *bei einer Aufführung im Theater od. bei einer Filmaufnahme benötigter Gegenstand* [< lat. *requisitus,* Part. Perf. zu *requirere;* → *requirieren*]
Re|qui|si|te ⟨f.; -, -en; Theat.; umg.⟩ **1** *Requisitenkammer* **2** *für Requisiten zuständige Stelle*
Re|qui|si|teur ⟨[-tøːr] m.; -s, -e⟩ *Verwalter der Requisiten*
Re|qui|si|ti|on ⟨f.; -, -en⟩ **1** *Beschlagnahme (für Truppen), Herbeischaffung* **2** *Ersuchen um Rechtshilfe* **3** *Anforderung* [< lat. *requisitio* »Nachfrage, das Ansuchen«; zu *requirere;* → *requirieren*]
RES ⟨Abk. für⟩ *retikuloendotheliales System*
Res ⟨f.; -, -; Philos.⟩ *Ding, Sache;* ~ cogitans ⟨nach Descartes⟩ *das denkende Ding;* ~ extensa ⟨nach Descartes⟩ *das ausgedehnte Ding* [lat.]
Re|search ⟨[rizəːtʃ] n.; - od. -s, -s⟩ **1** *Meinungsforschung* **2** *Erforschung des Verhaltens von Verbrauchern, Marktforschung* [engl., »Forschung, Untersuchung«]
Re|sear|cher ⟨[rizəːtʃə(r)] m.; -s, -; Soziol.⟩ *Meinungsforscher, Marktforscher* [< engl. *research* »Forschung, Untersuchung«]
Re|se|da ⟨f.; -, -s⟩, **Re|se|de** ⟨f.; -, -n⟩ **1** *Gattung der Resedagewächse mit gelbl. od. weißl. Ähren als Blütenstand* **1.1** ⟨i.e.S.⟩ *angenehm duftende Zierpflanze: Reseda odorata* [verkürzt aus der lat. Formel *reseda, morbos reseda* »heile, heile die Krankheiten wieder« (Formel, mit der die Pflanze zum Heilen von Entzündungen benutzt wurde)]
Re|sek|ti|on ⟨f.; -, -en⟩ *chirurg. Entfernung (eines Organs od. eines Teiles davon)* [< lat. *resectio* »das Abschneiden«; zu *resecare;* → *resezieren*]
re|ser|vat ⟨[-vaːt] Adj.; österr.⟩ *unter das Amtsgeheimnis fallend* [< lat. *reservatus,* Part. Perf. zu *reservare* »aufsparen, aufbewahren, behalten, vorbehalten«]
Re|ser|vat ⟨[-vaːt] n.; -(e)s, -e⟩ **1** *Schutzbezirk als Lebensraum für Ureinwohner;* Indianer~ **2** *ausgewiesenes Schutzgebiet für Tiere u. Pflanzen* **3** *Vorkaufs-, Sonderrecht* [< lat. *reservatus,* Part. Perf. zu *reservare* »aufsparen, aufbewahren, (vor)behalten«]
Re|ser|va|tio men|ta|lis ⟨[-vaː-] f.; - -, -ti|o|nes -ta|les⟩ *nur in Gedanken gemachter Vorbehalt* [lat.]
Re|ser|va|ti|on ⟨[-va-] f.; -, -en⟩ **1** = *Reservat* **2** ⟨geh.⟩ *Reservierung* [< lat. *reservatio* »Vorbehalt«; zu *reservare* »aufsparen, aufbewahren, behalten«]
Re|ser|ve ⟨[-və] f.; -, -n⟩ **1** *für den Notfall bestimmte Rücklage, Vorrat (Lebens-, Geldmittel);* Wasser~; Getreide~ **2** ⟨Mil.⟩ *Gesamtheit der Reservisten;* Leutnant der ~ ⟨Abk.: d.R.⟩ **3** ⟨unz.; fig.⟩ *Zurückhaltung, kühles Wesen;* ich versuchte vergebens, ihn aus seiner ~ herauszulocken [< frz. *réserve* »Vorrat, Vorbehalt, Einschränkung«]
Re|ser|ve|fonds ⟨[-vəfɔ̃ː] m.; -, -; Wirtsch.; †⟩ *Rücklagenkonto;* → a. *Fonds*
re|ser|vie|ren ⟨[-viː-] V.⟩ **1** *vormerken, freihalten;* einen Platz ~ lassen; für jmdn. einen Platz ~; dieser Tisch ist reserviert **2** *aufbewahren*

re|ser|viert ⟨[-vi:rt] Adj.⟩ *zurückhaltend, kühl, unnahbar;* er ist sehr ~; sich ~ verhalten [< lat. *reservare* »aufsparen, aufbewahren, behalten«; zu *servare* »erhalten, bewahren«]

Re|ser|vie|rung ⟨[-vi:-] f.; -, -en ⟩ *das Reservieren, das Reserviertwerden*

Re|ser|vist ⟨[-vist] m.; -en, -en⟩ *ausgebildeter u. entlassener Wehrpflichtiger, der außer zu Wehrübungen erst im Notfall zur Verstärkung der Streitkräfte herangezogen wird* [< frz. *réserviste* »Reservist«]

Re|ser|voir ⟨[-voa:r] n.; -s, -e⟩ **1** *Sammelbecken (bes. für Wasser), Speicher* **2** *Vorrat* [< frz. *réservoir*]

Re|set ⟨[ri:sɛt] m. od. n.; -s, -s; EDV⟩ *Neustart eines Computers nach vorheriger Beendigung einer Arbeitssitzung* [engl.]

re|se|zie|ren ⟨V.⟩ ein krankes Organ od. einen Teil davon ~ *chirurgisch entfernen* [< lat. *resecare* »abschneiden«; zu *secare* »schneiden«; → *sezieren*]

Re|si|dent ⟨m.; -en, -en⟩ **1** *Gesandter auf der dritten Rangstufe* **2** *Vertreter einer Kolonialmacht bei einem eingeborenen Fürsten* [< lat. *residens,* Part. Präs. zu *residere;* → *residieren*]

Re|si|denz ⟨f.; -, -en⟩ **1** *Sitz eines weltl. od. kirchl. Oberhauptes* **2** *Hauptstadt* [< mlat. *residentia* »Wohnsitz«; zu lat. *residere;* → *residieren*]

re|si|die|ren ⟨V.⟩ *seinen Wohn-, Regierungssitz haben (von regierenden od. anderen hoch gestellten Personen)* [< lat. *residere* »sitzend zurückbleiben; sitzen«; zu *sedere* »sitzen«]

re|si|du|al ⟨Adj.; Med.⟩ *zurückbleibend, restlich* [→ *Residuum*]

Re|si|du|al|ge|biet ⟨n.; -(e)s, -e⟩ = *Refugialgebiet*

Re|si|du|at ⟨n.; -(e)s, -e⟩ *nach Auswaschung od. Zersetzung der Begleitmineralien verbleibende Rückstandsmineralien*

Re|si|du|um ⟨n.; -s, -du|en⟩ *Rest, Rückstand* [lat. zu *residere* »sitzen«]

Re|si|gna|ti|on, ⟨auch⟩ **Re|sig|na|ti|on** ⟨f.; -, -en⟩ *Verzicht, Entsagung, Ergebung (in das Schicksal)* [< lat. *resignatio* »Entsagung, Verzicht«; zu *resignare;* → *resignieren*]

re|si|gna|tiv, ⟨auch⟩ **re|sig|na|tiv** ⟨Adj.; geh.⟩ *auf Resignation beruhend;* eine ~e Haltung, Stimmung

re|si|gnie|ren, ⟨auch⟩ **re|sig|nie|ren** ⟨V.⟩ *verzichten, entsagen, sich in sein Schicksal ergeben, sich abfinden* [< lat. *resignare* »entsiegeln, eröffnen, entsagen«; zu *signare* »bezeichnen, besiegeln«]

re|si|gniert ⟨auch⟩ **re|sig|niert** ⟨Adj.⟩ *niedergeschlagen, mutlos, sich fügend, kapitulierend, enttäuscht;* ~ verließ er nach der Niederlage das Spielfeld; ihr ~es Gesicht sprach für sich

Re|si|nat ⟨n.; -(e)s, -e⟩ *Salz einer Harzsäure* [< lat. *resina* »Harz«]

Re|si|pis|zenz ⟨f.; -, -en⟩ *Wiedererwachen aus einer Ohnmacht* [< lat. *resipiscens,* Part. Präs. zu *resipiscere* »wieder zu sich kommen, sich wieder erholen«]

Ré|sis|tan|ce ⟨[rezistã:s(ə)] f.; -; unz.⟩ *französ. Widerstandsbewegung im Zweiten Weltkrieg* [frz., »Widerstand«]

re|sis|tent ⟨Adj.⟩ *widerstandsfähig (bes. von Krankheitserregern)* [< lat. *resistens,* Part. Präs. zu *resistere* »stehen bleiben, sich widersetzen«]

Re|sis|tenz ⟨f.; -, -en⟩ **1** *Widerstand* **2** ⟨Biol.; Med.⟩ *Widerstandsfähigkeit, Zählebigkeit (bes. von Krankheitserregern)* **3** *Wirkwiderstand einer elektr. Schaltung* [< lat. *resistentia* »Widerstand«; zu *resistere;* → *resistieren*]

re|sis|tie|ren ⟨V.⟩ **1** *widerstehen* **2** *ausdauernd, zählebig sein* [< lat. *resistere* »stehen bleiben, Widerstand leisten«; zu *sistere* »sich stellen«]

re|sis|tiv ⟨Adj.; Med.; Biol.⟩ *resistierend, Wiederstand leistend, zäh* [→ *resistieren*]

Re|sis|ti|vi|tät ⟨[-vi-] f.; -; unz.; Med.; Biol.⟩ *widerstandsfähige Beschaffenheit, Resistenz*

re|skri|bie|ren, ⟨auch⟩ **res|kri|bie|ren, resk|ribie|ren** ⟨V.⟩ *schriftlich antworten* [< lat. *rescribere* »wieder schreiben, zurückschreiben, eine rechtliche Antwort erteilen«; zu *scribere* »schreiben«]

Re|skript, ⟨auch⟩ **Res|kript, Resk|ript** ⟨n.; -(e)s, -e⟩ *schriftl. Bescheid, Verfügung* [< lat. *rescriptum* »schriftl. Antwort des Landesherrn, Befehl, Erlass«; zu *rescribere;* → *reskribieren*]

re|so|lut ⟨Adj.⟩ *beherzt, tatkräftig, entschlossen* [< frz. *résolu* »entschlossen, beherzt«; in der Form beeinflusst von lat. *resolutus,* Part. Perf. zu *resolvere* »loslösen«]

Re|so|lu|ti|on ⟨f.; -, -en⟩ *Entschließung, Beschluss* [< frz. *résolution* »Beschluss, Entschließung«]

Re|sol|ven|te ⟨[-vɛn-] f.; -, -n; Math.⟩ *Hilfsgleichung, die zur Ermittlung der Lösung einer anderen Gleichung aufgestellt wird* [→ *resolvieren*]

re|sol|vie|ren ⟨[-vi:-] V.; †⟩ **1** *eine Resolution über etwas fassen, beschließen* **2** *eine Größe mit einer kleineren Maßeinheit darstellen, z.B. 1 kg durch 1000 g* [< lat. *resolvere* »wieder auflösen, befreien«; zu *solvere* »lösen«]

Re|so|nanz ⟨f.; -, -en⟩ **1** *Erzeugung von Schwingungen in einem Körper, die mit einer seiner Resonanzschwingung entsprechenden Wellenlänge auf ihn einwirken, führt beim Auftreffen von Schallwellen zum Mittönen, kann beim ungebremsten Anwachsen zur Resonanzkatastrophe führen* **2** ⟨fig.⟩ *Widerhall, Anklang;* keine ~ finden (mit einem Bericht, Vorschlag usw.) [< lat. *resonantia* »Widerhall«; zu *resonare* »einen Widerhall geben«]

Re|so|nanz|ab|sorp|ti|on ⟨f.; -, -en⟩ *bes. starke Absorption einer Strahlung durch Atome od. Moleküle, wenn diese mit einer der Resonanzschwingung entsprechenden Wellenlänge auftreffen*

Re|so|nanz|fre|quenz ⟨f.; -, -en⟩ *Frequenz, bei der durch von außen einwirkende Schwingungen in einem Körper Resonanz auftritt*

Re|so|nanz|ka|ta|stro|phe, ⟨auch⟩ **Re|so|nanzka|tas|tro|phe, Re|so|nanz|ka|tast|ro|phe** ⟨f.;

-, -n⟩ *Zerstörung eines Körpers durch immer stärker zunehmende, ungebremste Resonanzschwingungen*

Re|so|nạnz|kör|per ⟨m.; -s, -; bei Musikinstrumenten⟩ *die Schwingungen verstärkender Körper*

Re|so|nạnz|schwin|gung ⟨f.; -, -en⟩ *durch Schwingungen geeigneter Wellenlänge verursachtes Mitschwingen eines Körpers*

Re|so|na|tor ⟨m.; -s, -to|ren⟩ **1** *Resonanz gebender, mitschwingender Körper* **2** *auf Resonanz beruhendes Gerät zur Untersuchung des Klanges*

Re|so|pal ⟨n.; -s; unz.; Ⓦ⟩ *aus Kunstharz u. Papier aufgebauter Schichtstoff, der im Inneren Phenolharz enthält, während die Oberfläche durch Melaminharz gebildet wird*

Re|sọr|bens ⟨n.; -, -bẹn|tia od. bẹn|zi|en⟩ *die Resorption anregendes Mittel*[zu lat. *resorbere* »wieder einschlürfen«]

re|sor|bie|ren ⟨V.⟩ **1** ⟨Vet.⟩ *eine Fehlgeburt haben, verwerfen* **2** gelöste Stoffe ~ *aufsaugen, aufnehmen* [< lat. *resorbere* »wieder aufsaugen«; zu *sorbere* »einsaugen«]

Re|sor|cin ⟨n.; -s; unz.⟩ *zweiwertiges Phenol, zur Desinfektion u. zur Herstellung von Haarwasser u. Teerfarbstoffen* [< lat. *resina* »Harz« + ital. *oricella* »Lackmusflechte«]

Re|sorp|ti|on ⟨f.; -, -en⟩ **1** ⟨Vet.⟩ *das Resorbieren, Verwerfen* **2** *das Aufsaugen, Aufnahme (gelöster Stoffe)* [< lat. *resorbere;* → *resorbieren*]

Re|sort ⟨[rizɔ:t] n.; -s, -s⟩ *Urlaubsort, der den Bedürfnissen von Feriengästen entspricht;* Wintersport~ [engl.]

re|so|zi|a|li|sie|ren ⟨V.⟩ *wieder in die Gesellschaft eingliedern;* ehemalige Strafgefangene ~

Re|so|zi|a|li|sie|rung ⟨f.; -, -en⟩ *Wiedereingliederung (ehemaliger Strafgefangener) in die Gesellschaft*

resp. ⟨Abk. für⟩ *respektive*

■ Die Buchstabenfolge **re|sp...** kann auch **res|p...** getrennt werden.

■ **Re|spẹkt** ⟨m.; -(e)s; unz.⟩ *Achtung, Hochachtung, Ehrerbietung, Ehrfurcht, Scheu;* allen ~! *meine Anerkennung;* sich ~ verschaffen; vor jmdm. ~ haben [< frz. *respect* »Hochachtung, Ehrfurcht, Respekt« < lat. *respectus* »das Zurückblicken, Rücksicht«]

■ **re|spek|ta|bel** ⟨Adj.⟩ *so geartet, dass man es respektieren muss, Achtung einflößend* [< frz. *respectable* »achtbar, ehrwürdig«]

■ **Re|spek|ta|bi|li|tät** ⟨f.; -; unz.; geh.⟩ *Achtbarkeit, Ansehen*

■ **Re|spẹkt|blatt** ⟨n.; -(e)s, -blät|ter⟩ *leeres Blatt am Anfang eines Buches, nicht beschriebene Seite eines Briefbogens*

■ **re|spek|tie|ren** ⟨V.⟩ jmdn. od. etwas ~ *vor jmdm. od. etwas Respekt haben, jmdn. od. etwas achten;* einen Wechsel ~ *ihn anerkennen, bezahlen* [< frz. *respecter* »achten« < lat. *respectare* »zurücksehen, sich umsehen«]

■ **re|spek|ti|ve** ⟨Adv.; Abk.: resp.⟩ *beziehungsweise*

■ **Re|spẹkts|per|son** ⟨f.; -, -en⟩ *jmd., der Respekt genießt od. beanspruchen kann*

■ **Re|spi|ra|ti|on** ⟨f.; -; unz.⟩ *Atmung* [< lat. *respiratio* »das Atemholen«; zu *respirare* »Atem holen«]

■ **Re|spi|ra|tor** ⟨m.; -s, -to|ren⟩ *Gerät zum Beatmen* [→ *Respiration, respirieren*]

■ **re|spi|ra|to|risch** ⟨Adj.⟩ *auf Atmung beruhend, zu ihr gehörend* [→ *Respiration*]

■ **re|spi|rie|ren** ⟨V.⟩ *atmen* [< lat. *respirare* »Atem holen«; zu *spirare* »blasen, hauchen«]

■ **Re|spi|ro** ⟨m.; -s; unz.⟩ *Zahlungsfrist, Nachfrist, Aufschub* [ital., eigtl. »Atem, das Atemholen«]

■ **re|spon|die|ren** ⟨V.⟩ **1** *antworten* **2** ⟨Mus.⟩ *(im Wechselgesang) den zweiten Part singen* [< lat. *respondere* »erwidern, entsprechen«; zu *spondere* »geloben«]

■ **Re|spọns** ⟨m.; -es, -e; geh.⟩ *Reaktion auf eine Initiative, einen Vorschlag o.Ä.* [< lat. *responsio* »Antwort, Entgegnung«]

■ **re|spon|sa|bel** ⟨Adj.⟩ *verantwortlich;* Ggs *irresponsabel* [< frz. *responsable*]

■ **Re|sponse** ⟨[rispɔ̣ns] f.; -, -s [-siz]; Psych.⟩ *durch einen Reiz hervorgerufene Reaktion* [engl., eigtl. »Antwort«]

■ **Re|spon|si|on** ⟨f.; -, -en⟩ **1** ⟨Metrik; Lit.⟩ *Entsprechung zwischen einzelnen Teilen einer Dichtung in formaler (z.B. Vers- od. Strophenbau) od. motivischer Gestaltung* **2** ⟨Rhet.⟩ *antithetische Antwort, die ein Redner auf eine selbst gestellte Frage an einen Gegner selbst gibt* [lat., »Antwort«]

■ **Re|spon|so|ri|um** ⟨n.; -s, -ri|en⟩ *Wechselgesang zwischen Geistlichen u. Chor bzw. Gemeinde* [< lat. *responsoria* »Wiederholungen beim Gottesdienst«]

Res|sen|ti|ment ⟨[rɛsãtimã:] n.; -s, -s⟩ **1** *gefühlsmäßiges Vorurteil* **2** ⟨Pl.⟩ ~s *negative Gefühle, wie Abneigung, Groll, Hass, Rachegefühl* [frz., »heimlicher Groll«]

Res|sort ⟨[rɛso:r] n.; -s, -s⟩ **1** *Geschäftsbereich einer Behörde, bes. eines Ministers* **2** *Aufgabenkreis* [frz., »Zuständigkeit, Geschäftsbereich«]

res|sor|tie|ren ⟨V.⟩ *ein Ressort haben, einem Ressort zugehören* [< frz. *ressortir* »zur Zuständigkeit gehören, unterstehen«]

Res|sour|ce ⟨[rəsụrsə] f.; -, -n; meist Pl.⟩ **1** *Hilfs-, Geldmittel* **2** *Produktionsfaktor, Bestand an Bodenschätzen, Rohstoffen, Arbeitskraft* [frz., »Hilfsquelle, Einnahmequelle«]

■ Die Buchstabenfolge **re|st...** kann auch **res|t...** getrennt werden. Davon ausgenommen sind Zusammensetzungen, in denen die fremdsprachigen bzw. sprachhistorischen Bestandteile deutlich als solche erkennbar sind, z.B. *-strukturieren, -strukturierung*

■ **Re|stạnt** ⟨m.; -en, -en⟩ **1** *rückständiger*

Schuldner **2** *liegen gebliebene Ware, Restposten, Ladenhüter* **3** *ausgelostes od. gekündigtes, aber nicht abgehobenes Wertpapier* **4** ⟨fig.⟩ *Nachzügler* [<ital. *restante* »rückständig; zurückstehend«]

■ **Re|stanz** ⟨f.; -, -en; schweiz.⟩ *Restbetrag* [→ *Restant*]

■ **Re|stau|rant** ⟨[rɛstorã:] n.; -s, -s⟩ *Gaststätte;* oV ⟨österr.⟩ *Restauration (2)* [frz.]

■ **Re|stau|ra|ti|on** **1** ⟨[-stau-] f.; -, -en⟩ **1.1** *Wiederherstellung eines früheren polit. od. wirtschaftl. Zustandes* **1.2** *Wiedereinsetzung eines gestürzten Herrscherhauses* **1.3** *Wiederherstellung des ursprüngl. Zustandes eines Kunstwerkes;* → a. *Rekonstruktion* **2** ⟨[-sto:-]; f.; -, -en; †; noch österr.⟩ = *Restaurant;* Bahnhofs~ [<lat. *restauratio* »Erneuerung, Wiederherstelllung«; zu *restaurare* »wiederherstellen«]

■ **re|stau|ra|tiv** ⟨[-stau-] Adj.⟩ *in der Art der Restauration;* ~e u. reaktionäre Tendenzen

■ **Re|stau|ra|tor** ⟨[-stau-] m.; -s, -to|ren⟩ *jmd., der Kunstwerke restauriert* [lat., »Wiederhersteller (eines Bauwerkes u.a.)«; zu *restaurare* »wiederherstellen«]

■ **re|stau|rie|ren** ⟨[-stau-] V.⟩ **1** *wiederherstellen, erneuern, ausbessern (bes. Kunstwerke)* **2** sich ~ ⟨umg.⟩ *sich erholen, erfrischen* [<lat. *restaurare* »wiederherstellen«]

■ **Re|stau|rie|rung** ⟨[-stau-] f.; -, -en⟩ *das Restaurieren (von Kunstwerken)*

■ **re|sti|tu|ie|ren** ⟨V.⟩ **1** *wiederherstellen;* einen früheren Zustand ~ **2** *wiedereinsetzen* **3** *ersetzen* [<lat. *restituere* »wieder hinstellen, an seinen früheren Stand stellen«]

■ **Re|sti|tu|ti|on** ⟨f.; -, -en⟩ **1** *Wiederherstellung* **2** *Rückerstattung (beschlagnahmter od. geraubter Gegenstände)* [<lat. *restitutio* »Wiederherstellung, Rückgabe«; zu *restituere* »wieder hinstellen«]

■ **Re|sti|tu|ti|ons|kla|ge** ⟨f.; -, -en⟩ *Klage auf Wiederaufnahme eines durch rechtskräftiges Urteil geschlossenen Verfahrens, Wiederaufnahmeverfahren*

Rest|ma|gne|tis|mus, ⟨auch⟩ **Rest|mag|ne|tis|mus** ⟨m.; -; unz.⟩ = *Remanenz*

■ **Re|strik|ti|on,** ⟨auch⟩ **Rest|rik|ti|on** ⟨f.; -, -en⟩ *Beschränkung, Einschränkung, Vorbehalt* [<lat. *restrictio* »Einschränkung«; zu *restringere* »zurückziehen, beschränken«]

■ **Re|strik|ti|ons|en|zym,** ⟨auch⟩ **Rest|rik|ti|ons|en|zym** ⟨n.; -s,-e; Biochem.⟩ *Enzym, das die DNA an bestimmten Stellen spalten kann (wird zur Fragmentierung u. Dekodierung von Genomen genutzt)*

■ **re|strik|tiv** ⟨auch⟩ **rest|rik|tiv** ⟨Adj.⟩ *einengend, einschränkend;* Ggs *extensiv(2)* [<frz. *restrictif* »einschränkend«; → *Restriktion*]

■ **re|strin|gie|ren,** ⟨auch⟩ **rest|rin|gie|ren** ⟨V.⟩ *einschränken, beschränken;* restringierter Kode *wenig differenzierte Sprache (der Unterschicht einer Gesellschaft);* Ggs *elaborierter Kode* [<lat. *restringere* »zurückhalten, hemmen«]

re|struk|tu|rie|ren ⟨V.⟩ *mit einer neuen Struktur versehen, neu ordnen, neu gestalten* [<*re...* + *...strukturieren*]

Re|struk|tu|rie|rung ⟨f.; -, -en⟩ *das Restrukturieren, Neuordnung, Neugestaltung*

Re|sul|tan|te ⟨f.; -, -n; Math.⟩ *die im Kräfteparallelogramm als Ergebnis zweier verschieden großer, in verschiedene Richtung wirkender Kräfte entstehende Kraft;* Sy *Resultierende*

Re|sul|tat ⟨n.; -(e)s, -e⟩ **1** *Ergebnis, z.B. einer Rechnung* **2** *Erfolg* [<frz. *résultat* »Ergebnis« <mlat. *resultatum,* Part. Perf. neutr. zu lat. *resultare;* → *resultieren*]

re|sul|ta|tiv ⟨Adj.⟩ **1** *ein Ergebnis herbeiführend* **2** ⟨Sprachw.⟩ ~e Aktionsart *das Ende eines Geschehens od. einer Tätigkeit ausdrückende Aktionsart eines Verbs* (z.B. entdecken) [→ *Resultat*]

re|sul|tie|ren ⟨V.⟩ *sich (als Schlussfolgerung) ergeben, folgen* [<frz. *résulter* »hervorgehen, sich ergeben« <lat. *resultare* »zurückspringen, zurückprallen«; zu *saltare* »springen«]

Re|sul|tie|ren|de ⟨f. 2⟩ = *Resultante*

Re|su|mé ⟨[rezyme:] n.; -s, -s; österr.; schweiz.⟩ = *Resümee*

Re|sü|mee ⟨n.; -s, -s⟩ *Zusammenfassung, Übersicht* [<frz. *résumé* »Zusammenfassung«]

re|sü|mie|ren ⟨V.⟩ *zusammenfassen, zusammenfassend wiederholen* [<frz. *résumer* »zusammenfassen, kurz wiederholen«]

Re|su|pi|na|ti|on ⟨f.; -, -en⟩ *Drehung der Blüten während ihrer Entwicklung um 180° (z.B. bei Orchideen)* [<lat. *resupinare* »zurückbeugen«]

Re|sur|rek|ti|on ⟨f.; -, -en⟩ *Auferstehung* [<lat. *resurrectio* »Wiederauferstehung«; zu *resurgere* »wieder aufstehen«]

Re|ta|bel ⟨n.; -s, -⟩ *rückseitig angefügter Aufbau des Altars* [<frz. *retable* »Altaraufsatz«]

Re|ta|ke ⟨[ri:tɛik] n.; - od. -s, -s⟩ *nochmalige Aufnahme (einer nicht gelungenen Filmaufnahme)* [<engl., »Neuaufnahme«, eigtl. »wiedernehmen«]

re|tard ⟨[rəta:r] Adj.; Pharm.⟩ *mit verzögernd einsetzendem Wirkstoff (als Zusatzbezeichnung bei Arzneimitteln)* [→ *Retardform*]

Re|tard ⟨[rəta:r] Abk.: R, Zeichen: -; auf der Stellscheibe von Uhren⟩ *Zeichen, dass man eine Schraube od. einen Hebel in der bezeichneten Richtung stellen muss, um ein Langsamergehen der Uhr zu bewirken;* Ggs *Avance* [frz., »Verzögerung, Zurückbleiben«]

Re|tar|da|ti|on ⟨f.; -, -en⟩ **1** *Verzögerung* **2** ⟨Mus.⟩ *Verzögerung der oberen Stimme gegenüber der unteren* [<lat. *retardatio* »Verzögerung«; zu *retadare;* → *retadieren*]

Re|tard|form ⟨[rəta:r-] f.; -, -en⟩ *Arzneimittelzubereitung, die den Wirkstoff mit Verzögerung abgibt, um eine Langzeitwirkung zu erzielen* [<frz. *retard* »Verzögerung«]

re|tar|die|ren ⟨V.⟩ *verzögern;* ~des Moment *ein Stilmittel, eingeschobene Beschreibung, Schil-*

derung, um die Handlung aufzuhalten u. die Spannung zu vergrößern [<lat. *retardare* »verzögern, zurückhalten«; zu *tardus* »langsam, säumig«]

re|tar|diert ⟨Adj.; Med.; Psych.⟩ *in der geistigen u. körperlichen Entwicklung zurückgeblieben*

Re|ten|ti|on ⟨f.; -, -en⟩ **1** *Zurückhaltung eines auszuscheidenden Stoffes im Körper* **2** *(zeitweiliges) Zurückbehalten einer geschuldeten Leistung* **3** *Fähigkeit, sich zu erinnern* **4** ⟨†⟩ *Vorenthaltung* [<lat. *retentio* »das Zurückhalten«; zu *retinere* »zurückhalten«]

Re|ten|ti|ons|recht ⟨n.; -(e)s; unz.; Rechtsw.⟩ *Zurückbehaltungsrecht*

Re|ti|kül ⟨m. od. n.; -s, -e⟩ = *Ridikül*

re|ti|ku|lar, re|ti|ku|lär ⟨Adj.; Med.⟩ *netzförmig, netzartig (gemustert)* [<lat. *reticulum,* Verkleinerungsform zu *rete* »Netz«]

re|ti|ku|liert ⟨Adj.⟩ = *retikular*

re|ti|ku|lo|en|do|the|li|al ⟨Adj.⟩ ~es System ⟨Abk.: RES⟩ *eine funktionelle Einheit bildende Zellen im Gerüst des Bindegewebes (Retikulum) der lymphatischen Organe u. in der inneren Wand (Endothel) der Kapillargefäße, die schädliche Stoffe aus dem Blut herauszunehmen vermögen* [< *Retikulum* + *Endothel*]

Re|ti|ku|lom ⟨n.; -s, -e⟩ *gutartige, knotige Wucherung* [zu lat. *reticulum* »kleines Netz«]

Re|ti|ku|lo|se ⟨f.; -, -n; Sammelbez. für⟩ *verschiedenartige Wucherungen im Bereich von Milz, Lymphknoten, Knochenmark u. Leber* [→ *Retikulum*]

Re|ti|ku|lum ⟨n.; -s, -la⟩ **1** ⟨i.e.S.⟩ *der Netzmagen der Wiederkäuer* **2** ⟨i.w.S.⟩ *feines Netz, netzartige Struktur (z.B. im Bindegewebe)* [<lat. *reticulum* »kleines Netz«]

Re|ti|na ⟨f.; -, -nae [-nɛ:]⟩ *Netzhaut* [<mlat. *retina* »Netzhaut« <lat. *rete* »Netz«]

re|ti|nie|ren ⟨V.; Med.⟩ *eine Retention aufweisen* [zu lat. *retinere* »zurückhalten«]

Re|ti|ni|tis ⟨f.; -, -ti|den⟩ *Netzhautentzündung* [→ *Retina*]

Re|ti|no|blas|tom ⟨n.; -s, -e⟩ *Netzhautgeschwulst* [< *Retina* + *Blastom*]

re|ti|rie|ren ⟨V.⟩ *sich (eilig) zurückziehen, zurückwenden* [<frz. *retirer* »zurückziehen«]

Re|tor|si|on ⟨f.; -, -en; Rechtsw.⟩ *Gegenmaßnahme, Vergeltung* [<lat. *retorsio* »Zurückdrehung«; zu *retorquere* »zurückdrehen«]

Re|tor|te ⟨f.; -, -n⟩ **1** *birnenförmiges Gefäß aus Glas mit langem, abgebogenem Hals zum Destillieren* **2** *geschlossener, eiserner Kessel mit ableitendem Rohr zur trockenen Destillation von Kohle, Holz u.a. Stoffen* **3** aus der ~ ⟨fig.; umg.⟩ *künstlich erzeugt, hergestellt* [<lat. *retortus,* Part. Perf. zu *retorquere* »zurückdrehen, verdrehen«]

Re|tor|ten|ba|by ⟨[-be:bi] n.; -s, -s; umg.⟩ *Kind, das mittels IVF (In-vitro-Fertilisation) gezeugt wurde*

Re|tor|ten|koh|le ⟨f.; -; unz.⟩ *fette Steinkohle, bes. zur Herstellung von Leuchtgas geeignet*

re|tour ⟨[rətu:r] Adv.⟩ *zurück* [frz.]

Re|tou|ren ⟨[rətu:-] f.; Pl.⟩ **1** ⟨Wirtsch.⟩ *Rücksendungen an den Verkäufer, die mangelhafte od. unverkäufliche Waren enthalten* **1.1** *Warensendungen, die zum Ausgleich bereits erfolgter Exportsendungen dienen* **2** ⟨Bankw.⟩ *Wechsel od. Schecks, die nicht eingelöst wurden* [→ *retour*]

Re|tour|kut|sche ⟨[rətu:r-] f.; -, -n; fig.; umg.⟩ *das Zurückgeben eines Vorwurfs mit den gleichen Worten;* das war eine billige ~ ⟨fig.⟩ *eine geistlose Antwort, Erwiderung* [→ *retour*]

re|tour|nie|ren ⟨[-tur-] V.⟩ *zurücksenden, zurückgeben* [<frz. *retourner* »zurücksenden«]

■ Die Buchstabenfolge **re|tr...** kann auch **ret|r...** getrennt werden. Davon ausgenommen sind Zusammensetzungen, in denen die fremdsprachigen bzw. sprachhistorischen Bestandteile deutlich als solche erkennbar sind, z.B. *-traktion, -tribution* (→a. *Kontraktion, Distribution*)

Re|trak|ti|on ⟨f.; -, -en⟩ *Schrumpfung, Zusammenziehung (bes. von Narben)* [<lat. *retractio* »das Zurückziehen, Verminderung«; zu *retrahere* »zurückziehen«]

Re|trans|fu|si|on ⟨f.; -, -en⟩ = *Reinfusion* [< *Re...* + *Transfusion*]

Re|tri|bu|ti|on ⟨f.; -, -en⟩ *Rückgabe, Vergütung* [<lat. *retributio* »Rückgabe, Vergeltung«; zu *retribuere* »wiedergeben, zurückgeben«]

re|tri|bu|tiv ⟨Adj.⟩ *die Retribution betreffend, auf ihr beruhend*

■ **Re|trie|val|sys|tem** ⟨[ritri:vəl-] n.; -s, -e⟩ *Verfahren zum Wiederfinden elektronisch gespeicherter Daten* [zu engl. *retrieve* »wiedergewinnen«]

■ **Re|trie|ver** ⟨[ritri:və(r)] m.; -s, -⟩ = *Golden Retriever*

■ **re|tro..., Re|tro...** ⟨in Zus.⟩ **1** *zurück..., rückwärts..., Rück..., Rückwärts...* **2** ⟨Physiol.⟩ *hinten gelegen* [<lat. *retro* »rückwärts, zurück«]

■ **re|tro|ak|tiv** ⟨Adj.; fachspr.⟩ *rückwirkend*

■ **re|tro|bul|bär** ⟨Adj.; Med.⟩ *hinter dem Augapfel liegend* [lat. *retro* »rückwärts« + *Bulbus*]

■ **re|tro|da|tie|ren** ⟨V.⟩ *mit einem zurückliegenden Datum versehen, zurückdatieren*

■ **re|tro|flex** ⟨Adj.⟩ *mit zurückgebogener Zungenspitze gesprochen;* ~e Laute

■ **Re|tro|flex** ⟨m.; -es, -e⟩ *mit zurückgebogener Zungenspitze gesprochener Laut* [<lat. *retroflexio* »Rückwärtsbiegung, -krümmung«]

■ **Re|tro|fle|xi|on** ⟨f.; -, -en; Med.⟩ *Knickung* [<lat. *retroflexio* »Rückwärtsbeugung«; zu *retroflectere* »rückwärts, zurückbeugen«]

■ **re|tro|grad** ⟨Adj.; Astron.⟩ *(vom Nordpol der Ekliptik aus betrachtet) im Uhrzeigersinn verlaufend, rückläufig* [<lat. *retrogradis* »rückwärts, zurückgehend«; zu *gradus* »Schritt«]

■ **re|tro|len|tal** ⟨Adj.; Med.⟩ *hinter der Augenlinse liegend* [<lat. *retro* »rückwärts« + *lens,* Gen. *lentis* »Linse«]

■ **re|tro|na|sal** ⟨Adj.; Med.⟩ *im Nasen-Rachen-Raum gelegen* [< lat. *retro* »rückwärts« + *nasal*]
■ **Re|tro|spek|ti|on,** ⟨auch⟩ **Ret|ros|pek|ti|on** ⟨f.; -, -en⟩ = *Retrospektive*
■ **re|tro|spek|tiv,** ⟨auch⟩ **ret|ros|pek|tiv** ⟨Adj.⟩ *rückschauend, zurückblickend* [< frz. *rétrospectif*]
■ **Re|tro|spek|ti|ve,** ⟨auch⟩ **Ret|ros|pek|ti|ve** ⟨f.; -, -n⟩ *Rückblick, Rückschau;* Sy *Retrospektion* [< *Retro...* + lat. *specere* »schauen«]
■ **Re|tro|spiel** ⟨n.; -(e)s, -e; Schach⟩ *Spiel, bei dem durch die Zurücknahme einiger Züge eine bestimmte Ausgangskonstellation wiederhergestellt wird* [< *Retro...* + *Spiel*]
■ **Re|tro|ver|si|on** ⟨[-vɛr-] f.; -, -en⟩ **1** *Rückwärtsbeugung* **2** *Rückübersetzung (in die Originalsprache)* [< lat. *retroversio* »Zurückdrehung«; zu *retroversus* »zurück-, rückwärts gedreht«]
■ **re|tro|ver|tie|ren** ⟨[-vɛr-] V.⟩ **1** *zurückbeugen* **2** *rückübersetzen (in die Originalsprache)* [< *retro...* + lat. *vertere* »wenden«]
Ret|si|na ⟨m.; -; unz.⟩ *weißer, harzig schmeckender griech. Wein* [zu grch. *retsina* »Harz« (da dem Wein, urspr. der besseren Haltbarkeit wegen, vor der Gärung Harz der Aleppokiefer zugesetzt wird)]
Re|turn ⟨[ritœ:n] m.; -s, -s; Sp.; Tennis⟩ *Rückschlag des gegnerischen Balles;* das war ein guter ~ [engl.]
Re|tu|sche ⟨f.; -, -n⟩ *Überarbeitung von Bildern od. fotograf. Vorlagen, Verbesserung von Fehlern, Heraushebung od. Abschwächung von Einzelheiten usw.* [< frz. *retouche*]
Re|tu|scheur ⟨[-ʃø:r] m.; -s, -e⟩ *Facharbeiter für Retuschen* [< frz. *retoucheur*]
re|tu|schie|ren ⟨V.⟩ *Retuschen vornehmen an* [< frz. *retoucher* »wieder berühren, retuschieren«]
Re|u|ni|on ⟨f.; -, -en⟩ *Vereinigung, Wiedervereinigung* [< frz. *réunion* »Wiedervereinigung«]
Re|u|ni|o|nen ⟨Pl.⟩ *als Wiedervereinigung ausgegebene Annexionen Ludwigs XIV.*
re|üs|sie|ren ⟨V.⟩ *Erfolg haben* [< frz. *réussir* »Erfolg haben, zum Ziel gelangen«]
Rev. ⟨Abk. für⟩ *Reverend*
Re|vak|zi|na|ti|on ⟨[-vak-] f.; -, -en⟩ *Wiederimpfung*
re|vak|zi|nie|ren ⟨[-vak-] V.⟩ *wieder impfen*
re|va|li|die|ren ⟨[-va-] V.⟩ *wieder gültig, rechtskräftig werdend;* → a. *validieren* [zu *re...* + *validieren*]
re|va|lie|ren ⟨[-va-] V.⟩ **1** *sich schadlos halten* **2** eine Schuld ~ *decken* [< *re...* + lat. *valere* »stark, kräftig sein«]
Re|va|lie|rung ⟨[-va-] f.; -, -en⟩ *Deckung (einer Schuld)*
Re|va|lo|ri|sa|ti|on ⟨[-va-] f.; -, -en; Wirtsch.⟩ = *Revalorisierung*
re|va|lo|ri|sie|ren ⟨[-va-] V.⟩ eine Währung ~ *auf den ursprüngl. Wert bringen* [< *re...* + *valorisieren*]
Re|va|lo|ri|sie|rung ⟨[-va-] f.; -, -en; Wirtsch.⟩ *das Revalorisieren;* oV *Revalorisation*
Re|val|va|ti|on ⟨[-valva-] f.; -, -en; Wirtsch.⟩ *das Revalvieren*
re|val|vie|ren ⟨[-valvi:-] V.⟩ eine Währung ~ *durch Änderung des Wechselkurses aufwerten* [< *re...* + *valvieren*]
Re|van|che ⟨[-vã:ʃ(ə)] f.; -, -n⟩ *Rache, Vergeltung;* ~ geben ⟨Sp.⟩ *dem Gegner die Möglichkeit geben, seine Niederlage in einem neuen Kampf wettzumachen* [frz., »Vergeltung«]
re|van|chie|ren ⟨[-vãʃi:-] V.⟩ sich (für etwas) ~, sich bei jmdm. ~ *jmdm. etwas vergelten;* sich für eine Beleidigung ~ *sich rächen;* sich für eine Einladung, ein Geschenk ~ *sich erkenntlich zeigen* [→ *Revanche*]
Re|van|chis|mus ⟨[-vãʃis-] m.; -; unz.⟩ **1** *polit. Haltung, deren Ziel die Rache für militär. Niederlagen ist,* z.B. Irredentismus **2** *Streben nach Rückgewinnung verlorener Landesteile od. Wiederherstellung früherer gesellschaftlicher Zustände mit militär. Mitteln* [→ *Revanche*]
Re|van|chist ⟨[-vãʃist] m.; -en, -en⟩ *Vertreter des Revanchismus(2)*
re|van|chis|tisch ⟨[revãʃis-] Adj.⟩ *den Revanchismus betreffend, zu ihm gehörig*
Re|veil|le ⟨[rəvɛ:jə] f.; -, -n; Mil.; früher⟩ *Wecksignal, Weckruf;* die ~ blasen [< frz. *réveil* »das Erwachen, Wecken«]
Re|ve|nue ⟨[rəvəny:] f.; -, -n [-ny:ən]⟩ *Einkommen, Einkunft* [< frz. *revenu* »Einkommen«]
Re|ver|be|ra|ti|on ⟨[-vɛr-] f.; -, -en⟩ *Rückstrahlung* [< lat. *reverberatio* »das Zurückwerfen«; zu *reverberare* »zurückwerfen«]
re|ver|be|rie|ren ⟨[-vɛr-] V.⟩ *zurückstrahlen* [< lat. *reverberare* »zurückwerfen«; zu *verberare* »schlagen, treffen«]
Re|ver|be|rier|o|fen ⟨[-vɛr-] m.; -s, -öfen⟩ *Flammofen, in dem das Metall durch zurückgestrahlte Hitze schmilzt*
Re|ve|rend ⟨[-ve-] m.; -; unz.; Abk.: Rev.⟩ *Ehr-, Hochwürden (Titel für evangel. Geistliche in angelsächs. Ländern)* [engl., »ehrwürdig«; zu lat. *revereri* »verehren«]
Re|ve|renz ⟨[-ve-] f.; -, -en⟩ **1** *Ehrerbietung* **2** *Ehrenbezeigung* [< lat. *reverentia* »Ehrfurcht«; zu *revereri* »verehren«]
Re|ve|rie ⟨[rɛvə-] f.; -, -n; Mus.⟩ *Träumerei, träumerisch-elegisches Musikstück* [< frz. *rêverie* »Träumerei«]
Re|vers ⟨[rəvɛ:r] n. od. m.; österr. nur m.; -[-vɛ:rs], - [-vɛ:rs]⟩ **1** *Aufschlag (an Jacke, Kleid od. Mantel)* **2** ⟨[rəvɛrs]; m.; -, -⟩ *Rückseite einer Münze od. Medaille;* Ggs *Avers* **3** ⟨[rəvɛrs]; m.; -es, -e⟩ *schriftl. Erklärung rechtl. Inhalts, Verpflichtung* [frz., »Rückseite«]
Re|verse ⟨[rivə:s] n.; -; unz.⟩ = *Autoreverse*
re|ver|si|bel ⟨[-vɛr-] Adj.⟩ *umkehrbar;* Ggs *irreversibel* [< frz. *réversible* »umkehrbar«]
Re|ver|si|bi|li|tät ⟨[-vɛr-] f.; -; unz.⟩ *reversible Beschaffenheit*

Re|ver|si|ble, ⟨auch⟩ **Re|ver|sib|le** ⟨[-vɛrsi:bl] m.; -s, -s⟩ *Gewebe mit einer matten u. einer glänzenden Seite* [frz. *réversible* »auf beiden Seiten verwendbar, doppelseitig zu tragen«]

Re|ver|sing ⟨[rivə:siŋ] n.; -s; unz.; Wirtsch.⟩ *Handelsform des englischen Baumwolltermingeschäfts* [<engl. *reverse* »umkehren, wenden«]

Re|ver|si|on ⟨[-vɛr-] f.; -, -en⟩ *Umkehrung* [<lat. *reversio;* zu *reverti* »umkehren«]

Re|ver|si|ons|pen|del ⟨[-vɛr-] n.; -s, -; Phys.⟩ *Pendel zur Messung der Erdbeschleunigung mit zwei verstellbaren Punkten zur Aufhängung u. verstellbaren Massen*

Re|vi|dent ⟨[-vi-] m.; -en, -en⟩ **1** *jmd., der etwas revidiert, Prüfer* **2** ⟨Rechtsw.⟩ *jmd., der Revision einlegt* **3** ⟨österr.⟩ *Beamtentitel* [<lat. *revidens,* Part. Präs. zu *revidere;* → *revidieren*]

re|vi|die|ren ⟨[-vi-] V.⟩ *prüfen, überprüfen;* seine Meinung ~ *nach besserem Wissen ändern* [<lat. *revidere* »wieder hinsehen«; zu *videre* »sehen«]

Re|vier ⟨[-vi:r] n.; -s, -e⟩ **1** *Bezirk, Gebiet* **1.1** *Gebiet, in dem Bodenschätze abgebaut werden;* Kohlen~ **1.2** *Teilgebiet eines Forstamtes* **1.3** *Jagdgebiet;* Jagd~ **1.4** *Tätigkeitsbereich;* ~ eines Kellners **2** *Polizeidienststelle, Meldestelle;* Polizei~ **3** ⟨Mil.⟩ **3.1** *von einer Truppe (in Kaserne od. Lager) belegter Raum* **3.2** *Krankenstube (in der Kaserne)* [<mndrl. *riviere* <afrz. *rivière* »ebenes Land entlang einem Wasserlauf, Fluss« <vulgärlat. *riparia* »das am Ufer Befindliche«; zu *ripa* »Ufer«]

re|vie|ren ⟨[-vi:-] V.; Jagd⟩ **1** *das Revier begehen* (vom Förster) **2** *im Revier nach Wild suchen* (vom Hund)

Re|view ⟨[rivju:] f.; -, -s⟩ *Übersicht, Rundschau (oft Titel englischer Zeitschriften)* [engl., »Rückblick, Überblick, Rundschau«]

Re|vin|di|ka|ti|on ⟨[-vin-] f.; -, -en⟩ *Zurückforderung einer Sache* [→ *revindizieren*]

re|vin|di|zie|ren ⟨[-vin-] V.⟩ *zurückfordern* [<*re...* + lat. *vindicare* »in Anspruch nehmen«]

Re|vi|re|ment ⟨[revirəmã:] n.; -s, -s⟩ **1** *Umbesetzung (von staatl. Ämtern)* **2** *Abrechnung zwischen Schuldnern u. Gläubigern* [frz., »Umschwung, Schwenkung, Wendung«]

re|vi|si|bel ⟨[-vi-] Adj.; Rechtsw.⟩ *durch die Revision(4) anfechtbar*; revisible Rechtsprechung

Re|vi|si|on ⟨[-vi-] f.; -, -en⟩ **1** *(nochmalige) Durchsicht, Prüfung, Überprüfung* **2** *Fahndung nach zollpflichtigen Gütern beim Grenzübertritt;* Zoll~ **3** *Überprüfung der Druckbogen auf die Ausführung der Korrekturen* **4** *Anrufung einer höheren Instanz zur nochmaligen Entscheidung einer Rechtsfrage* [<mlat. *revisio* »prüfende Wiederdurchsicht« <lat. *revidere* »wieder hinsehen«]

Re|vi|si|o|nis|mus ⟨[-vi-] m.; -; unz.⟩ **1** *Bestrebung zur Änderung eines polit. Zustands, einer Verfassung* **2** *diejenige Richtung des Marxismus, die den Übergang vom Kapitalismus zum Sozialismus ohne Gewalt (Revolution) erstrebt u. insofern die Lehre von Marx revidiert*

Re|vi|si|o|nist ⟨[-vi-] m.; -en, -en⟩ *Anhänger, Vertreter des Revisionismus*

re|vi|si|o|nis|tisch ⟨[-vi-] Adj.⟩ *den Revisionismus betreffend, auf ihm beruhend*

Re|vi|sor ⟨[-vi:-] m.; -s, -so|ren⟩ **1** *jmd., der eine Revision vornimmt, Prüfer;* Bücher~ **2** *erfahrener Korrektor, der die letzte Korrektur vor dem Druck liest*

re|vi|ta|li|sie|ren ⟨[-vi-] V.⟩ *wieder kräftigen, erholen, wieder in ein natürliches Gleichgewicht bringen;* den Organismus ~

Re|vi|ta|li|sie|rung ⟨[-vi-] f.; -; unz.⟩ *Erholung nach einer Erkrankung* [<*Re...* + lat. *vita* »Leben«]

Re|vi|val ⟨[rivaivəl] n.; -s, -s⟩ *Wiederbelebung, Wiedererweckung, Erneuerung* [engl.]

Re|vo|ka|ti|on ⟨[-vo-] f.; -, -en⟩ *Widerruf* [<lat. *revocatio* »das Zurückrufen, das Abrufen«; zu *revocare* »zurückrufen, abrufen«]

Re|voke ⟨[rivouk] f.; - od. -s, -s⟩ *(beim Kartenspiel) unabsichtliches Legen einer falschen Karte* [engl., »Widerruf«]

Re|vol|te ⟨[-vɔl-] f.; -, -n⟩ *Aufruhr, Aufstand, Empörung* [<frz. *révolte* »Aufruhr«]

re|vol|tie|ren ⟨[-vɔl-] V.⟩ *sich empören, auflehnen* [<frz. *révolter* »aufwiegeln«]

Re|vo|lu|ti|on ⟨[-vo-] f.; -, -en⟩ **1** *Umwälzung, grundlegende Änderung, Sturz einer Gesellschaftsordnung* **2** ⟨Astrol.; †⟩ *Umlauf eines Himmelskörpers um ein Zentralgestirn* [<lat. *revolutio* »das Zurückwälzen, Umdrehung (der Gestirne)«; als »Volkserhebung« von frz. *révolution* beeinflusst]

re|vo|lu|ti|o|när ⟨[-vo-] Adj.⟩ *eine Revolution herbeiführend, für sie eintretend, umwälzend*

Re|vo|lu|ti|o|när ⟨[-vo-] m.; -s, -e⟩ *jmd., der eine Revolution herbeiführt od. an ihr teilnimmt* [<frz. *révolutionnaire*]

re|vo|lu|ti|o|nie|ren ⟨[-vo-] V.⟩ **1** *(grundlegend) umwandeln* **2** *in Aufruhr bringen* **3** *eine Revolution herbeiführen* [<frz. *révolutionner* »in Aufruhr versetzen, revolutionieren«]

Re|vo|luz|zer ⟨[-vo-] m.; -s, -; umg.; abwertend⟩ *jmd. der sich für einen gesellschaftl. Umsturz einsetzt, Revolutionär* [<ital. *rivoluzionario* »Revolutionär«]

Re|vol|ver ⟨[-vɔlvər] m.; -s, -⟩ **1** *Pistole mit trommelförmigem Magazin;* Trommel~ **2** ⟨Tech.⟩ = *Revolverkopf* [engl., »Revolver«; zu *revolve* »sich drehen« <lat. *revolvere* »zurückrollen«]

Re|vol|ver|dreh|ma|schi|ne ⟨[-vɔl-] f.; -, -n⟩ *Drehmaschine mit verschiedenen Werkzeugen für mehrere Arbeitsgänge*

Re|vol|ver|kopf ⟨[-vɔl-] m.; -(e)s, -köp|fe⟩ *an Revolverdrehmaschinen drehbare Vorrichtung zum Einsetzen mehrerer Werkzeuge, die nacheinander gebraucht werden*

Re|vol|ver|pres|se ⟨[-vɔlvər-] f.; -; unz.; umg.; abwertend⟩ *reißerische, unsachliche Presse*

re|vol|vie|ren ⟨[-vɔlvi:-] V.⟩ **1** ⟨Tech.⟩ *zurückdrehen* **2** ⟨Bankw.⟩ ~der Kredit *kurzfristiger*

Kredit, der in einem bestimmten Rhythmus vom Kreditnehmer getilgt, aber gleichzeitig wieder erneuert wird [zu lat. *revolvere* »zurückrollen«]

Re|vol|ving|ge|schäft ⟨[rivɔlviŋ] n.; -(e)s, -e; Wirtsch.⟩ *(Bank-)Geschäft zur Finanzierung langfristiger Kredite mit Hilfe von aufeinander folgenden kurzfristigen Krediten* [zu engl. *revolve* »sich drehen, sich erneuern«]

Re|vol|ving|kre|dit ⟨[rivɔlviŋ-] m.; -(e)s, -e; Wirtsch.⟩ **1** *Kredit, der gemäß dem jährlichen Betriebsgewinn getilgt bzw. wiederholt in Anspruch genommen werden kann* **2** *langfristiger Kredit, der mit Hilfe von aufeinander folgenden kurzfristigen Krediten finanziert wird* [< engl. *revolve* »sich drehen, sich erneuern«]

Re|vol|ving|sys|tem ⟨[rivɔlviŋ-] n.; -s, -e; Wirtsch.⟩ *Finanzierungsverfahren für langfristige Geldanleihen durch aufeinander folgende kurzfristige Geldanleihen*

re|vo|zie|ren ⟨[-vo-] V.⟩ *widerrufen* [< lat. *revocare* »zurückrufen, abrufen«; zu *vocare* »rufen«]

Re|vue ⟨[rəvyː] f.; -, -n⟩ **1** ⟨†⟩ *Heeres-, Truppenschau, Parade;* etwas ~ passieren lassen *(in Gedanken) an sich vorüberziehen lassen* **2** ⟨heute⟩ *musikal. Bühnenstück mit großer Ausstattung u. mit Ballett* **3** *bebilderte Zeitschrift mit allgemeinen Überblicken* [frz., »Übersicht, Rundschau, Besichtigung«]

Re|wri|ter ⟨[riraitə(r)] m.; -s, -⟩ *jmd., der Texte vor der Veröffentlichung überarbeitet* [zu engl. *rewrite* »neu schreiben, umschreiben«]

Rex ⟨m.; -, Re|ges⟩ **1** ⟨im antiken Rom Titel für⟩ *König* **2** ⟨m.; -, -e; Schülerspr.; †⟩ *Rektor (einer Schule)* [lat., »König«]

rey|nolds|sche Zahl, ⟨auch⟩ **Rey|nolds'sche Zahl** ⟨[reːnɔlds-] f.; -n -, -n -en⟩ *eine dimensionslose Zahl, die den Strömungswiderstand in zähen Flüssigkeiten kennzeichnet u. als das Verhältnis der Trägheitskraft zur inneren Reibungskraft in der Flüssigkeit aufgefasst werden kann* [nach dem engl. Physiker Osborne *Reynolds,* 1842–1912]

Rey|on, ⟨auch⟩ **Re|yon** ⟨[rɛjɔ̃ː] m. od. n.; -, Rey|on|sei|den⟩ oV *Rayon* **1** ⟨i.e.S.⟩ *Kunstseide aus Viskose* **2** ⟨i.w.S.⟩ *Kunstseide aus Cellulose;* oV *Rayon* [frz. *rayonne* »Kunstseide«]

Re|zen|sent ⟨m.; -en, -en⟩ *Verfasser einer Rezension, Kritiker* [< lat. *recensens* »musternd«, Part. Präs. zu *recensere*]

re|zen|sie|ren ⟨V.⟩ Bücher, Filme, Theateraufführungen, Fernsehspiele ~ *in Zeitung od. Rundfunk kritisch besprechen* [< lat. *recensere* »sorgfältig prüfen, mustern«; zu *censere* »begutachten, einschätzen«]

Re|zen|si|on ⟨f.; -, -en⟩ *krit. Besprechung von Büchern, Filmen, Theateraufführungen, Fernsehsendungen u.Ä. in Zeitung od. Rundfunk* [< lat. *recensio* »Musterung«; zu *recensere;* → *rezensieren*]

re|zent ⟨Adj.⟩ **1** *neu, frisch, gegenwärtig* **2** *gegenwärtig noch lebend (von Tier- u. Pflanzenarten)* [< lat. *recens* »frisch, neu, jung«]

Re|ze|pis|se ⟨n.; -s od. -s, -; österr.: f.; -, -n⟩ *Empfangsbescheinigung* [< lat. *recepisse* »empfangen haben«]

Re|zept ⟨n.; -(e)s, -e⟩ **1** *Vorschrift zum Zubereiten einer Speise;* Back~; Koch~ **2** *schriftl. Anweisung des Arztes an den Apotheker zur Abgabe eines Medikamentes* **3** ⟨fig.; umg.⟩ *Mittel;* das ist ein gutes ~ gegen deine Angst [< lat. *receptum,* Part. Perf. zu *recipere* »zurück-, aufnehmen«; eigtl. »(es wurde) genommen«, Vermerk des Apothekers, dass er die Anordnung des Arztes, eingeleitet durch lat. *recipe…* »nimm…«, befolgt hat]

Re|zep|ta|ku|lum ⟨n.; -s, -la⟩ **1** ⟨bei Blütenpflanzen⟩ *die stark verkürzte u. verbreiterte Blütenachse* **2** ⟨bei Moosen⟩ *Teil der Pflanze, an dem die Geschlechtsorgane aufsitzen* **3** ⟨bei Würmern u. Insekten⟩ *sackartige Ausstülpung zur Aufnahme der Samenzellen* [< lat. *receptaculum* »Behältnis, Behälter«]

re|zep|tie|ren ⟨V.⟩ ein Medikament ~ *ein Rezept über ein M. ausschreiben*

Re|zep|ti|on ⟨f.; -, -en⟩ **1** *An-, Auf-, Übernahme;* die ~ einer Person; die ~ eines Gastes im Hotel, eines Kranken im Krankenhaus, eines Studenten in einer Verbindung **2** *Stelle zur Aufnahme u. Weiterleitung von Kunden, Gästen od. Patienten* [< lat. *receptio* »Aufnahme, Annahme«; zu *recipere* »aufnehmen«]

Re|zep|ti|ons|äs|the|tik ⟨f.; -; unz.⟩ *Erforschung der Wirkungsgeschichte von literarischen Werken*

re|zep|ti|ons|äs|the|tisch ⟨Adj.⟩ *die Rezeptionsästhetik betreffend;* eine ~e Interpretation

re|zep|tiv ⟨Adj.⟩ **1** *(nur) aufnehmend, empfangend (Sinneseindrücke)* **2** *empfänglich* [zu *Rezeption;* nach frz. *réseptif* »empfänglich«]

Re|zep|ti|vi|tät ⟨[-vi-] f.; -; unz.⟩ *Aufnahmefähigkeit, Empfänglichkeit (bes. für Sinneseindrücke)*

Re|zep|tor ⟨m.; -s, -to|ren⟩ **1** ⟨†⟩ *Empfänger* **2** *Steuereinnehmer* **3** ⟨Biol.⟩ *Organ zur Aufnahme von mechanischen* (Mechano~), *chemischen* (Chemo~), *thermischen* (Thermo~) *u. von Licht ausgehenden* (Foto~) *Reizen* [< lat. *receptor* »Empfänger«; zu *recipere* »auf-, annehmen«]

re|zep|to|risch ⟨Adj.⟩ *von Rezeptoren(3) aufgenommen*

Re|zep|tur ⟨f.; -, -en⟩ **1** *Herstellung einer Arznei nach einem Rezept* **2** *der dafür bestimmte Raum in der Apotheke*

Re|zess ⟨m.; -es, -e; Rechtsw.⟩ **1** *Auseinandersetzung* **2** *Vergleich* **3** *schriftlich fixiertes Ergebnis einer Verhandlung* [< lat. *recessus* »Rückgang«; zu *recedere* »zurückgehen«]

Re|zes|si|on ⟨f.; -, -en⟩ *Phase des konjunkturellen Rückgangs, bei der die Wachstumsrate des realen Bruttosozialproduktes sinkt*

re|zes|siv ⟨Adj.⟩ *von anderen Erbanlagen überdeckt;* Ggs *dominant(2)* [< frz. *récessif* »rezessiv«; zu *Rezess*]

Re|zes|si|vi|tät ⟨[-vi-] f.; -; unz.; Vererbungslehre⟩ *Zurücktreten bestimmter Merkmale;* Ggs *Dominanz*
re|zi|div ⟨Adj.; Med.⟩ *zeitweise wiederkehrend* [< lat. *recidivus* »rückfällig«]
Re|zi|div ⟨n.; -s, -e; Med.⟩ *Rückfall*
re|zi|di|vie|ren ⟨[-vi:-] V.; Med.⟩ *wiederkehren, im Rückfall auftreten* [→ *rezidiv*]
Re|zi|pi|ent ⟨m.; -en, -en⟩ **1** ⟨Phys.⟩ *Glasglocke, die (fast) luftleer gepumpt werden kann, z.B. zur Destillation* **2** *Platte aus Metall als Grundlage für den Schmelz (beim Emaillieren)* **3** *Empfänger einer Aussage, Hörer, Leser, Betrachter* [< lat. *recipiens* »aufnehmend«, Part. Präs. zu *recipere;* → *rezipieren*]
re|zi|pie|ren ⟨V.⟩ *auf-, an-, übernehmen;* den Inhalt eines Satzes ~ [< lat. *recipere* »zurücknehmen, annehmen, aufnehmen«; zu *capere* »fassen, greifen«]
re|zi|prok, ⟨auch⟩ **re|zip|rok** ⟨Adj.⟩ **1** *wechselseitig* **1.1** *in Wechselbeziehung stehend* **1.2** ⟨Gramm.⟩ ~e Verben *V., bei denen das Reflexivpronomen eine wechselseitige Beziehung anzeigt,* z.B. Anna und Michael begrüßen »sich«; → a. *reflexives Verbum* **2** *umgekehrt;* ~er Wert *durch Vertauschen von Zähler u. Nenner eines Bruches entstandener Wert, z.B.* $^2/_3$ *u.* $^3/_2$*, Kehrwert* [< lat. *reciprocus* »auf derselben Bahn zurückkehrend«]
Re|zi|pro|zi|tät, ⟨auch⟩ **Re|zip|ro|zi|tät** ⟨f.; -, -en⟩ *Wechselseitigkeit*
Re|zi|ta|ti|on ⟨f.; -, -en⟩ *künstlerischer (gesprochener) Vortrag, z.B. eines Gedichtes* [< lat. *recitatio* »das Vorlesen, Vortrag«; zu *recitare* »laut vortragen«]
Re|zi|ta|tiv ⟨n.; -s, -e⟩ *Sprechgesang in Oper, Oratorium, Kantate, auch als Einleitung einer Arie* [< ital. *recitativo* »Sprechgesang«]
re|zi|ta|ti|visch ⟨Adj.⟩ *in der Art eines Rezitativs*
Re|zi|ta|tor ⟨m.; -s, -to|ren⟩ *jmd., der etwas rezitiert* [< lat. *recitator* »Vorleser«; zu *recitare* »laut vortragen«]
re|zi|ta|to|risch ⟨Adj.⟩ *in der Art einer Rezitation*
re|zi|tie|ren ⟨V.⟩ *künstlerisch vortragen;* Gedichte ~ [< lat. *recitare* »laut vortragen«]
rf., rfz. ⟨Abk. für⟩ *rinforzando*
Rgt. ⟨Abk. für⟩ *Regiment*
Rh ⟨chem. Zeichen für⟩ *Rhodium*
Rha|bar|ber ⟨m.; -s; unz.⟩ *einer Gattung der Knöterichgewächse angehörende Nutzpflanze mit großen Blättern, deren Stiele für Kompott* (Pontischer ~) *od. als Abführmittel* (Gemeiner ~) *verwendet werden: Rheum* [< ital. *rabarbaro* < lat. *rha barbarum* < *rha* »Rhabarber« (< grch. *rha, rheon,* vermutl. zu *Rha,* dem grch. Namen der Wolga) + *barbarus* »fremdländisch«]
rhab|do|i|disch ⟨Adj.; Biol.⟩ *stabförmig* [< grch. *rhabdos* »Stab« + ...*id*]
Rhab|dom ⟨n.; -s, -e⟩ *stabförmiges Organ in den Sehzellen von Facettenaugen* [< grch. *rhabdos* »Stab«]
Rha|chi|tis ⟨[-xi:-] f.; -, -ti|den⟩ = *Rachitis*
Rha|ga|de ⟨f.; -, -n; meist Pl.⟩ *Hautriss* [< grch. *rhagas,* Gen. *rhagados* »Hautriss«]
Rhap|so|de ⟨m.; -n, -n; im antiken Griechenland⟩ *wandernder Sänger, der erzählende Gedichte vortrug* [< grch. *rhaptein* »nähen, zusammenfügen« + *ode* »Gesang«]
Rhap|so|die ⟨f.; -, -n⟩ **1** ⟨urspr.⟩ *von den Rhapsoden vorgetragene Dichtung* **2** ⟨heute⟩ *Gedicht in freier Form* **3** *balladenhaft-erzählender Gesang* **4** *instrumentale Komposition über Volksweisen*
Rhap|so|dik ⟨f.; -; unz.⟩ *Rhapsodiendichtung*
rhap|so|disch ⟨Adj.⟩ **1** *die Rhapsodie betreffend, einer Rhapsodie ähnlich* **2** *bruchstückhaft*
Rhe|ma ⟨n.; -s, -ta; Sprachw.⟩ **1** *Teil des Satzes, der die wesentliche (neue) Information, den Kern der Aussage enthält* **1.1** ⟨auch⟩ *Kommentar;* Sy *Fokus(3);* Ggs *Thema(4)*
rhe|ma|tisch ⟨Adj.⟩ *das Rhema betreffend, auf ihm beruhend*
Rhe|ma|ti|sie|rung ⟨f.; -, -en; Sprachw.⟩ *Etablierung eines Teils des Satzes zum rhematischen Teil des (nächsten) Satzes (mit Hilfe der Wortstellung od. der Betonung),* z.B. Hans putzt die Schuhe. Die Schuhe sind schmutzig. (Wortstellung); *Hans* putzt die Schuhe. Hans putzt die *Schuhe.* (Betonung); Sy *Fokussierung(2);* → a. *fokussieren(3)*
rhe|na|nisch ⟨Adj.⟩ *rheinisch* [< lat. *Rhenanus* »rheinisch«; zu *Rhenus* »Rhein«]
Rhen|cho|spas|mus ⟨[-ço-] m.; -, -men⟩ *Schnarchkrampf* [< grch. *rhegkein* »schnarchen« + *Spasmus*]
Rhe|ni|um ⟨n.; -s; unz.; Zeichen: Re⟩ *chem. Element, edelmetallähnl. Schwermetall, Ordnungszahl 75* [< lat. *Rhenus* »Rhein«]
rhe|o..., **Rhe|o...** ⟨in Zus.⟩ *Fluss, Strom, Wasser* [< grch. *rheos* »Fluss«; zu *rheein* »fließen«]
Rhe|o|gra|fie ⟨f.; -, -n⟩ = *Rheographie*
Rhe|o|gra|phie ⟨f.; -, -n; Med.⟩ *Verfahren zur Untersuchung peripherer Gefäßprozesse;* oV *Rheografie* [→ *Rheo...* + ...*graphie*]
Rhe|o|lo|ge ⟨m.; -n, -n⟩ *Wissenschaftler auf dem Gebiet der Rheologie*
Rhe|o|lo|gie ⟨f.; -; unz.⟩ *Lehre vom Verhalten flüssiger bis plastischer Körper gegenüber von außen einwirkenden Kräften* [< *Rheo...* + ...*logie*]
Rhe|o|me|ter ⟨n.; -s, -⟩ *Gerät zum Messen der Fließeigenschaften flüssiger od. plastischer Substanzen* [< *Rheo...* + ...*meter*]
Rhe|o|me|trie, ⟨auch⟩ **Rhe|o|met|rie** ⟨f.; -; unz.⟩ *Gebiet der Technik, das sich mit den Messverfahren zur Bestimmung der rheologischen Eigenschaften befasst* [< *Rheo...* + ...*metrie*]
rhe|o|phil ⟨Adj.⟩ *strömendes Wasser bevorzugend* [< *rheo...* + ...*phil*]
Rhe|o|stat, ⟨auch⟩ **Rhe|os|tat** ⟨m.; -(e)s, -e⟩ *mittels Schleifkontakts regelbarer elektr. Drahtwiderstand, Regelwiderstand* [< *Rheo...* + ...*stat*]

Rhe|o|ta|xis ⟨f.; -, -ta|xen⟩ *Ausrichtung von Tieren zur Richtung der Strömung* [< *Rheo…* + *Taxis*]

Rhe|o|tro|pis|mus ⟨m.; -, -men⟩ *Beeinflussung der Wachstumsrichtung von Pflanzen durch strömendes Wasser* [< *Rheo…* + *Tropismus*]

Rhe|sus|af|fe ⟨m.; -n, -n⟩ *meerkatzenartiger Affe von mittlerer Größe (in Laboratorien beliebtes Versuchstier): Macaca mulatta*

Rhe|sus|fak|tor ⟨m.; -s; unz.; verkürzt: Rh-Faktor⟩ *von der Blutgruppe unabhängige erbliche Eigenschaft des Blutes, die bei Bluttübertragung u. Schwangerschaft berücksichtigt werden muss*

Rhe|tor ⟨m.; -s, -to|ren⟩ **1** ⟨im antiken Griechenland⟩ *Lehrer der Beredsamkeit* **2** ⟨danach⟩ = *Rhetoriker* [< grch. *rhetor* »Redner«]

Rhe|to|rik ⟨f.; -; unz.⟩ **1** *Kunst der Beredsamkeit, Redekunst* **2** *Lehre von der Redekunst* [< grch. *rhetorike (techne)* »Redekunst«]

Rhe|to|ri|ker ⟨m.; -s, -⟩ *Kenner, Beherrscher der Rhetorik, gewandter Redner;* oV *Rhetor(2)* [→ *Rhetorik*]

rhe|to|risch ⟨Adj.⟩ *die Rhetorik betreffend, auf ihr beruhend, rednerisch;* ~e Frage *Stilmittel in Form einer Frage, auf die keine Antwort erwartet wird*

Rheu|ma ⟨n.; -s; unz.; kurz für⟩ *Rheumatismus*

Rheum|ar|thri|tis, ⟨auch⟩ **Rheu|marth|ri|tis** ⟨f.; -, -ti|den⟩ *Gelenkrheumatismus* [< *Rheuma* + *Arthritis*]

Rheu|ma|ti|ker ⟨m.; -s, -⟩ *jmd., der an Rheumatismus leidet*

rheu|ma|tisch ⟨Adj.⟩ *auf Rheumatismus beruhend* [< grch. *rheumatikos* »den Rheumatismus betreffend«]

Rheu|ma|tis|mus ⟨m.; -, -men⟩ *schmerzhafte Entzündung von Gelenken, Muskeln u. serösen Häuten* [< lat. *rheumatismus* < grch. *rheumatismos,* eigtl. »das Fließen«; zu *rheein* »fließen, strömen«]

Rheu|ma|to|lo|ge ⟨m.; -n, -n; Med.⟩ *Facharzt od. Wissenschaftler der Rheumatologie*

Rheu|ma|to|lo|gie ⟨f.; -; unz.; Med.⟩ *Teilgebiet der Medizin, das sich mit den rheumatischen Erkrankungen befasst* [verkürzt aus *Rheuma*tismus + *…logie*]

Rheu|ma|to|lo|gin ⟨f.; -, -gin|nen⟩ *Fachärztin, Wissenschaftlerin der Rheumatologie*

rheu|ma|to|lo|gisch ⟨Adj.; Med.⟩ *zur Rheumatologie gehörig, auf ihr beruhend*

Rhe|xis ⟨f.; -; unz.⟩ *Zerreißen (eines Gefäßes)* [grch.]

Rh-Fak|tor ⟨m.; -s; unz.; kurz für⟩ *Rhesusfaktor*

rhin…, Rhin… ⟨in Zus.⟩ = *rhino…, Rhino…*

Rhin|al|gie, ⟨auch⟩ **Rhi|nal|gie** ⟨f.; -, -en⟩ *Nasenschmerz* [zu grch. *rhis,* Gen. *rhinos* »Nase« + *algos* »Schmerz«]

Rhin|all|er|go|se, ⟨auch⟩ **Rhi|nal|ler|go|se** ⟨f.; -, -n⟩ *Heufieber, Heuschnupfen* [< *Rhino…* + *Allergose*]

Rhi|ni|tis ⟨f.; -, -ti|den⟩ *Entzündung der Nasenschleimhaut* [< grch. *rhis,* Gen. *rhinos* »Nase«]

rhi|no…, Rhi|no… ⟨vor Vokalen⟩ rhin…, Rhin… ⟨in Zus.⟩ *zur Nase gehörig, nasen…, Nasen…* [< grch. *rhis,* Gen. *rhinos* »Nase«]

rhi|no|gen ⟨Adj.⟩ *von der Nase ausgehend, in ihr entstanden* [zu grch. *rhis,* Gen. *rhinos* »Nase« + *gennan* »erzeugen«]

Rhi|no|lo|gie ⟨f.; -; unz.⟩ *Lehre von den Krankheiten der Nase* [< *Rhino…* + *…logie*]

Rhi|no|phym ⟨n.; -s, -e⟩ *knollenartige Verdickung der Nase, Knollennase* [< *Rhino…* + grch. *phyma* »Geschwür«]

Rhi|no|plas|tik ⟨f.; -, -en⟩ *operativer Ersatz der äußeren Nase bzw. von Teilen davon bei Verletzungen od. Nasenkorrektur, Nasenplastik*

Rhi|nor|rha|gie ⟨f.; -, -n⟩ *heftiges Nasenbluten* [< *Rhino…* + *…rrhagie*]

Rhi|no|skop, ⟨auch⟩ **Rhi|nos|kop** ⟨n.; -s, -e⟩ *durch den Mund eingeführter Spiegel zum Untersuchen des hinteren Nasenraumes, Nasenspiegel* [< *Rhino…* + *skopein* »schauen«]

Rhi|no|sko|pie, ⟨auch⟩ **Rhi|nos|ko|pie** ⟨f.; -, -n⟩ *Nasenspiegelung*

Rhi|no|ze|ros ⟨n.; - od. -ros|ses, -ros|se⟩ **1** *Nashorn* **2** ⟨fig.; umg.⟩ *Dummkopf, Tölpel* [< lat. *rhinoceros* < grch. *rhinokeros* < *rhis,* Gen. *rhinos* »Nase« + *keras* »Horn«]

Rhi|zo|der|mis ⟨f.; -, -der|men; Bot.⟩ *der Stoffaufnahme dienende Wurzelzellschicht* [zu grch. *rhiza* »Wurzel« + *derma* »Haut«]

Rhi|zom ⟨n.; -s, -e⟩, **Rhi|zo|ma** ⟨n.; -s, -ma|ta⟩ *unterird. Spross, mit dessen Hilfe die damit versehenen Pflanzen überwintern können, Wurzelstock, z.B. bei Schwertlilie u. Veilchen* [< grch. *rhiza* »Wurzel«]

Rhi|zo|pho|re ⟨f.; -, -n; meist Pl.⟩ = *Mangrove* [< grch. *rhiza* »Wurzel« + *…phor*[2]]

Rhi|zo|phyt ⟨m.; -en, -en⟩ *echte Wurzeln treibende Pflanze,* z.B. Samen- od. Farnpflanzen [< grch. *rhiza* »Wurzel« + *…phyt*]

Rhi|zo|po|de ⟨m.; -n, -n; meist Pl.⟩ *Klasse einzelliger Tiere, die sich durch Scheinfüßchen fortbewegen, Wurzelfüßer* [< grch. *rhiza* »Wurzel« + *…pode*]

Rhi|zo|sphä|re, ⟨auch⟩ **Rhi|zos|phä|re** ⟨f.; -, -n⟩ *mit Wurzeln durchsetzte Bodenschicht* [< grch. *rhiza* »Wurzel« + *Sphäre*]

Rh-ne|ga|tiv ⟨Adj.⟩ *den Rhesusfaktor nicht aufweisend;* Ggs *Rh-positiv*

…rhö ⟨in Zus.⟩ = *…rrhö*

Rho ⟨n.; - od. -s, -s; Zeichen: ρ, Ρ⟩ *griech. Buchstabe*

Rhod|a|mi|ne, ⟨auch⟩ **Rho|da|mi|ne** ⟨Pl.⟩ *Gruppe von roten Farbstoffen zum Färben von Wolle u. Seide* [< grch. *rhodon* »Rose« + *Amin*]

Rho|dan|grup|pe ⟨f.; -, -n⟩ *die Molekülgruppe -SCN, die als Bestandteil vieler anorganischer Verbindungen auftritt u. mit Metallen die als Rhodanide bezeichneten Salze bildet* [< lat. *rhodon* »Rose«]

Rho|da|nid ⟨n.; -s, -e⟩, **Rho|dan|salz** ⟨n.; -es,

-e⟩ *mit Metallen gebildetes Salz der Rhodangruppe*

Rho|de|län|der ⟨[roːd-] m.; -s, -⟩ *Angehöriger einer roten bis dunkelbraunen Rasse von Haushühnern* [nach *Rhode Island* benannt]

rho|di|nie|ren ⟨V.⟩ *mit Rhodium überziehen*

Rho|di|um ⟨n.; -s; unz.; Zeichen: Rh⟩ *chem. Element, sehr hartes, platinähnl. Metall, Ordnungszahl 45* [< grch. *rhodon* »Rose«]

Rho|do|chro|sit ⟨[-kro-] m.; -en, -en⟩ *Mineral, Manganspat, Himbeerspat, chem. Mangancarbonat, chem. Formel* $MnCO_3$

Rho|do|den|dron, ⟨auch⟩ **Rho|do|dend|ron** ⟨n. od. m.; -s, -dren⟩ *einer immergrünen Gattung der Heidekrautgewächse angehörender Strauch od. kleiner Baum mit prächtigen Blüten, Alpenrose* [< grch. *rhodon* »Rose« + *dendron* »Baum«]

Rho|do|phy|ze|en ⟨Pl.⟩ *rot bis violett gefärbte, hoch entwickelte Algen des Meer- u. vereinzelt des Süßwassers, Purpuralgen, Rotalgen: Rhodophyceae* [< grch. *rhodon* »Rose« + *…phyzee*]

rhom|bisch ⟨Adj.⟩ *die Form eines Rhombus besitzend, in Form eines Rhombus (dargestellt)*

Rhom|bo|e|der ⟨n.; -s, -⟩ *von sechs Rhomben gebildeter Körper, von denen je zwei in parallelen Ebenen liegen* [< *Rhombus* + *…eder*]

Rhom|bo|id ⟨n.; -(e)s, -e⟩ *ungleichseitiges, schiefwinkliges Parallelogramm* [< *Rhombus* + *…id*]

Rhom|bus ⟨m.; -, Rhom|ben⟩ *schiefwinkeliges Parallelogramm mit gleichen Seitenpaaren* [< grch. *rhombos,* eigtl. »Umdrehung«]

Rho|ta|zis|mus ⟨m.; -, -men⟩ *Wechsel zwischen stimmhaftem s u. r in Wörtern mit verwandter Wurzel,* z.B. »gewesen« u. »waren« [< grch. *rhotakismos,* nach dem grch. Buchstaben *rho* »r«]

Rh-po|si|tiv ⟨Adj.⟩ *den Rhesusfaktor besitzend;* Ggs *Rh-negativ*

Rhyn|cho|te ⟨[-çoː-] m.; -n, -n; meist Pl.⟩ *Blut od. Pflanzensaft saugendes Insekt mit schnabelartigem Mundwerkzeug, Schnabelkerfe* [< grch. *rhynchos* »Rüssel, Schnauze«]

Rhy|o|lith ⟨m.; -s od. -en, -e od. -en; Min.⟩ *meist helles Gemenge von Alkali-Feldspat u. Quarz mit saurem Plagioklas, das zu Werksteinen, Pflastern, Schotter u. Splitt verarbeitet wird;* Sy *Liparit* [zu grch. *rhyax* »Lavastrom« + *…lith*]

Rhythm and Blues ⟨[rɪðm ənd bluːz] m.; - - -; unz.⟩ *stark rhythmisierte Bluesmusik der amerikan. Schwarzen* [engl., »Rhythmus und Blues«]

Rhyth|men ⟨Pl. von⟩ *Rhythmus*

Rhyth|mik ⟨f.; -; unz.⟩ **1** *Lehre von Rhythmus u. rhythmischer Bewegung* **2** = *rhythmische Gymnastik*

Rhyth|mi|ker ⟨m.; -s, -⟩ *Kenner der Rhythmik, moderner Musiker, der das rhythm. Element bes. betont*

rhyth|misch ⟨Adj.⟩ **1** *den Rhythmus, die Rhythmik betreffend, auf ihnen beruhend, in gleichen zeitl. Abständen erfolgend* **2** ~e Gymnastik *Umsetzung von musikal. Rhythmen in schwingende, natürl. Bewegungen zur harmon. Durchbildung des Körpers*

rhyth|mi|sie|ren ⟨V.⟩ *in einen Rhythmus bringen*

Rhyth|mus ⟨m.; -, Rhyth|men⟩ **1** *absichtlich gestaltete, in gleichen zeitlichen Abständen wiederkehrende Gliederung von Elementen der Tonstärke, -höhe u. Bewegung in Tanz, Musik u. Sprache;* ~ eines Tangos, Verses; freie Rhythmen *reimlose, durch kein bestimmtes Versmaß u. nicht an eine Strophenform gebundene, stark rhythmisch bewegte Verszeilen* **2** ⟨bildende Kunst⟩ *Gliederung eines Kunstwerkes durch gleichmäßig wiederholte, gleiche od. ähnl. Formen* **3** *regelmäßige Wiederkehr von Vorgängen;* der ~ der Gezeiten, des Herzens [< lat. *rhythmus* < grch. *rhythmos* »geregelte Bewegung, Zeitmaß, Gleichmaß«]

Rhyth|mus|gi|tar|re ⟨f.; -, -n; Mus.⟩ *Gitarre, die in einer Band den Beat erzeugt;* → a. *Leadgitarre*

Rhyth|mus|gi|tar|rist ⟨m.; -en, -en; Mus.⟩ *Gitarrist, der die Rhythmusgitarre spielt;* → a. *Leadgitarrist*

Rhyth|mus|grup|pe ⟨f.; -, -n; Mus.⟩ *aus Instrumenten bestehende Gruppe, die im Gegensatz zur melodieführenden Gruppe nur den Rhythmus eines Musikstückes erzeugen (z.B. bes. im Jazz das Schlagzeug, Percussion, Rhythmusgitarre, Bassgitarre u. Piano)*

Rhy|tid|ek|to|mie, ⟨auch⟩ **Rhy|ti|dek|to|mie** ⟨f.; -, -n⟩ *kosmetische Operation zur Beseitigung von Hautfalten im Gesicht* [< grch. *rhytis* »Falte« + *Ektomie*]

Ria ⟨f.; -, -s⟩ = *Riasküste*

Ri|al ⟨m.; -, -s; Abk.: Rl⟩ *iran. Münze, 100 Dinár* [pers.]

Ri|as|küs|te ⟨f.; -, -n⟩ *fjordähnliche, durch Senkung des Strandes entstandene Küste;* Sy *Ria* [< span. *ria* »Flussmündung« + *Küste*]

Ri|bat|tu|ta ⟨f.; -, -tu|ten; Mus.⟩ *in ungleichem Rhythmus einsetzender trillerähnlicher Wechsel zwischen einer Note u. ihrer oberen Nebennote* [< ital. *ribattuta (di gola)* »das Zurückschlagen (der Kehle)«]

Ri|bi|sel, Ri|bisl ⟨f.; -, -n; österr.⟩ *Johannisbeere* [< spätlat. *ribesium* < arab. *ribas* »sauer schmeckende Pflanze«, *Rheum ribes* (die man fälschlich für unseren Johannisbeerstrauch hielt)]

Ri|bo|fla|vin ⟨[-viːn] n.; -s, -e⟩ *gelber organischer Naturstoff, Faktor des Vitamin-*B_2*-Komplexes;* Sy *Laktoflavin* [< *Ribose* + lat. *flavus* »gelb«]

Ri|bo|nu|kle|in|säu|re, ⟨auch⟩ **Ri|bo|nuk|le|in|säu|re** ⟨f.; -, -n; Abk.: RNA, RNS⟩ *im Protoplasma der Zellen befindlicher Stoff, der wesentlich an der Synthese der Eiweiße beteiligt ist*

Ri|bo|se ⟨f.; -, -n⟩ *Zuckerart mit fünf Sauerstoffatomen, wichtiger Bestandteil der Nukleinsäuren* [durch Buchstabenvertauschung

< *Arabin* »fester Bestandteil des Gummiarabikums«]

Ri|bo|som ⟨n.; -s, -en; meist Pl.⟩ *nur mit dem Elektronenmikroskop sichtbare, aus Ribonukleinsäure u. Eiweiß bestehende Körnchen in den Zellen, Orte der Eiweiß-Biosynthese* [< *Ribose* + *Soma*]

Ri|cer|ca|re ⟨[-tʃɛr-] n.; -s, -ri; Mus.⟩ *Instrumentalstück im 16. Jh. mit einer Folge von Imitationen, Vorform der Fuge* [ital., »aufsuchen«]

Ri|cin ⟨n.; -s, -e⟩ *stark giftiges Protein aus der Ricinusstaude;* oV *Rizin*

Ri|ckett|si|en ⟨[-siən] Pl.⟩ *den Bakterien nahe stehende, unbewegl. Organismen, die nur in lebenden Zellen wachsen, Erreger von Fleckfieber u.a. Krankheiten* [nach dem US-amerikan. Pathologen Howard Taylor *Ricketts,* 1871–1910]

Ri|ckett|si|o|se ⟨f.; -, -n; Path.⟩ *Infektionskrankheit, die durch Rickettsien hervorgerufen u. bes. durch Läuse, Flöhe, Zecken u. Milben übertragen wird*

Ri|deau ⟨[rido:] m.; -s, -s; schweiz.⟩ *Vorhang* [frz.]

ri|di|kül ⟨Adj.⟩ *lächerlich* [< frz. *ridicule*]

Ri|di|kül ⟨m. od. n.; -s, -e⟩ *Handarbeitsbeutel, Handtäschchen;* oV *Retikül* [< frz. *réticule* »Handtäschchen« < lat. *reticulum;* Verkleinerungsform zu *rete* »Netz«]

rien ne va plus ⟨[riɛ̃: nə va ply:]⟩ *es geht nichts mehr, kann nichts mehr eingesetzt werden (beim Roulette)* [frz.]

Rie|sen|sla|lom ⟨m.; -s, -s; Sp.⟩ *Riesentorlauf, Skirennen, bei dem die Wettkämpfer einer durch Kontrolltore bestimmten Strecke zu folgen haben, Höhenunterschied für Männer 400 m, Frauen 300 m*

Riff ⟨m.; -; unz.; Mus.⟩ *Art des Drive, kurzes, mehrmals wiederholtes, rhythmisch betontes Motiv* [engl., < *refrain* »Refrain« < mfrz. *refrain* < afrz. *refreindre;* → *Refrain*]

Ri|gau|don ⟨[rigodɔ̃:] m.; -s, -s⟩ **1** *heiterer provenzal. Volkstanz des 16. Jh. im* $^2/_4$*- od.* $^4/_4$*-Takt* **2** *im 18. Jh. auch Satz der Suite* [frz., »alter Tanz«, nach dem Namen eines Tanzlehrers *Rigaud* (nach J. J. Rousseau)]

Rigg ⟨n.; -s, -s⟩, **Rig|gung** ⟨f.; -, -en⟩ *Masten u. Takelung (eines Schiffes)* [engl.]

Right or wrong, my coun|try!, ⟨auch⟩ **Right or wrong, my count|ry!** ⟨[rait ɔ:r rɔŋ mai kʌntri]⟩ *Recht od. Unrecht - mein Vaterland (geht über alles)* [engl.]

ri|gid, ri|gi|de ⟨Adj.⟩ *steif, starr, streng* [< lat. *rigidus* »starr, steif«]

Ri|gi|di|tät ⟨f.; -; unz.⟩ *Starrheit, Unnachgiebigkeit, Strenge*

Ri|go|le ⟨f.; -, -n⟩ *Rinne, kleiner Graben zur Entwässerung* [→ *rigolen*]

ri|go|len ⟨V.⟩ Boden ~ *bis 1 m Tiefe lockern, umpflügen, umgraben;* oV *rajolen* [< nddt. *riolen* »tief umpflügen, umgraben« < frz. *rigoler* »mit Rinnen, Furchen, Gräben durchziehen«]

Ri|go|ris|mus ⟨m.; -; unz.⟩ *übertriebene Strenge, Härte, Unerbittlichkeit* [< lat. *rigor* »Steifheit, Härte, Unbeugsamheit«]

ri|go|ris|tisch ⟨Adj.⟩ *übertrieben streng, unerbittlich, hart*

ri|go|ros ⟨Adj.⟩ **1** *streng, hart, unerbittlich;* ~ vorgehen; sich ~ durchsetzen **2** *scharf, rücksichtslos* [< mlat. *rigorosus* »streng, hart« < lat. *rigor* »Steifheit, Härte«]

Ri|go|ro|si|tät ⟨f.; -; unz.⟩ *Strenge, Härte, Rücksichtslosigkeit*

Ri|go|ro|sum ⟨n.; -s, -ro|sa⟩ *mündl. Prüfung zur Erlangung des Doktorgrades, Doktorprüfung* [< lat. *rigorosum (examen)* »strenge (Prüfung)«]

Rig|ve|da ⟨[-ve:-] m.; - od. -s; unz.⟩ *älteste Sammlung ind. Hymnen* [sanskr. *Rgveda;* zu *veda* »Wissen«]

Ri|kam|bio ⟨m.; -s, -bi|en⟩ = *Ritratte* [ital.]

Rik|scha ⟨f.; -, -s; in Ostasien⟩ *zweirädriger Wagen zur Beförderung von Personen, der von einem Mann zu Fuß od. mit Fahrrad gezogen wird;* Sy *Jinrikischa* [< japan. *jinrikischa* »durch Menschen bewegter Wagen«]

Riks|mål ⟨[-mo:l] n.; - od. -s; unz.⟩ *norwegische, neben dem Landsmål gültige Schriftsprache auf dänischer Grundlage* [norw., »Reichssprache«]

ri|la|scian|do ⟨[-ʃando] Mus.⟩ *langsamer werdend, nachlassend (zu spielen)* [ital.]

Ri|mes|sa ⟨f.; -, -mes|sen; Sp.; Fechten⟩ *Fortsetzung eines Angriffs aus der Ausfallstellung nach einer Parade des Gegners* [zu ital. *rimettere* »wiederholen«]

Ri|mes|se ⟨f.; -, -n⟩ **1** *Geldsendung* **2** *in Zahlung gegebener Wechsel* [< ital. *rimessa* »Übersendung«]

Ri|na|sci|men|to ⟨[-naʃi-] n.; - od. -s; unz; ital. Bez. für⟩ *Renaissance* [ital., »Wiedergeburt«]

rin|for|zan|do ⟨Abk.: rf., rfz.; Mus.⟩ *plötzlich stärker werdend (zu spielen)* [ital., »verstärkend«]

rin|for|za|to ⟨Mus.⟩ *plötzlich verstärkt (zu spielen)* [ital., »verstärkt«]

Rin|glot|te, ⟨auch⟩ **Ring|lot|te** ⟨f.; -, -n; österr.⟩ = *Reneklode*

Rio ⟨als Bestandteil geograph. Namen⟩ *Fluss* [span., port.]

R.I.P. ⟨Abk. für⟩ *requiescat in pace*

Ri|pos|te ⟨f.; -, -n; Sp.; Fechten⟩ *sofort ausgeführter Nachstoß nach einer Parade des Gegners, Gegenstoß* [zu ital. *ripore* < lat. *reponere* »dagegensetzen, dagegenstellen«]

ri|pos|tie|ren ⟨V.; Sp.; Fechten⟩ *eine Riposte ausführen*

Rip|per ⟨m.; -s, -⟩ *Frauenmörder* [engl., »Aufschlitzer«, nach Jack the *Ripper,* der Ende des 19. Jahrhunderts in London Prostituierte ermordete]

Ri|pre|sa, ⟨auch⟩ **Rip|re|sa** ⟨f.; -, -pre|sen⟩ **1** ⟨Mus.⟩ *Wiederholung, Wiederholungszeichen* **2** ⟨Sp.; Fechten⟩ ~ d' attacco *Wiederholung eines Angriffs aus der Fechtstellung* [ital., »Wiederholung«]

Rips ⟨m.; -es, -e⟩ *geripptes Gewebe mit feiner Kette u. starkem Schuss* (Quer~) *od. mit starker Kette u. feinem Schuss* (Längs~) [< engl. *ribs* »Rippen, Schussfäden«]

Ri|sa|lit ⟨m.; -s, -e⟩ *aus der Front eines Gebäudes senkrecht in ganzer Höhe (einschließlich Dach) vorspringender Teil* [< ital. *risalto* »Vorsprung«; zu *risalire* »hervorspringen«]

RISC ⟨EDV; Abk. für engl.⟩ *Reduced Instruction Set Computing, Prozessor, der über einen reduzierten Befehlssatz verfügt;* vgl. *CISC*

Ri|si|ko ⟨n.; -s, -s od. -si|ken; österr. a. Ris|ken⟩ **1** *Gefahr;* etwas auf eigenes ~ hin tun **2** *Wagnis;* ein (kein) ~ eingehen; ein ~ übernehmen, auf sich nehmen [< ital. *risico, risco;* zu *riscare* »Gefahr laufen, wagen« < vulgärlat. zu *risicare* »Gefahr laufen, wagen« < vulgärlat. **risicare* »Klippen umschiffen« < grch. *riza* »Wurzel, Klippe«]

Ri|si|ko|fak|tor ⟨m.; -s, -en⟩ *Faktor, der ein Risiko mit sich bringt, der für jmdn. od. etwas ein Risiko bedeutet*

Ri|si|ko|pa|ti|ent ⟨[-patsjɛnt] m.; -en, -en⟩ *bes. gefährdeter Patient*

Ri|si|ko|stu|die ⟨[-diə] f.; -, -n⟩ *Untersuchung über die möglichen Gefahren, die von großtechnischen Anlagen für die Bevölkerung ausgehen, z.B. von großen Chemiekomplexen od. von Kernkraftwerken*

Ri|si|pi|si, Ri|si-Pi|si ⟨n.; - od. -s; unz.⟩ *venezian. Spezialität aus Reis, grünen Erbsen, klein geschnittenem Schinken u. Fleischbrühe, gewürzt mit Knoblauch, Petersilie u. Parmesankäse* [< ital. *riso* »Reis« + *piselli* »Erbsen«]

ris|kant ⟨Adj.⟩ *mit einem Risiko verbunden, gewagt, gefährlich* [< frz. *risquant* »wagend, Gefahr laufend«, Part. Präs. von *risquer* »wagen«]

ris|kie|ren ⟨V.⟩ etwas ~ *ein Risiko für etwas eingehen, auf sich nehmen, etwas wagen;* den Kopf, den Kragen, sein Leben ~ *sich in große Gefahr begeben;* eine Lippe ~ ⟨fig.; umg.⟩, ein Wort ~ *eine Meinung offen aussprechen, auch wenn es einem schaden kann* [< frz. *risquer* »wagen«; zu *risque* »Wagnis« < ital. *risco;* → *Risiko*]

Risk|ma|nage|ment ⟨[-mænidʒmənt] n.; -s; unz.; Wirtsch.⟩ *Form der Unternehmensführung, die schwere Unfälle od. Fehler vorherzusehen u. zu vermeiden sucht* [engl. < *risk* »Risiko« + *Management*]

Ri|skon|tro, ⟨auch⟩ **Ri|skont|ro** ⟨n.; -s; unz.⟩ = *Skontro* [< ital. *riscontro* »gegenseitige Abrechnung«]

ri|so|lu|to ⟨Mus.⟩ *energisch, entschlossen (zu spielen)* [ital.]

Ri|sor|gi|men|to ⟨[-dʒi-] n.; - od. -s; unz.⟩ **1** *Wiederbelebung, Wiederauferstehung* **2** ⟨unz.⟩ *die Bestrebungen nach Einigung in Italien 1815–1870* (nach dem Titel einer Zeitung) [ital., »Wiedererhebung, Auferstehung«]

Ri|sot|to ⟨m.; - od. -s, -s; österr. u. schweiz. umg. n.; -, - od. -s⟩ *italien. Gericht aus Reis, der zusammen mit gehackten Zwiebeln in Öl angeröstet u. dann in Fleischbrühe gegart wird* [ital., »Reisgericht mit Parmesankäse u. anderen Zutaten«; zu *riso* »Reis«]

Ris|pos|ta ⟨f.; -, -pos|ten; Mus.⟩ *die nachfolgende Stimme im Kanon u. die antwortende Stimme in der Fuge;* Ggs *Proposta* [ital., »Antwort«]

Ris|to|ran|te ⟨n.; -, -ti; ital. Bez. für⟩ *Restaurant*

ri|stor|nie|ren ⟨V.⟩ eine Buchung ~ *rückgängig machen* [< ital. *ristornare* »zurückwenden«]

Ri|stor|no ⟨m. od. n.; -s, -s⟩ **1** *das Ristornieren* **2** *Vergütung (bei Seeversicherungen)* [ital., »Zurückschreibung, Gegenbuchung«]

rit. ⟨Abk. für⟩ *ritardando*

ri|tar|dan|do ⟨Abk.: rit.; Mus.⟩ *langsamer werdend (zu spielen)* [ital., »zögernd«]

ri|te ⟨Adv.⟩ **1** *ordnungsgemäß, wie es sich gehört, richtig* **2** *genügend (geringstes Prädikat bei der Doktorprüfung)* [lat., »den bestehenden Bräuchen gemäß«; zu *ritus* »feierlicher religiöser Brauch«]

Ri|ten ⟨Pl. von⟩ *Ritus*

riten. ⟨Abk. für⟩ *ritenuto*

ri|te|nu|to ⟨Abk.: riten.; Mus.⟩ *zurückhaltend, zurückgehalten, verlangsamt (zu spielen)* [ital., »zurückhaltend«]

Ri|tor|nell ⟨n.; -s, -e; Mus.⟩ **1** *Form des italien. Volksliedes in Strophen zu drei metrisch verschiedenen Zeilen, deren erste u. dritte sich reimen* **2** ⟨17./18. Jh.⟩ *immer wiederkehrendes instrumentales Zwischenspiel zwischen den Strophen eines Liedes od. einer Arie* **3** ⟨im Instrumentalkonzert⟩ *homophones Vor-, Zwischen- u. Nachspiel* [< ital. *ritornello* »wiederholter Vers, wiederholte Strophe«]

Ri|trat|te ⟨f.; -, -n⟩ *Rückwechsel, Wechsel, den der Gläubiger über den Betrag seiner Forderung auf den Regressaten ausstellt;* Sy *Rikambio* [ital., »Zurückziehung, Rückwechsel«]

ri|tu|al ⟨Adj.⟩ = *rituell*

Ri|tu|al ⟨n.; -s, -e, od. -li|en⟩ *Gesamtheit der Riten (eines Kultes)* [< lat. *ritualis* »dem religiösen Brauch entsprechend«; zu *ritus* »feierlicher relig. Brauch«]

Ri|tu|a|le Ro|ma|num ⟨n.; - -; unz.⟩ *Buch, das die Vorschriften für die Riten der röm.-kath. Kirche enthält* [lat., »röm. Ritual«]

ri|tu|a|li|sie|ren ⟨V.⟩ *zum Ritual machen*

Ri|tu|a|li|sie|rung ⟨f.; -, -en⟩ **1** *das Ritualisieren* **2** *Übernahme von Instinkthandlungen eines Verhaltensbereichs in ein anderes Verhalten mit Signalfunktion bei artgleichen Tieren*

Ri|tu|a|lis|mus ⟨m.; -; unz.⟩ *Bewegung in der anglikan. Kirche mit dem Bestreben, den kath. Kult wieder einzuführen* [< lat. *ritualis* »dem religiösen Brauch entsprechend«; → *Ritus*]

Ri|tu|a|list ⟨m.; -en, -en⟩ *Anhänger, Vertreter des Ritualismus*

Ri|tu|al|mord ⟨m.; -(e)s, -e⟩ *Tötung eines Menschen im Rahmen einer kult. Veranstaltung*

ri|tu|ell ⟨Adj.⟩ *zum Ritus gehörend, auf ihm beruhend;* oV *ritual* [< frz. *rituel* »rituell« < lat.

ritualis »dem religiösen Brauch entsprechend«; → *ritual*]

Ri|tus ⟨m.; -, Ri|ten⟩ **1** *religiöser Brauch, kult. Handlung* **2** *Gesamtheit der Bräuche bei einem Gottesdienst* [lat., »feierlicher religiöser Brauch«]

Ri|va|le ⟨[-va:-] m.; -n, -n⟩ *Nebenbuhler, Mitbewerber* [< frz. *rival* < lat. *rivalis,* eigtl. »an der Nutzung des Wasserlaufs mitberechtigt, Bachnachbar«; zu *rivus* »Wasserrinne, Bach«]

ri|va|li|sie|ren ⟨[-va-] V.⟩ *sich mitbewerben, wetteifern;* mit jmdm. ~ [< frz. *rivaliser* »rivalisieren«; → *Rivale*]

Ri|va|li|tät ⟨[-va-] f.; -, -en⟩ *Nebenbuhlerschaft* [< frz. *rivalité* »Rivalität«; → *Rivale*]

Ri|ver|boat|shuf|fle, ⟨auch⟩ **Ri|ver|boat|shuff-le** ⟨[rivə(r)boutʃʌfəl] f.; -, -s⟩ *Vergnügungsfahrt mit Musik auf einem Dampfer* [engl., zu *riverboat* »Flussboot« + *shuffle* »Tanz (mit schlurfenden Schritten)«]

Ri|vol|gi|men|to ⟨[-voldʒi-] n.; - od. -s; unz.⟩ *Vertauschung od. Versetzung der Stimmen im doppelten Kontrapunkt* [ital., »Umdrehung, Umkehrung«]

Ri|yal, ⟨auch⟩ **Riy|al** ⟨m.; -s, -s, bei Zahlenangaben -⟩ *Währungseinheit in Saudi-Arabien*

Ri|zin ⟨n.; -s, -e⟩ = *Ricin*

Ri|zi|nus ⟨m.; -, - od. -nus|se⟩ *tropisches, schnell wachsendes Wolfsmilchgewächs, Wunderbaum* [< *ricinus* »Zecke« (weil der Same der Zecke ähnelt)]

Ri|zi|nus|öl ⟨n.; -s, -e⟩ *aus den Rizinussamen gewonnenes Öl, das als starkes Abführmittel u. in der chem. Industrie verwendet wird*

r.-k. ⟨österr.; Abk. für⟩ *römisch-katholisch*

Rl ⟨Abk. für⟩ *Rial*

Rn ⟨chem. Zeichen für⟩ *Radon*

RNA ⟨engl. Abk. für⟩ *Ribonukleinsäure* [< engl. *ribonucleic acid*]

RNS ⟨Abk. für⟩ *Ribonukleinsäure*

Road|blo|cking ⟨[roud-] n.; -s, -s⟩ *Blockierung, Verhinderung eines Plans, Vorhabens o.Ä.* [< engl. *roadblock,* eigtl. »Straßensperre«]

Roa|die ⟨[roudi] m.; -s, -s⟩ *jmd., der berufsmäßig für den Transport, Auf- u. Abbau der technischen Ausrüstung einer Popgruppe zuständig ist* [engl.]

Road|ma|na|ger ⟨[roudmænidʒə(r)] m.; -s, -⟩ *jmd., der die Verantwortung für Transport, Auf- u. Abbau der techn. Ausrüstung während der Konzerttournee einer Popgruppe trägt* [< engl. *road* »Straße« + *Manager*]

Road|mo|vie ⟨[roudmu:vi] m. od. n.; -s, -s; Film⟩ *Filmgenre, in dem die Protagonisten Abenteuer od. Konflikte während einer (oft ziellosen) längeren Autofahrt durchleben* [< engl. *road* »Straße« + *movie* »Film«]

Road|ster, ⟨auch⟩ **Roads|ter** ⟨[roudstər] m.; -s, -⟩ *offener, zweisitziger Personenkraftwagen* [engl., »offener Tourenwagen, Sportzweisitzer«; zu *road* »Landstraße«]

Roa|ring Twen|ties ⟨[ro:riŋ twɛntiz] Pl.⟩ = *Golden Twenties*

Roast|beef ⟨[roustbi:f] n.; -s, -s⟩ *nicht ganz durchgebratenes Rindsfilet* [< engl. *roast beef* »Rinderbraten«]

Rob|ber ⟨m.; -s, -; Bridge u. Whist⟩ *Spiel, zu dessen Abschluss der zweimalige Gewinn einer Partei gehört;* oV *Rubber* [< engl. *rubber* »Robber«]

Ro|be ⟨f.; -, -n⟩ **1** *Amtstracht der Richter, Anwälte, Professoren, Geistlichen* **2** *Gesellschafts-, Abendkleid;* in feierlicher, großer ~ erscheinen **3** ⟨scherzh.⟩ *(neues) Kleid;* sich in einer neuen ~ zeigen [frz., »Gewand, Kleid« < fränk. **rauba,* »erbeutetes (Kleid)«]

Ro|bi|nie ⟨[-niə] f.; -, -n⟩ *falsche Akazie, einer Gattung der Schmetterlingsblütler angehörender Strauch od. Baum mit gefiederten Blättern u. weißen duftenden Blüten in Trauben: Robinia* [nach dem frz. Botaniker J. *Robin,* †1629]

Ro|bin|so|na|de ⟨f.; -, -n⟩ **1** *Roman in der Art des Robinson Crusoe* **2** *Abenteuer eines Schiffbrüchigen* [nach dem Helden des Abenteuerromans *Robinson Crusoe* von dem Engländer Daniel Defoe, 1719]

ro|bo|rie|rend ⟨Adj.⟩ *stärkend, kräftigend (von Stoffen wie Vitaminen u. Traubenzucker)* [< lat. *roborare* »kräftigen, stärken«]

ro|bo|ten ⟨[rɔbɔtən] V.; umg.⟩ *schwer arbeiten, schuften* [< mhd. *robaten, roboten* < tschech., poln. *robota* »Fronarbeit, Zwangsdienst«]

Ro|bo|ter ⟨m.; -s, -⟩ **1** *künstlicher Mensch, Automat, der (ferngesteuert) bestimmte Tätigkeiten ausführt* **2** ⟨fig.; umg.⟩ *Schwerarbeiter* [→ *roboten*]

ro|bo|te|ri|sie|ren ⟨V.⟩ *Handlungen u. Vorgänge durch Roboter aus- u. durchführen lassen, automatisieren;* oV *robotisieren*

ro|bo|ti|sie|ren ⟨V.⟩ = *roboterisieren*

ro|bust ⟨Adj.⟩ *kräftig, derb, stark;* der Wagen ist äußerst ~; eine ~e Natur haben [< lat. *robustus* »stark, kräftig«]

Ro|cail|le ⟨[rɔka:j(ə)] n. od. f.; -, -s; im Rokoko⟩ *Ornament aus Muscheln u. Steinen* [frz., »Muschelwerk, Muschelverzierung»; → a. *Rokoko*]

Ro|cha|de ⟨[-xa:-] od. [-ʃa:-] f.; -, -n⟩ **1** ⟨Schachspiel⟩ *doppelter Zug von König u. einem Turm* **2** ⟨Sp.⟩ *Stellungswechsel der Spieler* [→ *rochieren*]

Ro|chett ⟨[rɔʃɛt] n.; -s, -s⟩ *Chorhemd (höherer kath. Geistlicher)* [< frz. *rochet* »Chorhemd«]

ro|chie|ren ⟨[-xi:-] od. [-ʃi:-] V.⟩ *eine Rochade ausführen* [< frz. *roquer*]

Ro|chus ⟨m.; in der Wendung⟩ auf jmdn. einen ~ haben *auf jmdn. sehr wütend, böse sein* [rotw. < jidd. *roges* »Zorn«]

Rock ⟨m.; -s od. -; unz.; kurz für⟩ *Rock and Roll, Rockmusik;* ~ spielen, tanzen

Rock|a|bil|ly, ⟨auch⟩ **Ro|cka|bil|ly** ⟨[rɔkəbili] m.; -s; unz.; Mus.⟩ *amerikanischer Musikstil der 50er Jahre, der durch die Kombination von Rock and Roll u. Hillbillymusic geprägt ist* [< *Rock* + *Hillbillymusic*]

Rock and Roll ⟨[rɔknro:l] m.; - - -; unz.⟩ **1** *in*

den 50er Jahren in den USA aus Rythm and Blues u. Countrymusic entwickelter Musikstil mit schnellem Tempo u. starker Rhythmik **2** *der Tanz dazu, stark synkopiert u. im 4/4-Takt;* oV *Rock 'n' Roll* [engl., »wiegen und rollen«]

rọ|cken ⟨V.⟩ *Rock and Roll tanzen od. spielen*

Rọ|cker ⟨m.; -s, -⟩ *Mitglied einer zu Gewalttätigkeiten neigenden Bande von Jugendlichen, die in Lederkleidung u. mit Motorrädern auftritt* [engl., »Schaukelpferd«]

Rock|mu|si|cal ⟨[rọkmjuzikəl] n.; -s, -; Mus.⟩ *Musical, das aus Stücken der Rockmusik besteht,* z. B. Starlight Express

Rọck|mu|sik ⟨f.; -; unz.⟩ *Musikstil, der sich aus Rock and Roll, Rhythm and Blues u. Blues entwickelt hat*

Rock 'n' Roll ⟨[rɔknro:l] m.; - - -; unz.⟩ = *Rock and Roll*

ro|dens ⟨Adj.; Med.⟩ *nagend, zersetzend, fressend (z.B. im Gewebe)* [lat.]

Ro|den|ti|zid ⟨n.; -s, -e⟩ *Mittel zur Bekämpfung schädlicher Nagetiere* [< lat. *rodere* »(be)nagen« + …*zid*[1]]

Ro|deo ⟨m. od. n.; -s, -s⟩ *Wettkampf der Cowboys in den USA, bei dem es gilt, wilde Pferde zuzureiten* [span., »Zusammentreiben (des Viehs)« < *rodear* »umzingeln, zusammentreiben« < *rueda* »Rad« < lat. *rota* »Rad«]

Ro|do|mon|ta|de ⟨f.; -, -n⟩ *Aufschneiderei, Prahlerei* [< ital. *rodomontata* nach *Rodomonte,* einem großtuenden riesenhaften Helden in den ital. Roland-Epen (z.B. in Ariosts »Rasendem Roland«), eigtl. »Bergwälzer« < lombard. *rodare* »wälzen« + ital. *monte* »Berg«]

Ro|ga|te *fünfter Sonntag nach Ostern* [lat., »bittet«, nach dem Eingangswort der Messe aus Joh. 16,24]

Ro|ga|ti|on ⟨f.; -, -en⟩ *Fürbitte* [< lat. *rogatio* »Frage, Anfrage, Bitte«; zu *rogare* »fragen, ersuchen, bitten«]

ro|ger ⟨[rɔdʒə(r)] Adj.; bes. Funkw.⟩ *verstanden!, in Ordnung!* [engl.]

Rọ|ko|ko ⟨a. [-'--] österr. [--'-] n. od. m.; -s; unz.⟩ *auf das Barock folgender Stil im 18. Jh., der durch zierliche, heitere, beschwingte Formen, bes. Rocaillen (daher der Name), gekennzeichnet ist* [< frz. *rococo* (Pariser Künstlerjargon des 19. Jh. zur Verspottung der Zierweise des 18. Jh.) < *rocaille* »Geröll, aufgehäufte Steine, Grotten, Muschelwerk«; zu *roc* »Felsen«]

Rol|ler|blade ⟨[rouIə(r)bleid] m.; -s, -s; meist Pl.; ⓌⓏ⟩ *Rollschuh mit vier in einer Reihe hintereinander angeordneten Rollen;* →a. *Inlineskates* [< engl. *roll* »Rolle; rollen« + *blade* »Klinge; Kufe«]

Rol|ler|bla|ding ⟨[rouIə(r)blεi-] n.; - od. -s; unz.⟩ *Rollschuhlaufen mit Rollerblades*

Rol|ler|skate ⟨[rouIə(r)skεit] m.; -s, -s⟩ *Rollschuh mit (grellfarbigen) Schuhen, Diskoroller* [engl., »Rollschuh«]

Rol|ler|ska|ting ⟨[rouIə(r)skεi-] n.; -s; unz.⟩ *Rollschuhlaufen mit Rollerskates* [engl.]

rol|lie|ren ⟨V.⟩ **1** = *roulieren* **2** *nach einem bestimmten Schema regelmäßig wechseln, abwechseln* [eindeutschende Bildung zu *roulieren*]

Rọl|lo ⟨a. [-'-] n.; -s, -s⟩ = *Rouleau*

Roll-on/Roll-off-Trans|port ⟨[roulọn-] m.; -(e)s, -e; Kurzw.: RoRo-Transport⟩ *Beförderungsverfahren für sperrige od. schwere Güter, die auf LKW geladen, mit diesen von Binnenschiffen aufgenommen u. weiterbefördert u. dann von den LKW an den Bestimmungsort gebracht werden* [engl. *roll on* »roll an« + *roll off* »roll weg«]

Rolls-Royce ⟨[roulzrɔis] m.; -, -; ⓌⓏ⟩ *engl. Luxuslimousine* [nach den Gründern der Automobilfabrik, Charles Stewart *Rolls* und Henry *Royce*]

Rom ⟨[rọm] m.; -s, Ro|ma⟩ *Angehöriger einer bes. in Südosteuropa beheimateten Gruppe eines aus Indien stammenden Volkes (ersetzt das als Diskriminierung empfundene Wort »Zigeuner« als Selbstbezeichnung)* [Zigeunerspr., »Mensch«]

RỌM ⟨Abk. für engl.⟩ *Read Only Memory, ein Festwertspeicher für EDV-Anlagen, der nur über einen Reihenfolgenzugriff verfügt; eingegebene Daten können nur wieder gelesen, aber nicht mehr verändert werden* [engl.]

Rọ|ma|dur ⟨österr. [--'-] m.; - od. -s; unz.⟩ *stangenförmiger, gereifter Weichkäse aus Schaf- od. Kuhmilch nach Limburger Art* [< frz. *romatour*]

Ro|man ⟨m.; -s, -e⟩ **1** *literar. Großform, umfangreicher in Prosa abgefasster, meist fiktionaler Text;* historischer, satirischer, utopischer ~ **2** ⟨fig.⟩ *abenteuerliche od. ereignisreiche Begebenheit;* sein Leben war ein ~; erzähl doch keine ~e! ⟨fig.; umg.⟩ *fasse dich kürzer!* [frz., »Roman« < afrz. *romanz* < vulgärlat. *romanice* »auf romanische Art, in romanischer (d.h. nicht klassisch-lat.) Sprache«; zu lat. *Romanus* »römisch, romanisch«]

Ro|man|ci|er ⟨[romãsje:] m.; -s, -s⟩ *Romanschriftsteller* [frz.]

Ro|ma|ne ⟨m.; -n, -n⟩ *Angehöriger eines Volkes mit einer roman. Sprache* [< lat. *Romanus* »römisch«; zu *Roma* »Rom«]

ro|ma|nẹsk ⟨Adj.⟩ **1** *in der Art des Romans in Sprache od. Schrift breit u. detailliert ausgeführt;* sein Bericht über den Ausflug war sehr ~ **2** *nicht ganz der Realität u. Wahrheit entsprechend;* der Zeitungsartikel hat ~e Züge

Ro|ma|ni ⟨n.; -; unz.⟩ *Zigeunersprache*

Ro|ma|nia ⟨f.; ; unz.⟩ *Gesamtheit der Gebiete, in denen roman. Sprachen gesprochen werden*

Ro|ma|nik ⟨f.; -; unz.⟩ *Stil der europäischen Kunst (etwa 1000–1250) mit (in der Baukunst) römischen Elementen* [→ *romanisch*]

ro|ma|nisch ⟨Adj.⟩ **1** *die Romanen betreffend, zu ihnen gehörig* **2** *zur Romanik gehörend, aus ihr stammend;* ~e Sprachen *aus dem Vulgärlateinischen entstandene Sprachen, z.B. Franzö-*

sisch, Italienisch, Spanisch, Rumänisch [< lat. *Romanus* »Römer, römisch«; zu *Roma* »Rom«]

ro|ma|ni|sie|ren ⟨V.⟩ *mit romanischem Gedankengut durchsetzen, nach romanischer Art gestalten*

Ro|ma|nis|mus ⟨m.; -; unz.⟩ *Richtung der niederländ. Malerei im 16. Jh., die sich bes. eng an die italien. Kunst anschloss*

Ro|ma|nist ⟨m.; -en, -en⟩ **1** *Kenner, Lehrer, Student einer od. mehrerer roman. Sprachen u. Literaturen* **2** *Anhänger, Vertreter des Romanismus* **3** *Kenner, Lehrer des römischen Rechts*

Ro|ma|nis|tik ⟨f.; -; unz.⟩ **1** *Lehre von den roman. Sprachen u. Literaturen* **2** *Lehre des römischen Rechts*

ro|ma|nis|tisch ⟨Adj.⟩ **1** *zur Romanistik gehörend* **2** *zum römischen Recht gehörend*

Ro|man|tik ⟨f.; -; unz.⟩ **1** *die geistigen Kräfte u. das Gefühl betonende künstlerisch-philosoph. Bewegung in Europa, bes. in Deutschland zwischen 1794 u. etwa 1830* **2** ⟨fig.⟩ *Hang zum Träumerischen, Abenteuerlichen, Fantastischen;* die ~ eines Bildes, einer Landschaft, einer Schilderung **3** *das Träumerische, Abenteuerliche, Fantastische selbst;* er hat keinen Sinn für ~ [→ *romantisch*]

Ro|man|ti|ker ⟨m.; -s, -⟩ **1** *Anhänger, Vertreter der Romantik* **2** ⟨fig.⟩ *träumerischer, fantasievoller, schwärmerischer Mensch*

ro|man|tisch ⟨Adj.⟩ **1** ⟨urspr.⟩ *romanhaft* **2** *zur Romantik gehörend, aus ihr stammend* **3** ⟨fig.⟩ *träumerisch, schwärmerisch, fantastisch, unwirklich* **4** *malerisch, wild;* ~e Landschaft [< frz. *romantique,* zunächst »dem Geist der mittelalterl. Ritterdichtung gemäß, romanhaft«, beeinflusst von engl. *romantic* (frz. *romantique*) »poetisch, fantastisch, stimmungsvoll, malerisch«]

ro|man|ti|sie|ren ⟨V.⟩ *mit romantischen Elementen durchsetzen, romantisch machen, im Sinne der Romantik gestalten*

Ro|man|ti|zis|mus ⟨m.; -; unz.⟩ *Nachahmung der Romantik*

ro|man|ti|zis|tisch ⟨Adj.⟩ *den Romantizismus betreffend, auf ihm beruhend, aus ihm stammend*

Ro|mantsch ⟨n.; -; unz.; Nebenform von⟩ *Romaunsch*

Ro|man|ze ⟨f.; -, -n⟩ **1** *aus Spanien stammende (14. Jh.), volkstümliche, episch-lyrische Dichtung in vierzeiligen Strophen mit acht- od. später vierhebigem trochäischem Versmaß* **2** *seit Ende des 18. Jh. zuerst in Frankreich aufkommendes strophisches Gesangsstück (für ein od. zwei Singstimmen u. Klavier), später stimmungsvolles Instrumentalstück* **3** ⟨fig.; umg.⟩ *Liebesabenteuer* [< span. *romance* »episch-lyrisches Gesicht in frischem Volkston« < afrz. *romanz;* → *Roman*]

Ro|man|ze|ro ⟨m.; -s, -s⟩ *span. Romanzensammlung* [< span. *romancero* »Romanzensammlung«; → *Romanze*]

Ro|maunsch, Ro|mauntsch ⟨n.; -; unz.⟩ *Mundart der rätoroman. Sprache;* oV *Romantsch* [westrätorom., »das Bündnerromanische« < lat. *Romanus* »römisch, romanisch«]

Ro|meo ⟨m.; -s, -s⟩ *(sentimentaler) Liebhaber;* er spielt heute wieder ganz den ~ ⟨scherzh.⟩ [nach dem Drama *»Romeo und Julia«* von W. Shakespeare]

rö|misch-ka|tho|lisch ⟨Adj.; Abk.: röm.-kath.; österr.: r.-k.⟩ *zur kath. Kirche des Abendlandes gehörig*

röm.-kath. ⟨Abk. für⟩ *römisch-katholisch*

> **Rommé / Rommee** (*Laut-Buchstaben-Zuordnung*) Diakritische Zeichen in Fremdwörtern können durch unmarkierte Buchstaben ersetzt werden. Dies gilt auch für das aus dem Französischen entlehnte »é«, das eine Vokallänge kennzeichnet, die im Deutschen durch die Doppelung des entsprechenden Vokals gekennzeichnet wird (→ a. *Exposé / Exposee*).

Rom|mé ⟨a. [-meː] n.; -s; unz.⟩ = *Rommee*

Rom|mee ⟨a. [-meː] n.; -s; unz.⟩ *ein Kartenspiel mit französ. Karten;* oV *Rommé,* ⟨österr.⟩ *Rummy* [< engl. *rummy*]

Ron|de ⟨a. [rɔ̃ːdə] f.; -, -n⟩ **1** *nächtl. Rundgang zur Überprüfung der Wachen* **2** *der diesen Rundgang ausführende Offizier mit seiner Gruppe* [frz., »Runde, Kontrollgang«]

Ron|deau ⟨[rɔ̃doː] n.; -s, -s⟩ **1** *aus dem zum Rundtanz gesungenen Lied entwickeltes, auf zwei Reime gehendes Gedicht aus drei Versen mit je fünf Zeilen, wobei der Anfang der 1. Zeile des 1. Verses als Refrain für den 2. u. 3. Vers dient* **2** ⟨österr.⟩ = *Rondell* [frz., »Ringelgedicht, Rondo«]

Ron|dell ⟨n.; -s, -e⟩ **1** *rundes, mit Zierpflanzen besetztes Beet;* oV *Rundell* **2** *runder Turm (einer Festung)* **3** *kreisrunder Weg in einem Garten* [< frz. *rondelle* »runder Gegenstand« < vulgärlat. **rotundella* »Kügelchen, runder Gegenstand« < lat. *rotundus* »rund«]

Ron|do ⟨n.; -s, -s⟩ *aus dem Rundtanz entstandenes Instrumentalstück, bei dem das Kernstück immer wiederkehrt* [ital., »Ringelgedicht, Rondo«]

rönt|gen ⟨V.⟩ *mit Röntgenstrahlen durchleuchten, untersuchen;* Sy ⟨österr.⟩ *röntgenisieren* [nach dem Physiker Wilhelm Conrad *Röntgen,* 1845-1923]

Rönt|gen ⟨n.; - od. -s, -; Zeichen: R, früher: r⟩ *bis zum 31.12.1985 verwendete Maßeinheit für Röntgenstrahlen, ersetzt durch die Einheit Coulomb/Kilogramm (C/kg).* $1\ R = 2{,}58 \cdot 10^{-14}$ *C/kg*

Rönt|gen|as|tro|no|mie, ⟨auch⟩ **Rönt|gen|ast|ro|no|mie** ⟨f.; -; unz.⟩ *Teilgebiet der Astronomie, das sich mit der Untersuchung von Sternen mittels Röntgenstrahlen befasst, nur durch außerhalb der Erdatmosphäre stationierte Satelliten möglich*

Rönt|gen|auf|nah|me ⟨f.; -, -n⟩ **1** *fotograf.*

Aufnahme eines Körpers bzw. Körperteils mit Röntgenstrahlen **2** *das dabei hergestellte Negativbild;* Sy *Röntgenogramm*

Rönt|gen|der|ma|ti|tis ⟨f.; -, -ti|den⟩ *entzündl. Schädigung der Haut infolge Einwirkung von Röntgenstrahlen*

Rönt|gen|di|a|gno|se, ⟨auch⟩ **Rönt|gen|di|ag|no|se** ⟨f.; -, -n⟩ *Diagnose mit Hilfe von Röntgendurchleuchtung u. (od.) Röntgenaufnahme*

Rönt|gen|fo|to|gra|fie ⟨f.; -; unz.⟩ *Fotografie mit Hilfe von Röntgenstrahlen*

rönt|ge|ni|sie|ren ⟨V.; österr.⟩ = *röntgen*

Rönt|ge|no|lo|gie ⟨f.; -; unz.; ältere Bez. für⟩ *Radiologie*

Rönt|gen|spek|tro|sko|pie, ⟨auch⟩ **Rönt|gen|spekt|ros|ko|pie** ⟨f.; -, -n⟩ *spektrograph. Untersuchung von Objekten mit Röntgenstrahlen zur Feststellung der Molekularstruktur*

Rönt|gen|spek|trum, ⟨auch⟩ **Rönt|gen|spekt|rum** ⟨n.; -s, -tren⟩ *durch Einwirkung von Röntgenstrahlen auf Atome od. Moleküle erzeugtes Spektrum*

Rönt|gen|strah|len ⟨m.; Pl.⟩ *elektromagnet. Strahlen mit hohem Durchdringungsvermögen;* Sy *X-Strahlen*

Rönt|gen|struk|tur|a|na|ly|se ⟨f.; -, -n⟩ *Untersuchungsverfahren der analyt. Chemie, das den inneren Aufbau von Molekülen mit Hilfe von Röntgenstrahlen aufklärt*

Rönt|gen|te|le|skop, ⟨auch⟩ **Rönt|gen|te|les|kop** ⟨n.; -(e)s, -e⟩ *Hilfsmittel der Röntgenastronomie, mit dem die von Sternen ausgehenden Röntgenstrahlen untersucht werden*

Rönt|gen|un|ter|su|chung ⟨f.; -, -en⟩ *Untersuchung von Stoffen, bes. des menschl. Körpers, mit Hilfe von Röntgendurchleuchtung u. -aufnahme;* Sy *Röntgenographie*

Roo|ming-in ⟨[ru:miŋ-] n.; -s; unz.; Entbindungsstationen von Krankenhäusern⟩ *Unterbringen des Neugeborenen im Zimmer der Mutter, die das Kind auch selbst versorgt* [< engl. *room* »wohnen« + *in* »in«]

Roots|ge|blä|se, ⟨auch⟩ **Root-Ge|blä|se,** ⟨[ru:t-] n.; -s, -⟩ *Verdichter mit zwei Drehkolben, die einander gegenläufig sind* [nach dem US-amerik. Erfinder *Root*]

Ro|que|fort ⟨[rɔkfɔ:r] m.; -s, -s⟩ *fetter, von künstl. Schimmel durchzogener französ. Schafskäse* [nach dem Ort *Roquefort-sur-Soulzon* in Südfrankreich]

Ro|Ro-Trans|port ⟨m.; -(e)s, -e; Kurzw. für⟩ *Roll-on/Roll-off-Transport*

ro|sa ⟨Adj.; undekl.⟩ *blass-, zartrot;* Sy *rosé* [lat., »Rose«]

Ro|sa ⟨n.; -s, -s⟩ *blass-, zartrote Farbe*

Ro|sa|lie ⟨[-liə] f.; -, -n; Mus.; abwertend⟩ *mehrmalige auf- u. absteigende Wiederholung eines musikalischen Motivs, das um jeweils einen Ton höher transponiert ist, Schusterfleck, Vetter Michel* [nach dem ital. Volkslied »Rosalia mia cara«]

Ro|sa|ri|um ⟨n.; -s, -ri|en⟩ **1** *Rosengarten* **2** *Rosenkranz* [lat., »Rosengarten«; zu *rosa* »Rose«]

Ro|sa|zee ⟨[-tseə] f.; -, -n⟩ *Rosengewächs* [< lat. *rosa* »Rose«]

ro|sé ⟨[-se:] Adj.; undekl.⟩ = *rosa* [frz., »rosa«]

Ro|sé ⟨[-se:] m.; -s, -s⟩ = *Roséwein*

Ro|sel|la|sit|tich ⟨m.; -s, -e⟩ *Sittich Südostaustraliens mit hauptsächlich rot-gelber Färbung, Buntsittich: Platycercus eximius*

Ro|se|no|bel ⟨m.; -s, -⟩ *alte engl. Goldmünze* [< mengl. *rose noble* »edle Rose«]

Ro|se|o|la, Ro|se|o|le ⟨f.; -, -o|len⟩ *Hautausschlag mit kleinen, hellroten Flecken,* z.B. bei Typhus [< lat. *rosa* »Rose«]

Ro|set|te ⟨f.; -, -n⟩ **1** *kreisrundes Ornament mit von einem Mittelpunkt strahlenförmig ausgehenden, blattförmigen Gebilden, ähnlich einer stilisierten Rose, häufig als Fensteröffnung* **2** *kleine, kreisrunde Schleife aus Stoff* **3** *Schliff von Edelsteinen, der eine runde od. ovale Grundfläche mit meist dreiseitigen Facetten ergibt* **4** *Blattanordnung der grundständigen Blätter einer Pflanze an der gestauchten Sprossachse* [frz., »rosenförmige Bandschleife«, eigtl. »Röschen«; zu *rose* »Rose«]

Ro|sé|wein ⟨[-se:-] m.; -(e)s, -e⟩ *hellroter Wein aus roten Trauben, die fast ohne Schalen u. Stiele vergoren werden*

Ro|si|nan|te ⟨f.; -, -n; fig.⟩ *altes Pferd, Klepper* [Name des Pferdes von Don Quichote < span. *Rocinante*]

Ro|si|ne ⟨f.; -, -n⟩ **1** *getrocknete Weinbeere;* Sy ⟨südostdt.⟩ *Zibebe* **2** ⟨fig.; umg.⟩ *etwas Gutes, das Beste;* die ~n aus dem Kuchen picken *sich das Beste nehmen;* ~n im Kopf haben *große, unerfüllbare Pläne* [< mhd. *rosin* < mnddt. *rosin(e)* < afrz. *(pineu) rosin* (= frz. *raisin*) »Weintraube« < lat. *racemus*]

Ros|ma|rin ⟨a. ['---] m.; -s; unz.⟩ *zu einer in den Mittelmeerländern heim. Gattung der Lippenblütler gehörender kleiner Strauch, dessen Blätter als Gewürz verwendet werden* [< mlat. *ros marinus,* eigtl. »Meertau«]

Ros|tra, ⟨auch⟩ **Rost|ra** ⟨f.; -, -tren; im alten Rom⟩ *Rednerbühne* [lat., »Rednerbühne«]

ros|tral, ⟨auch⟩ **rost|ral** ⟨Adj.⟩ *zum vorderen Körperende hin gelegen* [< lat. *rostralis* »zum Schnabel gehörend« < *rostrum* »Schnabel«]

Ro|ta ⟨f.; -; unz.; kurz für⟩ *Sacra Rota Romana (»Heiliges Röm. Rad«), die höchste Gerichtsbehörde der kath. Kirche* [nach der runden Bank der Richter]

Ro|tang ⟨m.; -s, -e⟩ *zu den Palmen gehörende Kletterpflanze, die das spanische Rohr (Peddigrohr) liefert: Calamus* [< mlat. *rotan*]

Ro|ta|print ⟨f.; -; unz.⟩ *Druckmaschine, bei der der zu druckende Text mittels Fettfarbe aufgenommen u. dann auf Papier gedruckt wird* [< lat. *rotare* »rotieren« + engl. *print* »drucken«]

Ro|ta|ri|er ⟨m.; -s, -⟩ *Mitglied des Rotary Clubs*

ro|ta|risch ⟨Adj.⟩ *den Rotary Club betreffend, zu ihm gehörend, aus ihm hervorgehend*

Ro|ta|ry Club ⟨engl. [ro:təri klʌb] m.; - -s; unz.⟩ *1905 in Chicago gegründete, internatio-*

nale, interkonfessionelle Vereinigung von Männern unter dem Ideal des sozialen Engagements [zu engl. *rotary* »rotierend, kreisend, sich drehend, abwechselnd«, da die Sitzungen urspr. reihum bei den Mitgliedern stattfanden]

Ro|ta|ry In|ter|na|ti|o|nal ⟨engl. [ro:təri intə(r)næʃənəl] m.; - -s; unz.⟩ *internationale Vereinigung der Rotary Clubs mit Hauptsitz in den USA*

Ro|ta|ti|ons|prin|zip ⟨n.; -s; unz.⟩ *Prinzip, nach dem Ämter nach Ablauf einer bestimmten Zeitspanne umbesetzt werden müssen*

Ro|ta|ti|on ⟨f.; -, -en⟩ **1** *Drehung, Umdrehung (eines Körpers od. einer Fläche) um eine Achse* **2** *Positionswechsel* [< lat. *rotario* »kreisförmige Umdrehung«; zu *rotare* »wie ein Rad drehen«]

Ro|ta|ti|ons|druck ⟨m.; -s; unz.⟩ *Druckverfahren für Hoch-, Flach- u. Tiefendruck, bei dem die rotierende Druckwalze über eine endlose Papierbahn läuft (bes. für billigen Zeitungs- u. Buchdruck in hohen Auflagen)*

Ro|ta|ti|ons|el|lip|so|id ⟨n.; -(e)s, -e⟩ *der durch Rotation einer Ellipse entstehende Rotationskörper;* Sy *Sphäroid*

Ro|ta|ti|ons|kör|per ⟨m.; -s, -⟩ *durch Drehung einer begrenzten Fläche um eine Achse entstehender Körper,* z.B. Rotationsellipsoid

Ro|ta|ti|ons|ma|schi|ne ⟨f.; -, -n⟩ *Druckmaschine für Rotationsdruck*

Ro|ta|ti|ons|pa|ra|bo|lo|id ⟨n.; -(e)s, -e⟩ *durch Drehung einer Parabel od. Hyperbel um ihre Mittelachse erzeugter Körper*

Ro|ta|to|ri|en ⟨nur Pl.⟩ *Rädertiere* [< lat. *rota* »Rad«]

Ro|tel ⟨n.; -s, -s⟩ *Omnibus mit Anhänger, in den Schlafkojen für die Reisenden eingebaut sind, bes. für Reisen über weite Entfernungen* [verkürzt aus *rollendes Hotel*]

ro|tie|ren ⟨V.⟩ **1** *sich gleichmäßig u. anhaltend um eine Achse drehen* **2** *Positionen wechseln* **3** ⟨umg.⟩ *Arbeit, Erledigungen unter starker Anspannung u. Nervosität verrichten;* er hat viel zu tun, er rotiert schon [< lat. *rotare* »wie ein Rad drehen«; zu *rota* »Rad«]

Ro|tis|se|rie ⟨f.; -, -n⟩ **1** *Restaurant mit Straßenverkauf* **2** *Restaurant, in dem Fleischgerichte auf dem Grill vor den Gästen zubereitet werden* [frz. *rôtisserie* »Garküche«, zu *rôtir* »braten, rösten«]

Ro|ton|de ⟨f.; -, -n⟩ = *Rotunde*

Ro|tor ⟨m.; -s, -to|ren⟩ **1** *rotierender Teil elektrischer Maschinen, Läufer;* Ggs *Stator* **2** *rotierender Flügel (des Hubschraubers)* [→ *rotieren*]

Ro|tun|de ⟨f.; -, -n⟩ oV *Rotonde* **1** *Rundbau* **2** *runder Raum* [< lat. *rotunda,* Fem. zu *rotundus* »rund«]

Roué ⟨[rue:] m.; -, -s; †⟩ *vornehmer Wüstling, Lebemann* [frz.]

rouge ⟨[ru:ʒ] Roulett⟩ *rot;* Ggs *noir* [frz.]

Rouge ⟨[ru:ʒ] n.; -s, -s⟩ *rote Schminke* [frz., »rot«]

Rouge et noir ⟨[ru:ʒ e: nɔa:r] n.; - - -; unz.⟩ *ein Glücksspiel mit sechs Kartenspielen zu 52 Blatt* [< frz. *rouge et noir* »rot u. schwarz«]

Rough ⟨[rʌf] n.; -s, -s; Sp.; Golf⟩ *hohes Gras, Gestrüpp als Begrenzung des Grüns* [engl. *rough* »rauh«]

Rou|la|de ⟨[ru-] f.; -, -n⟩ **1** *dünne Scheibe Fleisch, die mit Speck u. Zwiebeln gefüllt, zusammengerollt u. geschmort wird* **2** ⟨Mus.⟩ *schnell rollender, virtuoser Lauf* [frz.]

Rou|leau ⟨[rulo:] n.; -s, -s⟩ *aufrollbarer Vorhang;* oV *Rollo* [frz., »Rolle«]

Rou|lett, Rou|lette ⟨[rulɛt] n.; -(e)s, -e od. -s⟩ *ein Glücksspiel, bei dem eine Kugel in einem Apparat mit einer drehbaren Scheibe mit schwarzen u. roten nummerierten Feldern über den Gewinn entscheidet* [< frz. *roulette* »Rollrädchen, Roulett(spiel)«]

rou|lie|ren ⟨[ru-] V.⟩ oV *rollieren(1)* **1** ⟨†⟩ *umlaufen, von einer Hand in die andere gehen* **2** ⟨schweiz.; Text.⟩ *den Rand einrollen;* handroulierte Taschentücher [< frz. *rouler* »rollen«]

Round|head ⟨[raundhɛd] m.; - od. -s, -s⟩ *Spitzname für die Anhänger des engl. Parlaments im Bürgerkrieg 1642–1644 (wegen ihres kurz geschorenen Haars), Rundkopf* [engl.]

Round|ta|ble|kon|fe|renz, ⟨auch⟩ **Round-Table-Kon|fe|renz** ⟨[raund teib(ə)l-] f.; -, -en⟩ *Konferenz am runden Tisch, d.h. Konferenz gleichberechtigter Partner* [engl. *round table* »runder Tisch«]

Round-up, ⟨auch⟩ **Round|up** ⟨[raundʌp] n.; - od. -s; unz.⟩ *alljährliches Zusammentreiben der amerikanischen Viehherden, um den Jungtieren die Brandmale ihrer Farmen einzubrennen* [engl., »Zusammentreiben«]

Rou|te ⟨[ru:tə] f.; -, -n⟩ *(vorgeschriebener od. geplanter) Reiseweg* [frz., »Landstraße, Reiseweg« < vulgärlat. *(via) rupta* »gebrochener (= gebahnter) Weg«; zu lat. *rumpere* »brechen«]

Rou|ter ⟨[rau-] m.; -s, -⟩ *Fräser, der die nicht zu druckenden Partien aus den Druckplatten entfernt* [< engl. *rout out* eigtl. »(heraus)jagen«]

Rou|ti|ne ⟨[ru-] f.; -; unz.⟩ *Übung, Geschicklichkeit, Erfahrung;* (keine) ~ in einer Sache haben [frz., »Gewohnheit, Routine«; zu *route;* → *Route*]

Rou|ti|ne… ⟨[ru-] in Zus.⟩ *regelmäßig stattfindend, zur Gewohnheit gehörend, Reihen…,* z.B. Routineuntersuchung

Rou|ti|ni|er ⟨[rutinje:] m.; -s, -s⟩ *jmd., der Routine hat, in einer Arbeit od. Kunst gewandter, geübter, erfahrender Mensch;* eine Sache für ~s [frz., »Gewohnheitsmensch«; zu *routine;* → *Routine*]

rou|ti|niert ⟨[ru-] Adj.⟩ *geschickt, gewandt, geübt, erfahren* [< frz. *routiné* »gewöhnt, durch Gewöhnung geschickt erfahren«; zu *routine;* → *Routine*]

Row|dy ⟨[raudi:] m.; -s, -s⟩ *Streit suchender Mensch, Raufbold* [engl.]

Row|land|git|ter, ⟨auch⟩ **Row|land-Git|ter**

⟨[roulənd-] n.; -s, -⟩ *ein Beugungsgitter für Lichtwellen* [nach dem US-amerik. Physiker *Rowland,* 1848–1901]

roy|al, ⟨auch⟩ **ro|yal** ⟨[roaja:l] Adj.⟩ **1** *königlich* **2** *königstreu* [frz., »königlich«]

Roy|al Air Force, ⟨auch⟩ **Ro|yal Air Force** ⟨[rɔiəl ɛ:r fɔ:rs] f.; - - -; unz; Abk.: R.A.F.⟩ *brit. Luftwaffe* [engl., »königl. Luftwaffe«]

Roy|a|lis|mus, ⟨auch⟩ **Ro|ya|lis|mus** ⟨[roaja-] m.; -; unz.⟩ *königstreue Gesinnung, Befürwortung der Monarchie* [<frz. *royalisme* »Königstreue«]

Roy|a|list, ⟨auch⟩ **Ro|ya|list** ⟨[roaja-] m.; -en, -en⟩ *Vertreter des Royalismus, Anhänger der Monarchie*

roy|a|lis|tisch, ⟨auch⟩ **ro|ya|lis|tisch** ⟨[roaja-] Adj.⟩ *auf Royalismus beruhend, königstreu*

Roy|al|ty, ⟨auch⟩ **Ro|yal|ty** ⟨[rɔiəlti:] f. od. n.; -, -s⟩ **1** *Abgabe einer Erdölgesellschaft an das Land, in dem sie Erdöl fördert* **2** *Zahlungen an einen Autoren od. Komponisten, Tantiemen* **3** *Vergütung für die Abgabe bzw. Überlassung des Verlagsrechtes, Lizenzgebühr* [engl.]

Rp 1 ⟨Abk. für⟩ *Rupiah* **2** ⟨Abk. für⟩ *recipe*

RR ⟨Abk. für⟩ *Rara*

...rrha|gie ⟨in Zus.⟩ *Blutung (durch Reißen)* [<grch. *rhegnynai* »brechen, zerreißen«]

...rrhö, ...rrhöe ⟨[rø:] in Zus.⟩ *Fließen* [<nlat. *...rrhoea* <grch. *...rrhoia;* zu *rheein* »fließen«]

RSI ⟨Abk. für engl.⟩ *Repetitive Strain Injury, Krankheit aufgrund sich wiederholender Belastungen, tritt bes. als Folge einseitiger Bewegung u. Belastung am Arbeitsplatz auf*

RT ⟨Abk. für⟩ *Registertonne*

Ru ⟨chem. Zeichen für⟩ *Ruthenium*

ru|ba|to ⟨Mus.⟩ *frei im Tempo, nicht streng an den Takt gebunden (zu spielen)* [ital., »hingerissen, fortgerissen«]

Ru|ba|to ⟨n.; -s, -s od. -ti; Mus.⟩ *freie Veränderung des Tempos*

Rub|ber¹ ⟨[rʌbə(r)] m.; -s, -; unz.⟩ *ein Kautschuk* [engl.]

Rub|ber² ⟨[rʌbə(r)] m.; -s, -; Bridge u. Whist⟩ = *Robber*

Ru|bel ⟨m.; -s, -; Abk.: Rbl.⟩ *Währungseinheit in Russland, Weißrussland u. Tadschikistan, 100 Kopeken* [<russ. *rubl;* zu *rubitj* »abschneiden, abhauen«]

Ru|be|o|la ⟨f.; -; unz.; Med.⟩ *Röteln* [lat.]

Ru|bi|di|um ⟨n.; -s; unz.; chem. Zeichen: Rb⟩ *chem. Element, silberweißes Alkalimetall, Ordnungszahl 37* [<lat. *rubidus* »rot«]

Ru|bi|kon ⟨m.; -s; unz.⟩ den ~ überschreiten ⟨Sprichw.⟩ *eine wichtige Entscheidung unwiderruflich treffen* [nach dem gleichnamigen Fluss in Italien, den Cäsar 49 v.Chr. überschritt, wodurch er den Bürgerkrieg auslöste]

Ru|bin ⟨m.; -s, -e⟩ *roter Korund, sehr wertvoller Edelstein von einem satten Rot* [<mlat. *rubinus* <lat. *rubeus* »rot«]

Ru|bin|glas ⟨n.; -es; unz.⟩ *Glas, das seinen tiefroten Farbton durch Beimischung von feinst verteiltem (kolloidalem) Goldstaub zur Glasschmelze erhält*

Ru|bor ⟨m.; -s; unz.⟩ *entzündliche Hautrötung* [<lat. *rubor* »Röte«]

Ru|bren, ⟨auch⟩ **Rub|ren** ⟨Pl. von⟩ *Rubrum*

Ru|brik, ⟨auch⟩ **Rub|rik** ⟨[-bri:k] f.; -, -en⟩ **1** *Titel, Überschrift* **2** ⟨fig.⟩ *Spalte, Abschnitt* **3** *Klasse, Abteilung* [<mhd. *rubrik(e)* »roter Schreibstoff; in Rot gehaltene Überschrift, die in mittelalterl. Handschriften die einzelnen Abschnitte trennte« <lat. *rubica (terra)* »rote (Erde), roter (Farbstoff)«; zu *ruber* »rot«]

ru|bri|zie|ren, ⟨auch⟩ **rub|ri|zie|ren** ⟨V.⟩ **1** ⟨urspr.⟩ *mit Überschriften u. Initialen versehen* **2** ⟨danach fig.⟩ *einordnen (unter)* [→ *Rubrik*]

Ru|brum, ⟨auch⟩ **Rub|rum** ⟨n.; -s, -bra od. -bren⟩ *Aufschrift auf Akten, kurze Inhaltsangabe* [lat., Neutr. zu *ruber* »rot«]

Ru|co|la ⟨f.; -; unz.⟩ *als Salatpflanze genutztes einjähriges Kraut;* oV *Rukola* [ital.]

Rud|be|ckie ⟨[-kiə] f.; -, -n⟩ *Sonnenhut, zu einer Gattung der Korbblütler gehörende Gartenpflanze mit rauen Blättern u. goldgelben Blütenköpfen an langen Stielen: Rudbeckia* [nach dem schwed. Botaniker Olaf *Rudbeck,* 1630–1702]

rü|de ⟨Adj.⟩ *rau, ungeschliffen, roh* [<frz. *rude* »roh, rau, grob«]

Ru|de|ral|pflan|ze ⟨f.; -, -n⟩ *Pflanze, die auf stickstoffreichen Schuttplätzen wächst* [<lat. *rudus,* Pl. *rudera* »Schutt«]

Ru|di|ment ⟨n.; -(e)s, -e⟩ **1** *Rest, Überbleibsel, Bruchstück* **2** ⟨Biol.⟩ *verkümmertes Organ* [<lat. *rudimentum* »der erste Anfang, der erste Versuch«]

ru|di|men|tär ⟨Adj.⟩ *rückgebildet, verkümmert*

Ru|fe, Rü|fe ⟨f.; -, -n; schweiz.⟩ *Bergrutsch* [<ladin., ital. *rovina* »Einsturz« <lat. *ruina* »Sturz, Niederlage«]

Rug|by ⟨[rʌgbi] n.; -s; unz.⟩ *Spiel zwischen zwei Mannschaften mit einem eiförmigen Ball aus Leder, der mit Händen u. Füßen gespielt werden darf* [engl., nach dem Ort *Rugby* bei Birmingham in England]

Ru|in ⟨m.; -s; unz.⟩ *Zusammenbruch, Untergang, Verfall, völliger Verlust des Vermögens;* moralischer, wirtschaftlicher ~ [→ *Ruine*]

Ru|i|ne ⟨f.; -, -n⟩ *Reste eines zerstörten Bauwerks;* er ist nur noch eine ~ ⟨fig.; umg.⟩ *ein körperlich völlig verfallener Mensch* [<frz. *ruine* <lat. *ruina* »Einsturz, Zusammenbruch«]

ru|i|nie|ren ⟨V.⟩ **1** *zerstören, (wirtschaftlich) zugrunde richten, vernichten;* du wirst noch deine Gesundheit ~; ich bin ruiniert *ich habe mein Vermögen, mein Ansehen verloren;* jmdn. ~ *jmds. Ruin verursachen, ihm wirtschaftlich schweren Schaden zufügen, seine soziale Stellung untergraben* **2** *verwüsten, schwer beschädigen;* die Einrichtung ~ [<frz. *ruiner* »zerstören, vernichten«; zu *ruine;* → *Ruine*]

ru|i|nös ⟨Adj.⟩ *zum Ruin führend* [< frz. *ruineux* »verderblich, zum Ruin führend«]
Ru|ko|la ⟨f.; -; unz.⟩ = *Rucola*
Ruk|ta|ti|on ⟨f.; -, -en; Med.⟩ = *Eruktation*
Rum ⟨m.; -s, -s⟩ *Branntwein aus Rohrzucker* [< engl. (Siedlersprache auf Barbados) *rum* »Zuckerbranntwein«]
Rum|ba ⟨m.; -s, -s; fachsprachl. f.; -, -s⟩ *aus einem kuban. Volkstanz hervorgegangener Gesellschaftstanz im $^4/_4$-Takt* [kuban.-span., eigtl. »herausfordernder Tanz«]
Rum|my ⟨[rʌmi] n.; -s, -s; österr.⟩ = *Rommé*
Ru|mor ⟨m.; -s; unz.; †; noch mundartl.⟩ *Lärm, Unruhe, Tumult* [lat., »dumpfes Geräusch, Gerücht«, mlat. »Lärm, Tumult«]
ru|mo|ren ⟨V.⟩ *lärmen, poltern, dumpf tönen;* es rumort mir im Bauch [→ *Rumor*]
Rump|steak ⟨[rumpste:k] engl. a. [rʌmpstɛik] n.; -s, -s⟩ *kurz gebratene Scheibe von der Rindslende* [< engl. *rump-steak* < *rump* »Hinterteil, Rumpf« + *steak;* → *Steak*]
Run ⟨[rʌn] m.; -s, -s; umg.⟩ **1** *Ansturm (z.B. auf die Kasse, auf Banken)* **2** *Lauf, rascher Spaziergang;* einen ~ machen **3** ⟨Drogenszene⟩ *Sucht;* er ist auf dem ~ [engl., »Lauf, laufen«]
Run|dell ⟨n.; -s, -e⟩ = *Rondell(1)*
Run|ning|gag, ⟨auch⟩ **Run|ning Gag** ⟨[rʌniŋgæg] m.; -s, -s⟩ *oft wiederholter Ulk, der beim Publikum zum beliebten Selbstläufer wird, z. B. in Sketchen od. Filmen* [< engl. *run* »laufen« + *Gag*]
Ru|no|lo|ge ⟨m.; -n, -n⟩ *Erforscher, Kenner der Runen* [< *Rune* + *...loge*]
Ru|no|lo|gie ⟨f.; -; unz.⟩ *Lehre von den Runen u. Runeninschriften* [< *Rune* + grch. *logos* »Lehre, Kunde«]
Run|way ⟨[rʌnwɛi] m.; -s, -s⟩ *Start- u. Landebahn für Flugzeuge* [engl.]
Ru|pi|ah ⟨f.; -, -; Abk.: Rp⟩ *Währungseinheit in Indonesien, 100 Sen* [< ind. *rupijah* < Sanskrit *rupja* »Silber, Geld«]
Ru|pie ⟨[-piə] f.; -, -n⟩ *Währungseinheit in Indien, Pakistan u. auf Ceylon, 100 Cent* [→ *Rupiah*]
Rup|tur ⟨f.; -, -en⟩ *das Zerreißen von Gefäßen, Sehnen, Muskeln od. inneren Organen;* Herz~, Muskel~ [< lat. *ruptura* »Bruch«; zu *rumpere* »brechen«]
ru|ral ⟨Adj.⟩ *ländlich, bäuerlich* [< lat. *ruralis* »ländlich«; zu *rus* »Land«]
Rush ⟨[rʌʃ] m.; - od. -s, -s⟩ **1** ⟨Sp.⟩ *plötzliches Vorstoßen eines Läufers od. Pferdes* **2** ⟨Drogenszene⟩ *plötzliches Wirken der Drogen nach der Injektion* [engl., »Ansturm«]
Rush|hour ⟨[rʌʃauə(r)] f.; -, -s; Pl. selten⟩ *Zeit des größten Straßenverkehrs morgens u. nachmittags, Hauptverkehrszeit* [engl., zu *rush* »dahinstürmen, -eilen; Ansturm« + *hour* »Stunde«]
Rus|ti|ka ⟨f.; -; unz.⟩ *Mauerwerk aus roh, aber gleichmäßig behauenen Quadern* [< lat. *rustica,* Fem. zu *rusticus* »ländlich, bäurisch«; zu *rus* »Land«]
rus|ti|kal ⟨Adj.⟩ *ländlich, bäuerlich*
Ru|the|ni|um ⟨n.; -s; unz.; chem. Zeichen: Ru⟩ *silberweißes, platinähnliches Metall, chem. Element, Ordnungszahl 44* [< mlat. *Ruthenia* »Russland«]
Ru|til ⟨n.; -s, -e⟩ *Mineral, chemisch Titandioxid, chem. Formel TiO_2* [< lat. *rutilis* »rötlich«]
Ru|ti|lis|mus ⟨m.; -; unz.⟩ *Neigung zu erröten* [< lat. *rutilis* »rötlich«]
Ru|tin ⟨n.; -s; unz.⟩ *in zahlreichen Pflanzen vorkommender Naturstoff, der zur Behandlung von Venenerkrankungen u. Durchblutungsstörungen eingesetzt wird;* Sy *Rutosid, Sophorin* [nach der Gartenraute, *Ruta graveolens,* aus der der Stoff erstmals isoliert wurde]
Ru|to|sid ⟨n.; -s; unz.⟩ = *Rutin*
Rye ⟨[rai] m.; -; unz.⟩ *amerikanischer Whiskey, dessen Getreidemaische zu mindestens 50% aus Roggen besteht* [engl., »Roggen, Roggenwhiskey«]

S

s ⟨Abk. für⟩ **1** *Shilling* **2** *Sekunde*
S ⟨chem. Zeichen für⟩ *Schwefel (Sulfur)*
$ ⟨Zeichen für⟩ *Dollar*
S. ⟨Abk. für⟩ *San, Sant', Santa, Santo, São*
sa. ⟨Abk. für⟩ *sine anno*
Sa. ⟨†; Abk. für⟩ *Summa(1) (vor das Endergebnis einer Rechnung gesetzt)*
Sa|ba|dil|le ⟨f.; -, -n⟩ *Gattung der Liliengewächse mit zwiebelförmiger Knolle, grasähnlichen Blättern u. langen, mit kleinen Blüten besetzten Ähren, deren Samen ein Mittel zur Bekämpfung von Läusen u. Flöhen liefern: Sabadilla* [< span. *cebadilla,* Verkleinerungsform zu *cebada* »Gerste«]
Sa|ba|oth ⟨im AT⟩ = *Zebaoth*
Sab|bat ⟨m.; -s, -e⟩ *der jüd. Samstag (Freitag- bis Samstagabend), an dem alle Arbeit ruht;* Sy *Schabbes* [< lat. *sabbatum* < grch. *sabbaton* < hebr. *schabbath* »Feiertag«]
Sab|ba|ta|ri|er ⟨m.; -s, -⟩, **Sab|ba|tist** ⟨m.; -en, -en⟩ *Angehöriger einer christl. Sekte, die das Gebot des Sabbats befolgt*
Sab|bat|jahr ⟨n.; -(e)s, -e⟩ *jedes 7. Jahr des jüd. Kalenders, in dem man das Land nicht bebaute u. alle Schulden erließ, Ruhejahr*
Sä|bel ⟨m.; -s, -⟩ *Hiebwaffe mit einschneidiger, spitzer, gekrümmter Klinge* [< poln. *szabla* < umg. *szablya* »Säbel«; zu *szabni* »schneiden«]
Sab|ha ⟨[zapxa] f.; -, -s⟩ = *Sebha*
Sa|bot ⟨[-bo:] m.; -s, -s; meist Pl.⟩ **1** ⟨früher⟩ *Holzschuh* **2** *lederne Herren- od. Damenpantolette* [frz., »Holzschuh«]
Sa|bo|ta|ge ⟨[-ʒə] f.; -, -n⟩ *planmäßige Vereitelung eines Zieles anderer, bes. durch Zerstören*

od. Beschädigen von Maschinen, Waren usw., meist zu polit. Zwecken [frz.; zu *saboter;* → *sabotieren*]

Sa|bo|teur ⟨[-tøːr] m.; -s, -e⟩ *jmd., der Sabotage verübt*

sa|bo|tie|ren ⟨V.⟩ *planmäßig vereiteln, behindern* [< frz. *saboter* »mit Holzschuhen klappern od. treten; pfuschen, sabotieren«; zu *sabot* »Holzschuh«]

Sac|cha|ra|se ⟨[-xa-] f.; -, -n⟩ *Enzym, das Rohrzucker in Traubenzucker u. Fruchtzucker zerlegt;* oV *Sacharase* [< grch. *sakcharon* »Zuckerrohrsaft«]

Sac|cha|rat ⟨[-xa-] n.; -s, -e⟩ *Verbindung des Rohrzuckers mit Metallen*

Sac|cha|rid ⟨[-xa-] n.; -s, -e⟩ = *Kohlenhydrat*

Sac|cha|ri|me|ter ⟨[-xa-] n.; -s, -⟩ *Gerät zum Bestimmen des Anteils an Rohrzucker in einer Lösung;* oV *Sacharimeter* [< grch. *sakcharon* »Zucker« + *...meter*]

Sac|cha|ri|me|trie, ⟨auch⟩ **Sac|cha|ri|met|rie** ⟨[-xa-] f.; -; unz.⟩ *Bestimmung des Anteils an Rohrzucker in einer Lösung*

Sac|cha|rin ⟨[-xa-] n.; -s; unz.; fachspr.⟩ *künstl. Süßstoff, chemisch ein Benzolsäuresulfimid;* oV *Sacharin* [< grch. *sakcharon* »Zucker«]

Sac|cha|ro|my|ze|ten ⟨[-xa-] Pl.; systemat. Sammelbez. für⟩ *bestimmte Hefen* [< grch. *sakcharon* »Zucker« + *Myzel*]

Sac|cha|ro|se ⟨[-xa-] f.; -; unz.⟩ *Rohrzucker* [< grch. *sakcharon* »Zucker«]

Sac|cha|rum ⟨[-xa-] n.; -s, -ra⟩ *Zucker* [lat. < grch. *sakcharon* »Zucker«]

Sa|cha|ra|se ⟨[-xa-] f.; -, -n⟩ = *Saccharase*

Sa|cha|ri|me|ter ⟨[-xa-] n.; -s, -⟩ = *Saccharimeter*

Sa|cha|rin ⟨[-xa-] n.; -s; unz.⟩ = *Saccharin*

sa|cker|lot! ⟨umg.⟩ *(Ausruf der Überraschung od. des Zorns);* oV *sapperlot!* [< frz. *sacrelote* (< *sacre nom (de Dieu)* »heiliger Name (Gottes)«) od. < frz. *sacre lot* »verfluchtes Schicksal«, eigtl. »heiliges Schicksal«]

sa|cker|ment ⟨umg.⟩ *(Ausruf der Überraschung od. des Zorns);* oV *sapperment!* [< *Sakrament*]

Sad|du|zä|er ⟨m.; -s, -⟩ *Angehöriger einer altjüd. Partei, Gegner der Pharisäer* [< hebr. *saddukim,* nach dem Hohenpriester *Sadduk*]

Sa|de|baum ⟨m.; -(e)s, -bäu|me⟩ *in den Gebirgen Südeuropas bis Zentralasien vorkommendes, giftiges Zypressengewächs: Juniperus sabina* [entstellt < *Sebenbaum,* lat. *herba sabina*]

Sa|dis|mus ⟨m.; -; unz.⟩ **1** ⟨i.e.S.⟩ *Perversion, bei der durch Zufügen von Misshandlungen geschlechtl. Befriedigung gefunden wird;* Ggs *Masochismus* **2** ⟨i.w.S.⟩ *Lust an Grausamkeiten* [nach dem frz. Schriftsteller Donatien-Alphonse-François Marquis de *Sade,* 1740–1814]

Sa|dist ⟨m.; -en, -en⟩ *jmd., der geschlechtl. Befriedigung darin findet, andere Menschen zu quälen;* Ggs *Masochist*

sa|dis|tisch ⟨Adj.⟩ *auf Sadismus beruhend, grausam, Freude an Quälereien empfindend;* Ggs *masochistisch*

Sa|do|ma|so|chis|mus ⟨[-xis-] m.; -; unz.⟩ *Triebbefriedigung durch Zufügen u. Empfangen von Misshandlungen* [< *Sadismus* + *Masochismus*]

sa|do|ma|so|chis|tisch ⟨[-xis-] Adj.⟩ *auf dem Sadomasochismus beruhend, ihn betreffend*

s.a.e.l. ⟨Abk. für⟩ *sine anno et loco* = *sine loco et anno*

Sa|fa|ri ⟨f.; -, -s⟩ **1** *mehrtägiger Marsch mit Trägern in Afrika* **2** *mehrtägige Fahrt zur Jagd od. Beobachtung von Tieren in Afrika;* auf ~ gehen [Suaheli, »Reise« < arab. *safar*]

Sa|fa|ri|park ⟨m.; -s, -s⟩ *Gelände, auf dem exotische Wildtiere gehalten werden u. die vom Auto aus beobachtet werden können*

Safe ⟨[sɛɪf] m.; -s, -s⟩ **1** *feuerfester, stark gesicherter Behälter aus Stahl zum Aufbewahren von Geld od. Wertgegenständen;* Sy *Tresor(1)* **2** *(mietbares) Fach im Tresor einer Bank* [engl., »sicher, geschützt; Geldschrank«]

Sa|fer|sex, ⟨auch⟩ **Sa|fer Sex** ⟨[sɛɪfə(r)-] m.; (-) -; unz.⟩ *Vorsichtsmaßnahmen beim Geschlechtsverkehr zum Schutz vor der Ansteckung mit Aids,* z.B. die Verwendung von Kondomen [< engl. *safer sex* »sicherer Sex«]

Saf|fi|an ⟨m.; -s; unz.⟩ *feines, mit Sumach gegerbtes Ziegenleder* [< poln. *safian* < türk. *sahtjan* < pers. *sachtijan* »Ziegenleder«; zu *sacht* »hart, stark«]

Saf|flor, ⟨auch⟩ **Saff|lor, Sa|flor,** ⟨auch⟩ **Saf|lor** ⟨m.; -s, -e⟩ *stacheliger Korbblütler mit längl. Blättern u. safrangelben, später roten Blüten, die früher zum Färben benutzt wurden, Färberdistel: Corthamus tinctorius* [< ital. *asf(i)ori* < arab., beeinflusst von lat. *flos,* Gen. *floris* »Blume«]

Sa|fran, ⟨auch⟩ **Saf|ran** ⟨m.; -s, -e⟩ *Gewürz u. gelber Farbstoff aus den getrockneten Narben des Safran-Krokus* [< mhd. *saffran, sapharan* < afrz. *Safran* < arab. *za'faran* »aus Blütennarben von Crocus sativus hergestellter Farb- u. Würzstoff«]

Sa|fra|nin, ⟨auch⟩ **Saf|ra|nin** ⟨m.; -s, -e⟩ *organ. Farbstoff zum Färben von Leder u. Papier, zur Herabsetzung der Empfindlichkeit fotograf. Platten gegen Tageslicht beim Entwickeln verwendet* [→ *Safran*]

Sa|frol, ⟨auch⟩ **Saf|rol** ⟨n.; -s; unz.⟩ *Phenoläther zum Parfümieren von Seife* [< *Sassafras* + *...ol*]

Sa|ga ⟨f.; -, -s⟩ *isländ., in Prosa abgefasste Erzählung des 11./14. Jh.* [anord., »(dargestellte od. erlebte) Geschichte«]

sa|git|tal ⟨Adj.; Biol.⟩ *parallel zur Mittelachse* [< lat. *sagitta* »Pfeil«]

Sa|git|ta|le|be|ne ⟨f.; -, -n⟩ **1** ⟨Anat.⟩ **1.1** ⟨i.w.S.⟩ *parallel zur Mittelachse durch den Körper gelegte Ebene* **1.2** ⟨i.e.S.⟩ *der Pfeilnaht des Schädels parallele Ebene* **2** ⟨Bot.⟩ *der Mittellinie parallele Ebene*

Sa|go ⟨m.; österr. a. n.; -s; unz.⟩ *gekörnte Stärke aus dem Mark der Sagopalmen od. aus Kartoffelstärke (für Pudding od. Suppen)* [< engl., ndrl. *Sago* < mal. *sagu*]

Sa|go|pal|me ⟨f.; -, -n⟩ **1** *Gattung hochstämmiger Fiederpalmen des Malaiischen Archipels u. Neuguineas: Metroxylon* **1.1** ⟨i.e.S.⟩ *Art dieser Gattung, aus deren Mark der Sago gewonnen wird: Metroxylon rumphii*

Sa|hib ⟨m.; -s od. -, -⟩ *Herr (in Indien u. Pakistan Anrede für Europäer)* [Hindi < arab. *sahib* »Herr«]

saint ⟨[sɛ̃:] Adj.; vor frz. Heiligennamen⟩ *der heilige…,* z.B. ~ François *der heilige Franz;* ⟨aber von Heiligennamen abgeleitete Ortsnamen⟩ → a. *Saint(2)* [frz., »heilig« < lat. *sanctus*]

Saint 1 ⟨[sənt] Abk.: St.; vor engl. u. amerikan. Heiligennamen u. davon abgeleiteten Ortsnamen u.Ä.⟩ *der (od. die) heilige…,* z.B. Saint Paul [engl. < mfrz. *saint* »heilig« < lat. *sanctus*] **2** ⟨[sɛ̃:] Abk.: St; vor frz. Ortsnamen, die auf Heiligennamen zurückgehen⟩ *der heilige…,* z.B. Saint-Bernard; ⟨aber die Heiligennamen selbst⟩ → a. *saint;* → a. *Sainte*

sain|te ⟨[sɛ̃:t(ə)] Adj.; vor frz. Heiligennamen⟩ *die heilige …,* z.B. ~ Claire *die heilige Klara;* ⟨aber von Heiligennamen abgeleitete Ortsnamen⟩ → *Sainte* [frz.; Fem. zu → *saint*]

Sain|te ⟨[sɛ̃:t(ə)] Abk.: Ste; vor frz. Ortsnamen, die auf Heiligennamen zurückgehen⟩ *die heilige…,* z.B. Sainte-Hélène *die Insel Sankt Helena* [→ *sainte*]

Saint-Si|mo|nis|mus ⟨[sɛ̃:-] m.; -; unz.⟩ *relig. Sozialismus in Frankreich im 19. Jh.* [nach dem Begründer, Claude Henri Graf von *Saint-Simon,* 1760-1825]

Sai|son ⟨[sɛzɔŋ] od. [sɛzɔ̃:] f.; -, -s od. (österr.) -en [-zo:nən]⟩ **1** *(die richtige) Jahreszeit* **2** *jahreszeitlich bedingte Hauptgeschäftszeit,* z.B. in Kurorten; → a. *Season* **3** *Spielzeit des Theaters* [frz., »Jahreszeit«]

sai|so|nal ⟨[sɛ-] Adj.⟩ *zur Saison gehörig, während der Saison;* ein ~ bedingter Zustrom von Urlaubern

Sai|son|be|trieb ⟨[sɛzɔ̃:-] od. [sɛzɔŋ-] m.; -(e)s, -e⟩ **1** *Betrieb, der aus saisonbedingten Gründen nicht das ganze Jahr über seine Produktion, seinen Absatz od. sein Dienstleistungsangebot betreibt, z.B. bei landwirtschaftl. Produkten, Eisdielen, Hotels* **2** *durch die laufende Saison entstehender Zulauf, Andrang;* an den Skiliften herrscht reger ~

Sai|so|ni|er ⟨[sɛzɔ̃nje:] m.; -s, -s⟩ = *Saisonnier*

Sai|son|ni|er ⟨[sɛzɔ̃nje:] m.; -s, -s; schweiz.⟩ *Saisonarbeiter;* oV *Saisonier* [frz., *(travailleur) saisonnier*]

Sa|ke ⟨m.; -; unz.⟩ *japan., stark alkohol. Getränk aus Reis, das meist heiß aus kleinen Schalen getrunken wird* [jap.]

Sak|ko ⟨m.; fachsprachl. meist, österr. nur n.; -s, -s⟩ *Jacke zum Straßenanzug des Mannes* [italienisierende Bildung zu *Sack* in der Bedeutung »kurzer modischer Männerrock ohne Taille, gleichsam sackförmig«, nach dem Vorbild von amerikan.-engl. *sack* »lose sitzender Rock«]

■ Die Buchstabenfolge **sa|kr…** kann auch **sak|r…** getrennt werden.

■ **sa|kra!** ⟨vulg.⟩ *verdammt!* [verkürzt < *Sakrament*]

■ **sa|kral** ⟨Adj.⟩ **1** *zum Kreuzbein gehörig, in der Gegend des Kreuzbeins gelegen* [< lat. *os sacrum* »Kreuzbein«, eigtl. »heiliger Knochen«] **2** *heilig, zum Gottesdienst, zur Kirche gehörig, kirchlich, der Kirche dienend;* Ggs *profan(1)* [< lat. *sacer* »heilig«]

■ **Sa|kral|bau** ⟨m.; -(e)s, -ten⟩ *dem Gottesdienst dienender Bau;* Ggs *Profanbau*

■ **Sa|kra|ment** ⟨n.; -(e)s, -e⟩ **1** *(auf Christus zurückgeführte) religiöse Handlung, bei der besondere Gnaden vermittelt werden* **2** *Symbol dieser Gnaden (Wasser, Wein, Brot, Öl);* ein ~ austeilen, empfangen; die sieben ~e der katholischen Kirche *Taufe, Firmung, Altarsakrament, Buße, Letzte Ölung, Priesterweihe, Ehe:* die zwei ~e der evangelischen Kirche *Taufe u. Abendmahl* [< kirchenlat. *sacramentum* »religiöses Geheimnis« < lat. »Weihe, Verpflichtung (zum Kriegsdienst), Treueid«; zu *sacrare* »der Gottheit weihen, heilig machen«]

■ **sa|kra|men|tal** ⟨Adj.⟩ *zu den Sakramenten gehörig*

■ **Sa|kra|men|ta|li|en** ⟨Pl.; Kath. Kirche⟩ **1** *den Sakramenten ähnl. kultische Handlungen,* z.B. Besprengung mit Weihwasser **2** *die geweihten Dinge selbst*

■ **Sa|kra|men|tar** ⟨n.; -s, -e⟩, **Sa|kra|men|ta|ri|um** ⟨n.; -s, -ri|en⟩ *bis zum 10. Jh. verwendetes liturg. Buch des kath. Priesters mit den bei der Messe zu sprechenden Gebeten*

■ **Sa|kra|ments|häus|chen** ⟨n.; -s, -⟩ *Behälter für das Gefäß mit der geweihten Hostie, häufig turmartig u. bildhauerisch reich verziert*

■ **Sa|kri|fi|zi|um** ⟨n.; -s, -zi|en⟩ *Opfer, bes. Messopfer* [< lat. *sacrificium* »Opfer«]

■ **Sa|kri|leg** ⟨n.; -s, -e⟩, **Sa|kri|le|gi|um** ⟨n.; -s, -gi|en⟩ *religiöser Frevel, Entweihung, Vergehen gegen Heiliges,* z.B. Kirchenraub, Gotteslästerung [< lat. *sacrilegium* »Entweihung, Verletzung des Heiligen«]

■ **sa|kri|le|gisch** ⟨Adj.⟩ *in der Art eines Sakrilegs, frevelhaft, gotteslästerlich*

■ **Sa|kris|tan** ⟨m.; -s, -e; kath. Kirche⟩ *Küster* [< mlat. *sacristanus* »Küster, Messner«; zu *Sakristei*]

■ **Sa|kris|tei** ⟨f.; -, -en⟩ *Nebenraum in der Kirche für den Geistlichen u. die gottesdienstl. Geräte* [< mdh. *sacristie* < mlat. *sacristia* »Nebenraum der Kirche«; zu lat. *sacer* »heilig, geweiht«]

■ **sa|kro|sankt** ⟨Adj.⟩ *heilig, geheiligt, unverletzlich, unantastbar* [< lat. *sacrosanctus* »hochheilig, unverletzlich«; zu *sacer* »geweiht, heilig« + *sanctus* »heilig«]

sä|ku|lar ⟨Adj.⟩ **1** *alle hundert Jahre wiederkehrend* **2** *weltlich* [<lat. *saecularis* »dem Zeitalter, dem irdischen Leben zugehörig«; zu *saeculum*; → *Säkulum*]
Sä|ku|lar|fei|er ⟨f.; -, -n; geh.⟩ *Feier zum hundertjährigen Bestehen od. zur 100. Wiederkehr eines Tages, Hundertjahrfeier;* Sy *Zentenarium*
Sä|ku|la|ri|sa|ti|on ⟨f.; -, -en⟩ *das Säkularisieren, die Säkularisierung* [→ *säkular*]
sä|ku|la|ri|sie|ren ⟨V.⟩ **1** kirchl. Besitz ~ *in weltl. Besitz überführen* **2** ⟨fig.⟩ *von der Kirche lösen u. weltlichen Einflüssen öffnen*
Sä|ku|la|ri|sie|rung ⟨f.; -, -en⟩ *das Säkularisieren, Säkularisiertwerden*
Sä|ku|lar|kle|ri|ker ⟨m.; -s, -⟩ *Geistlicher, der nicht im Kloster lebt, Weltgeistlicher*
Sä|ku|lum ⟨n.; -s, -la⟩ **1** *Jahrhundert* **2** *Zeitalter* [<lat. *saeculum* »Menschenalter, Zeitalter, Jahrhundert, die Welt, das irdische Leben«]
Sa|lam! ⟨Grußwort⟩ *Friede! (mohammedan. Gruß);* oV *Salem!;* → a. *Selam* [<arab. *salam* »Friede«]
Sa|la|man|der ⟨m.; -s, -⟩ **1** *Unterordnung der Schwanzlurche: Salamandroidae* **1.1** ⟨i.e.S.⟩ *Familie der Molche, die als Larven durch Kiemen atmen: Salamandridae* **2** ⟨Studentenspr.; †⟩ den ~ reiben *zu Ehren einer Persönlichkeit die gefüllten Trinkgläser auf dem Tisch reiben* [<mhd. *salamander* <lat. *salamandra* <grch. *salamandra*]
Sa|la|mi ⟨f.; -, -s od. -⟩ *harte, geräucherte Wurst, meist aus Schweinefleisch (mit weißer Schutzhülle)* [<ital. *salame* »Pökelfleisch, Schlackwurst«; zu *sale* »Salz« <lat. *sal*]
Sa|la|mi|tak|tik ⟨f.; -; unz.; umg.⟩ *Taktik, polit. Ziele in kleinen Schritten zu erreichen* [nach einer in dünne Scheiben geschnittenen *Salami*]
Sa|lan|ga|ne ⟨f.; -, -n⟩ *Angehörige einer Gattung südasiat. Segler, die aus ihrem Speichel essbare Vogelnester herstellen: Collocalia* [<malaiisch]
Sa|lär ⟨n.; -s, -e; schweiz.⟩ *Gehalt, Lohn* [<frz. *salaire* »Lohn« <lat. *salarium* »im alten Rom die den Soldaten gelieferte Salzmenge; Salzzuteilung für reisende Beamte; Besoldung des Offiziers, Tagegelder des Beamten, Jahresgehalt«; zu *sal* »Salz«]
sa|la|rie|ren ⟨V.; schweiz.⟩ *besolden, entlohnen* [→ *Salär*]
Sa|lat ⟨m.; -s, -e⟩ *kaltes Gericht aus klein geschnittenen, rohen od. gekochten Gemüsen, Obst, Fleisch, Fisch u.a., mit Essig, Öl, Salz u. Gewürzen od. mit Majonäse angerichtet* [<spätmhd. *salat* <ital. *insalata* »Eingesalzenes, Gewürztes, Salat«; zu *sale* <lat. *sal* »Salz«]
Sa|la|zi|tät ⟨f.; -; unz.⟩ *gesteigerter Geschlechtstrieb* [zu lat. *salax* »geil«]
Sal|chow ⟨[-ço:] m.; -s, -s; Eiskunstlauf; Rollkunstlauf⟩ *rückwärts eingeleiteter Kürsprung;* einen einfachen, doppelten ~ springen [nach dem schwed. Eiskunstläufer U. *Salchow,* 1877-1949]
Sal|den|bi|lanz ⟨f.; -, -en; Wirtsch.⟩ *als Teil einer Abschlussübersicht am Ende einer Rechnungsperiode aus den Salden der einzelnen Konten zusammengefügte Aufstellung* [→ *saldieren*]
sal|die|ren ⟨V.⟩ **1** *den Saldo ermitteln von, ausgleichen;* ein Konto, eine Rechnung ~ **2** eine Rechnung ~ ⟨österr.⟩ *die Bezahlung einer Rechnung bestätigen* [<ital. *saldare* »(Rechnung) abschließen, ausgleichen«, <lat. *solidus* »fest«]
Sal|do ⟨m.; -s, -den od. -s od. -di⟩ *Betrag, um den sich die eine Seite eines Kontos von der anderen unterscheidet, Restbetrag der Soll- od. Habenseite beim Abschluss* [ital., »Rechnungsabschluss«; → *saldieren*]
Sale ⟨[sɛil] m.; -s; unz.⟩ *Verkauf, Ausverkauf* [engl.]
Sa|lem! ⟨Grußwort⟩ = *Salam!;* ~ aleikum *Friede sei mit euch* [arab.]
Sa|lep ⟨m.; -s, -s⟩ *aus den Knollen verschiedener Orchideen gewonnene Droge* [<arab. *sahlab*]
Sales|ma|na|ger ⟨[sɛilzmænidʒər] m.; -s, -⟩ *Verkaufsleiter* [engl.]
Sales|man|ship ⟨[sɛilzmænʃip] n.; -s; unz.⟩ *Kunst des erfolgreichen Verkaufens* [engl.]
Sales|pro|mo|ter ⟨[sɛils-] m.; -s, -; in großen Betrieben⟩ *kaufmänn. Angestellter, der durch Schulung des Verkaufspersonals u. Beratung der Händler den Absatz steigern soll, Verkaufsförderer* [<engl. *sale* »Verkauf« + *promote* »fördern, begünstigen«]
Sales|pro|mo|tion ⟨[sɛilzprɔmouʃn] f.; -, -s; Wirtsch.⟩ *Absatz-, Verkaufsförderung* [engl.]
Sa|let|tel, Sa|let|tl ⟨n.; -s, -n; bair., österr., umg.⟩ *Laube, Pavillon, kleines Gartenhaus* [<ital. *saletta* »kleiner Saal«; Verkleinerungsform zu *sala* »Saal«]
Sa|li|cyl ⟨n.; -s; unz.⟩ = *Salicylsäure;* oV *Salizyl*
Sa|li|cy|lat ⟨n.; -s, -e⟩ *Salz der Salicylsäure;* oV *Salizylat*
Sa|li|cyl|säu|re ⟨f.; -, -n⟩ *aromatische, in Pflanzen vorkommende Säure, als Konservierungsstoff u. Heilmittel verwendet, chem. Formel $C_6H_4(OH)COOH$;* oV *Salizylsäure* [<lat. *salix* »Weide«]
Sa|li|ne ⟨f.; -, -n⟩ *Anlage zur Gewinnung von Kochsalz aus Salzlösungen durch Verdunstung* [<lat. *salinae* »Salzwerk, Salzgrube«; zu *sal* »Salz«]
sa|li|nisch ⟨Adj.⟩ **1** *salzartig;* ~e Kristalle **2** *salzhaltig;* ~er Trunk
sa|lisch ⟨Adj.; Kunstw.⟩ *von hohem Kieselsäure- u. Tonerdegehalt (von Mineralien);* Ggs *femisch* [<lat. *silex* »Kiesel, Feuerstein« + *Aluminium*]
Sa|li|va|ti|on ⟨[-va-] f.; -, -en; Med.⟩ *Speichelfluss* [<lat. *saliva* »Speichel«]
Sa|li|zyl ⟨n.; -s; unz.⟩ = *Salicyl*
Sa|li|zy|lat ⟨n.; -s, -e⟩ = *Salicylat*

Sa|li|zyl|säu|re ⟨f.; -, -n⟩ = *Salicylsäure*

Sa|ljut ⟨[saju:t]⟩ *Name sowjetischer Weltraumstationen, die seit 1973 in erdnahe Umlaufbahnen gebracht u. von mehreren Besatzungen bewohnt werden bzw. wurden;* oV *Salut(2)* [russ., »(Ehren-)Gruß, Salut«]

Salk|imp|fung, ⟨auch⟩ **Salk-Imp|fung** ⟨engl. [sɔ:k-] f.; -; unz.⟩ *eine 1954 entwickelte Injektionsschutzimpfung gegen epidem. Kinderlähmung mit abgetöteten Polioviren* [nach dem US-amerikan. Bakteriologen u. Serologen J.E. *Salk,* *1914]

Salm¹ ⟨m.; -(e)s, -e⟩ *Lachs* [< ahd. *salmo* < lat.-gall. *salmo* »Lachs«]

Salm² ⟨m.; -(e)s, -e; Pl. selten; umg.; abwertend⟩ *Gerede;* → a. *Psalm;* einen langen ~ machen [< nddt.; zu ahd. *salmo,* grch.-lat. *psalmus*]

Sal|mi|ak ⟨a. [--'-] m.; -s; unz.⟩ *aus Ammoniak u. Salzsäure entstehende Ammoniumverbindung, dient als Düngemittel u. ist in galvan. Trockenelementen enthalten, chemisch Ammoniumchlorid,* NH_4Cl [< lat. *sal ammoniacus* »bei dem Tempel des *Jupiter Ammon* gefundenes Salz«]

Sal|mi|ak|geist ⟨a. ['----] m.; -(e)s; unz.⟩ *wässrige Lösung von Ammoniak (als Reinigungsmittel);* Sy *Ammoniumhydroxid*

Sal|mo|nel|la ⟨f.; -, -nel|len; meist Pl.⟩ *infektiöse Krankheiten des Darms (z.B. Paratyphus, Fleischvergiftung) erregendes Bakterium* [nach dem amerikan. Bakteriologen D.E. *Salmon,* 1850-1914]

Sal|mo|nel|lo|se ⟨f.; -, -n⟩ *durch Salmonellen hervorgerufene Erkrankung*

Sal|mo|ni|de ⟨m.; -n, -n; meist Pl.⟩ *Angehöriger einer Unterordnung der Heringsfische, Lachsartiger* [< lat.-gall. *salmo* »Lachs« + grch. *eidos* »Gestalt, Aussehen«]

sa|lo|mo|nisch ⟨Adj.⟩ *dem jüd. König Salomo (ca. 950 v. Chr.) ähnlich;* ein ~es Urteil *ein weises Urteil;* ~e Weisheit besitzen

Sa|lo|mon|loop, ⟨auch⟩ **Sa|lo|mon-Loop** ⟨[sæləmənlu:p] f.; -; unz.; Phys.⟩ *Verfahren zur selbstreplikativen Energiegewinnung aus Antipoden* [nach dem engl. Physiker A. *Salomon* (*1969) + engl. *loop* »Schleife«]

Sa|lon ⟨[-lɔ̃:] od. [-lɔŋ], österr. a. [-lo:n] m.; -s, -s⟩ **1** *Empfangszimmer* **2** ⟨17.-19. Jh.⟩ *regelmäßige Empfänge für einen kleinen literar. u. künstler. interessierten, geselligen Kreis;* literarischer ~ **3** *Modegeschäft od. Friseur;* Frisier~; Kosmetik~; Mode~ **4** *Kunstausstellung* [frz. < ital. *salone,* eigtl. »großer Saal«; zu *sala* »Saal«]

Sa|lon|mu|sik ⟨[-lɔ̃:-] od. [-lɔŋ-], österr. a. [-lo:n-] f.; -; unz.⟩ *gefällige, leicht süßliche Unterhaltungsmusik*

Sa|loon ⟨[səlu:n] m.; -s, -s⟩ *im Stil der Wildwestfilme eingerichtetes Lokal* [engl.-amerikan., »Kneipe, Saal«]

sa|lopp ⟨Adj.⟩ **1** *ungezwungen* **2** *nachlässig, schlampig* [< frz. *salope* »schmierig, dreckig«]

Sal|pe ⟨f.; -, -n; meist Pl.⟩ *Klasse glasartig durchsichtiger, frei schwimmender Manteltiere mit walzenförmigem Körperbau: Thaliacea* [< lat. *salpa* < grch. *salpe* »Doppelreiher«]

Sal|pe|ter ⟨m.; -s; unz.⟩ *Salz der Salpetersäure;* Chile~; Natron~; Kali~ [< mhd. *salpeter* < *salniter* < lat. *sal nitrum* < *sal* »Salz« + *nitrum* »Natron« (< grch. *nitron* < ägypt. *ntr*)]

Sal|pe|ter|säu|re ⟨f.; -; unz.⟩ *farblose Säure des Stickstoffs,* HNO_3

sal|pe|trig, ⟨auch⟩ **sal|pet|rig** ⟨Adj.⟩ ~e Säure *eine Stickstoffsauerstoffsäure, chem. Formel* HNO_2

Sal|pin|gi|tis ⟨f.; -, -ti|den⟩ *Eileiterentzündung* [zu grch. *salpigx* »Trompete«]

Sal|pin|go|gramm ⟨n.; -s, -e⟩ *röntgenolog. Darstellung des Eileiters* [< *Salpinx* + *...gramm*]

Sal|pinx ⟨f.; -, -pin|gen⟩ **1** *altgriech. trichterförmige Trompete aus Bronze od. Eisen* **2** ⟨Med.⟩ *Eileiter* **3** ⟨Med.⟩ *Ohrtrompete* [< grch. *salpigx* »Trompete«]

Sal|sa 1 ⟨m.; -s, -s⟩ *(paarweise getanzter) moderner lateinamerikanischer Gesellschaftstanz mit Jazz- u. Rockelementen* **2** ⟨f.; -, -s; texikan.-mexikan. Kochk.⟩ *scharfe, dickflüssige Tomatensoße, Ketschup* [span., »Soße«]

Sal|se ⟨f.; -, -n⟩ **1** ⟨†⟩ *salzige Tunke* **2** ⟨heute⟩ *(in Sumpf- od. Erdölgebieten) kraterähnliches, aber nicht vulkan. Gebilde, das durch ausströmendes Gas Schlamm emporsprudelt, Schlammsprudel* [< mhd. *salse* < afrz. *salse* »gesalzene Brühe«; zu lat. *sal* »Salz«]

SALT ⟨[sɔ:lt] Abk. für engl.⟩ *Strategic Arms Limitation Talks, Verhandlungen (zwischen den USA u. Russland) über Vereinbarungen zur Begrenzung strategischer Waffen*

Sal|ta ⟨n.; -s; unz.⟩ *Brettspiel für zwei Personen mit je 15 Steinen auf dem frz. Damebrett, die auf die gegnerische Seite gebracht werden müssen* [< ital., lat. *salta!* »spring!«; zu ital. *saltare* »springen«]

Sal|ta|rel|lo ⟨m.; -s, -rel|li⟩ *schneller italien. Tanz im Dreiertakt, der bis ins 14. Jh. zurückgeht* [ital., »Hüpftanz«; zu *saltare* »springen«]

sal|ta|to ⟨bei Streichinstrumenten; Mus.⟩ *mit springendem Bogen (zu spielen)* [ital., »gesprungen«; zu *saltare* »springen«]

Sal|ta|to ⟨n.; -s, -s od. -ti; bei Streichinstrumenten; Mus.⟩ *Spiel mit springendem Bogen*

sal|ta|to|risch ⟨Adj.; Med.⟩ *sprunghaft;* ~e Erregungsleitung *Erregungsleitung, bei der ein Reiz nicht kontinuierlich fortgeleitet wird, sondern in bestimmten Abständen weiterspringt* [zu lat. *saltare* »springen«]

Sal|tim|boc|ca ⟨f.; -, -s; Kochk.⟩ *zwei aufeinander gelegte Kalbfleischscheiben mit rohem Schinken u. Salbei dazwischen, paniert u. gebraten, mit Weißweinsoße serviert* [< ital. *salta in bocca* »Spring in den Mund«]

Sal|to ⟨m.; -s, -s od. Sal|ti⟩ *Sprung mit Überschlag in der Luft, Sprung mit Drehung um die waagerechte Achse* [ital., »Sprung«]

Sal|to mor|ta|le ⟨m.; - -, - - od. -ti -li⟩ *Todessprung, mehrfacher Salto* [ital., »Todessprung«]

sa|lü! ⟨umg.; bes. schweiz.⟩ *Guten Tag!, Auf Wiedersehen! (als Grußwort)* [< frz. *salut* »Gruß; Heil, Wohl«]

sa|lu|ber ⟨Adj.⟩ *heilsam, gesund* [lat.]

Sa|lu|bri|tät, ⟨auch⟩ **Sa|lub|ri|tät** ⟨f.; -; unz.⟩ **1** *gesunde Beschaffenheit (des Körpers)* **2** *Heilsamkeit* [< lat. *salubritas* »Gesundheit, Heilsamkeit«]

Sa|lut ⟨m.; -(e)s, -e⟩ **1** *militär. Ehrung durch eine Salve von Schüssen;* ~ schießen **2** = *Saljut* [< lat. *salus,* Gen. *salutis* »Heil, Wohl, Gedeihen«]

sa|lu|tie|ren ⟨V.⟩ *militär. grüßen* [< lat. *salutare* »grüßen, begrüßen«]

Sa|lu|tist ⟨m.; -en, -en; schweiz.⟩ *Angehöriger der Heilsarmee* [< frz. *salutiste* »Angehöriger der Heilsarmee«; zu *Armée du Salut* »Heilsarmee«]

Sal|va|ti|on ⟨[-va-] f.; -, -en⟩ **1** *Rettung* **2** *Verteidigung* [< lat. *salvatio* »Rettung«; zu *salvare* »retten«]

Sal|va|ti|on Ar|my ⟨[sælvɛiʃən a:(r)mi] f.; - -; unz.⟩ *Heilsarmee, eine 1878 durch W. Booth in London gegr., straff organisierte christl. Bewegung, die sich seelsorgerisch u. karitativ um die Großstadtbevölkerung kümmert* [engl.]

Sal|va|tor ⟨[-va:-] m.; -s, -to|ren⟩ **1** ⟨unz.⟩ *Jesus als Retter, Erlöser, Heiland* **2** ⟨zählb.; allg.⟩ *Retter, Erlöser* [lat., »Erretter«, kirchenlat. »Erlöser«; zu *salvare* »retten«]

Sal|va|to|ri|a|ner ⟨[-va-] m.; -s, -⟩ *Mitglieder einer 1881 in Rom gegründeten Ordensgemeinschaft, die sich die Seelsorge u. die Mission zur Aufgabe macht* [zu lat. *Societas Divini Salvatoris* »Gesellschaft vom göttlichen Heiland«, dem Namen des Ordens; → *Salvator*]

sal|va|to|risch ⟨[-va-] Adj.⟩ **1** *nur stellvertretend, ergänzend von Gültigkeit* **2** ~e Klausel ⟨Rechtsw.⟩ *Gesetzes- sowie Vertragsbestimmung, die nur gilt, wenn nicht andere Rechtsnormen vorrangig zu behandeln sind*

sal|ve! ⟨[-və]⟩ *sei gegrüßt!, heil!* [lat.; zu *salvere* »gesund, wohlbehalten sein«]

Sal|ve ⟨[-və] f.; -, -n⟩ *das gleichzeitige Abfeuern mehrerer Schusswaffen* [frz., eigtl. »Begrüßungsschießen« < lat. *salve!* »sei gegrüßt«!; zu *salvere* »gesund sein, sich wohl befinden«]

sal|vie|ren ⟨[-vi:] V.⟩ *retten;* sich ~ *sich in Sicherheit bringen, retten, sich von einem Verdacht reinigen, sich entlasten* [< ital. *salvare*]

sal|vis o|mis|sis ⟨[-vis-] Abk.: s.o.⟩ *unter Vorbehalt von Auslassungen* [lat.]

sal|vo er|ro|re ⟨[-vo-] Abk.: s.e.⟩ *Irrtum vorbehalten* [lat.]

sal|vo er|ro|re cal|cu|li ⟨[-vo-] Abk.: s.e.c.⟩ *Rechenfehler vorbehalten* [lat.]

sal|vo er|ro|re et o|mis|si|o|ne ⟨[-vo-] Abk.: s.e.e.o. od. s.e. et o.⟩ *Irrtum u. Auslassung vorbehalten* [lat.]

sal|vo ti|tu|lo ⟨[-vo-] Abk.: S.T.⟩ *mit Vorbehalt des richtigen Titels* [lat.]

SAM ⟨EDV; Abk. für engl.⟩ *Sequential Access Method, serieller Zugriff (auf Dateien)*

Sa|ma|ri|ter ⟨m.; -s, -⟩ *freiwilliger Krankenpfleger, in selbstloser Weise helfender Mensch* [nach dem barmherzigen Mann aus *Samaria,* Luk. 10,33]

Sa|ma|ri|um ⟨n.; -s; unz.; chem. Zeichen: Sm⟩ *zu den Metallen der Seltenen Erden gehörendes chem. Element, Ordnungszahl 62* [nach dem Mineral *Samarskit,* das nach dem russ. Mineralogen *Samarski* benannt ist]

Sa|mar|kand ⟨m.; -s, -s⟩ *aus Ostturkestan stammender Knüpfteppich mit chinesisch beeinflusstem Muster aus Medaillons, quadrat. Feldern u. mit Blütenstauden ausgefüllten Nischen* [fälschlich nach der Stadt *Samarkand*]

Sam|ba[1] ⟨m.; -s, -s; fachsprachl. f.; -, -s⟩ *aus dem Reigentanz brasilianischer Schwarzer hervorgegangener Gesellschaftstanz im $^2/_4$-Takt, um 1950 Modetanz, heute Turniertanz* [port. < afrikan.]

Sam|ba[2] ⟨f.; -, -s⟩ = *Zamba*

Sam|bal ⟨n.; -s, -s⟩ *zur Reistafel gereichte, scharfe indonesische Würzsoße* [< indones.]

Sam|bo ⟨m.; -s, -s⟩ = *Zambo*

Sam|bu|ca ⟨m., -s, -s od. f. -, -s⟩ *italienischer Anislikör*

sä|misch ⟨Adj.⟩ *mit Öl od. Tran gegerbt* [< türk. *semis* »fett« od. zu *Samland*]

Sa|mi|sen ⟨f.; -, -⟩ *dreisaitige japan. Gitarre;* oV *Schamisen* [jap.]

Sa|mo|je|de ⟨m.; -n, -n⟩ *Angehöriger eines uralischen, mongoloiden Volkes,* ⟨eigener Name⟩ *Nenze*

Sa|mos ⟨m.; -; unz.⟩ *Wein von der grch. Insel Samos*

Sa|mo|war ⟨a. ['---] m.; -s, -s⟩ *russ. Teemaschine aus Kupfer od. Messing* [< russ. *samovar;* zu *samo*... »selbst« + *varit* »kochen«]

Sam|pan ⟨m.; -s, -s⟩ *chines. Hausboot* [< chin. *san pan;* zu *san* »drei« + *pan* »Brett, Bohle«]

Sam|ple, ⟨auch⟩ **Samp|le** ⟨[sa:mpl] n.; -s, -s; Markt- u. Meinungsforschung⟩ *repräsentative Auswahl von Gegenständen od. Personen* [engl., »Probe, Muster«]

Sam|pler, ⟨auch⟩ **Samp|ler** ⟨[sa:mplər] m.; -s, -⟩ *Sammlung erfolgreicher Musiktitel einer bestimmten Stilrichtung, eines Zeitabschnitts, eines Sängers od. einer Gruppe (auf Tonträgern)* [engl., »Auswahlplatte, -CD«]

Sam|pling, ⟨auch⟩ **Samp|ling** ⟨[sa:mpliŋ] n.; -s; unz.; Mus.⟩ *Aufnahmetechnik, bei der verschiedene Tonquellen wie z.B. Musikstücke, Alltagslärm, Kommentare usw. mittels eines Mischpultes auf einem Tonband zusammengeführt u. zu einem neuen Musikstück verarbeitet werden* [< engl. *sample* »probieren; sammeln«]

Sa|mum ⟨a. [-'-] m.; -s, -s od. -e⟩ *heißer, trockener Sandsturm in den Wüsten Vorderasiens u. Nordafrikas* [arab.]

Sa|mu|rai ⟨m.; -s od. -, -s od. -; früher⟩ *Angehöriger des japan. Kriegerstandes* [japan., »die Dienenden«]

San ⟨vor ital. männl. Namen, die mit einem Konsonanten beginnen, außer vor Sp... u. St..., u. vor span. männl. Namen, die mit einem Konsonanten beginnen, außer vor Do... u. To...; Abk.: S.⟩ *der heilige...;* z.B. ~ Bernardo; → a. *Sant', Santa, Sante, Santi, Santo, São* [ital., span., port. < lat. *sanctus* »heilig«]

sa|na|bel ⟨Adj.⟩ *heilbar* [< lat. *sanabilis* »heilbar«]

Sa|na|to|ri|um ⟨n.; -s, -ri|en⟩ *klimatisch günstig gelegene Heilstätte für Kranke, die der Pflege, aber keiner Behandlung im Krankenhaus bedürfen* [< lat. *sanare* »heilen«]

Sanc|ta Se|des ⟨f.; - -; unz.⟩ **1** *der Heilige Stuhl* **2** ⟨fig.⟩ *Papst u. päpstl. Gewalt* [lat.]

sanc|ta sim|pli|ci|tas *heilige Einfalt! (Ausruf des Unwillens angesichts einer von einem törichten Menschen begangenen Dummheit)* [lat.]

Sanc|tus ⟨n.; -; unz.⟩ *Lobgesang der kath. Messe (nach dem Wort des Anfangs)* [lat., »heilig«]

San|da|le ⟨f.; -, -n⟩ *leichter Schuh mit Oberteil aus Riemen od. durchbrochenem Leder* [< lat. *sandalium* < grch. *sandalion*]

San|da|let|te ⟨f.; -, -n⟩ *leichte, elegante Sandale* [französierende Verkleinerungsform zu *Sandale*]

San|da|rak ⟨m.; -s; unz.⟩ *zu fotograf. Lacken verwendetes Harz der Sandarakzypresse* [< frz. *sandaraque* < lat. *sandaraca* < grch. *sandarake*]

San|del|holz ⟨n.; -es, -höl|zer⟩ *wohlriechendes Holz der Sandelbaumgewächse* [Herkunft unsicher, vielleicht < grch.]

San|dhi ⟨m. od. n.; - od. -s; unz.; Sprachw.⟩ *lautliche Veränderung aufgrund des Zusammentreffens zweier Wörter od. Morpheme,* z.B. »ist's« anstelle von »ist es« [< Sanskrit *samdhi* »zusammenstellen«]

San|di|nist ⟨m.; -en, -en⟩ *Angehöriger der sozialist. Partei Nicaraguas* [nach dem Guerillakämpfer A.C. *Sandino,* 1895-1934]

San|dschak, ⟨auch⟩ **Sand|schak** ⟨m.; -s, -s⟩ **1** *türk. Standarte als Symbol der Souveränität* **2** *türk. Verwaltungsbezirk* [< türk. *sancàk,* eigtl. »Fahne, Standarte«]

Sand|wich ⟨[sændwitʃ] n. od. m.; -s od. -es [-tʃiz], -s od. -es [-tʃiz]⟩ **1** *zwei mit Butter bestrichene, aufeinander gelegte Scheiben Weißbrot mit einer Einlage von Wurst, Käse, Ei usw.* **2** ⟨umg.; fig.⟩ *über Brust u. Rücken gehängtes Schild od. Plakat, z.B. bei Demonstrationen* [nach dem 4. Earl of *Sandwich,* 1718-1792, der solche Brotscheiben zubereiten ließ]

Sand|wich|bau|wei|se ⟨[sændwitʃ-] f.; -; unz.⟩ *Bauweise bes. beim Bau von Flugzeugen, bei der Platten verschiedener Stärke u. aus verschiedenem Material zusammengefügt werden*

Sand|wich|board ⟨[sændwitʃbɔ:d] n.; -s, -s⟩ *zwei mit Tragebändern verbundene, auf Holzbrettern befestigte Reklameplakate (die von einem Sandwichman getragen werden)* [engl.]

Sand|wich|man ⟨[sændwitʃmæn] m.; -s, -men [-mən]⟩ *Person, die zu Werbezwecken zwei miteinander verbundene Reklameschilder auf Brust u. Rücken trägt* [engl.]

Sand|wich|mon|ta|ge ⟨[sændwitʃmɔnta:ʒə] f.; -, -n⟩ *eine durch zwei aufeinander gelegte Negative gebildete Fotomontage*

san|fo|ri|sie|ren ⟨V.⟩ Gewebe ~ *durch trockene Hitze einschrumpfen lassen, damit es später beim Waschen nicht mehr einläuft* [nach dem Erfinder, *Sanford* L. Cluett]

San|gria, ⟨auch⟩ **Sang|ria** ⟨a. [saŋ-] f.; -, -s⟩ *in Spanien beliebtes Getränk aus eisgekühltem Rotwein mit Fruchtstücken* [span.; zu *sangre* »Blut«]

San|gri|ta, ⟨auch⟩ **Sang|rita** ⟨f.; -; unz.; Wz⟩ *scharfes Getränk aus Tomaten-, Orangen- u. Zwiebelsaft* [span.; zu *sangre* »Blut« mit Verkleinerungsendung]

San|gu|i|ni|ker ⟨m.; -s, -⟩ *nach der antiken Temperamentenlehre Mensch von heiterem, lebhaftem Temperament*

san|gu|i|nisch ⟨Adj.⟩ *lebhaft, heiter* [< lat. *sanguineus* »aus Blut bestehend, blutvoll«; zu *sanguis* »Blut«]

San|he|drin, ⟨auch⟩ **San|hed|rin** ⟨m.; -s; unz.; hebr. Form von⟩ *Synedrium*

Sa|ni ⟨m.; -s, -s; umg.; kurz für⟩ *Sanitäter*

Sa|ni|din ⟨m.; -s, -e; Min.⟩ *farbloser Feldspat, Eisspat* [< grch. *sanis,* Gen. *sanidos* »Brettchen«]

sa|nie|ren ⟨V.⟩ **1** *gesunde Verhältnisse (zum Leben u. Wohnen) schaffen* **2** *wieder leistungsfähig machen* **3** *den Herd einer Krankheit beseitigen* [< lat. *sanare* »heilen, gesund machen«; zu *sanus* »gesund«]

Sa|nie|rung ⟨f.; -, -en⟩ *das Sanieren*

sa|ni|tär ⟨Adj.⟩ **1** *das Gesundheitswesen betreffend* **2** *der Gesundheit, Hygiene dienend* **3** *gesundheitlich, hygienisch* [< frz. *sanitaire* »gesundheitlich, sanitär«, < lat. *sanitas* »Gesundheit«]

sa|ni|ta|risch ⟨Adj.; schweiz. für⟩ *sanitär*

Sa|ni|tät ⟨f.; -; unz.⟩ **1** *(Zustand der) Gesundheit* **2** *Krankendienst, Krankenpflege* **3** ⟨schweiz.⟩ *Dienst an Kranken, Sanitätswesen* **4** ⟨österr.⟩ *militär. Sanitätswaren* [< lat. *sanitas* »Gesundheit«; zu *sanus* »gesund«]

Sa|ni|tä|ter ⟨m.; -s, -⟩ **1** *Sanitätssoldat* **2** *Krankenpfleger* **3** *jmd., der in der ersten Hilfe ausgebildet ist* [→ *Sanität*]

sa|ni|tized ⟨[sænitaizd] Adj.; undekl.⟩ *keimfrei* [engl.]

Sankt ⟨vor dt. Namen; Abk.: St.⟩ *der od. die heilige...,* z.B. ~ Elisabeth; ~ Gallen; ⟨aber mit Bindestrich⟩ ~-Elisabeth-Kirche od. St.-Elisabeth-Kirche [< lat. *sanctus* »heilig«]

Sank|ti|on ⟨f.; -, -en⟩ **1** *Bestätigung, Anerkennung* **2** *Erhebung zum verbindl. Gesetz* **3** ⟨Pl.⟩ ~en *Strafmaßnahmen, Zwangsmaßnahmen mehrerer Staaten gegen die Verletzung völkerrechtlicher Pflichten seitens eines anderen Staates;* ~en verhängen (gegen) [< frz. *sanctio* »Genehmigung, Zustimmung, natürl. Folge,

Strafmaßnahme« <lat. *sanctio* »Billigung, geschärfte Verordnung, Strafgesetz, Vertragsklausel«; zu *sancire* »heiligen, als heilig u. unverbrüchlich festsetzen«]

sank|ti|o|nie|ren ⟨V.⟩ **1** *bestätigen, gutheißen, anerkennen* **2** *zum verbindl. Gesetz erheben* [<frz. *sanctionner* »billigen, Gesetzeskraft verleihen«; zu *sanction;* → *Sanktion*]

Sank|tis|si|mum ⟨n.; -s; unz.; kath. Kirche⟩ *Allerheiligstes, geweihte Hostie* [<lat. *sanctissimum* »das heiligste«; zu *sanctus* »heilig«]

Sank|tu|ar ⟨n.; -s, -e; selten⟩, **Sank|tu|a|ri|um** ⟨n.; -s, -ri|en⟩ **1** *Heiligtum* **2** *Raum mit dem Heiligtum, bei christl. Kirchen der Chor mit dem Hochaltar* **3** *Raum, in dem Reliquien aufbewahrt werden* [<lat. *sanctuarium* »Heiligtum«; zu *sanctus* »heilig«]

Sans|cu|lot|te ⟨[sãky-] m.; -n, -n⟩ *während der Französ. Revolution Spottname für die proletar. Revolutionäre, weil sie keine Kniehosen wie die höheren Stände, sondern lange Hosen trugen* [<frz. *sans-culotte* »ohne Kniehose«]

San|se|vi|e|ria ⟨[-vi-] f.; -, -ri|en⟩ *Gattung trop. Liliengewächse mit fleischigen, langen Blättern, deren Fasern genutzt werden, auch Zierpflanze, Bogenhanf: Sansevieria* [nach dem Fürstentum *San Severo* in Süditalien]

Sans|krit, ⟨auch⟩ **Sansk|rit** ⟨a. [-'-] n.; -s; unz.⟩ *die altind., bis heute lebendig gebliebene Sprache der Literatur u. Wissenschaft;* → *a. Prakrit* [zu aind. *sanskrta* »zusammengeordnet, vollendet«]

sans|kri|tisch, ⟨auch⟩ **sansk|ri|tisch** ⟨Adj.⟩ *in Sanskrit abgefasst*

Sans|kri|tist, ⟨auch⟩ **Sansk|ri|tist** ⟨m.; -en, -en⟩ *Kenner u. Erforscher des Sanskrits*

Sans|kri|tis|tik, ⟨auch⟩ **Sansk|ri|tis|tik,** ⟨f.; -; unz.⟩ *Wissenschaft, die das Sanskrit, die sanskrit. Literatur u. die altind. Kultur erforscht*

Sans|sou|ci ⟨[sãsusi:] n.; -; unz.⟩ *Name für Schlösser, bes. für das auf Veranlassung u. nach Plänen Friedrichs des Großen im Stil des Rokoko erbaute Schloss in Potsdam;* Schloss ~ [<frz. *sans souci* »ohne Sorge«]

Sant ⟨vor italien. männl. u. weibl. Namen, die mit einem Vokal beginnen; Abk.: S.⟩ *der heilige… od. die heilige…,* z.B. ~ Antonio; ~ Agata; → a. *San, Santa, Sante, Santi, Santo, São* [→ *San*]

San|ta ⟨vor italien., span. u. portugies. weibl. Namen, die mit einem Konsonanten beginnen; italien. Abk.: S.; span. u. portugies. Abk.: Sta.⟩ *die heilige…,* z.B. ~ Maria; → a. *San, Sant', Sante, Santi, Santo, São* [→ *San*]

San|ta Claus ⟨[sæntə klɔ:z] m.; -; unz.⟩ *Nikolaus, Weihnachtsmann* [engl., »Heiliger Klaus«]

San|te ⟨Pl.; vor italien. weibl. Namen; Abk.: SS.⟩ *die heiligen…,* z.B. ~ Maria e Maddalena; → a. *San, Sant', Santa, Santi, Santo, São* [→ *San*]

San|ti ⟨Pl.; vor italien. männl. Namen; Abk.: SS.⟩ *die heiligen…,* z.B. ~ Pietro e Paolo; → a. *San, Sant', Santa, Sante, Santo, São* [→ *San*]

San|to ⟨vor italien. männl. Namen, die mit Sp… od. St… beginnen, vor span. männl. Namen, die mit Do… od. To… beginnen, u. ausnahmslos vor portugies. männl. Namen; Abk.: S.⟩ *der heilige…,* z.B. ~ Spirito; ~ Stefano; ~ Domingo; → a. *San, Sant', Santa, Sante, Santi, São* [→ *San*]

São ⟨[sã:u] vor portugies. männl. Namen, die mit einem Konsonanten beginnen; Abk.: S⟩ *der heilige …,* z.B. ~ Paulo; → a. *San, Sant', Santa, Sante, Santi, Santo* [→ *San*]

Sa|phir ⟨a. [-'-] m.; -s, -e⟩ *Mineral u. Edelstein, hellblauer Korund* [<mhd. *saphir(e)* <lat. *sapp(h)irus* <grch. *sappheiros* <hebr. *sappir* [<Sanskrit *sanipriya,* eigtl. »dem Planeten Saturn teuer«; zu *Sani* »Saturn« + *priya* »lieb, wert, teuer«]

sa|phi|ren ⟨Adj.⟩ *aus Saphiren bestehend*

sa|pi|en|ti sat! *genug für den Eingeweihten, es ist keine weitere Erläuterung nötig* [lat., »dem Weisen (ist es) genug«]

Sa|pin ⟨m.; -s, -e⟩, **Sa|pi|ne** ⟨f.; -, -n; österr.⟩ *Werkzeug zum Wegziehen gefällter Bäume, Sappel* [frz., »Tannenholzbrett, Hebebaum«; zu *sapin* »Tanne«]

Sa|po|dil|la ⟨f.; -, -s⟩ *Westindische Mispel, eiförmige Frucht des Sapotillbaumes: Manilkara zapota;* oV *Sapote;* → a. *Sapotillbaum* [engl., <frz. *sapotille*]

Sa|po|na|ria ⟨f.; -; unz.⟩ *Seifenkraut* [<lat. *sapo* »Seife«]

Sa|po|nin ⟨n.; -s, -e⟩ *medizin. verwendeter, giftiger, organischer Stoff verschiedener Zusammensetzung (Glucosid), der in wässriger Lösung schäumt, ohne reinigende Wirkung zu besitzen* [<lat. *sapo* »Seife«]

Sa|po|te ⟨f.; -, -n⟩ = *Sapodilla* [<span. *zapote* <aztek.]

Sa|po|till|baum ⟨m.; -(e)s, -bäu|me⟩ *in Südamerika kultivierter, immergrüner, bis 20 m hoher Laubbaum mit essbaren Früchten; das aus dem Baumstoff gewonnene Latex dient als Grundstoff für die Herstellung von Kaugummi;* → a. *Sapodilla*

sap|per|lot! ⟨umg.⟩ = *sackerlot!*

sap|per|ment! ⟨umg.⟩ = *sackerment!*

sap|phisch ⟨[zapfiʃ] od. [zafiʃ] Adj.⟩ **1** ~e Liebe *Homosexualität unter Frauen* **2** ~e Strophe *von Sappho verwendete Strophenform aus drei elfsilbigen Versen u. einem Schlussvers* [nach der griech. Dichterin *Sappho,* um 600 v. Chr.]

Sap|phis|mus ⟨[-fis-] m.; -; unz.⟩ = *sapphische Liebe*

■ Die Buchstabenfolge **sa|pr…** kann auch **sap|r…** getrennt werden.

■ **Sa|prä|mie** ⟨f.; -, -n⟩ *schwere Blutvergiftung* [<*Sapro…* + *…ämie*]

■ **sa|pro…, Sa|pro…** ⟨in Zus.⟩ *faul, Fäulnis…* [<grch. *sapros* »faul«]

■ **Sa|pro|bie** ⟨[-biə] f.; -, -n⟩, **Sa|pro|bi|ont** ⟨m.; -en, -en⟩ *von faulenden Stoffen lebender* *tier. od. pflanzl. Organismus (Amöben, Infusorien);* Ggs *Katharobie* [< *Sapro…* + grch. *bios* »Leben«]

■ **sa|pro|bisch** ⟨Adj.⟩ **1** *auf Fäulnis beruhend* **2** *in faulenden Stoffen lebend* [< grch. *sapros* »faul«]

■ **sa|pro|gen** ⟨Adj.⟩ *Fäulnis erregend* [< *sapro…* + *…gen*[1]]

■ **Sa|pro|pel** ⟨n.; -s, -e⟩ *aus abgestorbenen Pflanzen u. Tieren bestehender, schlammiger Bodensatz stehender Gewässer, Faulschlamm* [< *Sapro…* + grch. *pelein* »sich bewegen«]

■ **Sa|pro|pe|lit** ⟨m.; -s, -e; Geol.⟩ *Gestein, das sich aus Faulschlamm gebildet hat*

■ **sa|pro|pe|li|tisch** ⟨Adj.⟩ *in der Art des Faulschlamms, wie er beschaffen*

■ **Sa|pro|pha|ge** ⟨m.; -n, -n⟩ *Tier, das sich von faulenden Stoffen ernährt* [< *Sapro…* + grch. *phagein* »essen«]

■ **sa|pro|phil** ⟨Adj.⟩ *von faulenden, verwesenden Stoffen lebend* [< *sapro…* + *…phil*]

■ **Sa|pro|phyt** ⟨m.; -en, -en⟩ *auf faulenden Stoffen lebender pflanzl. Organismus* [< *Sapro…* + *…phyt*]

■ **Sa|pro|zo|on** ⟨n.; -s, -zo|en⟩ *von faulenden Stoffen lebendes Tier* [< *Sapro…* + *Zoon*]

Sa|ra|ban|de ⟨a. [-bã:d] f.; -, -n⟩ **1** *aus einem altspan. Volkstanz entwickelter, ernst-ruhiger französ. Gesellschaftstanz im 17. u. 18. Jh.* **2** *Satz der Suite* [frz. < span. *zarabanda*]

Sa|ra|fan ⟨m.; -s, -e⟩ *zur russ. weibl. Tracht des 18. u. 19. Jh. gehörendes, ärmelloses Kleid mit tiefem Ausschnitt, das über einer weißen Bluse getragen wurde* [russ. < pers. *serapa* »vom Kopf bis zu den Füßen«]

Sa|ra|ze|ne ⟨m.; -n, -n; im MA Name für⟩ *Araber,* ⟨später für⟩ *Mohammedaner*

Sar|del|le ⟨f.; -, -n⟩ *Familie bis 15 cm langer, meist eingesalzen verwendeter, heringsartiger Knochenfische: Engraulidae* [< ital. *sardella,* Verkleinerungsform zu *sardina;* → *Sardine*]

Sar|di|ne ⟨f.; -, -n⟩ *bis 26 cm langer Heringsfisch der subtrop. u. gemäßigten Gebiete des Ostatlantiks u. Mittelmeers: Sardina pilchardus* [< mhd. *sardien* < ital., lat. *sardina* < grch. *sardine*]

sar|do|nisch ⟨Adj.⟩ ~es Lachen *grimmiges, höhnisches Lachen ohne Freude od. Humor* [nach dem Giftkraut *Sardonia,* das Gesichtsverzerrungen hervorrufen soll]

Sard|o|nyx, ⟨auch⟩ **Sar|do|nyx** ⟨m.; - od. -es, -e⟩ *Mineral, fleischfarbener Onyx* [lat., < gch. *sardonyx* »Mineral von Fingernagelfarbe«; zu *Sardes,* der Hauptstadt Lydiens (nach dem ersten Fundort bei *Sardes*) + *onyx* »Fingernagel«]

Sa|ri ⟨m.; - od. -s, -s⟩ *kunstvoll gewickeltes Gewand der ind. Frau* [< Hindi *sāri* < Sanskrit *śati*]

Sar|kas|mus ⟨m.; -, -men⟩ **1** ⟨unz.⟩ *beißender Spott, bitterer Hohn* **2** ⟨zählb.⟩ *sarkast. Äußerung* [< grch. *sarkasmos;* zu *sarkazein* »zerfleischen, Hohn sprechen«; zu *sarx,* Gen. *sarkos* »Fleisch«]

sar|kas|tisch ⟨Adj.⟩ *beißend-spöttisch, bissighöhnisch*

sar|ko|id ⟨Adj.⟩ *sarkomähnlich* [zu grch. *sarx,* Gen. *sarkos* »Fleisch« + *…id*[1]]

Sar|ko|lemm ⟨n.; -s, -en⟩ *bindegewebige Umhüllung der Muskelfaser* [< grch. *sarx,* Gen. *sarkos* »Fleisch« + *lemma* »Hülle«]

Sar|kom ⟨n.; -s, -e⟩, **Sar|ko|ma** ⟨n.; -s, -ta⟩ *Fleischgeschwulst* [< grch. *sarx,* Gen. *sarkos* »Fleisch«]

sar|ko|ma|tös ⟨Adj.⟩ *in der Art eines Sarkoms*

Sar|ko|ma|to|se ⟨f.; -, -n⟩ *Bildung von Sarkomen*

Sar|ko|phag ⟨m.; -s, -e⟩ *prunkvoller, steinerner Sarg* [< grch. *sarkophagos* »Fleischfresser«, urspr. Sarg aus dem Stein von Assos in Kleinasien, der das Fleisch der darin beigesetzten Leichen allmählich vernichtete; < grch. *sarx,* Gen. *sarkos* »Fleisch« + *phagein* »essen, fressen«]

Sa|rong ⟨m.; - od. -s, -s⟩ *rockartig um den Körper gewickeltes buntes Tuch der indones. Frau* [< mal. *saron*]

Sa|rass ⟨m.; -es, -e⟩ *Säbel mit schwerer Klinge* [< poln. *za* »für« + *raz* »Hieb, Stoß«]

Sar|ru|so|fon ⟨[sary-] n.; -s, -e⟩ = *Sarrusophon*

Sar|ru|so|phon ⟨[sary-] n.; -s, -e⟩ *mit doppeltem Rohrblatt u. 18 Klappen ausgestattetes, in Militärkapellen verwendetes Blechblasinstrument;* oV *Sarrusofon* [nach dem frz. Militärkapellmeister M. *Sarrus,* der das Instrument 1856 konstruierte]

Sar|sa|pa|ril|le ⟨f.; -, -n⟩ *verschiedene trop. Stechwinden (Smilax utilis, S. medica u. S. papyracea) aus Mittel- u. Südamerika, deren Wurzeln zum Anregen der Ausscheidung von Schweiß u. Harn u. als Mittel zur Blutreinigung verwendet werden;* oV *Sassaparille* [< span. *zarzaparrilla*]

Sar|se|nett ⟨n.; -(e)s, -e⟩ *dichter Futterstoff aus Baumwolle* [< engl. *sarcenet;* zu mlat. *Saracenicus* »sarazenisch«]

Sar|zi|nen ⟨Pl.⟩ *unbewegliche Rundkokken, Paketkokken* [< lat. *sarcina* »Last, Gepäck«]

Sas|sa|fras, ⟨auch⟩ **Sas|saf|ras** ⟨m.; -, -⟩ *Nelkenzimtbaum, einer Gattung der Lorbeergewächse angehörender Baum mit blauen, ovalen od. dreilappigen Blättern, aus dessen Wurzeln ein äther. Öl gewonnen wird: Sassafras* [< span. *sassafrás* < lat. *saxifraga* »Steinbrech«, < *saxum* »Fels« + *frangere* »zerbrechen«]

Sas|sa|pa|ril|le ⟨f.; -, -n⟩ = *Sarsaparille*

Sa|tan ⟨m.; -s, -e⟩ **1** ⟨unz.⟩ *Teufel, Widersacher Gottes;* oV *Satanas* **2** ⟨zählb.⟩ *böser, teuflischer Mensch* [< ahd. *satanas* < kirchenlat. *satanas* < grch. *Satan,* Gen. *Satanas* < hebr. *satan* »Widersacher«]

Sa|ta|nas ⟨m.; -; unz.⟩ = *Satan(1)*

Sa|tang ⟨m.; - od. -s, - od. -s⟩ *kleine Währungseinheit in Thailand, 1/100 Baht* [< Thai *satan*]

Sa|ta|nie ⟨f.; -, -n; geh.⟩ *teuflische Grausamkeit u. Bestialität*

sa|ta|nisch ⟨Adj.⟩ *in der Art des Satans, teuflisch, böse;* ~e Machenschaften; jmdn. ~ ärgern

Sa|ta|nis|mus ⟨m.; -; unz.⟩ **1** *eingeborene Grausamkeit, Bösartigkeit u. Verderbtheit;* Sy *Dämonismus* **2** *Besessenheit vom, Neigung zum Bösen* **3** *Verehrung des Teufels als Travestie christlicher Riten, soweit ihnen ein Dualismus von Gut u. Böse zugrunde liegt*

Sa|tans|pilz ⟨m.; -es, -e⟩ *Giftpilz mit dickfleischigem, grauweißem od. gelbem bis grünlichem Hut: Boletus satanas*

Sa|tel|lit ⟨m.; -en, -en⟩ **1** *Himmelskörper, der einen Planeten umkreist, Mond;* Sy *Trabant(3)* **2** *künstl. Erdsatellit* **3** = *Trabant(2)* [<frz. *satellite* <lat. *satelles,* Gen. *satellitis* »Leibwächter, Trabant«, vermutl. <etrusk.]

Sa|tel|li|ten|box ⟨f.; -, -en⟩ *kleinere Lautsprecherbox, die die hohen u. mittleren Frequenzen eines Kanals übermittelt, während gleichzeitig eine große Box die tiefen Frequenzen beider Kanäle ausstrahlt, wodurch eine stereophone Wiedergabe erzielt wird*

Sa|tel|li|ten|fern|se|hen ⟨n.; -s; unz.; TV⟩ *mit Hilfe von Nachrichtensatelliten übermitteltes Fernsehen*

Sa|tel|li|ten|flug|ha|fen ⟨m.; -s, -hä|fen⟩ *an einen großen Flughafen angeschlossener kleiner Flughafen, der oft nur für bestimmte Fluggesellschaften reserviert ist*

Sa|tel|li|ten|fo|to ⟨n.; -s, -s⟩ *von einem Satelliten aufgenommenes u. zur Erde übermitteltes Foto (z.B. der Erdoberfläche)*

Sa|tel|li|ten|me|te|o|ro|lo|gie ⟨f.; -; unz.⟩ *Meteorologie, die auf der Grundlage von Daten, die von Wettersatelliten erfasst werden, arbeitet*

Sa|tel|li|ten|pro|gramm ⟨n.; -s, -e⟩ *Fernsehprogramm, das über einen Satelliten ausgestrahlt u. von einen Satellitenreceiver empfangen wird*

Sa|tel|li|ten|re|cei|ver ⟨[-risi:və(r)] m.; -s, -⟩ *Gerät für den Empfang von Fernsehprogrammen, die über Satellit ausgestrahlt werden*

Sa|tel|li|ten|rech|ner ⟨m.; -s, -⟩ *kleine Rechenanlage, die für eine größere vorbereitende Aufgaben ausführt*

Sa|tel|li|ten|staat ⟨m.; -(e)s, -en⟩ *formalrechtlich unabhängiger, tatsächlich aber von einer Großmacht abhängiger Staat*

Sa|tel|li|ten|stadt ⟨f.; -, -städ|te⟩ = *Trabantenstadt*

Sa|tel|li|ten|über|tra|gung ⟨f.; -, -en⟩ *über einen Fernsehsatelliten geleitete Übertragung*

Sa|tem|spra|chen ⟨Pl.; nach früherer Unterscheidung⟩ *die östl. große Gruppe der indogerman. Sprachen, bei denen das Wort »hundert«* (iran. *satem) mit spirantischem Anlaut beginnt: die iran.-indischen, slawischen, baltischen Sprachen sowie das Albanische, Armenische u. Thrakische;* Ggs *Kentumsprachen* [nach avest. *satem* »hundert«]

Sa|tin ⟨[satɛ̃:] m.; -s, -s⟩ *atlasartiger Stoff aus Baumwolle, Wolle, Seide od. Chemiefasern mit glatter, glänzender Oberfläche* [<afrz. *satin* <arab. *atlas zaituni* »glattes Gewebe aus Zaitun« (arab. Bezeichnung des chines. Ausfuhrhafens *Tsau-tung*)]

Sa|ti|na|ge ⟨[-ʒə] f.; -, -n⟩ *Glättung;* Papier~; Stoff~ [frz., »das Glätten, Satinieren«; zu *satin;* → *Satin*]

sa|ti|nie|ren ⟨V.⟩ *glätten;* Papier ~; Stoff ~ [frz., »das Glätten, Satinieren«; → *Satin*]

Sa|ti|nier|wal|ze ⟨f.; -, -n⟩ = *Kalander*

Sa|ti|re ⟨f.; -, -n⟩ *literar. Gattung, die durch Ironie u. spöttische Übertreibung menschl. Schwächen, polit. Ereignisse u.Ä. kritisiert* [<lat. *satira* »Satire« <*satura* »Fruchtschüssel als Gabe an die Götter, bunte Mischung, Gemengsel«]

Sa|ti|ri|ker ⟨m.; -s, -⟩ **1** *Verfasser von Satiren* **2** ⟨allg.⟩ *jmd., der satirisch Kritik übt, Spötter*

sa|ti|risch ⟨Adj.⟩ *in der Art einer Satire, spöttisch, beißend-witzig*

Sa|tis|fak|ti|on ⟨f.; -, -en⟩ *Genugtuung (durch Duell od. Ehrenerklärung)* [<lat. *satisfactio* »Genugtuung, Befriedigung«]

Sa|trap, ⟨auch⟩ **Sat|rap** ⟨m.; -en, -en; im antiken Persien⟩ *Statthalter einer Provinz* [<grch. *satrapes* »(pers.) Statthalter« <pers. *xshatrapāvan*]

Sa|tra|pie, ⟨auch⟩ **Sat|ra|pie** ⟨f.; -, -n⟩ *durch einen Satrapen verwaltete Provinz*

Sat|su|ma ⟨f.; -, -s⟩ *saftige Mandarinenart* [jap.]

Sa|tu|ra|ti|on ⟨f.; -, -en; Chem.⟩ **1** *Sättigung* **2** *Verfahren bei der Produktion von Zucker, wobei der zugesetzte Kalk durch schwefelige Säure od. andere Mittel wieder ausgefällt wird* [<lat. *saturatio* »Sättigung«; → *saturieren*]

sa|tu|rie|ren ⟨V.⟩ **1** ⟨Chem.⟩ *sättigen* **2** ⟨fig.⟩ jmdn. ~ *jmds. Ansprüche befriedigen* [<lat. *saturare* »sättigen«; zu *satur* »satt«]

sa|tu|riert ⟨Adj.⟩ **1** *befriedigt, ohne weitere Ansprüche;* materiell ~ **2** ⟨abwertend⟩ *übersättigt, selbstzufrieden, ohne geistige Ansprüche;* die ~e Oberschicht

Sa|tur|na|li|en ⟨nur Pl.⟩ *altröm. Volksfest zu Ehren des Gottes Saturn, Mitte Dezember, später mit dem Neujahrsfest verbunden* [<lat. *Saturnalia,* nach dem röm. Gott *Saturnus*]

sa|tur|nisch ⟨Adj.⟩ **1** *uralt, altertümlich* **2** *groß u. schrecklich* **3** ~er **Vers** *ältestes röm. Versmaß mit sechs Hebungen* **4** ~es **Zeitalter** *goldenes Zeitalter* [nach dem röm. Gott *Saturnus*]

Sa|tur|nis|mus ⟨m.; -; unz.⟩ *Bleivergiftung* [nach dem Planetennamen *Saturn,* mit dem das Metall Blei früher belegt wurde]

Sa|tyr ⟨m.; -s od. -n, -n od. -ty|re⟩ **1** ⟨grch. Myth.⟩ *ein lüsterner Dämon im Gefolge des Dionysos mit Schwanz u. Beinen eines Pferdes* **2** ⟨fig.⟩ *wollüstiger Mensch* [<grch. *Satyros*]

Sa|ty|ri|a|sis ⟨f.; -; unz.⟩ *krankhaft gesteigerter Geschlechtstrieb beim Mann* [→ *Satyr*]

Sa|tyr|spiel ⟨n.; -(e)s, -e⟩ *Gattung des griech. Dramas, Posse, bei der Satyrn den Chor bilden, als lustiger Schluss einer trag. Trilogie*

Sau|ce ⟨[so:sə] f.; -, -n⟩ = *Soße;* ~ **béarnaise** [bearnɛ:z] *dickflüssige Soße aus Weißwein,*

Weinessig, Estragon, Kerbel, Butter, Eigelb, Salz u. Pfeffer; ~ **hollandaise** [ɔlãdɛːz] *dickflüssige Soße aus Weißwein, Eigelb, Butter, Zitronensaft, Salz u. Pfeffer* [frz. *sauce* »Soße«; *béarnaise* »aus Béarn, Béarner«; zu *Béarn,* Name einer südfrz. Landschaft; *hollandaise* »holländisch«]

Sauce / Soße (*Laut-Buchstaben-Zuordnung*) In die Alltagssprache eingegangene Fremdwörter können in vielen Fällen künftig neben der in der Herkunftssprache üblichen Schreibung auch eine integrierte Schreibung aufweisen, die sich an der deutschen Laut-Buchstaben-Zuordnung orientiert. Häufig sind integrierte Schreibweisen schon seit längerem Bestandteil des Deutschen. (→a. *Bravour / Bravur*).

Sau|ci|e|re ⟨[sosjeːrə] f.; -, -n⟩ *Soßenschüssel* [<frz. *saucière*]

sau|cie|ren ⟨[sosiːrən] V.⟩ Tabak ~ *mit einer Soße behandeln*

Sau|na ⟨f.; -, -s⟩ *finn. Heißluft- u. Dampfbad, bei dem durch period. Übergießen heißer Steine Dampf entsteht* [finn.]

sau|nen ⟨V.⟩ *ein Bad in der Sauna nehmen;* Sy *saunieren*

sau|nie|ren ⟨V.⟩ = *saunen*

Sau|ri|er ⟨m.; -s, -; meist Pl.⟩ *ausgestorbenes, oft riesiges Reptil* [<grch. *sauros* »Eidechse«]

Sau|ro|lith ⟨m.; -s od. -en, -e od. -en⟩ *Versteinerung eines Sauriers* [<grch. *sauros* »Eidechse« + *…lith*]

Sau|ro|po|de ⟨m.; -en, -en⟩ *Pflanzen fressender Riesensaurier* [<grch. *sauros* »Eidechse« + *pous,* Gen. *podos* »Fuß«]

Saur|op|si|den, ⟨auch⟩ **Sau|rop|si|den** ⟨Pl.; Sammelbez. für⟩ *die beiden Wirbeltierklassen der Vögel u. Reptilien* [<grch. *sauros* »Eidechse« + *opsis* »das Sehen, Aussehen«]

Sau|ternes ⟨[sotɛrn] m.; -, -⟩ *ein französ. Weißwein* [nach der Gemeinde *Sauternes* in der Gironde]

sau|tie|ren ⟨[so-] V.⟩ Fleisch ~ *in Fett schwenken od. leicht braten* [<frz. *sauter* »in Butter schwenken od. schmoren«]

Sauve|garde ⟨[sovgaːrd] f.; -, -n; †⟩ **1** *Schutzwache* **2** *Schutzbrief* [frz.]

sauve qui peut! ⟨[soːv ki pøː]⟩ *rette sich, wer kann!* [frz.]

Sa|van|ne ⟨[-vạn-] f.; -, -n⟩ *Grasland mit Buschwerk u. Baumgruppen* [<span. *zavana* <Taino *zabana*]

Sa|voir-vi|vre, ⟨auch⟩ **Sa|voir-viv|re** ⟨[savoaːviːvrə] n.; -; unz.⟩ *Lebensart* [frz., eigtl. »zu leben wissen«]

sa|voy|isch, ⟨auch⟩ **sa|vo|yisch** ⟨[-vɔi-] Adj.⟩ *die historische frz. Region Savoyen betreffend, zu ihr gehörig*

Sa|xi|fra|ga, ⟨auch⟩ **Sa|xif|ra|ga** ⟨f.; -, -fra|gen⟩ *Gattung der Steinbrechgewächse mit rötlich weißen Blüten: Saxifraga* [→ *Sassafras*]

Sa|xi|fra|ga|zee, ⟨auch⟩ **Sa|xif|ra|ga|zee** ⟨[-tseːə] f.; -, -n⟩ *Steinbrechgewächs* [<lat. *saxum,* Gen. *saxi* »Stein, Klippe, Fels« + *frangere* »brechen«]

Sa|xo|fon ⟨n.; -s, -e; Mus.⟩ = *Saxophon*

Sa|xo|fo|nist ⟨n.; -en, -en; Mus.⟩ = *Saxophonist*

Sa|xo|phon ⟨n.; -s, -e; Mus.⟩ *Blasinstrument aus einem metallenen, am Ende nach oben gebogenen Rohr mit dem Mundstück einer Klarinette u. weichem, klarinettenartigem Klang;* oV *Saxofon* [nach dem belg. Instrumentenbauer Adolph *Sax,* 1814–1894, + *…phon*[2]]

Sa|xo|pho|nist ⟨m.; -en, -en; Mus.⟩ *Saxophon spielender Musiker;* oV *Saxofonist*

sa|zer|do|tal ⟨Adj.⟩ *zum Sazerdotium gehörend* [<lat. *sacerdotalis*]

Sa|zer|do|ti|um ⟨n.; -s; unz.⟩ **1** *Amt des Priesters* **2** *geistl. Gewalt des Papstes* [<lat. *sacerdotium* »Priesteramt, Priesterwürde«]

sb ⟨Zeichen für die nicht mehr zulässige Einheit⟩ *Stilb*

Sb ⟨chem. Zeichen für⟩ *Antimon (Stibium)*

S-Bahn-Sur|fen ⟨[-səːfn] n.; -s; unz.⟩ *von Jugendlichen als Mutprobe ausgeübtes Mitfahren auf S-Bahn-Dächern*; Sy *surfen(4)*

Sbir|re ⟨m.; -n, -n; bis 1809⟩ *italien. Vollstreckungsbeamter des Gerichts u. der Polizei* [<ital. *sbirro*]

Sbrinz ⟨m.; -; unz.; schweiz.⟩ *harter Reibkäse* [nach der schweiz. Stadt *Brienz*]

Sc ⟨chem. Zeichen für⟩ *Scandium*

sc. ⟨Abk. für⟩ **1** *scilicet* **2** *sculpsit*

s.c. ⟨Abk. für⟩ *subkutan*

Sca|la ⟨f.; -; unz.⟩ *Opernhaus in Mailand;* die Mailänder ~; →a. *Skala*

Scal|ing ⟨[skɛiliŋ] n.; -s; unz.⟩ *Veränderung des Größenmaßstabes von Druckvorlagen (z.B. Bilder, Grafiken) entsprechend der in Verwendung genommenen Druckmaterialien (z. B. Prospekte)* [<engl. *scale* »Maßstab«]

Scal|ping O|pe|ra|tions ⟨[skælpiŋ ɔpərɛiʃənz] Pl.⟩ *Börsentransaktionen, die sehr kleine Kursschwankungen auszunutzen suchen* [engl.]

Scam|pi ⟨Pl.; ital. Bez. für⟩ *eine Krebsart, die als Speise dient*

Scan ⟨[skæn] m. od. n.; -s, -s; kurz für⟩ *Scanning*

Scan|di|um ⟨n.; -s; unz., chem. Zeichen: Sc⟩ *chem. Element, hellgraues, glänzendes Metall der Seltenen Erden, Ordnungszahl 21;* oV *Skandium* [nlat.; nach *Scandia,* der lat. Bezeichnung für *Südskandinavien*]

scan|nen ⟨[skæn-] V.⟩ *mit einem Scanner abtasten, mit Hilfe eines Scanners einlesen* [zu engl. *scan* »abtasten«]

Scan|ner ⟨[skænə(r)] m.; -s, -⟩ *Gerät, das ein Objekt (z.B. ein Foto) mit einem feinen Elektronenstrahl punkt- od. zeilenweise abtastet u. die dabei anfallenden Messwerte in Schwarzweiß- od. Farbkontraste zur weiteren Verarbeitung umsetzt, u.a. in der Druckindustrie verwendet* [engl., zu *scan* »abtasten«]

Scan|ner|kas|se ⟨[skænə(r)-] f.; -, -n⟩ *elektronische Kasse, die mit Hilfe eines Skanners die auf den Waren verschlüsselten Daten (z.B. Preise) abliest* [zu engl. *scan* »abtasten«]
Scan|ning ⟨[skæniŋ] n.; -s; unz.⟩ *Bearbeitung mit Hilfe eines Scanners;* Sy *Scan*
Sca|ra|mouche ⟨[-muʃ] m.; -s, -s⟩ = *Skaramuz* [frz. < ital. *scaramuccia* »Scharmützel«; → a. *Scharmützel, Skaramuz*]
Scart ⟨[ska:t] m.; -s, -s⟩, **Scart|ka|bel** ⟨n.; -s, -⟩ *besondere Steckverbindung, z. B. zum Anschluss von Videogeräten*
Scat ⟨[skæt] m.; -s; unz.; Mus.; Jazz.⟩ *improvisierender Gesang mit einzelnen, unzusammenhängenden Silben* [engl., »Schlag, Knall«]
Scat|te|ring-Ver|fah|ren ⟨[skætə-] n.; -s; unz.⟩ *nachrichtentechnisches Verfahren zur Erhöhung der Reichweite von Kurz- u. Ultrakurzwellen* [< engl. *scatter* »ausbreiten, verteilen«]
Sce|na|rio ⟨[ʃɛ-] n.; -s, -s⟩ **1** ⟨in der Commedia dell'arte⟩ *in großen Zügen festgelegte, durch Improvisation weitergestaltete Handlung eines Theaterstücks mit angedeuteten Dialogen* **2** ⟨Film⟩ = *Szenarium(2)* [ital.; zu *scena* »Szene«]
Scene ⟨[si:n] f.; -; unz.; Jugendspr.⟩ = *Szene(4)* [engl.]
Schab|bes ⟨m.; -, -⟩ = *Sabbat* [jidd. < hebr. *sabbath* »Sabbat«]
Scha|blo|ne, ⟨auch⟩ **Schab|lo|ne** ⟨f.; -, -n⟩ **1** *ausgeschnittene od. ausgestanzte Vorlage;* Zeichen~ **2** *Muster* **3** ⟨fig.⟩ *übliche, herkömmliche, erstarrte Form;* er hält sich stets an die ~; nach der ~ arbeiten, handeln [< mnddt. *schampelion, schamplun, schaplun* »Vorbild, Muster«, von unklarer Herkunft, beeinflusst von *schaben*]
scha|blo|nie|ren, ⟨auch⟩ **schab|lo|nie|ren** ⟨V.⟩ oV *schablonisieren* **1** *mit, nach einer Schablone bearbeiten, behandeln, formen* **2** *jmdn. od. etwas in eine Schablone zwängen, in eine Schublade stecken*
scha|blo|ni|sie|ren, ⟨auch⟩ **schab|lo|ni|sie|ren** ⟨V.⟩ = *schablonieren*
Scha|bot|te ⟨f.; -, -n⟩ *Unterbau aus Stahl od. Beton für Maschinenhämmer* [< frz. *chabotte* »Pflock aus Gusseisen, Unterbau für den Amboss«]
Scha|bra|cke, ⟨auch⟩ **Schab|ra|cke** ⟨f.; -, -n⟩ **1** *(reich verzierte) lange Decke unter dem Sattel* **2** ⟨danach umg.⟩ *altes Pferd* **3** ⟨umg.; abwertend⟩ *abgenutzte Sache, baufälliger alter Gegenstand* [< ungar. *csáprág* »Satteldecke« < türk. *caprak*]
Scha|bra|cken|hy|ä|ne, ⟨auch⟩ **Schab|ra|cken|hy|ä|ne** ⟨f.; -, -n⟩ *südafrikan. Hyäne mit langer, seitl. am Rücken herabhängender Mähne, Strandwolf: Hyaena brunnea*
Scha|brun|ke, ⟨auch⟩ **Schab|run|ke** ⟨f.; -, -n⟩ *Decke über den Packtaschen der Kavallerie* [→ *Schabracke*]
Schach ⟨n.; - od. -s; unz.⟩ *sehr altes, ursprüngl. oriental. Brettspiel für zwei Spieler mit je 16 teils verschiedenen Steinen;* jmdn. in od. im ~ halten ⟨fig.⟩ *jmdn. unter Druck od. in Furcht halten, ihn nicht gefährlich werden lassen* [mhd., »König im Schachspiel, Schachbrett, Schach bietender Zug« < mndrl. *scaec* < afzr. *eschec* < pers. *šah* »König«; → a. *Schah*]
Scha|fi|it ⟨m.; -en, -en⟩ *Angehöriger eines islam. Schule der Rechtswissenschaft* [nach dem Gründer *Al Schafi' ī,* 767-820]
Scha|fott ⟨n.; -s, -e⟩ *erhöhtes Gerüst für Hinrichtungen, Richtbühne, Blutgerüst* [vermutl. < ndrl. *schavot* < mndrl. *scafaut, scafot* < afrz. *chafaud, chafout* »erhöhte Stätte für Hinrichtungen, Blutgerüst«, urspr. »Bau-, Schaugerüst«]
Schah ⟨m.; -s, -s; im Iran Titel für⟩ *Herrscher* [< pers. *šah* »König«]
Scha|kal ⟨a. ['--] m.; -s, -e⟩ *Angehöriger einer Gruppe gelblich grau gefärbter, hundeartiger Raubtiere, die im Körperbau zwischen Füchsen u. Wölfen stehen* [< türk. *čakal* < pers. *šägāl* < Sanskrit *srgāla*]
Schal ⟨m.; -s, -s od. -e⟩ **1** *langes, rechteckiges Halstuch* **2** *an der Seite des Fensters herabhängender Teil der Übergardine* [< engl. *shawl*]
Schall|quant ⟨n.; -s, -en⟩ = *Phonon*
Schal|mei ⟨f.; -, -en; Mus.⟩ **1** *Holzblasinstrument der Hirten mit einem Rohr u. Doppelrohrblatt, Vorform der Oboe* **2** *Blechblasinstrument mit mehreren Rohren* **3** *Pfeife des Dudelsacks* [< mhd. *schal(e)mile* < afrz. *chalomie* < grch. *kala maia* »Rohrpfeife«; zu *kalamos* »Rohr«]
Scha|lom! *Frieden! (hebräisches Grußwort)* [hebr., eigtl. »Frieden«]
Scha|lot|te ⟨f.; -, -n⟩ *Lauch mit kleinen, eiförmigen Brutzwiebeln, die zusammen mit den Blättern als Gemüse dienen: Allium ascalonicum* [< frz. *échalote*]
Scha|lup|pe ⟨f.; -, -n⟩ **1** *(bis 40 t großes) Fahrzeug der Fischerei od. Küstenschifffahrt* **2** *auf größeren Schiffen mitgeführtes Beiboot* [< frz. *chaloupe*]
Scha|ma|ne ⟨m.; -n, -n; bei Naturvölkern⟩ *Person, die in Ekstase Verbindung mit Geistern u. den Seelen Verstorbener aufnimmt, um etwas zum Wohle der Gemeinschaft zu bewirken, z.B. Heilung von Kranken, Abwendung von Unglücksfällen, Glück bei der Jagd* [< tungus. *šaman* »Schamane; buddhist. Mönch« < Pali *samana* »buddhist. Mönch« < Sanskrit *śramana* »buddhist. Mönch, Asket« < *śrama* »Strapaze, Anstrengung, religiöse Übung«]
Scha|ma|nis|mus ⟨m.; -; unz.⟩ *Glaube an die Fähigkeit mancher Menschen, Geister zu beschwören* [→ *Schamane*]
Scha|mi|sen ⟨f.; -, -⟩ = *Samisen*
Scha|mot|te ⟨f.; -; unz.⟩ *feuerfester Ton (bes. für Feuerungsanlagen verwendet)* [< ital. *sc(i)armotti*]

scha|mot|tie|ren ⟨V.; österr.⟩ *mit Schamotte auskleiden*

Scham|pon ⟨a. [-po:n] n.; -s, -s od. -e; veraltete Schreibweise von⟩ *Shampoo*

scham|po|nie|ren ⟨V.⟩ = *schampunieren*

Scham|pun ⟨[-pu:n] n.; -s; unz.⟩ *Mittel zur Haarwäsche;* oV *Shampoo(n)* [<engl. *shampoo;* → *schampunieren*]

scham|pu|nie|ren ⟨V.⟩ *mit Schampun waschen;* oV *schamponieren, shampoonieren* [<engl. *shampoo* »Haare (mit Schampun) waschen; Schampun«, eigtl. »massieren« <Hindi *champna* »kneten«]

Scham|pus ⟨m.; -; unz.; umg.; scherzh. für⟩ *Champagner;* ~ trinken [österr.]

schang|hai|en ⟨V.; umg.; Seemannsspr.⟩ Matrosen ~ *gewaltsam heuern;* oV *shanghaien* [nach der chines. Stadt *Schanghai*]

Schan|ker ⟨m.; -s, -⟩ *venerisches Geschwür an den Geschlechtsteilen;* harter ~ *Primäraffekt der Syphilis;* weicher ~ *durch Infektion hervorgerufene Geschwüre an den Geschlechtsteilen mit schmerzhafter Entzündung der Lymphknoten der Leisten, die in eitrigen Zerfall übergehen können* [<frz. *chancre*]

Schan|tung|sei|de ⟨f.; -, -n⟩ *genoppte Seide aus der chines. Provinz Schantung;* oV *Shantungseide*

Schap|pe ⟨f.; -, -n⟩, **Schapp|sei|de** ⟨f.; -, -n⟩ **1** *Abfall bei der Seidenverarbeitung* **2** *daraus hergestelltes Seidengarn*

Scha|ra|de ⟨f.; -, -n⟩ *Form des Silbenrätsels, bei der die Lösung der Silben u. des ganzen Wortes aus einem von Personen dargestellten lebenden Bild od. einer kurzen gespielten Szene erraten werden muss* [<frz. *charade*]

Schä|re ⟨f.; -, -n; meist Pl.⟩ *kleine Felseninsel, bes. vor den skandinavischen Ostseeküsten gelegen, die durch die Eiszeitgletscher abgerundet wurde* [<mhd. *scherre* <ahd. *scerra* <anord. *sker,* schwed. *skär* »Klippe« <germ. *skarja* »Zerschnittenes«]

Scha|ria ⟨f.; -; unz.⟩ = *Scheria*

Schar|lach ⟨m.; -s; unz.⟩ **1** *leuchtend rote Farbe* **2** *meldepflichtige, fieberige Infektionskrankheit mit rotem, fleckigem Ausschlag* [<mlat. *scarlatum* »roter Stoff, rote Seide; roter Farbstoff, rote Farbe« <pers. *sagalāt* »ein kostbarer Stoff«]

Schar|la|tan ⟨a. [--'-] m.; -s, -e⟩ *Schwindler, der Kenntnisse u. Fähigkeiten auf einem Gebiet vortäuscht* [<frz. *charlatan* <ital. *ciarlatano* »Marktschreier, Schaumschläger«; zu *ciarlare* »schwatzen«]

Schar|la|ta|ne|rie ⟨f.; -, -n⟩ *Schwindel eines Scharlatans*

Scharm ⟨m.; -s; unz.⟩ = *Charme*

schar|mant ⟨Adj.⟩ = *charmant*

schar|mie|ren ⟨V.⟩ *durch Liebenswürdigkeit bezaubern, entzücken* [<frz. *charmer*]

Schar|müt|zel ⟨n.; -s, -⟩ *kleines Gefecht, Geplänkel* [<mhd. *scharmutzel, -mützel* <ital. *scaramuccia;* → a. *Scaramouche, Skaramuz*]

schar|müt|zeln ⟨V.⟩ *ein kleines Gefecht liefern*

Schar|nier ⟨n.; -s, -e⟩ *Gelenk aus zwei Platten mit eingerollten Ösen, die mit einem Stift verbunden werden, zur bewegl. Befestigung von Türen, Fenstern, Klappen, Deckeln* [<frz. *charnière*]

Schär|pe ⟨f.; -, -n⟩ **1** *breites, um die Hüften od. schräg über Schulter u. Brust getragenes Band (als Teil einer Uniform od. Band bestimmter Orden)* **2** *breites, um die Taille od. Hüften getragenes u. zur Schleife geschlungenes Band (als Kleiderschmuck)* [<frz. *écharpe,* eigtl. »Armbinde«]

Schar|pie ⟨f.; -; unz.⟩ *gezupfte Leinwand (früher an Stelle von Watte benutzt);* ~ zupfen [<frz. *charpie*]

Schar|rier|ei|sen ⟨n.; -s, -⟩ *zum Handwerkszeug des Steinmetzen gehörender Steinmeißel*

schar|rie|ren ⟨V.⟩ Stein ~ *parallele Rillen in Stein schlagen* [<frz. *charrue* »Pflug«]

Schar|wen|zel ⟨m.; -s, -⟩ oV *Scherwenzel* **1** ⟨Kart.⟩ *Bube, Unter;* Sy *Wenzel* **2** ⟨fig.⟩ *Schmeichler, Schöntuer, Liebediener* **3** ⟨Jägerspr.⟩ *Fehlschuss*

schar|wen|zeln ⟨V.; umg.⟩ *diensteifrig sein, liebedienern, sich übereifrig um jmdn. bemühen, den Hof machen;* ⟨meist⟩ herum~; oV *scherwenzeln* [<tschech. *červený* »rot« + *Vencl* »Wenzel (tschech. Vorname); Bube (im Kartenspiel)«; fälschlich (Volksetymologie) zu *červenec* »Juli«]

Schasch|lik ⟨m. od. n.; -s od. -; unz.⟩ *(über Holzkohlenfeuer) am Spieß mit Zwiebeln gebratene Würfel von Fleisch u. Speck* [<russ. *šašlyk* <turkotatar.]

schas|sen ⟨V.; umg.⟩ jmdn. ~ *schimpflich entlassen* [<frz. *chasser* <vulgärlat. *capitare* »zum Gefangenen machen; jagen«]

schas|sie|ren ⟨V.⟩ *mit kurzen, gleitenden Schritten geradlinig tanzen* [<frz. *chasser* »jagen«]

Scha|tul|le ⟨f.; -, -n⟩ **1** *Kästchen, bes. für Geld od. Schmuck* **2** *private Kasse (eines Fürsten od. Staatsoberhauptes)* [<mlat. *scatula* »Geldschein«, beeinflusst von frz. *chatouille* »Geldkassette, Schmuckkästchen«]

Scheck ⟨m.; -s, -s od. selten -e⟩ *an eine bestimmte Form gebundene Zahlungsanweisung auf das Guthaben des Ausstellers* [<engl. *cheque,* beeinflusst von amerik. *check*]

Shed|dach ⟨n.; -(e)s, -dä|cher⟩ = *Sheddach*

Schee|lit ⟨m.; -s; unz.⟩ *Mineral, chemisch Calciumwolframit,* $CaWO_4$*;* Sy *Tungstein* [nach dem schwed. Chemiker C. W. *Scheele,* 1742–1786]

Scheich ⟨m.; -s, -e od. -s⟩ oV *Scheik* **1** *Häuptling eines arab. Nomadenstammes* **2** *islam. Prediger einer Moschee* **3** *Ehrentitel im Vorderen Orient* **4** ⟨fig.; umg.⟩ *weichlicher, unangenehmer Kerl* **5** ⟨scherzh.⟩ *Bräutigam, ständiger Freund (eines Mädchens)* [<arab. *shaykh,* eigtl. »Greis«]

Scheik ⟨m.; -s, -e od. -s⟩ = *Scheich*

Sche|kel ⟨m.; -s, -⟩ = *Sekel*

Schelf ⟨m. od. n.; -s, -e⟩ *der vom Meer bis zu*

einer Tiefe von 200 m bedeckte Rand der Kontinente, Festlandsockel, Kontinentalsockel [<engl. *shelf*]

Schel|lack ⟨m.; -(e)s, -e⟩ *harzige Ausscheidungen von Schildläusen auf den Zweigen verschiedener Bäume, die für die Herstellung von Lacken, Firnissen, Polituren, Kitten, Appreturen u. Kunststoffen verwendet werden* [<ndrl. *schellak;* zu *schel* »Schuppe (des Fisches)«]

Sche|ma ⟨n.; -s, -s od. -ma|ta⟩ **1** *Plan, Muster, Vorschrift;* etwas nach ~ F behandeln *(gedankenlos) auf stets dieselbe Weise, nach der übl. Ordnung* **2** *Übersicht, zeichner. Darstellung;* einen Sachverhalt durch ein ~ verdeutlichen [grch., »Haltung, Stellung; Gestalt, Figur, Form«]

sche|ma|tisch ⟨Adj.⟩ **1** *nach einem bestimmten Schema(1), an ein S. gebunden;* etwas (rein) ~ behandeln, betrachten, tun; das ist eine ganz ~e Arbeit, Tätigkeit **2** *gleichmacherisch* **3** *in der Art eines Schemas(2), durch, mit Hilfe eines S. (verdeutlicht, dargestellt);* ~e Darstellung, Zeichnung; einen Vorgang ~ darstellen

sche|ma|ti|sie|ren ⟨V.⟩ **1** *nach einem Schema(1) behandeln, in ein Schema(1) bringen* **2** *durch ein Schema(2) darstellen*

Sche|ma|tis|mus ⟨m.; -; unz.⟩ **1** *übertrieben schematische Betrachtungsweise, Behandlung* **2** *gedankenlose Arbeit nach einem Schema, Gleichmacherei* **3** ⟨österr.⟩ *Rangliste für Amtspersonen* **4** ⟨kath. Kirche⟩ *Rangliste für Geistliche*

Schen, Scheng ⟨n.; -s, -s; Mus.⟩ *chines. Mundorgel* [chin.]

Sche|ria ⟨f.; -; unz.⟩ *von Mohammed begründete Rechtsordnung der Moslems, die auch rituelle Vorschriften enthält;* oV *Scharia* [<arab. *shari'ah* »heiliges Gesetz«]

Sche|rif ⟨m.; -s od. -en, -s od. -e od. -en; Titel für⟩ *Nachkomme Mohammeds* [zu arab. *sharif* »adlig, edel, erhaben«]

Sche|riff ⟨m.; -s, -s⟩ = *Sheriff*

Scher|wen|zel ⟨m.; -s, -⟩ = *Scharwenzel*

scher|wen|zeln ⟨V.⟩ = *scharwenzeln*

scher|zan|do ⟨[skɛr-] Mus.⟩ *scherzend, heiter (zu spielen)* [ital.]

Scher|zan|do ⟨[skɛr-] n.; -s, -s od. -di; Mus.⟩ *heiterer Satz eines Musikstückes*

Scher|zo ⟨[skɛr-] n.; -s, -s od. -zi; Mus.⟩ **1** *heiterer, bewegter Satz der Sonate, auch der Sinfonie, im 3/4-Takt* **2** *kurzes, heiteres Musikstück* [ital., eigtl. »Spaß, Scherz«; zu *scherzare* »spaßen, scherzen«]

scher|zo|so ⟨[skɛr-] Mus.⟩ *scherzhaft* [ital.]

Schi ⟨m.; -s, Schi|er⟩ = *Ski*

Schia ⟨f.; -; unz.⟩ *iran. Staatsreligion;* → a. *Schiit* [arab., »Partei«]

Schib|bo|leth ⟨n.; -s, -s⟩ *Erkennungszeichen, -wort, Losung* [hebr., »Ähre«]

Schi|bob ⟨m.; -s, -s⟩ = *Skibob*

schick ⟨Adj.⟩ **1** *modisch, elegant, geschmackvoll;* oV *chic* **2** ⟨umg.⟩ *großartig, sehr erfreulich* [<frz. *chic,* im 16. Jh. <dt. *Schick*]

Schick ⟨m.; -s; unz.⟩ *Eleganz, modische Feinheit;* oV *Chic* [<mnddt. *schick* »was sich schickt, richtige Ordnung«; zu *schicken* »etwas in Ordnung bringen«, seit 1850 beeinflusst von frz. *chic* »Eleganz, verfeinerte Lebensart; Geschick« (im 16. Jh. <dt. *Schick*)]

Schi|cke|ria ⟨f.; -; unz.; meist abwertend⟩ *reiche, sich extravagant gebärdende, übertrieben schick gekleidete Gesellschaftsschicht* [→ *schick*]

Schi|cki|mi|cki ⟨m.; -s, -s od. f.; -, -s; umg.; meist abwertend⟩ **1** *Angehörige(r) der Schickeria;* ⟨häufig in Zus.⟩ ein ~-Typ, eine ~-Frau **2** ⟨unz.; umg.; meist abwertend⟩ *modischer Kleinkram, unnützes Beiwerk;* wozu dieser ganze ~? [→ *schick*]

Schick|se ⟨f.; -, -n; umg.⟩ *lästige, unangenehme Person* [<rotw. *Schickse(1)* »Weibsperson«, Schimpfwort für Mädchen, Frau <jidd. *skizo* »Christenmädchen«; in den dt. Mundarten wurde *Schickse(1)* zu »Judenmädchen«]

Schi|er ⟨Pl. von⟩ *Schi*

schif|ten ⟨V.; Seemannsspr.⟩ **1** *ein Segel vor dem Wind von der einen Seite auf die andere bringen* **2** *die Lage verändern, wechseln;* die Ladung schiftet *verrutscht bei Seegang* [<engl. *shift* »verschieben, versetzen, (Lage) verändern«]

Schi|gym|nas|tik ⟨f.; -; unz.⟩ = *Skigymnastik*

Schi|is|mus ⟨m.; -; unz.⟩ *eine der beiden wesentl. Glaubensrichtungen des Islams* [→ *Schiit*]

Schi|it ⟨m.; -en, -en⟩ *Mohammedaner, der Ali, den Schwiegersohn Mohammeds, als dessen rechtmäßigen Nachfolger anerkennt u. die drei ersten Propheten u. deren Sunna verwirft;* Ggs *Sunnit;* → a. *Schia* [<arab. *schi'at' Ali* »Partei Alis«]

schi|i|tisch ⟨Adj.⟩ *zu den Schiiten gehörig, von ihnen stammend*

Schi|ka|ne ⟨f.; -, -n⟩ **1** *böswillig bereitete Schwierigkeit (meist unter Ausnutzung einer Machtstellung)* **2** mit allen ~n ⟨fig.; umg.⟩ *mit allen Annehmlichkeiten, Feinheiten, technischen Extras;* ein Fahrrad mit allen ~n [<frz. *chicane*]

Schi|ka|neur ⟨[-nøːr] m.; -s, -e⟩ *jmd., der andere schikaniert* [<frz. *chicaneur*]

schi|ka|nie|ren ⟨V.⟩ jmdn. ~ *jmdm. Schwierigkeiten in den Weg legen, jmdn. böswillig plagen* [<frz. *chicaner*]

schi|ka|nös ⟨Adj.; umg.⟩ *boshaft, Schikanen bereitend*

Schi|kjö|ring ⟨[-jøː-] n.; -s, -s⟩ = *Skikjöring*

Schi|ko|ree ⟨f.; - od. m.; -s; unz.⟩ = *Chicorée*

Schi|lift ⟨m.; -(e)s, -e⟩ = *Skilift*

Schill ⟨m.; -(e)s, -e; österr.⟩ *Hechtfisch, Zander, im Süßwasser lebender Barsch, der sich von Stinten u. Ukeleis ernährt, wertvoller Speisefisch: Lucioperca lucioperco* [vermutl. <ung. *süllö* <türk. *šela* <*šel* »Zahn«]

Schi|ma|ra|thon ⟨n. od. m.; -s, -e⟩ = *Skimarathon*

Schi|mä|re ⟨f.; -, -n⟩ *Trugbild, Hirngespinst;*

oV *Chimäre(3)* [<frz. *chimère* <lat. *chimaera* »Chimäre« <grch. *Chimaira,* in der grch. Sage Feuer speiendes Untier mit drei Köpfen, eigtl. »Ziege«]

schi|mä|risch ⟨Adj.⟩ *fantastisch, trügerisch;* oV *chimärisch* [<frz. *chimérique;* zu *Schimäre;* →a. *Chimära*]

Schim|pan|se ⟨m.; -n, -n⟩ *der am weitesten verbreitete große Menschenaffe, der gesellig in den Wäldern West- u. Zentralafrikas lebt: Pan troglodytes* [<Kongo-Spr. *chimpenzi, Kimpenzi*]

Schi|na|kel ⟨n.; -s, -n; österr.; umg.⟩ *kleines Boot* [<ungar. *csónak*]

Schin|to|is|mus ⟨m.; -; unz.⟩ *die urspr. Religion der Japaner, Glaube an Naturgottheiten, später mit Ahnenkult verbunden;* oV *Shintoismus* [<jap. *shinto* »Weg der Götter« <*shin* »Geist, Gott« + *to* »Weg«]

Schin|to|ist ⟨m.; -en, -en⟩ *Anhänger, Vertreter des Schintoismus*

schin|to|is|tisch ⟨Adj.⟩ *den Schintoismus betreffend, zu ihm gehörend, aus ihm stammend, auf ihm beruhend*

Schi|rok|ko ⟨m.; -s, -s⟩ *warmer Wind im Mittelmeergebiet aus der nordafrikan. Wüste, der oft Sand od. Staub mit sich führt* [<ital. *scirocco*]

Schir|ting ⟨m.; -s, -e od. -s⟩ *locker gewebter, stark appretierter, leichter Baumwollstoff für Dekorationen u. Bucheinbände* [<engl. *shirting;* zu *shirt* »Hemd«]

Schir|wan ⟨m.; -s, -s⟩ *feiner kaukas. Knüpfteppich mit vielfältigem Muster, bes. Rautenfeldern* [nach der kaukas. Landschaft *Schirwan*]

Schis|ma ⟨[ʃis-] od. [sçis-] n.; -s, -men od. -mata⟩ *Kirchenspaltung, Spaltung der kirchl. Einheit (in die griech.-orthodoxe u. röm.-kath. Kirche 1054 u. innerhalb der abendländ. Kirche 1378-1417)* [grch., »Spaltung«]

Schis|ma|ti|ker ⟨[ʃis-] od. [sçis-] m.; -s, -⟩ **1** *jmd., der ein Schisma verursacht* **2** *Anhänger einer von der allg. kirchl. Lehre abweichenden Richtung, Abtrünniger*

schis|ma|tisch ⟨[ʃis-] od. [sçis-] Adj.⟩ *in der Art eines Schismas, auf ihm beruhend*

Schis|to|so|ma ⟨[ʃis-] od. [sçis-] n.; -s, -ma|ta; Biol.⟩ *Pärchenegel, der in den Eingeweide- u. Blasenvenen des Menschen schmarotzt* [<grch. *schistos* »gespalten« + *soma* »Körper«]

Schis|to|so|mi|a|se ⟨[ʃis-] od. [sçis-] f.; -, -n⟩ *durch den Pärchenegel Schistosoma hervorgerufene Wurmkrankheit* [<grch. *schistos* »gespalten« + *soma* »Körper«]

Schi|wa ⟨m.; -s; unz.⟩ *Gott der Fruchtbarkeit, der Zerstörung u. des Todes in der hinduistischen Götterdreiheit (Trimurti), als Herrscher über den Kosmos oft als Tänzer dargestellt u. für die ihn als einzigen Gott verehrenden Gläubigen auch ein Gott erlösender Gnade;* oV *Shiva* [Sanskrit, »der Gnädige«]

Schi|zir|kus ⟨m.; -; unz.; salopp⟩ = *Skizirkus*

schi|zo…, Schi|zo… ⟨[ʃi-] od. [sçi-] in Zus.⟩ *durch Spaltung, gespalten, Spalt…* [<grch. *schizein* »spalten«]

schi|zo|gen ⟨Adj.; Biol.⟩ *durch Spaltung entstanden* [<*schizo…* + *…gen[1]*]

Schi|zo|go|nie ⟨f.; -; unz.⟩ *ungeschlecht. Vermehrung (bes. der Sporentierchen) durch Teilung einer Zelle in mehr als zwei Zellen* [<*Schizo…* + *…gonie*]

schi|zo|id ⟨Adj.⟩ *seelisch gespalten, zerrissen* [<*schizo…* + *…id*]

Schi|zo|my|zet ⟨m.; -en, -en; meist Pl.⟩ *Bakterium, das sich durch Querteilung vermehrt, Spaltpilz* [<*Schizo…* + *Myzet*]

schi|zo|phren ⟨Adj.⟩ **1** ⟨Psych.⟩ *an Schizophrenie leidend* **2** ⟨fig.; umg.⟩ *zwiespältig*

Schi|zo|phre|nie ⟨f.; -, -n; Psych.⟩ *endogene Psychose mit einem völligen Auseinanderfallen der inneren seel. Zusammenhänge von Wollen, Fühlen u. Denken u. mit einer Entfremdung des eigenen Ichs* [<*Schizo…* + *…phrenie*]

Schi|zo|phyt ⟨m.; -en, -en; meist Pl.⟩ *Pflanze aus den Abteilungen Bakterien u. Blaualgen, Spaltpflanze: Bacteriphyta od. Cyanophyta* [<*Schizo…* + *…phyt*]

Schi|zo|phy|zee ⟨[-tse:ə] f.; -, -ze|en; meist Pl.⟩ *Blaualge, Pflanze aus einer Abteilung autotropher, blau- od. olivgrüner Algen ohne Zellkern: Cyanophyta* [<*Schizo…* + *…phyzee*]

schi|zo|thym ⟨Adj.⟩ *auf Schizothymie beruhend*

Schi|zo|thy|mie ⟨f.; -; unz.⟩ *zur Schizophrenie neigender Konstitutionstyp (nach Kretschmer)* [<*Schizo…* + grch. *thymos* »Gemüt«]

Schlach|ta ⟨f.; -; unz.⟩ *poln. Adel* [<poln. *szlachta* <ahd. *slahta* »Geschlecht«]

Schla|mas|sel ⟨m.; -s, -; umg.⟩ **1** *Missgeschick, lästige Angelegenheit* **2** *unangenehmes Durcheinander* [<jidd. *schlimasel* <*schlimm mazol* »Missgeschick«; zu *schlimm* + nhebr. *masol* »Stern, Schicksal«]

Schla|wi|ner ⟨m.; -s, -; umg.⟩ *pfiffiger, durchtriebener Kerl* [<*Slowene* (nach den slowen. Hausierern, die als sehr geschäftstüchtig galten)]

Schle|mihl ⟨m.; -s, -e⟩ **1** *Pechvogel* **2** ⟨auch⟩ *durchtriebener Kerl* [hebr.]

Schleu|se ⟨f.; -, -n⟩ **1** *Anlage in Flüssen u. Kanälen für Schiffe zur Überwindung von Höhenunterschieden* **2** *Klappe zum Stauen u. Freigeben eines Wasserlaufs;* die ~n des Himmels öffneten sich ⟨fig.; poet.⟩ *es begann heftig zu regnen;* die ~n seiner Beredsamkeit öffnen ⟨fig.⟩ *schnell u. viel zu reden beginnen u. lange nicht mehr aufhören* **3** *Vorrichtung zum Ableiten von Wasserläufen od. Abwässern in Kanälen od. Rohren* **4** *Kammer mit zwei Türen, in der der Luftdruck langsam erhöht od. gesenkt werden kann, zur Überwindung von Druckunterschieden zwischen zwei Räumen;* Luft~ [<ndrl. *sluis* <mndrl. *sluse, sluise* <afrz. *escluse* <mlat. *exclusa, sclusa*]

Schlipp ⟨m.; -s, -e⟩ *schiefe Ebene in der Werft;* oV *Slip(1)* [<engl. *slip* »Helling«]

schlip|pen ⟨V.; Seemannsspr.⟩ die Kette, Tresse vom Schlepper ~ *lösen, loslassen, abwerfen* [<engl. *slip*]
Schlot|te ⟨f.; -, -n⟩ *Schlauchblatt von Lauchgewächsen* [<frz. *échalote*]
Schlup ⟨f.; -, -en⟩ *einmastiger (Fisch-)Kutter;* oV *Sloop, Slup* [<engl. *sloop*]
Schmack ⟨m.; -(e)s, -e⟩ **1** *Gerberstrauch* **2** *aus dessen Blättern u. Zweigen hergestelltes Pulver zum Gerben u. Färben* **3** = *Sumach* [<mnddt. *smacke*, vermutl. <ndrl., frz. *sumac*]
Schmalt ⟨m.; -s, -e⟩ = *Email* [<ital. *smalto*]
Schmal|te ⟨f.; -, -n⟩ *blaues Glas, chemisch Kobalt(II)-Kalium-Silicat, das als Schmelze für Glasuren verwendet wird;* oV *Smalte*
schmal|ten ⟨V.⟩ *mit Schmalte überziehen;* oV *smalten*
Schmet|ten ⟨m.; -s; unz.; österr.; schles.⟩ *Sahne, Rahm* [<tschech. *smetana*]
Schmie|re ⟨f.; umg.; nur in der Wendung⟩ ~ stehen *Wache stehen (bei Verbrechen od. bösen Streichen)* [rotw. <jidd. *schmiro* »Bewachung«, <hebr. *šamár* »bewachen«]
Schmir|gel ⟨m.; -s; unz.⟩ *das Mineral Korund, das als Poliermittel verwendet wird* [<ital. *smeriglio;* verwandt mit *schmieren*]
schmir|geln ⟨V.⟩ *mit Schmirgel abreiben, schleifen, glätten*
Schmock ⟨m.; -(e)s, -e od. -s⟩ *gesinnungsloser Journalist* [nach einer Gestalt aus Gustav Freytags »Journalisten«; eigtl. Scheltwort aus dem Prager Getto für den »verschrobenen jüdischen Fantasten« <slowen. *šmok* »Narr, Spaßmacher«]
Schmon|zes ⟨m.; -, -; umg.⟩ *leeres Gerede, albernes Geschwätz* [vermutl. Weiterbildung von *Schmu* u. *Schmus*]
Schmon|zet|te ⟨f.; -, -n; umg.⟩ *geistloses, albernes Theater- od. Fernsehstück od. ebensolche Geschichte* [→ *Schmonzes*]
Schmu ⟨m.; -s; unz.; umg.⟩ *leichter Betrug, unlauterer Vorteil;* ~ machen *auf unlautere Weise einen Vorteil erlangen, (im Spiel) gewinnen* [rotw. <hebr. *semu'a* »Gerede«; zu *sama* »hören«, eigtl. »leere Versprechung«]
Schmug|gel ⟨m.; -s; unz.⟩ *gesetzwidrige Ein- od. Ausfuhr, Schleichhandel* [→ *schmuggeln*]
schmug|geln ⟨V.⟩ *Schmuggel treiben (mit);* etwas über die Grenze ~ [<nddt. *smuggeln*, engl. *smuggle*, eigtl. »sich ducken«; verwandt mit norw. *smokla* »lauern, sich versteckt halten«]
Schmugg|ler ⟨m.; -s, -⟩ *jmd., der Schmuggel betreibt*
Schmus ⟨m.; -es; unz.; umg.⟩ *Geschwätz, Schöntun, Schmeicheleien;* ~ machen *schöntun, mit vielen Worten (zu einem Kauf) zureden* [rotw. <hebr. *semu'oth* »Gerede«; verwandt mit *Schmu*]
schmu|sen ⟨V.; umg.⟩ **1** *Komplimente machen, sich anbiedern, schöntun* **2** *zärtlich sein* [→ *Schmus*]
schna|bu|lie|ren ⟨V.; umg.⟩ *mit Behagen essen, schmausen* [latinisiert <*Schnabel*]
Schnee|frä|se ⟨f.; -, -n⟩ *Fahrzeug mit vorgespannter rotierender Schaufeltrommel zum Räumen von Schnee*
Schnee|ka|no|ne ⟨f.; -, -n⟩ *Vorrichtung zum Erzeugen von künstlichem Schnee für Skiabfahrten*
Schnee|mo|bil ⟨n.; -s, -e⟩ *kleines Fahrzeug mit Kettenantrieb zur Fortbewegung auf Eis- u. Schneeflächen;* Sy *Snowmobil*
Schock ⟨m.; -(e)s, -s od. selten -e⟩ **1** *plötzl. gewaltsame Erschütterung, die den Organismus trifft u. ihn an die äußerste Grenze seiner Anpassungsfähigkeit bringt* **2** *großer, nachhaltiger Schreck* [<frz. *choc*, zu frz. *choquer* »anstoßen, beleidigen«, vermutl. <mndrl. *schokken* »stoßen«]
scho|cken ⟨V.⟩ **1** jmdn. ~ *jmdm. einen Schock(2) versetzen;* geschockt sein ⟨umg.⟩ *bestürzt, erschrocken, verstört sein* **2** ⟨Sp.⟩ Ball, Kugel ~ *mit gestrecktem Arm aus dem Stand od. nach kurzem Anlauf mit u. ohne Drehung werfen* **3** ⟨Med.⟩ *mit künstl. (meist elektr.) Schock behandeln* [<mndrl. *schocken;* → *Schock*]
Scho|cker ⟨m.; -s, -; bes. Film u. TV⟩ *etwas, das schockt,* z.B. Gruselfilm, Psychothriller, Dokumentarfilm
scho|ckie|ren ⟨V.⟩ *in sittl. Entrüstung versetzen* [<frz. *choquer;* → *Schock*]
Schock|the|ra|pie ⟨f.; -, -n⟩ *Schockbehandlung, künstl. Erzeugung eines (meist elektr.) Schocks zur Behandlung bestimmter Geisteskrankheiten (bes. bei Schizophrenie u. Paranoia)*
Scho|far ⟨m.; - od. -s, -fa|roth⟩ *Horn eines Widders, das im jüd. Kult am Neujahrstag geblasen wird* [hebr.]
scho|fel ⟨Adj.; umg.⟩ *erbärmlich, schäbig, geizig, knauserig* [rotw. <jidd. *schophol*, hebr. *safal* »niedrig«]
Scho|fel ⟨m.; -s, -; umg.⟩ *schlechte Ware, wertloses Zeug*
Schof|för ⟨m.; -s, -e; eindeutschend für⟩ *Chauffeur*
Scho|gun ⟨m.; -s, -e; eindeutschend für⟩ *Shogun*
Scho|ko|la|de ⟨f.; -, -n⟩ *Nahrungs- u. Genussmittel aus Kakao, Milch od. Sahne, Gewürzen, meist Kakaobutter u. bis zu 60% Zucker, in Tafeln gewalzt od. in Figuren gegossen* [<span. *chocolate* <Nahuatl *chocolatl* »Kakaogetränk«, vielleicht <*xococ* »sauer, bitter« + *atl* »Wasser, Getränk«]
scho|ko|lie|ren ⟨V.⟩ *etwas mit Schokolade überziehen;* Plätzchen ~
Scho|la ⟨[sko:-] f.; -, -ae; Abk. für: Schola cantorum⟩ *im 7. Jh. am Hof des Papstes gegründeter Sängerchor, der sich bes. den liturgischen Gesängen widmete* [lat., »Sängerschule«]
Scho|lar ⟨m.; -en, -en; im MA⟩ *fahrender Schüler, Student;* Sy *Scholast* [<mlat. *scholaris* »zur Schule gehörig, Student«]
Schol|arch, ⟨auch⟩ **Scho|larch** ⟨m.; -en, -en;

im MA⟩ *Vorsteher, Aufseher an Klosterschulen* [< lat. *schola* »Schule« + *...arch*]
Schol|ar|chat, ⟨auch⟩ **Scho|lar|chat** ⟨n.; -(e)s, -e; im MA⟩ *Amt eines Scholarchen*
Scho|last ⟨m.; -en, -en⟩ = *Scholar* [< lat. *scholasticus* »Schüler«]
Scho|las|tik ⟨f.; -; unz.⟩ **1** *die auf die antike Philosophie gestützte, christl. Dogmen verarbeitende Philosophie u. Wissenschaft des MA* **2** ⟨fig.⟩ *engstirnige Schulweisheit* [< lat. *scholasticus* »zur Schule gehörig«]
Scho|las|ti|ker ⟨m.; -s, -⟩ **1** *Anhänger der Scholastik* **2** *junger Ordensgeistlicher während des Studiums, bes. bei den Jesuiten* **3** ⟨fig.⟩ *Haarspalter, Buchstabengelehrter*
scho|las|tisch ⟨Adj.⟩ **1** *zur Scholastik gehörend, auf ihr beruhend, ihre Methode anwendend* **2** ⟨fig.⟩ *schulmäßig, schulmeisterlich, spitzfindig*
Scho|las|ti|zis|mus ⟨m.; -; unz.⟩ **1** *Überbewertung der Scholastik* **2** *Spitzfindigkeit, Wortklauberei*
Scho|li|ast ⟨m.; -en, -en⟩ *Verfasser von Scholien*
Scho|lie ⟨[-ljə] f.; -, -n⟩, **Scho|li|on** ⟨n.; -s, -li|en⟩ *erklärende Randbemerkung, textkrit. Anmerkung in der Literatur der Antike* [< grch. *scholion* »Auslegung«]
Scho|ner ⟨m.; -s, -⟩ *Segelschiff mit mehreren Masten* [< engl. *schooner*]
Schöps ⟨m.; -es, -e; ostmitteldt. u. südostdt.⟩ *Hammel (bes. als Schimpfwort)* [< mhd. *schöp(e)tz* < slaw. *skopec* »verschnittener Schafbock«; zu altslaw. *skopiti* »verschneiden«]
Scho|se ⟨f.; -, -n; umg.⟩ **1** *Sache, Angelegenheit* **2** *(peinl.) Vorkommnis* [< frz. *chose* »Sache, Angelegenheit« < lat. *causa* »Grund, Verhandlungsobjekt«]
schraf|fie|ren ⟨V.⟩ *mit feinen, parallelen Strichen bedecken* [< mndrl. *schraeffeeren* < ital. *sgraffiare* »kratzen, stricheln«]
Schraf|fur ⟨f.; -, -en⟩ *schraffierte Fläche*
Schrap|nell ⟨n.; -s, -e od. -s⟩ *mit Bleikugeln u. einer Sprengladung gefülltes Geschoss der Artillerie, das kurz vor dem Ziel zerspringt;* das ~laden [nach dem Erfinder, dem engl. General Henry *Shrapnel,* 1761-1842]
Schred|der ⟨m.; -s, -⟩ = *Shredder*
Schrimp ⟨m.; -s, -s; meist Pl.⟩ = *Shrimp*
schrin|ken ⟨V.⟩ *Stoffe durch Anfeuchten weicher u. krumpfecht machen;* oV *shrinken* [< engl. *shrink* »Stoff krumpfen, einlaufen lassen«]
Schu|bi|ack ⟨m.; -s, -s; norddt.⟩ **1** *Schuft, Lump* **2** ⟨eigtl.⟩ *Bettler, der sich unter der Jacke schubbt (kratzt)* [< ndrl. *schobbejak;* zu *schobben,* nddt. *schubben* »reiben, sich kratzen« + *Jack* (< *Jakob*)]
Schwa ⟨n.; - od. -s, - od. -s; Zeichen: ə; in den idg. Sprachen⟩ *Schwundstufe (von Vokalen),* z.B. das unbetonte „e“ in „Vase“ [< hebr. *šwa* »Leere«]
Schwa|dron, ⟨auch⟩ **Schwad|ron** ⟨f.; -, -en⟩ *unterste takt. Einheit der Kavallerie;* Sy *Eskadron* [< ital. *squadrone* »großes Viereck«; zu *squadra* »Geschwader«]
Schwa|dro|neur, ⟨auch⟩ **Schwad|ro|neur** ⟨[-nøːr] m.; -s, -e⟩ *jmd., der schwadroniert*
schwa|dro|nie|ren, ⟨auch⟩ **schwad|ro|nie|ren** ⟨V.⟩ *wortreich prahlen, schwatzen*
Schwer|ath|let ⟨m.; -en, -en; Sp.⟩ *Sportler, der Schwerathletik betreibt*
Schwer|ath|le|tik ⟨f.; -; unz.; Sp.; Sammelbez. für⟩ *Boxen, Ringen, Judo u. Gewichtheben*

Sciencefiction (*Getrennt- u. Zusammenschreibung*) Zusammengesetzte Begriffe aus Fremdsprachen werden grundsätzlich wie deutsche Komposita behandelt und daher zusammengeschrieben (→a. *Ghostwriter*).

Sci|ence|fic|tion ⟨[saiənsfikʃn] f.; -; unz.⟩ *utop. Prosadichtung auf naturwissenschaftlich-techn. Grundlage* [< engl. *science* »Wissenschaft« + *fiction* »Erfindung; Erzählung«]
Sci|en|to|lo|gy ⟨[saiəntɔlədʒi] f.; -; unz.⟩ *Religionsgemeinschaft mit dem wissenschaftl. Anspruch einer geistigen u. seelischen Gesundung ihrer Anhänger* [engl.]
scil. ⟨Abk. für⟩ *scilicet*
sci|li|cet ⟨Abk.: sc. od. scil.⟩ *nämlich* [< lat. *scire licet* »man kann wissen; selbstverständlich, freilich, nämlich«]
sciol|to ⟨[ʃɔlto] Mus.⟩ *ungebunden, frei im Vortrag (zu spielen)* [ital.]
Sclaf|fing ⟨[sklæfiŋ] n.; -s, -s; Sp.; Golf⟩ *das Berühren des Bodens mit dem Golfschläger, bevor dieser den Ball trifft;* Sy *Duffing, Fluffing* [engl. < schott. *sclaf* »schieben, schlürfen«]
Scoop ⟨[skuːp] m.; -s, -s⟩ *aktuelle Nachricht, deren Meldungsrechte exklusiv bei einer Zeitung liegen* [engl.]
Scoo|ter ⟨[skuː-] m.; -s, -⟩ *Segelboot mit Stahlkufen für Eissegeln* [→ *Skooter*]
Sco|ping ⟨[skoupiŋ] n.; -s; unz.⟩ *Methode zur Ermittlung u. Einschätzung von Projektauswirkungen (auf die Umwelt)* [< engl. *scope* »Umfang, Reichweite«]
Scor|da|tu|ra ⟨f.; -; unz.⟩ = *Skordatur*
Score ⟨[skɔːr] n.; -, -s⟩ oV *Skore* **1** ⟨Sp.⟩ *Punktzahl, Spielstand* **2** ⟨in Experimenten od. Tests⟩ *in Zahlen ausgedrücktes Ergebnis* **3** ⟨Lotto⟩ *Zahl der erreichten Treffer* [engl., »Kerbe, Rechnung, Spielergebnis, Spielstand«]
Score|kar|te ⟨[skɔːr-] f.; -, -n⟩ *Karte, auf der die Punktzahl für die von den Mitspielern gemachten Schläge (z. B. beim Minigolf) eingetragen werden* [< engl. *score* »Spielstand, Punktzahl«]
sco|ren ⟨[skɔːrən] V.⟩ *Treffer, Punkt o.Ä. erzielen* [engl.]
Sco|rer ⟨[skɔːrə(r)] m.; -s, -; Sp.⟩ **1** ⟨bes. Fußb.⟩ *Torschütze* **2** *Aufschreiber od. Aufschreiberin der erzielten Punkte (z. B. beim Minigolf)* [engl.]

Scotch ⟨[skɔtʃ] m.; -; unz.⟩ *aus Gerste hergestellter schottischer Whisky* [engl., Kurzw. für *Scotch Whisky* »schottischer Whisky«]
Scotch|ter|ri|er ⟨[skɔtʃ-] m.; -s, -⟩ *schwarzer schottischer Terrier mit kurzen Beinen* [engl., < *scotch* »schottisch« + *terrier* »Terrier«]
Scot|land Yard ⟨[skɔtlənd ja:d] m.; - -; unz.⟩ *(Hauptdienststelle der) Londoner Kriminalpolizei* [engl., »schottischer Platz« (nach dem Sitz des Dienstgebäudes in London)]
Scout ⟨[skaut] m.; -s, -s⟩ *Pfadfinder* [engl., »Weggefährte« < mengl. *scouten* < afrz. *escouter* »zuhören« < lat. *auscultare*]
Scrab|ble, ⟨auch⟩ **Scrabb|le** ⟨[skræbl] n.; -s, -s; Ⓦⓩ⟩ *Gesellschaftsspiel, bei dem Buchstaben zu Wörtern verbunden werden müssen* [zu engl. *scrabble* »kritzeln«]
Scra|pie ⟨[skrɛipi] f.; -; unz.⟩ *der BSE ähnliche, vor allem bei Schafen auftretende Tierseuche, bei der das Zentralnervensystem mit tödlicher Folge erkrankt, Traberkrankheit* [engl.; viell. zu *scrappy* »kratzen, schaben; sich (gerade noch) durchschlagen«]
Scraps ⟨[skræps] Pl.⟩ *aus den unteren Blättern der Tabakpflanze gewonnener Tabak* [< engl. »Überbleibsel«]
scratch ⟨[skrætʃ] Adj.; undekl.; Sp.⟩ *ohne Vorgabe (beim Golf)* [engl.]
scrat|chen ⟨[skrætʃən] V.; Mus.⟩ *verschiedene Musikstücke mittels Scratchings zusammenmischen* [< engl. *scratch* »kratzen«]
Scrat|ching ⟨[skrætʃiŋ] n.; -s, -s; Mus.⟩ *das Erzielen bestimmter Klangeffekte durch rhythmisches Hin- u. Herbewegen einer laufenden Schallplatte* [engl., »Kratzen«]
Scratch|spie|ler ⟨[skrætʃ-] m.; -s, -; Sp.; Golf⟩ *sehr guter Golfspieler von konstanter Form, nach dessen Leistung der Standard(4) festgelegt wird* [engl.; zu *scratch* »Startlinie, Normalklasse«]
Screen ⟨[skri:n] m.; -s, -s; EDV⟩ *Bildschirm* [engl.]
scree|nen ⟨[skri:-] V.⟩ *ein Screening durchführen*
Scree|ning ⟨[skri:-] n.; -s, -s⟩ *Verfahren zur Reihenuntersuchung;* Massen~ [engl., »Durchsiebung«]
Screen|shot ⟨[skri:nʃɔt] m.; -s, -s; EDV⟩ *Direktausdruck einer kompletten Bildschirmmaske, z. B. zur Dokumentation bei Fehlermeldungen od. Programmabstürzen;* Sy *Hardcopy* [< engl. *screen* »Bildschirm« + *shot* »Schuss, Schnappschuss«]
Screw|ball|ko|mö|die ⟨[skru:bɔ:l--diə] f.; -, -n⟩ *(aus den USA stammende) Form der Komödie, in der die Schauspieler verrückte, exzentrische Rollen spielen* [< engl. *screwball* »Spinner« + Komödie]
Scrip ⟨m.; -s, -s; Wirtsch.⟩ **1** *Gut- od. Zwischenschein für neu ausgegebene Wertpapiere (in England u. den USA);* Dividenden~ *ein Schuldschein für vorübergehend nicht ausgezahlte Dividende (in den USA)* **2** *Bescheinigung, die vorübergehend Schuldschreibungszinsen ausgleicht* [< engl. *script* »Geschriebenes; Manuskript« < lat. *scriptum* »Geschriebenes«]
Script|girl ⟨[-gə:rl] n.; -s, -s⟩ *Sekretärin im Filmatelier, die für jede Aufnahme die Einstellung, Änderung des Textes usw. einträgt;* oV *Skriptgirl* [engl., < *script* »Geschriebenes; Manuskript« + *girl* »Mädchen«]
scrol|len ⟨[skroulən] V.; EDV⟩ *verschieben, bewegen, durchblättern bzw. durchrollen (von Dokumenten auf dem Bildschirm)* [< engl. *scroll,* verkürzt < *screen* »Bildschirm« + *roll* »rollen«]
Scrol|ling ⟨[skrouliŋ] n.; -s, -s; EDV⟩ *das Scrollen, Bildlauf* [→ *scrollen*]
Scro|tum ⟨n.; -s, -ta⟩ = *Skrotum*
Scrub ⟨[skrʌb] m.; -s, -s⟩ *Strauchformation aus immergrünen, oft undurchdringlich dichten, hartlaubigen Dornbüschen in den austral. Trockengebieten* [engl.]
SCSI ⟨Abk. für engl.⟩ *Small Computer System Interface, eine genormte Hochgeschwindigkeits-Parallelschnittstelle*
Scu|do ⟨m.; -, -di⟩ *alte italien. Münze* [ital., »Schild, Schildtaler« < lat. *scutum* »lederbezogener Langschild«]
sculps. ⟨Abk. für⟩ *sculpsit*
sculp|sit ⟨Abk.: sc. od. sculps.⟩ *der hat (es) gestochen (Zusatz zum Namen des Stechers auf Kupfer- u. Stahlstichen)* [lat.]
Scyl|la ⟨[stsyla] f.; -; unz.; grch. Myth.⟩ *Meerungeheuer, das die Vorüberfahrenden verschlingt;* zwischen ~ und Charybdis *zwischen zwei gleich großen Gefahren od. Schwierigkeiten;* oV *Skylla* [< lat. *Scylla* < grch. *Skylla* antiker Name für eine gefährl. Felsklippe gegenüber der Charybdis in der Straße von Messina]
SDI ⟨a. engl. [ɛsdiai] Abk. für engl.⟩ *Strategic Defense Initiative, Strategische Verteidigungsinitiative der USA (Verteidigung aus dem Weltraum)*
s.e. ⟨Abk. für⟩ *salvo errore*
Se ⟨chem. Zeichen für⟩ *Selen*
Seal ⟨[si:l] m. od. n.; -s, -s⟩ *Fell der Robbe;* Sy *Sealskin(1)* [engl., »Robbe«]
Sea|lab ⟨[si:læb] n.; -s, -s⟩ *(in den USA entwickeltes) Unterwasserlaboratorium* [engl., verkürzt < *sea* »Meer« + *lab*oratory »Laboratorium«]
Seal|skin ⟨[si:l-] m. od. n.; -s, -s⟩ **1** = *Seal* **2** *glänzender Plüsch* [< engl. *seal* »Robbe« + *skin* »Haut«]
Sé|an|ce ⟨[seã:s(ə)] f.; -, -n⟩ *spiritist. Sitzung* [frz., »Sitz, Sitzung«; zu *seoir* »sitzen« < lat. *sedere* »sitzen«]
Sea|son ⟨[si:zn] f.; -, -s⟩ = *Saison(2)* [engl.]
Seb|cha ⟨[zɛpxa] f.; -, -s⟩ *mit Salz u. Ton bedeckte Niederung in der Sahara, die in der Regel ausgetrocknet ist;* oV *Sabha;* ~-Oasen [arab.]
Se|bor|rhö ⟨f.; -, -en⟩, **Se|bor|rhöe** ⟨[-rø:] f.; -, -n⟩ *krankhaft vermehrte Absonderung der Talgdrüsen, führt zu fettig glänzender Haut,*

Mitessern u. Schuppen auf der Kopfhaut [<lat. *sebum* »Talg« + *…rrhö*]

Se|bo|sta|se, ⟨auch⟩ **Se|bos|ta|se** ⟨f.; -, -n⟩ *trockene Haut infolge Talgmangels* [<lat. *sebum* »Talg« + *…stase*]

sec¹ ⟨Adj.⟩ *herb (Wein)* [frz., »trocken«]

sec² ⟨Zeichen für⟩ **1** *Sekans* **2** ⟨nicht mehr zulässige Abk. für⟩ *Sekunde(1)*

s.e.c. ⟨Abk. für⟩ *salvo errore calculi*

SECAM-Sys|tem ⟨n.; -s; unz.; Abk. für frz.⟩ *Séquentielle à Mémoire (-System), System zeitlicher Aufeinanderfolge mit Speicherung (eine Technik des Farbfernsehens);* →a. *PAL-System*

sec|co ⟨Adj.⟩ *trocken, herb (von Wein)* [ital.]

Sec|co|ma|le|rei ⟨f.; -, -en⟩ = *al secco;* oV *Sekkomalerei*

Sec|co|re|zi|ta|tiv ⟨n.; -s, -e [-və]; Mus.⟩ *nur mit einem bezifferten Bass versehenes Rezitativ;* oV *Sekkorezitativ;* Ggs *Accompagnato* [<ital. *secco* »trocken« + *Rezitativ*]

Se|cen|tis|mus ⟨[-tʃɛn-] m.; -; unz.⟩ *der schwülstige Stil in der italien. Literatur des 17. Jh.*

Se|cen|tist ⟨[-tʃɛn-] m.; -en, -en⟩ *Dichter des Secentismus*

Se|cen|to ⟨[-tʃɛn-] n.; - od. -s; unz.⟩ *das 17. Jh. in der italien. Kunst;* oV *Seicento* [ital., »sechshundert (Jahre nach 1000 n.Chr.)«]

se|cond|hand ⟨[sɛkəndhænd] Adj.⟩ *gebraucht, aus zweiter Hand;* Kleidung ~ kaufen [<engl. *second-hand* »aus zweiter Hand, gebraucht«]

Se|cond|hand|shop, ⟨auch⟩ **Se|cond|hand Shop** ⟨[sɛkəndhændʃɔp] m.; (-) -s, (-) -s⟩ *Geschäft, das gebrauchte Waren (bes. Kleidung) verkauft* [<engl. *second-hand* »aus zweiter Hand, gebraucht« + *Shop*]

se|con|do ⟨Mus.⟩ *zweite(r);* Ggs *primo;* violino ~ *zweite Geige* [ital.]

Se|con|do ⟨n.; - od. -s, -di; Mus.; beim vierhändigen Klavierspiel⟩ *zweite Stimme, Bass;* Ggs *Primo* [ital.]

Se|cret Ser|vice, ⟨auch⟩ **Sec|ret Ser|vice** ⟨[siːkrit səːrvis] m.; - -; unz.⟩ *brit. Geheimdienst* [engl.]

Sec|tio cae|sa|rea ⟨f.; - -; unz.⟩ *Schnittentbindung, Kaiserschnitt* [mlat.; nach Plinius' Naturgeschichte kam *Cäsar* durch Kaiserschnitt zur Welt]

Se|da ⟨Pl. von⟩ *Sedum*

se|da|tiv ⟨Adj.; Med.⟩ *beruhigend, einschläfernd* [<lat. *sedatus* »ruhig, gelassen, still«]

Se|da|tiv ⟨n.; -s, -e [-və]⟩, **Se|da|ti|vum** ⟨[-vum] n.; -s, -va [-va]⟩ *Beruhigungsmittel,* z.B. Baldrian

se|den|tär ⟨Adj.⟩ **1** *sitzend* **2** *sesshaft* **3** *ansässig* [<lat. *sedentarius* »im Sitzen arbeitend«]

Se|dez ⟨n.; -es, -e; Zeichen: 16°⟩ **1** ⟨unz.⟩ *Buchformat mit 16 Blättern (32 Seiten) je Bogen* **2** ⟨zählb.⟩ *Buch in diesem Format* [<lat. *sedecim* »sechzehn«]

se|die|ren ⟨V.; Med.⟩ *durch Schlafmittel beruhigen* [zu lat. *sedare* »beschwichtigen, beruhigen«]

Se|die|rung ⟨f.; -, -en⟩ *Beruhigung, Dämpfung von Schmerzen*

Se|di|ment ⟨n.; -(e)s, -e⟩ **1** *Ablagerung von mechanisch im bewegten Wasser getragenen Teilen od. gelöst gewesenen Stoffen* **2** *Bodensatz, z.B. in der Harnblase* [<lat. *sedimentum* »Bodensatz«; zu *sedere* »sitzen, sich setzen«]

se|di|men|tär ⟨Adj.; Geol.⟩ *durch Ablagerung entstanden*

Se|di|men|ta|ti|on ⟨f.; -, -en⟩ **1** ⟨Geol.⟩ *Bildung von Sedimenten* **2** *Bildung von Bodensatz*

se|di|men|tie|ren ⟨V.⟩ **1** ein Feststoff-Flüssigkeitsgemisch ~ *durch Bildung eines Bodensatzes in seine Bestandteile trennen* **2** *sich durch Wind, Wasser od. Eis ablagern (von Staub oder Gesteinskörnchen)*

Se|dis|va|kanz ⟨[-va-] f.; -, -en⟩ *Zeitraum, während dessen das Amt des Papstes od. eines Bischofs nicht besetzt ist* [<lat. *sedes* »Sitz« + *Vakanz*]

Se|duk|ti|on ⟨f.; -, -en⟩ *Verführung* [<lat. *seductio;* zu *seducere* »verführen«]

Se|dum ⟨n.; -s, -da⟩ *Gattung der Dickblattgewächse, Fetthenne* [lat., »Hauswurz«]

s.e.e.o., s.e. et o. ⟨Abk. für⟩ *salvo errore et omissione*

Seg|ment ⟨n.; -(e)s, -e; allg.⟩ **1** *Abschnitt, Teilstück* **2** ⟨Math.⟩ *Kreisabschnitt, Kugelabschnitt* **3** *jeder der hintereinander gelegenen Abschnitte, aus denen (entwicklungsgeschichtl.) der Körper zusammengesetzt ist, bes. bei Wirbelsäule u. Rückenmark* **4** *Teil, aus dem der Körper von Lebewesen aufgebaut ist* [<lat. *segmentum* »Schnitt; Ein-, Abschnitt«; zu *secare* »(ab)schneiden«; →a. *sezieren*]

seg|men|tal ⟨Adj.⟩ *als Segment, in Form eines Segments bestehend*

seg|men|tar, seg|men|tär ⟨Adj.⟩ *aus Segmenten gebildet*

Seg|men|ta|ti|on ⟨f.; -, -en⟩ *Gliederung, Einteilung in einzelne Segmente (3);* →a. *Metamerie*

seg|men|tie|ren ⟨V.⟩ *in Abschnitte einteilen*

Seg|men|tie|rung ⟨f.; -; unz.⟩ **1** *das Segmentieren* **2** ⟨Biol.⟩ *Gliederung in einzelne Körperabschnitte*

Se|gno, ⟨auch⟩ **Seg|no** ⟨[sɛnjo] n.; -s, -s od. -gni [-nji]; Mus.⟩ *Zeichen im Notentext zur Kennzeichnung der Stellen für die Wiederholung;* al ~ *bis zum Zeichen (spielen);* dal ~ *vom Zeichen an* [<ital. <lat. *signum;* → *Signum*]

Se|gre|gat ⟨n.; -(e)s, -e⟩ *das, was ausgeschieden wird* [<lat. *segregatus,* Part. Perf. zu *segregare* »absondern, entfernen«]

Se|gre|ga|ti|on ⟨f.; -, -en⟩ **1** *Ausscheidung* **2** *Trennung bestimmter gesellschaftl. Gruppen (nach Rasse, Sprache, Religion) von einer größeren sozialen Einheit* **3** *Trennung ungleicher Allele u. ihre Verteilung auf verschiedene Zellen bei Zellteilungsvorgängen*

se|gre|gie|ren ⟨V.⟩ *aufspalten, absondern* [<lat. *segregare* »absondern, entfernen«]

Se|gui|dil|la ⟨[gidilja] f.; -, unz.⟩ *lebhafter span. Reigentanz im 3/4-Takt mit gesungener Einleitung* [span.]

Sei|cen|to ⟨[sɛitʃɛnto] n.; - od. -s; unz.⟩ = *Secento*

Seiches ⟨[sɛːʃ] Pl.⟩ *Schwankungen des Wasserspiegels in Binnenseen* [< frz. *seiche,* eigtl. »Tintenfisch«]

Sei|gnette|salz, ⟨auch⟩ **Seig|nette|salz** ⟨[sɛnjɛt-] n.; -es, -e; umg.⟩ *Kalium-Natrium-Salz der Weinsäure*

Sei|gneur, ⟨auch⟩ **Seig|neur** ⟨[sɛnjœːr] m.; -s, -s⟩ **1** ⟨im feudalen Frankreich⟩ *Grund-, Lehnsherr (auch als Titel)* **2** ⟨heute fig.⟩ *vornehmer Weltmann* [frz. < lat. *senior* »der ältere«]

Sei|sing ⟨n.; -s, -e⟩ *kurzes Tau zum Befestigen der Segel an den Rahen;* oV *Zeising* [< ndrl. *seizing* »Zusammenbinden zweier nebeneinander liegender Taue mit einem Faden«]

Seis|mik ⟨f.; -; unz.⟩ = *Seismologie*

Seis|mi|ker ⟨m.; -s, -⟩ = *Seismologe*

seis|misch ⟨Adj.⟩ *auf einem Erdbeben beruhend* [< grch. *seismos* »Erderschütterung«]

Seis|mi|zi|tät ⟨f.; -; unz.⟩ *über einen Zeitraum beobachtete Erdbebentätigkeit eines Ortes*

seis|mo..., Seis|mo... ⟨in Zus.⟩ *Erdbeben* [< grch. *seismos* »Erderschütterung«]

Seis|mo|graf ⟨m.; -en, -en⟩ = *Seismograph*

seis|mo|gra|fisch ⟨Adj.⟩ = *seismographisch*

Seis|mo|gramm ⟨n.; -s, -e⟩ *Aufzeichnung eines Erdbebens durch einen Seismographen*

Seis|mo|graph ⟨m.; -en, -en⟩ *Gerät zum Aufzeichnen von Erdbeben;* oV *Seismograf* [< *Seismo...* + *...graph*]

seis|mo|gra|phisch ⟨Adj.⟩ *die Seismographie betreffend, mit Hilfe eines Seismographen festgehalten;* oV *seismografisch;* ~e Forschung

Seis|mo|lo|ge ⟨m.; -n, -n⟩ *Wissenschaftler auf dem Gebiet der Seismologie;* Sy *Seismiker*

Seis|mo|lo|gie ⟨f.; -; unz.⟩ *Lehre von den Erdbeben;* [< *Seismo...* + *...logie*]

seis|mo|lo|gisch ⟨Adj.⟩ *die Seismologie betreffend, auf ihr beruhend*

Seis|mo|me|ter ⟨n.; -s, -⟩ *Gerät zum Messen der durch Erdbeben hervorgerufenen Schwingungen des Erdbodens;* Sy *Seismoskop* [< *Seismo...* + *...meter*]

Seis|mo|nas|tie ⟨f.; -; unz.⟩ *durch Erschütterungen ausgelöste Bewegungserscheinungen bei Pflanzen, z.B. bei Mimosen* [< *Seismo...* + *Nastie*]

Seis|mo|skop, ⟨auch⟩ **Seis|mos|kop** ⟨n.; -(e)s, -e⟩ = *Seismometer* [< *Seismo...* + *...skop*]

Sejm ⟨[sɛjm] od. [zaim] m., -(e)s, -e⟩ **1** ⟨im Königreich Polen⟩ *Reichstag* **2** ⟨heute⟩ *poln. Volksvertretung* [poln., »Versammlung«]

Sek. ⟨nicht mehr zulässige Abk. für⟩ *Sekunde(1)*

Se|kans ⟨m.; -, Se|kan|ten; Abk.: sec⟩, **Se|kante** ⟨f.; -, -n; Math.⟩ **1** *Gerade, die eine Kurve schneidet* **2** *Winkelfunktion im Dreieck, Kehrwert des Kosinus eines Winkels* [< lat. *secans,* Part. Präs. zu *secare* »schneiden«]

Se|kel ⟨m.; -s, -⟩ *altes hebr., phöniz. u. babylon. Gewicht, bes. für Gold u. Silber, 14 bis 16 g;* oV *Schekel* [< lat. *siclus* < grch. *siklos* < hebr. *sekel* »Gewicht; Silbermünze«; zu *sakal* »wägen«]

sek|kant ⟨Adj.; österr.⟩ **1** *lästig, aufdringlich* **2** *ärgerlich, Ärgernis erregend* [< ital. *seccante;* zu *seccare* »trocknen; belästigen, plagen«]

sek|kie|ren ⟨V.; †; noch österr.⟩ *belästigen, plagen* [< ital. *seccare;* → *sekkant*]

Sek|ko|ma|le|rei ⟨f.; -, -en⟩ = *Seccomalerei*

Sek|ko|re|zi|ta|tiv ⟨n.; -s, -e [-və]; Mus.⟩ = *Seccorezitativ*

se|kret ⟨Adj.; †⟩ **1** *geheim* **2** *abgesondert*

Se|kret 1 ⟨n.; -(e)s, -e⟩ **1.1** *Absonderung, abgesonderte Flüssigkeit, bes. einer Drüse mit Ausführungsgang;* → a. *Inkret* **1.2** *kristallisierte Bestandteile von Gesteinen, die einen Hohlraum ausfüllen* **2** ⟨f.; -, -e; kath. Kirche⟩ *stilles Gebet des Priesters während der Messe* [zu lat. *secretus* »abgesondert«, Part. Perf. zu *secernere* »absondern, ausscheiden«]

Se|kre|tar ⟨m.; -s, -e⟩ *Abteilungsleiter (wissenschaftlicher Gesellschaften)*

Se|kre|tär ⟨m.; -s, -e⟩ **1** ⟨†⟩ *Titel für Kanzlei- u. höhere Staatsbeamte* **2** *Schriftführer, qualifizierter kaufmännischer Angestellter für Korrespondenz, Verhandlungen, Organisation bei einer leitenden Persönlichkeit* **3** *Dienstbezeichnung für Beamte;* Staats~ **3.1** *leitender Funktionär einer Partei od. Organisation;* ~ des Zentralkomitees **4** *Schrank, dessen Unterteil durch Türen u. dessen Oberteil durch eine Platte verschließbar ist, die heruntergeklappt als Unterlage zum Schreiben dient* **5** *Kranichgeier, afrikan. Raubvogel mit langen Läufen, langem Hals, Verlängerung des Gefieders am Hinterkopf zu einem Schopf: Sagittarius serpentarius* [< mhd. *secretari* »Geheimschreiber« < mlat. *secretarius;* zu lat. *secretus;* beeinflusst von frz. *secrétaire* »Sekretär«; → *Sekret*]

Se|kre|ta|ri|at ⟨n.; -(e)s, -e⟩ **1** *Amt, Dienststelle eines Sekretärs* **2** *Kanzlei, Geschäftsstelle* [< mlat. *secretariatus* »Amt eines Geheimschreibers«; zu *secretarius;* → *Sekretär*]

Se|kre|tä|rin ⟨f.; -, -rin|nen⟩ *weibl. Sekretär(2,3)*

se|kre|tie|ren ⟨V.⟩ **1** ⟨Biol.⟩ *absondern* **2** *verschließen, abschließen* **3** *der Geheimhaltung unterwerfen*

Se|kre|tin ⟨n.; -s; unz.⟩ *Gewebshormon des Zwölffingerdarms, das die Sekretionstätigkeit der Bauchspeicheldrüse anregt* [→ *Sekret*]

Se|kre|ti|on ⟨f.; -, -en⟩ **1** *das Absondern, Absonderung, bes. von Sekret durch Drüsen* **2** *von außen nach innen gewachsene mineral. Ausfüllung eines Hohlraumes im Gestein* [→ *Sekret*]

se|kre|to|risch ⟨Adj.⟩ *auf Sekretion beruhend*

Sekt ⟨m.; -(e)s, -e⟩ *Kohlensäure enthaltender Wein, der beim Öffnen der Flasche stärker schäumt als Schaumwein;* französischer ~ = *Champagner* [< frz. *vin sec* < ital. *vino secco* »süßer, schwerer Wein aus Beeren, am Stock getrocknet«, eigtl. »trockener Wein«; zu ital. *secco* »trocken« < lat. *siccus*]

Sek|te ⟨f.; -, -n⟩ *kleine relig. Gemeinschaft, die sich von einer großen Glaubensgemeinschaft losgelöst hat* [< mlat. *secta* »befolgter Grundsatz; Denkweise; Partei; philosoph. Lehre«; zu lat. *sequi* »folgen«; beeinflusst von *secare* »schneiden«]
Sek|tie|rer ⟨m.; -s, -⟩ **1** *Angehöriger einer Sekte* **2** *polit. Eigenbrötler, durch den sich eine Partei geschädigt fühlt*
sek|tie|re|risch ⟨Adj.⟩ *in der Art des Sektierertums, eigenbrötlerisch, von der allgemeinen polit. Haltung abweichend* [→ *Sekte*]
Sek|ti|on ⟨f.; -, -en⟩ **1** ⟨Med.⟩ *Leichenöffnung* **2** *Abteilung, Unterabteilung, Gruppe* [< lat. *sectio* »Abschnitt«]
Sek|ti|ons|chef ⟨[-ʃɛf] m.; -s, -s⟩ **1** *Leiter einer Sektion(2)* **2** ⟨österr.⟩ *Leiter einer Abteilung in einem Ministerium* **3** ⟨schweiz. a.⟩ *militär. Aufsichtsbeamter der Gemeinde*
Sek|tor ⟨m.; -s, -to|ren⟩ **1** *Sachgebiet, Teilgebiet, Abschnitt, Bezirk, Bereich* **2** ⟨Math.⟩ *Kreisausschnitt, Kugelausschnitt* **3** ⟨nach 1945⟩ *jede der vier Besatzungszonen in Berlin u.* ⟨bis 1955⟩ *Wien* [< lat. *sector* »Kreisausschnitt; Schneider, Abschneider«; zu *secare* »abschneiden«]
Sek|tor|scan|ner ⟨[-skænə(r)] m.; -s, -⟩ *handliches Ultraschallgerät, das sowohl in der Kinderheilkunde als auch in der inneren Medizin u. der Gynäkologie eingesetzt werden kann* [< *Sektor* + engl. *scan* »abtasten«]
Se|kun|da ⟨f.; -, -den⟩ **1** *die sechste* (Unter~) *u. siebente* (Ober~) *Klasse eines Gymnasiums* **2** ⟨in Österr.⟩ *die zweite Klasse des Gymnasiums* [< lat. *secunda,* Fem. zu *secundus* »folgend, zweiter«; zu *sequi* »folgen«]
Se|kund|ak|kord ⟨m.; -(e)s, -e; Mus.⟩ *dritte Umkehrung des Septimenakkords*
Se|kun|da|ner ⟨m.; -s, -⟩ *Schüler der Sekunda*
Se|kun|dant ⟨m.; -en, -en⟩ **1** *Betreuer, Beschützer* **2** *Beistand, Zeuge beim Duell* **3** *Betreuer beim Boxkampf* [< lat. *secundans* »der Unterstützende«; zu *secundare* »begleiten, begünstigen«; → *sekundieren*]
Se|kun|danz ⟨f.; -, -en⟩ *das Sekundieren*
se|kun|där ⟨Adj.⟩ **1** *zur zweiten Ordnung gehörig, zweitrangig, in zweiter Linie in Betracht kommend, nachträglich hinzukommend;* Ggs *primär(3)* **2** *auf der Seite des Ausgangs eines Transformators liegend* [< frz. *secondaire* [< lat. *secundarius* »von der zweiten Sorte, Neben …«; zu *secundus;* → *Sekunda*]
Se|kun|dar|arzt ⟨m.; -(e)s, -ärz|te; österr.⟩ *Arzt im Krankenhaus ohne eigene Abteilung;* Ggs *Primararzt*
Se|kun|där|e|lek|tron, ⟨auch⟩ **Se|kun|där|e|lekt|ron** ⟨n.; -s, -en⟩ *durch eine Sekundäremission freigesetztes Elektron*
Se|kun|där|e|lek|tro|nen|ver|viel|fa|cher, ⟨auch⟩ **Se|kun|där|e|lekt|ro|nen|ver|viel|fa|cher** ⟨m.; -s, -⟩ *elektr. Schaltung, die eine auftreffende schwache Strahlung od. einen eintretenden schwachen Strom um ein Millionenfaches verstärkt*
Se|kun|där|e|mis|si|on ⟨f.; -, -en⟩ *durch eine Primärstrahlung bewirkte Freisetzung von Strahlung od. Elektronen aus einem Atom;* Sy *Sekundärstrahlung*
Se|kun|där|e|ner|gie ⟨f.; -, -n⟩ *die durch techn. Prozesse aus einem Primärenergieträger erzeugte Energie*
Se|kun|där|ge|stein ⟨n.; -s, -⟩ *durch Umwandlungsvorgänge aus einem Urgestein hervorgegangenes Gestein*
Se|kun|där|in|fek|ti|on ⟨f.; -, -en⟩ *zweite, andere Infektion (eines schon infizierten Organismus)*
Se|kun|där|li|te|ra|tur ⟨f.; -; unz.⟩ *die Literatur über ein literar. Werk;* Ggs *Primärliteratur*
Se|kun|där|roh|stoff ⟨m., -(e)s, -e⟩ *durch Wiederverwertung von Abfallstoffen gewonnener Rohstoff;* ~ aus Altglas, Altpapier
Se|kun|dar|schu|le ⟨f.; -, -en; schweiz.⟩ *höhere Stufe der Volksschule*
Se|kun|där|spei|cher ⟨m.; -s, -; EDV⟩ *durch Platten- u. Magnetbandspeicherung in einer Zentraleinheit realisierte zusätzliche Aufnahme von Daten u. Programmen, auf die aber nur durch Operationen im Primärspeicher zugegriffen werden kann, Hintergrundspeicher*
Se|kun|där|strah|lung ⟨f.; -, -en⟩ = *Sekundäremission*
Se|kun|där|strom ⟨m.; -(e)s; unz.⟩ *in der Sekundärwicklung eines Transformators fließender Strom*
Se|kun|dar|stu|fe ⟨f.; -, -n⟩ ~ I *die Klassen 5–10;* ~ II *die Klassen 11-13*
Se|kun|där|wick|lung ⟨f.; -, -en⟩ *äußere Wicklung eines Transformators, die Strom abgibt;* Ggs *Primärwicklung*
Se|kun|de ⟨f.; -, -n⟩ **1** ⟨Phys.; Abk.: s, früher: sec od. Sek.⟩ *SI-Einheit der Zeit, seit 1968 definiert als das 9192631770fache der Periodendauer zwischen zwei Elektronensprüngen beim Caesiumatom 133; 1 Minute = 60 s, 1 Stunde = 3600 s* **2** ⟨Math.; Zeichen: ″⟩ *60. Teil einer Winkelminute* **3** ⟨fig.; umg.⟩ *sehr kurze Zeitspanne, Augenblick* **4** *zweite Tonstufe der diaton. Tonleiter; zweistufiges Intervall* **5** ⟨Typ.⟩ *Signatur auf der dritten Seite eines Druckbogens;* Ggs *Prime (1)* **6** ⟨Fechten⟩ *von unten nach oben geführter Hieb* [< lat. *secunda;* → *Sekunda;* in der zweiten Bedeutung ⟨Math.⟩ < lat. *pars minuta secunda* »der kleinste Teil zweiter Ordnung, einer durch 60 teilbaren Größe« (im Sexagesimalsystem des Ptolemäus)]
Se|kun|den|pen|del ⟨n.; -s, -⟩ *Pendel, dessen Schwingungsdauer genau eine Sekunde beträgt*
se|kun|die|ren ⟨V.⟩ **1** jmdm. ~ *beistehen;* jmdm. beim Duell, Boxkampf ~ **2** *helfen, (mit Worten) unterstützen, beispringen* [< lat. *secundare* »begünstigen«; zu *secundus* »folgend, zweiter; günstig« (→ *Sekunda*), beeinflusst von frz. *seconder* »beim Duell Beistand leisten«]
se|kund|lich ⟨Adj.⟩ = *sekündlich*

se|künd|lich ⟨Adj.⟩ *in jeder Sekunde;* die Produktion beträgt ~ 20 Teile; oV *sekundlich*
Se|kun|do|ge|ni|tur ⟨f.; -, -en⟩ **1** *Erbfolge des zweitgeborenen Sohnes;* Ggs *Primogenitur* **2** *Gebiet u. Besitztum, für die dieses Recht galt, als Ersatz für das Stammgut* [<lat. *secundus* »folgend, zweiter« + *genitus* »geboren«, Part. Perf. zu *gignere* »erzeugen, gebären«]
Se|ku|rit ⟨n.; -s; unz.⟩ *nicht splitterndes Glas*
Se|ku|ri|tät ⟨f.; -, -en; †⟩ *Sicherheit* [<lat. *securitas*]
se|la! ⟨umg.⟩ *abgemacht!, in Ordnung!, Schluss!*
Se|la ⟨n.; -s, -s⟩ *Musikzeichen in den Psalmen des AT* [hebr., »Finale«]
Se|la|chi|er ⟨[-xjər] m.; -s, -⟩ = *Hai* [<nlat., <grch. *selachos* »Knorpelfisch«; zu *selas* »Licht, Helligkeit«]
Se|la|gi|nel|le ⟨f.; -, -n⟩ *Moosfarn, Gattung bärlappähnlicher, tropischer Pflanzen, die wie Moos aussehen: Selaginella* [<lat. *selago*]
Se|lam ⟨m.; -(e)s; unz.; Grußwort⟩ *Wohlbefinden, Heil;* → a. *Salam* [arab., »Friede«]
Se|lam|lik ⟨m.; -s, -s⟩ *Empfangszimmer in mohammedan. Häusern* [arab.]
se|lek|tie|ren ⟨V.⟩ *aussuchen, auswählen (bes. zur Zucht von Pflanzen od. Tieren);* Sy *selektionieren*
Se|lek|ti|on ⟨f.; -, -en⟩ *Auslese, Auswahl, Zuchtwahl* [<lat. *selectio* »Auswahl«]
se|lek|ti|o|nie|ren ⟨V.⟩ = *selektieren*
Se|lek|ti|ons|the|o|rie ⟨f.; -; unz.⟩ *Lehre von der natürl. u. künstl. Zuchtwahl*
se|lek|tiv ⟨Adj.⟩ **1** *auf Selektion beruhend, auswählend* **2** *trennscharf (vom Rundfunkempfänger)*
Se|lek|ti|vi|tät ⟨[-vi-] f.; -; unz.⟩ *Fähigkeit von Rundfunkempfängern, im Wellenbereich dicht nebeneinander liegende Rundfunksender zu trennen, Trennschärfe*
Se|len ⟨n.; -s; unz.; chem. Zeichen: Se⟩ *chem. Element, graues Nichtmetall, Ordnungszahl 34* [<grch. *selene* »Mond«]
Se|le|nat ⟨n.; -s, -e⟩ *Salz der Selensäure*
Se|le|nit ⟨n.; -s; unz.⟩ *Gips* [<grch. *selenites (lithos)* »Mondschein«]
Se|le|no|gra|fie ⟨f.; -, -n⟩ = *Selenographie*
Se|le|no|gra|phie ⟨f.; -, -n⟩ *Beschreibung u. Kartographie des Mondes;* oV *Selenografie* [<grch. *selene* »Mond« + *...graphie*]
Se|le|no|lo|ge ⟨m.; -n, -n⟩ *Wissenschaftler auf dem Gebiet der Selenologie, Mondforscher* [<grch. *selene* »Mond« + *...loge*]
Se|le|no|lo|gie ⟨f.; -; unz.⟩ *Wissenschaft vom Gesteinsaufbau des Mondes sowie der Entstehung der Formen seiner Oberfläche* [<grch. *selene* »Mond« + *logos* »Wort, Vernunft«]
Se|len|zel|le ⟨f.; -, -n⟩ *zur selbsttätigen Steuerung verwendete Fotozelle mit Selen, die bei einfallendem Licht dem Strom geringeren Widerstand entgegensetzt* [→ *Selen*]
Self|ak|tor ⟨[-æktə(r)] m.; -s, -s⟩ *automat. Spinnmaschine* [<engl. *self-acting* »automatisch«]
Self|ap|peal ⟨[-əpi:l] m.; -s; unz.⟩ *Anziehungskraft, die ein Produkt durch sein bloßes Erscheinungsbild ausübt u. den Kunden zum Kauf anregen soll* [<engl. *self* »selbst« + *appeal* »Anziehung«]
Self|ful|fil|ling Pro|phe|cy ⟨[-liŋ prɔfəsi] f.; - -; unz.; Psych.; Soz.⟩ *Phänomen, dass Entwicklungsprognosen durch ihr Bekanntwerden die vorhergesagte Wirkung noch verstärken* [engl., »(sich) selbst erfüllende Prophezeiung«]
Self|go|vern|ment ⟨[-gʌvərnmənt] n.; -s, -s⟩ *Selbstverwaltung* [engl., <*self* »selbst« + *government* »Herrschaft«]
Self|ma|de|man ⟨[-mɛidmæn] m.; -s, -men [-mən]⟩ *jmd., der sich aus eigener Kraft zu einer bedeutenden Stellung hochgearbeitet hat;* er hat das Unternehmen als ~ aufgebaut [engl., <*self* »selbst« + *made* »gemacht« + *man* »Mann, Mensch«]
Self|ser|vice ⟨[-sə:vis] m.; -; unz.⟩ *Selbstbedienung (im Restaurant)* [engl.]
Sel|ler ⟨[sɛlə(r)] m.; -s, -⟩ **1** ⟨kurz für⟩ *Bestseller* **2** *Verkäufer(in)* [engl.]
Sel|le|rie ⟨m.; -s, - od. -s; od. (österr. nur so) f.; -, - od. (österr.) -ri|en⟩ *Doldengewächs, dessen Knollen als Gewürz, Salat u. Gemüse verwendet werden: Apium* [<ital. *selleri*, Pl. zu *sellero*, frz. *céleri* <lat. *selinum* <grch. *selinon* »Eppich«]
Sem ⟨[ze:m] n.; -s, -e; Sprachw.⟩ *kleinstes Bedeutungsmerkmal, Bedeutungskomponente;* die ~e »männlich« und »Knabe« bestimmen die Bedeutung von »Knabe« [<grch. *sema* »Zeichen«]
Se|man|tem ⟨n.; -s, -e⟩ = *Lexem* [<grch. *sema* »Zeichen«]
Se|man|tik ⟨f.; -; unz.⟩ **1** *Lehre von der Bedeutung von Zeichensystemen im Hinblick auf das durch die Zeichen Gemeinte* **2** *Lehre von der Bedeutung sprachlicher Zeichen (Wörter, Vor- u. Nachsilben u.a.) u. der Benennung von Begriffen;* → a. *Semasiologie, Onomasiologie* [<grch. *semantikos* »bezeichnend, bedeutend«; zu *semainein* »Zeichen geben, zeigen«; zu *sema* »Zeichen«]
se|man|tisch ⟨Adj.⟩ *die Semantik betreffend, auf ihr beruhend*
se|man|ti|sie|ren ⟨V.⟩ *Sinn u. Inhalt von sprachlichen Zeichen bzw. Wörtern umschreiben u. bestimmen;* → a. *pharaphrasieren* [<grch. *semainein* »Zeichen geben, zeigen«; zu *sema* »Zeichen«]
Se|ma|phor ⟨n. od. m.; -s, -e; Eisenb., Mar.⟩ *Signalmast mit verstellbaren Flügeln, im 19. Jh. weit verbreitet* [<grch. *sema* »Zeichen« + *...phor*[2]]
Se|ma|si|o|lo|gie ⟨f.; -; unz.⟩ **1** ⟨†⟩ = *Semantik* **2** *als Teil der Semantik(2) Lehre von der Bedeutung sprachlicher Ausdrücke* [<grch. *semasia* »Bezeichnen, Zeichengeben« (zu *sema* »Zeichen«) + *...logie*]
Se|mei|o|gra|fie ⟨f.; -, -n⟩ = *Semeiographie*
Se|mei|o|gra|phie ⟨f.; -, -n⟩ oV *Semeiografie* **1** *Zeichenschrift* **2** *Lehre von den musikal. Zei-*

chen **3** *Notenschrift* [<grch. *semeion* (= *sema*) »Zeichen« + ...*graphie*]

Se|mei|o|tik ⟨f.; -; unz.; †⟩ = *Semantik* [<grch. *semeiotikos* »zum Zeichen, Bezeichnen, Andeuten geschickt«; zu *semeion, sema* »Zeichen«]

Se|mem ⟨n.; -s, -e⟩ *(aus Semen zusammengesetzte) Bedeutungseinheit des Wortschatzes, Lexem* [<grch. *sema* »Zeichen«]

Se|men ⟨n.; -s, -mi|na⟩ **1** *Sperma* **2** *Samen der Pflanzen* [lat.]

Se|mes|ter ⟨n.; -s, -⟩ **1** *Hälfte eines Studien- od. Schuljahres;* Sommer~; Winter~ **2** ⟨fig.; umg.⟩ *Student, Studentin;* älteres, jüngeres ~ [<lat. *semestris* <*sexmenstris* »sechsmonatig«, <*sex* »sechs« + *mensis* »Monat«]

se|mi..., **Se|mi...** ⟨in Zus.⟩ *halb* [lat.]

se|mi|a|rid ⟨Adj.⟩ *halbtrocken (von Gebieten)* [<lat. *semi* »halb« + *arid*]

se|mi|au|tark ⟨Adj.⟩ *sich zu großen Teilen autonom versorgend;* eine ~e Wirtschaft [<semi... + *autark*]

Se|mi|fi|na|le ⟨n.; -s, -; Sp.⟩ *Spielserie, in der die Teilnehmer am Endkampf ermittelt werden, Vorschlussrunde, Halbfinale*

Se|mi|ko|lon ⟨n.; -s, -s od. -ko|la; Zeichen: ;⟩ *zwei Hauptsätze trennendes Satzzeichen, das stärker als das Komma, aber weniger stark als der Punkt trennt, Strichpunkt* [<*Semi...* + grch. *kolon* »Glied (einer Satzperiode)«]

se|mi|la|te|ral ⟨Adj.⟩ *einseitig, halbseitig*

se|mi|lu|nar ⟨Adj.⟩ *in der Form eines Halbmondes* [<*semi...* + *luna* »Mond«]

Se|mi|lu|nar|klap|pe ⟨f.; -, -n⟩ *Taschenklappe, halbmondförmige Membran, die am Übergang zwischen den Herzkammern u. den großen Arterien sitzt u. mit deren Wand Taschen bildet, in die das zurückströmende Blut fließt* [<*Semi...* + lat. *luna* »Mond«]

Se|mi|mi|ni|ma ⟨f.; -, -e; Mus.⟩ *Viertelnote* [ital. <lat., »halbe kleinste (Note)«]

Se|mi|nar ⟨n.; -s, -e⟩ **1** *Bildungsstätte für Geistliche;* evang. Prediger~, kath. Priester~ **2** ⟨†; noch schweiz.⟩ *Bildungsstätte für Volksschullehrer* **3** *Kurs für Studierende innerhalb eines Fachgebietes unter Leitung eines Dozenten während eines Semesters* **3.1** *begleitender Lehrgang für Studienreferendare* **4** *die Räume hierfür (meist mit Handbibliothek)* [<lat. *seminarium* »Pflanzenschule, Baumschule; Keim«; zu *semen* »Samen; Setzling«]

Se|mi|na|rist ⟨m.; -en, -en⟩ *Angehöriger eines Priester- od. Lehrerseminars*

se|mi|na|ris|tisch ⟨Adj.⟩ *auf einem Seminar beruhend, in Form eines Seminars stattfindend;* ~e Ausbildung

Se|mi|o|lo|gie ⟨f.; -; unz.⟩ = *Symptomatologie* [<grch. *semeion* (= *sema*) »Zeichen« + *...logie*]

Se|mi|o|tik ⟨f.; -; unz.⟩ **1** *Lehre von den Zeichensystemen (z.B. Verkehrszeichen, Bilderschrift, Formeln, Sprache), ihren Strukturen u. den Beziehungen zu den dargestellten Gegenständen* **2** = *Symptomatologie*

se|mi|o|tisch ⟨Adj.⟩ *zur Semiotik gehörend, auf ihr beruhend*

se|mi|per|me|a|bel ⟨Adj.; Biol.; Chem.⟩ *(halb)durchlässig, einseitig durchlässig* [<*semi...* + *permeabel*]

Se|mi|per|me|a|bi|li|tät ⟨f.; -; unz.⟩ *Halbdurchlässigkeit*

se|misch ⟨Adj.⟩ *das Sem betreffend, auf ihm beruhend*

Se|mit ⟨m.; -en, -en⟩ *Angehöriger einer vorderasiat. u. nordafrikan. Sprach- u. Völkergruppe*

se|mi|tisch ⟨Adj.⟩ *die Semiten betreffend, zu ihnen gehörig, von ihnen stammend;* ~e Sprachen *Sprachfamilie in Vorderasien u. Nordafrika, z.B. die arab., hebräische Sprache*

Se|mi|tist ⟨m.; -en, -en⟩ *Wissenschaftler der Semitistik*

Se|mi|tis|tik ⟨f.; -; unz.⟩ *Lehre von den semit. Sprachen u. Literaturen*

se|mi|tis|tisch ⟨Adj.⟩ *zur Semitistik gehörend, auf ihr beruhend*

Se|mi|to|ni|um ⟨n.; -s, -nia od. -ni|en; Mus.⟩ *Halbton* [<*Semi...* + *Tonus*]

Se|mi|vo|kal ⟨[-vo-] m.; -(e)s, -e⟩ *Halbvokal, Sprachlaut mit Merkmalen eines Vokals, der keinen Akzent trägt,* z.B. dt. „j", engl. „w"

Sem|per a|li|quid hae|ret *Es bleibt immer etwas hängen (von bösem Gerede)* [lat.]

sem|per i|dem *immer derselbe* [lat.]

Sem|per|vi|vum ⟨[-viːvum] n.; -s, -va [-va]⟩ *Hauswurz (Dickblattgewächs)* [lat., »das immer Lebende«]

sem|pli|ce, ⟨auch⟩ **semp|li|ce** ⟨[-tʃə] Mus.⟩ *einfach, schlicht, ohne Verzierung (zu spielen)* [ital.]

sem|pre, ⟨auch⟩ **semp|re** ⟨Mus.⟩ *immer* [ital.]

Sem|stwo, ⟨auch⟩ **Semst|wo** ⟨m.; -s, -s; 1864-1917⟩ *Form der Selbstverwaltung der Kreise u. Gouvernements in Russland* [russ., »Landstände, lokale Selbstverwaltung«; zu *semlja* »Erde, Land, Boden«]

Sen ⟨m.; -s od. -, -s od. -⟩ *kleine japan. Münze,* $^{1}/_{100}$ *Rupiah* [jap. <chin. *chi'en* »Münze, Geld«]

sen. ⟨Abk. für⟩ *senior*

Se|na|na ⟨f.; -, -s⟩ = *Zenana*

Se|nat ⟨m.; -(e)s, -e; im antiken Rom⟩ **1** *oberste Regierungsbehörde* **2** ⟨in verschiedenen Staaten⟩ *eine Kammer des Parlaments* **3** *Verwaltungsbehörde an Hochschulen;* Universitäts~ **4** *Entscheidungsgremium höherer deutscher Gerichte;* Straf~ **5** *städt. Regierungsbehörde von Berlin, Bremen u. Hamburg* [<lat. *senatus* »Staatsrat, (erfahrener) Alter«; zu *senex* »Greis«]

Se|na|tor ⟨m.; -s, -to|ren⟩ *Mitglied des Senats, Ratsherr*

se|na|to|risch ⟨Adj.⟩ *zum Senat gehörig, von ihm stammend*

Se|na|tus Po|pu|lus|que Ro|ma|nus ⟨Abk.: S.P.Q.R.⟩ *Senat u. Volk von Rom* [lat.]

Se|nes|zenz ⟨f.; -; unz.⟩ *das Altern, Altersschwäche* [<lat. *senescere* »alt werden«]

Se|nhor, ⟨auch⟩ **Sen|hor** ⟨[sɛnjɔːr] m.; -s, -es⟩ *Herr (portugies. Anrede)* [port. < lat. *senior* »der ältere«]

Se|nho|ra, ⟨auch⟩ **Sen|ho|ra** ⟨[sɛnjɔːra] f.; -, -s⟩ *Herrin, Dame, Frau (portugies. Anrede)*

Se|nho|ri|ta, ⟨auch⟩ **Sen|ho|ri|ta** ⟨[sɛnjɔ-] f.; -, -s⟩ *Fräulein (portugies. Anrede)* [port., Verkleinerungsform zu *Senhora*]

se|nil ⟨Adj.⟩ *greisenhaft, altersschwach;* Ggs *juvenil(1)* [< lat. *senilis* »greisenhaft«; zu *senes* »alt; Greis«]

Se|ni|li|tät ⟨f.; -; unz.⟩ *Altersschwäche, Greisenhaftigkeit;* Ggs *Juvenilität*

se|ni|or ⟨Adj.; Abk.: sen.; hinter Personennamen⟩ *der Ältere;* Ggs *junior* [lat., »älter«]

Se|ni|or ⟨m.; -s, -o|ren⟩ **1** *der Ältere, Ältester;* Ggs *Junior(1)* **2** ⟨Sp.⟩ *Angehöriger der Altersklasse von etwa 18–35 Jahren* **3** *Vorsitzender, Sprecher, Alterspräsident*

Se|ni|o|rat ⟨n.; -(e)s, -e⟩ **1** ⟨†⟩ *Ansehen des Ältesten* **2** *Amt des Vorsitzenden* **3** *Ältestenrecht ohne Rücksicht auf den Grad der Verwandtschaft;* Ggs *Juniorat;* → a. *Majorat* [→ *senior*]

Se|ni|or|chef ⟨[-ʃɛf] m.; -s, -s⟩ *der ältere von zwei Chefs einer Firma;* Ggs *Juniorchef*

Se|ni|o|rin ⟨f.; -, -rin|nen⟩ **1** *ältere Frau* **2** ⟨Sp.⟩ *Angehörige der Altersklasse von etwa 18–35 Jahren*

Se|ni|um ⟨n.; -s; unz.⟩ *Greisenalter* [lat.]

Sen|na ⟨f.; -; unz.⟩ = *Kassie* [arab.]

Se|non ⟨n.; -s; unz.⟩ *Stufe der oberen Kreide* [nach der frz. Stadt *Sens* im Departement Yonne]

se|no|nisch ⟨Adj.⟩ **1** *zum Senon gehörig, aus ihm stammend* **2** *die Senonen betreffend*

Se|ñor ⟨[sɛnjɔːr] m.; -s, -es⟩ *Herr (span. Anrede)* [span. < lat. *senior* »der ältere«]

Se|ño|ra ⟨[sɛnjɔː-] f.; -, -s⟩ *Herrin, Dame, Frau (span. Anrede)*

Se|ño|ri|ta ⟨[sɛnjɔ-] f.; -, -s⟩ *Fräulein (span. Anrede)* [span., Verkleinerungsform zu *Señora*]

Sen|sa|ti|on ⟨f.; -, -en⟩ **1** *Aufsehen* **2** *Aufsehen erregendes Ereignis* [< frz. *sensation* »Empfindung, Sinneseindruck« < mlat. *sensatio* »Empfinden; Verstehen«; zu lat. *sensus* »Gefühl; Verstand«; zu *sentire* »fühlen, empfinden, wahrnehmen«]

sen|sa|ti|o|nell ⟨Adj.⟩ *Aufsehen erregend*

sen|si|bel ⟨Adj.⟩ Ggs *unsensibel* **1** *reizempfänglich* **2** *empfindsam, feinfühlig* [< frz. *sensible* < lat. *sensibilis* »sinnlich wahrnehmbar«; zu *sentire* »fühlen, empfinden, wahrnehmen«; → a. *Sensation*]

Sen|si|bi|li|sa|tor ⟨m.; -s, -to|ren⟩ *der fotograf. Schicht zugesetzter Farbstoff, der ihre Lichtempfindlichkeit erhöht*

sen|si|bi|li|sie|ren ⟨V.⟩ **1** *empfindlich(er) machen (bes. fotograf. Schichten für bestimmte Lichtwellen)* **2** *Empfindlichkeit gegenüber bestimmten Stoffen bei Mensch u. Tier hervorrufen*

Sen|si|bi|li|sie|rung ⟨f.; -; unz.⟩ **1** ⟨bes. Biol.⟩ *Befähigung des Organismus zur Bildung von Antikörpern* **2** *Empfindlich-, Empfänglichmachen (z.B. für die Tragweite polit. Entscheidungen)*

Sen|si|bi|lis|mus ⟨m.; -; unz.⟩ *große Empfindlichkeit für äußere Reize u. Eindrücke*

Sen|si|bi|li|tät ⟨f.; -; unz.⟩ **1** *Fähigkeit, Reize wahrzunehmen;* Ggs *Insensibilität* **2** *Empfindsamkeit, Feinfühligkeit;* Ggs *Insensibilität* **3** *Lichtempfindlichkeit (von fotograf. Filmen od. Platten)* **4** ⟨Rundf.⟩ *Empfindlichkeit eines Empfangsgerätes*

Sen|sil|le ⟨f.; -, -n⟩ *tier. Zelle, die auf die Aufnahme von Erregungsreizen spezialisiert ist, Sinneszelle* [< lat. *sensus* »Gefühl, Verstand«]

sen|si|tiv ⟨Adj.⟩ **1** *leicht reizbar, überempfindlich* **2** *feinnervig*

Sen|si|ti|vi|tät ⟨[-vi-] f.; -; unz.⟩ **1** *Überempfindlichkeit* **2** *Feinfühligkeit*

Sen|si|ti|vi|ty|trai|ning ⟨[sɛnsitivititreːniŋ] n.; -s; unz.⟩ *gruppendynamisches Schulungsverfahren, das die Fähigkeit des adäquaten Aufnehmens u. Beantwortens von Kommunikationssignalen schult, um so durch Selbstkonfrontation zu reifen, die Sozialwahrnehmung zu verbessern u. das Kooperationsvermögen zu fundieren* [< engl. *sensitivity* »Sensibilität, Empfindsamkeit« + *training* »Ausbildung, Schulung«]

Sen|si|to|me|ter ⟨n.; -s, -⟩ *Gerät zum Messen der Lichtempfindlichkeit fotograf. Filme u. Platten* [< lat. *sensus* »Empfindung« + *…meter*]

Sen|si|to|me|trie, ⟨auch⟩ **Sen|si|to|met|rie** ⟨f.; -; unz.⟩ *Messung der Empfindlichkeit fotograf. Schichten* [< *sensibel* + *…metrie*]

Sen|so|mo|to|rik ⟨f.; -; unz.⟩ *Zusammenwirken von Sinneswahrnehmungen u. Bewegungen*

sen|so|mo|to|risch ⟨Adj.⟩ *die Sensomotorik betreffend, auf ihr beruhend*

Sen|sor ⟨m.; -s, -so|ren⟩ *Messfühler, Gerät zum Messen physikalischer Größen (z.B. in der Atmosphäre, im Weltraum), die als Zahlenwerk über Funk weitergeleitet werden* [< lat. *sensus* »Gefühl«]

sen|so|ri|ell, sen|so|risch ⟨Adj.⟩ *zu den Sinnen, Sinnesorganen gehörend, auf ihnen beruhend*

Sen|so|ri|um ⟨n.; -s; unz.⟩ *Bewusstsein* [lat.]

Sen|su|a|lis|mus ⟨m.; -; unz.⟩ *Lehre, nach der alle Erkenntnis nur auf den Sinneswahrnehmungen beruht* [< lat. *sensualis* »sinnlich«; zu *sensus* »Gefühl, Verstand«; → *Sensation*]

sen|su|a|lis|tisch ⟨Adj.⟩ *den Sensualismus betreffend, auf ihm beruhend*

Sen|su|a|li|tät ⟨f.; -; unz.⟩ *Empfindungsvermögen, Sinnlichkeit*

Sen|sus com|mu|nis ⟨m.; - -; unz.; geh.⟩ *gesunder Menschenverstand;* → a. *Common Sense* [< lat. *sensus* »Empfindung; Geduld; Verstand« + *communis* »gemeinsam; allgemein üblich«]

sen|su|ell ⟨Adj.⟩ *die Sinne betreffend, auf ihnen beruhend, sinnlich, Sinnes…*

sen|ten|ti|ös ⟨Adj.⟩ = *sentenziös*

Sen|tenz ⟨f.; -, -en⟩ **1** *knapp formulierter Satz mit allgemein gültigem Sinn, Ausspruch, Denkspruch* **2** ⟨Rechtsw.⟩ *Urteilsspruch* [< lat. *sententia* »Meinung, Urteil; Sinn-, Denkspruch«; zu *sentire* »fühlen, wahrnehmen«]
sen|ten|zi|ös ⟨Adj.⟩ *in der Art einer Sentenz formuliert, knapp, zugespitzt;* oV *sententiös*
Sen|ti|ment ⟨[sãtimã:] n.; -s, -s⟩ *Gefühl* [frz.]
sen|ti|men|tal ⟨Adj.⟩ *gefühlsselig, rührselig* [engl., »(übertrieben) gefühlvoll, rührselig«; zu *sentiment* »Gefühl, Empfindung«]
Sen|ti|men|ta|le ⟨f.2; Theat.⟩ *Rollenfach des jungen, empfindsamen Mädchens*
sen|ti|men|ta|lisch ⟨Adj.⟩ ~er Dichter ⟨nach Schiller⟩ *Dichter, der die durch Kultur u. Zivilisation verlorene ursprüngl. Natürlichkeit durch Reflexion auf höherer Ebene wiederzugewinnen sucht;* Ggs *naiver Dichter*
Sen|ti|men|ta|li|tät ⟨f.; -, -en⟩ **1** ⟨unz.⟩ *Gefühlsseligkeit, Rührseligkeit* **2** ⟨zählb.⟩ *gefühlsbetonte Äußerung*
Se|nus|si ⟨m.; -, - od. -nus|sen⟩ *Anhänger des von Mohammed Ibn Ali es Senussi 1833 in Mekka gegründeten islam. Ordens*
sen|za ⟨Mus.⟩ *ohne;* ~ misura *ohne Takt, rhythmisch frei;* ~ pedale *ohne Pedal;* ~ sordino *ohne Dämpfer* [ital.]
Se|pa|lum ⟨n.; -s, -pa|len⟩ *Kelchblatt* [< frz. *sépale* »Kelchblatt«]
se|pa|rat ⟨Adj.⟩ *getrennt, abgesondert, einzeln, privat* [< lat. *separatus* »abgesondert, getrennt«, Part. Perf. zu *separare* »trennen«]
Se|pa|rate ⟨[sɛpərət] n.; -s, -s⟩ *zu einer mehrteiligen Kombination gehörendes Kleidungsstück (z. B. Jackett), das auch unabhängig von dieser getragen werden kann* [zu engl. *separate* »getrennt, gesondert«]
Se|pa|ra|ti|on ⟨f.; -, -en⟩ **1** *Trennung, Absonderung* **2** ⟨früher⟩ *Flurbereinigung*
Se|pa|ra|tis|mus ⟨m.; -; unz.⟩ *Streben nach staatl., religiöser od. geistiger Absonderung*
Se|pa|ra|tist ⟨m.; -en, -en⟩ *Anhänger, Vertreter des Separatismus*
se|pa|ra|tis|tisch ⟨Adj.⟩ *den Separatismus betreffend, auf ihm beruhend;* ~e Auseinandersetzungen, Kämpfe
Se|pa|ra|tor ⟨m.; -s, -to|ren⟩ *Zentrifuge zum Trennen fester u. flüssiger Stoffe,* z.B. Milchzentrifuge
Se|pa|ra|tum ⟨n.; -s, -ta⟩ *Sonderdruck einer wissenschaftl. Abhandlung* [→ *separat*]
Sé|pa|rée, ⟨auch⟩ **Se|pa|ree** ⟨[separe:] n.; -s, -s⟩ *abgetrennter Raum, Nische in Lokalen;* → a. *Chambre séparée* [< frz. *chambre séparée;* zu *séparer* »trennen« < lat. *separare*]
se|pa|rie|ren ⟨V.⟩ *trennen, absondern* [< frz. *séparer*]
Se|phar|dim ⟨Pl.⟩ *Angehörige einer Gruppe von Juden, die sich erst in Spanien u. Portugal niederließen u. sich dann nach Griechenland, in die Levante, nach England, den Niederlanden u. den USA ausbreiteten;* Sy *Spaniole* [< hebr. *Sepharadh* »Spanien«; urspr. Bez. für ein Gebiet, vermutl. in Nordkleinasien, wo die Juden früher in Gefangenschaft gehalten wurden]
se|pia ⟨Adj.⟩ *dunkelbraun*
Se|pia ⟨f.; -, -pi|en⟩ **1** ⟨Zool.⟩ = *Sepie* **2** ⟨unz.⟩ *brauner Farbstoff der Sepien* [< grch. *sepia* »Tintenfisch«; verwandt mit *Sepsis*]
Se|pi|a|zeich|nung ⟨f.; -, -en⟩ *Feder- od. Tuschzeichnung mit Sepia*
Se|pie ⟨[-pjə] f.; -, -n⟩ *Kuttelfisch, Angehörige einer Gattung der Tintenfische, die Sepia produziert: Sepia;* oV *Sepia(1)*
Se|pi|o|lith ⟨m.; -en, -en⟩ *Meerschaum, für Tabakspfeifen u. Zigarettenspitzen verwendetes, in Kleinasien vorkommendes, weißes od. graues Mineral, chemisch wasserhaltiges Magnesiumsilicat* [< grch. *sepion* »Rückenknochen des Tintenfisches, Meerschaum« + ...*lith*]
Se|poy ⟨[si:pɔi] m.; -s, -s; früher⟩ *Eingeborener als Soldat in den britischen Kolonialtruppen in Indien* [engl. < port. *sipae, sipaio* < Hindi, pers. *sipahi;* zu *sipah* »Armee«]
Sep|pu|ku ⟨n.; - od. -s, -s⟩ = *Harakiri* [jap.]
Sep|sis ⟨f.; -, -sen⟩ *Blutvergiftung* [grch., »Fäulnis«]
Sept. ⟨Abk. für⟩ *September*
Sep|ta ⟨Pl. von⟩ *Septum*
Sept|ak|kord ⟨m.; -(e)s, -e⟩ = *Septimenakkord*
Sep|ta|rie ⟨[-riə] f.; -, -n⟩ *Ansammlung von Kalk in Mergel mit kammerartigen Hohlräumen* [< lat. *saeptum* »Umzäunung«; → *Septum*]
Sep|te ⟨f.; -, -n⟩ = *Septime*
Sep|tem|ber ⟨m.; - od. -s, -; Abk.: Sept.⟩ *neunter Monat des Jahres, Herbstmonat* [lat., »der siebente (Monat)« des mit dem März beginnenden altrömischen Jahres; zu *septem* »sieben«]
Sep|ten|nat ⟨n.; -(e)s, -e⟩, **Sep|ten|ni|um** ⟨n.; -s, -ni|en; beides †⟩ *Zeitraum von sieben Jahren* [< lat. *septem* »sieben« + *annus* »Jahr«]
Sep|tett ⟨n.; -(e)s, -e; Mus.⟩ **1** *Musikstück für sieben Stimmen od. Instrumente* **2** *Gruppe von sieben Sängern od. Instrumentalisten* [< lat. *septem* »sieben«]
Sept|hä|mie, Sep|ti|kä|mie, Sep|tik|hä|mie ⟨f.; -, -n⟩ *Blutvergiftung* [< grch. *septikos* »faulend« + ...*hämie* < grch. *haima* »Blut«]
Sep|ti|ma ⟨f.; -; unz.; österr.⟩ *siebente Klasse der Mittelschule* [lat., Fem. zu *septimus* »der siebente«; zu *septem* »sieben«]
Sep|ti|me ⟨f.; -, -n; Mus.⟩ Sy *Septe* **1** *siebenter Ton der diaton. Tonleiter* **2** *Intervall von sieben Stufen* [< lat. *septima,* Fem. zu *septimus* »der siebente«; zu *septem* »sieben«]
Sep|ti|men|ak|kord ⟨m.; -(e)s, -e; Mus.⟩ *Akkord aus Grundton, Terz, Quinte, Septime;* oV *Septakkord*
sep|tisch ⟨Adj.⟩ **1** *auf Sepsis beruhend* **2** *Krankheitserreger enthaltend, eine Blutvergiftung hervorrufend*
sep|ti|zid ⟨Adj.; Bot.⟩ *entlang der Verwach-*

sungsnähte aufspaltend (bei den Fruchtblättern von Kapselfrüchten) [< *septum* + *...zid*]
Sep|to|le ⟨f.; -, -n⟩ *Gruppe von sieben Noten mit dem Taktwert von sechs od. acht Noten* [< lat. *septem* »sieben«]
Sep|tu|a|ge|si|ma *70. Tag (9. Sonntag) vor Ostern* [lat., »die siebzigste«]
Sep|tu|a|gin|ta ⟨f.; -; unz.⟩ *die griech. Bibelübersetzung aus dem 3. Jh. v. Chr.* [lat., »siebzig« (nach den angebl. siebzig Übersetzern)]
Sep|tum ⟨n.; -s, -ta od. -ten⟩ *Scheidewand in einem Organ, z.B. im Herzen, in der Nase* [< lat. *saeptum* »Gehege, Stall«, Pl. *saepta* »Mauern; Schranken«]
se|pul|kral ⟨auch⟩ **se|pulk|ral** ⟨Adj.⟩ *zum Begräbnis od. Grabmal gehörend* [< lat. *sepulcralis;* zu *sepulcrum* »Grab«]
seq. ⟨Abk. für⟩ *sequens*
seqq. ⟨Abk. für⟩ *sequentes*
se|quens ⟨Adj.; Abk.: seq., sq.; †⟩ *folgend, (die) folgende (Seite)* [lat., Part. Präs. zu *sequi* »folgen«]
se|quen|tes ⟨Abk.: seqq., sqq.; †⟩ *(die) folgenden (Seiten)* [lat., Pl. zu → *sequens*]
se|quen|ti|ell ⟨Adj.⟩ = *sequenziell*
Se|quenz ⟨f.; -, -en⟩ **1** *Reihe, Folge* **2** ⟨in der mittelalterl. Liturgie⟩ *eingefügter, hymnusähnl. Gesang* **3** ⟨Mus.⟩ *auf anderer Tonstufe wiederholte kleine Tonfolge* **4** ⟨Film⟩ *Reihe von Einstellungen, die im Ablauf der Handlung unmittelbar aufeinander folgen* **5** ⟨Kart.⟩ *mindestens drei aufeinander folgende Karten gleicher Farbe* **6** ⟨Biochem.⟩ *Aufeinanderfolge (von Nukleotiden in einer Nukleinsäure od. von Nukleinsäuren in einem Protein)* **7** ⟨EDV⟩ *Reihenfolge, Befehlsfolge* [< lat. *sequentia*]
Se|quenz|a|na|ly|tik ⟨f.; -; unz.⟩ *Erforschung der Reihenfolge der Aminosäuren in Eiweißverbindungen*
Se|quen|zer ⟨[siːkvənzə(r)] m., -s, -; Mus.⟩ *kleiner, häufig mit einem Synthesizer genutzter Computer, der eingegebene Tonsequenzen speichert u. jederzeit (auch z.B. in einer anderen Tonstufe) wiedergeben kann* [< engl. *sequencer*]
se|quen|zi|ell ⟨Adj.⟩ oV *sequentiell* **1** *eine Sequenz betreffend, nacheinander folgend* **2** ⟨EDV⟩ ~e Datei *D., in der die Daten in einer der Eingabe entsprechenden Reihenfolge gespeichert werden u. somit nur in einer bestimmten Reihenfolge ausgelesen werden können*
se|quen|zie|ren ⟨V.; Mus.⟩ *eine Sequenz(3) wiederholen;* eine Tonfolge ~
Se|ques|ter 1 ⟨n.; -s, -⟩ *abgestorbener Teil eines Gewebes, meist vom Knochen* **2** ⟨m.; -s, -⟩ *von einer Behörde eingesetzter Verwalter od. Verwahrer* [lat., »vermittelnd«]
Se|ques|tra|ti|on, ⟨auch⟩ **Se|quest|ra|ti|on** ⟨f.; -, -en⟩ *Verwahrung od. Verwaltung von Sachen durch einen Sequester(2)*
se|ques|trie|ren, ⟨auch⟩ **se|quest|rie|ren** ⟨V.⟩ *durch einen Sequester(2) verwahren, verwalten (lassen)*
Se|ques|tro|to|mie, ⟨auch⟩ **Se|quest|ro|to|mie** ⟨f.; -, -n⟩ *operative Entfernung eines Sequesters(1)* [< *Sequester* + *...tomie*]
Se|quo|ie ⟨[-jə] f.; -, -n⟩ *Mammutbaum, in Kalifornien heimische Gattung von Nadelhölzern, die riesige Bäume hervorbringt: Sequoia* [nach dem amerikan.-indian. Gelehrten *Sequoya* (engl. Name: George Guess), †1843]
Se|ra ⟨Pl. von⟩ *Serum*
Se|rac ⟨m.; -s, -s⟩ *durch Aufbrechen der Oberfläche eines Gletschers entstandene bizarre Blöcke, Zacken u. Türme, bes. im bereich von Querspalten* [frz.]
Se|rail ⟨[-raːj] n.; -s, -s⟩ *Palast, Schloss des türk. Sultans* [< frz. *sérail* < türk. *seraj* < pers. *saraj*]
Se|ra|pei|on ⟨n.; -s, -peia⟩, **Se|ra|pe|um** ⟨n.; -s, -pe|en⟩ *Tempel des ägypt. Gottes der Unterwelt Serapis* [< grch. *Serapeion;* zu *Sarapis*]
Se|raph ⟨m.; -s, -e od. -phim; AT⟩ *Gott anbetend umschwebender, sechsflügeliger Engel* [< grch. *serapheim* < hebr. *seraphim* »Läuternde«; zu *saraph* »verbrennen«]
se|ra|phisch ⟨Adj.⟩ *in der Art eines Seraphs, engelsgleich, erhaben*
se|ren ⟨Adj.⟩ *heiter* [< lat. *serenus*]
Se|ren ⟨Pl. von⟩ *Serum*
Se|re|na|de ⟨f.; -, -n; Mus.⟩ **1** *freie instrumentale Komposition, meist mit mehreren Sätzen* **2** *Ständchen* [< ital. *serenata* »Abendständchen«; zu *sera* »Abend«]
Se|re|nis|si|mus ⟨m.; -, -mi; †⟩ **1** ⟨bis ins 19. Jh. Titel für⟩ *regierender Fürst* **2** ⟨scherzh.⟩ *Fürst eines ehem. dt. Kleinstaates* [lat., »der heiterste«]
Se|re|ni|tät ⟨f.; -; unz.⟩ *Heiterkeit* [< lat. *serenitas*]
Serge ⟨[zɛrʒ] f. od. m.; -, -n⟩ *Kleider- od. Futterstoff aus Seide, Kunstseide, Baumwolle od. Wolle;* oV *Sersche* [frz. < afrz. *sarge* < lat. *serica* »Seidenstoffe«]
Ser|geant ⟨[-ʒant] m.; -en, -en; engl. [saːdʒənt] m.; -s, -s⟩ *erster Dienstgrad in der Hierarchie der Unteroffiziere, z.B. im engl. od. amerikan. Heer* [< mhd. *serjant* (< afrz. *serjant* »Fußknecht«) od. < engl. *sergeant* (< lat. *serviens,* Part. Präs. zu *servire* »dienen«)]
Se|ri|al ⟨[siːriəl] n.; -s, -s⟩ **1** *in bestimmten Abständen ausgestrahlte Radio- od. Fernsehsendung* **2** *Fortsetzungsroman, der in einzelnen Bänden als Serie veröffentlicht wird* [engl.]
Se|rie ⟨[-riə] f.; -, -n⟩ *Reihe, Folge, zusammengehörige Gruppe von Gegenständen in einer Sammlung;* Fernseh~ [< mhd. *serje* »Reihe(nfolge); Streifen; Zeitlauf« < lat. *series* »Reihe(nfolge)«; zu *serere* »fügen, reihen, knüpfen«]
se|ri|ell ⟨Adj.⟩ **1** *in Serien* **2** ⟨EDV⟩ *zeitlich u. logisch aufeinander folgend;* ~e Daten **3** ~e Musik *Musik einer Kompositionstechnik, bei der alle od. mehrere Toneigenschaften (Tonhöhe, -dauer, -stärke, Klangfarbe, Rhythmus) vom Komponisten stufenweise gegliedert u. in Zahlen- bzw. Proportionsreihen festgelegt*

werden, deren einzelne Elemente dann in Reihen geordnet u. in Beziehung zueinander gesetzt werden

Se|ri|fe 〈f.; -, -n〉 *kleiner Querstrich an den Buchstaben der Antiquaschriften, z.B. an den Füßen des „m", der Querstrich des „t"* [vermutl. <ndrl. *schreef* »Strich« <lat. *scribere* »schreiben«]

Se|ri|gra|fie 〈f.; -, -n〉 = *Serigraphie*

Se|ri|gra|phie 〈f.; -, -n〉 oV *Serigrafie* **1** 〈unz.〉 *Siebdruck* **2** 〈zählb.〉 *auf diese Weise hergestelltes Erzeugnis* [<lat. *sericus* »seiden« + *...graphie*]

se|rio 〈Mus.〉 *ernst* [ital.]

se|ri|ös 〈Adj.〉 **1** *ernst, ernsthaft, ernst gemeint* **2** *feierlich* **3** *gediegen, anständig* [<frz. *sérieux* <mlat. *seriosus*; zu lat. *serius* »ernst«]

Se|ri|o|si|tät 〈f.; -; unz.〉 *seriöses Wesen, Ernsthaftigkeit, Würde*

Se|rir 〈f.; -, -e〉 *flache, weite Aufschüttungssenke, die eine Sand- od. Kiesdecke trägt (bei Kiesbedeckung auch Kies- od. Geröllwüste);* oV *Sserir* [arab., »flache Senke«]

Ser|mon 〈m.; -s, -e〉 **1** 〈†〉 *Rede, Predigt* **2** 〈heute meist〉 *Strafpredigt, langweilige Rede* [<lat. *sermo* »Gespräch, Vortrag«]

Se|ro|di|a|gnos|tik, 〈auch〉 **Se|ro|di|ag|nos|tik** 〈f.; -; unz.〉 *Erkennung von Krankheiten aus dem Blutserum od. der Rückenmarks-Gehirn-Flüssigkeit;* oV *Serumdiagnostik*

se|ro|fi|bri|nös, 〈auch〉 **se|ro|fib|ri|nös** 〈Adj.〉 *aus Blutserum u. Fibrin bestehend*

Se|ro|lo|ge 〈m.; -n, -n〉 *Wissenschaftler, Facharzt auf dem Gebiet der Serologie*

Se|ro|lo|gie 〈f.; -; unz.〉 *Lehre von den Eigenschaften u. Reaktionen des Blutserums* [<*Serum* + *...logie*]

se|ro|lo|gisch 〈Adj.〉 *zur Serologie gehörend, mit ihrer Hilfe;* durch ~e Tests

Se|rom 〈n.; -s, -e; Med.〉 *Ansammlung einer serösen Flüssigkeit unter Narben u. verschlossenen Wunden* [<*Serum* + *...om*]

se|rös 〈Adj.〉 *aus Blutserum bestehend, serumartig*

Se|ro|si|tis 〈f.; -; -ti|den〉 *(häufig bei rheumatischen Erkrankungen auftretende) Entzündung seröser Häute* [<*Serum* + *...itis*]

Ser|pent 〈m.; -(e)s, -e; Mus.〉 *schlangenförmig gebogenes Blechblasinstrument* [frz., »Schlange«]

Ser|pen|tin 〈m.; -s, -e〉 *dunkelgrünes Mineral, chem. ein Magnesium-Eisen-Silicat;* Sy *Ophit(2)* [<lat. *serpens* »Schlange«]

Ser|pen|ti|ne 〈f.; -, -n〉 **1** *in Schlangenlinien ansteigender Weg an Berghängen* **2** *Kurve, Kehre, Windung* [<lat. *serpens* »Schlange«]

Ser|pu|li|den 〈Pl.〉 *Familie der Ringelwürmer, in Wohnröhren lebend* [<lat. *serpere* »kriechen«]

Ser|ra|del|la 〈f.; -, -del|len〉, **Ser|ra|del|le** 〈f.; -, -n〉 *Futterpflanze aus der Familie der Schmetterlingsblütler, Vogelfuß: Ornithopus sativus* [<port. *serradela*]

Ser|sche 〈f.; -, -n〉 = *Serge*

Se|rum 〈n.; -s, -ren od. -ra〉 **1** *der wässrige, nicht gerinnende, von Blutkörperchen u. Fibrin freie Bestandteil von Körperflüssigkeiten, bes. des Blutes* **2** *Immunkörper enthaltendes, als Impfstoff verwendetes Blutserum* [lat., »Molke«]

Se|rum|di|a|gnos|tik, 〈auch〉 **Se|rum|di|ag|nos|tik** 〈f.; -; unz.〉 = *Serodiagnostik*

Ser|val 〈[-val] m.; -s, -e od. -s〉 *hochbeinige Raubkatze, in den Savannen u. Feldgebieten Afrikas: Leptailurus serval* [frz. <port. *cerval* »Luchs«]

Ser|van|te 〈[-van-] f.; -, -n-; †〉 **1** *Anrichte* **2** *Glasschränkchen* **3** 〈f.; -, -n; abwertend〉 *Bedienstete, Dienstmädchen* [frz.]

Serve-and-Vol|ley 〈[sə:rv ənd vɔli] n.; -s; unz.; Sp.; Tennis〉 *Spielweise, bei der der Spieler unmittelbar nach dem eig. Aufschlag ans Netz läuft, um den Gegner unter Druck zu setzen* [engl., »Aufschlag u. Flugball«]

Ser|ve|la 〈[-və-] f.; -, -s od. (schweiz.) m.; -s, -s; mundartl., bes. schweiz.〉 *Zervelatwurst*

Ser|ve|lat|wurst 〈[-və-] f.; -, -würs|te〉 = *Zervelatwurst*

Ser|ver 〈[sə:və(r)] m.; -s, -〉 **1** 〈EDV〉 *Rechner für besondere Funktionen in einem EDV-System, z.B. für die Steuerung eines Druckers* **2** 〈Sp.; Tennis〉 *Spieler, der aufschlägt* [engl.; zu *serve* »dienen, servieren«]

Ser|vice[1] 〈[-vi:s] n.; - od. -s [-vi:səs], - [-vi:s] od. [-vi:sə]〉 *zusammengehöriges Geschirr;* Speise~; Kaffee~ [frz., »Dienst(leistung); Tafelgeschirr« <lat. *servitium* »Sklavendienst«; zu *servire* »dienen«; zu *servus* »Sklave, Diener«]

Ser|vice[2] 〈[sə:vis] m.; -, -s [-visiz]〉 **1** *Kundendienst, z.B. an Tankstellen* **2** *Bedienung in Gaststätten* **3** 〈Sp.; Tennis〉 *Aufschlag;* First ~ [fə:st-] *erster Aufschlag (von zwei möglichen)* [engl. <frz. *service;* → *Service*[1]]

ser|vie|ren 〈[-vi:-] V.〉 **1** Speisen ~ *auftragen* **2** *bei Tisch bedienen* **3** 〈fig.; umg.〉 *vortragen, erklären (bes. etwas Unangenehmes)* [<frz. *servir* »dienen« <lat. *servire* »Sklave sein; dienen«; zu *servus* »Sklave, Diener«]

Ser|vie|re|rin 〈[-vi:-] f.; -, -rin|nen〉 *Kellnerin, Bedienerin in einem Speiselokal*

Ser|vi|et|te 〈[-vi-] f.; -, -n〉 *zum Schutz der Kleider beim Essen benutztes Tuch, Mundtuch* [frz.; zu *servir* »aufwarten«; → *servieren*]

ser|vil 〈[-vi:l] Adj.〉 *unterwürfig, kriecherisch, ergeben* [<lat. *servilis*]

Ser|vi|lis|mus 〈[-vi-] m.; -; unz.〉, **Ser|vi|li|tät** 〈[-vi-] f.; -; unz.〉 **1** *Unterwürfigkeit, Kriecherei* **2** *unterwürfige Gesinnung, Ergebenheit*

Ser|vit 〈[-vi:t] m.; -en, -en〉 *Diener Mariens, Angehöriger des 1233 in Florenz gegründeten, nach der Augustinerregel lebenden Bettelordens, missionarisch u. wissenschaftlich tätig* [<lat. Ordo *servorum* beatae Mariae Virginis »Orden der Diener der seligen Jungfrau Maria«]

Ser|vi|tin 〈[-vi:-] f.; -, -tin|nen〉 *Dienerin der Maria, Angehörige des Servitenordens*

Ser|vi|tut ⟨[-vi-] n.; -(e)s, -e⟩ *Dienstbarkeit* [< lat. *servitus* »Stand des Sklaven«; zu *servire* »Sklave sein«]

Ser|vo... ⟨[-vo] in Zus.⟩ *die Einleitung von geringen Kräften in entsprechend gebaute Mechanismen zur Regelung u. Steuerung großer Kräfte,* z.B. Servobremse, Servolenkung [< lat. *servus* »Diener«]

Ser|vo|brem|se ⟨[-vo-] f.; -, -n⟩ *mit einem Bremskraftverstärker versehene Fahrzeugbremse*

Ser|vo|ge|rät ⟨[-vo-] n.; -(e)s, -e⟩ *Hilfsgerät, das großen Kraftaufwand erfordernde Maschinenbewegungen durch Zuschaltung entsprechender hydraulischer od. elektr. Aggregate erleichtert*

Ser|vo|len|kung ⟨[-vo-] f.; -, -en⟩ *durch ein hydraul. od. elektr. Hilfsaggregat unterstützte Fahrzeuglenkung*

Ser|vo|mo|tor ⟨[-vo-] m.; -s, -en⟩ *Hilfsmotor zur Erleichterung von Steuerungsvorgängen*

Ser|vus! ⟨[-vus] bair.; österr.⟩ *Guten Tag!, Auf Wiedersehen! (freundschaftl. Grußformel)* [lat., eigtl. »(dein, Ihr) Diener!«]

Se|sam ⟨m.; -s, -s⟩ **1** *zur Familie der Sesamgewächse gehörende Gattung krautiger Pflanzen mit oben aufspringenden Kapselfrüchten: Sesamum* **2** ~, öffne dich! ⟨fig.⟩ *Zauberwort, wirkungsvolles Wort (um etwas zu erreichen)* [lat. *sesamum* < grch. *sesame, sesamon* < semit]

Se|sam|bein ⟨n.; -(e)s, -e⟩ *rundes Knöchelchen im Bereich der Sehnen von Hand- u. Fußgelenken*

Se|sam|öl ⟨n.; -s; unz.⟩ *aus den Samen der Sesamgewächse gewonnenes Öl*

Se|schel|len|nuss ⟨f.; -, -nüs|se⟩ *Nuss einer Gattung der Fächerpalme (Lodoicea), die auf den Seschellen wächst;* oV *Seychellennuss*

ses|sil ⟨Adj.⟩ *festsitzend, fest angewachsen* [< lat. *sessilis* »zum Sitzen geeignet«]

Ses|si|li|tät ⟨f.; -; unz.⟩ *Sesshaftigkeit, Lebensweise vieler Wassertiere (Muscheln, Schwämme, Korallen), die fest auf einer Unterlage angewachsen sind* [< lat. *sessilis* »zum Sitzen geeignet«]

Ses|si|on¹ ⟨f.; -, -en⟩ *in regelmäßigen Abständen stattfindende Sitzung* [< lat. *sessio*]

Ses|sion² ⟨[sɛʃn] f.; -, -s⟩ **1** ⟨Mus.⟩ *Musikveranstaltung (von Jazzmusikern)* **2** ⟨umg.⟩ *Zeitspanne eines Drogenrausches* [engl., < lat. *sessio* »Sitzung«]

Ses|terz ⟨m.; -es, -e⟩ *kleine altröm. Silbermünze, 1/4 Denar* [< lat. *sestertium*]

Ses|ti|ne ⟨f.; -, -n⟩ **1** *sechszeilige Strophe* **2** *Gedichtform aus sechs Strophen zu je sechs Zeilen mit meist fünffüßigen Jamben mit festgelegter Ordnung der Schlusswörter, die in bestimmter Weise wiederkehren* [< ital. *sestina*]

Set 1 ⟨n.; - od. -s; Pl. Seteinheiten, bei Zahlenangaben: -; Typ.⟩ *Maßeinheit für die Dicken der Monotype* **2** ⟨n. od. m.; - od. -s, -s⟩ **2.1** *mehrere zusammengehörige Gebrauchsgegenstände, Kleidungsstücke* (Twin~), *Teppiche usw.* **2.2** *eins von mehreren, farblich aufeinander abgestimmten kleinen Unterlagen für ein Gedeck* **3** ⟨Sp.; Tennis⟩ *Satz* **4** ⟨m.; - od. -s, -s⟩ *Bühnenbild, Kulissenaufbau (bei Film u. Fernsehen)* [engl.; zu *set* »setzen; Gruppe (von Personen)«]

Set|te|cen|to ⟨[-tʃɛnto] n.; - od. -s; unz.⟩ *das 18. Jahrhundert in der italien. Kunst* [ital., »siebenhundert« (nach 1000)]

Set|ter ⟨m.; -s, -⟩ *hochbeiniger Spürhund mit glänzend rotbraunem od. schwarzweißem, langhaarigem Fell* [engl., »Setzer«]

Set|ting ⟨n.; -s, -s⟩ **1** *äußere Umgebung, Räumlichkeit, Atmosphäre* **2** *Umgebung eines Drogenabhängigen während des Rausches* [engl., »Lage, Umgebung, Milieu«]

Set|tle|ment, ⟨auch⟩ **Sett|le|ment** ⟨[sɛtlmənt] n.; -s, -s⟩ *Ansiedlung, Niederlassung, Kolonie* [engl.]

Set-Top-Box ⟨f.; -, -en⟩ = *Set-Top-Decoder*

Set-Top-De|co|der ⟨m.; -s, -⟩ *Entschlüsselungsgerät, das dazu dient, digitale Fernsehprogamme auf analogen Fernsehapparaten zu empfangen;* Sy *Set-Top-Box* [engl.]

Set-up ⟨[sɛtʌp] n.; -s, -s; Golf⟩ *Aufstellung zur Ausführung eines Schlages* [engl., eigtl. »Aufbau, Anlage«]

Sè|vres|por|zel|lan, ⟨auch⟩ **Sèv|res|por|zel|lan** ⟨[sɛvrə-] n.; -s; unz.⟩ *Porzellan aus der französ. Stadt Sèvres*

Sex ⟨m.; -es; unz.; kurz für⟩ **1** *Sexus* **2** *Sexualität* **3** ⟨umg.⟩ *Sexappeal;* sie hat viel, wenig ~ [→ *Sexus*]

Se|xa|ge|si|ma *achter Sonntag vor Ostern* [< lat. *(dies) sexagesima* »60. Tag (vor Ostern)«]

se|xa|ge|si|mal ⟨Adj.⟩ *sechszigteilig* [< lat. *sexagesima* »der sechzigste (Teil)«]

Se|xa|ge|si|mal|sys|tem ⟨n.; -(e)s; unz.⟩ *auf der Zahl 60 aufgebautes Zahlensystem*

Se|xa|gon ⟨n.; -s, -e⟩ *geometr. Figur mit sechs Ecken, Sechseck* [< lat. *sex* »sechs« + grch. *gonia* »Winkel«]

Sex and Crime ⟨[-ænd kraim] ohne Art.⟩ *vorrangige Darstellung von Sexualität und Kriminalität in Filmen u. Zeitschriften* [engl., »Sexualität und Verbrechen«]

Sex|ap|peal ⟨[-əpiːl] m.; -s; unz.⟩ *körperl. Anziehungskraft* [< engl. *sex* »Sex, Sexus« + *appeal* »Appell, Anziehungskraft, Reiz«]

Sex|i|dol ⟨n.; -s, -e⟩ *jmd., der aufgrund seiner starken körperlichen Ausstrahlung u. Anziehungskraft zum Idol wurde,* z.B. James Dean u. Marilyn Monroe in den fünfziger Jahren

Se|xis|mus ⟨m.; -; unz.⟩ *Überbewertung der geschlechtlichen Unterschiede zwischen Mann u. Frau (die zur Benachteiligung der Frau im gesellschaftl. Leben führt)*

Se|xist ⟨m.; -en, -en⟩ *Anhänger, Vertreter des Sexismus*

se|xis|tisch ⟨Adj.⟩ *in der Art des Sexismus, ihn betreffend, auf ihm beruhend*

Se|xo|lo|gie ⟨f.; -; unz.⟩ *Sexualwissenschaft* [< lat. *sexus* »Geschlecht« + *...logie*]

Sex|shop ⟨[-ʃɔp] m.; -s, -s⟩ *Laden, in dem Gegenstände zur sexuellen Betätigung u. Bücher erotischen Inhalts verkauft werden* [< *Sex* + engl. *shop* »Laden, Geschäft«]
Sext ⟨f.; -, -en; Mus.⟩ = *Sexte*
Sex|ta ⟨f.; -, -ten⟩ *erste Klasse der höheren Schule*[< lat. *sexta,* Fem. zu *sextus*»der sechste« (früher begann die Zählung der Klassen des Gymnasiums mit der höchsten Zahl)]
Sext|ak|kord ⟨m.; -(e)s, -e; Mus.⟩ *Umkehrung eines Dreiklangs, Dreiklang aus Terz u. Sexte* [< *Sexte* + *Akkord*]
Sex|ta|ner ⟨m.; -s, -⟩ *Schüler der Sexta*
Sex|tant ⟨m.; -en, -en⟩ *astronom. Instrument zur Winkelmessung* [< lat. *sextans* »Sechstel«]
Sex|te ⟨f.; -, -n⟩ oV *Sext* **1** *sechster Ton der diatonischen Tonleiter* **2** *Intervall aus sechs Tönen* [< lat. *sexta,* Fem. zu *sextus* »der sechste«; zu *sex* »sechs«]
Sex|tett ⟨n.; -(e)s, -e; Mus.⟩ **1** *Musikstück für sechs Stimmen od. Instrumentalisten* **2** *Gruppe von sechs Sängern od. Instrumentalisten* [< frz. *sextetto,* ital. *sestetto,* < lat. *sex* »sechs«]
Sex|to|le ⟨f.; -, -n⟩ *Figur von sechs gleichwertigen Noten mit dem Zeitwert von vier Noten* [< lat. *sex* »sechs« + *...ole*]
Sex|tou|ris|mus ⟨[-tu-] m.; -; unz.⟩ *Tourismus mit dem vorrangigen Ziel, sexuelle Beziehungen zu knüpfen*
se|xu|al ⟨Adj.⟩ **1** = *sexuell* **2** ⟨in Zus.⟩ *geschlechtl., geschlechts..., Geschlechts...* [< lat. *sexus* »Geschlecht«]
Se|xu|al|de|likt ⟨n.; -(e)s, -e⟩ *Delikt auf sexuellem Gebiet,* z.B. Unzucht mit Minderjährigen, Vergewaltigung
Se|xu|al|e|thik ⟨f.; -; unz.⟩ *die Ethik im Geschlechtsleben, Verhältnis des Geschlechtslebens zur Sittlichkeit*
Se|xu|al|hor|mon ⟨n.; -s, -e⟩ *in den Keimdrüsen gebildetes Hormon, Geschlechtshormon*
Se|xu|al|hy|gi|e|ne ⟨f.; -; unz.⟩ *Gesundheitslehre auf dem Gebiet der menschlichen Sexualität*
se|xu|a|li|sie|ren ⟨V.⟩ etwas ~ *bei etwas die Sexualität in den Vordergrund rücken*
Se|xu|a|li|tät ⟨f.; -; unz.⟩ *Geschlechtlichkeit*
Se|xu|al|neu|ro|se ⟨f.; -, -n⟩ *aus Störungen des Geschlechtslebens entstandener seelischer Konflikt*
Se|xu|al|ob|jekt ⟨n.; -(e)s, -e⟩ *jmd., der jmdm. nur zur Befriedigung sexueller Wünsche dient, Lustobjekt*
Se|xu|al|or|gan ⟨n.; -s, -e⟩ *Geschlechtsorgan*
Se|xu|al|päd|a|go|gik, ⟨auch⟩ **Se|xu|al|pä|da|go|gik** ⟨f.; -; unz.⟩ *Belehrung über die sexuellen Vorgänge, ihre biolog. Hintergründe u. die mit ihnen verbundenen ethischen u. gesundheitl. Fragen*
Se|xu|al|pa|tho|lo|gie ⟨f.; -; unz.⟩ *Lehre von den krankhaften Störungen u. Abarten des Geschlechtslebens*
Se|xu|al|psy|cho|lo|gie ⟨f.; -; unz.⟩ *Teil der Psychologie, die das Verhalten im Geschlechtsleben erforscht*
Se|xu|al|rhyth|mus ⟨m.; -, -men⟩, **Se|xu|al|zy|klus,** ⟨auch⟩ **Se|xu|al|zyk|lus** ⟨m.; -, -klen⟩ *regelmäßiger period. Ablauf der Bereitschaft zur Fortpflanzung bei allen höheren Tierarten u. beim Menschen*
se|xu|ell ⟨Adj.⟩ *geschlechtlich, das Geschlecht betreffend, auf ihm beruhend;* oV *sexual*[< lat. *sexus* »Geschlecht«]
Se|xus ⟨m.; -; unz.⟩ *Geschlecht* [< engl. *sex,* frz. *sexe* < lat. *sexus* »(männl. od. weibl.) Geschlecht«]
se|xy ⟨Adj.; undekl.⟩ *sexuell anziehend, körperlich reizvoll, das Geschlecht betonend;* ~ aussehen [engl., »aufreizend, erotisch«]
Sey|chel|len|nuss ⟨[zeʃɛlən-] f.; -, -nüs|se⟩ = *Seschellennuss*
se|zer|nie|ren ⟨V.; Med.⟩ *absondern, abtrennen* [< lat. *secernere* »ausschneiden; abtrennen«; zu *cernere* »schneiden«]
Se|zes|si|on ⟨f.; -, -en⟩ **1** *Abfall, Loslösung;* ~ eines Staates, einer Provinz **2** *Name für eine Gruppe von Künstlern, die sich von einer bestehenden Künstlervereinigung loslösen, weil sie sich anderen Zielen zugewendet haben;* Berliner ~ (1899); Münchner ~ (1892); Wiener ~ (1897) [< lat. *secessio* »Abseitsgehen, Absonderung«; zu *secedere* »beiseite/weggehen«]
Se|zes|si|o|nist ⟨m.; -en, -en⟩ *Angehöriger einer Sezession*
se|zes|si|o|nis|tisch ⟨Adj.⟩ *zu einer Sezession gehörend, von ihr ausgehend*
Se|zes|si|ons|krieg ⟨m.; -(e)s, -e⟩ **1** ⟨allg.⟩ *Krieg mit dem Ziel der Sezession(1)* **2** ⟨unz.; i.e.S.⟩ *Krieg zwischen den nördl. Staaten Nordamerikas 1861-1865*
Se|zes|si|ons|stil ⟨m.; -(e)s; unz.⟩ *Stil der Wiener Sezession, österr. Form des Jugendstils*
se|zie|ren ⟨V.⟩ **1** eine Leiche ~ *anatomisch zerlegen, untersuchen* **2** ⟨fig.⟩ *auseinander nehmen, genau untersuchen* [< lat. *secare* »(ab)schneiden, zerlegen, operieren«]
sf ⟨Mus.; Abk. für⟩ *sforzando, sforzato*
SFOR, Sfor ⟨f.; -; unz.; Kurzw. für engl.⟩ *Stabilization Force (Truppe zur Stabilisierung), multinationale Einsatztruppe unter UN-Mandat zur Verhinderung militärischer Konfrontationen u. zur Stabilisierung des Friedensprozesses durch ständige militärische Präsenz in Bosnien-Herzegowina;* → a. *IFOR*
sfor|zan|do ⟨Mus.⟩ = *sforzato* [ital., »zwingend«]
sfor|za|to ⟨Mus.; Abk.: sf; Zeichen: ʌ, <⟩ *mit starkem Ton, betont, akzentuiert (zu spielen);* oV *forzando, forzato*
Sfor|za|to ⟨n.; -s, -s od. -ti; Mus.⟩ *Betonung, Akzentuierung (eines Tons od. einer Tonfolge)* [ital. *sforzato* »gezwungen«; zu *sforzare* »zwingen«]
sfu|ma|to ⟨Adj.⟩ *mit weichen Umrissen, wie durch einen Schleier gesehen (gemalt)* [ital., Part. Perf. zu *sfumare* »schattieren, tönen«; zu *fumo* »Rauch«]

SGML ⟨EDV; Abk. für engl.⟩ *Standard(ized) Generalized Markup Language, zur strukturierten Darstellung von gegliederten Texten genormte Auszeichnungssprache* [engl.]
Sgraf|fi|to ⟨n.; -s, -s od. -ti⟩ *wetterbeständige Wandmalerei, wobei die Zeichnung in die noch feuchte Tünche eingeritzt wird;* →a. *Graffito* [<ital. *sgraffiere* »einritzen« <grch. *graphein* »einritzen«]
sh ⟨Abk. für⟩ *Shilling*
Shag ⟨[ʃæg] m.; -s, -s⟩ *fein geschnittener Pfeifentabak* [engl., »Zottel«]
Shake[1] ⟨[ʃɛɪk] m.; -s, -s⟩ **1** *moderner Gesellschaftstanz mit schüttelnden Körperbewegungen* **2** *Mixgetränk;* Milch~ **3** *Zittern, Schüttelfrost (als Folge häufigen Drogenkonsums)* [<engl. *shake* »schütteln«]
Shake[2] ⟨[ʃɛɪk] n.; -s, -s; Mus.; Jazz⟩ *Vibrato, Triller über einer Note*
Shake|hands ⟨[ʃɛɪkhændz] n.; -; unz.⟩ *Händedruck, Händeschütteln;* ~ machen [engl.]
Sha|ker ⟨[ʃɛɪkə(r)] m.; -s, -⟩ *Mischbecher für alkohol. Getränke* [<engl. *shake* »schütteln«]
sha|kern ⟨[ʃɛɪke(r)n] V.⟩ *im Mischbecher durch Schüttelbewegungen mixen, vermengen* [<engl. *shake* »schütteln«]
Sham|poo ⟨[ʃampu:] n.; -s, -s⟩, **Sham|poon** ⟨[ʃampu:n] od. [ʃampo:n] n.; -s, -s⟩ = *Schampun*
sham|poo|nie|ren ⟨[ʃampu-] od. [ʃampo-] V.⟩ = *schampunieren*
Sham|rock ⟨[ʃæmrɔk] m.; - od. -s, -s⟩ *irisches Nationalsymbol, das Blatt des Weißklees, anhand dessen der heilige Patrick die Dreieinigkeit erklärt haben soll* [engl., »Kleeblatt«]
shang|hai|en ⟨V.⟩ = *schanghaien*
Shan|tung|sei|de ⟨[ʃan-] f.; -, -n⟩ = *Schantungseide*
Shan|ty ⟨[ʃænti] n.; -s, -s⟩ *von Seeleuten gesungenes u. für sie typisches Lied, Seemannslied* [<engl. *shanty, shantey,* <frz. *chanter* »singen«]
Sha|ping ⟨[ʃɛɪpiŋ]⟩ **1** ⟨f.; -, -s; kurz für⟩ *Shapingmaschine* **2** ⟨n.; - od. -s; unz.; Psych.⟩ *durch Verstärkung (z. B. Lob) nach u. nach erzielte Reaktionen, die zum gewünschten Verhalten führen* [<engl. *shaping,* Part. Präs. zu *shape* »eine Form geben, formen«]
Sha|ping|ma|schi|ne ⟨[ʃɛɪpiŋ-] f.; -, -n⟩ *Stoßmaschine mit waagerecht geführtem Meißel, Waagerechtstoßmaschine;* →a. *Shaping*
Share ⟨[ʃɛ:(r)] m.; - od. -s, -s; Wirtsch.⟩ *Aktie* [engl.]
Share|hol|der ⟨[ʃɛ:(r)houldə(r)] m.; -s, -; Wirtsch.⟩ *Anteilseigner, Aktionär* [<engl. *share* »Anteil, Anteilsschein« + *holder* »Eigner, Halter, Inhaber«]
Share|hol|der|va|lue ⟨[ʃɛ:(r)houldə(r)vælju:] m.; -s, -s; Wirtsch.⟩ *Kapitalanteil von Aktionären, Unternehmenswert* [< *Shareholder* + engl. *value* »Wert«]
Share|ware ⟨[ʃɛ:(r)wɛ:(r)] f.; -; unz.; EDV⟩ *kostenlos od. preisgünstig angebotene Software mit eingeschränkter Funktionalität, die dem potenziellen Käufer die Möglichkeit geben soll, das Produkt vor Erwerb zu testen* [<engl. *share* »Anteil« + Soft*ware*]
Sha|ring ⟨[ʃɛ:riŋ] n.; -s; unz.; kurz für⟩ **1** *Carsharing* **2** *Jobsharing* [engl., »(das) Teilen«]
sharp ⟨[ʃa:(r)p] Mus.⟩ *um einen halben Ton erhöht;* Ggs *flat* [engl.]
Shed|dach ⟨[ʃɛd-] n.; -(e)s, -dä|cher⟩ *Sägedach, Dachkonstruktion mit sägezahnartig gegeneinander gestellten Dachflächen;* oV *Scheddach* [<engl. *shed* »Schuppen, Wetterdach«]
Sheng ⟨[ʃɛng] n.; -s, -s; Mus.⟩ *chines. Blasinstrument aus einer Kürbisschale mit seitl. Mundstück u. verschieden langen Bambuspfeifen, in denen durch frei schwingende Zungen der Ton hervorgebracht wird, Mundorgel* [chin.]
She|riff ⟨[ʃɛrif] m.; -s, -s; in England u. den USA⟩ *höchster Vollstreckungsbeamter in einer Grafschaft, in den USA auch mit richterl. Befugnissen;* oV *Scheriff* [<engl. *sheriff* »Landrat, Bezirksdirektor, Polizeichef« <arab. *sharif* »Nachkomme des Propheten Mohammed«]
Sher|pa ⟨[ʃɛr-] m.; -s, -s⟩ *tibetanischer Lastenträger u. Bergführer im Himalaja* [Name eines tibet. Volksstammes]
Sher|ry ⟨[ʃɛri] m.; -s, -s⟩ *würziger Süßwein;* Sy *Jerez* [nach *Sherry,* der engl. Bez. der span. Stadt *Jerez* de la Fontera]
Shet|land|po|ny ⟨[ʃɛt-] n.; -s, -s⟩ *kleines, gedrungenes Pony mit relativ großem Kopf u. kleinen, spitzen Ohren* [nach den *Shetlandinseln* bei Schottland]
Shet|land|wol|le ⟨[ʃɛt-] f.; -; unz.⟩ *Wolle von Shetlandschafen*
Shift|a|na|ly|se ⟨[ʃift-] f.; -, -n⟩ *auf das wirtschaftl. Wachstum eines Gesamtraumes bezogene Analyse der Unterschiede in den Entwicklungen in Teilräumen, die auch Rückschlüsse über die Ursachen für fort- od. rückschreitende Wachstumstendenzen geben soll* [<engl. *shift* »schieben, umstellen; Verschiebung, Wechsel« + *Analyse*]
Shi|gel|le ⟨[ʃi-] f.; -, -n⟩ *zu den Salmonellen gehörende Bakterie, die die Shigellose hervorruft* [nach dem jap. Bakteriologen Kiyoshi *Shiga,* 1870-1957]
Shi|gel|lo|se ⟨[ʃi-] f.; -, -n⟩ *durch Shigella-Bakterien hervorgerufene Bakterienruhr* [nach dem jap. Bakteriologen K. *Shiga*]
Shi|i|ta|ke|pilz ⟨[ʃi-] m.; -es, -e⟩ *Blätterpilz mit rundem od. nierenförmigem Hut u. weißlichem Fleisch, der in Ostasien gewerbemäßig als Speisepilz angebaut wird* [jap.]
Shil|ling ⟨[ʃil-] m.; -s, -s; nach Zahlenangaben -; Abk.: s, sh; früher⟩ *Währungseinheit in England,* $^1/_{20}$ *$, 12 Pence* [engl. <dt. *Schilling*]
Shim|my ⟨[ʃimi] m.; -s, -s⟩ *nordamerikan. Gesellschaftstanz der 20er-Jahre im* $^2/_4$*-Takt* [verkürzt < *shimmyshake* »Tanz mit Schüttelbewegungen«]

Shin|to|is|mus ⟨[ʃin-] m.; -; unz.⟩ = *Schintoismus*
Shirt ⟨[ʃə̱:t] n.; -s, -s⟩ *(meist kurzärmeliges) Hemd aus weichem Baumwollstoff;* T-~; Polo~ [engl., »Hemd«]
Shit ⟨[ʃịt] n.; - od. -s; unz.; umg.⟩ *Haschisch* [engl.]
Shi|va ⟨[ʃi̱:va] m.; -s; unz.⟩ = *Schiwa*
Shoa ⟨f.; -; unz.⟩ = *Holocaust*
sho|cking ⟨[ʃọkiŋ] Adj.; undekl.⟩ *anstößig, peinlich, schockierend* [engl.; zu *shock* »schockieren«; → *Schock*]
Shod|dy ⟨[ʃọdi] n.; -s, -s⟩ *durch Reißen gewonnenes Garn aus wollenen Lumpen* [Herkunft unbekannt]
Sho|gun ⟨[ʃo̱:-] m.; -s, -e; früher für⟩ *japan. Feldherr;* oV *Schogun* [jap., »Heerführer«]
Shoo|ting|star ⟨[ʃu̱:tiŋ-] m.; -s, -s⟩ *Person, die schnell bekannt geworden ist, eine steile Karriere gemacht hat, Senkrechtstarter* [engl.; zu *shoot* »schießen« + *Star*]
Shop ⟨[ʃọp] m.; -s, -s⟩ *Laden, Geschäft;* Sex~ [engl.]
Shop-in-Shop ⟨[ʃọp in ʃọp] m.; -s, -s⟩ = *Rackjobbing*
Shop|ping ⟨[ʃọpiŋ] n.; -s, -s; Pl. selten⟩ ~ gehen *einen Einkaufsbummel machen* [engl., »Einkaufen«]
Shop|ping|cen|ter ⟨[ʃọpiŋsɛntə(r)] n.; -s, -⟩ *Einkaufs-, Geschäftezentrum* [engl.]
Shore|här|te, ⟨auch⟩ **Shore-Här|te** ⟨[ʃɔ̱:(r)-] f.; -; unz.⟩ *für bes. harte Werkstoffe angewandtes Härteprüfverfahren, bei dem die Rückprallhöhe einer aus einer bestimmten Höhe auf den Werkstoff fallenden Kugel das Maß für die Härte ist* [nach dem Briten *Shore*]
Short|drink ⟨[ʃɔ̱:(r)t-] m.; -s, -s⟩ *viel Alkohol enthaltendes Getränk;* Ggs *Longdrink* [< engl. *short* »kurz; in einem kleinen Glas serviert« + *Drink*]
Shorts ⟨[ʃɔ̱:(r)ts] Pl.⟩ *kurze, leichte Hose* [engl.; zu *short* »kurz«]
Short|sto|ry, ⟨auch⟩ **Short Sto|ry** ⟨[ʃɔ̱:(r)tstɔri] f.; (-) -, (-) -s; Lit.⟩ *Kurzgeschichte (bes. engl. u. amerikan. Literatur)* [engl.]
Short|track ⟨[ʃɔ̱:(r)ttræk] m.; -s; unz.; Sp.⟩ *auf einer kurzen Bahn ablaufender Eisschnelllauf* [< engl. *short* »kurz« + *track* »Bahn«]
Shor|ty ⟨[ʃɔ̱:(r)ti] n. od. m.; -s, -s⟩ *Damenschlafanzug mit sehr kurzen Ärmeln u. Höschen* [engl., zu *short* »kurz«]
Shot ⟨[ʃọt] m.; -s, -s; Sp.; Ballspiele⟩ *Schuss* [engl.]
Show ⟨[ʃou̱] f.; -, -s⟩ *Schau* [engl. *show* »zeigen«]
Show|biz ⟨[ʃou̱biz] n.; -; unz.; umg.; Kurzw. für⟩ *Showbusiness*
Show|block ⟨[ʃọu-] m.; -s, -blö|cke⟩ *kurze, unterhaltsame Zwischeneinlage (z. B. Gesangsauftritt, Sketch), die bei längeren Fernsehsendungen eingeschoben wird*
Show|bu|si|ness ⟨[ʃou̱bisnis] n.; -; unz.⟩ = *Showgeschäft* [< engl. *show-business* »Unterhaltungsindustrie«]
Show-down, ⟨auch⟩ **Show|down** ⟨[ʃouda̱un] n.; -s, -s⟩ **1** ⟨Film, bes. Western⟩ *abschließende, entscheidende (meist blutige) Auseinandersetzung zwischen den Hauptlhelden* **2** ⟨Poker⟩ *Aufdecken der Karten* **3** ⟨allg.⟩ *Kraft-, Machtprobe* [< engl. *show* »zeigen« + *down* »nieder«]
Show|er... ⟨auch⟩ **Sho|wer...** ⟨[ʃa̱uər]; in Zus.⟩ *Dusche..., Dusch...;* ~gel, ~cream [engl.]
Show|ge|schäft ⟨[ʃou̱-] n.; -(e)s; unz.⟩ *die mit öffentl. Darbietungen verbundene Vergnügungsindustrie, Film, Fernsehen, Varietee, Zirkus;* Sy *Showbusiness*
Show|girl ⟨[ʃou̱gə:l] n.; -s, -s⟩ *Tänzerin od. Sängerin, die bei einer Show mitwirkt* [engl.; zu *show* »Schau« + *girl* »Mädchen«]
Show|man ⟨[ʃou̱mæn] m.; -s, -men [-mən]⟩ *jmd., der im Showgeschäft tätig ist* [engl.; zu *show* »Schau« + *man* »Mann, Mensch«]
Show|mas|ter ⟨[ʃou̱-] m.; -s, -⟩ *Conférencier, Moderator bei einer Show* [engl.; zu *show* »Schau« + *master* »Meister«]
Show|view ⟨[ʃou̱vju:] n.; -s; unz.; Ⓦⓩ⟩ *Programm, das durch eine verschlüsselte Ziffernfolge die einfache Programmierung von Videogeräten ermöglicht* [engl.; zu *show* »Schau; zeigen« + *view* »Sicht; betrachten«]
Shred|der ⟨[ʃrẹd-] m.; -s, -⟩ *Zerkleinerungsanlage für zu verschrottende Fahrzeuge;* oV *Schredder* [engl.]
Shrimp ⟨[ʃrịmp] m.; -s, -s; meist Pl.⟩ *Krabbe;* oV *Schrimp* [engl.]
shrin|ken ⟨[ʃrịŋ-] V.⟩ = *schrinken*
Shuf|fle|board, ⟨auch⟩ **Shuff|le|board** ⟨[ʃʌflbɔ:d] n.; -s; unz.⟩ *Spiel, bei dem Scheiben mit Holzstöcken in das dem Start gegenüberliegende Ziel geschoben werden müssen* [engl., zu *shuffle* »schlurfen, scharren« + *board* »Brett«]
Shunt ⟨[ʃʌ̣nt] m.; -s, -s⟩ *elektr. Widerstand in Parallelschaltungen, z.B. zur Erweiterung des Messbereiches von Zählern u. Instrumenten* [engl., »Nebengleis, elektr. Nebenschluss«]
shun|ten ⟨[ʃʌ̣ntən] V.; El.⟩ *elektr. Widerstand in Parallelschaltungen zur Regulierung der Stromstärke einstellen*
Shut|tle, ⟨auch⟩ **Shutt|le** ⟨[ʃʌ̣tl] n.; -s, -s; kurz für⟩ **1** *Spaceshuttle* **2** *Fahrzeug für den Pendelverkehr* [engl., eigtl. »Weberschiffchen«]
Shy|lock ⟨[ʃa̱ilɔk] m.; - od. -s, -s⟩ *hartherziger Gläubiger (nach dem jüd. Geldverleiher in Shakespeares »Kaufmann von Venedig«)* [engl.]
Si[1] ⟨chem. Zeichen für⟩ *Silicium*
Si[2] ⟨n.; -, -; Mus.⟩ *Ton H, in der Tonika-Do-Methode der jeweils siebte Ton einer Tonleiter;* → a. *Solmisation* [ital.; frz.]
Si|al ⟨n.; -s, od. -; unz.⟩ *oberster Teil der Erdkruste (10-25 km)* [nach den Hauptbestandteilen *Si*licium + *Al*uminium]
Si|al|a|de|ni|tis ⟨f.; -, -ti̱|den⟩ *Speicheldrüsenentzündung* [< grch. *sialon* »Speichel« + *Adenitis*]

si|a|lisch ⟨Adj.; Geol.; Min.⟩ *Gestein, das zum größten Teil aus Silizium u. Aluminium besteht, zum Sial gehörig*
si|al|li|tisch ⟨Adj.; Geol.⟩ ~e Verwitterung *in feuchten Klimagebieten auftretende Verwitterungsform, bei der tonige Erde entsteht* [nach dem hohen Anteil von *Si*lizium u. *Al*uminium + grch. *lithos* »Stein«]
si|a|me|sisch ⟨Adj.⟩ *zu Siam gehörig, aus Siam stammend;* ~e Zwillinge *zusammengewachsene Zwillinge* [nach den Zwillingen Chang u. Eng aus *Siam,* 1811-1874]
Si|am|kat|ze ⟨f.; -, -n⟩ *cremefarbene Hauskatzenrasse mit hellblauen Augen* [vermutlich aus *Siam* (heute Thailand) eingeführt]
Si|bi|lant ⟨m.; -en, -en⟩ *Zischlaut,* z.B. „s", „sch" [zu lat. *sibilare* »zischen, pfeifen«]
si|bi|lie|ren ⟨V.⟩ *Laute zischend aussprechen, sie zu Sibilanten machen*
Si|byl|le ⟨f.; -, -n; im antiken Griechenland⟩ *weissagende Frau* [< grch. *Sibylla* < *sios boulle* »Gottesraterin«]
si|byl|li|nisch ⟨Adj.⟩ **1** *in der Art einer Sybille, von ihr stammend* **2** ~e Bücher *verschollene Sammlung von Orakeln der Sibylle von Erithrai* **3** *Sammlung jüd., auf heidn. Grundlage beruhender, von Christen bearbeiteter Orakel*
sic! ⟨[sik]⟩ *(wirklich) so! (als Randbemerkung bei ungewöhnl. Schreibung eines Wortes od. beim Zitieren eines ungewöhnl. od. unpassenden Ausdrucks)* [lat.]
Si|ci|li|a|na ⟨[-tʃilja:-] f.; -, -nen⟩ *langsamer Satz eines Musikstückes in wiegendem Rhythmus;* oV *Siziliana* [ital., Fem. zu *siciliano* »sizilianisch«]
Si|ci|li|a|no ⟨[-tʃilja:-] m.; -s, -s od. -ni⟩ *langsamer sizilian. Tanz im 6/8- od. 12/8-Takt aus der Folklore der Hirten;* oV *Siziliano* [ital., »sizilianisch«]
Si|ci|li|enne ⟨[-tʃiljɛn] f.; -, -s; frz. Bez. für⟩ *Siciliana*
Sick-out ⟨auch⟩ **Sick|out** ⟨[sikaut] a. [-'-] n.; -s, -s⟩ *Krankmeldung* [engl.]
Sic tran|sit glo|ria mun|di ⟨[sik-]⟩ *So vergeht der Ruhm der Welt* [lat.]
Side|board ⟨[saidbɔ:d] n.; -s, -s⟩ *Anrichte, niedriger Geschirrschrank* [engl., < *side* »Seite« + *board* »Brett, Tisch, Tafel«]
si|de|risch[1] ⟨Adj.⟩ *auf die Fixsterne bezüglich, zu den Fixsternen gehörig;* ~e Umlaufzeit [< lat. *sidus,* Gen. *sideris* »Stern, Gestirn«]
si|de|risch[2] ⟨Adj.⟩ **1** *auf Eisen reagierend, aus Eisen bestehend* **2** ~es Pendel *P., das bei manchen Menschen über einer Wasser- od. Metallader im Boden ausschlägt* [< grch. *sideros* »Eisen«]
Si|de|rit ⟨m.; -s, -e⟩ *Eisenspat, Spateisenstein, ein Mineral, chemisch Eisencarbonat,* $FeCO_3$ [< grch. *siderites* »zum Eisen gehörig«]
si|de|ro..., Si|de|ro ⟨in Zus.⟩ *eisen..., Eisen...* [< grch. *sideros* »Eisen«]
Si|de|ro|lith ⟨m.; -s od. -en, -e od. -en⟩ *Meteorit, der aus Silicaten, Nickel u. Eisen besteht* [< grch. *sideros* »Eisen« + *...lith*]
Si|de|ro|lo|gie ⟨f.; -; unz.⟩ *Lehre vom Eisen u. seiner Gewinnung* [< grch. *sideros* »Eisen« + *...logie*]
Si|de|ro|pe|nie ⟨f.; -; unz.⟩ *Mangel an Eisen im Körpergewebe* [< grch. *sideros* »Eisen« + *penia* »Armut, Mangel«]
si|de|ro|phil ⟨Adj.⟩ *Eisen an sich ziehend, mit Eisen leicht zu chemischen Verbindungen reagierend* [< grch. *sideros* »Eisen« + *...phil*]
Si|de|ro|phi|lin ⟨n.; -s; unz.; Med.⟩ *im Blutserum enthaltenes Eiweiß, das sich mit Eisen verbinden kann* [zu *Sidero...* + grch. *philia* »Liebe«]
Si|de|ro|se, Si|de|ro|sis ⟨f.; -, -sen⟩ *Eisenablagerung im Körpergewebe* [< grch. *sideros* »Eisen«]
Si|de|ro|sphä|re, ⟨auch⟩ **Si|de|ros|phä|re** ⟨f.; -; unz.⟩ *Kern der Erde, von 2900 km Tiefe bis zum Erdmittelpunkt, wahrscheinlich aus Eisen u. Nickel, Platinmetallen, Kobalt u. Gold;* Sy *Nife* [< grch. *sideros* »Eisen« + *Sphäre*]
SI-Ein|heit ⟨f.; -, -en⟩ *Maßeinheit des SI-Systems*
si|e|na ⟨Adj.⟩ *rotbraun* [< ital. *(terra di) Siena* »(Erde von) Siena« (durch Eisenoxide braun gefärbte Erde um die ital. Stadt *Siena*)]
Si|e|na|er|de ⟨f.; -; unz.⟩ *brauner Bolus, der zur Herstellung von sienafarbener Malerfarbe verwendet wird*
Si|er|ra ⟨f.; -, -s od. -er|ren⟩ *Gebirge, Bergkette,* z.B. die ~ Nevada in Spanien [span.]
Si|es|ta ⟨[siɛsta] f.; -, -s od. -ten⟩ *Mittagsruhe* [span., < lat. *(hora) sexta* »sechste Stunde (nach Sonnenaufgang), heiße Mittagszeit«]
Sif|flet, ⟨auch⟩ **Siff|let** ⟨[-fle:]⟩, **Sif|flöt** ⟨m.; -s, -s⟩ *kleine Orgelpfeife, Flötenregister* [< frz. *sifflet* »Pfeifchen«; zu *siffloter* »halblaut pfeifen«, < ital. *zufolo* »Pfeife«]
Si|gel ⟨n.; -s, -⟩ oV *Sigle* **1** *festgelegte Abkürzung, Abkürzungszeichen;* oV *Sigle* **2** ⟨Stenografie⟩ *Kürzel* [< lat. *sigillom, *siglom* »kleines Zeichen«, Verkleinerungsform zu *signum* »Zeichen, Kennzeichen«]
si|geln ⟨V.⟩ *mit einem bestimmten Abkürzungszeichen kennzeichnen*
Sight|see|ing ⟨[saitsi:iŋ] n.; -s; unz.⟩ *Besichtigung von Sehenswürdigkeiten* [engl., < *sight* »Ansicht; Sehenswürdigkeit« + *seeing,* Part. Präs. zu *see* »sehen«]
Sight|see|ing|tour ⟨[saitsi:iŋtu:r] f.; -, -s⟩ *Ausflug zur Besichtigung von Sehenswürdigkeiten, Stadtrundfahrt;* eine ~ unternehmen
Si|gil|la|rie ⟨[-riə] f.; -, -n⟩ *im Devon, Karbon u. Perm vorkommender Bärlappbaum, Siegelbaum: Sigillaria* [< lat. *sigillom, *signolom* »kleine Figur, kleines Bildnis, Siegel(ring)abdruck«; zu *signum;* → *Sigel*]
Si|gle, ⟨auch⟩ **Sig|le** ⟨f.; -, -n⟩ = *Sigel*
Sig|ma ⟨n.; - od. -s, -s; Zeichen: σ, ς, Σ⟩ *grch. Buchstabe*
Sig|ma|tis|mus ⟨m.; -; unz.; Med.⟩ *Lispeln, gestörte Aussprache der s-Laute* [< *Sigma* + *...ismus*]
sign. ⟨Abk. für⟩ *signatum*

■ Die Buchstabenfolge **si|gn...** kann auch **sig|n...** getrennt werden.

■ **Si|gna** ⟨Pl. von⟩ *Signum*
■ **Si|gnal** ⟨n.; -s, -e⟩ *opt. od. akust. Zeichen mit festgelegter Bedeutung zur Übermittlung einer Nachricht, eines Befehls;* Horn~; Licht~; Warnungs~ [< lat. *signalis* »bestimmt, ein Zeichen zu geben«; zu *signum* »Zeichen, Siegel, Unterschrift in Form einer Abkürzung«]
■ **Si|gna|le|ment** ⟨[-mã:] n.; -s, -s; schweiz. u. österr. auch [-mɛnt] n.; -s, -e; †⟩ *kurze Personenbeschreibung* [frz.]
■ **Si|gnal|horn** ⟨n.; -(e)s, -hör|ner⟩ *Horn zum Zeichengeben, Bügelhorn, Jagdhorn, Posthorn*
■ **si|gna|li|sie|ren** ⟨V.⟩ **1** *durch Signal(e) übermitteln* **2** ⟨fig.⟩ *anzeigen, ankündigen* [< frz. *signaler* »signalisieren« u. *signalisation* »Anbringen von Signalen«]
■ **si|gna|tum** ⟨Abk.: sign.⟩ *unterzeichnet* [lat., Part. Perf. zu *signare* »unterzeichnen«]
■ **Si|gna|tur** ⟨f.; -, -en⟩ **1** *Kennzeichen in einem Ordnungssystem, meist Buchstaben u. Zahlen* **2** *auf Karten verwendetes Zeichen für die Darstellung wichtiger Gegenstände, Kartenzeichen* **3** *abgekürzte Unterschrift, Namenszeichen* **4** ⟨Typ.⟩ **4.1** *laufende Nummer eines Druckbogens auf dessen erster Seite links unten* **4.2** *abgerundeter Einschnitt, Kerbe am Fuß einer Letter* [< mlat. *signatura* »Siegelzeichen, Unterschrift« < lat. *signum* »Zeichen«, *signare* »mit einem Zeichen versehen, siegeln, unterzeichnen«]
■ **Si|gnet** ⟨[zigne:t] od. [zinje:] n.; -s, -s⟩ **1** *Zeichen von Buchdrucker od. Verleger* **2** *Schutzmarke, (immer wiederkehrendes) Warenzeichen* **3** ⟨†⟩ *Petschaft (Stempel zum Siegeln)* [engl., »Siegel, Petschaft, Stempel«, < lat. *signum* »Zeichen, Kennzeichen«]
■ **si|gnie|ren** ⟨V.⟩ **1** *mit dem Signum, der Signatur versehen* **2** *unterzeichnen* [< lat. *signare* »mit einem Zeichen versehen«]
■ **si|gni|fi|kant** ⟨Adj.⟩ *bezeichnend, bedeutsam;* oV *signifikativ* [< lat. *significans,* Part. Präs. zu *significare* »ein Zeichen geben, etwas anzeigen«]
■ **Si|gni|fi|kant** ⟨m.; -en, -en; Sprachw.⟩ *Ausdruck eines sprachl. Zeichens;* Ggs *Signifikat* [→ *signifikant*]
■ **Si|gni|fi|kanz** ⟨f.; -; unz.⟩ *Bedeutsamkeit, Wichtigkeit, Tragweite;* die ~ einer Sache
■ **Si|gni|fi|kat** ⟨n.; -s, -e; Sprachw.⟩ *Inhalt, Bedeutung eines sprachl. Zeichens;* Ggs *Signifikant*
■ **si|gni|fi|ka|tiv** ⟨Adj.; selten für⟩ *signifikant*
■ **Si|gnor** ⟨[zinjo:r] m.; -, -ri; nur vor dem Namen⟩ = *Signore*
■ **Si|gno|ra** ⟨[zinjo:ra] f.; -, -re od. -s⟩ *Frau (italien. Anrede mit od. ohne Nachnamen)* [ital., Fem. zu *signor;* → *Signor*]
■ **Si|gno|re** ⟨[zinjo:rə] m.; -, -ri; vor dem Namen⟩ *Herr (italien. Anrede ohne Nachnamen)* [ital. < lat. *senior* »der ältere«]
■ **Si|gno|ria** ⟨[zinjori:a] f.; -, -ri|en⟩ *oberste Behörde der ital. Stadtstaaten, Rat der Stadt* [→ *Signor*]
■ **Si|gno|ri|na** ⟨[-njo-] f.; -, -s od. -ne⟩ *Fräulein (italien. Anrede mit od. ohne Nachnamen)* [ital., Verkleinerungsform zu *signora;* → *Signora*]
■ **Si|gno|ri|no** ⟨[-njo-] m.; -, -ni; †⟩ *junger Herr (ital. Anrede mit od. ohne Nachnamen)* [ital., Verkleinerungsform zu *Signor*]
■ **Si|gnum** ⟨n.; -s, -gna⟩ **1** *Marke, Zeichen* **2** *abgekürzte Unterschrift, Namenszeichen* [lat., »Kennzeichen, Merkmal«]
Si|grist, ⟨auch⟩ **Sig|rist** ⟨m.; -en, -en; †; noch schweiz.⟩ *Küster* [< mhd. *sigrist(e)* < ahd. *sig(i)risto,* ital. *sagrestano,* frz. *sacristain,* < mlat. *sacrista* »Kirchendiener«; zu lat. *sacrum* »das Heilige, Gottesdienst«; → a. *Sakristei*]
Sikh ⟨m.; - od. -s, -s⟩ *Vertreter, Anhänger des Sikhismus* [Sanskrit, »Schüler«]
Si|khis|mus ⟨m.; -; unz.⟩ *von Nanak im 15. Jh. begründete ind. Religionsgemeinschaft, die versuchte, Hinduismus u. Islam zu vereinigen, u. sich später militärisch organisierte* [→ *Sikh*]
Sik|ka|tiv ⟨n.; -s, -e [-və]⟩ **1** *Stoff, der als Katalysator das Trocknen von Ölfarben beschleunigt, Trockenstoff* **2** *Trockenmittel* [< engl. *siccative* »trocknend«, < lat. *siccare* »trocknen«]
Si|la|ge ⟨[-ʒə] f.; -; unz.⟩ **1** *Einsäuern von Futter* **2** ⟨unz.⟩ *eingesäuertes Futter* [verkürzt < engl. *ensilage* »Gärfutter«; zu *Silo*]
Si|lan ⟨n.; -s, -e⟩ *ein Siliciumwasserstoff* [verkürzt < *Si*licon + Meth*an*]
Sild ⟨m.; -(e)s, - od. -e⟩ *junger Hering;* oV *Sill* [norw., »Sardine«]
Si|len ⟨m.; -s, -e; grch. Myth.⟩ **1** *dicker, glatzköpfiger, trunkener Begleiter des Bacchus* **2** *alter Satyr mit stumpfer Nase, wulstigen Lippen u. Glatze (mit starker Behaarung des Körpers)* [< grch. *silenos* »Stumpfnasiger«]
Si|len|ti|um! *Still!, Schweigen!, Ruhe! (Aufforderung an die Gäste, bes. vor Trinksprüchen)* [lat.]
Si|lent|mee|ting, ⟨auch⟩ **Si|lent Mee|ting** ⟨[sailənt mi:tiŋ] n.; -s; unz.⟩ *Treffen der Quäker zu einem ruhigen Gottesdienst* [engl., »stilles Treffen«]
Sil|hou|et|te ⟨[ziluɛtə] f.; -, -n⟩ **1** *von einem helleren Hintergrund sich abhebender Umriss* **2** *Schattenriss* **3** *Scherenschnitt* [nach dem frz. Finanzminister Etienne de *Silhouette,* 1709–1767, der die Mode der Porträtierung durch Schattenrisse einführte u. damit aus Sparsamkeitsgründen die kostspieligen Gemälde u. Miniaturen zu verdrängen suchte]
sil|hou|et|tie|ren ⟨[ziluɛt-] V.; †⟩ etwas od. jmdn. ~ *als Schattenriss darstellen*
Si|li|cat ⟨n.; -(e)s, -e⟩ *Salz der Kieselsäure;* oV *Silikat* [< lat. *silex* »Kieselstein«]
Si|li|ci|um ⟨n.; -s; unz.; Zeichen: Si⟩ *chem. Element, Halbmetall, Ordnungszahl 14, häufigstes chem. Element der Erde, zeigt halblei-*

tende Eigenschaften; oV *Silizium* [<lat. *silex* »Kieselstein«]
Si|li|con ⟨n.; -s, -e⟩ *eine der polymeren Verbindungen des Siliciums mit Kohlenstoff u. Wasserstoff;* oV *Silikon*
Si|li|con Val|ley ⟨[sılıkən væli] n.; - -s; unz.⟩ *weltweit bedeutende Produktionsstätte für Mikroelektronik in Kalifornien* [<engl. *silicon* »Silizium« + *valley* »Tal«]
si|lie|ren ⟨V.; Landwirtsch.⟩ Grünfutter ~ *ins Silo einbringen* [zu span. *ensilar* »im Silo verwahren«]
Si|li|fi|ka|ti|on ⟨f.; -, -en⟩ *Verkieselung*
si|li|fi|zie|ren ⟨V.⟩ *verkieseln* [<lat. *silex* »Kieselstein« + *..fizieren*]
Si|li|ka|gel ⟨n.; -s, -e; Wz⟩ *kolloidale Lösung von Kieselsäure als Trockenmittel u. Träger von Katalysatoren, Kieselgel* [<lat. *silex* »Kieselstein« + *Gel*]
Si|li|kat ⟨n.; -(e)s, -e⟩ = *Silicat*
Si|li|ka|to|se ⟨f.; -, -n⟩ = *Silikose*
Si|li|kon ⟨n.; -s, -e⟩ = *Silicon*
Si|li|ko|se ⟨f.; -, -n⟩ *entzündl. Erkrankung der Atemwege durch Einatmen kieselsäurehaltigen Staubes, Quarzstaublunge;* Sy *Silikatose*
Si|li|zi|um ⟨n.; -s; unz.⟩ = *Silicium*
Silk[1] ⟨m.; -s, -s⟩ *glänzender Kleiderstoff* [engl., »Seide«]
Silk[2] ⟨m.; -(e)s; unz.⟩ *Petersilie* [<lat. *selinum;* → *Sellerie*]
Silk|gras ⟨n.; -es; unz.⟩ *robuste Blattfasern der Ananaspflanze*
Silk|screen ⟨[sılkskri:n] n.; -s; unz.; Textilw.⟩ *Siebdruck* [engl.]
Silk|worm ⟨[sılkwɔ:m] m.; -s, -s⟩ *chirurg. Nähfaser aus der Spinnflüssigkeit der Seidenraupe* [engl.]
Sill ⟨m.; -s, -e⟩ = *Sild*
Sil|li|ma|nit ⟨m.; -s; unz.⟩ **1** *natürlich vorkommendes Aluminiumsilicat mit einer dem Asbest ähnlichen faserigen Struktur* **2** *durch Zusammenschmelzen von Aluminium- u. Siliciumverbindungen gewonnener Kunststein hoher Feuerbeständigkeit* [nach dem amerik. Chemiker B. *Silliman,* † 1864]
Si|lo ⟨n.; -s, -s⟩ **1** *Behälter für Gärfutter* **2** *Getreidespeicher* [span., »Getreidegrube«]
Si|lu|min ⟨n.; -(e)s; unz.⟩ *zum Schweißen u. Gießen verwendbare Legierung aus Silicium u. Aluminium*
Si|lur ⟨n.; -s; unz.⟩ *Formation des Paläozoikums vor 410-360 Mill. Jahren mit kaledonischer Gebirgsbildung u. ersten Landpflanzen;* Sy *Gotlandium* [nach den *Silurern,* einem vorkelt. Volksstamm in Wales]
Sil|va|ner ⟨[-va:-] m.; -s, -⟩ *Rebensorte für Weißweine* [<lat. *silvanus* »Wald...«]
Sil|ves|ter ⟨[-vɛs-] n.; -s, -⟩ *letzter Tag des Jahres, 31. Dezember;* oV *Sylvester* [Todes- u. Namenstag des Papstes *Silvester I.,* 314–335]
s'il vous plaît! ⟨[sil vu plɛ]⟩ *bitte! bitteschön!* [frz., eigtl. »wenn es Ihnen gefällt«]
Si|ma ⟨f.; -, -s od. Si|men⟩ *Traufe (am antiken Tempel)* [lat., »Rinnleiste«]
Si|mi|la|ri|tät ⟨f.; -, -en⟩ *Ähnlichkeit, Gleichartigkeit* [zu lat. *similis* »ähnlich«]
si|mi|le ⟨[-le:] Adv.; Mus.⟩ *ebenso, in gleicher Weise* [ital.]
Si|mi|li ⟨n. od. m.; -s, -s⟩ **1** *Nachahmung (von Edelsteinen)* **2** *unechter Golddraht* [zu lat. *similis* »ähnlich«]
Si|mo|nie ⟨f.; -, -n⟩ **1** *Kauf u. Verkauf von geistl. Ämtern* **2** ⟨fig.⟩ *Erschleichung eines Amtes um des eigenen Vorteils willen* [nach *Simon Magus,* der im 1. Jh. n. Chr. als angebl. Wundertäter durch Palästina u. Italien zog]
si|mo|nisch ⟨Adj.⟩ *auf Simonie beruhend*
sim|pel ⟨Adj.⟩ **1** *einfach* **2** *einfältig* [<frz. *simple* <lat. *simplex* »einfach«]
Sim|pel ⟨m.; -s, -; umg.; abwertend⟩ *Einfaltspinsel, Dummkopf*
Sim|plex ⟨n.; -, -e od. -pli|zia⟩ *einfaches, nicht zusammengesetztes Wort;* Ggs *Kompositum* [lat., »einfach«]
Sim|plex|über|tra|gung ⟨f.; -, -en; EDV⟩ *auf einem Datenweg in nur eine Richtung erfolgende Datenübertragung (gebräuchlich bei Datenverteilsystemen);* Ggs *Duplexübertragung*
Sim|pli|fi|ka|ti|on ⟨f.; -, -en⟩ *Vereinfachung, Vergröberung* [<lat. *simplex* »einfach« + *..fikation*]
sim|pli|fi|zie|ren ⟨V.⟩ *vereinfachen* [<lat. *simplex* »einfach« + *..fizieren*]
Sim|pli|zi|a|de ⟨f.; -, -n⟩ *Abart des Schelmen- u. Abenteuerromans mit einem einfältigen Helden, der das Treiben der Welt kennen lernt* [nach Grimmelshausens Roman *Simplicissimus* (1668)]
Sim|pli|zi|tät ⟨f.; -; unz.⟩ **1** *Einfachheit* **2** *Einfalt* [<lat. *simplicitas* »Einfachheit, Natürlichkeit«]
Sim|sa|la|bim ⟨n.; -s; unz.⟩ *Zauberwort;* → a. *Abrakadabra*
Si|mu|lant ⟨m.; -en, -en⟩ *jmd., der simuliert, sich verstellt*
Si|mu|la|ti|on ⟨f.; -; unz.⟩ **1** *Verstellung, Vortäuschung;* ~ einer Krankheit; Ggs *Dissimulation* **2** *Nachahmung von Vorgängen mit Hilfe von Simulatoren* [<lat. *simulatio* »Nachahmung, falscher Schein«]
Si|mu|la|tor ⟨m.; -s, -to|ren⟩ *Vorrichtung, durch die wirklichkeitsgetreue Bedingungen u. Verhältnisse künstlich hergestellt werden können, z.B. zum Testen von Fahr- od. Flugzeugen* [→ *simulieren*]
si|mu|lie|ren ⟨V.⟩ **1** *sich verstellen* **2** eine Krankheit ~ *vortäuschen;* Ggs *dissimulieren* **3** Vorgänge ~ *wirklichkeitsgetreu nachahmen* [<lat. *simulare* »ähnlich machen; vorgeben, vorschützen; sich verstellen«]
si|mul|tan ⟨Adj.⟩ **1** *gleichzeitig* **2** *gemeinsam* [<mlat. *simultaneus* »gemeinsam, gleichzeitig« <lat. *simul* »zugleich« <*similis* »gleich, ähnlich«]
Si|mul|tan|be|ben ⟨n.; -s, -⟩ = *Relaisbeben*
Si|mul|tan|büh|ne ⟨f.; -, -n⟩ *Bühne, auf der alle Schauplätze eines Stückes nebeneinander auf-*

gebaut sind u. während der ganzen Spieldauer sichtbar bleiben, z.B. bei Passionsspielen

Si|mul|tan|dol|met|scher ⟨m.; -s, -⟩ *Dolmetscher, der einen Text (meist durch Kopfhörer übertragen) zur gleichen Zeit übersetzt, während dieser noch gesprochen wird*

Si|mul|ta|ne|i|tät ⟨[-ne:i-] f.; -; unz.⟩ = *Simultanität*

Si|mul|ta|ne|ous|en|gi|nee|ring, ⟨auch⟩ **Si|mul|ta|ne|ous En|gi|nee|ring** ⟨[simɔltɛiniəs ɛndʒini:riŋ] n.; -, -s; Wirtsch.⟩ *zur Erreichung möglichst kurzer Innovationszeiten angewandte Arbeitsmethode, bei der alle Produktionsabläufe gleichzeitig entwickelt werden* [engl.; zu *simultaneous* »gleichzeitig, simultan« + *engineering* »Maschinenbau«; zu *engine* »Maschine«]

Si|mul|ta|ne|um ⟨n.; -s; unz.⟩ *gleichzeitige Nutzung kirchlicher Einrichtungen durch Angehörige verschiedener Bekenntnisse* [< mlat. *simultaneus;* → *simultan*]

Si|mul|ta|ni|tät ⟨f.; -; unz.⟩ oV *Simultaneität* **1** *Gleichzeitigkeit* **2** *Gemeinsamkeit* **3** *gleichzeitige Darstellung von zeitlich u. räumlich auseinander liegenden Ereignissen* [→ *simultan*]

Si|mul|tan|kir|che ⟨f.; -, -n⟩ *Kirche, die für Gottesdienste mehrerer Konfessionen benutzt wird*

Si|mul|tan|pla|nung ⟨f.; -, -en; Wirtsch.⟩ *mit dem Ziel einer optimalen Gesamtplanung (unter Berücksichtigung verschiedener Zielvorstellungen u. gegenseitiger Beeinflussungen) gleichzeitig erfolgende Aufstellung aller Teilpläne*

Si|mul|tan|schu|le ⟨f.; -, -n⟩ *Schule für Kinder unterschiedlicher Konfessionen, Gemeinschaftsschule*

Si|mul|tan|spiel ⟨n.; -(e)s, -e⟩ *Schachspiel eines Spielers gegen mehrere Partner zugleich*

sin ⟨Zeichen für⟩ *Sinus(2)*

Sin|an|thro|pus, ⟨auch⟩ **Si|nanth|ro|pus** ⟨m.; -; unz.⟩ *in China gefundene, ausgestorbene, eiszeitl. Spezies des Menschen, Pekingmensch: Sinanthropus pekinensis* [< lat. *Sinae* »Chinesen« + grch. *anthropos* »Mensch«]

si|ne an|no ⟨Abk.: s.a.; †⟩ *ohne Jahr (Vermerk in Bibliografien, wenn im Buch kein Erscheinungsjahr angegeben ist)* [lat.]

si|ne an|no et lo|co ⟨Abk.: s.a.e.l.⟩ = *sine loco et anno*

si|ne i|ra et stu|dio *ohne Zorn u. Eifer (Vorliebe), unparteiisch, sachlich* [lat., (nach Tacitus, der seine Annalen (I,1) in diesem Sinne schreiben wollte)]

Si|ne|ku|re ⟨f.; -, -n⟩ **1** *Pfründe ohne Amtspflichten* **2** ⟨fig.⟩ *müheloses, aber einträgl. Amt* [< lat. *sine cura,* »ohne Sorge«]

si|ne lo|co ⟨Abk.: s.l.; †⟩ *ohne Ort (Vermerk in Bibliografien, wenn im Buch kein Erscheinungsort angegeben ist)* [lat.]

si|ne lo|co et an|no ⟨Abk.: s.l.e.a.; †⟩ *ohne Ort u. Jahr (Vermerk in Bibliografien, wenn im Buch weder Erscheinungsort noch -jahr angegeben sind)* [lat.]

si|ne ob|li|go, ⟨auch⟩ **si|ne o|bli|go** ⟨Abk.: s.o.⟩ *ohne → Obligo*

si|ne tem|po|re ⟨[-re:] Abk.: s.t.⟩ *ohne das akadem. Viertel, pünktlich;* Ggs *cum tempore* [lat., »ohne Zeit, unverzüglich«]

Sin|fo|nie ⟨f.; -, -n; Mus.⟩ *großes Musikstück aus vier bis fünf Sätzen für Orchester;* oV *Symphonie* [< grch. *symphonia* »Einklang«, < *syn* »zusammen« + *phone* »Laut, Klang«]

Sin|fo|ni|et|ta ⟨f.; -, -ten; Mus.⟩ *kleine Sinfonie*

Sin|fo|nik ⟨f.; -; unz.; Mus.⟩ **1** *Lehre von der sinfon. Gestaltung* **2** *sinfon. Schaffen*

Sin|fo|ni|ker ⟨m.; -s, -; Mus.⟩ *Mitglied eines Sinfonieorchesters;* oV *Symphoniker*

sin|fo|nisch ⟨Adj.; Mus.⟩ *in der Art einer Sinfonie;* oV *symphonisch;* ~e Dichtung *Instrumentalmusik für Orchester in einem Satz über eine Dichtung in der Art der Programmmusik*

sin|gha|le|sisch ⟨Adj.⟩ *die Singhalesen betreffend, zu ihnen gehörend, von ihnen stammend;* ~e Sprache *neuind., von den Singhalesen gesprochene Sprache*

Sin|gle, ⟨auch⟩ **Sing|le** ⟨[siŋgəl]⟩ **1** ⟨n.; -, -s; Sp.⟩ **1.1** ⟨Tennis⟩ *Einzelspiel (zweier Spieler)* **1.2** ⟨Golf⟩ *Zweierspiel (Loch- od. Zählspiel)* **2** ⟨m.; - od. -s, -s od. f.; -, -s⟩ *allein u. selbständig lebende Person;* als ~ leben **3** ⟨f.; -, -s⟩ *kleine Schallplatte mit einem Titel auf jeder Seite* [engl., »einzig, nur ein(er, -e, -es)«]

Sin|gle|ton, ⟨auch⟩ **Sing|le|ton** ⟨[siŋgltɔn] m.; -, -s⟩ *Trumpfkarte(n) im Kartenspiel* [engl.]

Sing-out, ⟨auch⟩ **Sing|out** ⟨[siŋaut] n.; -s, -s; Mus.⟩ *lautes Singen von Protestliedern* [< engl. *sing out* »aus voller Kehle singen«]

Sing-Sing ⟨n.; -s; unz.; umg.⟩ *Gefängnis* [nach dem ehemaligen New Yorker Staatsgefängnis]

Sin|gu|lar ⟨m.; -s, -e⟩ *Numerus, der eine Einheit, etwas einmal Vorkommendes ausdrückt, Einzahl;* Ggs *Plural* [< lat. *singularis* »einzeln«]

sin|gu|lär ⟨Adj.⟩ *vereinzelt, einzeln auftretend, selten;* ein ~es Phänomen [< lat. *singularis* »einzeln«]

Sin|gu|la|re|tan|tum ⟨n.; -s, -s od. Sin|gu|la|ri|a|tan|tum⟩ *Substantiv, das nur im Singular vorkommt,* z.B. Durst, Dank*;* Ggs *Pluraletantum* [< lat. *singularis* »Einzahl« + *tantum* »nur«]

sin|gu|la|risch ⟨Adj.⟩ *im Singular (gebraucht, stehend)*

Sin|gu|la|ris|mus ⟨m.; -; unz.⟩ *Lehre, nach der die Welt als Einheit aufzufassen ist, dass alle Erscheinungen der Welt auf ein einziges Prinzip zurückzuführen sind;* Ggs *Dualismus(2), Pluralismus(1)*

Sin|gu|la|ri|tät ⟨f.; -; unz.⟩ **1** *singuläre Beschaffenheit* **2** ⟨Phys.⟩ *einer unserer normalen Anschauung widersprechende Erscheinungsform der Materie, die mit herkömmlichen physikal. Gesetzmäßigkeiten nicht mehr beschreibbar ist* **3** *vereinzelte Erscheinung, Seltenheit, Besonderheit*

Sin|gu|lar|suk|zes|si|on ⟨f.; -, -en; Rechtsw.⟩ *Antritt einer Rechtsnachfolge hinsichtlich eines* *einzelnen Rechtes, z.B. durch Übereignung einer Sache* [< *singulär* + *Sukzession*]

Sin|gul|tus ⟨m.; -, -⟩ *Schluckauf* [zu lat. *singultare* »schluchzen«]

si|nis|ter ⟨Adj.⟩ *böse, unheilvoll, unselig;* eine sinistre Sache [lat.]

Si|no|lo|ge ⟨m.; -n, -n⟩ *Wissenschaftler, Student der Sinologie*

Si|no|lo|gie ⟨f.; -; unz.⟩ *Lehre von der chines. Sprache u. Kultur* [< lat. *Sinae* »Chinesen« + *…logie*]

Sin|ti ⟨Pl. von⟩ *Sinto*

Sin|to ⟨m.; -s, -ti od. f.; -, -ti⟩ *Angehörige(r) eines Volkes deutschstämmiger Zigeuner*

Si|nus ⟨m.; -, - od. -nus|se⟩ **1** ⟨Med.⟩ *Vertiefung, Höhlung, Ausbuchtung an einem Organ* **2** ⟨Math.; Zeichen: sin⟩ *eine Winkelfunktion, das Verhältnis zwischen der einem Winkel im rechtwinkeligen Dreieck gegenüberliegenden Kathete u. der Hypotenuse* [lat., »bauschige Rundung, Krümmung«]

Si|nu|si|tis ⟨f.; -, -ti|den; Med.⟩ *Entzündung im Bereich der Nasennebenhöhlen* [< *Sinus* + *…itis*]

Si|nus|kur|ve ⟨f.; -, -n⟩ *zeichnerische Darstellung des Sinus(2)*

Si|nus|schwin|gung ⟨f.; -, -en⟩ *Schwingung, die in ihrem Verlauf einer Sinuskurve entspricht, die häufigste Erscheinungsform von Wellen*

Si|pho ⟨m.; -s, -pho|nen⟩ *im Hohlraum der Kopffüßer befindliche verkalkte Röhre, durch deren Öffnung Wasser ein- u. ausströmt* [< lat. *sipho,* grch. *siphon* »Röhre, hohler Körper«]

Si|phon ⟨[-fɔ̃:] österr. [-fo:n] m.; -s, -s⟩ **1** *Ausguss, Abfluss* **2** *Geruchsverschluss* **3** *Gefäß zum Ausschank von Getränken, die durch zugefügte Kohlensäure beim Öffnen eines Ventils herausgedrückt werden* [frz. < lat. *sipho,* grch. *siphon* »Wasserröhre, Saugröhre«]

Si|pho|no|pho|re ⟨f.; -, -n⟩ *Staatsqualle* [< *Siphon* + *…phor*[1]]

Sir ⟨[sœ:r] m.; -s, -s⟩ **1** ⟨i.w.S.⟩ *Herr (engl. Anrede ohne Namen)* **2** ⟨i.e.S.⟩ *engl. Titel für Adlige, meist nur mit dem Vornamen gebraucht;* → a. *Lady* [engl.]

Sire ⟨[si:r] m.; -s, -s⟩ *Majestät (frz. Anrede)* [frz. < *Sieur,* verkürzt < *Seigneur* »Herr«]

Si|re|ne ⟨f.; -, -n⟩ **1** ⟨grch. Myth.⟩ *eins von mehreren auf einer Insel lebenden Mädchen mit dem Körper eines Vogels, die die Vorbeifahrenden durch ihren Gesang anlockten u. dann töteten* **2** *Warnanlage, die einen rhythmisch unterbrochenen Ton erzeugt* **3** *Dampfpfeife* **4** *an Meeresküsten u. Flussmündungen lebende Angehörige einer Ordnung der Säugetiere von plumpem Körperbau, Seekuh: Sirenia* [< mhd. *siren(e)* < afrz. *syren(e)* < mlat. *sirena* < grch. *seiren*]

Si|ri|o|me|ter ⟨n.; -s, -⟩ *keine gesetzliche, aber in der Astronomie oft verwendete Längeneinheit, 1 S. = 1,495 · 10^{14} km* [nach dem Fixstern *Sirius* + *…meter*]

Sir|ta|ki ⟨m.; - od. -s, -s⟩ *ein grch. Tanz* [grch.]

Si|rup ⟨m.; -s, -e; Pl. selten⟩ **1** *konzentrierte, zähflüssige, bei der Gewinnung von Zucker entstehende Lösung, die überwiegend aus Rohr-, Rüben-, Invert- od. Stärkezucker besteht* **2** *eingedickter Fruchtsaft;* Himbeer~ [< mhd. *sirup, syrop* < mlat. *siropus, -upus* < arab. *šárab* »Trank«]

Si|sal ⟨m.; -s; unz.⟩ **1** *Blattfaser der Sisalagave* **2** *daraus hergestelltes Garn od. Gewebe* [nach der mexikan. Hafenstadt *Sisal*]

Si|sal|a|ga|ve ⟨[-və] f.; -, -n⟩ *zu den Amaryllisgewächsen gehörende tropische Pflanze, deren Blätter Sisal liefern: Agave sisalana*

sis|tie|ren ⟨V.⟩ **1** Verfahren, Verordnung ~ *aufheben, einstellen, unterbrechen* **2** jmdn. ~ *festhalten u. zur Polizeiwache bringen (zur Überprüfung der Personalien)* [< lat. *sistere* »zum Stehen bringen«, < grch. *histanai* »zum Halten bringen«]

Sis|tie|rung ⟨f.; -, -en⟩ *das Sistieren*

Sis|trum, ⟨auch⟩ **Sist|rum** ⟨n.; -s, -tren⟩ *Rassel aus dem alten Ägypten* [lat., »Klapperinstrument« < grch. *seistron*]

Si|sy|phus|ar|beit ⟨f.; -, -en⟩ *sinnlose Anstrengung, schwere, vergebl. Arbeit* [nach dem sagenhaften König von Korinth, *Sisyphos,* der von Zeus dazu verurteilt wurde, in der Unterwelt einen Felsbrocken einen Berg hinaufzurollen, der jedes Mal, wenn er oben angekommen war, wieder hinunterrollte]

SI-Sys|tem ⟨n.; -s; unz.; kurz für frz.⟩ *Système Internationale, ein international empfohlenes u. seit 1970 in der Bundesrepublik Deutschland allein zulässiges Einheitensystem, das auf wenigen Grundeinheiten aufbaut (u.a. Meter, Kilogramm, Sekunde, Ampere) u. aus dem alle anderen Maßeinheiten abgeleitet werden können*

Si|tar ⟨m.; - od. -s, - od. -s; Mus.⟩ *einer Laute ähnliches indisches Zupfinstrument* [pers.]

SITC ⟨[es ai ti: si:] Abk. für engl.⟩ *Standard International Trade Classification (Internationales Warenverzeichnis für den Außenhandel)* [engl.]

Sit|com ⟨f.; -, -s; TV⟩ *Fernsehserie, die wenig Handlung od. Ortswechsel bietet, sondern von der Komik der dargestellten Situationen u. Gespräche lebt, Situationskomödie* [< engl. *situation* »Situation« + *comedy* »Komödie«]

Site ⟨[sait] f.; -, -s; EDV⟩ *Bildschirmseite (im Internet);* Web~ [engl., eigtl. »Stelle, Stätte«]

Sit-in ⟨n.; - od. -s, -s⟩ *Sitzstreik von Akademikern;* → a. *Go-in, Love-in, Teach-in* [< engl. *sit* »sitzen« + *in* »in«]

Si|ti|o|ma|nie, Si|to|ma|nie ⟨f.; -, -n⟩ *krankhafte Esssucht* [< lat. *sitire* »dürsten, begierig sein« + *Manie*]

Si|to|pho|bie ⟨f.; -, -n⟩ *Nahrungsverweigerung* [< lat. *sitire* »dürsten, begierig sein« + *Phobie*]

Sit|tich ⟨m.; -s, -e⟩ *Angehöriger einer Gruppe von Papageien mit meist langen Schwänzen: Psittacinae* [< lat. *psittacus* < grch. *psittakos, sittakos* »Papagei«]

Sit|ting|room ⟨[-ru:m] m.; -s, -s⟩ *Wohnzimmer* [engl.]

Si|tu|a|ti|on ⟨f.; -, -en⟩ **1** *(augenblickl.) Lage, Zustand* **2** ⟨Kartogr.⟩ *die durch Signaturen in Form von Punkten, Linien od. Flächen dargestellten Gegebenheiten der Erdoberfläche im Grundriss* [<frz. *situation;* zu *situer* »in die richtige Lage bringen«, <lat. *situs* »Lage, Stellung«]

Si|tu|a|ti|ons|ko|mik ⟨f.; -; unz.⟩ *Komik, die durch eine lächerl. Situation (nicht durch Worte od. Handlungen) entsteht*

Si|tu|a|ti|ons|ko|mö|die ⟨[-diə] f.; -, -n⟩ *Komödie, die ihre Komik durch die turbulente Verkettung von ungewöhnlichen Ereignissen (Verwechselung, Intrige, Missverständnis) gewinnt;* → a. *Sitcom*

si|tu|a|tiv ⟨Adj.⟩ *durch eine Situation hervorgerufen*

si|tu|ie|ren ⟨V.⟩ *legen, platzieren, in die richtige Lage bringen* [→ *situiert*]

si|tu|iert ⟨Adj.⟩ *in einer bestimmten Lebensstellung befindlich, in bestimmten Verhältnissen lebend* [<frz. *situé,* Part. Perf. zu *situer* »in die richtige Lage bringen«, <lat. *situs* »Lage«]

Si|tu|ie|rung ⟨f.; -, -en⟩ *Lage, räumliche Anordnung* [→ *situiert*]

Si|tu|la ⟨f.; -, -tu|len⟩ *eimerartiges Gefäß der Bronzezeit* [lat., »Eimer«]

Si|tus ⟨m.; -, -; Med.⟩ *natürl. Lage (der Körperorgane od. des Fötus in der Gebärmutter)* [lat., »Lage, Stellung«]

sit ve|nia ver|bo ⟨[-ve:--vɛr-] Abk.: s.v.v.⟩ *das (harte) Wort sei verziehen* [lat., »es sei Verzeihung (gegeben) dem Wort«]

Six|days, ⟨auch⟩ **Six Days** ⟨[siks dɛiz] Pl.; Radsp.⟩ *Sechstagerennen*

Six|pack ⟨[sikspæk] m. od. n.; -s, -s⟩ *Verpackungseinheit mit sechs Dosen od. Flaschen (bes.) Bier* [engl., »Sechserpack«]

Sixt ⟨f.; -, -en⟩ *bestimmte Klingenlage beim Fechten* [zu lat. *sextus* »der sechste«]

Six|ty-Nine ⟨[sikstinain] n.; - od. -s; unz.⟩ *von zwei Partnern gleichzeitig ausgeübter oraler Geschlechtsverkehr;* Sy *Soixante-Neuf* [engl., eigtl. »neunundsechzig« (nach der Stellung der beiden Partner, die einer 69 gleicht)]

Si|zi|li|a|na ⟨f.; -, -nen⟩ = *Siciliana*

Si|zi|li|a|ne ⟨f.; -, -n⟩ = *Sizilienne*

Si|zi|li|a|no ⟨m.; -s, -s od. -ni⟩ = *Siciliano*

Si|zi|li|enne ⟨[-ljɛn] f.; -, -n⟩ *aus Sizilien stammende Form der Stanze, bei der sich auch die letzten beiden Zeilen wechselnd (nicht paarig) reimen;* oV *Siziliane* [zu *Siciliana,* mit frz. Endung]

SJ ⟨Abk. für⟩ *Societas Jesu (Zusatz hinter dem Namen von Angehörigen des Jesuitenordens);* → a. *Jesuit*

Ska|bi|es ⟨f.; -; unz.⟩ *durch die Krätzemilbe, die sich in die Haut einbohrt, hervorgerufene, juckende Hautkrankheit, Krätze* [<lat. *scabies* »Unreinheit, Aussatz«]

ska|bi|ös ⟨Adj.⟩ *an Skabies erkrankt, mit Skabies einhergehend*

Ska|bi|o|se ⟨f.; -, -n⟩ *Grindkraut, eine der Gattung der Kardengewächse angehörende, krautige Pflanze mit meist blauen Blütenköpfchen: Scabiosa* [<lat. *scabies* »Rauheit, Aussatz«]

Skai ⟨n.; -s; unz.⟩ *ein Kunstleder*

skål! ⟨[skɔl] skand. für⟩ *Prost!, zum Wohl!* [schwed.]

Ska|la ⟨f.; -, Ska|len⟩ **1** *Einteilung in Maßeinheiten bei Messinstrumenten, Rechengeräten, Abstimmanzeigern* **2** *Angaben der zu einem Druck od. einer fotograf. Wiedergabe verwendeten Farben;* Farb~ **3** *Reihe, Folge zusammengehöriger Dinge;* Ton~ [<ital. *scala* »Treppe, Leiter« <lat. *scala;* zu *scandere* »steigen«]

ska|lar ⟨Adj.⟩ *an einer Skala abgelesen;* ~e Größe *mathemat. od. physikal. G., die nur durch einen Zahlenwert gekennzeichnet ist;* Ggs *vektorielle Größe* [<lat. *scalaris* »zur Leiter gehörig«]

Ska|lar ⟨m.; -s, -e⟩ **1** ⟨Math.⟩ = *skalare Größe* **2** ⟨Zool.⟩ *hochrückiger Süßwasserfisch aus dem Amazonasgebiet, gehört zur Gattung der Segelflosser: Pterophyllum skalare* [→ *skalar*]

Skal|de ⟨m.; -n, -n⟩ *altnord. Dichter u. Sänger im Gefolge eines Fürsten, den er auch auf Kriegszügen begleitete* [<anord. *skald* »Dichter«, vermutl. <germ. **skaepla* »Dichtung« <idg. *seku-* »sagen«]

ska|lie|ren ⟨V.⟩ **1** ⟨Psych.; Soz.⟩ *(in eine Wertskala) Verhaltensweisen od. Leistungen für eine spätere statistische Auswertung einordnen* **2** ⟨EDV⟩ *vergrößern od. verkleinern (die Schriftgröße auf dem Bildschirm)* [→ *Skala*]

Skalp ⟨m.; -s, -e; bei den nordamerikan. Indianern⟩ *die abgezogene Kopfhaut des besiegten Gegners als Trophäe* [<engl. *scalp* »abgezogene Kopfhaut« <mengl. *scalp* »Schädel« <idg. **skel-* »schneiden«]

Skal|pell ⟨n.; -s, -e⟩ *kleines chirurg. Messer mit feststehender Klinge* [<lat. *scalpellum,* Verkleinerungsform zu lat. *scalprum* »scharfes Messer«]

skal|pie|ren ⟨V.⟩ jmdn. ~ *jmdm. die Kopfhaut abziehen* [→ *Skalp*]

Skan|dal ⟨m.; -s, -e⟩ **1** *Aufsehen erregendes Ärgernis, unerhörtes Vorkommnis* **2** *etwas Unerhörtes, Empörendes* [<grch. *skandalon* »das losschnellende Stellholz in der Falle«]

skan|da|lös ⟨Adj.⟩ **1** *einen Skandal verursachend, ein Ärgernis bedeutend, großes Ärgernis erregend* **2** *unerhört, empörend*

skan|die|ren ⟨V.⟩ *mit starker Betonung der Hebungen (Verse) lesen od. sprechen* [<lat. *scandere* »sich erheben, emporsteigen«]

Skan|di|um ⟨n.; -s; unz.⟩ = *Scandium*

Ska|po|lith ⟨m.; -s od. -en, -e od. -en⟩ *farbloses od. weißes Mineral, chemisch Aluminiumsilicat* [<lat. *scapus* »Schaft« + *...lith*]

Ska|pu|lier ⟨n.; -s, -e⟩ *meist bis an die Füße reichender Überwurf über Brust u. Rücken in der Tracht mancher Mönchsorden* [<mlat. *scalpula* »Schulter«, *scapulare* »Schulterkleid«]

Ska|ra|bä|us ⟨m.; -, -bä|en⟩ **1** *Angehöriger ei-*

ner Gruppe der Blatthornkäfer: Scarabaeidae **1.1** ⟨i.e.S.⟩ *Pillendreher, dunkelbrauner bis schwarzer Käfer, der aus Kot von Huftieren Kugeln formt, die er unter die Erdoberfläche befördert u. in denen er seine Eier ablegt: Scarabaeus* **2** ⟨im alten Ägypten⟩ *als Siegel, später als Amulett benutzte Nachbildung des Käfers aus Stein, Ton od. Metall* [<lat. *scarabaeus,* grch. *skarabos* »Pillendreher«]

Ska|ra|muz ⟨m.; -es, -e⟩ *typische Figur der Commedia dell'arte u. des französ. Lustspiels, prahlerischer Soldat;* oV *Scaramouche* [<ital. *scaramuccia* »Scharmützel«; → a. *Scaramouche, Scharmützel*]

Ska|ri|fi|ka|ti|on ⟨f.; -, -en⟩ *kleiner Einschnitt in die Haut, z.B. für Blutentnahme* [<lat. *scarificare* »einritzen«]

Skarn ⟨m.; -s, -e⟩ *metamorphes Gestein, vorwiegend aus Kalk-Eisen-Silicaten* [schwed.]

skar|tie|ren ⟨V.; österr.⟩ *aussortieren, ablegen;* Unterlagen ~ [<ital. *scartare* »aussondern, wegwerfen«; verwandt mit *Skat*]

Skat ⟨m.; -(e)s, -e od. -s⟩ **1** *deutsches Kartenspiel für drei Spieler* **2** *die zwei beiseite gelegten Karten* [<ital. *scarto* »das Wegwerfen der Karten« (nach den zwei beiseite gelegten Karten); zu *carta* »Papier, Karte« <lat. *charta;* → *Charta*]

Skate|board ⟨[skɛitbɔ:d] n.; -s, -s⟩ *kleines, ovales, auf vier Rollen laufendes Brett, auf dem der Fahrer frei steht, u. das durch Gewichtsverlagerung fortbewegt wird* [<engl. *skate* »gleiten« + *board* »Brett«]

skate|boar|den ⟨[skɛitbɔ:dn] V.⟩ *mit dem Skateboard fahren*

Skate|boar|der ⟨[skɛitbɔ:də(r)] m.; -s, -⟩ *jmd., der mit einem Skateboard fährt*

ska|ten[1] ⟨V.; umg.⟩ *Skat spielen*

ska|ten[2] ⟨[skɛi-] V.⟩ *Rollschuh, Eiskunst laufen* [<engl. *skate*]

Ska|ter[1] ⟨m.; -s, -; umg.⟩ *Skatspieler*

Ska|ter[2] ⟨[skɛi-] m.; -s, -⟩ *Rollschuh-, Eiskunstläufer* [engl.]

Ska|ting ⟨[skɛi-] n.; -s; unz.⟩ **1** *Rollschuhlauf, Eiskunstlauf* **2** ⟨kurz für⟩ *Skatingeffekt, Skatingkraft* [engl.]

Ska|ting|ef|fekt ⟨[skɛi-] m.; -(e)s, -e⟩ *durch die Skatingkraft hervorgerufener Effekt beim Abspielen einer Schallplatte;* Sy *Skating(2)*

Ska|ting|kraft ⟨[skɛi-] f.; -, -kräf|te⟩ *Kraft, die der Tonkopf eines Schallplattenspielers auf die innere Seite einer Schallplattenritze beim Abspielen einer Platte ausübt;* Sy *Skating(2)*

Ska|ting|ring ⟨[skɛi-] m.; - -s, - -s; Sp.⟩ *Bahn für den Rollsport* [engl.]

Ska|tol ⟨n.; -s; unz.⟩ *organische Verbindung (im Kot), die übel riecht, chem. Formel* C_9H_9N [grch. *skor,* Gen. *skatos* »menschl. Kot« + *...ol*]

Ska|to|lo|gie ⟨f.; -; unz.⟩ **1** ⟨Med.⟩ *die Wissenschaft vom Kot* **2** ⟨Psych.⟩ *Vorliebe für Ausdrücke aus dem Fäkalbereich* **3** *Fäkalsprache* [<grch. *skor, skatos* »Kot« + *logos* »Wort, Rede«]

ska|to|lo|gisch ⟨Adj.⟩ **1** ⟨Med.⟩ *die Skatologie(1) betreffend* **2** ⟨Psych.⟩ *Ausdrücke der Fäkalsprache bevorzugend*

ska|to|phag ⟨Adj.⟩ = *koprophag* [<grch. *skor,* Gen. *skatos* »Kot« + *...phag*]

Ska|to|pha|ge ⟨m.; -n, -n⟩ = *Koprophage*

Skeet|schie|ßen ⟨[ski:t-] n.; -s; unz.; Sp.⟩ *Wettbewerbsart des Wurftauben- bzw. Tontaubenschießens, bei dem von 8 Positionen aus mit einem Schuss auf zwei gleichzeitig ausgeschleuderte, sich entgegenfliegende Tauben geschossen wird* [<engl. *skeet shooting*]

Ske|le|ton ⟨[skɛlətn] m.; -s, -s; Sp.⟩ *niedriger Sportschlitten* [engl.]

Ske|lett ⟨n.; -(e)s, -e⟩ **1** *Knochengerüst der Wirbeltiere* **2** ⟨allg.⟩ *inneres* (Knochen~; Knorpel~) *u. äußeres Gerüst* (Chitin~) *des tierischen od. menschl. Körpers* [<grch. *skeletos* »ausgetrocknet«]

ske|let|tie|ren ⟨V.⟩ **1** Menschen, Wirbeltiere ~ *ihr Skelett bloßlegen* **2** Blätter ~ *bis auf die Rippen fressen (von Schädlingen)*

Ske|ne ⟨[-ne:] f.; -, -n; im altgrch. Theater⟩ *Bühnenhaus, aus dem die Schauspieler heraustraten, sowie die erhöhte Spielfläche davor für die Schauspieler* [grch., »Zelt, Hütte«]

Skep|sis ⟨f.; -; unz.⟩ *Zweifel, Ungläubigkeit* [grch., *»Bedenken, Untersuchung«;* zu *skeptesthai* »schauen, spähen«]

Skep|ti|ker ⟨m.; -s, -⟩ **1** *jmd., der stets skeptisch ist, Zweifler* **2** *Vertreter, Anhänger des Skeptizismus*

skep|tisch ⟨Adj.⟩ **1** *misstrauisch, ungläubig* **2** *zum Zweifel neigend*

Skep|ti|zis|mus ⟨m.; -; unz.⟩ *philosoph. Richtung, die den Zweifel, bes. an einer allgemein gültigen Wahrheit, zum Prinzip des Denkens erhebt, die Möglichkeit wirklicher Erkenntnis in Frage stellt u. sich auf die Erkenntnis von Tatsachen beschränkt*

Sketch, Sketsch ⟨m.; - od. -es, -e od. -s⟩ *kurzes Bühnenstück mit meist witziger Pointe, bes. im Kabarett* [engl., »Skizze, Entwurf«; → *Skizze*]

Ski ⟨[ʃi:] m.; -s, Ski|er⟩ *an den Schuhen befestigtes, langes, schmales Brett zur Fortbewegung auf Schneeflächen (als Sportgerät 1,8-2,5 m lang u. 6-10 cm breit), elastisch, vorn aufgebogen, aus Holz, Metall od. Kunststoff;* oV *Schi;* ~ fahren; ~ laufen [<norw. *ski* »Schneeschuh« <anord. *skiot* »Scheit«]

Ski|a|sko|pie, ⟨auch⟩ **Ski|as|ko|pie** ⟨f.; -, -n; Med.⟩ *Schattenprobe zur Beurteilung der Brechkraft des Auges* [<grch. *skia* »Schatten« + *skopein* »schauen, sehen«]

Ski|bob ⟨[ʃi:-] m.; -s, -s⟩ *fahrradähnliches Wintersportgerät mit zwei hintereinander laufenden kurzen Skiern;* oV *Schibob* [<*Ski* + *Bob*]

Skiff ⟨n.; -(e)s, -e⟩ *einsitziges nord. Ruderboot* [engl., »schmales, leichtes Segelschiff, leichtes Ruderboot» <aengl. *scip*]

Skif|fle, ⟨auch⟩ **Skiff|le** ⟨[skifl] m. od. n.; -s; unz.; Mus.⟩ *auf einfachen Instrumenten (z.B.*

Mundharmonika u. Waschbrett) gespielter, volkstümlicher Jazz [engl.]

Ski|fu|ni ⟨[ʃiː-] m.; -, -s; schweiz.⟩ *Schlitten am Drahtseil im Pendelverkehr zum Befördern von Skiläufern* [< *Ski* + ital. *funi*colare »Drahtseilbahn«]

Ski|gym|nas|tik ⟨[ʃiː-] f.; -; unz.⟩ *gymnastisches Training, das den Körper auf das Skilaufen vorbereitet;* oV *Schigymastik*

Ski|kjö|ring ⟨[ʃiːjøː-] n.; -s, -s⟩ *Skilauf mit Vorspann von Pferden od. Motorfahrzeugen;* oV *Schikjöring* [norw., »Skifahren«]

Ski|lift ⟨[ʃiː-] m.; -(e)s, -e⟩ *Seilbahn, mit der sich Skiläufer mit angeschnallten Skiern die Berge hinaufbefördern lassen können, Schlepplift, Sessellift;* oV *Schilift*

Ski|ma|ra|thon ⟨[ʃiː-] n. od. m.; -s, -s; Sp.⟩ *Skilanglaufwettbewerb auf einer Strecke von 42,2 bis 110 km;* oV *Schimarathon*

Skin ⟨m.; -s, -s; kurz für⟩ *Skinhead*

Skin|ef|fekt ⟨m.; -(e)s, -e⟩ *die Erscheinung, dass Wechselströme hoher Frequenz in einem Leiter im Wesentlichen nur in einer dünnen Schicht an der Oberfläche des Leiters fließen* [< engl. *skin* »Haut« + *Effekt*]

Skin|head ⟨[-hɛd] m.; -s, -s⟩ *Angehöriger einer Gruppe gewaltbereiter, dem Rechtsextremismus nahe stehender Jugendlicher mit kahl geschorenem Kopf u. meist schwarzer Kleidung;* Sy *Skin* [engl., »Kahlkopf«; zu *skin* »Haut« + *head* »Kopf«]

Skink ⟨m.; -(e)s, -e⟩ *Familie lebend gebärender Echsen, Glattechse: Scincidae* [< lat. *scincus* < grch. *skinkos*]

Skin|ner|box, ⟨auch⟩ **Skin|ner-Box** ⟨f.; -, -en⟩ *Versuchsanordnung zur Erforschung von Lernvorgängen bei Tieren* [nach dem amerik. Verhaltensforscher B.F. *Skinner,* 1904-1990 + engl. *box* »Schachtel«]

Skip|per ⟨m.; -s, -⟩ *Kapitän einer Jacht* [engl.]

Ski|zir|kus ⟨[ʃiː-] m.; -; unz.; salopp⟩ oV *Schizirkus* **1** *Gruppe der besten Skifahrer und ihre Begleiter, die im Winterhalbjahr ständig unterwegs sind, um an internationalen Skiwettkämpfen teilzunehmen* **2** *breit angelegtes System untereinander verbundener Skilifte in einem bestimmten Gebiet*

Skiz|ze ⟨f.; -, -n⟩ **1** *Entwurf, flüchtige Zeichnung* **2** *kurze Aufzeichnung in Andeutung, in Stichworten* **3** *kurze, fragmentar. Erzählung* [< ital. *schizzo* »Spritzer«; → *Sketch*]

skiz|zie|ren ⟨V.⟩ *in einer Skizze andeuten, darstellen*

Skla|ve ⟨[-və] m.; -n, -n⟩ **1** *unfreier, entrechteter Mensch im Besitz eines anderen* **2** ⟨fig.⟩ *jmd., der von einer anderen Person, einem Laster, einer Gewohnheit abhängig ist* [< spätmhd. *sclave,* mhd. *slave* < mlat. *slavus, sclavus* < mgrch. *sklabos* »Slawe, Sklave«]

Skla|ve|rei ⟨[-və-] f.; -; unz.⟩ *Zustand des Sklaveseins, Knechtschaft, Leibeigenschaft;* jmdn. aus der ~ befreien; in ~ geraten

skla|visch ⟨[-visch] Adj.⟩ **1** *wie ein Sklave, unterwürfig, blind gehorchend, willenlos* **2** ⟨fig.⟩ *ohne eigene Erfindungsgabe, unselbständig;* ~e Nachahmung; sich ~ an eine Anordnung haltend

Skle|ra ⟨f.; -, -ren⟩ *Lederhaut des Auges: Sclera* [< grch. *skleros* »hart«]

Skler|a|de|ni|tis, ⟨auch⟩ **Skle|ra|de|ni|tis** ⟨f.; -, -ti|den⟩ *Lymphknotenverhärtung* [< grch. *skleros* »hart« + *Adenitis*]

Skle|re|i|de ⟨f.; -, -n⟩ = *Sklerenchymzelle*

Skle|rem ⟨n.; -s, -e⟩ = *Sklerodermie*

Skler|en|chym, ⟨auch⟩ **Skle|ren|chym** ⟨n.; -s, -e⟩ *nicht mehr wachstumsfähiges, totes Gewebe ausgewachsener Pflanzenteile, das der Festigung dient* [< grch. *skleros* »hart« + *en...* + grch. *chymos* »Saft, Flüssigkeit«]

Skler|en|chym|zel|le, ⟨auch⟩ **Skle|ren|chym|zel|le** ⟨f.; -, -n⟩ *stark verholzte Pflanzenzelle von hoher Druckfestigkeit, z.B. in den Schalen von Nüssen u. Steinfrüchten;* Sy *Sklereide*

Skle|ri|tis ⟨f.; -, -ti|den⟩ *Lederhautenzündung* [→ *Sklera*]

Skle|ro|der|mie ⟨f.; -, -n⟩ *Erkrankung des Bindegewebes, die zu einer allmählichen Verhärtung der Haut führt, Darrsucht;* Sy *Sklerem, Sklerom* [< grch. *skleros* »hart« + *...dermie*]

Skle|rom ⟨n.; -s, -e⟩ = *Sklerodermie*

Skle|ro|me|ter ⟨n.; -s, -⟩ *Gerät zur Bestimmung der Härte von Kristallen* [< grch. *skleros* »hart, trocken« + *...meter*]

Skle|ro|phyl|len ⟨Pl.⟩ *Pflanzen, die harte, ledrige Blätter besitzen, Hartlaubgewächse,* z.B. Lorbeer [< grch. *skleros* »hart, spröde« + *phyllon* »Blatt«]

Skle|ro|se ⟨f.; -, -n⟩ *krankhafte Verhärtung od. Verkalkung eines Organs* [< grch. *sklerosis* »Verhärtung«]

Skle|ro|ti|ker ⟨m.; -s, -⟩ *jmd., der an Sklerose erkrankt ist*

skle|ro|tisch ⟨Adj.⟩ *an Sklerose erkrankt*

Skle|ro|ti|um ⟨n.; -s, -ti|en⟩ *bei einigen Pilzen (z.B. Mutterkorn) regelmäßig auftretender, fester Verband von Hyphen* [< nlat. *sclerotium* < grch. *sklerotes* »Härte«; zu *skleros* »hart«]

Sko|lex ⟨m.; -, -li|zes⟩ *das vordere Ende eines Bandwurms, das mit Haftorganen zum Verankern in der Darmwand des Wirtes ausgerüstet ist* [grch., »Wurm, Made«]

Sko|li|on ⟨n.; -s, -li|en⟩ *altgrch. Trinklied mit vaterländ. od. relig. Inhalt, als Preis- od. Liebeslied, von den Gästen abwechselnd im Wettstreit gedichtet u. gesungen* [< grch. *skolios* »krumm« (der Rundgesang wurde kreuz u. quer in beliebiger Reihenfolge gesungen)]

Sko|li|o|se, Sko|li|o|sis ⟨f.; -, -sen⟩ *seitliche Rückgratverkrümmung* [< grch. *skolios* »krumm«]

Sko|lo|pen|der ⟨m.; -s, -⟩ *einer Gruppe der Hundertfüßer angehörendes, gelbbraunes Tier mit 21-23 Beinpaaren u. großen, Gift enthaltenden Klauen: Scolopendra* [< lat. *scolopendra* »Tausendfuß«]

skon|tie|ren ⟨V.⟩ eine Rechnung, einen Betrag ~ *von einer R., einem B. das Skonto abziehen* [< ital. *scontare* »abziehen«]

Skon|to ⟨n.; -s, -s od. m.; -s, -s⟩ *Abzug vom Rechnungsbetrag bei sofortiger Zahlung;* 2 % ~ gewähren [< ital. *sconto* »Abzug«]

Skon|tra|ti|on, ⟨auch⟩ **Skont|ra|ti|on** ⟨f.; -, -en⟩ *Vorgang, Ergebnis des Skontrierens*

skon|trie|ren, ⟨auch⟩ **skont|rie|ren** ⟨V.⟩ **1** *fortschreiben* **2** *einen neuen Bestand ermitteln, indem Zu- u. Abgänge mit dem alten Bestand verrechnet werden* [< ital. *scontrare* »zusammenstoßen«]

Skon|tro, ⟨auch⟩ **Skont|ro** ⟨n.; -s; unz.⟩ *Bestandsliste, in die die skontrierten Bestände eingetragen werden;* Sy *Riskontro* [< ital. *scontro* »Zusammenstoß«]

Skoo|ter ⟨[skuː-] m.; -s, -; auf Jahrmärkten⟩ Sy *Autoskooter* **1** *Kleinauto* **2** *Fahrbahn dafür* [< engl. *scooter;* zu *scoot* »schnell gehen«]

...skop ⟨n.; -s, -e; in Zus.⟩ **1** *Beobachtungs-, Untersuchungsinstrument, Messgerät* **2** *Gerät zur Aufnahme od. Wiedergabe von Bildern* [< grch. *skopein* »sehen«]

...sko|pie ⟨f.; -, -n; in Zus.⟩ *Untersuchung, Erforschung, Abbildung* [< grch. *skopein* »sehen«]

Sko|po|la|min ⟨n.; -s; unz.⟩ *Alkaloid des Bilsenkrautes, das am Auge pupillenerweiternd u. narkotisch auf das Großhirn wirkt* [< nlat *Scopolia,* wissenschaftl. Name für »Tollkraut«; nach dem Trienter Abt A. *Scopoli* di Cavallese, 1723-1788]

Sko|pus ⟨m.; -, Sko|pen⟩ **1** ⟨Sprachw.⟩ *Wirkungsbereich von Wörtern, die der näheren Bestimmung von Aussagen dienen* **2** ⟨Theol.⟩ *zentrale Aussage eines Bibeltextes* [< grch. *skopos* »Ziel«]

Skor|but ⟨m.; -(e)s; unz.⟩ *Krankheit infolge Mangels an Vitamin C (Blutungen am Zahnfleisch, in den Verdauungsorganen u.a.)* [< *Scharbock* (mndrl. *schorbuck*) u. ndrl. *scheurbuik,* eigtl. »rissiger Mund«]

Skor|da|tur ⟨f.; -, -en⟩ *abweichende Stimmung, Umstimmen von Saiten, z.B. zum Erzielen von Klangeffekten;* oV *Scordatura* [< ital. *scordatura* »Verstimmung«, < lat. *dis-* »miss-, ver-« + *chorda* »Darm, Saite«]

Skore ⟨[skɔːr] m.; -s, -s⟩ = *Score*

Skor|pi|on ⟨m.; -s, -e⟩ *Ordnung der Spinnentiere mit langem, gegliedertem Hinterleib, der eine Giftblase mit beweglichem Endstachel trägt: Scorpiones* [< mhd. *sc(h)orpion* < ahd. *scorpion* < lat. *scorpio* < grch. *skorpios*]

Sko|tom ⟨n.; -s, -e; Med.⟩ **1** *blinder Fleck* **2** *krankhafter Ausfall eines Teils des Gesichtsfeldes* [< grch. *skotos* »Dunkelheit«]

Sko|to|mi|sa|ti|on ⟨f.; -, -en; Psych.⟩ *auf Abwehrmechanismen beruhende Leugnung von realen Gegebenheiten, da Bewältigung als nicht mehr möglich erscheint* [zu grch. *skotos* »Dunkelheit« + *misein* »hassen«]

sko|to|mi|sie|ren ⟨V.⟩ *Teile der Realität leugnen od. verdrängen*

Skri|bent ⟨m.; -en, -en⟩ *Vielschreiber, Schreiberling* [< lat. *scribens,* Part. Präs. zu *scribere* »schreiben«]

Skri|bi|fax ⟨m.; - od. -es, -e⟩ *Vielschreiber, Schmierer* [scherzh. (17. Jh.) < lat. *scribere* »schreiben« + *facere* »machen, tun«]

Skript ⟨n.; -(e)s, -en⟩ *Schriftstück, schriftliche Ausarbeitung* [verkürzt < *Skriptum*]

Skript|girl ⟨[-gəːrl] n.; -s, -s⟩ = *Scriptgirl*

Skrip|to|ri|um ⟨n.; -s, -ri|en; im MA⟩ *Schreibstube eines Klosters* [< lat. *scriptorium*]

Skrip|tum ⟨n.; -s, -ten od. -ta; †⟩ = *Skript* [< lat. *scriptum* »das Geschriebene«]

skrip|tu|ral ⟨Adj.; geh.⟩ **1** *die Schrift betreffend* **2** ⟨Kunst⟩ *an Schriftzeichen erinnernd*

Skro|fel ⟨f.; -, -n⟩ **1** *verdickte Lymphknoten des Halses* **2** ~n = *Skrofulose* [< lat. *scrofula* »Ferkel«; zu *scrofa* »trächtige Sau«]

skro|fu|lös ⟨Adj.⟩ *an Skrofulose leidend*

Skro|fu|lo|se ⟨f.; -; unz.⟩ *tuberkulöse, allergische Reaktion im Kindesalter mit Schwellungen der Lymphknoten u. Katarrhen der oberen Luftwege, bei guter Hygiene u. Versorgung selten;* Sy *Skrofeln* [→ *Skrofel*]

skro|tal ⟨Adj.⟩ *zum Skrotum gehörend, von ihm ausgehend*

Skro|tum ⟨n.; -s, -ta⟩ *Hodensack;* oV *Scrotum* [< lat. *scrotum* »Hodensack«]

Skrub|ber ⟨[skrʌbə(r)] m.; -s, -⟩ *technische Anlage, die zur Reinigung von Gasen benutzt wird* [engl.]

Skrubs ⟨[skrʌbs] Pl.⟩ *minderwertige Blätter des Tabaks* [< engl. *scrub* »Gestrüpp, Buschwerk«]

Skru|pel ⟨m.; -s, -; meist Pl.⟩ *Zweifel, Bedenken, Gewissensbisse,* ~ haben [< lat. *scrupulus* »spitzes Steinchen; Ängstlichkeit«, Verkleinerungsform zu *scrupus* »spitzer, scharfer Stein«]

skru|pu|lös ⟨Adj.⟩ **1** *voller Skrupel, ängstlich* **2** *peinlich genau*

Skru|ti|ni|um ⟨n.; -s, -ni|en⟩ **1** *Sammlung u. Prüfung der Stimmen, bes. bei einer kirchl. Wahl* **2** *Prüfung der Bewerber um ein geistl. Amt auf Fähigkeit u. Würdigkeit* [< lat. *scrutinium* »Untersuchung, Visitation«]

Skua ⟨f.; -, -s⟩ *Raubmöwenart des Nordatlantiks* [färöisch]

Skull|boot ⟨n.; -(e)s, -e⟩ *Sportboot mit je zwei Rudern (Skulls) für einen Ruderer;* Sy *Skuller(1)* [< engl. *scull, skull* »kurzes Ruder«]

skul|len ⟨V.⟩ *im Skullboot rudern*

Skul|ler ⟨m.; -s, -⟩ **1** = *Skullboot* **2** *Ruderer im Skullboot* [< engl. *sculler* »Boot mit zwei Rudern«]

skulp|tie|ren ⟨V.⟩ = *skulpturieren*

Skulp|tur ⟨f.; -, -en⟩ **1** ⟨unz.⟩ *Bildhauerkunst* **2** ⟨zählb.⟩ *Werk der Bildhauerkunst;* Holz~, Stein~ [< lat. *sculptura;* zu *sculpere* »etwas herausmeißeln, -schnitzen, -schneiden«]

skulp|tu|rie|ren ⟨V.⟩ *in der Art einer Skulptur darstellen, bearbeiten;* oV *skulptieren*

Skunk ⟨m.; -s, -s⟩ **1** *Marder, der bei Gefahr das widerlich riechende Sekret seiner Afterdrüse verspritzt, Stinktier: Memphitis memphitis* **2** *Pelz des Skunks* [engl. < Algonkin]

Skup|schti|na, ⟨auch⟩ **Skupsch|ti|na** ⟨f.; -, -s⟩

das jugoslaw. Parlament [<serbokroat. *skupština* »Versammlung«]
skur|ril ⟨Adj.⟩ *merkwürdig, verschroben;* ein ~er Mensch [<lat. *scurrilis* »possenhaft«; vermutl. zu *scurra* »Witzereißer, Spaßmacher«]
Skur|ri|li|tät ⟨f.; -; unz.⟩ *skurrile Beschaffenheit, skurriles Wesen, Verschrobenheit*
Skye|ter|ri|er ⟨[skai-] m.; -s, -⟩ *kleine, raubeinige Terrierrasse* [nach der schott. Insel *Skye*]
Sky|ja|cker ⟨[skaidʒækə(r)] m.; -s, -⟩ *Flugzeugentführer* [<engl. *sky* »Himmel«; Herkunft von *jacker* unsicher]
Sky|lab ⟨[skailæb] n.; -s; unz.⟩ *US-amerik. Weltraumstation, die ab 1973 von mehreren Besatzungen für längere Zeit bewohnt wurde, am 11.7.1979 in der Erdatmosphäre verglüht* [verkürzt <engl. *sky laboratory* »Himmelslaboratorium«]
Sky|light ⟨[skailait] n.; -s, -s; Seemannsspr.⟩ *Oberlicht, Luke auf Schiffen* [engl.]
Sky|light|fil|ter ⟨[skailait-] m. od. (fachspr. meist) n.; -s, -; Fot.⟩ *fotograf. Aufnahmefilter, der eine zu hohe Farbtemperatur des Lichtes ausgleicht u. auf diese Weise unangenehmen Blaustich verhindert*
Sky|line ⟨[skailain] f.; -, -s⟩ *Horizontlinie, Silhouette (einer Stadt)* [engl., »Horizont«, <*sky* »Himmel« + *line* »Linie«]
Sky|phos ⟨m.; -, -phoi⟩ *altgrch. Trinkgefäß mit waagerechten Henkeln am Rand* [grch.]
Sky|se|gel ⟨[skai-] n.; -s, -⟩ *das oberste Rahsegel bei Schiffen*
Sky|sur|fer ⟨[skaisə:fə(r)] m.; -s, -⟩ *Drachenflieger, Segelflieger mit einem Fluggerät aus Segeltuch, das durch Gewichtsverlagerung gelenkt wird* [<engl. *sky* »Himmel« + *surf* »wellenreiten«, nach dem Muster von *Surfen* gebildet]
Skyth ⟨n.; - od. -s; unz.⟩ *untere Stufe der Trias, die dem Buntsandstein entspricht;* oV *Skythian* [nach den *Skythen,* Nomadenstämmen im 1. Jahrtausend v. Chr.]
Sky|thi|an ⟨n.; - od. -s; unz.⟩ = *Skyth*
s.l. ⟨Abk. für⟩ *sine loco*
Sla|lom ⟨m.; -s, -s⟩ *Skilauf bzw. Fahrt im Kanu durch von Fähnchen gebildete Tore, Torlauf* [<norw. *slalåm,* eigtl. »leicht abfallende Skispur«]
Slang ⟨[slæŋ] m.; -s, -s⟩ **1** *nachlässige Umgangssprache, bes. im Englischen* **2** = *Jargon* [engl.]
Slap|stick ⟨[slæp-] m.; -s, -s; bes. im Stummfilm⟩ *grotesker (absurder) Einfall;* ein Film voller ~s [engl. »Holzklapper« (mit der ein Schauspieler einen Schlag vortäuscht), <*slap* »Schlag, Klaps« + *stick* »Stock«]
Sla|we ⟨m.; -n, -n⟩ *Angehöriger einer ost- u. südosteuropäischen Völkergruppe* [→ *Sklave* (im mittelalterl. Orient waren meist Slawen die Opfer der Sklaverei)]
sla|wisch ⟨Adj.⟩ *die Slawen betreffend, zu ihnen gehörend, von ihnen stammend;* ~e Sprachen *zu den idg. Sprachen gehörende Sprachfamilie, umfasst u.a. die russ., bulgar., tschech., poln. Sprache*
sla|wi|sie|ren ⟨V.⟩ *nach slawischem Vorbild gestalten, der slaw. Kultur angleichen*
Sla|wis|mus ⟨m.; -, -men⟩ *in eine andere Sprache übernommene slaw. Spracheigentümlichkeit*
Sla|wis|tik ⟨f.; -; unz.⟩ *Wissenschaft von den slaw. Sprachen u. Kulturen*
sla|wo|phil ⟨Adj.⟩ *allem Slawischen zugeneigt* [<*slawisch* + *...phil*]
Sla|wo|phi|lie ⟨f.; -; unz.⟩ *Vorliebe für alles Slawische* [<*slawisch* + *...philie*]
s.l.e.a. ⟨Abk. für⟩ *sine loco et anno*
Slee|per ⟨[sli:pə(r)] m.; -s, -⟩ **1** ⟨umg.⟩ *vorderster, in der ersten Flugzeugklasse befindlicher Flugsessel, der durch seine stark zurückklappbare Rückenlehne besonderen Komfort bietet* **2** *Spion, der sich zunächst als unauffälliger Bürger an irgendeinem Ort (z. B. im Ausland) aufhält u. auf seinen Einsatz wartet* [engl.]
Sli|bo|witz ⟨m.; - od. -es, -e⟩ = *Sliwowitz*
Slice ⟨[slais] m.; -, -s [-siz]; Sp.; Tennis; Golf⟩ *Schlag, bei dem der Ball angeschnitten wird* [engl., »schneiden«]
Sli|ding|stop, ⟨auch⟩ **Sli|ding Stop** ⟨[slaidiŋʃstɔp] m.; (-) -s, (-) -s; Reitsp.⟩ *plötzliches Abbremsen des Pferdes aus dem Galopp (beim Westernreiten)* [engl.; zu *slide* »schlittern« + *stop* »(an)halten«]
Sli|ding|tack|ling, ⟨auch⟩ **Sli|ding Tack|ling** ⟨[slaidiŋtækliŋ] n.; (-) -s, (-) -s; Sp.; Fußb.⟩ *taktischer Fußschritt des Abwehrspielers schräg zwischen die Beine des Angreifers, um so an den Fußball zu gelangen* [engl.]
slim ⟨Adj.⟩ *schmal, schlank, mager* [engl.]
Slip ⟨m.; -s, -s⟩ **1** = *Schlipp* **2** *kurze, anliegende Unterhose* **3** ⟨Bankw.⟩ *Buchungs- u. Ausführungsbeleg von Bankaufträgen* **3.1** *Formularstreifen, aufgrund dessen Buchungen im Börsengeschäft erfolgen* [<engl. *slip* »Schlüpfer; gleiten, rutschen, schlüpfen«]
slip|pen ⟨V.⟩ **1** ⟨Mar.⟩ *eine Verbindungsleine absichtlich lösen u. loslassen* **2** *beim Fallschirmspringen eine andere Fallrichtung einnehmen* **3** ⟨Flugw.⟩ *zur Seite gleitend fliegen, wodurch das Flugzeug an Höhe verliert*
Slip|per ⟨m.; -s, -⟩ **1** *bequemer flacher Schuh ohne Schnürung* **2** ⟨österr.⟩ *leichter, lockerer Mantel* [engl., »Hausschuh, Pantoffel«; zu *slip* »(hinein)schlüpfen«]
Sli|wo|witz ⟨m.; - od. -es, -e⟩ *Pflaumenbranntwein;* oV *Slibowitz* [<serb. *sliva* »Pflaume«]
Slo|gan ⟨engl. [slo:gən] m.; -s, -s⟩ *Schlagwort, bes. in der Werbung;* Werbe~ [engl., »Werbeschlagwort« <gäl. *sluaghghairm* »Kriegsgeschrei«]
Sloop ⟨[slu:p] f.; -, -en⟩ = *Schlup*
Slot ⟨[slɔt] m.; -s, -s; bes. TV⟩ *(bestimmte) Zeitspanne, Zeittakt, Sendezeit* [engl., eigtl. »Schlitz«]
slow ⟨engl. [slou] od. [slo:] Adj.; Mus.⟩ *langsam zu spielen (Tonpassagen beim Jazz)* [<engl. *slow* »langsam«]

Slow|fox ⟨engl. [slou-] od. [slo:] m.; - od. -es, -e⟩ *langsamer Foxtrott* [< engl. *slow* »langsam« + *Fox(trott)*]
Slow|mo|tion ⟨engl. [sloumouʃən] od. [slo:-] f.; -; unz.⟩ *in Zeitlupe abgespielter Film(-ausschnitt)* [engl.]
Slow-Scan|ning-Ver|fah|ren ⟨engl. [slouskæniŋ-] od. [slo:-] n.; -s; unz.⟩ *technisches Verfahren, das den Anschein erweckt, als sei das Fernsehbild in Momentaufnahmen aufgeteilt* [< engl. *slow* »langsam« + *scan* »abtasten, rastern«]
Slum ⟨[slʌm] m.; -s, -s; meist Pl.⟩ *Elendsviertel* [engl.]
Slump ⟨[slʌmp] m.; - od. -s, -s⟩ *unerwartete Baisse an der Börse;* Ggs *Boom* [engl., »Sturz, Tiefstand«]
Slup ⟨f.; -, -en⟩ = *Schlup*
Sm ⟨chem. Zeichen für⟩ *Samarium*
small ⟨[smɔ:l] Adj.; Abk.: S⟩ *klein (als Kennzeichnung der Konfessionsgröße)* [engl.]
Small|band, ⟨auch⟩ **Small Band** ⟨[smɔ:lbænd] f.; (-) -, (-) -s⟩ *Jazzband mit einer kleinen Besetzung*
Small|talk, ⟨auch⟩ **Small Talk** ⟨[smɔ:ltɔ:k] n.; (-) -s, (-) -s⟩ **1** ⟨EDV⟩ *objektorientierte Programmiersprache* **2** *leichte, belanglose Unterhaltung* [engl., < *small* »klein« + *talk* »Gespräch, Plauderei«]
Smal|te ⟨f.; -, -n⟩ = *Schmalte*
smal|ten ⟨V.⟩ = *schmalten*
Sma|ragd ⟨m.; -(e)s, -e⟩ *ein Mineral, grüner Edelstein* [< mhd. *smaragt, smarat* < ahd. *smaragdus* < lat. *smaragdus* < grch. *smaragdos*]
sma|rag|den, sma|ragd|far|ben ⟨Adj.⟩ *smaragdgrün*
smart ⟨Adj.⟩ **1** ⟨salopp⟩ *hübsch, elegant u. dabei gewandt u. durchtrieben* **2** ⟨EDV⟩ *intelligent* [engl., »beißend, scharf; schneidig geputzt; pfiffig, schlau« (im negativen Sinne); Adj. zu *smart* »schmerzen, büßen«]
Smart|card, ⟨auch⟩ **Smart Card** ⟨[-ka:rd] f.; (-) -, (-) -s⟩ = *Chipkarte* [< engl. *smart* »intelligent« + *card* »Karte«]
Smart|ter|mi|nal, ⟨auch⟩ **Smart Ter|mi|nal** ⟨[-tə:minəl] n.; (-) -s, (-) -s; EDV⟩ *intelligentes Terminal, das mit zusätzlichen Eigenschaften, wie z.B. einem Bildschirmspeicher, ausgestattet ist*
Smash ⟨[smæʃ] m.; -s, -s; Sp.; bes. Tennis⟩ *Schmetterball* [engl. *smash* »(zer)schmettern«]
Smeg|ma ⟨n.; - od. -s; unz.⟩ *talghaltige Absonderung der Eichel- u. Vorhautdrüsen* [grch., »Schmiere«]
Smith|so|nit ⟨[smiθ-] m.; -s, -en⟩ = *Zinkspat*
Smog ⟨m.; - od. -s; unz.⟩ *dicker, mit Rauch vermischter Nebel, bes. über Industriestädten* [< engl. *smoke* »Rauch« + *fog* »Nebel«]
smo|ken ⟨V.⟩ *mit einem Zierstich nähen, bei dem der Stoff zugleich in kleine Fältchen gerafft wird* [< slow. *smok* »Hemd«]
Smo|king ⟨m.; -s, -s, österr. auch -e⟩ *Gesellschaftsanzug für Herren mit tief ausgeschnittener Jacke, deren Revers mit Seide belegt sind* [verkürzt < engl. *smoking-suit* od. *smoking-jacket* »Rauchjackett, Rauchanzug«; zu *smoke* »rauchen«]
Smör|gås|bord ⟨[smø:rgɔ:s-] m.; -s, -s; schwed. Kochk.⟩ *kaltes Buffet* [schwed.]
Smør|re|brød ⟨n.; -s, -s⟩ *gut belegtes Butterbrot* [< dän. *smørrebrød* »Butterbrot«]
smor|zan|do ⟨Mus.⟩ *ersterbend, verklingend, erlöschend (zu spielen)* [ital., Part. Präs. zu *smorzare* »dämpfen, löschen«]
Smyr|na ⟨m.; -s, -s⟩ *Handelsname für mehrere Arten türkischer Knüpfteppiche mit hohem Flor* [nach der türk. Stadt *Smyrna,* heute Izmir]
Sn ⟨chem. Zeichen für⟩ *Zinn (Stannum)*
Snack ⟨[snæk] m.; -s, -s⟩ *kleiner Imbiss, Kleinigkeit zu essen* [engl.]
Snack|bar ⟨[snæk-] f.; -, -s⟩ *Imbissstube* [< engl. *snack* »kleiner Imbiss« + *Bar*]
Snea|ker ⟨[sni:kə(r)] m.; -s, -s⟩ **1** ⟨scherzh.⟩ *Schleicher, Leisetreter* **2** ⟨Pl.⟩ *Turnschuhe* [engl.-amerik.]
Sneak|pre|view, ⟨auch⟩ **Sneak Pre|view** ⟨[sni:kprivju:] m. od. f.; (-) -, (-) -s⟩ *Vorschau, Probeaufführung* [engl.]
Sniff ⟨m.; -s, -s; umg.⟩ *das Sniffen;* → a. *Sniffing*
snif|fen ⟨V.; Drogenszene⟩ *schnüffeln, schnupfen;* Rauschmittel ~ [< engl. *sniff* »schnüffeln, schnuppern«]
Snif|fing ⟨n.; -s; unz.⟩ *Einatmen der Dämpfe bestimmter Stoffe (z.B. Klebstoffe, Lösungsmittel), um einen Rauschzustand herbeizuführen, Schnüffeln* [engl., »Schnüffeln«]
Snob ⟨[snɔb] m.; -s, -s; abwertend⟩ **1** *vornehm tuender Mensch niederer Herkunft, der nach gesellschaftl. Ansehen strebt u. auf andere hinabblickt* **2** *jmd., der sich (zu Recht od. Unrecht) anderen überlegen fühlt* [< engl. *snob,* Ursprung unsicher, vielleicht urspr. Kurzform von lat. *sine nob*ilitate »ohne Adel«; angeblich wurden im 18. Jh. die nicht adeligen, bürgerl. Studenten an der Universität Cambridge mit diesem Vermerk in die Matrikel eingetragen]
Sno|bi|e|ty ⟨[snɔbaiəti] f.; -; unz.; kurz für⟩ = *High Snobiety*
Sno|bis|mus ⟨m.; -; unz.⟩ *Verhalten wie ein Snob*
sno|bis|tisch ⟨Adj.⟩ *wie ein Snob*
Snoo|ker, Snoo|ker|pool ⟨[snu:kə(r)pu:l] n.; -s, -s⟩ *(bes. in Großbritannien beliebte) Variante des Billards, bei der farbige Kugeln nach bestimmten Regeln in die 6 Löcher des Billardtisches eingespielt werden müssen* [engl.]
Snow ⟨[snou] m.; - od. -s; unz.; Drogenszene⟩ *Kokain* [engl., »Schnee«]
Snow|board ⟨[snoubɔ:d] n.; -s, -s⟩ *Brett zum Fahren bzw. Gleiten auf dem Schnee* [engl., »Schneebrett«]
snow|boar|den ⟨[snoubɔ:dən] V.⟩ *Snowboard fahren*

Snow|boar|der ⟨[snoubɔ:də(r)] m.; -s, -⟩ *jmd., der Snowboard fährt*

Snow|boar|ding ⟨[snoubɔ:diŋ] n.; -s, -s⟩ *das Fahren bzw. Gleiten auf dem Schnee mit einem Snowboard* [engl., »Schneebrettfahren«]

Snow|mo|bil ⟨[snou-] n.; -s, -e⟩ = *Schneemobil* [< engl. *snowmobile*]

Snow|raf|ting ⟨[snoura:ftiŋ] n.; -s; unz.⟩ *mit einem Schlauchboot waghalsig die Schneeberge hinabgleiten;* → a. *Rafting*

s.o. ⟨Abk. für⟩ **1** *sine obligo* **2** *salvis omissis*

Soap|o|pe|ra ⟨[soupɔpəra] f.; -, -s; TV⟩ *tägl. od. wöchentlich ausgestrahlte TV-Serie mit fortlaufender Handlung, Seifenoper;* mit der »Lindenstraße« begann der Siegeszug der ~s im deutschen Fernsehen [engl., »Seifenoper«]

so|a|ve ⟨[-və] Mus.⟩ *zart, mild, lieblich (zu spielen)* [ital.]

So|a|ve ⟨[-və] m.; -; unz.⟩ *trockener ital. Weißwein* [aus den Bergen um den Ort *Soave* östlich von Verona]

So|bran|je, ⟨auch⟩ **Sob|ran|je** ⟨f.; -, -n od. n.; -s, -n⟩ *bulgar. Volksvertretung* [< bulg. *sobran'e,* eigtl. »Versammlung«]

So|bri|e|tät, ⟨auch⟩ **Sob|ri|e|tät** ⟨f.; -; unz.; †⟩ *Nüchternheit, Mäßigkeit* [< lat. *sobrietas* »Mäßigkeit (im Trinken)«]

So|ca ⟨m.; -s, -s⟩ *lateinamerikan. Modetanz, eine Mischung aus Soul u. Calypso, aus dem karib. Karnevalkalypso entstanden*

Soc|cer ⟨m.; -s; unz.; Sp.; amerikan. Bez. für⟩ *Fußball(spiel)* [< engl. as*soc*iation football »Fußballverband«]

So|cial|costs, ⟨auch⟩ **So|cial Costs** ⟨[souʃəlkosts] Pl.; Wirtsch.⟩ *von der Gesellschaft getragene Kosten (für Wasser-, Luftverschmutzung usw.), die aufgrund industrieller Produktion entstanden sind*

So|cial|en|gi|nee|ring, ⟨auch⟩ **So|cial En|gi|nee|ring** ⟨[souʃələndʒini:riŋ] n.; (-) -; unz.⟩ = *Humanengineering* [engl.; zu *social* »sozial« + *engineering* »Maschinenbau«; zu *engine* »Maschine«]

So|cial|mar|ke|ting ⟨auch⟩ **So|cial Mar|ke|ting** ⟨[souʃəl-] n.; (-) -s; unz.⟩ *sozial ausgerichtetes, die Interessen der Gesellschaft berücksichtigendes Marketing* [engl.; zu *social* »sozial« + *Marketing*]

So|cial|spon|so|ring ⟨auch⟩ **So|cial Spon|so|ring** ⟨[souʃəlspɔnsəriŋ] n.; (-) -(s); unz.⟩ *Maßnahmen zur finanziellen Unterstützung von sozialen Einrichtungen (z.B. Kinderheime)*

So|ci|e|tas Je|su ⟨[-tsi:ə-] f.; - -; unz.; Abk. SJ⟩ *die Gesellschaft Jesu, der Jesuitenorden* [lat.]

So|ci|e|ty ⟨[səsaiəti] f.; -; unz.; kurz für⟩ *Highsociety* [engl., »Gesellschaft«]

So|cket ⟨[sɔkit] m.; -s, -s; Sp.; Golf⟩ *Fehlschlag, bei dem nur die Schlägerspitze den Ball trifft* [engl., eigtl. »Hülse, Fassung«]

So|da ⟨f.; -; unz. od. n.; -s; unz.⟩ **1** *in wässriger Lösung alkalisch reagierendes Salz;* Sy *Natriumcarbonat;* kalzinierte ~ *weißes, kein Wasser enthaltendes Pulver, chemische Formel* Na_2CO_3 **2** ⟨kurz für⟩ *Sodawasser* [ital., »Soda, Salzkraut« < arab. *suwwād*]

So|da|le ⟨m.; -n, -n⟩ *Genosse, Mitglied einer kath. Sodalität* [< lat. *sodalis* »Gefährte, Genosse, Tischgenosse; Mitglied des Priesterkollegiums«]

So|da|li|tät ⟨f.; -, -en⟩ *kath. Bruderschaft, Genossenschaft* [→ *Sodale*]

So|da|was|ser ⟨n.; -s; unz.⟩ *Wasser mit Kohlensäuregehalt, Selterswasser*

So|di|um ⟨n.; -s; unz.; engl. u. frz. Bez. für⟩ *Natrium* [→ *Soda*]

So|dom ⟨n.; -; unz.⟩ ~ und Gomorr(h)a ⟨sinnbildl. für⟩ *Sünde u. Lasterhaftigkeit, Sündenpfuhl* [nach der bibl. Stadt *Sodom,* die nach dem 1. Buch Moses 18–19 von Gott wegen ihrer Sünden vernichtet wurde]

So|do|mie ⟨f.; -; unz.⟩ *Geschlechtsverkehr mit Tieren* [< frz. *sodomie,* nach der bibl. Stadt *Sodom*]

So|do|mit ⟨m.; -en, -en⟩ *jmd., der Sodomie treibt* [< mlat. *sodomita* »einer, der so lasterhaft lebt, wie man es einst in Sodom tat«]

so|do|mi|tisch ⟨Adj.⟩ *auf Sodomie beruhend*

So|fa ⟨n.; -s, -s⟩ *gepolstertes Sitzmöbel für mehrere Personen mit Rückenlehne u. Armlehnen;* Sy *Kanapee(1)* [< frz. *sofa* < arab. *suffa* »Kissen auf dem Kamelsattel«]

Sof|fit|te ⟨f.; -, -n⟩ **1** *vom Schnürboden herabhängende, bemalte Stoffbahnen zum Abschluss des Bühnenbildes nach oben* **2** *zum Anbringen hinter Abdeckungen geeignete, röhrenförmige Glühlampe mit Sockeln an beiden Enden* [frz. < ital. *soffitta* < vulgärlat. *suffictus,* Part. Perf. zu *suffigere* »darunter heften«]

soft ⟨Mus.; Jazz⟩ *weich (zu spielen)* [engl.]

Soft|ball ⟨[-bɔ:l] m.; -s; unz.; Sp.⟩ *ein aus dem Baseball vor allem für das Spiel in Hallen entwickeltes Schlagballspiel, das hauptsächlich von Jugendlichen u. Frauen gespielt wird* [engl., »weicher Ball«]

Soft|co|py ⟨auch⟩ **Soft Co|py** ⟨[-kɔpi] f.; (-) -, (-) -s; EDV⟩ *Kopie von Texten od. Daten, die nicht ausgedruckt, sondern auf dem Bildschirm des Computers abgebildet wird;* Ggs *Hardcopy* [engl., »weiche Kopie«]

Soft|co|ver, ⟨auch⟩ **Soft Co|ver** ⟨[-kʌvə(r)] n.; (-) -s, (-) -⟩ *Buch mit weichem Bucheinband, Paperback;* Ggs *Hardcover* [engl., »weicher Deckel od. Einband«]

Soft|drink, ⟨auch⟩ **Soft Drink** ⟨m.; (-) -s, (-) -s⟩ *leicht alkohol. Getränk,* z.B. Likör; Ggs *Harddrink* [engl., »weiches Getränk«]

Soft|drug, ⟨auch⟩ **Soft Drug** ⟨[sɔftdrʌg] f.; (-) -, (-) -s⟩ *weiche Droge;* Ggs *Harddrug, Hardstuff* [engl.]

Soft|eis ⟨n.; -es, -⟩ *sahniges Milchspeiseeis* [< engl. *soft* »weich« + *Eis*]

sof|ten ⟨V.; Fot.⟩ *weichzeichnen von Bildern mit optischen Hilfsmitteln (z. B. Weichzeichner), die vor die Linse gebracht werden* [engl., »weich machen]

Sof|te|ner ⟨m.; -s, -; Textilw.⟩ *Maschine, die die Faserbündel von Textilien zusammen-*

quetscht, um das Fasergewebe weicher zu machen u. den Textilien einen weichen Griff zu geben [engl., »Weichmacher«]
Soft|tie ⟨m.; -s, -s; umg.⟩ *sanfter, empfindsamer (junger) Mann* [zu engl. *soft* »weich«]
Soft|por|no ⟨m.; -s, -s⟩ *Film mit gemäßigter Darstellung pornografischer Szenen* [< engl. *soft* »weich« + *Porno*]
Soft|rock, ⟨auch⟩ **Soft Rock** ⟨m.; (-) - od. (-) -s; unz.⟩ *ruhigere, weniger rhythmisierte Variante der Rockmusik*; → a. *Hardrock* [< engl. *soft* »weich« + *Rock*]
Soft|ware ⟨[-wɛːr] f.; -; unz.; EDV⟩ *Gesamtheit der nicht materiellen Bestandteile eines EDV-Systems;* Ggs *Hardware* [< engl. *soft* »weich« + *ware* »Ware«]
soi|gniert, ⟨auch⟩ **soig|niert** ⟨[soanjiːrt] Adj.⟩ *gepflegt* [< frz. *soigner* »besorgen, pflegen«]
Soil|e|ro|sion ⟨[sɔilirouʒn] f.; -; unz.⟩ *Bodenerosion* [engl.]
Soi|ree ⟨[soa-] f.; -, -n⟩ **1** *Abendgesellschaft* **2** *Abendvorstellung, Abendveranstaltung;* eine ~ veranstalten [frz., »Abendzeit, -gesellschaft«; zu *soir* »Abend«]
Soi|xante-Neuf ⟨[soasãtnœf] n.; - od. -s; unz.⟩ = *Sixty-Nine* [frz., »neunundsechzig«]
So|ja ⟨f.; -, So|jen; kurz für⟩ *Sojabohne* [< jap. *shōjū* < chin. *chiang-yu*, eigtl. »Sojaöl«]
So|ja|boh|ne ⟨f.; -, -n⟩ *aus Ostasien stammende einjährige Nutzpflanze, deren ölhaltiger Samen bei uns seit dem 18. Jh. eingeführt wird: Glycine soja* [→ *Soja*]
So|ja|so|ße ⟨f.; -, -n; Kochk.⟩ *aus Sojabohnen gewonnene ostasiatische Würzsauce (gilt als älteste Würzsauce der Welt);* oV *Soyasauce*
So|jus ⟨m.; -; unz.⟩ *sowjet. Weltraumfahrzeug, früher als bemannte Weltraumstation genutzt, heute nur noch als Personen- u. Materialtransporter für Weltraumstationen vom Typ Saljut verwendet* [russ., »Union«]
So|kra|tik, ⟨auch⟩ **Sok|ra|tik** ⟨f.; -; unz.; Philos.⟩ = *Mäeutik*
So|kra|ti|ker, ⟨auch⟩ **Sok|ra|ti|ker** ⟨m.; -s, -; Philos.⟩ *Anhänger des Sokrates u. seiner Lehre*
so|kra|tisch, ⟨auch⟩ **sok|ra|tisch** ⟨Adj.; Philos.⟩ *auf Sokrates u. seiner Lehre beruhend, von ihm ausgehend; weise, klug*
Sol[1] ⟨m.; - od. -s, -s od. -; bei Zahlenangaben:-⟩ *Währungseinheit in Peru, 100 Centavos* [span., »Sonne«]
Sol[2] ⟨n.; -s, -e⟩ *kolloide Lösung* [→ *Solutio*]
Sol[3] ⟨n.; -, -; Mus.⟩ *Ton G, in der Tonika-Do-Methode der jeweils fünfte Ton einer Tonleiter;* → a. *Solmisation* [ital.; frz.]
So|la|nin ⟨n.; -s, -e⟩ *giftiges Alkaloid verschiedener Nachtschattengewächse* [< frz. *solanine* < lat. *solanum* »Nachtschatten«]
So|la|num ⟨n.; -s, -nen⟩ *Nachtschatten* [lat.]
so|lar ⟨Adj.⟩ *auf die Sonne bezüglich, von ihr ausgehend, zu ihr gehörend;* oV *solarisch* [< lat. *solaris* »zur Sonne gehörig«; zu *sol* »Sonne«]
So|lar ⟨n.; -s, -e; kurz für⟩ *Solarjahr*
So|lar|an|la|ge ⟨f.; -, -n⟩ *mit Sonnenenergie betriebenes Kraftwerk od. Heizungssystem, Sonnenkraftwerk;* Sy *Solarkraftwerk*
So|lar|bat|te|rie ⟨f.; -, -n⟩ = *Solargenerator*
So|lar|e|ner|gie ⟨f.; -; unz.⟩ *Sonnenenergie*
So|lar|farm ⟨f.; -, -en⟩ *besondere Bauart einer Solaranlage*
So|lar|ge|ne|ra|tor ⟨m.; -s, -en⟩ *Sonnengenerator, Zusammenschaltung mehrerer Solarzellen zur Stromerzeugung;* Sy *Solarbatterie*
So|lar|hei|zung ⟨f.; -, -en⟩ *mit Sonnenenergie betriebene Heizung, Sonnenheizung*
So|la|ri|me|ter ⟨n.; -s, -⟩ *Gerät zur Messung der von der Sonne u. anderen Himmelskörpern einfallenden Strahlung*
So|la|ri|sa|ti|on ⟨f.; -, -en⟩ *Umkehr einer stark überbelichteten negativen fotograf. Schicht in eine positive* [< engl. *solarization;* zu *solarize* »dem Sonnenlicht aussetzen« < lat. *solaris* »zur Sonne gehörig«]
so|la|risch ⟨Adj.⟩ = *solar*
So|la|ri|um ⟨n.; -s, -ri|en⟩ **1** *Einrichtung zur Bestrahlung des Körpers mit einer dem Sonnenspektrum weit gehend ähnelnden, künstlichen Lichtquelle* **2** *Raum, in dem man mittels UV-Lichts eine Körperbräunung erreichen kann* [Neutr. zu lat. *solarius* »zur Sonne gehörig«; zu *sol* »Sonne«]
So|lar|jahr ⟨n.; -(e)s, -e⟩ *Sonnenjahr, Zeitspanne, die die Erde für einen vollen Umlauf um die Sonne benötigt, etwa 365,25 Tage;* Sy *Solar*
So|lar|kol|lek|tor ⟨m.; -s, -en⟩ *Vorrichtung zur Nutzung der Sonnenenergie für die Erzeugung heißen Wassers, z.B. als Zusatzheizung od. in Schwimmbädern;* Sy *Sonnenkollektor*
So|lar|kon|stan|te, ⟨auch⟩ **So|lar|kons|tan|te** ⟨f.; -, -n⟩ *diejenige Energie, die in einer bestimmten Zeit von der Sonne auf einem Quadratzentimeter der Obergrenze der Atmosphäre auftritt*
So|lar|kraft|werk ⟨n.; -(e)s, -e⟩ = *Solaranlage*
So|lar|öl ⟨n.; -s, -e⟩ *aus Braunkohle gewonnenes Öl, das zwischen 130 u. 240 °C siedet u. als Lösungsmittel u. Treibstoff für Motoren verwendet wird*
So|lar|ple|xus ⟨a. [--'--] m.; -, -⟩ *auf der Hauptschlagader dicht unter dem Zwerchfell aufliegendes Geflecht aus Fasern des vegetativen Nervensystems, von dem aus alle Eingeweide der oberen Bauchhöhle mit Nerven versorgt werden, Sonnengeflecht: Plexus solaris*
So|lar|tech|nik ⟨f.; -; unz.⟩ *neu entstandener Industriezweig, der sich mit der Nutzung der Sonnenenergie für Heizzwecke u. zur Stromerzeugung befasst*
So|lar|turm ⟨m.; -(e)s, -tür|me⟩ *besondere Bauart einer Solaranlage*
So|lar|zel|le ⟨f.; -, -n⟩ *Halbleiterbauelement zur direkten Umwandlung von Strahlungsenergie (der Sonne) in elektrische Energie auf fotoelekt. Wege durch Freisetzen von Elektronen im Innern, Sonnenzelle*
So|la|wech|sel ⟨m.; -s, -⟩ *Wechsel, in dem sich*

der Aussteller zur Zahlung einer Geldsumme verpflichtet, Eigenwechsel [<lat. *solus* »allein«]

Sol|da|nel|le ⟨f.; -, -n⟩ *Troddelblume, Alpenglöckchen, einer in den Alpen od. höheren Mittelgebirgen heimischen Gattung der Primelgewächse angehörende Frühlingsblume mit münzenförmigen Blättern u. zerschlitzten Kronblättern der bläul. od. rötl. violetten Blüten: Soldanella* [<nlat., ital. *soldanella*]

Sol|dat ⟨m.; -en, -en⟩ **1** *Angehöriger einer Streitkraft eines Staates;* Ggs *Zivilist* **2** ⟨Schach⟩ *Bauer* **3** *auf die Verteidigung spezialisiertes Individuum eines Insektenstaates* **4** *Feuerwanze* [<ital. *soldato,* frz. *soldat,* span. *soldado* »der Besoldete«]

Sol|da|tes|ka ⟨f.; -; unz.⟩ *Horde wilder, roher Soldaten* [<ital. *soldatesca* »Kriegervolk«, 1792 durch Schiller zum negativen Schlagwort geworden]

sol|da|tisch ⟨Adj.⟩ *wie ein Soldat, wie bei den Soldaten, straff;* ~e Disziplin

Sol|do ⟨m.; -s, Sol|di⟩ *frühere ital. Münze* [→ *solidus*]

so|lenn ⟨Adj.⟩ *feierlich, festlich* [<lat. *sollemnis, solennis* »festlich«]

So|len|ni|tät ⟨f.; -; unz.⟩ *solenne Beschaffenheit, Festlichkeit, Feierlichkeit*

Sol|fa|ta|ra, Sol|fa|ta|re ⟨f.; -, -ren⟩ *vulkanisches Ausströmen von schwefeligen Gasen u. Wasserdampf* [<ital. *solfatara;* zu *solfo* »Schwefel« <lat. *sulfur*]

sol|feg|gie|ren ⟨[-dʒiː-] V.⟩ *ein Solfeggio singen*

Sol|feg|gio ⟨[-dʒo] n.; -s, -feg|gien [-dʒən]⟩ *virtuose Stimmübung auf Vokalen* [<ital. *sol,* Tonname für *g,* + *fare* »machen«]

So|li **1** ⟨Pl. von⟩ *Solo* **2** ⟨umg.; kurz für⟩ *Solidaritätszuschlag*

So|li|da|ri|täts|zu|schlag ⟨m.; -(e)s; unz.; Pol.⟩ *Zuschlag zur Einkommens- u. Körperschaftssteuer, der wegen der zusätzlichen finanziellen Belastung durch die deutsche Wiedervereinigung erhoben wird*

so|lid ⟨Adj.⟩ = *solide*

So|li|dar|haf|tung ⟨f.; -; unz.⟩ *Haftung mehrerer Personen, die als Gesamtschuldner gelten* [→ *solidarisch*]

so|li|da|risch ⟨Adj.⟩ **1** *füreinander einstehend,* fest *verbunden;* ein ~es Verhalten **2** *gemeinsam, geschlossen* **3** *einig, übereinstimmend* [<frz. *solidaire* »miteinander verbunden, füreinander haftend«, <lat. *solidus* »echt, ganz und gar«]

so|li|da|ri|sie|ren ⟨V.⟩ sich ~ *sich verbinden, sich solidarisch erklären*

So|li|da|ris|mus ⟨m.; -; unz.; bes. kath. Kirche⟩ *Lehre von der Verbundenheit des Einzelnen mit der Gemeinschaft für das allgemeine Wohl*

So|li|da|ri|tät ⟨f.; -; unz.⟩ *Zusammengehörigkeit, Verbundenheit* [→ *solidarisch*]

So|li|dar|nošč ⟨[-nɔʃ] f.; -; unz.⟩ *polnischer Gewerkschaftsverband* [poln., »Solidarität«]

So|li|dar|schuld|ner ⟨m.; -s, -⟩ *Gesamtschuldner* [→ *solidarisch*]

so|li|de ⟨Adj.⟩ oV *solid* **1** ⟨Adj.⟩ *charakterfest, zuverlässig, maßvoll, einwandfrei* **2** *nicht ausschweifend, häuslich;* ~ leben **3** *anständig, ordentlich, geordnet, gutbürgerlich;* ein ~s Mittagessen, in ~n Verhältnissen leben **4** *dauerhaft, haltbar, gut gebaut, fest;* ein ~s Paar Schuhe; ~ Arbeit leisten [frz. <lat. *solidus* »echt, gediegen, haltbar«]

So|li|di|tät ⟨f.; -; unz.⟩ *solide Beschaffenheit, solides Wesen*

So|li|dus ⟨m.; -, -di⟩ *altröm. Goldmünze* [lat. *solidus* »echt«]

so|li|flu|i|dal ⟨Adj.⟩ *die Solifluktion betreffend, auf ihr beruhend*

So|li|fluk|ti|on ⟨f.; -, -en⟩ *Bodenfließen, durch wechselndes Gefrieren u. Abtauen der über einem Frostboden liegenden Bodenschichten werden diese mit Wasser durchtränkt u. in ihrer Struktur verlagert* [<lat. *solidus* »echt, gediegen, haltbar« + *fluctuatio* »das Schwanken, Wogen«]

So|ling ⟨f.; -, -s od. m. od. n.; -s, -s; Segeln⟩ *Kielboot für drei Personen*

Sol|ip|sis|mus, ⟨auch⟩ **So|lip|sis|mus** ⟨m.; -; unz.; Philos.⟩ *Lehre, dass das subjektive Ich das allein wirkliche sei u. alle anderen Ichs nur dessen Vorstellungen* [<lat. *solus* »allein« + *ipse* »selbst«]

Sol|ip|sist, ⟨auch⟩ **So|lip|sist** ⟨m.; -en, -en⟩ *Anhänger, Vertreter des Solipsismus*

sol|ip|sis|tisch, ⟨auch⟩ **so|lip|sis|tisch** ⟨Adj.⟩ *auf dem Solipsismus beruhend*

So|list ⟨m.; -en, -en; Mus.⟩ *(von Orchester od. Chor begleiteter) einzeln hervortretender Instrumentalist od. Sänger;* Violin~ [<ital. *solista,* frz. *soliste* <lat. *solus* »allein«]

so|lis|tisch ⟨Adj.⟩ **1** *einen Solisten betreffend* **2** *als Solist auftretend;* eine ~e Einlage; ein ~er Auftritt

so|li|tär ⟨Adj.⟩ *einsam, allein, abgesondert (lebend);* ~es Tier *allein lebendes Tier, das aber normalerweise gesellig lebt* [<frz. *solitaire* <lat. *solitarius* »allein, abgesondert«]

So|li|tär ⟨m.; -s, -e⟩ **1** *sehr großer, einzeln gefasster Diamant* **2** *Geduldspiel für eine Person* [→ *solitär*]

So|li|tü|de ⟨f.; -, -n⟩ *Einsamkeit (Name von Schlössern),* z.B. Schloss ~ bei Stuttgart [<frz. *solitude* <lat. *solitudo*]

Sol|lux|lam|pe ⟨f.; -, -n⟩ *Bestrahlungslampe zur örtlichen Wärmebehandlung* [<lat. *sol,* »Sonne« + *lux* »Licht« + *Lampe*]

Sol|mi|sa|ti|on ⟨f.; -; unz.⟩ **1** *System von Silben, mit denen die Töne der diaton. Tonleiter bezeichnet werden;* →a. *Ut*[1] **2** *Verfahren, mit diesen Silben die Vorstellung von Tönen zu bilden u. zu festigen* [<*sol* u. *mi,* den beiden Tonsilben der Reihe: ut (später do), re, mi, fa, sol, la, si]

sol|mi|sie|ren ⟨V.⟩ *das Verfahren der Solmisation anwenden*

so|lo ⟨Adj.; Mus.⟩ *allein, einzeln;* ~ singen,

spielen; ich bin wieder ~ ⟨umg.; scherzh.⟩ *ohne Partner, nicht mehr in einer Beziehung lebend* [ital., »allein, einzig« <lat. *solus*]

So|lo ⟨n.; -s, -s od. So|li⟩ **1** *Vortrag eines einzelnen Sängers od. Instrumentalisten;* Ggs *Tutti* **2** ⟨Kart.⟩ *Spiel eines Einzelnen gegen mehrere Mitspieler* [ital., »allein, einzig« <lat. *solus*]

So|lö|zis|mus ⟨m.; -, -men⟩ *grober sprachlicher, bes. syntaktischer Fehler* [<grch. *soloikismos* »sprachlich falscher Ausdruck«; zu *soloikos* »fehlerhaft sprechend«; zu *Soloi,* einer grch. Kolonie in Kilikien, in der sehr fehlerhaftes Griechisch gesprochen wurde]

Sol|sti|ti|um ⟨n.; -s, -ti|en⟩ *Sonnenwende* [lat., eigtl. »Sonnenstand«, <*sol* »Sonne« + *sistere* »stehen bleiben«]

so|lu|bel ⟨Adj.; Chem.⟩ *löslich* [<frz. *soluble* <lat. *solubilis;* zu *solvere* »lösen«]

So|lu|bi|li|sa|ti|on ⟨f.; -, -en⟩ *Lösung eines Stoffes in einem Lösungsmittel, in dem er unter normalen Umständen nicht löslich ist, verursacht durch übermäßige Druck- od. Temperaturverhältnisse od. durch Substanzen, die die Lösung begünstigen*

So|lu|tio ⟨f.; -, -o|nen⟩, **So|lu|ti|on** ⟨f.; -, -en⟩ *Lösung* [<frz. *solution* <lat. *solutio* »die Auflösung«]

So|lu|tré|en, ⟨auch⟩ **So|lut|ré|en** ⟨[solytreẽ:] n.; -s od. -; unz.⟩ *Kulturstufe des Jungpaläolithikums* [nach dem Fundort *Solutré,* im frz. Departement Saône-et-Loire]

sol|va|bel ⟨[-va:-] Adj.⟩ *auflösbar;* eine solvable Mischung [<frz. *solvable* »zahlungsfähig«; zu lat. *solvere* »lösen, auflösen; zahlen, abzahlen«]

Sol|va|ta|ti|on ⟨[-va-] f.; -, -en⟩ *Anlagerung von Ionen aus Lösungsmitteln an Ionen od. Moleküle der darin gelösten Stoffe* [nach dem belg. Chemiker Ernest *Solvay,* 1838-1922]

Sol|vens ⟨[-vɛns] n.; -, -ven|zi|en⟩ *den Schleim lösendes Mittel* [lat., Part. Präs. zu *solvere* »lösen«]

sol|vent ⟨[-vɛnt] Adj.⟩ *zahlungsfähig;* Ggs *insolvent* [<lat. *solvere* »(Schuld, Lohn) (ab)zahlen«]

Sol|venz ⟨[-vɛnts] f.; -; unz.⟩ *Zahlungsfähigkeit;* Ggs *Insolvenz* [→ *solvent*]

sol|vie|ren ⟨[-vi:-] V.⟩ **1** *lösen, auflösen* **2** *zahlen, abzahlen (Schuld)* [<lat. *solvere;* → *Solvens*]

So|ma ⟨m.; -s, -ta; Med.⟩ *Leib, Körper* [nlat. <grch. *soma* »Körper«]

so|ma|tisch ⟨Adj.⟩ *leiblich, körperlich* [<grch. *somatikos* »den Körper betreffend«]

so|ma|to…, So|ma|to… ⟨in Zus.⟩ *körper…, Körper…* [<grch. *soma,* Gen. *somatos* »Körper«]

so|ma|to|gen ⟨Adj.⟩ ~e Eigenschaft *E., die vom Körper neu erworben u. nicht erblich sind* [<*somato…* + *…gen*[1]]

So|ma|to|gramm ⟨n.; -s, -e⟩ *Grafik od. Tabelle, die auf der Grundlage von physischen Werten (Alter, Gewicht, Größe) die Entwicklung von Säuglingen u. Kindern bis zur Pubertät veranschaulicht* [<*Somato…* + *…gramm*]

So|ma|to|lo|gie ⟨f.; -; unz.⟩ *Lehre von den Eigenschaften des menschl. Körpers* [<*Somato…* + *…logie*]

So|ma|to|sko|pie, ⟨auch⟩ **So|ma|tos|ko|pie** ⟨f.; -, -n⟩ *körperliche Untersuchung* [<*Somato…* + *…skopie*]

So|ma|to|tro|pin ⟨n.; -s; unz.⟩ *im Vorderlappen der Hypophyse gebildetes, das Längenwachstum förderndes Hormon* [<*Somato…* + *…trop*[1]]

So|ma|zel|le ⟨f.; -, -n⟩ *mit dem doppelten Chromosomensatz ausgestattete Zelle (jede Körperzelle mit Ausnahme der Keimzellen)*

Som|bre|ro, ⟨auch⟩ **Somb|re|ro** ⟨m.; -s, -s⟩ *breitrandiger mexikan. Hut* [span., »Schattenspender«; zu *sombra* »Schatten«]

som|nam|bul ⟨Adj.⟩ *an Somnambulismus leidend, mondsüchtig;* Sy *lunatisch* [frz. <lat. *somnus* »Schlaf« + *ambulare* »gehen«]

Som|nam|bu|le ⟨m. od. f.; -n, -n⟩ *jmd., der an Somnambulismus leidet, Schlafwandler(in);* Sy *Lunatiker*

som|nam|bu|lie|ren ⟨V.⟩ *schlafwandeln*

Som|nam|bu|lis|mus ⟨m.; -; unz.⟩ *Ausführung, geordneter Handlungen u. Bewegungen in tiefem Schlaf, an die keine Erinnerung bleibt, Mondsüchtigkeit, Schlafwandeln;* Sy *Lunatismus, Noktambulismus* [→ *somnambul*]

som|no|lent ⟨Adj.⟩ **1** *benommen* **2** *schlafsüchtig, -trunken* [frz., »schlaftrunken«; zu *somnus* »Schlaf«]

Som|no|lenz ⟨f.; -; unz.⟩ *krankhafte Schläfrigkeit* [→ *somnolent*]

So|na|graf ⟨m.; -en, -en⟩ = *Sonagraph*

so|na|gra|fisch ⟨Adj.⟩ = *sonagraphisch*

So|na|gramm ⟨n.; -s, -e⟩ *mit dem Sonar gewonnene Aufzeichnung eines akustischen Vorganges* [<*Sonar* + *…gramm*]

So|na|graph ⟨m.; -en, -en⟩ *Gerät zur Aufzeichnung u. Sichtbarmachung von akustischen Vorgängen;* oV *Sonagraf* [zu lat. *sonare* »tönen« + *…graph*]

so|na|gra|phisch ⟨Adj.⟩ *mit Hilfe eines Sonagraphen festgehalten, festgestellt;* oV *sonagrafisch*

So|nant ⟨m.; -en, -en⟩ *Silben bildender Laut;* → a. *Vokal* [<lat. *sonans,* Part. Präs. zu *sonare* »tönen«]

so|nan|tisch ⟨Adj.⟩ **1** *Silben bildend* **2** *den Sonanten betreffend, zu ihm gehörig*

So|nar ⟨n.; -s, -e⟩, **So|nar|ge|rät** ⟨n.; -(e)s, -e⟩ *Gerät zur Ortung von getauchten U-Booten od. Unterwasserhindernissen mittels Schallwellen, die von dem betreffenden Gegenstand reflektiert werden* [<lat. *sonare* »tönen«]

So|na|te ⟨f.; -, -n; Mus.⟩ *Musikstück für ein od. mehrere Instrumente aus drei od. vier Sätzen;* Klavier~; Violin~ [<ital. *sonata;* zu ital., lat. *sonare* »tönen, klingen«]

So|na|ti|ne ⟨f.; -, -n; Mus.⟩ *kleine Sonate* [<ital. *sonatina,* Verkleinerungsform zu *sonata;* → *Sonate*]

so|na|tisch ⟨Adj.; Mus.⟩ **1** *in der Art der Sonate* **2** *die Sonate (u. ihre Form) betreffend, zu ihr gehörig*

Son|de ⟨f.; -, -n⟩ **1** ⟨Med.⟩ *stab- od. schlauchförmiges Instrument zur Untersuchung von Körperhöhlen u. -gängen od. zum Entnehmen bzw. Einbringen von Flüssigkeiten;* Blasen~; Gebärmutter~; Magen~ **2** ⟨Bgb.⟩ *Bohrung geringen Durchmessers zur Entnahme einer Probe* **3** ⟨kurz für⟩ *Weltraumsonde* **4** ⟨Biochem.⟩ *markiertes, einzelsträngiges DNA- od. RNA-Molekül* [< frz. *sonde* »Lot, Senkblei«]

son|die|ren ⟨V.⟩ **1** *mit einer Sonde untersuchen* **2** ⟨fig.⟩ *vorsichtig erkunden, erforschen;* die Lage, das Gelände ~ [< frz. *sonder;* zu *sonde;* → *Sonde*]

So|ne ⟨f.; -, -; Zeichen: sone⟩ *Maßeinheit der Lautheit, dem Lautstärkepegel von 40 phon entspricht 1 sone* [zu lat. *sonare, sonere* »klingen«]

So|nett ⟨n.; -(e)s, -e⟩ *Gedichtform fester Bauart aus 14 variierend gereimten Versen, die in zwei vierzeilige (Quartette) u. zwei dreizeilige (Terzette) Strophen eingeteilt sind* [< ital. *sonetto* < *sono* »Klang, Ton«; zu lat. *sonare* »klingen, tönen«]

Song ⟨m.; -s, -s⟩ **1** ⟨allg.⟩ *Schlager, Lied* **2** ⟨bes. bei B. Brecht u. K. Weill⟩ *scharf satir. Lied im Stil des Bänkelsangs mit Elementen der Jazzmusik* [engl., »Lied«]

Song|book ⟨[-buk] n.; -s, -s⟩ *Schlager-, Liederbuch (eines Sängers);* ein ~ von den Beatles [engl.]

Song|wri|ter ⟨[-raitə(r)] m.; -s, -; Mus.⟩ *jmd., der die Musik u. manchmal auch Texte für (populäre) Songs komponiert* [engl.]

Son|nen|kol|lek|tor ⟨m.; -s, -en⟩ = *Solarkollektor*

Son|ny|boy ⟨[-bɔi] m.; -s, -s⟩ *überall beliebter, fröhlicher, charmanter junger Mann* [< engl. *sonny* »Kleiner« (als Anrede), Koseform zu *son* »Sohn« + *boy* »Junge«]

So|no|graf ⟨m.; -en, -en⟩ = *Sonograph*

So|no|gra|fie ⟨f.; -, -n⟩ = *Sonographie*

So|no|graph ⟨m.; -en, -en⟩ *Gerät zur Aufzeichnung u. Sichtbarmachung von akustischen Vorgängen;* oV *Sonograf* [zu lat. *sonor* »Ton, Klang« + *...graph*]

So|no|gra|phie ⟨f.; -, -n⟩ *Untersuchung mit Ultraschall;* oV *Sonografie* [< lat. *sonor* »Ton, Klang« + *...graphie*]

So|no|lu|mi|nes|zenz ⟨f.; -, -en⟩ *durch Schallwellen hervorgerufene Leuchterscheinungen* [< lat. *sonor* »Ton, Klang« + *Lumineszenz*]

So|no|me|ter ⟨n.; -s, -⟩ *Gerät zur Messung von Schallstärken* [< lat. *sonor* »Ton, Klang« + *...meter*]

so|nor ⟨Adj.⟩ *tief. u. klangvoll, voll tönend (Stimme);* ~e Laute *Nasale u. Liquiden* [< lat. *sonorus* »tönend«; zu *sonor* »Ton, Klang«]

So|nor ⟨m.; -s, -e⟩ *Laut, der sehr stimmhaft gesprochen wird;* oV *Sonorlaut* [→ *sonor*]

So|no|ri|tät ⟨f.; -; unz.⟩ *sonore Beschaffenheit*

So|nor|laut ⟨m.; -(e)s, -e⟩ = *Sonor*

Soor ⟨m.; -(e)s, -e⟩ *Pilzinfektion (bes. in der Mundhöhle bei Kindern)* [< nddt.; Herkunft unsicher]

So|phia ⟨f.; -; unz.⟩ **1** ⟨Philos.⟩ *das Wissen von den göttlichen Ideen (bei Plato)* **2** ⟨Rel.⟩ *im späten Juden- u. im Christentum die personifizierte Weisheit Gottes* [grch., »Weisheit«]

...so|phie ⟨in Zus.⟩ *Weisheit, Lehre* [< grch. *sophia* »Weisheit«]

So|phis|ma ⟨n.; -s, -men⟩, **So|phis|mus** ⟨m.; -, -men⟩ *Trugschluss, Scheinbeweis* [< grch. *sophisma* »das klug Erdachte«; zu *sophos* »geschickt, klug, weise«]

So|phist ⟨m.; -en, -en⟩ **1** ⟨urspr.⟩ *Denker, Weiser* **2** ⟨dann⟩ *Lehrer der Redekunst u. Philosophie* **3** ⟨seit Sokrates⟩ *spitzfindiger Philosoph, der es für unmöglich hält, die Wahrheit zu finden* **4** *Wortklauber, Wortverdreher* [< grch. *sophistes* »Mensch, der im Besitz einer besonderen Geschicklichkeit od. Kunst ist«; zu *sophos* »geschickt, klug, weise«]

So|phis|te|rei ⟨f.; -, -en⟩ *Klügelei, Wortklauberei, Spiegelfechterei, spitzfindiges Philosophieren* [< grch. *sophisteia* »Kniff, Verschlagenheit«]

so|phis|ti|ca|ted ⟨[səfistikɛitid] Adj.⟩ **1** *kultiviert, gepflegt, anspruchsvoll* **2** *hoch entwickelt, ausgeklügelt (Technik usw.)* **3** *intellektuell, weise* [engl.]

So|phis|tik ⟨f.; -; unz.⟩ **1** *Lehre der Sophisten* **2** *scheinbare, spitzfindige Weisheit, Spitzfindigkeit* [< grch. *sophistike (techne)* »die Kunst des eleganten Stils u. des Wortverdrehens«; zu *sophos* »geschickt, klug, weise«]

So|phis|ti|ka|ti|on ⟨f.; -, -en; nach I. Kant⟩ *Schluss von etwas, was wir kennen, auf etwas, was wir nicht kennen u. nicht beweisen können*

so|phis|tisch ⟨Adj.⟩ **1** *in der Art eines Sophisten* **2** *spitzfindig*

So|pho|rin ⟨n.; -s; unz.⟩ = *Rutin*

So|por ⟨m.; -s; unz.⟩ *starke Benommenheit, Betäubung, Schlaftrunkenheit* [lat., »tiefer Schlaf; Betäubung«]

so|po|rös ⟨Adj.⟩ *stark benommen, schlaftrunken, betäubt* [< lat. *soporus* »schlaftrunken; schlafbringend«; zu *sopor* »Schlaf«]

■ Die Buchstabenfolge **so|pr...** kann auch **sop|r...** getrennt werden.

■ **so|pra** ⟨Adv.; Mus.⟩ *oben, über (der anderen Hand zu spielen);* Ggs *sotto* [ital.]

■ **So|pran** ⟨m.; -s, -e⟩ **1** *höchste Stimmlage (von Frauen u. Knaben);* Sy *Diskant(1)* **2** = *Sopranist(in)* **3** *Gesamtheit der Sopranstimmen im Chor* [< ital. *soprano* < lat. *supremus* »der höchste«]

■ **So|pra|nist** ⟨m.; -en, -en⟩ *Knabe, der Sopran singt, eine Sopranstimme besitzt*

■ **So|pra|nis|tin** ⟨f.; -, -tin|nen⟩ *Sängerin, die Sopran singt*

■ **So|pra|por|te** ⟨f.; -, -n; bes. im Barock u. Rokoko⟩ *Verzierung (Bild, Relief) über der Tür;* oV *Superport, Supraport, Supraporte* [ital.

< *sopra* »über, oberhalb« (< lat. *supra*) + *porta* »Tür« (< lat. *porta*)]
Sor|bet ⟨[zɔrbeː] n. od. m.; -s, -s⟩ *halb gefrorenes Speiseeis;* oV *Sorbett;* Erdbeer~ [frz., < ital. *sorbetto* < türk.-pers. *scherbet* »süßer Kühltrunk«]
Sor|bett ⟨[zɔrbeː] n. od. m.; -s, -s⟩ = *Sorbet*
Sor|bin|säu|re ⟨f.; -, -n⟩ *zweifach ungesättigte, aliphatische Carbonsäure, chem. Formel CH_3-CH= CH-CH= CH-COOH, die zum Konservieren von Lebens- u. Genussmitteln u. als Zusatz zu Kunststoffen u. Kautschuk verwendet wird* [< lat. *sorbus* »Eberesche«]
Sor|bit ⟨m.; -s; unz.⟩ *sechswertiger, aliphat., kristalliner, süßer Alkohol* [< lat. *sorbus* »Eberesche«]
Sor|bonne ⟨[sɔrbɔn] f.; -; unz.⟩ *bedeutende Pariser Universität* [nach dem Gründer Robert de *Sorbon,* *1201, †1274]
Sor|bo|se ⟨f.; -; unz.⟩ *durch Oxidation von Sorbit gebildeter Zucker*
Sor|di|ne ⟨f.; -, -n⟩, **Sor|di|no** ⟨m.; -s, -s⟩ *Dämpfer* **1** ⟨an Musikinstrumenten⟩ *Vorrichtung zum Abschwächen des Tons* **1.1** ⟨Klavier⟩ *die Hämmer verschiebendes Pedal* **1.2** ⟨Streichinstrumente⟩ *auf die Saiten zu setzender hölzender Bügel* **1.3** ⟨Blasinstrumente⟩ *durchbohrter hölzerner Kegel* [< ital. *sordino* »Dämpfer«]
sor|do ⟨Adj.; Mus.⟩ *dumpf, gedämpft (zu spielen)* [ital.]
Sor|dun ⟨m. od. n.; -s, -e⟩ **1** *Holzblasinstrument des 17. Jh., Vorläufer des Fagotts* **2** *ein Orgelregister* [< ital. *sordo* »gedämpft« < lat. *surdus* »taub«]
So|re ⟨f.; -; unz.; Gaunerspr.⟩ *Diebesgut, Diebesbeute* [< jidd. *sechoro* »Ware«]
Sor|gho ⟨m.; -s, -s⟩ *Mohrenhirse, einer Gattung der Gräser angehörende Dauerpflanze mit einer breiten Rispe: Sorghum* [< ital. *sorgo* »Hirse«]
Sorp|ti|on ⟨f.; -, -en⟩ *Aufnahme eines Stoffes durch Adsorption u. (od.) Absorption* [zu lat. *sorbere* »hinunterschlucken«]
sor|ry! ⟨[sɔri]⟩ *Entschuldigung, es tut mir Leid!* [engl., »Entschuldigung; traurig«]
Sor|te ⟨f.; -, -n⟩ **1** *Art, Gattung, Güteklasse (bes. von Waren);* beste, feinste, gute, mittlere, schlechte ~; er ist eine merkwürdige ~ von Mensch ⟨umg.⟩ **2** ⟨nur Pl.; Bankw.⟩ ~n *ausländ. Banknoten u. Münzen u. in fremder Währung ausgestellte Kupons ausländischer Effekten* [< ital. *sorta,* frz. *sorte* »Art, Qualität« < lat. *sors* »Los; Art und Weise«]
Sor|ter ⟨[sɔːtə(r)] m.; -s, -⟩ *(Kopiergerät mit) Sortiermaschine* [engl.]
sor|tie|ren ⟨V.⟩ *(nach Sorten) ordnen, auslesen;* Gegenstände in verschiedene Fächer, Kästen ~; Gegenstände nach ihrer Farbe, Größe, Form ~; gut sortiert *reichhaltig, ein reichhaltiges Angebot aufweisend;* gut sortiertes Angebot, gut sortiertes Geschäft [< ital. *sortire* < lat. *sortiri* »auswählen, auslosen«; zu *sors;* → *Sorte*]
Sor|tie|rer ⟨m.; -s, -⟩ **1** *Arbeiter, der etwas (Waren, Produkte) sortiert* **2** *jmd., der an einer Sortiermaschine arbeitet* **3** *Sortiermaschine;* → a. *Sorter*
sor|tiert ⟨Adj.⟩ **1** *eine bestimmte Auswahl (an Waren, Lebensmitteln) besitzend;* das Geschäft, Kaufhaus ist gut ~ **2** *hochwertig, von erlesener Qualität;* ~e Ware
Sor|ti|le|gi|um ⟨n.; -s, -gi|en⟩ *Weissagung durch Lose* [< lat. *sors* »Los, Geschick« + *legere* »lesen«]
Sor|ti|ment ⟨n.; -(e)s, -e⟩ **1** *Gesamtheit der vorhandenen Sorten, Angebot an Waren;* ein ~ an Wäsche **2** ⟨kurz für⟩ *Sortimentsbuchhandel* [< ital. *sortimento* »Warenangebot«; zu *sorta;* → *Sorte*]
Sor|ti|men|ter ⟨m.; -s, -⟩ *Buchhändler im Sortimentsbuchhandel*
Sor|ti|ments|buch|han|del ⟨m.; -s; unz.⟩ *Buchhandel in Ladengeschäften, die Bücher verschiedenster Arten u. Verlage vorrätig haben;* Sy *Sortiment(2)*
SOS ⟨n.; -; unz.⟩ *Hilferuf in Not, bes. von Schiffen u. Flugzeugen;* ~ funken [die Buchstaben sind wegen der Auffälligkeit der entsprechenden Morsezeichen (abwechselnd drei Punkte u. drei Striche) gewählt worden; gedeutet als engl. *save our souls* »rettet unsere Seelen«]
So|ße ⟨f.; -, -n⟩ oV *Sauce* **1** *angedickte Flüssigkeit (aus den verschiedensten Zutaten) zur Ergänzung bestimmter Gerichte;* holländische ~; Braten~; Vanille~ **2** *Geschmacks- u. Duftstoff zum Aromatisieren von Tabakblättern;* Tabak~ **3** ⟨umg.; scherzh.⟩ *schmutzige Brühe, flüssiger Schmutz* [< frz. *sauce* »Tunke, Brühe« < nlat. *salsa* < mhd. *salse* »die gesalzene (Brühe)« < lat. *salsus* »gesalzen«]
sos|te|nu|to ⟨Abk.: sost.; Mus.⟩ *gehalten, breit, getragen, mit vollen, gebundenen Tönen (zu spielen)* [ital., Part. Perf. zu *sostenere* »halten«]
So|ter ⟨m.; -, -e⟩ **1** ⟨im antiken Griechenland⟩ *Retter, Erretter (Beiname von Göttern u. später Fürsten)* **2** ⟨im NT⟩ *Erlöser, Heiland (Beiname Christi)* [grch., »Erretter, Erlöser«]
So|te|ri|o|lo|gie ⟨f.; -; unz.⟩ *Lehre vom Erlösungswerk Christi* [< *Soter* + ...*logie*]
so|te|ri|o|lo|gisch ⟨Adj.⟩ *die Soteriologie betreffend, auf ihr beruhend*
Sot|ti|se ⟨f.; -, -n; †⟩ **1** *Dummheit* **2** *Flegelei, Grobheit* **3** *Stichelei* [frz., »Possenspiel, Narrenverein«; zu *sot* »dumm, einfältig, albern«]
sot|to ⟨Adv.; Mus.⟩ *unten, unter (der anderen Hand zu spielen);* Ggs *sopra* [ital.]
sot|to vo|ce ⟨[-voːtʃə] Mus.⟩ *gedämpft, halb laut, mit gedämpftem Ton (zu spielen)* [ital. < *sotto* »unter, unterhalb« + *voce* »Stimme«]
Sou ⟨[suː] m.; -, -s [suː]⟩ *französ. Münze, 5 Centimes* [frz.]
Sou|bret|te, ⟨auch⟩ **Soub|ret|te** ⟨[su-] f.; -, -n⟩ *Sopranistin in Oper u. Operette für heitere Rollen, z.B. Kammerzofen* [frz., »Kammermädchen«]

Sou|che ⟨[suːʃə] f.; -, -n⟩ *Teil eines Wertpapiers, das zum späteren Nachweis seiner Echtheit zurückbehalten wird* [frz., »Grundstock«]

Sou|chong ⟨[sutʃɔŋ] m.; -s, -s⟩ *eine Sorte Tee mittlerer Qualität* [< chin. *hsiao chung* »kleine Sorte«]

Souf|flé, ⟨auch⟩ **Souff|lé** ⟨[sufleː] n.; -s, -s⟩ *sehr lockerer Auflauf mit Eierschnee;* oV *Soufflee* [frz., »Auflauf«; zu *souffler* »blasen«]

Souf|flee, ⟨auch⟩ **Souff|lee** ⟨[sufleː] n.; -s, -s⟩ = *Soufflé*

Souf|fleur, ⟨auch⟩ **Souff|leur** ⟨[sufløːr] m.; -s, -e⟩ *jmd., der während des Spiels die Rollen flüsternd mitliest, um die Schauspieler vor dem Steckenbleiben zu bewahren, Einsager* [frz., »Vorsager (durch Zuhauchen, Zuflüstern), Bläser«; zu *souffler;* → *soufflieren*]

Souf|fleu|se, ⟨auch⟩ **Souff|leu|se** ⟨[sufløːzə] f.; -, -n⟩ *weibl. Souffleur*

souf|fli|e|ren, ⟨auch⟩ **souff|li|e|ren** ⟨[su-] V.⟩ **1** jmdm. ~ *jmdm. einsagen, vorsagen* **2** *als Souffleur bzw. Souffleuse tätig sein* [< frz. *souffler* »hauchen, blasen; flüstern« < lat. *sufflare* »hinblasen«; zu *flare* »wehen«]

Sou|fla|ki, ⟨auch⟩ **Souf|la|ki** ⟨[su-] m.; - od. -s, - od. -s; grch. Kochk.⟩ *Fleischspießchen*

Soul ⟨[soul] m.; -s; unz.; Mus.⟩ *gefühlsbetonter, ausdrucksstarker Jazz od. Beat* [engl., »Seele«]

Sound ⟨[saund] m.; -s, -s; meist in Zus.⟩ *Klang, Klangqualität;* im ~ der Rockmusik [engl., »Ton, Klang«]

Sound|check ⟨[saundtʃɛk] m.; -s, -s⟩ *Zusammenspiel einer Band vor dem Auftritt zur Überprüfung der technischen Anlagen* [engl., »Tonüberprüfung«]

Sound|kar|te ⟨[saund-] f.; -, -n; EDV⟩ *Steckkarte, die in einem PC installiert wird u. das Abspielen von digitalisierten Tönen u. anderen Tondatenträgern ermöglicht* [< engl. *sound* »Ton, Musik«]

Sound|track ⟨[saundtræk] m.; -s, -s⟩ **1** *Filmstreifen mit Ton od./u. Musik zu einem Kino- od. Fernsehfilm* **2** *Musik zu einem Film* [engl., »Tonspur«]

Sou|per ⟨[supeː] n.; -s, -s⟩ *festl. Abendessen* [frz., »Abendessen«]

sou|pie|ren ⟨[su-] V.⟩ *festlich zu Abend essen* [< frz. *souper* »zu Abend essen«; zu *soupe* »Brühe, Suppe«]

Sour ⟨[sauər] m.; - od. -s, -⟩ *alkohol. Mixgetränk mit Zitronen- od. Limonensaft;* Whisky-~ [< engl. *sour* »sauer«]

Sou|sa|fon ⟨[suː-] n.; -s, -e; Mus.⟩ = *Sousaphon*

Sou|sa|phon ⟨[suː-] n.; -s, -e; Mus.⟩ *(im Jazz verwendete) Art der Basstuba;* oV *Sousafon* [nach dem amerikan. Komponisten J. Ph. *Sousa* (1854–1932) + grch. *phone* »Stimme, Ton, Klang«]

Sous|chef ⟨[suːʃɛf] m.; -s, -s⟩ **1** *dem Chef unmittelbar unterstellter Vertreter, z.B. in Großküchen* **2** ⟨Schweiz⟩ *Vertreter des Bahnhofvorstehers* [< frz. *sous* »unter« + *Chef*]

Sou|ta|che ⟨[sutaːʃə] f.; -, -n⟩ *schmale (geflochtene) Schnur (als Besatz an Kleidern)* [frz.]

sou|ta|chie|ren ⟨[sutaʃiː-] V.⟩ *mit einer Soutache besetzen*

Sou|ta|ne ⟨[su-] f.; -, -n⟩ *langer Rock der kath. Geistlichen* [frz. < ital. *sottana* »Untergewand«; zu *sotto* »unter, unterhalb« < lat. *subtus* »unten, unterhalb«]

Sou|ta|nel|le ⟨[su-] f.; -, -n⟩ *kurze Soutane der kath. Geistlichen* [< *Soutane* + ital. Verkleinerungssuffix *...ella*]

Sou|ter|rain ⟨[sutərɛ̃ː] n.; -s, -s⟩ *etwa zur Hälfte unter dem Niveau der Straße liegendes Geschoss* [frz., »unterird. Gewölbe« < frz. *sous* »unterhalb« + *terrain* »Erde, Boden«]

Sou|ve|nir ⟨[suvəniːr] n.; -s, -s⟩ *Andenken* [< frz. *se souvenir* »sich an etwas erinnern«, < lat. *subvenire* »in die Gedanken kommen, einfallen«]

sou|ve|rän ⟨[suvə-] Adj.⟩ **1** *unumschränkt herrschend, die Herrschergewalt, Oberherrschaft ausübend* **2** ⟨fig.⟩ *überlegen* [< frz. *souverain* < mlat. *superanus* »überlegen«]

Sou|ve|rän ⟨[suvə-] m.; -s, -e⟩ *Herrscher*

Sou|ve|rä|ni|tät ⟨[suvə-] f.; -; unz.⟩ **1** *höchste herrschaftliche Gewalt (eines Staates)* **2** *Hoheitsrechte* **3** *Unabhängigkeit* [< frz. *souveraineté* »höchste Gewalt, Staatshoheit«]

So|ve|reign ⟨[sʌvərin] m.; -s, -s; bei Zahlenangaben Pl.: -⟩ *ehemalige engl. Goldmünze im Wert von 20 Schilling (1 Pfund)* [engl., »Landesherr, Herrscher« (da der erste geprägte S. das Bildnis des Königs Heinrich VIII. trug)]

Sow|chos ⟨[sɔfçɔs] m.; -, -cho|se [-çoːsə]⟩, **Sow|cho|se** ⟨f.; -, -n; in der UdSSR⟩ *Staatsgut* [russ., verkürzt aus *sowjetskoje chosjaistwo* »sowjet. Landwirtschaft«]

So|wjet, ⟨auch⟩ **Sow|jet** ⟨m.; -s, -s⟩ **1** ⟨urspr.⟩ *Arbeiter- u. Soldaten-Rat* **2** *staatl. Behörden u. Organe in der Sowjetunion* **3** ⟨['--] umg.]⟩ *die Sowjetrussen* **4** Oberster ~ *Volksvertretung in der ehem. Sowjetunion* [< russ. *sowjet*]

so|wje|tisch, ⟨auch⟩ **sow|je|tisch** ⟨Adj.⟩ *die Sowjetunion betreffend, zu ihr gehörend, aus ihr stammend*

so|wje|ti|sie|ren, ⟨auch⟩ **sow|je|ti|sie|ren** ⟨V.⟩ *nach sowjet. Muster organisieren, einrichten*

So|wjet|re|pu|blik, ⟨auch⟩ **Sow|jet|re|pub|lik** ⟨f.; -, -en⟩ *Republik der ehemaligen Sowjetunion*

So|wjet|rus|se, ⟨auch⟩ **Sow|jet|rus|se** ⟨m.; -n, -n; seit der Oktoberrevolution 1917 Bez. für⟩ *Russe, Einwohner der Sowjetunion*

So|ya|sau|ce ⟨[-soːsə] f.; -, -n⟩ = *Sojasoße*

So|zi ⟨m.; -s, -s; früher abwertend⟩ = *Sozialdemokrat*

so|zi|a|bel ⟨Adj.⟩ *gesellig, umgänglich* [< engl. *sociable* »gesellig«]

So|zi|a|bi|li|tät ⟨f.; -; unz.⟩ *soziables Wesen, Verhalten, Geselligkeit, Umgänglichkeit*

so|zi|al ⟨Adj.⟩ **1** *die Gemeinschaft, Gesellschaft betreffend, dazu gehörend;* ~e Lasten, ~e Verhältnisse; ~e **Indikation** *Veranlassung* *für einen Schwangerschaftsabbruch aus sozialen Gründen* **2** *die Normen einer Gesellschaft respektierend;* Ggs *asozial;* ~ denken, empfinden, sich ~ verhalten **3** *der Gemeinschaft, Gesellschaft dienend;* ~e Fürsorge; in der ~en Arbeit stehen; ~e Berufe; ~er **Wohnungsbau** *W. zur Linderung der Wohnungsnot mit staatl. Zuschüssen u. Steuerbegünstigungen* **4** *in Gemeinschaft, gesellig lebend;* ~e Tiere *T., die die Gesellschaft anderer Tiere aus innerem Antrieb heraus suchen;* ~e Bienen *Stechimmen aus der Familie der Bienen, die in Staaten leben, in denen ein befruchtetes Weibchen, die Königin, Eier legt, während kleine Weibchen mit unterentwickelten Geschlechtsorganen die Aufzucht der Brut u. alle Bau- u. Versorgungsarbeiten ausführen* **5** *die gesellschaftl. Stellung betreffend, auf ihr beruhend;* ~es Ansehen, ~ aufsteigen, sinken [<frz. *social* <lat. *socius* »Genosse, Gefährte; gemeinsam«; zu *sequi* »folgen«]

So|zi|al|char|ta ⟨[-kar-] f.; -; unz.⟩ *Gemeinschaftscharta der sozialen Grundrechte der Arbeitnehmer, die 1989 von der EU beschlossen wurde u. lediglich als Absichtserklärung das sozialpolitische Anliegen der Gemeinschaft festschreibt* [< *sozial* + *Charta(2)*]

So|zi|al|de|mo|krat ⟨m.; -en, -en⟩ *Mitglied der Sozialdemokrat. Partei*

So|zi|al|de|mo|kra|tie ⟨f.; -; unz.⟩ **1** *polit. Richtung, die die Grundsätze des Sozialismus u. der Demokratie zu verbinden sucht* **2** *Gesamtheit der Sozialdemokrat. Partei*

so|zi|al|de|mo|kra|tisch ⟨Adj.⟩ *zur Sozialdemokratie gehörend, ihre Ziele verfolgend*

So|zi|al|e|thik ⟨f.; -; unz.⟩ **1** *das sittl. Wollen auf der Grundlage des Solidaritätsgefühls* **2** *Lehre von den ethischen Pflichten des Einzelnen gegenüber der Gemeinschaft*

So|zi|al|ge|o|gra|fie ⟨f.; -, -n⟩ = *Sozialgeographie*

So|zi|al|ge|o|gra|phie ⟨f.; -; unz.⟩ *Teilgebiet der Geographie, das sich mit den wechselseitigen Beziehungen sozialer Gruppen u. den von ihnen bewohnten Lebensräumen befasst;* oV *Sozialgeografie;* Sy *Soziogeographie*

So|zi|al|ge|schich|te ⟨f.; -; unz.⟩ *Zweig der Geschichtswissenschaft, der sich bes. mit der Entwicklung der sozialen Verhältnisse befasst*

So|zi|al|hy|gi|e|ne ⟨f.; -; unz.⟩ *öffentl. Gesundheitspflege*

So|zi|a|li|sa|ti|on ⟨f.; -; unz.⟩ *Hineinwachsen des Menschen in die Gesellschaft*

so|zi|a|li|sie|ren ⟨V.⟩ **1** *vergesellschaften* **2** ⟨in Staaten mit sozialistischer Gesellschaftsordnung⟩ *verstaatlichen*

So|zi|a|li|sie|rung ⟨f.; -; unz.⟩ **1** *das Sozialisieren* **2** *Sozialisation*

So|zi|a|lis|mus ⟨m.; -; unz.⟩ *Bewegung gegen den wirtschaftl. u. politischen Liberalismus, die dem Arbeitnehmer mehr Einfluss auf die Verwendung der Produktionsmittel u. damit eine größere persönl. Unabhängigkeit u. soziale Sicherheit geben will*

So|zi|a|list ⟨m.; -en, -en⟩ *Vertreter, Anhänger des Sozialismus*

so|zi|a|lis|tisch ⟨Adj.⟩ *zum Sozialismus gehörend, auf ihm beruhend;* ~er Realismus ⟨in kommunist. regierten Staaten⟩ *realist. Kunstrichtung auf marxist. Grundlage*

So|zi|al|kri|tik ⟨f.; -; unz.⟩ *Gesellschaftskritik*

So|zi|al|kun|de ⟨f.; -; unz.⟩ *Unterrichtsfach, das polit. u. soziale Zusammenhänge der Gesellschaft behandelt*

so|zi|al|li|be|ral ⟨Adj.; Pol.⟩ *soziale u. liberale Aspekte betreffend;* ~e Regierungskoalition *Regierungskoalition aus einer sozialdemokratischen u. einer liberalen Partei*

So|zi|al|me|di|zin ⟨f.; -; unz.⟩ *Zweig der Medizin, der sich mit den Beziehungen zwischen Häufigkeit u. Verlauf von Krankheiten u. den sozialen Verhältnissen der Betroffenen befasst*

So|zi|al|ö|ko|lo|gie ⟨f.; -; unz.⟩ *Teilgebiet der Ökologie, das sich mit den Wechselbeziehungen zwischen dem sozialen Verhalten des Menschen u. seiner Umwelt befasst*

So|zi|al|ö|ko|no|mie ⟨f.; -; unz.⟩ *Volkswirtschaftslehre*

So|zi|al|päd|a|go|ge, ⟨auch⟩ **So|zi|al|pä|da|go|ge** ⟨m.; -n, -n⟩ *jmd., der beruflich in der Sozialpädagogik tätig ist*

So|zi|al|päd|a|go|gik, ⟨auch⟩ **So|zi|al|pä|da|go|gik** ⟨f.; -; unz.⟩ *in den Bundesländern unterschiedlich geregelter Berufszweig für die außerschul. Erziehung von Kindern u. Jugendlichen (Erziehung im Kindergarten, Erziehungsberatung, Bewährungshilfe usw.) mit drei- bis vierjähriger Ausbildung an einer Fachhochschule*

So|zi|al|päd|a|go|gin, ⟨auch⟩ **So|zi|al|pä|da|go|gin** ⟨f.; -, -gin|nen⟩ *Frau, die beruflich in der Sozialpädagogik tätig ist*

So|zi|al|part|ner ⟨Pl.; Gesamtbez. für⟩ *Arbeitgeberverbände u. Gewerkschaften*

So|zi|al|po|li|tik ⟨f.; -; unz.⟩ *alle Maßnahmen (des Staates) zur Verbesserung der sozialen Verhältnisse, zur Unterstützung wirtschaftl. schwacher Schichten der Bevölkerung*

So|zi|al|pres|tige ⟨[-ti:ʒ] n.; -s; unz.⟩ *Prestige aufgrund der sozialen Stellung*

So|zi|al|pro|dukt ⟨n.; -(e)s, -e⟩ *volkswirtschaftl. Nettoprodukt, das sich aus der Summe aller produzierten Güter ergibt, Nationaleinkommen, Volkseinkommen*

So|zi|al|psy|cho|lo|gie ⟨f.; -; unz.⟩ *Teil der Psychologie, der das Verhalten des Einzelnen gegenüber bzw. innerhalb der Gemeinschaft erforscht*

So|zi|al|staat ⟨m.; -(e)s, -en⟩ *Staat, der versucht, soziale Ungleichheiten zu verringern bzw. abzubauen*

So|zi|al|struk|tur ⟨f.; -, -en⟩ *soziale Struktur, Gliederung der Gesellschaft bzw. ihrer unterschiedlichen Gruppen u. Schichten, Gesellschaftsstruktur*

So|zi|al|wis|sen|schaft ⟨f.; -, -en⟩ = *Soziologie*

So|zi|e|tär ⟨m.; -s, -e⟩ *Mitteilhaber, Mitglied einer Sozietät*

So|zi|e|tät ⟨f.; -, -en⟩ **1** *Gemeinschaft, Zusammenschluss, Teilhaberschaft (z.B. von Ärzten in einer gemeinsamen Praxis)* **2** *Form der Vergesellschaftung von Tieren, die für die beteiligten Tiere u. zur Erhaltung der Art notwendig ist* [< lat. *societas* »Gemeinschaft, Bündnis«]

so|zi|ie|ren ⟨V.⟩ *sich wirtschaftlich zusammenschließen, eine Sozietät bilden;* die beiden Anbieter wollen ~

So|zi|o|ge|ne|se ⟨f.; -, -n⟩ *Entstehung u. Entwicklung von (Geistes-)Krankheiten infolge gesellschaftlich ungünstiger Lebensumstände* [< lat. *socius* »Genosse, Gefährte« + *Genese*]

So|zi|o|ge|o|gra|fie ⟨f.; -; unz.⟩ = *Soziogeographie*

So|zi|o|ge|o|gra|phie ⟨f.; -; unz.⟩ = *Sozialgeographie*

So|zi|o|gra|fie ⟨f.; -, -n⟩ = *Soziographie*

So|zi|o|gramm ⟨n.; -s, -e⟩ *graf. Darstellung der Beziehungen von Angehörigen einer Gruppe zueinander hinsichtlich Art u. Häufigkeit ihrer Kommunikation* [< lat. *socius* »Genosse, Gefährte« + *...gramm*]

So|zi|o|gra|phie ⟨f.; -, -n⟩ *statist. od. andere Beschreibung gesellschaftlicher Erscheinungen, Bewegungen od. Zustände;* oV *Soziografie* [< lat. *socius* »Genosse, der mit einer Gesellschaft Verbundene« + *...graphie*]

so|zi|o|kul|tu|rell ⟨Adj.⟩ *das soziale Gefüge u. die Kultur (einer Gruppe, Schicht, Gesellschaft) betreffend, dazu gehörend*

So|zi|o|lekt ⟨m.; -s, -e⟩ *Sprachgebrauch einer sozialen Gruppe od. Schicht* [< lat. *socius* »Genosse, Gefährte« + grch. *dialektos* »Redeweise«; gebildet nach *Dialekt*]

So|zi|o|lin|gu|is|tik ⟨f.; -; unz.⟩ *Zweig der Linguistik, der sich mit den Unterschieden im Sprachgebrauch verschiedener sozialer Schichten od. Gruppen befasst*

So|zi|o|lo|ge ⟨m.; -n, -n⟩ *Wissenschaftler, Student der Soziologie*

So|zi|o|lo|gie ⟨f.; -; unz.⟩ Sy *Sozialwissenschaft* **1** *Wissenschaft von den Formen des menschlichen Zusammenlebens u. den dadurch hervorgerufenen Verhaltensweisen, Gesellschaftslehre* **2** ⟨i.w.S.⟩ *Lehre von den Formen u. Veränderungen im Zusammenleben von Lebewesen;* Pflanzen~; Tier~ [< lat. *socius* »Genosse, Gefährte, der mit einer Gesellschaft Verbundene« + *...logie*]

So|zi|o|lo|gin ⟨f.; -, -gin|nen⟩ *Wissenschaftlerin, Studentin der Soziologie*

so|zi|o|lo|gisch ⟨Adj.⟩ *die Soziologie betreffend, zu ihr gehörend, mit ihrer Hilfe*

So|zi|o|me|trie, ⟨auch⟩ **So|zi|o|met|rie** ⟨f.; -; unz.⟩ *Untersuchung der sozialen Beziehungen innerhalb einer Gruppe hinsichtlich Art u. Häufigkeit* [< lat. *socius* »Genosse, Gefährte« + grch. *metron* »Maß«]

So|zi|o|the|ra|pie ⟨f.; -, -n⟩ *Behandlung der Krankheit eines Patienten mit dem gleichzeitigen Streben nach seiner Wiedereingliederung in die Gesellschaft* [< lat. *socius* »Gefährte, Genosse« + *Therapie*]

So|zi|us ⟨m.; -, -us|se⟩ **1** *Teilhaber (an einem Geschäft od. einer Praxis)* **2** *Beifahrer (auf dem Motorrad)* [< lat. *socius* »Genosse, Gefährte«]

Space|lab ⟨[spεislæb] n.; -s, -s⟩ *europäisches Raumlabor, bemannte Raumstation für wissenschaftl. Untersuchungen, die im Spaceshuttle eingesetzt wird* [engl., verkürzt < *space laboratory*]

Space|shut|tle, ⟨auch⟩ **Space|shutt|le** ⟨[spεisʃʌtl] n. od. m.; -s, -⟩ *wiederverwendbares Raumfahrzeug der USA, Raumtransporter* [< engl. *space* »Weltraum« + *shuttle* »rasch hin- und herbefördern«]

Spa|da ⟨f.; -, -s⟩ *degenähnl. Waffe zum Fechten* [< span. *espada* < lat. *spatha* »Säbel« < grch. *spathe* »Klinge«]

Spa|dil|le ⟨[-ljə] f.; -, -n⟩ *höchste Trumpfkarte im Lomber* [frz., »Pik-As« im Lomberspiel; zu lat. *spatha* »Spaten«]

Spa|dix ⟨m.; -; unz.⟩ *kolbenartiger Blütenstand* [< grch., »Dattelpalmzweig«]

Spa|gat ⟨m.; -(e)s, -e⟩ **1** *Figur beim Ballett u. Turnen, völliges Spreizen der Beine nach vor- u. rückwärts, so dass sie eine gerade Linie bilden* **2** ⟨bair.; österr.⟩ *Bindfaden;* oV *Spakat* [< ital. *spago* »Bindfaden«]

> **Spaghetti / Spagetti** (*Laut-Buchstaben-Zuordnung*) Im Zuge der Integration fremdsprachlicher Wörter in die deutsche Standardsprache kann neben die ursprüngliche, der Herkunftssprache folgende Orthografie eine integrierte Schreibweise mit angepasster Laut-Buchstaben-Zuordnung treten. Es bleibt dem Schreibenden überlassen, welche Schreibvariante er vorzieht (→a. *Thunfisch / Tunfisch*).

Spa|get|ti ⟨Pl.⟩ = *Spaghetti*

Spa|ghet|ti ⟨Pl.⟩ *lange, dünne Nudeln;* →a. *Bolognese;* oV *Spagetti* [< ital. *spaghetti,* Verkleinerungsform zu ital. *spago,* Pl. *spaghi* »dünne Schnur«]

Spa|gi|rik ⟨f.; -; unz.; früher⟩ *alchimistisches Verfahren bei der Zubereitung von Arzneimitteln* [< nlat. *spagiricus* »Alchimist«, dazu frz. *spagirie* »Scheidekunst, Chemie«]

Spa|hi ⟨m.; -s, -s⟩ **1** ⟨urspr. in Mittelasien⟩ *dem Fürsten zu Kriegsdiensten als berittener Soldat verpflichteter Adliger* **2** ⟨später⟩ *berittener türk. Soldat* **3** ⟨dann⟩ *Angehöriger eines aus nordafrikan. Eingeborenen gebildeten französ. Reiterregiments* [< türk., pers. *sipahi* »Krieger«; →a. *Sepoy*]

Spa|kat ⟨m.; -(e)s, -e⟩ = *Spagat(2)*

Spa|lier ⟨n.; -s, -e⟩ **1** *Gitter an einer Mauer, an dem junge Obstbäume, Reben od. Kletterpflanzen hochgezogen werden* **2** *doppelte Reihe von Personen, die sich zu jmds. ehrenvollem Empfang so aufgestellt haben, dass der Betreffende zwischen ihnen hindurchschreiten kann;* ein ~ bilden; ~ stehen [< ital. *spalliera* »Spalier; Rückenlehne«; zu *spalla* »Schulter«]

Span|dril|le, ⟨auch⟩ **Spand|ril|le** ⟨f.; -, -n⟩ *Fläche zwischen einem Bogen u. seiner rechteckigen Umrahmung, Bogenzwickel* [<anglonormann. *spaundre* <afrz. *espandre* <lat. *expandere* »auseinander spannen«]

Spa|ni|el ⟨m.; -s, -s⟩ *kleiner, langhaariger Jagdhund mit hängenden Ohren u. kupiertem Schwanz* [engl. <span. *español* <lat. *hispaniolus* »Spanier; aus Spanien stammender Hund«]

Spa|ni|ol ⟨m.; -s, -e⟩ *spanischer Schnupftabak*

Spa|ni|o|le ⟨m.; -n, -n⟩ = *Sephardim* [<frz. *Espagnol* »Spanier«]

spar|ren ⟨V.; Boxen⟩ *mit dem Sparring(2) trainieren*

Spar|ring 1 ⟨n.; -s; unz.; Sp.⟩ *Boxtraining* **2** ⟨m.; -s, -s; Sp.⟩ *Übungsball für das Boxtraining* [engl.; zu *spar* »boxen, Scheinhiebe austeilen«]

Spart ⟨m.; -(e)s, -e od. n.; -(e)s, -e⟩ = *Espartogras* [<span. *esparto*]

Spar|ta|ki|a|de ⟨f.; -, -n; in den kommunist. Ländern⟩ *Veranstaltung von Wettkämpfen in verschiedenen Sportarten* [nach dem Thrakier *Spartacus,* dem Führer des Sklavenaufstandes von 73-71 v. Chr. in Italien]

Spar|ta|kist ⟨m.; -en, -en⟩ *Angehöriger des Spartakusbundes*

Spar|ta|kus|bund, ⟨auch⟩ **Spar|ta|kus-Bund** ⟨m.; -es; unz.⟩ *Zusammenschluss links stehender Sozialisten 1917 unter der Führung von K. Liebknecht u. R. Luxemburg, aus dem 1918 die Kommunist. Partei hervorging* [nach dem Thrakier *Spartacus;* → *Spartakiade*]

spar|ta|nisch ⟨Adj.⟩ **1** *Sparta betreffend, zu ihm gehörend, von ihm stammend* **2** ⟨fig.⟩ *streng, genügsam u. einfach, anspruchslos;* eine ~e Erziehung, Lebensweise; ~ leben

Spar|te ⟨f.; -, -n⟩ **1** *Abteilung, Fach, Gebiet* **2** *Geschäfts-, Wissenszweig, Sportart;* das Rudern ist eine ~ des Wassersports **3** *Zeitungsspalte* [<ital. *spartizione* »Abteilung, Wissens- und Geschäftszweig, Fach«; zu *sparire* »teilen«]

Spar|te|in ⟨n.; -s; unz.; Pharm.⟩ *in Schmetterlingsblütlern (Besen- u. Binsenginster) vorkommendes Alkaloid, das medizinisch z.B. zur Anregung des Atemzentrums u. zur Behandlung von Herzrhythmusstörungen genutzt wird* [<lat. *spartum* <grch. *sparton* »Espartogras«]

Spar|te|rie ⟨f.; -, -n⟩ *Flechtwerk aus Span od. Bast* [frz., »Mattenfabrik«; zu *sparte* »Spartgras, Espartogras«]

Spar|ti|at ⟨m.; -en, -en⟩ *Bürger von Sparta mit allen polit. Rechten*

spar|tie|ren ⟨V.⟩ ein Musikwerk, von dem nur einzelne Stimmen vorhanden sind, ~ *in Partitur setzen* [<ital. *spartire* »in Partitur setzen«]

spas|ma|tisch, spas|misch, spas|mo|disch ⟨Adj.⟩ *krampfhaft;* Sy *spastisch* [<nlat. *spasmodicus,* frz. *spasmodique* <grch. *spasmodes* »krampfig, örtl. Krämpfen ausgesetzt«; zu *spaein* »ziehen, zucken«]

spas|mo|gen ⟨Adj.; Pharm.⟩ *krampferzeugend* [<grch. *spasmos* »Krampf« + *gennan* »erzeugen«]

Spas|mo|ly|ti|kum ⟨n.; -s, -ka⟩ = *Antispasmodikum* [<grch. *spasmos* »Krampf« + *lytikos* »lösend«]

spas|mo|ly|tisch ⟨Adj.⟩ *krampflösend* [→ *Spasmolytikum*]

Spas|mo|phi|lie ⟨f.; -; unz.⟩ = *Tetanie* [<grch. *spasmos* »Krampf« + ...*philie*]

Spas|mus ⟨m.; -, -men⟩ *Krampf* [<grch. *spasmos*]

Spas|ti|ker ⟨m.; -s, -⟩ *spastisch gelähmter Mensch*

spas|tisch ⟨Adj.⟩ = *spasmatisch*

Spa|tha ⟨f.; -, Spa|then⟩ **1** *großes Hochblatt an der Basis von Blütenständen (bes. bei Aronstabgewächsen u. Palmen)* **2** *zweischneidiges Langschwert* [<grch. *spathe* »Stiel der Palmblätter u. der männl. Blüte des Palmbaums«]

Spa|ti|en ⟨Pl. von⟩ *Spatium*

spa|ti|o|nie|ren ⟨V.; Typ.⟩ Schriftsatz, Wörter ~ *mit Spatium, Spatien versehen, sperren*

spa|ti|ös ⟨Adj.; Typ⟩ *geräumig, weit*

Spa|ti|um ⟨n.; -s, -ti|en⟩ *Zwischenraum (zwischen den Druckbuchstaben)* [lat., »Strecke, Weite, Zwischenraum«]

spa|zie|ren ⟨V.⟩ **1** *zur Erholung im Freien (umher)gehen* **2** *fröhlich, behaglich (umher)gehen* **3** *dreist, unbekümmert (umher)gehen* [<ital. *spaziare* »umherwandern, sich ergehen« <lat. *spatiari* »lustwandeln, einherschreiten«; zu *spatium* »Raum, Zwischenraum; Spaziergang, Promenade«]

Spea|ker ⟨[spiːkə(r)] m.; -s, unz.⟩ **1** *Präsident des brit. Unterhauses* **2** *Präsident des Repräsentantenhauses der USA* [engl., »Sprecher«]

Spe|cial ⟨[spɛʃəl] n.; -s, -s⟩ *Radio- od. Fernsehsendung über ein bestimmtes (bes. aktuelles) Thema* [engl., zu *special* »Sonder..., Etxra...«]

Spe|cial|ef|fect, ⟨auch⟩ **Spe|cial Ef|fect** ⟨[spɛʃəlifɛkt] m.; (-) -s, (-) -s⟩ *Technik zur effektvollen Dramatisierung von Kino- u. Fernsehfilmen, z.B. durch Computersimulation, Toneffekte, Make-up* [engl., »besonderer Effekt«]

Spe|ci|es ⟨f.; -, -⟩ = *Spezies*

spe|die|ren ⟨V.⟩ **1** Waren ~ *abschicken, versenden* **2** Güter, Möbel ~ *mit Lastwagen befördern* [<ital. *spedire* »abfertigen, versenden« <lat. *expedire* »losmachen, losbinden; erledigen, besorgen«; → a. *expedieren*]

Spe|di|teur ⟨[-tøːr] m.; -s, -e⟩ *jmd., der gewerblich Waren od. Möbel befördert* [zu *spedieren,* mit frz. Endung]

Spe|di|ti|on ⟨f.; -, -en⟩ **1** *das Spedieren* **2** *Versandabteilung (eines Betriebes)* **3** *Speditionsfirma* [<ital. *spedizione* »Beförderung, Abfertigung«]

spe|di|tiv ⟨Adj.; schweiz.⟩ *rasch (vorankommend), zügig* [<ital. *speditivo,* »beschleunigend«; zu *spedire* »absenden«]

Speed ⟨[spiːd] m.; -s, -s⟩ **1** *Geschwindigkeit* **2** *Geschwindigkeitssteigerung* **3** *Aufputschmittel* [engl., »Geschwindigkeit, Eile«]
Speed|ball ⟨[spiːdbɔːl] m.; -s, -s; umg.⟩ *Drogenmischung aus Kokain u. Morphium od. aus Kokain u. Heroin* [engl.]
Speeds|ter ⟨[spiːds-] m.; -s, -⟩ **1** *schnelles Auto* **2** *rasanter Fahrer* [engl.]
Speed|way ⟨[spiːdwɛi] m.; -s, -s⟩ *Rennbahn beim Speedwayrennen* [engl.]
Speed|way|ren|nen ⟨[spiːdwɛi-] n.; -s, -; neuere Bez. für⟩ *Dirt-Track-Rennen* [< engl. *speed* »Geschwindigkeit« + *way* »Weg«]
Spek|ta|bi|li|tät ⟨[sp-] f.; -, -en; †⟩ **1** ⟨unz.⟩ *Ansehnlichkeit* **2** ⟨Titel für⟩ *Dekan einer Hochschule;* Eure ~ (als Anrede); Seine ~ [< lat. *spectabilitas;* zu *spectabilis* »sichtbar; ansehnlich«; zu *spectare* »schauen«]
Spek|ta|kel **1** ⟨n.; -s, -; †⟩ *Schauspiel* **2** ⟨m.; -s, -; fig.; umg.⟩ **2.1** *Lärm, Krach* **2.2** *Aufregung, Aufsehen* **2.3** *lauter Auftritt, Szene;* mach keinen (solchen) ~! [< lat. *spectaculum* »Schauspiel«; zu *spectare* »schauen«]
spek|ta|keln ⟨V.⟩ *ein Spektakel(2) veranstalten*
spek|ta|ku|lär ⟨Adj.⟩ **1** *großes Aufsehen erregend* **2** *als Sensation herausgestellt;* ~e Werbung; ein ~es Ereignis [→ *Spektakel*]

■ Die Buchstabenfolge **spek|tr...** kann auch **spekt|r...** getrennt werden.

■ **spek|tral** ⟨Adj.⟩ *zum Spektrum gehörend, auf ihm beruhend* [< lat. *spectralis*]
■ **Spek|tral|a|na|ly|se** ⟨f.; -, -n⟩ *chem. Analyse durch Untersuchung der von einem Stoff ausgestrahlten Spektralfarben*
■ **Spek|tral|ap|pa|rat** ⟨m.; -(e)s, -e⟩ *Gerät zur Durchführung einer Spektralanalyse*
■ **Spek|tral|far|be** ⟨f.; -, -n⟩ *Licht einer einzigen Wellenlänge;* ~n ⟨Pl.⟩ *die durch Zerlegung von weißem Licht entstehenden Farben*
■ **Spek|tral|klas|se** ⟨f.; -, -n⟩ *Einteilungsmerkmal der Sterne nach dem Aussehen ihres Spektrums;* Sy *Spektraltyp*
■ **Spek|tral|li|nie** ⟨[-niə] f.; -, -n⟩ *Linie bestimmter Farbe, die für eine bestimmte Lichtwellenlänge charakteristisch ist*
■ **Spek|tral|typ** ⟨m.; -s, -en⟩ = *Spektralklasse*
■ **Spek|tro|fo|to|me|trie,** ⟨auch⟩ **Spekt|ro|fo|to|met|rie** ⟨f.; -, -n; Phys.⟩ = *Spektrophotometrie*
■ **Spek|tro|graf** ⟨m.; -en, -en⟩ = *Spektrograph*
■ **Spek|tro|gra|fie** ⟨f.; -, -n⟩ = *Spektrographie*
■ **Spek|tro|graph** ⟨m.; -en, -en⟩ *Gerät zum Zerlegen von Licht in die einzelnen Spektralfarben;* oV *Spektrograf;* Sy *Spektroskop, Spektrometer(3)*
■ **Spek|tro|gra|phie** ⟨f.; -, -n⟩ *Zerlegung von Licht in die einzelnen Spektralfarben;* oV *Spektrografie;* Sy *Spektometrie, Spektroskopie* [< *Spektrum* + *...graphie*]
■ **Spek|tro|he|li|o|graf** ⟨m.; -en, -en⟩ = *Spektroheliograph*
■ **Spek|tro|he|li|o|graph** ⟨m.; -en, -en⟩ *Gerät zur fotograf. Aufnahme der Sonne, mit dem jeweils nur ein kleiner Teil des Sonnenspektrums erfasst wird;* oV *Spektroheliograf*
■ **Spek|tro|he|li|o|skop,** ⟨auch⟩ **Spekt|ro|he|li|os|kop** ⟨n.; -s, -e⟩ *Gerät zur Beobachtung der Sonne in einem sehr eng begrenzten Wellenbereich*
■ **Spek|tro|me|ter** ⟨n.; -s, -⟩ **1** *elektr. Gerät zum Ermitteln der Wellenlängen von Schwingungen* **2** ⟨Kernphys.⟩ *Gerät zur Feststellung von Spektren ionisierter Strahlung* **3** ⟨Optik⟩ = *Spektrograph* [< *Spektrum* + *...meter*]
■ **Spek|tro|me|trie,** ⟨auch⟩ **Spekt|ro|met|rie** ⟨f.; -, -n; Phys.⟩ = *Spektrographie*
■ **Spek|tro|pho|to|me|trie,** ⟨auch⟩ **Spekt|ro|pho|to|met|rie** ⟨f.; -, -n⟩ *Gebiet der Spektroskopie, das sich besonders mit der Messung der Intensität der spektralen Bestandteile befasst;* oV *Spektrofotometrie*
■ **Spek|tro|skop** , ⟨auch⟩ **Spekt|ros|kop** ⟨n.; -s, -e⟩ = *Spektrograph* [< *Spektrum* + *...skop*]
■ **Spek|tro|sko|pie** , ⟨auch⟩ **Spekt|ros|ko|pie** ⟨f.; -, -n⟩ = *Spektrographie*
■ **Spek|trum** ⟨n.; -s, -tren od. -tra⟩ **1** ⟨i.e.S.⟩ *Aufspaltung von weißem Licht in verschiedene Farben* **2** ⟨i.w.S.⟩ *Gesamtheit der elektromagnet. Strahlung verschiedener Wellenlänge* **3** ⟨fig.⟩ *Vielfalt, Buntheit;* das ~ der modernen Literatur, Kunst usw. [< lat. *spectrum* »Abbild«; zu *spectare* »schauen«]
Spe|ku|lant ⟨m.; -en, -en⟩ **1** *jmd., der spekuliert;* Börsen~ **2** *jmd., der um hoher Gewinne willen sich in unsichere Geschäfte einlässt* [< lat. *speculans,* Part. Präs. zu *speculari;* → *spekulieren*]
Spe|ku|la|ti|on ⟨f.; -, -en⟩ **1** *Betrachtung* **2** *das Denken, das über die reine Erfahrung hinaus durch Überlegung Erkenntnis zu gewinnen sucht* **3** *nur auf Überlegung beruhende Erkenntnis* **4** *Kauf (bzw. Verkauf) von Gütern in der Erwartung, sie zu einem späteren Zeitpunkt mit Gewinn verkaufen (bzw. kaufen) zu können* **5** *auf Vermutungen beruhende Überlegung* [< lat. *speculatio;* zu *speculari;* → *spekulieren*]
Spe|ku|la|ti|us ⟨m.; -, -⟩ *knuspriges, flaches, mit Modeln geformtes, kleines Gebäck* [vielleicht zu lat. *speculum* »Spiegelbild, Abbild« od. nach dem hl. Nikolaus, der den Beinamen *Speculator* (lat., »der Schauende«; zu *speculari;* → *spekulieren*) führte]
spe|ku|la|tiv ⟨Adj.⟩ **1** *im Sinne der philosoph. Spekulation, die reine Erfahrung überschreitend, gedanklich;* ~es Denken **2** *grübelnd, grüblerisch, nachdenkend* [→ *spekulieren*]
spe|ku|lie|ren ⟨V.⟩ **1** *Handel aufgrund von Spekulationen treiben;* an der Börse ~; auf Hausse, auf Baisse ~ *die H., B. für Spekulationen ausnützen;* auf eine Stellung ~ ⟨umg.⟩ *nach einer S. streben* **2** *grübeln, nachsinnen, überlegen* [< lat. *speculari* »Ausschau halten, belauern«; zu *specula* »Wartturm«; zu *specere* »sehen«]

Spe|ku|lum ⟨n.; -s, -la⟩ *meist röhren- od. trichterförmiges Instrument mit Spiegel zum Einblick in Hohlräume des Körpers* [< lat. *speculum* »Spiegel«]
Spe|lä|o|lo|gie ⟨f.; -; unz.⟩ *Lehre von den natürlich entstandenen Höhlen, ihren Erscheinungsformen u. den in ihnen stattfindenden Vorgängen, Höhlenkunde* [< lat. *spelaeum* »Höhle« (< grch. *spelaion*) + …*logie*]
Spe|lun|ke ⟨f.; -, -n⟩ **1** *schlechte, verrufene Kneipe, Spielhölle* **2** *elender, schmutziger Wohnraum* [< lat. *spelunca* »Höhle« < grch. *spelygx*]
spen|da|bel ⟨Adj.; umg.⟩ *freigebig, großzügig* [zu *spenden, spendieren* (mit französierender Endung)]
spen|die|ren ⟨V.; umg.⟩ *spenden, geben, ausgeben;* er hat den Kindern fünf Mark für den Jahrmarkt spendiert; eine Runde ~ [→ *spenden*]
Spen|ser, Spen|zer ⟨m.; -s, -⟩ *kurze, enge Jacke (mit Schoß)* [nach dem engl. Minister George John *Spencer,* 1758-1834]
Spe|renz|chen, Spe|ren|zi|en ⟨Pl.; umg.⟩ *Umstände, Ausflüchte, Schwierigkeiten;* ~ machen [< mlat. *sperentia* »Hoffnung«; zu lat. *sperare* »hoffen«; in der Bedeutung beeinflusst von *sperren*]
Sper|ma ⟨n.; -s, -men od. -ma|ta⟩ *Samen (von Mensch u. Tier)* [grch., »Same«; zu *speirein* »säen«]
Sper|ma|ti|de ⟨f.; -, -n⟩ *unreife männliche Keimzelle* [→ *Sperma*]
Sper|ma|ti|tis ⟨f.; -, -ti|ti|den⟩ = *Funikulitis* [→ *Sperma*]
sper|ma|to…, Sper|ma|to… ⟨in Zus.⟩ *samen…, Samen…* [< grch. *sperma,* Gen. *spermatos;* → *Sperma*]
sper|ma|to|gen ⟨Adj.⟩ *Samenzellen bildend*
Sper|ma|to|ge|ne|se ⟨f.; -, -n⟩ = *Spermiogenese*
Sper|ma|to|pho|re ⟨f.; -, -n⟩ *durch Kittmasse zusammengefügter Haufen von Samenzellen, der bei manchen niederen Tieren der Samenübertragung dient* [< *Spermato…* + …*phor*[1]]
Sper|ma|to|phy|ten ⟨Pl.⟩ *Samenpflanzen (Angiospermen u. Gymnospermen)* [< *Spermato…* + …*phyt*]
Sper|ma|tor|rhö ⟨f.; -, -en⟩, **Sper|ma|tor|rhöe** ⟨[-rø:] f.; -, -n⟩ *Samenfluss ohne geschlechtl. Erregung* [< *Spermato…* + …*rrhö*]
Sper|ma|to|zo|on ⟨n.; -s, -zo|en⟩ = *Spermium* [< *Spermato…* + *Zoon*]
Sper|ma|zet ⟨n.; -(e)s; unz.⟩, **Sper|ma|ze|ti** ⟨n.; -s; unz.⟩ = *Walrat* [< *Spermato…* + lat. *cetus* »großes Seetier« < grch. *ketos* »großes Seetier, Wal«]
Sper|mi|en ⟨Pl. von⟩ *Spermium*
Sper|min ⟨n.; -s; unz.⟩ *Bestandteil des Spermas mit charakteristischem Geruch*
Sper|mi|o|ge|ne|se ⟨f.; -, -n⟩ *Entwicklung von Spermien, die durch die Hormone der Hypophyse angeregt wird;* Sy *Spermatogenese* [< *Spermium* + *Genese*]
Sper|mi|o|gramm ⟨n.; -s, -e⟩ *Gesamtschau aller bei der Untersuchung von Sperma angefallenen Befunde* [< *Spermium* + …*gramm*]
Sper|mi|um ⟨n.; -s, -mi|en⟩ *reife männl. Keimzelle, Samenzelle, Spermatozoon* [nlat. < grch. *sperma;* → *Sperma*]
sper|mi|zid ⟨Adj.⟩ *samenabtötend (von der Beschichtung mechanischer Verhütungsmittel)* [→ *Spermizid*]
Sper|mi|zid ⟨n.; -s, -e⟩ *samentötendes Mittel zur Empfängnisverhütung* [< *Sperma* + …*zid*[1]]
Spe|sen ⟨Pl.⟩ *Nebenausgaben bei der Besorgung eines Geschäftes, die von den Auftraggebern zu erstatten sind;* außer ~ nichts gewesen ⟨scherzh.⟩ *es gab nur Unkosten* [< ital. *spese* »Aufwand« < mlat. *spesa* < lat. *expensa;* zu *expendere* »aufwenden«]
Spe|ze|rei ⟨f.; -, -en; meist Pl.⟩ **1** *feines Gewürz* **2** *feine überseeische Essware* [< ital. *spezierie* »Gewürzwaren«, < lat. *species* »Art; Gewürz«]
Spe|zi[1] ⟨m.; -s, -s; bair.-österr.⟩ *vertrauter Freund, Kumpan* [Kurzform von *speziell(er Freund)*]
Spe|zi[2] ⟨n.; -s, -s; umg.⟩ *erfrischendes Mischgetränk aus Cola u. Orangenlimonade*
spe|zi|al ⟨Adj., fast nur in Zus. mit Substantiv⟩ = *speziell* [< lat. *specialis,* »einer bes. Art entsprechend, besonders«; zu *species* »Art (einer Gattung)«]
Spe|zi|al ⟨m.; -s, -e⟩ **1** *guter Fasswein* **2** ⟨in Zus.⟩ *Einzel…, Sonder…, Fach…;* ~karte; ~werkzeug
Spe|zi|a|li|en ⟨Pl.⟩ *Besonderheiten, Einzelheiten*
Spe|zi|a|li|sa|ti|on ⟨f.; -; unz.⟩ = *Spezialisierung*
spe|zi|a|li|sie|ren ⟨V.⟩ *gliedern, bestimmen, unterscheiden, sondern;* sich auf etwas ~ *sich auf etwas (ein Teilgebiet) beschränken u. dieses bes. eingehend studieren* [→ *spezial*]
Spe|zi|a|li|sie|rung ⟨f.; -, -en⟩ Sy *Spezialisation* **1** *das Spezialisieren* **2** *Beschränkung auf ein Fachgebiet u. dessen eingehendes Studium*
Spe|zi|a|list ⟨m.; -en, -en⟩ *jmd., der sich auf ein Gebiet spezialisiert hat* [→ *spezial*]
Spe|zi|a|lis|tin ⟨f.; -, -tin|nen⟩ *Frau, die sich auf ein Gebiet spezialisiert hat*
Spe|zi|a|li|tät ⟨f.; -, -en⟩ **1** *Besonderheit* **2** *bes. eingehend studiertes Fachgebiet* **3** *das, wovon man bes. viel versteht, was man bes. gut beherrscht* **4** *Liebhaberei, das, was man bes. gern hat od. tut* **5** *bes. kulinarischer Genuss, Delikatesse* [< lat. *specialitas;* zu *specialis;* → *spezial*]
spe|zi|ell ⟨Adj.⟩ *einzeln, besonders, eigens;* Ggs *generell;* ein ganz ~er Freund; ein ~er Abend [→ *spezial*]
Spe|zi|es ⟨f.; -, -⟩ oV *Species* **1** *Art, Gattung* **2** ⟨Biol.⟩ *Art* **3** *Gestalt, Erscheinung, Erscheinungsform* **4** ⟨Math.⟩ *Grundrechenart* **5** *Mischung aus mehreren Sorten Tee* [< lat. *species* »Blick, äußere Erscheinung, Art (einer Gattung)«; zu *specere* »sehen«]

Spe|zi|es|kauf ⟨m.; -(e)s, -käu|fe⟩ *Stückkauf, im Gegensatz zum Gattungskauf Erwerb einer genau bestimmten Sache, z.B. von 100 Flaschen Rüdesheimer Wein, Jahrgang 1959*

Spe|zi|fik ⟨f.; -; unz.⟩ *das Spezifische, Eigentümliche von etwas;* die ~ dieser Sache, dieses Problems

Spe|zi|fi|ka|ti|on ⟨f.; -, -en⟩ = *Spezifizierung*

Spe|zi|fi|kum ⟨n.; -s, -ka⟩ **1** *etwas Besonderes, Eigentümliches* **2** *besonderes Merkmal, Kennzeichen* **3** *Mittel gegen eine bestimmte Krankheit* [→ *spezifisch*]

spe|zi|fisch ⟨Adj.⟩ **1** *(art)eigen, eigentümlich* **2** ~es **Gewicht** *Verhältnis zwischen dem Gewicht eines Körpers u. seinem Volumen;* Sy *Volumgewicht* **3** ~e **Wärme** *die W., die benötigt wird, um 1g (od. 1kg) eines Stoffes um 1 °C zu erwärmen* [< mlat. *specificus* »der Art entsprechend, besonders«; zu lat. *species* »Art«; → *Spezies*]

Spe|zi|fi|tät ⟨f.; -, -en; geh.⟩ *spezifische Eigenschaft, Art u. Weise, Beschaffenheit;* diese Skulptur besitzt eine extravagante ~

spe|zi|fi|zie|ren ⟨V.⟩ **1** *gliedern, unterscheiden* **2** *einzeln anführen, im Einzelnen darlegen;* eine Rechnung ~ [< lat. *species* »Art« (→ *Spezies*) + *...fizieren*]

Spe|zi|fi|zie|rung ⟨f.; -, -en⟩ Sy *Spezifikation* **1** *das Spezifizieren, genaue Gliederung* **2** *Aufzählung, Bezeichnung im Einzelnen*

Spe|zi|men ⟨n.; -s, -zi|mi|na⟩ *Muster, Probe, Probearbeit* [< lat. *specimen* »Beweis, Vorbild«; zu *specere* »sehen«]

Sphä|re ⟨f.; -, -n⟩ **1** *Kugel, Kreis* **2** *Himmelskugel* **3** *Bereich* **4** *Machtbereich, Wirkungskreis* [< grch. *sphaira* »Kugel, Ball«]

Sphä|ren|har|mo|nie ⟨f.; -; unz.⟩, **Sphä|ren|mu|sik** ⟨f.; -; unz.⟩ *nach Pythagoras dem Ohr nicht hörbare, durch die Bewegung der Himmelskörper verursachte Töne*

Sphä|rik ⟨f.; -; unz.; Math.⟩ *Übertragung geometr. Gesetzmäßigkeiten von der Ebene auf eine Kugeloberfläche* [→ *Sphäre*]

sphä|risch ⟨Adj.⟩ **1** *zur Sphäre(2) gehörend* **2** ⟨Math.⟩ *kugelförmig;* ~e Trigonometrie *T. auf der Oberfläche einer Kugel*

Sphä|ro|guss ⟨m.; -es; unz.⟩ *sehr dehnbares, zug- u. verschleißfestes Gusseisen, bei dem der Graphit im Gefüge in Kugelform eingelagert ist*

Sphä|ro|id ⟨n.; -(e)s, -e⟩ = *Rotationsellipsoid* [< *Sphäre* + *...id*]

sphä|ro|i|disch ⟨Adj.⟩ *wie ein Rotationsellipsoid geformt*

Sphä|ro|lith ⟨m.; -s od. -en, -e od. -en⟩ **1** *kugelförmige Bildung mit radialem Aufbau in Eruptionsgesteinen* **2** *kugelförmiges Gebilde aus radial angeordneten Kristallen* [< *Sphäre* + *...lith*]

Sphä|ro|lo|gie ⟨f.; -; unz.⟩ *Lehre von der Kugel* [< *Sphäre* + *...logie*]

Sphä|ro|me|ter ⟨n.; -s, -⟩ *Gerät zum Messen der Krümmung von Kugelflächen* [< *Sphäre* + *...meter*]

Sphä|ro|si|de|rit ⟨m.; -s, -e⟩ *Konkretion von Toneisenstein in Form von Knollen* [< *Sphäre* + *Siderit*]

Sphen ⟨m.; -s, -e⟩ = *Titanit* [< grch. *sphen* »Keil« (nach der Form der Kristalle)]

sphe|no|id ⟨Adj.⟩ *keilförmig;* oV *sphenoid* [< grch. *sphen* »Keil + *...id*]

Sphe|no|id ⟨n.; -(e)s, -e⟩ *mittlerer Knochen der Schädelbasis, Keilbein: Os sphenoides*

sphe|no|i|dal ⟨Adj.⟩ = *sphenoid*

Sphink|ter ⟨m.; -s, -te|re⟩ *Schließmuskel* [< grch. *sphinkter;* zu *sphingein* »fest zusammenbinden«]

Sphinx **1** ⟨fachsprachl.: m.; - od. -es, Sphingen; umg.: f.; -, -e⟩ *ägypt. Fabelwesen mit dem Leib eines Löwen u. dem Kopf eines Menschen, meist eines Mannes* **2** ⟨f.; -; unz.; grch. Myth.⟩ *weibl. Ungeheuer mit Flügeln, dem Leib eines Löwen u. dem Kopf einer Frau* **3** ⟨f.; -, -en⟩ *Abendpfauenauge* [grch.]

Sphra|gis|tik ⟨f.; -; unz.⟩ *Siegelkunde* [< grch. *sphragistikos;* zu *sphragis* »Siegel«]

sphra|gis|tisch ⟨Adj.⟩ *die Sphragistik betreffend, zu ihr gehörend*

Sphyg|mo|graf ⟨m.; -en, -en⟩ = *Sphygmograph*

Sphyg|mo|gra|fie ⟨f.; -, -n; Med.⟩ = *Sphygmographie*

Sphyg|mo|gramm ⟨n.; -s, -e⟩ *vom Sphygmographen aufgezeichnete Pulskurve* [< grch. *sphygmos* »Puls« + *...gramm*]

Sphyg|mo|graph ⟨m.; -en, -en⟩ *Gerät zum Aufzeichnen des Pulses;* oV *Sphygmograf* [< grch. *sphygmos* »Puls« + *...graph*]

Sphyg|mo|gra|phie ⟨f.; -, -n; Med.⟩ *Aufzeichnung einer Pulskurve durch einen Sphygmografen;* oV *Sphygmografie*

Sphyg|mo|ma|no|me|ter ⟨n.; -s, -⟩ *Gerät zum Messen des Blutdrucks* [< grch. *sphygmos* »Puls« + *Manometer*]

spic|ca|to ⟨Mus.⟩ *in deutlich voneinander getrennten Tönen,* ⟨bei Streichinstrumenten⟩ *mit Springbogen (zu spielen)* [ital., »abgebrochen, deutlich«]

Spi|der ⟨[spai-] m.; -s, -⟩ *offener (Renn-) Sportwagen* [engl., »hoher, zweirädriger Wagen«, eigtl. »Spinne«]

Spie|lo|thek ⟨f.; -, -en⟩ *Räumlichkeit mit großem Angebot an Spielen u. Spielautomaten*

Spike ⟨[spaik] m.; -s, -s⟩ **1** *Nagel aus Stahl an der Sohle von Rennschuhen u. Autoreifen* **2** ~s ⟨Pl.⟩ *Rennschuhe mit herausstehenden Nägeln an der Sohle* [engl., »langer Nagel, Dorn«]

Spikes|rei|fen ⟨[spaiks-] Pl.⟩ *Autoreifen mit Spikes zum Fahren auf verschneiten od. vereisten Straßen*

Spil|la|ge ⟨[spila:ʒə] f.; -, -n⟩ *Verlust von Waren infolge schlechter Verpackung* [engl.; zu *spill* »verschütten«]

Spill-o|ver, ⟨auch⟩ **Spill|o|ver** ⟨[spilo:və(r) od. -ouvə(r)] m.; -s, -s; Wirtsch.⟩ *auf die Umgebung, Umwelt ausstrahlender, externer Effekt, der eine ökonomische Wirkung ausübt (z.B. Autobahnlärm senkt die Immobilienpreise in* *der näheren Umgebung)* [zu engl. *spill over* »überlaufen, überquellen«]

Spin ⟨[spin] m.; -s, -s⟩ **1** *innerer Freiheitsgrad eines Elementarteilchens od. Atomkerns, der als Impuls einer drehenden Eigenbewegung des Teilchens angesehen werden kann* **2** ⟨Sp.; bes. Tennis⟩ *Drall, Rotation des Balls* [engl., »Drehung«]

Spi|na ⟨[spi:-] f.; -, Spi|nen⟩ *Dorn, Stachel, z.B. an den Wirbeln* [lat., »Dorn; Rückgrat«]

spi|nal ⟨Adj.⟩ *die Wirbelsäule betreffend;* ~e Kinderlähmung [<lat. *spinalis;* zu *spina;* → *Spina*]

Spi|nal|an|äs|the|sie, ⟨auch⟩ **Spi|nal|a|näs|the|sie** ⟨f.; -, -n⟩ *Rückenmarkanästhesie*

Spi|nal|pa|ra|ly|se ⟨f.; -, -n⟩ *Lähmung durch Entzündung od. Entartung der Bahnen im Rückenmark*

Spi|nal|punk|ti|on ⟨f.; -, -en⟩ *Rückenmarkpunktion*

Spi|nat ⟨m.; -(e)s, -e⟩ *einer Gattung der Gänsefußgewächse angehörende, eisenhaltige Gemüsepflanze: Spinacia oleracea* [<arab. *isfinag* <pers. *äspänah;* volksetymolog. beeinflusst von lat. *spina* »Dorn« (wegen der spitzen Samenkörner)]

Spi|nell ⟨m.; -s, -e⟩ *isomorphes Mineral, das kubisch kristallisiert* [<ital. *spinelle,* <lat. *spina* »Dorn« (nach der Form der Kristalle)]

Spi|nett ⟨n.; -(e)s, -e⟩ *Vorläufer des Klaviers, bei dem die quer od. schräg zu den Tasten stehenden Saiten mit einem Keil angerissen werden* [<ital. *spinetta;* nach dem Venezianer Giovanni *Spinetti* (um 1500) od. zu lat. *spina* »Dorn«]

Spin|na|ker ⟨m.; -s, -⟩ *leichtes, dreieckiges Segel, das vor dem Wind gesetzt wird* [vermutl. nach *Sphinx,* dem Namen einer Segeljacht (1866)]

Spin-off, ⟨auch⟩ **Spin|off** ⟨[spin-] n.; -s, -s⟩ *Weiterentwicklung eines vorhandenen Produktes od. Aufbau eines weiteren Produktes aus Bestandteilen eines vorhandenen Produktes, Nebenprodukt* [engl.]

Spi|nor ⟨m.; -s, -no|ren⟩ *mathemat. Größe, die zur Beschreibung des Spins von Elementarteilchen dient* [<engl. *spin* »Drehung«]

spi|nös ⟨Adj.⟩ **1** *schwierig, knifflig, heikel* **2** *spitzfindig* [<lat. *spinosus* »dornig«; zu *spina* »Dorn«]

Spi|no|zis|mus ⟨m.; -; unz.; Philos.⟩ *Lehre des jüd.-portugies. Philosophen Spinoza, 1632-1677*

Spi|no|zist ⟨m.; -en, -en, Philos.⟩ *Anhänger, Vertreter des Spinozismus*

Spin|tha|ri|skop, ⟨auch⟩ **Spin|tha|ris|kop, Spin|the|ri|skop,** ⟨auch⟩ **Spin|the|ris|kop** ⟨n.; -(e)s, -e⟩ *Vorrichtung zum Beobachten von Blitzen, die beim Auftreten von einzelnen Alphateilchen auf bestimmte Substanzen ausgelöst werden;* Sy *Spintherometer* [<grch. *spinther* »Funke« + *...skop*]

Spin|the|ro|me|ter ⟨n.; -s, -⟩ = *Spintheriskop* [<grch. *spinther* »Funke« + *...meter*]

spin|ti|sie|ren ⟨V.⟩ *grübeln, nachdenken* [zu *spinnen;* beeinflusst von *sinnieren* u. *simulieren* »grübelnd nachdenken«]

Spi|on ⟨m.; -(e)s, -e⟩ **1** *jmd., der Spionage treibt* **2** ⟨fig.⟩ *außen am Fenster angebrachter Spiegel, in dem man vom Zimmer aus die Straße überblicken kann* **3** *in Gefängniszellen- bzw. Haustüren befindliches Spähloch* [<frz. *espion* <ital. *spione;* zu *spia* <got. **spaiha* »Späher«; zu germ. **spehon* »spähen«]

Spi|o|na|ge ⟨[-ʒə] f.; -; unz.⟩ *das heiml. (u. strafbare) Auskundschaften von militär., polit. od. wirtschaftl. Geheimnissen eines Staates im Auftrag eines anderen* [<frz. *espionnage;* zu *Spion*]

spi|o|nie|ren ⟨V.⟩ *Spionage treiben, etwas auskundschaften, zu erkunden suchen*

Spi|räe ⟨f.; -, -n⟩ *Spierstrauch, einer Gattung der Rosengewächse angehörender Zierstrauch: Spiraea* [<lat. *spiraea, spirea;* zu grch. *speira* »Windung, Schlinge«]

Spi|ra|le ⟨f.; -, -n⟩ **1** ⟨Math.⟩ *ebene, sich unendlich um einen Punkt windende Kurve, die sich immer weiter von diesem Punkt entfernt, Schneckenlinie* **2** ⟨allg.⟩ *sich um eine Achse windende, räuml. Kurve, Schraubenlinie* [<nlat. *spiralis;* zu lat. *spira* »Windung« <grch. *speira* »Windung, Schlinge«]

Spi|ral|ne|bel ⟨m.; -s, -⟩ *Sternsystem mit spiralig aus dem Innern herauslaufenden Armen*

Spi|ral|tur|bi|ne ⟨f.; -, -n⟩ *Wasserturbine mit spiralig geformtem Läufer*

Spi|rans ⟨f.; -, -ran|ten⟩, **Spi|rant** ⟨m.; -en, -en⟩ *Konsonant, der durch ein reibendes Geräusch an einer Verengung entsteht, Engelaut, Reibelaut,* z.B. f, w, s, sch, ch, j; Sy *Frikativlaut* [<lat. *spirans,* Part. Präs. zu *spirare* »hauchen, atmen«]

spi|ran|tisch ⟨Adj.⟩ *mit einem Spirans (gebildet)*

Spi|ril|le ⟨f.; -, -n⟩ *Bakterium in der Form eines Korkenziehers, Schraubenbakterie* [<lat. *spirilla,* Verkleinerungsform zu lat. *spira* »Windung« <grch. *speira* »Windung, Schlinge«]

Spi|ril|lo|se ⟨f.; -, -n⟩ *durch Spirillen hervorgerufene Infektionskrankheit*

Spi|rit ⟨[spi-] m.; -s, -s⟩ *Geist (eines Verstorbenen)* [engl. <lat. *spiritus* »Hauch, Atem, Seele, Geist«; zu *spirare* »hauchen, atmen«]

Spi|ri|tis|mus ⟨m.; -; unz.⟩ *Glaube an Geister u. an den möglichen Kontakt mit ihnen*

Spi|ri|tist ⟨m.; -en, -en⟩ *Anhänger, Vertreter des Spiritismus*

spi|ri|tis|tisch ⟨Adj.⟩ *zum Spiritismus gehörig, auf ihm beruhend*

spi|ri|tu|al ⟨Adj.⟩ = *spirituell*

Spi|ri|tu|al 1 ⟨m.; -s od. -en, -en; in Klöstern u. kath. Seminaren⟩ *Seelsorger, Beichtvater* **2** ⟨engl. [spiritjuəl] m. od. n.; -s, -s; Mus.⟩ *geistl. Lied der nordamerikan. Schwarzen mit synkopiertem Rhythmus* [engl.]

Spi|ri|tu|a|li|en ⟨Pl.⟩ *geistl. Dinge* [→ *spirituell*]

spi|ri|tu|a|li|sie|ren ⟨V.⟩ *vergeistigen* [→ *spirituell*]

Spi|ri|tu|a|lis|mus ⟨m.; -; unz.⟩ *Lehre, dass der Geist das einzig Wirkliche u. der Körper nur eine Erscheinungsform des Geistes sei* [→ *spirituell*]

Spi|ri|tu|a|list ⟨m.; -en, -en⟩ *Anhänger, Vertreter des Spiritualismus*

spi|ri|tu|a|lis|tisch ⟨Adj.⟩ *zum Spiritualismus gehörig, auf ihm beruhend*

Spi|ri|tu|a|li|tät ⟨f.; -; unz.⟩ *Geistigkeit;* Ggs *Materialität* [< mlat. *spiritualitas;* zu *spiritualis;* → *spirituell*]

spi|ri|tu|ell ⟨Adj.⟩ *geistig, übersinnlich;* Ggs *materiell(1)* [< mlat. *spiritualis* »geistlich«, < lat. *spiritus;* → *Spiritus*]

spi|ri|tu|os ⟨Adj.⟩ *Weingeist enthaltend*

spi|ri|tu|ös ⟨Adj.⟩ **1** = *spirituos* **2** *geistig* [nlat. *spirituosus,* < lat. *spiritus* in der Bedeutung »Weingeist«]

Spi|ri|tu|o|sen ⟨Pl.⟩ *alkohol. Getränke*

spi|ri|tu|o|so ⟨Mus.⟩ *geistvoll-lebhaft* [ital., < lat. *spiritus*]

Spi|ri|tus 1 ⟨[spiː-] m.; -, -⟩ **1.1** *Atem, Hauch* **1.2** *Leben* **1.3** *Geist* **1.4** *Zeichen für die Behauchung in der grch. Schrift;* ~ **asper** ⟨Zeichen: ʽ⟩ *Zeichen auf einem Vokal zur Aussprache mit anlautendem h;* ~ **lenis** ⟨Zeichen: ʼ⟩ *Zeichen zur Aussprache ohne h;* ~ **rector** *führender, belebender Geist, treibende Kraft (eines Unternehmens);* ~ **sanctus** *der Heilige Geist* **2** ⟨[ʃpiː-]; m.; -, -se⟩ **2.1** = *Äthylalkohol* **2.2** *Grundlage von Branntwein;* Sy *Sprit(1)* **2.3** *Weingeist* [< lat. *spiritus* »(Luft-)hauch, Wind, Atem, Seele, Geist, Gesinnung; Weingeist«; zu *spirare* »hauchen«; lat. *asper* »hart, rau«; lat. *lenis* »weich, sanft«; lat. *rector* »Lenker«; zu *regere* »richten, lenken«; lat. *sanctus* »heilig, unverletzlich«]

Spi|ro|chä|te ⟨[-çɛːtə] f.; -, -n⟩ *Angehörige einer Gruppe schraubenförmiger, bewegl. Mikroorganismen: Spirochaetales* [< grch. *speira* (lat. *spira*) »Windung, Schlinge« + *chaite* »langes Haar«]

Spi|ro|chä|to|se ⟨[-çɛ-] f.; -, -n; Med.⟩ *durch Spirochäten hervorgerufene Infektionskrankheit,* z.B. Syphilis, Rückfallfieber

Spi|ro|me|ter ⟨[spi-] n.; -s, -⟩ *Gerät zur Bestimmung der Leistungsfähigkeit der Lunge bei der Aufnahme von Luft u. Abgabe von Abfallprodukten der Atmung* [< lat. *spirare* »hauchen, atmen« + …*meter*]

Spi|tal ⟨n.; -s, -tä|ler; †⟩ *Hospital, Krankenhaus* [< mhd. *spital, spittel* < mlat. *hospitale*]

Splanch|no|lo|gie ⟨[splanç-] f.; -; unz.⟩ *Lehre von den Eingeweiden* [< grch. *splanchnon* »Eingeweide« + …*logie*]

Spleen ⟨[ʃpliːn] od. [spliːn] m.; -s, -e od. -s⟩ **1** *ein wenig sonderbares, verschrobenes, schrulliges Wesen* **2** *überspannte, sonderbare Idee* [engl. < grch. *splen* »Milz; Milzsucht; durch die Milzsucht hervorgerufener Geisteszustand«]

splee|nig ⟨[ʃpliː-] od. [spliː-] Adj.⟩ *mit einem Spleen behaftet, verschroben, schrullig*

Splen ⟨m.; -; unz.; Med.⟩ *Milz* [grch.]

splen|did ⟨Adj.⟩ **1** *freigebig, großzügig* **2** *prächtig* **3** ⟨Typ.⟩ *weitläufig, mit großen Zwischenräumen* [< lat. *splendidus* »herrlich, prächtig«; zu *splendere* »glänzen«]

Splen|did|i|so|la|tion, ⟨auch⟩ **Splen|did I|so|la|tion** ⟨[splendid aisəlɛiʃən] f.; (-) -; unz.⟩ *(von dem englischen Minister G. J. Göschen geprägtes Schlagwort für die) polit. Unabhängigkeit Englands von Europa* [engl., »glänzende Isolierung«]

Splen|di|di|tät ⟨f.; -; unz.; †⟩ **1** *splendides Wesen, Verhalten, Freigebigkeit, Großzügigkeit* **2** *splendide Beschaffenheit, Weiträumigkeit* **3** *Pracht* [< nlat. *splendiditas;* → *splendid*]

Splen|ek|to|mie, ⟨auch⟩ **Sple|nek|to|mie** ⟨f.; -, -n⟩ *operative Entfernung der Milz* [< *Splen* + *Ektomie*]

Sple|ni|tis ⟨f.; -, -ti|den⟩ *Milzentzündung* [< *Splen* + …*itis*]

sple|no|gen ⟨Adj.; Med.⟩ *von der Milz herrührend* [< *Splen* + grch. *gennan* »erzeugen«]

Sple|nom ⟨n.; -s, -e; Med.⟩ *gutartige Geschwulstform, die sich in der Milz bildet*

Spline ⟨[splain] f.; -, -s; EDV⟩ *durch Kontrollpunkte bestimmte, mit minimaler Krümmung verlaufende Kurve, die mathematisch beschreibbar ist;* ~-Interpolation [engl., »Kurvenlineal«, eigtl. »Keil; Metall-, Holzfeder«]

Split|bu|chung ⟨[split-] f.; -, -en; EDV; Wirtsch.⟩ *gleichzeitige Buchung mehrerer Beträge im Soll u. Haben durch die automatisch separierte Buchung der Mehrwertsteuer in der EDV* [zu engl. *split* »spalten«]

split|ten ⟨[split-] V.⟩ *aufspalten, aufteilen* [→ *Splitting*]

Split|ting ⟨[split-] n.; -s; unz.⟩ *Form der Besteuerung von Ehegatten, wobei zur Berechnung der Steuer beider Einkommen zusammengezählt u. durch zwei geteilt wird* [engl.; zu *split* »spalten«]

Spo|di|um ⟨n.; -s; unz.⟩ *Aktivkohle aus Knochen* [< grch. *spodos* »Asche«]

Spo|du|men ⟨m.; -s, -e⟩ *hellgraues bis grünes Augit* [< grch. *spodoumenos,* Part. Perf. zu *spodoun* »verbrennen«; zu *spodos* »Asche«]

Spoi|ler ⟨m.; -s, -⟩ **1** *Luftleitblech am Heck von Autos zur Verbesserung der Bodenhaftung* **2** *zur Änderung der Strömungsverhältnisse an Flugzeugtragflächen dienende Klappe* [engl., eigtl. »Plünderer«, zu *spoil* »rauben«]

Spoils|sys|tem ⟨[spɔilzsistəm] n.; - od. -s; unz.⟩ *(in den USA) Besetzung von Beamtenstellen nach Parlamentswahlen mit Anhängern der siegreichen Partei* [engl., »Beutesystem«]

Spo|li|um ⟨n.; -s, -li|en; meist Pl.⟩ **1** ⟨im alten Rom⟩ *erbeutete Waffen* **2** ⟨MA⟩ *Nachlass (eines Geistlichen)* **3** ⟨Arch.⟩ *Teile eines Kunstwerks, die nicht für dieses geschaffen, sondern einem anderen entnommen worden sind* [< lat. *spolium* »Beute«; zu *spoliare* »berauben, plündern«]

spon|de|isch ⟨Adj.⟩ *in Spondeen gedichtet* [→ *Spondeus*]

Spon|de|us ⟨m.; -, -de|en⟩ *Versfuß aus zwei*

langen Silben [lat. < grch. *spondeios (pous);* zu *sponde* »Trankopfer« (nach der urspr. Verwendung für feierl. Opfergesänge)]
Spon|di|a|kus ⟨m.; -; unz.⟩ *Hexameter, in dem statt des normalen Daktylus ein Spondeus im fünften Fuß gesetzt ist* [zu lat. *spondiacus* »spondeisch«]
Spon|dyl|ar|thri|tis, ⟨auch⟩ **Spon|dyl|arth|ri|tis** ⟨f.; -, -ti|den⟩ *Entzündung der Wirbelsäule* [< grch. *spondylos* »Rückgrat« + *Arthritis*]
Spon|dy|li|tis ⟨f.; -, -li|ti|den⟩ *Entzündung eines od. mehrerer Wirbel, bes. infolge von Tuberkulose* [< grch. *spondylos* »Rückgrat«]
Spon|dy|lo|se ⟨f.; -, -n⟩ *Zermürbung od. Abfaserung der Bandscheiben, Wirbelsäulenleiden* [< grch. *spondylos* »Rückgrat«]
spon|dy|lo|tisch ⟨Adj.⟩ *auf Spondylose beruhend*
Spon|gia ⟨[spɔŋ-] f.; -, -gi|en⟩ *einfachst gebauter Angehöriger eines Stammes der vielzelligen Tiere, Schwamm* [lat. < grch. *spoggos*]
Spon|gin ⟨[spɔŋ-] n.; -s; unz.⟩ *hornige Substanz, aus der das Skelett der Hornschwämme gebildet ist* [→ *Spongia*]
Spon|gi|o|lo|gie ⟨[spɔŋ-] f.; -; unz.; Biol.⟩ *Wissenschaft von den Schwämmen, Erforschung der Schwämme* [< *Spongia* + grch. *logos* »Lehre, Kunde«]
spon|gi|ös ⟨[spɔŋ-] Adj.⟩ *schwammig, schwammartig* [→ *Spongia*]
Spon|gi|o|sa ⟨[spɔŋ-] f.; -; unz.⟩ *das schwammige Innengewebe der Knochen* [→ *Spongia*]
Spon|sa|li|en ⟨Pl.; †⟩ *Geschenke zur Verlobung* [< lat. *sponsalia* »Verlobung«; zu *spondere* »geloben«]
spon|sern ⟨V.⟩ *finanziell ermöglichen od. fördern;* einen Sportler ~ [→ *Sponsor*]
Spon|si|on ⟨f.; -, -en; österr.⟩ *akadem. Feier zur Verleihung des Magistertitels* [< lat. *sponsio* »Gelöbnis«]
Spon|sor ⟨m.; -s, -s od. -so|ren⟩ *jmd., der eine Sache finanziell ermöglicht od. fördert, Geldgeber* [lat., »Bürge«]
Spon|so|ring ⟨n.; -s; unz.⟩ *das Sponsern* [engl.]
Spon|sor|ship ⟨[-ʃip] f.; -; unz.⟩ *Sponsorentum, (finanzielle) Unterstützung* [engl.]
spon|tan ⟨Adj.⟩ **1** *von selbst, aus eigenem Antrieb, von innen heraus (kommend)* **2** *plötzlich, aus plötzlicher Eingebung, plötzlichem Entschluss (erfolgend)* [< lat. *spontaneus;* zu *sponte* »aus eigenem Willen«; zu **spons* »Antrieb«]
Spon|ta|ne|i|tät ⟨[-ne:i-]⟩, **Spon|ta|ni|tät** ⟨f.; -; unz.⟩ *spontanes Handeln, Geschehen, Handeln aus eigenem Antrieb* [< frz. *spontanéité;* zu *spontané* < lat. *spontaneus*; → *spontan*]
Spon|ti ⟨m.; -s, -s; umg.; bes. Ende der 70er- u. Anfang der 80er-Jahre⟩ *Angehöriger einer spontan handelnden, politisch links gerichteten Gruppe von Jugendlichen* [→ *spontan*]
Spoo|ling ⟨[spu:-] n.; -s; unz.; EDV; Abk. für engl.⟩ *Simultaneous Peripheral Operations on Line, Zwischenspeicherung von Ein- u. Ausgabedaten bei simultaner Bearbeitung mehrerer Anwendungen* [engl., das »Spulen«]
Spoon ⟨[spu:n] m.; -s, -s; Sp.; Golf⟩ *hölzerner Schläger für lange u. hohe Schläge* [engl., eigtl. »Löffel«]
spo|ra|disch ⟨Adj.⟩ **1** *vereinzelt, verstreut (vorkommend)* **2** *hin und wieder, nicht oft, unregelmäßig* [< grch. *sporadikos* »verstreut«; zu *speirein* »aussäen«]
Spor|an|gi|um, ⟨auch⟩ **Spo|ran|gi|um** ⟨[spɔr-] n.; -s, -gi|en⟩ *Behälter, in dem bei vielen Algen u. Pilzen die Sporen gebildet werden* [nlat., < *Spore* + grch. *aggeion* »Gefäß«]
Spo|re ⟨f.; -, -n⟩ **1** *ungeschlechtl. Zelle zur Fortpflanzung vieler Algen u. Pilze* **2** *Dauerform von Bakterien* [< nlat. *spora* < grch. *spora* »Same«; zu *speirein* »säen«]
spo|ro|gen ⟨Adj.⟩ *Sporen bildend* [< grch. *sporos* »Same« + *gennan* »erzeugen«]
Spo|ro|go|nie ⟨f.; -; unz.⟩ **1** *Erzeugung von Sporen* **2** *Fortpflanzung durch Sporen* [< *Spore* + *…gonie*]
Spo|ro|phyt ⟨m.; -en, -en⟩ *Sporen bildende, ungeschlechtl. Generation bei Pflanzen mit Generationswechsel* [< *Spore* + *…phyt*]
Spo|ro|zo|on ⟨n.; -s, -zo|en; meist Pl.⟩ *Sporentierchen, Protozoon, das parasitisch lebt u. sich durch eine besondere Dauerform, die Spore, auszeichnet* [< *Spore* + *Zoon*]
Spo|ro|zys|te ⟨f.; -, -n⟩ *Larvenstadium der Saugwürmer*
Sport ⟨m.; -(e)s, -e⟩ **1** *körperl. Betätigung nach bestimmten Regeln aus Freude daran od. zur Erhaltung der Gesundheit;* ~ treiben; einen ~ betreiben **2** *Gesamtheit der Leibesübungen* **3** *Leibesübung, im Unterschied zum Geräte- u. Bodenturnen u. zur Gymnastik;* Wasser~; Ski~ **4** ⟨fig.; umg.⟩ *Liebhaberei, Steckenpferd* [engl. < afrz. *desport* »Belustigung« < mlat. *disportare* »sich zerstreuen« < lat. *dis…* »auseinander« + *portare* »tragen«]
Spor|tel ⟨f.; -, -n; MA⟩ *Gebühr für Amtshandlungen, bes. Gerichtskosten* [< lat. *sportula* »Körbchen, kleines Geschenk«; Verkleinerungsform zu *sporta* »Korb« < grch. *spyris*]
spor|tiv ⟨Adj.⟩ *sportlich* [engl.]
Sports|wear ⟨[spɔ:tswɛ:(r)] f.; -; unz.⟩ *legere, sportliche Kleidung;* → a. *Streetwear, Wear* [engl.]
Spot ⟨[spɔt] m.; -s, -s⟩ *kurze Sendung im Rundfunk od. Fernsehen, meist zur Werbung;* Fernseh~; Hör~; Werbe~ [engl. »Punkt, Stelle«]
Spot|ge|schäft ⟨[spɔt-] n.; -(e)s, -e; Börse⟩ *Geschäft gegen Barzahlung u. sofortige Lieferung*
Spot|light ⟨[spɔtlait] n.; -s, -s⟩ *stark konzentriertes Licht zur Beleuchtung nur einer Stelle, Punktlicht, z.B. im Theater, in Ausstellungsvitrinen* [engl., < *spot* »Fleck, Ort« + *light* »Licht«]
Spot|markt ⟨m.; -(e)s, -märk|te⟩ *Markt (Börse) für die im Spotgeschäft gehandelte Ware*
S.P.Q.R. ⟨Abk. für⟩ *Senatus Populusque Romanus*

Sprach|bar|ri|e|re ⟨f.; -, -n⟩ **1** *Behinderung der sprachl. Entwicklung von Kindern aus Elternhäusern mit niedrigem Bildungsstand* **2** *Behinderung im gesellschaftl. Aufstieg von Angehörigen sozial niedriger Schichten infolge einer Ausdrucksweise, die nicht der Sprachnorm der Hochsprache entspricht*

Sprach|ge|o|gra|fie ⟨f.; -; unz. ⟩ = *Sprachgeographie*

Sprach|ge|o|gra|phie ⟨f.; -; unz.⟩ *Wissenschaft von der geograph. Verbreitung von Sprachen, Mundarten u. sprachl. Erscheinungen;* oV *Sprachgeografie;* Sy *Areallinguistik*

Sprach|la|bor ⟨n.; -s, -e⟩ *elektron. Anlage zum individuellen Lernen im fremdsprachl. Unterricht, in dem die Schüler über Kopfhörer, Tonband, Mikrofon das Lehrprogramm aufnehmen u. wiedergeben*

Spray ⟨engl. [sprɛi] od. [ʃpreː] m. od. n.; -s, -s⟩ **1** *Gerät zum Zerstäuben von Flüssigkeiten* **2** *Flüssigkeit zum Zerstäuben;* Haar~; Insekten~ **3** *der dadurch erzeugte Sprühregen* [engl. *spray* »sprühen, (be)spritzen«]

spray|en, ⟨auch⟩ **spra|yen** ⟨engl. [sprɛi-] od. [ʃpreː-] V.⟩ *(Flüssigkeit) zerstäuben (auf)* [→ *Spray*]

Spray|er, ⟨auch⟩ **Spra|yer** ⟨engl. [sprɛi-] od. [ʃpreː-] m.; -s, -⟩ *jmd., der mittels eines Farbsprays Wände (mit Graffiti) besprüht* [engl.]

Spread ⟨[sprɛd] m. od. n.; -s, -s⟩ *Zinsaufschlag auf einen Basiszinssatz, der mit sinkender Bonität des Kreditnehmers u. sinkendem Wettbewerb aufseiten des Kreditgebers steigt* [engl., »Verbreitung, Verteilung, Streuung«]

Sprea|der ⟨[sprɛdə(r)] m.; -s, -⟩ *in der Flachsspinnerei benötigte Anlegemaschine*

Sprink|ler ⟨m.; -s, -⟩ *Berieselungsanlage für größere Flächen* [< engl. *sprinkle* »besprengen«]

Sprint ⟨m.; -s, -s⟩ *Rennen mit größtmögl. Geschwindigkeit über eine kurze Strecke* [< engl. *sprint* »schnell rennen«]

sprin|ten ⟨V.⟩ *eine kurze Strecke mit größtmögl. Geschwindigkeit zurücklegen* [→ *Sprint*]

Sprin|ter ⟨m.; -s, -; Sp.⟩ *Kurzstreckenläufer* [engl.; → *Sprint*]

Sprit ⟨m.; -(e)s, -e⟩ **1** = *Spiritus(2.2)* **2** ⟨umg.⟩ *Benzin, Treibstoff* [→ *Spiritus;* angelehnt an frz. *esprit* »Geist, Weingeist«]

Spu|man|te ⟨[spu-] m.; -s, -s⟩ *ital. Schaumwein* [ital., < lat. *spumare* »schäumen«]

Spunk ⟨[spʌŋk] m.; -s, -s; Jugendspr.⟩ *Mut, Courage;* er hat keinen ~, wenn es Schwierigkeiten gibt [engl., »Mut, Mumm«]

spun|ky ⟨[spʌŋki] Adj.; Jugendspr.⟩ *mutig, couragiert* [engl.]

Spurt ⟨m.; -(e)s, -s od. (selten) -e⟩ *plötzliche kurzfristige Beschleunigung des Tempos während od. gegen Ende eines Rennens;* Zwischen~; End~ [engl.; zu *spirt, spurt* »hervorspritzen«]

spur|ten ⟨V.⟩ *das Tempo kurzfristig steigern* [→ *Spurt*]

Spu|ta ⟨Pl. von⟩ *Sputum*

Sput|nik ⟨m.; -s, -s⟩ *Name des ersten (russ.) künstlichen Erdsatelliten* [russ., »Begleiter Weggefährte«]

Spu|tum ⟨[spuː-] n.; -s, -ta⟩ = *Expektoration(2)* [lat., »das Ausgespiene«; zu *spuere* »ausspeien«]

sq. ⟨Abk. für⟩ *sequens*

sqq. ⟨Abk. für⟩ *sequentes*

Square ⟨[skwɛː(r)] m. od. n.; - od. -s, -s; engl. Bez. für⟩ **1** *Quadrat, Platz;* Trafalgar ~ *berühmter Platz in London* **2** ⟨Golf⟩ *Fuß- u. Körperhaltung beim Schlagen, die parallel zur Balllinie eingenommen wird*

Square|dance ⟨[skwɛː(r)dæns] m.; -, -s [-siz]⟩ *in Formationen getanzter amerikan. Volkstanz* [engl.; zu *square* »Quadrat« + *dance* »Tanz«]

Squash ⟨[skwɔʃ] n.; - od. -s; unz.⟩ *Rückschlagspiel zwischen zwei Spielern auf einer 6,40 × 9,75 m großen, von vier Wänden begrenzten Fläche* [engl., »pressen« < vulgärlat. *exquassare* < lat. *ex* »aus, heraus« + *quassare* »schleudern«]

Squaw ⟨[skwɔː] f.; -, -s⟩ *indian. Frau, Indianerin* [Algonkin]

Squire ⟨[skwaiə(r)] m.; - od. -s, -s⟩ *engl. Gutsherr (auch als Titel)* [engl. < afrz. *esquier, escuier* < lat. *scutarius* »Schildträger«; zu *scutum* »Schild«]

sr ⟨Abk. für⟩ *Steradiant*

Sr ⟨chem. Zeichen für⟩ *Strontium*

ss ⟨Abk. für⟩ *sequentes*

SS ⟨Abk. für⟩ *Sante, Santi*

Sse|rir ⟨f.; -, -e⟩ = *Serir*

ssp. ⟨Biol.; Abk. für⟩ *Subspezies*

St ⟨Abk. für⟩ **1** *Saint* **2** ⟨Zeichen für⟩ *Stokes*

St. ⟨Abk. für⟩ *Sankt, Saint*

s.t. ⟨Abk. für⟩ *sine tempore*

S.T. ⟨Abk. für⟩ *salvo titulo*

Sta. ⟨span. u. portugies. Abk für⟩ *Santa*

Staats|ka|pi|ta|lis|mus ⟨m.; -; unz.⟩ *Wirtschaftsordnung, in der der Staat als Hauptunternehmer auftritt, bes. in kommunistisch regierten Staaten*

Staats|rä|son ⟨[-zɔ̃ː] f.; -; unz.; Pol.⟩ *Grundsatz, nach dem das staatliche Handeln sich nach dem Befinden u. der Interessenlage des Staates unter Hintanstellung der Interessen Einzelner zu richten hat*

Staats|se|kre|tär ⟨m.; -(e)s, -e⟩ **1** *hoher Staatsbeamter* **2** ⟨in Deutschland seit 1919 bzw. in der BRD⟩ *höchster Beamter eines Ministeriums unter dem Minister* **3** ⟨DDR⟩ *dem Minister gleichgestellter Staatsfunktionär mit eigenem Geschäftsbereich*

Sta|bat ma|ter (do|lo|ro|sa) ⟨n.; - - (-); unz.⟩ *Marienlied aus dem 13. Jh., in die kath. Liturgie eingegangen, häufig vertont* [lat., »Es stand die Mutter (schmerzerfüllt)«]

Sta|bel|le ⟨f.; -, -n; schweiz.⟩ *Schemel* [< lat. *scabellum* »Schemel«]

sta|bil ⟨Adj.⟩ Ggs *instabil* **1** *dauerhaft, widerstandsfähig;* Ggs *labil;* ~e Gesundheit **2** *fest, standfest;* ~er Gegenstand [< lat. *stabilis* »standfest«; zu *stare* »stehen«]

Sta|bi|le ⟨[-le:] n.; -s, -s; Kunst⟩ *Metallplastik aus unbewegl. Elementen;* Ggs *Mobile*
Sta|bi|li|sa|tor ⟨m.; -s, -to|ren⟩ **1** ⟨Techn.⟩ *Einrichtung zum Konstanthalten bestimmter Größen u. zur Unterdrückung unerwünschter Fremdeinflüsse* **2** ⟨Chem.⟩ *Stoff zur Unterdrückung unerwünschter Reaktionen bzw. zum Haltbarmachen bestimmter Verbindungen*
sta|bi|li|sie|ren ⟨V.⟩ *stabil machen, befestigen*
Sta|bi|li|sie|rung ⟨f.; -; -en⟩ *das Stabilisieren;* Ggs *Destabilisierung, Labilisierung*
Sta|bi|li|tät ⟨f.; -; unz.⟩ Ggs *Instabilität* **1** *stabile Beschaffenheit, Festigkeit, Standfestigkeit* **2** *Beständigkeit, Dauerhaftigkeit* [< lat. *stabilitas;* zu *stabilis;* → *stabil*]
stac|ca|to ⟨[stak-] Mus.⟩ *jeder Ton einzeln kurz abgestoßen (zu spielen);* oV *stakkato* [ital., »abgesondert«]
Stac|ca|to ⟨n.; - od. -s, -ti⟩ *(musikalischer) Vortrag mit kurz gestoßenen Tönen;* oV *Stakkato*
sta|di|al ⟨Adj.⟩ *stufen-, abschnittweise* [→ *Stadium*]
Sta|di|en ⟨Pl. von⟩ *Stadion, Stadium*
Sta|di|on ⟨n.; -s, -di|en⟩ **1** *Kampfbahn* **2** *gesamte Anlage von Sportplätzen;* Sport~ [grch., »Längenmaß (185 m); Rennbahn von Olympia, Kampfplatz«]
Sta|di|um ⟨n.; -s, -di|en⟩ **1** *Stand, Zustand* **2** *Entwicklungsstufe, Abschnitt* [lat., »Rennbahn« (in der medizin. Fachsprache des 18./19. Jh. in der Bedeutung »Abschnitt im Verlauf einer Krankheit« gebraucht) < grch. *stadion;* → *Stadion*]
Sta|fet|te ⟨f.; -, -n; früher⟩ *reitender Bote* [< ital. *staffetta* »reitender Eilbote«; zu *staffa* »Steigbügel«]
Staf|fa|ge ⟨[-ʒə] f.; -, -n⟩ *(schmückendes) Beiwerk, Nebensächliches* [→ *staffieren*]
staf|fie|ren ⟨V.⟩ **1** *ausstatten, ausrüsten* **2** ⟨österr.⟩ Hüte ~ *verzieren* **3** *Futter einnähen in* [< mnddt. *stafferen, stofferen* »ausschmücken« < afrz. *estoffer* (< frz. *étoffer*) »mit Stoff versehen«]
Stage ⟨[stɛidʒ] f.; -, -s [-dʒiz]; meist Sg.; Mus.; Jugendspr.⟩ *Konzert- od. Veranstaltungsbühne (vor allem bei Rockkonzerten)* [engl.]
Stage|di|ving ⟨[stɛidʒdaiviŋ] n.; -s; unz.⟩ *während eines Konzertes das Springen eines Musikers od. Zuschauers von der Bühne in das Publikum* [engl., < *stage* »Bühne« + *dive* »springen; tauchen«]
Stag|fla|ti|on ⟨f.; -, -en⟩ *wirtschaftl. Baisse, verbunden mit allmählicher Geldentwertung* [< *Stagnation* + *Inflation*]
Sta|glo|ne ⟨[stadʒo:-] f.; -, -n⟩ *Spielzeit beim italien. Theater* [ital., »Saison«]
Sta|gna|ti|on, ⟨auch⟩ **Stag|na|ti|on** ⟨f.; -, -en⟩ *das Stagnieren, Stockung, Stillstand;* die Wirtschaft ist in einer Phase der ~
sta|gnie|ren, ⟨auch⟩ **stag|nie|ren** ⟨V.⟩ *stocken, stillstehen, beharren* [< lat. *stagnare* »überschwemmt, gestaut sein«; zu *stagnum* »stehendes Gewässer«]
Sta|gnie|rung, ⟨auch⟩ **Stag|nie|rung** ⟨f.; -; unz.⟩ = *Stagnation*
stain|less steel ⟨[stɛinlɛs sti:l] m.; - -; unz.⟩ *rostfreier Stahl* [engl.]
Stakes ⟨[stɛiks] Pl.; Sp.⟩ *Einsätze (beim Pferderennen)* [engl.]
Sta|ket ⟨n.; -(e)s, -e⟩ *Lattenzaun, Lattenwerk* [< ital. *stacchetta* »Pfahlwerk«; zu ital. *stacca* »Pfahl«]
Sta|ke|te ⟨f.; -, -n; österr.⟩ *Holzlatte* [→ *Staket*]
stak|ka|to ⟨[stak-] Mus.⟩ = *staccato*
Stak|ka|to ⟨n.; - od. -s, -ti; Mus.⟩ = *Staccato*
Sta|lag|mit ⟨m.; -s od. -en, -e od. -en⟩ *von unten nach oben wachsender, stehender Tropfstein;* Ggs *Stalaktit* [< grch. *stalagmos* »Getröpfel, Tropfen«; zu *stalattein* »tropfen«]
sta|lag|mi|tisch ⟨Adj.⟩ *aus Stalagmiten, wie Stalagmiten*
Sta|li|nis|mus ⟨m.; -; unz.⟩ *der von J. W. Stalin (1879-1953) weitergebildete Marxismus*
Sta|lak|tit ⟨m.; -s od. -en, -e od. -en⟩ *von oben nach unten wachsender, hängender Tropfstein;* Ggs *Stalagmit* [zu grch. *stalaktos* »tropfend«; zu *stalattein*]
Sta|lak|ti|ten|ge|wöl|be ⟨n.; -s, -; islam. Baukunst⟩ *Gewölbe mit stalaktitenähnl. Verzierungen*
sta|lak|ti|tisch ⟨Adj.⟩ *aus Stalaktiten, wie Stalaktiten*
Sta|li|nist ⟨m.; -en, -en⟩ *Vertreter, Anhänger des Stalinismus*
sta|li|nis|tisch ⟨Adj.⟩ *zum Stalinismus gehörend, auf ihm beruhend*
Sta|lin|or|gel ⟨f.; -, -n; Soldatenspr.⟩ *von den sowjet. Truppen im 2. Weltkrieg (also zur Zeit Stalins) eingesetzte Vorrichtung zum gleichzeitigen Abfeuern mehrerer Raketengeschosse, die ihrem Aussehen u. dem Geräusch der abgefeuerten Raketen nach an eine Orgel erinnert*
Sta|men ⟨n.; -s, -mi|na; Bot.⟩ *Staubblatt* [lat.]
Sta|mi|no|di|um ⟨n.; -s, -di|en⟩ *umgebildetes od. rückgebildetes Staubblatt* [→ *Stamen*]
Stam|pe|de ⟨engl. [stæmpi:d] f.; -, -n od. bei engl. Ausspr. -s⟩ *stürmisches, fliehendes Auseinanderlaufen einer Tierherde* [engl.]
Stam|pi|glie, ⟨auch⟩ **Stam|pig|lie** ⟨[-ljə] f.; -, -n; österr.⟩ **1** *Gerät zum Stempeln* **2** *Abdruck davon* [< ital. *stampiglia* »Stempel«]
Stan|dard ⟨m.; -s, -s⟩ **1** *Richt-, Eichmaß* **2** *Norm, Qualität;* Lebens~ **3** *Feingehalt (der Münzen)* **4** ⟨Sp.; Golf⟩ *für das Spielen einer Golfplatzrunde festgelegte Anzahl von Schlägen* [< engl. *standard,* urspr. »Standarte, Fahne« < afrz. *estandart*]
stan|dar|di|sie|ren ⟨V.⟩ *vereinheitlichen, normen*
Stan|dar|di|sie|rung ⟨f.; -, -en⟩ *das Standardisieren*
Stan|dard|soft|ware ⟨[-wɛ:(r)] f.; -; unz.; EDV⟩ *Softwareprodukt, das ein Anbieter im Hinblick auf eine Bedürfnisstruktur bei einer breiten Schicht von Nachfragern produziert u. anbietet*

Stan|dard|spra|che ⟨f.; -, -n⟩ *allgemein gültige Form einer Sprache, Hochsprache*
Stan|dard|zeit ⟨f.; -, -en⟩ = *Normalzeit*
Stan|dar|te ⟨f.; -, -n⟩ **1** *kleine, viereckige Fahne* **2** *Flagge, die von Fürsten od. Staatsoberhäuptern geführt wird* **3** ⟨früher⟩ *Reiterfahne* **4** ⟨Jägerspr.⟩ *Schwanz (von Wolf u. Fuchs)* [<mhd., mndrl. *stanthart* <afrz. *estandart* <afränk. *standord* »Sammelplatz der Soldaten«, dann »die um eine Fahne sich sammelnden Soldaten«, dann »Fahne, Fähnlein«]
Stand-by ⟨[stændbai] m.; -s, -s⟩ *Fluggast ohne Reservierung, der auf einen freien Platz im Flugzeug wartet* [engl., »Ersatz«]
Stand-by-Be|trieb ⟨[stændbai-] m.; -(e)s; unz.⟩ *Betriebsart eines elektr. Gerätes (z. B. Fernseher), bei der es eigentlich ausgeschaltet ist, aber durch die Fernbedienung jederzeit aktiviert werden kann* [zu engl. *stand-by* »einsatzbereit«]
Stan|ding ⟨[stændiŋ] n.; - od. -s; unz.⟩ *(gesellschaftliches) Ansehen, Rang, Position* [engl.]

Standingovations / Standing Ovations (*Getrennt- und Zusammenschreibung*) Fremdsprachliche Zusammensetzungen mit Substantiven werden wie deutsche Komposita zusammengeschrieben.
Besteht ein Kompositum aus einem Adjektiv und einem Substantiv kann in Anlehnung an die Herkunftssprache auch getrennt geschrieben werden. Hat der zweite Wortbestandteil die Funktion eines Substantivs, sind beide Bestandteile großzuschreiben (→ a. *Grandprix / Grand Prix; Happyend / Happy End*).

Stan|ding|o|va|tions, ⟨auch⟩ **Stan|ding O|vations** ⟨[stændiŋ ovεiʃnz] Pl.⟩ *Beifallssturm, heftiges Beifallklatschen im Stehen;* für seine mitreißende Rede im Parlament erhielt er ~ [engl., <*standing* »stehend, im Stehen« + *ovations* »Ovationen«]
Sta|ni|za ⟨f.; -, -zen od. -s⟩ *Siedlung von Kosaken* [<russ. *stanica* »großes Kosakendorf«; zu *stan* »Lager«]
Stan|nat ⟨n.; -s, -e⟩ *Salz der Zinnsäure* [→ *Stannum*]
Stan|ni... *veraltete Vorsilbe zur Kennzeichnung von Verbindungen, in denen Zinn im vierwertigen Oxidationszustand auftritt, zu ersetzen durch die Kennzeichnung Zinn(IV)-*
Stan|nin ⟨n.; -s; unz.⟩ *metallisch glänzendes Mineral, ein Zinn-, Kupfer-Erz, Zinnkies* [→ *Stanniol*]
Stan|ni|ol ⟨n.; -s, -e⟩ *sehr dünn ausgewalzte Folie aus Zinn,* ⟨umg. auch⟩ *aus Aluminium* [<nlat. *stanniolum* <lat. *stagnum, stannum* »Zinn« <kelt. *stagno*]
stan|ni|o|liert ⟨Adj.; österr.⟩ *in Stanniol verpackt*
Stan|num ⟨n.; -s; unz.; chem. Zeichen: Sn⟩ *Zinn* [lat.]
stan|te pe|de ⟨[stan-]⟩ *stehenden Fußes, sofort, umgehend* [lat.; zu *stare* »stehen« + *pes,* Gen. *pedis* »Fuß«]
Stan|ze ⟨f.; -, -n⟩ *achtzeilige Strophe, in Jamben u. meist in den letzten beiden Zeilen paarig reimend* [<ital. *stanza* »Zimmer; Strophe« <mlat. *stantia* »Aufenthalt, Wohnung« <arab. *bait* »Zimmer; Vers«]
Sta|pe|lie ⟨[-liə] f.; -, -n⟩ *Aasblume, Ekelblume, Ordensstern, einer Gattung der Schwalbenwurzgewächse angehörende, parasitäre südafrikanische Pflanze mit strahligen Blüten, die nach Aas riecht u. dadurch Insekten, bes. Schmeißfliegen, anzieht: Stapelia* [nach dem niederländ. Arzt Jan Bode van *Stapel*]
Sta|phy|le ⟨f.; -, -n⟩ = *Uvula* [<grch. *staphyle* »Weintraube«]
Sta|phy|li|tis ⟨f.; -, -ti|den⟩ *Entzündung des Gaumenzäpfchens* [< *Staphyle* + *...itis*]
Sta|phy|lo|kok|kus ⟨m.; -, -kok|ken⟩ *traubenförmiger Kokkus, der zu den gewöhnlichen Eitererregern zählt, Traubenkokkus* [<grch. *staphyle* »Weintraube« + *Kokkus*]
Sta|phy|lom ⟨n.; -s, -e; Med.⟩, **Sta|phy|lo|ma** ⟨n.; -s, -ta; Med.⟩ **1** *Beerengeschwulst* **2** *Hervorwölbung des Auges* [grch.]
Star ⟨[sta:(r)] a. [ʃta:(r)] m.; -s, -s⟩ *gefeierte Persönlichkeit (von Film, Bühne od. Sport);* Film~; Fußball~; Opern~ [engl., »Stern«]
Star|figh|ter ⟨[sta:(r)faitə(r)] m.; -s, -; Mil.⟩ *amerikan. Jagdflugzeug* [engl., »Sternenkämpfer«]
Star|let ⟨[sta:(r)lεt] n.; -s, -s⟩ *angehender Filmstar, Filmsternchen;* oV *Starlett* [engl., »Sternchen«; → *Star*]
Star|lett ⟨[sta:(r)lεt] n.; -s, -s⟩ = *Starlet*
Sta|rost ⟨m.; -en, -en⟩ **1** ⟨früher in Polen⟩ *Inhaber eines vom König verliehenen Lehens* **2** ⟨seit dem 14. Jh.⟩ *Statthalter des Königs, dem die Gerichtsbarkeit übertragen war* **3** ⟨in Russland⟩ *Gemeindevorsteher* [<russ. *starosta* »Ältester, Führer, Sprecher eines Kollektivs«; zu *star* »alt«]
Stars and Stri|pes ⟨[sta:(r)z ænd straips] Pl.⟩ *Sternenbanner, Staatsflagge der USA* [engl., »Sterne und Streifen« (die die Mitgliedsstaaten symbolisieren)]
Start ⟨m.; -(e)s, -s od. (selten) -e⟩ **1** *Beginn einer Fortbewegung von einem bestimmten Ausgangspunkt* **1.1** *Beginn eines Wettlaufs od. Rennens;* einen guten, einen schlechten ~ haben **1.2** *Abflug (von Flugzeugen, Raketen, Raumschiffen)* **2** *Startplatz* **3** ⟨fig.⟩ *Anfang, Beginn* [<engl. *start* »loslaufen«]
Start|au|to|ma|tik ⟨f.; -; unz.⟩ *automatische Regelung des Choke in der Kfz-Technik*
star|ten ⟨V.⟩ **1** *eine Fortbewegung beginnen* **1.1** *bei einem Rennen, Wettkampf ablaufen, abfahren, abspringen, abschwimmen* **1.2** *abfliegen (Flugzeug)* **1.3** ⟨umg.⟩ *abreisen (bes. mit dem Auto)* **2** etwas ~ *beginnen lassen* **2.1** *in Bewegung setzen;* ein Flugzeug, eine Rakete ~ **2.2** ⟨fig.; umg.⟩ eine Rede ~ *mit einer R. beginnen* **2.3** ⟨fig.; umg.⟩ eine Veranstaltung ~ *stattfinden lassen* [→ *Start*]

Star|ter ⟨m.; -s, -⟩ **1** *jmd., der zum Rennbeginn das Zeichen gibt* **2** ⟨bei Kfz⟩ *Anlasser*

...sta|se ⟨in Zus.⟩ *Stehen, Stillstand* [< grch. *stasis* »Stehen, Feststehen«]

Sta|se ⟨f.; -, -sen⟩ *Stauung;* oV *Stasis* [< grch. *stasis* »Stehen, Feststehen«]

Sta|si|mor|phie ⟨f.; -, -n⟩ *Hemmung der Entwicklung bei Pflanzen* [< *Stasis* + *...morphie*]

Sta|sis ⟨f.; -, -sen⟩ = *Stase*

...stat ⟨in Zus.⟩ **1** *Feststehendes, Unveränderliches* **2** *Mess-, Beobachtungsgerät* [< grch. *statos* »stehend, feststehend«]

sta|ta|risch ⟨Adj.⟩ *stehend, verweilend, langsam fortschreitend* [< lat. *statarius* »feststehend; ruhig«; zu *stare* »stehen«]

State De|parte|ment ⟨[stɛit dipa:tmənt] n.; --s; unz.⟩ *Außenministerium der USA* [amerikan., offiziell: *Department of State* »Außenministerium«]

State|ment ⟨[stɛit-] n.; -s, -s⟩ *öffentl. Feststellung, Erklärung;* ein ~ abgeben [engl.]

state-of-the-art ⟨[stɛit ɔf ði a:t] Adj.; undekl.⟩ *modern, dem höchsten (technischen, methodischen, medizinischen usw.) Wissensstand entsprechend* [engl., »Stand der Wissenschaft«]

Sta|tik ⟨f.; -; unz.⟩ *Lehre von den Kräften, die an ruhenden Körpern auftreten;* Ggs *Dynamik(1)* [< grch. *statikos* »stellend, wägend, stehen machend«]

Sta|ti|ker ⟨m.; -s, -⟩ *Kenner, Fachmann auf dem Gebiet der Statik*

Sta|ti|on ⟨f.; -, -en⟩ **1** *Ort, an dem öffentl. Verkehrsmittel halten, Haltestelle, Bahnhof* **2** *Ort, an dem sich eine techn. Anlage befindet;* Funk~; Sende~; Wetter~ **3** *Abteilung eines Krankenhauses;* der Patient liegt auf ~ 4; Unfall~ **4** ⟨fig.⟩ *Aufenthalt, Halt, Rast;* an einem Ort, bei jmdm. ~ machen; freie ~ haben *freie Kost u. Unterkunft haben* [< lat. *statio* »Stillstand; Standort, Aufenthalt(sort)«]

sta|ti|o|när ⟨Adj.⟩ **1** *in Ruhe befindlich, ruhend* **2** *bleibend* **3** *ortsfest;* Ggs *ambulant(2);* ~e Behandlung *B. im Krankenhaus* [< frz. *stationnaire* < lat. *stationarius* »stillstehend; zum Standort gehörig«]

sta|ti|o|nie|ren ⟨V.⟩ **1** etwas ~ *an einen Standort stellen, an einer Stelle aufstellen* **2** jmdn. ~ *jmdm. einen Standort zuweisen (bes. Truppen)*

sta|ti|ös ⟨Adj.; †; noch mundartl.⟩ *stattlich, prunkend*

sta|tisch ⟨Adj.⟩ Ggs *dynamisch(1)* **1** *die Statistik betreffend, auf ihr beruhend* **2** *das Stehen od. das Gleichgewicht betreffend, ruhend;* ~es Organ *Gleichgewichtsorgan* **3** *stillstehend, ruhend* [< grch. *statikos;* → *Statik*]

Sta|tist ⟨m.; -en, -en; Theat.; Film⟩ **1** *ungenannter Darsteller einer stummen Nebenrolle* **2** ⟨fig.⟩ *Nebenperson, unbedeutende, unwichtige Person* [< lat. *stare* »stehen«]

Sta|tis|te|rie ⟨f.; -, -n; Theat.; Film⟩ *Gesamtheit der Statisten*

Sta|tis|tik ⟨f.; -, -en⟩ **1** *Wissenschaft, die aus dem massenhaften Auftreten bestimmter Erscheinungen auf empirische Gesetze schließt* **2** *Zusammenstellung der Ergebnisse von breit angelegten Untersuchungen* [< lat. *status* »Stand«]

Sta|tis|ti|ker ⟨m.; -s, -⟩ *Kenner, Fachmann auf dem Gebiet der Statistik*

sta|tis|tisch ⟨Adj.⟩ **1** *die Statistik betreffend, auf ihr beruhend, mit ihrer Hilfe;* man hat ~ festgestellt, dass ... **2** *durch Zahlen (belegt)*

Sta|tiv ⟨n.; -s, -e [-və]⟩ *dreibeiniges Gestell zum Aufstellen u. Festhalten von Geräten, z.B. einer Kamera* [zu lat. *stativus* »fest stehend«]

Sta|to|blast ⟨m.; -en, -en⟩ *Hibernakel von Moostierchen des Süßwassers* [< grch. *statos* »stehend« + *...blast*]

Sta|to|lith ⟨m.; -s od. -en, -e od. -en⟩ *Kristall od. ähnl. Körper, der auf den Haaren von Sinneszellen aufliegt u. Bestandteil von statischen Organen ist* [< grch. *statos* »stehend« + *...lith*]

Sta|tor ⟨m.; -s, -to|ren⟩ *fest stehender Teil einer elektr. Maschine, Ständer;* Ggs *Rotor(1)* [lat., eigtl. »Erhalter des Bestehenden«; zu *stare* »stehen«]

Sta|to|skop, ⟨auch⟩ **Sta|tos|kop** ⟨n.; -s, -e⟩ *Gerät zum Messen von Höhendifferenzen während eines Fluges* [< grch. *statos* »stehend« + *...skop*]

sta|tu|a|risch ⟨Adj.⟩ *statuenhaft* [nach lat. *statuarius* »Bildgießer«; zu *statua;* → *Statue*]

Sta|tue ⟨[-tuə] f.; -, -n⟩ *vollplastisch gestaltete, einzelne Figur, Standbild* [< lat. *statua;* zu *stare* »stehen«]

Sta|tu|et|te ⟨f.; -, -n⟩ *kleine Statue*

sta|tu|ie|ren ⟨V.⟩ *feststellen, festsetzen, bestimmen;* ein Exempel ~ *ein warnendes Beispiel geben* [< lat. *statuere* »festsetzen«]

Sta|tur ⟨f.; -, -en⟩ *Gestalt, Wuchs;* von kräftiger ~ [< lat. *statura;* zu *stare* »stehen«]

Sta|tus ⟨m.; -, - [tu:s]⟩ **1** *Zustand, Stand (der Dinge), Lage;* ~ **quo** *gegenwärtiger Zustand;* ~ **quo ante** *Zustand, in dem sich etwas vor einem bestimmten Ereignis od. bis zu einem bestimmten Zeitpunkt befunden hat;* ~ **Nascendi** *Zustand, Augenblick des Entstehens* **2** *soziale Stellung* [lat.; zu *stare* »stehen«]

Sta|tus|sym|bol ⟨n.; -s, -e⟩ *Gegenstand, der den Status einer Person im Ansehen der Mitmenschen anzeigen soll,* z.B. Auto, teure Kleidung, Segeljacht o.Ä.

Sta|tut ⟨n.; -(e)s, -en⟩ *Satzung, Gesetz, Ordnung;* Vereins~ [< lat. *statutum,* Part. Perf. zu *statuere* »festsetzen«]

sta|tu|ta|risch ⟨Adj.⟩ *dem Statut, den Statuten entsprechend*

Stau|pe ⟨f.; -, -n⟩ *durch ein Virus hervorgerufene Seuche der Hunde, Füchse u. Frettchen* [< ndrl. *stuip* »Krampf; Grille, Laune« < mndrl. *stuype* »Zuckung, Schüttelanfall«]

Stau|ro|lith ⟨m.; -s, -e⟩ *in Tonschiefern u. Gneisen vorkommendes Mineral, chemisch ein Aluminium-Eisen-Silicat* [< grch. *stauros* »Pfahl, Kreuz« + *lithos* »Stein« (nach der Form der Kristalle)]

Ste ⟨Abk. für⟩ *Sainte*

Stea|dy|sel|ler ⟨[stɛ̣disɛlə(r)] m.; -s, -⟩ = *Longseller*

Stea|dy|state, ⟨auch⟩ **Stea|dy State** ⟨[stɛ̣distɛit] m.; (-) - od. (-) -s, (-) -s⟩ **1** ⟨Phys.⟩ *Gleichbleiben der Materiedichte im Raum trotz der Expansion des Weltalls, d. h. dass fortlaufend eine bestimmte Menge an Materie neu entstehen muss, (nach dem engl. Astrophysiker F. Hoyle)* **2** ⟨Sportmed.⟩ *ein Zustand, bei dem Energieentwicklung u. Energieausgabe bei Arbeit im Gleichgewicht sind, Stoffwechselgleichgewicht* **3** ⟨Wirtsch.⟩ *konstanter Wirtschaftszustand* [engl., »stationärer (kosmischer) Zustand«]

Steak ⟨engl. [stɛ̱ik] od. [ste̱:k] n.; -s, -s⟩ *(gegrillte od. kurz gebratene) Scheibe Fleisch von Filet, Lende od. Keule;* Beef~; Rump~ [< engl., altisl. *steik* »Braten«; zu altisl. *steikja* »braten, an den Bratspieß stecken«]

Steak|let ⟨engl. [stɛiklət] od. [ste̱:klət] n.; -s, -s⟩ *Hacksteak* [engl., < *steak* »Steak« + Verkleinerungsendung *-let*]

Stealth|bom|ber ⟨[stɛ̣lθ-] m.; -s, -⟩ *US-amerikan. Kampfflugzeug, das vom Radar nicht geortet werden kann* [zu engl. *stealth* »List, Heimtücke«]

Stea|mer ⟨[sti̱:-] m.; -s, -⟩ *Dampfer* [engl.; zu *steam* »Dampf, Rauch«]

Ste|a|rat ⟨n.; -s, -e⟩ *Salz der Stearinsäure, kommt in tier. u. pflanzl. Fetten vor*

Ste|a|rin ⟨n.; -s, -e⟩ *weiße Masse aus Stearin- u. Palmitinsäure, die für Kerzen, Lippenstifte u. kosmetische Salben verwendet wird* [< grch. *stear,* Gen. *steatos* »stehendes Fett, Talg«]

Ste|a|rin|säu|re ⟨f.; -, -n⟩ *langkettige Fettsäure, die sich mit Glycerin verestert in allen festen u. halbfesten Fetten findet,* $C_{17}H_{35}COOH$

Ste|ar|rhö ⟨f.; -, -en⟩, **Ste|ar|rhöe** ⟨[-rø̱:] f.; -, -n⟩ *Fett enthaltender Durchfall;* Sy *Steatorrhö* [< grch. *stear* »Fett« + *…rrhö*]

Ste|a|tit ⟨m.; -s, -e⟩ *keramischer Werkstoff, der aus 80-85 % Speckstein, 5-15 % Ton u. bis 5 % Feldspat bei einer Temperatur um 1400 °C gebrannt wird* [< grch. *stear,* Gen. *steatos* »Fett, Talg«]

Ste|a|tom ⟨n.; -s, -e⟩ *Talggeschwulst* [< grch. *stear,* Gen. *steatos* »Fett«]

Ste|a|to|py|gie ⟨f.; -; unz.⟩ *starker Fettansatz am Steiß* [< grch. *stear,* Gen. *steatos* »Fett, Talg« + *pyx,* Gen. *pygos* »Steiß«]

Ste|a|tor|rhö, ⟨f.; -, -en⟩ **Ste|a|tor|rhöe** ⟨[-rø̱:] f.; -, -n; Med.⟩ = *Stearrhö* [< grch. *stear,* Gen. *steatos* »Fett, Talg« + *…rrhö*]

Ste|a|to|se ⟨f.; -, -n⟩ *Verfettung* [< grch. *stear,* Gen. *steatos* »Fett«]

Ste|a|to|ze|le ⟨f.; -, -n; Med.⟩ *Fettbruch* [< grch. *stear,* Gen. *steatos* »Fett, Talg« + *kele* »Bruch«]

Steel|band, ⟨auch⟩ **Steel Band** ⟨[sti̱:lbænd] f.; (-)-, (-)-s; Mus.⟩ *besonders auf den karibischen Inseln auftretende Form einer Musikgruppe, die alte Ölfässer als Schlaginstrumente für die Erzeugung ihrer Musik verwendet* [< engl. *steel* »Stahl« + *Band*]

Steel|gui|tar, ⟨auch⟩ **Steel Gui|tar** ⟨[sti̱:lgita:r] f.; (-)-, (-)-s; Mus.⟩ *Gitarre ohne Korpus, die elektrisch verstärkt werden muss* [< engl. *steel* »Stahl« + *guitar* »Gitarre«]

Stee|ple|chase, ⟨auch⟩ **Steep|le|chase** ⟨[sti̱:pltʃɛis] f.; -, -n; Reitsp.⟩ *Hindernisrennen* [engl., < *steeple* »Spitzturm« + *chase* »Jagd« (< frz. *chasse* < lat. *capere* »fangen«)]

Steep|ler ⟨[sti̱:p-] m.; -s, -⟩ *bes. geeignetes Pferd für Hindernisrennen*

Ste̱g|o|don, ⟨auch⟩ **Ste̱|go|don** ⟨m.; -s, -o|dọnten⟩ *ausgestorbener Vorgänger der heutigen Elefanten, dessen Zähne bis zu 14 niedrige, dachförmige Joche besaßen* [< grch. *stegos* »Dach« + *…odon*]

Ste|go|ke|pha̱|le ⟨m.; -n, -n⟩ *ein ausgestorbener gepanzerter Lurch* [< grch. *stegos* »Dach« + *kephale* »Kopf«]

Ste|go|sau̱|ri|er ⟨m.; -s, -⟩ *6-9m langer Saurier, dessen stark gekrümmter Rücken zwei Reihen knöcherner Zacken trug* [< grch. *stegos* »Dach« + *Saurier*]

Ste̱|le ⟨f.; -, -n⟩ **1** *frei stehender Pfeiler, als Grab- od. Gedenkstein, oft mit Bildnis des Toten* **2** *Gesamtheit der Leitbündelsysteme (Zentralzylinder) einer Pflanze* [grch.]

Stel|la̱|ge ⟨[-ʒə] f.; -, -n⟩ **1** *Gestell* **2** ⟨Börse; kurz für⟩ *Stellagegeschäft* [zu *stellen* + roman. Endung *-age*]

Stel|la̱|ge|ge|schäft ⟨[-ʒə-] n.; -(e)s, -e⟩ *Börsentermingeschäft*

stel|la̱r ⟨[stel-] Adj.⟩ *die Fixsterne betreffend, zu ihnen gehörend* [< lat. *stella* »Stern«]

Stel|lar|as|tro|no|mie, ⟨auch⟩ **Stel|la̱r|ast|ro|no|mie** ⟨[stel-] f.; -; unz.⟩ *Teilgebiet der Astronomie, das sich mit den Fixsternen beschäftigt*

Stel|la|ra̱|tor ⟨m.; -s, -to̱|ren⟩ *in der Entwicklung begriffene Apparatur, mit der durch Erzeugung u. Einschluss sehr heißer Plasmen eine künstliche Kernfusion erreicht werden soll;* oV *Stellerator*

Stel|la̱r|dy|na|mik ⟨[stel-] f.; -; unz.⟩ *Teilgebiet der Astronomie, das sich mit der Abteilung der den Fixsternbewegungen zugrunde liegenden Gesetze befasst*

Stel|la̱|rie ⟨[-riə] f.; -, -n⟩ *Sternkraut, Sternniere, einer Gattung der Nelkengewächse angehörende Pflanze mit sternförmigen weißen Blüten: Stellaria* [< lat. *stella* »Stern«]

Stel|le|ra̱|tor ⟨m.; -s, -to̱|ren⟩ = *Stellarator*

Stel|li̱t ⟨n.; -(e)s, -e⟩ *Hartmetall aus Kohlenstoff, Wolfram, Chrom u. Eisen* [< lat. *stellans* »blitzend, schimmernd«]

Stẹm|ma ⟨n.; -s, -ma|ta⟩ **1** *Stammbaum* **2** ⟨i.w.S.⟩ *endlicher, zusammenhängender Graph, der keinen Kreis enthält, z.B. zur Darstellung einer mehrgliedrigen (hierarchischen) Struktur, die durch Ableitung aus einer einzelnen Einheit entstanden ist* [lat., »Stammbaum; Girlande« < grch., zu *stephein* »krönen; bekränzen«]

sten…, Sten…, ste|no…, Ste|no… ⟨in Zus.⟩ *eng…, Eng…, kurz…, Kurz…* [< grch. *stenos* »eng, schmal«]

Ste|no ⟨f.; umg.; Kurzw. für⟩ *Stenografie*

Ste|no|dak|ty|lo ⟨f.; -, -s; schweiz.; kurz für⟩ *Stenodaktylographin*

Ste|no|dak|ty|lo|gra|fin ⟨f.; -, -fin|nen; schweiz.⟩ = *Stenodaktylographin*

Ste|no|dak|ty|lo|gra|phin ⟨f.; -, -phin|nen⟩ = *Stenotypistin;* oV *Stenodaktylografin* [< *Steno…* + *daktylo…* + *…graph*]

Ste|no|graf ⟨m.; -en, -en⟩ *jmd., der beruflich Verhandlungen, Debatten usw. stenografiert;* oV *Stenograph;* Landtags~

Ste|no|gra|fie ⟨f.; -, -n⟩ *Kurzschrift, Schrift mit verkürzten Schriftzeichen zur schnellen Niederschrift, bes. von Diktaten, Reden usw.;* oV *Stenographie* [< *Steno…* + *…graphie*]

ste|no|gra|fie|ren ⟨V.⟩ oV *stenographieren* **1** *Kurzschrift schreiben;* können Sie ~? **2** *in Kurzschrift nachschreiben, mitschreiben;* eine Rede, eine Verhandlung ~ [→ *Stenografie*]

Ste|no|gra|fin ⟨f.; -, -fin|nen⟩ *Frau, die beruflich Verhandlungen, Debatten usw. stenografiert;* oV *Stenographin*

ste|no|gra|fisch ⟨Adj.⟩ *in Stenografie geschrieben;* oV *stenographisch*

Ste|no|gramm ⟨n.; -s, -e⟩ *Niederschrift in Stenografie* [< *Steno…* + *…gramm*]

Ste|no|graph ⟨m.; -en, -en⟩ = *Stenograf*

Ste|no|gra|phie ⟨f.; -, -n⟩ = *Stenografie*

ste|no|gra|phie|ren ⟨V.⟩ = *stenografieren*

Ste|no|gra|phin ⟨f.; -, -phin|nen⟩ = *Stenografin*

ste|no|gra|phisch ⟨Adj.⟩ = *stenografisch*

sten|ök, ⟨auch⟩ **ste|nök** ⟨Adj.⟩ *auf Stenökie beruhend;* Ggs *euryök* [< *steno…* + grch. *oikos* »Haus«]

Ste|no|kar|die ⟨f.; -, -n⟩ = *Angina Pectoris* [< *Steno…* + grch. *kardia* »Herz, Inneres«]

Sten|ö|kie, ⟨auch⟩ **Ste|nö|kie** ⟨f.; -; unz.⟩ *Eigenschaft von Lebewesen, die an ihre Umwelt in engen Grenzen angepasst sind;* Ggs *Euryökie* [→ *stenök*]

Ste|no|se ⟨f.; -, -n⟩, **Ste|no|sis** ⟨f.; -, -sen⟩ *Enge od. Verengung von Gängen od. Öffnungen des Körpers* [< grch. *stenos* »eng, schmal«]

ste|no|therm ⟨Adj.⟩ *nur bei bestimmten Temperaturen lebensfähig;* Ggs *eurytherm* [< *steno…* + *…therm*]

Ste|no|tho|rax ⟨m.; - od. -es, -e⟩ *enger Brustkorb* [< *Steno…* + *Thorax*]

ste|no|top ⟨Adj.⟩ *nur in einem od. wenigen Lebensräumen vorkommend;* Ggs *eurytop* [< *steno…* + grch. *topos* »Ort, Stelle, Platz, Gegend«]

Ste|no|ty|pie ⟨f.; -, -n⟩ *Druck von stenografischer Schrift* [< *Steno…* + *…typie*]

ste|no|ty|pie|ren ⟨V.⟩ *in Kurzschrift aufnehmen u. dann in Maschinenschrift übertragen* [< *steno…* + grch. *typos* »Schlag, Abdruck«]

Ste|no|ty|pist ⟨m.; -en, -en⟩ *Angestellter, der Diktate in Kurzschrift aufnimmt u. in Maschinenschrift überträgt* [→ *stenotypieren*]

Ste|no|ty|pis|tin ⟨f.; -, -tin|nen⟩ *Angestellte, die Diktate in Kurzschrift aufnimmt u. in Maschinenschrift überträgt;* Sy ⟨schweiz.⟩ *Stenodaktylographin*

Sten|tor ⟨m.; -s, -en⟩ *Wimpertierchen des Süßwassers von trichterförmiger Gestalt, Trompetentierchen* [nach *Stentor,* einem Griechen vor Troja, der nach Homer (Ilias 5,785) so laut rufen konnte wie 50 Männer zusammen]

Sten|tor|stim|me ⟨f.; -, -n⟩ *sehr laute Stimme*

Ste|pha|nit ⟨m.; -s; unz.⟩ *eisenschwarzes Mineral, Sprödglaserz* [nach dem Erzherzog *Stephan* von Österreich]

Stepp ⟨m.; -s, -s⟩ *Tanz in Schuhen mit Steppeisen in lockeren, schnellen Fußbewegungen, bei denen mit Spitzen u. Fersen der Rhythmus geschlagen wird;* Sy *Stepptanz* [engl., »Schritt, Tritt, Tanzschritt«]

Step|pe ⟨f.; -, -n⟩ *baumlose Formation, hauptsächlich mit Gräsern, die zusammen mit Stauden eine mehr od. minder geschlossene Pflanzendecke bilden, Grasland* [< russ. *step*]

step|pen ⟨V.⟩ *Stepp tanzen*

Stepp|tanz ⟨m.; -es, -tän|ze⟩ = *Stepp*

Ster ⟨n.; -s, -⟩ *Raummaß in der Holzwirtschaft; 1 S = $1 m^3$ aufgeschichtetes Holz* [< frz. *stère* < grch. *stereos* »fest, massiv«]

Ste|ra|di|ant ⟨m.; -en, -en; Zeichen: sr⟩ *Maßeinheit des räumlichen Winkels* [< *Stereo…* + *Radiant*]

ste|reo ⟨Adj.; undekl.; kurz für⟩ *stereophon;* eine Rundfunksendung ~ hören

Ste|reo ⟨n.; -s, -s; kurz für⟩ *Stereotypie(2)*

ste|reo…, Ste|reo… ⟨in Zus.⟩ **1** *starr, fest* **2** *Raum…, Körper…* [< grch. *stereos* »fest, starr«]

Ste|re|o|a|kus|tik ⟨f.; -; unz.⟩ *Erforschung des räumlichen Hörens*

Ste|re|o|auf|nah|me ⟨f.; -, -n⟩ *Aufnahme (z.B. Musik auf CD, Schallplatte od. Kassette), die stereophonisch abgespielt werden kann*

Ste|re|o|au|to|graf ⟨m.; -en, -en⟩ = *Stereoautograph*

Ste|re|o|au|to|graph ⟨m.; -en, -en⟩ *Gerät zum Auswerten von Fotogrammen;* oV *Stereoautograf*

Ste|re|o|che|mie ⟨[-çe-] f.; -; unz.⟩ *Zweig der Chemie, der den räumlichen Aufbau von Molekülen untersucht*

Ste|re|o|de|co|der ⟨m.; -s, -⟩ *Gerät, das das Signal stereophoner Radiosendungen in die zwei unterschiedl. zur stereophonen Wiedergabe benötigten Signale entschlüsselt* [< *Stereo…* + *Decoder*]

Ste|re|o|fern|seh|ap|pa|rat ⟨m.; -(e)s, -e⟩ *Fernsehapparat mit stereophoner Tonwiedergabe*

Ste|re|o|film ⟨m.; -s, -e; Kurzw. für⟩ *stereoskop. Film*

ste|re|o|fon ⟨Adj.⟩ = *stereophon*

Ste|re|o|fo|nie ⟨f.; -; unz.⟩ = *Stereophonie*

Ste|re|o|fo|to|gra|fie ⟨f.; -, -n⟩ **1** ⟨unz.⟩ *fotograf. Verfahren zur Erzeugung dreidimensionaler Bilder* **2** ⟨zählb.⟩ *Aufnahme zweier Halbbilder, die zusammen betrachtet einen plastischen Eindruck vermitteln, Raumbild*

Ste|re|o|fo|to|gramm|me|trie, ⟨auch⟩ **Ste|re|o|fo|to|gramm|met|rie** ⟨f.; -; unz.⟩ *Verfahren zur Auswertung räumlich aufgenommener Landschaftsbilder für die Anfertigung von Landkarten;* oV *Stereophotogrammmetrie*

Ste|re|o|gnos|tik, ⟨auch⟩ **Ste|re|og|nos|tik** ⟨f.; -; unz.⟩ *Fähigkeit, durch Betasten die Beschaffenheit eines Gebildes festzustellen, Fähigkeit zum Formerkennen* [< *Stereo…* + *Gnostik*]

ste|re|o|gra|fisch ⟨Adj.⟩ = *stereographisch*

ste|re|o|gra|phisch ⟨Adj.⟩ *räumlich (gezeichnet);* oV *stereografisch* [< *stereo…* + *…graphisch*]

Ste|re|o|i|so|me|rie ⟨f.; -; unz.; Biochem.⟩ *Form der Isomerie, die aufgrund der unterschiedlichen Anordnung von Atomen od. Atomgruppen im Molekül bedingt ist*

Ste|re|o|ka|me|ra ⟨f.; -, -s⟩ *Kamera mit zwei Objektiven im Augenabstand zur Belichtung zweier Halbbilder*

Ste|re|om ⟨n.; -s, -e⟩ *Festigungsgewebe der Pflanzen* [zu grch. *stereos* »fest, starr«]

Ste|re|o|me|ter ⟨n.; -s, -⟩ *Gerät zur Auswertung stereometrischer Aufnahmen* [< *Stereo…* + *…meter*]

Ste|re|o|me|trie, ⟨auch⟩ **Ste|re|o|met|rie** ⟨f.; -; unz.⟩ *Lehre von der Berechnung der Oberflächen, Rauminhalte usw. von Körpern* [< *Stereo…* + *…metrie*]

ste|re|o|phon ⟨Adj.⟩ *auf Stereophonie beruhend, mit ihrer Hilfe, zu ihr gehörig;* oV *stereofon*

> **Stereophonie / Stereofonie** (*Laut-Buchstaben-Zuordnung*) Für die Silben »*-fon, -fot, -graf*« kann die eingedeutschte (integrierte) Lautschreibung künftig generell verwendet werden. Die Schreibung mit »*ph*« bleibt jedoch auch künftig, vor allem in fachsprachlichen Texten, zulässig (→ a. *Quadrophonie / Quadrofonie*).

Ste|re|o|pho|nie ⟨f.; -; unz.⟩ oV *Stereofonie* **1** *räuml. Hören* **2** *elektroakustische Technik der räumlich wirkenden Wiedergabe von Tönen*

Ste|re|o|pho|to|gramm|me|trie, ⟨auch⟩ **Ste|re|o|pho|to|gramm|met|rie** ⟨f.; -; unz.⟩ = *Stereofotogrammmetrie*

Ste|re|o|skop, ⟨auch⟩ **Ste|re|os|kop** ⟨n.; -s, -e⟩ *opt. Gerät, durch das zwei Halbbilder durch Linsen od. Spiegel so dargeboten werden, dass mit jedem Auge nur das ihm entsprechende Bild gesehen wird, wodurch der Eindruck eines einheitlichen, dreidimensionalen Bildes entsteht*

Ste|re|o|sko|pie, ⟨auch⟩ **Ste|re|os|ko|pie** ⟨f.; -; unz.⟩ *Technik zur fotograf. Wiedergabe räumlich wirkender Bilder*

ste|reo|sko|pisch, ⟨auch⟩ **ste|re|os|ko|pisch** ⟨Adj.⟩ *räumlich wirkend, körperlich erscheinend (Bild);* ~er Film *Film, der räumlich wirkende Bilder vermittelt, Raumfilm*

Ste|re|o|tu|ner ⟨[-tju:nə(r)] m.; -s, -⟩ *zur Stereoanlage gehörendes Abstimmgerät für den Stereoempfang*

ste|re|o|typ ⟨Adj.⟩ oV *stereotypisch* **1** *mit feststehender Schrift (gedruckt)* **2** *feststehend, unveränderlich* **3** ⟨fig.⟩ *ständig wiederkehrend, immer wieder gleich, formelhaft;* ~e Antwort, Redewendung [→ *Stereotypie*]

Ste|re|o|typ ⟨n.; -s, -e od. -en⟩ *eingewurzeltes Vorurteil*

Ste|re|o|ty|peur ⟨[-pø:r] m.; -s, -e⟩ *Facharbeiter, der Stereotypien(2) herstellt*

Ste|re|o|ty|pie ⟨f.; -, -n⟩ **1** ⟨unz.⟩ *Verfahren zum Abformen von Schriftsatz in Matern* **2** ⟨zählb.⟩ *aus einer Blei-Antimon-Zinn-Legierung bestehender Abguss einer Mater* **3** ⟨nur Pl.⟩ *krankhafte, dauernde Wiederholung bzw. Beibehaltung immer derselben Bewegungen, Handlungen u. Gedanken* [< *Stereo…* + *…typie*]

ste|re|o|ty|pie|ren ⟨V.⟩ *Matern von Schriftsatz u. Druckplatten herstellen*

ste|re|o|ty|pisch ⟨Adj.⟩ = *stereotyp*

Ste|re|o|typ|me|tall ⟨n.; -s, -e⟩ *Legierung aus Antimon, Blei u. Zinn, die vor allem in der Stereotypie verwendet wird*

ste|ril ⟨Adj.⟩ **1** *keimfrei* **2** *unfruchtbar;* Ggs *fertil* **3** ⟨fig.⟩ *übertrieben geistig, allzu intellektuell, nicht (mehr) natürlich empfindend* [< frz. *stérile* < lat. *sterilis* »unfruchtbar, ertraglos«]

Ste|ri|li|sa|ti|on ⟨f.; -, -en⟩ **1** *Entkeimung, Vernichtung schädlicher Keime, z.B. an ärztl. Instrumenten* **2** *Unfruchtbarmachung durch Unterbrechung der Ausführungsgänge der Geschlechtsdrüsen*

Ste|ri|li|sa|tor ⟨m.; -s, -to|ren⟩ *Apparat zum Sterilisieren ärztlicher Instrumente u.a.*

ste|ri|li|sie|ren ⟨V.⟩ **1** *keimfrei machen, entkeimen durch Erhitzen auf 100-130° C* **2** *zeugungsunfähig machen bei Erhaltung der Keimdrüsen* [< frz. *stériliser* < *stérile;* → *steril*]

Ste|ri|li|sie|rung ⟨f.; -, -en⟩ = *Sterilisation*

Ste|ri|li|tät ⟨f.; -; unz.⟩ **1** *sterile Beschaffenheit, keimfreier Zustand* **2** *Unfruchtbarkeit;* Ggs *Fertilität* **2.1** *Unfähigkeit zu zeugen* **2.2** *Unfähigkeit, schwanger zu werden;* → a. *Infertilität* **3** ⟨fig.⟩ *Fehlen des natürl. Empfindens bei übertriebener Betonung des Geistigen*

Ste|rin ⟨n.; -s, -e⟩ *im Tierreich (Zoo~) u. im Pflanzenreich (Phyto~) vorkommende chem. Verbindung mit einem Gerüst aus Kohlenstoffatomen, das aus mehreren kondensierten Ringen besteht* [zu grch. *stereos* »starr, hart«]

ster|ko|ral ⟨Adj.⟩ *kothaltig* [< lat. *stercus* »Kot«]

Ster|let(t) ⟨m.; -s, -e⟩ *kleiner Stör: Acipenser ruthenus* [< russ. *sterljad* »Stör«]

Ster|ling ⟨[stə:-] m.; -s, -e⟩ **1** *altengl. Münze* **2** Pfund ~ ⟨Abk.: Pf. St.; Zeichen: £⟩ *Währungseinheit in Großbritannien* [engl., »Penny« < afrz. *esterlin, estrelin, estellin,* mhd. *sterlinc* < mlat. *sterlingus* < lat. *statera* < grch. *stater* »Stater, Goldmünze«]

ster|nal ⟨Adj.⟩ *zum Brustbein gehörend, von ihm ausgehend* [→ *Sternum*]

Stern|al|gie, ⟨auch⟩ **Ster|nal|gie** ⟨f.; -, -n; Med.⟩ *Schmerz im Bereich des Brustbeins* [< *Sternum* + *...algie*]

Ster|nal|punk|ti|on ⟨f.; -, -en; Med.⟩ *Entnahme von Knochenmarkszellen aus dem Mark des Brustbeins*

Ster|num ⟨n.; -s, -na⟩ *Brustbein* [lat., »Brustbein« < grch. *sternon* »Brust, Inneres, Herz«]

Ste|ro|i|de ⟨Pl.⟩ *biologisch bedeutende Klasse von chem. Verbindungen, deren Grundgerüst aus vier kondensierten Ringen bestehen (z.B. Hormone)* [< grch. *stereos* »räumlich (ausgedehnt)« + *eidos* »Form, Gestalt«]

Ste|tho|skop, ⟨auch⟩ **Ste|thos|kop** ⟨n.; -s, -e⟩ *Hörrohr zur Auskultation* [< grch. *stethos* »Brust« + *...skop*]

Stet|son ⟨[-sən] m.; - od. -s, -s⟩ *hoher, breitkrempiger Filzhut, Texashut* [engl.]

Ste|ward ⟨[stju:ərt] m.; -s, -s⟩ *Betreuer der Fahrgäste (auf Schiffen u. in Flugzeugen)* [engl., »Verwalter, Aufwärter« < aengl. *stigweard* »Hauswart«]

Ste|war|dess ⟨[stju:ərdɛs] f.; -, -en⟩ *Betreuerin der Fahrgäste (auf Schiffen u. in Flugzeugen)*

Sthe|nie ⟨f.; -; unz.⟩ *Vollkraft* [< grch. *sthenos* »Stärke, Kraft, Macht, Gewalt«]

sthe|nisch ⟨Adj.⟩ *in Vollkraft befindlich, kraftvoll*

Sti|bi|um ⟨n.; -s; unz.; chem. Zeichen: Sb⟩ = *Antimon*

Stib|nit ⟨m.; -s, -e; Min.⟩ = *Antimonglanz* [→ *Stibium*]

Sti|cho|man|tie ⟨[-ço-] f.; -; unz.⟩ **1** ⟨urspr.⟩ *Wahrsagung aus Versen od. Zeilen (bei den Römern oft aus Virgil), die auf Zettel geschrieben, in einer Urne gemischt u. dann gezogen wurden* **2** ⟨später⟩ *Wahrsagung aus willkürlich mit der Nadel aufgeschlagenen Stellen in Büchern* [< grch. *stichos* »Vers, Zeile, Reihe« + *...mantie*]

Sti|cho|my|thie ⟨[-ço-] f.; -, -n⟩ *dramat. Dialog, der mit jedem Vers zwischen Rede u. Gegenrede wechselt* [< grch. *stichos* »Vers, Zeile, Reihe« + *mythos* »Rede, Wort, Erzählung«]

Stick ⟨m.; -s, -s⟩ **1** *dünne Salzstange* **2** *Stäbchen;* Fisch~ **3** ⟨Kosmetik⟩ *Stift;* Deo~ [engl., »Stange«]

Sti|cker ⟨m.; -s, -; umg.; Jugendspr.⟩ *Aufkleber;* englischer ~ [< engl. *stick* »kleben«]

Stick|o|xi|dul ⟨n.; -s; unz.⟩ *Stickstoff-Sauerstoff-Verbindung, chem. Formel N_2O, die in der Medizin als leichtes Betäubungsmittel verwendet wird, Lachgas*

stie|kum ⟨Adv.; umg.⟩ *unbemerkt, heimlich, leise, sang- u. klanglos* [< jidd. *schtiko* »Stillschweigen«]

Stig|ma ⟨n.; -s, -ta od. -men⟩ **1** *Zeichen, Mal* **2** *Wundmal (Christi)* **3** *eine der seitlich am Körper liegenden Öffnungen der Tracheen (bei Insekten, Tausendfüßern u. Spinnen)* **4** *Augenfleck der Einzeller* **5** *Narbe (der Blütenpflanzen)* [< grch. *stigma* »Stich, Punkt, Brandmal«]

Stig|ma|ti|sa|ti|on ⟨f.; -, -en⟩ *Erscheinen der Wundmale Christi am Leib mancher Personen*

stig|ma|tisch ⟨Adj.⟩ *das Stigma betreffend;* ~e Abbildung *eine sehr geringe Aberration aufweisende optische Abbildung*

stig|ma|ti|sie|ren ⟨V.; fast nur im Passiv gebraucht⟩ **1** *mit (den) Wundmalen (Christi) zeichnen* **2** *jmdn. brandmarken;* seine Vorstrafen ~ ihn [→ *Stigma*]

stig|ma|ti|siert ⟨Adj.⟩ *mit Wundmalen (Christi) gezeichnet*

Stig|ma|ti|sie|rung ⟨f.; -, -en⟩ *das Stigmatisieren*

Stil ⟨m.; -(e)s, -e⟩ **1** ⟨urspr.⟩ *Schreibweise eines Dichters;* einen guten, schlechten ~ schreiben **2** ⟨danach⟩ *einheitl. Gepräge der künstler. Erzeugnisse einer Zeit, einer Persönlichkeit;* Bau~; Mal~; Barock~; gotischer, romanischer ~ **3** ⟨fig.⟩ *besonderes Gepräge einer menschl. Lebensweise;* Lebens~; der ~ einer Zeit; er hat ~ *seine Art zu leben hat ein besonderes Gepräge (nur im positiven Sinn);* eine Veranstaltung großen ~s *eine in jeder Beziehung großzügige V.;* im großen ~ leben *in finanziell großzügiger Weise leben* **4** *Art, Technik der Ausübung einer Sportart;* Schwimm~ [< ital. *stile,* frz. *style* < lat. *stilus* »spitzer Pfahl, Stiel, Stängel; Schreibgerät, Griffel«]

Stilb ⟨n.; -s, -; chem. Zeichen: sb⟩ *nicht mehr zulässige Maßeinheit der Leuchtdichte selbst nicht leuchtender Körper, zu ersetzen durch die Einheit Candela/Quadratmeter (Cd/m^2), 1 sb = 10^4 cd/m^2* [< grch. *stilbein* »glänzen, leuchten«]

Sti|lett ⟨n.; -s, -e⟩ *Dolch mit kurzer, schmaler, dreikantiger Klinge;* oV *Stiletto(1)* [< ital. *stiletto,* Verkleinerungsform zu *stilo* »Pfriem, Dolch« < lat. *stilus* »Stiel, Stängel, Griffel zum Schreiben«]

Sti|let|to ⟨m.; -s, -s⟩ **1** = *Stilett* **2** *(offener) Damenschuh mit hohem, dünnem Absatz, Stöckelschuh* [ital.]

Stil|fi|gur ⟨f.; -, -en⟩ *sprachliche Form, die sich vom normalen Sprachgebrauch abhebt u. so als rhetorisches Stilmittel eingesetzt wird*

sti|li|sie|ren ⟨V.⟩ **1** *stilvoll gestalten, formen* **2** *künstlerisch vereinfachen*

Sti|li|sie|rung ⟨f.; -, -en⟩ *das Stilisieren*

Sti|list ⟨m.; -en, -en⟩ *jmd., der die Formen des sprachl. Ausdrucks beherrscht*

Sti|lis|tik ⟨f.; -; unz.⟩ *Lehre von den Gesetzen des sprachl. Stils* [< frz. *stylistique* »Stilkunde«]

sti|lis|tisch ⟨Adj.⟩ *den Stil(1) betreffend*

Sti|lus ⟨m.; -, Sti|li⟩ *antikes Schreibgerät, Griffel zum Schreiben auf der Wachstafel* [lat.]

Sti|mu|lans ⟨n.; -lan|tia od. -lan|zi|en⟩ *Anregungsmittel* [zu lat. *stimulare* »stacheln, antreiben, reizen«]

Sti|mu|lanz ⟨f.; -, -en⟩ *Antrieb, Anreiz, Anregung* [→ *Stimulans*]

Sti|mu|la|ti|on ⟨f.; -, -en⟩ *Anregung* [< lat. *stimulatio* »Anreizung, Sporn«; zu *stimulare;* → *Stimulans*]

Sti|mu|lie|rung ⟨f.; -, -en⟩ *das Stimulieren*

Sti|mu|la|tor ⟨m.; -s, -to|ren⟩ *einen Reiz hervorrufende Vorrichtung*
sti|mu|lie|ren ⟨V.⟩ *anregen* [< lat. *stimulare;* → *Stimulans*]
Sti|mu|lus ⟨m.; -, -li⟩ **1** *Stachel, Sporn* **2** *Antrieb, Reiz* [lat., »Stachel, Treibstecken; Qual, Unruhe«; zu *stimulare;* → *Stimulans*]
Stint ⟨m.; -(e)s, -e; nddt.⟩ *dummer Kerl* [< schwed. (mundartl.) *stinta* »halbwüchsiges Mädchen« < germ. **stenta* »gestutzt, kurz«]
Sti|pel ⟨f.; -, -n; Bot.⟩ *Nebenblatt* [< lat. *stipula* »Halm«]
Sti|pen|di|at ⟨m.; -en, -en⟩ *Empfänger eines Stipendiums* [< lat. *stipendiarius* »steuertributpflichtig, um Sold dienend«; → *Stipendium*]
Sti|pen|dist ⟨m.; -en, -en; bair.-österr.⟩ = *Stipendiat*
Sti|pen|di|um ⟨n.; -s, -di|en⟩ *finanzielle Unterstützung für Studierende* [lat., »Steuer, Löhnung«; zu *stips* »Geldbeitrag, Spende« + *pendere* »wägen, zahlen«]
Sti|pu|la|ti|on ⟨f.; -, -en⟩ **1** *mündl. Vertrag zwischen Gläubiger u. Schuldner* **2** *Übereinkunft, Vereinbarung* [< lat. *stipulatio* »Zusage, Handgelöbnis, Kontrakt«]
sti|pu|lie|ren ⟨V.⟩ *vereinbaren, sich ausbedingen, übereinkommen über* [< lat. *stipulari* »sich ausbedingen«; → *Stipulation*]
Sti|pu|lie|rung ⟨f.; -, -en⟩ = *Stipulation*
Stoa ⟨f.; -; unz.⟩ *auf der Lehre Zenos beruhende griech. Schule der Philosophie um 300 v. Chr., die ein Leben im Einklang mit der Natur u. der göttl. Macht der »Weltseele« od. »Weltvernunft« erstrebte* [< grch. *stoa poikile* »bunte Halle« (wo sich die Anhänger Zenos trafen); zu *stoa* »(Säulen-)Halle, Galerie«]
Sto|chas|tik ⟨[-xas-] f.; -; unz.; Math.⟩ *Verfahren zur Ermittlung von Wahrscheinlichkeiten*
sto|chas|tisch ⟨[-xas-] Adj.⟩ *dem Zufall unterworfen, ihn betreffend, von ihm abhängig;* ~er Prozess *P., der sich mittels der Wahrscheinlichtkeitsrechnung berechnen lässt, Zufallsprozess;* ~er Automat ⟨Kyb.⟩ *A., dessen Verhalten nicht genau vorhersagbar ist, sondern auf einer gewissen Wahrscheinlichkeit beruht* [< grch. *stochastikos* »im Erraten geschickt«; zu *stochazesthai* »nach etwas zielen«]
Stö|chi|o|me|trie, ⟨auch⟩ **Stö|chi|o|met|rie** ⟨[-çio-] f.; -; unz.⟩ *Arbeitsgebiet der Chemie, das sich mit der quantitativen rechnerischen Behandlung chem. Vorgänge befasst* [< grch. *stoichos, stichos* »Abteilung, Ordnung« + *…metrie*]
stö|chi|o|me|trisch, ⟨auch⟩ **stö|chi|o|met|risch** ⟨[-çio-] Adj.⟩ *zur Stöchiometrie gehörend, sie betreffend, auf ihr beruhend*
Stock ⟨[stɔk] m.; -s, -s⟩ **1** *Warenvorrat* **2** *Geldvorrat, Grundkapital* [engl.]
Stock|car ⟨[stɔkkaː(r)] m.; -s, -s⟩ *als Rennwagen umgebautes Serienfahrzeug* [engl., »Serienwagen«]
Stock|ex|change ⟨[stɔkikstʃɛindʒ] m.; -; unz.⟩ *Effektenbörse* [engl.]
Stock|job|ber ⟨[stɔkdjɔbə(r)] m.; -s, -⟩ *Börsenspekulant, Aktienhändler* [engl.]
Sto|i|ker ⟨[ʃtoː-i-] m.; -s, -⟩ **1** *Angehöriger der Stoa, Vertreter des Stoizismus* **2** ⟨fig.⟩ *Mensch von unerschütterlichem Gleichmut* [→ *Stoa*]
sto|isch ⟨[ʃtoː-] Adj.⟩ **1** *zur Stoa, dem Stoizismus gehörend, auf ihr bzw. ihm beruhend, ihn betreffend* **2** ⟨fig.⟩ *gleichmütig, gelassen, unerschütterlich;* mit einer ~en Ruhe
Sto|i|zis|mus ⟨[ʃtoːi-] m.; -; unz.⟩ **1** *Lehre der Stoa* **2** ⟨fig.⟩ *beständige Ruhe, Gleichmut*
Stokes ⟨[stouks] n.; -, -; Zeichen: St⟩ *nicht mehr zulässige Einheit der Viskosität, zu ersetzen durch die Einheit Quadratmeter/Sekunde (m^2/s); $1\ St = 10^{-4}\ m^2/s$* [nach dem engl. Physiker George Gabriel *Stokes,* 1819–1903]
Sto|la ⟨f.; -, Sto|len⟩ **1** *altröm. langes, weißes mit Borten verziertes Gewand mit Ärmeln für Frauen* **2** *lose umgehängter, breiter Schal* **3** *langer, schmaler, über beide Schultern hängender Teil des priesterl. Messgewandes* [lat., »langes Frauenoberkleid, Stola« < grch. *stole* »Kleidung«]
Sto|le ⟨f.; -, -n; selten⟩ = *Stola*
Stol|ge|büh|ren ⟨Pl.⟩ *Gebühren für bestimmte Amtshandlungen eines Geistlichen, z. B. Taufe, Trauung* [→ *Stola(3)*]
Sto|lo(n) ⟨m.; -s, -lo|nen; meist Pl.⟩ *ober- od. unterirdischer Ausläufer bei Pflanzen* [< lat. *stolo,* Gen. *stolonis* »Wurzelspross«]
Sto|ma ⟨n.; -s, -ma|ta; Biol.⟩ *Mund, Öffnung* [grch.]
sto|ma|chal ⟨[-xaːl] Adj.; Med.⟩ *vom Magen kommend, den Magen betreffend* [zu lat. *stomachus* »Magen«]
Sto|ma|chi|kum ⟨[-xi-] n.; -, -ka⟩ *Appetit u. Verdauung anregendes Mittel* [< lat. *stomachus* »Magen« < grch. *stomachos* »Mündung, Öffnung«]
Sto|ma|ti|tis ⟨f.; -, -ti|ti|den⟩ *Entzündung der Schleimhaut des Mundes* [< grch. *stoma,* Gen. *stomatos* »Mund, Öffnung«]
Sto|ma|to|lo|ge ⟨m.; -n, -n; Med.⟩ *Facharzt auf dem Gebiet der Stomatologie*
Sto|ma|to|lo|gie ⟨f.; -; unz.⟩ *Lehre von den Krankheiten der Mundhöhle* [< grch. *stoma* »Mund, Öffnung« + *…logie*]
sto|ma|to|lo|gisch ⟨Adj., Med.⟩ *die Stomatologie betreffend, zu ihr gehörig*
Stomp ⟨m.; - od. -s; unz.; Mus.⟩ **1** ⟨urspr.⟩ *afroamerikan. Tanzform (mit ständiger Wiederholung bestimmter Rhythmen)* **2** ⟨Jazz⟩ *rhythmische Formel, die der Melodie zugrunde liegt* [engl., eigtl. »stampfen«]
sto|ned ⟨[stound] Adj.; umg.⟩ *im Rauschzustand* [engl.]
stone-washed ⟨[stounwɔʃd] Adj.⟩ *mit Steinen vorgewaschen (um dem Stoff ein gebrauchtes Aussehen zu geben);* ~ Jeans [engl., »mit Steinen gewaschen«]
stop ⟨[stɔp]⟩ **1** ⟨in Telegrammen⟩ *Punkt* **2** ~! *halt!* [engl., »halten, anhalten«]

stop-and-go ⟨[stɔp ænd gou] Adj.; im Straßenverkehr⟩ *(aufgrund eines Staus) häufiges Anhalten u. Anfahren erforderlich machend;* Stop-and-go-Verkehr [engl., »halten und gehen, fahren«]
Stop-o|ver, ⟨auch⟩ **Stop|o|ver** ⟨[stɔpouvə(r)] m.; -s, -s⟩ *Zwischenaufenthalt bei einer Reise* [< engl. *stopover*]
Stọpp ⟨m.; -s, -s⟩ **1** ⟨kurz für⟩ *Stoppball* **2** *das Anhalten von Kraftwagen, um mitgenommen zu werden* **3** *Pause während einer Fahrt;* einen ~ einlegen [→ *stoppen*]
Stọpp|ball ⟨m.; -(e)s, -bäl|le; Tennis⟩ *kurz hinter das Netz geschlagener Ball;* Sy *Stopp(1)* [zu engl. *stop* »halten, anhalten«]
stọp|pen ⟨V.⟩ **1** *anhalten, stehen bleiben* **2** jmdn. od. etwas ~ *aufhalten, anhalten, am Weiterfahren hindern* **3** *mit der Stoppuhr messen;* Laufzeit, Fahrzeit ~; Geschwindigkeit (beim Laufen) ~ [< engl. *stop;* → *stop*]
Stọp|per ⟨m.; -s, -⟩ **1** ⟨Mar.⟩ *Vorrichtung zum Befestigen eines Taus od. der Ankerkette* **2** ⟨Sp. bes. Fußb.⟩ *Mittelläufer, der mit der Bewachung eines bes. gefährlichen Stürmers beauftragt ist* [→ *stoppen*]
Stop|ping ⟨[stɔpiŋ] n.; - od. -s, -s⟩ *unerlaubte Anwendung von leistungsmindernden Medikamenten vor Wettkämpfen;* Ggs *Doping* [engl.; zu *stop* »anhalten«]
Stop|time ⟨[stɔptaim] f.; -; unz.; Mus.; Jazz⟩ *plötzliche Pause des Metrums, die durch kurze Soli od. von der ganzen Band ausgeführte Akkordschläge nach rhythmischen Mustern ausgefüllt wird* [engl.; zu *stop* »anhalten« + *time* »Zeit«]
Sto|rage ⟨[stɔridʒ] n.; -, -s [-dʒiz]; EDV⟩ *Speicher* [engl.]
Sto|rax|baum ⟨m.; -(e)s, -bäu|me⟩ = *Styrax*
Store[1] ⟨[stɔ:(r)] m.; -s, -s; meist Pl.⟩ *weiße, durchsichtige Gardine* [frz.]
Store[2] ⟨[stɔ:(r)] m.; -s, -s⟩ **1** *Laden* **2** *Lager, Vorrat* [engl., »Vorrat, Lager«]
Sto|re[3] ⟨f.; -, -n⟩ = *Storen*
Store|kee|per ⟨[stɔ:(r)ki:pə(r)] m.; -s, -s; Seemannsspr.⟩ *Lagerhalter, Lagerverwalter* [engl., < *store* »Vorrat« + *keeper* »Verwalter«]
Sto|ren ⟨m.; -s, -⟩ *Sonnenvorhang, der von außen od. innen an das Fenster angebracht wird (z. B. Rouleau, Markise)* oV *Store*[3] [→ *Store*[1]]
Stor|nẹl|lo ⟨m.; -s, -s od. -li⟩ *dreizeiliges italien. Volksliedchen, bes. für dichter. Wettbewerbe auf dem Lande* [Verkleinerungsform von prov. *estorn* »Kampf«]
stor|nie|ren ⟨V.⟩ **1** eine Buchung, einen Betrag ~ *berichtigen, ungültig machen, durch Gegenbuchung ausgleichen* **2** ⟨österr.⟩ einen Auftrag ~ *rückgängig machen* [< ital. *stornare* »zum Weichen bringen, ablenken; rückgängig machen«]
Stọr|no ⟨m.; -s, Stọr|ni⟩ **1** *Rückbuchung, Löschung* **2** ⟨österr.⟩ *das Rückgängigmachen;* ~ eines Auftrages [< ital. *storno;* zu *stornare;* → *stornieren*]
Stor|ting ⟨n.; -s, -e od. -s⟩ *Volksvertretung (in Norwegen)* [norw., »großes Thing« (german. Volks- u. Gerichtsversammlung)]
Sto|ry ⟨[stɔ:ri] f.; -, -s⟩ *kurze Erzählung, Kurzgeschichte* [engl., »Geschichte, Erzählung«, verkürzt < *history* »Geschichte, Historie« < lat. *historia*]
Sto|ry|board ⟨[stɔ:ribɔ:d] n.; -s, -s; Film; TV⟩ *Serie von Bildern, Sketchen usw., die als Anweisung bzw. Erklärung zum Drehen eines Fernseh- oder Kinofilms dient* [engl.]
Sto|tịn|ka ⟨[sto-] f.; -, -ki⟩ *bulgar. Münze, 1/100 Lew* [bulg.]
Stout ⟨[staut] m.; -s, -s⟩ *dunkles, bitteres engl. Bier* [engl. < afrz. *estout* »keck, stolz«]
Stra|bis|mus ⟨m.; -; unz.⟩ *das Schielen, Abweichung der Achsen des Augenpaares aus der parallelen Stellung beim Blick in die Ferne* [< grch. *strabizein* »schielen«; zu *strabos* »scheel«]
Stra|bo|to|mie ⟨f.; -, -n⟩ *Operation zur Behebung des Schielens* [< *Strabismus* + *...tomie*]
Strac|chi|no ⟨[straki:no] m.; - od. -s; unz.⟩ *Weichkäse aus der Gegend von Mailand* [ital., < *vacche stracche* »(aus den Bergen zurückgekehrte) ermüdete Kühe« (zu *straccare* »ermüden«); die Milch dieser Kühe wird zu *Stracchino* verarbeitet]
Strac|cia|tẹl|la ⟨[stratʃa-] n.; - od. -s; unz.⟩ *Vanilleeiscreme mit kleinen Schokoladestückchen* [ital.]
Strad|dle, ⟨auch⟩ **Stradd|le** ⟨[strædəl] m.; -s, -s; Sp.⟩ *(Hoch-)Sprung seitlich über die Latte mit dem Kopf zuerst u. gespreizten Beinen* [zu engl. *straddle* »die Beine spreizen«]
Stra|di|va|ri ⟨[-va:-] f.; -, -s⟩ *in der Werkstatt des italienischen Geigenbauers A. Stradivari (1644–1737) angefertigte Geige*
Stra|gu|la ⟨m.; -s; unz.; Ⓦⓩ⟩ *linoleumähnl. Fußbodenbelag* [< lat. *stragula vestis* »Decke, Teppich«; zu *stragulus* »zum Ausbreiten dienend«]
Strah|len|che|mie ⟨[-çe-] f.; -; unz.⟩ *Teilgebiet der Chemie, das sich mit der Untersuchung der Eigenschaften radioaktiver Elemente u. Verbindungen befasst*
Strah|len|the|ra|pie ⟨f.; -, -n⟩ *Heilbehandlung mit Hilfe von radioaktiven Strahlen, z.B. bei Krebserkrankungen*
straight ⟨[streit] Adj.; umg.⟩ **1** *konsequent* **2** ⟨abwertend⟩ *lässig* **3** ⟨Sexualität⟩ *heterosexuell;* Ggs *gay* **4** ⟨Drogenszene⟩ *in Ordnung, sauber (von Drogen)* [engl., »gerade, aufrecht, direkt«]
Straight|flush ⟨[streitflʌʃ] m.; - od. -s, -es [-ʃiz]⟩ *beim Pokerspiel ein Blatt mit fünf Karten der gleichen Farbe* [zu engl. *straight* »gerade, aufrecht, direkt« + *flush* »Sequenz«]
Stra|min ⟨m.; -s, -e⟩ = *Kanevas(1)* [< ndrl. *stramijn* < afrz. *estamin(e)* < **estameigne* < prov. *estamente*(frz. *étamine*»leichter Wollstoff«) < lat. *stamineus* »woll(fäd)ig«; zu *stamen* »Faden, Gewebe«]
Strange|ness ⟨[streindʒnɛs] f.; -; unz.⟩ *Eigen-*

schaft, die die als Quarks bezeichneten Elementarteilchen aufweisen [engl., »Merkwürdigkeit«]

Stran|gu|la|ti|on ⟨f.; -, -en⟩ Sy *Strangulierung* **1** *(Töten bzw. Hinrichten durch) Erhängen, Erdrosseln, Erwürgen* **2** ⟨Med.⟩ *Einschnürung, Abschnürung, z.B. einer Darmschlinge* [<engl. *strangle,* afrz. *estrangler* »erdrosseln« <lat. *strangulare* <grch. *straggaloein;* zu *straggale* »Strang, Strick«]

stran|gu|lie|ren ⟨V.⟩ *erhängen, erwürgen, erdrosseln*

Stran|gu|lie|rung ⟨f.; -, -en⟩ = *Strangulation*

Strang|u|rie, ⟨auch⟩ **Stran|gu|rie** ⟨f.; -, -n⟩ *Zwang zu häufigem Wasserlassen, das nur tropfenweise erfolgt u. außerordentlich schmerzhaft ist, Harnstrenge, Harnzwang* [<lat. *stranguria* <grch. *straggouria* <*stranx* »Tropfen« + *ouron* »Urin«]

Stra|pa|ze ⟨f.; -, -n⟩ *(große) Anstrengung, Beschwerlichkeit* [<frühnhd. *strapatz* <ital. *strapazzo* »Abarbeitung«; zu *strapazare* »überanstrengen«; → *strapazieren*]

stra|pa|zie|ren ⟨V.⟩ **1** *überanstrengen;* sich bei einer Arbeit ~ **2** *stark in Anspruch nehmen, beanspruchen;* jmdn. mit einer Arbeit ~ **3** *abnutzen, viel benutzen;* Kleider, Schuhe ~ [<ital. *strapazzare* »überanstrengen« <lat. *extra* »außerdem, über … hinaus« + **patiare* »leiden« (zu *pati* »leiden«) od. <ital. *strappare* »zerreißen, zerbrechen«]

stra|pa|zi|ös ⟨Adj.; umg.⟩ *mit Strapazen verbunden, anstrengend;* eine ~e Arbeit

Straps ⟨m.; -es, -e⟩ *Strumpfhalter* [Pl. zu engl. *strap* »Riemen, Gurt, Band«]

stra|sci|nan|do ⟨[straʃi-] Mus.⟩ *langsamer werdend, verschleppend (zu spielen)* [ital.]

Strass ⟨m.; -es, - od. -e⟩ *Nachbildung von Edelsteinen aus stark lichtbrechendem Bleiglas* [nach dem Juwelier Joseph *Straßer* im 18. Jahrhundert]

Stra|te|ge ⟨m.; -n, -n⟩ **1** *jmd., der sich auf Strategie versteht* **2** *Feldherr* [<grch. *strategos* »Feldherr«, <*stratos* »Herr« + *agein* »führen«]

Stra|te|gem ⟨n.; -s, -e⟩ *Kriegslist* [<frz. *stratagème* <grch. *strategema* »Kriegslist, Feindestäuschung«]

Stra|te|gie ⟨f.; -, -n⟩ **1** ⟨allg.⟩ *Planung u. Führung in großem Rahmen* **2** *Kunst der militär. Kriegsführung, Feldherrnkunst* **3** ⟨Kyb.⟩ *Plan, der aufgestellt wird, um mittels aufeinander einwirkender dynamischer Systeme ein Ziel zu erreichen* [<frz. *stratégie* <grch. *strategia,* <*stratos* »Heer« + *agein* »führen«]

stra|te|gisch ⟨Adj.⟩ *die Strategie betreffend, zu ihr gehörig, auf ihr beruhend;* ~e **Waffen** *W. von großer Reichweite u. Wirkung;* ~es **Controlling** *die vorausschauende Sicherung der Unternehmensexistenz durch die Erarbeitung neuer Erfolgspotenziale vor dem Hintergrund einer sich ständig verändernden Umwelt (z.B. durch die Globalisierung);* ~es **Management** *langfristige Zielfestlegung u. entsprechende Koordinierung der Unternehmenspolitik;* Sy *operativ;* → a. *taktisch*

Stra|ti|fi|ka|ti|on ⟨f.; -, -en⟩ **1** ⟨Geol.⟩ *Schichtenbildung, Ablagerung (von Gesteinen) in Schichten* **2** ⟨Landw.⟩ *das Vorkeimen* [<lat. *stratum* »Decke« + *…fikation*]

Stra|ti|fi|ka|ti|ons|gram|ma|tik ⟨f.; -; unz.⟩ *Theorie der Grammatik, die Sprache als ein System hierachisch geordneter Schichten betrachtet*

stra|ti|fi|zie|ren ⟨V.; Geol.⟩ **1** *in Schichten ablagern* **2** ⟨Landw.⟩ *vorkeimen*

Stra|ti|gra|fie ⟨f.; -; unz.⟩ = *Stratigraphie*

stra|ti|gra|fisch ⟨Adj.⟩ = *stratigraphisch*

Stra|ti|gra|phie ⟨f.; -; unz.⟩ *Lehre von der Schichtung der Gesteine;* oV *Stratigrafie* [<lat. *stratum* »Decke« + *…graphie*]

stra|ti|gra|phisch ⟨Adj.⟩ *die Stratigraphie betreffend, auf ihr beruhend, zu ihr gehörig;* oV *stratigrafisch*

Stra|to|ku|mu|lus ⟨m.; -, -li⟩ *Schichtwolke, die aus flachen, unscharf begrenzten Ballen besteht* [<*Stratus* + *Kumulus*]

Stra|to|pau|se ⟨f.; -; unz.; Meteor.⟩ *atmosphärische Schicht, die zwischen der Stratosphäre u. der Mesosphäre liegt* [<lat. *stratum* »Decke« +Pause]

Stra|to|skop, ⟨auch⟩ **Stra|tos|kop** ⟨n.; -s, -e⟩ *von einem unbemannten Ballon in die obere Atmosphäre getragenes Spiegelteleskop zur ferngesteuerten Beobachtung der Sonne;* Sy *Ballonteleskop* [<lat. *stratum* »Decke« + *…skop*]

Stra|to|sphä|re, ⟨auch⟩ **Stra|tos|phä|re** ⟨f.; -; unz.⟩ *die mittlere Schicht der Lufthülle der Erde von etwa 10 km bis 80 km über der Erdoberfläche* [<lat. *stratum* »Decke« + *Sphäre*]

Stra|to|sphä|ren|bal|lon, ⟨auch⟩ **Stra|tos|phä|ren|bal|lon** ⟨[-lɔ̃:] od. [-lɔŋ] m.; -s,-s⟩ *unbemannter Ballon, der durch die Stratosphäre fliegen kann;* → a. *Ballonastronomie, Ballonteleskop*

Stra|tum ⟨n.; -s, -ta⟩ **1** ⟨Soziol.⟩ *Gesellschaftsschicht* **2** ⟨Sprachw.; bes. in der Stratifikationsgrammatik⟩ *Strukturebene,* z.B. Phonetik, Morphologie, Semantik, Syntax **3** ⟨Biol.⟩ *ausgebreitete Zellschicht, Lebensraum in Form einer Schicht; Wurzel-, Moos-, Kraut-, Strauch-, Baumschicht* [<lat. *stratum* »Decke, Polster; Lager«]

Stra|tus ⟨m.; -, -ti⟩, **Stra|tus|wol|ke** ⟨f.; -, -n⟩ *eine ungegliederte Schicht bildende, tief hängende, graue Wolke, Schichtwolke* [<lat. *stratum* »Decke«]

Straz|za ⟨f.; -, Straz|zen⟩ *Abfall bei der Bearbeitung von Seide* [<ital. *stracciare* »zerreißen«]

Straz|ze ⟨f.; -, -n; Kaufmannspr.⟩ *Buch für tägl. Eintragungen, geschäftliche Notizen, Kladde* [<frühnhd. *stratzobuechlin* <ital. *stracciafoglio* »Bogen Papier zum Beschmutzen«, <*stracciare* »zerreißen, beschmutzen« (<mlat. *extractiare* »herauszerren«) + *foglio* »Blatt«]

Strea|mer ⟨[striːmə(r)] m.; -s, -; EDV⟩ *Speichermedium, mit dessen Hilfe Datensicherungen von größeren Datenmengen (z.B. einer ganzen Festplatte usw.) vorgenommen werden können* [engl. *stream* »Strom, Flut, Schwall«]

Stream of Con|scious|ness ⟨[striːm ɔf kɔnʃəsnis] m.; - - -; unz.; Lit.⟩ *(von J. Joyce u. V. Woolf entwickelte) Erzähltechnik, durch die Gedanken u. Gefühle einer literarischen Figur deutlich gemacht werden, indem der Gedankengang ohne zusätzl. Kommentar dargestellt wird* [engl., »Bewusstseinsstrom«]

Street|ball ⟨[striːtbɔːl] m.; -s; unz.; Sp.⟩ *Form des Basketballs, die mit einer verkleinerten Mannschaft auf Plätzen, Schulhöfen o.Ä. gespielt wird* [<engl. *street* »Straße« + *Basketball*]

Street|wear ⟨[striːtwɛː(r)] f.; -; unz. ⟩ *betont lockere u. stabile Alltagskleidung für Jugendliche;* →a. *Sportswear, Wear* [<engl. *street* »Straße« + *wear* »Kleidung«]

Street|work ⟨[striːtwəːk] f.; -; unz.⟩ *Aufklärung, Beratung u. Hilfe für Drogenabhängige, die ein Sozialarbeiter vor Ort (innerhalb des Drogenmilieus) anbietet* [engl., »Straßenarbeit«]

Street|wor|ker ⟨[striːtwəːkə(r)] m.; -s, -⟩ *Angestellter des Jugendamtes, der gefährdete Jugendliche betreut u. berät* [engl., »Straßenarbeiter«]

Streik ⟨m.; -(e)s, -s⟩ *meist organisierte u. mit bestimmten Forderungen verknüpfte, vorübergehende Arbeitsniederlegung von Arbeitnehmern od. Angehörigen des Dienstleistungsgewerbes;* in (den) ~ treten [→ *streiken*]

strei|ken ⟨V.⟩ **1** *in Streik treten, die Arbeit niederlegen* **2** *nicht mitmachen, sich weigern* **3** ⟨umg.; fig.⟩ *aufhören zu funktionieren, plötzlich aussetzen, versagen;* die Maschine, der Fernseher, mein Magen streikt [<engl. *strike* »streichen; schlagen«; zu *strike work* »die Arbeit einstellen«]

Strep|to|ki|na|se ⟨f.; -, -n; Med.⟩ *aus Streptokokken gebildetes Enzym, das aufgrund seiner fibrinlösenden Eigenschaft zur Auflösung von Blutgerinnseln angewendet wird* [<grch. *streptos* »gekrümmt« + *kinesis* »Bewegung«]

Strep|to|kok|kus ⟨m.; -, -kok|ken; meist Pl.⟩ *kugelförmiges, Ketten bildendes Bakterium, das zu den häufigsten Eitererregern gehört* [<grch. *streptos* »gekrümmt« + *Kokkus*]

> **Stress** (*Laut-Buchstaben-Zuordnung*) Die im Deutschen übliche Kennzeichnung eines kurzen Vokals durch Verdoppelung des Folgekonsonanten wird auch auf Fremdwörter angewendet. Nach kurzem Vokal wird daher auch bei Fremdwörtern der Buchstabe »*ß*« künftig durch die Schreibung »*ss*« ersetzt (→a. *Strass*).

Strep|to|my|cin, Strep|to|my|zin ⟨n.; -s; unz.⟩ *aus dem Strahlenpilz Streptomyces griseus gewonnenes antibiot. Heilmittel, u.a. gegen Tuberkulose* [<grch. *streptos* »gekrümmt« + *mykes* »Pilz«]

Stress ⟨m.; -es, -se⟩ *Belastung des Körpers durch zu lang andauernde od. ihm unangemessene Reize u. schädigende Einflüsse* [<engl. *stress* <*distress* »Not, Bedrängnis, Erschöpfung«, <lat. *strictus* »zusammengeschnürt«; zu *stringere*]

stres|sen ⟨V.⟩ *körperlich (u. geistig) stark beanspruchen, erschöpfen* [→ *Stress*]

stres|sig ⟨Adj.; umg.⟩ *anstrengend, aufreibend, erschöpfend;* der Tag war heute sehr ~

Stres|sor ⟨m.; -s, -so|ren⟩ *einen Stress ausübender Vorgang, Zustand, Einfluss o.Ä.*

Stretch ⟨[strɛtʃ] n.; - od. -es, -es [-tʃis]⟩ *elastisches Gewebe, das aus Stretchgarn gefertigt ist* [zu engl. *stretch* »dehnen, spannen«]

Stretch|garn ⟨[strɛtʃ-] n.; -s, -e⟩ *durch besonderes Herstellungsverfahren (Kräuseln und Schrumpfen) gewonnener Faden mit elastischen Eigenschaften*

Stret|ching ⟨[strɛtʃiŋ] n.; -s, -s; Sp.⟩ *Streck-, Dehnungsübung zum Muskeltraining* [engl., »das Strecken«]

Stret|ta ⟨n.; -s, -s⟩, **Stret|to** ⟨n.; -s, -s⟩ *wirkungsvolle Steigerung od. Beschleunigung am Schluss eines Musikstücks, bes. einer Arie* [ital., »Druck, Zusammenpressung« <lat. *stroctus*]

stret|to ⟨Mus.⟩ *eilig, schneller werdend (zu spielen)* [ital.]

Stria ⟨a. [ʃtriːa] f.; -, -ae; Med.⟩ *Streifen (z.B. Schwangerschaftsstreifen)* [lat.]

Stri|dor ⟨a. [ʃtriː-] m.; -s; unz.; Med.⟩ *durch Verengung der Luftwege entstehendes pfeifendes Atemgeräusch* [<lat. *stridor* »das Pfeifen«]

Stri|du|la|ti|on ⟨f.; -; unz.⟩ *Erzeugung zirpender Töne (bei Insekten)* [<lat. *stridulus* »zischend, sausend, schwirrend, knarrend«; zu *stridere* »zischen, schwirren«]

stri|du|lie|ren ⟨V.⟩ *zirpen*

Strike ⟨[straik] m.; -s, -s; Sp.⟩ **1** ⟨Bowling⟩ *vollständiges Abräumen mit dem ersten od. zweiten Wurf* **2** ⟨Baseball⟩ *verfehlter Schlag* **3** ⟨umg.⟩ *Glücksfall, Treffer (meist als Ausruf der Freude* [<engl. *strike* »Treffer«]

strikt ⟨Adj.⟩ *streng, genau;* ein ~er Befehl; ⟨auch⟩ = *strikte* [<lat. *strictus* »zusammengeschnürt; straff, eng, streng«; zu *stringere* »schnüren, zusammenziehen, straffen«]

strik|te ⟨Adv.⟩ *streng, genau;* sich ~ an die Vorschriften halten

Strik|ti|on ⟨f.; -, -en⟩ *Zusammenziehung* [<lat. *strictus*, Part. Perf. zu *stringere* »schnüren«]

Strik|tur ⟨f.; -, -en; Med.⟩ *starke Verengung eines Kanals, z.B. der Harnröhre, durch Entzündung o.Ä.* [<lat. *strictura*, zu *stringere* »schnüren«]

String ⟨[striŋ] m.; -s, -s; EDV⟩ *aus mehreren alphanumerischen Zeichen bestehende Folge od. Feld* [engl., »Zeichenfolge, Zeichenkette«]

string. ⟨Mus.; Abk. für⟩ *stringendo*

strin|gen|do ⟨[strindʒɛn-] Abk.: string.; Mus.⟩ *schneller werdend, drängend* [ital., <lat. *stringere* »schnüren, zusammenziehen«]
strin|gent ⟨Adj.⟩ *bündig, zwingend* [<lat. *stringens*, Part. Präs. zu *stringere* »schnüren«]
Strin|genz ⟨f.; -; unz.⟩ *Schlüssigkeit, beweiskräftiger Zusammenhang* [→ *stringent*]
Strin|ger ⟨m.; -s, -⟩ *an Schiffs- bzw. Flugkörpern längsseits angebrachte Versteifung aus Winkeleisen u. Platten* [engl., »Tragbalken«, <lat. *stringere* »schnüren«]
Strip ⟨m.; -s, -s⟩ **1** ⟨kurz für⟩ *Striptease* **2** *zugeschnittener u. steril verpackter Streifen Heftpflaster* **3** *Bildergeschichte* [zu engl., *strip* »abstreifen«]
Strip|film ⟨m.; Kurzw. für⟩ *Strippingfilm*
strip|pen ⟨V.⟩ **1** *einen Striptease vorführen* **2** einen Stripfilm ~ *abziehen u. auf eine grafische Vorlage montieren* [<engl. *strip* »abziehen«]
Strip|per ⟨m.; -s, -; Kurzw. für⟩ *Stripteasetänzer*
Strip|pe|rin ⟨f.; -, -rin|nen; umg.; kurz für⟩ *Stripteasetänzerin*
Strip|ping ⟨n.; - od. -s, -s⟩ **1** *eine Kernreaktion, bei der vom stoßenden od. gestoßenen Atomkern ein Nukleon abgestreift wird* **2** ⟨Med.⟩ *operatives Entfernen von Krampfadern* [engl.; zu *strip* »abstreifen«]
Strip|ping|film ⟨m.; -(e)s, -e; Kurzw.: Stripfilm⟩ *Spezialfilm, dessen belichtete Schicht sich als feines Häutchen von einer Kunststoffunterlage abziehen lässt u. so die Montage unterschiedlicher Bildteile wie Schrift od. Zeichen auf einer grafischen Vorlage gestattet*
Strips ⟨Pl.⟩ **1** *durch Arbeitswalzen in einer Spinnereimaschine abgetrennte Textilfasern* **2** ⟨kurz für⟩ *Comicstrips* [→ *Strip*]
Strip|tease ⟨[stripti:z] n. od. m.; -; unz.⟩ *erotische, tänzerische Entkleidung vor Publikum (in Nachtlokalen u.Ä.);* Sy *Strip(1)* [<engl. *strip* »abstreifen« + *tease* »necken«]
Strip|tease|tän|zer ⟨[stripti:z-] m.; -s, -; Kurzw.: Stripper⟩ *Mann, der Striptease tanzt, sich vor Publikum erotisch-tänzerisch entkleidet*
Strip|tease|tän|ze|rin ⟨[stripti:z-] f.; -, -rinnen; Kurzw.: Stripperin⟩ *Frau, die Striptease tanzt, sich vor Publikum erotisch-tänzerisch entkleidet*
stri|scian|do ⟨[striʃan-] Mus.⟩ *schleifend, gleitend (zu spielen)* [<ital. *strisciare* »vorbeistreichen, streifen«]
Striz|zi ⟨m.; -s, -s; österr.⟩ **1** *leichtsinniger Mensch, Strolch* **2** *Zuhälter*
Stro|be|light, Stro|bo|light ⟨[strɔ:b(ɔ)lait] n.; -s, -s⟩ in *schnellen Abständen kurz aufleuchtende Lichtblitze, die den Eindruck von ruckartigen Bewegungen erwecken (z. B. in Diskos)* [<engl. *strobo*scopic *light* »stroboskopisches Licht«]
Stro|bo|skop, ⟨auch⟩ **Stro|bos|kop** ⟨n.; -s, -e⟩ **1** *sich drehender Zylinder, auf dessen innere Fläche Figuren in verschiedenen Phasen der Bewegung gezeichnet sind, die beim Betrachten durch einen fest stehenden Schlitz den Eindruck einer Bewegung vermitteln, Lebensrad* **2** *Gerät zum Messen schnell ablaufender Bewegungen* [<grch. *strobos* »Wirbel, Drehung« + ...*skop*]
stro|bo|sko|pisch, ⟨auch⟩ **stro|bos|ko|pisch** ⟨Adj.⟩ *auf dem Stroboskop, auf dessen Wirkung beruhend, mit dem Stroboskop erfolgend;* ~er Effekt *Verschmelzung von rasch hintereinander aufgenommenen Bildern auf der Netzhaut zu einer fortlaufenden Bewegung*
Stroke|play ⟨[stroukplɛi] n.; -s, -s; Sp.; Golf⟩ *Spielweise, bei der die für sämtliche Löcher benötigten Schläge zusammengezählt werden, Zählspiel* [engl., »Schlagspiel«]
Stro|ma ⟨n.; -s, -ma|ta⟩ **1** ⟨zählb.; Bot.⟩ *farbloser Grundstoff der das Blattgrün enthaltenden Plastiden* **2** ⟨unz.; Biol.⟩ *Stützgewebe von Organen od. von Geschwülsten* [lat., grch., »Lager, Bett«]
Stron|ti|a|nit ⟨m.; -s, -e⟩ *Mineral, chemisch Strontiumcarbonat, $SrCO_3$* [nach dem Fundort *Strontian* in Schottland]
Stron|ti|um ⟨n.; -s; unz.; chem. Zeichen: Sr⟩ *silberweißes Leichtmetall, Ordnungszahl 38;* ~ 90 *radioaktives Isotop des Strontiums* [→ *Strontianit*]
Stroph|an|thin, ⟨auch⟩ **Stro|phan|thin** ⟨n.; -s; unz.⟩ *Glykosid verschiedener Arten der Hundsgiftgewächse, das als Arzneimittel gegen Herzinsuffizienz verwendet wird* [→ *Strophantus*]
Stroph|an|thus, ⟨auch⟩ **Stro|phan|thus** ⟨m.; -, -⟩ *einer Gattung der Hundsgiftgewächse angehörende Liane mit glockenförmigen Blüten: Strophantus* [<grch. *strophe* »Wendung« + *anthos* »Blume«]
Stro|phe ⟨f.; -, -n⟩ **1** ⟨urspr.; in der grch. Tragödie⟩ *Wendung des singenden u. tanzenden Chors zum Altar u. der dazu gesungene Abschnitt des Chorgesangs* **2** ⟨dann⟩ *aus mehreren Versen bestehender, durch Länge der Zeilen, Rhythmus u. (meist) Reim bestimmter, sich in gleicher Form wiederholender Abschnitt eines Liedes od. Gedichtes;* ein Lied mit vier ~n [<lat. *stropha* »List, Kunstgriff« <grch. *strophe* »Wendung«; zu *strephein* »drehen, wenden«]
...stro|phig ⟨Adj.; in Zus.⟩ *in einer bestimmten Art od. Zahl von Strophen gedichtet;* drei~; lang~
Stro|phik ⟨f.; -; unz.⟩ *Kunst des Strophenbaus, Lehre von der Strophengliederung u. -einteilung*
stro|phisch ⟨Adj.⟩ *in Strophen (gegliedert)*
Struck ⟨m. od. n.; -s; unz.⟩ *dem Kord ähnliches, wollenes Gewebe* [Herkunft unbekannt]
Struk|to|gramm ⟨n.; -s, -e; EDV⟩ *grafische Darstellungsform für Computerprogrammentwürfe, Nassi-Shneiderman-Diagramm (nach I. Nassi u. B. Shneiderman, die 1973 diese Form entwickelten)* [<*Struktur* + ...*gramm*]

Struk|tur ⟨f.; -, -en⟩ **1** *Gefüge* **2** *Bau, Aufbau;* Gewebe~ **3** *innere Gliederung, Anordnung der Teile* **4** *Menge der Relationen, die die Elemente eines Systems miteinander verbinden* [< lat. *structura* »Zusammenfügung, Schichtung, Gefüge; Bau(werk)«; zu *struere* »schichten, neben-, übereinander legen, zusammenfügen; errichten«]

struk|tu|ral ⟨Adj.⟩ = *strukturell*

Struk|tu|ra|lis|mus ⟨m.; -; unz.⟩ **1** *mehreren Humanwissenschaften gemeinsame Richtung, die darauf abzielt, eine die Menschen betreffende Tatsache in Abhängigkeit von einem organisierten Ganzen zu bestimmen u. diese Beziehung durch math. Modelle darzustellen* **2** *synchron. Betrachtung von Sprachen unter dem Gesichtspunkt, dass sie Systeme sind, bei denen alle Einheiten u. Regeln als Ganzes voneinander abhängen*

Struk|tu|ra|list ⟨m.; -en, -en⟩ *Anhänger, Vertreter des Strukturalismus*

struk|tu|ra|lis|tisch ⟨Adj.⟩ *zum Strukturalismus gehörend, auf ihm beruhend*

Struk|tur|a|na|ly|se ⟨f.; -, -n⟩ *Untersuchung des Aufbaus von Körpern, z.B. Kristallen*

Struk|tur|bo|den ⟨m.; -s, -bö|den⟩ *durch Sonderung grober u. feiner Bestandteile charakterisierter Boden in Bereichen periodisch auftretenden, stark wirksamen Bodenfrostes*

struk|tu|rell ⟨Adj.⟩ *die Struktur betreffend, der Struktur nach;* Sy *struktural*

Struk|tur|for|mel ⟨f.; -, -n⟩ *chem. Formel, die angibt, in welcher räuml. Anordnung sich die Atome in einem Molekül befinden*

struk|tu|rie|ren ⟨V.⟩ etwas ~ *die Struktur von etwas maßgeblich bestimmen*

Struk|tur|the|o|rie ⟨f.; -; unz.⟩ *geolog. Theorie, nach der das Erdöl sich in erhöhten Strukturen der Erdrinde anreichert*

Stru|ma ⟨f.; -, -men od. -mae⟩ *Vergrößerung der Schilddrüse, Kropf* [lat., »angeschwollene Drüse; Kropf«]

Strum|ek|to|mie, ⟨auch⟩ **Stru|mek|to|mie** ⟨f.; -, -n; Med.⟩ *Kropfoperation;* Sy *Plummerung* [< *Struma* + *Ektomie*]

Stru|mi|tis ⟨f.; -, -ti|den⟩ *Kropfentzündung* [< *Struma* + *…itis*]

stru|mös ⟨Adj.⟩ *mit einer Struma versehen, kropfartig*

Strych|nin ⟨n.; -s; unz.⟩ *Alkaloid der Brechnuss, das erregend auf Nervensystem, Muskeln, Kreislauf u. Atmung wirkt, auch Gegengift bei Schlafmittelvergiftungen* [< grch. *strychnos* »Nachtschatten«]

Stu|art|kra|gen, ⟨auch⟩ **Stu|art-Kra|gen** ⟨[stjuːɔrt-] m.; -s, -; im 16./17. Jh.⟩ *steifer, hochgestellter Kragen aus Spitzen an Frauenkleidern* [nach der schott. Hochadelsfamilie *Stuart*]

Stuck ⟨m.; -(e)s; unz.⟩ *schnell härtende Masse aus Gips, Sand, Leim u. Wasser zum halbplastischen Verzieren von Decken u. Wänden* [< ital. *stucco* »Gips« < ahd. *stukki* »etwas Abgehauenes; Rinde«]

Stuckateur (*Laut-Buchstaben-Zuordnung*) Die Schreibung von abgeleiteten Wörtern richtet sich nach der Schreibung des zugrunde liegenden Substantivs. Nach dem Stammerhaltungsprinzip sind demzufolge alle Wörter eines Wortfeldes mit gleichem Stamm zu schreiben. Folglich wird das Substantiv »*Stuckateur*« (früher: »Stukkateur«) künftig wie das Substantiv »*Stuck*« mit »*ck*« geschrieben.

Stu|cka|teur ⟨[-tøːr] m.; -(e)s, -e⟩ *Fachmann für Stuckaturen*

Stu|cka|tur ⟨f.; -, -en⟩ *dekorative Arbeit aus Stuck*

stu|ckie|ren ⟨V.⟩ *mit Stuck versehen*

stud. ⟨Abk. für⟩ *Studiosus;* ~ iur. (iuris) *Student der Rechtswissenschaften,* ~ med. (medicinae) *Student der Medizin,* ~ phil. (philosophiae) *Student der Philosophie*

Stu|dent ⟨m.; -en, -en⟩ **1** *jmd., der an einer Hochschule studiert* **2** ⟨österr., schweiz. auch⟩ *Schüler einer höheren Schule* [< lat. *studens,* Part. Präs. zu *studere* »eifrig betreiben«]

Stu|den|tin ⟨f.; -, -tin|nen ⟩ **1** *Frau, die an der Hochschule studiert* **2** ⟨österr., schweiz. auch⟩ *Schülerin einer höheren Schule*

stu|den|tisch ⟨Adj.⟩ *zu den Studenten gehörig, in der Art der Studenten;* ~e Bräuche, Lebensweise

Stu|die ⟨[-diə] f.; -, -n⟩ **1** *(wissenschaftl.) Arbeit, Übung, Untersuchung* **2** *Vorarbeit zu einem wissenschaftl. Werk* **3** *Entwurf zu einem Kunstwerk, bes. der Malerei* [→ *Studium*]

Stu|di|en|as|ses|sor ⟨m.; -s, -en; Amtsbez. für⟩ *ausgebildeter, aber noch nicht planmäßig angestellter Lehrer an einer höheren Schule*

Stu|di|en|di|rek|tor ⟨m.; -s, -en⟩ **1** *Leiter einer Fachschule* **2** ⟨Amtsbez. für⟩ *festangestellter Lehrer an einer höheren Schule (Besoldungsstufe zw. Oberstudienrat u. Oberstudiendirektor)*

Stu|di|en|di|rek|to|rin ⟨f.; -, -rin|nen⟩ *weibl. Studiendirektor*

Stu|di|en|kol|leg ⟨n.; -s, -s⟩ *Kurs zur Vorbereitung auf ein Studium an der Hochschule (bes. für ausländ. Studenten)*

Stu|di|en|pro|fes|sor ⟨m.; -s, -en; früher u. seit 1951 in Bayern wieder üblicher Titel für⟩ *Studienrat nach einer gewissen Anzahl von Dienstjahren*

Stu|di|en|rat ⟨m.; -(e)s, -rä|te; Amtsbez. für⟩ *fest angestellter (beamteter) Lehrer an einer höheren Schule*

Stu|di|en|rä|tin ⟨f.; -, -tin|nen; Amtsbez. für⟩ *fest angestellte (beamtete) Lehrerin an einer höheren Schule*

Stu|di|en|re|fe|ren|dar ⟨m.; -s, -e; Amtsbez. für⟩ *an der Hochschule ausgebildeter, im prakt. Dienst stehender Lehrer an einer höheren Schule vor der zweiten Staatsprüfung*

Stu|di|en|re|fe|ren|da|rin ⟨f.; -, -rin|nen; Amtsbez. für⟩ *Lehrerin vor der zweiten Staatsprüfung*

stu|die|ren ⟨V.⟩ **1** *etwas aufnehmen u. geistig verarbeiten; eine Hochschule besuchen;* er studiert in München **2** *sich durch geistige Arbeit Wissen, Kenntnisse auf einem bestimmten Gebiet aneignen;* Biologie, Germanistik, Jura ~ **3** *etwas eingehend beobachten u. sich damit gründlich beschäftigen, eingehend erforschen u. sich damit wissenschaftlich auseinander setzen;* eine Frage, ein Problem ~ **4** ⟨umg.; scherzh.⟩ *eingehend betrachten, aufmerksam lesen;* die Speisekarte, die Zeitung ~ [< lat. *studere* »eifrig betreiben«]

Stu|di|ker ⟨m.; -s, -; umg.; scherzh. für⟩ *Student(1)*

Stu|dio ⟨n.; -s, -s⟩ **1** *Werkstatt eines Künstlers, Arbeitszimmer* **2** ⟨Film, Funk, Fernsehen⟩ *Raum für Bild- u. Tonaufnahmen* **3** *Experimentiertheater* **4** *Einzimmerwohnung* [ital. *studio* »Arbeitszimmer, Atelier«]

Stu|di|o|mu|si|ker ⟨m.; -s, -; Mus.⟩ *bei Aufnahmen in einem Tonstudio mitwirkender Musiker*

Stu|di|o|qua|li|tät ⟨f.; -; unz.; Mus.⟩ *aufgrund der technischen Ausstattung eigentlich nur in einem Tonstudio zu erzielende Qualität bei Einspielung u. Aufnahme;* die Liveaufnahme bietet nahezu ~

Stu|di|o|sus ⟨m.; -, -si od. -sen; Abk.: stud.⟩ = *Student(1)* [lat., »eifrig«]

Stu|di|um ⟨n.; -s, -di|en⟩ **1** *Aufnahme von Fakten od. vorgegebenem Wissen u. deren geistige Verarbeitung, wissenschaftl. Betrachtung, Untersuchung, Erforschung von Sachverhalten;* das ~ der menschlichen Verhaltensweisen **2** *zur Ausbildung dienende Beschäftigung mit bestimmten (wissenschaftl.) Gebieten;* Hochschul~; ~ der Mathematik, Musik; während meines ~s in Tübingen [lat., »Eifer, Streben«]

Stu|di|um ge|ne|ra|le ⟨n.; - -; unz.⟩ *allgemein bildende Vorlesungen, die an keine bestimmte Fakultät od. einen bestimmten Studiengang gebunden sind* [< *Studium* + lat. *generalis* »allgemein«]

Stunt ⟨[stʌnt] m.; -s, -s⟩ *gefährliche Filmszene, die von einem Stuntman dargestellt wird;* einen ~ drehen, spielen [zu engl. *stunt* »Kunststück«]

Stunt|frau ⟨[stʌnt-] f.; -, -en⟩ = *Stuntwoman*

Stunt|girl ⟨[stʌntgəːl] n.; -s, -s⟩ = *Stuntwoman*

Stunt|man ⟨[stʌntmæn] m.; -s, -men [-mən]⟩ *Ersatzmann für den Hauptdarsteller in gefährlichen Szenen im Film, die besonderes akrobat. Können verlangen, z.B. Autokollisionen, Stürze aus großer Höhe* [engl., < *stunt* »Kunststück« + *man* »Mann«]

Stunt|wo|man ⟨[stʌntwumən] f.; -, -men [-wimin]⟩ *Ersatzfrau für die Hauptdarstellerin in gefährlichen Filmszenen, die besonderes akrobat. Können erfordern;* Sy *Stuntfrau, Stuntgirl* [< engl. *stunt* »Kunststück« + *woman* »Frau«]

Stu|pa ⟨m.; -s, -s⟩ *buddhist., indischer Sakralbau (für Reliquien);* Sy *Tope* [Sanskrit]

stu|pend ⟨Adj.⟩ *erstaunlich, ungeheuer;* ein ~es Können, Wissen [< lat. *stupere* »starr, steif sein, staunen«]

stu|pid, stu|pi|de ⟨Adj.⟩ **1** *dumm, beschränkt (Person)* **2** *stumpfsinnig, eintönig, langweilig (Arbeit)* [< frz. *stupide* < lat. *stupidos* »betäubt, verdutzt, borniert«; zu *stupere* »starr sein«]

Stu|pi|di|tät ⟨f.; -; unz.⟩ **1** *stupides Wesen, stupide Beschaffenheit, Dummheit, Beschränktheit* **2** *Stumpfsinn, Eintönigkeit*

Stu|por ⟨m.; -s; unz.⟩ *Zustand völliger Unbeweglichkeit, Stummheit u. Unempfindlichkeit gegenüber jeglichem Reiz bei erhaltenem Bewusstsein* [< lat. *stupor* »Starrheit, Schwerfälligkeit, Stumpfsinn; Tölpel«; zu *stupere* »starr sein«]

stu|prie|ren, ⟨auch⟩ **stup|rie|ren** ⟨V.⟩ *vergewaltigen* [< lat. *stuprare* »schänden«; zu *stuprum* »Vergewaltigung, Schändung; Prügelstrafe«]

Stu|prum, ⟨auch⟩ **Stup|rum** ⟨n.; -s, -pra⟩ *Vergewaltigung* [→ *stuprieren*]

Stuss ⟨m.; -es; unz.; umg.⟩ *Unsinn, dummes, törichtes Zeug* [< jidd. *schtuss* < hebr. *schtuth* »Dummheit, Torheit«]

sty|gisch ⟨Adj.⟩ **1** *an den Styx erinnernd* **2** *schauerlich*

sty|len ⟨[stai-] V.⟩ *(modisch) gestalten, entwerfen;* sich ~ *sich aufwendig zurechtmachen* [< engl. *style* »benennen; gestalten, entwerfen«]

Sty|li ⟨Pl. von⟩ *Stylus*

Sty|ling ⟨[stai-] n.; -s, -s⟩ *Entwurf, modische Gestaltung, Design;* ~ eines Industrieproduktes; das ~ einer Dekoration [< engl. *style* »Stil« < lat., → *Stylus*]

Sty|list ⟨[stai-] m.; -en, -en⟩ *jmd., der Stylings entwirft, bearbeitet*

Sty|lis|tin ⟨[stai-] f.; -, -tin|nen⟩ *Frau, die Stylings entwirft, bearbeitet*

Sty|lit ⟨m.; -en, -en⟩ *Säulenheiliger* [< grch. *stylos* »Säule«]

Sty|lo|gra|fie ⟨f.; -; unz.⟩ = *Stylographie*

Sty|lo|gra|phie ⟨f.; -; unz.⟩ *Herstellung von Druckplatten aus Kupfer;* oV *Stylografie* [< lat. *stilus* (fälschl. *stylus*) »Griffel« + ...*graphie*]

Sty|lus ⟨m.; -, -li; meist Pl.⟩ **1** *Arzneimittel in Form eines Stiftes, z.B. Ätzstift* **2** *Griffel (am Fruchtknoten)* **3** *Fortsatz am Hinterleib mancher Insekten* [< lat. *stilus* (fälschl. *stylus*) »Griffel«]

Styp|ti|kum ⟨a. [ʃtyp-] n.; -s, -ka; Pharm.⟩ *Mittel zur Blutstillung* [zu grch. *styptikos* »zusammenziehend, verdichtend«]

Sty|rax ⟨m.; - od. -es, -e⟩ *einer Gattung der Styraxgewächse angehörender, kleiner Baum, der ein duftendes Harz liefert;* Sy *Storaxbaum* [lat., grch.]

Sty|rol ⟨n.; -s; unz.⟩ *farblose Flüssigkeit, Grundstoff zur Herstellung von Polystyrol,* $C_6H_5CH = CH_2$*;* Sy *Vinylbenzol* [< lat., grch. *styrax* »Styrax« + ...*ol*]

Sty|ro|por ⟨n.; -s; unz.; ⓦ⟩ *aus Styrol u. Treibmittel gewonnener Kunststoff mir sehr* *geringer Dichte, als Schaumstoff, Verpackungs- u. Isoliermittel verwendet* [< *Styrol* + *porös*]

Styx ⟨m.; -; unz.; in der grch. Mythologie⟩ *Fluss der Unterwelt*

Su|a|da ⟨f.; -, -den⟩, **Su|a|de** ⟨f.; -, -n⟩ *Rede-, Wortschwall* [< lat. *suadere* »Rat geben«]

Su|a|he|li ⟨m.; -s od. -s, -s od. -⟩ **1** *Volksstamm an der ostafrikan. Küste* **2** ⟨n.; - od. -s; unz.⟩ *Sprache der Suaheli, Handels- u. Verkehrssprache in Ostafrika* [< arab. *sawahil* »Küste«]

su|a|so|risch ⟨Adj.; geh.⟩ *überredend, zur Überredung geeignet* [zu lat. *(oratio) suasoria;* zu *suasor* »Ratgebender«; zu *suadere* »Rat geben, überreden«]

su|a|ve ⟨[-və] Mus.⟩ *süß, lieblich (zu spielen)* [ital.]

sub…, Sub… ⟨in Zus.⟩ *unten, unter, niedriger als* [lat., »unter(halb), von unten«]

Sub|a|ci|di|tät ⟨f.; -; unz.⟩ = *Subazidität*

sub|a|kut ⟨Adj.; Med.⟩ *gemäßigter, weniger heftiger Verlauf von Krankheitsprozessen* [< *sub…* + *akut*]

sub|al|pin ⟨Adj.⟩ *unter der alpinen Höhe liegend*

sub|al|tern ⟨Adj.⟩ *untergeordnet;* ein ~er Beamter; eine ~e Stellung; ~es Benehmen *unterwürfiges B.* [< mlat. *subalternus* < lat. *sub* »unter« + *alternus* »abwechselnd«]

Sub|al|ter|na|ti|on ⟨f.; -; unz.⟩ *Unterordnung eines Begriffs unter einen anderen von weiterem Umfang od. eines Teilurteils unter ein allgemeines Urteil (z.B. ist der Begriff „Mensch" dem Begriff „Säugetier" untergeordnet)* [→ *subaltern*]

sub|al|ter|nie|ren ⟨V.; Logik⟩ *ein spezielleres Urteil unter ein allgemeineres Urteil unterordnen* [→ *subaltern*]

sub|ant|ark|tisch ⟨Adj.⟩ *zwischen der südlich gemäßigten Zone u. dem Südpolargebiet liegend*

sub|ark|tisch ⟨Adj.⟩ *zwischen der nördlich gemäßigten Zone u. dem Nordpolargebiet liegend*

sub|a|to|mar ⟨Adj.⟩ **1** *kleiner als ein Atom* **2** *auf Atomkerne u. Elementarteilchen bezogen* [< *sub…* + *atomar*]

Sub|a|zi|di|tät ⟨f.; -; unz.; Med.⟩ *verminderter Säureanteil des Magensaftes;* oV *Subacidität;* Sy *Hypazidität* [< *Sub…* + *Azidität*]

sub|cu|tan ⟨Adj.⟩ = *subkutan*

Sub|cu|tis ⟨f.; -; unz.⟩ = *Subkutis*

sub|der|mal ⟨Adj.⟩ = *subkutan* [< *sub…* + *dermal*]

Sub|do|mi|nan|te ⟨f.; -, -n; Mus.⟩ **1** *vierte Stufe (Quarte) einer Tonart* **2** *der darauf stehende Dreiklang* [< *Sub…* + *Dominante*]

sub|du|ral ⟨Adj.; Med.⟩ *unter der harten Hirnhaut, hirnwärts liegend;* ~er Tumor; Ggs *extradural* [< *sub…* + *dural*]

Su|be|rin ⟨n.; -s, -e⟩ *Korksubstanz* [< lat. *suber,* Gen. *suberis* »Korkeiche«]

sub|fe|bril, ⟨auch⟩ **sub|feb|ril** ⟨Adj.; Med.⟩ *noch nicht fieberhaft, aber leicht erhöht (Körpertemperatur)* [< *sub…* + *febril*]

sub|fos|sil ⟨Adj.; Biol.⟩ *erst in histor. Zeit ausgestorben*

sub|gla|zi|al ⟨Adj.⟩ *unter dem Eis befindlich* [< *sub…* + *glazial*]

su|bi|to ⟨Mus.⟩ *sofort, plötzlich (in musikal. Vortragsanweisungen);* ~ piano [ital.]

Sub|jekt ⟨n.; -(e)s, -e⟩ **1** *wahrnehmendes, denkendes, wollendes Wesen;* Ggs *Objekt(2)* **2** ⟨fig.; umg.; abwertend⟩ *Person;* verdächtiges, verkommenes ~ **3** ⟨Logik⟩ *Begriff, dem ein anderer beigelegt od. abgesprochen wird* **4** ⟨Gramm.⟩ *Satzteil, von dem etwas ausgesagt wird, Satzgegenstand;* Ggs *Objekt(3)* **5** ⟨Mus.; veraltete Bez. für⟩ *Thema (bes. der Fuge)* [< lat. *subiectum* »darunter gelegt; was der Aussage zugrunde liegt«, Part. Perf. zu *subicere* »darunter werfen/legen, zugrunde legen«]

Sub|jek|ti|on ⟨f.; -, -en; Rhet.⟩ *das Aufwerfen einer Frage, die der Redner selbst beantwortet* [< lat. *subiectio* »das Darunterlegen«; zu *subicere;* → *Subjekt*]

sub|jek|tiv ⟨a. ['---] Adj.⟩ **1** *zum Subjekt gehörig, auf ihm beruhend, von ihm ausgehend, ihm entsprechend, gemäß* **2** *persönlich, nicht sachlich, unsachlich;* Ggs *objektiv (2),* ein ~es Urteil; etwas ~ betrachten, beurteilen

sub|jek|ti|vie|ren ⟨[-vi:-] V.⟩ *subjektivisch, aus persönlicher Sicht darstellen, beurteilen;* ein subjektivierter Bericht, Kommentar

Sub|jek|ti|vis|mus ⟨[-vis-] m.; -; unz.⟩ Ggs *Objektivismus* **1** ⟨Philos.⟩ **1.1** *Lehre, dass alle Erkenntnisse, Werte usw. nur für das Subjekt, nicht aber allgemein gültig sind* **1.2** *Auffassung, dass das Subjekt das Maß aller Dinge sei* **2** ⟨allg.⟩ *übertriebene Betonung der eigenen Persönlichkeit* [→ *subjektiv*]

sub|jek|ti|vis|tisch ⟨[-vis-] Adj.⟩ *in der Art des Subjektivismus, auf ihm beruhend*

Sub|jek|ti|vi|tät ⟨[-vi-] f.; -; unz.⟩ *persönl. Auffassung, Einstellung, Voreingenommenheit, Unsachlichkeit;* Ggs *Objektivität* [→ *subjektiv*]

Sub|jekt|satz ⟨m.; -es, -sät|ze⟩ *Nebensatz, der anstelle des Subjekts eines Satzes steht, Gegenstandssatz*

Sub|junk|ti|on ⟨f.; -, -en; Gramm.⟩ **1** = *Implikation(2)* **2** = *Hypotaxe* **3** *unterordnende Konjunktion* z.B. „damit", „weil" [< lat. *subiunctio* »Anfügung«; zu *subiungere*]

Sub|kon|ti|nent ⟨m.; -(e)s, -e⟩ *durch seine Größe u. geograph. Lage hervorgehobener Teil eines Kontinents;* der indische ~ *Vorderindien*

sub|krus|tal ⟨Adj.; Geol.⟩ *unter der Erdkruste gebildet od. liegend;* ~e Ablagerungen; Ggs *superkrustal* [< *sub…* + lat. *crusta* »Rinde«]

Sub|kul|tur ⟨f.; -, -en⟩ *Kultur einer Gruppe innerhalb eines größeren Kulturbereichs, die oft in bewusstem Gegensatz zu diesem entstanden ist;* ~ der Hippies

sub|kul|tu|rell ⟨Adj.⟩ *zu einer Subkultur gehörend, sie betreffend, aus ihr hervorgehend;* eine ~e Sprache

sub|ku|tan ⟨Adj.; Abk.: s.c.⟩ *unter der Haut, unter die Haut;* oV *subcutan;* Sy *subdermal;* ~e Einspritzung [< *sub*… + lat. *cutis* »Haut«]

Sub|ku|tis ⟨f.; -; unz.⟩ *Unterhautfettgewebe;* oV *Subcutis;* Sy *Hypoderm* [< *sub*… + lat. *cutis* »Haut«]

■ Die Buchstabenfolge **sub|l**… kann auch **su|bl**… getrennt werden. Davon ausgenommen sind Zusammensetzungen, in denen die fremdsprachigen bzw. sprachhistorischen Bestandteile deutlich als solche erkennbar sind, z. B. *-lunarisch.*

■ **sub|lim** ⟨Adj.⟩ *erhaben, verfeinert, nur einem feineren Verständnis od. Empfinden zugänglich* [< lat. *sublimis* »in der Luft befindlich, erhaben«]

■ **Sub|li|mat** ⟨n.; -(e)s, -e⟩ **1** *der nach einer Sublimation aus dem Dampf zurückerhaltene feste Niederschlag* **2** *eine chem. Verbindung des Quecksilbers* [< lat. *sublimatus,* Part. Perf. zu *sublimare* »emporheben«]

■ **Sub|li|ma|ti|on** ⟨f.; -, -en⟩ *unmittelbarer Übergang eines Stoffes aus dem festen in den gasförmigen Aggregatzustand u. umgekehrt, ohne dass die Stufe des flüssigen Aggregatzustandes durchlaufen wird* [→ *sublimieren*]

■ **sub|li|mie|ren** ⟨V.⟩ **1** *ins Erhabene steigern, läutern, verfeinern* **2** ⟨Chem.⟩ *durch Sublimation trennen u. reinigen* [< lat. *sublimare* »emporheben«]

■ **Sub|li|mie|rung** ⟨f.; -, -en⟩ **1** *Steigerung ins Erhabene, Verfeinerung, Läuterung* **2** ⟨Chem.⟩ = *Sublimation*

■ **Sub|li|mi|tät** ⟨f.; -; unz.⟩ *Erhabenheit, Feinheit, Verfeinerung* [< lat. *sublimitas*]

sub|lu|na|risch ⟨Adj.; Meteor.⟩ *irdisch, (eigtl.) unter dem Mond befindlich* [< *sub*… + lat. *luna* »Mond«]

sub|ma|rin ⟨Adj.⟩ *unter dem Meeresspiegel befindlich, vorkommend, lebend*

sub|mers ⟨Adj.⟩ *unter Wasser lebend;* Ggs *emers* [< lat. *submergere,* Perf. *submersus* »versenken«]

Sub|mer|si|on ⟨f.; -, -en⟩ *Untertauchung, Überschwemmung;* Ggs *Emersion* [< nlat. *submersio,* < lat. *submergere* »untertauchen«]

sub|mi|kro|sko|pisch, ⟨auch⟩ **sub|mik|ros|ko|pisch** ⟨Adj.⟩ *unterhalb der Beobachtungsgrenze eines Mikroskops liegend;* ~e Teilchen

sub|miss ⟨Adj.; †⟩ *ehrerbietig, unterwürfig* [< lat. *submissus,* Part. Perf. zu *submittere* »niederlassen«]

Sub|mis|si|on ⟨f.; -, -en; †⟩ **1** *Ehrerbietung, Unterwürfigkeit* **2** *Unterwerfung* **3** *Aufforderung zum Angebot* **4** *Vergeben von Arbeiten durch Ausschreibung (an den, der die geringsten Forderungen stellt)* [< lat. *submissio* »Herabsetzung, Senkung, Minderung«]

Sub|mit|tend ⟨m.; -en, -en⟩ *Bewerber bei einer Submission, Kaufmann, der sich um ausgeschriebene Aufträge bewirbt* [zu lat. *submittere* »niederlassen, senken«]

Sub|mit|tent ⟨m.; -en, -en⟩ *Bietender bei einer Submission, jmd., der ausgeschriebene Aufträge vergibt* [< lat. *submittens,* Part. Präs. zu *submittere* »niederlassen, senken«]

sub|ni|val ⟨[-vaːl] Adj.; Geogr.⟩ **1** *unter dem Schnee od. durch ihn entstanden, unter dem Schnee gelegen* **2** *unterhalb der Schneegrenze liegend;* ~e Pflanzenart [< *sub*… + lat. *nivalis* »schneereich«]

sub|or|bi|tal ⟨Adj.; Raumf.⟩ *nicht zu einer Umlaufbahn führend, nicht in eine Umlaufbahn gelangend*

Sub|or|di|na|ti|on ⟨f.; -; unz.⟩ **1** ⟨†⟩ *Unterordnung, Gehorsam;* Ggs *Insubordination* **2** *das Unterordnen von Satzgliedern od. Sätzen durch subordinierende Konjunktionen;* Ggs *Koordination(4)* [→ *subordinieren*]

sub|or|di|na|tiv ⟨Adj.⟩ *das Unterordnen von Satzgliedern od. Sätzen betreffend*

sub|or|di|nie|ren ⟨V.⟩ *unterordnen;* Ggs *koordinieren(3);* ~de Konjunktion *K., die einen Nebensatz mit einem Hauptsatz verbindet* [< mlat. *subordinare* < lat. *sub* »unter« + *ordinare* »(an)ordnen«]

Sub|o|xid ⟨n.; -(e)s, -e⟩ *Sauerstoffverbindung eines Elements, die weniger Sauerstoffatome aufweist als das normalerweise auftretende Oxid;* oV *Suboxyd*

Sub|o|xyd ⟨n.; -(e)s, -e⟩ = *Suboxid*

sub|po|lar ⟨Adj.⟩ *zwischen Polargebiet u. gemäßigter Zone liegend*

sub|se|quent ⟨Adj.; Geol.⟩ *den durchlässigen, weniger widerstandsfähigen Gesteinsschichten folgend (besonders auf den Lauf von Wasser bezogen);* ~er Fluss [< lat. *subsequi* »unmittelbar (nach)folgen«]

sub|si|di|är ⟨Adj.⟩ *hilfsweise, unterstützend, behelfsmäßig, zur Aushilfe dienend* [< lat. *subsidiarius* »zur Reserve gehörig«; zu *subsidium;* → *Subsidium*]

Sub|si|di|a|ris|mus ⟨m.; -; unz.⟩ *Ablehung staatl. Zentralismus u. Kollektivismus*

Sub|si|di|a|ri|tät ⟨f.; -; unz.⟩ **1** ⟨Pol.; Soziol.; kurz für⟩ *Subsidiaritätsprinzip* **2** ⟨kath. Kirche⟩ *auf die Kirchenverfassung übertragener Subsidiarismus* **3** ⟨Rechtsw.⟩ *konkurrierender Zusammenprall von Rechtsnormen in Bezug auf Straftaten* [→ *subsidiär*]

Sub|si|di|a|ri|täts|prin|zip ⟨n.; -s; unz.; Pol.; Soziol.⟩ **1** *Prinzip, nach dem eine übergeordnete Gruppe (z.B. der Staat) nur für den Aufgabenbereich zuständig sein soll, den eine nachgeordnete Gruppe (z.B. ein Bundesland) nicht bewältigen kann* **2** *staatliche Unterstützung, die aber nur auf eine Ergänzung der Eigenverantwortung abzielt*

Sub|si|di|um ⟨n.; -s, -di|en; †⟩ **1** *Unterstützung, Rückhalt* **2** ⟨nur Pl.; früher⟩ *finanzielle Hilfe, die einem Krieg führenden Staat von einem Verbündeten gewährt wurde* [lat., »Hilfsmannschaft, Beistand«]

Sub|sis|tenz ⟨f.; -, -en⟩ **1** ⟨Philos.⟩ *das Bestehen durch sich selbst* **2** ⟨†⟩ *Lebensunterhalt, Existenzgrundlage* [→ *subsistieren*]

sub|sis|ti̲e|ren ⟨V.⟩ **1** ⟨Philos.⟩ *durch sich selbst, unabhängig bestehen* **2** ⟨†⟩ *seinen Lebensunterhalt haben* [< lat. *subsistere* »stillstehen, standhalten«]
Sub|skri|be̱nt, ⟨auch⟩ **Subs|kri|be̱nt, Subsk|ri|be̱nt** ⟨m.; -en, -en; Buchw.⟩ *jmd., der (auf) etwas subkribiert* [< lat. *subscribens,* Part. Präs. zu *subscribere* »unterschreiben«]
sub|skri|bi̲e|ren, ⟨auch⟩ **subs|kri|bi̲e|ren, subsk|ri|bi̲e|ren** ⟨V.⟩ **1** ⟨Buchw.⟩ *ein neu zu erscheinendes Werk zu einem niedrigeren Preis vorbestellen u. sich zur Abnahme verpflichten;* ein Werk od. auf ein Werk ~ **2** *Anleihen zeichnen* [< lat. *subscribere* »unterschreiben«]
Sub|skrip|ti|o̲n, ⟨auch⟩ **Subs|krip|ti|o̲n, Subsk|rip|ti|o̲n** ⟨f.; -, -en⟩ **1** ⟨Buchw.⟩ *Vorbestellung u. Verpflichtung zur Abnahme bei Neuerscheinungen, z.B. bei größeren, in mehreren Bänden erscheinenden Werken der Literatur;* das Werk steht zur ~ **2** *Zeichnung von Anleihen* [< lat. *subscriptio* »Unterschreibung«; zu *subscribere* »unterschreiben«]
sub|so̲|nisch ⟨Adj.⟩ *unterhalb der Schallgeschwindigkeit liegend;* Ggs *supersonisch* [< *sub...* + lat. *sonus* »Ton, Schall«]
sub spe|cie ae|ter|ni|ta̲|tis ⟨[-spe̲:tsje:-]⟩ **1** *im Lichte der Ewigkeit* **2** *unter der Voraussetzung unbeschränkter Dauer* [lat., »unter dem Anschein der Ewigkeit«]
Sub|spe̲|zi|es ⟨[-tsje:s] f.; -, -; Abk.: ssp; Biol.⟩ *Unterart*

■ Die Buchstabenfolge **sub|st...** kann auch **subs|t...** getrennt werden. Davon ausgenommen sind Zusammensetzungen, in denen die fremdsprachigen bzw. sprachhistorischen Bestandteile deutlich als solche erkennbar sind, z.B. *-standard* (→ a. *Standard*).

Sụb|stan|dard ⟨m.; -s; unz.; bes. österr.⟩ **1** *sehr niedriger Standard, schlechte Qualität;* ~wohnung **2** ⟨Sprachw.⟩ *unterhalb der Hochsprache einzuordnende Sprachebene*
■ **sub|stan|ti|a̲l** ⟨Adj.⟩ = *substanzial*
■ **Sub|stan|ti|a|lịs|mus** ⟨m.; -; unz.⟩ = *Substanzialismus*
■ **Sub|stan|ti|a|li|tä̲t** ⟨f.; -; unz.⟩ = *Substanzialität*
■ **sub|stan|ti|ẹll** ⟨Adj.⟩ = *substanziell*
■ **sub|stan|ti|i̲e|ren** ⟨V.⟩ = *substanziieren*
■ **sub|stan|ti̲v** ⟨Adj.⟩ ~e Farbstoffe *Gruppe von Textilfarbstoffen, die direkt aus der Farbstofflösung auf das Gewebe aufgetragen werden u. keine Hilfsmittel wie Beizen u.a. benötigen*
■ **Sụb|stan|tiv** ⟨n.; -s, -e [-və]⟩ *Wort, das einen Gegenstand od. Begriff bezeichnet, Hauptwort, Dingwort* [< lat. *(verbum) substantivum* »für sich selbst bestehendes (Wort)«; zu *substare;* → *Substanz*]
■ **sub|stan|ti|vie|ren** ⟨[-vi̲:-] V.⟩ *zum Substantiv machen, als Substantiv gebrauchen;* Sy *nominalisieren;* substantiviertes Verbum
■ **Sub|stan|ti|vie|rung** ⟨[-vi̲:-] f.; -, -en⟩ *Verwandlung in ein Substantiv, Gebrauch als Substantiv*
■ **sụb|stan|ti|visch** ⟨a. [--'-visch] Adj.⟩ *wie ein Substantiv gebraucht, hauptwörtlich*
■ **Sub|stạnz** ⟨f.; -, -en⟩ **1** ⟨Philos.⟩ *das Ding* **1.1** *das allen Dingen innewohnende Wesen* **1.2** *der Urgrund alles Seins* **2** ⟨Phys.⟩ = *Materie(2)* **3** ⟨allg.⟩ *Stoff, das Stoffliche; das Bleibende* **4** ⟨fig.⟩ *innerstes Wesen, Kern (einer Sache), das Wesentliche* **5** ⟨fig.; umg.⟩ *das Vorhandene, Besitz, Vorrat, Kapital, Vermögen* [< lat. *substantia* »Bestand, Beschaffenheit, Wesen«; zu *substare* »standhalten«]
■ **sub|stan|zi|a̲l** ⟨Adj.; selten⟩ = *substanziell;* oV *substantial* [< lat. *substantialis* »wesentlich«]
■ **Sub|stan|zi|a|lịs|mus** ⟨m.; -; unz.; Philos.⟩ *Lehre, nach der das Sein in der Substanz besteht;* oV *Substantialismus* [< *substanzial* + *...ismus*]
■ **Sub|stan|zi|a|li|tä̲t** ⟨f.; -; unz.⟩ *Eigenschaft, Wesen einer Substanz;* oV *Substantialität* [→ *substanziell*]
■ **sub|stan|zi|ẹll** ⟨Adj.⟩ oV *substantial, substantiell* **1** *wesentlich, wesenhaft* **2** *stofflich* [< lat. *substantialis;* zu *substantia;* → *Substanz*]
■ **sub|stan|zi|i̲e|ren** ⟨V.⟩ oV *substantiieren* **1** *mit Vollmacht ausstatten* **2** *durch Tatsachen belegen;* einen Fall ausführlich ~ [→ *Substanz*]
■ **Sub|sti|tu|ẹnt** ⟨m.; -en, -en⟩ *Atom, das ein anderes in dem Molekül einer Verbindung ersetzen kann, ohne dieses zu zerstören*
■ **sub|sti|tu|i̲e|ren** ⟨V.⟩ **1** *ersetzen, austauschen* **2** *(als Stellvertreter) einsetzen* [< lat. *substituere* »dahinter stellen, ersetzen«]
■ **Sub|sti|tu|i̲e|rung** ⟨f.; -, -en⟩ = *Substitution(1)*
■ **Sub|sti|tu̲t** **1** ⟨m.; -en, -en⟩ **1.1** *Ersatzmann, Stellvertreter* **1.2** *Verkaufsleiter* **2** ⟨n.; -s, -e⟩ *Ersatzmittel;* → a. *Surrogat* [→ *substituieren*]
■ **Sub|sti|tu|ti|o̲n** ⟨f.; -, -en⟩ **1** *Ersatz, Austausch;* Sy *Substituierung(1)* **2** *Stellvertretung* [→ *substituieren*]
■ **Sub|stra̲t,** ⟨auch⟩ **Subst|ra̲t** ⟨n.; -(e)s, -e⟩ **1** *Grund-, Unterlage* **2** ⟨Biol.⟩ **2.1** *Nährboden* **2.2** *Substanz, die bei enzymatischen Vorgängen abgebaut wird* **3** *Sprache eines unterworfenen Volkes, das seine Sprache der des Eroberers angleicht;* Ggs *Superstrat* [< lat. *substratus,* Part. Perf. zu *substernere* »darunter legen«]
■ **Sub|struk|ti|o̲n,** ⟨auch⟩ **Subst|ruk|ti|o̲n** ⟨f.; -, -en⟩ *Unterbau, Grundbau* [< lat. *substructio;* zu *substruere* »den Grund legen«]
sub|su|mi̲e|ren ⟨V.⟩ **1** *einordnen, (einem allg. Begriff) unterordnen, z.B. »Taschenuhr«, unter »bewegliche Sache«* **2** *zusammenfassen* [< nlat. *subsumere,* < lat. *sub* »unter« + *sumere* »nehmen«]
Sub|sum|ti|o̲n ⟨f.; -, -en⟩ **1** *Unterordnung (unter einen allg. Begriff)* **2** *Zusammenfassung* [→ *subsumieren*]

sub|sum|tiv ⟨Adj.⟩ **1** *(einem allg. Begriff) unterordnend* **2** *zusammenfassend* [→ *subsumieren*]

Sub|sys|tem ⟨n.; -s, -e⟩ *System innerhalb eines Systems*

Sub|tan|gen|te ⟨f.; -, -n; Math.⟩ *Projektion einer Tangente auf die x-Achse*

Sub|teen ⟨[sʌbti:n] m.; -s, -s; umg.⟩ *10–12 Jahre altes Kind* [engl.-amerik.]

sub|ter|ran ⟨Adj.⟩ *unter der Erdoberfläche gelegen, unterirdisch;* ~e Höhlen [< *sub…* + lat. *terra* »Erde«]

sub|til ⟨Adj.⟩ **1** *zart, fein* **2** *schwierig* **3** *spitzfindig, scharfsinnig* [< lat. *subtilis,* eigtl. »fein gewebt«]

Sub|ti|li|tät ⟨f.; -; unz.⟩ **1** *Zartheit, Feinheit* **2** *Schwierigkeit* **3** *Spitzfindigkeit, Scharfsinn;* eine Studie von immenser ~

Sub|tra|hend ⟨m.; -en, -en⟩ *von einer anderen abzuziehende Zahl;* → a. *Minuend* [→ *subtrahieren*]

sub|tra|hie|ren ⟨V.⟩ eine Zahl von einer anderen ~ *abziehen* [< lat. *subtrahere* »unten wegziehen«]

Sub|trak|ti|on ⟨f.; -, -en⟩ *eine der vier Grundrechenarten, das Abziehen* [→ *subtrahieren*]

Sub|tro|pen ⟨Pl.⟩ *Zonen zwischen den Tropen u. den beiderseitig liegenden gemäßigten Zonen*

sub|tro|pisch ⟨Adj.⟩ *zu den Subtropen gehörig, in ihnen befindlich, vorkommend*

Sub|urb, ⟨auch⟩ **Su|burb** ⟨[sʌbə:b] f.; -, -s⟩ *Vorstadt, Randbezirk* [engl.]

Sub|ur|ba|ni|sie|rung ⟨f.; -; unz.⟩ *Verstädterung, Eingliederung der Vororte u. des Umlandes einer Stadt, die sich dadurch vergrößert* [→ *Suburb*]

Sub|ur|bia, ⟨auch⟩ **Su|bur|bia** ⟨[səbə:biə] f.; -; unz.⟩ **1** *Gesamtheit der städtischen Randbezirke, Vororte* **2** ⟨meist abwertend für⟩ *(spießbürgerliche) Lebensweise, die für die Bewohner der Suburbia typisch sein soll* [engl., »die Vororte«]

sub|ur|bi|ka|risch ⟨Adj.; kath. Kirche⟩ *zu Rom gehörend;* ~es Bistum [< lat. *suburbanus* »in der Nähe der Stadt (Rom)«]

Sub|ven|ti|on ⟨[-vɛn-] f.; -, -en⟩ *(finanzielle) Hilfe, zweckgebundene Unterstützung, bes. aus öffentl. Mitteln* [< lat. *subvenire* »zu Hilfe kommen«]

sub|ven|ti|o|nie|ren ⟨[-vɛn-] V.⟩ *durch Subventionen unterstützen*

Sub|ver|si|on ⟨[-vɛr-] f.; -, -en⟩ *polit. Umsturz* [< lat. *subvertere* »umstürzen«]

sub|ver|siv ⟨[-vɛr-] Adj.⟩ *umstürzend, umstürzlerisch, zerstörend* [→ *Subversion*]

sub|vo|ce ⟨[-vo:tsə] Abk.: s.v.⟩ *unter dem Wort, Stichwort* [lat.]

Sub|way ⟨[sʌbwɛi] m.; -s, -s⟩ **1** *Untergrundbahn* **2** *Unterführung* [engl.]

Sub|woo|fer ⟨[sʌbwu:fə(r)] m.; -s, -s⟩ *großer Lautsprecher zur Bassverstärkung* [engl.]

Suc|cu|bus ⟨m.; -, Suc|cu|ben⟩ = *Sukkubus*

Su|cus ⟨m.; -, -ci⟩ *Pflanzensaft* [lat.]

Su|da|ti|on ⟨f.; -; unz.⟩ *Absonderung von Schweiß;* Sy *Sudoration* [< lat. *sudare* »schwitzen«]

Su|da|to|ri|um ⟨n.; -s, -ri|en⟩ **1** *Schwitzbad* **2** *Schwitzkasten* [lat.; zu *sudare* »schwitzen«]

Sud|den|death, ⟨auch⟩ **Sud|den Death** ⟨[sʌdən dɛθ] m.; (-) - od. (-) -s, (-) -s; Pl. selten; Sp.; Eishockey⟩ *Regelung nach der ein in der regulären Spielzeit unentschiedenes Match durch das erste in der Verlängerung erzielte Tor entschieden wird;* → a. *Goldengoal* [< engl. *sudden death* »plötzliches Ende«, eigtl. »plötzlicher Tod«]

Su|dor ⟨m.; -s; unz.⟩ *Schweiß* [lat.]

Su|do|ra|ti|on ⟨f.; -; unz.⟩ = *Sudation*

suf…, Suf… ⟨in Zus. vor f⟩ = *sub…, Sub…*

suf|fi|gie|ren ⟨V.; Sprachw.⟩ *ein Suffix anfügen* [< lat. *suffigere* »anheften«]

Süf|fi|san|ce ⟨[-zã:s(ə)] österr., schweiz.⟩, **Suf|fi|san|ce** ⟨[zyfizã:s(ə)] f.; -; unz.⟩ = *Süffisanz*

süf|fi|sant ⟨Adj.⟩ *selbstgefällig, dünkelhaft;* ein ~es Lächeln [< frz. *suffisant;* zu *suffire* »genügen«]

Süf|fi|sanz ⟨f.; -; unz.⟩ *Dünkel, Selbstgefälligkeit, Spottsucht;* oV *Süffisance, Suffisance* [< frz. *suffisance;* zu *suffire* »genügen«]

Suf|fix ⟨a. ['--] n.; -s, -e⟩ *Nachsilbe* [< lat. *suffixus,* Part. Perf. zu *suffigere* »anheften«]

suf|fi|xal ⟨Adj.; Gramm.⟩ *durch Hinzunahme eines Suffixes gebildet, entstanden*

suf|fi|xo|id ⟨Adj.; Gramm.⟩ *in der Art eines Suffixes, einem Suffix ähnlich* [< *Suffix* + *…oid*]

Suf|fi|xo|id ⟨n.; -(e)s, -e; Gramm.⟩ *eine Art Halbsuffix, das sich aus einem autonomen Lexem entwickelt hat u. gegenüber diesem in der neuen Wortbildung einen veränderten Bedeutungscharakter erhält,* z.B. »verdächtig« in »rekordverdächtig« [< *Suffix* + *…oid*]

suf|fi|zi|ent ⟨Adj.⟩ *ausreichend, genügend, hinlänglich;* Ggs *insuffizient* [< lat. *sufficiens,* Part. Präs. zu *sufficere* »darreichen, genügen«]

Suf|fi|zi|enz ⟨f.; -; unz.⟩ *ausreichende Fähigkeit, Hinlänglichkeit;* Ggs *Insuffizienz* [→ *suffizient*]

Suf|fo|ka|ti|on ⟨f.; -, -en⟩ *Erstickung* [< lat. *suffocatio* »das Ersticken«]

Suf|fra|gan, ⟨auch⟩ **Suff|ra|gan** ⟨m.; -s, -e; kath. Kirche⟩ *einem Erzbischof unterstehender Bischof* [< mlat. *suffraganeus episcopus,* < lat. *suffragari* »zu einem Amt empfehlen«]

Suf|fra|get|te, ⟨auch⟩ **Suff|ra|get|te** ⟨f.; -, -n; in England u. Amerika 1903–1914⟩ *Frauenrechtlerin, die bes. für das Stimmrecht der Frauen kämpfte* [< lat. *suffragium* »Stimmrecht«]

Suf|fu|si|on ⟨f.; -, -en⟩ *unter der Haut liegender, flächenhafter Bluterguss;* → a. *Sugillation* [< lat. *suffusio;* zu *suffundere* »benetzen, bedecken«]

Su|fi ⟨m.; - od. -s, -s⟩ *Vertreter, Anhänger des Sufismus;* Sy *Sufist* [arab., »Mann im Wollkleid«]

Su|fis|mus ⟨m.; -; unz.⟩ *asket.-myst. Richtung*

des Islams, die nach Wiedervereinigung mit Gott strebt
Su|fist ⟨m.; -en, -en⟩ = *Sufi*
sug|ge|rie|ren ⟨V.⟩ jmdm. etwas ~ *jmdn. so beeinflussen, dass er etwas tut od. denkt, ihm etwas einreden, ihn zu etwas veranlassen* [< lat. *suggerere* »von unten herantragen«]
sug|ges|ti|bel ⟨Adj.⟩ *(leicht) beeinflussbar;* suggestible Menschen [→ *suggerieren*]
Sug|ges|ti|bi|li|tät ⟨f.; -; unz.⟩ *Beeinflussbarkeit, Empfänglichkeit für Beeinflussung* [→ *suggestibel*]
Sug|ges|ti|on ⟨f.; -, -en⟩ *seelische Beeinflussung, Übertragung des eigenen Willens auf eine andere Person* [< lat. *suggestio;* zu *suggerere* »von unten herantragen«]
sug|ges|tiv ⟨Adj.⟩ *seelisch beeinflussend;* eine ~e Wirkung auf jmdn. ausüben, haben [→ *Suggestion*]
Sug|ges|tiv|fra|ge ⟨f.; -, -n⟩ *Frage, die dem Gefragten die Antwort bereits in den Mund legt*
Sug|ges|ti|vi|tät ⟨[-vi-] f.; -; unz.⟩ *Fähigkeit, Potenzial zur Beeinflussung;* seine ~ steigt mit dem Wachstum seiner Selbstsicherheit
Sug|ges|to|pä|die ⟨f.; -; unz.⟩ *spielerisch-kreative Lernmethode für Fremdsprachen, mit der ein erhöhtes Lernpensum erzielt werden soll;* → a. *Superlearning* [< *Suggestion* + grch. *paideia* »Erziehung, Übung«]
Su|gil|la|ti|on ⟨f.; -, -en⟩ *unter der Haut liegender, schwacher Bluterguss, oberflächlich blutunterlaufene Stelle;* → a. *Suffusion* [< lat. *sugillatio;* zu *sugillare* »grün u. blau schlagen«]
su|i|ci|dal ⟨Adj.⟩ = *suizidal*
Su|i|ci|da|li|tät ⟨f.; -; unz.⟩ = *Suizidalität*
sui ge|ne|ris *von eigener Art, nur durch sich selbst eine Klasse bildend, einzig, besonders* [lat., »von seiner eigenen Art«]
Sui|te ⟨[svi:t(ə)] f.; -, -n⟩ **1** *Folge von langsamen u. schnellen Sätzen gleicher Tonart;* Sy *Partita;* Tanz~ **2** *militär. od. fürstl. Gefolge, Begleitung* **3** ⟨in Hotels⟩ *Zimmerflucht,* ⟨auch⟩ *zwei Einzelzimmer mit gemeinsamem Bad* [frz., »Folge, Reihenfolge, Gefolge«; zu *suivre* »folgen«]
Su|i|zid ⟨m.; -s, -e⟩ *Selbstmord* [< lat. *sui* »seiner selbst« + *caedes* »das Töten«]
su|i|zi|dal ⟨Adj.⟩ *den Selbstmord betreffend, zu ihm gehörig, zu ihm neigend;* oV *suicidal;* Sy *suizidär*
Su|i|zi|da|li|tät ⟨f.; -; unz.⟩ *generell vorhandene Neigung, Bereitschaft zum Selbstmord;* oV *Suicidalität*
Su|i|zi|dant ⟨m.; -en, -en⟩ *jmd., der einen Selbstmordversuch unternommen hat;* oV *Suizident* [→ *Suizid*]
su|i|zi|där ⟨Adj.⟩ = *suizidal*
Su|i|zi|dent ⟨m.; -en, -en⟩ = *Suizidant*
Su|i|zi|do|lo|gie ⟨f.; -; unz.⟩ *mit der wissenschaftlichen Erforschung u. der möglichen Verhütung des Suizids befasstes Teilgebiet der Psychatrie* [< *Suizid* + *...logie*]
Su|jet ⟨[syʒe:] n.; -s, -s⟩ *Thema (einer künstlerischen Darstellung)* [frz., »Subjekt«]
suk..., **Suk...** ⟨in Zus. vor k⟩ = *sub...*, *Sub...*
Suk|ka|de ⟨f.; -, -n⟩ *kandierte Schale von Früchten,* z.B. Zitronat [< mfrz. *succade, sucrade;* zu *sucre* »Zucker«]
Suk|ku|bus ⟨m.; -, Suk|ku|ben; mittelalterl. Volksglauben⟩ *mit einem Mann buhlender weibl. Teufel;* oV *Succubus;* Ggs *Inkubus(2)* [< lat. *succumbere* »unten liegen«]
suk|ku|lent ⟨Adj.; Biol.⟩ *saftig, fleischig, kräftig* [< lat. *suc(c)ulentus;* zu *suc(c)us* »Saft«]
Suk|ku|len|te ⟨f.; -, -n⟩ *Pflanze in Trockengebieten, deren Blätter, Achsen od. Wurzeln mit einem Wasser speichernden Gewebe ausgestattet sind, Fettpflanze* [→ *sukkulent*]
Suk|ku|lenz ⟨f.; -; unz.⟩ **1** *Saftigkeit* **2** *Fähigkeit der Sukkulenten, Wasser in ihrem Gewebe zu speichern* [→ *sukkulent*]
suk|ze|dan ⟨Adj.⟩ *nachfolgend, nacheinander folgend* [zu lat. *succedere* »nachfolgen«]
suk|ze|die|ren ⟨V.⟩ *(in einem Amt) nachfolgen, die Rechtsnachfolge antreten* [< lat. *succedere* »nachfolgen, gelingen«]
Suk|zes|si|on ⟨f.; -, -en⟩ **1** *Rechtsnachfolge* **2** *Thronfolge* **3** *gesetzmäßige Folge von Pflanzengesellschaften* [< lat. *successio* »Nachfolge«; zu *succedere* »nachfolgen, gelingen«]
suk|zes|siv ⟨Adj.⟩ *allmählich (eintretend)* [< lat. *successivus;* zu *succedere* »nachfolgen, gelingen«]
suk|zes|si|ve ⟨[-və] Adv.⟩ *allmählich, nach u. nach*
Suk|zes|sor ⟨m.; -s, -so|ren⟩ *Amts-, Rechtsnachfolger* [< lat. *successor* »Nachfolger«; zu *succedere* »nachfolgen, gelingen«]
Suk|zi|nat ⟨n.; -(e)s, -e⟩ *Salz der Bernsteinsäure* [< lat. *sucinum, succinum* »Bernstein«]
Suk|zy|nil|säu|re ⟨f.; -, -n; †⟩ *Bernsteinsäure* [< lat. *sucinum, succinum* »Bernstein«]
Sul|fa|nil|säu|re ⟨f.; -, -n⟩ *Säure, die durch Erhitzen von Anilin mit Schwefelsäure entsteht, Grundstoff zur Synthese von Azofarbstoffen u. Heilmitteln (Sulfonamiden)* [→ *Sulfur*]
Sul|fat ⟨n.; -(e)s, -e⟩ *Salz der Schwefelsäure* [→ *Sulfur*]
Sul|fid ⟨n.; -(e)s, -e⟩ *Salz des Schwefelwasserstoffes* [→ *Sulfur*]
sul|fi|disch ⟨Adj.⟩ *Schwefel enthaltend*
Sul|fit ⟨n.; -(e)s, -e⟩ *Salz der schwefligen Säure*
Sul|fon|a|mid, ⟨auch⟩ **Sul|fo|na|mid** ⟨n.; -(e)s, -e⟩ *chemotherapeutisches Heilmittel, das die Sulfonamidgruppe* $-SO_2NH_2$ *enthält, zur Bekämpfung bakterieller Infektionen* [→ *Sulfur*]
Sul|fo|nat ⟨n.; -(e)s, -e⟩ *Salz u. Ester organischer Verbindungen der Schwefelsäure, wichtiger Waschmittelrohstoff*
sul|fo|nie|ren ⟨V.⟩ Schwefelatome ~ *in organische od. anorganische Verbindungen einbauen;* Sy *sulfurieren*
Sul|fur ⟨n.; -s; unz.; chem. Zeichen: S⟩ *Schwefel* [< lat. *sulfur, sulphur, sulpur;* vermutl. < osk.]
sul|fu|rie|ren ⟨V.⟩ = *sulfonieren*
Sul|fur|öl ⟨n.; -s, -e⟩ *Olivenöl, das durch Ex-*

traktion mit Schwefelkohlenstoff gewonnen worden ist

Sul|ky ⟨[sʌlki] n.; -s, -s; Sp.⟩ *zweirädriger Einspänner (bes. für Trabrennen)* [engl.]

Sul|tan ⟨m.; -s, -e; Titel für⟩ *mohammedan. Herrscher* [arab., »Herrschaft; Herrscher«]

Sul|ta|nat ⟨n.; -(e)s, -e⟩ *Bereich der Herrschaft eines Sultans*

Sul|ta|ni|ne ⟨f.; -, -n⟩ *helle, große, kernlose Rosine* [→ *Sultan* (da sie als fürstlich gilt)]

Su|mach ⟨m.; -s, -e⟩ *einer Gattung der Anacardiengewächse angehörendes Holzgewächs mit gefiederten Blättern u. harzhaltigen Steinfrüchten: Rhus;* Provenzalischer~ *Myrtenblättriger Gerberstrauch;* Sy *Schmack(3)* [< arab. *summaq*]

Sum|ma ⟨f.; -, -men⟩ **1** ⟨†; Abk.: Sa.⟩ = *Summe(1)* **2** ⟨Scholastik⟩ *zusammenfassende systemat. Darstellung von Theologie u. Philosophie* [→ *Summe*]

sum|ma cum lau|de *mit höchstem Lob (höchste Auszeichnung bei akadem. Prüfungen)* [lat.]

Sum|mand ⟨m.; -en, -en⟩ *Zahl, die zu einer anderen hinzugezählt werden soll;* Sy *Addend* [< lat. *summare* »hinzuzählen«; zu *summa* »Summe«]

sum|ma|risch ⟨Adj.⟩ **1** *kurz zusammengefasst, kurz gefasst, bündig* **2** *oberflächlich;* ein Thema ~ behandeln

Sum|mary ⟨[sʌməri] n.; -s, -s⟩ *Zusammenfassung, kurzer Abriss, Übersicht* [engl.]

sum|ma sum|ma|rum *insgesamt, alles in allem* [lat., »die Summe der Summen«]

Sum|ma|ti|on ⟨f.; -, -en⟩ *Bildung einer Summe, Aufrechnung* [→ *summieren*]

sum|ma|tiv ⟨Adj.⟩ *durch Summation erfolgend, sie betreffend;* ~ betrachtet

Sum|me ⟨f.; -, -n⟩ **1** *Ergebnis einer Addition* **2** *bestimmter Betrag an Geld;* eine beträchtliche, große, hohe, kleine ~; die runde ~ von 500 Mark **3** ⟨fig.⟩ *Gesamtheit, das Ganze;* ~ aller Erkenntnis, des Wissens [< lat. *summa* »oberste (Zahl); Gesamtzahl; Summe« (in der Antike wurde von unten nach oben addiert)]

sum|mie|ren ⟨V.⟩ **1** *eine Summe bilden von, zusammenzählen, vereinigen* **2** sich ~ *anwachsen, sich häufen, immer mehr werden* [< lat. *summare;* → *Summand*]

Sum|mist ⟨m.; -en, -en⟩ *scholastischer Schriftsteller, der seine Schriften in Form der Summa(2) abfasste u. publizierte*

Sum|mum Bo|num ⟨n.; - -; unz.⟩ *höchstes Gut* [lat.]

Sum|mus E|pi|sco|pus, ⟨auch⟩ **Sum|mus E|pis|co|pus** ⟨m.; - -; unz.⟩ **1** *höchster Bischof (= Papst)* **2** ⟨bis 1918⟩ *der Landesherr als Oberhaupt seiner (evang.) Landeskirche* [lat.]

Su|mo ⟨n.; - od. -s; unz.⟩ *eine japan. Form des Ringkampfs* [jap.]

Sun|na ⟨f.; -; unz.⟩ *Sammlung von Aussprüchen u. Vorschriften Mohammeds u. der ersten vier Kalifen als Richtschnur islamischen Lebens* [< arab. *sunnah*]

Sun|nit ⟨m.; -en, -en⟩ *Anhänger der orthodoxen Sunna, zu der über 90% der Muslime gehören;* Ggs *Schiit* [→ *Sunna*]

sun|ni|tisch ⟨Adj.⟩ *die Sunna, die Sunniten betreffend, aus ihnen hervorgehend*

Sun|spots ⟨[sʌnspɔts] Pl.; Wirtsch.⟩ *Phänomene, die fälschlicherweise als einflussreich für die Wirtschaft betrachtet werden u. durch die auf sie reagierenden Teilnehmer des Wirtschaftsgeschehens zu Einflussgrößen werden* [engl., »Sonnenflecken«]

sup…, Sup… ⟨in Zus. vor p⟩ = *sub…, Sub…*

su|per ⟨Adj.; undekl.; umg.⟩ *großartig, hervorragend, bestens;* das ist ~; ein ~ Mittagessen; er hat es ~ gemacht [lat., »oben, zuoberst, darüber«]

Su|per 1 ⟨m.; -s, -; kurz für⟩ *Superheterodynempfänger* **2** ⟨n.; -; unz.; kurz für⟩ *Superbenzin* [→ *super…, Super…*]

su|per…, Su|per… ⟨in Zus.⟩ **1** *ober…, Ober…, über…, Über…* **2** ⟨umg.⟩ *sehr, besonders, höchst;* ~klug [lat., »oben, auf, darüber (hinaus)«]

su|per|ar|bi|trie|ren, ⟨auch⟩ **su|per|ar|bit|rie|ren** ⟨V.; österr. Kanzleispr.⟩ *eine endgültige Entscheidung treffen*

Su|per|ar|bi|tri|um, ⟨auch⟩ **Su|per|ar|bit|ri|um** ⟨n.; -s, -tri|en; österr. Kanzleispr.⟩ *endgültige Entscheidung*

Su|per|a|zi|di|tät ⟨f.; -, -n⟩ *Absonderung von Magensaft mit übermäßig hohem Säuregehalt; z.B. bei Magengeschwüren*

su|perb, sü|perb ⟨[sy-] Adj.⟩ *vorzüglich, prächtig;* dieses Essen schmeckt ~ [< frz. *superbe* »stolz, prächtig« < lat. *superbus*]

Su|per|ben|zin ⟨n.; -s, -e⟩ *Benzin mit einer Oktanzahl von über 96;* Sy *Super(2);* → a. *Normalbenzin*

Su|per|bowl ⟨[sju:pə(r)bɔul] m.; -s; unz.; Sp.⟩ *Endspiel um die nordamerikan. Meisterschaft der Berufsspieler im American Football* [< *Super…* + engl. *bowl* »Schale«]

Su|per|chip ⟨[-tʃip] m.; -s, -s; EDV⟩ *leistungsstarker Chip mit sehr vielen Schaltelementen*

Su|per|cup ⟨[sju:pə(r)cʌp] m.; -s, -s; Sp., Fußb.⟩ *(seit 1972) zwischen den Europapokalgewinnern im Landesmeisterwettbewerb u. Pokalmeisterwettbewerb zur Ermittlung eines Gesamtsiegers ausgetragenen Spiele* [< *Super…* + engl. *cup* »Pokal«]

Su|per|di|vi|den|de ⟨[-vi-] f.; -, -n⟩ *neben der Dividende gewährte besondere Vergünstigung für Aktionäre*

Su|per|fe|kun|da|ti|on ⟨f.; -, -en⟩ *Befruchtung der Eier eines weibl. Tieres durch verschiedene männl. Tiere (z.B. beim Hund)* [< *Super…* + lat. *fecunditas* »Fruchtbarkeit«]

Su|per|fe|ta|ti|on ⟨f.; -, -en⟩ *Befruchtung von Eiern aus zwei aufeinander folgenden Zyklen, was zum Heranreifen von Embryonen unterschiedlichen Alters im Muttertier führt* [< *Super…* + lat. *foetus* »Leibesfrucht«]

su|per|fi|zi|ell ⟨Adj.; Med.⟩ *oberflächlich*

[< lat. *superficialis;* zu *superficies* »Oberfläche«]

Su|per|flu|i|di|tät ⟨f.; -; unz.⟩ *bisher nur vom Helium her bekannte Erscheinung, bei Temperaturen nahe dem absoluten Nullpunkt ohne jede innere Reibung zu fließen u. damit keinerlei Viskosität mehr aufzuweisen;* Sy *Suprafluidität*

Su|per-G ⟨[-dʒi] m.; - od. -s, - od. -s; Sp.⟩ *Skirennen, eine Kombination aus Abfahrtslauf u. Riesenslalom*

Su|per|het ⟨m.; -s, -s; kurz für⟩ *Superheterodynempfänger*

Su|per|he|te|ro|dyn|emp|fän|ger ⟨m.; -s, -; kurz: Super od. Superhet⟩ *Rundfunkempfänger, bei dem im Gegensatz zum Geradeausempfänger die aufgenommenen hochfrequenten Wellen vor ihrer Umwandlung in Niederfrequenz von Wellen einer konstanten Frequenz überlagert werden, Überlagerungsempfänger* [< *Super* + grch. *heteros* »verschieden« + grch. *dynamis* »Kraft« + *Empfänger*]

Su|per|in|fek|ti|on ⟨f.; -, -en⟩ *wiederholte Infektion mit den gleichen Krankheitserregern*

Su|per|in|ten|dent ⟨m.; -en, -en⟩ *evang. Geistlicher, der einem Bezirk vorsteht;* Sy *Ephorus* [< kirchenlat. *superintendens,* Part. Präs. zu *superintendere* »die Aufsicht haben«]

Su|per|in|ten|den|tur ⟨f.; -, -en⟩ *Amtszimmer des Superintendenten*

Su|pe|ri|or ⟨m.; -(e)s, -o|ren⟩ *Vorsteher eines Klosters od. Ordens* [lat., »höher«]

Su|pe|ri|o|ri|tät ⟨f.; -; unz.⟩ Ggs *Inferiorität* **1** *Überlegenheit* **2** *Übergewicht* [< lat. *superior* »höher«]

Su|per|kar|go ⟨m.; -s, -s⟩ *vom Versender ermächtigter Kontrolleur einer Fracht im Hafen*

su|per|krus|tal ⟨Adj.; Geol.⟩ *über bzw. auf der Erdkruste gebildet od. befindlich;* Sy *suprakrustal;* Ggs *interkrustal, subkrustal* [< *super*... + lat. *crusta* »Rinde«]

Su|per|la|tiv ⟨m.; -s, -e [-və]⟩ **1** ⟨Gramm.⟩ *Stufe der Komparation, die angibt, dass eine Eigenschaft einer Sache in größtem Maße zukommt, zweite Steigerungsstufe, Meiststufe;* → a. *Elativ* **2** ⟨allg.⟩ *übertriebener Ausdruck, übermäßiges Lob;* in (lauter) ~en reden; eine Ware in ~en anpreisen [< lat. *superlativus* »darüber hinausgetragen«, < *super* »oben, auf, (darüber) hinaus« + *latus,* Part. Perf. zu *ferre* »tragen«]

su|per|la|ti|visch ⟨[-visch] Adj.⟩ **1** *in Form eines Superlativs* **2** *übertrieben*

Su|per|la|ti|vis|mus ⟨[-vis-] m.; -; unz.⟩ *übertriebene Verwendung von Superlativen*

Su|per|lear|ning ⟨[sju:pe(r)lə:niŋ] n.; -s; unz.⟩ *Methode zur Aneignung von Fremdsprachen mit Hilfe von gezielten Entspannungsübungen, die die Aufnahmebereitschaft des Lernenden steigern;* → a. *Suggestopädie* [< *Super*... + engl. *learn* »lernen«]

Su|per|lei|ter ⟨m.; -s, -⟩ = *Supraleiter*

Su|per|leit|fä|hig|keit ⟨f.; -; unz.⟩ = *Supraleitfähigkeit*

Su|per|markt ⟨m.; -(e)s, -märk|te⟩ *großes Geschäft mit Selbstbedienung, umfangreichem Sortiment u. günstigen Preisen nach amerikan. Vorbild*

Su|per|na|tu|ra|lis|mus ⟨m.; -; unz.⟩ = *Supranaturalismus*

su|per|na|tu|ra|lis|tisch ⟨Adj.⟩ = *supranaturalistisch*

Su|per|no|va ⟨[-va] f.; -, -vä⟩ *durch millionenfache Erhöhung der normalen Helligkeit gekennzeichnete Sternexplosion* [< *Super*... + lat. *nova,* Fem. zu *novus* »neu«]

Su|per|o|xid ⟨n.; -(e)s, -e⟩ *Sauerstoffverbindung eines Elements, die mehr Sauerstoffatome aufweist als das normalerweise auftretende Oxid;* oV *Superoxyd*

Su|per|o|xyd ⟨n.; -(e)s, -e⟩ = *Superoxid*

Su|per|phos|phat ⟨n.; -(e)s; unz.⟩ *phosphathaltiges Düngemittel*

Su|per|port ⟨n.; -(e)s, -e⟩ = *Sopraporte*

Su|per|po|si|ti|on ⟨f.; -, -en⟩ **1** ⟨Phys.⟩ *Überlagerung von Kräften od. von Wellen* **2** *Überlagerung von Strukturen auf zweidimensionalen Röntgenbildern* [< *Super*... + *Position*]

Su|per|po|si|ti|ons|au|ge ⟨n.; -s, -n⟩ *Einzelauge des Facettenauges, bei dem im Falle geringerer Lichtintensität die Isolierung durch Pigmentwanderung aufgehoben wird*

Su|per|re|vi|si|on ⟨[-vi-] f.; -, -en; Wirtsch.⟩ *nochmalige Nachprüfung* [< *Super*... + *Revision*]

su|per|so|nisch ⟨Adj.⟩ *über der Schallgeschwindigkeit liegend;* Sy *transsonisch;* Ggs *subsonisch* [< engl. *supersonic;* zu lat. *super* »darüber« + *sonus* »Ton, Schall«]

Su|per|star ⟨m.; -s, -s; umg.⟩ *herausragender Star*

Su|per|strat ⟨n.; -(e)s, -e⟩ *Sprache eines erobernden Volkes, das seine Sprache dem des eroberten angleicht;* Ggs *Substrat(3)* [< lat. *superstratus,* Part. Perf. zu *supersternere* »darüber legen«]

Su|per|vi|si|on ⟨[-vi-], engl. [sjupə(r)viʃn] f.; -, -en⟩ **1** ⟨unz.; bes. Wirtsch.⟩ *Überwachung, Aufsicht, Leistungskontrolle* **2** ⟨zählb.; Psych.⟩ *psychotherapeut. Betreuung, Sitzung* [engl.]

Su|per|vi|sor ⟨[sjupə(r)vaizər] m.; -s, -⟩ **1** ⟨EDV⟩ *den Ablauf eines Betriebssystems lenkendes Hauptsteuerprogramm* **2** ⟨Wirtsch.⟩ *jmd., der Leistungskontrollen durchführt, Aufsichtführender* **3** *jmd., der eine Supervision(2) leitet* [engl., eigtl. »Aufseher«]

Su|pi|num ⟨n.; -s, -na; Gramm.⟩ *Verbalsubstantiv des Lateinischen,* z.B. lectum „um zu lesen" [< lat. *supinus* »nach oben gekehrt«]

Sup|pe|da|ne|um ⟨n.; -s, -nea⟩ *Stütze unter den Füßen des Gekreuzigten* [< *Sub*... + lat. *pes.,* Gen. *pedis* »Fuß«]

Sup|per ⟨[sʌpə(r)] n.; -s, -⟩ *Abendessen, Nachtmahl* [engl.]

Sup|ple|ant ⟨m.; -en, -en; schweiz.⟩ **1** *Stellvertreter* **2** *Ersatzmann (in Behörden)* [< frz. *suppléant;* zu *suppléer* »ergänzen«]

Sup|ple|ment ⟨n.; -(e)s, -e⟩ *Ergänzung, Nach-*

trag (zu einem Werk) [< frz. *supplément;* zu *suppléer* »ergänzen«]
sup|ple|men|tär ⟨Adj.⟩ *ergänzend, nachträglich (hinzugefügt)*
Sup|ple|ment|win|kel ⟨m.; -s, -⟩ *Winkel, der einen anderen Winkel zu 180° ergänzt;* → a. *Komplementwinkel*
Sup|ple|tiv ⟨m.; -s, -e [-və]⟩ **Sup|ple|tiv|form** ⟨f.; -, -en⟩ *den Suppletivismus komplettierende grammatische Form eines Wortes* [→ *supplement*]
Sup|ple|ti|vis|mus ⟨[-vis-] m.; -; unz.; Sprachw.⟩ *Ergänzung von Flexionsformen durch Stämme anderer etymologischer Herkunft, z.B: bin, ist, war* [< lat. *suppletivus* »ergänzend«]
Sup|plik ⟨f.; -, -en⟩, **Sup|pli|ka|ti|on** ⟨f.; -, -en; beides †⟩ *Bittgesuch* [< lat. *supplicium,* zu *supplicare* »anflehen«]
sup|po|nie|ren ⟨V.⟩ *voraussetzen, unterstellen* [< lat. *supponere* »darunter legen«]
Sup|port ⟨m.; -(e)s, -e⟩ *Vorrichtung zur festen Führung des Werkzeuges od. Werkstückes an Werkzeugmaschinen* [zu lat. *supportare* »nachführen«]
Sup|po|si|ti|on ⟨f.; -, -en⟩ **1** *Voraussetzung, Annahme* **2** *Unterstellung* [→ *supponieren*]
Sup|po|si|to|ri|um ⟨n.; -s, -ri|en⟩ *in den Darm einzuführendes, zäpfchenförmiges Heilmittel, Zäpfchen* [→ *supponieren*]
Sup|po|si|tum ⟨n.; -s, -ta⟩ *Voraussetzung, Annahme* [→ *supponieren*]
Sup|pres|si|on ⟨f.; -, -en⟩ *Unterdrückung, Zurückdrängung, Verheimlichung* [< lat. *suppressio;* zu *supprimere* »unterdrücken«]
sup|pres|siv ⟨Adj.⟩ *unterdrückend, zurückdrängend*
Sup|pres|sor ⟨m.; -s, -so|ren; Biol.⟩ *die Mutationswirkung eines anderen Gens (nicht des Allels) unterdrückendes Gen* [→ *Suppression*]
sup|pri|mie|ren ⟨V.⟩ *unterdrücken, zurückdrängen* [→ *Suppression*]
Sup|pu|ra|ti|on ⟨f.; -, -en⟩ *Eiterung* [< *Sub...* + lat. *pus* »Eiter«]
sup|pu|ra|tiv ⟨Adj.⟩ *eitrig, eiternd*

■ Die Buchstabenfolge **su|pr...** kann auch **sup|r...** getrennt werden.

■ **su|pra...**, **Su|pra...** ⟨in Zus.⟩ *ober..., Ober..., über..., Über...* [< lat. *supra* »oben, oberhalb, über«]
■ **Su|pra|flu|i|di|tät** ⟨f.; -; unz.⟩ = *Superfluidität*
■ **su|pra|krus|tal** ⟨Adj.⟩ = *superkrustal*
■ **su|pra|lei|tend** ⟨Adj.⟩ *die Eigenschaft der Supraleitfähigkeit besitzend*
■ **Su|pra|lei|ter** ⟨m.; -s, -⟩ *Stoff, der die Eigenschaft der Supraleitfähigkeit besitzt od. unter bestimmten Bedingungen besitzen kann;* Sy *Superleiter*
■ **sup|ra|na|ti|o|nal** ⟨Adj.⟩ *überstaatlich*
■ **su|pra|na|tu|ral** ⟨Adj.; Philos.⟩ *übernatürlich* [< *supra...* + *natural*]
■ **Su|pra|na|tu|ra|lis|mus** ⟨m.; -; unz.⟩ *eine Richtung des Denkens, die ein übernatürl. Sein annimmt;* Sy *Supernaturalismus*
■ **su|pra|na|tu|ra|lis|tisch** ⟨Adj.⟩ *auf dem Supranaturalismus beruhend, ihn betreffend;* oV *supernaturalistisch*
■ **Su|pra|port** ⟨n.; -(e)s, -e⟩, **Su|pra|por|te** ⟨f.; -, -n⟩ = *Sopraporte*
■ **su|pra|re|nal** ⟨Adj.; Med.⟩ *die Nebenniere betreffend, oberhalb der Niere liegend* [< *supra...* + *renal*]
■ **Su|pra|re|nin** ⟨n.; -s; unz.⟩ *synthet. Adrenalin* [< *supra* + lat. *ren* »Niere«]
■ **Su|pra|strom** ⟨m.; -s; unz.⟩ *in einem Supraleiter fließender Strom*
■ **su|pra|va|gi|nal** ⟨[-va-] Adj.⟩ *oberhalb der Scheide gelegen* [< supra... + *vaginal*]
■ **Su|pre|mat** ⟨m. od. n.; -(e)s, -e⟩, **Su|pre|ma|tie,** ⟨f.; -, -n⟩ **1** *Oberherrschaft (des Papstes)* **2** *Überordnung, Vorrang* [< lat. *supremus* »oberster«; Superlativ zu *superus* »obere(r, s)«]
Sur|di|tas ⟨f.; -; unz.; Med.⟩ *Taubheit* [lat.]
Sur|do|mu|ti|tas ⟨f.; -; unz.; Med.⟩ *Taubstummheit* [< lat. *surditas* »Taubheit« + *mutitas* »Stummheit«]
Su|re ⟨f.; -, -n⟩ *Abschnitt des Korans* [< arab. *surah* »Stufe, Grad«]
Surf|board ⟨[sə:fbɔ:d] n.; -s, -s⟩ = *Surfbrett*
Surf|brett ⟨[sə:f-] n.; -(e)s, -er⟩ *Brett zum Surfen;* Sy *Surfboard;* → a. *Windsurfer(2)*
sur|fen ⟨[sə:-] V.⟩ **1** *Surfing betreiben, auf dem Surfbrett segeln;* er ist über den See gesurft **2** im Internet ~ *im Internet ein Angebot nach dem anderen anwählen* **3** durch Fernsehprogramme ~ *alle möglichen Fernsehkanäle durchschalten* **4** ⟨kurz für⟩ *S-Bahn-Surfen* [< engl. *surf*]
Sur|fer ⟨[sə:-] m.; -s, -⟩ *jmd., der das Surfen betreibt;* → a. *Windsurfer*
Sur|fing ⟨[sə:-]⟩, **Surf|ri|ding** ⟨[sə:frai-] n.; -s; unz.⟩ *Wassersport, bei dem man sich, auf einem Brett kniend od. stehend, von einer Welle über die Brandung tragen lässt* [< engl. *surf* »Brandung« + *riding* »das Reiten«]
Su|ri|mo|no ⟨n.; -s, -s; seit Ende des 18. Jh.⟩ *Glückwunschblatt zu Neujahr, das oft in luxuriösem Privatdruck für den Tausch im Freundeskreis u. in literarischen Zirkeln entstanden ist* [jap.]
sur|jek|tiv ⟨Adj.; Math.⟩ *Abbildung od. Funktion, die die Eigenschaft aufweist, dass jedes Element der Menge, in der die Funktionswerte liegen, auch ein zugeordneter Wert der Funktion ist* [frz. < lat. *iactare* »werfen«]
Sur|plus ⟨[sə:(r)pləs] n.; -, -; Kaufmannsspr.⟩ *Überschuss, Gewinn* [engl. < frz. *surplus*]
sur|re|al ⟨a. [zyr-] Adj.⟩ *überwirklich, traumhaft* [< frz. *sur* »über« + *real*]
Sur|re|a|lis|mus ⟨a. [zyr-] m.; -; unz.; seit Anfang des 20. Jh.⟩ *Strömung in Kunst u. Literatur, die das Übernatürliche u. Traumhafte u. seine Verschmelzung mit der Wirklichkeit darzustellen sucht* [< frz. *sur* »über« + *Realismus*]

Sur|re|a|list ⟨a. [zyr-] m.; -en, -en⟩ *Anhänger, Vertreter des Surrealismus*
sur|re|a|lis|tisch ⟨a. [zyr-] Adj.⟩ *in der Art des Surrealismus*
Sur|ro|gat ⟨n.; -(e)s, -e⟩ *Ersatz (bes. wenn er nicht vollwertig ist), Behelf* → a. *Substitut(3)* [< lat. *surrogare* »nachwählen lassen, ersetzen«]
Sur|ro|ga|ti|on ⟨f.; -, -en⟩ *Einsetzung od. Nachrücken eines neuen Berechtigten od. eines zum Vermögen gehörenden Gegenstandes an Stelle eines alten* [→ *Surrogat*]
sur|sum cor|da *empor die Herzen! (Beginn der Präfation in der kath. Liturgie)* [lat.]
Sur|tax ⟨[sə:(r)tæks] f.; -, -es [-siz]⟩ = *Surtaxe* [engl.]
Sur|taxe ⟨[zyrtaks] f.; -, -n [-sən]⟩ *bei Überschreitung einer bestimmten Einkommensgrenze in Frankreich, Großbritannien u. den USA zu entrichtende Zusatzsteuer;* oV *Surtax* [< frz. *sur* »über« + *taxe* »Steuer(betrag)«]
Sur|vey ⟨[sə:(r)vɛi] m.; - od. -s, -s; Wirtsch.⟩ **1** *Untersuchung, Erhebung im Bereich der Markt- u. Meinungsforschung* **2** *Streitfragen auflösendes Sachverständigen-Gutachten im Warenhandel* [engl., »Überblick«]
Sur|vey|or, ⟨auch⟩ **Sur|ve|yor** ⟨[sə:(r)vɛiə(r)] m.; -s, -; Name für⟩ *amerik. unbemannte Mondsonde* [< engl. *survey* »überblicken, prüfen, begutachten«]
Sur|vi|val ⟨[sə:(r)vaivəl] n.; -s, -s⟩ **1** *aus einer älteren Kulturschicht erhaltenes Kulturelement* **2** ⟨kurz für⟩ *Survivaltraining* [engl., »Überbleibsel, Überleben«]
Sur|vi|val|kit ⟨[sə:(r)vaivəl-] n. od. m.; -s, -s⟩ *Ausrüstung, Werkzeugkasten für das Überleben in extremen Notsituationen* [< engl. *survival* »Überleben« + *kit* »Ausrüstung, Werkzeugkasten«]
Sur|vi|val|trai|ning ⟨[sə:(r)vaivəltre:niŋ] n.; -s, -s⟩ *Training zum Überleben in extremen Notsituationen;* Sy *Survival(2)* [engl., »Überlebenstraining«]
Su|shi ⟨[zu:ʃi] n.; -s, -s; jap. Kochk.⟩ *Gericht aus rohem Fisch (u. einer Reisbeilage)*
Su|si|ne ⟨f.; -, -n⟩ *gelbe od. rote Pflaume* [< ital. *susina* »Pflaume«]
su|spekt, ⟨auch⟩ **sus|pekt** ⟨Adj.⟩ *verdächtig* [< lat. *suspectus;* zu *suspicere* »emporblicken, argwöhnen«]
sus|pen|die|ren ⟨V.⟩ **1** *bis auf weiteres des Amtes entheben* **2** *(zeitweilig) aufheben* **3** *aufschieben, in der Schwebe lassen* **4** ⟨Med.⟩ *schwebend aufhängen* **5** ⟨Chem.⟩ feste Teilchen ~ *in einer Flüssigkeit fein verteilen, so dass sie schweben* [< lat. *suspendere* »aufhängen, schweben lassen, unterbrechen«]
Sus|pen|si|on ⟨f.; -, -en⟩ **1** *(zeitweilige) Entlassung aus einem Amt* **2** ⟨Med.⟩ *schwebende Aufhängung* **3** ⟨Chem.⟩ *Aufschwemmung feinster Teilchen in einer Flüssigkeit* [→ *suspendieren*]
sus|pen|siv ⟨Adj.⟩ **1** *(bis auf weiteres) aufhebend* **2** *aufschiebend* [→ *suspendieren*]
Sus|pen|so|ri|um ⟨n.; -s, -ri|en; Med.⟩ *beutelartiger, tragender Verband,* z.B. Armschlinge [→ *suspendieren*]
Sus|tain ⟨[səstɛin] n.; -s, -s⟩ *Zeit, in der mit dem Synthesizer ein Ton ohne Abweichung gehalten wird; Abklingeffektschaltung* [engl., »Ton halten«]
sus|zep|ti|bel ⟨Adj.⟩ *empfänglich, empfindlich, reizbar* [< lat. *suscipere* »aufnehmen«]
Sus|zep|ti|bi|li|tät ⟨f.; -; unz.⟩ *Empfänglichkeit, Empfindlichkeit, Reizbarkeit;* elektrische (magnetische) ~ *das Verhältnis der Elektrisierung (Magnetisierung) zu elektr. (magnet.) Feldstärke* [→ *suszeptibel*]
Su|tra, ⟨auch⟩ **Sut|ra** ⟨n.; -, -s⟩ *kurzer, einprägsamer Lehrsatz der altind. Literatur* [Sanskrit, eigtl. »Faden«]
Su|tur ⟨f.; -, -en⟩ *Naht, die Knochen, bes. die des Schädels, miteinander verbindet* [< lat. *suere* »zusammennähen«]
Su|um cu|i|que ⟨[-kui:-]⟩ *jedem das Seine (Wahlspruch Friedrichs I. von Preußen u. des preuß. Schwarzen Adlerordens)* [lat.]
su|ze|rän ⟨Adj.⟩ **1** *den Suzerän betreffend* **2** *auf Suzeränität beruhend* [< frz. *suzerain,* < lat. *sursum* »in der Höhe«]
Su|ze|rän ⟨m.; -s, -e⟩ **1** *Herrscher, bes. über einen halbsouveränen Staat, Oberherr* **2** *die Suzeränität ausübender Staat* [→ *suzerän*]
Su|ze|rä|ni|tät ⟨f.; -; unz.⟩ **1** *Herrschaft einer Person über einen halbsouveränen Staat, Oberherrschaft* **2** *Oberherrschaft eines Staates über einen halbsouveränen* [→ *suzerän*]
s.v. ⟨Abk. für⟩ *sub voce*
sve|gli|a|to, ⟨auch⟩ **sveg|li|a|to** ⟨[svɛlja:to] Mus.⟩ *kühn, frisch, frei; (zu spielen)* [ital.]
s.v.v. ⟨Abk. für⟩ *sit venia verbo*
Swa|mi ⟨m.; -s, -s⟩ *hinduist. Lehrer, Mönch (als Anrede)* [< hind. *svami* »Inhaber, Gebieter«]
Swamps ⟨[svɔmps] Pl.⟩ **1** *durch Bewässerung gewonnenes Fruchtland* **2** *Zypressensümpfe (am Golf von Mexiko)* [engl. *swamp* »Sumpf«]
Swan|boy ⟨[svɔnbɔi] m.; -s; unz.⟩ *ein Moltongewebe* [< engl. *swan* »Schwan« + *boy* »Junge«]
Swap ⟨[svɔp] m.; -s, -s; Bankw.⟩ **1** *Differenz zwischen Kassa- u. Terminkurs* **2** *Tauschhandel* [engl., »Tausch«]
Swap|ge|schäft ⟨[svɔp-] n.; -(e)s, -e⟩ *Prolongationsgeschäft in Devisen;* → a. *Devisenswap* [< engl. *swap* »(aus)tauschen«]
SWAPO ⟨f.; -; unz.; Abk. für engl.⟩ *South West African People's Organization (Unabhängigkeitsbewegung in Namibia), seit 1990 Regierungspartei*
Swap|per ⟨[svɔpə(r)] m.; -s, -; umg.⟩ *jmd., der (für sexuelle Beziehungen) den Partner wechselt* [zu engl. *swap* »tauschen«]
Swap|ping ⟨[swɔp-] n.; -s; unz.; EDV⟩ *Verfahren zur Speicherverwaltung, bei dem Dateien zw. Speicher u. Datenträger verschoben werden* [engl., zu *swap* »austauschen, auslegen«]

Swas|ti|ka ⟨f.; -, -ken⟩ *altind. Symbol der Sonne in Form eines Hakenkreuzes* [< Sanskrit *svastika* < *su* »gut« + *asti* »seiend«]
Swatch ⟨[swɔtʃ] f.; -, -s od. -es [-tʃiz]; Ⓦⓩ⟩ *modische schweizer. Armbanduhr* [< engl. *swiss* »schweizerisch« + *watch* »Uhr«]
Swea|ter ⟨[swɛtə(r)] m.; -s, -⟩ *sportl. Pullover aus Baumwolltrikot* [zu engl. *sweat* »schwitzen«]
Sweat|shirt ⟨[swɛtʃə:t] n.; -s, -s⟩ *Sportpullover aus Baumwolltrikot* [< engl. *sweat* »schwitzen« + *shirt* »Hemd«]
Sweep|stake ⟨[swi:pstɛik] n.; -s, -s⟩ *Verlosung, bei der die Gewinnnummern u. Gewinne vorher festgesetzt worden sind* [engl.]
Sweet ⟨[swi:t] m.; -; unz.; Mus.⟩ *jazzähnliche Tanz- u. Unterhaltungsmusik* [engl., eigtl. »süß«]
Sweet|heart ⟨[swi:tha:(r)t] n.; - od. -s, -s⟩ *Liebste(r), Schatz, Liebling* [engl.]
Swim|ming|pool ⟨[-pu:l] m.; -s, -s⟩ *Schwimmbecken (im Garten od. Haus)* [engl., < *swim* »schwimmen« + *pool* »Teich, Becken«]
Swing ⟨m.; - od. -s; unz.⟩ **1** ⟨Mus.⟩ *ruhig schwingender Stil im Jazz;* → a. *Chicagojazz* **2** *Tanz in diesem Stil* **3** *höchste Grenze des Kredits, die sich zwei Staaten bei bilateralen Handelsverträgen gegenseitig einräumen* [engl., »Schwingen, Rhythmus«; zu *swing* »schwingen«]
Swing-by ⟨[swiŋbai] n.; -s, -s; Raumf.⟩ = *Fly-by* [engl. *swing by,* umg. »(kurz) vorbeischauen«]
swin|gen ⟨V.⟩ *Swing(2) tanzen*
Swin|ger ⟨m.; -s, -⟩ **1** *schwingender, nach unten weit fallender, kurzer Mantel* **2** ⟨umg.⟩ *jmd., der Gruppensex betreibt* [engl.]
Swing|fox ⟨m.; - od. -es, -e⟩ *Tanz, der in Anlehnung an den Foxtrott entstanden ist* [engl.]
Swin|ging ⟨n.; - od. -s; unz.⟩ *Gruppensex* [engl.]
swit|chen ⟨[svitʃən] V.⟩ *mit der Fernbedienung von einem Fernsehprogramm zum nächsten schalten;* → a. *zappen*
Swit|cher ⟨[svitʃə(r)] m.; -s, -; umg.⟩ *jmd., der beim Fernsehen ständig von Kanal zu Kanal schaltet;* Sy *Zapper* [engl., »Umschalter«]
Switch|ge|schäft ⟨[svitʃ-] n.; -(e)s, -e⟩ *Im- od. Exportgeschäft, das zum Zweck der Ausnutzung von Kursdifferenzen über ein drittes Land geleitet wird* [zu engl. *switch* »umstellen, verlegen«]
sy…, Sy… ⟨in Zus. vor s⟩ = *syn…, Syn…*
Sy|ba|rit ⟨m.; -en, -en⟩ **1** *Einwohner der Stadt Sybaris im Altertum* **2** ⟨fig.; †⟩ *Schlemmer, Schwelger* [die Sybariten waren für ihre aufwändige Lebensführung bekannt]
sy|ba|ri|tisch ⟨Adj.; fig.; †⟩ *schwelgerisch, genusssüchtig, verweichlicht*
Sy|e|nit ⟨m.; -s, -e⟩ *gut zu polierendes, granitähnliches Tiefengestein* [nach *Syene,* dem grch. Namen der Stadt Assuan]
Sy|ko|mo|re ⟨f.; -, -n⟩ *Maulbeerfeige, ostafrikan. Feigenbaum, der wertvolles Holz liefert: Ficus sykomorus* [< grch. *sykon* »Feige« + *moron* »Brombeere«]
syl…, Syl… ⟨in Zus. vor l⟩ = *syn…, Syn…*
syl|la|bie|ren ⟨V.⟩ **1** *in Einzelsilben aussprechen;* Wörter ~ **2** ⟨†⟩ *buchstabieren* [→ *syllabisch*]
syl|la|bisch ⟨Adj.⟩ **1** *silbenweise* **2** ⟨Mus.⟩ *mit einer Silbe auf einer Note (gesungen);* Ggs *melismatisch* [< lat. *syllaba* »Silbe«]
Syl|la|bus ⟨m.; -, - od. -bi⟩ *1864 durch Papst Pius IX. veröffentlichtes Verzeichnis aller abzulehnenden modernen theolog. Lehren* [nlat. < lat. *sillybus* (»an die Schriftrolle angehängter) Pergamentstreifen, Buchtitel« < grch. *sillybos*]
Syl|lep|se ⟨f.; -, -n⟩ *Beziehung eines Attributs od. Prädikats auf mehrere, in Person, Numerus od. Genus verschiedene Subjekte;* oV *Syllepsis(1)* [< grch. *syllepsis* »das Zusammenfassen«; zu *syllambanein*]
Syl|lep|sis ⟨f.; -, -sen⟩ **1** = *Syllepse* **2** *spezielle Methode der Statistik*
syl|lep|tisch ⟨Adj.⟩ *in der Art einer Syllepse*
Syl|lo|gis|mus ⟨m.; -, -men⟩ *logischer Schluss vom Allgemeinen aufs Besondere* [< grch. *syllogismos* »das Zusammenrechnen«, < *syn…* + *logizesthai* »rechnen«]
Syl|lo|gis|tik ⟨f.; -; unz.⟩ *Lehre von den Syllogismen (u. ihrer Anwendung)*
syl|lo|gis|tisch ⟨Adj.⟩ *in der Art des Syllogismus*
Syl|phe ⟨m.; -n, -n od. f; -, -n; in der Myth. des MA⟩ *Luftgeist* [nach Paracelsus]
Syl|phi|de ⟨f.; -, -n⟩ **1** *weibl. Luftgeist* **2** ⟨a. fig.⟩ *anmutiges, schlankes Mädchen* [→ *Sylphe*]
Syl|va|nit ⟨[-va-] m.; -s, -e⟩ *stahlgraues bis silberweißes, metallisch glänzendes Mineral, chemisch ein Gold-Silber-Tellurid, wichtig zur Gewinnung von Gold u. Silber* [nach *Transsylvanien,* dem lat. Namen für Siebenbürgen]
Syl|ves|ter ⟨[-vɛs-] n.; -s, -⟩ = *Silvester*
Syl|vin ⟨[-vi:n] n.; -s, -e⟩ *farbloses bis weißes od. rötliches Mineral, chemisch Kaliumchlorid, Formel KCl, wichtiges Kaliumsalz* [nach dem Arzt Franz *Sylvius,* eigtl. de la Boë, 1614-1672]
Syl|vi|nit ⟨[-vi-] n.; -s, -e⟩ *Gemenge aus Sylvin u. anderen Kalium-Natrium-Salzen, als Düngemittel verwendet*
sym…, Sym… ⟨in Zus. vor b, p, m⟩ = *syn…, Syn…*
Sym|bi|ont ⟨m.; -en, -en⟩ *Lebewesen, das mit einem anderen in Symbiose lebt* [zu grch. *symbion* »zusammenlebend«]
sym|bi|on|tisch ⟨Adj.⟩ = *symbiotisch*
Sym|bi|o|se ⟨f.; -, -n⟩ *dauerndes Zusammenleben zweier Lebewesen (Tiere, Pflanzen od. Tier u. Pflanze) zum beiderseitigen Nutzen* [< *Syn…* + *…biose*]
sym|bi|o|tisch ⟨Adj.⟩ *in Symbiose (lebend);* Sy *symbiontisch*
Sym|bol ⟨n.; -s, -e⟩ **1** *einen tieferen Sinn andeutendes Zeichen, Sinnbild* **2** *für ein chem. Element od. einen physikal. Begriff stehendes*

Zeichen **3** ⟨Semiotik⟩ *ein Ding od. ein Bild als Zeichen, das für ein Ding, eine Vorstellung od. ein Gefühl usw. steht* **4** ⟨bildende Kunst; Dichtung⟩ *bildhaftes, visuell wirkungsvolles Zeichen für einen Begriff od. Vorgang, oft ohne erkennbaren Zusammenhang mit diesem;* Ggs *Allegorie;* die blaue Blume als ~ für die Romantik [< grch. *symbolon* »Erkennungszeichen«; zu *symballein* »zusammenwerfen, -halten«]

Sym|bo̲l|fi|gur ⟨f.; -, -en⟩ *Figur, Person, die symbolisch für etwas steht;* Elvis Presley als ~ des Rock 'n' Roll

Sym|bo̲|lik ⟨f.; -; unz.⟩ **1** *Sprache, Ausdruckskraft, Bedeutung der Symbole* **2** *Anwendung von Symbolen* **3** ⟨†⟩ *Lehre von den verschiedenen christl. Bekenntnissen u. ihren dogmat. Unterschieden*

sym|bo̲|lisch ⟨Adj.⟩ *in der Art eines Symbols, dadurch ausgedrückt*

sym|bo|li|sie̲|ren ⟨V.⟩ *durch ein Symbol darstellen*

Sym|bo|li|sie̲|rung ⟨f.; -, -en⟩ *symbolische Darstellung*

Sym|bo|lis|mus ⟨m.; -; unz.⟩ *literar. Strömung des 19. Jh., die ihre Aussagen durch symbol. Darstellung zu vermitteln suchte*

Sym|bo|list ⟨m.; -en, -en⟩ *Anhänger, Vertreter des Symbolismus*

sym|bo|lis|tisch ⟨Adj.⟩ *den Symbolismus betreffend, auf ihm beruhend, ihm entsprechend*

Sym|me|trie̲, ⟨auch⟩ **Sym|met|rie̲** ⟨f.; -, -n⟩ *spiegelbildliches Gleichmaß, Spiegelgleichheit* [< grch. *symmetria* »Ebenmaß«; zu *symmetros* »gleichmäßig«]

Sym|me|trie̲|ach|se, ⟨auch⟩ **Sym|met|rie̲|achse** ⟨f.; -, -n⟩ *gedachte Linie durch die Mitte eines Körpers, Drehachse*

Sym|me|trie̲|e|be|ne, ⟨auch⟩ **Sym|met|rie̲|e|bene** ⟨f.; -, -n⟩ *Ebene, auf deren beiden Seiten sich spiegelbildlich gleiche Körper befinden*

sym|me̲|trisch, ⟨auch⟩ **sym|me̲t|risch** ⟨Adj.⟩ *in Bezug auf eine Achse gleich, spiegelgleich* [→ *Symmetrie*]

Sym|path|ek|to|mie̲, ⟨auch⟩ **Sym|pa|thek|tomie̲** ⟨f.; -, -n; Med.⟩ *chirurgische Entfernung des Sympathikus* [< *Sympathicus* + *Ektomie*]

sym|pa|the̲|tisch ⟨Adj.⟩ **1** *mitfühlend* **2** *geheimnisvoll wirkend;* ~e Kur *Heilverfahren durch sympathetische Mittel (Besprechen, Gesundbeten usw.);* ~e Tinte *unsichtbar schreibende Tinte, die erst nach besonderer Behandlung die Schriftzüge zeigt* [→ *Sympathie*]

Sym|pa|thie̲ ⟨f.; -, -n⟩ Ggs *Antipathie* **1** *Zuneigung* **2** *gefühlsmäßige Übereinstimmung, Seelenverwandtschaft* [< grch. *sympathein* »mitleiden, mitempfinden«, < *syn* »zusammen« + *pathos* »Leiden«]

Sym|pa|thie̲|streik ⟨m.; -s, -s⟩ *Streik zur Unterstützung einer anderen (ebenfalls streikenden) Gruppe*

Sym|pa|thi|ko|to|nie̲ ⟨f.; -, -n⟩ *erhöhte Erregbarkeit des Sympathikus* [< *Sympathikus* + *...tonie*]

Sym|pa̲|thi|kus ⟨m.; -, -thi|zi⟩ *einer der Lebensnerven der Säugetiere u. des Menschen: Nervus sympathicus* [→ *Sympathie*]

Sym|pa|thi|sa̱nt ⟨m.; -en, -en⟩ *jmd., der mit etwas od. jmdm. sympathisiert*

sym|pa̲|thisch ⟨Adj.⟩ **1** *auf Sympathie beruhend, von angenehmem, liebenswertem Wesen;* Ggs *antipathisch, unsympathisch;* ein ~er Mensch; er ist mir nicht ~ **2** *den Sympathikus betreffend, auf ihm beruhend, mit ihm verbunden*

sym|pa|thi|sie̲|ren ⟨V.⟩ *übereinstimmen, gleich gestimmt sein;* mit jmdm. od. etwas ~ *Neigung haben, geneigt sein zu jmdm. od. etwas* [→ *Sympathie*]

Sym|pho|nie̲ ⟨f.; -, -n⟩ = *Sinfonie*

Sym|pho̲|ni|ker ⟨m.; -s, -⟩ = *Sinfoniker*

sym|pho̲|nisch ⟨Adj.⟩ = *sinfonisch*

Sym|phy̲|se ⟨f.; -, -n⟩, **Sy̱m|phy|sis** ⟨f.; -, -physen⟩ *Verwachsung von Knochen (bes. der Schambeine)* [< *Syn...* »mit, zusammen« + *...physe* < grch. *phaein* »wachsen«]

sym|phy|tisch ⟨Adj.; Med.⟩ *zusammengewachsen* [→ *Symphyse*]

Sym|po̱|si|on, Sym|po̱|si|um ⟨n.; -s, -si|en⟩ **1** *altgrch. Trinkgelage* **2** *(dabei geführtes) wissenschaftl. Gespräch* **3** *wissenschaftl. Tagung* [< grch. *symposion;* zu *sympinein* »zusammen trinken«]

■ Die Buchstabenfolge **sym|pt...** kann auch **symp|t...** getrennt werden.

■ **Sym|pto̲m** ⟨n.; -s, -e⟩ *Zeichen, Kennzeichen, Merkmal (bes. einer Krankheit, Entwicklung);* das ~ für Scharlach, Röteln [< grch. *symptoma* »Zufall, Eigenschaft«; zu *sympiptein* »zusammenfallen, -treffen«]

■ **Sym|pto|ma̲|tik** ⟨f.; -; unz.⟩ **1** *Gesamtheit der Symptome* **2** *Art der Symptome*

■ **sym|pto|ma̲|tisch** ⟨Adj.⟩ *auf bestimmten Symptomen beruhend, kennzeichnend, typisch;* das ist ~ für unsere Zeit

■ **Sym|pto|ma|to|lo|gie̲** ⟨f.; -; unz.⟩ *Lehre von den Krankheitszeichen;* Sy *Semiotik(2), Semiologie* [< *Symptom* + *...logie*]

■ **Sym|pto̲|men|kom|plex** ⟨m.; -es, -e⟩ *mehrere, zu einem Krankheitsbild gehörende Symptome*

syn..., Syn... ⟨vor b, p, m⟩ sym..., Sym..., ⟨vor l⟩ syl..., Syl..., ⟨vor s⟩ sy..., Sy... ⟨Vors.⟩ *mit..., zusammen..., Mit..., Zusammen...* [grch.]

Syn|a|go̲|ge, ⟨auch⟩ **Sy|na|go̲|ge** ⟨f.; -, -n⟩ *Gotteshaus der Juden* [grch., »Versammlung(sort)«; zu *synagein* »zusammenführen«]

Syn|al|gie̲, ⟨auch⟩ **Sy|nal|gie̲** ⟨f.; -, -n⟩ *Empfinden von Schmerzen in nicht erkrankten Körpergliedern* [< *Syn...* + *...algie*]

Syn|al|la|ge ⟨[-ge:] f.; -, -la̲|gen⟩ *gegenseitiger Vertrag* [< grch. *synallage* »Verkehr, Vermittlung« < *syn* »zusammen« + *allos* »der andere«]

syn|an|drisch, ⟨auch⟩ **sy|nand|risch** ⟨Adj.⟩ *mit verwachsenen Staubblättern versehen (Blüten)* [< *syn*… + nlat. *androecium* »Gesamtheit der Staubblätter einer Blüte«, < grch. *aner,* Gen. *andros* »Mann« + *oikos* »Haus«]

Syn|an|dri|um, ⟨auch⟩ **Sy|nand|ri|um** ⟨n.; -s, -dri|en⟩ *durch die Verwachsung von Staubgefäßen entstehender Pflanzenteil (z.B. bei Glockenblumen- od. Lobeliengewächsen)* [< *Syn*… + nlat. *androecium* »Gesamtheit der Staubblätter einer Blüte«]

Syn|an|thro|pie, ⟨auch⟩ **Sy|nanth|ro|pie** ⟨f.; -, -n⟩ *Vergesellschaftung von Organismen mit dem Menschen (z.B. durch das unmittelbare Zusammenleben in Siedlungsgebieten)* [< *Syn*… + grch. *anthropos* »Mensch«]

Syn|ap|se, ⟨auch⟩ **Sy|nap|se** ⟨f.; -, -n⟩ *Kontaktstelle der Neuronen* [zu grch. *synapsis* »eng verbunden«]

Syn|ap|sis, ⟨auch⟩ **Sy|nap|sis** ⟨f.; -; unz.; Biol.⟩ *während der ersten Phase der Reduktionsteilung sich vollziehende Paarung der sich entsprechenden Chromosomen* [< *Syn*… + grch. *hapsis* »Verbindung, Führung, Rundung, Wölbung«]

Syn|ä|re|se, ⟨auch⟩ **Sy|nä|re|se** ⟨f.; -, -n⟩, **Syn|ä|re|sis,** ⟨auch⟩ **Sy|nä|re|sis** ⟨f.; -, -ä|re|sen⟩ *Zusammenziehung der Vokale zweier Silben zu einem,* z.B. „sehen" – „sehn" [< grch. *synairesis;* zu *synairein* »zusammennehmen«]

Syn|ar|thro|se, ⟨auch⟩ **Sy|narth|ro|se** ⟨f.; -, -n⟩ *unbewegliche Knochenverbindung;* Sy *Synostose*

Syn|äs|the|sie, ⟨auch⟩ **Sy|näs|the|sie** ⟨f.; -, -n; Med.⟩ *Verknüpfung verschiedener Empfindungen, Erregung eines Sinnesorgans, die sich einem anderen Sinnesorgan mitteilt* [zu grch. *synaisthanesthai* »zugleich wahrnehmen«]

syn|äs|the|tisch, ⟨auch⟩ **sy|näs|the|tisch** ⟨Adj.⟩ *auf Synästhesie beruhend*

Syn|cho|ro|lo|gie ⟨[-ço-] od. [-ko-] f.; -; unz.⟩ **1** *Wissenschaft von der Verbreitung der Lebewesen auf der Erde* **2** *Bereich der Pflanzensoziologie, der die räumliche Verbreitung von Pflanzengesellschaften beschreibt* [< *Syn*… + grch. *chora* »Gegend, Boden« + …*logie*]

syn|chron ⟨[-kro:n] Adj.⟩ *gleichlaufend, gleichzeitig, zeitlich übereinstimmend;* Ggs *asynchron* [< *syn*… + grch. *chronos* »Zeit«]

Syn|chro|nie ⟨[-kro-] f.; -; unz.; Sprachw.⟩ *Sprachzustand zu einem bestimmten Zeitpunkt; Beschreibung, Untersuchung eines Sprachzustands;* → a. *Diachronie* [→ *synchron*]

Syn|chro|ni|sa|ti|on ⟨[-kro-] f.; -, -en⟩ **1** ⟨Tech.⟩ *Vorgang u. Ergebnis des Synchronisierens* **2** ⟨Film⟩ *das Abstimmen von Bild u. Ton im Tonfilm, insbes. das akustische Einkopieren eines anderssprachl. Textes od. einer fremden Gesangsstimme* [→ *synchronisieren*]

syn|chro|nisch ⟨[-kro:-] Adj.; Sprachw.⟩ *Vorgänge, Zustände eines bestimmten Zeitabschnitts betreffend, zusammenstellend;* ~e Sprachforschung; Sy *synchronistisch;* → a. *diachronisch*

syn|chro|ni|sie|ren ⟨[-kro-] V.⟩ **1** *zwei Vorgänge, Abläufe in gleichen Takt bringen* **2** ⟨Film⟩ **2.1** *Bild u. Ton zeitlich zusammenbringen, in Übereinstimmung bringen* **2.2** *einen fremdsprachigen Film mit Ton in der Landessprache unterlegen, der auf die Mundbewegungen u. den Ausdruck der Schauspieler abgestimmt ist;* Sy *doubeln (2);* einen Film, ein Tonband ~ **3** ⟨Tech.⟩ ein Getriebe ~ *die Drehzahlen des Getriebes genau aufeinander abstimmen* [→ *synchron*]

Syn|chro|ni|sie|rung ⟨[-kro-] f.; -, -en⟩ *das Synchronisieren*

Syn|chro|nis|mus ⟨[-kro-] m.; -, -men⟩ **1** *Gleichlauf* **2** *zeitl. Übereinstimmung* [→ *synchron*]

syn|chro|nis|tisch ⟨[-kro-] Adj.⟩ = *synchronisch*

Syn|chron|mo|tor ⟨[-kro:n-] m.; -s, -to|ren⟩ *elektrische Maschine, bei der sich der Läufer (synchron) mit dem Drehfeld dreht;* Ggs *Asynchronmotor*

Syn|chron|uhr ⟨[-kro:n] f.; -, -en⟩ *elektr. Uhr, deren Drehzahl von der Frequenz des Netzes (meist genau 50 Hz) abhängt*

Syn|chro|tron, ⟨auch⟩ **Syn|chrot|ron** ⟨[-kro-] n.; -s, -e⟩ *Gerät zur Beschleunigung von geladenen Elementarteilchen auf sehr große Geschwindigkeiten*

Syn|dak|ty|lie ⟨f.; -, -n⟩ *erbliche, angeborene Verwachsung an Fingern od. Zehen* [< *Syn*… + grch. *daktylos* »Finger«]

Syn|des|mo|se ⟨f.; -, -n⟩ *Knochenverbindung durch Bindegewebe* [< *Syn*… + grch. *desmos* »Band«]

Syn|det ⟨n.; -s, -e⟩ *synthetisches Tensid* [< engl. *syn*thetic *det*ergens]

Syn|de|ti|kon ⟨n.; -s; unz.; Wz⟩ *dickflüssiger Klebstoff aus Essigsäure u. gelöster Gelatine* [grch., »Bindendes«; zu *syndein* »zusammenbinden«]

syn|de|tisch ⟨Adj.; Sprachw.⟩ *mit Hilfe einer Konjunktion;* ~ verbundene Wörter [< grch. *syndetos* »zusammengebunden«]

Syn|di|ka|lis|mus ⟨m.; -; unz.⟩ *sozialist. Arbeiterbewegung mit genossenschaftlich-gewerkschaftl. Charakter* [→ *Syndikus*]

Syn|di|ka|list ⟨m.; -en, -en⟩ *Anhänger, Vertreter des Syndikalismus*

syn|di|ka|lis|tisch ⟨Adj.⟩ *auf Syndikalismus beruhend, von ihm ausgehend*

Syn|di|kat ⟨n.; -(e)s, -e⟩ **1** *Amt eines Syndikus* **2** *Form des Kartells mit festen Preisbestimmungen u. eigener Verkaufsorganisation* **3** *in roman. Ländern verbandsartiger Zusammenschluss von Arbeitgebern u. -nehmern nach Branchen* [→ *Syndikus*]

Syn|di|kus ⟨m.; -, -se od. -di|zi⟩ *ständiger Rechtsbeistand von Unternehmen der Wirtschaft, Verbänden, Vereinen usw.* [< grch. *syndikos* »gerichtl. Beistand«, < *syn*… + *dike* »Recht«]

syn|di|zie|ren ⟨V.⟩ *zu einem Syndikat zusammenschließen*

syn|di|ziert ⟨V.⟩ *in bzw. zu einem Syndikat zusammengeschlossen;* es handelt sich dabei um mehrere ~e Unternehmen
Syn|drom ⟨n.; -s, -e⟩ *Zusammentreffen einzelner, für sich allein uncharakteristischer Symptome zu einem kennzeichnenden Krankheitsbild* [< grch. *syndrome* »Zusammenlauf«; zu *syndramein* »zusammenlaufen«]
Syn|e|chie, ⟨auch⟩ **Sy|ne|chie** ⟨[-εçiː] f.; -, -n⟩ *Verklebung, Verwachsung der Regenbogenhaut des Auges mit der Linse* (hintere ~) *od. mit der Hornhaut* (vordere ~) [< grch. *synecheia* »das Zusammenhalten«; zu *synechein* »zusammenhalten«]
Syn|e|dri|on, ⟨auch⟩ **Sy|ne|dri|on** ⟨n.; -s, -drien⟩ **1** *altgrch. Ratsversammlung* **2** = *Synedrium*
Syn|e|dri|um, ⟨auch⟩ **Sy|ne|dri|um** ⟨n.; -s, -drien; im alten Jerusalem⟩ *oberstes Gericht;* Sy *Synedrion(2)* [< grch. *synedrion,* < *syn* »zusammen« + *hedra* »Sitz«]
Syn|ek|do|che, ⟨auch⟩ **Sy|nek|do|che** ⟨[-dɔxeː] f.; -, -n⟩ *Stilmittel, bei dem etwas Allgemeines durch etwas Besonderes (Abstraktes durch Konkretes, die Gattung durch ein Einzelwesen) od. umgekehrt ersetzt wird,* z.B. „der Römer" statt „alle Römer" oder „das Schwert" statt „die Waffen" [< grch. *synekdechesthai* »mit verstehen«]
syn|er|ge|tisch, ⟨auch⟩ **sy|ner|ge|tisch** ⟨Adj.⟩ *zusammenwirkend* [→ *Synergie*]
Syn|er|gie, ⟨auch⟩ **Sy|ner|gie** ⟨f.; -, -n⟩ *das Zusammenwirken* [< *Syn...* + grch. *ergon* »Werk«]
Syn|er|gie|ef|fekt, ⟨auch⟩ **Sy|ner|gie|ef|fekt** ⟨m.; -(e)s, -e⟩ *die sich aus der Zusammenarbeit zweier Unternehmen ergebenden positiven Auswirkungen wie z.B. eventuelle Kostenersparnisse*
Syn|er|gis|mus, ⟨auch⟩ **Sy|ner|gis|mus** ⟨m.; -; unz.⟩ **1** *Lehre von der Mitwirkung des Menschen bei seiner Erlösung durch Gottes Gnade (bes. bei den Anhängern Melanchthons)* **2** *die gleich gerichtete u. damit sich gegenseitig verstärkende Wirkung zweier od. mehrerer Kräfte, Stoffe, Lebewesen* [→ *Synergie*]
Syn|er|gist, ⟨auch⟩ **Sy|ner|gist** ⟨m.; -en, -en⟩ **1** *Anhänger, Vertreter des Synergismus(1)* **2** ⟨nur Pl.; Med.⟩ ~en *Organe, die zusammenwirken,* z.B. Muskeln **3** ⟨nur Pl.; Chem.⟩ ~en *sich in ihrer Wirkung ergänzende od. steigernde Substanzen* [→ *Synergie*]
syn|er|gis|tisch, ⟨auch⟩ **sy|ner|gis|tisch** ⟨Adj.⟩ *auf Synergismus beruhend, zusammenwirkend*
Syn|e|sis, ⟨auch⟩ **Sy|ne|sis** ⟨f.; -, -esen⟩ *grammatisch falsche Bezeichnung, die aber der Bedeutung entspricht,* z.B „die kleine Gretchen" [grch., »Einsicht«]
Syn|i|ze|se, ⟨auch⟩ **Sy|ni|ze|se** ⟨f.; -, -n⟩ = *Kontraktion(2)* [zu grch. *synizein* »zusammensitzen«]
syn|karp ⟨Adj.⟩ *durch Synkarpie entstanden*
Syn|kar|pie ⟨f.; -, -n⟩ *Verwachsung der Fruchtblätter einer Blüte zu einem einzigen Fruchtknoten* [< nlat. *syncarpium,* < grch. *syn* »zusammen« + *karpos* »Frucht«]
Syn|ki|ne|se ⟨f.; -, -n⟩ *Mitbewegung*
syn|kli|nal ⟨Adj.; Geol.⟩ *muldenförmig* [< grch. *synklinein* »zusammenneigen«]
Syn|kli|na|le ⟨f.; -, -n⟩, **Syn|kli|ne** ⟨f.; -, -n⟩ *Mulde, Senke* [→ *synklinal*]
Syn|ko|pe 1 ⟨[zynkɔpeː] f.; -, -n⟩ **1.1** ⟨Gramm.⟩ *Ausfall eines unbetonten Vokals im Innern des Wortes,* z.B. „ew'ger" statt „ewiger" **1.2** ⟨Metrik⟩ *Ausfall einer Senkung* **2** ⟨[-koːpə]; f.; -, -n; Mus.⟩ *Verlagerung des Akzentes von einem betonten auf einen unbetonten Teil des Taktes durch Zusammenziehung beider (gleicher) Noten zu einer* [< grch. *synkoptein* »zusammenschlagen«]
syn|ko|pie|ren ⟨V.⟩ **1** *durch Auslassen eines Lautes od. einer Senkung zusammenziehen;* Wörter ~ **2** ⟨Mus.⟩ *den Akzent verlagern von;* synkopierter Rhythmus [→ *Synkope*]
syn|ko|pisch ⟨Adj.⟩ *in der Art einer Synkope*
Syn|kre|tis|mus ⟨m.; -; unz.⟩ *Verschmelzung mehrerer Religionen, verschiedener Auffassungen, Standpunkte usw.* [< grch. *synkretizein* »verbinden«]
Syn|kre|tist ⟨m.; -en, -en⟩ *Anhänger, Vertreter eines Synkretismus*
syn|kre|tis|tisch ⟨Adj.⟩ *in der Art eines Synkretismus, auf ihm beruhend*
Syn|kri|se ⟨f.; -, -n⟩, **Syn|kri|sis** ⟨f.; -, -krisen⟩ *Vergleichung, Verbindung;* Ggs *Diakrise, Diakrisis* [< grch. *synkrisis;* zu *synkrinein* »verbinden, vergleichen«]
syn|kri|tisch ⟨Adj.⟩ *vergleichend, verbindend, in der Art einer Synkrise*

■ Die Buchstabenfolge **syn|o...** kann auch **sy|no...** getrennt werden. Davon ausgenommen sind Zusammensetzungen, in denen die fremdsprachigen bzw. sprachhistorischen Bestandteile deutlich als solche erkennbar sind, z.B. *-ökologie.*

■ **Syn|od** ⟨m.; -(e)s, -e; bis 1917 in Russland⟩ *höchste kirchl. Behörde;* der Heilige ~ [→ *Synode*]
■ **syn|o|dal** ⟨Adj.⟩ *in der Art einer Synode, auf ihr beruhend;* Sy ⟨selten⟩ *synodisch(2)*
■ **Syn|o|da|le** ⟨m. od. f. 2; -n, -n⟩ *Mitglied einer Synode*
■ **Syn|o|dal|ver|fas|sung** ⟨f.; -; unz.⟩ *Verfassung evang. Kirchen, nach der eine aus Theologen u. Laien bestehende Synode die Kirche leitet*
■ **Syn|o|de** ⟨f.; -, -n⟩ **1** *Kirchenversammlung, bes. die evangelische, als Trägerin der Gesetzgebung* **2** ⟨kath. Kirche⟩ = *Konzil* **3** *die Körperschaft der evang. kirchl. Selbstverwaltung* [< grch. *synodos* »Zusammenkunft« < *syn* »zusammen« + *hodos* »Weg«]
■ **syn|o|disch** ⟨Adj.⟩ **1** ⟨Astron.⟩ *auf die Stellung zu Sonne u. Erde bezogen, auf ihr beruhend* **2** ⟨selten⟩ = *synodal* [→ *Synode*]

Syn|ö|ko|lo|gie ⟨f.; -; unz.⟩ *Lehre von den Lebensgemeinschaften u. ihren Wechselbeziehungen zur Umwelt*

■ **syn|o|nym** ⟨Adj.⟩ *sinnverwandt, von gleicher Bedeutung;* ~e Wörter [<grch. *synonymos* »gleichnamig«, <*syn* »zusammen« + *onoma, onyma* »Name«]

■ **Syn|o|nym** ⟨n.; -s, -e⟩ *sinnverwandtes Wort, Wort von gleicher od. ähnl. Bedeutung* [→ *synonym*]

■ **Syn|o|ny|mie** ⟨f.; -; unz.⟩ *Sinnverwandtschaft von Wörtern* [→ *synonym*]

■ **Syn|o|ny|mik** ⟨f.; -; unz.⟩ **1** *Sinnverwandtschaft* **2** *Lehre von der Sinnverwandtschaft der Wörter* **3** *Sammlung von Synonymen* [→ *synonym*]

■ **syn|o|ny|misch** ⟨Adj.⟩ *die Synonymie betreffend, zu ihr gehörig*

■ **Syn|op|se** ⟨f.; -, -n⟩, **Syn|op|sis,** ⟨auch⟩ **Sy|nop|sis** ⟨f.; -, -op|sen⟩ **1** *Zusammenstellung der Berichte gleichen Inhalts aus den Evangelien von Markus, Matthäus u. Lukas* **2** *Zusammenstellung von Schriften od. Stellen über den gleichen Gegenstand* [<grch. *synopsis* »Übersicht«, <*syn* »zusammen« + *opsis* »das Sehen«]

■ **Syn|op|tik** ⟨f.; -; unz.⟩ *Teilgebiet der Meteorologie, das sich mit der Beschreibung des aktuellen Wetters, dessen Analyse u. den sich daraus ergebenden Prognosen befasst* [→ *Synopse, Synopsis*]

■ **Syn|op|ti|ker** ⟨nur Pl.⟩ *die Evangelisten Matthäus, Markus u. Lukas* [→ *Synopse*]

■ **syn|op|tisch** ⟨Adj.⟩ *in der Art einer Synopse, zusammenstellend, zusammenschauend, nebeneinander stellend*

■ **Syn|os|to|se** ⟨f.; -, -n⟩ = *Synarthrose* [<*Syn...* + grch. *ostoun* »Knochen«]

■ **Syn|o|via** ⟨[-v-] f.; -; unz.⟩ *Gelenkschmiere* [<*Syn...* + lat. *ovum* »Eistoff«]

■ **Syn|ö|zie** ⟨f.; -, -n⟩ *das Zusammenleben zweier verschiedenartiger Organismen, wobei nur einer von ihnen Nutzen davon hat* [<*Syn...* + *oikos* »Haus«]

■ **syn|ö|zisch** ⟨Adj.⟩ *auf Synözie beruhend*

Syn|se|man|ti|kon ⟨n.; -s, -ka⟩ = *Synsemantikum*

Syn|se|man|ti|kum ⟨n.; -s, -ka⟩ *erst in der Zusammenfügung mit anderen Wörtern Bedeutung gewinnendes Wort,* z.B. eine Präposition; oV *Synsemantikon;* Ggs *Autosemantikum* [<Syn... + *Semantik*]

Syn|tag|ma ⟨n.; -s, -men od. -ta⟩ **1** ⟨†⟩ *Sammlung von Schriften verwandten Inhalts* **2** *syntaktisch gefügte Gruppe von Wörtern, wobei jedes einzelne Wort erst durch die Fügung seinen Wert bekommt* [grch., »Zusammenstellung«]

syn|tag|ma|tisch ⟨Adj.⟩ *in der Art eines Syntagmas, auf ihm beruhend*

Syn|tak|tik ⟨f.; -; unz.; Gramm.⟩ *derjenige Aspekt der Semiotik, der die Beziehung zwischen den Zeichen, ihre Anreihung usw. betrifft;* →a. *Syntax(2)*

syn|tak|tisch ⟨Adj.⟩ *die Syntax betreffend, auf ihr beruhend*

Syn|tax ⟨f.; -; unz.⟩ **1** *Lehre vom Satzbau, Satzlehre* **2** ⟨Semiotik⟩ = *Syntaktik* [<grch. *syntaxis* »Anordnung«; zu *syntattein* »zusammenstellen«]

Syn|tax|a|na|ly|se ⟨f.; -, -n⟩ = *Parsing*

Syn|the|se ⟨f.; -, -n⟩, **Syn|the|sis** ⟨f.; -, -thesen⟩ Ggs *Analyse* **1** ⟨allg.⟩ *Aufbau eines Ganzen aus seinen Teilen* **2** ⟨Philos.⟩ *Verbindung zweier gegensätzlicher Begriffe (These u. Antithese) zu einem höheren dritten* **2.1** *dieser höhere Begriff selbst* **3** ⟨Chem. nur: Synthese⟩ *Aufbau einer chem. Verbindung aus ihren Bestandteilen* [<grch. *synthesis* »Zusammensetzung«; zu *syntithenai* »zusammensetzen«]

Syn|the|si|zer ⟨[-saizə(r)] m.; -s, -; Mus.⟩ *Gerät zur Erzeugung künstlicher Töne mittels elektronischer Schaltungen, ermöglicht völlig neue Wege der musikalischen Komposition* [zu engl. *synthesize* »verbinden, verschmelzen«]

Syn|the|tics ⟨Pl.⟩ *Gewebe, Textilien aus Kunstfasern* [zu engl. *synthetic* »künstlich, synthetisch«]

Syn|the|tik ⟨f.; -; unz.⟩ *ganzheitliche, nicht zergliedernde Betrachtungsweise von Problemen;* Ggs *Analytik(1)*

syn|the|tisch ⟨Adj.⟩ Ggs *analytisch* **1** ⟨Adj.⟩ *auf Synthese beruhend, mittels Synthese* **2** *ganzheitlich;* ~e Sprachen *S., in denen die Flexion durch an den Wortstamm angefügte Silben ausgedrückt wird,* z.B. lat. „legi" im Unterschied zu dt. »ich habe gelesen«, oder lat. „patris" im Unterschied zu dt. „des Vaters"; Ggs *analytische Sprachen* **3** *aus einfachsten Stoffen chem. hergestellt, künstlich hergestellt* **4** ⟨Philos.⟩ ~es Urteil *U., in dem von einem Gegenstand etwas Neues ausgesagt wird, das nicht bereits in seinem Begriff enthalten ist*

syn|the|ti|sie|ren ⟨V.⟩ *aus einfacheren Stoffen chemisch herstellen*

Syn|tro|pie ⟨f.; -, -n⟩ **1** ⟨Med.⟩ *Auftreten von zwei verschiedenen Krankheiten bei einem Kranken* **2** *Zustandsgröße der Thermodynamik, die den Grad von freier Energie angibt, die sich in einem physikalischen System befindet;* →a. *Entropie* [<*Syn...* + *...tropie*]

Syn|u|rie, ⟨auch⟩ **Sy|nu|rie** ⟨f.; -, -n⟩ *Ausscheiden von Fremdstoffen mit dem Harn* [<*Syn...* + *...urie*]

Syn|zy|ti|um ⟨n.; -s, -ti|en⟩ *durch Verschmelzung vieler Zellen entstandenes, vielkerniges Plasma* [<nlat. *syncytium,* <grch. *syn* »zusammen« + *kytos* »Hohlgefäß«]

Sy|phi|lis ⟨f.; -; unz.⟩ *wegen ihrer spät auftretenden Folgen bes. gefährliche Geschlechtskrankheit;* Sy *Lues* [nach dem Schäfer *Syphilus* in Fracastoros Gedicht »Syphilis sive Morbus Gallicus« (1530)]

Sy|phi|li|ti|ker ⟨m.; -s, -⟩ *an Syphilis Erkrankter;* Sy *Luiker*

sy|phi|li|tisch ⟨Adj.⟩ *an Syphilis leidend, durch sie hervorgerufen;* Sy *luisch*

Sy|phi|lom ⟨n.; -s, -e; Med.⟩ *syphilitisches Geschwür*
Sy|phi|lo|se ⟨f.; -, -n; Med.⟩ *syphilitische Erkrankung*
Sy|rin|ge ⟨f.; -, -n⟩ *Flieder* [zu *Syrinx* (da aus den Zweigen Flöten geschnitten wurden)]
Sy|rin|gen ⟨Pl. von⟩ *Syringe, Syrinx*
Sy|rin|gi|tis ⟨f.; -, -ti|den; Med.⟩ *Entzündung der Ohrtrompete* [< grch. *syrinx* »Röhre« + *…itis*]
Sy|rinx ⟨f.; -, Sy|rin|gen⟩ **1** *die Stimme erzeugendes Organ der Vögel* **2** = *Panflöte* [grch., eigtl. »Röhre«]
Sy|ro|lo|gie ⟨f.; -; unz.⟩ *Lehre von der Geschichte, Kultur u. den Sprachen Syriens* [< *Syrien* + *…logie*]
sys|tal|tisch ⟨Adj.; Med.⟩ *sich zusammenziehend* [→ *Systole*]
Sys|tem ⟨n.; -s, -e⟩ **1** *ein in sich geschlossenes, geordnetes u. gegliedertes Ganzes* **2** *Gesamtheit, Gefüge von Teilen, die voneinander abhängig sind, ineinander greifen od. zusammenwirken, z.B. von Straßen, Flüssen, Lauten (einer Sprache);* das ~ einer Wissenschaft **3** ⟨Phys.⟩ *Gesamtheit von Körpern, Feldern usw., die voneinander abhängig sind u. als Ganzes betrachtet werden* **4** *Ordnung;* etwas (Ungeordnetes) in ein ~ bringen **5** *Gesellschaftsordnung, Staatsform;* das herrschende ~ ablehnen, bekämpfen, unterstützen **6** *Einteilung von Tieren u. Pflanzen in übersichtl. Gruppen, die entwicklungsgeschichtlich verwandt sind* **7** *Methode, Prinzip;* in seinem Verhalten liegt ~; nach einem bestimmten ~ arbeiten, vorgehen [< grch. *systema* »Gebilde«, < *syn* »zusammen« + *histanai* »stellen«]
Sys|tem|a|na|ly|se ⟨f.; -, -n; EDV⟩ **1** *Zerlegung einer gestellten Aufgabe in zahlreiche Einzelschritte u. deren computergerechte Programmierung* **2** *Untersuchung der Eignungsmöglichkeiten eines Computers für die Lösung eines speziellen Problems*
Sys|tem|a|na|ly|ti|ker ⟨m.; -s, -⟩ *jmd., der Systemanalysen durchführt*
Sys|te|ma|tik ⟨f.; -, -en⟩ **1** *Aufbau eines Systems* **2** *Kunst, ein System aufzubauen* **3** *Lehre vom System einer Wissenschaft*
Sys|te|ma|ti|ker ⟨m.; -s, -⟩ *jmd., der ein System beherrscht, der systematisch verfährt, arbeitet*
sys|te|ma|tisch ⟨Adj.⟩ **1** *auf einem System beruhend, in ein System gebracht* **2** *nach einem bestimmten System geordnet, gegliedert* **3** *sinnvoll, folgerichtig*
sys|te|ma|ti|sie|ren ⟨V.⟩ *in ein System bringen, nach einem System ordnen, aufbauen, gliedern*
Sys|tem|for|schung ⟨f.; -; unz.⟩ *(mathematisch exakte) Erforschung von Strukturen u. Funktionen komplexer Erscheinungen aus unterschiedl. Gebieten von Wissenschaft, Technik u. ihren Anwendungsbereichen*
sys|tem|im|ma|nent ⟨Adj.⟩ *zu einem System gehörend, sich innerhalb eines Systems bewegend, abspielend, in ein System eingebaut*
sys|tem|kon|form ⟨Adj.⟩ *mit einem polit. System in Übereinstimmung*
Sys|tem|kri|ti|ker ⟨m.; -s, -⟩ *Kritiker des polit. Systems des eigenen Staates;* →a. *Dissident, Regimekritiker*
Sys|tem|soft|ware ⟨[-sɔftwɛ:(r)] f.; -; unz.⟩ *speziell auf ein EDV-System u. dessen Aufgabenbereich zugeschnittene Software*
Sy|sto|le, ⟨auch⟩ **Sys|to|le** ⟨[sy̱stɔle:] a. [-sto:lə] f.; -, -n [-sto:lən]⟩ *Zusammenziehung des Herzmuskels;* Ggs *Diastole(1)* [grch., »Einschränkung«; zu *systellein* »zusammenziehen«]
sy|sto|lisch, ⟨auch⟩ **sys|to|lisch** ⟨Adj.⟩ *auf der Systole beruhend;* Ggs *diastolisch*
Sy|zy|gie ⟨f.; -, -n⟩, **Sy|zy|gi|um** ⟨n.; -s, -gi|en; Astron.⟩ *Konjunktion(3) u. Opposition(3)* [< *Syn…* + grch. *zeugnynai* »verbinden«]
Sze|nar ⟨n.; -s, -e⟩ **1** = *Szenarium* **2** ⟨allg.⟩ *Beschreibung einer möglichen Abfolge von Ereignissen, Plan dafür, wie etwas ablaufen soll;* ein ~ entwerfen **3** *Landschaft, Schauplatz* [< ital. *scenario*]
Sze|na|ri|um ⟨n.; -s, -ri|en <oV *Szenar(1)*⟩ **1** ⟨Theat.⟩ *Verzeichnis aller zu einer Aufführung notwendigen Requisiten, Dekorationen, über die techn. Vorgänge usw.* **2** ⟨Film⟩ *literar. Teil eines Drehbuches;* oV *Scenario(2);* [→ *Szene*]
Sze|ne ⟨f.; -, -n⟩ **1** *Schauplatz, Bühne;* Applaus auf, bei offener ~; das spielt sich alles hinter der ~ ab *im Verborgenen, nicht öffentlich;* sie beherrscht stets die ~ ⟨fig.; umg.⟩ *sie steht immer im Mittelpunkt* **2** *Teil eines Aktes, Auftritt, Bild;* eine ~ filmen, proben; erster Akt, dritter ~; ein Stück in ~ setzen *zur Aufführung vorbereiten, inszenieren;* etwas in ~ setzen ⟨fig.; umg.⟩ *effektvoll ablaufen lassen;* sich in ~ setzen ⟨fig.; umg.⟩ *sich zur Geltung bringen, Eindruck machen* **3** *Vorgang, Anblick;* unseren Blicken bot sich eine hübsche, rührende ~ **4** *Bereich, innerhalb dessen sich etwas abspielt;* Musik~; Drogen~; Sy *Scene* **5** jmdm. eine ~ machen ⟨fig.; umg.⟩ *heftige, laute Vorwürfe machen* [< frz. *scène* »Szene« < grch. *skene* »Schattenraum, Zelt; Zelt hinter der Bühne; Bühnengerüst«]
Sze|ne|rie ⟨f.; -, -n⟩ **1** *Bühnendekoration* **2** *landschaftlich. Hintergrund, Gegend*
sze|nisch ⟨Adj.⟩ **1** *zu einer Szene gehörig od. notwendig* **2** *in der Art einer Szene, als Szene dargestellt*
Szep|ter ⟨n.; -s, -⟩ = *Zepter*
szi|en|ti|fisch ⟨[stsiɛn-] Adj.⟩ *wissenschaftlich* [< lat. *scientificus;* zu *scientia* »Wissen(schaft)«]
Szi|en|ti|fis|mus ⟨[stsiɛn-] m.; -; unz.⟩ = *Szientismus(1)*
Szi|en|tis|mus ⟨[stsiɛn-] m.; -; unz.⟩ **1** *nur auf Wissen u. Wissenschaft, nicht auf Glauben gegründete Anschauungsweise;* Ggs *Fideismus(2)* **2** *Lehre der Christian Science* [→ *szientifisch*]

Szi|en|tist ⟨[stsiɛn-] m.; -en, -en⟩ **1** *Anhänger des Szientismus(1)* **2** *Anhänger der Christian Science*
szi|en|tis|tisch ⟨[stsiɛn-] Adj.⟩ *auf dem Szientismus beruhend*
Szil|la ⟨f.; -, Szil|len⟩ *einer Gattung der Liliengewächse angehörende kleine Pflanze mit blauen, sternförmigen Blüten, Blaustern: Scilla;* oV *Zille* [<nlat. *scilla* <grch. *skilla*]
Szin|ti|graf ⟨f.; -en, -en⟩ = *Szintigraph*
Szin|ti|gramm ⟨n.; -s, -e⟩ *durch die Einwirkung radioaktiver Strahlung auf eine fluoreszierende Schicht erzeugtes Bild zur Untersuchung von Körpergeweben* [<lat. *scintillare* »Funken sprühen« + grch. *gramma* »Schriftzeichen«]
Szin|ti|graph ⟨m.; -en, -en⟩ *Gerät zur Herstellung von Szintigrammen;* oV *Szintigraf* [<lat. *scintillare* »Funken sprühen, flackern« + grch. *graphein* »schreiben«]
Szin|til|la|ti|on ⟨f.; -, -en⟩ **1** *das Aufblitzen, Schwanken von Lichtern,* z.B. das Funkeln der Sterne **2** *das Aufblitzen mineralischer Stoffe beim Auftreffen radioaktiver Strahlen* [→ *szintillieren*]
szin|til|lie|ren ⟨V.⟩ *aufleuchten, aufblitzen, flimmern, funkeln* [<lat. *scintillare* »Funken sprühen, flackern«]
Szin|til|lo|me|ter ⟨n.; -s, -⟩ **1** *Gerät zur Suche uranhaltiger Lagerstätten, das ähnlich wie ein Geigerzähler arbeitet* **2** *Gerät zur Beobachtung u. Auswertung der Szintillation von Sternen*
Szir|rhus ⟨m.; -; unz.⟩ *harte Krebsgeschwulst (hauptsächlich bei weiblichen Brustdrüsen)* [zu grch. *skirros* »hart«]
Szyl|la ⟨[stsyla] f.; -; unz.⟩ = *Scylla*

T

t ⟨Zeichen für⟩ *Zeit*
T **1** ⟨chem. Zeichen für⟩ *Tritium* **2** ⟨Zeichen für⟩ *Tera...* **3** ⟨Abk. für⟩ *Tara* **4** ⟨Zeichen für⟩ *Tesla* **5** ⟨Abk. für⟩ *Telekom* **6** ⟨Zeichen für⟩ *Temperatur, Zeit*
Ta **1** ⟨chem. Zeichen für⟩ *Tantal* **2** ⟨Abk. für⟩ *Tara*
Tab ⟨[ta:b] od. engl. [tæb] m.; -(e)s, -e od. -s⟩ **1** ⟨Abk. für⟩ *Tabulator* **2** *Vorrichtung an Schreibmaschinen* **3** *vorspringender Teil einer Karteikarte zur Kennzeichnung* [engl.]
Ta|bak ⟨a. [-'-] m.; -s, -e⟩ **1** ⟨unz.⟩ *einer Gattung der Nachtschattengewächse angehörendes nikotinhaltiges Kraut: Nicitiana;* ~ bauen **2** ⟨zählb.⟩ *aus dem Tabak(1) hergestelltes Genussmittel;* oV *Toback, Tobak;* Zigaretten~; Pfeifen~; Kau~; Schnupf~; ~ kauen, rauchen, schnupfen [<frz. *tabac, tobaco* <span. *tabaco,* vermutl. <Taino]
Ta|bak|mo|sa|ik|krank|heit ⟨f.; -, -en⟩ *Viruskrankheit der Tabakpflanze, kenntlich an gelbgrünen Flecken auf den Blättern*
Ta|bas|co ⟨n.; -; unz.; (Wz)⟩ *Chiligewürz* [nach dem mexikan. Bundesstaat *Tabasco*]
Ta|bas|co|sau|ce ⟨[-so:sə] f.; -, -n⟩ *besonders aus Chili hergestellte, scharfe Würzsauce* [→ *Tabasco*]
Ta|ba|ti|e|re ⟨[-tje:rə] f.; -, -n⟩ *Tabaksdose, Schnupftabaksdose* [<frz. *tabatière*]
ta|bel|la|risch ⟨Adj.⟩ *in Form einer Tabelle, in Tabellen angeordnet*
ta|bel|la|ri|sie|ren ⟨V.⟩ *in Tabellen aufzeichnen, anordnen*
Ta|bel|le ⟨f.; -, -n⟩ *Übersicht von Zahlen, Begriffen o.Ä. in der Form von Spalten od. Listen;* Sy ⟨österr.⟩ *Tableau(3)* [<lat. *tabella* »Täfelchen«]
ta|bel|lie|ren ⟨V.⟩ Daten, Werte od. Begriffe ~ *in Form einer Tabelle darstellen;* tabellierte Werte der Untersuchung
Ta|bel|lier|ma|schi|ne ⟨f.; -, -n⟩ *Maschine, die auf Lochkarten festgehaltene Daten auf Listen schreibt*
Ta|ber|na|kel ⟨n. od. m.; -s, -; kath. Kirche⟩ *Schrein auf dem Altar zur Aufbewahrung der geweihten Hostie* [<lat. *tabernaculum,* Verkleinerungsform zu *taberna* »Hütte«]
Ta|ber|ne ⟨f.; -, -n⟩ = *Taverne*
Ta|bes ⟨f.; -; unz.; Med.⟩ *Auszehrung, Schwund;* ~ dorsalis *Rückenmarksschwindsucht* [lat., »Fäulnis«]
Ta|bes|zenz ⟨f.; -; unz.⟩ *Auszehrung* [<lat. *tabescere* »sich auflösen, hinsiechen«]
Ta|be|ti|ker ⟨m.; -s, -⟩ = *Tabiker*
ta|be|tisch ⟨Adj.⟩ = *tabisch*
Ta|bi|ker ⟨m.; -s, -⟩ *jmd., der an Tabes (dorsalis) leidet;* Sy *Tabetiker*
ta|bisch ⟨Adj.⟩ *an Tabes (dorsalis) leidend;* Sy *tabetisch*

■ Die Buchstabenfolge **ta|bl...** kann auch **tab|l...** getrennt werden.

■ **Ta|blar** ⟨n.; -s, -e; schweiz.⟩ *Brett in Regalen u. Gestellen* [<lat. *tabularium* »Archiv«; zu *tabula* »Brett«]
■ **Ta|bleau** ⟨[-blo:] n.; -s, -s⟩ **1** ⟨Theat.⟩ *wirkungsvoll gruppiertes Bild* **2** ⟨El.⟩ *Tafel, auf der Ergebnisse angezeigt werden* **3** ⟨österr.⟩ = *Tabelle* **4** ~! ⟨†⟩ *Äußerung der Überraschung, bes. wenn man sich geschlagen geben muss* [frz. <lat. *tabula* »Tafel«]
■ **Ta|ble d'hôte** ⟨[ta:bldo:t] f.; - -; unz.; †⟩ *großer Tisch im Gasthaus, an dem die Gäste gemeinsam bewirtet werden;* an der ~ speisen [frz., »Wirtstafel«]
■ **Ta|ble|top** ⟨[tɛibltɔp] n.; -s, -s⟩ *Arrangement diverser Objekte als Stillleben für Fotografien od. Trickfilmaufnahmen* [engl., »Tischplatte«]
■ **Ta|blett** ⟨n.; -(e)s, -e⟩ *kleines Brett mit erhöhtem Rand zum Auftragen von Geschirr, Speisen usw.* [<frz. *tablette* »Täfelchen«,

Verkleinerungsform zu *table* »Tisch« <lat. *tabula* »Tafel«]

■ **Ta|blet|te** ⟨f.; -, -n⟩ *in eine runde, flache Form gepresstes Arzneimittel* [<frz. *tablette;* → *Tablett*]

■ **ta|blet|tie|ren** ⟨V.⟩ *in die Form von Tabletten bringen*

■ **Ta|ble|wa|ter** ⟨[tɛiblwɔ:tə(r)] n.; -s, -s; geh.⟩ *Mineralwasser* [engl., »Tafelwasser«]

Ta|bo|rit ⟨m.; -en, -en⟩ *Angehöriger einer radikalen Strömung innerhalb der Hussiten* [nach der Stadt *Tabor* (südl. von Prag), die 1420 als Lager der Hussiten gegründet wurde; zu türk.-slaw. *tabor* »Heerhaufen, Heerlager«]

Tä|bris, ⟨auch⟩ **Täb|ris** ⟨m.; -, -⟩ *nordpers. Knüpfteppich mit Medaillon und feinem, elegantem Muster aus Ranken, Zweigen u. Blumen in großer Fülle* [nach der pers. Stadt *Täbris*]

ta|bu ⟨Adj.⟩ **1** *unantastbar, heilig, geheiligt* **2** *verboten;* etwas für ~ erklären [<polines. (Tonga-Inseln)]

Ta|bu ⟨n.; -s, -s⟩ **1** ⟨bei Naturvölkern⟩ *Vorschrift, gewisse Gegenstände, Personen, Tiere, Pflanzen, Handlungen usw. zu meiden;* ein ~ verletzen **2** ⟨allg.⟩ *herkömmliche, übernommene Vorschrift, etwas nicht zu tun od. über etwas nicht zu sprechen;* ein ~ überschreiten [→ *tabu*]

ta|bu|ie|ren ⟨V.⟩ *für tabu erklären;* oV *tabuisieren*

Ta|bu|ie|rung ⟨f.; -, -en⟩ = *Tabuisierung*

ta|bu|i|sie|ren ⟨V.⟩ = *tabuieren*

Ta|bu|i|sie|rung ⟨f.; -, -en⟩ *das Tabuisieren;* oV *Tabuierung*

ta|bu|is|tisch ⟨Adj.⟩ *das Tabu betreffend, wie ein solches beschaffen;* diese ~e Regel verbietet das Halten dieser Tiere

Ta|bu|la gra|tu|la|to|ria ⟨f.; - -, -lae -ri|ae⟩ *Liste der Gratulanten (bes. in Festschriften für Hochschullehrer)* [lat.]

Ta|bu|la ra|sa ⟨f.; - -; unz.⟩ **1** ⟨urspr.⟩ *Tafel, von der die Schrift entfernt wurde* **2** ⟨Philos.⟩ *Seele ohne jede Erfahrung* **3** mit etwas ~ machen *reinen Tisch machen, grundlegend Ordnung schaffen* [lat.]

Ta|bu|la|tor ⟨m.; -s, -to|ren; Abk.: Tab⟩ *Einstelltaste an Schreibmaschinen od. EDV-Anlagen, die ein sprunghaftes Weiterrücken des Wagens od. Cursors bewirkt* [<lat. *tabula* »Brett, Tafel«]

Ta|bu|la|tur ⟨f.; -, -en⟩ **1** ⟨14.–16. Jh.⟩ *Tafel mit den Regeln für den Meistergesang* **2** ⟨14.–18. Jh.⟩ *System von Notenschriften für Instrumentalmusik* [<lat. *tabula* »Brett, Tafel«]

Ta|bu|rett ⟨n.; -s, -e⟩ *niedriger Stuhl ohne Lehne* [<frz. *tabouret;* Verkleinerungsform zu *ta(m)bour* <arab. *tanbur* »Trommel«]

ta|cet ⟨Mus.⟩ *»es schweigt«, d.h. ein Instrument od. eine Stimme hat Pause* [lat.]

Ta|che|les ⟨[-xə-] nur in der Fügung⟩ ~ reden *zur Sache kommen, von geschäftlichen Dingen reden, offen miteinander reden* [<jidd. *tachlis* »Endzwecke«]

ta|chi|nie|ren ⟨[-xi-] V.; österr.; umg.⟩ *faulenzen*

Ta|chi|nie|rer ⟨[-xi-] m.; -s, -; österr.; umg.⟩ *Faulenzer, Drückeberger*

Ta|chis|mus ⟨[-ʃis-] m.; -; unz.⟩ *Richtung der Malerei nach dem 2. Weltkrieg, die Bilder nicht bewusst, sondern durch spontan aufgetragene Farbflecken gestalten will;* oV *Taschismus* [zu frz. *tache* »Fleck«]

Ta|chist ⟨[-ʃist] m.; -en, -en⟩ *Vertreter, Anhänger des Tachismus;* oV *Taschist*

ta|chis|tisch ⟨[-ʃis-] Adj.⟩ *in der Art des Tachismus;* oV *taschistisch*

Ta|cho ⟨m.; -s, -s; kurz für⟩ *Tachometer*

ta|cho..., **Ta|cho...** ⟨in Zus.⟩ *geschwindigkeits..., Geschwindigkeits...* [<grch. *tachos* »Geschwindigkeit«]

Ta|cho|graf ⟨m.; -en, -en⟩ = *Tachograph*

Ta|cho|graph ⟨m.; -en, -en⟩ *Gerät zum Aufzeichnen von Geschwindigkeiten;* oV *Tachograf, Tachygraph(2)* [< *Tacho...* + *...graph*]

Ta|cho|me|ter ⟨n.; -s, -⟩ *Geschwindigkeitsmesser* [< *Tacho...* + *...meter*]

ta|chy..., **Ta|chy...** ⟨in Zus.⟩ *schnell..., Schnell...* [<grch. *tachys* »schnell«]

Ta|chy|graf ⟨m.; -en, -en⟩ = *Tachygraph*

Ta|chy|gra|fie ⟨f.; -, -n⟩ = *Tachygraphie*

Ta|chy|graph ⟨m.; -en, -en⟩ oV *Tachygraf* **1** ⟨in der Antike⟩ *Schreiber, der die Schnell- od. Kurzschrift beherrschte* **2** = *Tachograph*

Ta|chy|gra|phie ⟨f.; -, -n⟩ *Schnell-, Kurzschrift (bes. im Altertum);* oV *Tachygrafie* [→ *Tachygraph*]

Ta|chy|kar|die ⟨f.; -, -n⟩ *übermäßige Steigerung der Herztätigkeit* [< *Tachy...* + grch. *kardia* »Herz«]

Ta|chy|me|ter ⟨n.; -s, -⟩ *Messgerät zum Festlegen von Punkten im Gelände nach Richtung, Entfernung u. Höhenunterschied mit nur einer Einstellung* [< *Tachy...* + *...meter*]

Ta|chy|me|trie, ⟨auch⟩ **Ta|chy|met|rie** ⟨f.; -; unz.⟩ *geodät. Messverfahren mit Hilfe des Tachymeters* [< *Tachy...* + *...metrie*]

Ta|chy|o|nen ⟨Pl.⟩ *theoretisch mögliche, aber noch nicht nachgewiesene Elementarteilchen, die sich stets mit Überlichtgeschwindigkeit bewegen* [< *Tachy...* + *Ion*]

Ta|chy|pnoe, auch **Ta|chyp|noe** ⟨f.; -; unz.; Med.⟩ *beschleunigtes Atmen* [< *Tachy...* + grch. *pnoe* »Atem«]

Ta|cker ⟨m.; -s, -⟩ *kleines Gerät zum Befestigen von Heftklammern* [zu engl. *tack* »anheften, befestigen«]

ta|ckern ⟨V.; umg.⟩ *mit dem Tacker arbeiten, etwas anheften*

Tack|ling ⟨[tæk-] n.; -s, -s; Sp.; Fußball⟩ *Versuch, dem Gegner den Ball zwischen den Füßen hindurch wegzutreten* [engl., »Angreifen«]

Tacks ⟨[tæks] n.; -es, -e; österr.⟩, **Täcks** ⟨m.; -es, -e⟩ *metallener od. hölzerner Stift für Schuhe zum Verbinden von Oberleder u. Brandsohle* [<engl. *tacks* (Pl.); zu *tack* »anheften«]

Tac|tus ⟨m.; -; unz.⟩ *Tastsinn* [<lat., »Berührung«]

Tae|kwon|do, ⟨auch⟩ **Taek|won|do** ⟨[tɛ-] n.; -; unz.⟩ *korean. Form der waffenlosen Selbstverteidigung* [<jap.-korean. *tae* »springen, schlagen« + *kwon* »Faust« + *do* »Weg«]

Tael ⟨[tɛːl] n.; -s, -s od. -⟩ *alte chines. Münze u. Gewichtseinheit* [port. <mal. *tahil* »Gewicht, Tael«, vermutl. <Hindi]

Taft ⟨m.; -(e)s, -e⟩ *steifer, glänzender Stoff aus reiner od. mit einem anderen Material gemischter Seide für Kleider u. als Futter* [zu mlat. *taffeta* <pers. *taftah* »gewebt«]

taf|ten ⟨Adj.; selten⟩ *aus Taft*

Tag ⟨[tæg] m. od. n.; -s, -s; EDV⟩ *strukturierendes Zeichen innerhalb eines Textes (um bestimmte Textteile zu kennzeichnen u. deren automatische Sortierung o.Ä. zu ermöglichen)* [engl., eigtl. »Schild, Etikett«]

Ta|ge|tes ⟨f.; -; unz.⟩ *zu den Korbblütlern gehörende Zierpflanze* [nach *Tages,* Gen. *Tagetis,* einem etrusk. Gott]

tag|gen ⟨[tægən] V.; EDV⟩ *mit einem Tag versehen, eindeutig kennzeichnen* [→ *Tag*]

Tag|ging ⟨[tægiŋ] n.; -s, -s; EDV⟩ *das Taggen, Kennzeichnen*

Ta|gli|a|tel|le, ⟨auch⟩ **Tag|li|a|tel|le** ⟨[taljatɛlə] Pl.⟩ *ital. Bandnudeln* [ital.]

Tag|mem ⟨n.; -s, -e; Sprachw.⟩ *in einer grammatikalischen Struktur die kleinste bedeutungstragende Einheit;* →a. *Episem, Grammem* [zu grch. *tagma* »Ordnung«]

Tag|me|mik ⟨f.; -; unz.; Sprachw.⟩ *Richtung des amerik. Strukturalismus, die die Sprache auf der phonologischen, lexikalischen u. syntaktischen Ebene in Einheiten einteilt, die jeweils durch eine Einheit der gleichen Form- bzw. Wortklasse ersetzt werden können* [→ *Tagmem*]

Tai-Chi ⟨[-tʃiː] n.; - od. -s; unz.⟩ **1** ⟨Philos.⟩ *der Urgrund des Seins, aus dem alles hervorgeht* **2** ⟨Sp.⟩ *Übungen mit langsamem, ruhigem Bewegungsablauf, Schattenboxen* [chin., »das höchste Prinzip, der große Balken«]

Tai|fun ⟨m.; -s, -e⟩ *Wirbelsturm, bes. an den Küsten Südostasiens* [<chin. *tai fung* »großer Wind«, beeinflusst von engl. *typhoon* »Wirbelsturm« <grch. *typhon*]

Tai|ga ⟨f.; -; unz.⟩ *waldiges u. sumpfiges Gebiet, bes. in Sibirien* [<russ. *tajga* <türk. *dag* »Gebirge«]

Tail|gate ⟨[tɛilgɛit] m.; - od. -s; unz.; Mus.⟩ *Spielweise der Posaune im New-Orleans-Jazz* [amerik., eigtl. »Hecktür; schieben«]

Tail|le ⟨[taljə] f.; -, -n⟩ **1** *schmalste Stelle des Rumpfes zwischen dem unteren Bogen der Rippen u. der Hüfte* **2** ⟨Kart.⟩ *das Aufdecken der Blätter für Gewinn od. Verlust* **3** ⟨in Frankreich vom 15. Jh. bis zur Frz. Revolution⟩ *Einkommens- u. Vermögenssteuer der nicht privilegierten Stände (Bürger, Bauern)* [frz., »Einschnitt«; zu *tailler* »schneidern«]

Tail|leur **1** ⟨[tajøːr] m.; -s, -s⟩ **1.1** *Schneider* **1.2** *Bankhalter (bei Glücksspielen)* **2** ⟨n.; -s, -s; schweiz.⟩ *Schneiderkostüm* [frz.; zu *tailler* »schneidern«]

tail|lie|ren ⟨[tajiːrən] V.⟩ **1** *in der Taille eng anliegend arbeiten (Anzug, Kostüm)* **2** ⟨Kart.⟩ *die Karten aufdecken* [→ *Taille*]

tai|lor|ma|de ⟨[tɛiləɾmɛid] Adj.⟩ *vom Schneider gearbeitet* [engl.]

Tai|pan[1] ⟨m.; -s, -s⟩ *bis zu 4 m lang werdende Giftnatter Australiens: Oxyuranus scutellatus* [einheimischer Name in Australien]

Tai|pan[2] ⟨m.; -s, -e; Wirtsch.⟩ *Geschäftsführer eines ausländischen Unternehmens in China* [chin.]

Ta|ke ⟨[tɛik] n.; -s, -s; Film⟩ *zur Schleife geklebtes Band eines Tonfilms mit einer kleinen Szene, das bei der Synchronisation immer wieder abläuft, bis die Übersetzung den Bewegungen der Lippen entspricht* [engl., »Aufnahme; nehmen, aufnehmen«]

Ta|ke|la|ge ⟨[-ʒə] f.; -, -n; bei Segelschiffen⟩ *die gesamte Segeleinrichtung einschließlich Masten, Segelwerk;* Sy *Takelung, Takelwerk* [zu mnddt. *takel,* verwandt mit *Zacken*]

Ta|ke|lung ⟨f.; -, -en⟩ = *Takelage*

Ta|kel|werk ⟨n.; -, -es; unz.⟩ = *Takelage*

Take-off, ⟨auch⟩ **Take|off** ⟨[tɛikɔf] n.; -s, -s⟩ *Start (einer Rakete od. eines Flugzeuges)* [engl., »abnehmen, von Bord bringen«]

Take-o|ver, ⟨auch⟩ **Take|o|ver** ⟨[tɛikoːvə(r)] m.; -s, -s; Wirtsch.⟩ *Kauf eines Unternehmens durch ein anderes mit dem Ziel, dessen Leistungskomponenten in den eigenen Besitz zu bringen u. Kontrolle über dessen Ressourceneinsatz zu gewinnen* [engl., »Übernahme, Ablösung«]

Takt ⟨m.; -(e)s, -e⟩ **1** *rhythm. Maßeinheit eines Musikstücks, am Anfang durch Bruchzahlen ($^3/_4$, $^4/_4$, $^6/_8$), innerhalb des Stückes durch senkrechte Taktstriche gekennzeichnet;* Sy *Metrum(2), Misura;* den ~ halten; den ~ schlagen; ich bin aus dem ~ gekommen; jmdn. aus dem ~ bringen ⟨a. fig.⟩ *verwirren* **2** *der zwischen den Taktstrichen eingeschlossene kleinste Teil eines aufgezeichneten Musikstücks;* ein paar ~e des Liedes **3** *regelmäßiger Schlag, regelmäßige Bewegung;* der ~ von Maschinen; gegen den ~ marschieren; im ~ marschieren, turnen **4** *Abschnitt bei der Arbeit am Fließband* **5** ⟨EDV⟩ *Zeit zwischen zwei Steuerungs- od. Arbeitsschritten einer EDV-Anlage* **6** ⟨unz.⟩ *Gefühl für richtiges Verhalten, Einfühlungsvermögen u. entsprechende Handlungsweise;* viel, wenig ~ haben; eine Angelegenheit mit ~ behandeln [<lat. *tactus* »Berührung«; zu *tangere* »berühren«]

tak|tie|ren[1] ⟨V.; Mus.⟩ *den Takt schlagen, durch Handbewegungen angeben* [→ *Takt*]

tak|tie|ren[2] ⟨V.⟩ *taktisch vorgehen, eine bestimmte Taktik verfolgen* [→ *Taktik*]

Tak|tik ⟨f.; -, -en⟩ **1** ⟨Mil.⟩ *Theorie u. Praxis des Einsatzes von Einheiten, Truppenteilen u. Verbänden in Gefechten* **2** ⟨allg.⟩ *geschicktes Vorgehen, planvolles Ausnützen der Gegebenheiten zur Erreichung eines bestimmten Zieles*

[< grch. *taktike (techne)* »Kunst der Anordnung«; zu *tattein* »aufstellen«]

Tak|ti|ker ⟨m.; -s, -⟩ *jmd., der die Taktik beherrscht*

tak|til ⟨Adj.⟩ *den Tastsinn betreffend, darauf beruhend;* ~er Typ = *motorischer Typ* [< lat. *tactilis;* zu *tactus,* Part. Perf. zu *tangere* »berühren«]

tak|tisch ⟨Adj.⟩ *die Taktik betreffend, auf ihr beruhend, mit ihrer Hilfe geplant;* → a. *strategisch*

Ta|kyr ⟨m.; -s, -e⟩ *aus austrocknenden Seen u. Niederungen entstehende Art der Salztonebene in Turkmenistan*

Ta|lar ⟨n.; -s, -e⟩ *mantelartiges, weites, bis zu den Knöcheln reichendes schwarzes Gewand, Amtstracht von Geistlichen, Richtern usw.* [< lat. *talaris (ornatus)* »bis zum Knöchel reichendes (Gewand)«; zu *talus* »Knöchel«]

Ta|lent ⟨n.; -(e)s, -e⟩ **1** *antikes Gewicht (60 Minen = 36 kg) u. ihm entsprechende Geldeinheit (6000 Drachmen)* **2** ⟨fig.⟩ *angeborene Begabung, Fähigkeit, doch keine schöpferische wie beim Genie* **3** *talentvoller Mensch* [< lat. *talentum* < grch. *talaton,* eigtl. »Waage, das Gewogene«, im NT (Matth. 25,15ff.) »anvertrautes Gut«]

ta|len|tiert ⟨Adj.⟩ *Talent besitzend, talentvoll, begabt,* ein ~er Musiker, Pianist

Ta|li|on ⟨f.; -, -en; in älteren Rechtsformen⟩ *Vergeltung durch eine gleichartige, gleichwertige Handlung* [< lat. *talio* »Wiedervergeltung«; Herkunft nicht geklärt]

Ta|lis|man ⟨m.; -s, -e⟩ *kleiner, meist am Körper getragener, vermeintlich schützender od. Glück bringender Gegenstand* [< ital. *talismano* < arab. *tilasm,* Pl. *tilisman* »Zauberbild«]

Tal|je ⟨f.; -, -n; Mar.⟩ *Winde zum Straffen von Tauen, Takel* [< lat. *talea* »abgeschnittenes Stück«]

tal|jen ⟨V.; Mar.⟩ *aufwinden, straffen* [→ *Talje*]

Talk[1] ⟨m.; -(e)s; unz.⟩ *Speckstein, sehr weiches, blättriges od. schuppiges Mineral, das sich fettig anfühlt, Bestandteil von Pudern u. Schminken, chem. Formel* $Mg_6OH_4Si_8O_{20}$ [< arab. *tal(a)q*]

Talk[2] ⟨[tɔ:k] m.; -s, -s; umg.⟩ *Gespräch, Plauderei (in einer Talkshow)* [engl.]

tal|ken ⟨[tɔ:kən] V.⟩ **1** *in einer Talkshow über ein Thema diskutieren, reden* **2** *sich unterhalten, Konversation betreiben* **3** ⟨abwertend⟩ *oberflächlich über etwas reden, plappern* [zu engl. *talk* »reden«]

Talk|mas|ter ⟨[tɔ:k-] m.; -s, -⟩ *Leiter einer Talkshow* [< *Talk*[2] + engl. *master* »Leiter«]

Talk|show ⟨[tɔ:kʃou] f.; -, -s⟩ *Fernsehsendung, in der ein Moderator einen Gast od. mehrere Gäste gesprächsweise dem Publikum vorstellt* [< engl. *talk* »Gespräch« + *Show*]

Tal|kum ⟨n.; -s; unz.⟩ *fein gemahlener Talk, als Streumittel u. zum Glätten von Oberflächen verwendet*

Tall|öl ⟨n.; -s, -e⟩ *bei der Herstellung von Zellstoff aus dem Holz von Kiefern entstehendes Nebenprodukt aus Harz- u. Fettsäuren, das u.a. zur Herstellung von Lacken verwendet wird* [< schwed. *tallolja* »Fichtenöl«]

tal|mi ⟨Adj.; österr.⟩ = *talmin*

Tal|mi ⟨n.; -s; unz.⟩ **1** *goldfarbige Legierung aus Kupfer, Zink u. 1% Gold für Schmuck* **2** ⟨fig.⟩ *Unechtes, Wertloses* [verkürzt < frz. *Tallois-demi-or* »Tallois-Halbgold«; nach dem Erfinder *Tallois*]

tal|min ⟨Adj.⟩ **1** *aus Talmi bestehend* **2** ⟨fig.⟩ *unecht, wertlos*

Tal|mud ⟨m.; -s; unz.⟩ *Aufzeichnung (6. Jh. v. Chr. bis 9. Jh. n. Chr.) der jüd. Lehren, Vorschriften, Überlieferungen* [hebr., »Gelerntes, Lehre«]

tal|mu|disch ⟨Adj.⟩ *den Talmud betreffend, auf ihm beruhend*

Tal|mu|dis|mus ⟨m.; -; unz.⟩ *Weltanschauung u. Lehre, die aus dem Talmud hervorgeht bzw. aus ihm gewonnen wird*

Tal|mu|dist ⟨n.; -en, -en⟩ *Kenner des Talmuds*

tal|mu|dis|tisch ⟨Adj.⟩ **1** *den Talmudismus betreffend, aus ihm hervorgehend* **2** ⟨abwertend⟩ *engstirnig am genauen Wortlaut festhaltend*

Ta|lon ⟨[-lɔ̃:] m.; -s, -s⟩ **1** ⟨Kaufmannsspr.⟩ **1.1** *Gutschein* **1.2** *Erneuerungsschein (bei Wertpapieren)* **1.3** *Zinsleiste* **2** ⟨Kart.⟩ *der nach dem Geben übrig bleibende Stoß von Karten* **3** *Rest der Dominosteine nach dem Geben* **4** *Ende des Griffs eines Bogens bei Streichinstrumenten* [frz., eigtl. »Stamm, Rest« < lat. *talus* »Ferse«]

Ta|ma|got|chi ⟨[-ʃi] n.; -s, -s; ⓦ⟩ *das Verhalten eines Babys simulierendes elektronisches Spielzeug in Form u. Größe eines Hühnereis, das bei unzureichender Versorgung per Tastatur sein digitales Leben beendet* [< jap. *tamago* »Ei« + engl. *watch* + Verkleinerungssuffix *-i* »kleine Uhr«]

Ta|ma|ril|lo ⟨[-ri:jo] f.; -, -s⟩ *Baumtomate, aus Peru stammendes Nachtschattengewächs mit leicht bitter schmeckenden Beerenfrüchten: Cyphomandra betacea* [span.]

Ta|ma|rin|de ⟨f.; -, -n⟩ **1** *in Indien heimischer Baum mit gefiederten, immergrünen Blättern: Tamarindus indica* **2** *Frucht des gleichnamigen Baumes, liefert das Tamarindenmus, ein leichtes Abführmittel* [< arab. *tamr hindi* »indische Dattel«]

Ta|ma|ris|ke ⟨f.; -, -n⟩ *einer Gattung der Tamariskengewächse angehörender Strauch der Salzsteppen mit kleinen, nadel- od. schuppenförmigen Blättern: Tamarix* [< lat. *tamariscus* < arab. *tamr* »Dattel«]

Tam|bour ⟨[-bu:r] m.; -s, -e od. (schweiz.) -bouren [-bu:rən]⟩ **1** *Trommler* **2** ⟨Arch.⟩ *von Fenstern durchbrochener Sockel einer Kuppel* [< mhd. *tambur* < afrz. *ta(m)bo(u)r* < arab. *tanbur* »Trommel«]

Tam|bour|ma|jor ⟨[-bu:r-] m.; -s, -e; Mil.; †⟩ *Anführer u. Ausbilder der Spielleute* [< *Tambour* + *Major*]

Tam|bur ⟨m.; -s, -e⟩ **1** *Stickrahmen* **2** = *Tambour* **3** = *Tanbur* [→ *Tambour*]

tam|bu|rie|ren ⟨V.⟩ **1** *Kettenstiche im Rahmen sticken* **2** *für den Scheitel einer Perücke zwischen Tüll u. Gaze Haare einknüpfen*
Tam|bu|rin ⟨a. [-riːn] n.; -s, -e⟩ **1** ⟨im Orient u. in Südeuropa (bes. Spanien)⟩ *kleine, flache Handtrommel mit am Rand befestigten Schellen* **2** *kleines, flaches, trommelartiges, unten offenes Gerät zum Ballspiel u. zum Schlagen des Taktes bei der Gymnastik* **3** *Stickrahmen* [<frz. *tambourin,* Verkleinerungsform zu *tambour* »Handtrommel« <afrz. *ta(m)bo(u)r;* → *Tambour*]
Tam|bu|riz|za ⟨f.; -, -s⟩ *mandolinenähnliches Saiten-(Zupf-)Instrument der Südslawen* [<serbokroat. *tamburica* »kleine Mandoline« < *tambur* »Trommel« <ital. *tamburo* <arab. *tanbur;* →a. *Tambour*]
Ta|mil ⟨n.; -s od. -; unz.⟩ *zu den drawid. Sprachen gehörende Sprache der Tamilen*
Ta|mi|le ⟨m.; -n, -n⟩, *Angehöriger eines drawid. Volksstammes in Südvorderindien u. Nordceylon*
Tamp ⟨m.; -(e)s, -e⟩, **Tam|pen** ⟨m.; -s, -; Mar.⟩ *Tauende* [ndrl., »Tauende«]
Tam|pon ⟨a. [-pɔ̃ː] m.; -s, -s⟩ **1** *mit Gaze, Mull o.Ä. überzogener Bausch aus Watte od. Zellstoff zum Aufsaugen von Flüssigkeiten, zur Stilllegung des Blutes usw.* **2** *Ballen zum Einschwärzen der Druckplatte* [frz., »Pfropfen«]
Tam|po|na|de ⟨f.; -, -n⟩ *das Ausstopfen von Hohlräumen des Körpers mit Tampons*
Tam|po|na|ge ⟨[-ʒə] f.; -, -n; Tech.⟩ *z.B. durch Zementieren erzielte Abdichtung eines Bohrlochs, um das Eindringen von Gas od. Wasser zu vermeiden* [→ *Tampon*]
tam|po|nie|ren ⟨V.⟩ *mit Tampons ausstopfen*
Tam|tam ⟨a. ['--] n.; -s, -s⟩ **1** ⟨zählb.⟩ *ostasiat. Musikinstrument, mit Klöppel geschlagenes, flaches Metallbecken, Gong* **2** ⟨nur [-'-]; unz.; umg.⟩ *Lärm, Aufhebens, Aufwand, aufdringl. Reklame;* jmdn. mit großem ~ empfangen; *viel ~ um etwas machen* [Hindi]
tan ⟨Abk. für⟩ *Tangens*
Ta|na|gra|fi|gu|ren, ⟨auch⟩ **Ta|nag|ra|fi|gu|ren** ⟨f.; Pl.⟩ *in der altgriech. Stadt Tanagra gefundene, zierliche, bemalte tönerne Figuren aus dem 4.-3. Jh. v.Chr.*
Tan|bur ⟨m.; -s, -e od. -s⟩ *arab.-pers. lautenartiges Zupfinstrument mit 3 od. 4 Saiten aus Stahl;* oV *Tambur(3)* [→ *Tambour*]
Tan|dem ⟨n.; -s, -s⟩ **1** *Fahrrad mit zwei Sitzen hintereinander* **2** *Wagen mit zwei hintereinander gespannten Pferden* [lat., »schließlich, endlich; der Länge nach«]
Tan|dem|ma|schi|ne ⟨f.; -, -n⟩ *Maschine mit zwei hintereinander geschalteten Antrieben*
tang ⟨Zeichen für⟩ *Tangens*
Tan|ga ⟨m.; -s, -s⟩ *sehr knapp geschnittener Bikini* [portug., »Lendenschurz«]
Tan|ga|re ⟨f.; -, -n; meist Pl.⟩ *in Mittel- u. Südamerika heimischer, bunter Singvogel, der den Finken ähnelt: Thraupidae* [<port. *tangara* < *Tupi*]
Tan|gens ⟨m.; -, -; Zeichen: tan, tang, tg⟩ *eine Winkelfunktion, das Verhältnis von dem Winkel gegenüberliegender u. anliegender Kathete;* Ggs *Kotangens* [lat., Part. Präs. zu *tangere* »berühren«]
Tan|gent ⟨m.; -en, -en⟩ = *Tangente(2)*
Tan|gen|te ⟨f.; -, -n⟩ **1** ⟨Math.⟩ *Gerade, die eine Kurve in einem Punkt berührt* **2** ⟨Mus.⟩ *Plättchen aus Messing am Ende einer Taste, das beim Klavichord die Saiten anschlägt u. sie so zum Klingen bringt;* oV *Tangent* [<lat. *tangens;* → *Tangens*]
Tan|gen|ten|bus|so|le ⟨f.; -, -n⟩ *Strommesser, mit dem die Stromstärke durch Abweichung einer Magnetnadel von der Nord-Süd-Richtung gemessen wird*
tan|gen|ti|al ⟨Adj.⟩ *eine Kurve od. gekrümmte Fläche berührend* [→ *Tangente*]
Tan|gen|ti|al|e|be|ne ⟨f.; -, -n⟩ *Ebene, die einen Körper in einem Punkt berührt*
Tan|ge|ri|ne ⟨f.; -, -n⟩ *Manderine* [nach der marokkan. Stadt *Tanger*]
tan|gie|ren ⟨V.⟩ **1** ⟨Math.⟩ *eine Kurve od. gekrümmte Fläche berühren* **2** ⟨fig.⟩ **2.1** *berühren, beeindrucken* **2.2** *betreffen, angehen;* das tangiert mich nicht [<lat. *tangere* »berühren«]
Tan|go ⟨m.; -s, -s⟩ *aus einem argentin. Volkstanz hervorgegangener europ. Gesellschaftstanz im langsamen 2/4-Takt* [span. (südamerik.), vermutl. <kongoles.]
Tan|gram, ⟨auch⟩ **Tang|ram** ⟨n.; -s; unz.⟩ *aus sieben Teilen (Dreiecke, Quadrate) bestehendes Puzzle, das in verschiedenen Formen zusammengelegt werden kann* [chin.-engl.; Herkunft unsicher]
Tä|nie ⟨[-niə] f.; -, -n⟩ *Gattung der Bandwürmer mit zahlreichen im Darm von Säugetieren schmarotzenden Arten: Taenia*
Tank ⟨m.; -(e)s, -s od. -e⟩ **1** *großer Behälter für (bes. feuergefährliche) Flüssigkeiten* **2** ⟨Mil.; †⟩ *Panzer* [vermutl. zu Hindi *tankh* »Wasserbehälter« (1915 in England als Deckname für die ersten Panzer gebraucht)]
Tan|ka ⟨f.; -, -s; Metrik⟩ *aus zusammen 31 Silben bestehende japanische Kurzgedichtform mit einer dreizeiligen u. einer zweizeiligen Strophe* [jap.]
Tan|nat ⟨n.; -(e)s, -e⟩ *Salz einer Gerbsäure* [→ *Tannin*]
tan|nie|ren ⟨V.⟩ *mit Tannin behandeln, beizen*
Tan|nin ⟨n.; -s, -e⟩ *in den Galläpfeln verschiedener Eichen- u. Sumacharten vorkommende organische Verbindung, die zum Gerben u. Beizen sowie für Tinten, Arzneimittel u. Klebstoffe verwendet wird* [<frz. *tanin* »Gerbstoff«]
Tan|rek ⟨m.; -s, -s⟩ *Borstenigel, Madagaskarigel, in Erdhöhlen der Bergwälder Madagaskars lebender Angehöriger einer Familie von Insektenfressern: Teurecidae* [madagassisch]
Tan|tal ⟨n.; -s; unz.; chem. Zeichen: Ta⟩ *chem. Element, hartes, widerstandsfähiges Metall, Ordnungszahl 73* [nach *Tantalus,* der grch. Sagengestalt (wegen der Schwierigkeiten bei der Herstellung)]

Tan|ta|lus|qua|len ⟨Pl.⟩ *nach der Gestalt aus der grch. Mythologie benannte Qualen, die man aussteht, wenn man etwas Ersehntes unmittelbar vor sich sieht u. doch nicht erreicht*
Tan|ti|e|me ⟨a. [tã-] f.; -, -n⟩ **1** *prozentuale Gewinnbeteiligung von Autoren u. Komponisten bei der Veröffentlichung od. Aufführung ihrer Werke* **2** *Anteil am Gewinn eines Unternehmens, der den Vorstandsmitgliedern einer Aktiengesellschaft u. dem Aufsichtsrat zukommt* [< frz. *tantième* »der sovielte Teil« < lat. *tantus* »so groß«]
tan|to ⟨Mus.⟩ *sehr;* allegro ma non ~ *lebhaft, rasch, aber nicht (zu) sehr (zu spielen)* [ital.]
Tan|tra, ⟨auch⟩ **Tant|ra** ⟨n.; -s; unz.⟩ *Schrifttum der ind. Religion* [Sanskrit]
Tan|tri|ker, ⟨auch⟩ **Tant|ri|ker** ⟨m.; -s, -⟩ *Vertreter, Anhänger des Tantrismus*
tan|trisch, ⟨auch⟩ **tant|risch** ⟨Adj.⟩ *zur Tantra gehörend, auf ihr beruhend*
Tan|tris|mus, ⟨auch⟩ **Tant|ris|mus** ⟨m.; -; unz.⟩ *in Indien entstandene Heilslehre, die von der mystischen Verflechtung aller existierenden Dinge ausgeht u. die rituelle Handlung als günstigen Einfluss auf Wohlergehen u. Seelenwanderung betrachtet* [→ *Tantra*]
Tao ⟨a. [tau] n.; -; unz.; chines. Rel.⟩ **1** *der Urgrund des Seins* **2** *der in mystischer Versenkung zu beschreitende Weg dorthin* [chin., »Weg«]
Ta|o|is|mus ⟨a. [tau-] m.; -; unz.⟩ *wahrscheinlich von dem altchines. Philosophen Laotse begründete Lehre vom Tao*
Ta|o|ist ⟨a. [tau-] m.; -en, -en⟩ *Vertreter, Anhänger des Taoismus*
ta|o|is|tisch ⟨a. [tau-] Adj.⟩ *zum Taoismus gehörend, auf ihm beruhend*
Ta|pa ⟨f.; -, -s; in Polynesien⟩ *aus Baumrinde gewonnener Stoff für Kleidung* [polynes., »Rindenstoff«]
Tape ⟨[tɛɪp] n.; -s, -s⟩ **1** *Papierstreifen zum Aufzeichnen von Signalen, z.B. Morsezeichen* **2** *Tonband, Kassette* [engl., »(Ton-, Magnet-) Band, Streifen«]
Tape|deck ⟨[tɛɪp-] n.; -s, -s⟩ = *Kassettendeck*
Ta|pei|no|sis ⟨f.; -; unz.; Rhet.; Stilistik⟩ *einer Sache die Wichtigkeit nehmender, abschwächender Begriff* [grch., »Abschwächung«]
ta|pen ⟨[tɛɪpən] V.⟩ *einen Tapeverband anbringen* [< engl. *tape* »zu-, zusammenkleben«]
Ta|pet ⟨n.; -(e)s, -e⟩ *Bespannung von Konferenztischen;* etwas aufs ~ bringen ⟨fig.⟩ *zur Sprache bringen* [< frz. *tapis* < mlat. *tapetum* »Wandteppich«]
Ta|pe|te ⟨f.; -, -n⟩ *Wandverkleidung aus Gewebe, Leder od. (meist) Papier, häufig künstlerisch gestaltet* [< mlat. *tapeta;* zu *tapetum* »Wandteppich«]
Ta|pe|tum ⟨n.; -s; unz.⟩ **1** *das Archespor umgebende Zellschicht, die der Ernährung der Pollenkörner dient* **2** *stark reflektierende Schicht hinter dem lichtempfindlichen Teil des Auges von Nachtraubtieren u. Fischen, die Lichtstrahlen auf die davor liegenden Sehzellen zurückwirft* [< lat. *tapetum* »Wandteppich«]
Tape|ver|band ⟨[tɛɪp-] m.; -(e)s, -bän|de⟩ *selbstklebender Druckverband, der kurativ u. vorbeugend zur Einschränkung der Bewegungsmöglichkeit z.B. von Gelenken angelegt wird* [→ *tapen*]
Ta|pe|zier ⟨m.; -s, -e⟩ = *Tapezierer*
ta|pe|zie|ren ⟨V.⟩ *mit Tapete bekleben, verkleiden* [< ital. *tappezzare,* frz. *tapisser* »tapezieren«]
Ta|pe|zie|rer ⟨m.; -s, -⟩ *Handwerker, der Zimmer tapeziert;* oV *Tapezier*
Ta|pi|o|ka ⟨f.; -; unz.⟩ *Stärke aus den Wurzeln des südamerikan. Manioks* [port., span. < Tupi *typyoca, tapioca, tipioca*]
Ta|pir ⟨m.; -s, -e⟩ *Angehöriger einer Familie von Pflanzenfressern, die den Schweinen ähneln: Tapiridae* [< Tupi *tapira*]
Ta|pis|se|rie ⟨f.; -, -n⟩ **1** *Werkstatt, in der Teppiche u. Tapeten gewirkt werden* **2** *Geschäft für Handarbeiten* **3** *gewirkte Tapete, Wandteppich* **4** *Kreuzstichstickerei auf gitterartigem Gewebe* [< frz. *tapis* »Teppich«]
Ta|ra ⟨f.; -, -ren; Abk.: T, Ta⟩ **1** *Gewicht der Verpackung* **2** *Verpackung (einer Ware)* [ital. < arab. *tarh* »Abzug«]
Ta|ran|tel ⟨f.; -, -n⟩ *in Südeuropa vorkommende Wolfsspinne, deren Biss entgegen dem Volksglauben für den Menschen harmlos ist: Lycosa tarantula;* wie von der ~ gestochen aufspringen, davonrennen ⟨fig.⟩ *wie besessen, plötzlich u. heftig* [< frühnhd. *tarantula,* ital. *tarantola;* zu *Taranto,* dem ital. Namen von *Tarent*]
Ta|ran|tel|la ⟨f.; -, -tel|len od. -s⟩ *süditalien. Volkstanz im ³/₄- od. ⁶/₈-Takt* [< ital. *tarantola* »Tarantel« od. zu *Taranto;* → *Tarantel*]
Ta|rar ⟨m.; -s, -e⟩ *Maschine zum Reinigen von Getreide, bei der durch ein Flügelrad Wind erzeugt wird, der Staub u. Stroh aus dem Korn bläst* [< frz. *tarare* »Getreidereinigungsmaschine«]
Tar|busch ⟨m.; -(e)s, -e; arab. Bez. für⟩ *Fes* [< arab. *tarbuš* »Schweißkappe« < türk. *ter* »Schweiß« + pers. *puš* »bedecken«]
tar|dan|do ⟨Mus.⟩ *zögernd (zu spielen)* [zu ital. *tardare* »zögern, verzögern«]
Tar|de|noi|si|en ⟨[-noazjɛ̃:] n.; -s; unz.⟩ *Kulturstufe der Mittelsteinzeit* [nach dem Fundort *Fère-en-Tardenois* im frz. Dep. Aisne]
tar|div ⟨Adj.⟩ *sich langsam entwickelnd, erst später eintretend (von Krankheiten)* [< lat. *tardare* »verzögern, säumen«]
Tar|get ⟨n.; -s, -s; Kernphysik⟩ *Material, auf das ein Teilchen od. ein Gammastrahl gelenkt wird, um z.B. Kernreaktionen in ihm zu erzeugen* [engl., »Zielscheibe«]
ta|rie|ren ⟨V.⟩ **1** *durch Gegengewichte das Reingewicht einer Ware auf der Waage ausgleichen* **2** *Gewicht der Tara feststellen von* [→ *Tara*]
Ta|rier|waa|ge ⟨f.; -, -n⟩ *Feinwaage, deren Nullpunkt vor Beginn des Wiegevorgangs*

durch Hinzufügen oder Wegnehmen von Tarierschrot (kleine Metallkugeln od. -plättchen) genau eingestellt wird

Ta|rif ⟨m.; -(e)s, -e⟩ **1** *vertraglich od. gesetzlich festgelegte Summe für Preise, Löhne, Gehälter, Steuern usw.* **2** *amtl. Verzeichnis von Preisen, Löhnen, Steuern usw.;* Zoll~; Steuer~; Fracht~ [< ital. *tariffa,* span., port. *tarifa,* arab. *ta'rif(a);* zu *'arafa* »wissen«]

Ta|rif|au|to|no|mie ⟨f.; -; unz.⟩ **1** *Berechtigung, in eigener Verantwortung Tarifverträge zu schließen* **2** *Berechtigung, Tarife im öffentl. Verkehr selbständig festzusetzen*

Ta|ri|feur ⟨[-fø:r] m.; -s, -e⟩ *jmd., der Tarife einschätzt, bestimmt*

ta|ri|fie|ren ⟨V.⟩ **1** *in einen Tarif aufnehmen* **2** *den Tarif einschätzen, bestimmen von*

Ta|rif|kom|mis|si|on ⟨f.; -, -en⟩ *Kommission aus Vertretern der Gewerkschaften u. der Arbeitgeber, die über den Abschluss von Tarifverträgen verhandelt*

ta|rif|lich ⟨Adj.⟩ *dem Tarif gemäß*

Ta|rif|part|ner ⟨Pl.⟩ *an einem Tarifvertrag beteiligte Vertreter von Arbeitgebern u. Arbeitnehmern*

Ta|rif|ver|trag ⟨m.; -(e)s, -trä|ge⟩ *schriftl. Vereinbarung zwischen Gewerkschaft u. Arbeitgeber od. Arbeitgeberverband über die Arbeitsbedingungen zwischen Arbeitgeber u. -nehmer bezüglich des Tarifs*

Tar|la|tan ⟨m.; -s, -e⟩ *steifes, durchsichtiges Gewebe aus Baumwolle* [< frz. *tarlatane*]

Ta|ro ⟨m.; -s, -s⟩ *Wasserbrotwurzel, Wurzelstock eines trop. Aronstabgewächses (Colocasia), der als Nahrungsmittel (Kartoffelersatz u. Mehl) dient* [< polynes.]

Ta|rock ⟨n. od. m.; -s, -s⟩ *Kartenspiel für drei Spieler mit bes. Karten;* → a. *Tarot* [< ital. *tarocco* < arab. *taraha*]

ta|ro|ckie|ren ⟨V.⟩ **1** *Tarock spielen* **2** ⟨im Tarock⟩ *Trumpf ausspielen*

Ta|ro|ga|tó ⟨[ta:rogɔto:] n.; -s, -s⟩ *ungarisches Holzblasinstrument mit konischem Korpus*

Ta|rot ⟨[-ro:] n. od. m.; -s, -s⟩ *zu spekulativen Aussagen über die Zukunft verwendetes Kartenspiel;* → a. *Tarock* [frz.]

Tar|pan ⟨m.; -s, -e⟩ *ausgestorbenes europ. Wildpferd* [russ., < kirgis. *tarpan*]

Tar|pon ⟨m.; -s, -s⟩ *Gattung großer, zu den Heringen gehörender Fische: Megalops* [Herkunft unbekannt]

Tar|ra|go|na ⟨m.; -s, -s⟩ *ein spanischer Süßwein* [nach der gleichnamigen nordostspan. Stadt]

tar|sal ⟨Adj.⟩ **1** *zur Fußwurzel gehörend* **2** *zum Lidknorpel gehörend* [→ *Tarsus*]

Tars|al|gie, ⟨auch⟩ **Tar|sal|gie** ⟨f.; -, -n⟩ *Schmerz, der durch Plattfußbildung verursacht wird*

Tar|si|tis ⟨f.; -, -ti|den⟩ *Entzündung des Lidknorpels* [< *Tarsus(3)* + *...itis*]

Tar|sus ⟨m.; -, Tar|sen⟩ **1** *als Fuß dienendes Glied von Gliederfüßern* **2** *Fußwurzel (der hinteren Gliedmaßen der vierfüßigen Wirbeltiere u. der Beine des Menschen)* **3** *im oberen Lid eingelassene Platte aus Fasern* [< grch. *tarsos* »Fußblatt, Sohle, breite Fläche«]

Tar|tan ⟨a. [ta:rtən] m.; - od. -s, -s⟩ **1** = *Plaid(2)* **2** *bunt karierter Stoff, bunt kariertes Muster* **3** *bes. elastischer Belag für Laufbahnen* [engl.-schott.]

Tar|ta|ne ⟨f.; -, -n⟩ *einmastiges Fischerboot im Mittelmeer* [< ital. *tartana* »kleines Schiff« < arab.]

Tar|ta|ros ⟨m.; -; unz.; griech. Myth.⟩ *Abgrund der Unterwelt, in den Zeus seine Feinde stürzte* [grch.]

Tar|ta|rus[1] ⟨m.; -; unz.; lat. Form von⟩ *Tartaros* [→ *Tartaros*]

Tar|ta|rus[2] ⟨m.; -; unz.⟩ *Weinstein* [lat.]

Tar|trat, ⟨auch⟩ **Tart|rat** ⟨n.; -(e)s, -e⟩ *Salz der Weinsäure* [→ *Tartarus*[2]]

Tar|tüff ⟨m.; -s, -e⟩ *Heuchler, Scheinheiliger* [nach der Komödienfigur *Tartuffe* von Molière]

Ta|schis|mus ⟨m.; -; unz.⟩ = *Tachismus*

Ta|schist ⟨m.; -en, -en⟩, = *Tachist*

ta|schis|tisch ⟨Adj.⟩ = *tachistisch*

Task 1 ⟨m.; -s, -s; EDV⟩ *selbständige, abgeschlossene Anwendung od. ein Unterprogramm als Teil eines Programms;* die ~leiste auf dem Computerbildschirm **2** ⟨f.; -, -s; allg.; umg.⟩ *zu bewältigende Arbeit, zur Erledigung anstehende Aufgabe* [engl., »Aufgabe«]

Task|force ⟨[-fɔ:s] f.; -, -s [-sis]⟩ *Gruppe, die für einen begrenzten Zeitraum zur Bewältigung einer bestimmten Aufgabe zusammengestellt wird;* ~ für die Einführung des Euros [engl., »Sondereinheit, Spezialeinheit«]

TASS ⟨f.; -; unz.; Abk. für russ.⟩ *Telegrafnoje Agenstwo Sowjetskowo Sojusa (Nachrichtenagentur der früheren UdSSR, seit 1992 ITAR-TASS)*

Tas|ta|tur ⟨f.; -, -en⟩ *die Gesamtheit der Tasten*

Tas|te ⟨f.; -, -n⟩ *mit dem Finger herabzudrückender Hebel, z.B. am Klavier, an der Schreibmaschine* [< ital. *tasto* »Taste«]

Tas|ter ⟨m.; -s, -⟩ **1** *Zirkel zum Ausmessen von Innen- od. Außenweiten* **2** *der Schreibmaschine ähnlicher Teil von Setzmaschinen bzw. Dateneingabegeräten, mit dem der Text gesetzt bzw. eingegeben wird* **3** *Setzer, der den Taster(2) bedient* [→ *Taste*]

Ta|tar ⟨n.; - od. -s; unz.⟩ *rohes, gehacktes, mit Pfeffer u. Salz, Essig u. Öl, Zwiebeln u. evtl. rohem Ei angemachtes Rindfleisch* [nach dem mongol. Volksstamm der *Tataren*]

ta|tau|ie|ren, tä|to|wie|ren ⟨V.⟩ jmdn. ~ *Farbstoff durch Nadelstiche in jmds. Haut bringen u. diese dadurch mit (nicht mehr entfernbaren) Figuren od. Mustern versehen* [< tahit. *tatau* »Zeichen, Malerei«]

Tä|to|wie|rung ⟨f.; -, -en⟩ **1** ⟨unz.⟩ *das Tätowieren* **2** ⟨zählb.⟩ *die durch Tätowieren entstandenen Figuren od. Muster auf der Haut;* Sy *Tattoo(2)*

Tat|ter|sall ⟨m.; -s, -s⟩ *Reitschule* [nach dem engl. Trainer *Tattersall,* † 1795]

Tat|too[1] ⟨[tatu:], engl. [tətu:] n.; - od. -s, -s⟩ *Musikparade, Zapfenstreich* [engl.]

Tat|too[2] ⟨[tatu:], engl. [tətu:] m. od. n.; -s, -s⟩ = *Tätowierung(2)* [engl.]

Tau ⟨n.; - od. -s, -s; Zeichen: τ, T⟩ *grch. Buchstabe*

taupe ⟨[to:p] Adj.⟩ *von maulwurfgrauem Farbton* [frz., »Maulwurf«]

tau|schie|ren ⟨V.⟩ Metall ~ *mit anderem, meist edlerem u. farbigem Metall einlegen* [< ital. *tausia* »Einlegearbeit« < arab. *taušija* »Färbung; Verzierung«]

Tau|ta|zis|mus ⟨m.; -, -zis|men⟩ *unschöne Häufung ähnlicher Laute, bes. am Anfang aufeinander folgender Wörter* [< grch. *ta auta* »das Gleiche«]

Tau|to|lo|gie ⟨f.; -, -n⟩ *rhetor. Figur, bei der das bereits Gesagte durch ein sinnverwandtes Wort wiederholt wird,* z.B. nackt u. bloß [< grch. *to auto* »das Gleiche« + *...logie*]

tau|to|lo|gisch ⟨Adj.⟩ *in der Art einer Tautologie, auf ihr beruhend*

tau|to|mer ⟨Adj.⟩ *auf Tautomerie beruhend, durch sie entstanden* [< grch. *to auto* »das Gleiche« + *...mer*]

Tau|to|mer ⟨n.; -s, -e⟩, **Tau|to|me|re(s)** ⟨n. 3⟩ *durch Tautomerie gebildete chem. Verbindung*

Tau|to|me|rie ⟨f.; -, -n⟩ *umkehrbare Umwandlung von miteinander im Gleichgewicht stehenden Isomeren*

Ta|ver|ne ⟨[-vɛr-] f.; -, -n⟩ *Schenke, Kneipe;* oV *Taberne* [< lat. *taberna* »Hütte, Laden, Wirtshaus, Schaubude«]

Ta|xa|me|ter ⟨m. od. n.; -s, -⟩ **1** *Zählwerk im Taxi, Fahrpreisanzeiger* **2** ⟨†⟩ = *Taxi* [< frz. *taxerd* »taxieren« + *...meter*]

Ta|xa|ti|on ⟨f.; -, -en⟩ *das Taxieren, Schätzung, Ermittlung (eines Wertes)*

Ta|xa|tor ⟨m.; -s, -to|ren⟩ *jmd., der etwas taxiert, Schätzer*

Ta|xe ⟨f.; -, -n⟩ **1** *Schätzung (eines Wertes)* **2** *festgesetzter Preis* **3** *Gebühr, Abgabe;* Kur~ **4** = *Taxi* [< frz. *taxe* < mlat. *taxa* »Schätzung, Anschlag, Satz«]

Ta|xem ⟨n.; -s, -e; Sprachw.⟩ *in einer grammatikalischen Struktur die kleinste Einheit, die im Gegensatz zum Tagmem keine Bedeutung besitzt* [zu grch. *taxis* »das Anordnen, Festsetzen«]

ta|xen ⟨V.⟩ = *taxieren*

Ta|xi ⟨n.; -s, -s⟩ *Personenkraftwagen, dessen Fahrer gegen Bezahlung Fahrgäste befördert;* oV *Taxe(4)* [verkürzt < *Taxameter*]

Ta|xi|der|mie ⟨f.; -; unz.⟩ *das Ausstopfen (von Tieren)* [< grch. *taxis* »Anordnung, Aufstellung« + *...dermie*]

Ta|xie ⟨f.; -, -n⟩ *durch einen Reiz ausgelöste Bewegung von Pflanzen in Richtung auf den Reiz zu* (positive ~) *od. vom Reiz weg* (negative ~); oV *Taxis(1);* →a. *Tropismus, Nastie* [< grch. *taxis* »Anordnung, Aufstellung«]

ta|xie|ren ⟨V.⟩ Sy *taxen* **1** den Wert ~ *schätzen;* jmdn. ~ *anschauen u. einschätzen* **2** einen Gegenstand ~ *den Wert eines Gegenstandes ermitteln* [< frz. *taxer* < lat. *taxare* »berühren, antasten, im Wert abschätzen«]

Ta|xis ⟨f.; -, -xi|en⟩ **1** = *Taxie* **2** *das Zurückbringen von Knochen- u. Eingeweidebrüchen*

Ta|xo|die ⟨[-diə] f.; -, -n⟩ *in Nordamerika beheimatete Gattung von Sumpfzypressen* [< grch. *taxos* »Eibe«]

Ta|xon ⟨n.; -s, Ta|xa; Biol.⟩ *systematische Kategorie wie z.B. Stamm, Klasse, Ordnung, Familie, Gattung, Art* [zu grch. *taxis* »Anordnung«]

ta|xo|nom ⟨Adj.⟩ *die Taxonomie betreffend, systematisch;* Sy *taxonomisch*

Ta|xo|no|mie ⟨f.; -, -n⟩ *Einordnung in ein biolog. System;* die ~ der Pflanzen und Tiere [< grch. *taxis* »Anordnung« + *...nomie*]

ta|xo|no|misch ⟨Adj.⟩ = *taxonom*

Ta|xus ⟨m.; -, -⟩ *Baum mittlerer Größe mit immergrünen Nadeln, Eibe: Taxus baccata* [lat.]

Tay|lo|ris|mus ⟨[tɛi-] m.; -; unz.; Wirtsch.⟩ *auf wissenschaftlichen Ergebnissen beruhende Betriebsführung mit dem Ziel, den Betriebsablauf möglichst wirtschaftlich zu gestalten* [nach dem amerik. Ingenieur u. Betriebsberater F.W. *Taylor,* 1856–1915]

Ta|zet|te ⟨f.; -, -n⟩ *in den Mittelmeerländern heim. Narzisse; Narcissus tazetta* [< ital. *tazetta*]

Tb 1 ⟨chem. Zeichen für⟩ *Terbium* **2** = *Tbc*

Tbc ⟨Abk. für⟩ *Tuberkulose*

T-Bone-Steak ⟨[ti:bounstɛik] n.; -s, -s⟩ *dünnes Rinderlendensteak mit einem t-förmigen Knochen;* →a. *Porterhousesteak* [engl., zu *t-bone* »T(-förmiger)-Knochen« + *Steak*]

Tc ⟨chem. Zeichen für⟩ *Technetium*

Te ⟨chem. Zeichen für⟩ *Tellur*

Teach-in ⟨[ti:tʃin] n.; - od. -s, -s⟩ *polit. Diskussionsversammlung, bei der durch Aufklärung Missstände aufgedeckt werden sollen;* →a. *Go-in, Love-in, Sit-in* [engl., < *teach* »lehren« + *in* »in, innen«]

Teak ⟨[ti:k] n.; -s; unz.⟩ = *Teakholz*

Teak|baum ⟨[ti:k-] m.; -(e)s, -bäu|me⟩ *trop. Baum, der ein gelblich braunes, sehr dauerhaftes Holz liefert: Textona grandis* [< engl. *teak* < port. *teca* < mal. *tekka*]

tea|ken ⟨[ti:ken] Adj.⟩ *aus Teakholz*

Teak|holz ⟨[ti:k-] n.; -es, -höl|zer⟩ *Holz des Teakbaumes*

Team ⟨[ti:m] n.; -s, -s⟩ **1** ⟨Sp.⟩ *Mannschaft* **2** *Arbeitsgemeinschaft* [engl., »Arbeitsgruppe, Mannschaft« < aengl. *team* »Nachkommenschaft, Familie; Gespann«]

Team|chef ⟨[ti:mʃɛf] m.; -s, -s; Sp.⟩ *Trainer einer Mannschaft, der keine offizielle Trainerausbildung absolviert hat;* Franz Beckenbauer wurde 1990 als ~ Weltmeister mit der deutschen Fußballnationalmannschaft

Team|che|fin ⟨[ti:mʃɛ-] f.; -, -fin|nen⟩ *Trainerin einer Mannschaft;* →a. *Teamchef*

Team|geist ⟨[ti:m-] m.; -(e)s; unz.⟩ *gleichgerichtetes Bestreben, guter Zusammenhalt eines Teams od. einer (Arbeits-) Gruppe, Mannschaftsgeist*

Team|tea|ching ⟨[tiːmtiːtʃiŋ] n.; -s; unz.; Päd.⟩ *Form der Unterrichtsplanung u. -durchführung, die von einem Lehrerkollegium gemeinsam u. arbeitsteilig realisiert wird* [zu *Team* + engl. *teaching* »Unterrichten«]
Team|the|o|rie ⟨[tiːm-] f.; -, -n; Wirtsch.⟩ *Theorie zur Verbesserung von Entscheidungsprozessen innerhalb eines Teams, nach der einzelne Teammitglieder aufgrund spezieller Informationen Teilhandlungen durchführen u. das Gesamtergebnis die Summe dieser Teilhandlungen ist*
Team|work ⟨[tiːmwəːk] n.; -s; unz.⟩ *Arbeit eines gut aufeinander abgestimmten Teams* [<engl. *team* + *work* »Arbeit«]
Tea|room ⟨[tiːruːm] m.; -s, -s⟩ *Raum in Hotels u. Restaurants, in dem Tee ausgeschenkt wird* [<engl. *tea* »Tee« + *room* »Raum«]
Tea|ser ⟨[tiːsə(r)] m.; -s, -⟩ *Werbemittel, das die Aufmerksamkeit des Kunden auf das Produkt lenken u. die Kaufbereitschaft erhöhen soll (z.B. eine neue Verpackung)* [engl., »Schelm, Schäker«; zu *tease* »reizen«]
Tech|ne|ti|um ⟨n.; -s; unz.; chem. Zeichen: Tc⟩ *künstlich hergestelltes, radioaktives chem. Element, Ordnungszahl 43* [<grch. *technetos* »künstlich«]
Tech|ni|co|lor ⟨n.; -s; unz.; Ⓦⓩ⟩ *früheres Verfahren zur Erstellung von Farbfilmen, bei dem drei Schwarz-Weiß-Filme gleichzeitig belichtet werden u. aus denen über Farbfilter der eigentliche Farbfilm hergestellt wird*
tech|ni|fi|zie|ren ⟨V.⟩ = *technisieren*
Tech|nik ⟨f.; -, -en⟩ **1** ⟨unz.; i.w.S.⟩ *die Kunst, mit den zweckmäßigsten u. sparsamsten Mitteln ein bestimmtes Ziel od. die beste Leistung zu erreichen* **2** ⟨unz.; i.e.S.⟩ **2.1** *Gesamtheit aller Mittel, die Natur aufgrund der Kenntnis u. Anwendung ihrer Gesetze dem Menschen nutzbar zu machen* **2.2** *Gesamtheit der Kunstgriffe, Regeln, maschinellen Verfahren auf einem Gebiet;* Dramen~; Bühnen~;, Bau~ **3** ⟨zählb.⟩ *Art u. Weise der Herstellung, Verfahren* **4** ⟨zählb.⟩ *ausgebildete Fähigkeit, Kunstfertigkeit;* Fahr~; Schwimm~; Mal~ **5** ⟨zählb.; österr.⟩ = *technische Hochschule* [<frz. *technique* <grch. *technikos* »kunstvoll, kunstgemäß, sachverständig, fachmännisch«]
Tech|ni|ker ⟨m.; -s, -⟩ **1** *Facharbeiter auf einem Gebiet der Technik(2.1)* **2** *wissenschaftlich ausgebildeter Fachmann auf einem Gebiet der Technik;* →a. *Ingenieur* **3** *auf techn. Gebiet bes. begabter Mensch, im Unterschied zum Künstler od. Geisteswissenschaftler*
Tech|ni|kum ⟨n.; -s, -s od. -ken⟩ *technische Fachschule*
tech|nisch ⟨Adj.⟩ *die Technik betreffend, auf ihr beruhend, mit ihrer Hilfe, in der Technik gebräuchlich;* ~e **Hochschule** ⟨Abk.: TH⟩ *der Universität gleichgestellte Ausbildungs- u. Forschungsstätte der Technik;* ~e **Universität** ⟨Abk.: TU⟩ *technische Hochschule mit auch nicht techn. Fakultäten*
tech|ni|sie|ren ⟨V.⟩ *auf techn. Betrieb umstellen, für techn. Betrieb einrichten*
Tech|ni|zis|mus ⟨m.; -, -men⟩ *techn. Ausdruck, techn. Redewendung*
Tech|no ⟨[tɛknoː] m.; -s; unz.; Mus.⟩ *(bes. in Diskotheken verbreitete) schnelle, stark rhythmisierte elektronische Popmusik;* →a. *Acidhouse* [engl.]
tech|no|id ⟨Adj.⟩ *stark durch die Technik(2.1) beeinflusst, durch sie bestimmt, aus ihr hervorgegangen* [< *technisch* + *…id*]
Tech|no|krat ⟨m.; -en, -en⟩ *Vertreter, Anhänger der Technokratie*
Tech|no|kra|tie ⟨f.; -; unz.⟩ **1** *aus den USA stammende Strömung, die die Vorherrschaft der Technik über das polit. u. wirtschaftl. Leben u. ihre größtmögliche Ausnutzung für den Wohlstand der Menschheit fordert* **2** ⟨abwertend⟩ *Herrschaft der Technik* [< *Technik* + *…kratie*]
Tech|no|kra|tin ⟨f.; -, -tin|nen⟩ *Vertreterin, Anhängerin der Technokratie*
tech|no|kra|tisch ⟨Adj.⟩ *zur Technokratie gehörend, auf ihr beruhend*
Tech|no|lekt ⟨m.; -s, -e⟩ *Fachsprache* [< *Technik* + Dia*lekt*]
Tech|no|lo|ge ⟨m.; -n, -n⟩ *wissenschaftlich ausgebildeter Fachmann auf dem Gebiet der Technik, der Technologie*
Tech|no|lo|gie ⟨f.; -, -n⟩ **1** *Lehre von den in der Technik angewendeten u. anwendbaren Produktionsverfahren* **2** *Gesamtheit der technolog. Prozesse u. Arbeitsvorgänge* **3** *Gesamtheit der Fachkenntnisse u. -methoden* **4** *Technik;* die Entwicklung u. Einführung neuer ~n [< *Technik* + *…logie*]
Tech|no|lo|gie|park ⟨m.; -s, -s⟩ *Gelände innerhalb einer Stadt, auf dem verschiedene technische Unternehmen angesiedelt werden (zur Förderung u. zum Austausch techn. Wissens)*
Tech|no|lo|gie|trans|fer ⟨m.; -s; unz.⟩ *Weitergabe technischer u. wissenschaftlicher Kenntnisse u. Verfahren an andere (z.B. an Länder der Dritten Welt)*
Tech|no|lo|gie|zen|trum, ⟨auch⟩ **Tech|no|lo|gie|zent|rum** ⟨n.; -s, -tren; Wirtsch.⟩ *Ballung technologieorientierter Unternehmen an einem Standort mit der Absicht, das Innovationspotenzial zu steigern u. Synergieeffekte auszulösen*
tech|no|lo|gisch ⟨Adj.⟩ *die Technologie betreffend, auf ihr beruhend;* die ~e Entwicklung der Branche
Tech|tel|mech|tel ⟨n.; -s, -⟩ *Liebelei, Liebschaft* [vielleicht <ital. *teco meco* »ich mit dir, du mit mir; unter vier Augen«]
Ted ⟨m.; -s, -s; kurz für⟩ *Teddyboy*
TED ⟨m.; -s; unz.⟩ *Hochrechnung von telefonischen Stimmabgaben od. Meinungsumfragen bei Fernsehsendungen per Computer* [verkürzt aus *Tele*dialog]
Ted|dy ⟨m.; -s, -s⟩ = *Teddybär* [engl., nach dem Spitznamen des amerik. Präsidenten Theodore *(Teddy)* Roosevelt, 1858–1919]

Ted|dy|bär ⟨m.; -en, -en⟩ *Bär aus Stoff (als Kinderspielzeug)* [<engl. *teddy bear;* zu *Teddy* + *bear* »Bär«]
Ted|dy|boy ⟨[-bɔi] m.; -s, -s⟩ **1** *Jugendlicher, der die Mode der 50er-Jahre nachahmt* **2** ⟨urspr.⟩ *junger Mann, der die Mode der Zeit Edwards VII. (1901–1910) nachahmt* [<engl. *Teddy* als Kosename für *Edward* + *boy* »Junge«]
Te|de|um ⟨n.; -s, -s⟩ **1** *frühchristl. Lobgesang* **2** *Chorwerk über diese Worte* [lat., nach den Anfangsworten des Hymnus *Te Deum laudamus* »Dich, Gott, loben wir«]
TEE ⟨Abk. für⟩ *Trans-Europa-Express*
Tee[1] ⟨m.; -s, -s⟩ **1** *die aufbereiteten jungen Blätter des Teestrauches* **2** *Aufguss daraus* **3** *Aufguss von getrockneten Teilen einer Pflanze als Heilmittel;* Kamillen~, Pfefferminz~ [<engl. *tea,* frz. *thé,* ndrl. *thee,* ital. *té* <chin. *tscha,* südchin. Dialekt *te*]
Tee[2] ⟨[tiː] n.; -s, -s; Sp.; Golf⟩ **1** *Abschlagplatz für ein zu spielendes Loch* **2** *Holz- od. Plastikstift, auf den der Golfball zum Abschlag gelegt wird* [engl., eigtl. »(Buchstabe) T«]
Teen ⟨[tiːn] m.; -s, -s; meist Pl.⟩, **Teen|a|ger,** ⟨auch⟩ **Tee|na|ger** ⟨[tiːnɛidʒə(r)] m.; -s, -⟩ *Junge od. Mädchen zwischen 13 u. 19 Jahren* [<engl. thir*teen* »dreizehn« bis nine*teen* »neunzehn«, also alle Zahlen, die mit …*teen* gebildet werden]
Tee|ner ⟨[-tiː] m.; -s,-⟩ **Tee|nie, Tee|ny** ⟨[tiːniː] m.; -s, -s; umg.; kurz für⟩ *Teenager*
Teer ⟨m.; -(e)s, -e⟩ *bei der trockenen Destillation von Stein- u. Braunkohle, Torf u. Holz entstehende, braune bis schwarze, zähe Masse;* Holz~; Holzkohlen~; Braunkohlen~; Steinkohlen~ [<ndrl. *teer,* engl. *tar;* zu got. *triu* »Baum«, *trin* »Holz«]
tee|ren ⟨V.⟩ *mit Teer bestreichen*
Te|fil|la ⟨f.; -; unz.⟩ *jüd. Gebetbuch* [<hebr. *tefillah, thefillah* »Gebet; Gebetbuch«, verkürzt <*siddur hatefilla* »Gebetordnung«]
Te|fil|lin ⟨Pl.⟩ *mit Bibelstellen beschriebene Streifen von Pergament, die in Kapseln gelegt u. beim Morgengebet mit Lederriemen an Stirn u. Arm gebunden werden* [hebr., »Gebetsriemen«; Pl. zu *tefillah;* → *Tefilla*]
Tef|lon, ⟨auch⟩ **Tef|lon** ⟨a. [-'-] n.; -s; unz.; ⓦ⟩ *Polytetrafluoräthylen, ein hitzebeständiger Kunststoff*
Teg|ment ⟨n.; -(e)s, -e⟩ *Knospenschuppe der Gehölze* [<lat. *tegmentum* »Bedeckung, Schutz«]
Te|in ⟨n.; -s; unz.⟩ *in den Blättern des Teestrauchs enthaltenes Koffein;* oV *Thein* [zu *Tee*[1], beeinflusst von *Koffein*]
Teint ⟨[tɛ̃ː] m.; -s, -s⟩ **1** *Gesichtsfarbe* **2** *Gesichtshaut* [frz., »gefärbter Stoff, Färbung, Tönung <*teindre* »färben« <lat. *tingere*]
Teis|te ⟨f.; -, -n⟩ = *Lumme*
tek|tie|ren ⟨V.⟩ Gedrucktes ~ *durch Überkleben unkenntlich machen* [<ahd. *decchiu* »Decke« <lat. *tectum* »Dach« <grch. *stegein* »decken« <aind. *sthagati* »verhüllt«]
tek|tisch ⟨Adj.; Geol.⟩ *die Absonderung von Kristallen aus Schmelzen betreffend* [→ *Tektit*]
Tek|tit ⟨m.; -s, -en; Geol.⟩ *rundlicher, birnen- od. flaschenförmiger, grüner (selten brauner), glasartiger Körper mit über 70% Kieselsäure-Gehalt, Glasmeteorit* [zu grch. *tektos* »geschmolzen«]
tek|to|gen ⟨Adj.⟩ *auf Tektogenese beruhend, sie betreffend, durch sie entstanden*
Tek|to|ge|ne|se ⟨f.; -, -n; Geol.⟩ = *Orogenese* [<grch. *tekton* »Handwerker, Baumeister« + *Genese*]
Tek|to|nik ⟨f.; -; unz.⟩ **1** *Lehre vom Bau u. von den Bewegungen der Erdkruste* **2** *Lehre vom inneren Aufbau eines Kunstwerkes* **3** ⟨bes. Baukunst⟩ *Lehre vom harmon. Zusammenfügen von Einzelteilen zu einem Ganzen* [<grch. *tektonikos* »die Baukunst betreffend«]
tek|to|nisch ⟨Adj.⟩ *die Tektonik betreffend, auf ihr beruhend;* Ggs *atektonisch*
Tek|to|nit ⟨n.; -s, -e⟩ *durch tektonische Vorgänge in seiner Struktur stark verändertes Gestein*
Tek|tur ⟨f.; -, -en⟩ **1** *Decke, Umschlag, Deckblatt* **2** *Berichtigung des Textes durch Überkleben* [→ *tektieren*]
Te|la ⟨f.; -, Te|len⟩ *Gewebe, Bindegewebe* [lat.]
Tel|an|thro|pus, ⟨auch⟩ **Te|lanth|ro|pus** ⟨m.; -, -pi⟩ *in Südafrika gefundener fossiler Frühmenschentypus* [<grch. *tele* »weit, fern« + *anthropos* »Mensch«]
te|le…, Te|le… ⟨in Zus.⟩ *fern, weit* [grch.]
Te|le|an|gi|ek|ta|sie ⟨f.; -, -n; Med.⟩ *bleibende, in verschiedenen Formen auftretende Erweiterung kleiner, oberflächlicher Hautgefäße* [<grch. *telos* »Ende« + *aggeion* »Gefäß« + *ektasis* »Ausdehnung, Ausspannung«]
Te|le|ban|king ⟨[-bæŋkiŋ] n.; -s, -s⟩ = *Electronicbanking;* → a. *Homebanking*
Te|le|brief ⟨m.; -(e)s, -e; Dt. Post AG⟩ *Brief, bei dem der Text am Aufgabeort über Nachrichtenkabel zu einem dem Empfänger nahe gelegenen Postamt geleitet, dort ausgedruckt u. als normaler Brief zugestellt wird*
Te|le|disc ⟨f.; -, -s⟩ *eine Bildplatte zum Abspielen von Spielfilmen über das Fernsehgerät* [<*Tele…* + engl. *disc* »(Schall-)Platte«]
Te|le|fax 1 ⟨n.; -; unz.⟩ *Übertragungsdienst der Dt. Telekom zur (Fern-)Kopie von Schriftbildern u. Zeichnungen durch spezielle Abtastgeräte über das Fernsprechnetz;* eine Sendung durch, per ~ schicken; → a. *(tele)faxen* **2** ⟨n.; -, - od. -e; Kurzw.: Fax⟩ *per Telefax(1) übermittelte Fernkopie* **3** = *Telekopierer* [verkürzt aus *Telefon* + engl. *exchange* »Austausch«, analog zu *Telex* gebildet]
te|le|fa|xen ⟨V.; kurz: faxen⟩ *per Telefax übermitteln, fernkopieren;* einen Brief ~
Te|le|fon ⟨a. ['---] n.; -s, -e⟩ *Fernsprecher;* oV *Telephon* [<grch. *tele* »weit, fern« + *phone* »Stimme«]
Te|le|fon… ⟨in Zus.⟩ *Fernsprech…*
Te|le|fo|nat ⟨n.; -(e)s, -e⟩ *Telefongespräch, Anruf;* ein langes, kurzes, wichtiges ~ führen

Te|le|fo|nie ⟨f.; -; unz.⟩ **1** *elektromagnet. Übertragung des Schalls* **2** *Fernsprechwesen* [< *Tele…* + *…phonie*]
te|le|fo|nie|ren ⟨V.⟩ *durch das Telefon (mit jmdm.) sprechen, fernsprechen;* mit jmdm. ~
te|le|fo|nisch ⟨Adj.⟩ *mit Hilfe des Telefons, fernmündlich*
Te|le|fo|nist ⟨m.; -en, -en⟩ *Angestellter im Fernsprechwesen, in Betrieben o.Ä., der ein Telefon bedient, Telefongespräche vermittelt*
Te|le|fo|nis|tin ⟨f.; -, -tin|nen⟩ *Angestellte im Fernsprechwesen, in Betrieben o.Ä., die ein Telefon bedient, Telefongespräche vermittelt*
Te|le|fon|kar|te ⟨f.; -, -n⟩ *Karte in der Größe einer Scheckkarte, auf der je nach Kaufpreis Gebühreneinheiten gespeichert sind, die beim Telefonieren mit einem Kartentelefon abgebucht werden*
Te|le|fon|sex ⟨m.; -; unz.⟩ *der sexuellen Erregung dienende Unterhaltung am Telefon*
Te|le|fo|to ⟨n.; -s, -s; kurz für⟩ *Telefotografie*
Te|le|fo|to|gra|fie ⟨f.; -; unz.⟩ *Fernfotografie;* Sy ⟨kurz⟩ *Telefoto*
te|le|gen ⟨Adj.⟩ *wirkungsvoll im Fernsehen;* jmd. ist ~ [< *tele…* + *…gen*[1]]
Te|le|go|nie ⟨f.; -, -n; †⟩ *angebliche Beeinflussung der späteren Geburten durch den, der die erste Begattung vollzogen hat* [< *Tele…* + *…gonie*]
Te|le|graf ⟨m.; -en, -en⟩ *Gerät zur elektr., akust. od. opt. Übermittlung von Nachrichten in bestimmten Zeichen,* z.B. der Morseapparat; oV *Telegraph* [< *Tele…* + *…graph*]
Te|le|gra|fie ⟨f.; -; unz.⟩ *Übermittlung von Nachrichten durch akust., elektr. od. opt. Geräte in bestimmten Zeichen, z.B. Morsezeichen;* drahtlose ~
te|le|gra|fie|ren ⟨V.⟩ eine Nachricht ~ *telegrafisch übermitteln, weiterleiten* [→ *Telegraf*]
te|le|gra|fisch ⟨Adj.⟩ *auf Telegrafie beruhend, mit ihrer Hilfe*
Te|le|gra|fist ⟨m.; -en, -en⟩ *Angestellter, der Telegrafen bedient*
Te|le|gramm ⟨n.; -s, -e⟩ *mittels Telegrafie weitergeleitete Mitteilung;* ein ~ aufgeben [< *Tele…* + *…gramm*]
Te|le|graph ⟨m.; -en, -en⟩ = *Telegraf*
Te|le|ka|me|ra ⟨f.; -, -s⟩ *Kamera, die mit einem Teleobjektiv ausgerüstet ist*
Te|le|ki|ne|se ⟨f.; -; unz.⟩ *angebl. Bewegung von Gegenständen durch übersinnl. Kräfte ohne Berührung* [< *Tele…* + *…kinese*]
te|le|ki|ne|tisch ⟨Adj.⟩ *die Telekinese betreffend, auf ihr beruhend, durch sie verursacht*
Te|le|kol|leg ⟨n.; -s, -e⟩ *von schriftl. Texten begleitetes Unterrichtsprogramm im Fernsehen, das in der Art eines Kollegs bestimmte Wissensgebiete behandelt u. eine Abschlussprüfung ermöglicht*
Te|le|kom ⟨f.; -; unz.; Abk.: T⟩ *Teilbereich der Dt. Post AG, der für die Nachrichtentechnik (Telefon, Telefax usw.) zuständig ist* [verkürzt < *Telekom*munikation]
Te|le|kom|mu|ni|ka|ti|on ⟨f.; -; unz.⟩ *Nachrichtenaustausch zw. Menschen, Maschinen u. anderen Systemen mit Hilfe nachrichtentechnischer Übermittlungsverfahren*
te|le|kom|mu|ni|zie|ren ⟨V.⟩ *mittels Telekommunikation Nachrichten bzw. Informationen austauschen*
Te|le|kon|fe|renz ⟨f.; -, -en⟩ = *Videokonferenz*
Te|le|kon|ver|ter ⟨[-vɛr-] m.; -s, -; Fot.⟩ *Zwischenring mit Linsensystem zur Veränderung der Brennweite*
te|le|ko|pie|ren ⟨V.⟩ *mit einem Telekopierer Fernkopien anfertigen, fernkopieren*
Te|le|ko|pie|rer ⟨m.; -s, -⟩ *Fernkopierer, an die Fernsprechleitung angeschlossenes Kopiergerät zur Übermittlung von Fernkopien;* Sy *Telefax*
Te|le|mark ⟨m.; -s, -s⟩ **Te|le|mark|schwung** ⟨m.; -s, -schwün|ge; Skisp.⟩ *plötzlicher Schwung quer zum Hang* [nach der norw. Landschaft]
Te|le|mar|ke|ting ⟨n.; -s od. -; unz.; Wirtsch.⟩ *Waren- u. Dienstleistungsangebot z.B. über Telefon od. Fernsehen;* → a. *Teleshopping* [< *Tele…* + *Marketing*]
Te|le|ma|tik ⟨f.; -; unz.⟩ *Verschmelzung der Datenverarbeitung mit der Nachrichtentechnik* [< *Tele…* + Auto*matik*]
Te|le|me|ter ⟨a. ['----] n.; -s, -⟩ *Entfernungsmesser* [< *Tele…* + *…meter*]
Te|le|me|trie, ⟨auch⟩ **Te|le|met|rie** ⟨f.; -; unz.⟩ *Messung von Entfernungen*
Te|le|no|ve|la ⟨[-vɛ-] f.; -, -s; TV⟩ *rührselige Unterhaltungsserie brasilianischer Herkunft bzw. Machart* [port., »Fernsehroman« < *Televi*sion + *novela* »Roman«]
Te|len|ze|pha|lon, ⟨auch⟩ **Te|len|ze|pha|lon,** ⟨n.; -s, -la⟩ *das die beiden Großhirnhälften umfassende Endhirn;* Sy *Akrenzephalon* [< *Tele…* + *Encephalon*]
Te|le|ob|jek|tiv ⟨n.; -s, -e⟩ *Objektiv zur Aufnahme weit entfernter Gegenstände, Fernobjektiv*
Te|le|o|lo|gie ⟨f.; -; unz.⟩ *Lehre, dass die Entwicklung von vornherein zweckmäßig u. zielgerichtet angelegt sei;* Ggs *Dysteleologie* [< grch. *telos* »Ziel, Zweck« + *…logie*]
te|le|o|lo|gisch ⟨Adj.⟩ *auf Teleologie beruhend*
Te|le|os|ti|er ⟨m.; -s, -; meist Pl.⟩ *Fisch mit knöchernem Skelett, Knochenfisch: Teleostei* [< grch. *teleos* »ganz, gänzlich« + *osty* »Knochen«]
Te|le|path ⟨m.; -en, -en⟩ *für Telepathie empfänglicher Mensch*
Te|le|pa|thie ⟨f.; -; unz.⟩ *Übertragung von geistigen u. seel. Inhalten ohne Hilfe der Sinnesorgane* [< *Tele…* + *…pathie*]
te|le|pa|thisch ⟨Adj.⟩ *auf Telepathie beruhend, durch sie bewirkt*
Te|le|phon ⟨n.; -s, -e⟩ = *Telefon*
Te|le|pro|ces|sing ⟨[-prosɛsiŋ] n.; -s, -s⟩ *Datenfernübertragung* [engl.]
Te|le|promp|ter ⟨[-prɔmptər] m.; -s, -; Ⓦⓩ⟩ *elektrische Vorrichtung, von der ein Redner (z.B. vor einer Fernsehkamera) für den Zu-*

schauer unbemerkt den dort ablaufenden Text ablesen kann; Sy *Autocue* [< *Tele…* + engl. *prompter* »Souffleur, Souffleuse«]

Te|le|ran ⟨n.; -s; unz.⟩ *Navigationsverfahren für Luftfahrzeuge, eine Kombination aus Radar u. Fernsehen*

Te|le|satz ⟨m.; -es; unz.⟩ *Herstellung des Satzes auf Setzmaschinen, die von einer örtlich getrennt liegenden Zentrale gesteuert werden,* Fernsatz [< *Tele…* + *Satz*]

Te|le|shop|ping ⟨[-ʃɔpiŋ] n.; -s; unz.⟩ *Einkaufen durch Bestellung von Artikeln, die im Fernsehen od. anderen elektronischen Medien angeboten werden;* Sy *Homeshopping;* →a. *Telemarketing* [< *Tele…* + *Shopping*]

Te|le|skop, ⟨auch⟩ **Te|les|kop** ⟨n.; -s, -e⟩ *Fernrohr* [< *Tele…* + *…skop*]

Te|le|skop|an|ten|ne, ⟨auch⟩ **Te|les|kop|an|ten|ne** ⟨f.; -, -n⟩ *Antenne, die aus mehreren ineinander verschiebbaren Metallrohren besteht*

Te|le|skop|au|ge, ⟨auch⟩ **Te|les|kop|au|ge** ⟨n.; -s, -n⟩ *bei manchen Fischen (bes. der Tiefsee) wie auf einem Hügel stehendes, vorgeschobenes Auge*

Te|le|skop|fisch, ⟨auch⟩ **Te|les|kop|fisch** ⟨m.; -(e)s, -e⟩ *Goldfischrasse mit Teleskopaugen*

Te|le|sko|pie, ⟨auch⟩ **Te|les|ko|pie** ⟨f.; -; unz.⟩ *Technik zur Ermittlung von Einschaltquoten bei Fernsehsendungen* [< *Television* + grch. *skopein* »schauen, blicken«]

te|le|sko|pisch, ⟨auch⟩ **te|les|ko|pisch** ⟨Adj.⟩ *mit Hilfe eines Teleskops*

Te|le|skop|kran, ⟨auch⟩ **Te|les|kop|kran** ⟨m.; -s, -krä|ne⟩ *Autokran mit ineinander schiebbaren Tragröhren*

Te|le|spot ⟨m.; -s, -s; TV⟩ *kurzer, manchmal heiterer Werbefilm* [< *Television* + engl. *spot* »Fleck; Stückchen«]

Te|le|sti|chon, ⟨auch⟩ **Te|les|ti|chon** ⟨n.; -s, -chen od. -cha⟩ *aus den Endbuchstaben od. -wörtern eines Gedichts o.Ä. gebildetes Wort od. Satz* [<grch. *telos* »Ende« + *stichos* »Vers«]

Te|le|test ⟨m.; -(e)s, -e od. -s⟩ *Befragung von Fernsehzuschauern, welche Sendungen sie in einer bestimmten Zeit eingeschaltet haben* [< *Television* + *Test*]

Te|le|tex ⟨n.; -; unz.⟩ *von der Deutschen Telekom entwickelter Übertragungsdienst, wodurch an elektron. Speicherschreibmaschinen erfasste Nachrichten über das Fernsprechnetz zu einer entsprechenden Empfangsstation übertragen werden können, auch eine Umsetzung in das Telexnetz ist möglich*

Te|le|text ⟨m.; - od. -(e)s; unz.⟩ *Oberbegriff für alle Verfahren elektronischer Textübermittlung wie Videotext, Bildschirmtext*

Te|le|type|set|ter ⟨[-taip-] m.; -s, -⟩ *durch Lochstreifen od. Magnetband automatisch gesteuerte Setzmaschine* [< *Tele…* + engl. *typesetter* »Setzer(in)«]

Te|le|vi|si|on ⟨[-vi-] f.; -; unz.; Abk.: TV⟩ *Fernsehen* [< *Tele…* + *Vision*]

Te|lex ⟨n.; -; unz.⟩ *Fernschreiben* [verkürzt <engl. *tel*eprinter *ex*change »Austausch über Fernschreiber«]

te|le|xen ⟨V.⟩ *mit Hilfe von Telex übermitteln;* einen Brief ~

Te|lex|netz ⟨n.; -es; unz.⟩ *Fernschreibenetz (in der Bundesrepublik Deutschland)*

Tel|lur ⟨n.; -s; unz.; chem. Zeichen: Te⟩ *braunschwarzes, nicht metallisches chem. Element, Ordnungszahl 52* [<lat. *tellus* »Erde, Erdreich, Boden«]

Tel|lu|rat ⟨n.; -s, -e⟩ *dem Sulfat entsprechendes Salz des Tellurs*

tel|lu|rig ⟨Adj.⟩ ~e Säure *Sauerstoffsäure des Tellurs*

tel|lu|risch ⟨Adj.⟩ *die Erde betreffend, aus ihr hervorgehend* [→ *Tellur*]

Tel|lu|rit ⟨n.; -s, -e⟩ *dem Sulfit entsprechendes Salz des Tellurs*

Tel|lu|ri|um ⟨n.; -s, -ri|en⟩ *Modell als Lehrmittel, das die Bewegungen von Erde, Sonne u. Mond veranschaulicht* [<lat. *tellus* »Erde«]

Te|lo|pha|se ⟨f.; -, -n⟩ *Endphase der Kernteilung* [<grch. *telos* »Ende« + *Phase*]

Te|los ⟨n.; -; unz.⟩ *Ziel, Zweck* [grch.]

Temp ⟨m.; -s, -s⟩ **1** ⟨Abk. für⟩ *Temperatur* **2** ⟨Meteor.⟩ *Kennwort für verschlüsselte Meldungen einer Landstation*

Tem|pel ⟨m.; -s, -⟩ **1** ⟨urspr.⟩ *als heilig geltende, kult. Zwecken dienende Stätte* **2** ⟨dann⟩ *einer Gottheit geweihter (nicht christl.) Bau;* jüdischer, heidnischer ~ **3** ⟨fig.⟩ *heiliger, verehrenswürdiger Ort;* ein ~ der Kunst **4** jmdn. zum ~ hinausjagen ⟨fig.; umg.⟩ *jmdn. hinauswerfen* [<mhd., ahd. *tempal* <lat. *templum* »ausgeschnittenes Stück (von den Auguren abgegrenzter Bezirk zum Beobachten des Vogelfluges); geweihte Stätte«; vielleicht zu grch. *temnein* »schneiden«, *temenos* »abgegrenztes Gut«]

Tem|pel|herr ⟨m.; -en, -en⟩ = *Templer*

tem|peln ⟨V.⟩ *das Tempeln spielen*

Tem|peln ⟨n.; -s; unz.⟩ *ein Kartenglücksspiel*

Tem|pe|ra|far|be ⟨f.; -, -n⟩ *Farbe, deren mit Wasser verdünnte Bindemittel (Eigelb, Leim, Honig u.a.) nach dem (sehr raschen) Trocknen wasserfest werden* [<ital. *tempera* »Auflösungsmittel (für Farben)« <lat. *temperare* »richtig mischen«]

Tem|pe|ra|ma|le|rei ⟨f.; -, -en⟩ *Malerei mit Temperafarben, ohne die weichen Übergänge der Ölmalerei, aber von großer Leuchtkraft*

Tem|pe|ra|ment ⟨n.; -(e)s, -e⟩ **1** *Gemütsart, Wesensart;* ein feuriges, sprühendes, ruhiges ~ haben **2** *die vorherrschende Art u. die individuelle Eigenart des Ablaufs seelischer Vorgänge;* cholerisches, melancholisches, phlegmatisches, sanguinisches ~ **3** ⟨fig.⟩ *Erregbarkeit, Lebhaftigkeit, Munterkeit;* (kein) ~ haben; sich von seinem ~ hinreißen lassen; sein ~ ist mit ihm durchgegangen *er hat die Beherrschung verloren* [<frz. *tempérament* »Wesensart, Gemütsart, Lebhaftigkeit, Schwung, Feuer« <lat. *temperamentum* »das richtige Verhältnis gemischter Dinge, das

rechte Maß«; zu *temperare* »in das gehörige Maß setzen, in das richtige Mischungsverhältnis bringen«]

Tem|pe|ran|ti|um ⟨n.; -tia od. -zi|en⟩ *Beruhigungsmittel* [<lat. *temperare* »lindern, mildern«]

Tem|pe|ra|tur ⟨f.; -, -en⟩ **1** *Grad der Wärme (eines Gases, einer Flüssigkeit, eines Körpers)* **2** ⟨Med.⟩ *Körperwärme;* die ~ messen; die ~ ist gestiegen, gesunken, gefallen; erhöhte ~ haben **3** ⟨Mus.⟩ = *temperierte Stimmung* [<lat. *temperatura* »gehörige Mischung, Beschaffenheit«; zu *temperare* »in das gehörige Maß bringen, richtig leiten, Maß halten«]

Tem|pe|renz ⟨f.; -; unz.⟩ *Mäßigkeit (im Alkoholgenuss)* [<lat. *temperantia* »Mäßigung, Maßhalten«; zu *temperare;* → *Temperatur*]

Tem|per|guss ⟨m.; -es, -güs|se⟩ *Verfahren zur Gewinnung eines kohlenstoffarmen, schmiedbaren Eisens* [→ *tempern*]

tem|pe|rie|ren ⟨V.⟩ **1** *gleichmäßige, gemäßigte Temperatur herbeiführen;* einen Raum ~; der Raum ist gut, angenehm temperiert **1.1** *die Wärme ausgleichen* **1.2** *die Temperatur u. die Feuchtigkeit der Luft regeln* **2** ⟨fig.⟩ *mäßigen, mildern* **3** ⟨Mus.⟩ temperierte Stimmung *S. aufgrund der in 12 gleiche Halbtöne eingeteilten Oktave;* Sy *Temperatur(3)* [<lat. *temperare* »mäßigen, in das rechte Maß bringen«]

tem|pern ⟨V.⟩ Gussstahl ~ *durch Glühen bei Temperaturen von 850-1000 °C leichter bearbeitbar machen* [<engl. *temper* »richtig mischen; mäßigen, mildern; (Metall) härten«]

tem|pie|ren ⟨V.⟩ ein Geschoss ~ *den Zeitzünder eines Geschosses einstellen* [<lat. *tempus* »Zeit«]

Tem|pi pas|sa|ti *vergangene Zeiten* [ital., < *tempo* »Zeit« + *passare* »vorbeigehen, vorübergehen«]

Tem|plei|se, ⟨auch⟩ **Temp|lei|se** ⟨m.; -n, -n⟩ *Gralsritter aus der Parzivalsage* [<mhd. *tempelære* <afrz. *tempeleise, templeise* <mlat. *templarii* »Templer, Tempelherren, Tempelbrüder«; von Wolfram von Eschenbach auf die Ritter des Grals in der Parzivalsage übertragen]

Temp|ler ⟨m.; -s, -⟩ *Angehöriger des Templerordens;* Sy *Tempelherr*

Temp|ler|or|den ⟨m.; -s; unz.⟩ *1119 in Palästina gegründeter geistl. Ritterorden zum Schutz des Heiligen Grabes gegen Ungläubige* [nach ihrem Wohnsitz, dem *Tempel* Salomons, einem Palast, der angeblich auf der Stätte dieses Tempels stand]

tem|po ⟨Mus.; in den Fügungen⟩ ~ di marcia [-martʃa] *Marschtempo;* ~ di Valsa *Walzertempo;* ~ giusto [-dʒusto] *in angemessener Bewegung;* ~ primo *erstes, früheres Zeitmaß;* ~ rubato *im willkürlichen Zeitmaß;* → a. *Tempo, a tempo* [→ *Tempo*]

Tem|po ⟨n.; -s, -pi⟩ **1** *Grad der Geschwindigkeit;* das ~ angeben, beschleunigen, verringern; schnelles, langsames ~ **2** ⟨unz.; fig.⟩ *Schnelligkeit;* ~! *(Anfeuerung zu größerer Schnelligkeit);* mach ein bisschen ~! ⟨umg.⟩ *beschleunige die Sache ein bisschen* **3** ⟨Mus.⟩ *Zeitmaß;* → a. *tempo, a tempo* ~ di marcia, di valsa *Marschtempo, Walzertempo* [ital., »Zeit« <lat. *tempus*]

Tem|po|li|mit ⟨n.; -s, -s⟩ *Geschwindigkeitsbegrenzung (bes. auf Autobahnen)*

Tem|po|ra ⟨Pl. von⟩ *Tempus*

tem|po|ral[1] ⟨Adj.⟩ *das Tempus, die Zeit betreffend, zeitlich* [<lat. *tempus* »Zeit«]

tem|po|ral[2] ⟨Adj.⟩ *zur Temporalis gehörend, von ihr ausgehend*

Tem|po|ra|li|en ⟨Pl.⟩ *mit einem kirchl. Amt verbundene Rechte u. Einnahmen* [<lat. *(bona) temporalia* »weltl. Vorteile«]

Tem|po|ra|lis ⟨f.; -, -les⟩ *Schlagader der Schläfe* [<lat. *tempus,* Pl. *tempora* »Schläfe«]

Tem|po|ral|satz ⟨m.; -es, -sät|ze; Gramm.⟩ *Umstandssatz der Zeit (z.B. eingeleitet durch als, bevor od. während)*

tem|po|ra mu|tan|tur *die Zeiten ändern sich* [<lat. *Tempora mutantur, nos et mutamur in illis* »Die Zeiten ändern sich, und wir ändern uns mit ihnen« (nach einem Ausspruch des dt. Kaisers Lothar I.)]

tem|po|rär ⟨Adj.⟩ *zeitweise, zeitweilig, vorübergehend*

tem|po|rell ⟨Adj.⟩ **1** *zeitlich, vergänglich* **2** *irdisch* [<frz. *temporel(le)* »zeitlich, vergänglich, irdisch, weltlich« <lat. *tempus* »Zeit«]

Tem|pus ⟨n.; -, -po|ra⟩ *Zeitform des Verbums,* z.B. Präsens, Perfekt [lat., »Zeit«]

ten. ⟨Abk. für⟩ *tenuto*

Te|na|kel ⟨n.; -s, -⟩ *Gerät zum Halten des Manuskripts beim Setzen* [<lat. *tenax* »festhaltend«; zu *tenere* »halten«]

Ten|al|gie, ⟨auch⟩ **Te|nal|gie** ⟨f.; -, -n⟩ *Sehnenschmerz* [<grch. *tenon* »Sehne« + *...algie*]

Te|na|zi|tät ⟨f.; -; unz.⟩ **1** *Zähigkeit* **2** *Hartnäckigkeit* [<lat. *tenax* »festhaltend, zäh«]

Ten|denz ⟨f.; -, -en⟩ **1** *Neigung, Hang, Streben* **2** *erkennbare Absicht (eines Buches, Theaterstücks)* **3** ⟨Börse⟩ *Entwicklung der Kurse u. Umsätze im Geschäft mit Wertpapieren* [<frz. *tendance* »Richtung, Trachten, Streben, Hang« <nlat. **tendentia;* zu *tendere* »spannen, ausstrecken, sich hinneigen«]

ten|den|zi|ell ⟨Adj.⟩ *der Tendenz nach*

ten|den|zi|ös ⟨Adj.⟩ **1** *eine Tendenz erkennen lassend* **2** *(partei)politisch gefärbt* [<frz. *tendancieux* »tendenziös«; zu *tendance;* → *Tendenz*]

Ten|der ⟨m.; -s, -⟩ **1** *mit der Lokomotive gekoppelter Wagen für Kohle od. Wasser* **2** *Begleitschiff eines Schiffes od. eines Verbandes von Schiffen für Kohle, Wasser, Proviant usw.* [engl., »Begleitboot, Tender«]

ten|die|ren ⟨V.⟩ *streben (nach), neigen (zu)* [<*Tendenz* u. lat. *tendere* »spannen, ausstrecken, abzielen«]

Ten|di|ni|tis ⟨f.; -, -ti|den⟩ *Sehnenentzündung* [<nlat. *tendo,* Gen. *tendinis* »Sehne« (zu lat. *tendere* »spannen«) + *...itis*]

Ten|do|va|gi|ni|tis ⟨[-va-] f.; -, -ti|den⟩ *Sehnen-*

scheidenentzündung [<nlat. *tendo* »Sehne« (zu lat. *tendere* »spannen«) + *Vaginitis*]
te|ne|ra|men|te ⟨Mus.⟩ *zärtlich, schmeichelnd (zu spielen)* [ital.]
Te|nes|mus ⟨m.; -; unz.⟩ *fortwährender, schmerzhafter Stuhl- od. Harndrang* [<grch. *teinein* »spannen«]
Ten|nis ⟨n.; -; unz.; Sp.⟩ *Ballspiel zwischen zwei od. vier Spielern, die mit einem Schläger den Ball über ein etwa 1 m hohes Netz hin u. zurück schlagen;* → a. *Tiebreak, Deuce* [<afrz. *tenez* »nehmt, haltet«; zu *tenere* »halten«]
Ten|no ⟨m.; -s, -s; Titel für⟩ *japan. Kaiser* [jap., »Erhabener, Herrscher des Himmels«]
Te|nor[1] ⟨m.; -s; unz.⟩ **1** *Inhalt, Wortlaut, Sinn* **2** *Haltung, Einstellung* **3** ⟨Rechtsw.⟩ *entscheidender Teil eines Urteils* [lat., »ununterbrochener Lauf, Fortgang, Zusammenhang, Sinn, Inhalt«]
Te|nor[2] ⟨m.; -s, -nö|re⟩ **1** *hohe Stimmlage der Männer* **2** *Sänger mit hoher Stimmlage* **3** *Gesamtheit dieser Sänger im Chor* [<ital. *tenore* »Stimme, die die anderen Stimmen hält«; zu *tenere* »halten«]
Te|no|ra ⟨f.; -, -s; Mus.⟩ *katalanische Tenorschalmei mit stark nasalem Klang* [→ *Tenor*[2]]
te|no|ral ⟨Adj.⟩ *in der Art einer Tenorstimme, in Tenorlage*
Te|nor|buf|fo ⟨m.; -s, -s od. -buf|fi⟩ *Rollenfach des komischen Tenors*
Te|no|rist ⟨m.; -en, -en; selten⟩ *Sänger, der Tenor singt*
Te|no|to|mie ⟨f.; -, -n⟩ *Sehnendurchschneidung* [<grch. *tenon* »Sehne« + …*tomie*]
Ten|sid ⟨n.; -s, -e; meist Pl.⟩ *die Oberflächenspannung von Flüssigkeiten herabsetzende Substanz, Bestandteil vieler Wasch- u. Reinigungsmittel* [→ *Tension*]
Ten|si|on ⟨f.; -, -en⟩ *Spannung, Druck (von Gasen, Dämpfen)* [<ital. *tensione* »Spannung« <lat. *tendere* »halten, spannen«]
Ten|sor ⟨m.; -s, -so|ren⟩ **1** *ein mathemat. Vektor* **2** *Spannmuskel* [<lat. *tendere*, Perf. *tensus* »(an)spannen«]
Ten|ta|kel ⟨m. od. n.; -s, -; meist Pl.⟩ *zum Ertasten u. Ergreifen der Beute u. zur Abwehr von Feinden dienender, schlauchförmiger Körperteil der Hohltiere, Fangarm* [<nlat. *tentaculum* <lat. *temptare, tentare* »angreifen, betasten, berühren]
Ten|ta|ku|lat ⟨m.; -en, -en⟩ *Tentakeltier, Angehöriger eines Stammes von im Wasser lebenden, meist festsitzenden Urleibeshöhlentieren, die mit einem Kranz von Tentakeln ausgestattet sind: Tentaculata* [<nlat. *tentaculum;* → *Tentakel*]
Ten|ta|ku|lit ⟨m.; -en, -en⟩ *ausgestorbenes, vermutlich zu den Mollusken gehöriges, marines Tier des Obersilurs u. Devons mit schlankem, konischem, ungekammertem Kalkgehäuse*
ten|ta|tiv ⟨Adj.; geh.⟩ *versuchsweise, probeweise* [<frz. *tentatif*]
Te|nü ⟨n.; -s, -s; schweiz.⟩ = *Tenue*
Te|nue ⟨[təny:] n.; -s, -s; †⟩ **1** *Anstand, Betragen* **2** ⟨noch schweiz.⟩ *bestimmte Art, in der jmd. gekleidet ist (Anzug u. besonders Uniform);* oV *Tenü* [frz.]
te|nu|is ⟨Adj.; Med.⟩ *dünn, zart, fein* [→ *Tenuis*]
Te|nu|is ⟨f.; -, -nu|es⟩ *stimmloser Explosivlaut,* z.B. p, t, k; Ggs *Media(1)* [lat., »dünn, fein, zart«]
te|nu|to ⟨Abk.: ten.; Mus.⟩ *ausgehalten, getragen (zu spielen)* [ital., Part. Perf. zu *tenere* »halten«]
Te|pa|len ⟨Pl.⟩ *gleich gestaltete Blütenblätter, die nicht in Kelch- u. Kronblätter differenziert sind*
Te|phrit, ⟨auch⟩ **Teph|rit** ⟨m.; -s, -e⟩ *Basalt aus Nephelin, Plagioklas u. Augit* [<grch. *tephra* »Asche«]
Te|pi|da|ri|um ⟨n.; -s, -ri|en⟩ **1** *lauwarmer Raum im röm. Bad* **2** ⟨†⟩ *Gewächshaus mit mittlerer Temperatur* [<lat. *tepere* »lau, warm sein«]
Te|qui|la ⟨[-ki:la] m.; - od. -s, -s⟩ *aus Pulque hergestellter mexikan. Branntwein* [nach der mexikan. Stadt *Tequila*]
Te|ra… ⟨in Zus.; Zeichen: T⟩ *Vorsilbe vor Maßeinheiten, bezeichnet das 10^{12}fache (Billionenfache) der betreffenden Grundeinheit,* z.B. 1 TW = 10^{12} Watt [<grch. *teras* »Zeichen, Vorzeichen«]
te|ra|to|gen ⟨Adj.⟩ *Missbildungen hervorrufend;* ~e Stoffe, Mittel [<grch. *teras*, Gen. *teratos* »Zeichen, Vorzeichen, Schreckbild« + …*gen*[1]]
Te|ra|to|ge|ne|se ⟨f.; -, -n⟩ *Entstehung von Missbildungen* [<grch. *teras*, Gen. *teratos* »Zeichen, Vorzeichen, Schreckbild« + *Genese*]
Te|ra|to|lo|gie ⟨f.; -; unz.⟩ *Lehre von den Missbildungen der Lebewesen* [<grch. *teras*, Gen. *teratos* »Zeichen, Vorzeichen, Schreckbild« + …*logie*]
te|ra|to|lo|gisch ⟨Adj.⟩ *die Teratologie betreffend, zu ihr gehörig*
Te|ra|tom ⟨n.; -s, -e⟩ *Geschwulst aus verschiedenartigen Geweben* [<grch. *teras* »Zeichen«]
Ter|bi|um ⟨n.; -s; unz.; Zeichen: Tb⟩ *chem. Element, Metall der Seltenen Erden, Ordnungszahl 65* [<nlat., nach dem schwed. Ort *Ytterby*]
Te|re|bin|the ⟨f.; -, -n⟩ *in den Mittelmeerländern heim. Pistazie, aus der Terpentin gewonnen wird: Pistacia terebinthus* [<mhd. *terebint* <mlat. *terebintina (resina)* »Harz der Terebinthe«; zu *terebinthus* »Terpentinbaum«]
Term ⟨m.; -s, -e⟩ **1** ⟨Math.⟩ *Glied einer Summe od. Reihe od. eines Produktes* **2** ⟨Atomphysik⟩ = *Niveau(4)* **3** ⟨auch⟩ = *Terminus(2)* [<frz. *terme,* engl. *term* »Ziel« <lat. *terminus* »Grenze, Grenzstein, Ziel«]
Ter|min ⟨m.; -s, -e⟩ **1** *bestimmter Zeitpunkt;* Liefer~; Fälligkeits~; einen ~ anberaumen, vereinbaren, versäumen **2** ⟨Rechtsw.⟩ *(vom*

Gericht festgesetzter Zeitpunkt für eine) Verhandlung; am 20. ist ~; ~ haben [<lat. *terminus* »Grenzzeichen, Grenzstein, Grenze« <grch. *terma* »Ende, Ziel«]

ter|mi|nal ⟨Adj.⟩ *die Grenze, das Ende betreffend* [→ *Termin, Terminus*]

Ter|mi|nal 1 ⟨[tə:(r)minəl] n.; -s, -s⟩ *meist von der Zentraleinheit räumlich getrennte Ein- u. Ausgabeeinheit einer Datenverarbeitungsanlage* **2** ⟨m.; -s, -s⟩ *Zielbahnhof, Endstation* **3** ⟨m. od. n.; -s, -s; auf Flughäfen⟩ *Halle, in der die Flugreisenden abgefertigt werden* [engl., »Endstation«]

Ter|mi|na|ti|on ⟨f.; -, -en⟩ *Begrenzung*

ter|mi|na|tiv ⟨Adj.; Gramm.⟩ *den Endpunkt einer Handlung ausdrückend (bei Verben)* [zu lat. *terminatum,* Part. Perf. zu *terminare* »begrenzen, abgrenzen, beenden«; zu *terminus;* → *Termin*]

Ter|mi|na|tor ⟨m.; -s, -to|ren⟩ *Grenzlinie zwischen Licht u. Dunkelheit auf dem Mond od. einem Planeten* [spätlat., »Abgrenzer«; zu *terminare* »begrenzen«]

Ter|mi|ner ⟨m.; -s, -; Wirtsch.⟩ *für die Koordination von Lieferterminen u. Produktionsablauf verantwortlicher Angestellter eines Industriebetriebes* [→ *Termin*]

Ter|mi|ne|rin ⟨f.; -, -rin|nen; Wirtsch.⟩ *weibl. Terminer* [→ *Termin*]

Ter|min|ge|schäft ⟨n.; -(e)s, -e⟩ *Geschäft, das nicht bei Vertragsabschluss, sondern zu einem späteren Termin, aber zum gleichen Kurs erfolgen soll, Zeitgeschäft*

ter|mi|nie|ren ⟨V.⟩ eine Sache ~ *einer S. einen Termin setzen, eine S. befristen*

Ter|mi|nis|mus ⟨m.; -; unz.⟩ *Lehre, dass alles Denken nur in Begriffen (Termini) vor sich gehe, die ihrerseits nur Zeichen der wirklichen Dinge seien* [→ *Terminus*]

Ter|mi|no|lo|ge ⟨m.; -n, -n⟩ **1** *Bearbeiter einer Terminologie* **2** *Angestellter, der damit beschäftigt ist, die Terminologie für bestimmte Fachgebiete nach sprachwissenschaftl. u. sachl. Gesichtspunkten zu bearbeiten*

Ter|mi|no|lo|gie ⟨f.; -, -n⟩ *Gesamtheit der Fachausdrücke (eines Kunst- od. Wissensgebietes)* [<mlat. *terminus* »Grenze, Ziel, Ende« + *...logie*]

ter|min|o|lo|gisch ⟨Adj.⟩ *die Terminologie betreffend, auf ihr beruhend, ihr entsprechend*

Ter|mi|nus ⟨m.; -, -ni⟩ **1** *Grenze, Stichtag* **2** ~ (technicus) *Fachausdruck;* Sy *Term (3)* [<mlat. *terminus* »inhaltlich abgegrenzter, fest umrissener Begriff« <lat. *terminus* »Grenze, Grenzzeichen, Ziel, Ende« <grch. *terma* »Ende, Ziel«]

Ter|mi|te ⟨f.; -, -n⟩ *Angehörige einer den Schaben nahe stehenden Ordnung der Insekten, die in hoch entwickelten Staaten leben: Isoptera* [<lat. *termes* »abgeschnittener Zweig« (vermutl. wegen ihrer Gestalt)]

Ter|mon ⟨n.; -(e)s, -e⟩ *das Geschlecht bestimmender Wirkstoff bei Pflanzen* [< *terminieren* + *Hormon*]

ter|när ⟨Adj.⟩ *dreifach, dreigliedrig, aus drei Einheiten, Stoffen bestehend* [<frz. *ternaire* »dreimal« <lat. *ternarius*]

Ter|ne ⟨f.; -, -n; Lotto⟩ oV ⟨österr.⟩ *Terno* **1** *Zusammenstellung von drei Nummern* **2** *dreifacher Treffer* [<ital. *terno* <lat. *terni* »je drei«]

Ter|no ⟨m.; -s, -s; österr.⟩ = *Terne* [ital.]

Ter|pen ⟨n.; -s, -e⟩ *hydroaromatische Verbindung, die sich aus einer zehngliedrigen Kohlenstoff-Grundstruktur ableitet* [<grch. *terpein* »sättigen«]

Ter|pen|tin ⟨n.; -s; unz.⟩ *dickflüssiges Harz bestimmter Kiefern, das feste Anteile an Harz u. Terpentinöl enthält* [<mhd. *terebint* <mlat. *terebintina (resina)* »Harz der Terebinthe«]

Ter|pen|tin|öl ⟨n.; -s; unz.⟩ *aus dem Terpentin gewonnene, scharf riechende Flüssigkeit, Lösungsmittel für Farbanstriche u. Reinigungsmittel*

Ter|ra ⟨f.; -; unz.; Geogr.⟩ *Land, Erde* [lat.]

Ter|ra|cot|ta ⟨f.; -, -cot|ten⟩, → a. *Terrakotta(1)*

Ter|rain ⟨[-rɛ̃:] n.; -s, -s⟩ **1** *Gebiet, Gelände;* das ~ sondieren, erkunden **2** *Grundstück, Baugrundstück* [frz., »Gebiet, Gelände, Boden« <lat. *terrenum* »Erde, Acker«; zu *terra* »Erde, Sand«, eigtl. »die Trockene«]

Ter|ra in|co|gni|ta, ⟨auch⟩ **Ter|ra in|cog|ni|ta** ⟨f.; - -; unz.⟩ **1** *unbekanntes Land* **2** ⟨fig.⟩ *etwas Unbekanntes, Unerforschtes* [lat., »unbekanntes Land« < *terra* »Erde, Land« + *incognita* »unbekannt« (zu *cognoscere* »kennen, erkennen«)]

Ter|ra|kot|ta ⟨f.; -, -kot|ten⟩ **1** ⟨unz.⟩ *gebrannter Ton;* oV *Terracotta* **2** ⟨zählb.⟩ *kleine Figur aus gebranntem Ton;* oV *Terrakotte* [ital.; zu ital., lat. *terra* »Erde« u. ital. *cotta,* Part. Perf. Fem. zu *cuocere* »kochen« (<lat. *coquere* »kochen, brennen«)]

Ter|ra|kot|te ⟨f.; -, -n⟩ = *Terrakotta(2)*

Ter|ra|my|cin ⟨n.; -s; unz.⟩ *bei Infektionen durch Bakterien u. Viren verwendetes Antibiotikum aus dem Strahlenpilz Streptomyces rimosus* [<lat. *terra* »Erde, Land« + grch. *mykes* »Pilz«]

Ter|ra|ri|um ⟨n.; -s, -ri|en⟩ *Behälter zur Pflege u. Zucht von Amphibien u. Reptilien* [<lat. *terra* »Erde, Land«]

Ter|ra ros|sa ⟨f.; -, Ter|re ros|se; Geol.⟩ *in wärmeren Klimagebieten, bes. im Mittelmeerraum zu findender roter Tonboden, der sehr eisenoxidreich ist, Kalksteinrotlehm* [ital., »rote Erde«]

Ter|ras|se ⟨f.; -, -n⟩ **1** *waagerechte Stufe im Gelände, Absatz* **2** *nicht überdachter, gepflasterter, an das hintere Ende des Erdgeschosses eines Hauses angebauter Platz* **3** *großer, offener Balkon* [<frz. *terrasse* »Stufe, Absatz« <gallorom. **terracea* »Erdaufhäufung« <lat. *terra* »Erde«]

ter|ras|sie|ren ⟨V.⟩ *stufenförmig anlegen (Gebäude, Garten)* [<frz. *terrasser* »niederwerfen, mit Erde um-, beschütten«; → *Terrasse*]

Ter|raz|zo ⟨m.; - od. -s, -raz|zi⟩ *mosaikartiger*

Fußboden aus kleinen, farbigen Steinen aus Marmor od. Zement [ital., »Terrasse, Altan« < lat. *terra* »Erde, Boden«; → *Terrasse*]

terre des hommes ⟨[tɛrdezɔm] f.; - - -; unz.⟩ *internationale Kinderhilfsorganisation* [frz., »Erde der Menschen«]

ter|res|trisch, ⟨auch⟩ **ter|rẹst|risch** ⟨Adj.⟩ **1** *zum Festland gehörend, auf dem Festland entstanden* **2** *zur Erde gehörend, Erd…* [< frz. *terrestre* »erdig, Erd…« < lat. *terrestris;* zu *terra* »Erde, Land«]

Tẹr|ri|er ⟨m.; -s, -⟩ *meist stichelhaarige, kleine bis mittelgroße Rasse von Hunden;* Airedale~; Fox~; Scotch~; Welsh~ [< engl. *terrier (dog)* »Erdhund« (wegen seiner Eignung für die Erdwildjagd) < lat. *terrarius;* zu *terra* »Erde«]

ter|ri|gen ⟨Adj.⟩ *vom Festland stammend* [< lat. *terra* »Erde, Land« + *…gen*[1]]

ter|ri|kol ⟨Adj.⟩ *erdbewohnend;* ~e Lebewesen [lat.]

Ter|ri|ne ⟨f.; -, -n⟩ *Schüssel, bes. Suppenschüssel mit Deckel;* Suppen~ [< frz. *terrine* »Schüssel« < afrz. *terrin* »irden« < vulgärlat. **terrinus* »irden« < lat. *terra* »Erde«]

ter|ri|to|ri|al ⟨Adj.⟩ *zu einem Territorium gehörig, es beherrschend* [< frz. *territorial* »zu einem (Staats-)Gebiet gehörig« < *territoire* »Territorium« < lat. *territorium;* → *Territorium*]

Ter|ri|to|ri|a|lis|mus ⟨m.; -; unz.⟩ = *Territorialsystem*

Ter|ri|to|ri|a|li|tät ⟨f.; -; unz.⟩ *Zugehörigkeit zu einem Territorium*

Ter|ri|to|ri|a|li|täts|prin|zip ⟨n.; -(e)s, -e⟩ **1** *Grundsatz, dass ein erworbenes Staatsgebiet in die Gewalt des erwerbenden Staates übergeht* **2** *Grundsatz, dass jeder, der sich in einem Staat aufhält, dessen Gewalt untersteht* **3** *Anwendung der Rechtsordnung eines Staates auf Vorgänge u. Handlungen, die sich in seinem Territorium abgespielt haben*

Ter|ri|to|ri|al|sys|tem ⟨n.; -s; unz.; im Zeitalter des Absolutismus⟩ *Abhängigkeit der Kirche vom Staatsoberhaupt;* Sy *Territorialismus*

Ter|ri|to|ri|um ⟨n.; -s, -ri|en⟩ **1** *Gebiet, Land* **2** *Herrschafts-, Hoheitsgebiet* [lat., »zu einer Stadt gehörendes Ackerland, Stadtgebiet«; zu *terra* »Erde, Land«]

Tẹr|ror ⟨m.; -s; unz.⟩ **1** *gewalttätiges, rücksichtsloses Vorgehen, das die Betroffenen in Angst u. Schrecken versetzen soll* **2** ⟨umg.⟩ *aufgeregtes Gehabe;* mach nicht solchen ~! [lat.; zu *terrere* »schrecken, erschrecken«]

ter|ro|ri|sie|ren ⟨V.⟩ *durch Anwendung von Gewalt einschüchtern, in Schrecken u. Furcht versetzen* [< frz. *terroriser* < lat. *terrere* »schrecken, erschrecken«; → *Terror*]

Ter|ro|rịs|mus ⟨m.; -; unz.⟩ **1** *Ausübung von Terror* **2** *System der Schreckensherrschaft* [< frz. *terrorisme* »Schreckensherrschaft« < lat. *terrere* »schrecken, erschrecken«]

Ter|ro|rịst ⟨m.; -en, -en⟩ *jmd., der Terror ausübt, Terroranschläge verübt usw.*

ter|ro|rịs|tisch ⟨Adj.⟩ **1** *auf Terrorismus beruhend, mit seiner Hilfe* **2** *Terror ausübend, verbreitend*

Tẹr|tia ⟨[-tsja] f.; -, -ti|en⟩ **1** ⟨†⟩ *vierte* (Unter~) *u. fünfte* (Ober~) *Klasse eines Gymnasiums* **2** ⟨österr.⟩ *dritte Klasse des Gymnasiums* [lat., Fem. zu *tertius* »der dritte«; zu *tres* »drei«]

Ter|ti|al ⟨[-tsja:l] n.; -s, -e⟩ *Drittel eines Jahres* [< lat. *tertius* »der dritte«]

ter|ti|an ⟨[-tsja:n] Adj.; Med.⟩ *dreitägig, alle drei Tage auftretend (z.B. von Fieberanfällen)* [< lat. *tertianus* »dreitägig«]

Ter|ti|a|na ⟨[-tsja:-] f.; -; unz.⟩, **Ter|ti|a|na|fieber** ⟨[-tsja:-] n.; -s; unz.⟩ *Malaria mit Fieberanfällen an jedem dritten Tag* [< lat. *tertiana febris* »Fieber, das alle drei Tage wiederkehrt«; zu *tertianus* »dreitägig«]

Ter|ti|a|ner ⟨[-tsja:-] m.; -s, -⟩ *Schüler der Tertia*

ter|ti|är ⟨[-tsjɛ:r] Adj.⟩ **1** *die dritte Stelle in einer Reihe einnehmend* **2** *zum Tertiär gehörig* [< frz. *tertiaire* »von einer dritten Epoche herrührend« < lat. *tertius* »der dritte«]

Ter|ti|är ⟨[-tsjɛ:r] n.; -s; unz.⟩ *Formation des Känozoikums vor 60 Mill. bis 700 000 Jahren mit alpinischer Gebirgsbildung, Entstehung von Braunkohle* [→ *tertiär*]

Ter|ti|a|ri|er ⟨[-tsja:-] m.; -s, -⟩ *Angehöriger eines Ordens, dessen Mitglieder nach einer sog. dritten, nicht so streng bindenden Regel leben* [< lat. *tertius* »der dritte«]

Tẹr|ti|a|wech|sel ⟨[-tsja-] m.; -s, -⟩ *dritte Ausfertigung eines Wechsels* [< lat. *tertius* »der dritte«]

Tẹr|ti|um Com|pa|ra|ti|o|nis ⟨[-tsjum] n.; - -, -tia -⟩ *das zum Vergleich herangezogene Dritte, der Vergleichspunkt* [< lat. *tertium* »das dritte« + *comparationis,* Genitiv zu *comparatio* »Vergleich«]

Tẹr|ti|us gau|dens ⟨[-tsjus] m.; - -; unz.⟩ *der lachende Dritte* [lat., eigentlich: *tertius gaudens duobus litigantibus* »der Dritte freut sich, wenn zwei sich streiten«; zu *tertius* »der Dritte« + *gaudens,* Part. Präs. von *gaudere* »sich freuen«]

Te|ry|len ⟨[-le:n] n.; -s; unz.; Ⓦz⟩, **Te|ry|lene** ⟨[-li:n] n.; -s; unz.; Ⓦz⟩ *aus Äthylenglykol u. Terephthalsäure hergestellte, wetterfeste, gegen Säuren, Bleichmittel, Motten u. Pilze resistente Kunstfaser*

Tẹrz ⟨f.; -, -en⟩ **1** *dritter Ton der diaton. Tonleiter* **2** *Intervall von drei Stufen* **3** ⟨Sp.; Fechten⟩ *Hieb vom rechten Ohr des Gegners zu dessen linker Hüfte* **4** *Stunde des Gebets (9 Uhr), dritter Teil des Stundengebets* [ital. *terza* < lat. *tertia,* Fem. zu *tertius* »der dritte«]

Tẹr|zel ⟨m.; -s, -⟩ *zum Jagen abgerichteter (männl.) Falke* [< ital. *terzuolo* »Männchen einiger Raubvögel«]

Ter|ze|rol ⟨n.; -s, -e⟩ *kleine Pistole mit zwei Läufen* [< ital. *terzeruolo*]

Ter|zẹtt ⟨n.; -(e)s, -e; Mus.⟩ **1** *Musikstück für drei Singstimmen od. drei gleiche Instrumente* **2** *Gruppe von drei Sängern od. drei Instrumen-*

talisten [<ital. *terzetto* <lat. *tertius* »der dritte«]

Ter|zi|ne ⟨f.; -, -n⟩ *italien. Strophenform aus drei elfsilbigen jambischen Zeilen, von denen sich die 1. u. 3. reimen u. die 2. Zeile jeweils mit der 1. u. 3. Zeile der folgenden Strophe* [<ital. *terzina* »dreizeiliger Vers«; zu *terzo* »dritter« <lat. *tertius* »der dritte«]

Ter|zo ⟨Wirtsch.; Abk. für⟩ Geschäft a terzo *ein Gelegenheitsgeschäft, für dessen Durchführung sich drei Rechtspersonen kurzfristig zusammenschließen (bes. im Wertpapierbereich)* [→ *Terz*]

Te|sching ⟨n.; -s, -e od. -s⟩ *Kleinkalibergewehr bzw. -pistole* [vielleicht nach *Tesching,* einem Deutschböhmen, nach dem eine Handfeuerwaffe (Zimmerpistole, Salonflinte) benannt ist]

Tes|la ⟨n.; -, -; Zeichen: T⟩ *SI-Einheit der magnetischen Flussdichte; 1 T = 1 Weber/Quadratmeter (Wb/m²)* [nach dem serb. Physiker Nicola *Tesla,* 1856-1943, dem Erfinder des Tesla-Transformators]

Tes|la|strom, ⟨auch⟩ **Tes|la-Strom** ⟨m.; -(e)s; unz.⟩ *hochfrequenter elektr. Strom hoher Spannung*

Tes|sar ⟨n.; -s, -e; Ⓦⓩ⟩ *sehr scharf zeichnendes u. lichtstarkes Fotoobjektiv*

tes|sel|la|risch ⟨Adj.; Kunst⟩ *gewürfelt (bei Mosaiken)* [zu lat. *tessera* »Würfel«, *tesserula* »Würfelchen, Mosaiksteinchen«]

Tes|se|ra ⟨f.; -, -rae⟩ **1** ⟨Geol.⟩ *kleiner, begrenzter Raum, dessen Dreidimensionalität hinsichtlich seines vertikalen Metabolismus untersucht wird* **2** *antike Wertmarke aus Bronze od. Blei, die als Eintrittsmarke zu Theater, Zirkus od. Gasthäusern diente u. somit oft einen Geldcharakter besaß* [lat., »Viereck«]

Test ⟨m.; -(e)s, -e od. -s⟩ *experimentelle Untersuchung zur Feststellung bestimmter Eigenschaften, Leistungen u.Ä.* [engl., »Probe, Prüfung« <afrz. *test* »irdener Topf, Tiegel (für alchimist. Experimente)« <lat. *testum* »Geschirr, Schüssel«]

Test|all|er|gen, ⟨auch⟩ **Test|al|ler|gen** ⟨n.; -s, -e; meist Pl.⟩ *Antigene enthaltendes Arzneimittel zur Erkennung spezifischer Abwehr- od. Schutzstoffe bei Menschen od. Tieren*

Tes|ta|ment ⟨n.; -(e)s, -e⟩ **1** *schriftl. Erklärung, mit der jmd. für den Fall seines Todes die Verteilung seines Vermögens festlegt, letzter Wille, letztwillige Verfügung;* ein ~ anfechten; sein ~ machen **2** *Teil der Bibel;* das Alte, Neue ~ [<kirchenlat. *testamentum* »Ordnung Gottes, Bund Gottes mit den Menschen« <lat. *testari* »bezeugen, als Zeugen nehmen; ein Testament machen«; zu *testis* »Zeuge«]

tes|ta|men|ta|risch ⟨Adj.⟩ *durch Testament;* jmdn. ~ als Erben einsetzen; etwas ~ verfügen, bestimmen

Tes|tat ⟨n.; -(e)s, -e⟩ *Bescheinigung, Beglaubigung, schriftl. Bestätigung (bes. des Besuchs einer Vorlesung)* [<lat. *testatus,* Perf. zu *testari* »bezeugen«; zu *testis* »Zeuge, Mitwisser«]

Tes|ta|tor ⟨m.; -s, -to|ren⟩ **1** *jmd., der ein Testament macht od. gemacht hat* **2** *jmd., der ein Testat gibt od. gegeben hat*

Tes|ta|zee ⟨[-tse:ə] f.; -, -n⟩ *einer Ordnung der Wurzelfüßer angehörende Amöbe mit einer Schale, in der oft Fremdkörper eingelagert sind: Testacea* [<lat. *testaceus* »aus Backsteinen«; zu *testa* »Schale, Muschel, Backstein«]

tes|ten ⟨V.⟩ *mit Hilfe eines Tests prüfen* [<engl. *test* »prüfen, erproben, ausprobieren«]

Tes|ter ⟨m.; -s, -⟩ **1** *jmd., der jmdn. od. etwas testet (bes. Waren od. Material)* **2** *Warenprobe zum Testen für Kunden* [engl.]

tes|tie|ren ⟨V.⟩ **1** *durch Testament, letztwillig verfügen* **2** *ein Testat geben über, bescheinigen, schriftlich bestätigen* [<lat. *testari* »bezeugen«]

Tes|ti|kel ⟨m.; -s, -⟩ *Hoden* [<lat. *testiculus,* Verkleinerungsform zu *testes,* Gen. *testis* »Hoden«]

Tes|ti|kel|hor|mon ⟨n.; -(e)s, -e⟩ *männliches Keimdrüsenhormon*

Tes|ti|mo|ni|al ⟨[-mo:njəl] n.; -s, -s⟩ *in Werbeanzeigen u. -spots eingefügtes Empfehlungsschreiben eines zufriedenen Kunden od. eines Prominenten, das die Wertschätzung eines Produktes od. eines Unternehmens zum Ausdruck bringt* [<engl. *testimonial* »Referenz, Wertschätzung« <lat. *testimonium* »Zeugenaussage, Beweis«]

Tes|ti|mo|ni|um ⟨n.; -s, -ni|en⟩ *Zeugnis;* ~ Paupertatis *Bescheinigung über die Mittellosigkeit von Prozessführenden, das Gerichtsverfahren zu bezahlen, Armutszeugnis* [lat.]

Tes|to ⟨m.; -, -ti; Mus.⟩ *seit dem 17. Jh. im ital. Oratorium der erzählende Text od. die Rolle des Erzählers, die zumeist solistisch gestaltet ist* [ital., »Text«]

Tes|to|ste|ron, ⟨auch⟩ **Tes|tos|te|ron** ⟨n.; -s; unz.⟩ *Geschlechtshormon des Mannes* [<lat. *testis* »Hoden« + grch. *stereos* »starr, hart, fest«]

Test|per|son ⟨f.; -, -en⟩ *Person, mit der od. an der ein Test durchgeführt wird*

Test|pi|lot ⟨m.; -en, -en⟩ *Flugzeugführer, der ein Flugzeug in der Erprobung fliegt*

Test|se|rie ⟨[-riə] f.; -, -n⟩ **1** *Serie von Tests;* eine ~ starten **2** *eine bestimmte Anzahl eines Produktes, die nur zu qualitativen Testzwecken hergestellt wurde;* bei den Autos der ~ A traten gravierende Mängel auf

Tes|tu|do ⟨f.; -, -di|nes⟩ **1** ⟨Antike⟩ *Schutzdach (bei Belagerungen)* **2** *dachziegelartig gewickelter Verband* [lat., »Wölbung, (hölzernes) Schutzdach (für den Rammbock bei Belagerungen)«; zu *testa* »Dachziegel«]

Te|ta|nie ⟨f.; -, -n⟩ *durch Krämpfe in den Extremitäten u. Überempfindlichkeit des Nervensystems gekennzeichnete Krankheit;* Sy *Spasmophilie* [→ *Tetanus*]

te|ta|nisch ⟨Adj.⟩ *in der Art des Tetanus, starrkrampfartig*

Te|ta|nus ⟨m.; -; unz.⟩ *Wundstarrkrampf* [<grch. *tetanos;* zu *teinein* »strecken, spannen«]

Te|te ⟨frz. [tɛːt] f.; -, -n⟩ *Spitze (einer Kolonne);* an der ~ marschieren, reiten [<frz. *tête* »Kopf, Haupt« <vulgärlat. *testa* »Kopf« <lat. *testa* »Scherbe«]

Tête-à-tête ⟨[tɛtatɛːt] n.; -, -s⟩ *trauliches, vertrautes Beisammensein* [frz., eigtl. »Kopf an (bei) Kopf«]

Te|thys ⟨f.; -; unz.⟩ **1** ⟨Astron.⟩ *dritter Saturnmond* **2** ⟨Geol.⟩ *vom Paläozoikum bis zum Alttertiär bestehendes Mittelmeer, von dem das heutige europäische Mittelmeer sowie das Schwarze u. Kaspische Meer Reste sind* [nach der grch. Göttin des Titanengeschlechts, der Urmutter aller Gewässer]

■ Die Buchstabenfolge **te|tr...** kann auch **tet|r...** getrennt werden.

■ **te|tra..., Te|tra...** ⟨vor Vokalen⟩ tetr..., Tetr... ⟨in Zus.⟩ *vier..., Vier...* [<grch. *tessares, tettares* »vier«]

■ **Te|tra|chlor|e|than** ⟨[-kloːr-] n.; -s; unz.⟩ *farblose, unbrennbare, giftige Flüssigkeit, die aus Acetylen u. Chlorgas gewonnen wird, löst Harze, Fette, Lacke, Phosphor, Halogene u. Schwefel, chemisch Acetylentetrachlorid, chem. Formel* $CHCl_2$*-*$CHCl_2$

■ **Te|tra|chlor|e|thy|len** ⟨[-kloːr-] n.; -s; unz.⟩ = *Perchlorethylen*

■ **Te|tra|chlor|koh|len|stoff** ⟨[-kloːr-] m.; -(e)s; unz.⟩ *farblose, giftige, süßlich riechende Flüssigkeit, als Lösungsmittel u. zum Feuerlöschen verwendet, chem. Formel* CCl_4*;* Sy *Tetrachlormethan*

■ **Te|tra|chlor|me|than** ⟨[-kloːr-] n.; -s; unz.⟩ = *Tetrachlorkohlenstoff*

■ **Te|tra|chord** ⟨[-kɔrd] m. od. n.; -(e)s, -e⟩ *Hälfte einer Oktave* [< *Tetra...* + *...chord*]

■ **Te|tra|chro|mie** ⟨[-kroː-] f.; -, -n⟩ *Vierfarbendruck* [< *Tetra...* + *...chromie*]

■ **Te|tra|de** ⟨f.; -, -n⟩ *aus vier Teilen bestehendes Ganzes* [zu grch. *tessares, tettares* »vier«]

■ **Te|tra|e|der** ⟨n.; -s, -⟩ *platonischer Körper, begrenzt von vier gleichseitigen Dreiecken, Vierflach, Vierflächner* [< *Tetra...* + *...eder*]

■ **Te|tra|e|drit,** ⟨auch⟩ **Tet|ra|ed|rit** ⟨m.; -s, -e⟩ *graues bis schwarzes, metallisch glänzendes Mineral, Silber- u. Kupfererz, chem. Formel* Cu_xSbS_{3-4}*, Fahlerz* [→ *Tetraeder*]

■ **Te|tra|gon** ⟨n.; -s, -e⟩ *Viereck* [< *Tetra...* + *...gon*]

■ **te|tra|go|nal** ⟨Adj.⟩ *in der Art eines Tetragons, viereckig*

■ **Te|tra|lin** ⟨n.; -s; unz.⟩ *farbloses Mittel zum Lösen u. Verdünnen, chemisch Tetrahydronaphthalin, chem. Formel* $C_{10}H_{12}$ [<grch. *tessares, tettares* »vier«]

■ **Te|tra|lo|gie** ⟨f.; -, -n⟩ **1** ⟨im altgrch. Theater⟩ *Folge von vier Dramen (drei Tragödien u. ein Satyrspiel)* **2** *aus vier selbständigen Teilen bestehendes literar. Werk od. Musikdrama* [< *Tetra...* + *...logie*]

■ **te|tra|mer** ⟨Adj.; Bot.⟩ *vierzählig* [< *tetra...* + *...mer*]

■ **Te|tra|me|ter** ⟨m.; -s, -⟩ *altgrch. Vers aus vier Versfüßen* [< *Tetra...* + *...meter*]

■ **Te|tra|ple|gie** ⟨f.; -, -n⟩ *Lähmung aller vier Gliedmaßen* [< *Tetra...* + grch. *plege* »Schlag«]

■ **Te|tra|po|de** ⟨m.; -n, -n⟩ *Vierfüßer* [< *Tetra...* + *...pode*]

■ **Te|trarch** ⟨m.; -en, -en; Antike⟩ *Herrscher über ein Viertel des Landes* [< *Tetra...* + *...arch*]

■ **Te|trar|chie** ⟨f.; -, -n⟩ *einem Tetrarchen unterstelltes Viertel eines Landes*

■ **Te|tro|de** ⟨f.; -, -n⟩ *Elektronenröhre mit den vier Polen Anode, Kathode, Steuergitter u. Schirmgitter* [< *Tetra...* + *...ode*]

■ **Te|tryl** ⟨n.; -s, -e; Chem.⟩ *am Licht hellgelbe, ansonsten farblose u. giftige kristalline Substanz, die als Sprengstoff verwendet wird* [verkürzt < *Tetra*nitro-N-meth*yl*anilin]

Tex ⟨n.; -, -; Zeichen: tex⟩ *nicht gesetzliche, aber in der Textilindustrie übliche Maßeinheit für die längenbezogene Masse von Garnen, 1 tex = 1 g/km* [→ *Textil*]

Te|xas|fie|ber ⟨n.; -s; unz.⟩ *durch Einzeller hervorgerufene, seuchenhafte Blutinfektion bei Rindern* [nach dem US-Bundesstaat *Texas*]

Text ⟨m.; -es, -e⟩ **1** *Folge von Wörtern, die eine sprachl. Äußerung in einer aktuellen (geschichtl.) Situation darstellt* **2** *genauer Wortlaut einer Aufzeichnung* **3** *genauer Wortlaut eines Werkes als Grundlage der Literaturwissenschaft* **4** *inhaltl. Hauptteil eines Buches im Unterschied zu Vor- u. Nachwort* **5** *zusammenhängendes Schriftbild einer bedruckten od. beschriebenen Seite im Unterschied zu Überschrift, Fußnote, Illustration* **6** *die begleitenden Worte zu einer musikal. Komposition;* Opern~; Lied~ **7** *(erklärende) Beschriftung von Abbildungen, Karten usw.* **8** *Bibelstelle als Thema einer Predigt;* über einen ~ predigen, sprechen [<lat. *textus* »Gewebe, Geflecht«; zu *texere* »weben, flechten, fügen, kunstvoll zusammenfügen«]

Text|au|to|mat ⟨m.; -en, -en⟩ *Schreibmaschine mit erweiterten Korrektur- u. Schreibmöglichkeiten, oftmals mit Speicher u. Bildschirm zum druckfertigen Erstellen von Manuskripten*

Text|e|di|tor ⟨[-ɛditə(r)] m.; -s, -s; EDV⟩ = *Editor*[2] [engl.]

Tex|tem ⟨n.; -s, -e; Sprachw.⟩ *noch nicht realisierte sprachliche Struktur, aus der ein Text hervorgeht* [→ *Text*]

tex|ten ⟨V.⟩ *einen Werbe- od. Liedtext verfassen*

Tex|ter ⟨m.; -s, -⟩ *Verfasser von Werbe- od. Liedtexten*

tex|til ⟨Adj.⟩ *zu Textiltechnik od. -industrie gehörend*

Tex|ti|li|en ⟨Pl.⟩ **1** *Stoffe, Tuche, Gewebe, Ge-*

wirke, Faserstoffe **2** *Kleidung, Wäsche* [<frz. *textile* »gewebt, gewirkt« <lat. *textilis;* zu *texere;* → *Text*]

Text|kri|tik ⟨f.; -; unz.⟩ *Prüfung eines schriftlich überlieferten Literaturwerkes, um seine ursprüngl. Fassung wiederherzustellen*

Text|lin|gu|is|tik ⟨f.; -; unz.⟩ *Sprachwissenschaft, die sich mit der Analyse von Texten beschäftigt*

text|lin|gu|is|tisch ⟨Adj.⟩ *die Textlinguistik betreffend, auf ihr beruhend*

Tex|tur ⟨f.; -, -en⟩ **1** *Gewebe, Faserung* **2** *Zusammenfügung, Anordnung* [<lat. *texere* »weben, flechten, fügen«]

tg ⟨Zeichen für⟩ *Tangens*

Th ⟨chem. Zeichen für⟩ *Thorium*

TH ⟨Abk. für⟩ *Technische Hochschule*

Tha|la|mo|phor ⟨m.; -s, -e⟩ *Foraminifere* [<grch. *thalamos* »Schlafgemach, Höhle« + *…phor* <grch. *pherein* »tragen«]

Tha|la|mus ⟨m.; -, -mi⟩ *Ansammlung grauer Substanz im Gehirn, durch die alle zur Großhirnrinde ziehenden Nervenstränge verlaufen, Sehhügel* [<grch. *thalamos*]

tha|las|so|gen ⟨Adj.⟩ *durch die Tätigkeit des Meeres entstanden* [<grch. *thalassa* »Meer« + *…gen*[1]]

Tha|las|so|gra|fie ⟨f.; -; unz.⟩ = *Thalassographie*

Tha|las|so|gra|phie ⟨f.; -; unz.⟩ *Meereskunde;* oV *Thalassografie* [<grch. *thalassa* »Meer« + *…graphie*]

Tha|las|so|me|ter ⟨n.; -s, -⟩ *Gerät zum Messen des Wasserstandes des Meeres* [<grch. *thalassa* »Meer« + *…meter*]

Tha|las|so|the|ra|pie ⟨f.; -; unz.⟩ *Teilgebiet der Medizin, das sich mit den Heilwirkungen von Seeluft u. Bädern im Meerwasser befasst* [<grch. *thalassa* »Meer« + *Therapie*]

Tha|li|do|mid ⟨n.; -s; unz.; wissenschaftl. Bez. für⟩ *Contergan*

Thal|li|um ⟨n.; -s; unz.; chem. Zeichen: Tl⟩ *chem. Element, weißes, giftiges Metall, Ordnungszahl 81* [nlat. <grch. *thallos* »grüner Zweig« (nach der grünen Spektrallinie)]

Thal|lo|phyt ⟨m.; -en, -en⟩ *Lagerpflanze, vielzellige, niedere Pflanze, die nicht in Wurzel u. Spross gegliedert ist, sondern einen Thallus als Pflanzenkörper besitzt, z.B. Alge, Pilz, Flechte: Thallophyta;* Ggs *Kormophyt* [<grch. *thallos* »Spross« + *…phyt*]

Thal|lus ⟨m.; -, Thal|li⟩ *Pflanzenkörper der Lagerpflanzen, Lager;* Ggs *Kormus* [<grch. *thallos* »Spross«]

Tha|na|to|ma|nie ⟨f.; -, -n⟩ *krankhafte Neigung zum Selbstmord* [<grch. *thanatos* »Tod« + *Manie*]

Tha|na|to|pho|bie ⟨f.; -, -n⟩ *krankhafte Furcht vor dem Tode* [<grch. *thanatos* »Tod, Todesgott« + *Phobie*]

Thanks|gi|ving Day ⟨[θæŋksgiviŋ dɛi] m.; - -s, - -s⟩ *amerikanischer Feiertag im November, an dem Gott für die Ernte gedankt wird* [<engl. *thanksgiving* »Dankbarkeit« + *day* »Tag«]

Thau|ma|to|lo|gie ⟨f.; -; unz.; Theol.⟩ *Lehre von den Wundern* [<grch. *thauma* »Wunder« + *…logie*]

Thau|ma|turg ⟨m.; -en, -en⟩ *Wundertäter* [<grch. *thauma* »Wunder« + *ergein* »machen«]

The|a|ter ⟨n.; -s, -⟩ **1** *jede vor Zuschauern vorgeführte (künstler.) Darstellung äußerer od. innerer Vorgänge (mit Hilfe von Figuren od.) durch Menschen selbst* **2** *Aufführung eines Bühnenstückes;* das ~ beginnt um 8 Uhr; wir treffen uns nach dem ~ **3** ⟨fig.⟩ *Schauspielerei, Getue, Aufregung;* das ist doch alles nur ~!; mach nicht so ein, so viel ~!; ~ spielen ⟨a. fig.; umg.⟩ *heucheln, etwas vortäuschen* **4** *Gesamtheit aller Einrichtungen, die mit der Schauspielkunst zusammenhängen u. der Aufführung eines Bühnenstückes vor Zuschauern dienen* **5** *Institution für die Aufführung von Bühnenstücken;* beim ~ (angestellt) sein; zum ~ gehen *Schauspieler(in) werden* **6** *Ort, an dem Bühnenstücke aufgeführt werden;* was wird heute im ~ gegeben?; ins ~ gehen **7** *Gesamtheit der Zuschauer bei der Aufführung eines Bühnenstückes;* das ganze ~ lachte **8** *Gesamtheit der dramat. Werke eines Volkes od. einer Epoche;* griechisches, römisches, deutsches, englisches, französisches ~; Barock~ [<frz. *théâtre* <lat. *theatrum* »Zuschauerraum, Theater« <grch. *theatron* »Schauplatz, Theater«; zu *thea* »das Anschauen, die Schau; Schauspiel«]

The|a|ti|ner ⟨m.; -s, -⟩ *Angehöriger eines 1524 in Rom gegründeten Ordens von Chorherren* [nach *Teate,* dem lat. Namen der Stadt *Chieti*]

The|a|tra|lik, ⟨auch⟩ **The|at|ra|lik** ⟨f.; -; unz.⟩ *theatral. Wesen, Gespreiztheit, Unnatürlichkeit*

the|a|tra|lisch, ⟨auch⟩ **the|at|ra|lisch** ⟨Adj.⟩ **1** *zum Theater gehörig, ihm entsprechend, bühnengerecht, Bühnen…, Theater…* **2** ⟨fig.⟩ *gespreizt, unnatürlich, geziert* [<lat. *theatralis* »das Theater betreffend«]

The|a|trum Mun|di, ⟨auch⟩ **The|at|rum Mun|di** ⟨n.; - -; unz.; 17./18. Jh.⟩ *Titel von Geschichtswerken* [<lat. *theatrum* »Theater« + *mundi,* Genitiv zu *mundus* »Welt«]

The|in ⟨n.; -s; unz.⟩ = *Tein*

The|is|mus ⟨m.; -; unz.⟩ *Lehre von einem höchsten, überweltl., persönl. Gott, der die Welt erschaffen hat u. noch lenkt;* → a. *Deismus* [<grch. *theos* »Gott«]

The|ist ⟨m.; -en, -en⟩ *Anhänger, Vertreter des Theismus*

the|is|tisch ⟨Adj.⟩ *auf dem Theismus beruhend*

…thek ⟨in Zus.⟩ *Sammlung* [<grch. *theke* »Behältnis, Kasten«]

The|ka ⟨f.; -, The|ken⟩ **1** ⟨Biol.⟩ **1.1** *bei Hydrozoen die chitinartige Decke des Ektoderms* **1.2** *Kalkskelett der Steinkoralle* **1.3** *Knochenpanzer der Schildkröte* **1.4** *Becher der Graptolithen aus Chitin* **2** ⟨Bot.⟩ *Teil des Staubbeutels, der zwei Pollensäcke enthält* **3** ⟨Med.⟩

Hülle eines Organes, die aus Bindegewebe besteht [<lat. *theca;* → *Theke*]

The|ke ⟨f.; -, -n⟩ **1** *Schanktisch* **2** *Ladentisch* [<lat. *theca* »Hülle, Decke, Kästchen, Schachtel« <grch. *theke* »Behältnis, Aufbewahrungsort; Kasten, Kiste«; zu *tithenai* »setzen, stellen, legen«]

The|ken|dis|play ⟨[-plɛi] n.; -s, -s⟩ *Thekenaufsteller, Werbematerial, das auf einer Ladentheke aufgestellt werden kann;* Sy *Counterdisplay* [< *Theke* + *Display(1)*]

Thel|al|gie, ⟨auch⟩ **The|lal|gie** ⟨f.; -, -n⟩ *Schmerzen in den Brustwarzen* [<grch. *thele* »Brustwarze« + *...algie*]

The|le|ma ⟨n.; -s, -le|ma|ta; Philos.⟩ *Wille, Eigenwille* [grch.; zu *thelesthai* »wollen, bereit sein, wünschen«]

The|le|ma|tis|mus ⟨m.; -; unz.⟩, **The|le|ma|to|lo|gie** ⟨f.; -; unz.⟩ = *Voluntarismus* [< *Thelema* + *...logie*]

the|le|ma|to|lo|gisch ⟨Adj.⟩ *die Thelematologie betreffend, zu ihr gehörend, auf ihr beruhend*

The|lis|mus ⟨m.; -; unz.⟩ = *Voluntarismus* [<grch. *thelesthai* »wollen« → *Thelema*]

the|lis|tisch ⟨Adj.⟩ *den Thelismus betreffend, zu ihm gehörend, auf ihm beruhend*

The|li|tis ⟨f.; -, -ti|den⟩ *Brustwarzenentzündung* [<grch. *thele* »Brustwarze« + *...itis*]

The|ly|ge|nie, The|ly|to|kie ⟨f.; -; unz.⟩ *Erzeugung ausschließlich weiblicher Nachkommen;* Ggs *Arrhenogenie, Arrhenotokie* [<grch. *thelys* »weiblich« + *...genie* (bzw. grch. *tokos* »Geburt«)]

the|ly|to|kisch ⟨Adj.⟩ *nur weibliche Nachkommen besitzend* [<grch. *thelys* »weiblich« + *tokos* »Geburt«]

The|ma ⟨n.; -s, The|men⟩ **1** *behandelter od. zu behandelnder Gegenstand, Stoff (bes. einer wissenschaftl. Arbeit, eines Vortrags usw.);* Aufsatz~, Gesprächs~; ein ~ behandeln **2** ⟨Mus.⟩ *aus mehreren Motiven bestehender wesentl. Inhalt eines Musikstücks od. eines Teils davon, bei Variationen die zugrunde liegende Melodie, die abgewandelt wird;* musikalisches ~ **3** ⟨allg.⟩ *Leit-, Grundgedanke* **4** ⟨Sprachw.⟩ *Teil des Satzes, der die bereits bekannte, geringste Information enthält;* ⟨auch⟩ *Gesprächsgegenstand;* Ggs *Rhema* [lat. <grch. *thema* »das Aufgestellte, Satz; zu behandelnder Gegenstand«; zu *tithenai* »setzen, stellen, legen«]

The|ma-Rhe|ma-Glie|de|rung ⟨f.; -; unz.; Sprachw.⟩ *die enge Verknüpfung von Thema (Bekanntes od. den Gegenstand benennender Teil) u. Rhema (etwas zum Thema aussagender Teil) im Satz*

The|ma|tik ⟨f.; -; unz.⟩ **1** *Gruppe, Auswahl von Themen* **2** *Formulierung eines Themas* **3** *Kunst der Behandlung u. Ausführung eines musikal. Themas*

the|ma|tisch ⟨Adj.⟩ Ggs *athematisch* **1** *das Thema betreffend, auf ihm beruhend, ihm entsprechend* **2** ~ es Verb *Verb mit Themavokal*

the|ma|ti|sie|ren ⟨V.⟩ *zum Thema machen, diskutieren, erörtern;* Probleme ~

The|ma|vo|kal ⟨[-vo-] m.; -s, -e; Sprachw.⟩ *Vokal, der bei der Verbflexion zwischen Wurzel u. Flexionsendung steht,* z.B. das e in »er schneidet« [< *Thema* + *Vokal*]

theo..., Theo... ⟨in Zus.⟩ *gott..., Gottes..., Götter...* [<grch. *theos* »Gott«]

The|o|bro|ma ⟨n.; -s od. -; unz.⟩ *Kakaobaum* [<grch. *theos* »Gott« + *broma* »Speise, Nahrung«]

The|o|bro|min ⟨n.; -s; unz.⟩ *Alkaloid der Kakaobohne, Mittel gegen Ödeme, Angina pectoris u. Kopfweh* [→ *Theobroma*]

The|o|di|zee ⟨f.; -, -n⟩ *Rechtfertigung Gottes, Versuch, den Glauben an die Gerechtigkeit, Güte u. Weisheit Gottes mit dem Bösen in der Welt in Einklang zu bringen* [< *Theo...* + grch. *dikazein* »Recht sprechen, richten«]

The|o|do|lit ⟨m.; -(e)s, -e⟩ *Gerät zur Winkelmessung* [<engl. *theodolite,* vielleicht < *the alidade* »die Alhidade« <mlat. *alhidada* <arab. *al-hidadah*]

The|o|gno|sie, ⟨auch⟩ **The|og|no|sie** ⟨f.; -; unz.⟩, **The|o|gno|sis,** ⟨auch⟩ **The|og|no|sis** ⟨f.; -; unz.⟩ *Erkenntnis Gottes* [< *Theo...* + grch. *gnosis;* → *Gnosis*]

The|o|go|nie ⟨f.; -, -n; grch. Philos.⟩ *Lehre von der Abstammung der Götter* [< *Theo...* + *...gonie*]

The|o|krat ⟨m.; -en, -en⟩ *Vertreter, Anhänger der Theokratie*

The|o|kra|tie ⟨f.; -, -n⟩ *Staatsform, in der staatl. u. kirchl. Gewalt vereinigt sind, wobei die Regierungsgewalt meist von Priestern ausgeübt (Lamaismus) od. der Herrscher als Vertreter Gottes betrachtet wird (altes Ägypten, altes China)* [< *Theo...* + *...kratie*]

the|o|kra|tisch ⟨Adj.⟩ *in der Art einer Theokratie*

The|o|la|trie, ⟨auch⟩ **The|o|lat|rie** ⟨f.; -, -n⟩ *Gottesverehrung* [< *Theo...* + *...latrie*]

The|o|lo|ge ⟨m.; -n, -n⟩ *Vertreter der Theologie, Religionswissenschaftler*

The|o|lo|gie ⟨f.; -; unz.⟩ *Lehre von der Religion, bes. von der christlichen* [< *Theo...* + *...logie*]

The|o|lo|gin ⟨f.; -, -gin|nen⟩ *Vertreterin der Theologie, Religionswissenschaftlerin*

the|o|lo|gisch ⟨Adj.⟩ *die Theologie betreffend, zu ihr gehörend, auf ihr beruhend*

the|o|lo|gi|sie|ren ⟨V.⟩ *sich mit Fragen der Theologie beschäftigen, Theologie betreiben*

The|o|lo|gu|me|non ⟨n.; -s, -me|na⟩ *theologischer Lehrsatz, der allerdings noch nicht von allgemeiner Verbindlichkeit ist* [grch., »was von Gott gesagt wird«]

The|o|ma|nie ⟨f.; -; unz.⟩ *religiöser Wahnsinn* [<grch. *theomanes* »von den Göttern rasend gemacht, gottverblendet« < *Theo...* + *Manie*]

The|o|man|tie ⟨f.; -, -n⟩ *vermeintl. Weissagung durch göttliche Eingebung* [< *Theo...* + *...mantie*]

the|o|morph ⟨Adj.⟩ *in göttl. Gestalt auftretend od. dargestellt* [< *theo…* + *…morph*]

The|o|no|mie ⟨f.; -; unz.; Philos.⟩ *Ausrichtung des sittlichen Handelns nach dem Willen u. den Geboten Gottes;* → a. *Autonomie* [grch., »Gottgesetzlichkeit«; zu *Theo…* + *…nomie*]

The|o|pha|nie ⟨f.; -, -n⟩ = *Epiphanie* [< *Theo…* + *…phanie*]

The|o|phyl|lin ⟨n.; -s; unz.⟩ *im Tee vorkommendes Alkaloid, als Heilmittel zur Ausscheidung von Wasser bei Ödemen u. als Antispasmodikum verwendet* [< *Thein* + grch. *phyllon* »Laub, Blatt, Kraut«]

The|o|pneus|tie, ⟨auch⟩ **The|op|neus|tie** ⟨f.; -, -n⟩ *göttl. Eingebung* [< *Theo…* + grch. *pneuma* »Hauch, Wind, Atem, Leben, Seele, Geist; Ekstase«]

The|or|be ⟨f.; -, -n⟩ *größere Form der Basslaute mit 14 bis 24 Saiten* [< frz. *théorbe* < ital. *tiorba, tuorba* »eine Art Basslaute«]

The|o|rem ⟨n.; -s, -e⟩ *Lehrsatz* [< grch. *theorema* »das Angeschaute; Lehrsatz, Grundsatz, Regel«]

The|o|re|ti|ker ⟨m.; -s, -⟩ **1** *jmd., bes. Wissenschaftler, der eine Sache od. ein Wissensgebiet gedanklich, betrachtend bearbeitet;* Ggs *Praktiker* **2** ⟨fig.⟩ *Mensch, der die Dinge nur gedanklich, begrifflich erfasst u. dem die Einsicht in die Praxis, ins prakt. Leben fehlt* [< grch. *theoretikos* »beschauend, beschaulich«; zu *theorein;* → *Theorie*]

the|o|re|tisch ⟨Adj.⟩ *nur auf dem Denken, auf der Theorie beruhend, (rein) gedanklich, begrifflich;* Ggs *praktisch(1);* rein ~es (kein praktisches) Wissen haben

the|o|re|ti|sie|ren ⟨V.⟩ *Theorie treiben, die Dinge nur gedanklich betrachten, ohne sie praktisch anzuwenden od. sie so zu erkennen, wie sie in Wirklichkeit sind*

The|o|rie ⟨f.; -, -n⟩ **1** *wissenschaftl., rein gedankl. Betrachtungsweise, wissenschaftl. Denken;* Ggs *Praxis(1)* **2** *System von Hypothesen;* eine ~ aufstellen **3** ⟨Naturwissenschaft⟩ *Erkenntnis von gesetzl. Zusammenhängen, Erklärung von Tatsachen;* Relativitäts~ [< grch. *theoria* »das Anschauen, Untersuchung, Forschung«; zu *theorein* »schauen, überlegen, untersuchen«]

The|o|soph ⟨m.; -en, -en⟩ *Vertreter, Anhänger der Theosophie*

The|o|so|phie ⟨f.; -, -n⟩ *Lehre vom unmittelbaren Erschauen u. Erkennen des Göttlichen, Absoluten als des ewigen Urgrunds allen Seins, Werdens u. Vergehens, bes. in der Mystik* [< *Theo…* + *…sophie*]

The|o|so|phin ⟨f.; -, -phin|nen⟩ *Vertreterin, Anhängerin der Theosophie*

the|o|so|phisch ⟨Adj.⟩ *auf Theosopie beruhend*

The|ra|peut ⟨m.; -en, -en⟩ *Wissenschaftler, der eine Therapie anwendet* (Psycho~), *behandelnder Arzt* [< grch. *therapeutes* »Diener, Wärter, Pfleger, Waffengefährte«; zu *therapeuein* »dienen, behandeln«]

The|ra|peu|tik ⟨f.; -; unz.⟩ *Lehre von der Behandlung der Krankheiten* [< grch. *therapeutikos* »dienstwillig, heilend«]

The|ra|peu|ti|kum ⟨n.; -s, -ka⟩ *Heilmittel*

the|ra|peu|tisch ⟨Adj.⟩ *zu einer Therapie gehörend, auf ihr beruhend*

The|ra|pie ⟨f.; -, -n⟩ *heilende Behandlung von Kranken;* Radium~; Stoß~ [< grch. *therapeia* »Dienst, Behandlung, Pflege, Heilung«]

the|ra|pie|ren ⟨V.⟩ *mit jmdm. eine Therapie machen, ihn therapeutisch behandeln*

the|ra|pie|re|sis|tent ⟨Adj.; Med.⟩ *eine Resistenz gegenüber jeglicher Therapie aufweisend, auf keine Therapie ansprechend;* die Krankheit ist ~

…therm ⟨in Zus.⟩ *…warm, Wärme betreffend* [< grch. *therme* »Wärme«]

therm|ak|tin, ⟨auch⟩ **ther|mak|tin** ⟨Adj.; Phys.⟩ *sich im thermodynamischen Gleichgewicht befinden;* ~er Strahlungsvorgang [< *thermo…* + grch. *aktinos* »Strahl«]

ther|mal ⟨Adj.⟩ **1** *durch Wärme bewirkt, Wärme…* **2** *mit Hilfe warmer Quellen* [< grch. *thermos* »warm, heiß«; → *Therme*]

Ther|mal|quel|le ⟨f.; -, -n⟩ *warme Quelle*

Ther|me ⟨f.; -, -n⟩ **1** *warme Quelle* **2** ⟨Pl.⟩ ~n *die warmen Bäder im antiken Rom für jedermann* [grch., »Wärme, Hitze, warme Quelle«]

Ther|mik ⟨f.; -; unz.⟩ *durch unregelmäßige Erwärmung der Luft entstandener Aufwind* [< grch. *thermos* »warm, heiß«]

Therm|i|o|nen, ⟨auch⟩ **Ther|mi|o|nen** ⟨Pl.⟩ *aus glühenden Metallen freigesetzte Ionen (vor allem Elektronen)* [< *Thermo…* + *Ion*]

Therm|i|o|nik|ge|ne|ra|tor, ⟨auch⟩ **Ther|mi|o|nik|ge|ne|ra|tor** ⟨m.; -s, -en⟩ *Apparatur zur Erzeugung elektrischen Stroms mittels Thermionen*

ther|mi|o|nisch ⟨Adj.⟩ *die Thermionen betreffend, von ihnen ausgehend*

ther|misch ⟨Adj.⟩ *auf Wärme beruhend* [→ *Therme, thermal*]

Ther|mis|tor ⟨m.; -s, -to|ren⟩ *Stoff, der den elektr. Strom in heißem Zustand wesentlich besser leitet als in kaltem, Heißleiter* [< *Thermo…* + nlat. *resistor* »Widerstand«]

Ther|mit ⟨n.; -s, -e⟩ *Gemisch aus Aluminiumpulver u. Eisenoxid, zum Verschweißen von Eisenteilen (vor allem Gleisen) u. als Füllung für Brandbomben verwendet* [→ *Therme*]

ther|mo… Ther|mo… ⟨in Zus.⟩ *wärme…, Wärme…* [< grch. *thermos* »warm, heiß«]

Ther|mo|che|mie ⟨[-çe-] f.; -; unz.⟩ *Zweig der Chemie, der sich mit der bei chem. Reaktionen auftretenden Wärme befasst*

Ther|mo|chro|mie ⟨[-kro-] f.; -; unz.⟩ *Änderung der Farbe eines Stoffes bei Änderung der Temperatur* [< *Thermo…* + *…chromie*]

Ther|mo|chro|se ⟨[-kro:-] f.; -, -n⟩ *bei Wärme entstandene Färbung* [< *Thermo…* + grch. *chroxein* »berühren, färben, malen«]

Ther|mo|dru|cker ⟨m.; -s, -⟩ *Drucker, der durch punktförmiges Erwärmen die Zeichen auf Spezialpapier ausdruckt*

Ther|mo|dy|na|mik ⟨f.; -; unz.⟩ *theoret. Wärmelehre, die sich mit den Beziehungen zwischen Wärme u. Kraft befasst*

ther|mo|dy|na|misch ⟨Adj.⟩ *auf Thermodynamik beruhend;* ~es Gleichgewicht

Ther|mo|ef|fekt ⟨m.; -(e)s, -e⟩ *Auftreten einer elektrischen Spannung in einem Thermoelement*

ther|mo|e|lek|trisch, ⟨auch⟩ **ther|mo|e|lekt|risch** ⟨Adj.⟩ *auf Thermoelektrizität beruhend, durch sie bewirkt, aus ihr entstanden*

Ther|mo|e|lek|tri|zi|tät,⟨auch⟩**Ther|mo|e|lekt|ri|zi|tät** ⟨f.; -; unz.⟩ *Elektrizität, die durch Erhitzen der Lötstelle, mit der zwei Drähte aus verschiedenen Metallen verbunden sind, entsteht*

Ther|mo|e|le|ment ⟨n.; -(e)s, -e⟩ *elektr. Element, in dem Thermoelektrizität erzeugt wird*

ther|mo|fi|xie|ren ⟨V.⟩ synthetische Faserstoffe ~ *durch Behandlung mit Wärme an einer späteren Verformung hindern*

Ther|mo|gal|va|no|me|ter ⟨[-va-] n.; -s, -⟩ *auf Thermoelektrizität beruhendes Galvanometer*

Ther|mo|graf ⟨m.; -en, -en⟩ = *Thermograph*

Ther|mo|gra|fie ⟨f.; -; unz.⟩ = *Thermographie*

Ther|mo|gramm ⟨n.; -s, -e⟩ *durch Infrarotstrahlen erzeugtes Wärmebild eines Körpers* [< *Thermo…* + *…gramm*]

Ther|mo|graph ⟨m.; -en, -en⟩ *Temperaturschreiben;* oV *Thermograf* [< *Thermo…* + *…graph*]

Ther|mo|gra|phie ⟨f.; -; unz.⟩ oV *Thermografie* **1** *Verfahren zum Sichtbarmachen der Wärmestrahlung von Körpern* **2** *Methode zur Untersuchung von Patienten, bei der die Wärmestrahlung von Körpergeweben ausgenutzt wird* [< *Thermo…* + *…graphie*]

Ther|mo|ho|se ⟨f.; -, -n⟩ *mit Wollstoff gefütterte Baumwollhose*

Ther|mo|kaus|tik ⟨f.; -; unz.⟩ *Verschorfen von Gewebe durch Hitze*

Ther|mo|kau|ter ⟨m.; -s, -⟩ *Gerät zum Verschorfen von Gewebe durch Hitze* [< *Thermo…* + *Kauter*]

Ther|mo|kraft ⟨f.; -; unz.⟩ *durch den Thermoeffekt bewirkte elektrische Kraft*

ther|mo|la|bil ⟨Adj.⟩ *nicht wärmebeständig;* Ggs *thermostabil* [< *thermo…* + *labil*]

Ther|mo|lu|mi|nes|zenz ⟨f.; -, -en⟩ *durch Erwärmen bewirktes Leuchten einer Substanz*

Ther|mo|ly|se ⟨f.; -, -n⟩ *durch Erwärmen bewirkte Zersetzung einer Substanz* [< *Thermo…* + *…lyse*]

Ther|mo|ma|gne|tis|mus,⟨auch⟩**Ther|mo|mag|ne|tis|mus** ⟨m.; -; unz.⟩ *in elektr. Leitern bei Wärme auftretender Magnetismus*

Ther|mo|me|ta|mor|pho|se ⟨f.; -, -n⟩ *durch Erwärmung bewirkte Umwandlung eines Gesteins*

Ther|mo|me|ter ⟨n.; -s, -⟩ *Gerät zum Messen der Temperatur;* Fieber~; Zimmer~; das ~ fällt, steigt [< *Thermo…* + *…meter*]

Ther|mo|me|trie, ⟨auch⟩ **Ther|mo|met|rie** ⟨f.; -, -n; Meteor.⟩ *Messung der Temperatur*

ther|mo|me|trisch, ⟨auch⟩ **ther|mo|met|risch** ⟨Adj.⟩ *zur Thermometrie gehörend, auf ihr beruhend*

Ther|mo|nas|tie ⟨f.; -; unz.⟩ *durch Wärme ausgelöste Nastie*

ther|mo|nu|kle|ar, ⟨auch⟩ **ther|mo|nuk|le|ar** ⟨Adj.⟩ *auf der durch eine Kernreaktion hervorgerufenen Wärme beruhend*

Ther|mo|nu|kle|ar|waf|fe, ⟨auch⟩ **Ther|mo|nuk|le|ar|waf|fe** ⟨f.; -, -n⟩ *Kernwaffe, die ihre Wärmeenergie aus dem raschen Ablauf einer kernspaltenden Kettenreaktion bezieht*

Ther|mo|pane ⟨engl. [-pɛin] od. [-pe:n] n.; -; unz.; Ⓦⓩ⟩ *Fensterglas mit isolierender Wirkung* [< *Thermo…* + engl. *pane* »Glas-, Fensterscheibe«]

Ther|mo|pa|pier ⟨n.; -s, -e⟩ *Spezialpapier mit einer sich unter Wärmeeinwirkung verfärbenden Schicht für bestimmte Druckverfahren (auch für Faxgeräte)*

ther|mo|phil ⟨Adj.; Biol.⟩ *Wärme bevorzugend* [< *thermo…* + *…phil*]

Ther|mo|phi|lie ⟨f.; -; unz.; Biol.⟩ *Vorliebe für warme Lebensräume* [→ *thermophil*]

Ther|mo|phor ⟨m.; -s, -e⟩ *Körper, der Wärme speichert;* Sy *Kalorifer* [< *Thermo…* + *…phor*[2]]

Ther|mo|plast ⟨m.; -(e)s, -e⟩ *Kunststoff, der in der Wärme formbar ist, ohne dabei seine Eigenschaften zu verändern*

ther|mo|plas|tisch ⟨Adj.⟩ *aus Thermoplast bestehend*

Ther|mo|re|zep|tor ⟨m.; -s, -to|ren; Biol.⟩ *Organ zur Aufnahme von thermischen Reizen*

Ther|mo|schal|ter ⟨m.; -s, -⟩ *elektrischer Schalter mit einer temperaturabhängigen Schalterstellung*

Ther|mos|fla|sche ⟨f.; -, -n⟩ *Gefäß mit doppelten Wänden, in dem Speisen od. Getränke ihre Temperatur lange behalten* [< grch. *thermos* »warm, heiß«]

Ther|mo|skop, ⟨auch⟩ **Ther|mos|kop** ⟨n.; -s, -e⟩ *ein meist zu Demonstrationszwecken verwendetes Gerät zur Darstellung von Temperaturunterschieden, das nicht zur quantitiven Messung dient* [< *Thermo…* + *…skop*]

ther|mo|sta|bil ⟨Adj.⟩ *gegenüber extremen Temperaturen od. Temperaturschwankungen unempfindlich, sich nicht wesentlich verändernd, temperaturbeständig;* Ggs *thermolabil*

Ther|mo|stat, ⟨auch⟩ **Ther|mos|tat** ⟨m.; -(e)s od. -en, -e od. -en⟩ *Regler, der die Temperatur in einem Raum auf einem bestimmten, einstellbaren Wert hält* [< *Thermo…* + *…stat*]

Ther|mo|strom ⟨m.; -s; unz.⟩ *als Thermoelektrizität entstandener elektr. Strom*

Ther|mo|the|ra|pie ⟨f.; -, -n⟩ *heilende Behandlung mit Wärme*

The|ro|phyt ⟨m.; -en, -en⟩ *einjährige Pflanze, die den Winter in Form von Samen überdauert* [< grch. *theros* »Sommer, Wärme« + *…phyt*]

the|sau|rie|ren ⟨V.⟩ *ansammeln, aufhäufen, horten;* Geld, Edelmetall ~ [< grch. *thesaurizein* »ansammeln, aufhäufen, speichern, aufbewahren, aufheben«; → *Thesaurus*]

The|sau|rus ⟨m.; -, -ri od. -ren⟩ *Wissensschatz, wissenschaftl. Sammlung, z.B. umfassendes Wörterverzeichnis einer Sprache mit Redewendungen usw.;* ~ linguae Latinae *seit 1894 in München bearbeitetes u. herausgegebenes, umfassendes Wörterbuch der lat. Sprache* [lat. < grch. *thesauros* »Schatzhaus; Vorrat, Schatz«]

The|se ⟨f.; -, -n⟩ *Behauptung, Lehrsatz, Leitsatz;* ~ und Antithese; eine ~ aufstellen [< grch. *thesis* »das Setzen, Lehrsatz, Behauptung«]

The|sis ⟨f.; -, -sen⟩ **1** ⟨altgrch. Metrik⟩ *betonter, langer Teil des Versfußes;* Ggs *Arsis(2)* **2** ⟨röm. Metrik⟩ *unbetonter, kurzer Teil des Versfußes* **3** ⟨moderne Metrik⟩ *betonte Silbe im Vers, Hebung* **4** ⟨Mus.⟩ *betonter, vom Senken der Hand begleiteter Teil eines Taktes* [grch.; → *These*]

Thes|pis|kar|ren, ⟨auch⟩ **Thes|pis-Kar|ren** ⟨m.; -s; unz.; scherzh.⟩ *Wanderbühne* [nach *Thespis,* dem Begründer des attischen Dramas; »Anlass zu dieser Bez. gab die irrtüml. Auffassung des Horaz (Ars poetica, 275 ff.), Thespis habe sich zur Darstellung eines Karrens als erhöhter Bühne bedient, mit dem er u. seine Gehilfen später als Wanderschauspieler im Lande herumzogen.« (Wilpert, Sachwörterbuch der Literatur)]

The|ta ⟨n.; - od. -s, -s; Zeichen: ϑ, Θ⟩ *grch. Buchstabe*

The|tik ⟨f.; -; unz.⟩ *Lehre von den Thesen od. dogmat. Lehren* [< grch. *thesis* »Lehrsatz, Behauptung«; zu *tithesthai* »setzen, stellen, legen«]

the|tisch ⟨Adj.⟩ *in der Art einer These, behauptend*

The|urg ⟨m.; -en, -en⟩ *jmd., der die Theurgie beherrscht, Zauberer*

The|ur|gie ⟨f.; -; unz.⟩ *vermeintl. Fähigkeit, sich durch Magie mit Göttern u. Geistern in Verbindung zu setzen* [< grch. *theos* »Gott, Gottheit« + *ergon* »Werk, Arbeit«]

the|ur|gisch ⟨Adj.⟩ *die Theurgie betreffend, auf ihr beruhend;* er besitzt ~e Kräfte

Thi|a|min ⟨n.; -s, -e; internationaler Freiname für⟩ *Vitamin B_1* [< *Thio…* + *Amin*]

Thi|a|mi|na|se ⟨n.; -n, -n⟩ *Vitamin B_1 spaltendes Enzym*

Thi|a|zin|farb|stoff ⟨m.; -(e)s, -e⟩ *organ. Farbstoff zum Färben von Textilien* [< *Thio…* + *Azogruppe*]

Thig|mo|ta|xis ⟨f.; -, -xen⟩ *durch Berührung ausgelöste Taxie* [< grch. *thigma* »Berührung« (zu *thigganein* »berühren, anfassen, verletzen«) + *Taxis*]

thio…, thio… ⟨in Zus.⟩ *schwefel…, Schwefel…* [< grch. *theion* »Schwefel, Schwefelgeruch«]

Thi|o|ä|ther ⟨m.; -s, -⟩ *zwei Alkylgruppen enthaltender Abkömmling des Schwefelwasserstoffes, der einen unangenehmen Geruch hat, allg. Form: R-S-R' (R, R' = Alkylgruppe)* [< *Thio…* + *Äther*]

Thi|o|harn|stoff ⟨m.; -(e)s, -e⟩ *weiße, wasserlösliche Kristalle aus Calciumcyanamid u. Sulfiden zur Herstellung von Kunststoffen u. Arzneimitteln*

Thi|o|phen ⟨n.; -s; unz.⟩ *heterozyclische Verbindung des Schwefels, farblose Flüssigkeit, die im Steinkohlenteer vorkommt u. als Schädlingsbekämpfungsmittel u. Anästhetikum verwendet wird* [< *Thio…* + grch. *phainein* »zeigen«]

Thi|o|plast ⟨m.; -(e)s, -e⟩ *kautschukähnl., schwefelhaltiger Kunststoff, der bes. unempfindlich gegen organ. Lösungsmittel ist*

Thi|o|salz ⟨n.; -es, -e⟩ *Salz einer Thiosäure*

Thi|o|säu|re ⟨f.; -, -n⟩ *Säure, bei der Sauerstoffatome durch Schwefelatome ersetzt sind*

Thi|o|sul|fat ⟨n.; -(e)s, -e⟩ *Sulfat, bei dem ein od. zwei Sauerstoffatome durch Schwefelatome ausgetauscht sind*

thi|xo|trop ⟨Adj.⟩ *auf Thixotropie beruhend*

Thi|xo|tro|pie ⟨f.; -; unz.⟩ *die Eigenschaft mancher verfestigter Kolloide, unter dem Einfluss mechanischer Kräfte vorübergehend flüssig zu werden* [< grch. *thixis* »Berührung« (zu *thigganein* »berühren«) + *…tropie*]

Tho|los ⟨m.; -, -loi⟩ *von Säulen umgebener altgriech. Rundbau* [grch., »Wölbung, Kuppeldach, Rundbau«]

Tho|mas|stahl, ⟨auch⟩ **Tho|mas-Stahl** ⟨m.; -s; unz.⟩ *aus phosphorreichem Roheisen im Thomasverfahren gewonnener Stahl* [nach dem engl. Metallurgen Sidney Gilchrist *Thomas,* 1850-1885]

Tho|mis|mus ⟨m.; -; unz.⟩ *Lehre des Thomas von Aquin*

Tho|mist ⟨m.; -en, -en⟩ *Vertreter, Anhänger des Thomismus*

tho|mis|tisch ⟨Adj.⟩ *zum Thomismus gehörend, auf ihm beruhend*

Thon ⟨m.; -s; unz.; schweiz.⟩ = *Thunfisch(1)* [frz.]

Tho|ra ⟨f.; -; unz.; hebr. Bez. für⟩ *die fünf Bücher Mose* [hebr., »Lehre«]

tho|ra|kal ⟨Adj.⟩ *zum Thorax gehörend*

tho|ra|ko…, Tho|ra|ko… ⟨in Zus.⟩ *Brust, Brustkorb* [< grch. *thorax,* Gen. *thorakos* »Brustkorb«]

Tho|ra|ko|plas|tik ⟨f.; -, -en⟩ *Operation, bei der Rippen od. Teile der Rippen entfernt werden, um die Brust zum Einsinken u. die (an dieser Stelle tuberkulös erkrankte) Lunge zum Schrumpfen zu bringen*

Tho|ra|ko|skop, ⟨auch⟩ **Tho|ra|kos|kop** ⟨n.; -s, -e⟩ *Gerät zum Ausleuchten der Brustfellhöhle* [< *Thorako…* + *…skop*]

Tho|ra|ko|sko|pie, ⟨auch⟩ **Tho|ra|kos|ko|pie** ⟨f.; -, -n; Med.⟩ *Untersuchung der Brustfellhöhle mit dem Thorakoskop* [< *Thorako…* + *…skopie*]

Tho|ra|ko|to|mie ⟨f.; -, -n⟩ *operative Öffnung der Brusthöhle* [< *Thorako…* + *Plastik*]

Tho|ra|ko|zen|te|se ⟨f.; -, -n⟩ *Punktion der Brusthöhle* [< *Thorako…* + grch. *kentein* »durchbohren, stechen, martern«]

Tho|rax ⟨m.; - od. -es, -e⟩ **1** *Brustkasten* **2** *mittlerer Abschnitt des Körpers von Gliederfüßern* [grch., »Rumpf, Brustkorb, Panzer«]

Tho|ri|um ⟨n.; -s; unz.; Zeichen: Th⟩ *chem. Element, weiß glänzendes, radioaktives Metall, Ordnungszahl 90* [nach dem nord. Gott *Thor*]

Tho|ron ⟨n.; -s; unz.⟩ *beim radioaktiven Zerfall des Thoriums auftretendes Isotop des Radons*

Thre|no|die ⟨f.; -, -n⟩, **Thre|nos** ⟨m.; -, -noi⟩ *altgriech. Totenklage* [<grch. *threnodia* »Anstimmen des Klageliedes, Klagelied«; zu *threnos* »Wehklage, Klagelied, Totenklage«]

Thrill ⟨[θrịl] m.; -s, -s; umg.⟩ *Nervenkitzel, packende Hochspannung;* →a. *Kick(2);* Freeclimbing bringt einen tollen ~ [→ *Thriller*]

Thril|ler ⟨[θrịlə(r)] m.; -s, -; Film; Theat.; Lit.⟩ *auf Spannung u. Nervenkitzel hin angelegtes Werk* [engl.; zu *thrill* »durchbohren, durchdringen, zittern machen«]

Thrips ⟨m.; -, -⟩ *einer Ordnung der Insekten angehörende Fliege mit ringsum gefransten Flügeln, Fransenflügler: Thysanoptera* [grch.]

Throm|bin ⟨n.; -s; unz.⟩ *Gerinnungsenzym im Blutplasma, das die Umwandlung von Fibrinogen in Fibrin bewirkt* [→ *Thrombose*]

Throm|bo|ly|se ⟨f.; -, -n; Med.⟩ *Auflösung eines Thrombus od. eines Embolus innerhalb der Blutgefäße* [< *Thrombose* + grch. *lysis* »Lösung«]

Throm|bo|pe|nie ⟨f.; -; unz.⟩ *Mangel an Blutplättchen* [<grch. *thrombos* »geronnene Masse, Klumpen« + *penia* »Armut, Mangel«]

Throm|bo|se ⟨f.; -, -n⟩ *Blutgerinnung innerhalb der Venen* [<grch. *thrombos* »geronnene Masse, Klumpen (bes. vom Blut«)]

throm|bo|tisch ⟨Adj.⟩ *die Thrombose betreffend, zu ihr gehörig*

Throm|bo|zyt ⟨m.; -en, -en⟩ *zur Eigenbewegung befähigtes Blutkörperchen, dessen Zerfall die Blutgerinnung einleitet, Blutplättchen* [< *Thrombose* + *…zyt*]

Throm|bo|zy|to|ly|se ⟨f.; -, -n⟩ *Auflösung von Blutplättchen* [< *Thrombozyt* + *…lyse*]

Throm|bo|zy|to|se ⟨f.; -, -n⟩ *Vermehrung der Thrombozyten*

Throm|bus ⟨m.; -, Throm|ben⟩ *Pfropf aus geronnenem Blut innerhalb eines Blutgefäßes* [lat. <grch. *thrombos;* → *Thrombose*]

Thu|ja ⟨f.; -, -jen⟩, **Thu|je** ⟨f.; -, -n; österr.⟩ *Lebensbaum, einer Gattung der Zypressengewächse angehörender Baum mit schuppigen Blättern: Thuja* [<grch. *thyon* »Lebensbaum, afrikan. Thujabaum« <grch. *thyos* »Räucherwerk; etwas, das Duft ausströmt«]

Thu|ja|öl ⟨n.; -(e)s, -e⟩ *ätherisches Öl, das aus den Blättern u. Zweigen des Lebensbaumes gewonnen wird* [→ *Thuja*]

Thu|li|um ⟨n.; -s; unz.; chem. Zeichen: Tm⟩ *chem. Element, Metall der Seltenen Erden, Ordnungszahl 69* [nach dem nordländ. Sagenland *Thule*]

Thun|fisch ⟨m.; -(e)s, -e⟩ oV *Tunfisch* **1** *großer Fisch warmer Meere mit schmackhaftem Fleisch: Thunnus thynnus;* Sy ⟨*schweiz.*⟩ *Thon* **2** ⟨i.w.S.⟩ *Angehöriger einer Unterordnung der Knochenfische: Thunnidae* [<ital. *tonno,* frz. *thon,* engl. *tunny* <lat. *thunnus* <grch. *thynnos* <phön.-arab. *tannin* <aram.-hebr. *tannin* »großer Fisch«]

Thu|rin|git ⟨m.; -s, -e⟩ *stark eisenhaltiges, schwärzlich grünes Mineral, das zu den Chloriten gehört* [<lat. *Thuringia* »Thüringen«]

Thyl|le ⟨f.; -, -n; Bot.⟩ *in die Tracheen von Hölzern wachsende, sackartige Wucherung, die die wasserleitenden Gefäße ganz od. teilweise verschließt* [<grch. *thyllis* »Sack, Beutelstoff«]

Thy|mi|an ⟨m.; -s, -e⟩ **1** *einer Gattung der Lippenblütler angehörende kleine Dauerpflanze, deren Blätter äther. Öl enthalten: Thymus* **2** *die als Gewürz verwendeten Blätter dieser Pflanze* [→ *Thymus*]

Thy|min ⟨n.; -s, -e; Biochem.⟩ *Purinbase, wichtiger Bestandteil des genetischen Kodes der Nukleinsäuren;* →a. *Adenin* [<lat. *thymus,* grch. *thymos* »Lebenskraft, Gemüt«]

Thy|mi|tis ⟨f.; -, -ti|den⟩ *Entzündung der Thymusdrüse*

thy|mo|gen ⟨Adj.⟩ **1** ⟨Med.⟩ *von der Thymusdrüse ausgehend* **2** ⟨Psych.⟩ *durch eine Veränderung der Befindlichkeit ausgelöst od. veranlasst* [< *Thymus* + *…gen*[1]]

Thy|mol ⟨n.; -s; unz.⟩ *als Aromastoff u. Antiseptikum verwendetes äther. Öl des Thymians* [< *Thymian* + *…ol*]

Thy|mom ⟨n.; -s, -e; Med.⟩ *Tumor, der von der Thymusdrüse ausgeht* [→ *Thymus*]

Thy|mo|pa|thie ⟨f.; -, -n⟩ *Gemütsleiden* [<grch. *thymos* »Lebenskraft, Gemüt« + *…pathie*]

Thy|mo|se ⟨f.; -, -n; Psych.⟩ *durch Gereiztheit u. gesteigerte Empfindlichkeit charakterisierter Zustand in der Pubertät* [zu grch. *thymosis* »Zornmütigkeit«; zu *thymos* »Lebenskraft, Gemüt, Seele«]

Thy|mus ⟨m.; -, -mi; Anat.⟩ = *Thymusdrüse*

Thy|mus|drü|se ⟨f.; -, -n⟩ *Drüse innerer Sekretion von Menschen u. Wirbeltieren im vorderen Teil der Brusthöhle: Glandula thymus;* Sy *Thymus* [<grch. *thymos* »Lebenskraft« (deren Sitz man im Zwerchfell vermutete)]

Thy|ra|tron, ⟨auch⟩ **Thy|rat|ron** ⟨n.; -s, -tro|ne⟩ *elektrische Schaltung zur Erzeugung von Kippschwingungen* [<grch. *thyra* »Tür«]

thy|reo…, Thy|reo… ⟨in Zus.⟩ *schild…, Schild…* [<grch. *thyreos* »Schild«]

Thy|re|o|id|ek|to|mie, ⟨auch⟩ **Thy|re|o|i|dek|to|mie** ⟨f.; -, -n⟩ *operative Entfernung der Schilddrüse* [<grch. *thyreos* »Schild« + *Ektomie*]

Thy|re|o|sta|ti|kum, ⟨auch⟩ **Thy|re|os|ta|ti|kum** ⟨n.; -s, -ka⟩ *Stoff, der die Thyroxinbildung hemmt;* oV *Thyrostatikum* [< *Thyreo…* + grch. *stasis* »Stehen, Stillstand«]

Thy|re|o|to|xi|ko|se ⟨f.; -, -n⟩ *Überfunktion der Schilddrüse* [< *Thyreo…* + *Toxikose*]

thy|re|o|to|xisch ⟨Adj.⟩ *durch Überfunktion der Schilddrüse bedingt* [< *thyreo...* + *toxisch*]

thy|re|o|trop ⟨Adj.⟩ *die Schilddrüsentätigkeit steuernd* [< *thyreo...* + grch. *trepein* »wenden«]

Thy|ris|tor ⟨m.; -s, -to|ren⟩ *elektron. Schaltelement aus einer vierschichtigen Siliciumscheibe* [< grch. *thyra* »Tür, Tor, Eingang« + lat. *resistor* »Widerstand«]

Thy|ro|sta|ti|kum, ⟨auch⟩ **Thy|ros|ta|ti|kum** ⟨n.; -s, -ka⟩ = *Thyreostatikum*

Thyr|o|xin, ⟨auch⟩ **Thy|ro|xin** ⟨n.; -s; unz.⟩ *Schilddrüsenhormon* [< grch. *thyra* »Tür, Tor, Eingang« + *oxys* »scharf, spitz, hell«]

Thyr|sos ⟨m.; -, -soi⟩ **Thyr|sos|stab** ⟨m.; -(e)s, -stä|be⟩ *von Efeu od. Weinlaub umwundener Stab der Bacchantinnen;* oV *Thyrsus, Thyrsusstab* [< grch. *thyrsos*]

Thyr|sus ⟨m.; -, -si⟩ **Thyr|sus|stab** ⟨m.; -(e)s, -stä|be⟩ = *Thyrsos, Thyrsosstab*

Ti ⟨chem. Zeichen für⟩ *Titan*

Ti|a|ra ⟨f.; -, -ren⟩ **1** *hohe, spitze Kopfbedeckung der altpers. Könige* **2** *außerliturgische Kopfbedeckung des Papstes, eine dreifache Krone* [grch., »Kopfbund, Turban, kegelförm. Kopfbedeckung (der Perser)« < pers.]

Ti|bet ⟨m.; -(e)s, -e⟩ **1** *Fell eines in Nordchina lebenden Fettsteißschafes* **2** ⟨auch⟩ *Reißwolle aus Lumpen von Kammgarn* [nach dem asiat. Land *Tibet*]

Ti|bia ⟨f.; -, -bi|ae⟩ **1** ⟨Anat.⟩ *Schienbein* **2** ⟨Mus.⟩ **2.1.** *urspr. eine Knochenflöte, später altröm. Doppelrohrblattinstrument* **2.2** *Flötenregister der Orgel* [lat., »Schienbein; Flöte, Pfeife«]

Tic ⟨m.; -s, -s⟩ *in kurzen Abständen zwanghaft wiederholte Bewegung;* oV *Tick (1)* [frz., »Zucken der Glieder, wunderl. Gewohnheit« < ital. *ticchio* »fehlerhafte Gewohnheit, bes. der Pferde, ungewöhnl. Bewegungen zu machen«]

Tick ⟨m.; -s, -s⟩ **1** = *Tic* **2** ⟨fig.⟩ *Angewohnheit, Schrulle, Klaps, kleine Verrücktheit;* einen ~ haben **3** ⟨EDV⟩ *periodisches Signal* [< frz. *tic*]

Ti|cker ⟨m.; -s, -⟩ **1** ⟨umg.⟩ *Nachrichten u. Börsenkurse empfangender vollautomatischer Fernschreiber;* diese Nachricht ist gerade über den ~ reingekommen **2** ⟨Med.; umg.⟩ *die Pulsfrequenz überwachendes Gerät* [engl., »Fernschreiber; Pumpe (Herz)«]

Ti|cket ⟨n.; -s, -s⟩ *Eintritts-, Fahrkarte* [engl.]

Tie|break, ⟨auch⟩ **Tie-Break** ⟨[taibreık] m. od. n.; -s, -s; Sp.; Tennis⟩ *bes. Zählweise zur Entscheidung eines Satzes bei Punktegleichstand (6:6)* [< engl. *tie* »punktgleich sein« + *break* »Bruch«]

Tiers-é|tat ⟨[tjɛrzeta] m.; -; unz.⟩ *der dritte Stand, Teil des frz. Volkes, der unter dem Ancien Régime weder dem Adel noch dem Klerus angehörte* [frz., < *tiers* »dritte(r, -s)« + *état* »Stand«]

Tif|fa|ny|lam|pe, ⟨auch⟩ **Tif|fa|ny-Lam|pe** ⟨[tifəni-] f.; -, -n.⟩ *Lampe mit einem Glasschirm, der aus vielen, kunstvoll zusammengesetzten, buntfarbigen Glasstückchen besteht* [nach dem amerikan. Kunsthandwerker Louis Comfort *Tiffany,* 1848–1933]

Ti|ki ⟨m.; - od. -s, -s⟩ *monumentale menschliche Figur aus Holz od. Stein in Polynesien, die einen vergöttlichten Ahnen darstellt u. ursprünglich zu dessen Repräsentation diente* [polyn.]

Til|bu|ry ⟨[-bəri] m.; -s, -s⟩ *leichter, zweirädriger, einspänniger Wagen mit Verdeck zum Aufklappen* [nach dem engl. Wagenbauer *Tilbury*]

Til|de ⟨f.; -, -n; Zeichen: ~⟩ **1** *Aussprachebezeichnung, im Span. über dem n zur mouillierten Aussprache* [nj], *z.B. in Señor, im Portugies. über a, e, o zur nasalen Aussprache, z.B. in São Paulo* **2** ⟨in Wörterbüchern⟩ *Wiederholungszeichen für ein Wort od. den Teil eines Wortes* [span. < lat. *titulus* »Überschrift«]

Ti|li|a|zee ⟨[-tseːə] f.; -, -n⟩ *Lindengewächs* [< lat. *tilia* »Linde«]

Til|lit ⟨m.; -s, -e; Geol.⟩ *aus vorpleistozänen Eiszeiten stammende verfestigte Moränenablagerung* [zu engl. *till* »Geschiebelehm«]

Tim|bal ⟨f.; -, -es; meist Pl.; Mus.⟩ *Trommel eines aus Mittelamerika stammenden Trommelpaares, das auf einem Ständer befestigt ist u. besonders in Tanzorchestern verwendet wird* [span., »Pauke«]

Tim|bre, ⟨auch⟩ **Timb|re** ⟨[tɛ̃ːbr(ə)] n.; - od. -s, - od. -s⟩ *Klangfarbe (der Singstimme)* [frz., »Klang, Schall, Schmelz«]

tim|brie|ren, ⟨auch⟩ **timb|rie|ren** ⟨[tɛ̃-] V.⟩ *mit einem bestimmten Timbre ausstatten*

tim|briert, ⟨auch⟩ **timb|riert** ⟨[tɛ̃-] Adj.⟩ *mit einem bestimmten Timbre ausgestattet;* dunkel ~e Stimme; schön ~er Bariton

Time|lag ⟨[taimlæg] n.; -s, -s; Wirtsch.⟩ *Zeitdifferenz zwischen dem Auftreten einer wirtschaftlichen Veränderung u. ihren Auswirkungen;* das ~ zwischen der Einführung des Euros u. seiner Auswirkung auf die Preise [engl., »Zeitverzögerung«]

ti|men ⟨[tai-] V.⟩ *mit der Stoppuhr messen;* Abläufe, Vorgänge ~ *aufeinander abstimmen, um den günstigsten Zeitpunkt für eine Unternehmung festlegen zu können* [zu engl. *time* »Zeit, Zeitpunkt«]

Time-out, ⟨auch⟩ **Time|out** ⟨[taimaut] n.; -, -s; Sp.⟩ *(bes. im Hand- u. Basketball übliche) Auszeit, kurze Spielunterbrechung* [engl.]

Ti|mer ⟨[taimə(r)] m.; -s, -⟩ **1** *Zeitmesser, Zeitschaltuhr;* ~ eines Videorecorders **2** *Terminkalender, Zeitplaner* [engl.]

Time|sha|ring|ver|fah|ren, ⟨auch⟩ **Time|sharing-Ver|fah|ren** ⟨[taimʃæː-] n.; -s; unz.⟩ *Methode der Zeitzuteilung für die verschiedenen Benutzer einer großen Rechenanlage, die eine optimale Ausnutzung der Anlage gewährleisten soll* [< engl. *time* »Zeit« + *sharing* »das Teilen«]

ti|mid, ti|mi|de ⟨Adj.⟩ *schüchtern, zaghaft* [frz.]

Ti|ming ⟨[tai-] n.; -s; unz.⟩ *das Timen*

Ti|mo|kra|tie ⟨f.; -, -n⟩ *Staatsform, in der die Rechte u. Pflichten des Bürgers nach seinem Vermögen bemessen werden* [< grch. *time* »Preis, Wert, Ehre« + *...kratie*]

ti|mo|kra|tisch ⟨Adj.⟩ *in der Art einer Timokratie, auf ihr beruhend*

Ti|mo|the|us|gras ⟨n.; -es, -grä|ser⟩ *Heuschnupfen u.ä. Allergien hervorrufendes Gras, Wiesenlieschgras: Phleum pratense* [nach dem Amerikaner *Timothy* Hanson]

Tim|pa|no ⟨m.; -s, -ni; meist Pl.⟩ *Pauke* [ital. < grch. *tympanon* »Handpauke, Handtrommel«]

Tin ⟨n.; -s, -s; Sp.; Squash⟩ *mit Blech verkleidete, 48 cm hohe Fehlerzone an der unteren Frontwand;* Sy *Playboard* [engl., »Blech«]

tin|gie|ren ⟨V.⟩ *färben, eintauchen* [< lat. *tingere* < grch. *teggein* »benetzen, fließen lassen, vergießen«]

tin|giert ⟨Adj.⟩ **1** ⟨Chem.⟩ *gefärbt* **2** ⟨Med.⟩ *blutig gefärbt, mit geringem Blutzusatz* **3** *mit einer dünnen Silberschicht überzogen (bei Münzen)* [→ *tingieren*]

Tink|ti|on ⟨f.; -, -en; Chem.⟩ *Färbung* [→ *tingieren*]

Tink|tur ⟨f.; -, -en⟩ **1** *Auszug aus pflanzl. od. tier. Stoffen* **2** *Färbemittel* [→ *tingieren*]

Tin|nef ⟨m.; -s; unz.; umg.⟩ **1** *wertloses Zeug, Plunder* **2** *Unsinn, dummes Gerede* [< aram. *tinnuf* »Schmutz«]

Tin|ni|tus ⟨m.; -, -; Med.⟩ ~ Aurium *Ohrklingeln, Ohrpfeifen* [< lat. *tinnitus* »Klingeln, Geklingel« + *auris* »Ohr«]

Ti|pi ⟨n.; -s, -s⟩ *spitzes Zelt der Indianer der nordamerikan. Prärie;* → a. *Wigwam* [Dakota, < *ti* »wohnen« + *pi* »benutzen«]

Ti|pi|ta|ka ⟨n.; -; unz.⟩ = *Tripitaka*

> **Tipp** (*Laut-Buchstaben-Zuordnung*)
> Analog zum Verb *tippen* wird jetzt auch das Substantiv mit *»pp«* geschrieben (→ a. *Stepp*).

Tipp ⟨m.; -s, -s⟩ **1** ⟨allg.⟩ *Wink, Hinweis, Rat;* jmdm. einen ~ geben; das war ein guter ~ **2** ⟨Toto; Lotto⟩ *Wette auf den Sieger od. die zu ziehende Zahl* [< engl. *tip* »Anstoß, Hinweis, Wink«]

tip|pen ⟨V.⟩ **1** *mit dem Finger od. auch mit der Zehe, dem Fuß leicht berühren* **2** *auf der Maschine schreiben* **3** ⟨Sp.; Toto; Lotto⟩ *wetten* **4** *etwas erraten, voraussagen* [< engl. *tip* »leicht berühren, anstoßen«]

Tipp-Ex ⟨n.; -, - Ⓦz⟩ *weiße Flüssigkeit od. beschichteter Zettel für die Korrektur von Tippfehlern*

tipp|topp ⟨Adj.; undekl.; umg.⟩ *tadellos, völlig zufrieden stellend, absolut brillant* [< engl. *tiptop* »Spitze der Spitze« < *tip* »Spitze« + *top* »Spitze«]

Tips|ter ⟨m.; -s, -⟩ *jmd., der bei Sportwetten (bes. Pferderennen) Wetttipps verkauft* [engl.]

T.I.R. ⟨Abk. für frz.⟩ *Transport International Routier (Internationaler Ferntransport), Kennzeichen an Lastkraftwagen für schnellere Zollabfertigung beim Durchfahren mehrerer Länder*

Ti|ra|de ⟨f.; -, -n⟩ **1** ⟨Gesangskunst⟩ *Lauf schnell aufeinander folgender Töne* **2** ⟨allg.⟩ *Wortschwall* [frz., »länger anhaltendes Ziehen; lang gezogener Vortrag« < *tirer* »ziehen« od. < ital. *tirata* »Ziehung, Zug, Strecke, Schluck« (zu *tirare* »ziehen, sich hinziehen«)]

Ti|ra|mi|su ⟨n.; -s, -s; ital. Kochk.⟩ *aus mehreren (mit Alkohol u. Kaffee verfeinerten) Sahne- u. Biskuitschichten bestehende cremige Süßspeise* [ital., eigtl. »zieh mich hoch«]

Ti|ro|li|enne ⟨[tiroljɛn] f.; -, -n⟩ *auf Tiroler Liedern beruhender Rundtanz im ³/₄-Takt;* oV *Tyrolienne* [frz., »Tiroler Tanz«]

Ti|ro|lit ⟨m.; -s, -e⟩ *rhombisches Kupfer-Arsen-Mineral, das durch Verwitterung von Fahlerzen entsteht;* Sy *Kupferschaum* [nach dem Land *Tirol*]

ti|ro|ni|sche No|ten ⟨Pl.⟩ *Kurzschrift des Römers u. Sekretärs von Cicero, Marcus Tullius Tiro, 103-4 v.Chr.*

Ti|tan 1 ⟨m.; -en, -en⟩ **1.1** ⟨grch. Myth.⟩ *Angehöriger eines göttl. Geschlechts von Riesen, das sich gegen Zeus erhob u. von ihm in den Tartaros gestürzt wurde* **1.2** ⟨allg.⟩ *Riese* **2** ⟨n.; -s; unz.; chem. Zeichen: Ti⟩ *chem. Element, weißes, hartes, glänzendes Metall, Ordnungszahl 22* [grch.; zu *titainein* »spannen, ausspannen, ausstrecken«]

Ti|tan|ei|sen ⟨n.; -s; unz.⟩ = *Ilmenit*

Ti|ta|ni|de ⟨m.; -n, -n; grch. Myth.⟩ *Nachkomme der Titanen*

ti|ta|nisch ⟨Adj.⟩ **1** *zu den Titanen gehörend, in der Art eines Titanen* **2** *riesenhaft, von großer Stärke*

Ti|ta|nit ⟨m.; -s, -e⟩ *Mineral, chemisch Calcium-Titan-Silicat;* Sy *Sphen* [→ *Titan(2)*]

Ti|ta|no|ma|chie ⟨[-xiː] f.; -; unz.; grch. Myth.⟩ *Kampf der Titanen gegen Zeus* [< *Titan* + grch. *mache* »Kampf, Streit«]

Ti|tan|ra|ke|te ⟨f.; -, -n⟩ *von den USA eingesetzte Weltraumrakete*

Ti|tan|stahl ⟨m.; -s; unz.⟩ *Stahllegierung mit Titanzusatz zur Erhöhung der Korrosionsbeständigkeit*

Ti|tel ⟨m.; -s, -⟩ **1** *Bezeichnung des Ranges einer Person;* einen ~ führen; jmdn. mit seinem ~ anreden **1.1** *ehrenvoller, durch eine Prüfung erworbener od. für Verdienste verliehener Zusatz zum Namen;* Doktor~; akademischer ~ **1.2** *durch Geburt erworbene Bezeichnung des Ranges als Zusatz zum Namen;* Grafen~; Herzogs~ **1.3** *Amtsbezeichnung,* z.B. Regierender Bürgermeister **1.4** *in sportl. Wettkämpfen errungene Bezeichnung des Ranges;* ~ des Weltmeisters im Boxen **2** *kennzeichnender Name eines Buches od. Kunstwerkes;* Buch~; Film~; Opern~ **3** *Name od. Ziffer des Abschnitts eines Gesetzes od. einer Verordnung;* diese Mittel sind unter ~ 5 des Haushaltsplanes ausgewiesen [< mhd. *tit(t)el* < ahd. *ti-*

tul(o) »Überschrift, Name eines Buches; Ehrenbezeichnung« <lat. *titulus* »der an die Schriftrolle angehängte Zettel« <grch. *titlos* »Aufschrift«]

Ti|te|lei ⟨f.; -, -en; Buchw.⟩ *die dem Text vorausgehenden Seiten mit Titelblatt, Schmutztitel usw.*

ti|teln ⟨V.⟩ einen Zeitungsartikel, ein Buch, einen Film ~ *einen Titel geben*

Ti|tel|part ⟨m.; -s, -s⟩ *Titelrolle, Rolle (meist die Hauptrolle), deren Name mit dem Titel des Schauspiels übereinstimmt,* z.B. Don Carlos, Iphigenie, Hamlet

Ti|tel|song ⟨[-sɔŋ] m.; -s, -s⟩ *Lied, das in einem Film, einer CD o.Ä. vorkommt u. nach dessen Titel der Film, die CD o.Ä. benannt ist*

Ti|ter ⟨m.; -s, -⟩ **1** *Feingehalt an gelöstem Stoff in Grammäquivalenten* **2** ⟨Maß für⟩ *die Feinheit von Fasern u. Verbänden von Fasern als Verhältnis zwischen Gewicht u. Länge* [<frz. *titre* »Feingehalt, Korn, Feinheitsgrad«]

Ti|thon ⟨n.; -s; unz.; Geol.⟩ *oberste Stufe des Malms, die den Übergang zur Kreide bildet* [nach *Tithonos,* dem unsterblichen Greis der grch. Sage]

Ti|tra|ti|on, ⟨auch⟩ **Tit|ra|ti|on** ⟨f.; -, -en⟩ *Bestimmung des Titers*

Ti|tre, ⟨auch⟩ **Tit|re** ⟨m.; -s, -s⟩ = *Titer*

Ti|trier|a|na|ly|se, ⟨auch⟩ **Tit|rier|a|na|ly|se** ⟨f.; -, -n⟩ = *Maßanalyse;* Sy *Volumetrie* [<frz. *titre* »Feingehalt« + *...metrie*]

ti|trie|ren, ⟨auch⟩ **tit|rie|ren** ⟨V.⟩ *den Titer bestimmen von*

Ti|tri|me|trie, ⟨auch⟩ **Tit|ri|met|rie** ⟨f.; -, -n⟩ = *Maßanalyse* [<frz. *titre* »Feingehalt« + *...metrie*]

Ti|tu|lar ⟨m.; -s, -e⟩ *jmd., der ein Amt nur dem Titel nach innehat, es aber nicht wirklich ausübt, z.B. Titularbischof* [<nlat. *titularis* <lat. *titulus* »Titel«]

Ti|tu|la|tur ⟨f.; -, -en⟩ *das Titulieren, Anrede mit sämtlichen Titeln* [<nlat. *titulatura*]

ti|tu|lie|ren ⟨V.⟩ **1** *mit einem Titel versehen, benennen (Buch)* **2** *mit einem Titel anreden (Person)* **3** ⟨umg.; scherzh.⟩ *bezeichnen, nennen* [<spätmhd. *titelen* »einen Titel geben, mit einem Titel versehen« <lat. *titulare*]

Ti|tu|lus ⟨m.; -, -li⟩ **1** ⟨MA⟩ *Text zu einem Bild, meist in der Form eines Verses* **2** ⟨†⟩ *Amtsbezeichnung, Ehrenname* [lat.]

Ti|vo|li ⟨[-vo-]⟩ **1** ⟨n.; -s, -s⟩ *italien. Kugelspiel* **2** ⟨m. od. n.; -s, -s⟩ *Vergnügungspark, Freilufttheater;* der ~ in Kopenhagen [nach dem Ort *Tivoli,* dem antiken *Tibur,* an den Wasserfällen des Anio (Sommerfrische der Römer)]

ti|zi|an|rot ⟨Adj.⟩ *goldrot, golden purpurrot* [nach dem ital. Maler *Tizian*]

Tjä|le ⟨f.; -, -⟩ *in sehr kalten Regionen der Erde entstehender Dauerfrostboden* [schwed.]

Tjalk ⟨f.; -, -en⟩ *einmastiges Küstenfahrzeug* [ndrl. <nord.]

Tjost ⟨f.; -, -en; MA⟩ *Zweikampf beim Turnier mit scharfen Waffen* [<afrz. *jouste* »Turnier«]

tkm ⟨Zeichen für⟩ *Tonnenkilometer*

Tl ⟨chem. Zeichen für⟩ *Thallium*

Tm ⟨chem. Zeichen für⟩ *Thulium*

TNT ⟨Abk. für⟩ *Trinitrotoluol (ein Sprengstoff)*

Toast ⟨[to:st] m.; -(e)s, -e⟩ **1** *geröstete Scheibe Weißbrot* **2** *Trinkspruch;* einen ~ auf jmdn. ausbringen [engl. <afrz. *toster* »rösten« <lat. *tostus* »gedörrt, getrocknet«]

toas|ten ⟨[to:-] V.⟩ **1** *einen Trinkspruch ausbringen, jmdm. zutrinken* **2** Brot ~ *rösten*

Toas|ter ⟨[to:-] m.; -s, -⟩ *elektr. Gerät zum Toasten(2)*

To|back, To|bak ⟨m.; -s, -e; noch umg.; scherzh.⟩ = *Tabak;* →a. *Anno Tobak*

To|bog|gan ⟨[təbɔgən] m.; -s, -s⟩ *längl., flacher Schlitten der kanad. Indianer, vorn mit aufgebogenem Brett od. einem Paar von Brettern* [engl. <frz. (kanad.) *tobogan* <Algonkin]

Toc|ca|ta ⟨f.; -, -ten⟩ = *Tokkata*

to|cha|risch ⟨Adj.⟩ *zu den Tocharern gehörig, von ihnen stammend;* ~e Sprache ⟨fälschl. Bez. für⟩ *eine isoliert stehende, ausgestorbene indogerman. Sprache, in der einige in Turkestan gefundene Handschriftenreste buddhist. Inhalts aus dem 6./8. Jh. abgefasst sind;* →a. *Tocharisch*

To|cha|risch ⟨n.; - od. -s; unz.⟩ *ausgestorbene indogerman. Sprache;* →a. *tocharisch*

to|ckie|ren ⟨V.⟩ = *tokkieren*

Tod|dy ⟨m.; - od. -s, -s⟩ **1** *Palmwein* **2** *grog- od. punschartiges Getränk* [<Hindi *tari* »Saft aus der Palmyrapalme«; zu *tar* »Palmyra«]

Toe|loop ⟨[toulup] m.; -s, -s; Sp.; Roll-, Eiskunstlauf⟩ *vorwärts eingeleiteter Drehsprung beim Kürlauf* [<engl. *toe* »Zehe« + *loop* »Schleife, Windung«]

Tof|fee ⟨[tɔfi] n.; -s, -s⟩ *weiche Karamelle* [engl., Nebenform zu *taffy*]

To|fu ⟨m.; - od. -s; unz.⟩ *Käse aus Sojabohnenmilch* [jap.]

To|ga ⟨f.; -, To|gen⟩ *weites altröm. Gewand für Männer* [lat.; zu *tegere* »decken, verhüllen« <grch. *stegein* »decken«]

To|hu|wa|bo|hu ⟨n.; - od. -s, -s⟩ *Durcheinander, Wirrwarr, Verwüstung;* ein ~ veranstalten [<hebr. *tohu w'a-bohu* »(die Erde war) wüst und leer«]

Toile ⟨[toa:l] m.; -s, -s⟩ *weicher, seidener Stoff für Wäsche, Kleider u. Blusen in Leinwandbindung* [frz., »Leinwand, Tuch«]

To|i|let|te ⟨a. [toa-] f.; -, -n⟩ **1** *(Waschraum mit) Abort;* auf die ~ gehen **2** ⟨unz.⟩ *Körperpflege, Ankleiden u. Frisieren (bes. für festl. Gelegenheiten);* bei der ~ sein; ~ machen *sich sorgfältig anziehen u. zurechtmachen* **3** *Möbelstück, das mit allen für die Körperpflege u. zum Frisieren benötigten Gegenständen versehen ist;* Frisier~ **4** *Damenkleidung samt Zubehör (bes. für festl. Gelegenheiten);* die Damen erschienen in großer ~ [frz., Verkleinerungsform zu frz. *toile* »Tuch« <lat. *tela* »Tuch«]

To|kai|er, To|ka|jer ⟨a. [tɔ-] m.; -s, -⟩ *ungar. naturreiner Südwein* [zu *Tokaj,* einem Ort im ungar. Komitat Zemplen]

To|ka|mak ⟨n.; -s, -s⟩ *in der Entwicklung befindliche Apparatur, mit der eine kontrollierte künstliche Kernfusion erreicht werden soll*

To|ken ⟨[toukən] n.; -s, -s; EDV⟩ *Wort eines Textes od. Zeichenfolge, das bzw. die zwischen zwei Wortbegrenzungszeichen steht;* →a. *String* [engl., »Zeichen«]

Tok|ka|ta ⟨f.; -, -ten; Mus.⟩ *stark bewegtes, der Fantasie ähnliches Musikstück, besonders für Tasteninstrumente;* oV *Toccata* [<ital. *toccata* »Berührung, Vorspiel«; zu *toccare* »berühren«]

tok|kie|ren ⟨V.; selten⟩ *in kurzen Pinselstrichen skizzenhaft malen;* oV *tockieren* [<ital. *toccare* »berühren«]

To|ko|ge|nie ⟨f.; -, -n⟩ *Erzeugung von Individuen durch Eltern, geschlechtliche Fortpflanzung, Elternzeugung* [<grch. *tokos* »Geburt, Nachkommenschaft« + *...genie*]

To|ko|lo|gie ⟨f.; -, -n⟩ *Lehre von der Geburt, Geburtshilfe* [<grch. *tokos* »Geburt« + *...logie*]

to|le|ra|bel ⟨Adj.⟩ *so beschaffen, dass man es tolerieren kann, duldbar, erträglich*

to|le|rant ⟨Adj.⟩ *duldsam, nachsichtig, weitherzig, großzügig;* Ggs *intolerant* [<frz. *tolérant* »duldsam, nachsichtig, großzügig« <lat. *tolerare* »ertragen«]

To|le|ranz ⟨f.; -, -en⟩ **1** ⟨unz.⟩ *tolerantes Wesen, Duldsamkeit;* Ggs *Intoleranz* **2** ⟨zählb.⟩ *zulässige Abweichung von Maßen* [<lat. *tolerantia* »das Ertragen, das Erdulden, Geduld, Duldsamkeit«]

To|le|ranz|do|sis ⟨f.; -, -do|sen⟩ *international festgelegte, zulässige Dosis an (radioaktiven) Strahlen, denen Personen ausgesetzt werden dürfen*

to|le|rie|ren ⟨V.⟩ *mit Toleranz behandeln, nachsichtig dulden, großzügig ertragen* [<lat. *tolerare* »ertragen, erdulden«]

To|lu|bal|sam ⟨m.; -s; unz.⟩ *Balsam des Perubalsambaumes, der pharmazeutisch, kosmetisch u. als Räuchermittel verwendet wird* [nach der Stadt *Tolú* in Kolumbien]

To|lu|i|din ⟨n.; -s; unz.⟩ *aromat. Amin, kristalline Substanz, chemische Formel* $CH_3–C_6H_4–NH_2$, *zur Herstellung verschiedener Farbstoffe verwendet*

To|lu|ol ⟨n.; -s; unz.⟩ *durch Destillation von Steinkohlenteer u. Erdöl gewonnene, farblose, stark lichtbrechende Flüssigkeit, die zur Herstellung von Saccharin u. des Sprengstoffs Trinitrotoluol, außerdem als Lösungsmittel für Lacke verwendet wird*

Tom. ⟨Abk. für⟩ *Tomus*

To|ma|hawk ⟨[tɔməhɔːk] m.; -s, -s⟩ *Streitaxt der nordamerikan. Indianer* [engl. <Algonkin (nordamerikan. Indianersprache) *tomahack*]

To|ma|te ⟨f.; -, -n⟩ Sy *Paradeiser* **1** *Nachtschattengewächs mit roten, auch gelben Früchten: Lycopersicum esculentum* **2** *Frucht dieses Gewächses* [<span. *tomate* <mexikan. Indianerspr. Nahuatl *tomatl*]

Tom|bak ⟨m.; -s; unz.⟩ *Kupfer-Zink-Legierung für unechten Schmuck* [<frz. *tombac* »Tombak, Rotguss, Prinzmetall« <span. *tumbaga* <Philippinenspr. *tumbaga* »Mischung aus Gold u. Kupfer«]

Tom|bo|la ⟨f.; -, -s od. -bo|len⟩ *Verlosung von Gegenständen (bei Festen u. Wohltätigkeitsveranstaltungen)* [ital., »Warenlotterie, Lottospiel«; zu *tombolare* »hinkullern«]

...to|mie ⟨in Zus.⟩ **1** *Schneiden, Schnitt* **2** *Zerlegung, Zergliederung, Verstümmelung* **3** *Bruch* **4** *Teilung* [<grch. *tome* »Schnitt«; zu *temnein* »schneiden«]

Tom|my ⟨m.; -s, -s; umg.; scherzh.⟩ *engl. Soldat* [Kurzform zu *Thomas* (nach dem Unterschriftenbeispiel in engl. Soldbüchern »Thomas Atkins« gebildeter Spitzname)]

To|mo|gra|fie ⟨f.; -n, -n⟩ = *Tomographie*

To|mo|gra|phie ⟨f.; -, -n⟩ *Gesamtheit mehrerer (Röntgen-)Aufnahmen, bei denen ein Organ in mehreren, unterschiedlich tiefen Schichten aufgenommen wird;* oV *Tomografie* [<grch. *tome* »Schnitt« + *...graphie*]

To|mus ⟨m.; -, -mi; Abk.: Tom.⟩ *Teil eines Schriftwerkes, Abschnitt, Band* [<grch. *tomos* »Teil, abgeschnittenes Stück«]

to|nal ⟨Adj.; Mus.⟩ *auf der Tonalität beruhend;* Ggs *atonal;* ~e Musik [frz., »dem Tone gemäß«]

To|na|li|tät ⟨f.; -; unz.⟩ *Bezogenheit der Töne auf die Tonika der Tonart, in der sie stehen;* Ggs *Atonalität* [<frz. *tonalité* »Tonart, Klangfähigkeit«]

Ton|do ⟨n.; -s, -s od. -di⟩ *kreisrundes Gemälde od. Relief* [ital., »Kugel, Teller« <lat. *rotundus* »rund«]

To|ner ⟨m.; -s, -⟩ **1** *elektrisch geladener, farbabgebender Bestandteil in elektrofotograf. Entwicklern* **2** *Druckfarbe (für Bürokopierer, Laserdrucker u.Ä.)* [engl.]

Ton|fre|quenz ⟨f.; -, -en⟩ *Frequenz von Schallwellen zwischen 16 u. 20 000 Hz, die für das menschliche Ohr wahrnehmbar sind*

To|nic(wa|ter), ⟨auch⟩ **To|nic (Wa|ter)** ⟨[tɔnik wɔːtə(r)] n.; (-) -s, (-) -s⟩ *chininhaltige Limonade* [engl., »Selterswasser« <*tonic* »stärkend« + *water* »Wasser«]

...to|nie ⟨in Zus.⟩ **1** *Spannung* **2** *Blutdruck* **3** *Krampf* [<grch. *tonos* »Spannung«]

To|ni|ka ⟨f.; -, -ken; Mus.⟩ *Grundton einer Tonleiter* [<ital. *tonica* »Grundton«]

To|ni|ka-Do-Me|tho|de ⟨f.; -; unz.; Mus.⟩ *Methode für den Gesangsunterricht, bei der nach den Solmisationssilben gesungen wird, zum Schulen des Gehörs für Töne u. Intervalle*

To|ni|kum ⟨n.; -s, -ka⟩ *stärkendes Mittel* [<grch. *tonos* »Spannung, Spannkraft«]

to|nisch ⟨Adj.⟩ **1** ⟨Mus.⟩ *auf dem Grundton (der Tonika) aufgebaut (Dreiklang)* **2** *kräftigend, stärkend* **3** *durch anhaltende Muskelspannung gekennzeichnet* [→ *Tonus*]

to|ni|sie|ren ⟨V.; Med.⟩ *kräftigen* [→ *Tonus*]

Ton|ka|baum ⟨m.; -(e)s, -bäu|me⟩ *südamerikan. Baum, dessen Samen in der Parfüm u.*

Tabak herstellenden Industrie verwendet werden: Dipteryx odorato [vermutl. < Tupi *tonka*]
T-On|line ⟨[-ɔnlain] m.; - od. -s; unz.; meist ohne Art.⟩ *(unter dem Namen »Bildschirmtext« eingeführter) Online-Dienst der Deutschen Telekom AG* [verkürzt < *T*elekom + *Online*]
Ton|na|ge ⟨[-ʒə] f.; -, -n⟩ *in Registertonnen gemessener Rauminhalt (eines Schiffes)* [frz.]
Ton|nen|ki|lo|me|ter ⟨m. od. n.; -s, -; Zeichen: tkm⟩ *Produkt aus befördertem Gut in Tonnen u. Weg in Kilometern, Maß für die Arbeitsleistung im Güterverkehr*
To|no|me|ter ⟨n.; -s, -⟩ **1** *Blutdruckmesser* **2** *Gerät zum Messen des Augeninnendrucks* [< grch. *tonos* »Spannung« + *…meter*]
ton|sil|lar, ton|sil|lär ⟨Adj.⟩ *von den Tonsillen ausgehend, zu ihnen gehörend*
Ton|sil|le ⟨f.; -, -n⟩ *mandelförmiges (paariges) Organ aus Bindegewebe in den Nischen der Gaumenbögen (Gaumenmandel) u. am Dach des Rachens (Rachenmandel), Mandel* [< nlat. *tonsilla* »Mandel« < lat. *tonsillae*]
Ton|sill|ek|to|mie, ⟨auch⟩ **Ton|sil|lek|to|mie** ⟨f.; -, -n⟩ *operative Entfernung der Tonsillen* [< nlat. *tonsilla* »Mandel« + *Ektomie*]
Ton|sil|li|tis ⟨f.; -, -ti|den⟩ *Mandelentzündung* [< *Tonsille* + *…itis*]
Ton|sil|lo|to|mie ⟨f.; -, -n⟩ *das Kappen der Tonsillen* [< nlat. *tonsilla* »Mandel« + *…tomie*]
Ton|sur ⟨f.; -, -en⟩ *kreisrund geschorene Stelle auf dem Scheitel kath. Mönche* [< lat. *tonsura* »das Scheren, Schur«; zu *tondere* »scheren, den Bart scheren«]
ton|su|rie|ren ⟨V.⟩ *jmdm. die Tonsur schneiden* [zu lat. *tondere* »scheren, den Bart scheren«]
To|nus ⟨m.; -; unz.⟩ **1** ⟨Med.⟩ *Zustand der Spannung od. Aktivität* **2** ⟨Mus.⟩ *Ganzton, große Sekunde* [< grch. *tonos* »Seil, Tau, Saite; Spannung, Spannkraft«]
Tool ⟨[tu:l] n.; -s, -s; EDV⟩ *Programm, mit dessen Hilfe das Programmieren bestimmter Abläufe erleichtert wird, Hilfsprogramm* [engl., eigtl. »Werkzeug«]
Tool|box ⟨[tu:l-] f.; -, -en; EDV⟩ **1** = *Toolkit* **2** *Symbolleiste* [engl., eigtl. »Werkzeugkasten«]
Tool|kit ⟨[tu:l-] m. od. n.; - od. -s; EDV⟩ *ergänzende Programmeinheit (z.B. in Form einer Sammlung von Programmroutinen);* Sy *Toolbox(1)* [engl., eigtl. »Werkzeug(ausrüstung)«]
top ⟨Adj.; undekl.; salopp⟩ *sehr gut, herausragend, spitzenmäßig;* diese Idee ist ~; du siehst ~ aus [engl., »oberst, höchst«; zu *top* »Spitze«]
Top ⟨n.; -s, -s⟩ *(unter festlicher Abendbekleidung getragenes) ärmelloses Damenoberteil aus feinem, meist seidigem Gewebe* [engl., eigtl. »Spitze«]
…top ⟨in Zus.⟩ *den Ort, die Gegend betreffend, …orts* [< grch. *topos* »Ort«]
top…, Top… ⟨in Zus.⟩ *höchst, oberst, Spitzen…,* z.B. Topmanager [engl., »Spitze«]
Top|act ⟨[-ækt] m.; -s, -s⟩ *Hauptnummer einer Veranstaltung;* als ~ spielten R.E.M. [engl.]
Top|al|gie, ⟨auch⟩ **To|pal|gie** ⟨f.; -, -n⟩ = *Topoalgie*
To|pas ⟨m.; -es, -e⟩ *Edelstein, Halbedelstein, chemisch Aluminium-Fluor-Silicat* [< lat. *toparus, topazius* < grch. *topazos, topazios, topazion* »Topas, Chrysolith«]
to|pa|sen ⟨V.⟩ *aus (einem) Topas bestehend, mit Topas(en) besetzt*
Top|class ⟨[-kla:s] f.; -; unz.⟩ *Spitzenklasse;* ein Sportler der ~ [engl.]
To|pe ⟨f.; -, -n⟩ = *Stupa* [Hindi, vielleicht < Sanskrit *stupa*]
top|fit ⟨Adj.; undekl.; umg.⟩ *in bester körperlicher Verfassung;* ~ sein; sich ~ fühlen [< *top…* + *fit*]
To|pik ⟨a. [tɔ-] f.; -; unz.⟩ **1** ⟨antike Rhetorik⟩ *Lehre von der Zusammenstellung von Gesichtspunkten (»Gemeinplätzen«), die zur Erörterung eines Themas dienen sollen* **2** ⟨†⟩ *Lehre von der Stellung von Worten u. Sätzen* **3** *Lehre von der Lage der einzelnen Organe zueinander* [< grch. *topos* »Ort, Stelle, Platz, Gegend, Örtlichkeit; Gemeinplatz; Kapitel (einer Wissenschaft)«]
to|pi|kal ⟨Adj.⟩ *themen- bzw. sachbezogen* [→ *Topik(1)*]
To|pi|ka|li|sie|rung ⟨f.; -, -en; Sprachw.⟩ *durch eine bestimmte Anordnung im Satz (z.B. an den Satzanfang) erzielte Akzentuierung einzelner Wörter od. Satzglieder* [→ *Topik(2)*]
To|pi|nam|bur ⟨a. [---'-] m.; -s, -s od. -e od. f.; -, -en⟩ *violette, essbare Knolle einer Sonnenblume, die wie die Kartoffel verwendet u. zubereitet wird, Erdapfel* [frz., port. *tupinambor, (babuta) tupinamba;* nach den Indianerstämmen der *Tupinambá*]
to|pisch ⟨Adj.; Med.⟩ *örtlich, äußerlich wirkend* [< grch. *topos;* → *Topik*]
Top|la|der ⟨m.; -s, -⟩ *Waschmaschine, die von oben mit Wäsche gefüllt wird;* → a. *Frontlader* [< *Top…* + *Lader*]
top|less ⟨Adj.; nur adverbial⟩ *mit entblößtem Oberkörper, oben ohne (bei Frauen)* [engl., »oben ohne«]
Top|ma|nage|ment ⟨[-mænidʒmənt] n.; -s, -s⟩ *oberste Leitung (eines Unternehmens)* [< engl. *top* »Spitze« + *Management*]
Top|ma|na|ger ⟨[-mænidʒər] m.; -s, -⟩ *Angehöriger des Topmanagements*
to|po… To|po… ⟨in Zus.⟩ *orts…, Orts…* [< grch. *topos* »Ort«]
To|po|al|gie ⟨f.; -, -n⟩ *Schmerz ohne organische Ursachen, oft von suggestiven Einflüssen abhängig;* oV *Topalgie* [< *Topo…* + *…algie*]
To|po|graf ⟨m.; -en, -en⟩ = *Topograph*
To|po|gra|fie ⟨f.; -, -n⟩ = *Topographie*
to|po|gra|fisch ⟨Adj.⟩ = *topographisch*
To|po|graph ⟨m.; -en, -en⟩ *Vermessungsingenieur;* oV *Topograf* [< *Topo…* + *…graph*]
To|po|gra|phie ⟨f.; -, -n⟩ oV *Topografie* **1** *Beschreibung einer geograph. Örtlichkeit* **2** *Landesaufnahme* [→ *Topograph*]

to|po|gra|phisch ⟨Adj.⟩ *die Topographie betreffend, auf ihr beruhend;* oV *topografisch;* ~e Karte *Landkarte in den Maßstäben bis etwa 1:200 000, die vorwiegend Ergebnisse von Forschung u. Beobachtung der Topographie enthält*

To|poi ⟨Pl. von⟩ *Topos*

To|po|lo|gie ⟨f.; -; unz.⟩ *Lehre von der Anordnung geometrischer Gebilde im Raum* [< *Topo... + ...logie*]

Top|o|no|mas|tik, ⟨auch⟩ **To|po|no|mas|tik** ⟨f.; -; unz.⟩ = *Toponymik* [< *Topo...* + grch. *onomazein* »nennen, benennen«; zu *onoma* »Name, Benennung«]

Top|o|ny|mie, ⟨auch⟩ **To|po|ny|mie** ⟨f.; -; unz.⟩ *Gruppe aller Ortsnamen einer bestimmten Region* [→ *Toponymik*]

Top|o|ny|mik, ⟨auch⟩ **To|po|ny|mik** ⟨f.; -; unz.⟩ *Kunde von den Ortsnamen;* Sy *Toponomastik* [< *Topo...* + grch. *onoma, onyma* »Name, Benennung«]

To|po|pho|bie ⟨f.; -, -n⟩ *Unbehagen gegenüber bestimmten Plätzen, Platzangst* [< *Topo...* + *Phobie*]

To|pos ⟨m.; -, -poi⟩ **1** ⟨Antike⟩ *allgemein anerkannter Gesichtspunkt, Redewendung* **2** ⟨Lit.⟩ *feste Formel, traditionelles Motiv* [grch., »Ort, Stelle; Gemeinplatz«]

top|pen ⟨V.⟩ **1** *Benzin durch Destillation von Rohöl scheiden* **2** ⟨Sp.⟩ den Golfball ~ *oberhalb der Mitte treffen* **3** ⟨umg.⟩ *übertreffen, verbessern;* diese Leistung ist nicht zu ~ [< engl. *top* »zu hoch treffen, übertreffen; zu *top* »Spitze«]

top|se|cret, ⟨auch⟩ **top|sec|ret** ⟨[-si:krit] Adj.; undekl.⟩ *streng geheim;* die Angelegenheit ist ~ [engl.]

Top|spin ⟨m.; -s, -s; Tennis⟩ *überschnittener Ball* [engl., zu *top* »Spitze« + *spin* »sich drehen«]

Top|star ⟨m.; -s, -s⟩ *ganz bes. beliebter Star, Spitzenstar* [engl.]

Top|ten, ⟨auch⟩ **Top Ten** ⟨[-tən] Pl.⟩ *die ersten zehn Titel einer Erfolgsliste (Hitparade, Bestsellerliste o.Ä.);* zu den ~ gehören; unter den ~ sein [engl., < *top* »Spitze« + *ten* »zehn«]

Toque ⟨[tɔk] f.; -, -s⟩ **1** ⟨16. Jh.⟩ *kleiner, barettartiger Hut* **2** ⟨um 1900⟩ *Damenhut ohne Krempe* [frz., »Mütze, Barett, Samthut«]

Tord|alk, ⟨auch⟩ **Tor|dalk** ⟨m.; -(e)s od. -en, -e od. -en⟩ *zu den Alken gehörender arktischer Seevogel mit schwarzer Oberseite u. weißem Bauch: Alca torda* [schwed.]

tor|die|ren ⟨V.; Phys.⟩ *verdrehen, eine Torsion durchführen, erleiden*

To|re|a|dor ⟨m.; -s, -e⟩ *berittener Stierkämpfer* [< span. *torear* »mit dem Stier kämpfen«; zu *toro* »Stier« < lat. *taurus* < grch. *tauros* »Stier, Ochse«]

To|re|ra ⟨f.; -, -s⟩ *Stierkämpferin, die zu Fuß kämpft* [→ *Torero*]

To|re|ro ⟨m.; -s, -s⟩ *Stierkämpfer, der zu Fuß kämpft* [span. < lat. *taurarius* »Stierkämpfer«]

To|reut ⟨m.; -en, -en⟩ *Künstler, der Metalle ziseliert, hämmert, treibt* [< grch. *toreutes* »Graveur«; zu *toreuein* »ziselieren, gravieren«]

To|reu|tik ⟨f.; -; unz.⟩ *Kunst der Metallbearbeitung auf kaltem Wege* [< grch. *toreutikos* »die Gravierkunst betreffend«; → *Toreut*]

To|rii ⟨n.; - od. -s, - od. -s⟩ *aus zwei leicht gegeneinander geneigten Trägern u. zwei Querbalken gebildeter Torbogen vor Schinto-Schreinen u.a. Heiligtümern* [jap., »Ruhestätte der Vögel«]

Tor|kret ⟨m.; -s; unz.⟩ *als Verputz verwendeter flüssiger Beton* [verkürzt < lat. *tectorium concretum* »verdichtete Tünche«]

tor|kre|tie|ren ⟨V.⟩ *mit Torkret verputzen*

Tor|men|till ⟨n.; -s; unz.⟩ *in der Wurzel der Blutwurz enthaltener Gerbstoff* [< lat. *tormentum* »Folter, Qual, Pein« (wegen ihrer adstringierenden Wirkung)]

Törn ⟨m.; -s, -s⟩ *Fahrt, Ausflug mit dem Segelboot;* Segel~ [< engl. *turn* »Drehung, Wendung, Spaziergang, -fahrt«]

Tor|na|do ⟨m.; -s, -s⟩ **1** *nordamerikan. Wirbelsturm* **2** ⟨Typenbezeichnung für⟩ *seit 1982 eingeführtes Kampfflugzeug der Bundeswehr* [< span. *tronada* »Gewitter, Donner«]

Tor|nis|ter ⟨m.; -s, -⟩ **1** *Ranzen aus Segeltuch od. Fell* **2** *Schulranzen* [< tschech. *tanystra,* slowak. *tanistra* »Ranzen« < ung. *tágistron* »Futtersack (der Reitpferde)«]

To|ro ⟨m.; -s, -s⟩ *Stier* [span.]

tor|pe|die|ren ⟨V.⟩ **1** *mit einem Torpedo beschießen* **2** ⟨fig.; umg.⟩ *zu verhindern suchen, stören;* Maßnahmen, Pläne ~

Tor|pe|do ⟨m.; -s, -s⟩ *durch eigene Kraft sich fortbewegendes, unter Wasser eingesetztes Geschoss gegen Schiffe, das von Schiffen u. von U-Booten aus einem Rohr durch Pressluft ausgestoßen wird* [lat., span., »Zitterrochen« (da dieser Fisch seine Gegner durch elektr. Schläge lähmt); zu *torpere* »erstarren«]

tor|pid ⟨Adj.; Med.⟩ **1** *regungslos, schlaff* **2** *träge, schwer erregbar, stumpfsinnig* [< lat. *torpidus* »starr, erstarrt, betäubt«; zu *torpere* »erstarren«]

Tor|pi|di|tät ⟨f.; -; unz.⟩, **Tor|por** ⟨m.; -s; unz.⟩ *torpide Beschaffenheit* [lat., »Erstarrung, Lähmung, Untätigkeit, Schlaffheit«]

tor|quie|ren ⟨V.⟩ *quälen, peinigen, foltern* [< lat. *torquere*]

Torr ⟨n.; -s, -⟩ *nicht mehr zulässige Maßeinheit des Luftdrucks, zu ersetzen durch die Einheit Millibar (mbar); 1 Torr = 1,333 mbar* [nach dem ital. Mathematiker u. Erfinder des Barometers Evangelista *Torricelli,* 1608-1647]

Tor|ren|te ⟨m.; -, -n⟩ *Trockenfluss im Mittelmeergebiet, der aufgrund seiner tendenziell flachen Schottersohle im Sommer komplett ausdörrt;* → a. *Bajado* [ital., »Sturzbach, Wildbach«]

Tor|si|on ⟨f.; -, -en⟩ *Drehung eines eingespannten Stabes um seine Längsachse* [< lat. *torsio* »Drehung«; zu *torquere* »drehen, winden«]

Tor|si|ons|mo|dul ⟨m.; -s, -n⟩ *Materialkonstante, die bei der Torsion auftritt, Drillsteife*

Tor|si|ons|waa|ge ⟨f.; -, -n⟩ *hoch empfindliche Waage zur Messung kleinster Kräfte, misst die Verdrillung eines Fadens durch auf ihn einwirkende Kräfte*

Tor|so ⟨m.; -s, -s⟩ Sy *Fragment (3)* **1** *nicht vollendete od. nicht vollendet erhaltene Statue, die (meist) nur aus Rumpf u. Kopf besteht* **2** ⟨fig.⟩ *unvollendetes Werk* [ital., »Strunk (vom Obst), Rumpf (einer verstümmelten Bildsäule)« <lat. *tursus* < *thyrsus* »Stängel (eines Gewächses), Strunk« <grch. *thyrsos* »Bacchusstab, Thyrsusstab«]

Tort ⟨m.; -(e)s; unz.⟩ *Kränkung, etwas Unrechtes, Unangenehmes;* jmdm. einen ~ antun [frz., »Unrecht« <lat. *torquere* »drehen, winden; martern, quälen«]

Tor|te ⟨f.; -, -n⟩ *kreisrunder, gefüllter od. mit Obst belegter Kuchen;* Buttercreme~; Obst~ [<ital. *torta* »Torte, Feingebäck« <lat. *torta* »rundes Brot, Brotgebäck« <*tortus,* Part. Perf. zu *torquere* »drehen, winden«]

Tor|te|lett, Tor|te|lette ⟨[-lɛt] n.; -s, -s⟩ *Törtchen mit einem Belag von Obst od. Käse* [<ital. *tortelletta,* Verkleinerungsform zu *torta;* → *Torte*]

Tor|tel|li|ni ⟨Pl.⟩ *Gericht aus kleinen Nudelteigringen, die mit einer Fleisch- od. Gemüsemasse gefüllt sind* [ital.]

Tor|til|la ⟨[-tiːja] od. [-tilja] f.; -, -s; span. Kochk.⟩ *mit Kartoffeln od. anderen Zutaten gefülltes Omelette*

Tor|tur ⟨f.; -, -en⟩ **1** *Folter* **2** ⟨fig.⟩ *Qual, Quälerei, Plage* [<mlat. *tortura* »Folterung, Marter, Peinigung« <lat. *tortura* »Krümmung, Verrenkung«; zu *tortus,* Part. Perf. zu »drehen, winden; martern, quälen«]

To|rus ⟨m.; -, -ri⟩ **1** *Rotationsfläche, die durch die Drehung eines Kreises um eine außerhalb von ihm verlaufende, mit ihm in einer Ebene liegenden Achse entsteht, Kreiswulst* **2** *Wulst, z.B. Knochen-, Hautwulst* [lat., »Polster, Wulst«]

To|ry ⟨m.; -s, -s; in England⟩ Ggs *Whig* **1** ⟨seit 1679⟩ *Mitglied der Königspartei* **2** ⟨seit Mitte 19. Jh.⟩ *Partei mit konservativer Tradition im britischen Oberhaus* [engl. <ir. *toraidhe* »Verfolger, Räuber« (Name der seit 1646 von ihrem Besitz vertriebenen kath. Iren, die von Straßenraub lebten u. bes. die Besitzungen der protestant. Engländer plünderten)]

tos|to ⟨Mus.⟩ *eilig, sofort, hurtig (zu spielen)* [ital.]

to|tal ⟨Adj.⟩ *ganz, gänzlich, vollständig* [frz., »ganz u. gar, vollständig, Gesamt...« <mlat. *totalis* »gänzlich« <lat. *totus* »ganz, in vollem Umfang«]

To|tal ⟨n.; -s, -e; schweiz.⟩ *Gesamtheit, Summe*

To|ta|le ⟨f.; -, -n; Film, TV⟩ *Aufnahme der gesamten Szene*

To|ta|li|sa|tor ⟨m.; -s, -to|ren⟩ **1** *Einrichtung zum Wetten bei Rennen u. Turnieren;* der ~ gibt folgende Quoten aus **2** ⟨Meteor.⟩ *an schwer zugänglichen Orten aufgestellter Niederschlagsmesser* [<frz. *totalisateur* »amtl. Wettstelle auf Pferderennplätzen«]

to|ta|li|sie|ren ⟨V.⟩ *zusammenzählen* [<frz. *totaliser* »alles zusammenzählen, addieren«]

to|ta|li|tär ⟨Adj.⟩ **1** *die Gesamtheit umfassend* **2** *sich alles unterwerfend;* ~er Staat; ~es Regime; ~ regieren [zu *total,* mit frz. Endung]

To|ta|li|ta|ris|mus ⟨m.; -, -men⟩ *Streben nach totalitärer Regierung* [<mlat. *totalis* »gänzlich«]

To|ta|li|tät ⟨f.; -, -en⟩ *Gesamtheit, Vollständigkeit, Ganzheit* [<frz. *totalité* »Gesamtheit«]

to|ta|li|ter ⟨Adv.; geh.⟩ *ganz u. gar, insgesamt;* das ergibt ~ ein Umsatzplus von 5 % [lat., »gänzlich«]

To|tal|re|fle|xi|on ⟨f.; -, -en⟩ *vollständiges Zurückwerfen des Lichtes an der Fläche, die ein optisch dichteres von einem optisch dünneren Medium abgrenzt*

To|tem ⟨n.; -s, -s; bei Naturvölkern⟩ *Wesen (Pflanze, Tier) od. Ding, das als Ahne eines Menschen od. Clans verehrt wird, als zauberischer Helfer dient u. nicht verletzt werden darf* [engl. <Algonkin (nordamerikan. Indianersprache) *ototeman;* zu *ote* »Sippe, Clan«]

To|te|mis|mus ⟨m.; -; unz.⟩ **1** *Glaube an die übernatürl. Kraft eines Totems;* Kult~ **2** *Verehrung von Totems*

to|te|mis|tisch ⟨Adj.⟩ *in der Art des Totemismus, zu ihm gehörend, auf ihm beruhend*

To|tem|pfahl ⟨m.; -s, -pfäh|le⟩ *großer Holzpfosten, in den das Abbild eines Totems geschnitzt u. anschließend bemalt wird*

to|ti|po|tent ⟨Adj.⟩ ~e Zellen *noch nicht differenzierte Zellen* [<lat. *totus* »ganz, völlig« + *potent*]

To|to ⟨n. od. m.; -s, -s⟩ *Wette im Fußball* [engl., verkürzt < *Totalisator*]

Touch ⟨[tʌtʃ] m.; -s, -s⟩ *Anflug, Hauch, besondere Note;* mit dem ~ eines Weltmannes [engl., »Berührung«]

tou|chie|ren ⟨[tuʃiː-] V.⟩ **1** ⟨Sp.⟩ *leicht berühren;* ein Pferd mit der Gerte ~ **2** ⟨Med.⟩ *mit dem Finger untersuchen* **3** *mittels Ätzstiftes entfernen* [<frz. *toucher* »berühren«]

Touch|screen ⟨[tʌtʃskriːn] m.; -s, -s; EDV⟩ *berührungsempfindlicher Computerbildschirm, auf dem durch das Berühren bestimmter Sensorfelder auf der Oberfläche die Programmfunktionen gesteuert werden* [engl., < *touch* »berühren« + *screen* »Bildschirm«]

tough ⟨[tʌf] Adj.; umg.⟩ *hart, streng, tüchtig, selbstsicher, bestimmt;* die Verhandlungen waren sehr ~ ; ihr Auftreten ist ~ [engl., »hart, zäh«]

Tou|pet ⟨[tupeː] n.; -s, -s⟩ *Haarersatz zum Abdecken od. Verstärken* [frz., »Büschel, Schopf; Haube«]

tou|pie|ren ⟨[tu-] V.⟩ das Haar ~ *mit dem Kamm aufbauschen* [→ *Toupet*]

Tour ⟨[tuːr] f.; -, -en⟩ **1** *kreisförmige Bewegung;* in einer ~ ⟨fig.; umg.⟩ *immer wieder,* *unaufhörlich* **2** ⟨Techn.⟩ *Umdrehung einer Welle;* die Maschine macht 4500 ~en in der Minute; der Motor läuft auf vollen ~en *mit voller Leistung;* auf ~en kommen ⟨fig.; umg.⟩ *in Schwung kommen* **3** *Rundgang, Rundfahrt;* Auto~; Berg~ **4** *Runde* **5** *in sich geschlossener Abschnitt eines Tanzes* **6** *Reihe (beim Stricken oder Häkeln);* zwei ~en links, zwei ~en rechts stricken **7** ⟨fig.; umg.⟩ *Art u. Weise (im sozialen Verhalten);* auf diese ~ darfst du mir nicht kommen; es auf die krumme ~ versuchen **8** *anfallweise auffälliges Benehmen;* er hat wieder mal seine ~ [frz., »Umfang, Kreislauf, Fahrt, Reihe« <lat. *tornus* »Dreheisen, Drechseleisen« <grch. *tornos* »Achse einer sich drehenden Kugel, Dreheisen, Zirkel«]

Tour de Force ⟨[tuːr də fɔrs] f.; - - -, -s [tuːr] - -⟩ *mit einer enormen (Kraft-)Anstrengung verbundenes Handeln, Gewaltakt;* in einer ~ stellte er die Arbeit pünktlich fertig [frz.]

Tour de France ⟨[tuːr də frãːs] f.; - - -, -s [tuːr] - -⟩ *jährlich stattfindendes Radrennen von Berufssportlern in mehreren Etappen durch Frankreich* [frz.]

Tour de Suisse ⟨[tuːr də svis] f.; - - -, -s [tuːr] - -⟩ *Radrennen von Berufsfahrern durch die Schweiz* [frz.]

tou|ren ⟨[tuː-] V.; umg.⟩ *als Tourist reisen;* durch die Länder ~

Tou|ris|mus ⟨[tu-] m.; -; unz.⟩ *Fremdenverkehr, das Reisen der Touristen* [→ *Tourist*]

Tou|rist ⟨[tu-] m.; -en, -en⟩ *jmd., der eine Vergnügungsreise macht, bes. im Ausland* [engl.; zu *tour* »Ausflug« <frz. *tour;* → *Tour*]

Tou|rist|class ⟨[tuːristklaːs] f.; -; unz.⟩ = *Touristenklasse* [engl.]

Tou|ris|ten|klas|se ⟨[tu-] f.; -; unz.⟩ *billige Klasse (auf Dampfern, in Zügen u. in Flugzeugen);* oV *Touristclass*

Tou|ris|tik ⟨[tu-] f.; -; unz.⟩ *Gesamtheit der touristischen Einrichtungen u. Veranstaltungen*

tou|ris|tisch ⟨[tu-] Adj.⟩ *zur Touristik, zum Tourismus gehörend, auf ihnen beruhend*

Tour|nai ⟨[turnɛ] m.; -s, -s⟩ *auf der Jacquardmaschine hergestellter Teppich* [nach der belg. Stadt *Tournai*]

Tour|né ⟨[turneː] n.; -s, -s⟩ *als Trumpf umgeschlagene Karte* [frz., »umgedreht, umgeschlagen«; zu *tourner;* → *tournieren*]

Tour|ne|dos ⟨[turnədoː] n.; - [-doːs], - [-doːs]⟩ *kleine, runde, kurz gebratene Rinderfilet- od. Lendenschnitte (auf Toast)* [frz., eigtl. »dreh dich um, dreh mir den Rücken zu«, zu *tourner* »drehen« + *dos* »Rücken«]

Tour|nee ⟨[turneː] f.; -, -s od. -n⟩ *Rundreise (von Künstlern), Gastspielreise* [frz., »Rund-, Amtsreise; Ausflug«]

tour|nie|ren ⟨[tur-] V.⟩ **1** *die Spielkarte(n) wenden, aufdecken* **2** Kartoffeln, Butter ~ *in Formen ausstechen* **3** Gemüse ~ *G. eine bestimmte Form (zum Garnieren) geben* [<frz. *tourner* »sich drehen, verdrehen, lenken; drechseln; umkehren, anders ablaufen« <lat. *tornare* »drechseln, runden«]

Tour|ni|quet ⟨[turnikeː] n.; -s, -s⟩ **1** *Instrument zum zeitweiligen Abklemmen von Blutgefäßen* **2** ⟨†⟩ *Drehkreuz (an Eingängen, Bahnübergängen)* [frz., »Drehscheibe, Hebewinde«; zu *tourner* »sich drehen«]

To|wa|rischtsch ⟨m.; -, - od. -i; russ. Bez. für⟩ *Genosse* [<russ. *tovarišč*]

> **Tower** (*Worttrennung am Zeilenende*) Im Englischen wird der Laut »*w*« verwendet, um einen vorausgehenden an einen folgenden Vokal zu binden. Im Deutschen bleibt es dem Schreibenden überlassen, ob er vor dem Konsonant trennt oder die Buchstabengruppe »*ow*« als eigenen Laut [au] auffasst und dementsprechend hinter dem Konsonanten trennt (→a. *Power*).

Tow|er, ⟨auch⟩ **To|wer** ⟨[tauə(r)] m.; -s, -⟩ *Kontrollturm eines Flughafens* [engl., »Turm«]

Town|ship ⟨[taunʃip] n.; -s, -s; in Südafrika⟩ *Stadtteil, in dem ausschließlich Schwarze wohnen* [<engl. *town* »Stadt« + *...ship* »...schaft«]

tox..., **Tox...** ⟨in Zus.⟩ = *toxi..., Toxi...*

Tox|al|bu|min ⟨auch⟩ **To|xal|bu|min** ⟨n.; -s, -e⟩ *giftiger Eiweißstoff* [<*Tox...* + *Albumin*]

Tox|ä|mie, ⟨auch⟩ **To|xä|mie, Tox|hä|mie** ⟨f.; -, -n⟩ *Blutvergiftung;* Sy *Toxikämie;* →a. *Toxinämie* [<*Tox...* + *...(h)ämie*]

to|xi..., **To|xi...** ⟨vor Vokalen und h⟩ tox..., Tox... ⟨in Zus.⟩ *gift..., Gift...* [<lat. *toxikum* <grch. *toxikon* »Pfeilgift«]

To|xi|der|mie ⟨f.; -, -n⟩ *durch Gifteinwirkung hervorgerufene Hauterkrankung* [<*Toxi...* + *...dermie*]

to|xi|gen ⟨Adj.⟩ **1** *Giftstoffe erzeugend* **2** *durch Vergiftung entstanden;* oV *toxogen* [<*toxi...* + *...gen*[1]]

To|xik|ä|mie, ⟨auch⟩ **To|xi|kä|mie** ⟨f.; -, -n⟩ = *Toxämie, Toxhämie* [<*Toxiko...* + *...ämie*]

to|xi|ko..., **To|xi|ko...** ⟨in Zus.⟩ = *toxi... Toxi...*

To|xi|ko|lo|ge ⟨m.; -n, -n⟩ *Wissenschaftler auf dem Gebiet der Toxikologie*

To|xi|ko|lo|gie ⟨f.; -; unz.⟩ *Lehre von den Giften u. Vergiftungen, ihrer Erkennung u. Behandlung* [<*Toxikum* + *...logie*]

to|xi|ko|lo|gisch ⟨Adj.⟩ *zur Toxikologie gehörend, auf ihr beruhend*

To|xi|ko|se ⟨f.; -, -n⟩ *Vergiftung* [<*Toxikum*]

To|xi|kum ⟨n.; -s, -ka⟩ *Gift* [<lat. *toxicum* »Pfeilgift« <grch. *toxikon (pharmakon)* »zum Pfeil gehöriges Gift«; zu *toxon* »Bogen, Pfeil«]

To|xi|me|ter ⟨n.; -s, -; Tech.⟩ *Gerät zur Messung der gasförmigen Luftverschmutzung* [<*Toxi...* + *...meter*]

To|xin ⟨n.; -s, -e⟩ *organ. Giftstoff, bes. von Bakterien* [<grch. *toxon* »Bogen, Pfeil«; → *Toxikum*]

To|xin|ä|mie, ⟨auch⟩ **To|xi|nä|mie** ⟨f.; -, -n; Path.⟩ *Durchsetzung des Blutes mit Toxinen;* →a. *Toxämie, Toxhämie* [<*Toxin* + *...ämie*]

to|xisch ⟨Adj.⟩ **1** *durch Toxine verursacht (Krankheit)* **2** *giftig*
To|xi|zi|tät ⟨f.; -; unz.⟩ *Giftigkeit*
to|xo..., To|xo... ⟨in Zus.⟩ = *toxi..., Toxi...*
to|xo|gen ⟨Adj.⟩ = *toxigen*
To|xo|id ⟨n.; -(e)s, -e⟩ *entgiftetes Toxin, das im menschlichen Körper keine Schäden, aber die Bildung von Antitoxinen bewirkt* [< *Toxo...* + *...id*]
To|xo|plas|mo|se ⟨f.; -, -n⟩ *von Tieren auf den Menschen übertragbare Seuche, deren Erreger das Toxoplasma gondii ist* [< *Toxikum* + *Plasma*]
Toy ⟨[tɔi] n.; -s, -s⟩ **1** *Spielzeug* **2** *Gegenstand zur sexuellen Stimulierung* [engl., »Spielzeug«]
Tra|bant ⟨m.; -en, -en⟩ **1** ⟨†⟩ *Leibwächter* **2** ⟨heute⟩ *von jmdm. abhängiger, bevormundeter Begleiter;* Sy *Satellit(3)* **3** ⟨Astron.⟩ = *Satellit(1)* [< frühnhd. *drabant* »Krieger zu Fuß, Landsknecht, Leibwächter«, vermutl. < tschech. *drabant;* zu *dráb* »Krieger zu Fuß«]
Tra|ban|ten|stadt ⟨f.; -, -städ|te⟩ *in der Nähe einer Großstadt entstandene Siedlung mit Geschäften usw.;* Sy *Satellitenstadt*
Tra|cer ⟨[trɛisə(r)] m.; -s, -⟩ *radioaktiver Markierungsstoff, mit dem biochemische, im Organismus ablaufende Vorgänge verfolgt werden können* [< engl. *trace* »nachspüren, verfolgen«]
Tra|chea ⟨[-xeː:a] f.; -, -che|en [-xeː:ən]⟩ *Luftröhre* [lat. < grch. *tracheia* »Luftröhre«]
tra|che|al ⟨[-xe-] Adj.⟩ *zur Luftröhre gehörig* [→ *Trachea*]
Tra|chee ⟨[-xeː:ə] f.; -, -n⟩ **1** *Atmungsorgan von Insekten, Tausendfüßern u. manchen Spinnen* **2** *röhrenförmige Zelle, deren Querwände aufgelöst sind (im Leitgewebe der Pflanzen)* [< lat. *trachea;* → *Trachea*]
Tra|che|i|de ⟨[-xei:-] f.; -, -n⟩ *röhrenförmige Zelle, deren Querwände reichlich mit Tüpfeln versehen sind (im Leitgewebe der Pflanzen)* [< *Trachea* + *...id*]
Tra|che|i|tis ⟨[-xei:-] f.; -, -ti|den⟩ *Luftröhrenentzündung*
Tra|che|o|skop, ⟨auch⟩ **Tra|che|os|kop** ⟨[-xe-] n., -s, -e⟩ *Gerät mit Spiegel zur Untersuchung der Luftröhre* [< *Trachea* + *...skop*]
Tra|che|o|sko|pie, ⟨auch⟩ **Tra|che|os|ko|pie** ⟨[-xe-] f.; -, -n; Med.⟩ *Spiegelung der Luftröhre mit dem Tracheo- od. Bronchoskop* [< *Trachea* + *...skopie*]
tra|che|o|sko|pie|ren, ⟨auch⟩ **tra|che|os|ko|pie|ren** ⟨[-xe-] V.⟩ *eine Tracheoskopie durchführen*
Tra|che|o|ste|no|se ⟨[-xe-] f.; -, -n⟩ *Luftröhrenverengung* [< *Trachea* + *Stenose*]
Tra|che|o|to|mie ⟨[-xe-] f.; -, -n; Med.⟩ *Luftröhrenschnitt* [< grch. *tracheia* »Luftröhre« + *...tomie*]
Tra|chom ⟨[-xo:m] n.; -s, -e; Med.⟩ *ägyptische Augenkrankheit, Körnerkrankheit* [< grch. *trachoma* »Rauheit«; zu *trachys* »rau«]
Tra|chyt ⟨[-xy:t] m.; -s, -e; Geol.⟩ *tertiäres, rötl. bis graues Ergussgestein* [< grch. *trachys* »rau«]
Track ⟨[træk] m.; -s, -s⟩ **1** *Zugelement, z.B. Kette, Riementrieb od. Seil bei Maschinen* **2** *Reiseroute eines Schiffes* **3** ⟨Mus.⟩ *Titel, Stück (auf einer CD);* →a. *Soundtrack* **4** ⟨EDV⟩ *Spur* [engl., »Spur, Weg, Fährte«]
Track|ball ⟨[trækbɔ:l] m.; -s, -s; EDV⟩ *Bedienungsgerät mit ähnlichen Funktionen wie eine Maus, das jedoch nicht insgesamt bewegt, sondern durch Rollen einer Kugel bedient wird, Rollkugel* [< engl. *track* »Spur, Weg, Fährte« + *ball* »Ball«]
Trac|tus ⟨m.; -, -; Med.⟩ *Zug, Strang, (Nerven-)Bahn;* →a. *Traktus* [< lat. *tractus,* Part. Perf. zu *trahere* »ziehen, schleppen«]
Trade|mark ⟨[trɛidma:k] f.; -, -s; engl. Bez. für⟩ *Warenzeichen* [engl., »Handelsmarke«]
Tra|des|kan|tie ⟨[-tsjə] f.; -, -n⟩ *einer Gattung der Commelinengewächse angehörende Dauerpflanze mit langen, lanzettförmigen Blättern: Tradescantia* [nach dem engl. Gärtner John Tradescant, † 1638]
Trade-U|ni|on ⟨[trɛid ju:njən] f.; -, -s⟩ *engl. Gewerkschaft* [engl., zu *trade* »Handel, Geschäft, Gewerbe« + *union* »Vereinigung«]
tra|die|ren ⟨V.⟩ *überliefern, weitergeben* [< lat. *tradere* »überliefern, mitteilen, berichten«]
Tra|di|ti|on ⟨f.; -, -en⟩ *Überlieferung, Herkommen, Gewohnheit, Brauch, Gepflogenheit;* eine ~ fortsetzen, bewahren [< lat. *traditio* »Übergabe, Bericht«; zu *tradere;* → *tradieren*]
Tra|di|ti|o|na|lis|mus ⟨m.; -; unz.⟩ *geistige Haltung, die bewusst an der Tradition festhält u. Neuem abgeneigt ist*
Tra|di|ti|o|na|list ⟨m.; -en, -en⟩ *Vertreter, Anhänger des Traditionalismus*
Tra|di|ti|o|na|lis|tin ⟨f.; -, -tin|nen⟩ *Vertreterin, Anhängerin des Traditionalismus*
tra|di|ti|o|na|lis|tisch ⟨Adj.⟩ *den Traditionalismus betreffend, auf ihm beruhend*
Tra|di|tio|nal|jazz, ⟨auch⟩ **Tra|di|tio|nal Jazz** ⟨[trədiʃənəldʒæz] m.; (-) -; unz.; Mus.⟩ *Sammelbezeichnung für die Stile des Jazz bis etwa 1930 (New Orleans, Dixieland, Chicago)* [engl., »traditioneller Jazz«]
tra|di|ti|o|nell ⟨Adj.⟩ *der Tradition entsprechend* [< frz. *traditionnel* »überliefert, herkömmlich, dem Brauch entsprechend, üblich«; zu *tradition* »Tradition« < lat. *traditio;* → *Tradition*]
Traf|fic-Mes|sage-Chan|nel ⟨[træfik mɛsidʒ tʃænəl] m.; -s, -s⟩ *Verkehrsfunkkanal, der an bestimmte Empfangssysteme gekoppelt ist* [engl., < *traffic* »Verkehr« + *message* »Mitteilung, Nachricht« + *channel* »Kanal, Programm«]
Tra|fik ⟨m.; -s, -s; od. (österr.) f.; -, -en⟩ **1** *Handel mit Tabak* **2** *Laden, in dem Tabak verkauft wird* [< ital. *traffico,* frz. *trafic* »Handel« < arab. *tafriq* »das Verteilen, Kleinverkauf«, beeinflusst von lat. *traficere* »übermachen«]

Tra|fi|kant ⟨m.; -en, -en; österr.⟩ *Besitzer einer Trafik*

Tra|fo ⟨m.; -s, -s; Kurzw. für⟩ *Transformator*

Tra|gant ⟨m.; -(e)s, -e⟩ *einer Gattung der Schmetterlingsblütler angehörendes Kraut od. niederer Strauch: Astragalus* [< ahd. *dragant* »Bocksdorn, Bockshorn« < mlat. *tragantum* < lat. *tragacanthum* < grch. *tragos* »Bock, Ziegenbock« + *akantha* »Dorn(strauch)«]

Trag|e|laph, ⟨auch⟩ **Tra|ge|laph** ⟨m.; -en, -en⟩ **1** *altgriech. Fabeltier mit Eigenschaften mehrerer Tiere* **2** *literar. Werk, das mehreren Gattungen zugeordnet werden kann* [< grch. *tragelaphos* »Bockhirsch« < *tragos* »Bock, Ziegenbock« + *elaphos* »Hirsch«]

tra|gie|ren ⟨V.⟩ *(eine Rolle) tragisch spielen* [→ *Tragik, Tragödie*]

Tra|gik ⟨f.; -; unz.⟩ **1** *schweres, schicksalhaftes Leid* **2** *erschütterndes, Leid bringendes, unausweichl. Geschehen* [< lat. *tragicus* »tragisch, aus dem Trauerspiel« < grch. *tragikos* »tragisch, überschwänglich, der Tragödie eigen; (eigtl.) bocksartig«; zu *tragos* »Bock«; → *Tragödie*]

Tra|gi|ker ⟨m.; -s, -⟩ *Dichter von Tragödien*

Tra|gi|ko|mik ⟨a. ['----] f.; -; unz.⟩ **1** *Komik, die auf einem im Grunde tragischen Geschehen beruht, bzw. Tragik, die auch eine komische Seite hat* **2** *halb tragische, halb komische Beschaffenheit*

tra|gi|ko|misch ⟨a. ['----] Adj.⟩ *halb tragisch, halb komisch*

Tra|gi|ko|mö|die ⟨[-djə], a. ['-----] f.; -, -n⟩ *Schauspiel, das Tragisches mit Komischem verbindet*

tra|gisch ⟨Adj.⟩ **1** *auf Tragik beruhend* **2** *unabwendbaren, bes. unverschuldeten Untergang bringend* **3** *erschütternd, ergreifend* [< lat. *tragicus;* → *Tragik*]

Tra|gö|de ⟨m.; -n, -n⟩ *tragische Rollen spielender Schauspieler* [< grch. *tragodein* »eine Tragödie aufführen; etwas als Schauspieler mit tragischem Pathos darstellen«]

Tra|gö|die ⟨[-djə] f.; -, -n⟩ **1** *ein tragisches Geschehen schilderndes Schauspiel, Schauspiel vom tragischen Untergang eines Menschen, Trauerspiel* **2** ⟨fig.⟩ *herzzerreißendes Unglück* [< lat. *tragoedia* »Trauerspiel« < grch. *tragodia* »Tragödie, Trauerspiel, tragisches Ereignis«, eigtl. »Bocksgesang, Lied beim Opfer eines Bockes am Dionysosfest«; zu *tragos* »Bock« + *ode* »Gesang«]

Trai|ler ⟨[trɛilə(r)] m.; -s, -⟩ **1** *nicht belichtetes Ende eines Filmstreifens* **2** *einige Szenen eines Films als Werbung od. Voranzeige, die vor einem anderen Film gezeigt werden* **3** *Autoanhänger für den Transport von kleinen Sportbooten* [engl., «Anhänger, Voranzeige«; zu *trail* »nachschleppen, hinter sich herziehen«]

Train ⟨[trɛ̃ː]⟩ österr. auch [trɛin] m.; -s, -s⟩ = *Tross(1)* [frz., < lat. *trahere* »ziehen, schleppen«]

Trai|nee ⟨[trɛiniː] m.; -s, -s; Wirtsch.⟩ *jmd., der (nach abgeschlossenem Hochschulstudium) in einem Unternehmen alle Abteilungen durchläuft u. so auf seinen späteren Beruf vorbereitet wird* [engl., zu *train* »ausbilden, trainieren«]

Trai|ner ⟨[trɛi-] od. [treː-] m.; -s, -; Sp.⟩ *jmd., der Sportler, auch Pferde, auf einen Wettkampf vorbereitet* [engl., »Sportlehrer«; → *trainieren*]

trai|nie|ren ⟨[tre-] V.; Sp.⟩ **1** *sich auf einen Wettkampf vorbereiten, sich üben* **2** jmdn. ~ *jmdn. auf einen Wettkampf vorbereiten, mit ihm üben* [< engl. *train* < frz. *traîner* »ziehen, nachziehen, nachschleppen« < lat. *trahere* »ziehen, schleppen«]

Trai|ning ⟨[trɛi-] od. [treː-] n.; -s, -s; Sp.⟩ *systemat. Vorbereitung auf einen Wettkampf* [engl., »Ausbildung«]

Trai|ning on the Job ⟨[trɛi- ɔn ðə dʒɔb] n.; -s - - -, -s - - -⟩ *gezielt praktische Aus- od. Weiterbildung direkt am Arbeitsplatz* [engl.]

Tra|jekt ⟨m. od. n.; -(e)s, -e; †⟩ **1** *Überfahrt* **2** *Fährschiff (für Fahrzeuge)* [< lat. *traiectus* »Überfahrt, Übergang«; zu *traicere* »hinüberwerfen, hinüberbringen; überschreiten«]

Tra|jek|to|rie ⟨[-riə] f.; -, -n⟩ *Kurve, die sämtl. Kurven einer Schar schneidet* [→ *Trajekt*]

Trakt ⟨m.; -(e)s, -e⟩ **1** *größerer Teil eines Gebäudes, Flügel;* Seiten~ **2** *Strecke, Längsausdehnung* [< lat. *tractus* »Ausdehnung, Reihe, Zug«; zu *trahere* »ziehen«]

trak|ta|bel ⟨Adj.; †⟩ *fügsam, leicht zu behandeln* [< lat. *tractabilis* »behandelbar« zu *tractare;* → *traktieren*]

Trak|tan|dum ⟨n.; -s, -den; schweiz.⟩ *Gegenstand der Verhandlung* [< lat. *tractandum;* zu *tractare* »behandeln«]

Trak|tat ⟨n.; -(e)s, -e⟩ **1** *Abhandlung* **2** *(religiöse od. polit.) Flugschrift* [< lat. *tractare* »erörtern, besprechen, behandeln«]

Trak|tät|chen ⟨n.; -s, -; abwertend⟩ *relig. Erbauungsschrift*

trak|tie|ren ⟨V.⟩ **1** *schlecht behandeln, plagen, quälen;* jmdn. mit Vorwürfen ~ ⟨umg.⟩ *ihm ständig bis zum Überdruss V. machen;* jmdn. mit Fragen ~ ⟨umg.⟩ *ihn mit Fragen quälen* **2** ⟨†⟩ *bewirten (mit)* [< lat. *tractare* »behandeln«]

Trak|tor ⟨m.; -s, -en⟩ *meist durch Dieselmotor angetriebenes Fahrzeug zum Schleppen* [< lat. *tractus;* → *Traktion*]

Trak|to|rist ⟨m.; -en, -en; DDR⟩ *Fahrer eines Traktors*

Trak|trix, ⟨auch⟩ **Trakt|rix** ⟨f.; -, -tri|zes; Math.⟩ *Kurve, die der Bewegung eines am Ende eines Fadens befindl. schweren Punktes entspricht, wenn der Anfang des Fadens horizontal auf einer Geraden bewegt wird* [nlat. *tractrix,* zu *tractus;* → *Traktion*]

Trak|tur ⟨f.; -, -en; an der Orgel⟩ *Zug, Vorrichtung, die den Tastendruck vom Manual bzw. Pedal weiterleitet* [< lat. *tractus;* → *Traktion*]

Trak|tus ⟨m.; -, -⟩ *im Solo gesungener (nicht vom Chor unterbrochener) Teil der Messe;* → a. *Tractus* [lat., eigtl. *cantus tractus,* »gezogener Gesang«; zu *trahere* »ziehen«]

Tral|je ⟨f.; -, -n⟩ *Gitterstab (an Fenstern, Geländern)* [< nddt. *trallie* »Gitter« < mlat. *tralia* »Gitterwerk«]

Tram ⟨f.; -, -s; schweiz.; n.; -s, -s; kurz für⟩ *Trambahn*

Tram|bahn ⟨f.; -, -en⟩ *Straßenbahn* [< engl. *tramway* »Straßenbahn«, eigtl. »Schienenweg«]

Trame ⟨[tra:m] f.; -; unz.; Text.⟩ *dublierte Fäden aus Rohseide, die als Schuss verwendet werden* [< lat. *trama* »Kette des Gewebes«]

Tra|mi|ner ⟨m.; -s, -⟩ *Rebsorte für edle Weißweine;* ⟨auch⟩ *Südtiroler Rotwein* [nach dem Ort *Tramin* in Südtirol]

Tra|mon|ta|na ⟨f.; -, -nen⟩, **Tra|mon|ta|ne** ⟨f.; -, -n⟩ *über die Alpen einbrechender Nordwind in Oberitalien* [ital., »Nordwind« < *tra* »zwischen« + *montagna* »Gebirge«]

Tramp ⟨a. [træmp] m.; -s, -s⟩ *Landstreicher, umherziehender Gelegenheitsarbeiter* [< engl. *tramp* »Landstreicher«; zu engl. *trampen* »spazieren gehen«]

tram|pen ⟨[træm-] V.⟩ *reisen, indem man auf den Landstraßen Autos anhält u. sich von ihnen mitnehmen lässt, per Anhalter reisen* [→ *Tramp*]

Tram|per ⟨[træm-] m.; -s, -⟩ *jmd., der trampt;* Sy *Hitchhiker*

Tram|po|lin ⟨a. ['---] n.; -s, -e⟩ *federndes Sprungtuch für sportl. Übungen* [span., »Sprungbrett« < ital. *trampolino*]

Tramp|ree|de|rei ⟨[træmp-] f.; -, -en⟩ *Reederei, die Trampschifffahrt betreibt*

Tramp|schiff|fahrt ⟨[træmp-] f.; -; unz.⟩ *nicht nach festen Verkehrsplänen verkehrende Schifffahrt, bei der nur solche Häfen angelaufen werden, an denen das betreffende Schiff Waren abzuliefern od. abzuholen hat*

Tram|way ⟨[tramvai], engl. [træmwei] f.; -, -s; österr.⟩ *Straßenbahn, Straßenbahnwagen* [engl., eigtl. »Schienenweg«]

Tran|ce ⟨[trã:s(ə)] f.; -, -n⟩ **1** *schlafähnl. Dämmerzustand* **2** *schlafähnl. Zustand der Entrückung (von Medien)* [engl. < afrz. *transe* »Hinübergehen; Angstzustand«; zu *transir* »hinübergehen« < lat. *transire*]

Tran|che ⟨[trã:ʃ(ə)] f.; -, -n⟩ **1** *fingerdicke Scheibe von Fleisch od. Fisch* **2** *Teil einer Anleihe* [frz.; zu *trancher;* → *tranchieren*]

Tran|cheur ⟨[trãʃø:r] m.; -s, -e⟩ *jmd., der Fleisch tranchiert*

tran|chie|ren ⟨[trãʃi:-] V.⟩ *in Scheiben schneiden* (Fleisch), *zerlegen* (gebratenes Geflügel); oV *transchieren* [< frz. *trancher* »abschneiden, zerschneiden« < lat. *truncare* »beschneiden«]

Tran|qui|li|tät ⟨f.; -; unz.; †⟩ *Ruhe, Gelassenheit* [< lat. *tranquilitas* »Windstille«; zu *tranquillare* »beruhigen«]

Tran|qui|li|zer ⟨[træŋkilaizə(r)] m.; -s, -⟩ *beruhigendes Arzneimittel* [< engl. *tranquilize* »beruhigen«]

tran|quil|lo ⟨Mus.⟩ *ruhig (zu spielen)* [ital.]

trans…, **Trans…** ⟨in Zus.⟩ *hindurch, (hin)über, jenseits des, von* [lat., »über, über …hin(aus), jenseits«]

trans-…, **Trans-…** ⟨in Zus.; Chem.; Med.⟩ *jenseits…, sich gegenüber stehend;* Trans-Form; Ggs *cis-…*, *Cis-…*

Trans|ak|ti|on ⟨f.; -, -en⟩ **1** *Unternehmung* **2** *großes Geld- od. Bankgeschäft;* Börsen~; Geld~ [< lat. *transactio* »Vermittlung«]

trans|al|pin ⟨Adj.⟩ *jenseits der Alpen (von Rom aus gesehen)*

Trans|a|mi|na|se ⟨f.; -, -n⟩ *Enzym, das die Aminogruppe - NH_2 einer Aminosäure auf andere Säuren überträgt* [< *Trans…* + *Amin*]

trans|at|lan|tisch ⟨Adj.⟩ *den Atlant. Ozean überquerend*

tran|schie|ren ⟨V.⟩ = *tranchieren*

Trans|duk|tor ⟨m.; -s, -to|ren⟩ = *Magnetverstärker* [< lat. *transductus,* Part. Perf. zu *transducere* »hinüberführen«]

Tran|sept ⟨m. od. n.; -(e)s, -e⟩ *Querschiff (einer Kirche)* [frz., < lat. *trans* »über …hin« + *septum* »Umzäunung, Schranke«]

Trans|fer ⟨m.; -s, -s⟩ **1** *Beförderung im Reiseverkehr;* der ~ vom Flughafen zum Hotel ist im Preis inbegriffen **2** ⟨allg.⟩ *Übertragung, Übermittlung;* ~ von Daten, von Wissen; → a. *Technologietransfer* **3** *Übertragung von Geld ins Ausland in der fremden Währung* **4** ⟨Sp.⟩ *Wechsel eines Berufsspielers zu einem anderen Verein (nach Zahlung einer Ablösesumme)* [engl., < lat. *transferre* »hinübertragen«]

trans|fe|ra|bel ⟨Adj.⟩ *so beschaffen, dass man es transferieren kann*

Trans|fe|ra|se ⟨f.; -, -n⟩ *chem. Stoff aus einer umfangreichen Klasse von Enzymen, die chem. Gruppen einer Verbindung auf eine andere übertragen, nach der allg. Gleichung:* $AX + B \rightarrow A + BX$

Trans|fe|renz ⟨f.; -, -en; Sprachw.⟩ *Entlehnung aus einer anderen Sprache* [→ *Transfer*]

trans|fe|rie|ren ⟨V.⟩ *in fremde Währung umwechseln, ins Ausland zahlen, übertragen*

Trans|fer|stra|ße ⟨f.; -, -n⟩ *automatische Fertigungsstraße der Serienfertigung, bei der das Werkstück auf einem Förderband an verschiedenen Werkzeugmaschinen vorbeigeführt wird*

Trans|fi|gu|ra|ti|on ⟨f.; -, -en⟩ *Verklärung Christi u. ihre Darstellung in der Kunst* [< lat. *transfigurare* »verwandeln«]

trans|fi|nit ⟨Adj.; Math.; Philos.⟩ *unendlich* [< *trans…* + lat. *finitus* »begrenzt«]

Trans|flu|enz ⟨f.; -; unz.⟩ *das Übertreten eines Gletschers in ein benachbartes Tal* [< lat. *transfluere* »hinüberfließen«]

Trans|flu|xor ⟨m.; -s, -xo|ren⟩ *Speicherelement, dessen zentraler Bestandteil ein ringförmiger Ferritkern ist* [< *Trans…* + lat. *fluxus* »fließend, wallend«]

Trans|fo|ka|tor ⟨m.; -s, -to|ren⟩ *fotograf. Objektiv mit veränderlicher Brennweite* [< *Trans…* + *Fokus*]

Trans-Form ⟨f.; -, -en; Chem.; Med.⟩ *eine der beiden möglichen isomeren Formen bei der Cis-trans-Isomerie;* Sy *Antiform* [< *Trans-…*]

Trans|for|ma|ti|on ⟨f.; -, -en⟩ *Tätigkeit od. Ergebnis des Transformierens*
trans|for|ma|ti|o|nell ⟨Adj.⟩ *die Transformationsgrammatik betreffend, auf ihr beruhend, zu ihr gehörig*
Trans|for|ma|ti|ons|gram|ma|tik ⟨f.; -, -en⟩ *Grammatik, die Transformationen (→ transformieren(5)) anwendet*
Trans|for|ma|tor ⟨m.; -s, -to|ren; Kurzw.: Trafo⟩ *aus zwei Wicklungen mit Eisenkernen bestehendes elektr. Gerät zum Erhöhen od. Herabsetzen der Spannung bei Dreh- od. Wechselstrom* [<frz. *transformateur* <lat. *transformare* »umgestalten«]
trans|for|mie|ren ⟨V.⟩ **1** *umwandeln, umgestalten, umformen* **2** *in einen anderen mathemat. Ausdruck umwandeln* **3** Dreh-, Wechselstrom ~ *seine Spannung erhöhen od. verringern* **4** *in seelische Regungen umwandeln;* sexuelle Triebe ~ **5** ⟨Sprachw.⟩ einen grammat. Ausdruck ~ *nach bestimmten Regeln in einen anderen Ausdruck mit demselben Inhalt verwandeln,* z.B. »das schöne Buch« → »das Buch ist schön« **6** *das Übertragen der genetischen Information von einer Zelle auf die andere durch die extrahierte DNS* [<lat. *transformare* »umwandeln, umgestalten«]
trans|fun|die|ren ⟨V.⟩ Blut ~ *übertragen* [<lat. *transfundere* »umgießen«]
Trans|fu|si|on ⟨f.; -, -en; Med.⟩ *intravenöses Einbringen (von Blut u.Ä.) in den Körper, Übertragung;* Blut~ [<lat. *transfusio* »Vermischung«]
trans|ga|lak|tisch ⟨Adj.⟩ *außerhalb des Milchstraßensystems befindlich*
trans|gen ⟨Adj.⟩ ~es Tier *Tier, dessen Zellen genetisches Material anderer Lebewesen enthalten*
trans|gre|di|ent ⟨Adj.; Philos.⟩ *über etwas hinausgehen, eine Grenze überschreitend* [→ *transgredieren*]
trans|gre|die|ren ⟨V.⟩ *weite Teile des Festlandes überfluten* [zu lat. *transgredior* »hinübergehen; übergehen«]
Trans|gres|si|on ⟨f.; -, -en⟩ *langsame Überflutung sich senkender Teile des Festlands durch das Meer* [<lat. *transgressus* »Übergang«]
trans|hu|mant ⟨Adj.⟩ *mit Viehherden wandernd* [→ *Transhumanz*]
Trans|hu|manz ⟨f.; -, -en⟩ *Schäferei mit jahreszeitlichem Wechsel der Weide zwischen Hochland u. Ebene* [<frz. *transhumer* »auf die Gebirgsweide führen, wandern« (von Herden) < *trans...* + lat. *humus* »Boden«]
Tran|sis|tor ⟨m.; -s, -to|ren⟩ *aus drei verschiedenen Halbleiterschichten bestehendes Bauelement der Elektronik zum Verstärken von Spannungen u. Strömen* [<engl. *transfer* »umwandeln« + *resistor* »elektr. Widerstand« (<lat. *resistere* »sich widersetzen«)]
Tran|sis|tor|ge|rät ⟨n.; -(e)s, -e⟩ *mit Transistoren statt Elektronenröhren bestücktes Rundfunk- od. Fernsehgerät*
tran|sis|to|rie|ren, tran|sis|to|ri|sie|ren ⟨V.⟩ *mit Transistor (statt mit Röhren) ausstatten;* ein voll transistorisierter Fernsehempfänger
Tran|sit ⟨a. ['-] m.; -s, -e⟩ **1** *Durchfuhr (von Waren durch ein Land);* im ~ **2** *Durchfahrt von Personen* [<lat. *transitus,* Part. Perf. zu *transire* »hinübergehen«]
Tran|sit|han|del ⟨a. ['----] m.; -s; unz.⟩ *Handelsbeziehung zwischen zwei Ländern, wobei Güter durch ein drittes Land befördert werden müssen*
tran|si|tie|ren ⟨V.⟩ *hindurchführen;* Waren (durch ein Land) ~ [→ *Transit*]
Tran|si|ti|on ⟨f.; -, -en⟩ *Übergang* [<lat. *transitus,* Part. Perf. zu *transire* »hinübergehen«]
tran|si|tiv ⟨Adj.; Gramm.⟩ *zielend;* Ggs *intransitiv;* ~e Verben *Verben, die ein Akkusativobjekt verlangen* [<lat. *transitus,* Part. Perf. zu *transire* »(hin)übergehen« (auf das Objekt)]
Tran|si|tiv ⟨n.; -s, -e⟩, **Tran|si|ti|vum** ⟨n.; -s, -va⟩ *transitives Verb;* Ggs *Intransitiv, Intransitivum*
tran|si|ti|vie|ren ⟨[-vi:-] V.; Gramm.⟩ ein intransitives Verb ~ *in ein transitives Verb umwandeln* (z.B. werfen in bewerfen); Ggs *intransitivieren*
Tran|si|ti|vi|tät ⟨[-vi-] f.; -; unz.⟩ *das Transitivsein, transitive Beschaffenheit* (von Verben); Ggs *Intransitivität*
tran|si|to|risch ⟨Adj.⟩ *vorübergehend, später wegfallend* [<lat. *transitus,* Part. Perf. zu *transire* »(hin)übergehen«]
Tran|si|to|ri|um ⟨n.; -s, -ri|en⟩ *einmalige Bewilligung von Ausgaben im Staatshaushalt*
Tran|si|tron, ⟨auch⟩ **Tran|sit|ron** ⟨n.; -s, -tro|ne⟩ *elektrische Schaltung zur Erzeugung von Sägezahn- u. Kippschwingungen*
Tran|sit|vi|sum ⟨[-vi-] n.; -s, -vi|sa od. -vi|sen⟩ *zur Durchreise durch bestimmte Länder benötigtes Visum*
trans|kon|ti|nen|tal ⟨Adj.⟩ *den Kontinent überquerend*
tran|skri|bie|ren, ⟨auch⟩ **trans|kri|bie|ren, transk|ri|bie|ren** ⟨V.⟩ **1** *einer Transkription unterziehen, lautgetreu in eine andere Schrift übertragen* **2** *für ein anderes Instrument umschreiben (Tonstück)* [< *trans...* + lat. *scribere* »schreiben«]
Tran|skript, ⟨auch⟩ **Trans|kript, Transk|ript** ⟨n.; -(e)s, -e⟩ *das Resultat einer Transkription*
Tran|skrip|ti|on, ⟨auch⟩ **Trans|krip|ti|on, Transk|rip|ti|on** ⟨f.; -, -en⟩ **1** *das Transkribieren, Umwandlung einer Schrift in eine andere, wobei die ursprüngl. Sprache möglichst lautgetreu wiedergegeben werden soll, im Unterschied zur Transliteration* **2** *die andere Schrift selbst, Umschrift;* internationale ~ **3** ⟨Mus.⟩ *Umschreibung für ein (anderes) Instrument möglichst ohne Veränderung des klanglichen Bildes*
trans|ku|tan ⟨Adj.⟩ *durch die Haut hindurch (wirkend)*
Trans|la|ti|on ⟨f.; -, -en⟩ **1** *Übertragung, Übersetzung* **2** *parallele Verschiebung* [<lat. *translatio* »Übertragung«]

Trans|la|tiv ⟨m.; -s, -e; Sprachw.⟩ *Kasus in einigen Sprachen (z.B. im Finnischen), der eine bestimmte Bewegungsrichtung zum Ausdruck bringt* [→ *Trantation*]
Trans|li|te|ra|ti|on ⟨f.; -, -en⟩ *Umwandlung einer Buchstabenschrift in eine andere, so dass die ursprüngl. Sprache buchstabengetreu wiedergegeben wird, im Unterschied zur Transkription* [< *trans...* + lat. *littera* »Buchstabe«]
trans|li|te|rie|ren ⟨V.⟩ *einer Transliteration unterziehen, buchstabengetreu in eine andere Schrift übertragen*
Trans|lo|ka|ti|on ⟨f.; -, -en⟩ **1** ⟨†⟩ *Veränderung des Aufenthaltsortes* **2** *Verlagerung eines Bruchstücks von einem Chromosom in das Gefüge eines anderen* [< *trans...* + lat. *locare* »stellen, legen«; zu *locus* »Ort«]
trans|lo|zie|ren ⟨V.⟩ *eine Translokation vornehmen mit, verlagern*
trans|lu|nar, trans|lu|na|risch ⟨Adj.⟩ *jenseits des Mondes, der Mondumlaufbahn gelegen, dorthin gelangend* [< *trans...* + *lunar*]
trans|lu|zent, trans|lu|zid ⟨Adj.; †⟩ *durchsichtig* [< lat. *translucere* »durchsichtig sein«]
trans|ma|rin ⟨Adj.⟩ *überseeisch*
Trans|mis|si|on ⟨f.; -, -en; †⟩ *Vorrichtung zur Übertragung der Antriebskraft auf mehrere Arbeitsmaschinen* [< lat. *transmissio* »Überfahrt«]
Trans|mis|si|ons|wel|le ⟨f.; -, -n⟩ *Welle zur Kraftübertragung in Transmissionen*
Trans|mis|si|vi|tät ⟨[-vi-] f.; -; unz.⟩ *Faktor für die Durchlässigkeit einer nicht homogenen Bodenschicht* [→ *Transmission*]
Trans|mit|ter ⟨m.; -s, -⟩ **1** *Überträger od. Umformer, der z.B. einen mechan. Druck in eine elektr. Größe umsetzt* **2** *Überträgersubstanz, Stoff für die Erregungsübertragung an den Synapsen;* Sy *Transmittersubstanz* [→ *transmittieren*]
trans|mit|tie|ren ⟨V.⟩ *übertragen, übersenden* [< lat. *transmittere* »hinüberschicken«]
trans|mon|tan ⟨Adj.⟩ *jenseits der Berge liegend* [< *trans...* + *montan*]
Trans|mu|ta|ti|on ⟨f.; -, -en⟩ = *Genmutation*
trans|neu|ro|nal ⟨Adj.; Med.; Biol.⟩ *seinen Verlauf durch das Neuron nehmend*
trans|ob|jek|tiv ⟨Adj.; Philos.⟩ *über das bloße Objektsein eines Gegenstandes hinausgehend* [< *trans...* + *objektiv*]
trans|o|ze|a|nisch ⟨Adj.⟩ *jenseits des Ozeans liegend, über den Ozean hinweg*
trans|pa|rent ⟨Adj.⟩ *durchsichtig* [< frz. »durchsichtig« < mlat. *transparere* »durchscheinen«]
Trans|pa|rent ⟨n.; -(e)s, -e⟩ **1** *Spruchband, das aufgespannt od. auf Demonstrationen mitgeführt wird* **2** *Bild auf durchsichtigem Material (Glas, Pergament, Stoff), das von hinten beleuchtet wird*
Trans|pa|renz ⟨f.; -; unz.⟩ *transparente Beschaffenheit, Durchsichtigkeit*
Trans|phras|tik ⟨f.; -; unz.; Sprachw.⟩ *satzübergreifende Analyse sprachl. Strukturen* [< *Trans...* + grch. *phrastikos* »dem Ausdruck dienend«]
trans|phras|tisch ⟨Adj.; Sprachw.⟩ *die Transphrastik betreffend, auf ihr beruhend*
Tran|spi|ra|ti|on ⟨auch⟩ **Trans|pi|ra|ti|on** ⟨f.; -; unz.⟩ **1** *Absonderung von Schweiß* **2** *Abgabe von Wasserdampf (von Pflanzen u. Tieren)* [< lat. *Trans...* + lat. *spirare* »hauchen«]
tran|spi|rie|ren, ⟨auch⟩ **trans|pi|rie|ren** ⟨V.⟩ **1** *schwitzen (Person)* **2** *Wasserdampf abgeben (Pflanze, Tier)*
Trans|plan|tat ⟨n.; -s, -e⟩ *verpflanztes Gewebestück od. Organ*
Trans|plan|ta|ti|on ⟨f.; -, -en⟩ *Gewebs- od. Organverpflanzung, Ersetzung von fehlendem Körpergewebe od. Organen;* Herz~; Drüsen~; Haut~ [< nlat. *transplantatio* »Überpflanzung«, < lat. *trans* »hinüber« + *planta* »Steckling, Pflanze«]
trans|plan|tie|ren ⟨V.⟩ *verpflanzen (Gewebe od. Organe)*
Trans|pon|der ⟨m.; -s, -⟩ *automatisch arbeitende Funkanlage, die von einem Sender auf einer bestimmten Frequenz einfallende Welle auf einer anderen Frequenz wieder abstrahlt* [→ *transponieren*]
trans|po|nie|ren ⟨V.⟩ *in eine andere Tonart setzen* [< lat. *transponere* »hinüberbringen, hinübersetzen«]
Trans|po|nie|rung ⟨f.; -, -en⟩ *das Transponieren;* Sy *Transposition*
Trans|port ⟨m.; -(e)s, -e⟩ **1** *Beförderung (von Menschen, Tieren, Gegenständen)* **2** *die beförderten Menschen, Tiere, Gegenstände selbst* [< frz. *transport;* zu *transporter;* → *transportieren*]
trans|por|ta|bel ⟨Adj.⟩ *so beschaffen, dass es transportiert werden kann, beweglich;* transportabler Ofen
Trans|por|ter ⟨m.; -s, -⟩ *Kraftfahrzeug, Flugzeug od. Schiff, das große Mengen von Gütern transportiert*
Trans|por|teur ⟨[-tøːr] m.; -s, -e⟩ **1** *jmd., der etwas befördert* **2** *mit Gradeinteilung versehenes Gerät zum Messen u. Übertragen von Winkeln, Winkelmesser* **3** *Vorrichtung an der Nähmaschine, die den Stoff schrittweise unter der Nadel hindurchbefördert* [→ *transportieren*]
trans|por|tie|ren ⟨V.⟩ *befördern* [< frz. *transporter* < lat. *transportare* »hinüberbringen«]
Trans|por|tie|rung ⟨f.; -, -en⟩ *das Transportieren, Beförderung*
Trans|po|si|ti|on ⟨f.; -, -en⟩ = *Transponierung*
Trans|ra|pid ⟨m.; -(e)s, -e⟩ *Magnetschwebezug, der Spitzengeschwindigkeiten bis zu 400 km/h erreicht*
Trans|se|xu|a|lis|mus ⟨m.; -; unz.⟩ *Bedürfnis nach operativer Umwandlung des eigenen Geschlechts* [< *Trans...* + lat. *sexus* »Geschlecht«]
trans|se|xu|ell ⟨Adj.⟩ *auf Transsexualismus beruhend*
Trans|se|xu|el|le(r) ⟨f. 2 (m.1)⟩ *Frau bzw. Mann mit transsexuellen Neigungen*

trans|so|nisch ⟨Adj.⟩ = *supersonisch* [< *trans...* + lat. *sonus* »Klang, Laut, Schall«]

Trans|sub|stan|ti|a|ti|on, ⟨auch⟩ **Trans|subs-tan|ti|a|ti|on** ⟨f.; -, -en⟩ *die Wandlung der Substanz von Brot u. Wein in Leib u. Blut Christi beim Abendmahl* [< *Trans...* + lat. *substantia* »Vorhandensein; Körper«]

Trans|su|dat ⟨n.; -(e)s, -e⟩ *nicht entzündl. Ansammlung von Blutflüssigkeit in einem Hohlraum des Körpers* [< *Trans...* + lat. *sudare* »schwitzen«]

Trans|su|da|ti|on ⟨f.; -, -en; Med.⟩ *nicht entzündliche Ansammlung von Transsudat in einer Körperhöhle*

Trans|u|ran ⟨n.; -s; unz.⟩ *eines der radioaktiven Elemente, die eine höhere Ordnungszahl als Uran haben u. zum Teil künstlich hergestellt worden sind*

trans|u|ra|nisch ⟨Adj.⟩ *im period. System der chem. Elemente nach dem Uran stehend*

trans|ver|sal ⟨[-vɛr-] Adj.⟩ **1** *quer zur Längsachse eines Organismus verlaufend* **2** *senkrecht zu der Richtung verlaufend, in der sich eine Welle ausbreitet* [< *trans...* + lat. *versus,* Part. Perf. zu *vertere* »drehen, wenden«]

Trans|ver|sa|le ⟨[-vɛr-] f.; -, -n⟩ **1** *Dreieck od. Gerade, das bzw. die eine mathemat. Figur schneidet* **2** *durchgehende Straße od. Linie der Eisenbahn*

Trans|ver|sal|schwin|gung ⟨[-vɛr-] f.; -, -en⟩ = *Transversalwelle*

Trans|ver|sal|wel|le ⟨[-vɛr-] f.; -, -n⟩ *Querwelle, Welle, die sich transversal ausbreitet;* Sy *Transversalschwingung*

trans|ves|tie|ren ⟨[-vɛs-] V.⟩ *sich wie ein Transvestit kleiden od. benehmen*

Trans|ves|tis|mus ⟨[-vɛs-] m.; -; unz.⟩ *Bedürfnis, sich wie ein Angehöriger des anderen Geschlechts zu kleiden und zu benehmen;* oV *Transvestitismus*

Trans|ves|tit ⟨[-vɛs-] m.; -en, -en⟩ *Mann, der sich wie eine Frau kleidet, schminkt u. benimmt*

Trans|ves|ti|tis|mus ⟨[-vɛs-] m.; -; unz.⟩ = *Transvestismus*

tran|szen|dent, ⟨auch⟩ **trans|zen|dent** ⟨Adj.⟩ **1** *die Grenzen der Erfahrung u. des sinnlich Wahrnehmbaren überschreitend;* Ggs *immanent(1)* **2** ~e Zahl *Z., die sich nicht als ganze Zahl, Wurzel od. Bruch ausdrücken lässt,* z.B. π [< lat. *transcendens,* Part. Präs. zu *transcendere* »hinübersteigen«]

tran|szen|den|tal, ⟨auch⟩ **trans|zen|den|tal** ⟨Adj.⟩ **1** ⟨Scholastik⟩ *alle Kategorien u. Gattungsbegriffe übersteigend* **2** ⟨bei Kant⟩ *vor aller Erfahrung liegend*

Tran|szen|den|ta|lis|mus, ⟨auch⟩ **Trans|zen-den|ta|lis|mus** ⟨m.; -; unz.⟩ *gegen Rationalismus u. Puritanismus gerichtete, vom dt. Idealismus beeinflusste, philosoph. u. literar. Strömung in Nordamerika um 1835–60, die von Emerson, Hawthorne, Thoreau u.a. getragen wurde*

Tran|szen|den|tal|phi|lo|so|phie, ⟨auch⟩ **Trans-zen|den|tal|phi|lo|so|phie** ⟨f.; -; unz; nach I. Kant⟩ *auf apriorischen Grundbegriffen u. Prinzipien der reinsten Vernunft basierende philosophische Erkenntniskritik*

Tran|szen|denz, ⟨auch⟩ **Trans|zen|denz** ⟨f.; -; unz.⟩ **1** *transzendente Beschaffenheit;* Ggs *Immanenz* **2** *das Transzendieren*

tran|szen|die|ren, ⟨auch⟩ **trans|zen|die|ren** ⟨V.⟩ **1** *über Erfahrung u. sinnliche Wahrnehmung hinausgehen* **2** *aus einem philosophischen Bereich in einen anderen übergehen* [→ *transzendent*]

Tra|pez ⟨n.; -es, -e⟩ **1** ⟨Math.⟩ *Viereck mit zwei parallelen Seiten* **2** *(im Turnen u. in der Artistik verwendete) kurze, an Seilen hängende Stange aus Holz, Schwebereck, Schaukelreck* [< lat. *trapezium* »ungleichseitiges Viereck, Tischchen« < grch. *trapezion,* Verkleinerungsform zu *trapeza* »Vierfuß, Tisch«]

Tra|pez|akt ⟨m.; -(e)s, -e; Artistik⟩ *Übung am Trapez*

Tra|pe|zo|e|der ⟨n.; -s, -⟩ *von Trapezen begrenzter geometr. Körper*

Tra|pe|zo|id ⟨n.; -(e)s, -e⟩ *Viereck, dessen ungleich lange Seiten nicht parallel sind* [< lat. *trapezium* »ungleichseitiges Viereck, Tischchen« + *...id;* → *Trapez*]

Trapp ⟨m.; -s, -e; Geol.⟩ *hauptsächlich Basalte enthaltendes, dunkles Eruptivgestein, das in terrassenförmigen Schichten vorkommt;* Sy *Plateaubasalt* [schwed., »Treppe«]

Trap|per ⟨m.; -s, -⟩ *nordamerikan. Fallensteller, der Pelztiere jagt* [engl., »Fallensteller«; zu *trap* »Falle«]

Trap|pist ⟨m.; -en, -en⟩ *Angehöriger des Trappistenordens*

Trap|pis|ten|or|den ⟨m.; -s; unz.⟩ *1664 innerhalb des Zisterzienserordens gegründeter Orden mit strenger Regel (Verbot zu reden, vegetar. Nahrung, Feldarbeit)* [nach dem Gründungsort, der Abtei *La Trappe* im französ. Departement Orne]

Traps ⟨m.; -es, -e⟩ *U-förmig gekrümmtes, mit Wasser gefülltes Rohrstück in Abwasserleitungen, das den Durchtritt von Gasen aus der Kanalisation verhindert, Geruchverschluss;* Sy *Siphon* [< engl., Pl. zu *trap* »Falle«]

tra|sci|nan|do ⟨[-ʃi-] Mus.⟩ *nachlassend, schleppend (zu spielen)* [ital.]

Trash ⟨[træʃ] m.; -s; unz.⟩ *minderwertige Ware, Massenprodukt* [engl.; »Abfall, Schund«]

Tra|shing ⟨[træʃiŋ] n.; -s, -s; EDV⟩ *Systemüberlastung durch eine zu hohe Anzahl der simultan bearbeiteten Programme* [zu engl. *trash* »Abfall, Schund«]

Trass ⟨m.; -es, -e⟩ *verfestigter Tuff*[1] *aus Bimsstein, der fein gemahlen als hydraul. Zuschlag zu Beton verwendet wird* [< ital. *terrazzo* »Terrasse, Altan«]

Tras|sant ⟨m.; -en, -en⟩ *Aussteller eines gezogenen Wechsels* [→ *Trassat*]

Tras|sat ⟨m.; -en, -en⟩ *Akzeptant eines Wech-*

sels, Bezogener [< ital. *trattario, trassato* »Bezogener«; zu *tratta;* → *Tratte*]

Tras|se ⟨f.; -, -n⟩ *durch Trassieren festgelegte Linie für Straßen- u. Eisenbahnen;* Sy ⟨schweiz.⟩ *Trassee* [< ital. *trassare* »trassieren« < frz. *trace* »Spur, Fährte, Fluchtlinie«, < lat. *tractus,* Part. Perf. zu *trahere* »ziehen«]

Tras|see ⟨n.; -s, -s; schweiz.⟩ = *Trasse*

tras|sie|ren ⟨V.⟩ **1** Straßen-, Eisenbahnen ~ *ihre Linienführung im Gelände vermessen, markieren u. in Lagepläne eintragen* **2** einen Wechsel ~ *auf jmdn. ziehen od. ausstellen* [→ *Trasse*]

Tras|sie|rung ⟨f.; -, -en⟩ **1** *das Trassieren* **2** ⟨auch⟩ = *Trasse*

Trat|te ⟨f.; -, -n⟩ *auf eine andere Person gezogener Wechsel* [< ital. *tratta* »Zug, Riss, gezogener Wechsel« < lat. *tractus,* Part. Perf. zu *trahere* »ziehen«]

Trat|to|ria ⟨f.; -, -ri|en⟩ *kleines italien. Speisehaus, Gastwirtschaft* [ital., < lat. *tractare* »bewirten«]

Trau|ma ⟨n.; -s, -men od. -ma|ta⟩ **1** *Wunde, Verletzung durch Einwirkung von Gewalt* **2** *Schock, seelische Erschütterung* [grch., »Wunde«]

Trau|ma|tin ⟨n.; -s; unz.⟩ *pflanzl. Hormon, das Regeneration bei Verletzungen bewirkt* [zu grch. *trauma* »Wunde«]

trau|ma|tisch ⟨Adj.⟩ *in der Art eines Traumas*

Trau|ma|ti|zin ⟨n.; -s; unz.⟩ *Lösung aus Guttapercha u. antiseptischen Bestandteilen zum Verschließen kleiner Wunden* [→ *Trauma*]

Trau|ma|to|lo|ge ⟨m.; -n, -n⟩ *Facharzt, Wissenschaftler auf dem Gebiet der Traumatologie*

Trau|ma|to|lo|gie ⟨f.; -; unz.⟩ *Zweig der Medizin, der sich mit Unfällen befasst* [< grch. *trauma* »Wunde« + *...logie*]

trau|ma|to|lo|gisch ⟨Adj.⟩ *die Traumatologie betreffend, auf ihr beruhend, zu ihr gehörend*

Trau|to|ni|um ⟨n.; -s, -ni|en⟩ *elektron. Musikinstrument* [nach dem Erfinder, Friedrich *Trautwein,* 1888-1956]

Tra|vel|ler ⟨[trævələ(r)] m.; -s, -⟩ **1** *Reisende(r)* **2** ⟨Segeln⟩ *Vorrichtung, durch die die Schote des Großsegels läuft* [engl., »Reisender«]

Tra|vel|ler|scheck ⟨[trævələ(r)-] m.; -s, -s⟩ *Reisescheck* [< engl. *traveller* »Reisender« + *Scheck*]

tra|vers ⟨[-vɛrs] Adj.⟩ *quer, quer gestreift* [frz. < lat. *transversarius* »quer liegend«]

Tra|vers ⟨[travɛːr] n.; -; unz.; Reitsp.⟩ *Seitengang in der Dressur, bei dem die Hinterhand des Pferdes in das Bahninnere zeigt u. das Pferd dahin tritt, wohin es gestellt ist;* Ggs *Renvers* [→ *travers*]

Tra|ver|sa|le ⟨[-vɛr-] f.; -, -n; Reitsp.⟩ *Seitwärtsgang in der Dressur, bei dem das Pferd in die Bewegungsrichtung gestellt ist;* → a. *Travers* [→ *travers*]

Tra|ver|se ⟨[-vɛr-] f.; -, -n⟩ **1** *Schutzwall auf Schießständen* **2** ⟨Arch.⟩ *Querbalken, Ausleger* **3** ⟨Maschinenbau⟩ *Querverbindung von Ständern, Querhaupt* **4** ⟨Flussbau⟩ *quer angeordnete Buhne* [→ *travers*]

Tra|vers|flö|te ⟨[-vɛrs-] f.; -, -n⟩ *Querflöte*

tra|ver|sie|ren ⟨[-vɛr-] V.⟩ **1** *quer durchschreiten* **1.1** *eine Traversale reiten* **1.2** *sich waagerecht an einer Felswand vorwärts bewegen* **2** *durchkreuzen, hindern* **3** ⟨Fechten⟩ *dem Hieb des Gegners seitlich ausweichen* [→ *travers*]

Tra|ver|tin ⟨[-vɛr-] m.; -s, -e⟩ *poröse Kalksteinabscheidung bei Quellen u. Bächen, Kalksinter* [< ital. *travertino*]

Tra|ves|tie ⟨[-vɛs-] f.; -, -n⟩ *satir. Verspottung eines literar. Werkes, bei der (im Unterschied zur Parodie) der Inhalt beibehalten u. die Form verändert wird* [< frz. *travesti* »Verkleidung« < lat. *trans* »hinüber« + *vestire* »kleiden«]

tra|ves|tie|ren ⟨[-vɛs-] V.⟩ *in einer Travestie verspotten*

Trawl ⟨[trɔːl] n.; -s, -s; Fischerei⟩ *Grundschleppnetz* [engl., »Schleppnetz« < afrz. *trôler* »mit einem Schleppnetz fischen«]

Traw|ler ⟨[trɔːlə(r)] m.; -s, -⟩ *Fischdampfer, der mit einem Trawl arbeitet*

Trax ⟨m.; - od. -es, - od. -e; schweiz. ⓌⓏ⟩ *Bagger, Schaufellader* [verkürzt < engl. *Traxcavator*]

Treat|ment ⟨[triːt-] n.; -s, -s; Film; TV⟩ *literar. Vorstufe des Drehbuchs, in der die Handlung in großen Zügen u. die wichtigsten Szenen in Dialogen ausgearbeitet sind* [engl., »Behandlung«; zu *treat,* frz. *traiter* < lat. *tractare* »behandeln«]

Tre|cen|tist ⟨[-tʃɛn-] m.; -en, -en⟩ *Maler des Trecento*

Tre|cen|to ⟨[-tʃɛn-] n.; - od. -s; unz.⟩ *künstler. Stil in Italien im 14. Jh.* [ital., »dreihundert (Jahre nach 1000 n. Chr.)«]

Tre|cking ⟨n.; -s; unz.⟩ = *Trekking*

Treff ⟨n.; -s, -s⟩ *französ. Spielkartenfarbe, Kleeblatt;* da ist ~ Trumpf ⟨fig.; umg.⟩ *man kann dabei Glück haben, ebenso aber auch Pech* [Rückbildung von schweiz. *Treffle* < frz. *trèfle* »Klee, Dreiblatt (im Kartenspiel)« < lat. *trifolium*]

trei|fe ⟨Adj.⟩ *unrein* (von Speisen); Ggs *koscher(1)* [hebr.]

> **Trekking / Trecking** (*Laut-Buchstaben-Zuordnung*) Viele aus Fremdsprachen übernommene Begriffe weisen im Laufe der sprachlichen Entwicklung neben der normierten Schreibung auf der Grundlage der Herkunftssprache eine standardsprachliche, integrierte Schreibung nach deutschen Lautungsregeln auf. Es bleibt dem Schreibenden überlassen, welche Schreibweise er vorzieht.

Trek|king ⟨n.; -s; unz.⟩ *Wandern im Hochgebirge (bes. in Asien) mit Trägern;* oV *Trecking* [ndrl.]

Trek|king|bike ⟨[-baik] n.; -s, -s⟩ *Tourenfahrrad mit stabilem Rahmen u. geländetauglichen Reifen* [< engl. *trek* »trecken, wandern; anstrengender Weg od. Marsch« + *bike* »Fahrrad«]

Tre|ma ⟨n.; -s, -s od. -ma|ta⟩ **1** ⟨Zeichen: ¨⟩ *Zeichen über einem von zwei Vokalen, die nebeneinander stehen u. eine getrennte Aussprache (= Diärese) fordern,* z.B. Alëuten **2** ⟨Pl. nur -s; Med.⟩ *(nicht angeborene) Zahnlücke* [grch., »Loch, Öffnung«; zu *tetrainein* »durchbohren«]

Tre|ma|to|de ⟨f.; -, -n⟩ *als Schmarotzer lebender Plattwurm, Saugwurm* [<grch. *trema,* Gen. *trematos* »Loch, Öffnung«]

tre|mo|lan|do ⟨Mus.⟩ *zitternd, bebend (zu spielen)* [ital.; zu *tremolare;* → *tremolieren*]

tre|mo|lie|ren ⟨V.⟩ *(technisch falsch) bebend singen od. spielen* [<ital. *tremolare* »zittern« <lat. *tremere*]

Tre|mo|lo ⟨n.; -s, -s od. -li; Mus.⟩ **1** *Beben, schnelle Wiederholung desselben Tones, um Erregung darzustellen* **2** *fehlerhaftes Beben der Singstimme, im Unterschied zum natürl. Vibrato* [ital., »ich bebe, zittere«; zu *tremolare* »beben, zittern«]

Tre|mor ⟨m.; -s, -mo|res⟩ *Zittern, Wackeln infolge unwillkürl. abwechselnden Zusammenziehens u. Erschlaffens antagonistisch wirkender Muskeln* [lat., »das Zittern, Beben«; zu *tremere* »zittern«]

Tre|mu|lant ⟨m.; -en, -en; an der Orgel⟩ *Vorrichtung, um einen vibrierenden Ton (Schwebung) hervorzubringen*

Trench|coat ⟨[trɛntʃko:t] m.; -s, -s⟩ *Regenmantel aus Gabardine od. Popeline, oft mit warmem Futter* [engl., »Schützengrabenmantel« < *trench* »Grube, Rinne, Schützengraben« + *coat* »Mantel«]

Trend ⟨[trɛnd] m.; -s, -s⟩ **1** *Richtung einer neuen, modischen (statistisch erfassbaren) Entwicklung;* der ~ der 90er-Jahre; mit dieser Frisur liegt sie voll im ~ ⟨umg.⟩ *stimmt sie genau mit der neuesten Mode überein* **2** ⟨Biol.⟩ *Tendenz in der Entwicklung* [engl., »Richtung, Neigung; sich neigen, richten, erstrecken«]

Trend|set|ter ⟨[trɛnd-] m.; -s, -⟩ *Person od. Sache, die das Entstehen einer neuen Mode, eines neuen Trends anregt* [<engl. *trend* »Richtung, Mode« + *set* »setzen«]

tren|dy ⟨[trɛndi] Adj.; umg.⟩ *im Trend liegend* [engl.]

Tren|se ⟨f.; -, -n⟩ *Mundstück des Pferdezaumes, bestehend aus zwei beweglichen, durch ein Gelenk miteinander verbundenen Metallstangen u. zwei an den Enden befestigten Ringen zum Einschnallen der Zügel* [<ndrl. *trens(se)* »Seil, Fessel« <span. *trenza* »Flechte, Seil« <lat. **trinicare* »aus drei Strängen flechten«]

Trente-et-qua|rante ⟨[trãtekarã:t] n.; -; unz.⟩ *Glücksspiel mit Karten* [frz., »dreißig und vierzig«]

Tre|pan ⟨m.; -s, -e⟩ *chirurg. Gerät zum Anbohren des Schädels* [<frz. *trèpan* <mlat. *trepanum* <grch. *trypanon* »Drillbohrer«]

Tre|pa|na|ti|on ⟨f.; -, -en⟩ *das Trepanieren*

Tre|pang ⟨m.; -s, -s od. -e⟩ *gekochte u. getrocknete essbare Seewalzen* [<frz. *trépang* <mal. *tripang, taripan*]

tre|pa|nie|ren ⟨V.⟩ *mit dem Trepan den Schädel öffnen*

Tre|sor ⟨m.; -s, -e⟩ **1** = *Safe(1)* **2** ⟨in Banken⟩ *gepanzerter unterirdischer Raum mit Schränken u. Fächern aus Stahl zum sicheren Aufbewahren von Geld, Schmuck u. Wertpapieren, Stahlkammer* [<frz. *trésor* »Schatz, Tresor« <lat. *thesaurus* »Schatz, Schatzkammer« <grch. *thesauros* »Schatz«]

Tres|se ⟨f.; -, -n⟩ *Besatz, Borte an Kleidungsstücken, bes. Livreen u. (als Rangabzeichen) Uniformen* [frz., »Schnur, Borte« <ital. *treccia* »Flechte«, span. *trenza* »Trense« <grch. *tricha* »dreifach«]

tres|sie|ren ⟨V.⟩ Haare ~ *H. für eine Perücke mit Fäden aneinander knüpfen*

très vite ⟨[trɛ vit] Mus.⟩ *sehr rasch, schnell (zu spielen)* [frz.]

Treu|ga Dei ⟨[de:i] f.; - -; unz.; MA⟩ *Gottesfriede* [<mlat. *treuga* »Landfrieden« (<germ. **trewwa* »treu«) + lat. *Dei,* Gen. zu *Deus* »Gott«]

Tre|vi|ra ⟨[-vi:-] n.; -s; unz. ⓦ⟩ *Faserstoff aus Polyester*

tri…, Tri… ⟨in Zus.⟩ *drei…, Drei…, dreimalig, dreifach* [<grch. *treis, tria* »drei« bzw. lat. *tres, tria* »drei«, *tri…,* »drei…«]

Tri ⟨n.; -; unz.; kurz für⟩ *Trichloräthen*

Tri|a|de ⟨f.; -, -n⟩ **1** *drei zusammengehörige, gleichartige Dinge* **2** ⟨Philos., nach Hegels Auffassung⟩ *Form der histor. Entwicklung in drei Stufen (in These, Antithese, Synthese)* [<grch. *trias* »Dreiheit«]

tri|a|disch ⟨Adj.; selten⟩ *die Triade betreffend, auf ihr beruhend*

Tri|a|ge ⟨[-a:ʒ(ə)] f.; -, -n⟩ *Ware, aus der das Beste ausgesondert worden ist* [<frz. *trier* »auslesen«]

Tri|a|kis|do|de|ka|e|der ⟨n.; -s, -⟩ *Kristallform, von 36 Flächen begrenzter Körper, von Pyramiden begrenztes Dodekaeder, Sechsunddreißigflach, Sechsunddreißigflächner* [zu grch. *tiralis dodeka* »dreimal zwölf« + *…eder*]

Tri|a|kis|ok|ta|e|der ⟨n.; -s, -⟩ *von 24 Flächen begrenzter Körper, von acht Pyramiden begrenzter Oktaeder, Vierundzwanzigflach, Vierundzwanzigflächner* [zu grch. *tiralis okta* »dreimal acht« + *…eder*]

Tri|al ⟨[traiəl] n.; -s, -s⟩ **1** ⟨Motorsport⟩ *Geschicklichkeitsprüfung* **2** ⟨Pferderennen⟩ *Proberennen* [engl., »Probe«]

> **Trial-and-Error-Methode** (*Schreibung mit Bindestrich*) In mehrteiligen Zusammensetzungen, die eine Wortgruppe mit Bindestrich enthalten, setzt man zwischen jeden einzelnen Bestandteil einen Bindestrich (→ a. *Cash-and-carry-Klausel*).

Tri|al-and-Er|ror-Me|tho|de ⟨[traiəl ənd ɛrə(r)-] f.; -; unz.⟩ *Methode, um die Arbeits-*

weise einer Blackbox zu testen, indem man Eingabewerte so lange verändert, bis ein gewünschtes Ziel erreicht ist

Tri|an|gel ⟨m. od. n.; -s, -⟩ **1** *Schlaginstrument aus einem zum Dreieck gebogenen Stab aus Stahl, der mit einem metallenen Stäbchen geschlagen wird* **2** ⟨umg.⟩ *Dreieck* [< *Tri…* + lat. *angulus* »Winkel, Ecke«]

tri|an|gu|lär ⟨Adj.⟩ *in der Art eines Triangels, dreieckig*

Tri|an|gu|la|ti|on ⟨f.; -, -en⟩ *Landvermessung größerer Gebiete mit Hilfe einer Grundlinie u. eines Netzes von Dreiecken, deren Eckpunkte trigonometr. Punkte darstellen* [< *Tri…* + lat. *angulus* »Winkel, Ecke«]

Tri|an|gu|la|ti|ons|punkt ⟨m.; -(e)s, -e⟩ = *trigonometrischer Punkt*

tri|an|gu|lie|ren ⟨V.⟩ *mit Hilfe von Dreiecken vermessen*

Tri|a|ri|er ⟨m.; -s, -; meist Pl.⟩ *schwer bewaffneter Veteran im dritten Glied der altröm. Legion* [< lat. *triarii* (Pl.) »drittes Treffen, die Kämpfer im dritten Treffen«]

Tri|as ⟨f.; -, -⟩ *älteste Formation des Mesozoikums vor 200-160 Mill. Jahren mit wüstenartigem Festland u. ersten Säugetieren* [lat., »Dreiheit« (nach den drei Abteilungen Buntsandstein, Muschelkalk u. Keuper)]

tri|as|sisch ⟨Adj.⟩ *zur Trias gehörend, aus ihr stammend*

Tri|ä|tha|nol|a|min ⟨n.; -s; unz.⟩ *aliphatischer Aminoalkohol, chem. Formel* $N(CH_2CH_2CH)_3$*, dickes, farbloses Öl, das aus Ammoniak u. Äthylenoxid hergestellt u. wegen seiner guten emulgierenden Wirkung als Wasch- u. Reinigungsmittel, in der Kosmetik, für Lacke, Polituren, Schmiermittel u.Ä. verwendet wird*

Tri|ath|let ⟨m.; -en, -en; Sp.⟩ *Triathlon betreibender Mann*

Tri|ath|le|tin ⟨f.; -, -tin|nen; Sp.⟩ *Triathlon betreibende Frau*

Tri|ath|lon ⟨m.; -s; unz.; Sp.⟩ *Mehrkampfdisziplin, die aus Schwimmen, Radfahren u. Laufen besteht* [< *Tri…* + grch. *athlon* »Kampf«]

Tri|ba|de ⟨f.; -, -n⟩ = *Lesbierin* [< lat. *tribas*, Gen. *tribadis* »Lesbierin«; zu grch. *tribein* »reiben«]

Tri|ba|die ⟨f.; -; unz.⟩ = *lesbische Liebe;* Sy *Tribadismus*

Tri|ba|dis|mus ⟨m.; -; unz.⟩ = *Tribadie* [zu lat. *tribas*, Gen. *tribadis* »Lesbierin«; zu grch. *tribein* »reiben«]

Tri|ba|lis|mus ⟨m.; -; unz.⟩ *Stammesbewusstsein, Gefühl der Zugehörigkeit zu einem Stamm* [< engl. *tribalism;* zu *tribe* (< lat. *tribus*) »Volksstamm«]

tri|ba|lis|tisch ⟨Adj.⟩ *den Tribalismus betreffend, zu ihm gehörig, auf ihm beruhend*

Tri|bo|e|lek|tri|zi|tät, ⟨auch⟩ **Tri|bo|e|lekt|ri|zi|tät** ⟨f.; -; unz.; Phys.⟩ *durch das Berühren od. Aneinanderreiben zweier verschiedener Isolierstoffe entstehende elektrische Ladung auf der Oberfläche dieser Stoffe, Reibungselektrizität* [zu grch. *tribein* »reiben« + *Elektrizität*]

Tri|bo|lo|gie ⟨f.; -; unz.; Tech.⟩ *Wissenschaft, die sich mit der Reibung, Schmierung u. dem Verschleiß gegeneinander bewegter Teile beschäftigt* [zu grch. *tribein* »reiben« + *…logie*]

Tri|bo|lu|mi|nes|zenz ⟨f.; -, -en⟩ *durch Reibungsvorgänge verursachte Leuchterscheinungen von Substanzen* [< grch. *tribein* »reiben« + *Lumineszenz*]

Tri|bra|chys, ⟨auch⟩ **Trib|ra|chys** ⟨[-xys] m.; -, -⟩ *aus drei Kürzen bestehender Vers* [grch., < *treis, tria* »drei« + *brachys* »kurz«]

Tri|bun ⟨m.; -s od. -en, -e od. -en⟩ **1** *von der Volksversammlung gewählter altrömischer Beamter zum Schutz des Volkes gegen Willkür von Beamten;* Volks~ **2** *der zweithöchste Offizier der röm. Legion;* Militär~ [< lat. *tribunus* »Vorsteher eines Tribus«; zu *tribus* »Gau, Bezirk«]

Tri|bu|nal ⟨n.; -s, -e⟩ **1** ⟨im antiken Rom⟩ *erhöhter Platz für den Richterstuhl* **2** *Gerichtshof* [lat.]

Tri|bu|nat ⟨n.; -(e)s, -e⟩ *Amt, Würde eines Tribuns*

Tri|bü|ne ⟨f.; -, -n⟩ **1** *erhöhter Platz für den Redner;* Redner~ **2** *Gerüst mit Sitzplätzen für Zuschauer;* Zuschauer~ **3** *die Zuschauer selbst* [< frz. *tribune,* ital. *tribuna* »Rednerbühne, Galerie« < lat. *tribunal;* → *Tribunal*]

Tri|but ⟨m.; -(e)s, -e⟩ **1** *Steuer, Beitrag;* jmdm. einen ~ auferlegen; ~ zahlen **2** *Entschädigung an den Sieger* **3** ⟨fig.⟩ *Hochachtung, Ehrerbietung;* jmds. Leistung, Arbeit, Kunst den schuldigen ~ zollen [< mhd. *tribut* »öffentliche Abgabe« < lat. *tributum;* zu *tribus* »Gau, Bezirk« + *tribuere* »zu-, einteilen«]

trich…, Trich… ⟨in Zus.⟩ = *tricho…, Tricho…*

Trich|al|gie, ⟨auch⟩ **Tri|chal|gie** ⟨f.; -, -n⟩ *Berührungsschmerz im Bereich der Kopfhaare* [< *Tricho…* + *…algie*]

Tri|chi|a|sis ⟨f.; -; unz.⟩ *Einwärtskehrung der Wimpern, was ein Reiben auf der Hornhaut hervorruft* [< grch. *thrix,* Gen. *trichos* »Haar«]

Tri|chi|ne ⟨f.; -, -n⟩ *parasitärer Fadenwurm, den Schwein, Bär, Dachs, Ratte, Hund, Katze, Fuchs, Marder u.a. Tiere in eingekapseltem Zustand in ihrer Muskulatur beherbergen: Trichinella spiralis* [< grch. *trichinos* »aus Haaren bestehend, haarartig«; zu *thrix,* Gen. *trichos* »Haar«]

tri|chi|nös ⟨Adj.⟩ *Trichinen enthaltend (Fleisch)*

Tri|chi|no|se ⟨f.; -, -n⟩ *durch Trichinen verursachte Krankheit bei Tieren u. Menschen, mit Magen-Darm-Beschwerden, Fieber, Steifheit, Herzbeschwerden*

Tri|chit ⟨m.; -s u. -en, -e od. -en; Geol.⟩ *kleines, haarförmiges Mineralindividuum, dessen Natur auch mikroskopisch kaum zu bestimmen ist* [→ *Tricho…*]

Tri|chlor|ä|then, Tri|chlor|ä|thy|len ⟨[-klo:r-] n.; -s; unz.; Kurzw.: Tri⟩ *Halogenkohlenwasserstoff mit drei Atomen Chlor im Molekül, chem.*

Formel $CHCl = CCl_2$*, Flüssigkeit mit chloroformartigem Geruch, die u.a. als Lösungsmittel für Fette u. Öle sowie zum Zwecke der Extraktion verwendet wird*

tri|cho…, Tri|cho… ⟨vor Vokalen⟩ trich…, Trich… ⟨in Zus.⟩ *haar…, Haar…* [< grch. *thrix,* Gen. *trichos* »Haar«]

Tri|cho|gram|ma ⟨Pl.⟩ *einer Gattung der Zehrwespen angehörender, sehr kleiner Hautflügler, dessen Eier in den Larven anderer Insekten schmarotzen u. der zur biolog. Bekämpfung von Schadinsekten eingesetzt wird* [< *Tricho…* + grch. *gramma* »Zeichnung«]

Tri|chom ⟨[-ço:m] n.; -s, -e⟩ **1** *Verfilzung der Kopfhaare durch Läuse* **2** *haarförmiger Anhang der pflanzl. Oberhaut* [< grch. *trichoma* »Behaarung, Haarwuchs«]

Tri|cho|mo|na|den|seu|che ⟨f.; -; unz.⟩ *durch in der Scheide der Säugetiere u. des Menschen sich ansiedelnde Trichomonaden (Trichomonas vaginalis) hervorgerufener, sehr heftiger, schaumiger, übel riechender Ausfluss*

Tri|cho|phy|tie ⟨f.; -, -n⟩ *Pilzerkrankung der Haare, der Haut u. der Nägel, Scherpilzflechte* [< *tricho…* + grch. *phyton* »Pflanze«]

Tri|cho|pte|re, ⟨auch⟩ **Tri|chop|te|re** ⟨m.; -n, -n⟩ *Köcherfliege, Frühlingsfliege, Angehöriger einer Ordnung kleiner bis mittelgroßer, schmetterlingsähnlicher Insekten mit vier dicht behaarten Flügeln, langen, fadenförmigen Fühlern u. saugendleckenden Mundwerkzeugen* [< *Tricho…* + *…ptere*]

Tri|cho|pti|lo|se, ⟨auch⟩ **Tri|chop|ti|lo|se** ⟨f.; -, -n⟩ *Brüchigkeit, Aufspaltung der Haare* [< *Tricho…* + grch. *ptilon* »Feder«]

Tri|cho|se ⟨f.; -, -n⟩ *Haarerkrankung, Erkrankung, die sich durch zu starke Haarentwicklung an Stellen, wo sonst kein od. nur geringer Haarwuchs normal ist, od. durch zu geringe Behaarung u. Haarausfall bemerkbar macht, Haarkrankheit* [< grch. *thrix* Gen. *trichos* »Haar«]

Tri|cho|spo|rie, ⟨auch⟩ **Tri|chos|po|rie** ⟨f.; -, -n⟩ *durch einen Pilz hervorgerufene Haarkrankheit* [< *Tricho…* + *Spore*]

Tri|cho|to|mie ⟨f.; -, -n⟩ **1** ⟨unz.; Theol.⟩ *Dreiteilung des Menschen in Leib, Seele u. Geist* **2** ⟨Rechtsw.⟩ *Einteilung von Straftaten in Übertretung, Vergehen, Verbrechen* **3** ⟨zählb.; fig.⟩ *Haarspalterei* [< *Tricho…* + *…tomie*]

tri|cho|to|misch ⟨Adj.⟩ *auf Trichotomie beruhend*

Tri|cho|ze|pha|lus ⟨m.; -, -pha|len⟩ *zu den Nematoden gehörender Peitschenwurm* [< *Tricho…* + *…zephal*]

Trich|u|ri|a|sis, ⟨auch⟩ **Tri|chu|ri|a|sis** ⟨f.; -; unz.⟩ *Wurmkrankheit des Menschen, hervorgerufen durch Würmer der Gattung Trichuris* [< *Tricho…* + grch. *oura* »Schwanz«]

Tri|ci|ni|um ⟨n.; -s, -nia od. -ni|en; 15./16. Jh.⟩ *kurzes Tonstück für drei Singstimmen a cappella od. für drei Instrumente, dem heutigen Trio bzw. Terzett entsprechend* [< *Tri…* + lat. *canere* »singen, spielen, tönen«]

Trick ⟨m.; -s, -s⟩ **1** *Kunstgriff, List* **2** *höherer Stich beim Whist* [engl. < frz. (picard.) *trique* »Stock«; zu *estriquer* < ndrl. *striken* »aufeinander legen«]

Trick|schi ⟨m. od. n.; -s, -schi|er od. unz.⟩ = *Trickski*

trick|sen ⟨V.⟩ **1** *Tricks(1) anwenden* **2** ⟨Sp., bes. Fußb.⟩ den Gegner ~ *geschickt umspielen*

Trick|ser ⟨m.; -s, -; umg.⟩ *jmd., der sehr listenreich vorgeht u. sich dabei einiger Tricks bedient* [→ *Trick*]

Trick|ski ⟨[-ʃi:]⟩ oV *Trickschi* **1** ⟨m.; -s, -ski|er⟩ *breiter, bes. elastischer Ski* **2** ⟨n.; -s; unz.⟩ *das Laufen mit Trickskiern*

Tricks|ter ⟨m.; -s, -⟩ *mythologisches Wesen, das einen betrügerischen Charakter besitzt u. in Volkserzählungen vor allem als schelmischer Geist erscheint*

Trick|track ⟨n.; -s; unz.⟩ *ein Brett- u. Würfelspiel, Puff* [< frz. *trictrac,* lautmalend]

tri|cky ⟨[triki] Adj.; umg.⟩ **1** *listig, raffiniert, trickreich;* er ist sehr ~ **2** *heikel, schwierig;* die Situation ist sehr ~ [engl.]

Tri|dent ⟨m.; -(e)s, -e⟩ *Dreizack (Waffe Poseidons)* [< *Tri…* + lat. *dens,* Gen. *dentis* »Zahn«]

tri|den|ti|nisch ⟨Adj.⟩ *Trient betreffend, zu ihm gehörend, aus ihm stammend*

Tri|du|um ⟨n.; -s, -du|en⟩ *Zeitraum von drei Tagen* [zu *tri…* + lat. *dies* »Tag«]

Tri|dy|mit ⟨m.; -s, -e⟩ *ein bei hoher Temperatur hexagonal, später rhombisch umkristallisiertes Mineral, chem. Formel* SiO_2 [< *Tri…* + grch. *didymos* »doppelt, zweifach«]

tri|en|nal ⟨Adj.⟩ *alle drei Jahre stattfindend* [→ *Triennium*]

Tri|en|na|le ⟨f.; -, -n⟩ *alle drei Jahre stattfindende Veranstaltung* [→ *Triennium*]

Tri|en|ni|um ⟨n.; -s, -ni|en⟩ *Zeitraum von drei Jahren* [< *Tri…* + lat. *annus* »Jahr«]

Tri|e|re ⟨f.; -, -n⟩ *Kriegsschiff der alten Griechen mit drei übereinander liegenden Ruderbänken;* Sy *Trireme* [< grch. *trieres* »dreifach versehen«]

Tri|eur ⟨[triø:r] m.; -s, -e⟩ *Maschine zum Trennen der Körnerfrucht vom Samen des Unkrautes, zum Reinigen von Saatgut* [frz.; zu *trier* »auslesen, sortieren«]

Tri|fle, ⟨auch⟩ **Trif|le** ⟨[traif(ə)l] m.; -s, -s; engl. Kochk.⟩ *Nachspeise, die aus drei Schichten besteht,* z.B. Götterspeise, Vanillesauce u. Sahne

Tri|fo|kal|glä|ser ⟨Pl.; Opt.⟩ *durch besonderen Schliff für drei verschiedene Entfernungen verwendbare Brillengläser;* → a. *Bifokalgläser* [< *Tri…* + *fokal*]

Tri|fo|li|um ⟨n.; -s, -li|en⟩ *Klee* [< *Tri…* + lat. *folium* »Blatt«]

Tri|fo|ri|um ⟨n.; -s, -ri|en; in roman. u. got. Kirchen⟩ *Galerie mit dreifachen Bogenstellungen unter den Fenstern des Mittel-, Querschiffs od. Chores* [< *Tri…* + lat. *foris* »Türflügel«]

Tri|ga ⟨f.; -, -gen od. -s⟩ **1** *Dreigespann* **2** *mit*

drei Pferden bespannter Wagen [< *Tri…* + lat. *iugum* »Joch, Gespann«]

Tri|ge|mi|nus ⟨m.; -; unz.⟩ *der 5. Hirnnerv des Menschen u. der Wirbeltiere, der das Gesicht u. die Kaumuskeln versorgt: Nervus trigeminus* [< lat. *trigeminis* »Drillings…«]

Trig|ger ⟨m.; -s, -⟩ *eine elektr. od. elektron. Schaltung auslösender Impuls* [engl., »Abzug einer Feuerwaffe«]

Tri|glyph ⟨m.; -s, -e⟩, **Tri|gly|phe** ⟨f.; -, -n⟩ *schlitzförmig senkrecht dreigeteiltes Feld, das mit den Metopen am dorischen Fries abwechselt, Dreischlitz* [< *Tri…* + grch. *glyhis* »Kerbe«; zu *glyphein* »eingravieren, einschneiden«]

Tri|gon ⟨n.; -s, -e⟩ *Dreieck* [< *Tri…* + *…gon*]

tri|go|nal ⟨Adj.⟩ *dreieckig*

Tri|go|no|me|trie, ⟨auch⟩ **Tri|go|no|met|rie** ⟨f.; -; unz.⟩ *Berechnung u. Messung von Dreiecken* [< *Trigon* + *…metrie*]

tri|go|no|me|trisch, ⟨auch⟩ **tri|go|no|met|risch** ⟨Adj.⟩ *auf der Trigonometrie beruhend, mit ihrer Hilfe;* ~er Punkt *für Zwecke der Triangulation festgelegter Punkt;* Sy *Triangulationspunkt*

tri|klin ⟨Adj.⟩ *drei ungleich lange Achsen aufweisend, die nicht im Winkel von 90° zueinander stehen (Kristallsystem)* [< *tri…* + grch. *klinein* »neigen, beugen, lehnen«]

Tri|kli|ni|um ⟨n.; -s, -ni|en⟩ **1** *altröm. Speisezimmer mit dem an drei Seiten von Polstern zum Liegen umgebenen Esstisch* **2** *der Esstisch selbst* [lat.; → *triklin*]

Tri|ko|li|ne ⟨f.; -; unz.⟩ *feines, meist geripptes Gewebe aus Baumwolle in Leinwandbindung, wobei die Kette doppelt so dicht ist wie der Schuss* [→ *Trikot*]

tri|ko|lor ⟨Adj.⟩ *dreifarbig* [< frz. *tricolore* »dreifarbig« < lat. *tri…* »drei« + *color* »Farbe«]

Tri|ko|lo|re ⟨f.; -, -n⟩ *die dreifarbige Fahne (blau, weiß, rot) der französ. Republik*

Tri|kom|po|si|tum ⟨n.; -s, -ta; Sprachw.⟩ *aus drei selbständigen Teilen zusammengesetztes Wort (z.B. Einbahnstraße)* [< *Tri…* + *Kompositum*]

Tri|kot ⟨[-ko:] n.; -s, -s⟩ **1** *Gewebe, das die Eigenschaften von Wirkwaren hat* **2** *dehnbare Wirkware zur Herstellung von Trikotagen* **3** *fest anliegendes, dehnbares Kleidungsstück;* Bade~ [< frz. *tricot* »gestrickter Stoff«; nach dem nordfrz. Ort *Tricot*]

Tri|ko|ta|ge ⟨[-ʒə] f.; -, -n; meist Pl.⟩ *Kleidungsstück aus Strick- u. Wirkware* [< frz. *tricotage* »gestrickte Arbeit«; → *Trikot*]

tri|la|te|ral ⟨a. [---'-] Adj.; Pol.⟩ *von drei Seiten ausgehend, drei Seiten betreffend, drei Seiten berührend* [< *tri…* + *lateral*]

Tri|lem|ma ⟨n.; -s, -s od. -ma|ta; Logik⟩ *Urteil, das einem Gegenstand od. Sachverhalt drei sich ausschließende Eigenschaften zuschreibt;* → a. *Dilemma* [< *Tri…* + *Lemma(2)*]

tri|lin|gu|isch ⟨Adj.⟩ *dreisprachig* [< *tri…* + verkürzt für *linguistisch*]

Tril|li|ar|de ⟨f.; -, -n⟩ *1000 Trillionen* [< ital. *Tri…* + *Milliarde*]

Tril|li|on ⟨f.; -, -en⟩ **1** *eine Million Billionen,* 10^{18} **2** ⟨Frankreich bis 1948, Sowjetunion, USA⟩ = *Billion* [< *Tri…* + *Million*]

Tri|lo|bit ⟨m.; -en, -en⟩ *Angehöriger einer ausgestorbenen Klasse der Gliederfüßer, deren Panzer aus Chitin dreigeteilt ist* [< *Tri…* + grch. *lobos* »Lappen, Schotenhülse«]

Tri|lo|gie ⟨f.; -, -n⟩ *literar. Werk aus drei selbständigen, gleichartigen, stofflich zusammengehörigen Teilen;* Dramen~, Roman~ [< *Tri…* + *…logie*]

Tri|ma|ran ⟨m.; -s, -e⟩ *Segelboot mit drei Rümpfen* [< *Tri…* + Kata*maran*]

tri|mer ⟨Adj.; Bot.⟩ *dreiteilig* [< *tri…* + *…mer*]

Tri|mes|ter ⟨n.; -s, -⟩ *dritter Teil eines Studienjahres* [< lat. *trimestris, trimenstris* »dreimonatig« < *tri…* »drei…« + *mensis* »Monat«]

Tri|me|ter ⟨m.; -s, -⟩ *Vers aus drei Metren, bes. Vers aus drei jambischen Dipodien* [< *Tri…* + *…meter*]

Trimm ⟨m.; -(e)s; unz.⟩ **1** *Lage eines Schiffes in Bezug auf Tiefgang u. Schwerpunkt* **2** *gepflegter Zustand eines Schiffes* [< engl. *trim* »Schwimmlage«; → a. *trimmen*]

trim|men ⟨V.⟩ **1** einen **Hund** ~ *einem H. das Fell scheren* **2** **Kohlen** ~ ⟨Mar.⟩ *K. aus den Bunkern zu den Kesseln bringen* **3** das **Ruder** ~ ⟨Flugw.⟩ *das R. so einstellen, dass eine günstige Lage entsteht* **4** ein **Schiff,** ein Flugzeug ~ *die Gewichte so verteilen, dass eine günstige Lage erreicht wird* **5** einen **Schwingkreis** ~ *einen S. genau auf die gewünschte Frequenz einstellen* **6** sich ~ *sich körperlich fit halten* [< engl. *trim* »putzen« < asächs. *trymman* »fest, stark machen, in Ordnung bringen«; zu *trum* »fest, sicher«]

Trim|mer ⟨m.; -s, -⟩ **1** *Arbeiter, der Kohlen trimmt* **2** *verstellbarer Kondensator zum Trimmen von Schwingkreisen*

tri|morph ⟨Adj.⟩ *dreigestaltig (Blüten)* [< *tri…* + *morph*]

Tri|mor|phie ⟨f.; -; unz.⟩ = *Trimorphismus*

Tri|mor|phis|mus ⟨m.; -; unz.⟩ *Dreigestaltigkeit (von Blüten);* Sy *Trimorphie*

tri|när ⟨Adj.; fachspr.⟩ *dreifach, aus drei Teilen bzw. Gliedern bestehend* [zu lat. *trinarius* »aus (je) dreien bestehend«]

Tri|ni|ta|ri|er ⟨m.; -s, -⟩ *Angehöriger des 1198 zum Loskauf christlicher Sklaven gegründeten Ordens* [< Ordo SS. *Trinitatis* de redemptione captivorum »Trinitarierorden, Dreifaltigkeitsorden«]

tri|ni|ta|risch ⟨Adj.⟩ *zur Trinität gehörig*

Tri|ni|tät ⟨f.; -; unz.⟩ *Dreieinigkeit (Einheit von Vater, Sohn u. Heiligem Geist)* [< lat. *trinitas* »Dreiheit«]

Tri|ni|ta|tis *Sonntag nach Pfingsten, Dreifaltigkeitsfest* [< lat. *trinitas;* → *Trinität*]

Tri|ni|tro|phe|nol, ⟨auch⟩ **Tri|nit|ro|phe|nol** ⟨n.; -s, -e⟩ = *Pikrinsäure* [< *Tri…* + *nitro…* + *Phenol*]

Tri|ni|tro|to|lu|ol, ⟨auch⟩ **Tri|nit|ro|to|lu|ol** ⟨n.; -s; unz.; Abk.: TNT⟩ *stoßsicherer Sprengstoff für Granaten, Bomben u. Torpedos, chem. Formel* $C_6H_2(NO_2)_3CH_3$; Sy *Trotyl* [< *Tri…* + *nitro…* + *Toluol*]

Tri|nom ⟨n.; -s, -e⟩ **1** *dreigliedriger Ausdruck* **2** *Bezeichnung einer Rasse durch drei Wörter aus der biolog. Systematik* **3** *dreigliedriger, durch Addition od. Subtraktion verbundener Ausdruck* [< *Tri…* + *nom²*]

tri|no|misch ⟨Adj.⟩ *aus drei Gliedern bestehend*

Trio ⟨n.; -s, -s⟩ **1** *Musikstück für drei verschiedene Instrumente* **2** *Gruppe von drei Sängern od. Instrumentalisten* **3** *ruhiges Mittelstück eines musikal. Satzes* **4** ⟨umg.; oft abwertend⟩ *drei zusammengehörige Personen* [ital.; zu *tre* »drei«]

Tri|o|de ⟨f.; -, -n⟩ *Elektronenröhre mit den drei Elektroden Anode, Kathode u. Gitter* [< *Tri…* + *…ode*]

Tri|o|le ⟨f.; -, -n⟩ *Gruppe von drei Noten in der Einheit eines Taktes von regulär zwei (od. vier) Noten* [vermutl. < ital. *trio;* → *Trio*]

Tri|o|le|in ⟨n.; -s; unz.⟩ *Triolsäureester des Glycerins, ölige Flüssigkeit, die in Fetten sowie in fetten Ölen vorkommt, chem. Formel* $C_3H_5(C_{17}H_{33}COO)_3$

Tri|o|lett ⟨n.; -(e)s, -e⟩ *achtzeiliges Gedicht mit nur zwei Reimen, in dem die 1. Zeile als 4. u. die ersten beiden Zeilen als 7. u. 8. wiederholt werden* [< frz. *triolet;* mit frz. Verkleinerungsendung zu ital. *trio;* → *Trio*]

Tri|o|lett|so|na|te ⟨f.; -, -n⟩ *Sonate für zwei Melodie-Instrumente u. Continuo*

Tri|o|lis|mus ⟨m.; -; unz.⟩ *Geschlechtsverkehr zwischen drei Partnern*

tri|o|lis|tisch ⟨Adj.⟩ *den Triolismus betreffend, auf ihm beruhend, zu ihm gehörig*

Tri|ö|zie ⟨f.; -; unz.⟩ *Dreihäusigkeit, Vorkommen von zwittrigen, männl. u. weibl. Blüten auf drei Pflanzen derselben Art* [< *Tri…* + grch. *oikein* »wohnen, bewohnen«]

tri|ö|zisch ⟨Adj.⟩ *in der Art einer Triözie, dreihäusig*

Trip ⟨m.; -s, -s⟩ **1** *Ausflug, kleine Reise* **2** *Zustand des Rausches nach dem Genuss von Drogen* [engl.]

Tri|pal|mi|tin ⟨n.; -s; unz.⟩ *mit drei Palmitinsäureresten verestertes Glycerin, Bestandteil vieler tierischer u. pflanzlicher Fette u. Öle*

Tri|pel ⟨m.; -s; unz.⟩ *sehr leichtes, aus den kieselsäurehaltigen Panzern von Diatomeen bestehendes Pulver, das zum Isolieren gegen Wärme u. Schall verwendet wird, Kieselgur* [nach der Stadt *Tripolis* in Libyen]

tri|pel…, Tri|pel… ⟨in Zus.⟩ *drei…, Drei…, dreifach;* oV *triple…, Triple* [< frz. *triple…* »dreifach« < lat. *triplex*]

Tri|pel|al|li|anz ⟨f.; -, -en⟩ *Bündnis dreier Staaten*

Tri|pel|en|ten|te ⟨[-ãtã:t(ə)] f.; -, -n⟩ *Bündnis dreier Staaten*

Tri|pel|fu|ge ⟨f.; -, -n⟩ *Fuge mit drei zuerst nacheinander, dann miteinander erklingenden Themen*

Tri|pel|kon|zert ⟨n.; -(e)s, -e⟩ *Konzert für drei verschiedene Instrumente, z.B. Klavier, Violine u. Violoncello*

Tri|pel|punkt ⟨m.; -(e)s, -e⟩ *im Zustandsdiagramm eines Stoffes der Temperaturpunkt, an dem die feste, flüssige u. gasförmige Phase des Stoffes miteinander im thermodynamischen Gleichgewicht stehen*

Tri|pel|takt ⟨m.; -(e)s, -e⟩ *dreiteiliger Takt,* z.B. $^3/_2$, $^3/_4$, $^9/_6$

Tri|pep|tid ⟨n.; -(e)s, -e⟩ *Verbindung aus drei Aminosäuren* [< *Tri…* + *Peptid*]

Tri|phthong, ⟨auch⟩ **Triph|thong** ⟨m.; -s, -e⟩ *Dreilaut, drei nebeneinander stehende Vokale mit der Funktion eines einzigen, z.B. in Mundarten* [< *Tri…* + grch. *phthoggos* »Ton, Klang, Laut«]

Tri|pi|ta|ka ⟨n.; -; unz.⟩ *der aus drei Teilen (»Körben«) bestehende buddhist. Kanon;* oV *Tipitaka* [Pali, »Dreikorb«]

> ■ Die Buchstabenfolge **tri|pl…** kann auch **trip|l…** getrennt werden. Davon ausgenommen sind Zusammensetzungen, in denen die fremdsprachigen bzw. sprachhistorischen Bestandteile deutlich als solche erkennbar sind, z.B. *-plett, -plik, -plikat* (→ a. *Duplett, Replik, Duplikat*).

■ **tri|ple…, Tri|ple…** ⟨[tripl]⟩ = *tripel…, Tripel…*

Tri|plett ⟨n.; -s, -e⟩ *aus drei eng benachbarten Spektrallinien bestehende Linie im Spektrum eines Stoffes* [< frz. *triple* »dreifach«]

Tri|plik ⟨f.; -, -en⟩ *Antwort des Klägers auf eine Duplik des Beklagten* [< frz. *triplique* < nlat.; zu lat. *triplicare* »dreimal sagen«]

Tri|pli|kat ⟨n.; -(e)s, -e⟩ *dritte Ausfertigung*

Tri|pli|ka|ti|on ⟨f.; -, -en⟩ *dreimaliges Anführen eines Wortes od. einer Gruppe von Wörtern*

Tri|pli|zi|tät ⟨f.; -, -en⟩ *dreifaches Vorkommen, dreifaches Vorhandensein*

■ **tri|plo|id** ⟨Adj.⟩ *mit einem dreifachen Satz von Chromosomen versehen* [< grch. *triploos* »dreifach« + …id]

Trip|ma|dam ⟨f.; -, -en⟩ *als Gewürz od. Gemüse verwendete Art der Fetthenne: Sedum reflexum* [< frz. *trip-madame, trique-madame* »Hauswurz« < *tétin(e)-madame* »weibl. Brustwarze« < *tétin* »Brustwarze« (< fränk. **titto;* verwandt mit *Zitze*) + *Madame*]

Tri|po|den ⟨Pl. von⟩ *Tripus*

Tri|po|die ⟨f.; -, -n⟩ *Einheit aus drei gleichen Versfüßen;* → a. *Monopodie, Dipodie* [< *Tri…* + grch. *pous,* Gen. *podos* »Fuß«]

Tri|pty|chon, ⟨auch⟩ **Trip|ty|chon** ⟨[-çɔn] n.; -s, -chen od. -cha⟩ *drei beweglich miteinander verbundene Tafelbilder, meist als Altarbild* [< *Tri…* + grch. *ptyche, ptyx* »Schicht«]

Tri|pus ⟨m.; -, -po|den⟩ *altgriech. dreifüßiges Gestell für Gefäße, Dreifuß* [< *Tri…* + grch. *pous* »Fuß«]

Tri|re|me ⟨f.; -, -n⟩ = *Triere* [< lat. *triremis,* < *tri* »drei« + *remus* »Ruder«]

Tri|sac|cha|rid ⟨[-xa-] n.; -(e)s, -e⟩ *Art des Zuckers, die aus drei Monosacchariden aufgebaut ist,* z.B. die Raffinose [< *Tri...* + grch. *sakcharon* »Zucker« + *...id*]

Tri|sek|ti|on ⟨f.; -, -en⟩ *Dreiteilung (des Winkels)*

Tri|set ⟨n. od. m.; - od. -s, -s⟩ **1** *aus drei zusammengehörenden Dingen bestehendes Set(2.1)* **2** *drei zusammengehörende Ringe, von denen zwei die Eheringe eines Paares sind u. der dritte ein dazu passender Diamantring für die Ehefrau* [< *Tri...* + *Set(2.1)*]

Tris|mus ⟨m.; -, -men⟩ *Kaumuskelkrampf, Kiefersperre* [< grch. *trizein* »knirschen, knacken«]

Tri|so|mie ⟨f.; -, -n; Med.⟩ *anormale Überzahl an Chromosomen, die Missbildungen verursacht* [< *Tri...* + grch. *soma* »Körper«]

trist ⟨Adj.⟩ *traurig, öde, grau in grau;* eine ~e Gegend; ~es Wetter [< frz. *triste* »traurig« < lat. *tristis*]

Tris|tesse ⟨[-tɛs] f.; -; unz.; geh.⟩ *Traurigkeit, Schwermut* [frz.]

Tri|sti|chon, ⟨auch⟩ **Tris|ti|chon** ⟨[-çɔn] n.; -s, -chen⟩ *Vers od. Gedicht aus drei Zeilen* [< *Tri...* + grch. *stichos* »Vers«]

tri|syl|la|bisch ⟨Adj.⟩ *dreisilbig*

Tri|syl|la|bum ⟨n.; -s, -ba od. -la|ben; Sprachw.⟩ *dreisilbiges Wort* [< *Tri...* + grch. *syllabe* »Silbe«]

Trit|a|go|nist, ⟨auch⟩ **Tri|ta|go|nist** ⟨m.; -en, -en⟩ *dritter Schauspieler des altgriech. Theaters* [< grch. *tritagonistes* »Schauspieler, der die 3. Rolle spielt« < *tritos* »der dritte« + *agonistes* »Wettkämpfer«]

Tri|the|is|mus ⟨m.; -; unz.⟩ *Glaube an die Dreieinigkeit als drei getrennte göttliche Personen* [< *Tri...* + *Theismus*]

Tri|ti|cum ⟨n.; -s, unz.⟩ *die Pflanzengattung Weizen mit zahlreichen Arten* [lat.]

Tri|ti|um ⟨n.; -s; unz.; chem. Zeichen: T⟩ *Radiowasserstoff, schwerstes Isotop des Wasserstoffs, enthält einen Atomkern, der aus einem Proton u. zwei Neutronen besteht* [nlat; zu grch. *tritos* »der dritte«]

Tri|ton[1] ⟨m.; -to|nen, -to|nen; grch. Myth.⟩ *Meergott, halb Mensch, halb Fisch* [nach grch. *Triton,* Sohn des Poseidon]

Tri|ton[2] ⟨n.; -s; unz.⟩ *Atomkern des Tritiums* [grch., Neutr. zu *tritos* »der dritte«]

Tri|tons|horn ⟨n.; -s, -hör|ner⟩ *im Meer lebende große, räuberische Schnecke, Trompetenschnecke: Tritonium* [→ *Triton*[1]]

Tri|to|nus ⟨m.; -; unz.⟩ *aus drei ganzen Tönen bestehendes Intervall, übermäßige Quarte* [lat., »Dreiklang«]

Tri|tu|ra|ti|on ⟨f.; -, -en⟩ *Pulverisieren eines Feststoffes* [zu lat. *tritus* »abgerieben«; zu *terre* »reiben«]

Tri|umph ⟨m.; -(e)s, -e⟩ **1** ⟨urspr.⟩ *festl. Einzug römischer Feldherren nach erfolgreicher Schlacht* **2** ⟨allg.⟩ *Freude, Genugtuung über einen Sieg od. Erfolg* **3** *mit Jubel gefeierter Sieg od. Erfolg* [< lat. *triumphus,* vermutl. < etrusk.]

tri|um|phal ⟨Adj.⟩ *Triumph bereitend, herrlich, großartig*

Tri|um|pha|tor ⟨m.; -s, -to|ren; im antiken Rom⟩ *der feierlich einziehende siegreiche Feldherr*

Tri|umph|bo|gen ⟨m.; -s, -bö|gen⟩ **1** ⟨im antiken Rom⟩ *steinernes Tor für den Einzug des siegreichen Feldherrn* **2** ⟨in der Basilika⟩ *das Kirchenschiff vom Chor trennender Bogen, oft mit der Darstellung des Triumphes Christi*

tri|um|phie|ren ⟨V.⟩ *über einen Sieg od. Erfolg frohlocken, jubeln*

Tri|umph|kreuz ⟨n.; -es, -e⟩ *unter dem Triumphbogen angebrachtes Kruzifix*

Tri|um|vir ⟨[-vir] m.; -s od. -n, -n⟩ *Mitglied eines Triumvirats* [< lat. *trium,* Gen. zu *tres* »drei« + *vir* »Mann«]

Tri|um|vi|rat ⟨[-vi-] n.; -(e)s, -e; im antiken Rom⟩ *Kollegium von drei Männern zur Lenkung des Staates*

tri|va|lent ⟨[-va-] Adj.; Chem.⟩ *dreiwertig* [< *tri...* + *valent*]

tri|vi|al ⟨[-vi-] Adj.⟩ **1** *gewöhnlich, ohne wertvollen Gehalt* **2** *platt, abgedroschen, bis zum Überdruss bekannt, seicht* [frz. < lat. *trivialis* »gewöhnlich, allbekannt, jedem zugänglich, Gassen...«; zu *trivium* »Ort, an dem drei Wege zusammenstoßen, Kreuzung; öffentl. viel begangener Weg« < *tri...,* »drei...« + *via* »Weg«]

tri|vi|a|li|sie|ren ⟨[-vi-] V.⟩ *etwas trivial machen, mit einer trivialen Beschaffenheit versehen;* die Schauspieler ~ bewusst ihre Darstellung

Tri|vi|a|li|tät ⟨[-vi-] f.; -, -en⟩ **1** *triviale Beschaffenheit* **2** *triviale Äußerung, Redensart, Schilderung*

Tri|vi|al|li|te|ra|tur ⟨[-vi-] f.; -; unz.⟩ *Literatur, die keinen künstlerischen Anspruch erhebt u. sich an ein breites Publikum richtet*

Tri|vi|um ⟨[-vi-] n.; -s; unz.⟩ *der untere Lehrgang mittelalterlicher Universitäten, die ersten drei der sieben freien Künste: Grammatik, Dialektik u. Rhetorik;* → a. *Quadrivium* [lat., »Ort, an dem drei Wege zusammenstoßen«, < *tri...,* »drei...« + *via* »Weg, Straße«]

Tri|zeps ⟨m.; -, -e⟩ **1** *dreiköpfiger Muskel: Triceps* **1.1** ⟨i.e.S⟩ *der dreiköpfige Streckmuskel des Oberarms: Triceps Brachii* [< lat. *triceps* »dreiköpfig«, < *tri...,* »drei...« + *caput*]

tro|chä|isch ⟨[-xɛː-] Adj.⟩ *in der Art eines Trochäus, aus Trochäen bestehend*

Tro|chan|ter ⟨[-xan-] m.; -s, -⟩ *knöcherner Vorsprung am Oberschenkelknochen, Rollhügel* [< grch. *trochazein* »laufen, drehen«]

Tro|chä|us ⟨[-xɛː-] m.; -, -chä|en⟩ *Versfuß aus einer langen, betonten u. einer kurzen, unbetonten Silbe;* Sy *Choreus* [< grch. *trochaios* »laufend, schnell«]

Tro|chit ⟨[-xiːt] m.; -s od. -en, -en⟩ *versteinerter Teil des Stieles einer Seelilie* [< grch. *trochos* »Rad, runde Scheibe«]

Tro|chi|ten|kalk ⟨[-xi:-] m.; -s; unz.⟩ *eine der oberen Schichten des Muschelkalks mit darin enthaltenen Trochiten*

Tro|cho|i|de ⟨[-xo-] f.; -, -n⟩ *besondere Form einer Zykloide* [< grch. *trochos* »Rad, runde Scheibe« + *...id*]

Tro|cho|pho|ra ⟨[-xo:fo-] f.; -, -pho|ren⟩ *Wimpernschopflarve, Typ von Larven, der vor allem unter den Ringelwürmern verbreitet ist, mit einem Schopf aus Wimpern auf dem Scheitel* [< grch. *trochos* »Rad, runde Scheibe« + *pherein, phorein* »tragen«]

Tro|cho|ze|pha|lie ⟨[-xo-] f.; -, -n⟩ *runde Schädelform* [< grch. *trochos* »Rad, runde Scheibe« + *...kephal*]

Tro|glo|dyt, ⟨auch⟩ **Trog|lo|dyt** ⟨m.; -en, -en⟩ *Höhlenbewohner* [< grch. *troglodytes* < *trogle* »Höhle« + *duesthai* »untertauchen, sich verkriechen«]

Tro|gon ⟨m.; -s, -s od. -go|n|ten⟩ *prächtig bunter Vogel der trop. u. subtrop. Urwälder Amerikas, Asiens u. Afrikas: Trogonidae* [< grch. *trogein* »nagen«]

Troi|cart ⟨[troaka:r] m.; -s, -s od. -e⟩ = *Trokar*

Tro|i|ka ⟨f.; -, -s⟩ **1** *russ. Dreigespann* **2** *mit drei Pferden bespannter Wagen* **3** ⟨fig.; bes. Pol.⟩ *Gruppe von drei Personen (als Führungsgremium);* vgl. *Quadriga* [russ., »Dreier«, zu *tri* »drei«]

tro|ja|nisch ⟨Adj.⟩ **1** *die antike Stadt Troja betreffend, zu ihr gehörend, aus ihr stammend* **1.1** Trojanischer **Krieg** ⟨in der grch. Sage⟩ *zehn Jahre währender Krieg der Griechen um Troja zur Befreiung der von Paris geraubten Helena* **1.2** Trojanisches **Pferd** *hölzernes Pferd, in dessen Bauch sich im Trojanischen Krieg mehrere grch. Krieger verbargen u. in dem sie sich von den Trojanern in die Stadt bringen ließen* [nach der grch. Stadt *Troja*]

Tro|kar ⟨m.; -s, -s od. -e⟩ *dreikantige chirurg. Nadel mit Hülse zur Entfernung von Flüssigkeit od. Eiter aus dem Körper;* oV *Troicart* [< frz. *trois* »drei« + *carre* »Winkel«]

tro|kie|ren ⟨V.⟩ Waren ~ *austauschen* [< frz. *troquer* »tauschen, ver-, umtauschen« < lat. *torquere* »drehen, wenden«]

Trok|to|lith ⟨m.; -(e)s od. -en, -e od. -en; Min.⟩ *wie die Haut einer Forelle schimmernder Gabbro aus Plagioklas u. Olivin, Forellenstein* [< grch. *troktes* »Forelle« + *...lith*]

Tro|li|tul ⟨n.; -s; unz.; Ⓦz⟩ *ein aus Polystyrol bestehender, hauptsächlich in der Elektrotechnik verwendeter Kunststoff*

Trol|ley|bus ⟨[trɔli-] m.; -bus|ses, -bus|se⟩ *elektr. Oberleitungsomnibus* [< eng. *troll* »rollen«]

Trom|be ⟨f.; -, -n⟩ *Windhose, Wirbelwind, der um eine senkrechte Achse kreist u. dabei Staub, kleinere Gegenstände od. Wasser mitführt* [frz. < ital. *tromba* od. frz. *trompe* »Trompete«]

Trom|bi|di|o|se, Trom|bi|ku|lo|se ⟨f.; -, -n⟩ *durch Milbenlarven der Gattung Trombicula hervorgerufene, juckende Hautkrankheit, Ernte-, Heukrätze*

Trom|pe ⟨f.; -, -n⟩ *von einem Bogen überwölbte Nische im Winkel zweier rechtwinklig aneinander stoßender Mauern*

Trompe-l'Œil ⟨[trɔ̃plœj] m. od. n.; -s, -s; Mal.⟩ *naturgetreue Wiedergabe eines Objektes mithilfe perspektivischer Mittel in einer Weise, dass zwischen Wirklichkeit u. gemaltem Objekt nicht mehr unterschieden werden kann* [frz., »Augentäuschung«]

Trom|pe|te ⟨f.; -, -n⟩ *Blechblasinstrument mit oval gebogenem Rohr* [< mhd. *trum(b)et* < frz. *trompette,* ital. *trombetta* < frz. *trompe* < ahd. *trumba*]

trom|pe|ten ⟨V.⟩ **1** *auf der Trompete blasen* **2** ⟨fig.⟩ *Laut geben* (vom Elefanten) **3** ⟨fig.; umg.⟩ *laut u. triumphierend od. fröhlich rufen* **4** ⟨fig.; umg.; scherzh.⟩ *sich laut die Nase schnäuzen*

Trom|pe|ter ⟨m.; -s, -⟩ *Musiker, der die Trompete bläst*

Trom|pe|te|rin ⟨f.; -, -rin|nen⟩ *Musikerin, die die Trompete bläst*

...tron ⟨in Zus.⟩ **1** *Elektron* **2** *Beschleuniger von Elektronen od. Elementarteilchen* **3** *Kathodenstrahlröhre* [< grch. *...tron* »Werkzeug« (z.B. *arotron* »Pflug«)]

...trop[1] ⟨Adj.⟩ **1** ⟨in Zus.⟩ *bestimmte Eigenschaften aufweisend, in bestimmten Modifikationen vorkommend* **2** *sich wendend* [< grch. *trepein* »wenden«]

...trop[2] ⟨n. od. m.; -s, -e; in Zus.⟩ *Lebewesen od. Gegenstand, das (der) sich zu etwas hinwendet* [→ *...trop*[1]]

Tro|pa|ri|on ⟨n.; -s, -ri|en od. -ria; Mus.⟩ *einstrophiger Liedhymnus mit freier Metrik im orthodoxen Gottesdienst* [zu grch. *tropos* »Ton, Tonart«]

Tro|pa|ri|um ⟨n.; -s, -ri|en⟩ *Gebäude mit tropischem Klima zur Haltung bestimmter Tiere u. Pflanzen* [→ *Tropen;* analog zu *Aquarium* gebildet]

Tro|pe ⟨f.; -, -n⟩ *bildl. Ausdruck, poet. Wendung, poet. Bild;* oV *Tropos* [< grch. *tropos* »Drehung, Wendung«]

Tro|pen ⟨Pl.⟩ *heiße Zone auf beiden Seiten des Äquators zwischen den Wendekreisen* [< grch. *tropos* »Drehung, Wendung«]

...troph ⟨in Zus.⟩ **1** *sich ernährend von* **2** *ernährt, gewachsen* **3** *Nährstoffe enthaltend* [< grch. *trophe* »Nahrung«; zu *trephein* »ernähren, aufziehen«]

Tro|phäe ⟨f.; -, -n⟩ **1** *Teil der Beute als Zeichen des Sieges, z.B. Waffe, Fahne* **2** *Teil der Jagdbeute als Zeichen der erfolgreichen Jagd, z.B. Geweih, Fell;* Jagd~ [< grch. *tropaion* »Siegeszeichen«]

...tro|phie ⟨in Zus.⟩ **1** *Ernährung, Wachstum, Vergrößerung* **2** *Vorhandensein von Nahrung od. Nährstoffen* [zu *...troph*]

tro|phisch ⟨Adj.⟩ *die Ernährung von Gewebe betreffend, auf ihr beruhend, sie bewirkend* [< grch. *trophikos* »nährend«]

tro|pho..., **Tro|pho...** ⟨in Zus.⟩ *ernährungs..., Ernährungs...* [<grch. *trephein* »ernähren«]

Tro|pho|bi|o|se ⟨f.; -, -n⟩ *Symbiose, bei der ein Tier einem anderen Nahrung liefert u. dafür von diesem geschützt wird, z.B. Ameisen u. Blattläuse* [< *Tropho...* + *...biose*]

Tro|pho|blast ⟨m.; -en, -en⟩ *äußere Schicht der Keimblase, über die die Ernährung des Embryos erfolgt* [< *Tropho...* + *...blast*]

Tro|pho|lo|ge ⟨m.; -n, -n⟩ *Wissenschaftler auf dem Gebiet der Ernährung* [< *Tropho...* + *...loge*]

Tro|pho|lo|gie ⟨f.; -; unz.⟩ *Ernährungswissenschaft* [< *Tropho...* + *...logie*]

tro|pho|lo|gisch ⟨Adj.⟩ *die Trophologie betreffend, zu ihr gehörig* [< *tropho...* + *...logisch*]

Tro|pi|cal ⟨[trɔpikəl] m.; -s, -s; Textilw.⟩ *(als Sommerstoff verwendetes) poröses Gewebe aus hart gedrehten Zwirnen mit freskenartiger Oberfläche* [zu engl. *tropical* »tropisch«]

...tro|pie ⟨in Zus.⟩ *Veränderung, Verschiedenheit* [→ *...trop*]

Tro|pi|ka ⟨f.; -; unz.⟩ *schwere Form der Malaria* [→ *Tropen*]

tro|pisch ⟨Adj.⟩ *zu den Tropen gehörend, aus ihnen stammend, wie in den Tropen*

Tro|pis|mus ⟨m.; -, -men⟩ **1** *durch einen Reiz ausgelöste Bewegung festgewachsener Pflanzen, z.B. Krümmung von Organen, bei der die Richtung des Reizes die Richtung der Bewegung bestimmt;* → a. *Taxie, Nastie;* Chemo~; Foto~ **2** ⟨Lit.⟩ *Schilderung seelischer, durch Reize der Außenwelt hervorgerufener Vorgänge od. Zustände, so dass der Leser die Außenwelt durch das Medium der (anonym bleibenden) Gestalten sieht, z.B. im Nouveau Roman* [<grch. *tropos* »Drehung, Wendung«]

Tro|po|pau|se ⟨f.; -; unz.⟩ *Grenze zwischen Troposphäre u. Stratosphäre* [<grch. *tropos* »Drehung, Wendung« + *pauein* »aufhören«]

Tro|po|phyt ⟨m.; -en, -en⟩ *an einen periodischen Wechsel zwischen Trockenheit u. Feuchtigkeit angepasste Pflanze* [<grch. *tropos* »Drehung, Wendung« + *...phyt*]

Tro|pos ⟨m.; -, -poi⟩ = *Trope*

Tro|po|sphä|re, ⟨auch⟩ **Tro|pos|phä|re** ⟨f.; -; unz.⟩ *untere Schicht der Erdatmosphäre, in der sich das Wetter abspielt, bis zur Höhe von 9-12 km* [<grch. *tropos* »Drehung, Wendung« + *Sphäre*]

trop|po ⟨Mus.⟩ *zu viel, zu sehr;* allegro ma non ~ *schnell, lebhaft (zu spielen), aber nicht zu sehr* [ital.]

Tro|pus ⟨m.; -, Tro|pen⟩ **1** ⟨urspr.⟩ *Erweiterung der Melodie od. des Textes im gregorian. Kirchengesang* **2** ⟨dann⟩ *Erweiterung des Textes der Liturgie* [<grch. *tropos* »Drehung, Wendung, Weise, Melodie«]

Tross ⟨m.; -es, -e⟩ **1** *die Gepäck, Verpflegung u. Ausrüstung der Truppe mitführenden Fahrzeuge;* Sy *Train* **2** ⟨fig.⟩ *Gefolge, Gesamtheit der Anhänger* [<spätmhd., mnddt. *trosse* »Heeresgepäck« <frz. *trousse* »Bündel«]

Tros|se ⟨f.; -, -n⟩ *starkes Tau aus Hanf od. Draht* [<mnddt. *trosse,* ndrl. *tros* »Tau« <frz. *trousse* »Bündel«]

Trot|teur ⟨[-tøːr] m.; -s, - od. -s⟩ *bequemer Schuh mit flachem Absatz, Laufschuh* [frz., »Traber«]

Trot|ti|nett ⟨n.; -s, -e; schweiz.⟩ *Roller (Kinderspielzeug)* [<frz. *trotter* »traben« + frz. Verkleinerungsendung *-et, -ette*]

Trot|toir ⟨[-toaːr] n.; -s, -s od. -e⟩ *Bürgersteig, erhöhter Fußweg neben der Fahrstraße* [frz., < *trotter* »traben, trippeln«]

Tro|tyl ⟨n.; -s; unz.⟩ = *Trinitrotoluol* [zu *Trinitrotoluol* + *...yl*]

Trotz|kis|mus ⟨m.; -; unz.⟩ *auf der polit. Anschauung Trotzkis beruhende Richtung der marxist.-leninist. Ideologie* [nach L.D. *Trotzki,* 1879-1940]

Trotz|kist ⟨m.; -en, -en⟩ *Anhänger des Trotzkismus*

Trou|ba|dour ⟨[trubaduːr] m.; -s, -e od. -s⟩ *provenzal. höfischer Minnesänger u. Dichter des 11. bis 14. Jh.;* → a. *Trouvère* [<prov. *trobador;* zu *trobar* (frz. *trouver* »finden«) »(Verse) finden, erfinden«]

Trou|ble, ⟨auch⟩ **Troub|le** ⟨[trʌbl] m.; -s; unz.; umg.⟩ *Schwierigkeiten, mühevolle Umstände;* viel ~ mit etwas haben [engl., »Sorge, Verdruss«]

Trou|ble|shoo|ter, ⟨auch⟩ **Troub|le|shoo|ter** ⟨[trʌblʃuːtə(r)] m.; -s, -⟩ *jmd., der versucht, Probleme (z. B. bei Maschinen) zu lösen od. in Konfliktsituationen zu vermitteln* [engl., »Störungssucher«]

Trou|pi|er ⟨[trupjeː] m.; -s, -s; Soldatenspr.⟩ *Offizier, der lange in der Truppe (nicht in höheren Stäben) Dienst getan hat u. zum ausgesprochenen Praktiker geworden ist* [frz., < *troupe* »Truppe«]

Trou|vail|le ⟨[truvaːjə] f.; -, -n⟩ *glücklicher Fund, Glücksfund* [frz.]

Trou|vère ⟨[truvɛːr] m.; -s, -s⟩ *nordfranzös. Minnesänger des 12.-14. Jh.;* → a. *Troubadour* [frz., < *trouver* »finden«; → a. *Troubadour*]

Troy|er, ⟨auch⟩ **Tro|yer** ⟨[trɔiə(r)] m.; -s, -⟩ **1** *wollenes Unterhemd* **2** ⟨auch⟩ *wollene Weste der Seeleute mit Ärmeln* [vermutl. nach der frz. Stadt *Troyes*]

Troy|ge|wicht ⟨[trɔi-] n.; -(e)s, -e⟩ *engl. u. nordamerikan. Gewicht für Edelmetalle u. Edelsteine* [nach der frz. Stadt *Troyes*]

Tru|bel ⟨m.; -s; unz.⟩ *lebhaftes, lärmendes Durcheinander, geschäftiges od. lustiges Treiben vieler Personen* [<frz. *trouble;* zu *troubler* »verwirren« <mlat. **turbulare,* lat. *turbare;* zu *turba* »Verwirrung«; → a. *turbulent*]

Truck ⟨[trʌk] m.; -s, -s⟩ *schwerer Lastwagen*

Tru|cker ⟨[trʌkə(r)] m.; -s, -⟩ *Fahrer eines Trucks*

Tru|cke|rin ⟨[trʌkə-] f.; -, -rin|nen⟩ *Fahrerin eines Trucks* [engl.-amerik.]

Truck|sys|tem ⟨[trʌk-] n.; -s; unz.; Wirtsch.⟩ *Bezahlung des Arbeitnehmers durch Waren, die er selbst hergestellt hat, od. durch Gut-*

scheine, die zum Kauf von Waren berechtigen, die der Arbeitgeber verkauft [< engl. *truck* »Tauschhandel«]

Trụ̈f|fel ⟨f.; -, -n; umg. m.; -s, -⟩ **1** *unter der Erdoberfläche wachsender, fleischiger, knolliger Pilz: Tuberales* **2** *Praline, die mit einer festen, aber geschmeidigen Masse gefüllt ist* [< ndrl. *truffel,* frz. *truffe,* engl. *truffle* < lat. *tuber* »Höcker, Beule«]

Trụl|lo ⟨m.; -s, Trụl|li⟩ *besonders in Apulien verbreiteter Rundbau aus mörtellosem Mauerwerk, ohne Fenster, mit kuppelförmigem, spitz zulaufendem Scheingewölbe* [ital.]

Tru|meau ⟨[trymo:] m.; -s, -s⟩ **1** *Fensterpfeiler* **2** *Pfeilerspiegel* [frz.]

Trụpp ⟨m.; -s, -s⟩ **1** *zusammengehörige Gruppe, kleine Schar* **2** *kleinere militär. Einheit, die für besondere Aufgaben herangezogen wird;* Stoß~ [→ *Truppe*]

Trụp|pe ⟨f.; -, -n⟩ **1** *Gesamtheit der Soldaten, die für die Durchführung von Kampfhandlungen vorgesehen sind;* ~n ⟨Pl.⟩ *größere Anzahl von militär. Einheiten, Heeresteil* **2** *Gruppe von Schauspielern (aller Rollenfächer) od. Artisten;* Wander~ [< frz. *troupe* < afrz. *trope* < galloroman. *troppus* »Herde«]

Trust ⟨[trʌst] m.; -(e)s, -e od. -s⟩ *Zusammenschluss mehrerer Unternehmungen od. Firmen zu einem Großunternehmen unter Verlust ihrer Selbständigkeit* [engl. < mengl. *trust, trost* »Vertrauen« < anord. *traust*]

Trus|tee ⟨[trʌsti:] m.; -s, -s; angelsächs. Recht⟩ *Bevollmächtigter, Treuhänder* [engl.]

Try|pa|no|so|ma ⟨n.; -s, -men⟩ *Gattung der Geißeltierchen, die im Blut von Wirbeltieren schmarotzen, Erreger ansteckender Krankheiten bei Mensch u. Tier: Trypanosomida* [< grch. *trypanon* »Drillbohrer« + *soma* »Körper«]

Try|pa|no|so|mi|a|sis ⟨f.; -; unz.⟩ *Schlafkrankheit, hervorgerufen durch Trypanosomen*

Tryp|sin ⟨n.; -s; unz.⟩ *Enzym der Bauchspeicheldrüse, das Eiweiß spaltet* [< grch. *tryein* »aufreiben« + *Pepsin*]

Tsạn|tsa, ⟨auch⟩ **Tsạnt|sa** ⟨f.; -, -s⟩ *Schrumpfkopf, nach Entfernung der Knochen eingetrockneter u. geschrumpfter Kopf als Trophäe bei den südamerikan. Indianern* [Jivaro]

Tsa|tsi|ki, ⟨auch⟩ **Tsat|si|ki** ⟨m. od. n.; -s, -s; grch. Kochk.⟩ *(meist als Vorspeise gereichte) Speise aus Joghurt, geriebener Gurke u. Knoblauch;* oV *Zaziki*

Tscha|ko ⟨m.; -s, -s⟩ *milit. Kopfbedeckung mit Schild u. zylinderförmigem Oberteil* [< ung. *csákr* »Husarenhelm«]

Tscha|mạ|ra ⟨f.; -, -s od. -ren⟩ *geschnürter Rock der tschech. u. poln. Volkstracht mit niedrigem Stehkragen* [tschech.]

Tschạn|du ⟨n.; -s; unz.⟩ *Opium, das bes. für das Rauchen zubereitet ist* [Hindi]

Tschạp|ka ⟨f.; -, -s⟩ *Kopfbedeckung der Ulanen mit viereckigem Oberteil* [< poln. *czapka* »Mütze, Kappe«]

Tschạr|dasch ⟨m.; - od. -es, -e⟩ = *Csárdás*

tschau! ⟨Grußwort⟩ *leb wohl!* [< ital. *ciao!* < *schiavo* »Diener, Sklave«]

Tschẹ|ka ⟨f.; -; unz.; 1917–1922⟩ *die politische Polizei der Sowjetunion* [russ. verkürzt aus *Wserossiskaja Tschrewytschainaja Komissija po borbe s Kontrrewoljuzijei i sabotaschem* »Allrussische Kommission zur Bekämpfung der Konterrevolution u. der Sabotage«]

Tsche|kịst ⟨m.; -en, -en⟩ ⟨i.e.S.⟩ **1** *Mitarbeiter der Tscheka* **2** ⟨i.w.S.⟩ *Mitarbeiter eines Staatssicherheitsdienstes in einem sozialistischen Land des ehemaligen Ostblocks*

Tsche|rẹn|kow|ef|fekt, ⟨auch⟩ **Tsche|rẹn|kow-Ef|fekt** ⟨m.; -(e)s; unz.⟩ *Leuchterscheinung an wassergekühlten Kernreaktoren, die durch den Austritt von Elektronen aus dem Reaktorkern mit einer über der Lichtgeschwindigkeit im Wasser liegenden Geschwindigkeit verursacht wird* [nach dem russ. Physiker P. A. Tscherenkow, *1904]

Tscher|kẹss|ka ⟨f.; -, -s⟩ *langer, mit Patronentaschen besetzter Überrock der Tscherkessen*

Tscher|no|byl ⟨[-nɔbyl] ohne Art.⟩ *Stadt in der Ukraine, in der 1986 ein Kernreaktor explodierte, wobei große Mengen von Radioaktivität in die Umwelt gelangten;* die Folgen von ~ sind unabsehbar

Tscher|no|sem ⟨[-zjɔm]⟩, **Tscher|no|sjọm,** ⟨auch⟩ **Tscher|nos|jọm** ⟨n.; -s; unz.⟩ *dunkler, fruchtbarer Humusboden, Schwarzerde* [russ.]

Tscher|wo|nez ⟨m.; -, -wọn|zen⟩ **1** ⟨urspr.⟩ *russ. Goldmünze* **2** ⟨1922–47⟩ *durch Gold gedeckte Banknote von zehn Rubel* [< russ. *červonez;* zu *červonnyj* »hellrot«]

Tschi|bụk ⟨m.; -s, -s⟩ *lange türk. Tabakspfeife mit einem kleinen Kopf aus Ton od. Meerschaum* [türk.]

Tschi|kosch ⟨m.; -, -⟩ = *Csikos*

Tschị|men ⟨Pl.⟩ *niedrige, farbige ungar. Stiefel* [< ung. *csizma* »Stiefel«]

Tschi|tra|ka, ⟨auch⟩ **Tschit|ra|ka** ⟨n.; - od. -s, -s⟩ *Sektenzeichen auf der Stirn der Hindus, das täglich erneuert wird u. die Erinnerung an Gott u. all sein Tun symbolisiert*

Tse|tse|flie|ge ⟨f.; -, -n⟩ *in Zentralafrika vorkommende, Blut saugende Stechfliege, die die Erreger der Schlafkrankheit überträgt: Glossina* [Bantu]

T-Shirt ⟨[ti:ʃə:rt] n.; -s, -s⟩ *kurzärmeliges, meist kragenloses Oberhemd aus Trikot* [engl., verkürzt < *tricot* »Trikot« + *shirt* »Hemd«]

Tsu|ga ⟨f.; -, -s od. Tsu|gen⟩ *einer Gattung der Kieferngewächse angehörende Tanne mit lichter Krone u. zimtfarbenem Stamm, Schierlingstanne, Hemlocktanne: Tsuga* [jap.]

Tsu|na|mi ⟨m.; -, -s⟩ *durch Seebeben erzeugte, plötzlich auftretende Flutwelle im Pazifik, die an den Küsten oft große Verwüstungen anrichten kann* [< jap. *tsu* »Hafen« + *nami* »lange Welle«]

TTL ⟨Fot.; Abk. für engl.⟩ *through the lense, (durch die Linse);* eine Kamera mit ~-Messung

TU ⟨Abk. für⟩ *Technische Universität*

tua res a|gi|tur *dich geht es an* [lat., »deine Sache wird behandelt, betrieben, es handelt sich um deine Sache«]
Tub ⟨[tʌb] n.; -s, -s; bei Zahlenangaben Pl. -⟩ *engl. Gewichtseinheit für Tee (27,216 kg) u. Butter (38,102 kg)* [engl., »Fass, Bütte«]
Tu|ba ⟨f.; -, Tu|ben⟩ **1** ⟨Anat.⟩ oV *Tube(2)* **1.1** *gewundener, trompetenförmiger Gang im Ohr* **1.2** *Eileiter* **2** *tiefstes Blechblasinstrument mit weitem, oval gewundenem Rohr, nach oben gerichtetem Trichter u. seitl. hervorragendem Mundstück* [lat., »Röhre«]
Tu|bar|gra|vi|di|tät ⟨[-vi-] f.; -, -en⟩ *Eileiterschwangerschaft* [< *Tuba* + *Gravidität*]
Tüb|bing ⟨m.; -s, -s⟩ *stählerner Bogen zum Abstützen von Vortriebsstrecken im Berg- u. Tunnelbau* [ndrl.]
Tu|be ⟨f.; -, -n⟩ **1** *röhrenförmiger, biegsamer, an einem Ende flach auslaufender Behälter aus Aluminium, Zinn od. Kunststoff mit Schraubverschluss für teigige Stoffe, z.B. Farbe, Zahnpasta, Salbe;* ⟨fig.; umg.⟩ auf die ~ drücken *Gas geben* **2** ⟨Anat.⟩ = *Tuba(1)* [engl., frz. <lat. *tubus* »Röhre«]
Tu|ber ⟨m.; -s, -⟩ **1** ⟨Anat.⟩ *Höcker, Vorsprung, Knoten* **2** ⟨Pharm.⟩ *Knolle* [lat., »Höcker, Beule«]
Tu|ber|kel ⟨m.; -s, -; österr. a. f.; -, -n⟩ *Knötchen, Geschwulst* [<lat. *tuberculum* »kleiner Höcker«, Verkleinerungsform zu *tuber* »Höcker, Beule«]
Tu|ber|kel|bak|te|ri|um ⟨n.; -s, -ri|en⟩ *Erreger der Tuberkulose: Mycobacterium tuberculosis*
tu|ber|ku|lar ⟨Adj.; Med.⟩ *knotig*
Tu|ber|ku|lid ⟨n.; -(e)s, -e; Path.⟩ *gutartige Tuberkulose der Haut, die auf dem Blutweg entsteht*
Tu|ber|ku|lin ⟨n.; -s; unz.⟩ *gelöste Gifte u. Zerfallsprodukte der Tuberkelbakterien, die zum Nachweis der Tuberkulose verwendet werden können*
Tu|ber|ku|lom ⟨n.; -s, -e⟩ *Geschwulst aus tuberkulösem Gewebe*
tu|ber|ku|los ⟨Adj.; österr.; umg.⟩ = *tuberkulös*
tu|ber|ku|lös ⟨Adj.⟩ oV *tuberkulos* **1** *an Tuberkulose erkrankt* **2** *mit Tuberkeln durchsetzt*
Tu|ber|ku|lo|se ⟨f.; -, -n; Abk.: Tb, Tbc⟩ *mit Bildung von Knötchen verbundene, von Tuberkelbakterien hervorgerufene Krankheit*
Tu|ber|ku|lo|sta|ti|kum, ⟨auch⟩ **Tu|ber|ku|los|ta|ti|kum** ⟨n.; -s, -ka⟩ *das Wachstum der Tuberkelbakterien hemmendes Heilmittel,* z.B. Streptomycin [< *Tuberkel* + grch. *statikos* »stehen machend«]
tu|be|ros ⟨Adj.⟩ = *tuberös*
tu|be|rös ⟨Adj.⟩ *knötchenartig, geschwulstartig;* oV *tuberos* [<lat. *tuber* »Höcker, Beule«]
Tu|be|ro|se ⟨f.; -, -n⟩ *einer Gattung der Agavengewächse angehörende Pflanze mit weißen, stark duftenden Blüten: Polianthes* [<lat. *tuberosus* »knötchenreich«; zu *tuber* »Höcker, Beule«]
Tu|bi|fex ⟨m.; -, -fi|ces⟩ *3–8 cm langer, rot gefärbter Ringelwurm aus der Gruppe der im Wasser lebenden Oligochäten, Brunnenwurm* [<lat. *tubus* »Röhre« + *facere* »machen«]
tu|bu|lär, tu|bu|lös ⟨Adj.⟩ *von der Form eines Tubus, röhren-, schlauchförmig* [<lat. *tubulus* »kleine Röhre, Schlauch«]
Tu|bus ⟨m.; -, Tu|ben od. -bus|se⟩ **1** *Röhre* **1.1** ⟨i.e.S⟩ *die innen geschwärzte Röhre optischer Instrumente* **2** *Katheter zum Beatmen* [lat., »Röhre«]
Tu|dor|bo|gen ⟨[tjuːdə(r)-] m.; -s, -bö|gen; Arch.⟩ *sehr flacher Spitzbogen der späten englischen Gotik*
Tu|dor|stil ⟨[tjuːdə(r)-] m.; -(e)s; unz.⟩ *aus Elementen der späten Gotik u. der deutschen u. italien. Renaissance gemischter Baustil in England von etwa 1530 bis zum Anfang des 17. Jh.* [nach dem Königsgeschlecht *Tudor,* 1485-1604]
Tuff[1] ⟨m.; -s, -e⟩ *Sediment aus vulkan. Auswürfen* [<ahd. *tuf-, tubstein* <altital. *tufo* <lat. *tophus, tofus,* vermutl. <oskisch]
Tuff[2] ⟨m.; -s, -s⟩ **1** *fest gebundener, dekorativer Strauß aus kurzstieligen Blumen* **2** *in mehreren Lagen gebundene, dekorative Schleife, z.B. an Geschenkpackungen* [<frz. *touffe* <alemann.; verwandt mit *Zopf*]
Tuf|ting|tep|pich ⟨[tʌf-] m.; -s, -e⟩ *Teppich, bei dem in ein Gewebe Schlingen eingenäht werden* [<engl. *tuft* »Büschel« <afrz. *tufe* (frz. *touffe*) »Büschel«]
Tu|kan ⟨m.; -s, -e⟩ *Pfefferfresser, zu den Spechten gehörender, häher- bis rabengroßer Vogel, der sich hauptsächlich von saftigen Früchten ernährt: Rhamphastidae* [<Tupi]
Tu|lar|ä|mie, ⟨auch⟩ **Tu|la|rä|mie** ⟨f.; -, -n⟩ *ähnlich der Pest verlaufende, durch Tularienbakterien hervorgerufene Krankheit der Nagetiere, Hasenpest* [nach der kaliforn. Landschaft *Tulare* + …*ämie*]
Tul|pe ⟨f.; -, -n⟩ **1** *zu einer Gattung der Liliengewächse gehörende Zierpflanze der Alten Welt mit aufrechten u. einzelnen Blüten: Tulipa* **1.1** ⟨i.e.S⟩ Garten~: *T. gesneriana* **2** ⟨f.; -, -n; fig.⟩ *Bierglas mit Stiel;* Bier~ [<nhd. *tulipan* < *tulipant, tulipane, tulipe(n)* <frz. *tulipe,* ital. *tulipano* <türk. *tülbant, dülbent* »Turban«; → *Turban*]
Tum|ba ⟨f.; -, Tum|ben⟩ *sarkophagartiges, verziertes Grabdenkmal, meist mit der liegenden, halbplastischen od. als Relief gestalteten Figur des Toten auf der Oberseite* [lat.; zu grch. *tymbos* »Grabhügel«]
Tu|mes|zenz ⟨f.; -, -en⟩ *nicht begrenzte Anschwellung (von Geweben u. Körperteilen)* [<lat. *tumescere* »anschwellen«]
Tümm|ler ⟨m.; -s, -⟩ **1** *Zahnwal in den Küstengewässern von Nordatlantik u. Nordpazifik, wandert oft bis in die Flussmündungen, Meerschwein, Braunfisch: Phocaena phocaena;* Großer ~ *zu den Delphinen gehörender, 4 m langer Zahnwal: Tursiops truncatus* **2** *Rasse der Haustauben* [<ndrl. *tuimelaar,* engl. *dumbler,* dän. *tumler* »Taumler«]

Tu|mor ⟨m.; -s, -mo|ren⟩ *Geschwulst* [lat., »Geschwulst, Anschwellung«]

Tu|mor|mar|ker ⟨m.; -s, -⟩ *Substanz, die sich an Krebszellen heftet, um sie besser erkennbar zu machen* [< *Tumor* + *Marker*]

Tu|mu|li ⟨Pl. von⟩ *Tumulus*

Tu|mult ⟨m.; -(e)s, -e⟩ *Aufruhr, lärmendes Durcheinander erregter Menschen, Getümmel* [<lat. *tumultus* »Lärm, Aufruhr«]

Tu|mul|tu|ant ⟨m.; -en, -en⟩ *jmd., der an einem Tumult beteiligt ist*

tu|mul|tu|a|risch ⟨Adj.⟩ *in der Art eines Tumults, erregt u. lärmend;* Sy *tumultuös*

tu|mul|tu|ie|ren ⟨V.⟩ *einen Tumult verursachen, anzetteln, auslösen*

tu|mul|tu|ös ⟨Adj.⟩ = *tumultuarisch*

tu|mul|tu|o|so ⟨Mus.⟩ *stürmisch, äußerst lebhaft (zu spielen)* [ital.]

Tu|mu|lus ⟨m.; -, -li⟩ *vorgeschichtl. Hügelgrab* [lat., »Erdhügel, Grabhügel«]

Tun|dra, ⟨auch⟩ **Tund|ra** ⟨f.; -, -dren⟩ *jenseits der polaren Baumgrenze gelegene, baumlose Formation(4), häufig auf Dauerfrostboden, Kältesteppe* [russ. <finn.-ugr.]

Tu|nell ⟨n.; -s, -e; bair.-österr.⟩ = *Tunnel*

tu|nen ⟨[tju:-] V.⟩ ein Kraftfahrzeug ~ *nachträglich seine Leistung durch Umbau des Motors steigern* [<engl. *tune* »abstimmen, einstellen«]

Tu|ner ⟨[tju:nə(r)] m.; -s, -⟩ **1** *Teil von Rundfunk- u. Fernsehempfängern zur Einstellung der Wellenlänge (Frequenz)* **2** *Teil der Stereoanlage, die den Rundfunkempfänger enthält* [engl., »Abstimmgerät«]

Tun|fisch ⟨m.; -(e)s, -e ⟩ = *Thunfisch*

Tung|baum ⟨m.; -(e)s, -bäu|me⟩ *chines. Baum, aus dem Holzöl gewonnen wird*

Tung|öl ⟨n.; -s, -e⟩ *sehr schnell trocknendes, fettes Öl aus den Früchten des Tungbaumes, für Firnisse, Lacke u. Kitt, Holzöl* [<chin. *t'ung* »Tungbaum«]

Tung|stein ⟨m.; -s; unz.⟩ = *Scheelit*

Tung|sten, ⟨auch⟩ **Tungs|ten** ⟨m.; -; unz.; engl. u. skand. Bez. für⟩ *Wolfram* [<engl. <schwed. *tungsten* »Wolfram« <*tung* »schwer« + *sten* »Stein«]

Tu|ni|ka ⟨f.; -, -ken; im antiken Rom⟩ *langes Gewand aus weißer Wolle für Männer u. Frauen, im Hause ungegürtet, auf der Straße gegürtet getragen* [<lat. *tunica*]

Tu|ni|ka|te ⟨f.; -, -n⟩ *Manteltier, im Meer lebende Klasse meist festsitzender Wirbeltiere mit sackähnlicher, gallert- oder knorpelartiger Umhüllung des Körpers: Tunicata* [<lat. *tunicatus* »mit einer Tunika bekleidet«]

Tu|ning ⟨[tju:-] n.; -s; unz.⟩ *das Tunen*

Tun|nel ⟨m.; -s, - od. -s⟩ *unterird. Bauwerk zur Führung von Straßen, Bahnen od. Kanälen;* oV *Tunnell* [engl., »unterird. Gang, Stollen« <afrz. *tonnel* (frz. *tonelle*) »Tonnengewölbe, Fass«; zu *tonneau* »Fass, Tonne«]

tun|ne|lie|ren ⟨V.⟩ *einen Tunnel durch etwas bauen;* einen Berg ~

Tu|pa|ma|ro ⟨m.; - od. -s, -s⟩ *Angehöriger einer radikalen, gewalttätigen, oppositionellen Gruppe in Montevideo (Uruguay), Vorbild der Stadtguerilla* [nach *Tupac Amarú,* einem Nachkommen der Inkas, Führer eines Aufstandes gegen die Spanier im 18. Jh.]

Tu|pan ⟨m.; -s, -e; Mus.⟩ *zweifellige Röhrentrommel in den Balkanländern*

Tu|pi ⟨m.; - od. -s, -s⟩ **1** *Angehöriger eines südamerikanischen Indianervolkes* **2** ⟨n.; -; unz.⟩ *dessen Sprache*

Tu|ra|ko ⟨m.; -s, -s⟩ *mit dem Kuckuck verwandte Familie farbenprächtiger afrikan. Vögel, die sich von Früchten ernähren: Musophagidae* [aus einer westafrikan. Spr.]

Tur|ban ⟨m.; -s, -e⟩ **1** *Kopfbedeckung der Mohammedaner (nicht mehr in der Türkei) aus einem kappenartigen Mittelteil u. (od.) aus einem breiten, langen, um den Kopf geschlungenen Streifen aus Stoff* **2** *um den Kopf geschlungener Schal als modische Kopfbedeckung für Frauen* [<rumän. *turban* <türk. *tülbend, dülbend* <pers. *dulband;* zu *dil* »Herz« (wegen der roten Farbe des kappenartigen Teils) + *bästän* »binden«]

Tur|bel|la|rie ⟨[-riə] f.; -, -n⟩ *Strudelwurm, frei lebender Plattwurm, der sich ähnlich den Schnecken kriechend od. mit Hilfe von Wimpern am Bauch vorwärts bewegt: Turbellaria* [<lat. *turbellae* »Lärm, Unfug«; zu *turba* »sich drehendes Gewimmel«]

Tur|bi|ne ⟨f.; -, -n⟩ *Kraftmaschine mit einem in ständig drehender Bewegung befindlichen, mit gekrümmten Schaufeln besetzten Laufrad, angetrieben durch Dampf, durch Verbrennung erzeugtes Gas, Wasser od. Wind;* Dampf~, Gas~, Wasser~, Wind~ [<lat. *turbo, Gen. turbinis* »Wirbel(wind), Windung, Kreisel«]

tur|bo…, Tur|bo… ⟨in Zus.⟩ *durch Turbinen angetrieben* [<lat. *turbo;* → *Turbine*]

tur|bo|e|lek|trisch, ⟨auch⟩ **tur|bo|e|lekt|risch** ⟨Adj.⟩ ~er Antrieb *A. durch Elektromotoren, deren Strom von Turbogeneratoren erzeugt wird*

Tur|bo|ge|ne|ra|tor ⟨m.; -s, -en⟩ *von einer Dampfturbine angetriebener Generator meist hoher Leistung, der Drehstrom erzeugt*

Tur|bo|ka|pi|ta|lis|mus ⟨m.; -; unz.; Wirtsch.⟩ *zeitlich sehr schnelle Umstellung von vorher sozialistischen Wirtschaftssystemen auf eine kapitalistische Ausrichtung (z.B. in der Endphase der DDR)* [< *Turbo…* + *Kapitalismus*]

Tur|bo|kom|pres|sor ⟨m.; -s, -en⟩ *mit einer Turbine gekoppelter Luftverdichter*

Tur|bo|la|der ⟨m.; -s, -⟩ *Einrichtung zur Vorverdichtung des Benzin-Luft-Gemisches vor dem Eintritt in den Verbrennungsraum unter Verwendung des Drucks der Abgase*

Tur|bo|mo|tor ⟨m.; -s, -en⟩ *mit einem Turbolader ausgerüsteter Verbrennungsmotor*

Tur|bo|prop ⟨m.; -(s), -s; kurz für⟩ *Propellerturbine*

tur|bu|lent ⟨Adj.⟩ **1** *wirbelnd;* ~e Strömung *durch Wirbelbildung gekennzeichnete Strömung;* Ggs *laminare Strömung* **2** ⟨fig.⟩ *durch-*

einander wirbelnd, stürmisch, sehr unruhig [<lat. *turbulentus* »unruhig, aufgeregt, stürmisch«; zu *turburare* »aufwühlen, verwirren«]

Tur|bu|lenz ⟨f.; -, -en⟩ **1** *Bildung von Wirbeln in Strömungen von Gasen u. Flüssigkeiten* **2** ⟨fig.⟩ *Unruhe, Durcheinander* [<mlat. *turbulentia* »Verwirkung«]

Turf ⟨m.; -s; unz.⟩ **1** *Pferderennbahn* **2** *Pferderennen* **3** ⟨Golf⟩ *Rasenfläche der Golfbahn* [engl., »Rasen«]

Tur|ges|zenz ⟨f.; -, -en⟩ *durch den Turgor bewirkte Straffheit der pflanzlichen Zellen*

tur|ges|zie|ren ⟨V.⟩ *anschwellen (von pflanzl. Zellen)* [<lat. *turgescere* »anschwellen«]

Tur|gor ⟨m.; -s; unz.⟩ *Spannungszustand von Geweben, der durch den Wasser- u. Elektrolythaushalt der Zellen aufrechterhalten wird* [zu lat. *turgere* »schwellen«]

Tu|ring|ma|schi|ne, ⟨auch⟩ **Tu|ring-Ma|schi|ne** ⟨[tju:-] f.; -, -n⟩ *idealisierte Rechenmaschine mit unendlich großem Speicher* [nach dem engl. Mathematiker Alan Mathison *Turing,* 1912-1952]

Tu|ring|test, ⟨auch⟩ **Tu|ring-Test** ⟨[tju:-] m.; -(e)s od. -s, -e od. -s⟩ *Test zur Beurteilung maschineller Intelligenz* [entwickelt von A.M. *Turing;* → *Turingmaschine*]

Tu|ri|o|ne ⟨f.; -, -n⟩ *Wasserpflanzenknospe, die überwintern kann u. im Frühjahr zu einer neuen Pflanze heranwächst* [zu lat. *turio* »Spross«]

Tur|key ⟨[tə:ki] m.; -s, -s; Drogenszene⟩ *Zustand eines Drogenabhängigen, in dem er Entzugserscheinungen hat;* auf ~ sein *Entzugserscheinungen haben* [engl., »Truthahn«, amerikan. umg. »Pleite«]

Tür|kis ⟨m.; -es, -e⟩ *heller, blaugrüner, undurchsichtiger Edelstein, chemisch wasserhaltiges Kupfer-Aluminium-Phosphat, chem. Formel* $CuAl_6[(OH)_2(PO_4)_4] \cdot H_2O$ [<mhd. *turkis, turkoys* <frz. *turquoise* »türkischer (Edelstein)«; zu *turquois* »türkisch«]

tür|ki|sen ⟨Adj.⟩ **1** *aus Türkisen bestehend* **2** *türkisfarbig*

tur|ki|sie|ren ⟨V.⟩ *nach türkischem Muster gestalten*

Turk|me|ne ⟨m.; -n, -n⟩ **1** *Angehöriger eines Turkvolkes in Mittelasien* **2** *ein Orientteppich*

Turk|me|nin ⟨f.; -, -nin|nen⟩ *Angehörige eines Turkvolkes in Mittelasien*

Tur|ko ⟨m.; -s, -s; früher⟩ *farbiger Fußsoldat des französ. kolonialen Heeres in Algerien* [<frz. *turco* < *turc* »türkisch; Türke«]

Tur|ko|lo|ge ⟨m.; -n, -n⟩ *Wissenschaftler, Student der Turkologie*

Tur|ko|lo|gie ⟨f.; -; unz.⟩ *Lehre von den Turksprachen u. türkischen Kulturen* [<mlat. *Turcus* »Türke« + …*logie*]

tur|ko|lo|gisch ⟨Adj.⟩ *die Turkologie betreffend, auf ihr beruhend, zu ihr gehörig*

Tur|ma|lin ⟨m.; -s, -e⟩ **1** *Mineral, das Gesteine bildet, chemisch ein bor- u. fluorhaltiges Silicat* **2** *Edelstein von unterschiedlicher Farbe* [<frz., engl. *tourmaline* <singhales. *turmale, turamali*]

Turn ⟨[tə:rn] m.; -s, -s⟩ **1** ⟨Kunstflug⟩ *hochgezogene, gewendete Kurve* **2** *Drogenrausch,* Fünf-Minuten-~ **3** ⟨umg.⟩ *Dransein, an der Reihe sein;* das ist dein ~ [engl., »Drehung«]

Turn|a|round, ⟨auch⟩ **Tur|na|round** ⟨[tə:rnəraund] m.; -s, -s; Wirtsch.⟩ **1** *Regenerierung eines Unternehmens, das der Existenzbedrohung ausgesetzt war u. nun wieder überlebensfähig ist* **2** *Ende einer wirtschaftlichen Verlustperiode* **3** *Umlaufzeit, Umschaltzeit* [<engl. *turn around* »umdrehen, wenden«]

tur|nen ⟨[tə:-] V.; umg.⟩ *Spaß bringen, machen, berauschen, anregen;* die Musik turnt; → a. *anturnen* [<engl. *turn on* »antörnen«, eigtl. »andrehen«]

Tur|nier ⟨n.; -s, -e⟩ **1** *mittelalterl. Kampfspiel der Ritter nach festen Regeln mit stumpfen (selten auch scharfen) Waffen zum Erproben der Kampffähigkeit* **2** *neuzeitlicher sportl. Wettkampf mit einer großen Teilnehmerzahl;* Reit- u. Fahr~, Schach~, Tanz~, Tennis~ [<mhd. *turnier, turnir* <afrz. *torn(e)ier* »Drehungen machen, Rosse tummeln«; zu *torn* »Dreheisen; Wendung« <lat. *tornus* »Zirkel, Dreheisen, Kreisbewegung«]

Tur|nü|re ⟨f.; -, -n; Ende 19. Jh.⟩ *unter dem Rock getragene Gesäßauflage zum Hochraffen des Kleides* [<frz. *tournure*]

Tur|nus ⟨m.; -, -nus|se⟩ **1** *festgelegte Wiederkehr, Reihenfolge* **2** *regelmäßiger Wechsel, regelmäßig sich wiederholender Ablauf einer Tätigkeit* [<mlat. *turnus* »Wechsel, Reihenfolge« <lat. *tornus* »Zirkel, Dreheisen, Kreisbewegung«]

Tu|ron ⟨n.; -s; unz.⟩ *zweitälteste Stufe der oberen Kreide* [nach der frz. Landschaft *Touraine*]

tu|ro|nisch ⟨Adj.⟩ *zum Turon gehörend, aus ihm stammend*

Tur|ri|ze|pha|lie ⟨f.; -; unz.⟩ *abnorm hohe Schädelform, Turmschädel* [<lat. *turris* »Turm« + …*kephal*]

Tur|tle, ⟨auch⟩ **Turt|le** ⟨[tə:tl] f.; -, -s; EDV⟩ *kleiner fahrbarer Zeichenroboter mit Tastsensoren, der im computerunterstützten Schulunterricht eingesetzt wird* [engl., »Schildkröte«]

Tur|zis|mus ⟨m.; -, -men; Sprachw.⟩ *türkische Spracheigentümlichkeit, die in einer anderen Sprache nachgebildet wird*

Tu|sche ⟨f.; -, -n⟩ *farbige, schwarze od. weiße Flüssigkeit mit Bindemitteln (z.B. Gummiarabikum) u. fein verteiltem Farbstoff* [→ *tuschieren*]

tu|schie|ren ⟨V.⟩ Metall ~ *unebene Stellen auf Metall durch Aufdrücken einer mit Tusche bestrichenen Platte sichtbar machen u. dann durch Abschaben glätten* [<frz. *toucher* »(schwarze) Farbe auftragen« <ital. *toccare* »berühren«]

Tus|ku|lum ⟨n.; -s, -la⟩ *ruhiger, behaglicher Wohnsitz od. Landsitz* [nach der altröm. Stadt *Tusculum* in Latium]

Tus|sah|sei|de ⟨f.; -, -n⟩ *vom Tussahspinner gewonnene, grobe, bräunl. Seide, Eichenseide* [<Hindi *tasar* <Sanskrit *tasara, trasara* »Weberschiffchen; hin und her fahren«]
Tus|sah|sei|den|spin|ner ⟨m.; -s, -⟩ *Augenspinner, der die Eichenseide erzeugt, Eichenspinner: Lasiocampa quercus*
Tus|sis ⟨f.; -; unz.; Med.⟩ *Husten* [lat.]
Tu|tand ⟨m.; -en, -en⟩ *Schüler od. Student, der von einem Tutor(2) betreut wird* [<lat. *tutatus* »beschützt«]
Tu|tan|din ⟨f.; -, -din|nen⟩ *Schülerin od. Studentin, die von einem Tutor(2) betreut wird*
Tu|tel ⟨f.; -, -en⟩ *Vormundschaft* [<lat. *tutela* »Fürsorge, Vormundschaft«]
tu|te|la|risch ⟨Adj.⟩ *vormundschaftlich*
Tu|ti|o|ris|mus ⟨m.; -; unz.⟩ *religiöse od. philosoph. Einstellung, die sich immer für die sichere von zwei Möglichkeiten entscheidet* [<lat. *tutior,* Komparativ zu *tutus* »sicher«]
Tu|tor ⟨m.; -s, -to|ren⟩ **1** ⟨röm. Recht⟩ *Vormund, Erzieher* **2** ⟨allg.⟩ *Lehrer, Ratgeber (von Studenten)* [engl. <lat. *tutor* »Vormund«]
Tu|to|rin ⟨f.; -, -rin|nen⟩ *Lehrerin, Rageberin (von Studenten)*
Tu|to|ri|um ⟨n.; -s, -ri|en; an Hochschulen⟩ *von einem Tutor(2) geleitete (zusätzliche) Übung od. Seminar*
tut|ta la for|za ⟨Mus.⟩ *die ganze Kraft* [ital.]
tut|ti ⟨Mus.⟩ *alle (Instrumente zusammen)* [ital., »alle«]
Tut|ti ⟨n.; - od. -s, - od. -s⟩ *Spiel des ganzen Orchesters;* Ggs *Solo(1)*
Tut|ti|frut|ti ⟨n.; - od. -s, - od. -s⟩ *Süßspeise aus verschiedenen Früchten,* ⟨auch⟩ *Gefrorenes mit verschiedenen Früchten* [ital., »alle Früchte«]
TV ⟨Abk. für⟩ *Television*
Tweed ⟨[twi:d] m.; -s, -e od. -s⟩ **1** ⟨urspr.⟩ *Gewebe aus mit der Hand gesponnener schott. Schafwolle* **2** ⟨heute⟩ *klein gemusterter, locker gewebter Stoff aus Streichgarn* [nach dem schottisch-nordengl. Fluss *Tweed*]
Twen ⟨m.; - od. -s, -s⟩ *junger Mann od. junges Mädchen zwischen 20 u. 29 Jahren* [<engl. *twenty* »zwanzig«]
Twill ⟨m.; -s, -s od. -e⟩ *Stoff aus Baumwolle od. Seide in doppelter Köperbindung* [engl., <mengl. *twylle;* zu altengl. *twi* »zwei«]
Twin|set ⟨m.; - od. -s, -s⟩ *meist kurzärmeliger Pullover mit dazu passender Jacke* [<engl. *twin* »Zwilling, Doppel-« + *set* »Garnitur«]
Twist 1 ⟨m.; -es, -e⟩ *locker gedrehtes Garn aus mehreren Fäden* **2** ⟨m.; -s, -s⟩ *in den 60er Jahren in den USA entstandener Modetanz im 4/4-Takt* **3** ⟨m.; -s, -s; Tennis⟩ *mit Seiten- u. Vorwärtsdrall geschlagener (Aufschlag)Ball* [engl., »drehen, flechten«]
twis|ten ⟨V.⟩ *Twist(2) tanzen*
Twist-off-De|ckel ⟨[ɔf-] m.; -s, -⟩ *Deckel mit Schraubverschluss* [zu engl. *twist off* »abschrauben«]
Two|beat ⟨[tu:bi:t] m.; - od. -s; unz.; Mus.⟩ *Jazzmusik mit Betonung auf zwei Schlägen des Vierertaktes* [engl., *»Zweischlag«*]
Two|stepp ⟨[tu:stɛp] m.; -s, -s; um 1920⟩ *ruhiger nordamerikan. Tanz im 2/4-Takt* [<engl. *two* »zwei« + *step* »Schritt«]
Ty|che ⟨f.; -; unz.; geh.⟩ *Schicksal, Vorsehung, glücklicher Zufall* [grch.]
Ty|chis|mus ⟨[-xis-] m.; -; unz.⟩ *philos. Lehre, nach der die Welt vom Zufall beherrscht wird* [<grch. *tyche* »Zufall«]
Ty|coon ⟨[taiku:n] m.; -s, -s⟩ **1** *mächtiger, einflussreicher Geschäftsmann* **2** *eigenmächtiger Parteiführer* [engl., <jap. *taikun* <chin. *ta* »groß« + *chün* »Führer«]
Ty|lom ⟨n.; -s, -e⟩ *Schwiele* [<grch. *tylos* »Wulst«]
Tym|pa|nal|or|gan ⟨n.; -s, -e⟩ *Gehörorgan von Insekten aus einem den Schall leitenden Apparat einer dünnen Haut (Trommelfell) mit einer angrenzenden Tracheenblase u. dem Sinnesorgan* [→ *Tympanum*]
Tym|pa|nie ⟨f.; -; unz.⟩ *durch ungeeignetes Futter hervorgerufenes Aufblähen des Bauches von Wiederkäuern u. Nagetieren, die als Haustiere gehalten werden, Blähsucht, Trommelsucht* [→ *Tympanum*]
Tym|pa|non ⟨n.; -s, -na; mittelalterl. Kirchenarchitektur⟩ *(kunstvoll gestaltete) Fläche zwischen dem Bogen über der Tür u. dem Türsturz, bes. über den Portalen, Bogenfeld* [→ *Tympanum*]
Tym|pa|num ⟨n.; -s, -na⟩ **1** ⟨Anat.⟩ *Trommelfell* **2** ⟨Mus.⟩ *Pauke* [<lat. *tympanum,* grch. *tympanon* »Trommelfell, Pauke«]
Tyn|dall|ef|fekt, ⟨auch⟩ **Tyn|dall-Ef|fekt** ⟨[tindəl-] m.; -(e)s; unz.⟩ *Erscheinung, dass Licht zerstreut wird, wenn es durch ein (trübes) Medium geht* [nach dem irischen Physiker J. *Tyndall,* 1820-1893]
Typ ⟨m.; -s, -en⟩ oV *Typus* **1** *Urbild, Grundform* **2** *Gattung, Schlag;* blonder, dunkler, brünetter ~; norddeutscher, südländischer ~; kräftiger, zarter ~ **3** *Muster, Modell, Bauart;* Opel vom ~ »Corsa« **4** *Gepräge, das eine Person mit anderen gemeinsam hat;* fröhlicher, melancholischer ~ **5** *die Person selbst, die in ihrem Gepräge, in einer Reihe von Eigenarten od. Merkmalen mit anderen Personen übereinstimmt;* sie ist (nicht) mein ~ ⟨umg.⟩ *sie gefällt mir (nicht), passt (nicht) zu mir* **6** ⟨umg.⟩ *männliche Person, Kerl, Bursche* [<grch. *typos* »Schlag; Gestalt; Muster, Vorbild«]
Ty|pe ⟨f.; -, -n⟩ **1** *gegossener Druckbuchstabe, Letter* **2** *Buchstabe od. Zeichen auf Büromaschinen* **3** *Grad der Ausmahlung des Mehls* **4** ⟨umg.⟩ *komischer, ulkiger Mensch;* das ist ja eine ~! [→ *Typ*]
ty|pen ⟨V.⟩ *nur in bestimmten Größen herstellen (Industriewaren);* Sy *typisieren(3)*
Ty|pen|dru|cker ⟨m.; -s, -; kurz für⟩ *Typenraddrucker*
Ty|pen|leh|re ⟨f.; -; unz.⟩ *Lehre von den Konstitutionstypen;* Sy *Typik(2)*
Ty|pen|psy|cho|lo|gie ⟨f.; -; unz.⟩ *Zweig der Psychologie, der sich mit der Einteilung der Menschen nach typischen Merkmalen des*

Charakters u. der Konstitution beschäftig; Sy *Typik(1)*

Ty|pen|rad|dru|cker ⟨m.; -s, -⟩ *Schreibmaschine, bei der die Buchstaben am Umfang eines Rades angeordnet sind und durch entsprechende Drehung des Rades zum Anschlag gebracht werden*

Ty|phli|tis, ⟨auch⟩ **Typh|li|tis** ⟨f.; -, -ti|den⟩ *Entzündung des Typhlons (nicht dessen Appendix)*

Ty|phlon, ⟨auch⟩ **Typh|lon** ⟨n.; -s, -e⟩ *blind endender Teil des Dickdarms, Blinddarm;* →a. *Appendix* [grch., »Blinddarm«: zu *typhlos* »dunkel, geheim, unsichtbar«]

Ty|phlo|to|mie, ⟨auch⟩ **Typh|lo|to|mie** ⟨f.; -, -n⟩ *Blinddarmschnitt* [< *Typhlon* + *…tomie*]

Ty|phon **1** ⟨n.; -s, -e⟩ *Sirene von Schiffen, Leuchttürmen od. Fabriken mit bewegter Membran* **2** ⟨m.; -s, -e⟩ *Wirbelwind* [grch., »Wirbelwind«]

ty|phös ⟨Adj.⟩ *typhusartig, zum Typhus gehörend*

Ty|phus ⟨m.; -; unz.⟩ **1** *vom Typhusbakterium (Salmonella typhi) hervorgerufene Infektionskrankheit mit Störungen der Verdauung u. des Bewusstseins, Fieber u. Entwicklung roter Flecken, Bauchtyphus: Typhus abdominalis* **2** *schwere, sehr ansteckende Infektionskrankheit mit Zuständen der Verwirrung, Fieber u. fleckigem Hautausschlag, Fleckfieber* [< grch. *typhos* »Nebel, Rauch, Dampf«]

…ty|pie ⟨in Zus.⟩ *Druck, Druckverfahren* [< grch. *typos* »Druck«]

Ty|pik ⟨f.; -, -en⟩ **1** = *Typenpsychologie* **2** = *Typenlehre*

ty|pisch ⟨Adj.⟩ **1** *einen Typus darstellend, mustergültig, vorbildlich* **2** *zu einem bestimmten Typ gehörig, kennzeichnend, bezeichnend, eigentümlich, unverkennbar*

ty|pi|sie|ren ⟨V.⟩ **1** *typisch, als Typ (nicht als individuelle Persönlichkeit) darstellen, z.B. Gestalten im Roman od. Drama* **2** *nach Typen einteilen* **3** = *typen*

Ty|pi|zi|tät ⟨f.; -; unz.⟩ *das Typischsein, typische Beschaffenheit*

ty|po…, Ty|po… ⟨in Zus.⟩ *Druck* [< grch. *typos* »Druck«]

Ty|po|ge|ne|se ⟨f.; -, -n; Biol.⟩ *Formenbildung im Verlauf der Stammesgeschichte* [< *Typo…* + *Genese*]

Ty|po|graf ⟨m.; -en, -en; in Druckereien u. Verlagen⟩ oV *Typograph* **1** *Gestalter des Schriftsatzes* **2** ⟨†⟩ *Zeilensetzmaschine*

Ty|po|gra|fie ⟨f.; -, -n⟩ oV *Typographie* **1** *Buchdruck* **2** *Buchdruckerkunst* [< *Typo…* + *…grafie*]

ty|po|gra|fisch ⟨Adj.⟩ *die Typografie betreffend, zu ihr gehörend, auf ihr beruhend;* oV *typographisch;* ~es **Maßsystem** *auf dem typograf. Punkt beruhendes M.;* ~er **Punkt** *kleinste Maßeinheit in der Typografie, 0,3759 mm*

Ty|po|graph ⟨m.; -en, -en⟩ = *Typograf*

Ty|po|gra|phie ⟨f.; -, -n⟩ = *Typografie*

ty|po|gra|phisch ⟨Adj.⟩ = *typografisch*

Ty|po|lo|gie ⟨f.; -, -n⟩ *Lehre von den menschl. Typen hinsichtlich ihrer Lebensform, Konstitution, Weltanschauung u.a.* [< *Typ* + *…logie*]

ty|po|lo|gisch ⟨Adj.⟩ *die Typologie betreffend, zu ihr gehörend, auf ihr beruhend*

Ty|po|me|ter ⟨a. ['----] n.; -s, -⟩ *Maßstab für typograf. Maßsystem* [< *Type* + *…meter*]

Ty|po|skript, ⟨auch⟩ **Ty|pos|kript, Ty|posk|ript** ⟨n.; -(e)s, -e⟩ *Manuskript, das mit der Schreibmaschine geschrieben ist* [< grch. *typos* »Druck« + *Skript*]

Ty|pung ⟨f.; -, -en⟩ *das Typen*

Ty|pus ⟨m.; -, Ty|pen⟩ = *Typ(1–5)*

Ty|rann ⟨m.; -en, -en⟩ **1** *Gewaltherrscher* **2** ⟨fig.⟩ *strenger, herrschbegieriger Mensch* **3** *Angehöriger einer artenreichen u. vielgestaltigen Familie amerik. Sperlingsvögel: Tyrannidae* [< grch. *tyrannos* »Gewaltherrscher«]

Ty|ran|nei ⟨f.; -, -en⟩ **1** *Herrschaft eines Tyrannen* **2** *Gewaltherrschaft*

Ty|ran|nis ⟨f.; -; unz.; bes. im alten Griechenland⟩ *Gewaltherrschaft* [grch., »Allein-, Gewaltherrschaft«]

ty|ran|nisch ⟨Adj.⟩ **1** *in der Art eines Tyrannen, herrschbegierig, selbstherrlich* **2** *gewaltsam, durch Gewalt wirkend;* ~e Herrschaft

ty|ran|ni|sie|ren ⟨V.⟩ jmdn. ~ *jmdm. den eigenen Willen aufzwingen, jmdn. beherrschen, unterdrücken*

Ty|ran|no|sau|rus Rex ⟨m.; - -; unz.⟩ *bis zu 10 m langer u. 5 m hoher Angehöriger einer räuberischen Gattung der Dinosaurier aus der Oberkreide* [< *Tyrann* + grch. *sauros* »Eidechse« + lat. *Rex* »König« (als Titel)]

Ty|ro|li|enne ⟨[-ljɛn] f.; -, -n⟩ *dem Ländler ähnlicher Rundtanz nach Tiroler Liedern im 3/4-Takt;* oV *Tirolienne* [frz., Fem. zu *tyrolien* »tirolisch«]

Ty|ro|sin ⟨n.; -s; unz.; Biochem.; Abk.: Tyr⟩ *eine aromatische Aminosäure, die Bestandteil fast aller Eiweißkörper ist (bes. in Käse)* [zu grch. *tyros* »Käse«]

Ty|ro|sis ⟨f.; -; unz.; Med.⟩ *Verkäsung* [zu grch. *tyros* »Käse«]

U

U **1** ⟨chem. Zeichen für⟩ *Uran* **2** ⟨Zeichen für⟩ *elektr. Spannung*

Ü|ber|mi|kro|skop, ⟨auch⟩ **Ü|ber|mik|ros|kop** ⟨n.; -s, -e⟩ *Elektronenmikroskop*

U|bi be|ne, i|bi pa|tria, ⟨auch⟩ **U|bi be|ne, i|bi pat|ria** *Wo (es mir) gut (geht), dort (ist mein) Vaterland* [lat.]

U|bi|ka|ti|on ⟨f.; -, -en; österr.⟩ *Militärunterkunft, Kaserne* [zu lat. *ubi* »wo«]

U|bi|quist ⟨m.; -en, -en⟩ *über die ganze Erde verbreitete Pflanzen- od. Tierart* [zu lat. *ubique* »überall«]

u|bi|qui|tär ⟨Adj.⟩ *überall vorkommend (Pflanzen, Tiere)* [<lat. *ubique* »überall«]

U|bi|qui|tät ⟨f.; -, -en⟩ **1** ⟨unz.⟩ *Allgegenwart (Gottes)* **2** ⟨zählb.⟩ *Wirtschaftsartikel, der überall u. in jeder Menge zu haben ist* [zu lat. *ubique* »überall«]

U|cha ⟨[-xa] f.; -; unz.⟩ *russische Fischsuppe* [russ.]

Ud ⟨m. od. f.; -s od. -, -s; Mus.⟩ *arabische Laute mit kurzem Hals* [arab., eigtl. »Holz«]

U|di|to|re ⟨m.; - od. -n, -ri od. -n⟩ **1** *Richter an der päpstl. Gerichtsbehörde* **2** *Geistlicher im diplomat. Dienst* [ital., »Hörer, Zuhörer«; zu *udire* »zuhören«]

U|do|me|ter ⟨n.; -s, -⟩ *Regenmesser* [zu grch. *hydor* »Wasser « + *...meter*]

UEFA, U|e|fa ⟨f.; -; unz.; Sp.; Abk. für frz.⟩ *Union Européenne de Football Associations,* ⟨a. engl.⟩ *Union of European Football Associations (Europäischer Fußballverband)*

UFO, U|fo ⟨n.; -s, -s; Kurzw. für⟩ *unbekanntes Flugobjekt* [verkürzt <engl. *unidentified flying object*]

U|fo|lo|ge ⟨m.; -n, -n⟩ *jmd., der sich mit Ufologie befasst*

U|fo|lo|gie ⟨f.; -; unz.⟩ *(wissenschaftliche) Beschäftigung mit Ufos*

U|kas ⟨m.; -es od. -kas|ses, -e od. kas|se⟩ **1** ⟨früher⟩ *Erlass des Zaren* **2** ⟨allg.⟩ *Verordnung, Befehl* [<russ. *ukazat'* »befehlen«]

U|ke|lei ⟨m.; -s, -s od. -e⟩ *länglicher Karpfenfisch, Laube: Alburnus alburnus* [<poln. *ukleja*]

U|ku|le|le ⟨f.; -, -n; Mus.⟩ *kleine Gitarre portugiesischen Ursprungs mit vier Saiten* [<hawai. *ukulele* <*uku* »Floh; kleine Person« + *lele* »springend«; vermutl. nach einem Spitznamen des britischen Offiziers Edward Purvis, der das Instrument im 19. Jh. in Hawaii popularisierte]

UKW ⟨Abk. für⟩ *Ultrakurzwelle*

U|lan ⟨m.; -en, -en⟩ **1** ⟨urspr.⟩ *Angehöriger der in Polen aufgestellten leichten, mit Lanzen bewaffneten Kavallerie* **2** ⟨in Preußen u. Dtschld. bis zum 2. Weltkrieg⟩ *Angehöriger der schweren Kavallerie* [<türk. *oghlan* »junger Mann«]

U|lan|ka ⟨f.; -, -s⟩ *kurzer, zweireihiger Waffenrock des Ulanen*

Ul|cus ⟨n.; -, Ul|ce|ra⟩ = *Ulkus*

U|le|ma ⟨m.; -s, -s⟩ *islam. Rechts- od. Gottesgelehrter* [arab., Pl. zu *alim* »Gelehrter, Wissender«]

U|li|tis ⟨f.; -, -ti|den⟩ *Zahnfleischentzündung* [<grch. *oulon* »Zahnfleisch« + *...itis*]

Ul|kus ⟨n.; -, Ul|ze|ra⟩ *Geschwür;* oV *Ulcus* [<lat. *ulcus,* Gen. *ulceris*]

Ul|na ⟨f.; -, -nae [-nɛ:]⟩ *Elle, den Ellenbogen bildender Vorderarmknochen* [lat]

ul|nar ⟨Adj.; Anat.⟩ *zur Elle gehörend* [<lat. *ulna* »Elle, Ellenbogen«]

Ul|na|ris ⟨m.; -; unz.⟩ *Ellennerv* [→ *ulnar*]

U|lo|se ⟨f.; -, -n⟩ *Narbenbildung* [<grch. *oule* »Narbe«]

Uls|ter ⟨engl. [ʌlstə(r)] m.; -s, -⟩ **1** *zweireihiger Herrenmantel* **2** *(oft doppelt gewebter) schwerer Stoff für Mäntel* [nach dem alten Namen Nordirlands]

ult. ⟨Abk. für⟩ *ultimo*

Ul|ti|ma ⟨f.; -, -mä od. -men⟩ *letzte Silbe (eines Wortes)* [lat., Fem. zu *ultimus* »der letzte«]

Ultima Ratio *(Groß- und Kleinschreibung)* In fremdsprachlichen Fügungen, die als Ganzes die Funktion eines Substantivs haben, werden alle substantivischen Bestandteile großgeschrieben (→a. *Corpus Delicti*).

Ul|ti|ma Ra|tio ⟨[-tsjo] f.; - -; unz.⟩ *letztes Mittel, letzter Ausweg* [<lat. *ultimus* »letzte(r,s)« + *ratio* »Berechnung; Erwägung; Denken, Vernunft«]

ul|ti|ma|tiv[1] ⟨Adj.⟩ **1** *in Form eines Ultimatums* **2** ⟨fig.⟩ *nachdrücklich, als Ultimatum ausgesprochen* [→ *Ultima*]

ul|ti|ma|tiv[2] ⟨Adj.; umg.⟩ *unerlässlich, perfekt;* der ~e Film [<engl. *ultimate* »vollendet, perfekt«]

Ul|ti|ma|tum ⟨n.; -s, -s od. -ten⟩ *mit der Androhung von repressiven Maßnahmen verbundene, befristete Forderung* [<lat. *ultimus* »der letzte«]

ul|ti|mo ⟨Adv.; Abk.: ult.⟩ *am Letzten (des Monats);* ~ April [ital., »der letzte, letzt«; zu lat. *ultimus*]

Ul|ti|mo ⟨m.; -s, -s⟩ *der Letzte (des Monats);* bis ~ April *bis zum 30. April;* per ~ *zum Letzten des Monats*

■ Die Buchenstabenfolge **ul|tr...** kann auch **ult|r...** getrennt werden.

■ **Ul|tra** ⟨m.; -s, -s⟩ *Anhänger, Vertreter einer extremen polit. Richtung* [zu lat. *ultra* »jenseits, über ... hinaus«]

■ **ul|tra..., Ul|tra...** ⟨in Zus.⟩ *jenseits (von), über ... hinaus* [lat.]

■ **Ul|tra|fiche** ⟨[-fiʃ] m.; -s, -s⟩ *im Rahmen der Mikrodokumentation angefertigte, stark verkleinerte Vorlage* [<lat. *Ultra...* + frz. *fiche* »Zettel«]

■ **Ul|tra|fil|ter** ⟨m.; -s, -⟩ *für die Ultrafiltration geeigneter Filter*

■ **Ul|tra|fil|tra|ti|on,** ⟨auch⟩ **Ult|ra|filt|ra|ti|on** ⟨f.; -, -en⟩ *Filtrierverfahren mit Filtern sehr kleiner Porenweite, die auch Bakterien u. andere Kleinstlebewesen zurückhalten*

■ **Ul|tra|fo|to|me|trie,** ⟨auch⟩ **Ult|ra|fo|to|met|rie** ⟨f.; -; unz.⟩ oV *Ultraphotometrie* **1** *Messung der Infrarotabsorption von chemischen Verbindungen zur Klärung ihres molekularen Aufbaus* **2** *Messung von Sternhelligkeiten im roten u. infraroten Wellenbreich*

■ **ul|tra|kon|ser|va|tiv** ⟨Adj.⟩ *äußerst konservativ* [<*ultra...* + *konservativ*]

■ **ul|tra|kurz** ⟨Adj.⟩ *im Wellenbereich kürzer als elektromagnet. Kurzwellen*

■ **Ul|tra|kurz|wel|le** ⟨f.; -, -n; Abk.: UKW⟩ *elektromagnetische Welle mit einer Wellenlänge unter 10 m* [< *Ultra…* + *Kurzwelle*]

■ **ul|tra|ma|rin** ⟨Adj.⟩ *kornblumenblau, lasurblau*

■ **Ul|tra|ma|rin** ⟨n.; -s; unz.⟩ **1** *kornblumenblaue Farbe* **2** *Farbstoff aus schwefelhaltigem Natriumaluminiumsilicat, natürlich vorkommend als Lapislazuli, künstlich durch Erhitzung von Kaolin mit Natriumcarbonat u. Schwefel hergestellt*

■ **Ul|tra|mi|kro|skop,** ⟨auch⟩ **Ult|ra|mik|roskop** ⟨n.; -s, -e⟩ *Mikroskop zum Erkennen kleinster Teilchen, die das gewöhnliche Mikroskop nicht sichtbar machen kann*

■ **Ul|tra|mi|kro|sko|pie,** ⟨auch⟩ **Ult|ra|mik|rosko|pie** ⟨f.; -; unz.⟩ *Betrachtung, Untersuchung mit dem Ultramikroskop*

■ **ul|tra|mon|tan** ⟨Adj.⟩ *streng katholisch, streng päpstlich gesinnt* [< *ultra…* + lat. *mons,* Gen. *montis* »Berg« (gemeint sind die Alpen)]

■ **Ul|tra|mon|ta|nis|mus** ⟨m.; -; unz.; Bez. für den⟩ *päpstlichen Absolutismus, streng katholische, streng päpstliche Einstellung* [→ *ultramontan*]

■ **ul|tra|mun|dan** ⟨Adj.⟩ *außerhalb der Welt, überweltlich, jenseitig*

■ **Ul|tra|pho|to|me|trie,** ⟨auch⟩ **Ult|ra|pho|tomet|rie** ⟨f.; -; unz.⟩ = *Ultrafotometrie*

■ **ul|tra|rot** ⟨Adj.⟩ = *infrarot*

■ **Ul|tra|rot** ⟨n.; -s; unz.⟩ = *Infrarot*

■ **Ul|tra|schall** ⟨m.; -s; unz.⟩ *Schwingungen des Schalls, die oberhalb der Grenze der Hörbarkeit liegen*

■ **Ul|tra|so|no|gra|fie** ⟨f.; -, -n ⟩ = *Ultrasonographie*

■ **Ul|tra|so|no|gra|phie** ⟨f.; -, -n⟩ *Einsatz von Ultraschallwellen in der Werkstoffprüfung u. Medizin;* oV *Ultrasonografie* [< *Ultra…* + lat. *sonus* »Ton, Klang« + *…graphie*]

■ **Ul|tra|so|no|skop,** ⟨auch⟩ **Ult|ra|so|nos|kop** ⟨n.; -s, -e⟩ *Gerät, das Ultraschallwellen erzeugt* [< *Ultra…* + lat. *sonus* »Ton, Klang« + *…skop*]

■ **Ul|tra|strah|lung** ⟨f.; -; unz.⟩ *Höhenstrahlung*

■ **ul|tra|vi|o|lett** ⟨[-vi-] Adj.; Abk.: UV⟩ *im Spektrum jenseits des sichtbaren Violetts liegend;* ~e Strahlen

■ **Ul|tra|vi|o|lett** ⟨[-vi-] n.; -s; unz.⟩ *Bereich des elektromagnet. Spektrums mit Wellenlängen unterhalb des sichtbaren Violetts*

Ul|ze|ra ⟨Pl. von⟩ *Ulkus*

Ul|ze|ra|ti|on ⟨f.; -, -en⟩ *Geschwürbildung* [→ *Ulkus*]

ul|ze|rie|ren ⟨V.⟩ *geschwürig werden, Geschwür bilden* [→ *Ulkus*]

ul|ze|rös ⟨Adj.⟩ *in der Art eines Ulkus, geschwürig*

Um|bel|li|fe|re ⟨f.; -, -n⟩ *Doldengewächs* [< lat. *umbella* »Sonnenschirm« (Verkleinerungsform zu *umbra* »Schatten«) + *ferre* »tragen«]

Um|ber ⟨m.; -s; unz.⟩ = *Umbra (2)*

Um|bra, ⟨auch⟩ **Umb|ra** ⟨f.; -; unz.⟩ **1** *Zentrum der Sonnenflecke* **2** *dunkelbraune Farbe, entstanden durch Verwitterung manganhaltiger Eisenerze;* oV *Umber* [lat., »Schatten«]

Um|bra|er|de, ⟨auch⟩ **Umb|ra|er|de** ⟨f.; -; unz.⟩ *eisen- od. manganhaltiger Ton*

Um|bral|glas, ⟨auch⟩ **Umb|ral|glas** ⟨n.; -es, -glä|ser⟩ *Glas für Sonnenbrillen, das vor dem ultravioletten Licht der Sonnenstrahlen schützt*

um|funk|ti|o|nie|ren ⟨V.⟩ eine Sache ~ *einer S. eine andere Funktion geben*

u|mo|ris|ti|co ⟨Mus.⟩ *humoristisch, lustig* [ital.]

Um|pi|re ⟨[ʌmpaiə(r)] m.; -, -s⟩ *Schiedsrichter* [zu engl. *nompere* »nicht gleich«, über das Altfrz. < lat. *non* »nicht« + *par* »gleich«]

um|po|len ⟨V.⟩ eine elektrische Schaltung ~ *ihren Plus- u. Minuspol austauschen*

um|quar|tie|ren ⟨V.⟩ jmdn. ~ *jmdm. ein anderes Quartier geben, jmdn. in ein anderes Quartier legen*

Um|welt|au|dit ⟨a. [-ɔ:dit] m. od. n.; -s, -s⟩ = *Ökoaudit*

UN ⟨Abk. für engl.⟩ *United Nations*

u|na cor|da ⟨Mus.⟩ *Anweisung beim Betätigen des linken Pedals am Klavier od. Flügel, wodurch der Klang (durch verschobenen Anschlag der Saiten) gedämpft wird* [ital., »eine Saite«]

Un|a|ni|mi|tät ⟨f.; -; unz.; geh.⟩ *Einmütigkeit, Einhelligkeit* [< frz. *unanimité* < lat. *unanimitas*; zu *unus* »eins« + *animus* »Geist«]

u|när ⟨Adj.; Math.⟩ *einen einzelnen Operanden betreffend;* Sy *monadisch* [zu lat. *unus* »ein, einer«]

un|ar|ti|ku|liert ⟨Adj.⟩ *nicht artikuliert, undeutlich;* ~e Laute ausstoßen

Una Sanc|ta ⟨f.; - -; unz.⟩ *die eine heilige (christliche Kirche)* [lat.]

un|äs|the|tisch ⟨Adj.⟩ **1** *nicht ästhetisch, unschön, nicht angenehm anzusehen* **2** *unappetitlich, Widerwillen erregend;* ein ~er Anblick

Un|cle Sam, ⟨auch⟩ **Unc|le Sam** ⟨[ʌnk(ə)l sæm] scherzh. Bez. für⟩ *die USA* [nach *US-Amerikaner*]

un|cool ⟨[-ku:l] Adj., umg.⟩ Ggs *cool* **1** *nicht cool, verkrampft;* ~es Verhalten **2** *nicht toll, langweilig;* ein ~er Film **3** *nicht in Mode, nicht auf der Höhe der Zeit;* ~e Klamotten [engl., »nicht kühl« (Wetter od. Stimmung)]

UNCTAD ⟨Abk. für engl.⟩ *United Nations Conference on Trade and Development (Konferenz der Vereinten Nationen über Handel u. Entwicklung)*

Un|da|ti|on ⟨f.; -, -en; Geol.⟩ *großräumige, vertikale Krustenbewegung, die eine Verbiegung der Erdkruste in Schwellen u. Senken zur Folge hat* [zu lat. *unda* »Welle«]

Un|der|co|ver… ⟨[ʌndə(r)kʌvə(r)] in Zus.⟩ *Geheim…, Spitzel…;* ~aktion *geheime, verdeckte Aktion;* ~agent *verdeckt arbeitender Ermittler, Spitzel* [engl.]

Un|der|co|ver|a|gent ⟨[ʌndə(r)kʌvə(r)-] m.; -en, -en⟩ *mit einer falschen Identität observierender Ermittler* [< *Undercover…* + *Agent*]

Un|der|dog ⟨[ʌndə(r)dɔg] m.; -s, -s; umg.⟩ *Unterprivilegierter,* z.B. Obdachloser [engl.-amerikan., eigtl. »Benachteiligter, Zukurzgekommener«]
Un|der|flow ⟨[ʌndə(r)flou] m.; -s, -s; EDV⟩ *Fehlermeldung beim Auftritt eines Zahlenwertes, der kleiner ist als der kleinste von der EDV-Anlage noch darstellbare Wert* [engl., < *under* »unter, darunter« + *flow* »fließen«]
Un|der|ground ⟨[ʌndə(r)graund] m.; -s; unz.⟩ **1** *Unterwelt, Verbrecherwelt, Bereich außerhalb der Legalität u. Konvention* **2** *literar. Richtung in den USA, die sich mit aktuellen sozialen sowie als tabu geltenden Themen (Schwarzenproblem, Sex) befasst* [engl., »Untergrund«]
Un|der|ground|li|te|ra|tur ⟨[ʌndə(r)graund-] f.; -, -en⟩ *subkulturelle Literatur, für die eine provokatorische Ablehnung bürgerlicher Normen charakteristisch ist*
Un|der|state|ment ⟨[ʌndə(r)steitmənt] n.; -s, -s⟩ *Untertreibung, Nüchternheit;* Ggs *Overstatement* [engl.]
Un|der|wri|ter ⟨[ʌndəraitə(r)] m.; -s, -; Wirtsch.⟩ *ein Unternehmen (Finanzinstitut, Makler) in Großbritannien, das sich verpflichtet, bei nicht vollständiger Absetzung einer Emission den Restbestand selbst zu übernehmen* [engl., eigtl. »Unterzeichner«]
Un|de|zi|me ⟨f.; -, -n; Mus.⟩ **1** *der elfte Ton vom Grundton aus* **2** *Intervall von elf Tönen* [< lat. *undecima,* Fem. zu *undecimus* »der elfte« < *unus* »der erste« + *decimus* »der zehnte«]
un|dis|zi|pli|niert, ⟨auch⟩ **un|dis|zip|li|niert** ⟨Adj.⟩ *nicht diszipliniert, unbeherrscht, zuchtlos*
Un|du|la|ti|on ⟨f.; -, -en⟩ **1** *wellenförmige Bewegung* **2** ⟨Phys.⟩ *Bewegung von Wellen* [< nlat. **undulatio* < lat. *undula,* Verkleinerungsform zu *unda* »Welle«]
Un|du|la|ti|ons|the|o|rie ⟨f.; -; unz.⟩ *Wellenmechanik*
un|du|la|to|risch ⟨Adj.⟩ *wellenförmig*
un|du|lie|ren ⟨V.⟩ *wellenartig verlaufen, hin- u. herwogen* [→ *Undulation*]
UNESCO ⟨f.; -; unz.; Abk. für engl.⟩ *United Nations Educational, Scientific and Cultural Organization (Organisation der Vereinten Nationen für Erziehung, Wissenschaft u. Kultur)*
un|fair ⟨[-fɛ:r] Adj.⟩ *nicht anständig, nicht ehrlich (bes. im Sport), bewusst gegen die sportl. Regeln u. Sitten verstoßend;* ~es Spiel; ~ handeln; ~ spielen; Ggs *fair*
un|ghe|re|se ⟨Mus.⟩ *ungarisch;* → a. *all'ungherese* [ital.]
Un|gu|en|tum ⟨n.,-s, -ta; Pharm.; Med.⟩ *Salbe* [zu lat. *unguere* »salben, bestreichen«]
Un|gu|la|ten ⟨Pl.; zusammenfassende Bez. für⟩ *Huftiere* [< lat. *ungula* »Pferdehuf«]
u|ni ⟨[y-] Adj.⟩ *einfarbig (Stoffe)* [frz., »einig, gleich«]
u|ni…, U|ni… ⟨in Zus.⟩ *ein…, Ein…* [< lat. *unus* »ein«]
UNICEF ⟨[u:nitsɛf] f.; -; unz.; Abk. für engl.⟩ *United Nations International Children's Emergency Fund (Internationales Kinderhilfswerk der Vereinten Nationen)*
UNIDO ⟨f.; -; unz.; Abk. für engl.⟩ *United Nations Industrial Development Organisation (Organisation der Vereinten Nationen für industrielle Entwicklung)*
u|nie|ren ⟨V.⟩ *vereinigen* [< lat. *unire;* zu *unus* »ein«]
U|ni|fi|ka|ti|on ⟨f.; -, -en⟩ *Vereinigung, Vereinheitlichung;* Sy *Unifizierung* [< lat. *unus* »ein« + *…fikation*]
u|ni|fi|zie|ren ⟨V.⟩ *vereinigen, vereinheitlichen* [< lat. *unus* »ein« + *…fizieren*]
U|ni|fi|zie|rung ⟨f.; -, -en⟩ = *Unifikation*
u|ni|form ⟨Adj.⟩ *einheitlich, einförmig* [< frz. *uniforme* < lat. *uniformis,* < *unus* »ein« + *forma* »Gestalt«]
U|ni|form ⟨a. ['---] f.; -, -en⟩ *einheitl. Dienstkleidung, z.B. der Soldaten, Eisenbahn- u. Postbeamten, Polizisten usw.;* Ggs *Zivil*
u|ni|for|mie|ren ⟨V.⟩ *in Uniform kleiden, einheitlich machen, einheitlich kleiden*
U|ni|for|mis|mus ⟨m.; -; unz.⟩ *Tendenz, Streben nach Einheitlichkeit, Gleichförmigkeit*
U|ni|for|mist ⟨m.; -en, -en⟩ *Mann, der zum Uniformismus neigt od. durch ihn geprägt ist*
U|ni|for|mis|tin ⟨f.; -, -tin|nen⟩ *Frau, die zum Uniformismus neigt od. durch ihn geprägt ist*
U|ni|for|mi|tät ⟨f.; -; unz.⟩ *Einheitlichkeit, Gleichmäßigkeit, Einförmigkeit* [< nlat. *uniformitas* < lat. *uniformis* »einheitlich«]
u|ni|kal ⟨Adj.⟩ *nur einmal vorhanden, einmalig existierend;* ~es Kleid [→ *Unikum*]
U|ni|kum ⟨n.; -s, -ka od. -s⟩ **1** *etwas in seiner Art Einmaliges, Seltenes, etwas Einzigartiges* **2** *nur einmal hergestelltes Buch* **3** ⟨fig.; umg.⟩ *Sonderling* [zu lat. *unicus* »einzig, allein«; zu *unus* »ein«]
u|ni|la|te|ral ⟨Adj.⟩ *einseitig, nur auf einer Seite befindlich* [< *uni…* + *lateral*]
U|nio mys|ti|ca ⟨f.; - -; unz.; Mystik⟩ *die geheimnisvolle Vereinigung (der Seele mit Gott)* [lat.]
U|ni|on ⟨f.; -, -en⟩ *Vereinigung, Verbindung, Zusammenschluss* [< lat. *unio;* zu *unire* »vereinigen«; zu *unus* »ein«]
U|ni|o|nist ⟨m.; -en, -en⟩ *Anhänger, Vertreter einer Union*
U|ni|on Jack ⟨[ju:njən dʒæk] m.; - -s, - -s; volkstüml. Bez. für⟩ *die britische Nationalflagge* [engl.]
u|ni|pe|tal ⟨Adj.; Bot.⟩ *einblättrig* [< *uni…* + grch. *petalon* »Blatt«]
u|ni|po|lar ⟨Adj.; El.⟩ *einpolig* [< *uni…* + *polar*]
U|ni|po|lar|ma|schi|ne ⟨f.; -, -n⟩ *elektr. Generator zur Erzeugung starker Gleichströme bei kleinen Spannungen*
U|ni|sex ⟨a. [ju:ni-] m.; - od. -es; unz.⟩ *Aufhebung der Unterschiede zwischen dem männlichen u. dem weiblichen Erscheinungsbild (z.B. lange Hosen bei Frauen od. Röcke bei Män-*

nern)[<engl. *unisex* <lat. *unus* »ein« + *sexus* (männl. od. weibl.) Geschlecht]
u|ni|se|xu|ell ⟨Adj.⟩ **1** *den Unisex betreffend, auf ihm beruhend* **2** *eingeschlechtlich*
u|ni|son ⟨Adv.; Mus.⟩ *einstimmig od. in Oktaven singend, tönend;* oV *all'unisono*
u|ni|so|no ⟨Adv.⟩ *im Einklang, einstimmig od. in Oktaven singend, tönend* [ital., »einstimmig«; zu lat. *unus* »ein« + *sonus* »Ton«]
U|ni|so|no ⟨n.; -s, -s od. -ni; Mus.⟩ *einstimmiger Gesang, einstimmiges Spiel od. Gesang, Spiel in Oktaven* [ital., »einstimmig« <lat. *unus* »ein« + *sonus* »Ton«]
U|nit ⟨[juːnit] f.; -, -s⟩ **1** ⟨in Unterrichtsprogrammen⟩ *Lerneinheit, Lernschritt* **2** ⟨bei techn. Geräten⟩ *fertige Einheit* **3** ⟨allg.⟩ *Arbeitsgruppe, Team* [engl., »Einheit«]
u|ni|tär ⟨Adj.⟩ *Einigung bezweckend, Einheit erstrebend;* Sy *unitarisch* [→ *Unität*]
U|ni|ta|ri|er ⟨m.; -s, -⟩ *Anhänger einer protestant. Gruppe, die die Lehre der Trinität ablehnt u. die Einheit Gottes betont* [<nlat. *unitarius;* zu lat. *unitus,* Part. Perf. zu *unire* »vereinigen«]
u|ni|ta|risch ⟨Adj.⟩ = *unitär*
U|ni|ta|ri|sie|rung ⟨f.; -; unz.⟩ *Erweiterung der Befugnisse eines Bundesstaates auf Kosten der Autonomie der Gliedstaaten (Bundesländer);* Ggs *Föderalisierung* [→ *Unität*]
U|ni|ta|ris|mus ⟨m.; -; unz.⟩ *Streben nach einem Einheitsstaat od. einem Bundesstaat auf Kosten der Selbständigkeit der Gliedstaaten;* Ggs *Föderalismus*
U|ni|ta|rist ⟨m.; -en, -en⟩ *Vertreter, Anhänger des Unitarismus* [→ *Unität*]
u|ni|ta|ris|tisch ⟨Adj.⟩ *zum Unitarismus gehörend, darauf beruhend*
U|ni|tät ⟨f.; -; unz.⟩ *Einheit, Einigkeit, Übereinstimmung* [<lat. *unitas;* zu *unus* »ein«]
U|ni|ted Na|tions ⟨[junaitid nɛiʃənz] Pl.; Abk.: UN⟩ *Vereinte Nationen,* ⟨kurz für⟩ *United Nations Organization* [engl.]
U|ni|ted Na|tions Or|ga|ni|za|tion ⟨[junaitid nɛiʃənz ɔː(r)gənaizɛiʃən] f.; - - -; unz.; Abk.: UNO⟩ *Organisation der Vereinten Nationen, 1945 gegründete internationale Organisation zur Erhaltung des Weltfriedens, mit kollektiven Maßnahmen bei Bruch od. Bedrohung des Friedens* [engl.]
u|ni|va|lent ⟨[-va-] Adj.; Chem.⟩ *einwertig*
U|ni|ver|bie|rung ⟨[-vɛr-] f.; -, -en; Sprachw.⟩ *das Zusammenwachsen zweier od. mehrerer Wörter zu einem Wort,* z.B. »ob« und »wohl« zu »obwohl« [< *Uni...* + *Verb*]
u|ni|ver|sal ⟨[-vɛr-] Adj.⟩ *gesamt, umfassend, allgemein, universell* [<lat. *universalis* »allgemein«]
U|ni|ver|sal|emp|fän|ger ⟨[-vɛr-] m.; -s, -; Med.⟩ *Person mit der Blutgruppe AB, auf die Blut jeder Gruppe übertragen werden kann;* →a. *Universalspender*
U|ni|ver|sal|er|be ⟨[-vɛr-] m.; -en, -en⟩ *alleiniger Erbe*
U|ni|ver|sal|ge|nie ⟨[-vɛrsaːlʒe-] n.; -s, -s⟩ *jmd., der auf den verschiedensten Gebieten überragend begabt ist*
U|ni|ver|sal|ge|schich|te ⟨[-vɛr-] f.; -; unz.⟩ *Weltgeschichte*
U|ni|ver|sa|li|en ⟨[-vɛr-] Pl.⟩ **1** ⟨Philos.⟩ *allgemeine Begriffe, Gattungsbegriffe* **2** ⟨Sprachw.⟩ *Merkmale, die allen natürliche Sprachen eigen sind, z.B. Vokale* [<mlat. *universalia* <lat. *universalis* »allgemein«]
U|ni|ver|sal|in|stru|ment, ⟨auch⟩ **U|ni|ver|sal-ins|tru|ment, U|ni|ver|sal|inst|ru|ment** ⟨[-vɛr-] n.; -(e)s, -e⟩ **1** *elektr. Messinstrument, mit dem sich Spannungen, Stromstärken, Widerstände u. Kapazitäten messen lassen* **2** *kleines, transportables astronomisches u. geodätisches Instrument zum Messen von Höhe u. Azimut eines Sterns*
U|ni|ver|sa|lis|mus ⟨[-vɛr-] m.; -; unz.⟩ **1** *Vielseitigkeit, Betätigung od. Wissen auf sehr vielen Gebieten* **2** *Lehre, dass das Ganze, das Allgemeine dem Einzelnen übergeordnet sei od. sein müsse* [→ *universal*]
U|ni|ver|sa|li|tät ⟨[-vɛr-] f.; -; unz.⟩ *Vielseitigkeit, vielseitiges, umfassendes Wissen*
U|ni|ver|sal|spen|der ⟨[-vɛr-] m.; -s, -; Med.⟩ *Person mit der Blutgruppe 0, die für jede andere Person Blut spenden kann;* →a. *Universalempfänger*
u|ni|ver|sell ⟨[-vɛr-] Adj.⟩ **1** = *universal* **2** ~e Konstante *Naturkonstante*
U|ni|ver|si|a|de ⟨[-vɛr-] f.; -, -n; seit 1959 Bez. für⟩ *internationale Wettkämpfe der Studenten* [verkürzt < *Universität* + *Olympiade*]
u|ni|ver|si|tär ⟨[-vɛr-] Adj.⟩ *die Universität betreffend, zu ihr gehörig;* ~e Angelegenheiten
U|ni|ver|si|tas Lit|te|ra|rum ⟨[-vɛr-] lat. Bez. für⟩ *Universität* [mlat., »Körperschaft der Wissenschaften«]
U|ni|ver|si|tät ⟨[-vɛr-] f.; -, -en⟩ **1** *Hochschule für alle Wissensgebiete* **2** *Gesamtheit der Lehrer, Angestellten u. Studenten einer Universität* [<mlat. *universitas* »Körperschaft (der Lehrenden u. Lernenden)«]
U|ni|ver|sum ⟨[-vɛr-] n.; -s; unz.⟩ *Weltall* [lat.; zu *universus* »sämtlich«]
u|ni|vok ⟨[-voːk] Adj.; geh.; Med.⟩ *einstimmig, eindeutig* [< *uni...* + lat. *vox,* Gen. *vocis* »Stimme, Sprache«]
U|ni|vo|zi|tät ⟨[-vo-] f.; -; unz.; geh.⟩ *Einstimmigkeit, Eindeutigkeit* [→ *univok*]
UNIX ⟨[juːnix] EDV⟩ *Betriebssystem für Computer, das zum großen Teil in der Programmiersprache C geschrieben ist* [engl.]
un|kor|rekt ⟨Adj.⟩ = *inkorrekt*
Unk|ti|on ⟨f.; -, -en⟩ *Salbung, Ölung* [<lat. *unctio;* zu *ungre* »salben«]
un|mo|ra|lisch ⟨Adj.⟩ *nicht moralisch, unsittlich;* ~ handeln; Ggs *moralisch(1, 2)*
UNO ⟨f.; -; unz.; Abk. für⟩ *United Nations Organization;* →a. *UN*
un|or|ga|nisch ⟨Adj.⟩ *nicht organisch, ungegliedert;* Ggs *organisch(3)*
un|plugged ⟨[ʌnplʌgd] Adj.; undekl.; Popmus.⟩ *mit unverfälschtem Klang, ohne elektr.*

Instrumente u. aufwändige Studiotechnik produziert [engl., < *unplug,* eigtl. »den Stecker herausziehen«]

un po|co ⟨Mus.⟩ *ein wenig* [ital.]

un|po|pu|lär ⟨Adj.⟩ *nicht populär;* ~e Maßnahmen; eine ~e Meinung äußern

un|prak|tisch ⟨Adj.⟩ *nicht praktisch, unzweckmäßig, ungeschickt;* Ggs *praktisch(2)*

un|pro|duk|tiv ⟨Adj.⟩ *nicht produktiv, nicht schöpferisch;* ~e Arbeit; er hat eine ~e Phase

un|sen|si|bel ⟨Adj.⟩ *unempfindlich, unempfänglich;* oV *insensibel;* Ggs *sensibel*

un|sym|pa|thisch ⟨Adj.⟩ = *antipathisch;* Ggs *sympathisch(1).*

un|ter|mi|nie|ren ⟨V.⟩ **1** *zur Sprengung vorbereiten;* feindliche Stellungen ~ **2** ⟨fig.⟩ *langsam, unmerklich zerstören;* jmds. Ansehen, Stellung ~ [→ *Mine[1]*]

Un|ze ⟨f.; -, -n⟩ = *Irbis* [< frz. *once* < ital. *lonza* < lat. *lyncea* »Luchs«]

Un|zi|a|le ⟨f.; -, -n⟩ *abgerundete, griech. (seit dem 3. Jh. v.Chr.) u. röm. (seit dem 3. Jh. n.Chr.) Schrift aus großen Buchstaben* [< lat. *uncialis* »ein Zoll hoch«; zu *uncia* »Zoll«]

UP ⟨[jupiː] Abk. für engl.⟩ *United Press, Nachrichtenagentur der USA*

U|pa|ni|schad ⟨f.; -, -scha|den; meist Pl.⟩ *altindische philosophisch-religiöse Schrift* [Sanskrit, »Geheimlehre, Geheimsitzung«]

Up|date ⟨[ʌpdɛit] n.; -s, -s; EDV⟩ *neue, überarbeitete Fassung, Ausgabe (eines EDV-Programmes);* ein ~ erarbeiten, verschicken [< engl. *update* »auf den neuesten Stand bringen, modernisieren«]

U|pe|ri|sa|ti|on ⟨f.; -, -en⟩ *Konservierungsverfahren für Milch, bei dem Bakterien durch kurzfristiges Einleiten von Dampf abgetötet werden* [Kurzw. < *Ultrapasteurisation*]

u|pe|ri|sie|ren ⟨V.⟩ *durch Uperisation keimfrei machen*

Up|grade ⟨[ʌpgrɛid] n.; -s, -s; EDV⟩ *verbesserte, leistungsfähigere Version eines Produkts (bes. eines Computerprogramms)* [< engl. *upgrade* »verbessern, nachrüsten«]

UPI ⟨[juːpiai] Abk. für engl.⟩ *United Press International, ein US-amerikan. Nachrichtendienst*

Up|load ⟨[ʌploud] n.; -s, -s; EDV⟩ *Programm, das ein Aufladen von Dateien auf die Festplatte ermöglicht;* Ggs *Download* [engl., < *up* »auf, hinauf« + *load* »laden«]

up|loa|den ⟨[ʌploudən] V.; EDV⟩ *ein Upload durchführen, eine Datei auf die zentrale Festplatte laden;* Ggs *downloaden* [→ *Upload*]

Up|per|class, ⟨auch⟩ **Up|per Class** ⟨[ʌpə(r)klaːs] f.; (-) -, (-) -es [-siz]; geh.⟩ *Oberschicht* [< engl. *upper* »obere(r, -s)« + *class* »Klasse, Schicht, Stand«]

Up|per|cut ⟨[ʌpə(r)kʌt] m.; -s, -s; Sp.; Boxen⟩ *Aufwärtshaken gegen das Kinn des Gegners* [< engl. *upper* »obere(r, -s) + *cut* (eigtl.) »Schnitt«]

Up|per|ten, ⟨auch⟩ **Up|per Ten** ⟨[ʌpə(r)tɛn] Pl.; geh.⟩ *die oberen Zehntausend, die oberste Gesellschaftsschicht* [< engl. *upper ten (thousand)* »die oberen Zehn(tausend)«]

Ups ⟨[ʌps] Pl.⟩ *anregende Drogen* [< engl. *up* »auf, hinauf«]

UPS ⟨[juːpiɛs]⟩ **1** ⟨EDV; Abk. für engl.⟩ *Uninterruptible Power Supplies (unterbrechungsfreie Stromversorgung), Gerät, das zwischen Computer u. Steckdose geschaltet wird* **2** ⟨Wz; Abk. für engl.⟩ *United Parcel Service (Vereinigter Paketdienst)*

up to date ⟨[ʌp tu dɛit]⟩ *zeitgemäß, auf dem Laufenden, modisch;* sie ist immer ~ [engl.]

U|ra|cil ⟨n.; -s, -e⟩ *Purinbase, wichtiger Bestandteil der Ribonukleinsäure*

Ur|ä|mie, ⟨auch⟩ **U|rä|mie** ⟨f.; -, -n⟩ *Erkrankung, die durch mangelhafte Ausscheidung des Harns verursacht wird, Harnvergiftung* [< *Urin* + ...*ämie*]

ur|ä|misch, ⟨auch⟩ **u|rä|misch** ⟨Adj.⟩ *mit Urämie einhergehend*

U|ran ⟨n.; -s; unz.; chem. Zeichen: U⟩ *chem. Element, radioaktives, silberweißes Metall, Ordnungszahl 92* [im 18. Jh. *Uranium;* zum Namen des entdeckten Planeten *Uranus* < grch. *ouranos* »Himmel«]

U|ra|ni|nit ⟨n.; -s; unz.; Chem.⟩ *pechschwarzes Mineral, chemisch Urandioxid, chem. Formel UO_2, Pechblende;* Sy *Uranpecherz* [→ *Uran*]

U|ra|nis|mus ⟨m.; -; unz.⟩ *männl. Homosexualität;* → a. *Urlinde* [zu *Uranos,* Vater der aus dem Meeresschaum geborenen Aphrodite]

U|ra|nist ⟨m.; -en, -en⟩ *homosexuell veranlagter Mensch*

u|ra|no..., **U|ra|no...** ⟨in Zus.⟩ *himmels..., Himmels...* [< grch. *ouranos* »Himmel«]

U|ra|no|gra|fie ⟨f.; -, -n⟩ = *Uranographie*

U|ra|no|gra|phie ⟨f.; -, -n⟩ *Beschreibung des Himmels;* oV *Uranografie* [< *Urano...* + ...*graphie*]

U|ra|no|lo|gie ⟨f.; -; unz.⟩ *Astronomie* [< *Urano...* + ...*logie*]

U|ra|no|me|trie, ⟨auch⟩ **U|ra|no|met|rie** ⟨f.; -; unz.⟩ *Bestimmung von Sternörtern u. ihre Erfassung in Katalogen* [< *Urano...* + ...*metrie*]

U|ra|no|skop, ⟨auch⟩ **U|ra|nos|kop** ⟨n.; -s, -e⟩ *Fernrohr zum Beobachten des Sternhimmels* [< *Urano...* + ...*skop*]

U|ra|no|sko|pie, ⟨auch⟩ **U|ra|nos|ko|pie** ⟨f.; -; unz.⟩ *Beobachtung des Sternhimmels*

U|ran|pech|erz ⟨n.; -es; unz.⟩ = *Uraninit*

U|rat ⟨n.; -(e)s, -e⟩ *Salz der Harnsäure, z.B. Natriumurat, $NaC_5H_3O_3N_4$* [< grch. *ouron* »Harn«]

u|ra|tisch ⟨Adj.; Med.⟩ *durch Harnsäure verursacht* [→ *Urat*]

U|räus|schlan|ge ⟨f.; -, -n⟩ *zu den Kobras gehörende afrikanische Giftschlange, Sonnensymbol der altägyptischen Kultur* [< grch. *Ouraios,* zu *oura* »Schwanz«]

ur|ban ⟨Adj.⟩ **1** *höflich, weltmännisch* **2** *gebildet, fein* **3** *städtisch, städtebaulich erschlossen;* eine Region ~ machen [< lat. *urbanus* »städtisch«; zu *urbs* »Stadt«]

Ur|ba|ni|sa|ti|on ⟨f.; -, -en⟩ **1** *die Zunahme der Zahl städtischer Siedlungen u. des Anteils der in Städten lebenden Bevölkerung* **2** *die Ausbreitung städtischer Lebens- u. Siedlungsformen in ländliche Räume* [→ *urban*]

ur|ba|ni|sie|ren ⟨V.⟩ *urban machen*

Ur|ba|ni|sie|rung ⟨f.; -, -en⟩ *das Urbanisieren*

Ur|ba|ni|tät ⟨f.; -; unz.⟩ *urbanes Benehmen, Bildung, Höflichkeit*

ur|ba|ri|sie|ren ⟨V.; schweiz.⟩ *urbar machen;* das Moor ~

ur|bi et or|bi *der Stadt (Rom) u. dem Erdkreis;* den päpstl. Segen ~ erteilen; etwas ~ bekannt machen, verkünden *allen, aller Welt* [lat.]

Ur|du ⟨n.; - od. -s; unz.⟩ *neuind.-pers. Mischsprache, Amtssprache Pakistans;* →a. *Hindustani*

U|rea ⟨f.; -; unz.; Biochem.⟩ *Harnstoff* [zu grch. *ouron* »Harn«]

U|re|a|se ⟨f.; -, -n⟩ *Harnstoff spaltendes Enzym* [zu grch. *ouron* »Harn«]

U|re|id ⟨n.; -(e)s, -e⟩ *ein durch Kondensation von Harnstoff mit meist alkylierten zweibasischen Carbonsäuren gewonnenes Säurederivat des Harnstoffes* [< *Urin* + *…id*]

U|re|se ⟨f.; -; unz.⟩ *das Harnen* [zu grch. *ourein* »harnen«]

U|re|ter ⟨m.; -s, -te|ren⟩ *Harnleiter* [< grch. *oureter* »Harnleiter«; zu *ouron* »Harn«]

U|re|te|ri|tis ⟨f.; -, -ti|den⟩ *Harnleiterentzündung* [< *Ureter* + *…itis*]

U|re|than ⟨n.; -s, -e⟩ *stabiler Ester der instabilen Carbamidsäure, Schlaf- u. Beruhigungsmittel* [→ *Ureter*]

U|re|thra, ⟨auch⟩ **U|reth|ra** ⟨f.; -, -thren⟩ *Harnröhre* [< grch. *ourethra* »Harnröhre«; zu *ouron* »Harn«]

u|re|thral, ⟨auch⟩ **u|reth|ral** ⟨Adj.⟩ *zur Harnröhre gehörend* [→ *Urethra*]

U|re|thri|tis, ⟨auch⟩ **U|reth|ri|tis** ⟨f.; -, -thri|ti|den⟩ *Enzündung der Harnröhre* [→ *Urethra*]

U|re|thror|rhö, ⟨auch⟩ **U|reth|ror|rhöe** ⟨[-rø:] f.; -, -en; Med.⟩ *Harnröhrenausfluss* [< *Ureter* + grch. *rhoe* »Fluss«]

U|re|thro|skop, ⟨auch⟩ **U|reth|ros|kop** ⟨n.; -s, -e⟩ *Gerät zur Untersuchung der Harnröhre* [< *Urethra* + *…skop*]

U|re|thro|to|mie, ⟨auch⟩ **U|reth|ro|to|mie** ⟨f.; -, -n⟩ *Harnröhrenschnitt* [< *Urethra* + *…tomie*]

u|re|tisch ⟨Adj.⟩ **1** *zum Ureter, Harnleiter gehörend* **2** *harntreibend*

ur|gent ⟨Adj.⟩ *dringend, unaufschiebbar* [< lat. *urgens,* Part. Präs. zu *urgere* »drängen«]

Ur|genz ⟨f.; -; unz.⟩ *Dringlichkeit, Unaufschiebbarkeit* [→ *urgent*]

ur|gie|ren ⟨V.; selten; noch österr.⟩ *dringlich machen, beschleunigen (Gesuch, Lieferung)* [< lat. *urgere* »drängen«]

Ur|hi|dro|se, ⟨auch⟩ **Ur|hid|ro|se** ⟨f.; -, -n⟩ *Absonderung von harnstoffhaltigem Schweiß;* oV *Uridrose* [< grch. *ouron* »Harn« + *hidros* »Schweiß«]

U|ri|an ⟨m.; -s, -e⟩ **1** ⟨unz.⟩ *der Teufel* **2** ⟨zählb.⟩ *unwillkommener Gast* [vermutl. Personenname]

U|ri|as|brief, ⟨auch⟩ **U|ri|as-Brief** ⟨m.; -(e)s, -e⟩ *Brief, der den Überbringer ins Verderben schickt* [nach *Uria* (dem Heerführer Davids), der einen solchen Brief erhielt]

U|ri|ca|se ⟨f.; -, -n; Biochem.⟩ *Enzym, das in Anwesenheit von Sauerstoff aus Harnsäure Allantoin u. Wasserstoffperoxid bildet* [→ *Urin*]

U|ri|din ⟨n.; -s, -e; Biochem.⟩ *in der Ribonucleinsäure enthaltenes Nukleosid* [→ *Urin*]

U|ri|dro|se, ⟨auch⟩ **U|rid|ro|se** ⟨f.; -, -n⟩ = *Urhidrose*

…u|rie ⟨in Zus.⟩ **1** *Harnlassen* **2** *Ausscheidung von bestimmten Stoffen im Harn* [< grch. *ouron* »Harn«]

U|rin ⟨m.; -s, -e⟩ *Harn* [< lat. *urina* < grch. *ouron* »Harn«]

u|ri|nal ⟨Adj.⟩ *zum Urin gehörend*

U|ri|nal ⟨n.; -s, -e⟩ *Gefäß zum Aufnehmen des Urins*

u|ri|nie|ren ⟨V.⟩ *Wasser lassen, harnen*

u|ri|nös ⟨Adj.⟩ *harnstoffhaltig, harnähnlich* [→ *Urin*]

Ur|lin|de ⟨f.; -, -; geh.; selten⟩ *Lesbierin, die im (sexuellen) Verhältnis der Partnerinnen die aktive Rolle spielt* [eigtl. *Urninde;* → *Uranismus*]

Ur|me|ter ⟨n.; -s; unz.⟩ *Normmaß für das Meter (in Paris aufbewahrt)*

Ur|ne ⟨f.; -, -n⟩ **1** *Gefäß mit Deckel zur Aufnahme der Asche nach der Verbrennung des Toten* **2** *Kasten zum Einwerfen des Stimmzettels bei Wahlen;* Wahl~ [< lat. *urna* »Krug, Topf, Gefäß«]

u|ro…, U|ro… ⟨in Zus.⟩ *harn…, Harn…* [< grch. *ouron* »Harn«]

U|ro|bi|lin ⟨n.; -s; unz.⟩ *bei Gelbsucht im Harn ausgeschiedenes Abbauprodukt des Hämoglobins* [< *Urin* + lat. *bilis* »Galle«]

U|ro|chrom ⟨[-kro:m] n.; -s; unz.⟩ *natürlicher gelber Harnfarbstoff* [< *Urin* + *…chrom*]

Ur|o|dy|nie, ⟨auch⟩ **U|ro|dy|nie** ⟨f.; -, -n⟩ *Schmerz beim Harnlassen* [< *Urin* + grch. *odyne* »Schmerz«]

u|ro|ge|ni|tal ⟨Adj.⟩ *zu den Harn- u. Geschlechtsorganen gehörend* [< *Urin* + *genital*]

Uro|ge|ni|tal|sys|tem ⟨n.; -s, -e⟩ *die (in engem Zusammenhang stehenden) Harn- u. Geschlechtsorgane*

U|ro|hä|ma|tin ⟨n.; -s; unz.⟩ *Harnfarbstoff;* Sy *Uromelanin* [< *Urin* + *Hämatin*]

U|ro|lith ⟨m.; -s od. -en, -e od. -en⟩ *Harnstein* [< *Urin* + *…lith*]

U|ro|li|thi|a|sis ⟨f.; -, -a|sen; Med.⟩ *die Harnsteinkrankheit, Harnsteinbildung* [< *Urin…* + *…lith*]

U|ro|lo|ge ⟨m.; -n, -n; Med.⟩ *Facharzt für Erkrankungen der Harnorgane* [< *Uro…* + *…loge*]

U|ro|lo|gie ⟨f.; -; unz.; Med.⟩ *Lehre von den Erkrankungen der Harnorgane* [< *Urin* + *…logie*]

u|ro|lo|gisch ⟨Adj.; Med.⟩ *die Urologie betreffend, zu ihr gehörend, mit ihrer Hilfe*

U|ro|me|la|nin ⟨n.; -s; unz.⟩ = *Urohämatin* [< *Urin* + *Melanin*]
U|ro|me|ter ⟨n.; -s, -⟩ *Gerät zum Messen des spezif. Gewichts von Harn* [< *Urin* + *...meter*]
U|ro|pe|nie ⟨f.; -; unz.⟩ *verminderte Harnausscheidung* [< *Urin* + grch. *penia* »Armut, Mangel«]
U|ro|sep|sis ⟨f.; -, sep|sen⟩ *Harnfäule, die durch die bakterielle Zersetzung des Harns in der Blase entsteht* [< *Uro...* + *Sepsis*]
U|ro|sko|pie, ⟨auch⟩ **U|ros|ko|pie** ⟨f.; -, -n⟩ *Untersuchung des Harns* [< *Urin* + *...skopie*]
U|ro|tro|pin, ⟨auch⟩ **U|rot|ro|pin** ⟨n.; -s; unz.⟩ *Medikament zur Behandlung bakterieller Infektionen der Harnwege u. zur Lösung von Harnsäure, z.B. bei Gicht, chemisch Hexamethylentetramin* [< *Urin* + *Atropin*]
Ur|pas|sat ⟨m.; -(e)s; unz.⟩ *konstante Ostwindzone, die an beiden Seiten des Äquators maximal bis zum 30. Breitengrad reicht* [→ *Passat*]
Ur|su|li|ne ⟨f.; -, -n⟩, **Ur|su|li|ne|rin** ⟨f.; -, -rinnen⟩ *Angehörige des nach der hl. Ursula benannten, 1535 gegründeten weibl. Ordens nach der Augustinerregel*
Ur|ti|ka|ria ⟨f.; -; unz.; Med.⟩ *Nesselausschlag* [< lat. *urtica* »Nessel«]
US(A) ⟨Abk. für⟩ *United States (of America), Vereinigte Staaten (von Amerika)* [engl.]
U|sam|ba|ra|veil|chen ⟨n.; -s, -⟩ *äußerlich einem Veilchen ähnelnde, aus Ostafrika stammende Zierpflanze: Saintpaulia ionantha* [nach der Landschaft *Usambara* im Nordosten von Tansania]
US-A|me|ri|ka|ner ⟨m.; -s, -⟩ *Einwohner der USA*
US-a|me|ri|ka|nisch ⟨Adj.⟩ *die USA u. ihre Einwohner betreffend, zu ihnen gehörig*
U|san|ce ⟨[yzã:s(ə)] f.; -, -n; bes. Kaufmannsspr.⟩ *Brauch, bes. Handelsbrauch, Herkommen, Gewohnheit;* oV *Usanz* [frz., < lat. *usus* »Gebrauch«]
U|san|cen|han|del ⟨[yzã:sən-] m.; -s; unz.⟩ *Devisenhandel in fremder Währung*
U|sanz ⟨f.; -, -en; schweiz.⟩ = *Usance*
U|ser ⟨[ju:zə(r)] m.; -s, -; umg.⟩ **1** *jmd., der regelmäßig Rauschmittel nimmt* **2** ⟨EDV⟩ *Benutzer, Bediener (eines Computers)* [engl. »Benutzer«; zu *use* »benutzen, gebrauchen«]
U|so ⟨m.; -s, -s; unz.; Kaufmannsspr.⟩ *Brauch, Gewohnheit* [→ *Usus*]
U|so|wech|sel ⟨m.; -s, -⟩ *Wechsel, dessen Fälligkeit sich nach dem am Ort der Zahlung üblichen Brauch richtet* [→ *Usus*]
u|su|ell ⟨Adj.⟩ *gebräuchlich, üblich, herkömmlich* [< lat. *usualis*]
U|su|ka|pi|on ⟨f.; -, -en; im röm. Recht⟩ *Erwerb von Eigentum durch langen Gebrauch, durch langen Eigenbesitz* [< lat. *usucapio*]
U|sur ⟨f.; -, -en; Med.⟩ *Abnutzung, Schwund* [< frz. *usure* < lat. *usura* »Gebrauch«]
U|sur|pa|ti|on ⟨f.; -, -en⟩ *widerrechtl. Aneignung (bes. des Thrones), widerrechtl. Machtbesitzergreifung* [< lat. *usurpatio* »Gebrauch«]
U|sur|pa|tor ⟨m.; -s, -to|ren⟩ *jmd., der etwas usurpiert, Thronräuber*
u|sur|pa|to|risch ⟨Adj.⟩ *aufgrund, mit Hilfe einer Usurpation*
u|sur|pie|ren ⟨V.⟩ *durch Usurpation in Besitz nehmen, gewaltsam nehmen, rauben* [→ *Usurpation*]
U|sus ⟨m.; -; unz.⟩ *Brauch, Sitte, Gewohnheit, Herkommen;* es ist so ~; es ist ~, dass ... [< lat. *usus,* Part. Perf. von *uti* »(ge)brauchen«]
U|sus|fruk|tus ⟨m.; -; unz.; Rechtsw.⟩ *Nießbrauch* [< *Usus* + lat. *fructus* »Frucht«]
Ut[1] ⟨n.; -, -; Mus.; im MA ital. u. frz. Bez. für⟩ *Ton C, in der Tonika-Do-Methode jeweils der Grundton einer Tonleiter, wurde im 17. Jh. durch do ersetzt;* → a. *Solmisation(1)*
Ut[2] ⟨[yt] m.; -, -; Mus.⟩ *der Ton c* [frz.]
Ut[3] ⟨n.; -(e)s, -e⟩ *Urschrift, einzige Ausfertigung (eines Schriftstückes)* [< lat. *unicare* »einzig machen« < lat. *unicus* »einzig«]
U|ten|si|li|en ⟨Pl.⟩ *(kleine, notwendige) Geräte, Gegenstände, Werkzeuge;* Schreib~ [< lat. *utensilia* »Werkzeuge«]
u|te|rin ⟨Adj.⟩ *zum Uterus gehörend, von ihm ausgehend*
U|te|ro|skop, ⟨auch⟩ **U|te|ros|kop** ⟨n.; -(e)s, -e⟩ *Gerät zur Untersuchung der Gebärmutter* [< *Uterus* + *...skop*]
U|te|rus ⟨m.; -, -ri⟩ *Gebärmutter* [lat., »Bauch, Unterleib«]
u|ti|li|sie|ren ⟨V.⟩ *Nutzen ziehen aus, gebrauchen* [< frz. *utiliser;* zu *utile* »nützlich« < lat. *utilis*]
U|ti|lis|mus ⟨m.; -; unz.⟩ = *Utilitarismus*
u|ti|li|tär ⟨Adj.⟩ *auf den Nutzen ausgerichtet*
U|ti|li|ta|ri|er ⟨m.; -s, -⟩ = *Utilitarist*
U|ti|li|ta|ris|mus ⟨m.; -; unz.⟩ *Lehre, dass der Zweck des menschl. Handelns der Nutzen des Einzelnen u. der Gemeinschaft sei od. sein sollte;* oV *Utilismus* [→ *utilisieren*]
U|ti|li|ta|rist ⟨m.; -en, -en⟩ *Anhänger, Vertreter des Utilitarismus;* Sy *Utilitarier*
u|ti|li|ta|ris|tisch ⟨Adj.⟩ *auf dem Utilitarismus beruhend, ihn betreffend;* eine ~e Handlung
U|ti|li|tät ⟨f.; -; unz.; †⟩ *Nützlichkeit*
U|ti|li|ty ⟨[jutịliti] m. od. n.; -s, -s; EDV⟩ *Computerprogramm für die Ausführung von Wartungsarbeiten* [engl., eigtl. »Nutzen, Nützlichkeit«]
U|to|pia ⟨n.; -s; unz.⟩ *erdachtes ideales Land, Wunsch-, Traumland;* oV *Utopien* [nach dem Roman *Utopia* des Engländers Th. Morus, 1516, eigtl. »nirgendwo« < grch. *ou* »nicht« + *topos* »Ort«]
U|to|pie ⟨f.; -, -n⟩ **1** *Schilderung eines künftigen gesellschaftl. Zustandes* **2** ⟨allg.⟩ *Wunschtraum, Hirngespinst, Schwärmerei* [→ *Utopia*]
U|to|pi|en ⟨n.; -s; unz.⟩ = *Utopia*
u|to|pisch ⟨Adj.⟩ **1** *nur in der Vorstellung möglich oder befindlich, erträumt, erhofft* **2** *nach Unmöglichem strebend*

U|to|pis|mus ⟨m.; -, -men⟩ **1** ⟨unz.⟩ *Hang zu Utopien* **2** ⟨zählb.⟩ *utop. Vorstellung*

U|to|pist ⟨m.; -en, -en⟩ **1** *Verkünder, Anhänger einer Utopie* **2** *jmd., der zu Utopien neigt, Schwärmer* [→ *Utopia*]

U|tra|quis|mus, ⟨auch⟩ **Ut|ra|quis|mus** ⟨m.; -; unz.⟩ *gemäßigte Richtung der Hussiten, die das Abendmahl in beiderlei Gestalt (Brot u. Wein) forderten* [zu lat. *utraque* »jede von beiden«]

U|tra|quist, ⟨auch⟩ **Ut|ra|quist** ⟨m.; -en, -en⟩ *Anhänger, Vertreter des Utraquismus;* Sy *Kalixtiner*

u|tra|quis|tisch, ⟨auch⟩ **ut|ra|quis|tisch** ⟨Adj.⟩ *auf dem Utraquismus beruhend, ihn betreffend*

u|tri|us|que iu|ris doc|tor, ⟨auch⟩ **ut|ri|us|que iu|ris doc|tor** *Doktor des römischen u. kanonischen Rechts* [lat.]

U|trum, ⟨auch⟩ **Ut|rum** ⟨n.; -s, -tra; Sprachw.⟩ *gemeinsames grammatisches Genus von Maskulinum u. Femininum, z.B. im Dänischen und Niederländischen* [lat., »eines von beiden«]

ut su|pra, ⟨auch⟩ **ut sup|ra** ⟨Mus.; Abk.: u. s.⟩ *wie oben (angegeben)* [lat.]

Ut|te|rance ⟨[ʌtərəns] f.; -, -s [-siz]; Sprachw.⟩ *Umsetzung eines gedachten od. hypothetischen Satzes in der wirklichen Rede* [engl., »Äußerung«]

UV ⟨Abk. für⟩ *Ultraviolett*

U|va|la ⟨[-va:-] f.; -, -s; Geol.⟩ *durch Vereinigung mehrerer Dolinen entstehende wannenartige, manchmal talartig gewundene Vertiefung mit unebener Sohle* [serbokr.]

UV-be|strahlt ⟨Adj.⟩ *ultravioletten Strahlen ausgesetzt*

U|vi|ol|glas ⟨[-vi-] n.; -es; unz.; Wz⟩ *Glas, das ultraviolette Strahlen durchlässt* [verkürzt < *Ultraviolett*]

U|vi|ol|milch ⟨[-vi-] f.; -; unz.⟩ *mit ultravioletten Strahlen behandelte Milch (zur Erhöhung des Gehaltes an Vitamin D)* [verkürzt < *Ultraviolett + Milch*]

UV-Strah|len ⟨Pl.; kurz für⟩ *ultraviolette Strahlen;* ~-geschädigt *durch das Bestrahlen mit ultravioletten Strahlen (gesundheitlich) geschädigt*

U|vu|la ⟨[-vu-] f.; -, -lae [-lɛ:]⟩ *Gaumenzäpfchen;* Sy *Staphyle* [mlat., Verkleinerungsform zu lat. *uva* »Traube«]

u|vu|lar ⟨[-vu-] Adj.⟩ *mit Hilfe des Gaumenzäpfchens gebildet (bei der Lautbildung)* [→ *Uvula*]

U|vu|lar ⟨[-vu-] m.; -s, -e; Sprachw.⟩ *mit Hilfe des Gaumenzäpfchens gebildeter Konsonant, z.B. das Zäpfchen-r* [→ *Uvula*]

U|vu|la|ria ⟨[-vu-] f.; -, -ri|en⟩ *Angehörige einer Gattung der Liliengewächse mit kriechendem Erdstamm, nur oben beblättertem Stängel u. gelben Blüten, Goldsiegel*

U|wa|ro|wit ⟨m.; -s, -e⟩ *smaragdgrünes Mineral aus der Gruppe der Granate* [nach dem russ. Staatsmann *Uwarow,* 1785-1855]

V

v **1** ⟨Abk. für⟩ *verte!* **2** ⟨Abk. für⟩ *vide!* **3** ⟨Phys.; Zeichen für⟩ *Geschwindigkeit*

V **1** ⟨röm. Zahlzeichen für⟩ *5* **2** ⟨Zeichen für⟩ *Volt, Volumen* **3** ⟨chem. Zeichen für⟩ *Vanadin* **4** ⟨Abk. für⟩ *vertatur!*

V. ⟨Abk. für⟩ *Vers*

VA ⟨Zeichen für⟩ *Voltampere*

Vabanque / va banque (spielen) (*Getrennt- und Zusammenschreibung*) Fremdsprachliche Zusammensetzungen mit Substantiven werden wie deutsche Komposita zusammengeschrieben. In Anlehnung an die Herkunftssprache kann dieses Gefüge auch getrennt geschrieben werden.
Es bleibt dem Schreibenden überlassen, welche Variante er bevorzugt.

Va|banque, ⟨auch⟩ **va banque** ⟨[vabã:k]⟩ *es gilt die Bank (beim Glückspiel);* ~ spielen *um den gesamten Einsatz der Bank spielen;* ⟨fig.⟩ *ein Wagnis eingehen* [frz.]

Va|banque|spiel ⟨[vabã:k-] n.; -(e)s; unz.; fig.⟩ *gefährl. Spiel, Wagnis, bei dem alles aufs Spiel gesetzt wird*

va|cat ⟨[va:-]⟩ *es fehlt, ist nicht vorhanden, leer;* → a. *Vakat* [lat.]

Vac|ci|na|ti|on ⟨[vaktsi-] f.; -, -en⟩ = *Vakzination*

Vac|ci|ne ⟨[vaktsi:-] f.; -, -n⟩ = *Vakzine*

Vache|le|der ⟨[va:ʃ-] n.; -s, -⟩ *Rindleder für Schuhsohlen* [< frz. *vache* »Kuh«]

Va|de|me|kum ⟨[va-] n.; -s, -s⟩ *kleines Lehrbuch, Taschenbuch, Leitfaden;* oV *Vademecum* [< lat. *vade mecum* »geh mit mir«]

Va|di|um ⟨[va:-] n.; -s, -di|en; im alten dt. Recht⟩ **1** *Gegenstand, der dem Gläubiger als symbol. Pfand vom Schuldner überreicht wird;* oV *Wadium* **2** *Anzahlung* [mlat. < germ.; zu *wetten*]

va|dos ⟨[va-] Adj.⟩ *in der Erdkruste zirkulierend;* ~es Wasser [< lat. *vadosus* »flach«]

Vae vic|tis! ⟨[vɛ:vikti:s]⟩ *Wehe den Besiegten! (Ausruf des gallischen Feldherrn Brennus nach dem Sieg über die Römer 390 v.Chr.)* [lat.]

vag ⟨[va:g] Adj.⟩ = *vage*

Va|ga|bon|da|ge ⟨[vagabɔ̃da:ʒə] f.; -; unz.; österr.⟩ = *Vagabundage* [frz.]

Va|ga|bund ⟨[va-] m.; -en, -en⟩ **1** *Landstreicher* **2** ⟨fig.⟩ *rastloser, ruheloser, umhergetriebener Mensch* [< frz. *vagabond;* verwandt mit *vage*]

Va|ga|bun|da|ge ⟨[vagabunda:ʒə] f.; -; unz.⟩ **1** *Landstreicherei* **2** *Vagabundenleben* [→ *Vagabund*]

va|ga|bun|die|ren ⟨[va-] V.⟩ **1** *als Vagabund leben, umherziehen* **2** ⟨fig.⟩ *ruhelos, rastlos leben*

Va|gant ⟨[va-] m.; -en, -en; im MA⟩ *fahrender Spielmann, fahrender Schüler* [frz.; verwandt mit *vage*]

va|ge ⟨[va:-] Adj.⟩ *unbestimmt, ungenau, verschwommen;* ~ Vorstellung; oV *vag* [< frz. *vague* < lat. *vagus;* zu *vagari* »umherschweifen«]
va|gie|ren ⟨[va-] V.⟩ *umherziehen, -schweifen, -streifen* [→ *vage*]
va|gil ⟨[va-] Adj.⟩ *fähig, sich frei zu bewegen;* ~e Tierart [< lat. *vagilis;* → *vage*]
Va|gi|li|tät ⟨[va-] f.; -; unz.⟩ **1** *Fähigkeit zur freien Bewegung* **2** *Zustand freier Beweglichkeit (einer Tierart)*
Va|gi|na ⟨a. [va-] f.; -, -nen⟩ *Teil des weibl. Geschlechtsorgans bei Mensch u. Tier, Verbindung zwischen Gebärmutter u. äußerem Geschlechtsteil, Scheide* [lat.]
va|gi|nal ⟨[va-] Adj.⟩ *zur Vagina gehörig*
Va|gi|nis|mus ⟨[va-] m.; -; unz.⟩ *Scheidenkrampf*
Va|gi|ni|tis ⟨f.; -, -ti|den⟩ *Scheidenentzündung*
Va|go|to|mie ⟨[va-] f.; -, -n⟩ *Durchtrennung des Vagus* [< *Vagus* + ...*tomie*]
Va|go|to|nie ⟨[va-] f.; -, -n⟩ *erhöhte Erregbarkeit des parasympathischen Nervensystems* [zu *Vagus* + grch. *teinein* »spannen«]
Va|go|to|ni|ker ⟨[va-] m.; -s, -⟩ *an Vagotonie Leidender*
Va|go|to|ni|ke|rin ⟨[va-] f.; -, -rin|nen⟩ *an Vagotonie Leidende*
va|go|trop ⟨[va-] Adj.⟩ *auf den Vagus einwirkend* [< *Vagus* + ...*trop*[1]]
Va|gus ⟨[va:-] m.; -; unz.⟩ *Hauptnerv des parasympathischen Nervensystems: Nervus vagus* [lat., »wandernder (Nerv)«]
va|kant ⟨[va-] Adj.⟩ *offen, unbesetzt;* ~e Stelle [< lat. *vacans,* Part. Präs. zu *vacare* »leer sein«]
Va|kanz ⟨[va-] f.; -, -en⟩ **1** *offene, unbesetzte Stelle* **2** ⟨†; noch mundartl.⟩ *Ferien*
Va|kat ⟨[va-] n.; - od. -s, -s⟩ *leere Seite in einem Druckbogen* [< lat. *vacatus,* Part. Perf. zu *vacare* »leer sein«]
Va|ku|o|le ⟨[va-] f.; -, -n⟩ *mit Flüssigkeit gefülltes Bläschen im Zellplasma* [< frz. < lat. *vacuum;* → *Vakuum*]
Va|ku|um ⟨[va:-] n.; -s, -kua od. -ku|en; Phys.⟩ *Raum, der (nahezu) luftleer ist, luftleerer Raum* [< lat. *vacuus* »leer«]
Va|ku|um|ap|pa|rat ⟨[va:-] m.; -(e)s, -e⟩ *Apparat, der mit Vakuum arbeitet, z.B. beim Filtern einer Flüssigkeit od. beim Destillieren, Herabsetzen des Siedepunktes*
Va|ku|um|brem|se ⟨[va:-] f.; -, -n⟩ *Bremsanlage, deren Wirkung auf der Erzeugung eines Unterdruckes im Bremszylinder beruht*
Va|ku|um|de|stil|la|ti|on, ⟨auch⟩ **Va|ku|um|des|til|la|ti|on** ⟨[va:-] f.; -, -en⟩ *Destillation im luftverdünnten Raum*
Va|ku|um|me|ter ⟨[va:-] n.; -s, -⟩ *Manometer für niedrigen Druck* [< *Vakuum* + ...*meter*]
Va|ku|um|pum|pe ⟨[va:-] f.; -, -n⟩ *Pumpe zum Erzeugen eines Vakuums*
Va|ku|um|spek|tro|graf, ⟨auch⟩ **Va|ku|um|spekt|ro|graf** ⟨[va:-] m.; -en, -en⟩ = *Vakuumspektrograph*
Va|ku|um|spek|tro|graph, ⟨auch⟩ **Va|ku|um|spekt|ro|graph** ⟨[va:-] m.; -en, -en⟩ *in ein Vakuum eingebauter Apparat zum Messen des Spektrums ultravioletter Strahlungen;* oV *Vakuumspektrograf*
Va|ku|um|stahl ⟨[va:-] m.; -s; unz.⟩ *Stahl, dessen Sauerstoff- u. Wasserstoffgehalt im Vakuum in flüssigem Zustand stark herabgesetzt wurde*
Vak|zin ⟨[vak-] n.; -s, -e⟩ = *Vakzine*
Vak|zi|na|ti|on ⟨f.; -, -en⟩ *Impfung mit Vakzinen;* oV *Vaccination;* Sy *Vakzinierung*
Vak|zi|ne ⟨[vak-] f.; -, -n⟩ oV *Vakzin, Vaccine* **1** = *Lymphe(2)* **2** *Impfstoff* [< lat. *vaccinus* »von Kühen stammend«]
vak|zi|nie|ren ⟨[vak-] V.⟩ *mit einer Vakzine impfen*
Vak|zi|nie|rung ⟨[vak-] f.; -, -en⟩ = *Vakzination*
Val ⟨[va:l] Zeichen für⟩ *Grammäquivalent* [→ *äquivalent*]
va|le! ⟨[va:le]⟩ *lebe wohl* [lat.]
Va|len|ci|ennes|spit|ze, ⟨auch⟩ **Va|len|ci|ennes-Spit|ze** ⟨[valã:sjɛn-] f.; -, -n⟩ *sehr feine Spitze mit zierlichen Blumenmustern* [nach der nordfrz. Industriestadt *Valenciennes*]
va|lent ⟨[va-] Adj.⟩ *mit einer od. mehreren Valenzen ausgestattet* [< lat. *valere* »stark, wert sein«]
Va|lenz ⟨[va-] f.; -, -en⟩ **1** ⟨Chem.⟩ *Wertigkeit* **2** ⟨Biol.⟩ *Stärke, Tüchtigkeit* **3** ⟨Sprachw.⟩ *die Eigenschaft von Wörtern od. Morphemen, andere Einheiten zu verlangen, z.B. müssen bei vielen Verben bestimmte Arten von Objekten stehen;* → a. *Rektion* [< lat. *valentia* »Kraft, Fähigkeit«; zu *valere;* → *valent*]
Va|lenz|e|lek|tron, ⟨auch⟩ **Va|lenz|e|lekt|ron** ⟨[va-] n.; -s, -en; meist Pl.⟩ *das Elektron der äußersten Schale des Atoms, das die chem. Eigenschaften des Atoms bestimmt*
Va|lenz|zahl ⟨[va-] f.; -, -en⟩ *die Wertigkeit, die den Atomen bzw. Ionen in chemischen Verbindungen zugeordnet ist*
Va|le|ri|a|na ⟨[va-] f.; -; unz.⟩ *Baldrian* [< lat. *valerianus* »aus der Provinz Valeria«]
Va|le|ri|an|säu|re ⟨[va-] f.; -, -n⟩ *aliphat. Carbonsäure, farbloses Öl, das nach Baldrian riecht u. z.B. in der Baldrianwurzel vorkommt;* Sy *Pentansäure*
Va|let[1] ⟨[valɛt] od. [-le:t] n.; -s, -s⟩ *Gruß zum Abschied, Lebewohl* [lat.]
Va|let[2] ⟨[vale:] m.; -s, -s; frz. Kart.⟩ *Bube* [frz., »Vasall«]
va|le|tie|ren ⟨[valɛ-] V.; schweiz.⟩ *aufbügeln* [< frz. *valet* »Vasall, Diener«]
Va|leur ⟨[valø:r] m.; -s, -s⟩ **1** ⟨Kaufmannsspr.⟩ *Wert, Wertpapier* **2** ⟨nur Pl.; Mal.⟩ ~s *Wert eines Farbtons, Abstufungen von Licht u. Schatten* [frz., »Wert«]
va|lid ⟨[va-] Adj.⟩ **1** *kräftig* **2** *rechtskräftig* [< lat. *validus;* zu *valere* »stark sein«]
Va|li|da|ti|on ⟨[va-] f.; -, -en⟩ **1** ⟨†⟩ *Gültigkeitserklärung* **2** *das Validieren(2)*
va|li|die|ren ⟨[va-] V.⟩ **1** ⟨†⟩ *gültig, rechtskräftig*

machen **2** eine wissenschaftliche Methode ~ *ihren Wert (für einen bestimmten Zweck) bestimmen*

Va|li|di|tät ⟨[va-] f.; -; unz.⟩ *Gültigkeit, Rechtskraft*

Va|lin ⟨n.; -s; unz.⟩ *eine lebenswichtige Aminosäure* [→ *Valeriansäure*]

Val|lis|ne|ria ⟨[val-] f.; -, -ri|en⟩ *Sumpfschraube, eine Aquarienpflanze, die zur Gattung der Froschbissgewächse gehört* [nach dem ital. Arzt u. Naturforscher A. *Vallisnieri,* 1661–1730]

Va|lor ⟨[va:lɔr] m.; -s, -lo|ren; †⟩ **1** ⟨unz.; Kaufmannsspr.⟩ *Wert, Gehalt* **2** ⟨nur Pl.⟩ ~en *Wertgegenstände, Wertpapiere* [lat., »Wert«]

Va|lo|ren|ver|si|che|rung ⟨[va-] f.; -, -en⟩ *Versicherung von Valoren*

Va|lo|ri|sa|ti|on ⟨[va-] f.; -, -en⟩ *Aufwertung, Hebung des Preises einer Ware (durch Aufkaufen, Stapeln, Einschränkung der Produktion);* Sy *Valorisierung* [→ *Valor*]

va|lo|ri|sie|ren ⟨[va-] V.⟩ *aufwerten, den Wert, Preis heben von* [→ *Valor*]

Va|lo|ri|sie|rung ⟨[va-] f.; -, -en⟩ = *Valorisation*

Val|po|li|cel|la ⟨[valpolitʃɛla] m.; - od. -s; unz.⟩ *ital. Rotwein, der besonders aus dem gleichnamigen Tal nördlich von Verona stammt*

Va|lu|ta ⟨[va-] f.; -, -ten⟩ **1** *Wert einer Währung, Ware (an einem bestimmten Tag)* **2** *(ausländ.) Währung* **3** *Termin, an dem eine Verzinsung od. Frist einer Zahlung beginnt* [ital.; zu *valere* »gelten, wert sein« < lat. *valere* »stark sein«]

Va|lu|ta|klau|sel ⟨[va-] f.; -, -n⟩ *Vereinbarung, dass eine Schuld gemäß dem Kurs in einer bestimmten ausländ. Währung zu zahlen ist*

Va|lu|ta|ver|si|che|rung ⟨[va-] f.; -, -en⟩ *Form der Versicherung, bei der zum Schutz vor Schwankungen der Inlandswährung die Prämien u. Leistungen für den Versicherten an eine Auslandswährung gebunden werden, Fremdwährungsversicherung*

va|lu|tie|ren ⟨[va-] V.⟩ **1** *bewerten, den Wert angeben* **2** *einen Termin festsetzen, an dem eine Verzinsung od. Zahlungsfrist beginnt*

Val|va|ti|on ⟨[valva-] f.; -, -en⟩ *Bestimmung des Wertes, bes. von fremden Münzen* [< mfrz. *valuation* »Bewertung«; zu *valuer* < lat. *valere;* → *Valuta*]

Vamp ⟨[vɛmp] m.; -s, -s⟩ *erotisch stark anziehende, kalt berechnende Frau* [engl.; zu *Vampir*]

Vam|pir ⟨a. [vam-] m.; -s, -pi|re⟩ **1** *Angehöriger einer Familie der Fledermäuse, der kein Blut saugt, sondern es nur aufleckt: Desmodontidae* **2** ⟨Volksglaube⟩ *Blut saugendes Nachtgespenst* **3** ⟨fig.⟩ *jmd., der sich auf Kosten anderer rücksichtslos bereichert* [< slaw.]

Va|na|dat ⟨[va-] n.; -s, -e⟩ *Salz der Vanadinsäure*

Va|na|din ⟨[va-] n.; -s; unz.; chem. Zeichen: V⟩ *graues, sprödes, korrosionsbeständiges Metall, Ordnungszahl 23;* oV *Vanadium* [nach *Vanadis,* einem Beinamen der germ. Göttin Freia]

Va|na|di|nit ⟨[va-] n.; -s; unz.⟩ *zusammen mit Apatit auftretendes, vanadinhaltiges Mineral, chemisch ein Bleivanadat, das zur Gewinnung von Vanadin abgebaut wird*

Va|na|din|stahl ⟨m.; -s; unz.⟩ *mit Vanadin legierter Stahl zur Erhöhung der Härte u. Korrosionsbeständigkeit*

Va|na|di|um ⟨[va-] n.; -s; unz.⟩ = *Vanadin*

Van-Al|len-Gür|tel ⟨[væn ælən-] m.; Pl.⟩ *von den ersten amerik. Erdsatelliten entdeckte Strahlungsgürtel um die Erde in Höhen zwischen 2000 u. 4000 bzw. 10 000 u. 20 000 km* [nach dem amerik. Physiker J. A. *van Allen,* * 1914]

Van|car|ri|er ⟨[vœ:nkæriə(r)] m.; (-) -s, (-) -⟩ *Steuermaschine zum Transport bzw. Umladen von Containern (z.B. im Hafen);* Sy *Carrier* [engl., < *van* »Transporter« + *carrier* »Beförderer«]

Van|da|le ⟨[van-] m.; -n, -n ⟩ = *Wandale*

van|da|lisch ⟨[van-] Adj.⟩ = *wandalisch*

Van|da|lis|mus ⟨[van-] m.; -; unz.⟩ = *Wandalismus*

va|nil|le ⟨a. [vaniljə] Adj.⟩ *hellgelb*

Va|nil|le ⟨a. [vaniljə] f.; -; unz.⟩ *Gattung der Orchideen: Vanilla;* echte ~ *Pflanze mit zylindrischen Früchten, die nach dem Fermentieren ein charakterist. Aroma erhalten, das für Süßspeisen beliebt ist: Vanilla planifolia* [frz., < span. *vanilla* »kleine Schote« < lat. *vagina* »Scheide; Schote«]

Va|nil|lin ⟨[va-] n.; -s; unz.⟩ *in der echten Vanille enthaltener od. künstlich hergestellter Aromastoff, chemisch ein Phenolätheraldehyd*

va|ni|tas va|ni|ta|tum ⟨[va:- va-]⟩, **va|ni|ta|tum va|ni|tas** *Eitelkeit der Eitelkeiten, alles ist eitel* [lat.; nach den Anfangsworten des »Predigers Salomo« im Alten Testament]

Va|peur ⟨[vapø:r] m.; -s, -s⟩ **1** ⟨unz.⟩ *feines Gewebe aus Baumwolle* **2** ⟨nur Pl.; †⟩ ~s **2.1** *Blähungen* **2.2** ⟨fig.⟩ *(angeblich dadurch verursachte) üble Laune* [frz., »Dampf«]

Va|po|ri|me|ter ⟨[va-] n.; -s, -⟩ *Gerät, mit dem man den Gehalt an Alkohol in Flüssigkeiten aus dem Dampfdruck beim Siedepunkt bestimmt* [< lat. *vapor* »Dampf« + …*meter*]

Va|po|ri|sa|ti|on ⟨[va-] f.; -; unz.⟩ **1** *Verdampfung* **2** *Bestimmung des Gehalts an Alkohol einer Flüssigkeit* **3** *altes Heilverfahren, mit Wasserdampf Blutungen zu stillen* [< lat. *vapor* »Dampf«]

va|po|ri|sie|ren ⟨[va-] V.⟩ **1** ⟨†⟩ *verdunsten, verdampfen;* eine Flüssigkeit ~ lassen **2** *den Alkoholgehalt einer Flüssigkeit ermitteln*

Va|po|ri|sie|rung ⟨[va-] f.; -, -en; †⟩ *das Vaporisieren*

Va|que|ro ⟨[vake:ro], span. [bake:ro] m.; - od. -s; -s⟩ *berittener Rinderhirt in Spanien, Mexiko u. im Südwesten der USA;* → a. *Cowboy* [span.; zu lat. *vacca* »Kuh«]

var. ⟨Bot.; Zool.; Abk. für⟩ *varietas;* → *Varietät(2)*

Va|ria ⟨[va-] Pl.⟩ *Allerlei, Verschiedenes, Mannigfaltiges* [lat.]

va|ri|a|bel ⟨[va-] Adj.⟩ *wandelbar, veränderlich;* Ggs *konstant, invariabel* [<frz. *variable* <lat. *variabilis;* zu *variare* »sich verändern«]

Va|ri|a|bi|li|tät ⟨[va-] f.; -, -en⟩ **1** *Veränderlichkeit, Wandelbarkeit* **2** *(Fähigkeit zur) Abweichung vom Typus (bei Lebewesen)*

Va|ri|a|ble, ⟨auch⟩ **Va|ri|ab|le** ⟨[va-] f.; -n, -n⟩ Ggs *Konstante* **1** ⟨Math.⟩ *veränderl. Größe* **2** ⟨Logik⟩ *Symbol, das stellvertretend für Zahlen, Quantitäten, Aussagen u. Werte eines Objektbereichs steht, der diesen zugeordnet werden kann*

va|ri|ant ⟨[va-] Adj.⟩ *bei bestimmten Vorgängen veränderlich;* Ggs *invariant*

Va|ri|an|te ⟨[va-] f.; -, -n⟩ *veränderte Form, Abart, Spielart* [→ *Varianz*]

Va|ri|anz ⟨[va-] f.; -; unz.⟩ *Größenmaß für die durchschnittl. Abweichung eines Einzelwertes von einem Mittelwert* [<lat. *varians,* Part. Präs. zu *variare* »sich verändern«]

Va|ri|a|ti|on ⟨[va-] f.; -, -en⟩ **1** *Veränderung, Abwandlung* **2** ⟨Biol.⟩ *Abweichung von der Art* **3** ⟨Mus.⟩ *melod., harmon. od. rhythm. Veränderung, Abwandlung eines Themas*

Va|ri|a|ti|ons|rech|nung ⟨[va-] f.; -; unz.; Math.⟩ *mathemat. Verfahren zur Berechnung von Maximal- u. Minimalwerten einer Funktion, Teilgebiet der Analysis*

Va|ri|el|le ⟨[va-] f.; -, -n; meist Pl.⟩ *Windpocke* [<lat. *varicella,* Verkleinerungsform zu *varus* »Knoten«]

Va|ri|e|tät ⟨[variə-] f.; -, -en⟩ **1** ⟨allg.⟩ *Verschiedenheit, andersartige Beschaffenheit* **2** ⟨Bot.; Zool.; Abk.: var.⟩ *in einem od. mehreren Merkmalen von einem Standardtyp abweichende Form eines Lebewesens* **3** ⟨Sprachw.⟩ *(vom Standard) abweichende sprachliche Form, sprachliche Variante* [<lat. *varietas* »Verschiedenheit«]

> **Varieté / Varietee** (*Laut-Buchstaben-Zuordnung*) Diakritische Zeichen in Fremdwörtern können durch markierte Buchstaben ersetzt werden. Dies gilt auch für das aus dem Französischen entlehnte »*é*«, das eine Vokallänge kennzeichnet, die im Deutschen durch die Doppelung des entsprechenden Vokals gekennzeichnet wird. Es bleibt dem Schreibenden überlassen, welche Variante er bevorzugt (→a. *Séparé / Separee; Soufflé / Sufflee*).

Va|ri|e|té ⟨[variəte:] n.; -s, -s⟩ = *Varietee*

Va|ri|e|tee ⟨[variəte:] n.; -s, -s⟩ *Theater, Bühne für akrobat., tänzer., musikal. u.a. Vorführungen;* oV *Varieté* [frz.]

va|ri|ie|ren ⟨[va-] V.⟩ **1** *verschieden, anders sein, abweichen* **2** *verändern, abwandeln, abwechslungsreich gestalten* **3** ⟨Mus.⟩ *melodisch, harmonisch od. rhythmisch abwandeln (Thema)* [<frz. *varier* <lat. *variare* »sich verändern«]

va|ri|kös ⟨[va-] Adj.⟩ *in Form von Varizen, mit Varizen behaftet* [<lat. *varicosus;* zu *varix* »Krampfader«]

Va|ri|ko|se ⟨[va-] f.; -, -n⟩ *Krampfaderleiden* [zu lat. *varix* »Krampfader]

Va|ri|ko|si|tät ⟨[va-] f.; -, -en⟩ *Bildung von Varizen*

Va|ri|ko|ze|le ⟨[va-] f.; -, -n⟩ *krankhafte Erweiterung u. Schlängelung der Blutadern des Samenstranges, Krampfaderbruch* [<lat. *varix* »Krampfader« + *cela* »Geschwulst« <grch. *kele*]

Va|ri|o|graf ⟨[va-]; m.; -en, -en ⟩ = *Variograph*

Va|ri|o|graph ⟨[va-] m.; -en, -en⟩ *Gerät zur automat. Aufzeichnung der Werte eines Variometers;* oV *Variograf* [<lat. *varius* »verschieden« + …*graph*]

Va|ri|o|la ⟨[va-] f.; -, -lae [-lɛ:] od. -rio|len; Med.⟩ *Pocken* [mlat., Verkleinerungsform zu lat. *varus* »Knoten«]

Va|ri|o|la|ti|on ⟨[va-] f.; -, -en⟩ *Impfung gegen Pocken*

Va|ri|o|me|ter ⟨[va-] n.; -s, -⟩ **1** *Messgerät, das angezeigt, mit welcher Geschwindigkeit ein Luftfahrzeug steigt od. sinkt* **2** ⟨El.⟩ *Spule mit verschiebbarem Kern* **3** *Spule, in die eine andere beweglich eingebracht werden kann* [<lat. *varius* »verschieden« + …*meter*]

Va|ri|o|ob|jek|tiv ⟨[va:-] n.; -s, -e⟩ = *Zoomobjektiv* [<lat. *varius* »verschieden« + *Objektiv*]

va|ris|kisch ⟨[va-] Adj.⟩ = *variszisch*

va|ris|tisch ⟨[va-] Adj.⟩ = *variszisch*

Va|ris|tor ⟨[va-] m.; -s, -to|ren; Phys.⟩ *spannungsabhängiger Widerstand, der zur Stabilisierung der Spannung eingesetzt wird* [zu lat. *varius* »mannigfaltig« + engl. *resistor* »Widerstand«]

va|ris|zisch ⟨[va-] Adj.⟩ ~e Gebirgsbildung *im Karbon erfolgte, großflächige Bildung von Hochgebirgen, die heute durch Abtragung u. tektonische Veränderungen einen großen Teil unserer Mittelgebirge bilden;* oV *varistisch, variskisch* [nach dem Volksstamm der *Varisker* im Vogtland]

Va|ris|zit ⟨[va-] m.; -s, -e⟩ *aus Aluminiumphosphat bestehendes farbloses, rhombisches Mineral;* Sy *Callainit* [→ *variszisch*]

Va|rix ⟨[va:-] f.; -, Va|ri|zen⟩, **Va|ri|ze** ⟨[va-] f.; -, -n⟩ *Krampfader* [<lat. *varix,* Gen. *varicis*]

Var|so|vi|enne ⟨[varsɔvjɛn] f.; -, -n⟩ *polnischer Gesellschaftstanz des 19. Jh.;* →a. *Mazurka* [frz.; zum lat. Namen *Varsovia* der poln. Stadt Warschau]

vas…, Vas… ⟨in Zus.⟩ = *vaso…, Vaso…*

va|sal ⟨[va-] Adj.⟩ *zu den Blutgefäßen gehörend* [<lat. *vas* »Gefäß«]

Va|sall ⟨[va-] m.; -en, -en⟩ **1** *Gefolgsmann* **2** *Lehnsmann* [mlat. *vasallus* <kelt.]

Va|sal|len|staat ⟨[va-] m.; -(e)s, -en⟩ *formell selbständiger, in Wirklichkeit aber von einer Großmacht abhängiger Staat*

va|sal|lisch ⟨[va-] Adj.⟩ **1** *einem Vasallen gemäß, für ihn bezeichnend* **2** *auf Vasallendienst beruhend*

Va|sal|li|tät ⟨[va-] f.; -; unz.; im MA⟩ *die vertraglich begründete persönliche Bindung des Vasallen an seinen Lehnsherrn*

Va|se ⟨[vaː-] f.; -, -n⟩ *kunstvoll gearbeitetes Gefäß aus Ton, Porzellan od. Glas für Schnittblumen* [< frz. *vase* < lat. *vas* »Gefäß«]
Vas|ek|to|mie, ⟨auch⟩ **Va|sek|to|mie** ⟨[vas-] f.; -, -n⟩ Sy *Vasoresektion, Vasotomie* **1** ⟨i.w.S⟩ *operative Entfernung von Teilen der Gefäße* **2** ⟨i.e.S⟩ *operative Entfernung eines Teiles des Samenleiters zur Unfruchtbarmachung des Mannes* [< *Vaso...* + *Ektomie*]
Va|se|lin ⟨[va-] n.; -s; unz.; österr.⟩, **Va|se|li|ne** ⟨[va-] f.; -; unz.⟩ *halbfestes, salbenartiges Gemisch gesättigter aliphatischer Kohlenwasserstoffe von gelber od. (gebleicht) weißer Farbe, das hauptsächlich in der pharmazeut. u. kosmet. Industrie verarbeitet wird* [Kunstw. < dt. *Wasser* + grch. *elaton* »Öl«]
Va|se|nol ⟨[va-] n.; s; unz.⟩ *eine Mischung von Vaselin mit Fettalkoholen, die ein Mehrfaches ihres Gewichtes an Wasser aufnehmen kann u. deshalb als Grundlage für Salben dient* [verkürzt < *Vase*lin + La*nol*in]
vas|ku|lar ⟨[vas-] Adj.⟩ *die (kleinen) Blutgefäße betreffend, zu ihnen gehörig, mit ihnen versehen;* oV *vaskulär* [< lat. *vascularis;* zu *vasculum* »kleines Gefäß«]
vas|ku|lär ⟨[vas-] Adj.⟩ = *vaskular*
Vas|ku|la|ri|sa|ti|on ⟨[vas-] f.; -; unz.⟩ *Versorgung mit kleinen Blutgefäßen*
vas|ku|lös ⟨[vas-] Adj.⟩ *reich an Blutgefäßen* [→ *vaskular*]
va|so..., **Va|so...** ⟨[va-] vor Vokalen⟩ vas..., Vas... ⟨in Zus.⟩ *gefäß..., Gefäß...* [< lat. *vas* »Gefäß«]
Va|so|di|la|ta|tor ⟨[va-] m.; -s, -to|ren; Pharm.⟩ *Arzneimittel, das die Erweiterung u. damit die bessere Durchblutung verengter Gefäße bewirkt;* Ggs *Vasokonstriktor* [< *Vaso...* lat. + *dilatare* »erweitern«]
Va|so|kon|strik|tor, ⟨auch⟩ **Va|so|kons|trik|tor,** ⟨auch⟩ **Va|so|konst|rik|tor** ⟨[va-] m.; -s, -to|ren; Pharm.⟩ *Arzneimittel, das die Zusammenziehung von Blutgefäßen bewirkt u. damit den Blutdruck erhöht;* Ggs *Vasodilatator* [< *Vaso...* + lat. *constringere* »zusammenziehen«]
Va|so|li|ga|tur ⟨[va-] f.; -, -en⟩ *Abschnüren eines Gefäßes* [< *Vaso...* + *Ligatur*]
Va|so|mo|to|ren ⟨[va-] Pl.⟩ *Gefäßnerven* [< *Vaso...* + lat. *motor* »Beweger«]
va|so|mo|to|risch ⟨[va-] Adj.⟩ *zu den Vasomotoren gehörig, auf ihnen beruhend;* ~e Reaktionen *Erweiterung od. Verengung der Blutgefäße durch verschiedene Spannungszustände der glatten Gefäßmuskeln unter der Wirkung der Gefäßnerven*
Va|so|ple|gie ⟨[va-] f.; -, -n⟩ *Gefäßlähmung* [< *Vaso...* lat. + grch. *plege* »Schlag«]
Va|so|pres|sin ⟨[va-] n.; -s, -e; Abk.: ADH⟩ *ein Peptidhormon des Hypophysenhinterlappens, das die Rückresoption von Wasser (tägl. zwischen 15–30 l) in den Nieren bewirkt;* Sy *antidiuretisches Hormon, Adiuretin*
Va|so|re|sek|ti|on ⟨[va-] f.; -, -en⟩ = *Vasektomie*
Va|so|to|mie ⟨[va-] f.; -, -n⟩ = *Vasektomie* [< *Vaso...* + *...tomie*]
Va|ti|kan ⟨[va-] m.; -s; unz.; kath. Kirche⟩ **1** *Palast, Residenz des Papstes in Rom* **2** *die päpstliche Regierung*
va|ti|ka|nisch ⟨[va-] Adj.⟩ *zum Vatikan gehörig, auf ihm beruhend, aus ihm stammend*
Va|ti|kan|stadt ⟨[va-] f.; -; unz.⟩ *Stadtstaat innerhalb Roms mit den Gebäuden der päpstlichen Regierung, der Bibliothek u. der Peterskirche*
Vau|de|ville ⟨[voːdəviːl] n.; -s, -s⟩ **1** *possenhaftes Singspiel, im 18. Jh. in Frankreich aufgekommen* **2** *Lied, Schlager eines Vaudevilles(1)* [< frz. *vau-de-Vire,* nach der Stadt *Vire* in Westfrankreich, mit späterer volksetymolog. Angleichung an *ville* »Stadt«]
Ve|da ⟨[ve-] f.; - od. -s, -s od. -den⟩ = *Weda*
Ve|den ⟨[ve-] Pl.⟩ = *Weden*
Ve|det|te ⟨[ve-] f.; -, -n⟩ **1** *Vortrupp von Reitern, berittener Vorposten* **2** *Wache* [< ital. *vedetta*]
Ve|du|te ⟨[ve-] f.; -, -n; Mal.⟩ **1** *getreue Wiedergabe der Ansicht einer Stadt od. Landschaft mit geringer perspektivischer Wirkung;* → a. *Prospekt(2)* **2** ⟨im Festungsbau des 15. bis 18. Jh.⟩ *hoch gelegener od. vorgeschobener Beobachtungsposten* [ital.]
ve|gan ⟨[ve-] Adj.⟩ *den Veganismus betreffend, auf ihm beruhend*
Ve|ga|ner ⟨[ve-] m.; -s, -⟩ *Vegetarier, der zusätzlich auf alle tierischen Produkte verzichtet*
Ve|ga|nis|mus ⟨[ve-] m.; -; unz.⟩ *Form des Vegetarismus, die ausdrücklich auch den Verzicht auf jede Art von tierischen Produkten (z.B. Milch, Eier) einschließt*
ve|ge|ta|bil ⟨[ve-] Adj.⟩ = *vegetabilisch*
Ve|ge|ta|bi|li|en ⟨[ve-] nur Pl.⟩ *pflanzl. Stoffe, pflanzl. Nahrungsmittel*
ve|ge|ta|bi|lisch ⟨[ve-] Adj.⟩ *pflanzlich, von Pflanzen stammend;* oV *vegetabil* [< mlat. *vegetabilis;* zu *vegetari* »wachsen, gedeihen« < lat. *vegetus* »belebt«; zu *vegere* »züchten, erregen, beleben, tätig sein«]
Ve|ge|ta|ri|a|nis|mus ⟨[ve-] m.; -; unz.⟩ = *Vegetarismus*
Ve|ge|ta|ri|er ⟨[ve-] m.; -s, -⟩ *Mann, der bei seiner Ernährung auf Fleisch verzichtet*
Ve|ge|ta|ri|e|rin ⟨[ve-] f.; -, -rin|nen⟩ *Frau, die bei ihrer Ernährung auf Fleisch verzichtet*
ve|ge|ta|risch ⟨[ve-] Adj.⟩ *auf dem Vegetarismus beruhend;* ~ leben *in der Ernährung auf Fleisch verzichten*
Ve|ge|ta|ris|mus ⟨[ve-] m.; -; unz.⟩ *Ernährung durch fleischfreie Kost*
Ve|ge|ta|ti|on ⟨[ve-] f.; -, -en⟩ **1** *Leben, Wachstum der Pflanzen* **2** *Gesamtheit der in einem Gebiet vorkommenden Pflanzen* [< mlat. *vegetatio;* zu *vegetari;* → *vegetabilisch*]
Ve|ge|ta|ti|ons|ke|gel ⟨[ve-] m.; -s, -⟩ *Wachstumszone der Spross- u. Wurzelspitze einer Pflanze*
Ve|ge|ta|ti|ons|or|gan ⟨[ve-] n.; -s, -e⟩ *der Erhaltung des Organismus u. nicht der Fortpflanzung dienendes Pflanzenorgan*

Ve|ge|ta|ti|ons|pe|ri|o|de ⟨[ve-] f.; -, -n⟩ *Zeitraum, in dem die Pflanze am kräftigsten wächst*

Ve|ge|ta|ti|ons|punkt ⟨[ve-] m.; -(e)s, -e⟩ *Ende einer Pflanzenachse od. Wurzel, von der das Wachstum hauptsächlich ausgeht*

ve|ge|ta|tiv ⟨[ve-] Adj.⟩ **1** *pflanzlich* **2** ⟨Physiol.⟩ *unbewusst, nicht dem Willen unterliegend (von Nerven); ~es* Nervensystem *alle Nerven, die bewusst nicht beeinflusst werden können, autonomes, unwillkürliches Nervensystem, Lebensnervensystem* **3** ⟨Biol.⟩ *ungeschlechtlich* [< mlat. *vegetativus;* zu *vegetari;* → *vegetabilisch*]

ve|ge|tie|ren ⟨[ve-] V.⟩ *(kümmerlich) dahinleben*

ve|he|ment ⟨[ve-] Adj.⟩ *heftig, ungestüm* [< lat. *vemens, vehemens* »stürmisch, leidenschaftlich«, eigtl. »nicht besonnen« < *ve...* »zu wenig« + *mens* »Verstand«]

Ve|he|menz ⟨[ve-] f.; -; unz.⟩ *Heftigkeit, Ungestüm*

Ve|hi|kel ⟨[ve-] n.; -s, -⟩ **1** *(altes, altmodisches, schlechtes) Fahrzeug* **2** ⟨fig.⟩ *Mittel (zu einem Zweck)* [< lat. *vehiculum* »Fahrzeug«; zu *vehi* »fahren«]

Vek|tor ⟨[vɛk-] m.; -s, -to|ren⟩ **1** *math. Größe, die als Strecke bestimmter Länge u. Richtung definiert ist* **2** ⟨Biochem.⟩ *Träger (z.B. Plasmid) für die Einführung neuer Gene in eine Zelle* [< lat. *vector* »Träger«; zu *vehere* »tragen«]

Vek|tor|feld ⟨[vɛk-] n.; -(e)s, -er⟩ *durch einheitliche Ausrichtung aller Vektoren gekennzeichneter Teil eines Raumes*

vek|to|ri|ell ⟨[vɛk-] Adj.⟩ *Vektoren betreffend, auf Vektoren bezogen, zu ihnen gehörig; ~e* Größe *auf Vektoren bezogene G.;* Ggs *skalare Größe* (→ *skalar*)

Vek|tor|kar|di|o|gra|fie ⟨[vɛk-] f.; -, -n; Med.; Abk.: VKG⟩ = *Vektorkardiographie*

Vek|tor|kar|di|o|gra|phie ⟨[vɛk-] f.; -, -n; Med.; Abk.: VKG⟩ *kontinuierliche Aufzeichnung der Bewegungsabläufe der Herzmuskelfasern;* oV *Vektorkardiografie* [< *Vektor* + *kardio...* + *...graphie*]

Vek|tor|rech|ner ⟨[vɛk-] m.; -s, -⟩ *in Form von Vektoren operierender Rechner, der mit mehreren Rechenwerken parallele Operationen vornehmen kann*

Vek|tor|rech|nung ⟨[vɛk-] f.; -, -en⟩ *Rechnung mit Vektoren*

Ve|la ⟨[veː-] Pl. von⟩ *Velum*

ve|lar ⟨[veː-] Adj.; Phon.⟩ *am Gaumensegel gebildet, gesprochen (Laute)* [< lat. *velaris* »das Tuch, Segel betreffend«; zu *velum* »Tuch, Segel«]

Ve|lar ⟨[ve-] m.; -s, -e⟩, **Ve|la|ris** ⟨[ve-] f.; -, -res⟩ *Hintergaumenlaut, Kehllaut, Gaumensegellaut, mit der hinteren Zunge am Gaumensegel gebildeter Konsonant* z.B. g, k, ng, ch (nach a, o, u)

Ve|li|ger|lar|ve ⟨[veː-] f.; -, -n⟩ *Larve mariner Muscheln u. zahlreicher Schnecken, die mit einem Segel frei umherschwimmt* [< lat. *velum* »Tuch, Segel« + *Larve*]

Ve|lin ⟨[vəliːn] n.; -s; unz.⟩ *weiches, weißes, pergamentartiges Papier für kostbare Bucheinbände* [< frz. *vélin* < afrz. *veel* »Kalb« < lat. *vitellus*]

Vel|le|i|tät ⟨[veleːi-] f.; -; unz.⟩ *unwirksame Regung des Willens, kraftloses Wünschen* [< lat. *velle* »wünschen«]

Ve|lo ⟨[veː-] n.; -s, -s; schweiz.⟩ *Fahrrad* [verkürzt < *Veloziped*]

Ve|lo|drom ⟨[ve-] n.; -s, -e⟩ *Radrennbahn in einer Halle* [< frz. *vélodrome* < *Velo* + grch. *dromos* »Lauf«]

Ve|lours ⟨Textilw.⟩ **1** ⟨[vəluːr] m.; - [-luːrs], - [-luːrs]⟩ *samtartiges Gewebe aus Streichgarn* **2** ⟨n.; - [-luːrs], - [-luːrs]⟩ *auf der Fleischseite bearbeitetes Leder mit samtartiger Oberfläche;* Sy *Veloursleder* [frz. < lat. *villosus* »behaart«]

Ve|lours|le|der ⟨[vəluːr-] n.; -s; unz.; Textilw.⟩ *Velours(2)*

Ve|lours|tep|pich ⟨[vəluːr-] m.; -(e)s, -e⟩ *gewebter Teppich mit samtartigem Flor*

Ve|lou|tine ⟨[vəlutiːn] m.; - od. -s, -s⟩ *halbseidener, ripsartiger Kleiderstoff in Leinwandbindung* [zu frz. *velout* »samtartig«]

Ve|lo|zi|ped ⟨[ve-] n.; -s, -s; kurz: Velo⟩ *Fahrrad* [< frz. *vélocipède* < lat. *velos* »schnell« + *pedis,* Gen. zu *pes* »Fuß«]

Velt|li|ner ⟨[vɛlt-] m.; -s, -⟩ **1** *eine Rebsorte (Sammelbez. für die Rebsorten roter V., grüner V. u. frühroter V.)* **2** *Weinsorte von meist nur mittlerer Qualität* [nach der ital. Landschaft *Veltlin*]

Ve|lum ⟨[veː-] n.; -s, -la⟩ **1** *rechteckiges Tuch, das dem Priester beim Sakrament Schulter u. Hände verhüllt* **2** *Tuch zum Bedecken der Abendmahlsgeräte* **3** *weicher Gaumen, Gaumensegel* (~ palatinum) **4** *halbmondförmiges Segel der Herzklappen* **5** *schirmartiger Rand mancher Medusen* [lat., »Tuch, Segel«]

Vel|vet ⟨[vɛlvət] m.; -s, -s⟩ **1** *Samt aus Baumwolle* **2** *fotografisches Papier mit samtartiger Oberfläche* [engl.]

Vel|ve|ton ⟨[vɛlvətɔ̃ː] m.; -s, -s⟩ *durch Rauen eines kräftigen, in Atlasbindung gewebten Baumwollstoffes erzielte Imitation von Samt* [frz., < engl. *velvet* »Samt«]

Ven|det|ta ⟨[vɛn-] f.; -, -det|ten⟩ *Blutrache* [ital., »Rache«]

Ve|ne ⟨[veː-] f.; -, -n⟩ *zum Herzen führendes Blutgefäß, Blutader;* Ggs *Arterie* [< lat. *vena* »Ader«]

Ven|ek|ta|sie, ⟨auch⟩ **Ve|nek|ta|sie** ⟨[ve-] f.; -, -n⟩ *Venenerweiterung durch Erschlaffen der Gefäßwände* [< *Vene* + *Ektasie*]

ve|ne|nös ⟨[ve-] Adj.⟩ *giftig* [< lat. *venenum* »Gift«]

Ve|ne|num ⟨[ve-] n.; -s, -na; Med.⟩ *Gift* [lat.]

Ve|ne|ra|bi|le ⟨[ve---leː] n.; - od. -s; unz.; kath. Kirche⟩ *Allerheiligstes* [→ *venerabilis*]

ve|ne|ra|bi|lis ⟨[ve-] Adj.⟩ *hoch-, ehrwürdig (bes. im Titel kath. Geistlicher)* [lat.]

ve|ne|risch ⟨[ve-] Adj.⟩ *eine Geschlechtskrankheit betreffend, auf ihr beruhend;* ~es Leiden [nach der Liebesgöttin *Venus,* Gen. *Veneris*]

Ve|ne|ro|lo|ge ⟨[ve-] m.; -n, -n; Med.⟩ *Facharzt auf dem Gebiet der Venerologie*

Ve|ne|ro|lo|gie ⟨[ve-] f.; -; unz.⟩ *Lehre von den Geschlechtskrankheiten* [< *venerisch* + grch. *logos* »Lehre«]

ve|ne|ro|lo|gisch ⟨[ve-] Adj.⟩ *die Venerologie betreffend, zu ihr gehörig*

Ve|ne|zi|a|nisch|rot ⟨[ve-] n.; -(e)s; unz.⟩ = *Caput mortuum*

Ve|nia Le|gen|di ⟨[veː-] f.; - -; unz.⟩ *Berechtigung, an Hochschulen Vorlesungen zu halten* [lat., *venia* »Erlaubnis« + *legendi,* Gerundium zu *legere* »lesen«]

ve|ni, vi|di, vi|ci ⟨[veːni, viːdi, viːtsi]⟩ *ich kam, ich sah, ich siegte* [lat., Cäsars Meldung nach Rom nach der Schlacht bei Zela 47 v.Chr.]

Ve|no|le ⟨[ve-] f.; -, -n⟩ *kleinste Vene*

ve|nös ⟨[ve-] Adj.⟩ *zu den Venen gehörend, auf ihnen beruhend, von ihnen getragen* [→ *Vene*]

Ven|til ⟨[vɛn-] n.; -s, -e⟩ **1** *Vorrichtung zum Absperren von Flüssigkeiten u. Gasen;* Kugel~; Kegel~; Nadel~; ein ~ öffnen, schließen **2** ⟨bei Blechblasinstrumenten⟩ *Mechanismus, der die urspr. Stimmung verändert* **3** ⟨bei der Orgel⟩ *die Luftzufuhr regelnde Klappe* **4** ⟨El.⟩ *Gleichrichter* **5** ⟨fig.⟩ *Möglichkeit, einer Gefühlsaufwallung Ausdruck zu verleihen;* er braucht, sucht ein ~ für seinen Zorn [< mlat. *ventile* »Kanalschleuse« < lat. *ventus* »Wind«]

Ven|ti|la|ti|on ⟨[vɛn-] f.; -, -en⟩ **1** *Bewegung von Luft od. von Gasen* **2** *Lüftung* **3** ⟨Zool.⟩ *der Atmung dienende Bewegung* [→ *Ventil*]

Ven|ti|la|tor ⟨[vɛn-] m.; -s, -to|ren⟩ *Vorrichtung zur Lüftung von Räumen, Bewetterung von Bergwerken, zur Kühlung von Motoren usw.* [→ *Ventil*]

ven|ti|lie|ren ⟨[vɛn-] V.⟩ **1** *Wind erzeugen* **2** *lüften* **3** ⟨fig.⟩ *überlegen, sorgfältig erwägen* [< frz. *ventiler* < lat. *ventilare;* zu *ventus* »Wind«]

Ven|ti|lie|rung ⟨[vɛn-] f.; -, -en⟩ *das Ventilieren*

ven|tral, ⟨auch⟩ **vent|ral** ⟨[vɛn-] Adj.⟩ *zum Bauch gehörig, in seiner Gegend gelegen* [< lat. *ventralis;* zu *venter* »Bauch, Unterleib«]

Ven|tri|kel, ⟨auch⟩ **Vent|ri|kel** ⟨[vɛn-] m.; -s, -; Anat.⟩ *Hohlraum, Kammer, z.B. Herzkammer, Hirnkammer, Magen* [< lat. *ventriculus;* zu *venter* »Bauch, Unterleib«]

ven|tri|ku|lär, ⟨auch⟩ **vent|ri|ku|lär** ⟨[vɛn-] Adj.⟩ *zum Ventrikel gehörig, auf ihm beruhend*

Ven|tri|lo|quis|mus, ⟨auch⟩ **Vent|ri|lo|quis|mus** ⟨[vɛn-] m.; -; unz.⟩ *das Bauchreden* [→ *Ventriloquist*]

Ven|tri|lo|quist, ⟨auch⟩ **Vent|ri|lo|quist** ⟨[vɛn-] m.; -en, -en⟩ *Bauchredner* [< lat. *venter* »Bauch« + *loqui* »reden«]

Ven|ture|ca|pi|tal ⟨[vɛntʃə(r)kæpitəl] n.; -s; unz.; Wirtsch.⟩ *Finanzierungsform, die Investoren haftendes Kapital zur Verfügung stellt, um Gewinne für Kapitalnehmer u. -geber zu erwirtschaften* [engl., »Risikokapital«]

ver|ab|so|lu|tie|ren ⟨V.⟩ *als absolut gültig betrachten od. hinstellen*

Ve|ran|da ⟨[ve-] f.; -, -ran|den⟩ *vor- od. eingebauter, überdachter, meist mit Glaswänden versehener Raum an einem Haus* [< engl. < port. *varanda*]

Ve|ra|trin, ⟨auch⟩ **Ve|rat|rin** ⟨[ve-] n.; -s; unz.⟩ *Gift, das den systolischen Stillstand des Herzens bewirkt, Mischung von Alkaloiden, die im Samen der Sabadille enthalten sind* [< lat. *veratrum* »Nieswurz«]

Verb ⟨[vɛrb] n.; -s, -en⟩ *flektierbares Wort, das Tätigkeiten, Vorgänge u. Zustände bezeichnet,* z.B. gehen; oV *Verbum;* Sy *Tätigkeitswort, Zeitwort* [< lat. *verbum* »Wort«]

ver|bal ⟨[vɛr-] Adj.⟩ **1** *zum Verb gehörig, auf ihm beruhend* **2** *mündlich, durch Worte mitgeteilt* [< lat. *verbalis;* zu *verbum* »Wort«]

Ver|bal ⟨[vɛr-] n.; -s, -e; schweiz.⟩ *Bericht*

Ver|bal|ab|strak|tum, ⟨auch⟩ **Ver|bal|abs|trak|tum** ⟨[vɛr-] n.; -s, -ta⟩ = *Verbalsubstantiv*

Ver|bal|ad|jek|tiv ⟨[vɛr-] n.; -s, -e [-və]; Gramm.⟩ *aus einem Verb gebildetes Adjektiv,* z.B. das »weinende« Kind

Ver|ba|le ⟨[vɛr-] n.; -s, -li|en; meist Pl.⟩ **1** ⟨†⟩ *wörtl. Äußerung* **2** ⟨Gramm.⟩ *von einem Verbum abgeleitetes Wort* (z.B. Redner von reden)

Ver|bal|e|ro|ti|ker ⟨[vɛr-] m.; -s, -; Psych.⟩ *jmd., der ständig über sexuelle Handlungen u. Erlebnisse redet, die er allerdings in den meisten Fällen nicht vollzieht u. erlebt*

Ver|bal|in|ju|rie ⟨[-riə] f.; -, -n⟩ *Beleidigung durch Worte*

Ver|bal|in|spi|ra|ti|on, ⟨auch⟩ **Ver|bal|ins|pi|ra|ti|on** ⟨[vɛr-] f.; -; unz.⟩ *die wörtl. Eingebung des biblischen Textes durch Gott in das Bewusstsein eines Bibelautors*

ver|ba|li|sie|ren ⟨[vɛr-] V.⟩ **1** *zu einem Verb umbilden;* ein Substantiv ~, z.B. »Luft« zu »lüften« **2** *in Worte fassen, mit Worten ausdrücken;* ein Gefühl, einen Eindruck ~

Ver|ba|list ⟨[vɛr-] m.; -en, -en⟩ *jmd., der viele Worte macht, der mehr Wert auf Wort u. Formulierung als auf die Sache legt*

ver|ba|lis|tisch ⟨[vɛr-] Adj.⟩ *in der Art des Verbalismus, auf ihm beruhend, durch Worte*

Ver|ba|lis|mus ⟨[vɛr-] m.; -; unz.⟩ *Neigung zur Wortemacherei, Übergewicht der Worte über die Sache*

ver|ba|li|ter ⟨[vɛr-] Adv.⟩ *wörtlich* [lat.]

Ver|bal|kom|po|si|tum ⟨[vɛr-] n.; -s, -ta; Gramm.⟩ *Verb, das aus zwei od. mehreren selbständigen Verben zusammengesetzt ist* (z.B. standhalten)

Ver|bal|kon|kor|danz ⟨[vɛr-] f.; -, -en; Buchw.⟩ *alphabet. Verzeichnis von Ausdrücken od. Redewendungen, die in den Werken eines od. mehrerer Schriftsteller verwendet werden*

Ver|bal|no|men ⟨[vɛr-] n.; -s, -mi|na; Gramm.⟩ *Verb, das als Nomen gebraucht wird,* z.B. das Können, das Gehen

Ver|ba̱l|no|te ⟨[vɛr-] f.; -, -n⟩ *mündlich vorgetragene, meist vertraul. diplomat. Note*
Ver|ba̱l|phra|se ⟨[vɛr-] f.; -, -n; Abk.: VP; Gramm.⟩ *von einem Verb bestimmte Wortgruppe im Satz;* →a. *Nominalphrase*
Ver|ba̱l|stil ⟨[vɛr-] m.; -s; unz.⟩ *Verben bevorzugender Schreibstil;* Ggs *Nominalstil*
Ver|ba̱l|sub|stan|tiv, ⟨auch⟩ **Ver|ba̱l|subs|tan|tiv** ⟨[vɛr-] n.; -(e)s, -e [-və]; Gramm.⟩ *aus einem Verb gebildetes Substantiv,* z.B. das Gehen; Sy *Verbalabstraktum*
ver|bar|ri|ka|di̱e|ren ⟨V.⟩ *mit Barrikaden sperren, verrammeln;* die Straße, die Tür ~; sich ~ *sich durch eine Barrikade schützen;* sich hinter Stühlen, Tischen ~
Ver|bas|kum ⟨[vɛr-] n.; -s, -ken⟩ *Königskerze* [<lat. *verbascum*]
Ver|be̱|ne ⟨[vɛr-] f.; -, -n⟩ *Eisenkraut* [<lat. *verbena* »heiliger Oliven-, Lorbeer- od. Myrtenzweig«]
Ver|bum ⟨[vɛr-] n.; -s, -ba⟩ = *Verb;* ~ finitum = *finites Verb;* ~ infinitum = *infinites Verb* [lat., »Wort«]
ver|char|tern ⟨[-tʃa:r-] V.⟩ ein Flugzeug, ein Schiff ~ *für eine gewisse Zeit vermieten* [→ *chartern*]
Ver|dikt ⟨[vɛr-] n.; -(e)s, -e⟩ *Entscheidung, Urteil* [<engl. *verdict* »Urteil (der Geschworenen), Wahrspruch« <lat. *vere dictum* »Wahrspruch« < *verus* »wahr« + *dictum* »Äußerung, Spruch, Befehl, Versprechen«]
Ver|dü̱|re ⟨[vɛr-] f.; -, -n; MA bis 18. Jh.⟩ *gewirkter Wandteppich in überwiegend grünen Farben mit Darstellungen von Pflanzen, gelegentlich auch Tieren* [<frz. *(tapis de) verdure* »Rasenteppich, Teppich mit Ranken- u. Blütenmustern«; zu *verdure* »grünes Laub, Rasen; Kräuter«; zu *vert* »grün«]
Ver|genz ⟨[vɛr-] f.; -, -en; Geol.⟩ *die Richtung der Faltenlagerung in Faltengebirgen* [zu lat. *vergere* »sich wohin neigen«]
Ve|ri|fi|ka|ti|o̱n ⟨[ve-] f.; -, -en⟩ *das Verifizieren, Nachweis der Wahrheit, Bestätigung;* Ggs *Falsifikation(2)* [<lat. *verus* »wahr, wirklich, echt« + *...fikation*]
ve|ri|fi|zie̱r|bar ⟨[ve-] Adj.⟩ *so beschaffen, dass man es verifizieren kann, nachprüfbar*
Ve|ri|fi|zie̱r|bar|keit ⟨[ve-] f.; -; unz.⟩ *Nachprüfbarkeit;* dieser Fall ist in seiner ~ sehr undurchsichtig
ve|ri|fi|zie̱|ren ⟨[ve-] V.⟩ *die Wahrheit nachweisen, bestätigen;* eine Hypothese ~ *bei Überprüfung als richtig erkennen;* Ggs *falsifizieren(2)* [<lat. *verus* »wahr, wirklich, echt« + *...fizieren*]
Ve|ris|mo ⟨[ve-] m.; -; unz.⟩ *italien., vom französ. Naturalismus beeinflusste Richtung in Literatur u. Film, die sich bes. mit sozialen Problemen auseinander setzt* [ital.; →a. *Verismus*]
Ve|ris|mus ⟨[ve-] m.; -; unz.⟩ *Strömung in Literatur, bildender Kunst, Malerei u. Schauspiel, die die Wirklichkeit krass naturalistisch u. unreflektiert darstellt* [<lat. *verus* »wahr, wirklich, echt«]
Ve|rist ⟨[ve-] m.; -en, -en⟩ *Vertreter, Anhänger des Verismus*
Ve|ris|tin ⟨[ve-] f.; -, -tin|nen⟩ *Vertreterin, Anhängerin des Verismus*
ve|ris|tisch ⟨[ve-] Adj.⟩ *zum Verismus gehörend, auf ihm beruhend, in der Art des Verismus*
ve|ri|ta̱|bel ⟨[ve-] Adj.⟩ **1** *wahrhaft* **2** *echt* [<frz. *véritable* »echt, wahr, wahrhaft, wirklich« <lat. *veritas* »Wahrheit, Wirklichkeit, Aufrichtigkeit«]
ver|jaz|zen ⟨V.⟩ *mit Elementen des Jazz verändern;* klassische Musik ~
ver|ka̱d|men ⟨V.⟩ = *cadmieren*
ver|kit|schen[1] ⟨V.⟩ *künstlerisch verderben, kitschig gestalten;* verkitscht *kitschig, ins Kitschige abgeglitten* [→ *Kitsch*]
ver|kit|schen[2] ⟨V.; umg.⟩ *verkaufen, bes. billig verkaufen, verschleudern* [<rotw. *verklitschen* »verkaufen« <mhd. *verkiuten, verkuten* »vertauschen«]
ver|klau|su|lie̱|ren ⟨V.⟩ **1** *durch Klauseln, Vorbehalte einschränken* **2** ⟨fig.; umg.⟩ *in schwierigem Satzbau darstellen, verwickelt, schwierig formulieren;* eine verklausulierte Erklärung [→ *Klausel*]
ver|ko̱|ken ⟨V.⟩ = *koken*
ver|ma|le|dei̱|en ⟨V.⟩ *verfluchen;* ⟨noch erhalten in partizipialen Wendungen wie⟩ wo ist der vermaledeite Schuhanzieher geblieben? [<mhd. *(ver)maledien* »(ver)fluchen« <afrz. *maldire* »verfluchen« <lat. *maledicere* »lästern, schmähen« < *male* (Adv. zu *malus*) »schlecht, übel, schlimm« + *dicere* »reden, sprechen, sagen«]
Ver|meil ⟨[vɛrme̱:j] n.; -s; unz.⟩ *vergoldetes Silber*
ver|meil ⟨[vɛrme̱:j] Adj.⟩ *hochrot* [frz., »hochrot, blühend, frisch; vergoldet« <ital. *vermigliare* »rot färben« <lat. *vermiculus* »Scharlachfarbe«]
Ver|mi|cu|li̱t ⟨[vɛr-] n.; -s, -e⟩ *durch Verwitterung von Glimmern entstehendes Tonmineral, das aufgrund seiner hohen Absorptionsfähigkeit auch als Wärmeisoliermaterial eingesetzt wird* [zu lat. *vermiculus* »Würmchen«; aufgrund des wurmartigen Krümmens beim Erhitzen]
Ver|mi|fu̱|gum ⟨[vɛr-] n.; -s, -ga⟩ *wurmabtreibendes Arzneimittel* [<lat. *vermis* »Wurm« + *fugare* »in die Flucht schlagen, vertreiben«]
Ver|mil|lon ⟨[vɛrmijɔ̱̃:] n.; -s; unz.⟩ *sehr fein gemahlener Zinnober* [frz., »Zinnober« <ital. *vermiglio* »rot, korallenfarbig«, *vermiglione* »Karmesinfarbe, gemahlener Zinnober« <lat. *vermiculus* »Scharlachfarbe«]
ver|mi|zi̱d ⟨[vɛr-] Adj.⟩ *wurmtötend* (z.B. bei Arzneimitteln) [→ *Vermizid*]
Ver|mi|zi̱d ⟨[vɛr-] n.; -s, -e⟩ *wurmtötendes Arzneimittel* [<lat. *vermis* »Wurm« + *...zid*[1]]
ver|mu̱|ren ⟨V.⟩ *vor zwei Anker legen;* ein Schiff ~ [<engl. *moor* »vertäuen, festmachen«]
Ver|na|li|sa|ti|o̱n ⟨[vɛr-] f.; -, -en⟩ = *Jarowisa-*

tion [<lat. *ver,* Gen. *veris* »Frühling« (Adj. *vernus*); zu *vernare* »sich verjüngen«]

ver|na|li|sie|ren ⟨[vɛr-] V.⟩ = *jarowisieren*

Ver|na|ti|on ⟨[vɛr-] f.; -, -en⟩ *Lage der einzelnen Knospenblätter* [<lat. *vernare* »sich verjüngen«]

Ver|nis|sa|ge ⟨[vɛrnisaːʒə] f.; -, -n⟩ **1** *Ausstellung neuer Bilder eines lebenden Malers* **2** ⟨allg.⟩ *das Vorstellen (eines Künstlers) vor einem Publikum* [<frz. *vernis* »Firnis«, also die »frisch gefirnissten Bilder«]

Ve|ro|ni|ka ⟨[ve-] f.; -, -ken⟩ *einer Gattung der Rachenblütler angehörendes Kraut mit in der Regel blauen Blüten, Männertreu, Ehrenpreis: Veronica* [<grch. *berenikion* < *Berenike, Bherenike* (weibl. Vorname)]

ver|pönt ⟨Adj.⟩ *nach herrschender Sitte untersagt, nicht gern gesehen* [Part. Perf. zum veralteten *verpönen* »verbieten, untersagen« <mhd. *verpenen* »mit einer Geldstrafe bedrohen, bei Strafe verbieten, missbilligen«; zu mhd. *pen(e)* »Strafe« <lat. *poena* »Buße, Sühnegeld; Strafe, Kummer«]

Ver|ril|lon ⟨[vɛriljɔ̃ː] n.; - od. -s, -s⟩ *Glasspiel* [frz.]

Ver|ru|ca ⟨[vɛr-] f.; -, -cae [-tsɛː]; Med.⟩ *Warze* [lat.]

Ver|ru|ca|no ⟨[vɛr-] m.; -s; unz.⟩ *buntes Quarzkonglomerat im Perm der Alpen u. des Apennin* [nach dem Berg *Verruca* bei Pisa]

ver|ru|kös ⟨[vɛr-] Adj.⟩ *warzenförmig* [zu lat. *verruca* »Warze«]

Vers ⟨[fɛrs] m.; -es, -e; Abk.: V.⟩ **1** *durch das Metrum gegliederte, oft mit Reim versehene Einheit einer Dichtung in gebundener Rede, Zeile einer Strophe;* Roman, Epos in ~en; einen Gedanken, einen Text in ~e bringen; darauf kann ich mir keinen ~ machen ⟨fig.; umg.⟩ *das begreife ich nicht, das kann ich mir nicht erklären* **2** ⟨umg.; fälschlich für⟩ *Strophe, Gedicht* **3** *Abschnitt in der Bibel* [<lat. *versus* »das Umwenden; gepflügte Furche; Reihe, Linie, Vers«; zu *vertere* »kehren, wenden, drehen«]

Ver|sal ⟨[vɛr-] m.; -s, -li|en⟩ *groß geschriebener Buchstabe, Großbuchstabe* [zu *Vers* »Zeile«]

Ver|sal|schrift ⟨[vɛr-] f.; -; unz.⟩ *nur aus Versalien, Ziffern u. Interpunktionszeichen bestehende Schriftart, Großschreibung*

ver|sa|til ⟨[vɛr-] Adj.⟩ *beweglich, geschmeidig, wandelbar* [<lat. *versatilis* »beweglich, gewandt, vielseitig«]

Ver|sa|ti|li|tät ⟨[vɛr-] f.; -; unz.⟩ *versatile Beschaffenheit, versatiles Wesen*

Ver|sett ⟨[vɛr-] n.; -s, -e; Mus.⟩ = *Versetto*

Ver|set|to ⟨[vɛr-] n.; -s, -s od. -ti; Mus.⟩ *kurzes Orgelzwischenspiel, das einen gesungenen liturgischen Melodieabschnitt ersetzt;* oV *Versett* [ital., »kleiner Vers«]

Vers|fuß ⟨m.; -(e)s, -fü|ße⟩ *aus mindestens je einer Hebung u. Senkung bestehende, kleinste rhythm. Einheit eines Verses*

ver|siert ⟨[vɛr-] Adj.⟩ *in einer Sache bewandert, erfahren, gut unterrichtet;* ein ~er Fachmann [Part. Perf. vom veralteten Verb *versieren* »sich mit etwas beschäftigen« <frz. *versé* <lat. *versatus* »vertraut«; zu *versari* »verweilen, sich mit etwas befassen«, eigtl. »sich herumdrehen«]

Ver|si|fi|ka|ti|on ⟨[vɛr-] f.; -, -en⟩ *das Versifizieren* [< *Vers* + *...fikation*]

ver|si|fi|zie|ren ⟨[vɛr-] V.⟩ *in Verse bringen* [< *Vers* + *...fizieren*]

Ver|si|on ⟨[vɛr-] f.; -, -en⟩ *Fassung, Lesart* [<frz. *version* »Übersetzung, Lesart, Darstellung« <lat. *vertere* »wenden, drehen«]

ver|slu|men ⟨[-slʌ-] V.⟩ *zunehmend Slums aufweisen, verwahrlosen;* eine Stadt verslumt

ver|snobt ⟨Adj.⟩ *zum Snob geworden*

Ver|so ⟨[vɛr-] n.; -s, -s⟩ Ggs *Rekto* **1** *Rückseite (eines Blattes)* **2** *auf der Rückseite Stehendes (bei Handschriften, Papyri)* [<lat. *verso folio* »auf der Rückseite des Blattes«; zu *folium* »Blatt« + *vertere* »wenden«]

ver|sus ⟨[vɛr-] Präp. mit Akk.; Abk.: vs.⟩ *gegen, gegenüber, im Gegensatz zu, im Vergleich mit* [lat., »gegen...hin«]

vert. ⟨Abk. für⟩ *vertatur!*

ver|ta|tur ⟨[vɛr-] Typ.; Abk.: vert., Zeichen: V⟩ *man wende! (bei auf dem Kopf stehenden Buchstaben)* [lat.; zu *vertere* »wenden«]

ver|te ⟨[vɛr-] Abk.: v.⟩ *wende (um)!, (bitte) wenden!* [lat., Imperativ zu *vertere* »wenden, drehen«]

ver|te|bral, ⟨auch⟩ **ver|teb|ral** ⟨[vɛr-] Adj.⟩ *zu den Wirbeln (der Wirbelsäule) gehörend* [<lat. *vertebralis* »zum Wirbel gehörig«; zu *vertebra* »Wirbel«; zu *vertere* »drehen, wenden«]

Ver|te|brat, ⟨auch⟩ **Ver|teb|rat** ⟨[vɛr-] m.; -en, -en; meist Pl.⟩ *Wirbeltier;* Ggs *Evertebrat, Invertebrat* [<lat. *vertebra;* → *vertebral*]

Ver|tex ⟨[vɛr-] m.; -, -ti|ces [-tseːs]⟩ **1** ⟨Anat.⟩ *Scheitel, der höchstgelegene Teil des Schädeldachs* **2** ⟨unz.; Astron.⟩ *Punkt der Sphäre, auf den sich die Mitglieder eines Sternstromes scheinbar zubewegen* [lat., »Wirbel, Drehpunkt«]

ver|ti|gi|nös ⟨[vɛr-] Adj.; Med.⟩ *schwindelig* [zu lat. *vertere* »drehen«]

ver|ti|kal ⟨[vɛr-] Adj.⟩ *senkrecht;* Ggs *horizontal* [<ital. *verticale* »senkrecht« <lat. *vertex* »Wirbel, Drehpunkt«]

Ver|ti|ka|le ⟨[vɛr-] f. 2⟩ *Senkrechte, senkrechte Linie, senkrechte Stellung;* Ggs *Horizontale*

Ver|ti|kal|e|be|ne ⟨[vɛr-] f.; -, -n⟩ *zu einer gegebenen Ebene senkrecht verlaufende Ebene*

Ver|ti|kal|in|ten|si|tät ⟨[vɛr-] f.; -; unz.⟩ *Komponente des erdmagnetischen Feldes, die senkrecht zur Erdoberfläche wirkt;* Ggs *Horizontalintensität*

Ver|ti|ka|lis|mus ⟨[vɛr-] m.; -; unz.; Baukunst⟩ *Bestreben, die Vertikale gegenüber der Horizontalen zu betonen, z.B. in der Gotik*

Ver|ti|kal|kreis ⟨[vɛr-] m.; -es, -e⟩ **1** *durch den Fußpunkt des Beobachters u. den Scheitelpunkt des Himmels verlaufender Kreis* **2** ⟨auch⟩ *Instrument zum Messen der Höhe eines Gestirns*

Ver|ti|kal|schnitt ⟨[vɛr-] m.; -(e)s, -e⟩ *Schnitt senkrecht zu einer gegebenen Ebene*

Ver|ti|ko ⟨[vɛr-] n.; -s, -s; früher⟩ *kleiner Schrank mit Aufsatz* [angeblich nach seinem ersten Verfertiger, einem Berliner Tischler namens *Vertikow*]

ver|ti|ku|lie|ren, ver|ti|ku|tie|ren ⟨[vɛr-] V.; Gartenbau⟩ *den Boden von Grasflächen (mit Hilfe eines speziellen Gerätes) lockern, lüften u. von Unkraut reinigen, so dass Wasser u. Nährstoffe vordringen* [zu lat. *vertikale* »senkrecht« + frz. *coutre* »Pflugeisen«]

Ver|ti|ku|tie|rer ⟨[vɛr-] m.; -s, -; Gartenbau⟩ *Rechen, Gerät zum Vertikutieren*

ver|trus|ten ⟨[-trʌs-] V.⟩ *zum Trust vereinigen*

Ver|tum|na|li|en ⟨[vɛr-] Pl.⟩ *altröm. Fest zu Ehren des Vertumnus, des Gottes der Jahreszeiten (auch der Veränderlichkeit u. des Handelsverkehrs)* [zu lat. *vertere* »wenden, drehen, kehren«]

Ver|ve ⟨[vɛrvə] f.; -; unz.⟩ *Feuer, Schwung, Begeisterung;* etwas mit großer ~ vortragen [< frz. *verve* »Schwung, Begeisterung, Sprühen (des Witzes)«]

Ve|si|ca ⟨[veː-] f.; -, -cae [-tsɛː]⟩ *Blase, bes. Harnblase* [lat.]

ve|si|kal ⟨[ve-] Adj.⟩ *die Harnblase betreffend, zu ihr gehörig* [→ *Vesica*]

Ve|si|ka|to|ri|um ⟨[ve-] n.; -s, -ri|en⟩ *Blasen ziehendes Mittel, Zugpflaster* [→ *Vesica*]

ve|si|ku|lär ⟨[ve-] Adj.⟩ *bläschenartig, Bläschen…* [→ *Vesica*]

Ves|per ⟨[fɛs-] f.; -, -n⟩ **1** ⟨urspr.⟩ *die vorletzte der kath. Gebetsstunden am späten Nachmittag od. frühen Abend* **2** ⟨danach⟩ *Gottesdienst am frühen Abend* (Christ~) **3** *Vesperbrot, Nachmittagsmahlzeit* **4** *nachmittägl. Arbeitspause, Feierabend* [< mhd. *vesper* < ahd., kirchenlat. *vespera* »die vorletzte kanon. Stunde (6 Uhr abends)« < lat. *vesper* »Abend, Abendstern, Westen«; entspricht grch. *hesperos* »Abendstern, Abend, Westen«]

Ves|per|bild ⟨[fɛs-] n.; -(e)s, -er⟩ *Darstellung der Maria mit Christi Leichnam auf dem Schoß, Pietà*

Ves|per|brot ⟨[fɛs-] n.; -(e)s, -e⟩ *Brot für die Vesper, für die Nachmittagsmahlzeit*

ves|pern ⟨[fɛs-] V.⟩ *die Vesper, die Nachmittagsmahlzeit einnehmen*

Ves|ta|lin ⟨[vɛs-] f.; -, -lin|nen⟩ *Priesterin der Vesta, der altröm. Göttin des Herdfeuers* [< lat. *Vestalis* »der Vesta geweiht, Vestapriesterin«; zu *Vesta* »Göttin Vesta, heiliger Herd, heiliges Herdfeuer«]

Ves|ti|bül ⟨[vɛs-] n.; -s, -e⟩ **1** *Vorhalle* **2** *Halle, durch die man ein Theater betritt (u. in der sich die Kasse befindet)* [< frz. *vestibule* »Hausflur, Diele, Vorhof« < lat. *vestibulum* »Vorplatz«]

Ves|ti|bu|lar|ap|pa|rat ⟨[vɛ-] m.; -(e)s, -e⟩ *Gleichgewichtsorgan im Ohr* [< *Vestibulum(2)* + *Apparat*]

Ves|ti|bu|lum ⟨[vɛ-] n.; -s, -la⟩ **1** *Flur im altröm. Haus, der Eingang u. Atrium verbindet* **2** ⟨Anat.⟩ *Eingang in einen Hohlraum* [lat., »Vorplatz, Vorhof«]

Ves|ti|tur ⟨[vɛs-] f.; -, -en⟩ = *Investitur*

Ves|ton ⟨[vɛstɔ̃ː] m.; -s, -s; schweiz.⟩ *Herrenjackett, Sakko* [frz., zu *veste* »ärmelloser Pullover« < ital. *veste* »Kleid, Gewand« < lat. *vestis* »Kleid, Gewand«; zu *vestire* »bekleiden«]

Ve|su|vi|an ⟨[vezuvi-] n.; -(e)s, -e⟩ *meist grünes od. braunes Calcium-Tonerde-Silicat, chem. Formel $H_2Ca_4Al_2Si_4O_{16}$;* Sy *Idokras* [nach dem *Vesuv,* in dessen Auswürflingen das Vesuvian vorkommt]

Ve|te|ran ⟨[ve-] m.; -en, -en⟩ *altgedienter Soldat, Teilnehmer an einem früheren Feldzug* [< frz. *vétéran* »Veteran, ausgedienter Soldat od. Beamter« < lat. *veteranus* »altgedient, ausgedienter Soldat«; zu *vetus* »alt, ehemalig«]

ve|te|ri|när ⟨[ve-] Adj.⟩ *zur Veterinärmedizin gehörend, tierärztlich* [< frz. *vétérinaire* »zur Tierarzneikunst gehörig, Tierarzneikunst, Tierarzt« < lat. *veterina animalia* »Last-, Zugvieh«; zu *veterinus* »tragend, ziehend« + *animalia* (Pl.) »Vieh, Lebewesen, Tiere«]

Ve|te|ri|när ⟨[ve-] m.; -s, -e⟩ *Tierarzt*

Ve|te|ri|nä|rin ⟨[ve-] f.; -, -rin|nen⟩ *Tierärztin*

Ve|te|ri|när|me|di|zin ⟨[ve-] f.; -; unz.⟩ *Tiermedizin, Tierheilkunde;* → a. *Humanmedizin*

Ve|te|ri|när|me|di|zi|ner ⟨[ve-] m.; -s, -⟩ *Tierarzt, Student der Veterinärmedizin*

Ve|to ⟨[veː-] n.; -s, -s⟩ **1** *Einspruch* **2** *Einspruchsrecht;* sein ~ einlegen *Einspruch erheben, von seinem Einspruchsrecht Gebrauch machen* [frz., »Weigerung, Einspruchsrecht, Verbot« < lat. *veto* »ich verbiete« (Formel der Tribunen in Rom bei Amtshandlungen); zu *vetare* »verbieten«]

Ve|to|recht ⟨[veː-] n.; -(e)s; unz.⟩ = *Veto(2)*

Ve|xier|bild ⟨[vɛ-] n.; -(e)s, -er⟩ *Bilderrätsel*

ve|xie|ren ⟨[vɛ-] V.⟩ jmdn. ~ *necken, hänseln, ärgern, quälen* [< frz. *vexer* < lat. *vexare* »plagen, quälen«]

Ve|xier|glas ⟨[vɛ-] n.; -es, -glä|ser⟩ *absonderlich geformtes Glas, aus dem zu trinken Geschicklichkeit erfordert*

Ve|xier|rät|sel ⟨[vɛ-] n.; -s, -⟩ *Bilderrätsel*

Ve|xier|schloss ⟨[vɛ-] n.; -es, -schlös|ser⟩ **1** *Buchstabenschloss* **2** *Zahlenschloss*

Ve|xier|spie|gel ⟨[vɛ-] m.; -s, -⟩ *verzerrender Spiegel, Zerrspiegel*

Ve|xil|lo|lo|gie ⟨[vɛ-] f.; -; unz.⟩ *die historische u. soziale Hilfswissenschaft der Fahnen- u. Flaggenkunde* [< *Vexillum* + *…logie*]

Ve|xil|lum ⟨[vɛ-] n.; -s, -la od. -len⟩ *altröm. Fahne* [lat. *vexillum* »Fahne, Signalflagge«; zu *velum,* **vexlum* »Segel, Tuch«]

Ve|zier ⟨[veziːr] m.; -s, -e⟩ = *Wesir*

vez|zo|so ⟨Mus.⟩ *lieblich (zu spielen)* [ital.]

VGA ⟨Abk. für engl.⟩ *Video Graphics Array, ein Video-Adapter mit hoher Auflösung*

VHS ⟨Abk. für⟩ **1** *Volkshochschule* **2** *Verhandlungssache* **3** *Video Home System (Videoheimsystem), ein Videoaufzeichnungssystem*

via ⟨[viːa] Adv.⟩ *(auf dem Wege) über;* nach

Hamburg ~ Hannover fahren [< lat. *via* »Weg, Straße«]

Via ⟨[viːa] f.; -; unz.; Philos.⟩ *Methode, Vorgehensweise* [→ *via*]

Vi|a|dukt ⟨[via-] m.; -(e)s, -e⟩ **1** *Brücke, die über ein Tal führt* **2** *Überführung* [< frz. *viaduc* »Landbrücke, Viadukt, Bahnbrücke« < lat. *via* »Weg, Straße« + *ductum* Part. Perf. zu *ducere* »führen, leiten«]

Vi|a|ti|kum ⟨[viaː-] n.; -s, -ka od. -ken⟩ **1** *Zehrgeld* **2** *letzte Kommunion für Sterbende, Wegzehrung* [< lat. *viaticum* »Reisegeld, Reisekasse, Sparpfennig«; zu *via* »Weg, Straße«]

■ Die Buchstabenfolge **vi|br…** kann auch **vib|r…** getrennt werden.

■ **Vi|bra|fon** ⟨[vi-] n.; -s, -e⟩ = *Vibraphon*

■ **Vi|bra|fo|nist** ⟨[vi-] m.; -en, -en⟩ = *Vibraphonist*

■ **Vi|bra|fo|nis|tin** ⟨[vi-] f.; -, -tin|nen⟩ = *Vibraphonistin*

■ **Vi|brant** ⟨[vi-] m.; -en, -en⟩ *Laut, bei dem Zungenspitze u. Gaumen schwingen, Zitterlaut,* z.B. r [< lat. *vibrare* »schwingen«]

■ **Vi|bra|phon** ⟨[vi-] n.; -s, -e⟩ *Musikinstrument aus metallenen Stäben, die mit Hämmerchen geschlagen werden u. unter denen sich Schallbecher befinden, die elektromotorisch geöffnet u. geschlossen werden, wodurch ein Vibrato entsteht;* oV *Vibrafon* [< lat. *vibrare* »schwingen, zittern« + *…phon²*]

■ **Vi|bra|pho|nist** ⟨[vi-] m.; -en, -en⟩ *Musiker, der das Vibraphon spielt*

■ **Vi|bra|pho|nis|tin** ⟨[vi-] f.; -, -tin|nen⟩ *Musikerin, die das Vibraphon spielt*

■ **Vi|bra|ti|on** ⟨[vi-] f.; -, -en⟩ *das Vibrieren, Schwingung, Zittern, leichte Erschütterung;* → a. *Vibrations* [< frz. *vibration* »Vibrieren, Schwingung, Zittern, Klang«; zu lat. *vibrare* »schwingen, zittern«]

■ **Vi|bra|tions** ⟨[vaibrɛiʃəns] Pl.⟩ **1** ⟨Drogenszene⟩ *körperliche Empfindung, Gefühlsempfindung während des Drogenrausches* **2** ⟨umg.; Kurzw.: Vibes [vaibs]⟩ *von etwas od. jmdm. ausgehende Ausstrahlung, Atmosphäre, Schwingungen;* der Song hat gute ~; → a. *Vibration* [engl., »Schwingungen«]

■ **vi|bra|to** ⟨[vi-] Mus.⟩ *bebend*

■ **Vi|bra|to** ⟨[vi-] n.; -s, -s od. -ti⟩ *leichtes Beben des Tons der Singstimme u. der Streich- u. Holzblasinstrumente* [ital., Pert. Perf. zu *vibrare* »schwingen, zittern« < lat. *vibrare*]

■ **Vi|bra|tor** ⟨[vi-] m.; -s, -to|ren⟩ *Erzeuger von Schwingungen* [→ *Vibration, vibrieren*]

■ **vi|brie|ren** ⟨[vi-] V.⟩ *beben, schwingen (Saite, Stimme, Ton)* [< lat. *vibrare* »schwingen, zittern«]

■ **Vi|brio** ⟨[vi-] m.; -, -o|nen; Med.⟩ *in Süß- u. Salzwasser vorkommende Kommabakterie (Erreger der Cholera)* [zu lat. *vibrare* »schwingen, zittern«]

■ **Vi|bro|graf** ⟨[vi-] m.; -en, -en⟩ = *Vibrograph*

■ **Vi|bro|graph** ⟨[vi-] m.; -en, -en⟩ *Gerät zum Messen der Schwingungen von Bauwerken, Brücken u. Schiffen bei deren Belastung;* oV *Vibrograf* [< *vibrieren* + *…graph*]

Vi|bur|num ⟨[vi-] n.; -s; unz.⟩ *einer Gattung der Geißblattgewächse angehörender Strauch mit weißen Blüten u. roten Beerenfrüchten, Schneeball* [lat.]

vi|ce ver|sa ⟨[viːtsə vɛrsa] Abk.: v.v.⟩ *umgekehrt* [lat., < *vicis* (Gen.) »Wechsel« + *versus,* Perf. zu *vertere* »wenden, umkehren«]

Vi|chy ⟨[viʃiː] m.; -; unz.⟩ *klein karierter Baumwollstoff in Leinwandbindung* [nach der gleichnamigen frz. Stadt]

Vi|ckers|här|te, ⟨auch⟩ **Vi|ckers-Här|te** ⟨[vi-] f.; -; unz.; Abk.: HV⟩ *Kennwert für die Härte von Stoffen, der durch die Eindringtiefe eines belasteten Diamantkegels in den betreffenden Werkstoff bestimmt wird* [nach dem engl. Maschinenbaukonzern *Vickers*]

Vi|comte ⟨[vikɔ̃ːt] m.; -s, -s; franz. Titel für⟩ *Adliger zwischen Baron u. Graf* [frz., »Vizegraf« < afrz. *visconte* < lat. *vice* »an Stelle, wie, für, um« + *comes* »Begleiter, Gefährte«]

Vi|com|tes|se ⟨[vikɔ̃tɛs(ə)] f.; -, -n⟩ *weibl. Vicomte*

Vi|co|sol ⟨[viko-] m.; -s; unz.⟩ *durch Aufschichtung von organischem Abfall in frühgeschichtlichen Siedlungen entstandener schwarzer Humusboden mit einer dünnen jüngeren Sedimentschicht*

vid. ⟨Abk. für⟩ *videatur*

vi|de! ⟨[vi-] Abk.: v.⟩ *siehe* [lat.]

vi|de|a|tur ⟨[vi-] Abk.: vid.⟩ *man sehe nach* [lat., »es werde (nach)gesehen«; zu *videre* »sehen«]

Vi|deo ⟨[viː-]⟩ **1** ⟨n.; -s, -s; kurz für⟩ *Videotechnik* **2** ⟨m.; -s, -s; kurz für⟩ *Videorecorder, Videofilm*

vi|de|o…, Vi|de|o… ⟨[viː-] in Zus.⟩ *fernseh…, Fernseh…, bild…, Bild…* [über engl. *video…* < lat. *videre* »sehen«]

Vi|de|o|band ⟨[viː-] n.; -(e)s, -bän|der⟩ *Magnetband für die Videotechnik*

Vi|de|o|clip ⟨[viː-] m.; -s, -s⟩ *mit Musik unterlegter, kurzer Videofilm, z.B. von einem Popsänger od. einer Popgruppe* [< *Video* + engl. *clip* »beschneiden, stutzen«]

Vi|de|o|de|co|der ⟨[viː-] m.; -s, -⟩ *Zusatzteil für Fernsehgeräte, das den Empfang von Videotext ermöglicht*

Vi|de|o|film ⟨[viː-] m.; -(e)s, -e⟩ *Film, der mit einer Videokamera aufgenommen wurde*

vi|de|o|gra|fie|ren ⟨[vi-] V.⟩ = *videographieren*

vi|de|o|gra|phie|ren ⟨[vi-] V.⟩ *Filme mit einer Videokamera aufnehmen, herstellen;* oV *videografieren*

Vi|de|o|ka|me|ra ⟨[viː-] f.; -, -s⟩ *kleine, tragbare Fernsehkamera zur Anfertigung eigener Filme, die auf Videokassetten gespeichert werden*

Vi|de|o|kas|set|te ⟨[viː-] f.; -, -n⟩ *auf eine Spule gewickeltes Magnetband zur Aufzeichnung und Wiedergabe von Bild u. Ton*

Vi|de|o|kon|fe|renz ⟨[viː-] f.; -, -en⟩ *Konferenz, bei der mehrere Personen durch vernetzte*

Computer miteinander in Verbindung treten können, Telekonferenz
Vi|de|o|me|ter ⟨[vi:-] n.; -s, -; Wirtsch.⟩ *Gerät der Werbemittelforschung, das zur stückweisen Präsentation z.B. von Werbefilmen (Bild- u. Tonpräsentation werden z.T. voneinander getrennt) gegenüber den später befragten Personen dient* [< *Video... + ...meter*]
Vi|de|o|plat|te ⟨[vi:-] f.; -, -n⟩ *der Schallplatte ähnliche Scheibe zur Aufzeichnung u. Wiedergabe von Bild u. Ton, Bildplatte*
Vi|de|o|re|cor|der ⟨[vi:-] m.; -s, -⟩ = *Videorekorder*
Vi|de|o|re|kor|der ⟨[vi:-] m.; -s, -⟩ *Gerät zur Aufzeichnung u. Wiedergabe von Bild u. Ton durch Videokassetten od. Videoplatten;* oV *Videorecorder*
Vi|de|o|si|gnal, ⟨auch⟩ **Vi|de|o|sig|nal** ⟨[vi:-] n.; -s, -e⟩ *ein Fernsehsignal zur exakten Steuerung von Bild u. Ton*
Vi|de|o|tech|nik ⟨[vi:-] f.; -; unz.; Sammelbez. für⟩ *alle Verfahren zur Aufzeichnung u. Wiedergabe von Bild u. Ton auf Videokassetten sowie deren Wiedergabe über Videorekorder od. Fernsehapparate*
Vi|de|o|te|le|fon ⟨[vi:-] n.; -s, -e⟩ *Telefon, bei dem der Gesprächspartner auch bildlich zu sehen ist, Bildtelefon*
Vi|de|o|text ⟨[vi:-] m.; -(e)s, -e⟩ *von den Fernsehanstalten angebotenes Zusatzprogramm, das nur mit einem entsprechenden Videorekorder empfangen werden kann u. zur Übermittlung von Hintergrundinformationen über Fernsehsendungen sowie zur Übertragung von Textteilen für Hörgeschädigte dient*
Vi|de|o|thek ⟨[vi:-] f.; -, -en⟩ *Sammlung von Filmen u. Fernsehaufzeichnungen, die auch (gegen Gebühr) ausgeliehen werden* [< *Video... + ...thek*]
Vi|di ⟨[vi-] n.; - od. -s, - od. -s⟩ *Bescheinigung, Zeichen der Kenntnisnahme u. des Einverständnisses* [lat., »ich habe gesehen«]
Vi|di|kon ⟨[vi:-] n.; -s, -s od. -e⟩ *spezielle Elektronenröhre mit lichtempfindlicher Halbleiterschicht, die zur Bildaufnahme in Fernsehkameras verwendet wird* [< *Video + Konus*]
Vi|di|ma|ti|on ⟨[vi-] f.; -, -en⟩ **1** *Bestätigung durch das Vidi* **2** *Zustimmung* **2** *Beglaubigung* [<neulat. *vidimatio* »Beglaubigung«; zu *vidimare* »mit dem Vidi versehen, beglaubigen«; → *Vidi*]
vif ⟨[vi:f] Adj.⟩ *lebhaft, aufgeweckt* [frz. < lat. *vivus* »lebend, lebendig, am Leben«]
vi|gil ⟨[vi-] Adj.⟩ *wachend, schlaflos* [lat. *vigil* »wachend, munter«]
Vi|gil ⟨[vi-] f.; -, -gi|li|en⟩ *Vorabend hoher kath. Feste;* oV *Vigilie* [< lat. *vigilia* »das Wachen, Nachtwache, Viertel der Nacht«; zu *vigil* »Wächter; wachsam, munter«]
vi|gi|lant ⟨[vi-] Adj.; umg.⟩ **1** *wachsam* **2** *geweckt, findig, schlau* [< lat. *vigilans,* Part. Präs. zu *vigilare* »wachen«; → *Vigil*]
Vi|gi|lanz ⟨[vi-] f.; -; unz.; umg.; †⟩ **1** *Wachsamkeit* **2** *vigilantes Wesen, Aufgeweckheit, Findigkeit, Schlauheit* **3** ⟨Med.⟩ *Wachheit (bezogen auf die Bewusstseinslage)* [→ *vigilant*]
Vi|gi|lie ⟨[vigi:liə] f.; -, -n⟩ **1** = *Vigil* **2** ⟨beim altröm. Heer⟩ *Nachtwache* [< lat. *vigilia;* → *Vigil*]
Vi|gnet|te, ⟨auch⟩ **Vig|net|te** ⟨[vinjɛtə] f.; -, -n⟩ **1** ⟨schweiz.⟩ *Bescheinigung über eine pauschal abgegoltene jährliche Autobahngebühr für Kraftfahrzeuge (selbstklebend auf der Windschutzscheibe)* **2** ⟨Fot.⟩ *Schablone als Vorsatz vor ein Kameraobjektiv od. ein Negativ* **3** *kleine Verzierung auf dem Titelblatt, am Ende des Kapitels u.a.* [< frz. *vignette* »Verzierungsbildchen, Buchdruckerleiste, Waldrebe«, Verkleinerungsform zu *vigne* »Rebe, Weingarten, Weinstock« < lat. *vinea, vinetum* »Weinstock«; zu *vinum* »Wein«]
Vi|gnet|tie|rung, ⟨auch⟩ **Vig|net|tie|rung** ⟨[vinjɛ-] f.; -, -en; Fot.⟩ *Effekt bei mehrlinsigen opt. Systemen, der bewirkt, dass der Bildrand des Fotos unterbelichtet wird* [→ *Vignette(2)*]
Vi|go|gne, ⟨auch⟩ **Vi|gog|ne** ⟨[vigɔnjə] f.; -, -n⟩ *Garn für Strümpfe aus Baumwolle u. Wolle* [< frz. *vigogne* »Schafkamel«; → a. *Vikunja*]
Vi|gor ⟨[vi:gɔr] m.; -s; unz.⟩ *Lebenskraft, Rüstigkeit, Frische* [lat., »Leben, Frische, Kraft«; zu *vigere* »stark, lebenskräftig sein, blühen, mächtig sein«]
vi|go|rös ⟨[vi-] Adj.⟩ *kräftig, rüstig* [< frz. *vigoureux* < lat. *vigere* »stark, lebhaft sein«; → *Vigor*]
vi|go|ro|so ⟨[vi-] Mus.⟩ *kraftvoll, stark (zu spielen)* [ital.]
Vi|kar ⟨[vi-] m.; -s, -e⟩ **1** *Stellvertreter im weltlichen od. kirchlichen Amt, bes. junger Geistlicher als Gehilfe des Pfarrers;* Pfarr~ **2** ⟨schweiz.⟩ *stellvertretender Lehrer* [< mhd. *vikar(i)* »Stellvertreter, Verweser« < lat. *vicarius* »stellvertretend; Statthalter, Stellvertreter«; zu *vicis* (Gen.) »Wechsel, Platz, Stelle«; → a. *Vize...*]
Vi|ka|ri|at ⟨[vi-] n.; -(e)s, -e⟩ **1** *Stellvertretung* **2** *Amt eines Vikars*
vi|ka|ri|ie|ren ⟨[vi-] V.; selten⟩ für etwas ~ *stellvertretend für etwas stehen* [< lat. *vicarius* »stellvertretend; Stellvertreter«]
Vi|ka|rin ⟨[vi-] f.; -, -rin|nen⟩ *weibl. Vikar*
Vik|ti|mo|lo|gie ⟨[vik-] f.; -; unz.⟩ *Teilgebiet der Kriminologie, das die Beziehungen zwischen Opfer u. Verbrecher untersucht* [< engl. *victim* »Opfer« (< lat. *victima* »Opfer, Opfertier«) + *...logie*]
Vik|to|ria ⟨[vik-] f.; -, -s⟩ *Sieg;* ~ rufen, schießen (als Zeichen des Sieges) [< lat. *victoria*]
vik|to|ri|a|nisch ⟨[vik-] Adj.⟩ *zur Regierungszeit der englischen Königin Viktoria (1837-1901) gehörend;* die ~e Mode, Literatur; ⟨aber⟩ das Viktorianische Zeitalter
Vik|to|ri|a|nis|mus ⟨[vik-] m.; -; unz.⟩ *Zeitalter der engl. Königin Victoria, 1819–1901;* im Stil des ~
Vik|tu|a|li|en ⟨[vik-] Pl.; †⟩ *Lebensmittel* [< frz. *victuaille* » Esswaren, Lebensmittel, Mundvor-

rat« <lat. *victus* »Unterhalt, Nahrung, Lebensart«; zu *vivere* »leben«]

Vik|tu|a|li|en|brü|der ⟨[vik-] m.; Pl.⟩ = *Vitalienbrüder*

Vi|kun|ja ⟨[vi-] f.; -, -jen⟩ *Art des Lamas mit feinem, seidigem Haar, das wertvolle Wolle liefert: Lama vicugna* [<span. *vicuña*]

Vil|la ⟨[vil-] f.; -, Vil|len⟩ **1** *Landhaus* **2** *größeres Einfamilienhaus* [ital., »Landhaus« <lat. *villa* »Landhaus, Landgut, Meierei«]

Vil|la|nel|la, Vil|la|nel|le ⟨[vil-] f.; -, nel|len; 16. Jh.⟩ *Liedchen, das aus den Tänzen italienischer Bauern u. Hirten hervorgegangen ist* [<ital. *villanella* »junges Hirten-, Bauernmädchen« (Verkleinerungsform zu *villano* »Bauer«), frz. *villanelle* »Hirtenliedchen, Bauerntanz mit Gesang« <lat. *villa* »Landhaus«]

vil|lös ⟨[vil-] Adj.⟩ *zottenreich (z.B. von der Darmschleimhaut)* [<lat. *villus* »Zotte«]

Vin|ai|gret|te, ⟨auch⟩ **Vi|naig|ret|te** ⟨[vinɛgrɛt(ə)] f.; -, -n⟩ *mit Essig bereitete, würzige Soße* [<frz. *vinaigre* »Essig, Säure« <*vin* »Wein« (lat. *vinum*) + *aigre* »sauer, scharf« (<lat. *acidus*)]

Vin|di|ka|ti|on ⟨[vin-] f.; -, -en⟩ *Anspruch auf Herausgabe von Eigentum gegenüber dem Besitzer* [<lat. *vindicatio* »Inanspruchnahme, Rechtsanspruch«; zu *vindicare* »beanspruchen, befreien, bestrafen, rächen«]

Vin|di|ka|ti|ons|le|gat ⟨[vin-] n.; -(e)s, -e; Rechtsw.⟩ *Vermächtnisform, bei der der Bedachte im Todesfall des Vermachenden Inhaber des vermachten Gegenstandes wird*

Vin|di|ka|ti|ons|zes|si|on ⟨[vin-] f.; -, -en; Rechtsw.⟩ *Abtretung des Herausgabeanspruchs (bei Übereignung bewegl. Sachen)*

vin|di|zie|ren ⟨[vin-] V.⟩ *eine Vindikation geltend machen* [<lat. *vindicare;* → *Vindikation*]

Vin|di|zie|rung ⟨[vin-] f.; -, -en⟩ = *Vindikation*

Vingt-et-un ⟨[vɛ̃:teœ̃:]⟩, **Vingt-un** ⟨[vɛ̃:tœ̃:] n.; -; unz.⟩ *Glücksspiel mit Karten, bei dem derjenige, der mehr als 21 Punkte hat, verliert* [frz., »einundzwanzig«]

Vi|ni|dur ⟨[vi-] n.; -s; unz.; ⓌⓏ⟩ *ein Kunststoff aus Polyvinylchlorid ohne Zusatz von Weichmachern*

Vin|ku|la|ti|on ⟨[vin-] f.; -, -en⟩ *Verpflichtung, Aktien nur mit Genehmigung der Aktiengesellschaft zu veräußern* [<lat. *vinculum* »Band, Fessel«]

Vin|ku|la|ti|ons|ge|schäft ⟨[vin-] n.; -(e)s, -e; Wirtsch.⟩ *Form der Bevorschussung bzw. Kreditgewährung, bei der das Duplikat des Frachtbriefes einer sich auf dem Transport befindenden Ware als Sicherung dient*

vin|ku|lie|ren ⟨[vin-] V.⟩ *der Vinkulation unterwerfen;* vinkulierte Namensaktien [<lat. *vinculare* »binden, fesseln«]

Vin|ku|lie|rung ⟨[vin-] f.; -, -en⟩ = *Vinkulation*

Vi|no|thek ⟨[vi-] f.; -, -en⟩ **1** *Sammlung wertvoller Weine* **2** *Weinkeller, in dem auch Wein ausgeschenkt wird* [zu lat. *vinum* »Wein« + *Theke*]

Vin|tage|mo|del|le ⟨[vintidʒ-] Pl.; Wirtsch.⟩ *Modelle des investitionsgebundenen technischen Fortschritts, nach denen sich ein Produktivitätswachstum nur in dem jeweiligen Investitionsjahr festmachen lässt* [<engl. *vintage* »Jahrgang« + *Modell*]

Vi|nyl ⟨[vi-] n.; -s; unz.; Mus. umg.⟩ *Schallplatte;* das Lied habe ich auf ~ [verkürzt aus Poly*vinyl*chlorid (PVC), dem Kunststoff, aus dem Schallplatten hergestellt werden]

Vi|nyl... ⟨[vi-] in Zus.⟩ *einen vom Ethylen abgeleiteten Kohlenwasserstoffrest CH_2 = CH– (Vinylgruppe) enthaltend* [zu lat. *vinum* »Wein« + grch. *hyle* »Stoff«]

Vi|nyl|ben|zol ⟨[vi-] n.; -s; unz.⟩ = *Styrol*

Vi|nyl|chlo|rid ⟨[vinylklo:-] n.; -s, -e⟩ *aus Acetylen u. Chlorwasserstoff entstehendes Gas, das, zu Polyvinylchlorid polymerisiert, Ausgangsstoff für viele Kunststoffe ist*

Vi|nyl|grup|pe ⟨[vi-] f.; -, -n⟩ *vom Äthylen abgeleitete Molekülgruppe der Zusammensetzung –Ch = CH_2, Bestandteil vieler Kunststoffe* [<lat. *vinum* »Wein« + *...yl*]

Vin|zen|ti|ner ⟨[vin-] m.; -s, -⟩ = *Lazarist*

Vi|o|la[1] ⟨[vio:-] f.; -, -o|len; Bot.⟩ *zu einer über die ganze Erde verbreiteten Gattung der Veilchengewächse gehörende, früh blühende, meist kleine Blume, Veilchen* [<ital. *viola* »Viole, Veilchen, Levkoje«]

Vi|o|la[2] ⟨[vio:-] f.; -, -s od. -o|len; Mus.⟩ **1** ⟨i.e.S.⟩ = *Bratsche* **2** ⟨i.w.S⟩ *aus der Fidel entwickelte Art von Streichinstrumenten* **2.1** ~ **d'Amore** *Geige mit 6–7 Darmsaiten, die gestrichen werden, u. je einer Saite aus Messing, die nur mitklingt* **2.2** ~ **da Braccio** [bratʃo] = *Bratsche* **2.3** ~ **da Gamba** = *Gambe* [<ital. *viola* »Viole, Veilchen, Levkoje« (wohl der Form wegen auf das Musikinstrument übertragen); ital. *amore* »Liebe« (wohl wegen des lieblichen Tones), *da* »für, zu«; *braccio* »Arm«; *gamba* »Bein«]

Vi|o|la tri|co|lor ⟨[vio:-] f.; - -; unz.; Bot.⟩ *Stiefmütterchen* [< *Viola*[1] + lat. *tricolor* »dreifarbig«]

Vi|o|la|ze|en ⟨[vio-] Pl.; Bot.⟩ *Veilchengewächse* [→ *Viola*[1]]

Vi|o|le ⟨[vio:lə] f.; -, -n⟩ = *Viola*[2]*(2)*

vi|o|len|to ⟨[vio-] Mus.⟩ *heftig, gewaltsam (zu spielen)* [ital.]

vi|o|lett ⟨[vi-] Adj.⟩ *(dunkel)blau-rot, veilchenblau* [<mhd. *fiolet* »veilchenblau« <frz. *violet,* Fem. *violette;* zu *violette,* Verkleinerungsform zu frz. *viole* »Veilchen« <lat. *viola* »Veilchen, Levkoje«]

Vi|o|lett ⟨[vio-] n.; -s; unz.⟩ *Veilchenfarbe*

Vi|o|let|ta ⟨[vio-] f.; -, let|ten; Mus.⟩ *kleine Bratsche* [ital. Verkleinerungsform von *viola*]

Vi|o|li|ne ⟨[vi-] f.; -, -n⟩ *Geige* [<ital. *violino,* Verkleinerungsform zu ital. *viola* »Bratsche«; → *Viola*[2]]

Vi|o|li|nist ⟨[vi-] m.; -en, -en⟩ *Geiger*

Vi|o|li|no ⟨[vio-] m.; -s, -ni⟩ *Geige* [ital.]

Vi|o|lon|cel|list ⟨[violontʃɛl-] m.; -en, -en⟩ = *Cellist*

Vi|o|lon|cel|lo ⟨[violontʃɛlo] n.; -s, -s od. -li⟩ = *Cello* [ital., Verkleinerungsform zu *violone;* → *Violone*]

Vi|o|lo|ne ⟨[vi-] m.; - od. -s, -s od. -ni⟩ = *Kontrabass* [ital., »große Viola«, Vergrößerungsform zu *viola;* → *Viola*[2]]

VIP ⟨[vip] Abk. für⟩ *very important person (sehr wichtige Person);* die ~s treffen sich in der ~-Lounge [engl.]

Vi|per ⟨[viː-] f.; -, -n⟩ **1** *Familie der Schlangen mit Giftzähnen, Otter: Viperidae* **2** ⟨Drogenszene⟩ *Drogensüchtiger im fortgeschrittenen Stadium der Abhängigkeit* [< lat. *vipera* »Schlange, Natter« < *vivipara* »lebendige Junge gebärend« (Volksglaube) < *vivus* »lebend« + *parere* »gebären, hervorbringen«]

Vi|ra|gi|ni|tät ⟨[vi-] f.; -; unz.⟩ *männliches Sexualempfinden bei einer Frau* [< lat. *virago* »Mannweib«; zu *vir* »Mann«]

vi|ral ⟨[vi-] Adj.⟩ *durch ein Virus entstanden*

Vi|re|ment ⟨[vir(ə)mãː] n.; -s, -s⟩ *Übertragung eines Titels im Staatshaushalt auf einen anderen od. in ein anderes Jahr* [frz., »Wendung, Abrechnung«]

Vi|renz|pe|ri|o|de ⟨[vi-] f.; -, -n⟩ *von einer beschleunigten Evolution der Organismen gekennzeichneter Zeitabschnitt* [zu lat. *virens* »grünend, blühend« + *Periode*]

Vir|ga|ti|on ⟨[vir-] f.; -, -en; Geol.⟩ *in Faltengebirgen das Auseinanderstreben gebündelter Faltenketten in mehrere Gebirgszüge (z.B. Ostalpen);* Ggs *Scharung* [< lat. *virga* »Zweig«]

Vir|gel ⟨[vir-] f.; -, -n; Schriftw.; Zeichen: /⟩ *Schrägstrich* [< spätlat. *virgula* »Aktenzeichen, Zweiglein« < *virga* »Zweig«]

Vir|gi|nal ⟨[vir-] n.; -s, -e⟩ *rechteckiges, dunkel klingendes Klavier, dessen Saiten durch Kiele angerissen werden (bes. in England u. den Niederlanden vom 16.–18. Jh.)* [< lat. *virga* »Stab, Reißstock«]

Vir|gi|nia ⟨[virgiː-] a. [vədʒi-] f.; -, -s⟩ *lange, dünne Zigarre mit Mundstück aus Stroh* [nach dem Herkunftsland, dem Staat *Virginia* der USA]

Vir|gi|ni|tät ⟨[vir-] f.; -; unz.⟩ *Jungfräulichkeit* [< lat. *virginatis;* zu *virgo,* Gen. *virginis* »Jungfrau«]

vi|ril ⟨[vi-] Adj.; Med.⟩ *männlich* [< frz. *viril* »männlich« < lat. *virilis;* zu *vir* »Mann«]

Vi|ri|lis|mus ⟨[vi-] m.; -; unz.⟩ *hormonell bedingte Vermännlichung der Frau* [< lat. *virilis* »männlich«; zu *vir* »Mann«]

Vi|ri|li|tät ⟨[vi-] f.; -; unz.⟩ **1** *Männlichkeit* **2** *Manneskraft* **3** *Mannbarkeit* [< lat. *virilitas* »Mannheit«; zu *vir* »Mann«]

Vi|ril|stim|me ⟨[vi-] f.; -, -n⟩ *einzelne Stimme der Fürsten (im Reichstag bis 1806 u. im Bundestag 1815-1866);* Ggs *Kuriatstimme*

Vi|ro|lo|ge ⟨[vi-] m.; -n, -n⟩ *Wissenschaftler auf dem Gebiet der Virologie*

Vi|ro|lo|gie ⟨[vi-] f.; -; unz.⟩ *Lehre von den Viren u. den durch sie hervorgerufenen Krankheiten* [< *Virus* + *...logie*]

Vi|ro|lo|gin ⟨[vi-] f.; -, -gin|nen⟩ *Wissenschaftlerin auf dem Gebiet der Virologie*

vi|ro|lo|gisch ⟨[vi-] Adj.⟩ *die Virologie betreffend, zu ihr gehörig*

vi|rös ⟨[vi-] Adj.⟩ *durch einen Virus hervorgerufen*

Vi|ro|se ⟨[vi-] f.; -, -n⟩ *durch einen Virus hervorgerufene Krankheit*

Vir|tu|a|li|tät ⟨[vir-] f.; -; unz.⟩ *(innewohnende) Kraft od. Möglichkeit* [< frz. *virtualité* »Wirkungskraft, Wirkungsvermögen« < lat. *virtus* »Mannhaftigkeit, Tüchtigkeit, Tapferkeit, Tugend«; zu *vir* »Mann«]

Vir|tu|al Re|a|li|ty ⟨[vəːtʃuəl riæliti] f.; - -; unz.; Abk.: VR⟩ *durch Computertechnik simulierte Realität, in die jmd. mit Hilfe von technischen Geräten (z.B. Joystick, Datenhandschuh) interaktiv eingebunden werden kann* [engl., »virtuelle Wirklichkeit«]

vir|tu|ell ⟨[vir-] Adj.⟩ **1** *der Kraft od. Möglichkeit nach (vorhanden)* **2** ⟨Opt.⟩ ~es Bild *scheinbares Bild* **3** ⟨EDV⟩ ~er Speicher *scheinbare Vergrößerung des Primärspeichers durch die Verschmelzung mit dem Sekundärspeicher zu einem homogenen Speicher* **4** ⟨Wirtsch.⟩ ~e Unternehmung *aus mehreren Unternehmenseinheiten zusammengesetztes künstliches Unternehmen, bei dem sich das Kernunternehmen auf einige wenige Unternehmensaspekte (z.B. Entwicklung u. Marketing) konzentriert, die restlichen Aspekte (z.B. Produktion u. Vertrieb) aber kontrolliert an Partnerfirmen weiterleitet* [< frz. *virtuel* »wirkungsfähig, unerforscht wirkend«; zu lat. *virtus* »Tugend, Tapferkeit, Mannhaftigkeit«; zu *vir* »Mann«]

vir|tu|os ⟨[vir-] Adj.⟩ *meisterhaft, kunstfertig* [→ *Virtuose*]

Vir|tu|o|se ⟨[vir-] m.; -n, -n⟩ *Meister (in einer Kunst), bes. Musiker mit glänzender Technik;* Klavier~ [< ital. *virtuoso* »ausübender Künstler (bes. Musiker), der seine Kunst mit vollendeter Meisterschaft beherrscht; tüchtig«; zu *virtù* »Mannhaftigkeit, Tüchtigkeit, Tugend« < lat. *virtus;* zu *vir* »Mann«]

Vir|tu|o|sin ⟨[vir-] f.; -, -sin|nen⟩ *hervorragende Vertreterin (einer Kunst), bes. Musikerin*

Vir|tu|o|si|tät ⟨[vir-] f.; -; unz.⟩ *meisterhafte Beherrschung der Technik (einer Kunst, bes. in der Musik)*

vi|ru|lent ⟨[vi-] Adj.⟩ Ggs *avirulent* **1** *Krankheit erregend* **2** *ansteckend* **3** *giftig* **4** ⟨fig.⟩ *dringlich* [< lat. *virulentus* »giftig«; zu *virus* »Schleim, Gift«]

Vi|ru|lenz ⟨[vi-] f.; -; unz.⟩ **1** *Fähigkeit zur Ansteckung* **2** ⟨bei Bakterien⟩ *Fähigkeit, eine Krankheit hervorzurufen* [→ *virulent*]

Vi|rus ⟨[viː-] n.; umg. a. m.; -, -ren⟩ **1** *kleinster, nichtzelliger Erreger einer übertragbaren Krankheit, dessen Vermehrung nur in lebenden Wirtszellen erfolgt* **2** ⟨EDV⟩ *ein sich in andere Programme einpflanzendes Computerprogramm, das diese durch falsche Befehle behindern u. zerstören kann* [lat., »Geifer, Schleim, Gift«]

Vi|rus|in|fek|ti|on ⟨[vi:-] f.; -, -en⟩ *durch Viren hervorgerufene Infektion*
Vi|sa ⟨[vi:-]⟩ **1** ⟨Pl. von⟩ *Visum* **2** ⟨EDV; Bankw.⟩ *internationale Interbankvereinigung, die Kreditkarteninstituten Dienstleistungen bezüglich der Abwicklung des Zahlungsverkehrs mit V.-Zahlungskarten anbietet*
Vi|sa|ge ⟨[viza:ʒə] f.; -, -n; umg.; abwertend⟩ *Gesicht* [frz., »Gesicht, Aussehen« <lat. *visus* »Sehen, Anblick, Erscheinung, Gesicht«; zu *videre* »sehen«]
Vi|sa|gist ⟨[vizaʒist] m.; -en, -en⟩ *Kosmetiker für vorteilhaftes Schminken u. Gestalten des Gesichts (z.B. für Fernsehauftritte)* [<frz. *visage* »Gesicht«]
Vi|sa|gis|tin ⟨[vizaʒis-] f.; -, -tin|nen⟩ *Gesichtskosmetikerin* [→ *Visagist*]
vis-a-vis, ⟨auch⟩ **vis-à-vis** ⟨[vizavi:] Adv.⟩ *gegenüber;* ~ unserem Haus [<afrz. *vis* »Antlitz« + *à* »zu« <lat. *visus* »Sehen, Anblick, Erscheinung, Gesicht«; zu *videre* »sehen«]
Vis|a|vis, ⟨auch⟩ **Vi|sa|vis** ⟨[vizavi:] n.; - [-vi:] od. [-vi:s], - [-vi:] od. [-vi:s]⟩ *Gegenüber*
Vis|ce|ra ⟨[vistsera] Pl.⟩ *Eingeweide;* oV *Viszera* [lat.]
Vis|con|te ⟨[viskɔntə] m.; -, -ti; ital. Titel für⟩ *Adliger zwischen Graf u. Baron* [ital., < *vece* »Stellvertretung« + *conte* »Graf« <lat. *vice + comes;* → *Vicomte*]
Vis|con|tes|sa ⟨[vis-] f.; -, -se⟩ *weibl. Visconte*
Vis|count ⟨[vaikaunt] m.; -s, -s; engl. Titel für⟩ *Adliger zwischen Graf u. Baron* [engl., »Vicomte, Vizegraf« <afrz. *visconte;* → *Visconte*]
Vis|coun|tess ⟨[vaikauntis] f.; -, -es [-tisiz]⟩ *weibl. Viscount*
Vi|sen ⟨[vi:-] Pl. von⟩ *Visum*
vi|si|bel ⟨[vi-] Adj.⟩ *sichtbar;* Ggs *invisibel* [<frz. *visible* »offenbar« <lat. *visibilis* »sichtbar, wahrnehmbar«; zu *videre* »sehen, wahrnehmen«]
Vi|sier ⟨[vi-] n.; -s, -e⟩ **1** *Teil des mittelalterl. Helms zum Schutz des Gesichtes* **2** *Vorrichtung bei Feuerwaffen zum Zielen* [<frz. *visière* »Helmgitter, Augenschirm, Zielvorrichtung an Handfeuerwaffen«; zu *viser* »zielen, ins Auge fassen« <afrz. *vis* »Antlitz, Gesicht« <lat. *videre* »sehen«]
vi|sie|ren ⟨[vi-] V.⟩ **1** *zielen, in eine bestimmte Richtung sehen* **2** *eichen* **3** *mit einem Visum versehen;* einen Pass ~ **4** ⟨†⟩ *beglaubigen* [<frz. *viser* »zielen, ins Auge fassen« <vulgärlat. *visare* <lat. *videre* »sehen«]
Vi|sier|li|nie ⟨[vi--niə] f.; -, -n⟩ *gedachte Linie zwischen Kimme u. Korn, die beim Zielen genau ineinander greifen müssen*
Vi|sie|rung ⟨[vi-] f.; -, -en; MA u. Renaissance⟩ *Entwurf, Riss*
Vi|si|on ⟨[vi-] f.; -, -en⟩ **1** *Traumgesicht, Erscheinung, Trugbild* **2** *eine (schwärmerisch entworfene) Idee oder Vorstellung für die Zukunft, Zukunftsperspektive;* eine ~ für das nächste Jahrzehnt entwerfen [<mhd. *vision* »Traumgesicht« <lat. *visio* »das Sehen, Anblick, Erscheinung«]
vi|si|o|när ⟨[vi-] Adj.⟩ **1** *in der Art einer Vision, als Vision erschaut, traumhaft* **2** *seherisch*
Vi|si|o|när ⟨[vi-] m.; -s, -e⟩ *jmd., der mit visionären Fähigkeiten ausgestattet ist*
Vi|si|ta|ti|on ⟨[vi-] f.; -, -en⟩ **1** *Durchsuchung;* Leibes~ **2** *Besichtigung, Untersuchung, Nachprüfung durch Besuch;* Schul~ [frz., »Heimsuchung, Durchsuchung« <lat. *visitatio* »Besichtigung«; zu *visitare* »häufig besuchen, besichtigen«; zu *videre* »sehen, wahrnehmen«]
Vi|si|ta|tor ⟨[vi-] m.; -s, -to|ren⟩ *jmd., der eine Visitation vornimmt*
Vi|si|te ⟨[vi-] f.; -, -n⟩ *Besuch zwecks Untersuchung, bes. von Kranken;* Kranken~ [frz., »Besuch, Krankenbesuch des Arztes«; zu *visiter* »besuchen, besichtigen, durchsuchen« <lat. *visitare* »oft sehen, besichtigen«; zu *videre* »sehen«]
Vi|si|ten|kar|te ⟨[vi-] f.; -, -n⟩ *Karte mit Aufdruck des Namens (sowie der Adresse, der Firma usw.), die man bei einem offiziellen Besuch abgibt*
vi|si|tie|ren ⟨[vi-] V.⟩ **1** *durch Visite nachprüfen* **2** *prüfend besichtigen, durchsuchen, untersuchen*
Vi|sit|kar|te ⟨[vi-] f.; -, -n; österr.⟩ *Visitenkarte*
vis|kos, vis|kös ⟨[vis-] Adj.⟩ *leimartig, zähflüssig* [<lat. *viscum* »Mistel, Vogelleim«]
Vis|ko|se ⟨[vis-] f.; -; unz.⟩ *Faser aus Zellstoff* [→ *viskos*]
Vis|ko|si|me|ter ⟨[vis-] n.; -s, -⟩ *Gerät zum Messen der Zähigkeit von Flüssigkeiten* [< *Viskose* + *…meter*]
Vis|ko|si|me|trie, ⟨auch⟩ **Vis|ko|si|met|rie** ⟨[vis-] f.; -; unz.⟩ *Verfahren zur Bestimmung der Viskosität von Stoffen* [< *viskos* + *…metrie*]
Vis|ko|si|tät ⟨[vis-] f.; -; unz.⟩ *Zähigkeit (von Flüssigkeiten)* [<frz. *viscosité* »Klebrigkeit, Zähigkeit« <lat. *viscum* »Mistel, Vogelleim«]
Vis ma|jor ⟨[vis-] f.; - -; unz.⟩ *höhere Gewalt* [<lat. *vis* »Macht, Gewalt« + *major,* Komp. von *magnus* »groß, hoch«]
Vis|ta ⟨[vis-] f.; -; unz.⟩ **1** *Ansicht, Sicht* **2** *Vorzeigen (eines Wechsels);* → a. *a vista, a prima vista* [<ital. *vista* »Gesicht, Anblick«; zu *vedere* <lat. *videre* »sehen«]
Vis|ta|wech|sel ⟨[vis-] m.; -s, -⟩ *Sichtwechsel*
Vis|tra, ⟨auch⟩ **Vist|ra** ⟨[vis-] f.; -; unz.⟩ *Zellwolle aus Viskose*
vi|su|a|li|sie|ren ⟨[vi-] V.⟩ etwas ~ *sichtbar machen, groß herausstellen, um Aufmerksamkeit zu erregen* [<engl. *visualize* »sichtbar machen«]
Vi|su|a|li|zer ⟨[viz(u)əlaizə(r)] m.; -s, -⟩ *Werbegrafiker* [engl.]
vi|su|ell ⟨[vi-] Adj.⟩ *das Sehen od. den Gesichtssinn betreffend, durch Sehen hervorgerufen, optisch(2);* ~er Eindruck; ~er Typ *jmd., der Gesehenes leichter im Gedächtnis behält als Gehörtes;* Ggs *akustischer Typ;* → a. *motorischer Typ* [<frz. *visuel,* Fem. *visuelle* »auf

das Sehen bezüglich, Gesichts...« <lat. *videre* »sehen, schauen, wahrnehmen«]
Vi|sum ⟨vi-⟩ n.; -s, -sa od. -sen⟩ **1** *Erlaubnis zur Ein- u. Ausreise in einen bzw. aus einem fremden Staat* **2** *Sichtvermerk (auf dem Pass für den Aufenthalt in einem fremden Staat)* [<lat. *visum* »gesehen«, Perf. zu *videre* »sehen«]
Vi|sus ⟨[vi:-] m.; -; unz.; Med.⟩ **1** *Sehschärfe* **2** *Gesichtssinn* [zu lat. *videre* »sehen«]
Vis|ze|ra ⟨[vis-] Pl.⟩ = *Viscera*
vis|ze|ral ⟨[vis-] Adj.⟩ *zu den Eingeweiden gehörend, Eingeweide...* [<frz. Adj. *viscéral* <lat. *viscera* »Eingeweide«]
Vis|ze|ro|pto|se, ⟨auch⟩ **Vis|ze|rop|to|se** ⟨[vis-] f.; -, -n⟩ *Senkung der Baucheingeweide* [< *Viscera* + grch. *ptosis* »Fall«]
Vi|ta ⟨[vi:-] f.; -, Vi|ten od. Vi|tae [-tɛ:]; im MA⟩ *Lebensbeschreibung von Heiligen, Märtyrern od. weltlichen Herrschern;* die ~ Karls des Großen [lat., »Leben«]
Vi|tae, non scho|lae dis|ci|mus *Für das Leben, nicht für die Schule lernen wir;* → a. *Non scholae, sed vitae discimus* [lat.]
vi|tal ⟨[vi-] Adj.⟩ **1** *zum Leben gehörend, lebens...* **2** *lebenswichtig* **3** *lebenskräftig* [<frz. *vital* »lebenskräftig, munter, lebenswichtig« <lat. *vitalis* »zum Leben gehörig«; zu *vita* »Leben«]
Vi|tal|funk|ti|on ⟨[vi-] f.; -, -en⟩ *lebenswichtige Kreislauffunktion* (z.B. Atmung, Kreislauf)
Vi|ta|li|en|brü|der ⟨[vi-] m.; Pl.⟩ *eine Gruppe von Seeräubern um 1400, die urspr. im Auftrag der Hanse das von den Dänen belagerte Stockholm (1389-92) mit Lebensmitteln versorgten, dann aber (bes. unter Klaus Störtebeker) eigenmächtig Handelsschiffe kaperten u. 1401 von der Hanse überwältigt wurden;* oV *Viktualienbrüder* [zu *Vitalien,* Nebenform zu → *Viktualien*]
vi|ta|li|sie|ren ⟨[vi-] V.; geh.⟩ *beleben, kräftigen;* gymnastische Übungen ~ den Organismus [→ *vital*]
Vi|ta|lis|mus ⟨[vi-] m.; -; unz.⟩ *Lehre, dass allem organ. Leben eine besondere, über die physikal.-chem. Vorgänge hinausgehende Lebenskraft innewohne* [<frz. *vitalisme* <lat. *vitalis* »Leben spendend, Lebens...«; zu *vita* »Leben«]
Vi|ta|list ⟨[vi-] m.; -en, -en⟩ *Vertreter, Anhänger des Vitalismus*
Vi|ta|lis|tin ⟨[vi-] f.; -, -tin|nen⟩ *Vertreterin, Anhängerin des Vitalismus*
vi|ta|lis|tisch ⟨[vi-] Adj.⟩ *auf dem Vitalismus beruhend*
Vi|ta|li|tät ⟨[vi-] f.; -; unz.⟩ *Lebenskraft, Lebensfähigkeit* [<frz. *vitalité* »Lebenskraft, Lebendigkeit« <lat. *vitalitas* »Lebenskraft«; zu *vita* »Leben«]
Vi|tal|ka|pa|zi|tät ⟨[vi-] f.; -, -en⟩ ~ der Lunge *Volumenunterschied zwischen tiefster Ein- u. Ausatmung*
Vit|a|min, ⟨auch⟩ **Vi|ta|min** ⟨[vit-] n.; -s, -e⟩ *meist von Pflanzen gebildeter Wirkstoff, der für Tiere u. Menschen zur Steuerung bestimmter organ. Prozesse benötigt wird* [<lat. *vita* »Leben« + *Amin*]

Vitamin (*Worttrennung am Zeilenende*) Bei fremdsprachlichen Zusammensetzungen, deren einzelne Bestandteile für den deutschen Muttersprachler nicht unbedingt ersichtlich sind, kann zwischen den einzelnen Bestandteilen (Morphemen) *Vit-a-min* oder nach Sprechsilben *Vi-ta-min* getrennt werden.

vit|a|mi|nie|ren, ⟨auch⟩ **vi|ta|mi|nie|ren** ⟨[vit-] V.⟩ *mit Vitaminen anreichern;* Lebensmittel, Arzneimittel ~
Vi|ti|li|go ⟨[vi-] f.; -, -li|gi|nes⟩ *durch das Fehlen von Pigmenten hell erscheinender, scharf umgrenzter Hautbezirk, Scheckhaut* [<lat. *vitiligo* »Hautausschlag«; zu *vitium* »Fehler, Mangel«]
vi|ti|ös ⟨[vitsjø:s] Adj.⟩ **1** ⟨†⟩ *fehlerhaft, lasterhaft* **2** *bösartig* [<lat. *vitiosus* »krankhaft, fehlerhaft, lasterhaft«; zu *vitium* »Fehler, Mangel, Laster«]
Vi|ti|um ⟨[vi-] n.; -s, -tia; Med.⟩ *Fehler, Übel* [lat., »Fehler, Laster, Mangel«]

■ Die Buchstabenfolge **vi|tr...** kann auch **vit|r...** getrennt werden.

■ **Vi|tra|ge** ⟨[vitra:ʒə] f.; -, -n; früher⟩ *undurchsichtiger, meist weißer Vorhang* [<frz. *vitrage* »Glaswand, Glasarbeit«; zu *vitre* »Glasscheibe« <lat. *vitrum* »Glas, Kristall«]
■ **Vi|tri|ne** ⟨[vi-] f.; -, -n⟩ **1** *Glasschrank* **2** *Schaukasten* [<frz. *vitrine;* zu *vitre* »Glasscheibe« <lat. *vitrinus* »gläsern«; zu *vitrum* »Glas«]
■ **Vi|tri|ol** ⟨[vi-] n.; -s, -e; veraltete Bez. für⟩ *die kristallwasserhaltigen Sulfate der Schwefelsäure mit zweiwertigen Metallen, z.B. Kupfervitriol = Kupfersulfat, chem. Formel $CuSO_4$* [frz. <mlat. *vitriolum*]
■ **Vi|tri|ol|öl** ⟨[vi-] n.; -(e)s, -e; Chem.; †⟩ *rauchende Schwefelsäure, die früher aus Eisenvitriol hergestellt wurde*
■ **Vi|trit** ⟨[vi-] m.; -(e)s, -e⟩ *als glänzende Streifen in die Steinkohle eingelagerte verkokbare Masse, verbrennt mit sehr geringer Aschebildung, Glanzkohle* [evtl. <lat. *vitreus* »gläsern, kristallhell, klar, gleißend«; zu *vitrum* »Glas«]
■ **Vi|tro|id** ⟨[vi-] n.; -(e)s, -e; meist Pl.; Geol.⟩ *glasartig durchsichtigen Schmelzfluss bildender Stoff* [zu lat. *vitrum* »Glas« + *...id(1)*]
■ **Vi|tro|phyr** ⟨[vi-] m.; -s, -e; Geol.⟩ *mit Einsprenglingen in einer glasartigen Grundmasse durchsetztes vulkanisches Erdgussgestein* [zu lat. *vitrum* »Glas« + grch. *phyrein* »vermengen«]
■ **Vi|trum** ⟨[vi:-] n.; -s, -tra⟩ *Arzneiflasche* [<lat. *vitrum* »Glas«]
Vitz|li|putz|li ⟨[vits-] m.; - od. -s; unz.⟩ *Schreckgestalt, Kinderschreck;* ⟨volkstüml. a.⟩ *Teufel*

[verstümmelt aus dem Namen des Aztekengottes *Huitzilopchtli*]
vi|va|ce ⟨[viva:tʃə] Mus.⟩ *lebhaft (zu spielen)* [ital., »lebhaft, munter, stark« <lat. *vivax* »langlebig, lebenskräftig«]
Vi|va|ce ⟨[viva:tʃə] n.; -, -⟩ **1** *Musikstück od. Teil eines Musikstückes im lebhaften Tempo* **2** ⟨Mus.⟩ *lebhaftes Tempo*
vi|va|cis|si|mo ⟨[vivatʃis-] Mus.⟩ *sehr lebhaft (zu spielen)* [Superlativ zu ital. *vivace;* → *vivace*]
vi|vant! ⟨[vi:-]⟩ *sie sollen leben!;* ~ sequentes! *die Folgenden (die nach uns Lebenden) sollen leben!* [lat.]
Vi|va|ri|um ⟨[viva:-] n.; -s, -ri|en⟩ *Behälter für kleine Tiere,* z.B. Aquarium, Terrarium [<lat. *vivarium* »Tierpark, Pferch (in dem Schwarzwild gemästet wurde)«; zu *vivus* »lebend, frisch«]
Vi|vat ⟨[vi:vat] n.; -s, -s⟩ *Hochruf;* ein ~ ausbringen
vi|vat! ⟨[vi:vat]⟩ *er lebe!;* ~, crescat, floreat! *er (sie, es) lebe, wachse u. blühe!* [lat.]
Vi|vi|a|nit ⟨[vivi-] n.; -s, -e⟩ *Blaueisenerz* [nach dem engl. Mineralogen J.G. *Vivian,* 19. Jh.]
vi|vi|par ⟨[vivi-] Adj.⟩ *lebend gebärend;* Ggs *ovipar* [<lat. *vivus* »lebend, lebendig« + *...par*]
Vi|vi|pa|rie ⟨[vivi-] f.; -, -n⟩ *Lebendgeburt nach vollendeter embryonaler Entwicklung im Mutterleib;* Ggs *Oviparie* [→ *vivipar*]
Vi|vi|sek|ti|on ⟨[vivi-] f.; -, -en⟩ *Eingriff am lebenden Tier (zu Zwecken der Forschung)* [<lat. *vivus* »lebend, lebendig« + *ektion*]
vi|vi|se|zie|ren ⟨[vivi-] V.⟩ ein Tier ~ *an einem T. eine Vivisektion vornehmen*
Vi|ze... ⟨[fi:] od. [vi:-] in Zus.⟩ *stellvertretende(r)...,* z.B. Vizekanzler [<lat. *vicis* »Wechsel, Platz, Stelle«]
Vi|ze|kanz|ler ⟨[fi:-] od. [vi:-] m.; -s, -⟩ *Stellvertreter des Kanzlers/der Kanzlerin*
Vi|ze|kanz|le|rin ⟨[fi:-] od. [vi:-] f.; -, -rin|nen⟩ *Stellvertreterin des Kanzlers/der Kanzlerin*
Vi|ze|prä|si|dent ⟨[fi:-] od. [vi:-] m.; -en, -en⟩ *Stellvertreter des Präsidenten/der Präsidentin*
Vi|ze|prä|si|den|tin ⟨[fi:-] od. [vi:-] f.; -, -tinnen⟩ *Stellvertreterin des Präsidenten/der Präsidentin*
vi|zi|nal ⟨[vi-] Adj.⟩ **1** *nachbarlich* **2** *die Gemeinde betreffend* [<lat. *vicinalis* »nachbarlich«; zu *vicinus* »benachbart, nahe«; zu *vicus* »Hof, Gehöft, Dorf«]
Viz|tum ⟨[fi:ts-] od. [vi:ts-] m.; -(e)s, -e⟩ *Verwalter (von kirchl., später auch weltl. Besitz)* [<lat. *vicedominus* »Stellvertreter des Herrn, des Fürsten«]
Vlies ⟨[fli:s] n.; -es, -e⟩ oV *Vließ* **1** *Schaffell* **2** *Rohwolle vom Schaf* **3** ⟨Textilw.⟩ *eine weiche Stoffart,* ~pullover [<mhd. *vlius, vlus,* ndrl. *vlies* »Schaffell«]
Vlie|se|li|ne ⟨f.; -; unz.; ⓌⓏ⟩ *an Stelle von Steifleinen verwendete, vliesartige Mischung verschiedener Fasern mit Kunstharzen u. Kautschuk* [→ *Vlies*]
Vließ ⟨[fli:s] n.; -es, -e⟩ = *Vlies*
vo|ce ⟨[vo:tʃə] Mus.⟩ *Stimme* [ital.]
Vo|co|der ⟨[vo-] m.; -s, -⟩ *Gerät zur Erzeugung einer künstlichen Sprache, eingesetzt in Computern* [< *vokal* + *Code*]
voi|là! ⟨[voala]⟩ *sieh da! da ist es ja! da haben wir es ja!* [zu frz. *voir* »sehen« + *là* »dort, da«]
Voile ⟨[voa:l] m.; -, -s⟩ *dünnes, schleierartiges Gewebe* [<frz., »Schleier«]
Vo|ka|bel ⟨[vo-] f.; -, -n⟩ *einzelnes Wort (bes. aus einer fremden Sprache);* ~n lernen [<lat. *vocabulum* »Name, Wort«; zu *vocare* »nennen, rufen«; →a. *Vokal*]
Vo|ka|bu|lar ⟨[vo-] n.; -s, -e⟩ **1** *Wörterverzeichnis* **2** *Wortschatz;* das ~ einer Sprache, eines Dichters
vo|kal ⟨[vo-] Adj.⟩ *für Singstimme(n) geschrieben, Gesangs...* [zu lat. *vocalis* »tönend, redend«]
Vo|kal ⟨[vo-] m.; -s, -e⟩ *Selbstlaut, Laut, bei dem der Atemstrom ungehindert aus dem Mund entweicht, Selbstlaut;* Ggs *Konsonant* [<lat. *vocalis* »tönend, klangreich«; zu *vox,* Gen. *vocis* »Laut, Ton, Stimme«]
Vo|kal|har|mo|nie ⟨[vo-] f.; -; unz.⟩ *in manchen Sprachen, z.B. in den ural.-altaischen u. finn.-ugr., die Einheitlichkeit der Vokale von Stammsilben u. Ableitungs- bzw. Flexionssilben hinsichtlich ihrer Qualität, so dass in ihnen nur solche Vokale vorkommen dürfen, die vorn im Mund (i, e, ö, ü) bzw. hinten (a, o, u) gesprochen werden*
Vo|ka|li|sa|ti|on ⟨[vo-] f.; -, -en⟩ **1** ⟨Gesang⟩ *Bildung u. Aussprache der Vokale* **2** ⟨Sprachwiss.⟩ *Bezeichnung der Vokale durch Punkte od. Striche unter den zugehörigen Konsonanten, z.B. in hebräischen od. arab. Schriften* [<frz. *vocalisation* »Vokalisierung, Stimmübung« <lat. *vocalis;* → *Vokal*]
vo|ka|lisch ⟨[vo-] Adj.⟩ Ggs *konsonantisch* **1** *in der Art eines Vokals, selbstlautend* **2** *mit einem Vokal;* ~er Anlaut, Auslaut eines Wortes
Vo|ka|li|se ⟨[vo-] f.; -, -n⟩ *Stimmübung nur auf Vokalen* [<frz. *vocalise* »Singstück, Stimmübung« <lat. *vocalise;* → *Vokal*]
vo|ka|li|sie|ren ⟨[vo-] V.⟩ **1** ⟨Gesang⟩ *als Vokal bilden, aussprechen* **2** ⟨Sprachw.⟩ Texte ~ *mit Vokalisation (2) versehen*
Vo|ka|li|sie|rung ⟨[vo-] f.; -, -en⟩ *das Vokalisieren*
Vo|ka|lis|mus ⟨[vo-] m.; -; unz.⟩ **1** *Bestand an Vokalen;* ~ einer Sprache od. Sprachstufe **2** *Bildung u. Entwicklung der Vokale;* ~ einer Sprache; →a. *Konsonantismus*
Vo|kal|mu|sik ⟨[vo-] f.; -; unz.⟩ *Musik für Singstimme(n) mit od. ohne Instrumentalbegleitung;* Ggs *Instrumentalmusik*
Vo|ka|ti|on ⟨[vo-] f.; -, -en⟩ *Berufung (bes. in ein Amt)* [<lat. *vocatus* »das Rufen, Ruf, Einladung«; zu *vocare* »(be)rufen«]
Vo|ka|tiv ⟨[vo:-] m.; -s, -e⟩ *für die Anrede bestimmter Beugungsfall, z.B. im Lateinischen, Anredefall* [<lat. *(casus) vocativus;* zu *vocare* »rufen, anreden«]

Vol. ⟨Abk. für⟩ *Volumen(2)*
Vol.-% ⟨Abk. für⟩ *Volumprozent*
Vo|lant ⟨[vɔlã:] m.; -s, -s⟩ **1** *gefältelter Besatz an Kleidungsstücken;* Sy *Falbel* **2** *Lenkrad* [frz.]
Vo|la|pük ⟨[vo-] n.; -s; unz.⟩ *von dem Konstanzer Pfarrer M. Schleyer (1831–1912) erfundene Welthilfssprache* [< engl. *world* »Welt« + *speak* »sprechen«]
vo|lar ⟨[vo-] Adj.⟩ *auf der Innenseite der Hand liegend* [< lat. *volaris* »zur Hand gehörig«]
Vo|la|ta ⟨[vo-] f.; -, -te; Mus.⟩ *kleiner, verzierender Teil od. Lauf im Gesang* [ital., »Lauf, Läufer, Roulade«]
Vol-au-vent ⟨[vɔlovã:] m.; -s, -s⟩ *Fleischpastete aus Blätterteig* [frz., < *vol* »Flug« + *au* »im« + *vent* »Wind«]
Vo|li|e|re ⟨[vɔljɛ:rə] f.; -, -n⟩ *Vogelhaus, großes Vogelbauer* [< frz. *volière;* zu *voler* »fliegen, segeln« < lat. *volare* »fliegen«]
vol|ley ⟨engl. [vɔli], a. [vɔle:] Adj.; Sp.⟩ *aus der Luft geschlagen od. geschossen, ohne dass der Ball zuvor Bodenkontakt hatte* [engl.]
Vol|ley ⟨engl. [vɔli], a. [vɔle:] m.; -s, -s; Sp.; bes. Tennis⟩ *aus dem Flug zurückgeschlagener Ball, der vorher nicht den Boden berührt hat, Flugball* [< engl. *volley* »Flugschlag; im Fluge schlagen«]
Vol|ley|ball ⟨engl. [vɔli-] od. [vɔle:-] m.; -s; unz.; Sp.⟩ *Ballspiel zwischen zwei Mannschaften zu je sechs Spielern, die versuchen, den Ball so über ein in etwa 2,40 m Höhe gespanntes, 1 m breites Netz zu schlagen, dass er den Boden im Spielfeld der gegnerischen Mannschaft berührt* [→ *Volley*]
Vo|lon|tär ⟨[vɔlɔn-] a. [-lɔ̃:-] m.; -s, -e⟩ *jmd., der unentgeltlich od. gegen geringes Gehalt zur Ausbildung in einem Betrieb arbeitet, ohne im Lehrverhältnis zu stehen* [< frz. *volontaire* »freiwillig« < lat. *voluntarius* »freiwillig«; zu *voluntas* »(freier) Wille«]
Vo|lon|ta|ri|at ⟨[vɔlɔn-] a. [-lɔ̃:-] n.; -(e)s, -e⟩ **1** *Zeit der Ausbildung eines Volontärs* **2** *Stelle eines Volontärs*
vo|lon|tie|ren ⟨[vɔlɔn-] a. [-lɔ̃:-] V.⟩ *als Volontär arbeiten*
Volt ⟨[vɔlt] n.; - od. -(e)s, -; Zeichen: V⟩ *SI-Einheit der elektr. Spannung, definiert als diejenige Spannung zwischen zwei Punkten eines Leiters, in der bei einer Stromstärke von 1 Ampere (A) die Leistung von 1 Watt (W) umgesetzt wird, 1 V = 1 W/1 A* [nach dem italien. Physiker A. Graf *Volta,* 1745–1827]
vol|ta ⟨[vɔl-] Mus.⟩ *Mal (bei Wiederholungen);* prima ~ *das erste Mal;* seconda ~ *das zweite Mal* [ital., »Wendung, Drehung, Richtung; mal«; zu *voltare* »wenden, drehen«]
Vol|ta ⟨[vɔl-] f.; -, Vol|ten; 16./17. Jh.⟩ *schneller höfischer Tanz aus der Provence in dreiteiligem Takt mit Sprüngen* [→ *volta*]
Vol|ta|e|le|ment ⟨[vɔl-] n.; -(e)s, -e⟩ *galvanisches Element aus Kupfer- u. Zinkblechen in einem wässerigen Elektrolyten;* Sy *voltasche Säule* [nach *Volta;* → *Volt*]
Vol|ta|me|ter ⟨[vɔl-] n.; -s, -⟩ *Gerät zur Bestimmung der Stromstärke;* → a. *Voltmeter* [< *Volt* + ...*meter*]
Volt|am|pere ⟨[vɔltampe:r] n.; - od. -s, -; Zeichen: VA⟩ *Produkt aus Spannung u. Stromstärke, Einheit der elektr. Arbeit*
vol|ta|sche Säu|le, ⟨auch⟩ **Vol|ta'sche Säu|le** ⟨[vɔl-] f.; -n -, -n -n⟩ = *Voltaelement*
Vol|te ⟨[vɔl-] f.; -, -n⟩ **1** ⟨in der Taschenspielkunst sowie (in betrüger. Absicht) beim Kartenspiel⟩ *Kunstgriff beim Mischen der Karten, durch den eine Karte an eine bestimmte Stelle zu liegen kommt;* die ~ schlagen **2** ⟨Reitsp.⟩ *kreisförmige Figur;* eine ~ reiten **3** ⟨Fechten⟩ *das Voltieren* [< ital. *volta* »Wendung, Drehung, Umlauf«]
vol|tie|ren ⟨[vɔl-] V.; Sp.; Fechten⟩ **1** *vor einem gegnerischen Hieb od. Stoß dadurch ausweichen, dass man einen Fuß aus der Gefechtslinie ausscheren lässt*
Vol|ti|geur ⟨[vɔltiʒø:r] m.; -s, -e⟩ = *Voltigierer* [< frz. *voltigeur;* zu *voltiger* »Schwünge, Sprünge ausführen, herumflattern«]
vol|ti|gie|ren ⟨[vɔltiʒi:-] V.⟩ *auf dem (galoppierenden) Pferd turnen*
Vol|ti|gie|rer ⟨[vɔltiʒi:-] m.; -s, -⟩ *jmd., der voltigiert;* Sy *Voltigeur*
Volt|me|ter ⟨[vɔlt-] n.; -s, -⟩ *Gerät zur Bestimmung der elektr. Spannung;* → a. *Voltameter*
Volt|se|kun|de ⟨[vɔlt-] f.; -, -n; Zeichen: Vs⟩ *SI-Einheit des magnet. Flusses, Weber*
Vo|lu|men ⟨[vo-] n.; -s, - od. -mi|na⟩ **1** ⟨Zeichen: V⟩ *Rauminhalt* **2** ⟨Abk.: Vol.⟩ *Band (eines mehrbändigen Schriftwerkes)* [< lat. *volumen* »Krümmung, Windung, Schriftrolle, Buch«; zu *volvere* »rollen, drehen, wälzen, wirbeln«]
Vo|lu|men|ein|heit ⟨[vo-] f.; -, -en⟩ *Maßeinheit für das Volumen, Raumeinheit*
Vo|lu|men|ge|wicht ⟨[vo-] n.; -(e)s, -e; Phys.⟩ = *Volumgewicht*
Vo|lu|me|trie, ⟨auch⟩ **Vo|lu|met|rie** ⟨[vo-] f.; -; unz.⟩ = *Titrieranalyse* [< *Volumen* + ...*metrie*]
vo|lu|me|trisch, ⟨auch⟩ **vo|mu|met|risch** ⟨[vo-] Adj.⟩ **1** *das Volumen eines Körpers betreffend* **2** *die Bestimmung des Volumens betreffend, darauf beruhend*
Vo|lum|ge|wicht ⟨[vo-] n.; -(e)s, -e⟩ *spezifisches Gewicht, Raumgewicht;* oV *Volumengewicht*
vo|lu|mi|nös ⟨[vo-] Adj.⟩ *umfangreich* [→ *Volumen*]
Vo|lum|pro|zent ⟨[vo-] n.; -(e)s, -e; Abk.: Vol.-%⟩ *Prozent, bezogen auf den Rauminhalt;* Ggs *Gewichtsprozent*
Vo|lun|ta|ris|mus ⟨[vo-] m.; -; unz.⟩ *Lehre, dass der Wille das Grundprinzip des Seins u. des seelischen Lebens sei;* Sy *Thelematismus, Thelematologie, Thelismus;* → a. *Intellektualismus (1)* [< lat. *voluntas* »Wille, Wunsch, Absicht«; zu *velle* »wollen, wünschen, beabsichtigen«]
Vo|lun|ta|rist ⟨[vo-] m.; -en, -en⟩ *Anhänger, Vertreter des Voluntarismus*

Vo|lun|ta|ris|tin ⟨[vo-] f.; -, -tin|nen⟩ *Anhängerin, Vertreterin des Voluntarismus*
vo|lun|ta|ris|tisch ⟨[vo-] Adj.⟩ *zum Voluntarismus gehörend, auf ihm beruhend*
vo|lun|ta|tiv ⟨[vo-] Adj.⟩ **1** ⟨Philos.⟩ *den Willen betreffend* **2** ⟨Gramm.⟩ *den Modus(2) des Wunsches zum Ausdruck bringend*
vo|lup|tu|ös ⟨[vo-] Adj.⟩ *Begierde erregend* [<lat. *voluptuosus* »voll Wonne, voll Vergnügen«; zu *voluptas* »Vergnügen, Lust, Genuss«]
Vo|lu|te ⟨[vo-] f.; -, -n⟩ *Bauornament in Form einer Spirale;* Sy *Konvolute* [<lat. *volutare* »herumwälzen, drehen«; zu *volvere* »wälzen, rollen«]
vol|vie|ren ⟨[vɔlviːrən] V.; geh.⟩ **1** *rollen, wälzen;* etwas ~ **2** *durchdenken, überlegen, abwägen;* einen Sachverhalt ~ [zu lat. *volvere* »rollen, drehen«]
Vol|vox ⟨[vɔlvɔks] f.; -; unz.⟩ *Kugelalge* [<lat. *volvere* »wälzen, rollen«]
Vol|vu|lus ⟨[vɔlvu-] m.; -, -li⟩ *Darmverschlingung* [<lat. *volvere* »wälzen, rollen«]
vo|mie|ren ⟨[vo-] V.⟩ *sich erbrechen, speien* [<lat. *vomere*]
Vo|mi|tiv ⟨[vo-] n.; -s, -e⟩, **Vo|mi|ti|vum** ⟨n.; -s, -va⟩, **Vo|mi|to|ri|um** ⟨n.; -s, -ri|en⟩ *Brechmittel* [<lat. *vomitio* od. *vomitus* »das Erbrechen«]
Vo|mi|tus ⟨[voː-] m.; -; unz.; Med.⟩ *das Erbrechen* [lat.]
Voo|doo ⟨[vuduː] m.; -s; unz.⟩ = *Wodu*
…vor ⟨[-voːr] in Zus.⟩ *fressend* [<lat. *vorare* »verschlingen«]
Vo|ra|zi|tät ⟨[vo-] f.; -; unz.⟩ *Gier, Gefräßigkeit* [<lat. *vorax,* Gen. *voraxis* »gefräßig«; zu *vorare* »hinunterschlingen, fressen«]
…vo|re ⟨[-voːrə] in Zus.⟩ *Lebewesen, das bestimmte Stoffe frisst* [→ *…vor*]
Vos|tro|kon|to, ⟨auch⟩ **Vost|ro|kon|to** ⟨[vɔs-] n.; -s, -ten od. -s od. -ti; Bankw.⟩ = *Lorokonto* [<ital. *vostro* »euer« + *Konto*]
Vo|tant ⟨[vo-] m.; -en, -en⟩ **1** *jmd., der votiert, Wähler* **2** ⟨österr. a.⟩ *Schöffe* [<lat. *votans,* Part. Präs. zu *votare;* → *votieren*]
Vo|ta|ti|on ⟨[vo-] f.; -, -en⟩ *das Votieren, Abstimmung* [<nlat. *votatio;* zu *votare;* → *votieren*]
vo|tie|ren ⟨[vo-] V.⟩ **1** *abstimmen, sich entscheiden; der Abgeordnete votierte für die Vorlage* **2** ⟨österr.⟩ *eine Meinung äußern* [<lat. *votare;* → *Votum*]
Vo|tiv|bild ⟨[vo-] n.; -(e)s, -er⟩ *einem Heiligen aufgrund eines Gelübdes geweihtes Bild* [<lat. *votivus* »versprochen, geweiht«; → *Votum*]
Vo|tiv|ga|be ⟨[vo-] f.; -, -n⟩ *als Weihgeschenk für Götter od. Heilige dargebrachte Gabe,* z.B. Bild, Darstellung eines Tieres, Schmuckgegenstand [→ *Votivbild*]
Vo|tiv|ka|pel|le ⟨[vo-] f.; -, -n⟩ *Kapelle, die einem Heiligen aufgrund eines Gelübdes gestiftet wurde* [→ *Votivbild*]
Vo|tiv|mes|se ⟨[vo-] f.; -, -n⟩ *Messe, die für ein bestimmtes Anliegen od. eine bestimmte Person gelesen wird* [→ *Votivbild*]
Vo|tum ⟨[voː-] n.; -s, -ten od. -ta⟩ **1** *Gelübde* **2** *Abgabe der Stimme* **3** *Äußerung einer Meinung* **4** *Gutachten, Urteil;* sein ~ abgeben [lat., eigtl. »das Versprochene, feierlich abgegebene Stimme«; zu *vovere* »versprechen, wünschen«]
Vou|cher ⟨[vautʃə(r)] n. od. m.; -s, -s⟩ *Buchungsbestätigung* [engl., »Beleg, Zeugnis«; zu *vouch* »bezeugen, belegen«]
Vou|dou ⟨[vuduː] m.; -s; unz.⟩ = *Wodu*
Vou|te ⟨[vuːt(ə)] f.; -, -n⟩ **1** *Gewölbe* **2** *Hohlkehle zwischen Decke u. Wand* [<frz. *voûte* <lat. *volutus,* Perf. zu *volvere;* → *Volute*]
Vox ⟨[vɔks] f.; -, Vo|ces [voːtseːs]⟩ **1** ⟨bes. Mus.⟩ **1.1** *menschliche od. tierische Stimme* **1.2** *Klang von Instrumenten, einzelner Ton in einer Tonfolge, Einzelstimme in mehrstimmiger Musik* **2** *unterschiedliche Register der Orgel* [lat., »Stimme«]
Vox ni|hi|li ⟨[vɔks-] f.; - -; unz.; geh.⟩ = *Ghostword* [lat., »Wort des Nichts«]
vox po|pu|li, vox dei ⟨[vɔks deːi]⟩ *Volkes Stimme (ist) Gottes Stimme* [lat.; von Seneca, nach Hesiod]
Vox prin|ci|pa|lis ⟨[vɔks-] f.; - -; unz.; Mus.⟩ = *Prinzipal(2)*
Voy|a|geur, ⟨auch⟩ **Vo|ya|geur** ⟨[voajaʒøːr] m.; -s, -s od. -e⟩ *Reisender, Handelsreisender;* → a. *Commis Voyageur* [frz.]
Voy|eur, ⟨auch⟩ **Vo|yeur** ⟨[voajøːr] m.; -s, -e⟩ *jmd., der aus einem Versteck andere bei geschlechtl. Betätigung beobachtet u. dabei Befriedigung erfährt* [frz., urspr. »Augenzeuge«; zu *voir* »sehen« <lat. *videre*]
Voy|eu|ris|mus, ⟨auch⟩ **Vo|yeu|ris|mus** ⟨[voajœ-] umg. [vɔijø-] m.; -; unz.⟩ *Verhalten, Empfindungsweise eines Voyeurs*
voy|eu|ris|tisch, ⟨auch⟩ **vo|yeu|ris|tisch** ⟨[voajø-] Adj.⟩ *zum Voyeurismus neigend, ihn betreffend*
vo|zie|ren ⟨[vo-] V.⟩ *berufen, vorladen* [<lat. *vocare* »rufen«]
VR ⟨Abk. für⟩ **1** *Volksrepublik* **2** *Virtual Reality*
Vs ⟨Zeichen für⟩ *Voltsekunde*
vs. ⟨Abk. für⟩ *versus*
V.S.O.P. ⟨auf Weinbrandflaschen Abk. für⟩ *Very Superior Old Product, ganz ausgezeichnetes altes Erzeugnis (als Gütezeichen)*
VTOL-Flug|zeug ⟨n.; -(e)s, -e⟩ *Senkrechtstarter* [engl. verkürzt < *Vertical Take-Off and Landing* »senkrechtes Starten und Landen«]
vul|gär ⟨[vul-] Adj.⟩ *gemein, gewöhnlich, ordinär* [<lat. *vulgaris* »(all)gemein«; zu *vulgus* »Menge, Volk«]
vul|ga|ri|sie|ren ⟨[vul-] V.⟩ **1** ⟨†⟩ *allgemein zugänglich u. bekannt machen* **2** ⟨geh.⟩ *oberflächlich, nicht wissenschaftlich darstellen, stark vereinfachen;* eine ~de Analyse [zu frz. *vulgariser*]
Vul|ga|ris|mus ⟨[vul-] m.; -, -men; Sprachw.⟩ *vulgärer Ausdruck, vulgäre Wendung*
Vul|ga|ri|tät ⟨[vul-] f.; -, -en⟩ **1** *vulgäre Beschaffenheit, Gewöhnlichkeit* **2** *vulgäre Äußerung*

Vul|gär|la|tein ⟨[vul-] n.; -s; unz.⟩ *die umgangssprachl. Form der latein. Sprache als Vorstufe der roman. Sprachen*

Vul|gär|spra|che ⟨[vul-] f.; -, -n⟩ **1** *vulgäre, gewöhnliche Sprache* **2** ⟨Sprachw.⟩ *nicht lateinische Umgangssprache eines europ. Volkes im MA*

Vul|ga|ta ⟨[vul-] f.; -; unz.⟩ *in der kath. Kirche maßgeb. Bibelübersetzung des Kirchenvaters Hieronymus (um 400) aus dem Hebräischen u. Griechischen ins Lateinische* [< mlat. *versio vulgata* »allgemein gebräuchl. Ausgabe« < lat. *vulgare* »unter das Volk bringen«; zu *vulgus* »Volk«]

vul|go ⟨[vul-] Adv.⟩ **1** *gemeinhin, gewöhnlich* **2** ⟨vor Personennamen⟩ *genannt;* X, ~ Y [lat., zu *vulgus* »Volk«]

Vul|kan ⟨[vul-] m.; -s, -e⟩ **1** *Berg, durch den heiße Dämpfe u. glühende Lava an die Oberfläche dringen;* auf einem ~ tanzen *ein gefährliches Spiel treiben* **2** *durch Vulkanismus entstandener Berg* [nach dem italienischen Feuergott *Vulcanus (Volcanus)*]

Vul|kan|fi|ber ⟨[vul-] f.; -, -n⟩ *durch Behandeln von Papierbahnen mit Zinkchlorid u. anschließendes Zusammenpressen mehrerer Bahnen gewonnener, hornartiger Kunststoff für Koffer, Verkleidungen u. Isoliermaterialien;* Sy *Fiber(2)*

Vul|ka|ni|sat ⟨[vul-] n.; -(e)s, -e⟩ *vulkanisierter Kautschuk*

Vul|ka|ni|sa|ti|on ⟨[vul-] f.; -, -en⟩ *das Vulkanisieren*

vul|ka|nisch ⟨[vul-] Adj.⟩ *von einem Vulkan (herrührend);* ~es Gestein

Vul|ka|ni|seur ⟨[vul--søːr] m.; -s, -e⟩ *jmd., der Gummireifen u. andere Gummierzeugnisse repariert u. erneuert*

vul|ka|ni|sie|ren ⟨[vul-] V.⟩ Naturkautschuk ~ *zur Herstellung elastischen Kautschuks mit Schwefel o.ä. chem. Verbindungen behandeln* [→ *Vulkan*]

Vul|ka|ni|sie|rung ⟨[vul-] f.; -, -en⟩ *das Vulkanisieren*

Vul|ka|nis|mus ⟨[vul-] m.; -; unz.⟩ *alle mit dem Empordringen von Stoffen aus dem Erdinneren zusammenhängenden Kräfte u. Erscheinungen* [→ *Vulkan*]

Vul|ka|nit ⟨[vul-] m.; -s, -e⟩ *an der Erdoberfläche verhältnismäßig schnell abgekühltes u. erstarrtes Magma (Basalt, Porphyr u.a.), Effusivgestein, Ergussgestein* [→ *Vulkan*]

Vul|ka|no|lo|ge ⟨[vul-] m.; -n, -n⟩ *Wissenschaftler auf dem Gebiet der Vulkanologie*

Vul|ka|no|lo|gie ⟨[vul-] f.; -; unz.⟩ *Lehre von den Vulkanen, Erforschung der Vulkane* [< *Vulkan* + *...logie*]

vul|ka|no|lo|gisch ⟨[vul-] Adj.⟩ *die Vulkanologie betreffend, auf ihr beruhend*

vul|ne|ra|bel ⟨[vul-] Adj.; Med.⟩ *verletzbar, verletzlich* [< lat. *vulnerare* »verwunden, verletzen«]

Vul|ne|ra|bi|li|tät ⟨[vul-] f.; -; unz.; Med.⟩ *vulnerable Beschaffenheit, Verletzbarkeit*

Vul|va ⟨[vulva] f.; -, Vul|ven⟩ *äußere weibl. Geschlechtsteile: Introitus vaginae* [lat.; zu *volvere* »sich drehen, wölben«]

Vul|vi|tis ⟨[vulviː-] f.; -, -ti|den⟩ *Entzündung der Vulva*

Vul|vo|va|gi|ni|tis ⟨[vulvova-] f.; -, -ti|den⟩ *Entzündung der Vulva u. der Vagina*

vu|o|ta ⟨[vu-] Mus.⟩ *auf der leeren Saite, ohne Fingerberührung des Griffbretts, zu spielen* [ital., »leer«]

v.v. ⟨Abk. für⟩ *vice versa*

W

W ⟨Zeichen für⟩ *Watt*

Wad ⟨n.; -s; unz.⟩ *weiches, erdiges Psilomelan* [engl., Herkunft unbekannt]

Wa|di ⟨n.; -s, -s⟩ *nur bei heftigem Regen Wasser führendes, sonst trockenes Flussbett in der Wüste* [arab.]

Wa|di|um ⟨n.; -s, -di|en⟩ = *Vadium(1)*

Wa|fer ⟨[wɛifə(r)] m.; -s, -; EDV⟩ *elektron. Halbleiterschaltung* [engl.]

Wag|gon ⟨[vagɔ̃ː] m.; -s, -s⟩ *Eisenbahnwagen;* oV *Wagon* [engl. (mit frz. Aussprache); verwandt mit *Wagen*]

Wa|gon ⟨[vagɔ̃ː] m.; -s, -s⟩ = *Waggon*

Wake|board ⟨[wɛikbɔːd] n.; -s, -s⟩ *Brett zum Wasserskifahren, Wellenreiten u. Springen auf dem Wasser* [engl., zu *wake* »Kielwasser« + *board* »Brett«]

wake|boar|den ⟨[wɛikbɔː-] V.⟩ *mit dem Wakeboard fahren u. gleiten*

Wake|boar|ding ⟨[wɛikbɔː-] n.; -s; unz.⟩ *Wasserskifahren mit dem Wakeboard*

Walkie-Talkie (*Schreibung mit Bindestrich*) Zwischen den Bestandteilen substantivisch gebrauchter Zusammensetzungen wird ein Bindestrich gesetzt, bes. bei Aneinanderreihungen (→ a. *Go-go-Girl*).

Wal|kie-Tal|kie ⟨[wɔːkitɔːki] n.; -s, -s⟩ *sehr kleines Funksprechgerät, das man bei sich trägt* [engl. Verkleinerungsform zu *walk* »gehen« + *talk* »sprechen«]

Wal|king ⟨[wɔːkiŋ] n.; -s; unz.; Sp.⟩ *schnelles Gehen, Vorstufe des Joggings* [zu engl. *walk* »gehen«]

Wal|king|bass ⟨[wɔːkiŋbɛis] m.; -; unz.; Mus.⟩ *gleichförmig modulierte, fortlaufende Basslinie* [< engl. *walking* »laufend« + *bass* »Bass«]

Walk|man ⟨[wɔːkmæn] m.; -s, -men [-mən]; (Wz)⟩ *kleiner Kassettenrekorder mit Kopfhörern, den man bes. gut unterwegs benutzen kann* [< engl. *walk* »gehen, spazieren gehen« + *man* »Mann, Mensch«]

Wal|kü|re ⟨a. [-'--] f.; -, -n; germ. Myth.⟩ *Jungfrau, die in einer Schlacht diejenigen auswählt, die sterben u. nach Walhall eingehen sollen* [nach anord. *Valkyrja;* zu germ. **wala-* »tot, gefallen«, a. zu mhd. *walstat* <ahd. *wal* »Schlachtfeld« + *kiesen* »küren, auswählen«]

Wall ⟨m.; -(e)s, Wäl|le⟩ **1** *lang gestreckte Aufschüttung von Erde zur Befestigung u. Einfriedigung* **2** ⟨fig.⟩ *Bollwerk* [<lat. *vallum* »Lagerwall, -zaun«; zu *vallus* »Pfahl«]

Wal|la|by ⟨[wɔləbi] n.; - od. -s, -s⟩ **1** *Gattung mittelgroßer Kängurus: Wallabia* **2** *deren Fell* [engl. <austral. Eingeborenenspr. in Neusüdwales]

Wall|street ⟨[wɔ:lstri:t] f.; -; unz.⟩ *Banken- u. Finanzzentrum der USA* [nach der gleichnamigen Straße in New York]

Wa|lo|ne ⟨f.; -, -n⟩ *Gerbstoff enthaltender Fruchtbecher der Eiche* [<ital. *vallonia* <grch. *balanos* »Eichel«]

Wal|rat ⟨m. od. n.; -(e)s; unz.⟩ *ölige, weiße Masse aus Stirnhöhle u. einem vom Kopf bis zum Schwanz der Pottwale verlaufenden Kanal: Cetaceum;* Sy *Spermazet* [<nord. *hvalrav* < *Wal* + anord. *raf* »Bernstein« (so nach der Farbe); wegen der Verwendung als Heilmittel zu *-rat* (mhd. »Hilfe«) umgedeutet]

Wam|pum ⟨m.; -s, -e⟩ *Gürtel od. Kette aus Muscheln u. Schnecken als Zahlungsmittel u. Schmuck der nordamerik. Indianer* [<Algonkin *wanpanpiag* < *wab* »weiß« + *umpe* »Schnur«]

Wan|da|le ⟨m.; -n, -n⟩ **1** *Angehöriger eines ostgermanischen Volkes in Schlesien u. Westpolen* **2** ⟨fig.; abwertend⟩ *grober, zerstörungswütiger Mensch;* wie die ~n hausen; oV *Vandale;* → a. *Wandalismus*

wan|da|lisch ⟨Adj.⟩ *die Wandalen betreffend, zu ihnen gehörend, von ihnen stammend;* ~e Sprache *ausgestorbene, zu den ostgerman. Sprachen gehörende Sprache der Wandalen;* oV *vandalisch*

Wan|da|lis|mus ⟨m.; -; unz.⟩ *rohe Zerstörungswut;* oV *Vandalismus* [nach der Plünderung Roms durch die *Wandalen* im Jahre 454 n.Chr.]

Wa|pi|ti ⟨m.; - od. -s, -s⟩ *in den Rocky Mountains heimischer Rothirsch mit mächtigem Geweih: Cervus canadensis* [Algonkin < *wapitiu, wapiti* »blass, weiß«]

Wa|ran ⟨m.; -s, -e⟩ *Familie großer Echsen mit langer Schnauze, starken Krallen u. kräftigem Schwanz: Varanidae* [<arab. *uaran*]

War|dein ⟨m.; -(e)s, -e⟩ *jmd., der den Metallgehalt von Erzen od. Münzen prüft;* Berg~; Münz~ [<mlat. *guardianus* »Aufsichtführender«; zu *Garde*]

war|die|ren ⟨V.; nordwestdt.⟩ Münzen, Erze ~ *prüfen, bewerten* [→ *Wardein*]

War|ming-up, ⟨auch⟩ **War|ming|up** ⟨[wɔ:m(iŋ)-ʌp]⟩, **Warm-up,** ⟨auch⟩ **Warm|up** ⟨n.; -s, -s⟩ **1** ⟨TV⟩ *einleitender Teil eines Werbespots od. einer Fernsehsendung, der das Interesse u. die Aufmerksamkeit bei dem Zuschauer bzw. Zuhörer wecken soll* **2** ⟨Sp.⟩ *Phase kurz vor einem Autorennen, die zum Warmlaufenlassen der Motoren dient* **3** ⟨Sp.⟩ *Phase des Warmlaufens* [engl., »das Warmlaufen«]

Warp ⟨m.; -s, -e⟩ **1** *Kettfaden* **2** ⟨Mar.⟩ *leichte Trosse* [engl., »Weberkette, Aufzug«]

Warp|an|ker ⟨m.; -s, -⟩ *kleiner Anker*

War|rant ⟨m.; -s, -s⟩ *Lagerschein* [engl., »Vollmacht, Bürgschaft, Lagerschein«]

War|ve ⟨[-və] f.; -, -n; Geol.⟩ *eine dünne, innerhalb eines Jahres abgelagerte Sedimentschicht, aus einer hellen Sommer- u. einer dunklen Winterlage, Bänderton;* oV *Warwe* [<schwed.]

War|ven|schie|fer ⟨[-vən-] m.; -s; unz.; Geol.⟩ = *Warvit*

War|vit ⟨[-vi:t] m.; -s, -e; Geol.⟩ *dem Bänderton ähnliches Gestein, das in den Eiszeiten vor dem Quatär gebildet wurde;* oV *Warwit, Warvenschiefer* [schwed.-nlat.; → *Warve*]

War|we ⟨f.; -, -n; Geol.⟩ = *Warve*

War|wit ⟨m.; -s, -e; Geol.⟩ = *Warvit*

wash and wear ⟨[wɔʃ ənd wɛ:(r)]⟩ *Vermerk in Kleidungsstücken aus knitterarmen, pflegeleichten Baumwollgeweben, die leicht zu waschen u. ohne Bügeln wieder zu tragen sind* [engl., »waschen und tragen«]

Wash|board ⟨[wɔʃbɔ:d] n.; -s, -s; Mus.⟩ *in der Jazzmusik als Hintergrund- und Rhythmusinstrument verwendetes Waschbrett, auf dem mittels eines Löffels o.Ä. ein scheuernder Takt erzeugt wird* [engl., »Waschbrett«]

Wash|pri|mer ⟨[wɔʃpraimə(r)] m.; -s, -⟩ *Untergrundanstrich für Metalle, der vor der eigentlichen Lackierung aufgetragen wird u. als Korrosionsschutz wirkt* [<engl. *wash* »waschen, abwaschen« + *primer* »Grundiermasse«; zu *prime* »erst...«]

Was|ser|stoff|per|o|xid ⟨n.; -s, -e⟩ *farblose, stark oxidierende, bes. zum Bleichen verwendete Flüssigkeit, chem. Formel H_2O_2;* Sy *Wasserstoffsuperoxid*

Was|ser|stoff|su|per|o|xid ⟨n.; -s, -e⟩ = *Wasserstoffperoxid*

Wa|ter|gate ⟨[wɔ:tə(r)gɛit] n.; -s; unz.⟩, **Wa|ter|gate-Af|fä|re** ⟨[wɔ:tə(r)gɛit-] f.; -; unz.; 1972 in den USA⟩ *innenpolit. Skandal, der zum Rücktritt des Präsidenten Richard Nixon führte* [nach dem *Watergate Building,* dem Sitz der Demokratischen Partei, in dem während des Wahlkampfes Abhörgeräte installiert wurden]

Wa|ter|loo ⟨[-lo:], engl. [wɔ:tə(r)lu:] n.; -s; unz.⟩ *vernichtende Niederlage, Fiasko, Debakel;* der Verein erlebte ein sportliches ~ [nach der Schlacht bei *Waterloo,* wo die Armee Napoleons am 18.6.1815 vernichtend geschlagen wurde]

wa|ter|proof ⟨[wɔ:tə(r)pru:f] Adj.; undekl.⟩ *wasserdicht (von Uhren)* [engl.]

Wa|ter|proof ⟨[wɔ:tə(r)pru:f] m.; -s, -s⟩ *wasserdichter Stoff für Jacken u. Mäntel* [engl., < *water* »Wasser« + *proof* »Stärke«]

Watt ⟨n.; -s, -; Zeichen: W⟩ *SI-Einheit der elektr. Leistung, definiert als diejenige Leistung, die bei einer Spannung von 1 Volt (V) u. einem Stromfluss von 1 Ampere (A) zwischen zwei Punkten eines Leiters umgesetzt wird, 1 W = 1 V · 1 A*

wat|tie|ren ⟨V.⟩ *mit Watte füttern, polstern;* wattierter Mantel

Watt|me|ter ⟨n.; -s, -⟩ *Gerät zum Messen der von Maschinen erzeugten Leistung*

Watt|se|kun|de ⟨f.; -, -n; Zeichen: Ws⟩ *Maßeinheit der Energie, gibt die in einer Sekunde übertragene Leistung in Watt an*

Watt|stun|de ⟨f.; -, -n; Zeichen: Wh⟩ *Maßeinheit der Energie, gibt die in einer Stunde übertragene Leistung in Watt an, 1 Wh = 3600 Wattsekunden (Ws), wird meist in der Größe von Kilowattstunden (kWh) angegeben; 1 kWh = 1000 Wh* [nach dem engl. Ingenieur James *Watt,* 1736-1819]

Way of Life ⟨[wɛı ɔf laif] m.; - - -; unz.⟩ *Art u. Weise zu leben, Lebensstil;* →a. *American Way of Life* [engl.]

WC ⟨Abk. für⟩ *Wasserklosett* [< engl. *water-closet*]

Weal|den ⟨[wi:l-] n.; -s; unz.; Geol.⟩ *limnisch-terrestrische Ablagerung mit Kohlenflözen in der Unteren Kreide* [nach *Weald,* einer Landschaft in Südostengland]

Wear ⟨[wɛ:(r)] f.; -, unz.; meist in Zus. ⟩ *Kleidung;* Home~; Sports~; Street~ [engl.]

Web ⟨n.; -s; unz.; umg.; häufig in Zus.; Abk. für⟩ *World Wide Web;* ~phone; ~seite

Web|sei|te ⟨f.; -, -n; EDV⟩ *eine im Internet durch eine Suchmaschine od. einen Link anwählbare Seite mit Informationen zu einem bestimmten Thema;* →a. *Homepage, World Wide Web* [< engl. *web* »Netz«]

Weck|a|min, ⟨auch⟩ **We|cka|min** ⟨n.; -s, -e⟩ *den Kreislauf anregendes Mittel* [Kunstw. < *wecken* + *Amin*]

We|da ⟨m.; - od. -s, -s od. -den⟩ *eine der vier ältesten relig. Schriften der Inder;* Rig~ *Weda der Verse;* Sama~ *Weda der Lieder;* Jadschur~ *Weda der Sprüche;* Atharwa~ *Weda des Priesters;* oV *Veda* [< Sanskrit *veda* »Wissen«]

We|den ⟨Pl. von⟩ *Weda;* oV *Veden*

Wedge ⟨[vɛdʒ] m.; - od. -s, -s; Sp.; Golf⟩ *Schläger, dessen Schlagfläche wesentlich breiter als die normaler Golfschläger ist* [< engl. *wedge* »Keil«]

Wedg|wood ⟨[wɛdʒwud] n.; - od. -s; unz.⟩ *feines, (meist einfarbig) verziertes Steingut* [nach dem engl. Kunsttöpfer J. *Wedgwood,* 1730–1795]

we|disch ⟨Adj.⟩ *zu den Weden gehörend, auf ihnen beruhend*

Week|end ⟨[wi:k-] n.; - od. -s, -s⟩ *Wochenende* [engl.]

Weft ⟨n.; -s, -e⟩ *Schussgarn, hart gedrehtes Kammgarn für Möbelstoffe* [engl., »Gewebe; Einschlag«]

Wei|muts|kie|fer ⟨f.; -, -n⟩ = *Weymouthskiefer*

Well|ness ⟨f.; -; unz.⟩ *Gesundheit, Fitness (durch wohl tuende körperliche Betätigung u. gesunde Lebensführung);* ~hotel; ~programm [engl., zu *well* »gut«]

Welsh Rab|bit ⟨[wɛlʃ ræbit] m.; - - od. - -s, - -s⟩, **Welsh Rare|bit** ⟨[wɛlʃ rɛ:(r)bit] m.; - - od. - -s, - -s⟩ *mit einer Mischung aus geriebenem Chesterkäse, Cayennepfeffer u. Bier belegte u. überbackene Weißbrotscheibe* [engl., zu *welsh* »walisisch« + *rabbit* »Hase« bzw. *rare* »selten« + *bit* »Bissen«]

Wen|zel ⟨m.; -s, -⟩ = *Scharwenzel(2)*

Wer|be|spot ⟨[-spɔt] m.; -s, -s⟩ *durchschnittlich 10–30 Sekunden langer Werbebeitrag in einem extra dafür vorbehaltenen Teil des Fernseh- od. Rundfunkprogramms*

Wer|din|git ⟨n.; -s; unz.⟩ *Mineral, eine Magnesium/Eisen-Aluminium-Borsilikat-Verbindung* [nach dem Wissenschaftler Günter *Werding*]

Werst ⟨f.; -, -en; bei Zahlenangaben Pl. -⟩ *russ. Längenmaß, etwa 1 km* [< russ. *versta,* Gen. Pl. *verst*]

We|sir ⟨m.; -s, -e; früher⟩ *Minister islamischer Staaten;* oV *Vezier* [frz. *vizir* < türk. *wezir* < arab. *wazir* »Träger, Stütze« < arab. *wazara* »tragen, überwinden«]

We|si|rat ⟨n.; -(e)s, -e⟩ *Amt, Würde eines Wesirs*

Wes|ley|a|ner, ⟨auch⟩ **Wes|le|ya|ner** ⟨[vɛslia:-] m.; -s, -⟩ = *Methodist* [nach dem engl. Theologen John *Wesley,* 1703–1791, u. seinem Bruder Charles *Wesley,* 1707–1788]

West|end ⟨n.; -s, -s⟩ *Stadtteil od. Bezirk einer Großstadt, in dem besonders viele Angehörige der höheren gesellschaftlichen Schichten leben* [nach dem Londoner Stadtteil *Westend,* der früher die bevorzugte Wohnlage der höheren Gesellschaftsschichten war]

Wes|tern ⟨m.; - od. -s, -⟩ *Wildwestfilm* [amerikan., engl., »Westlicher«]

Wes|ting|house|brem|se, ⟨auch⟩ **Wes|ting-house-Brem|se** ⟨[-haus-] f.; -, -n⟩ *über Druckluft wirkende Eisenbahnbremse* [nach dem amerik. Ingenieur G. *Westinghouse,* 1846–1914]

Wes|ton|e|le|ment, ⟨auch⟩ **Wes|ton-E|le|ment** ⟨[-tən-] n.; -(e)s, -e⟩ *ein galvanisches Normalelement, das wegen seiner konstanten Spannung für Eichzwecke verwendet wird* [nach dem amerik. Physiker E. *Weston,* 1850–1936]

West|o|ver, ⟨auch⟩ **Wes|to|ver** ⟨[-ouvə(r)] m.; -s, -; †⟩ = *Pullunder* [< *Weste* + engl. *over* »über«; nach *Pullover* gebildet]

Wey|mouths|kie|fer ⟨[wɛimәθs-] f.; -, -n⟩ *nordamerikan. Kiefer mit weichen, langen Nadeln: Pinus strobus;* oV *Weimutskiefer* [nach Thomas Thynne, Viscount of *Weymouth,* †1714]

Wh ⟨Zeichen für⟩ *Wattstunde*

wheat|stone|sche Brü|cke, ⟨auch⟩ **Wheat-stone'sche Brü|cke** ⟨[wi:tstәn-] f.; -n -, -n -n⟩ *Messbrücke zur Messung von Widerständen, Strömen od. Spannungen* [nach dem engl. Physiker Sir C. *Wheatstone,* † 1875]

Whig ⟨m.; -s, -s⟩ *Angehöriger der Partei mit li-*

beraler Tradition (von den beiden Parteien des brit. Oberhauses); Ggs *Tory* [engl., eigtl. Bez. für Vieh- u. Pferdediebe in England, später wurden die schott. Gegner der Königspartei so genannt u. im 18./19. Jh. die Angehörigen englischer politischer Gruppen, die die königl. Gewalt einschränken u. die Macht des Parlaments stärken wollten; schließlich übernahmen sie die Bez. für sich selbst]

Whip ⟨[vịp] od. engl. [wịp] m.; -s, -s; im engl. Parlament⟩ **1** *Abgeordneter, der für die Anwesenheit der Mitglieder seiner Partei u. für Ruhe u. Ordnung bei Sitzungen zu sorgen hat, Einpeitscher* **2** ⟨allg.⟩ *polit. Hetzredner* **3** ⟨süddt. u. österr.⟩ *Einpauker* [engl., »Peitsche, peitschen«]

Whịp|cord ⟨[wịpkɔ:(r)d] m.; -(e)s, -e⟩ *garbadineähnl. Gewebe aus Kammgarn* [engl., »Peitschenschnur« < *whip* »Peitsche« + *cord* »Seil, Tau, Strick«]

Whịp|pet ⟨[wịpət] m.; -s, -s⟩ *engl. Windhunderasse (für Hunderennen)*

Whirl|pool ⟨[wə̲:lpu:l] m.; -s, -s⟩ *kleines Wasserbecken mit sprudelndem Wasser (für Massage)* [engl., zu *whirl* »Strudel« + *pool* »Bassin«]

Whịs|ker ⟨m.; -s, -⟩ *aus Schmelzen gezogener, dünner Kristall mit einem völlig geordneten Kristallgitter, dient zur Herstellung von Werkstoffen höchster Festigkeit* [< engl. *whiskers* »Backenbart, Schnurrhaare«]

Whịs|key ⟨[wịski] m.; -s, -s⟩ *irischer od. amerikanischer Whisky;* → a. *Whisky*

Whịs|ky ⟨[wịski] m.; -s, -s⟩ *englischer od. schottischer Kornbranntwein;* → a. *Whiskey* [< engl., *whisky,* Kurzform von *whiskybae* < gälisch *uisge-beatha* »Lebenswasser«]

Whịst ⟨n.; -(e)s; unz.⟩ *urspr. engl. Kartenspiel für vier Spieler mit französ. Karten, Vorläufer des Bridge* [engl., Nebenform zu älterem *whisk* »schnell wegnehmen« (nämlich den Stich)]

Whịst|ler ⟨[wịslə(r)] m.; -s, -⟩ *durch Blitze verursachte elektromagnet. Wellen großer Wellenlänge, die sich durch Pfeifgeräusche in Rundfunkgeräten bemerkbar machen* [zu engl. *whistle* »pfeifen«]

White|col|lar|kri|mi|na|li|tät, ⟨auch⟩ **White-Collar-Kri|mi|na|li|tät** ⟨[waitkọlə(r)-] f.; -, -en⟩ *Kriminalität innerhalb der gehobenen Schichten, bes. im Bereich der Wirtschaft* [< engl. *white collar* »weißer Kragen« (als Zeichen einer gehobenen berufl. Stellung)]

Whit|worth|ge|win|de, ⟨auch⟩ **Whit|worth-Gewin|de** ⟨[wịtwə:θ-] n.; -s, -⟩ *Schraubengewinde, das auf der Maßeinheit Zoll beruht* [nach dem Erfinder Sir Joseph *Witworth,* 1803–1887]

WHO ⟨Abk. für engl.⟩ *World Health Organization (Weltgesundheitsorganisation)*

Who's Who ⟨[hu̲s hu̲] n.; - -, - -⟩ *jährlich erscheinendes Verzeichnis der wichtigsten Personen des öffentl. Lebens* [engl., »Wer ist wer?«]

Wịg|wam ⟨m.; -s, -s⟩ *kuppelförmige Behausung der nordamerikan. Indianer;* → a. *Tipi* [engl., »Indianerhütte« < Algonkin *wikiwam* »Haus, Hütte«]

Wi|la|jẹt ⟨n.; -(e)s, -s⟩ *türk. Provinz, türk. Verwaltungbezirk* [türk., »Provinz« < türk., arab. *wali* (Titel des Generalgouverneurs für eine Provinz)]

Wild|card ⟨[wa̲ildka:(r)d] f.; -, -s; Sp.; Tennis⟩ *vom Veranstalter eines Tennisturnieres frei vergebener Platz an einen Spieler, der sich nicht über die Tennisrangliste qualifiziert hat* [engl., »Ersatzzeichen, Jokerzeichen«]

Wild|life ⟨[wa̲ildlaif] n.; -s; unz.⟩ *das Leben von Tieren u. Pflanzen in einer vom Menschen unberührten u. freien Wildbahn* [engl., »Tierwelt«]

Wịl|liams Christ ⟨[wịljəmz krịst] m.; - -, - -⟩ *Branntwein, der aus Williams Christbirnen hergestellt wird*

Wịl|liams Christ|bir|ne ⟨[wịljəmz krịst-] f.; -, -n⟩ *große, aromatische Birnensorte*

Wịnd|jam|mer ⟨m.; -s, - od. f.; -, -n⟩ *großes Segelschiff* [< *Wind* + engl. *jam* »pressen«]

Wịn|dows, WINDOWS ⟨[wịndouz] ohne Art.; EDV; ⓦⓩ⟩ *weit verbreitetes Betriebssystem für Computer mit einer in Form von Fenstern gestalteten Benutzeroberfläche* [< engl. *window* »Fenster«]

Wịnd|sur|fer ⟨[-sə:-] m.; -s, -; Sp.⟩ **1** *jmd., der Windsurfing betreibt;* → a. *Surfer* **2** *für das Windsurfing verwendetes stromlinienförmiges Kunststoffbrett mit Segel;* → a. *Surfbrett*

Wịnd|sur|fing ⟨[-sə:-] n.; -s; unz.; Sp.⟩ *Wassersport für eine Person mit einem Kunststoffbrett als Schwimmkörper u. Segel;* → a. *Surfing*

Wịn|ner ⟨[wịnə(r)] m.; -s, -; Sp.; Tennis⟩ *den Punkt u. den Sieg einbringender Schlag;* der Aufschlag ist sein ~ [engl., »Sieger«]

wọb|beln ⟨V.⟩ eine Frequenz ~ *geringfügig um einen Mittelwert schwanken lassen* [< engl. *wobble* »wanken, wackeln«]

Wọbb|ler ⟨m.; -s, -⟩ *Gerät, mit dem eine Frequenz gewobbelt wird* [→ *wobbeln*]

Wọd|ka ⟨m.; -s, -s⟩ *russ. Branntwein* [< russ. *vodka* »Wässerchen«; zu *voda* »Wasser«]

Wo̲|du ⟨m.; -s; unz.; bes. auf Haiti⟩ *westafrikan. religiöser Kult, für den u.a. der Opferritus u. das Erlangen eines Trancezustandes kennzeichnend sind;* Sy *Voodoo, Voudou* [< westafrikan. *vodu* »schützende Gottheit, Dämon«]

Wọg|ging ⟨n.; -s; unz.; Sp.⟩ *als Sportart betriebenes Gehen* [verkürzt < *W*alking + J*ogging*]

Wo̲i|lach ⟨m.; -s, -e⟩ *Pferdedecke* [< russ. *voilak* »Filz«, poln. *wojlok* »Filzdecke unter dem Sattel«]

Woi|wo̲|de ⟨m.; -n, -n⟩ **1** ⟨früher in Polen, Siebenbürgen, der Moldau u. Walachei u. im Banat⟩ *Herzog* **2** ⟨dann⟩ *gewählter Fürst* **3** ⟨in Polen 1918–50⟩ *oberster Beamter einer Provinz* [< poln. *wojewoda* »Anführer im Krieg, Gouverneur« < *wojna* »Krieg« + *wodzic* »führen«]

Woi|wod|schaft ⟨f.; -, -en⟩ *poln. Verwaltungsbezirk* [→ *Woiwode*]

Wok ⟨m.; -s, -s; chines. Kochkunst⟩ *schalenförmiger Kochtopf zum Anbraten und Garen von Gerichten*

Wolf|ra|mat ⟨n.; -s, -e; Chem.⟩ *Salz der Wolframsäure, chem. Formel* H_2WO_4

Wolf|ra|mit ⟨n.; -s; unz.⟩ *dunkelbraunes bis schwarzes, fettig metallglänzendes Wolframmineral, chem. Formel* $(Mn,Fe)\ WO_4$

wol|hy|nisch ⟨Adj.⟩ ~es Fieber = *Quintanafieber* [die Krankheit wurde während der beiden Weltkriege bes. in *Wolhynien* (Ukraine) beobachtet]

Wol|las|to|nit ⟨n.; -s, -e⟩ *weißes od. leicht gelblich gefärbtes Mineral, chemisch ein Calciumsilicat* [nach dem engl. Chemiker W.H. *Wollaston,* 1766–1828]

Wom|bat ⟨m.; -s, -s⟩ *in Australien u. Tasmanien verbreitete Familie der Beuteltiere, die mit ihren starken Krallen unterirdische Baue anlegen: Phascolomidae* [engl. < austral. Eingeborenenspr.]

Wo|men's Lib ⟨[wimənz lib] f.; - -; unz.⟩ *(in den USA entstandene) Frauenrechtsbewegung* [verkürzt < engl. *Women's Liberation Movement* »Befreiungsbewegung der Frauen«]

Woods ⟨[wudz] Pl.; Sp.; Golf⟩ *Holzschläger;* Ggs *Irons* [< engl. *wood* »Holz«]

Worces|ter|so|ße ⟨[wustə(r)-] f.; -, -n⟩ *scharfe Soße zum Würzen* [nach der urspr. in Nordamerika u. *Worcester* hergestellten Speisewürze]

Word, WORD ⟨[wə:rd] ohne Art.; EDV; Ⓦⓩ; kurz für⟩ *MS-WORD*

Work|a|ho|lic, ⟨auch⟩ **Wor|ka|ho|lic** ⟨[wə:kəhɔlik] m.; -s, -s⟩ **1** *jmd., der unter Arbeitszwang steht* **2** ⟨auch scherzh. für⟩ *jmd., der gern u. viel arbeitet* [engl., verkürzt < *work* »Arbeit« + *alcoholic* »Alkoholiker«]

Work|camp ⟨[wə:kkæmp] n.; -s, -s⟩ *Ferienlager, in dem bes. Jugendliche mit ihrem Arbeitseinsatz soziale u. politische Projekte unterstützen* [engl., zu *work* »Arbeit« + *camp* »Lager«]

Work|fac|tor|ver|fah|ren, ⟨auch⟩ **Work-Fac|tor-Ver|fah|ren** ⟨[wə:kfæktə(r)-] n.; -s, -; Wirtsch.⟩ *System vorbestimmter Zeiten, bei dem sich die Vorgabezeit aus der Summe der Arbeitszeiten für die einzelnen Bewegungsabläufe ergibt* [< engl. *work* »Arbeit« + *factor* »Faktor«]

Work|flow ⟨[wə:kflow] m.; -s, -s⟩ *(Verwaltung der) Arbeitsabläufe, -organisation* [engl., zu *work* »Arbeit; arbeiten« + *flow* »Fluss; fließen«]

Work-out, ⟨auch⟩ **Work|out** ⟨[wə:kaut] n.; -s, -s⟩ *die körperliche Konstitution u. Leistungsfähigkeit verbessernde sportliche Übung* [< engl. *work out* »trainieren«]

Work|shop ⟨[wə:kʃɔp] m.; -s, -s⟩ **1** *Seminar, in dem durch Diskussion u. praktische Vorführungen Kenntnisse vermittelt u. erarbeitet werden* **2** *Ort, an dem ein solches Seminar stattfindet* [< engl. *work* »Arbeit« + *shop* »Laden, Geschäft«]

Work|sta|tion ⟨[wə:ksteiʃən] f.; -, -s; EDV⟩ *(an ein Netz angeschlossener) leistungsfähiger, eigenständiger Computer zur individuellen Arbeit am Arbeitsplatz* [engl., »Arbeitsplatz«]

World|cup ⟨[wə:(r)ldcʌp] m.; -s, -s; Sp.; bes. Fußball⟩ *internationale (Welt-)Meisterschaft* [engl., zu *world* »Welt« + *cup* »Pokal«]

World Wide Web ⟨[wə:(r)ld waid wɛb] Abk.: WWW⟩ *weltweit verbreitetes Computernetz, Internet* [< engl. *worldwide* »weltweit« + *web* »Netz«]

WORM ⟨[wɔ:(r)m] f.; -, -s; EDV; Abk. für⟩ *Write Once Read Many Times, optische Speicherplatte mit hohem Speichervolumen* [engl., »schreib einmal, lies mehrfach«]

wow! ⟨[wau] Int.; umg.⟩ *(Bewunderung od. Überraschung ausdrückender Ausruf)* [engl., »klasse! super! spitze!«]

Ws ⟨Zeichen für⟩ *Wattsekunde*

Wul|fe|nit ⟨n.; -s; unz.⟩ *gelbes, selten orangerotes, glänzendes Mineral, Gelbbleierz* [nach dem österr. Mineralogen F.X. von *Wulfen,* † 1805]

Wur|lit|zer|or|gel ⟨f.; -, -n⟩ = *Kinoorgel*

WWW ⟨Abk. für engl.⟩ *World Wide Web*

Wy|an|dot|te ⟨[vaiən-] n.; -, -s od. f.; -, -n⟩ *Angehöriges einer Rasse der Haushühner* [engl., nach dem nordamerik. Indianerstamm der *Wyandots*]

Wysiwyg, WYSIWYG ⟨EDV; Abk. für engl.⟩ *what you see is what you get (was Sie sehen ist das, was Sie bekommen), exakte Darstellung der Druckvorlage auf dem Bildschirm*

X

x ⟨in algebraischen Gleichungen Zeichen für⟩ *eine Unbekannte*

X ⟨röm. Zahlzeichen für⟩ *zehn*

x-Ach|se ⟨f.; -, -n⟩ = *Abszissenachse*

xanth..., **Xanth...** ⟨in Zus.; vor Vok.⟩ = *xantho..., Xantho...*

Xanth|e|las|ma, ⟨auch⟩ **Xan|the|las|ma** ⟨n.; -s, -ma|ta od. -men⟩ *Bildung gelber Knötchen an den Augenlidern infolge von Cholesterinablagerungen* [< grch. *xanthos* »gelb« + grch. *elasma* »Platte«]

Xan|then ⟨n.; -s; unz.⟩ *chem. Stoff aus farblosen Blättchen, die in Wasser schwer, in Äther, Chloroform u. Benzol leicht löslich sind* [→ *Xanthin*]

Xan|thin ⟨n.; -s; unz.⟩ *pflanzl. u. tier. Alkaloid* [< grch. *xanthos* »gelb, gelbrot«]

Xan|thin|u|rie, ⟨auch⟩ **Xan|thi|nu|rie** ⟨f.; -, -n⟩ *vermehrte Ausscheidung von Xanthin im Harn* [< *Xanthin* + *...urie*]

Xan|thip|pe ⟨f.; -, -n; umg.⟩ *zänkisches Weib* [wohl fälschlich nach *Xanthippe,* der Frau des Sokrates]
xan|tho…, Xan|tho… ⟨vor Vok.⟩ xanth…, Xanth… ⟨in Zus.⟩ *gelb…, Gelb…* [< grch. *xanthos* »gelb, gelblich«]
xan|tho|chrom ⟨[-kroːm] Adj.⟩ *gelbfarbig* [< *xantho…* + grch. *chroma* »Farbe«]
Xan|tho|der|mie ⟨f.; -, -n⟩ *Gelbfärbung der Haut* [< grch. *xanthos* »gelb« + *…dermie*]
Xan|tho|ge|nat ⟨n.; -s, -e⟩ *Salz der Xanthogensäure*
Xan|tho|gen|säu|re ⟨f.; -, -n⟩ *organ. Verbindung, chem. ein Ester der Dithiokohlensäure, zeigt schwache Säureeigenschaften, Ausgangsstoff für viele Synthesen* [< grch. *xanthos* »gelb, gelbrot« + *…gen*[2]]
Xan|thom ⟨n.; -s, -e⟩ *infolge von Cholesterin- u. Lipoidspeicherung gelb gefärbte Hautgeschwulst* [zu grch. *xanthos* »gelb«]
Xan|tho|ma|to|se ⟨f.; -, -n⟩ *ausgedehnte Bildung von Xanthomen*
Xan|tho|phyll ⟨n.; -s; unz.⟩ *gelber Farbstoff von Pflanzen* [< grch. *xanthos* »gelb, gelbrot« + *phyllon* »Blatt, Laub, Kraut«]
X-Chro|mo|som ⟨[-kro-] n.; -s, -en⟩ *eines der beiden Geschlechtschromosome;* Ggs *Y-Chromosom*
Xe ⟨chem. Zeichen für⟩ *Xenon*
XE ⟨Zeichen für⟩ *X-Einheit*
X-Ein|heit ⟨f.; -, -en; Zeichen: XE⟩ *nicht mehr zulässige Längeneinheit für Röntgenstrahlen, 1 XE entspricht 1,002 · 10^{-13} cm*
Xe|nie ⟨[-niə] f.; -, -n⟩ **1** ⟨in der Antike⟩ *Geschenk für einen Gast* **2** ⟨dann⟩ *Sinnspruch;* Sy *Xenion* **3** *Spottgedicht* [< grch. *xenion* »Gastgeschenk; Gastfreundschaft«]
Xe|ni|on ⟨n.; -s, -ni|en⟩ = *Xenie(2)*
xe|no…, Xe|no… ⟨in Zus.⟩ *fremd…, fremden…, Fremd…, Fremden…* [< grch. *xenos* »fremd, Fremder«]
Xe|no|blast ⟨m.; -en, -en; Min.⟩ *neu- od. umkristallisiertes Mineral ohne charakteristische Form;* Ggs *Idioblast* [< *Xeno…* + *…blast*]
xe|no|blas|tisch ⟨Adj.⟩ *den Xenoblasten betreffend, in seiner Form;* Ggs *idioblastisch;* von ~er Form
Xe|no|ga|mie ⟨f.; -, -n⟩ *Fremd- od. Kreuzbestäubung (von Blüten)* [< *Xeno…* + *…gamie*]
Xe|no|kra|tie ⟨f.; -, -n⟩ *Fremdherrschaft* [< *Xeno…* + *…kratie*]
Xe|no|lith ⟨m.; -(e)s od. -en, -e od. -en; Geol.⟩ *in magmatischem Gestein eingeschlossenes Fremdgestein* [< *Xeno…* + *…lith*]
xe|no|morph ⟨Adj.; Geol.⟩ *durch Xenomorphie betroffen, sie aufweisend;* Ggs *idiomorph* [< *xeno…* + *…morphie*]
Xe|no|mor|phie ⟨f.; -; unz.; Geol.⟩ *untypische Erscheinungsform von Mineralen, die in ihrem Wachstum Behinderungen ausgesetzt waren* [< *Xeno…* + *…morphie*]
Xe|non ⟨n.; -s; unz.; chem. Zeichen: Xe⟩ *chem. Grundstoff, Edelgas, Ordnungszahl 54* [< grch. *xenos* »fremd«]
xe|no|phil ⟨Adj.⟩ *allem Fremden gegenüber aufgeschlossen* [< *xeno…* + *…phil*]
Xe|no|phi|lie ⟨f.; -; unz.⟩ *Vorliebe für Fremdes, Fremdartiges* [< *Xeno…* + *…philie*]
xe|no|phob ⟨Adj.⟩ *Fremdes ablehnend, fürchtend* [< *xeno…* + *…phob*]
Xe|no|pho|bie ⟨f.; -; unz.⟩ *Furcht vor allem Fremden, Ablehnung von Fremdem* [< *Xeno…* + *Phobie*]
Xe|no|tim ⟨m.; -s, -e; Min.⟩ *gelblich bis hellgraues, fettglänzendes Mineral, das durch Spuren von Uran od. Thorium radioaktiv ist, chemisch Yttriumphosphat;* Sy *Ytterspat* [zu grch. *xenotimos* »gastfreundlich, Fremde ehrend«]
xer…, Xer… ⟨in Zus.; vor Vok.⟩ = *xero…, Xero…*
Xe|res ⟨[xeːrɛθ] od. [çeːrɛθ] m.; -; unz.⟩ = *Jerez;* → a. *Sherry*
xe|ro…, Xe|ro… ⟨in Zus.⟩ *trocken…, Trockenheit;* oV *xer…, Xer…* [< grch. *xeros* »trocken«]
Xe|ro|der|ma ⟨n.; -s, -ma|ta od. -men⟩ ~ pigmentosum *erblich bedingte, meist schon im Kindesalter tödlich verlaufende Hautkrankheit mit anfänglicher Flecken- u. späterer Warzen- u. Karzinombildung* [< *Xero…* + *Derma*]
Xe|ro|der|mie ⟨f.; -; unz.⟩ *Trockenheit der Haut* [< *Xero…* + *…dermie*]
Xe|ro|gra|fie ⟨f.; -; unz.⟩ = *Xerographie*
xe|ro|gra|fie|ren ⟨V.⟩ = *xerographieren*
xe|ro|gra|fisch ⟨Adj.⟩ = *xerographisch*
Xe|ro|gra|phie ⟨f.; -; unz.⟩ *elektrostatisches Verfahren zum Vervielfältigen u. Drucken;* oV *Xerografie* [< *Xero…* + *…graphie*]
xe|ro|gra|phie|ren ⟨V.⟩ *mit Hilfe der Xerographie vervielfältigen;* oV *xerografieren*
xe|ro|gra|phisch ⟨Adj.⟩ *die Xerographie betreffend, zu ihr gehörig, mit ihrer Hilfe;* oV *xerografisch*
Xe|ro|ko|pie ⟨f.; -, -n⟩ *durch Xerographie hergestellte Kopie*
xe|ro|morph ⟨Adj.⟩ *Schutzvorrichtungen gegen Austrocknung besitzend (von Pflanzen)* [< grch. *xeros* »trocken« + *morphe* »Gestalt«]
xe|ro|phil ⟨Adj.⟩ *die Trockenheit liebend;* Ggs *hygrophil;* ~e Pflanzen [< *xero…* + *…phil*]
Xe|ro|phi|lie ⟨f.; -; unz.⟩ *Vorliebe für trockene Standorte (von Pflanzen);* Ggs *Hygrophilie* [< *Xero…* + *…philie*]
Xe|ro|phthal|mie, ⟨auch⟩ **Xe|roph|thal|mie** ⟨f.; -, -n⟩ = *Xerophthalmus*
Xe|ro|phthal|mus, ⟨auch⟩ **Xe|roph|thal|mus** ⟨m.; -, -men⟩ *Austrocknung der Binde- u. Hornhaut des Auges;* oV *Xerophthalmie, Augendarre* [< *Xero…* + *Ophthalmie*]
Xe|ro|phyt ⟨m.; -en, -en⟩ *Trockenheit liebende Pflanze;* Ggs *Hygrophyt* [< *Xero…* + *…phyt*]
Xe|ro|se ⟨f.; -, -n; Med.⟩ *Trockenheit, Ausbzw. Vertrocknung von Geweben od. Schleimhäuten* [< grch. *xeros* »trocken« + *…ose*]
Xe|ro|sto|mie, ⟨auch⟩ **Xe|ros|to|mie** ⟨f.; -, -n; Med.⟩ *Trockenheit, Aus- bzw. Vertrocknung*

der Mundhöhle [< *Xero…* + grch. *stoma* »Mund, Öffnung«]
xe|ro|tisch ⟨Adj.; Med.⟩ *trocken* [< grch. *xeros* »trocken«]
Xi ⟨Zeichen: ξ, Ξ⟩ *griech. Buchstabe* [grch.]
XL ⟨Abk. für engl.⟩ *extra large, sehr groß (als Konfektionsgröße)*
XS ⟨Abk. für engl.⟩ *extra small, sehr klein (als Konfektionsgröße)*
X-Strah|len ⟨Pl.⟩ = *Röntgenstrahlen* [die ihrem Wesen nach zunächst unbekannten Strahlen wurden von Röntgen *X-Strahlen* genannt]
XXL ⟨Abk. für engl.⟩ *extra extra large, übermäßig groß (als Konfektionsgröße)*
XXS ⟨Abk. für engl.⟩ *extra extra small, besonders klein (als Konfektionsgröße)*
Xy|lan ⟨n.; -s; unz.⟩ *aus Xylose u. Pentose aufgebaute Cellulose, natürliches Vorkommen in Bäumen, Stroh u. Kleie* [< grch. *xylon* »Holz«]
Xy|lem ⟨n.; -s, -e⟩ *Holz-, Gefäßteil der Leitbündel von Pflanzen;* Sy *Hadrom* [< grch. *xylon* »Holz«]
Xy|lit ⟨m.; -(e)s, -e⟩ *fünfwertiger, aliphat., kristalliner Alkohol, der als Feuchthaltungsmittel u. Süßungsmittel für Bonbons u. Kaugummis verwendet wird* [zu grch. *xylon* »Holz«]
xy|lo…, Xy|lo… ⟨in Zus.⟩ *holz…, Holz…* [< grch. *xylon* »Holz«]
Xy|lo|fon ⟨n.; -s, -e⟩ = *Xylophon*
Xy|lo|graf ⟨m.; -en, -en⟩ = *Xylograph*
Xy|lo|gra|fie ⟨f.; -, -n⟩ = *Xylographie*
Xy|lo|gra|fin ⟨f.; -fin|nen⟩ = *Xylographin*
xy|lo|gra|fisch ⟨Adj.⟩ = *xylographisch*
Xy|lo|graph ⟨m.; -en, -en⟩ *Künstler, der Holzschnitte herstellt, Holzschneider;* oV *Xylograf* [< grch. *xylon* »Holz« + *graphein* »einritzen, einschneiden; schreiben«]
Xy|lo|gra|phie ⟨f.; -, -n⟩ oV *Xylografie* **1** ⟨unz.⟩ *Holzschneidekunst* **2** ⟨zählb.⟩ *Holzschnitt* [< *Xylo…* + *…graphie*]
Xy|lo|gra|phin ⟨f.; -, -phin|nen⟩ *Künstlerin, die Holzschnitte herstellt, Holzschneiderin;* oV *Xylografin* [→ *Xylograph*]
xy|lo|gra|phisch ⟨Adj.⟩ *auf der Xylographie beruhend, mit ihrer Hilfe;* oV *xylografisch*
Xy|lol ⟨n.; -s; unz.⟩ *im Steinkohlenteer u. im Erdöl vorkommende aromat. Verbindung* [< grch. *xylon* »Holz« + *…ol*]
Xy|lo|lith ⟨m.; -s od. -en, -e od. -en⟩ *Kunststoff für Fußböden* [< *Xylo…* + *…lith*]
Xy|lo|me|ter ⟨n.; -s, -⟩ *Gerät zur Bestimmung des Rauminhalts unregelmäßig geformter Holzstücke* [< *Xylo…* + *…meter*]
Xy|lo|phon ⟨n.; -s, -e⟩ *Musikinstrument, bei dem kleine, nach Tonleitern angeordnete, auf einem Rahmen ruhende Holzstäbe mit hölzernen Klöppeln angeschlagen werden;* oV *Xylofon* [< *Xylo…* + *…phon*[2]]
Xy|lo|se ⟨f.; -; unz.⟩ *Zucker mit fünf Atomen Kohlenstoff, Holzzucker* [< grch. *xylon* »Holz«]

Y

y ⟨in algebraischen Gleichungen Zeichen für⟩ *eine zweite, neben der Unbekannten x auftretende Unbekannte*
Y ⟨chem. Zeichen für⟩ *Yttrium*
YAC ⟨Abk. für engl.⟩ *Yeast Artficial Chromosome, künstliches Hefechromosom, das für die DNA-Verdoppelung verwendet wird* [engl.]
y-Ach|se ⟨f.; -, -n⟩ = *Ordinatenachse*
Ya|gi|an|ten|ne, ⟨auch⟩ **Ya|gi-An|ten|ne** ⟨f.; -, -n⟩ *für UKW- und Kurzwellenempfang besonders geeignete Antenne mit speziellen Dipolen* [nach dem jap. Erfinder *Yagi*]
Yak ⟨m.; -s, -s⟩ = *Jak*
Ya|ki|mo|no ⟨n.; -s, -s⟩ *keramisches Produkt* [jap., »Gebranntes«]
Ya|ku|za ⟨[-za] f.; -, -⟩ *Gruppe, die der organisierten Kriminalität in Japan angehört* [jap.]
Ya|ma|shi|ta ⟨[-ʃiːta] m.; -s, -s; Sp.⟩ *Sprung am Pferd* [nach dem jap. Kunstturner H. *Yamashita,* 1938]
Yams|wur|zel ⟨f.; -, -n⟩ = *Jamswurzel*
Yan|kee ⟨[jæŋki] m.; -s, -s; Spottname für⟩ *Nordamerikaner* [engl., Verkleinerungsform des ndrl. Vornamens *Jan,* urspr. Spitzname der holländ. Siedler]
Yan|kee|doo|dle, ⟨auch⟩ **Yan|kee Dood|le** ⟨[jæŋkiduːdəl] m.; (-) - od. (-) -s; unz.⟩ *volkstüml. vaterländ. Lied der USA aus dem 18. Jh.* [< *Yankee* + engl. *doodle* »Dudelsack spielen« (< dt. *dudeln*)]
Yard ⟨n.; -s, -s; bei Zahlenangaben Pl. -; Abk.: yd.⟩ *englisches u. nordamerikanisches Längenmaß, entspricht 0,91 m* [engl., »Gerte, Messrute«]
Yawl ⟨[jɔːl] f.; -, -e od. -s⟩ *Segelboot mit einem großen u. einem kleinen, hinter dem Ruder befindl. Mast* [engl.]
Yb ⟨chem. Zeichen für⟩ *Ytterbium*
Y-Chro|mo|som ⟨[-kro-] n.; -s, -en⟩ *eines der beiden Geschlechtschromosome;* Ggs *X-Chromosom*
yd. ⟨Abk. für⟩ *Yard*
Yel|low|press, ⟨auch⟩ **Yel|low Press** ⟨[jɛlou-] f.; (-) -; unz.⟩ *Boulevardpresse* [engl.]
Yen ⟨m.; - od. -s, - od. -s; bei Zahlenangaben Pl. -⟩ *japan. Währungseinheit, 100 Sen;* oV *Jen* [jap. < chin. *yuan;* → *Yuan*]
Yeo|man ⟨[joumæn] m.; -s, -men [-mən]; in England⟩ **1** ⟨früher⟩ *freier, nicht adeliger Bauer od. Landeigner* **2** ⟨danach⟩ *Leibgardist, dem u. a. die Bewachung der britischen Kronjuwelen obliegt;* ~ of the Guard [engl.]
Yer|ba ⟨f.; -; unz.⟩ = *Mate* [span.]
Ye|ti ⟨m.; -s, -s⟩ *angeblich im Himalaya lebender, urtümlicher Mensch* [nepales.]
Ygg|dra|sil ⟨[yk-] m.; -s; unz.; nord. Myth.⟩ *Weltesche, ein immergrüner Baum im Mittelpunkt der Welt, unter dessen Wurzeln die Wel-*

ten der Menschen verborgen liegen [anord., eigtl. »Pferd des Schrecklichen« < *yggr* »schrecklich« + *drasill* »Pferd«]

Yin und Yang ⟨n.; - - -; unz.⟩ = *Jin und Jang*

Yip|pie ⟨[jipi] m.; -s, -s⟩ *radikaler, politisch engagierter Hippie* [< *Y.I.P.* (Abk. zu engl. *Youth International Party*) + Diminutivsuffix *-ie*]

...yl ⟨Suffix zur Bez. für⟩ *chem. Verbindung* [< grch. *hyle* »Stoff«]

Y|lang-Y|lang ⟨n.; -s, -s⟩ *zur Familie der Anonengewächse gehörender Baum, aus dessen Blüten aromat. Öl gewonnen wird: Cananga;* oV *Ilang-Ilang* [mal.]

YMCA ⟨Abk. für engl.⟩ *Young Men's Christian Association (Christlicher Verein junger Männer)* [engl.]

Yoga / Joga (*Laut-Buchstaben-Zuordnung*) Im Zuge der Integration fremdsprachlicher Wörter in die deutsche Standardsprache kann neben die ursprüngliche, der Herkunftssprache folgende Orthographie eine integrierte Schreibweise mit angepasster Laut-Buchstaben-Zuordnung treten. Es bleibt dem Schreibenden überlassen, welche Schreibweise er vorzieht (→a. *Yacht / Jacht*).

Yo|ga ⟨m. od. n.; -s; unz.⟩ = *Joga*

Yo|gi, Yo|gin ⟨m.; -s, -s⟩ = *Jogi*

Yo|him|bin ⟨n.; -s; unz.⟩ *ein gefäßerweiterndes Alkaloid* [< Bantu]

York|shire|ter|ri|er, ⟨auch⟩ **York|shire-Ter|ri|er** ⟨[jɔːkʃə(r)-] m.; -s, -⟩ *englische langhaarige Zwergterrierrasse* [nach der nordostenglischen Grafschaft *Yorkshire*]

Youngs|ter ⟨[jʌŋz-] m.; -s, -⟩ **1** *Jugendlicher* **2** *junger Sportler* **3** ⟨Reitsp.⟩ *zweijähriges Pferd* [engl., »Kind, Jugendlicher«; zu *young* »jung«]

Yo-Yo ⟨n.; -s, -s⟩ = *Jo-Jo*

Y.p|si|lon ⟨n.; -s, -s; Zeichen: υ, Y⟩ *griech. Buchstabe* [grch.]

Y|sop ⟨m.; -(e)s, -e⟩ *in Südeuropa heim. Gattung der Lippenblütler: Hyssopus* [< grch. *hyssopus* < hebr. *ezob*]

Y|tong ⟨m.; -s, -s; Ⓦ⟩ *durch Zusatz von Blähmitteln zu normalem Beton gewonnener Leichtbeton, der unter Druck u. bei etwa 180 °C in Formen ausgehärtet wird, verwendet als Mauerstein, für Dachdeckungen u. als Wärmeschutz*

Yt|ter|bi|um ⟨n.; -s; unz.; Zeichen: Yb⟩ *zu den Metallen der Seltenen Erden gehörendes chem. Element, Ordnungszahl 70* [nach dem schwed. Fundort *Ytterby*]

Y.t|ter|er|de ⟨f.; -; unz.⟩ *natürlich vorkommendes Gemisch aus Oxiden der Metalle der Seltenen Erden, das als Ausgangsstoff für die Isolierung der einzelnen Elemente dient* [→ *Ytterbium*]

Y.t|ter|spat ⟨m.; -(e)s, -e; Min.⟩ = *Xenotim*

Y.t|tri|um, ⟨auch⟩ **Y.tt|ri|um** ⟨n.; -s; unz.; chem. Zeichen: Y⟩ *metallisches chem. Element, Ordnungszahl 39* [→ *Ytterbium*]

Yu|an ⟨m.; - od. -s, -; bei Zahlenangaben Pl.: -⟩ *Währungseinheit der Volksrepublik China* [chin., »rund, Kreis«]

Yuc|ca ⟨f.; -, -s⟩ *Palmlilie, beliebte Zierpflanze* [nlat. < span. *yuca*]

Yup|pie ⟨m.; -s, -s⟩ *junger, gewandter, sportl., gepflegter Mensch, der im Management Karriere gemacht hat* [engl., Verkleinerungsform zu *yup,* Abk. für *young urbane professional* »junger weltgewandter Fachmann«]

Yu|sho|krank|heit ⟨[juːʃo-] f.; -; unz.; Med.⟩ *in Japan infolge von Vergiftung mit PCB auftretende Krankheit mit Hautveränderungen u. Tumorbildungen*

YWCA ⟨Abk. für engl.⟩ *Young Women's Christian Association (Christlicher Verein junger Frauen)* [engl.]

Z

Za|ba|gli|o|ne, ⟨auch⟩ **Za|bag|li|o|ne** ⟨[-baijoː-] f.; -, -s; ital. Kochkunst⟩ = *Zabaione*

Za|ba|io|ne ⟨[-joː-] f.; -, -s; ital. Kochkunst⟩ *schaumige Weincreme (bes. mit Marsala);* oV *Zabaglione*

Zad|dik ⟨m.; -es, -di|kim; jüd. Mystik⟩ *im Judentum ursprünglich der Fromme, im Chassidismus als wundertätiger Meister u. Lehrer verehrt* [hebr., »Gerechter, Vollkommener«]

Zä|kum ⟨n.; -s, -ka⟩ *Blinddarm;* oV *Caecum, Zökum* [< lat. *caecus* »blind«]

Za|mak ⟨n.; -s; unz.; Ⓦ⟩ *für Haushaltswaren u. technische Artikel vielfach verwendete Legierung aus Zink, Aluminium, Magnesium u. Kupfer* [Kunstwort aus den Anfangsbuchstaben *Z, A, Ma, K*]

Zam|ba ⟨a. [θam-] f.; -, -s⟩ *weibl. Nachkomme von Schwarzem u. Indianerin in Brasilien;* oV *Samba²*

Zam|bo ⟨a. [θam-] m.; -s, -s⟩ *männl. Nachkomme von Schwarzem u. Indianerin in Brasilien;* oV *Sambo*

Zam|pa|no ⟨m.; -s, -s⟩ *Anführer (einer Gruppe), jmd., der sich wichtig tut, Erfolg hat* [nach der gleichnamigen Figur in Fellinis Film „La Strada"]

...zän ⟨in Zus.⟩ *Abteilung des Tertiärs od. Quartärs (Erdneuzeit)* [< grch. *kainos* »neu, jung«]

Za|nel|la ⟨m.; -s; unz.; Text.⟩ *haltbares Gewebe in Atlasbindung mit glänzender Oberfläche, Futtersatin* [ital.]

Zä|no|ge|ne|se ⟨f.; -, -n; Biol.⟩ *durch die Anpassung an spezielle Umweltbedingungen auftretende Veränderung der normalen Stam-*

mesentwicklung bei Tieren [<grch. *kainos* »neu« + *Genese*]
zä|no|ge|ne|tisch 〈Adj.; Biol.〉 *die Zänogenese betreffend, zu ihr gehörig, auf sie bezogen*
Zä|no|zo|i|kum 〈n.; -s; unz.〉 = *Känozoikum;* Sy *Neozoikum*
Zan|te|des|chia 〈[-dɛskja] f.; -, -chi|en〉 *als Zier- u. Zimmerpflanze gezogene Gattung der Aronstabgewächse;* Sy *Kalla(3)* [nach dem ital. Physiker F. *Zantedeschi,* † 1846]
Za|pa|te|a|do 〈[sa-] m.; - od. -s, -s; Mus.〉 *flotter spanischer Solotanz im 6/8-Takt, dessen Rhythmus mit der Hacke gestampft wird* [span.]
za|po|nie|ren 〈V.〉 *mit Zaponlack behandeln*
Za|pon|lack 〈m.; -s, -e; Ⓦz〉 *farbloser Lack für Metalle aus Nitro- od. Acetylcellulose;* →a. *Nitrolack*
zap|pen 〈[zæp-] V.; TV〉 *zwischen verschiedenen Fernsehprogrammen schnell u. häufig hin- u. herschalten;* →a. *switchen* [<engl. *zap,* eigtl. »schnellen; schnell, zackig erledigen«]
Zap|per 〈[zæp-] m.; -s, -〉 = *Switcher* [engl.]
Zap|ping 〈[zæpiŋ] n.; -s, -s〉 *häufiges Hin- u. Herschalten zwischen verschiedenen Fernsehprogrammen, das Zappen;* →a. *Channelsurfing*
Zar 〈m.; -en, -en; in Russland bis 1917〉 *Herrscher* [russ. *car* <altruss. *tsisari, tsesari* <got. *kaiser,* grch., lat. *Caesar*]
Za|re|witsch 〈m.; -(e)s, -e〉 *Sohn des Zaren;* Sy *Zessarewitsch*
Za|rew|na 〈f.; -, -s〉 *Tochter des Zaren*
Za|ris|mus 〈m.; -; unz.〉 *Herrschaft eines Zaren, Zarenherrschaft*
za|ris|tisch 〈Adj.〉 *zum Zarismus gehörend, in der Zeit des Zarismus (bestehend);* das ~e Russland
Za|ri|za 〈f.; -, -s〉 *Gemahlin bzw. Witwe eines Zaren*
Zä|si|um 〈n.; -s; unz.〉 = *Caesium*
Zas|ter 〈m.; -s; unz.; umg.〉 *Geld* [<Gaunerspr. <Zig. *saster* »Eisen« <altind. *sastra* »Wurfgeschoss«]
Zä|sur 〈f.; -, -en〉 *Einschnitt, Ruhepunkt, z.B. im Vers, in der musikal. Tonfolge* [<lat. *caesura,* eigtl. »Hieb, Schnitt«; zu *caedere* »hauen, schneiden«]
Za|zi|ki 〈m. od. n.; -s, -s〉 = *Tsatsiki*
z.D. 〈Abk. für〉 *zur* → *Disposition*
Zea 〈f.; -; unz.〉 *Mais* [grch.]
Ze|a|xan|thin 〈n.; -s; unz.〉 *gelber Farbstoff des Maiskorns* [< *Zea* + *Xanthin*]
Ze|ba|ot 〈im AT〉 = *Zebaoth*
Ze|ba|oth 〈im AT〉 *(bes. in den Prophetenbüchern) Beiname Gottes als »Herr der Heerscharen«;* oV *Sabaoth, Zebaot* [hebr., »Heerscharen«]
Ze|bra, 〈auch〉 **Zeb|ra** 〈n.; -s, -s〉 *Angehöriges einer Gruppe schwarz-weiß gestreifter, in Steppen od. Bergen Afrikas heimischer Wildpferde, Tigerpferd* [ital. <span. *cebra* <altspan. *zebra, zebro, enzebro* »wilder Esel«]
Ze|bra|holz, 〈auch〉 **Zeb|ra|holz** 〈n.; -es, -hölzer〉 *dunkel gestreiftes Holz der Dattel- u. Kokospalme;* Sy *Zebrano*
Ze|bra|no, 〈auch〉 **Zeb|ra|no** 〈n.; -s; unz.〉 = *Zebraholz*
Ze|bri|ne, 〈auch〉 **Zeb|ri|ne** 〈f.; -, -n〉 *Gattung der Scheibenblumengewächse, mexikan. Pflanze mit gestreiften Blättern: Zebra-Tradescantia*
Ze|bro|id, 〈auch〉 **Zeb|ro|id** 〈n.; -s, -e〉 *Kreuzung zwischen Zebra u. Pferd bzw. Esel*
Ze|bu 〈n.; -s, -s〉 *Buckelrind, indisches u. ostafrikan. Hausrind mit einem fetten Höcker über den Schultern: Bos indicus;* →a. *Kips* [<frz. *zébu,* vermutl. <tibet. *zen, zeba* »Höker von Zebu od. Kamel«]
Ze|chi|ne 〈f.; -, -n〉 *alte venezian. Goldmünze, in Europa (= Dukaten, etwa 9 Mark) u. dem Vorderen u. Mittleren Orient* [<mhd. *zesin* <ital. *zecchono;* zu *zecca* »Münzstätte (von Venedig)« <arab. *dar assikka* »Münzstätte«; zu *sikka* »Münze; Prägestock«]
Ze|dent 〈m.; -en, -en〉 *Gläubiger, der eine Forderung an jmdn. abtritt* [<lat. *cedens,* Part. Präs. zu *cedere;* → *zedieren*]
Ze|der 〈f.; -, -n〉 *Gattung von Nadelhölzern des Mittelmeergebietes: Cedrus* [<mhd. *zeder, ceder* <ahd. *cedarboum* <lat. *cedrus* <grch. *kedros* »Zeder; Wacholder« <hebr. *katar* »räuchern«]
ze|die|ren 〈V.〉 Ansprüche, Forderungen ~ *abtreten* [<lat. *cedere* »(zurück)geben; abtreten; verzichten«]
Ze|dre|la|holz, 〈auch〉 **Zed|re|la|holz** 〈n.; -es, -höl|zer〉 *rotes, aromatisches, für Zigarrenkisten verwendetes Holz der Zedrele*
Ze|dre|le, 〈auch〉 **Zed|re|le** 〈f.; -, -n〉 *zu einer Gattung der Zedrachgewächse gehörender Baum im tropischen Amerika: Cedrela* [<grch. *kedros* »Zeder«]
Zee|mann|ef|fekt, 〈auch〉 **Zee|mann-Ef|fekt** 〈[ze:-] m.; -(e)s, -e〉 *die Erscheinung, dass sich eine Spektrallinie unter Einwirkung eines starken magnetischen Feldes in mehrere Einzellinien aufspaltet* [nach dem niederländ. Physiker P. *Zeeman,* 1865-1943]
Ze|in 〈n.; -s; unz.〉 *Protein im Mais* [<nlat. *zea* »Mais« <grch. *zea, zeia* »einkörniger Weizen«]
Zei|sing 〈n.; -s, -e〉 = *Seising*
Ze|le|brant, 〈auch〉 **Ze|leb|rant** 〈m.; -en, -en; kath. Kirche〉 *die Messe lesender kath. Priester* [<lat. *celebrans,* Part. Präs. zu *celebrare;* → *zelebrieren*]
Ze|le|bra|ti|on, 〈auch〉 **Ze|leb|ra|ti|on** 〈f.; -, -en〉 *Feier (des Messopfers)* [<lat. *celebratio* »Heiligung; Feier«; zu *celebrare*]
Ze|le|bret, 〈auch〉 **Ze|leb|ret** 〈n.; -s, -s; kath. Kirche〉 *die Genehmigung, dass ein Priester in fremden Kirchen die Messe halten darf;* oV *Celebret* [<lat. *celebret* »er möge zelebrieren«]
ze|le|brie|ren, 〈auch〉 **ze|leb|rie|ren** 〈V.〉 *feiern;* die Messe ~ *die Messe lesen* [<lat. *celebrare* »heiligen; feiern«]
Ze|le|bri|tät, 〈auch〉 **Ze|leb|ri|tät** 〈f.; -, -en〉

1 *Feierlichkeit* 2 ⟨selten⟩ *Berühmtheit* [<lat. *celebritas* »Belebtheit eines Ortes; Häufigkeit; Berühmtheit«]

Zel|la ⟨f.; -, -lae [-lɛ:]⟩ = *Cella*

Zell|hy|bri|di|sie|rung, ⟨auch⟩ **Zell|hyb|ri|di|sie|rung** ⟨f.; -, -en; Biochem.⟩ *Verschmelzen von Zellen zweier unterschiedlicher Organismen* [<lat. *cella* »Zelle« + *Hybride(r)*]

Zell|mem|bran, ⟨auch⟩ **Zell|memb|ran** ⟨f.; -, -en; Biol.⟩ *die das Zytoplasma umgebende, dünne Grenzschicht der Zelle* [<lat. *cella* »Zelle« + *Membran*]

Zel|lo|bi|o|se ⟨f.; -; unz.⟩ *beim Abbau von Cellulose entstehender Doppelzucker* [< *Cellulose* + grch. *bios* »Leben«]

Zel|lo|phan ⟨n.; -s; unz.⟩ = *Cellophan*

zel|lu|lar, zel|lu|lär ⟨Adj.⟩ 1 *aus Zellen bestehend* 2 *in der Form von Zellen* [<lat. *cellularis* »zellenförmig«; zu *cellula* »kleine Zelle«; zu *cella* »Zelle«]

Zel|lu|lar|pa|tho|lo|gie ⟨f.; -; unz.⟩ *medizin. Lehre, nach der Krankheiten Störungen des normalen Lebens von Zellen sind*

Zel|lu|lar|the|ra|pie ⟨f.; -, -n⟩ *Behandlung von Krankheiten durch Einspritzen von lebenden Organzellen, Frischzellentherapie*

Zel|lu|la|se ⟨f.; -, -n⟩ *Zellulose spaltendes Enzym*

Zel|lu|li|tis ⟨f.; -, -ti|den⟩ *Verdickung, Entzündung des Unterhautgewebes (bes. bei Frauen);* oV *Cellulitis* [<lat. *cellula* »kleine Zelle« + *...itis*]

Zel|lu|loid, ⟨auch⟩ **Zel|lu|lo|id** ⟨n.; -(e)s; unz.⟩ *durchsichtiger, elastischer Kunststoff aus Dinitrocellulose u. Kampfer, Zellhorn;* oV *Celluloid* [<lat. *cellula* »kleine Zelle« + *...id*]

Zel|lu|lo|se ⟨f.; -; unz.⟩ *Hauptbestandteil der Wände pflanzlicher Zellen, chem. ein aus Glucose aufgebautes Polysaccharid;* oV *Cellulose* [<lat. *cellula* »kleine Zelle«]

Zel|lu|lo|se|ni|trat, ⟨auch⟩ **Zel|lu|lo|se|nit|rat** ⟨n.; -(e)s, -e⟩ = *Cellulosenitrat*

ze|lo|so ⟨Adj.; Mus.⟩ *eifrig, feurig (zu spielen)* [grch.]

Ze|lot ⟨m.; -en, -en⟩ 1 *Angehöriger einer von 6 bis 70 n.Chr. bestehenden jüd. Partei, die mit Waffengewalt gegen die röm. Herrschaft kämpfte* 2 ⟨fig.⟩ *jmd., der sich von übertriebenem Glaubenseifer leiten lässt* [<grch. *zelotes* »Nacheiferer, Bewunderer, Anhänger«; zu *zelos* »Eifer, Neid, Eifersucht«]

ze|lo|tisch ⟨Adj.⟩ 1 *zu den Zeloten(1) gehörend, von ihnen stammend* 2 ⟨fig.⟩ *in der Art eines Zeloten(2), fanatisch*

Ze|lo|tis|mus ⟨m.; -; unz.⟩ *übersteigerter Glaubenseifer*

Ze|ment ⟨m.; -(e)s, -e⟩ 1 *an der Luft od. im Wasser erhärtendes, nach dem Erhärten wasserfestes Bindemittel aus Mörtel u. Beton* 2 *die Zahnwurzel umgebende harte Substanz* 3 *Masse für Zahnfüllungen* [<frz. *cément* »Zement, Kitt« <lat. *caementum* »Bruchstein, Mörtel«; zu *caedere* »schlagen«]

Ze|men|ta|ti|on ⟨f.; -; unz.⟩ Sy *Zementierung* 1 *Ausgießen mit Zement(1)* 2 *Härtung der Oberfläche von Stahl durch Erhitzen in einem Kohlenstoff abgebenden Material* 3 *Ausfällen von Kupfer aus kupferhaltigen Lösungen durch Zugabe von Eisenschrott*

ze|men|tie|ren ⟨V.⟩ 1 *der Zementation unterwerfen* 2 ⟨fig.⟩ *endgültig u. unwiderruflich festlegen, starr, unveränderbar machen;* einen Standpunkt, Zustand ~

Ze|men|tie|rung ⟨f.; -; unz.⟩ = *Zementation*

Ze|men|tit ⟨m.; -s; unz.⟩ *harte, kristalline Gefügebestandteile des Gusseisens u. des Stahls, chem. Eisencarbid*

Zen ⟨a. [zɛn] n.; - od. -s; unz.⟩ *auf Meditation beruhende japan. Form des Buddhismus* [<Sanskrit *dhyana* »Meditation«]

Ze|na|kel ⟨n.; -s, -⟩ = *Zönakel*

Ze|na|na ⟨[ze-] f.; -, -s⟩ *der Wohnbereich der moslemischen u. hinduistischen Frauen in Indien, zu dem Fremde keinen Zutritt haben;* oV *Senana* [hind.]

Ze|ner|di|o|de, ⟨auch⟩ **Ze|ner-Di|o|de** ⟨f.; -, -n⟩ *ein Halbleiterbauelement, das bei Übersteigen einer bestimmten Spannung einen sehr starken Stromabfall zeigt, verwendet in Regelstrecken u. zur Konstanthaltung von Gleichspannungen* [nach dem amerik. Physiker C. *Zener*, *1905]

Ze|nit ⟨m.; -(e)s; unz.⟩ 1 *Schnittpunkt einer über dem Beobachtungspunkt gedachten senkrechten Linie mit der Himmelskugel, Scheitelpunkt;* Ggs *Nadir* 2 ⟨fig.⟩ *Höhepunkt;* im ~ des Lebens stehen; den ~ überschritten haben [<ital. *zenit*, durch Schreibfehler fälschlich für *zemt* <arab. *(as-)samt* »Richtung der Köpfe«]

ze|ni|tal ⟨Adj.⟩ *auf den Zenit bezogen*

Ze|ni|tal|re|gen ⟨m.; -s, -; Geogr.⟩ *starker tropischer Regen, der nach dem (halb-)jährlichem Sonnenhöchststand beginnt od. seine größte Intensität erreicht* [→ *zenital*]

Ze|nit|di|stanz, ⟨auch⟩ **Ze|nit|dis|tanz** ⟨f.; -; unz.; Astron.⟩ *Winkelabstand eines Sterns vom Zenit*

Ze|no|taph ⟨m.; -s, -e⟩ *Grabmal auf einem leeren Grab zur Erinnerung an einen (woanders gestorbenen) Toten;* oV *Kenotaph* [<grch. *kenos* »leer« + *taphos* »Grab«]

zen|sie|ren ⟨V.⟩ 1 *mit einer Zensur(3) versehen;* die Arbeit mit »Gut«, mit einer Zwei ~ 2 *der Zensur(2) unterwerfen;* einen Roman, Briefe ~ [<lat. *censere* »zählen, schätzen«]

Zen|sor ⟨m.; -s, -so|ren⟩ 1 ⟨im antiken Rom⟩ *für den Zensus(1) zuständiger Beamter* 2 ⟨heute⟩ *jmd., der die Zensur(2) ausübt* [<lat. *censor;* zu *censere* »zählen, schätzen«]

zen|so|risch ⟨Adj.⟩ *den Zensor(2) betreffend*

Zen|sur ⟨f.; -, -en⟩ 1 ⟨unz.; im antiken Rom⟩ *Amt des Zensors* 2 ⟨heute⟩ *staatl. Kontrolle von Kunstwerken u. Schriftstücken;* die Briefe gehen durch die ~ 3 ⟨zählb.⟩ *Note, mit der eine Leistung beurteilt wird;* gute, schlechte ~en [<lat. *censura;* zu *censere* »zählen, schätzen«]

zen|su|rie|ren ⟨V.; österr.; schweiz.⟩ *zensieren(2)* [→ *Zensur*]

Zen|sus ⟨m.; -, -⟩ **1** ⟨im alten Rom⟩ *Schätzung der Bürger nach ihrem Vermögen* **2** *Volkszählung* [< lat. *census* »Schätzung; Steuerliste; Vermögen«; zu *censere* »zählen, schätzen«]

Zent ⟨f.; -, -en⟩ **1** *Hundertschaft* **2** ⟨im fränk. Reich⟩ *Bezirk einer Grafschaft, dessen Vorsteher zugleich Vorsitzender des Gerichtes war* [< mhd. *zente* < mlat. *centa* < lat. *centena* »Hundertschaft«; zu *centum* »hundert«]

Zen|taur ⟨m.; -en, -en; grch. Myth.⟩ *Fabelwesen mit Kopf u. Brust eines Menschen u. dem Leib eines Pferdes;* oV *Kentaur* [< grch. *Kentauros,* vielleicht < *kentor* »Reiter« (zu *kentein* »spornen«), beeinflusst von *tauros* »Stier«, od. < Sanskrit *Gandharwar* »Halbgötter der Fruchtbarkeit, des Gesangs u. der Musik«]

Zen|te|nar ⟨m.; -s, -e⟩ *hundert Jahre alter Mensch;* oV *Centenar* [< lat. *centenarius* »Hundert…«; zu *centum* »hundert«]

Zen|te|nar|fei|er ⟨f.; -, -n⟩ = *Säkularfeier;* oV *Centenarfeier* [→ *Zentenar*]

Zen|te|na|ri|um ⟨n.; -s, -ri|en⟩ = *Säkularfeier* [< lat. *centenarius;* → *Zentenar*]

zen|tern ⟨V.; Fußb.; österr.⟩ den Ball ~ *zur Mitte spielen, zur Mitte schießen* [→ *Zentrum*]

zen|te|si|mal ⟨Adj.⟩ *aus hundert Teilen bestehend* [zu lat. *centesimus* »der hundertste«; zu *centum* »hundert«]

Zen|te|si|mal|waa|ge ⟨f.; -, -n⟩ *Brückenwaage, bei der ein Gewicht des hundertsten Teils der Last das Gleichgewicht hält*

Zent|ge|richt ⟨n.; -(e)s, -e⟩ *Gericht der Zent*

Zent|graf ⟨m.; -en, -en⟩ *Vorsteher der Zent u. Vorsitzender des Zentgerichts*

zen|ti…, Zen|ti… ⟨in Zus.; Zeichen: c; vor Maßeinheiten⟩ *100. Teil der betreffenden Grundeinheit,* z.B. 1 Zentimeter (cm) = $^{1}/_{100}$ Meter [< lat. *centum* »hundert«]

Zen|ti|fo|lie ⟨[-liə] f.; -, -n⟩ *eine stark gefüllte Rose aus dem Kaukasus* [< lat. *centifolia* »hundertblättrig(e Rose)«, < *centum* »hundert« + *folium* »Blatt«]

Zen|ti|grad ⟨a. ['---] n.; -(e)s, -e⟩ *hundertster Teil eines Winkelgrades* [< *Zenti…* + *Grad*]

Zen|ti|gramm ⟨a. ['---] n.; -s, -e; Zeichen: cg⟩ *$^{1}/_{100}$ Gramm*

Zen|ti|li|ter ⟨a. ['----] m. od. n.; -s, -; Zeichen: cl⟩ *$^{1}/_{100}$ Liter = 10 cm^3*

Zen|ti|me|ter ⟨a. ['----] m. od. n.; -s, -; Zeichen: cm⟩ *$^{1}/_{100}$ Meter*

Zen|ti|me|ter-Gramm-Se|kun|den-Sys|tem ⟨n.; -s; unz.⟩ = *CGS-System*

■ Die Buchstabenfolge **zen|tr…** kann auch **zent|r…** getrennt werden.

■ **zen|tral** ⟨Adj.⟩ **1** *im Mittelpunkt (gelegen);* Ggs *dezentral* **2** *hauptsächlich, wesentlich, im Mittelpunkt stehend, äußerst wichtig;* das ~e Problem ist … [< lat. *centralis;* zu *centrum* »Mittelpunkt«; → *Zentrum*]

■ **zen|tral…, Zen|tral…** ⟨in Zus.⟩ **1** *in der Mitte liegend, mittel…, Mittel…* **2** *haupt…, Haupt…*

■ **Zen|tral|ab|i|tur,** ⟨auch⟩ **Zent|ral|a|bi|tur** ⟨n.; -s, -e⟩ *zentral durchgeführtes, einheitliches Abitur*

■ **Zen|tral|be|we|gung** ⟨f.; -, -en⟩ *Bewegung eines Körpers um einen anderen Körper auf einer immer wiederholten Bahn,* z.B. die Bewegung der Erde um die Sonne

■ **Zen|tra|le** ⟨f.; -, -n⟩ **1** *Mittelpunkt, Ausgangspunkt* **2** *Hauptgeschäftsstelle* **3** *Teil eines Unternehmens, in dem bestimmte Arbeitsgänge zusammenlaufen* **4** *Fernsprechvermittlung;* Telefon~ [→ *zentral*]

■ **Zen|tral|hei|zung** ⟨f.; -, -en⟩ *für das ganze Haus von einer Stelle aus betriebene Heizung*

■ **Zen|tra|li|sa|ti|on** ⟨f.; -, -en⟩ Ggs *Dezentralisation* **1** *das Zentralisieren, Zusammenziehung, Vereinigung in einem Punkt (bes. im Mittelpunkt)* **2** *planmäßig zusammengefasste Leitung von einer übergeordneten Stelle aus*

■ **zen|tra|li|sie|ren** ⟨V.⟩ Ggs *dezentralisieren* **1** *zusammenziehen, in einem Punkt (bes. im Mittelpunkt) vereinigen* **2** *planmäßig zusammenfassen u. von einer Stelle aus leiten lassen;* die Verwaltung ~ [→ *zentral*]

■ **Zen|tra|li|sie|rung** ⟨f.; -, -en⟩ *Zentralisation*

■ **Zen|tra|lis|mus** ⟨m.; -; unz.⟩ *Streben nach Einheitlichkeit, nach zentraler Lenkung des Staates, der Verwaltung usw.;* Ggs *Föderalismus*

■ **zen|tra|lis|tisch** ⟨Adj.⟩ *in der Art des Zentralismus, ihm entsprechend*

■ **Zen|tra|li|tät** ⟨f.; -; unz.⟩ *das Sichbefinden, Lage im Mittelpunkt* [→ *zentral*]

■ **Zen|tral|ko|mi|tee** ⟨n.; -s, -s; Abk.: ZK⟩ *führendes Gremium, meist in kommunist. u. manchen sozialist. Parteien*

■ **Zen|tral|kraft** ⟨f.; -, -kräf|te⟩ *von einem Körper ausgehende Anziehungskraft, die einen anderen Körper zu einer Zentralbewegung zwingt*

■ **Zen|tral|ner|ven|sys|tem** ⟨n.; -s; unz.; Abk.: ZNS⟩ *aus Gehirn u. Rückenmark bestehender Teil des Nervensystems*

■ **Zen|tral|or|gan** ⟨n.; -s, -e; DDR⟩ *offizielles Presseorgan (Zeitung, Zeitschrift) der machthabenden Partei*

■ **Zen|tral|per|spek|ti|ve,** ⟨auch⟩ **Zent|ral|perspek|ti|ve** ⟨[-və] f.; -; unz.⟩ *Verfahren zur Darstellung räumlicher Gebilde mittels Zentralprojektion*

■ **Zen|tral|pro|jek|ti|on** ⟨f.; -, -en⟩ *Abbildung eines Gegenstandes auf einer Ebene eines Bildes mittels Strahlen, die von einem Mittelpunkt ausgehen*

■ **Zen|tral|ver|schluss** ⟨m.; -es, -schlüs|se; Fot.⟩ *Verschluss an Kameras, der im Mittelpunkt des Objektivs angeordnet ist, Schlitzverschluss*

■ **zen|trie|ren** ⟨V.⟩ *auf die Mitte einstellen* [→ *Zentrum*]

■ **zen|tri|fu|gal** ⟨Adj.⟩ Ggs *zentripetal* **1** *auf*

der Wirkung der Zentrifugalkraft beruhend **2** ⟨Med.⟩ *vom Mittelpunkt wegstrebend* [< *Zentrum* + lat. *fugere* »fliehen«]

■ **Zen|tri|fu|gal|kraft** ⟨f.; -, -kräf|te⟩ *die bei drehender Bewegung nach außen wirkende Kraft, Fliehkraft;* Ggs *Zentripetalkraft*

■ **Zen|tri|fu|gal|pum|pe** ⟨f.; -, -n⟩ *aus einem mit Schaufeln besetzten Rotor bestehende Pumpe, die die Fliehkraft zur Förderung von Gasen u. Flüssigkeiten nutzt*

■ **Zen|tri|fu|ge** ⟨f.; -, -n⟩ *zylindrisches Gerät, das um seine Mittelachse in Bewegung gesetzt wird, um Stoffe verschiedener Dichte voneinander zu trennen;* Milch~ [→ *zentrifugal*]

■ **zen|tri|fu|gie|ren** ⟨V.⟩ *mit Hilfe der Zentrifuge trennen*

■ **Zen|tri|ol** ⟨n.; -s, -e⟩ *Zellorganell, das im Dienste der Kernteilung steht;* Sy *Zentrosom* [→ *Zentrum*]

■ **zen|tri|pe|tal** ⟨Adj.⟩ Ggs *zentrifugal* **1** ⟨Adj.⟩ *auf der Wirkung der Zentripetalkraft beruhend* **2** ⟨Med.⟩ *zum Mittelpunkt hinstrebend* [< *Zentrum* + lat. *petere* »nach etwas streben«]

■ **Zen|tri|pe|tal|kraft** ⟨f.; -, -kräf|te⟩ *nach einem Mittelpunkt hin wirkende Kraft;* Ggs *Zentrifugalkraft*

■ **zen|trisch** ⟨Adj.⟩ *im Mittelpunkt gelegen, zum Mittelpunkt hin* [→ *Zentrum*]

■ **Zen|tris|mus** ⟨m.; -; unz.; Pol.⟩ *gemäßigt linkssozialistische Bewegung innerhalb der Arbeiterschaft*

■ **Zen|tri|win|kel** ⟨m.; -s, -⟩ *durch zwei Halbmesser eines Kreises gebildeter Winkel, dessen Scheitel im Mittelpunkt liegt* [< *Zentrum* + *Winkel*]

■ **Zen|tro|mer** ⟨n.; -s, -e⟩ *Ansatzstelle der bei der Kernteilung entstehenden Spindelfasern am Chromosom* [< *Zentrum* + *...mer*]

■ **Zen|tro|som** ⟨n.; -s, -e⟩ = *Zentriol;* oV *Centrosom* [< *Zentrum* + grch. *soma* »Körper«]

■ **Zen|trum** ⟨n.; -s, -tren⟩ **1** *Mitte, Mittelpunkt* **2** ⟨kurz für⟩ *Zentrumspartei* **3** *Stadtmitte, Innenstadt* [< lat. *centrum* < grch. *kentron* »Stachel«, ⟨fig.⟩ »Einstich des Zirkels, Kreismittelpunkt«]

■ **Zen|trums|par|tei** ⟨f.; -, -en; Pol.⟩ *polit. kathol. Partei* [nach ihren mittleren Plätzen im Parlament]

Zen|tu|rie ⟨[-riə] f.; -, -n; im antiken Rom⟩ *Hundertschaft;* oV *Centurie* [< lat. *centuria;* zu *centum* »hundert«]

Zen|tu|rio ⟨m.; -s, -ri|o|nen; im antiken Rom⟩ *Befehlshaber einer Zenturie*

Zen|tu|ri|um ⟨n.; -s; unz.⟩ = *Fermium* [< lat. *centum* »hundert« (nach der Ordnungszahl des Elementes)]

Ze|o|lith ⟨m.; -s od. -en, -e od. -en⟩ *kristallisiertes, wasserreiches, farbloses od. hell gefärbtes Mineral,* z.B. Natrolith [< grch. *zein* »sieden, kochen« + *...lith*]

...ze|phal ⟨in Zus.⟩ = *...kephal*

...ze|pha|le ⟨in Zus.⟩ = *...kephale*

...ze|pha|lie ⟨in Zus.⟩ = *...kephalie*

ze|pha|lo..., **Ze|pha|lo...** ⟨in Zus.⟩ = *kephalo..., Kephalo...;* oV *cephalo..., Cephalo...*

Ze|pha|lo|po|de ⟨m.; -n, -n⟩ = *Kephalopode*

Ze|phir ⟨m.; -s, -e⟩ oV *Zephyr* **1** ⟨unz.⟩ **1.1** ⟨in der Antike⟩ *warmer Westwind* **1.2** ⟨allg.⟩ *milder Wind* **2** ⟨zählb.⟩ *leichter, feiner Baumwollstoff* [< grch. *zephyros* »Westwind, Westen«]

Ze|phir|garn ⟨n.; -(e)s, -e⟩ *weich gedrehtes Kammgarn aus Merinowolle;* oV *Zephyrgarn;* Sy *Zephirwolle* [→ *Zephir(2)*]

ze|phi|risch ⟨Adj.; †⟩ *lieblich, säuselnd, mild;* ~e Lyrik [→ *Zephir(1)*]

Ze|phir|wol|le ⟨f.; -; unz.⟩ = *Zephirgarn;* Sy *Zephyrgarn*

Ze|phyr ⟨[-fir] m.; -s, -e⟩ = *Zephir*

Ze|phyr|garn ⟨[-fir-] n.; -(e)s, -e⟩ = *Zephirgarn;* Sy *Zephirwolle*

Zep|ter ⟨n.; -s, -⟩ oV *Szepter* **1** *verzierter Stab als Sinnbild der kaiserl. od. königl. Macht u. Würde;* das ~ führen, schwingen ⟨fig.⟩ *bestimmen, zu bestimmen haben* **2** ⟨fig.⟩ *höchste Gewalt, Herrschaft* [< lat. *sceptrum* < grch. *skeptron* »Stab«; zu *skeptein* »stützen«]

Zer ⟨n.; -s; unz.⟩ = *Cer*

Ze|rat ⟨n.; -(e)s, -e⟩ *mit Wachs zubereitetes Arzneimittel* [< lat. *ceratus* »mit Wachs überzogen«; zu *cera* »Wachs«]

Zer|be|rus ⟨m.; -, -rus|se⟩ *strenger Wächter;* oV *Cerberus* [nach *Kerberos,* dem Höllenhund am Eingang der Unterwelt in der grch. Sage]

Ze|re|a|li|en ⟨Pl.⟩ **1** *Feldfrüchte, bes. Getreide;* oV *Cerealien* **2** *altröm. Fest zu Ehren der Göttin Ceres, 12.–19. April* [nach *Ceres,* der Tochter des Saturn u. der Rhea, Göttin der Landwirtschaft, der Gesittung, Fruchtbarkeit u. Ehe]

ze|re|bel|lar ⟨Adj.; Anat.⟩ *zum Zerebellum gehörend, von ihm ausgehend*

Ze|re|bel|lum ⟨n.; -s, -bel|la⟩ *Kleinhirn;* oV *Cerebellum* [< lat. *cerebellum,* Verkleinerungsform zu *cerebrum* »Gehirn«]

■ Die Buchstabenfolge **ze|re|br...** kann auch **ze|reb|r...** getrennt werden.

■ **ze|re|bral** ⟨Adj.⟩ *zum Zerebrum gehörend, von ihm ausgehend* [< nlat. *cerebralis,* < lat. *cerebrum* »Gehirn«]

■ **Ze|re|bra|li|sa|ti|on** ⟨f.; -, -en⟩ *Ausbildung u. Differenzierung des Gehirns in der Embryonalentwicklung* [→ *Zerebrum*]

■ **Ze|re|bral|laut** ⟨m.; -(e)s, -e⟩ *mit der Zungenspitze am Gaumen gebildeter Laut*

■ **Ze|re|bral|skle|ro|se** ⟨f.; -, -n; Med.⟩ *Verhärtung der Gehirnsubstanz*

■ **ze|re|bro|spi|nal** ⟨Adj.⟩ *zum Hirn u. Rückenmark gehörend, von ihnen ausgehend* [zu *Zerebrum* + *spinal*]

■ **Ze|re|brum** ⟨n.; -s, -re|bra⟩ *Großhirn;* oV *Cerebrum* [< lat. *cerebrum* »Großhirn«]

Ze|re|mo|nie ⟨a. [-mo:njə] f.; -, -n⟩ *feierliche, an bestimmte Regeln od. Vorschriften gebundene Handlung;* Begrüßungs~ [< lat. *caeri-*

monia, caeremonia »Verehrung, Ehrfurcht; Heiligkeit; Religionsbrauch«]

ze|re|mo|ni|ell ⟨a. [-moːnjəl] Adj.⟩ **1** *in der Art einer Zeremonie, nach einer bestimmten Zeremonie (verlaufend)* **2** *förmlich, feierlich*

Ze|re|mo|ni|ell ⟨n.; -s, -e⟩ *Gesamtheit der Zeremonien bei feierl. Anlässen, Förmlichkeiten, die eingehalten werden müssen;* Hof~; diplomatisches ~; höfisches ~

Ze|re|mo|ni|en|meis|ter ⟨m.; -s, -; früher⟩ *bei Hof angestellter Beamter, der für die Einhaltung des Zeremoniells zu sorgen hat*

ze|re|mo|ni|ös ⟨Adj.⟩ *gemessen, steif, förmlich* [<frz. »cérémonieux«; → *Zeremonie*]

Ze|re|sin ⟨n.; -s; unz.⟩ = *Ceresin*

Ze|re|vis ⟨[-viːs] n.; -, -; †⟩ *kleine, schirmlose Mütze der Verbindungsstudenten* [<lat. *cer(e)visia,* eigtl. eine Bierart]

Ze|rit ⟨m.; -s, -e; Min.⟩ = *Cerit*

Ze|ri|um ⟨n.; -s; unz.⟩ = *Cer*

Zer|ka|rie ⟨[-riə] f.; -, -n⟩ *Larve des Leberegels mit gegabeltem Ruderschwanz* [<lat. *cercaria* <grch. *kerkos* »Schwanz«]

Ze|ro ⟨[zeː-] f.; -, -s od. n.; -s, -s⟩ **1** *Null, Nichts* **2** ⟨Roulett⟩ *Null, Feld, auf dem der Bankhalter im Vorteil ist* [<frz. *zéro* <ital. *zero* <arab. *sifr* »leer«]

Ze|ro|graf ⟨m.; -en, -en⟩ = *Zerograph*

Ze|ro|gra|fie ⟨f.; -, -n⟩ = *Zerographie*

Ze|ro|graph ⟨m.; -en, -en⟩ *Wachsgravierer;* oV *Zerograf* [<grch. *keros* (lat. *cera*) »Wachs« + *...graph*]

Ze|ro|gra|phie ⟨f.; -, -n⟩ *Wachsgravierung;* oV *Zerografie* [<grch. *keros* (lat. *cera*) »Wachs« + *...graphie*]

Ze|ro|plas|tik ⟨f.; -, -en⟩ oV *Keroplastik* **1** ⟨unz.⟩ *Wachsbildnerei* **2** ⟨zählb.⟩ *Wachsfigur* [<grch. *keros* »Wachs« + *Plastik*]

Ze|ro|tin|säu|re ⟨f.; -; unz.; Chem.⟩ *organische Säure, die u. a. in Bienenwachs enthalten ist;* oV *Cerotinsäure* [<grch. *keros* (lat. *cera*) »Wachs«]

Zer|ti|fi|kat ⟨n.; -(e)s, -e⟩ **1** *amtl. Bescheinigung, Bestätigung* **2** *Anteilschein an Investmenttrusts* [→ *zertifizieren*]

Zer|ti|fi|ka|ti|on ⟨f.; -; unz.⟩ *das Zertifizieren, Ausstellung eines Zertifikats(1)*

zer|ti|fi|zie|ren ⟨V.⟩ *ein Zertifikat(1) ausstellen über, amtlich bescheinigen, bestätigen* [<lat. *certus* »sicher« + *...fizieren*]

Zer|ti|fi|zie|rung ⟨f.; -; unz.⟩ = *Zertifikation*

Ze|ru|men ⟨n.; -s; unz.⟩ *Ohrenschmalz;* oV *Cerumen* [lat.]

Ze|rus|sit ⟨m.; -s, -e⟩ = *Cerussit*

Zer|ve|lat|wurst ⟨[sɛrvə-] f.; -; unz.⟩ *Dauerwurst aus Speck, Rind- u. Schweinefleisch;* oV *Servelatwurst;* → a. *Cervelat* [<ital. *cervellata* »Hirnwurst«; zu *cervello* »Gehirn« <lat. *cerebellum,* Verkleinerungsform zu *cerebrum* »Gehirn«]

zer|vi|kal ⟨[-vi-] Adj.⟩ **1** *zum Hals, Nacken gehörend* **2** *zum Gebärmutterhals gehörend, am Gebärmutterhals liegend* [<nlat. *cervicalis;* zu *cervix* »Hals, Nacken«]

Zes|sa|li|en ⟨Pl.⟩ = *Zissalien*

Zes|sa|re|witsch ⟨m.; -(e)s, -e⟩ = *Zarewitsch*

zes|si|bel ⟨Adj.⟩ *übertragbar, abtretbar;* zessible Ansprüche [→ *zessieren*]

Zes|si|bi|li|tät ⟨f.; -; unz.; Rechtsw.⟩ *Übertragbarkeit, Abtretbarkeit;* ~ einer Forderung, eines Anspruches [→ *zessieren*]

zes|sie|ren ⟨V.⟩ *aufhören, wegfallen* [<lat. *cessare,* Intensivbildung zu *cedere;* → *zedieren*]

Zes|si|on ⟨f.; -, -en⟩ *Abtretung, Übertragung;* ~ eines Anspruchs [<lat. *cessio;* zu *cedere;* → *zedieren*]

Zes|si|o|nar, Zes|si|o|när ⟨m.; -s, -e⟩ *jmd., der durch Zession einen Anspruch erwirbt*

Zes|to|de ⟨f.; -, -n⟩ *Bandwurm* [<grch. *kestos* »Band, gestickter Gürtel«; zu *kentein* »sticken«]

Ze|ta ⟨neugrch. [ziːta] n.; -s, -s; Zeichen: ζ, Z⟩ *griechischer Buchstabe*

Ze|ta|zee ⟨[-tseːə] f.; -, -n⟩ *Wal* [<lat. *cetus* »Wal« <grch. *ketos* »Seeungeheuer, Wal«]

Ze|ta|zis|mus ⟨m.; -, -men⟩ = *Assibilation* [→ *Zeta*]

Ze|tin ⟨n.; -s; unz.⟩ *Bestandteil des Walrats* [<lat. *cetus;* → *Zetazee*]

Zeug|ma ⟨n.; -s, -s od. -ta⟩ *Redefigur, Verbindung zweier Sätze, in der ein Satzteil (meist das Prädikat) nur einmal gesetzt wird,* z.B. »Der See kann sich, der Landvogt nicht erbarmen« (Schiller, Wilhelm Tell) [grch., »Joch«; zu *zeugnynai* »verbinden«]

Ze|zi|die ⟨[-diə] f.; -, -n⟩ *von tierischen (seltenen pflanzl.) Parasiten verursachte Anomalie in Wachstum u. Gestalt von Pflanzen, Galle;* oV *Cecidie* [grch. *kekidion* »Galläpfelchen«; wahrscheinlich zu *kekis;* Gen. *kekidos* »das Hervorquellende, Saft«; zu *kekiein* »hervorquellen«]

Zi|be|be ⟨f.; -, -n; südostdt.⟩ = *Rosine(1)* [<arab. *zibiba* »Rosine«]

Zi|be|li|ne ⟨f.; -; unz.⟩ *Wollstoff für Damenkleider aus Kamm- od. Streichgarn mit weißer, fellartiger Faserdecke auf dunklem Grund* [frz., eigtl. »Zobel..., den Zobel betreffend« <russ. *sobol* »Zobel«; → a. *Zobel*]

Zi|bet ⟨m.; -s; unz.⟩ *Sekret der Afterdrüse der Zibetkatze* [<ital. *zibetto* <arab. *zabad* »Schaum«]

Zi|bet|kat|ze ⟨f.; -, -n⟩ *Schleichkatze mit wertvollem Fell;* Afrikanische ~: *Viverra civetta;* Sy *Zivette;* Asiatische ~: *Viverra zibetha*

Zi|be|ton ⟨n.; -s; unz.⟩ *stark riechendes Drüsensekret der Zibetkatze, als Duftstoff verwendet* [→ *Zibet*]

Zi|bo|ri|um ⟨n.; -s, -ri|en⟩ oV *Ciborium* **1** *Gefäß, in dem die Hostie aufbewahrt wird, in Form eines Kelches, Türmchens od. einer Taube* **2** *baldachinähnlicher Überbau auf vier Säulen über dem Altar* [<lat. *ciborium* »Gefäß« <grch. *kiborion* »Hülse einer Bohnenart«, die als Trinkgefäß benutzt wurde]

Zi|cho|rie ⟨[tsiçoːriə] f.; -, -n⟩ *als Kaffee-Ersatz u. als Chicorée verwendete gezüchtete*

Form der Wegwarte: Cichorium intybus [<mlat. *cichorea* <grch. *kichorion;* weitere Herkunft ungeklärt]

…zid[1] ⟨Adj.; in Zus.⟩ *(ab)tötend* [<lat. *caedere* »fällen, töten«]

…zid[2] ⟨m.; -(e)s, -e; in Zus.⟩ *(ab)tötendes Mittel* [→ *…zid*[1]]

Zi|der ⟨m.; -s; unz.⟩ *Obstwein, bes. Apfelwein;* → a. *Cidre*

Ziff. ⟨Abk. für⟩ *Ziffer(2)*

Zif|fer ⟨f.; -, -n⟩ **1** *schriftl. Zahlzeichen;* arabische ~; römische ~ **2** ⟨Abk.: Ziff.⟩ *mit einer Ziffer(1) versehener Teil eines Paragraphen od. Absatzes* [<mlat. *cifra* »Null« <arab. *sifr* »leer«]

Zif|fern|rech|ner ⟨m.; -s, -⟩ = *Digitalrechner*

Zi|ga|ret|te ⟨f.; -, -n⟩ *Papierhülse mit fein geschnittenem, leicht gepresstem Tabak* [<frz. *cigarette,* Verkleinerungsform zu *cigare* »Zigarre«]

Zi|ga|ril|lo ⟨n. od. m.; -s, -s⟩ *kleine Zigarre* [<span. *cigarillo,* Verkleinerungsform zu *cigarro* »Zigarre«]

Zi|gar|re ⟨f.; -, -n⟩ **1** *stabförmig gewickelte Tabakblätter* **2** ⟨fig.; umg.; †⟩ *Verweis, Rüge, Anpfiff;* eine ~ bekommen [<span. *cigarro* <Maya *siqar* »gerollte Tabakblätter rauchen«]

Zi|ka|de ⟨f.; -, -n⟩ *Zirpe, Untergruppe der Pflanzensauger, deren Männchen mit einem Stridulationsorgan ausgerüstet sind: Cicadina* [<lat. *cicada*]

Zik|ku|rat, Zik|kur|rat ⟨f.; -, -s⟩ *stufenförmiger Tempel der sumer., babylon. u. assyr. Baukunst* [<akkad. *ziqqurratu* »Spitze, Tempelturm«; zu *zaqara* »erhöhen«; das Bauwerk stammt urspr. von den Sumerern, die es *e-kur* »Berghaus« nannten]

zi|li|ar ⟨Adj.⟩ *die Wimpern betreffend, an den Wimpern befindlich* [<nlat. *ciliaris*; zu lat. *cilium* »Augenlid«, Pl. »Wimpern«]

Zi|li|ar|kör|per ⟨m.; -s, -⟩ *Aufhängeapparat der Augenlinse, Strahlenkörper*

Zi|li|ar|mus|kel ⟨m.; -s, -⟩ *im Ziliarkörper enthaltener Muskel, der die Augenlinse zur Naheinstellung wölbt*

Zi|li|ar|neur|al|gie, ⟨auch⟩ **Zi|li|ar|neu|ral|gie** ⟨f.; -, -n; Med.⟩ *anfallsweise auftretende Schmerzen im inneren Augenwinkel u. gelegentlich auch in der Nase*

Zi|li|at ⟨m.; -en, -en; meist Pl.⟩ *Wimpertierchen* [→ *Zilie*]

Zi|lie ⟨[-liə] f.; -, -n⟩ *feines Haar,* z.B. Augenwimper [<lat. *cilium* »Augenlid«, Pl. »Wimpern«]

Zi|li|zi|um ⟨n.; -s, -zi|en⟩ *Büßerhemd der Israeliten* [nach der antiken kleinasiat. Landschaft *Zilizien*]

Zil|le ⟨f.; -, -n⟩ = *Szilla*

Zim|bal ⟨n.; -s, -e od. -s; Mus.⟩ oV *Zymbal(1)* **1** ⟨im MA⟩ *Glockenspiel* **2** *dem Glockenspiel ähnliches Register der Orgel* [<lat. *cymbala;* → *Zimbel*]

Zim|bel ⟨f.; -, -n; Mus.⟩ *kleines Becken;* oV *Zymbal(2)* [<lat. *cymbala* »gegeneinander zu schlagende Holz- od. Metallteller« <grch. *kymbalon,* <*kymbe* »Topf, Becken« + *ballein* »werfen, schlagen«]

Zi|me|lie ⟨[-liə] f.; -, -n⟩, **Zi|me|li|um** ⟨n.; -s, -lien⟩ **1** *Kleinod (eines Kirchenschatzes)* **2** *wertvolle antike Handschrift, Papyrus o.Ä. (in einer Bibliothek)* [<grch. *keimelion* »Kleinod«]

Zi|ment ⟨n.; -(e)s, -e; bair.-österr.⟩ *geeichtes, metallenes, zylindr. Hohlmaß (der Gastwirte)* [<ital. *cimento* »Probe«; zu *cimentare* »auf die Probe stellen«]

zi|men|tie|ren ⟨V.; bair.-österr.⟩ *mit dem Ziment messen*

Zi|mier ⟨n.; -s, -e⟩ *Helmschmuck* [<frz. *cimier* »Helmstutz, Rückenstück des Wildes«]

Zin|der ⟨m.; -s, -⟩ *ausgeglühte Steinkohle* [<engl. *cinder;* verwandt mit *Sinter*]

Zi|ne|ra|ria ⟨f.; -, ri|en⟩, **Zi|ne|ra|rie** ⟨[-riə] f.; -, -n⟩ *zur Gattung Kreuzkraut gehörende, im Frühjahr blühende Zimmerpflanze: Cineraria* [<lat. *cinis,* Gen. *cineris* »Asche« (wegen des häufigen Befalls mit Blattläusen, die ein ascheartiges Aussehen hervorrufen)]

Zin|ga|res|ca ⟨f.; -, -s⟩ *Tanzlied der Zigeuner* [ital.]

zin|ga|re|se ⟨Adj.⟩ *die Zingaresca betreffend, in der Art u. Weise der Zigeunermusik*

Zin|gel ⟨m.; -s, -⟩ *Ringmauer einer Burg* [<lat. *cingulum, cingulus* »Gürtel«]

Zin|gu|lum ⟨n.; -s, -s od. -la⟩ oV *Cingulum* **1** *Schnur zum Gürten der Alba* **2** *schärpenartiger Gürtel der Soutane* [<lat. *cingulum;* → *Zingel*]

Zink ⟨n.; -(e)s; unz.; Zeichen: Zn⟩ *bläulich weißes Metall, chem. Element mit der Ordnungszahl 30* [<nlat. *zincum,* von Paracelsus so benannt]

Zink|blen|de ⟨f.; -; unz.⟩ *braunes, metallisch glänzendes Mineral, chem. Formel ZnS*

Zin|kit ⟨m.; -s; unz.⟩ *rotes, hexagonales Zinkoxidmineral, chem. Formel ZnO, Rotzinkerz* [→ *Zink*]

Zin|ko ⟨n.; -s, -s; verkürzt aus⟩ *Zinkographie*

Zin|ko|gra|fie ⟨f.; -, -n⟩ = *Zinkographie*

Zin|ko|gra|phie ⟨f.; -, -n⟩ *Zinkdruck;* oV *Zinkografie* [< *Zink* + *…graphie*]

Zink|o|xid ⟨n.; -s; unz.; Chem.⟩ *chemische Verbindung des Zinks mit Sauerstoff, chemische Formel ZnO*

Zink|spat ⟨m.; -(e)s; unz.⟩ *meist gelbl. Mineral, chem. Zinkcarbonat,* $ZnCO_3$

Zink|spi|nell ⟨m.; -s, -e⟩ = *Gahnit*

Zink|sul|fat ⟨n.; -s, -e⟩ = *Zinkvitriol*

Zink|vi|tri|ol, ⟨auch⟩ **Zink|vit|ri|ol** ⟨[-vi-] n.; -s; unz.⟩ *als med. Ätzmittel verwendete chem. Verbindung, Zinksulfat,* $ZnSO_4$

Zin|na|mom ⟨n.; -(e)s; unz.⟩ *Zimt (Gewürz)* [<mlat. *cinnamomum* <lat. *cinnamum* »Zimt, Zimtrinde«]

Zin|nie ⟨[-niə] f.; -, -n⟩ *aus Mexiko stammender Korbblütler mit weißen od. farbigen, oft zungenförmigen Blüten: Zinnia elegans* [nach dem Botaniker J.G. *Zinn,* 1727–1759]

Zin|no|ber ⟨m.; -s, -⟩ **1** *diamanten glänzendes Erz, chemisch Quecksilbersulfid* **2** *gelbliches Rot* **3** ⟨fig.; umg.⟩ **3.1** *Kram, dummes, wertloses Zeug* **3.2** *Umstände, Redensarten, Getue* [<lat. *cinnabaris* <grch. *kinnabari* <pers. *šängärf* »Mennig«]

Zi|o|nis|mus ⟨m.; -; unz.⟩ **1** ⟨urspr.⟩ *jüd. Bewegung zum Aufbau eines selbständigen jüd. Staates Israel* **2** ⟨heute⟩ *polit. Bewegung in Israel, die die Heimatrechte der benachbarten arab. Staaten nicht akzeptiert* [zu *Zion,* Tempelberg in Jerusalem, auch Jerusalem selbst]

Zi|o|nist ⟨m.; -en, -en⟩ *Vertreter, Anhänger des Zionismus*

zi|o|nis|tisch ⟨Adj.⟩ *den Zionismus betreffend, zu ihm gehörend, auf ihm beruhend*

Zi|pol|le ⟨f.; -, -n; landschaftl.⟩ *Zwiebel* [<ital. *cipolla* »Zwiebel«]

Zipp ⟨engl. [zip] m.; -s, -s; österr.; ⓦⓩ⟩ *Reißverschluss* [zu engl. *zip* »mit einem Reißverschluss schließen«]

zir|ka ⟨Adv.; Abk.: ca.⟩ *ungefähr, etwa* [<lat. *circa* »um... herum«]

Zir|kel ⟨m.; -s, -⟩ **1** *Gerät aus zwei an einem Ende beweglich verbundenen Schenkeln, deren einer in eine scharfe Spitze (zum Einstechen ins Papier) ausläuft u. deren anderer eine Mine trägt, zum Zeichnen von Kreisen* **1.1** *ähnliches Gerät mit zwei Spitzen zum genauen Messen von Entfernungen (in geometr. Figuren, auf Landkarten usw.), Stechzirkel* **2** ⟨fig.⟩ *Kreisform, Bewegung;* der ~ schließt sich **3** *durch gemeinsame Interessen verbundene Gruppe von Personen;* literarischer ~ **4** ⟨Reitsp.⟩ *kreisförmige Strecke;* auf dem ~ reiten **5** *monogrammartig verschlungener Schriftzug (als Abzeichen einer student. Verbindung)* [<ahd. *zirkil* <lat. *circulus,* Verkleinerungsform zu *circus* »Kreis«, grch. *kirkos;* in der Bedeutung »Gerät zum Kreiszeichnen« <lat. *circinus,* grch. *kirkinos* »Zirkel«]

Zir|kel|de|fi|ni|ti|on ⟨f.; -, -en⟩ *Definition, die den Gegenstand, der definiert werden soll, mit in der Erklärung benutzt*

Zir|kel|ka|non ⟨m.; -s, -s⟩ *häufigste Form des Kanons, bei der die Stimmen immer wieder einsetzen u. der Text beliebig oft wiederholt werden kann*

zir|keln ⟨V.⟩ **1** *genau (ab)messen* **2** *tüfteln, austüfteln* [→ *Zirkel*]

Zir|kel|schluss ⟨m.; -es, -schlüs|se⟩ = *Circulus vitiosus(1)*

Zir|kel|trai|ning ⟨[-tre:-] n.; -s, -s⟩ = *Circuittraining*

Zir|kon ⟨m.; -s, -e⟩ *Zirkonium enthaltendes, diamanten glänzendes Mineral;* Sy *Hyazinth* [<pers. *zargun* »goldfarben«]

Zir|ko|ni|um ⟨n.; -s; unz.; Zeichen: Zr⟩ *stahlgraues bis silberweißes Metall, chem. Element, Ordnungszahl 40* [nlat.; → *Zirkon*]

zir|ku|lar, zir|ku|lär ⟨Adj.⟩ **1** *in der Art eines Zirkels, kreisförmig* **2** *periodisch wiederkehrend*

Zir|ku|lar ⟨n.; -s, -e⟩ *Rundbrief*

Zir|ku|lar|no|te ⟨f.; -, -n⟩ *an mehrere Empfänger gerichtete diplomatische Nachricht* [zu lat. *circulus;* Verkleinerungsform zu *circus* »Kreis«]

Zir|ku|la|ti|on ⟨f.; -, -en⟩ *das Zirkulieren, Umlauf, Kreislauf;* Blut~

zir|ku|lie|ren ⟨V.⟩ *sich ständig im Kreis bewegen, umlaufen* [→ *Zirkel*]

zir|kum..., Zir|kum... ⟨in Zus.⟩ *um..., herum..., Um..., Herum...* [<lat. *circum* < *in circum* »im Kreise, umher«]

Zir|kum|fe|renz ⟨f.; -, -en; geh.⟩ *Umfang, Ausbreitung* [<lat. *circumferre* »herumtragen, verbreiten«]

zir|kum|flek|tie|ren ⟨V.⟩ *mit Zirkumflex versehen*

Zir|kum|flex ⟨m.; -es, -e; Zeichen: ^⟩ *Dehnungszeichen über einem Vokal, z.B. im Französ.: fenêtre;* Sy *Accent circonflexe* [<lat. *circumflexus* »Wölbung«; zu *circumflectere* »umbiegen«]

zir|kum|po|lar ⟨Adj.⟩ **1** *um den Pol herum (bis zur Baumgrenze) gelegen* **2** ⟨Adj.⟩ ~e Sterne *Sterne, die für einen bestimmten Beobachtungsort nicht untergehen*

zir|kum|skript, ⟨auch⟩ **zir|kums|kript, zir-kumsk|ript** ⟨Adj.; Med.⟩ *umschrieben, (scharf) abgegrenzt;* der Hautausschlag ist ~ [< *zirkum...* + lat. *scriptus,* Perf. zu *scribere* »schreiben«]

Zir|kum|skrip|ti|on, Zir|kums|krip|ti|on, Zir-kumsk|rip|ti|on ⟨f.; -, -en⟩ *Umschreibung, Beschränkung, Umgrenzung* [< *zirkum...* + lat. *scriptio* »das Schreiben« (zu *scribere* »schreiben«)]

Zir|kum|zi|si|on ⟨f.; -, -en; bei manchen Völkern⟩ *Kürzen od. Einschneiden der Vorhaut des männl. Gliedes, Beschneidung* [<lat. *circumcisio;* zu *circumcidere* »rundherum abschneiden«; zu *caedere* »abschlagen«]

Zir|kus ⟨m.; -, -kus|se⟩ **1** ⟨im antiken Rom⟩ *Rennbahn in der Form eines Ovals (für Wagen- u. Pferderennen)* **2** ⟨heute⟩ *Unternehmen, das Dressurakte, Artistik u.a. Darbietungen zeigt;* oV *Circus;* Wander~ **3** *Zelt od. Halle für diese Darbietungen* **4** ⟨fig.; umg.⟩ *Aufregung, Aufhebens, große Umstände;* mach doch keinen solchen ~! [<lat. *circus* »Kreis, Arena« <grch. *kirkos*]

Zir|rho|se ⟨f.; -, -n⟩ *auf Entzündung beruhende Wucherung des Bindegewebes, die drüsiges Gewebe angreift: Zirrhosis;* Leber~ [<nlat. *cirrhosis* <grch. *kirrhos* »orangefarben«]

zir|rho|tisch ⟨Adj.⟩ *durch Zirrhose hervorgerufen, sie betreffend*

Zir|ro|ku|mu|lus ⟨m.; -, -li⟩ *kleine Haufenwolke in großer Höhe, Schäfchenwolke* [< *Zirrus* + *Kumulus*]

Zir|ro|stra|tus ⟨m.; -, -ti⟩ *Schichtwolke in großer Höhe* [< *Zirrus* + *Stratus*]

Zir|rus ⟨m.; -, - od. -ren⟩ **1** ⟨Bot.⟩ *Ranke* **2** ⟨Zool.⟩ **2.1** *rankenartiger Körperfortsatz bestimmter Wassertiere, z.B. der Rankenfüßer* **2.2** *Begattungsorgan der Plattwürmer* **3** ⟨Meteor.; kurz für⟩ *Zirruswolke* [<lat. *cirrus* »Haarlocke«]

Zir|rus|wol|ke ⟨f.; -, -n⟩ *feine, weiße Wolke in großer Höhe von faserigem od. federartigem Aufbau, Federwolke;* oV *Cirruswolke*

zir|zen|sisch ⟨Adj.; im antiken Rom⟩ *den Zirkus betreffend, im Zirkus stattfindend;* oV *circensisch;* ~e Spiele *Wagen- u. Pferderennen im altröm. Zirkus* [<lat. *circensis;* zu *circus;* → *Zirkus*]

zis|al|pin, zis|al|pi|nisch ⟨Adj.⟩ *diesseits der Alpen (von Rom her gesehen), südlich der Alpen* [<lat. *Cicalpinus* < *cis* »diesseits« + *alpinus* »die Alpen betreffend«]

Zi|se|leur ⟨[-løːr] m.; -s, -e⟩ *Künstler, der Ornamente in Metall sticht;* Sy *Ziselierer* [<frz. *ciseleur;* zu *ciseler;* → *ziselieren*]

zi|se|lie|ren ⟨V.⟩ *mit Meißel, Stichel, Punze verzieren, Ornamente einstechen;* Metall ~ [<frz. *ciseler* »ausmeißeln, ziselieren«; zu *ciselet* »kleiner Meißel«; zu *ciseau* »Meißel«]

Zi|se|lie|rer ⟨m.; -s, -⟩ = *Ziseleur*

Zis|sa|li|en ⟨Pl.⟩ oV *Zessalien* **1** *fehlerhafte od. mangelhaft geprägte Münzen* **2** *missglückte Münzen, die wieder eingeschmolzen werden* [<lat. *cessare* »aussetzen, nachlassen«]

Zis|so|i|de ⟨f.; -, -n⟩ *ebene Kurve dritter Ordnung, geometr. Ort für die Fußpunkte aller Lote, die vom Scheitel einer Parabel auf die Tangenten gefällt werden, Efeublattkurve* [<grch. *kissos* »Efeu«]

Zis|ta ⟨f.; -, -ten⟩, **Zis|te** ⟨f.; -, -n⟩ **1** *etruskisches zylindrisches Gefäß aus Bronze mit Deckel im 4./3. Jh. v.Chr.* **2** *etruskische Urne aus Alabaster, Marmor od. Ton im 3. bis 1. Jh. v.Chr.* [<lat. *cista* <grch. *kiste* »Kiste, Korb«]

Zis|ter|ne ⟨f.; -, -n⟩ *unterird., gemauerter Behälter zum Speichern von Regenwasser* [<lat. *cisterna*]

Zis|ter|zi|en|ser ⟨m.; -s, -⟩ *Angehöriger eines 1098 gegründeten benediktin. Mönchsordens, heute bes. in Seelsorge u. Unterricht tätig* [nach dem Gründungskloster in *Citeaux* <mlat. *Cistercium*]

Zist|ro|se ⟨f.; -, -n⟩ *zur Familie der Zistrosengewächse gehörender Strauch: Cistus* [<nlat. *cystacea,* <grch. *kystis* »Blase«]

Zi|ta|del|le ⟨f.; -, -n⟩ *(Kern einer) Festung od. befestigten Stadt* [<ital. *cittadella* »Stadtfestung«, Verkleinerungsform zu *città* »Stadt« <lat. *civitas* »Bürgerschaft, Stadt«; zu *civis* »Bürger«]

Zi|tat ⟨n.; -(e)s, -e⟩ **1** *wörtlich angeführte Stelle aus einem Buch* **2** *oft zitierter Ausspruch* [<lat. *citatus,* Part. Perf. zu *citare;* → *zitieren*]

Zi|ta|ti|on ⟨f.; -, -en; †⟩ *Vorladung vor Gericht, vor eine Behörde* [<spätlat. *citatio* »das Herbeirufen«]

Zi|ther ⟨f.; -, -n⟩ *Zupfinstrument mit einem flachen Resonanzkörper u. fünf Saiten, auf denen die Melodie gespielt wird, sowie 24–42 Saiten zur Begleitung* [<lat. *cithara* <grch. *kithara* <pers. *sihtar* »Instrument mit drei Saiten«; verwandt mit *Gitarre*]

zi|tie|ren ⟨V.⟩ **1** *wörtlich wiedergeben, anführen;* Ausspruch, Stelle aus einem Buch ~ **2** *herbeirufen, vorladen, zum Erscheinen auffordern;* jmdn. vor Gericht ~ [<lat. *citare* »in Bewegung setzen, herbeirufen«; zu *citus* »schnell«; zu *ciere* »bewegen«]

■ Die Buchstabenfolge **zi|tr...** kann auch **zit|r...** getrennt werden.

■ **Zi|trat** ⟨n.; -(e)s, -e⟩ *Salz der Zitronensäure;* oV *Citrat*

■ **Zi|trin** ⟨m.; -s, -e⟩ *gelber Bergkristall;* oV *Citrin* [<frz. *citrin* »zitronenfarben«]

■ **Zi|tro|nat** ⟨n.; -(e)s; unz.⟩ *kandierte Schale der Zitronatzitrone*

■ **Zi|tro|nat|zi|tro|ne,** ⟨auch⟩ **Zit|ro|nat|zit|ro|ne** ⟨f.; -, -n⟩ *aus Ostindien stammende Zitrusfrucht: Citrus medica*

■ **Zi|tro|ne** ⟨f.; -, -n⟩ **1** *zu den Zitrusgewächsen gehörender mittelgroßer Baum mit weißen Blüten: Citrus limonium* **2** *gelbe, eiförmige, saure Frucht des Zitronenbaumes mit hohem Gehalt an Vitamin C* [<ital. *citrone* <lat. *citrus* »Zitronenbaum« (verwandt mit grch. *kedros* »Zeder«)]

■ **Zi|trul|le** ⟨f.; -, -n⟩ *Wassermelone, einjähriges Kürbisgewächs, dessen essbare Früchte eine grüne Schale u. schwarze Kerne haben: Citrullus vulgaris* [<vulgärlat. *citriolum* »kleine Zitronengurke«; zu lat. *citrus* »Zitronenbaum«]

■ **Zi|trus|frucht** ⟨f.; -, -früch|te⟩ *Frucht der Pflanzengattung Citrus, zu der Zitrone, Apfelsine, Mandarine, Pampelmuse u.a. gehören;* oV *Citrusfrucht* [<lat. *citrus* »Zitronenbaum«]

Zit|wer ⟨m.; -s, -⟩ *die Wurzel des Kurkuma;* Deutscher ~ *Wurzel des Gemeinen Kalmus* [<arab. *zidwar* <pers. *žädwar*]

Zitz ⟨m.; -es, -e⟩ *eine Art des Kattuns* [<ndrl. *sits* <bengal. *chits* »bunter Kattun« <aind. *citra* »bunt«]

Zi|vet|te ⟨[-vɛtə] f.; -, -n⟩ = *Afrikanische* → *Zibetkatze*

Zi|vi ⟨[-vi] m.; -s, -s; umg.; kurz für⟩ **1** *Zivildienstleistende(r)* **2** *Polizist in Zivil*

zi|vil ⟨[-viːl] Adj.⟩ **1** *bürgerlich;* Ggs *militärisch* **2** ⟨fig.⟩ *angemessen, mäßig;* ~e Preise [<lat. *civilis* »bürgerlich«; zu *civis* »Bürger«]

Zi|vil ⟨[-viːl] n.; -s; unz.⟩ *bürgerl. Kleidung;* Ggs *Uniform*

Zi|vil|cou|ra|ge ⟨[-viːlkuraːʒə] f.; -; unz.⟩ *Mut, die eigene Überzeugung zu vertreten*

Zi|vil|dienst ⟨[-viːl-] m.; -es; unz.⟩ *Wehrersatzdienst, waffenloser, meist sozialer Dienst für Kriegsdienstverweigerer*

Zi|vil|e|he ⟨[-viːl-] f.; -, -n; Rechtsw.⟩ *auf dem Standesamt, nicht in der Kirche geschlossene Ehe*

Zi|vi|li|sa|ti|on ⟨[-vi-] f.; -, -en⟩ *die technisch fortgeschrittenen, verfeinerten äußeren Formen des Lebens u. der Lebensweise eines Volkes, im Unterschied zur Kultur* [→ *zivil*]

Zi|vi|li|sa|ti|ons|krank|heit ⟨[-vi-] f.; -, -en⟩ *Krankheit, die infolge der Zivilisation u. der daraus folgenden geringeren Widerstandsfähigkeit stärker hervortritt,* z.B. Erkältung, Verdauungs-, Kreislaufstörungen
zi|vi|li|sa|to|risch ⟨[-vi-] Adj.⟩ *zur Zivilisation gehörend, sie fördernd*
zi|vi|li|sie|ren ⟨[-vi-] V.⟩ *die Zivilisation einführen bei, in;* ein Volk ~
zi|vi|li|siert ⟨[-vi-] Adj.⟩ *die Errungenschaften der Zivilisation besitzend, technisch u. in den äußeren Lebensformen fortgeschritten, entwickelt*
Zi|vi|li|sie|rung ⟨[-vi-] f.; -; unz.⟩ *das Zivilisieren*
Zi|vi|list ⟨[-vi-] m.; -en, -en⟩ *Angehöriger des bürgerl. Standes;* Ggs *Soldat(1)* [→ *zivil*]
Zi|vil|kam|mer ⟨[-vi:l] f.; -, -n⟩ *Kammer der ordentlichen Gerichtsbarkeit für Zivilsachen beim Landgericht (BRD) od. beim Kreisgericht (DDR);* Ggs *Strafkammer* [→ *zivil(1)*]
Zi|vil|pro|zess ⟨[-vi:l-] m.; -es, -e⟩ *Prozess zur Entscheidung über Fragen des Privatrechts;* Ggs *Strafprozess*
Zi|vil|stand ⟨[-vi:l-] m.; -es; unz.⟩ **1** *Stand der nicht dem Militär angehörenden Personen, der Zivilisten* **2** ⟨schweiz. auch:⟩ *Familien-, Personenstand*
Zi|vil|stands|amt ⟨[-vi:l-] n.; -(e)s, -äm|ter; schweiz.⟩ *Standesamt* [→ *Zivilstand(2)*]
ZK ⟨Abk. für⟩ *Zentralkomitee*
Zł ⟨Abk. für⟩ *Złoty*
Zło|ty ⟨[zwɔti] m.; -s, -s; bei Zahlenangaben Pl. -; Abk.: Zł⟩ *poln. Währungseinheit, 100 Groszy* [poln., »golden«]
Zn ⟨chem. Zeichen für⟩ *Zink*
ZNS ⟨Abk. für⟩ *Zentralnervensystem*
Zo|bel ⟨m.; -s, -⟩ **1** *Marder mit wertvollem Fell (Martes zibellina) sowie dessen Pelz* **2** *mit dem Blei verwandter Knochenfisch: Abramis sapa* [< russ. *sobol*]
zo|cken ⟨V.; umg.⟩ *um Geld spielen, Glücksspiele machen;* er hat wieder die ganze Nacht gezockt [jidd.]
Zo|cker ⟨m.; -s, -; umg.⟩ *jmd., der zockt* [jidd.]
zo|di|a|kal ⟨Adj.⟩ *zum Zodiakus gehörend, von ihm ausgehend*
Zo|di|a|kal|licht ⟨n.; -(e)s, -er⟩ *von der Sonne ausgehender, kegelförmiger Lichtkegel längs des Tierkreises, Tierkreislicht*
Zo|di|a|kal|zei|chen ⟨n.; -s, -⟩ *Tierkreiszeichen*
Zo|di|a|kus ⟨m.; -; unz.⟩ *Tierkreis* [< lat. *zodiacus* < grch. *zodiakos (kyklos)* »tierischer (Kreis)«; zu *zoon* »Lebewesen, Tier«]
Zoff ⟨m.; -s; unz.; Jugendspr.⟩ *Ärger, Streit;* er hat zu Hause immer ~ [< rotw. *Zoof, Sof* »Ende (einer Sache); Ende einer Freundschaft« < hebr.]
...zo|i|kum ⟨in Zus.⟩ *Gruppe, Ära der Erdgeschichte* [< grch. *zoon* »Lebewesen«]
Zö|kum ⟨n.; -s, -ka⟩ = *Zäkum;* oV *Coecum*
Zö|len|te|rat, ⟨auch⟩ **Zö|len|te|rat** ⟨m.; -en, -en⟩ *Hohltier* [< grch. *koilos* »hohl« + *enteron* »das Innere, Eingeweide«]
Zö|les|tin ⟨m.; -s, -e⟩ *farbloses, perlmuttartig glänzendes Mineral, dient zur Darstellung von Verbindungen des Strontiums* [→ *zölestisch*]
zö|les|tisch ⟨Adj.⟩ *himmlisch* [< lat. *caelestis;* zu *caelum* »Himmel«]
Zö|li|a|kie ⟨f.; -, -n⟩ *Verdauungsstörung infolge einer Allergie gegen das im Getreide vorhandene Klebereiweiß* [< grch. *koilia* »Bauch(höhle), Magen«]
Zö|li|bat ⟨n. od. m.; -(e)s; unz.⟩ *Ehelosigkeit der kath. Geistlichen* [< lat. *caelibatus;* zu *caelebs* »ehelos«]
zö|li|ba|tär ⟨Adj.⟩ *im Zölibat;* ~es Leben; ~ leben
Zö|li|ba|tär ⟨m.; -s, -e⟩ *jmd., der im Zölibat lebt*
Zö|lom ⟨n.; -s, -e⟩ *Leibeshöhle der Tiere* [< grch. *koiloma* »Höhle«; zu *koilos* »hohl«]
Zö|lo|stat, ⟨auch⟩ **Zö|los|tat** ⟨m.; -s od. -en, -en⟩ *astronom. Beobachtungsgerät, mit dem das von einem Stern einfallende Licht unabhängig von der Erddrehung immer in die gleiche Richtung, z.B. in ein fest montiertes Fernrohr, gelenkt wird* [< grch. *koilos* »hohl« + *...stat*]
Zom|bie ⟨m.; -s, -s⟩ **1** ⟨im Wodukult⟩ *Gottheit* **1.1** *willenloses Individuum, ein angeblich wiederbelebter Toter* **2** ⟨Jugendspr.; urspr.⟩ *(durch Drogen) zerstörter willenloser Mensch* **2.1** ⟨danach allg.⟩ *willensschwacher, schlaffer, energieloser Mensch;* diese ~s lassen sich für nichts mehr begeistern [< westafrikan. *zumbi* »schönes Götzenbild«, zu *nzambi* »Gott«]
Zö|me|te|ri|um ⟨n.; -s, -ri|en⟩ **1** *Ruhestätte, Kirchhof* **2** = *Katakombe* [< lat. *coemeterium* < grch. *koimeterion;* zu *koiman* »zur Ruhe bringen«]
Zö|na|kel ⟨n.; -s, -; in Klöstern⟩ *Speisesaal;* oV *Zenakel;* Sy *Refektorium* [< lat. *cenaculum* »Speisezimmer«; zu *cenare* »essen«]
zo|nal ⟨Adj.⟩ *zu einer Zone gehörend*
Zo|ne ⟨f.; -, -n⟩ **1** *nach bestimmten Gesichtspunkten eingeteiltes Gebiet;* Gefahren~; raucherfreie ~ **2** *Teilgebiet eines nicht souveränen Staates;* Besatzungs~ **3** *Stufe der Entfernung, nach der die Preise für die Beförderung von Gütern u. die Fernsprechgebühren berechnet werden;* erste, zweite ~ **4** ⟨Geogr.⟩ *von zwei parallelen Kreisen begrenzter Streifen der Erdoberfläche;* gemäßigte ~ *Gebiet zwischen Wendekreis u. Polarkreis;* heiße ~ *Gebiet zwischen beiden Wendekreisen;* kalte ~ *Gebiet zwischen Polarkreis u. Pol* **5** ⟨Geol.⟩ *kleinste Unterabteilung einer Formation* [grch., »Gürtel, Gebiet«]
Zo|nen|zeit ⟨f.; -; unz.⟩ = *Normalzeit*
zonked ⟨[zɔŋkt] Adj.; Drogenszene⟩ *von Drogen berauscht* [engl.]
Zö|no|bit ⟨m.; -en, -en⟩ *im Kloster lebender Mönch;* oV *Coenobit;* Ggs *Eremit(1)* [< lat. *coenobita;* zu *coenobium;* → *Zönobium*]
zö|no|bi|tisch ⟨Adj.⟩ *in der Klostergemeinschaft lebend*
Zö|no|bi|um ⟨n.; -s, -bi|en⟩ oV *Coenobium* **1** *Kloster* **2** *Vereinigung einzelliger Pflanzen*

od. Tiere [<lat. *coenobium* <grch. *koinos* »gemeinsam« + *bios* »Leben«]

Zö|no|karp ⟨n.; -s, -e⟩ *aus mehreren Fruchtblättern zusammengewachsener Fruchtknoten* [<grch. *koinos* »gemeinsam« + *...karp*[1]]

Zoo ⟨[tso:] m.; - od. -s, -s; kurz für⟩ *zoologischer Garten*

zo|o..., Zo|o... ⟨[tso:o] in Zus.⟩ *tier..., Tier...* [<grch. *zo(i)on* »Lebewesen, Tier«]

Zo|o|chlo|rel|le ⟨[tso:oklo-] f.; -, -n⟩ *in Lebensgemeinschaft mit niederen Tieren lebende Grünalge* [< *Zoo...* + *Chorella*]

Zo|o|cho|rie ⟨[tso:oko-] f.; -; unz.⟩ *Verbreitung von Samen u. Früchten durch Tiere* [< *Zoo...* + grch. *chora* »Gegend, Land«]

zo|o|gen ⟨[tso:o-] Adj.⟩ *aus tierischen Resten gebildet;* ~es Gestein [< *zoon...* + *...gen*[1]]

Zo|o|ge|o|gra|fie ⟨[tso:o-] f.; -s; unz. ⟩ = *Zoogeographie*

zo|o|ge|o|gra|fisch ⟨[tso:o-] Adj.⟩ = *zoogeographisch*

Zo|o|ge|o|gra|phie ⟨[tso:o-] f.; -; unz.⟩ = *Geozoologie;* oV *Zoogeografie*

zo|o|ge|o|gra|phisch ⟨[tso:o-] Adj.⟩ *die Zoogeographie betreffend, dazu gehörend, darauf beruhend;* oV *zoogeografisch*

Zo|o|gra|fie ⟨[tso:o-] f.; -, -n ⟩ = *Zoographie*

Zo|o|gra|phie ⟨[tso:o-] f.; -, -n⟩ *Benennung u. Einordnung der Tiere in eine biolog. Systematik;* oV *Zoografie* [< *Zoo...* + *...graphie*]

Zo|o|la|trie, ⟨auch⟩ **Zo|o|lat|rie** ⟨[tso:o-] f.; -, -n⟩ **1** *religiöse Verehrung von Tieren, Tierkult* **2** *Verehrung von Göttern in tier. Gestalt* [< *Zoo...* + *...latrie*]

Zo|o|lith ⟨[tso:o-] m.; -s od. -en, -e od. -en⟩ *aus Tieren entstandene Versteinerung* [< *Zoo...* + *...lith*]

Zo|o|lo|ge ⟨[tso:o-] m.; -n, -n⟩ *Wissenschaftler, Student der Zoologie*

Zo|o|lo|gie ⟨[tso:o-] f.; -; unz.⟩ *Lehre von den Tieren, Tierkunde* [< *Zoo...* + *...logie*]

Zo|o|lo|gin ⟨[tso:o-] f.; -, -gin|nen⟩ *Wissenschaftlerin, Studentin der Zoologie*

zo|o|lo|gisch ⟨[tso:o-] Adj.⟩ **1** *die Zoologie betreffend, zu ihr gehörend, auf ihr beruhend* **2** ~er Garten ⟨verkürzt: Zoo⟩ *Einrichtung zur Haltung u. Schaustellung von einheimischen u. exotischen Tieren zu belehrenden u. wissenschaftl. Zwecken*

Zoom ⟨[zu:m] n.; -s, -s⟩ = *Zoomobjektiv*

zoo|men ⟨[zu:-] V.; Fot.⟩ *mit einem Zoomobjektiv den Betrachtungspunkt dichter heranholen od. weiter entfernen* [<engl. *zoom*]

Zoom|ob|jek|tiv ⟨[zu:m-] n.; -s, -e ⟩ *Objektiv mit stufenlos verstellbarer Brennweite;* Sy *Varioobjektiv, Zoom* [<engl. *zoom* »schnell ansteigen« (vom Flugzeug), »sich mit der Kamera zum Objekt bewegen od. sich davon entfernen« + *Objektiv*]

zo|o|morph ⟨[tso:o-] Adj.⟩ *die Gestalt eines Tieres aufweisend* [< *zoo...* + *...morph*]

Zo|on ⟨[tso:on] n.; -, (nur in Zus. üblich) ...zoen⟩ *Lebewesen;* ~ politikon ⟨bei Aristoteles⟩ *(der Mensch als) geselliges Wesen* [grch. *zoon* »Lebewesen«; grch. *politikon* »gesellig, Gemeinschafts...«]

Zo|o|no|se ⟨[tso:o-] f.; -, -n⟩ *von Tieren auf Menschen übertragbare Krankheit* [< *Zoo...* + grch. *nosos* »Krankheit«]

Zo|o|pa|ra|sit ⟨[tso:o-] m.; -en, -en⟩ *Schmarotzer, der in od. auf Tieren lebt* [< *Zoo...* + *Parasit*]

zo|o|phag ⟨[tso:o-] Adj.⟩ *Fleisch fressend* [< *zoo...* + *...phag*]

Zo|o|pha|ge ⟨[tso:o-] m.; -n, -n⟩ *Fleisch fressendes Lebewesen*

Zo|o|pho|bie ⟨[tso:o-] f.; -, -n⟩ *Angst vor Tieren* [< *Zoo...* + *Phobie*]

Zo|o|phyt ⟨[tso:o-] m.; -en, -en⟩ *festsitzendes Hohltier* [< *Zoo...* + grch. *phyton* »Pflanze«]

Zo|o|plank|ton ⟨[tso:o-] n.; -s; unz.⟩ *Gesamtheit der im Wasser schwebenden Tiere*

Zo|o|sper|mie ⟨[tso:o-] f.; -; unz.⟩ *das Vorhandensein beweglicher Samenzellen im Ejakulat* [< *Zoo...* + *Sperma*]

Zo|o|spo|re ⟨[tso:o-] f.; -, -n⟩ *frei bewegliche Zelle zur Fortpflanzung bei Algen u. einigen Pilzen*

Zoo|tech|nik ⟨[tso:-] f.; -; unz.; DDR⟩ *Sammelbegriff für die Methoden der Tierhaltung*

Zo|o|to|mie ⟨[tso:o-] f.; -; unz.⟩ *Zerlegen u. Zerschneiden von tierischen Körpern zum Studium ihres inneren Baus* [< *Zoo...* + *...tomie*]

Zo|o|to|xin ⟨[tso:o-] n.; -s, -e⟩ *tierisches Gift* [< *Zoo...* + *Toxin*]

Zo|o|zö|no|lo|gie ⟨[tso:o-] f.; -; unz.⟩ *Tiersoziologie, Wissenschaft vom Zusammenleben der Tiere* [< *Zoo...* + grch. *koinos* »gemeinsam« + *...logie*]

Zo|pho|ros ⟨m.; -, -pho|ren; Arch.⟩ *Fries in der altgriechischen Baukunst, der mit Reliefs geschmückt ist;* oV *Zophorus* [grch.]

Zo|pho|rus ⟨m.; -, -pho|ren; Arch.⟩ = *Zophoros* [lat.]

zop|po ⟨Mus.⟩ *lahm, schleppend (zu spielen)* [ital.]

Zo|res ⟨m.; -; unz.⟩ **1** ⟨jidd.⟩ *Not, Bedrängnis* **2** ⟨umg.; bes. südwestdt.⟩ *Ärger, Wirrwarr, Durcheinander* [<hebr. *zarah* »Not«]

Zo|ril|la ⟨m.; -s, -s⟩ *mit dem Marder verwandtes Tier, das bei Gefahr ein übel riechendes Sekret verspritzt: Ictonyx striatus* [<span. *zorilla,* Verkleinerungsform zu *zorra* »Fuchs«]

zo|ro|as|trisch, ⟨auch⟩ **zo|ro|ast|risch** ⟨Adj.⟩ *zur Lehre des Zoroaster gehörend, darauf beruhend* [zu *Zoroaster,* der grch. Form von *Zarathustra* (altpers. Philosoph, gestorben um 630 v.Chr.)]

Zo|te ⟨f.; -, -n⟩ *grob unanständiger Witz, unanständige Redensart* [vielleicht <frz. *sotie* »(unflätiges) Narrenspiel« od. zu *Zotte* in der Bedeutung »Schamhaare«]

Zr ⟨chem. Zeichen für⟩ *Zirkonium*

Zu|a|ve ⟨[tsua:və] m.; -n, -n⟩ **1** ⟨urspr.⟩ *Angehöriger eines Kabylenstammes in Algerien* **2** ⟨nach 1831⟩ *Angehöriger einer aus Zuaven bestehenden, ehemaligen französischen Infanteriegruppe in Algerien* [<frz. *zouave*]

Zuc|chet|to ⟨[tsukęto] m.; -s, -ti⟩ = *Zucchini* [ital.]
Zuc|chi|ni ⟨[tsuki:-] Pl.⟩ *gurkenähnliche Früchte, die als Gemüse verwendet werden;* Sy *Zucchetto* [ital.]
Zu|fo|lo ⟨m.; -s, -s od. -fo|li⟩ *Hirtenflöte mit sehr hohen Tönen* [ital.]
Zy|an ⟨n.; -s; unz.⟩ *giftiges, nach bitteren Mandeln riechendes Gas, chem. Formel* $(CN)_2$ [< lat. *cyanus* »dunkelblau« < grch. *kyaneos*]
Zy|a|nat ⟨n.; -(e)s, -e; Chem.⟩ = *Cyanat*
Zy|a|ne ⟨f.; -, -n⟩ *Kornblume* [< lat. *cyanus* < grch. *kyaneos* »dunkelblau«]
Zy|an|grup|pe ⟨f.; -, -n⟩ = *Cyangruppe*
Zy|a|ni|de ⟨n.; Pl.⟩ = *Cyanide*
Zy|a|nin ⟨n.; -s, -e⟩ *blauer Farbstoff* [< lat. *cyanus* < grch. *kyaneos* »dunkelblau«]
Zy|a|ni|sa|ti|on ⟨f.; -; unz.⟩ = *Kyanisation*
zy|a|ni|sie|ren ⟨V.⟩ = *kyanisieren*
Zy|a|nit ⟨m.; -(e)s; unz.⟩ = *Disthen* [→ *Zyan*]
Zy|an|ka|li ⟨n.; -s; unz.⟩ *sehr giftiger Stoff, der aus farblosen, hygroskopischen Kristallen besteht, KCN;* oV *Cyankali;* Sy *Kaliumcyanid, Zyankalium* [< *Zyan* + *Kalium*]
Zy|an|ka|li|um ⟨n.; -s; unz.⟩ = *Zyankali;* oV *Cyankali*
Zy|a|no|phy|zee ⟨[-tse:ə] f.; -, -n⟩ *Blaualge* [< grch. *kyaneos* »dunkelblau« + ...*phyzee*]
Zy|an|op|sie, ⟨auch⟩ **Zy|a|nop|sie** ⟨f.; -, -n; Med.⟩ *Krankheit, die oft nach Staroperationen auftritt u. bei der die Erkrankten alles in Blau sehen* [< lat. *cyanus* »dunkelblau« < grch. *kyaneos* + ...*opsie*]
Zy|a|no|se ⟨f.; -, -n⟩ *blaurote Färbung infolge mangelnder Sauerstoff-Sättigung des Blutes, die bes. deutlich an den Lippen u. den Fingernägeln hervortritt, Blausucht* [< grch. *kyaneos* »dunkelblau« + *nosos* »Krankheit«]
zy|a|no|tisch ⟨Adj.; Med.⟩ *die Zyanose betreffend, auf ihr beruhend, mit ihr verbunden*
Zy|a|no|ty|pie ⟨f.; -, -n⟩ *bläuliche Kopie einer durchsichtigen Vorlage auf lichtempfindl. Papier, Blaupause* [< grch. *kyaneos* »dunkelblau« + ...*typie*]
Zy|an|säu|re ⟨f.; -; unz.⟩ = *Cyansäure*
Zy|an|was|ser|stoff ⟨m.; -(e)s; unz.⟩ = *Cyanwasserstoff*
Zy|a|thus ⟨m.; -, -⟩ = *Kyathos*
Zy|gä|ne ⟨f.; -, -n⟩ **1** *mittelgroßer, dickleibiger Schmetterling, dessen stahlblaue Flügel rote Flecken aufweisen, Blutströpfchen* **2** *Hammerhai* [< grch. *zygaina* »Hammerfisch«]
Zy|go|ma ⟨n.; -s, -ma|ta⟩ *knöcherner Bogen des Gesichtsschädels der Säugetiere u. des Menschen, der von Oberkiefer, Schläfenbein u. Keilbein mit Hilfe des Jochbeins gebildet wird, Jochbogen* [grch. < *zygoun* »verbinden«; zu *zygon* »Joch«]
zy|go|ma|tisch ⟨Adj.; Med.⟩ *zum Jochbogen gehörend* [→ *Zygoma*]
zy|go|morph ⟨Adj.; Biol.⟩ *eine Symmetrieachse besitzend, die in Richtung der Längsachse liegt, zweiseitig symmetrisch* [< grch. *zygon* »Joch« + ...*morph*]
Zy|go|te ⟨f.; -, -n⟩ *bei der Verschmelzung von Keimzellen entstehender organ. Verband* [< grch. *zygotos* »verbunden«; zu *zygoun* »verbinden«; zu *zygon* »Joch«]
Zy|ka|da|zee ⟨[-tse:ə] f.; -, -n⟩, **Zy|ka|dee** ⟨[-de:ə] f.; -, -n⟩ *einer Familie der Nacktsamer angehörende trop. od. subtrop. Pflanze mit großen, gefiederten Blättern, Palmfarn: Cycadaceae* [nlat., vielleicht < grch. *kykas, koikas,* Akk. Pl. zu *koix* »Ägyptische Palmenart (Hyphaene thebaica)«]
Zy|kas ⟨f.; -, -; Bot.⟩ *Angehörige einer Gattung der Palmfarne* [< nlat. *cyca*]

■ Die Buchstabenfolge **zy|kl...** kann auch **zyk|l...** getrennt werden.

■ **zy|klam** ⟨Adj.; undekl.⟩ *von kräftiger leuchtend rosavioletter Farbe;* oV *cyclam* [→ *Zyklamen*]
■ **Zy|kla|mat** ⟨n.; -(e)s, -e; meist Pl.⟩ = *Cyclamat*
■ **Zy|kla|me** ⟨f.; -, -n; schweiz.; österr.⟩, **Zy|kla|men** ⟨n.; -s, -⟩ *Alpenveilchen;* oV *Cyclame, Cyclamen* [< nlat. *cyclamen* < grch. *kyklaminos*]
■ **Zy|kli|ker** ⟨m.; -s, -; meist Pl.⟩ *Angehöriger einer Gruppe von altgrch. epischen Dichtern, die nach Homer ähnl. Stoffe bearbeiteten u. deren Werke zu einem Zyklus zusammengefasst wurden;* oV *Kykliker* [→ *zyklisch*]
■ **zy|klisch** ⟨Adj.⟩ *in der Art eines Zyklus, im Kreislauf regelmäßig wiederkehrend;* ~e Verbindung = *cyclische Verbindung* [< lat. *cyclicus* < grch. *kyklikos;* zu *kyklos* »Kreis, Zyklus«]
■ **Zy|kli|tis** ⟨f.; -, -ti|den⟩ *Entzündung des Ziliarkörpers* [< lat. *cyclus* < grch. *kyklos* »Kreis« + ...*itis*]
■ **zy|klo...**, **Zy|klo...** ⟨in Zus.⟩ *kreis..., Kreis..., zyklisch* [< lat. *cyclus,* grch. *kyklos* »Kreis«]
■ **Zy|klo|al|ka|ne** ⟨Pl.⟩ = *Cycloalkane*
■ **Zy|klo|ge|ne|se** ⟨f.; -, -n; Meteor.⟩ *Entstehung eines Tiefdruckgebiets* [< *Zyklo...* + *Genese*]
■ **zy|klo|id** ⟨Adj.⟩ *einem Kreis ähnlich* [< *zyklo...* + ...*id*]
■ **Zy|klo|i|de** ⟨f.; -, -n⟩ *Radkurve, Kurve, die ein Punkt eines Kreises beschreibt, der auf einer Geraden abrollt;* oV *Kykloide* [→ *zykloid*]
■ **Zy|klo|ly|se** ⟨f.; -, -n; Meteor.⟩ *Auflösung eines Tiefdruckgebiets* [< *Zyklo...* + ...*lyse*]
■ **Zy|klo|me|ter** ⟨n.; -s, -⟩ *Gerät, das die Anzahl der Drehungen eines rollenden Rades feststellt* [< grch. *kyklos* (lat. *cyclus*) »Kreis« + *metron* »Maß«]
■ **Zy|klo|me|trie,** ⟨auch⟩ **Zyk|lo|met|rie** ⟨f.; -; unz.⟩ *Winkelbestimmungen an Kreisbögen* [< *Zyklo...* + ...*metrie*]
■ **zy|klo|me|trisch,** ⟨auch⟩ **zyk|lo|met|risch** ⟨Adj.⟩ *zur Zyklometrie gehörend, auf ihr beruhend;* ~e Funktion *eine Umkehrfunktion der trigonometrischen Funktionen*
■ **Zy|klon 1** ⟨m.; -s, -e⟩ **1.1** *Wirbelsturm in trop.*

Gebieten; oV *Kyklon* **1.2** *Gerät zum Trennen feinkörniger Gemische mit Hilfe der Fliehkraft* **2** ⟨n.; -s; unz.; Ⓦⓩ⟩ *ein Schädlingsbekämpfungsmittel auf der Basis von Blausäure* [<lat. *cyclus* <grch. *kyklos* »Kreis«]

■ **Zy|klo|ne** ⟨f.; -, -n⟩ *Gebiet niedrigen Luftdrucks, Depression(3), Tiefdruckgebiet;* Ggs *Antizyklone*

■ **Zy|klo|no|pa|thie** ⟨f.; -; unz.; Med.; Psych.⟩ *Wetterfühligkeit* [< *Zyklo…* + *…pathie*]

■ **Zy|klo|no|se** ⟨f.; -, -n⟩ *durch Wetterfühligkeit bedingte Krankheit* [< *Zyklo…* + grch. *nosos* »Krankheit«]

■ **Zy|klop** ⟨m.; -en, -en; griech. Myth.⟩ *einäugiger Riese;* oV *Kyklop* [<lat. *Cyclops* <grch. *Kyklops* < *kyklos* »Kreis« + *opsis* »Auge«]

■ **Zy|klo|pen|mau|er** ⟨f.; -, -n⟩ *frühgeschichtl. Mauer aus unbehauenen, unterschiedlich großen, aber fugenlos zusammengefügten Steinen, z.B. bei den Bauten der Inka in Peru* [der Sage nach von *Zyklopen* erbaut]

■ **Zy|klo|pho|rie** ⟨f.; -, -n; Med.⟩ *latente Form des Schielens mit der Neigung zur Verdrehung um die sagittale Achse* [< *Zyklo…* + grch. *pherein* »tragen«]

■ **zy|klo|pisch** ⟨Adj.⟩ *in der Art eines Zyklopen, riesenhaft*

■ **Zy|klo|sto|me,** ⟨auch⟩ **Zyk|los|to|me** ⟨f.; -, -n; Zool.⟩ *fischähnliches Wirbeltier, Rundmaul* [<lat. *cyclus* <grch. *kyklos* »Kreis« + *Stoma*]

■ **zy|klo|thym** ⟨Adj.⟩ *aufgeschlossen, umgänglich u. zu wechselnden Stimmungen neigend* [< *zyklo…* + grch. *thymos* »Lebenskraft, Stimmung«]

■ **Zy|klo|thy|mie** ⟨f.; -; unz.⟩ *aufgeschlossenes, geselliges Temperament, verbunden mit einer Neigung zu abwechselnd niedergeschlagener u. freudig erregter Stimmung*

■ **Zy|klo|tron,** ⟨auch⟩ **Zyk|lot|ron** ⟨n.; -s, -e⟩ *kreisförmiger Beschleuniger für Elementarteilchen* [< *Zyklo…* + *…tron*]

■ **zy|klo|tro|nisch** ⟨auch⟩ **zyk|lot|ro|nisch** ⟨Adj.⟩ *auf das Zyklotron bezogen, mit ihm beschleunigt*

■ **Zy|klus** ⟨m.; -, Zy|klen⟩ **1** *sich regelmäßig wiederholender Ablauf* **2** *Folge inhaltlich zusammenhängender Schrift- od. Musikwerke* **3** *Regelblutungen der Frau u. die zwischen ihnen liegenen Zeiträume* [<lat. *cyclus* <grch. *kyklos* »Kreis«]

Zy|lin|der ⟨m.; -s, -⟩ **1** *walzenförmiger Körper mit kreisförmigem Querschnitt* **2** *in Dampfmaschinen u. Verbrennungskraftmaschinen der Raum, in dem Dampf od. verbrannte Gase einen Kolben hin u. her bewegen* **3** *beiderseits offener, walzenförmiger Körper aus Glas, der über eine brennende Flamme gestülpt wird* **4** *hoher, röhrenförmiger, meist schwarzer Hut für Herren* [<lat. *cylindrus* <grch. *kylindros* »Walze«; zu *kylindein* »wälzen«]

Zy|lin|der|glas ⟨n.; -es, -glä|ser⟩ *nur auf einer Seite gekrümmtes Brillenglas*

Zy|lin|der|pro|jek|ti|on ⟨f.; -, -en⟩ *Kartenprojektion, bei der die Erdoberfläche auf die Innenfläche eines Zylinders projiziert u. so in einer Ebene dargestellt wird*

…zy|lin|drig, ⟨auch⟩ **…zy|lind|rig** ⟨Adj.; in Zus.⟩ *mit einer bestimmten Zahl von Zylindern versehen* (Kraftwagen); acht~

zy|lin|drisch, ⟨auch⟩ **zy|lind|risch** ⟨Adj.⟩ *in der Form eines Zylinders*

Zy|lin|drom ⟨n.; -s, -e; Med.⟩ *Tumor an Speichel- u. Schleimdrüsen der Mundhöhle mit zylindrischen Hohlräumen, in denen sich eine schleimig-glasartige Masse sammelt* [zu grch. *kylindros* »Walze«]

Zy|ma|se ⟨f.; -, -n⟩ *aus Hefe gewonnenes Gemisch von Enzymen, das eine alkoholische Gärung verursacht* [<grch. *zyme* »Sauerteig, Gärungsstoff«]

Zym|bal ⟨n.; -, -s od. -e⟩ **1** = *Zimbal(1)* **2** = *Zimbel*

zy|misch ⟨Adj.⟩ *auf Gärung beruhend* [→ *Zymase*]

Zy|mo|gen ⟨n.; -s, -e⟩ *die enzymatisch noch inaktive Vorstufe eines Eiweiß spaltenden Enzyms* [< *Zymase* + grch. *gennan* »erzeugen«]

Zy|mo|lo|gie ⟨f.; -; unz.⟩ *Lehre von der Gärung* [< *Zymase* + *…logie*]

zy|mös ⟨Adj.⟩ ~e Verzweigung *V., bei der der verkümmernde Hauptspross durch Nebensprosse übergipfelt wird, die das Wachstum fortsetzen*

Zy|mo|tech|nik ⟨f.; -; unz.⟩ *Technik der Gärung* [< *Zymase* + *Technik*]

zy|mo|tisch ⟨Adj.⟩ *Gärung bewirkend* [<grch. *zymotikos;* zu *zymosis* »Gärung«; zu *zyme* »Sauerteig, Gärungsstoff«]

Zyn|e|ge|tik, ⟨auch⟩ **Zy|ne|ge|tik** ⟨f.; -; unz.⟩ *Kunst, Hunde zu dressieren;* oV *Kynegetik* [<grch. *kyon,* Gen. *kynos* »Hund« + *hegeisthai* »führen«]

zyn|e|ge|tisch, ⟨auch⟩ **zy|ne|ge|tisch** ⟨Adj.⟩ *die Zynegetik betreffend, zu ihr gehörend, auf ihr beruhend*

Zy|ni|ker ⟨m.; -s, -⟩ **1** = *Kyniker* **2** ⟨fig.⟩ *zynischer Mensch* [→ *zynisch*]

zy|nisch ⟨Adj.⟩ *bissig-pietätlos, schamlos-spöttisch;* → a. *kynisch* [<lat. *cynicus* <grch. *kynikos* »hündisch, bissig, schamlos«; zu *kyon,* Gen. *kynos* »Hund«]

Zy|nis|mus ⟨m.; -, -men⟩ *Art eines Zynikers, bissig-pietätlose Haltung*

Zy|per|gras ⟨n.; -es, -grä|ser⟩ *einer Gattung der Riedgräser angehörende Sumpfpflanze in tropischen u. subtropischen Gegenden: Cyperus* [<grch. *kypeiros* »Schilfgras«]

Zy|per|kat|ze ⟨f.; -, -n⟩ *gestreifte Hauskatze*

Zy|pres|se, ⟨auch⟩ **Zyp|res|se** ⟨f.; -, -n⟩ *einer Gattung der Zypressengewächse angehörender, kegelförmiger Baum mit kleinen, sehr dichten Blättern: Cupressus* [<mhd. *cipres(se)* <lat. *cupressus,* grch. *kyparissos* <kleinasiat. Sprache]

zy|pres|sen, ⟨auch⟩ **zyp|res|sen** ⟨Adj.⟩ *aus Zypressenholz bestehend*

zy|ril|lisch ⟨Adj.⟩ = *kyrillisch*

Zyst|al|gie, Zys|tal|gie ⟨f.; -, -n⟩ *Schmerzhaftigkeit der Blase* [< *Zyste* + ...*algie*]
Zys|te ⟨f.; -, -n⟩ **1** ⟨Med.⟩ *durch eine Membran abgeschlossener Hohlraum im Gewebe mit flüssigem Inhalt* **2** ⟨Zool.⟩ *meist mit derber Haut umgebene Hülle niederer Tiere* [< nlat. *cystis* »Harnblase« < grch. *kystis*]
Zys|te|in ⟨n.; -s; unz.⟩ *eine Aminosäure*
Zyst|ek|to|mie, ⟨auch⟩ **Zys|tek|to|mie** ⟨f.; -, -n; Med.⟩ *operative Entfernung einer Zyste od. der Harnblase*
Zys|tin ⟨n.; -s; unz.⟩ *in den Keratinen enthaltene, schwefelhaltige Aminosäure* [→ *Zyste*]
Zys|tis ⟨f.; -, Zys|ten; Med.⟩ *Blase, Harnblase* [< grch. *kystis*]
zys|tisch ⟨Adj.; Med.⟩ *blasenartig*
Zys|ti|tis ⟨f.; -, -ti|ti|den⟩ *katarrhalische Entzündung der Schleimhaut der Blase, Blasenentzündung* [< nlat. *cystis* »Harnblase« < grch. *kystis*]
Zys|ti|zer|ko|se ⟨f.; -, -n; Med.⟩ *Befall der menschlichen Organe mit Larven des Schweinebandwurms;* oV *Cysticercose* [< *Zystis* + grch. *kerkos* »Schwanz, Jugendstadium von Bandwürmern«]
Zys|to|py|e|li|tis ⟨f.; -, -li|ti|den; Med.⟩ *gleichzeitige Entzündung von Blase u. Nierenbecken* [< *Zystis* + *pyelos* »Becken«]
Zys|to|skop, ⟨auch⟩ **Zys|tos|kop** ⟨n.; -s, -e⟩ *Gerät zur Untersuchung der Harnblase, Blasenspiegel* [< grch. *kystis* (nlat. *cystis*) »Harnblase« + *skopein* »schauen«]
Zys|to|sko|pie, ⟨auch⟩ **Zys|tos|ko|pie** ⟨f.; -, -n⟩ *Untersuchung der Harnblase mit dem Zystoskop*
Zys|to|spas|mus ⟨m.; -, -men⟩ *Blasenkrampf* [< *Zyste* + *Spasmus*]
Zys|to|sto|mie, ⟨auch⟩ **Zys|tos|to|mie** ⟨f.; -, -n⟩ *Anlegen einer Blasenfistel* [< *Zyste* + *Stoma*]
Zys|to|to|mie ⟨f.; -, -n⟩ *operative Öffnung der Harnblase, Blasenschnitt* [< *Zyste* + ...*tomie*]
Zys|to|ze|le ⟨f.; -, -n⟩ *Blasenbruch* [< *Zyste* + grch. *kele* »Bruch«]
...zyt ⟨in Zus.⟩ *Zelle, Blutkörperchen* [< nlat. *cytus* »Zelle« < grch. *kytos* »Höhlung, Urne«]
Zy|ti|sin ⟨n.; -s, -e⟩ *giftiges Alkaloid, das im Goldregen enthalten ist u. eine dem Nikotin ähnliche Wirkung hat* [< lat. *cytisus* »Geißklee« (zu dem auch der Goldregen gezählt wurde) < grch. *kytisos* »Schneckenklee«]
Zy|ti|sus ⟨m.; -, -⟩ *zu den Schmetterlingsblütlern gehörender Zierstrauch, Goldregen* [grch.]
zy|to..., Zy|to... ⟨in Zus.⟩ *Zelle* [< nlat. *cytus;* → ...*zyt*]
Zy|to|blast ⟨m.; -en, -en⟩ *Zellkern* [< *Zyto*... + grch. *blastos* »Spross, Keim«]
Zy|to|blas|tom ⟨n.; -s, -e⟩ *bösartige Geschwulst aus unreifen Zellen* [< *Zyto*... + *Blastom*]
Zy|to|chrom ⟨[-kroːm] n.; -s, -e⟩ *in allen Zellen vorkommender Farbstoff, der für die Atmungskette von Bedeutung ist* [< *Zyto*... + ...*chrom*]
Zy|to|de ⟨f.; -, -n⟩ *Zelle ohne Kern* [< nlat. *cytus* »Zelle« < grch. *kytos* »Höhlung, Urne«]
Zy|to|di|a|gnos|tik, ⟨auch⟩ **Zy|to|di|ag|nos|tik** ⟨f.; -, -en; Med.⟩ *mikroskopische Untersuchung von Zellen zur (Früh-)Erkennung von Krankheiten* [< *Zyto*... + *Diagnostik*]
zy|to|gen ⟨Adj.⟩ *von einer Zelle gebildet* [< *zyto*... + ...*gen*[1]]
Zy|to|ge|ne|tik ⟨f.; -; unz.⟩ *Teilgebiet der Genetik, das die Zusammenhänge zwischen Feinbau der Zelle u. Vererbung erforscht*
Zy|to|ki|ne|se ⟨f.; -; unz.; Med.⟩ *Lehre vom Wachstumsverhalten der Zellen* [< *Zyto*... + ...*kinese*]
Zy|to|lo|ge ⟨m.; -n, -n⟩ *Wissenschaftler, der sich mit der Zytologie befasst*
Zy|to|lo|gie ⟨f.; -; unz.; Med.⟩ *Bereich der Biologie, der die Struktur u. Erscheinungsvarianten der Zelle untersucht;* → a. *Exfoliativzytologie* [< *Zyto*... + ...*logie*]
Zy|to|lo|gin ⟨f.; -, -gin|nen⟩ *Wissenschaftlerin, die sich mit der Zytologie befasst*
zy|to|lo|gisch ⟨Adj.; Med.⟩ *zur Zytologie gehörend, auf ihr beruhend*
Zy|to|ly|se ⟨f.; -, -n⟩ *Auflösung, Abbau von Zellen* [< *Zyto*... + ...*lyse*]
Zy|to|ly|sin ⟨n.; -s, -e; Med.⟩ *Substanz, die Zellen auflösen kann* [< *Zyto*... + ...*lysin*]
Zy|to|ö|ko|lo|gie ⟨f.; -; unz.; Med.⟩ *Teilgebiet der Medizin, in dem die innerorganischen Vorgänge im systematischen Zusammenhang betrachtet werden* [< *Zyto*... + *Ökologie*]
Zy|to|plas|ma ⟨n.; -s, -men⟩ *das in der Zelle enthaltene Plasma ohne den Zellkern, Zellplasma*
Zy|to|som ⟨n.; -(e)s, -e⟩, **Zy|to|so|ma** ⟨n.; -s, -ta⟩ *Bestandteil der Zelle* [< *Zyto*... + *Soma*]
Zy|to|sta|ti|kum, ⟨auch⟩ **Zy|tos|ta|ti|kum** ⟨n.; -s, -ka⟩ *zytostatisch wirkendes Arzneimittel* [→ *zytostatisch*]
zy|to|sta|tisch, ⟨auch⟩ **zy|tos|ta|tisch** ⟨Adj.⟩ *das Zellwachstum (bes. der Krebszellen) hemmend* [< *zyto*... + *statisch*]
Zy|to|stom ⟨auch⟩ **Zy|tos|tom** ⟨n.; -s, -e⟩, **Zy|to|sto|ma,** ⟨auch⟩ **Zy|tos|to|ma** ⟨n.; -s, -ta⟩ *Stelle, an der die Einzeller ihre Nahrung aufnehmen* [< *Zyto*... + *Stoma*]
Zy|to|to|xin ⟨n.; -s, -e⟩ *Zellgift*
zy|to|to|xisch ⟨Adj.⟩ *giftig, schädlich für die Zellen*
zy|to|zid ⟨Adj.; Med.⟩ *zelltötend* [< *zyto*... + lat. *cidere* »schlagen, töten«]

WAHRIG Wörterbücher im dtv

Wörterbuch der deutschen Sprache

Herausgegeben von Gerhard Wahrig
Neu herausgegeben und bearbeitet von
Renate Wahrig-Burfeind

dtv 3366 · CD-ROM dtv 52102

Mit 20 000 Stichwörtern in der alten und neuen Schreibweise zu allen Fragen der Rechtschreibung, Worttrennung, Grammatik und Aussprache. Beispiele für die Verwendung in Sätzen, Wendungen, Redensarten und Sprichwörtern, Bedeutungserklärungen und Angaben zur Silbentrennung (alt und neu). Mit dem amtlichen Regelwerk zur Rechtschreibreform.

Fremdwörterlexikon

Von Renate Wahrig-Burfeind

dtv 32516

Aktualisiertes Nachschlagewerk mit rund 55 000 Einträgen. Alle Stichwörter haben exakte Bedeutungserklärungen und detaillierte Angaben zur Rechtschreibung, Aussprache, Betonung, Worttrennung, Grammatik, zu Synonymen und Gegensätzen. Mit Anwendungsbeispielen und Info-Kästen zur Neuregelung der Fremdwortschreibung.

Universalwörterbuch Rechtschreibung

Herausgegeben von Renate Wahrig-Burfeind
Mit einem kommentierten Regelwerk von Peter Eisenberg

dtv 32524

Über 120 000 Stichwörter mit Worterklärungen, Trennungen, Aussprache, Stilebene, Etymologie und Grammatik.

Wahrig Vorteilspaket

Wahrig Universalwörterbuch Rechtschreibung
und Wahrig Fremdwörterlexikon

dtv 32525

Wissen zum Nachschlagen: dtv-Wörterbücher

Geologisches Wörterbuch
Von Hans Murawski
dtv 3038

Wörterbuch Chemie
Fachbegriffe, Abbildungen, Tafeln · dtv 3360

Wörterbuch Astronomie
Von Joachim Herrmann
Zahlreiche Grafiken und Tabellen · dtv 3362

Wörterbuch Geschichte
Von Konrad Fuchs und Heribert Raab
dtv 3364

Wahrig – Wörterbuch der deutschen Sprache
Auf der Grundlage der neuen amtlichen Rechtschreibregeln · dtv 3366
CD-ROM dtv 52102

DIERCKE-Wörterbuch Allgemeine Geographie
Von Hartmut Leser
dtv 3421

Wörterbuch Biologie
Von Gertrud Scherf
dtv 32500

Wörterbuch Kirchengeschichte
Von Georg Denzler und Carl Andresen
dtv 32503

Wörterbuch Archäologie
Von Andrea Gorys
dtv 32504

Wörterbuch Medizin
Mit farbigen Abbildungen
dtv 32505

Etymologisches Wörterbuch des Deutschen
Hrsg. von Wolfgang Pfeifer
dtv 32511

Wörterbuch Physik
Von Pedro Waloschek
dtv 32512

Wörterbuch Psychologie
Von Werner D. Fröhlich
dtv 32514

Wörterbuch Synonyme
Von Herbert Görner und Günter Kempcke
dtv 32515

Wahrig Fremdwörterlexikon
Von Renate Wahrig-Burfeind
dtv 32516

Wörterbuch Musik
Von Gerhard Dietel
dtv 32519

Wörterbuch Pädagogik
Von Horst Schaub und Karl G. Zenke
dtv 32521

Sprechen und Schreiben

Klaus Bartels
Veni vidi vici
Geflügelte Worte aus dem Griechischen und Lateinischen · dtv 20167

Etymologisches Wörterbuch des Deutschen
Hrsg. von Wolfgang Pfeifer
dtv 32511

Deutsches Wörterbuch von Jacob und Wilhelm Grimm
in 33 Großbänden
dtv 59045

Werner König
dtv-Atlas Deutsche Sprache
dtv 3025

Werner Lansburgh
Holidays for Doosie
Eine Reise durch Europa oder Englisch mit Liebe
dtv 20230

Waltraud Legros
Was die Wörter erzählen
Eine kleine etymologische Fundgrube · dtv 20043

Helen Leuninger
Reden ist Schweigen, Silber ist Gold
Gesammelte Versprecher
dtv 20118

Ludwig Reiners
Stilfibel
Der sichere Weg zum guten Deutsch
dtv 30005

Wolfgang Viereck
Karin Viereck und
Heinrich Ramisch
dtv-Atlas Englische Sprache
dtv 3239

Wahrig
Wörterbuch der deutschen Sprache
Auf der Grundlage der neuen amtlichen Rechtschreibregeln
dtv 3366
CD-ROM dtv 52102

Wahrig
Fremdwörterlexikon
dtv 32516

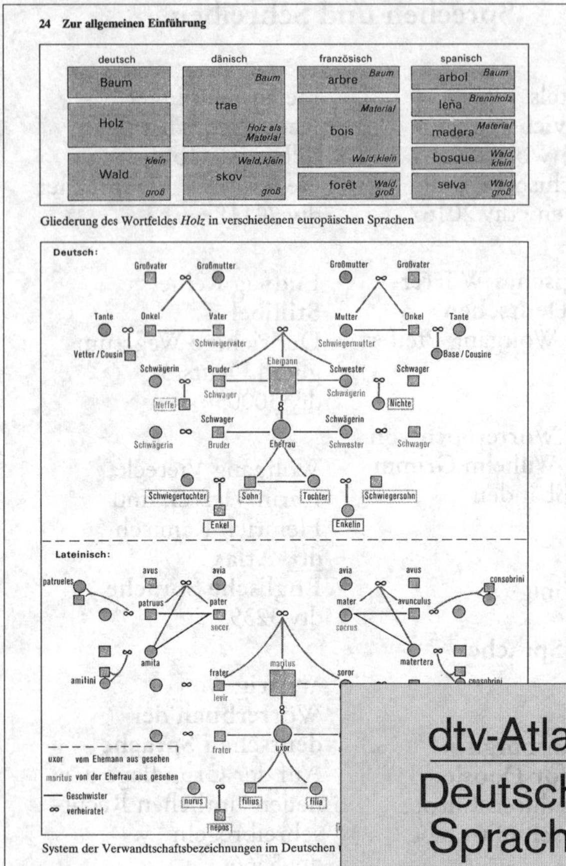

dtv-Atlas Deutsche Sprache
von Werner König
155 Farbseiten
von Hans-Joachim Paul
Originalausgabe
dtv 3025

Who's who bei dtv

Von Ariel und Asterix bis Zeus und Zacharias

Who's who in der Oper
Von Silke Leopold und Robert Maschka
dtv/Bärenreiter 32530

Who's who im Comic
Von Jürgen Kagelmann
dtv 32531

Who's who der Tiere
Von Rudolf Schenda
dtv 32532

Who's who bei Shakespeare
Von Rolf Vollmann
dtv 32533

Who's who in der antiken Mythologie
Von Gerhard Fink
dtv 32534

Who's who bei Goethe
Von Michael Lösch
dtv 32535

Who's who in der Bibel
Von Peter Calvocoressi
dtv 32536

Who's who im Märchen
Von Ulf Diederichs
dtv 32537

Who's who der Vornamen
Von Ernö und Renate Zeltner
dtv 32538

Who's who im Himmel
Von Ditte und Giovanni Bandini
dtv 32539